Cepl/Voß
Prozesskommentar Gewerblicher Rechtsschutz und Urheberrecht

Prozesskommentar Gewerblicher Rechtsschutz und Urheberrecht

ZPO mit spezieller Berücksichtigung des Patent-, Gebrauchsmuster-, Marken-, Design-, Geschäftsgeheimnisschutz-, Lauterkeits- und Urheberrechts sowie des UKlaG

Herausgegeben von

Dr. Philipp Moritz **Cepl**, Rechtsanwalt in Köln
Ulrike **Voß**, Vorsitzende Richterin am Oberlandesgericht, Düsseldorf

Bearbeitet von

Dr. Christof **Augenstein**, Rechtsanwalt in Düsseldorf
Dr. Klaus **Bacher**, Vorsitzender Richter am Bundesgerichtshof, Karlsruhe
Gunnar **Cassardt**, Richter am Bayerischen Obersten Landesgericht, München
Dr. Philipp Moritz **Cepl**, Rechtsanwalt in Köln
Dr. Jakob **Guhn**, Rechtsanwalt in Düsseldorf
Dipl.-Phys. Klaus **Haft**, Rechtsanwalt in Düsseldorf
Dr. Tobias **Hahn**, Rechtsanwalt in Düsseldorf
Dr. Georg **Jacobs** LL. M., Rechtsanwalt in Düsseldorf
Dr. Anja **Lunze** LL. M., Rechtsanwältin in München
Dr. Jens **Matthes**, Rechtsanwalt in Düsseldorf
Dr. Tobias Malte **Müller** Mag. iur., Rechtsanwalt in München
Dr. Michael **Nielen**, Rechtsanwalt in Freiburg/Br.
Dr. Kai **Rüting** LL. M., Rechtsanwalt in Düsseldorf
Dr. Stefan **Schilling**, Richter am Oberlandesgericht, Hamburg
Ronny **Thomas**, Richter am Oberlandesgericht, Düsseldorf
Dr. Peter **Tochtermann**, Vorsitzender Richter am Landgericht, Mannheim
Ulrike **Voß**, Vorsitzende Richterin am Oberlandesgericht, Düsseldorf
Dr. Georg **Werner**, Vorsitzender Richter am Landgericht, München
Dr. Matthias **Zigann**, Vorsitzender Richter am Landgericht, München
Stephanie **Zöllner**, Vorsitzende Richterin am Oberlandesgericht, Hamburg

3., erweiterte Auflage
2022

C.H.BECK

Zitiervorschlag:
Cepl/Voß/*Bearbeiter* ZPO § … Rn. …

www.beck.de

ISBN 978 3 406 76196 6

© 2022 Verlag C. H. Beck oHG
Wilhelmstraße 9, 80801 München
Satz, Druck, Bindung und Umschlagsatz: Druckerei C.H.Beck Nördlingen (Adresse wie Verlag)

chbeck.de/nachhaltig

Gedruckt auf säurefreiem, alterungsbeständigem Papier
(hergestellt aus chlorfrei gebleichtem Zellstoff)

Vorwort

Nach etwas mehr als vier Jahren, liegt der Prozesskommentar nunmehr in 3. Auflage vor. Auch die Neuauflage konzentriert sich auf die bei der Durchsetzung Gewerblicher Schutzrechte auftretenden zivilprozessualen Fragen, wobei insbesondere die umfangreiche Rechtsprechung und Praxis des I. und X. Zivilsenats des BGH und der für Fragen des Gewerblichen Rechtsschutzes zuständigen Instanzgerichte berücksichtigt wurden. Zudem werden die prozessualen Besonderheiten in Verfahren vor dem DPMA und dem BPatG kommentiert, soweit die Vorschriften der ZPO dort Anwendung finden.

Unser Dank gilt vor allem den Autorinnen und Autoren, die mit großem Einsatz an der Neuauflage mitgearbeitet haben. Herr Dr. Ingo Rinken, Richter am Oberlandesgericht Düsseldorf ist leider aus dem Autorenkreis ausgeschieden. Für seine engagierte Mitarbeit möchten wir ihm herzlich danken. Die Bearbeitung der §§ 284–294 ZPO wurde freundlicherweise von Herrn Ronny Thomas, Richter am Oberlandesgericht Düsseldorf übernommen.

Um das Werk in kommenden Auflagen aktualisieren zu können, sind wir für die Übersendung unveröffentlichter instanzgerichtlicher Entscheidungen an die zuständige Redaktion des Verlages (urteile@beck-frankfurt.de) dankbar.

Die Bearbeitung befindet sich auf dem Stand vom April 2022. Sie berücksichtigt unter anderem die Auswirkungen, die sich durch das Gesetz zum Schutz von Geschäftsgeheimnissen (GeschGehG) ergeben.

Düsseldorf/Köln, im August 2022   *Die Herausgeber*

Bearbeiterverzeichnis

Dr. Christof Augenstein	§§ 402–420, 432, 434, 435
Dr. Klaus Bacher	§§ 542–566
Gunnar Cassardt	§§ 511–541
Dr. Philipp Cepl	§§ 145–156, 240–252, 262, 267, 268, 307–307, 309–312, 313b–321b, 329–346, 567, 577
Dr. Jakob Guhn	§§ 355–372, 946–1109
Dipl.-Phys. Klaus Haft	§§ 883–894
Dr. Tobias Hahn	§§ 485–510c
Dr. Georg Jacobs LL. M.	§§ 214–238
Dr. Anja Lunze LL. M	§§ 704–872
Dr. Jens Matthes	§§ 166–195
Dr. Tobias Malte Müller Mag. iur	§§ 373–401
Dr. Michael Nielen	§§ 128–144
Dr. Kai Rüting LL. M.	§§ 91–127a
Dr. Stefan Schilling	§§ 3 Rn. 81–241, 270–283a
Ronny Thomas	§§ 50–78, 284–294
Dr. Peter Tochtermann	§§ 578–591
Ulrike Voß	§§ 160–165, 916–929, 935–940, 942–945b
Dr. Georg Werner	§§ 253–261, 263–265, 269, 308, 308a, 313, 313a, 322–328 *(mit Zigann)*
Dr. Matthias Zigann	§§ 253–261, 263–265, 269, 308, 308a, 313, 313a, 322–328 *(mit Werner)*
Stephanie Zöllner	§§ 1–40

Inhaltsverzeichnis

Vorwort V
Bearbeiterverzeichnis VII
Abkürzungsverzeichnis XXIX
Literaturverzeichnis XXXVII

Zivilprozessordnung

Buch 1. Allgemeine Vorschriften

Abschnitt 1. Gerichte

Titel 1. Sachliche Zuständigkeit der Gerichte und Wertvorschriften

§ 1 Sachliche Zuständigkeit	1
§ 2 Bedeutung des Wertes	25
§ 3 Wertfestsetzung nach freiem Ermessen	27
§ 4 Wertberechnung; Nebenforderungen	89
§ 5 Mehrere Ansprüche	91
§ 6 Besitz; Sicherstellung; Pfandrecht	96
§ 7 Grunddienstbarkeit	96
§ 8 Pacht- oder Mietverhältnis	96
§ 9 Wiederkehrende Nutzungen oder Leistungen	96
§ 10 (weggefallen)	96
§ 11 Bindende Entscheidung über Unzuständigkeit	96

Titel 2. Gerichtsstand

Vor § 12	96
§ 12 Allgemeiner Gerichtsstand; Begriff	133
§ 13 Allgemeiner Gerichtsstand des Wohnsitzes	137
§ 14 (weggefallen)	138
§ 15 Allgemeiner Gerichtsstand für exterritoriale Deutsche	138
§ 16 Allgemeiner Gerichtsstand wohnsitzloser Personen	138
§ 17 Allgemeiner Gerichtsstand juristischer Personen	138
§ 18 Allgemeiner Gerichtsstand des Fiskus	139
§ 19 Mehrere Gerichtsbezirke am Behördensitz	139
§ 19a Allgemeiner Gerichtsstand des Insolvenzverwalters	140
§ 19b Ausschließlicher Gerichtsstand bei restrukturierungsbezogenen Klagen; Verordnungsermächtigung	141
§ 20 Besonderer Gerichtsstand des Aufenthaltsorts	141
§ 21 Besonderer Gerichtsstand der Niederlassung	141
§ 22 Besonderer Gerichtsstand der Mitgliedschaft	143
§ 23 Besonderer Gerichtsstand des Vermögens und des Gegenstands	143
§ 23a (aufgehoben)	143
§ 24 Ausschließlicher dinglicher Gerichtsstand	143
§ 25 Dinglicher Gerichtsstand des Sachzusammenhanges	143
§ 26 Dinglicher Gerichtsstand für persönliche Klagen	143
§ 27 Besonderer Gerichtsstand der Erbschaft	143
§ 28 Erweiterter Gerichtsstand der Erbschaft	144
§ 29 Besonderer Gerichtsstand des Erfüllungsorts	144
§ 29a Ausschließlicher Gerichtsstand bei Miet- oder Pachträumen	146
§ 29b (aufgehoben)	146
§ 29c Besonderer Gerichtsstand für Haustürgeschäfte	146
§ 30 Gerichtsstand bei Beförderungen	146
§ 30a Gerichtsstand bei Bergungsansprüchen	147
§ 31 Besonderer Gerichtsstand der Vermögensverwaltung	147
§ 32 Besonderer Gerichtsstand der unerlaubten Handlung	147
§ 32a Ausschließlicher Gerichtsstand der Umwelteinwirkung	161
§ 32b Ausschließlicher Gerichtsstand bei falschen, irreführenden oder unterlassenen öffentlichen Kapitalmarktinformationen	161
§ 32c Ausschließlicher Gerichtsstand bei Musterfeststellungsverfahren	161
§ 33 Besonderer Gerichtsstand der Widerklage	161
§ 34 Besonderer Gerichtsstand des Hauptprozesses	175

Inhaltsverzeichnis

§ 35 Wahl unter mehreren Gerichtsständen	176
§ 35a (aufgehoben)	178
§ 36 Gerichtliche Bestimmung der Zuständigkeit	179
§ 37 Verfahren bei gerichtlicher Bestimmung	185

Titel 3. Vereinbarung über die Zuständigkeit der Gerichte

§ 38 Zugelassene Gerichtsstandsvereinbarung	186
§ 39 Zuständigkeit infolge rügeloser Verhandlung	192
§ 40 Unwirksame und unzulässige Gerichtsstandsvereinbarung	194
§ 41 Ausschluss von der Ausübung des Richteramtes	196
§ 42 Ablehnung eines Richters	196
§ 43 Verlust des Ablehnungsrechts	196
§ 44 Ablehnungsgesuch	196
§ 45 Entscheidung über das Ablehnungsgesuch	196
§ 46 Entscheidung und Rechtsmittel	196
§ 47 Unaufschiebbare Amtshandlungen	196
§ 48 Selbstablehnung; Ablehnung von Amts wegen	197
§ 49 Urkundsbeamte	197

Abschnitt 2. Parteien

Titel 1. Parteifähigkeit; Prozessfähigkeit

§ 50 Parteifähigkeit	197
§ 51 Prozessfähigkeit; gesetzliche Vertretung; Prozessführung	200
§ 52 Umfang der Prozessfähigkeit	200
§ 53 Prozessunfähigkeit bei Betreuung oder Pflegschaft	213
§ 53a (aufgehoben)	213
§ 54 Besondere Ermächtigung zu Prozesshandlungen	213
§ 55 Prozessfähigkeit von Ausländern	213
§ 56 Prüfung von Amts wegen	214
§ 57 Prozesspfleger	215
§ 58 Prozesspfleger bei herrenlosem Grundstück oder Schiff	215

Titel 2. Streitgenossenschaft

§ 59 Streitgenossenschaft bei Rechtsgemeinschaft oder Identität des Grundes	215
§ 60 Streitgenossenschaft bei Gleichartigkeit der Ansprüche	215
§ 61 Wirkung der Streitgenossenschaft	217
§ 62 Notwendige Streitgenossenschaft	219
§ 63 Prozessbetrieb; Ladungen	223

Titel 3. Beteiligung Dritter am Rechtsstreit

§ 64 Hauptintervention	223
§ 65 Aussetzung des Hauptprozesses	223
§ 66 Nebenintervention	224
§ 67 Rechtsstellung des Nebenintervenienten	228
§ 68 Wirkung der Nebenintervention	231
§ 69 Streitgenössische Nebenintervention	232
§ 70 Beitritt des Nebenintervenienten	233
§ 71 Zwischenstreit über Nebenintervention	234
§ 72 Zulässigkeit der Streitverkündung	235
§ 73 Form der Streitverkündung	236
§ 74 Wirkung der Streitverkündung	237
§ 75 Gläubigerstreit	238
§ 76 Urheberbenennung bei Besitz	238
§ 77 Urheberbenennung bei Eigentumsbeeinträchtigung	238

Titel 4. Prozessbevollmächtigte und Beistände

§ 78 Anwaltsprozess	238
§ 78a (weggefallen)	242
§ 78b Notanwalt	242
§ 78c Auswahl des Rechtsanwalts	242
§ 79 Parteiprozess	243
§ 80 Prozessvollmacht	243
§ 81 Umfang der Prozessvollmacht	243
§ 82 Geltung für Nebenverfahren	243
§ 83 Beschränkung der Prozessvollmacht	243
§ 84 Mehrere Prozessbevollmächtigte	243
§ 85 Wirkung der Prozessvollmacht	243

Inhaltsverzeichnis

§ 86 Fortbestand der Prozessvollmacht	243
§ 87 Erlöschen der Vollmacht	244
§ 88 Mangel der Vollmacht	244
§ 89 Vollmachtloser Vertreter	244
§ 90 Beistand	244

Titel 5. Prozesskosten

§ 91 Grundsatz und Umfang der Kostenpflicht	244
§ 91a Kosten bei Erledigung der Hauptsache	286
§ 92 Kosten bei teilweisem Obsiegen	299
§ 93 Kosten bei sofortigem Anerkenntnis	306
§ 93a (aufgehoben)	321
§ 93b Kosten bei Räumungsklagen	321
§§ 93c, 93d (aufgehoben)	321
§ 94 Kosten bei übergegangenem Anspruch	322
§ 95 Kosten bei Säumnis oder Verschulden	322
§ 96 Kosten erfolgloser Angriffs- oder Verteidigungsmittel	323
§ 97 Rechtsmittelkosten	324
§ 98 Vergleichskosten	328
§ 99 Anfechtung von Kostenentscheidungen	330
§ 100 Kosten bei Streitgenossen	334
§ 101 Kosten einer Nebenintervention	339
§ 102 (weggefallen)	342
§ 103 Kostenfestsetzungsgrundlage; Kostenfestsetzungsantrag	343
§ 104 Kostenfestsetzungsverfahren	346
§ 105 Vereinfachter Kostenfestsetzungsbeschluss	352
§ 106 Verteilung nach Quoten	353
§ 107 Änderung nach Streitwertfestsetzung	354

Titel 6. Sicherheitsleistung

§ 108 Art und Höhe der Sicherheit	355
§ 109 Rückgabe der Sicherheit	359
§ 110 Prozesskostensicherheit	361
§ 111 Nachträgliche Prozesskostensicherheit	369
§ 112 Höhe der Prozesskostensicherheit	370
§ 113 Fristbestimmung für Prozesskostensicherheit	373

Titel 7. Prozesskostenhilfe und Prozesskostenvorschuss

§ 114 Voraussetzungen	375
§ 115 Einsatz von Einkommen und Vermögen	376
§ 116 Partei kraft Amtes; juristische Person; parteifähige Vereinigung	376
§ 117 Antrag	376
§ 118 Bewilligungsverfahren	376
§ 119 Bewilligung	377
§ 120 Festsetzung von Zahlungen	377
§ 120a Änderung der Bewilligung	377
§ 121 Beiordnung eines Rechtsanwalts	377
§ 122 Wirkung der Prozesskostenhilfe	378
§ 123 Kostenerstattung	378
§ 124 Aufhebung der Bewilligung	378
§ 125 Einziehung der Kosten	378
§ 126 Beitreibung der Rechtsanwaltskosten	378
§ 127 Entscheidungen	378
§ 127a (aufgehoben)	378

Abschnitt 3. Verfahren

Titel 1. Mündliche Verhandlung

§ 128 Grundsatz der Mündlichkeit; schriftliches Verfahren	379
§ 128a Verhandlung im Wege der Bild- und Tonübertragung	384
§ 129 Vorbereitende Schriftsätze	385
§ 129a Anträge und Erklärungen zu Protokoll	387
§ 130 Inhalt der Schriftsätze	387
§ 130a Elektronisches Dokument	391
§ 130b Gerichtliches elektronisches Dokument	397
§ 130c Formulare; Verordnungsermächtigung	398
§ 130d Nutzungspflicht für Rechtsanwälte und Behörden	398
§ 131 Beifügung von Urkunden	398

Inhaltsverzeichnis

§ 132	Fristen für Schriftsätze	399
§ 133	Abschriften	401
§ 134	Einsicht von Urkunden	402
§ 135	Mitteilung von Urkunden unter Rechtsanwälten	403
§ 136	Prozessleitung durch Vorsitzenden	404
§ 137	Gang der mündlichen Verhandlung	405
§ 138	Erklärungspflicht über Tatsachen; Wahrheitspflicht	408
§ 139	Materielle Prozessleitung	431
§ 140	Beanstandung von Prozessleitung oder Fragen	442
§ 141	Anordnung des persönlichen Erscheinens	443
§ 142	Anordnung der Urkundenvorlegung	446
§ 143	Anordnung der Aktenübermittlung	453
§ 144	Augenschein; Sachverständige	453
§ 145	Prozesstrennung	460
§ 146	Beschränkung auf einzelne Angriffs- und Verteidigungsmittel	462
§ 147	Prozessverbindung	462
§ 148	Aussetzung bei Vorgreiflichkeit	464
§ 149	Aussetzung bei Verdacht einer Straftat	505
§ 150	Aufhebung von Trennung, Verbindung oder Aussetzung	505
§ 151	(weggefallen)	506
§ 152	Aussetzung bei Eheaufhebungsantrag	506
§ 153	Aussetzung bei Vaterschaftsanfechtungsklage	506
§ 154	Aussetzung bei Ehe- oder Kindschaftsstreit	506
§ 155	Aufhebung der Aussetzung bei Verzögerung	506
§ 156	Wiedereröffnung der Verhandlung	506
§ 157	Untervertretung in der Verhandlung	509
§ 158	Entfernung infolge Prozessleitungsanordnung	509
§ 159	Protokollaufnahme	509
§ 160	Inhalt des Protokolls	509
§ 160a	Vorläufige Protokollaufzeichnung	517
§ 161	Entbehrliche Feststellungen	518
§ 162	Genehmigung des Protokolls	518
§ 163	Unterschreiben des Protokolls	518
§ 164	Protokollberichtigung	518
§ 165	Beweiskraft des Protokolls	521

Titel 2. Verfahren bei Zustellungen

Untertitel 1. Zustellungen von Amts wegen

§ 166	Zustellung	523
§ 167	Rückwirkung der Zustellung	527
§ 168	Aufgaben der Geschäftsstelle	529
§ 169	Bescheinigung des Zeitpunktes der Zustellung; Beglaubigung	530
§ 170	Zustellung an Vertreter	532
§ 171	Zustellung an Bevollmächtigte	534
§ 172	Zustellung an Prozessbevollmächtigte	535
§ 173	Zustellung von elektronischen Dokumenten	540
§ 174	Zustellung durch Aushändigung an der Amtsstelle	542
§ 175	Zustellung von Schriftstücken gegen Empfangsbekenntnis	543
§ 176	Zustellung durch Einschreiben mit Rückschein; Zustellungsauftrag	546
§ 177	Ort der Zustellung	548
§ 178	Ersatzzustellung in der Wohnung, in Geschäftsräumen und Einrichtungen	549
§ 179	Zustellung bei verweigerter Annahme	552
§ 180	Ersatzzustellung durch Einlegen in den Briefkasten	553
§ 181	Ersatzzustellung durch Niederlegung	555
§ 182	Zustellungsurkunde	556
§ 183	Zustellung im Ausland	559
§ 184	Zustellungsbevollmächtigter; Zustellung durch Aufgabe zur Post	567
§ 185	Öffentliche Zustellung	568
§ 186	Bewilligung und Ausführung der öffentlichen Zustellung	569
§ 187	Veröffentlichung der Benachrichtigung	569
§ 188	Zeitpunkt der öffentlichen Zustellung	569
§ 189	Heilung von Zustellungsmängeln	569
§ 190	Einheitliche Zustellungsformulare	572

Untertitel 2. Zustellungen auf Betreiben der Parteien

§ 191	Zustellung	572
§ 192	Zustellung durch Gerichtsvollzieher	573
§ 193	Zustellung von Schriftstücken	574

Inhaltsverzeichnis

§ 193a Zustellung von elektronischen Dokumenten	576
§ 194 Zustellungsauftrag	577
§ 195 Zustellung von Anwalt zu Anwalt	578
§§ 195a bis 213a (weggefallen)	579

Titel 3. Ladungen, Termine und Fristen

§ 214 Ladung zum Termin	579
§ 215 Notwendiger Inhalt der Ladung zur mündlichen Verhandlung	581
§ 216 Terminsbestimmung	582
§ 217 Ladungsfrist	585
§ 218 Entbehrlichkeit der Ladung	587
§ 219 Terminsort	587
§ 220 Aufruf der Sache; versäumter Termin	589
§ 221 Fristbeginn	590
§ 222 Fristberechnung	591
§ 223 (weggefallen)	595
§ 224 Fristkürzung; Fristverlängerung	595
§ 225 Verfahren bei Friständerung	598
§ 226 Abkürzung von Zwischenfristen	601
§ 227 Terminsänderung	602
§ 228 (weggefallen)	610
§ 229 Beauftragter oder ersuchter Richter	610

Titel 4. Folgen der Versäumung; Rechtsbehelfsbelehrung; Wiedereinsetzung in den vorigen Stand

§ 230 Allgemeine Versäumungsfolge	610
§ 231 Keine Androhung; Nachholung der Prozesshandlung	612
§ 232 Rechtsbehelfsbelehrung	613
§ 233 Wiedereinsetzung in den vorigen Stand	615
§ 234 Wiedereinsetzungsfrist	637
§ 235 (weggefallen)	640
§ 236 Wiedereinsetzungsantrag	640
§ 237 Zuständigkeit für Wiedereinsetzung	643
§ 238 Verfahren bei Wiedereinsetzung	644

Titel 5. Unterbrechung und Aussetzung des Verfahrens

§ 239 Unterbrechung durch Tod der Partei	647
§ 240 Unterbrechung durch Insolvenzverfahren	647
§ 241 Unterbrechung durch Prozessunfähigkeit	655
§ 242 Unterbrechung durch Nacherbfolge	655
§ 243 Aufnahme bei Nachlasspflegschaft und Testamentsvollstreckung	656
§ 244 Unterbrechung durch Anwaltsverlust	656
§ 245 Unterbrechung durch Stillstand der Rechtspflege	656
§ 246 Aussetzung bei Vertretung durch Prozessbevollmächtigten	656
§ 247 Aussetzung bei abgeschnittenem Verkehr	656
§ 248 Verfahren bei Aussetzung	656
§ 249 Wirkung von Unterbrechung und Aussetzung	656
§ 250 Form von Aufnahme und Anzeige	660
§ 251 Ruhen des Verfahrens	660
§ 251a Säumnis beider Parteien; Entscheidung nach Lage der Akten	663
§ 252 Rechtsmittel bei Aussetzung	664

Buch 2. Verfahren im ersten Rechtszug

Abschnitt 1. Verfahren vor den Landgerichten

Titel 1. Verfahren bis zum Urteil

§ 253 Klageschrift	669
§ 254 Stufenklage	726
§ 255 Fristbestimmung im Urteil	728
§ 256 Feststellungsklage	728
§ 257 Klage auf künftige Zahlung oder Räumung	737
§ 258 Klage auf wiederkehrende Leistungen	737
§ 259 Klage wegen Besorgnis nicht rechtzeitiger Leistung	737
§ 260 Anspruchhäufung	737
§ 261 Rechtshängigkeit	740
§ 262 Sonstige Wirkungen der Rechtshängigkeit	742

Inhaltsverzeichnis

§ 263 Klageänderung	743
§ 264 Keine Klageänderung	747
§ 265 Veräußerung oder Abtretung der Streitsache	749
§ 266 Veräußerung eines Grundstücks	751
§ 267 Vermutete Einwilligung in die Klageänderung	751
§ 268 Unanfechtbarkeit der Entscheidung	752
§ 269 Klagerücknahme	752
§ 270 Zustellung; formlose Mitteilung	754
§ 271 Zustellung der Klageschrift	759
§ 272 Bestimmung der Verfahrensweise	767
§ 273 Vorbereitung des Termins	770
§ 274 Ladung der Parteien; Einlassungsfrist	775
§ 275 Früher erster Termin	777
§ 276 Schriftliches Vorverfahren	780
§ 277 Klageerwiderung; Replik	783
§ 278 Gütliche Streitbeilegung, Güteverhandlung, Vergleich	785
§ 278a Mediation, außergerichtliche Konfliktbeilegung	790
§ 279 Mündliche Verhandlung	790
§ 280 Abgesonderte Verhandlung über Zulässigkeit der Klage	793
§ 281 Verweisung bei Unzuständigkeit	796
§ 282 Rechtzeitigkeit des Vorbringens	801
§ 283 Schriftsatzfrist für Erklärungen zum Vorbringen des Gegners	807
§ 283a Sicherungsanordnung	811
§ 284 Beweisaufnahme	811
§ 285 Verhandlung nach Beweisaufnahme	832
§ 286 Freie Beweiswürdigung	838
§ 287 Schadensermittlung; Höhe der Forderung	850
§ 288 Gerichtliches Geständnis	864
§ 289 Zusätze beim Geständnis	868
§ 290 Widerruf des Geständnisses	868
§ 291 Offenkundige Tatsachen	869
§ 292 Gesetzliche Vermutungen	872
§ 292a (weggefallen)	883
§ 293 Fremdes Recht; Gewohnheitsrecht; Statuten	883
§ 294 Glaubhaftmachung	886

Titel 2. Verfahren bei Zustellungen

Untertitel 1. Zustellungen von Amts wegen

§ 295 Verfahrensrügen	890
§ 296 Zurückweisung verspäteten Vorbringens	893
§ 296a Vorbringen nach Schluss der mündlichen Verhandlung	902
§ 297 Form der Antragstellung	904
§ 298 Aktenausdruck	906
§ 298a Elektronische Akte; Verordnungsermächtigung	908
§ 299 Akteneinsicht; Abschriften	909
§ 299a Datenträgerarchiv	917
§ 300 Endurteil	918
§ 301 Teilurteil	919
§ 302 Vorbehaltsurteil	922
§ 303 Zwischenurteil	922
§ 304 Zwischenurteil über den Grund	924
§ 305 Urteil unter Vorbehalt erbrechtlich beschränkter Haftung	924
§ 305a Urteil unter Vorbehalt seerechtlich beschränkter Haftung	924
§ 306 Verzicht	925
§ 307 Anerkenntnis	926
§ 308 Bindung an die Parteianträge	928
§ 308a Entscheidung ohne Antrag in Mietsachen	929
§ 309 Erkennende Richter	929
§ 310 Termin der Urteilsverkündung	930
§ 311 Form der Urteilsverkündung	932
§ 312 Anwesenheit der Parteien	933
§ 313 Form und Inhalt des Urteils	933
§ 313a Weglassen von Tatbestand und Entscheidungsgründen	936
§ 313b Versäumnis-, Anerkenntnis- und Verzichtsurteil	937
§ 314 Beweiskraft des Tatbestandes	937
§ 315 Unterschrift der Richter	938
§ 316 (weggefallen)	939
§ 317 Urteilszustellung und -ausfertigung	939
§ 318 Bindung des Gerichts	940

Inhaltsverzeichnis

§ 319 Berichtigung des Urteils	941
§ 320 Berichtigung des Tatbestandes	942
§ 321 Ergänzung des Urteils	944
§ 321a Abhilfe bei Verletzung des Anspruchs auf rechtliches Gehör	945
§ 322 Materielle Rechtskraft	949
§ 323 Abänderung von Urteilen	956
§ 323a Abänderung von Vergleichen und Urkunden	957
§ 323b Verschärfte Haftung	957
§ 324 Nachforderungsklage zur Sicherheitsleistung	957
§ 325 Subjektive Rechtskraftwirkung	957
§ 325a Feststellungswirkung des Musterentscheids	959
§ 326 Rechtskraft bei Nacherbfolge	959
§ 327 Rechtskraft bei Testamentsvollstreckung	959
§ 328 Anerkennung ausländischer Urteile	959
§ 329 Beschlüsse und Verfügungen	959

Titel 3. Versäumnisurteil

§ 330 Versäumnisurteil gegen den Kläger	960
§ 331 Versäumnisurteil gegen den Beklagten	961
§ 331a Entscheidung nach Aktenlage	963
§ 332 Begriff des Verhandlungstermins	964
§ 333 Nichtverhandeln der erschienenen Partei	964
§ 334 Unvollständiges Verhandeln	965
§ 335 Unzulässigkeit einer Versäumnisentscheidung	965
§ 336 Rechtsmittel bei Zurückweisung	966
§ 337 Vertagung von Amts wegen	967
§ 338 Einspruch	967
§ 339 Einspruchsfrist	968
§ 340 Einspruchsschrift	968
§ 340a Zustellung der Einspruchsschrift	969
§ 341 Einspruchsprüfung	969
§ 341a Einspruchstermin	969
§ 342 Wirkung des zulässigen Einspruchs	969
§ 343 Entscheidung nach Einspruch	970
§ 344 Versäumniskosten	970
§ 345 Zweites Versäumnisurteil	971
§ 346 Verzicht und Zurücknahme des Einspruchs	971
§ 347 Verfahren bei Widerklage und Zwischenstreit	972

Titel 4. Verfahren vor dem Einzelrichter

§ 348 Originärer Einzelrichter	972
§ 348a Obligatorischer Einzelrichter	972
§ 349 Vorsitzender der Kammer für Handelssachen	972
§ 350 Rechtsmittel	973
§§ 351 bis 354 (weggefallen)	973

Titel 5. Allgemeine Vorschriften über die Beweisaufnahme

§ 355 Unmittelbarkeit der Beweisaufnahme	973
§ 356 Beibringungsfrist	977
§ 357 Parteiöffentlichkeit	978
§ 357a (weggefallen)	980
§ 358 Notwendigkeit eines Beweisbeschlusses	981
§ 358a Beweisbeschluss und Beweisaufnahme vor mündlicher Verhandlung	981
§ 359 Inhalt des Beweisbeschlusses	982
§ 360 Änderung des Beweisbeschlusses	983
§ 361 Beweisaufnahme durch beauftragten Richter	984
§ 362 Beweisaufnahme durch ersuchten Richter	984
§ 363 Beweisaufnahme im Ausland	985
§ 364 Parteimitwirkung bei Beweisaufnahme im Ausland	987
§ 365 Abgabe durch beauftragten oder ersuchten Richter	988
§ 366 Zwischenstreit	988
§ 367 Ausbleiben der Partei	989
§ 368 Neuer Beweistermin	989
§ 369 Ausländische Beweisaufnahme	990
§ 370 Fortsetzung der mündlichen Verhandlung	990

Inhaltsverzeichnis

Titel 6. Beweis durch Augenschein

§ 371 Beweis durch Augenschein	991
§ 371a Beweiskraft elektronischer Dokumente	994
§ 371b Beweiskraft gescannter öffentlicher Urkunden	995
§ 372 Beweisaufnahme	995
§ 372a Untersuchungen zur Feststellung der Abstammung	996

Titel 7. Zeugenbeweis

§ 373 Beweisantritt	996
§ 374 (weggefallen)	1000
§ 375 Beweisaufnahme durch beauftragten oder ersuchten Richter	1000
§ 376 Vernehmung bei Amtsverschwiegenheit	1001
§ 377 Zeugenladung	1001
§ 378 Aussageerleichternde Unterlagen	1002
§ 379 Auslagenvorschuss	1003
§ 380 Folgen des Ausbleibens des Zeugen	1003
§ 381 Genügende Entschuldigung des Ausbleibens	1004
§ 382 Vernehmung an bestimmten Orten	1004
§ 383 Zeugnisverweigerung aus persönlichen Gründen	1005
§ 384 Zeugnisverweigerung aus sachlichen Gründen	1007
§ 385 Ausnahmen vom Zeugnisverweigerungsrecht	1009
§ 386 Erklärung der Zeugnisverweigerung	1009
§ 387 Zwischenstreit über Zeugnisverweigerung	1010
§ 388 Zwischenstreit über schriftliche Zeugnisverweigerung	1010
§ 389 Zeugnisverweigerung vor beauftragtem oder ersuchtem Richter	1010
§ 390 Folgen der Zeugnisverweigerung	1011
§ 391 Zeugenbeeidigung	1011
§ 392 Nacheid; Eidesnorm	1011
§ 393 Uneidliche Vernehmung	1011
§ 394 Einzelvernehmung	1012
§ 395 Wahrheitsermahnung; Vernehmung zur Person	1012
§ 396 Vernehmung zur Sache	1012
§ 397 Fragerecht der Parteien	1013
§ 398 Wiederholte und nachträgliche Vernehmung	1013
§ 399 Verzicht auf Zeugen	1013
§ 400 Befugnisse des mit der Beweisaufnahme betrauten Richters	1014
§ 401 Zeugenentschädigung	1014

Titel 8. Beweis durch Sachverständige

§ 402 Anwendbarkeit der Vorschriften für Zeugen	1014
§ 403 Beweisantritt	1018
§ 404 Sachverständigenauswahl	1019
§ 404a Leitung der Tätigkeit des Sachverständigen	1021
§ 405 Auswahl durch den mit der Beweisaufnahme betrauten Richter	1027
§ 406 Ablehnung eines Sachverständigen	1028
§ 407 Pflicht zur Erstattung des Gutachtens	1031
§ 407a Weitere Pflichten des Sachverständigen	1032
§ 408 Gutachtenverweigerungsrecht	1034
§ 409 Folgen des Ausbleibens oder der Gutachtenverweigerung	1035
§ 410 Sachverständigenbeeidigung	1035
§ 411 Schriftliches Gutachten	1036
§ 411a Verwertung von Sachverständigengutachten aus anderen Verfahren	1038
§ 412 Neues Gutachten	1038
§ 413 Sachverständigenvergütung	1038
§ 414 Sachverständige Zeugen	1040

Titel 9. Beweis durch Urkunden

§ 415 Beweiskraft öffentlicher Urkunden über Erklärungen	1040
§ 416 Beweiskraft von Privaturkunden	1041
§ 416a Beweiskraft des Ausdrucks eines öffentlichen elektronischen Dokuments	1042
§ 417 Beweiskraft öffentlicher Urkunden über amtliche Anordnung, Verfügung oder Entscheidung	1043
§ 418 Beweiskraft öffentlicher Urkunden mit anderem Inhalt	1043
§ 419 Beweiskraft mangelbehafteter Urkunden	1043
§ 420 Vorlegung durch Beweisführer; Beweisantritt	1044
§ 421 Vorlegung durch den Gegner; Beweisantritt	1044
§ 422 Vorlegungspflicht des Gegners nach bürgerlichem Recht	1044
§ 423 Vorlegungspflicht des Gegners bei Bezugnahme	1044
§ 424 Antrag bei Vorlegung durch Gegner	1044

Inhaltsverzeichnis

§ 425 Anordnung der Vorlegung durch Gegner	1044
§ 426 Vernehmung des Gegners über den Verbleib	1044
§ 427 Folgen der Nichtvorlegung durch Gegner	1044
§ 428 Vorlegung durch Dritte; Beweisantritt	1045
§ 429 Vorlegungspflicht Dritter	1045
§ 430 Antrag bei Vorlegung durch Dritte	1045
§ 431 Vorlegungsfrist bei Vorlegung durch Dritte	1045
§ 432 Vorlegung durch Behörden oder Beamte; Beweisantritt	1045
§ 433 (weggefallen)	1045
§ 434 Vorlegung vor beauftragtem oder ersuchtem Richter	1046
§ 435 Vorlegung öffentlicher Urkunden in Urschrift oder beglaubigter Abschrift	1046
§ 436 Verzicht nach Vorlegung	1046
§ 437 Echtheit inländischer öffentlicher Urkunden	1046
§ 438 Echtheit ausländischer öffentlicher Urkunden	1046
§ 439 Erklärung über Echtheit von Privaturkunden	1046
§ 440 Beweis der Echtheit von Privaturkunden	1047
§ 441 Schriftvergleichung	1047
§ 442 Würdigung der Schriftvergleichung	1047
§ 443 Verwahrung verdächtiger Urkunden	1047
§ 444 Folgen der Beseitigung einer Urkunde	1047

Titel 10. Beweis durch Parteivernehmung

§ 445 Vernehmung des Gegners; Beweisantritt	1047
§ 446 Weigerung des Gegners	1047
§ 447 Vernehmung der beweispflichtigen Partei auf Antrag	1047
§ 448 Vernehmung von Amts wegen	1047
§ 449 Vernehmung von Streitgenossen	1047
§ 450 Beweisbeschluss	1047
§ 451 Ausführung der Vernehmung	1048
§ 452 Beeidigung der Partei	1048
§ 453 Beweiswürdigung bei Parteivernehmung	1048
§ 454 Ausbleiben der Partei	1048
§ 455 Prozessunfähige	1048
§§ 456 bis 477 (weggefallen)	1048

Titel 11. Abnahme von Eiden und Bekräftigungen

§ 478 Eidesleistung in Person	1048
§ 479 Eidesleistung vor beauftragtem oder ersuchtem Richter	1048
§ 480 Eidesbelehrung	1048
§ 481 Eidesleistung; Eidesformel	1048
§ 482 (weggefallen)	1049
§ 483 Eidesleistung sprach- oder hörbehinderter Personen	1049
§ 484 Eidesgleiche Bekräftigung	1049

Titel 12. Selbständiges Beweisverfahren

§ 485 Zulässigkeit	1049
§ 486 Zuständiges Gericht	1082
§ 487 Inhalt des Antrages	1087
§§ 488 und 489 (weggefallen)	1097
§ 490 Entscheidung über den Antrag	1097
§ 491 Ladung des Gegners	1106
§ 492 Beweisaufnahme	1110
§ 493 Benutzung im Prozess	1123
§ 494 Unbekannter Gegner	1125
§ 494a Frist zur Klageerhebung	1126

Abschnitt 2. Verfahren vor den Amtsgerichten

§ 495 Anzuwendende Vorschriften	1133
§ 495a Verfahren nach billigem Ermessen	1133
§ 496 Einreichung von Schriftsätzen; Erklärungen zu Protokoll	1133
§ 497 Ladungen	1134
§ 498 Zustellung des Protokolls über die Klage	1134
§ 499 Belehrungen	1134
§§ 499a bis 503 (weggefallen)	1134
§ 504 Hinweis bei Unzuständigkeit des Amtsgerichts	1134
§ 505 (weggefallen)	1134
§ 506 Nachträgliche sachliche Unzuständigkeit	1134
§§ 507 bis 509 (weggefallen)	1134

XVII

Inhaltsverzeichnis

§ 510 Erklärung über Urkunden 1134
§ 510a Inhalt des Protokolls 1134
§ 510b Urteil auf Vornahme einer Handlung 1134
§ 510c (weggefallen) 1134

Buch 3. Rechtsmittel

Abschnitt 1. Berufung

§ 511 Statthaftigkeit der Berufung 1135
§ 512 Vorentscheidungen im ersten Rechtszug 1143
§ 513 Berufungsgründe 1144
§ 514 Versäumnisurteile 1146
§ 515 Verzicht auf Berufung 1148
§ 516 Zurücknahme der Berufung 1150
§ 517 Berufungsfrist 1154
§ 518 Berufungsfrist bei Urteilsergänzung 1156
§ 519 Berufungsschrift 1157
§ 520 Berufungsbegründung 1161
§ 521 Zustellung der Berufungsschrift und -begründung 1169
§ 522 Zulässigkeitsprüfung; Zurückweisungsbeschluss 1170
§ 523 Terminsbestimmung 1177
§ 524 Anschlussberufung 1177
§ 525 Allgemeine Verfahrensgrundsätze 1185
§ 526 Entscheidender Richter 1186
§ 527 Vorbereitender Einzelrichter 1189
§ 528 Bindung an die Berufungsanträge 1192
§ 529 Prüfungsumfang des Berufungsgerichts 1197
§ 530 Verspätet vorgebrachte Angriffs- und Verteidigungsmittel 1202
§ 531 Zurückgewiesene und neue Angriffs- und Verteidigungsmittel . 1206
§ 532 Rügen der Unzulässigkeit der Klage 1212
§ 533 Klageänderung; Aufrechnungserklärung; Widerklage 1214
§ 534 Verlust des Rügerechts 1219
§ 535 Gerichtliches Geständnis 1219
§ 536 Parteivernehmung 1220
§ 537 Vorläufige Vollstreckbarkeit 1220
§ 538 Zurückverweisung 1222
§ 539 Versäumnisverfahren 1227
§ 540 Inhalt des Berufungsurteils 1230
§ 541 Prozessakten 1232

Abschnitt 2. Revision

§ 542 Statthaftigkeit der Revision 1232
§ 543 Zulassungsrevision 1234
§ 544 Nichtzulassungsbeschwerde 1242
§ 545 Revisionsgründe 1254
§ 546 Begriff der Rechtsverletzung 1258
§ 547 Absolute Revisionsgründe 1264
§ 548 Revisionsfrist 1272
§ 549 Revisionseinlegung 1272
§ 550 Zustellung der Revisionsschrift 1273
§ 551 Revisionsbegründung 1274
§ 552 Zulässigkeitsprüfung 1277
§ 552a Zurückweisungsbeschluss 1277
§ 553 Terminsbestimmung; Einlassungsfrist 1278
§ 554 Anschlussrevision 1279
§ 555 Allgemeine Verfahrensgrundsätze 1282
§ 556 Verlust des Rügerechts 1286
§ 557 Umfang der Revisionsprüfung 1286
§ 558 Vorläufige Vollstreckbarkeit 1291
§ 559 Beschränkte Nachprüfung tatsächlicher Feststellungen 1291
§ 560 Nicht revisible Gesetze 1296
§ 561 Revisionszurückweisung 1297
§ 562 Aufhebung des angefochtenen Urteils 1298
§ 563 Zurückverweisung; eigene Sachentscheidung 1299
§ 564 Keine Begründung der Entscheidung bei Rügen von Verfahrensmängeln ... 1303
§ 565 Anzuwendende Vorschriften des Berufungsverfahrens 1303
§ 566 Sprungrevision 1306

Inhaltsverzeichnis

Abschnitt 3. Beschwerde
Titel 1. Sofortige Beschwerde

§ 567 Sofortige Beschwerde; Anschlussbeschwerde	1309
§ 568 Originärer Einzelrichter	1314
§ 569 Frist und Form	1315
§ 570 Aufschiebende Wirkung; einstweilige Anordnungen	1317
§ 571 Begründung, Präklusion, Ausnahmen vom Anwaltszwang	1318
§ 572 Gang des Beschwerdeverfahrens	1320
§ 573 Erinnerung	1322

Titel 2. Rechtsbeschwerde

§ 574 Rechtsbeschwerde; Anschlussrechtsbeschwerde	1322
§ 575 Frist, Form und Begründung der Rechtsbeschwerde	1324
§ 576 Gründe der Rechtsbeschwerde	1325
§ 577 Prüfung und Entscheidung der Rechtsbeschwerde	1326

Buch 4. Wiederaufnahme des Verfahrens

§ 578 Arten der Wiederaufnahme	1329
§ 579 Nichtigkeitsklage	1332
§ 580 Restitutionsklage	1333
§ 581 Besondere Voraussetzungen der Restitutionsklage	1337
§ 582 Hilfsnatur der Restitutionsklage	1338
§ 583 Vorentscheidungen	1340
§ 584 Ausschließliche Zuständigkeit für Nichtigkeits- und Restitutionsklagen	1340
§ 585 Allgemeine Verfahrensgrundsätze	1342
§ 586 Klagefrist	1342
§ 587 Klageschrift	1345
§ 588 Inhalt der Klageschrift	1345
§ 589 Zulässigkeitsprüfung	1346
§ 590 Neue Verhandlung	1347
§ 591 Rechtsmittel	1348

Buch 5. Urkunden- und Wechselprozess

§ 592 Zulässigkeit	1349
§ 593 Klageinhalt; Urkunden	1349
§ 594 (weggefallen)	1349
§ 595 Keine Widerklage; Beweismittel	1349
§ 596 Abstehen vom Urkundenprozess	1349
§ 597 Klageabweisung	1349
§ 598 Zurückweisung von Einwendungen	1349
§ 599 Vorbehaltsurteil	1349
§ 600 Nachverfahren	1349
§ 601 (weggefallen)	1349
§ 602 Wechselprozess	1349
§ 603 Gerichtsstand	1349
§ 604 Klageinhalt; Ladungsfrist	1350
§ 605 Beweisvorschriften	1350
§ 605a Scheckprozess	1350

Buch 6. Musterfeststellungsverfahren

§ 606 Musterfeststellungsklage	1351
§ 607 Bekanntmachung der Musterfeststellungsklage	1351
§ 608 Anmeldung von Ansprüchen oder Rechtsverhältnissen	1351
§ 609 Klageregister; Verordnungsermächtigung	1352
§ 610 Besonderheiten der Musterfeststellungsklage	1352
§ 612 Bekanntmachungen zum Musterfeststellungsurteil	1352
§ 613 Bindungswirkung des Musterfeststellungsurteils; Aussetzung	1352
§ 614 Rechtsmittel	1352
§§ 615–687 (aufgehoben)	1352

Buch 7. Mahnverfahren

§ 688 Zulässigkeit	1353
§ 689 Zuständigkeit; maschinelle Bearbeitung	1353
§ 690 Mahnantrag	1353
§ 691 Zurückweisung des Mahnantrags	1353
§ 692 Mahnbescheid	1353
§ 693 Zustellung des Mahnbescheids	1354
§ 694 Widerspruch gegen den Mahnbescheid	1354

Inhaltsverzeichnis

§ 695 Mitteilung des Widerspruchs; Abschriften 1354
§ 696 Verfahren nach Widerspruch 1354
§ 697 Einleitung des Streitverfahrens 1354
§ 698 Abgabe des Verfahrens am selben Gericht 1354
§ 699 Vollstreckungsbescheid 1354
§ 700 Einspruch gegen den Vollstreckungsbescheid 1355
§ 701 Wegfall der Wirkung des Mahnbescheides 1355
§ 702 Form von Anträgen und Erklärungen 1355
§ 703 Kein Nachweis der Vollmacht 1355
§ 703a Urkunden-, Wechsel- und Scheckmahnverfahren 1355
§ 703b Sonderregelungen für maschinelle Bearbeitung 1355
§ 703c Formulare; Einführung der maschinellen Bearbeitung 1356
§ 703d Antragsgegner ohne allgemeinen inländischen Gerichtsstand 1356

Buch 8. Zwangsvollstreckung
Abschnitt 1. Allgemeine Vorschriften

§ 704 Vollstreckbare Endurteile 1357
§ 705 Formelle Rechtskraft 1363
§ 706 Rechtskraft- und Notfristzeugnis 1364
§ 707 Einstweilige Einstellung der Zwangsvollstreckung 1366
§ 708 Vorläufige Vollstreckbarkeit ohne Sicherheitsleistung 1372
§ 709 Vorläufige Vollstreckbarkeit gegen Sicherheitsleistung 1374
§ 710 Ausnahmen von der Sicherheitsleistung des Gläubigers 1378
§ 711 Abwendungsbefugnis 1379
§ 712 Schutzantrag des Schuldners 1379
§ 713 Unterbleiben von Schuldnerschutzanordnungen 1383
§ 714 Anträge zur vorläufigen Vollstreckbarkeit 1384
§ 715 Rückgabe der Sicherheit 1384
§ 716 Ergänzung des Urteils 1385
§ 717 Wirkungen eines aufhebenden oder abändernden Urteils 1385
§ 718 Vorabentscheidung über vorläufige Vollstreckbarkeit 1390
§ 719 Einstweilige Einstellung bei Rechtsmittel und Einspruch 1391
§ 720 Hinterlegung bei Abwendung der Vollstreckung 1395
§ 720a Sicherungsvollstreckung 1395
§ 721 Räumungsfrist 1396
§ 722 Vollstreckbarkeit ausländischer Urteile 1396
§ 723 Vollstreckungsurteil 1399
§ 724 Vollstreckbare Ausfertigung 1400
§ 725 Vollstreckungsklausel 1401
§ 726 Vollstreckbare Ausfertigung bei bedingten Leistungen 1402
§ 727 Vollstreckbare Ausfertigung für und gegen Rechtsnachfolger 1402
§ 728 Vollstreckbare Ausfertigung bei Nacherbe oder Testamentsvollstrecker 1403
§ 729 Vollstreckbare Ausfertigung gegen Vermögens- und Firmenübernehmer . . . 1403
§ 730 Anhörung des Schuldners 1404
§ 731 Klage auf Erteilung der Vollstreckungsklausel 1404
§ 732 Erinnerung gegen Erteilung der Vollstreckungsklausel 1404
§ 733 Weitere vollstreckbare Ausfertigung 1406
§ 734 Vermerk über Ausfertigungserteilung auf der Urteilsurschrift 1406
§ 735 Zwangsvollstreckung gegen nicht rechtsfähigen Verein 1407
§ 736 Zwangsvollstreckung gegen BGB-Gesellschaft 1407
§ 737 Zwangsvollstreckung bei Vermögens- oder Erbschaftsnießbrauch 1407
§ 738 Vollstreckbare Ausfertigung gegen Nießbraucher 1407
§ 739 Gewahrsamsvermutung bei Zwangsvollstreckung gegen Ehegatten und Lebenspartner 1407
§ 740 Zwangsvollstreckung in das Gesamtgut 1407
§ 741 Zwangsvollstreckung in das Gesamtgut bei Erwerbsgeschäft 1407
§ 742 Vollstreckbare Ausfertigung bei Gütergemeinschaft während des Rechtsstreits . . . 1407
§ 743 Beendete Gütergemeinschaft 1407
§ 744 Vollstreckbare Ausfertigung bei beendeter Gütergemeinschaft 1407
§ 744a Zwangsvollstreckung bei Eigentums- und Vermögensgemeinschaft 1407
§ 745 Zwangsvollstreckung bei fortgesetzter Gütergemeinschaft 1407
§ 746 (weggefallen) 1408
§ 747 Zwangsvollstreckung in ungeteilten Nachlass 1408
§ 748 Zwangsvollstreckung bei Testamentsvollstrecker 1408
§ 749 Vollstreckbare Ausfertigung für und gegen Testamentsvollstrecker 1408
§ 750 Voraussetzungen der Zwangsvollstreckung 1408
§ 751 Bedingungen für Vollstreckungsbeginn 1410
§ 752 Sicherheitsleistung bei Teilvollstreckung 1410
§ 753 Vollstreckung durch Gerichtsvollzieher, Verordnungsermächtigung 1411
§ 753a Vollmachtsnachweis 1412

Inhaltsverzeichnis

§ 754 Vollstreckungsauftrag und vollstreckbare Ausfertigung	1413
§ 754a Vereinfachter Vollstreckungsauftrag bei Vollstreckungsbescheiden	1413
§ 755 Ermittlung des Aufenthaltsorts des Schuldners	1414
§ 756 Zwangsvollstreckung bei Leistung Zug um Zug	1414
§ 757 Übergabe des Titels und Quittung	1415
§ 757a Auskunfts- und Unterstützungsersuchen	1415
§ 758 Durchsuchung; Gewaltanwendung	1416
§ 758a Richterliche Durchsuchungsanordnung; Vollstreckung zur Unzeit	1416
§ 759 Zuziehung von Zeugen	1418
§ 760 Akteneinsicht; Aktenabschrift	1418
§ 761 (weggefallen)	1418
§ 762 Protokoll über Vollstreckungshandlungen	1418
§ 763 Aufforderungen und Mitteilungen	1419
§ 764 Vollstreckungsgericht	1419
§ 765 Vollstreckungsgerichtliche Anordnungen bei Leistung Zug um Zug	1420
§ 765a Vollstreckungsschutz	1420
§ 766 Erinnerung gegen Art und Weise der Zwangsvollstreckung	1420
§ 767 Vollstreckungsabwehrklage	1423
§ 768 Klage gegen Vollstreckungsklausel	1427
§ 769 Einstweilige Anordnungen	1428
§ 770 Einstweilige Anordnungen im Urteil	1429
§ 771 Drittwiderspruchsklage	1429
§ 772 Drittwiderspruchsklage bei Veräußerungsverbot	1431
§ 773 Drittwiderspruchsklage des Nacherben	1431
§ 774 Drittwiderspruchsklage des Ehegatten	1431
§ 775 Einstellung oder Beschränkung der Zwangsvollstreckung	1431
§ 776 Aufhebung von Vollstreckungsmaßregeln	1432
§ 777 Erinnerung bei genügender Sicherung des Gläubigers	1433
§ 778 Zwangsvollstreckung vor Erbschaftsannahme	1433
§ 779 Fortsetzung der Zwangsvollstreckung nach dem Tod des Schuldners	1433
§ 780 Vorbehalt der beschränkten Erbenhaftung	1433
§ 781 Beschränkte Erbenhaftung in der Zwangsvollstreckung	1433
§ 782 Einreden des Erben gegen Nachlassgläubiger	1433
§ 783 Einreden des Erben gegen persönliche Gläubiger	1433
§ 784 Zwangsvollstreckung bei Nachlassverwaltung und -insolvenzverfahren	1433
§ 785 Vollstreckungsabwehrklage des Erben	1433
§ 786 Vollstreckungsabwehrklage bei beschränkter Haftung	1433
§ 786a See- und binnenschifffahrtsrechtliche Haftungsbeschränkung	1434
§ 787 Zwangsvollstreckung bei herrenlosem Grundstück oder Schiff	1434
§ 788 Kosten der Zwangsvollstreckung	1434
§ 789 Einschreiten von Behörden	1436
§ 790 (aufgehoben)	1436
§ 791 (weggefallen)	1436
§ 792 Erteilung von Urkunden an Gläubiger	1436
§ 793 Sofortige Beschwerde	1436
§ 794 Weitere Vollstreckungstitel	1436
§ 794a Zwangsvollstreckung aus Räumungsvergleich	1439
§ 795 Anwendung der allgemeinen Vorschriften auf die weiteren Vollstreckungstitel	1439
§ 795a Zwangsvollstreckung aus Kostenfestsetzungsbeschluss	1439
§ 795b Vollstreckbarerklärung des gerichtlichen Vergleichs	1439
§ 796 Zwangsvollstreckung aus Vollstreckungsbescheiden	1440
§ 796a Voraussetzungen für die Vollstreckbarerklärung des Anwaltsvergleichs	1440
§ 796b Vollstreckbarerklärung durch das Prozessgericht	1440
§ 796c Vollstreckbarerklärung durch einen Notar	1440
§ 797 Verfahren bei vollstreckbaren Urkunden	1440
§ 797a Verfahren bei Gütestellenvergleichen	1440
§ 798 Wartefrist	1441
§ 798a (aufgehoben)	1441
§ 799 Vollstreckbare Urkunde bei Rechtsnachfolge	1441
§ 799a Schadensersatzpflicht bei der Vollstreckung aus Urkunden durch andere Gläubiger	1441
§ 800 Vollstreckbare Urkunde gegen den jeweiligen Grundstückseigentümer	1441
§ 800a Vollstreckbare Urkunde bei Schiffshypothek	1441
§ 801 Landesrechtliche Vollstreckungstitel	1441
§ 802 Ausschließlichkeit der Gerichtsstände	1442

Inhaltsverzeichnis

Abschnitt 2. Zwangsvollstreckung wegen Geldforderungen

Titel 1. Allgemeine Vorschriften

§ 802a Grundsätze der Vollstreckung; Regelbefugnisse des Gerichtsvollziehers	1442
§ 802b Gütliche Erledigung; Vollstreckungsaufschub bei Zahlungsvereinbarung	1442
§ 802c Vermögensauskunft des Schuldners	1442
§ 802d Weitere Vermögensauskunft	1443
§ 802e Zuständigkeit	1443
§ 802f Verfahren zur Abnahme der Vermögensauskunft	1443
§ 802g Erzwingungshaft	1443
§ 802h Unzulässigkeit der Haftvollstreckung	1443
§ 802i Vermögensauskunft des verhafteten Schuldners	1443
§ 802j Dauer der Haft; erneute Haft	1444
§ 802k Zentrale Verwaltung der Vermögensverzeichnisse	1444
§ 802l Auskunftsrechte des Gerichtsvollziehers	1444

Titel 2. Zwangsvollstreckung in das bewegliche Vermögen

Untertitel 1. Allgemeine Vorschriften

§ 803 Pfändung	1445
§ 804 Pfändungspfandrecht	1445
§ 805 Klage auf vorzugsweise Befriedigung	1445
§ 806 Keine Gewährleistung bei Pfandveräußerung	1445
§ 806a Mitteilungen und Befragung durch den Gerichtsvollzieher	1445
§ 806b (aufgehoben)	1445
§ 807 Abnahme der Vermögensauskunft nach Pfändungsversuch	1445

Untertitel 2. Zwangsvollstreckung in körperliche Sachen

§ 808 Pfändung beim Schuldner	1446
§ 809 Pfändung beim Gläubiger oder bei Dritten	1447
§ 810 Pfändung ungetrennter Früchte	1447
§ 811 Unpfändbare Sachen und Tiere	1447
§ 811a Austauschpfändung	1448
§ 811b Vorläufige Austauschpfändung	1448
§ 811c (aufgehoben)	1448
§ 811d Vorwegpfändung	1448
§ 812 (aufgehoben)	1448
§ 813 Schätzung	1448
§§ 813a, 813b (aufgehoben)	1448
§ 814 Öffentliche Versteigerung	1448
§ 815 Gepfändetes Geld	1449
§ 816 Zeit und Ort der Versteigerung	1449
§ 817 Zuschlag und Ablieferung	1449
§ 817a Mindestgebot	1449
§ 818 Einstellung der Versteigerung	1449
§ 819 Wirkung des Erlösempfanges	1449
§ 820 (weggefallen)	1449
§ 821 Verwertung von Wertpapieren	1449
§ 822 Umschreibung von Namenspapieren	1450
§ 823 Außer Kurs gesetzte Inhaberpapiere	1450
§ 824 Verwertung ungetrennter Früchte	1450
§ 825 Andere Verwertungsart	1450
§ 826 Anschlusspfändung	1450
§ 827 Verfahren bei mehrfacher Pfändung	1450

Untertitel 3. Zwangsvollstreckung in Forderungen und andere Vermögensrechte

§ 828 Zuständigkeit des Vollstreckungsgerichts	1450
§ 829 Pfändung einer Geldforderung	1451
§ 829a Vereinfachter Vollstreckungsantrag bei Vollstreckungsbescheiden	1451
§ 830 Pfändung einer Hypothekenforderung	1451
§ 830a Pfändung einer Schiffshypothekenforderung	1451
§ 831 Pfändung indossabler Papiere	1452
§ 832 Pfändungsumfang bei fortlaufenden Bezügen	1452
§ 833 Pfändungsumfang bei Arbeits- und Diensteinkommen	1452
§ 833a Pfändungsumfang bei Kontoguthaben	1452
§ 834 Keine Anhörung des Schuldners	1452
§ 835 Überweisung einer Geldforderung	1452
§ 836 Wirkung der Überweisung	1452
§ 837 Überweisung einer Hypothekenforderung	1452

Inhaltsverzeichnis

§ 837a Überweisung einer Schiffshypothekenforderung 1453
§ 838 Einrede des Schuldners bei Faustpfand 1453
§ 839 Überweisung bei Abwendungsbefugnis 1453
§ 840 Erklärungspflicht des Drittschuldners 1453
§ 841 Pflicht zur Streitverkündung 1453
§ 842 Schadenersatz bei verzögerter Beitreibung 1453
§ 843 Verzicht des Pfandgläubigers 1453
§ 844 Andere Verwertungsart 1453
§ 845 Vorpfändung 1454
§ 846 Zwangsvollstreckung in Herausgabeansprüche 1454
§ 847 Herausgabeanspruch auf eine bewegliche Sache 1454
§ 847a Herausgabeanspruch auf ein Schiff 1454
§ 848 Herausgabeanspruch auf eine unbewegliche Sache 1455
§ 849 Keine Überweisung an Zahlungs statt 1455
§ 850 Pfändungsschutz für Arbeitseinkommen 1455
§ 850a Unpfändbare Bezüge 1455
§ 850b Bedingt pfändbare Bezüge 1455
§ 850c Pfändungsgrenzen für Arbeitseinkommen 1455
§ 850d Pfändbarkeit bei Unterhaltsansprüchen 1456
§ 850e Berechnung des pfändbaren Arbeitseinkommens 1456
§ 850f Änderung des unpfändbaren Betrages 1457
§ 850g Änderung der Unpfändbarkeitsvoraussetzungen 1457
§ 850h Verschleiertes Arbeitseinkommen 1457
§ 850i Pfändungsschutz für sonstige Einkünfte 1457
§ 850k Einrichtung und Beendigung des Pfändungsschutzkontos 1457
§ 850l Pfändung des Gemeinschaftskontos 1458
§ 851 Nicht übertragbare Forderungen 1458
§ 851a Pfändungsschutz für Landwirte 1458
§ 851b Pfändungsschutz bei Miet- und Pachtzinsen 1458
§ 851c Pfändungsschutz bei Altersrenten 1458
§ 851d Pfändungsschutz bei steuerlich gefördertem Altersvorsorgevermögen 1459
§ 852 Beschränkt pfändbare Forderungen 1459
§ 853 Mehrfache Pfändung einer Geldforderung 1459
§ 854 Mehrfache Pfändung eines Anspruchs auf bewegliche Sachen 1459
§ 855 Mehrfache Pfändung eines Anspruchs auf eine unbewegliche Sache 1459
§ 855a Mehrfache Pfändung eines Anspruchs auf ein Schiff 1459
§ 856 Klage bei mehrfacher Pfändung 1459
§ 857 Zwangsvollstreckung in andere Vermögensrechte 1459
§ 858 Zwangsvollstreckung in Schiffspart 1462
§ 859 Pfändung von Gesamthandanteilen 1462
§ 860 Pfändung von Gesamtgutanteilen 1462
§§ 861 und 862 (weggefallen) 1462
§ 863 Pfändungsbeschränkungen bei Erbschaftsnutzungen 1462

Titel 3. Zwangsvollstreckung in das unbewegliche Vermögen

§ 864 Gegenstand der Immobiliarvollstreckung 1463
§ 865 Verhältnis zur Mobiliarvollstreckung 1463
§ 866 Arten der Vollstreckung 1463
§ 867 Zwangshypothek 1463
§ 868 Erwerb der Zwangshypothek durch den Eigentümer 1463
§ 869 Zwangsversteigerung und Zwangsverwaltung 1463
§ 870 Grundstücksgleiche Rechte 1463
§ 870a Zwangsvollstreckung in ein Schiff oder Schiffsbauwerk 1463
§ 871 Landesrechtlicher Vorbehalt bei Eisenbahnen 1463

Titel 4. Verteilungsverfahren

§ 872 Voraussetzungen 1464
§ 873 Aufforderung des Verteilungsgerichts 1464
§ 874 Teilungsplan 1464
§ 875 Terminsbestimmung 1464
§ 876 Termin zur Erklärung und Ausführung 1464
§ 877 Säumnisfolgen 1464
§ 878 Widerspruchsklage 1464
§ 879 Zuständigkeit für die Widerspruchsklage 1464
§ 880 Inhalt des Urteils 1464
§ 881 Versäumnisurteil 1464
§ 882 Verfahren nach dem Urteil 1464

Inhaltsverzeichnis

Titel 5. Zwangsvollstreckung gegen juristische Personen des öffentlichen Rechts

§ 882a Zwangsvollstreckung wegen einer Geldforderung 1465

Titel 6. Schuldnerverzeichnis

§ 882b Inhalt des Schuldnerverzeichnisses 1465
§ 882c Eintragungsanordnung 1465
§ 882d Vollziehung der Eintragungsanordnung 1466
§ 882e Löschung 1466
§ 882f Einsicht in das Schuldnerverzeichnis 1466
§ 882g Erteilung von Abdrucken 1466
§ 882h Zuständigkeit; Ausgestaltung des Schuldnerverzeichnisses 1467

Abschnitt 3. Zwangsvollstreckung zur Erwirkung der Herausgabe von Sachen und zur Erwirkung von Handlungen oder Unterlassungen

§ 883 Herausgabe bestimmter beweglicher Sachen 1467
§ 884 Leistung einer bestimmten Menge vertretbarer Sachen 1468
§ 885 Herausgabe von Grundstücken oder Schiffen 1468
§ 885a Beschränkter Vollstreckungsauftrag 1469
§ 886 Herausgabe bei Gewahrsam eines Dritten 1469
§ 887 Vertretbare Handlungen 1469
§ 888 Nicht vertretbare Handlungen 1470
§ 888a Keine Handlungsvollstreckung bei Entschädigungspflicht 1478
§ 889 Eidesstattliche Versicherung nach bürgerlichem Recht 1478
§ 890 Erzwingung von Unterlassungen und Duldungen 1478
§ 891 Verfahren; Anhörung des Schuldners; Kostenentscheidung 1492
§ 892 Widerstand des Schuldners 1493
§ 892a (aufgehoben) 1493
§ 893 Klage auf Leistung des Interesses 1493
§ 894 Fiktion der Abgabe einer Willenserklärung 1493
§ 895 Willenserklärung zwecks Eintragung bei vorläufig vollstreckbarem Urteil 1493
§ 896 Erteilung von Urkunden an Gläubiger 1493
§ 897 Übereignung; Verschaffung von Grundpfandrechten 1494
§ 898 Gutgläubiger Erwerb 1494

Abschnitt 4. Wirkung des Pfändungsschutzkontos

§ 899 Pfändungsfreier Betrag; Übertragung 1494
§ 900 Moratorium bei Überweisung an den Gläubiger 1494
§ 901 Verbot der Aufrechnung und Verrechnung 1494
§ 902 Erhöhungsbeträge 1494
§ 903 Nachweise über Erhöhungsbeträge 1495
§ 904 Nachzahlung von Leistungen 1495
§ 905 Festsetzung der Erhöhungsbeträge durch das Vollstreckungsgericht 1495
§ 906 Festsetzung eines abweichenden pfändungsfreien Betrages durch das Vollstreckungsgericht 1496
§ 907 Festsetzung der Unpfändbarkeit von Kontoguthaben auf dem Pfändungsschutzkonto 1496
§ 908 Aufgaben des Kreditinstituts 1496
§ 909 Datenweitergabe; Löschungspflicht 1496
§ 910 Verwaltungsvollstreckung 1496
§§ 911–915h (aufgehoben) 1496

Abschnitt 5. Arrest und einstweilige Verfügung

§ 916 Arrestanspruch 1496
§ 917 Arrestgrund bei dinglichem Arrest 1498
§ 918 Arrestgrund bei persönlichem Arrest 1501
§ 919 Arrestgericht 1501
§ 920 Arrestgesuch 1502
§ 921 Entscheidung über das Arrestgesuch 1509
§ 922 Arresturteil und Arrestbeschluss 1512
§ 923 Abwendungsbefugnis 1519
§ 924 Widerspruch 1520
§ 925 Entscheidung nach Widerspruch 1523
§ 926 Anordnung der Klageerhebung 1525
§ 927 Aufhebung wegen veränderter Umstände 1529
§ 928 Vollziehung des Arrestes 1535
§ 929 Vollstreckungsklausel; Vollziehungsfrist 1535
§ 930 Vollziehung in bewegliches Vermögen und Forderungen 1541
§ 931 Vollziehung in eingetragenes Schiff oder Schiffsbauwerk 1541
§ 932 Arresthypothek 1542
§ 933 Vollziehung des persönlichen Arrestes 1542
§ 934 Aufhebung der Arrestvollziehung 1542

Inhaltsverzeichnis

§ 935 Einstweilige Verfügung bezüglich Streitgegenstand 1542
§ 936 Anwendung der Arrestvorschriften 1542
§ 937 Zuständiges Gericht 1542
§ 938 Inhalt der einstweiligen Verfügung 1550
§ 939 Aufhebung gegen Sicherheitsleistung 1553
§ 940 Einstweilige Verfügung zur Regelung eines einstweiligen Zustandes 1554
§ 940a Räumung von Wohnraum 1610
§ 941 Ersuchen um Eintragungen im Grundbuch usw. 1610
§ 942 Zuständigkeit des Amtsgerichts der belegenen Sache 1610
§ 943 Gericht der Hauptsache 1613
§ 944 Entscheidung des Vorsitzenden bei Dringlichkeit 1614
§ 945 Schadensersatzpflicht 1615
§ 945a Einreichung von Schutzschriften 1622
§ 945b Verordnungsermächtigung 1628

Abschnitt 6. Grenzüberschreitende vorläufige Kontenpfändung
Titel 1. Erlass des Beschlusses zur vorläufigen Kontenpfändung

§ 946 Zuständigkeit 1628
§ 947 Verfahren 1628
§ 948 Ersuchen um Einholung von Kontoinformationen 1628
§ 949 Nicht rechtzeitige Einleitung des Hauptsacheverfahrens 1629

Titel 2. Vollziehung des Beschlusses zur vorläufigen Kontenpfändung

§ 950 Anwendbare Vorschriften 1629
§ 951 Vollziehung von im Inland erlassenen Beschlüssen 1629
§ 952 Vollziehung von in einem anderen Mitgliedstaat erlassenen Beschlüssen . 1629

Titel 3. Rechtsbehelfe

§ 953 Rechtsbehelfe des Gläubigers 1629
§ 954 Rechtsbehelfe nach den Artikeln 33 bis 35 der Verordnung (EU) Nr. 655/2014 1629
§ 955 Sicherheitsleistung nach Artikel 38 der Verordnung (EU) Nr. 655/2014 1630
§ 956 Rechtsmittel gegen die Entscheidungen nach § 954 Absatz 1 bis 3 und § 955 1630
§ 957 Ausschluss der Rechtsbeschwerde 1630

Titel 4. Schadensersatz; Verordnungsermächtigung

§ 958 Schadensersatz 1630
§ 959 Verordnungsermächtigung 1630

Buch 9. (aufgehoben)

§§ 960–1024 (aufgehoben) 1631

Buch 10. Schiedsrichterliches Verfahren
Abschnitt 1. Allgemeine Vorschriften

§ 1025 Anwendungsbereich 1633
§ 1026 Umfang gerichtlicher Tätigkeit 1633
§ 1027 Verlust des Rügerechts 1633
§ 1028 Empfang schriftlicher Mitteilungen bei unbekanntem Aufenthalt 1633

Abschnitt 2. Schiedsvereinbarung

§ 1029 Begriffsbestimmung 1633
§ 1030 Schiedsfähigkeit 1633
§ 1031 Form der Schiedsvereinbarung 1633
§ 1032 Schiedsvereinbarung und Klage vor Gericht 1634
§ 1033 Schiedsvereinbarung und einstweilige gerichtliche Maßnahmen 1634

Abschnitt 3. Bildung des Schiedsgerichts

§ 1034 Zusammensetzung des Schiedsgerichts 1634
§ 1035 Bestellung der Schiedsrichter 1634
§ 1036 Ablehnung eines Schiedsrichters 1634
§ 1037 Ablehnungsverfahren 1634
§ 1038 Untätigkeit oder Unmöglichkeit der Aufgabenerfüllung 1635
§ 1039 Bestellung eines Ersatzschiedsrichters 1635

Abschnitt 4. Zuständigkeit des Schiedsgerichts

§ 1040 Befugnis des Schiedsgerichts zur Entscheidung über die eigene Zuständigkeit 1635
§ 1041 Maßnahmen des einstweiligen Rechtsschutzes 1635

Inhaltsverzeichnis

Abschnitt 5. Durchführung des schiedsrichterlichen Verfahrens
§ 1042 Allgemeine Verfahrensregeln 1635
§ 1043 Ort des schiedsrichterlichen Verfahrens 1635
§ 1044 Beginn des schiedsrichterlichen Verfahrens 1636
§ 1045 Verfahrenssprache 1636
§ 1046 Klage und Klagebeantwortung 1636
§ 1047 Mündliche Verhandlung und schriftliches Verfahren 1636
§ 1048 Säumnis einer Partei 1636
§ 1049 Vom Schiedsgericht bestellter Sachverständiger 1636
§ 1050 Gerichtliche Unterstützung bei der Beweisaufnahme und sonstige richterliche Handlungen 1636

Abschnitt 6. Schiedsspruch und Beendigung des Verfahrens
§ 1051 Anwendbares Recht 1637
§ 1052 Entscheidung durch ein Schiedsrichterkollegium 1637
§ 1053 Vergleich 1637
§ 1054 Form und Inhalt des Schiedsspruchs 1637
§ 1055 Wirkungen des Schiedsspruchs 1637
§ 1056 Beendigung des schiedsrichterlichen Verfahrens 1637
§ 1057 Entscheidung über die Kosten 1637
§ 1058 Berichtigung, Auslegung und Ergänzung des Schiedsspruchs 1638

Abschnitt 7. Rechtsbehelf gegen den Schiedsspruch
§ 1059 Aufhebungsantrag 1638

Abschnitt 8. Voraussetzungen der Anerkennung und Vollstreckung von Schiedssprüchen
§ 1060 Inländische Schiedssprüche 1638
§ 1061 Ausländische Schiedssprüche 1638

Abschnitt 9. Gerichtliches Verfahren
§ 1062 Zuständigkeit 1639
§ 1063 Allgemeine Vorschriften 1639
§ 1064 Besonderheiten bei der Vollstreckbarerklärung von Schiedssprüchen 1639
§ 1065 Rechtsmittel 1639

Abschnitt 10. Außervertragliche Schiedsgerichte
§ 1066 Entsprechende Anwendung der Vorschriften des Buches 10 1639

Buch 11. Justizielle Zusammenarbeit in der Europäischen Union
Abschnitt 1. Zustellung nach der Verordnung (EG) Nr. 1393/2007
§ 1067 Zustellung durch diplomatische oder konsularische Vertretungen 1641
§ 1068 Zustellung durch die Post 1641
§ 1069 Zuständigkeiten; Verordnungsermächtigungen 1641
§ 1070 Zustellung nach dem Abkommen zwischen der Europäischen Gemeinschaft und dem Königreich Dänemark vom 19. Oktober 2005 über die Zustellung gerichtlicher und außergerichtlicher Schriftstücke in Zivil- oder Handelssachen 1641
§ 1071 (aufgehoben) 1641

Abschnitt 2. Beweisaufnahme nach der Verordnung (EG) Nr. 1206/2001
§ 1072 Beweisaufnahme in den Mitgliedstaaten der Europäischen Union 1641
§ 1073 Teilnahmerechte 1643
§ 1074 Zuständigkeiten nach der Verordnung (EG) Nr. 1206/2001 1643
§ 1075 Sprache eingehender Ersuchen 1643

Abschnitt 3. Prozesskostenhilfe nach der Richtlinie 2003/8/EG
§ 1076 Anwendbare Vorschriften 1643
§ 1077 Ausgehende Ersuchen 1643
§ 1078 Eingehende Ersuchen 1644

Abschnitt 4. Europäische Vollstreckungstitel nach der Verordnung (EG) Nr. 805/2004
Titel 1. Bestätigung inländischer Titel als Europäische Vollstreckungstitel
§ 1079 Zuständigkeit 1644
§ 1080 Entscheidung 1644
§ 1081 Berichtigung und Widerruf 1644

Inhaltsverzeichnis

Titel 2. Zwangsvollstreckung aus Europäischen Vollstreckungstiteln im Inland

§ 1082 Vollstreckungstitel	1644
§ 1083 Übersetzung	1644
§ 1084 Anträge nach den Artikeln 21 und 23 der Verordnung (EG) Nr. 805/2004	1644
§ 1085 Einstellung der Zwangsvollstreckung	1645
§ 1086 Vollstreckungsabwehrklage	1645

Abschnitt 5. Europäisches Mahnverfahren nach der Verordnung (EG) Nr. 1896/2006
Titel 1. Allgemeine Vorschriften

§ 1087 Zuständigkeit	1645
§ 1088 Maschinelle Bearbeitung	1645
§ 1089 Zustellung	1645

Titel 2. Einspruch gegen den Europäischen Zahlungsbefehl

§ 1090 Verfahren nach Einspruch	1645
§ 1091 Einleitung des Streitverfahrens	1645

Titel 3. Überprüfung des Europäischen Zahlungsbefehls in Ausnahmefällen

§ 1092 Verfahren	1646
§ 1092a Rechtsbehelf bei Nichtzustellung oder bei nicht ordnungsgemäßer Zustellung des Europäischen Zahlungsbefehls	1646

Titel 4. Zwangsvollstreckung aus dem Europäischen Zahlungsbefehl

§ 1093 Vollstreckungsklausel	1646
§ 1094 Übersetzung	1646
§ 1095 Vollstreckungsschutz und Vollstreckungsabwehrklage gegen den im Inland erlassenen Europäischen Zahlungsbefehl	1646
§ 1096 Anträge nach den Artikeln 22 und 23 der Verordnung (EG) Nr. 1896/2006; Vollstreckungsabwehrklage	1646

Abschnitt 6. Europäisches Verfahren für geringfügige Forderungen nach der Verordnung (EG) Nr. 861/2007
Titel 1. Erkenntnisverfahren

§ 1097 Einleitung und Durchführung des Verfahrens	1646
§ 1098 Annahmeverweigerung auf Grund der verwendeten Sprache	1647
§ 1099 Widerklage	1647
§ 1100 Mündliche Verhandlung	1647
§ 1101 Beweisaufnahme	1647
§ 1102 Urteil	1647
§ 1103 Säumnis	1647
§ 1104 Abhilfe bei unverschuldeter Säumnis des Beklagten	1647
§ 1104a Gemeinsame Gerichte	1647

Titel 2. Zwangsvollstreckung

§ 1105 Zwangsvollstreckung inländischer Titel	1647
§ 1106 Bestätigung inländischer Titel	1647
§ 1107 Ausländische Vollstreckungstitel	1647
§ 1108 Übersetzung	1647
§ 1109 Anträge nach den Artikeln 22 und 23 der Verordnung (EG) Nr. 861/2007; Vollstreckungsabwehrklage	1648
§ 1110 Zuständigkeit	1648
§ 1111 Verfahren	1648
§ 1112 Entbehrlichkeit der Vollstreckungsklausel	1648
§ 1113 Übersetzung oder Transliteration	1648
§ 1114 Anfechtung der Anpassung eines Titels	1648
§ 1115 Versagung der Anerkennung oder der Vollstreckung	1648
§ 1116 Wegfall oder Beschränkung der Vollstreckbarkeit im Ursprungsmitgliedstaat	1648
§ 1117 Vollstreckungsabwehrklage	1648
§ 1118 Zentralbehörde	1648
§ 1119 Verwaltungszusammenarbeit	1649
§ 1120 Mehrsprachige Formulare	1649

Sachverzeichnis	1651

Abkürzungsverzeichnis

a.	auch
aA	andere(r) Ansicht/Auffassung
aaO	am angegebenen Ort
abgedr.	abgedruckt
abl.	ablehnend
ABl.	Amtsblatt
Abs.	Absatz
Abschn.	Abschnitt
Abt.	Abteilung
abw.	abweichend
aE	am Ende
aF	alte Fassung
AfP	Archiv für Presserecht
AG	Aktiengesellschaft; Amtsgericht; Ausführungsgesetz
AGB	Allgemeine Geschäftsbedingungen
AGBG	Gesetz zur Regelung des Rechts der Allgemeinen Geschäftsbedingungen
AIPPI	Association Internationale pour la Protection de la Propriété Industrielle = Internationale Vereinigung für gewerblichen Rechtsschutz
AktG	Aktiengesetz
AktO	Aktenordnung
allg.	allgemein
allgM	allgemeine Meinung
Alt.	Alternative
aM	andere Meinung
AMG	Arzneimittelgesetz
AMRadVO	Verordnung über radioaktive oder mit ionisierenden Strahlen behandelte Arzneimittel
amtl.	amtlich
Änd.	Änderung
ÄndG	Änderungsgesetz
AnfG	Anfechtungsgesetz
Anh.	Anhang
Anm.	Anmerkung
AnwBl.	Anwaltsblatt
Anz.	Anzeiger
AO	Anordnung; Abgabenordnung; Amtsordnung
ArbEG	Gesetz über Arbeitnehmererfindungen
ArbG	Arbeitgeber; Arbeitsgericht
ArbGG	Arbeitsgerichtsgesetz
arg.	argumentum (siehe zum Beweis)
Art.	Artikel
Aufl.	Auflage
AusfG	Ausführungsgesetz
AWD	Außenwirtschaftsdienst des Betriebs-Beraters
Az.	Aktenzeichen
AZO	Arbeitszeitordnung
B	Bundes-
Bad.-Württ.	Baden-Württemberg
BAG	Bundesarbeitsgericht, auch Entscheidungen des Bundesarbeitsgerichts
BAnz.	Bundesanzeiger
Bay	Bayern
bay	bayerisch
BayObLG	Bayerisches Oberstes Landesgericht, auch Entscheidungssammlungen in Zivilsachen
BayVBl.	Bayerisches Verwaltungsblatt
BB	Betriebs-Berater (Zeitschrift)
Bd.	Band

Abkürzungsverzeichnis

begl.	beglaubigt
Begr.	Begriff, Begründung
Beil.	Beilage
Ber.	Berufung, Berichtigung
bes.	besonders
Beschl.	Beschluss
Beschw.	Beschwerde
bestr.	bestritten
BGB	Bürgerliches Gesetzbuch
BGBl.	Bundesgesetzblatt
BGH	Bundesgerichtshof
BGHZ	Entscheidungen des Bundesgerichtshofs in Zivilsachen
Bl.	Blatt
BMJV	Bundesministerium der Justiz und für Verbraucherschutz
BMWi	Bundesminister(ium) für Wirtschaft und Energie
BPatGE	Entscheidungen des Bundespatentsgerichts
BRAO	Bundesrechtsanwaltsordnung
BR-Drs.	Bundesrats-Drucksache
BSHG	Bundessozialhilfegesetz
BSozG	Bundessozialgericht
Bsp.	Beispiel(e)
BT	Bundestag; Besonderer Teil
BT-Drs.	Bundestags-Drucksache
BtMG	Betäubungsmittelgesetz
Buchst.	Buchstabe
BVerfG	Bundesverfassungsgericht
BVerfGE	Bundesverfassungsgerichtsentscheidungen
BVerfGG	Bundesverfassungsgerichtsgesetz
BVerwG	Bundesverwaltungsgericht
BVerwGE	Bundesverwaltungsgerichtsentscheidungen
bzgl.	bezüglich
bzw.	beziehungsweise
ca.	circa
cic	culpa in contrahendo
CR	Computer und Recht
D	Bundesrepublik Deutschland
DB	Der Betrieb
DE-AS	Deutsche Auslegeschrift
DE-BP	Deutsches Bundespatent
DE-GM	Deutsche Bundesgebrauchsmuster
DE-OS	Deutsche Offenlegungsschrift
DE-PS	Deutsche Patentschrift
ders.	derselbe
DE-WZ	Deutsches Warenzeichen
dgl.	dergleichen, desgleichen
DGVZ	Deutsche Gerichtsvollzieher-Zeitung
dh	das heißt
DIN	Deutsche Industrienorm
dingl.	dinglich
Dipl.-Ing.	Diplom-Ingenieur
DJ	Deutsche Justiz
DPA	Deutsches Patentamt
DPMA	Deutsches Patent- und Markenamt
DNotZ	Deutsche Notar-Zeitschrift
DÖV	Die Öffentliche Verwaltung
DRiG	Deutsches Richtergesetz
DRiZ	Deutsche Richterzeitung
DVBl.	Deutsches Verwaltungsblatt
DVO	Durchführungsverordnung

Abkürzungsverzeichnis

e.	eines
EA	Einstweilige Anordnung
ebd.	ebenda
EDV	Elektronische Datenverarbeitung
EG	Einführungsgesetz; Europäische Gemeinschaft
EGBGB	Einführungsgesetz zum Bürgerlichen Gesetzbuch
EGGVG	Einführungsgesetz zum Gerichtsverfassungsgesetz
EGStGB	Einführungsgesetz zum StGB
EGV	Vertrag zur Gründung der Europäischen Gemeinschaft
eGmbH	Eingetragene Genossenschaft mit beschränkter Haftung
Einf.	Einführung
Einl.	Einleitung
einschl.	einschließlich
einstw.	einstweilig
EntlG	Entlastungsgesetz
entspr.	entsprechend, entspricht
EP	Europäisches Patent; Europäisches Parlament
EPA	Europäisches Patentamt
E-PS	Europäische Patentschrift
EPÜ	Europäisches Patentübereinkommen
ER	Einzelrichter; Europäischer Rat
ErstrG	Erstreckungsgesetz
etc	et cetera
EU	Europäische Union
EuG	Europäisches Gericht erster Instanz
EuGH	Europäischer Gerichtshof
EuGÜbk	Übereinkommen der Europäischen Gemeinschaft über die gerichtliche Zuständigkeit und die Vollstreckung gerichtlicher Entscheidungen in Zivil- und Handelssachen
EuGVÜ	Brüsseler Übereinkommen über die gerichtliche Zuständigkeit und die Vollstreckung von Entscheidungen in Zivil- und Handelssachen (1968)
EuGVVO	Verordnung (EG) Nr. 44/2001 des Rates über die gerichtliche Zuständigkeit und die Anerkennung und Vollstreckung in von Entscheidungen in Zivil- und Handelssachen
EuR	Europarecht
EUV	Vertrag über die Europäische Union
EuZW	Europäische Zeitschrift für Wirtschaftsrecht
eV	eingetragener Verein; einstweilige Verfügung
evtl.	eventuell
EWG	Europäische Wirtschaftsgemeinschaft
EWGV	Vertrag zur Gründung der Europäischen Wirtschaftsgemeinschaft
EWiR	Entscheidungen zum Wirtschaftsrecht
EWR	Europäischer Wirtschaftsraum
EWS	Europäisches Wirtschafts- und Steuerrecht, Europäisches Währungssystem
f., ff.	folgende Seite bzw. Seiten
Fa.	Firma
FamRZ	Ehe und Familie im privaten und öffentlichen Recht
FG	Finanzgericht; Festgabe
FGG	Gesetz über die Angelegenheiten der freiwilligen Gerichtsbarkeit
FGO	Finanzgerichtsordnung
Fn.	Fußnote
FR-PS	Französische Patentschrift
Form.	Formular
FS	Festschrift
GbR	Gesellschaft bürgerlichen Rechts
GebrMG	Gebrauchsmustergesetz
GebVerz	Allgemeines Gebührenverzeichnis
Gem.	Gemeinde, gemeines, gemischtes, gemeinsam, Gemeinschafts-
gem.	gemäß
GerNov	Gerichtsstandsnovelle
GerVollz.	Gerichtsvollzieher oder Der Gerichtsvollzieher

XXXI

Abkürzungsverzeichnis

Ges.	Gesetz
GesBl.	Gesetzblatt
GeschmMG	Geschmacksmustergesetz
GewO	Gewerbeordnung
gez.	gezeichnet
GG	Grundgesetz
ggf.	gegebenenfalls
GKG	Gerichtskostengesetz
GmbH	Gesellschaft mit beschränkter Haftung
GmbHG	Gesetz betr. die Gesellschaften mit beschränkter Haftung
GNotKG	Gerichts- und Notarkostengesetz
GoA	Geschäftsführung ohne Auftrag
GPÜ	Gemeinschaftspatentübereinkommen
GRUR (Int.)	Gewerblicher Rechtsschutz und Urheberrecht – (Internationale Ausgabe)
GrZS	Großer Senat in Zivilsachen
GS	Großer Senat; Gedenkschrift; Gedächtnisschrift
GStW	Gebührenstreitwert
GVG	Gerichtsverfassungsgesetz
GVGA	Geschäftsanweisung für Gerichtsvollzieher
GVKostG	Gerichtsvollzieherkostengesetz
GV NW	Gesetz- und Verordnungsblatt für das Land Nordrhein-Westfalen
GVO	Gerichtsvollzieherordnung; Gruppenfreistellungsordnung; Grundverordnung
GVOBl.	Gesetz- und Verordnungsblatt
GWB	Gesetz gegen Wettbewerbsbeschränkungen
hA	herrschende Ansicht/Auffassung
Halbs.	Halbsatz
Hdb	Handbuch
HGB	Handelsgesetzbuch
hL	herrschende Lehre
hM	herrschende Meinung
HMA	Haager Abkommen über die internationale Hinterlegung gewerblicher Muster und Modelle
HReg.	Handelsregister
HRR	Höchstrichterliche Rechtsprechung
Hrsg.	Herausgeber
HZPÜ	Haager Übereinkommen über den Zivilprozess (1954)
HZÜ	Haager Übereinkommen über die Zustellung gerichtlicher und außergerichtlicher Schriftstücke im Ausland in Zivil- und Handelssachen (1965)
idF	in der Fassung
idR	in der Regel
iE	im Ergebnis
IHK	Industrie- und Handelskammer
iL	in Liquidation
insbes.	insbesondere
int.	international
IntPatÜG	Gesetz über internationale Patentübereinkommen
Iprax.	Praxis des Internationalen Privat- und Verfahrensrechts (Zeitschrift)
iRd	im Rahmen des/der
iS	im Sinne
iSd	im Sinne des/der
iSv	im Sinne von
iÜ	im Übrigen
iVm	in Verbindung mit
iW	in Worten; in Worten
jew.	jeweils
JMBl.	Justizministerialblatt
JR	Juristische Rundschau (Zeitschrift)
jur.	juristisch
JurA	Juristische Analysen

Abkürzungsverzeichnis

JurBüro	Das juristische Büro (Zeitschrift)
JuS	Juristische Schulung (Zeitschrift)
Justiz	Die Justiz (Zeitschrift)
JVBl.	Justizverwaltungsblatt
JVEG	Justizvergütungs- und -entschädigungsgesetz
JW	Juristische Wochenschrift
JZ	Juristen-Zeitung
Kap.	Kapitel; Kapital
Kfb	Kostenfestsetzungsbeschluss
KfH	Kammer für Handelssachen
Kfv	Kostenfestsetzungsverfahren
Kfz	Kraftfahrzeug
KG	Kammergericht; Kommanditgesellschaft
KGaA	Kommanditgesellschaft auf Aktien
KGJ	Jahrbuch für Entscheidungen des Kammergerichts
Komm.	Kommentar
KostO	Kostenordnung
krit.	kritisch
KTS	Konkurs-, Treuhand- und Schiedsgerichtswesen
KUG	Gesetz betreffend des Urheberrechts an Werken der bildenden Künste und der Photographie
LAG	Landesarbeitsgericht
lfd.	laufend
LG	Landgericht
Lit.	Literatur
lit.	litera
LJM	Landesjustizministerium
LJV	Landesjustizverwaltung
LKartB	Landeskartellbehörde
LM	Das Nachschlagewerk des Bundesgerichtshofs in Zivilsachen, herausgegeben von Lindenmaier und Möhring
LMBG	Lebensmittel- und Bedarfsgegenständegesetz
LPG	Landespressegesetz
Ls.	Leitsatz
LSG	Landessozialgericht
LuftfzRG	Gesetz über Rechte an Luftfahrzeugen
LuftVG	Luftverkehrsgesetz
m.	mit
MA	Markenartikel
MarkenG	Gesetz über den Schutz von Marken und sonstigen Kennzeichen (Markengesetz)
MarkenR	Markenrecht
MarkenV	Markenverordnung
MDR	Monatsschrift für Deutsches Recht
Min.	Ministerium
Mio.	Million(en)
Mitt.	Mitteilungen der deutschen Patentanwälte
MittPräs-EPA	Mitteilungen des Präsidenten des Europäischen Patentamts
MittPräsPA	Mitteilung des Präsidenten des Deutschen Patentamts
MMA	Madrider Markenabkommen
MMP	Protokoll zum MMA
MüKoBGB	Münchener Kommentar zum Bürgerlichen Gesetzbuch, 7. Aufl. 2017
MüKoInsO	Münchener Kommentar zur Insolvenzordnung, 3. Aufl. 2013
MüKoUWG	Münchener Kommentar zum Lauterkeitsrecht, 2. Aufl. 2014
MüKoZPO	Münchener Kommentar zur Zivilprozessordnung, 5. Aufl. 2016
MusterAnmV	Musteranmeldeverordnung
MusterRegV	Musterregisterverordnung
MuW	Markenschutz und Wettbewerb
mwN	mit weiteren Nachweisen
MWSt	Mehrwertsteuer

Abkürzungsverzeichnis

Nachf.	Nachfolger
Nachw.	Nachweise
nF	neue Fassung
NJW	Neue Juristische Wochenschrift
NJW-Cor	Computerreport der NJW
NJWE-WettbR	Neue Juristische Wochenschrift – Entscheidungsdienst Wettbewerbsrecht
NJW-RR	Neue Juristische Wochenschrift – Rechtsprechungs-Report Zivilrecht
Nr.	Nummer
NRW	Nordrhein-Westfalen
NZB	Nichtzulassungsbeschwerde
o.	oben, oder
oa	oben angegeben(e/es/er)
oÄ	oder Ähnliche/s
OFD	Oberfinanzdirektion
OHG	Offene Handelsgesellschaft
OLG	Oberlandesgericht
OLGZ	Entscheidungen der Oberlandesgerichte in Zivilsachen
OVG	Oberverwaltungsgericht
OWiG	Gesetz über Ordnungswidrigkeiten
PA	Patentamt; Patentanwalt
PAngV	Preisangabenverordnung
PartG	Parteiengesetz
PatÄndG	Gesetz zur Änderung des Patentgesetzes
PatAnm	Patentanmeldung
PatAnmVO	Verordnung über die Anmeldung von Patenten (Patentanmeldeverordnung)
PatAnwO	Patentanwaltsordnung
PatBl.	Patentblatt
PatG	Patentgesetz
PatGebG	Gesetz über die Gebühren des Patentamts und des Patentgerichts
PatGebZV	Verordnung über die Zahlung der Gebühren des deutschen Patentamts und des Patentgerichts
PCT	Patent Cooperation Treaty (Vertrag über die internationale Zusammenarbeit auf dem Gebiet des Patentwesens)
PharmBetrV	Betriebsverordnung für pharmazeutische Unternehmen
PMZ	Blatt für Patent-, Muster- und Zeichenwesen (herausgegeben vom Deutschen Patentamt)
PräsPA	Präsident des Patentamts
PrPG	Produktpiateriegesetz
PrüfRichtl.	Richtlinien für das Prüfungsverfahren
PVÜ	Pariser Verbandsübereinkunft zum Schutz des gewerblichen Eigentums
RA	Rechtsanwalt
RabattG	Rabattgesetz
RabelsZ	Rabels Zeitschrift für ausländisches und internationales Privatrecht
RBerG	Rechtsberatungsgesetz
RdA	Recht der Arbeit (Zeitschrift)
RegE	Regierungsentwurf
RegNr.	Registernummer
Rev.	Revision
RG	Reichsgericht
RGBl.	Reichsgesetzblatt
RGSt	Entscheidungen des Reichsgerichts in Strafsachen
RGZ	Entscheidungen des Reichsgerichts in Zivilsachen
Richtl.EPA	Richtlinien für die Prüfung im Europäischen Patentamt, Loseblattausgabe
RIW/AWD	Recht der internationalen Wirtschaft, Außenwirtschaftsdienst des „Betriebsberater" (Zeitschrift)
RL	Richtlinie
RMBeschrG	Rechtsmittelbeschränkungsgesetz
Rn.	Randnummer
Rpfleger	Der Deutsche Rechtspfleger (Zeitschrift)

Abkürzungsverzeichnis

RPflG	Rechtspflegergesetz
RPS	Recht und Praxis der Schiedsgerichtsbarkeit (Zeitschrift)
Rs.	Rechtssache
Rspr.	Rechtsprechung
RVG	Rechtsanwaltsvergütungsgesetz
RVO	Rechtsverordnung; Reichsversicherungsordnung (SozR)
S.	Seite(n), Satz
s.	siehe
SchiedsVZ	Zeitschrift für Schiedsverfahren
SGB	Sozialgesetzbuch
SGG	Sozialgerichtsgesetz
SJZ	Süddeutsche Juristenzeitung
Slg.	amtliche Sammlung der Entscheidungen des EuGH
s. o.	siehe oben
sog	so genannt(e)
SortenSchG	Sortenschutzgesetz
Sp.	Spalte
spät.	spätestens
städt.	städtisch(e)
StGB	Strafgesetzbuch
StPO	Strafprozessordnung
str.	strittig
stRspr.	ständige Rechtsprechung
StraÜ	Straßburger Übereinkommen zur Vereinheitlichung gewisser Begriffe des materiellen Rechts der Erfindungspatente
TabuDPA	Taschenbuch des gewerblichen Rechtsschutzes, herausgegeben vom Deutschen Patentamt, Loseblattsammlung
teilw.	teilweise
TRIPS	Agreement on trade-related aspects of intellectual property rights = Übereinkommen über handelsbezogene Aspekte der Rechte des geistigen Eigentums
Tz.	Textziffer
u.	und, unter, unten
ua	und andere, unter anderem
uÄ	und Ähnliches
Überbl.	Überblick
Übers.	Übersicht
UFITA	Archiv für Urheber-, Film-, Funk- und Theaterrecht (Zeitschrift)
unstr.	unstreitig
UPOV	Internationales Übereinkommen zum Schutz von Pflanzenzüchtungen
UrhG	Urheberrechtsgesetz
UrhSchiedsVO	Urheberrechtsschiedsstellenverordnung
UR	Urkundenrolle
URNr.	Urkundenrollennummer
Urt.	Urteil
usw	und so weiter
uU	unter Umständen
UWG	Gesetz gegen den unlauteren Wettbewerb
v.	vom, von
verb.	verbunden
VereinfNov	Gesetz zur Vereinfachung und Beschleunigung gerichtlicher Verfahren (Vereinfachungsnovelle)
VerfGH	Verfassungsgerichtshof
VerglO	Vergleichsordnung
VerlG	Verlagsgesetz
VersR	Versicherungsrecht
VG	Verwaltungsgericht
VGH	Verwaltungsgerichtshof
vgl.	vergleiche

Abkürzungsverzeichnis

vH	von Hundert
VO	Verordnung
vollst.	vollständig
Vorbem.	Vorbemerkung
VU	Versäumnisurteil
VV-RVG	Vergütungsverzeichnis zum RVG
VwGO	Verwaltungsgerichtsordnung
VwKostV	Verwaltungskostenverordnung
VwVfG	Verwaltungsverfahrensgesetz
VwVG	Verwaltungsvollstreckungsgesetz
VwZG	Verwaltungszustellungsgesetz
VZS	Vereinigte Zivilsenate
Wahrn V	Urheberrechtswahrnehmungsverordnung
WiB	Wirtschaftsrechtliche Beratung
WIPO	Weltorganisation für geistiges Eigentum (auch: OMPI)
WM	Wohnungswirtschaft- und Mietrecht; Wertpapiermitteilungen
WPM	Wertpapier-Mitteilungen
WRP	Wettbewerb in Recht und Praxis
WuW/E	Wirtschaft und Wettbewerb. Entscheidungssammlung zum Kartellrecht
WZG	Warenzeichenrecht
zahlr.	zahlreich
ZAP	Zeitschrift für die Anwaltspraxis
zB	zum Beispiel
ZHR	Zeitschrift für das gesamte Handelsrecht und Wirtschaftsrecht
Ziff.	Ziffer
ZIP	Zeitschrift für die gesamte Insolvenzpraxis
ZKostV	Zollkostenverordnung
ZLR	Zeitschrift für das gesamte Lebensmittelrecht
ZPO	Zivilprozessordnung
ZRHO	Rechtshilfeordnung in Zivilsachen
Zs.	Zeitschrift
ZSEG	Gesetz über die Entschädigung von Zeugen und Sachverständigen
zT	zum Teil
ZSEG	Zeugen- und Sachverständigen-Entschädigungs-Gesetz
ZUM	Zeitschrift für Urheber-, Film-, Funk- und Theaterrecht
ZVG	Zwangsversteigerungsgesetz
ZZP	Zeitschrift für Zivilprozess
zzt.	zurzeit

Literaturverzeichnis

WirtschaftsStrafR-HdB	Achenbach/Ransiek/Rönnau, Handbuch Wirtschaftsstrafrecht, Handbuch, 5. Aufl. 2019
Ahrens/Spätgens EinstwRS	Ahrens/Spätgens, Einstweiliger Rechtsschutz und Vollstreckung in UWG-Sache, Monografie, 4. Aufl. 2001
Ahrens Wettbewerbsprozess-HdB	Ahrens, Der Wettbewerbsprozess, Handbuch, 9. Aufl. 2021
Andres/Leithaus	Andres/Leithaus, Insolvenzordnung, Kommentar, 4. Aufl. 2018
Ann/Loschelder/Grosch Know-how-Schutz-HdB	Ann/Loschelder/Grosch, Praxishandbuch Know-how-Schutz, Handbuch, 1. Aufl. 2010
Ann PatR	Ann, Patentrecht, Lehrbuch, 8. Aufl. 2022
Apetz Geschäftspraktiken	Apetz, Das Verbot aggressiver Geschäftspraktiken, Monografie, 1. Aufl. 2011
Auer-Reinsdorff/Conrad IT- und DatenschutzR-HdB	Auer-Reinsdorff/Conrad, Handbuch IT- und Datenschutzrecht, Handbuch, 3. Aufl. 2019
Barber Schiedsfähigkeit	Barber, Objektive Schiedsfähigkeit und ordre public in der internationalen Schiedsgerichtsbarkeit, Monografie, 1. Aufl. 1993
Bartenbach/Volz ArbEG	Bartenbach/Volz, Arbeitnehmererfindungsgesetz ArbEG, Kommentar, 6. Aufl. 2019
Bartenbach Arbeitnehmererfindungen	Bartenbach, Arbeitnehmererfindungen im Konzern, Handbuch, 4. Aufl. 2018
Bartenbach Patentlizenz	Bartenbach, Patentlizenz- und Know-how-Vertrag, Handbuch, 7. Aufl. 2013
Baumbach/Lauterbach/Albers/Hartmann	Baumbach/Lauterbach/Albers/Hartmann, Zivilprozessordnung: ZPO, Kommentar, 74. Aufl. 2015
Beater Unl. Wettbewerb	Beater, Unlauterer Wettbewerb, Lehrbuch, 1. Aufl. 2002
Bechtold/Bosch/Brinker	Bechtold/Bosch/Brinker, EU-Kartellrecht, Kommentar, 3. Aufl. 2014
BeckFormB IT-R	Weitnauer/Mueller-Stöfen, Beck'sches Formularbuch IT-Recht, Formularbuch, 5. Aufl. 2020
Beck RundfunkR	Binder/Vesting, Beck'scher Kommentar zum Rundfunkrecht, Kommentar, 4. Aufl. 2018
Benkard EPÜ	Benkard, Europäisches Patentübereinkommen, Kommentar, 3. Aufl. 2019
Benkard PatG	Benkard, Patentgesetz, Kommentar, 11. Aufl. 2015
Berger/Wündisch UrhVertrR-HdB	Berger/Wündisch, Urhebervertragsrecht, Handbuch, 3. Aufl. 2022
Berneke/Schüttpelz Einstw. Verfügung	Berneke/Schüttpelz, Die einstweilige Verfügung in Wettbewerbssachen, Monografie, 4. Aufl. 2018
Bettinger DomainR-HdB	Bettinger, Handbuch des Domainrechts, Handbuch, 2. Aufl. 2017
Beucher/Leyendecker/v. Rosenberg	Beucher/Leyendecker/v. Rosenberg, Mediengesetze, Kommentar, 2. Aufl. 2005
Beutelmann Selektive Vertriebssysteme	Beutelmann, Selektive Vertriebssysteme im europäischen Kartellrecht, Monografie, 1. Aufl. 2004
Boemke/Kursawe	Boemke/Kursawe, Gesetz über Arbeitnehmererfindungen, Kommentar, 1. Aufl. 2015
Borck Anwaltliche Praxis	Borck, Die anwaltliche Praxis in Wettbewerbssachen, Monografie, 1. Aufl. 1992
Braitmayer/van Hees	Braitmayer/van Hees, Verfahrensrecht in Patentsachen, Handbuch, 5. Aufl. 2019
Brechmann Auslegung	Brechmann, Die richtlinienkonforme Auslegung, Monografie, 1. Aufl. 1994

Literaturverzeichnis

Bröcker/Czychowski/Schäfer Geistiges Eigentum-HdB — Bröcker/Czychowski/Schäfer, Praxishandbuch Geistiges Eigentum im Internet, Handbuch, 1. Aufl. 2003

Bulling/Langöhrig/Heller/Müller Designschutz .... — Bulling/Langöhrig/Heller/Müller, Designschutz: in Deutschland und Europa mit USA, Japan, China und Korea, Handbuch, 4. Aufl. 2017

Bumiller Gemeinschaftsmarke .... — Bumiller, Durchsetzung der Gemeinschaftsmarke in der Europäischen Union, Monografie, 1. Aufl. 1997

Busse/Keukenschrijver ...... — Busse/Keukenschrijver, Patentgesetz, Kommentar, 9. Aufl. 2020

Böhm Beweismittel in Wettbewerbsprozessen .... — Böhm, Demoskopische Gutachten als Beweismittel im Wettbewerbsprozessen, Handbuch, 1. Aufl. 1985

Bücking/Angster DomainR — Bücking/Angster, Domainrecht, Handbuch, 2. Aufl. 2010

Bühring .... — Bühring, Gebrauchsmustergesetz, Kommentar, 8. Aufl. 2011

Bülow/Ring/Artz/Brixius HWG .... — Bülow/Ring/Artz/Brixius, Heilmittelwerbegesetz – HWG, Kommentar, 5. Aufl. 2015

Büscher/Dittmer/Schiwy GewRS .... — Büscher/Dittmer/Schiwy, Gewerblicher Rechtsschutz, Urheberrecht, Medienrecht, Kommentar, 4. Aufl. 2021

Calliess/Ruffert .... — Calliess/Ruffert, EUV/AEUV, Kommentar, 6. Aufl. 2022

Chrocziel GewRS .... — Chrocziel, Einführung in den Gewerblichen Rechtsschutz und das Urheberrecht, Monografie, 3. Aufl. 2019

Cohausz GewRS .... — Cohausz, Gewerblicher Rechtsschutz und angrenzende Gebiete, Monografie, 2. Aufl. 2014

Corbin/Gill Survey Evidence .... — Corbin/Gill, Survey Evidence and the Law Worldwide, Handbuch, 1. Aufl. 2008

Craig/Park/Paulsson Commerce Arbitration .... — Craig/Park/Paulsson, International Chamber of Commerce Arbitration, Handbuch, 3. Aufl. 2000

Czychowski UrhVertrR ..... — Czychowski, Das Urhebervertragsrecht als wesentlicher Bestandteil des Urheberrechts in den Staaten Zentral- und Osteuropas, Monografie, 1. Aufl. 1997

Dauses/Ludwigs EU-WirtschaftsR-HdB .... — Dauses/Ludwigs, Handbuch des EU-Wirtschaftsrechts, Handbuch, 54. Aufl. 2021

Delp Geistiges Schaffen ...... — Delp, Das Recht des geistigen Schaffens in der Informationsgesellschaft, Monografie, 2. Aufl. 2003

Delp Verlagsvertrag .... — Delp, Der Verlagsvertrag, Handbuch, 8. Aufl. 2007

Dieners Gesundheitswesen-Compliance-HdB .... — Dieners, Handbuch Compliance im Gesundheitswesen, Handbuch, 3. Aufl. 2010

Dillhage/Kiontke/Oeser/Pahne/Struck/Weck Verkehrsauffassung LebensmittelR .... — Dillhage/Kiontke/Oeser/Pahne/Struck/Weck, Verkehrsauffassung im Lebensmittelrecht, Handbuch, 72. Aufl. 2019

Dobel Demoskopische Gutachten .... — Dobel, Verkehrsauffassung und demoskopische Gutachten im Marken- und Wettbewerbsrecht, Monografie, 1. Aufl. 2014

Doepner/Reese .... — Doepner/Reese, Heilmittelwerbegesetz, Kommentar, 3. Aufl. 2018

Dowd Copyright Litigation .... — Dowd, Copyright Litigation Handbook, Handbuch, 1. Aufl. 2010

Dreier/Schulze .... — Dreier/Schulze, Urheberrechtsgesetz, Kommentar, 7. Aufl. 2022

Dreyer/Kotthoff/Meckel/Hentsch .... — Dreyer/Kotthoff/Meckel/Hentsch, Heidelberger Kommentar Urheberrecht, Kommentar, 4. Aufl. 2018

Dybdahl-Müller EurPatR ... — Dybdahl-Müller, Europäisches Patentrecht, Handbuch, 3. Aufl. 2008

Däbritz/Jesse/Bröcher Patente .... — Däbritz/Jesse/Bröcher, Patente, Monografie, 3. Aufl. 2009

Literaturverzeichnis

Eichmann/Jestaedt/Fink/Meiser	Eichmann/Jestaedt/Fink/Meiser, Designgesetz, GGV, Kommentar, 6. Aufl. 2019
Eisenführ/Schennen	Eisenführ/Schennen, Unionsmarkenverordnung, Kommentar, 5. Aufl. 2016
Eisenmann/Jautz GewRS	Eisenmann/Jautz, Grundriss Gewerblicher Rechtsschutz und Urheberrecht, Lehrbuch, 10. Aufl. 2015
Ekey/Bender/Fuchs-Wissemann	Ekey/Bender/Fuchs-Wissemann, Heidelberger Kommentar Markenrecht, Kommentar, 4. Aufl. 2019
Ekey/Klippel/Kotthoff/Meckel/Plaß	Ekey/Klippel/Kotthoff/Meckel/Plaß, Heidelberger Kommentar zum Wettbewerbsrecht, Kommentar, 2. Aufl. 2005
Ekey WettbR	Ekey, Grundriss des Wettbewerbs- und Kartellrechts – Mit Grundzügen des Marken-, Domain- und Telekommunikationsrechts, Handbuch, 5. Aufl. 2016
Elskamp Gesetzesverstoß	Elskamp, Gesetzesverstoß und Wettbewerbsrecht, Monografie, 1. Aufl. 2008
Erbersdobler/Meyer Functional Food-HdB	Erbersdobler/Meyer, Praxishandbuch Functional Food, Handbuch, 60. Aufl. 2013
Erman	Erman, BGB, Kommentar, 16. Aufl. 2020
FA-GewRS	Erdmann/Rojahn/Sosnitza, Handbuch des Fachanwalts Gewerlicher Rechtsschutz, Handbuch, 3. Aufl. 2018
Fabry/Trimborn ArbeitnehmererfindungsR	Fabry/Trimborn, Arbeitnehmererfindungsrecht im internationalen Vergleich, Handbuch, 2. Aufl. 2020
Fezer/Büscher/Obergfell	Fezer/Büscher/Obergfell, UWG, Kommentar, Band 1, 2, 3. Aufl. 2016
Fezer Markenpraxis-HdB	Fezer, Handbuch der Markenpraxis, Handbuch, 3. Aufl. 2015
Fezer MarkenR	Fezer, Markenrecht, Kommentar, 4. Aufl. 2009
Fitzner/Lutz/Bodewig	Fitzner/Lutz/Bodewig, Patentrechtskommentar, Kommentar, 4. Aufl. 2012
Fromm/Nordemann	Fromm/Nordemann, Urheberrecht, Kommentar, 12. Aufl. 2018
Frost Schiedsgerichtsbarkeit	Frost, Schiedsgerichtsbarkeit im Bereich des geistigen Eigentums nach deutschem und US-amerikanischem Schiedsrecht, Monografie, 1. Aufl. 2001
FS Beier, 1996	Straus, Aktuelle Herausforderungen des geistigen Eigentums – Festgabe von Freunden und Mitarbeitern für Friedrich-Karl Beier zum 70. Geburtstag, Festschrift, 1. Aufl. 1996
FS Fezer, 2016	Büscher/Glöckner/Nordemann/Osterrieth/Rengier, Festschrift für Karl-Heinz Fezer zum 70. Geburtstag – Marktkommunikation zwischen geistigem Eigentum und Verbraucherschutz, Festschrift, 1. Aufl. 2016
FS Piper, 1996	Erdmann/Gloy/Herber, Festschrift für Henning Piper zum 65. Geburtstag, Festschrift, 1. Aufl. 1996
FS Tilmann, 2003	Keller, Festschrift für Winfried Tilmann, Festschrift, 1. Aufl. 2003
FS Traub, 1994	Löwenheim/Raiser, Festschrift für Fritz Traub zum 65. Geburtstag, Festschrift, 1. Aufl. 1994
FS Ullmann, 2006	Ahrens/Bornkamm/Kunz-Hallstein, Festschrift für Eike Ullmann, Festschrift, 1. Aufl. 2006
FS Vieregge, 1995	Baur, Festschrift für Ralf Vieregge zum 70. Geburtstag, Festschrift, 1. Aufl. 1995
Furrer Sperrwirkung	Furrer, Die Sperrwirkung des sekundären Gemeinschaftsrechts auf die nationalen Rechtsordnungen, Monografie, 1. Aufl. 1994
Gall EurPatAnmeldung	Gall, Die europäische Patentanmeldung und der PCT in Frage und Antwort, Handbuch, 8. Aufl. 2011
Geiger/Khan/Kotzur	Geiger/Khan/Kotzur, EUV/AEUV, Kommentar, 6. Aufl. 2017
Geimer/Schütze Int. Rechtsverkehr	Geimer/Schütze, Internationaler Rechtsverkehr in Zivil- und Handelssachen, Handbuch, 63. Aufl. 2021
Geppert/Schütz	Geppert/Schütz, Beck'scher TKG-Kommentar, Kommentar, 4. Aufl. 2013

Literaturverzeichnis

Gerold/Schmidt	Gerold/Schmidt, RVG-Kommentar, Kommentar, 25. Aufl. 2021
Gerstenmaier Wettbewerbsrechtl. Praxis	Gerstenmaier, Umfrageforschung in der wettbewerbsrechtlichen Praxis, Monografie, 1. Aufl. 2003
Gielen/v. Bomhard Concise European Trade Mark	Gielen/von Bomhard, Concise European Trade Mark and Design Law, Kommentar, 2. Aufl. 2017
Gloy/Loschelder/ Danckwerts UWG-HdB	Gloy/Loschelder/Danckwerts, Handbuch des Wettbewerbsrecht, Handbuch, 5. Aufl. 2019
Gola/Heckmann	Gola/Heckmann, Bundesdatenschutzgesetz, Kommentar, 13. Aufl. 2019
Grabitz/Hilf/Nettesheim	Grabitz/Hilf/Nettesheim, Das Recht der Europäischen Union, Kommentar, 74. Aufl. 2021
Graf Lambsdorff WettbVerfR	Graf Lambsdorff, Handbuch des Wettbewerbsverfahrensrechts, Handbuch, 1. Aufl. 2000
Greger/Unberath/Steffek	Greger/Unberath/Steffek, Recht der alternativen Konfliktlösung, Kommentar, 2. Aufl. 2016
Groß Forschungs-/Entwicklungsvertrag	Groß, Forschungs- und Entwicklungsvertrag, Ratgeber, 5. Aufl. 2020
Gruber/von Zumbusch/ Haberl/Oldekop PatR	Gruber/von Zumbusch/Haberl/Oldekop, Europäisches und internationales Patentrecht, Monografie, 7. Aufl. 2012
Gröning/Mand/Reinhart	Gröning/Mand/Reinhart, Heilmittelwerberecht, Kommentar, 1. Aufl. 2015
Grüneberg	Grüneberg, Bürgerliches Gesetzbuch, Kommentar, 81. Aufl. 2022
Götting/Schertz/Seitz PersönlichkeitsR-HdB	Götting/Schertz/Seitz, Handbuch Persönlichkeitsrecht, Handbuch, 2. Aufl. 2019
Götting GewRS	Götting, Gewerblicher Rechtsschutz, Lehrbuch, 11. Aufl. 2020
Günther/Beyerlein	Günther/Beyerlein, DesignG: Designgesetz, Kommentar, 3. Aufl. 2015
Haberstumpf UrhR-HdB	Haberstumpf, Handbuch des Urheberrechts, Handbuch, 2. Aufl. 2000
Haft/Schlieffen Mediation-HdB	Haft/Schlieffen, Handbuch Mediation, Handbuch, 3. Aufl. 2016
Hannich/Meyer-Seitz ZPO-Reform 2002	Hannich/Meyer-Seitz, ZPO-Reform 2002 mit Zustellungsreformgesetz, Handbuch, 1. Aufl. 2002
Hannich/Meyer-Seitz ZPO-Reform 2002	Hannich/Meyer-Seitz, ZPO-Reform 2002, Monografie, 1. Aufl. 2002
Harte-Bavendamm/ Henning-Bodewig	Harte-Bavendamm/Henning-Bodewig, UWG, Kommentar, 5. Aufl. 2021
Hartung/Schons/Enders	Hartung/Schons/Enders, Rechtsanwaltsvergütungsgesetz, Kommentar, 3. Aufl. 2017
Hartwig Designschutz II	Hartwig, Designschutz in Europa, Band 2: Entscheidungen europäischer nationaler Gerichte, Entscheidungssammlung, 1. Aufl. 2008
Hasselblatt CDR	Hasselblatt, Community Design Regulation, Kommentar, 2. Aufl. 2018
Hasselblatt CTMR	Hasselblatt, Community Trade Mark Regulation – A Commentary, Kommentar, 1. Aufl. 2015
Hassemer PatR	Hassemer, Patentrecht – mit Arbeitnehmererfindungsrecht, Gebrauchsmusterrecht, Sortenschutzrecht und Patentmanagement, Handbuch, 2. Aufl. 2015
Heermann Warenverkehrsfreiheit	Heermann, Warenverkehrsfreiheit und deutsches Unlauterkeitsrecht, Kommentar, 1. Aufl. 2004
Henke Erfindergemeinschaft	Henke, Die Erfindergemeinschaft, Monografie, 1. Aufl. 2005
Henn/Pahlow PatVertrR	Henn/Pahlow, Patentvertragsrecht, Handbuch, 6. Aufl. 2016

Literaturverzeichnis

Henning-Bodewig/Kur Marke I	Henning-Bodewig/Kur, Marke und Verbraucher – Funktionen der Marke in der Marktwirtschaft Bd. 1: Grundlagen, Monografie, 1. Aufl. 2000
Henning-Bodewig/Kur Marke II	Henning-Bodewig/Kur, Marke und Verbraucher – Funktionen der Marke in der Marktwirtschaft Bd. 2: Einzelprobleme, Monografie, 1. Aufl. 2000
Henn Lizenzvertrag-HdB	Henn, Patent- und Know-how-Lizenzvertrag – Handbuch für die Praxis, Handbuch, 5. Aufl. 2003
Henssler/Prütting	Henssler/Prütting, Bundesrechtsanwaltsordnung: BRAO, Kommentar, 5. Aufl. 2019
Hertin/Wagner UrhR	Hertin/Wagner, Urheberrecht, Monografie, 3. Aufl. 2019
HK-ArbNErfR	Schwab, Arbeitnehmererfindungsrecht, Kommentar, 4. Aufl. 2018
HK-MStV	Hartstein/Ring/Kreile/Dörr/Stettner/Cole/Wagner, Rundfunkstaatsvertrag Jugendmedienschutz-Staatsvertrag, Kommentar, 86. Aufl. 2020
HK-UrhG	Eichelberger/Wirth/Seifert, Urheberrechtsgesetz, Kommentar, 4. Aufl. 2022
Hoeren/Sieber/Holznagel MMR-HdB	Hoeren/Sieber/Holznagel, Handbuch Multimedia-Recht, Handbuch, 57. Aufl. 2021
Hölder Europäische Patente	Hölder, Grenzüberschreitende Durchsetzung Europäischer Patente, Monografie, 1. Aufl. 2004
Immenga/Mestmäcker	Immenga/Mestmäcker, Wettbewerbsrecht, Kommentar, Band 1, 2, 3, 4, 6. Aufl. 2019
Ingerl/Rohnke	Ingerl/Rohnke, Markengesetz: MarkenG, Kommentar, 3. Aufl. 2010
Jaeschke Ambush Marketing	Jaeschke, Ambush Marketing – Schutzstrategien gegen assoziatives Marketing für Veranstalter von (Sport-) Großereignissen und Markenartikler, Monografie, 1. Aufl. 2008
Jestaedt WettbR	Jestaedt, Wettbewerbsrecht – ein fallbezogenes Lehrbuch, Lehrbuch, 1. Aufl. 2007
jurisPK-InternetR	Heckmann, juris PraxisKommentar Internetrecht, Kommentar, 7. Aufl. 2021
Keukenschrijver Patentnichtigkeitsverfahren	Keukenschrijver, Patentnichtigkeitsverfahren, Handbuch, 7. Aufl. 2020
Kleist/Albrecht/Hoffmann	Kleist/Albrecht/Hoffmann, Heilmittelwerbegesetz, Kommentar, 1. Aufl. 1986
Kloesel/Cyran	Kloesel/Cyran, Arzneimittelrecht, Kommentar, 3. Aufl. 2018
Knaak Demoskopische Umfragen	Knaak, Demoskopische Umfragen in der Praxis des Wettbewerbs- und Warenzeichenrechts, Monografie, 1. Aufl. 1986
Kopp/Schenke	Kopp/Schenke, Verwaltungsgerichtsordnung: VwGO, Kommentar, 27. Aufl. 2021
Kreindler/Schäfer/Wolff Schiedsgerichtsbarkeit	Kreindler/Schäfer/Wolff, Schiedsgerichtsbarkeit – Kompendium für die Praxis, Handbuch, 1. Aufl. 2006
Kropholler/v. Hein EurZivilProzR	Kropholler/von Hein, Europäisches Zivilprozessrecht, Kommentar, 9. Aufl. 2011
Kurz Vertraulichkeitsvereinbarungen	Kurz, Vertraulichkeitsvereinbarungen und andere Vorfeldverträge, Handbuch, 4. Aufl. 2019
Köhler/Bornkamm/Feddersen	Köhler/Bornkamm/Feddersen, UWG, Kommentar, 40. Aufl. 2022
Köllner PCT-HdB	Köllner, PCT-Handbuch, Handbuch, 16. Aufl. 2021
Kübler/Prütting/Bork	Kübler/Prütting/Bork, InsO, Kommentar zur Insolvenzordnung, Kommentar, 90. Aufl. 2022
Kügel/Müller/Hofmann	Kügel/Müller/Hofmann, Arzneimittelgesetz, Kommentar, 3. Aufl. 2022
Kühnen Patentverletzung-HdB	Kühnen, Handbuch der Patentverletzung, Handbuch, 12. Aufl. 2019
Küttner Personalbuch 2021	Küttner, Personalbuch 2021, Lexikon, 28. Aufl. 2021

Literaturverzeichnis

Lachmann Schiedsgerichtspraxis-HdB	Lachmann, Handbuch für die Schiedsgerichtspraxis, Handbuch, 4. Aufl. 2016
Lange MarkenR	Lange, Marken- und Kennzeichenrecht, Handbuch, 2. Aufl. 2012
Lehmann Computerprogramme	Lehmann, Rechtsschutz und Verwertung von Computerprogrammen, Handbuch, 2. Aufl. 1993
Lendvai/Rebel Gewerbliche SchutzR	Lendvai/Rebel, Gewerbliche Schutzrechte: Anmeldung – Strategie – Verwertung, Handbuch, 7. Aufl. 2016
Lettl Irreführende Werbung	Lettl, Der lauterkeitsrechtliche Schutz vor irreführender Werbung in Europa, Monografie, 1. Aufl. 2004
Lettl Neues UWG	Lettl, Das neue UWG, Handbuch, 1. Aufl. 2004
Liebscher/Flohr/Petsche Gruppenfreistellungs-VO-HdB	Liebscher/Flohr/Petsche, Handbuch der EU-Gruppenfreistellungsverordnungen, Kommentar, 2. Aufl. 2012
Lionnet/Lionnet IntSchiedsgerichtsbarkeits-HdB	Lionnet/Lionnet, Handbuch der internationalen und nationalen Schiedsgerichtsbarkeit, Handbuch, 3. Aufl. 2004
Litke Projektmanagement	Litke, Projektmanagement, Lehrbuch, 6. Aufl. 2015
Loewenheim/Meessen/Riesenkampff/Kersting/Meyer-Lindemann	Loewenheim/Meessen/Riesenkampff/Kersting/Meyer-Lindemann, Kartellrecht, Kommentar, 4. Aufl. 2020
Loewenheim UrhR-HdB	Loewenheim, Handbuch des Urheberrechts, Handbuch, 3. Aufl. 2021
Lorenzen Designschutz	Lorenzen, Designschutz im europäischen und internationalen Recht, Handbuch, 1. Aufl. 2002
Loth	Loth, Gebrauchsmustergesetz, Kommentar, 2. Aufl. 2017
Löffler	Löffler, Presserecht, Kommentar, 6. Aufl. 2015
Lörcher/Lörcher Schiedsverfahren	Lörcher/Lörcher, Das Schiedsverfahren – national/international – nach neuem Recht, Handbuch, 2. Aufl. 2001
Lörcher Internationale Streiterledigung	Lörcher, Neue Verfahren der internationalen Streiterledigung in Wirtschaftssachen, Handbuch, 1. Aufl. 2001
MAH GewRS	Hasselblatt, Münchener Anwaltshandbuch Gewerblicher Rechtsschutz, Handbuch, 5. Aufl. 2017
MAH Insolvenz	Nerlich/Kreplin, Münchener Anwaltshandbuch Insolvenz und Sanierung, Handbuch, 3. Aufl. 2019
MAH UrhR	Raue/Hegemann, Münchener Anwaltshandbuch Urheber- und Medienrecht, Handbuch, 2. Aufl. 2017
MAH VerwR	Johlen/Oerder, Münchener Anwaltshandbuch Verwaltungsrecht, Handbuch, 4. Aufl. 2017
Maier/Schlötelburg Gemeinschaftsgeschmacksmuster	Maier/Schlötelburg, Leitfaden Gemeinschaftsgeschmacksmuster, Monografie, 1. Aufl. 2002
Melullis Wettbewerbsprozess-HdB	Melullis, Handbuch des Wettbewerbsprozesses, Handbuch, 3. Aufl. 2000
Mes	Mes, Patentgesetz, Gebrauchsmustergesetz: PatG, GebrMG, Kommentar, 5. Aufl. 2020
Mestmäcker/Schulze	Mestmäcker/Schulze, Kommentar zum deutschen Urheberrecht, Kommentar, 1. Aufl. 1989
Mestmäcker/Schweitzer EuWettbR	Mestmäcker/Schweitzer, Europäisches Wettbewerbsrecht, Lehrbuch, 3. Aufl. 2014
Meyer/Streinz	Meyer/Streinz, LFGB BasisVO HCVO, Kommentar, 2. Aufl. 2012
Moser/Scheuermann/Drücke Musikwirtschaft-HdB	Moser/Scheuermann/Drücke, Handbuch der Musikwirtschaft, Handbuch, 7. Aufl. 2018

Literaturverzeichnis

MPFormB GewRS	Mes, Münchener Prozessformularbuch, Band 5: Gewerblicher Rechtsschutz, Urheber- und Presserecht, Formularbuch, 5. Aufl. 2018
MVHdB III WirtschaftsR II	Grützmacher/Rieder/Schütze/Weipert, Münchener Vertragshandbuch, Band 3: Wirtschaftsrecht II, Handbuch, 8. Aufl. 2021
MVHdB IV WirtschaftsR III	Schütze/Weipert/Rieder, Münchener Vertragshandbuch, Band 4: Wirtschaftsrecht III, Handbuch, 8. Aufl. 2018
Mäger Abtretung urheberrechtl. Vergütungsansprüche	Mäger, Die Abtretung urheberrechtlicher Vergütungsansprüche in Verwertungsverträgen, Monografie, 1. Aufl. 2000
Möffert FuE-Vertrag	Möffert, Forschungs- und Entwicklungsvertrag, Monografie, 4. Aufl. 2019
Möhring/Nicolini	Möhring/Nicolini, Urheberrechtsgesetz: UrhG, Kommentar, 4. Aufl. 2018
Müller Demoskopische Ermittlung	Müller, Die demoskopische Ermittlung der Verkehrsauffassung im Rahmen des § 4 UWG, Monografie, 1. Aufl. 1978
Nagel/Gottwald IntZivilProzR	Nagel/Gottwald, Internationales Zivilprozessrecht, Handbuch, 8. Aufl. 2020
Nicklisch FuE-Verträge	Nicklisch, Forschungs- und Entwicklungsverträge in Wissenschaft und Technik, Monografie, 1. Aufl. 2004
Nirk/Ullmann PatR	Nirk/Ullmann, Patentrecht – Mit Gebrauchsmuster- und Sortenschutzrecht, Lehrbuch, 4. Aufl. 2018
Noelle-Neumann/Petersen Methoden Demoskopie	Noelle-Neumann/Petersen, Alle, nicht jeder – Einführung in die Methoden der Demoskopie, Handbuch, 4. Aufl. 2005
Noelle-Neumann/Schramm Umfrageforschung	Noelle-Neumann/Schramm, Umfrageforschung in der Rechtspraxis, Monografie, 1. Aufl. 1961
Nordemann/Vinck/Hertin/Meyer	Nordemann/Vinck/Hertin/Meyer, International copyright and neighboring rights law, Kommentar, 1. Aufl. 1990
Nordemann Neues UrhVertrR	Nordemann, Das neue Urhebervertragsrecht, Monografie, 1. Aufl. 2002
Nordemann Urheberrechtl. geschütztes Werk	Nordemann, Die künstlerische Fotografie als urheberrechtlich geschütztes Werk, Handbuch, 1. Aufl. 1992
Nordemann WettbR/MarkenR	Nordemann, Wettbewerbsrecht Markenrecht, Handbuch, 11. Aufl. 2012
Ohly/Sosnitza	Ohly/Sosnitza, Gesetz gegen den unlauteren Wettbewerb, Kommentar, 7. Aufl. 2016
Osterrieth PatR	Osterrieth, Patentrecht, Lehrbuch, 6. Aufl. 2021
Pagenberg/Beier Lizenzverträge	Pagenberg/Beier, Lizenzverträge/License Agreements, Handbuch, 6. Aufl. 2008
Paterson European Patent System	Paterson, The European Patent System, Kommentar, 2. Aufl. 2001
Pfaff/Osterrieth	Pfaff/Osterrieth, Lizenzverträge, Kommentar, 4. Aufl. 2018
Pitz Patentverletzungsverfahren	Pitz, Patentverletzungsverfahren, Handbuch, 2. Aufl. 2010
Prinz/Peters/Perten MedienR	Prinz/Peters/Perten, Medienrecht, Handbuch, 2. Aufl. 2019
Prütting MedR	Prütting, Medizinrecht, Kommentar, 6. Aufl. 2020
Raeschke-Kessler/Berger Schiedsverfahren	Raeschke-Kessler/Berger, Recht und Praxis des Schiedsverfahrens – Gesellschafterforderungen in der Insolvenz nach neuem Recht, Handbuch, 4. Aufl. 2012
Reese Grenzüberschreitende Werbung	Reese, Grenzüberschreitende Werbung in der Europäischen Gemeinschaft, Monografie, 1. Aufl. 1994

Literaturverzeichnis

Rehbinder/Peukert UrhR ..	Rehbinder/Peukert, Urheberrecht, Lehrbuch, 18. Aufl. 2018
Rehmann	Rehmann, Arzneimittelgesetz: AMG, Kommentar, 5. Aufl. 2020
Reich EurPatR	Reich, Materielles Europäisches Patentrecht, Lehrbuch, 1. Aufl. 2009
Reimer/Schade/Schippel ...	Reimer/Schade/Schippel, Arbeitnehmererfindergesetz, Kommentar zum ArbNErfG und den Vergütungsrichtlinien, Kommentar, 8. Aufl. 2007
Reinhart	Reinhart, KosmetikVO, Kommentar, 1. Aufl. 2014
Ring MedienR	Ring, Medienrecht – Bundes- und Landesrecht, EU-Recht, europäisches Recht und internationale Rechtsquellen, Vorschriftensammlung, Materialiensammlung, 160. Aufl. 2020
Rippe Patentanmeldungen ..	Rippe, Europäische und internationale Patentanmeldungen – Praxis Leitfaden, Handbuch, 4. Aufl. 2006
Rosenberger/Wündisch Forschung und Entwicklung	Rosenberger/Wündisch, Verträge über Forschung und Entwicklung, Handbuch, 3. Aufl. 2017
Ruhl/Tolkmitt	Ruhl/Tolkmitt, Gemeinschaftsgeschmacksmuster, Kommentar, 3. Aufl. 2018
Sambuc Nachahmungsschutz	Sambuc, Der UWG-Nachahmungsschutz, Handbuch, 1. Aufl. 1996
Sauberschwarz Gutachten Markt- und Meinungsforschungsinstitute	Sauberschwarz, Gutachten von Markt- und Meinungsforschungsinstituten als Beweismittel im Wettbewerbs- und Warenzeichenprozess, Monografie, 1. Aufl. 1969
Schack UrhR/UrhVertragsR	Schack, Urheber- und Urhebervertragsrecht, Lehrbuch, 9. Aufl. 2019
Schaefer Verbot nichttarifärer Hindernisse	Schaefer, Die unmittelbare Wirkung des Verbots der nichttarifären Handelshemmnisse (Art. 30 EWGV) in den Rechtsbeziehungen zwischen Privaten, Monografie, 1. Aufl. 1987
Schneider Mediation GewRS	Schneider, Mediation im Gewerblichen Rechtsschutz, Monografie, 1. Aufl. 2002
Schramm Patentverletzungsprozess	Schramm, Der Patentverletzungsprozess, Handbuch, 7. Aufl. 2012
Schricker/Loewenheim	Schricker/Loewenheim, Urheberrecht, Kommentar, 6. Aufl. 2020
Schricker VerlagsR	Schricker, Verlagsrecht, Kommentar, 3. Aufl. 2001
Schulte PatG	Schulte, Patentgesetz mit Europäischem Patentübereinkommen, Kommentar, 10. Aufl. 2017
Schulze/Janssen/Kadelbach EuropaR-HdB	Schulze/Janssen/Kadelbach, Europarecht, Handbuch, 4. Aufl. 2020
Schulze/Zuleeg/Kadelbach EuropaR-HdB	Schulze/Zuleeg/Kadelbach, Europarecht, Handbuch, 3. Aufl. 2015
Schuschke/Walker/Kessen/Thole	Schuschke/Walker/Kessen/Thole, Vollstreckung und Vorläufiger Rechtsschutz, Kommentar, 7. Aufl. 2020
Schwab/Walter	Schwab/Walter, Schiedsgerichtsbarkeit, Kommentar, 7. Aufl. 2005
Schütze/Thümmel Schiedsgericht	Schütze/Thümmel, Schiedsgericht und Schiedsverfahren, Monografie, 7. Aufl. 2021
Schütze Inst. Schiedsgerichtsbarkeit	Schütze, Institutionelle Schiedsgerichtsbarkeit, Monografie, 2. Aufl. 2010
Seitz Gegendarstellungsanspruch	Seitz, Der Gegendarstellungsanspruch – Presse, Film, Funk, Fernsehen und Internet, Monografie, 5. Aufl. 2017
Singer/Stauder/Luginbühl EPÜ	Singer/Stauder/Luginbühl, Europäisches Patentübereinkommen, EPÜ, Kommentar, 8. Aufl. 2019
Smit WIPO	Smit, Wipo Arbitration Rules – Commentary and Analysis, Kommentar, 1. Aufl. 2000
Soehring/Hoene PresseR ...	Soehring/Hoene, Presserecht, Lehrbuch, 6. Aufl. 2019

Literaturverzeichnis

Soergel	Soergel, Bürgerliches Gesetzbuch mit Einführungsgesetz und Nebengesetzen (BGB), Kommentar, Band 11, 32, 33, 14. Aufl. 2021
Speckmann WettbR	Speckmann, Wettbewerbsrecht, Handbuch, 3. Aufl. 2000
Spindler/Schuster	Spindler/Schuster, Recht der elektronischen Medien, Kommentar, 4. Aufl. 2019
Stadler/Gehring Verfahren Patentamt	Stadler/Gehring, Verfahren vor dem Patentamt, Handbuch, 1. Aufl. 2017
Stein/Jonas	Stein/Jonas, Kommentar zur Zivilprozessordnung, Kommentar, Band 1, 2, 3, 4, 5, 6, 8, 9, 10, 11, 23. Aufl. 2014
Stiel Verkehrsdurchsetzung von Marken	Stiel, Die Verkehrsdurchsetzung von Marken nach § 8 Abs. 3 MarkenG unter dem Blickwinkel der Demoskopie, Monografie, 1. Aufl. 2015
Straub Rechtswegabgrenzung	Straub, Die Rechtswegabgrenzung in der Rechtsprechung des BGH, Monografie, 1. Aufl. 1988
Strecker	Strecker, Kommentar Fertigpackungsrecht, Kommentar, 146. Aufl. 2019
Ströbele/Hacker/Thiering ..	Ströbele/Hacker/Thiering, Markengesetz, Kommentar, 13. Aufl. 2020
Stöckel MarkenR-HdB	Stöckel, Handbuch Marken- und Designrecht, Handbuch, 3. Aufl. 2013
Teplitzky Wettbewerbsrechtliche Ansprüche	Teplitzky, Wettbewerbsrechtliche Ansprüche und Verfahren, Handbuch, 12. Aufl. 2018
Teubel/Schons Erfolgshonorar	Teubel/Schons, Erfolgshonorar für Anwälte, Handbuch, 1. Aufl. 2008
Thomas/Putzo	Thomas/Putzo, ZPO, Kommentar, 42. Aufl. 2021
Toussaint	Toussaint, Kostenrecht, Kommentar, 51. Aufl. 2021
Traub Wettbewerbsrechtl. Verfahrenspraxis	Traub, Wettbewerbsrechtliche Verfahrenspraxis, Örtliche Besonderheiten in der Rechtsprechung der Oberlandesgerichte, Handbuch, 2. Aufl. 1991
Trimborn ArbeitnehmererfindungsR	Trimborn, Arbeitnehmererfindungsrecht, Lehrbuch, 3. Aufl. 2013
Trinks PCT	Trinks, PCT in der Praxis, Handbuch, 4. Aufl. 2013
Tritton Intellectual Property	Tritton, Tritton on Intellectual Property in Europe, Kommentar, 4. Aufl. 2016
Uhlenbruck	Uhlenbruck, Insolvenzordnung: EuInsVO, Kommentar, Band 2, 15. Aufl. 2020
Uhlenbruck	Uhlenbruck, InsO – Insolvenzordnung, Kommentar, Band 1, 15. Aufl. 2019
Ulsenheimer Zwischenbetriebliche Forschungs- und Entwicklungskooperation ...	Ulsenheimer, Die zwischenbetriebliche Forschungs- und Entwicklungskooperation, Monografie, 1. Aufl. 2001
v. Dietze/Janssen KartellR ..	von Dietze/Janssen, Kartellrecht in der anwaltlichen Praxis, Monografie, 5. Aufl. 2015
v. Hartlieb/Schwarz FilmR-HdB	von Hartlieb/Schwarz, Handbuch des Film-, Fernseh- und Videorechts, Handbuch, 5. Aufl. 2011
v. Welser/González Produktpiraterie	von Welser/González, Marken- und Produktpiraterie, Lehrbuch, 2. Aufl. 2020
Vohwinkel Verkehrsdurchgesetzte Marke	Vohwinkel, Die verkehrsdurchgesetzte Marke – Tatbestand des § 8 Abs. 3 MarkenG, Monografie, 1. Aufl. 2017
von der Groeben/Schwarze/Hatje	von der Groeben/Schwarze/Hatje, Europäisches Unionsrecht, Kommentar, 7. Aufl. 2015
Wabnitz/Janovsky/Schmitt WirtschaftsStrafR-HdB	Wabnitz/Janovsky/Schmitt, Handbuch Wirtschafts- und Steuerstrafrecht, Handbuch, 5. Aufl. 2020

Literaturverzeichnis

Walter EurUrhR	Walter, Europäisches Urheberrecht, Satelliten- und Kabel-Richtlinie, Kommentar, 1. Aufl. 2001
Wanckel FotoR	Wanckel, Foto- und Bildrecht, Handbuch, 5. Aufl. 2017
Wandtke/Bullinger	Wandtke/Bullinger, Urheberrecht, Kommentar, 5. Aufl. 2019
Wegner/Wallenfels/Kaboth VerlagsR	Wegner/Wallenfels/Kaboth, Recht im Verlag, Handbuch, 2. Aufl. 2010
Wegner/Wallenfels/Kaboth VerlagsR Nachtrag	Wegner/Wallenfels/Kaboth, Recht im Verlag – Nachtrag, Handbuch, 2. Aufl. 2011
Wehlau Schutzschrift	Wehlau, Die Schutzschrift, Handbuch, 2. Aufl. 2014
Weigand/Baumann Arbitration-HdB	Weigand/Baumann, Practitioner's Handbook on International Commercial Arbitration, Handbuch, 3. Aufl. 2019
Weiss/Ungler EurPatAnmeldung	Weiss/Ungler, Die europäische Patentanmeldung und der PCT in Frage und Antwort, Handbuch, 9. Aufl. 2016
Wenzel Wort-/BildberichterstattungR-HdB	Wenzel, Das Recht der Wort- und Bildberichterstattung, Handbuch, 6. Aufl. 2018
Westermann Know-how-HdB	Westermann, Handbuch Know-how-Schutz, Handbuch, 1. Aufl. 2007
Wiedemann KartellR-HdB	Wiedemann, Handbuch des Kartellrechts, Kommentar, 4. Aufl. 2020
Wiedemann Lizenzen	Wiedemann, Lizenzen und Lizenzverträge in der Insolvenz, Monografie, 1. Aufl. 2006
WiKo	Hill/Schmitt, WiKo – Wiesbadener Kommentar zum Medizinproduktegesetz, Kommentar, 7. Aufl. 2002
Wilke/Jungeblut Abmahnung	Wilke/Jungeblut, Abmahnung, Schutzschrift und Unterlassungserklärung im gewerblichen Rechtsschutz, Monografie, 2. Aufl. 1994
Winzer FuE-Verträge	Winzer, Forschungs- und Entwicklungsverträge, Handbuch, 2. Aufl. 2011
WIPO Intellectual Property	World Intellectual Property Organization, Introduction to Intellectual Property, Handbuch, 2. Aufl. 2017
Witte/Vollrath Patent- und Gebrauchsmusteranmeldung	Witte/Vollrath, Praxis der Patent- und Gebrauchsmusteranmeldung, Handbuch, 6. Aufl. 2008
Zipfel/Rathke LebensmittelR	Zipfel/Rathke, Lebensmittelrecht, Kommentar, 180. Aufl. 2021
Zöller	Zöller, ZPO – Zivilprozessordnung, Kommentar, 34. Aufl. 2022

Zivilprozessordnung

In der Fassung der Bekanntmachung vom 5. Dezember 2005
(BGBl. I S. 3202, ber. 2006 I S. 431 und 2007 I S. 1781)
FNA 310-4
zuletzt geändert durch Art. 1–3 G zum Ausbau des elektronischen Rechtsverkehrs mit den Gerichten und zur Änd. weiterer Vorschriften (BGBl. I S. 4607)

Buch 1. Allgemeine Vorschriften

Abschnitt 1. Gerichte

Titel 1. Sachliche Zuständigkeit der Gerichte und Wertvorschriften

§ 1 Sachliche Zuständigkeit

Die sachliche Zuständigkeit der Gerichte wird durch das Gesetz über die Gerichtsverfassung bestimmt.

Literatur: *Asendorf,* Wettbewerbs- und Patentstreitsachen vor Arbeitsgerichten? – Die sachliche Zuständigkeit bei der Verletzung von Betriebsgeheimnissen durch Arbeitnehmer, GRUR 1990, 229; *Block,* Achtzehn Monate nach EuGH „Huawei/ZTE", GRUR 2017, 121; *Fayaz,* Sanktionen wegen der Verletzung von Gemeinschaftsmarken: Welche Gerichte sind zuständig und welches Recht ist anzuwenden? (1. Teil), GRUR-Int 2009, 459; *Fezer,* Ausschließliche Zuständigkeit der Kennzeichengerichte und der Gemeinschaftsmarkengerichte, NJW 1997, 2915; *Grünberger,* Relative Autonomie und beschränkte Einheitlichkeit im Gemeinschaftsmarkenrecht, IPRax 2012, 500; *Rehmann,* Das Geschmacksmustergesetz wird modernisiert, GRUR-Prax 2013, 215; *Möller,* Das Gesetz zur Stärkung des fairen Wettbewerbs, NJW 2021, 1; *Palzer,* EuZW 2015, 702; *Schicker/Haug,* Grundzüge des Designgesetzes, NJW 2014, 726; *Tilmann,* Gemeinschaftsmarke und Internationales Privatrecht, GRUR-Int 2001, 673; *Walz,* Patentverletzungsklagen im Lichte des Kartellrechts, GRUR-Int 2013, 718; *Weiden,* Aktuelle Berichte – April 2013, GRUR 213, 360.

Übersicht

	Rn.
A. Anwendungsbereich im Gewerblichen Rechtsschutz und Urheberrecht	1
I. Ausschließlich sachliche Zuständigkeit der Landgerichte	2
II. Konzentrationsermächtigung	3
B. Allgemeines	4
I. Begriff der Zuständigkeit	4
II. Arten der Zuständigkeit	6
1. Funktionelle Zuständigkeit	6
a) Kammern für Handelssachen	7
b) Zivilkammern	9
2. Ausschließliche sachliche Zuständigkeit	12
3. Örtliche Zuständigkeit	13
4. Internationale Zuständigkeit	14
5. Geschäftsverteilung	15
6. Ausschließliche und nichtausschließliche Zuständigkeit	16
7. Prozessuale Bedeutung und Behandlung der Zuständigkeit	18
8. Sachliche Zuständigkeit für Eilverfahren	22
C. Patentrecht	24
I. Sachliche Zuständigkeit für Patentstreitsachen	24
1. Allgemeines	24
2. Patentstreitsachen	27
3. Abgrenzung	32
4. Arbeitnehmererfinderstreitigkeit	33
a) Begriff	33
b) Ausnahmen	34
5. Exkurs: Kosten eines mitwirkenden Patentanwalts	36
II. Konzentrationsermächtigung	37
III. Gerichte für Patentstreitsachen	38

	Rn.
D. Gebrauchsmusterrecht	40
I. Allgemeines	40
II. Konzentrationsermächtigung	42
III. Gerichte für Gebrauchsmusterstreitsachen	43
E. Sortenschutz	45
I. Allgemeines	45
II. Europäisches Sortenschutzrecht	48
III. Konzentrationsermächtigung	49
IV. Gerichte für Sortenschutzstreitsachen	50
F. Halbleiterschutz	52
G. Markenrecht	53
I. Nationale Kennzeichenstreitsachen	53
1. Allgemeines	53
2. Kennzeichenstreitsache	55
3. Abgrenzung	59
4. Exkurs: Kosten eines mitwirkenden Patentanwalts	60
5. Konzentrationsermächtigung	61
6. Gerichte für Kennzeichenstreitsachen	62
II. Unionsmarkenstreitsachen	64
1. Allgemeines	64
2. Unionsmarkenstreitsache	66
3. Reichweite der Zuständigkeit	72
4. Einstweiliger Rechtsschutz	73
5. Zuständigkeitskonzentration	74
6. Unionsmarkengerichte	76
H. Designrecht	78
I. Nationales Design	78
1. Allgemeines	78
2. Designstreitsache	80
3. Exkurs: Kosten eines mitwirkenden Patentanwalts	81
4. Konzentrationsermächtigung	82
5. Designgerichte	84
II. Gemeinschaftsgeschmacksmuster	86
1. Allgemeines	86
2. Gemeinschaftsgeschmacksmusterstreitsache	87
3. Reichweite der Zuständigkeit	93
4. Einstweiliger Rechtsschutz	94
5. Zuständigkeitskonzentration	95
6. Gemeinschaftsgeschmacksmustergerichte	97
I. Wettbewerbsrecht	100
I. UWG	100
1. Allgemeines	100
2. UWG-Streitsachen	102
3. Konzentrationsermächtigung	103
II. UKlaG	104
1. Allgemeines	104
2. Konzentrationsermächtigung	105
J. Urheberrecht	106
I. Allgemeines	106
II. Urheberrechtsstreitsache	108
III. Konzentrationsermächtigung	110
IV. Gerichte für Urheberstreitsachen	111
K. Exkurs: Kartelleinwand im Zivilprozess	113
I. Allgemeines	113
II. Kartellsache	114
III. Kartelleinwand und sachliche Zuständigkeit	116
IV. Kartellgerichte	117

A. Anwendungsbereich im Gewerblichen Rechtsschutz und Urheberrecht

1 Die sachliche Zuständigkeit (§ 1) betrifft die Frage, vor welches Gericht 1. Instanz der Rechtsstreit gehört.[1] Die sachliche Zuständigkeit ist Voraussetzung für die Zulässigkeit der Klage (Prozessvoraussetzung).[2] Ihr Fehlen kann der Beklagte rügen.[3]

---

[1] Baumbach/Lauterbach/Albers/*Gehle* ZPO Vor § Rn. 5.
[2] Zöller/*Schultzky* ZPO § 1 Rn. 15.
[3] BGH GRUR 1968, 307 (309) – Haftbinde.

I. Ausschließlich sachliche Zuständigkeit der Landgerichte

In allen spezialgesetzlich geregelten Materien des **Gewerblichen Rechtsschutzes**[4] sind die **Landgerichte streitwertunabhängig** ausschließlich **sachlich zuständig**. In **Urheberrechtsstreitsachen** richtet sich die sachliche Zuständigkeit des AG oder LG dagegen nach den **allgemeinen Vorschriften** (§§ 23, 71, 72 GVG).[5] Zudem hat der Gesetzgeber die Landesregierungen bzw. deren Justizminister in § 143 PatG, § 39 ArbEG, § 27 GebrMG, § 11 HalblSchG, § 38 SortSchG, § 140 MarkenG, § 52 DesignG, § 14 UWG, § 6 UKlaG, 89 GWB und § 105 UrhG zu **Zuständigkeitskonzentrationen** für mehrere Landgerichts-Bezirke, ein ganzes Bundesland oder auch länderübergreifend ermächtigt.[6] Vergleichbare Regelungen gibt es auch bei den Gemeinschaftsgeschmacksmustern (Art. 80 GGV[7], § 63 Abs. 2 DesignG) und den Unionsmarken (Art. 123 UMV[8], § 125e MarkenG). Damit soll das richterliche Erfahrungswissen in Spezialsachen gebündelt und gefördert werden.[9]

II. Konzentrationsermächtigung

Die **Konzentration** ist eine Sonderform der **sachlichen** Zuständigkeit, da die Sachkompetenz in Bezug auf mehrere Amts- oder Landgerichte, die eigentlich sachlich und örtlich zuständig wären, geregelt wird.[10] Die Konzentration kann durch Zuweisung sämtlicher spezialgesetzlicher Streitigkeiten per **Verordnung** an ein bestimmtes Gericht geschehen. Die Länder haben auch die Möglichkeit der länderübergreifenden Konzentration durch **Staatsvertrag**. Von dieser Ermächtigung bzw. Befugnis, bürgerliche Rechtsstreitigkeiten einem Landgericht für die Bezirke mehrerer Landgerichte zuzuweisen (sog. Konzentrationsermächtigung), haben die meisten Länder im Gewerblichen Rechtsschutz und Urheberrecht in großem Umfang Gebrauch gemacht.[11] In Urheberrechtsstreitsachen haben die meisten Länder zudem die Urheberrechtsstreitigkeiten speziellen Amts- oder Landgerichten zugewiesen.[12] Dort, wo eine Konzentration oder Übertragung nicht erfolgt ist, sind alle Amts- bzw. Landgerichte der jeweiligen Länder zuständig. Eine besondere Regelung für **Oberlandesgerichte** ist in den jeweiligen Konzentrationsermächtigungen (§ 14 UWG, § 6 UKlaG, § 140 MarkenG, § 143 PatG, § 27 GebrMG, § 52 DesignG, § 11 HalblSchG, § 39 ArbEG, § 38 SortSchG, § 89 GWB und § 105 UrhG) nicht vorgesehen. Zuständig für die **Berufung** ist dasjenige OLG, dem das betreffende Landgericht zugeordnet ist.[13] In den Regelungen betreffend Unionsmarken ist dies in **§ 125e Abs. 2 MarkenG** ausdrücklich normiert. Eine fristwahrend beim allgemein zuständigen Rechtsmittelgericht eingelegte Berufung ist zuzulassen, wenn das Erstgericht nicht über die Einlegung beim aufgrund einer Konzentration zuständigen Rechtsmittelgericht hingewiesen hat.[14] Wegen der weiteren Einzelheiten wird auf die Erläuterungen zu den jeweiligen Spezialgebieten verwiesen.

B. Allgemeines

I. Begriff der Zuständigkeit

Die **Zuständigkeit** ist Befugnis des Gerichtes oder Rechtspflegeorgans im Einzelfall, insbesondere in einem Rechtsstreit, die ihm zustehende **Gerichtsbarkeit auszuüben**.[15] Sie setzt voraus, dass das Gericht sachlich, funktionell, örtlich und international zuständig ist (§§ 12–35 sowie Vor § 12).

Außerdem muss der **zulässige Rechtsweg** gegeben sein (§ 13 GVG). Dadurch wird bestimmt, ob der Rechtsstreit vor die ordentlichen Gerichte in Abgrenzung zu den Verwaltungs-, Arbeits-, Finanz- und Sozialgerichten gehört.[16] Das **patentamtliche Verfahren** ist ein **Verwaltungsverfahren**, dessen Rechtsmittelzug zu einer unabhängigen Gerichtsbarkeit führt (BPatG und BGH). Vor die ordentlichen Gerichte (§ 12 GVG) gehören gem. § 13 GVG insbesondere Zivilsachen und damit auch die meisten

---

[4] Hierzu gehören das Patent-, Gebrauchsmuster-, Sortenschutz-, Halbleiterschutz-, Kennzeichen- und Design- sowie Wettbewerbsrecht einschl. UKlaG (vgl. auch §§ 1 Abs. 1 Nr. 14, 51 GKG).
[5] Wandtke/Bullinger/*Kefferpütz* UrhG § 105 Rn. 8.
[6] In Urheberrechtsstreitigkeiten sind die Landesregierungen gem. § 105 Abs. 2 UrhG ferner zur Konzentration auf bestimmte Amtsgerichte ermächtigt.
[7] VO (EG) Nr. 6/2002 v. 12.12.2001 (ABl. 2001 L 3, S. 1, ber. ABl. 2002 L 179, S. 31).
[8] VO (EU) 2017/1001 des Europäischen Parlaments und des Rates vom 14.6.2017 über die Unionsmarke (ABl. 2017 L 154, S. 1).
[9] BGH GRUR 2016, 636 Rn. 13 (zu § 104 UrhG); *Mes* PatG § 143 Rn. 2; *Ingerl*/*Rohnke* MarkenG § 140 Rn. 17.
[10] BGH GRUR 1962, 305 (306) – Federspannvorrichtung; OLG Braunschweig BeckRS 2013, 20360; *Eichmann*/*Jestaedt*/Fink/Meiser DesignG § 52 Rn. 13; *Fezer* NJW 1997, 2915 (2916); Benkard/*Rogge*/Grabinski PatG § 143 Rn. 7; Schulte/*Rinken* PatG § 143 Rn. 16.
[11] Zu den Einzelheiten s. Erläuterungen bei den jeweiligen Rechtsgebieten.
[12] → Rn. 113.
[13] Büscher/Dittmer/Schiwy/*Auler* GGV Art. 80 Rn. 3.
[14] BGH GRUR-RR 2020, 95 – Zuständigkeitskonzentration.
[15] Zöller/*Schultzky* ZPO § 1 Rn. 1.
[16] Thomas/Putzo/*Hüßtege* ZPO Vorb. § 1 Rn. 1.

Streitigkeiten aus dem Gewerblichen Rechtsschutz und Urheberrecht. **Zuständigkeitsschwierigkeiten**[17] im Bereich des Gewerblichen Rechtsschutzes und Urheberrechts können sich zB bei Rechtstreitigkeiten ergeben, die reine **Zahlungsklagen aus Arbeits- oder Dienstverhältnissen** zum Gegenstand haben (vgl. § 39 Abs. 2 ArbEG und § 104 S. 2 UrhG), Streitsachen über **Arbeitnehmerzüchtungen** und -entdeckungen (§ 2 Abs. 1 Nr. 3 Buchst. a ArbGG),[18] Rechtsstreitigkeiten zwischen Arbeitnehmern und Arbeitgebern aus unerlaubten Handlungen (§ 2 Abs. 1 Nr. 3 Buchst. d ArbGG),[19] den Rechtsbeziehungen der **gesetzlichen Krankenkassen** zu Ärzten und sonstigen privaten Leistungserbringern[20] und wenn **Träger hoheitlicher Gewalt** sich in Konkurrenz zu privaten Anbietern erwerbswirtschaftlich betätigen.[21] Auch gehören ausschließlich auf patentrechtliche Ansprüche gestützte Klagen vor die **Sozialgerichte**, soweit ihr Streitgegenstand Maßnahmen betrifft, die der Erfüllung der den **Krankenkassen** nach dem SGB V obliegenden öffentlich-rechtlichen Aufgaben dienen.[22]

Ob eine bürgerlich-rechtliche oder eine öffentlich-rechtliche Streitigkeit vorliegt, richtet sich nach der **Rechtsnatur des mit der Klage geltend gemachten Anspruchs**, wie er sich aus dem Klageantrag und dem zur Begründung vorgetragenen Tatsachenvortrag ergibt.[23] Setzt sich die Klage aus mehreren selbstständigen prozessualen Ansprüchen zusammen, die im Wege der objektiven Klagehäufung gemeinsam geltend gemacht werden, ist die Zulässigkeit des Rechtswegs für jeden dieser Ansprüche gesondert zu prüfen, ggf. nach § 145 zu trennen und gem. § 17a Abs. 2 und 3 GVG zu verfahren.[24]

II. Arten der Zuständigkeit

6   1. **Funktionelle Zuständigkeit.** Die funktionelle Zuständigkeit (im Gesetz nicht ausdrücklich erwähnt)[25] betrifft die Abgrenzung nach der Art der Tätigkeit des Gerichts, zB die des Prozess-, Arrest-, Vollstreckungs- und Insolvenzgerichts, des beauftragten Richters, des Rechtspflegers, des Urkundsbeamten sowie die Zuständigkeit im Rechtsmittelzug (§§ 72, 119, 133 GVG).[26] Die funktionelle Zuständigkeit wird auch als gesetzlich geregelte Geschäftsverteilung[27] bezeichnet.

7   a) **Kammern für Handelssachen.** Für bürgerliche Rechtsstreitigkeiten, die **Marken**, sonstige **Kennzeichen** und eingetragene **Designs** (§ 95 Abs. 1 Nr. 4 Buchst. b und c GVG) sowie das **UWG** (§ 95 Abs. 1 Nr. 5 GVG) betreffen und für Streitigkeiten nach § 87 des **GWB** (§ 95 Abs. 2 GVG) sind bei den Landgerichten die Kammern für **Handelssachen** (§ 94 GVG) **funktionell** zuständig. Hierfür muss der (prozessuale) Anspruch nach dem Klagebegehren schlüssig auf eine Anspruchsgrundlage aus den zuvor genannten Rechtsgebieten gestützt werden. Dabei hebt eine **gleichzeitige Begründung** nach dem **BGB** die Zuständigkeit der KfH nicht auf.[28] Bei objektiver oder subjektiver Klagehäufung kommt dagegen eine Teilverweisung (§ 97 GVG) in Betracht.[29] Der Rechtsstreit kommt allerdings nur dann vor die Kammer für Handelssachen, wenn dies in der Klagschrift (§ 96 Abs. 1 GVG) oder im Antrag auf Erlass einer einstweiligen Verfügung **beantragt** ist oder wenn der Beklagte bzw. Antragsgegner die **Verweisung** an die Kammer für Handelssachen beantragt (§ 98 GVG). Wird der Rechtsstreit vor eine Zivilkammer des Landgerichts gebracht und stellt der Beklagte bzw. Antragsgegner keinen Verweisungsantrag, so bleibt die Zivilkammer zuständig. Die **Festlegung** der funktionellen Zuständigkeit ist insoweit daher ausschließlich **den Prozessparteien zugewiesen**.[30]

8   **Praxishinweis:** Der Verweisungsantrag muss rechtzeitig gestellt werden (§ 101 GVG). Innerhalb verlängerter Klageerwiderungsfrist genügt.[31] Wenn keine Fristsetzung erfolgt (zB in Verfügungsverfahren), muss er vor der Verhandlung zu Sache gestellt werden (§ 101 Abs. 1 GVG). Der Verweisungsantrag kann verspätet sein, wenn das Gericht in der mündlichen Verhandlung über den Widerspruch den Parteien seine rechtliche Einschätzung des ihm vorgelegten Falls bekannt gegeben hat; auf das Stellen von Anträgen zur Sache kommt es nicht an.[32]

---

[17] Zur Rechtswegprüfung vgl. §§ 17, 17a, 17b GVG und die insoweit einschlägigen allgemeinen Kommentierungen.
[18] Busse/*Keukenschrijver* PatG/ArbEG § 39 Rn. 9.
[19] OLG Düsseldorf GRUR-RR 2003, 63 – Arbeitgeberanschwärzung.
[20] ZB BGH NJW 2007, 1819 (1820) – Gesamtzufriedenheit; BGH GRUR 2004, 444 (445) – Arzneimittelsubstitution.
[21] *Köhler*/Bornkamm/Feddersen UWG § 12 Rn. 1.2, 1.5 f. mwN; BGH NJW 1995, 2168 – Bahnhofs-Verkaufsstellen.
[22] OLG Hamburg BeckRS 2016, 04459.
[23] OLG Hamm GRUR-RR 2020, 81 –zu kommunaler Publikation.
[24] Wandtke/Bullinger/*Kefferpütz* UrhG § 104 Rn. 17.
[25] Thomas/Putzo/*Hüßtege* ZPO Vorb. § 1 Rn. 2.
[26] Zöller/*Schultzky* ZPO § 1 Rn. 6.
[27] Teplitzky/*Schaub* Kap. 45 Rn. 9.
[28] LG Hamburg BeckRS 2015, 13297.
[29] Köhler/Bornkamm/*Feddersen* UWG § 14 Rn. 5.
[30] *Eichmann*/*Jestaedt*/Fink/Meiser DesignG § 52 Rn. 14.
[31] OLG München BeckRS 2009, 23779.
[32] OLG Hamburg NJW-RR 2012, 634.

b) Zivilkammern. In Patent- und **Gebrauchsmustersachen, Arbeitnehmererfindungen** und 9 Halbleiterschutzsachen (§ 143 Abs. 1 PatG, § 27 Abs. 1 GebrMG, § 39 Abs. 1 ArbEG, § 11 Abs. 2 HalblSchG) ist die **funktionelle** Zuständigkeit der **Zivilkammer** festgelegt.

Da im **UKlaG** eine Regelung entsprechend § 95 Abs. 1 Nr. 5 GVG fehlt, sind die **Zivilkammern** 10 und nicht die Kammern für Handelssachen funktionell zuständig. Dies gilt selbst dann, wenn die Verwendung von AGB im kaufmännischen Verkehr im Streit steht.[33]

Bei Rechtsstreitigkeiten betr. Patentanwälte (§ 348 Abs. 1 Nr. 2 Buchst. d), sowie Streitigkeiten, 11 für die das Landgericht streitwertunabhängig zuständig ist (§ 348 Abs. 1 Nr. 2 Buchst. k), ist die Zivilkammer in voller Besetzung Prozessgericht. Die bedeutet im Ergebnis, dass in landgerichtlichen Streitigkeiten des Gewerblichen Rechtsschutzes **nicht der Einzelrichter,** sondern die **Zivilkammer** in voller Besetzung **originär** zuständig ist. Dies gilt gem. § 348 Abs. 1 Nr. 2 Buchst. i auch in **Urheberrechtsstreitsachen.**

2. Ausschließliche sachliche Zuständigkeit. Die sachliche Zuständigkeit in Zivilsachen bezieht 12 sich darauf, ob das Amts- oder Landgericht den Rechtsstreit in erster Instanz zu entscheiden hat. In Prozessen des Gewerblichen Rechtsschutzes[34] ist das **Landgericht streitwertunabhängig** ausschließlich sachlich zuständig. Wegen der Einzelheiten wird auf die Erläuterungen innerhalb der einzelnen Spezialgebiete verwiesen. In Urheberrechtsstreitsachen ergibt sich die sachliche Zuständigkeit aus den allgemeinen Regeln (→ Rn. 2).

3. Örtliche Zuständigkeit. Die örtliche Zuständigkeit (§§ 12–35) betrifft die Frage, welches 13 Gericht erster Instanz (AG oder LG) nach der örtlichen Beziehung der beteiligten Personen oder Streitsache wegen seines örtlichen Sitzes den Rechtsstreit zu erledigen hat.[35] Maßgeblich ist der landesrechtlich geregelte Gerichtsbezirk. Die ZPO spricht insoweit vom Gerichtsstand (vgl. die amtliche Überschrift vor § 12).[36]

4. Internationale Zuständigkeit. Die internationale Zuständigkeit bestimmt, ob inländische Ge- 14 richte in ihrer Gesamtheit bei Streitigkeiten mit Auslandsbezug zur Entscheidung des Rechtsstreits berufen sind (Vor § 12).

5. Geschäftsverteilung. Die Geschäftsverteilung (Regelung: §§ 21a ff. GVG) bestimmt, welcher 15 **Spruchkörper** und welche Person im Einzelfall das Gericht vertritt.[37] Die Streitsachen des Gewerblichen Rechtsschutzes und Urheberrechts können bei den Amts- und Landgerichten durch **Geschäftsverteilungsplan** (§ 21e GVG) bestimmten Abteilungen, Zivilkammern und Kammer für Handelssachen zugewiesen werden. Dieser kann, wie sich aus § 21e Abs. 3 GVG ergibt, auch für bereits anhängige Sachen nachträglich geändert werden. Der Grundsatz der perpetuatio fori (§ 261) gilt nur für das Gericht als solches, nicht auch für dessen Abteilungen und Spruchkörper.[38] Die Geschäftsverteilungspläne sind häufig im Internet veröffentlicht.[39] Eine Gerichtsstandvereinbarung (Prorogation § 38), dass zB eine bestimmte Kammer oder ein bestimmter Richter zuständig sein soll, ist nach allgemeiner Meinung unzulässig.[40] Ein Verstoß gegen die Geschäftsverteilung kann uU ein Rechtsmittel und bei Willkür die Verfassungsbeschwerde begründen.[41]

6. Ausschließliche und nichtausschließliche Zuständigkeit. Die ausschließliche Zuständigkeit 16 ist **zwingend.** Sie ist der Parteivereinbarung entzogen (→ § 40 Rn. 5) und lässt andere Zuständigkeiten nicht wirksam werden, insbesondere bei der Widerklage (§ 33 Abs. 2). Die **funktionelle** Zuständigkeit (→ Rn. 6) ist **immer ausschließlich.** Eine Gerichtsstandsvereinbarung (**§ 38**) ist nicht möglich. Allerdings kann bei Handelssachen die Zuständigkeit der Zivilkammer erreicht werden, wenn die Parteien keine Anträge nach §§ 96, 98 GVG stellen.[42] Die sachliche und örtliche Zuständigkeit sind ausschließlich, wenn das Gesetz die Zuständigkeit für ausschließlich erklärt.[43] Soweit die Landesregierungen von den **Konzentrationsermächtigungen** (§ 143 PatG, § 27 GebrMG, § 39 ArbEG, § 11 HalblSchG, § 38 SortSchG, § 140 MarkenG, § 52 DesignG, § 14 UWG, § 6 UKlaG) Gebrauch gemacht haben, liegt die **sachliche** Zuständigkeit **ausschließlich** bei dem **bestimmten Landgericht.** Eine Gerichtsstandsvereinbarung bzw. rügeloses Einlassen (§§ 38, 39) nach § 40 Abs. 2 S. 1 Nr. 2, S. 2 sind nur dann wirksam, wenn sie zur Zuständigkeit eines dieser Spezialgerichte führen.[44]

---

[33] MüKoZPO/*Micklitz/Rott* UKlaG § 6 Rn. 6.
[34] → Fn. 4.
[35] Thomas/Putzo/*Hüßtege* ZPO Vor § 1 Rn. 4.
[36] Zöller/*Schultzky* ZPO § 1 Rn. 7.
[37] Baumbach/Lauterbach/Albers/*Gehle* ZPO Vor § 1 Rn. 7.
[38] BGH NJW 1981, 2464 (2465).
[39] Vgl. zB:. http://justiz.hamburg.de/gerichte/landgericht-hamburg/zustaendigkeit/geschaeftsverteilungsplan/
[40] Thomas/Putzo/*Hüßtege* ZPO Vor § 1 Rn. 8.
[41] Zöller/*Lückemann* ZPO GVG § 16 Rn. 3 und GVG § 21e Rn. 53.
[42] Köhler/Bornkamm/*Feddersen* UWG § 14 Rn. 5.
[43] Thomas/Putzo/*Hüßtege* ZPO Vor § 1 Rn. 9.
[44] Zum Patentrecht: Schulte/*Rinken* PatG § 143 Rn. 16; zum Markenrecht: *Ingerl/Rohnke* MarkenG § 140 Rn. 35; zum Designrecht: *Eichmann/Jestaedt*/Fink/Meiser DesignG § 52 Rn. 2.

17 Die **ausschließlichen** Zuständigkeiten im Gewerblichen Rechtsschutz und Urheberrecht können sich **überschneiden**. Treffen mehrere ausschließliche Zuständigkeiten zusammen, ist zu unterscheiden. Wird der Klageanspruch auf mehrere Anspruchsgrundlagen gestützt (zB §§ 12, 823 ff. BGB, MarkenG, UWG), ist das für Spezialsachen zuständige ordentliche Gericht auch zur Entscheidung über andere Anspruchsgrundlagen berufen,[45] soweit keine **vorrangige** ausschließliche Zuständigkeit besteht,[46] wie zB bei einem **Kartelleinwand** (→ Rn. 113). Hier sind die Kartellgerichte selbst dann ausschließlich zuständig, wenn die Entscheidung nur teilweise von einer nach dem GWB zu treffenden Entscheidung abhängt.[47] Werden dagegen mehrere prozessual selbständige Ansprüche erhoben (objektive Klagehäufung), so ist für jeden dieser Ansprüche die Zuständigkeit und der gewählte Rechtsweg gesondert zu prüfen, § 260. Soweit erforderlich und zulässig hat eine **Prozesstrennung** nach § 145 zu erfolgen.[48] Dies gilt auch bei der subjektiven Klagehäufung[49] und der Widerklage (→ § 33 Rn. 32). Bei objektiver **Klagehäufung** hat Abtrennung und **Teilverweisung** an die Zivilkammer nach § 97 GVG zu erfolgen, wenn nicht alle prozessualen Ansprüche **Handelssachen** darstellen.[50] Bei einer subjektiven Klagehäufung, bei der die Streitgenossen unterschiedliche Gerichtsstände haben, kommt ein Gesuch gem. § 36 Nr. 3 in Betracht (→ § 36 Rn. 15; → § 37 Rn. 2). Beachte: Eine Verfahrenstrennung ist **nicht möglich,** wenn der Gegenstand des abgetrennten Verfahrens in einem zulässigen **Eventualverhältnis** zu dem im ursprünglichen Verfahren verbliebenen Gegenstand steht.[51]

18 **7. Prozessuale Bedeutung und Behandlung der Zuständigkeit.** Hierfür gilt in Prozessen des Gewerblichen Rechtsschutzes und Urheberrechts nichts anderes als in einem normalen Zivilprozess. Das Gericht muss seine eigene funktionelle, sachliche, örtliche und internationale Zuständigkeit von Amts wegen prüfen.[52] Die Zuständigkeit ist Prozessvoraussetzung. Grundlage der Prüfung ist die substantiierte Behauptung der zuständigkeitsbegründenden Tatsachen, die der Kläger ggf. zu beweisen hat.[53] Bei fehlender Zuständigkeit wird die Klage abgewiesen, der Antrag auf Erlass einer einstweiligen Verfügung zurückgewiesen, die Zwangsvollstreckungsmaßnahme abgelehnt, der Mahnantrag zurückgewiesen und Prozesskostenhilfe nicht bewilligt. Ggf. wird auf Antrag des Klägers (§ 281) oder vom Amts wegen (§§ 696 Abs. 1, 700 Abs. 3) an das zuständige Gericht verwiesen bzw. abgegeben. Die Verweisung ist unanfechtbar und für das neu befasste Gericht gem. § 281 Abs. 2 S. 2 bindend.[54] Nur bei Willkür oder Versagung rechtlichen Gehörs ist die Verweisung anfechtbar (→ § 281 Rn. 16 f.).

19 **Grundlage** der **Entscheidung** über die Frage ob ein Rechtsstreit als Sache des Gewerblichen Rechtsschutzes oder Urheberrechts angesehen werden kann, ist der **tatsächliche Sachvortrag** des **Klägers** (oder Widerklägers), da nur er den **Streitgegenstand** (den prozessualen Anspruch) durch den Klagantrag und den hierzu vorgetragenen Lebenssachverhalt (Klagegrund) bestimmt (sog. zweigliedriger Streitgegenstandsbegriff).[55] Die Einwendungen des Beklagten sind für die Frage der Zuständigkeit grundsätzlich unbeachtlich[56] (Ausnahme: Kartellrechtseinwand gem. § 87 GWB). Eine Prüfung der **Schlüssigkeit** oder **Begründetheit** findet bei der Frage der **(sachlichen)** Zuständigkeit und des Rechtswegs **nicht statt,** da diese Sachprüfung gerade dem zuständigen Gericht zusteht.[57] Maßgeblich ist allein die objektiv-rechtliche Einordnung der insoweit als **zutreffend zu unterstellenden tatsächlichen Behauptungen** des Klägers (bzw. Widerklägers), nicht dagegen, ob sich für die gerichtliche Entscheidung spezialgesetzliche Fragen letztendlich als erheblich erweisen.[58] Nur offensichtlich nicht gegebene Anspruchsgrundlagen bleiben außer Betracht.[59] Ausreichend ist eine **vertretbare rechtliche Würdigung**.[60]

20 Soweit ein Gericht für ein Klageverfahren sachlich zuständig ist (§ 14 UWG, § 140 MarkenG, 143 PatG usw) gilt dies nach allgM auch für das **Verfügungsverfahren,**[61] und Arreste in Schutzrechte.[62] Für das **Vollstreckungsverfahren** nach §§ 887, 888, 890 ist das Prozessgericht des ersten Rechtszugs ausschließlich (§ 802) zuständig.[63] Für vor dem BPatG abgeschlossene Vergleiche ist das BPatG das für

---

[45] OLG Stuttgart GRUR-RR 2009, 79 (80) – Patentanwaltskosten bei Klagehäufung.
[46] *Ingerl/Rohnke* MarkenG § 140 Rn. 7.
[47] *Schulte/Rinken* PatG § 143 Rn. 22; *Ingerl/Rohnke* MarkenG § 140 Rn. 40.
[48] BGH GRUR 1998, 506 (508) – Rechtsweg.
[49] *Büscher/Dittmer/Schiwy/Haberstrumpf* UrhG § 104 Rn. 6.
[50] *Köhler/Bornkamm/Feddersen* UWG § 14 Rn. 5.
[51] BGH BeckRS 2015, 10935.
[52] *Thomas/Putzo/Hüßtege* ZPO Vorb. § 1 Rn. 10.
[53] *Zöller/Schultzky* ZPO § 1 Rn. 14.
[54] *Ingerl/Rohnke* MarkenG § 140 Rn. 38.
[55] St. Rechtsprechung des BGH, zB BGH GRUR 2013, 401 (402) – Biomineralwasser.
[56] *Zöller/Lückemann* ZPO GVG § 13 Rn. 54.
[57] *Büscher/Dittmer/Schiwy/Haberstrumpf* UrhG § 104 Rn. 2.
[58] BGH GRUR 2004, 622 – ritter.de (für Kennzeichen).
[59] *Zöller/Lückemann* ZPO GVG § 13 Rn. 54.
[60] *Bechtold/Bosch* GWB § 87 Rn. 6.
[61] *Ingerl/Rohnke* MarkenG § 140 Rn. 9.
[62] OLG Karlsruhe GRUR 1973, 26 – Ladewagen.
[63] *Zöller/Seibel* ZPO § 887 Rn. 6, § 888 Rn. 6, § 890 Rn. 14.

die beantragte Androhung gem. § 890 Abs. 1 ZPO zuständige Prozessgericht des ersten Rechtszuges.[64]

Ein **Rechtsmittel** kann **nicht** darauf gestützt werden, dass das Gericht die **Zuständigkeit** zu 21 Unrecht **bejaht** hat. (§§ 513 Abs. 2, 545 Abs. 2, 571 Abs. 2, 576 Abs. 2). § 513 Abs. 2 hindert das Rechtsmittelgericht auch, den Rechtsstreit unter Aufhebung des angefochtenen Urteils gemäß § 281 an ein anderes erstinstanzliches Gericht zu verweisen. Der umfassende, der Verfahrensbeschleunigung und Entlastung der Berufungsgerichte dienende Prüfungsausschluss hindert das Berufungsgericht, die örtliche und sachliche Zuständigkeit des Erstgerichts überhaupt zu prüfen. Eine Nachprüfung der erstinstanzlichen örtlichen, sachlichen oder funktionalen Zuständigkeit ist selbst dann schlechthin ausgeschlossen, wenn das Berufungsgericht die Revision zur Klärung der Zuständigkeitsfrage zugelassen hat.[65] Dem Rechtsmittelgericht fehlt daher die Kompetenz, den Rechtsstreit an ein anderes erstinstanzliches Gericht zu verweisen. Im Interesse eines effektiven Rechtsschutzes (Art. 2 Abs. 1 iVm Art. 20 Abs. 3 GG) kann allerdings ganz **ausnahmsweise** eine Verweisung des Rechtsstreits an das zuständige Berufungsgericht in entsprechender Anwendung von § 281 in Betracht kommen, wenn dessen Bestimmung im konkreten Einzelfall für den Rechtsmittelführer mit unzumutbaren Schwierigkeiten verbunden ist[66] oder wenn der Antragsgegner im erstinstanzlichen Verfahren keine Gelegenheit hatte, die Zuständigkeitsrüge zu erheben.[67] Eine im Berufungsurteil ausgesprochene Verweisung unterliegt – sofern gegen das Urteil in zulässiger Weise Revision eingelegt worden ist – der Aufhebung durch das Revisionsgericht.[68] Eine **Ausnahme** gilt für die **internationale** Zuständigkeit, die in jeder Lage des Verfahrens und auch noch in der Revisionsinstanz von Amts wegen zu prüfen ist (Vor § 12).[69]

8. Sachliche Zuständigkeit für Eilverfahren. Für den Erlass **einstweiliger Verfügungen** in 22 Sachen des Gewerblichen Rechtsschutzes ist gem. §§ 937 Abs. 1, 943 Abs. 1 sachlich und örtlich das Gericht der Hauptsache ausschließlich (§ 802) zuständig, wenn die Hauptsacheklage bereits anhängig ist. Im Übrigen jedes für den Rechtsstreit nach **den hier dargelegten Regeln** zuständige Gericht. Die Anhängigkeit einer **negativen Feststellungklage** des Verletzers führt nach richtiger hM[70] nicht dazu, dass nur noch das hiermit befasste Gericht als Hauptsachegericht iSv § 937 ZPO anzusehen ist (§§ 937, 802).

Die **Notzuständigkeit** des Amtsgerichts nach § 942 ZPO hat im Gewerblichen Rechtsschutz 23 keine praktische Bedeutung, da von einem sonst nie mit Gewerblichem Rechtsschutz befassten Gericht keine schnellere Entscheidung als von den Spezialgerichten zu erwarten ist.[71] Praktische Bedeutung kann allerdings die **ausschließliche Zuständigkeit des Amtsgerichts** nach §§ 758a, 802 haben, wenn bei Besichtigungs- oder Sequestrationsansprüchen zunächst eine **Durchsuchung** beim vermeintlichen Verletzer notwendig ist (→ § 758a Rn. 4; § 802).[72]

C. Patentrecht

I. Sachliche Zuständigkeit für Patentstreitsachen

1. Allgemeines. Die **sachliche** Zuständigkeit für **Patentstreitsachen** liegt gem. § 143 Abs. 1 24 PatG streitwertunabhängig **ausschließlich** bei den **Zivilkammern** der Landgerichte und, soweit die Landesregierungen von der **Konzentrationsermächtigung** gem. § 143 Abs. 2 PatG Gebrauch gemacht haben, ausschließlich bei dem bestimmten Landgericht.

Maßgeblich für die Beurteilung, ob eine Patentstreitsache gegeben ist, ist das Vorbringen in der 25 Klage (bzw. Widerklage). Auf die Einwendungen des Beklagten oder Widerbeklagten kommt es grundsätzlich nicht an (→ Rn. 19).[73]

Die Patentstreitsachen sind – ebenso wie Gebrauchsmuster- und Sortenschutzstreitigkeiten – **keine** 26 **Handelssachen** iSv § 95 GVG.

2. Patentstreitsachen. Nach der **Legaldefinition** des § 143 Abs. 1 PatG, die sich eng an inhalts- 27 gleiche Bestimmungen in anderen Gesetzen anlehnt (vgl. § 39 ArbEG, § 27 GebrMG, § 11 HalblSchG, § 38 SortSchG, § 140 MarkenG, § 52 DesignG, § 14 UWG, § 6 UKlaG, § 104 UrhG),

---

[64] BPatG GRUR 1996, 402.
[65] BGH GRUR 2013, 757 – Urheberrechtliche Honorarklage.
[66] OLG Hamm NJW 2016, 172 (174).
[67] OLG Naumburg BeckRS 2015, 19776; Bespr. in GRUR-Prax 2016, 112.
[68] BGH NJW-RR 2005, 501.
[69] BGH GRUR 2005, 431 (432) – Hotel Maritim; BGH GRUR 2008, 275 Rn. 19 – Versandhandel mit Arzneimitteln.
[70] BGH GRUR 1994, 846 (848) – Parallelverfahren II; Ingerl/Rohnke MarkenG § 140 Rn. 49.
[71] Ingerl/Rohnke MarkenG § 140 Rn. 52.
[72] LG Hamburg BeckRS 2013, 18098; Bespr. in GRUR-Prax 2013, 514, OLG Hamburg BeckRS 2015, 10615.
[73] Benkard/Grabinski/Zülch PatG § 143 Rn. 3.

sind **Patentstreitsachen** alle Klagen, durch die ein Anspruch aus einem der im PatG geregelten Rechtsverhältnisse geltend gemacht wird. Dieser Begriff wird von der Rechtsprechung **weit ausgelegt**. Erfasst werden danach alle vermögensrechtlichen und immateriellen Streitigkeiten, die einen Anspruch auf eine Erfindung oder aus einer Erfindung zum Gegenstand haben, oder sonst mit einer Erfindung eng verknüpft sind.[74] Die Patentfähigkeit, die gerade streitig sein kann, ist nicht entscheidend.[75] Unerheblich ist auch, ob überhaupt ein Patent oder eine Patentanmeldung besteht.[76] Ebenso wenig kommt es darauf an, ob patentrechtliche oder technische Fragen bei der Beurteilung des Rechtsstreits eine Rolle spielen.[77]

28 Patentstreitsachen iSd § 143 Abs. 1 PatG sind dementsprechend **sämtliche** Ansprüche aus Rechtsverletzungen gemäß **§§ 139 ff. PatG.** Hierzu gehören insbesondere Klagen wegen Verletzung von Patenten. Der geltend gemachte Anspruch wegen Patentverletzung kann sich dabei auf Unterlassung, Schadensersatz, Auskunft, Rechnungslegung, Bereicherung, Besichtigung und Beseitigung sowie positive wie negative Feststellung beziehen.[78] Patentstreitsache ist danach auch eine Klage aus § 140b PatG, mit der ein Anspruch auf Erteilung von **Auskunft** über die Herkunft und/oder den Vertriebsweg patentverletzender Ware geltend gemacht wird. Auch eine Auskunftsklage gem. **§ 146 PatG** ist eine Patentstreitsache. Nichts anderes gilt für eine nach erfolgter Auskunftserteilung erhobene Klage auf **Abgabe einer eidesstattlichen** Versicherung, mit der der Beklagte die Richtigkeit der auf der Grundlage von § 140b PatG erteilten Drittauskunft versichern soll.[79]

29 Weitere **Beispiele**[80]: Ansprüche auf **Benutzungsentschädigung** nach Offenlegung gemäß § 33 PatG, Ansprüche wegen ungerechtfertigter **Bereicherung** gem. § 812 BGB infolge von Patentbenutzung,[81] Ansprüche wegen Verletzung des **Erfinderpersönlichkeitsrechts**,[82] auf **Übertragung** eines Patents (zB gem. § 8 PatG) und/oder auf Einwilligung in die Eintragung in das Patentregister nach § 63 Abs. 2 PatG, ein Anspruch aus einem **Schuldanerkenntnis,** das im Zusammenhang mit einem Anspruch aus einem Patentrechtsverhältnis gegeben wird,[83] auch eine Klage aus einem **Vertragsstrafeversprechen,** das der Sicherung eines Unterlassungsanspruchs aus einer Patent- oder Gebrauchsmusterstreitsache.[84] Alle Ansprüche, die ihre Grundlage in **Patentlizenzverträgen,** in Vereinbarungen über den Abschluss solcher Verträge haben, oder im Zusammenhang mit derartigen Verträgen stehen, gehören zu den Patentstreitsachen.[85] Die Erstattung von **Abmahnkosten** aus einer patentrechtlichen Abmahnung[86] gehört ebenso zu den Patentstreitsachen wie die Klage auf Unterlassung, Schadensersatz usw aus einer **unberechtigten** patentrechtlichen **Abmahnung.**[87] Auch Klagen wegen **Gebührenansprüchen** der **Rechts- und Patentanwälte** aufgrund der Tätigkeit in einer Patentstreitsache gehören dazu.[88] Dies gilt jedoch dann **nicht,** wenn zur Beurteilung der Frage, ob die Honorarforderung berechtigt ist, das **Verständnis der Erfindung keine Rolle** spielt und es insoweit **keines besonderen Sachverstandes** bedarf.[89] Entscheidend ist danach allein, ob es für die Berechtigung der Honorarforderung maßgeblich auf das Verständnis der Erfindung ankommt.[90]

30 Obwohl § 143 PatG von Klagen spricht, wird im Wege der „Annex-Streitigkeit"[91] zugleich auch die ausschließliche Zuständigkeit für weitere Verfahren begründet, nämlich für das Verfügungsverfahren[92] (§§ 937, 943), das Kostenfestsetzungsverfahren, das Vollstreckungsverfahren vor dem Prozess-

---

[74] BGH GRUR 2011, 662 – Patentstreitsache.
[75] Schulte/*Rinken* PatG § 143 Rn. 8.
[76] *Mes* PatG § 143 Rn. 4.
[77] BGH GRUR 1968, 307 (310) – Haftbinde.
[78] Schulte/*Rinken* PatG § 143 Rn. 9.
[79] OLG Düsseldorf GRUR-RR 2011, 118 – Mitwirkung des Patentanwalts (Ls.) = BeckRS 2010, 22212 (Volltext).
[80] Für weitere Beispiele auch aus der älteren Rspr. vgl. Benkard/*Grabinski*/*Zülch* PatG § 143 Rn. 4.
[81] *Mes* PatG § 143 Rn. 4.
[82] BGH GRUR 1955, 83 (86) – Autostadt.
[83] BGH GRUR 1968, 307 (310) – Haftbinde.
[84] OLG Düsseldorf GRUR 1984, 650 – Vertragsstrafenklage; LG Mannheim BeckRS 2010, 19725.
[85] *Mes* PatG § 143 Rn. 4.
[86] S. aber BGH GRUR 2011, 754 – Kosten des Patentanwalts II und BGH GRUR 2012, 759 – Kosten des Patentanwalts IV, wo ebenfalls bei Abmahnungen in Markensachen die Erforderlichkeit der Mitwirkung des Patentanwalts zB durch den Nachweis patentanwaltstypischer Tätigkeiten, verlangt wird.
[87] Schulte/*Rinken* PatG § 143 Rn. 9.
[88] Patentstreitsache bejahend: OLG Karlsruhe GRUR 1997, 359 – Patentanwaltspflichten, OLG Naumburg GRUR-RR 2010, 402 – Patentanwaltliche Honorarklage, Benkard/*Rogge*/*Grabinski* PatG § 143 Rn. 4; Schulte/*Rinken* PatG § 143 Rn. 9; *Mes* PatG § 143 Rn. 4; verneinend: KG GRUR-RR 2012, 410 – Patentanwaltshonorarklage.
[89] BGH GRUR 2013, 756 – Patentstreitsache II.
[90] OLG Hamburg NJOZ 2019, 1342 Rn. 4.
[91] *Mes* PatG § 143 Rn. 9.
[92] AllgM, vgl. OLG Karlsruhe GRUR 1973, 26 – Ladewagen.

gericht nach §§ 887–890⁹³ und die Herausgabevollstreckung zur Sicherung des Vernichtungsanspruchs.⁹⁴

Zu den Patentstreitsachen iSd § 143 PatG gehören in analoger Anwendung auch Streitigkeiten im Zusammenhang mit **ausländischen** Patenten oder Erfindungen.⁹⁵ Auch Streitigkeiten wegen **europäischer** Patente mit Schutzerstreckung für Deutschland gehören zu den Patentstreitsachen (Art. II § 10 Abs. 2 Int-PatÜG).⁹⁶ Ob in derartigen Fällen mit Auslandsberührung die internationale Zuständigkeit gegeben ist, richtet sich nach den Regeln des IZPR (Vor § 12). **31**

3. Abgrenzung. Keine Patentstreitsache liegt bei Klagen vor, deren Anspruchsgrundlage sich nicht aus dem Patentgesetz ergibt und bei denen das den **Klagegrund** bildende Rechtsverhältnis **nicht im Patentgesetz geregelt** wird.⁹⁷ Ferner soll es an einer Patentstreitsache fehlen, wenn das den Streitgegenstand bildende Rechtsverhältnis ausschließlich Anspruchsvoraussetzungen und sonstige Tatbestandsmerkmale aufweist, bei denen eine summarische Prüfung ergibt, dass zur Beurteilung des Streitverhältnisses kein besonderer technischer Sachverstand erforderlich ist.⁹⁸ Darüber hinaus sind keine Patentstreitsachen alle **Verfahren**, für die das **DPMA**, das **BPatG** und das **EPA** zuständig sind. Keine Patent-, sondern wettbewerbsrechtliche Streitigkeiten sind Klagen wegen angeblich **herabsetzender Äußerungen** in der Beschreibung eines Patents⁹⁹ oder wegen **sklavischen Nachbaus** und aus Ausstattungsrecht.¹⁰⁰ An einer Patentstreitsache iSd § 143 PatG fehlt es auch, wenn ein **ausländisches Verbot** wegen einer Patentverletzung im Inland für **vollstreckbar erklärt** werden soll.¹⁰¹ **32**

4. Arbeitnehmererfinderstreitigkeit. a) Begriff. § 39 Abs. 1 ArbEG begründet für alle Rechtsstreitigkeiten zwischen den Arbeitsvertragsparteien über Arbeitnehmererfindungen einheitlich die **ausschließliche** sachliche Zuständigkeit der für **Patentstreitsachen** zuständigen **ordentlichen** Gerichte (→ Rn. 37–39). Auch der Begriff der Arbeitnehmererfindung ist grundsätzlich weit zu fassen und erfasst alle Klagen zwischen (ausgeschiedenem) Arbeitnehmer und (früherem) Arbeitgeber, die (freie oder gebundene) Arbeitnehmer-Erfindungen und die sie betreffenden Rechte bzw. Rechtsverhältnisse zum Gegenstand haben oder eng mit einer solchen Erfindung verknüpft sind.¹⁰² **33**

b) Ausnahmen. Von der sachlichen Zuständigkeit der Patentstreitkammern sind gem. § 39 Abs. 2 ArbEG Rechtsstreitigkeiten ausgenommen, die **ausschließlich** Ansprüche auf Leistung einer **festgestellten** oder **festgesetzten Vergütung** für eine Erfindung zum Gegenstand haben. Bei derartigen **reinen Zahlungsklagen,** bei denen technische oder patentrechtliche Fragen nicht zur Entscheidung anstehen, verbleibt es bei den allgemeinen Zuständigkeitsregelungen, dh für Arbeitnehmer sind die **Arbeitsgerichte** zuständig (§ 2 Abs. 2 Buchst. a ArbGG), für Beamte und Soldaten die Verwaltungsgerichte (§ 126 BRRG, § 172 BBG, § 59 SoldatenG). Erfindungsrechtliche Fragestellungen sollen auf diese Weise vom Rechtsstreit ausgeklammert bleiben, weil die Arbeits- oder Verwaltungsgerichte nicht ausreichend über die hierfür nötige Sachkunde verfügen.¹⁰³ Die Zuständigkeit der Arbeitsgerichte **endet auch nicht,** wenn **schwierige Auslegungsfragen** zu einer Vergütungsvereinbarung angesprochen sind, etwa weil der Beklagte patentrechtliche oder technische Fragen aufwirft.¹⁰⁴ Dagegen sind Rechtsstreitigkeiten wegen der Verletzung von Betriebsgeheimnissen, die Erfindungen oder technische Verbesserungsvorschläge betreffen, nahezu ausnahmslos Patentstreitsachen nach § 143 PatG bzw. § 39 Abs. 1 ArbEG.¹⁰⁵ **34**

Da § 39 Abs. 1 ArbEG auf die für Patentstreitsachen zuständigen Gerichte verweist, kann für die sachliche Zuständigkeit bei Arbeitnehmererfinderstreitsachen im Übrigen vollumfänglich auf die Ausführungen zum Patentrecht verwiesen werden. **35**

5. Exkurs: Kosten eines mitwirkenden Patentanwalts (→ § 91 Rn. 100 ff.). Neben der sachlichen Zuständigkeit spielt es auch für die Frage der Erstattung der Kosten eines mitwirkenden Patent- **36**

---

⁹³ OLG Stuttgart GRUR-RR 2005, 334 – Patentanwaltskosten in der Zwangsvollstreckung; OLG München GRUR-RR 2006, 68 – Fortgesetzte Verletzung; aA OLG Köln GRUR-RR 2012, 492 – Patentanwaltskosten im Zwangsgeldverfahren, das für die Frage der Kostenerstattung gem. § 143 Abs. 3 PatG die Erforderlichkeit der Sachkunde eines Patentanwalts verlangt.
⁹⁴ OLG Düsseldorf GRUR-RR 2010, 405 – Herausgabevollstreckung (Ls.) = BeckRS 2010, 16066 (Volltext).
⁹⁵ OLG Düsseldorf GRUR-Int 1968, 100 (101) – Kunststofflacke; OLG Frankfurt a. M. GRUR 1983, 435 – Patentanwaltskosten bei Streit über ausländische Patente.
⁹⁶ *Mes* PatG § 143 Rn. 8.
⁹⁷ BGH GRUR 2011, 663 – Patentstreitsache.
⁹⁸ BGH GRUR 2011, 663 – Patentstreitsache.
⁹⁹ BGH GRUR 2010, 253 – Fischdosendeckel.
¹⁰⁰ OLG Düsseldorf GRUR 1954, 115.
¹⁰¹ OLG Köln GRUR-RR 2005, 34 – Elektrothrombose; die Zuständigkeit ergibt sich aus den allgemeinen Regeln für das Exequaturverfahren, s. hierzu zB *Schack* § 18.
¹⁰² *Bartenbach/Volz* ArbEG § 39 Rn. 1.
¹⁰³ *Boehmke/Kursawe* ArbNErfG § 39 Rn. 21.
¹⁰⁴ LG München BeckRS 2016, 68358, mAnm *Ulrici* GRUR-Prax 2016, 220.
¹⁰⁵ *Asendorf* GRUR 1990, 229 (237).

anwalts eine Rolle, ob eine Patentstreitsache vorliegt. Die Kosten werden in **Patentstreitsachen** nach § 143 Abs. 3 PatG erstattet.[106] Der Begriff der Patentstreitsache wird – wie zuvor ausgeführt – weit ausgelegt. Hierzu gehört bspw. auch das Ordnungs- und Zwangsmittelverfahren (§§ 887–890), wenn das vorangegangene Erkenntnisverfahren eine Patentstreitsache war.[107] Die **Notwendigkeit** der Mitwirkung des Patentanwalts ist jedenfalls in einem **Klagverfahren** nicht zu prüfen.[108] Bei der **Honorarklage** eines Rechts- oder Patentanwalts handelt es sich aber nicht bereits deshalb um eine Patentstreitsache, weil der Gegenstand des Auftrags mit einer Erfindung zusammenhing.[109] Auch wenn es sich bei der Klage auf **Erstattung der Kosten** der patentrechtlichen **Abmahnung** um eine Patentstreitsache iSv § 143 PatG handelt, sodass stets die Landgerichte sachlich ausschließlich zuständig sind, kann nach der Rspr. des BGH zu den parallelen Vorschriften im Markenrecht die für das gerichtliche Verfahren geltende Bestimmung des § 143 Abs. 3 PatG weder in unmittelbarer noch in entsprechender Anwendung als Anspruchsgrundlage für eine vorgerichtliche Abmahnung wegen einer Schutzrechtsverletzung herangezogen werden. Dementsprechend sind die durch die **Mitwirkung des Patentanwalts** entstandenen Kosten einer vorgerichtlichen Abmahnung nur zu erstatten, wenn der Anspruchsteller darlegt und nachweist, dass die Mitwirkung des Patentanwalts erforderlich war.[110] Dies wird bei einer patentrechtlichen Abmahnung, bei der ein technischer Sachverhalt zu beurteilen ist, jedoch in aller Regel der Fall sein.

II. Konzentrationsermächtigung

37 Von der **Konzentrationsermächtigung** in § 143 Abs. 2 PatG haben alle Bundesländer, soweit nicht entbehrlich,[111] Gebrauch gemacht bzw. durch Staatsverträge die Zuständigkeit übertragen. Für Rheinland-Pfalz gilt die **Besonderheit**, dass für **patentrechtliche** Streitigkeiten das **LG Frankfurt a. M.**,[112] für **Gebrauchsmusterstreitsachen** das **LG Frankenthal** zuständig ist.[113] Steht eine Gebrauchsmusterstreitsache in einem engen sachlichen Zusammenhang mit einer Patentstreitsache, zB wenn dieselbe angegriffene Ausführungsform nicht nur ein Patent, sondern auch das damit parallele Gebrauchsmuster verletzt, dann geht die Zuständigkeit des für Patentstreitsachen zuständigen Landgerichts der des für Gebrauchsmusterstreitsachen zuständigen Landgerichts vor, was sich im Hinblick auf die ansonsten parallelen Zuständigkeiten für Patent- und Gebrauchsmusterstreitsachen derzeit nur in Rheinland-Pfalz auswirken kann.[114]

III. Gerichte für Patentstreitsachen

38 Die Zuständigkeit der nach § 143 Abs. 1 und 2 PatG, § 39 Abs. 1 ArbEG bestimmten Patentgerichte ist eine **ausschließliche Zuständigkeit**.[115] Eine Gerichtsstandsvereinbarung bzw. rügeloses Einlassen nach § 40 Abs. 2 S. 1 Nr. 2, S. 2 sind nur dann wirksam, wenn sie zur Zuständigkeit einer der folgenden Patentstreitkammern führen[116] (§§ 38–40).

39 In der Bundesrepublik bestehen zur Zeit Patentstreitkammern bei den folgenden Landgerichten[117]: **LG Berlin** für Berlin und Brandenburg,[118] **LG Braunschweig** für Niedersachsen,[119] **LG Düsseldorf** für NRW,[120] **LG Erfurt** für Thüringen,[121] **LG Frankfurt a. M.** für Hessen und Rheinland-Pfalz,[122] **LG Hamburg** für Bremen, Hamburg, Mecklenburg-Vorpommern und Schleswig Holstein,[123] **LG Leipzig** für Sachsen,[124] **LG Magdeburg** für Sachsen-Anhalt,[125] **LG Mannheim** für Baden-Württem-

---

[106] BGH GRUR 2003, 639 – Kosten des Patentanwalts I.
[107] OLG Stuttgart GRUR-RR 2005, 334 – Patentanwaltskosten in der Zwangsvollstreckung; OLG München GRUR-RR 2006, 68 – Fortgesetzte Verletzungshandlung; Schulte/*Rinken* PatG § 143 Rn. 19; aA OLG Köln GRUR-RR 2012, 492 (zu § 52 Abs. 4 DesignG).
[108] Schulte/*Rinken* PatG § 143 Rn. 36.
[109] BGH GRUR 2013, 756 – Patentstreitsache II.
[110] BGH GRUR 2011, 754 – Kosten des Patentanwalts II; BGH GRUR 2012, 759 – Kosten des Patentanwalts IV.
[111] Wenn nur ein Landgericht im Bundesland vorhanden ist.
[112] Art. 1 PatStKEStVtrHEG RhPf. (zitiert nach juris).
[113] § 11 ZFGGZuVO, s. auch Mes PatG § 27 Rn. 3 GebrMG.
[114] Benkard/*Grabinski*/*Zülch* PatG GebrMG § 27 Rn. 3.
[115] Schulte/*Rinken* PatG § 143 Rn. 16.
[116] BGH GRUR 1953, 114.
[117] Schulte/*Rinken* PatG § 143 Rn. 23.
[118] Art. 1 SchutzRStV.
[119] § 5 ZustVO-Justiz.
[120] § 1 WZPSchVO.
[121] § 5 Abs. 1 Nr. 1 ThürGerZustVO.
[122] § 37 JuZuV und Art. 1 PatStKEStVtrHEG (zitiert nach juris).
[123] § 1 Nr. 1 u. 2 TechnSchRZustAbk.
[124] § 14 Nr. 1 SächsJOrgVO.
[125] § 6 Nr. 2 Buchst. a LSAZivGerZustVO.

berg,[126] **LG München I** für den OLG-Bezirk München,[127] **LG Nürnberg-Fürth** für die OLG-Bezirke Nürnberg und Bamberg,[128] **LG Saarbrücken** für Saarland.[129]

D. Gebrauchsmusterrecht

I. Allgemeines

Der Begriff der **Gebrauchsmusterstreitsache** ist entsprechend dem Begriff der Patentstreitsache in § 143 PatG formuliert und erfasst gem. § 27 Abs. 1 GebrMG alle Klagen, durch die ein Anspruch aus einem der in diesem Gesetz geregelten Rechtsverhältnisse geltend gemacht wird (Gebrauchsmusterstreitsachen). Auch für Gebrauchsmusterstreitsachen sind die **Zivilkammern** der Landgerichte ohne Rücksicht auf den Streitwert **ausschließlich** sachlich zuständig. Zur Auslegung des Begriffs Gebrauchsmusterstreitsache kann im Übrigen auf die Ausführungen zu dem Begriff „Patentstreitsache" verwiesen werden (→ Rn. 27 ff.). **40**

Die Gebrauchsmusterstreitigkeiten sind – ebenso wie Patent- und Sortenschutzstreitigkeiten – **keine Handelssachen** iSv § 95 GVG. **41**

II. Konzentrationsermächtigung

Für die **Konzentrationsermächtigung** gem. § 27 Abs. 2 GebrMG gelten die gleichen Regelungen wie im Patentrecht. Für Rheinland-Pfalz gilt die **Besonderheit**, dass für **patentrechtliche** Streitigkeiten das **LG Frankfurt a. M.**[130] und für **Gebrauchsmusterstreitsachen** das **LG Frankenthal** zuständig ist.[131] Steht eine Gebrauchsmusterstreitsache in einem engen sachlichen Zusammenhang mit einer Patentstreitsache, zB wenn dieselbe angegriffene Ausführungsform nicht nur ein Patent, sondern auch das damit parallele Gebrauchsmuster verletzt, dann geht die Zuständigkeit des für Patentstreitsachen zuständigen Landgerichts der des für Gebrauchsmusterstreitsachen zuständigen Landgerichts vor, was sich im Hinblick auf die ansonsten parallelen Zuständigkeiten für Patent- und Gebrauchsmusterstreitsachen derzeit nur in Rheinland-Pfalz auswirken kann.[132] **42**

III. Gerichte für Gebrauchsmusterstreitsachen

Die Zuständigkeit der nach § 27 GebrMG bestimmten Gerichte für Gebrauchsmusterstreitsachen ist eine **ausschließliche Zuständigkeit**.[133] Eine Gerichtsstandsvereinbarung bzw. rügeloses Einlassen nach § 40 Abs. 2 S. 1 Nr. 2, S. 2 sind nur dann wirksam, wenn sie zur Zuständigkeit einer der folgenden Gebrauchsmustergerichte führen[134] (§§ 38–40). **43**

Gerichte für Gebrauchsmusterstreitsachen sind zur Zeit[135]: **LG Berlin** für Berlin und Brandenburg,[136] **LG Braunschweig** für Niedersachsen,[137] **LG Düsseldorf** für NRW,[138] **LG Erfurt** für Thüringen,[139] **LG Frankfurt a. M.** für Hessen[140] und **LG Frankenthal** für Rheinland-Pfalz,[141] **LG Hamburg** für Bremen, Hamburg, Mecklenburg-Vorpommern und Schleswig Holstein,[142] **LG Leipzig** für Sachsen,[143] **LG Magdeburg** für Sachsen-Anhalt,[144] **LG Mannheim** für Baden-Württemberg,[145] **LG München I** für den OLG-Bezirk München,[146] **LG Nürnberg-Fürth** für die OLG-Bezirke Nürnberg und Bamberg,[147] **LG Saarbrücken** für Saarland.[148] **44**

---

[126] § 14 ZuVOJu.
[127] § 38 Nr. 1 GZVJu.
[128] § 38 Nr. 2 GZVJu.
[129] Regelung entbehrlich, da nur ein LG.
[130] Art. 1 PatStKEStVtrHEG RhPf (zitiert nach juris).
[131] § 11 ZFGGZuVO, s. auch *Mes* PatG GebrMG § 27 Rn. 4.
[132] Benkard/*Grabinski*/*Zülch* GebrMG § 27 Rn. 3.
[133] Schulte/*Rinken* PatG § 143 Rn. 16 (zur entspr. patentrechtlichen Vorschrift).
[134] BGH GRUR 1953, 114 (zum insoweit gleichgeregelten PatentR).
[135] *Mes* PatG § 143 Rn. 17.
[136] Art. 1 SchutzRStV.
[137] § 5 ZustVO-Justiz.
[138] § 1 WZPSchVO.
[139] § 5 Abs. 1 Nr. 2 ThürGerZustVO.
[140] § 44 Nr. 3 JuZuV.
[141] § 11 ZFGGZuVO.
[142] § 1 Nr. 3 TechnSchRZustAbk.
[143] § 14 Nr. 2 u. 3 SächsJOrgVO.
[144] § 6 Nr. 2 Buchst. b LSAZivGerZustVO.
[145] § 14 ZuVOJu.
[146] § 39 GZVJu.
[147] § 39 GZVJu.
[148] Regelung entbehrlich, da nur ein LG.

E. Sortenschutz

I. Allgemeines

45 Nach der Legaldefinition in § 38 SortSchG, die sich eng an inhaltsgleiche Bestimmungen in anderen Gesetzen anlehnt (vgl. § 143 PatG, § 39 ArbEG, § 27 GebrMG, § 11 HalblSchG, § 140 MarkenG, § 14 UWG, § 6 UKlaG, § 52 DesignG, § 104 UrhG), sind die **Landgerichte** ohne Rücksicht auf den Streitwert für alle Klagen, durch die ein Anspruch aus einem der im SortSchG geregelten Rechtsverhältnisse geltend gemacht wird (Sortenschutzstreitsachen), **ausschließlich zuständig**. Um den mit dieser Bestimmung verfolgten Zweck sicherzustellen, nämlich die Verfahren mit der gebotenen Beschleunigung durchzuführen und die Entscheidungen mit der nötigen Sachkunde zu treffen, ist der Begriff **Sortenschutzstreitsache weit auszulegen**.[149] Für alle Klagen, die einen Anspruch auf die geschützte Sorte oder einen Anspruch hieraus zum Gegenstand haben, ist die ausschließliche Zuständigkeit gemäß § 38 SortSchG eröffnet. Zur Auslegung des Begriffs Sortenschutzstreitsache kann im Übrigen auf die Ausführungen zu dem Begriff „Patentstreitsache" verwiesen werden (→ Rn. 27 ff.).

46 Die Sortenschutzsachen sind – ebenso wie Patent- und Gebrauchsmusterstreitigkeiten – **keine Handelsachen** iSv § 95 Abs. 1 Buchst. c GVG.

47 Streitigkeiten über **Arbeitnehmerzüchtungen** und **-entdeckungen** fallen jedoch in die Zuständigkeit der Arbeitsgerichte (§ 2 Abs. 1 Nr. 3 Buchst. a ArbGG), soweit der öffentliche Dienst betroffen ist, in die Zuständigkeit der Verwaltungsgerichte.[150]

II. Europäisches Sortenschutzrecht

48 Hinsichtlich der Zuständigkeit **verweist** die **Sortenschutz-VO**[151] in Art. 101 Abs. 4 auf **die nationalen Vorschriften** des zuständigen Gerichts. Ist also nach Art. 101 Abs. 2 S. 1 oder Abs. 3 Sortenschutz-VO ein internationaler Gerichtsstand in Deutschland eröffnet (Vor § 12), bestimmt sich die **sachliche** Zuständigkeit des anzurufenden nationalen Gerichts bei der **Verletzung gemeinschaftlicher Sortenschutzrechte** grundsätzlich nach den **deutschen Zuständigkeitsregelungen**. Gemäß Art. 101 Abs. 4 Sortenschutz-VO sind daher die sachlichen Zuständigkeitsregelungen des **§ 38 Abs. 1 und 2 SortSchG** einschlägig.[152] Für die Frage der sachlichen Zuständigkeit bei der gerichtlichen Geltendmachung eines Anspruchs aus einem gemeinschaftlichen Sortenschutzrecht kann daher auf die vorangegangen Ausführungen zum nationalen Sortenschutz verwiesen werden.

III. Konzentrationsermächtigung

49 Auch hinsichtlich des Sortenschutzes haben, soweit nicht entbehrlich, alle Bundesländer von der Konzentrationsermächtigung aus § 38 Abs. 2 SortSchG Gebrauch gemacht bzw. durch Staatsverträge die Zuständigkeit übertragen.

IV. Gerichte für Sortenschutzstreitsachen

50 Die Zuständigkeit der nach § 38 SortSchG bestimmten Gerichte für Sortenschutzstreitsachen ist eine ausschließliche Zuständigkeit.[153] Eine Gerichtsstandsvereinbarung bzw. rügeloses Einlassen nach § 40 Abs. 2 S. 1 Nr. 2, S. 2 sind nur dann wirksam, wenn sie zur Zuständigkeit eines der folgenden Sortenschutzgerichte führen[154] (§§ 38–40).

51 Es gibt derzeit bei folgenden Landgerichten Kammern für Sortenschutzstreitsachen: **LG Berlin** für Berlin,[155] **LG Braunschweig** für Niedersachsen,[156] **LG Cottbus** für Brandenburg,[157] **LG Düsseldorf** für NRW,[158] **LG Erfurt** für Thüringen,[159] **LG Frankfurt a. M.** für Hessen,[160] **LG Hamburg** für Bremen, Hamburg, Mecklenburg-Vorpommern und Schleswig Holstein,[161] **LG Kaiserslautern** für

---

[149] *Leßmann/Würtenberger* § 7 Rn. 115.
[150] *Busse/Keukenschrijver* PatG/ArbEG § 39 Rn. 9.
[151] Verordnung (EG) Nr. 2100/94 des Rates vom 27.7.1994 über den gemeinschaftlichen Sortenschutz (ABl. 1994 L 227, S. 1).
[152] *Leßmann/Würtenberger* § 7 Rn. 114.
[153] *Leßmann/Würtenberger* § 7 Rn. 117.
[154] BGH GRUR 1953, 114 (für das PatentR).
[155] Regelung entbehrlich, da nur ein Landgericht.
[156] § 5 ZustVO-Justiz.
[157] § 5 GerZV.
[158] § 1 WZPSchVO.
[159] § 5 Abs. 1 Nr. 6 ThürGerZustVO.
[160] § 39 JuZuV.
[161] § 1 Nr. 5 TechnSchRZustAbk.

Rheinland-Pfalz,[162] **LG Leipzig** für Sachsen,[163] **LG Magdeburg** für Sachsen-Anhalt,[164] **LG Mannheim** für Baden-Württemberg,[165] **LG München I** für Bayern[166] und **LG Saarbrücken** für das Saarland.[167]

F. Halbleiterschutz

Gem. § 1 werden nach dem HalblSchG dreidimensionale Strukturen von mikroelektronischen Halbleitererzeugnissen (Topographien) geschützt. § 11 Abs. 2 HalblSchG erklärt insoweit die Regelungen des § 27 GebrMG für entsprechend anwendbar, sodass auch hier die Zivilkammern der Landgerichte ohne Rücksicht auf den Streitwert ausschließlich sachlich zuständig sind. Da der Halbleiterschutz in der zivilprozessualen Praxis jedoch keine Bedeutung hat, wird von einer weiteren Erörterung abgesehen und auf die entsprechenden Kommentierungen verwiesen.[168]

G. Markenrecht

I. Nationale Kennzeichenstreitsachen

1. Allgemeines. Gem. § 140 Abs. 1 MarkenG sind die Landgerichte für Kennzeichenstreitsachen streitwertunabhängig **ausschließlich sachlich zuständig.** Soweit die Landesregierungen von der Konzentrationsermächtigung gem. § 140 Abs. 2 MarkenG Gebrauch gemacht haben, liegt die sachliche Zuständigkeit ausschließlich bei dem bestimmten Landgericht.

Bei den Landgerichten sind die Kammern für **Handelssachen** (§ 94 GVG) **funktionell** für Kennzeichenstreitsachen zuständig (§ 95 Abs. 1 Nr. 4 Buchst. b und c GVG). Der Rechtsstreit kommt allerdings nur dann vor die Kammer für Handelssachen, wenn dies in der Klagschrift oder im Antrag auf Erlass einer einstweiligen Verfügung **beantragt** ist, oder wenn der Beklagte bzw. Antragsgegner die **Verweisung** an die Kammer für Handelssachen beantragt (→ Rn. 7 f.).

2. Kennzeichenstreitsache. Nach der Legaldefinition in § 140 Abs. 1 MarkenG, die sich eng an inhaltsgleiche Bestimmungen in anderen Gesetzen anlehnt (vgl. § 143 PatG, § 39 ArbEG, § 27 GebrMG, § 11 HalblSchG, § 38 SortSchG, § 52 DesignG, § 14 UWG, § 6 UKlaG, § 104 UrhG), sind Kennzeichenstreitsachen alle Klagen, durch die ein Anspruch aus einem der im MarkenG geregelten Rechtsverhältnisse geltend gemacht wird. Dieser Begriff wird **weit ausgelegt.**[169] Maßgebend ist, ob nach dem von der klagenden Partei vorgetragenen und zur Entscheidung des Gerichts gestellten Sachverhalt ein zeichenrechtlicher Anspruch ernstlich in Betracht kommt.[170] Neben den unmittelbar geregelten gesetzlichen Ansprüchen (zB §§ 14–19c MarkenG) gehören zu den Kennzeichenstreitsachen auch alle Ansprüche aus rechtsgeschäftlichen Erklärungen und vertraglichen Vereinbarungen, deren Gegenstand die Inhaberschaft an oder die Rechte aus einem Kennzeichenrecht sind; zB Vertragsstrafklagen.[171] Auch wettbewerbsrechtliche oder deliktische Ansprüche **gegen Kennzeichenberühmungen** oder Anspruchsberühmungen fallen unter § 140 Abs. 1 MarkenG.[172] Die im MarkenG nicht ausdrücklich geregelten Rechtsgeschäfte über geschäftliche Bezeichnungen gehören ebenfalls dazu, da sie an Entstehung und Inhalt des Kennzeichenrechts nach den Regelungen des MarkenG anknüpfen (zB Abgrenzungsvereinbarungen, Vergleichsverträge zur Beilegung von Verletzungsprozessen etc).[173] Streitig ist, ob zu den Kennzeichenstreitsachen auch die **Honorarklagen** von Rechts- und Patentanwälten sowie die entsprechenden **Haftungsprozesse** gehören.[174] Im insoweit parallel geregelten Patentrecht kommt es nach Auffassung des BGH für die Einordnung der Honorarklage darauf an, ob es zur Beurteilung der Frage, ob die Honorarforderung berechtigt ist, eines besonderen Sachverstands bedürfe.[175]

Die Kostenerstattungsklage gegen den Kennzeichenverletzer wegen **Abmahnkosten** und der Kosten eines **Abschlussschreibens** sind stets eine **Kennzeichenstreitsache,** da der Erstattungsanspruch selbst kennzeichenrechtlicher Natur ist[176] und bei der Prüfung der Berechtigung der Abmahnung

---

[162] § 16 ZFGGZuVO.
[163] § 14 Nr. 5 SächsJOrgVO.
[164] § 6 Nr. 2 Buchst. f LSAZivGerZustVO.
[165] § 14 ZuVOJu.
[166] § 42 GZVJu.
[167] Regelung entbehrlich, da nur ein LG.
[168] ZB: Kraßer § 2 II a); *Osterrieth* Rn. 455 ff.
[169] *Ingerl/Rohnke* MarkenG § 140 Rn. 5 mwN.
[170] OLG Köln GRUR-RR 2006, 350 (351) – Kennzeichenstreitsache.
[171] BGH GRUR 2004, 622 – ritter.de; *Ingerl/Rohnke* MarkenG § 140 Rn. 13.
[172] BGH GRUR 2009, 888 (890) – Thermoroll.
[173] *Ingerl/Rohnke* MarkenG § 140 Rn. 4.
[174] OLG Karlsruhe GRUR 1997, 359 – Patentanwaltspflichten; *Fezer* MarkenG § 140 Rn. 6; aA OLG Frankfurt a. M. GRUR-RR 2001, 199 – Kennzeichenstreitsache; *Ingerl/Rohnke* MarkenG § 140 Rn. 11.
[175] BGH GRUR 2013, 756 – Patentstreitsache II.
[176] *Ingerl/Rohnke* MarkenG § 140 Rn. 11.

regelmäßig zeichenrechtliche Fragen zu erörtern sind. Unerheblich ist, ob der Anspruch auf Erstattung der Abmahnkosten, wie im Regelfall, sich als Schadensersatzanspruch aus § 14 Abs. 6 MarkenG ergibt, oder, wenn ausnahmsweise ein Verschulden fehlt, nach den Regeln der Geschäftsführung ohne Auftrag begründet ist.[177]

57 Nach allgemeiner Meinung gilt § 140 MarkenG entsprechend für das **Verfügungsverfahren** und **Arreste** in Schutzrechte.[178] Nach zutreffender Auffassung gilt § 140 MarkenG auch für das **Vollstreckungsverfahren** vor dem Prozessgericht gem. §§ 887–890 und die **Herausgabevollstreckung** gem. § 883.[179]

58 Zu den Kennzeichenstreitsachen iSd § 140 MarkenG gehören in analoger Anwendung auch Streitigkeiten im Zusammenhang mit **ausländischen** Kennzeichen.[180]

59 3. **Abgrenzung.** Dagegen sind allein auf § 12 BGB gestützte **namensrechtliche** Streitigkeiten (zB Löschung einer privat genutzten Domain) keine Kennzeichenstreitsachen.[181] Keine Kennzeichenstreitsache ist auch das **Kostenfestsetzungsverfahren** im Anschluss an eine Kennzeichenstreitsache.[182]

60 4. **Exkurs: Kosten eines mitwirkenden Patentanwalts.** Auch wenn es sich bei der Klage auf Erstattung der Kosten der Abmahnung um eine Kennzeichenstreitsache iSv § 140 Abs. 1 MarkenG handelt, sodass stets die Landgerichte sachlich ausschließlich zuständig sind, kann nach der Rspr. des BGH die für das gerichtliche Verfahren geltende Bestimmung des § 140 Abs. 3 MarkenG dagegen weder in unmittelbarer noch in entsprechender Anwendung als Anspruchsgrundlage für eine **vorgerichtliche Abmahnung** wegen einer Markenverletzung herangezogen werden, sodass die durch die Mitwirkung des Patentanwalts entstandenen Kosten einer vorgerichtlichen Abmahnung nur zu erstatten sind, wenn der Anspruchsteller darlegt und nachweist, dass die **Mitwirkung** des Patentanwalts **erforderlich** war.[183] Allerdings setzt die Erstattungsfähigkeit der Patentanwaltskosten nach § 140 Abs. 4 MarkenG auch in einem gerichtlichen Verfahren voraus, dass über kennzeichenrechtliche Ansprüche entschieden worden und eine darauf bezogene Kostengrundentscheidung ergangen ist.[184]

61 5. **Konzentrationsermächtigung.** Von der Konzentrationsermächtigung in 140 Abs. 2 MarkenG ist umfassend Gebrauch gemacht worden und zwar überwiegend durch Zuweisung sämtlicher Kennzeichenstreitsachen per Verordnung an ein bestimmtes Landgericht.

62 6. **Gerichte für Kennzeichenstreitsachen.** Die Zuständigkeit der nach § 140 Abs. 2 MarkenG bestimmten Kennzeichengerichte ist eine **ausschließliche Zuständigkeit.**[185] Eine Gerichtsstandsvereinbarung bzw. rügeloses Einlassen nach § 40 Abs. 2 S. 1 Nr. 2, S. 2 sind nur dann wirksam, wenn sie zur Zuständigkeit eines der folgenden Kennzeichengerichte führen[186] (§§ 38–40).

63 In der Bundesrepublik bestehen zur Zeit folgende für Kennzeichenstreitsachen zuständige Landgerichte[187]: **LG Berlin** für Berlin und Brandenburg,[188] **LG Bielefeld** für die LG-Bezirke Bielefeld, Detmold, Münster und Paderborn in NRW,[189] **LG Bochum** für die LG-Bezirke Arnsberg, Bochum, Dortmund, Essen, Hagen und Siegen in NRW,[190] **LG Braunschweig** für Niedersachsen,[191] **LG Bremen** für Bremen,[192] **LG Düsseldorf** für den OLG-Bezirk Düsseldorf in NRW,[193] **LG Erfurt** für Thüringen,[194] **LG Frankenthal** für den OLG-Bezirk Zweibrücken in Rheinland-Pfalz,[195] **LG Frankfurt a. M.** für Hessen,[196] **LG Hamburg** für Hamburg,[197] **LG Kiel** für Schleswig-Holstein,[198] LG

---

[177] OLG Karlsruhe GRUR-RR 2006, 302 (303) – Erstattungsfähigkeit von Patentanwaltskosten.
[178] AllgM, vgl. OLG Stuttgart GRUR-RR 2009, 79 – Patentanwaltskosten bei Klagehäufung; v. Schultz/v. Zumbusch MarkenG § 140 Rn. 1, *Ingerl/Rohnke* MarkenG § 140 Rn. 9.
[179] *Fezer* MarkenG § 140 Rn. 8.
[180] *Ingerl/Rohnke* MarkenG § 140 Rn. 12.
[181] *Ingerl/Rohnke* MarkenG § 140 Rn. 5.
[182] *Fezer* MarkenG § 140 Rn. 8.
[183] BGH GRUR 2011, 754 – Kosten des Patentanwalts II; BGH GRUR 2012, 759 – Kosten des Patentanwalts IV.
[184] wenn zB über die hilfsweise geltend gemachten markenrechtlichen Ansprüche nicht entschieden ist, vgl. BGH GRUR 2019, 983 – Kosten des Patentanwalts V, Bespr. *Ringer* in GRUR-Prax 2019, 367.
[185] *Fezer* MarkenG § 140 Rn. 10; *Ingerl/Rohnke* MarkenG § 140 Rn. 35.
[186] *Ingerl/Rohnke* MarkenG § 140 Rn. 35.
[187] BeckOK MarkenR/*Gruber* MarkenG § 140 Rn. 23.
[188] Art. 1 SchutzRStV.
[189] § 1 DeUrhMRZusVO.
[190] § 1 DeUrhMRZusVO.
[191] § 5 ZustVO-Justiz.
[192] Regelung entbehrlich, da nur ein Landgericht.
[193] § 1 DeUrhMRZusVO.
[194] § 5 Abs. 1 Nr. 7 ThürGerZustVO.
[195] § 8 Nr. 2 ZFGGZuVO.
[196] § 40 JuZuV.
[197] Regelung entbehrlich, da nur ein Landgericht.
[198] § 22 JZVO.

Koblenz für den OLG-Bezirk Koblenz in Rheinland-Pfalz,[199] **LG Köln** für den OLG-Bezirk Köln in NRW,[200] **LG Leipzig** für Sachsen,[201] **LG Magdeburg** für Sachsen-Anhalt,[202] **LG Mannheim** für den OLG-Bezirk Karlsruhe in BW,[203] **LG München I** für den OLG-Bezirk München in Bayern,[204] **LG Nürnberg-Fürth** für die OLG-Bezirke Nürnberg und Bamberg in Bayern,[205] **LG Rostock** für Mecklenburg-Vorpommern,[206] **LG Saarbrücken** für Saarland[207] und **LG Stuttgart** für den OLG-Bezirk Stuttgart in BW.[208]

II. Unionsmarkenstreitsachen

1. Allgemeines. Zivilgerichtliche Streitigkeiten über Unionsmarken[209] werden **ausnahmslos** vor den **nationalen Gerichten** geführt, unbeschadet von der Möglichkeit, klärungsbedürftige Fragen dem EuGH vorzulegen;[210] ein europäisches Markenverletzungsgericht gibt es nicht. Für die in Art. 124 UMV **abschließend** aufgelisteten vier **Klagearten** (Verletzungsklagen, negative Feststellungsklagen, Klagen auf Entschädigung nach Art. 11 Abs. 2 UMV[211] und Widerklagen auf Erklärung des Verfalls oder Nichtigkeit einer Unionsmarke gem. Art. 128 UMV) sowie nach Art. 131 UMV für **einstweilige Maßnahmen** einschließlich Sicherungsmaßnahmen mit unionsweiter Reichweite (vgl. Art. 131 Abs. 2 UMV), sind die **nationalen Unionsmarkengerichte** sachlich **ausschließlich zuständig.**[212] § 125e MarkenG enthält insoweit eine § 140 Abs. 1 und 2 MarkenG entsprechende Zuständigkeitsvorschrift. Gem. § 125e Abs. 1 MarkenG sind für Unionsmarkenstreitsachen ausschließlich die Landgerichte in erster Instanz sachlich zuständig. Die Unionsmarke ist ein supranationales, unionsweites und nicht auf nationale Territorien beschränktes Schutzrecht.[213] Die **Reichweite** des von einem Unionsmarkengericht ausgesprochenen **Verbots**, dessen Zuständigkeit auf den Art. 125 Abs. 1–4 und 126 Abs. 1 UMV beruht, erstreckt sich grundsätzlich auf **das Gebiet der Union.**[214]

Bei den Landgerichten sind die Kammern für **Handelssachen (§ 94 GVG) funktionell** auch für Unionsmarken zuständig (§ 95 Abs. 1 Nr. 4 Buchst. c GVG).[215] Der Rechtsstreit kommt allerdings nur dann vor die Kammer für Handelssachen, wenn dies in der Klagschrift oder im Antrag auf Erlass einer einstweiligen Verfügung **beantragt** ist, oder wenn der Beklagte bzw. Antragsgegner die **Verweisung** an die Kammer für Handelssachen beantragt (→ Rn. 7 f.).

2. Unionsmarkenstreitsache. Die Vorschrift des Art. 124 UMV regelt die sachlich ausschließliche Zuständigkeit der nationalen Unionsmarkengerichte für die in Art. 124 Buchst. a–d UMV genannten Streitfälle aus Unionsmarken. Sachlich zuständig sind ausschließlich die Unionsmarkengerichte mit dem nationalen Rechtsmittelzug[216] für folgende Klagen:

Verletzungsklagen aus einer Unionsmarke (Art. 124 Buchst. a UMV). Hierzu gehören Verletzungsansprüche jeder Art.[217] Neben den ausdrücklich genannten vorbeugenden Unterlassungsansprüchen (nach Maßgabe des nationalen Rechts) unterfallen Buchst. a auch vertragliche Ansprüche aus Verstößen gegen Unterlassungserklärungen betr. eine Unionsmarke,[218] Ansprüche gegen einen Lizenznehmer, der gegen eine Bestimmung des Lizenzvertrages verstößt und ferner Streitigkeiten über die Gültigkeit, Reichweite usw einer Abgrenzungsvereinbarung über eine Unionsmarke.[219]

Negative Feststellungklagen nach Maßgabe des nationalen Rechts (Art. 124 Buchst. b UMV).

---

[199] § 8 Nr. 1 ZFGGZuVO.
[200] § 1 DeUrhMRZusVO.
[201] § 14 Nr. 6 SächsJOrgVO.
[202] § 6 Nr. 2 Buchst. e LSAZivGerZustVO.
[203] § 13 Abs. 1 Nr. 1 ZuVOJu.
[204] § 43 Nr. 1 GZVJu.
[205] § 43 Nr. 2 GZVJu.
[206] § 4 Abs. 1 Nr. 3 KonzVO MV.
[207] Regelung entbehrlich, da nur ein LG.
[208] § 13 Abs. 1 Nr. 2. ZuVOJu.
[209] Die Verordnung 2017/1001 vom 14.6.2017 trat am 1.10.2017 in Kraft. Gem. Art. 1 UMV werden die vormaligen Gemeinschaftsmarken nunmehr Unionsmarken genannt.
[210] *Eisenführ/Overhage*/Schennen UMV Art. 96 Rn. 1.
[211] Bis zum 22.3.2016: Art. 9 Abs. 3 S. 2 GMV.
[212] OLG Hamm GRUR-RS 2020, 2153; *Ingerl/Rohnke* MarkenG § 125e Rn. 26; *Fezer* MarkenG § 125e Rn. 1 f.
[213] *Grünberger* IPRax 2012, 500 (502).
[214] EuGH GRUR 2011, 518 – DHL Express France/Chronopost zu den inhaltlich gleichlautenden Art. 93, 94 GMV aF.
[215] *Kissel/Mayer* GVG § 95 Rn. 17.
[216] *Büscher/Dittmer/Schiwy/Hoffrichter-Daunicht* GMV Art. 96 Rn. 2.
[217] Der Unterlassungsanspruch ergibt sich unmittelbar aus Art. 102 Abs. 1 GMV. Für die Folgeansprüche stehen dem Kläger gem. Art. 102 Abs. 2 GMV, 125b Nr. 2 MarkenG dieselben Ansprüche zu, wie bei einer DE-Marke, vgl. *Ingerl/Rohnke* MarkenG § 125b Rn. 8.
[218] *Ingerl/Rohnke* MarkenG § 125e Rn. 29.
[219] *Eisenführ/Overhage*/Schennen UMV Art. 96 Rn. 5.

69 Klagen auf angemessene **Entschädigung** auf Grund von Benutzungshandlungen für die Zeit zwischen Anmeldung und Eintragung der Gemeinschaftsmarke (Art. 124 Buchst. c UMV).

70 **Widerklagen des Verletzungsbeklagten** auf Erklärung des Verfalls oder der Nichtigkeit der anspruchsbegründenden Unionsmarke (Art. 124 Buchst. d UMV). Hier erhalten die Unionsmarkengerichte bei anhängigen Verletzungsklagen die Kompetenz, über sämtliche Verfalls- und Nichtigkeitsgründe zu entscheiden und die Unionsmarke für verfallen oder für nichtig zu erklären (vgl. auch Art. 127 Abs. 1 UMV).[220] Ohne Anhängigkeit eines Verletzungsprozesses steht nur das Amtsverfahren bei EUIPO gem. Art. 57 ff. UMV offen.[221] Nicht zulässig ist die Widerklage nach Art. 124 Buchst. d UMV bei negativen Feststellungsklagen und einer Klage gem. Art. 124 Buchst. c UMV.[222]

71 Für die nicht in Art. 124 UMV aufgezählten Klagen gelten gem. Art. 134 Abs. 1 UMV die allgemeinen Regelungen zur sachlichen Zuständigkeit.[223]

72 **3. Reichweite der Zuständigkeit.** Die **Reichweite** der Zuständigkeit des Unionsmarkengerichts richtet sich nach Art. 126 UMV. Danach erstreckt sich die Verbotsentscheidung eines gem. Art. 125 Abs. 1–4 UMV zuständigen Gemeinschaftsmarkengerichts **grundsätzlich auf das gesamte Gebiet der Union**.[224] Beachte: Die **territoriale Beschränkung** der Wirkung auf den Forumstaat gilt für Unionsmarkengerichte, die nur nach Art. 125 Abs. 5 UMV als „Verletzungsgericht" am **Ort der unerlaubten Handlung** zuständig sind.[225] Ein als **„Zentralgericht"**[226] fungierendes Unionsmarkengericht, das seine internationale Zuständigkeit aus Art. 125 Abs. 1–4 UMV herleitet (Wohnsitz bzw. Niederlassung des Beklagten, hilfsweise Wohnsitz bzw. Niederlassung des Klägers, wenn der Beklagte in der EU weder Wohnsitz noch Niederlassung hat und weiter hilfsweise Sitz des Amtes, wenn keine Partei einen Wohnsitz oder eine Niederlassung in den Mitgliedstaaten hat), kann dagegen ein **unionsweit einheitliches Benutzungsverbot** aussprechen (ausführlich: → Vor § 12 Rn. 120 ff.).

73 **4. Einstweiliger Rechtsschutz.** Bei den Gemeinschaftsmarken können für Maßnahmen des einstweiligen Rechtsschutzes einschließlich Sicherungsmaßnahmen **neben** dem in der Hauptsache zuständigen **Unionsmarkengericht** gem. Art. 131 Abs. 1 UMV auch weitere **nationale Gerichte** entsprechend der für **nationale Marken geltenden Regeln** sachlich zuständig sein.[227] Damit eröffnet Art. 131 Abs. 1 UMV die Zuständigkeit sämtlicher nationaler Gerichte, die nach dem Recht des jeweiligen Mitgliedsstaats (lex fori) einstweilige Regelungen in Bezug auf nationale Marken treffen können.[228] Sachlich zuständig ist neben dem entsprechenden Unionsmarkengericht (→ Rn. 76 f.) auch das nach den hier dargelegten Regeln (→ Rn. 53 f.) zuständige Kennzeichengericht. Die **ausschließliche** sachliche **Zuständigkeit** nur der **Unionsmarkengerichte** ist jedoch gem. Art. 131 Abs. 2 UMV bei Maßnahmen mit **gemeinschaftsweitem** Geltungsanspruch gegeben, zB für gemeinschaftsweite **Verbote**.

74 **5. Zuständigkeitskonzentration.** Gem. Art. 123 UMV benennen die Mitgliedsstaaten für ihr Gebiet eine möglichst geringe Anzahl nationaler Gerichte erster und zweiter Instanz, nachstehend „Unionsmarkengerichte" genannt, die die ihnen durch die UMV zugewiesenen Aufgaben wahrnehmen. Die entsprechende nationale Zuständigkeitsregelung ist § 125e Abs. 3 und 4 MarkenG, wonach die Landesregierungen bzw. die Bundesländer zu Zuständigkeitskonzentrationen durch Rechtsverordnung oder länderübergreifend ermächtigt werden. Bis auf Nordrhein-Westphalen (hier ist eine weitergehende Konzentration auf das LG Düsseldorf erfolgt) sind **die für Kennzeichensachen zuständigen Landgerichte auch für Unionsmarken sachlich** zuständig. Unionsmarkengerichte **2. Instanz** sind gem. § 125e Abs. 2 MarkenG die den jeweiligen Landgerichten übergeordneten Oberlandesgerichte, insoweit gilt der nationale Rechtsmittelzug.[229] Die Zuständigkeit des BGH als Revisionsgericht ergibt sich aus der Verweisung des Art. 133 Abs. 3 UMV auf den nationalen Instanzenzug.[230]

75 Beachte: In NRW gibt es abweichende Regelungen hinsichtlich der sachlichen Zuständigkeit für nationale Marken und Unionsmarken. Während für Unionsmarkenstreitsachen das LG Düsseldorf für das ganze Land NRW ausschließlich sachlich zuständig ist,[231] sind bei nationalen Kennzeichen das LG Düsseldorf, das LG Bielefeld, das LG Bochum und das LG Köln sachlich zuständig.[232]

---

[220] *Fayaz* GRUR-Int 2009, 459 (461).
[221] *Eisenführ/Overhage*/Schennen UMV Art. 96 Rn. 6.
[222] *Eisenführ/Overhage*/Schennen UMV Art. 96 Rn. 8.
[223] *Büscher/Dittmer/Schiwy/Hoffrichter-Daunicht* GMV Art. 96 Rn. 3.
[224] EuGH GRUR 2011, 518 – DHL Express France/Chronopost; GRUR 2016, 1166 Rn. 24 – combit Software/Commit Business Solutions.
[225] *Grünberger* IPRax 2012, 500 (503).
[226] Begriffe von *Tillmann* GRUR-Int 2001, 673 (674).
[227] *Ingerl/Rohnke* MarkenG § 125e Rn. 26.
[228] *Fayaz* GRUR-Int 2009, 459 (460).
[229] *Eisenführ/Overhagen*/Schennen UMV Art. 95 Rn. 8.
[230] *Ingerl/Rohnke* MarkenG § 125e Rn. 6.
[231] § 1 WZPSchVO.
[232] § 1 DeUrhMRZusVO.

6. Unionsmarkengerichte. Die Zuständigkeit der nach § 125e MarkenG bestimmten Kennzeichengerichte ist eine **ausschließliche Zuständigkeit.**[233] Eine Gerichtsstandsvereinbarung bzw. rügeloses Einlassen nach § 40 Abs. 2 S. 1 Nr. 2, S. 2 sind nur dann hinsichtlich der in Art. 124 und 131 Abs. 2 UMV aufgelisteten Klagearten und einstweiligen Maßnahmen wirksam, wenn sie zur Zuständigkeit eines der folgenden Unionsmarkengerichte führen[234] (§§ 38–40). 76

In der Bundesrepublik bestehen zur Zeit folgende für Unionsmarken zuständige Landgerichte[235]: **LG Berlin** für Berlin und Brandenburg,[236] **LG Braunschweig** für Niedersachsen,[237] **LG Bremen** für Bremen,[238] **LG Düsseldorf** für NRW,[239] **LG Erfurt** für Thüringen,[240] **LG Frankenthal** für den OLG-Bezirk Zweibrücken in Rheinland-Pfalz,[241] **LG Frankfurt a. M.** für Hessen,[242] **LG Hamburg** für Hamburg,[243] **LG Kiel** für Schleswig-Holstein,[244] **LG Koblenz** für den OLG-Bezirk Koblenz in Rheinland-Pfalz,[245] **LG Leipzig** für Sachsen,[246] **LG Magdeburg** für Sachsen-Anhalt,[247] **LG Mannheim** für den OLG-Bezirk Karlsruhe in BW,[248] **LG München I** für den OLG-Bezirk München in Bayern,[249] **LG Nürnberg-Fürth** für die OLG-Bezirke Nürnberg und Bamberg in Bayern,[250] **LG Rostock** für Mecklenburg-Vorpommern,[251] **LG Saarbrücken** für Saarland[252] und **LG Stuttgart** für den OLG-Bezirk Stuttgart in BW.[253] 77

H. Designrecht

I. Nationales Design

1. Allgemeines. Seit dem **1.1.2014** ist das **Designgesetz** in Kraft.[254] Geschmacksmuster werden nunmehr als eingetragenes Design bezeichnet (§ 74 Abs. 1 DesignG). Neben der neuen Terminologie ist mit der Einführung des Nichtigkeitsverfahrens im modernisierten Geschmacksmusterrecht (§ 34a DesignG) ua der Einwand des fehlenden Rechtsbestandes im Verletzungsverfahren fortgefallen.[255] Entsprechend dem Markengesetz, dem Patentgesetz und dem Gebrauchsmustergesetz ist nun auch das Geschmacksmustergesetz durch ein **verwaltungsrechtliches Verfahren zur Feststellung der Nichtigkeit** einer Eintragung **vor dem DPMA** ergänzt worden.[256] Die Verletzungsgerichte haben von der Rechtsgültigkeit des streitgegenständlichen eingetragenen Designs auszugehen (§ 52a DesignG), es sei denn, dass eine **Widerklage auf Feststellung oder Erklärung der Nichtigkeit** erhoben (§ 52b DesignG) oder ein Antrag beim DPMA nach § 34 DesignG gestellt wird.[257] Für diese Widerklagen (nähere Einzelheiten → § 33 Rn. 67 f.) sind die Designgerichte (→ Rn. 85) sachlich zuständig. Gem. § 52 DesignG sind für **Designstreitsachen** die **Landgerichte** ohne Rücksicht auf den Streitwert sachlich **ausschließlich zuständig.** Soweit die Landesregierungen von der Konzentrationsermächtigung gem. § 52 Abs. 2, 3 DesignG Gebrauch gemacht haben, liegt die sachliche Zuständigkeit ausschließlich bei den bestimmten Designgericht. 78

Bei den Landgerichten sind die Kammern für **Handelssachen** (§ 94 GVG) **funktionell** für Designstreitsachen zuständig (§ 95 Abs. 1 Nr. 4 Buchst. c GVG).[258] Der Rechtsstreit kommt allerdings nur dann vor die Kammer für Handelssachen, wenn dies in der Klagschrift oder im Antrag auf Erlass einer 79

---

[233] *Fezer* MarkenG § 125e Rn. 6; *Ingerl/Rohnke* MarkenG § 125e Rn. 26.
[234] OLG Hamm GRUR-RS 2020, 2153; *Ingerl/Rohnke* MarkenG § 140 Rn. 35.
[235] *Fezer* NJW 1997, 2915 (2917).
[236] Art. 1 SchutzRStV.
[237] § 5 ZustVO-Justiz.
[238] Regelung entbehrlich, da nur ein Landgericht.
[239] § 1 WZPSchVO; Achtung, andere Regelung bei nationalen Kennzeichen.
[240] § 5 Abs. 1 Nr. 8 ThürGerZustVO.
[241] § 8 Nr. 2 ZFGGZuVO.
[242] § 40 JuZuV.
[243] Regelung entbehrlich, da nur ein Landgericht.
[244] § 22 JZVO.
[245] § 8 Nr. 1 ZFGGZuVO.
[246] § 14 Nr. 6 SächsJOrgVO.
[247] § 6 Nr. 2g) LSAZivGerZustVO.
[248] § 13 Abs. 1 S. 1 ZuVOJu.
[249] § 43 Nr. 1 GZVJu.
[250] § 43 Nr. 2 GZVJu.
[251] § 4 Abs. 1 Nr. 3 KonzVO MV.
[252] Regelung entbehrlich, da nur ein Landgericht.
[253] § 13 Abs. 1 S. 2 ZuVOJu.
[254] Gesetz zur Modernisierung des Geschmacksmustergesetzes sowie zur Änderung der Regelungen über die Bekanntmachungen zum Ausstellungsschutz vom 10.10.2013 (BGBl. I S. 3799).
[255] *Rehmann* GRUR-Prax 2013, 215 (216).
[256] *Weiden* GRUR 2013, 360.
[257] *Schicker/Haug* NJW 2014, 726 (728).
[258] Weil das Designgericht nunmehr *extra omnes* auch über den Rechtsbestand des Designs entscheiden kann, befürwortet *Rehmann* (GRUR-Prax 2013, 215 (216)), die Designstreitigkeiten den für Patent- und Gebrauchsmustersachen zuständigen Zivilkammern zuzuführen.

80 **2. Designstreitsache.** Nach der Legaldefinition in § 52 Abs. 1 DesignG, die sich eng an inhaltsgleiche Bestimmungen in anderen Gesetzen anlehnt (vgl. § 143 PatG, § 39 ArbEG, § 27 GebrMG, § 11 HalbLSchG, § 38 SortSchG, § 140 MarkenG, § 14 UWG, § 6 UKlaG, § 104 UrhG), sind dies Ansprüche, die **ein im DesignG geregeltes Rechtsverhältnis** betreffen. Der Begriff wird **weit ausgelegt** und erfasst neben den in §§ 33, 34, 42–47 DesignG aufgeführten gesetzlichen Ansprüchen sämtliche Ansprüche aus einem im DesignG geregelten Rechtsverhältnis, zB Streitigkeiten betr. **internationale Eintragungen, Verwarnungen, Schutzrechtsberühmungen, Maßnahmen gegen Abnehmerverwarnungen.**[259] Betroffen ist jedes Verfahren, in dem designrechtliche Fragen zu klären sind.[260] Nach dem Normzweck werden unter Klagen sowohl Leistungs- als auch Feststellungsklagen, aber auch andere Formen des gerichtlichen Verfahrens erfasst, nämlich einstweilige Verfügungen und Ordnungsmittelverfahren sowie Beschwerdeverfahren zu § 91a ZPO.[261] Auch **Gemeinschaftsgeschmacksmuster** sind Streitsachen iSv § 52 DesignG.[262] Zur Auslegung des Begriffs Designstreitsache kann im Übrigen auf die Ausführungen zur vergleichenden Fragestellung im Patent- und Markenrecht verwiesen werden (→ Rn. 27–32, 55–59).

81 **3. Exkurs: Kosten eines mitwirkenden Patentanwalts.** Auch wenn es sich bei der Klage auf Erstattung der Kosten der Abmahnung um eine Designstreitsache iSv § 52 Abs. 1 DesignG handelt, sodass stets die Landgerichte sachlich ausschließlich zuständig sind, kann nach der Rspr. des BGH zu den parallelen Vorschriften im Patent- und Markenrecht (s. o.) die für das gerichtliche Verfahren geltende Bestimmung des § 52 Abs. 4 DesignG weder in unmittelbarer noch in entsprechender Anwendung als Anspruchsgrundlage für eine vorgerichtliche Abmahnung wegen einer Schutzrechtsverletzung herangezogen werden, sodass die durch die Mitwirkung eines Patentanwalts entstandenen **Kosten einer vorgerichtlichen** Abmahnung nur zu erstatten sind, wenn der Anspruchsteller darlegt und nachweist, dass **die Mitwirkung des Patentanwalts erforderlich** war.[263] Eine Designstreitsache, in der die Kosten für den hinzugezogenen Patentanwalt gem. § 52 Abs. 4 DesignG stets erstattungsfähig sind, liegt auch vor, wenn der Klage- oder Verfügungsanspruch nur hilfsweise auf ein Design gestützt wird.[264] Allerdings setzt die Erstattungsfähigkeit der Patentanwaltskosten auch in einem gerichtlichen Verfahren voraus, dass über designrechtliche Ansprüche entschieden worden und eine darauf bezogene Kostengrundentscheidung ergangen ist.[265] Ob die Erforderlichkeit der Mitwirkung auch im Zwangsvollstreckungsverfahren einer Designsache zu prüfen ist, ist streitig.[266]

82 **4. Konzentrationsermächtigung.** Von den Konzentrationsermächtigungen in § 52 Abs. 2 DesignG bzw. von der Befugnis in Abs. 3 haben die Bundesländer, soweit erforderlich, weit überwiegend Gebrauch gemacht. Lediglich in Schleswig-Holstein ist keine gesonderte Zuweisung erfolgt, sodass sämtliche Landgerichte sachlich zuständig sind.

83 Beachte: In **NRW** gibt es abweichende Regelung hinsichtlich der sachlichen Zuständigkeit für nationale Designs und Gemeinschaftsgeschmacksmuster. Während für Gemeinschaftsgeschmacksmuster das LG Düsseldorf für das ganze Land NRW ausschließlich sachlich zuständig ist,[267] sind bei nationalen Designs das LG Düsseldorf, das LG Bielefeld, das LG Bochum und das LG Köln sachlich zuständig (→ Rn. 86).

84 **5. Designgerichte.** Die sachliche Zuständigkeit der nach § 52 DesignG bestimmten Designgerichte ist eine **ausschließliche Zuständigkeit.** Gerichtsstandsvereinbarungen bzw. die Begründung der Zuständigkeit durch rügelose Einlassung sind nur insoweit möglich, als es sich bei dem angerufenen oder vereinbarten Gericht ebenfalls um ein Designgericht handelt[268] (§§ 38–40).

85 In der Bundesrepublik sind zur Zeit für Designstreitigkeiten folgende Landgerichte zuständig[269]: **LG Berlin** für Berlin und Brandenburg,[270] **LG Bielefeld** für die LG Bezirke Bielefeld, Detmold, Münster und Paderborn[271] und **LG Bochum** für die LG-Bezirke Arnsberg, Bochum, Dortmund, Essen, Hagen

---

[259] *Eichmann/Jestaedt/Fink/Meiser* DesignG § 52 Rn. 19.
[260] *Büscher/Dittmer/Schiwy/Auler* DesignG § 52 Rn. 2.
[261] *Eichmann/Jestaedt/Fink/Meiser* DesignG § 52 Rn. 20.
[262] *Büscher/Dittmer/Schiwy/Auler* DesignG § 52 Rn. 5.
[263] BGH GRUR 2011, 754 –Kosten des Patentanwalts II; BGH GRUR 2012, 759 – Kosten des Patentanwalts IV.
[264] OLG Frankfurt a. M. GRUR-RR 2013, 184 – Patentanwaltskosten im Geschmacksmusterstreit.
[265] Wenn zB über die hilfsweise geltend gemachten markenrechtlichen Ansprüche nicht entschieden ist, vgl. BGH GRUR 2019, 983 – Kosten des Patentanwalts V, mit Bespr. *Ringer* in GRUR-Prax 2019, 367 (zu nach § 140 Abs. 4 MarkenG).
[266] Dafür: OLG Stuttgart GRUR-RR 2005, 334 – Patentanwaltskosten in der Zwangsvollstreckung; dagegen: OLG Köln GRUR-RR 2012, 492 – Patentanwaltskosten im Zwangsgeldverfahren.
[267] § 1 NRWGemGeschmMKonzVO.
[268] *Eichmann/Jestaedt/Fink/Meiser* DesignG § 52 Rn. 2.
[269] *Büscher/Dittmer/Schiwy/Auler* DesignG § 52 Rn. 6.
[270] Art. 1 SchutzRStV.
[271] § 1 DeUrhMRZusVO.

und Siegen in NRW,[272] **LG Braunschweig** für Niedersachsen,[273] **LG Bremen** für Bremen,[274] **LG Düsseldorf** für den OLG-Bezirk Düsseldorf in NRW,[275] **LG Erfurt** für Thüringen,[276] LG Frankenthal für Rheinland-Pfalz,[277] **LG Frankfurt a. M.** für Hessen,[278] **LG Hamburg** für Hamburg,[279] **LG Köln** für den OLG Bezirk Köln in NRW,[280] **LG Leipzig** für Sachsen,[281] **LG Magdeburg** für Sachsen-Anhalt,[282] **LG Mannheim** für den OLG-Bezirk Karlsruhe,[283] **LG München I** für den OLG-Bezirk München,[284] **LG Nürnberg-Fürth** für die OLG-Bezirke Nürnberg und Bamberg[285] und **LG Saarbrücken** für das Saarland,[286] **LG Stuttgart** für den OLG Bezirk Stuttgart,[287] **LG Rostock** für Mecklenburg-Vorpommern.[288] In **Schleswig-Holstein** ist seit dem 1.1.2020 nur noch das **LG Flensburg** zuständig.[289]

II. Gemeinschaftsgeschmacksmuster

1. Allgemeines. Zivilgerichtliche Streitigkeiten über Gemeinschaftsgeschmacksmuster werden **ausnahmslos** vor den **nationalen Gerichten** geführt, unbeschadet von der Möglichkeit, klärungsbedürftige Fragen dem EuGH vorzulegen;[290] ein europäisches Gericht gibt es insoweit nicht. Die Gemeinschaftsgeschmacksmustergerichte sind sachlich ausschließlich zuständig für die in Art. 81 Buchst. a–d GGV benannten Verfahren. Als Gemeinschaftsgeschmacksmustergerichte erster Instanz sind **die Landgerichte ohne Rücksicht auf den Streitwert ausschließlich** zuständig. In zweiter Instanz ist das Oberlandesgericht zuständig, welches nach seinem Gerichtsbezirk für das als Gemeinschaftsgeschmacksmuster bestimmte Landgericht zuständig ist.[291] 86

2. Gemeinschaftsgeschmacksmusterstreitsache. Die Vorschrift des Art. 81 GGV regelt die sachlich ausschließliche Zuständigkeit der nationalen Gemeinschaftsgeschmacksmustergerichte für die in Art. 81 Buchst. a–d GGV genannten Verfahren. Sachlich zuständig sind ausschließlich die Gemeinschaftsgeschmacksmustergerichte mit dem nationalen Rechtmittelzug[292] für folgende Klagen, wobei die Beschränkung in Buchst. a–c auf „Klagen" nicht wörtlich zu nehmen ist, sondern die Regelung auch auf Widerklagen anwendbar ist.[293] 87

Verletzungsklagen sowohl wegen bereits begangener als auch für vorbeugende Klagen (nach Maßgabe des nationalen Rechts) bei Erstbegehungsgefahr (Art. 81 Buchst. a GGV). Hierzu gehören Klagen jeder Art im Zusammenhang mit der Behauptung der Verletzung eines Gemeinschaftsgeschmacksmusters, also auf Unterlassung, Beschlagnahme, Auskunft, Schadensersatz, Beseitigung und Widerruf, Erstattung der Anwaltskosten, Feststellung der Verletzung und auch vertragliche Ansprüche aus Verstößen gegen Unterlassungserklärungen betr. ein Gemeinschaftsgeschmacksmuster.[294] 88

Negative Feststellungsklagen (nach Maßgabe des nationalen Rechts) auf Feststellung der Nichtverletzung des Gemeinschaftsgeschmacksmusters (Art. 81 Buchst. b GGV). 89

Die **Nichtigkeitsklage** betr. ein nicht eingetragenes Gemeinschaftsgeschmacksmuster (Art. 81 Buchst. c GGV) ist die Klage nach Art. 24 Abs. 3 GGV[295] und in entsprechender Anwendung die Klage auf Feststellung des Nichtbestehens eines nicht eingetragenen Gemeinschaftsgeschmacksmusters.[296] 90

Nichtigkeitswiderklage (Art. 81 Buchst. d GGV) gegen ein eingetragenes oder nicht eingetragenes Gemeinschaftsgeschmacksmuster gem. Art. 24 Abs. 1 und 3 GGV im Zusammenhang mit einem 91

---

[272] § 1 DeUrhMRZusVO.
[273] § 5 ZustVO-Justiz.
[274] Regelung entbehrlich, da nur ein Landgericht.
[275] § 1 DeUrhMRZusVO.
[276] § 5 Abs. 1 Nr. 4 ThürGerZustVO.
[277] § 11 ZFGGZuVO.
[278] § 44 JuZuV.
[279] Regelung entbehrlich, da nur ein Landgericht.
[280] § 1 DeUrhMRZusVO.
[281] § 14 Nr. 4 SächsJOrgVO.
[282] § 6 Nr. 2 Buchst. d LSAZivGerZustVO.
[283] § 13 Abs. 1 Nr. 1 ZuVOJu.
[284] § 41 GZVJu.
[285] § 41 GZVJu.
[286] Regelung entbehrlich, da nur ein Landgericht.
[287] § 13 Abs. 1 Nr. 2 ZuVOJu.
[288] § 4 Abs. 1 Nr. 2 KonzVO MV.
[289] § 20 JZVO.
[290] Für die entspr. geregelte Gemeinschaftsmarke: *Eisenführ/Overhage/Schennen* UMV Art. 96 Rn. 1.
[291] Büscher/Dittmer/Schiwy/*Auler* GGV Art. 80 Rn. 3.
[292] *Eichmann/Jestaedt*/Fink/Meiser DesignG § 63 Rn. 5.
[293] Ruhl/*Tolkmitt* GGV Art. 81 Rn. 4; Büscher/Dittmer/Schiwy/*Auler* GGV Art. 81 Rn. 7.
[294] Ruhl/*Tolkmitt* GGV Art. 81 Rn. 5 mwN.
[295] Büscher/Dittmer/Schiwy/*Auler* GGV Art. 81 Rn. 5.
[296] Ruhl/*Tolkmitt* GGV Art. 81 Rn. 13.

Verletzungsverfahren nach Art. 81 Buchst. a GGV, also nicht in einem Verfahren wegen Verletzung eines nationalen Schutzrechts.[297]

92 Für **andere** als die in Art. 81 GGV genannten Verfahren ist die sachliche Zuständigkeit nach Art. 93 Abs. 1 GGV zu bestimmen. Danach sind diejenigen Gerichte zuständig, die nach nationalem Recht für das Musterrecht zuständig sind. Insoweit kann auf die Ausführungen zum nationalen Design und zur EuGVVO (→ Vor § 12 Rn. 128 ff.) verwiesen werden.

93 **3. Reichweite der Zuständigkeit.** Die **Reichweite** der Zuständigkeit des Gemeinschaftsgeschmacksmustergerichts richtet sich nach Art. 83 GGV. Danach erstreckt sich die **Verbotsentscheidung** eines gem. Art. 82 Abs. 1–4 GGV zuständigen Gemeinschaftsgeschmacksmustergerichts (Wohnsitz bzw. Niederlassung des Beklagten, hilfsweise Wohnsitz bzw. Niederlassung des Klägers, wenn der Beklagte in der EU weder Wohnsitz noch Niederlassung hat und weiter hilfsweise Sitz des Amtes, wenn keine Partei einen Wohnsitz oder eine Niederlassung in den Mitgliedsstaaten hat) **grundsätzlich auf das gesamte Gebiet der Union**. Die wichtige **Ausnahme** ist in Art. 83 Abs. 2 GGV geregelt. Für den Fall, dass die Zuständigkeit allein aus dem **Verletzungsort** (Art. 82 Abs. 5 GGV) folgt, beschränkt sich die Zuständigkeit des Gerichts auf die im Gerichtsstaat begangenen oder drohenden Handlungen. Nach dem Wortlaut der Vorschrift sind die Zuständigkeit und die Reichweite der gerichtlichen Entscheidung nicht beschränkt, wenn der Beklagte zur Verteidigung die Widerklage auf Feststellung der Nichtigkeit erhebt. Hier wird bei Obsiegen des Beklagten das Gemeinschaftsgeschmacksmuster mit Wirkung für die Gemeinschaft für nichtig erklärt.[298]

94 **4. Einstweiliger Rechtsschutz.** Bei den Gemeinschaftsgeschmacksmustern können für Maßnahmen des einstweiligen Rechtsschutzes einschließlich Sicherungsmaßnahmen **neben** dem in der Hauptsache zuständigen **Gemeinschaftsgeschmacksmustergericht** gem. Art. 90 Abs. 1 GGV auch weitere **nationale Gerichte** entsprechend der für **nationale Designs geltenden Regeln** sachlich zuständig sein.[299] Praktisch bedeutsam ist dies in Deutschland allerdings nur für NRW, denn von den dortigen vier Designgerichten ist nur eins zugleich auch GGM-Gericht, während in den übrigen Bundesländern in Bezug auf Designgerichte und GGM-Gerichte Deckungsgleichheit besteht.[300] Die **ausschließliche** sachliche **Zuständigkeit** der **Gemeinschaftsgeschmacksmustergerichte** ist jedoch gem. Art. 90 Abs. 3 GGV bei Maßnahmen mit **gemeinschaftsweitem** Geltungsanspruch gegeben,[301] zB bei gemeinschaftsweiten **Verboten** (→ Rn. 93).

95 **5. Zuständigkeitskonzentration.** Gem. Art. 80 Abs. 1 GGV benennen die Mitgliedsstaaten für ihr Gebiet eine möglichst geringe Anzahl nationaler Gerichte erster und zweiter Instanz, die die ihnen durch die GGV zugewiesenen Aufgaben wahrnehmen. Die entsprechende nationale Zuständigkeitsregelung ist § 63 DesignG, wonach die Landesregierungen bzw. die Bundesländer zu Zuständigkeitskonzentrationen durch Rechtsverordnung oder länderübergreifend ermächtigt werden. Die Gerichte zweiter Instanz ergeben sich aus den allgemeinen landesrechtlichen Bezirkszuweisungen.[302] Gegen Entscheidungen des Berufungsgerichts sind gem. Art. 92 Abs. 3 GGV weitere Rechtsmittel ebenfalls nach den allg. einschlägigen Bestimmung der ZPO möglich.

96 Beachte: In **NRW** gibt es abweichende Regelungen hinsichtlich der sachlichen Zuständigkeit für nationale Designs und Gemeinschaftsgeschmacksmuster. Während für Gemeinschaftsgeschmacksmuster das LG Düsseldorf für das ganze Land NRW ausschließlich sachlich zuständig ist,[303] sind bei nationalen Designs das LG Düsseldorf, das LG Bielefeld, das LG Bochum und das LG Köln sachlich zuständig (→ Rn. 85).

97 **6. Gemeinschaftsgeschmacksmustergerichte.** Die sachliche Zuständigkeit der nach Art. 80 GGV bestimmten Gemeinschaftsgeschmacksmustergerichte ist eine **ausschließliche Zuständigkeit**. Gerichtsstandsvereinbarungen bzw. die Begründung der Zuständigkeit durch rügelose Einlassung sind gem. Art. 82 Abs. 4 GGV nur insoweit möglich, als es sich bei dem angerufenen oder vereinbarten Gericht ebenfalls um ein Gemeinschaftsgeschmacksmustergericht handelt.[304]

98 Die Liste der von den Mitgliedsstaaten benannten Gemeinschaftsgeschmacksmustergerichte kann über die Internetseite des Amtes unter http://oami.europa.eu/pdf/design/cdcourts.pdf[305] abgefragt werden.

---

[297] Ruhl/*Tolkmitt* GGV Art. 81 Rn. 14.
[298] Büscher/Dittmer/Schiwy/*Auler* GGV Art. 83 Rn. 3.
[299] EuGH BeckRS 2019, 28573; Büscher/Dittmer/Schiwy/*Steinberg* GGV Art. 90 Rn. 1 f.
[300] Müller-Broich GRUR-Prax 2020, 13.
[301] Ruhl/*Tolkmitt* GGV Art. 90 Rn. 10.
[302] Eichmann/*Jestaedt*/Fink/Meiser DesignG § 63 Rn. 6.
[303] § 1 NRWGemGeschmMKonzVO.
[304] Büscher/Dittmer/Schiwy/*Auler* GGV Art. 81 Rn. 1.
[305] Stand: 7.9.2006.

Sachliche Zuständigkeit 99–102 § 1 ZPO

99 In der Bundesrepublik sind zur Zeit für Gemeinschaftsgeschmacksmuster zuständige Landgerichte:[306] **LG Berlin** für Berlin und Brandenburg,[307] **LG Braunschweig** für Niedersachsen,[308] **LG Bremen** für Bremen,[309] **LG Düsseldorf** für Nordrhein-Westphalen,[310] **LG Erfurt** für Thüringen,[311] **LG Frankenthal** für Rheinland-Pfalz,[312] **LG Frankfurt a. M.** für Hessen,[313] **LG Hamburg** für Hamburg,[314] **LG Leipzig** für Sachsen,[315] **LG Magdeburg** für Sachsen-Anhalt,[316] **LG Mannheim** für den OLG-Bezirk Karlsruhe,[317] **LG München I** für den OLG-Bezirk München,[318] **LG Nürnberg-Fürth** für die OLG-Bezirke Nürnberg und Bamberg[319] und **LG Saarbrücken** für das Saarland,[320] **LG Stuttgart** für den OLG Bezirk Stuttgart,[321] **LG Rostock** für Mecklenburg-Vorpommern.[322] In **Schleswig-Holstein** ist seit dem 1.1.2020 nur noch das **LG Flensburg** zuständig.[323]

I. Wettbewerbsrecht

I. UWG

100 **1. Allgemeines.** Gem. § 14 Abs. 1 S. 1 UWG[324] sind für alle Streitigkeiten, in denen ein Anspruch „aufgrund dieses Gesetzes" geltend gemacht wird, die **Landgerichte streitwertunabhängig ausschließlich sachlich zuständig.** Soweit die Landesregierungen von der Konzentrationsermächtigung gem. § 14 Abs. 3 UWG Gebrauch gemacht haben, was bislang nur vereinzelt geschehen ist, liegt die sachliche Zuständigkeit ausschließlich bei dem bestimmten Landgericht.

101 Bei den Landgerichten sind die Kammern für **Handelssachen (§ 94 GVG) funktionell** für Wettbewerbsstreitigkeiten zuständig (§ 95 Abs. 1 Nr. 5 GVG). Der Rechtsstreit kommt allerdings nur dann vor die Kammer für Handelssachen, wenn dies in der Klagschrift oder im Antrag auf Erlass einer einstweiligen Verfügung **beantragt** ist oder wenn der Beklagte bzw. Antragsgegner die **Verweisung** an die Kammer für Handelssachen beantragt (→ Rn. 7 f.).

102 **2. UWG-Streitsachen.** Nach der Legaldefinition in § 14 Abs. 1 UWG sind Wettbewerbsstreitigkeiten bürgerliche Rechtsstreitigkeiten, in denen ein Anspruch auf Grund des UWG geltend gemacht wird. Dazu gehören **Unterlassungs- und Beseitigungsansprüche** aus § 8 UWG, der **Schadensersatzanspruch** aus § 9 UWG, der **Gewinnabschöpfungsanspruch** aus § 10 UWG nebst Annexansprüchen (§ 10 Abs. 2–4 UWG), die Hilfsansprüche auf **Auskunft, Rechnungslegung und Besichtigung,** soweit sie der Vorbereitung und Durchsetzung von UWG-Ansprüchen dienen,[325] aber auch **Abmahnkosten** (§ 13 Abs. 3 UWG) und die Kosten für das **Abschlussschreiben** (§ 13 Abs. 3 UWG analog bzw. § 9 UWG[326]). Nach der jüngeren Rechtsprechung des BGH werden von § 14 Abs. 1 UWG auch **vertragliche Unterlassungsansprüche,** Ansprüche aus **Vergleichen** und Ansprüche auf Zahlung von **Vertragsstrafe** erfasst, wenn sie aus einer wettbewerblichen Streitigkeit hervorgegangen sind. Diese Ansprüche sind zwar keine „aufgrund des UWG", sondern vertragliche, doch haben sie ihren Ursprung im UWG, sodass sie als Ansprüche „auf Grund dieses Gesetzes" angesehen werden können.[327] Diese Auslegung entspricht schließlich auch dem Zweck des § 14 Abs. 1 UWG, die Sachkunde und Erfahrung der Landgerichte zu nutzen. Auch wenn vordergründig eine vertragliche Vereinbarung angewendet werden muss, erfordert dies idR eine Auslegung der Reichweite des Unterlassungsanspruchs oder des Umfangs des Vertragsstrafeversprechens, wofür wettbewerbsrechtliches Spezialwissen oft unentbehrlich ist.[328] **Keine UWG-Streitsachen** sind sonstige ver-

---

[306] Büscher/Dittmer/Schiwy/*Auler* GeschmMG § 52 Rn. 5.
[307] Art. 1 SchutzRStV.
[308] § 5 ZustVO-Justiz.
[309] Regelung entbehrlich, da nur ein LG.
[310] § 1 NRWGemGeschmMKonzVO.
[311] § 5 Abs. 1 Nr. 5 ThürGerZustVO.
[312] § 11 ZFGGZuVO.
[313] § 44 JuZuV.
[314] Regelung entbehrlich, da nur ein LG.
[315] § 14 Nr. 4 SächsJOrgVO.
[316] § 6 Nr. 2 Buchst. d LSAZivGerZustVO.
[317] § 13 Abs. 1 Nr. 2 ZuVOJu.
[318] § 41 GZVJu.
[319] § 41 GZVJu.
[320] Regelung entbehrlich, da nur ein LG.
[321] § 13 Abs. 1 Nr. 2 ZuVOJu.
[322] § 4 Abs. 1 Nr. 2 KonzVO MV.
[323] § 21 JZVO.
[324] Die bislang auf die §§ 13 und 14 UWG aF verteilten Zuständigkeitsvorschriften wurden in § 14 UWG nF zusammengefasst. Dabei entspricht § 14 Abs. 1 UWG nF wörtlich § 13 Abs. 1 S. 1 UWG aF.
[325] Ohly/*Sosnitza* UWG § 13 Rn. 2.
[326] Ausführlich zum Meinungsstand: Köhler/Bornkamm/*Feddersen* UWG § 14 Rn. 3.
[327] BGH MMR 2017, 169 (170); OLG Schleswig GRUR-RR 2015, 358 (360).
[328] BGH MMR 2017, 169 (170), OLG Jena GRUR-RR 2011, 199 (200) – Vertragsstrafeforderung.

tragliche Ansprüche, wie zB **Honoraransprüche** des Rechtsanwalts gegen seinen Mandanten in einer Wettbewerbssache oder gesetzliche Ansprüche.[329]

103 **3. Konzentrationsermächtigung.** Von der **Konzentrationsermächtigung** des § 14 Abs. 3 UWG ist bislang nur **vereinzelt** Gebrauch gemacht worden. In Mecklenburg-Vorpommern ist das **LG Rostock**[330] und in Sachsen das **LG Leipzig** für die LG-Bezirke Leipzig, Chemnitz und Zwickau und das **LG Dresden** für die LG-Bezirke Dresden, Bautzen und Görlitz[331] zuständig. In allen anderen Bundesländern ist keine gesonderte Zuweisung erfolgt, sodass dort sämtliche Landgerichte sachlich zuständig sind.

II. UKlaG

104 **1. Allgemeines.** Das UKlaG eröffnet zur effektiven Bekämpfung unwirksamer AGB, verbraucherrechtswidriger Praktiken (sowie bei Verstößen gegen § 95b Abs. 1 UrhG) die Möglichkeit der Verbandsklage.[332] Gem. § 6 Abs. 1 UKlaG sind **für Klagen nach diesem Gesetz** die **Landgerichte ausschließlich sachlich zuständig.** Funktionell sind mangels Verweisung in § 95 Abs. 1 Nr. 5 GVG die Zivilkammern zuständig (→ Rn. 10). Unter Klagen nach dem UKlaG fallen die Geltendmachung von Ansprüchen auf Unterlassung und Widerruf nach §§ 1, 2, 2a UKlaG. Vom UKlaG erfasst werden gem. § 5 UKlaG auch Feststellungklagen (§ 256) sowie einstweilige Verfügungen.[333] Die Klagen auf Ersatz der Kosten für eine Abmahnung (§ 5 UKlaG iVm § 12 Abs. 1 S. 2 UWG) und auf Ersatz der Kosten für ein Abschlussschreiben[334] fallen ebenfalls darunter. Streitig ist, wie beim UWG, ob unter § 6 Abs. 1 S. 1 UKlaG vertragliche Ansprüche aus Unterlassungserklärungen fallen (zum Meinungsstreit: → Rn. 102).

105 **2. Konzentrationsermächtigung.** § 6 Abs. 2 UKlaG sieht eine **Konzentrationsermächtigung** für Unterlassungsklageverfahren vor, von der **nur vereinzelt** Gebrauch gemacht wurde. In Bayern sind das **LG München I** für den OLG Bezirk München, das **LG Nürnberg-Fürth** für den OLG Bezirk Nürnberg und das **LG Bamberg** für den OLG-Bezirk Bamberg zuständig,[335] in Brandenburg das **LG Potsdam** für das Land Brandenburg,[336] in Hessen das **LG Frankfurt a. M.** für das Land Hessen,[337] in Mecklenburg-Vorpommern das **LG Rostock**.[338] In Nordrhein-Westphalen das **LG Düsseldorf** für den OLG Bezirk Düsseldorf, das **LG Dortmund** für den OLG-Bezirk Hamm und das **LG Köln** für den OLG-Bezirk Köln;[339] in Sachsen das **LG Leipzig** für das Land Sachsen.[340] In allen anderen Bundesländern ist keine gesonderte Zuweisung erfolgt, sodass dort sämtliche Landgerichte sachlich zuständig sind.

J. Urheberrecht

I. Allgemeines

106 Die **sachliche** Zuständigkeit für **Urheberrechtsstreitsachen** liegt gem. § 104 UrhG bei den Zivilgerichten und, soweit die Landesregierungen von der **Konzentrationsermächtigung** gem. § 105 UrhG Gebrauch gemacht haben, ausschließlich bei dem bestimmten Amts- oder Landgericht (→ Rn. 110). Dabei ist streitig, ob es sich bei § 105 UrhG um eine Regelung des Rechtswegs[341] oder der funktionellen[342] Zuständigkeit handelt. Ist das richtige Gericht angerufen, aber die Spezialzuständigkeit nicht beachtet worden, kommt eine Verweisung in Betracht. Nach Anhörung der Parteien ist entweder gem. § 17a Abs. 2 GVG von Amts wegen oder gem. § 281 analog auf Antrag zu verweisen.[343] Die Vorschrift bezweckt eine Konzentration der Urheberrechtsstreitsachen auf den ordentlichen Rechtsweg, und weitet damit die Rechtswegzuständigkeit der ordentlichen Gerichte über den im GVG vorgesehenen Rahmen aus, um divergierende Entscheidungen unterschiedlicher Gerichts-

---

[329] *Köhler/Bornkamm/Feddersen* UWG § 14 Rn. 3; Allerdings können derartige Klagen durch eine entsprechende Regelung im Geschäftsverteilungsplan der dortigen Spezialkammern zugewiesen sein, wie dies zB beim LG Hamburg der Fall ist (https://justiz.hamburg.de/geschaeftsverteilungsplan Rn. 206 GVP).
[330] § 4 Abs. 1 Nr. 7 KonzVO MV.
[331] § 13 SächsJOrgVO.
[332] *Köhler/Bornkamm/Feddersen* UWG/UKlaG Vor § 1 Rn. 1.
[333] MüKoZPO/*Micklitz/Rott* UKlaG § 1 Rn. 1.
[334] *Köhler/Bornkamm/Feddersen* UWG/UKlaG § 6 Rn. 1.
[335] § 6 GZVJu.
[336] § 2 Abs. 1 Nr. 3 2. GerZV.
[337] § 43 JuZuV.
[338] § 4 Abs. 1 Nr. 6 KonzVO MV.
[339] § 1 UKlaGKonzVO.
[340] § 7 SächsJOrgVO.
[341] Dreier/*Schulze* UrhG § 105 Rn. 7 mwN; BeckOK UrhR/*Reber* UrhG § 104 Rn. 1.
[342] Wanddtke/Bullinger/*Kefferpütz* UrhG § 104 Rn. 1.
[343] Dreier/*Schulze* UrhG § 105 Rn. 7.

züge, insbes. auch sich widersprechende höchstrichterliche Entscheidungen zu vermeiden.³⁴⁴ Lediglich für Urheberrechtsstreitsachen aus Arbeits- oder Dienstverhältnissen, die ausschließlich Ansprüche auf Leistung einer **vereinbarten Vergütung** zum Gegenstand haben, bleibt der Rechtsweg zu den **Arbeits- und der Verwaltungsgerichten** offen, § 104 S. 2 UrhG. Unter „vereinbarte Vergütung" sind der Lohn, das Gehalt, die Bezüge oder eine sonstige Vergütung zu verstehen.³⁴⁵

Die Urheberstreitsachen sind – ebenso wie Patent-, Gebrauchsmuster- und Sortenschutzstreitigkeiten – **keine Handelssachen** iSv § 95 GVG. **107**

II. Urheberrechtsstreitsache

Nach der Legaldefinition in § 104 S. 1 UrhG sind dies alle Rechtsstreitigkeiten, in denen ein Anspruch aus einem der in diesem Gesetz geregelten Rechtsverhältnisse geltend gemacht wird. Der Begriff der Urheberrechtsstreitsache ist dabei **weit auszulegen**.³⁴⁶ Unter den Begriff fallen neben Streitigkeiten über Anspruchsgrundlagen aus dem UrhG, aus dem Urheberrechtswahrnehmungsgesetz und aus dem Verlagsgesetz auch Streitigkeiten über Angelegenheiten aus anderen Gesetzen oder Rechtsquellen, die unter Anwendung der genannten drei Gesetze zu entscheiden sind, so dass **urheberrechtlichen Rechtsquellen zumindest mittelbare Relevanz** zukommt.³⁴⁷ Ansprüche aus diesen Rechtsverhältnissen sind sämtliche aus diesen Rechten hergeleiteten Ansprüche, wozu auch quasi-dingliche Rechte (zB die sich aus der Verletzung von Urheber- und Leistungsschutzrechten ergebenden Rechte) und rein schuldrechtliche Ansprüche gehören (zB die im UrhG geregelten Vergütungsansprüche sowie vertragliche Ansprüche mit urheberrechtlichem Hintergrund).³⁴⁸ Es ist nicht notwendig, dass der geltend gemachte Anspruch sich aus dem UrhG ergibt, also aus einer geregelten Anspruchsgrundlage beruht, sondern ausreichend, wenn die Entscheidung des Rechtsstreits (auch) von im UrhG geregelten Rechtsverhältnissen abhängt.³⁴⁹ Zur Auslegung des Begriffs Urheberrechtsstreitsache kann im Übrigen auf die Ausführungen zur vergleichenden Fragestellung im Patent-, Markenrecht und Designrecht sowie die allgemeine Kommentarliteratur zum UrhG verwiesen werden (→ Rn. 27–32, 55–59, 80). **108**

Für Urheberrechtsstreitsachen aus **Arbeits- oder Dienstverhältnissen,** die **ausschließlich** Ansprüche auf Leistung einer vereinbarten Vergütung zum Gegenstand haben, ist gem. **§ 104 S. 2 UrhG** der Rechtsweg zu den Gerichten für Arbeitssachen und der Verwaltungsrechtsweg gegeben. § 104 S. 2 UrhG ist als Ausnahme von der Regel **eng auszulegen**.³⁵⁰ Mit dieser § 39 ArbEG entsprechenden Vorschrift (→ Rn. 34) wollte der Gesetzgeber sicherstellen, dass nur solche Urheberrechtsstreitsachen zu den Arbeitsgerichten gelangen, bei denen keine Rechtsfragen zu entscheiden sind, die Inhalt und Umfang urheberrechtlicher Befugnisse betreffen.³⁵¹ Die Zuständigkeit des Arbeitsgerichts entfällt daher schon dann, wenn eine Klagepartei die Berechnungskriterien in Frage stellt.³⁵² **109**

III. Konzentrationsermächtigung

Von den in Abs. 1 und 2 des § 105 UrhG enthaltenen Ermächtigungen hat die Mehrheit der Landesregierungen Gebrauch gemacht. **110**

IV. Gerichte für Urheberstreitsachen

Die **besondere** Zuständigkeit der nach § 105 UrhG bestimmten Gerichte für Urheberrechtsstreitsachen ist eine **ausschließliche Zuständigkeit.** Gerichtsstandsvereinbarungen bzw. die Begründung der Zuständigkeit durch rügelose Einlassung sind nur insoweit möglich, als es sich bei dem angerufenen oder vereinbarten Gericht ebenfalls um ein Gericht für Urheberrechtsstreitsachen handelt.³⁵³ **111**

In **Baden-Württemberg** ist das LG/AG Mannheim für den OLG-Bezirk Karlsruhe und das LG/ AG Stuttgart für den OLG-Bezirk Stuttgart zuständig³⁵⁴; in **Bayern** das LG München I für den OLG-Bezirk München, das LG Nürnberg-Fürth für den OLG-Bezirke Nürnberg und Bamberg; das AG München auch für den Gerichtsbezirk des LG München II, daneben sind die zur Zuständigkeit der Amtsgerichte gehörenden Urheberrechtsstreitsachen den Amtsgerichten am Sitz der Landgerichte jeweils für alle Amtsgerichtsbezirke des übergeordneten Landgerichts übertragen³⁵⁵; in **Berlin** das AG **112**

---

[344] Wanddtke/Bullinger/*Kefferpütz* UrhG § 104 Rn. 1.
[345] Wanddtke/Bullinger/*Kefferpütz* UrhG § 104 Rn. 14.
[346] BeckOK UrhR/*Reber* UrhG § 104 Rn. 2.
[347] BGH GRUR 2016, 636 – Gestörter Musikvertrieb Rn. 13.
[348] Wanddtke/Bullinger/*Kefferpütz* UrhG § 104 Rn. 2.
[349] LG Oldenburg ZUM-RD 2011, 315 (Klage aus Vertragsstrafeversprechen).
[350] OLG Düsseldorf GRUR-RR 2016, 311.
[351] Begr. RegE, BT-Drs. IV/270, 106 zu § 114 des Entwurfs.
[352] OLG Düsseldorf GRUR-RR 2016, 311.
[353] BeckOK UrhR/*Reber* UrhG § 105 Rn. 1.
[354] § 13 Abs. 1 und 3 ZuVOJu.
[355] § 45 GZVJu.

Charlottenburg für den Gerichtsbezirk des LG Berlin[356]; in **Brandenburg** das LG/AG Potsdam für alle Gerichtsbezirke des Landes[357]; in **Bremen** das LG/AG Bremen für den gesamten Gerichtsbezirk[358]; in **Hamburg** das AG Hamburg für den gesamten Gerichtsbezirk[359]: in **Hessen** das LG/AG Frankfurt a. M. für die LG-Bezirke Darmstadt, Frankfurt a. M., Lahn-Gießen, Hanau, Limburg a. d. Lahn, Wiesbaden, das LG/AG Kassel für die Landgerichtsbezirke Fulda, Kassel, Marburg a. d. Lahn[360]; in **Mecklenburg-Vorpommern** das LG/AG Rostock für den OLG-Bezirk Rostock[361]; in **Niedersachsen** das LG/AG Hannover für den OLG-Bezirk Celle, das LG/AG Braunschweig für den OLG-Bezirk Braunschweig, das LG/AG Oldenburg für den OLG-Bezirk Oldenburg[362]; in **Nordrhein-Westfalen** das LG/AG Düsseldorf für den OLG-Bezirk Düsseldorf, das LG/AG Bielefeld für die Landgerichtsbezirke Bielefeld, Detmold, Münster, Paderborn, das LG/AG Bochum für die Landgerichtsbezirke Arnsberg, Bochum, Dortmund, Essen, Hagen, Siegen, das LG/AG Köln für den OLG-Bezirk Köln[363]; in **Rheinland-Pfalz** das AG Koblenz für den OLG-Bezirk Koblenz, das AG Frankenthal (Pfalz) für den OLG-Bezirk Zweibrücken, das LG Frankenthal (Pfalz) für die OLG Bezirke Koblenz und Zweibrücken[364]; im **Saarland** das LG/AG Saarbrücken für den gesamten Gerichtsbezirk[365]; in **Sachsen** das LG/AG Leipzig für alle Gerichtsbezirke des Landes[366]; in **Sachsen-Anhalt** das LG Magdeburg für die Landgerichtsbezirke Magdeburg und Stendal, das LG Halle für die Landgerichtsbezirke Halle und Dessau-Roßlau[367]; in **Schleswig-Holstein** das LG Flensburg für alle Landgerichtsbezirke des Landes[368]; in **Thüringen** das LG/AG Erfurt für alle Gerichtsbezirke des Landes[369].

K. Exkurs: Kartelleinwand im Zivilprozess

I. Allgemeines

113 Der Verletzer kann im Verletzungsprozess einen kartellrechtlichen Einwand mit der Begründung erheben, es liege ein Fall des **Missbrauchs einer marktbeherrschenden Stellung** vor. Dies ist insbesondere bei der Geltendmachung von Verletzungsansprüchen aus standardessentiellen **Patenten** möglich.[370] Falls der Beklagte hiermit Erfolg hat, führte der Kartellrechtsrechtseinwand in der Vergangenheit dazu, dass das Gericht die Unterlassungsklage abzuweisen hatte, weil der Schutzrechtsinhaber zB verpflichtet war, dem vermeintlichen Verletzer eine Lizenz zur Benutzung seines Schutzrechts einzuräumen.[371] Mit der Entscheidung in Sachen Huawei/ZTE vom 16.7.2015 hat der EuGH umfassend zum kartellrechtlichen Zwangslizenzeinwand bei der Geltendmachung standardessentieller Patente Stellung genommen und Grundzüge eines „Verfahrens" entwickelt, mit dem die Durchsetzung von Unterlassungs-, Rückrufs-, und Vernichtungsansprüchen überwunden werden kann.[372]

II. Kartellsache

114 Die sachliche Zuständigkeit für Kartellsachen liegt nach §§ 87, 95 GWB ausschließlich bei den Landgerichten, bei kartellrechtlichen Auskunfts- und Schadensersatzansprüchen nur bei den Zivilkammern, § 95 Abs. 2 Nr. 1 GVG. Eine Rechtsstreitigkeit „betrifft" Kartellrecht iSv § 87 S. 1 GWB, wenn das Klagebegehren kartellrechtlicher Natur ist oder wenn das Kartellrecht integraler Bestandteil der Klagebegründung ist.[373] Eine kartellrechtliche Vorfrage iSv § 87 S. 2 GWB liegt vor, wenn die Entscheidung eines Rechtsstreits „ganz oder teilweise" von einer Entscheidung nach dem GWB, von der Anwendung der Art. 101, 102 AEUV oder der Art. 53, 54 EWR-Abkommen abhängt. Das gilt auch dann, wenn eine kartellrechtliche Vorfrage zB aufgrund nachträglichen Parteivortrags erst im Laufe des Prozesses erkannt wird.[374] Treten kartellrechtliche Fragen erst im Laufe des Rechtsstreits auf,

---

[356] BeckOK UrhR/*Reber* UrhG § 105 Rn. 1.1.
[357] § 2 Abs. 1 Nr. 2, Abs. 2 GerZV.
[358] keine Spezialzuständigkeiten.
[359] § 1 Nr. 2 VO v. 1.9.1987 (HmbGVBl. 1987 S. 172).
[360] § 35 JuZuV.
[361] § 4 Abs. 1 Nr. 4 KonzVO.
[362] § 6 ZustVO-Justiz.
[363] § 1 und 2 DeUrhMRZusVO.
[364] § 6 RPZustVFG.
[365] keine Spezialzuständigkeiten.
[366] § 15 SächsJOrgVO.
[367] § 5 LSAZivGerZustVO.
[368] § 19 JZVO.
[369] § 5 Abs. 1 Nr. 9 und Abs. 2 ThürGerZustVO.
[370] Vgl. zur Auslegung und Anwendung der Voraussetzungen für den FRAND-Einwand: BGH GRUR 2020, 961; *Palzer* EuZW 2015, 702 ff.; *Walz* GRUR-Int 2013, 718.
[371] Zu den Einzelheiten der Lizenzpflicht an Dritte zu sog. FRAND-Bedingungen: EuGH GRUR 2015, 764 – Huawei Technologie/ZTE.
[372] Ausführlich: Wiedemann/*Klawitter* § 14 Rn. 402–419.
[373] Bechtold/*Bosch* GWB § 87 Rn. 5.
[374] Immenga/Mestmäcker/*Karsten Schmidt* GWB § 87 Rn. 27.

zB aufgrund einer Klageerweiterung oder einer Widerklage oder weil ein kartellrechtlicher Einwand erst im Laufe des Rechtsstreits erhoben wird, wird dadurch die Zuständigkeit des Kartellgerichts für das laufende Verfahren begründet. Der Grundsatz der **perpetuatio fori** (§ 261 Abs. 3 Nr. 2 ZPO) findet **keine Anwendung.**[375]

Das Verfahren auf Erlass einer **einstweiligen Verfügung** wird nicht nur dann als **Kartellsache** behandelt, wenn der Verfügungsantrag auf Kartellrecht gestützt wird, sondern wegen geltender Gesamtzuständigkeit der Kartellgerichte (§ 87 S. 1 und 2 GWB) auch dann, wenn eine kartellrechtliche Vorfrage aufgeworfen wird. Etwas anderes kann dann gelten, wenn in einem Verfahren vor einem Nicht-Kartellgericht das Vorbringen des Antragsgegners kartellrechtlich erheblich ist; in einem solchen Fall kann das Nicht-Kartellgericht wegen des **Vorrangs der Eilbedürftigkeit** im Wege der teleologischen Reduktion auch über die kartellrechtliche Frage entscheiden.[376] Die kartellrechtliche Vorfrage begründet dann zwar die sachliche Zuständigkeit des Landgerichts, jedoch nicht als eine ausschließliche.[377]

III. Kartelleinwand und sachliche Zuständigkeit

Der Kartelleinwand kann sich nur dann auf die sachliche Zuständigkeit auswirken, wenn das angegangene Landgericht nicht zugleich auch Kartellgericht ist. Insoweit wird auf die Aufzählung der zuständigen Spezialgerichte bei den jeweils vorangegangen Rechtsgebieten verwiesen. Ist innerhalb eines Kartell-Landgerichts lediglich eine andere Zivilkammer oder eine andere Kammer für Handelssachen nach der Geschäftsverteilung für Kartellsachen zuständig, führt der Kartelleinwand im Gewerblichen Rechtsschutz lediglich zu einer Abgabe an die nach der Geschäftsverteilung zuständige Kammer (→ Rn. 15). Ansonsten erfolgt auf Antrag des Klägers (§ 281) die Verweisung an das zuständige Kartell-Landgericht.[378]

IV. Kartellgerichte

Gem. § 89 GWB sieht auch das Kartellrecht eine **Konzentrationsermächtigung** vor, von der die meisten Länder Gebrauch gemacht haben. Lediglich in **Thüringen** wurde diese bislang nicht genutzt, sodass **alle Landgerichte** (LG Gera, LG Meiningen, LG Mühlhausen) zuständig sind.[379] Für die Länder **Berlin, Bremen, Hamburg** und **Saarland** ist eine Regelung **entbehrlich,** da es jeweils nur ein Landgericht gibt. Im Übrigen gilt[380]: In Baden-Württemberg **LG Mannheim** für den OLG-Bezirk Karlsruhe und **LG Stuttgart** für den OLG-Bezirk Stuttgart,[381] in Bayern **LG München I** für den OLG-Bezirk München und **LG Nürnberg-Fürth** für die OLG-Bezirke Bamberg und Nürnberg,[382] in Brandenburg **LG Potsdam** für Brandenburg,[383] in Hessen **LG Frankfurt a. M.** für die LG-Bezirke Frankfurt, Darmstand, Gießen, Hanau, Limburg, Wiesbaden und **LG Kassel** für die LG-Bezirke Fulda, Kassel und Marburg,[384] in Mecklenburg-Vorpommern **LG Rostock**,[385] in Niedersachsen **LG Hannover**,[386] in Nordrhein-Westphalen **LG Düsseldorf** für den OLG-Bezirk Düsseldorf, **LG Dortmund** für den OLG-Bezirk Hamm und **LG Köln** für den OLG-Bezirk Köln,[387] in Rheinland-Pfalz **LG Mainz** für alle OLG-Bezirke,[388] in Sachsen **LG Leipzig**,[389] in Sachsen-Anhalt **LG Magdeburg**[390] und in Schleswig-Holstein **LG Kiel**.[391]

§ 2 Bedeutung des Wertes

Kommt es nach den Vorschriften dieses Gesetzes oder des Gerichtsverfassungsgesetzes auf den Wert des Streitgegenstandes, des Beschwerdegegenstandes, der Beschwer oder der Verurteilung an, so gelten die nachfolgenden Vorschriften.

---

[375] Wiedemann/Ollerdißen § 59 Rn. 42.
[376] Immenga/Mestmäcker/*Karsten Schmidt* GWB § 87 Rn. 24 mwN. Zum Meinungsstand.
[377] Immenga/Mestmäcker/*Karsten Schmidt* GWB § 87 Rn. 24.
[378] Immenga/Mestmäcker/*Karsten Schmidt* GWB § 87 Rn. 52.
[379] Immenga/Mestmäcker/*Karsten Schmidt* GWB § 89 Rn. 2.
[380] Übersicht über die Kartell-Landgerichte mit Link: beck-online, § 89 GWB.
[381] § 13 Abs. 1 ZuVOJu.
[382] § 33 GZVJu.
[383] § 2 Abs. 1 2. GerZV.
[384] § 42 JuZuV.
[385] § 4 Abs. 1 Nr. 1 KonzVO MV.
[386] § 7 ZustVO-Justiz.
[387] § 1 KartellGBildVO.
[388] § 9 ZFGGZuVO.
[389] § 12 SächsJOrgVO.
[390] § 6 Nr. 1 LSAZivGerZustVO.
[391] § 17 JZVO.

1 Die Höhe der Gerichtsgebühren richtet sich nach dem **Streitwert** (§ 3 GKG), die der Anwaltsgebühren nach dem **Gegenstandswert** (§ 2 RVG). Die begriffliche Unterscheidung zwischen Gegenstandswert und Streitwert ist ohne Auswirkung.[1]

2 § 2 bestimmt den Anwendungsbereich der §§ 3–9, in denen die Berechnung des Streitwerts geregelt ist. Die von § 2 in Bezug genommenen Vorschriften spielen im **Gewerblichen Rechtsschutz** bei der Ermittlung des **Zuständigkeitsstreitwerts** (§§ 23 Nr. 1, 71 Abs. 1 GVG) – anders als in einem normalen Zivilprozess – **keine Rolle**, da das **Landgericht** in Prozessen des Gewerblichen Rechtsschutzes[2] **streitwertunabhängig ausschließlich sachlich zuständig** ist (→ § 1 Rn. 2). Dagegen richtet sich bei **Urheberrechtsstreitigkeiten** die sachliche Zuständigkeit nach den **allgemeinen Regelungen** (§§ 21, 71 f. GVG). Demnach entscheidet bis zu einem Streitwert von 5.000 EUR das Amtsgericht, bei einem höheren Betrag das Landgericht.[3]

3 Der **Rechtsmittelstreitwert** richtet sich nach dem Wert des Beschwerdegegenstandes (§§ 511, 567). Er ermittelt sich nach den Anträgen des Rechtsmittelführers (§ 47 Abs. 1 S. 1 GKG) bzw. nach der Beschwer (§ 47 Abs. 1 S. 2 GKG).[4]

4 Die Ermittlung des **Gebührenstreitwerts** erfolgt nach den für die Zuständigkeit des Prozessgerichts oder die Zulässigkeit des Rechtsmittelgerichts geltenden Vorschriften, soweit die §§ 39 ff. GKG nichts Abweichendes bestimmen (§ 48 Abs. 1 S. 1 GKG). In Rechtsstreitigkeiten aufgrund des **UKlaG** darf der Streitwert gem. § 48 Abs. 1 S. 2 GKG 250.000 Euro nicht übersteigen. Die **Anwaltsgebühren** richten sich, soweit nichts anderes bestimmt ist, nach dem Gegenstandswert (§§ 2, 22 RVG), der wiederum nach den für die Gerichtsgebühren geltenden Vorschriften bestimmt wird (§§ 23, 32, 33 RVG).[5] Gem. § 49b Abs. 5 BRAO hat der Rechtsanwalt vor Übernahme des Auftrags darauf hinzuweisen, dass sich die Gebühren nach dem Gegenstandswert richten. Eine schuldhafte Verletzung dieser Pflicht führt gem. §§ 280 Abs. 1, 311 Abs. 2 BGB zur Schadenersatzpflicht des Rechtsanwalts.[6]

5 Soweit keine Honorarvereinbarung getroffen ist, kann der **Patentanwalt** vollumfänglich ebenfalls **streitwertabhängig Gebühren nach dem RVG** verlangen.[7] Auch die Gebühren des vertretungsbefugten **Patentassessors** sind nach § 13 RVG grundsätzlich erstattungsfähig.[8] Beachte: Die Vergütung des Patentanwalts für die Vertretung einer Partei oder die Mitwirkung bei der Vertretung einer Partei im gerichtlichen Verfahren kann **nicht nach § 11 RVG** gegen den Auftraggeber festgesetzt werden.[9]

6 Eine **Sonderbestimmung** für Streitsachen und Rechtsmittelverfahren des Gewerblichen Rechtsschutzes findet sich in **§ 51 GKG** idF vom 10.10.2013.[10] Die Vorschrift ist in sämtlichen Verfahren der genannten Spezialgesetze des Gewerblichen Rechtsschutzes **vorrangig anwendbar**.[11] Sie gilt in allen zugehörigen Verfahrensarten und Instanzen.[12] Der Sache nach ist **§ 51 Abs. 1 GKG** allerdings **deckungsgleich mit § 3**, sodass auf die dortigen Ausführungen verwiesen wird.

7 In Verfahren über einen Anspruch nach dem **UWG** ist gem. **§ 51 Abs. 2 GKG**, soweit nichts anderes bestimmt ist, der Streitwert nach der sich aus dem Antrag des Klägers in der ergebenden Bedeutung der Sache **nach Ermessen** zu bestimmen (→ § 3 Rn. 186). Ist die **Bedeutung der Sache** für den **Beklagten** bei einem Beseitigungs- oder Unterlassungsanspruch aufgrund des UWG **erheblich geringer** zu bewerten als der nach dem Klägerantrag ermittelte Streitwert, ist dieser gem. § 51 Abs. 3 S. 1 GKG angemessen zu **mindern** (→ § 3 Rn. 196 f.). Bietet der Sachverhalt nach Abs. 3 S. 1 GKG[13] **keinen** genügenden **Wertanhaltspunkt,** ist gem. § 51 Abs. 3 S. 2 GKG ein **fiktiver Streitwert** von **1.000 Euro** anzunehmen (→ § 3 Rn. 197). Im **Eilverfahren** ist der sich aus § 51 Abs. 2 und 3 GKG zu ermittelnde Wert „in der Regel" zu ermäßigen, § 51 Abs. 4 GKG.[14] Aus der Verweisung auf Abs. 2 und 3 folgt, dass die Regelmäßigung für UWG-Streitigkeiten gilt.

8 § 51 Abs. 5 GKG bestimmt, dass die dort genannten Vorschriften zur **Streitwertbegünstigung** anzuwenden sind. Zu den näheren Einzelheiten wird auf die entsprechenden Ausführungen bei den einzelnen Spezialgesetzen in § 3 verwiesen.

---

[1] Büscher/Dittmer/Schiwy/*Hirsch* Kap. 18 Rn. 1.
[2] § 140 MarkenG, § 143 PatG, § 27 GebrMG, § 52 DesignG, § 11 HalblSchG, § 39 ArbEG, § 38 SortSchG, § 87 GWB, Art. 80 GGV, § 63 Abs. 2 DesignG, Art. 95 GMV, § 125e MarkenG; § 13 UWG.
[3] BeckOK UrhR/*Reber* UrhG § 105 Rn. 2.
[4] Thomas/Putzo/*Hüßtege* ZPO § 2 Rn. 3.
[5] Zöller/*Schultzky* ZPO § 2 Rn. 3.
[6] BGH NJW 2008, 371 (372).
[7] Ingerl/Rohnke MarkenG § 140 Rn. 55; OLG Frankfurt a. M. GRUR-RR 2005, 104 – Textilhandel; Schulte/Rinken PatG § 143 Rn. 27.
[8] Soweit die Partei glaubhaft macht, dass der Patentassessor für sie im Zusammenhang mit dem Rechtsstreit tätig war und die Partei hierfür mit Kosten in der entsprechenden Höhe belastet worden ist, OLG Frankfurt a. M. BeckRS 2013, 16793; Bespr. *Rüberg* GRUR-Prax 2013, 478.
[9] BGH BeckRS 2015, 15412 mit Bespr. *Albrecht* GRUR-Prax 2015, 419.
[10] BGBl. 2013 I S. 3799; beachte die Übergangsvorschrift in § 71 GKG.
[11] Toussaint/*Elzer*, Kostenrecht, GKG § 51 Rn. 2, 3.
[12] ZB auch in Patentnichtigkeitsverfahren, vgl. BPatG BeckRS 2011, 23186.
[13] Toussaint/*Elzer*, Kostenrecht, GKG § 51 Rn. 14.
[14] IdR um 20 %: OLG Hamburg 9.2.2021 – 5 W 82/20.

Im Übrigen gelten im Gewerblichen Rechtsschutz und Urheberrecht in Hinblick auf die Begrifflichkeiten, die Verfahren und die allgemeinen Grundsätze keine Besonderheiten, sodass ergänzend auf die allgemeinen Kommentierungen verwiesen wird. 9

§ 3 Wertfestsetzung nach freiem Ermessen

Der Wert wird von dem Gericht nach freiem Ermessen festgesetzt; es kann eine beantragte Beweisaufnahme sowie von Amts wegen die Einnahme des Augenscheins und die Begutachtung durch Sachverständige anordnen.

Literatur: *Büscher,* Die Entscheidung „Der Novembermann" des I. Zivilsenats des BGH, GRUR 2021, 162; *Büscher,* Klagehäufung im gewerblichen Rechtsschutz – alternativ, kumulativ, eventuell?, GRUR 2012, 16; *Eichmann,* Die Durchsetzung des Anspruchs auf Drittauskunft, GRUR 1990, 575; *Günther,* Einfach oder nicht? – Zur Höhe der Geschäftsgebühr bei Abschlussschreiben, WRP 2010, 1440; *Haertel,* Kostenrecht im gewerblichen Rechtsschutz: Ausgewählte Probleme, GRUR-Prax 2013, 327; *Köhler,* Das neue Gesetz gegen unseriöse Geschäftspraktiken, NJW 2013, 3473; *Kodde,* Die Entwicklung des Streitgegenstandes im Wettbewerbs- und Markenverletzungsprozess unter besonderer Berücksichtigung seines Streitwerts, GRUR 2015, 38; *Kühnen,* Das Erlöschen des Patentschutzes während des Verletzungsprozesses – Materiell-rechtliche und verfahrensrechtliche Folgen, GRUR 2009, 288; *Rehart,* Wettbewerbsrechtliches Abschlussschreiben: Wartefrist und Kostenfaktor, GRUR-Prax 2015, 294; *Wessing/Basar,* Streitwertangabe – strafbar?, GRUR 2012, 1215 ff.; *Zöllner,* Der Vorlage- und Besichtigungsanspruch im gewerblichen Rechtsschutz, GRUR-Prax 2010, 74.

Übersicht

	Rn.
A. Anwendungsbereich im Gewerblichen Rechtsschutz und Urheberrecht	1
B. Allgemeine Grundsätze der Streitwertbemessung	3
I. Begriffe	3
1. Zuständigkeitsstreitwert	3
2. Rechtsmittelstreitwert	4
3. Gebührenstreitwert	5
II. Verfahrensfragen	7
1. Streitwertfestsetzung für die Gerichtsgebühren	7
2. Rechtsbehelfe	10
III. Allgemeine Grundsätze der Wertberechnung	13
IV. Einzelfragen im Gewerblichen Rechtsschutz und Urheberrecht	18
1. Abmahnkosten, Kosten des Abschlussschreibens	19
a) Abmahnung	19
b) Abschlussschreiben	24
2. Allgemeine Geschäftsbedingungen	26
3. Arrest	27
4. Aufhebungsverfahren (§ 927)	28
5. Auskunfts- und Rechnungslegung	29
6. Aussetzung	33
7. Beseitigung	34
8. Besichtigung/Beweissicherungsverfahren	35
9. Domain	36
10. Eidesstattliche Versicherung	37
11. Einstweilige Verfügungen	38
a) Allgemeines	38
b) Widerspruchsverfahren	39
c) Aufhebungsverfahren	40
d) Kostenwiderspruch	41
12. Erledigung der Hauptsache	42
13. Feststellungsklage	44
a) Allgemein	44
b) Positive	45
c) Negative	46
14. Freistellung von einer Verbindlichkeit	47
15. Hersteller/Händler	49
16. Klagehäufung, insbes. Auswirkung der TÜV-Rspr.	50
17. Konkretisierung des Unterlassungsantrags	51
18. Lizenzverträge, Lizenzanalogie	52
19. Löschung bzw. Nichtigkeit	53
20. Mehrheit von Anspruchsgegnern	56
21. Nebenforderung	59
22. Nichtigkeit	60
23. Ordnungs- und Zwangsmittelverfahren	61
24. Rückruf oder Entfernung aus den Vertriebswegen	68
25. Schadensersatzfeststellung	69
26. Streitwertangaben der Parteien	70
27. Streitgenossen	72

	Rn.
28. Streitwertherabsetzung bzw. -minderung	73
29. Stufenklage (§ 254)	74
30. Unterlassungsbegehren	76
31. Urteilsbekanntmachung	78
32. Vergleich	79
33. Vernichtung	80
34. Veröffentlichungsbefugnis	81
35. Widerklage	82
36. Widerruf bzw. Richtigstellung	83
37. Zwangsmittelverfahren, Zwangsgeldandrohung	84
C. Patentstreitsachen	85
I. Grundsätze der Streitwertbemessung	85
1. Unterlassungsklagen	86
a) Marktwert des verletzten Patents	87
b) Angriffsfaktor	93
2. Annexansprüche	101
3. Feststellungsklagen	103
4. Einspruchs- und Nichtigkeitsverfahren	105
a) Einspruchsverfahren	105
b) Nichtigkeitsklage	106
5. Besonderheiten im einstweiligen Verfügungsverfahren	109
II. Streitwertgefüge	111
III. Streitwertherabsetzung, § 144 PatG	114
1. Allgemeines	114
2. Voraussetzungen	116
a) Glaubhaftmachung der erheblichen wirtschaftlichen Gefährdung	116
b) Ausschluss bei missbräuchlicher Prozessführung	119
3. Verfahren	120
4. Rechtsfolgen	122
D. Arbeitnehmererfinderstreitsachen	124
I. Streitwertbemessung	125
1. Zahlungsklagen	125
a) Angemessene Vergütung	125
b) Wirtschaftlicher Wert der Diensterfindung	127
c) Weitere Erfindervergütung	128
2. Stufenklagen	129
3. Feststellungsklagen	130
4. Übertragungsanspruch	131
II. Streitwertabsetzung	132
E. Gebrauchsmusterstreitsachen	133
I. Streitwertbemessung	133
1. Unterlassungsklagen	133
2. Widerspruch und Löschungsverfahren	134
II. Streitwertherabsetzung, § 26 GebrMG	136
F. Sortenschutz	137
G. Kennzeichenstreitsachen	138
I. Grundsätze der Streitwertbemessung	138
1. Unterlassungsklagen	139
a) Marktwert des verletzten Kennzeichens	140
b) Angriffsfaktor	142
2. Annexansprüche	150
3. Eintragungsbewilligungsklage	151
4. Löschungsklage	152
5. Amts- und Beschwerdeverfahren	154
a) Widerspruchsverfahren	155
b) Löschungsverfahren	157
6. Besonderheiten im einstweiligen Verfügungsverfahren	160
II. Streitwertgefüge	162
1. Keine Regelstreitwerte	162
2. Wertstufen	163
a) Unbenutzte und/oder unbekannte Kennzeichen	164
b) Benutzte Kennzeichen	165
c) Bekannte Kennzeichen	166
3. Mehrheit von Schutzrechten	169
III. Streitwertbegünstigung, § 142 MarkenG	171
1. Allgemeines	171
a) Funktion	172
b) Kritik	173
2. Voraussetzungen	174
a) Glaubhaftmachung der erheblichen wirtschaftlichen Gefährdung	174
b) Ausschluss bei missbräuchlicher Prozessführung	175

		Rn.
	3. Verfahren	176
	4. Rechtsfolgen	178
H.	Designstreitsachen	180
	I. Streitwertbemessung	180
	II. Streitwertherabsetzung, § 54 DesignG	184
I.	Wettbewerbsstreitsachen	185
	I. Grundsätze der Streitwertbemessung	185
	1. Bedeutung der Sache für den Kläger	186
	2. Unterlassungsklagen von Mitbewerbern, § 8 Abs. 1, 3 Nr. 1 UWG	187
	a) Wert der geschützten Wettbewerbsposition	188
	b) Angriffsfaktor	191
	c) Erheblich geringeres Interesse des Beklagten	196
	d) Auffangstreitwert	197
	3. Verbandsklagen, § 8 Abs. 3 Nr. 2–4 UWG	199
	a) Verbände zur Förderung gewerblicher Interessen, § 8 Abs. 3 Nr. 2 UWG	200
	b) Qualifizierte Einrichtungen (Verbraucherverbände), § 8 Abs. 3 Nr. 3 UWG	201
	c) Industrie-, Handels- oder Handwerkskammern, § 8 Abs. 3 Nr. 4 UWG	202
	4. Annexansprüche	203
	5. Besonderheiten im einstweiligen Verfügungsverfahren	204
	II. Streitwertgefüge	207
	1. Keine Regelstreitwerte	207
	2. Unlautere geschäftliche Handlungen (§ 3 UWG)	208
	3. Verletzung von Marktverhaltensregeln (§ 3a UWG)	209
	a) AGB-Klauseln	209
	b) Informationspflichten	211
	c) Gesundheitswerbung (LFGB/HCVO/HWG/AMG)	214
	4. Mitbewerberschutz (§ 4 UWG)	220
	a) Unwahre Behauptungen (§ 4 Nr. 1 und 2 UWG)	220
	b) Nachahmungsschutz (§ 4 Nr. 3 UWG)	222
	c) Gezielte Behinderung (§ 4 Nr. 4 UWG)	227
	5. Aggressive geschäftliche Handlungen (§ 4a UWG)	229
	6. Irreführung (§§ 5, 5a UWG)	230
	a) Allein- oder Spitzenstellungsberühmungen	231
	b) Testsiegerwerbung	233
	c) Unterlassen, § 5a	234
	7. Vergleichende Werbung (§ 6 UWG)	235
	8. Unzumutbare Belästigung (§ 7 UWG)	237
	9. Geheimnisverrat (§ 17 UWG)	239
	III. Streitwertbegünstigung, § 12 Abs. 4 UWG	240
	1. Allgemeines	240
	2. Voraussetzungen	242
	a) Glaubhaftmachung der erheblichen wirtschaftlichen Gefährdung	242
	b) Ausschluss bei missbräuchlicher Prozessführung	245
	3. Verfahren, § 12 Abs. 5 UWG	246
	4. Rechtsfolgen	249
J.	Urheberrechtssachen	251
	I. Grundsätze der Streitwertbemessung	251
	1. Unterlassungsklagen	253
	a) Wert des verletzten Urheberrechts	254
	b) Angriffsfaktor	255
	c) Lizenzgebühr als bestimmender Faktor?	259
	d) § 97a Abs. 3 UrhG	260
	e) Störerhaftung	262a
	f) Mehrheit von Schutzrechten	262b
	2. Annexansprüche	263
	II. Streitwertgefüge	264

A. Anwendungsbereich im Gewerblichen Rechtsschutz und Urheberrecht

Im Gewerblichen Rechtsschutz und Urheberrecht gilt allgemein, dass **bezifferte Zahlungsklagen,** bei denen der geforderte Betrag streitwertbestimmend ist,[1] **die Ausnahme** bilden.[2] Zumeist geht es um Unterlassung,[3] im Klagverfahren regelmäßig verbunden mit unbezifferten sog. Annexansprüchen auf Auskunft und Rechnungslegung sowie Feststellung der Schadensersatzverpflichtung. Daneben geht es häufig um die Erstattung der Kosten einer **Abmahnung,** bei der es sich zwar um einen bezifferten Antrag handelt, sodass sich der Streitwert des Kostenerstattungsantrags nach dem geforderten Betrag richtet. Ob die Abmahnung der Höhe nach berechtigt war, hängt jedoch auch davon ab, ob der der

---

[1] Zöller/*Herget* ZPO § 3 Rn. 2.
[2] Teplitzky/*Feddersen* Kap. 49 Rn. 1.
[3] OLG Düsseldorf Mitt. 2010, 490 – Du sollst nicht lügen!

Abmahnung zugrundegelegte **Gegenstandswert** (vgl. § 23 RVG) angemessen war. Deshalb ist in den weit überwiegenden Fällen des Gewerblichen Rechtsschutzes und Urheberrechts der Streitwert vom Gericht nach freiem Ermessen gem. § 3 bzw. nach billigem Ermessen gem. § 51 Abs. 1 GKG festzusetzen oder jedenfalls dessen Angemessenheit inzident zu prüfen.

2 In bestimmten Verfahren vor dem **DPMA** und dem **Bundespatentgericht** ist eine Festsetzung des Gegenstandswerts grundsätzlich nicht erforderlich, weil die Kosten des **behördlichen Verfahrens** durch die **gesetzlichen Gebühren** im Patentkostengesetz (**PatKostG**) abschließend geregelt sind (§ 2 Abs. 1 PatKostG iVm Anl. PatKostG). Wenn an dem Verfahren jedoch ein Rechtsanwalt oder Patentanwalt beteiligt ist, können diese die Festsetzung des Gegenstandswertes beantragen, um auf der Grundlage des RVG ihre Gebühren berechnen zu können.[4] Darüber hinaus ist eine **Streitwertfestsetzung** bei **Klagen** und einstweiligen **Verfügungen** vor dem **Bundespatentgericht** erforderlich, § 2 Abs. 2 PatKostG. Weitere Einzelheiten im Hinblick auf diese Verfahren werden bei der nachfolgenden Erörterung und den jeweiligen Spezialgebieten dargestellt.

B. Allgemeine Grundsätze der Streitwertbemessung

I. Begriffe

3 **1. Zuständigkeitsstreitwert.** Der Zuständigkeitsstreitwert ist für die Abgrenzung der sachlichen Zuständigkeit (§§ 23 Nr. 1, 71 Abs. 1 GVG: 5.000 EUR) maßgeblich.[5] Der Zuständigkeitsstreitwert spielt in Prozessen des Gewerblichen Rechtsschutzes[6] **grundsätzlich keine Rolle**, da hier immer die **ausschließliche sachliche** Zuständigkeit des **Landgerichts** gegeben ist (→ § 1 Rn. 2). In **Urheberrechtsstreitsachen** sind dagegen abhängig vom Streitwert die **Amts- oder Landgerichte** zuständig.[7] Erheblich kann der Zuständigkeitsstreitwert jedoch in Einzelfällen sein, zB bei einer Klage auf Zahlung einer **Vertragsstrafe**, die aus einer wettbewerblichen Streitigkeit hervorgegangen ist. Hier ist umstritten, ob es sich um eine Streitigkeit „aufgrund des UWG" handelt (ausführlich: → § 1 Rn. 102).

4 **2. Rechtsmittelstreitwert.** Der Rechtsmittelstreitwert ist der **Wert des Beschwerdegegenstandes** (§§ 511 Abs. 2 Nr. 1, 567 Abs. 2). Er richtet sich nach dem Interesse des Rechtsmittelführers (§ 47 GKG). Dies ist der Betrag, der der Belastung des Rechtsmittelführers durch die angefochtene Entscheidung im Umfang der begehrten Beseitigung entspricht.[8] Bei einem **Unterlassungsurteil** richtet sich die Beschwer des Schuldners danach, wie sich das ausgesprochene Verbot zu seinem Nachteil auswirkt.[9] Der Wert kann daher auch höher sein, als das Interesse des Klägers an der Unterlassung.[10] Das Verfahren über eine **Nichtzulassungsbeschwerde** und ein nachfolgendes Revisionsverfahren bilden kostenrechtlich grundsätzlich eine Einheit, sodass neben dem Revisionsverfahren keine weiteren Gebühren entstehen.[11] Im Nichtzulassungsbeschwerdeverfahren sind die Parteien nach stRspr an **ihre Angaben in den Tatsacheninstanzen** zum Wert der Beschwer **gebunden** und (auch) insoweit mit neuem Vortrag ausgeschlossen.[12]

5 **3. Gebührenstreitwert.** Die Höhe der Gerichtsgebühren richten sich gem. § 3 GKG nach dem **Streitwert**, die der Anwaltsgebühren nach dem **Gegenstandswert** (§§ 2, 23 Abs. 1 RVG). Dies gilt gem. § 2 Abs. 2 PatKostG für Klagen und einstweilige Verfügungen vor dem BPatG. Die begriffliche Unterscheidung zwischen Gegenstandswert und (Gebühren-)Streitwert ist jedoch ohne Auswirkung.[13] Der vom Gericht für die Gerichtsgebühren festgesetzte Wert gilt gem. § 32 Abs. 1 RVG auch für die Anwaltskosten.

6 Die Erstattung der **Patentanwaltsgebühren** richtet sich ebenfalls nach dem RVG. Die **gebührenrechtliche Gleichstellung** von Rechtsanwälten und Patentanwälten ist in § 140 Abs. 3 MarkenG, § 143 Abs. 3 PatG, § 27 Abs. 3 GebrMG, § 38 Abs. 3 SortSchG und § 52 Abs. 4 DesignG ausdrücklich geregelt. Die Erstattung von Patentanwaltskosten nach dem RVG ist darüber hinaus nach der Rechtsprechung für das Nichtigkeitsverfahren, in markenrechtlichen Verfahren vor dem DPMA, in Marken-Beschwerdeverfahren und in Gebrauchsmusterlöschungsverfahren vor dem DPMA und dem BPatG anerkannt.[14]

---

[4] Schulte/*Schell* PatG/PatKostG § 2 Rn. 1 mwN.
[5] *Köhler*/Bornkamm/*Feddersen* UWG § 12 Rn. 4.2.
[6] Hierzu gehören keine Urheberrechtsstreitigkeiten, für die der Zuständigkeitsstreitwert von Bedeutung ist, vgl. auch § 51 GKG.
[7] Wandtke/Bullinger/*Kefferpütz* § 104 Rn. 12.
[8] MüKoZPO/*Wöstmann* ZPO § 2 Rn. 7 mwN.
[9] BGH GRUR 2013, 1067 – Beschwer des Unterlassungsschuldners, hierzu *Möller* GRUR-Prax 2013, 411.
[10] BGH GRUR-RR 2013, 496 – ContraWurm (Ls.) = BeckRS 2013, 16816 (Volltext).
[11] BGH GRUR 2015, 304 – Streitwert der Nichtzulassungsbeschwerde.
[12] BGH BeckRS 2016, 19428.
[13] Büscher/Dittmer/Schiwy/*Hirsch* Kap. 18 Rn. 1.
[14] Schulte/*Püschel* PatG § 80 Rn. 36.

II. Verfahrensfragen

1. Streitwertfestsetzung für die Gerichtsgebühren. Zuständig ist das Gericht, das mit dem 7 betreffenden Verfahren befasst ist.[15] Bei Kammersachen erfolgt die Festsetzung durch die vollbesetzte Kammer.[16] Die Festsetzung hat für die jeweilige Instanz zu erfolgen.[17] Soweit eine Entscheidung gem. § 62 S. 1 GKG nicht ergeht oder nicht bindet, setzt das Gericht den Streitwert für die Gebühren durch **Beschluss,** der **auch im Urteil** mit ergehen kann, gem. § 63 Abs. 2 GKG von Amts wegen fest. Das Gericht bzw. das Rechtsmittelgericht kann die Festsetzung unter den in § 63 Abs. 3 GKG genannten Voraussetzungen ändern.[18] Eine **vorläufige Festsetzung** ist bei im Voraus zu berechnenden Gerichtsgebühren erforderlich, § 63 Abs. 1 GKG. Eine **Beweisaufnahme** zur Gebührenwertfestsetzung ist freigestellt (s. auch § 64 GKG).

Die Mitteilung der vorläufigen Streitwertfestsetzung ist für den **Fristbeginn** für die Einzahlung der 8 Klagegebühr bei **Klagen** und einstweiligen **Verfügungen vor dem BPatG** (§ 6 Abs. 2 PatKostG) maßgebend.[19]

Der Streitwertbeschluss ist **spätestens** in der **Nichtabhilfeentscheidung zu begründen.**[20] Fallen 9 im Verfahren 1. Instanz keine Gerichtsgebühren an oder sind es Festgebühren, zB in den behördlichen Verfahren vor dem DPMA oder BPatG (§ 2 Abs. 1 PatKostG), ist kein Streitwert festzusetzen, sondern nur auf Antrag der Gegenstandswert für die Rechtsanwalts- bzw. Patentanwaltsvergütung (§§ 23, 33 RVG), wobei das GKG entsprechend anzuwenden ist (§ 2 Abs. 2 S. 4 PatKostG).[21]

2. Rechtsbehelfe. Gegen die „endgültige" Festsetzung gem. § 63 Abs. 2 GKG findet gem. § 68 10 GKG die **Beschwerde** statt. Dies gilt auch, wenn die Wertfestsetzung im **Urteil** ergangen ist.[22] Eine Beschwerde an den BGH ist unstatthaft (§ 68 Abs. 1 S. 5 iVm § 66 Abs. 3 S. 3 GKG).[23] Die **vorläufige Festsetzung** ist nur im Rahmen des **§ 67 GKG** beschwerdefähig.[24] Im Übrigen ist der Wertfestsetzungsbeschluss binnen **6-Monatsfrist** nach Rechtskraft der **Hauptsacheentscheidung** oder anderweitige Verfahrenserledigung (§§ 63 Abs. 3 S. 2, 68 Abs. 1 S. 3 GKG) mit der Beschwerde anfechtbar. In **Eilverfahren** beginnt die Frist erst mit Rechtskraft der Hauptsacheentscheidung.[25] Wird Klage zur Hauptsache erhoben, beginnt die Frist daher auch im Eilverfahren erst, wenn beide Verfahren beendet sind.[26] Bei einer anderweitigen Erledigung sind für den Fristbeginn maßgebend: die gerichtliche Kostenentscheidung nach Klagerücknahme gem. § 269 Abs. 3,[27] der Abschluss des Prozessvergleichs sowie die beiderseitige Erledigterklärung.[28] Der Wert des Beschwerdegegenstandes muss 200 Euro übersteigen (§ 68 Abs. 1 GKG). Gem. § 32 Abs. 2 RVG kann der **Rechtsanwalt aus eigenem Recht** Beschwerde einlegen. Soweit er sich gegen einen zu niedrigen Streitwert wendet, muss er dies ausdrücklich tun, da die Partei insoweit nicht beschwert ist.[29] Ausnahmsweise kann die Streitwertbeschwerde des obsiegenden Klägers zulässig sein, wenn er seinem Prozessbevollmächtigten aufgrund einer Honorarvereinbarung höhere als die gesetzlichen Gebühren schuldet und folglich bei einem höheren Streitwert einen höheren Erstattungsanspruch gegen den Beklagten hat.[30] Gem. § 63 Abs. 3 S. 1 GKG kann die Streitwertfestsetzung **von Amts wegen geändert** werden. Deshalb ist das Beschwerdegericht auch nicht an die Anträge gebunden. Das **Verschlechterungsverbot gilt** daher **nicht.**[31] Erklären die Parteien ihr **Einverständnis** zur Festsetzung des Streitwerts in bestimmter Höhe, liegt darin ein **Verzicht** auf die Beschwerde. Eine Streitwertbeschwerde ist dann unzulässig.[32] Ein derartiger Verzicht der Partei kann jedoch nicht darin gesehen werden, dass die anwaltlichen Vertreter bei einem außergerichtlich erfolgten Abschluss eines Vergleichs übereinstimmend von einem bestimmten Streitwert ausgegangen sind und diesen der Berechnung der Kostenquote zu Grunde gelegt haben.[33]

---

[15] Thomas/Putzo/*Hüßtege* ZPO § 2 Rn. 7.
[16] Zöller/*Greger* ZPO § 271 Rn. 1.
[17] Harte/Henning/*Tolkmitt* UWG § 12 Rn. 606; MüKoZPO/*Wöstmann* ZPO § 2 Rn. 23.
[18] Ausführlich: *Toussaint*, Kostenrecht, GKG § 63 Rn. 36–56.
[19] BGH GRUR 2013, 539 – Kontaktplatte.
[20] MüKoZPO/*Wöstmann* ZPO § 2 Rn. 24.
[21] S. allgemein: Zöller/*Herget* ZPO § 3 Rn. 8.
[22] MüKoZPO/*Wöstmann* ZPO § 2 Rn. 26; *Toussaint*, Kostenrecht, GKG § 68 Rn. 4.
[23] BGH BeckRS 2011, 12922.
[24] Thomas/Putzo/*Hüßtege* ZPO § 2 Rn. 11.
[25] *Toussaint*, Kostenrecht, GKG § 63 Rn. 81.
[26] OLG Hamburg BeckRS 2010, 30323; OLG Zweibrücken BeckRS 2011, 02655.
[27] OLG Rostock BeckRS 2009, 26015.
[28] Binz/*Dörndorfer* GKG § 63 Rn. 11.
[29] BGH BeckRS 2012, 03303.
[30] OLG Nürnberg BeckRS 2018, 14941, Bespr. *Rüting* GRUR-Prax 2018, 454.
[31] Zöller/*Herget* ZPO § 3 Rn. 13.
[32] OLG Köln GRUR 1988, 724 – Streitwertbeschwerde.
[33] OLG Frankfurt a. M. NJW 2013, 3381 (3382).

11 Eine **Streitwertbeschwerde** gegen die Entscheidung des **BPatG** ist **nicht statthaft** (§ 99 Abs. 2 PatG), da sie weder im Patentgesetz noch im Patentkostengesetz vorgesehen ist. Auch die Anwendung von § 68 GKG kommt nicht in Betracht, da § 2 Abs. 2 S. 4 PatKostG nur hinsichtlich der Festsetzung des Streitwerts und nicht hinsichtlich der Rechtsmittel auf die entsprechende Geltung der Vorschriften des Gerichtskostengesetzes verweist.[34]

12 Das Verfahren der Wertfestsetzung ist **gerichtsgebührenfrei**, auch in der Beschwerdeinstanz (§ 68 Abs. 3 GKG). Da gem. § 68 Abs. 3 GKG S. 2 auch **Kosten nicht erstattet** werden, muss der obsiegende Beschwerdeführer seinen Rechtsanwalt selbst bezahlen.[35]

III. Allgemeine Grundsätze der Wertberechnung

13 Die Ermittlung des **Gebührenstreitwerts** erfolgt nach den für die Zuständigkeit des Prozessgerichts oder die Zulässigkeit des Rechtmittels geltenden Vorschriften, soweit die §§ 39 ff. GKG nichts Abweichendes bestimmen (§ 48 GKG). Die **Anwaltsgebühren** richten sich, soweit nichts anderes bestimmt ist, nach dem Gegenstandswert (§§ 2, 22 RVG), der wiederum nach den für die Gerichtsgebühren geltenden Vorschriften bestimmt wird (§§ 23, 32, 33 RVG).[36]

14 Nach der Legaldefinition in § 3 GKG wird der Streitwert unmittelbar durch den **Streitgegenstand** bestimmt. Nach der ständigen Rechtsprechung des Bundesgerichtshofs wird der Streitgegenstand (der prozessuale Anspruch) durch den **Klageantrag,** in dem sich die vom Kläger in Anspruch genommene Rechtsfolge konkretisiert, und den Lebenssachverhalt **(Klagegrund)** bestimmt, aus dem der Kläger die begehrte Rechtsfolge herleitet.[37] Das Maß der Bewertung ist daher grundsätzlich allein **das Interesse des Angreifers,** also das des Klägers, Widerklägers oder Rechtsmittelführers.[38] Dabei müssen sich Prüfungsumfang und Entscheidungsgegenstand nicht decken,[39] zB wenn bei einer Klage auf Zahlung von Abmahnkosten inzident die Berechtigung des Unterlassungsverlangens überprüft werden muss. Hier ist nur der **bezifferte Erstattungsbetrag** bzw. der Umfang der Freihaltung[40] **maßgebend.**

15 **Billiges Ermessen** in Verfahren des Gewerblichen Rechtsschutzes und Schutzrechte (§ 51 Abs. 1 GKG) bedeutet in der Sache, dass das tatsächliche **wirtschaftliche Interesse des Angreifers** an der Durchsetzung seines Begehren unbeschadet der mit einer Schätzung verbundenen Unsicherheiten grundsätzlich **nach objektiven Gesichtspunkten** zu bestimmen ist.[41] Die Schätzung ist zugelassen, eine Beweisaufnahme ist freigestellt und es besteht keine Bindung an Parteiangaben.[42] Wegen der Einzelheiten wird auf die Kommentierung bei den einzelnen Rechtsgebieten verwiesen (→ Rn. 85 ff.). Maßgeblicher **Zeitpunkt** für die Bemessung des Streitwerts ist die Einreichung des Antrags bzw. der Klage; bei einem Rechtsmittelverfahren bestimmt sich der Streitwert nach den Anträgen des Rechtsmittelführers bei Einlegung des Rechtsmittels (§ 4; §§ 40, 47 GKG). **Regelstreitwerte,** die unabhängig von den Umständen des Einzelfalls gelten sollen, sind mit § 3 ZPO nicht vereinbar.[43]

16 In Verfahren nach dem **UWG und Schutz von Geschäftsgeheimnissen** enthalten § 51 Abs. 2–4 GKG eigenständige für die Gebührenrechnung relevante Wertvorschriften. Nach Abs. 2 soll sich der Kostenstreitwert aus der nach dem Antrag des Klägers ergebenden Bedeutung der Sache nur noch „nach Ermessen" bestimmen. Hat die Sache für den Beklagte erheblich geringere Bedeutung als für den Kläger, ist der Streitwert angemessen zu mindern; bestehen **keine ausreichenden Anhaltspunkte** für den Wert des Unterlassungs- bzw. Beseitigungsanspruchs, soll gem. § 51 Abs. 3 S. 2 GKG ein starrer Auffangwert von **1.000 Euro** angenommen werden. Nach der Begründung im Regierungsentwurf soll dieser Wert vor allem in den Fällen zur Anwendung kommen, in denen außerhalb des UWG ein Verstoß gegen Marktverhaltensregeln iSd § 3a UWG vorliegt, die Verzerrung des Wettbewerbs nicht sehr wahrscheinlich ist, eine Beeinflussung der Entscheidung des Verbrauchers oder sonstigen Marktteilnehmers durch den Verstoß nicht zu befürchten ist.[44] Dies kann bei einem bundesweit abrufbaren und weitreichenden Angebot abzulehnen sein.[45] § 51 Abs. 3 S. 1 soll bei **geringfügigen Wettbewerbsverstößen von Kleinunternehmern** mit geringem Umsatz eingrei-

---

[34] BGH Mitt. 2012, 41 – Streitwertbeschwerde.
[35] Zöller/*Herget* ZPO § 3 Rn. 12.
[36] Zöller/*Herget* ZPO § 2 Rn. 3.
[37] Vgl. nur BGH GRUR 2013, 401 (402) – Biomineralwasser.
[38] Thomas/Putzo/*Hüßtege* ZPO § 2 Rn. 13; MüKoZPO/*Wöstmann* ZPO § 3 Rn. 4 f.
[39] Zöller/*Herget* ZPO § 3 Rn. 3.
[40] Beachte: Soweit der Beklagte den Anspruch auf Erstattung der Abmahnkosten ernsthaft und endgültig bestreitet, kann der Kläger sogleich auf Zahlung umstellen, vgl. BGH GRUR 2013, 925 Rn. 59 – VOODOO; OLG Hamm GRUR-RR 2014, 133 – Zahlung statt Freistellung.
[41] Toussaint/*Elzer,* Kostenrecht, GKG § 51 Rn. 6.
[42] Thomas/Putzo/*Hüßtege* ZPO § 3 Rn. 2.
[43] OLG Hamburg 11.9.2020 – 15 W 54/20; *Köhler*/Bornkamm/*Feddersen* UWG § 12 Rn. 4.3a.
[44] *Köhler* NJW 2013, 3473 (3477).
[45] OLG Hamburg GRUR-RS 2020, 29442 – außergerichtliche Rechtsdienstleistungen; OLG Hamburg 5.5.2021 – 5 W 19/21.

fen.⁴⁶ Bei einstweiligen Verfügungen soll gem. Abs. 4 der Streitwert im Verhältnis zur Hauptsache ermäßigt werden (zu weiteren Einzelheiten → Rn. 204).⁴⁷

17 Bei **Zahlungsklagen** auf eine bestimmte Geldsumme ist der **geforderte Betrag** maßgebend (Ausnahme: Nebenforderung § 4).⁴⁸ Dies gilt ebenso für ein entsprechendes **Freistellungsbegehren**.⁴⁹ Keine Rolle spielt die Einbringlichkeit der Forderung.⁵⁰

IV. Einzelfragen im Gewerblichen Rechtsschutz und Urheberrecht

18 Nachfolgend werden zunächst alphabetisch geordnete Einzelfälle der Wertbestimmung dargestellt, die in allen Bereichen des Gewerblichen Rechtsschutzes und des Urheberrechts in der Praxis wichtig sind. Eine vertiefende Erörterung findet – soweit erforderlich – dann innerhalb der einzelnen Spezialgebiete statt. Wegen der unüberschaubaren Anzahl von Entscheidungen und Fragestellungen ist eine konzentrierte Darstellung ohne Anspruch auf Vollständigkeit erfolgt.

1. Abmahnkosten, Kosten des Abschlussschreibens. a) Abmahnung. Der **Gegenstandswert** **19** der Abmahnung richtet sich nach den für die Gerichtsgebühren geltenden Wertvorschriften (§ 23 Abs. 1 S. 1 und 3 RVG, § 48 GKG, § 3). Da die Abmahnung auf die Verschaffung eines endgültigen Titels gerichtet ist, entspricht der Gegenstandswert nicht dem des Verfügungs-, sondern dem des Hauptsacheverfahrens.⁵¹

Nicht streitwerterhöhend sind die Kosten einer der Klageerhebung vorangegangenen Abmahnung, **20** die neben der Hauptforderung wegen Schutzrechts- oder Wettbewerbsverletzung geltend gemacht werden.⁵² Sie erhöhen **als Nebenforderung** nach § 4 Abs. 1, § 43 Abs. 1 GKG, § 23 Abs. 1 S. 1 RVG weder den Streitwert noch den Beschwerdewert.⁵³ Die geltend gemachten vorprozessualen Anwaltskosten sind jedoch streitwerterhöhend, soweit der vorgerichtlich geltend gemachte Hauptanspruch nicht mehr Gegenstand des Rechtsstreits ist, zB wegen Erledigung.⁵⁴ **Streitwertangaben** der Partei in einer **vorgerichtlichen Abmahnung** haben für die Streitwertfestsetzung des Gerichts **indizielle** Bedeutung (s. auch „Streitwertangaben der Parteien", → Rn. 70).⁵⁵

Bei einer nur **teilweise berechtigten Abmahnung** sind die Kosten nur zu ersetzen, soweit die **21** Abmahnung berechtigt war. Dabei ist die Höhe des Ersatzanspruchs nach dem Verhältnis des Gegenstandswerts des berechtigten Teils der Abmahnung zum Gegenstandswert der gesamten Abmahnung zu bestimmen.⁵⁶ Wurden mit der Abmahnung zB drei gleich bewertete Unterlassungsansprüche geltend gemacht, von denen nur einer berechtigt war, sind von den geltend gemachten Abmahnkosten 2/3 abzuziehen.⁵⁷ Dies gilt allerdings nicht für die von einem **klagebefugten Verband** nach § 8 Abs. 3 Nr. 2 UWG geltend gemachte Kostenpauschale. Da sich diese Pauschale nach den Kosten des Verbandes richtet, fällt sie auch bei einer nur teilweise berechtigten Abmahnung **in voller Höhe** an und ist daher auch voll zu erstatten.⁵⁸ **Keine anteilige Kürzung** der Abmahnkosten kommt auch in Betracht, wenn sich der Gläubiger gegen eine konkrete Zeichenverwendung aus **mehreren Zeichenrechten** wendet und sich der Anspruch nur nach einem Zeichenrecht als begründet erweist.⁵⁹ Der **Gegenstandswert** der Abmahnung richtet sich in einem solchen Fall nach dem Wert des erfolgreichen Begehrens, ohne dass der Streitwert zu erhöhen ist.⁶⁰

Macht der Verletzte **Erstattung** der ihm entstandenen **Anwaltskosten** geltend, ist Maßstab für die **22** Höhe des Aufwendungsersatzes die **Erforderlichkeit,** vergleichbar mit der Notwendigkeit der Kosten der Rechtsverfolgung oder Rechtsverteidigung in § 91 Abs. 1 S. 1.⁶¹ Soweit Erstattung der **Patentanwaltskosten** für die **vorprozessuale Abmahnung** verlangt wird, muss der Anspruchsteller nach der aktuellen Rechtsprechung des BGH jedenfalls in Markenstreitigkeiten darlegen, dass auch dessen

---

⁴⁶ OLG Hamburg GRUR-RS 2020, 29442 – außergerichtliche Rechtsdienstleistungen; OLG Zweibrücken NJW-RR 2014, 1535; OLG Stuttgart MD 2014, 278 (279); *Köhler/Bornkamm/Feddersen* UWG § 12 Rn. 4.3d.
⁴⁷ IdR 1/5: OLG Hamburg 16.3.2021 – 3 W 7/21; 1/3: OLG Frankfurt a. M. BeckRS 2020, 8899.
⁴⁸ Zöller/*Herget* ZPO § 3 Rn. 2.
⁴⁹ BGH NJW-RR 1990, 958.
⁵⁰ MüKoZPO/*Wöstmann* ZPO § 3 Rn. 12.
⁵¹ *Köhler/Bornkamm/Feddersen* UWG § 13 Rn. 120; OLG Hamburg 15.6.2020 – 3 W 32/20.
⁵² BGH GRUR-RR 2012, 271 – Matratzen-Test-Werbung (Ls.) = BeckRS 2012, 07783 (Volltext).
⁵³ BGH GRUR-RR 2012, 271 – Matratzen-Test-Werbung (Ls.) = BeckRS 2012, 07783 (Volltext); BGH GRUR-RR 2012, 136 – Streitwert ohne Abmahnkosten (Ls.) = BeckRS 2012, 01019 (Volltext); BGH GRUR-RR 2013, 496 – ContraWurm (Ls.) = BeckRS 2013, 16816 (Volltext).
⁵⁴ BGH NJW 2008, 999; LG Hamburg 10.8.2017 – 327 O 389/16.
⁵⁵ OLG Hamburg BeckRS 2016, 08696.
⁵⁶ BGH GRUR 2016, 516 (520) – Wir helfen im Trauerfall; BGH GRUR 2010, 744 Rn. 52 – Sondernewsletter.
⁵⁷ Wenn der Kläger zB 900 Euro Abmahnkostenerstattung für drei Unterlassungsansprüche verlangt, wäre sein Anspruch nach der zuvor zitierten Entscheidung des BGH lediglich in Höhe von 300 Euro berechtigt, wenn sich zwei Unterlassungsansprüche als unberechtigt herausstellen.
⁵⁸ BGH GRUR 2010, 744 Rn. 51 – Sondernewsletter; BGH GRUR 2009, 413 Rn. 31 – Erfokol-Kapseln.
⁵⁹ BGH GRUR 2016, 1300 Rn. 65–67 – Kinderstube.
⁶⁰ BGH GRUR 2016, 1300 Rn. 68 – Kinderstube.
⁶¹ *Köhler/Bornkamm/Feddersen* UWG § 13 Rn. 116.

Mitwirkung erforderlich war.[62] Hat der Gläubiger mit seinem Anwalt eine **Vereinbarung** getroffen, der zufolge der Rechtsanwalt eine **niedrigere** als die gesetzliche Vergütung erhält, kann die Abrechnung der Abmahnkosten gegenüber dem Schuldner nur auf dieser Grundlage erfolgen.[63] Wird die gesetzliche Vergütung durch die Honorarvereinbarung dagegen **überschritten,** können nur die gesetzlichen Gebühren verlangt werden.[64]

23 **Exkurs:** In einem durchschnittlichen Fall kann bei einer wettbewerblichen Abmahnung eine **Geschäftsgebühr** von 1,3 beansprucht werden (Nr. 2300 VV RVG),[65] sofern noch kein Klageauftrag erteilt ist.[66] In **Patent-** oder **Gebrauchsmusterverletzungen** liegt die angemessene Gebühr idR oberhalb der 1,3-Gebühr, da es sich bei diesen Streitigkeiten **zumeist um schwierige** Sachverhalte handelt.[67] Allerdings können Gebrauchsmuster- oder Gemeinschaftsgeschmacksmusterschutzsachen **nicht allein wegen** ihres **Gegenstands** pauschal als überdurchschnittlich umfangreich oder schwierig angesehen werden. Dies gilt insbesondere dann, wenn der Sachverhalt keine Probleme im Hinblick auf die Schutzfähigkeit in Ansehung des Standes der Technik bzw. vorbekannter Gestaltungen aufweist oder die Verletzungsfrage keine aufwendigen oder komplexen Prüfungen erfordert.[68] In **Kennzeichenstreitsachen** werden Geschäftsgebühren für durchschnittliche Fälle (ohne Klageauftrag) zwischen 1,3 und 1,5 überwiegend als angemessen angesehen.[69] Die sog. **Toleranzrechtsprechung** zu Gunsten des Rechtsanwalts, der eine Gebühr von mehr als 1,3 verlangt, greift nur dann ein, wenn die gesetzlichen Voraussetzungen der Nr. 2300 für eine Überschreitung der Regelgebühr von 1,3 vorliegen. Die tatbestandlichen Voraussetzungen sind **nicht** der gerichtlichen **Überprüfung entzogen.**[70]

24 **b) Abschlussschreiben.** Der **Gegenstandswert** des Abschlussschreibens, mit dem das Anerkenntnis der einstweiligen Verfügung unter Verzicht auf die Rechtsbehelfe aus §§ 924, 926, 927 ZPO verlangt wird,[71] richtet sich nach dem Streitwert der bevorstehenden Hauptsache, da auch mit dem Abschlussschreiben die endgültige Sicherung des Unterlassungsanspruchs begehrt wird.[72] Das Abschlussschreiben gehört sachlich zum Hauptsacheprozess und damit zu einer nach § 17 Nr. 4 Buchst. b RVG vom Verfahren über den Antrag auf Erlass einer einstweiligen Verfügung verschiedenen Angelegenheit.[73]

25 **Exkurs:** Die für ein Abschlussschreiben entstehende **Geschäftsgebühr** ist, soweit noch kein Klageauftrag erteilt wurde, im Allgemeinen auf der Grundlage von Nr. 2300 RVG VV zu berechnen.[74] Hierfür wurden von den Gerichten in der Vergangenheit regelmäßig Gebühren zwischen 0,8 und 1,3 anerkannt.[75] Nach aktueller Rechtsprechung des BGH ist ein Abschlussschreiben im **Regelfall** mit einer **1,3-fachen** Gebühr zu vergüten.[76] Nur ausnahmsweise handelt es sich um ein Schreiben einfacher Art, für das nach Nr. 2301 RVG VV nur eine 0,3-Gebühr verlangt werden kann.[77] Die Erstattungsfähigkeit von **Patentanwaltskosten** für die Mitwirkung an einem Abschlussschreiben setzt die Feststellung voraus, dass die Hinzuziehung des Patentanwalts erforderlich war.[78]

26 **2. Allgemeine Geschäftsbedingungen.** Der Streitwert für eine Klage nach § 1 **UKlaG** ist nach billigem Ermessen nach § 5 UKlaG, § 3 festzusetzen. Wertbestimmend ist das **Interesse der Allgemeinheit** an der Beseitigung der gesetzeswidrigen AGB-Bestimmung bzw. an der Unterlassung der Zuwiderhandlung gegen Verbraucherschutzvorschriften.[79] Zum Schutz der Verbraucherschutzverbände vor Kostenrisiken kommt es nicht auf die wirtschaftliche Bedeutung des Verbots für den Verwender

---

[62] BGH GRUR 2011, 754 – Kosten des Patentanwalts II, BGH GRUR 2012, 759 – Kosten des Patentanwalts IV; BGH GRUR 2020, 1239 Rn. 11 – Kosten des Patentanwalts IV.
[63] OLG Hamburg BeckRS 2008, 141704 Rn. 22.
[64] Köhler/*Bornkamm*/*Feddersen* UWG § 13 Rn. 121.
[65] BGH GRUR 2010, 1120 Rn. 30 – Vollmachtsnachweis.
[66] RVG VV Teil 3 Vorb. 3 Abs. 1.
[67] *Kühnen,* Handbuch, Kap. C Rn. 58.
[68] BGH GRUR 2014, 206 Rn. 25 – Einkaufskühltasche.
[69] *Ingerl*/*Rohnke* MarkenG Vor §§ 14–19d Rn. 307 mwN.
[70] BGH GRUR 2014, 206 Rn. 24 – Einkaufskühltasche; BGH GRUR-RR 2012, 491 – Toleranzbereich: Der VIII. Zivilsenat hat vor dem Absetzen dieser Entscheidung mit dem VI und dem IX Senat Kontakt aufgenommen, die daraufhin mitgeteilt haben, der Ansicht des VIII. Senats zu folgen (in Abweichung zu NJW-RR 2012, 887 und NJW 2011, 1603).
[71] Köhler/*Bornkamm*/*Feddersen* UWG § 13 Rn. 96.
[72] *Günther* WRP 2010, 1440 (1441); *Büscher* GRUR 2021, 162 (166).
[73] BGH NJW 2011, 2509 (2511).
[74] BGH GRUR 2010, 1038 – Gebühren für Abschlussschreiben; *Büscher* GRUR 2021, 162 (166).
[75] OLG Hamburg GRUR-RR 2014, 229 – Standardabschlussschreiben; OLG Köln GRUR-RR 2013, 439 (442) – GMX De-Mail – die amtliche E-Mail (0,9); OLG Köln GRUR-RR 2013, 257 (258) – Sofortige Kündigung (0,8); KG BeckRS 2011, 27478(1,3); OLG Düsseldorf BeckRS 2008, 05681(0,8); LG Bochum BeckRS 2013, 02406(0,8); OLG Hamm BeckRS 2009, 21055(1,3).
[76] BGH NJW 2015, 3244 – Kosten für Abschlussschreiben II; *Rehart* GRUR-Prax 2015, 294.
[77] BGH GRUR 2010, 1038 (1040) – Gebühren für Abschlussschreiben; OLG München GRUR-RR 2011, 424 (425) – Elektrogeräteregistrierung; OLG Frankfurt a. M. BeckRS 2011, 16107.
[78] OLG Düsseldorf BeckRS 2011, 08591.
[79] BGH BeckRS 2019, 2663; OLG Karlsruhe BeckRS 2012, 24039.

an, was auch bei der Bemessung der Beschwer zu berücksichtigen ist.[80] In einem auf Unterlassung gerichteten Verbandsverfahren nach §§ 1, 4 UKlaG haben sich Regelstreitwerte zwischen 2.500 Euro und 3.000 Euro je angegriffener Klausel durchgesetzt.[81] Bei einer Klausel **herausragender wirtschaftlicher Bedeutung** kann jedoch auch eine deutlich höhere Bewertung gerechtfertigt sein.[82]

3. Arrest. Es gilt § 3, auch für den Gebührenstreitwert (§ 53 Abs. 1 Nr. 1 GKG).[83] Der Streitwert richtet sich nach dem Gegenstandswert des Vollzugs (vgl. § 25 RVG). Die obere Grenze ist bei der Sicherung einer Geldforderung deren Betrag und im Übrigen werden Bruchteilswerte zumeist im Bereich von $1/3$ bis $1/2$ angenommen.[84] Der Wert der Hauptsache wird angenommen, wenn der Arrest bereits zur Befriedigung führt.[85] **27**

4. Aufhebungsverfahren (§ 927). Der Streitwert des Aufhebungsverfahrens bemisst sich nach dem Wert, den der aufzuhebende Titel bei Einreichung des Aufhebungsantrags noch hat.[86] Dieser Streitwert entspricht in der Regel dem Wert des Anordnungsverfahrens. Dies gilt nicht, wenn die Parteien nur noch um den formalen Fortbestand der einstweiligen Verfügung streiten.[87] Von letzterem ist nicht auszugehen, wenn der Antragsteller erklärt, aus dem Verfügungstitel noch vollstrecken zu wollen.[88] **28**

5. Auskunfts- und Rechnungslegung. Der Wert des Auskunftsanspruchs hängt vom wirtschaftlichen Interesse des Klägers an der Erfüllung der Auskunftspflicht im jeweiligen Einzelfall ab.[89] Der **Auskunftsanspruch** wird in Prozessen des Gewerblichen Rechtsschutzes und Urheberrechts regelmäßig **als Hilfsanspruch** (idR zur Ermöglichung der Bezifferung des Schadensersatzes) geltend gemacht. Als solcher beträgt sein Wert in der Regel ein **Bruchteil** des Wertes des Anspruchs, dessen Geltendmachung er vorbereiten soll.[90] Abgestellt wird hierbei auf den Wert der **Verletzungsklage**[91] oder des **Schadensersatzfeststellungsanspruchs**.[92] Die Gerichte setzen zumeist ca. 10–30 % des Streitwerts der Unterlassungsklage[93] – bzw. der Schadensersatzklage an.[94] Dient die Auskunft der Vorbereitung der Beseitigung, so ist ein angemessener Bruchteil des Streitwerts der Beseitigungsklage anzusetzen.[95] **29**

Die **Rechnungslegung** wird regelmäßig höher zu bewerten sein, als die bloße Auskunft.[96] **Einstweilige Verfügung** und Hauptsacheklage wegen Auskunft sind vom Streitwert her gleich anzusetzen.[97] **30**

Beim **selbständigen** Auskunftsanspruch,[98] ist für den Wert der Mitteilung auf das Interesse des Klägers abzustellen.[99] Dieser ist in der Regel höher zu bewerten als der Vorbereitungsanspruch[100] bzw. Schadensersatzanspruch.[101] Bei einer **Drittauskunft** steht der Wert des Unterlassungsanspruchs gegen **31**

---

[80] BGH BeckRS 2019, 2663; NJW-RR 2007, 497.
[81] BGH NJW 2013, 875 (877); NJW-RR 2007, 497; OLG Celle BeckRS 2012, 00023; LG Frankfurt a. M BeckRS 2013, 18205.
[82] BGH BeckRS 2019, 2663; 2013, 22513: 25.000 Euro bei einer Klausel betr. Bankbearbeitungsentgelt von 1 % bei Gewährung standardisierter Modernisierungskredite.
[83] Musielak/Voit/*Heinrich* ZPO § 3 Rn. 23, Stichwort: Arrest.
[84] OLG München BeckRS 2010, 21631; Zöller/*Herget* ZPO § 3 Rn. 16.19, Stichwort: Arrestverfahren.
[85] Zöller/*Herget* ZPO § 3 Rn. 16.19, Stichwort: Arrestverfahren.
[86] Harte/Henning/*Tolkmitt* UWG § 12 Rn. 648; Zöller/*Herget* ZPO § 3 Rn. 16.63, Stichwort: Einstweilige Verfügung.
[87] LG Stuttgart BeckRS 2014, 15769; KG BeckRS 2010, 144858.
[88] OLG Frankfurt a. M. BeckRS 2014, 04649.
[89] Teplitzky/*Feddersen* Kap. 49 Rn. 39.
[90] BGH MMR 2021, 235 Rn. 15 (üblicherweise $1/4$ bis $1/10$); Ströbele/*Hacker* MarkenG § 19 Rn. 48 ($1/10$ von Unterlassungs- und Schadensersatzklage).
[91] Büscher/Dittmer/Schiwy/*Hirsch* Kap. 18 Rn. 23 ($1/10$ der Verletzungsklage); Ströbele/*Hacker* MarkenG § 19 Rn. 48 ($1/10$ der Verletzungsklage).
[92] Teplitzky/*Feddersen* Kap. 49 Rn. 37 ($1/10$–$1/2$, meist $1/5$ bis $1/3$); Köhler/Bornkamm/*Feddersen* UWG § 12 Rn. 4.14 ($1/10$ bis $1/2$); Harte/Henning/*Tolkmitt* UWG § 12 Rn. 622 f. ($1/10$–$1/2$) jeweils auf die Feststellungsklage bezogen.
[93] OLG Düsseldorf BeckRS 2013, 204449 ($1/5$ für Rechnungslegung- und Schadensersatz, davon $2/3$ für das Rechnungslegungsbegehren); OLG Braunschweig BeckRS 2011, 14087 (15 % der Unterlassungsklage); OLG Hamburg 16.10.2019 – 5 W 9/17 ($1/10$ der Unterlassungsklage); LG Düsseldorf BeckRS 2012, 22338 (rd. $1/3$ der Unterlassungsklage).
[94] OLG Bamberg BeckRS 2011, 08628 (Auskunft- und Beseitigung $1/5$ der Unterlassungsklage).
[95] Teplitzky/*Feddersen* Kap. 49 Rn. 37.
[96] Köhler/Bornkamm/*Feddersen* UWG § 12 Rn. 4.14; Teplitzky/*Feddersen* Kap. 49 Rn. 38; Harte/Henning/*Tolkmitt* UWG § 12 Rn. 666.
[97] Zur Auskunft gem. § 19 MarkenG: KG GRUR 1992, 611 (noch zum WZG); Ströble/*Hacker* MarkenG § 19 Rn. 49; Ingerl/Rohnke MarkenG § 19 Rn. 49.
[98] ZB aus § 19 MarkenG, § 140b PatG, § 24b GebrMG, § 46 DesignG auf Mitteilung von Namen und Adresse der Hersteller und Lieferanten oder aus Schutzrechtsberührung gem. § 146 PatG, § 30 GebrMG, § 59 DesignG.
[99] Ingerl/Rohnke MarkenG § 19 Rn. 48; Teplitzky/*Feddersen* Kap. 49 Rn. 39.
[100] Teplitzky/*Feddersen* Kap. 49 Rn. 39; Harte/Henning/*Tolkmitt* UWG § 12 Rn. 662 f.; Ingerl/Rohnke MarkenG § 19 Rn. 48.
[101] Büscher/Dittmer/Schiwy/*Hirsch* Kap. 18 Rn. 23.

die Mittäter und weiteren Beteiligten im Vordergrund, da es sich um ein Hilfsmittel zur Unterbindung weiterer Rechtsverletzungen handelt, das wegen seines nur vorbereitenden Charakters einen deutlichen Abschlag von dem Wert des zugrundeliegenden Interesses gebietet.[102] Für die richterliche Anordnung zur Erteilung einer **Auskunft** von **Internet-Tauschbörsen** und Ähnlichem werden Regelwerte von 3.000 EUR[103] und 6.000 EUR[104] bis hin zu 10.000 EUR angenommen.[105] Ebenso für die **Bekanntgabe des Kontoinhabers** durch die Bank bei Schutzrechtsverletzungen.[106]

32 Für die Bemessung der **Beschwer** eines **Rechtsmittels gegen** die Verurteilung zur **Auskunft** ist auf den Zeit- und Kostenaufwand abzustellen, den die Erfüllung des titulierten Anspruchs erfordert,[107] sowie auf die Geheimhaltungsinteressen des Verurteilten, nicht jedoch auf den Wert des Auskunftsanspruchs.[108] Bei der Erfüllung einer Auskunftspflicht durch die verurteilte Partei selbst sind die Vorschriften des Justizvergütungs- und Entschädigungsgesetzes (JVEG) heranzuziehen; muss sich die Partei fremder Hilfe bedienen, ist auf die Kosten abzustellen, die die Einschaltung einer Hilfsperson verursacht.[109]

33 **6. Aussetzung.** Der Streitwert für ein Verfahren wegen eines Aussetzungsantrags gem. § 148 ist nach dem Interesse der Parteien an der Entscheidung über die Aussetzung gemäß § 3 zu schätzen.[110] Maßgeblich ist das Interesse des Klägers daran, dass die Entscheidung des Gerichts über die Schutzrechtsverletzung nicht erst nach einem Löschungs- oder Nichtigkeitsverfahren, sondern alsbald erfolgt.[111] Als angemessen werden dabei regelmäßig Werte von 1/5 der Hauptsache angesehen.[112]

34 **7. Beseitigung.** Abzustellen ist auf das Interesse des Klägers an der Beseitigung im Einzelfall;[113] auf den Wert der nicht mehr nutzbaren oder zu vernichtenden Werbemittel oder Waren kommt es nicht an.[114] Der Streitwert wird regelmäßig niedriger sein, als der der Unterlassungsklage.[115] S. auch Vernichtung, Urteilsveröffentlichung und Widerruf/Berichtigung (→ Rn. 78, 80, 83).

35 **8. Besichtigung/Beweissicherungsverfahren.** Der **Vorlage- und Besichtigungsanspruch** aus § 19a Abs. 1 MarkenG, § 140c Abs. 1 PatG, § 24c Abs. 1 GebrMG, § 46a Abs. 1 DesignG, § 37c Abs. 1 SortSchG, § 9 HalblSchG, § 101a UrhG und § 809 BGB dient wie der Auskunftsanspruch dazu, den Sachverhalt beweisfähig aufzuklären.[116] Die Besichtigung kann außerhalb eines Hauptsacheverfahrens im Wege eines selbständigen Beweisverfahrens (§§ 485 ff.) angeordnet werden. Ein solches der Beweissicherung des nachfolgenden Hauptsacheverfahrens dienendes selbstständiges Beweisverfahren ist mit einem **Bruchteil** des Werts des **Hauptanspruchs**, dessen Vorbereitung er dient, zu bewerten (idR mit **1/10 bis 1/4** des Hauptanspruchs).[117] Es kann allerdings auch der wirtschaftlichen Bedeutung einer gegen die Antragsgegnerin gerichteten Hauptsacheklage entsprechen.[118] Wird die **Duldung der Begutachtung** im Wege einer **einstweiligen Verfügung** angeordnet,[119] ist für das einstweilige Verfügungsverfahren ein gesonderter Streitwert festzusetzen, der wiederum einen Bruchteil des Wertes des Beweissicherungsverfahrens ausmacht.[120]

36 **9. Domain.** Bei sog. Domainstreitigkeiten nimmt der Kläger den Beklagten zumeist auf **Einwilligung in die Löschung** oder Unterlassung der Benutzung einer bestimmten Domain in Anspruch, idR gestützt auf Namens- oder Markenrecht.[121] Der Streitwert ist entsprechend den **allgemeinen Kriterien** beim Unterlassungsanspruch in kennzeichenrechtlichen Streitigkeiten gem. § 3 bzw. § 51

---

[102] *Eichmann* GRUR 1990, 575 (590): „im Bereich von 1/4".
[103] BGH GRUR 2012, 1026 (Musik); Grundlegend OLG Köln GRUR-RR 2009, 38.
[104] BGH ZUM-RD 2012, 587 (Film).
[105] *Meyer/Kroiß/Nordemann-Schiffel* RVG Anh. I V. Rn. 15 mwN.
[106] BGH NJW 2016, 2190 – Davidoff Hot Water II; zum Streitwert siehe Vorinstanzen: OLG Naumburg BeckRS 2012, 10202 und LG Magdeburg BeckRS 2011, 25732 (jew. 3.000 EUR).
[107] Vgl. zB: BGH BeckRS 2008, 20847 (500 EUR bei minimalem Zeitaufwand); OLG Stuttgart BeckRS 2001, 12432 (5 Stunden à 100 DM).
[108] Grundlegend BGH (GSZ) GRUR 1995, 701 – Rechtsmittelbeschwerde gegen Auskunftserteilung; BGH NJW-RR 2010, 786.
[109] BGH GRUR 2015, 615.
[110] BGH NJW 1957, 424.
[111] OLG Düsseldorf BeckRS 2013, 04893 (PatentR).
[112] MüKoZPO/*Wöstmann* ZPO § 3 Rn. 41; OLG Düsseldorf BeckRS 2013, 04893 (PatentR); OLG Hamburg MDR 2002, 479; OLG Frankfurt a. M. NJW-RR 1994, 957.
[113] *Teplitzky/Feddersen* Kap. 49 Rn. 31; *Köhler/Bornkamm/Feddersen* UWG § 12 Rn. 4.5.
[114] *Ingerl/Rohnke* MarkenG § 18 Rn. 35; *Harte/Henning/Tolkmitt* UWG § 12 Rn. 669.
[115] *Köhler/Bornkamm/Feddersen* UWG § 12 Rn. 4.5; *Harte/Henning/Tolkmitt* UWG § 12 Rn. 669.
[116] Allgemein zu den Voraussetzungen: *Zöllner* GRUR-Prax 2010, 74.
[117] BGH GRUR-RR 2010, 407 – Vollautomatische Röntgenbildbearbeitung (Ls.) = BeckRS 2010, 11845 (Volltext) (zum inhaltsgleichen § 101a Abs. 1 UrhG).
[118] OLG Düsseldorf 14.12.2015 – I-2 W 21/15.
[119] Zum Verfahren: BGH GRUR 2010, 318 – Lichtbogenschnürung.
[120] ZB OLG Düsseldorf BeckRS 2012, 04014: 1/4 des Wertes des selbst. Beweisverfahrens.
[121] Vgl. zB BGH GRUR 2014, 506 – sr.de (auch zum Verhältnis § 12 BGB, §§ 5, 15 MarkenG); ein Anspruch auf Umschreibung bzw. Übertragung besteht grundsätzlich nicht, vgl. BGH GRUR 2002, 622 (626) – shell.de.

Abs. 1 GKG zu bestimmen. Die Gerichte setzten in durchschnittlich gelagerten Fällen häufig Streitwerte um die 25.000 Euro fest[122] oder ¹/₃ für den Löschungsantrag bei gleichzeitiger Geltendmachung der allgemeinen Verwendungsunterlassung.[123]

10. Eidesstattliche Versicherung. Wird der Antrag im Rahmen einer **Stufenklage** (§ 254) geltend gemacht, ist gem. § 44 GKG nur der höhere der verbundenen Ansprüche für die Wertberechnung maßgebend, dh der Wert ist **im Hauptanspruch enthalten**.[124] Im Übrigen ist bei einer Klage auf Abgabe der eidesstattlichen Versicherung (§ 259 Abs. 2 BGB), die nicht im Rahmen einer Stufenklage geltend gemacht wird, die ergänzende Information wertbestimmend, die der Gläubiger zu erhalten hofft.[125] Gem. § 39 GKG hat dann eine Wertaddition zu erfolgen. Häufig geht es dem Kläger um die Differenz zwischen den von dem Beklagten mit der erteilten Auskunft bereits eingeräumten Umständen, die als solche keiner besonderen Bestätigung mehr bedürfen. Dies rechtfertigt es, die Ansprüche auf Abgabe der eidesstattlichen Versicherung nur mit einem Bruchteil des Werts des ursprünglichen Auskunftsverlangens in Ansatz zu bringen.[126] Bei der Bewertung der **Beschwer** des verurteilten Beklagten ist – wie bei der Auskunft – auf den erforderlichen **Aufwand** des Beklagten an Zeit und Kosten zur Vorbereitung der eidesstattlichen Versicherung sowie etwaige Geheimhaltungsinteressen abzustellen.[127] Kann es ihm nicht zugemutet werden, diese ohne **anwaltlichen Rat** abzugeben, sind die dafür erforderlichen Anwaltskosten bei der Bemessung des Beschwerdewerts einzubeziehen.[128]

11. Einstweilige Verfügungen. a) Allgemeines. Gem. § 53 Abs. 1 Nr. 1 GKG bestimmt sich der Wert über einen Antrag auf Anordnung, Abänderung oder Aufhebung eines Arrestes oder einer einstweiligen Verfügung, soweit nichts anderes bestimmt ist, ebenfalls nach § 3. Es gelten die allgemeinen Grundsätze. Das Maß der Bewertung ist daher grundsätzlich **das Interesse des Angreifers**, also das des Antragstellers an der **vorläufigen Sicherung** seines Anspruchs. In Prozessen des Gewerblichen Rechtsschutzes steht dabei die **Unterlassungsverfügung** im Vordergrund. Die Bemessung ist im Einzelnen streitig und uneinheitlich.[129] Überwiegend wird jedoch die Auffassung vertreten, dass der Streitwert regelmäßig niedriger anzusetzen ist als im Hauptsacheverfahren, da die einstweilige Verfügung nur auf vorläufige Sicherung des Anspruchs gerichtet ist.[130] In **UWG-Streitsachen** ist die **Ermäßigung** durch die Änderung des § 51 GKG nunmehr gesetzlich **vorgeschrieben** und zwar soll nach § 51 Abs. 4 GKG nF „in der Regel" der Streitwert gegenüber der Hauptsache ermäßigt werden (¹/₅–¹/₃).[131] Wegen der weiteren Einzelheiten wird insoweit die Ausführungen in → Rn. 204–206 verwiesen. Allerdings soll eine solche „Ermäßigung" in Eilverfahren jedenfalls dann nicht angebracht sein, wenn bereits das Verfügungsverfahren zur endgültigen Erledigung des Streits führt oder mit hoher Wahrscheinlichkeit führen wird.[132]

b) Widerspruchsverfahren. Der Streitwert des Verfügungsverfahrens richtet sich auch nach Einlegung des Widerspruchs nach dem **Interesse des Antragstellers,** da es sich beim Widerspruch nicht um ein Rechtsmittel im Sinne von § 47 Abs. 1 GKG handelt.[133] Richtet sich der Widerspruch nur gegen einen Teil der einstweiligen Verfügung (zB weil der Antrag auf Erlass der einstweiligen Verfügung nur teilweise erfolgreich war oder Teilwiderspruch eingelegt wurde), ist eine entsprechende Quote zu bilden, sodass im Erlass- und im Widerspruchsverfahren ohne weiteres unterschiedliche Streitwerte festgesetzt werden können.

c) Aufhebungsverfahren. Dieser Streitwert entspricht in der Regel dem Wert des Anordnungsverfahrens (→ Rn. 28).

---

[122] OLG Karlsruhe BeckRS 2013, 08503 (25 TE); LG Köln BeckRS 2008, 09265 (30 TE); OLG Köln GRUR-RR 2006, 67 (25 TE); LG Hamburg Urt. v. 27.2.2014 – 327 O 62/12 (25 TE).
[123] ZB BGH GRUR 2009, 685 – ahd.de.
[124] Teplitzky/*Feddersen* Kap. 49 Rn. 37.
[125] *Eichmann* GRUR 1990, 575 (590).
[126] OLG Hamburg BeckRS 2016, 19728.
[127] BGH NJW 2013, 2446 Rn. 4, 5 und 8 („insgesamt nicht mehr als 600 Euro"); BGH GRUR 1991, 873 (874) – Eidesstattliche Versicherung („Bewertung des Interesses mit im Streitfall 500 DM nicht zu beanstanden"); BGH (GSZ) GRUR 1995, 701 – Rechtsmittelbeschwerde gegen Auskunftserteilung.
[128] BGH NJW-RR 2013, 1033.
[129] Zum UWG: Teplitzky/*Feddersen* Kap. 49 Rn. 25–28; zum MarkenR: Meyer/Kroiß/*Nordemann-Schiffel* RVG Anhang I. V.1 Rn. 2.
[130] Zum PatentR: *Kühnen,* Handbuch, Kap. J Rn. 186 (idR ¹/₅–¹/₃); zum MarkenR: OLG Hamburg 25.5.2020 – 3 W 36/20; Ströbele/*Hacker* MarkenG § 142 Rn. 2 jeweils mwN.
[131] ¹/₅: OLG Hamburg GRUR-RS 2020, 25304 – Opiumtinktur; OLG Hamburg 7.7.2020 – 3 W 89/19; ¹/₃: OLG Frankfurt a. M. BeckRS 2020, 8899; OLG Stuttgart MD 2014, 278 (279); BeckOK KostR/*Toussaint,* 31. Ed. 1.6.2020, GKG § 51 Rn. 23; *Köhler/Bornkamm/Feddersen* UWG § 12 Rn. 4.12.
[132] OLG Karlsruhe GRUR-RS 2021, 972 – Klimaanlagen; Bespr. *Haisch* GRUR-Prax 2021, 187.
[133] Harte/Henning/Tolkmitt UWG § 12 Rn. 646.

41 **d) Kostenwiderspruch.** Der Streitwert bei einem Kostenwiderspruch (→ § 924 Rn. 9) bemisst sich nach Kosten, die bis zur Einlegung des Widerspruchs angefallen sind.[134] Dies sind bei einer ohne Beteiligung des Antragsgegners und ohne Hinterlegung einer Schutzschrift ergangenen Beschlussverfügung regelmäßig nur die Gerichtsgebühren des Erlassverfahrens und die Verfahrensgebühr sowie Auslagen des Prozessbevollmächtigten des Antragstellers.[135] **Tenorierungsbeispiele:** „Der Wert des Streitgegenstandes wird auf Euro X bis zum 1.1. und seit dem 2.1. auf des Kosteninteresse aus einem Streitwert von X festgesetzt"[136] oder „Der Streitwert für den Kostenwiderspruch wird auf die bis zur Einlegung des Kostenwiderspruchs angefallenen Gerichts- und Anwaltsgebühren auf der Grundlage eines Gegenstandswertes von X festgesetzt."[137]

42 **12. Erledigung der Hauptsache.** Erklären die Parteien den Rechtsstreit **übereinstimmend** in der Hauptsache für erledigt (§ 91a), entspricht der Streitwert der Höhe der Kosten.[138] Der Streitwert reduziert sich bereits infolge der Erledigungserklärung des Klägers/Antragstellers auf die bis dahin angefallenen Kosten, da auch durch die (noch) einseitige Erledigungserklärung deutlich wird, dass die klagende oder antragstellende Partei nur noch über die Kosten streiten will.[139] **Tenorierungsbeispiel:** „Der Streitwert wird auf EURO X festgesetzt und reduziert sich ab dem ... auf die bis dahin angefallenen Kosten des Rechtsstreits".[140] Wird lediglich ein **Teil** des Rechtsstreits für **erledigt** erklärt, wird der Streitwert durch die noch verbleibende Hauptsache bestimmt, ohne dass die Kosten des erledigten Teils berücksichtigt werden (→ § 4 Rn. 13).[141] Auch für die Beurteilung, ob die Berufungssumme erreicht ist, bleiben die Kosten des erledigten Teils grundsätzlich außer Betracht.[142] Die auf den erledigten Teil entfallenden Prozesskosten erhöhen auch den Wert der Beschwer nicht, solange noch ein Teil der Hauptsache im Streit ist.[143]

43 Bei **einseitiger Erledigungserklärung** (→ § 91a Rn. 38 f.) ist der Streitwert des Erledigungsstreits gemäß § 3 neu zu schätzen. Das hierbei zu berücksichtigende Interesse des Klägers entspricht nach hM **regelmäßig** – sofern nicht ausnahmsweise Umstände eine andere Beurteilung rechtfertigen – nur noch dem **Kostenwert**.[144] Teilweise wird vertreten, dass es auf das Interesse des Klägers an der Feststellung, ob die Klage im Zeitpunkt der Erledigung zulässig und begründet war, ankomme.[145]

44 **13. Feststellungsklage. a) Allgemein.** Für die Bemessung ist auf das wirtschaftliche Interesse des Klägers an der begehrten Feststellung abzustellen.[146] In Prozessen des Gewerblichen Rechtsschutzes und Urheberrechts ist die Feststellungsklage in zwei Formen besonders **praxisrelevant.** Als **Schadensersatzfeststellungsklage** im Hinblick auf die Verletzungshandlung oder als **Folge einer** Anspruchsberühmung durch **Abmahnung**. Hinsichtlich der weiteren Formen der Feststellungsklage kann auf die allgemeine Kommentarliteratur verwiesen werden.[147]

45 **b) Positive.** Bei der im Gewerblichen Rechtsschutz und Urheberrecht meist in der Form einer **Schadensersatzfeststellungsklage** erhobenen Klage geht es um die Bewertung des Interesses des Klägers an einer die Verjährung hemmenden (vgl. § 204 Abs. 1 Nr. 1 BGB) **Feststellung,** dass ihm **aus der Verletzungshandlung** ein **Schaden** entstanden ist oder entstehen kann.[148] Da sich dieser Schaden wie bei der Unterlassungsklage anhand von Art, Umfang und (mutmaßlichen) Auswirkungen der Verletzungshandlung beim Geschädigten beurteilt, wird häufig ein Bruchteil des Werts der Unterlassungsklage zugrunde gelegt.[149] Vielfach werden $1/4$ bis $1/5$ des Werts des Unterlassungsanspruchs angesetzt,[150] teilweise auch $1/10$.[151] Hierbei sind jedoch auch immer die Umstände des Einzelfalls zu berücksichtigen.[152]

---

[134] BGH NJW-RR 2003, 1293.
[135] OLG Nürnberg NJW-RR 2013, 635.
[136] Vgl. LG Düsseldorf BeckRS 2012, 09256.
[137] vgl. OLG Hamburg BeckRS 2011, 00394 (bei Teilunterliegen des AS im Erlassverfahren).
[138] Köhler/Bornkamm/*Feddersen* UWG § 12 Rn. 4.16.
[139] OLG Hamburg BeckRS 2015, 16022 Rn. 6.
[140] Vgl. OLG Hamburg BeckRS 2015, 16022.
[141] Harte/Henning/*Tolkmitt* UWG § 12 Rn. 676 mwN; aA MüKoZPO/*Wöstmann* ZPO § 3 Rn. 72.
[142] BGH NJW 2014, 3249 (Ls.).
[143] BGH NJW-RR 1995, 1089.
[144] BGH GRUR 1990, 530 (531) – Unterwerfung durch Fernschreiben; OLG Düsseldorf BeckRS 2009, 23460; ausführlich und mit vielen Nachw.: Teplitzky/*Feddersen* Kap. 49 Rn. 42–46a.
[145] OLG München NJW-RR 1998, 504 (idR Abschlag von 50 % vom ursprünglichen Streitwert).
[146] Thomas/Putzo/*Hüßtege* ZPO § 3 Rn. 65.
[147] ZB Zöller/*Herget* ZPO § 3 Rn. 1676 „Feststellungsklagen".
[148] Teplitzky/*Feddersen* Kap. 49 Rn. 32; Köhler/Bornkamm/*Feddersen* UWG § 12 Rn. 4.13.
[149] Harte/Henning/*Tolkmitt* UWG § 12 Rn. 660.
[150] Büscher/Dittmer/*Schiwy/Hirsch* Kap. 18 Rn. 26 (MarkenR); LG Düsseldorf BeckRS 2013, 14871 ($1/5$, PatentR) und LG Mannheim BeckRS 2013, 16099 ($1/5$, PatentR).
[151] OLG Hamburg BeckRS 2008, 02754 und 16.10.2019 – 5 W 9/17: ($1/10$ der Unterlassungsklage).
[152] Teplitzky/*Feddersen* Kap. 49 Rn. 32; Köhler/Bornkamm/*Feddersen* UWG § 12 Rn. 4.12.

c) Negative. Die negative Feststellungsklage wird in Prozessen des Gewerblichen Rechtsschutzes **46** und Urheberrechts häufig als **Reaktion auf eine Abmahnung** erhoben. Hiermit begehrt der Kläger die Feststellung, dass der von der Beklagtenseite mit der Abmahnung geltend gemachte Anspruch nicht besteht. Ihr Wert entspricht nach der, auch außerhalb des Wettbewerbsrecht vertretenen, hM dem **Wert** des Anspruchs einer **umgekehrten Leistungsklage**.[153] Die Gegenansicht führt an, dass auf dem Gebiet des Gewerblichen Rechtsschutzes der Wert der Feststellung für den Kläger höher oder niedriger sein könne, als das Interesse des Beklagten an der begehrten Unterlassung. Danach könne zB das Feststellungsinteresse, dass durch einen bestimmten Firmennamen Rechte des Beklagten nicht verletzt werden, bei dem Kläger deutlich größer sein, wenn es sich um ein bedeutendes Unternehmen handelt, als umgekehrt das Unterlassungsinteresse eines möglicherweise erheblich kleineren Beklagten.[154]

14. Freistellung von einer Verbindlichkeit. In Prozessen des Gewerblichen Rechtsschutzes und **47** Urheberrechts wird mit dieser Klage zumeist die Freihaltung von den Kosten der vorgerichtlichen Abmahnung begehrt. Der Wert des **Freistellungsbegehrens** entspricht grundsätzlich der bezifferten Verbindlichkeit.[155] Keine Rolle spielt die Einbringlichkeit der Forderung.[156]

> **Praxishinweis:** Der Anspruch auf Freistellung wandelt sich nach der Rspr. in einen Zahlungsanspruch um, wenn **48** der Schuldner den Ersatzanspruch nach Grund und Höhe ernsthaft und endgültig bestreitet, indem er sich zB endgültig weigert, die Abmahnkosten zu bezahlen.[157]

15. Hersteller/Händler. Der Streitwert des gegen einen Hersteller geführten Verfahrens ist deut- **49** lich höher, als das gegen seinen Händler geführte Verfahren, wenn letzterer einer von mehreren Vertreibern der angegriffenen Produkte ist.[158]

16. Klagehäufung, insbes. Auswirkung der TÜV-Rspr. Mit dem „TÜV I"-Beschluss hat der **50** BGH entschieden, dass im Gewerblichen Rechtsschutz und Urheberrecht jedes Schutzrecht ein eigener Streitgegenstand ist.[159] Seitdem muss der Kläger die **Prüfungsreihenfolge der geltend gemachten Schutzrechte** bestimmen und kann nicht – wie früher – im Wege der alternativen Klagehäufung das Gericht entscheiden lassen, welches Schutzrecht durchdringt. Für das Kostenrecht und die Kostentragung hat diese Rechtsprechung weitreichende Folgen. Entscheidet sich der Kläger dazu, mehrere prozessuale Ansprüche zukünftig im Wege **eventueller Klagehäufung** zu verfolgen, richtet sich der Gebührenstreitwert[160] nach § 45 Abs. 1 S. 2 GKG.[161] Regelmäßig ist davon auszugehen, dass bei mehreren auf verschiedene Schutzrechte oder auf weitere wettbewerbsrechtliche Streitgegenstände[162] gestützten Unterlassungsklagen eine wirtschaftliche Wertehäufung eintritt (zu weiteren Einzelheiten § 5).[163]

17. Konkretisierung des Unterlassungsantrags. Beschränkt ein Antragsteller einen zu unbe- **51** stimmten und damit prozessual unzulässigen Antrag[164] oder einen materiell zu weiten und daher teilweise unbegründeten Antrag[165] mit einem *„wie"-Zusatz* („wie folgt ...", „wie geschehen ..."; „wenn dies geschieht wie ...") auf die konkrete Verletzungshandlung, wird dies prozessual regelmäßig als teilweise Klagerücknahme mit der entsprechenden Kostenfolge gewertet.[166] Dies wirkt sich auch auf den Streitwert für das weitere Verfahren aus, zB auf den Streitwert des Widerspruchs- oder Berufungsverfahrens, der dann entsprechend zu reduzieren ist ($^1/_5$–$^1/_3$).[167]

---

[153] BGH NJW 1970, 2025; KG GRUR-RR 2009, 160 – Drehbuch; BGH NJW-RR 1991, 957 – Unterteilungsfahne (betr. Unwirksamkeit eines Gebrauchsmusters); außerhalb des Gewerbl. Rechtsschutzes: BGH NJW 1997, 1787; MüKoZPO/*Wöstmann* ZPO § 3 Rn. 75; Thomas/Putzo/*Hüßtege* ZPO § 3 Rn. 65 mwN.
[154] OLG München GRUR 1986, 840 – Negative Feststellungsklage; Harte/Henning/*Tolkmitt* UWG § 12 Rn. 661.
[155] BGH NJW-RR 1990, 958.
[156] MüKoZPO/*Wöstmann* ZPO § 3 Rn. 12.
[157] BGH NJW 2019, 1522 Rn. 14; GRUR 2015, 1021 Rn. 34 – Kopfhörer-Kennzeichnung; OLG Hamburg 16.5.2018 – 5 U 48/15; OLG Hamm GRUR-RR 2014, 133 – Zahlung statt Freistellung; OLG Stuttgart GRUR-RR 2012, 412 (414); KG GRUR-RR 2010, 403.
[158] OLG Hamburg 4.12.2015 – 3 W 111/15.
[159] BGH GRUR 2011, 521.
[160] Der Zuständigkeitsstreitwert ist für den Gewerblichen Rechtsschutz ohne Bedeutung, da immer die ausschließliche sachliche Zuständigkeit des Landgerichts gegeben ist → § 1 Rn. 2. Anders jedoch im Urheberrecht.
[161] Zöller/*Herget* ZPO § 5 Rn. 4; Thomas/Putzo/*Hüßtege* ZPO § 5 Rn. 6.
[162] Zum Streitgegenstand der wettbewerbsrechtlichen Unterlassungsklage vgl. BGH GRUR 2013, 401 – Biomineralwasser.
[163] *Büscher* GRUR 2012, 16 (22); Kodde GRUR 2015, 38.
[164] Ausführlich dazu: *Köhler*/Bornkamm/*Feddersen* UWG § 12 Rn. 1.35–1.46.
[165] *Köhler*/Bornkamm/*Feddersen* UWG § 12 Rn. 1.44a.
[166] OLG Nürnberg NJW-RR 2007, 1267 (1268); s. auch BGH GRUR 1992, 625 (627) – Therapeutische Äquivalenz.
[167] BGH GRUR 2016, 516 (521) – Wir helfen im Trauerfall (20%); OLG Hamburg 7.7.2020 – 3 W 89/19 (1/5); OLG Nürnberg NJW-RR 2007, 1267 (1/3).

52 **18. Lizenzverträge, Lizenzanalogie.** Bei Streitigkeiten aus Lizenzverträgen über Marken, Unternehmenskennzeichen und Titeln ist für die Bemessung des Gegenstandswertes der **Wert des Vertrages** maßgeblich. Dieser wird nach der Bedeutung des lizenzierten Zeichens (Umsatz, Größe, Marktverhältnisse, Bekanntheit), Lizenzdauer, Umfang der Nutzungsgestattung usw bemessen.[168] Ähnliche Grundsätze gelten auch für Lizenzverträge im Patent- und Gebrauchsmusterrecht, wobei die Gegenstandswerte dort deutlich höher liegen, insbesondere im Patentrecht (→ Rn. 85 ff.).[169] Ist der Lizenzvertrag auf unbestimmte Zeit abgeschlossen, hat die Streitwertermittlung grundsätzlich die gesamte Restlaufzeit des Klagepatents zu berücksichtigen.[170] Die Gegenstandswerte bei Lizenzverträgen über Designs liegen zumeist im Bereich der für Marken üblichen Streitwerte.[171] Im Urheberrecht wird in der Regel ein Mehrfaches der jährlichen Erträge aus der Verwertung festgesetzt.[172]

53 **19. Löschung bzw. Nichtigkeit.** Für den Streitwert einer **Löschungsklage** vor den **ordentlichen Gerichten** gem. § 55 Abs. 1 MarkenG wegen **Verfalls** (§ 49 MarkenG) soll das **Interesse der Allgemeinheit** an der Löschung maßgeblich sein.[173] Bei der Klage wegen des Bestehens **älterer Rechte** (§ 51 MarkenG) ist das wirtschaftliche **Interesse des Klägers** an der Löschung maßgeblich. Dieses hängt vorrangig davon ab, welchen wirtschaftlichen Wert der Handlungsspielraum hat, den sich der Kläger durch die Löschung der gegnerischen Marke verschaffen will (weitere Einzelheiten → Rn. 152 f.).[174]

54 Die Feststellung oder Erklärung der **Nichtigkeit** eines **Designs** kann entweder durch einen Beschluss des **DPMA** erfolgen oder durch Urteil auf Grund Widerklage im Verletzungsverfahren. Für die **Nichtigkeitsklage** richtet sich der Streitwert wie bei der Marke nach dem wirtschaftlichen Interesse, **das die Allgemeinheit an der Löschung** hat; ein Anhaltspunkt kann sich aus den zu erwartenden Erträgen ergeben (weitere Einzelheiten → Rn. 180).[175]

55 Wenn in einem Verletzungsverfahren **Widerklage** auf **Löschung** oder **Nichtigerklärung** des Klageschutzrechts erhoben wird (zu den Voraussetzungen: § 33), handelt es sich regelmäßig um eine Verteidigungsmaßnahme des Beklagten, sodass sich das wirtschaftliche Interesse an der Widerklage **aus dem Gesamtstreitwert der Klage** ergibt.[176] Diese Bewertung findet häufig auch dann Anwendung, wenn **anlässlich einer Verletzungsklage die Nichtigerklärung eines Patents** oder die Löschung eines Gebrauchsmusters vor dem DPMA beantragt wird.[177] Nach der ständigen Rechtsprechung des BGH sind für den Gegenstandwert eines Nichtigkeitsverfahrens in Patentsachen im Allgemeinen der gemeine Wert des Patents bei Erhebung der Klage bzw. bei Einlegung der Berufung und der Betrag der bis dahin entstandenen Schadensersatzforderungen maßgeblich. Dabei kann grundsätzlich von dem Streitwert eines auf das Streitpatent gestützten Verletzungsprozesses ausgegangen werden, da dieser regelmäßig das Interesse des Nichtigkeitsklägers an der Nichtigerklärung des Patents widerspiegelt.[178] Dabei wird die Klagesumme einer bezifferten Schadensersatzklage regelmäßig in voller Höhe so berücksichtigt, dass der gemeine Wert des streitigen Schutzrechts bis zum Ablauf der Schutzdauer unerheblich bleiben kann.[179] Da das gemeine Interesse grundsätzlich über dieses Individualinteresse hinausgeht, ist der Gegenstandswert in der Regel um ein Viertel höher als der Streitwert des Verletzungsprozesses (weitere Einzelheiten → Rn. 107).[180]

56 **20. Mehrheit von Anspruchsgegnern.** Ist das Verfahren gegen mehrere, unterschiedlich beteiligte **Streitgenossen** gerichtet, ist jeweils ein Streitwert **entsprechend der Beteiligung** des einzelnen Streitgenossen festzusetzen.[181] Dabei besteht zwischen **Täter- und Störerhaftung kein Wertunterschied**.[182] Mehrere in einer Klage geltend gemachte inhaltsgleiche Unterlassungsansprüche gegen eine Mehrzahl von Schuldnern werden nach ihrem Streitwert gem. § 5 zusammengerechnet.[183] Dies gilt auch für die Berechnung der **Beschwer**, soweit es sich nicht um wirtschaftlich identische Streitgegenstände handelt. Hier sind die Werte der Beschwer aller Streitgenossen nach §§ 2, 5 zusammenzurech-

---

[168] Mayer/Kroiß/*Nordemann-Schiffel* RVG Anh. I, V Rn. 1: häufig 50.000 EUR.
[169] Vgl. Beispiele bei Büscher/Dittmer/Schiwy/*Hirsch* Kap. 18 Rn. 35 ff.
[170] *Kühnen*, Handbuch, Kap. J Rn. 189.
[171] Mayer/Kroiß/*Nordemann-Schiffel* RVG Anh. I, V Rn. 8.
[172] Mayer/Kroiß/*Nordemann-Schiffel* RVG Anh. I, V Rn. 13.
[173] *Ingerl/Rohnke* MarkenG § 55 Rn. 20.
[174] *Ingerl/Rohnke* MarkenG § 55 Rn. 44.
[175] *Eichmann/Jestaedt*/Fink/Meiser DesignG § 54 Rn. 8.
[176] ZB OLG Düsseldorf BeckRS 2013, 08500: gleiche Streitwerte für Unterlassungs- und Löschungswiderklage (Marke/Name).
[177] *Eichmann/Jestaedt*/Fink/Meiser DesignG § 54 Rn. 8.
[178] BGH GRUR 2011, 757 – Nichtigkeitsstreitwert; *Mes* PatG § 84 Rn. 72.
[179] BGH GRUR 2009, 1100 – Druckmaschinen-Temperierungssystem III.
[180] BGH GRUR 2011, 757 – Nichtigkeitsstreitwert.
[181] BeckOK ZPO/*Kratz* § 485 Rn. 43.
[182] OLG Hamburg GRUR-RS 2020, 30750.
[183] OLG Hamburg 28.9.2020 – 5 W 66/20; OLG Hamburg GRUR-RR 2006, 392 – Docking Stations.

nen, und zwar unabhängig davon, ob das Berufungsurteil auch von allen Streitgenossen angefochten worden ist.[184]

Werden eine **juristische Person und ihr Vertreter** inhaltsgleich auf Unterlassung in Anspruch genommen, so handelt es sich rechtlich um mehrere selbständige Ansprüche.[185] Die für jeden Antragsgegner gesondert zu bemessenen Streitwerte rechtfertigen regelmäßig einen **deutlichen Abschlag** hinsichtlich des Anspruchs, der auf den **gesetzlichen Vertreter** entfällt, da es dem Kläger in erster Linie darum geht, das unzulässige Handeln der juristischen Person zu unterbinden und daneben kaum Raum für eigene Verstöße der Organe bleibt.[186] Bei der Inanspruchnahme von zwei Geschäftsführern kann der Wertanteil dem Wert der Inanspruchnahme der Gesellschaft entsprechen.[187] **57**

Praxishinweis: Handelt das Organ im Rahmen der geschäftlichen Tätigkeit für die juristische Person dem Verbot zuwider, ist grundsätzlich **nur** gegen **die juristische** Person ein **Ordnungsgeldantrag** nach § 890 begründet, auch wenn sowohl eine juristische Person als auch ihr Organ aus einem Vollstreckungstitel zur Unterlassung verpflichtet sind.[188]

Greifen mehrere **Kläger als Streitgenossen** ein Schutzrecht an, hat für jede Klage das angegriffene Schutzrecht den gleichen Wert. Dieser Wert wird für den einzelnen Kläger nicht dadurch reduziert, dass noch weitere Kläger vorhanden sind.[189] **58**

21. Nebenforderung. § 4 **59**

22. Nichtigkeit. s. Löschung (→ Rn. 53 f.). **60**

23. Ordnungs- und Zwangsmittelverfahren. Die Höhe des Streit- bzw. Gegenstandswerts wird auch im Zwangs- und Ordnungsmittelverfahren nach § 3 ZPO geschätzt[190] und liegt daher im freien **Ermessen** des Gerichts. **61**

Der Streit- bzw. Gegenstandswert des **Ordnungsmittelverfahrens** nach § 890 Abs. 1 S. 1 ZPO richtet sich nach dem **Interesse** des **Gläubigers** an der Vollstreckung (vgl. auch § 25 Abs. 1 Nr. 3 RVG) und kann sich am Streitwert des Erkenntnisverfahrens orientieren.[191] Wie das Interesse des Gläubigers an der Vornahme der Duldung oder Unterlassung zu bewerten ist, ist jedoch im Einzelnen streitig. Nach Auffassung des BGH verbietet sich jede schematische Betrachtung, denn der Streitwert des Erkenntnisverfahrens indiziere lediglich das Interesse des Gläubigers an der Unterlassung weiterer Verletzungshandlungen, ohne unmittelbar etwas über die maßgebliche Schwere der konkreten Zuwiderhandlung, das Ausmaß des mit ihr verbundenen wirtschaftlichen Vorteils für den Schuldner und über dessen Verschulden bei der Begehung auszusagen.[192] Nach anderer Ansicht soll im **Regelfall** nur **ein Bruchteil** des Wertes der Hauptsache anzusetzen sein, wobei überwiegend eine Spanne von $1/5$ bis $1/3$ vertreten wird.[193] **62**

Der Gegenstandswert einer **nachträglichen Androhung** des Ordnungsmittels gem. § 890 Abs. 2 durch **Beschluss**[194] ist ebenfalls gem. § 3 zu schätzen. Überwiegend wird hier ein Bruchteil des Wertes der Unterlassungshandlung angenommen.[195] Teilweise wird vertreten, dass sich der Wert für die isolierte Androhung nach dem Wert der zu erwirkenden Unterlassung richtet.[196] **63**

Bei einem Antrag nach § 890 Abs. 3 ist nicht die Höhe der Sicherheitsleistung maßgeblich, sondern lediglich ein Bruchteil davon, da nur eine Sicherungsmaßnahme erstrebt wird.[197] **64**

Parteiangaben zur Höhe des Gegenstandswerts oder zur Höhe des Ordnungsgeldes sind, selbst wenn sie übereinstimmen, für das Gericht nicht bindend.[198] Allerdings bildet eine im Antrag auf Erlass eines Ordnungsmittels etwa enthaltene **Bezifferung** für das beantragte Ordnungsgeld für die Bewertung dieses Interesses ein **wichtiges Indiz**.[199] Voraussetzung ist allerdings, dass sich die Höhe der **65**

---

[184] BGH NJW 2001, 230 (231).
[185] BGH GRUR-RR 2008, 460 – Tätigkeitsgegenstand.
[186] OLG Hamburg NJOZ 2013, 2118; OLG Hamburg 16.10.2019 – 5 W 9/17 (Abschlag von 50 %); OLG Düsseldorf BeckRS 2014, 20371(Abschlag von 70 %); aA OLG Hamm GRUR-RR 2016, 383.
[187] OLG Hamburg 16.10.2019 – 5 W 9/17.
[188] BGH GRUR 2012, 541 – Titelschuldner im Zwangsvollstreckungsverfahren; zur Ausnahme vgl. dort → § 890 Rn. 9.
[189] BGH GRUR 2013, 1287 Rn. 9 – Nichtigkeitsstreitwert II (Patent).
[190] Thomas/Putzo/*Hüßtege* ZPO § 3 Rn. 115.
[191] *Köhler/Bornkamm/Feddersen* UWG § 12 Rn. 4.15; Teplitzky/*Feddersen* Kap. 49 Rn. 40.
[192] BGH NJW 1994, 45 (46).
[193] OLG Hamburg BeckRS 2016, 11559; OLG Düsseldorf BeckRS 2013, 09807; OLG Celle BeckRS 2009, 12072 mwN.
[194] Vgl. hierzu BGH GRUR 2012, 957 Rn. 9 – Vergleichsschluss im schriftlichen Verfahren.
[195] OLG Frankfurt a. M. BeckRS 2013, 13236 (2.000 EUR); OLG Hamburg BeckRS 2013, 10250 (1.100 EUR).
[196] OLG Hamm NJOZ 2015, 1900; NJW Spezial 2014, 668 (nach Abgabe einer notariellen Erklärung).
[197] Harte/Henning/*Tolkmitt* UWG § 12 Fn. 1697.
[198] Für das Erkenntnisverfahren: BGH GRUR 2012, 1288 – Vorausbezahlte Telefongespräche II; Thomas/Putzo/*Hüßtege* ZPO § 2 Rn. 17.
[199] OLG Frankfurt a. M. BeckRS 2004, 03063.

Bezifferung durch die Angaben des Gläubigers zu den (ohne die Ordnungsmaßnahme) befürchteten eigenen Nachteilen aus den Verstößen gegen den Unterlassungstitel rechtfertigt.[200]

66 Auch die Höhe des Zwangsgeldes gem. § 888 ZPO richtet sich nach dem Vollstreckungsinteresse des Gläubigers.[201] Dieses Interesse entspricht in der Regel dem der Hauptsache.[202] Im **Zwangsmittelverfahren** geht es in Prozessen des Gewerblichen Rechtsschutzes häufig um die **Erteilung der Auskunft**. Auch hier erscheint es gerechtfertigt, wenn der Gegenstandswert des Zwangsmittelverfahrens dem Gegenstandswert des Auskunftsanspruchs entspricht, da das Verfahren insoweit auf endgültige Erfüllung gerichtet ist.[203]

67 Der Gegenstandswert einer **Beschwerde des Schuldners gegen** eine **Ordnungsgeldfestsetzung** bestimmt sich in der Regel nach der Höhe des Ordnungsgeldes, um dessen Abwendung es dem Schuldner geht,[204] wobei werterhöhende Faktoren berücksichtigt werden können (zB Streit über die Tragweite des Vollstreckungstitels).[205] Die Gegenauffassung, nach der auf das Interesse des Schuldners abzustellen ist, die Handlung nicht erfüllen zu müssen,[206] vermengt Interessen des Ordnungsmittelverfahrens mit denen des Erkenntnisverfahrens.[207]

68 **24. Rückruf oder Entfernung aus den Vertriebswegen.** Gem. § 140a Abs. 3 PatG, § 24a Rn. 2 GebrMG, § 37a Abs. 2 SortSchG, § 18 Abs. 2 MarkenG, § 43 Abs. 2 DesignG und § 98 Abs. 2 UrhG kann der Verletzte Rückruf der rechtsverletzenden Erzeugnisse oder deren endgültige Entfernung aus den Vertriebswegen verlangen. Diese Ansprüche zielen unter dem Gesichtspunkt der Störungsbeseitigung darauf ab, Verletzungsgegenstände, die das Unternehmen des Verletzers bereits verlassen haben und sich in der nachgeordneten Vertriebskette – nicht beim privaten Endverbraucher – befinden, wieder zurückzuholen, damit der Erwerber mit ihnen keine weiteren Schutzrechtsverletzungen begehen kann.[208] Die Streitwerte für Rückruf und Entfernung betragen zumeist ein Bruchteil des Wertes der Unterlassung[209] und orientieren sich häufig am Wert der Annexansprüche.[210] Bei dem Ausspruch über die vorläufige Vollstreckbarkeit ist allerdings den wirtschaftlichen Interessen des Beklagten bei Rückruf, Entfernung aus den Vertriebswegen und Vernichtung angemessen Rechnung zu tragen, sodass die Sicherheitsleistung deutlich über dem Streitwert dieser Ansprüche liegen kann.[211]

69 **25. Schadensersatzfeststellung.** s. Feststellungsklage (→ Rn. 44 ff.).

70 **26. Streitwertangaben der Parteien.** Parteiangaben zum Streitwert, insbesondere des Klägers und Rechtsmittelführers, sind für das Gericht **nicht bindend.**[212] Dies gilt selbst dann, wenn die Parteiangaben übereinstimmen.[213] Für eine von den Parteiangaben abweichende Festsetzung des Streitwerts soll dann Anlass bestehen, wenn diese Angaben schon nach dem eigenen Sachvortrag des Klägers oder auf Grund konkreter Einwendungen der Gegenseite übersetzt oder auch untersetzt erscheinen.[214] Das Gericht hat die Angaben anhand der objektiven Gegebenheiten unter Heranziehung seiner Erfahrung und üblicher Wertfestsetzungen in vergleichbaren Fällen in vollem Umfang selbständig nachzuprüfen.[215]

71 Übereinstimmende und nicht offensichtlich unzutreffende Angaben der Parteien, insbesondere des Klägers, im erstinstanzlichen Verfahren zum Streitwert sind aber ein **widerlegbares Indiz** für den wirtschaftlichen Wert des Klagebegehrens.[216] Hierbei werden Streitwertangaben in einem **frühen Verfahrensstadium,** in dem die spätere Kostentragungspflicht noch offen ist, erfahrungsgemäß als Angaben von größerer Objektivität angesehen.[217] Hiervon kann sich eine Partei zu einem späteren Zeitpunkt nicht ohne weiteres, insbesondere nicht ohne nachvollziehbare Begründung lösen.[218]

---

[200] LG Hamburg BeckRS 2016, 10315.
[201] OLG Karlsruhe NJW-RR 2000, 1312.
[202] OLG Saarbrücken BeckRS 2007, 19488; OLG Naumburg NJOZ 2014, 1943.
[203] OLG Hamm BeckRS 2011, 17468.
[204] OLG Celle BeckRS 2014, 08198; KG BeckRS 2009, 09533.
[205] OLG Düsseldorf MDR 1977, 676; Teplitzky/*Feddersen* Kap. 49 Rn. 40a.
[206] OLG Frankfurt a. M. BeckRS 1996, 11092; OLG München OLGZ 1984, 66 (70).
[207] So auch OLG Celle BeckRS 2014, 08198.
[208] *Kühnen* GRUR 2009, 288 (292).
[209] *Haertel* GRUR-Prax 2013, 327: 10 % vom Gesamtstreitwert.
[210] LG München BeckRS 2014, 05283: LG Düsseldorf BeckRS 2013, 14811: je 10.000 EUR für Rückruf und Entfernung (Patent).
[211] LG Mannheim BeckRS 2014, 06642: LG Düsseldorf BeckRS 2013, 01709; 2013, 14811.
[212] OLG Düsseldorf GRUR-RR 2011, 341 – Streitwertheraufsetzung II; Thomas/Putzo/*Hüßtege* ZPO § 2 Rn. 17.
[213] BGH GRUR 2012, 1288 – Vorausbezahlte Telefongespräche II; OLG Düsseldorf BeckRS 2011, 18112.
[214] OLG Frankfurt a.M. Mitt. 2012, 94 (95) – Indizielle Bedeutung von Streitwertangaben (= BeckRS 2012, 04659), in Abgrenzung zu OLG Düsseldorf GRUR-RR 2011, 341 – Streitwertheraufsetzung II.
[215] LG Hamburg 9.8.2019 – 3 W 94/17.
[216] BGH GRUR 2012, 1288 – Vorausbezahlte Telefongespräche II; OLG Hamburg 9.12.2019 – 5 W 77/19.
[217] BGH BeckRS 2008, 11741; OLG Celle NJOZ 2013, 1287; OLG Düsseldorf BeckRS 2014, 20371.
[218] BGH BeckRS 2019, 1440.

Demgemäß haben Streitwertangaben einer **vorgerichtlichen Abmahnung** ebenfalls indizielle Bedeutung.[219] Nach Abschluss eines erfolgreichen **Revisionsverfahrens** können **unbeanstandet** gebliebene Angaben regelmäßig **nicht mehr angegriffen** werden.[220]

27. Streitgenossen. s. Mehrheit von Anspruchsgegnern (→ Rn. 56–58). 72

28. Streitwertherabsetzung bzw. -minderung. In § 144 PatG, § 26 GebrMG, § 142 MarkenG, 73 § 54 DesignG und § 12 Abs. 3 UWG finden sich Sonderregelungen zur Wertberechnung. Die Streitwertherabsetzung kommt in Betracht, wenn die Kostenbelastung einer Partei aus dem vollen Streitwert für die wirtschaftlich schwache Partei untragbar erscheint. Im Wettbewerbsrecht kann das Gericht darüber hinaus gem. § 12 Abs. 3 UWG eine Streitwertminderung anordnen, wenn eine Partei glaubhaft macht, dass die Belastung mit den Prozesskosten nach dem vollen Streitwert ihre wirtschaftliche Lage erheblich gefährden würde. Teilweise wird vertreten, dass eine Streitwertbegünstigung bei Streitwerten von bis zu 10.000 EUR regelmäßig ausscheidet.[221] Wegen der weiteren Einzelheiten wird auf die Erläuterungen bei den jeweiligen Spezialgebieten verwiesen.

29. Stufenklage (§ 254). Die als einheitliche Leistungsklage anzusehende Stufenklage wird mit 74 einer einheitlichen Kostenentscheidung abgeschlossen (→ § 254 Rn. 7). Entschieden wird durch Teilurteil in den Vorbereitungsstufen und Schlussurteil in der Leistungsstufe, wobei für den **Gesamtstreitwert allein der höhere** Anspruch maßgebend ist (§ 44 GKG).[222] Der (unbezifferte) **Leistungsanspruch** ist dabei regelmäßig der **höchste Anspruch.**[223] Seine Höhe richtet sich nach hM nach den **Vorstellungen** des **Klägers bei Einleitung** des Verfahrens[224] und zwar auch dann, wenn es nicht zur Verhandlung über den Leistungsanspruch kommt oder wenn aus sonstigen Gründen der Leistungsantrag nicht mehr beziffert wird.[225] Auch die Terminsgebühr richtet sich nach dem höheren Gegenstandswert, wenn das Klagebegehren ohne Beschränkung in der Güteverhandlung erörtert worden ist.[226] Offensichtlich übertriebene Einschätzungen und Angaben, insbesondere zu Umständen, über die der Beklagte erst Auskunft erteilen soll, sollen dabei außer Betracht bleiben.[227] Hinsichtlich des Wertes der Vorbereitungsstufen: siehe Auskunft/Rechnungslegung (→ Rn. 29 ff.) und Eidesstattliche Versicherung (→ Rn. 37).

Praxishinweis: Die Verhandlungs- bzw. Erörterungsgebühr richten sich nach dem Wert derjenigen Verfahrens- 75 stufe, in der sie anfallen, was auch bei einer „steckengebliebenen" Stufenklage gelten soll.[228]

30. Unterlassungsbegehren. Die Streitwertfestsetzung bei einem wettbewerblichen Unterlassungs- 76 begehren, das immer vermögensrechtlicher Natur ist,[229] hat dem Umstand Rechnung zu tragen, dass das **Rechtsschutzziel nicht in einer Sanktion** für den oder die bereits vorliegenden, die Wiederholungsgefahr begründenden Verstöße besteht, sondern bei Unterlassungsansprüchen von **Mitbewerbern und Schutzrechtsinhabern** dahin geht, den Kläger vor **künftigen Verletzungshandlungen zu bewahren**. Das Interesse des Angreifers richtet sich daher weniger nach dem wirtschaftlichen Schaden, der durch die Zuwiderhandlung ausgelöst wurde, sondern vielmehr nach dem wirtschaftlichen Interesse an einer **Abwehr** der mit **weiteren Verstößen verbundenen Nachteile**.[230] Daher verringert schnelles Eingreifen des Verletzten durch Abmahnung oder im Wege der einstweiligen Verfügung den Angriffsfaktor nicht.[231] Der Umfang des Interesses hängt von der **Gefährlichkeit** der zu verbietenden Handlung, dem sog. **Angriffsfaktor** ab, und wird maßgeblich von der Unternehmensgröße, insbesondere den Umsätzen des Verletzten, bei Schutzrechten von deren Wert und der Wahrscheinlichkeit sowie dem Ausmaß einer zukünftigen Beeinträchtigung bestimmt.[232] Wegen der weiteren Einzelheiten wird auf die Erläuterungen zu den einzelnen Spezialgebieten verwiesen.

Bei Klagen der nach § 8 Abs. 3 Nr. 2–4 UWG genannten Verbände ist danach zu unterscheiden, 77 welche Interessen der Verband konkret wahrnimmt: Bei **Verbänden zur Förderung gewerblicher Interessen** nach § 8 Abs. 3 Nr. 2 UWG und bei den **Industrie- und Handelskammern** sowie Handwerkskammern nach § 8 Abs. 3 Nr. 4 UWG ist das Interesse des Verbandes in der Regel so zu

---

[219] OLG Hamburg BeckRS 2016, 08696.
[220] BGH BeckRS 2014, 16767.
[221] OLG Brandenburg GRUR-RS 2021, 12898 – Streitwertbegünstigung; Bespr. *Gruber* GRUR-Prax 2021, 393.
[222] Zöller/*Herget* ZPO § 3 Rn. 16.158 Stichwort: Stufenklage; Thomas/Putzo/*Hüßtege* ZPO § 3 Rn. 141.
[223] OLG Saarbrücken NJOZ 2010, 1685.
[224] Zöller/*Herget* ZPO § 3 Rn. 16.158 Stichwort: Stufenklage; OLG Naumburg NJOZ 2013, 406.
[225] OLG Naumburg NJOZ 2013, 406 mwN.
[226] OLG Köln NJW-RR 2022, 72.
[227] BGH GRUR 2012, 959 – Antimykotischer Nagellack II.
[228] OLG Saarbrücken NJOZ 2010, 1685.
[229] Teplitzky/*Feddersen* Kap. 49 Rn. 10.
[230] OLG Düsseldorf Mitt. 2010, 490 – Du sollst nicht lügen! (PatentR).
[231] OLG Hamburg 18.5.2017 – 5 W 30/17.
[232] Teplitzky/*Feddersen* Kap. 49 Rn. 12 f.

bewerten, wie das eines **gewichtigen Mitbewerbers**.[233] Bei Klagen von Verbraucherverbänden nach § 8 Abs. 3 Nr. 3 UWG ist nach allg. Meinung das satzungsmäßig wahrgenommene Interesse der Verbraucher an der Unterbindung des verfolgten Verstoßes zu schätzen (weitere Einzelheiten: → Rn. 201).[234]

78   **31. Urteilsbekanntmachung.** Der Antrag auf Urteilsveröffentlichung gemäß § 12 Abs. 2 UWG, § 19c MarkenG, § 140e PatG, 24e GebrMG, 37i SortSchG, § 47 DesignG, § 103 UrhG oder auf materiell-rechtlicher Grundlage (§ 249 oder § 1004 BGB) stellt einen eigenen Streitgegenstand dar, auch wenn er mit einer Unterlassungs- und/oder Schadensersatzklage verbunden wird.[235] Die Veröffentlichung ist Teil der Folgenbeseitigung und soll als selbstständige Rechtsfolge neben die Verpflichtung zur Unterlassung hinzutreten.[236] Ihr kommt daher ein eigener Wert zu, der mit dem Wert des Unterlassungsantrags gem. § 5 zusammenzurechnen ist.[237] Er wird jedenfalls im Gewerblichen Rechtsschutz und Urheberrecht mit einem Bruchteil des Unterlassungs- oder Ersatzanspruchs zu bewerten sein.[238]

79   **32. Vergleich.** Maßgeblich ist der Wert aller rechtshängigen und nicht rechtshängigen Ansprüche, die durch den Vergleich geregelt werden. Mitverglichene Kosten bleiben als Nebenforderungen (§ 4) unberücksichtigt.[239] Beim Kostenvergleich sind alle bis zum Vergleich entstandenen Kosten zu berücksichtigen.[240]

80   **33. Vernichtung.** Der Streitwert der Vernichtungsklage nach § 140a Abs. 1 PatG, § 24a Abs. 1 GebrMG, § 37a Abs. 1 SortSchG, § 18 Abs. 1 MarkenG, § 43 Abs. 1 DesignG und § 98 Abs. 1 UrhG hängt vom wirtschaftlichen Interesse des Klägers an der Vernichtung im Einzelfall ab. Soweit Gegenstände zu weiteren Verletzungshandlungen oder Rufschädigungen verwendet werden könnten, kann der Streitwert auch über dem Verkehrswert der Gegenstände liegen.[241]

81   **34. Veröffentlichungsbefugnis.** s. Urteilsbekanntmachung (→ Rn. 78) und Widerruf/Berichtigung (→ Rn. 83).

82   **35. Widerklage.** Die Streitwerte von Klage und der Widerklage sind entweder für die Berechnung des Gebührenstreitwerts gemäß § 45 Abs. 1 S. 1 GKG zusammenzurechnen oder es ist nur der höhere Wert maßgeblich (Abs. 1 Satz 3). Letzteres ist der Fall, wenn dasselbe Interesse („Nämlichkeit des Streitgegenstands") betroffen ist, wie dies regelmäßig bei der negativen Feststellungsklage und der Leistungswiderklage der Fall ist (weitere Einzelheiten § 5).[242]

83   **36. Widerruf bzw. Richtigstellung.** Hinsichtlich des Anspruchs auf **Richtigstellung** bzw. auf **Widerruf** unrichtiger Tatsachenbehauptungen in einer Werbung, der einen fortbestehenden rechtswidrigen Störungszustand voraussetzt und verhältnismäßig sein muss,[243] kann auf die zur Urteilsveröffentlichung geschilderten Grundsätze verwiesen werden (→ Rn. 78). Soweit es sich um Ansprüche aus dem **Persönlichkeitsrecht** in einer **Presseveröffentlichung** handelt, werden in der Rechtsprechung teilweise Streitwerte angenommen, die dem Unterlassungsstreitwert entsprechen[244] oder sogar noch darüber hinausgehen.[245] Deutlich **höher** liegen die Streitwerte bei sog. **Gegendarstellungsansprüchen**.[246]

84   **37. Zwangsmittelverfahren, Zwangsgeldandrohung.** s. Ordnungs- und Zwangsmittelverfahren (→ Rn. 66).

---

[233] BGH GRUR 1998, 958 – Verbandsinteresse; OLG Hamburg GRUR-RS 2020, 29442 – außergerichtliche Rechtsdienstleistungen; *Köhler/Bornkamm/Feddersen* UWG § 12 Rn. 4.8, 4.10.
[234] Teplitzky/*Feddersen* Kap. 49 Rn. 21 mwN.
[235] Zöller/*Herget* ZPO § 3 Rn. 16.181, Stichwort: Veröffentlichungsbefugnis.
[236] BGH GRUR 2016, 1207 – Ehrverletzender Facebookeintrag.
[237] BGH GRUR 2016, 1207 – Ehrverletzender Facebookeintrag.
[238] Harte/Henning/*Tolkmitt* UWG § 12 Rn. 670 (1/5-1/10); LG München BeckRS 2014, 05283 PatentR (1/20).
[239] MüKoZPO/*Wöstmann* ZPO § 3 Rn. 135.
[240] Thomas/Putzo/*Hüßtege* ZPO § 3 Rn. 157.
[241] *Ingerl/Rohnke* MarkenG § 18 Rn. 35.
[242] Harte/Henning/*Tolkmitt* UWG § 12 Rn. 659.
[243] vgl. zB BGH GRUR 1998, 415 – Wirtschaftsregister, KG GRUR-RR 2002, 337, zu den weiteren Voraussetzungen: Harte/Henning/*Goldmann* UWG § 8 Rn. 161 ff.
[244] LG Stuttgart BeckRS 2014, 03693; OLG Brandenburg BeckRS 2007, 13396.
[245] Mayer/Kroiß/*Nordemann-Schiffel* RVG Anh. I V. 6. Rn. 17.
[246] Mayer/Kroiß/*Nordemann-Schiffel* RVG Anh. I V. 6. Rn. 17.

C. Patentstreitsachen

I. Grundsätze der Streitwertbemessung

In Patentstreitsachen ist der Streitwert, sofern es sich nicht um bezifferte Leistungsanträge handelt, 85 vom Gericht nach *freiem* Ermessen (§ 3) bzw. *billigem* Ermessen (§ 51 Abs. 1 GKG) festzusetzen. Übereinstimmende und nicht offensichtlich unzutreffende **Angaben der Parteien** im erstinstanzlichen Verfahren zum Streitwert des Patentverletzungsverfahrens sind ein – widerlegliches – **Indiz** für den wirtschaftlichen Wert des Klagebegehrens.[247] Gebunden ist das Gericht hieran jedoch nicht.[248]

1. Unterlassungsklagen. Als in die Zukunft gerichteter Anspruch besteht das Rechtsschutzziel 86 einer Klage nach § 139 PatG nicht in einer Sanktion für die bereits erfolgten Verletzungshandlungen, sondern darin, die **zukünftige Fortsetzung** und ggf. Intensivierung dieses Verhalten zu unterbinden.[249] Maßgeblich für die Wertbemessung einer Patentverletzungsklage ist daher nicht das Interesse, das der Patentinhaber an dem Patent als solches hat, sondern dass der Beklagte die Verletzung **in Zukunft** unterlässt.[250] Für eine gesonderte, vom Streitwert der Hauptsache abweichende Festsetzung des Werts der anwaltlichen Tätigkeit des Prozessbevollmächtigten eines **Streithelfers** der Hauptpartei ist im Rechtsmittelverfahren kein Raum und zwar auch dann nicht, wenn der Streithelfer im betreffenden Rechtszug keine Anträge gestellt hat.[251]

Von Bedeutung für die Streitwertfestsetzung sind zum einen der **Marktwert** des verletzten Schutzrechts und zum anderen die Intensität der drohenden Schadens (sog. **Angriffsfaktor**).[252] **Generalpräventive Überlegungen,** nämlich die Abschreckung weiterer Nachahmer, rechtfertigen eine Erhöhung eines Streitwertes für einen Unterlassungsanspruch regelmäßig nicht.[253] Für eine Abschreckungsfunktion des Streitwertes dürfte zudem auch mit Inkrafttreten des sog. „Gesetzes gegen unseriöse Geschäftspraktiken" (BGBl. 2013 I Nr. 59) kein Raum (mehr) bestehen.

a) Marktwert des verletzten Patents. Für den Marktwert des verletzten Patents kommt es auf die 87 **wirtschaftliche Bedeutung** des Patents für den Wettbewerb an, die **Wettbewerbsposition** des Klägers und die Restlaufzeit des Patents.

aa) Bewertungsmethoden. Tatsächlich finden sich eine Reihe **anerkannter Bewertungs-** 88 **methoden** für gewerbliche Schutzrechte, wie die DIN 77100 *(„Grundsätze der monetären Patentbewertung").*[254] Typischerweise lässt sich der Wert eines Patents gerade auch an den **möglichen Lizenzeinnahmen** (Verwertungsinteresse) festmachen.[255] So ist im Recht der Arbeitnehmererfindung anerkannt, dass der **gemeine Wert** einer Erfindung nicht notwendiger Weise mit dem **Ertrag,** den der Patentinhaber aus der Herstellung und dem Vertrieb des Produktes zieht, gleichzusetzen ist (→ Rn. 127).[256] Der wirtschaftliche Wert einer Erfindung ist vielmehr der Preis, den der Markt für die wirtschaftliche Nutzung oder Nutzbarkeit des Patents erzielbar ist, mithin am besten im Wege der **Lizenzanalogie** zu ermitteln.[257] Unterhalb des sich hiernach ergebenden Betrags wird der Streitwert für den Unterlassungsantrag nicht festgesetzt werden können.[258] Der gemeine Wert eines Patentes kann im Übrigen aus beiden Komponenten bestehen, den Erträgen aus der **Eigennutzung** des Patentes *und*

---

[247] BGH GRUR 2012, 1288 – Vorausbezahlte Telefongespräche II; OLG Düsseldorf GRUR-RR 2011, 341 – Streitwertheraufsetzung II; OLG Düsseldorf NJOZ 2010, 2415 – Streitwertheraufsetzung; LG Düsseldorf BeckRS 2015, 11315; BeckOK PatR/*Voß* PatG Vorb. § 139 Rn. 223.

[248] BGH GRUR 2012, 1288 – Vorausbezahlte Telefongespräche II; OLG Düsseldorf GRUR-RR 2011, 341 – Streitwertheraufsetzung II; *Hartmann* GKG § 61 Rn. 10; *Wessing/Basar* GRUR 2012, 1215 (1216).

[249] *Kühnen* Rn. 2463.

[250] OLG Düsseldorf NJOZ 2010, 2415 – Streitwertheraufsetzung; Benkard/*Grabinski/Zülch* PatG § 139 Rn. 167.

[251] BGH NJW-RR 2016, 831.

[252] Benkard/*Grabinski/Zülch* PatG § 139 Rn. 167; Schulte/*Kühnen* PatG § 139 Rn. 304; BeckOK PatR/*Voß* PatG Vorb. § 139 Rn. 225.

[253] OLG Celle GRUR-RR 2012, 270 – Unterlassungsstreitwert; OLG Schleswig GRUR-RR 2010, 126 – Nutzung von Kartografien (beide zum UrhG); OLG Frankfurt a. M. GRUR 2005, 71 – Toile Monogram (zum MarkenG); *Kühnen* Rn. 2462; *Mes* PatG/BergMG PatG § 139 Rn. 460; BeckOK PatR/*Voß* PatG Vorb. § 139 Rn. 225; aA OLG Hamburg GRUR-RR 2004, 342 (343); 2007, 375 (376) (beide zum UrhG).

[254] Instruktiv hierzu die Übersicht über Möglichkeiten der Patentbewertungen: *EU-Report on Intellectual Property Valuation* vom 29.11.2013, abrufbar unter http://ec.europa.eu/research/innovation-union/pdf/Expert_Group_Report_on_Intellectual_Property_Valuation_IP_web_2.pdf#view=fit&pagemode=none.

[255] *Mes* PatG/GebrMG PatG § 139 Rn. 461; ebenso *Kühnen* Rn. 2471.

[256] BGH GRUR 2012, 605 (607) – Antimykotischer Nagellack I.

[257] BGH GRUR 2012, 605 (607) – Antimykotischer Nagellack I; BGH GRUR 2010, 223 (224) – Türinnenverstärkung; BGH GRUR 2002, 801 (802) – abgestuftes Getriebe (alle zum ArbEG); OLG Düsseldorf GRUR-RR 2011, 341 – Streitwertheraufsetzung II.

[258] OLG Düsseldorf GRUR-RR 2011, 341 – Streitwertheraufsetzung II (UMTS-Technik, 30 Mio. EUR), *Mes* PatG/GebrMG PatG § 139 Rn. 461.

aus möglichen **Lizenzeinnahmen**.²⁵⁹ Mögliche Gewinne eines Lizenznehmers aus der Patentnutzung sind allerdings nicht berücksichtigungsfähig.²⁶⁰

89 **bb) Bedeutung für den Wettbewerb.** Ebenso wie im Lizenzierungsgeschäft lässt sich ferner auch für den Verletzungsprozess generell festhalten, dass je mehr die geschützte Erfindung einer **Pioniererfindung** oder der Monopolisierung einer **Schlüsseltechnologie** *(key enabling technology)* nahe kommt, bzw. ein **standardessentielles Patent** darstellt, desto höher der Wert des Schutzrechtes anzusetzen ist.²⁶¹ Sind hingegen beliebig viele Abweichungen von der geschützten Lehre denkbar, die zu ebenfalls brauchbaren Leistungsergebnissen führen oder bereits geführt haben (ob ihrerseits patentgeschützt oder nicht), desto geringer ist der wirtschaftliche Wert des Klagepatents einzustufen. Hierbei sind auch bis zum Zeitpunkt der Klagerhebung ggf. patentierte **Fortentwicklungen** des Standes der Technik durch den Patentinhaber oder Dritte (mindernd) zu berücksichtigen.²⁶² Eine wirtschaftlich sinnvolle Verwendung der geschützten Erfindung in **verschiedenen Wirtschaftszweigen** *(Universaltechnologien)* wirkt dagegen werterhöhend.

90 **cc) Wettbewerbsposition des Klägers.** Die wirtschaftliche Stärke des Patentinhabers bzw. des Klägers hat zwar Einfluss auf seine eigenen **Marktverwirklichungschancen,** dh seine Fähigkeiten, selbst das Patent gewinnbringend anzuwenden.²⁶³ Aufgrund der Möglichkeit der **Patentverwertung durch Lizenzierung** dürfte der Marktwert eines Patents allerdings nicht schon deswegen als niedriger anzusehen sein, weil der Patentinhaber nur eine geringere eigene wirtschaftliche Stärke aufzuweisen vermag, denn nicht selten werden Innovationen von kleineren Einheiten auf den Weg gebracht.

91 **dd) Restlaufzeit.** Der wirtschaftliche Wert hängt ferner von der **Restlaufzeit des Klagepatents** ab.²⁶⁴ Dies zeigt sich insbesondere bei Bewertung des Marktwertes anhand der möglichen **Lizenzgebühren.** Es sind dann diejenigen Lizenzgebühren zu ermitteln, die dem Kläger zustehen, wenn die Verletzungshandlungen über die Restlaufzeit des Patents fortgesetzt würden.²⁶⁵ Allerdings ist im Rahmen der Streitwertbemessung durchaus zu berücksichtigen, dass sich mithilfe einer Lizenzanalogie regelmäßig **nur ein unterer Wert** des möglichen Schadens ergibt. Unterhalb des sich hiernach ergebenden Betrags wird der Streitwert für die auch auf Unterlassung gerichtete Klage nicht festgesetzt werden können,²⁶⁶ sehr wohl aber auch darüber.

92 Da die Laufzeit eines Patentes begrenzt ist, **sinkt** dieser Wert notgedrungen **von Instanz zu Instanz.**²⁶⁷ Wird das Klagepatent während des Rechtsstreits **wirkungslos,** kann dies keinen Einfluss auf den Streitwert haben, da nach **§ 4 Abs. 1** maßgeblich für dessen Festsetzung der Zeitpunkt der Klagerhebung bzw. Einlegung des Rechtsmittels ist (zum Nichtigkeitsverfahren → Rn. 106; → § 4 Rn. 6).²⁶⁸

93 **b) Angriffsfaktor.** Das **Ausmaß** und die **Gefährlichkeit** der Verletzungshandlung bestimmen den sog. **Angriffsfaktor.** Maßgeblich hierfür sind Art, Ausmaß und Schädlichkeit der Verletzungshandlung sowie die Intensität der Begehungs- oder Wiederholungsgefahr.²⁶⁹

94 **aa) Prognoseentscheidung.** Bei Unterlassungsbegehren handelt es sich um einen in die Zukunft gerichteten Anspruch, so dass die Bestimmung des Angriffsfaktors eine **Prognoseentscheidung** darstellt.²⁷⁰ Die Prognose gilt zum einen dem **Wert des Schutzrechts** unter Berücksichtigung der Bedeutung seines Gegenstands und der noch verbleibenden Laufzeit, zum anderen der Einschätzung, inwieweit die Realisierung dieses Werts durch den Verletzer in Zukunft gefährdet werden könnte. Der bereits erlittene Schaden des Rechteinhabers oder die vom Verletzer durch die Benutzung des fremden Rechts erzielten **Umsätze** können hierzu indiziell berücksichtigt werden.²⁷¹ Wegen der im Patentrecht üblichen Umsatzlizenz lässt sich hieraus durchaus ein Wert der Verletzungshandlungen ableiten,

---

²⁵⁹ Vgl. *Schulte* PatG PatKostG § 2 Rn. 36.
²⁶⁰ *Schulte* PatG PatKostG § 2 Rn. 36.
²⁶¹ Vgl. OLG Düsseldorf GRUR-RR 2011, 341 – Streitwertheraufsetzung II (UMTS-Technik, 30 Mio. EUR); BGH GRUR 2021, 1105 Rn. 16 – Nichtigkeitsstreitwert III (1,5 Mio. EUR).
²⁶² Benkard/*Grabinski*/*Zülch* PatG § 139 Rn. 167 mwN.
²⁶³ OLG Düsseldorf GRUR-RR 2011, 341 – Streitwertheraufsetzung II; *Mes* PatG/GebrMG PatG § 139 Rn. 459.
²⁶⁴ BGH GRUR 2014, 206 (207) – Einkaufskühltasche (zum GebrMG); OLG Düsseldorf GRUR-RR 2011, 341 – Streitwertheraufsetzung II; LG Düsseldorf BeckRS 2015, 11315; Schulte/*Kühnen* PatG § 139 Rn. 304; Benkard/ *Grabinski*/*Zülch* PatG § 139 Rn. 167.
²⁶⁵ OLG Düsseldorf GRUR-RR 2011, 341 – Streitwertheraufsetzung II; *Mes* PatG/GebrMG PatG § 139 Rn. 459; BeckOK PatR/*Voß* PatG § 139 Rn. 225.
²⁶⁶ OLG Düsseldorf GRUR-RR 2011, 341 – Streitwertheraufsetzung II; OLG Düsseldorf NJOZ 2010, 2415 – Streitwertheraufsetzung; Kühnen Patentverletzung-HdB Rn. 2471; BeckOK PatR/*Voß* PatG Vorb. § 139 Rn. 225.
²⁶⁷ Benkard/*Grabinski*/*Zülch* PatG § 139 Rn. 168.
²⁶⁸ Auf die Umwandlung des Unterlassungsanspruchs in einen – meist wertmäßig gleichwertigen – Schadensersatzanspruch abstellend: *Kühnen* Rn. 2469; Schneider/Herget/*Onderka*, Streitwert-Kommentar, Rn. 2804.
²⁶⁹ *Kühnen* Rn. 2463.
²⁷⁰ BGH GRUR 2014, 206 (207) – Einkaufskühltasche (zum GebrMG).
²⁷¹ Benkard/*Grabinski*/*Zülch* PatG § 139 Rn. 167.

auch wenn im Ergebnis allein der Wert des durch die begehrte Unterlassungsverpflichtung verhinderten zukünftigen Schadens entscheidend ist.[272] Weiter können – wiederum indiziell – Art und Umfang von Vorbereitungshandlungen und ggf. die eigenen Ankündigungen des Verletzers vor Unterbindung zur Abschätzung des Angriffsfaktors herangezogen werden.[273] Da es sich bei der wortsinngemäßen Patentverletzung und einer Äquivalenzverletzung regelmäßig um einen einheitlichen Streitgegenstand handelt,[274] ist eine Differenzierung im Angriffsfaktor im Zweifel nicht angezeigt.

95 Dagegen ist ein **schnelles Eingreifen** des Verletzten durch Abmahnung und im Wege einstweiligen Rechtsschutzes nicht geeignet, den Angriffsfaktor zu vermindern.[275] Die Tatsache, dass der Verletzer in Folge der Klageerhebung die Verletzungen einstellt, hat nämlich keinerlei Einfluss auf sein Verletzungspotential, dem der Schutzrechtsinhaber durch Einreichung der Unterlassungsklage (letztlich mit Erfolg) entgegengetreten ist.[276] Ein anderes kann allerdings dann gelten, wenn sich der Lieferant des Verletzers **bereits unterworfen** hatte, da einer drohenden Fortsetzung der Schädigungshandlung damit schon weitgehend der Boden entzogen war.[277] Folgt eine Unterwerfung erst nach Zustellung der einstweiligen Verfügung, kann sich dies wegen § 4 Abs. 1 ZPO naturgemäß nicht mehr mindernd auswirken.[278] Streitwertermäßigend kann ggf. berücksichtigt werden, wenn sich der Verletzer vorprozessual **ohne Strafbewehrung** unterworfen hat.[279]

96 **bb) Die einzelnen Faktoren.** Der Angriffsfaktor kann im Einzelfall durch eine Vielzahl von Faktoren des Einzelfalls beeinflusst werden. Von Gewicht ist die **Intensität** der Patentverletzung selbst. Die Intensität ist anhand von Art und Ausmaß der **bereits erfolgten Schädigungshandlungen** als Indiz und der Intensität der **Begehungs- und Wiederholungsgefahr** zu bestimmen.[280]

97 Relevant sind hier zum einen die **wirtschaftlichen Verhältnisse des Klägers,** wie dessen Umsatz, Größe und Marktstellung, die Anhaltspunkte für die Größe des drohenden Schadens geben können.[281] Zum anderen beeinflusst naturgemäß auch die **wirtschaftliche Stärke des Verletzers** den Angriffsfaktor.[282] Dazu gehört, dass Art und Umfang der bisherigen wirtschaftlichen Tätigkeit des Verletzers, vorhandene **betriebliche Einrichtungen** und **Handelsbeziehungen, personelle Ausstattung** sowie seine **Finanzkraft** Anhaltspunkte dafür bieten, welche Benutzungshandlungen künftig zu erwarten sind.[283] Auch Art und Umfang der **Vorbereitungshandlungen** und ggf. die **eigenen Ankündigungen** des Verletzers können Aufschluss über die Höhe des Angriffsfaktors geben.[284] Allerdings schließen nur begrenzte erzielte (oder zukünftig erzielbare) Umsätze des Verletzers nicht aus, eine höhere Streitwertfestsetzung zu rechtfertigen, da die beeinträchtigende Wirkung weit über dem Verletzerinteresse liegen kann.[285]

98 Auch die **subjektive Qualität** des Verletzerhandelns beeinflusst den Angriffsfaktor.[286] So ist vorsätzliches oder systematisches Handeln **streitwerterhöhend** zu berücksichtigen.[287] Die Gefährlichkeit des Angriffs ist regelmäßig bei (erwiesen) wahrheitswidriger Leugnung begangener Handlungen, **Verschleierungsmaßnahmen,** Verschiebung von Verletzungsgegenständen an Dritte zur Erschwerung der Unterbindung, **Vortäuschung** von Unterwerfungsbereitschaft zur Verschleppung, **Fortsetzung** oder sogar Steigerung der Verletzung nach Abmahnung zur Vereitelung des Zugriffs höher zu bemessen.[288]

---

[272] BGH GRUR 2014, 206 (207) – Einkaufskühltasche (zum GebrMG); OLG Düsseldorf GRUR-RR 2013, 156 (159) – Polohemden (zum MarkenG).
[273] vgl. zum MarkenR: *Ingerl/Rohnke* MarkenG § 142 Rn. 8.
[274] OLG Düsseldorf GRUR-RS 2021, 6714 Rn. 110.
[275] LG München BeckRS 2012, 19283; vgl. auch OLG Hamburg MD 2000, 597 (602) – Doppelherz (zum MarkenG).
[276] LG München BeckRS 2012, 19283.
[277] OLG Hamburg GRUR-RR 2006, 392 – Docking Stations (nur noch 20.000 EUR für den Händler statt ursprünglich 250.000 EUR für den Lieferanten).
[278] LG München I BeckRS 2012, 19283; *Büscher/Dittmer/Schiwy/Hirsch* Kap. 18 Rn. 41.
[279] OLG Frankfurt a. M. BeckRS 2015, 06317 (zum MarkenG); offengelassen OLG Hamburg GRUR-RS 2015, 20255 (zum UrhG).
[280] BGH GRUR 2014, 206 (207) – Einkaufskühltasche (zum GebrMG); LG Düsseldorf BeckRS 2012, 10330; OLG Düsseldorf GRUR 1950, 432; *Benkard/Grabinski/Zülch* PatG § 139 Rn. 167.
[281] *Kühnen* Rn. 2463.
[282] OLG Düsseldorf GRUR-RR 2011, 341 – Streitwertheraufsetzung II; OLG Karlsruhe GRUR 1966, 691 (zum GeschmMG); vgl. auch *Ströbele/Hacker* MarkenG § 142 Rn. 2; *Fezer* Markenrecht § 142 Rn. 5 (beide zum MarkenG).
[283] BGH GRUR 2014, 206 (207) – Einkaufskühltasche (zum GebrMG); BGH GRUR 2013, 1067 (1068) – Beschwer des Unterlassungsschuldners (zum UWG).
[284] *Ingerl/Rohnke* MarkenG § 142 Rn. 8 (zum MarkenG).
[285] *Ingerl/Rohnke* MarkenG § 142 Rn. 8.
[286] BGH GRUR 2014, 206 (207) – Einkaufskühltasche (zum GebrMG); BGH GRUR 2013, 1067 (1068) – Beschwer des Unterlassungsschuldners (zum UWG); OLG Hamburg – 5 W 26/14 (zum MarkenG).
[287] OLG Hamburg – 5 W 26/14; *Ingerl/Rohnke* MarkenG § 142 Rn. 8 (beide zum MarkenG).
[288] *Ingerl/Rohnke* MarkenG § 142 Rn. 8 zum MarkenG.

99   Werden Ausführungsformen über das **Internet** beworben, erhöht dies zumindest dann den Angriffsfaktor, wenn es sich um Produkte handelt, die typischerweise auch über diesen Vertriebsweg beworben und bezogen werden.[289] Bei Angeboten über Internetauktionsplattformen, wie eBay, hat der Nutzer eine einfache Möglichkeit, einen Artikel erneut anzubieten. Dies muss jedoch nicht mit einem drohenden Schaden von besonderer Erheblichkeit gleichbedeutend sein.[290] Vielmehr kann, wenn es sich herausstellt, dass die Verletzungshandlung ein **einmaliger Einzelfall** bleiben wird, auch ein deutlich niedrigerer – patentrechtsunüblicher – Streitwert angemessen sein.[291] Werden **mehrere Beklagte**, etwa eine juristische Person und ihr Organ, in Anspruch genommen, handelt es sich gebührenrechtlich nicht um denselben Gegenstand der anwaltlichen Tätigkeit, so dass der Streitwert sich erhöht (→ Rn. 57).[292] Dies gilt für Anträge auf Unterlassung nebst Annexansprüchen mit Ausnahme des (einheitlichen) Vernichtungsanspruchs und des Schadensersatzfeststellungsanspruchs.[293] Werden zwei Parteien auf Passivseite gleichwertig in Anspruch genommen, sind die Streitwerte zu addieren, § 39 GKG. Wird das Verfahren gegen einen abgetrennt, ist in Ermangelung anderer Hinweise der Streitwert entsprechend zu halbieren.[294]

100 Bei Erzeugnissen oder Anlagen, die sich verschiedener Erfindungen neben dem verletzten Patent bedienen, ist abzugrenzen, welcher **Teil des Umsatzes** gerade auf der Schutzrechtsverletzung beruht.[295] Wenn die Erfindung letztlich nur eine **Detailverbesserung** darstellt und keine wesentlichen Verbesserungen im Vergleich zum Stand der Technik bereitstellt, ist der Wert der streitgegenständlichen Patentverletzung niedriger zu bemessen.[296] Allerdings ist hierbei über die rein technischen Relationen wertmäßig zu berücksichtigen, ob und inwieweit die **erfindungsgemäße Ausgestaltung** oder die damit unmittelbar oder mittelbar verbundenen technischen oder wirtschaftlichen Vorteile für die Abnehmer des Patentverletzers **erkennbar waren** oder ihnen gegenüber sogar **werblich herausgestellt** wurden.[297]

101 **2. Annexansprüche.** Die Wertbemessung von **Auskunftsanträgen** hängt zunächst vom wirtschaftlichen Interesse des Klägers an der Erfüllung der Auskunftspflicht im jeweiligen Einzelfall ab (→ Rn. 29).[298] Der Auskunftsanspruch wird in Prozessen des Gewerblichen Rechtsschutzes regelmäßig als **Hilfsanspruch** zur Ermöglichung der Bezifferung des Schadensersatzes geltend gemacht, weshalb sein Wert als ein **Bruchteil** des Wertes des Anspruchs zu bemessen ist, dessen Geltendmachung er vorbereiten soll. **Annexansprüche** auf Auskunft und Rechnungslegung sowie Schadensersatzfeststellung sind regelmäßig mit **10–20 % des Unterlassungsanspruchs** zu bewerten,[299] vereinzelt auch bis 30 %.[300] Dabei ist der **Rechnungslegungsanspruch** wegen seiner Bedeutung für die Bezifferung des Schadensersatzes in jedem Fall höher anzusetzen als der Auskunftsanspruch; auch der Ansatz des Doppelten erscheint gerechtfertigt.[301]

102 Werden mit der Klage außerdem Ansprüche auf Rechnungslegung, Entschädigung und Schadensersatz geltend gemacht, so ist der in der Vergangenheit (bis zur Einreichung der Klage) bereits entstandene Kompensationsanspruch überschlägig zu schätzen und der entsprechende Betrag dem Streitwert für den Unterlassungsanspruch hinzuzurechnen, um einen Gesamtstreitwert zu bilden.[302] Dient die Auskunft der Vorbereitung einer **Beseitigung,** so ist ein angemessener Bruchteil des Streitwerts der Beseitigungsklage anzusetzen (→ Rn. 34).[303] Für den **Rückruf- und Entfernungsanspruch**

---

[289] LG Düsseldorf BeckRS 2012, 10330 (betr. Feuerlöscher).
[290] BGH GRUR 2014, 206 (208) – Einkaufskühltasche (zum GebrMG).
[291] BGH GRUR 2014, 206 (208) – Einkaufskühltasche (zum GebrMG): 10.000,–.
[292] BGH GRUR-RR 2008, 460 (461) – Tätigkeitsgegenstand; OLG Düsseldorf BeckRS 2013, 17055; OLG Hamburg NJOZ 2013, 2118 (2119) (zum UWG; Abschlag iHv 50 %).
[293] BGH GRUR-RR 2008, 460 (461) – Tätigkeitsgegenstand; OLG Düsseldorf BeckRS 2013, 17055; BeckOK PatR/*Voß* PatG Vorb. § 139 Rn. 235.
[294] LG Hamburg GRUR-RS 2021, 6494 Rn. 41.
[295] Vgl. OLG Düsseldorf BeckRS 2015, 15032 (Rauchgasanlage als Teil einer Müllverbrennungsanlage); BGH GRUR 1982, 301 – Kunststoffhohlprofil II; BGH GRUR 2012, 605 (607) – Antimykotischer Nagellack (zum ArbEG); Benkard/*Grabinski*/*Zülch* PatG § 139 Rn. 167.
[296] OLG Düsseldorf BeckRS 2013, 11915.
[297] BGH GRUR 2013, 1212 (1213) – Kabelschloss.
[298] Teplitzky/*Feddersen* Kap. 49 Rn. 37a.
[299] OLG Hamburg BeckRS 2013, 11573 (Annexansprüche insgesamt 20 % des Unterlassungsanspruchs); OLG Hamburg BeckRS 2012, 20302– Sandmalkasten (jeweils 10 %); LG Düsseldorf BeckRS 2012, 22338 (Auskunft 30 % und Schadensersatzfeststellung 20 % des Unterlassungsantrages); OLG Braunschweig BeckRS 2011, 14087 (15 % der Unterlassungsklage); OLG Hamburg BeckRS 2008, 02754 (jeweils 10 % des Unterlassungsanspruchs); OLG Köln BeckRS 1999, 30064225 (Erfinderberühmung, Auskunft 10 %, Schadensersatzfeststellung etwa 5 % des Unterlassungsbegehrens); Teplitzky/*Feddersen* Kap. 49 Rn. 37.
[300] LG Düsseldorf BeckRS 2012, 22338 (Auskunft 30 % und Schadensersatzfeststellung 20 % des Unterlassungsantrages).
[301] OLG Düsseldorf BeckRS 2013, 204449; vgl. auch *Köhler*/*Bornkamm*/*Köhler*/*Feddersen* UWG § 12 Rn. 5.14; Harte/Hennig/*Retzer* UWG § 12 Rn. 880; BeckOK PatR/*Voß* PatG Vorb. § 139 Rn. 227.
[302] OLG Düsseldorf BeckRS 2010, 19459; *Mes* PatG § 139 Rn. 483.
[303] Teplitzky/*Feddersen* Kap. 49 Rn. 39.

ist auf Klägerseite von Bedeutung, welches Interesse er an dem Rückruf bzw. der Entfernung hat. Abgestellt werden kann darauf, wie sehr der Kläger auf diese Handlungen angewiesen ist, um seinen Vernichtungsanspruch durchzusetzen (→ Rn. 68).[304] Hinsichtlich der weiteren Einzelheiten kann auf die Ausführungen im allgemeinen Teil verwiesen werden.

3. Feststellungsklagen. Sofern eine **negative Feststellungsklage** (§ 256) darauf gerichtet ist, die **Nichtverletzung** eines Patents festzustellen, entspricht der Wert dieser Klage der einer Unterlassungsklage umgekehrten Rubrums.[305] Sie kann entsprechend erhebliche Summen erreichen.[306] Bei einer **positiven Feststellungsklage,** zB hinsichtlich einer Entschädigungs- bzw. Schadenersatzpflicht, ist ein Abschlag von 1/5 gegenüber dem Wert einer entsprechenden Leistungsklage zu machen.[307] Bei einer Klage auf Unterlassung von **Schutzrechtsverwarnungen** richtet sich der Streitwert danach, wie stark Produktion und Vertrieb des Klägers während der Laufzeit des Schutzrechts durch die Verwarnung gefährdet erscheinen.[308]

Dagegen ist für negative Feststellungsklagen wegen irreführender (und damit wettbewerbswidriger) **Patentberühmung** ein eigener Wert zu ermitteln, der sich am Streitwertgefüge des Wettbewerbsrechts orientiert, allerdings unter Berücksichtigung der potentiellen Schlagkraft des Schutzrechts, auf das sich die Berühmung stützt. Die Streitwerte sind gegenüber gewöhnlichen Irreführungsfällen schon deswegen erhöht, weil mit einer Patentberühmung der Werbende das Bestehen eines Ausschließlichkeitsrechts und eine neue, besondere technologische Leistung zum Ausdruck bringt.[309]

4. Einspruchs- und Nichtigkeitsverfahren. a) Einspruchsverfahren. Im **Einspruchsverfahren** vor dem DPMA (§ 59 PatG) hat die Streitwertfestsetzung nur geringe Bedeutung, da jeder Beteiligte grundsätzlich die ihm entstandenen Kosten selbst zu tragen hat und amtsseitig nur Festgebühren anfallen, § 2 Abs. 1 PatKostG.[310] Einer Streitwertfestsetzung bedarf es daher nicht. Allerdings kann auf Antrag der Gegenstandswert für die **Rechtsanwalts- bzw. Patentanwaltsvergütung** festgesetzt werden (§§ 23, 33 RVG), wobei das GKG entsprechend anzuwenden ist (§ 2 Abs. 2 S. 4 PatKostG). Ausnahmsweise können zudem Billigkeitsgesichtspunkte gebieten, die Kosten ganz oder teilweise einem Verfahrensbeteiligten aufzuerlegen, was aber nur für diejenigen Kosten gilt, die durch eine Anhörung oder Beweisaufnahme verursacht sind (§ 62 Abs. 1 S. 1) bzw. für die Einspruchsgebühr nach dem PatKostG (§ 62 Abs. 1 S. 3).[311] Die Beweisaufnahme erfordert keine förmliche Beweisanordnung und ist inhaltlich auch nicht auf die klassischen Beweismittel beschränkt; es genügt jede Sachaufklärung zu Beweiszwecken.[312] Zu der Bemessung des **Schwierigkeitsgrades** nach Nr. 2300 RVG siehe BPatG BeckRS 2012, 13671.

b) Nichtigkeitsklage. Für das **Nichtigkeitsverfahren** vor dem BPatG (§ 81 PatG) ist ein Streitwert festzusetzen, §§ 2 Abs. 2 PatKostG, 63 GKG. Er ist vom Gericht nach § 51 Abs. 1 GKG nach billigem Ermessen zu bestimmen und hat sich an dem wirtschaftlichen Interesse der Allgemeinheit an der Vernichtung des angegriffenen Patents für die restliche Laufzeit zu orientieren.[313] Nach der stRspr des BGH ist grundsätzlich der **gemeine Wert des Patents** bei Erhebung der Klage bzw. der Einlegung der Berufung **zuzüglich** des Betrags der bis dahin entstandenen **Schadensersatzforderungen** für die Streitwertbemessung maßgeblich.[314] Wertänderungen, die sich nach Klageerhebung des Rechtsmittels ergeben haben, bleiben grundsätzlich außer Betracht, solange sie nicht zurückwirken.[315] Ausgehend von dieser Rechtsprechung ist zu differenzieren:

Ist ein Verletzungsverfahren anhängig, aber zu diesem Zeitpunkt – wie so oft – über die streitige Höhe des wegen Verletzung des Streitpatents bereits entstandenen Schadens noch keine abschließende gerichtliche Entscheidung ergangen, entspricht es nach der Rechtsprechung des BGH regelmäßig billigem Ermessen, **den bezifferten Betrag der Schadensersatzforderung** in voller Höhe in die

---

[304] BeckOK PatR/*Voß* PatG Vorb. § 139 Rn. 227.
[305] BGH BeckRS 2004, 04908 (zum Pachtrecht); KG BeckRS 2008, 23352 mwN (zum Urheberrecht); BeckOK PatR/*Voß* PatG Vorb. § 139 Rn. 226.
[306] Vgl. BGH GRUR 2015, 304 (30 Mio. EUR für Feststellungsklage und -widerklage im Zusammenhang mit der Einräumung von Lizenzen an Halbleiterpatenten); OLG Dresden BeckRS 2016, 11788 (200.000 EUR).
[307] BGH NJW-RR 1999, 362.
[308] Schneider/Herget/*Onderka*, Streitwert-Kommentar, Rn. 2818.
[309] OLG Hamburg WRP 2014, 993 (Ls.) (patentiertes Anschlussteil einer Teichpumpe, unzulässig weitgehende Berühmung, allerdings nur im Fließtext eines Online-Kataloges, 30.000 EUR).
[310] *Schulte* PatG PatKostG § 2 Rn. 1; *Mes* PatG/GebrMG PatG § 62 Rn. 1; Busse/*Engels* PatG § 62 Rn. 4.
[311] *Mes* PatG/GebrMG PatG § 62 Rn. 1.
[312] *Mes* PatG/GebrMG PatG § 62 Rn. 7; BeckOK PatR/*Kubis* PatG § 80 Rn. 15.
[313] BPatG BeckRS 2013, 01838; krit. v. Rospatt/*Timmann* GRUR 2021, 338.
[314] BGH GRUR 2013, 1287 – Nichtigkeitsstreitwert II (auch zu unterschiedlichen Quoten bei subjektiver Klagehäufung); BGH GRUR 2011, 757 – Nichtigkeitsstreitwert; BGH GRUR 2009, 1100 – Druckmaschinen-Temperierungssystem III; BGH GRUR 2007, 175 – Sachverständigenentschädigung IV; BPatG BeckRS 2013, 01838; ebenso im Verfahren nach dem GebrMG, vgl. BPatG BeckRS 2012, 13671; Busse/*Keukenschrijver* PatG § 84 Rn. 57 und GebrMG § 17 Rn. 57; krit. v. Rospatt/*Timmann* GRUR 2021, 338.
[315] BGH GRUR 2022, 432 Rn. 15 – Nichtigkeitsstreitwert IV.

Wertbestimmung einzustellen, mithin auf den **Streitwert des Verletzungsverfahrens** abzustellen.[316] Denn dieses beziffert regelmäßig das Interesse des Nichtigkeitsklägers an der erstrebten Vernichtung des Streitpatents, mit der der Patentverletzungsklage die Grundlage entzogen werden soll und zwar unabhängig von der materiellen Berechtigung der Klaganspruche, über die im Verletzungsverfahren zu entscheiden ist.[317] Da damit jedoch in der Regel insbesondere noch nicht das **Interesse der Eigennutzung** des Streitpatents durch den Patentinhaber berücksichtigt ist, geht der BGH (und darauf aufbauend auch das BPatG) in seiner Rechtsprechung hierfür von einem **Zuschlag von 25 %** auf den Verletzungsstreitwert aus,[318] jedenfalls sofern hierzu Vortrag erfolgt ist.[319] Der Umstand, dass es sich um ein standard-essentielles Patent handelt, führt im Nichtigkeitsverfahren nicht zu einer weiteren Erhöhung.[320] Hinsichtlich der **Anwaltsgebühren** kann jedoch zwischen einzelnen Klägern differenziert werden, wenn sie das Patent in unterschiedlichem Umfang angegriffen haben.[321]

108 Ist *kein* Verletzungsverfahren anhängig, wird das Allgemeininteresse vom BPatG mit den von der Anzahl aller Konkurrenten während der Laufzeit des Gebrauchsmusters fiktiv aufzubringenden bzw. durch die Löschung ersparten **Lizenzzahlungen** gleichgesetzt, also mit dem Betrag, der sich aus der Multiplikation des einschlägigen Lizenzsatzes mit dem in Deutschland erzielten bzw. zu erwartenden Gesamtumsatz und der Restlaufzeit in Jahren ergibt.[322] Hierfür ist jedoch entsprechender, substantiierter Parteivortrag erforderlich.

109 **5. Besonderheiten im einstweiligen Verfügungsverfahren.** Gem. § 53 Abs. 1 Nr. 1 GKG bestimmt sich der Wert über einen Antrag auf Anordnung, Abänderung oder Aufhebung eines Arrestes oder einer einstweiligen Verfügung, soweit nichts anderes bestimmt ist, ebenfalls nach § 3. Es gelten die allgemeinen Grundsätze. Das Maß der Bewertung ist daher grundsätzlich **das Interesse des Angreifers,** also das des Antragstellers an der **vorläufigen Sicherung** seines Anspruchs. In Prozessen des Gewerblichen Rechtsschutzes steht dabei die **Unterlassungsverfügung** im Vordergrund.

110 Die Bemessung des Streitwertes einer Unterlassungsverfügung im Gewerblichen Rechtsschutz ist im Einzelnen **streitig und uneinheitlich**.[323] Im Patentrecht wird jedoch überwiegend die Auffassung vertreten, dass der Streitwert regelmäßig **niedriger anzusetzen** ist als im Hauptsacheverfahren, da die einstweilige Verfügung nur zur vorläufigen Sicherung des Anspruchs gerichtet ist.[324] In der bisherigen Gerichtspraxis sind teilweise **Abschläge von 1/4 bis 1/3** zwischen Hauptsache- und einstweiligem Verfügungsverfahren vorgenommen worden.[325] Die in anderen Bereichen des Gewerblichen Rechtsschutzes praktizierte wertmäßige Gleichstellung des Verfügungsverfahrens mit dem Hauptsacheverfahren, wenn sich der Rechtsstreit bereits mit dem Verfügungsverfahren erledigen lässt,[326] scheitert im Patentrecht regelmäßig an der fehlenden Prognostizierbarkeit der schnellen Befriedigung.[327] Wegen **§ 51 Abs. 4 GKG nF** ist nunmehr ohnehin in Streitigkeiten des Gewerblichen Rechtsschutzes „in der Regel" der Streitwert gegenüber der Hauptsache zu ermäßigen. Diese Vorschrift bezieht sich durch die Bezugnahme auf die Absätze 2 und 3 systematisch allein auf Wettbewerbssachen und Sachen des Geheimnisschutzes. Allerdings ist im einstweiligen Verfügungsverfahren nach allgemeinen Grundsätzen regelmäßig eine angemessene Reduzierung des in einem Hauptsacheverfahren anzusetzenden Streitwerts vorzunehmen, um dem Charakter dieses Verfahrens hinreichend Rechnung zu tragen.[328] Keine wertmäßige Differenzierung erscheint angezeigt, soweit mithilfe einer einstweiligen Verfügung ein **Auskunftsanspruch** (§ 140b Abs. 7 PatG) geltend gemacht wird;[329] die Wertigkeit dürfte identisch sein.

---

[316] BGH GRUR 2011, 757 – Nichtigkeitsstreitwert; BGH GRUR 2009, 1100 – Druckmaschinen-Temperierungssystem III.
[317] BPatG GRUR 2014, 1135 (1136) – Zwischenwirbelimplantat; BPatG BeckRS 2013, 04566; zust. Benkard PatG § 84 Rn. 48; anders noch BPatG BeckRS 2012, 02768.
[318] BGH GRUR 2021, 1105 Rn. 11 – Nichtigkeitsstreitwert III; BGH GRUR 2011, 757 – Nichtigkeitsstreitwert; BPatG BeckRS 2014, 02595; 2013, 14908; ebenso im Verfahren nach dem GebrMG: vgl. BPatG BeckRS 2012, 19061.
[319] BPatG BeckRS 2013, 04566.
[320] BGH GRUR 2021, 1105 Rn. 12 – Nichtigkeitsstreitwert III (aber für die Wertermittlung des Verletzungsverfahrens).
[321] BGH BeckRS 2014, 04696.
[322] vgl. BPatG BeckRS 2014, 13852 (zum GebrMG).
[323] vgl. Mayer/Kroiß/*Nordemann-Schiffel* RVG Anhang I. V.1 Rn. 6; *Teplitzky* (10. Auflage) Kap. 49 Rn. 25–29 mwN (zum UWG); *Köhler/Bornkamm/Feddersen* UWG § 12 Rn. 5.12.
[324] *Kühnen* Rn. 2478; Benkard/*Grabinski/Zülch* PatG § 139 Rn. 168; Büscher/Dittmer/Schiwy/*Hirsch* Kap. 18 Rn. 4; vgl. zum UWG: Teplitzky/*Feddersen* Kap. 49 Rn. 25; KG BeckRS 2005, 01146.
[325] *Kühnen* Rn. 2478; Benkard/*Grabinski/Zülch* PatG § 139 Rn. 168.
[326] Vgl. OLG Rostock GRUR-RR 2009, 39 – Moonlight (zum Urheberrecht); zum UWG: Rspr.-Übersicht bei Harte/Henning/*Retzer* UWG § 12 Rn. 844–862.
[327] Ebenso KG BeckRS 2005, 01146 (zum UWG).
[328] OLG Hamburg GRUR-RS 2020, 56130 Rn. 3.
[329] KG GRUR 1992, 611 (zum WZG); *Ströble/Hacker* MarkenG § 19 Rn. 48; *Ingerl/Rohnke* MarkenG § 19 Rn. 48.

II. Streitwertgefüge

Regelstreitwerte sind in Patentstreitsachen **unvereinbar** mit § 3 und § 51 GKG.[330] Die Bemessung des Streitwertes einer Unterlassungsklage bleibt vielmehr stets Sache des Einzelfalls. Ein einheitliches **Streitwertgefüge** besteht angesichts der Unterschiedlichkeit der wirtschaftlichen Bedeutung von Patenten und der vom Einzelfall abhängigen Bewertung des Angriffsfaktors nicht. Ein nur in der Schublade liegendes Patent mag wenig wert sein. Durch den Vorwurf der Patentverletzung **manifestiert** sich jedoch das offenbare Bestehen eines wirtschaftlichen **Marktwerts** der Erfindung.[331] Schon aus diesem Grunde sind Streitwerte unterhalb von **50.000 EUR** ungewöhnlich und unterhalb von **100.000 EUR** selten.[332] 111

Regelmäßig rechtfertigen schon einfache, nutzbare Erfindungen mit einer Restlaufzeit des Schutzrechts von mehr als 5 Jahren bereits Streitwerte einer Unterlassungsklage im Bereich von **250.000 EUR**,[333] **500.000 EUR**[334] oder auch **deutlich darüber**[335]. Erfindungen, die **Schlüsseltechnologien** darstellen und bereits wirtschaftlich verwendet werden oder gar standardessentiell sind, erreichen noch sehr viel höhere Werte. Werden sie noch dazu von marktstarken Unternehmen gehalten und angewandt, sind – abhängig von Restlaufzeit und Angriffsfaktor – leicht Streitwerte in **Millionenhöhe** anzusetzen, wie etwa im Bereich **Computertechnik**,[336] **Halbleitertechnik**,[337] **Mobilfunk**[338] oder **Pharmazie**[339]. 112

Auch bei **mittelbaren Patentverletzungen** gelten die allgemeinen Maßstäbe, wobei der Angriffsfaktor naturgemäß unterhalb der unmittelbaren Patentverletzung einzuordnen ist.[340] Allerdings kann auch hier die Marktstärke des Verletzers zu Streitwerten in Millionenhöhe führen.[341] 113

III. Streitwertherabsetzung, § 144 PatG

1. Allgemeines. § 144 PatG eröffnet die Möglichkeit, unter Beibehaltung des Streitwertes den **Gebührenstreitwert** in allen Patentstreitsachen herabzusetzen (vgl. auch § 51 Abs. 5 GKG). Die Vorschrift bezweckt den Schutz der wirtschaftlich Schwächeren vor dem Kostenrisiko eines Patentprozesses mit hohem Streitwert.[342] Der Schwächere soll den Prozess mit einem seinen wirtschaftlichen Verhältnissen **angepassten Streitwert** führen können und so davor bewahrt werden, sein Recht gegenüber dem wirtschaftlich Stärkeren nicht ausreichend geltend machen zu können; die Vorschrift dient darum der **Waffengleichheit**.[343] 114

---

[330] Vgl. allerdings auf die Kasuistik verweisend Büscher/Dittmer/Schiwy/*Hirsch* Kap. 18 Rn. 7; zum UWG: Teplitzky/*Feddersen* Kap. 49 Rn. 17 mwN;.

[331] Vgl. zum Urheberrecht: BGH GRUR 2007, 139 Rn. 12 – Rücktritt des Finanzministers.

[332] Vgl. auch Mayer/Kroiß/*Nordemann-Schiffel* RVG Anhang I. V.1 Rn. 5.

[333] Beispielsweise BGH BeckRS 2016, 11738 (Verfahrens- und Erzeugnispatent für Wand-/Deckenbaufertigteil, 280.000 EUR); BGH GRUR 2014, 852 – Begrenzungsanschlag (375.000 EUR für Beschwerdeverfahren, Äquivalenzverletzung, Restlaufzeit erstinstanzlich 16 Jahre, im Beschwerdeverfahren noch 2 Jahre); OLG Düsseldorf BeckRS 2014, 05734 (Erdbearbeitungsgerät, Restlaufzeit 7 Jahre); OLG Düsseldorf BeckRS 2014, 05732 (Polklemme, Restlaufzeit 8 Jahre); OLG Düsseldorf BeckRS 2014, 04507 (Schweißextruder, Restlaufzeit 18 Jahre); OLG Düsseldorf BeckRS 2013, 18746 (Behälterwalze, Restlaufzeit 10 Jahre); OLG Düsseldorf GRUR-RS 2021, 7737 (Abstreifeinheit für Stempelhalter, Restlaufzeit 6 Jahre); OLG Düsseldorf GRUR-RS 2021, 6721 (Infusionsvorrichtung, Restlaufzeit weniger als 1 Jahr, 300 TEUR).

[334] OLG Düsseldorf BeckRS 2013, 12504 (Chipkarte, Restlaufzeit ca. 6 Jahre); OLG Düsseldorf GRUR-RS 2021, 6714 (Stellglied, Restlaufzeit 4 Jahre, 400 TEUR); OLG Düsseldorf GRUR-RS 2020, 37856 (Bauplatte, Restlaufzeit 6 Jahre, 500 TEUR); LG Düsseldorf GRUR-RS 2020, 44238 (Stiftaufbau, Restlaufzeit 10 Jahre, 500 TEUR).

[335] OLG Düsseldorf BeckRS 2001, 30179973 – Blasfolie (2 Mio. EUR); OLG Düsseldorf GRUR-RS 2021, 8206 (Halterahmen für Steckverbinder, Restlaufzeit 13 Jahre, 750 TEUR); vgl. Büscher/Dittmer/Schiwy/*Hirsch* Kap. 18 Rn. 37 mwN.

[336] LG Düsseldorf BeckRS 2014, 03010 (Datenspeichersystem, Restlaufzeit 12 Jahre, 1 Mio. EUR); LG Düsseldorf BeckRS 2012, 07231 (DVD-Technik, Restlaufzeit 4 Jahre, 2 Mio. EUR).

[337] LG Hamburg BeckRS 2012, 13486 (Restlaufzeit des Patents 4 Jahre, 5,3 Mio. EUR); LG Düsseldorf BeckRS 2013, 01709 (Restlaufzeit des Patents 6 und 7 Jahre, 1,5 Mio. EUR).

[338] LG München BeckRS 2014, 05284 (Restlaufzeit des Patents 8 Jahre, 30 Mio. EUR); LG München BeckRS 2014, 05119 (Restlaufzeit 7 Jahre, 30 Mio. EUR); OLG Düsseldorf GRUR-RR 2011, 341 – Streitwertheraufsetzung II (UMTS-Technik, 30 Mio. EUR).

[339] OLG Düsseldorf GRUR-RS 2015, 05649 – Pemetrexed (2,5 Mio. EUR, Restlaufzeit 9 Jahre); OLG Düsseldorf GRUR-RR 2008, 329 – Olanzapin (10 Mio. – Restlaufzeit 3 Jahre); OLG Düsseldorf BeckRS 2005, 30350901 (10 Mio. EUR – Restlaufzeit 3 Jahre); LG Düsseldorf GRUR-RS 2021, 2166 (1 Mio. EUR, Restlaufzeit 3 Jahre, eV-Verfahren).

[340] OLG Düsseldorf GRUR-RS 2021, 4419 (Filterkartusche, Restlaufzeit 4 Jahre, 800 TEUR).

[341] Vgl. LG Hamburg GRUR-RS 2015, 08240 – Pregabalin (Mittelbare Patentverletzung durch Beitritt zu Rabattvertrag, 2 Mio. EUR, eV-Verfahren); OLG Düsseldorf BeckRS 2013, 11782 (250.000 EUR, Prophylaxe von Erkältungskrankheiten); LG Düsseldorf BeckRS 2004, 05148– Ribavarin (1 Mio. EUR).

[342] BPatG BeckRS 2013, 17891.

[343] BGH GRUR 2009, 1100 – Druckmaschinen-Temperierungssystem III; BPatG BeckRS 2013, 17891; 2012, 00713.

115 Die Vorschrift wird analog in **arbeitnehmererfinderrechtlichen** Streitigkeiten (§ 39 Abs. 1 S. 2 ArbnEG),[344] im **Rechtsbeschwerdeverfahren** und im **Nichtigkeitsverfahren**[345] angewendet.[346] Für das (mehrseitige) Beschwerdeverfahren ist gemäß § 80 PatG keine vergleichbare Regelung vorgesehen.[347] Parallele Vorschriften finden sich noch in § 142 MarkenG, § 26 GebrMG, § 54 GeschmMG und § 12 Abs. 4 UWG. Ihre Anwendung kommt in Verletzungsprozessen gleichwohl selten vor, zumal regelmäßig die wirtschaftliche Schwäche eines Verletzer bereits im Rahmen des **Angriffsfaktors** Berücksichtigung findet.

116 **2. Voraussetzungen. a) Glaubhaftmachung der erheblichen wirtschaftlichen Gefährdung.** Die antragstellende Partei muss **glaubhaft machen** können (§ 294), dass die Belastung mit den aus dem vollen Streitwert berechneten Kosten ihre wirtschaftliche Lage **erheblich gefährden** würde. Die erforderliche Glaubhaftmachung setzt die Einreichung nachprüfbarer **schriftlicher Unterlagen** (nicht nur einer Bilanz) voraus und/oder die Abgabe einer eidesstattlichen Versicherung.[348] Die Voraussetzungen sind zwar **weniger streng** als im Recht der Prozesskostenhilfe, deren Gewährung zusätzlich von den Erfolgsaussichten der beabsichtigten Rechtsverfolgung bzw. -verteidigung abhängig ist.[349] Andererseits rechtfertigt nicht jede wirtschaftliche „Schieflage" des Antragstellers auch eine Streitwertreduzierung.[350] Denn gerade mit Rücksicht auf den Gegner muss auch die antragstellende Partei ein **gewisses Kostenrisiko** übernehmen.[351]

117 Insgesamt ist daher ein **strenger Maßstab** anzulegen. Weder genügen allgemeine wirtschaftliche Schwierigkeiten,[352] noch darf die Partei bereits endgültig vermögenslos geworden sein.[353] Auch zumutbare **Kreditaufnahmemöglichkeiten** sind zu berücksichtigen.[354] Berücksichtigungsfähig ist dagegen ein gesteigertes Kostenrisiko durch das Vorliegen gleichgelagerter **Parallelverfahren**.[355]

118 Eine Streitwertermäßigung kann auch von **juristischen Personen** oder einer **BGB-Gesellschaft** in Anspruch genommen werden. Bei Letzterer kommt es auf die Vermögensverhältnisse **der Gesellschaft**, nicht ihrer Gesellschafter an (str.).[356] Ist die Gesellschaft jedoch bereits **vermögenslos**, kann es keine „Gefährdung" ihrer Vermögenslage mehr geben.[357] Denn ein nicht aktiv am Wirtschaftsleben beteiligtes Unternehmen, das nicht über nennenswerte Vermögensgegenstände verfügt, wird in seiner wirtschaftlichen Lage nicht zusätzlich iSd § 144 PatG gefährdet, wenn es mit einer Prozesskostenforderung belastet wird, die angesichts seiner Vermögenssituation ohnehin nicht beitreibbar ist.[358]

119 **b) Ausschluss bei missbräuchlicher Prozessführung.** Im Patentrecht finden sich durchaus kostenmäßig schützenswerte Personengruppen, wie Einzelpersonen als Erfinder und Arbeitnehmererfinder, für die eine Streitwertbegünstigung angemessen erscheint. Gleichwohl ist anerkannt, dass in Fällen **missbräuchlicher Prozessführung** für eine Streitwertherabsetzung kein Raum ist.[359] Die Vorschrift des § 144 PatG ist insbesondere nicht dazu da, mutwilligen Patentverletzern das Kostenrisiko ihres Handelns zu verringern.[360] Bei der Beurteilung, ob ein Fall der missbräuchlichen Prozessführung vorliegt, darf auch **vorprozessuales Verhalten** berücksichtigt werden, insbesondere wenn auf eine Abmahnung des Schutzrechtsinhabers trotz eindeutiger Rechtslage **nicht reagiert** worden ist, so dass

---

[344] OLG Düsseldorf BeckRS 2012, 05110.
[345] BPatG GRUR 1982, 363 – Streitwerherabsetzung.
[346] Mes PatG/GebrMG PatG § 144 Rn. 2.
[347] Mes PatG/GebrMG PatG § 144 Rn. 3.
[348] Vgl. BGH BeckRS 2013, 04622.
[349] OLG Düsseldorf BeckRS 2014, 01151; InstGE 5, 70 (71) – Streitwertermäßigung; Mes PatG/GebrMG PatG § 144 Rn. 4; Schneider/Herget/Onderka, Streitwert-Kommentar, Rn. 2696; Kraßer/Ann, Patentrecht, § 36 Rn. 61.
[350] Schneider/Herget/Onderka, Streitwert-Kommentar, Rn. 2696.
[351] BGH BeckRS 2010, 20769; 2009, 25824; OLG Düsseldorf InstGE 5, 70 (71) – Streitwertermäßigung.
[352] Schneider/Herget/Onderka, Streitwert-Kommentar, Rn. 2696.
[353] Vgl. ebenso Kühnen Rn. 2495; zum MarkenR: Ingerl/Rohnke MarkenG § 142 Rn. 18; Ströbele/Hacker MarkenG § 142 Rn. 13; Fezer, Markenrecht, § 142 Rn. 14.
[354] OLG Frankfurt a. M. BeckRS 2004, 09517; Mes PatG/GebrMG § 144 Rn. 4; Ingerl/Rohnke MarkenG § 142 Rn. 18; Ströbele/Hacker MarkenG § 142 Rn. 13 (zum MarkenR).
[355] OLG Koblenz GRUR 1996, 139 (140) – Streitwert.
[356] Kühnen Rn. 2493; krit. Mes PatG/GebrMG PatG § 144 Rn. 6; für eine Berücksichtigung der wirtschaftlichen Verhältnisse der Muttergesellschaft BeckOK PatR/Kircher PatG § 144 Rn. 12.
[357] BGH GRUR 2019, 1215 Rn. 10 – Dampfdruckverringerung; BGH GRUR 2013, 1288 – Kostenbegünstigung III.
[358] BGH GRUR 2013, 1288 – Kostenbegünstigung III.
[359] OLG Frankfurt a. M. GRUR-RR 2005, 296 – Goldschmuckstücke; OLG Koblenz GRUR 1996, 139 (140) – Streitwert; LG Hamburg 10.1.2013 – 327 O 428/11; Kraßer, Patentrecht, § 36 V.; Ströbele/Hacker MarkenG § 142 Rn. 15; Ingerl/Rohnke MarkenG § 142 Rn. 19.
[360] Vgl. Ströbele/Hacker MarkenG § 142 Rn. 16 zum MarkenG.

Anlass zu Klagerhebung gegeben worden war.[361] Auch in Fällen **mangelnder vorprozessualer Aufklärung** kann eine Streitwertbegünstigung versagt werden.[362]

3. Verfahren. Die Streitwertbegünstigung erfolgt nur auf **Antrag.** Dazu muss zunächst der Regelstreitwert festgesetzt und auf dieser Basis für den Fall des Unterliegens das volle Kostenrisiko ermittelt werden.[363] Der Antrag muss **vor der Verhandlung** zur Hauptsache gestellt werden; bei Festsetzung erst nach der letzten Verhandlung innerhalb angemessener Frist.[364] Er unterliegt nicht dem Anwaltszwang (vgl. auch § 12 Abs. 5 UWG). Im **einstweiligen Verfügungsverfahren** kann der Antrag bis zur Verhandlung über den Widerspruch gestellt werden bzw. bei Abschluss ohne mündliche Verhandlung innerhalb angemessener Frist nach der Streitwertfestsetzung[365] und zwar auch ohne Einlegung eines Widerspruchs.[366]

120

Die Anordnung ergeht gemäß § 144 Abs. 3 S. 4 PatG **nach Anhörung** des Gegners durch Kammer-/Senatsbeschluss. Sie ist für jede Instanz gesondert zu beantragen.[367] Die Begrenzungen des § 117 Abs. 2 S. 2 hinsichtlich der wirtschaftlichen Belege sind entsprechend zu beachten.[368] Gegen den Beschluss ist die **Streitwertbeschwerde** nach § 68 GKG statthaft.[369] Beschwerdeberechtigt ist jeder durch die Entscheidung Beschwerte, das sind die beantragte Partei oder der Gegner, aber auch die Rechtsanwälte oder mitwirkenden Patentanwälte der Prozessparteien aus eigenem Recht.

121

4. Rechtsfolgen. Herabgesetzt wird der Streitwert **nur zugunsten der dies beantragenden Partei,** deren wirtschaftliche Lage durch eine Belastung mit den nach dem vollen Streitwert berechneten Prozesskosten erheblich gefährdet würde. Im Übrigen bleibt der **normale Streitwert** für die Bestimmung von Zuständigkeit (im Patentprozess ohne Bedeutung) und Beschwer, aber auch für die Berechnung des Honorars, das die nicht begünstigte Partei ihrem Prozessanwalt schuldet.[370]

122

Unterliegt der Begünstigte ganz, muss er Gerichtskosten (§ 144 Abs. 1 PatG), vom Gegner verauslagte Gerichtskosten (§ 144 Abs. 2 S. 2 PatG), Gebühren des gegnerischen Rechtsanwalts (§ 144 Abs. 2 S. 2 PatG) und die Gebühren des eigenen Rechtsanwalts (§ 144 Abs. 2 S. 1 PatG) nur nach dem **Teilstreitwert** bezahlen. Selbiges gilt für etwaige **Patentanwaltskosten.**[371] Der Rechtsanwalt der Gegenpartei behält aber seinen Gebührenanspruch nach dem vollen Streitwert gegenüber seinem Mandanten.[372] Bei der **Kostenquotelung** gilt dies entsprechend, allerdings kann der Rechtsanwalt des Begünstigten seine Gebühren aus dem vollen Streitwert von dem Gegner erstattet verlangen (§ 144 Abs. 2 S. 3 PatG), obwohl der Gegner selbst seinen quotalen Erstattungsanspruch nur nach dem Teilstreitwert berechnen kann.[373] Den nicht zu erstattenden Teil der Gerichtskosten aus dem vollen Streitwert hat die Gegenpartei im Rahmen der Haftungsvorschriften des GKG zu tragen.[374] Nicht zu den Gerichtskosten iSd § 144 Abs. 1 gehören die **Auslagen** des Gerichts.[375] **Obsiegt** die begünstigte Partei, hat die Streitwertbegünstigung nur im Falle der Insolvenz des Gegners Bedeutung.

123

D. Arbeitnehmererfinderstreitsachen

In Arbeitnehmererfinderstreitsachen ist der Streitwert vom Gericht nach freiem Ermessen (§ 3 ZPO) bzw. billigem Ermessen (§ 51 Abs. 1 GKG) festzusetzen. Keine Probleme der Streitwertbemessung ergeben sich dagegen naturgemäß bei **bezifferten Klagen.** In Zivilverfahren gilt im Übrigen die **Vorschusspflicht** gem. § 12 GKG Abs. 2 Nr. 3 nicht für Rechtsstreitigkeiten nach § 39 ArbEG.

124

I. Streitwertbemessung

1. Zahlungsklagen. a) Angemessene Vergütung. § 38 ArbEG ermöglicht es dem Arbeitnehmererfinder, seine Vergütungsklage auf die Zahlung eines vom Gericht zu bestimmenden angemesse-

125

---

[361] OLG Düsseldorf – 20 W 7/15 (zu § 142 MarkenG); OLG Frankfurt a. M. GRUR-RR 2005, 296 – Goldschmuckstücke (zum MarkenG); OLG Hamburg WRP 1985, 281 (zu § 23a UWG aF); *Ingerl/Rohnke* MarkenG § 142 Rn. 19; *Fezer,* Markenrecht, § 142 Rn. 14.
[362] *Ingerl/Rohnke* MarkenG § 142 Rn. 19 mwN (zum MarkenG).
[363] *Mes* PatG/GebrMG PatG § 144 Rn. 4.
[364] *Mes* PatG/GebrMG PatG § 144 Rn. 10.
[365] OLG Koblenz GRUR 1996, 139 – Streitwert (zum MarkenR).
[366] OLG Hamburg WRP 1985, 281 zu § 23a UWG aF; *Ingerl/Rohnke* MarkenG § 142 Rn. 24; *Ströbele/Hacker* MarkenG § 142 Rn. 13; *Fezer* Markenrecht § 142 Rn. 12 (alle zum MarkenR).
[367] *Ingerl/Rohnke* MarkenG § 142 Rn. 27; *Fezer,* Markenrecht, § 142 Rn. 11 (alle zum MarkenG).
[368] *Ströbele/Hacker* MarkenG § 142 Rn. 14 (zum MarkenG).
[369] *Ströbele/Hacker* MarkenG § 142 Rn. 16; *Fezer,* Markenrecht, § 142 Rn. 17.
[370] BPatG BeckRS 2012, 00713; OLG Düsseldorf BeckRS 2014, 01151; *Mes* PatG/GebrMG § 144 Rn. 10; vgl. auch *Ingerl/Rohnke* MarkenG § 142 Rn. 30 mit weiteren Einzelheiten; OLG Koblenz GRUR 1996, 139 – Streitwert (zum MarkenG).
[371] BPatG BeckRS 2012, 00713.
[372] BPatG BeckRS 2012, 00713.
[373] BPatG GRUR-RR 2012, 132 – Kostenquotelung; BPatG BeckRS 2012, 00713.
[374] *Ingerl/Rohnke* MarkenG § 142 Rn. 31 (zum MarkenG).
[375] *Ströbele/Hacker* MarkenG § 142 Rn. 21 (zum MarkenG).

nen Betrages zu richten, mithin – in Abweichung von § 253 Abs. 2 Nr. 2 ZPO – einen **unbezifferten Klageantrag,** und zwar ohne Angabe eines (bezifferten) Mindestbetrages, zu stellen.[376]

126 Bei einem unbezifferten Antrag **auf Festsetzung einer angemessenen Erfindervergütung** ist der Streitwert, soweit der Kläger nicht einen verbindlichen Mindestbetrag angegeben hat, in freier Schätzung nach § 3 ZPO festzusetzen. Ausgangspunkt ist der Betrag, den der Kläger nach seiner Klagebegründung als angemessene Vergütung für sich reklamiert.[377] Das freie Ermessen des Gerichts wird dadurch aber nicht reduziert. Offensichtlich **übertriebene Einschätzungen** und Angaben insbesondere zu Umständen, über die der Beklagte erst Auskunft erteilen soll, bleiben daher außer Betracht.[378] Im Gegenzug ist auch für eine weitergehende Privilegierung bei der Streitwertbestimmung **aus sozialen Gründen** im Rahmen des § 38 ArbEG kein Anlass, da dem Kläger der Weg zu den Gerichten sowohl über die Streitwertreduzierung als auch über die Beantragung von Prozesskostenhilfe kostenmäßig erleichtert werden kann.[379] Die Festsetzung hat vielmehr danach zu erfolgen, was das Gericht auf Grund des Sachvortrags des Klägers als angemessen erachtet.[380]

127 b) **Wirtschaftlicher Wert der Diensterfindung.** Maßgeblich für die Schätzung nach § 3 ZPO ist der **wirtschaftliche Wert** der Diensterfindung. Für die Bemessung der Vergütung selbst sind nach den **„Richtlinien für die Vergütung von Arbeitnehmererfindungen** im privaten Dienst vom 20.7.1959"[381] neben der wirtschaftlichen Verwertbarkeit der Diensterfindung (Erfindungswert) auch die Aufgaben und die Stellung des Arbeitnehmers im Betrieb sowie der Anteil des Betriebs an dem Zustandekommen der Diensterfindung maßgebend (§ 2 ArbEG).[382] Es ist anerkannt, dass der gemeine Wert einer Erfindung nicht mit dem **Ertrag,** den der Patentinhaber aus der Herstellung und dem Vertrieb des Produktes zieht, gleichzusetzen ist.[383] Der wirtschaftliche Wert einer Erfindung ist vielmehr der **Preis,** der auf dem Markt für die wirtschaftliche Nutzung oder Nutzbarkeit des Patents erzielbar ist. Dieser ist nach der Rechtsprechung des BGH im Wege der **Lizenzanalogie** zu ermitteln.[384] Allerdings muss für den Anspruch des Klägers bei einer produktbezogenen Gewinnermittlung zusätzlich der **Anteil der Erfindung** an dem wirtschaftlichen Erfolg des Produkts ermittelt werden.[385] Dies kann regelmäßig nur im Wege der **Schätzung** (§ 287) erfolgen und hat zur Konsequenz, dass die Ergebnisse nicht exakter sind als bei Anwendung der Lizenzanalogie.[386]

128 c) **Weitere Erfindervergütung.** Wird auf eine **weitere Erfindervergütung** nach § 9 ArbEG geklagt – was ein objektiv erhebliches Missverhältnis zwischen der gesetzlich geschuldeten und der vereinbarten Leistung voraussetzt – bedeutet dies wertmäßig, dass sich der Kläger einen Mindestnachforderungsbetrag in Höhe von 50 % der bislang vereinbarten Vergütung verspricht.[387] In dieser Höhe ist daher die Wertfestsetzung geboten.

129 **2. Stufenklagen.** Soweit im Vorgriff einer Bezifferung im Wege der Stufenklage zunächst **Auskunft** begehrt wird, ist der Wert der Auskunft nach § 3 ZPO zu schätzen. Wertmäßiger Anhaltspunkt ist jedoch auch hier die **Höhe der Vergütung,** die sich der Kläger vorab verspricht. Für den Auskunftsantrag dürften etwa 10–20 % des Hauptantrages anzusetzen sein. Offensichtlich **übertriebene Einschätzungen** und Angaben insbesondere zu Umständen, über die der Beklagte gerade erst Auskunft erteilen soll, haben dabei außer Betracht zu bleiben.[388]

130 **3. Feststellungsklagen.** Im Falle der Klagen auf Feststellung der (anteiligen) **Erfindereigenschaft** oder der Nennung als (Mit-) Erfinder beruht ein solcher Anspruch auf § 63 Abs. 2 S. 1 PatG und ist Ausfluss des **Erfinderpersönlichkeitsrechts.**[389] Mit dem *Vergütungsanspruch* des Arbeitnehmer-Erfinders hat dieses Recht, das jedenfalls im Kern nur einen **immateriellen Wert** hat, nichts zu tun; vielmehr ist ein **eigener Wert** für dieses Erfinderpersönlichkeitsrecht zu schätzen.[390]

---

[376] *Schwab* ArbEG § 38 Rn. 1.
[377] OLG Düsseldorf BeckRS 2013, 11855; GRUR-RR 2012, 184 – Kostenrechtliche Patentstreitsache (Ls.) = BeckRS 2012, 05110.
[378] BGH GRUR 2012, 959 (960) – Antimykotischer Nagellack II.
[379] OLG Düsseldorf GRUR-RR 2012, 184 – Kostenrechtliche Patentstreitsache (Ls.) = BeckRS 2012, 05110.
[380] BGH GRUR 2012, 959 (960) – Antimykotischer Nagellack II.
[381] BAnz. 1959 Nr. 156, S. 1.
[382] Vgl. zu den Einzelheiten *Schwab* ArbEG § 9 Rn. 16; OLG Düsseldorf BeckRS 2013, 18744.
[383] BGH GRUR 2012, 605 (607) – Antimykotischer Nagellack I.
[384] BGH GRUR 2012, 605 (607) – Antimykotischer Nagellack I; BGH GRUR 2010, 223 (224) – Türinnenverstärkung; BGH GRUR 2002, 801 (802) – abgestuftes Getriebe; OLG Düsseldorf BeckRS 2013, 18744; zu den alternativen Ermittlungsmethoden nach der Richtlinie des Bundesministeriums für Arbeit und Soziales vgl. *Schwab* ArbEG § 9 Rn. 20.
[385] BGH GRUR 2012, 605 (607) – Antimykotischer Nagellack I mwN.
[386] BGH GRUR 2012, 605 (607) – Antimykotischer Nagellack I.
[387] BGH GRUR 2012, 959 (960) – Antimykotischer Nagellack II.
[388] BGH GRUR 2012, 959 (960) – Antimykotischer Nagellack II.
[389] BGH GRUR 2004, 272 – Rotierendes Schaftwerkzeug.
[390] BGH GRUR 2004, 272 – Rotierendes Schaftwerkzeug (10.000 EUR).

4. Übertragungsanspruch. Bei Klagen auf **Umschreibung** oder **Übertragung** eines Patents 131 kommt es allein auf den materiellen Wert des Patentes an.[391] Hierzu wird in der Regel auf eine **Lizenzbetrachtung** abzustellen sein. Insoweit kann auf die Ausführungen zum Patentrecht (→ Rn. 87) verwiesen werden.

II. Streitwertherabsetzung

§ 144 PatG wird in Streitigkeiten nach § 39 Abs. 1 S. 2 ArbEG **analog angewandt.**[392] Insoweit 132 kann auf die obigen Ausführungen verwiesen werden (→ Rn. 114).

E. Gebrauchsmusterstreitsachen

I. Streitwertbemessung

1. Unterlassungsklagen. Auch in Gebrauchsmusterstreitsachen ist der Streitwert, sofern es sich 133 nicht um bezifferte Leistungsanträge handelt, vom Gericht nach *freiem* Ermessen (§ 3 ZPO) bzw. *billigem* Ermessen (§ 51 Abs. 1 GKG) festzusetzen. Hier sind dieselben Erwägungen maßgebend wie im Patentrecht, weshalb diesbezüglich auf die Ausführungen zum Patentrecht verwiesen werden kann (→ Rn. 86). Zu beachten ist lediglich, dass die Streitwerte gegenüber Patentstreitverfahren schon aufgrund der **kürzeren Laufzeit** der Schutzrechte regelmäßig niedriger sind (→ Rn. 91).[393] Schließlich ist aber der – im Wege der Lizenzanalogie zu ermittelnde – **wirtschaftliche Wert** eines Gebrauchsmusters für gewöhnlich auch deswegen niedriger, da es sich um **ungeprüfte Schutzrechte** handelt, die weniger Gewähr für ihren Rechtsbestand bieten. Ihr Marktwert erreicht daher – sofern nicht eine parallele, inhaltsgleiche Patentanmeldung besteht – regelmäßig geringere Werte.

2. Widerspruch und Löschungsverfahren. Im **Löschungsverfahren** vor dem DPMA (§ 17 134 GebrMG) erfolgt keine Festsetzung eines Streitwertes. Amtsseitig fallen nur Festgebühren an, vgl. § 2 Abs. 1 PatKostG, und die Vergütung für die Kosten eines anwaltlichen Beistandes erfolgt im **Kostenfestsetzungsverfahren.**[394] Einer Streitwertfestsetzung bedarf es daher nicht. Allerdings kann auf Antrag der Gegenstandswert für die **Rechts- bzw. Patentanwaltsvergütung** festgesetzt werden (§§ 23, 33 RVG). Die frühere gegenstandswertunabhängige Festsetzung der Vergütung hat das BPatG aufgegeben,[395] die Gebühren für die patentanwaltliche Tätigkeit berechnen sich nach den für Rechtsanwälte geltenden Vorschriften (→ Rn. 105 ff.).[396] Auch eine Regelung der Kostenerstattung ist möglich; die den Beteiligten erwachsenen Kosten gehören zu den nach § 17 Abs. 4 GebrMG, §§ 62 Abs. 2 S. 1, 84 Abs. 2 S. 2 PatG festsetzungsfähigen Kosten, soweit sie nach billigem Ermessen des Patentamts zur zweckentsprechenden Wahrung der Ansprüche und Rechte erforderlich waren.[397]

Die Bemessung des Gegenstandswertes erfolgt grundsätzlich nach billigem Ermessen, weil eine 135 Wertvorschrift für die Anwaltsgebühren fehlt und der Gegenstandswert auch ansonsten nicht feststeht.[398] Er richtet sich nach dem **Interesse der Allgemeinheit** an der Löschung des Schutzrechts, wobei Ausgangspunkt der Bewertung der gemeine Wert des Streitgebrauchsmusters zu Beginn der jeweiligen Instanz ist.[399] Einzubeziehen sind die noch zu erwartenden **Erträge** des Schutzrechts, insbesondere durch Eigennutzung und Lizenzvergabe, und die bis zum Beginn des Löschungsverfahrens entstandenen Schadensersatzforderungen aus Verletzungshandlungen.[400] Dabei ist – wie im Patentrecht – die Rechtsbeständigkeit des Gebrauchsmusters zu unterstellen. Auch hier wird von einem **Zuschlag von 25 %** auf den Verletzungsstreitwert ausgegangen.[401] Hierzu kann wiederum auf die Ausführungen zum Patentrecht verwiesen werden (→ Rn. 104). Fehlen jegliche Schätzungsgrundlagen ist zudem die Obergrenze des **§ 23 Abs. 3 S. 2 RVG** zu beachten **(500.000 EUR);**[402] wobei für durchschnittliche Fälle ein Gegenstandswert von **125.000 EUR** als üblich angenommen wird.[403] Nach Erlöschen des Gebrauchsmusters bemisst sich der Gegenstandswert nicht mehr nach dem All-

---

[391] Vgl. LG Düsseldorf BeckRS 2012, 24658; vgl. zur Übertragung von Sortenschutzrechten OLG Düsseldorf BeckRS 2010, 21565 (75.000 EUR).
[392] *Mes* PatG/GebrMG PatG § 144 Rn. 2; Toussaint/*Elzer,* Kostenrecht, PatG § 144 Rn. 2.
[393] *Mes* PatG/GebrMG GebrMG § 24 Rn. 78; Mayer/Kroiß/*Nordemann-Schiffel* RVG Anhang I. V.1 Rn. 8 mwN.
[394] BPatG GRUR 2009, 703 (705); Benkard/*Goebel*/*Engel* PatG GebrMG § 17 Rn. 32.
[395] BPatGE 41, 6 = BeckRS 1998, 14507; Benkard/*Goebel*/*Engel* PatG GebrMG § 17 Rn. 34.
[396] BPatG GRUR 2007, 87; Benkard/*Goebel*/*Engel* PatG GebrMG § 17 Rn. 34.
[397] *Mes*/*Goebel*/*Engel* PatG/GebrMG GebrMG § 17 Rn. 34.
[398] BPatG BeckRS 2014, 13852; 2010, 09427.
[399] BGH NJW-RR 1991, 957 – Unterteilungsfahne; BPatG BeckRS 2013, 05981; 2012, 13671; 2010, 09427; Benkard/*Goebel*/*Engel* PatG GebrMG § 17 Rn. 33; Büscher/Dittmer/Schiwy/*Hirsch* Kap. 18 Rn. 35.
[400] BPatG BeckRS 2013, 05981; 2012, 13671; 2010, 09427.
[401] Vgl. BPatG BeckRS 2012, 13671; vgl. auch zum PatG: BGH GRUR 2011, 757 – Nichtigkeitsstreitwert; BPatG BeckRS 2014, 02595; 2013, 14908; Benkard/*Goebel*/*Engel* PatG GebrMG § 17 Rn. 33.
[402] BPatG BeckRS 2010, 09427.
[403] BPatG BeckRS 2012, 07724.

gemeininteresse, sondern nach dem Interesse des Antragstellers an der Abwehr seiner Inanspruchnahme aus dem erloschenen Gebrauchsmuster.[404]

II. Streitwertherabsetzung, § 26 GebrMG

136 § 26 GebrMG eröffnet die Möglichkeit der Herabsetzung des Streitwertes. Hierzu kann auf die Ausführungen zum Patentrecht (→ Rn. 114) verwiesen werden.

F. Sortenschutz

137 Die Streitwerte in Sortenschutzsachen für **Unterlassungsklagen** werden relativ einheitlich in Größenordnungen um 20.000 EUR festgesetzt,[405] sofern nicht die Übertragung von Sortenschutzrechten betroffen ist.[406] Sofern nur Auskunft begehrt wird, sind die Streitwerte je nach Umfang im Bereich von 10.000–25.000 EUR angesiedelt.[407]

G. Kennzeichenstreitsachen

I. Grundsätze der Streitwertbemessung

138 In Kennzeichenstreitsachen ist der Streitwert, sofern es sich nicht um bezifferte Leistungsanträge handelt, vom Gericht nach *freiem* Ermessen (§ 3 ZPO) bzw. *billigem* Ermessen (§ 51 Abs. 1 GKG) festzusetzen. **Regelstreitwerte** sind (auch) in Kennzeichenstreitsachen unvereinbar mit § 3 ZPO, § 51 GKG.[408] Vielmehr hat die Bemessung des Streitwerts in gerichtlichen Auseinandersetzungen unter umfassender Berücksichtigung der jeweiligen Einzelumstände des Rechtsstreits zu erfolgen.[409] An eine – ggf. auch übereinstimmende oder zumindest unwidersprochen gebliebene – **Wertangabe der Parteien** ist das Gericht nicht gebunden.[410] Übereinstimmende und nicht offensichtlich unzutreffende Angaben der Parteien im erstinstanzlichen Verfahren sind allerdings ein – widerlegbares – **Indiz** für den wirtschaftlichen Wert des Klagebegehrens.[411] Gibt die Antragstellerin zu Beginn des Verfahrens einen niedrigeren Streitwert als in der Abmahnung an, kann dies ein Indiz dafür sein, dass der in der Antragsschrift angesetzte Wert untersetzt ist.[412]

139 **1. Unterlassungsklagen.** Entscheidend für die Bemessung des Streitwerts bei Kennzeichenrechtsverletzungen ist nach allgM das wirtschaftliche Interesse, das der Antragsteller zur Abwehr aktueller oder potentieller Verletzungshandlungen mit dem Klagverfahren verfolgt.[413] Das wirtschaftliche Interesse an der Durchsetzung von Unterlassungsansprüchen wegen Kennzeichenverletzungen wird durch **zwei Faktoren** bestimmt, nämlich erstens durch den wirtschaftlichen **Wert des verletzten Kennzeichenrechts** und zweitens durch das Ausmaß und die Gefährlichkeit der zu erwartenden Verletzungshandlungen, den sog. **Angriffsfaktor**.[414]

140 **a) Marktwert des verletzten Kennzeichens.** Für den **Marktwert** des verletzten Kennzeichenrechts können viele Faktoren maßgeblich sein. Eine erste Unterscheidung wird zwischen unbenutzten und benutzten Kennzeichen vorgenommen. Zentral sind bei Letzteren Dauer und Umfang der bisherigen **Benutzung,** einschließlich der **Marktposition** des Zeicheninhabers, die unter dem Kennzeichen erzielte **Umsätze** – einschließlich durch Lizenzierung[415] – sowie der **Bekanntheitsgrad** und Ruf des Kennzeichens.[416] Zu beachten ist auch, inwieweit Kennzeichen für den Absatz der betroffenen Produkte oder Dienstleistungen beim **angesprochenen Verkehr** als entscheidend angesehen werden

---

[404] BGH NJW-RR 1991, 957 – Unterteilungsfahne.
[405] LG Leipzig BeckRS 2010, 20789 (20.000 EUR); OLG Düsseldorf BeckRS 2007, 02254 (20.000 EUR); OLG Dresden BeckRS 2010, 20788 (Restitutionsklage, 20.000 EUR).
[406] OLG Düsseldorf BeckRS 2010, 21565 (75.000 EUR).
[407] OLG Düsseldorf BeckRS 2013, 18739 (25.000 EUR); OLG Düsseldorf BeckRS 2005, 03558 (10.000 EUR).
[408] OLG Hamburg – 5 W 26/14.
[409] OLG Hamburg – 5 W 26/14.
[410] BGH GRUR 2012, 1288 – Vorausbezahlte Telefongespräche II; OLG Düsseldorf GRUR-RR 2011, 341 – Streitwertheraufsetzung II; OLG Hamburg NJOZ 2007, 52 (53) – Parteidispositiver Streitwert; *Hartmann* GKG § 61 Rn. 10; *Wessing/Basar* GRUR 2012, 1215 (1216).
[411] BGH GRUR 2012, 1288 – Vorausbezahlte Telefongespräche II; OLG Hamburg NJOZ 2007, 52 (53) – Parteidispositiver Streitwert.
[412] OLG Frankfurt a. M. BeckRS 2019, 21541 Rn. 4.
[413] BGH GRUR 1990, 1052 (1053) – Streitwertbemessung; OLG Hamburg – 5 W 26/14; *Ingerl/Rohnke* MarkenG § 142 Rn. 4; *Ströbele/Hacker* MarkenG § 142 Rn. 2.
[414] st. Rsrp., vgl. zuletzt; OLG Hamburg GRUR-RR 2020, 304 Rn. 40 – HD+; OLG Frankfurt a. M. GRUR-RR 2020, 559 Rn. 16 – Daytona 365.
[415] OLG Hamburg – 5 W 26/14.
[416] *Ingerl/Rohnke* MarkenG § 142 Rn. 7; *Fezer,* Markenrecht, § 142 Rn. 4; *Ströbele/Hacker* MarkenG § 142 Rn. 2; OLG Frankfurt a. M. WRP 2006, 1272 (1273).

(sog. **Markenprodukte**).[417] Gerade bei jüngeren Kennzeichen (aber nicht nur bei diesen)[418] ist ein ggf. geringerer Grad an originärer Kennzeichnungskraft wertmindernd zu berücksichtigen.[419] Dagegen wirkt sich regelmäßig die parallele Nutzung des verletzten Kennzeichens nicht nur als Marke, sondern auch als **Firmen – oder Geschäftsbezeichnung** wertsteigernd aus.[420] Insofern wirkt sich ein durch Umfang der Benutzung und evtl. guten Ruf generierte Wert des einen Zeichens (wechselseitig) auf die anderen gleichnamigen Schutzrechte aus.

Denkbar ist auch bevorstehende, jedenfalls aber zumindest bereits erkennbar angelegte **Ausweitungsmöglichkeiten** der Benutzung und entsprechende Wertsteigerungen in absehbarer Zukunft zu berücksichtigen.[421] 141

b) Angriffsfaktor. Das Ausmaß und die Gefährlichkeit der (weiter) zu erwartenden Verletzungshandlungen bestimmt auf Seiten des Verletzers den **Angriffsfaktor**. Es geht bei ihm darum zu bestimmen, inwieweit die Realisierung des Markenwertes durch den Verletzer in Zukunft gefährdet werden könnte.[422] 142

aa) Prognoseentscheidung. Bei Unterlassungsbegehren handelt es sich um einen in die Zukunft gerichteten Anspruch. Für die dafür erforderliche Prognoseentscheidung bietet der Umfang der **bereits begangenen Verletzungen** regelmäßig den greifbarsten Anhaltspunkt.[423] Allerdings handelt es sich bei ihnen auch nur um ein Indiz.[424] Daneben können allgemein Art und Umfang der bisherigen wirtschaftlichen Tätigkeit, vorhandene **betriebliche Einrichtungen** und **Handelsbeziehungen**, **personelle Ausstattung** sowie **Finanzkraft** sowohl des Schutzrechtsinhabers als auch des Verletzers Anhaltspunkte dafür bieten, welche Benutzungshandlungen künftig zu erwarten sind.[425] 143

Ein **schnelles Eingreifen** des Verletzten durch Abmahnung und im Wege einstweiligen Rechtsschutzes ist jedenfalls nicht geeignet, den Angriffsfaktor zu vermindern.[426] Ein anderes kann allerdings dann gelten, wenn sich der Lieferant des Verletzers **bereits unterworfen** hatte, da einer drohenden Fortsetzung der Schädigungshandlung damit bereits weitgehend der Boden entzogen war.[427] Folgt eine Unterwerfung erst nach Zustellung der einstweiligen Verfügung, kann sich dies wegen § 4 Abs. 1 ZPO naturgemäß nicht mehr mindernd auswirken.[428] Streitwertmäßigend kann ggf. berücksichtigt werden, wenn sich der Verletzer vorprozessual **ohne Strafbewehrung** unterworfen hat.[429] Da es allein um die Wahrscheinlichkeit und das Ausmaß einer künftigen Beeinträchtigung geht, ist auch unerheblich, welchen **konkreten Vorteil** der Verletzer aus seinem Verstoß tatsächlich gezogen hat oder welchen Schaden der Rechteinhaber **bereits erlitten** hat; dies sind lediglich Indizien zur Beurteilung des Umfangs der durch die begehrte Unterlassungsverpflichtung zu verhindernden (zukünftigen) Schädigung.[430] Hierfür können – wiederum indiziell – Art und Umfang von Vorbereitungshandlungen und ggf. die eigenen Ankündigungen des Verletzers vor Unterbindung herangezogen werden.[431] 144

bb) Die einzelnen Faktoren. Der Angriffsfaktor kann im Einzelfall durch eine Vielzahl von Faktoren beeinflusst werden. Von Gewicht ist die **Intensität** der Kennzeichenverletzung selbst, also insbesondere der Grad der **Verwechslungsgefahr**[432] bzw. Rufausbeutung, **Aufmerksamkeitsausbeutung, Rufschädigung** oder Verwässerung.[433] Über den Angriffsfaktor finden nicht nur Kriterien, wie Art und Ausmaß der Schädigungshandlung, sondern auch **Größe** und Bedeutung des Unternehmens des Verletzers Eingang in die Wertbemessung.[434] Wird der Angreifer lediglich als Vermittler 145

---

[417] *Ingerl/Rohnke* MarkenG § 142 Rn. 7.
[418] *Ingerl/Rohnke* MarkenG § 142 Rn. 7.
[419] *Ingerl/Rohnke* MarkenG § 142 Rn. 7.
[420] OLG Hamburg; BPatG BeckRS 2014, 18910; *Ingerl/Rohnke* MarkenG § 142 Rn. 7; BeckOK MarkenR/ Albrecht MarkenG § 71 Rn. 50.
[421] OLG Hamburg – 5 W 26/14; *Ingerl/Rohnke* MarkenG § 142 Rn. 7.
[422] BGH GRUR 2014, 206 Rn. 16 – Einkaufskühltasche (zum GebrMG); *Ströbele/Hacker* MarkenG § 142 Rn. 2.
[423] BGH GRUR 2014, 206 Rn. 16 – Einkaufskühltasche (zum GebrMG).
[424] OLG Frankfurt a. M. GRUR-RR 2005, 71 – Toile Monogram.
[425] BGH GRUR 2014, 206 Rn. 16 – Einkaufskühltasche (zum GebrMG).
[426] OLG Hamburg – 5 W 26/14; OLG Düsseldorf GRUR-RR 2013, 156 (159) – Polohemden; OLG Hamburg MD 2000, 597 (602) – Doppelherz.
[427] OLG Hamburg GRUR-RR 2006, 392 – Docking Stations (20.000 EUR für den Händler statt 250.000 EUR für den Lieferanten).
[428] LG München I BeckRS 2012, 19283; Büscher/Dittmer/Schiwy/*Hirsch* Kap. 18 Rn. 41.
[429] OLG Frankfurt a. M. BeckRS 2015, 06317; offengelassen OLG Hamburg GRUR-RS 2015, 20255.
[430] OLG Düsseldorf GRUR-RR 2013, 156 (159) – Polohemden.
[431] *Ingerl/Rohnke* MarkenG § 142 Rn. 8.
[432] OLG Hamburg NJOZ 2007, 4818 (4820) – Tchibo/Tchico (100.000 EUR wegen nur unbedeutender Umsätze des Verletzers).
[433] BGH GRUR 2014, 206 Rn. 16 – Einkaufskühltasche (zum GebrMG); OLG Düsseldorf GRUR-RR 2013, 156 (159) – Polohemden; *Ingerl/Rohnke* MarkenG § 142 Rn. 8.
[434] vgl. OLG Hamburg NJOZ 2007, 4818 (4820) – Tchibo/Tchico (100.000 EUR wegen nur unbedeutender Umsätze des Verletzers); *Ströbele/Hacker* MarkenG § 142 Rn. 2; *Fezer*, Markenrecht, § 142 Rn. 5.

tätig und handelt es sich unstreitig um die erste Markenverletzung, ist der Angriffsfaktor niedriger.⁴³⁵ Allerdings schließen nur begrenzt erzielte (oder zukünftig erzielbare) Umsätze des Verletzers nicht aus, eine höhere Streitwertfestsetzung zu rechtfertigen, da die beeinträchtigende, insbesondere **rufschädigende und marktverwirrende Wirkung** weit über dem Verletzerinteresse liegen kann.⁴³⁶

146 Insbesondere wenn die Parteien **Wettbewerber** sind, können praktisch alle von der Kennzeichenverletzung betroffenen wettbewerblichen Aspekte für die Bestimmung des Werts des verletzten Rechts und des Angriffsfaktors mitbestimmend sein.⁴³⁷ Spiegelbildlich sind (geschäftliche) Verletzungshandlungen von **Privatpersonen** oder Unternehmensgründern moderater zu beurteilen. Erfolgt die Verletzung jedoch im Interesse eines Dritten ist auf das Unterbindungsinteresse im Verhältnis zu dem Dritten abzustellen.⁴³⁸

147 Soweit in der Vergangenheit teilweise auch eine **Abschreckungsfunktion**⁴³⁹ des Streitwertes vertreten wurde, dürfte hierfür nach Erlass des sog. Gesetzes gegen unseriöse Geschäftspraktiken (BGBl. 2013 I Nr. 59) wohl kaum noch argumentativer Raum bestehen, auch wenn der auf eine Absenkung des Streitwertniveaus abzielende § 51 Abs. 3 GKG nF⁴⁴⁰ nach dessen Abs. 2 nur auf UWG-Streitigkeiten bezogen ist. Allerdings kann die Gefahr der Nachahmung, insbesondere in Fällen der Produktpiraterie bezogen auf bekannte Marken, durchaus streiterhöhend berücksichtigt werden.⁴⁴¹ Auch kann **streitwerterhöhend** zu berücksichtigen sein, wenn die Verletzung **vorsätzlich** oder gar **systematisch** erfolgte.⁴⁴² Denn auch die subjektive Qualität des Verletzerhandelns beeinflusst den Angriffsfaktor.⁴⁴³ Die Gefährlichkeit des Angriffs ist regelmäßig bei (erwiesen) wahrheitswidriger Leugnung begangener Handlungen, **Verschleierungsmaßnahmen,** Verschiebung von Verletzungsgegenständen an Dritte zur Erschwerung der Unterbindung, **Vortäuschung** von Unterwerfungsbereitschaft zur Verschleppung, **Fortsetzung** oder sogar Steigerung der Verletzung nach Abmahnung höher zu bemessen.⁴⁴⁴

148 cc) Unionsmarken. Bei **Unionsmarken** ist von einem erhöhten Angriffsfaktor dann auszugehen, wenn zumindest Erstbegehungsgefahr der Kennzeichenverletzung in mehreren Ländern besteht, beispielsweise durch das Angebot eines **Versandes ins Ausland.**

149 dd) Werktitel. Der Marktwert von **Werktiteln** bleibt häufig hinter denen einer (Waren-)Marke zurück. Ein Grund hierfür kann darin gesehen werden, dass **geringere Anforderungen** an die Unterscheidungskraft und damit die Kennzeichnungskraft gestellt werden.⁴⁴⁵ Unbeschadet dessen sind aber natürlich auch Werktitel geeignet, bei umfangreicher Benutzung, hoher Auflage, erheblichen und dauerhaften Umsätzen und insbesondere in Fällen der Bekanntheit iSd § 15 Abs. 3 MarkenG einen erheblichen Marktwert zu erlangen.⁴⁴⁶

150 2. Annexansprüche. Hinsichtlich der Wertbemessung von **Auskunfts- und Schadensersatz (feststellungs)anträgen** kann auf die Ausführungen im allgemeinen Teil verwiesen werden (→ Rn. 29). Geht es um einen Anspruch auf **Löschung einer Internetdomain** gelten im Zweifel die oben zum Unterlassungsanspruch aufgestellten Grundsätze (→ Rn. 36).⁴⁴⁷ Die Streitwerte rangieren meist in einer Größenordnung von 25.000 EUR⁴⁴⁸ bzw. von einem Wert von 1/3 einer Klage, die daneben auch auf Unterlassung gerichtet ist.⁴⁴⁹ Für einen markenrechtlichen **Sequestrations-**

---

⁴³⁵ OLG Frankfurt a. M. GRUR-RR 2020, 559 Rn. 18 – Daytona 365.
⁴³⁶ OLG Hamburg – 5 W 26/14; *Ingerl/Rohnke* MarkenG § 142 Rn. 8; vgl. auch *Köhler/Bornkamm/Köhler/Feddersen* UWG § 12 Rn. 5.6.
⁴³⁷ *Ingerl/Rohnke* MarkenG § 142 Rn. 9.
⁴³⁸ *Ingerl/Rohnke* MarkenG § 142 Rn. 8.
⁴³⁹ OLG Hamburg GRUR-RR 2004, 342 (343) – Kartenausschnitte zum Urheberrecht; aA OLG Frankfurt a. M. GRUR-RR 2005, 71 (72) – Toile Monogram; ebenso *Ingerl/Rohnke* MarkenG § 142 Rn. 9; *Fezer*, Markenrecht, § 142 Rn. 5.
⁴⁴⁰ Vgl. BT-Drs. 17/13057, 14.
⁴⁴¹ OLG Hamburg – 3 W 83/16.
⁴⁴² *Ingerl/Rohnke* MarkenG § 142 Rn. 8.
⁴⁴³ OLG Hamburg – 5 W 26/14.
⁴⁴⁴ OLG Hamburg – 5 W 26/14; *Ingerl/Rohnke* MarkenG § 142 Rn. 8.
⁴⁴⁵ vgl. OLG Hamburg – 5 U 85/12 – LandTräume (50.000 EUR).
⁴⁴⁶ OLG Hamburg GRUR-RR 2004, 104 – Eltern = BeckRS 2004, 01011 (250.000 EUR); OLG Hamburg GRUR-RR 2011, 70 – „Stimmt's?" = BeckRS 2010, 15827 (100.000 EUR); OLG Hamburg 5 W 7/21 – DER HAUPTSTADTBRIEF.
⁴⁴⁷ *Harte/Henning/Retzer* UWG § 12 Rn. 831; vgl. auch OLG Hamburg – 5 W 114/12; OLG Hamburg – 5 W 37/12.
⁴⁴⁸ OLG Karlsruhe BeckRS 2013, 08503 (25.000 EUR); LG Köln BeckRS 2008, 09265 (30.000 EUR); OLG Köln GRUR-RR 2006, 67 – Mahngericht (25.000 EUR).
⁴⁴⁹ BGH GRUR 2009, 685 – ahd.de (Kostenquote von 1/3 wegen Zurückweisung des Löschungsanspruchs), der Streitwert war in der Vorinstanz offenbar auf 120.000 EUR festgesetzt worden: OLG Hamburg BeckRS 2006, 13395.

anspruch wird für gewöhnlich von einem Streitwert von ca. 10 % des Streitwerts der Unterlassungsklage ausgegangen.[450]

3. Eintragungsbewilligungsklage. Für den Streitwert einer landgerichtlichen **Eintragungsbewilligungsklage** nach § 44 Abs. 1 MarkenG ist das wirtschaftliche Interesse des Klägers an der Markeneintragung maßgeblich, nicht das Löschungsinteresse des Beklagten.[451] Dient die Klage jedoch nur der Durchbrechung der Bestandskraft der Löschung im Widerspruchsverfahren, ist auch ein deutlich niedrigerer Nominalstreitwert angemessen.[452]

4. Löschungsklage. Für den Streitwert einer Löschungsklage vor den **ordentlichen Gerichten** nach § 55 Abs. 1 MarkenG wegen **Verfalls** (§ 49 MarkenG) soll das **Interesse der Allgemeinheit** an der Löschung maßgeblich sein.[453] Allerdings ist eine verlässliche Bewertung dieses Allgemeininteresses – anders als im Patentrecht – häufig nur schwerlich möglich, weshalb es als gerechtfertigt erscheint, den Wert am konkreten wirtschaftlichen Interesse des Löschungsklägers auszurichten.[454] Allerdings kann bei einer benutzten Marke die wirtschaftliche Bedeutung, die sie für den Markeninhaber besitzt, im Einzelfall auf besonderen unternehmensbezogenen Umständen beruhen, die das wirtschaftliche Interesse der Allgemeinheit an der ungehinderten Verwendung des betreffenden Kennzeichens übersteigen (zum Amtsverfahren → Rn. 157).[455]

Bei der Klage wegen des Bestehens **älterer Rechte** (§ 51 MarkenG) ist hierfür das wirtschaftliche **Interesse des Klägers** an der Löschung maßgeblich (zum Amtsverfahren → Rn. 155). Dieses Interesse ist aber nicht gleichbedeutend mit dem Wert des (vermeintlich) älteren Zeichens. Vielmehr hängt es davon ab, welchen wirtschaftlichen Wert der **Handlungsspielraum** hat, den sich der Kläger durch die Löschung der gegnerischen Marke verschaffen will.[456] Allerdings kann unter diesem Blickwinkel auch der Wert des angegriffenen Zeichens berücksichtigt werden, da es einen Parameter der Wertbestimmung des klägerischen Angriffs darstellt.

5. Amts- und Beschwerdeverfahren. In den Amts- und Beschwerdeverfahren erfolgt **keine Festsetzung** des Streitwerts nach § 63 GKG, weil sich die Gebühren nicht nach einem Wert richten, sondern Festgebühren sind.[457] Im Kostenfestsetzungsverfahren kann aber eine Festsetzung des Gegenstandswerts beantragt werden, um erstattungsfähige Kosten nach dem RVG festsetzen zu lassen.[458] Da es im markenregisterrechtlichen Verfahren an Wertvorschriften für die Anwaltsgebühren fehlt, ist der Gegenstandswert der anwaltlichen Tätigkeit in entsprechender Anwendung des § 23 Abs. 3 S. 2 RVG regelmäßig nach billigem Ermessen zu bestimmen.[459]

a) Widerspruchsverfahren. Im Widerspruchsverfahren **wegen prioritätsbesserer Rechte** nach § 42 MarkenG ist maßgeblich für die Festsetzung des Gegenstandswerts das wirtschaftliche Interesse des Markeninhabers an der **Aufrechterhaltung seiner Marke**.[460] Anhaltspunkte für das Interesse des Inhabers der angegriffenen Marke sind ua der Umfang der Benutzung, die sich daraus ergebende Bekanntheit, die Übereinstimmung mit einer Geschäftsbezeichnung, die Einbindung in eine Markenfamilie, die Kosten für die Entwicklung einer Marke, der beanspruchte Waren- und Dienstleistungsbereich sowie der Schutzumfang und Kennzeichnungskraft, mithin also die allgemeinen Kriterien für Bestimmung des Marktwertes des betroffenen Zeichens (→ Rn. 140).[461] Auf das Interesse des Inhabers der Widerspruchsmarke an der Löschung des prioritätsjüngeren Zeichens oder der gewerblichen Bedeutung der Widerspruchsmarke kommt es ebenso wenig an wie den Umstand, ob und dass der Widersprechende über eine Vielzahl von Marken verfügt.[462]

Der **BGH** geht im **Rechtsbeschwerdeverfahren** im Regelfall von einem Gegenstandswert von **50.000 EUR** aus,[463] wobei er ausdrücklich eine Abweichung bei Vorliegen besonderer Umstände, die

---

[450] Vgl. OLG Hamburg – 3 W 3/11.
[451] Ingerl/Rohnke MarkenG § 44 Rn. 24.
[452] Ingerl/Rohnke MarkenG § 44 Rn. 24, der für 5.000 EUR plädiert, was etwas zu moderat erscheint.
[453] Ingerl/Rohnke MarkenG § 55 Rn. 20.
[454] Ingerl/Rohnke MarkenG § 55 Rn. 20; aA wohl LG Frankfurt a. M. GRUR-RR 2009, 197 (198) – Strohmann (5.000 EUR pro angegriffener Marke, seinerseits bezugnehmend auf die Kommentierung bei Ingerl/Rohnke); vgl. zum Patentrecht BGH GRUR 2009, 1100 – Druckmaschinen-Temperierungssystem III.
[455] BPatGE 41, 100 (101) – Cotto; vgl. LG Hamburg GRUR-RS 2015, 19277 – Ipuri (20.000 EUR).
[456] Ingerl/Rohnke MarkenG § 55 Rn. 44.
[457] BGH BeckRS 2015, 19674 Rn. 4 – Gegenstandswert (Farbmarke gelb).
[458] BeckOK MarkenR/Albrecht MarkenG § 71 Rn. 37.
[459] BGH BeckRS 2015, 19674 Rn. 4; 2011, 05956; vgl. zum Anmeldebeschwerdeverfahren Heim GRUR-Prax 2012, 126.
[460] BGH GRUR 2017, 127 Rn. 2 – Sparkassen-Rot; BGH BeckRS 2015, 19674 Rn. 7 – Gegenstandswert (Farbmarke gelb); BGH GRUR 2006, 704 – Markenwert; BPatG BeckRS 2014, 18910; GRUR 1999, 64 – T-Com; BPatG GRUR 1995, 415; BeckOK MarkenR/Albrecht MarkenG § 71 Rn. 45.
[461] BPatG BeckRS 2014, 18910.
[462] BGH GRUR 2006, 704 – Markenwert.
[463] BGH GRUR 2012, 272 = BeckRS 2012, 00059 (Löschungsverfahren); BGH GRUR 2006, 704 – Markenwert.

eine niedrigere oder höhere Wertfestsetzung rechtfertigen, zulässt.[464] Dieser Regelwert erscheint für den durchschnittlichen Fall auch angemessen;[465] er entspricht dem durchschnittlichen Wert im Verletzungsprozess (→ Rn. 162). Die Entscheidungspraxis des **BPatG** ist nach wie vor **uneinheitlich**. Teilweise sind die Senate des BPatG der Linie des BGH gefolgt und nehmen für das **Widerspruchsbeschwerdeverfahren** einen Regelgegenstandswert von 50.000 EUR an,[466] teilweise aber auch bei einem Regelgegenstandswert von 20.000 geblieben[467]. Der Regelgegenstandswert kann im Falle der erheblichen Benutzung der Marke diesen Wert übersteigen, da damit auch das Interesse des Markeninhabers an der Aufrechterhaltung der Marke naturgemäß höher ist.[468]

157 **b) Löschungsverfahren.** Im Löschungsverfahren **wegen absoluter Schutzhindernisse** (§§ 50, 54 MarkenG) kommt es nach der Rechtsprechung der **BPatG** bei der Gegenstandswertfestsetzung nicht auf das Interesse des Löschungsantragstellers an.[469] Maßgeblich ist – wie bei Löschungsverfahren für Patente, Gebrauchsmuster und eingetragene Designs – im Hinblick auf den **Popularcharakter** des Löschungsantrags das **Interesse der Allgemeinheit** an der Löschung der Marke.[470] Das Interesse der Allgemeinheit an der Markenlöschung gemäß § 50 Abs. 1 MarkenG steht dabei weder dem Interesse des Antragstellers an der Löschung der Marke gleich, noch deckt es sich immer mit dem Interesse des Markeninhabers an dem Fortbestehen des Markenschutzes.[471] Denn jedenfalls bei einer benutzten Marke kann die wirtschaftliche Bedeutung, die sie für den Markeninhaber besitzt, im Einzelfall auf besonderen unternehmensbezogenen Umständen beruhen, die das wirtschaftliche Interesse der Allgemeinheit an der ungehinderten Verwendung des betreffenden Kennzeichens übersteigen.[472] Maßstab für die Bewertung dieses Interesses sind vielmehr die wirtschaftlichen Nachteile, die für die Allgemeinheit im Fall der Rechtsbeständigkeit der angegriffenen Marke zu erwarten sind. Je stärker die **Marke benutzt** wird und je weiter der vom Schutz der Marke umfasste **Waren- und Dienstleistungsbereich** ist, desto höher wird das von der Marke ausgehende Behinderungspotential eingestuft.[473] Auch der im Patentnichtigkeitsverfahren geltende Regelsatz, dass sich die voraussichtlichen Nachteile der Allgemeinheit wirtschaftlich weitgehend mit den Erträgen einer normalen Verwertung des Patents für die Dauer der Restlaufzeit decken werden, kann im Markenlöschungsverfahren wegen der unbegrenzten Schutzdauer der Marke im Zweifel nicht herangezogen werden.[474] Die für die Gegenstandswert-Bestimmung vor dem BPatG geltenden Maßstäbe sind auch für Verfahren vor dem **DPMA** heranzuziehen.[475]

158 Der BGH stellt dagegen auch im Löschungsverfahren auf das wirtschaftliche **Interesse des Markenrechtes** an der Aufrechterhaltung einer Marke ab.[476] Nach der Rechtsprechung des **BGH** entspricht es im Regelfall billigem Ermessen, für das Rechtsbeschwerdeverfahren in einem **Markenlöschungsstreit** den Gegenstandswert auf 50.000 EUR festzusetzen.[477] Im Einzelfall kann der Wert angesichts des Interesses des Markeninhabers an der Aufrechterhaltung seiner umfänglich benutzten Marke auch deutlich darüber liegen[478] im Einzelfall auch bis zu 10 Mio. EUR.[479] Auch im Löschungsbeschwerdeverfahren ist die Entscheidungspraxis des **BPatG** – wie im Widerspruchsbeschwerdeverfahren – nach wie vor **uneinheitlich**. Teilweise sind die Senate des BPatG der Linie des BGH gefolgt

---

[464] BGH GRUR 2006, 704 – Markenwert.
[465] vgl. Büscher/Dittmer/Schiwy/*Hirsch* Kap. 18 Rn. 23; BeckOK MarkenR/Albrecht MarkenG § 71 Rn. 47.
[466] BPatG (26. Senat) GRUR-RS 2014, 09809; BPatG (27. Senat) BeckRS 2014, 18910 und BeckRS 2013, 14387; BPatG (29. Senat) GRUR 2012, 1174 (1175) mwN, BPatG (33. Senat) BeckRS 2012, 22906.
[467] BPatG (24. Senat) BeckRS 2012, 02648 (zum Anmeldebeschwerdeverfahren); BPatG (25. Senat) BeckRS 2012, 18657 und BeckRS 2010, 28259; BPatG (28. Senat) BeckRS 2009, 86476; BPatG (30. Senat) BeckRS 2010, 06518.
[468] BPatG (33. Senat) BeckRS 2012, 23520 – Carrera (70.000).
[469] BPatG GRUR-RR 2013, 311 – Bösgläubige Markeneintragung; BPatG GRUR 2012, 1172 (1173) – pjur; BPatG BeckRS 2011, 05956; BPatGE 41, 100 (101) – Cotto; BeckOK MarkenR/Albrecht MarkenG § 71 Rn. 50; aA BPatG (26. Senat) BeckRS 2016, 09897 – Schmetterling Riesling.
[470] BPatG GRUR 2012, 1172 (1173) – pjur; BPatG BeckRS 2011, 05956; BPatGE 41, 100 (101) – Cotto; BPatG GRUR 1999, 746 (747) – Omeprazok; BeckOK MarkenR/Albrecht MarkenG § 71 Rn. 50; aA BPatG BeckRS 2016, 09897 – Schmetterling Riesling (auf das Interesse des Markeninhabers abstellend); ebenfalls nicht zwischen **Widerspruchsbeschwerde** – und Löschungsverfahren differenzierend, BGH GRUR-RR 2017, 127 – Sparkassen-Rot.
[471] BPatG BeckRS 2011, 05956; BPatGE 41, 100 (101) – Cotto.
[472] BPatGE 41, 100 (101) – Cotto.
[473] BPatG BeckRS 2011, 05956.
[474] BPatG BeckRS 2011, 05956.
[475] BPatG GRUR-RR 2013, 311 – Bösgläubige Markeneintragung.
[476] BGH GRUR-RR 2017, 127 Rn. 3 – Sparkassen-Rot; BGH GRUR-RS 2015, 19674 Rn. 7 – Farbmarke gelb.
[477] BGH BeckRS 2015, 19674 – Gegenstandswert für Farbmarke gelb; BGH GRUR 2006, 704 – Markenwert; Büscher/Dittmer/Schiwy/*Büscher* Kap. 3 MarkenG § 90 Rn. 13.
[478] BGH GRUR 2008, 510 – Milchschnitte (100.000 EUR); BGH GRUR 2008, 900 – SPA II (100.000 EUR); BGH GRUR 2009, 669 – POST II (200.000 EUR); BGH GRUR 2009, 954 – Kinder III (500.000 EUR); BGH GRUR 2014, 565 – smartbook (250.000 EUR); BGH GRUR 2014, 483 Rn. 8 – test (500.000 EUR).
[479] BGH GRUR-RR 2017, 127 – Sparkassen-Rot.

und nehmen für das **Löschungsbeschwerdeverfahren** einen Regelgegenstandswert von 50.000 EUR an,[480] teilweise aber auch bei einem Regelgegenstandswert von 25.000 EUR[481] geblieben, wobei rechnerisch vom 6-fachen Satz des Regelwertes gemäß § 23 Abs. 3 S. 2 RVG ausgegangen wird. Im Hinblick auf die Erhöhung des Regelwertes auf 5.000 EUR für Verfahren, die nach dem 31.7.2013 anhängig werden, müsste der Wert von den betreffenden Senaten auf 30.000 EUR erhöht werden.[482]

Für Löschungsverfahren **wegen Verfalls** (§§ 49, 53 MarkenG) gelten die obigen Grundsätze entsprechend.[483]

6. Besonderheiten im einstweiligen Verfügungsverfahren. Anträge auf Erlass einer Untersagungsverfügung ggf. kombiniert mit einem Auskunftsbegehren (§ 19 Abs. 7 MarkenG) sind in Markensachen häufig. Gemäß § 53 Abs. 1 Nr. 1 GKG bestimmt sich der Wert über einen Antrag auf Anordnung, Abänderung oder Aufhebung eines Arrestes oder einer einstweiligen Verfügung, soweit nichts anderes bestimmt ist, ebenfalls nach § 3. Es gelten die allgemeinen Grundsätze. Das Maß der Bewertung ist daher grundsätzlich **das Interesse des Angreifers**, also das des Antragstellers an der **vorläufigen Sicherung** seines Anspruchs.

Die Streitwertbemessung ist im Einzelnen **streitig und uneinheitlich**.[484] Mehrheitlich werden wohl in Markensachen **keine Abschläge** zwischen Hauptsache- und einstweiligen Verfügungsverfahren vorgenommen.[485] Dies wird damit begründet, dass die materiellen Probleme identisch sind und in der Praxis in der Regel bereits das Verfügungsverfahren zu einer endgültigen Streitbeilegung führt.[486] Die Gegenansicht führt demgegenüber an, dass sich ex-ante diese Befriedungsaussicht nicht immer feststellen lasse.[487] Es gibt daher Gerichte, die ganz erhebliche **Abschläge von $^1/_3$ bis $^1/_2$** vornehmen.[488] Wegen **§ 51 Abs. 4 GKG nF** ist nunmehr ohnehin in Streitigkeiten des Gewerblichen Rechtsschutzes „in der Regel" der Streitwert gegenüber der Hauptsache zu ermäßigen. Diese Vorschrift bezieht sich durch die Bezugnahme auf dessen Absätze 2 und 3 systematisch allein auf Wettbewerbssachen, so dass sie auf markenrechtliche Fälle nicht anwendbar ist. Allerdings ist im einstweiligen Verfügungsverfahren nach allgemeinen Grundsätzen regelmäßig eine angemessene Reduzierung des in einem Hauptsacheverfahren anzusetzenden Streitwerts vorzunehmen, um dem Charakter dieses Verfahrens hinreichend Rechnung zu tragen.[489]

II. Streitwertgefüge

1. Keine Regelstreitwerte. Regelstreitwerte als solche werden in Kennzeichenstreitsachen als **unvereinbar** mit § 3 ZPO, § 51 GKG angesehen.[490] Die Bemessung des Streitwertes bleibt stets Sache des Einzelfalls. Gleichwohl haben sich unabweisbar **Streitwertgefüge** bei den Gerichten ausgebildet.

2. Wertstufen. Verallgemeinernd lassen sich die folgenden **Wertstufen** anführen:

a) Unbenutzte und/oder unbekannte Kennzeichen. Kennzeichenstreitsachen rechtfertigen, auch wenn sie auf **unbenutzte** und/oder **unbekannte** Kennzeichen gestützt sind, regelmäßig **mindestens** einen Streitwert von **25.000 EUR oder höher**,[491] sofern nicht besondere Umstände vor-

---

[480] BPatG (26. Senat) BeckRS 2016, 09897 – Schmetterling Riesling; BPatG (27. Senat) BeckRS 2014, 18910 und GRUR-RR 2013, 311 – Bösgläubige Markeneintragung; BPatG (29. Senat) BeckRS 2011, 05956; BPatG (29. Senat) GRUR-RS 2021, 5826 Rn. 10.
[481] BPatG (25. Senat) GRUR 2012, 1172 (1173) – pjur.
[482] Vgl. BPatG BeckRS 2016, 09897 – Schmetterling Riesling.
[483] BeckOK MarkenR/Albrecht MarkenG § 71 Rn. 53.
[484] Vgl. Mayer/Kroiß/*Nordemann-Schiffel* RVG Anhang I. V. 1 Rn. 2; Teplitzky/*Feddersen* Kap. 49 Rn. 25–29 (zum UWG).
[485] Beispw. OLG Hamburg BeckRS 2011, 05146 (zum UWG); differenzierend OLG Rostock GRUR-RR 2009, 39 – Moonlight (zum Urheberrecht); vgl. Mayer/Kroiß/*Nordemann-Schiffel* RVG Anhang I. V. 1 Rn. 2 mwN; zust. Ströbele/*Hacker* MarkenG § 142 Rn. 3 mit krit. Schneider/Herget/*Onderka*, Streitwert-Kommentar, Rn. 2656; zum UWG Rspr.-Übersicht bei Harte/Henning/*Retzer* UWG § 12 Rn. 844–862.
[486] Ströbele/*Hacker* MarkenG § 142 Rn. 3; krit. Büscher/Dittmer/Schiwy/*Hirsch* Kap. 18 Rn. 4.
[487] Büscher/Dittmer/Schiwy/*Hirsch* Kap. 18 Rn. 4.
[488] Beispw. LG Düsseldorf BeckRS 2011, 20637 – Tablet-PC I (50 %); KG WRP 2005, 368 = BeckRS 2005, 01146 (2/3 des Hauptsachewertes, zum UWG); OLG Frankfurt a. M. WRP 2006, 1272 (1273).
[489] OLG Hamburg 28.9.2020 – 5 W 66/20.
[490] Vgl. BGH WRP 2015, 454 = BeckRS 2015, 03109 (zum UWG); OLG Nürnberg GRUR 2007, 815 (816) – Kennzeichenstreitwert; Teplitzky/*Feddersen* Kap. 49 Rn. 17 mwN; aA OLG Saarbrücken BeckRS 2008, 23621 („Regelstreitwert" von 10.000–20.000 EUR).
[491] Vgl. OLG Köln GRUR 2015, 596 – kinderstube (Internetdomain, 30.000 EUR); OLG Köln BeckRS 2013, 14330– planetkey (Internetdomain, 25.000 EUR); OLG Saarbrücken BeckRS 2008, 23621 („Regelstreitwert" von 10.000–20.000 EUR); Ströbele/*Hacker* MarkenG § 142 Rn. 3 (nicht unter 25.000 EUR); *Fezer*, Markenrecht, § 142 Rn. 15 (für regelmäßig 30.-50.000 EUR); *Ingerl/Rohnke* MarkenG § 142 Rn. 10 mwN (für regelmäßig 50.000–75.000 EUR); Büscher/Dittmer/Schiwy/*Hirsch* Kap. 18 Rn. 23 (für 50.000–150.000 EUR).

liegen, die eine niedrigere oder höhere Streitwertfestsetzung nahelegen.[492] Klagen von **Verbänden** wegen der – im MarkenG kodifizierten – Irreführung über **geographische Herkunftsangaben (§ 126 MarkenG)** rechtfertigen für gewöhnlich einen niedrigeren, an UWG-Streitwerten orientierten Wert.[493]

165   b) **Benutzte Kennzeichen.** Ist das verletzte Kennzeichen bereits vom Inhaber in nicht unerheblichem Umfang **benutzt** worden, wird – abhängig vom Angriffsfaktor – regelmäßig ein Streitwert von mindestens **50.000 EUR** anzusetzen sein.[494] Dies entspricht dem vom BGH angenommenen **Regelgegenstandswert** in Widerspruchs- und Löschungsverfahren (→ Rn. 157). **Unternehmenskennzeichen** liegen aufgrund des begrenzteren Schutzbereichs im Zweifel darunter.[495] **Langjährig benutzte Kennzeichen** können dagegen auch deutlich unterhalb der Schwelle des Bekanntheitsschutzes – wiederum je nach Angriffsfaktor – durchaus einen Streitwert von **100.000 EUR** rechtfertigen.[496]

166   c) **Bekannte Kennzeichen.** Die Verletzung **bekannter Marken** iSd §§ 14 Abs. 2 Nr. 3, 15 Abs. 3 MarkenG rechtfertigt dagegen bereits im Regelfall die Annahme eines Streitwertes in der Höhe **100.000 EUR**[497] **oder auch höher,**[498] sofern nicht ein außergewöhnlich niedriger Angriffsfaktor gegeben ist. Die Abhängigkeit des Streitwerts auch bei umfangreich benutzten oder gar bekannten Marken vom Angriffsfaktor lässt sich instruktiv an einer Serie von Entscheidungen des **OLG Hamburg** veranschaulichen: Ein „gut eingeführtes Zeichen" für Sportgeräte rechtfertigte bei Verletzungshandlungen im Internet für Schuhe trotz einer Benutzung an der Grenze zum beschreibenden Bereich einen Streitwert von 100.000 EUR und bei gewerblichen Angeboten von Indoor-Fahrrädern 150.000 EUR, dagegen bei lediglich einem einzelnen Angebot gebrauchter Schuhe nur einen Streitwert von 30.000 EUR.[499]

167   Auch Streitwerte von **250.000 EUR** können bei der Verletzung **bekannter Marken** gerechtfertigt sein,[500] etwa im – regelmäßig mit wertvollen Marken gesegneten – **Arzneimittelbereich,**[501] insbesondere bei Verletzungshandlungen durch **Parallelimporteure.**[502]

---

[492] Vgl. stRspr des OLG Hamburg 27.11.2002 – 3 W 132/02; 28.2.2007 – 5 W 17/07; 22.4.2010 – 5 W 43/10; zuletzt 10.6.2010 – 5 W 60/10.
[493] Vgl. OLG Düsseldorf BeckRS 2013, 21563.
[494] Vgl. OLG Düsseldorf GRUR-RR 2013, 384 = BeckRS 2013, 08500 – Der Wendler; OLG Düsseldorf BeckRS 2013, 11227; LG Köln BeckRS 2013, 04859 (30.000 EUR); OLG Hamm BeckRS 2013, 16874; 2013, 19872– eye2; OLG Hamburg – 5 U 85/12– LandTräume (Werktitel); OLG Hamburg – 5 W 60/10; OLG Hamburg GRUR-RR 2008, 370 (371) – Pizza Flitzer (100.000 EUR für Unterlassung und Einwilligung in die Markenlöschung, Verletzer betrieb bereits ein Wettbewerbsunternehmen); vgl. Mayer/Kroiß/*Nordemann-Schiffel* RVG Anhang I. V.1 Rn. 1 mwN; für regelmäßig 250.000,– *Ingerl/Rohnke* MarkenG § 142 Rn. 10 mwN.
[495] LG Hamburg GRUR-RS 2015, 19278 – poppen.de (30.000 EUR).
[496] LG Düsseldorf BeckRS 2015, 05615 (Pirateriefall); OLG Hamburg GRUR-RR 2011, 70 – Stimmt's? = BeckRS 2010, 15827 (Werktitel).
[497] Beispw. BGH BeckRS 2013, 20401 und BGH BeckRS 2013, 20396 (Kennzeichenkollision bei bekanntem Zeichen in bundesweiter Zeitschriftenwerbung: Unterlassungsstreitwert ca. 100.000 EUR; wegen des nämlichen Unternehmenskennzeichens allerdings auch einmal 250.000 EUR festsetzend: BGH BeckRS 2013, 20393); OLG Hamburg 13.7.2021 – 5 W 21/21 („Pink Floyd" für Wandbilder, Bewertung auf Social Media, eV); OLG Hamburg – 5 W 26/14 (Marke „Spinning" für Schuhe, Benutzung an der Grenze zum beschreibenden Bereich, 100.000 EUR; vgl. die zur selben Marke ergangenen Parallelentscheidungen des OLG Hamburg: 5 W 47/14 mit Wertfestsetzung iHv 150.000 EUR bei gewerblichen Angeboten von Indoor Fahrrädern und 5 W 29/14 mit Wertfestsetzung iHv 30.000 EUR für ein Angebot gebrauchter Schuhe; OLG Hamburg GRUR-RR 2014, 490 (492) – Elitepartner (100.000 EUR); LG Hamburg BeckRS 2014, 08187 (Popeye-Motiv, 100.000 EUR); OLG Hamburg BeckRS 2013, 17386 (100.000 EUR wegen Verletzung bekannter Bildmarke auf Textilien); LG Düsseldorf BeckRS 2013, 12986 – Parfummarke (100.000 EUR); OLG München BeckRS 2013, 11543 (100.000 EUR bei regional bekannter Zeichenfamilie „Sonne"); OLG Düsseldorf BeckRS 2012, 15787 (100.000 EUR wegen markenverletzendem Parallelimport); OLG Hamburg NJOZ 2007, 4818 (4820) – Tchibo/Tchico (100.000 EUR wegen nur unbedeutender Umsätze des Verletzers).
[498] OLG Köln GRUR-RR 2015, 402 – Tippfehlerdomain II (wetteronlin.de; 150.000 EUR); OLG Hamburg BeckRS 2010, 26161 – Joop (150.000 EUR wegen Verletzung einer bekannten Marke und gleichnamigen Unternehmenskennzeichens); OLG Hamburg GRUR-RR 2009, 302 – Answer for life (250.000 EUR Kollisionslage zweier Werbeclaims konkurrierender Pharmaunternehmen).
[499] OLG Hamburg – 5 W 26/14 (Marke „Spinning" für Schuhe, Benutzung an der Grenze zum beschreibenden Bereich, 100.000 EUR; OLG Hamburg: – 5 W 47/14 mit Wertfestsetzung iHv 150.000 EUR bei gewerblichen Angeboten von Indoor Fahrrädern; OLG Hamburg – 5 W 29/14 mit Wertfestsetzung iHv 30.000 EUR für ein Angebot gebrauchter Schuhe.
[500] Beispw. OLG Köln BeckRS 2013, 03480 (260.000 EUR, Wörterbuch-Gelb benutzt für Sprachlernsoftware); OLG Hamburg BeckRS 2013, 12619 – Gelbe Seiten (250.000 EUR); ebenso OLG Hamburg – 5 W 39/13 – Gelbe Seiten.
[501] LG Hamburg BeckRS 2014, 03011 (500.000 EUR, Bildmarke eines transdermales Pflasters).
[502] Beispw. OLG Hamburg 31.8.2012 – 3 W 78/12; OLG Hamburg NJOZ 2004, 858 (866) – Novaldex (250.000 EUR); OLG Hamburg GRUR-RR 2005, 260 – Selokeen = BeckRS 2005, 02460 (250.000 EUR); im Einzelfall auch höher: OLG Hamburg GRUR-RR 2003, 215 – Zestril = BeckRS 2003, 00646 (500.000 EUR).

Wertfestsetzung nach freiem Ermessen 168–171 § 3 ZPO

Bei der Verletzung **überragend bekannter Marken** sind auch darüber hinausgehende Streitwerte **168** **von bis zu 500.000 EUR** bei hohen Angriffsfaktoren gerechtfertigt,[503] insbesondere wenn **Piraterie-fälle** betroffen sind.[504] Im Einzelfall sind auch Werte von **über 1 Mio. EUR** denkbar, wenn aus überragend bekannten Marken zwischen zwei besonders marktstarken Unternehmen gestritten wird.[505] Ist dagegen eine überragend bekannte Marke in einem Bereich betroffen, für den sie zwar eingetragen, aber **keine gesteigerte Kennzeichnungskraft** beanspruchen kann, ist von dem „Bekanntheitswert" nur ein Wert von $1/2$ bis $1/3$ anzunehmen.[506]

3. Mehrheit von Schutzrechten. Mehrere in einer Klage geltend gemachte Streitgegenstände **169** werden grundsätzlich nach § 39 Abs. 1 GKG zusammengerechnet. Wird ein einheitlicher Klageantrag mit der Verletzung **mehrerer Schutzrechte** im Haupt- und Hilfsverhältnis – oder auch kumulativ – begründet, ist der Streitwert nach der Rechtsprechung des BGH **angemessen (maßvoll) zu erhöhen** (§ 5).[507] Dabei ist bei einem einheitlichen Unterlassungsantrag zu berücksichtigen, dass der Angriffsfaktor im Regelfall unverändert und deshalb eine Vervielfachung des Streitwerts des Hauptanspruchs grundsätzlich nicht gerechtfertigt ist.[508] Von einem einheitlichen Wert wegen eines **einheitlichen Klageziels** auszugehen,[509] ist allerdings mit der neusten BGH-Rechtsprechung nicht mehr zu vereinbaren.[510] Eine wirtschaftliche Einheit liegt vor, wenn die Ansprüche nach dem konkreten Sachverhalt nicht in der Weise nebeneinander bestehen können, dass das Gericht beiden Ansprüchen stattgeben könnte.[511] Das ist bei den auf mehrere Klagegründe gestützten Ansprüchen aus dem Bereich des Gewerblichen Rechtsschutzes regelmäßig nicht der Fall. Vielmehr bestehen die Ansprüche grundsätzlich in dem Verhältnis nebeneinander, dass beiden Ansprüchen stattgegeben werden könnte.[512]

Werden neben einem kennzeichenrechtlichen Anspruch auch Ansprüche aus ergänzendem **wett- 170 bewerbsrechtlichem Leistungsschutz** geltend gemacht, handelt es sich um zwei Streitgegenstände.[513] Auch hier sind die oben genannten Grundsätze anzuwenden. Der BGH hat daher bei einem Streit um ein **Unternehmenskennzeichen** den für den Hauptanspruch festgesetzten Streitwert ausdrücklich **um 10 %** für den hilfsweise geltend gemachten **wettbewerbsrechtlichen** Anspruch und den hilfsweise geltend gemachten Anspruch aus Vertragsrecht erhöht.[514]

III. Streitwertbegünstigung, § 142 MarkenG

1. Allgemeines. § 142 MarkenG eröffnet grundsätzlich die Möglichkeit, unter Beibehaltung des **171** Streitwertes den **Gebührenstreitwert** in allen Kennzeichenstreitsachen herabzusetzen. Sie kommt in

---

[503] Beispw. OLG Hamburg 30.4.2013 – 3 W 47/13 – Medicon/Medicone (500.000 EUR); LG Hamburg GRUR-RS 2015, 17956 Rn. 52 – BMW „M" (500.00 EUR); LG Hamburg BeckRS 2011, 29490 – PARSHIP (Keyword-advertising, 350.000 EUR); *Ingerl/Rohnke* MarkenG § 142 Rn. 10 mwN.
[504] Beispw. OLG Hamburg BeckRS 2012, 00540 – Converse (400.000 EUR bei Vertrieb von Pirateriewaren in erheblichem Umfang); OLG Düsseldorf GRUR-RR 2013, 156 – Polohemden = BeckRS 2012, 24439 (400.000 EUR bei Vertrieb von Pirateriewaren); OLG Hamburg GRUR-RR 2003, 4 (6) – BEANIES (DM 750.000 bei großer Zahl verletzender Schlüsselanhänger); OLG Hamburg NJOZ 2001, 631 (635) – Nintendo (DM 1,1 Mio. bei einem Container Videospiele inkl. Sequestrationsanspruch); vgl. bei nicht bekannter Marke LG Düsseldorf BeckRS 2015, 05615 (100.000 EUR, eV-Verfahren).
[505] LG Hamburg GRUR-RS 2019, 43246 – MERCK (Marke und Unternehmenskennzeichen, 1 Mio. EUR); LG Hamburg GRUR-RS 2016, 05117 – Heidel/Heidi (1 Mio. EUR, Unterlassung und Markenlöschung); OLG München GRUR 2015, 590 – Adler im Kreis (1,5 Mio. EUR); OLG Köln BeckRS 2014, 07784 – Goldbär (5 Mio. EUR, „angemessen erhöht" wegen 6 Marken und ergänzender Ansprüche nach § 4 Nr. 9 UWG).
[506] Beispw. OLG Hamburg BeckRS 2010, 20310 – EiPott (300.000 EUR, Marke „iPod" im Bereich von Küchengeräten); LG Hamburg BeckRS 2014, 13034 (Marke „Mini" für Wanduhren); OLG Köln. MMR 2010, 616 – www.fcbayern.es (50.000 EUR); LG München BeckRS 2011, 12276 (Marke „Viagura" für Alkohol, 500.000 EUR).
[507] BGH GRUR 2016, 1300 Rn. 73 – Kinderstube; BGH BeckRS 2013, 20393 mit Anm. Heim GRUR-Prax 2014, 21; OLG Köln BeckRS 2014, 07784 – Goldbär (5 Mio. EUR, „angemessen erhöht" wegen 6 Marken und ergänzender Ansprüche nach § 4 Nr. 9 UWG); OLG Köln BeckRS 2013, 21619; anders noch OLG Köln GRUR-RR 2014, 25 (26) – Kinderhochstuhl = BeckRS 2013, 16546 (keine Erhöhung für auf Geschmacksmuster gestützten Hilfsantrag); LG Frankfurt a. M. BeckRS 2013, 20233 – Streitwertaddition.
[508] BGH GRUR 2016, 1300 Rn. 73 – Kinderstube; BGH WRP 2014, 192 = BeckRS 2013, 20393; Ströbele/Hacker/*Thiering*, Markengesetz, § 142 Rn. 9 ff.; aA OLG Frankfurt a. M. GRUR-RR 2012, 367 (368) – Streitwert-addition, LG Frankfurt a. M. BeckRS 2013, 20233 – Streitwertaddition.
[509] OLG Köln GRUR-RR 2014, 25 (26) = BeckRS 2013, 16546 – Kinderhochstuhl; und so wohl auch OLG Hamburg GRUR-RR 2014, 490 (492) – Elitepartner.
[510] vgl. Büscher GRUR 2012, 16 (22); Büscher/Dittmer/Schiwy/*Hirsch* Kap. 18 Rn. 3.
[511] Büscher GRUR 2012, 16 (22).
[512] Büscher GRUR 2012, 16 (22).
[513] OLG Köln GRUR-RR 2014, 25 (26) – Kinderhochstuhl „Sit-up".
[514] BGH WRP 2014, 192 = BeckRS 2013, 20393, hierzu *Heim* GRUR-Prax 2014, 21; vgl. dagegen OLG Köln GRUR-RR 2013, 24 – Gute Laune Brause-Taler = BeckRS 2012, 20235 (Berufung der Klägerin wegen Klagabweisung hinsichtlich UWG 100.000 EUR, Berufung der Beklagten wegen Verurteilung aus Markenrecht ebenfalls rund 100.000 EUR).

der Praxis selten vor; regelmäßig wird die wirtschaftliche Schwäche eines Verletzer bereits im Rahmen des Angriffsfaktors erschöpfend berücksichtigt.

172 **a) Funktion.** Die **Herabsetzung** erfolgt nur zugunsten der dies beantragenden Partei, deren wirtschaftliche Lage durch eine Belastung mit den nach dem vollen Streitwert berechneten Prozesskosten erheblich gefährdet würde. Im Übrigen verbleibt es bei dem **normalen Streitwert** für die Bestimmung von Zuständigkeit (im Markenprozess ohne Bedeutung) und Beschwer, aber auch für die Berechnung des Honorars, das die nicht begünstigte Partei ihrem Prozessanwalt schuldet.[515] Über § 85 Abs. 3 MarkenG gilt die Vorschrift entsprechend in markengesetzlichen Rechtsbeschwerdeverfahren vor dem BGH.[516] Parallele Vorschriften finden sich noch in § 144 PatG, § 26 GebrMG, § 54 DesignG und § 12 Abs. 4 UWG.

173 **b) Kritik.** Zu Recht verweisen *Ingerl/Rohnke* darauf, dass zwar für die Parallelvorschriften typischerweise schutzbedürftige Personengruppen benannt werden können, nämlich Einzelpersonen als Erfinder und Arbeitnehmererfinder oder im UWG Wettbewerbs- und Verbraucherverbände, wohingegen im Kennzeichenrecht die Schutzbedürftigkeit weniger naheliegend ist.[517] Der Kritik, dass für mittellose Parteien das Institut der **Prozesskostenhilfe** mit dem Regulativ der Prüfung der Erfolgsaussichten der Rechtsverfolgung oder -verteidigung vorhanden und auch ausreichend sei,[518] ist für das Markenrecht daher zuzustimmen. Allerdings ist anerkannt, dass in Fällen **missbräuchlicher Prozessführung** auch für eine Streitwertherabsetzung kein Raum ist (→ Rn. 175).[519]

2. Voraussetzungen. a) Glaubhaftmachung der erheblichen wirtschaftlichen Gefährdung.
174 Die antragstellende Partei muss **glaubhaft machen** können (§ 294 ZPO), dass die Belastung mit den nach dem vollen Streitwert berechneten Kosten ihre wirtschaftliche Lage **erheblich gefährden** würde. Die Voraussetzungen sind zwar weniger streng als im Recht der Prozesskostenhilfe, die zusätzlich von den Erfolgsaussichten der beabsichtigten Rechtsverfolgung bzw. -verteidigung abhängt. Andererseits rechtfertigt nicht jede wirtschaftliche „Schieflage" des Antragstellers auch eine Streitwertreduzierung.[520] Denn gerade mit Rücksicht auf den Gegner muss auch der Antragsteller ein gewisses Kostenrisiko übernehmen. Insgesamt ist daher ein **strenger Maßstab** anzulegen, so dass weder allgemeine wirtschaftliche Schwierigkeiten genügen,[521] noch darf die Partei bereits endgültig vermögenslos geworden sein.[522] Auch zumutbare **Kreditaufnahmemöglichkeiten** sind zu berücksichtigen.[523] Dem Begünstigten soll ein gewisses Kostenrisiko in angemessenem Verhältnis zum normalen Risiko, dem erhöhten Risiko der Gegenpartei und seinen Vermögensverhältnissen verbleiben.[524] Berücksichtigungsfähig ist auch das Vorliegen gleichgelagerter Parallelverfahren.[525] Die erforderliche Glaubhaftmachung setzt die Einreichung nachprüfbarer **schriftlicher Unterlagen** voraus und/oder die Abgabe einer eidesstattlichen Versicherung.[526]

175 **b) Ausschluss bei missbräuchlicher Prozessführung.** Es ist anerkannt, dass jedenfalls in Fällen offensichtlich **missbräuchlicher Nutzung** fremder Marken oder Ausnutzung bekannter Marken für eine Streitwertherabsetzung kein Raum ist (missbräuchliche Prozessführung).[527] Die Streitwertbegünstigung ist nicht dazu da, **Markenpiraten** das Kostenrisiko ihres Handelns zu verringern.[528] Gleiches gilt für Personen, die bei der Markenanmeldung bösgläubig waren (§ 8 Abs. 2 Nr. 10 MarkenG).[529] Bei der Beurteilung, ob ein Fall der missbräuchlichen Prozessführung vorliegt, darf auch **vorprozessuales Verhalten** berücksichtigt werden, insbesondere wenn auf eine Abmahnung des Marken-

---

[515] OLG Koblenz GRUR 1996, 139 – Streitwert.
[516] *Ingerl/Rohnke* MarkenG § 142 Rn. 1.
[517] *Ingerl/Rohnke* MarkenG § 142 Rn. 14; zur Vereinbarkeit mit Verfassungs- und Unionsrecht: *Gruber* GRUR 2018, 585.
[518] *Ingerl/Rohnke* MarkenG § 142 Rn. 16; für eine Gleichbehandlung ohnehin eintretend: *Fezer*, Markenrecht, § 142 Rn. 14.
[519] OLG Frankfurt a. M. GRUR-RR 2005, 296 – Goldschmuckstücke; LG Hamburg – 327 O 428/11; *Ströbele/ Hacker* MarkenG § 142 Rn. 15; *Ingerl/Rohnke* MarkenG § 142 Rn. 19.
[520] Schneider/Herget/*Onderka*, Streitwert-Kommentar, Rn. 2696.
[521] Schneider/Herget/*Onderka*, Streitwert-Kommentar, Rn. 2696.
[522] BGH GRUR 2019, 1215 Rn. 10 – Dampfdruckverringerung; OLG Hamburg 13.7.2021 – 5 W 21/21; *Ingerl/ Rohnke* MarkenG § 142 Rn. 18; *Ströbele/Hacker* MarkenG § 142 Rn. 13; *Fezer*, Markenrecht, § 142 Rn. 14.
[523] OLG Frankfurt a. M. BeckRS 2004, 09517; *Ingerl/Rohnke* MarkenG § 142 Rn. 18; *Ströbele/Hacker* MarkenG § 142 Rn. 13.
[524] BGH BeckRS 2009, 25824.
[525] OLG Koblenz GRUR 1996, 139 (140) – Streitwert.
[526] *Ströbele/Hacker* MarkenG § 142 Rn. 14.
[527] OLG Frankfurt a. M. GRUR-RR 2020, 559 Rn. 13 – Daytona 365; OLG Frankfurt a. M. GRUR-RR 2005, 296 – Goldschmuckstücke; OLG Koblenz GRUR 1996, 139 (140) – Streitwert; OLG Hamburg WRP 1979, 382 (zu § 23a UWG aF); LG Hamburg – 327 O 428/11; *Ströbele/Hacker* MarkenG § 142 Rn. 15; *Ingerl/Rohnke* MarkenG § 142 Rn. 19; Schneider/Herget/*Onderka*, Streitwert-Kommentar, Rn. 2707.
[528] Ebenso *Ströbele/Hacker* MarkenG § 142 Rn. 16.
[529] *Ströbele/Hacker* MarkenG § 142 Rn. 16.

inhabers trotz eindeutiger Rechtslage **nicht reagiert** worden ist, so dass Anlass zu Klagerhebung gegeben worden war.[530] In diesem Fall führt das Verhalten des Verletzers geradewegs zur Entstehen weiterer Kosten, weil dem Markeninhaber kein anderer Weg als die Klageerhebung bleibt.[531] Auch in Fällen **mangelnder vorprozessualer Aufklärung** kann eine Streitwertbegünstigung versagt werden.[532]

3. Verfahren. Die Streitwertbegünstigung erfolgt nur auf **Antrag**. Dieser muss vor der Verhandlung zur Hauptsache gestellt werden; bei Festsetzung erst nach der letzten Verhandlung innerhalb angemessener Frist.[533] Er unterliegt nicht dem Anwaltszwang, § 142 Abs. 3 S. 1 MarkenG iVm § 78 Abs. 5. Im **einstweiligen Verfügungsverfahren** kann der Antrag bis zur Verhandlung über den Widerspruch gestellt werden bzw. bei Abschluss ohne mündliche Verhandlung innerhalb angemessener Frist nach der Streitwertfestsetzung[534] und zwar auch ohne Einlegung eines Widerspruchs.[535] Unzulässig ist der Antrag, wenn er im Verfahren auf Erlass einer einstweiligen Verfügung erst nach Abgabe der Abschlusserklärung gestellt wird, da diese Erklärung die Instanz beendet hat.[536] **176**

Die Anordnung ergeht gemäß § 142 Abs. 3 S. 4 MarkenG **nach Anhörung** des Gegners durch Kammer-/Senatsbeschluss. Sie ist für jede Instanz gesondert zu beantragen.[537] Die Begrenzungen des § 117 Abs. 2 S. 2 hinsichtlich der wirtschaftlichen Belege sind entsprechend zu beachten.[538] Gegen den Beschluss ist die **Streitwertbeschwerde** nach § 68 GKG statthaft.[539] Beschwerdeberechtigt ist jeder durch die Entscheidung Beschwerte, das sind die beantragende Partei oder der Gegner, aber auch die Rechtsanwälte oder mitwirkenden Patentanwälte der Prozessparteien aus eigenem Recht. **177**

4. Rechtsfolgen. Herabgesetzt wird der Streitwert **nur zugunsten der dies beantragenden Partei,** deren wirtschaftliche Lage durch eine Belastung mit den nach dem vollen Streitwert berechneten Prozesskosten erheblich gefährdet würde. Im Übrigen bleibt der **normale Streitwert** für die Bestimmung von Zuständigkeit (im Markenverletzungsprozess ohne Bedeutung) und Beschwer, aber auch für die Berechnung des Honorars, das die nicht begünstigte Partei ihrem Prozessanwalt schuldet.[540] **178**

Unterliegt der Begünstigte ganz, muss er Gerichtskosten (§ 142 Abs. 1 MarkenG), vom Gegner verauslagte Gerichtskosten (§ 142 Abs. 2 S. 2 MarkenG), Gebühren des gegnerischen Rechtsanwalts (§ 142 Abs. 2 S. 2 MarkenG) und die Gebühren des eigenen Rechtsanwalts (§ 142 Abs. 2 S. 1 MarkenG) nur nach dem **Teilstreitwert** bezahlen. Selbiges gilt für etwaige **Patentanwaltskosten.**[541] Der Rechtsanwalt der Gegenpartei behält aber seinen Gebührenanspruch nach vollem Streitwert gegenüber seinem Mandanten.[542] Bei der Kostenquotelung gilt dies entsprechend, allerdings kann der Rechtsanwalt des Begünstigten seine Gebühren aus dem vollen Streitwert von dem Gegner erstattet verlangen (§ 142 Abs. 2 S. 3 MarkenG), obwohl der Gegner selbst seinen quotalen Erstattungsanspruch nur nach dem Teilstreitwert berechnen kann.[543] Den nicht zu erstattenden Teil der Gerichtskosten aus dem vollen Streitwert hat die Gegenpartei im Rahmen der Haftungsvorschriften des GKG zu tragen.[544] Nicht zu den Gerichtskosten iSd § 142 Abs. 1 MarkenG gehören die **Auslagen** des Gerichts.[545] **Obsiegt** die begünstigte Partei hat die Streitwertbegünstigung nur im Falle der Insolvenz des Gegners Bedeutung. **179**

---

[530] OLG Hamburg 13.7.2021 – 5 W 21/21; OLG Düsseldorf – 20 W 7/15; OLG Frankfurt a. M. GRUR-RR 2005, 296 – Goldschmuckstücke; OLG Hamburg WRP 1985, 281 zu § 23a UWG aF; *Ingerl/Rohnke* MarkenG § 142 Rn. 19; *Fezer*, Markenrecht, § 142 Rn. 14.
[531] OLG Frankfurt a. M. GRUR-RR 2020, 559 Rn. 13 – Daytona 365.
[532] *Ingerl/Rohnke* MarkenG § 142 Rn. 19 mwN.
[533] *Ingerl/Rohnke* MarkenG § 142 Rn. 24 mwN; *Fezer*, Markenrecht, § 142 Rn. 12.
[534] OLG Koblenz GRUR 1996, 139 – Streitwert.
[535] OLG Hamburg WRP 1985, 281 zu § 23a UWG aF; *Ingerl/Rohnke* MarkenG § 142 Rn. 24; *Ströbele/Hacker* MarkenG § 142 Rn. 18; *Fezer*, Markenrecht, § 142 Rn. 12.
[536] KG GRUR-RR 2017, 127 Rn. 4.
[537] *Ingerl/Rohnke* MarkenG § 142 Rn. 27; *Fezer*, Markenrecht, § 142 Rn. 11.
[538] *Ströbele/Hacker* MarkenG § 142 Rn. 19.
[539] *Ströbele/Hacker* MarkenG § 142 Rn. 21; *Fezer*, Markenrecht, § 142 Rn. 17.
[540] OLG Koblenz GRUR 1996, 139 – Streitwert; BPatG BeckRS 2012, 00713; OLG Düsseldorf BeckRS 2014, 01151 (PatentR); *Ingerl/Rohnke* MarkenG § 142 Rn. 30 mit weiteren Einzelheiten.
[541] *Ströbele/Hacker* MarkenG § 142 Rn. 23; vgl. zum PatentR: BPatG BeckRS 2012, 00713.
[542] *Ingerl/Rohnke* MarkenG § 142 Rn. 30.
[543] *Ingerl/Rohnke* MarkenG § 142 Rn. 31.
[544] *Ingerl/Rohnke* MarkenG § 142 Rn. 31.
[545] OLG München GRUR 1960, 79 – Sachverständigenkosten (zum PatG); *Ströbele/Hacker* MarkenG § 142 Rn. 26.

H. Designstreitsachen

I. Streitwertbemessung

180 Auch in Designstreitsachen ist der Streitwert, sofern es sich nicht um bezifferte Leistungsanträge handelt, vom Gericht nach freiem Ermessen (§ 3 ZPO) bzw. billigem Ermessen (§ 51 Abs. 1 GKG) festzusetzen. Selbiges gilt für Streitsachen nach dem Gemeinschaftsgeschmacksmuster. Hier sind dieselben Erwägungen maßgebend wie bei Marken, weshalb diesbezüglich auf die Ausführungen zum Markenrecht verwiesen werden kann (→ Rn. 138). Auch hinsichtlich des Nichtigkeitsverfahrens kann auf die Grundsätze zum Markenrecht verwiesen werden (→ Rn. 157). Maßstab ist dabei im Hinblick auf den Popularcharakter des Nichtigkeitsantrages wie in Patentnichtigkeitsverfahren und Markenlöschungsverfahren grundsätzlich das Interesse der Allgemeinheit an der Nichtigkeitsfeststellung bzw. der Löschung, welches in der Regel dem gemeinen Wert des angegriffenen Designs entspricht.[546] Das BPatG bewertet jedoch das von einem eingetragenen Design ausgehende Behinderungspotential gegenüber einer eingetragenen Marke grundsätzlich höher. Denn während Marken Waren und Dienstleistungen ihrer Herkunft aus einem bestimmten Unternehmen nach kennzeichnen, betrifft das eingetragene Design die Gestaltung eines Produkts bzw. einer Ware hinsichtlich seines optischen Erscheinungsbildes und seiner Benutzbarkeit und damit das Produkt/die Ware als solches und nicht nur dessen (betriebliche) Herkunftskennzeichnung. Der Gegenstandswert eines designrechtlichen Nichtigkeitsverfahrens nach § 34a DesignG ist dann aber deutlich höher zu bewerten als derjenige eines markenrechtlichen Löschungsverfahrens nach §§ 50, 54 MarkenG. Das BPatG (30. Senat) hält insoweit im designrechtlichen Nichtigkeitsverfahren nach § 34a DesignG bei Designs, die entweder unbenutzt sind oder bei denen sich zu Art und Umfang einer Benutzung keine Feststellungen treffen lassen, unter Abwägung aller Gesichtspunkte wie insbesondere der Restlaufzeit des verfahrensgegenständlichen Designs eine Verdoppelung des im markenrechtlichen Löschungsverfahren bei unbenutzten Marken allgemein angenommenen Gegenstandswerts von 50.000,- EUR und damit einen (Regel-)Gegenstandswert von 100.000,- EUR für angemessen, aber auch ausreichend.[547] Abweichungen „nach unten" sind allerdings für den Fall zu erwägen, dass das eingetragene Design nur noch eine geringe Restlaufzeit hat.[548]

181 Allerdings sind die Streitwerte auch im Verletzungsverfahren regelmäßig höher als im Markenrecht.[549] Dies liegt daran, dass – ungeachtet der gegenüber Marken kürzeren Schutzdauer – mit einem Design das Konkurrenzprodukt selbst angegriffen werden kann.[550] Während beispielsweise eine (markenrechtliche) Produktbezeichnung leichter austauschbar ist, ist das Produktdesign regelmäßig nur mit größerem Aufwand abänderbar. Sowohl der Angriffsfaktor als auch der objektive Wert der Unterlassungsklage rechtfertigen daher einen höheren Streitwert als in einfachen Markensachen. Ein Gleichlauf wird dagegen mit Formmarken anzunehmen sein. Für den Angriffsfaktor spielt es keine durchschlagende Rolle, ob die angegriffene Ausführungsform lediglich auf einer Messe vorgestellt worden, aber noch keine Serienproduktion aufgenommen worden, da es sich bei dem geltend gemachten Anspruch um einen in die Zukunft gerichteten Unterlassungsanspruch handelt. Die Ausführungsform ist vom Verletzer entworfen und auf der Messe ausgestellt worden, um diese sodann zu vertreiben.[551] Betrifft aber das geschützte Geschmacksmuster nur einen Teil einer Gesamtvorrichtung betrifft, ist das Verbotsinteresse nur auf diesen Teil begrenzt; das wirtschaftliche Interesse kann gerade auf den Umsatzanteil beschränkt sein, der aus der äußeren Gestaltung des Verletzungsmusters generiert wird.[552]

182 Die Streitwerte in Designsachen erreichen daher leicht Werte von **30.000–50.000 EUR**[553] oder darüber. Aber auch Werte von **150.000 EUR**[554] bis **250.000 EUR**[555] lassen sich bei Alltagsprodukten,

---

[546] BPatG BeckRS 2019, 31897 Rn. 18; Hartwig GRUR 2020, 935 (945) mwN.
[547] BPatG BeckRS 2019, 31897 Rn. 21 und 22; 2019, 2990 Rn. 15 f.
[548] BPatG BeckRS 2019, 2990 Rn. 21; aA für das Verfügungsverfahren OLG Düsseldorf GRUR-RS 2018, 52227 Rn. 11 – Rohrbogen.
[549] Büscher/Dittmer/Schiwy/*Hirsch* Kap. 18 Rn. 40; aA Mayer/Kroiß/*Nordemann-Schiffel* RVG Anhang I. V. 1 Rn. 8.
[550] BPatG BeckRS 2019, 2990 Rn. 15 f.
[551] OLG Düsseldorf GRUR-RS 2018, 52228 Rn. 79 – Sitzmöbel (200.000 EUR); OLG Düsseldorf GRUR-RR 2013, 144 – Paula = BeckRS 2012, 24441 (250.000 EUR für Pudding).
[552] OLG Düsseldorf GRUR-RS 2018, 52227 Rn. 8 f. – Rohrbogen (1/3 bzw. 1/4 dieses Jahresumsatzes).
[553] LG Düsseldorf GRUR-RS 2019, 24435 Rn. 50 (Kosmetikstift, eV-Verfahren, 30.000 EUR); LG Düsseldorf BeckRS 2014, 00345 (Autofelgen, 50.000 EUR).
310 O 142/20 (Siebträgermaschine, eV-Verfahren, 30.000 EUR).
[554] LG Frankfurt a. M. BeckRS 2013, 20233 (Handtasche); OLG Köln GRUR-RR 2014, 25 (26) = BeckRS 2013, 16546 – Kinderhochstuhl „Sit-up"; OLG Hamburg GRUR-RR 2006, 94 – Nachahmung von Modeneuheit (120.000 EUR für Unterlassung).
[555] LG Hamburg GRUR-RS 2020, 35407 (Honigglas, eV-Verfahren, UWG und GGV, 250.000 EUR); OLG Düsseldorf GRUR-RS 2018, 52228 Rn. 79 – Sitzmöbel (200.000 EUR).
310 O 1/19 (Sneaker-Gestaltung, 200.000 EUR).

wie Textilien, Mobiliar oder Lebensmitteln feststellen. Produktgestaltungen mit **höherer Bekanntheit**, wie Designklassiker[556] oder Kraftfahrzeuge,[557] aber auch bekanntere Lebensmittel rechtfertigen auch Streitwerte von **500.000,–**.[558] Kommt das geschützte Design – zumindest nach der Behauptung des Schutzrechtsinhabers – in die Nähe einer **Schlüsselgestaltung** sind wegen der Folgen für die betroffenen Marktteilnehmer auch Streitwerte in Millionenhöhe anzutreffen (1,9 Mio.[559] bis 5 Mio.[560]). **Bekannte Designs** im Bereich der **Konsumentenelektronik**, wie beim Apple iPad, rechtfertigen ebenfalls Streitwerte in Millionenhöhe.[561]

Wird der einheitliche Klageantrag mit der Verletzung **mehrerer Schutzrechte** im Haupt- und Hilfsverhältnis begründet, handelt es sich zwar um verschiedene Streitgegenstände, der Streitwert ist nach der jüngsten Rechtsprechung des BGH aber nur **angemessen zu erhöhen** (→ § 5 Rn. 12).[562] Werden hilfsweise auch Ansprüche aus **wettbewerbsrechtlichem Leistungsschutz** geltend gemacht, handelt es sich um zwei Streitgegenstände, für die ebenfalls die oben genannten Grundsätze anzuwenden sind[563] (→ Rn. 170).

II. Streitwertherabsetzung, § 54 DesignG

§ 54 DesignG eröffnet die Möglichkeit der Herabsetzung des Streitwertes. Hierzu kann auf die Ausführungen zum Markenrecht (→ Rn. 171) verwiesen werden.

I. Wettbewerbsstreitsachen

I. Grundsätze der Streitwertbemessung

In Wettbewerbssachen ist der Streitwert, sofern es sich nicht um bezifferte Leistungsanträge handelt und soweit auch nichts anderes bestimmt ist, gemäß § 51 Abs. 2 GKG vom Gericht nach Ermessen festzusetzen. Nunmehr enthalten **§ 51 Abs. 2–4 GKG nF** für den Wettbewerbsprozess eigenständige, für die Gebührenberechnung relevante Wertvorschriften. **Regelstreitwerte** sind auch in Wettbewerbssachen **unvereinbar** mit § 3 ZPO, § 51 GKG. An eine – ggf. auch übereinstimmende oder zumindest unwidersprochen gebliebene – **Wertangabe der Parteien** ist das Gericht nicht gebunden.[564] Übereinstimmende und nicht offensichtlich unzutreffende Angaben der Parteien im erstinstanzlichen Verfahren sind allerdings ein – widerlegbares und gerichtlich nachprüfbares – **Indiz** für den wirtschaftlichen Wert des Klagebegehrens.[565]

1. Bedeutung der Sache für den Kläger. Gemäß **§ 51 Abs. 2 GKG nF** hat das Gericht den Streitwert in Verfahren über Ansprüche aus dem UWG, soweit nichts anderes bestimmt ist, nach der sich aus dem Antrag des Klägers für ihn ergebenden Bedeutung der Sache nach Ermessen zu bestimmen. Einen sachlichen Unterschied zum *billigen* Ermessen nach § 51 Abs. 1 GKG beinhaltet dies nicht; es ist allerdings im Hinblick auf § 51 Abs. 3 GKG nF sicherlich **kein** *freies* Ermessen iSd § 3 ZPO mehr.[566] Die **Bedeutung der Sache** für den Kläger (§ 51 Abs. 2 GKG) entspricht – wie bisher – dem Klägerinteresse an der jeweiligen angestrebten Entscheidung, also das wirtschaftliche Interesse, das der Antragsteller zur Abwehr aktueller oder potentieller Verletzungshandlungen mit dem Klag-

---

[556] OLG Frankfurt a. M. BeckRS 2019, 21541 Rn. 4 (Händetrocker, eV-Verfahren, Verletzer ohne Umsätze, 70.000 EUR; LG Hamburg – 310 O 94/20 (Sandale, eV-Verfahren, 200.000 EUR einschl. Sequestration).
[557] LG München BeckRS 2014, 00254 (Fahrzeugdesign).
[558] LG München BeckRS 2014, 00254 (Fahrzeugdesign); vgl. zu § 4 Nr. 9 UWG: OLG Köln NJW-RR 2014, 304 (307) – Knoppers (bis Erlass der eV 500.000, danach 300.000 EUR).
[559] LG Düsseldorf BeckRS 2013, 19906 (Webdesign, nicht eingetragenes Gemeinschaftsgeschmacksmuster).
[560] LG Düsseldorf BeckRS 2014, 02546 (Dacheindeckungsplatten).
[561] OLG Düsseldorf BeckRS 2012, 03383 (Tablet PC, im Ergebnis gestützt auf UWG: 2 Mio.), ebenso die Vorinstanz LG Düsseldorf BeckRS 2011, 22389, wobei für jede der beiden Antragsgegnerinnen der Wert von 1 Mio. angenommen wurde; LG Düsseldorf BeckRS 2012, 03845 (Tablet PC: 1 Mio.); LG Düsseldorf BeckRS 2011, 20637 (Tablet PC: 500.000,-, Abschlag iHv 50 % wegen einstweiligen Verfügungsverfahrens).
[562] BGH BeckRS 2013, 20393; OLG Köln BeckRS 2014, 07734 (5 Mio. EUR, „angemessen erhöht" wegen 6 Marken und ergänzender Ansprüche nach § 4 Nr. 9 UWG); OLG Köln BeckRS 2013, 21619; anders noch OLG Köln GRUR-RR 2014, 25 (26) – Kinderhochstuhl „Sit-up" = BeckRS 2013, 16546 (keine Erhöhung für auf Geschmacksmuster gestützten Hilfsantrag); LG Frankfurt a. M. BeckRS 2013, 20233 (Streitwertaddition).
[563] OLG Köln GRUR-RR 2014, 25 (26) – Kinderhochstuhl „Sit-up".
[564] BGH GRUR 2012, 1288 – Vorausbezahlte Telefongespräche II; OLG Düsseldorf GRUR-RR 2011, 341 – Streitwertheraufsetzung II; OLG Hamburg NJOZ 2007, 52 (53) – Parteidispositiver Streitwert; *Hartmann* GKG § 61 Rn. 10; *Wessing/Basar* GRUR 2012, 1215 (1216).
[565] BGH GRUR 2012, 1288 – Vorausbezahlte Telefongespräche II; KG NJOZ 2010, 2020 (2021) – Cold Call; OLG Frankfurt a. M. BeckRS 2007, 02246; OLG Hamburg NJOZ 2007, 52 (53) – Parteidispositiver Streitwert; BGH GRUR 1986, 93 (94) – Berufungssumme; OLG Rostock BeckRS 2022, 1247 Rn. 4 (Widerspruch des Beklagten gegen Wertangabe des Klägers); Harte/Henning/*Retzer* UWG § 12 Rn. 842 mwN.
[566] In diese Richtung ging jedenfalls der Gesetzgeber, vgl. Amt. Begr. des Gesetzesentwurfs, BT-Drs. 17/13057, 30.

verfahren verfolgt.[567] Allerdings ist nunmehr ausdrücklich gesetzlich geregelt, dass das **Beklagteninteresse** nach § 51 Abs. 3 S. 1 GKG **als Korrektiv** heranzuziehen ist (→ Rn. 196).[568] Speziell für den Unterlassungs- und Beseitigungsanspruch sieht § 51 Abs. 3 S. 2 GKG einen starren **Auffangstreitwert** von **1.000 EUR** vor (→ Rn. 197). Bei **einstweiligen Verfügungen** soll gem. Abs. 4 der Streitwert im Verhältnis zur Hauptsache ermäßigt werden (zu weiteren Einzelheiten → Rn. 204).

187 **2. Unterlassungsklagen von Mitbewerbern, § 8 Abs. 1, 3 Nr. 1 UWG.** Für die Klage des Mitbewerbers nach § 8 Abs. 3 Nr. 1 UWG ist als Bewertungsmaßstab das **Interesse des Klägers** relevant. Dies ist abhängig vom Wert der geschützten Wettbewerbsposition und von der Gefährlichkeit und Schädlichkeit der zu verbietenden Handlung sowie der Wahrscheinlichkeit und dem Ausmaß einer künftigen Beeinträchtigung dieses Interesses (sog. **Angriffsfaktor**).[569] Eine Einschränkung dieses Grundsatzes ergibt sich jedoch mittlerweile aus **§ 51 Abs. 2 GKG nF** und dem Auffangstreitwert des **§ 51 Abs. 3 GKG nF.**

188 **a) Wert der geschützten Wettbewerbsposition.** Regelmäßig ist Ausgangspunkt des wirtschaftlichen Interesses des Verletzten sein **Umsatz mit Wettbewerbsprodukten.**[570] Da es bei der Unterlassungsklage um die Abwehr aktueller oder potentieller Verletzungshandlungen geht, sind nicht die bereits erlittenen Umsatzeinbußen maßgebend – sie mögen ein Indiz sein –, sondern die **zukünftig betroffenen Umsätze**, sollte der Verletzer sein Verhalten fortsetzen.[571] Die Bedeutung der Sache für den Kläger hängt damit auch schon mit dem Grad der Wiederholungsgefahr und dem Umfang seiner Betroffenheit zusammen.[572]

189 Insbesondere im Falle von Unterlassungsanträgen wegen Mitbewerberschutzes (§ 4 UWG nF) kann auch eine zu besorgende Marktverwirrung oder Rufbeeinträchtigung zu berücksichtigen sein. Sofern Ansprüche aus Leistungsschutz (§ 4 Nr. 3 UWG nF) betroffen sind ist entsprechend den Marken- oder Designstreitigkeiten zusätzlich auch der einem Schutzrecht vergleichbare Vermögenswert der Wettbewerbsposition zu berücksichtigen, regelmäßig also ein etwaiger Wert der konkreten **Produktgestaltung oder der gute Ruf.** Je höher dieser Wert aufgrund langjähriger Benutzung und Herkunftszuordnung ist, desto höher ist auch der Wert der Sache für den Kläger einzustufen (zu weiteren Einzelheiten → Rn. 222).

190 Das **Interesse Dritter** an der Rechtsverfolgung durch den Kläger ist für die Wertbestimmung nicht relevant,[573] auch wenn die Klärung von Wettbewerbsfragen und das Abstellen von Verstößen konzeptionell vom klagenden Unternehmer im Interesse aller Marktteilnehmer erfolgt. Damit ist auch kein Raum für eine in der Vergangenheit teilweise diskutierte **Abschreckungsfunktion**[574] des Streitwertes. Hierfür dürfte nach Erlass des sog. Gesetzes gegen unseriöse Geschäftspraktiken (BGBl. 2013 I Nr. 59) wohl kaum noch argumentativer Raum bestehen.[575] Erklärtes Ziel des Gesetzgebers war die Absenkung des Streitwertniveaus (jedenfalls für das Urheberrecht).[576] Allerdings kann im Einzelfall nach wie vor eine nachweisbare **Nachahmungsgefahr** – etwa wegen besonderer Auffälligkeit der Verletzungshandlung – erhöhend im Rahmen des Angriffsfaktors berücksichtigt werden.[577]

191 **b) Angriffsfaktor.** Das Ausmaß und die Gefährlichkeit der (weiter) zu erwartenden Verletzungshandlungen bestimmt auf Seiten des Verletzers den **Angriffsfaktor.** Hier ist nach den verschiedenen Klagebefugnissen zu differenzieren.

192 **aa) Prognoseentscheidung.** Für die **Prognoseentscheidung** geht es zunächst um Ausmaß, Intensität, Häufigkeit und Auswirkungen möglicher künftiger Verletzungshandlungen.[578] Diese wird indiziert durch die Schädlichkeit der bereits begangenen Verletzungs- bzw. Vorbereitungshandlung (en), die auch von den **Umsätzen** und **Werbeaufwendungen** des Verletzers abhängt, sowie vom

---

[567] BGH GRUR 1990, 1052 (1053) – Streitwertbemessung; Köhler/Bornkamm/*Köhler/Feddersen* UWG § 12 Rn. 5.3b.
[568] Köhler/Bornkamm/*Köhler/Feddersen* UWG § 12 Rn. 5.3c.
[569] BGH GRUR 2017, 212 Rn. 8 – Finanzsanierungen; BGH GRUR 2013, 301 (305) – Solarinitiative; BGH GRUR 1990, 1052 (1053) – Streitwertbemessung; Köhler/Bornkamm/*Köhler/Feddersen* UWG § 12 Rn. 5.6; Teplitzky/*Feddersen* Kap. 49 Rn. 12.
[570] Teplitzky/*Feddersen* Kap. 49 Rn. 11.
[571] BGH GRUR 2013, 301 (305) – Solarinitiative; Teplitzky/*Feddersen* Kap. 49 Rn. 14.
[572] BGH GRUR 2013, 301 (305) – Solarinitiative.
[573] BGH GRUR 1977, 748 (749) – Kaffee-Verlosung II; Teplitzky/*Feddersen* Kap. 49 Rn. 19; Köhler/Bornkamm/*Köhler/Feddersen* UWG § 12 Rn. 5.6; Harte/Henning/*Retzer* UWG § 12 Rn. 824.
[574] OLG Hamburg GRUR-RR 2004, 342 (343) – Kartenausschnitte und OLG Hamburg GRUR-RR 2007, 375 (376) – Filesharing beide zum Urheberrecht; dagegen OLG Frankfurt a.M. GRUR-RR 2005, 71 (72) – Toile Monogram; zust. *Teplitzky* (10. Auflage) Kap. 49 Rn. 14a; ebenso Ingerl/Rohnke MarkenG § 142 Rn. 9; *Fezer*, Markenrecht, § 142 Rn. 5.
[575] Auch wenn § 51 Abs. 3 GKG sich nur auf UWG-Streitigkeiten nach Abs. 2 bezieht.
[576] Vgl. Amtl. Begr. des Gesetzesentwurfs, BT-Drs. 17/13057, 14.
[577] Köhler/Bornkamm/*Köhler* UWG § 12 Rn. 5.6.
[578] OLG Hamburg NJOZ 2013, 2118 (2119); Köhler/Bornkamm/*Köhler/Feddersen* UWG § 12 Rn. 5.6.

Grad der Wiederholungsgefahr.[579] Ein **schnelles Eingreifen** des Verletzten durch Abmahnung und im Wege einstweiligen Rechtsschutzes ist aus diesem Grunde nicht geeignet, den Angriffsfaktor zu vermindern.[580] Ein anderes kann allerdings dann gelten, wenn sich der Lieferant des Verletzers **bereits unterworfen** hatte, da einer drohenden Fortsetzung der Schädigungshandlung damit weitgehend der Boden entzogen ist.[581] Folgt eine Unterwerfung erst nach Zustellung der einstweiligen Verfügung, kann sich dies wegen § 4 Abs. 1 ZPO naturgemäß nicht mehr mindernd auswirken.[582]

bb) Die einzelnen Faktoren. Die Gefährlichkeit (Angriffsfaktor) der zu unterbindenden Handlung 193 für den Wettbewerber ist anhand des drohenden Schadens zu bestimmen und hängt von den Umständen ab.[583] Relevante Faktoren sind zum einen die **Unternehmensverhältnisse** beider Parteien, die die **Intensität des Wettbewerbs**verhältnisses prägt, also Umsätze, Größe, Wirtschaftskraft und Marktstellung der Unternehmen auch in räumlicher, sachlicher und zeitlicher Hinsicht.[584] Sofern es dafür Anhaltspunkte gibt, kann auch berücksichtigt werden, ob es sich um prosperierende oder stagnierende Unternehmen (und Märkte) handelt.[585]

Die **Intensität der Wettbewerbs**handlung, also auch Inhalt und Umfang der Bewerbung und ihre 194 Auffälligkeit, bestimmen den Angriffsfaktor mit.[586] Die Intensität ist bei besonders **zugkräftigen Werbeaussagen**, wie etwa Alleinstellungswerbung (→ Rn. 231) oder der Werbung mit Testergebnissen (→ Rn. 233) regelmäßig gesteigert, ebenso in besonders sensiblen Bereichen wie der Werbung mit **Gesundheitsbezug** (→ Rn. 214 ff.). Die zu prognostizierende Intensität zukünftiger Verletzungshandlungen wird indiziert durch die Schädlichkeit der bereits begangenen Verletzungs- und Vorbereitungshandlungen und ggf. die eigenen Ankündigungen des Verletzers.[587] Drohende Umsatzeinbußen oder ein **Marktverwirrungs- und Rufschaden** wirken ebenfalls streitwerterhöhend.[588] Unerheblich ist dagegen, ob der Gegner (nach seinen Behauptungen) aus seinem wettbewerbswidrigen Verhalten im fraglichen Zeitraum überhaupt einen Vorteil gezogen hat.[589] Wird durch den Wettbewerbsverstoß ein echter **Wettbewerbsvorteil** erzielt, ist dies allerdings streitwerterhöhend zu berücksichtigen.[590]

Die **Intensität der Wiederholungsgefahr** wird auch durch subjektive Umstände mitgeprägt, wie 195 den Verschuldensgrad.[591] Erfolgte die Verletzung **vorsätzlich** oder gar **systematisch**, ist dies **streitwerterhöhend** zu berücksichtigen.[592] Die Gefährlichkeit des Angriffs ist regelmäßig bei (erwiesen) wahrheitswidriger Leugnung begangener Handlungen, **Verschleierungsmaßnahmen,** Verschiebung von Verletzungsgegenständen an Dritte zur Erschwerung der Unterbindung, **Vortäuschung** von Unterwerfungsbereitschaft zur Verschleppung, **Fortsetzung** oder sogar Steigerung der Verletzung nach Abmahnung zur Vereitelung des Zugriffs höher zu bemessen.[593] In diesem Zusammenhang kann auch eine nachweisbare **Nachahmungsgefahr** – etwa wegen besonderer Auffälligkeit der Verletzungshandlung – erhöhend berücksichtigt werden, weil sich in ihr die zukünftige Betroffenheit des Verletzten spiegelt.[594] Eine besondere Gefährlichkeit kann auch bei Verstößen gegen öffentlich-rechtliche Schutzgesetze angenommen werden.[595]

c) Erheblich geringeres Interesse des Beklagten. Die grundsätzliche Orientierung am wirt- 196 schaftlichen Interesse des Klägers einerseits und dem Angriffsfaktor andererseits ist jedoch durch § 51 Abs. 3 GKG nF **eingeschränkt** worden. Nach dieser Vorschrift ist nunmehr ausdrücklich das **Be-**

---

[579] OLG Hamburg NJOZ 2013, 2118 (2119); Teplitzky/*Feddersen* Kap. 49 Rn. 16.
[580] Zum MarkenR: OLG Hamburg 5 W 26/14; OLG Düsseldorf GRUR-RR 2013, 156 = BeckRS 2012, 24439 – Polohemden; OLG Hamburg MD 2000, 597 (602) – Doppelherz.
[581] OLG Hamburg GRUR-RR 2006, 392 – Docking Stations (20.000 EUR für den Händler statt 250.000 EUR für den Lieferanten).
[582] LG München I BeckRS 2012, 19283; Büscher/Dittmer/Schiwy/*Hirsch* Kap. 18 Rn. 41.
[583] BGH GRUR 1990, 1052 (1053) – Streitwertbemessung; KG NJOZ 2010, 2020 (2021) – Cold Call; Köhler/Bornkamm/*Köhler/Feddersen* UWG § 12 Rn. 5.5.
[584] BGH GRUR 1990, 1052 (1053) – Streitwertbemessung; OLG Hamburg NJOZ 2013, 2118 (2119); KG NJOZ 2010, 2020 (2021) – Cold Call; LG Frankfurt a. M. NJOZ 2011, 1166 (1167) – Innovationsführer; LG Hamburg BeckRS 2006, 13686; Köhler/Bornkamm/*Köhler/Feddersen* UWG § 12 Rn. 5.6; Piper/Ohly/*Sosnitza* UWG § 12 Rn. 226.
[585] Köhler/Bornkamm/*Köhler/Feddersen* UWG § 12 Rn. 5.6; Teplitzky/*Feddersen* Kap. 49 Rn. 15.
[586] BGH GRUR 1990, 1052 (1053) – Streitwertbemessung; OLG Hamburg NJOZ 2013, 2118 (2119); BeckRS 2010, 02844; KG GRUR-RR 2021, 96 (Abschwächung bei nur geringer Zahl an „Followern" auf Social Media Plattform).
[587] Köhler/Bornkamm/*Köhler/Feddersen* UWG § 12 Rn. 5.6; Teplitzky/*Feddersen* Kap. 49 Rn. 14.
[588] BGH GRUR 1990, 1052 (1053) – Streitwertbemessung; KG NJOZ 2010, 2020 (2021) – Cold Call; Köhler/Bornkamm/*Köhler/Feddersen* UWG § 12 Rn. 5.6.
[589] OLG Frankfurt a. M. BeckRS 2007, 02246.
[590] LG Hamburg MMR 2010, 413 (414) – Buchpreisbindung.
[591] BGH GRUR 1990, 1052 (1053) – Streitwertbemessung; KG WRP 2010, 789; Teplitzky Kap. 49 Rn. 14.
[592] Teplitzky/*Feddersen* Kap. 49 Rn. 16; zum MarkenR: OLG Hamburg 5 W 26/14; Ingerl/Rohnke MarkenG § 142 Rn. 8.
[593] Zum MarkenR: OLG Hamburg 5 W 26/14; Ingerl/Rohnke MarkenG § 142 Rn. 8.
[594] Köhler/Bornkamm/*Köhler/Feddersen* UWG § 12 Rn. 5.6; Teplitzky/*Feddersen* Kap. 49 Rn. 14a.
[595] OLG Hamburg BeckRS 2009, 08480 – jugendgefährdende Medien.

klagteninteresse nach § 51 Abs. 3 S. 1 GKG **als Korrektiv** heranzuziehen.[596] Denn es gilt, dass, wenn die Bedeutung der Sache für den Beklagten erheblich geringer zu bewerten ist, als der nach § 51 Abs. 2 GKG ermittelte Streitwert, dieser angemessen zu mindern ist. Es bleibt abzuwarten, was von der Rechtsprechung in Zukunft als „erheblich" angesehen wird. Dies soll nach der Intention des Gesetzgebers zu einer **Senkung der Streitwerte** führen.[597] Insbesondere, wenn Verbraucherinteressen zu erheblichem Maße betroffen sind, ist für die Anwendung des § 51 Abs. 2 GKG im Zweifel kein Raum.[598] Eine als Härtefallregelung zum Schutz wirtschaftlich schwächerer Parteien konzipierte Regelung dient auch nicht dem Schutz professionell gestalteter Internetshops auf einer Internet-Plattform mit enormer Reichweite.[599] Dass ein Beklagter in für ihn aussichtslosen Fällen ein erheblich geringeres Interesse behaupten wird, dürfte offenkundig kaum genügen. Auch bei eigenen Umsätzen von 100 TEUR und mehr ist das stets abzulehnen.[600] Das gebundene Ermessen („ist angemessen zu mindern") eröffnet gleichwohl eine Prüfung, ob auf Tatbestandsebene eine erheblich geringeres Interesse nachvollziehbarer Weise gegeben ist. Daran schließt sich dann eine *angemessene* Reduktion an.

197 d) **Auffangstreitwert.** Speziell für den Unterlassungs- und Beseitigungsanspruch sieht § 51 Abs. 3 S. 2 GKG einen starren **Auffangstreitwert** vor: Bietet der Sach- und Streitstand für die Bestimmung des Streitwerts **keine genügenden Anhaltspunkte**, ist insoweit ein Streitwert von **1.000 EUR** anzunehmen, auch wenn diese Ansprüche nebeneinander geltend gemacht werden. Nach der Begründung im Regierungsentwurf soll dieser Wert vor allem in den Fällen zur Anwendung kommen, in denen außerhalb des UWG ein Verstoß gegen Marktverhaltensregeln (§ 3a UWG) vorliegt und die **Verzerrung des Wettbewerbs aber eher unwahrscheinlich** ist, da ein vernünftiger Verbraucher oder sonstiger Marktteilnehmer sich durch den Verstoß in seiner Entscheidung über den Kauf einer Ware oder die Inanspruchnahme einer Dienstleistung nicht beeinflussen lassen wird.[601] Die Vorschrift soll folglich bei **geringfügigen Wettbewerbsverstößen von Kleinunternehmern** eingreifen.[602] Sie ist vor dem Hintergrund verständlich, dass Verstöße gegen Regelungen, die auf EU-Recht basieren, vom Gesetz stets als erheblich angeordnet werden, § 5a Abs. 4 UWG (→ Rn. 234).

198 **Regelstreitwerte** sind gleichwohl in Wettbewerbssachen weiterhin unvereinbar mit § 3 ZPO, § 51 GKG; insbesondere lässt sich auch aus § 51 Abs. 3 S. 2 GKG keineswegs ein solcher Regelstreitwert ableiten.[603] Diese Regelung greift vielmehr nur dann ein, wenn keine der Parteien brauchbare Anhaltspunkte für eine gerichtliche Streitwertfestsetzung vortragen; das Interesse des Antragstellers, keine Umsätze preisgeben zu müssen, ist in diesem Zusammenhang nicht schützenswert.[604] Im Ergebnis dürfte die Klausel auf eine Art streitwertmäßige Geringfügigkeitsklausel hinauslaufen.[605]

199 3. **Verbandsklagen, § 8 Abs. 3 Nr. 2–4 UWG.** Hier ist zu unterscheiden, welche Interessen der klagende Verband konkret wahrnimmt.[606]

200 a) **Verbände zur Förderung gewerblicher Interessen, § 8 Abs. 3 Nr. 2 UWG.** Bei **Verbänden zur Förderung gewerblicher Interessen** (Nr. 2) ist das Interesse des Verbandes in der Regelfall ebenso zu bewerten wie das **eines gewichtigen Mitbewerbers**.[607] Nimmt allerdings der Verband lediglich das Interesse **eines bestimmten Mitbewerbers** wahr, wofür eine entsprechende Kostendeckungszusage ein Indiz ist, kann dieses Interesse zu Grunde gelegt werden.[608] Für die Bemessung des betroffenen konkreten Interesses kommt es dann wieder auf die oben ausgeführten Faktoren bei Klagen eines Mitbewerbers an.[609]

201 b) **Qualifizierte Einrichtungen (Verbraucherverbände), § 8 Abs. 3 Nr. 3 UWG.** Im Rahmen des § 8 Abs. 3 Nr. 3 UWG kann nicht auf die Grundsätze der Streitwertbemessung bei Wettbewerbsverbänden (§ 8 Abs. 3 Nr. 2 UWG) zurückgegriffen werden.[610] Bei **Verbraucherverbänden** (Nr. 3) kommt es auf das – satzungsmäßig wahrgenommene – Interesse der Verbraucher und den **ihnen**

---

[596] Köhler/Bornkamm/*Köhler/Feddersen* UWG § 12 Rn. 5.3c.
[597] Vgl. BT-Drs. 17/13057, 30 f.
[598] OLG Frankfurt GRUR-RS 2021, 37043.
[599] OLG Frankfurt GRUR-RS 2021, 549 Rn. 16.
[600] OLG Hamburg GRUR-RS 2020, 29442 Rn. 13.
[601] Vgl. BT-Drs. 17/13057, 31.
[602] OLG Zweibrücken NJW-RR 2014, 1535; OLG Stuttgart MD 2014, 278 (279); *Köhler* NJW 2013, 3473 (3477).
[603] Büscher/Dittmer/Schiwy/*Hirsch* Kap. 18 Rn. 8.
[604] Vgl. OLG Hamburg – 3 W 12/15.
[605] Köhler/Bornkamm/*Köhler/Feddersen* UWG § 12 Rn. 5.3d.
[606] Köhler/Bornkamm/*Köhler/Feddersen* UWG § 12 Rn. 5.7.
[607] BGH GRUR 2011, 560 – Streitwertherabsetzung II; BGH GRUR 1998, 958 – Verbandsinteresse; zust. *Teplitzky* 49. Kap. Rn. 20a; OLG München WRP 2008, 972 (976) – Jackpot-Werbung; OLG Hamburg GRUR-RS 2020, 29442 Rn. 7; Köhler/Bornkamm/*Köhler/Feddersen* UWG § 12 Rn. 5.8.
[608] OLG Stuttgart BeckRS 1997, 08339.
[609] Teplitzky/*Feddersen* Kap. 49 Rn. 23.
[610] BGH GRUR 2011, 560 – Streitwertherabsetzung II.

drohenden **Nachteile** an. Bei Verbandsklagen, die sich gegen die Verwendung von missbräuchlichen Klauseln in Allgemeinen Geschäftsbedingungen richten (UKlaG), ist Der wirtschaftlichen Bedeutung des Verbots, bestimmte Klauseln zu verwenden, bei der Bemessung der Beschwer und des Streitwerts in der Regel keine ausschlaggebende Bedeutung beizumessen (→ Rn. 210).[611] Dieser Grundsatz ist für die Bewertung der Interessen in einem vom Verband geführten **Wettbewerbsprozess** jedoch nicht maßgeblich.[612] Soweit die finanzielle Ausstattung der – ausschließlich im öffentlichen Interesse tätigen – Verbraucherverbände unterdurchschnittlich ist, stellt sich die Frage, inwieweit sich dies in der Wertbemessung niederschlagen kann. Richtigerweise ist dies nach dem BGH im Rahmen der Streitwertherabsetzung nach § 12 Abs. 4 UWG zu prüfen, wobei es gerechtfertigt erscheint, die Frage, ob die Belastung mit den Prozesskosten nach dem vollen Streitwert tragbar ist, bei ihnen nach weniger strengen Maßstäben zu beurteilen als bei Wettbewerbsverbänden (→ Rn. 240).[613] Dies schließt aber gleichwohl nicht aus, dass im Einzelfall, beispielsweise in den Fällen der Gesundheitsgefährdung, unzulässiger Belästigung der Verbraucher oder Klauseln in Versicherungsverträgen, das Interesse auch erheblich höher liegen kann als etwa das Interesse eines Mitbewerbers.[614]

c) **Industrie-, Handels- oder Handwerkskammern, § 8 Abs. 3 Nr. 4 UWG.** Bei den **Kammern** (Nr. 4) kommt es wiederum wie bei den Fachverbänden auf die Interessen der **repräsentierten Unternehmen** an. Auch hier ist wieder das Interesse eines gewichtigen Mitbewerbers zu Grunde zu legen.[615] **202**

4. **Annexansprüche.** Hinsichtlich der Wertbemessung von **Auskunfts- und Schadensersatz (feststellungs-)klagen** kann auf die Ausführungen im allgemeinen Teil verwiesen werden (→ Rn. 29). Geht es um einen Anspruch auf **Löschung einer Internetdomain**, gelten im Zweifel die oben zum Unterlassungsanspruch aufgestellten Grundsätze.[616] Für einen wettbewerbsrechtlichen **Sequestrationsanspruch** (insbesondere im Rahmen des § 4 Nr. 3 UWG) wird für gewöhnlich von einem Streitwert von ca. 10% des Streitwerts der Unterlassungsklage ausgegangen.[617] **203**

5. **Besonderheiten im einstweiligen Verfügungsverfahren.** Anträge auf Erlass einer **Untersagungsverfügung** sind in Wettbewerbssachen häufig. Die vorläufige Anordnung einer **Auskunftsverpflichtung** ist dagegen im Wettbewerbsrecht mangels einer mit §§ 19 Abs. 7 MarkenG, 140b Abs. 7 PatG vergleichbaren Regelung unzulässig.[618] **204**

Die Bemessung des Streitwerts einer einstweiligen Untersagungsverfügung war in der bisherigen Gerichtspraxis uneinheitlich. Teilweise sind **keine Abschläge** zwischen Hauptsache- und einstweiligen Verfügungsverfahren vorgenommen worden,[619] teilweise ein Abschlag von **einem Drittel**,[620] teilweise ist auch noch weiter differenziert worden.[621] Die erste Ansicht stützte sich darauf, dass in Wettbewerbssachen die materiellen Probleme regelmäßig identisch sind und in der Praxis in der Regel bereits das Verfügungsverfahren zu einer endgültigen Streitbeilegung führt.[622] Die zweite Ansicht stützte sich darauf, dass das Verfügungsverfahren nur auf die vorläufige Sicherung, nicht aber auf eine Verwirklichung des Anspruchs gerichtet ist.[623] **205**

Dieser Streit dürfte nunmehr obsolet sein. Wegen **§ 51 Abs. 4 GKG nF** ist nunmehr in Streitigkeiten des Gewerblichen Rechtsschutzes „in der Regel" der Streitwert gegenüber der **Hauptsache zu ermäßigen.** Nach dieser Vorschrift, die sich durch die Bezugnahme auf die Absätze 2 und 3 systematisch **allein auf Wettbewerbssachen** bezieht, sollen also im Vergleich zum Hauptsachever- **206**

---

[611] BGH GRUR 2017, 212 Rn. 10 – Finanzsanierungen; BGH GRUR-RS 2013, 12246; GRUR 2011, 560 – Streitwertherabsetzung II.
[612] BGH GRUR 2017, 212 Rn. 11 – Finanzsanierungen.
[613] BGH GRUR 2017, 212 Rn. 11 – Finanzsanierungen; BGH GRUR 2011, 560 – Streitwertherabsetzung II.
[614] BGH GRUR 2011, 560 – Streitwertherabsetzung II; BGH BeckRS 2013, 22513 (Bearbeitungsentgelt bei Modernisierungskrediten); KG NJOZ 2010, 2020 (2021) – Cold Call; Köhler/Bornkamm/*Köhler/Feddersen* UWG § 12 Rn. 5.9.
[615] Köhler/Bornkamm/*Köhler/Feddersen* UWG § 12 Rn. 5.10.
[616] Vgl. auch OLG Hamburg – 5 W 114/12; OLG Hamburg – 5 W 37/12.
[617] Vgl. OLG Hamburg – 3 W 3/11.
[618] OLG Hamburg GRUR-RR 2007, 29 – Cerebro Card; zum Meinungsstand *Teplitzky* (10. Aufl.) Kap. 54 Rn. 11 und Kap. 55 Rn. 40a.
[619] StRspr des OLG Hamburg seit WRP 1981, 470 (473) = BeckRS 2011, 05146; LG Hamburg BeckRS 2010, 02844.
[620] KG GRUR-RR 2021, 96 Rn. 5; OLG Hamm BeckRS 2011, 21443; KG BeckRS 2005, 01146; Schneider/Herget/*Onderka*, Streitwert-Kommentar, Rn. 2656; Rspr.-Übersicht bei Harte/Hennig/*Retzer* UWG § 12 Rn. 844–862.
[621] Rspr.-Übersicht bei Harte/Hennig/*Retzer* UWG § 12 Rn. 844–862.
[622] OLG Köln NJWE-WettbR 2000, 247; auf den Einzelfall abstellend Köhler/Bornkamm/*Köhler* (32. Aufl.) § 12 Rn. 5.12; krit. Büscher/Dittmer/Schiwy/*Hirsch* Kap. 18 A. I. 1 Rn. 3; krit. Teplitzky/*Feddersen* Kap. 49 Rn. 26; offengelassen Piper/Ohly/*Sosnitza* UWG § 12 Rn. 228; auf den Zeitfaktor abstellend Harte/Henning/*Retzer* UWG § 12 Rn. 842 mwN.
[623] Köhler/Bornkamm/*Köhler* UWG § 12 Rn. 5.12 mwN.

fahren grundsätzlich niedrigere Werte festgelegt werden.[624] Die bisherige Praxis der **Ermäßigung von 20 % bis** $^1/_3$ für den Wert des Verfügungsverfahrens ist von den Gerichten überwiegend übernommen worden.[625] Die Formulierung lässt es allerdings offen, in (begründeten) Einzelfällen weiterhin auch eine Annäherung an oder eine Gleichstellung mit dem Wert der Hauptsache vorzunehmen.[626] Nicht auszuschließen ist, dass die Neuregelung – etwa in HWG-Sachen – lediglich zu einer **Erhöhung der Streitwerte** der Hauptsacheverfahren führt, anstelle einer Absenkung der Streitwerte des Verfügungsverfahrens.

II. Streitwertgefüge

207   **1. Keine Regelstreitwerte. Regelstreitwerte** sind auch in Wettbewerbssachen **unvereinbar** mit § 3 ZPO, § 51 GKG.[627] Die Bemessung des Streitwertes bleibt stets Sache des Einzelfalls. Gleichwohl haben sich unabweisbar **Streitwertgefüge** für verschiedene wettbewerbsrechtliche Streitigkeiten bei den Gerichten ausgebildet. Streitwerte **unterhalb von 5.000 EUR** kommen praktisch nicht vor, Verstöße gegen AGB-Recht bislang ausgenommen.

208   **2. Unlautere geschäftliche Handlungen (§ 3 UWG).** Seit der UWG-Novelle 2015 enthält § 3 Abs. 1 wieder eine (reine) Generalklausel. § 3 Abs. 2 enthält eine Verbrauchergeneralkausel und § 3 Abs. 3 in Verbindung mit dem Anhang bestimmte gegenüber Verbrauchern stets unzulässige geschäftliche Handlungen. Inhaltlich kann für die Streitwertbemessung auf die nachfolgenden Ausführungen zu den speziellen Unlauterkeitstatbeständen verwiesen werden.

209   **3. Verletzung von Marktverhaltensregeln (§ 3a UWG). a) AGB-Klauseln.** Am unteren Ende des Streitwertgefüges finden sich auf § 3a UWG gestützte Anträge gegen **AGB-Klauseln.** Der BGH sieht die AGB-Vorschriften des BGB zumindest dann als Marktverhaltensregelungen an, wenn sie ihre Grundlage in der **Klauselrichtlinie** (Richtlinie 93/13/EWG) haben.[628] In der Regel stellt die Verwendung unwirksamer AGB zugleich einen Verstoß gegen die „beruflichen Sorgfaltspflichten" iSd Art. 5 Abs. 2 lit. a UGP-RL dar, § 3 Abs. 2 UWG.[629] Bei Angriffen von **Wettbewerbern** werden regelmäßig pro Klausel Streitwerte von 2.000–5.000 EUR angenommen.[630] Werden dagegen durch die Klauseln europarechtliche Vorgaben insbesondere des Fernabsatzrechtes verletzt, insbesondere die Regelungen zum **Widerrufsrecht,** sind auch höhere Streitwerte von 5.000–10.000 EUR gerechtfertigt.[631] Auch im Falle besonders bedeutsamer AGB-Verstöße werden mitunter pro Klausel diese Werte angenommen,[632] allerdings bei besonders marktstarken Verletzern auch bis zu 20.000 EUR.[633]

210   Der Gebührenstreitwert in Klauselkontrollverfahren nach dem **Unterlassungsklagegesetz (UKlaG)** richtete sich nach *bisheriger* Rechtsprechung des BGH allein nach dem **Interesse der Allgemeinheit** an der Beseitigung der gesetzwidrigen AGB-Bestimmung, nicht hingegen nach der wirtschaftlichen Bedeutung des Klauselverbots. Auf diese Weise sollten Verbraucherschutzverbände vor Kostenrisiken bei der Wahrnehmung der ihnen im Allgemeininteresse eingeräumten Befugnisse zur Befreiung des Rechtsverkehrs von unwirksamen AGB geschützt werden. In einem auf Unterlassung gerichteten Verbandsverfahren nach §§ 1, 4 UKlaG hatten sich daher **Regelstreitwerte** zwischen

---

[624] OLG Düsseldorf – 20 W 8/15; OLG Düsseldorf – 20 W 34/15; Köhler/Bornkamm/*Köhler* UWG § 12 Rn. 5.12; jurisPK-UWG/*Hess* § 12 Rn. 176.
[625] OLG Hamburg GRUR-RS 2022, 6680 Rn. 5 (20 %): schon zuvor KG GRUR-RR 2021, 96 Rn. 5 ($^1/_3$), aA OLG Karlsruhe GRUR 2021, 594 Rn. 7, mwN.
[626] OLG Karlsruhe GRUR 2021, 294 Rn. 7; OLG Düsseldorf – 20 W 22/15; Köhler/Bornkamm/*Köhler* UWG § 12 Rn. 5.12 unter Hinweis auf die Gesetzesbegründung BT-Drs. 17/13057, 36; so auch OLG Rostock GRUR-RR 2009, 39 – Moonlight; krit. *Teplitzky/Feddersen* Kap. 49 Rn. 27 unter Hinweis darauf, dass dies bei Einreichung des Antrages noch nicht absehbar sei.
[627] BGH WRP 2015, 454 = BeckRS 2015, 03109; jurisPK-UWG/*Hess* § 12 Rn. 176; *Teplitzky* Kap. 49 Rn. 17 mwN; Harte/Henning/*Retzer* UWG § 12 Rn. 821; vgl. zum MarkenR: OLG Hamburg – 5 W 26/14; aA OLG Koblenz BeckRS 2011, 07054 (EV-Verfahren 10.000 EUR, Klagverfahren 15.000 EUR); OLG Saarbrücken BeckRS 2008, 23621 („Regelstreitwert" von 10.000–20.000 EUR).
[628] BGH GRUR 2012, 949 (953) – Missbräuchliche Vertragsstrafe.
[629] BGH GRUR 2012, 949 (953) – Missbräuchliche Vertragsstrafe.
[630] Vgl. LG Hamburg MMR 2012, 96 – Rechtswahlklausel in AGB (30.000 EUR für einen Verstoß gegen PAngV und vier Klauseln); LG Hamburg BeckRS 2009, 23910 (10.000 für 3 Klauseln); LG Düsseldorf BeckRS 2006, 11642 (10.550 EUR, fehlende Anbieterkennzeichnung und drei Klauseln); KG BeckRS 2005, 01859 (5.000 EUR für eine Klausel).
[631] OLG München BeckRS 2012, 12766 (Widerrufsrecht in AGB, 10.000 EUR); dagegen OLG München BeckRS 2014, 08330 (fehlende Widerrufsbelehrung 1.000 EUR); OLG Hamburg BeckRS 2007, 06325 (13.333 EUR für 3 Klauseln); LG Düsseldorf BeckRS 2006, 11642 (10.550 EUR, fehlende Anbieterkennzeichnung und drei Klauseln).
[632] LG Frankfurt a. M. BeckRS 2013, 10146 (Apps in der AGB-Klauselkontrolle, 100.000 EUR für 12 Klauseln, Verbandsklage).
[633] OLG Düsseldorf BeckRS 2015, 03177 (20.000 EUR pro Klausel).

2.500 EUR und 3.000 EUR je angegriffener Klausel durchgesetzt.[634] Bei einer Klausel mit grundlegender Bedeutung für ganze **Wirtschaftszweige**, konnte jedoch auch bisher bereits eine deutlich höhere Bewertung gerechtfertigt sein.[635] Denn das relevante Interesse der Allgemeinheit an der Beseitigung der gesetzeswidrigen Bestimmung wird richtigerweise auch geprägt durch den abstrakten wirtschaftlichen Regelungsgehalt der Klausel, wie auch insbesondere durch das Ausmaß ihrer Verbreitung, die Häufigkeit und Dauer ihrer Verwendung.[636] Im Zuge der Änderung des § 12 Abs. 4 UWG dürfte zukünftig allerdings auch im Klauselkontrollverfahren in erster Linie auf die **wirtschaftliche Bedeutung** der betreffenden Klausel abzustellen sein, da § 12 Abs. 4 UWG nunmehr eine einseitige Gebührenwertermäßigung vorsieht, in deren Genuss ein Verband kommen könnte. Dies dürfte im Ergebnis zu einer spürbaren **Erhöhung der Streitwerte** führen. Denn das Argument des Schutzes der Verbände vor unangemessener Kostenbelastung kann erst im Rahmen der Streitwertermäßigung nach § 12 Abs. 4 UWG Beachtung finden.[637] Allerdings darf gemäß **§ 48 Abs. 1 S. 2 GKG** der Streitwert in Streitigkeiten aufgrund des UKlaG 250.000 EUR nicht übersteigen.

b) Informationspflichten. Verstöße gegen verbraucherschützende Informationspflichten, wie die Informations- und Belehrungspflichten im **Fernabsatz** oder nach der **Preisangabenverordnung** (PAngV), weisen in der Regel keinen spezifischen Bezug zum wirtschaftlichen Interesse des Klägers iSd § 51 Abs. 2 GKG auf. Ist bei Rechtsverstößen der klagende Wettbewerber nicht mehr oder minder betroffen, als jeder andere Marktteilnehmer, ist das wirtschaftliche Interesse des Klägers nicht in erster Linie nach der durch die konkrete Handlung hervorgerufenen Umsatzgefährdung, sondern vielmehr im Hinblick auf die dadurch verursachte latente Beeinträchtigung der **Marktposition rechtstreuer Mitbewerber** zu bestimmen.[638] Die aus der konkret beanstandeten Handlung resultierende Gefährdung des Umsatzes bleibt jedoch für die Grundfrage von Belang, von welcher **Marktpräsenz** der im konkreten Fall streitenden Unternehmen auszugehen ist, da es auch in diesem Bereich einen erheblichen Unterschied macht, ob sich zwei große Wettbewerber streiten oder ob ein Marktteilnehmer gegen einen kleineren Unternehmer auf einem Markt vorgeht, auf dem sich noch viele andere Mitbewerber betätigen.[639] Daher sind auch höhere Werte berechtigt, etwa bei **Zeitungsinseraten**[640] oder bei Streitigkeiten über die korrekte Erfüllung von Informationspflichten zwischen zwei **großen Wettbewerbern**.[641] Zu → § 5a Rn. 234.

aa) Informationspflichten im Fernabsatz, Art. 246a EGBGB. Verstöße gegen Informationspflichten im Fernabsatz, wie der **Impressumspflicht** nach § 5 TMG oder die Pflicht zur Belehrung über **Widerrufsrechte,** rechtfertigten mit dem vorstehend Gesagten schon bislang überwiegend nur Streitwerte im Bereich **um 5.000 EUR.**[642] Allerdings war Raum für Differenzierung, ob die gesetzlich geforderte Information gänzlich fehlte (dann eher 10.000 EUR[643]) oder ob sie lediglich unvollständig (zB Kontaktaufnahmemöglichkeiten im Impressum oder Nennung der Aufsichtsbehörde) oder fehlerhaft war (Klauseln einer Widerrufsbelehrung; in beiden Fällen dann 5.000 EUR). Hierbei dürfte es weiterhin bleiben. Zwar diente die Neuregelung des **§ 51 Abs. 3 S. 2 GKG** nach der Vorstellung des Gesetzgebers insbesondere den Fällen, in denen bei einem Verstoß gegen **Marktverhaltensregeln** iSd § 3a UWG eine Verzerrung des Wettbewerbs eher unwahrscheinlich ist, weil sich ein vernünftiger Verbraucher von einem solchen Verstoß in seiner Kaufentscheidung nicht beeinflussen lassen werde.[644] Dazu dürften zweifellos die meisten der vielfältigen und sich beständig weiter verästelnden Informations- und Belehrungspflichten im Fernabsatz zu zählen sein. Da diese aber auf Unionsrecht beruhen

---

[634] BGH NJW 2013, 875 (877); BeckRS 2013, 05735; GRUR 2011, 560 – Streitwertherabsetzung II; BGH NJW-RR 2007, 497; 2003, 1694; 2001, 352; OLG Karlsruhe BeckRS 2012, 24039; OLG Celle BeckRS 2012, 00023; LG Frankfurt a. M. BeckRS 2013, 18205.

[635] BGH GRUR 2011, 560 – Streitwertherabsetzung II; BGH BeckRS 2013, 22513 (Bearbeitungsentgelt bei Modernisierungskrediten, Verbandsklage, 25.000 EUR).

[636] OLG Karlsruhe BeckRS 2012, 24039 (25.000 EUR für eine Klausel in den AGBs einer Rechtsschutzversicherung).

[637] Vgl. BGH BeckRS 2015, 14782; OLG Köln NJOZ 2015, 864 (beide offengelassen).

[638] OLG Hamburg NJOZ 2013, 2118 (2120) (anders noch die Vorinstanz LG Hamburg BeckRS 2013, 14882: 10.000 EUR); OLG Celle NJOZ 2011, 1520 (1521) – Streitwert (TMG-Verstoß, 2.000 EUR); vgl. auch OLG Celle NJOZ 2013, 1287 (Verletzung der Vorgaben der Novel-Food-VO ist keine alltägliche Routinesachen, keine weiteren Wertangaben der Parteien, 10.000 EUR).

[639] OLG Hamburg NJOZ 2013, 2118 (2120).

[640] LG Hamburg WRP 2013, 1669 (Gebrauchtwagenanzeigen in der Tagespresse, Verbandsklage, 10.000 EUR).

[641] LG Hamburg BeckRS 2014, 10448 (150.000 EUR).

[642] LG Hamburg – 327 O 403/15 (7.500 EUR); OLG Düsseldorf GRUR-RR 2014, 168 (169) – Aufsichtsbehörde (2.000 EUR); dagegen OLG Düsseldorf BeckRS 2013, 11226 (10.000 EUR); OLG Celle NJOZ 2011, 1520 (1521) (3.000 EUR für Hauptsacheverfahren; fehlende Angabe der Aufsichtsbehörde, Ermäßigung nach § 12 Abs. 4 UWG aF); LG Frankfurt a. M. BeckRS 2012, 02540 (5.000 EUR für Hauptsacheverfahren); OLG Hamm BeckRS 2009, 23356 (4.000 EUR); OLG Nürnberg BeckRS 2013, 21574 (3.000 EUR); LG Regensburg BeckRS 2013, 05117 (Impressum bei Facebook, 3.000 EUR).

[643] Vgl. OLG Hamburg – 5 W 2/11, 5 W 160/07 und 3 W 28/06.

[644] Vgl. BT-Drs. 17/3057, 31.

und damit der *effet utile* zu beachten ist (§ 5a Abs. 4 UWG), dürfte sich eine pauschale Anwendung des § 51 Abs. 3 S. 2 GKG auf diese Vorschrift nur bei **geringfügigen Wettbewerbsverstößen von Kleinunternehmern** eingreifen.[646] Die obigen Grundsätze dürften daher weiterhin gelten, wobei eine weitere Abschmelzung des Streitwertniveaus durchaus zu erwarten ist. Allerdings werden auch weiterhin höhere Werte berechtigt bleiben, wenn dem Angriff eine besonders große Breitenwirkung innewohnt, etwa weil der Impressumsverstoß von einem **Portalbetreiber** begangen wurde.[647]

213 **bb) Preisangabenverordnung (PAngV).** Dieselben Grundsätze gelten für die im Fernabsatz und stationärem Handel zu beachtenden Vorgaben der **PAngV**. Während darauf bezogene Verfahren zuvor meist mit 10.000 EUR beziffert wurden, rechtfertigten sie schon vor der Änderung des § 51 GKG überwiegend nur Streitwerte im Bereich **bis 5.000 EUR**.[648] Auch hier könnte es zu einer **weiteren Abschmelzung** des Streitwertniveaus kommen. Andererseits dürften auch hier weiterhin höhere Werte berechtigt sein, wenn es um Preisangaben in Inseraten großer **Tageszeitungen**[649] geht oder bei Streitigkeiten über die korrekte Preisangabe zwischen zwei großen **Hotelbuchungsportalen**.[650] Verletzungsfälle hinsichtlich der anderen Vorgaben der PAngV, wie **§ 5 PAngV** (Schaufensterwerbung), sind ebenfalls wertmäßig als erhöht anzusehen, etwa im Bereich 5.000–10.000 EUR anzusehen,[651] da hier eine unmittelbare Betroffenheit des regionalen Konkurrenten eher zu befürchten ist. Liegt dem Verstoß eine Irreführung zugrunde, sind dagegen die dafür üblichen Maßstäbe anzuwenden.[652]

214 **c) Gesundheitswerbung (LFGB/HCVO/HWG/AMG).** Wird in der Werbung auf die Gesundheit Bezug genommen, gelten besonders strenge Anforderungen an die Richtigkeit, Eindeutigkeit und Klarheit der Aussagen.[653] Dies rechtfertigt sich durch die Bedeutung des **Rechtsguts Gesundheit** und die hohe **Werbewirksamkeit** gesundheitsbezogener Aussagen.[654] In der Werbung für **Lebensmittel** sind Aussagen, die sich auf die Beseitigung, Linderung oder Verhütung von Krankheiten beziehen, sogar generell verboten (§ 12 Abs. 1 Nr. 1 LFGB, Art. 10 **Health-Claims-Verordnung (HCVO)**.[655] Für Arznei- und Heilmittel finden sich sondergesetzliche Verbote insbesondere in **§ 8 Abs. 1 Nr. 2 AMG** und **§§ 3, 3a HWG**, deren Verletzung (neben § 5 UWG) über § 3a UWG durch das Wettbewerbsrecht sanktioniert werden kann. Die unzutreffende Behauptung, ein Produkt könne Krankheiten, Funktionsstörungen oder Missbildungen heilen, gehört nach **Nr. 17 des Anhangs** zu § 3 Abs. 3 UWG zu den geschäftlichen Handlungen, die unter allen Umständen unlauter sind.

215 Auch im Bereich der **Gesundheitswerbung** ist zunächst für den Angriffsfaktor auf die Unternehmensverhältnisse beider Parteien, der Intensität der Wettbewerbshandlung und der Intensität des Wettbewerbsverhältnisses abzustellen. Eine Differenzierung je nach Anspruchsgrundlage (UWG, HWG, HCVO) erfolgt nicht, entscheidend ist allein der sachliche Streitgegenstand.[656] Allerdings ist der Angriffsfaktor bei der gesundheitsbezogenen Werbung schon wegen der **Bedeutung des Schutzgutes** der Gesundheit der Bevölkerung erhöht. Unrichtige, irreführende oder schlicht **wissenschaftlich nicht belegte Angaben** in diesem Bereich wiegen regelmäßig schwerer; der Wettbewerber wird hier ganz besonders im Interesse der Allgemeinheit an der Einhaltung gesetzlicher Vorgaben tätig.

216 Schon im Bereich der Laienwerbung für **Medizinprodukte**,[657] für Leistungserbringer im Gesundheitswesen, wie **Physiotherapeuten** oder **Masseure**,[658] für gewöhnliche **Lebensmittel** mit (angeb-

---

[645] Teplitzky/*Feddersen* Kap. 49 Rn. 7.
[646] OLG Stuttgart MD 2014, 278 (279).
[647] OLG Düsseldorf GRUR-RR 2013, 433 – Internetportal (20.000 EUR gegen Portalbetreiber); OLG Düsseldorf BeckRS 2013, 19097 (15.000 EUR); LG Siegen BeckRS 2013, 12994 (13.000 EUR, ausländischer Kreuzfahrtanbieter).
[648] LG Hamburg K&R 2012, 66 – Angebotsübersichten bei ebay (5.000 EUR); OLG Celle NJOZ 2011, 1520 (1521) – Streitwert (TMG-Verstoß, EV-Verfahren, 2.000 EUR); anders früher OLG Hamburg BeckRS 2006, 09617 (15.000 EUR) und OLG Hamm BeckRS 2007, 09442 (10.000 EUR); aA auch heute noch: OLG Koblenz BeckRS 2011, 07054 (EV-Verfahren 10.000 EUR, Klagverfahren 15.000 EUR); OLG Hamm BeckRS 2012, 10095 (fehlende Grundpreisangabe, 25.000 EUR).
[649] LG Hamburg WRP 2013, 1669 (Gebrauchtwagenanzeigen in der Tagespresse, Verbandsklage, 10.000 EUR).
[650] LG Hamburg BeckRS 2014, 10448 (150.000 EUR).
[651] LG Hamburg BeckRS 2011, 01857 (10.000 EUR).
[652] Vgl. LG Hamburg GRUR-RS 2015, 17510 – Visa entropay (20.000 EUR).
[653] BGH GRUR 2002, 182 (185) – Das Beste jeden Morgen; Übersicht bei Köhler/*Bornkamm* UWG § 5 Rn. 4.181 ff.
[654] BGH GRUR 2013, 649 Rn. 15 – Basisinsulin mit Gewichtsvorteil; BGH GRUR 2002, 182 (185) – Das Beste jeden Morgen.
[655] VO 1924/2006/EG über nährwert- und gesundheitsbezogene Angaben über Lebensmittel, sog. Health-Claims-VO.
[656] vgl. LG Hamburg BeckRS 2013, 17532.
[657] OLG Celle WRP 2014, 597 – ARMANI-Zweitbrille (25.000 EUR, § 7 HWG).
[658] OLG Düsseldorf BeckRS 2014, 00563 (30.000 EUR, Werbung für manuelle Therapie); OLG Hamburg BeckRS 2013, 01067 (30.000 EUR, Verbandsklage, Werbung für manuelle Therapie); OLG Hamm BeckRS 2011, 04145 (40.000 EUR, medizinische Fußpflege).

lich) gesundheitsfördernder Wirkung,[659] für **Nahrungsergänzungsmittel**,[660] für neuartige Lebensmittel **(Novel-Food-VO)**[661] oder für wissenschaftlich nicht belegte **Heilmethoden**[662] sind daher Streitwerte von **20.000 EUR** und – je nach den Marktverhältnissen – auch höher an der Tagesordnung.

Wird ein Gesundheitsbezug zwischen dem Lebensmittel und einem besonders **schutzbedürftigen** 217 **Personenkreis** hergestellt, wie etwa in der Säuglingsnahrung, übersteigen die Streitwerte ohne weiteres Werte von **100.000 EUR**, insbesondere bei **umsatzstarker Spezialnahrung**.[663] Wegen der besonderen Schädlichkeit führt auch jeder beworbene positive Effekt bei **Alkoholika** zur Annahme eines ganz erheblichen Angriffsfaktors.[664] Für von **Verbänden** nach § 8 Abs. 3 Nr. 2–4 UWG geführte Prozesse werden nach den oben ausgeführten Kriterien üblicherweise Abschläge bei den Streitwerten vorgenommen (→ Rn. 290, 291).[665]

Im **Pharmabereich** liegen die Streitwerte in der **Publikumswerbung** für nicht verschreibungs- 218 pflichtige Arzneimittel aufgrund der hohen in Rede stehenden Umsätze und der Gefahr der ungewollten Selbstmedikation regelmäßig im Bereich **von 100.000 EUR** und mehr.[666] Streitigkeiten zwischen Pharmaunternehmen im Bereich der **Fachkreiswerbung** (insbesondere §§ 3, 3a HWG) betreffen regelmäßig Fallkonstellationen mit noch höheren Angriffsfaktoren. Zum einen liegen die Umsätze für zugelassene Arzneimittel regelmäßig sehr hoch. Zum anderen stellt die Zielgruppe der Fachkreiswerbung, insbesondere **Ärzte** kraft ihrer Verordnungsberechtigung, einen wettbewerbsrechtlich relevanten **Multiplikator** dar. Ein Patient wird regelmäßig den Empfehlungen seines Arztes folgen. Hinzu kommt der Umstand, dass Ärzte ihre Arbeitszeit den Patienten und der Fortbildung widmen (sollen), nicht aber dem intensiven Studium von Werbematerialien. Plakative Werbeaussagen in der **Pharmawerbung** haben daher besonders hohes Gewicht. Streitwerte **von über 250.000 EUR** sind in der Werbung für aktuell (oder potentiell) umsatzstarke Arzneimittel daher keineswegs ungewöhnlich.[667] Gerade der Werbung gegenüber Ärzten mit angeblichen **Preisvorteilen** von im Wettbewerb stehenden Originator- oder Generikaherstellern werden angesichts des **Wirtschaftlichkeitsgebots nach § 106 SGB V**, dem sowohl die verordnenden Ärzte als auch den Apotheker unterliegen, besonders hohe Angriffsfaktoren beigemessen.[668]

Streitwerte eher in der Größenordnung wie im Bereich allgemeiner Irreführungsfälle sind, des 219 niedrigeren Angriffsfaktors wegen, hingegen bei Verstößen gegen **§§ 6 oder 7 HWG** anzusetzen.[669]

4. Mitbewerberschutz (§ 4 UWG). a) Unwahre Behauptungen (§ 4 Nr. 1 und 2 UWG). Ob 220 eine **Herabsetzung oder Verunglimpfung** (§ 4 Nr. 1 UWG) vorliegt, beurteilt sich nach dem Eindruck der angesprochenen Verkehrskreise, wobei die Umstände des Einzelfalls, insbesondere Inhalt und Form der Äußerung, ihr Anlass und der gesamte Sachzusammenhang sowie die Verständnismöglichkeiten der angesprochenen Verkehrskreise zu berücksichtigen sind.[670] Die streitwertmäßige Be-

---

[659] OLG Koblenz BeckRS 2014, 01240 („lernstark" bezogen auf einen Fruchtsaft, Verbandsklage, HCVO, 25.000 EUR); OLG Nürnberg BeckRS 2013, 22270 (35.000 EUR, Grüner Tee zur Gewichtskontrolle, Verbandsklage).
[660] BGH BeckRS 2014, 07400 (25.000 EUR, entschlackende Wirkung, Verbandsklage); OLG Hamm BeckRS 2013, 17387 – „Für ein Leben in Bewegung!" (80.000 EUR, 29 Einzelaussagen, Verbandsklage, HCVO); OLG Düsseldorf BeckRS 2013, 06715 (ursprünglich 40.000 EUR, Wirkung von Gelenkkapseln, 23 Einzelaussagen, Verbandsklage).
[661] OLG Celle NJOZ 2013, 1287 – Teeblumen (10.000 EUR).
[662] OLG Nürnberg BeckRS 2013, 18966 (25.000 EUR, Verbandsklage, „Totes-Meer-Salzgrotte"); LG Hamburg BeckRS 2009, 20992 (10.000 EUR); OLG Hamm BeckRS 2008, 23915 (Heilstollen, 60.000 EUR); LG Bielefeld BeckRS 2013, 22194 (30.000 EUR, Anwendungsgebiete von Bachblüten, Verbandsklage, HCVO).
[663] OLG Hamburg BeckRS 2012, 19289 (Praebiotik, 190.000 EUR, Name einer Produktserie für Babynahrung, EV-Verfahren); OLG Hamburg BeckRS 2012, 19290 (Probiotik, 120.000 EUR, Gleichstellung mit Muttermilch, EV-Verfahren).
[664] OLG Hamm BeckRS 2012, 17318 (Energy und Vodka, 130.000 EUR, Verbandsklage).
[665] OLG Hamburg BeckRS 2013, 01067 (30.000 EUR, Verbandsklage, Werbung für manuelle Therapie); OLG Nürnberg BeckRS 2013, 18966 (25.000 EUR, Verbandsklage, „Totes-Meer-Salzgrotte").
[666] OLG Hamburg BeckRS 2013, 19123 (250.000 EUR, Fernsehwerbung für ein Nagelpilzpräparat).
[667] OLG Hamburg GRUR-RR 2013, 271 – Proteaseinhibitor (EV-Verfahren, erste Instanz: 250.000 EUR); OLG Hamburg BeckRS 2013, 08872 (400.000 EUR, Multiple Sklerose Präparat, EV-Verfahren); OLG Hamburg NJOZ 2011, 975 – Irreführende Werbung für Generikum (Werbung mit Bioäquivalenz, EV-Verfahren, erste Instanz: 500.000 EUR); OLG Hamburg NJOZ 2012, 2115 – Beurteilung der Irreführung einer Werbemaßnahme (Werbung mit Wirksamkeits- und Verträglichkeitsprofil, EV-Verfahren, erste Instanz: 125.000 EUR); OLG Hamburg GRUR-RR 2011, 376 – Thromboseprophylaxe der Extraklasse (EV-Verfahren, erste Instanz: 300.000 EUR); LG Hamburg NJOZ 2012, 973 (400.000 EUR, Arzneimittelwerbung in Widerspruch zu Angaben in Fachinformation, EV-Verfahren); LG Hamburg BeckRS 2009, 22904 (Bluthochdruckbehandlung, 250.000 EUR, Verbandsklage); LG Hamburg GRUR-RR 2007, 119 – Vitaminkombination (200.000 EUR, Werbung mit Verordnungsfähigkeit).
[668] OLG Hamburg BeckRS 2012, 23935 (Werbung für Generika, unlautere Rufausbeutung, 500.000 EUR); OLG Hamburg GRUR-RR 2011, 106 – Wirtschaftliche Alternative („36% Preisvorteil", EV-Verfahren, erste Instanz: 750.000 EUR).
[669] Vgl. OLG Hamburg BeckRS 2013, 09279 (50.000 EUR, Zitierfehler).
[670] OLG Hamburg NJOZ 2010, 1122 (1125 f.) – „Immer der günstigste Preis. Garantiert."

wertung herabsetzender Äußerungen hängt daher ebenfalls stets vom Einzelfall ab, insbesondere der Intensität, Schädlichkeit und des **Umfangs ihrer Verbreitung.**[671] Weniger schwerwiegend (weil zulässig), ist eine Kritik am Mitbewerber, die ironisch, humoristisch oder satirisch eingekleidet ist, solange sie nur Unterhaltungswert besitzt, den Mitbewerber aber nicht der Lächerlichkeit oder dem Spott preisgibt.[672] Solange der Werbende mit ironischen Anklängen lediglich Aufmerksamkeit und Schmunzeln erzielt, mit ihnen aber – weil der Verkehr die Aussage nicht wörtlich und damit **nicht ernst nimmt** – keine Abwertung des Mitbewerbers oder des konkurrierenden Angebots verbunden ist, liegt darin noch keine unzulässige Herabsetzung.[673] Wird diese **Grenze** nicht überschritten, hat dies durchaus auch Auswirkungen auf den Angriffsfaktor und damit auf den Streitwert.[674] Denn eine einfache werbliche Übertreibung (oder bloße Ironie) entfaltet objektiv betrachtet **weniger schädliche Wirkung** auf den Betroffenen, als eine Werbung, bei der diese Grenze überschritten wird.

221 Negative **Nutzerbewertungen** auf Internetportalen (§ 4 Nr. 2 UWG) dürften – anders als etwa sog. Testimonials in Werbeanzeigen – trotz ihrer zunehmenden Relevanz für Verbraucherentscheidungen im Zeitalter des „Internet 2.0" eher im unteren Bereich anzusiedeln sein, nicht zuletzt wegen ihrer Veröffentlichung lediglich in einer Masse von Bewertungen.[675]

222 **b) Nachahmungsschutz (§ 4 Nr. 3 UWG).** Im Falle von Unterlassungsanträgen aus **ergänzendem wettbewerbsrechtlichen Leistungsschutz** ist bei der **Nachahmung von Waren** wie bei Marken- oder Designstreitigkeiten zusätzlich auch der Wert des konkreten Leistungsergebnissees, sprich der **Produktgestaltung selbst,** zu berücksichtigen. Je höher dieser Wert aufgrund langjähriger Benutzung und Herkunftszuordnung ist, desto höher ist auch der Streitwert zu bemessen.

223 Bei der Beurteilung des Streitwertes ist ferner zu berücksichtigen, wenn sich Verletzungsklagen wegen unlauterer Nachahmungen auf das **Konkurrenzprodukt selbst** beziehen. Wenn mit dem Antrag der Vertrieb eines Konkurrenzproduktes zum Schutz eines eigenen Produktes **vollständig** unterbunden werden soll, kommt es maßgeblich auch auf die Umsätze des Klägers an.[676] Gleichzeitig ist der Geschäftsbetrieb des Verletzers bei Verboten dieser Art in besonders hohem Maße betroffen. Die Streitwerte von auf § 4 Nr. 3 UWG gestützten Klagen gegen Produktgestaltungen rechtfertigen daher regelmäßig **dieselben Streitwerte,** wie im Falle vergleichbarer Marken- oder Designverletzungsklagen (→ Rn. 163, 182).

224 Eine Einschränkung gilt allerdings im Falle der **Nachahmung von Dienstleistungen.** Auch hier ist zwar der Wert der Wettbewerbsposition zu berücksichtigen. Regelmäßig lassen sich aber Dienstleistungskennzeichnung mit geringerem Aufwand abändern, so dass der begehrte Verbotsausspruch (etwas) weniger gewichtig sein kann.

225 Da Ansprüche nach § 4 Nr. 3 UWG bereits eine gewisse Bekanntheit des Leistungsergebnisses voraussetzen, werden die Streitwerte regelmäßig **nicht unter 50.000 EUR** anzusiedeln sein.[677] Werte von **100.000 EUR** sind keinesfalls selten,[678] bei umfangreich benutzten Gestaltungen, mit denen der Kläger erhebliche Umsätze erzielt, aber **auch 250.000 EUR**[679] oder – je nach Bekanntheit oder Marktbedeutung in den angesprochenen Verkehrskreisen – noch höher.[680]

226 Gerade in Klagen aus ergänzendem wettbewerbsrechtlichen Leistungsschutz werden (meist vorrangig) die Ansprüche auch auf **eingetragene Schutzrechte** gestützt. Werden neben einem Anspruch aus einem Schutzrecht hilfsweise oder kumulativ Ansprüche aus ergänzendem wettbewerbsrechtlichem

---

[671] Beispw. LG Frankfurt a. M. BeckRS 2011, 03012 (Zeitungs-Beilagenwerbung für PKW mit Slogan „dringend gesucht", namentliche Nennung der Wettbewerber, rund 20.000 EUR); OLG Köln BeckRS 2009, 26919 (Kritischer Hinweis „Scharlatane auf dem Coaching- Markt" in Newslettern, 35.000 EUR); LG Hamburg BeckRS 2009, 23646 (Werbung durch Versicherungsmakler, 20.000 EUR).
[672] OLG Hamburg NJOZ 2010, 1122 (1125 f.) – „Immer der günstigste Preis. Garantiert." (Alleinstellungswerbung und – verneinte – Herabsetzung, Optikerwerbung, Wert in erster Instanz: 50.000 EUR).
[673] BGH GRUR 2010, 161 (164) – Gib mal Zeitung.
[674] Vgl. Wertfestsetzung in der (noch anders entscheidenden) Vorinstanz: LG Hamburg BeckRS 2009, 86424 (123.000 EUR für Unterlassung und Annexansprüche).
[675] OLG Hamburg BeckRS 2012, 02275 (Hotelbewertungsportal, Unterlassung hotelbezogener Bewertungen, 25.000 EUR); LG Hamburg ZUM 2011, 936 – Haftung von Hotelbuchungsportalen (35.000 EUR bei 20 Einzeläußerungen in einer Nutzerbewertung); vgl. auch OLG Düsseldorf BeckRS 2013, 11231 (Produktvergleich von Software in einem Blog, 50.000 EUR).
[676] OLG Hamburg BeckRS 2012, 20302.
[677] OLG Hamburg BeckRS 2012, 20302 (50.000 EUR).
[678] OLG Köln BeckRS 2014, 07750 (100.000 EUR); LG Bochum BeckRS 2013, 13325 (jeweils 100.000 EUR pro Dienstleistungszeichen); OLG Köln GRUR-RR 2013, 24 – Gute Laune Drops = BeckRS 2012, 20235 (Berufung der Klägerin wegen Klagabweisung hinsichtlich UWG 100.000 EUR, Berufung der Beklagten wegen Verurteilung aus Markenrecht ebenfalls rund 100.000 EUR).
[679] OLG Köln BeckRS 2014, 03644– elektrische Seilwinde (245.000 EUR); OLG Köln BeckRS 2013, 16544 (250.000 EUR für zwei auf § 4 Nr. 9 UWG gestützte Ansprüche, 150.000 EUR auf Haupt- und 100.000 EUR auf den Hilfsantrag); OLG Hamburg BeckRS 2010, 24600 (250.000 EUR).
[680] OLG Köln NJW-RR 2014, 304 (307) – Knoppers (bis Erlass der einstweiligen Verfügung 500.000,-, danach 300.000 EUR); LG Düsseldorf BeckRS 2012, 06169 (2,5 Mio. EUR, technisch geprägte Produktgestaltung).

Leistungsschutz geltend gemacht, handelt es sich um **zwei Streitgegenstände** (→ § 5 Rn. 10 ff.).[681] Wird der einheitliche Klageantrag mit der Verletzung **mehrerer Schutzrechte** im Haupt- und Hilfsverhältnis begründet, ist der Streitwert nach der Rechtsprechung des BGH **angemessen zu erhöhen**.[682] Dabei ist bei einem einheitlichen Unterlassungsantrag zu berücksichtigen, dass der Angriffsfaktor im Regelfall unverändert und deshalb eine Vervielfachung des Streitwerts des Hauptanspruchs grundsätzlich nicht gerechtfertigt ist.[683] Von einem einheitlichen Wert wegen eines **einheitlichen Klageziels** auszugehen,[684] ist mit dieser BGH-Entscheidung nicht mehr zu vereinbaren. Der BGH hat in dem Streit um das Unternehmenskennzeichen den für den Hauptanspruch festgesetzten Streitwert ausdrücklich **um 10 %** für den hilfsweise geltend gemachten wettbewerbsrechtlichen Anspruch und den hilfsweise geltend gemachten Anspruch aus Vertragsrecht erhöht (→ Rn. 169).[685]

c) Gezielte Behinderung (§ 4 Nr. 4 UWG). Mit einer Klage wegen gezielter Behinderung bewegt sich die Bandbreite der Streitwerte zwischen einer einfachen eigentumsähnlichen **Beseitigungsklage**[686] und empfindlicheren Schädigungshandlungen, wie unlauter **Kunden-**[687] oder **Mitarbeiterabwerbung** oder Boykottaufruf. Werden durch die Behinderungshandlungen erhebliche **Umsätze gefährdet**, gibt die Höhe dieser Umsätze ein Indiz für den Angriffsfaktor. Bei den – selten gewordenen – Fällen des Verleitens zum Vertragsbruch ist insoweit allerdings zu sehen, dass es **keine Bestandsgarantie** für den Kundenstamm gibt und Kunden jederzeit unter Beachtung der vertraglich vereinbarten **Kündigungsfrist** kündigen und den Anbieter (oder auch Arbeitgeber) wechseln können. Nur für diesen Zeitraum kann von – für die Streitwertbemessung relevanten – gesicherten Umsatzerwartungen ausgegangen werden. Im Umkehrschluss bedeutet dies, dass bei Verträgen mit einer **Festlaufzeit** diese Einkünfte gefährdet werden können und daher bei der Streitwertfestsetzung sehr wohl berücksichtigungsfähig sind. Gleichwohl rechtfertigt auch dies – abhängig vom Angriffsfaktor – **keine 1:1-Übertragung** auf den Streitwert eines Unterlassungsantrages.

Soweit gestützt auf § 4 Nr. 4 UWG **markenähnliche Anträge** wegen **unlauterer Kennzeichenverwendung**, sei es in Form von **Meta-Tags** oder **AdWords**,[688] sei es in Form von **Tippfehlerdomains**,[689] geltend gemacht werden, orientiert sich der Streitwert an vergleichbaren markenrechtlichen Klagen. Selbiges gilt für auf Wettbewerbsrecht gestützte **Löschungsanträge** gegen eingetragene Marken.

5. Aggressive geschäftliche Handlungen (§ 4a UWG). Während die Fallgruppen des **§ 4 Nr. 1 UWG aF** richtlinienkonform zusehends aus der Rechtspraxis verschwunden waren,[690] blieben Verstöße rund um das **Transparenzgebot** nach § 4 Nr. 3–6 UWG aF weiterhin aktuell. Die Streitwerte, die sich nach den allgemeinen Grundsätzen an der Marktstellung der Wettbewerber und der Intensität der Verletzungshandlung zu orientieren haben, sind hier wegen des eher moderaten Angriffsfaktors überwiegend im Bereich von **10.000–20.000 EUR** angesiedelt. Aber auch Streitwerte von 50.000 EUR sind nicht undenkbar, sofern sich besonders marktstarke Unternehmen gegenüberstehen.[691] Noch höhere Streitwerte werden nur bei außerordentlich intensiven Verletzungshandlungen angenommen, etwa im Falle besonders attraktiver **Geld-zurück-Garantien**.[692] Eher niedrigere Streitwerte bis 15.000 EUR sind für gewöhnliche Verkaufsförderungsmaßnahmen, wie **Gewinnspiele** oder

---

[681] OLG Köln GRUR-RR 2014, 25 (26) – Kinderhochstuhl „Sit-up".
[682] BGH BeckRS 2013, 20393; OLG Köln BeckRS 2014, 07734 (5 Mio. EUR, „angemessen erhöht" wegen 6 Marken und ergänzender Ansprüche nach § 4 Nr. 9 UWG); OLG Köln BeckRS 2013, 21619; anders noch OLG Köln GRUR-RR 2014, 25 (26) – Kinderhochstuhl „Sit-up" = BeckRS 2013, 16546 (keine Erhöhung für auf Geschmacksmuster gestützten Hilfsantrag); LG Frankfurt a. M. BeckRS 2013, 20233 – Streitwertaddition.
[683] BGH BeckRS 2013, 20393; aA OLG Frankfurt a. M. GRUR-RR 2012, 367 (368) – Streitwertaddition; LG Frankfurt a. M. BeckRS 2013, 20233 – Streitwertaddition.
[684] OLG Köln GRUR-RR 2014, 25 (26) = BeckRS 2013, 16546 – Kinderhochstuhl „Sit-up"; und so wohl auch OLG Hamburg GRUR-RR 2014, 490 (492) – Elitepartner.
[685] BGH BeckRS 2013, 20393, hierzu *Heim* GRUR-Prax 2014, 21.
[686] vgl. LG Frankfurt a. M. BeckRS 2014, 05265 – Taxihalteplatz (jeweils 5.000 EUR).
[687] LG Hamburg BeckRS 2013, 21768 (10.000 EUR, Pressemitteilung zur Netzumstellung); OLG Köln BeckRS 2010, 00738 (50.000 EUR).
[688] OLG Braunschweig BeckRS 2007, 13802 (30.000 EUR); vgl. LG Hamburg BeckRS 2011, 29490 (gestützt auf Markenrecht, 350.000 EUR); LG Frankfurt a. M. BeckRS 2011, 21690 (ebenfalls gestützt auf Marke, 50.000 EUR).
[689] BGH GRUR 2014, 393 – wetteronline.de, Vorinstanz OLG Köln BeckRS 2012, 09542 (110.000 EUR, davon 75.000 EUR auf den Unterlassung, 25.000 EUR Einwilligung in die Löschung, Auskunft 5.000 EUR).
[690] Vgl. nur BGH GRUR 2010, 1022 (1023) – Ohne 19 % Mehrwertsteuer (Elektrogroßmarkt, Vorinstanz OLG Stuttgart BeckRS 2008, 10607: 100.000 EUR).
[691] OLG Köln BeckRS 2013, 16550 (Verweis auf Internetseite in TV-Werbung, Strom- und Gastarife, 40.000 EUR).
[692] Durchaus außergewöhnlich: OLG Köln BeckRS 2010, 02904 (konkurrierende Fluggesellschaften, Slogan: „Wir erstatten die Differenz doppelt zurück", Tageszeitungsanzeige, wohl 200.000 EUR); als Beispiel für einen durchschnittlichen Fall: OLG Frankfurt a. M. BeckRS 2006, 13026 (Erfrischungsgetränke, Verbandsklage, wohl 28.000 EUR).

Zugaben, anzusetzen,[693] sofern nicht ein besonders sensibler Bereich betroffen ist.[694] Dabei verfügt – wie stets – **Fernsehwerbung** aufgrund ihrer größeren Reichweite über einen deutlich höheren Angriffsfaktor.[695] Zeitgebundene Werbeaktionen, beispielsweise mit einem **begrenzten Warenvorrat**, dürften angesichts der Gewöhnung des Verbrauchers für gewöhnlich ebenfalls nur Streitwerte im Bereich bis 20.000 EUR rechtfertigen.[696] Im Zuge der **UWG-Novelle 2015** sind Verstöße gegen das **Transparenzgebot** nunmehr unter die Tatbestände der Irreführung, des Verstoßes gegen den Anhang zu § 3 Abs. 3 oder bei sondergesetzlichen Regelungen, wie der PAngV, von Marktverhaltensregeln, gefasst.

230 **6. Irreführung (§§ 5, 5a UWG).** Die Streitwerte für Fälle der Irreführung variieren erheblich und können von 5.000 bis zu mehreren Hunderttausend Euro reichen. Aus dem weiten Feld seien nur drei einzelne Bereiche **exemplarisch** herausgegriffen, die Allein- bzw. Spitzenstellungswerbung, die Testsiegerwerbung und die Irreführung durch Unterlassen.

231 **a) Allein- oder Spitzenstellungsberühmungen.** Durch die Behauptung einer Allein- oder Spitzenstellung versucht der Werbende sich aus dem Markt hervorzuheben, sei es hinsichtlich seines Preisniveaus, seiner Erfahrung oder der Qualität der von ihm angebotenen Waren und Dienstleistungen. Solche Angaben verfügen über ein erhebliches **Aufmerksamkeits- und Anziehungspotential**, was abhängig von der jeweiligen Marktsituation und Intensität des Wettbewerbs, Streitwerte von **20.000 EUR**,[697] aber auch von um **100.000 EUR**[698] oder darüber rechtfertigen kann. Die Gewichtigkeit des Angriffsfaktors wird allerdings auch dadurch mitbestimmt, ob der Verkehr die Behauptung ernst nimmt. Reklamehafte Übertreibungen und reine Werturteile unterfallen nicht dem Verbot irreführender Spitzen- oder Alleinstellungsbehauptungen, weil sie keine Angaben iSd § 5 Abs. 1 UWG enthalten.[699] Dies schlägt auch auf die Höhe des Angriffsfaktors durch. Zur wettbewerbswidrigen Patentberühmung → Rn. 104.

232 Speziell bei Dienstleistungsangeboten bei denen die **schiere Größe** des Unternehmens eine Attraktivität für den Kunden begründet, wie etwa im Bereich der **Partnervermittlung**, stellen Spitzenstellungsberühmungen besonders gewichtige Angriffe dar.[700] Sofern die Allein- oder Spitzenstellungswerbung **Arzneimittel** betrifft, sind auch noch deutlich höhere Werte denkbar (→ Rn. 208 ff.).[701]

233 **b) Testsiegerwerbung.** Gerade in der Werbung gegenüber Verbrauchern verfügt die Werbung mit **Testsiegen** oder **Testsiegeln** über eine ganz besondere Zugkraft durch die Bezugnahme auf eine – bestenfalls unabhängige – **Autorität**, die die Waren und Dienstleistungen einer Untersuchung unterzogen haben soll. Auf diese Weise wird den werblichen Angaben in den Augen des Verkehrs ein besonderes – **quasi objektives** – Gewicht verliehen.[702] Je nach Marktsituation kann es sich hierbei um

---

[693] Beispw. BGH GRUR 2009, 1183 – Räumungsverkauf wegen Umbau (Beginn und Ende nicht angegeben, Verbandsklage, Vorinstanz OLG Oldenburg BeckRS 2007, 08839: wohl 15.000 EUR); OLG Stuttgart BeckRS 2007, 05919 (Geschäftsaufgabe, Ausverkauf, 15.000 EUR); OLG Köln BeckRS 2011, 22889 (Lesbarkeit von Preisbedingungen, wohl 15.000 EUR); OLG Koblenz BeckRS 2010, 21356 (Flugreise als Gewinn, 7.500 EUR).
[694] Beispw. BGH GRUR 2012, 402 – Treppenlift (500,– EUR-Wertgutschein, Vorinstanz: OLG Düsseldorf BeckRS 2012, 03624 (75.000 EUR).
[695] OLG Köln BeckRS 2013, 16550 (Verweis auf Internetseite in TV-Werbung, Strom- und Gastarife, 40.000 EUR).
[696] BGH GRUR 2010, 247 – Solange der Vorrat reicht (begrenzter Vorrat einer Zugabe, Vorinstanz: LG Köln BeckRS 2010, 01019, Streitwert rund 50.000 EUR).
[697] OLG Hamburg GRUR-RR 2022, 139 – Hausverkauf zum Höchstpreis (Verbandsklage, 25.000 EUR); LG Osnabrück BeckRS 2012, 01395 (Spitzenstellung verneint, 22.000 EUR); LG Hamburg – 327 O 185/13 („umfangreichste Datenbank Deutschlands", 25.000 EUR).
[698] OLG Köln BeckRS 2017, 155963 – Das beste Netz (75.000 EUR, zwei große TK-Anbieter); OLG Frankfurt a. M. GRUR-RR 2014, 159 – Schneller kann keiner (Mobilfunkbetreiber, 70.000 EUR, EV-Verfahren); LG Hamburg LMRR 2013, 106 – Invisible (Deodorants, 500.000 EUR, mehrere Anträge, EV-Verfahren); LG Düsseldorf BeckRS 2013, 14278 (150.000 EUR, mehrere Anträge, EV-Verfahren); OLG Hamburg NJOZ 2010, 1122 (1125, 1126) – „Immer der günstigste Preis. Garantiert." (Alleinstellungswerbung und – Herabsetzung, Optikerwerbung, Wert in erster Instanz: 50.000 EUR); LG Hamburg – 327 O 83/06 („Deutschlands effektivster Werbeträger", 200.000 EUR); LG Hamburg BeckRS 2010, 02644 („Europas größte Shopping-Community", 100.000 EUR).
[699] BGH GRUR 2002, 182 (183) – Das Beste jeden Morgen; OLG München GRUR-RR 2011, 475 (477) – Make taste, not waste.
[700] LG Hamburg BeckRS 2013, 11143 – Bestes Datingangebot (Online-Partnervermittlungen, mehrere Anträge, 200.000 EUR); LG Hamburg – 327 O 447/12 (50.000, zwei bedeutende Mitbewerber im Online-Dating-Markt; LG Hamburg – 327 O 445/12 (Fernsehwerbung und Internet: „Deutschlands Partnervermittlung", 100.000 EUR); vgl. dagegen LG Berlin BeckRS 2013, 11651 (Online-Partnerbörse für Akademiker, 30.000 EUR betreffend Slogan „100 % Akademiker") und OLG Düsseldorf BeckRS 2009, 11003 (Werbung mit Ortsbezug, Partnervermittlungen, 50.000 EUR).
[701] LG Hamburg BeckRS 2009, 22904 (Mittel der 1. Wahl, Bluthochdruckbehandlung, 250.000 EUR, EV-Verfahren).
[702] LG Hamburg BeckRS 2012, 03326 („Nr. 1 im Geschmack", „Testsieger").

moderat oder auch **erheblich erhöhte** Streitwerte im Bereich von **100.000 EUR** handeln,[703] im Einzelfall je nach Umsatz und Marktstärke auch darüber.[704] Im Interesse der Nachprüfbarkeit sind stets die **Fundstellen** des Tests anzugeben; der Angriffsfaktor ist in solchen Fällen jedoch regelmäßig im Bereich allgemeiner Irreführungsfälle anzusiedeln.[705]

c) Unterlassen, § 5a. Wird in einer Werbung, die eine Aufforderung zum Kauf darstellt, keine **234** ausreichende Angabe über die Identität und Anschrift des Unternehmers getätigt, sind regelmäßig Streitwerte von **5.000 EUR** angemessen, im Einzelfall bei besonderer Bedeutung auch darüber, insbesondere bei dem Angebot teurer Konsumgüter[706] oder etwa bei der überregionalen Printwerbung eines marktstarken Anbieters mit Finanzierungsangebot ohne der gebotenen Angaben zu Identität und Anschrift der finanzierenden Bank.[707] Wird der Werbecharakter insgesamt verschleiert (**getarnte Werbung**) ist, je nach Intensität und insbesondere Reichweite, ein Vielfaches dessen angemessen.[708] Allerdings sind Verstöße nach § 5a UWG durchaus auch Beispielsfälle für die Anwendung der Auffangstreitwertklausel (→ Rn. 174, 211).

7. Vergleichende Werbung (§ 6 UWG). Unlautere vergleichende Werbung erfüllt stets auch den **235** Tatbestand der **Irreführung** nach § 5 UWG,[709] auch wenn nicht jede „vergleichende Werbung" unter § 6 UWG fällt.[710] Insoweit gelten daher die nämlichen Grundsätze. Sehr verbreitet ist mittlerweile in der **Preiswerbung** ein Vergleich mit einem oder mehreren Wettbewerbern. Insbesondere eine sachlich **nicht bestehende Vergleichbarkeit, die fehlende Nachprüfbarkeit** oder (rechtlich relevante) **Unvollständigkeit** gehören hier zu den häufigen Angriffspunkten. Die Streitwerte variieren genauso wie bei § 5 UWG erheblich. Entscheidend sind die allgemeinen Grundsätze, wie die Marktstellung der Wettbewerber und die Intensität der Verletzungshandlung, insbesondere der Reichweite ihrer Verbreitung.[711] Sofern die vergleichende Preiswerbung **Arzneimittel** betrifft, ist aufgrund der erheblichen betroffenen Umsätze und des Wirtschaftlichkeitsgebots nach § 106 SGB V, dem sowohl die verordnenden Ärzte als auch die Apotheker unterliegen, der Angriffsfaktor regelmäßig besonders hoch (→ Rn. 218).[712]

Sofern die Tatbestände der vergleichenden Werbung auf **Verunglimpfung** und **Herabsetzung** **236** abstellen (§ 6 Abs. 2 Nr. 4 und 5 UWG) gelten die oben ausgeführten Grundsätze der § 4 Nr. 1 und 2 UWG (→ Rn. 220).

8. Unzumutbare Belästigung (§ 7 UWG). Ihre größte Bedeutung dürften die Regelungen des **237** § 7 UWG zur unzumutbaren Belästigung **außerhalb des Wettbewerbsrechts** als Wertmaßstäbe für auf §§ 823, 1004 BGB gestützte Ansprüche Privater oder Unternehmer außerhalb eines Wettbewerbsverhältnisses entfalten.[713] Anträge wegen **unaufgeforderter Werbe-E-Mails** sind regelmäßig mangels konkreten Wettbewerbsverhältnisses **keine** Wettbewerbssachen, sofern nicht ein Verband nach § 8 Abs. 3 Nr. 2–4 UWG die Klage erhebt. Die Streitwertfestsetzungen orientieren sich nicht an einem etwaigen Schaden unerlaubter E-Mail-Werbung, sondern an dem Interesse des Klägers im Einzelfall,

---

[703] OLG Köln BeckRS 2017, 155963 – Das beste Netz (75.000 EUR, zwei große TK-Anbieter); LG Hamburg BeckRS 2013, 18329 (Blutzuckermessgeräte, 100.000 EUR, EV-Verfahren).
[704] LG Hamburg BeckRS 2013, 11143 (Bestes Datingangebot, Online-Partnervermittlungen, mehrere Anträge, 200.000 EUR).
[705] OLG Hamburg BeckRS 2007, 03894 (20.000 EUR).
[706] LG Hamburg WRP 2013, 1669 (Gebrauchtwagenanzeigen, 15.000 EUR).
[707] OLG Düsseldorf BeckRS 2015, 09396 (Möbelvollsortimenter, 50.000 EUR).
[708] Vgl. LG Braunschweig GRUR-RS 2015, 09470 (Briefwerbung für Gedenkmünzen, 40.000 EUR, zwei Anträge); OLG Hamburg BeckRS 2010, 20542 (20.000 EUR, eV-Verfahren).
[709] Köhler/Bornkamm/*Köhler* UWG § 6 Rn. 23.
[710] BGH GRUR 2010, 658 (659) – Paketpreisvergleich.
[711] Beispw. BGH GRUR 2010, 161 – Gib mal Zeitung, Wertfestsetzung in der (noch anders entscheidenden) Vorinstanz: LG Hamburg BeckRS 2009, 86424 (123.000 EUR für Unterlassung und Annexansprüche); OLG Karlsruhe BeckRS 2013, 13880 (Werbung für Gerüstbauteile, je 10.000 EUR für Preisgegenüberstellung, Werbung mit den Aussagen „Mit Zulassung!", „Bis zu 55 % sparen" und „… noch mehr möglich!"); OLG Hamm BeckRS 2013, 07149 (Bericht „Sprengung von Geldautomaten", wohl 140.000 EUR); OLG Düsseldorf BeckRS 2013, 11231 (Produktvergleich von Software in einem Blog, 50.000 EUR); OLG Saarbrücken BeckRS 2008, 23621 (Versicherungspreisvergleich, 15.000 EUR „Regelstreitwert"); OLG Hamburg BeckRS 2006, 12133 (Mobilfunkwerbung der Telekom, 125.000 EUR wegen Teilerledigung, Vorinstanz noch 250.000 EUR); LG Köln BeckRS 2013, 02497 (Preisvergleich für Zahnzusatzversicherungen, 100.000 EUR); LG Bonn BeckRS 2005, 03507 (Vergleichende Werbung für digitales Fernsehen, geringerer Leistungsumfang, Verbandsklage, 15.000 EUR).
[712] OLG Hamburg BeckRS 2012, 23935 (Werbung für Generika – unlautere Rufausbeutung, 500.000 EUR); OLG Hamburg GRUR-RR 2011, 106 – Wirtschaftliche Alternative (36 % Preisvorteil, EV-Verfahren, erste Instanz: 750.000 EUR); vgl. auch LG Köln BeckRS 2013, 02497 (Preisvergleich für Zahnzusatzversicherungen, 100.000 EUR).
[713] Vgl. BGH GRUR 2013, 1259 (1260) – Empfehlungs-E-Mail; BGH GRUR 2009, 980 (981) – E-Mail-Werbung II; vgl. auch BGH GRUR 2004, 517 – E-Mail-Werbung.

durch die entsprechende Werbung des Beklagten nicht belästigt zu werden.[714] Die Wertfestsetzungen erreichen in der Regel nur **amtsgerichtliches Niveau.**[715]

238 Sofern es sich tatsächlich um **wettbewerbsrechtliche Streitigkeiten** handelt, also von einem Mitbewerber oder einem Verband nach § 8 Abs. 3 Nr. 2–4 UWG angestrengt sind, sind für gewöhnlich Streitwerte im Bereich von **5.000–10.0000 EUR** gerechtfertigt,[716] lediglich in schwerwiegenden Fällen, wie bei **systematischer Kundenwerbung** per Telefon ohne vorherige Einwilligung auch darüber.[717]

239 9. Geheimnisverrat (§ 17 UWG). Die Streitwerte bei Verfahren wegen Geheimnisverrats sind in besonderem Maße abhängig vom **Wert des verletzten Geheimnisses** für den betroffenen Betrieb, der **Art und Weise** seiner unbefugten Verwertung und den daraus resultierenden wirtschaftlichen **Folgen.** Regelmäßig werden bezifferte Zahlungsklagen erhoben, wobei allerdings die Wertbestimmung anteilig nach dem, auf den Geheimnisverrat entfallenden Anteil des entgangenen Gewinns zu begrenzen ist.[718]

III. Streitwertbegünstigung, § 12 Abs. 4 UWG

240 1. Allgemeines. § 12 Abs. 4 UWG eröffnet grundsätzlich die Möglichkeit, unter Beibehaltung des Streitwertes den **Gebührenstreitwert** in allen Wettbewerbssachen herabzusetzen (vgl. auch § 51 Abs. 5 GKG). Die Vorschrift bezweckt den Schutz des wirtschaftlich Schwächeren vor dem Kostenrisiko eines Prozesses mit hohem Streitwert.[719] Der Schwächere soll den Prozess mit einem seinen wirtschaftlichen Verhältnissen **angepassten Streitwert** führen können und so davor bewahrt werden, sein Recht gegenüber dem wirtschaftlich Stärkeren nicht ausreichend geltend machen zu können; die Vorschrift dient darum der **Waffengleichheit.**[720] Sie wird in der Praxis selten angewendet; regelmäßig wird die wirtschaftliche Schwäche eines Verletzer bereits im Rahmen des **Angriffsfaktors** berücksichtigt. Zudem ist nunmehr zusätzlich nach **§ 51 Abs. 3 GKG** wertmindernd zu berücksichtigen, wenn die Sache für den Beklagten geringere Bedeutung hat als für den Kläger.

241 Die **Herabsetzung** erfolgt nur zugunsten der dies beantragenden Partei, deren wirtschaftliche Lage durch eine Belastung mit den nach dem vollen Streitwert berechneten Prozesskosten erheblich gefährdet würde. Im Übrigen bleibt der **normale Streitwert** für die Bestimmung von Zuständigkeit (im Wettbewerbsprozess ohne Bedeutung) und Beschwer, aber auch für die Berechnung des Honorars, das die nicht begünstigte Partei ihrem Prozessanwalt schuldet.[721] Parallele Vorschriften finden sich noch in § 144 PatG, § 26 GebrMG, § 54 DesignG und § 142 MarkenG.

2. Voraussetzungen. a) Glaubhaftmachung der erheblichen wirtschaftlichen Gefährdung.

242 Die antragstellende Partei muss **glaubhaft machen** können (§ 294), dass die Belastung mit den nach dem vollen Streitwert berechneten Kosten ihre wirtschaftliche Lage **erheblich gefährden** würde. Die Voraussetzungen sind zwar **weniger streng** als im Recht der Prozesskostenhilfe, deren Gewährung zusätzlich von den Erfolgsaussichten der beabsichtigten Rechtsverfolgung bzw. –verteidigung abhängig ist.[722] Andererseits rechtfertigt nicht jede wirtschaftliche „Schieflage" des Antragstellers auch eine Streitwertreduzierung.[723] Denn gerade mit Rücksicht auf den Gegner muss auch der Antragsteller ein **gewisses Kostenrisiko** übernehmen. Dem Begünstigten soll daher ein gewisses Kostenrisiko in angemessenem Verhältnis zum normalen Risiko, dem erhöhten Risiko der Gegenpartei und seinen Vermögensverhältnissen verbleiben.[724] Kann eine Partei glaubhaft machen, dass ihr durch die Kostenbelastung die Insolvenz droht, stellt dies eine erhebliche Gefährdung der wirtschaftlichen Lage dar.[725]

243 Insgesamt ist daher ein **strenger Maßstab** anzulegen, so dass weder allgemeine wirtschaftliche Schwierigkeiten genügen,[726] noch darf die Partei nicht bereits endgültig vermögenslos geworden sein.[727]

---

[714] BGH BeckRS 2004, 12785 (3.000 EUR).
[715] OLG Schleswig GRUR-RR 2009, 160 – E-Mail-Streitwert (Ls.) (4.500 EUR); LG Hamburg BeckRS 2009, 09348 (5.000 EUR); OLG Karlsruhe MMR 2008, 619 (500 EUR); LG Hagen BeckRS 2013, 22028 (6.000 EUR).
[716] OLG Köln BeckRS 2013, 17322 (Telefonische Qualitätskontrolle, 15.000 EUR, Verbandsklage); OLG Hamburg BeckRS 2012, 05313 (10.000 EUR, Streitigkeit zweier Rechtsanwälte); LG Braunschweig BeckRS 2013, 18253 (10.000 EUR, E-Mail-Werbung, Verbandsklage).
[717] OLG Frankfurt a. M. GRUR-RR 2013, 74 – Cold Calling (100.000 EUR).
[718] OLG Düsseldorf – 2 U 45/14 (30.000 EUR).
[719] BPatG BeckRS 2013, 17891.
[720] BPatG BeckRS 2013, 17891; BGH GRUR 2009, 1100 – Druckmaschinen-Temperierungssystem III; BPatG BeckRS 2012, 00713.
[721] OLG Koblenz GRUR 1996, 139 – Streitwert.
[722] Zum PatG: OLG Düsseldorf BeckRS 2014, 01151; InstGE 5, 70 (71) – Streitwertermäßigung; *Mes* PatG/GebrMG § 144 Rn. 4; Schneider/Herget/*Onderka*, Streitwert-Kommentar, Rn. 2696.
[723] OLG Hamburg GRUR-RS 2020, 29442 Rn. 15; Schneider/Herget/*Onderka*, Streitwert-Kommentar, Rn. 2696.
[724] BGH BeckRS 2016, 12969; 2010, 20769; 2009, 25824.
[725] BGH BeckRS 2016, 12969.
[726] Schneider/Herget/*Onderka*, Streitwert-Kommentar, Rn. 2696.
[727] Köhler/Bornkamm/*Köhler*/*Feddersen* UWG § 12 Rn. 5.21; vgl. ebenso *Kühnen* Rn. 2495; zum MarkenR: Ingerl/Rohnke MarkenG § 142 Rn. 18; Ströbele/Hacker MarkenG § 142 Rn. 13; *Fezer*, Markenrecht, § 142 Rn. 14.

Auch zumutbare **Kreditaufnahmemöglichkeiten** sind zu berücksichtigen.[728] Berücksichtigungsfähig ist auch das Vorliegen gleichgelagerter **Parallelverfahren**.[729] Eine Streitwertermäßigung kann auch von **juristischen Personen** oder einer **BGB-Gesellschaft** in Anspruch genommen werden. Stets kommt es hier es auf die Vermögensverhältnisse der Gesellschaft, nicht der Gesellschafter an (str.).[730] Ist die Gesellschaft jedoch bereits **vermögenslos**, kann es keine „Gefährdung" ihrer Vermögenslage mehr geben.[731]

244 Allerdings ist bei Aktivprozessen eines **Wirtschaftsverbandes** iSd § 8 Abs. 3 Nr. 2 UWG zu beachten, dass dieser von Haus aus über eine angemessene finanzielle Ausstattung verfügen muss, um überhaupt klagebefugt zu sein. Er muss grundsätzlich finanziell in der Lage sein, diese Aufgabe zu erfüllen, ohne zur sachgerechten Prozessführung auf eine Streitwertherabsetzung angewiesen zu sein.[732] Eine Streitwertherabsetzung kommt bei ihm daher nur bei Verfahren mit Streitwerten in Betracht, die über der Revisionssumme liegen.[733] Ein anderes gilt naturgemäß bei **Verbraucherverbänden** (§ 8 Abs. 3 Nr. 3 UWG). Um ihre Funktionsfähigkeit zu erhalten, kommt bei ihnen häufiger und in stärkerem Maße eine Streitwertbegünstigung in Betracht als bei Wirtschaftsverbänden (→ Rn. 210).[734]

245 b) **Ausschluss bei missbräuchlicher Prozessführung.** Anders als im Markenrecht gibt es im Wettbewerbsrecht typischerweise schutzbedürftige Personengruppen, wie Verbraucherverbände, für die eine Streitwertbegünstigung angemessen erscheint.[735] Gleichwohl ist anerkannt, dass jedenfalls in Fällen **missbräuchlicher Prozessführung** für eine Streitwertherabsetzung kein Raum ist.[736] Die Vorschrift des § 12 Abs. 4 UWG ist insbesondere nicht dazu da, bewussten Verletzern das Kostenrisiko ihres Handelns zu verringern.[737] Bei der Beurteilung, ob ein Fall der missbräuchlichen Prozessführung vorliegt, darf auch **vorprozessuales Verhalten** berücksichtigt werden, insbesondere wenn auf eine Abmahnung des Markeninhabers trotz eindeutiger Rechtslage **nicht reagiert** worden ist, so dass Anlass zu Klagerhebung gegeben worden war.[738] Auch in Fällen **mangelnder vorprozessualer Aufklärung** kann eine Streitwertbegünstigung versagt werden.[739]

246 3. **Verfahren, § 12 Abs. 5 UWG.** Die Streitwertbegünstigung erfolgt nur auf **Antrag**. Dieser muss vor der Verhandlung zur Hauptsache gestellt werden, § 12 Abs. 5 S. 2 UWG; bei Festsetzung erst nach der letzten Verhandlung innerhalb angemessener Frist, § 12 Abs. 5 S. 3 UWG. Er unterliegt nicht dem Anwaltszwang, §§ 12 Abs. 5 S. 1 UWG iVm 78 Abs. 5 ZPO. Im **einstweiligen Verfügungsverfahren** kann der Antrag bis zur Verhandlung über den Widerspruch gestellt werden bzw. bei Abschluss ohne mündliche Verhandlung innerhalb angemessener Frist nach der Streitwertfestsetzung[740] und zwar auch ohne Einlegung eines Widerspruchs.[741] Jedenfalls unzulässig ist ein Antrag, der nach Abschluss der Instanz des Rechtsstreits oder – im einstweiligen Verfügungsverfahren – nach Abgabe einer Abschlusserklärung gestellt wird, wenn nicht nachträglich der Streitwert heraufgesetzt wird[742]

247 Die erforderliche Glaubhaftmachung setzt die Einreichung nachprüfbarer **schriftlicher Unterlagen** (nicht nur einer Bilanz) voraus und/oder die Abgabe einer eidesstattlichen Versicherung.[743] Anders als bei § 12 Abs. 4 UWG aF kommt es nicht mehr darauf an, ob die Sache nach Art und Umfang **einfach gelagert** ist.[744]

248 Die Anordnung ergeht gemäß § 12 Abs. 5 S. 4 UWG nach Anhörung des Gegners durch **Kammerbeschluss.** Sie ist für jede Instanz gesondert zu beantragen.[745] Die Begrenzungen des **§ 117**

---

[728] OLG Frankfurt a. M. BeckRS 2004, 09517; Köhler/Bornkamm/*Köhler/Feddersen* UWG § 12 Rn. 5.21; zum MarkenR: *Ingerl/Rohnke* MarkenG § 142 Rn. 18; *Ströbele/Hacker* MarkenG § 142 Rn. 13.
[729] OLG Koblenz GRUR 1996, 139 (140) – Streitwert.
[730] *Kühnen* Rn. 2493; aA offenbar Köhler/Bornkamm/*Köhler* UWG § 12 Rn. 5.23.
[731] BGH GRUR 2013, 1288 – Kostenbegünstigung III.
[732] BGH GRUR 2011, 560 – Streitwertherabsetzung II; BGH GRUR 1998, 958 – Verbandsinteresse.
[733] BGH GRUR 2011, 560 – Streitwertherabsetzung II; BGH GRUR 1998, 958 – Verbandsinteresse; Köhler/Bornkamm/*Köhler* UWG § 12 Rn. 5.23.
[734] BGH GRUR 2011, 560 – Streitwertherabsetzung II (Herabsetzung von 120.000 auf 25.000 EUR).
[735] Vgl. *Ingerl/Rohnke* MarkenG § 142 Rn. 14.
[736] LG Hamburg – 327 O 428/11 (zum MarkenR); OLG Frankfurt a. M. GRUR-RR 2005, 296 – Goldschmuckstücke; OLG Koblenz GRUR 1996, 139 (140) – Streitwert; *Ströbele/Hacker* MarkenG § 142 Rn. 15; *Ingerl/Rohnke* MarkenG § 142 Rn. 19.
[737] Vgl. *Ströbele/Hacker* MarkenG § 142 Rn. 16.
[738] OLG Hamburg 13.7.2021 – 5 W 21/21; OLG Frankfurt a. M. GRUR-RR 2005, 296 – Goldschmuckstücke (zum MarkenG); OLG Hamburg WRP 1985, 281 (zu § 23a UWG aF); Köhler/Bornkamm/*Köhler* UWG § 12 Rn. 5.22.
[739] *Ingerl/Rohnke* MarkenG § 142 Rn. 19 mwN (zum MarkenG).
[740] OLG Koblenz GRUR 1996, 139 – Streitwert (zum MarkenR); Köhler/Bornkamm/*Köhler* UWG § 12 Rn. 5.26.
[741] OLG Hamburg WRP 1985, 281 (zu § 23a UWG aF).
[742] MünchKommUWG/*Schlingloff* UWG § 12 Rn. 649.
[743] Vgl. BGH BeckRS 2013, 04622.
[744] Köhler/Bornkamm/*Köhler* UWG § 12 Rn. 5.22.
[745] Köhler/Bornkamm/*Köhler* UWG § 12 Rn. 5.26.

Abs. 2 S. 2 hinsichtlich der wirtschaftlichen Belege sind entsprechend zu beachten.[746] Gegen den Beschluss ist die **Streitwertbeschwerde** nach § 68 GKG statthaft.[747] Beschwerdeberechtigt ist jeder durch die Entscheidung Beschwerte, das sind die beantragende Partei oder der Gegner, aber auch die Rechtsanwälte oder mitwirkenden Patentanwälte der Prozessparteien aus eigenem Recht.[748]

249 **4. Rechtsfolgen.** Herabgesetzt wird der Streitwert **nur zugunsten der dies beantragenden Partei**, deren wirtschaftliche Lage durch eine Belastung mit den nach dem vollen Streitwert berechneten Prozesskosten erheblich gefährdet würde. Im Übrigen bleibt der **normale Streitwert** für die Bestimmung von Zuständigkeit (im Gewerblichen Rechtsschutz ohne Bedeutung) und Beschwer, aber auch für die Berechnung des Honorars, das die nicht begünstigte Partei ihrem Prozessanwalt schuldet.[749]

250 Unterliegt der Begünstigte ganz, muss er Gerichtskosten (§ 12 Abs. 4 S. 1 UWG), vom Gegner verauslagte Gerichtskosten (§ 12 Abs. 4 S. 2 Nr. 2 UWG), Gebühren des gegnerischen Rechtsanwalts (§ 12 Abs. 4 S. 2 Nr. 2 UWG) und die Gebühren des eigenen Rechtsanwalts (§ 12 Abs. 4 S. 2 Nr. 1 UWG) nur nach dem **Teilstreitwert** bezahlen. Der Rechtsanwalt der Gegenpartei behält aber seinen Gebührenanspruch nach vollem Streitwert gegenüber seinem Mandanten. Bei der Kostenquotelung gilt dies entsprechend, allerdings kann der Rechtsanwalt des Begünstigten seine Gebühren aus dem vollen Streitwert von dem Gegner erstattet verlangen (§ 12 Abs. 4 S. 2 Nr. 3 UWG), obwohl der Gegner selbst seinen quotalen Erstattungsanspruch nur nach dem Teilstreitwert berechnen kann.[750] Den nicht zu erstattenden Teil der Gerichtskosten aus dem vollem Streitwert hat die Gegenpartei im Rahmen der Haftungsvorschriften des GKG zu tragen. Nicht zu den Gerichtskosten iSd § 142 Abs. 1 gehören die **Auslagen** des Gerichts.[751] **Obsiegt** die begünstigte Partei, hat die Streitwertbegünstigung nur im Falle der Insolvenz des Gegners Bedeutung.

J. Urheberrechtssachen

I. Grundsätze der Streitwertbemessung

251 In Urheberrechtssachen ist der Streitwert, sofern es sich nicht um bezifferte Leistungsanträge handelt und soweit auch nichts anderes bestimmt ist, vom Gericht nach *freiem* Ermessen (§ 3) festzusetzen. Allerdings ist mit § 97a Abs. 3 UrhG nunmehr eine **Geringwertigkeitsklausel** für die Gegenstandswerte vorgerichtlicher Abmahnungen eingeführt worden, die Unterlassungs- und Beseitigungsansprüche gegenüber Verbrauchern und deren Gegenstandswert auf 1.000 EUR deckeln. Gleichwohl sind **Regelstreitwerte** auch in Urheberrechtssachen **unvereinbar** mit § 3 ZPO. An eine – ggf. auch übereinstimmende oder zumindest unwidersprochen gebliebene – **Wertangabe der Parteien** ist das Gericht nicht gebunden.[752] Übereinstimmende und nicht offensichtlich unzutreffende Angaben der Parteien im erstinstanzlichen Verfahren sind allerdings ein – widerlegbares und gerichtlich nachprüfbares – **Indiz** für den wirtschaftlichen Wert des Klagebegehrens.[753]

252 Die Regelungen in **§ 51 GKG nF** sind auf urheberrechtliche Fallgestaltungen nicht anwendbar. Der Gesetzgeber hat bewusst in dieser Vorschrift Sonderbestimmungen zum gewerblichen Rechtsschutz geschaffen und Ansprüche aus dem Urheberrechtsgesetz nicht in den Anwendungsbereich des § 51 GKG einbezogen, so dass auch die Voraussetzungen für eine analoge Anwendung der Vorschrift mangels planwidriger Regelungslücke nicht gegeben sind.[754] Gleichwohl ist nach den allgemeinen Regeln im **eV-Verfahren** ein Abschlag von 20% bis $1/3$ vorzunehmen.[755]

---

[746] Köhler/Bornkamm/*Köhler* UWG § 12 Rn. 5.27.
[747] Köhler/Bornkamm/*Köhler* UWG § 12 Rn. 5.28.
[748] OLG Koblenz GRUR 1996, 139 – Streitwert (zum MarkenR); Köhler/Bornkamm/*Köhler* UWG § 12 Rn. 5.28.
[749] OLG Koblenz GRUR 1996, 139 – Streitwert; BPatG BeckRS 2012, 00713; OLG Düsseldorf BeckRS 2014, 01151 (PatentR); Köhler/Bornkamm/*Köhler* UWG § 12 Rn. 5.31; *Ingerl/Rohnke* MarkenG § 142 Rn. 30 mit weiteren Einzelheiten (MarkenR).
[750] Köhler/Bornkamm/*Köhler* UWG § 12 Rn. 5.31.
[751] OLG München GRUR 1960, 79 – Sachverständigenkosten (zum PatG); Zum MarkenR: Ströbele/*Hacker* MarkenG § 142 Rn. 26.
[752] Vgl. BGH GRUR 2012, 1288 – Vorausbezahlte Telefongespräche II; OLG Düsseldorf GRUR-RR 2011, 341 – Streitwertheraufsetzung II; OLG Hamburg NJOZ 2007, 52 (53) – Parteidispositiver Streitwert; *Hartmann* GKG § 61 Rn. 10; *Wessing/Basar* GRUR 2012, 1215 (1216) **aA** für eine Bindungswirkung OLG Braunschweig GRUR-RR 2012, 93 (94).
[753] Vgl. BGH GRUR 2012, 1288 – Vorausbezahlte Telefongespräche II; OLG Hamburg BeckRS 2017, 138659 Rn. 2; KG NJOZ 2010, 2020 (2021) – Cold Call; OLG Frankfurt a. M. BeckRS 2007, 02246; OLG Hamburg NJOZ 2007, 52 (53) – Parteidispositiver Streitwert; BGH GRUR 1986, 93 (94) – Berufungssumme; Harte/Henning/*Retzer* UWG § 12 Rn. 842 mwN.
[754] OLG Hamburg GRUR-RS 2015, 20255.
[755] KG BeckRS 2011, 25375 $1/3$; OLG Frankfurt MMR 2020, 627 Rn. 9; OLG Hamburg 9.2.2022 – 5 W 57/21 (20%).

1. Unterlassungsklagen. Bestimmend für die Wertfestsetzung von Unterlassungsklagen wegen 253
Urheberrechtsverletzung ist das Interesse des Anspruchstellers an der **Unterbindung weiterer gleichartiger Verstöße.**[756] Dieses Interesse ist pauschalierend unter Berücksichtigung der Umstände des Einzelfalles zu bewerten.[757] Es ist abhängig von Art, Umfang und Intensität der Verletzung des geschützten Rechts.[758] Das Interesse an der Durchsetzung von Unterlassungsansprüchen wird – wie bei den gewerblichen Schutzrechten – durch **zwei Faktoren** bestimmt, nämlich erstens durch den wirtschaftlichen **Wert des verletzten Rechtsguts** und zweitens durch das Ausmaß und die Gefährlichkeit der zu erwartenden Verletzungshandlungen, den sog. **Angriffsfaktor.**[759]

a) Wert des verletzten Urheberrechts. Der Wert des verletzten Urheberrechts ist nicht nur 254
abhängig von seiner **Schöpfungshöhe,** sondern insbesondere von der **Bekanntheit** und **Aktualität des Werks** bzw. dessen Urhebers,[760] aber auch seines bisherigen kommerziellen Erfolges. Brauchbarer Anhaltspunkt für den wirtschaftlichen Wert des Urheberrechts ist naturgemäß eine Betrachtung des **Lizenzschadens** (→ Rn. 263),[761] der aber nicht mit dem Streitwert eines Unterlassungsbegehrens gleichzusetzen ist, denn regelmäßig erschöpft sich die Beeinträchtigung des Verletzten nicht nur in der unerlaubten Nutzung des Werks durch den Verletzer (→ Rn. 259).[762]

b) Angriffsfaktor. Das Ausmaß und die Gefährlichkeit der (weiter) zu erwartenden Verletzungs- 255
handlungen bestimmt auf Seiten des Verletzers den **Angriffsfaktor.** Der Angriffsfaktor wird insbesondere durch die Stellung des Verletzers und des Verletzten, die Qualität der Urheberrechtsverletzung, den drohenden Verletzungsumfang, die Art der Begehung des Rechtsverstoßes und eine hierdurch etwa begründete Gefahr der Nachahmung durch Dritte sowie subjektive Umstände auf Seiten des Verletzers wie den Verschuldensgrad bestimmt[763] Über den Angriffsfaktor finden also nicht nur Kriterien, wie Art und Ausmaß der Schädigungshandlung, sondern auch **Größe** und Bedeutung des Unternehmens des Verletzers Eingang in die Wertbemessung.[764] Allerdings schließen nur begrenzte erzielte (oder zukünftig erzielbare) Umsätze des Verletzers nicht aus, eine höhere Streitwertfestsetzung zu rechtfertigen. Insbesondere können eine **diskreditierende oder marktverwirrende Wirkung** weit über dem Verletzerinteresse liegen.[765] Da es allein um die Wahrscheinlichkeit und das Ausmaß einer künftigen Beeinträchtigung geht, ist auch unerheblich, welchen **konkreten Vorteil** der Verletzer aus seinem Verstoß tatsächlich gezogen hat oder welchen Schaden der Rechteinhaber **bereits erlitten** hat; dies sind lediglich Anhaltspunkte zur Beurteilung des Umfangs der durch die begehrte Unterlassungsverpflichtung zu verhindernden (zukünftigen) Schädigung.[766] Dies schließt indes nicht aus, auch Art und Umfang von Vorbereitungshandlungen und ggf. die eigenen Ankündigungen des Verletzers vor Unterbindung für die Beurteilung der Gefährlichkeit heranzuziehen.[767]

Die Schädlichkeit der Verletzungshandlung wird auch bestimmt über den **Verbreitungsweg.** So 256
hat das Einstellen im Wege des sog. Filesharing über spezielle Softwareprogramme oder in Internet-Tauschbörsen wegen einer unübersehbaren Zahl von Rechtsverletzungen einen höheren Angriffswert als eher geringfügige Verletzung ihres Urheberrechts im Rahmen eines Privatkaufs.[768] Der BGH hat bezüglich der **Tauschsoftware** „Bear-Share" die Schätzung der Vorinstanz von 400 möglichen Zugriffen unter Berücksichtigung der Popularität der Tauschsoftware, dem Gefährdungspotenzial von zur Tatzeit gleichzeitig online befindlichen mehreren Hunderttausend potenziellen Nutzern und der Attraktivität der streitbefangenen Musiktitel als plausibel bewertet.[769]

---

[756] BGH GRUR 2016, 1275 Rn. 33 – Tannöd; OLG Hamburg GRUR-RS 2015, 20255; BGH GRUR 1990, 1052 (1053) – Streitwertbemessung; OLG Celle ZUM-RD 2014, 486; Wandtke/Bullinger/*Kefferpütz* UrhG § 105 Rn. 8; Dreier/Schulze/*Schulze* UrhG § 105 Rn. 8.

[757] BGH K&R 2017, 45 Rn. 23 – Alan Wake; BGH MMR 2016, 413 Rn. 7; GRUR 2016, 1275 Rn. 33 – Tannöd.

[758] BGH GRUR 2013, 1067 Rn. 12 Beschwer des Unterlassungsschuldners; OLG Schleswig BeckRS 2015, 08575; GRUR-RR 2010, 126; Wandtke/Bullinger/*Kefferpütz* UrhG § 105 Rn. 8.

[759] BGH K&R 2017, 45 Rn. 24 – Alan Wake; BGH GRUR 2014, 206 Rn. 16 Einkaufskühltasche; OLG Braunschweig ZUM 2012, 144 (145).

[760] OLG Schleswig GRUR-RR 2010, 126; OLG Celle MMR 2016, 546 – Streitwertbemessung im Urheberrecht.

[761] OLG Schleswig GRUR-RS 2016, 12412; OLG Celle MMR 2016, 546 – Streitwertbemessung im Urheberrecht; OLG Schleswig BeckRS 2015, 08575.

[762] BGH K&R 2017, 45 Rn. 24 – Alan Wake; aA OLG Schleswig GRUR-RS 2016, 12412.

[763] BGH K&R 2017, 45 Rn. 24 – Alan Wake; BGH MMR 2016, 413 Rn. 7; GRUR 2013, 1067 Rn. 12 Beschwer des Unterlassungsschuldners.

[764] Vgl. OLG Hamburg NJOZ 2007, 4818 (4820) – Tchibo/Tchico (100.000 EUR wegen nur unbedeutender Umsätze des Verletzers); Ströbele/Hacker MarkenG § 142 Rn. 2; *Fezer,* Markenrecht, § 142 Rn. 5.

[765] Wandtke/Bullinger/*v. Wolff* UrhG § 97 Rn. 83 mwN.

[766] BGH K&R 2017, 45 Rn. 24 und 33 – Alan Wake; BGHZ 77, 16 (19 ff.) – Tolbutamid; BGH GRUR 1987, 37 (39) – Videolizenzvertrag; OLG Düsseldorf BeckRS 2012, 24439 – Polohemden.

[767] Vgl. zum MarkenR *Ingerl/Rohnke* MarkenG § 142 Rn. 8.

[768] OLG Schleswig BeckRS 2015, 08575.

[769] BGH GRUR 2016, 176 Rn. 61 ff. – Tauschbörse I; ebenso OLG Hamburg MMR 2014, 127 (130).

257 Für **generalpräventive Erwägungen,** also die Möglichkeit, den Streitwert aus Abschreckungsgründen zu erhöhen, ist bei der objektiven Wertfestsetzung kein Raum.[770] Problematisch ist dabei zum einen, dass der Gesetzgeber im Urheberrecht bei Schadensersatzansprüchen in §§ 54f Abs. 3 und 54g Abs. 3 UrhG spezielle Präventions- und Sanktionszwecken vorgesehen hat, die eine Verdopplung des Vergütungssatzes vorsehen. Eine vergleichbare Regelung hat er im Rahmen des Unterlassungsanspruchs nach § 97 UrhG jedoch nicht getroffen.[771] Zum anderen steht einer Abschreckungsfunktion auch der schadensrechtliche **Grundsatz der Naturalrestitution** entgegen, wonach der Verletzte durch die schädigende Handlung nicht besser gestellt werden soll.[772] Schließlich dürfte mit der durch das sog. Gesetz gegen unseriöse Geschäftspraktiken (BGBl. 2013 I Nr. 59)[773] erfolgten Deckelung des Streitwertes der Abmahnkosten (**§ 97a Abs. 3 UrhG**) für eine damit begründete Erhöhung des Streitwertes auch im Rahmen von Unterlassungsklagen kaum noch argumentativer Raum bestehen.

258 Die **Intensität der Wiederholungsgefahr** wird allerdings auch durch subjektive Umstände mitgeprägt, wie den Verschuldensgrad.[774] Daher kann wegen des erhöhten Angriffsfaktors **streitwerterhöhend** berücksichtigt werden, wenn die Verletzung **vorsätzlich** oder gar **systematisch** erfolgte.[775] Die Gefährlichkeit des Angriffs ist regelmäßig bei (erwiesen) wahrheitswidriger Leugnung begangener Handlungen, **Verschleierungsmaßnahmen,** Verschiebung von Verletzungsgegenständen an Dritte zur Erschwerung der Unterbindung, **Vortäuschung** von Unterwerfungsbereitschaft zur Verschleppung, **Fortsetzung** oder sogar Steigerung der Verletzung nach Abmahnung zur Vereitelung des Zugriffs höher zu bemessen.[776] In diesem Zusammenhang kann auch eine nachweisbare **Nachahmungsgefahr** – etwa wegen besonderer Auffälligkeit der Verletzungshandlung – erhöhend berücksichtigt werden, weil sich in ihr die zukünftige Betroffenheit des Verletzten spiegelt.[777]

259 **c) Lizenzgebühr als bestimmender Faktor?** In der **obergerichtlichen Rechtsprechung** wird der Wert des auf die Verletzung von Urheberrechten gestützten Unterlassungsanspruchs verschiedentlich auf der Grundlage der für die geschehene Nutzungshandlung anzusetzenden Lizenzgebühr berechnet.[778] Dies wird begründet durch den Massencharakter der Delikte und der durch das Internet erleichterten Begehungsmöglichkeiten und damit, dass die Abwehr künftiger Rechtsverletzungen im Einzelfall vorrangig dem Interesse dient, die eigene Lizenzierung vergleichbarer Nutzungen sicherzustellen.[779] Der **BGH** hat dem jedoch zu Recht eine klare Absage erteilt. Eine schematische Bestimmung des Gegenstandswertes eines Unterlassungsanspruches auf der Grundlage eines Mehrfachen der für die bereits geschehene Nutzung anzusetzenden fiktiven Lizenzgebühr **verbietet sich.** Sie trägt weder der **unterschiedlichen Funktion** von Schadensersatz- und Unterlassungsanspruch Rechnung noch ist sie mit dem bei der Wertbestimmung zu beachtenden Gebot der **Abwägung aller Umstände** des Einzelfalles in Einklang zu bringen.[780] Neben dem Interesse an der Verhinderung fortgesetzter unlizenzierter Nutzungen ist dabei auch das einer fortgesetzten Rechtsverletzung innewohnende Gefährdungspotential für das Schutzrecht und seine wirtschaftliche Auswertung zu berücksichtigen.[781] Insbesondere die Bereitstellung eines Werkes über eine Tauschbörse im Internet eröffnet einer unbegrenzten Vielzahl von Tauschbörsenteilnehmern die Möglichkeit, das Werk kostenlos

---

[770] BGH K&R 2017, 45 Rn. 32 – Alan Wake; OLG Celle MMR 2016, 546 (547) – Streitwertbemessung im Urheberrecht; OLG Brandenburg NJW-RR 2014, 227; OLG Düsseldorf ZUM-RD 2013, 638; OLG Braunschweig GRUR-RR 2012, 93 (94); OLG Schleswig GRUR-RR 2010, 126; OLG Frankfurt a. M. GRUR-RR 2005, 71 (72) – Toile Monogram; Büscher/Dittmer/Schiwy/*Hirsch* Kap. 18 Rn. 28; Forch GRUR-Prax 2014, 217 (218); **aA** noch OLG Hamburg GRUR-RR 2007, 375 (376) – Filesharing; OLG Hamburg GRUR-RR 2004, 342 (343) – Kartenausschnitte; vgl. zum Meinungsstand im Rahmen des Schadensersatzes Wandtke/Bullinger/*v. Wolff* UrhG § 97 Rn. 79.

[771] OLG Celle MMR 2016, 546 (547) – Streitwertbemessung im Urheberrecht.

[772] Vgl. hierzu BGH GRUR 1987, 37 (39) – Videolizenzvertrag; BGH GRUR 1990, 1008 (1009) – Lizenzanalogie.

[773] Vgl. Amtliche Begründung zum Gesetzesentwurf, der noch eine Änderung des GKG für Urheberstreitsachen vorsah: BT-Drs. 17/13057, 10/11.

[774] BGH GRUR 1990, 1052 (1053) – Streitwertbemessung; KG WRP 2010, 789; *Teplitzky* Kap. 49 Rn. 14.

[775] Vgl. Teplitzky/*Feddersen* Kap. 49 Rn. 16 (zum UWG); OLG Hamburg 5 W 26/14; Ingerl/Rohnke MarkenG § 142 Rn. 8 (beide zum MarkenG).

[776] Zum MarkenR: OLG Hamburg 5 W 26/14; *Ingerl/Rohnke* MarkenG § 142 Rn. 8.

[777] Köhler/Bornkamm/*Köhler/Feddersen* UWG § 12 Rn. 5.6; Teplitzky/*Feddersen* Kap. 49 Rn. 14a; vgl. zum MarkenR OLG Hamburg 3 W 83/16.

[778] OLG Brandenburg NJW-RR 2014, 227 (10-facher Wert, iE 300 EUR pro Bild); OLG Nürnberg NJOZ 2013, 1035 (doppelter Wert, iE 300 EUR pro Bild); OLG Hamm GRUR-RR 2013, 39 (doppelter Wert, i.E 900 EUR); OLG Braunschweig BeckRS 2011, 24283 (doppelter Wert, iE 300 EUR pro Bild); OLG Schleswig GRUR-RR 2010, 126 (dreifacher Wert, iE 1.300 EUR); dagegen OLG Celle MMR 2016, 546 Rn. 7 – Streitwertbemessung im Urheberrecht; OLG Düsseldorf BeckRS 2015, 04596 (iE 2.000 EUR für drei Lichtbilder).

[779] OLG Schleswig ZUM-RD 2015, 473 (474); LG Flensburg ZUM 2016, 299; OLG Celle GRUR-RR 2012, 270; OLG Hamm BeckRS 2012, 22918; zust. BeckOK UrhR/Lauber-Rönsberg UrhG § 72 Rn. 37; abl. Lütke GRUR-RR 2020, 337 (338).

[780] vgl. BGH GRUR 2016, 1275 Rn. 37 – Tannöd; BGH K&R 2017, 45 Rn. 28 – Alan Wake; Forch GRUR-Prax 2017, 4; Lütke GRUR-RR 2020, 337 (338).

[781] vgl. BGH GRUR 2016, 1275 Rn. 41 – Tannöd; BGH K&R 2017, 45 Rn. 31 – Alan Wake.

heruntzuladen und anschließend anderen Nutzern zum Herunterladen zur Verfügung zu stellen und stellt damit die kommerzielle Auswertung des Werkes insgesamt in Frage.[782] Demgegenüber tritt das Interesse des Rechtsinhabers an der Verhinderung einer fortgesetzten unlizenzierten Nutzung in den Hintergrund.[783]

d) § 97a Abs. 3 UrhG. Durch das sog. Gesetz gegen unseriöse Geschäftspraktiken (BGBl. 2013 I Nr. 59)[784] ist in § 97a Abs. 3 UrhG eine **Deckelung des Streitwertes der Abmahnkosten** eingeführt worden. § 12 Abs. 4 UWG ist auf urheberrechtliche Abmahnungen nicht entsprechend anwendbar.[785] § 97a Abs. 3 UrhG zielt in besonderem auf die **Massendelikte** der Urheberrechtsverletzung durch Filesharing oder in Tauschbörsen im Internet und enthält – der Rechtswidrigkeit des Verhaltens zum Trotz – eine Begrenzung der vom Verletzer zu tragenden Abmahnkosten.[786] Während der ursprüngliche Gesetzesentwurf noch eine Änderung des GKG für Urheberstreitsachen vorsah,[787] sieht § 97a Abs. 3 S. 2 UrhG nF nur noch eine Kostendeckelung der erforderlichen Aufwendungen hinsichtlich der vom Verletzer zu erstattenden **Rechtsanwaltsgebühren** auf einen Gegenstandswert von **1.000 EUR** für Unterlassungs- und Beseitigungsansprüche vor.

aa) Begünstigte. Die Neuregelung ist erheblich verschlankt und sieht nur noch zwei Voraussetzungen vor:[788] **Begünstigt** sind nach § 97 Abs. 3 S. 2 Nr. 1 und 2 nur natürliche Personen, die nicht gewerblich oder im Rahmen einer selbständigen Tätigkeit iSd § 14 Abs. 1 BGB handeln (Nr. 1) und die nicht bereits wegen eines Anspruchs des Abmahnenden durch Vertrag, auf Grund einer rechtskräftigen Entscheidung oder einer einstweiligen Verfügung verpflichtet sind (Nr. 2).[789] Es soll damit der zu Privatzwecken handelnde **Ersttäter** geschützt werden,[790] wobei der Begriff des „Ersttäters" überdeckt, dass diese Betrachtung bei jedem Verletzten („Abmahnenden") von Neuem beginnt und damit im Grunde zu weit geht. § 97a Abs. 3 S. 4 UrhG enthält allerdings eine (Un-)Billigkeitsklausel, wonach eine Deckelung nicht in Betracht kommt, wenn das den besonderen Umständen des Einzelfalls nicht gerecht wird – was für den urheberrechtlichen Wiederholungstäter gelten dürfte, der immer wieder andere Rechteinhaber verletzt. Unberührt bleibt von dieser Regelung jedoch der von dem Rechtsanwalt im **Mandantenverhältnis** zugrunde zu legende Gegenstandswert oder der Streitwert eines **gerichtlichen Verfahrens**[791]. Unberührt bleibt auch die gebührenrechtliche Einschätzung, dass dann, wenn der Rechtsinhaber gegenüber unterschiedlichen, rechtlich oder wirtschaftlich nicht verbundenen Unternehmen oder Personen in engem zeitlichem Zusammenhang getrennte, im Wesentlichen gleichlautende Abmahnungen wegen des rechtswidrigen Vertriebs von Vervielfältigungsstücken derselben Werke aussprechen lässt, die aus derselben Quelle stammen, diese Abmahnungen eine Angelegenheit iSd § 15 Abs. 2 RVG darstellen können.[792]

bb) Einfach gelagerter Streitfall. Für die **Altfälle** auf Basis der bis 8.10.2013 geltenden Fassung des § 97a Abs. 2 UrhG aF galt die weitere Voraussetzung, dass der **Streitfall einfach gelagert** ist. Dies ist dann der Fall, wenn er nach Art und Umfang ohne größeren Arbeitsaufwand zu bearbeiten ist, also zur Routine gehört (vgl. die Begründung zum Regierungsentwurf eines Gesetzes zur Verbesserung der Durchsetzung von Rechten des geistigen Eigentums, BT-Drs. 16/5048, 49).[793] Eine unerhebliche Rechtsverletzung erfordert ein geringes Ausmaß der Verletzung in qualitativer und quantitativer Hinsicht, wobei es auf die Umstände des Einzelfalls ankommt (vgl. BT-Drs. 16/5048, 49). Davon ist auszugehen, wenn der Sachverhalt überschaubar, im Wesentlichen unstreitig oder ohne aufwendige Beweiserhebung und -würdigung zu klären ist, und wenn die sich stellenden Rechtsfragen ohne vertiefte Auseinandersetzung mit Rechtsprechung und Literatur zu beantworten sind.[794] Aus dem Umstand, dass eine Rechtsverletzung **häufig geschieht** und daher von den Rechteinhabern auch routinemäßig verfolgt wird, kann nach der Rechtsprechung des BGH für sich genommen nicht auf einen einfach gelagerten Streitfall geschlossen werden.[795] Das Angebot eines urheberrechtlich geschützten Werkes zum Herunterladen über eine **Internettauschbörse** stellt regelmäßig keine nur unerheb-

---

[782] vgl. BGHZ 195, 257 Rn. 23 Alles kann besser werden (zum Auskunftsanspruch aus § 101 Abs. 2 S. 1 UrhG).
[783] BGH K&R 2017, 45 Rn. 31 – Alan Wake.
[784] Vgl. zum Gesetzentwurf der noch eine Änderung des GKG für Urheberstreitsachen vorsah: BT-Drs. 17/13057, 10/11.
[785] BGH K&R 2017, 45 Rn. 34 – Alan Wake; BGH GRUR 2016, 176 Rn. 81 Tauschbörse I; GRUR 2016, 184 Rn. 74 – Tauschbörse II.
[786] Büscher/Dittmer/Schiwy/*Hirsch* Kap. 18 Rn. 28.
[787] Vgl. BT-Drs. 17/13057, 10/11.
[788] Wandtke/Bullinger/Kefferpütz UrhG § 97a Rn. 52; BeckOK UrhR/Reber UrhG § 97a Rn. 28.
[789] Wandtke/Bullinger/*v. Wolff* UrhG § 97a Rn. 53; Hartmann GRUR-RR 2014, 97 (98).
[790] Büscher/Dittmer/Schiwy/*Hirsch* Kap. 18 Rn. 28; OLG Frankfurt a.M. MMR 2020, 549 Rn. 60 (bejaht, obwohl nur wenige Tage nach dessen Erstveröffentlichung öffentlich zugänglich gemacht).
[791] LG Hamburg GRUR-RR 2014, 110 – Computerspiel-Filesharing; Hartmann GRUR-RR 2014, 97 (98).
[792] Vgl. BGH GRUR 2019, 1044 Rn. 23 – Der Novembermann.
[793] BGH K&R 2017, 45 Rn. 38 – Alan Wake; Dreier in Dreier/Schulze, UrhG, 4. Aufl., § 97a Rn. 16.
[794] BGH K&R 2017, 45 Rn. 38 – Alan Wake mwN.
[795] BGH K&R 2017, 45 Rn. 39 – Alan Wake (offengelassen für schlichte Teilnahme an Tauschbörsen) mwN.

liche Rechtsverletzung dar,[796] insbesondere wenn das Werk erst vor kurzer Zeit erschienenen war.[797] Dies gilt selbst dann, wenn die einzelne Rechtsverletzung für sich genommen kein beträchtliches Ausmaß erreicht.[798] Typische Bagatellverstöße sind im Übrigen auch nach Auffassung des Gesetzgebers etwa die öffentliche Zugänglichmachung eines Stadtplanausschnitts oder eines Liedtextes auf einer privaten Homepage oder die Verwendung eines Lichtbildes zur Illustration eines privaten Angebots bei einer Internetversteigerung (vgl. Beschlussempfehlung und Bericht des Rechtsausschusses zum Regierungsentwurf, BT-Drs. 16/8783, 50).

262a **e) Störerhaftung.** Im Urheberrecht nach wie vor von besonderem Gewicht ist die Unterscheidung zwischen Täter- und Störerhaftung.[799] In der Rechtsprechung wird zwar davon ausgegangen, dass Täterhaftung und Störerhaftung unterschiedliche Lebenssachverhalte voraussetzen und darum zwei verschiedene Streitgegenstände darstellen.[800] Für auf Störerhaftung gestützte Unterlassungsanträge wird daher teilweise ein **Abschlag gegenüber der Täterhaftung** vorgenommen,[801] bzw. bei Entscheidung über einen auf Störerhaftung gerichteten Hilfsantrag eine Erhöhung nach § 45 GKG vorgenommen.[802] Eine Notwendigkeit besteht dafür allerdings nicht; im Gegenteil, denn es ist bei einem einheitlichen Unterlassungsantrag zu berücksichtigen, dass der Angriffsfaktor im Regelfall unverändert und deshalb eine Vervielfachung des Streitwerts des Hauptanspruchs grundsätzlich nicht gerechtfertigt ist.[803] Es geht typischerweise von Anfang an um einen einheitlichen Lebenssachverhalt, wie etwa dass die beanstandete Rechtsverletzung vom Internetanschluss des in Anspruch Genommenen aus begangen worden war.[804]

262b **f) Mehrheit von Schutzrechten.** Gerade bei Urheberrechtsverletzungen im Internet steht häufig eine Mehrzahl von Rechtsverletzungen in Rede, die verschiedene Schutzrechte und damit verschiedene Streitgegenstände betreffen. Wird die Verletzung einer **Mehrheit von urheberrechtlich geschützten Werken** geltend gemacht (→ § 5 Rn. 10), ist grundsätzlich zu addieren. Allerdings wird vertreten, vor dem Hintergrund des einheitlichen Rechtsschutzziels der Unterbindung von Rechtsverletzungen entgegen § 39 GKG im Zweifel keine Berechnung des klägerischen Interesses in mathematischer Abhängigkeit von der Anzahl der angebotenen urheberrechtlich geschützten Musiktitel vorzunehmen, sondern auch hier stets die Gesamtumstände des Einzelfalles zu berücksichtigen.[805] Das OLG Köln geht in ständiger Rechtsprechung davon aus, dass der Streitwert bei einer Vielzahl von Werken nicht linear, sondern degressiv ansteigt. So hat es beispielsweise in einem Verfahren, das 31 gewerblich benutzte Lichtbilder (einfache Produktfotos) betraf, 3.000 Euro pro Bild angesetzt. Diesen Wert hält das OLG Köln auch bei höherwertigen Fotografien für angemessen, wenn die Nutzung von 52 Lichtbildern in Rede steht.[806] Von einem einheitlichen Wert wegen eines **einheitlichen Klageziels** auszugehen,[807] dürfte allerdings mit der neusten BGH-Rechtsprechung nur schwer zu vereinbaren sein.[808] Denn eine wirtschaftliche Einheit liegt demnach nur dann vor, wenn die Ansprüche nach dem konkreten Sachverhalt nicht in der Weise nebeneinander bestehen können, dass das Gericht beiden Ansprüchen stattgeben könnte.[809] Das ist bei den auf mehrere Klagegründe gestützten Ansprüchen bei den Fallkonstellationen aus dem Bereich des gewerblichen Rechtsschutzes regelmäßig nicht der Fall.[810] Allerdings mag die Verletzung verschiedener Urheberrechte durch einen Verletzer bei Vorliegen von natürlicher Handlungseinheit, beispw. drei Produktfotos in einem einheitlichen Verkaufsangebot, ein Abschlag in Betracht kommen.[811]

---

[796] BGH GRUR 2018, 914 Rn. 29 – Riptide; BGH GRUR 2016, 1275 Rn. 51 – Tannöd.
[797] BGH K&R 2017, 45 Rn. 42 – Alan Wake; anders offenbar OLG Frankfurt a. M. MMR 2020, 549 Rn. 60.
[798] Vgl. BGHZ 195, 257 Rn. 23 Alles kann besser werden (zum Auskunftsanspruch aus § 101 Abs. 2 S. 1 UrhG).
[799] Vgl. BGH GRUR 2013, 1229 Rn. 25 – Kinderhochstühle im Internet II; BGH GRUR 2013, 370 (371) – Alone in the dark; BGH GRUR 2010, 633 Rn. 18 ff. – Sommer unseres Lebens.
[800] OLG Hamburg GRUR-RS 2020, 30750 Rn. 3; OLG Köln NJOZ 2011, 1239 – Prozesskostenhilfe; LG Hamburg MMR 2011, 53 (55).
[801] LG Hamburg BeckRS 2013, 03252 (Störerhaftung mit 3/5 des Wertes der Täterhaftung); LG Hamburg MMR 2011, 53 (55) (Tauschbörse für Musiktitel, etwa 50 % Abschlag für Störerhaftung); OLG Frankfurt a. M. GRUR-Prax 2011, 133 mAnm *Engels*, **aA** OLG Düsseldorf ZUM-RD 2013, 638.
[802] OLG Hamburg BeckRS 2019, 26283 Rn. 6 („maßvolle Erhöhung" um 20 %); LG Hamburg BeckRS 2019, 537 Rn. 49 (Erhöhung um 50 %).
[803] OLG Hamburg GRUR-RS 2020, 30750 Rn. 3; anders noch OLG Hamburg BeckRS 2019, 26283 Rn. 6.
[804] Forch GRUR-Prax 2014, 217 (218).
[805] OLG Celle ZUM-RD 2014, 486; OLG Köln GRUR-RR 2010, 173 (175); vgl. auch LG München I BeckRS 2018, 6538 Rn. 4 (SW 15.000 EUR für die Veröffentlichung von 119 Fotos auf Facebook, die eine Nichtberufsfotografin von einer Ausstellung gemacht hatte).
[806] OLG Köln GRUR 2019, 393 Rn. 68 – Palast der Reublik.
[807] OLG Köln GRUR-RR 2014, 25 (26) = BeckRS 2013, 16546 – Kinderhochstuhl; und so wohl auch OLG Hamburg GRUR-RR 2014, 490 (492) – Elitepartner.
[808] Vgl. Büscher GRUR 2012, 16 (22); Büscher/Dittmer/Schiwy/*Hirsch* Kap. 18 Rn. 3.
[809] Büscher GRUR 2012, 16 (22).
[810] Büscher GRUR 2012, 16 (22).
[811] OLG Hamburg 5 W 58/21.

2. Annexansprüche. Im Rahmen der Umsetzung der Enforcement-Richtlinie wurde in das UrhG **263** in § 97 Abs. 2 S. 3 eine ausdrückliche Regelung zur Lizenzanalogie aufgenommen, wonach der Schadensersatzanspruch auch auf der Grundlage des Betrages berechnet werden kann, den der Verletzer als angemessene Vergütung hätte entrichten müssen, wenn er die Erlaubnis zur Nutzung des verletzten Rechts eingeholt hätte.[812] Damit richtet sich eine wertmäßige Betrachtung des verletzten Schutzrechts an den beiden Hauptmöglichkeiten der Lizenzvereinbarung, der **Pauschallizenz** und der **Stücklizenz**[813] In vielen Bereichen existieren allerdings bereits **Tarifwerke der Verwertungsgesellschaften** und Verbände. Auch wenn sie nicht bindend sind, kann auch ihnen eine objektive Richtschnur für die Bemessung des Unterlassungsstreitwertes entnommen werden.[814] Sind nur Teile eines Werkes betroffen, ist für den Schadensersatz regelmäßig der Lizenzanteil maßgeblich, der dem Verhältnis des Umfangs des genutzten Werkteils zum Umfang des Gesamtwerks entspricht.[815] Dieser Grundsatz ist auch bei der Streitwertbemessung zu beachten. Hinsichtlich der Wertbemessung von **Auskunfts- und Schadensersatz(feststellungs)anträgen** kann im Übrigen auf die Ausführungen im allgemeinen Teil verwiesen werden (→ Rn. 29).

II. Streitwertgefüge

Regelstreitwerte sind außerhalb des § 97a Abs. 3 UrhG auch in Urheberstreitsachen **unvereinbar** **264** mit § 3.[816] Die Bemessung des Streitwertes einer Unterlassungsklage bleibt vielmehr stets Sache des Einzelfalls. Ein einheitliches **Streitwertgefüge** besteht angesichts der Unterschiedlichkeit der Wertigkeit einzelner urheberischer Leistungen und Schöpfungshöhen und der vom Einzelfall abhängigen Bewertung des Angriffsfaktors naturgemäß nicht. Gleichwohl haben sich einige Üblichkeiten herausgebildet.

Unterlassungsansprüche von Berufsfotografen rechtfertigen üblicherweise – je nach Güte und **265** Herstellungsaufwand einerseits sowie der Art der Verletzungshandlung andererseits – Streitwerte von nicht unter 4.000 EUR,[817] regelmäßig um 6.000 EUR[818] oder bei medienwirksamer Verbreitung auch mehr[819]. Computergrafiken sind wegen des geringeren Herstellungsaufwands niedriger anzusetzen.[820] Die Verwendung von **Produktfotos** oder anderen **Lichtbildern** in kommerziellen Verkaufsangeboten, insbesondere in der Produktpräsentation im Internet, wird von den Instanzen unterschiedlich bewertet. Auch hier wird überwiegend für Privatpersonen ein Wert von bis zu 3.000 EUR[821] und für Gewerbetreibende von 6.000 EUR pro Bild,[822] bei besonderer Wertigkeit des Bildes auch höher,[823] angenommen, sofern nicht besonderen Anhaltspunkte eine Reduzierung gebieten.[824] Die obergerichtliche Rechtsprechung, die sich an dem Lizenzschaden orientierte und eine Vervielfachung des Lizenzwertes zugrunde legte, führte zur Annahme niedrigerer Streitwerte, nämlich überwiegend 300 EUR pro Bild,[825] als die Gerichte, die von pauschalierten Beträgen

---

[812] BGH GRUR 2016, 176 (181) – Tauschbörse I; Wandtke/Bullinger/v. *Wolff* UrhG § 97 Rn. 69.
[813] Vgl. hierzu BGH GRUR 2006, 143 (146) – Catwalk (zum GebrMG).
[814] Vgl. zur Bedeutung bei der Bestimmung der angemessenen Lizenzgebühr als Richtlinien: BGH GRUR 1966, 570 (572 ff.) – Eisrevue III; LG München I GRUR 2005, 574 (576) – O Fortuna; Wandtke/Bullinger/v. *Wolff* UrhG § 97 Rn. 75.
[815] BGH GRUR 1966, 570 (572) – Eisrevue III.
[816] OLG Hamburg GRUR-RS 2015, 20255.
[817] Auch bei Verwendung nur auf einer Unterseite LG Hamburg BeckRS 2019, 537 Rn. 49 (5.000 EUR).
[818] OLG Frankfurt a. M. GRUR-RS 2016, 8907 Rn. 9 (in der Regel in einer Spannbreite zwischen 5.000 und 7.000 EUR); AG Köln GRUR-RS 2021, 9954 Rn. 13; LG Hamburg BeckRS 2017, 127832 Rn. 68; 2016, 21031.
[819] OLG Hamburg GRUR-RS 2022, 6679; LG Hamburg GRUR-RS 2020, 45666 Rn. 42 (7.500 EUR); OLG Köln GRUR-RS 2021, 3043 Rn. 40 – Kate Moss Fotos (10.000 EUR pro Bild einer Serie in einem Männermagazin); Lütke GRUR-RR 2020, 337 (342).
[820] AG Hamburg GRUR-RS 2020, 38500 Rn. 30 (3.775 EUR).
[821] BGH BeckRS 2018, 27799 – Pizzafoto (3.000 EUR); OLG Düsseldorf BeckRS 2015, 04596 (2.000 EUR für drei Lichtbilder); OLG Hamburg GRUR-RS 2015, 20255 (3.000 EUR pro Bild); OLG Köln BeckRS 2012, 01116 (3.000 EUR); LG Zweibrücken MMR 2009, 541 (3.000 EUR, Forenbetreiber, nicht-kommerzielle Verwendung).
[822] OLG Celle MMR 2016, 546 (547) – Streitwertbemessung im Urheberrecht (4.000 EUR pro Bild); OLG Zweibrücken BeckRS 2016, 10948 – Bilder im „Cache" (6.000 EUR); OLG Köln BeckRS 2014, 17511 (6.000 EUR, gewerblich genutzter ebay-Account); KG BeckRS 2011, 25375 (6.000 EUR im eV-Verfahren, 2/3 des Hauptsachestreitwertes).
[823] OLG München GRUR-RS 2015, 08403 (15.000 EUR, auf Dauer angelegte Verwendung) mwN, LG Köln BeckRS 2016, 01581 – Aida Kussmund (40.000 EUR); OLG Hamburg GRUR-RS 2022, 6680 (10.000 EUR, eV, gewerbliche Ausnutzung).
[824] OLG Hamburg MMR 2007, 533 – Anonyme Tauschbörse (10.000 EUR wegen minderjähriger Täter und nur geringen kommerziellen Erlös); ähnlich wohl LG Bielefeld ZUM-RD 2016, 144 (Computerspiel, 8.000 EUR, Minderjähriger, vielfältige Up-Loads); OLG Hamburg GRUR-RS 2021, 49674 (3.000 EUR, stehengebliebenes Foto nach UVE).
[825] OLG Brandenburg NJW-RR 2014, 227 (10 facher Wert, iE 300 EUR pro Bild); OLG Nürnberg NJOZ 2013, 1035 (doppelter Wert, iE 300 EUR pro Bild); OLG Hamm GRUR-RR 2013, 39 (doppelter Wert, i.E 900 EUR); OLG Braunschweig BeckRS 2011, 24283 (doppelter Wert, iE 300 EUR pro Bild); OLG Schleswig GRUR-RR 2010, 126 (dreifacher Wert, iE 1.300 EUR).

ausgehen.[826] An dieser Linie wird wegen der entgegenstehenden Rechtsprechung des BGH nicht festgehalten werden können (→ Rn. 259). Der BGH hat bei einer gewerblichen Nutzung eines einfachen Fotos ohne kompositorische Inszenierung einen Unterlassungsstreitwert iHv 6.000 EUR für nicht zu beanstanden angesehen.[827] Die fehlende **Urheberbenennung (§ 13 UrhG)** führt regelmäßig zu einer Verdoppelung des Streitwerts für den Fall des gleichzeitigen Unterlassungsbegehrens,[828] da es sich hierbei um zwei separate Streitgegenstände handelt. Dagegen ist nur ein moderater Aufschlag angezeigt, wenn ein weiteres Verwertungsrecht betroffen ist.[829]

266 In einer anderen Größenordnung, die sich eher am Markenrecht oder dem ergänzenden Leistungsschutz orientiert, sind Verletzungen in Bezug auf **Produkt- oder Etikettgestaltungen** anzusiedeln. Wird ein urheberrechtlich geschütztes Werk auf einer Produktverpackungen abgebildet oder eine urheberrechtlich geschützte **Produkt- oder Etikettgestaltung** verletzt, werden Streitwerte um 250.000 EUR nach Grad der Bekanntheit der Gestaltung und Art und Maß der Übernahme festgesetzt.[830] Wird das Bild einer bekannten Persönlichkeit unbefugt in der Werbung verwendet, zeigt dies, dass damit ein wirtschaftlicher Wert verbunden ist.[831]

267 Bei Urheberrechtsverletzungen von **Musiktiteln** spielt der Verbreitungsweg eine erhebliche Rolle. Das Angebot urheberrechtsverletzender physischer Datenträger rechtfertigten in der Vergangenheit Streitwerte in der Größenordnung von 2.000–5.000 EUR pro Album.[832] Dagegen ist das Angebot unkörperlicher Musiktitel im Wege des **Filesharings** oder auf Tauschbörsen im Internet bislang in einer Größenordnung zwischen 3.000 EUR,[833] 6.000 EUR[834] und mehrheitlich 10.000 EUR pro Titel bewertet worden.[835] Die unbefugte Verwendung von Musikwerken als **Handy-Klingeltöne** wurde mit 25.000 EUR bewertet.[836] Eine große Breitenwirkung, wie bei der Verbreitung im Wege des gespeicherten (Web-)Radios kann auch zu deutlich höheren Werten führen.[837] Die Nutzungen (Bearbeitungen) eines berühmten Liedtextes rechtfertigen ohne Weiteres einen Streitwert von 50.000 EUR.[838]

268 Das Angebot zum Herunterladen eines Spielfilms, eines Computerprogramms oder eines vollständigen Musikalbums wird regelmäßig einen höheren Gegenstandswert rechtfertigen, als er etwa für das Angebot nur eines Musiktitels anzusetzen ist.[839] Durchweg erhöhte Streitwerte sind daher für Unterlassungsanträge betreffend das Angebot in Tauschbörsen eines **Computerspiels** (10.000[840] bis 20.000 EUR[841]), **Hörbuchs** (20.000 EUR) oder **Kinofilms** (30.000 EUR[842]) angenommen worden.[843] Hier ist für den Angriffsfaktor sowohl die Dauer des Angebots berücksichtigungsfähig[844] als auch, ob es sich um besonders aktuelle Werke handelt, die erst vor kurzer Zeit erschienen waren,[845] oder noch erschwerend noch vor ihrem offiziellen Veröffentlichungsdatum verfügbar gemacht werden. Der Vorwurf der unzulässigen **Umarbeitung eines Computerprogramms** kann je nach Bekanntheit des

---

[826] vgl. OLG Celle MMR 2016, 546 Rn. 7 – Streitwertbemessung im Urheberrecht; OLG Düsseldorf BeckRS 2015, 04596 (iE 2.000 EUR für drei Lichtbilder).
[827] BGH GRUR 2019, 292 Rn. 29 – Foto eines Sportwagens.
[828] OLG Düsseldorf GRUR-RR 2006, 393 (394) – Informationsbroschüre; für die Verdoppelung des Lizenzschadens: BGH GRUR 2019, 292 Rn. 28 – Foto eines Sportwagens.
[829] OLG Hamburg BeckRS 2020, 56131 Rn. 3.
[830] LG Hamburg BeckRS 2016, 13769 – Bierflaschendesign (250.000 EUR); OLG Hamburg NJOZ 2005, 124 – Weinlaubblatt (250.000 EUR, einstweiliges Verfügungsverfahren, allerdings gestützt auf Marke, UWG und Urheberrecht).
[831] BGH GRUR 2007, 139 Rn. 12 – Rücktritt des Finanzministers (eingeklagt waren 100.000 EUR).
[832] OLG Celle ZUM-RD 2014, 486 (5.000 EUR für 3 LPs).
[833] BGH GRUR 2010, 633 – Sommer unseres Lebens (2.500 EUR für Unterlassung nach Störerhaftung, ein Titel); OLG Düsseldorf ZUM-RD 2013, 638 (2.500 EUR, ein Titel, zwei Antragsgegner, eV-Verfahren).
[834] allerdings degressiv LG Hamburg BeckRS 2008, 02766 (beginnend bei 6.000 EUR für den ersten Titel, je 3.000 EUR für den zweiten bis fünften Titel, je 1.500 EUR für den sechsten bis zehnten Titel und von je 600,00 EUR für jeden weiteren Titel).
[835] Vgl. LG Frankfurt a. M. BeckRS 2012, 00681 (10.000 EUR pro Titel); LG Düsseldorf BeckRS 2012, 00682 (50.000 EUR bei fünf Titeln); LG Düsseldorf NJOZ 2010, 680 (10.000 EUR pro Titel).; OLG Köln BeckRS 2012, 07392 (15.000 EUR für einen Film); Forch GRUR-Prax 2014, 217 (218) (für 10.000 EUR pro Album).
[836] OLG Hamburg GRUR 2006, 323.
[837] LG München I GRUR-RS 2019, 5962 Rn. 69 (50.000 EUR).
[838] LG Hamburg GRUR-RS 2020, 34610 – Hey, Pippi Langstrumpf.
[839] BGH K&R 2017, 45 Rn. 48 – Alan Wake; BGH GRUR 2016, 184 Rn. 73 – Tauschbörse II.
[840] OLG Hamburg GRUR-RR 2014, 109 (12.000 EUR); LG Köln ZUM 2012, 350 (10.000 EUR); LG Bielefeld ZUM-RD 2016, 144 (9.000 EUR wegen Minderjährigkeit).
[841] BGH K&R 2017, 45 Rn. 48 – Alan Wake (15.000 EUR für ein durchschnittlich erfolgreiches Computerspiel, das nicht lange nach seinem Erscheinungstermin öffentlich zugänglich gemacht wurde); ebenso BGH GRUR-RS 2016, 119380 Rn. 48; LG Frankenthal BeckRS 2015, 14278 (20.000 EUR); LG Hamburg BeckRS 2015, 07034 (20.000 EUR); vgl. auch OLG Düsseldorf – 15 W 11/16 (25.000 EUR, UWG-Anspruch).
[842] anders noch OLG Köln GRUR-RR 2005, 105 – Elektronischer Fernsehprogrammführer (50.000 EUR).
[843] OLG Köln BeckRS 2012, 04448 mwN.
[844] LG Hamburg BeckRS 2015, 07034.
[845] BGH K&R 2017, 45 Rn. 48 – Alan Wake; BGH GRUR 2016, 1275 Rn. 55 – Tannöd.

Spiels und der Dauer des Angebots außerordentlich hoch sein.[846] Der Angriffsfaktor bei der öffentliche Zugänglichmachung – ggf. unter Bearbeitung – von Fernsehsendungen auf Videoportalen wie **YouTube** hängt von Art und Umfang des hochgeladenen Werkes ab und auch von der Reichweite des eigenen „Kanals" des Verletzers.[847] Auch der Vorwurf der **unzulässigen Bearbeitung,** Nachahmung oder Parodie kann je nach Bekanntheit des Ausgangswerks und/oder des Bearbeiters aber auch der erzielten Marktpreise, einen Streitwert von 100.000 EUR oder auch mehr rechtfertigen.[848]

Die Streitwerte bei Verfahren der **GEMA** liegen aufgrund der vom Gesetzgeber vorgesehenen Verdopplung des Vergütungssatzes von Schadensersatzansprüchen in §§ 54f Abs. 3 und 54g Abs. 3 UrhG und der auch vorher schon von der Rechtsprechung gebilligte Aufschlag aufgrund des erhöhten Verwaltungsaufwandes deutlich höher.[849] Auch Klagen gegen den **Betreiber** eines Filesharing-Portals sind regelmäßig von einem sehr hohen Angriffsfaktor geprägt, so dass auch Streitwerte von über 200.000 EUR[850] angemessen sein können. **269**

Der Streitwert für die urheberrechtswidrige Nutzung von **Stadtplanausschnitten** im Internet wurde in der Vergangenheit mit 6.000–10.000 EUR beziffert.[851] **270**

Gewerblich nutzbare Schöpfungen, insbesondere aus dem Bereich der **Software,** weisen aufgrund ihres gesteigerten wirtschaftlichen Wertes deutlich erhöhte Streitwerte **von mehreren 100.000 EUR** auf.[852] Aber auch die Streitwerte von Verletzungsklagen wegen urheberrechtlich geschützter **Möbel** können solche Regionen erreichen.[853] Streitwerte bei der Verletzung geschützter **architektonischer Leistungen** können im Einzelfall Millionenhöhe erreichen, wenn öffentlich bekannte Bauten bzw. Bauvorhaben mit hohen Bausummen betroffen sind.[854] Bei **Fachtexten oder wissenschaftlichen Berichten** kommt es auch auf das Informationsinteresse und eine etwaige mediale Verbreitung an. Während zu Werbezwecken genutzte Fachtexte eines Rechtsanwalts durch einen unbefugten Kollegen auch noch nach Änderung der dort behandelten Rechtslage eher im Bereich einen Streitwert von 10.000 EUR für ein Unterlassungsbegehren bleiben,[855] können Urheberrechtsverletzungen wie die unentgeltliche Abrufbarkeit von **DIN-Normen**[856] oder die Veröffentlichung eines umfangreichen behördlichen oder wissenschaftlichen Bewertungsberichts von allgemeinem Interesse auch Werte im Bereich von 50.000 EUR rechtfertigen, wenn dadurch eine große Reichweite erzielt wird.[857] **271**

§ 4 Wertberechnung; Nebenforderungen

(1) Für die Wertberechnung ist der Zeitpunkt der Einreichung der Klage, in der Rechtsmittelinstanz der Zeitpunkt der Einlegung des Rechtsmittels, bei der Verurteilung der Zeitpunkt des Schlusses der mündlichen Verhandlung, auf die das Urteil ergeht, entscheidend; Früchte, Nutzungen, Zinsen und Kosten bleiben unberücksichtigt, wenn sie als Nebenforderungen geltend gemacht werden.

---

[846] OLG Hamburg GRUR 2022, 483 Rn. 83 = GRUR-RS 2021, 42795 (Sony Play Station, 500.000 EUR).
[847] LG Hamburg 310 O 207/19(50.000 EUR für zwei bearbeitete Sendungen einer berühmten deutschen Talk-Show).
[848] OLG Hamburg GRUR-RR 2022, 116 – Ottifanten in the City (120.000 EUR für Gemäldeparodie durch bekannten Komiker); LG Hamburg BeckRS 2004, 111 (Harry-Potter-Bearbeitungen, 150.000 EUR).
[849] Vgl. LG München BeckRS 2016, 14540 – Sharehosting-Dienst (200.000 EUR); BGH GRUR 1966, 570 (572) – Eisrevue III.
[850] BGH GRUR 2013, 370 – Alone in the dark (Videospiel, erstinstanzlich 250.000 EUR für Unterlassungsantrag = LG Düsseldorf BeckRS 2013, 02279).
[851] KG GRUR 2005, 88 Stadtplanausschnitte (10.000 EUR wegen der Nachahmungsgefahr); OLG Hamburg GRUR-RR 2004, 342 (343) – Kartenausschnitte (6.000 EUR, aus Abschreckungsgründen erhöht wegen der Strafbarkeit nach § 106 Abs. 1 UrhG); OLG Hamburg GRUR-RS 2021, 49754 (6.000 EUR, Kartenausschnitt, Luftbild).
[852] Vgl. OLG Köln GRUR-RR 2013, 5 – bambinoLÜK II (500.000 EUR für Unterlassungsantrag wegen Verletzung von Lernspielvorrichtungen); OLG Köln GRUR-RR 2005, 303 (200.000 EUR, Computersoftware); OLG Köln GRUR 2004, 142 (195.000 EUR für Nachdruck eines Handbuchs für die Vergabe von Bauleistungen).
[853] Vgl. OLG Hamburg BeckRS 2011, 25731 – Tripp-Trapp-Stuhl II (400.000 EUR); OLG Hamburg BeckRS 2002, 08899 – Tripp-Trapp-Stuhl (400.000 DM für Unterlassung); LG Köln BeckRS 2006, 04686 – hinterbeinlose Stahlrohrstühle (250.000 EUR nebst Annexansprüchen); OLG Hamburg GRUR-RR 2005, 41 – Wagenfeld-Leuchte (25.000 EUR); LG Köln ZUM-RD 2006, 256 (80.000 EUR).
[854] Vgl. BGH BeckRS 2011, 26724 – Stuttgart 21 (1 Mio. EUR); dagegen LG Berlin BeckRS 2007, 05313 (20.000 EUR, Beseitigungsanspruch hinsichtlich Flachdecke im Hauptbahnhof Berlin als Verletzung des Architektenurheberrechts).
[855] OLG Hamburg – 5 W 70/19.
[856] OLG Hamburg GRUR-RS 2017, 121111 Rn. 190 (zwei Beklagte).
[857] OLG Köln GRUR-RS 2021, 2369 – Glyphosat-Bericht (50.000 EUR); OLG Köln BeckRS 2015, 10834 Rn. 43 – Afghanistan Papiere (50.000 EUR).

(2) Bei Ansprüchen aus Wechseln im Sinne des Wechselgesetzes sind Zinsen, Kosten und Provision, die außer der Wechselsumme gefordert werden, als Nebenforderungen anzusehen.

A. Bedeutung

1 Die Festsetzung des für die Wertberechnung maßgebenden Zeitpunkts für Haupt- und Nebenforderungen gem. § 4 Abs. 1 bezweckt Verfahrenssicherheit und –vereinfachung.[1] Hier gelten in Prozessen des Gewerblichen Rechtsschutzes und Urheberrechts keine Besonderheiten, sodass auf die allgemeine Kommentarliteratur verwiesen werden kann.

2 Für die Wertberechnung in erster Instanz ist auf den Tag des Eingangs der Antrags- oder Klageschrift bei Gericht abzustellen.[2] In Prozessen des Gewerblichen Rechtsschutzes[3] spielt dies für die Frage der sachlichen Zuständigkeit 1. Instanz keine Rolle, da die Landgerichte immer ausschließlich sachlich zuständig sind (→ § 1 Rn. 2).

3 Von großer praktischer Bedeutung in Prozessen des Gewerblichen Rechtsschutzes ist jedoch § 4 Abs. 1 Hs. 2, da dem gerichtlichen Verfahren oft eine **vorgerichtliche Abmahnung** vorausgeht. Hier stellt sich regelmäßig die Frage, ob und inwieweit es sich dabei um **Kosten** iSv § 4 Abs. 1 Hs. 2 (für den Gebührenstreitwert: § 43 GKG) handelt.

B. Allgemeines

4 Grundsätzlich umfasst § 4 alle Wertvorschriften für den Zuständigkeits-, Rechtsmittel- und Verurteilungsstreitwert.[4] Vorrangige Sondervorschriften sind für die Bestimmung des Gebührenstreitwerts zu beachten (§§ 40, 43 und 47 GKG).

5 Für die **Rechtsmittelstreitwert** (→ § 2 Rn. 3) kommt es gem. § 40 GKG auf den Tag der Einlegung des Rechtsmittels an (§§ 511 Abs. 2 Nr. 1, 567 Abs. 2). Spätere Wertveränderungen, zB durch Einschränkungen des Antrags oder Wertschwankungen, sind für die Zulässigkeit des Rechtsmittels ohne Bedeutung.[5]

6 Für den **Gebührenstreitwert** stellt § 40 GKG auf den **Zeitpunkt** ab, an dem der **verfahrenseinleitende Antrag** (insbesondere Klage und Antrag auf Erlass einer einstweiligen Verfügung) bei Gericht eingeht.[6] Trennung (§ 145), Verbindung (§ 147) und Teilurteil (§ 301) verändern den Gebührenstreitwert nur für die Zukunft.[7] Wird nur gegen einen **Teil** der einstweiligen Verfügung **Widerspruch** eingelegt, dann richtet sich der Wert des Widerspruchsverfahrens nach dem Umfang des noch im Streit stehenden Gegenstandes.

C. Nebenforderungen

I. Allgemeines

7 **Nebenforderungen** iSv § 4 Abs. 1 **Hs. 2** sind zum Gegenstand der Hauptsache in materiellrechtlicher **Abhängigkeit** stehende und getrennt von der Hauptsache berechnete Forderungen, die im gleichen Rechtsstreit von einer Partei gegen den gleichen Gegner geltend gemacht werden.[8]

8 Ihren unselbständigen Charakter verlieren Nebenforderungen, wenn sie als **Hauptforderungen** geltend gemacht werden. Nebenforderungen werden nach allgemeiner Meinung zur Hauptforderung, wenn der **Hauptanspruch nicht** oder nicht **mehr im Streit** steht, so dass dann nur noch die Nebenforderungen Gegenstand des Rechtsstreits sind. Wenn oder soweit der Hauptanspruch nicht mehr im Streit ist, fehlt es an einer anhängigen Hauptforderung.[9] Auch bei der **Rechtsmittelbeschwer** sind sie erst zu berücksichtigen, soweit sie Hauptforderungen geworden sind, was der Fall ist, wenn und soweit der Hauptanspruch, auf den sich die Nebenforderungen beziehen, nicht mehr Gegenstand des Rechtsstreits ist.[10] Für den Gebührenstreitwert gilt § 43 Abs. 1 GKG als lex specialis, wenn Nebenforderungen geltend gemacht werden.[11] Für den Gegenstandswert: § 23 RVG (sowie § 25 RVG bei Vollstreckung und Vollziehung).

---

[1] MüKoZPO/*Wöstmann* ZPO § 4 Rn. 1.
[2] Zöller/*Herget* ZPO § 4 Rn. 2.
[3] Hierzu gehören nach der vorliegenden Kommentierung Patent-, Gebrauchsmuster-, Arbeitnehmererfinder-, Sortenschutz-, Halbleiterschutz-, Kennzeichen- und Design- sowie Wettbewerbsrecht einschl. UKlaG; nicht Urheberrecht (s. auch §§ 1 Abs. 1 Nr. 14, 51 GKG).
[4] Musielak/Voit/*Heinrich* ZPO § 4 Rn. 2.
[5] BGH NJW-RR 2016, 433 (434).
[6] Thomas/Putzo/*Hüßtege* ZPO § 4 Rn. 3.
[7] Zöller/*Herget* ZPO § 4 Rn. 7.
[8] Musielak/Voit/*Heinrich* ZPO § 4 Rn. 10; Zöller/*Herget* ZPO § 4 Rn. 8.
[9] BGH NJW 2008, 999; 1998, 2060 (2061).
[10] BGH BeckRS 2014, 05927.
[11] Musielak/Voit/*Heinrich* ZPO § 4 Rn. 19.

II. Früchte, Nutzungen und Zinsen

Früchte: § 99 BGB; **Nutzungen:** § 100 BGB. **Zinsen** sind das vom Schuldner zu entrichtende **9** Entgelt für die Überlassung von Kapital (dazu gehören auch Vorfälligkeitszinsen). Bei einem Anspruch auf **Befreiung von einer Verbindlichkeit** (zB von den vorgerichtlichen Abmahnkosten), sind die Zinsen der Forderung, von der Befreiung begehrt wird, Nebenforderung des Befreiungsanspruchs.[12] Zinsen aus einer nicht (mehr) im Streit stehenden Hauptforderung sind hingegen zu berücksichtigen, da sie dann zur Hauptforderung werden.[13] Werden mit einem Rechtsmittel selbständig Zinsforderungen geltend gemacht, sind diese nicht streitwerterhöhend zu berücksichtigen, wenn und soweit die dazugehörige Hauptforderung Gegenstand eines Rechtsmittels des Prozessgegners ist.[14]

III. Kosten, Abmahnkosten

Kosten iSv § 4 Abs. 1 Hs. 2 sind alle gerichtlichen, vorgerichtlichen und außergerichtlichen Auf- **10** wendungen im Zusammenhang mit dem im laufenden Verfahren geltend gemachten Hauptanspruch, gleichgültig ob sie der Hauptforderung hinzugerechnet werden, oder Gegenstand eines eigenen Antrags sind.[15] Dies gilt auch für Abmahnkosten, insbesondere die Rechtsanwaltsgebühren, die nicht auf die Verfahrensgebühr des gerichtlichen Verfahrens angerechnet und mit einem eigenen Sachantrag geltend gemacht werden.[16]

Vorprozessual aufgewendete **Kosten** zur Durchsetzung des im laufenden Verfahren geltend **11** gemachten Hauptanspruchs wirken nicht werterhöhend, wenn **dieser Hauptanspruch noch Gegenstand** des laufenden Verfahrens ist. Wird der materiell-rechtliche Kostenerstattungsanspruch neben der Hauptforderung, aus der er in Abhängigkeit entstanden ist, geltend gemacht, ist er von dem Bestehen der Hauptforderung abhängig und stellt deshalb eine Nebenforderung iSv § 4 Abs. 1 dar. Dieses – eine Werterhöhung ausschließende – Abhängigkeitsverhältnis besteht, solange die Hauptforderung Gegenstand des Rechtsstreits ist.[17] Nichts anderes gilt, wenn sich eine Partei im Wege der **negativen Feststellungsklage** auch gegen den Anspruch auf Erstattung der Abmahnkosten der anderen Partei wendet.[18]

Die als Nebenforderung geltend gemachten **Abmahnkosten** erhöhen nach § 4 Abs. 1 Hs. 2, § 43 **12** Abs. 1 GKG, § 23 Abs. 1 S. 1 RVG weder den Streitwert noch den Beschwerdewert,[19] unabhängig von der Formulierung des Klagantrags.[20] Das gilt auch für die Kosten des **Abschlussschreibens**, soweit der Hauptanspruch noch Gegenstand des laufenden Verfahrens ist.[21] Dies gilt jedoch nicht für die bei einer vom Gegner im Wege der **Widerklage** wegen unberechtigter Abmahnung geltend gemachten vorprozessualen **Abwehrkosten** (→ § 5 Rn. 24).

Wird der Hauptanspruch übereinstimmend für **erledigt** erklärt (§ 91a) oder zurückgenommen **13** (§ 269), werden die Kosten Hauptforderung, weil kein Abhängigkeitsverhältnis mehr besteht.[22] Der Streitwert entspricht dann der Höhe der Kosten.[23] Wird bei übereinstimmender **Teilerledigterklärung** durch Urteil in der Hauptsache sowie über die Kosten des erledigten Teils entschieden, behalten letztere jedoch ihren Status als Nebenforderung (→ § 3 Rn. 42).[24]

§ 5 Mehrere Ansprüche

Mehrere in einer Klage geltend gemachte Ansprüche werden zusammengerechnet; dies gilt nicht für den Gegenstand der Klage und der Widerklage.

Literatur: *Büscher*, Klagehäufung im gewerblichen Rechtsschutz – alternativ, kumulativ, eventuell?, GRUR 2012, 16; *Klute*, Die aktuellen Entwicklungen im Lauterkeitsrecht, NJW 2014, 359; *Kodde*, Vier Jahre nach „TÜV", GRUR 2015, 38; *Labesius*, Streitwertbemessung bei der hilfsweisen Geltendmachung unterschiedlicher gewerblicher Schutzrechte, GRUR-RR 2012, 317; *Müller-Broich*, Verfahrenstaktik nach der „TÜV"-Entscheidung, GRUR-Prax 2012, 399.

---

[12] Zöller/*Herget* ZPO § 4 Rn. 11.
[13] BGH NJW 2008, 999.
[14] BGH BeckRS 2013, 16719.
[15] Thomas/Putzo/*Hüßtege* ZPO § 4 Rn. 8; BGH NJW 2007, 3289.
[16] Musielak/*Heinrich* ZPO § 4 Rn. 16.
[17] BGH NJW 2008, 999.
[18] BGH BeckRS 2015, 06520.
[19] BGH GRUR-RR 2013, 448 (Ls.) – Rezeptbild; BGH BeckRS 2013, 19772; GRUR-RR 2012, 271 (Ls.) – Matratzen-Fest-Werbung.
[20] BGH NJW-RR 2008, 374.
[21] LG Hamburg BeckRS 2008, 22953.
[22] Zöller/*Herget* ZPO § 4 Rn. 13.
[23] Köhler/Bornkamm/*Feddersen* UWG § 12 Rn. 4.16.
[24] Musielak/Voit/*Heinrich* ZPO § 4 Rn. 17.

ZPO § 5 1–5

Übersicht

	Rn.
A. Anwendungsbereich im Gewerblichen Rechtsschutz und Urheberrecht	1
B. Allgemeines	5
C. Mehrere Klageansprüche bzw. Streitgegenstände	10
I. Mehrere gewerbliche Schutzrechte	11
1. Eventuelle Klagehäufung	12
2. Kumulative Klagehäufung	13
II. Mehrere wettbewerbliche Streitgegenstände	14
III. Streitgenossen (subj. Klagehäufung)	15
IV. Stufenklage	18
V. Aufrechnung	20
D. Klage und Widerklage	21
I. Anwendungsbereich	21
II. Widerklage bei Abnehmer- bzw. Schutzrechtsverwarnung	23
III. Widerklage auf Nichtigerklärung im Verletzungsverfahren	25
IV. Klage und Eventualwiderklage (Hilfswiderklage)	26

A. Anwendungsbereich im Gewerblichen Rechtsschutz und Urheberrecht

1 In Prozessen des Gewerblichen Rechtsschutzes und Urheberrechts vor den ordentlichen Gerichten geht es ganz überwiegend um **Verbotsanträge,** die auf ein oder **mehrere Schutzrechte** und/oder einen oder **mehrere wettbewerbsrechtliche Tatbestände** gestützt werden. Auf der Grundlage des **zweigliedrigen Streitgegenstandsbegriffs,** nach dem der Streitgegenstand aus dem Klageantrag und dem zu seiner Begründung vom Kläger vorgetragenen Klagegrund besteht, muss zunächst der jeweilige Streitgegenstand bestimmt werden. Sofern eine objektive Anspruchshäufung vorliegt, stellt sich für den Kläger (oder Widerkläger) die Frage, wie er die eigenständigen Streitgegenstände geltend macht. Mit den „**TÜV**"-Entscheidungen aus dem Jahr 2011[1] hat der BGH einen Sonderweg im Gewerblichen Rechtsschutz beendet und die alternative Klagehäufung abgeschafft.[2] Der Kläger kann die Auswahl des erfolgversprechendsten Streitgegenstands nicht mehr dem Gericht überlassen. Bei einer **Häufung von Streitgegenständen,** wie dies zB nach der Rechtsprechung des BGH für jedes Schutzrecht, auf das der Kläger im Prozess seinen Antrag stützt, der Fall ist, muss er daher zunächst entscheiden, ob die eigenständigen Streitgegenstände **kumulativ oder eventuell** geltend gemacht werden. Dies kann mit weitreichenden Folgen für die Streitwertbemessung im Hinblick auf den **Gebührenstreitwert** verbunden sein.

2 Der **gebührenrechtliche Streitgegenstandsbegriff** des GKG ist mit dem prozessualen Streitgegenstandsbegriff nicht identisch. Im Gebührenrecht ist vielmehr eine **wirtschaftliche Betrachtungsweise** anzulegen, wobei ausschlaggebend ist, ob die unterschiedlichen Ansprüche dasselbe Interesse betreffen.[3] Da im Gewerblichen Rechtsschutz regelmäßig mehrere Ansprüche nebeneinander bestehen können, kommt bei der eventuellen Geltendmachung sowohl eine **Berechnung** gemäß § 45 Abs. 1 S. 3 GKG (nur der Wert des höheren Anspruchs ist maßgebend) als auch eine reine **Addition** der Einzelgegenstandswerte in Betracht.[4] In Fällen der kumulativen Klagehäufung, auf die § 39 Abs. 1 GKG Anwendung findet, kommt neben einer reinen Addition auch eine **Streitwertdegression** in Betracht.[5]

3 Die **Stufenklage** (§ 254) und die **Widerklage** (ausführlich dazu: § 33), die gebührenrechtlich vorrangig in § 44 GKG und § 45 Abs. 1 GKG geregelt sind, kommen in Prozessen des Gewerblichen Rechtsschutzes ebenfalls regelmäßig vor und werfen Fragen bei der Streitwertbemessung auf (s. u. C IV. und D.).

4 Im marken- und patentamtsrechtlichen **Nichtigkeitsverfahren** ist die objektive Klagehäufung nicht vorgesehen und § 260 im Allgemeinen nicht anwendbar.[6] Auch eine Widerklage ist in diesen Verfahren nicht möglich (→ § 33 Rn. 2). Zur Stufenklage: → Rn. 18.

B. Allgemeines

5 § 5 Hs. 1 gilt in sämtlichen Verfahrensarten der ZPO für den Zuständigkeits- und Rechtsmittelstreitwert.[7] In Prozessen des Gewerblichen Rechtsschutzes[8] ist die Wertberechnung für die **sachliche**

---

[1] BGH GRUR 2011, 521 – TÜV I; BGH GRUR 2011, 1043 – TÜV II.
[2] *Büscher* GRUR 2012, 16.
[3] Harte/Henning/*Tolkmitt* UWG § 12 Rn. 652.
[4] *Müller-Broich* GRUR-Prax 2012, 399 (401).
[5] So der Vorschlag von *Büscher* GRUR 2012, 16 (23).
[6] BPatG BeckRS 2009, 26529 (Patentnichtigkeitsverfahren).
[7] Zöller/*Herget* ZPO § 5 Rn. 1.
[8] Hierzu gehören nach der vorliegenden Kommentierung Patent-, Gebrauchsmuster-, Arbeitnehmererfinder-, Sortenschutz-, Halbleiterschutz-, Kennzeichen- und Design- sowie Wettbewerbsrecht einschl. UKlaG; nicht Urheberrecht (s. auch §§ 1 Abs. 1 Nr. 14, 51 GKG).

Zuständigkeit 1. Instanz allerdings **bedeutungslos**, da hier immer die **Landgerichte ausschließlich sachlich** zuständig sind (→ § 1 Rn. 2). Anders beim Urheberrecht (→ § 1 Rn. 2). **§ 5 Hs. 2** gilt nur für den **Zuständigkeitsstreitwert**, insoweit ist nur der höhere Wert der Klage oder Widerklage entscheidend.[9]

Für den **Gebührenstreitwert** gelten vorrangig die **§§ 39 ff. GKG, insbesondere §§ 39 Abs. 1, 44 und § 45 GKG.** Subsidiär ist § 5 Hs. 1 anwendbar, § 48 Abs. 1 S. 1 GKG.[10] Bei § 39 Abs. 1 GKG gelten ähnliche Erwägungen wie bei § 5 Hs. 1.[11] Der Gebührenstreitwert der **Widerklage** richtet sich nach § 45 Abs. 1 S. 1 und S. 3 GKG (Einzelheiten → Rn. 21 ff.). 6

Eine **Zusammenrechnung** nach § 5 (für den Gebührenstreitwert nach §§ 39 Abs. 1, 45 GKG) findet grundsätzlich bei der objektiven (→ Rn. 10 ff.) und der subjektiven (→ Rn. 15 ff.) **Anspruchs- und Klagehäufung** statt.[12] Hierbei sind die Einzelstreitwerte gemäß § 5 Hs. 1/§ 39 Abs. 1 GKG zusammenzurechnen, wobei jedoch **Abmahnkosten** als vorprozessuale Kosten grundsätzlich **nicht streitwerterhöhend** zu berücksichtigen sind (→ § 4 Rn. 10 ff.). 7

Notwendig ist, dass **verschiedene Ansprüche nebeneinander** geltend gemacht werden und diese bei wirtschaftlicher Betrachtung nicht auf dasselbe Ziel gerichtet sind (**Additionsverbot bei wirtschaftlicher Betrachtungsweise**).[13] Eine Zusammenrechnung findet ferner bei **Haupt- sowie Hilfsanspruch** (§ 45 Abs. 1 S. 2 GKG) sowie **Klage und Widerklage** (§ 45 Abs. 1 S. 1 GKG) statt, soweit **keine Identität der Streitgegenstände** gegeben ist (§ 45 Abs. 1 S. 3 GKG).[14] 8

Die Ausführungen zum Gebührenstreitwert gelten wegen der Verweisung in § 23 Abs. 1 S. 1 RVG auch für die **Rechtsanwaltsgebühren** (→ § 2 Rn. 4). 9

C. Mehrere Klageansprüche bzw. Streitgegenstände

Bei mehreren in einer Klage geltend gemachten Ansprüchen nach § 5 bzw. bei mehreren in demselben Verfahren und demselben Rechtszug geltend gemachten Streitgegenständen nach § 39 Abs. 1 GKG ist Voraussetzung, dass der Kläger oder Anspruchsteller die Streitgegenstände **gleichzeitig nebeneinander** geltend macht.[15] Ferner muss es sich (zumindest teilweise) um **verschiedene Streitgegenstände** handeln, wobei die bloße **Anspruchsgrundlagenkonkurrenz** nicht ausreicht.[16] Im Folgenden werden besonders relevante Prozesslagen im Gewerblichen Rechtsschutz dargestellt. 10

I. Mehrere gewerbliche Schutzrechte

Nach der Rechtsprechung des ua für Marken- und Wettbewerbsrecht zuständigen 1. Senats des BGH[17] ist bei Unterlassungsansprüchen, die auf mehrere Schutzrechte gestützt werden, **jedes Schutzrecht ein eigener Streitgegenstand**. Werden in diesem Sinne zB mehrere Marken zur Begründung des einheitlichen Antrags herangezogen, muss sich der Kläger entscheiden, ob er dies im Wege der kumulativen oder eventuellen Klagehäufung verfolgt. Dies kann auch noch im laufenden Verfahren geschehen, der Übergang zur kumulativen Klagehäufung allerdings nicht mehr in der Revisionsinstanz.[18] 11

1. Eventuelle Klagehäufung. Entscheidet sich der Kläger dazu, mehrere prozessuale Ansprüche im Wege eventueller Klagehäufung zu verfolgen, was auch durch die **Bestimmung der Reihenfolge**, in der das Gericht die Streitgegenstände bzw. Schutzrechte prüfen soll, geschehen kann, richtet sich der Gebührenstreitwert nach § 45 Abs. 1 S. 2 und 3 GKG. Bei **einheitlichem Antrag** wird gem. § 45 Abs. 1 S. 2 GKG der hilfsweise geltend gemachte Anspruch mit dem Hauptanspruch **zusammengerechnet**, soweit **eine Entscheidung über ihn ergeht** und **keine wirtschaftliche Identität** mit dem Hauptanspruch besteht. Wird der Hauptantrag **zurückgenommen**, bevor eine Entscheidung iSv § 45 Abs. 1 S. 2 GKG ergeht, findet **keine Addition** statt.[19] Der Streitwert wird nicht schematisch erhöht, sondern der für den Hauptanspruch festgesetzte Streitwert ist hinsichtlich der hilfsweise geltend gemachten Ansprüche nur **angemessen zu erhöhen.**[20] Es handelt sich zwar um unterschiedliche Gegenstände iSd § 45 Abs. 1 GKG. Sie haben jedoch eine gemeinsame Schnittmenge, sodass ihr eigenständiger Wert in der Ergänzung der anderen Rechte liegt.[21] Im Hinblick auf den unveränderten 12

---

[9] Thomas/Putzo/*Hüßtege* ZPO § 5 Rn. 2; Zöller/*Herget* ZPO § 5 Rn. 2.
[10] MüKoZPO/*Wöstmann* ZPO § 5 Rn. 7.
[11] Toussaint/*Elzer* GKG § 39 Rn. 17.
[12] Thomas/Putzo/*Hüßtege* ZPO § 5 Rn. 4.
[13] MüKoZPO/*Wöstmann* ZPO § 5 Rn. 3 f.
[14] Zöller/*Herget* ZPO § 5 Rn. 2; Thomas/*Putzo/Hüßtege* ZPO § 5 Rn. 2.
[15] Tousssaint/*Elzer* ZPO § 5 Rn. 10; Zöller/*Herget* ZPO § 5 Rn. 3.
[16] MüKoZPO/*Wöstmann* ZPO § 5 Rn. 3.
[17] BGH GRUR 2011, 521 – TÜV I; BGH GRUR 2011, 1043 – TÜV II.
[18] *Büscher* GRUR 2012, 16 (21).
[19] OLG Hamburg 6.3.2020 – 5 W 89/18.
[20] BGH BeckRS 2013, 20392 – Streitwertaddition (Erhöhung um jeweils 10%), Anm. Heim in GRUR-Prax 2014, 21; OLG Köln BeckRS 2013, 21619: „maßvoll erhöht".
[21] *Kodde* GRUR 2015, 38 (43).

Angriffsfaktor und bei Ähnlichkeit der Kennzeichen, ist keine Erhöhung um 100 %, sondern nur um etwa **10 bis 20 %** des ursprünglichen Streitwerts angemessen.[22] Der Wert einer **klageerweiternd eingeführten weiteren Marke** kann bei **50 %** des ursprünglichen Unterlassungsantrags liegen.[23] **Beachte:** Für die **Kostenverteilung** nach § 92 ZPO ist dagegen das Obsiegen oder Unterliegen mit Blick auf die geltend gemachten Streitgegenstände maßgeblich, sodass hier eine Quote nach dem Verhältnis der Anzahl der erfolgreichen oder erfolglosen Streitgegenstände zum Gesamtstreitwert zu bilden ist.[24]

13   2. **Kumulative Klagehäufung.** Verfolgt der Kläger seine Ansprüche im Wege der kumulativen Klagehäufung, dann werden für den Gebührenstreitwert nach § 39 Abs. 1 GKG die Werte der einzelnen Streitgegenstände **zusammengerechnet**, selbst wenn der Kläger einen einheitlichen Antrag stellt, wobei ein dem Interesse des Klägers entsprechender Gesamtstreitwert zu bilden ist.[25] Für die Frage, ob mehrere Streitgegenstände iSv § 39 Abs. 1 GKG vorliegen, gelten die Überlegungen zu § 45 Abs. 1 S. 3 GKG entsprechend, sodass der Streitwert nicht anders ausfällt, wenn bei der eventuellen Klagehäufung über sämtliche Streitgegenstände entschieden wird.[26] Werden gegenüber einer Ausführungsform Verletzungen mehrerer Patente in einer Abmahnung geltend gemacht, sind für die Bestimmung des Gegenstandswerts die Einzelstreitwerte der Unterlassungsansprüche zu addieren.[27]

II. Mehrere wettbewerbliche Streitgegenstände

14   Seine mit der TÜV I-Entscheidung (→ Rn. 1) begonnene Ausdifferenzierung des Streitgegenstandsbegriffs hat der BGH fortgesetzt und mit der Entscheidung „**Biomineralwasser**"[28] klargestellt, dass **der Streitgegenstand alle Rechtsverletzungen enthält, die in einer konkreten Verletzungsform** verwirklicht sind, auch wenn die verschiedenen Verletzungen jeweils einen unterschiedlichen Tatsachenvortrag erfordern.[29] Allerdings ist es dem Kläger nicht verwehrt, **mehrere** in einer konkreten Verletzungsform oder mit der Verwendung einer bestimmten Bezeichnung verwirklichte **Rechtsverletzungen** im Wege der **kumulativen** Klagehäufung **jeweils gesondert** anzugreifen. In diesen Fällen muss er die einzelnen Beanstandungen in **verschiedenen Klageanträgen** umschreiben, wobei er zur Verdeutlichung jeweils auf die konkrete Verletzungsform Bezug nehmen kann („wie geschehen in …").[30] In Fällen kumulativer Antragshäufung sind die Streitwerte für jeden Antrag zu bestimmen und **zusammenzurechnen** (entsprechend den Ausführungen in → Rn. 13). Im Falle der Zurückweisung eines Antrags, muss der Kläger mit einer dem Anteil entsprechenden Quote unterliegen.[31]

III. Streitgenossen (subj. Klagehäufung)

15   Bei einem Verfahren gegen mehrere, gegenständlich unterschiedlich beteiligte **Streitgenossen,** ist jeweils ein Streitwert **entsprechend der Beteiligung** eines jeden Streitgenossen festzusetzen.[32] Mehrere in einer Klage geltend gemachte **inhaltsgleiche Unterlassungsansprüche** gegen eine **Mehrzahl von Schuldnern** werden nach ihrem Streitwert gem. § 5 bzw. § 39 Abs. 1 GKG zusammengerechnet.[33] Selbstständig nebeneinander bestehende Rechte gegen verschiedene Gegner erfüllen, auch wenn sie jeweils den gleichen Inhalt haben und auf das gleiche Ziel gerichtet sind, nicht den Begriff desselben Gegenstands.[34] Dies gilt auch für die Berechnung der **Beschwer,** soweit es sich nicht um wirtschaftlich identische Streitgegenstände handelt. Hier sind die Werte der Beschwer aller Streitgenossen nach §§ 2, 5 zusammenzurechnen, und zwar unabhängig davon, ob das Berufungsurteil auch von allen Streitgenossen angefochten worden ist.[35]

16   Werden eine **juristische Person und ihr Vertreter** inhaltsgleich auf Unterlassung in Anspruch genommen, so handelt es sich rechtlich um mehrere selbständige Ansprüche.[36] Die für jeden Antragsgegner gesondert zu bemessenen Streitwerte rechtfertigen regelmäßig einen **deutlichen Abschlag** hinsichtlich des Anspruchs, der auf den **gesetzlichen Vertreter** entfällt, da es dem Kläger in erster

---

[22] *Büscher* GRUR 2012, 16 (23); OLG Frankfurt a. M. GRUR-RR 2014, 280 - 10 %-Erhöhung („in der Regel um 10 %").
[23] OLG Hamburg 16.10.2019 – 5 W 9/17.
[24] BGH GRUR 2016, 1300 Rn. 72–74 – Kinderstube.
[25] Harte/Henning/*Tolkmitt* UWG § 12 Rn. 653.
[26] *Büscher* GRUR 2012, 16 (23).
[27] OLG Düsseldorf GRUR-RR 2021, 464.
[28] BGH GRUR 2013, 401.
[29] *Klute* NJW 2014, 359 (363 f.).
[30] BGH GRUR 2013, 401 Rn. 25 – Biomineralwasser.
[31] BGH GRUR 2013, 401 Rn. 25 – Biomineralwasser.
[32] OLG Hamburg 29.4.2021 – 5 W 7/21; OLG Hamm BeckRS 2016, 00410.
[33] OLG Hamburg 28.9.2020 – 5 W 66/20; OLG Hamburg GRUR-RR 2006, 392 – Docking Stations.
[34] BGH GRUR-RR 2008, 460 Rn. 9 – Tätigkeitsgegenstand; KG MD 2011, 147 f.; OLG Hamburg 29.4.2021 – 5 W 71/21
[35] BGH NJW 2001, 230 (231).
[36] BGH GRUR-RR 2008, 460 – Tätigkeitsgegenstand.

Linie darum geht, das unzulässige Handeln der juristischen Person zu unterbinden und daneben kaum Raum für eigene Verstöße der Organe bleibt.[37] Bei der Inanspruchnahme von zwei Geschäftsführern kann der Wertanteil dem Wert der Inanspruchnahme der Gesellschaft entsprechen.[38]

Praxishinweis: Handelt das Organ im Rahmen der geschäftlichen Tätigkeit für die juristische Person dem Verbot zuwider, ist grundsätzlich **nur** gegen **die juristische** Person ein **Ordnungsgeldantrag** nach § 890 begründet, auch wenn sowohl eine juristische Person als auch ihr Organ aus einem Vollstreckungstitel zur Unterlassung verpflichtet sind.[39]

Greifen mehrere **Kläger als Streitgenossen** ein Schutzrecht an, hat für jede Klage das angegriffene 17 Schutzrecht grds. den gleichen Wert. Dieser Wert wird für den einzelnen Kläger nicht dadurch reduziert, dass noch weitere Kläger vorhanden sind. Eine Aufteilung des Streitwerts und gesonderte Wertfestsetzung für die Rechtsanwaltsgebühren kommt daher nicht in Betracht.[40]

IV. Stufenklage

Die als einheitliche Leistungsklage anzusehende Stufenklage wird mit einer einheitlichen Kosten- 18 entscheidung abgeschlossen (→ § 254 Rn. 7). Entschieden wird durch Teilurteil in den Vorbereitungsstufen und Schlussurteil in der Leistungsstufe, wobei für den **Gesamtstreitwert allein der höhere Anspruch** maßgebend ist (§ 44 GKG).[41] Der (unbezifferte) **Leistungsanspruch** ist dabei regelmäßig der **höchste Anspruch**.[42] Seine Höhe richtet sich nach hM nach den **Vorstellungen** des **Klägers bei Einleitung** des Verfahrens[43] und zwar auch dann, wenn es nicht zur Verhandlung über den Leistungsanspruch kommt oder wenn aus sonstigen Gründen der Leistungsantrag nicht mehr beziffert wird.[44] Offensichtlich übertriebene Einschätzungen und Angaben, insbesondere zu Umständen, über die der Beklagte erst Auskunft erteilen soll, sollen dabei außer Betracht bleiben.[45] Hinsichtlich des Wertes der Vorbereitungsstufen: siehe Auskunft/Rechnungslegung (→ § 3 Rn. 29 ff.) und eidesstattliche Versicherung (→ § 3 Rn. 37).

Praxishinweis: Die Verhandlungs- bzw. Erörterungsgebühr richten sich nach dem Wert derjenigen Verfahrens- 19 stufe, in der sie anfallen, was auch bei einer „steckengebliebenen" Stufenklage gelten soll.[46]

V. Aufrechnung

Für den Gebührenstreitwert gilt § 45 Abs. 3 GKG: Forderung und Gegenforderung werden bei 20 einer **Eventualaufrechnung** zusammengerechnet, soweit eine der Rechtskraft fähige Entscheidung über die Gegenforderung ergeht. In Bezug auf den Rechtsmittelstreitwert wirkt sich die Aufrechnung streitwerterhöhend aus, sofern sich aus ihr eine selbständige Beschwer des Rechtsmittelführers ergibt.[47]

D. Klage und Widerklage

I. Anwendungsbereich

§ 5 Hs. 2 gilt nur für den Zuständigkeitsstreitwert, der in Prozessen des Gewerblichen Rechts- 21 schutzes, anders als beim Urheberrecht, keine Rolle spielt (→ Rn. 5). Für den **Gebührenstreitwert** gelten bei der Widerklage **§ 45** Abs. 1 S. 1 und S. 3 **GKG**.

Ob die Streitwerte der Klage und der Widerklage für die Berechnung des Gebührenstreitwerts 22 gemäß § 45 Abs. 1 S. 1 GKG zusammenzurechnen sind, oder ob der höhere Wert maßgeblich ist (§ 45 Abs. 1 S. 3 GKG), bestimmt sich danach, ob dasselbe Interesse („Nämlichkeit des Streitgegenstands") betroffen ist. Eine wirtschaftliche Identität liegt in der Regel vor, wenn die Zuerkennung eines Anspruchs die Aberkennung des anderen Anspruchs bedingt.[48] Dies ist regelmäßig bei der negativen Feststellungsklage und der Leistungswiderklage der Fall.[49]

---

[37] OLG Hamburg NJOZ 2013, 2118; OLG Hamburg 16.10.2019 – 5 W 9/17 (Abschlag von 50 %); OLG Düsseldorf BeckRS 2014, 20371(Abschlag von 70 %); aA OLG Hamm GRUR-RR 2016, 383.
[38] OLG Hamburg 16.10.2019 – 5 W 9/17.
[39] BGH GRUR 2012, 541 – Titelschuldner im Zwangsvollstreckungsverfahren; zur Ausnahme vgl. → § 890 ZPO Rn. 9.
[40] BGH GRUR 2013, 1287 Rn. 9 – Nichtigkeitsstreitwert II (Patent).
[41] Zöller/*Herget* ZPO § 3 Rn. 16.158, Stichwort: Stufenklage; Thomas/Putzo/*Hüßtege* ZPO § 3 Rn. 141.
[42] OLG Saarbrücken NJOZ 2010, 1685.
[43] OLG Naumburg NJOZ 2013, 406; Zöller/*Herget* ZPO § 3 Rn. 16.158, Stichwort: Stufenklage.
[44] OLG Naumburg NJOZ 2013, 406 mwN.
[45] BGH GRUR 2012, 959 – Antimykotischer Nagellack II.
[46] OLG Saarbrücken NJOZ 2010, 1685.
[47] MüKoZPO/*Wöstmann* ZPO § 5 Rn. 9.
[48] BGH NJW-RR 2005, 506.
[49] Harte/Henning/*Tolkmitt* UWG § 12 Rn. 659.

II. Widerklage bei Abnehmer- bzw. Schutzrechtsverwarnung

23 Hat sich der Kläger gegen eine Abnehmerverwarnung durch den Beklagten gewendet und richtet sich die Widerklage des Bekl. gegen den Vertrieb der angeblich schutzrechtsverletzenden Erzeugnisse, so betreffen beide Klagen nicht denselben Streitgegenstand und der Wert von Klage und Widerklage ist zusammenzurechnen. Der Wert der Widerklage auf Unterlassung des Vertriebs der angeblich schutzrechtsverletzenden Gegenstände, auf Auskunft, Schadensersatzfeststellung und Vernichtung, ist dabei erheblich höher anzusetzen als der Wert der Klage auf Unterlassung der Abnehmerverwarnung.[50]

24 Werden mit der Widerklage nur die zur **Abwehr** des Klaganspruchs aufgewendeten **vorgerichtlichen Rechtsanwaltskosten** geltend gemacht, wirken diese streitwerterhöhend, denn hierbei handelt es sich weder um Nebenforderungen der gegnerischen Ansprüche noch ist derselbe Gegenstand betroffen.[51]

III. Widerklage auf Nichtigerklärung im Verletzungsverfahren

25 Wenn in einem Verletzungsverfahren Widerklage auf Nichtigerklärung des Klageschutzrechts erhoben wird (zur Zulässigkeit: → § 33 Rn. 46 ff.), handelt es sich idR um eine Verteidigungsmaßnahme des Beklagten und ergibt sich das wirtschaftliche Interesse an der Widerklage daher aus dem Gesamtstreitwert der Klage; erfolgt keine Verhandlung in getrennten Prozessen, werden die Ansprüche von Klage und Widerklage zusammengerechnet.[52] Bei der Bestimmung des Werts der Nichtigkeitsklage wird die Klagesumme einer bezifferten Schadensersatzklage idR in voller Höhe berücksichtigt.[53]

IV. Klage und Eventualwiderklage (Hilfswiderklage)

26 Die Eventualwiderklage wird für den Gebührenstreitwert erst ab ihrem Bedingungseintritt berücksichtigt, § 45 Abs. 1 S. 1, Abs. 3 GKG.[54]

§ 6 Besitz; Sicherstellung; Pfandrecht

¹Der Wert wird bestimmt: durch den Wert einer Sache, wenn es auf deren Besitz, und durch den Betrag einer Forderung, wenn es auf deren Sicherstellung oder ein Pfandrecht ankommt. ²Hat der Gegenstand des Pfandrechts einen geringeren Wert, so ist dieser maßgebend.

§ 7 Grunddienstbarkeit

Der Wert einer Grunddienstbarkeit wird durch den Wert, den sie für das herrschende Grundstück hat, und wenn der Betrag, um den sich der Wert des dienenden Grundstücks durch die Dienstbarkeit mindert, größer ist, durch diesen Betrag bestimmt.

§ 8 Pacht- oder Mietverhältnis

Ist das Bestehen oder die Dauer eines Pacht- oder Mietverhältnisses streitig, so ist der Betrag der auf die gesamte streitige Zeit entfallenden Pacht oder Miete und, wenn der 25fache Betrag des einjährigen Entgelts geringer ist, dieser Betrag für die Wertberechnung entscheidend.

§ 9 Wiederkehrende Nutzungen oder Leistungen

¹Der Wert des Rechts auf wiederkehrende Nutzungen oder Leistungen wird nach dem dreieinhalbfachen Wert des einjährigen Bezuges berechnet. ²Bei bestimmter Dauer des Bezugsrechts ist der Gesamtbetrag der künftigen Bezüge maßgebend, wenn er der geringere ist.

§ 10 (weggefallen)

§ 11 Bindende Entscheidung über Unzuständigkeit

Ist die Unzuständigkeit eines Gerichts auf Grund der Vorschriften über die sachliche Zuständigkeit der Gerichte rechtskräftig ausgesprochen, so ist diese Entscheidung für das Gericht bindend, bei dem die Sache später anhängig wird.

Vor § 12: Internationale Zuständigkeit

Literatur: *Cadet*, Main features of the revised Brussels I Regulation, EuZW 2013, 218; *Damm*, Sind deutsche Gerichte zur weltweiten Internetregulierung befugt, GRUR 2010, 891; *Ebert-Weidenfeller/Schmüser*, Zuständigkeitsregelungen im Gemeinschaftsgeschmacksmusterrecht, GRUR-Prax 2011, 526; *Eichel*, Der Prozessuale Handlungsort

---

[50] OLG Frankfurt a. M. GRUR 1994, 667.
[51] OLG Rostock NJOZ 2012, 2176 (2177); OLG Köln BeckRS 2012, 20235 (Marke/Wettbewerb); LG Düsseldorf BeckRS 2009, 13280 (PatentR); LG Hamburg BeckRS 2007, 15378 (UrhR); aA LG Düsseldorf BeckRS 2012, 09316 (PatentR).
[52] *Eichmann/Jestaedt*/Fink/Meiser DesignG § 54 Rn. 8.
[53] BGH GRUR 2009, 1100 – Druckmaschinen-Temperierungssystem III (für eine Patentnichtigkeitsklage).
[54] *Zöller/Herget* ZPO § 3 Rn. 16.74, Stichwort: Eventualwiderklage.

bei internationalen Markenrechtsverletzungen im Internet, IPRax 2019, 16; *Eichmann*, Neues aus dem Geschmacksmusterrecht, GRUR-Prax 2010, 279; *Fayaz*, Sanktionen wegen der Verletzung von Gemeinschaftsmarken: Welche Gerichte sind zuständig und welches Recht ist anzuwenden? (1. Teil), GRUR Int 2009, 459; *Grabinski*, Kann und darf die Bestimmung des Schutzbereichs eines europäischen Patents in verschiedenen Ländern zu unterschiedlichen Ergebnissen führen?, GRUR 1998, 857; *Grabinski* Zur Bedeutung des Europäischen Gerichtsstands- und Vollstreckungsübereinkommens (Brüsseler Übereinkommens) und des Lugano-Übereinkommens in Rechtsstreitigkeiten über Patentverletzungen, GRUR Int 2001, 199; *Grünberger*, Relative Autonomie und beschränkte Einheitlichkeit im Gemeinschaftsmarkenrecht, IPRax 2012, 500; *Hackbarth*, EuGH „Coty": Teilnehmerhandeln im Ausland und internationale Zuständigkeit deutscher Gemeinschaftsmarkengerichte GRUR-Prax 2014, 320; *Heinze*, Zur Rechtshängigkeitssperre bei Klagen aus parallelen nationalen Marken und Unionsmarken, GRUR 2018, 160; *Kipping/Meyer*, Unterlassungserklärungen ausländischer Verletzer: Kann der Gläubiger die Vereinbarung eines deutschen Gerichtsstands erzwingen?, GUR-Prax 2016, 76; *Knaak*, Die Durchsetzung der Rechte aus der Gemeinschaftsmarke, GRUR 2001, 21; *Knaak*, Internationale Zuständigkeiten und Möglichkeiten des forum shopping in Gemeinschaftsmarkensachen – Auswirkungen der EuGH-Urteile Roche Niederlande und GAT/LUK auf das Gemeinschaftsmarkenrecht, GRUR Int 2007, 386; *Koechel, Felix*, Art. 26 EuGVVO als (vermeintlich) subsidiärer Gerichtsstand und rügelose Einlassung durch „beredtes Schweigen", IPrax 2020, 534 ff.; *Lange*, Der internationale Gerichtsstand der Streitgenossen im Kennzeichenrecht im Licht der „Roche Primus" Entscheidung des EuGH, GRUR 2007, 107; *von Meibom/Pitz*, Die europäische „Transborderrechtsprechung" stößt an ihre Grenzen, GRUR Int 1998, 765; *Picht*, Von eDate zu Wintersteiger – Die Ausformung des Art. 5 Nr. 3 EuGVVO für Internetdelikte durch die Rechtsprechung des EuGH, GRUR Int 2013, 19; *Picht/Kopp*, Die internationale Zuständigkeit für Immaterialgüterrechtsverletzungen im Internet nach den EuGH-Entscheidungen Hejduk und Pickney, GRUR Int. 2016, 232; *Reichardt*, Die Auswirkungen des Nichtigkeitseinwands auf die internationale Zuständigkeit in Patentstreitigkeiten, GRUR Int 2008, 574; *Rohnke*, Gemeinschaftsmarken oder nationale Marken? – Strategische Überlegungen zur Rechtsdurchsetzung, GRUR Int 2002, 979; *Ruhl*, Anmerkungen zur geschmacksmusterrechtlichen Entscheidung des BGH „Verlängerte Limousinen", GRUR 2010, 692; *Sack*, Negative Feststellungsklagen und Torpedos, GRUR 2018, 89; *Schacht*, Neues zum internationalen Gerichtsstand der Streitgenossen bei Patentverletzungen, GRUR 2012, 1110; *Schacht*, Der Grundsatz der Einheitlichkeit im Verletzungsverfahren der Gemeinschaftsmarke, GRUR 2011, 465; *Schack*, Zur Vereinbarkeit eines besonderen Rechtsschutzinteresses für negative Feststellungklagen mit Art. 27 LugÜ, IPRAX 2021, 99; *Sujecki*, Torpedoklagen im europäischen Binnenmarkt, GRUR Int 2012, 18; *Sujecki*, EuGVVO: Deliktsgerichtsstand für negative Feststellungsklage („Torpedoklagen"), EuZW 2012, 950; *Sujecki*, Die Solvay-Entscheidung des EuGH und ihre Auswirkungen auf Verfahren über Immaterialgüterrechte, GRUR Int 2013, 201; *Tilmann*, Gemeinschaftsmarke und Internationales Privatrecht, GRUR Int 2001, 673; *Walicka*, Verordnung über die Unionsmarke: Änderungen zum 23.3.2016, GRUR-Prax 2016, 161 ff. (Teil 1), 190 ff. (Teil 2); *Wendenburg/Schneider*, Vertraglicher Gerichtsstand bei Ansprüchen aus Delikt, NJW 2014, 1633; *Willems*, Wettbewerbsstreitsachen am Mittelpunkt der klägerischen Interessen, GRUR 2013, 462.

Übersicht

	Rn.
A. Anwendungsbereich im Gewerblichen Rechtsschutz und Urheberrecht	1
B. Internationale Zuständigkeit	4
I. Rechtsquellen	5
1. Deutsches internationales Zivilprozessrecht (IZPR)	5
2. Internationale Rechtsquellen:	6
a) EuGVVO aF	6
b) EuGVVO (nF)	7
c) LugÜ	8
d) Anwendungsbereich EuGVVO	9
e) Anwendungsbereich des LugÜ	10
f) Spezielle Regelungen für die supranationalen Schutzrechte	11
II. Internationale Zuständigkeit nach EuGVVO (bzw. LugÜ)	15
1. Sachlicher Anwendungsbereich, Art. 1 (Art. 1 LugÜ)	16
2. Wohnsitz oder Sitz des Beklagten, Art. 4, Art. 63 EuGVVO (Art. 2, Art. 60 LugÜ)	17
3. Numerus clausus der besonderen Zuständigkeiten (Art. 5 EuGVVO/Art. 3 LugÜ)	19
4. Erfüllungsort (Art. 7 Nr. 1 EuGVVO/Art. 5 Nr. 1 LugÜ)	20
5. Begehungsort (Art. 7 Nr. 2 EuGVVO/Art. 5 Nr. 3 LugÜ)	27
a) Unerlaubte Handlung	29
b) Ort des schädigenden Ereignisses	31
c) Mehrere Beteiligte	32
d) Rechtsverletzungen im Internet	33
e) Anspruchsumfang	42
f) Negative Feststellungsklage und Torpedoproblematik (Art. 29 Abs. 1 EuGVVO/Art. 27 LugÜ)	43
6. Zweigniederlassung, Agentur oder sonstige Niederlassung (Art. 7 Nr. 5 EuGVVO/Art. 5 Nr. 5 LugÜ)	48
7. Beklagtenmehrheit (Art. 8 Nr. 1 EuGVVO/Art. 6 Nr. 1 LugÜ)	49
8. Widerklage und Aufrechnung (Art. 8 Nr. 3 EuGVVO/Art. 6 Nr. 3 LugÜ)	52
9. Zuständigkeit bei Verbrauchersachen (Art. 17–19 EuGVVO/Art. 15–17 LugÜ)	54
10. Ausschließlicher Gerichtsstand (Art. 24 Nr. 4 EuGVVO/Art. 22 Nr. 4 LugÜ)	55

		Rn.
11. Gerichtsstandsvereinbarung und rügelose Einlassung (Art. 25, Art. 26 EuGVVO/ Art. 23, Art. 24 LugÜ)		56
a) Gerichtsstandsvereinbarungen (Art. 25 EuGVVO/Art. 23 LugÜ)		56
b) Rügelose Einlassung (Art. 26 EuGVO/Art. 24 LugÜ)		59
12. Gerichtsstand für einstweilige Maßnahmen (Art. 35 EuGVVO/Art. 31 LugÜ)		60
III. Behandlung der internationalen Zuständigkeit im Prozess		62
IV. Exkurs: Anerkennung und Vollstreckung		66
C. Patentrecht		67
I. Allgemeines		67
II. EuGVVO und LugÜ		69
1. Allgemeiner Gerichtsstand des Wohnsitzes		70
2. Sonderproblem: cross border-Prozesse		71
3. Besondere Gerichtsstände		73
a) Allgemeines		73
b) Erfüllungsort		74
c) Unerlaubte Handlungen		75
d) Streitgenossen		81
e) Widerklage		82
f) Ausschließliche Zuständigkeit		83
g) Gerichtsstand für einstweilige Maßnahmen		85
h) Exkurs: Aussetzung gem. Art. 29 EuGVVO		86
III. Arbeitnehmererfinderrecht		89
D. Gebrauchsmusterrecht		90
E. Sortenschutz		91
F. Markenrecht		94
I. Allgemeines		94
II. EuGVVO und LugÜ		97
1. Allgemeiner Gerichtsstand des Wohnsitzes		98
2. Ausschließliche Zuständigkeit gem. Art. 24 Nr. 4 EuGVVO		99
3. Besondere Gerichtsstände		100
III. Unionsmarke		111
1. Allgemeines		111
2. Reichweite der internationalen Zuständigkeit		117
3. Annexansprüche		120
4. Gerichtsstand der Verletzungshandlung, Art. 125 Abs. 5 UMV		121
a) Anwendungsbereich und Reichweite		121
b) Einzelfragen		124
G. Designrecht		128
I. Allgemeines		128
II. EuGVVO und LugÜ		131
III. Gemeinschaftsgeschmacksmuster		133
1. Allgemeines		133
2. Reichweite der internationalen Zuständigkeit		139
3. Annexansprüche		141
4. Gerichtsstand der Verletzungshandlung, Art. 82 Abs. 5 GGV		142
a) Anwendungsbereich und Reichweite		142
b) Einzelfragen		144
H. Wettbewerbsrecht		145
I. UWG		145
1. Allgemeines		145
2. Einzelfragen		147
a) Begehungsort einer unerlaubten Handlung		147
b) Umfang		148
c) Handlungen im Internet		149
d) Unternehmenspersönlichkeitsrechtsverletzungen		150
II. UKlaG		151
I. Urheberrecht		154

A. Anwendungsbereich im Gewerblichen Rechtsschutz und Urheberrecht

1 Die internationale Zuständigkeit regelt, ob für eine Streitsache mit **Auslandsberührungen** deutsche oder ausländische Gerichte zur Entscheidung berufen sind. Hier gelten – abgesehen von einigen Sonderregeln – grundsätzlich dieselben Regeln wie in einem normalen Zivilprozess. Angesichts der vielen grenzüberschreitenden Sachverhalte im Gewerblichen Rechtsschutz und Urheberrecht, insbesondere durch grenzüberschreitende Verletzungshandlungen und wegen der supranationalen Schutzrechte[1], stellt sich die Frage der internationalen Zuständigkeit in Prozessen des Gewerblichen Rechtsschutzes und Urheberrecht jedoch besonders häufig.

---

[1] ZB: *Grünberger* IPRax 2012, 500 (501) zur Territorialität der Gemeinschaftsmarke.

Sonderregeln, die in Prozessen des Gewerblichen Rechtsschutzes und Urheberrechts die interna- 2
tionale Zuständigkeit regeln und die den **allgemeinen Vorschriften** zur internationalen Zuständigkeit **vorgehen**[2] finden sich für die Unionsmarke in Art. 125 UMV[3] (F. III.), für das Gemeinschaftsgeschmacksmuster in Art. 82 GGV[4] (G. III.) und für den gemeinschaftlichen Sortenschutz in Art. 101 Sortenschutz-VO[5] (E).

In den Verfahren vor dem **DPMA** stellt sich die Frage der internationalen Zuständigkeit von vorn- 3
herein nicht, da die Prüfung von angemeldeten Marken, Patenten und Designs sowie die Beschlussfassung im Eintragungsverfahren ein **Verwaltungsverfahren**[6] mit **abschließender** Zuständigkeitsregelung ist. Dies gilt entsprechend für Verfahren vor dem **EUIPO**[7] und dem **EPA.**[8] Innerhalb des Geltungsbereichs der EuGVVO bzw. Brüssel Ia-VO[9] und des LugÜ (→ Rn. 6 ff.) ist in Art. 24 Nr. 4 EuGVVO bzw. Art. 22 Nr. 4 LugÜ zudem bestimmt, dass bei Klagen, die die Eintragung oder die Gültigkeit von gewerblichen Schutzrechten, einschließlich Prioritätsstreitigkeiten zum Gegenstand haben, die ausschließliche Zuständigkeit im Eintragungsstaat bzw. in dem Staat, in dem die Eintragung beantragt wurde, liegt. Bei Beteiligten mit Sitz im Ausland sind § 25 PatG, § 96 MarkenG, § 58 DesignG zu beachten, dh es muss ein zur Vertretung befugter Rechts- oder Patentanwalt bestellt werden.

B. Internationale Zuständigkeit

Die internationale Zuständigkeit bestimmt sich nach den Regeln über die **örtliche Zuständig-** 4
keit.[10] International sind die deutschen Gerichte zuständig, wenn **ein inländischer Gerichtsstand** gegeben ist.[11] Die internationale Zuständigkeit ist eine **selbständige Prozessvoraussetzung,** die nach ihrem Wesen und ihrer Funktion von der örtlichen Zuständigkeit zu unterscheiden,[12] ihr gleichsam vorgelagert ist.[13] Die örtliche Zuständigkeit bezieht sich stets nur auf das konkrete, vom Kläger angerufene Gericht, während die internationale Zuständigkeit bestimmt, ob **inländische Gerichte in ihrer Gesamtheit** für die Entscheidung des Rechtsstreits **zuständig** sind.[14] Die internationale Zuständigkeit ist **in jeder Lage des Verfahrens von Amts** wegen zu prüfen.[15]

I. Rechtsquellen

1. Deutsches internationales Zivilprozessrecht (IZPR). Das deutsche internationale Zivilpro- 5
zessrecht ist gegenüber den Sonderregeln des europäischen **Gemeinschaftsrechts** und des völkerrechtlichen **Vertragsrechts subsidiär.**[16] Die Bedeutung der Zuständigkeitsregeln des autonomen deutschen IZPR beschränkt sich daher auf **reine Drittstaatenfälle.** Das deutsche IZPR enthält **keine speziellen Bestimmungen** zur internationalen Zuständigkeit bei Verfahren mit Verletzungen des Gewerblichen Rechtsschutzes,[17] sodass für die Bestimmung der internationalen Zuständigkeit auf die **deutschen Gerichtsstandsvorschriften** zurückzugreifen ist.[18] Grundsätzlich ist daher ein nach den §§ 12 ff. ZPO (bzw. 14 UWG, § 6 UKlaG) örtlich zuständiges Gericht auch international zuständig (sog. **Doppelfunktionalität** der Vorschriften über die örtliche Zuständigkeit[19]). Ist ein Gericht zB im Geltungsbereich des UWG örtlich zuständig, so begründet dies zugleich seine internationale Zuständigkeit. Es kann daher für das deutsche IZPR außerhalb des Geltungsbereichs der EuGVVO und des LugÜ auf die Ausführungen zu den Gerichtsständen in §§ 12 ff. ZPO verwiesen werden.

2. Internationale Rechtsquellen: a) EuGVVO aF. Die am **1.3.2002** in Kraft getretene Verord- 6
nung (EG) Nr. 44/2001 vom 22.12.2000 des Rates über die gerichtliche Zuständigkeit und die

---

[2] *Ingerl/Rohnke* MarkenG § 125 Rn. 38 ff.
[3] **VO (EU) 2017/1001 vom 14.6.2017** über die Unionsmarke (ABl. 2017 L 154, S. 1), die kodifizierte Fassung der zuvor geltenden VO (EG) Nr. 207/2009 vom 26.2.2009 über die Unionsmarke, geändert durch die am 23.3.2016 in Kraft getretene Änderungsverordnung VO (EU) 2015/2424 vom 16.12.2015).
[4] VO (EG) Nr. 6/2002 vom 12.12.2001 über das Gemeinschaftsgeschmacksmuster (ABl. 2001 L 3, S. 1).
[5] VO (EG) Nr. 2100/94 vom 27.7.1994 über den gemeinschaftlichen Sortenschutz (ABl. 1994 L 227, S. 1).
[6] Schulte/*Rudloff-Schäffer* PatG § 49 Rn. 31.
[7] Eisenführ/*Schennen* UMV Art. 1 Rn. 14.
[8] Benkard/*Jestadt/Kolle* EPÜ Art. 1 Rn. 3.
[9] Die VO (EG) Nr. 44/2001 (Brüssel-I-VO, EuGVVO aF) wurde mit Wirkung ab 10.1.2015 ersetzt durch die **VO (EU) 1215/2012** v. 12.12.2012, ABl. 2012 L 351, S. 1 (EuGVVO).
[10] *Köhler*/Bornkamm/Feddersen UWG Einl. Rn. 5.38.
[11] BGH GRUR 1980, 227 (229 f.) – Monumenta Germaniae Historica.
[12] Teplitzky/*Schaub* Kap. 45 Rn. 18.
[13] Harte/Henning/*Glöckner* UWG Einl. D. Rn. 1.
[14] BGH GRUR 2012, 512 Rn. 18 – Kinderwagenmodelle; Schack Rn. 217.
[15] BGH GRUR 2005, 431 (432) – Hotel Maritim; BGH GRUR 2008, 275 Rn. 19 – Versandhandel mit Arzneimitteln; BGH GRUR 2013, 285 (286) – Kinderwagen II.
[16] BGH GRUR 2007, 883 Rn. 22 f. – Cambridge Institute; Staudinger/*Fezer*/Koos BGB IntWirtschR Rn. 787.
[17] Staudinger/*Fezer*/Koos BGB IntWirtschR Rn. 813, 1142.
[18] Zöller/*Geimer* ZPO IZPR Rn. 39.
[19] BGH GRUR 1987, 172 (173) – Unternehmensberatungsgesellschaft I; BGH GRUR 2007, 884 Rn. 23 – Cambridge Institute.

Anerkennung und Vollstreckung von Entscheidungen in Zivil- und Handelssachen (**EuGVVO aF**)[20] regelt die internationale Zuständigkeit im Verhältnis der EU-Mitgliedstaaten.[21] Die VO ist in allen EU-Staaten und ab dem jeweiligen Beitrittsdatum in den neuen Mitgliedstaaten mit Ausnahme von Dänemark (Art. 1 Abs. 3 EuGVVO aF) mit ihrem Inkrafttreten als **unmittelbar geltendes Recht der Europäischen Gemeinschaft vorrangig** anwendbar.[22] Durch das Abkommen zwischen der Europäischen Gemeinschaft und dem Königreich Dänemark über die gerichtliche Zuständigkeit und die Anerkennung und Vollstreckung von Entscheidungen in Zivil- und Handelssachen vom **19.10.2005** wurde der Inhalt der **EuGVVO aF** auch **auf Dänemark erstreckt**.[23] Die EuGVVO aF ersetzt in ihrem Anwendungsbereich das Brüsseler Abkommen über die gerichtliche Zuständigkeit und die Vollstreckung gerichtlicher Entscheidungen in Zivil- und Handelssachen (EuGVÜ[24]), sodass die **EuGVÜ** noch **für Altfälle** anwendbar ist.[25] Von einer gesonderten Besprechung der EuGVÜ wurde hier abgesehen.[26]

7   b) **EuGVVO (nF)**. Die **EuGVVO aF ist am 9.1.2015 außer Kraft getreten** und ist **ab dem 10.1.2015** durch die **VO (EG) Nr. 1215/2012**[27] (im Folgenden EuGVVO) ersetzt worden. Die Neufassung der EuGVVO hat am System der internationalen Zuständigkeit nichts verändert.[28] Die wichtigsten Änderungen sind die **Abschaffung des Exequaturverfahrens** und die Schaffung von zwei **zusätzlichen Gerichtsständen** bei Beklagten, die in einem Drittstaat wohnen sowie Erleichterung des Rechtsschutzes und verbesserte Regelungen zur Rechtshängigkeit und zu zusammenhängenden Verfahren.[29] Die EuGVVO (nF) gilt aufgrund des Übereinkommens vom 19.10.2005 auch in Dänemark.[30]

8   c) **LugÜ.** Im Verhältnis zwischen der EU und den EFTA-Unterzeichnerstaaten **Island, Norwegen** und der **Schweiz** gilt das am 30.7.2007 in Lugano unterzeichnete Revidierte Luganer Übereinkommen (**LugÜ**), das das Luganer Übereinkommen von 1988 (LugÜ 1988) ablöst. Das LugÜ 1988 war weitestgehend inhaltsgleich mit der EuGVÜ. Es handelt sich um ein sog. „Parallelabkommen".[31] Das nunmehr an die EuGVVO aF angepasste LugÜ ist für die Europäische Union, Dänemark und Norwegen am **1.1.2010** in Kraft getreten; es gilt für die **Schweiz** seit dem **1.1.2011**.[32] Für **Island** ist es am **1.5.2011** in Kraft getreten.[33] Maßgeblich für die Anwendung der jeweiligen Regelung ist der Zeitpunkt der Klageerhebung.[34] Im Folgenden werden die Vorschriften des LugÜ gemeinsam mit den überwiegend inhaltsgleichen Vorschriften der EuGVVO erläutert.

9   d) **Anwendungsbereich EuGVVO.** Der territoriale Anwendungsbereich der **EuGVVO** erstreckt sich auf **sämtliche Mitgliedsstaaten** der EU. Sie gilt in den **neuen** Mitgliedsstaaten mit deren **Beitrittsdatum**.[35] Die Anwendbarkeit der EuGVVO hängt grundsätzlich vom Wohnsitz des Beklagten, bei juristischen Personen von ihrem Sitz (Art. 63 EuGVVO)[36] ab. Die EuGVVO ist – vorbehaltlich Art. 24, 25 EuGVVO – nur dann anzuwenden, wenn der Beklagte seinen **Wohnsitz bzw. Sitz im geographischen Anwendungsbereich** der VO hat, Art. 4 Abs. 1, 5 Abs. 1.[37] **Fehlt ein Wohnsitz** des Beklagten in einem Vertragsstaat, gilt – vorbehaltlich Art. 24, 25 EuGVVO – das nationale Recht des angerufenen Gerichts (Art. 4 Abs. 2 EuGVVO), also die §§ 12 ff. ZPO (lex fori).

10   e) **Anwendungsbereich des LugÜ.** Im Verhältnis der Mitgliedstaaten der EU zu Nicht-Mitgliedstaaten, die dem **LugÜ** beigetreten sind (→ Rn. 8) und schließlich für das Verhältnis der LugÜ -Vertragsstaaten untereinander, gilt das LugÜ.[38] Das Verhältnis zwischen EuGVVO und LugÜ wird in

---

[20] ABl. 2001 L 12, S. 1.
[21] Ausführlich zum zeitlichen, räumlichen und sachlichen Geltungsbereich sowie dem verbleibenden Geltungsbereich der EuGVÜ: Staudinger/*Fezer*/*Koos* BGB IntWirtschR Rn. 783.
[22] BGH GRUR 2005, 431 (432) – Hotel Maritim; Zöller/*Geimer* ZPO EuGVVO Art. 1 Rn. 1 mit weiteren Einzelheiten.
[23] ABl. 2005 L 299, S. 62, in Kraft seit 1.7.2007, ABl. 2007 L 94, S. 70.
[24] Vom 27.9.1968 (BGBl. 1972 II S. 774) idF des 4. Beitrittsübereinkommens vom 29.11.1996 (BGBl. 1998 II S. 1412).
[25] BGH GRUR 2006, 513 Rn. 20 – Arzneimittelwerbung im Internet.
[26] Textabdruck und Kommentierung bei Zöller/*Geimer* bis zur 24. Aufl. im Anhang.
[27] ABl. 2015 L 351, S. 1.
[28] Musielak/Voit/*Stadler* EuGVVO Art. 4 Rn. 1.
[29] Vertiefend: *Cadet* EuZW 2013, 218; Zöller/*Geimer* ZPO EuGVVO Art. 1 Rn. 1, 8 f.
[30] Zöller/*Geimer* ZPO EuGVVO Art. 1 Rn. 1.
[31] Harte/Henning/*Glöckner* UWG Einl. D. Rn. 5.
[32] Staudinger/*Fezer*/*Koos* BGB IntWirtschR Rn. 1132.
[33] Zöller/*Geimer* ZPO EuGVVO Art. 1 Rn. 12.
[34] *Lange* Marken- und KennzeichenR § 10 A II. 1 Rn. 6092.
[35] Zöller/*Geimer* ZPO EuGVVO Art. 1 Rn. 1.
[36] In Abweichung zu § 21 ZPO und Art. 5 Nr. 5 EuGVVO muss dies gem. Art. 63 Abs. 1 EuGVVO der satzungsmäßige Sitz (Buchst. a), die Hauptverwaltung (Buchst. b) oder die Hauptniederlassung sein (Buchst. c).
[37] Zöller/*Geimer* ZPO EuGVVO Art. 4 Rn. 12.
[38] Harte/Henning/*Glöckner* UWG Einl. D. Rn. 10.

Art. 64 LugÜ (Art. 54b LugÜ 1988) geregelt. Danach wird die Geltung des LugÜ zur Bestimmung der Zuständigkeit angeordnet, wenn der **Beklagte** seinen **Wohnsitz** (Art. 2 Abs. 1, 3 Abs. 1 LugÜ) bzw. – bei juristischen Personen der Sitz (Art. 60 LugÜ),[39] im **Hoheitsgebiet** eines Staates hat, in dem das **LugÜ, nicht aber die EuGVVO gilt** oder wenn die Gerichte eines solchen Staates nach Artikel 22 oder 23 des LugÜ zuständig sind. Das LugÜ ist gem. Art. 70 Abs. 1 Buchst. c als offenes Abkommen konzipiert, dh der Beitritt steht auch Staaten offen, die weder EG- noch EFTA-Mitgliedstaaten sind.[40] **Fehlt ein Wohnsitz** des Beklagten in einem Vertragsstaat, gilt – vorbehaltlich Art. 22, 23 LugÜ – das nationale Recht des angerufenen Gerichts (Art. 2 Abs. 2 LugÜ), also die §§ 12 ff. ZPO (lex fori).

f) Spezielle Regelungen für die supranationalen Schutzrechte. Die Unionsmarke, das Gemeinschaftsgeschmacksmuster und der gemeinschaftliche Sortenschutz stellen, anders als zB das europäische Bündelpatent, supranationale, EU-weit geltende einheitliche Schutzrechte dar.[41] Sie enthalten spezielle Regelungen zur internationalen Zuständigkeit, die den allgemeinen Regelungen der EuGVVO vorgehen.[42] **11**

Die **internationale Zuständigkeit** der **Unionsmarkengerichte** richtet sich in erster Linie nach **Art. 125 UMV**. Art. 122 Abs. 2 UMV zählt die Vorschriften der EuGVVO auf, die im Rahmen der Klage und Widerklage iS d. Art. 124 UMV nicht anwendbar sind und durch die spezielleren Regelungen der UMV ersetzt werden.[43] Im Ergebnis bedeutet dies, dass die allgemeinen Regeln der EuGVVO durch die spezielleren Regelungen der UMV weitgehend außer Kraft gesetzt werden.[44] Für das **einstweilige Verfügungsverfahren** in Verletzungssachen ist **Art. 131 UMV** zu beachten. Nach dieser partiellen Erweiterung der gestuften internationalen Zuständigkeit müssen einstweilige Maßnahmen einschließlich Sicherungsmaßnahmen nicht vor ein Unionsmarkengericht gebracht werden.[45] Folgt die Zuständigkeit des angerufenen Unionsmarkengerichtes **allein aus dem Begehungsort** (→ Rn. 23 ff.) oder wird im Rahmen eines Eilverfahrens ein **Nicht-Unionsmarkengericht** angerufen, dann **beschränkt** sich die Zuständigkeit auf die **in dem jeweiligen Mitgliedstaat** begangenen oder drohenden Handlungen (Art. 126 Abs. 2 UMV). Wegen der weiteren Einzelheiten F. III.2. **12**

Die **internationale Zuständigkeit** der **Gemeinschaftsgeschmacksmustergerichte** enthält in **Art. 82 GGV** eine spezifische, Art. 125 UMV nachgebildete Regelung. Die im Verordnungstext (Art. 79 GGV) enthaltene Bezugnahme auf die EuGVÜ gilt gem. Art. 68 Abs. 2 EuGVVO als Verweisung auf die EuGVVO. Die internationale Zuständigkeit für Nichtigkeits- und Verletzungsverfahren richtet sich in erster Linie nach Art. 82 GGV. Die Vorschriften der EuGVVO gelten nur, soweit sie nicht durch Art. 79 Abs. 3 GGV ausgeschlossen sind.[46] Für das einstweilige Verfügungsverfahren in Verletzungssachen ist **Art. 90 GGV** zu beachten. Nach dieser Regelung hängt die internationale Zuständigkeit im **Eilverfahren** nicht davon ab, ob das mit der Sache befasste Gericht auch für das Hauptsacheverfahren zuständig wäre.[47] Einstweilige Maßnahmen einschließlich Sicherungsmaßnahmen können daher auch vor ein Nicht-Gemeinschaftsgeschmacksmustergericht gebracht werden. Dies darf allerdings nicht dahin verstanden werden, dass die Gerichte aller Mitgliedstaaten ohne jede weitere Zuständigkeitsprüfung international zuständig sind.[48] Weiter ist zu beachten, dass die Begründung der Zuständigkeit für die **Reichweite** der gerichtlichen Entscheidung von Bedeutung ist. Folgt die Zuständigkeit des angerufenen Gemeinschaftsgeschmacksmustergerichtes **allein aus dem Begehungsort** (→ Rn. 28 ff.) oder wird im Rahmen eines Eilverfahrens ein **Nicht-Gemeinschaftsgeschmacksmustergericht** angerufen, dann **beschränkt** sich die Zuständigkeit auf die **in dem jeweiligen Mitgliedstaat** begangenen oder drohenden Handlungen (Art. 83 Abs. 2 GGV). Wegen der weiteren Einzelheiten G. III.2. **13**

Eine Art. 125 UMV und Art. 82 GGV vergleichbare Vorschrift für Gemeinschaftssorten enthält Art. 101 Sortenschutz-VO (E.). **14**

II. Internationale Zuständigkeit nach EuGVVO (bzw. LugÜ)

Die abschließenden Regeln der EuGVVO und des LugÜ verdrängen in ihrem Anwendungsbereich die Regeln des autonomen nationalen Rechts. Obwohl für das **LugÜ keine Auslegungskompetenz** des **EuGH** besteht, können bzw. müssen die EU-Mitgliedstaaten Fragen zur Auslegung des LugÜ **15**

---

[39] In Abweichung zu § 21 ZPO und Art. 5 Nr. 5 LugÜ muss dies gem. Art. 60 Abs. 1 LugÜ der satzungsmäßige Sitz (Buchst. a), die Hauptverwaltung (Buchst. b) oder die Hauptniederlassung sein (Buchst. c).
[40] Staudinger/*Fezer*/*Koos* BGB IntWirtschR Rn. 785.
[41] Für die Gemeinschaftsmarke: BGH GRUR-Int 2007, 864 (866) – Aufarbeitung von Fahrzeugkomponenten; EuGH BeckRS 2011, 80101; zur Reichweite des Gemeinschaftsgeschmacksmusters: BGH GRUR 2012, 1253 Rn. 46 – Gartenpavillon.
[42] *Eichmann*/*Jestaedt*/Fink/Meiser DesignG § 52 Rn. 7; *Ingerl*/*Rohnke* MarkenG § 125 Rn. 38 ff.
[43] *Fayaz* GRUR-Int 2009, 459 (467).
[44] *Ingerl*/*Rohnke* MarkenG § 125e Rn. 38.
[45] *Eisenführ*/*Schennen*/*Overhage* UMV Art. 103 Rn. 3.
[46] Ruhl/*Tolkmitt* GGV Art. 82 Rn. 2.
[47] Büscher/Dittmer/Schiwy/*Auler* GGV Art. 90 Rn. 2.
[48] Ruhl/*Tolkmitt* GGV Art. 90 Rn. 6.

dem EuGH vorlegen.[49] Die Gerichte der Nicht-EU-Vertragsstaaten können zwar selbst keine Vorlage in Gang setzen, nach dem Protokoll Nr. 2 des LugÜ über die einheitliche Auslegung des Übereinkommens tragen sie den Entscheidungen des EuGH zur Auslegung des LugÜ jedoch Rechnung.[50] Im Folgenden werden die für den Gewerblichen Rechtsschutz relevanten Regelungen behandelt.

16 **1. Sachlicher Anwendungsbereich, Art. 1 (Art. 1 LugÜ).** Die EuGVVO gilt gem. Art. 1 Abs. 1 nur für Zivil- und Handelssachen, wozu auch Streitigkeiten des Gewerblichen Rechtsschutzes gehören. Der EuGH neigt zu einer großzügigen zivilrechtlichen Qualifikation.[51] Das für den EuGH ausschlaggebende Kriterium ist dabei nicht der prozessuale Kontext, in dem diese Klage steht, sondern deren Streitgegenstand.[52] Nach der Rspr. des EuGH hat fällt daher die Klage eines Insolvenzverwalters, die auf einen Anspruch aus unerlaubter Handlung oder einer Handlung, die einer unerlaubten Handlung gleichgestellt ist, gestützt ist, ebenfalls in den Anwendungsbereich der EuGVVO und nicht unter die Sonderregeln für Insolvenzverfahren (vgl. Art. 1 Abs. 2 Buchst. b EuGVVO).[53]

17 **2. Wohnsitz oder Sitz des Beklagten, Art. 4[54], Art. 63[55] EuGVVO (Art. 2, Art. 60 LugÜ).** Liegt weder ein ausschließlicher Gerichtsstand (Art. 24 Nr. 4 EuGVVO/Art. 22 Nr. 4 LugÜ) noch eine Gerichtsstandsvereinbarung (Art. 25 EuGVVO/Art. 23 LugÜ) vor, ist grundsätzlich der **allgemeine Gerichtsstand** des **Beklagten** maßgeblich. Für natürliche Personen ist diese deren **Wohnsitz** ohne Rücksicht auf die Staatsangehörigkeit (Art. 4 Abs. 1 EuGVVO/Art. 2 Abs. 1 LugÜ). Bei juristischen Personen ist deren **Sitz** maßgeblich (Art. 63 EuGVVO/Art. 60 LugÜ), bei dem es sich – in Abweichung zu § 21 ZPO und Art. 7 Nr. 5 EuGVVO – gem. Art. 63 Abs. 1 EuGVVO/Art. 60 LugÜ um den satzungsmäßigen Sitz (Buchst. a), die Hauptverwaltung (Buchst. b) oder die Hauptniederlassung (Buchst. c) handeln muss.

18 Der Wohnsitz wird gemäß Art. 62 EuGVVO (Art. 59 LugÜ) nach nationalem Recht bestimmt. Maßgeblich für die Bestimmung des Beklagten(wohn)sitzes ist die letzte mündliche Tatsachenverhandlung als Entscheidungszeitpunkt.[56] Der Grundsatz des Wohnsitzgerichtsstands wird **nur durchbrochen** durch **Ausnahmen**, die die **EuGVVO** (bzw. das **LugÜ**) **selbst zulassen**, Art. 5 Abs. 1 EuGVVO (Art. 3 Abs. 1 LugÜ). Soll der Beklagte also nicht vor dem Sitzgericht seines Mitgliedstaates, sondern in einem anderen Mitgliedstaat verklagt werden, ist dies nur nach den Vorschriften des 2. bis 7. Abschnitts des Kapitels II der EuGVVO möglich. Die Zuständigkeitsregeln des autonomen Rechts sind nicht maßgeblich.[57]

19 **3. Numerus clausus der besonderen Zuständigkeiten (Art. 5 EuGVVO[58]/Art. 3 LugÜ).** Hat der Beklagte seinen Wohnsitz bzw. Sitz in einem Mitgliedstaat, kann er in einem anderen Mitgliedstaat nur dann verklagt werden, wenn eine besondere Zuständigkeit nach EuGVVO gegeben ist, Art. 5 Abs. 1 EuGVVO (Art. 3 Abs. 1 LugÜ).[59] Durch Art. 5 Abs. 2 EuGVVO (Art. 3 Abs. 2 LugÜ) wird für Deutschland insbesondere der besondere Gerichtsstand des **Vermögens** und des Gegenstandes gem. **§ 23 ZPO ausgeschlossen.** Nach überwiegender Ansicht gilt dieser **Ausschluss** jedoch **nicht** für den **Arrest** und die **einstweilige Verfügung.**[60] Das Gericht des Vermögensgerichtsstands ist als Gericht der Hauptsache iSv § 919 ZPO für das Arrestverfahren international und örtlich zuständig, selbst wenn gem. Art. 5 Abs. 2 EuGVVO (Art. 3 Abs. 2 LugÜ) eine internationale Zuständigkeit entsprechend § 23 ZPO für die Hauptsacheklage nicht begründet werden kann.[61] Bei der Unionsmarke bzw. dem Gemeinschaftsgeschmacksmuster ist dann allerdings die auf den Forumstaat beschränkte Reichweite der Entscheidung zu beachten (Art. 126 UMV, Art. 83 GGV).

20 **4. Erfüllungsort (Art. 7 Nr. 1 EuGVVO[62]/Art. 5 Nr. 1 LugÜ).** Art. 7 Nr. 1 EuGVVO kommt gegenüber dem Beklagten zur Anwendung, der aus einem **Vertrag** oder wegen **Ansprüchen aus einem Vertrag** in Anspruch genommen wird, wobei die Klagebegründung maßgeblich ist.[63] Die Begriffe Vertrag oder Ansprüche aus einem Vertrag i Sv Art. 7 Nr. 1 EuGVVO sind **autonom** auszulegen, um die volle Wirksamkeit und die einheitliche Anwendung in allen Vertragsstaaten zu gewährleisten.[64] Bei der Abgrenzung vertraglicher von nichtvertraglichen Ansprüchen ist darauf ab-

---

[49] Zöller/*Geimer* ZPO EuGVVO Art. 1 Rn. 6.
[50] Zur Bedeutung des Protokolls eingehend: Harte/Henning/*Glöckner* UWG Einl. D. Rn. 13 f.
[51] Zöller/*Geimer* ZPO EuGVVO Art. 1 Rn. 17 mwN.
[52] EuGH NJW 2019, 1791 Rn. 28 – NK/BNP Paribas Fortis NV.
[53] EuGH NJW 2019, 1791 Rn. 38 – NK/BNP Paribas Fortis NV.
[54] Bis 10.1.2015: Art. 2 EuGVVO aF.
[55] Bis 10.1.2015: Art. 60 EuGVVO aF.
[56] *Lange* Marken- und KennzeichenR § 10 II. 1. Rn. 6105.
[57] *Lange* Marken- und KennzeichenR § 10 II. 1. Rn. 6107.
[58] Ab 10.1.2015: Art. 5.
[59] Zöller/*Geimer* ZPO EuGVVO Art. 5 Rn. 1.
[60] Zöller/*Geimer* ZPO EuGVVO Art. 35 Rn. 1 mwN.
[61] OLG Karlsruhe MDR 2002, 231.
[62] Bis 10.1.2015: Art. 5.
[63] Zöller/*Geimer* ZPO EuGVVO Art. 7 Rn. 5.
[64] Vgl. dazu (noch zur EuGVÜ): EuGH NJW 2002, 3617 Rn. 35 – Henkel.

zustellen, ob der Streitgegenstand im Zusammenhang mit einer **freiwillig** zwischen den Parteien bzw. ihren Rechtsvorgängern **eingegangenen Verbindung** steht.[65] Bei einem Anspruch auf Unterlassung der **Löschung und Sperre bei (in Irland ansässigen) sozialen Medien** wegen einer Äußerung des Anspruchstellers, handelt es sich um einen **nebenvertraglichen** Anspruch, dessen Erfüllung der Antragsteller nur an **seinem Wohnsitz** verlangen kann.[66] Beruft sich der Kläger hingegen auf einen Verstoß gegen eine **gesetzliche Verpflichtung,** und erscheint es nicht unerlässlich, den Inhalt des mit dem Beklagten geschlossenen Vertrags zu prüfen, da diese Verpflichtung des Beklagten **unabhängig von diesem Vertrag besteht,** so bilden eine unerlaubte Handlung oder eine Handlung, die einer unerlaubten Handlung gleichgestellt ist, oder Ansprüche aus einer solchen Handlung den Gegenstand der Klage iSv Art. 7 Nr. 2 EuGVVO.[67]

Allein das Vorliegen einer vertraglichen Beziehung zwischen Kläger und Beklagtem ist für die Begründung eines vertraglichen Gerichtsstands zur **Abgrenzung von deliktischen** Ansprüchen allerdings nicht ausreichend. Ein vertraglicher Anspruch iSv Art. 7 Nr. 1 Buchst. a EuGVVO soll jedoch immer dann vorliegen, wenn zur Beantwortung der Frage, ob das dem Beklagten vorgeworfene Verhalten rechtmäßig oder widerrechtlich ist, eine **Auslegung des Vertrags unerlässlich** erscheint.[68] Entscheidend ist dabei, ob der geltend gemachte Anspruch bei vernünftiger Betrachtungsweise **auf einem Verstoß gegen die Rechte und Pflichten** des zwischen den Verfahrensbeteiligten geschlossenen Vertrags basiert.[69] Sind diese Kriterien erfüllt, dann knüpfen auch Ansprüche, die nach nationalem Recht als deliktisch qualifiziert sind, an einen „Vertrag oder Ansprüche aus einem Vertrag" gem. Art. 7 Nr. 1 Buchst. a EuGVVO an und **der deliktische Gerichtsstand gem. Art. 7 Nr. 3 EuGVVO ist ausgeschlossen.**[70]

Art. 7 Nr. 1 EuGVVO erfasst auch Ansprüche auf Zahlung einer **Vertragsstrafe.**[71] Dabei handelt es sich um einen vertraglichen Anspruch, auch wenn Anlass für die Abgabe der Unterlassungserklärungen der Vorwurf unerlaubter Handlungen gewesen ist.[72] Der Erfüllungsort der Vertragsstrafe stimmt mit dem der **Hauptverpflichtung** überein.[73] Die vorliegende Hauptverbindlichkeit, also die vertragliche Unterlassungspflicht, ist an dem Ort zu erfüllen, an dem der Schuldner bei der Entstehung des Schuldverhältnisses seinen Sitz hatte. Dies gilt jedenfalls dann, wenn nicht von vorneherein eine Zuwiderhandlung nur an einem bestimmten anderen Ort in Betracht kommt, und auch dann, wenn die Unterlassungspflicht sich auf ein größeres Gebiet erstreckt.[74] Auch der EuGH greift bei einer vertraglichen Unterlassungspflicht, die **geografisch unbegrenzt** gilt, auf den **allgemeinen Gerichtsstand** nach Art. 4 Abs. 1 EuGVVO zurück.[75]

Der Gerichtsstand nach Art. 7 Nr. 1 lit. a EuGVVO kommt für die Geltendmachung von Ansprüchen aus einem **Lizenzvertrag** in Betracht.[76] Dem Kläger steht der Gerichtsstand des Erfüllungsortes nach Art. 7 Nr. 1 EuGVVO auch dann zur Verfügung, wenn das **Zustandekommen** des Vertrags, aus dem der Klageanspruch hergeleitet wird, zwischen den Parteien **streitig** ist.[77] Unter Art. 7 Nr. 1 EuGVVO fällt auch die **negative Feststellungsklage**, bei der der Kläger selbst das **Nichtbestehen des Vertrags** geltend macht.[78] Klagen von **Verbraucherschutzverbänden** auf Unterlassung von missbräuchlichen **AGBs** (UKlaG) fallen **nicht** unter Art. 7 Nr. 1 sondern unter Art. 7 Nr. 2 EuGVVO, denn die Verbraucherschutzorganisation ist nicht Vertragspartei, sondern auf der Grundlage eines Rechts tätig, das ihr gesetzlich verwiesen wurde.[79]

Steht fest, dass vertragliche Ansprüche den Gegenstand des Verfahrens bilden (und handelt es sich nicht um bewegliche Sachen oder Dienstleistungen, Art. 7 Nr. 1 Buchst. b EuGVVO), ist auf den **Erfüllungsort** der konkret **streitigen Verpflichtung** abzustellen.[80] Der Ort, an dem die Verpflichtung zu erfüllen ist bzw. zu erfüllen wäre, ist nach dem materiellen Recht, das den Vertrag regiert, festzulegen. Dies wird nach deutschem Kollisionsrecht bestimmt. Der Erfüllungsort wird daher lege causae qualifiziert, indem er grundsätzlich dem **Vertragsstatut** entnommen wird (vgl. im Einzelnen Rom I- und II-VO, vormals §§ 27 ff. EGBGB).[81]

---

[65] *Schack* § 8 Rn. 314.
[66] LG Frankfurt a. M. BeckRS 2020, 15431.
[67] EuGH NJW 2021, 144 Rn. 33 – Booking.com.
[68] EuGH NJW 2014, 1648 Rn. 24 – Brogsitter; EuGH NJW 2021, 144 Rn. 32 – Booking.com.
[69] EuGH NJW 2014, 1648 Rn. 26 – Brogsitter.
[70] *Wendenburg/Schneider* NJW 2014, 1633 (1635); EuGH NJW 1988, 3088 mit Anm. *Geimer* NJW 1988, 3089 – Kalfelis (noch zur EuGVÜ).
[71] MüKoZPO/*Gottwald* EuGVVO Art. 5 Rn. 6 (noch zur VO (EG) Nr. 44/2001).
[72] LG Mannheim BeckRS 2010, 19725 (wg. Geschmacksmusterverletzung).
[73] Musielak/*Heinrich* ZPO § 29 Rn. 35.
[74] LG Mannheim BeckRS 2010, 19725; LG Köln BeckRS 2013, 10876.
[75] Zur EuGVÜ: EuGH NJW 2002, 1407 – Besix SA/WABAG.
[76] EuGH GRUR-Int 2009, 848 – Falco; *Mes* PatG § 143 Rn. 27.
[77] EuGH GRUR-Int 1982, 443 – Patentanwaltshonorar (zu Art. 5 Nr. 1 EuGVÜ).
[78] LG Trier NJW-RR 2003, 287 (288); *Schack* § 8 Rn. 316.
[79] Vgl. dazu (noch zu Art. 5 Nr. 1 und 3 EuGVÜ): EuGH EuZW 2002, 657 Rn. 39.
[80] Zöller/*Geimer* ZPO EuGVVO Art. 7 Rn. 7.
[81] EuGH GRUR 2009, 753 Rn. 47, 57 – Falco; BGH NJW 2019, 76 Rn. 46.

25 Der Erfüllungsort in **Art. 7 Nr. 1 Buchst. b** EuGVVO für den Verkauf von **Waren** und die Erbringung von **Dienstleistungen** ist dagegen **autonom** zu bestimmen.[82] **IP-Lizenzverträge** unterfallen nicht Art. 7 Buchst. b EuGVVO, denn der Begriff der Dienstleistungsverträge ist nicht auch auf IP-Lizenzverträge anwendbar. Ebenso wenig stellen solche Vereinbarungen Kaufverträge über bewegliche Sachen nach Art. 7 Buchst. b EuGVVO dar.[83] Für diese Verträge gilt Art. 7 Nr. 1 Buchst. a EuGVVO.[84]

26 Art. 7 Nr. 1 Buchst. b EuGVVO findet auch auf Verträge mit **mehreren Lieferorten** Anwendung. In einem derartigen Fall ist grundsätzlich keine konkurrierende Zuständigkeit aller Lieferorte eröffnet, sondern es ist für Klagen, die alle Lieferungen betreffen, grundsätzlich *ein* Gericht für die Entscheidung über alle Klagen aus dem Vertrag zuständig. Diese Zuständigkeit soll am **Ort der Hauptlieferung** begründet werden, die nach wirtschaftlichen Kriterien zu bestimmen ist. Denn dort besteht regelmäßig die engste Verknüpfung zwischen dem Vertrag und dem zuständigen Gericht. Kann der Ort der Hauptlieferung nicht festgestellt werden, so begründet jeder der Lieferorte einen konkurrierenden Gerichtstand, unter denen der Kläger ein Wahlrecht besitzt.[85]

27 **5. Begehungsort (Art. 7 Nr. 2[86] EuGVVO/Art. 5 Nr. 3 LugÜ).** Der besondere Gerichtsstand des Begehungsortes nach Art. 7 Nr. 2 EuGVVO eröffnet dem Geschädigten die Möglichkeit, dort zu klagen, wo das schädigende Ereignis eingetreten ist oder einzutreten droht. Hinsichtlich der bis zum 10.1.2015 geltenden Bestimmung (Art. 5 Nr. 3 VO Nr. 44/2001) kann die vom EuGH vorgenommene Auslegung übernommen werden, da die Bestimmungen als Art. 7 Nr. 2 „gleichwertig" angesehen werden können.[87]

„Artikel 7 EuGVVO

Eine Person, die ihren Wohnsitz im Hoheitsgebiet eines Mitgliedstaats hat, kann in einem anderen Mitgliedstaat verklagt werden:

[...]

2. wenn eine unerlaubte Handlung oder eine Handlung, die einer unerlaubten Handlung gleichgestellt ist, oder wenn Ansprüche aus einer solchen Handlung den Gegenstand des Verfahrens bilden, vor dem Gericht des Ortes, an dem das schädigende Ereignis eingetreten ist oder einzutreten droht;"

28 Der Begriff der **unerlaubten Handlung** ist dabei weder nach der lex fori noch nach der lex causae, sondern **autonom und eng auszulegen.**[88] Damit wird eine einheitliche Handhabung in den Mitgliedstaaten gewährleistet.[89]

29 **a) Unerlaubte Handlung.** Unter einer unerlaubten Handlung versteht der EuGH nach ständiger Rechtsprechung alle Klagen, mit denen eine **Schadenshaftung des Beklagten** geltend gemacht wird und die **nicht an einen Vertrag** iSv Art. 7 Nr. 1 EuGVVO **anknüpfen**,[90] das heißt nicht auf eine rechtliche Verpflichtung gestützt ist, die eine Person gegenüber einer anderen **freiwillig eingegangen** ist.[91] Eine unerlaubte Handlung ist danach jeder zur Schadenshaftung führende, nicht vertragliche oder vertragsähnliche Tatbestand.[92] Ein Verschulden ist nicht erforderlich.[93] Unter eine unerlaubte Handlung iSv Art. 7 Nr. 2 EuGVVO fallen alle Verletzungstatbestände des Gewerblichen Rechtsschutzes und Urheberrechts, insbesondere des unlauteren Wettbewerbs[94] einschließlich der Verbandsklagen nach dem UKlaG,[95] Patentverletzungen,[96] Markenverletzungen[97] und sonstige Schutzrechtsverletzungen,[98] aber auch Persönlichkeitsrechtsverletzungen,[99] mithin alle **außervertraglichen Rechtsverletzungen**.[100] Erfasst werden neben Ansprüchen auf Schadensersatz, zB auch Beseitigungs- sowie Unterlassungsansprüche, Folgeansprüche und Regressansprüche aus einem Gesamtschuldverhältnis

---

[82] BGH NJW 2006, 1806 Rn. 17; Zöller/*Geimer* ZPO EuGVVO Art. 7 Rn. 9.
[83] EuGH GRUR-Int 2009, 848 – Falco.
[84] Busse/*Kaess* PatG § 143 Rn. 13.
[85] EuGH NJW 2007, 1799 – Color Drack.
[86] Bis zum 10.1.2015: Art. 5 Nr. 3 EuGVVO aF.
[87] EuGH NJW 2021, 144 Rn. 20 – Booking.com.
[88] EuGH NJW 2013, 3627 Rn. 15 – Pickney; EuGH NJW 2012, 138 Rn. 35 – eDate; BGH GRUR 2010, 261 – www.rainbow.at mit ausführlicher Darstellung der Rechtslage.
[89] Vgl. dazu (noch zur EuGVÜ) EuGH NJW 2002, 3617 Rn. 35 – Henkel.
[90] Vgl. dazu (noch zur EuGVÜ) EuGH NJW 1988, 3088 – Kalfelis/Schröder; EuGH NJW 2002, 3617 Rn. 36 – Henkel; Musielak/Voit/*Stadler* EuGVVO Art. 7 Rn. 17 mwN.
[91] EuGH NJW 2021, 144 Rn. 23 – Booking.com.
[92] Staudinger/*Fezer/Koos* BGB IntWirtschR Rn. 792.
[93] Zöller/*Geimer* ZPO EuGVVO Art. 7 Rn. 54.
[94] BGH GRUR 2006, 513 (514) – Arzneimittelwerbung im Internet.
[95] BGH NJW 2009, 3371 (Klauseln in AGB ausländischer Luftverkehrsunternehmen); Musielak/Voit/*Stadler* EuGVVO Art. 7 Rn. 17.
[96] Vgl. noch zu Art. 5 Nr. 3 EuGVÜ BGH GRUR 1994, 530 – Beta.
[97] Vgl. EuGH GRUR 2012, 654 – Wintersteiger; s. auch (zur EuGVÜ) BGH GRUR 2005, 431 – Hotel Maritim.
[98] Staudinger*Fezer/Koos* BGB IntWirtschR Rn. 1134.
[99] EuGH GRUR-Int 2012, 47 – eDate.
[100] Zöller/*Geimer* ZPO EuGVVO Art. 7 Rn. 54.

zwischen mehreren Schädigern.[101] Dabei gilt Art. 7 Nr. 2 EuGVVO für **alle Klagearten** einschließlich der **negativen Feststellungsklage** mit dem Antrag, festzustellen, dass keine Haftung aus einer unerlaubten Handlung besteht.[102] Durch die Formulierung „*oder einzutreten droht*" ist klargestellt, dass Art. 7 Nr. 2 EuGVVO auch für **vorbeugende Unterlassungsklagen** gilt.[103]

Für **konkurrierende nicht-deliktische** Ansprüche kann nach der Rechtsprechung im Gerichtsstand der unerlaubten Handlung **keine Annexzuständigkeit** in Anspruch genommen werden.[104] Allerdings muss das Gericht, das im Gerichtsstand der unerlaubten Handlung zur Entscheidung berufen ist, ggf. auch prüfen, ob die Rechtswidrigkeit aufgrund vertraglicher Vereinbarungen ausgeschlossen ist. Damit trifft es aber noch keine Entscheidung darüber, ob aus solchen Vereinbarungen möglicherweise auch Ansprüche herzuleiten sind.[105]

b) Ort des schädigenden Ereignisses. Der Begriff des Ortes, „*an dem das schädigende Ereignis eingetreten ist oder einzutreten droht*" wird **autonom** ausgelegt[106] und gibt dem Geschädigten das Wahlrecht zwischen dem **Handlungs-** und dem **Erfolgsort**.[107] Die Wendung „Ort, an dem das schädigende Ereignis eingetreten ist oder einzutreten droht" in Art. 7 Nr. 2 EuGVVO meint sowohl den Ort der **Verwirklichung des Schadenserfolgs** als auch den **Ort des** für den Schaden **ursächlichen Geschehens**, so dass der Beklagte nach Wahl des Klägers vor dem Gericht eines dieser beiden Orte verklagt werden kann.[108] Dabei kommt es nur darauf an, ob der Kläger **schlüssig vorgetragen** hat, **im Inland** sei ein schädigendes Ereignis eingetreten.[109] Soweit es nur um **die Prüfung seiner Zuständigkeit** geht, darf das Gericht die einschlägigen Behauptungen des Kl. zu den Voraussetzungen der Haftung aus unerlaubter Handlung, die einer Handlung, die einer unerlaubten Handlung gleichgestellt ist, **als erwiesen ansehen**.[110] Die Frage, ob es tatsächlich eingetreten ist, betrifft die Begründetheit der Klage, die vom zuständigen Gericht anhand des anwendbaren nationalen Rechts zu prüfen ist.[111] Allerdings kommt nicht jeder Ort in Betracht, an dem sich irgendeine bloße Schadensfolge verwirklicht hat.[112] Der Ort des **reinen Vermögensschadens** eröffnet deshalb keine internationale Zuständigkeit, wenn dieser Schaden ausschließlich in einem finanziellen Verlust besteht, der sich unmittelbar auf dem Bankkonto des Klägers verwirklicht und der die unmittelbare Folge eines unerlaubten Verhaltens ist, das sich in einem anderen Mitgliedstaat ereignet hat.[113]

c) Mehrere Beteiligte. Nach der Rechtsprechung des EuGH ist im Anwendungsbereich der EuGVVO der zuständigkeitsrechtliche Handlungsort für **jeden Beteiligten gesondert** zu bestimmen. Eine **zuständigkeitsrechtliche Handlungsortzurechnung** der Tatbeiträge der anderen wie bei § 32 (→ § 32 Rn. 9) **findet nicht statt**.[114] Allerdings kann **daneben ein Erfolgsort** abstrakt am Ort des angerufenen Gerichts gegeben sein, wenn der Gerichtsstand die Vermögensrechte schützt, auf die der Kläger sich beruft, und die Gefahr besteht, dass sich der **Schaden im Bezirk des angerufenen Gerichts** verwirklicht hat oder verwirklichen kann.[115] Die Gefahr der Verwirklichung des Schadens kann sich aus der Möglichkeit, sich die Verletzungsgegenstände im Bezirk des angerufenen Gerichts zu beschaffen, ergeben.[116]

d) Rechtsverletzungen im Internet. Von enormer praktischer Relevanz bei Streitigkeiten des Gewerblichen Rechtsschutzes und Urheberrechts sind Verletzungshandlungen im Internet. Hier stellt sich häufig die Frage der gerichtlichen internationalen Zuständigkeit. Der Gerichtsstand der unerlaubten Handlung nach Art. 7 Nr. 2 EuGVVO spielt dabei eine herausragende Rolle. Wegen der **weltweiten Abrufbarkeit** von Webseiten hat die Rechtsprechung verschiedene den Gerichtsstand be-

---

[101] Staudinger/*Fezer*/*Koos* BGB IntWirtschR Rn. 792.
[102] EuGH GRUR 2013, 98 ff. – Folien Fischer.
[103] Dies hatte der EuGH trotz der Beschränkung des Wortlauts auf den Ort, „an dem das schädigende Ereignis eingetreten ist" auch schon für die EuGVÜ/LugÜ 1988 bestätigt: EuGH NJW 2002, 3617 – Henkel.
[104] Vgl. dazu (noch zur EuGVÜ) EuGH NJW 1988, 3088 – Kalfelis/Schröder *und* BGH NJW-RR 2005, 58; aA Zöller/*Geimer* ZPO EuGVVO Art. 7 Rn. 106 mwN.
[105] BGH GRUR 1988, 483 (485) – AGIAV.
[106] EuGH GRUR 2012, 654 Rn. 35 – Wintersteiger; GRUR 2012, 300 Rn. 38 – eDate; vgl. noch zur EuGVÜ EuGH NJW 1977, 493 – Mines de Potasse; NJW 1988, 3088 Rn. 16 – Kalfelis/Schröder; EuGH NJW 2002, 3617 Rn. 35 – Henkel.
[107] Vgl. noch zur EuGVÜ: EuGH GRUR-Int 1998, 298 Rn. 20 – Fiona Shevill I; BGH GRUR 2006, 513 Rn. 21 – Arzneimittelwerbung im Internet.
[108] EuGH GRUR 2012, 300 Rn. 41 – eDate; GRUR 2012, 654 Rn. 19 – Wintersteiger; GRUR-Int 2013, 173 Rn. 39 – Folien Fischer.
[109] BGH GRUR 2020, 294 Rn. 20 – Culatello di Parma.
[110] EuGH NJW 2016, 2167 Rn. 44.
[111] BGH GRUR 2015, 1004 Rn. 13 – IPS/ISP.
[112] *Köhler*/Bornkamm/Feddersen UWG Einl. Rn. 5.46.
[113] EuGH NJW 2016, 2167 – Universal Music International Holding/Schilling ua; Zöller/*Geimer* ZPO EuGVVO Art. 7 Rn. 69.
[114] EuGH NJW 2013, 2099 – Melzer.
[115] EuGH GRUR-Prax 2014, 298 – Coty Germany/First Note Perfume.
[116] EuGH GRUR 2014, 599 Rn. 35 – Hi Hotel/Spoering (zum UrheberR).

schränkende Merkmale entwickelt. Ob ganz allgemein für die Bejahung der internationalen Zuständigkeit erforderlich ist, dass sich der Internetauftritt bestimmungsgemäß auch auf das Inland richtet, wird nicht einheitlich beantwortet.[117] Nach Auffassung des EuGH **verlangt Art. 7 Nr. 2 EuGVVO nicht,** dass die fragliche Tätigkeit auf den Mitgliedsstaat des angerufenen Gerichts **„ausgerichtet"** ist.[118] Auch kann der Ort der Verwirklichung des Schadenserfolgs iSd Art. 7 Nr. 2 EuGVVO in Abhängigkeit von der Natur des Rechts variieren, das verletzt worden sein soll.[119]

34 aa) **Wettbewerbsverstöße.** Bei **Wettbewerbsverstößen** im Internet ist der Erfolgsort nach der Rspr. des BGH im Inland belegen, wenn sich der Internet-Auftritt **bestimmungsgemäß** dort auswirken soll.[120] Geht es um einen Verstoß gegen das UWG, setzt die Annahme einer internationalen Zuständigkeit unter dem Gesichtspunkt des Ortes der Verwirklichung des Schadenserfolgs voraus, dass die in einem anderen Mitgliedstaat begangene Tat nach dem Vortrag des Kl. einen Schaden im Zuständigkeitsbereich des angerufenen Gerichts verursacht hat.[121] Die Zuständigkeit hängt allerdings nicht davon ab, dass tatsächlich eine Verletzung des nationalen Rechts erfolgt ist. Es reicht vielmehr aus, dass eine Verletzung behauptet wird und diese nicht von vornherein ausgeschlossen ist.[122] **Indizien** für eine Ausrichtung in das Inland sind ein international ausgerichteter Internetauftritt und eine in **deutscher Sprache** gehaltene Webseite, die an deutschsprachige Europäer gerichtet ist. Ausreichend ist auch eine Internetseite unter einer **„de"-Top-Level-Domain,** selbst wenn sie in englischer Sprache gehalten ist.[123] Ein so genannter **Disclaimer,** mit dem der Werbende ankündigt, Adressaten in einem bestimmten Land nicht zu beliefern, kann allerdings ein Indiz für eine Einschränkung des Verbreitungsgebiets sein. Ein wirksamer Disclaimer setzt aber voraus, dass er klar und eindeutig gestaltet und auf Grund seiner Aufmachung als **ernst gemeint** angesehen ist, der Werbende ihn auch **tatsächlich beachtet** und nicht entgegen seiner Ankündigung gleichwohl in das vom Vertrieb ausgenommene Absatzgebiet liefert.[124] Nicht ausreichend für die Begründung der internationalen Zuständigkeit ist bspw., wenn sich die beanstandete Aussage in englischer Sprache auf einer für England bestimmten Unterseite befindet und sich in diesem Internetauftritt auch eine für Deutschland bestimmte Seite befindet.[125] Anders jedoch, wenn den Besuchern einer englischsprachigen Internetseite in einer deutschsprachigen Fassung dieser Seite gezielt die Möglichkeit geboten wird, zu einer englischsprachigen Mitteilung zu gelangen, die sich ihrerseits an Nutzer im Inland richtet.[126]

35 bb) **Persönlichkeitsrechtsverletzung.** Hierzu gehören Verletzungen von Persönlichkeitsrechten unabhängig davon, ob sie von einer **natürlichen** oder einer **juristischen** Person geltend gemacht werden.[127] Bei Persönlichkeitsrechtsverletzungen durch Inhalte, die auf einer Website veröffentlicht worden sind, hat der Verletzte nach der Rspr. des EuGH die Möglichkeit, entweder bei den Gerichten des Mitgliedsstaates, in dem der **Urheber** dieser Inhalte **niedergelassen** ist, oder bei den Gerichten dieses Mitgliedstaates, in dem sich der **Mittelpunkt seiner,** des Verletzten, **Interessen** befindet, eine Haftungsklage auf Ersatz **des gesamten** entstandenen **Schadens** zu erheben.[128] Ein auf Richtigstellung und Entfernung gerichteter Antrag kann wegen der umfassenden Abrufbarkeit einer Webseite nur bei einem Gericht gestellt werden, das für den Ersatz des gesamten Schadens zuständig ist.[129] Das setzt nicht voraus, dass ein Schaden gegenwärtig vorliegt, sodass auch eine Klage auf **Unterlassung** unter diese Bestimmung fällt, da damit verhindert werden soll, dass sich ein als rechtswidrig angesehenes Verhalten wiederholt.[130]

36 Der **Mittelpunkt der Interessen** befindet sich am Ort des gewöhnlichen Aufenthalts und des Lebensmittelpunkts. Hier wirkt sich eine Verletzung des Achtungsanspruchs aus.[131] Der Mittelpunktsort kann aber auch an anderen Orten in anderen Mitgliedstaaten sein, zu denen ein besonders enger Bezug besteht, etwa durch die Berufsausübung.[132] Diese zu Ehrverletzungen ergangene Rspr. gilt für

---

[117] Bejahend für das WettbewerbsR: BGH GRUR 2012, 621 Rn. 21 – OSCAR; BGH GRUR 2014, 601 Rn. 26 – englischsprachige Pressemitteilung.
[118] EuGH NJW 2013, 3627 Rn. 42 – Pickney; GRUR 2015, 296 Rn. 32 (jew. zum UrheberR).
[119] EuGH GRUR-Int 2017, 173 Rn. 30 (zum Erfolgsort bei Umgehen eines exklusiven Vertriebsrechts); EuGH NJW 2013, 3627 Rn. 32 – Pickney; mit kritischen Anmerkungen *Schack* NJW 2013, 3629.
[120] BGH GRUR 2014, 601 – englischsprachige Pressemitteilung; BGH GRUR 2006, 513 – Arzneimittelwerbung im Internet (zur EuGVÜ).
[121] BGH GRUR 2015, 689 Rn. 30 – Parfumflakon III.
[122] BGH GRUR 2005, 431 – Hotel Maritim.
[123] OLG Frankfurt a. M. GRUR-RR 2020, 74.
[124] BGH GRUR 2006, 513 – Arzneimittelwerbung im Internet (zur EuGVÜ).
[125] OLG Frankfurt a. M. GRUR-RR 2012, 392 – Screen Scraping.
[126] BGH GRUR 2014, 601 – englischsprachige Pressemitteilung.
[127] EuGH GRUR 2018, 108 Rn. 38 – Bolagsupplysningen ua/Svensk Handel; BGH GRUR 2020, 435 Rn. 13 – www.yelp.de.
[128] EuGH GRUR 2012, 300 Rn. 48 ff. – eDate.
[129] EuGH GRUR 2022, 268 Rn. 43 – Gtflix Tv/DR.
[130] BGH GRUR 2020, 435 Rn. 13 – www.yelp.de; *Willems* GRUR 2013, 462 (466).
[131] BGH GRUR 2012, 850 Rn. 18 – www.rainbow.at II.
[132] *Lange* § 10 A. II. 1. Rn. 6139.

alle Persönlichkeitsrechtsverletzungen. Bei einer juristischen Person muss der Mittelpunkt der Interessen den Ort widerspiegeln, an dem ihr geschäftliches Ansehen am gefestigsten ist. Das ist der Ort, an dem sie den wesentlichen Teil ihrer wirtschaftlichen Tätigkeit ausübt, wobei der Ort des Sitzes für sich genommen im Rahmen einer solchen Prüfung kein entscheidendes Kriterium ist.[133] Der Inhalt der Webseite muss dabei objektive und überprüfbare Elemente enthalten, anhand derer sich die Person individuell identifizieren lässt.[134]

An Stelle einer Haftungsklage auf Ersatz des gesamten entstandenen Schadens kann der in seinem Persönlichkeitsrecht Verletzte seine Klage auch vor den Gerichten **jedes Mitgliedstaates** erheben, in dessen Hoheitsgebiet ein im Internet veröffentlichter **Inhalt zugänglich** ist oder war. Diese sind jedoch nur für die Entscheidung über den **Schaden zuständig**, der im **Hoheitsgebiet** des Mitgliedstaates des angerufenen Gerichts **verursacht** worden ist (sog. **Mosaiktheorie**).[135]

cc) Immaterialgüterverletzungen. Bei Verletzung von Immaterialgütern wie zB Patenten, Mustern oder Kennzeichen ist allgemein zu beachten, dass der Ort der unerlaubten Handlung grundsätzlich durch **die Belegenheit des Schutzrechts** vorgegeben ist.[136] Wird eine Verletzung eines Rechts des geistigen oder gewerblichen Eigentums geltend gemacht, setzt dies also immer voraus, dass das behauptete Recht im Mitgliedstaat des angerufenen Gerichts geschützt ist.[137] Da eine Immaterialgüterverletzung eine Benutzungshandlung auf dem Gebiet des Staates, für den das Schutzrecht erteilt wurde, voraussetzt, kann der **Erfolgsort** als Ort, an dem die Rechtsgutverletzung eintritt, immer nur in diesem Staat liegen.[138] Ob bei Immaterialgüterrechtsverletzungen der Erfolgsort von einem Handlungsort unterschieden werden kann, ist streitig. Teilweise wird vertreten, dass der Handlungsort auch außerhalb des Schutzlandes liegen könne, wenn die Handlung bestimmungsgemäß und zielgerichtet auf den Schutzstaat bezogen sei.[139] Im Zusammenhang mit der Verletzung einer nationalen Marke durch eine Werbung, die unter der Top-Level-Domain eines anderen Mitgliedstaats betrieben wird, betrachtet der EuGH als den Handlungsort nicht den Ort des Erscheinens der Werbung selbst, sondern den **Ort der Niederlassung des Werbenden,** da dort über das maßgebliche Auslösen des technischen Anzeigevorgangs entschieden werde.[140] Diese Grundsätze dürften auch für Verletzungen anderer national geschützter Immaterialgüter gelten, sodass bei Immaterialgüterrechtsverletzungen im Internet zwei spezifisch ausgeformte Gerichtsstände gegeben sind, an denen jeweils der **Gesamtschaden** aus der Rechtsverletzung eingeklagt werden kann: Der **Niederlassungsort des Verletzers** und **der Eintragungsort des Schutzrechts.**[141] Danach kann also entweder in dem Schutzland oder in dem Mitgliedstaat geklagt werden, in dem derjenige seinen Sitz hat, der die Werbung veranlasst hat.

Im **Urheberrecht** sind die Urheberrechte automatisch, vor allem wegen der Urheberrechtslinie, **in jedem Mitgliedsstaat** geschützt.[142] Hier **genügt** die **Zugänglichkeit** der Webseite für die Bestimmung des Erfolgsorts, wenn die geltend gemachten Rechte **im Inland geschützt** sind und die Internetseite (auch) im Inland öffentlich zugänglich ist; es ist dagegen **nicht erforderlich,** dass der Internetauftritt **bestimmungsgemäß** (auch) im Inland abgerufen werden kann.[143] Auch eine Einschränkung, dass die verletzte Webseite auf den entsprechenden Mitgliedstaat **ausgerichtet** sein muss, ist **nicht erforderlich.**[144] Das Gericht, in dessen Bezirk die Webseite zugänglich ist, ist allerdings nur für die Entscheidung über den Schaden zuständig, der im Hoheitsgebiet des Mitgliedstaats verursacht worden ist, zu dem es gehört (sog. Mosaikprinzip).[145]

Die internationale Zuständigkeit deutscher Gerichte setzt für die **Teilnehmer** ein „**aktives Verhalten**" des Beklagten **im Inland** voraus. Es reicht nicht aus, dass das Verhalten des Beklagten lediglich im Inland Wirkungen entfaltet. Daher kann es auch nicht die internationale Zuständigkeit deutscher Gerichte begründen, wenn die in Belgien ansässige Beklagte durch die dort vorgenommene Übergabe der Waren möglicherweise Beihilfe zu einer in Deutschland begangenen Markenverletzung ihres Abnehmers geleistet hat.[146] Ein im Ausland ansässiger Lieferant ist dagegen für eine in Deutschland begangene Patentverletzung verantwortlich, wenn er ein geschütztes Erzeugnis an einen **in**

---

[133] EuGH GRUR 2018, 108 Rn. 41 – Bolagsupplysningen ua/Svensk Handel.
[134] EuGH MMR 2021, 715 Rn. 46 – Mittelbayerischer Verlag.
[135] EuGH GRUR 2022, 268 Rn. 30 f. – Gtflix Tv/DR; EuGH NJW 2013, 3627 Rn. 36 – Pickney (UrheberR); EuGH GRUR 2012, 300 Rn. 48 ff. – eDate; BGH MMR 2017, 168 (169) (zu Art. 5 Nr. 3 LugÜ).
[136] Schulte/Voß PatG § 139 Rn. 248.
[137] BGH GRUR 2015, 689 Rn. 30 – Parfumflakon III.
[138] EuGH GRUR 2014, 100 Rn. 37 – Pickney (UrheberR); Schweizerisches Bundesgericht GRUR-Int 2007, 534 (zum PatentR und zu Art. 5 Nr. 3 LugÜ).
[139] Staudinger/Fezer/Koos BGB IntWirtschR Rn. 1137 mwN.
[140] EuGH GRUR 2012, 654 (656) – Wintersteiger.
[141] Picht GRUR-Int 2013, 19 (24).
[142] Picht/Kopp GRUR-Int 2016, 232 (234).
[143] EuGH GRUR 2015, 296 Rn. 32; BGH BeckRS 2016, 13458 – An Evening with Marlene Dietrich (unter Aufgabe von BGH NJW 2010, 2731 – Vorschaubilder I).
[144] EuGH GRUR 2015, 296 f. Rn. 31–34 – Hejduk/EnergieAgentur.
[145] EuGH GRUR 2015, 296 f. Rn. 36 – Hejduk/EnergieAgentur; kritisch: Picht/Kopp GRUR-Int 2016, 232.
[146] BGH GRUR 2015, 689 – Parfumflakon III.

Vor § 12 41–44

Deutschland ansässigen Abnehmer liefert.[147] Ein wettbewerbsrechtlicher Erfolgsort in Deutschland ist gegeben, wenn der Beklagte einen **eigenen Tatbeitrag zu dem Inverkehrbringen** in Deutschland geleistet hat.[148] Nach Auffassung des EuGH erlaubt es Art. 7 Nr. 2 EuGVVO zwar nicht, die Tatbeiträge eines Beteiligten dem anderen zuständigkeitsbegründend zuzurechnen.[149] Dies soll allerdings nur für den Handlungsort gelten. Soweit jedoch die Gefahr besteht, dass sich der Schaden im Bezirk des angerufenen Gerichts verwirklicht,[150] soll das Gericht dieses Bezirkes unter dem Gesichtspunkt der Verwirklichung des geltend gemachten Schadens (Erfolgsorts) international zuständig sein. Die Annahme der internationalen Zuständigkeit setzt insoweit voraus, dass nach dem Vortrag des Klägers ein **Wettbewerbsverstoß**, der einen **Schaden im Zuständigkeitsbereich** des angerufenen Gerichts verursacht hat, **nicht ausgeschlossen** ist.[151] Ob tatsächlich ein schädigendes Ereignis eingetreten ist oder einzutreten droht, ist eine Frage der Begründetheit der Klage.[152] In diesem Fall ist das Gericht aber nur für die Entscheidung über den Schaden zuständig, der im Hoheitsgebiet seines Mitgliedstaates verursacht worden ist.[153] Im Patentrecht reicht nach ständiger Rechtsprechung des BGH jede fahrlässige Verletzung des Klagepatents durch einen Beteiligten, sodass jede vorwerfbare Verursachung der Rechtsverletzung einschließlich der **ungenügenden Vorsorge** gegen solche Verstöße für die Begründung des Gerichtsstands des Handlungsorts genügen kann.[154]

41 Der Ort der Verletzungshandlung in den **Sonderregelungen** der Unionsmarke (Art. 125 Abs. 5 UMV) (für die gleichlautende Regelung des Gemeinschaftsgeschmacksmusters (Art. 82 Abs. 5 GGV) dürfte dies ebenso gelten) wird nach der Rspr. des EuGH und ihm folgend des BGH enger als bei Art. 7 Nr. 2 EuGVVO bestimmt. Nicht zuständig sind danach die Gerichte der Mitgliedstaaten, in dem die behauptete Verletzung lediglich ihre Wirkungen entfaltet.[155] Für die internationale Zuständigkeit der deutschen Gerichte kommt es vielmehr grundsätzlich darauf an, ob der Kläger eine im Inland begangene eigene Verletzungshandlung des Beklagten iSd Art. 125 Abs. 5 UMV behauptet hat und diese nicht von vornherein ausgeschlossen werden kann (→ Rn. 120).[156]

42 e) **Anspruchsumfang.** Im internationalen Gerichtsstand der unerlaubten Handlung nach Art. 7 Nr. 2 EuGVVO können Ansprüche auf Geldersatz, Unterlassung, Beseitigung und Annexansprüche auf Auskunft und Schadensersatzfeststellung geltend gemacht werden.[157]

43 f) **Negative Feststellungsklage und Torpedoproblematik (Art. 29 Abs. 1 EuGVVO[158]/Art. 27 LugÜ).** Der Gerichtsstand des Begehungsortes gilt auch für die negative Feststellungsklage. Mit Urteil vom 25.10.2012 hat der EuGH entschieden, dass eine **negative Feststellungsklage** mit dem Antrag, festzustellen, dass **keine Haftung** aus einer unerlaubten Handlung oder einer Handlung, die einer unerlaubten Handlung gleichgestellt ist, vorliegt, in dem Gerichtsstand der unerlaubten Handlung erhoben werden kann.[159] Zur Begründung hat der EuGH ausgeführt, dass die mit dieser Bestimmung verfolgten Ziele der Vorhersehbarkeit des Gerichtsstands und der Rechtssicherheit weder mit der Verteilung der Rollen von Kläger und Beklagtem noch mit dem Schutz von Kläger oder Beklagten zusammenhingen. In beiden Fällen beziehe sich die von dem angerufenen Gericht vorgenommene Prüfung im Wesentlichen auf dieselben tatsächlichen und rechtlichen Aspekte, sodass eine Klage, die auf die Feststellung, dass der Bekl. für einen Schaden hafte, und auf seine Verurteilung zur Zahlung von Schadensersatz gerichtet sei, und eine von dem entsprechenden Bekl. erhobene Klage auf Feststellung, dass er für diesen Schaden nicht hafte, **denselben Anspruch betreffen**.[160]

44 Nach **Art. 29 Abs. 1** EuGVVO wird im Falle der **Identität** des **Streitgegenstands** und der **Parteien** das Verfahren durch das zuletzt angerufene Gericht ausgesetzt (vgl. Art. 32 EuGVVO[161] zur abschließend geregelten Priorität), solange das Erstgericht nicht über seine Zuständigkeit entschieden hat. Falls das **Erstgericht** sich für **zuständig erklärt,** ist dann das **Zweitgericht** verpflichtet, die Klage auf Grund von mangelnder Zuständigkeit **abzuweisen**.[162] Dies hat in der Vergangenheit zu sog.

---

[147] BGH GRUR 2015, 467 Rn. 26 (zu § 32 ZPO) – Audiosignalcodierung.
[148] OLG Hamburg 15.10.2015 – 3 U 19/15 S. 13 (HWG/MPG).
[149] EuGH NJW 2013, 2099 – Melzer/MF Global UK Ltd.
[150] EuGH GRUR 2014, 599 – Hi Hotel/Spoering, wo die urheberrechtsverletzenden Werke in einer im Bezirk des angerufenen Gerichts befindlichen Buchhandlung erhältlich waren.
[151] BGH GRUR 2015, 689 – Parfumflakon III.
[152] BGH GRUR 2015, 689 – Parfumflakon III.
[153] EuGH EuZW 2014, 431 mit kritischen Anmerkungen Müller, 434 – Hi Hotel/Spoering (zum UrheberR).
[154] BGH GRUR 2002, 599 – Funkuhr I; s. auch LG Düsseldorf BeckRS 2008, 17678 für den ausländischen Hersteller, der inländische Vertriebshandlungen bewusst und willentlich mit verursacht.
[155] EuGH GRUR 2014, 806 Rn. 33 ff. – Coty/First Note Perfumes; BGH GRUR 2015, 689 – Parfumflakon III.
[156] BGH GRUR 2015, 689 Rn. 19 – Parfumflakon III mwN.
[157] BGH GRUR 2015, 264 Rn. 15 – Hi Hotel II; BGH GRUR 2015, 689 Rn. 26 – Parfumflakon III.
[158] Bis zum 10.1.2015: Art. 27.
[159] EuGH GRUR-Int 2013, 173 Rn. 39 – Folien Fischer.
[160] Unter Verweis auf die zu Art. 21 EuGVÜ (jetzt Art. 27 EuGVVO) ergangene Entscheidung, EuGH NJW 1995, 1883 – Tatry (Ls.) = BeckRS 2004, 77078 (Volltext).
[161] Bis zum 10.1.2015: Art. 30 EuGVVO aF.
[162] *Sujecki* GRUR-Int 2012, 18.

Torpedoklagen insbesondere vor italienischen sowie belgischen Gerichten geführt, die eine Verfahrensdauer von vielen Jahren hatten, bis es – wenn überhaupt – zu einem Urteil kam.[163] Gerichte aus verschiedenen EU-Mitgliedstaaten haben deshalb versucht, die Missbrauchsmöglichkeiten und dabei insbesondere **die Sperrwirkung des Art. 29 EuGVVO** oder die Zuständigkeit für negative Feststellungsklagen auf Grundlage von Art. 7 Nr. 2 EuGVVO einzuschränken.[164] Unter Verweis auf die Tatry-Entscheidung[165] hat der EuGH jedoch – wie in → Rn. 43 ausgeführt – wiederholt, dass eine Klage auf Zahlung eines Schadensersatzes denselben Anspruch betrifft wie eine von dem Beklagten erhobene Klage auf Feststellung, dass er für diesen Schaden nicht haftet. Damit dürfte nun entschieden sein, dass die sogenannten „**Torpedoklagen**" ein **zulässiges Mittel** im europäischen Zivilprozessrecht sind.[166] Da auch der EuGVVO das Prinzip der Gleichwertigkeit der Justizgewährung in allen Vertragsstaaten zu Grunde liegt, kann eine Nichtbeachtung der Rechtshängigkeit allenfalls in seltenen Ausnahmefällen **überlanger Verfahrensdauer** in Betracht kommen.[167] Eine am Verletzungsort erhobene negative Feststellungsklage („Torpedoklage") kann zudem wegen offensichtlicher Unzuständigkeit des angerufenen Gerichts (in Italien) **rechtsmissbräuchlich** und deshalb gegenüber der zeitlich nachrangig in Deutschland erhobenen umgekehrten Leistungsklage **unbeachtlich** sein.[168] Hier ist allerdings umstritten, ob sich das spätere angerufene Gericht über seine **Aussetzungspflicht** (Art. 29 Abs. 1 EuGVVO/Art. 27 Abs. 1 LugÜ) hinwegsetzen und in der Sache entscheiden kann.[169] Soweit der Missbrauchsvorwurf allein wegen der Zuständigkeitswahl des Feststellungsklägers erhoben wird, gelten die Art. 29 ff. EuGVVO/Art. 27 LugÜ.[170]

Zu beachten ist allerdings, dass **spezielle Vorschriften** für die Unionsmarken (vgl. Art. 126 Abs. 2 UMV), das Gemeinschaftsgeschmacksmuster (vgl. Art. 83 Abs. 2 GGV) und den gemeinschaftlichen Sortenschutz (vgl. Art. 101 Abs. 3 S. 2 Sortenschutz-VO) der Blockademöglichkeit durch den Verletzer in einem ihm genehmen Territorium entgegenwirken.[171] Zu den weiteren Einzelheiten wird auf die Erläuterungen zu → Rn. 124 und 143 verwiesen. **45**

Art. 29 EuGVVO ist dabei **autonom** und **weit** auszulegen.[172] Das bedeutet, dass nicht die formale Identität der Klageanträge entscheidend ist, sondern ob im **Kernpunkt** über **dieselben Punkte** gestritten wird und sich **dieselben Parteien**, unabhängig von der formalen Parteirolle als Kläger oder Beklagter, gegenüberstehen.[173] Zu den weiteren Einzelheiten wird auf → § 148 Rn. 36 ff. verwiesen. **46**

Den **Zeitpunkt der Rechtshängigkeit** definiert **Art. 32 EuGVVO**. Bis 10.1.2015: Art. 30 (bzw. Art. 30 LugÜ), der autonom auszulegen ist. Hier ist einer der wenigen im Gewerblichen Rechtsschutz praktisch relevanten Änderungen zu sehen,[174] denn weder die EuGVÜ noch das LugÜ (1988) enthielten eine Vorschrift über die Frage, wann ein Verfahren rechtshängig ist.[175] Nach der Rspr. des EuGH zum EuGVÜ war der Zeitpunkt des „zuerstangerufenen" Gerichts nach nationalem Recht zu bestimmen.[176] Maßgeblich ist nunmehr die Einreichung des verfahrenseinleitenden Schriftstücks. **47**

6. Zweigniederlassung, Agentur oder sonstige Niederlassung (Art. 7 Nr. 5 EuGVVO[177]/ Art. 5 Nr. 5 LugÜ). **48**

Da nach Art. 63 Abs. 1 Buchst. c EuGVVO die Hauptniederlassung den allgemeinen Gerichtsstand begründet (→ Rn. 16 f.), geht es in Art. 7 Nr. 5 EuGVVO um sonstige Niederlassungen.[178] Die sonstige Niederlassung definiert der EuGH **autonom** und **weit**[179] als einen Mittelpunkt geschäftlicher Tätigkeit, der **auf Dauer als Außenstelle** eines Stammhauses hervortritt.[180] Die Außenstelle ist dabei sachlich so ausgestattet, dass sie in einer Weise Geschäfte mit Dritten betreiben kann, dass diese, obgleich sie wissen, dass möglicherweise ein Rechtsverhältnis mit dem im Ausland ansässigen Stammhaus begründet wird, sich nicht unmittelbar an dieses zu wenden brauchen. Entscheidend ist nicht die interne Betriebsstruktur, sondern die Art und Weise, wie sich die Unternehmen im Geschäftsleben verhalten und sich Dritten gegenüber darstellen.[181] Die im **Impressum** angegebene Stelle ist grds. als diejenige Stelle anzusehen, die die beworbene Dienstleistung anbietet

---

[163] *Von Meibom/Pitz* GRUR-Int 1998, 765 (769).
[164] Vgl. Nachweise bei *Sujecki* GRUR-Int 2012, 18 (Tz. 5).
[165] Zu Art. 21 EuGVÜ (jetzt Art. 27 EuGVVO), NJW 1995, 1883 (Ls.) = EuZW 1995, 1883.
[166] *Sujecki* EuZW 2012, 950 (953); kritisch *Sack* GRUR 2018, 893.
[167] Vgl. BGH NJW 2002, 2795 (2796) – zu Art. 21 EuGVÜ.
[168] LG Hamburg BeckRS 2015, 16872 mit Bespr. *Klawitter* GRUR-Prax 2015, 466.
[169] Bejahend: Zöller/*Geimer* ZPO EuGVVO Art. 29 Rn. 38; dagegen: *Schack* IPRax 2021, 99 (101).
[170] *Schack* IPRax 2021, 99 (101); zur LugÜ und schweizZPO: BG IPRax 2021, 93.
[171] Zur GGV: EuGH GRUR 2017, 1129 – BMW/Acacia; *Ebert-Weidenfeller/Schmüser* GRUR-Prax 2011, 526.
[172] EuGH NJW 1992, 3221 – Overseas Union/New Hampshire Insurance.
[173] EuGH NJW 1989, 665 (666) – Gubisch Maschinenfabrik/Palumbo.
[174] Ruhl/*Tolkmitt* GGV Art. 79 Rn. 5.
[175] Musielak/Voit/*Stadler* EuGVVO Art. 32 Rn. 1.
[176] EuGH NJW 1984, 2759 – Zelger.
[177] Bis 10.1.2015: Art. 5.
[178] *Schack* § 8 Rn. 392.
[179] Zöller/*Geimer* ZPO EuGVVO Art. 7 Rn. 120.
[180] EuGH NJW 1982, 507 – Blanckaert/Trost (Ls.) = BeckRS 2004, 71596 (Volltext).
[181] EuGH NJW 1988, 625 Rn. 15 f. – Schotte.

und die maßgeblichen Vertragserklärungen abgibt oder entgegennimmt.[182] Ein selbstständiger Handelsvertreter, der sich darauf beschränkt, Aufträge an das Stammhaus weiterzuleiten, ohne an deren Abwicklung oder Ausführung beteiligt zu sein, erfüllt nicht die Merkmale einer Zweigniederlassung, einer Agentur oder einer sonstigen Niederlassung.[183]

49 **7. Beklagtenmehrheit (Art. 8 Nr. 1 EuGVVO[184]/Art. 6 Nr. 1 LugÜ).** Nach Art. 8 Nr. 1 EuGVVO können Streitgenossen im Gerichtsstand eines der Streitgenossen verklagt werden, sofern zwischen den Klagen ein enger sachlicher Zusammenhang **(Konnexität)** besteht. Voraussetzung dafür ist, dass eine so „enge Beziehung" vorliegt, dass die gemeinsame Verhandlung und Entscheidung geboten erscheint, um zu **vermeiden,** dass in getrennten Verfahren bei derselben Sach- und Rechtslage **widersprechende Entscheidungen** ergehen.[185] Die Vorschrift wird **eng ausgelegt,** da vom Gericht des Wohnsitzes des Beklagten abgewichen wird.[186]

50 Die **Anwendbarkeit** von Art. 8 Nr. 1 EuGVVO wurde verneint bei gleichartigen Verletzungen desselben Patents, die von in verschiedenen Vertragsstaaten ansässigen Gesellschaften in einem oder mehreren Vertragsstaaten begangen wurden. Dies, obwohl die demselben Konzern angehörenden Gesellschaften gemäß einer gemeinsamen Geschäftspolitik, die eine der Gesellschaften allein ausgearbeitet hatte, in derselben oder in ähnlicher Weise gehandelt haben. Denn jede Klage wegen Verletzung eines europäischen **(Bündel-)Patents** ist anhand des einschlägigen **nationalen Rechts** zu prüfen, so dass daher **nicht dieselbe Rechtslage** gegeben ist und die Gefahr divergierender Entscheidungen nicht besteht.[187] In einer neueren Entscheidung hat der EuGH diese restriktive Rechtsprechung abgemildert und Art. 8 Nr. 1 EuGVVO grundsätzlich auf Fälle anwendbar erklärt, in denen Unternehmen aus verschiedenen Mitgliedstaaten in einem vor einem Gericht eines dieser Mitgliedstaaten anhängigen Verfahren jeweils gesondert die Verletzung derselben nationalen Teile eines europäischen Patents in einem weiteren Mitgliedstaat bezüglich desselben Erzeugnisses vorgeworfen wurde.[188] Der besondere Gerichtsstand der Streitgenossenschaft nach Art. 8 Nr. 1 EuGVVO ist hingegen bei einer **Unionsmarkenverletzung** gegeben, wenn mehrere Konzernunternehmen mit Sitz in verschiedenen Mitgliedstaaten mit der Begründung in Anspruch genommen werden, sie hätten auf verschiedenen Absatzstufen in einer **„Verletzerkette"** zusammengewirkt.[189] Bei Unionsmarkenverletzungen ist wegen deren einheitlicher EU-weiter Geltung die Anwendbarkeit des Art. 8 Nr. 1 EuGVVO hinsichtlich mehrerer Beteiligter, wie zB Gesellschaften und ihrer Organe, Täter und Störer, gerechtfertigt.[190] Hier ist in allen betroffenen Staaten dieselbe Rechtsordnung – die UMV – anzuwenden, sodass immer „dieselbe Rechtslage" gegeben ist.[191] Die UMV und GGV regeln allerdings nicht Sanktionen wie Auskunft und Schadensersatz. Bei multiterritorialen Verletzungen von Unionsrechten ist für das nach Art. 8 Abs. 2 Rom II-VO anwendbare Recht im Rahmen einer Gesamtwürdigung an das Recht des Mitgliedstaates anzuknüpfen, in dem die ursprüngliche Verletzungshandlung begangen wurde.[192] Bei auf eine nationale Marke gestützten Klagen ist zu beachten, dass der rechtliche Rahmen aufgrund der erfolgten Harmonisierung derselbe sein kann. Stellt ein Richter dieses fest, scheidet der Gerichtsstand der Streitgenossenschaft jedenfalls nicht schon aus dem Grunde einer verschiedenen Rechtslage aus.[193]

51 Die Vorschrift des Art. 8 Nr. 1 setzt voraus, dass **jeder Beklagte** in einem Mitgliedsstaat wohnen muss.[194] Weiter setzt die Vorschrift voraus, dass einer der Beklagten im Bezirk des angerufenen Gerichts seinen Sitz hat. Die Vorschrift regelt daher die internationale und zugleich die örtliche Zuständigkeit.[195] Im Anwendungsbereich der supranationalen Schutzrechte genügt es jedoch, wenn der Beklagte eine Niederlassung (vgl. Art. 125 Abs. 1 UMV, Art. 82 Abs. 1 GGV, 101 Abs. 2 Sortenschutz-VO) im Bezirk des Gerichts (Primärbeklagter) bzw. der Gemeinschaft (Sekundärbeklagter) hat.[196]

52 **8. Widerklage und Aufrechnung (Art. 8 Nr. 3 EuGVVO[197]/Art. 6 Nr. 3 LugÜ).** Nach Art. 8 Nr. 3 ist eine **Widerklage,** die im Sachzusammenhang mit einer anhängigen Klage steht, vor dem Gericht der Klage anhängig zu machen. Die Widerklagezuständigkeit entfällt, wenn eine aus-

---

[182] BGH MMR 2021, 560 Rn. 32.
[183] EuGH NJW 1982, 507 – Blanckaert/Trost (Ls.) = BeckRS 2004, 71596 (Volltext).
[184] Bis 10.1.2015: Art. 6.
[185] EuGH EuZW 2015, 584 Rn. 17 – CDC (Verstoß gegen unionsrechtl. Kartellverbot).
[186] EuGH GRUR 2012, 1169 Rn. 21 – Solvay.
[187] EuGH GRUR 2007, 47 – Roche Nederland BV/Frederick Primus.
[188] EuGH GRUR 2012, 1169 Rn. 30 – Solvay mit krit. Anm. *Schacht* GRUR 2012, 1110 (1112).
[189] BGH GRUR 2007, 705 (706) – Aufarbeitung von Fahrzeugkomponenten.
[190] *Eisenführ*/Schennen/*Overhage* UMV Art. 97 Rn. 14.
[191] Büscher/Dittmer/Schiwy/*Hoffrichter-Daunicht* GMV Art. 98 Rn. 11.
[192] EuGH GRUR 2017, 1120 – Nintendo/BigBen.
[193] *Lange* GRUR 2007, 107 (112).
[194] EuGH EuZW 2013, 503 Rn. 55; Eisenführ/*Schennen* UMV Art. 94 Rn. 10; Ruhl/*Tolkmitt* GGV Art. 79 Rn. 20; Musielak/Voit/*Stadler* EuGVVO Art. 8 Rn. 5; aA Zöller/*Geimer* ZPO EuGVVO Art. 8 Rn. 4.
[195] *Kühnen* D. Rn. 30.
[196] *Ebert-Weidenfeller*/*Schmüser* GRUR-Prax 2011, 526 (528).
[197] Bis 10.1.2015: Art. 6.

Internationale Zuständigkeit   53–56 **Vor § 12**

schließliche internationale Zuständigkeit im Ausland begründet ist (vgl. Art. 24 Nr. 4 EuGVVO). Auch eine vereinbarte ausschließliche Zuständigkeit (vgl. Art. 25 EuGVVO) kann der Widerklagzuständigkeit entgegenstehen.[198] Für die parteierweiternde Drittwiderklage (→ § 33 Rn. 29) gilt Art. 8 Nr. 3 EuGVVO nicht; uU kommt dann aber der Gerichtsstand der Streitgenossen nach Art. 8 Nr. 1 EuGVVO in Betracht.[199]

Die Zulässigkeit der **Aufrechnung** vor einem deutschen Gericht, welches bei klage- oder wider- 53 klageweiser Geltendmachung derselben Forderung international unzuständig wäre, ist umstritten.[200] Eine Aufrechnung im internationalen Prozessrecht setzt nach der Rechtsprechung des BGH voraus, dass für diese die internationale Zuständigkeit deutscher Gerichte gegeben ist. Bei einer Aufrechnung mit einer konnexen Gegenforderung kann sich die internationale Zuständigkeit aus Art. 8 Nr. 3 EuGVVO oder § 33 ZPO in analoger Anwendung ergeben.[201] Andernfalls ist die Aufrechnungsforderung in dem Verfahren nicht zu beachten. Das Prozessgericht hat allein über die Klageforderung zu entscheiden. Es bedarf keines förmlichen Vorbehaltsurteils, gegebenenfalls ist in den Gründen klarzustellen, dass die Aufrechnungsforderung nicht verbraucht ist.[202]

9. Zuständigkeit bei Verbrauchersachen (Art. 17–19 EuGVVO[203]/Art. 15–17 LugÜ). Die 54 Regelungen der Art. 17–19 EuGVVO (bzw. 15–17 LugÜ) beziehen sich nur auf Verbraucherverträge und spielen in Prozessen des Gewerblichen Rechtsschutzes keine Rolle.

10. Ausschließlicher Gerichtsstand (Art. 24 Nr. 4 EuGVVO[204]/Art. 22 Nr. 4 LugÜ). Nach 55 Art. 24 Nr. 4 EuGVVO ist bei Klagen, die die **Eintragung** oder die **Gültigkeit** von **registrierungsbedürftigen** gewerblichen Schutzrechten, einschließlich Prioritätsstreitigkeiten zum Gegenstand haben, die **ausschließliche internationale** Zuständigkeit im **Registerstaat** bzw. in dem Staat, in dem die Eintragung beantragt wurde, ohne Rücksicht auf den Wohnsitz der beteiligten Parteien gegeben. Die Formulierung, „Klagen, welche die Eintragung oder die Gültigkeit von Patenten, Marken, Mustern und Modellen […] zum Gegenstand haben", ist **autonom** auszulegen.[205] Der ausschließliche Gerichtsstand ist zuletzt vom EuGH **weit** ausgelegt worden und erfasst unabhängig davon, ob die Frage **klageweise** oder **einredeweise** aufgeworfen wird, alle Fälle, in denen die **Gültigkeit** des gewerblichen **Schutzrechts in Frage** gestellt wird.[206] Nach hM werden jedoch **nicht** von Art. 24 Nr. 4 EuGVVO **Streitigkeiten über die Inhaberschaft** an einem gewerblichen Schutzrecht erfasst, zB Vindikationsklagen.[207] Der ausschließliche Gerichtsstand des Art. 24 Nr. 4 EuGVVO hat allerdings **keine Auswirkungen** auf den Gerichtsstand für **einstweilige Maßnahmen** (Art. 35 EuGVVO), da die vorläufige Entscheidung im Eilverfahren in keiner Weise der Entscheidung vorgreift, die das nach Art. 24 Nr. 4 EuGVVO zuständige Gericht in der Hauptsache zu treffen hat.[208] **Nicht registrierungsbedürftige** Schutzrechte werden von ausschließlichen Gerichtsstand nach Art. 24 Nr. 4 EuGVVO **nicht erfasst**.[209] Die örtliche Zuständigkeit richtet sich im Übrigen nach der nationalen Verfahrensordnung. Art. 24 Nr. 4 EuGVVO schließt jede ausdrückliche oder stillschweigende Gerichtsstandsvereinbarung (Art. 25 Abs. 4 EuGVVO) sowie eine rügelose Einlassung (Art. 26 S. 2 EuGVVO) aus. Das Gericht hat sich bei Vorliegen der ausschließlichen Zuständigkeit gem. Art. 27 EuGVVO von Amts wegen für unzuständig zu erklären. Art. 24 Nr. 4 EuGVVO ist von Amts wegen in jedem Stadium des Verfahrens zu beachten und führt mangels Verweisungsvorschrift zur **Unzulässigkeit der Klage**.[210]

11. Gerichtsstandsvereinbarung und rügelose Einlassung (Art. 25, Art. 26 EuGVVO/ 56 **Art. 23, Art. 24 LugÜ). a) Gerichtsstandsvereinbarungen (Art. 25 EuGVVO[211]/Art. 23 LugÜ).** Die Gerichtsstandsvereinbarung ist ein **Vertrag**, dessen **Zustandekommen** (dh Einigung und Willensmängel, nicht die Form) sich gem. Art. 25 Abs. 1 S. 1 **unabhängig vom Hauptvertrag** (Abs. 5) nach **dem Recht** (einschließlich des Kollisionsrechts) des **prorogierten Mitgliedstaates** beurteilt.[212] Dies gilt auch für die Frage einer Stellvertretung bei der Einigung über den Gerichts-

---

[198] *Schack* § 8 Rn. 400.
[199] Zöller/*Schultzky* ZPO § 33 Rn. 8.
[200] Musielak/Voit/*Stadler* ZPO § 145 Rn. 33 f.
[201] BGH NJW 2002, 2182 (2184).
[202] MüKoZPO/*Schlüter* BGB § 387 Rn. 47.
[203] Bis 10.1.2015: Art. 15–17.
[204] Bis 10.1.2015: Art. 22.
[205] EuGH GRUR-Int 1984, 693 – Duijstee/Goderbauer (noch zu Art. 16 Nr. 4 EuGVÜ).
[206] EuGH GRUR 2007, 49 – GAT/LuK; kritisch dazu *Sujecki* GRUR 2013, 201 (208 f.).
[207] Musielak/Voit/*Stadler* EuGVVO Art. 24 Rn. 9; offengelassen: EuGH GRUR-Int 2016, 497 Rn. 28; aA OLG Düsseldorf GRUR-Int 2016, 965 (EuGH-Vorlage).
[208] EuGH GRUR 2012, 1169 (1172) – Solvay.
[209] *Sujecki* GRUR-Int 2013, 201 (208).
[210] Für das Patentrecht: Kühnen Patentverletzung-HdB Kap. D Rn. 11.
[211] Bis 10.1.2015: Art. 23.
[212] Zöller/*Geimer* ZPO EuGVVO Art. 25 Rn. 21; Musielak/Voit/*Stadler* EuGVVO Art. 25 Rn. 5.

stand.²¹³ In seinem Anwendungsbereich verdrängt Art. 25 EuGVVO das nationale Recht der §§ 38, 40 ZPO.²¹⁴ Geregelt werden durch Art. 25 EuGVVO die internationale sowie die örtliche Zuständigkeit und es ist, anders als noch bei Art. 23 EuGVVO aF/Art. 23 LugÜ für die Anwendbarkeit nicht mehr erforderlich, dass eine der Parteien ihren Wohnsitz in einem Mitgliedsstaat hat.²¹⁵ Nunmehr steht die Regelung auch Personen mit Wohnsitz in einem Drittstaat offen.²¹⁶ Wird lediglich die internationale Zuständigkeit der Gerichte eines bestimmten Mitgliedstaates festgelegt, ergibt sich die **örtliche Zuständigkeit** nach dem Prozessrecht des prorogierten Staates.²¹⁷ Auch Rechtsstreitigkeiten des Gewerblichen Rechtsschutzes sind von Gerichtsstandsvereinbarungen nach Art. 25 EuGVVO nicht ausgenommen, weil die internationalen Gerichtsstände der Art. 4–8 EuGVVO keine ausschließlichen sind.²¹⁸ Im Gewerblichen Rechtsschutz und Urheberrecht haben Gerichtsstandsvereinbarungen in der Praxis jedoch wenig Bedeutung und sind höchstens denkbar, wenn zwischen Mitbewerbern zugleich vertragliche Beziehungen bestehen und sich die Gerichtsstandsvereinbarung auch auf **außervertragliche Ansprüche** bezieht.²¹⁹ Für letzteres müssen **deutliche Indizien** vorliegen.²²⁰ **Praxistipp:** Bei der **Abmahnung** eines im **Ausland ansässigen Verletzten** empfiehlt es sich uU, in die vorbereitete Unterlassungserklärung eine Gerichtsstandsklausel zugunsten eines konkret bezeichneten deutschen Gerichts aufzunehmen und darauf hinzuweisen, dass diese Klausel unerlässlich ist, um die Wiederholungsgefahr auszuräumen.²²¹ Bei gewerblichen Schutzrechten ist zu beachten, dass die ausschließliche sachliche Zuständigkeit der Unionsmarken- und Gemeinschaftsgeschmacksmustergerichte derogationsfest ist (Art. 81 GGV, Art. 124 UMV). Gem. Art. 25 Abs. 1 S. 2 EuGVVO ist die Zuständigkeit ausschließlich, sofern die Parteien nichts anderes vereinbart haben.

57 Die Gerichtsstandsvereinbarung muss die **Formvorschriften** des Art. 25 Abs. 1 S. 3 EuGVVO einhalten, dh eine schriftliche oder eine mündliche, schriftlich bestätigte Vereinbarung (Buchst. a) oder in einer Form, die den Gepflogenheiten der Parteien oder den internationalen Handelsbräuchen entspricht (Buchst. b und c). Die Formvorschriften sind **autonom** und **eng** auszulegen.²²² Der **Schriftform** genügt jede Form der elektronischen Übermittlung, die eine **dauerhafte Aufzeichnung** der Vereinbarung ermöglicht (Art. 25 Abs. 2 EuGVVO).²²³ Auch eine handschriftliche Unterzeichnung ist nicht erforderlich, solange die Identität der erklärenden Personen feststeht.²²⁴ Nach der Rspr. ist das Schriftformerfordernis bereits dann gewahrt, wenn eine mündliche Gerichtsstandsvereinbarung durch die von der Vereinbarung im konkreten Fall begünstigte Partei schriftlich bestätigt wurde und die andere Partei nicht widersprochen hat („halbe Schriftlichkeit").²²⁵ Art. 25 EuGVVO macht, im Gegensatz zu § 38 ZPO, keinen Unterschied zwischen Kaufleuten und Nichtkaufleuten.²²⁶ Weitere Wirksamkeitsvoraussetzungen sind, dass sich die Vereinbarung auf ein bestimmtes Rechtsverhältnis bezieht und dass keine ausschließliche Zuständigkeit gegeben ist, wobei für den Gewerblichen Rechtsschutz Art. 24 Nr. 4 EuGVVO relevant ist (→ Rn. 54).

58 Zur Begründung der Zuständigkeit ist die schlüssige Darlegung des Anspruchs und einer hierauf bezogenen Gerichtsstandsvereinbarung ausreichend, da es sich um eine sog. **doppelrelevante Tatsache** handelt (→ Rn. 63).²²⁷ Die Beweislast für die Tatsachen, aus denen eine wirksame Gerichtsstandsvereinbarung abgeleitet wird, hat derjenige zu tragen, der sich auf sie beruft.²²⁸ Ob die ausschließliche Zuständigkeit eines anderen Mitgliedstaates in Betracht kommt, ist stets von Amts wegen zu prüfen (vgl. Art. 27 EuGVVO). Im Übrigen wird die über Art. 25 EuGVVO begründete Zuständigkeit nur geprüft, wenn der Beklagte am Verfahren nicht teilnimmt (vgl. Art. 28 EuGVVO).²²⁹ Die Zuständigkeit des vereinbarten Gerichts erstreckt sich im Zweifel auch auf den einstweiligen Rechtsschutz. Wegen Art. 35 EuGVVO können die Voraussetzungen sich neben Art. 25 EuGVVO auch aus § 38 ZPO ergeben.²³⁰

---

²¹³ BGH BeckRS 2015, 09080 Rn. 49 (zur EuGVVO aF); Musielak/Voit/*Stadler* EuGVVO Art. 25 Rn. 5.
²¹⁴ BGH NJW 2019, 76 Rn. 23; Zöller/*Geimer* ZPO EuGVVO Art. 25 Rn. 4.
²¹⁵ EuGH NJW 2001, 501 (zu Art. 17 EuGVÜ).
²¹⁶ Musielak/Voit/*Stadler* EuGVVO Art. 25 Rn. 3.
²¹⁷ Musielak/Voit/*Stadler* EuGVVO Art. 25 Rn. 2.
²¹⁸ Staudinger/*Fezer/Koos* BGB IntWirtschR Rn. 812.
²¹⁹ Staudinger-*Fezer/Koos* IntWirtschR Rn. 812; EuGH NJW 2019, 349 – Apple Sales International (KartellR).
²²⁰ EuGH GRUR-Int 2015, 1176 Rn. 69 – Hydrogen Peroxide; Bespr. *Schoene* GRUR-Prax 2015, 268 (KartellR).
²²¹ *Kipping/Meyer* GRUR-Prax 2016, 76 (78).
²²² EuGH NJW 1997, 1431 f. Rn. 14 zu Art. 17 EuGVÜ; *Schack* § 9 Rn. 585.
²²³ Hierfür genügt eine Vereinbarung in AGB, die über das sog. „click wrapping" einbezogen wird, wenn dabei das Ausdrucken und Speichern vor Vertragsabschluss ermöglicht wird: EuGH GRUR In. 2015, 769 – El Majdoub.
²²⁴ BGH NJW-RR 2005, 150 (151) zu Art. 17 EuGVÜ.
²²⁵ Zu Art. 17 EuGVÜ: EuGH NJW 1985, 2893 – Berghöfer/ASA (Ls.); BGH NJW 1993, 1070 (1071).
²²⁶ *Schack* § 9 Rn. 587.
²²⁷ BGH NJW 2015, 2584 Rn. 25; NJW-RR 2004, 935 – Produktvermarktung (zur EuGVÜ).
²²⁸ Thomas/Putzo/*Hüßtege* ZPO EuGVVO Art. 25 Rn. 20.
²²⁹ Zöller/*Geimer* ZPO EuGVVO Art. 25 Rn. 52.
²³⁰ Thomas/Putzo/*Hüßtege* ZPO EuGVVO Art. 23 Rn. 25.

b) Rügelose Einlassung (Art. 26 EuGVO[231]/Art. 24 LugÜ). Ein an sich international und **59** örtlich unzuständiges Gericht kann durch rügelose Einlassung zuständig werden. Art. 26 EuGVVO ist auch „isoliert" auf die örtliche Zuständigkeit anwendbar, wenn die Art. 4 ff. EuGVVO nur die internationale Zuständigkeit im Forumstaat begründen.[232] Der Begriff ist **autonom** auszulegen und erfasst **jede Verteidigungshandlung,** die unmittelbar auf Klageabweisung gerichtet ist,[233] zB die rügelose Einlassung in der **Klagerwiderung.**[234] Die Anzeige der Verteidigungsbereitschaft wird nicht als eine Einlassung angesehen.[235] Auch ein im Rahmen des Europäischen Mahnverfahrens eingelegter Einspruch stellt keine Einlassung im Sinne dieser Vorschrift dar.[236] Art. 26 EuGVVO gilt auch für die rügelose Einlassung des Klägers auf die Widerklage.[237] Die internationale Zuständigkeit wird von Amts wegen gem. Art. 28 Abs. 1 EuGVVO **nur geprüft,** wenn der Beklagte sich auf das Verfahren **nicht eingelassen** hat. Die ausschließliche Zuständigkeit nach Art. 24 Nr. 4 EuGVVO (s. o.) kann durch eine rügelose Einlassung nicht überwunden werden, Art. 26 Abs. 1 S. 2 EuGVVO.[238] In seinem Anwendungsbereich verdrängt Art. 26 EuGVVO das nationale Recht der §§ 39, 40 ZPO.[239] Das Fehlen der internationalen Zuständigkeit muss nicht ausdrücklich geltend gemacht werden, sondern kann – wovon im Zweifel auszugehen ist – auch in der Rüge der örtlichen Unzuständigkeit enthalten sein.[240] Eine nur hilfsweise vorgebrachte Einlassung zur Sache wirkt nicht zuständigkeitsbegründend iSd Art. 26 Abs. 1 S. 1 EuGVVO.[241] Die Zuständigkeit gem. Art. 26 EuGVVO kann auch noch durch rügelose Einlassung in der Berufungsinstanz begründet werden.[242] Die Zulässigkeit von Verteidigungsmitteln, wie zB die Prozessaufrechnung, bestimmt sich nach nationalem Recht.[243]

12. Gerichtsstand für einstweilige Maßnahmen (Art. 35 EuGVVO[244]/Art. 31 LugÜ). Bei **60** einstweiligen Maßnahmen wird das **nationale Zuständigkeitsrecht nicht verdrängt.**[245] Der Antragsteller kann also nach seiner **Wahl** den einstweiligen Rechtsschutz sowohl bei dem nach nationalen Normen zuständigen Gericht als auch bei dem nach EuGVVO bzw. UMV o. GGV für das Hauptsacheverfahren zuständigen Gericht beantragen.[246] Der Begriff der einstweiligen Maßnahme wird **autonom** bestimmt und erfasst alle Maßnahmen auf Rechtsgebieten, die in den Anwendungsbereich des Übereinkommens fallen und die eine **Veränderung der Sach- oder Rechtslage verhindern** sollen, **um Rechte zu sichern,** deren Anerkennung im Übrigen bei dem in der Hauptsache zuständigen Gericht beantragt wird.[247] Im deutschen Recht betrifft dies namentlich den Arrest, die einstweilige Verfügung bzgl. des Streitgegenstandes (§ 935) und die einstweilige Unterlassungsverfügung.[248] Wegen der Gefahr der Umgehung der Hauptgerichtsstände gilt allerdings die **Einschränkung,** dass „die Anordnung einstweiliger oder sichernder Maßnahmen […] insbesondere voraussetzt, dass zwischen dem Gegenstand der beantragten Maßnahmen und der gebietsbezogenen Zuständigkeit des Vertragsstaats des angerufenen Gerichts eine **reale Verknüpfung** besteht".[249] Die hM misst dem Erfordernis der realen Verknüpfung vollstreckungsrechtlichen Inhalt bei, sodass nach Art. 35 EuGVVO nur das Gericht des Mitgliedsstaates zuständig ist, in dem die einstweilige Maßnahme vollstreckt werden soll.[250] Keine Rolle für die Zuständigkeit nach Art. 35 EuGVVO spielt, ob ein Hauptsacheverfahren bereits eingeleitet wurde oder werden konnte.[251]

Auch der **ausschließliche** Gerichtsstand des **Art. 24 Nr. 4** EuGVVO hat **keine Auswirkungen** **61** auf **den Gerichtsstand für einstweilige Maßnahmen** (Art. 35 EuGVVO), da die vorläufige Entscheidung im Eilverfahren in keiner Weise der Entscheidung vorgreift, die das nach Art. 24 Nr. 4 EuGVVO zuständige Gericht in der Hauptsache zu treffen hat.[252]

---

[231] Bis 10.1.2015: Art. 24.
[232] *Koechel* IPRax 2020, 524 (526).
[233] Thomas/Putzo/*Hüßtege* ZPO EuGVVO Art. 26 Rn. 3; Zum „beredten Schweigen": Koechel IPRax 2020, 524 (531).
[234] BGH BKR 2016, 82.
[235] *Sujecki* EuZW 2013, 630.
[236] EuGH EuZW 2013, 628.
[237] MüKoZPO/*Gottwald* ZPO EuGVO Art. 24 Rn. 2.
[238] *Schack* § 9 Rn. 602.
[239] Vgl. *Schack* § 9 Rn. 599.
[240] BGH GRUR 2012, 1065 (1066) – Parfumflakon II.
[241] BGH NJW-RR 2005, 518.
[242] BGH NJW 2007, 3501 zu Art. 18 LugÜ.
[243] EuGH NJW 1996, 42 im Zusammenhang mit Art. 6 Nr. 3 EuGVÜ.
[244] Bis 10.1.2015: Art. 31.
[245] Zöller/*Geimer* ZPO EuGVVO Art. 35 Rn. 1.
[246] Staudinger/*Fezer/Koos* BGB IntWirtschR Rn. 808.
[247] Noch zu Art. 24 EuGVÜ: EuGH EuZW 1999, 413 Rn. 37 – van Uden.
[248] *Sujecki* GRUR-Int 2013, 201 (212); Staudinger/*Fezer/Koos* BGB IntWirtschR Rn. 809.
[249] EuGH EuZW 1999, 413 Rn. 40 – van Uden (zu Art. 24 EuGVÜ).
[250] Vgl. *Schack* § 8 Rn. 533.
[251] EuGH EuZW 1999, 413 Rn. 29 – van Uden.
[252] EuGH GRUR 2012, 1169 (1172) – Solvay.

III. Behandlung der internationalen Zuständigkeit im Prozess

62 Die internationale Zuständigkeit hat das Gericht in **jeder Lage des Verfahrens** von **Amts wegen** zu prüfen und zwar auch in den höheren Instanzen.[253] Soweit keine ausschließliche Zuständigkeit gegeben ist (vgl. Art. 24 EuGVVO), können die **Parteien** das **Gericht** jedoch an gemeinsam vorgetragene Zuständigkeitstatsachen **binden** oder der Beklagte kann sich rügelos einlassen (Art. 26 EuGVVO).[254]

63 Vor Erlass eines **Versäumnisurteils** muss das Gericht gem. Art. 28 Abs. 1 EuGVVO jedoch von Amts wegen prüfen, ob es international zuständig ist. Hierbei gelten – anders als bei § 331 Abs. 1 S. 1 ZPO – die vom Kläger vorgetragene Tatsachen zur Zuständigkeit nicht als zugestanden.[255] Allerdings ist bei den sog. **doppelrelevanten Tatsachen,** also solche Tatsachen, die sowohl für die Zuständigkeit als auch für die Begründetheit relevant sind (zB die Tathandlung einschließlich des Handlungsortes) zu beachten, dass diese im Rahmen der Zuständigkeitsprüfung **nicht beweisbedürftig** sind. Zur Begründung der internationalen Zuständigkeit deutscher Gerichte reicht es hier aus, dass **die Verletzung** des geschützten Rechtsguts **im Inland behauptet** wird und diese nicht von vornherein ausgeschlossen ist. Die Zuständigkeit ist **nicht davon abhängig,** dass eine **Rechtsverletzung tatsächlich eingetreten** ist.[256] Ob tatsächlich ein schädigendes Ereignis eingetreten ist, ist eine Frage der Begründetheit der Klage, die vom zuständigen Gericht anhand des anwendbaren nationalen Rechts zu prüfen ist.[257]

64 Das Fehlen der internationalen Zuständigkeit muss nicht ausdrücklich geltend gemacht werden, sondern kann – wovon im Zweifel auszugehen sein soll – auch in der Rüge der örtlichen Zuständigkeit enthalten sein.[258]

65 Steht die internationale Unzuständigkeit fest, kommt **die Verweisung an ein ausländisches Gericht nicht in Betracht.**[259] Das Gericht muss die Klage durch Prozessurteil als **unzulässig** abweisen. Bei einem international unzuständigen **Unionsmarkengericht** wird allerdings die Verweisung an ein ausländisches Unionsmarkengericht für möglich gehalten.[260]

IV. Exkurs: Anerkennung und Vollstreckung

66 Ab 10.1.2015 ist das Exequaturverfahren innerhalb der EU weitgehend abgeschafft.[261] Gem. der Übergangsvorschrift des Art. 66 Abs. 2 der EuGVVO gilt die EuGVVO aF weiterhin für Entscheidungen, die in vor dem 10.1.2015 eingeleiteten gerichtlichen Verfahren ergangen sind. Innerhalb der gerichtlichen Zuständigkeit ist zwischen der Entscheidungs- und der Anerkennungszuständigkeit zu trennen.[262] Die Anerkennung der Entscheidung eines ausländischen Gerichts erfolgt zwar automatisch, deren Vollstreckbarkeit wird durch inländischen Hoheitsakt jedoch gesondert verliehen (sog. Exequatur).[263] Diese Vollstreckbarkeit erhält der ausländische Titel durch ein Vollstreckungsurteil gem. § 722 f. ZPO oder – soweit ein Urteil eines Vertragsstaates des LugÜ für vollstreckbar erklärt werden soll – innerhalb eines vereinfachten Beschlussverfahrens.[264] Die internationale und örtliche Vollstreckbarerklärungszuständigkeit ergibt sich dabei aus § 722 Abs. 2 jeweils am allgemeinen Gerichtsstand des Schuldners, hilfsweise am Belegenheitsort seines Vermögens. Innerhalb der Anwendungsbereichs der EuGVVO und des LugÜ ergibt sich die örtliche und internationale Zuständigkeit aus Art. 39 Abs. 2 EuGVVO aF bzw. LugÜ. Zuständig ist der Vorsitzende einer Zivilkammer des Landgerichts (Art. 39 Abs. 1 EuGVVO aF bzw. LugÜ jeweils iVm Anhang II).

C. Patentrecht

I. Allgemeines

67 Wird eine grenzüberschreitende Patentverletzung vor einem deutschen Gericht anhängig gemacht, muss die internationale Zuständigkeit der angerufenen Patentkammer (→ § 1 Rn. 27 ff.) gegeben sein. Das Gericht hat seine internationale Zuständigkeit in jeder Lage des Verfahrens, auch noch in der

---

[253] BGH GRUR 2005, 431 (432) – Hotel Maritim; BGH GRUR 2008, 275 Rn. 19 – Versandhandel mit Arzneimitteln.
[254] *Schack* § 8 Rn. 487.
[255] *Schack* § 8 Rn. 488.
[256] BGH GRUR 2015, 689 – Parfumflakon III; BGH GRUR 2005, 431 – Hotel Maritim.
[257] Vgl. EuGH GRUR 2012, 654 Rn. 26 – Wintersteiger; BGH GRUR 2015, 689 – Parfumflakon III; BGH GRUR 2012, 1069 (1070) – Hi Hotel.
[258] BGH GRUR 2012, 1065 Rn. 14 – Parfumflakon II (Vorlagebeschluss).
[259] *Zöller/Geimer* ZPO EuGVVO Art. 27, 28 Rn. 3.
[260] *Fayaz* GRUR-Int 2009, 459 (466); *Eisenführ/Schennen/Overhage* UMV Art. 100 Rn. 21; aA *Rohnke* GRUR-Int 2002, 979 (989).
[261] Vgl. *Zöller/Geimer* ZPO EuGVVO Art. 1 Rn. 8.
[262] *Ingerl/Rohnke* MarkenG Einl. Rn. 34.
[263] *Schack* § 18 Rn. 1089 f.
[264] Vgl. für Vertragsstaaten zB Art. 34, 38 ff. EuGVVO aF/LugÜ.

Revisionsinstanz von Amts wegen zu prüfen.[265] Die internationale Zuständigkeit in Patentstreitsachen richtet sich im Verhältnis der EU-und EFTA-Staaten nach der EuGVVO bzw. dem Parallelabkommen LugÜ (→ Rn. 6 ff.). Außerhalb des Anwendungsbereichs der EuGVVO bzw. des LugÜ bestimmt sich die internationale Zuständigkeit mittelbar nach den Regeln über die örtliche Zuständigkeit.[266] International sind die deutschen Gerichte zuständig, wenn ein inländischer Gerichtsstand gegeben ist. Im deutschen Recht wird auch die Klage wegen der Verletzung eines ausländischen Patents durch ausschließlich im Ausland begangene Benutzungshandlungen für zulässig gehalten, sofern nach deutschem Recht die internationale Zuständigkeit gegeben ist.[267] Hat der Verletzer zB seinen Wohnsitz im Inland, kann er auch wegen der Verletzung eines ausländischen Patents durch im Ausland vorgenommene Benutzungshandlungen vor einem deutschen Gericht in Anspruch genommen werden.

In den Verfahren vor dem **DPMA** stellt sich die Frage der internationalen Zuständigkeit von vornherein nicht, da die Prüfung von angemeldeten Patenten und Gebrauchsmustern sowie die Beschlussfassung im Eintragungsverfahren ein **Verwaltungsverfahren**[268] mit **abschließender** Zuständigkeitsregelung ist. Dies gilt entsprechend für Verfahren vor dem **EPA**.[269]

II. EuGVVO und LugÜ

Die internationale Zuständigkeit für den europäischen Raum richtet sich nach der EuGVVO bzw. dem LugÜ (→ Rn. 6 ff.), die im Wesentlichen inhaltsgleich an die Stelle der EuGVVO aF/LugÜ 1988 bzw. EuGVÜ getreten sind, sodass Rspr. und Literatur zur EuGVVO aF bzw. LugÜ 1988 und zur EuGVÜ weiterhin bedeutsam sind.[270] Hinsichtlich des persönlichen, sachlichen und zeitlichen Anwendungsbereichs wird auf die allgemeinen Ausführungen verwiesen (→ Rn. 16 ff.).

1. Allgemeiner Gerichtsstand des Wohnsitzes. Grundsätzlich kann der Verletzer am allgemeinen Gerichtsstand des Wohnsitzes oder Sitzes wegen Patentverletzung in Anspruch genommen werden (Art. 4, Art. 63 EuGVVO). Hier kann nicht nur die Verletzung eines deutschen Patents geltend gemacht werden, sondern es können auch Ansprüche wegen Verletzung eines ausländischen Patents bzw. Verletzung des ausländischen Teils eines europäischen Patents geltend gemacht werden.[271] Dabei spielt keine Rolle, wo die Patentverletzung begangen worden ist.[272]

2. Sonderproblem: cross border-Prozesse. Bei Verletzungsklagen **außerhalb des Registerstaates**, zB am allgemeinen Gerichtsstand des Beklagten, ist **Art. 24 Nr. 4 EuGVVO** beachtlich und stellt ein erhebliches **Risiko** für den Kläger dar, da die ausschließliche Zuständigkeit der Gerichte des Erteilungsstaates gegeben ist, sobald die Gültigkeit des Patents angezweifelt wird. Der ausschließliche Gerichtsstand ist zuletzt vom EuGH weit ausgelegt worden und erfasst alle Fälle, in denen die **Gültigkeit** des gewerblichen **Schutzrechts in Frage** gestellt wird, unabhängig davon, ob diese klageweise oder **einredeweise** erfolgt.[273] Da es gängiger Praxis entspricht, dass der Verletzungsbeklagte in einem Rechtsstreit, soweit zulässig, die Gültigkeit des Patents in Abrede nimmt, bedeutet dies, dass cross border-Prozesse in Patentstreitigkeiten faktisch ausgeschlossen bzw. allein von der Verteidigung des Verletzungsbeklagten abhängig sind.[274] Soweit das ausländische materielle Recht also eine Verteidigung mit dem Nichtigkeitseinwand vorsieht, führt **der substantiierte Nichtigkeitseinwand zur Unzulässigkeit** der Klage.[275] Eine Klage aus einem ausländischen Patent am inländischen Sitzgericht ist daher mit einem besonderen Risiko behaftet.

Der ausschließliche Gerichtsstand des Art. 24 Nr. 4 EuGVVO hat allerdings **keine Auswirkungen** auf den Gerichtsstand für **einstweilige Maßnahmen** (Art. 35 EuGVVO), denn die vorläufige Entscheidung im Eilverfahren greift der Entscheidung in keiner Weise vor, die das nach Art. 24 Nr. 4 EuGVVO zuständige Gericht in der Hauptsache zu treffen hat.[276]

3. Besondere Gerichtsstände. a) Allgemeines. Hat der Beklagte seinen Wohnsitz bzw. Sitz in einem Mitgliedstaat, kann er in einem anderen Mitgliedstaat nur dann verklagt werden, wenn eine besondere Zuständigkeit nach EuGVVO gegeben ist, sog. **numerus clausus** der besonderen Zuständigkeiten der EuGVVO (→ Rn. 19).

---

[265] BGH GRUR 2005, 431 (432) – Hotel Maritim; BGH GRUR 2008, 275 Rn. 19 – Versandhandel mit Arzneimitteln; BGH GRUR 2013, 285 (286) – Kinderwagen II.
[266] BGH GRUR 2007, 883 Rn. 22 f. – Cambridge Institut.
[267] Benkard/*Scharen* PatG § 9 Rn. 13; *Grabinski* GRUR 1998, 857 (864); GRUR-Int 2001, 199 (202).
[268] Vgl. Schulte/*Rudloff-Schäffer* PatG § 49 Rn. 31.
[269] Benkard/*Kolle* EPÜ Art. 1 Rn. 3.
[270] Vgl. Kühnen Patentverletzung-HdB Kap. D Rn. 2.
[271] Kühnen Patentverletzung-HdB Kap. D Rn. 9.
[272] Schulte/*Voß* PatG § 139 Rn. 246.
[273] EuGH GRUR 2007, 49 – GAT/LuK; kritisch dazu *Sujecki* GRUR 2013, 201 (208 f.).
[274] *Reichardt* GRUR-Int 2008, 574 (575); Busse/*Kaess* PatG § 143 Rn. 28.
[275] Kühnen Patentverletzung-HdB Kap. D Rn. 11.
[276] EuGH GRUR 2012, 1169 (1172) – Solvay.

74 **b) Erfüllungsort.** Der Gerichtsstand des **Erfüllungsortes** nach Art. 7 Nr. 1 Buchst. a EuGVVO kommt für die Geltendmachung von Ansprüchen aus einem **Lizenzvertrag** in Betracht.[277] Während die Begriffe „Vertrag oder Ansprüche aus einen Vertrag" in Art. 7 Nr. 1 EuGVVO autonom bestimmt werden, wird der **Erfüllungsort** selbst lege causae qualifiziert, indem er grundsätzlich dem **Vertragsstatut** entnommen wird (vgl. im Einzelnen Rom I- und II-VO, vormals §§ 27 ff. EGBGB).[278]

75 **c) Unerlaubte Handlungen.** Weiterhin kommt der ebenfalls **autonom**[279] zu bestimmende Gerichtsstand der **unerlaubten Handlung** nach **Art. 7 Nr. 2** EuGVVO in Betracht. Die Wendung „*Ort, an dem das schädigende Ereignis eingetreten ist oder einzutreten droht*" in Art. 7 Nr. 2 EuGVVO meint sowohl den Ort der Verwirklichung des Schadenserfolgs **(Erfolgsort)** als auch den Ort des für den Schaden ursächlichen Geschehens **(Handlungsort),** so dass der Beklagte nach Wahl des Klägers vor dem Gericht eines dieser beiden Orte verklagt werden kann.[280]

76 Mit Erfolgsort ist nicht der Ort bezeichnet, an dem der Geschädigte mittelbar einen Vermögensschaden in der Folge eines in einem anderen Vertragsstaat entstandenen und dort von ihm erlittenen Erstschadens behauptet.[281] Der Ort des **reinen Vermögensschadens** eröffnet deshalb **keine internationale** Zuständigkeit.[282]

77 Da eine Patentverletzung eine Benutzungshandlung auf dem Gebiet des Staates, für den das Patentrecht erteilt wurde, voraussetzt, kann der **Erfolgsort** als Ort, an dem die **Rechtsgutverletzung** eintritt, immer **nur** im Staat der **Belegenheit des Schutzrechts** liegen.[283] Daher ist ein deutsches Gericht nicht nach Art. 7 Nr. 2 EuGVVO zuständig für Ansprüche wegen der Verletzung eines ausländischen Patents oder des ausländischen Teils eines Europäischen Patents.[284] Ob bei Patentverletzungen in Drittländern der Erfolgsort vom Handlungsort unterschieden werden kann, ist mit Rücksicht auf den Territorialitätsgrundsatz problematisch.[285] Teilweise wird vertreten, dass der Handlungsort auch außerhalb des Schutzlandes liegen könne, wenn die Handlung bestimmungsgemäß und zielgerichtet auf den Schutzstaat bezogen sei.[286] Nach aktueller Rechtsprechung des EuGH sind bei Immaterialgüterrechtsverletzungen **im Internet** zwei spezifisch ausgeformte Gerichtsstände gegeben, an denen jeweils der Gesamtschaden aus der Rechtsverletzung eingeklagt werden kann: Der **Niederlassungsort des Verletzers** und **der Eintragungsort des Schutzrechts**.[287] Danach kann also entweder im Schutzland oder in dem Mitgliedsstaat geklagt werden, in dem derjenige seinen Sitz hat, der die Werbung veranlasst hat.

78 Der Gerichtsstand der **unerlaubten Handlung** ist ausdrücklich („einzutreten droht") auch für eine vorbeugende Unterlassungsklage eröffnet. Auch die **negative Feststellungsklage** mit dem Antrag, festzustellen, dass keine Haftung aus einer unerlaubten Handlung oder einer Handlung, die einer unerlaubten Handlung gleichgestellt ist, besteht, fällt unter Art. 7 Nr. 2 EuGVVO.[288] Denn eine Klage, die auf die Feststellung, dass der Bekl. für einen Schaden hafte, und auf seine Verurteilung zur Zahlung von Schadensersatz gerichtet sei, und eine von dem entsprechenden Bekl. erhobene Klage auf Feststellung, dass er für diesen Schaden nicht hafte, betreffen nach Auffassung des EuGH **denselben Anspruch**.[289] Danach sind auch die sogenannten **„Torpedoklagen"** (→ Rn. 43) ein **zulässiges Mittel** im europäischen Zivilprozessrecht.[290] Dies sollte der Patentinhaber beachten, wenn er eine Verwarnung bzw. Abmahnung ausspricht.[291]

79 Die **problemlose Bestellung aus dem Ausland** belegt die grundsätzliche Bereitschaft einer Lieferung ins Inland und ist damit geeignet, die Annahme des Gerichtsstands der unerlaubten Handlung im Inland zu begründen.[292] Eine einmalige außerhalb des regelmäßigen Absatzgebiets vorgenommene Lieferung von patentverletzenden Erzeugnissen an einen Abnehmer im Inland stellt ein Inver-

---

[277] EuGH GRUR 2009, 753 – Falco; *Mes* PatG § 143 Rn. 27.
[278] EuGH GRUR 2009, 753 Rn. 47, 57 – Falco; *Köhler*/Bornkamm/Feddersen UWG Einl. Rn. 5.53.
[279] EuGH GRUR 2012, 654 Rn. 35 – Wintersteiger; EuGH GRUR 2012, 300 Rn. 38 – eDate; vgl. noch zur EuGVÜ: EuGH NJW 1977, 493 – Mines de Potasse; EuGH NJW 1988, 3088 Rn. 16 – Kalfelis/Schröder; EuGH NJW 2002, 3617 Rn. 35 – Henkel.
[280] EuGH GRUR-Int 2013, 173 Rn. 39 – Folien Fischer; vgl. noch zur EuGVÜ: EuGH GRUR-Int 1998, 298 Rn. 20 – Fiona Shevill I; BGH GRUR 2006, 513 Rn. 21 – Arzneimittelwerbung im Internet.
[281] EuGH EuZW 1995, 765.
[282] Zöller/*Geimer* ZPO EuGVVO Art. 7 Rn. 69.
[283] Schweizerisches Bundesgericht GRUR-Int 2007, 534.
[284] LG Düsseldorf GRUR-Int 1999, 775 (777) – Impfstoff II.
[285] Busse/*Kaess* PatG § 143 Rn. 16.
[286] Staudinger/*Fezer*/*Koos* BGB IntWirtschR Rn. 1137.
[287] EuGH GRUR 2012, 654 – Wintersteiger (zur Marke); *Picht* GRUR-Int 2013, 19 (24).
[288] EuGH GRUR-Int 2013, 173 Rn. 39 – Folien Fischer.
[289] Unter Verweis auf die zu Art. 21 EuGVÜ (jetzt Art. 2 EuGVVO) ergangene Entscheidung *Tatry,* BeckRS 2004, 77078 = NJW 1995, 1883 (Ls.).
[290] *Sujecki* EuZW 2012, 950 (953).
[291] Schulte/*Voß* PatG § 139 Rn. 250.
[292] OLG Düsseldorf NJOZ 2010, 1781 – interframe dropping.

kehrbringen i Sd § 9 S. 2 Nr. 1 PatG dar und berechtigt, auch wenn es sich dabei um eine **Testbestellung** gehandelt hat, nicht zu einem wirksamen **Arglisteinwand**.[293]

Für die Verletzungshandlung eines **Teilnehmers** reicht nach ständiger Rechtsprechung des BGH **80** jede fahrlässige Verletzung des Klagepatents durch einen Beteiligten, sodass jede vorwerfbare Verursachung der Rechtsverletzung einschließlich der **ungenügenden Vorsorge** gegen solche Verstöße für die Begründung des Gerichtsstands des Handlungsorts genügen kann.[294] Danach ist ein im Ausland ansässiger Lieferant für eine in Deutschland begangene Patentverletzung verantwortlich, wenn er ein geschütztes Erzeugnis an einen in Deutschland ansässigen Abnehmer liefert.[295]

d) Streitgenossen. Nach Art. 8 Nr. 1 EuGVVO können Streitgenossen im **Gerichtsstand**[296] eines **81** **der Streitgenossen** verklagt werden, sofern zwischen beiden Klagen ein **enger sachlicher Zusammenhang** besteht. Ein solcher kann sich zB aus einer **mittäterschaftlichen** Patentverletzung ergeben oder aus der **Teilnahme** an einer solchen. Die Vorschrift wird **eng ausgelegt,** da vom Gericht des Wohnsitzes des Beklagten abgewichen wird. Auf Beklagte, die ihren Wohnsitz **nicht im Hoheitsgebiet** eines Mitgliedstaats haben und die im Rahmen einer gegen mehrere Beklagte, zu denen auch Personen mit Wohnsitz in der Union gehören, gerichteten Klage verklagt werden, ist Art. 8 Nr. 1 EuGVVO **nicht anwendbar.**[297] Die Anwendbarkeit von Art. 8 Nr. 1 EuGVVO ist nicht gegeben bei gleichartigen Verletzungen desselben europäischen Patents, die von in verschiedenen Vertragsstaaten ansässigen Gesellschaften in einem oder mehreren Vertragsstaaten begangen werden, die demselben Konzern angehören und gemäß einer gemeinsamen Geschäftspolitik gehandelt haben. Denn jede Klage wegen Verletzung eines europäischen **(Bündel-)Patents** ist anhand des einschlägigen **nationalen Rechts** zu prüfen, so dass daher **nicht dieselbe Rechtslage** gegeben ist und die Gefahr divergierender Entscheidungen besteht.[298] In einer neueren Entscheidung hat der EuGH diese restriktive Rechtsprechung jedoch abgemildert und eine Zuständigkeit gem. Art. 8 Nr. 1 EuGVVO in einem Fall angenommen, in denen Unternehmen aus verschiedenen Mitgliedstaaten in einem vor einem Gericht eines dieser Mitgliedstaaten anhängigen Verfahren jeweils gesondert die Verletzung **derselben nationalen Teile eines europäischen Patents** in weiteren Mitgliedstaaten bezüglich desselben Erzeugnisses vorgeworfen wurde.[299]

e) Widerklage. Der Gerichtsstand der **Widerklage** (Art. 8 Nr. 3 EuGVVO), **Gerichtsstandsver- 82** **einbarungen** (Art. 25 EuGVVO) und die **rügelose Einlassung** (Art. 26 EuGVVO) kommen als Grundlage grenzüberschreitender Entscheidungen auch im Patentrecht in Betracht. Insofern wird auf die allgemeinen Ausführungen verwiesen (→ Rn. 52 ff.).

f) Ausschließliche Zuständigkeit. Die ausschließliche Zuständigkeit der Belegenheit für Kla- **83** gen, die die Eintragung oder die Gültigkeit von Patenten zum Gegenstand haben **(Art. 24 Nr. 4 EuGVVO)** betrifft jede **Entscheidung über die Rechtsbeständigkeit des Schutzrechts,** auch solche mit Wirkung inter partes.[300] Der ausschließliche Gerichtsstand ist zuletzt vom EuGH **weit** ausgelegt worden und erfasst unabhängig davon, ob die Frage **klageweise** oder **einredeweise** aufgeworfen wird, alle Fälle, in denen die **Gültigkeit** des Patents **in Frage** gestellt wird.[301]

Nicht erfasst werden Streitigkeiten zwischen einem **Arbeitnehmer,** der eine Erfindung gemacht **84** hat, für die ein Patent beantragt oder erteilt worden ist, und seinem Arbeitgeber, wenn der Rechtsstreit ihre jeweiligen, sich aus ihrem Arbeitsverhältnis ergebenden Rechte an diesem Patent betrifft.[302] Weiter werden **Vindikationsklagen** von Art. 24 Nr. 4 EuGVVO nicht erfasst.[303]

g) Gerichtsstand für einstweilige Maßnahmen. Der ausschließliche Gerichtsstand des **Art. 24 85 Nr. 4 EuGVVO** hat **keine Auswirkungen** auf **den Gerichtsstand für einstweilige Maßnahmen** (Art. 35 EuGVVO), da die vorläufige Entscheidung im Eilverfahren in keiner Weise der Entscheidung vorgreift, die das nach Art. 24 Nr. 4 EuGVVO zuständige Gericht in der Hauptsache zu treffen hat (→ Rn. 60).[304]

h) Exkurs: Aussetzung gem. Art. 29 EuGVVO. Eine wichtige Regelung in grenzüberschreiten- **86** den Patentverletzungsprozessen ist **Art. 29 Abs. 1** EuGVVO/Art. 27 Abs. 1 LugÜ (vormals Art. 21

---

[293] OLG Düsseldorf NJOZ 2010, 1781 – interframe dropping.
[294] BGH GRUR 2002, 599 – Funkuhr I; s. auch LG Düsseldorf BeckRS 2008, 17678 für den ausländischen Hersteller, der inländische Vertriebshandlungen bewusst und willentlich mit verursacht.
[295] BGH GRUR 2015, 467 Rn. 26 (zu § 32 ZPO) – Audiosignalcodierung.
[296] Art. 8 Nr. 1 regelt die internationale und zugleich die örtliche Zuständigkeit, vgl. Kühnen Patentverletzungs-HdB Kap. D Rn. 30.
[297] EuGH NJW 2013, 1661 – Land Berlin/Sapier ua.
[298] EuGH GRUR 2007, 47 – Roche Nederland BV/Frederick Primus.
[299] EuGH GRUR 2012, 1169 Rn. 30 – Solvay mit krit. Anm. *Schacht* GRUR 2012, 1110 (1112).
[300] Busse/*Kaess* PatG § 143 Rn. 24.
[301] EuGH GRUR 2007, 49 – GAT/LuK; kritisch dazu *Sujecki* GRUR 2013, 201 (208 f.).
[302] EuGH GRUR-Int 1984, 693 – Duijstee/Goderbauer (noch zu Art. 16 Nr. 4 EuGVÜ).
[303] Schulte/*Voß* PatG § 139 Rn. 253.
[304] EuGH GRUR 2012, 1169 (1172) – Solvay.

EuGVÜ/LugÜ 1988), der eine **zwingende Aussetzung bei anderweitiger Rechtshängigkeit** vorsieht. Bei **Identität** des **Streitgegenstands** und der **Parteien** wird das Verfahren durch das zuletzt angerufene Gericht ausgesetzt, solange das Erstgericht (vgl. Art. 32 EuGVVO zur abschließend geregelten Priorität) nicht über seine Zuständigkeit entschieden hat. Falls das **Erstgericht** sich für **zuständig erklärt**, ist das **Zweitgericht** verpflichtet, die Klage auf Grund von mangelnder Zuständigkeit **abzuweisen**.[305]

87 Art. 29 EuGVVO wird dabei **autonom** und **weit** ausgelegt.[306] Das Zweitgericht ist zur Aussetzung verpflichtet, wenn zwischen **denselben Parteien** über **denselben Anspruch** bei Gerichten unterschiedlicher Mitgliedsstaaten **Klagen** anhängig gemacht werden. Dabei ist nicht die formale Identität der Klageanträge entscheidend, sondern ob im **Kernpunkt** über **dieselben Punkte** gestritten wird und sich **dieselben Parteien**, unabhängig von der formalen Parteirolle als Kläger oder Beklagter, gegenüberstehen (→ § 148 Rn. 36 ff.).[307]

88 **Derselbe Anspruch** ist nicht identisch mit dem Streitgegenstandsbegriff der ZPO.[308] Dabei sind nur die jeweiligen Klageansprüche zu berücksichtigen, nicht die Einwendungen des jeweiligen Beklagten, zB eine Aufrechnung.[309] Unter Verweis auf die Tatry-Entscheidung[310] hat der EuGH entschieden, dass eine **Schadensersatzklage denselben Anspruch** betrifft wie eine von dem Beklagten erhobene **negative Feststellungsklage**, dass er für diesen Schaden nicht haftet.[311] Mit der Entscheidung dürfte mit entschieden sein, dass die so genannten **„Torpedoklagen"** (→ Rn. 43 f.) ein **zulässiges Mittel** im europäischen Zivilprozessrecht sind.[312] Macht der Kläger jedoch im Verletzungsprozess Ansprüche wegen Benutzungshandlungen geltend, die erst nach dem Zeitpunkt seiner materiellen Inhaberschaft am Klagepatent bzw. seiner Registereintragung begangen wurden, handelt es sich im Verhältnis zu einer früher in einem anderen Mitgliedstaat anhängig gemachten negativen Feststellungsklage, die sich auf eine Nichtverletzung des Klagepatents durch dieselben angegriffenen Ausführungsformen gegen ihre ursprüngliche Inhaberin den deutschen Teils des Klagepatents betrifft, nicht um denselben Anspruch zwischen denselben Parteien.[313] Denn: Dieselbe Partei setzt **Parteiidentität** voraus und greift nur zwischen denselben Beteiligten der zwei Rechtsstreite ein, wobei es auf die **Parteirolle nicht ankommt**.[314] Parteiidentität ist auch gegeben, wenn von an sich verschiedenen Rechtspersönlichkeiten identische und untrennbare Interessen verfolgt werden, zB bei gewillkürter Prozessstandschaft.[315] Dem Torpedo kann der Patentinhaber auch nicht durch Einräumung einer ausschließlichen Lizenz an einen Lizenznehmer nach Rechtshängigkeit entgehen, der dann selbst Klage erhebt.[316]

III. Arbeitnehmererfinderrecht

89 Im Arbeitnehmererfinderrecht unterliegt die Frage der internationalen Zuständigkeit keinen Besonderheiten. Der Begriff des Rechtsstreits, der *„die Eintragung oder die Gültigkeit von Patenten, [...] zum Gegenstand"* hat, betrifft nach der Rechtsprechung des EuGH nicht eine Streitigkeit zwischen einem Arbeitnehmer, der eine Erfindung gemacht hat, für die ein Patent beantragt oder erteilt worden ist, und seinem Arbeitgeber, wenn der Rechtsstreit ihre jeweiligen, sich aus ihrem Arbeitsverhältnis ergebenden Rechte an diesem Patent betrifft.[317] Im Übrigen kann auf die allgemeinen Ausführungen und die zum Patentrecht verwiesen werden.

D. Gebrauchsmusterrecht

90 Im Gebrauchsmusterrecht spielt die Frage der internationalen Zuständigkeit eine untergeordnete Rolle und unterliegt keinen Besonderheiten. Im Übrigen gelten die gleichen Grundsätze wie im Patentrecht. Insoweit kann auf die allgemeinen Ausführungen und die zum Patentrecht verwiesen werden.

---

[305] *Sujecki* GRUR-Int 2012, 18.
[306] EuGH NJW 1992, 3221 – Overseas Union/New Hampshire Insurance.
[307] EuGH NJW 1989, 665 (666) – Gubisch Maschinenfabrik/Palumbo.
[308] Thomas/Putzo/*Hüßtege* ZPO EuGVVO Art. 29 Rn. 5.
[309] EuGH NJW 2003, 2596 – Gantner Electronic.
[310] Noch zu Art. 21 EuGVÜ (jetzt Art. 29 EuGVVO): EuZW 1995, 1883.
[311] EuGH GRUR-Int 2013, 173 Rn. 49 – Folien Fischer.
[312] *Sujecki* EuZW 2012, 950 (953).
[313] LG Düsseldorf GRUR-Int 2008, 756 (757) – Mehrschichtiges Verschlusssystem.
[314] Zu Art. 21 EuGVÜ: EuGH NJW 1995, 1883 – Tatry (Ls.).
[315] Schulte/*Voß* PatG § 139 Rn. 257.
[316] BGH GRUR 2013, 1269 – Wundverband: die Klage ist gem. §§ 261 Abs. 3, 265 Abs. 2 unzulässig; hierzu *Arnold* GRUR Prax 2013, 247.
[317] EuGH GRUR-Int 1984, 693 – Duijstee/Goderbauer (noch zu Art. 16 Nr. 4 EuGVÜ, der jetzt 24 Nr. 4 EuGVVO entspricht).

E. Sortenschutz

Die internationale Zuständigkeit bei der Verletzung **nationaler Sortenschutzrechte** richtet sich 91
nach den allgemeinen Regeln und unterliegt hier keinen Besonderheiten.[318] Im Übrigen gelten die
gleichen Grundsätze wie im Patentrecht. Es wird daher auf die zuvor gemachten Ausführungen
verwiesen.

Die internationale Zuständigkeit für Nichtigkeits- und Verletzungsverfahren bei **gemeinschaftli-** 92
chem Sortenschutz richtet sich **vorrangig nach Art. 101 Abs. 2–4** Sortenschutz-VO.[319] In erster
Linie sind danach die Gerichte des Mitgliedstaates bzw. Vertragsstaates des LugÜ zuständig, in dem
der **Beklagte** seinen **Wohnsitz** oder Sitz oder, in Ermangelung eines solchen, eine Niederlassung hat
(Buchst. a), **nachrangig** der **Wohnsitz-**, Sitz- oder – hilfsweise- Niederlassungsstaat des **Klägers**
(Buchst. b) und in **dritter Linie** der Mitgliedstaat, in dem das **Amt seinen Sitz** hat, dh Frankreich
(Buchst. c). Art. 101 Abs. 3 S. 1 Sortenschutz-VO enthält eine autonome Regelung zur örtlichen
Zuständigkeit („beim Gericht des Ortes"). Folgt die Zuständigkeit des angerufenen Sortenschutz-
gerichtes **allein aus dem Begehungsort,** dann **beschränkt** sich die Zuständigkeit auf die **in dem
jeweiligen Mitgliedstaat** begangenen oder drohenden Handlungen (Art. 101 Abs. 3 S. 2 Sortenschutz-VO).

Hinsichtlich der Zuständigkeit der Gerichte **verweist** die **Sortenschutz-VO** in Art. 101 Abs. 4 im 93
Übrigen auf **die nationalen Vorschriften.** Ist also nach Art. 101 Abs. 2 S. 1 oder Abs. 3 Sortenschutz-VO ein internationaler Gerichtsstand in Deutschland eröffnet, dann gelten gem. Abs. 4 die
allgemeinen Vorschriften. Ergänzend gelten gem. Art. 102 Sortenschutz-VO die Vorschriften der
Art. 5 Nr. 1 (Erfüllungsort), Art. 17 (Gerichtsstandsvereinbarung) und Art. 18 (rügelose Einlassung)
des LugÜ (1988).[320] Wegen des Vorranges des Übereinkommens vor dem autonomen staatlichen
Recht, verdrängen Art. 17 und 18 LugÜ (1988) die entsprechenden innerstaatlichen Verfahrensvorschriften (§§ 38–40 ZPO).[321] Für Vindikationsansprüche auf Abtretung und Übertragung nach Art. 98
Sortenschutz-VO schließt Art. 102 Abs. 1 Sortenschutz-VO die deliktischen und quasi-deliktischen
Gerichtsstände des Art. 5 Nr. 3 und 4 LugÜ (1988) ausdrücklich aus.

F. Markenrecht

I. Allgemeines

Die **nationale Marke** ist ein **territorial beschränktes** Recht, dessen Wirkung an den Grenzen des 94
Registerstaates endet.[322] Der durch die Eintragung einer nationalen Marke gewährte Schutz ist daher
grundsätzlich auf das Gebiet des **Eintragungsmitgliedstaats** beschränkt, so dass der Inhaber der
Marke diesen Schutz in der Regel nicht außerhalb dieses Gebiets geltend machen kann.[323] Dagegen
stellt die **Unionsmarke** ein **supranationales,** einheitliches Schutzrecht mit EU-weiter Geltung dar,
dessen Inhaber bei Verletzungen Anspruch auf ein **unionsweit einheitlich** wirkendes Benutzungsverbot hat.[324]

In den Verfahren vor dem **DPMA** stellt sich die Frage der internationalen Zuständigkeit von 95
vornherein nicht, da die Prüfung von angemeldeten Marken sowie die Beschlussfassung im Eintragungsverfahren ein **Verwaltungsverfahren**[325] mit **abschließender** Zuständigkeitsregelung ist. Dies
gilt entsprechend für Verfahren vor dem EUIPO[326] (ehemals HABM).[327]

Wird ein grenzüberschreitender Markensachverhalt vor einem deutschen Gericht anhängig gemacht, 96
muss die internationale Zuständigkeit der angerufenen Zivilkammer bzw. Kammer für Handelssachen
(→ § 1 Rn. 7) gegeben sein. Das Gericht hat dabei seine internationale Zuständigkeit **in jeder Lage
des Verfahrens,** auch noch in der Revisionsinstanz **von Amts wegen** zu prüfen.[328] Die internationale Zuständigkeit in Markenstreitsachen richtet sich im Verhältnis der EU-und EFTA-Staaten nach
der **EuGVVO** bzw. dem Parallelabkommen **LugÜ** (→ Rn. 6 f.), wobei bei Unionsmarken **vorrangig**
Art. 125 UMV als **lex specialis** zu beachten ist.[329] **Außerhalb** des Anwendungsbereichs **der**

---

[318] Metzger/Zech/von Gierke/Trauernicht SortG § 38 Rn. 3.
[319] Verordnung (EG) Nr. 2100/94 des Rates vom 27.7.1994 über den gemeinschaftlichen Sortenschutz.
[320] Eine Art. 68 Abs. 2 EuGVVO entsprechende Ersetzungsbestimmung sieht die LugÜ nicht vor.
[321] Metzger/Zech/von Gierke/Trauernicht SortG § 38 Rn. 3.
[322] Pfeifer IPRax 2013, 228.
[323] EuGH GRUR 2012, 654 Rn. 25 – Wintersteiger.
[324] EuGH IPRax 2012, 531 – DHL Express France mit Besprechung Grünberger IPRax 2012, 502; Erwägungs-
gründe 16 GMV.
[325] Ingerl/Rohnke MarkenG Einl. Rn. 33.
[326] European Union Intellectual Property Office.
[327] Eisenführ/Schennen UMV Art. 1 Rn. 14.
[328] BGH GRUR 2005, 431 (432) – Hotel Maritim; BGH GRUR 2008, 275 Rn. 19 – Versandhandel mit
Arzneimitteln, BGH GRUR 2015, 1004 Rn. 9 – IPS/ISP.
[329] Eisenführ/Schennen UMV Art. 97 Rn. 1.

EuGVVO/des LugÜ bzw. der **UMV** bestimmt sich die internationale Zuständigkeit mittelbar nach den Regeln über die örtliche Zuständigkeit.[330] International sind die deutschen Gerichte zuständig, wenn ein **inländischer Gerichtsstand** (§§ 12 ff. ZPO) gegeben ist.

II. EuGVVO[331] und LugÜ

97 Die internationale Zuständigkeit für den europäischen Raum richtet sich nach der EuGVVO nF bzw. dem LugÜ (→ Rn. 6 ff.), die im Wesentlichen inhaltsgleich an die Stelle der EuGVVO aF/LugÜ 1988 bzw. EuGVÜ getreten sind, sodass Rspr. und Literatur zur EuGVVO aF bzw. LugÜ 1988 und zur EuGVÜ weiterhin bedeutsam sind.[332] Hinsichtlich des persönlichen, sachlichen und zeitlichen Anwendungsbereichs dieser Abkommen wird auf die allgemeinen Ausführungen verwiesen (s. o. B.).

98 **1. Allgemeiner Gerichtsstand des Wohnsitzes.** Grundsätzlich kann der Verletzer am allgemeinen Gerichtsstand seines Wohnsitzes oder Sitzes wegen einer Markenverletzung in Anspruch genommen werden (Art. 4, Art. 63 EuGVVO). Im deutschen Recht wird auch die Klage wegen der Verletzung einer ausländischen nationalen Marke durch ausschließlich im Ausland begangene Benutzungshandlungen für zulässig gehalten, sofern nach deutschem Recht die internationale Zuständigkeit gegeben ist. Hat der Verletzer daher seinen Wohnsitz im Inland, kann er auch wegen der Verletzung einer ausländischen nationalen Marke durch im Ausland vorgenommene Benutzungshandlungen vor einem deutschen Gericht in Anspruch genommen werden. Das Gericht hat dann allerdings das materielle Recht des Schutzlandes anzuwenden.[333] Unterlassungstitel können ohne Verstoß gegen das Territorialitätsprinzip gegen den Beklagten vollstreckt werden.[334]

99 **2. Ausschließliche Zuständigkeit gem. Art. 24 Nr. 4 EuGVVO.**[335] Für Klagen, die die **Eintragung** oder die **Gültigkeit** von **nationalen Marken,** die einer Hinterlegung oder Registrierung bedürfen, zum Gegenstand haben, sind die Gerichte des Staates ausschließlich zuständig, in dessen Hoheitsgebiet das fragliche Schutzrecht registriert worden ist, Art. 24 Nr. 4 EuGVVO. Unabhängig vom Wohnsitz des Beklagten kann eine **Löschungsklage** gegen eine nationale Marke daher **nur im Registerstaat** geltend gemacht werden. Der ausschließliche Gerichtsstand ist zuletzt vom EuGH **weit ausgelegt** worden und erfasst **alle Fälle,** in denen die **Gültigkeit** des gewerblichen **Schutzrechts in Frage** gestellt wird, unabhängig davon, ob dieses klageweise oder **einredeweise** erfolgt.[336] Das gilt bezüglich einer Widerklage, die die Gültigkeit der Marke zum Gegenstand hat[337] und für die Schutzentziehung des deutschen Teils einer IR-Marke.[338] Bei **Verletzungsklagen außerhalb des Registerstaates,** zB wegen drohender Verletzungshandlungen des Beklagten, ist daher Art. 24 Nr. 4 EuGVVO zu beachten und stellt ein erhebliches **Risiko** für den Kläger dar, da die ausschließliche Zuständigkeit der Gerichte des Erteilungsstaates gegeben ist, sobald die Gültigkeit der Marke angezweifelt wird. Der ausschließliche Gerichtsstand des Art. 24 Nr. 4 EuGVVO hat allerdings **keine Auswirkungen** auf den Gerichtsstand für **einstweilige Maßnahmen** (Art. 35 EuGVVO), denn die vorläufige Entscheidung im Eilverfahren greift der Entscheidung in keiner Weise vor, die das nach Art. 24 Nr. 4 EuGVVO zuständige Gericht in der Hauptsache zu treffen hat.[339]

100 **3. Besondere Gerichtsstände.** Hat der Beklagte seinen Wohnsitz bzw. Sitz in einem Mitgliedstaat, kann er in einem anderen Mitgliedstaat nur dann verklagt werden, wenn eine besondere Zuständigkeit nach der EuGVVO gegeben ist, sog. **numerus clausus** der **besonderen Zuständigkeiten** der EuGVVO (→ Rn. 19).

101 Der Gerichtsstand des **Erfüllungsortes** nach Art. 7 Nr. 1 Buchst. a EuGVVO kommt für die Geltendmachung von Ansprüchen aus einem **Lizenzvertrag** in Betracht. Während die Begriffe „Vertrag oder Ansprüche aus einen Vertrag" in Art. 7 Nr. 1 EuGVVO autonom bestimmt werden, richtet sich der Erfüllungsort iSd Art. 7 Nr. 1 Buchst. a EuGVVO selbst nach dem Vertragsstatut[340] (weitere Einzelheiten: → Rn. 20 ff.).

102 Weiterhin kommt der ebenfalls **autonom**[341] zu bestimmenden Gerichtsstand der **unerlaubten Handlung** nach **Art. 7 Nr. 2** EuGVVO in Betracht. Die Wendung „Ort, an dem das schädigende

---

[330] BGH GRUR 2007, 883 Rn. 22 f. – Cambridge Institut.
[331] Seit dem 10.1.2015: VO (EG) Nr. 1215/2012.
[332] Vgl. Kühnen Patentverletzung-HdB Kap. D Rn. 2 zum Patentrecht.
[333] *Ingerl/Rohnke* MarkenG Einl. Rn. 42.
[334] Staudinger/*Fezer*/*Koos* BGB IntWirtschR Rn. 1128.
[335] Bis zum 10.1.2015: Art. 22.
[336] EuGH GRUR 2007, 49 – GAT/LuK (zum PatentR): kritisch dazu *Sujecki* GRUR 2013, 201 (208 f.).
[337] BGH GRUR 2007, 884 Rn. 25 – Cambridge Institute.
[338] BGH GRUR 2006, 941 (942) – TOSCA BLU.
[339] EuGH GRUR 2012, 1169 (1172) – Solvay (zum PatentR).
[340] EuGH GRUR 2009, 753 Rn. 47, 57 – Falco.
[341] EuGH GRUR 2012, 654 Rn. 35 – Wintersteiger; EuGH GRUR 2012, 300 Rn. 38 – eDate; vgl. noch zur EuGVÜ: EuGH NJW 1977, 493 – Mines de Potasse; EuGH NJW 1988, 3088 Rn. 16 – Kalfelis/Schröder; EuGH NJW 2002, 3617 Rn. 35 – Henkel.

Ereignis eingetreten ist oder einzutreten droht" in Art. 7 Nr. 2 EuGVVO meint nach der Rspr. des BGH sowohl den Ort der Verwirklichung des Schadenserfolgs (**Erfolgsort**) als auch den Ort des für den Schaden ursächlichen Geschehens (**Handlungsort**), so dass der Beklagte nach Wahl des Klägers vor dem Gericht eines dieser beiden Orte verklagt werden kann.[342] Da der durch die Eintragung einer **nationalen Marke** gewährte Schutz grundsätzlich auf das Gebiet des **Eintragungsmitgliedstaats beschränkt** ist, kann der Inhaber der Marke diesen Schutz in der Regel nicht außerhalb dieses Gebiets geltend machen.[343]

103 Der Gerichtsstand hängt nicht davon ab, dass tatsächlich eine Verletzung des nationalen Rechts erfolgt ist. Es **genügt**, dass eine **Verletzung behauptet** wird und diese nicht von vornherein ausgeschlossen werden kann.[344] Ob **tatsächlich ein schädigendes** Ereignis **eingetreten** ist oder einzutreten droht, aus dem sich ein Verstoß ergibt, ist eine Frage der **Begründetheit** der Klage, die anhand des anwendbaren **nationalen Rechts** zu prüfen ist.[345] Ein inländischer Begehungsort ist immer dann zu bejahen, wenn jedenfalls ein Teil des Tatbestandes, der keine reine Vorbereitungshandlung ist, im Inland verwirklicht wird,[346] zB eine Lieferung ins Inland.[347]

104 Da eine Markenverletzung eine Benutzungshandlung auf dem Gebiet des Staates, für den das Schutzrecht erteilt wurde, voraussetzt[348] (s. o.), kann der **Erfolgsort** als Ort, an dem die **Rechtsgutverletzung** eintritt, immer **nur** im Staat der **Belegenheit des Schutzrechts** liegen.[349] Von besonderer Bedeutung ist hier das Anbieten (§ 14 Abs. 3 Nr. 2 MarkenG) und die Benutzung der Marke in der Werbung (§ 14 Abs. 3 Nr. 5 MarkenG). Eine Begehung im Inland liegt daher bei dem inländischen Vertrieb von **Druckschriften** mit markenverletzender Werbung vor. Angesichts der weltweiten Abrufbarkeit von **Internetseiten** und der internationalen Empfangsmöglichkeit von **Rundfunksendungen**, hat die Rechtsprechung zur Vermeidung eines ausufernden internationalen Gerichtsstands verschiedene, den Gerichtsstand beschränkende, Merkmale entwickelt. Ob ganz allgemein für die Bejahung der internationalen Zuständigkeit erforderlich ist, dass sich der Internetauftritt **bestimmungsgemäß** auch an das **Inland** richtet, hat der BGH für Markenverletzungen bislang offen gelassen.[350] Anders der **EuGH**, nach dessen Rspr. die **bestimmungsgemäße Ausrichtung** an Verkehrskreise im Inland für die Begründung des Gerichtsstandes der unerlaubten Handlung **nicht erforderlich** ist.[351] Nach der Rechtsprechung des EuGH sind bei Markenrechtsverletzungen **im Internet** zwei spezifisch ausgeformte Gerichtsstände gegeben, an denen jeweils der Gesamtschaden aus der Rechtsverletzung eingeklagt werden kann: Der **Niederlassungsort des Verletzers** und **der Eintragungsort des Schutzrechts**.[352] Danach kann aus Art. 7 Nr. 2 EuGVVO also entweder im Schutzland oder in dem Mitgliedstaat geklagt werden, in dem derjenige seinen Sitz hat, der die Werbung veranlasst hat. Auf die Frage der bestimmungsgemäßen Ausrichtung kommt es nicht an.[353]

105 **Exkurs:** Erforderlich für die Bejahung einer Verletzungshandlung im Inland ist jedoch **materiell** bei Sachverhalten, bei dem das vorgeworfene Verhalten seinen Schwerpunkt im Ausland hat, dass das Angebot einen hinreichenden wirtschaftlich relevanten Inlandsbezug (**„commercial effect"**) aufweist.[354] Dabei ist eine **Gesamtabwägung** vorzunehmen, bei der auf der einen Seite zu berücksichtigen ist, wie groß die **Auswirkungen** der Kennzeichenbenutzung auf **die inländischen wirtschaftlichen Interessen** des Zeicheninhabers sind. Auf der anderen Seite ist maßgebend, ob und inwieweit die Rechtsverletzung sich als **unvermeidbare Begleiterscheinung** technischer oder organisatorischer Sachverhalte darstellt, auf die der Anspruchsgegner keinen Einfluss hat.[355] Oder ob dieser etwa – zB durch die Schaffung von Bestellmöglichkeiten aus dem Inland oder die Lieferung auch ins Inland – zielgerichtet von der inländischen Erreichbarkeit profitiert.[356]

106 Mit Erfolgsort ist **nicht** der Ort bezeichnet, an dem der Geschädigte **mittelbar** einen **Vermögensschaden** in der Folge eines in einem anderen Vertragsstaat entstandenen und dort von ihm erlittenen

---

[342] BGH GRUR 2015, 1004 Rn. 13 – IPS/ISP; BGB GRUR 2012, 621 (622) – OSCAR; kritisch dazu *Pfeifer* IPRax 2013, 228, der darin ein Scheinproblem sieht, da Handlung und Erfolg bei Immaterialgüterrechten nicht auseinanderfallen.
[343] EuGH GRUR 2012, 654 Rn. 25 – Wintersteiger.
[344] BGH GRUR 2015, 1004 Rn. 13 – IPS/ISP; BGB GRUR 2012, 621 (622) – OSCAR.
[345] BGH GRUR 2015, 1004 Rn. 13 – IPS/ISP.
[346] *Ingerl/Rohnke* MarkenG Einl. Rn. 48.
[347] OLG Frankfurt a. M. GRUR-RS 2021, 8500; Bespr. Rauscher GRUR-Prax 2021, 348.
[348] BGH GRUR 2005, 431 (432) – Hotel Maritime.
[349] BGH BeckRS 2015, 08710 Rn. 30 – Parfumflakon III.
[350] BGH GRUR 2015, 1004 Rn. 15 – IPS/ISP; BGH GRUR 2012, 621 Rn. 18 – OSCAR; BGH GRUR 2005, 431 (432) – Hotel Maritime.
[351] EuGH GRUR 2014, 100 Rn. 42 – Pinckney; GRUR 2015, 296 Rn. 32 – Hejduk; GRUR 2012, 654 – Wintersteiger.
[352] EuGH GRUR 2012, 654 – Wintersteiger; *Picht* GRUR-Int 2013, 19 (24).
[353] Ausdrücklich ablehnend: EuGH NJW 2013, 3627 Rn. 42 – Pickney; EuGH GRUR 2015, 296 Rn. 33 – Hejduck (jeweils zum UrheberR).
[354] BGH GRUR 2012, 621 – OSCAR.
[355] BGH GRUR 2005, 431 (433) – HOTEL MARITIME; OLG Karlsruhe BeckRS 2016, 10600 Rn. 34.
[356] BGH GRUR 2012, 621 – OSCAR.

Erstschadens erlitten zu haben behauptet.³⁵⁷ Der Ort des reinen Vermögensschadens eröffnet deshalb **keine internationale** Zuständigkeit.³⁵⁸

107 Der Gerichtsstand der unerlaubten Handlung ist ausdrücklich („einzutreten droht") für eine **vorbeugende Unterlassungsklage** eröffnet. Auch die **negative Feststellungsklage** mit dem Antrag, festzustellen, dass keine Haftung aus einer unerlaubten Handlung oder einer Handlung, die einer unerlaubten Handlung gleichgestellt ist, besteht, fällt unter Art. 7 Nr. 2 EuGVVO.³⁵⁹ Die so genannten **„Torpedoklagen"** (→ Rn. 43 ff.), die das Zweitgericht gem. **Art. 29** Abs. 1 EuGVVO zur Aussetzung zwingen, sind auch bei einer Klage aus nationalen Markenverletzungen zulässig.³⁶⁰ Denn eine Klage, die auf die Feststellung, dass der Bekl. für einen Schaden hafte, und auf seine Verurteilung zur Zahlung von Schadensersatz gerichtet ist, und eine von dem entsprechenden Beklagten erhobene Klage auf Feststellung, dass er für diesen Schaden nicht haftet, betreffen nach Auffassung des EuGH **denselben Anspruch.**³⁶¹ Zu beachten ist jedoch, dass die Regelungen in Art. 125 Abs. 5, 126 Abs. 2 UMV bei den Unionsmarken die Möglichkeit der Blockade verhindern.³⁶² Keine Anspruchsidentität iSv Art. 29 EuGVVO liegt auch vor, wenn wegen Verletzungen derselben Unionsmarke in verschiedenen Mitgliedstaaten territorial auf die Mitgliedstaaten beschränkte Anträge gestellt werden.³⁶³

108 Für die Verletzungshandlung eines **Teilnehmers** reicht nach ständiger Rechtsprechung des BGH jede fahrlässige Verletzung des Schutzrechts durch einen Beteiligten, sodass jede vorwerfbare Verursachung der Rechtsverletzung einschließlich der **ungenügenden Vorsorge** gegen solche Verstöße für die Begründung des Gerichtsstands des Handlungsorts genügen kann.³⁶⁴ Wird nur einer von mehreren mutmaßlichen Verursachern eines behaupteten Schadens verklagt und scheidet deshalb der Gerichtsstand der Beklagtenmehrheit iSv Art. 8 Nr. 1 EuGVVO aus, kann dieser Bekl. wegen des für den Schaden ursächlichen Geschehens (Handlungsort) zwar nicht vor einem Gericht verklagt werden, in dessen Zuständigkeitsbereich er keine Handlung vorgenommen hat. Es kommt dann jedoch unter dem Gesichtspunkt der Verwirklichung des geltend gemachten Schadens **(Erfolgsort)** ein Gerichtsstand in dem **Mitgliedstaat** in Betracht, in dem die **Marke geschützt** ist.³⁶⁵ In diesem Fall ist das Gericht aber nur für die Entscheidung über den Schaden zuständig, der im Hoheitsgebiet seines Mitgliedstaates verursacht worden ist.³⁶⁶

109 Nach Art. 8 Nr. 1 EuGVVO können Streitgenossen im **Gerichtsstand eines der Streitgenossen** verklagt werden, sofern zwischen beiden Klagen ein **enger sachlicher Zusammenhang** besteht, um zu vermeiden, dass in getrennten Verfahren widersprechende Entscheidungen ergehen könnten.³⁶⁷ Die Vorschrift wird **eng ausgelegt,** da vom Gericht des Wohnsitzes des Beklagten abgewichen wird.³⁶⁸ Bei einer **Unionsmarkenverletzung** erscheint die Annahme einer einheitlichen EU-weiter Geltung der Anwendbarkeit des Art. 8 Nr. 1 EuGVVO hinsichtlich mehrerer Beteiligter, wie zB Gesellschaften und ihre Organe, Täter und Störer, jedoch gerechtfertigt.³⁶⁹ Art. 8 Nr. 1 EuGVVO ist auch anwendbar, wenn mehrere Konzernunternehmen mit Sitz in verschiedenen Mitgliedstaaten mit der Begründung in Anspruch genommen werden, sie hätten auf verschiedenen Absatzstufen in einer **„Verletzerkette"** zusammengewirkt.³⁷⁰ Hier ist in allen betroffenen Staaten dieselbe Rechtsordnung – die UMV – anzuwenden, sodass immer „dieselbe Rechtslage" gegeben ist.³⁷¹ Die UMV regelt allerdings nicht Sanktionen wie Auskunft und Schadensersatz. Bei multiterritorialen Verletzungen von Unionsrechten ist für das nach Art. 8 Abs. 2 Rom II-VO anwendbare Recht im Rahmen einer Gesamtwürdigung an das Recht des Mitgliedstaates anzuknüpfen, in dem die ursprüngliche Verletzungshandlung begangen wurde.³⁷² Bei einer auf eine nationale Marke gestützte Klage ist zu beachten, dass der rechtliche Rahmen aufgrund der erfolgten Harmonisierung derselbe sein kann. Stellt ein Richter dies fest, scheidet der Gerichtsstand der Streitgenossenschaft jedenfalls nicht schon aus dem Grunde einer verschiedenen Rechtslage aus.³⁷³

---

³⁵⁷ EuGH EuZW 1995, 765.
³⁵⁸ Zöller/*Geimer* ZPO EuGVVO Art. 7 Rn. 69.
³⁵⁹ EuGH GRUR-Int 2013, 173 Rn. 39 – Folien Fischer.
³⁶⁰ *Sujecki* EuZW 2012, 950 (953).
³⁶¹ Unter Verweis auf die zu Art. 21 EuGVÜ (jetzt Art. 29 EuGVVO) ergangene Entscheidung EuGH NJW 1995, 1883 – Tatry (Ls.) – BeckRS 2004, 77078 (Volltext).
³⁶² Zur entspr. geregelten GGV: EuGH GRUR 2017, 1129 – BMW/Acacia; *Ebert-Weidenfeller/Schmüser* GRUR-Prax 2011, 526.
³⁶³ *Knaak* GRUR-Int 2007, 386 (389) unter Verweis auf OLG Düsseldorf BeckRS 2011, 17100.
³⁶⁴ BGH GRUR 2002, 599 – Funkuhr I (PatentR).
³⁶⁵ BGH GRUR 2015, 692 (691 f.) – Parfumflakon III.
³⁶⁶ EuGH GRUR 2014, 100 – Pickney (zum UrheberR).
³⁶⁷ *Ingerl/Rohnke* MarkenG Einl. Rn. 43.
³⁶⁸ EuGH GRUR 2012, 1169 Rn. 21 – Solvay (PatentR).
³⁶⁹ *Eisenführ/Schennen/Overhage* UMV Art. 97 Rn. 14.
³⁷⁰ BGH GRUR 2007, 705 (706) – Aufarbeitung von Fahrzeugkomponenten.
³⁷¹ Büscher/Dittmer/Schiwy/*Hoffrichter-Daunicht* GMV Art. 98 Rn. 11.
³⁷² EuGH GRUR 2017, 1120 – Nintendo/BigBen.
³⁷³ *Lange* GRUR 2007, 107 (112).

Der Gerichtsstand der **Widerklage** (Art. 8 Nr. 3 EuGVVO), **Gerichtsstandsvereinbarungen** **110** (Art. 25 EuGVVO) und die **rügelose Einlassung** (Art. 26 EuGVVO) kommen als Grundlage grenzüberschreitender Entscheidungen auch bei der deutschen Marke in Betracht. Insoweit wird auf die allgemeinen Ausführungen verwiesen (→ Rn. 52 ff.).

III. Unionsmarke

1. Allgemeines. Am 23.3.2016 traten die ersten Änderungen der GMV, die nunmehr Verordnung **111** über die Unionsmarke (**„UMV"**) heißt, in Kraft.[374] Das HABM heißt jetzt das *Amt der Europäischen Union für geistiges Eigentum*, wobei die Kurzform in allen Sprachen **„EUIPO"** ist und sich von der englischen Bezeichnung „European Union Intellectual Property Office" ableitet. Die für die vorliegende Kommentierung maßgeblichen Vorschriften die internationale Zuständigkeit betreffend sind, bis auf die notwendige redaktionelle Überarbeitung, inhaltlich unverändert, sodass die zur GMV ergangene Rechtsprechung insoweit auch für die UMV herangezogen werden kann. **Die (kodifizierte) UMV** (=VO (EU) 2017/1001 des Europäischen Parlaments und des Rates vom 14.6.2017 über die Unionsmarke) ist am **1.10.2017** in Kraft getreten. Darunter der neue Wortlaut von Art. 4 UMV, in dem das Erfordernis der grafischen Darstellbarkeit nicht mehr erwähnt ist; der Anspruch auf Übertragung einer Agentenmarke statt eines Antrags auf Erklärung der Nichtigkeit gemäß Art. 21 Abs. 2 Buchst. a UMV und die Vorschriften über die Unionsgewährleistungsmarke gemäß Art. 83 ff. UMV.[375]

Die **internationale Zuständigkeit** der **Unionsmarkengerichte** für auf die Unionsmarke gestütz- **112** te Ansprüche gem. Art. 124 UMV (→ § 1 Rn. 64–78), ist in **Art. 125 UMV** – bei Grenzziehung durch Art. 126 UMV – geregelt. Art. 122 Abs. 1 UMV erklärt die Regelungen der Unionsvorschriften über die gerichtliche Zuständigkeit und die Anerkennung von Entscheidungen in Zivil- und Handelssachen subsidiär für anwendbar, soweit nicht in Art. 122 Abs. 2 UMV für Verfahren nach Art. 124 UMV Ausnahmen vorgesehen sind. Dies bedeutet im Ergebnis, dass die allgemeinen Regelungen durch die **spezielleren Regelungen** der **UMV** weitgehend außer Kraft gesetzt werden.[376] Für alle nicht in Art. 124 UMV genannten Verfahren bestimmt sich die sachliche Zuständigkeit nach nationalem Recht.[377]

Die internationale Zuständigkeit der Unionsmarkengerichte bestimmt sich vorrangig nach dem **113** Mitgliedstaat, in dem der **Beklagte** seinen **Wohnsitz**, bzw. die **juristische Person** ihren **Sitz, hilfsweise** eine **Niederlassung** (Art. 125 Abs. 1 UMV) hat. Nachrangig sind die Gemeinschaftsmarkengerichte des Mitgliedstaates zuständig, in dem der Kläger seinen **Sitz** bzw. **Wohnsitz** (Art. 125 Abs. 2 UMV), hilfsweise eine **Niederlassung** (Art. 125 Abs. 2 UMV) hat. Zuletzt ist auf den **Sitz des Amtes** (also Spanien, Art. 125 Abs. 3 UMV) abzustellen.

Für die allgemeinen Gerichtsstände des **Wohnsitzes** bzw. **Sitzes** ist gem. Art. 122 Abs. 1 UMV auf **114** **Art. 62 bzw. Art. 63 EuGVVO** zurückzugreifen.[378] Art. 124 Abs. 2 Buchst. c UMV **erweitert** die **Anwendbarkeit** der Bestimmungen der EuGVVO für Klagen und Widerklagen nach Art. 124 UMV darüber hinaus auf Personen, die **in keinem Mitgliedstaat einen Wohnsitz** bzw. **Sitz** sondern lediglich eine **Niederlassung** haben. Gem. Art. 125 Abs. 1, 126 Abs. 1 UMV ist die internationale Zuständigkeit mit **gemeinschaftsweiter Reichweite** der Unionsmarkengerichte auch für Beklagte gegeben, die nur über eine Niederlassung in einem Mitgliedstaat verfügen. Der Begriff der **Niederlassung** in Art. 125 Abs. 1 UMV wird vom EuGH[379] weit ausgelegt und verlangt eine bestimmte reale und konsistente Präsenz, von der aus eine geschäftliche Tätigkeit ausgeübt wird und die sich in **einer persönlichen und materiellen Ausstattung vor Ort manifestiert,** und dass die Niederlassung auf Dauer als Außenstelle eines Stammhauses hervortritt.[380] Nicht ausschlaggebend ist, ob die Außenstelle tatsächlich von einer ausländischen Gesellschaft beherrscht wird.[381] Der Dritte muss sich auf den von der als Außenstelle des Stammhauses auftretenden Niederlassung erweckten **Anschein** verlassen können.[382] Dafür kann der gemeinsame Internetauftritt genügen, bei dem sich die Gesellschaften als einheitlich, weltweit auftretendes Unternehmen darstellen und die inländische Gesellschaft als „Vertriebsniederlassung" bezeichnet wird.[383] Der Umstand, dass die in dem Mitgliedstaat, dessen Gerichte angerufen wurden, ansässige Gesellschaft eine Enkelgesellschaft einer Gesellschaft, deren Sitz außerhalb der EU liegt, und keine unmittelbare Tochtergesellschaft dieser Gesellschaft darstellt, ist irrelevant.[384]

---

[374] Ausführlich zu den Änderungen: Walicka GRUR-Prax 2016, 161 ff. (Teil 1), 190 ff. (Teil 2).
[375] Walicka GRUR-Prax 2016, 190 (192).
[376] *Ingerl/Rohnke* MarkenG § 125e Rn. 38.
[377] *Eisenführ/Overhage*/Schennen UMV Art. 97 Rn. 2.
[378] *Eisenführ/Overhage*/Schennen UMV Art. 97 Rn. 3.
[379] EuGH GRUR 2017, 728 Rn. 37 – Hummel Holding A/S/Nike Inc., Nike Retail BV.
[380] Zu dieser EuGH-Rspr. *Hackbarth* GRUR-Prax 2017, 253; *Tilmann* IWRZ 2017, 176.
[381] Musielak/Voit/*Stadler* ZPO EuGVVO Art. 7 Rn. 25.
[382] EuGH GRUR 2017, 728 Rn. 38 – Hummel Holding A/S/Nike Inc., Nike Retail BV.
[383] OLG Düsseldorf GRUR-RR 2012, 202 – Tablet PC.
[384] EuGH GRUR 2017, 728 Rn. 39 – Hummel Holding A/S/Nike Inc., Nike Retail BV.

Im Übrigen spielt es für die Anwendung von Art. 125 Abs. 1 UMV grundsätzlich keine Rolle, ob die so bestimmte Niederlassung an der behaupteten Verletzung beteiligt war oder nicht.[385]

115 Art. 125 Abs. 4 Buchst. a UMV lässt die **Prorogation** gem. Art. 25 EuGVVO für in Art. 124 UMV genannte Verfahren nur zu, wenn die Parteien vereinbaren, dass ein **anderes Unionsmarkengericht** zuständig sein soll. Auch die **rügelose Einlassung** gem. Art. 26 EuGVVO (Art. 24 EuGVVO aF) ist nur möglich, soweit sich der Beklagte vor einem anderen Unionsmarkengericht einlässt, Art. 125 Abs. 4 Buchst. b UMV.

116 Die UMV enthält keine autonome Regelung zur **örtlichen Zuständigkeit**, sodass gem. Art. 129 Abs. 3 UMV sich die örtliche Zuständigkeit des international zuständigen Mitgliedsstaats nach dem jeweiligen nationalen Verfahrensrecht richtet.[386] § 125g MarkenG verweist auf die für deutsche Marken(anmeldungen) geltenden Regeln, sodass sich die örtliche Zuständigkeit nach **den §§ 12 ff. ZPO**, insbesondere § 32 ZPO richtet.[387] Falls daraus keine örtliche Zuständigkeit folgt, ist gem. § 125g MarkenG auf den allgemeinen Gerichtsstand des Klägers abzustellen.

117 **2. Reichweite der internationalen Zuständigkeit.** Die **Reichweite** der Verbotsentscheidung eines nach Art. 125 Abs. 1–4 UMV unionsweit international zuständigen Unionsmarkengerichts erstreckt sich grundsätzlich auf **das gesamte Gebiet der Union.**[388] Auch ohne ausdrücklichen Antrag ist daher regelmäßig davon auszugehen, dass der auf eine Unionsmarke gestützte Antrag sich auf das Gebiet der EU beziehen soll.[389] Im Fall des Art. 125 Abs. 5 UMV, wenn die Zuständigkeit des Unionsmarkengerichts nur aus dem Ort der **unerlaubten Handlung** abgeleitet wird, ist die Wirkung **auf den Mitgliedsstaat beschränkt,** dessen Gericht tätig geworden ist. Das Unionsrecht differenziert also zwischen der **unionsweiten Reichweite** der internationalen Zuständigkeit eines *Zentralgerichts* (Art. 126 Abs. 1, 125 Abs. 1–4 UMV) und der **beschränkten Tatortzuständigkeit** eines *Verletzungsgerichts* (Art. 126 Abs. 2, 125 Abs. 5 UMV).[390] Nur ersteres darf ein unionsweit einheitliches Benutzungsverbot aussprechen.

118 Das unionsweit zuständige Unionsmarkengericht kann in der Reichweite seiner Verbotsentscheidung in bestimmten Fällen **begrenzt** sein, zB wenn der **Kläger** einen territorial **beschränkten Verbotsantrag** stellt oder der Beklagte den **Beweis** erbringt, dass die Benutzung des Zeichens die Funktion der Gemeinschaftsmarke insbesondere aus **sprachlichen Gründen,** nicht beeinträchtigt oder beeinträchtigen kann.[391] Stellt das Unionsmarkengericht also fest, dass die Benutzung eines Zeichens **nur in einem Teil des Gebiets der EU** zur Gefahr von **Verwechslungen** mit einer Unionsmarke führt, kann es auch nur die Benutzung des Zeichens für das gesamte Gebiet der Europäischen Union mit Ausnahme des Teils, für den eine Verwechslungsgefahr verneint wurde, untersagen.[392] Dabei muss es umfassend angeben, welche Gebiete gemeint sind.[393] Umstritten ist, ob auch in den Fällen einer bekannten Marke (Art. 9 Abs. 2 Buchst. c UMV) eine territoriale Aufspaltung möglich ist. Nach der Rechtsprechung des EuGH ist die vorausgesetzte **Bekanntheit** in der Gemeinschaft immer schon dann gegeben, wenn der erforderliche Bekanntheitsgrad in einem wesentlichen Teil des Unionsmarkengebiets erreicht wurde, wofür Bekanntheit in einem Mitgliedsstaat ausreichen kann.[394] Daraus wird teilweise der Schluss gezogen, dass das Zentralgericht – wie bei der Verwechslungsgefahr – den Unterlassungsantrag auf diejenigen Mitgliedsstaaten beschränken muss, in denen die Bekanntheit gegeben ist und die Klage im Übrigen abzuweisen hat.[395]

119 Auch für die internationale Zuständigkeit im **einstweiligen Rechtsschutz** kann zwischen Zentralgerichten und Verletzungsgerichten unterschieden werden. Zentralgerichte erlassen einstweilige Maßnahmen, die nach **Art. 131 Abs. 2 UMV in der gesamten Union Wirkung** entfalten, vorbehaltlich des ggf. erforderlichen Anerkennungs- und Vollstreckbarerklärungsverfahrens (→ Rn. 66). Daneben kann auch bei jedem anderen nach nationalem Recht zuständigen Gericht, gem. § 140 Abs. 1 MarkenG sind dies zwingend die Landgerichte (→ § 1 Rn. 53; § 937 Abs. 1), gem. **Art. 131 Abs. 1 UMV** einstweiliger Rechtsschutz begehrt werden. Das nur als Verletzungsgericht zuständige

---

[385] EuGH GRUR 2017, 728 Rn. 40 – Hummel Holding A/S/Nike Inc., Nike Retail BV.
[386] *Fayaz* GRUR 2009, 459 (465).
[387] *Ingerl/Rohnke* MarkenG § 125g Rn. 1.
[388] EuGH IPRax 2012, 531 – DHL Express France mit Besprechung *Grünberger* IPRax 2012, 502 f.; EuGH BeckRS 2016, 82384.
[389] OLG Frankfurt a. M. GRUR 2015, 903 (904).
[390] *Grünberger* IPRax 2012, 500 (503) unter Verweis auf *Tilmann* GRUR-Int 2001, 672 (674).
[391] EuGH IPRax 2012, 531 Rn. 48 – DHL Express France; siehe auch Vorlagebeschluss OLG Düsseldorf BeckRS 2015, 09880; GRUR-Prax 2015, 280.
[392] EuGH GRUR 2016, 1166 – combit Software/Commit Business Solutions; Bespr. Danckwerts GRUR-Prax 2016, 468.
[393] EuGH GRUR 2016, 1166 Rn. 34.
[394] EuGH GRUR 2009, 1158 – PAGO International für eine in Österreich sehr bekannte Marke.
[395] *Sosnitza* GRUR 2011, 465 (468); *Knaak* GRUR 2001, 21 (23); *Grünberger* IPRax 2012, 500 (503); aA *Ingerl/Rohnke* MarkenG § 125b Rn. 5.

Landgericht ist gem. Art. 125 Abs. 5 UMV in seiner Zuständigkeit wiederrum auf die in dem Mitgliedsstaat begangenen oder drohenden Handlungen beschränkt.[396]

3. Annexansprüche. Die **UMV** regelt nur **unvollständig** die Ansprüche, die der Verletzte bei Verletzung der Unionsmarke geltend machen kann, nämlich nur den Anspruch auf Unterlassung, vgl. Art. 130 Abs. 1 UMV iVm Art. 9, 13 UMV.[397] **Art. 130 Abs. 2 UMV** ordnet die ergänzende Anwendbarkeit desjenigen nationalen Rechts an, in dessen Gebiet die Verletzungshandlung begangen wurde. Als Regel des internationalen Privatrechts kommt für die genannten Länder **Art. 8 Abs. 2 Rom II-VO** in Betracht.[398] Soweit der Kl. also unionsweit Vernichtungs-, Auskunfts- und Schadensersatzansprüche **bezogen auf andere Mitgliedstaaten** geltend macht, richtet sich dies materiell nach der **Rechtslage des** jeweiligen **Mitgliedsstaates**, auf dessen Gebiet die Verletzungshandlung begangen worden sein soll.[399] Bei **multiterritorialen Verletzungen** von Unionsrechten ist für das nach Art. 8 Abs. 2 Rom II-VO anwendbare Recht im Rahmen einer **Gesamtwürdigung** an das Recht des Mitgliedstaates anzuknüpfen, in dem die **ursprüngliche Verletzungshandlung** begangen wurde.[400] § 125b Nr. 2 MarkenG konkretisiert diese Vorschrift, indem die bei der Verletzung deutscher Marken vorgesehenen Anspruchsgrundlagen für Schadensersatz (§ 14 Abs. 6 und 7 MarkenG), Vernichtung und Rückruf (§ 18 MarkenG) sowie Durchsetzungsmaßnahmen (§§ 18–19c MarkenG) zur Verfügung gestellt werden.[401] Soweit eine Verweisung auf die von der Rechtsprechung aus dem BGB abgeleiteten ergänzenden Verletzungsansprüche (zB aus § 242 BGB für den unselbständigen Auskunftsanspruch) fehlt, ist eine Anwendung der allgemeinen Vorschriften des BGB über Art. 14 Abs. 1 S. 2 iVm Art. 130 Abs. 2 UMV möglich.[402]

4. Gerichtsstand der Verletzungshandlung, Art. 125 Abs. 5 UMV. a) Anwendungsbereich und Reichweite. Der Verletzte kann gem. Art. 125 Abs. 5 UMV am **Begehungsort** der Verletzungshandlung bzw. drohenden Verletzungshandlung Klage erheben, wobei die **negative Feststellungsklage** iSv Art. 124 Buchst. b UMV **ausgenommen** ist. Die **Tatortzuständigkeit** ist daher auf Streitfälle nach Art. 124 Buchst. a, c und d UMV **verkürzt**.[403] Das Gericht, das seine internationale Zuständigkeit aus dem Tatort herleitet, ist jedoch gem. Art. 126 Abs. 2 UMV in seiner Reichweite auf die in dem jeweiligen Mitgliedstaat begangenen oder drohenden Handlungen beschränkt. Deshalb darf ein zB nach Art. 125 Abs. 5 UMV zuständiges deutsches Unionsmarkengericht auch nur über Verletzungsfälle in Deutschland entscheiden. Diese Zuständigkeitsbegrenzung gilt allerdings nicht für **Widerklagen auf Verfall und Nichtigkeit** der den Klaganspruch begründenden Unionsmarke, da diese Entscheidung nur **einheitlich** für die Gemeinschaft ergehen kann.[404]

Der Begehungsort der **Verletzungshandlung** bzw. drohenden Verletzungshandlung in Art. 125 Abs. 5, 126 Abs. 2 UMV wurde vom BGH und der hM nach denselben Maßstäben bestimmt, wie der Ort, an dem das schädigende Ereignisse eingetreten ist oder einzutreten droht in Art. 7 Nr. 2 EuGVVO (Art. 5 Nr. 3 EuGVVO aF).[405] Der EuGH[406] hat dem eine deutliche Absage erteilt: Art. 93 Abs. 5 (jetzt Art. 125 Abs. 5 UMV) bezieht sich nur auf den Handlungsort und nicht auf den Ort, in dem die Verletzung ihre Wirkung entfaltet. Der Wortlaut lege nahe, dass **auf aktives Verhalten des Verletzers im Forumstaat abzustellen** sei.[407] Für die internationale Zuständigkeit der deutschen Gerichte kommt es nach aktueller Rspr. mithin grundsätzlich darauf an, ob der Kläger **eine im Inland begangene Verletzungshandlung des Beklagten iSd Art. 125 Abs. 5 UMV behauptet** hat und diese nicht von vornherein ausgeschlossen werden kann.[408] Es muss also eine Handlung im Inland behauptet werden, die Anknüpfungspunkt für eine Markenverletzung sein kann. **Nicht zuständig** sind dagegen die Gerichte der Mitgliedstaaten, in dem die behauptete Verletzung lediglich ihre **Wirkungen entfaltet**.[409] Bei **multiterritorialen Verletzungen** von Unionsrechten hat der BGH in der Entscheidung **Parfummarken**[410] die vom EuGH[411] entwickelten Kriterien zur einheitlichen Anknüpfung nach Art. 8 Abs. 2 Rom II-VO auf die Ebene der internationalen Zuständigkeit

---

[396] *Eisenführ/Overhage*/Schennen UMV Art. 103 Rn. 3 f.
[397] Darüber hinaus regelt die UMV **Sonderfälle** des Anspruchs auf einen Markenhinweis in Nachschlagewerken gem. Art. 12 UMV, des Anspruchs auf Übertragung von Agentenmarken gem. Art. 23 UMV.
[398] OLG Frankfurt a. M. GRUR 2016, 817 Rn. 36 – BEAUTY-TOX.
[399] BGH GRUR 2012, 1253 Rn. 46 ff. – Gartenpavillon (zur GGV).
[400] EuGH GRUR 2017, 1120 – Nintendo/BigBen.
[401] v. Schultz/v. Zumbusch MarkenG § 125b Rn. 3.
[402] *Ingerl/Rohnke* MarkenG § 125b Rn. 11.
[403] *Eisenführ/Overhage*/Schennen UMV Art. 97 Rn. 7.
[404] *Fayaz* GRUR 2009, 459 (464); *Ingerl/Rohnke* MarkenG § 125e Rn. 42; *Eisenführ/Overhage*/Schennen UMV Art. 99 Rn. 8, 10.
[405] BGH GRUR 2012, 1065 Rn. 20 ff. – Parfumflakon II mwN zum Meinungsstand.
[406] EuGH BeckRS 2014, 80950 Rn. 34 = GRUR-Prax 2014, 298 – Coty Prestige/First Note Perfumes.
[407] Zustimmend: *Hackbarth* GRUR-Prax 2014, 320.
[408] BGH GRUR 2015, 689 Rn. 19 – Parfumflakon III.
[409] BGH GRUR 2015, 689 Rn. 23 – Parfumflakon III.
[410] GRUR 2018, 84 – Parfummarken.
[411] EuGH GRUR 2017, 1120 – Nintendo/BigBen.

übertragen. Danach sei nicht auf jede einzelne Verletzungshandlung abzustellen, sondern es sei eine Gesamtwürdigung vorzunehmen, um den Ort zu bestimmen, an dem die ursprüngliche Verletzungshandlung, auf die das vorgeworfene Verhalten zurückgehe, begangen worden sei oder drohe.[412] Bei Internetangeboten sei der Ort maßgeblich, an dem der Prozess der Veröffentlichung in Gang gesetzt worden sei, und nicht der Ort, an dem die Internetseite abgerufen werden könne; kommt der Kontakt zu Abnehmern in anderen Mitgliedstaaten dadurch zustande, dass der Händler Produkt- und Preislisten per E-Mail versende, sei der Ort maßgeblich, an dem die Versendung der E-Mail veranlasst werde.[413] Diese Entscheidung reduziert die Effektivität der Durchsetzung der Unionsrechte erheblich und hat zu Recht Kritik erfahren.[414] Der EuGH hat der Auslegung des BGH in der Entscheidung **AMS Neve/Heritage Audio** eine **Absage** erteilt.[415] Entscheidend ist danach, ob sich die **Werbung und das Angebot** an den **Verkehr** im Gebiet des angerufenen Gerichts **richten**, auch wenn Maßnahmen dafür in anderem Mitgliedstaat getroffen wurden.[416] Art. 8 Rom II-VO (anwendbares Recht) habe nichts mit der Bestimmung der gerichtlichen Zuständigkeit zu tun.[417] In der Gesamtschau kann ausreichen, wenn der Bekl. in seinen **AGB** darauf hinweist, **Bestellungen** und **Lieferungen** im gesamten **EU-Gebiet** anzunehmen und durchzuführen, somit potenziell auch im Gebiet des angerufenen Gerichts.[418] Weitere (ergänzende) Kriterien zur Bestimmung der internationalen Zuständigkeit können je nach Fallgestaltung **Preise** in nationaler Währung, nationale **Buttons** und **Flaggensymbole** sowie die **Sprache** sein, die im Rahmen des Internet-Angebots verwendet werden.

123 Beachte: Im **Eilverfahren** ist die internationale Zuständigkeit gem. **Art. 131 Abs. 1 UMV** partiell erweitert. Danach können einstweilige Maßnahmen nach dem Recht für eine nationale Marke beantragt werden. In Unionsmarkensachen ist die internationale Zuständigkeit der deutschen Gerichte für den Erlass einstweiliger Verfügungen gemäß Art. 131 UMV daher unabhängig vom Verletzungsort im Sinne von Art. 125 Abs. 5 UMV gegeben.[419] Für deliktische Ansprüche gegen Organe der EU besteht dagegen keine Zuständigkeit nationaler Gerichte, selbst wenn sie im Eilverfahren geltend gemacht werden. Hierfür ist das EuG ausschließlich zuständig.[420]

124 **b) Einzelfragen.** Gem. Art. 8 Nr. 1 EuGVVO können **Streitgenossen** im Gerichtsstand eines der Streitgenossen verklagt werden, sofern zwischen beiden Klagen **Konnexität** besteht, um zu vermeiden, dass in getrennten Verfahren widersprechende Entscheidungen ergehen könnten.[421] In Verletzungsprozessen haben häufig mehrere Personen an einer Verletzungshandlung mitgewirkt, zB als Vertreiber, Hersteller oder Importeur. Bei einer Unionsmarkenverletzung ist in allen betroffenen Staaten dieselbe Rechtsordnung – die UMV – anzuwenden, sodass immer „dieselbe Rechtslage" gegeben ist.[422] Die UMV regelt allerdings nicht Sanktionen wie Auskunft und Schadensersatz. Bei multiterritorialen Verletzungen von Unionsrechten ist für das nach Art. 8 Abs. 2 Rom II-VO anwendbare Recht im Rahmen einer Gesamtwürdigung an das Recht des Mitgliedstaates anzuknüpfen, in dem die ursprüngliche Verletzungshandlung begangen wurde.[423] Anders als zB das europäische Bündelpatent stellt die Unionsmarke ein supranationales einheitliches Schutzrecht dar und beruht auf einer gegenüber allen Beklagten identischen Rechtslage, sodass bei **Verletzerketten** der besondere Gerichtsstand der Streitgenossen gegeben ist.[424] Die Vorschrift des Art. 8 Nr. 1 EuGVVO setzt nach hM voraus, dass **jeder Beklagte** seinen Wohnsitz in einem Mitgliedstaat hat.[425] Sie dürfte im Hinblick auf Art. 122 Abs. 2 Buchst. c UMV auf den Gerichtsstand der Niederlassung zu erweitern sein, sodass es ausreicht, wenn der Primärbeklagte eine Niederlassung im Bezirk des Gerichts und der Sekundärbeklagte eine Niederlassung in der Gemeinschaft hat.[426]

125 Art. **136 UMV** ergänzt Art. 29–34 EuGVVO um eine Regelung für Klagen aus Unionsmarken und parallelen nationalen Marken in unterschiedlichen Mitgliedstaaten, damit divergierende Entscheidungen, die wegen der jeweils unterschiedlichen Klageschutzrechte mangels **Streitgegenstandsidentität** wohl nicht unter die allgemeinen Rechtshängigkeitsregeln fallen würden, vermieden werden.[427] Der Begriff „**derselben Handlungen**" in **Art. 136 Abs. 1** UMV ist in gleicher Weise auszulegen wie der

---

[412] BGH GRUR 2018, 84 – Parfummarken.
[413] BGH GRUR 2018, 84 – Parfummarken.
[414] *Hackbarth* GRUR-Prax 2018, 90; *Eichel* IPRax 2019, 16 (22 f.).
[415] GRUR 2019, 1047 – AMS Neve/Heritage Audio.
[416] EuGH GRUR 2019, 1047 Rn. 64 – AMS Neve/Heritage Audio.
[417] EuGH GRUR 2019, 1047 Rn. 62 – AMS Neve/Heritage Audio.
[418] EuGH GRUR 2019, 1047 Rn. 56 – AMS Neve/Heritage Audio.
[419] OLG Frankfurt a. M. GRUR-RR 2019, 9 (10) – Bella la Vita.
[420] OLG Düsseldorf GRUR-RR 2021, 446.
[421] *Ingerl/Rohnke* MarkenG Einl. Rn. 43.
[422] Büscher/Dittmer/Schiwy/*Hoffrichter-Daunicht* GMV Art. 98 Rn. 11.
[423] EuGH GRUR 2017, 1120 – Nintendo/BigBen.
[424] BGH GRUR 2007, 705 (707) – Aufarbeitung von Fahrzeugkomponenten.
[425] Eisenführ/*Schennen* UMV Art. 94 Rn. 10.
[426] Zur insoweit ähnlichen Regelung in Art. 79 und 82 GGV: Ruhl/*Tolkmitt* GGV Art. 79 Rn. 22.
[427] *Heinze* GRUR 2018, 160.

Begriff „Klagen wegen desselben Anspruchs" in Art. 29 Abs. 1 EuGVVO.[428] Danach ist entscheidend, ob die Verfahren dieselbe Grundlage und denselben Gegenstand („le même objet et la même cause") haben.[429] Bei Klagen aus Unionsmarken und nationalen Marken ist dies der Fall, wenn die Klagen auf **identische Marken** gestützt werden, seien es auch nationale Marken und Unionsmarken, und der zugrunde liegende **Sachverhalt identisch** ist. Eine Identität des „Gegenstands" besteht zudem nur, soweit die Verletzungen **dasselbe Gebiet** betreffen und für dasselbe Gebiet Unterlassung begehrt wird.[430]

Die UMV enthält keine autonome Regelung zur **örtlichen Zuständigkeit**. Gem. § 125g MarkenG ist auf das im Falle deutscher Marken(anmeldungen) geltende Recht zurückzugreifen, sodass sich die örtliche Zuständigkeit nach den §§ 12 ff. ZPO, insbesondere **§ 32 ZPO** richtet.[431] **126**

Prozessual gilt hier die Besonderheit, dass bei einem international unzuständigen **Unionsmarkengericht** die **Verweisung** an ein ausländisches Unionsmarkengericht für möglich gehalten wird.[432] **127**

G. Designrecht

I. Allgemeines

Seit dem **1.1.2014** ist das **Designgesetz** in Kraft.[433] Geschmacksmuster werden nunmehr als eingetragenes Design bezeichnet (§ 74 Abs. 1 DesignG). Neben der neuen Terminologie ist mit der Einführung des Nichtigkeitsverfahrens im modernisierten Geschmacksmusterrecht (§ 34a DesignG) ua der Einwand des fehlenden Rechtsbestandes im Verletzungsverfahren fortgefallen.[434] Entsprechend dem Markengesetz, dem Patentgesetz und dem Gebrauchsmustergesetz ist nun auch das Geschmacksmustergesetz durch ein **verwaltungsrechtliches Verfahren zur Feststellung der Nichtigkeit** einer Eintragung **vor dem DPMA ergänzt** worden,[435] sodass eine noch weitere Annäherung an technische Schutzrechte und das Markenrecht stattgefunden hat. Insoweit gelten hier bei Rechtsstreitigkeiten im Hinblick auf die internationale Zuständigkeit keine Besonderheiten. International sind die deutschen Gerichte zuständig, wenn ein inländischer Gerichtsstand gegeben ist.[436] Auf die allgemeinen Ausführungen zur EuGVVO/zum LugÜ und die speziellen zur nationalen Marke und zum Patentrecht wird daher verwiesen. **128**

Im Hinblick auf Verfahren vor dem **DPMA** und dem **EUIPO** stellt sich die Frage der internationalen Zuständigkeit ebenfalls vornherein nicht, da die Prüfung von angemeldeten Mustern sowie die Beschlussfassung im Eintragungsverfahren ein **Verwaltungsverfahren mit abschließender Zuständigkeitsregelung** ist (→ Rn. 3). **129**

Wird eine grenzüberschreitende Designstreitsache (→ § 1 Rn. 80) vor einem deutschen Gericht anhängig gemacht, muss die internationale Zuständigkeit der angerufenen Zivilkammer bzw. Kammer für Handelssachen (→ § 1 Rn. 77) gegeben sein. Das Gericht hat dabei seine internationale Zuständigkeit **in jeder Lage des Verfahrens,** auch noch in der Revisionsinstanz **von Amts wegen** zu prüfen.[437] Die internationale Zuständigkeit in Designstreitsachen richtet sich im Verhältnis der EU- und EFTA-Staaten nach der **EuGVVO** bzw. dem Parallelabkommen **LugÜ** (→ Rn. 6 ff.), wobei bei Gemeinschaftsgeschmacksmustern **vorrangig Art. 82 GGV** als **lex specialis** zu beachten ist.[438] **Außerhalb** des Anwendungsbereichs **der EuGVVO**/des LugÜ bzw. der **GGV**,[439] bestimmt sich die internationale Zuständigkeit mittelbar nach den Regeln über die örtliche Zuständigkeit.[440] International sind die deutschen Gerichte zuständig, wenn ein **inländischer Gerichtsstand** (§§ 12 ff. ZPO) gegeben ist. **130**

II. EuGVVO und LugÜ

Die internationale Zuständigkeit für den europäischen Raum richtet sich nach der EuGVVO bzw. dem LugÜ (→ Rn. 6 ff.), die im Wesentlichen inhaltsgleich an die Stelle der EuGVVO aF/LugÜ 1988 **131**

---

[428] EuGH GRUR 2017, 1250 Rn. 33 – Merck.
[429] EuGH GRUR 2017, 1250 Rn. 35 – Merck.
[430] EuGH GRUR 2017, 1250 Rn. 41 f. – Merck; ebenso Schlussanträge *Szpunar* BeckRS 2017, 114954 – Merck.
[431] *Ingerl/Rohnke* MarkenG § 125g Rn. 1; BGH GRUR 2012, 512 (515) – Kinderwagen.
[432] *Fayaz* GRUR-Int 2009, 459 (466); *Eisenführ/Overhage*/Schennen UMV Art. 100 Rn. 21; aA *Rohnke* GRUR-Int 2002, 979 (989).
[433] Gesetz zur Modernisierung des Geschmacksmustergesetzes sowie zur Änderung der Regelungen über die Bekanntmachungen zum Ausstellungsschutz vom 10.10.2013 (BGBl. I S. 3799).
[434] *Rehmann* GRUR-Prax 2013, 215 (216).
[435] *Weiden* GRUR 2013, 360.
[436] BGH GRUR 1980, 227 – *Monumenta Germaniae Historica*.
[437] BGH GRUR 2005, 431 (432) – Hotel Maritim; BGH GRUR 2008, 275 Rn. 19 – Versandhandel mit Arzneimitteln; BGH GRUR 2016, 1048 Rn. 16 – An Evening with Marlene Dietrich.
[438] *Büscher/Dittmer/Schiwy/Auler* GGV Art. 82 Rn. 1.
[439] Verordnung (EG) Nr. 6/2002 des Rates vom 12.12.2001 über das Gemeinschaftsgeschmacksmuster (ABl. 2002 L 179, 31).
[440] BGH GRUR 2007, 883 Rn. 22 f. – Cambridge Institut.

bzw. EuGVÜ getreten sind, sodass Rspr. und Literatur zur EuGVVO aF bzw. LugÜ 1988 und zur EuGVÜ weiterhin bedeutsam.[441] Hinsichtlich des persönlichen, sachlichen und zeitlichen Anwendungsbereichs dieser Abkommen wird auf die allgemeinen Ausführungen verwiesen (→ Rn. 6 ff.).

132 In Streitfällen, in denen es um die Wirksamkeit bzw. Unwirksamkeit eines **internationalen Geschmacksmusters** für das Gebiet der Bundesrepublik Deutschland geht, sind die deutschen Gerichte gem. **Art. 24 Nr. 4** EuGVVO bzw. LugÜ für die entsprechende Feststellungsklage international zuständig.[442]

III. Gemeinschaftsgeschmacksmuster

133 **1. Allgemeines.** Das Gemeinschaftsgeschmacksmuster ist – ebenso wie die Unionsmarke – ein supranationales, einheitliches Schutzrecht mit EU-weiter Geltung, dessen Inhaber bei Verletzungen Anspruch auf ein **unionsweit einheitlich wirkendes Benutzungsverbot** hat.[443] Die Regelungen der Art. 79–94 GGV sind bewusst zu einem großen Teil denen des Unionsmarkenrechts nachgebildet. Unterschiede sind überwiegend formaler oder klarstellender Natur oder sie beruhen auf geschmacksmusterspezifischen Besonderheiten.[444] Für die Regelung der internationalen Zuständigkeit einer Klage aus einem Gemeinschaftsgeschmacksmuster enthält **Art. 82 GGV** ebenfalls eine spezifische, Art. 125 UMV nachgebildete, Regelung, sodass ergänzend auf die insoweit inhaltsgleichen Regelungen der UMV verwiesen wird (→ Rn. 112 ff.).

134 Die **internationale Zuständigkeit** der **Gemeinschaftsgeschmacksmustergerichte** für auf das Gemeinschaftsgeschmacksmuster gestützte Ansprüche gem. Art. 81 GGV (→ § 1 Rn. 86 ff.), ist in **Art. 82 GGV** – bei Grenzziehung durch Art. 83 GGV – geregelt. Art. 79 Abs. 1 GGV erklärt die Regelungen der EuGVÜ subsidiär für anwendbar, soweit nicht in Art. 79 Abs. 3 GGV für Verfahren nach Art. 81 GGV Ausnahmen vorgesehen sind. Die Bezugnahme auf die EuGVÜ gilt als Verweisung auf die EuGVVO, Art. 68 Abs. 2 EuGVVO.[445]

135 Die internationale Zuständigkeit der Gemeinschaftsgeschmacksmustergerichte bestimmt sich vorrangig nach dem Mitgliedsstaat, in dem der **Beklagte** seinen **Wohnsitz**, bzw. die **juristische Person** ihren **Sitz, hilfsweise** eine **Niederlassung** (Art. 82 Abs. 1 GGV) hat. Nachrangig sind die Gemeinschaftsgeschmacksmustergerichte des Mitgliedsstaates zuständig, in dem der Kläger seinen **Sitz** bzw. **Wohnsitz**, hilfsweise eine **Niederlassung** (Art. 82 Abs. 2 GGV) hat. Zuletzt ist auf den **Sitz des Amtes** (also Spanien, Art. 82 Abs. 3 GGV) abzustellen.

136 Art. 79 Ab. 3 Buchst. c GGV **erweitert** die **Anwendbarkeit** der Bestimmungen der EuGVVO für Klagen und Widerklagen nach Art. 81 GGV darüber hinaus auf Personen, die **in keinem Mitgliedstaat einen Wohnsitz bzw. Sitz** sondern lediglich eine **Niederlassung** haben. Nach Art. 82 Abs. 1, 83 GGV ist die internationale Zuständigkeit mit **gemeinschaftsweiter Zuständigkeit** der Gemeinschaftsgeschmacksmustergerichte daher auch für Beklagte mit Sitz außerhalb der Gemeinschaft gegeben, die nur über eine Niederlassung in einem Mitgliedstaat verfügen. Der **Begriff** der **„Niederlassung"** in Art. 82 GGV ist autonom auszulegen, wobei auf die Rechtsprechung zu Art. 7 Nr. 5 EuGVVO zurückgegriffen werden kann, was allerdings eine in Teilbereichen abweichende Definition nicht ausschließt.[446] Eine Niederlassung ist dadurch gekennzeichnet, dass diese der Aufsicht und Leitung des Stammhauses unterliegt, dabei eine hinreichende personelle Ausstattung aufweist, um mit Dritten Geschäfte betreiben zu können und als die Außenstelle eines ausländischen Stammhauses für den Geschäftsverkehr erkennbar ist.[447] Nicht ausschlaggebend ist, ob die Außenstelle tatsächlich von einer ausländischen Gesellschaft beherrscht wird. Entscheidend ist vielmehr die Art und Weise, wie sich die Unternehmen im Geschäftsleben verhalten und sich Dritten gegenüber darstellen.[448] Zur Annahme einer Niederlassung kann daher eine Selbstdarstellung genügen, bei der sich die Gesellschaften als einheitlich, weltweit tätiges Unternehmen darstellen und die inländische Gesellschaft als „Vertriebsniederlassung" bezeichnet wird.[449]

137 Art. 82 Abs. 4 Buchst. a GGV lässt die **Prorogation** gem. Art. 25 EuGVVO (bzw. zuvor Art. 17 EuGVÜ) für in Art. 81 GGV genannten Verfahren nur zu, wenn die Parteien vereinbaren, dass ein **anderes Gemeinschaftsgeschmacksmustergericht** zuständig sein soll. Auch die **rügelose Einlassung** gem. Art. 26 EuGVVO ist nur möglich, soweit sich der Beklagte vor einem anderen Gemeinschaftsgeschmacksmustergericht einlässt, Art. 82 Abs. 4 Buchst. b GGV.

---

[441] Vgl. Kühnen Patentverletzung-HdB Kap. D Rn. 2 zum Patentrecht.
[442] OLG München GRUR-RR 2004, 94 (95) – Internationales Geschmacksmuster (noch zu Art. 16 Nr. 4 EuGVÜ und Art. 16 Nr. 4 LugÜ (1988)).
[443] BGH GRUR 2010, 718 Rn. 56 – Verlängerte Limousinen; Ebert-Weidenfeller/Schmüser GRUR-Prax 2011, 526.
[444] Ruhl/Tolkmitt GGV Vor Art. 79–94 Rn. 1.
[445] Büscher/Dittmer/Schiwy/Auler GGV Art. 79 Rn. 1.
[446] OLG Düsseldorf GRUR-RR 2012, 200 (202) – Tablett PC.
[447] Ruhl/Tolkmitt GGV Art. 82 Rn. 11.
[448] EuGH NJW 1988, 625 – SAR Schotte/Rothschild.
[449] OLG Düsseldorf GRUR-RR 2012, 200 (202) – Tablett PC.

Internationale Zuständigkeit 138–144 **Vor § 12**

Die GGV enthält keine autonome Regelung zur **örtlichen Zuständigkeit,** sodass auf die 138 EuGVVO und das jeweils anwendbare nationale Prozessrecht zurückzugreifen ist. Die örtliche Zuständigkeit richtet sich daher nach **den §§ 12 ff. ZPO,** insbesondere § 32 ZPO.[450]

2. Reichweite der internationalen Zuständigkeit. Die **Reichweite** der Verbotsentscheidung 139 eines nach Art. 82 **Abs. 1–4** GGV unionsweit international zuständigen Gemeinschaftsgeschmacksmustergerichts erstreckt sich grundsätzlich auf **das gesamte Gebiet der Union.**[451] Im Fall des Art. 82 **Abs. 5** GGV, wenn die Zuständigkeit des Gemeinschaftsgeschmacksmustergerichts nur aus dem Ort der **unerlaubten Handlung** abgeleitet wird, ist die Wirkung **auf den Mitgliedsstaat beschränkt,** dessen Gericht tätig geworden ist.

Auch für die internationale Zuständigkeit im **einstweiligen Rechtsschutz** kann zwischen Zen- 140 tralgerichten und Verletzungsgerichten (→ Rn. 117) unterschieden werden. Nur Zentralgerichte erlassen einstweilige Maßnahmen, die nach **Art. 90 Abs. 3 GGV in der gesamten Union Wirkung** entfalten, vorbehaltlich des ggf. erforderlichen Anerkennungs- und Vollstreckbarerklärungsverfahrens (→ Rn. 66). Daneben kann gem. **Art. 90 Abs. 1 GGV** auch bei jedem anderen nach nationalem Recht zuständigen Gericht, gem. § 52 Abs. 1 DesignG sind dies zwingend die Landgerichte (→ § 1 Rn. 86; § 937 Abs. 1), einstweiliger Rechtsschutz begehrt werden.[452] Das nur als Verletzungsgericht zuständige Landgericht ist gem. Art. 82 Abs. 5 GGV in seiner Zuständigkeit wiederum auf die in dem Mitgliedsstaat begangenen oder drohenden Handlungen beschränkt.

3. Annexansprüche. Ebenso wie die UMV regelt die GGV nur unvollständig die Ansprüche, die 141 der Verletzte bei Verletzung des Gemeinschaftsgeschmacksmusters geltend machen kann, vgl. Art. 89 GGV. Art. 89 Abs. 2 GGV ordnet ergänzend die Anwendbarkeit des jeweiligen nationalen Rechts an. Soweit der Kläger aus unionsweit geltenden Vernichtungs-, Auskunfts- und Schadensersatzansprüche **bezogen auf andere Mitgliedstaaten** geltend macht, richtet sich dies materiell nach der **Rechtslage des** jeweiligen **Mitgliedstaates,** auf dessen Gebiet die Verletzungshandlung begangen worden sein soll.[453] Bei **multiterritorialen Verletzungen** von Unionsrechten ist für das nach Art. 8 Abs. 2 Rom II-VO anwendbare Recht im Rahmen einer **Gesamtwürdigung** an das Recht des Mitgliedstaates anzuknüpfen, in dem die **ursprüngliche Verletzungshandlung** begangen wurde.[454] § 62a DesignG konkretisiert Art. 82 Abs. 2 GGV, indem die bei der Verletzung nationaler Designs vorgesehenen Anspruchsgrundlagen für Beeinträchtigung (§ 42 Abs. 1 S. 1 DesignG), auf Schadensersatz (§ 42 Abs. 2 DesignG), auf Vernichtung, auf Rückruf und Überlassung (§ 43 DesignG), auf Auskunft (§ 46 DesignG), auf Vorlage und Besichtigung (§ 46a DesignG), auf Sicherung von Schadensersatzansprüchen (§ 46b DesignG) und auf Urteilsbekanntmachung (§ 47 DesignG) neben den Ansprüchen nach Artikel 89 Absatz 1 Buchst. a–c der GGV für entsprechend anwendbar erklärt werden. Wegen der weiteren Einzelheiten vgl. auch die Ausführungen zur UMV (→ Rn. 120).

4. Gerichtsstand der Verletzungshandlung, Art. 82 Abs. 5 GGV. a) Anwendungsbereich 142 **und Reichweite.** Der Verletzte kann gem. Art. 82 Abs. 5 GGV am **Begehungsort** der Verletzungshandlung bzw. drohenden Verletzungshandlung Klage erheben, wobei die **negative Feststellungsklage** iSv Art. 81 Buchst. b GGV **ausgenommen** ist, da Art. 82 Abs. 5 GGV nicht auf Art. 81 Buchst. b GGV verweist.[455] Die **Tatortzuständigkeit** ist daher für **Verletzungsverfahren** gem. Art. 81 Buchst. a und die **Nichtigkeitswiderklage** gem. Art. 81 Buchst. d GGV **verkürzt.** Das Gericht, das seine internationale Zuständigkeit aus dem Tatort herleitet, ist zudem gem. Art. 83 Abs. 2 GGV in seiner Reichweite auf die in dem jeweiligen Mitgliedsstaat begangenen oder drohenden Handlungen beschränkt. Deshalb darf ein zB nach Art. 82 Abs. 5 GGV zuständiges deutsches Gemeinschaftsgeschmacksmustergericht (→ § 1 Rn. 93) auch nur über Verletzungsfälle in Deutschland entscheiden. Diese **Zuständigkeitsbegrenzung** gilt allerdings **nicht** für **Widerklagen auf Nichtigkeit** der den Klaganspruch begründenden Gemeinschaftsgeschmacksmuster, da diese Entscheidung nur **einheitlich** für die Gemeinschaft ergehen kann (Grundsatz der Einheitlichkeit, vgl. Art. 1 und Art. 87 GGV).[456]

Der Begehungsort der **Verletzungshandlung** bzw. drohenden Verletzungshandlung in Art. 82 143 Abs. 5, 83 Abs. 2 GGV richtet sich nach denselben Maßstäben, die für die inhaltsgleiche Regelung des Art. 125 Abs. 5 UMV gelten (→ Rn. 121 f.).

b) Einzelfragen. Gem. Art. 8 Nr. 1 EuGVVO können **Streitgenossen** im Gerichtsstand eines der 144 Streitgenossen verklagt werden, sofern zwischen beiden Klagen **Konnexität** besteht. In Verletzungsprozessen haben häufig mehrere Personen an einer Verletzungshandlung mitgewirkt, zB als Vertreiber,

---

[450] BGH GRUR 2012, 512 (515) – *Kinderwagen; Ebert-Weidenfeller/Schmüser* GRUR-Prax 2011, 526 (527 f.).
[451] BGH GRUR 2010, 718 Rn. 24 – *Verlängerte Limousinen;* OLG Düsseldorf BeckRS 2007, 11285.
[452] *Ruhl* GGV Art. 90 Rn. 6–8.
[453] BGH GRUR 2012, 1253 Rn. 46 ff. – *Gartenpavillon.*
[454] EuGH GRUR 2017, 1120 – *Nintendo/BigBen.*
[455] EuGH GRUR 2017, 1129 – *BMW/Acacia; Ruhl* GGV Art. 82 Rn. 26; LG Hamburg BeckRS 2015, 16872, Bespr. *Klawitter* GRUR-Prax 2015, 466 zur rechtsmissbräuchlichen Torpedoklage.
[456] *Büscher/Dittmer/Schiwy/Auler* GGV Art. 83 Rn. 3.

Hersteller oder Importeur. Anders als zB das europäische Bündelpatent, stellt das Gemeinschaftsgeschmacksmuster ein supranationales einheitliches Schutzrecht dar und beruht auf einer gegenüber allen Beklagten identischen Rechtslage, sodass bei sog. **Verletzerketten** der besondere Gerichtsstand der Streitgenossen gegeben ist.[457] Die Vorschrift des Art. 8 Nr. 1 EuGVVO setzt nach hM voraus, dass **jeder Beklagte** seinen Wohnsitz in einem Mitgliedstaat hat.[458] Sie dürfte im Hinblick auf Art. 79 Abs. 3 Buchst. c GGV auf den Gerichtsstand der Niederlassung zu erweitern sein, sodass es ausreicht, wenn der Primärbeklagte eine Niederlassung im Bezirk des Gerichts und der Sekundärbeklagte eine Niederlassung in der Gemeinschaft hat.[459]

H. Wettbewerbsrecht

I. UWG

145 **1. Allgemeines.** Wird eine grenzüberschreitende Wettbewerbsstreitsache (→ § 1 Rn. 102) vor einem deutschen Gericht anhängig gemacht, muss die internationale Zuständigkeit des angerufenen Landgerichts gegeben sein. Das Gericht hat seine internationale Zuständigkeit in jeder Lage des Verfahrens, auch noch in der Revisionsinstanz von Amts wegen zu prüfen.[460] Die internationale Zuständigkeit in Wettbewerbsstreitsachen richtet sich im Verhältnis der EU-und EFTA-Staaten **vorrangig** nach der **EuGVVO** bzw. dem Parallelabkommen LugÜ (→ Rn. 15 ff.). Außerhalb des Anwendungsbereichs der EuGVVO bzw. des LugÜ bestimmt sich die internationale Zuständigkeit mittelbar nach den Regeln über die **örtliche** Zuständigkeit.[461] International sind die deutschen Gerichte zuständig, wenn ein inländischer Gerichtsstand gegeben ist. Ein gem. **§ 14 UWG** bzw. **§§ 12 ff.** örtlich zuständiges Gericht ist daher grundsätzlich auch international zuständig (**Doppelfunktionalität** der deutschen Gerichtsstandsvorschriften).[462]

146 Die Zuständigkeit ist nicht davon abhängig, dass eine unlautere Wettbewerbshandlung tatsächlich erfolgt ist, sondern es genügt, dass ein **Wettbewerbsverstoß** durch den Kläger **schlüssig behauptet** wird und nicht von vorneherein ausgeschlossen werden kann.[463] Für die Zuständigkeitsfrage ist die Richtigkeit des Klagevorbringens zu unterstellen, wenn die Behauptungen, die die Zuständigkeit begründen, zugleich notwendige Tatbestandsmerkmale des Anspruchs selbst sind.[464] Ob tatsächlich ein schädigendes Ereignis eingetreten ist oder einzutreten droht, ist eine anhand des nationalen Rechts zu prüfende Frage der Begründetheit des Klageanspruchs.[465]

147 **2. Einzelfragen. a) Begehungsort einer unerlaubten Handlung.** Unlauterer Wettbewerb[466] und Immaterialgüterverletzungen[467] stellen **unerlaubte Handlungen** iSv § 32 ZPO und Art. 7 Nr. 2 EuGVVO (bzw. Art. 5 Nr. 3 LugÜ) dar. Art. 7 Nr. 2 EuGVVO enthält einen mit § 32 ZPO und § 14 Abs. 2 S. 1 UWG vergleichbaren **Wahlgerichtsstand**. Der Begehungsort iSv Art. 7 Nr. 2 EuGVVO als „Ort, an dem das schädigende Ereignis eingetreten ist oder einzutreten droht" wird **autonom** ausgelegt[468] und gibt dem Geschädigten das Wahlrecht zwischen dem **Handlungs-** und dem **Erfolgsort.**[469] Die Wendung „Ort, an dem das schädigende Ereignis eingetreten ist oder einzutreten droht" in Art. 7 Nr. 2 EuGVVO meint sowohl den Ort der **Verwirklichung des Schadenserfolgs** als auch den **Ort des** für den Schaden **ursächlichen Geschehens,** so dass der Beklagte nach Wahl des Klägers vor dem Gericht eines dieser beiden Orte verklagt werden kann.[470] Die Annahme der internationalen Zuständigkeit unter dem Gesichtspunkt des Ortes der Verwirklichung des Schadenserfolgs setzt bei Wettbewerbsverstößen allgemein voraus, dass die in einem anderen Mitgliedstaat begangene Tat nach dem Vortrag des Klägers einen Schaden im Zuständigkeitsbereich des angerufenen Gerichts verursacht

---

[457] BGH GRUR 2007, 705 (707) – Aufarbeitung von Fahrzeugkomponenten (zur Markenverletzung).
[458] Eisenführ/*Schennen* UMV Art. 94 Rn. 10.
[459] Ruhl/*Tolkmitt* GGV Art. 79 Rn. 22.
[460] BGH GRUR 2006, 513 (515) – Arzneimittelwerbung im Internet; BGH GRUR 2008, 275 Rn. 19 – Versandhandel mit Arzneimitteln; BGH GRUR 2016, 1048 Rn. 16 – An Evening with Marlene Dietrich (UrhR).
[461] BGH GRUR 1987, 172 (173) – Unternehmensberatungsgesellschaft I (zur EuGVÜ).
[462] Harte/*Henning*/*Glöckner*, Einl D Rn. 702.
[463] BGH GRUR 2015, 689 – Parfumflakon III.
[464] BGH GRUR 1987, 172 (173) – Unternehmensberatungsgesellschaft I.
[465] BGH GRUR 2015, 689 – Parfumflakon III.
[466] BGH GRUR 1988, 483 (485) – AGIAV; BGH GRUR 2005, 431 – Hotel Maritim; BGH GRUR 2006, 513 (514) – Arzneimittelwerbung im Internet; BGH GRUR 2008, 275 – Versandhandel im Internet.
[467] EuGH GRUR 2012, 654 (656) – Wintersteiger.
[468] EuGH GRUR 2012, 654 Rn. 35 – Wintersteiger; EuGH GRUR 2012, 300 Rn. 38 – eDate; vgl. noch zur EuGVÜ: EuGH NJW 1977, 493 – Mines de Potasse; NJW 1988, 3088 Rn. 16 – Kalfelis/Schröder; EuGH NJW 2002, 3617 Rn. 35 – Henkel.
[469] Vgl. noch zur EuGVÜ: EuGH GRUR-Int 1998, 298 Rn. 20 – Fiona Shevill I; BGH GRUR 2006, 513 Rn. 21 – Arzneimittelwerbung im Internet.
[470] EuGH GRUR 2012, 300 Rn. 41 – eDate (PersönlichkeitsR); EuGH GRUR 2012, 654 Rn. 19 – Wintersteiger (MarkenR); EuGH GRUR-Int 2013, 173 Rn. 39 – Folien Fischer (KartellR).

hat.[471] Hierfür reicht es aus, dass der Beklagte nach den Grundsätzen von Täterschaft und Teilnahme einen **eigenen Tatbeitrag für das Inverkehrbringen** in Deutschland leistet, zB die Herstellung für den deutschen Markt.[472] Ebenso soll sich die Ausstellung auf einer Messe immer bestimmungsgemäß (auch) auf das jeweilige Ausstellungsland auswirken.[473]

b) Umfang. Erfasst werden von dem Gerichtsstand des Begehungsortes neben Ansprüchen auf **148** Schadensersatz, zB auch Beseitigungs- sowie Unterlassungsansprüche, Folgeansprüche und Regressansprüche aus einem Gesamtschuldverhältnis zwischen mehreren Schädigern.[474] Dabei gilt Art. 7 Nr. 2 EuGVVO für **alle Klagearten** einschließlich der **negativen Feststellungsklage** mit dem Antrag, festzustellen, dass keine Haftung aus einer unerlaubten Handlung besteht.[475] Durch die Formulierung „oder einzutreten droht" ist klargestellt, dass Art. 7 Nr. 2 EuGVVO auch für **vorbeugende Unterlassungsklagen** gilt.[476]

c) Handlungen im Internet. Bei Wettbewerbsverstößen im **Internet** ist der Erfolgsort nach der **149** Rechtsprechung des BGH im Inland belegen, wenn sich der Internetauftritt **bestimmungsgemäß** dort auswirken soll.[477] **Indizien** für eine Ausrichtung in das Inland sind ein international ausgerichteter Internetauftritt und eine in **deutscher Sprache** gehaltene Webseite, die an deutschsprachige Europäer gerichtet ist. Ausreichend ist auch eine Internetseite unter einer „**de**"-**Top-Level-Domain**, selbst wenn sie in englischer Sprache gehalten ist.[478] Ein sogenannter **Disclaimer**, mit dem der Werbende ankündigt, Adressaten in einem bestimmten Land nicht zu beliefern, kann allerdings ein Indiz für eine Einschränkung des Verbreitungsgebiets sein. Ein wirksamer Disclaimer setzt aber voraus, dass er klar und eindeutig gestaltet und auf Grund seiner Aufmachung als ernst gemeint aufzufassen ist, der Werbende ihn auch **tatsächlich beachtet** und nicht entgegen seiner Ankündigung gleichwohl in das vom Vertrieb ausgenommene Absatzgebiet liefert.[479] Nicht ausreichend für die Begründung der internationalen Zuständigkeit ist bspw., wenn sich die beanstandete Aussage in englischer Sprache auf einer für England bestimmten Unterseite befindet und sich in diesem Internetauftritt auch eine für Deutschland bestimmte Seite befindet.[480] Anders jedoch, wenn den Besuchern einer englischsprachigen Internetseite in einer deutschsprachigen Fassung dieser Seite gezielt die Möglichkeit geboten wird, zu einer englischsprachigen Mitteilung zu gelangen, die sich ihrerseits an Nutzer im Inland richtet.[481] Sind die beanstandeten Vertriebshandlungen über das Internet dagegen ausschließlich auf den ausländischen Markt ausgerichtet, begründen auch **Vorbereitungshandlungen** dieses Vertriebs in Deutschland keinen inländischen Gerichtsstand.[482]

d) Unternehmenspersönlichkeitsrechtsverletzungen. Bei den **Unternehmenspersönlich- 150 keitsrechtsverletzungen** (früher sog. Geschäftsehrverletzungen[483]), wie zB Herabsetzung, Verunglimpfung und Anschwärzung, kann auf zu den Ehrverletzungen ergangene Rspr. zurückgegriffen werden. Bei **Persönlichkeitsrechtsverletzungen** durch Inhalte, die auf einer Website veröffentlicht worden sind, hat der Verletzte nach der Rspr. des EuGH die Möglichkeit, entweder bei den Gerichten des Mitgliedstaates, in dem der **Urheber** dieser Inhalte **niedergelassen** ist, oder bei den Gerichten des Mitgliedstaates, in dem sich der **Mittelpunkt seiner**, des Verletzten, **Interessen** befindet, eine Haftungsklage auf Ersatz **des gesamten** entstandenen **Schadens** zu erheben.[484] Diese Grundsätze dürften auch für Ansprüche auf Unterlassung gelten, zumal die vom BGH vorgelegte Frage eine Unterlassungsklage betraf.[485] Allerdings dürfte nach zwei zum Urheberrecht ergangenen Entscheidungen des EuGH[486] fraglich sein, ob ein zweiter Gesamtschadensgerichtsstand am Interessenmittelpunkt des Verletzten neben dem Handlungsort weiter angenommen werden kann.[487]

---

[471] BGH GRUR 2015, 689 Rn. 30 – Parfumflakon III.
[472] OLG Hamburg 15.10.2015 – 3 U 19/15.
[473] OLG Frankfurt a. M. GRUR-RR 2020, 74 (76); BeckRS 2019, 3215, Bespr. *Abrar* GRUR-Prax 2019, 184.
[474] Staudinger/*Fezer/Koos* BGB IntWirtschR Rn. 792.
[475] EuGH GRUR 2013, 98 ff. – Folien Fischer (KartellR).
[476] Dies hatte der EuGH trotz der Beschränkung des Wortlauts auf den Ort, „an dem das schädigende Ereignis eingetreten ist" auch schon für die EuGVÜ/LugÜ 1988 bestätigt EuGH NJW 2002, 3617 – Henkel.
[477] BGH GRUR 2014, 601 – englischsprachige Pressemitteilung; BGH GRUR 2006, 513 – Arzneimittelwerbung im Internet (zur EuGVÜ).
[478] OLG Frankfurt a. M. GRUR-RR 2020, 57.
[479] BGH GRUR 2006, 513 – Arzneimittelwerbung im Internet (zur EuGVÜ).
[480] OLG Frankfurt a. M. GRUR-RR 2012, 392 – Screen Scraping.
[481] BGH GRUR 2014, 601 – englischsprachige Pressemitteilung.
[482] OLG Dresden GRUR-Prax 2015, 493.
[483] *Köhler*/Bornkamm/Feddersen UWG § 4 Rn. 1.1.
[484] EuGH GRUR 2012, 300 Rn. 48 ff. – eDate.
[485] *Willems* GRUR 2013, 462 (466).
[486] EuGH GRUR 2014, 599 – Pinckney; EuGH GRUR 2015, 296 – Hejduk.
[487] *Picht* GRUR-Int 2016, 232 (235).

II. UKlaG

151 Die örtliche Zuständigkeit des Landgerichts ist in § 6 Abs. 1 UKlaG geregelt. Die Vorschrift ist **doppelfunktional,** sodass ein gem. **§ 6 Abs. 1 UKlaG** bzw. **§§ 12 ff.** örtlich zuständiges Gericht daher grundsätzlich auch international zuständig ist.[488] Im Anwendungsbereich der **EuGVVO** bzw. des LugÜ (→ Rn. 9 ff.), richtet sich die internationale Zuständigkeit vorrangig nach diesen Bestimmungen (→ Rn. 5).

152 Gem. § 6 Abs. 1 S. 1 UKlaG ist in erster Linie das Landgericht zuständig, in dessen Bezirk der Beklagte seine gewerbliche Niederlassung (§ 21), hilfsweise seinen Wohnsitz (§§ 12, 13) hat. Nachrangig ist gem. § 6 Abs. 1 S. 2 UKlaG das Gericht des inländischen Aufenthaltsortes zuständig. Weiter nachrangig ist im Falle des § 1 UKlaG das Gericht zuständig, in dessen Bezirk die unwirksame AGB verwendet wurde (§ 6 Abs. 1 S. 2 Nr. 1 UKlaG); im Fall des § 2 UKlaG ist das Gericht zuständig, in dessen Bezirk gegen Verbraucherschutzgesetze verstoßen wurde (§ 6 Abs. 1 S. 2 Nr. 2 UKlaG).

153 Klagen von **Verbraucherschutzverbänden** auf Unterlassung von missbräuchlichen AGBs nach dem UKlaG fallen nicht unter Art. 7 Nr. 1 EuGVVO sondern unter **Art. 7 Nr. 2** EuGVVO, denn die Verbraucherschutzorganisation ist nicht Vertragspartei, sondern auf der Grundlage eines Rechts tätig, das ihr gesetzlich verliehen wurde.[489] Dies gilt ebenso für Unterlassungsansprüche, die andere Verstöße gegen Verbraucherschutzgesetze als die Verwendung missbräuchlicher Vertragsklauseln zum Gegenstand haben, weil in solchen Verstößen ebenso – schädigende Ereignisse darstellende – Angriffe auf die Rechtsordnung liegen, mit deren Verhinderung die Verbraucherschutzorganisationen gem. Art. 3 Buchst. b, 2 Abs. 1 Buchst. a RL 2009/22/EG in Verbindung mit deren Anhang I Nr. 6 und Art. 31 S. 2 RL 2011/83/EU betraut sind.[490]

I. Urheberrecht

154 In Urheberrechtsstreitsachen können insbesondere der **Gerichtsstand des Erfüllungsortes** (Art. 7 Nr. 1 EuGVVO/Art. 5 Nr. 1 LugÜ), der **Gerichtsstand der Niederlassung** (Art. 7 Nr. 5 EuGVVO/Art. 5 Nr. 5 LugÜ) und der **Gerichtsstand der unerlaubten Handlung** in Art. 7 Nr. 2 EuGVVO/Art. 5 Nr. 3 LugÜ von Bedeutung sein. Unter die Zuständigkeit des Gerichtsstands der unerlaubten Handlung fallen auch Klagen wegen Urheberrechtsverletzungen[491] und Streitigkeiten über einen angemessenen urheberrechtlichen Ausgleichs iSv Art. 5 Abs. 2 RL 2001/29/EG.[492]

155 Auch bei der Verletzung von Urheberrechten kommt dem Gerichtsstand der unerlaubten Handlung (§ 32 ZPO, Art. 7 Nr. 2 EuGVO) eine besondere Bedeutung zu. Maßgeblich ist danach der Ort, an dem das schädigende Ereignis eingetreten ist oder einzutreten droht. Bei Urheberrechtsverletzungen bedeutet dies wiederum, dass die Rechtsverletzung immer und überall dort eintritt, wo ein Eingriff in die urheberrechtliche Position erfolgt, dh der Ort der Vervielfältigung, des Angebots von Vervielfältigungsstücken, des Orts der Fernsehausstrahlung usw.[493] Der Erfolgsort einer unerlaubten Handlung ist bei einer behaupteten Verletzung des Urheberrechts oder verwandter Schutzrechte durch **ein öffentliches Zugänglichmachen des Schutzgegenstands über eine Internetseite** im Inland belegen, wenn die geltend gemachten Rechte im Inland geschützt sind und die Internetseite (auch) im Inland öffentlich zugänglich ist; es ist dagegen **nicht erforderlich,** dass der Internetauftritt **bestimmungsgemäß** (auch) im Inland **abgerufen** werden kann.[494] Dieses Gericht ist **nur** für die Entscheidung über den **Schaden** zuständig, der im **Hoheitsgebiet des Mitgliedstaats** verursacht worden ist, zu dem es gehört.[495]

156 Zwar ist es grundsätzlich nicht erlaubt, die Tatbeiträge eines Beteiligten dem anderen zuständigkeitsbegründend zuzurechnen. Dies soll allerdings nur für den Handlungsort gelten. Soweit jedoch die Gefahr besteht, dass sich der Schaden im Bezirk des angerufenen Gerichts verwirklicht,[496] soll das Gericht dieses Bezirkes unter dem Gesichtspunkt der Verwirklichung des geltend gemachten Schadens (Erfolgsorts) international zuständig sein. In diesem Fall ist das Gericht aber nur für die Entscheidung

---

[488] Köhler/Bornkamm/Feddersen UWG Einl. Rn. 5.38 (zu § 14 UWG bzw. §§ 12 ff.).
[489] Vgl. noch zu Art. 5 Nr. 1 und 3 EuGVÜ: EuGH EuZW 2002, 657 Rn. 39 – Henkel.
[490] Vgl. OLG München GRUR 2019, 272 Rn. 26.
[491] BGH GRUR-Int 2007, 928 Rn. 17 – Wagenfeld-Leuchte (zu Art. 5 Nr. 3 EuGVÜ).
[492] EuGH GRUR 2016, 927; Bespr. Jani GRUR-Prax 2016, 222.
[493] BeckOK UrhR/Reber UrhG § 105 Rn. 6.
[494] EuGH GRUR 2014, 100 Rn. 42 – Pinckney/Mediatech; EuGH GRUR 2015, 296 Rn. 32 – Hejduk/EnergieAgentur; BGH GRUR 2016, 1048 – An Evening with Marlene Dietrich (unter Aufgabe von BGH NJW 2010, 2731 – Vorschaubilder I, zu § 32 ZPO).
[495] EuGH GRUR 2014, 100 Rn. 47 – Pinckney/Mediatech; EuGH GRUR 2015, 296 Rn. 38 – Hejduk/EnergieAgentur.
[496] Die urheberrechtsverletzenden Werke waren in einer im Bezirk des angerufenen Gerichts befindlichen Buchhandlung erhältlich.

über den Schaden zuständig, der im Hoheitsgebiet seines Mitgliedstaates verursacht worden ist.[497] Im **Urheberrecht** betont der EuGH in neueren Entscheidungen also das **Mosaikprinzip**.[498]

Bei Klagen wegen Urheberrechtsstreitigkeiten gegen **eine natürliche Person**, die **nicht im geschäftlichen Verkehr** handelt, ist **§ 104a Abs. 1 S. 1 UrhG** zu beachten. Dieser Gerichtsstand ist bei Beklagten mit Wohnsitz im Inland ausschließlich. Bei **Beklagten mit Wohnsitz im Ausland** ist zu unterscheiden: Die Vorschrift ist im **Anwendungsbereich der EuGVVO** bzw. des LugÜ nicht ausschließlich und wird von den Regelungen der internationalen Zuständigkeit **verdrängt**.[499] Bei Klagen gegen natürliche Beklagte in Drittstaaten ist gem. Art. § 104a Abs. 1 S. 2 UrhG das Gericht zuständig, in dessen Bezirk die Handlung begangen ist.

Titel 2. Gerichtsstand

§ 12 Allgemeiner Gerichtsstand; Begriff

Das Gericht, bei dem eine Person ihren allgemeinen Gerichtsstand hat, ist für alle gegen sie zu erhebenden Klagen zuständig, sofern nicht für eine Klage ein ausschließlicher Gerichtsstand begründet ist.

Literatur: *Fayaz*, Sanktionen wegen der Verletzung von Gemeinschaftsmarken: Welche Gerichte sind zuständig und welches Recht ist anzuwenden? (1. Teil), GRUR Int 2009, 459; *Fezer*, Ausschließliche Zuständigkeit der Kennzeichengerichte und der Gemeinschaftsmarkengerichte, NJW 1997, 2915; *Rohnke*, Gemeinschaftsmarken oder nationale Marken? – Strategische Überlegungen zur Rechtsdurchsetzung, GRUR Int 2002, 979.

Übersicht

	Rn.
A. Begriff und Bedeutung des Gerichtsstandes	1
I. Begriff	1
II. Normzweck	2
III. Anknüpfungspunkte	3
IV. Gerichtsbezirk, insbesondere Konzentrationsermächtigung	4
B. Arten der Gerichtsstände	6
I. Allgemeiner Gerichtsstand	6
II. Besondere Gerichtsstände	7
III. Ausschließliche und nichtausschließliche Gerichtsstände	8
IV. Konkurrenzen von mehreren Gerichtsständen	9
V. Gerichtsstand des Sachzusammenhangs	10
C. Internationale Zuständigkeit	13
D. Die prozessuale Behandlung des Gerichtsstandes	16

A. Begriff und Bedeutung des Gerichtsstandes

I. Begriff

Unter dem Gerichtsstand ist nach dem (nicht immer einheitlichen) Sprachgebrauch der ZPO die **örtliche Zuständigkeit** zu verstehen.[1] In den Fällen der §§ 40 Abs. 2, 802 umfasst der Gerichtsstand auch die sachliche Zuständigkeit. Mit dem allgemeinen Gerichtsstand wird die örtliche Zuständigkeit des Gerichts geregelt, bei dem die Klage erhoben werden soll.

II. Normzweck

Mit der Zuständigkeitsregelung wird eine allgemeine, an der Natur der Sache und dem Gerechtigkeitsgedanken orientierte prozessuale Lastenverteilung vorgenommen.[2] Der Angreifer hat den Angegriffenen grundsätzlich an dessen Ort aufzusuchen („actor sequitur forum rei").[3] Die gesetzliche Zuständigkeitszuordnung sorgt dafür, dass die Streitsache vor das am günstigsten gelegene Gericht kommt und sie gewährleistet so die sachgerechte Ausübung des Anspruchs auf rechtliches Gehör (Art. 103 Abs. 1 GG). Schließlich ergibt sich aus ihr der gesetzliche Richter, Art. 101 Abs. 1 S. 2 GG.[4]

---

[497] EuGH EuZW 2014, 431 mit kritischen Anmerkungen Müller, 434 – Hi Hotel/Spoering.
[498] EuGH GRUR 2014, 100 Rn. 47 – Pinckney/Mediatech; EuGH GRUR 2015, 296 Rn. 38 – Hejduk/EnergieAgentur.
kritisch: Picht/Kopp GRUR-Int 2016, 232.
[499] BeckOK UrhR/*Reber* UrhG § 105 Rn. 7.
[1] AllgM; *Zöller/Schultzky* ZPO § 12 Rn. 1; MüKoZPO/*Patzina* ZPO § 12 Rn. 4; Thomas/Putzo/*Hüßtege* ZPO Vorb. § 12 Rn. 1.
[2] Musielak/Voit/*Heinrich* ZPO § 12 Rn. 1.
[3] EuGH NJW 2002, 1407 Rn. 52 – Besix SA/WABAG.
[4] *Zöller/Schultzky* ZPO § 12 Rn. 2.

III. Anknüpfungspunkte

3 In erster Linie knüpft die gesetzliche Zuständigkeitsordnung an die örtlichen Verhältnisse des Beklagten an (insbesondere §§ 13, 17, 21). Weitere, insbesondere für den Gewerblichen Rechtsschutz relevante Anknüpfungspunkte sind die Sachnähe (§§ 23, 29, 32) und der Sachzusammenhang (§§ 33, 34).

IV. Gerichtsbezirk, insbesondere Konzentrationsermächtigung

4 Der **Gerichtsbezirk** – auch Gerichtssprengel genannt – bezeichnet das lokale Gebiet, innerhalb dessen das Gericht örtlich zuständig ist. Die Festlegung der Gerichtsbezirke erfolgt, abgesehen von den Gerichten, die für den gesamten Geltungsbereich der ZPO zuständig sind (BPat, BGH), durch Landesrecht.[5]

5 In allen Bereichen des Gewerblichen Rechtsschutzes enthalten die einzelnen Spezialgesetze Verordnungsermächtigungen zur **Konzentration**. Die Konzentration ist eine **Sonderform** der **sachlichen** Zuständigkeit, da die Sachkompetenz in Bezug auf mehrere Amts- oder Landgerichte, die eigentlich sachlich und örtlich zuständig wären, geregelt wird.[6] Von dieser Ermächtigung bzw. Befugnis, bürgerliche Rechtsstreitigkeiten einem Landgericht für die Bezirke mehrerer Landgerichte zuzuweisen (sog. **Konzentrationsermächtigung**) haben die meisten Länder im Gewerblichen Rechtsschutz und Urheberrecht in großem Umfang Gebrauch gemacht (§ 14 Abs. 3 UWG, § 140 MarkenG, § 143 PatG, § 27 GebrMG, § 52 DesignG, § 11 HalbSchG, § 39 ArbEG, § 38 SortG, § 105 UrhG und § 89 GWB). Dort, wo eine Konzentration oder Übertragung nicht erfolgt ist, ist der Gerichtsstand bei dem allgemein zuständigen Landgericht. Zuständig für die **Berufung** ist dasjenige OLG, dem das betreffende Landgericht zugeordnet ist.[7] Hinsichtlich der Einzelheiten, insbesondere der einzelnen landesrechtlichen Zuweisungen, wird auf § 1 verwiesen.

B. Arten der Gerichtsstände

I. Allgemeiner Gerichtsstand

6 Der allgemeine Gerichtsstand ist für alle Klagen gegen eine Person in §§ 12–19a erschöpfend geregelt.[8] Der allgemeine Gerichtsstand des Beklagten bestimmt sich bei natürlichen Personen nach ihrem (inländischen) Wohnsitz (§ 13), hilfsweise nach ihrem (inländischen) Aufenthaltsort, weiter hilfsweise nach ihrem letzten (inländischen) Wohnsitz (§ 16). Bei juristischen Personen bestimmt sich der allgemeine Gerichtsstand durch ihren Sitz (§ 17), für den Insolvenzverwalter durch den Sitz des Insolvenzgerichts (§ 19a).

II. Besondere Gerichtsstände

7 Besondere Gerichtsstände sind alle anderen Gerichtsstände. Sie sind für einzelne bestimmte Klagen gegeben. Hierzu gehören die §§ 20–34 sowie die sonstigen Zuständigkeitsvorschriften der ZPO (zB Arrest und einstweilige Verfügung, §§ 919, 937, 942, 943). Im Gewerblichen Rechtsschutz sind dies § 14 UWG und § 6 UKlaG (beachte die sie wiederum ausschließenden § 141 MarkenG und § 53 DesignG). Im Anwendungsbereich der EuGVVO bzw. des LugÜ sind die besonderen Zuständigkeiten in Art. 7 ff. EuGVVO bzw. Art. 5 ff. LugÜ abschließend geregelt (Vor § 12).

III. Ausschließliche und nichtausschließliche Gerichtsstände

8 Die ausschließliche Zuständigkeit ist **zwingend**. Sie ist der Parteivereinbarung entzogen (→ § 40 Rn. 2 f.) und lässt andere Zuständigkeiten nicht wirksam werden, insbesondere bei der Widerklage (§ 33 Abs. 2). Eine Gerichtsstandsvereinbarung (§ 38) ist nicht möglich. Die örtliche Zuständigkeit ist ausschließlich, wenn das Gesetz die Zuständigkeit für ausschließlich erklärt. Eine ausschließliche örtliche Zuständigkeit besteht auch für Klagen nach dem UKlaG (§ 6 Abs. 1 S. 1 UKlaG) und dem GeschGehG (§ 15 Abs. 2 GeschGehG).

IV. Konkurrenzen von mehreren Gerichtsständen

9 Zwischen mehreren nichtausschließlichen Gerichtsständen (zB §§ 12, 13, 32) darf der Kläger wählen (§ 35). Keine Wahlmöglichkeit ist bei ausschließlichen Gerichtsständen gegeben, sodass stets zu prüfen

---

[5] MüKoZPO/*Patzina* ZPO § 12 Rn. 10 f.
[6] BGH GRUR 1962, 305 (306) – Federspannvorrichtung; OLG Braunschweig NJOZ 2014, 413; *Eichmann/Jaestedt/Fink/Meiser* DesignG § 52 Rn. 13; *Fezer* NJW 1997, 2915 (2916); Benkard/*Rogge/Grabinski* PatG § 143 Rn. 7; Schulte/*Rinken* PatG § 143 Rn. 16.
[7] Büscher/Dittmer/Schiwy/*Auler* GGV Art. 80 Rn. 3.
[8] Zöller/*Schultzky* ZPO § 12 Rn. 6.

Allgemeiner Gerichtsstand; Begriff 10–15 § 12 ZPO

ist, ob ein ausschließlicher Gerichtsstand vorliegt.[9] Zwischen mehreren ausschließlichen Gerichtsständen hat der Kläger dagegen ebenfalls ein Wahlrecht.[10]

V. Gerichtsstand des Sachzusammenhangs

Ist der Klageantrag auf **mehrere Klagegründe** gestützt (zB Vertrag und Delikt), besteht nach hM eine **umfassende Entscheidungszuständigkeit** auch im besonderen Gerichtsstand (**zB § 32**), dh es gibt **keine teilweise gespaltene örtliche** Zuständigkeit, wonach das Gericht nur die Anspruchsgrundlage berücksichtigen darf, die seine Zuständigkeit begründet.[11] Ein zB im Gerichtsstand des § 14 Abs. 2 UWG angegangenes Gericht kann den Rechtsstreit daher umfassend entscheiden und auch vertragliche Anspruchsgrundlagen prüfen (→ § 1 Rn. 17). Bei subjektiver Klagehäufung, also einer Klage gegen Streitgenossen mit unterschiedlichen Gerichtsständen, gilt § 36 Nr. 3 (→ § 36 Rn. 15). 10

Der Gerichtsstand des **Sachzusammenhangs** gilt allerdings **nicht für die internationale Zuständigkeit**. Für konkurrierende nicht-deliktische Ansprüche kann nach der Rechtsprechung im Gerichtsstand der unerlaubten Handlung keine Annexzuständigkeit in Anspruch genommen werden (→ Vor § 12 Rn. 30).[12] 11

Daneben gibt es im deutschen Zivilprozessrecht einige Vorschriften, die eine Zuständigkeit kraft Sachzusammenhangs kennen. Für Prozesse des Gewerblichen Rechtsschutzes können §§ 33, 34, 64, 767 relevant sein. Die EuGVVO bzw. das LugÜ (Vor § 12) kennt den Gerichtsstand des Sachzusammenhangs für die Widerklage (Art. 8 Nr. 3 EuGVVO bzw. Art. 6 Nr. 3 LugÜ) und – weitergehend als die ZPO – für die Streitgenossen (Art. 8 Nr. 1 EuGVVO bzw. Art. 6 Nr. 1 LugÜ). 12

C. Internationale Zuständigkeit

Das deutsche IZPR enthält **keine speziellen Bestimmungen** zur internationalen Zuständigkeit bei Verfahren des Gewerblichen Rechtsschutzes,[13] sodass für die Bestimmung der internationalen Zuständigkeit auf die **deutschen Gerichtsstandsvorschriften** zurückzugreifen ist.[14] Grundsätzlich ist daher ein nach den §§ 12 ff. ZPO (bzw. 14 Abs. 2 UWG, § 6 Abs. 1 UKlaG) örtlich zuständiges Gericht auch international zuständig (sog. **Doppelfunktionalität** der Vorschriften über die örtliche Zuständigkeit[15]). Die örtliche Zuständigkeit bezieht sich stets nur auf das konkrete, vom Kläger angerufene Gericht, während die internationale Zuständigkeit bestimmt, ob inländische Gerichte in ihrer Gesamtheit für die Entscheidung des Rechtsstreits zuständig sind.[16] 13

Das deutsche Zivilprozessrecht ist gegenüber den Sonderregeln des europäischen **Gemeinschaftsrechts** und des völkerrechtlichen **Vertragsrechts subsidiär**.[17] Im Anwendungsbereich der EuGVVO und des LugÜ wird die innerstaatliche Zuständigkeitsordnung durch die unmittelbar anzuwendenden Zuständigkeitsvorschriften der EuGVVO bzw. des LugÜ verdrängt.[18] Die EuGVVO und das LugÜ regeln weitgehend neben der internationalen auch die örtliche Zuständigkeit für Rechtsstreitigkeiten innerhalb des Anwendungsbereichs der EuGVVO/des LugÜ.[19] Sind supranationale Schutzrechte (Unionsmarke, Gemeinschaftsgeschmacksmuster, gemeinschaftlicher Sortenschutz) betroffen, gibt es weitere **Sonderregeln**, die den **allgemeinen Vorschriften vorgehen,**[20] vgl. Art. 125 UMV, Art. 82 GGV, Art. 101 Sortenschutz-VO (ausführlich: Vor § 12). 14

Das **Fehlen der Internationalen Zuständigkeit** führt zur **Abweisung** der Klage wegen **Unzulässigkeit**. Eine Verweisung oder formlose Abgabe an ein ausländisches Gericht ist nicht möglich.[21] Bei einem international unzuständigen **Unionsmarkengericht** wird allerdings die **Verweisung** an ein ausländisches Unionsmarkengericht für möglich gehalten.[22] 15

---

[9] Thomas/Putzo/*Hüßtege* ZPO § 12 Rn. 7.
[10] Musielak/Voit/*Heinrich* ZPO § 12 Rn. 8; BeckOK ZPO/*Toussaint* § 12 Rn. 5.
[11] BGH NJW 2003, 828; Zöller/*Schultzky* ZPO § 12 Rn. 20.
[12] Vgl. dazu (noch zur EuGVÜ) EuGH NJW 1988, 3088 – Kalfelis/Schröder und BGH NJW-RR 2005, 581; vgl. auch die ausführliche Darstellung zum Meinungsstand bei *Schack* § 8 Rn. 426 ff.
[13] Staudinger/*Fezer/Koos* BGB IntWirtschR Rn. 813, 1142.
[14] Zöller/*Geimer* ZPO IZPR Rn. 39.
[15] BGH GRUR 1987, 172 (173) – Unternehmensberatungsgesellschaft I; BGH GRUR 2007, 884 Rn. 23 – Cambridge Institute.
[16] *Schack* § 8 Rn. 238.
[17] BGH GRUR 2007, 883 Rn. 22 f. – Cambridge Institute; Staudinger/*Fezer/Koos* BGB IntWirtschR Rn. 787.
[18] Zöller/*Schultzky* ZPO § 12 Rn. 5.
[19] Musielak/Voit/*Heinrich* ZPO § 12 Rn. 17.
[20] *Ingerl/Rohnke* MarkenG § 125 Rn. 38 f.
[21] MüKoZPO/*Patzina* ZPO § 12 Rn. 72, 74.
[22] *Fayaz* GRUR-Int 2009, 459 (466); *Eisenführ/Overhage*/Schennen UMV Art. 100 Rn. 21; aA Rohnke GRUR-Int 2002, 979 (989).

Zöllner

D. Die prozessuale Behandlung des Gerichtsstandes

16 Das Gericht 1. Instanz – in Prozessen des Gewerblichen Rechtsschutzes sind dies, anders als im Urheberrecht, immer die Landgerichte (→ § 1 Rn. 2 f.) – muss seine eigene **örtliche Zuständigkeit von Amts** wegen nur bei Säumnis prüfen. Bei **rügeloser** Einlassung ist § 39 S. 1 zu beachten.[23] Weiter ist zu beachten, dass die rügelose Einlassung nach § 40 Abs. 2 S. 1 Nr. 2, S. 2 nur zuständigkeitsbegründend ist, wenn sie zur Zuständigkeit eines der Spezialgerichte des Gewerblichen Rechtsschutzes führt (§§ 39, 40).

17 Die Zuständigkeit ist Prozessvoraussetzung, ihr **Fehlen** führt zur **Unzulässigkeit** der Klage bzw. beantragten Maßnahme (zB Antrag im einstweiligen Verfügungsverfahren).[24] Stellt der Kläger keinen **Verweisungsantrag** (§ 281), ist die Klage durch Prozessurteil **abzuweisen** bzw. die beantragte Maßnahme abzulehnen.[25]

18 Das Gericht überprüft die örtliche Zuständigkeit auf Grund der vom **Kläger vorgebrachten Tatsachen**. Die rechtliche Begründung und Bewertung ist dabei unerheblich.[26] Die den Gerichtsstand begründenden Tatsachen (zB der Wohnsitz bzw. Sitz des Beklagten in § 13 bzw. § 17), sind vom Kläger zu **beweisen**, wenn der Beklagte diese **bestreitet**. Auch bei **Säumnis** des Beklagten hat das Gericht seine örtliche Zuständigkeit zu prüfen. Der Vortrag des Klägers zu den die örtliche Zuständigkeit begründenden **Tatsachen** gilt jedoch, vorbehaltlich § 331 Abs. 1 S. 2, als **zugestanden**.[27] Im amtsgerichtlichen Verfahren – dies betrifft nur Urheberrechtssachen – ist der Beklagte vor Verhandlungsbeginn gem. § 504 über die Unzuständigkeit und das Rügerecht zu belehren.

19 Bei den sogenannten **doppelrelevanten Tatsachen** genügt die schlüssige Behauptung der die örtliche Zuständigkeit begründenden Tatsachen. Doppelrelevant sind Tatsachen, aus denen zugleich die örtliche (und internationale) Zuständigkeit des Gerichts und die Begründetheit des materiellen Anspruchs folgen.[28] Typischer Fall in Prozessen des Gewerblichen Rechtsschutzes und Urheberrechts ist die Behauptung einer Verletzungshandlung im Bezirk des angerufenen Gerichts. Ist der Tatsachenvortrag des Klägers insoweit schlüssig, bedarf es im Rahmen der Zuständigkeitsprüfung keines besonderen Nachweises dieser doppelrelevanten Tatsache, sondern die Tatsache wird im Rahmen der Zuständigkeitsprüfung als zutreffend unterstellt.[29] Beim **Handlungs- oder Erfolgsort** handelt es sich allerdings **nicht notwendigerweise** um eine solche doppelrelevante Tatsache. Zwar wird der Vortrag des Klägers unterstellt, der Beklagte habe eine unerlaubte Handlung begangen. Dass dies aber (auch) im Bezirk des angerufenen Gerichts der Fall war, muss der Kläger im Bestreitensfall beweisen.[30] Bei bundesweiter Tätigkeit des Verletzers **genügt** hier jedoch in aller Regel die Behauptung, eine **Rechts- bzw. Schutzrechtsverletzung drohe auch im Bezirk** des angerufenen Gerichts.

20 Zur Begründung der Zuständigkeit aus einer **Gerichtsstandsvereinbarung** (§ 38), ist die schlüssige Darlegung des Anspruchs, auf welchen sich die Vereinbarung bezieht, erforderlich, aber auch ausreichend.[31]

21 Bei der Frage der **Mitbewerbereigenschaft** im Sinne von § 8 Abs. 3 Nr. 1 UWG handelt es sich um eine **doppelrelevante Tatsache,** wenn der Kläger im Gerichtsstand des **§ 14 Abs. 2 S. 2 UWG** vorgeht.[32]

22 Kann der Kläger den **Nachweis einer doppelrelevanten Tatsache nicht führen**, ist die Klage nach hM als **unbegründet** und nicht als unzulässig abzuweisen. Andernfalls könnte bei nicht begründetem Klaganspruch die Klage stets nur als unzulässig abgewiesen werden, ohne dass die darin enthaltene materiell-rechtliche Entscheidung in Rechtskraft erwachsen könnte.[33]

23 Maßgeblicher Zeitpunkt für das Vorliegen der örtlichen Zuständigkeit ist der **Verhandlungsschluss**, wobei der nachträgliche Eintritt der Zuständigkeit genügt.[34] Bestand die örtliche Zuständigkeit einmal, dann besteht sie auch weiter, wenn die sie begründenden Umstände im Laufe des Rechtsstreits wegfallen (**„perpetuatio fori"**).[35] Eine Ausnahme von diesem Grundsatz gilt für das Kartellrecht (→ § 1 Rn. 115).

24 Ein **Rechtsmittel** kann **nicht** darauf gestützt werden, dass das Gericht die örtliche **Zuständigkeit** zu Unrecht **bejaht** hat. (§§ 513 Abs. 2, 545 Abs. 2, 571 Abs. 2, 576 Abs. 3). § 513 Abs. 2 ZPO

---

[23] Die Hinweispflicht gem. § 504 gilt nur vor dem Amtsgericht und bei unwirksamer Verbraucherprorogation, dies betrifft Prozesse des Gewerblichen Rechtsschutzes grundsätzlich nicht.
[24] BeckOK ZPO/*Toussaint* ZPO § 12 Rn. 20.
[25] Thomas/Putzo/*Hüßtege* ZPO Vorb. § 1 Rn. 11.
[26] MüKoZPO/*Patzina* ZPO § 12 Rn. 55.
[27] Zöller/*Schultzky* ZPO § 12 Rn. 13.
[28] MüKoZPO/*Patzina* ZPO § 12 Rn. 56.
[29] Musielak/Voit/*Heinrich* ZPO § 12 Rn. 14.
[30] ZB Benkard//*Grabinski/Zülch* PatG § 139 Rn. 98.
[31] BGH NJW-RR 2004, 935.
[32] Harte/Henning/*Retzer/Tolkmitt* UWG 4. Aufl., § 14 Rn. 11.
[33] MüKoZPO/*Patzina* ZPO § 12 Rn. 56.
[34] Zöller/*Schultzky* ZPO § 12 Rn. 15.
[35] BGH NJW 2011, 2515 (2517).

hindert das Rechtsmittelgericht auch, den Rechtsstreit unter Aufhebung des angefochtenen Urteils gemäß § 281 ZPO an ein anderes erstinstanzliches Gericht zu verweisen. Der umfassende, der Verfahrensbeschleunigung und Entlastung der Berufungsgerichte dienende Prüfungsausschluss hindert das Berufungsgericht, die örtliche (und sachliche) Zuständigkeit des Erstgerichts überhaupt zu prüfen. Eine Nachprüfung der erstinstanzlichen örtlichen, sachlichen oder funktionalen Zuständigkeit ist selbst dann schlechthin ausgeschlossen, wenn das Berufungsgericht die Revision zur Klärung der Zuständigkeitsfrage zugelassen hat.[36] Eine im Berufungsurteil dennoch ausgesprochene Verweisung unterliegt – sofern gegen das Urteil in zulässiger Weise Revision eingelegt worden ist – der Aufhebung durch das Revisionsgericht.[37] Eine **Ausnahme** gilt für die **internationale** Zuständigkeit, die in jeder Lage des Verfahrens und auch noch in der Revisionsinstanz von Amts wegen zu prüfen ist (Vor § 12).[38] Eine Verweisung soll ferner ausnahmsweise in Betracht kommen, wenn der Antragsgegner im erstinstanzlichen Verfahren keine Gelegenheit hatte, die Zuständigkeitsrüge zu erheben.[39]

§ 13 Allgemeiner Gerichtsstand des Wohnsitzes

Der allgemeine Gerichtsstand einer Person wird durch den Wohnsitz bestimmt.

A. Allgemeines

Der allgemeine Gerichtsstand einer **natürlichen Person** wird durch ihren Wohnsitz bestimmt. Für **1** juristische Personen gilt § 17. Die Staatsangehörigkeit einer Person ist für die Bestimmung des Wohnsitzes ohne Bedeutung.[1] Natürliche Personen ohne Wohnsitzgerichtsstand im Inland müssen im Ausland verklagt werden, soweit kein besonderer Gerichtsstand eingreift (zB § 32). Bei wohnsitzlosen Personen wird der allgemeine Gerichtsstand durch ihren inländischen Aufenthaltsort, hilfsweise durch ihren letzten inländischen Wohnsitz bestimmt (§ 16).

B. Wohnsitz

Der **Begriff** des Wohnsitzes ist in der ZPO nicht geregelt und den §§ 7–11 BGB zu entnehmen.[2] **2** Trotz der Bezugnahme auf die materiell-rechtlichen Normen des BGB bleibt der Begriff des Wohnsitzes ein prozessrechtlicher. Bei Passivprozessen von Ausländern gilt die lex fori, dh die Frage des Wohnsitzes im Inland ist allein nach deutschem Recht zu entscheiden.[3] Das BGB unterscheidet zwischen dem selbständigen Wohnsitz (§§ 7, 8 BGB) und dem gesetzlichen (§§ 9–11 BGB).

Der **selbständige Wohnsitz** ist der Ort, an dem sich jemand ständig niederlässt, in der Absicht, ihn **3** zum räumlichen Mittelpunkt seiner wirtschaftlichen und gesellschaftlichen Tätigkeit zu machen.[4] Die Begründung von mehreren Wohnsitzen ist gem. § 7 Abs. 2 BGB möglich. Bei mehrfachem Wohnsitz wird an jedem der allgemeine Gerichtsstand begründet und der Kläger kann zwischen ihnen wählen (§ 35).[5]

Für die Bestimmung des **Ortes** iSd § 7 BGB ist auf die kleinste politische Einheit (Gemeinde, Stadt), **4** in die Wohnung liegt, abzustellen.[6] Der maßgebliche **Zeitpunkt** ist die Klageerhebung, wobei es für die Bejahung der örtlichen Zuständigkeit genügt, wenn der Beklagte bis zum Zeitpunkt des Verhandlungsschlusses seinen Wohnsitz in den Bezirk des angerufenen Gerichts verlegt hat.[7] Ein nachträgliche Wohnsitzwechsel ist ohne Bedeutung (§ 261 Abs. 3 Nr. 2, sog. perpetuatio fori).[8]

Der gesetzliche (o. abgeleitete) Wohnsitz betrifft nicht voll Geschäftsfähige (§ 8 BGB) und Soldaten **5** (§ 9 BGB) und spielt im Gewerblichen Rechtsschutz keine Rolle.

§ 13 ist kein ausschließlicher Gerichtsstand, sodass der Kläger, soweit weitere nicht ausschließliche **6** Gerichtsstände vorliegen (insbesondere § 32), ein Wahlrecht hat (→ § 35 Rn. 4). Ebenso hat der Kläger zwischen mehreren Wohnsitzen ein Wahlrecht.[9]

---

[36] BGH GRUR 2013, 757 – Urheberrechtliche Honorarklage.
[37] BGH NJW-RR 2005, 501.
[38] BGH GRUR 2005, 431 (432) – Hotel Maritim; BGH GRUR 2008, 275 Rn. 19 – Versandhandel mit Arzneimitteln.
[39] OLG Naumburg BeckRS 2015, 19776; Bespr. *Löffel* in GRUR-Prax 2016, 112.
[1] MüKoZPO/*Patzina* ZPO § 13 Rn. 3.
[2] Zöller/*Schultzky* ZPO § 13 Rn. 3.
[3] Musielak/Voit/*Heinrich* ZPO § 13 Rn. 2.
[4] Zöller/*Schultzky* ZPO § 13 Rn. 4.
[5] Thomas/Putzo/*Hüßtege* ZPO § 13 Rn. 1.
[6] Grüneberg/*Ellenberger* BGB § 7 Rn. 1.
[7] BGH NJW 2011, 2515 Rn. 11.
[8] Zöller/*Schultzky* ZPO § 13 Rn. 12.
[9] BeckOK ZPO/*Toussaint* ZPO § 13 Rn. 7.

C. Internationaler Rechtsstreit

I. Doppelfunktionalität

7 § 13 ist doppelfunktional und begründet neben der örtlichen auch die internationale Zuständigkeit (Vor § 12). Die Staatsangehörigkeit des Beklagten ist ohne Bedeutung. § 13 gilt uneingeschränkt für Ausländer mit Wohnsitz im Inland.[10]

II. Geltungsbereich der EuGVVO bzw. des LugÜ

8 Im Anwendungsbereich der EuGVVO und des LugÜ wird § 13 durch die Vorschriften dieser Abkommen verdrängt (Vor § 12). Nach Art. 4 Abs. 1 EuGVVO (Art. 2 Abs. 1 LugÜ) bestimmt der Wohnsitz des Beklagten die internationale Zuständigkeit des Vertragsstaates, in dessen Hoheitsgebiet sich der Wohnsitz befindet. Die Bestimmung des im Inland gelegenen Wohnsitzes erfolgt gem. Art. 62 Abs. 1 EuGVVO (Art. 59 Abs. 1 LugÜ) nach inländischem Recht.

§ 14 (weggefallen)

§ 15 Allgemeiner Gerichtsstand für exterritoriale Deutsche

(1) ¹Deutsche, die das Recht der Exterritorialität genießen, sowie die im Ausland beschäftigten deutschen Angehörigen des öffentlichen Dienstes behalten den Gerichtsstand ihres letzten inländischen Wohnsitzes. ²Wenn sie einen solchen Wohnsitz nicht hatten, haben sie ihren allgemeinen Gerichtsstand beim Amtsgericht Schöneberg in Berlin.

(2) Auf Honorarkonsuln ist diese Vorschrift nicht anzuwenden.

§ 16 Allgemeiner Gerichtsstand wohnsitzloser Personen

Der allgemeine Gerichtsstand einer Person, die keinen Wohnsitz hat, wird durch den Aufenthaltsort im Inland und, wenn ein solcher nicht bekannt ist, durch den letzten Wohnsitz bestimmt.

§ 17 Allgemeiner Gerichtsstand juristischer Personen

(1) ¹Der allgemeine Gerichtsstand der Gemeinden, der Korporationen sowie derjenigen Gesellschaften, Genossenschaften oder anderen Vereine und derjenigen Stiftungen, Anstalten und Vermögensmassen, die als solche verklagt werden können, wird durch ihren Sitz bestimmt. ²Als Sitz gilt, wenn sich nichts anderes ergibt, der Ort, wo die Verwaltung geführt wird.

(2) Gewerkschaften haben den allgemeinen Gerichtsstand bei dem Gericht, in dessen Bezirk das Bergwerk liegt, Behörden, wenn sie als solche verklagt werden können, bei dem Gericht ihres Amtssitzes.

(3) Neben dem durch die Vorschriften dieses Paragraphen bestimmten Gerichtsstand ist ein durch Statut oder in anderer Weise besonders geregelter Gerichtsstand zulässig.

A. Allgemeines

1 § 17 stellt für passiv prozessfähige Parteien, die keine natürlichen Personen und nicht der Fiskus (§ 18) sind, einen allgemeinen umfassenden Gerichtsstand zur Verfügung. Innerhalb seines Anwendungsbereichs bildet § 17 die § 13 für natürliche Personen entsprechende Regelung und begründet einen **allgemeinen Gerichtsstand des Sitzes,** bei dem die passiv prozessfähige Partei aus **allen Rechtsgründen verklagt** werden kann.[1]

B. Anwendungsbereich

I. Persönlich

2 Persönlich ist § 17 auf alle juristischen Personen des Privatrechts und des öffentlichen Rechts, außer dem Fiskus, anwendbar. Ferner auf alle parteifähigen Personenvereinigungen ohne eigene Rechtspersönlichkeit, die im Zivilprozess verklagt werden können.[2]

---

[10] BeckOK ZPO/*Toussaint* ZPO § 13 Rn. 10.
[1] MüKoZPO/*Patzina* ZPO § 17 Rn. 1.
[2] ZB OHG und KG, vgl. weitere Nachweise bei Zöller/*Schultzky* ZPO § 17 Rn. 5.

II. Zeitlich

Zeitlich ist § 17 vom Entstehen der Partei bis zur Beendigung der Liquidation oder dem Ende der Parteifähigkeit anwendbar.[3] Während des Insolvenzverfahrens wird § 17 durch § 19a verdrängt.[4]

C. Allgemeiner Gerichtsstand juristischer Personen

I. Wirkung

§ 17 ist **kein ausschließlicher** Gerichtsstand[5], sodass der Kläger, soweit weitere nicht ausschließliche Gerichtsstände vorliegen (insbesondere § 32), ein Wahlrecht hat (→ § 35 Rn. 4).

II. Sitz der Partei

Der Sitz der Partei ergibt sich aus dem **materiellen Recht**. Dabei kann es sich auch um ausländisches Recht handeln, wenn die Partei ausländischem Recht untersteht.[6] Der Sitz ergibt sich nach deutschem Recht aus Gesetz, Verleihung oder aus der Satzung. Bei juristischen Personen des Privatrechts sind die satzungsmäßige Festlegung des Sitzes und die Registerpublizität vorgeschrieben; Personenhandelsgesellschaften haben ihren Sitz zum Handelsregister anzumelden.[7] Auf den tatsächlichen Verwaltungssitz kommt es dagegen an, wenn die juristische Person an dem in der Satzung angegebenen Sitz kein Geschäftsraum, sondern nur einen Briefkasten unterhält und deshalb dort keine zustellungsfähige Anschrift gegeben ist.[8]

III. Verwaltungsort

Ergibt sich aus dem materiellen Recht kein (inländischer) Sitz (zB bei einer GbR oder einer Vor-GmbH) oder ist dort keine zustellungsfähige Anschrift gegeben (s. o. II.), ist auf den **Ort der Verwaltungsführung** abzustellen. Dies ist der Mittelpunkt der geschäftlichen Oberleitung.[9] Er ist der **Tätigkeitsort** der Geschäftsführung und der dazu berufenen Vertretungsorgane, also der Ort, wo die **grundlegenden Entscheidungen** der Unternehmensleitung **getroffen** werden.[10] Dies setzt eine gewisse organisatorische Verfestigung, zumindest aber das Vorhandensein von Räumlichkeiten voraus, in denen die Leitungsorgane ihre Unternehmenstätigkeit ausüben können.[11]

D. Internationale Zuständigkeit

I. Doppelfunktionalität

§ 17 ist doppelfunktional und begründet neben der örtlichen auch die internationale Zuständigkeit (→ Vor § 12 Rn. 63). Im Verhältnis zu Drittstaaten begründet der inländische tatsächliche Sitz der Verwaltung die internationale Zuständigkeit.[12]

II. Geltungsbereich der EuGVVO bzw. des LugÜ

Im Anwendungsbereich der EuGVVO wird § 17 durch die Vorschriften dieser Abkommen verdrängt (Vor § 12). Nach Art. 4, 5 iVm Art. 63 EuGVVO (Art. 2, 3, und 60 LugÜ) ist der Sitz der Gesellschaften und juristischen Personen dem Wohnsitz gleichgestellt.

§ 18 Allgemeiner Gerichtsstand des Fiskus

Der allgemeine Gerichtsstand des Fiskus wird durch den Sitz der Behörde bestimmt, die berufen ist, den Fiskus in dem Rechtsstreit zu vertreten.

§ 19 Mehrere Gerichtsbezirke am Behördensitz

Ist der Ort, an dem eine Behörde ihren Sitz hat, in mehrere Gerichtsbezirke geteilt, so wird der Bezirk, der im Sinne der §§ 17, 18 als Sitz der Behörde gilt, für die Bundesbehörden von dem Bundesminister der Justiz, im Übrigen von der Landesjustizverwaltung durch allgemeine Anordnung bestimmt.

---

[3] Thomas/Putzo/*Hüßtege* ZPO § 17 Rn. 2.
[4] Zöller/*Schultzky* ZPO § 17 Rn. 12.
[5] Thomas/Putzo/*Hüßtege* ZPO § 17 Rn. 4; MüKoZPO/*Patzina* ZPO § 17 Rn. 18.
[6] Stein/Jonas/*Roth* ZPO § 17 Rn. 13.
[7] Ausführlich dazu: MüKoZPO/*Patzina* § 17 Rn. 9–14.
[8] OLG Düsseldorf BeckRS 2013, 10038; *Kühnen* Patentverletzung-HdB Kap. E Rn. 20 jeweils zu § 110 ZPO.
[9] Stein/Jonas/*Roth* ZPO § 17 Rn. 15.
[10] BGH NJW 2009, 1610 Rn. 10; NJW-RR 2010, 250 Rn. 8.
[11] OLG Düsseldorf BeckRS 2013, 10038; *Kühnen* Patentverletzung-HdB Kap. E Rn. 17 jeweils zu § 110 ZPO.
[12] Musielak/Voit/*Heinrich* ZPO § 17 Rn. 13; OLG Köln BeckRS 2007, 05727.

§ 19a Allgemeiner Gerichtsstand des Insolvenzverwalters

Der allgemeine Gerichtsstand eines Insolvenzverwalters für Klagen, die sich auf die Insolvenzmasse beziehen, wird durch den Sitz des Insolvenzgerichts bestimmt.

A. Allgemeines

1   Die Vorschrift dient der **Konzentration massebezogener Passivprozesse**. Im Anwendungsbereich von § 19a ist ein Rückgriff auf die allgemeinen Vorschriften der §§ 13, 17 ausgeschlossen. Eine unmittelbare Anknüpfung an den Wohnsitz des Schuldners oder des Insolvenzverwalters scheidet aus. Der Gerichtsstand des § 19a ist **nicht ausschließlich**.[1] Auf Aktivprozesse des Insolvenzverwalters ist die Vorschrift nicht anwendbar. Hier gelten die allgemeinen Zuständigkeitsregeln.[2]

B. Sitz des Insolvenzgerichts

I. Ort

2   Ausschlaggebend ist der Sitz des Insolvenzgerichts. Das ist das Gericht, bei dem das Insolvenzverfahren schwebt.[3] Dabei entscheidet die Anhängigkeit des Verfahrens, eine selbständige Bestimmung des Gerichtsstandes für den Zivilprozess scheidet aus, da sich das Insolvenzgericht ausschließlich nach den §§ 2, 3 InsO bestimmt.[4]

II. Zeitlicher Anwendungsbereich

3   Der zeitliche Anwendungsbereich des § 19a beginnt mit der Eröffnung des (§§ 21, 22, 27 InsO) und endet mit der Beendigung des Insolvenzverfahrens (§§ 200, 207 ff. InsO). Der spätere Wegfall der zuständigkeitsbegründenden Tatsachen nach Rechtshängigkeit ist unerheblich (sog. perpetuatio fori, § 261 Abs. 3 Nr. 2).[5]

III. Persönlicher Anwendungsbereich

4   Beklagter ist der Insolvenzverwalter ab seiner Bestellung (§ 56 InsO) bis zu seiner Entlassung (§ 59 InsO) als Partei kraft Amtes aller auf die Insolvenzmasse bezogenen Klagen.[6] Für den vorläufigen Insolvenzverwalter gilt § 19a, wenn er verfügungsbefugt ist.[7]

IV. Sachlicher Anwendungsbereich

5   Es muss sich um eine massebezogene Klage handeln (Legaldefinition: § 35 InsO; Umfang: § 36 InsO). Gemeint sind damit Klagen aller Art, soweit sie gegen den Insolvenzverwalter gerichtet sind und sich auf die Insolvenzmasse beziehen, zB auf Aussonderung (§ 47 InsO) oder auf Absonderung (§§ 49–51 InsO).[8] Nicht unter § 19a fallen Feststellungsklagen zur Tabelle (§ 179 InsO), hierfür gilt die ausschließliche Zuständigkeit des § 180 InsO.[9]

C. Internationale Zuständigkeit

I. Doppelfunktionalität

6   § 19a ist doppelfunktional[10] und begründet neben der örtlichen auch die internationale Zuständigkeit (Vor § 12).

II. EU-Bereich

7   Die **Anwendbarkeit der EuGVVO** ist nach **Art. 1 Abs. 2 Buchst. b** EuGVVO bzw. Art. 1 Abs. 2 Buchst. b **LugÜ ausgeschlossen**. Streitigkeiten, die sich auf ein Insolvenzverfahren beziehen, fallen nur dann unter Art. 1 Abs. 2 Buchst. b EuGVVO, wenn sie unmittelbar aus diesem Verfahren

---

[1] Zöller/*Schultzky* ZPO § 19a Rn. 1, 6.
[2] BeckOK ZPO/*Toussaint* § 19a Rn. 4.
[3] MüKoZPO/*Patzina* ZPO § 19a Rn. 2.
[4] Zöller/*Schultzky* ZPO § 19a Rn. 3.
[5] Zöller/*Schultzky* ZPO § 19a Rn. 4.
[6] MüKoZPO/*Patzina* ZPO § 19a Rn. 3.
[7] MüKoZPO/*Patzina* ZPO § 19a Rn. 4.
[8] Zöller/*Schultzky* ZPO § 19a Rn. 6 m. w. Beispielen.
[9] Thomas/Putzo/*Hüßtege* ZPO § 19a Rn. 4.
[10] BeckOK ZPO/*Toussaint* § 19a Rn. 5.

hervorgehen und sich eng im Rahmen eines Insolvenzverfahrens halten.[11] Für grenzüberschreitende Insolvenzanfechtungsklagen begründet Art. 3 EuInsVO die inländische internationale Zuständigkeit.[12] Der BGH wendet für die örtliche Zuständigkeit der Streitgerichte **§ 19a iVm § 3 InsO, Art. 102 § 1 EGInsO analog** an. Für diese Fälle ist der Gerichtsstand des sachlich zuständigen Gerichts am Ort des für das Verfahren zuständigen Insolvenzgerichts. Denn beide Bestimmungen bringen übereinstimmend zum Ausdruck, dass hierfür der sich daraus ergebende Gesichtspunkt des Sachzusammenhangs maßgebend sein soll.[13]

§ 19b Ausschließlicher Gerichtsstand bei restrukturierungsbezogenen Klagen; Verordnungsermächtigung

(1) Für Klagen, die sich auf Restrukturierungssachen nach dem Unternehmensstabilisierungs- und -restrukturierungsgesetz beziehen, ist ausschließlich das Gericht zuständig, in dessen Bezirk das für die Restrukturierungssache zuständige Restrukturierungsgericht seinen Sitz hat.

(2) ¹Die Landesregierungen werden ermächtigt, durch Rechtsverordnung die in Absatz 1 genannten Klagen einem Landgericht für die Bezirke mehrerer Oberlandesgerichte zuzuweisen, sofern dies der sachlichen Förderung oder schnelleren Erledigung der Verfahren dienlich ist. ²Die Landesregierungen können diese Ermächtigung durch Rechtsverordnung auf die Landesjustizverwaltungen übertragen.

§ 20 Besonderer Gerichtsstand des Aufenthaltsorts

Wenn Personen an einem Ort unter Verhältnissen, die ihrer Natur nach auf einen Aufenthalt von längerer Dauer hinweisen, insbesondere als Hausgehilfen, Arbeiter, Gewerbegehilfen, Studierende, Schüler oder Lehrlinge sich aufhalten, so ist das Gericht des Aufenthaltsortes für alle Klagen zuständig, die gegen diese Personen wegen vermögensrechtlicher Ansprüche erhoben werden.

§ 21 Besonderer Gerichtsstand der Niederlassung

(1) Hat jemand zum Betrieb einer Fabrik, einer Handlung oder eines anderen Gewerbes eine Niederlassung, von der aus unmittelbar Geschäfte geschlossen werden, so können gegen ihn alle Klagen, die auf den Geschäftsbetrieb der Niederlassung Bezug haben, bei dem Gericht des Ortes erhoben werden, wo die Niederlassung sich befindet.

(2) Der Gerichtsstand der Niederlassung ist auch für Klagen gegen Personen begründet, die ein mit Wohn- und Wirtschaftsgebäuden versehenes Gut als Eigentümer, Nutznießer oder Pächter bewirtschaften, soweit diese Klagen die auf die Bewirtschaftung des Gutes sich beziehenden Rechtsverhältnisse betreffen.

A. Anwendungsbereich

Die **Bedeutung** der Vorschrift liegt in der Erleichterung der Rechtsverfolgung gegen Gewerbetreibende durch die Schaffung eines besonderen Gerichtsstands am Ort der Niederlassung. Der Kläger begibt sich zur Durchsetzung seiner Ansprüche an den Ort des Beklagten, den dieser mit seiner gewerblichen Tätigkeit vorgibt.[1] 1

Der Gerichtsstand der Niederlassung ist in Prozessen des Gewerblichen Rechtsschutzes von erheblicher Bedeutung. Eine Vielzahl spezialgesetzlicher Normen des Gewerblichen Rechtsschutzes enthalten Regelungen zum Gerichtsstand der Niederlassung (§ 6 UKlaG, Art. 125 UMV, Art. 82 GGV, Art. 101 Sortenschutz-VO). 2

Der ausschließliche Gerichtsstand der gewerblichen Niederlassung in § 6 UKlaG entspricht § 21.[2] 3

Im besonderen Gerichtsstand der Niederlassung können die Gemeinschaftsgerichte bei Verletzungen von Unionsmarken, Gemeinschaftsgeschmacksmustern und -sorten als sog. Zentralgerichte unionsweite Verbote aussprechen. Die Reichweite des Verbotsausspruchs ist dagegen auf den Forumstaat beschränkt, wenn das Gemeinschaftsgericht nur im Gerichtsstand der Verletzungshandlung als sog. Tatortgericht tätig wird (Vor § 12). 4

Soweit andere gesetzliche Regelungen den Begriff der Niederlassung verwenden (zB Art. 7 Nr. 5 EuGVVO, Art. 125 UMV, Art. 82 GGV, Art. 101 Sortenschutz-VO, Art. 2 Buchst. c E-Commerce-RL, § 2 Nr. 2 TMG), ist deren Regelungsgehalt jeweils aus deren Normzweck zu bestimmen und muss nicht mit dem Begriff der Niederlassung iSv § 21 übereinstimmen (→ Vor § 12 Rn. 48, 113, 135). 5

Betriebe der Landwirtschaft (§ 21 Abs. 2), die einen besonderen Gerichtsstand der Niederlassung begründen, spielen in Prozessen des Gewerblichen Rechtsschutzes keine Rolle. 6

---

[11] MüKoZPO/*Patzina* ZPO § 19a Rn. 12.
[12] EuGH NJW 2009, 2189.
[13] BGH NJW 2009, 2215 Rn. 21.
[1] Musielak/Voit/*Heinrich* ZPO § 21 Rn. 1.
[2] *Köhler*/Bornkamm/Feddersen UWG UKlaG § 6 Rn. 3.

B. Allgemeine Voraussetzungen

I. Prozesspartei

7 Die im Gerichtsstand der Niederlassung erhobene Klage richtet sich gegen den **Inhaber** der **Niederlassung** (Gewerbetreibenden), nicht gegen die Niederlassung selbst.[3] Die Rechtsform und damit die eigenständige Rechtspersönlichkeit stehen einer Subsumtion unter den Niederlassungsbegriff nicht entgegen. Eine rechtlich selbstständige Tochtergesellschaft ist als Niederlassung iSd § 21 ZPO anzusehen, wenn sie im Namen und auf Rechnung der Muttergesellschaft tätig wird oder den Rechtsschein einer derartigen Tätigkeit erweckt.[4] Es schadet nicht, wenn der Inhaber unter der Firma der Niederlassung verklagt wird.[5] Richtet sich die Klage bei einer rechtsfähigen Niederlassung gegen die Niederlassung selbst, ist nicht § 21 sondern § 17 einschlägig.[6]

II. Niederlassung

8 **1. Begriff.** Niederlassung ist jede von dem Inhaber des Gewerbes an einem anderen Ort als dem seines (Wohn-)Sitzes für eine **gewisse Dauer** eingerichtete, auf seinen Namen und für seine Rechnung betriebene Geschäftsstelle, die über eine hinreichende Organisation zur Aufrechterhaltung des Gewerbes verfügt und **berechtigt ist, selbsttätig** nach eigener Entscheidung **Geschäfte** abzuschließen.[7] Es kann sich dabei auch um eine **Zweigniederlassung** handeln.[8]

9 § 21 greift auch bei **Scheinniederlassungen** ein. Die tatsächliche innerbetriebliche Organisation ist unbeachtlich, wenn zurechenbar der Rechtsschein einer Niederlassung erweckt worden ist.[9] Maßgebend ist insoweit der **äußere Anschein**.[10] Ausreichend kann dabei sein, wenn die ausländische Konzerngesellschaft in ihrer Selbstdarstellung den anderen Ort als ihr „Hauptquartier" bezeichnet.[11] Besteht die Niederlassung, so ist die Eintragung des Gewerbes nicht erforderlich. Ist eine Eintragung der Zweigniederlassung im Handelsregister (§ 13 HGB) erfolgt, muss der Eingetragene sie jedoch gegen sich gelten lassen.[12]

10 Notwendig ist die Verknüpfung mit einer **räumlichen Einrichtung**[13] und das Vorliegen bestimmter äußerer Einrichtungen (zB Geschäftslokal). Dies ist zu verneinen bei Wandergewerbe[14] und einer nur virtuellen Repräsentanz im Internet.[15] Der Betrieb der Niederlassung kann auch saisonal erfolgen.[16]

11 **2. Selbständigkeit.** Die (rechts- oder nichtrechtsfähige) Niederlassung muss in ihrer gewerblichen Tätigkeit selbständig sein. Dies ist der Fall, wenn von ihr **unmittelbar** und **eigenverantwortlich Geschäfte** im Namen und für Rechnung des Inhabers der Niederlassung geschlossen werden.[17] Auf Hauptniederlassungen trifft dies grundsätzlich zu.[18] Keine Selbständigkeit ist dagegen gegeben bei bloßen Vermittlungsagenturen oder Filialen, die ihre Weisungen vom Hauptgeschäft empfangen.[19]

12 **3. Bezug der Klage zum Geschäftsbetrieb der Niederlassung.** Die Klage muss eine Beziehung zum Geschäftsbetrieb der Niederlassung haben. Nach allgemeiner Ansicht muss der (Klage-)Anspruch aber weder unmittelbar aus dem Geschäftsbetrieb der Niederlassung hervorgehen, noch das streitgegenständliche Geschäft am Ort der Niederlassung selbst oder gar von ihm aus abgeschlossen worden sein.[20] Vielmehr genügt ein (hinreichend gewichtiger) Sachzusammenhang der streitgegenständlichen Angelegenheit mit dem Geschäftsbetrieb der Niederlassung, aufgrund dessen im Einzelfall die Befassung der für den Niederlassungsort zuständigen Gerichte mit der Angelegenheit sachlich gerechtfertigt ist. Die ist der Fall, wenn der **Wettbewerbsverstoß vom Geschäftsbetrieb** der Niederlassung **ausgeht.**[21]

---

[3] Zöller/*Schultzky* ZPO § 21 Rn. 2.
[4] OLG Düsseldorf BeckRS 2011, 00535.
[5] Musielak/Voit/*Heinrich* ZPO § 21 Rn. 7.
[6] Zöller/*Schultzky* ZPO § 21 Rn. 2.
[7] Zöller/Schultzky ZPO § 21 Rn. 6; Musielak/Voit/*Heinrich* ZPO § 21 Rn. 2.
[8] Ohly/*Sosnitza* UWG § 14 Rn. 7.
[9] Musielak/Voit/*Heinrich* ZPO § 21 Rn. 2.
[10] OLG Karlsruhe BeckRS 1998, 00103.
[11] „The new HQ enables (...) to keep in touch with 'the pulse of Europe'", LG Hamburg 2.5.2013 – 327 O 473/12.
[12] Harte/Henning/Retzer/Tolkmitt UWG 4. Aufl., § 14 Rn. 41.
[13] Thomas/Putzo/*Hüßtege* ZPO § 21 Rn. 2.
[14] OLG Hamm GRUR 1965, 103.
[15] Musielak/Voit/*Heinrich* ZPO § 21 Rn. 2.
[16] Stein/Jonas/*Roth* ZPO § 21 Rn. 13.
[17] BGH NJW 1987, 3081 (3082).
[18] Musielak/Voit/*Heinrich* ZPO § 21 Rn. 5.
[19] *Köhler*/Bornkamm/*Feddersen* UWG (bis zur 38. Aufl.) § 14 Rn. 9.
[20] Zöller/*Schultzky* ZPO § 21 Rn. 11.
[21] Harte/Henning/Retzer/Tolkmitt UWG § 14 Rn. 44.

Bei mehreren (Haupt- oder Zweig-)Niederlassungen kommt es darauf an, von welcher Niederlassung der Verstoß ausgeht. Bezieht sich die geschäftliche Handlung nur auf eine Zweigniederlassung, so besteht daneben nicht auch noch ein Gerichtsstand bei dem für die Hauptniederlassung zuständigen Gericht.[22] **13**

4. Wirkung. § 21 ist **kein ausschließlicher** Gerichtsstand, sodass daneben weitere nicht ausschließliche Gerichtsstände (§§ 13, 17, 32) eingreifen können und ausschließliche Gerichtsstände stets vorgehen. Zu beachten ist, dass der Gerichtsstand der gewerblichen Niederlassung in § 6 UKlaG einen ausschließlichen örtlichen Gerichtsstand eröffnet (→ § 38 Rn. 10) und § 21 verdrängt.[23] **14**

C. Internationaler Rechtsstreit

I. Doppelfunktionalität

§ 21 ist doppelfunktional und begründet bei Prozessen mit Auslandsberührung (es wird zB eine ausländische Partei verklagt oder der Inhaber der Niederlassung hat seinen Sitz im Ausland), neben der örtlichen auch die internationale Zuständigkeit deutscher Gerichte.[24] **15**

II. Geltungsbereich der EuGVVO

Im Anwendungsbereich der EuGVVO bzw. des LugÜ gehen Art. 7 Nr. 5 EuGVVO/Art. 5 Nr. 5 LugÜ vor. Wegen der Einzelheiten wird auf die Ausführungen zur Internationalen Zuständigkeit und die dort erläuterten Regeln zu den einzelnen Spezialgebieten verwiesen (→ Vor § 12 Rn. 1 ff.). **16**

§ 22 Besonderer Gerichtsstand der Mitgliedschaft

Das Gericht, bei dem Gemeinden, Korporationen, Gesellschaften, Genossenschaften oder andere Vereine den allgemeinen Gerichtsstand haben, ist für die Klagen zuständig, die von ihnen oder von dem Insolvenzverwalter gegen die Mitglieder als solche oder von den Mitgliedern in dieser Eigenschaft gegeneinander erhoben werden.

§ 23 Besonderer Gerichtsstand des Vermögens und des Gegenstands

¹Für Klagen wegen vermögensrechtlicher Ansprüche gegen eine Person, die im Inland keinen Wohnsitz hat, ist das Gericht zuständig, in dessen Bezirk sich Vermögen derselben oder der mit der Klage in Anspruch genommene Gegenstand befindet. ²Bei Forderungen gilt als der Ort, wo das Vermögen sich befindet, der Wohnsitz des Schuldners und, wenn für die Forderungen eine Sache zur Sicherheit haftet, auch der Ort, wo die Sache sich befindet.

§ 23a (aufgehoben)

§ 24 Ausschließlicher dinglicher Gerichtsstand

(1) Für Klagen, durch die das Eigentum, eine dingliche Belastung oder die Freiheit von einer solchen geltend gemacht wird, für Grenzscheidungs-, Teilungs- und Besitzklagen ist, sofern es sich um unbewegliche Sachen handelt, das Gericht ausschließlich zuständig, in dessen Bezirk die Sache belegen ist.

(2) Bei den eine Grunddienstbarkeit, eine Reallast oder ein Vorkaufsrecht betreffenden Klagen ist die Lage des dienenden oder belasteten Grundstücks entscheidend.

§ 25 Dinglicher Gerichtsstand des Sachzusammenhanges

In dem dinglichen Gerichtsstand kann mit der Klage aus einer Hypothek, Grundschuld oder Rentenschuld die Schuldklage, mit der Klage auf Umschreibung oder Löschung einer Hypothek, Grundschuld oder Rentenschuld die Klage auf Befreiung von der persönlichen Verbindlichkeit, mit der Klage auf Anerkennung einer Reallast die Klage auf rückständige Leistungen erhoben werden, wenn die verbundenen Klagen gegen denselben Beklagten gerichtet sind.

§ 26 Dinglicher Gerichtsstand für persönliche Klagen

In dem dinglichen Gerichtsstand können persönliche Klagen, die gegen den Eigentümer oder Besitzer einer unbeweglichen Sache als solche gerichtet werden, sowie Klagen wegen Beschädigung eines Grundstücks oder hinsichtlich der Entschädigung wegen Enteignung eines Grundstücks erhoben werden.

§ 27 Besonderer Gerichtsstand der Erbschaft

(1) Klagen, welche die Feststellung des Erbrechts, Ansprüche des Erben gegen einen Erbschaftsbesitzer, Ansprüche aus Vermächtnissen oder sonstigen Verfügungen von Todes wegen, Pflichtteilsansprüche oder die Teilung der Erbschaft zum Gegenstand haben, können vor dem Gericht erhoben werden, bei dem der Erblasser zur Zeit seines Todes den allgemeinen Gerichtsstand gehabt hat.

(2) Ist der Erblasser ein Deutscher und hatte er zur Zeit seines Todes im Inland keinen allgemeinen Gerichtsstand, so können die im Absatz 1 bezeichneten Klagen vor dem Gericht erhoben werden, in dessen Bezirk der Erblasser seinen letzten inländischen Wohnsitz hatte; wenn er einen solchen Wohnsitz nicht hatte, so gilt die Vorschrift des § 15 Abs. 1 Satz 2 entsprechend.

---

[22] *Köhler/Bornkamm/Feddersen* UWG (bis zur 38. Aufl.) § 14 Rn. 10; Ohly/*Sosnitza* UWG § 14 Rn. 7.
[23] *Zöller/Schultzky* ZPO § 21 Rn. 3.
[24] Musielak/Voit/*Heinrich* ZPO § 21 Rn. 11.

§ 28 Erweiterter Gerichtsstand der Erbschaft

In dem Gerichtsstand der Erbschaft können auch Klagen wegen anderer Nachlassverbindlichkeiten erhoben werden, solange sich der Nachlass noch ganz oder teilweise im Bezirk des Gerichts befindet oder die vorhandenen mehreren Erben noch als Gesamtschuldner haften.

§ 29 Besonderer Gerichtsstand des Erfüllungsorts

(1) **Für Streitigkeiten aus einem Vertragsverhältnis und über dessen Bestehen ist das Gericht des Ortes zuständig, an dem die streitige Verpflichtung zu erfüllen ist.**

(2) **Eine Vereinbarung über den Erfüllungsort begründet die Zuständigkeit nur, wenn die Vertragsparteien Kaufleute, juristische Personen des öffentlichen Rechts oder öffentlich-rechtliche Sondervermögen sind.**

A. Bedeutung im Gewerblichen Rechtsschutz und Urheberrecht

1 Da es sich bei Prozessen des Gewerblichen Rechtsschutzes und Urheberrechts meist um Verletzungssachverhalte, also Auseinandersetzungen wegen unerlaubter Handlungen handelt, hat der Gerichtsstand des Erfüllungsorts in der Praxis keine große Bedeutung. Soweit vertragliche Ansprüche im Zusammenhang mit Immaterialgüterrechten geltend gemacht werden, gelten in Prozessen des Gewerblichen Rechtsschutzes und des Urheberrechts für die Bestimmung des gesetzlichen oder vereinbarten Erfüllungsortes keine Besonderheiten.

B. Allgemeine Voraussetzungen des § 29

I. Anwendungsbereich und Bedeutung

2 Unter § 29 fallen alle Streitigkeiten aus **schuldrechtlichen Verpflichtungsverträgen** und vertragsähnlichen Sonderbeziehungen.[1] Im Gewerblichen Rechtsschutz und Urheberrecht kommen schuldrechtliche Verpflichtungsgeschäfte wie zB der **Kauf** einer Marke oder eines Patents oder die Einräumung von Nutzungsrechten (zB **Lizenzvertrag, Verwertungsvertrag**) in Betracht. Verträge, die eine Verfügung enthalten (zB Zession, § 398 BGB), fallen nicht in den Anwendungsbereich von § 29.[2]

3 § 29 erfasst **alle Klagen** und **Anträge** auf **einstweiligen Rechtsschutz,** mit denen Rechte aus einem (früheren) Vertragsverhältnis geltend gemacht werden.[3] Dazu gehören insbesondere **Leistungsklagen,** auch auf Rückgewähr der Leistung, **Gestaltungsklagen** (zB Festsetzung der üblichen und angemessenen Vergütung des Anwalts- bzw. Patentanwalts gem. §§ 315 ff. BGB, Herabsetzung der Vertragsstrafe gem. § 343 Abs. 1 BGB) und **Feststellungsklagen,** sofern sie das Bestehen oder Nichtbestehen einzelner Vertragspflichten oder des ganzen Vertrages zum Gegenstand haben.[4]

4 Die **praktische Bedeutung** des gesetzlichen Erfüllungsorts in § 29 Abs. 1 ist eher **gering.** Da nach § 269 Abs. 1 und 2 BGB im Zweifel der Wohnort des Schuldners bzw. der Ort der gewerblichen Niederlassung Erfüllungsort ist, fällt der Gerichtsstand des § 29 Abs. 1 regelmäßig mit dem allgemeinen Gerichtsstand des Beklagten (§§ 12, 13, 17) zusammen.[5]

II. Erfüllungsort

5 **1. Gesetzlicher Erfüllungsort, § 29 Abs. 1. a) Bestimmung.** Maßgebend ist der Ort, an dem **die jeweils im Streit stehende Verpflichtung zu erfüllen** war oder wäre.[6] Dies folgt dem sachlichen Recht, dh der Erfüllungsort bestimmt sich danach, wo auf Grund materiell-rechtlicher Vorschriften oder (ausdrücklicher oder konkludenter) Parteivereinbarung die streitgegenständliche Verpflichtung zu erfüllen ist.[7] Dies sind in erster Linie besondere gesetzliche Bestimmungen (zB § 374 BGB), hilfsweise **§ 269 BGB.** Da der Erfüllungsort für die jeweils im Streit stehende Verbindlichkeit einzeln und gesondert zu bestimmen ist, eröffnet § 29 keinen allgemeinen Erfüllungsort des Vertrages.[8] Auch bei synallagmatischen Verpflichtungen ist der Erfüllungsort daher **für jede Leistung gesondert** zu bestimmen und nicht notwendig einheitlich.[9]

---

[1] Ausführlich hierzu: Zöller/*Schultzky* ZPO § 29 Rn. 25.
[2] Thomas/Putzo/*Hüßtege* § 29 Rn. 3.
[3] Zöller/*Schultzky* ZPO § 29 Rn. 16.
[4] Musielak/Voit/*Heinrich* ZPO § 29 Rn. 10–12.
[5] Stein/Jonas/*Roth* ZPO § 29 Rn. 9.
[6] Zöller/*Vollkommer* ZPO § 29 Rn. 23.
[7] MüKoZPO/*Patzina* ZPO § 29 Rn. 19.
[8] Thomas/Putzo/*Hüßtege* ZPO § 29 Rn. 5.
[9] BGH NJW 2004, 54 (55).

b) Haupt- und Nebenleistungen. Soweit die Parteien darüber keine Abrede getroffen haben, sind **6**
die Nebenpflichten **regelmäßig am Ort der Hauptleistungspflicht** zu erfüllen. Dies gilt insbesondere für Ansprüche auf **Auskunft** und Rechnungslegung, auf Zahlung einer **Vertragsstrafe** und
Unterlassungsansprüche.[10] Wird Schadensersatz verlangt, ist auf die zu Grunde liegende verletzte
Vertragspflicht abzustellen, weil die Schadensersatzpflicht Surrogat für die ursprüngliche Verpflichtung
ist.[11] Soweit dies eine Nebenpflicht ist, bestimmt wiederum die entsprechende Hauptleistungspflicht
den Erfüllungsort.[12]

c) Einzelfälle. aa) Klagen auf Zahlung des Anwalts- bzw. Patentanwaltshonorars. Diese **7**
können in der Regel nicht am Gericht des Kanzleisitzes geltend gemacht werden, sondern es ist gem.
§ 269 Abs. 1 BGB auf den **Wohnsitz des Schuldners** zur Zeit der Entstehung des Schuldverhältnisses
abzustellen.[13]

bb) Ansprüche aus einer Unterlassungsverpflichtungserklärung: Unterlassung und Vertragsstrafe. Der Erfüllungsort der Vertragsstrafe stimmt mit dem der **Hauptverpflichtung** überein.[14] **8**
Bei dem mit der Klage geltend gemachten Anspruch auf Zahlung einer **Vertragsstrafe** handelt es sich
um einen **vertraglichen Anspruch,** auch wenn Anlass für die Abgabe der Unterlassungserklärung der
Vorwurf unerlaubter Handlungen gewesen ist. Die vorliegende Hauptverbindlichkeit, also die vertragliche Unterlassungspflicht, ist an dem Ort zu erfüllen, an dem der **Schuldner** bei der Entstehung
des Schuldverhältnisses **seinen Sitz** hatte. Dies gilt jedenfalls dann, wenn nicht von vorneherein eine
Zuwiderhandlung nur an einem bestimmten anderen Ort in Betracht kommt, und dann, wenn
die Unterlassungspflicht sich auf ein größeres Gebiet erstreckt.[15] Auch der EuGH greift bei einer
vertraglichen Unterlassungspflicht, **die geografisch unbegrenzt** gilt, auf den **allgemeinen Gerichtsstand** aus Art. 4 Abs. 1 EuGVVO zurück.[16]

cc) Negative Feststellungsklage. Bei einer negativen Feststellungsklage, bei welcher der Kläger **9**
die Feststellung begehrt, dass **keine Ansprüche aus einem Vertrag** bestehen, ist Erfüllungsort iSd
§ 29 der Ort, an dem der Kläger seine Verpflichtungen erfüllen muss, also in der Regel sein Wohnort.[17]

dd) Ansprüche aus ArbEG. Für die Antwort auf die Frage nach dem Erfüllungsort kommt es nicht **10**
auf den Sitz der Konzernspitze, sondern auf den wirtschaftlichen Mittelpunkt des Arbeitsverhältnisses
an. Dieser Mittelpunkt liegt am Beschäftigungsort.[18]

2. Vereinbarter Erfüllungsort, § 29 Abs. 2. Da in Prozessen des Gewerblichen Rechtsschutzes **11**
i dR prorogationsfähige Parteien beteiligt sind, spielen die Einschränkungen des § 29 Abs. 2 BGB in
der gewerblichen Praxis keine Rolle. Der Abschluss der Vereinbarung beurteilt sich nach materiellem
Recht und ist grundsätzlich formlos möglich.[19]

III. Prozessuales

Die Prüfung der Zuständigkeit folgt den allgemeinen Regeln (→ § 12 Rn. 16 ff.). Die den Gerichts- **12**
stand des § 29 ZPO begründenden Tatsachen müssen sich aus dem schlüssigen Klägervorbringen
ergeben. Bei Säumnis ist zu beachten, dass die Geständnisfiktion nicht für das Vorbringen zu § 29
Abs. 2 und § 38 gilt (§ 331 Abs. 1 S. 2).

IV. Wirkung

§ 29 ist **kein ausschließlicher** Gerichtsstand, sodass daneben weitere nicht ausschließliche Gerichts- **13**
stände (§§ 13, 17, 32) eingreifen können und ausschließliche Gerichtsstände stets vorgehen. Zu
beachten ist daher, dass die Gerichtsstände in § 6 UKlaG, § 104a UrhG und § 15 GeschGehG
ausschließliche örtliche Gerichtsstände eröffnen (→ § 38 Rn. 3, 7).

---

[10] Musielak/Voit/*Heinrich* ZPO § 29 Rn. 16.
[11] BGH NJW 2011, 2056 Rn. 29.
[12] Musielak/Voit/*Heinrich* ZPO § 29 Rn. 16.
[13] BGH NJW 2004, 54 (55); Benkard/*Rogge/Grabinski* PatG § 143 Rn. 19.
[14] Musielak/Voit/*Heinrich* ZPO § 29 Rn. 35.
[15] LG Mannheim BeckRS 2010, 19725 (wg. Geschmacksmusterverletzung).
[16] Zur EuGVÜ: EuGH NJW 2002, 1407 – Besix SA/WABAG.
[17] OLG Frankfurt a. M. BeckRS 2014, 03144.
[18] LG Braunschweig GRUR 1976, 585 (587).
[19] Musielak/Voit/*Heinrich* ZPO § 29 Rn. 40.

C. Internationaler Rechtsstreit

I. Doppelfunktionalität

14 § 29 ist doppelfunktional und begründet bei Prozessen mit Auslandsberührung neben der örtlichen auch die internationale Zuständigkeit deutscher Gerichte.[20] Welches materielle Recht zur Bestimmung des Erfüllungsorts einschlägig ist, richtet sich in der Regel nach der lex causae, also dem **Vertragsstatut**, das nach der ROM I-VO bestimmt wird (ehem. §§ 27 ff. EGBGB).

II. Geltungsbereich der EuGVVO bzw. des LugÜ

15 Im Anwendungsbereich dieser Verordnungen geht Art. 7 Nr. 1 EuGVVO bzw. Art. 5 Nr. 1 LugÜ vor. Sie sind anwendbar, wenn der Beklagte aus einem **Vertrag** oder wegen **Ansprüchen aus einem Vertrag** in Anspruch genommen wird, wobei die Klagebegründung maßgebend ist.[21] Die Begriffe Vertrag oder Ansprüche aus einem Vertrag i Sv Art. 7 Nr. 1 EuGVVO sind **autonom** auszulegen, um die volle Wirksamkeit und die einheitliche Anwendung in allen Vertragsstaaten zu gewährleisten.[22] Bei der Abgrenzung vertraglicher von nichtvertraglichen Ansprüchen ist darauf abzustellen, ob der Streitgegenstand im Zusammenhang mit einer **freiwillig** zwischen den Parteien bzw. ihren Rechtsvorgängern **eingegangenen Verbindung** steht.[23] Bei einem Anspruch auf Unterlassung der **Löschung und Sperre bei (in Irland ansässigen)** sozialen Medien wegen einer Äußerung des Anspruchstellers, handelt es sich um einen **nebenvertraglichen** Anspruch, dessen Erfüllung der Antragsteller nur an **seinem Wohnsitz** verlangen kann.[24] Art. 7 Nr. 1 EuGVVO ist nicht auf eine vertragliche Unterlassungspflicht anwendbar, die nach dem Parteiwillen geografisch unbegrenzt gilt, denn es fehlt hier an einer besonders engen Verknüpfung mit einem bestimmten Gericht. Nach der Rspr. des EuGH ist in diesen Fällen auf den allgemeinen Gerichtsstand des Art. 4 Abs. 1 EuGVVO zurückzugreifen.[25] Wegen der weiteren Einzelheiten wird auf die Ausführungen zur internationalen Zuständigkeit (→ Vor § 12 Rn. 20 ff.) verwiesen.

§ 29a Ausschließlicher Gerichtsstand bei Miet- oder Pachträumen

(1) Für Streitigkeiten über Ansprüche aus Miet- oder Pachtverhältnissen über Räume oder über das Bestehen solcher Verhältnisse ist das Gericht ausschließlich zuständig, in dessen Bezirk sich die Räume befinden.

(2) Absatz 1 ist nicht anzuwenden, wenn es sich um Wohnraum der in § 549 Abs. 2 Nr. 1 bis 3 des Bürgerlichen Gesetzbuchs genannten Art handelt.

§ 29b (aufgehoben)

§ 29c Besonderer Gerichtsstand für Haustürgeschäfte

(1) ¹Für Klagen aus außerhalb von Geschäftsräumen geschlossenen Verträgen (§ 312b des Bürgerlichen Gesetzbuchs) ist das Gericht zuständig, in dessen Bezirk der Verbraucher zur Zeit der Klageerhebung seinen Wohnsitz, in Ermangelung eines solchen seinen gewöhnlichen Aufenthalt hat. ²Für Klagen gegen den Verbraucher ist dieses Gericht ausschließlich zuständig.

(2) Verbraucher ist jede natürliche Person, die bei dem Erwerb des Anspruchs oder der Begründung des Rechtsverhältnisses nicht überwiegend im Rahmen ihrer gewerblichen oder selbständigen beruflichen Tätigkeit handelt.

(3) § 33 Abs. 2 findet auf Widerklagen der anderen Vertragspartei keine Anwendung.

(4) Eine von Absatz 1 abweichende Vereinbarung ist zulässig für den Fall, dass der Verbraucher nach Vertragsschluss seinen Wohnsitz oder gewöhnlichen Aufenthalt aus dem Geltungsbereich dieses Gesetzes verlegt oder sein Wohnsitz oder gewöhnlicher Aufenthalt im Zeitpunkt der Klageerhebung nicht bekannt ist.

§ 30 Gerichtsstand bei Beförderungen

(1) ¹Für Rechtsstreitigkeiten aus einer Güterbeförderung ist auch das Gericht zuständig, in dessen Bezirk der Ort der Übernahme des Gutes oder der für die Ablieferung des Gutes vorgesehene Ort liegt. ²Eine Klage gegen den ausführenden Frachtführer kann auch in dem Gerichtsstand des Frachtführers oder Verfrachters erhoben werden. ³Eine Klage gegen den Frachtführer oder Verfrachter kann auch im Gerichtsstand des ausführenden Frachtführers oder ausführenden Verfrachters erhoben werden.

(2) ¹Für Rechtsstreitigkeiten wegen einer Beförderung von Fahrgästen und ihrem Gepäck auf Schiffen ist auch das Gericht zuständig, in dessen Bezirk sich der im Beförderungsvertrag bestimmte Abgangs- oder Bestimmungsort befindet. ²Eine von Satz 1 abweichende Vereinbarung ist unwirksam, wenn sie vor Eintritt des Ereignisses getroffen wird, das den Tod oder die Körperverletzung des Fahrgasts oder den Verlust, die Beschädigung oder die verspätete Aushändigung des Gepäcks verursacht hat.

---

[20] Musielak/Voit/*Heinrich* ZPO § 29 Rn. 45.
[21] Zöller/*Geimer* ZPO EuGVVO Art. 7 Rn. 5.
[22] Vgl. dazu (noch zur EuGVÜ): EuGH NJW 2002, 3617 Rn. 35 – Henkel.
[23] EuGH NJW 2021, 144 Rn. 23 – Booking.com.
[24] LG Frankfurt a. M. BeckRS 2020, 15431.
[25] EuGH NJW 2002, 1407 (1409) – Besix SA/WABAG.

Besonderer Gerichtsstand der unerlaubten Handlung **§ 32 ZPO**

§ 30a Gerichtsstand bei Bergungsansprüchen
Für Klagen wegen Ansprüchen aus Bergung von Schiffen oder sonstigen Vermögensgegenständen in einem Gewässer gegen eine Person, die im Inland keinen Gerichtsstand hat, ist das Gericht zuständig, bei dem der Kläger im Inland seinen allgemeinen Gerichtsstand hat.

§ 31 Besonderer Gerichtsstand der Vermögensverwaltung
Für Klagen, die aus einer Vermögensverwaltung von dem Geschäftsherrn gegen den Verwalter oder von dem Verwalter gegen den Geschäftsherrn erhoben werden, ist das Gericht des Ortes zuständig, wo die Verwaltung geführt ist.

§ 32 Besonderer Gerichtsstand der unerlaubten Handlung

Für Klagen aus unerlaubten Handlungen ist das Gericht zuständig, in dessen Bezirk die Handlung begangen ist.

Literatur: *Cordes*, Die Durchfuhr patentverletzender Erzeugnisse, GRUR 2012, 141; *Danckwerts*, Örtliche Zuständigkeit bei Urheber-, Marken- und Wettbewerbsverletzungen im Internet, GRUR 2007, 104; *Ebert-Weidenfeller/Schmüser*, Zuständigkeitsregelungen im Gemeinschaftsgeschmacksmusterrecht, GRUR-Prax 2011, 526; *Fayaz*, Sanktionen wegen der Verletzung von Gemeinschaftsmarken: Welche Gerichte sind zuständig und welches Recht ist anzuwenden? (1. Teil), GRUR-Int 2009, 459; *Feddersen*, Gesetz zur Stärkung des fairen Wettbewerbs: Neuerungen bei Vertragsstrafe und Gerichtsstand, WRP 2021, 713; *Hohlweck*, Gesetz zur Stärkung des fairen Wettbewerbs: Auswirkungen der Neuregelungen in der ersten und zweiten Instanz, WRP 2021, 719; *Jürgens*, Abgestürzte Gerichtsstände – Der fliegende Gerichtsstand im Presserecht, NJW 2014, 3061; *Klute*, Die aktuellen Entwicklungen im Lauterkeitsrecht, NJW 2014, 359; *Köhler*, Das neue Gesetz gegen unseriöse Geschäftspraktiken, NJW 2013, 3473; *Köhler*, Der fliegende Gerichtsstand, WRP 2013, 1130; *Kühnen*, Kann der Entschädigungsanspruch gemäß §§ 33 PatG 1981, 24 Abs. 5 PatG 1968 im besonderen Gerichtsstand der unerlaubten Handlung geltend gemacht werden?, GRUR 1997, 19; *Möller*, Das Gesetz zur Stärkung des fairen Wettbewerbs, NJW 2021, 1; *Omsels/Zott*, Ausgewählte Probleme im neuen UWG, WRP 2021, 278; *Ringer/Wiedemann*, Ein Jahr neuer fliegender Gerichtsstand im UWG – Zusammenfassung und Ausblick, GRUR-Prax 2021, 732; *Sosnitza*, Wettbewerbsprozessuale Fragen nach dem „Gesetz zur Stärkung des fairen Wettbewerbs", GRUR 2021, 671; *Thole*, Aktuelle Entwicklungen bei der negativen Feststellungsklage, NJW 2013, 1192; *Willems*, Wettbewerbsstreitsachen am Mittelpunkt der klägerischen Interessen?, GRUR 2013, 462; *Wagner/Kefferpütz*, Das Wettbewerbsrecht im Generalverdacht des Rechtsmissbrauchs, WRP 2021, 151.

Übersicht

	Rn.
A. Anwendungsbereich im Gewerblichen Rechtsschutz und Urheberrecht	1
B. Allgemeines	2
I. Anwendungsbereich und allgemeine Voraussetzungen	2
1. Sachlicher Anwendungsbereich	2
2. Persönlicher Anwendungsbereich	8
3. Klagearten	10
II. Gerichtsstand des Begehungsorts	14
1. Allgemeines	14
2. Einzelne Begehungsorte (alphabetisch)	17
3. Einschränkung des Wahlrechts durch negative Feststellungsklage	38
III. Prozessuale Bedeutung und Behandlung	39
C. Internationaler Rechtsstreit	43
I. Deutsches Internationales Zivilprozessrecht (IZPR)	43
II. EuGVVO, LugÜ	44
III. Supranationale Schutzrechte: UMV, GGV, Sortenschutz-VO	45
D. Patentrecht	46
E. Gebrauchsmusterrecht	50
F. Sortenschutz	51
I. Nationaler Sortenschutz	51
II. Europäisches Sortenschutzrecht	52
G. Markenrecht	53
I. Nationale Kennzeichenstreitsachen	53
II. Unionsmarkenstreitsachen	58
H. Designrecht	59
I. Nationales Design	59
II. Gemeinschaftsgeschmacksmuster	60
I. Wettbewerbsrecht	61
I. UWG	61
1. Bis zum 2.12.2020 bereits anhängige Verfahren: § 14 UWG aF	61
2. Ab dem 2.12.2020 anhängige Verfahren: § 14 UWG nF	67
II. UKlaG	73
J. Urheberrecht	75

A. Anwendungsbereich im Gewerblichen Rechtsschutz und Urheberrecht

1 Bei § 32 handelt es sich um die zentrale Zuständigkeitsregelung in Prozessen des Gewerblichen Rechtsschutzes und Urheberrechts (beachte aber § 14 Abs. 2 UWG nF, § 104a Abs. 1 UrhG). Da es sich bei wettbewerbsrechtlichen Tatbeständen und Verletzungen von Immaterialgüterrechten um deliktische Handlungen bzw. rechtswidrige Eingriffe in eine fremde Rechtssphäre, mithin um unerlaubte Handlungen[1] handelt, greift für die Frage der örtlichen Zuständigkeit auch immer § 32 ein, soweit keine spezialgesetzliche Regelung, wie zB § 14 Abs. 2 UWG oder § 104a Abs. 1 UrhG, vorrangig anwendbar ist (→ Rn. 61 ff.).

B. Allgemeines

I. Anwendungsbereich und allgemeine Voraussetzungen

2 **1. Sachlicher Anwendungsbereich.** Die Norm ist **weitreichend** zu verstehen und dann anwendbar, wenn eine unerlaubte Handlung im weiteren Sinne vorliegt.[2] Dies erfasst nicht nur Handlungen gem. §§ 823 ff. BGB, sondern allgemein deliktische Handlungen sowie rechtswidrige Eingriffe in eine fremde Rechtssphäre[3] und damit auch **wettbewerbsrechtliche Tatbestände** und **Verletzungen von gewerblichen und sonstigen Schutzrechten.**[4]

3 § 32 erfasst auch die Fälle der sog. **Störerhaftung.**[5] Unter dem Gesichtspunkt der allgemeinen Störerhaftung ist verpflichtet, wer, ohne Täter oder Teilnehmer zu sein, in irgendeiner Weise willentlich und adäquat kausal zur Beeinträchtigung sonstiger **absoluter Rechte,**[6] insbesondere gewerblicher Schutzrechte beiträgt.

4 Für Arreste und **einstweilige Verfügungen** ist § 32 wegen §§ 919, 937 Abs. 1 ebenfalls anwendbar. § 32 gilt auch für Schadensersatzansprüche wegen **unberechtigter Zwangsvollstreckung,** zB gem. § 945.[7]

5 Nicht unter § 32 fallen dagegen Klagen wegen **vertraglicher Ansprüche,** auch wenn diese – wie zB bei einer **Unterlassungsverpflichtungserklärung** (UVE) – ursprünglich auf eine deliktische Handlung zurückzuführen sind. Dass Anlass für die Abgabe einer UVE eine unerlaubte Handlung, bspw. eine Schutzrechtsverletzung gewesen ist, ändert nichts daran, dass in der **Forderung der Vertragsstrafe** die Geltendmachung eines **vertraglichen Anspruchs** liegt.[8]

6 Bei **Anspruchskonkurrenz** der Klagegründe (ein einheitliches Unterlassungsbegehren wird zB auf MarkenG, UWG, §§ 12 und 823 ff. BGB gestützt), ist das gem. § 32 zuständige Gericht im Rahmen eines **einheitlichen prozessualen Anspruchs** grundsätzlich befugt, den Rechtsstreit **nach allen rechtlichen Gesichtspunkten** zu prüfen (Ausnahme: Kartellsache, → § 1 Rn. 113–117).[9] Werden dagegen mehrere prozessual selbständige Ansprüche erhoben **(objektive Klagehäufung),** so sind für jeden dieser Ansprüche die Zuständigkeit und der gewählte Rechtsweg gesondert zu prüfen, § 260. Soweit erforderlich hat eine **Prozesstrennung** nach § 145 und ggf. eine Verweisung (§ 17a GVG, § 281) zu erfolgen.[10] Bei einer **subjektiven Klagehäufung** auf Beklagtenseite (§§ 59, 60) muss die örtliche Zuständigkeit für jeden Beklagten gegeben sein. Bei nicht ausschließlichen Gerichtsständen, wie § 32, kann sich die Zuständigkeit aus einer **rügelosen Einlassung** ergeben (§§ 39, 40); andernfalls kommt Verweisung (§ 281) oder eine Gerichtsstandsbestimmung nach § 36 Nr. 3 in Betracht.[11]

7 Es ist allerdings zu beachten, dass es im **Anwendungsbereich der EuGVVO** bzw. des LugÜ keine internationale Zuständigkeit des Sachzusammenhangs für zusammenhängende vertragliche und vertragsähnliche Ansprüche gibt (→ Vor § 12 Rn. 30).[12]

8 **2. Persönlicher Anwendungsbereich.** Gleichgültig ist, gegen wen sich die Klage richtet und von wem sie erhoben wird. **Kläger** kann der Geschädigte sein oder derjenige, auf den der Anspruch durch Vertrag oder Gesetz übergegangen ist.[13] **Beklagter** kann der Täter, Mittäter, Anstifter oder

---

[1] BGH NJW 2011, 2518 (2519); Zöller/*Schultzky* ZPO § 32 Rn. 4.
[2] MüKoZPO/*Patzina* ZPO § 32 Rn. 2; weitere Beispiele und Grenzen: Musielak/Voit/*Heinrich* ZPO § 32 Rn. 2 –9.
[3] BGH NJW 2011, 2518 (2519).
[4] *Kühnen* GRUR 1997, 19 (20).
[5] Zöller/*Schultzky* ZPO § 32 Rn. 7; OLG Hamburg ZUM 2006, 661 (UrhR); LG Hamburg BeckRS 2009, 05655.
[6] BGH NJW 2012, 2345 Rn. 17 – RSS-Feeds; BGH GRUR 2011, 152 Rn. 48 – Kinderhochstühle im Internet; BGH GRUR 2004, 860 (864) – Internet-Versteigerung I.
[7] Zöller/*Schultzky* ZPO § 32 Rn. 9; Thomas/Putzo/*Hüßtege* ZPO § 32 Rn. 4.
[8] LG Mannheim BeckRS 2016, 4996; LG München ZUM-RD 2008, 310.
[9] BGH NJW 2003, 828.
[10] BGH GRUR 1998, 506 (508) – Rechtsweg.
[11] Harte/Henning/*Tolkmitt* UWG § 14 Rn. 79.
[12] BGH NJW-RR 2005, 581 (583).
[13] Musielak/Voit/*Heinrich* ZPO § 32 Rn. 12; MüKoZPO/*Patzina* ZPO § 32 Rn. 14.

Gehilfe sein, deren Rechtnachfolger oder diejenigen, die kraft Gesetzes oder Vertrags für andere haften, zB Vereine, Verbände, rechtsfähige Personengesellschaften, Gesellschafter und Unternehmensinhaber.[14]

Haften mehrere aus unerlaubter Handlung, ist für jeden die örtliche Zuständigkeit gesondert zu bestimmen. Es muss sich aber **jeder Beteiligte** an einer unerlaubten Handlung (Gehilfe, Anstifter, Mittäter) auch **zuständigkeitsrechtlich die Tatbeiträge** der anderen **zurechnen** lassen (vgl. § 830 Abs. 1 S. 1 BGB).[15] Dies gilt nach der Rspr. des EuGH allerdings **nicht im Anwendungsbereich der EuGVVO**.[16] Hier kommt dann jedoch regelmäßig der gemeinsame Gerichtsstand der Streitgenossen gem. Art. 8 Nr. 1 EuGVVO bzw. Art. 6 Nr. 1 LugÜ in Betracht (→ Vor § 12 Rn. 48–50). **9**

3. Klagearten. Für die Frage der örtlichen Zuständigkeit ist gleichgültig, welches prozessuale Begehren aus der unerlaubten Handlung hergeleitet wird.[17] § 32 gilt für alle Klagen und sämtliche Rechtsschutzbegehren, also Leistungsklagen auf **Unterlassung** sowie auf **Schadens- bzw. Aufwendungsersatz, Auskunft** und **Feststellungsklagen**, soweit sie auf eine unerlaubte Handlung gestützt sind.[18] Am deliktischen Gerichtsstand sind darüber hinaus nicht nur die Hauptansprüche einklagbar, sondern insbesondere auch die **Rechtsverfolgungskosten,** die dem Verletzten infolge der deliktischen Handlung entstanden sind.[19] **10**

Auch die **vorbeugende Unterlassungsklage** kann bei dem Gericht erhoben werden, in dessen Bezirk die Verletzung ernsthaft bevorsteht.[20] Im Gerichtsstand einer drohenden Verletzung können nach bestrittener Auffassung auch Ansprüche geltend gemacht werden, die eine bereits begangene Verletzung voraussetzen (zB Auskunft und Schadensersatz), selbst wenn der Kläger keine Handlung in diesem Bezirk dargelegt hat.[21] Denn gerade weil bei Anspruchserhebung noch unklar ist, ob und an welchen Orten Verletzungen stattgefunden haben, muss es dem Geschädigten auch insoweit möglich sein, seine Klage in jedem Gerichtsstand zu erheben, in dem die Begehung ernsthaft und unmittelbar droht.[22] Der durch die vorbeugende Unterlassungsklage begründete Gerichtsstand wird nicht dadurch hinfällig, dass die Verletzungshandlung an einem anderen Gerichtsstand dann tatsächlich aufgenommen worden ist.[23] **11**

Für eine Klage in gewillkürter **Prozessstandschaft** ist der Gerichtsstand maßgeblich, der **für die Klage des Rechtsinhabers** gelten würde. Dies gilt allerdings nicht bei UWG-Klagen von Verbänden, qualifizierten Einrichtungen oder Kammern, denen die Klagebefugnis fehlt (§ 8 Abs. 3 Nr. 2–4 UWG)[24] oder die im Gerichtsstand des Begehungsorts den Anspruch eines Mitbewerbers einklagen, wenn für sie selbst nur der Gerichtsstand des § 14 Abs. 2 S. 1 UWG in Betracht kommt.[25] **12**

Bei der **negativen Feststellungsklage** ist nach der wohl herrschenden, aber bestrittenen Meinung das Gericht zuständig, welches für die **Leistungsklage mit umgekehrtem** Rubrum zuständig wäre.[26] Diese Auffassung hat durch die Entscheidung *Folien Fischer ua* des EuGH zur entsprechenden Vorschrift der EuGVVO (jetzt Art. 7 Nr. 2) Bestätigung erhalten (→ Vor § 12 Rn. 43).[27] Die Sach- und Beweisnähe sowie die prozessuale Waffengleichheit der Parteien sprechen auch bei § 32 dafür, keinen Unterschied zwischen den Parteirollen zu machen.[28] **13**

II. Gerichtsstand des Begehungsorts

1. Allgemeines. Der besondere Gerichtsstand des Begehungsorts eröffnet dem Geschädigten die Möglichkeit, überall dort zu klagen, wo das **schädigende Ereignis eingetreten ist oder konkret einzutreten droht.** Es genügt, wenn an dem betreffenden **Ort eines von mehreren Tatbestandsmerkmalen** verwirklicht ist, sodass für eine Rechts- bzw. Wettbewerbsverletzung regelmäßig mehrere **14**

---

[14] Zöller/*Schultzky* ZPO § 32 Rn. 16; Thomas/Putzo/*Hüßtege* ZPO § 32 Rn. 1.
[15] BGH MMR 2010, 582.
[16] EuGH NJW 2013, 2099 – Melzer mit Anm. *Müller*.
[17] Zöller/*Schultzky* ZPO § 32 Rn. 18.
[18] OLG Schleswig BeckRS 2013, 14753 (UrhR); Musielak/Voit/*Heinrich* ZPO § 32 Rn. 14; Zöller/*Schultzky* ZPO § 32 Rn. 18.
[19] LG Frankfurt a. M. MMR 2010, 142 (143) (UrhR).
[20] BGH GRUR 2010, 461 Rn. 8 – The New York Times; Ingerl/Rohnke MarkenG § 140 Rn. 47; Schulte/*Voß* PatG § 139 Rn. 241; Teplitzky/*Schaub* Kap. 45 Rn. 13; Zöller/*Schultzky* ZPO § 32 Rn. 20.
[21] OLG Hamburg GRUR-RR 2005, 31 (32) (UWG); aA für das PatentR: LG Düsseldorf BeckRS 2011, 25648; Schulte/*Voß* PatG § 139 Rn. 241.
[22] OLG Hamburg GRUR-RR 2005, 31 (32).
[23] Harte/Henning/*Tolkmitt* UWG § 14 Rn. 88.
[24] BGH GRUR 1998, 417 – Verbandsklage in Prozessstandschaft.
[25] Harte/Henning/*Tolkmitt* UWG § 14 Rn. 82.
[26] OLG Celle BeckRS 2012, 19781 (wg. ehrverletzender Äußerungen); OLG Hamburg NJW-RR 1995, 1509 (1510); Köhler/Bornkamm/*Feddersen* UWG § 14 Rn. 9 (jeweils für das UWG); LG Köln BeckRS 2006, 11661(für das UrhR); aA: Zöller/*Schultzky* ZPO § 32 Rn. 18.
[27] EuGH GRUR-Int 2013, 173 – Folien Fischer.
[28] *Thole* NJW 2013, 1192 (1193 f.).

Begehungsorte in Betracht kommen, zwischen denen der Kläger ein **Wahlrecht** hat.[29] Als Begehungsort kann zwischen folgenden Orten unterschieden werden, die auch auseinanderfallen können: dem **Handlungsort,** an dem der Täter die tatbestandsmäßige Handlung ganz oder teilweise begangen hat und dem **Erfolgsort,** an dem in ein geschütztes Rechtsgut eingegriffen wurde. Der Ort des **Schadenseintritts** (Schadensort) ist **nur** dann von Belang, wenn der Schadenseintritt **zum Tatbestand** der Rechtsverletzung **gehört,**[30] wie dies in den Fällen des Betrugs bzw. der sittenwidrigen Schädigung sowie der **Diskriminierung** für den Wohnsitz/Sitz des Geschädigten/Diskriminierten angenommen wurde.[31] Stehen Schäden eines Unternehmens aus verbotenen Kartellabsprachen in Rede, liegt dieser Erfolgsort grundsätzlich am Sitz des Unternehmens.[32] Im Übrigen ist der Ort, an dem **nach Vollendung** des Tatbestandes einer unerlaubten Handlung die **Schadensfolgen** eintreten, für die Bestimmung des Gerichtsstandes nach § 32 **ohne Bedeutung.**[33]

15 Der Gerichtsstand des § 32 bzw. des § 14 Abs. 2 S. 2 UWG[34] räumt dem Kläger zumeist ein sehr weites Wahlrecht ein, da Begehungsort der oder die Orte sein können, an denen der Täter gehandelt hat oder zu handeln droht und Erfolgsort die Orte, an denen die Rechtsverletzung eingetreten ist oder einzutreten droht. Regelmäßig handelt es sich dabei um das **planmäßige Verbreitungsgebiet/Vertriebsgebiet** der rechtsverletzenden Ware oder Werbung. Fällt dies, wie dies weit überwiegend in Prozessen des Gewerblichen Rechtsschutzes und Urheberrechts der Fall ist, in mehrere Gerichtsbezirke, hat der Kläger gem. **§ 35 die Wahl,** vor welchem jeweils örtlich zuständigen Gericht er Klage erhebt bzw. einen Verfügungsantrag stellt, er kann sich auf den sog. **„fliegenden Gerichtsstand"** berufen (beachte aber § 14 Abs. 2 S. 3 UWG, § 104a Abs. 1 S. 1 UrhG).[35]

16 Wegen der regelmäßig **bundesweit** ausgerichteten Werbe- und Vertriebsmaßnahmen, insbesondere im **Internet,** hat die Rechtsprechung verschiedene den Gerichtsstand beschränkende Merkmale entwickelt. Bei Rechtsverletzungen können allgemein als den Gerichtsstand begründende Begehungsorte diejenigen in Betracht kommen, an denen die Informationen dritten Personen **bestimmungsgemäß**[36] zur Kenntnis gebracht werden und **keine bloß zufällige Kenntnisnahme** vorliegt (weitere Einzelheiten: s. u.).[37]

17 **2. Einzelne Begehungsorte (alphabetisch). Abnehmerverwarnung** (s. Schutzrechtsverwarnung)

18 **Angebot nachgeahmter Waren, Absatzkette:** Hier ist der **Ort des Angebots** Begehungsort.[38] Erfolgt die Verletzung im Einzelhandel gegenüber dem Endverbraucher, kann beim Vertrieb von Waren über mehrere Wirtschaftsstufen **auch der Hersteller am Verkaufsort** verklagt werden, wenn die Waren mit seinem Wissen und Wollen dort vertrieben wurden.[39] Darüber hinaus kann er am **Herstellungsort** in Anspruch genommen werden.[40] Der **Vorlieferant** kann **überall** dort in Anspruch genommen werden, wo die rechtsverletzende Ware von seinem Abnehmer **vertrieben** wird, da in allen Fällen eine solche Handlung des (Vor-) Lieferanten vorliegt.[41]

19 **Äußerungsdelikt:** Für mündlich, fernmündlich und schriftlich begangene Äußerungen mit rechtsverletzendem Inhalt sind der **Verlautbarungs-** bzw. **Absendeort** und der **Empfangsort** bzw. der Ort des Sende- oder Empfangsgeräts maßgebend.[42] Ist der Eingriff **zugleich betriebsbezogen,** wie zB bei **Diskriminierung, Geschäftsehrverletzung** und **unberechtigter Schutzrechtsverwarnung,** begründet der **Sitz des betroffenen Unternehmens** als Handlungs- und/oder Erfolgsort ebenfalls einen Gerichtsstand.[43]

---

[29] BGH GRUR 2010, 462 (462) – The New York Times; Schulte/*Voß* PatG § 139 Rn. 241; *Ingerl/Rohnke* MarkenG § 140 Rn. 42; Köhler/Bornkamm/*Feddersen* UWG § 14 Rn. 16.
[30] Zöller/*Schultzky* ZPO § 32 Rn. 19.
[31] BGH GRUR 1980, 130 (131 f.) – Kfz-Händer; OLG Hamburg GRUR-RR 2008, 31 – Exklusivitätsklausel; Zöller/*Schultzky* ZPO § 32 Rn. 20.1, 20.22.
[32] BGH GRUR 2019, 213 Rn. 18.
[33] BGH NJW 1980, 1224 (1225) (KartellR).
[34] Der „fliegende Gerichtsstand" in § 14 Abs. 2 S. 2 UWG wurde für Zuwiderhandlungen im elektronischen Rechtsverkehr in Telemedien abgeschafft.
[35] Ausführlich: *Köhler* WRP 2013, 1130 (1131).
[36] Noch offengelassen in BGH GRUR 2005, 431 (432) – HOTEL MARITIME (MarkenG, Art. 5 Nr. 3 EuGVÜ) mit Darstellung des Meinungsstandes.
[37] Zur internationalen Zuständigkeit bei Persönlichkeitsrechtsbeeinträchtigungen: BGH GRUR 2013, 751 – Autocomplete-Funktion; BGH GRUR 2010, 461– The New York Times; Anm. *Staudinger* NJW 2010, 1754; mangels Bestimmungsgemäßheit verneinend *BGH* GRUR 2011, 558 – www.womaninneurope.com; BGH NJW 2011, 2059 – Sieben Tage in Moskau mit Anm. *Brand* NJW 2011, 2061; vgl. auch BGH GRUR 2005, 431 (432) – HOTEL MARITIME (zum MarkenG, zur EuGVÜ) und zu § 14 Abs. 2 UWG auch *Willems* GRUR 2013, 462.
[38] Köhler/Bornkamm/*Feddersen* UWG § 14 Rn. 19 zu § 4 Nr. 3 UWG.
[39] Ströbele/*Hacker* MarkenG § 140 Rn. 31.
[40] Harte/Henning/*Tolkmitt* UWG § 14 Rn. 94.
[41] LG Düsseldorf BeckRS 2012, 19543.
[42] Köhler/Bornkamm/*Feddersen* UWG § 14 Rn. 19.
[43] Harte/Henning/*Tolkmitt* UWG § 14 Rn. 69.

Boykottaufruf[44]: Hier begründet neben dem Ort der **Verlautbarung** und dem des **Zugangs** des 20
Boykottaufrufs nach überwiegender Ansicht auch der **Sitz des Unternehmens** als Erfolgsort des
betriebsbezogenen Eingriffs einen Gerichtsstand.[45]

Briefe, Schreiben: Der Handlungsort ist beim Absender und der Erfolgsort liegt beim Empfänger.[46] 21

Domainregistrierung; Domainname: Verletzungsorte liegen überall dort, wo die Domain abgerufen werden kann, also bei jedem Landgericht, da es die Funktion einer Domain ist, Internetseiten abrufbar zu machen.[47] 22

Durchfuhr, ungebrochener Transit: Die bloße *Durchfuhr* von kennzeichen-[48] und patentverletzenden[49] Waren begründet im Inland nach überwiegender Auffassung keinen Gerichtsstand. 23

Druckschriften, Prospekte, Presseerzeugnisse: Der Erscheinungsort und jeder Ort der **Verbreitung**.[50] Maßgebend ist hierbei das **regelmäßige Verbreitungsgebiet,** also dort, wo der Herausgeber die Verbreitung beabsichtigt oder zumindest damit rechnen muss.[51] Hierfür genügt die Verbreitung von wenigen Exemplaren oder auch nur einem Exemplar, da es auf die Intensität der Verletzung nicht ankommt.[52] Ist eine solche **bestimmungsgemäße** Verbreitung im Gerichtsbezirk gegeben, wird von einem Teil der Rechtsprechung und Literatur **bei UWG-Verstößen darüber hinaus** gefordert, dass die Druckschrift in **wettbewerbsrechtlich relevanter** Weise verbreitet worden sein muss.[53] 24

Ehrverletzungen, Persönlichkeitsrechtsrechtsverletzungen: Zur Entscheidung über Klagen wegen Persönlichkeitsbeeinträchtigungen durch massenmedial verbreitete Äußerungen ist eine örtliche Zuständigkeit für jeden Ort der **bestimmungsgemäßen Verbreitung** der jeweiligen Publikation gegeben.[54] Dies gilt jedenfalls bei **bekannten Personen, über die ohne jede lokale Einschränkung berichtet** wird.[55] Daneben ist Erfolgsort der **Wohn- oder Aufenthaltsort des Verletzten,** unabhängig davon, wo und wodurch der Betroffene von den Verletzungshandlungen erfährt.[56] Erfolgt die Verletzung im **Internet,** sind die deutschen Gerichte nach § 32 ZPO jedenfalls **zuständig,** wenn die als rechtsverletzend beanstandeten Inhalte objektiv einen **deutlichen Bezug** zum Gerichtsort in dem Sinne aufweisen, dass eine **Kollision** der widerstreitenden Interessen nach den Umständen des konkreten Falls im Inland **tatsächlich eingetreten** ist oder eintreten kann, insbesondere auf Grund des Inhalts der konkreten Meldung.[57] Diese Voraussetzungen sind nach der Rspr. des BGH dann gegeben, wenn eine **Kenntnisnahme** der beanstandeten Inhalte **im Inland erheblich näherliegt** als es auf Grund der bloßen **Abrufbarkeit** der Meldung der Fall wäre und die vom Kläger geltend gemachte **Beeinträchtigung** des Persönlichkeitsrechts durch Kenntnisnahme der rechtsverletzenden Inhalte auch **im Inland eintreten** würde.[58] Dies soll nicht der Fall sein, in denen ein im Ausland abgefasster fremdsprachiger Text auf einer ausländischen Domain zum Abruf bereitgehalten wird.[59] Eine **weiter einschränkende** Auffassung, dass bei Persönlichkeits- und Ehrverletzungen im Internet Erfolgsort im Sinne von § 32 ZPO regelmäßig nur der Wohnort bzw. der Ort des Lebensmittelpunkts des Geschädigten sei,[60] **ist abzulehnen.** Der Betroffene muss vielmehr aus Gründen der Waffengleichheit überall dort, wo seine Rechte beeinträchtigt werden, auch die Möglichkeit haben, sich wirksam zu wehren.[61] 25

---

[44] Köhler/Bornkamm/*Feddersen* UWG § 14 Rn. 19.
[45] BGH GRUR 1980, 130 (131) – Kfz-Händler; OLG Hamburg GRUR-RR 2008, 31 – Exklusivitätsklausel; OLG Düsseldorf BeckRS 2011, 00535; Köhler/Bornkamm/*Feddersen* UWG § 14 Rn. 19; aA: OLG Frankfurt a. M. NJW-RR 1986, 1189.
[46] BGH GRUR 1964, 316 (317 f.) – Stahlexport; Harte/Henning/*Tolkmitt* UWG § 14 Rn. 106; *Ingerl/Rohnke* MarkenG § 140 Rn. 43; Zöller/*Schultzky* ZPO § 32 Rn. 20.4.
[47] Für das KennzeichenR: LG Stuttgart BeckRS 2013, 01841; LG Frankfurt a. M. BeckRS 2012, 24010.
[48] EuGH GRUR 2007, 146 – Montex Holdings/Diesel; BGH GRUR 2007, 876 – Diesel II; BGH GRUR 2007, 875 – Durchfuhr von Originalware.
[49] *Cordes* GRUR 2012, 141 (144 f.); Schulte/*Rinken* PatG § 9 Rn. 79.
[50] Harte/Henning/*Tolkmitt* UWG § 14 Rn. 98.
[51] BGH GRUR 1978, 194 (195) – profil (zum Persönlichkeitsr); *Ingerl/Rohnke* MarkenG § 140 Rn. 44.
[52] Köhler/Bornkamm/*Feddersen* UWG § 14 Rn. 17.
[53] OLG Hamburg BeckRS 2008, 07219; OLG Düsseldorf GRUR-RR 2005, 33 – Möbel-Werbespot; OLG Köln GRUR 1988, 148 (149) – Kaminöfen; OLG Frankfurt a. M. GRUR 1989, 136 – Der Tagesspiegel; OLG München NJW-RR 1986, 1163; Köhler/Bornkamm/*Feddersen* UWG § 14 Rn. 17; Teplitzy/*Schaub* Kap. 45 Rn. 13 Fn. 82 mwN zum Meinungsstand; aA KG GRUR 1989, 134 (135) – Rhein-Zeitung; OLG Düsseldorf WRP 1987, 476 (477).
[54] LG Hamburg BeckRS 2010, 06920.
[55] LG Berlin BeckRS 2011, 20090 mwN; *Danckwerts* GRUR-Prax 2014, 95.
[56] LG München BeckRS 2013, 01663; Zöller/*Schultzky* ZPO § 32 Rn. 20.12.
[57] OLG Jena BeckRS 2014, 03868, Besps. *Chichon* in GRUR-Prax 2014, 188; OLG Brandenburg MMR 2017, 261.
[58] BGH GRUR 2013, 751 Rn. 7 – Autocomplete-Funktion; BGH GRUR 2010, 461 Rn. 16 ff. – The New York Times jeweils zur internationalen Zuständigkeit.
[59] BGH GRUR 2011, 558 Rn. 12–16 – www.womanineurope.com; LG Düsseldorf BeckRS 2013, 11243.
[60] LG Essen BeckRS 2013, 19325; LG Mainz BeckRS 2010, 05166; *Hoeren* ZRP 2009, 223; Zöller/*Schultzky* ZPO § 32 Rn. 20.12.
[61] *Köhler* WRP 2013, 1130 (1133).

Dafür ist es unerlässlich, dem Verletzten den Zugang zu spezialisierten Gerichten zu ermöglichen, die schnell entscheiden und deren Entscheidungen auf Grund der ständigen Befassung mit der Spezialmaterie auch vorhersehbar sind.[62]

26 **Emails:** Begehungsorte sind der Absendeort und der Empfangsort, dh die Standorte der jeweiligen Computer.[63]

27 **Faxwerbung:** Absendeort und der Empfangsort, dh die Standorte der jeweiligen Faxgeräte.[64]

28 **Film, Fernsehen** und **Radio:** Die in → Rn. 19 und 24 genannten Grundsätze sind entsprechend anzuwenden. Bei einer Markenverletzung durch eine Fernsehsendung ist jedes Gericht zuständig, in dessen Bezirk die Fernsehsendung empfangen werden kann.[65]

29 **Immaterialgüterrechte,** gewerbliche **Schutzrechte** (s. u. bei den einzelnen Spezialgebieten).

30 **Internetdelikte:** Bei Internetdelikten ist nach überwiegender Ansicht der Spezialgerichte des Gewerblichen Rechtsschutzes der Erfolgsort bei **Wettbewerbsverletzungen** iSd § 32 ZPO überall dort, wo der beanstandete Internetauftritt gemäß der **zielgerichteten Bestimmung abrufbar** ist.[66] Begehungsort ist jedenfalls der (Wohn)Sitz des Werbenden, nicht dagegen auch der Standort des Mediums, etwa des Internet-Servers.[67] Wer im Internet, zB bei eBay, „**Versand nach ganz Deutschland**" anbietet, richtet sich an **Interessenten im ganzen Bundesgebiet,** sodass nicht nur der Ort des Erscheinens, sondern grundsätzlich auch **jeder Verbreitungsort** Gerichtsstands begründend ist und Klagen bzw. Anträge auf Erlass einstweiliger Verfügungen **bei jedem Landgericht in Deutschland** eingereicht werden können.[68] Diejenigen, die die wirtschaftliche Vorteile nutzen und **bundesweit Handel treiben, verkaufen und liefern,** müssen das damit spiegelbildlich verbundene Geschäftsrisiko tragen, an anderen Gerichtsstandorten in Anspruch genommen zu werden. Diese Risiken sind dem Onlinehandel wesensimmanent.[69] Eine besondere Schutzwürdigkeit für solche Verkäufer, die möglichst viele Interessenten ansprechen wollen, ist in Bezug auf eine stärkere Eingrenzung der möglichen Gerichtsstände abzulehnen.[70] Schließlich hat es jeder Verkäufer selbst in der Hand, sein Angebot lokal zu beschränken indem er bspw. „**Selbstabholung**" anbietet, die Preise als „**Abholpreise**"[71] bezeichnet oder sein Angebot bei einem **regionalen Kleinanzeigenportal** einstellt. Auch ein *Disclaimer* („Keine Lieferungen nach ..." etc) kann das Verbreitungsgebiet einschränken. Dies gilt allerdings nur, wenn er eindeutig gestaltet und aufgrund seiner Aufmachung als ernst gemeint aufzufassen ist und vom Werbenden auch tatsächlich beachtet wird.[72] Als nicht ausreichend sind Formulierungen wie „vorübergehend keine Verkäufe nach ..." angesehen worden, insbesondere wenn dies im Widerspruch zum Bestellformular steht.[73] Bei **Download-Angeboten** oder dem sog. Filesharing weiß und bezweckt der Verletzer, dass das Angebot zur Vervielfältigung dieser Datei von möglichst vielen Menschen an möglichst vielen Orten im gesamten Bundesgebiet angenommen wird, sodass **bundesweit Erfolgsorte** gegeben sind.[74] Im **Kennzeichenrecht** wird bereits die **bloße Abrufbarkeit** einer Anzeige im Internet als **ausreichend** für Begehungsorte überall in Deutschland angesehen und es ist darüber hinaus keine lokal dem Zuständigkeitsbereich des angerufenen Gerichts zuordenbare Interessenkollision für die örtliche Zuständigkeit gem. § 32 ZPO erforderlich (auch → Rn. 54).[75] Allerdings wird in Fällen mit Auslandsberührung für die Frage der Anwendbarkeit nationalen Kennzeichenrechts gefordert, dass das Angebot einen hinreichenden wirtschaftlich relevanten Inlandsbezug („**commercial effect**") aufweise.[76]

31 **Markenanmeldung:** stets das LG München I, da in seinem Gerichtsbezirk durch Einreichung der Anmeldung (Empfangsort) die die Begehungsgefahr begründende Handlung vorgenommen wurde.[77] Darüber hinaus ist aufgrund der Anmeldung eines Zeichens als Marke **im Regelfall** zu vermuten, dass

---

[62] *Prinz* ZRP 2009, 223, aA Jürgens NJW 2014, 3061 (3066).
[63] Köhler/Bornkamm/*Feddersen* UWG § 14 Rn. 18.
[64] Köhler/Bornkamm/*Feddersen* UWG § 14 Rn. 18.
[65] BGH GRUR 2012, 621 Rn. 19 – OSCAR (zu Art. 5 Nr. 3 EuGVVO).
[66] OLG Schleswig NJW 2014, 442 (zum UrhR); BGH GRUR 2005, 431 (432) – HOTEL MARITIM mwN zum Meinungsstand (zu Art. 5 Nr. 3 EuGVVO).
[67] Köhler/Bornkamm/*Feddersen* UWG § 14 Rn. 18.
[68] OLG Stuttgart MMR 2008, 749; OLG Hamburg BeckRS 2008, 07219; OLG Düsseldorf BeckRS 2007, 18616; OLG Hamm MMR 2008, 178; *Danckwerts* GRUR 2007, 104 (107).
[69] *Klute* NJW 2014, 359.
[70] OLG Rostock BeckRS 2009, 21930; LG Frankfurt a. M. MMR 2010, 142 (143) mAnm *Segler*.
[71] OLG Hamburg BeckRS 2008, 07219.
[72] BGH GRUR 2006, 513 Rn. 22 – Arzneimittelwerbung im Internet.
[73] OLG Düsseldorf BeckRS 2010, 15822 (PatentR).
[74] LG Hamburg BeckRS 2014, 01260; OLG Schleswig BeckRS 2014, 00910; LG Düsseldorf ZUM-RD 2012, 406 (jew. zum UrhG aF).
[75] OLG München GRUR-RR 2013, 388 (389 f.) – Kleine Partysonne, mit Darstellung des Meinungsstandes; LG Köln BeckRS 2013, 10235; LG München I BeckRS 2014, 00254 (zum GeschmMG).
[76] BGH GRUR 2005, 431 (433) – HOTEL MARITIM; BGH GRUR 2012, 621 Rn. 36 – OSCAR; für die Übernahme dieses Kriteriums als Einschränkung des fliegenden Gerichtsstandes spricht sich *Köhler* WRP 2013, 1130 (1136) aus (→ Rn. 65).
[77] *Ingerl/Rohnke* MarkenG § 140 Rn. 47.

die Benutzung des Zeichens für die eingetragenen Waren oder Dienstleistungen in naher Zukunft bevorsteht, wenn keine konkreten Umstände vorliegen, die gegen eine solche Benutzungsabsicht sprechen.[78] Wegen der **bundesweiten (Erst-)Begehungsgefahr sind alle Kennzeichengerichte** örtlich zuständig.[79] Die Anmeldung der **IR-Marken** zur internationalen Registrierung auch für die Bundesrepublik Deutschland ist ein Anhalt dafür, dass die Gefahr gegeben ist, die Beklagte werde bei der geplanten Verwertung in der Bundesrepublik Deutschland auftreten.[80] Bei Markenanmeldungen wegen Verfalls oder wegen Bestehens älterer Rechte: → Rn. 56.

Messeauftritt: In der **Ausstellung** eines Erzeugnisses im Inland auf einer Messe liegt ohne weiteres 32 eine **Benutzung** der Produktform zu **Werbezwecken**.[81] Bei Produktwerbung ist zudem regelmäßig die internationale Zuständigkeit der deutschen Gerichte eröffnet, auch wenn es sich um eine internationale Fachmesse handeln sollte.[82] Für die Annahme einer bundesweiten **Begehungsgefahr** für Vertriebshandlungen sind nach Auffassung des BGH jedoch ernsthafte und greifbare tatsächliche Anhaltspunkte dafür erforderlich, dass der Beklagte in naher Zukunft die Produkte im Inland anbieten und in Verkehr bringen werde.[83] Hierfür genügt die **bloße Präsentation** auf einer internationalen Fachmesse nicht.[84] Anderes gilt uU für die Ausstellung auf einer **Verkaufsmesse**.[85] Teilweise wird auch verlangt, dass der Verletzer hinreichende Anhaltspunkte dafür darlegt, dass er seine Produkte nur außerhalb Deutschlands vertreibt.[86] Die Ausstellung auf einer Inlandmesse außerhalb von reinen Leistungsschauen stellt stets auch ein „**Anbieten**" iSd § 9 S. 2 Nr. 1 PatG dar.[87] Bereits die Ankündigung der Ausstellung eines patentverletzenden Gegenstandes auf einer Messe, kann für die Begründung eine Erstbegehungsgefahr des Vertriebs in Deutschland ausreichen.[88] Wird jedoch nur ein noch nicht marktreifer Prototyp ausgestellt, begründet dieses keine Begehungsgefahr des Inverkehrbringens eines damit identischen, marktfähigen Endproduktes im Inland.[89]

Presseerzeugnisse, Verbreitung von **Druckschriften** (→ Rn. 24). 33

Schutzrechtsverwarnung, Abnehmerverwarnung: Absende- und Empfangsort. Da es sich bei 34 einer unberechtigten Schutzrechtsverwarnung um einen betriebsbezogenen Eingriff in den eingerichteten und ausgeübten Gewerbebetrieb handelt, begründet zudem der Sitz des Unternehmens als Handlungs- und/oder Erfolgsort einen Gerichtsstand.[90]

Testkäufe: Die angeforderte Zusendung von rechtsverletzenden Angeboten oder schutzrechtsver- 35 letzender Ware begründet die örtliche Zuständigkeit am Sitz des Empfängers.[91] Die problemlose Ausführung einer Bestellung zeigt die grundsätzliche Lieferbereitschaft des Beklagten.[92] Die Begründung der örtlichen Zuständigkeit durch Testanfragen oder Testkäufe ist grundsätzlich **nur** bei Vorliegen **besonderer Umstände rechtsmissbräuchlich**.[93] Als eine unbeachtliche Provokationsbestellung kann eine solche Einzellieferung nur dann angesehen werden, wenn sie außerhalb des regelmäßigen Absatzgebiets nur ausnahmsweise aufgrund einer ausdrücklichen Bestellung vorgenommen worden ist.[94]

Unterlassungsklage: Bei der **Verletzungsunterlassungsklage** ist Begehungsort überall dort, wo 36 die konkrete Verletzungshandlung begangen worden oder ihr Erfolg eingetreten ist.[95] Dies gilt auch dann, wenn die Verletzungshandlung nur zufällig gerade an dem betreffenden Ort vorgenommen worden ist.[96] Stützt sich der Kläger auf **Erstbegehungsgefahr** und begehrt er insoweit vorbeugende Unterlassung, muss er Anhaltspunkte vortragen, dass die Handlung auch im Bezirk des angerufenen Gerichts **ernsthaft bevorsteht**[97] bzw. dass das geschützte **Rechtsgut dort belegen** ist.[98] Hierfür kann

---

[78] BGH BeckRS 2014, 04126; GRUR 2008, 912 – Metrosex.
[79] *Ingerl/Rohnke* MarkenG § 140 Rn. 47; LG Düsseldorf BeckRS 2005, 12382.
[80] BGH GRUR 1994, 530 (532) – beta (zu Art. 5 Nr. 3 EuGVÜ).
[81] BGH GRUR 2010, 1103 – Pralinenform II (Marke); OLG Frankfurt a. M. GRUR 2015, 903.
[82] OLG Frankfurt a. M. BeckRS 2019, 3215; Bespr. *Abrar* GRUR-Prax 2019, 3215 (zu Art. 7 Nr. 2 EuGVVO).
[83] BGH GRUR 2010, 1103 Rn. 23 – Pralinenform II; aA OLG Hamburg GRUR-RR 2008, 238 – Wolfskin/Wolfgang (Marke); LG Hamburg BeckRS 2013, 11165 (Patent); *Mes* PatG § 143 Rn. 16.
[84] BGH BeckRS 2017, 114508 – Mart-Stam-Stuhl (UrhG); Bespr. *Abrar* GRUR-Prax 2017, 332; BGH BeckRS 2015, 02694– Keksstangen (UWG); krit. *Künzel* GRUR-Prax 2015, 208.
[85] OLG Frankfurt a. M. GRUR 2015, 903 (904).
[86] LG Düsseldorf BeckRS 2015, 0551 (Marke).
[87] OLG Düsseldorf GRUR 2015, 61 (Ls.).
[88] LG Düsseldorf BeckRS 2012, 04700.
[89] LG Hamburg BeckRS 2014, 00891 (Patent).
[90] BGH GRUR 1980, 130 (131) – Kfz-Händler; Harte/Henning/Tolkmitt UWG § 14 Rn. 102.
[91] *Leßmann/Würtenberger* § 7 Rn. 123 (Sortenschutz).
[92] BGH GRUR 1980, 227 (230) – Monumenta Germaniae Historica; OLG Düsseldorf NJOZ 2010, 1781 (1782) – interframe dropping (Patent).
[93] LG Düsseldorf BeckRS 2012, 07231 (Patent); *Ingerl/Rohnke* MarkenG § 140 Rn. 50.
[94] BGH GRUR 1980, 227 (230) – Monumenta Germaniae Historica; LG Düsseldorf BeckRS 2012, 04047.
[95] *Köhler/Bornkamm/Feddersen* UWG § 14 Rn. 14.
[96] LG Köln BeckRS 2012, 00033; s. auch GRUR-Prax 2012, 74.
[97] BGH GRUR 1994, 530 (532) – Beta (zur EuGVÜ); OLG Düsseldorf GRUR 1994, 837 (838 f.) – Fliegender Gerichtsstand; OLG Hamburg GRUR 1987, 403 f. – Informationsschreiben; OLG Stuttgart WRP 1988, 331.
[98] *Ingerl/Rohnke* MarkenG § 140 Rn. 47.

das **Warenangebot auf einer Messe** ausreichen.[99] Aber auch der bundesweite Vertrieb einer Zeitschrift mit der beanstandeten Werbung und die bundesweite Präsenz des Verletzers mit seinen Produkten und deren Bewerbung, werden als ausreichend angesehen.[100] Bei Unternehmen mit bundesweitem Tätigkeitskreis kommt also regelmäßig jeder Ort in Betracht.[101] Die Wiederholungsgefahr und die (Erst-)Begehungsgefahr sind im Hinblick auf die Begründung eines Gerichtsstands des Begehungsorts nach allgemeiner Auffassung gleichwertig. Deshalb wird die Zuständigkeit eines Gerichts, in dessen Bezirk eine solche Zuwiderhandlung lediglich droht, nicht dadurch beeinträchtigt, dass in einem anderen Gerichtsbezirk bereits eine Verletzungshandlung begangen wurde.[102]

37 UWG (s. u.).

38 **3. Einschränkung des Wahlrechts durch negative Feststellungsklage.** Durch die Erhebung einer negativen Feststellungsklage des Gegners, dass keine Verletzungshandlung vorliege, ist der **Verletzte nicht gehindert,** an seinem **Wahlgerichtsstand** der unerlaubten Handlung Leistungsklage zu erheben.[103] Dies gilt nach ganz hM **auch** im **Verfügungsverfahren.**[104]

III. Prozessuale Bedeutung und Behandlung

39 Ob das angegangene Gericht örtlich zuständig ist, ist als Prozessvoraussetzung **von Amts wegen** auf der Grundlage des vom **Kläger vorgetragenen Sachverhalts** zu prüfen.[105] Erforderlich ist, dass Tatsachen vorgetragen werden, die – ihre Richtigkeit unterstellt – bei zutreffender rechtlicher Würdigung **alle Tatbestandsmerkmale der Deliktsnorm** ausfüllen.[106] Zur Bejahung der örtlichen Zuständigkeit des angegangenen Gerichts genügt es, wenn der Kläger **schlüssig Tatsachen behauptet,** aus denen sich eine im Gerichtsbezirk begangene unerlaubte Handlung ergibt.[107]

40 Fehlt es an der schlüssigen Darlegung der örtlichen Zuständigkeit, ist die Klage als unzulässig abzuweisen, wenn nicht auf Antrag (§ 281) oder von Amts wegen (§§ 696, 700) eine Verweisung in Betracht kommt. Von der Klagepartei schlüssig behauptete **doppelrelevante** Tatsachen werden im Rahmen der Zuständigkeitsprüfung als gegeben unterstellt (→ § 281 Rn. 11).[108] Beim **Handlungs- oder Erfolgsort** handelt es sich allerdings **nicht notwendigerweise** um eine solche doppelrelevante Tatsache. Zwar wird der Vortrag des Klägers unterstellt, der Beklagte habe eine unerlaubte Handlung begangen. Dass dies aber (auch) im Bezirk des angerufenen Gerichts der Fall war, muss der Kläger im Bestreitensfall beweisen.[109] Bei bundesweiter Tätigkeit des Verletzers genügt hier jedoch in aller Regel die Behauptung, eine Rechts- bzw. Schutzrechtsverletzung drohe auch im Bezirk des angerufenen Gerichts.[110]

41 Bei mehreren Beklagten muss die schlüssige Darlegung für jeden **Streitgenossen** erfolgen (auch → Rn. 9).[111]

42 Gegen die **Abweisung als unzulässig** steht dem Kläger die **Berufung** offen, nicht jedoch die Revision (§ 545 Abs. 2 ZPO).[112] Ein **Rechtsmittel** kann im Übrigen **nicht** darauf gestützt werden, dass das Gericht seine örtliche Zuständigkeit **zu Unrecht** bejaht hat (§§ 513 Abs. 2, 545 Abs. 2, 571 Abs. 2, 576 Abs. 2). Mit Ausnahme der internationalen Zuständigkeit, die in jeder Lage des Verfahrens von Amts wegen zu prüfen ist, ist das Berufungs- bzw. Revisionsgericht schlechthin gehindert, die (örtliche) Zuständigkeit zu prüfen (→ § 1 Rn. 21).

C. Internationaler Rechtsstreit

I. Deutsches Internationales Zivilprozessrecht (IZPR)

43 § 32 ist im Hinblick auf die internationale Zuständigkeit **doppelfunktional** und begründet bei Vorliegen seiner Voraussetzungen neben der örtlichen **auch die internationale Zuständigkeit** (→ Vor § 12 Rn. 4 f.). Die internationale Zuständigkeit kann insbesondere dann aus § 32 folgen, wenn

---

[99] OLG Hamburg GRUR-RR 2008, 238 – Wolfskin/Wolfgang (zur Marke).
[100] OLG Düsseldorf GRUR 1994, 837 (838 f.) – Fliegender Gerichtsstand (zum UWG).
[101] Ströbele/*Hacker* MarkenG § 140 Rn. 34; *Ingerl/Rohnke* MarkenG § 140 Rn. 47.
[102] Teplitzky/*Schaub* Kap. 45 Rn. 13; *Harte/Henning/Tolkmitt* UWG § 14 Rn. 88.
[103] BGH GRUR 1994, 846 (848) – Parallelverfahren II.
[104] OLG Frankfurt a. M. BeckRS 2013, 20073 unter Änderung der bisherigen Rspr. OLG Köln GRUR-RR 2012, 288 – Fachanwälte im Briefkopf; OLG Hamburg GRUR 2001, 361 – Kostenlose Doppelveröffentlichung von Stellenanzeigen; s. auch Teplitzky/*Feddersen* Kap. 54 Rn. 3 mwN.
[105] *Harte/Henning/Tolkmitt* UWG § 14 Rn. 63.
[106] BGH NJW-RR 2010, 1554.
[107] OLG Hamburg BeckRS 2013, 07612.
[108] BGH NJW-RR 2010, 1554 Rn. 8; *Musielak/Heinrich* ZPO § 12 Rn. 14.
[109] Benkard/*Grabinski/Zülch* PatG § 139 Rn. 98; *Harte/Henning/Tolkmitt* UWG § 14 Rn. 63.
[110] Ströbele/*Hacker* MarkenG § 140 Rn. 34.
[111] BGH NJW 2002, 1425 (1426).
[112] Köhler/Bornkamm/*Feddersen* UWG § 14 Rn. 8.

die Verletzungshandlung oder der Eingriff in das geschützte Rechtsgut zumindest teilweise auch in Deutschland erfolgt sind oder dort ernsthaft drohen.[113]

II. EuGVVO, LugÜ

Innerhalb des Anwendungsbereichs der EuGVVO und des LugÜ (→ Vor § 12 Rn. 6–11) werden die besonderen Deliktsgerichtsstände durch Art. 7 Nr. 2 EuGVVO bzw. Art. 5 Nr. 3 LugÜ verdrängt, die neben der internationalen auch die örtliche Zuständigkeit regeln.[114] Wegen der Einzelheiten wird auf die allgemeinen Erläuterungen zu Art. 7 Nr. 2 EuGVVO und die Ausführungen zu den jeweiligen Spezialmaterien (Vor § 12) verwiesen.

III. Supranationale Schutzrechte: UMV, GGV, Sortenschutz-VO

Die Unionsmarkenverordnung[115] (UMV) und die Gemeinschaftsgeschmacksmusterverordnung[116] (GGV) enthalten **keine autonome Regelung** zur örtlichen Zuständigkeit, sodass für den Gerichtsort der unerlaubten Handlung **auf § 32 ZPO zurückzugreifen** ist.[117] Dagegen enthält die **Sortenschutz-VO**[118] in **Art. 101 Abs. 3 S. 1** eine autonome Regelung, wonach Ansprüche wegen Verletzungshandlungen auch *beim Gericht des Ortes* anhängig gemacht werden, an dem das schädigende Ereignis eingetreten ist.[119]

D. Patentrecht

Die örtliche Zuständigkeit des Gerichtstandes des § 32 ZPO ist bei Patentverletzungen überall dort gegeben, an denen eine Verletzungshandlung, dh irgendein Tatbestandsmerkmal, begangen worden oder der Verletzungserfolg eingetreten ist.[120] Handelt es sich um ein **bundesweit** agierendes Unternehmen, begründen Verletzungshandlungen in einem Bundesland zumindest auch die Gefahr von entsprechenden Verletzungshandlungen im gesamten Bundesgebiet.[121] Wegen weiterer Einzelheiten kann auf die zuvor gemachten allgemeinen Ausführungen verwiesen werden.

Teilweise wird vertreten, dass der Gerichtsstand des Begehungsortes nicht für den Anspruch aus **§ 33 PatG** gelten soll.[122] Vorzugswürdig ist jedoch die Auffassung des LG Mannheim. Danach ist eine formalistische, auf die Rechtsnatur des Entschädigungsanspruchs verweisende Auffassung zu eng, da sich dadurch eine nicht sachgerechte Aufspaltung der gerichtlichen Zuständigkeit für die Entscheidung über den Entschädigungsanspruch einerseits und Schadensersatzansprüche andererseits ergibt, die die Gefahr sich widersprechender Entscheidungen in sich trägt.[123]

Im Gerichtsstand einer **drohenden Patentverletzung** können nach umstrittener Auffassung auch Ansprüche geltend gemacht werden, die eine bereits begangene Verletzung voraussetzen (zB Auskunft und Schadensersatz), selbst wenn der Kläger keine Handlung in diesem Bezirk dargelegt hat.[124] Denn gerade weil bei Anspruchserhebung noch unklar ist, ob und an welchen Orten Verletzungen stattgefunden haben, muss es dem Geschädigten auch insoweit möglich sein, seine Klage in jedem Gerichtsstand zu erheben, in dem die Begehung ernsthaft und unmittelbar droht.[125]

Eine örtliche Zuständigkeit für die auf Zahlung einer **Vertragsstrafe** gerichtete Klage lässt sich aus § 32 ZPO nicht herleiten. Dass Anlass für die Abgabe des Vertragsstrafeversprechens der Vorwurf einer Patentverletzung gewesen ist, ändert nichts daran, dass in der Forderung der Vertragsstrafe die Geltendmachung eines **vertraglichen Anspruchs** liegt.[126]

E. Gebrauchsmusterrecht

Im Gebrauchsmusterrecht gelten die gleichen Grundsätze wie im Patentrecht. Insoweit kann auf die allgemeinen Ausführungen und die zum Patentrecht verwiesen werden.

---

[113] BGH GRUR 2011, 558 Rn. 7 – www.womanineurope.com; MüKoZPO/*Patzina* ZPO § 32 Rn. 41; Musielak/*Heinrich* ZPO § 32 Rn. 23.
[114] *Köhler* WRP 2013, 1130 (1131); Zöller/*Schultzky* ZPO § 32 Rn. 3; Thomas/Putzo/*Hüßtege* ZPO § 32 Rn. 5.
[115] VO (EU) 2017/1001 (ABl. 2017 L 154, S. 1).
[116] VO (EG) 6/2002 (ABl. 2002 L 3, S. 1, ber. ABl. 2002 L 179, S. 31).
[117] Zur GMV: *Fayaz* GRUR-Int 2009, 459 (465); *Ingerl/Rohnke* MarkenG § 125g Rn. 1; Zur GGV: BGH GRUR 2012, 512 Rn. 18 – Kinderwagen; *Ebert-Weidenfeller/Schmüser* GRUR-Prax 2011, 526 (527 f.).
[118] VO (EG) 2100/94 (ABl. 1994 L 227, S. 1).
[119] EuGH BeckRS 2013, 82212 Rn. 29 (*Schlussanträge* des Generalanwalts Niilo Jääskinen vom 21.11.2013).
[120] *Mes* PatG § 143 Rn. 18; Schulte/*Voß* PatG § 139 Rn. 241.
[121] LG Düsseldorf BeckRS 2011, 25648; LG Mannheim BeckRS 2011, 04156.
[122] Schulte/*Voß* PatG § 139 Rn. 241 und *Kühnen* GRUR 1997, 19.
[123] LG Mannheim BeckRS 2011, 04156.
[124] OLG Hamburg GRUR-RR 2005, 31 (32) – Firmenportrait (zum UWG); aA für das PatentR: LG Düsseldorf BeckRS 2011, 25648; Schulte/*Voß*/*Kühnen* PatG § 139 Rn. 241.
[125] OLG Hamburg GRUR-RR 2005, 31 (32) – Firmenportrait.
[126] LG Mannheim BeckRS 2010, 19725.

F. Sortenschutz

I. Nationaler Sortenschutz

51 Die Zuständigkeit bei der Verletzung **nationaler Sortenschutzrechte** richtet sich nach den allgemeinen Regeln und unterliegt hier keinen Besonderheiten. Die besondere Zuständigkeit des Begehungsorts gilt für die Verletzung von sämtlichen in § 10 Abs. 1 iVm § 2 SortSchG genannten, dem Sortenschutzinhaber und seinen Lizenznehmern vorbehaltenen Handlungen.[127] Im Übrigen kann auf die Erläuterungen zum Patentrecht verwiesen werden.

II. Europäisches Sortenschutzrecht

52 Der gemeinschaftliche Sortenschutz enthält in Art. 101 Abs. 3 S. 1 **Sortenschutz-VO**[128] eine **autonome** vorrangige Regelung zur **örtlichen Zuständigkeit**, wonach Ansprüche wegen Verletzungshandlungen auch beim *Gericht des Ortes* anhängig gemacht werden, an dem das schädigende Ereignis eingetreten ist. Diese Formulierung entspricht inhaltlich Art. 5 Nr. 3 EuGVÜ. Hier dürften dieselben Grundsätze wie bei Art. 7 Nr. 2 EuGVVO gelten, sodass auf die dortigen allgemeinen Ausführungen verwiesen werden kann (→ Vor § 12 Rn. 27 ff.). Zu beachten ist, dass in Fällen, in denen die Zuständigkeit allein aus dem Begehungsort folgt, das Gericht gem. Art. 101 Abs. 3 S. 2 Sortenschutz-VO in seiner Zuständigkeit auf die in dem Forumstaat begangenen Verletzungshandlungen beschränkt ist.

G. Markenrecht

I. Nationale Kennzeichenstreitsachen

53 Die örtliche Zuständigkeit des Gerichtsstandes des § 32 ist bei Markenverletzungen überall dort gegeben, an denen nach den Behauptungen des Klägers eine Verletzungshandlung (dh irgendein Tatbestandsmerkmal) begangen worden **(Begehungsort)** oder die Rechtsverletzung bewirkt worden ist **(Erfolgsort)**.[129] Bei der **vorbeugenden** Unterlassungsklage aufgrund Erstbegehungsgefahr ist maßgeblich, ob die Rechtsverletzung auch im Bezirk des angerufenen Gerichts ernsthaft bevorsteht oder das geschützte Rechtsgut dort belegen ist.[130] Wegen weiterer Einzelheiten kann auf die zuvor gemachten allgemeinen Ausführungen verwiesen werden.

54 Für das Kennzeichenrecht ist bei **Internetdelikten** eine Beschränkung der Zuständigkeit auf das bestimmungsgemäße Absatzgebiet des Verletzers nicht angezeigt. Vielmehr ist der deliktische Gerichtsstand **überall dort** gegeben, wo der Internetauftritt **abrufbar** ist, sodass **jedes Landgericht** örtlich zuständig ist.[131] Durch die Verwendung der angegriffenen Bezeichnung auf einer Webseite findet die Verletzungshandlung **bundesweit statt,** und zwar ungeachtet der Frage, ob der Beklagte auch im regionalen Bereich tätig wird und ob sich die Parteien am Markt schon begegnet sind.[132] Allerdings wird in Fällen mit **Auslandsberührung** bei der Frage der Anwendbarkeit nationalen Kennzeichenrechts gefordert, dass das Angebot einen hinreichenden wirtschaftlich relevanten Inlandsbezug (**"commercial effect"**) aufweise (zur internationalen Zuständigkeit: → Vor § 12 Rn. 105).[133] Bei einer **Domainregistrierung** liegt ein Verletzungsort überall dort, wo die Domain bestimmungsgemäß abgerufen werden kann, da es die Funktion einer Domain ist es, Internetseiten abrufbar zu machen.[134]

55 Der Schutz eines **Unternehmenskennzeichens** bezieht sich regelmäßig auf das gesamte Bundesgebiet. Dies gilt jedoch nicht für die Bezeichnungen von Unternehmen, die nach Zweck und Zuschnitt nur lokal oder **regional tätig** und nicht auf Expansion angelegt sind.[135]

56 Die **Anmeldung** und die **Eintragung** eines Zeichens als Marke begründen in der Regel unter dem Gesichtspunkt der **Erstbegehungsgefahr** einen vorbeugenden Unterlassungsanspruch,[136] für den bundesweit alle Kennzeichengerichte örtlich zuständig sind.[137] Bei einer **Löschungsklage** wegen **Verfalls** stellt die **Anmeldung** der Marke in der Regel keine Rechtsverletzung dar und löst deshalb

---

[127] Vgl. Leßmann/Würtenberger § 7 Rn. 123.
[128] VO (EG) 2100/94 (ABl. 1994 L 227, S. 1).
[129] BGH GRUR 2007, 884 Rn. 23 – Cambridge Institute; Ströbele/*Hacker* MarkenG § 140 Rn. 31.
[130] BGH GRUR 1994, 530 (532) – beta (zu Art. 5 Nr. 3 EuGVÜ).
[131] OLG München GRUR-RR 2013, 388 – Kleine Partysonne; LG Frankfurt a. M. BeckRS 2012, 24010; LG Hamburg BeckRS 2006, 04046; LG Berlin BeckRS 2003, 14018; Ströbele/Hacker/*Thiering* MarkenG § 140 Rn. 61.
[132] LG Köln BeckRS 2013, 10235.
[133] BGH GRUR 2005, 431 (433) – HOTEL MARITIM; BGH GRUR 2012, 621 Rn. 36 – OSCAR; für die Übernahme dieses Kriteriums als Einschränkung des fliegenden Gerichtsstandes spricht sich *Köhler* WRP 2013, 1130 (1136) aus (→ Rn. 65).
[134] LG Stuttgart BeckRS 2013, 01841; LG Frankfurt a. M. BeckRS 2012, 24010.
[135] BGH GRUR 2007, 884 Rn. 29 – Cambridge Institute.
[136] BGH GRUR 2008, 912 – Metrosex.
[137] *Ingerl/Rohnke* MarkenG § 140 Rn. 47; LG Düsseldorf BeckRS 2005, 12382.

keinen deliktischen Anspruch aus.[138] Bei der Löschungsklage aufgrund älteren Individualrechts besteht stets auch eine örtliche Zuständigkeit am Ort der Einreichung der Markenanmeldung beim DPMA als Handlungsort iSv § 32 für die den Störungszustand begründende Handlung.[139]

Werden wegen der Markenverletzung auch Ansprüche aus dem UWG geltend gemacht, hebt § 141 MarkenG die Geltung wettbewerbsrechtlicher Gerichtsstände für Kennzeichenstreitsachen auf. Bei widerstreitender örtlicher Zuständigkeit verschiedener Landgerichte kann der Kläger wählen, ob er vor dem nach § 140 MarkenG oder dem nach § 14 Abs. 2 UWG örtlich zuständigen Gericht Klage erhebt.[140] Die **praktische Bedeutung** von § 141 MarkenG war bis zur Einschränkung des fliegenden Gerichtsstands in § 14 Abs. 2 S. 3 UWG äußerst gering.[141] Die Vorschrift könnte nach der Änderung von § 14 UWG durch das Gesetz zur Stärkung des fairen Wettbewerbs (→ Rn. 67 ff.) Bedeutung in Fällen erlangen, in dem der Kläger sich bei **einer Zeichenverletzung nur in Telemedien** auch auf Irreführungstatbestände stützt. 57

II. Unionsmarkenstreitsachen

Die UMV enthält keine autonome Regelung zur örtlichen Zuständigkeit, sodass gem. Art. 129 Abs. 3 UMV sich die örtliche Zuständigkeit des international zuständigen Mitgliedsstaats nach dem jeweiligen nationalen Verfahrensrecht richtet.[142] **§ 125g MarkenG** verweist auf die für deutsche Marken(anmeldungen) geltenden Regeln, sodass sich die örtliche Zuständigkeit nach **den §§ 12 ff. ZPO**, insbesondere **§ 32 ZPO** richtet.[143] Insoweit kann auf die allgemeinen Ausführungen und die zum Markenrecht verwiesen werden. Ist eine Zuständigkeit danach nicht begründet, so ist gem. § 125g S. 2 MarkenG das Gericht zuständig, bei dem der Kläger seinen allgemeinen Gerichtsstand hat (§ 13, § 17). Wegen der Reichweite von Verbotsentscheidungen des Verletzungsgerichts: → Vor § 12 Rn. 117–119. 58

H. Designrecht

I. Nationales Design

Bei einem Design iSv § 1 DesignG handelt es sich um ein Schutzrecht eigenständiger Art, bei dem die Schutzvoraussetzungen denen von Marken und die Schutzwirkungen inhaltlich und zeitlich denen von Patenten ähnlich sind.[144] Insoweit kann auf die allgemeinen Ausführungen und die zum Patent- und Markenrecht verwiesen werden. 59

II. Gemeinschaftsgeschmacksmuster

Die GGV enthält, ebenso wie die UMV, keine autonome Regelung zur örtlichen Zuständigkeit, sodass auf das jeweils anwendbare nationale Prozessrecht zurückzugreifen ist.[145] Die örtliche Zuständigkeit richtet sich daher nach den **§§ 12 ff. ZPO**, insbesondere § 32 ZPO.[146] Insoweit kann auf die allgemeinen Ausführungen und die zum Designrecht verwiesen werden. Wegen der Reichweite von Verbotsentscheidungen des Verletzungsgerichts: → Vor § 12 Rn. 139 f. 60

I. Wettbewerbsrecht

I. UWG

1. Bis zum 2.12.2020 bereits anhängige Verfahren: § 14 UWG aF. Mit Ausnahme der Regelungen zur Anspruchsberechtigung sind am **2.12.2020** die Regelungen des Gesetzes zur Stärkung des fairen Wettbewerbs (BGBl. 2020 I S. 2568) in Kraft getreten.[147] Davon sind Verfahren nicht betroffen, die bereits **am 1.12.2020 und davor bei Gericht anhängig** waren. Der Grundsatz der Fortdauer der einmal begründeten Zuständigkeit („perpetuatio fori") gilt auch in Fällen einer nachträglichen Veränderung der gesetzlichen Grundlagen.[148] Für diese **Altfälle** gilt Folgendes: 61

Im UWG aF ist für die örtliche Zuständigkeit **§ 14 UWG** als **Sonderregelung** gegenüber §§ 12 ff. ZPO anzuwenden.[149] Anders als bei § 32 sind die **Gerichtsstände in § 14 UWG aF ausschließlich** 62

---

[138] *Ingerl/Rohnke* MarkenG § 55 Rn. 16.
[139] *Ingerl/Rohnke* MarkenG § 55 Rn. 42.
[140] BeckOK MarkenR/*Gruber*, 24. Ed. 1.1.2021, MarkenG § 141 Rn. 4.
[141] *Ingerl/Rohnke* MarkenG § 141 Rn. 2.
[142] *Fayaz* GRUR 2009, 459 (465).
[143] *Ingerl/Rohnke* MarkenG § 125g Rn. 1.
[144] *Eichmann*/von *Falckenstein*/*Kühne* DesignG Allgemeines zum Designrecht Rn. 12.
[145] BGH GRUR 2012, 512 (515) – Kinderwagen; *Ebert-Weidenfeller*/*Schmüser* GRUR-Prax 2011, 526 (527 f.).
[146] *Ebert-Weidenfeller*/*Schmüser* GRUR-Prax 2011, 526 (527 f.).
[147] BGBl. 2020 I S. 2568.
[148] BGH NJW 2002, 1351.
[149] *Köhler/Bornkamm/Feddersen* UWG, 38. Aufl., § 14 Rn. 1.

(→ § 38 Rn. 3–6). Der Gerichtsstand des Begehungsortes in § 14 Abs. 2 S. 1 UWG aF entspricht § 32 und wird nach denselben Grundsätzen gehandhabt.[150] Auf die zuvor gemachten allgemeinen Ausführungen wird daher verwiesen.

63 Zu beachten ist, dass **nur der klagende Mitbewerber** (§ 8 Abs. 3 Nr. 1 UWG aF) die **uneingeschränkte** Wahl (§ 35) zwischen den Gerichtsständen des § 14 Abs. 1 und Abs. 2 UWG aF hat. Die in § 8 Abs. 3 Nr. 2–4 genannten Klageberechtigten[151] können sich nur sehr eingeschränkt auf den Gerichtsstand des Begehungsortes berufen. Nur wenn der Beklagte im Inland weder eine gewerbliche oder selbständige berufliche Niederlassung noch einen Wohnsitz hat, ist für sie der Gerichtsstand des Begehungsorts eröffnet.

64 Als den Gerichtsstand begründende Begehungsorte kommen allgemein diejenigen in Betracht, an denen die Informationen dritten Personen **bestimmungsgemäß**[152] zur Kenntnis gebracht werden und **keine bloß zufällige Kenntnisnahme** vorliegt.[153]

65 Ist eine bestimmungsgemäße Verbreitung einer **Druckschrift** im Gerichtsbezirk im vorstehenden Sinne gegeben, wofür auch nur ein einziges Exemplar ausreichen kann,[154] wird von einem Teil der Rechtsprechung und Literatur darüber hinaus gefordert, dass diese *in wettbewerbsrechtlich relevanter Weise* verbreitet worden sein muss (auch → Rn. 24).[155]

66 Bei Wettbewerbsverstößen im **Internet** wird darauf abgestellt, wo der beanstandete Internetauftritt gemäß der **zielgerichteten Bestimmung** abrufbar ist.[156] Begehungsort ist jedenfalls der (Wohn)Sitz des Werbenden, nicht dagegen auch der Standort des Mediums, etwa des Internet-Servers.[157] Im Wettbewerbsrecht wird ein darüber hinausgehender Bezug zum Inland, bzw. zum Bezirk des angerufenen Gerichts gefordert, wonach der Inhalt der Webseite nach dem Vorbringen des Klägers geeignet sein muss, zu **einer wettbewerblichen Interessenüberschneidung** zu führen (vgl. hierzu → Rn. 30).[158] Als Einschränkung des fliegenden Gerichtsstands kommt auch die Übernahme des Ansatzes aus der HOTEL MARITIME Entscheidung des BGH[159] in Betracht. Danach ist (bei der kollisionsrechtlichen Frage, ob deutsches Recht anwendbar ist) erforderlich, dass das Angebot einen hinreichenden wirtschaftlich relevanten Inlandsbezug, einen sog. **„commercial effect"** aufweise.[160] Dieser setzt voraus, dass eine Kollision der wirtschaftlichen Interessen der Parteien am Forumsort bei realistischer Betrachtung möglich ist, zB weil entsprechende geschäftliche Aktivitäten der Parteien dort vorliegen oder konkret geplant sind oder die Parteien dort über Geschäftskontakte verfügen.[161]

67 **2. Ab dem 2.12.2020 anhängige Verfahren: § 14 UWG nF.** § 14 Abs. 2 UWG nF hat die **örtliche Zuständigkeit neu geregelt**, insbesondere den „fliegenden Gerichtsstand" im Lauterkeitsrecht deutlich eingeschränkt. Nach § 14 Abs. 2 S. 2 UWG nF ist nach wie vor (auch) das Gericht zuständig, in **dessen Bezirk die Handlung** begangen wurde, wenn der **Beklagte im Inland keinen allgemeinen Gerichtsstand** hat. Hat der Beklagte dagegen einen solchen inländischen allgemeinen Gerichtsstand, kann von Mitbewerbern der **Deliktsgerichtsstand** gewählt werden, **wenn keine Zuwiderhandlung im elektronischen Geschäftsverkehr oder in Telemedien im Streit steht**. Anders als noch im UWG aF sind die örtlichen Gerichtsstände des § 14 Abs. 2 UWG nF nach ihrem eindeutigen Wortlaut **keine ausschließlichen Gerichtsstände mehr**.[162] Dies ergibt sich ohne weiteres im Umkehrschluss auch daraus, dass es bei der sachlichen Zuständigkeit in § 14 Abs. 1 UWG nF und in anderen Regelungen (zB § 104a UrhG, § 6 UKlaG) ausdrücklich „ausschließlich" zuständig

---

[150] *Köhler/Bornkamm/Feddersen* UWG, 38. Aufl., § 14 Rn. 13; *Harte/Henning/Retzer/Tolkmitt* UWG, 4. Aufl., § 14 Rn. 53.

[151] Rechtsfähige Verbände zur Förderung gewerblicher Interessen, qualifizierte Einrichtungen zum Schutz von Verbraucherinteressen sowie Industrie- und Handelskammern oder Handwerkskammern.

[152] BGH GRUR 2006, 513 Rn. 21 – Arzneimittelwerbung im Internet (zu Art. 5 Nr. 3 EuGVÜ).

[153] Zur internationalen Zuständigkeit bei Persönlichkeitsrechtsbeeinträchtigungen: *BGH* GRUR 2013, 751 – Autocomplete-Funktion; BGH NJW 2011, 2061 – Sieben Tage in Moskau BGH GRUR 2010, 461– The New York Times, Anm. *Staudinger* NJW 2010, 1754; mangels Bestimmungsgemäßheit verneinend *BGH* GRUR 2011, 558 – www.womanineurope.com; Anm. *Brand* NJW 2011, 2061; vgl. auch BGH GRUR 2005, 431 (432) – HOTEL MARITIME (zum MarkenG, zur EuGVÜ); vgl. zu § 14 Abs. 2 UWG auch *Willems* GRUR 2013, 462.

[154] *Köhler/Bornkamm/Feddersen*, UWG, 38. Aufl., § 14 Rn. 15.

[155] OLG Hamburg BeckRS 2008, 07219; OLG Düsseldorf GRUR-RR 2005, 33 – Möbel-Werbespot; OLG Köln GRUR 1988, 148 (149); OLG Frankfurt a. M. GRUR 1989, 136 – Der Tagesspiegel; OLG München NJW-RR 1986, 1163; *Köhler/Bornkamm/Feddersen*, UWG, 38. Aufl., § 14 Rn. 15; *Teplitzy* Kap. 45 Rn. 13 Fn. 89 mwN zum Meinungsstand; aA: KG GRUR 1989, 134 (135) – Rhein-Zeitung; OLG Düsseldorf WRP 1987, 476 (477).

[156] OLG Schleswig GRUR-Prax 2014, 70; BGH GRUR 2006, 513 Rn. 21 – Arzneimittelwerbung im Internet (zu Art. 5 Nr. 3 EuGVÜ); s. auch BGH GRUR 2005, 431 (432) – HOTEL MARITIME mwN zum Meinungsstand (MarkenG).

[157] *Köhler/Bornkamm/Feddersen*, UWG, 38. Aufl., § 14 Rn. 16.

[158] Vgl. die Nachweise bei Harte/Henning/*Retzer/Tolkmitt* UWG, 4. Aufl., § 14 Rn. 76, Fn. 211.

[159] GRUR 2005, 431 (433); BGH GRUR 2012, 621 Rn. 36 – OSCAR (jeweils zum MarkenG).

[160] *Köhler* WRP 2013, 1130 Rn. 49.

[161] *Köhler* WRP 2013, 1130 Rn. 56.

[162] BT-Drs. 19/12084, 35; OLG Düsseldorf MMR 2021, 332; *Wagner/Kefferpütz* WRP 2021, 151 (158); Köhler/Bornkamm/*Feddersen* UWG § 14 Rn. 7.

heißt. Darüber hinaus sind die Worte „außerdem **nur**" in § 14 Abs. 2 UWG aF ersatzlos weggefallen. Hinzu kommt der Vergleich mit der engeren Formulierung in § 13 Abs. 4 Nr. 1 UWG nF.[163] Dies bedeutet, dass die Begründung einer anderen Zuständigkeit durch **Gerichtsstandvereinbarungen** oder **rügeloses Verhandeln möglich** ist.[164]

Der **elektronische Geschäftsverkehr** ist in **§ 312i BGB** legal definiert: Bedient sich ein Unternehmer zum Zwecke des Abschlusses eines Vertrags über die Lieferung von Waren oder über die Erbringung von Dienstleistungen der Telemedien liegt ein „Vertrag im elektronischen Geschäftsverkehr" vor. Telemedien sind nach **§ 1 TMG** elektronische Informations- und Kommunikationsdienste, soweit sie nicht ausschließlich Telekommunikationsdienste oder Rundfunk sind. **68**

Die Gerichte legen den **Anwendungsbereich** der **Einschränkung bislang kontrovers aus**.[165] Ein **weites Verständnis**, bei dem der Tatortgerichtsstand bereits bei jedwedem wettbewerbswidrigem Verhalten im Internet ausschlossen wäre,[166] wird in der Praxis zu Recht wohl **allgemein abgelehnt**. Nach einer stark im Vordringen befindlichen Auffassung in der Rechtsprechung führt eine gebotene **teleologische Reduktion** dazu, dass die Einschränkung des § 14 Abs. 2 S. 3 Nr. 1 UWG **nur** eingreift, wenn die betreffende Zuwiderhandlung **tatbestandlich an ein Handeln im elektronischen Geschäftsverkehr** oder in Telemedien **anknüpft**.[167] Die **textliche Angleichung** von § 14 Abs. 2 S. 3 Nr. 1 UWG an die Regelung in **§ 13 Abs. 4 Nr. 1 UWG** sei aufgrund eines **redaktionellen Versehens** unterblieben.[168] Erforderlich sei ein **virtueller Verstoß gegen gesetzliche Informations- und Kennzeichnungspflichten**.[169] Teilweise wird vertreten, § 14 Abs. 2 S. 3 Nr. 1 UWG auf diejenigen Fälle zu reduzieren, in denen die vom Gesetzgeber gesehene **„besondere Missbrauchsanfälligkeit"** aufgrund der unkalkulierbaren Vielzahl potenzieller Gerichtsorte gegeben sei.[170] Weitere Auffassungen in der Literatur kommen inzwischen ebenfalls zu dem Ergebnis, dass die unterschiedliche Formulierung eine zu § 13 Abs. 4 Nr. 1 UWG gleichlaufende Auslegung nicht ausschließt.[171] Nach der **Gegenauffassung** ist die Einschränkung nicht auf Verstöße beschränkt, die tatbestandlich an ein Handeln im elektronischen Geschäftsverkehr anknüpfen.[172] Allerdings werden vom **Anwendungsbereich** nur Rechtsverletzungen erfasst, die **ausschließlich in Telemedien** – **„rein virtuell"** – verwirklicht werden, indem etwa durch den Inhalt eines nur im Internet angezeigten Angebots oder einer reinen Internet-Werbung gegen lauterkeitsrechtliche Vorschriften verstoßen wird.[173] Die Zusendung einer individuellen E-Mail wird ebenfalls nicht von der Einschränkung erfasst, da keine Zuwiderhandlung „in" Telemedien, sondern „durch" Telemedien erfolgt.[174] Die Rechtsverfolgung im Gerichtsstand des Begehungsorts ist danach immer dann nicht ausgeschlossen, wenn eine unlautere geschäftliche Handlung nicht ausschließlich im Internet, sondern **auch über andere Verbreitungswege** – zB die **physische** Versendung oder das Auslegen von Werbematerial, Anzeigen in Druckerzeugnissen usw – verwirklicht wird.[175] Nicht unter die Neuregelung fallen auch Zuwiderhandlungen, die an ein **Inverkehrbringen von Produkten** geknüpft werden.[176] Begehrt der Kläger (auch) ein entsprechendes **Verbot**, Waren oder Dienstleistungen **anzubieten** oder **in den Verkehr** zu bringen (zB bei § 4 Nr. 3 UWG), handelt es sich selbst dann um **keine rein virtuelle** Zuwiderhandlung, wenn Anlass der Streitigkeit ein Internetangebot ist. Mitbewerbern ist es auch weiterhin möglich, bei Rechtsverletzungen anlässlich von **Messen** das ortsnahe Gericht anzurufen.[177] **69**

Praxishinweis: Für die Beantwortung der Frage, ob es sich um eine rein virtuelle Streitigkeit handelt, ist auf den aus Antrag und Antragsbegründung zu bestimmenden **Streitgegenstand** abzustellen. Um bei einer Klage oder einstweiligen Verfügung am Tatortgerichtsstand eine Abtrennung (§ 145 ZPO) und ggf. Teilverweisung gem. § 14 Abs. 2 S. 3 UWG zu vermeiden, sollten unterschiedliche Begehungsformen (zB virtuell/gedruckt oder Werbung/ **70**

---

[163] OLG Düsseldorf GRUR-RS 2021, 2043 Rn. 21.
[164] BT-Drs. 19/12084, 35.
[165] Übersicht zu der bisher ergangenen Rechtsprechung der führenden UWG-Gerichte bei *Ringer/Wiedemann* GRUR-Prax 2021, 732.
[166] *Mitterer/Wiedemann/Thress* BB 2021, 2 (5); aA: *Wagner/Keffepütz* WRP 2021, 151 (158); *Omsels/Zott* WRP 2021, 278 (286).
[167] LG Düsseldorf GRUR-RS 2021, 402 und 4044; LG Frankfurt/M GRUR-RR 2021, 326; Bespr. *Dissmann* GRUR-Prax 2021, 268; *Lerach* jurisPR-WettbR 3/2021 Anm. 5; aA: OLG Düsseldorf MMR 2021, 332; siehe auch OLG Düsseldorf GRUR 2022, 183 wonach die unterschiedliche Auslegung des Landgerichts jedenfalls nicht willkürlich ist.
[168] LG Frankfurt/M GRUR-RR 2021, 326; Bespr. *Dissmann* GRUR-Prax 2021, 327; *Jung* GRUR 2021, 984 (986).
[169] OLG Frankfurt GRUR-RR 2022, 135; LG Hamburg GRUR-RS 2021, 36825 (zur PAngV).
[170] LG München I GRUR-RS 2021, 35995 Rn. 53.
[171] jurisPK-UWG/*Spoenle*, § 14 Rn. 51; jurisPR-WettbR/*Lerach* 2/2021, Anm. 5 unter C IV; *Isele* MMR 2021, 332 (335); *Sosnitza*, GRUR 2021, 671 (678).
[172] Harte/Henning/*Tolkmitt*, UWG § 14 Rn. 85.
[173] Köhler/Bornkamm/*Feddersen* UWG § 14 Rn. 21b; *Omsels/Zott* WRP 2021, 278 (287).
[174] OLG Düsseldorf GRUR-RS 2022, 3090.
[175] Köhler/Bornkamm/*Feddersen* UWG § 14 Rn. 21b; *Löffel* GRUR-Prax 2021, 158.
[176] Köhler/Bornkamm/*Feddersen*, UWG § 14 Rn. 21b.
[177] *Möller* NJW 2021, 1 (9), Rn. 50.

Inverkehrbringen) nicht Gegenstand verschiedener prozessuale Anträge sein, denn § 260 lässt einen Sachzusammenhang hinsichtlich der örtlichen Zuständigkeit nicht ausreichen.[178]

71 Werden bei Verletzungen von **Individualrechten (Herabsetzung, Anschwärzung, Behinderung, Belästigung)** neben lauterkeitsrechtlichen Vorschriften (§§ 4 Nr. 1, 2 und 3; 7 UWG) auch Ansprüche **aus §§ 823 ff. BGB** auf der Grundlage eines identischen Lebenssachverhalts geltend gemacht, folgt die örtliche Zuständigkeit **auch aus § 32**. Das Gericht im Gerichtsstand des § 32 ist bei **Anspruchskonkurrenz** der Klagegründe im Rahmen eines **einheitlichen prozessualen Anspruchs** grundsätzlich befugt, den Rechtsstreit **nach allen rechtlichen Gesichtspunkten** zu prüfen.[179] Da es sich weder bei § 32 noch bei § 14 Abs. 2 UWG nF um ausschließliche örtliche Gerichtsstände handelt, muss der Kläger zwischen ihnen gem. § 35 ZPO auch frei wählen können.[180]

72 Für den auf ein **gewerbliches Schutzrecht** gestützten Anspruch steht § 32 nach wie vor uneingeschränkt zur Verfügung.[181] Wird derselbe Anspruch neben einem Schutzrecht auch auf das UWG gestützt, dann wird jedenfalls im Marken- und Designrecht die Zuständigkeitsregelung des **§ 14 UWG** durch **§ 141 MarkenG** bzw. **§ 53 DesignG verdrängt** (→ Rn. 57).

II. UKlaG

73 § 32 ist durch die Sonderregelung des § 6 UKlaG verdrängt. Bei Anspruchskonkurrenz zwischen § 6 Abs. 1 UKlaG und § 14 Abs. 2 UWG, ist ebenfalls die nach Unterlassungsklagegesetz zuständige allgemeine Zivilkammer vorrangig zuständig.[182] § 6 Abs. 1 UKlaG eröffnet bei Klagen auf Grund des UKlaG (→ § 1 Rn. 104) einen **ausschließlichen örtlichen Gerichtsstand**. Nach § 6 Abs. 1 UKlaG ist in erster Linie der Ort der inländischen gewerblichen **Niederlassung** maßgebend, in zweiter Linie der inländische Wohnsitz (§ 6 Abs. 1 S. 1 UKlaG) und hilfsweise der inländische Aufenthaltsort des Beklagten (§ 6 Abs. 1 S. 2 UKlaG). Erst wenn der Beklagte auch keinen inländischen Aufenthaltsort hat, ist gem. § 6 Abs. 1 S. 2 Nr. 1 UKlaG bei unwirksamen AGBs (vgl. § 1 UKlaG) das Gericht zuständig, in dessen Bezirk die AGBs verwendet wurden und gem. § 6 Abs. 1 S. 2 Nr. 2 bei Verstößen gegen Verbraucherschutzgesetze (§ 2 UKlaG) das Gericht, in dessen Bezirk gegen Verbraucherschutzgesetze verstoßen wurde.

74 Für eine Klage in gewillkürter **Prozessstandschaft** ist der Gerichtsstand maßgeblich, der **für die Klage des Rechtsinhabers** gelten würde. Dies gilt allerdings nicht bei UWG-Klagen von Verbänden, qualifizierten Einrichtungen oder Kammern, denen die Klagebefugnis fehlt (§ 8 Abs. 3 Nr. 2–4 UWG)[183] oder die im Gerichtsstand des Begehungsorts den Anspruch eines Mitbewerbers einklagen, wenn für sie selbst nur der Gerichtsstand des § 14 Abs. 2 UWG in Betracht kommt.[184]

J. Urheberrecht

75 Auch im Urheberrecht kommt dem Gerichtsstand der unerlaubten Handlung, wie im gesamten Bereich des Gewerblichen Rechtsschutzes, eine besondere Bedeutung zu, sofern nicht für die im **privaten Bereich** begangenen Rechtsverletzungen nunmehr **§ 104a UrhG** eingreift. Richtet sich die gerichtliche Maßnahme gegen eine natürliche Person (Verbraucher), die lediglich privat urheberrechtlich geschützte Werke oder Leistungen verwendet hat, ist **§ 32 ZPO nicht anwendbar**, sondern **ausschließlich** das **Gericht am Wohnsitz** der beklagten Person zuständig.[185]

76 Die widerrechtliche Verletzung der durch das UrhG geschützten Rechte ist eine unerlaubte Handlung[186], wobei eine schuldhafte Rechtsverletzung keine notwendige Voraussetzung für das Vorliegen einer unerlaubten Handlung ist.[187] Die Zuständigkeit des Tatortgerichts ist nicht nur für **sämtliche Klagearten** (Leistungsklage, Feststellungsklage, negative Feststellungsklage), sondern auch für **sämtliche Rechtsschutzbegehren** (zB Schadensersatz, Auskunft, Unterlassung, Beseitigung, Widerruf, Kostenerstattung) gegeben, die auf einer unerlaubten Handlung beruhen.[188]

77 Abzustellen ist auf den **Begehungsort** der Urheberrechtsverletzungen. Dies ist zum einen der Ort, an dem die Handlung ganz oder teilweise ausgeführt wurde **(Handlungsort)**, und zum anderen der Ort, an dem die Verletzung des Rechts eintritt **(Erfolgsort)**.[189] Bei Urheberrechtsverletzungen fallen Handlungs- und Erfolgsort allerdings zusammen, denn das Recht ist immer dort verletzt, wo der Täter

---

[178] OLG Düsseldorf MMR 2021, 332 Rn. 34.
[179] BGH NJW 2003, 828; LG Frankfurt a. M. GRUR-RR 2021, 326 Rn. 22.
[180] *Hohlweck* WRP 2021, 719 (725); Anders bspw. bei § 6 Abs. 1 UKlaG: OLG Hamm GRUR-RS 2019, 39182.
[181] *Wagner/Kefferpütz* WRP 2021, 151 (158).
[182] OLG Hamm GRUR-RS 2019, 39182 mit Bespr. *Kefferpütz* GRUR-Prax 2020, 193.
[183] BGH GRUR 1998, 417 – Verbandsklage in Prozessstandschaft.
[184] Harte/Henning/*Retzer/Tolkmitt* UWG § 14 Rn. 33.
[185] Wandtke/Bullinger/*Kefferpütz* UrhG § 105 Rn. 9.
[186] BGH GRUR 2016, 1048 Rn. 17 – An Evening with Marlene Dietrich.
[187] LG Hamburg GRUR-RR 2002, 93 (94) – Gute Reise mit Ernst Kahl.
[188] LG Frankfurt a. M. MMR 2010, 142; Wandtke/Bullinger/*Kefferpütz* UrhG § 105 Rn. 14.
[189] Ausführlich: → Rn. 14 ff.

Besonderer Gerichtsstand der Widerklage **2–8 § 33 ZPO**

eine Widerklage auf Unterlassung des mit der Abmahnung als rechtsverletzend beanstandeten Verhaltens erhoben.[5]

In den Verfahren vor dem **DPMA** und dem EUIPO ist eine Widerklage nicht vorgesehen. Das **2** EUIPO ist jedoch über die Erhebung der Widerklage vor dem Unionsmarken- bzw. Gemeinschaftsgeschmacksmustergericht **zu informieren** (Art. 86 Abs. 2 GGV; Art. 128 Abs. 4 UMV) und die **rechtskräftige Entscheidung** des Verletzungsgericht ist dem **Amt zuzustellen** (Art. 86 Abs. 4 GGV; Art. 128 Abs. 6 UMV).

B. Allgemeines

I. Bedeutung und Wesen

Die Vorschrift dient der **Konzentration** von Rechtsstreitigkeiten über zusammenhängende Fragen, **3** wodurch eine Zersplitterung von Streitigkeiten und sich inhaltlich widersprechende Entscheidungen vermieden werden.[6] Auch dem Grundsatz der **Prozessökonomie** wird Rechnung getragen, da sich mit den zusammenhängenden Fragen nur ein Gericht zu befassen braucht.[7] Nach allgemeiner Meinung handelt es sich bei § 33 Abs. 1 um einen **Gerichtsstand des Sachzusammenhangs**.[8]

Der **Anwendungsbereich** des § 33 besteht darin, dass für eine den übrigen Voraussetzungen dieser **4** Vorschrift entsprechende Widerklage nur eine **zusätzliche** besondere **örtliche Zuständigkeit** geschaffen wird. Entgegen der älteren höchstrichterlichen Rechtsprechung[9] regelt die Vorschrift nach heute hM **nicht die Zulässigkeit** der Widerklage.[10] Dies folgt insbesondere aus der systematischen Stellung des § 33 innerhalb des Abschnitts über den Gerichtsstand, der Bezugnahme auf die Zuständigkeit in § 33 Abs. 2 und der Möglichkeit der Abtrennung einer nicht-konnexen Widerklage nach § 145 Abs. 2.[11] Ohne Bedeutung ist § 33 daher, wenn für die Widerklage aus anderen Vorschriften (zB §§ 12, 32) derselbe Gerichtsstand wie der der Klage gegeben ist.[12] Auf die Vorschrift kommt es daher an, wenn für den mit der **Widerklage** geltend gemachten Anspruch **keine örtliche Zuständigkeit** gegeben ist.[13]

Die Widerklage ist **kein Angriffs- oder Verteidigungsmittel**, sondern ein **selbstständiger** **5** **(Gegen-) Angriff**, der zu einem Vollstreckungstitel führen kann. Sie beinhaltet eine (weitere) **selbstständige Klage** mit umgekehrten Parteirollen. Die Verspätungsvorschriften (§§ 282, 296, 530, 531) greifen nicht ein,[14] sodass die sog. „**Flucht in die Widerklage**" möglich und zulässig ist.[15] Der Beklagte kann eine Widerklage **bis zum Schluss der mündlichen** Verhandlung erheben, und zwar gem. § 261 Abs. 2 ZPO in erleichterter Form; für die **Berufungsinstanz** ergeben sich Einschränkungen aus § 533 ZPO. Eine erst im Berufungsverfahren erhobene Widerklage verliert entsprechend § 524 Abs. 4 ZPO ihre Wirkung, wenn die der erstinstanzlich betreffende Streitgegenstand betreffende Berufung durch einstimmigen Beschluss gem. § 522 Abs. 2 ZPO zurückgewiesen wird.[16] Ein **Prozesskostenvorschuss** ist nicht zu leisten (§ 12 Abs. 2 Nr. 1 GKG), die Verpflichtung zur Leistung einer **Prozesskostensicherheit** entfällt (§ 110 Abs. 2 Nr. 4).[17]

Da die Widerklage nach ihrem **Wesen** eine **echte Klage** besonderer Art ist, begründet ihre **6** wirksame Erhebung ein **selbstständiges Prozessrechtsverhältnis**, das einen **eigenen Streitgegenstand** haben muss und das unabhängig von der Rechtshängigkeit der Klage fortbesteht.[18]

§ 33 begründet für die Widerklage **keinen ausschließlichen** Gerichtsstand, sodass die **Prorogation 7 on** (§ 38) und insbesondere die **rügelose Einlassung** (§ 39) **möglich** sind.[19]

II. Einschränkung des Anwendungsbereichs: § 33 Abs. 2

In Abs. 2 enthält der Anwendungsbereich eine wichtige Einschränkung für Widerklagen, bei denen **8** eine **ausschließliche Zuständigkeit** besteht (§ 40 Abs. 2 Nr. 2). Regelungen zur ausschließlichen

---

[5] Das Rechtsschutzbedürfnis für die Feststellungsklage entfällt in der Regel, wenn der Widerkläger die Leistungsklage nicht mehr einseitig zurücknehmen kann, vgl. zB Benkard/*Grabinski*/*Zülch* PatG § 139 Rn. 95a; *Köhler*/ Bornkamm/*Feddersen* UWG § 12 Rn. 1.20a.
[6] MüKoZPO/*Patzina* ZPO § 33 Rn. 1.
[7] Musielak/Voit/*Heinrich* ZPO § 33 Rn. 1.
[8] Zöller/*Schultzky* ZPO § 33 Rn. 2.
[9] BGH NJW 1964, 44; 1975, 1228.
[10] OLG Frankfurt a. M. GRUR-RR 2012, 392 – Screen Scraping; LG Köln BeckRS 2011, 22059; Zöller/ *Schultzky* ZPO § 33 Rn. 1 mwN.
[11] MüKoZPO/*Patzina* ZPO § 33 Rn. 2.
[12] Thomas/Putzo/*Hüßtege* ZPO § 33 Rn. 1.
[13] MüKoZPO/*Patzina* ZPO § 33 Rn. 2.
[14] BGH NJW 1995, 1223 (1224); *Huber* JuS 2007, 1079.
[15] Zöller/*Schultzky* ZPO § 33 Rn. 10.
[16] BGH NJW 2014, 151 mAnm *Kaiser*.
[17] *Koch* JA 2013, 95.
[18] Zöller/*Schultzky* ZPO § 33 Rn. 107.
[19] Thomas/Putzo/*Hüßtege* ZPO § 33 Rn. 3.

Zuständigkeit, die andere Zuständigkeiten nicht wirksam werden lassen, finden sich für den **Gewerblichen Rechtsschutz und das Urheberrecht** in den § 143 PatG, § 27 GebrMG, § 39 Abs. 1 ArbEG § 38 SortG, §§ 125e, 140 MarkenG, §§ 52, 63 DesignG, § 14 Abs. 1 UWG, § 6 UKlaG, § 15 Gesch-GehG und § 104a UrhG. Danach liegt die **ausschließliche sachliche Zuständigkeit in Sachen des Gewerblichen Rechtsschutzes** (§ 1) bei den **Landgerichten** und, soweit die Landesregierungen von den **Konzentrationsermächtigungen** (§ 143 PatG, § 27 GebrMG, § 39 ArbEG, § 11 HalblSchG, § 38 SortG, § 140 MarkenG, § 52 DesignG, § 14 UWG, § 15 GeschGehG) Gebrauch gemacht haben, bei den näher **bestimmten Landgerichten**.[20] Die **sachliche** Zuständigkeit für **Urheberrechtsstreitsachen** liegt gem. § 104 UrhG bei den **Zivilgerichten** und, soweit die Landesregierungen von der **Konzentrationsermächtigung** gem. § 105 UrhG Gebrauch gemacht haben, ausschließlich bei dem bestimmten Amts- oder Landgericht. Regelungen zur **ausschließlichen örtlichen** Zuständigkeit finden sich in § 15 GeschGehG[21], 6 UKlaG[22] und § 104a UrhG (die wiederum durch die Regelungen in § 141 MarkenG und § 53 DesignG aufgehoben sein können[23]).

9 Besteht der ausschließliche Gerichtsstand nur für die **Widerklage,** ist wegen § 33 Abs. 2 ZPO **Abtrennung** nach § 145 Abs. 2 ZPO und auf Antrag des Widerklägers **Verweisung** nach § 281 ZPO, andernfalls Klageabweisung als unzulässig geboten.[24] Wird also bei einem Gericht, das zB Gericht für Patentstreitsachen ist, eine Widerklage erhoben, die eine Patentstreitsache (→ § 1 Rn. 27–32) zum Gegenstand hat, so ist die Widerklage auf entsprechenden Antrag abzutrennen und an das zuständige Gericht für Patentstreitsachen zu verweisen (§§ 33 Abs. 2, 145 Abs. 2, 281) oder als unzulässig abzuweisen.[25]

III. Prozessualer Zusammenhang

10 Der Sachzusammenhang in § 33 Abs. 2 ist **weit auszulegen,** er erfasst auch den unmittelbar wirtschaftlichen Zusammenhang und deckt sich weitgehend mit § 273 BGB.[26] Er muss alternativ **zwischen** den **Streitgegenständen** von **Klage und Widerklage oder** zwischen den gegen den Klaganspruch geltend gemachten **Verteidigungsmitteln** und der Widerklage bestehen. Fehlt ein Zusammenhang und ist das Gericht nicht aus anderen Vorschriften zuständig, ist die Widerklage auf entsprechenden Antrag abzutrennen und an das zuständige Gericht zu verweisen, §§ 145 Abs. 2, 281. **Fehlt** es **nur** an einem **Zusammenhang,** kommt eine **Abtrennung und Behandlung als eigenständige Klage** in Betracht. Bei Landgerichten mit mehreren Wettbewerbskammern und -KfHs kommt ggf. eine **interne Abgabe** an die nach dem GVP zuständige Kammer (→ § 1 Rn. 15) in Betracht.[27]

11 Ein **Zusammenhang** mit dem **Klageanspruch** ist gegeben, wenn die beiderseits geltend gemachten prozessualen Ansprüche auf das gleiche Rechtsverhältnis oder den gleichen Lebenssachverhalt zurückzuführen sind.[28] Erforderlich, aber auch ausreichend für die Konnexität iSd § 33 ZPO ist das Vorliegen eines **innerlich zusammenhängenden, einheitlichen Lebensverhältnisses, ohne** dass **völlige Identität** des Rechtsgrundes vorliegen muss.[29] Dies ist der Fall, wenn mindestens eine der anspruchsbegründenden Tatsachen von Klage und Widerklage demselben Tatsachenkomplex entnommen werden können.[30] Das ist bspw. anzunehmen bei Klage und Widerklage im Rahmen laufender Geschäftsbeziehungen, zB bei Lizenzverträgen; Klage auf Zahlung des Kaufpreises und Widerklage auf Schadensersatz wegen Nichterfüllung; Rechtsfolgen aus Gültigkeit und Ungültigkeit desselben Vertrages;[31] Unterlassungsklage aus Schutzrecht und Widerklage aus angeblich unberechtigter Schutzrechtsverwarnung wegen derselben Benutzungshandlung.[32] Ein ausreichender Zusammenhang zwischen **unterschiedlichen Wettbewerbsverstößen** ist dagegen grundsätzlich **nicht** gegeben (→ Rn. 87).[33]

12 Ein **Zusammenhang** mit **Verteidigungsmitteln** ist gegeben, wenn das zur Abwehr gegen die Klage Vorgebrachte mit dem prozessualen Anspruch der Widerklage zusammenhängt. Hierzu gehören

---

[20] → § 1 Rn. 39 (Patent), → Rn. 44 (GebrM), → Rn. 51 (Sorten), → Rn. 63 (Marke), → Rn. 78 (UM), → Rn. 86 (Design), → Rn. 100 (GGM), → Rn. 104 (UWG), → Rn. 106 (UKlaG), → Rn. 113 (UrhG), → Rn. 118 (Kartell).
[21] → § 38 Rn. 9.
[22] → § 38 Rn. 10.
[23] → § 38 Rn. 11 f.
[24] *Köhler/Feddersen/*Bornkamm UWG § 14 Rn. 7; MüKoZPO/*Patzina* ZPO § 33 Rn. 3.
[25] ZB: Benkard/*Grabinski/Zülch* PatG § 143 Rn. 12.
[26] Thomas/Putzo/*Hüßtege* ZPO § 33 Rn. 4.
[27] Wenn zB wie in Hamburg die Verteilung bei den Zivilkammern nach Buchstaben erfolgt und nach dem GVP für die abgetrennte Sache ein anderer Spruchkörper zuständig ist.
[28] MüKoZPO/*Patzina* ZPO § 33 Rn. 20; Zöller/*Schultzky* ZPO § 33 Rn. 15.
[29] Zöller/*Schultzky* ZPO § 33 Rn. 4.
[30] Thomas/Putzo/*Hüßtege* ZPO § 33 Rn. 5.
[31] Musielak/Voit/*Heinrich* ZPO § 33 Rn. 2 mwN.
[32] ZB: BGH GRUR 2013, 290 – MOST-Pralinen.
[33] OLG Frankfurt a. M. GRUR-RR 2012, 392 (395) – Screen Scraping.

der Einwand der Aufrechnung und die Widerklage wegen des überschießenden Betrages.[34] Die **Widerklage auf Feststellung oder Erklärung der Nichtigkeit** ist neben dem Nichtigkeitsantrag an das DPMA die einzige Möglichkeit, um im Hauptsacheverfahren Einwendungen gegen die Rechtsgültigkeit des Klagedesigns geltend zu machen.[35] Wegen der weiteren Einzelheiten wird insoweit auf die Erläuterungen zu den einzelnen Spezialgebieten verwiesen.

Das Verteidigungsmittel muss **prozessual und sachlich zulässig** (fehlt zB bei §§ 393 f. BGB), aber nicht notwendig materiell begründet sein.[36]   13

IV. Allgemeine Prozessvoraussetzungen

Die Zulässigkeit einer **Widerklage** gegenüber einer anhängigen Streitsache richtet sich nach den allgemeinen Bestimmungen, die auch für die Klage gelten.[37] Insbesondere sind die folgenden Sachurteilsvoraussetzungen zu beachten: 14

1. Sachliche Zuständigkeit. Die sachliche Zuständigkeit für die Widerklage muss gegeben sein.[38] Hierbei ist zu beachten, dass in allen spezialgesetzlich geregelten Materien des **Gewerblichen Rechtsschutzes** (nicht des Urheberrechts) die Landgerichte **streitwertunabhängig** ausschließlich **sachlich zuständig** sind und dort, wo eine Zuständigkeitskonzentration erfolgt ist, ausschließlich die näher bestimmten Landgerichte (→ Rn. 8 u. 9). Handelt es sich nur bei der Widerklage nicht um eine Sache des Gewerblichen Rechtsschutzes und ist für sie (nicht ausschließlich) das Amtsgericht zuständig, ist das Landgericht nach allgemeiner Meinung auch für die Widerklage zuständig.[39] Regelmäßig dürfte es dann allerdings an einem Sachzusammenhang mit dem Kaganspruch fehlen. Für das **Urheberrecht** → § 1 Rn. 108).   15

2. Örtliche Zuständigkeit. Die örtliche Zuständigkeit muss ebenfalls gegeben sein. Wenn sie sich nicht bereits aus den §§ 12–34, 38, 39 oder § 14 UWG, § 6 UKlaG und § 104a UrhG ergibt, müssen die Voraussetzungen für den besonderen Gerichtsstand nach § 33 gegeben sein, also ein rechtlicher Zusammenhang mit dem Klaganspruch oder mit den gegen ihn vorgebrachten Verteidigungsmitteln (→ Rn. 10–13).   16

3. Internationale Zuständigkeit. Auch die internationale Zuständigkeit kann nach dem autonomen deutschen Recht durch § 33 ZPO begründet werden.[40] Dies gilt jedoch **nicht** im Falle der parteierweiternden **Drittwiderklage**.[41] § 33 ist innerhalb seines Anwendungsbereichs **doppelfunktional**.[42] Wenn § 33 Abs. 2 eingreift, entfällt die internationale Zuständigkeit. Dies gilt auch, wenn die anderweitige ausschließliche Zuständigkeit auf Prorogation beruht.[43] Innerhalb des Anwendungsbereichs der **EuGVVO** und des LugÜ (→ Vor § 12 Rn. 6 ff.), geht **Art. 8 Nr. 3** EuGVVO (bzw. Art. 6 Nr. 3 LugÜ) vor (→ Vor § 12 Rn. 52 f.). Das Gericht der Klage ist für die konnexe Widerklage gem. Art. 8 Nr. 3 EuGVVO **international und örtlich** zuständig („vor dem Gericht, bei dem die Klage selbst anhängig ist").   17

4. Kammer für Handelssachen. Für bürgerliche Rechtsstreitigkeiten, die **Marken**, sonstige **Kennzeichen** und eingetragene **Designs** (§ 95 Abs. 1 Nr. 4 Buchst. b und c GVG) sowie das **UWG** (§ 95 Abs. 1 Nr. 5 GVG) betreffen, sind bei den Landgerichten die Kammern für **Handelssachen** (§ 94 GVG) **funktionell** zuständig (→ § 1 Rn. 7 f.). Wird vor der Zivilkammer eine Widerklage erhoben, die vor die KfH gehören würde, bleibt die Zivilkammer zuständig.[44] Wird umgekehrt vor der KfH eine nicht handelsrechtliche Widerklage erhoben, sind beide Klagen auf Antrag des Widerbeklagten oder von Amts wegen an die Zivilkammer zu verweisen (§ 99 GVG).[45]   18

5. Streitgegenstand und Rechtsschutzbedürfnis. Die Widerklage wird mit ihrer zulässigen Erhebung als eigenständige Klage behandelt. Sie muss daher einen eigenständigen Streitgegenstand aufweisen und darf **nicht nur** eine **Negation** der Klage sein.[46] Richtet sich der Widerkläger mit einer Unterlassungswiderklage **gegen** angebliche **Herabsetzungen** (vgl. insbes. § 4 Nr. 1 und 2 UWG), die der Kläger ausschließlich **zur Begründung** bzw. zur beweismäßigen Förderung des **Klagvor-**   19

---

[34] Zöller/*Schultzky* ZPO § 33 Rn. 5.
[35] *Eichmann*/*Jestaedt*/Fink/Meiser DesignG § 42 Rn. 84.
[36] Thomas/Putzo/*Hüßtege* ZPO § 33 Rn. 6.
[37] *Koch* JA 2013, 95; Thomas/Putzo/*Hüßtege* ZPO § 33 Rn. 16.
[38] Musielak/Voit/*Heinrich* ZPO § 33 Rn. 5.
[39] Zöller/*Schultzky* ZPO § 33 Rn. 16.
[40] Harte/Henning/*Tolkmitt* UWG § 14 Rn. 81.
[41] BGH NJW 1981, 2642 (2643); OLG Karlsruhe BeckRS 2013, 01921; Harte/Henning/*Tolkmitt* UWG § 14 Rn. 81.
[42] BGH GRUR 1986, 325 (327) – Peters.
[43] BGH GRUR 1986, 325 (327) – Peters; Musielak/Voit/*Heinrich* ZPO § 33 Rn. 30.
[44] Zöller/*Schultzky* ZPO § 33 Rn. 16; Musielak/Voit/*Heinrich* ZPO § 33 Rn. 5.
[45] Zöller/*Schultzky* ZPO § 33 Rn. 19.
[46] MüKoZPO/*Patzina* ZPO § 33 Rn. 8.

bringens aufgestellt hat, ist das Rechtsschutzbedürfnis der Widerklage zu verneinen. Gegen Behauptungen, die der Rechtsverfolgung in einem Verfahren dienen, können nach der ständigen Rechtsprechung des BGH Abwehransprüche, also insbesondere auch Unterlassungsansprüche, grundsätzlich nicht mit Erfolg erhoben werden.[47]

20 Da für die Widerklage die allgemeinen Voraussetzungen der Klage gelten, gilt auch für die Widerklage die **Bestimmtheit** von Gegenstand und Grund des erhobenen Anspruchs (§ 253 Abs. 2 Nr. 2). Mehrere zur Begründung eines Unterlassungsantrags vorgetragene tatsächliche und rechtliche Gesichtspunkte können nach der sog. „TÜV"-Rechtsprechung des BGH unterschiedliche Streitgegenstände darstellen,[48] die auch der Widerkläger dann nicht im Wege einer alternativen Klagehäufung geltend machen kann.[49]

V. Besondere Prozessvoraussetzungen

21 **1. Rechtshängigkeit der Klage, Zeitpunkt der Erhebung.** Für die zulässige Widerklage ist das Vorliegen einer (noch) **rechtshängigen** Klage erforderlich.[50] Die Klage darf also noch nicht zurückgenommen oder anderweitig erledigt sein, zB durch rechtskräftige Entscheidung, Vergleich oder übereinstimmende Erledigungserklärungen.[51]

22 In **erster Instanz** ist nach allgemeiner Meinung die Erhebung der Widerklage nur **bis zum Schluss der mündlichen** Verhandlung zulässig.[52] Eine nach diesem Zeitpunkt eingegangene Widerklage ist, sofern nicht nach § 156 die Wiedereröffnung geboten ist, lediglich formlos zu übermitteln.[53] Eine solche Widerklage ist aber auch dann **unbeachtlich,** wenn sie dem Kläger zugestellt worden ist.[54] Der Widerkläger ist von der Nichtberücksichtigung zu unterrichten und ggf. zu fragen, ob die Widerklage als eigenständige Klage behandelt werden soll.[55] Andernfalls ist die Widerklage als **unzulässig abzuweisen** (→ § 296a Rn. 7).[56] Für die Erhebung einer Widerklage **außerhalb der mündlichen** Verhandlung, insbesondere im schriftlichen Verfahren (§ 128 Abs. 2), ist nach § 261 Abs. 2 die Zustellung des die Widerklageanträge enthaltenden Schriftsatzes notwendig. Allein der Eingang dieses Schriftsatzes bei Gericht vor dem (nach § 128 Abs. 2 S. 2 bestimmten) Zeitpunkt, bis zu dem Schriftsätze eingereicht werden können, genügt nicht, um die Widerklage bei der Entscheidung zu berücksichtigen.[57]

23 In **zweiter Instanz** ist eine Widerklage unter den Voraussetzungen des § 533 zulässig.[58] Wird die den erstinstanzlichen Streitgegenstand betreffende Berufung gemäß § 522 Abs. 2 zurückgewiesen, verliert eine im Berufungsverfahren erhobene Widerklage entsprechend § 524 Abs. 4 ihre Wirkung.[59] In der **Revisionsinstanz** ist eine Widerklage wegen § 559 Abs. 1 grundsätzlich nicht möglich (Ausnahme: §§ 302 Abs. 4, 600 Abs. 2, 717 Abs. 2, 3).[60]

24 **2. Dieselbe Prozessart, insbesondere einstweilige Verfügung.** Im Arrest- oder **Verfügungsverfahren** sind **Widerklagen** in Ermangelung der Rechtshängigkeit der Hauptsache **nicht zulässig.**[61] Auch im Hauptsacheverfahren ist ein Antrag auf Erlass einer einstweiligen Verfügung als Widerklage nicht möglich.[62] Teilweise wird im Verfügungsverfahren bei Sachzusammenhang ein Gegenantrag für zulässig gehalten.[63] Dies ist jedoch mit den Besonderheiten des Eilverfahrens nicht vereinbar und hierfür bieten die Vorschriften der ZPO auch keine Grundlage.[64]

25 Aus der deutschen Fassung des Art. 85 Abs. 2 GGV könnte gefolgert werden, dass in Gemeinschaftsgeschmacksmusterstreitsachen eine Widerklage auch im Eilverfahren möglich ist. Das wäre jedoch in mehrfacher Hinsicht mit den Besonderheiten des Eilverfahrens unvereinbar, sodass die Erhebung einer **Widerklage in Eilverfahren** über nicht **eingetragene und eingetragene GGM nicht statthaft** ist. Anders als im Klageverfahren kann der fehlende Rechtsbestand im einstweiligen

---

[47] BGH GRUR 1987, 568 f. – Gegenangriff; Anm. *Walter* NJW 1987, 3138 (3140).
[48] BGH GRUR 2011, 1043 – TÜV II; BGH GRUR 2013, 833 Rn. 20 f. – Culinaria/Villa Culinaria; BGH GRUR 2013, 401 – Biomineralwasser.
[49] BGH GRUR 2013, 1170 Rn. 9 – Telefonwerbung für DSL-Produkte.
[50] BGH NJW-RR 2001, 60; Zöller/*Schultzky* ZPO § 33 Rn. 20 mwN.
[51] Zöller/*Schultzky* ZPO § 33 Rn. 20; Musielak/Voit/*Heinrich* ZPO § 33 Rn. 7.
[52] BGH NJW-RR 1992, 1085; Thomas/Putzo/*Hüßtege* ZPO § 33 Rn. 24.
[53] Zöller/*Greger* ZPO § 296a Rn. 2a.
[54] OLG Hamburg BeckRS 1994, 10914.
[55] Zöller/*Greger* ZPO § 296a Rn. 2a.
[56] BGH NJW-RR 1992, 1085; NJW 2000, 2512 (2513).
[57] LG Mannheim BeckRS 2010, 10683.
[58] BGH NJW-RR 2005, 437.
[59] BGH BeckRS 2013, 19858.
[60] Thomas/Putzo/*Hüßtege* § 33 Rn. 26.
[61] Musielak/Voit/*Heinrich* ZPO § 33 Rn. 14.
[62] Zöller/*Schultzky* ZPO § 33 Rn. 23.
[63] Musielak/Voit/*Heinrich* ZPO § 33 Rn. 14; Zöller/*Schultzky* ZPO § 33 Rn. 23.
[64] OLG Frankfurt a. M. GRUR-RR 2012, 88 – Gegenverfügungsantrag; OÖGH GRUR-Int 2005, 945 (947) betr. Gemeinschaftsmarke.

Verfügungsverfahren **aber als Einwand geltend** gemacht werden.[65] Dies gilt auch für die inhaltlich weitgehend übereinstimmende Regelung in Art. 127 Abs. 1 UMV. Das im Eilverfahren entscheidende Gericht trifft nur eine vorläufige Regelung,[66] die mit einem Ausspruch über den Verfall oder die Nichtigkeit der Unionsmarke nicht vereinbar ist.

Der **Aufhebungsantrag** nach § 927 ZPO kann jedoch widerklagend im Termin zur Hauptsacheverhandlung gestellt werden.[67] Auch ein Anspruch aus **§ 945** kann im Wege der Widerklage im Rahmen des **Hauptsacheverfahrens** geltend gemacht werden, nicht jedoch im Wege eines Eilverfahrens oder in dem etwa noch schwebenden Verfügungsverfahren.[68]

3. Parteien. Die Widerklage muss grundsätzlich von dem Beklagten erhoben und gegen den oder die Kläger gerichtet sein (Ausnahme → Rn. 29), wobei auch eine **Wider-Widerklage möglich** ist.[69] Auch Streitgenossen und Hauptintervenienten (§ 64) sind zur Widerklage berechtigt.[70] Der Nebenintervenient ist zur Widerklage für die unterstützte Partei nicht berechtigt.[71]

VI. Sonstiges/Sonderfälle

1. Eventualwiderklage. Eine Eventual- oder Hilfswiderklage ist allgemein zulässig, wenn die Antragstellung von dem Eintritt eines innerprozessualen Ereignisses abhängt.[72] Es gelten die allgemeinen Grundsätze über die eventuelle Antragstellung (→ § 260 Rn. 7).[73]

2. Parteierweiternde Widerklage. Eine parteierweiternde Widerklage ist gegeben, wenn bisher nicht am Rechtsstreit beteiligte Dritte die Widerklage erheben oder sie sich gegen diese richtet. Hierbei ist zwischen verschiedenen Fallgruppen zu unterscheiden. Bei der „**streitgenössischen**" **Drittwiderklage** erhebt der Beklagte eine Widerklage gegen den **Kläger und zugleich** gegen einen bisher nicht am Rechtsstreit beteiligten **Dritten** als Streitgenossen. Dies stellt eine subjektive Klagehäufung dar und ist nach den Grundsätzen der Klageänderung unproblematisch, wenn eine Zustimmung des Gegners vorliegt[74] oder Sachdienlichkeit gegeben ist.[75]

Eine **isolierte Drittwiderklage**, also eine Widerklage, die sich nicht auch gegen den Kläger, sondern nur gegen einen Dritten richtet oder von einem Dritten erhoben ist, wird **grundsätzlich als unzulässig** angesehen.[76] Hiervon werden allerdings Ausnahmen gemacht, wenn die Ansprüche tatsächlich und rechtlich eng miteinander verknüpft sind und schutzwürdige Interessen des Drittwiderbeklagten nicht verletzt werden; zudem ist nach der Rspr. des BGH die Zustimmung des Gegners oder Sachdienlichkeit erforderlich.[77] Hierbei ist zu beachten, dass teilweise angenommen wird, **§ 33 begründet keine örtliche Zuständigkeit bei einer isolierten Drittwiderklage**.[78] Teilweise wird bei konnexer und sachdienlicher (streitgenössischer und isolierter) Drittwiderklage das Gericht der Klage auch für Drittwiderklage als örtlich zuständig angesehen.[79] Wegen der weiteren Einzelheiten wird auf die allgemeine Kommentarliteratur verwiesen.

3. Leistungswiderklage bei negativer Feststellungsklage. Eine häufige Konstellation in Prozessen des Gewerblichen Rechtsschutzes und Urheberrechts ist, dass der abgemahnte vermeintliche Verletzer selbst Klage erhebt und Feststellung begehrt, dass keine Rechtsverletzung in dem mit der Abmahnung vorgeworfenen Verhalten gegeben ist. Der Beklagte hat dann die Möglichkeit, Klage oder Widerklage auf Unterlassung zu erheben. Hierbei ist zu beachten, dass das **Rechtsschutzbedürfnis** für die negative **Feststellungsklage entfällt**, wenn der (Wider-)Kläger die **Leistungsklage nicht mehr einseitig zurücknehmen** kann, sofern nicht besondere Umstände vorliegen.[80] Die einseitige Rücknahme der Leistungsklage ist nicht mehr möglich, wenn zur Hauptsache mündlich verhandelt worden ist (§ 269)[81] oder wenn der (Wider-)Kläger auf die Möglichkeit der Rücknahme verzichtet hat.[82] Dann muss der Kläger die Hauptsache **für erledigt erklären,** um zu verhindern, dass die

---

[65] Eichmann/Jestaedt/Fink/Meiser VO (EG) 6/2002 Art. 85 Rn. 21.
[66] EuGH GRUR 2012, 1169 (1172) – Solvay (zu Art. 22 Nr. 4 EuGVVO und betr. PatentR).
[67] OLG Hamburg GRUR-RR 2007, 20 – Ratenkredit.
[68] Ohly/Sosnitza UWG § 12 Rn. 193.
[69] Zöller/Schultzky ZPO § 33 Rn. 35; Thoma/Putzo/Hüßtege ZPO § 33 Rn. 9.
[70] Musielak/Voit/Heinrich ZPO § 33 Rn. 18.
[71] Thomas/Putzo/Hüßtege ZPO § 33 Rn. 9.
[72] BGH NJW 1996, 2306 (2307).
[73] Zöller/Schultzky ZPO § 33 Rn. 33 mwN.
[74] OLG Düsseldorf MDR 1990, 728 = BeckRS 1990, 02308.
[75] BGH GRUR 1987, 568 – Gegenangriff.
[76] BGH BeckRS 2013, 21305; NJW 2008, 2852 (2854); OLG Karlsruhe BeckRS 2013, 01921.
[77] Toussaint Anm. zu BGH FD-ZVR 2014, 353523; NJW 2007, 1753.
[78] OLG Karlsruhe BeckRS 2013, 01921; BGH NJW-RR 2008, 1516.
[79] Zöller/Schultzky ZPO § 33 Rn. 26.
[80] BGH GRUR 1984, 41 (44) – Rehab; BGH GRUR 1994, 846 (848) – Parallelverfahren II.
[81] Köhler/Bornkamm/Feddersen UWG § 12 Rn. 1.20a.
[82] BGH GRUR-RR 2010, 496 – Verzicht auf Klagerücknahme (Ls.) = BeckRS 2010, 20763 (Volltext).

negative Feststellungsklage als unzulässig abgewiesen wird.[83] Ausnahmsweise kann jedoch das Rechtsschutzbedürfnis fortbestehen. Dies soll der Fall sein, wenn der Feststellungsrechtsstreit entscheidungsreif oder im Wesentlichen zur Entscheidungsreife fortgeschritten und die Leistungsklage noch nicht entscheidungsreif ist.[84]

32   **4. Trennung und Verbindung.** Klage und Widerklage können getrennt und verbunden werden (§§ 145 Abs. 2, 147); über sie kann getrennt durch Teilurteil (§ 301) entschieden werden.[85]

33   **5. Urteilsformel.** Die Widerklage wird in der Urteilsformel genau so behandelt wie die Klage.[86]

34   Bei der **markenrechtlichen Löschungs(wider)klage** im Löschungsverfahren vor den ordentlichen Gerichten (vgl. §§ 55, 49, 51 MarkenG) geht der Tenor auf die Einwilligung des Widerbeklagten in die Löschung, ggf. nur hinsichtlich bestimmter Waren/Dienstleistungen.[87] In Verfahren betr. **Unionsmarken** wird die Unionsmarke auf die Widerklage, ggf. hinsichtlich bestimmter Warenklassen, für nichtig oder für verfallen erklärt, Art. 127 Abs. 1 UMV.

35   Der (Wider-)Klageantrag gegen das **eingetragene Design** muss gem. § 33 Abs. 3 DesignG (vormals § 33 Abs. 2 S. 1 GeschmMG) auf Feststellung (§ 33 Abs. 1) oder Erklärung (§ 33 Abs. 2) der Nichtigkeit gerichtet sein. Die Widerklage gegen das **nicht eingetragene und das eingetragene Gemeinschaftsgeschmacksmuster** ist auf die Erklärung der Nichtigkeit bzw. Abweisung der Widerklage gerichtet, Art. 86 Abs. 1 GGV.[88]

36   **6. Streitwert, Kosten und Gebühren.** Die Streitwerte der Klage und der Widerklage sind für die Berechnung des Gebührenstreitwerts gemäß § 45 Abs. 1 S. 1 GKG **zu addieren,** wenn **unterschiedliche Gegenstände** vorliegen. Ist dasselbe Interesse („Nämlichkeit des Streitgegenstands") betroffen, ist der höhere Wert maßgeblich (§ 45 Abs. 1 S. 3 GKG). Derselbe Gegenstand ist regelmäßig bei der negativen Feststellungsklage und der Leistungswiderklage gegeben.[89] Für die Hilfswiderklage ist § 45 Abs. 1 S. 2 GKG anzuwenden.[90]

37   Die durch die Widerklage entstandenen Gerichtskosten des Widerklägers (§ 22 Abs. 1 S. 1 GKG) sind gem. § 6 GKG fällig und werden zum Soll gestellt. Eine **Vorschusspflicht** besteht gem. § 12 Abs. 2 Nr. 1 GKG **nicht,** sodass das Tätigwerden des Gerichts nicht von der Zahlung abhängig gemacht werden darf.[91]

38   Die **Kostenentscheidung** hat **einheitlich** nach Bruchteilen zu ergehen und nicht getrennt nach Klage und Widerklage (→ § 92 Rn. 5).

C. Patentrecht

39   Auch im Patentrecht kommt die Widerklage als Gegenangriff vor. Eine praktisch häufige Fallgruppe ist die Widerklage gestützt auf die vorprozessualen Erstattungsansprüche, die in Erwiderung auf die Abmahnung entstanden sind.[92] Die Möglichkeit, die Ungültigkeit des Patents im Wege der Widerklage geltend zu machen, besteht im Verletzungsprozess vor den zuständigen Patentstreitkammern allerdings nicht. Denn das **Verletzungsgericht** ist **nicht befugt,** über die **Rechtsbeständigkeit** des Patents zu entscheiden. Es prüft nur, ob die angegriffene Verletzungsform unter das Patent fällt. Es steht allerdings im Ermessen des Gerichts, bei einer anhängigen Nichtigkeitsklage das Verfahren **auszusetzen** (ausführlich: → § 148 Rn. 101 ff.).

40   Die Zulässigkeit einer Widerklage gegenüber einer bei einem Gericht für Patentstreitsachen anhängigen Patentstreitsache richtet sich nach den allgemeinen Bestimmungen, insbesondere § 33.[93] Wird dagegen nicht bei einer der sachlich ausschließlich zuständigen Patentstreitkammern eine Widerklage erhoben, die eine Patentstreitsache (→ § 1 Rn. 27–31) zum Gegenstand hat, so ist die Widerklage unzulässig und auf entsprechenden Antrag abzutrennen sowie an die zuständige Patentstreitkammer (→ § 1 Rn. 39) zu verweisen (§§ 33 Abs. 2, 145, 281 ZPO). Umgekehrt darf die zuständige Patentstreitkammer grundsätzlich über eine Widerklage entscheiden, die selbst keine Patentstreitsache ist (→ § 1 Rn. 17, → § 12 Rn. 10).

---

[83] *Köhler*/Bornkamm/*Feddersen* UWG § 12 Rn. 1.20a.
[84] BGH GRUR 2006, 217 Rn. 12 – Detektionseinrichtung I; zu weiteren Fallkonstellationen vgl. *Köhler*/Bornkamm/*Feddersen* UWG § 12 Rn. 1.20a.
[85] ZB Teilurteil über Zwischenfeststellungswiderklage, ob eine Arbeitnehmererfindung schutzfähig sei, bei einer Klage des Arbeitnehmers auf höhere Vergütung: BGH NJW 1988, 1216 – Vinylpolymerisate.
[86] Thomas/Putzo/*Hüßtege* ZPO § 33 Rn. 29.
[87] BGH GRUR 2004, 865 (867) – Mustang.
[88] Die Vorschrift gilt entsprechend bei einer isolierten Nichtigkeitsklage auf Erklärung der Nichtigkeit eines nicht eingetragenen GGM gem. Art. 81 Buchst. c GGV, vgl. Ruhl GGV Art. 86 Rn. 2.
[89] Harte/Henning/*Tolkmitt* WG § 12 Rn. 659.
[90] Thomas/Putzo/*Hüßtege* ZPO § 33 Rn. 31.
[91] Musielak/Voit/*Heinrich* ZPO § 33 Rn. 32.
[92] ZB: OLG Düsseldorf GRUR-RR 2012, 62 (66) – Türlagerwinkel; LG München BeckRS 2013, 15403.
[93] Benkard/*Grabinski*/*Zülch* PatG § 143 Rn. 12.

Ein im Wege der Widerklage geltend gemachtes Herausgabebegehren betreffend Kopien geschäftli- 41
cher Unterlagen, auf die der klagende Arbeitnehmererfinder im anhängigen Prozess angewiesen ist, ist
rechtsmissbräuchlich und daher materiell unbegründet.[94]

Die im Wege der Widerklage geltend gemachten Ansprüche auf **patentrechtliche Vindikation** 42
(§ 8 PatG) stellen eine besondere Fallkonstellation einer konnexen patentrechtlichen Widerklage dar.[95]
Hierbei macht der Beklagte im Wege der Widerklage den Übertragungsanspruch als behaupteter
Alleinerfinder geltend. Als Minus kommt ein Anspruch auf **Einräumung einer Mitberechtigung** in
Betracht; er ist in dem Verlangen nach voller Übertragung des Rechts von vornherein mit enthalten.[96]
Im Übrigen gelten die allgemeinen Bestimmungen (s. o.).

Bei einer **Klage** vor dem **BPatG** nach § 81 PatG[97] wird die Erhebung einer **Widerklage** (zB auf 43
Vernichtung eines Patents des Nichtigkeitsklägers) für **unzulässig** erachtet.[98]

D. Gebrauchsmusterrecht

Das im Patentrecht geltende Trennungsprinzip (→ § 148 Rn. 101) gilt im Gebrauchsmusterrecht 44
nicht, weshalb das **Verletzungsgericht die Schutzfähigkeit** des Gebrauchsmusters selbständig **prüfen**
muss, wenn sich der Beklagte auf die mangelnde Schutzfähigkeit des Gebrauchsmusters im Verletzungsverfahren beruft (→ § 148 Rn. 180). Der Beklagte kann die **mangelnde Schutzfähigkeit** vor den
ordentlichen Gerichten einredeweise oder **auch im Wege der Widerklage** im Verletzungsprozess
geltend machen. Sowohl die Bestandskraft des Klagegebrauchsmusters als auch bejahendenfalls die Frage,
ob die angegriffene Ausführungsform von der technischen Lehre der Klagegebrauchsmuster Gebrauch
macht, können im Rahmen einer zulässigen **Zwischenfeststellungswiderklage** überprüft werden.[99]

Das ordentliche Gericht ist auch bei Stellung eines Löschungsantrags vor dem DPMA (vgl. §§ 15 ff. 45
GebrMG) nicht von der Verpflichtung befreit, über die (mangelnde) Schutzfähigkeit (selbständig) zu
entscheiden. Um widersprechende Entscheidungen über die Rechtsbeständigkeit zu vermeiden, gibt
es nach § 19 GebrMG die Möglichkeit der **Aussetzung**, die für den Fall vorgeschrieben ist, dass das
Gericht die Eintragung für unwirksam hält (→ § 148 Rn. 182). Im Übrigen kann auf die Ausführungen zum Patentrecht verwiesen werden (→ Rn. 39 ff.).

E. Markenrecht

I. Nationale Marke

Im deutschen Markenrecht gilt der ungeschriebene Grundsatz der **Bindungswirkung** des Ver- 46
letzungsrichters **an die Eintragung** der Marke. Die fehlende **Unterscheidungskraft** der Marke kann
im Verletzungsprozess nicht als Einwendung und mithin auch nicht im Wege der Widerklage geltend
gemacht werden. Dieser Grundsatz gilt für eingetragene deutsche Marken und IR-Marken.[100] Anders
jedoch bei der **Löschungsklage wegen Verfalls** (§ 49 MarkenG) oder wegen des **Bestehens älterer
Rechte** (§ 51 MarkenG). Diese Gründe können im Verletzungsstreit einredeweise oder **im Wege der
Widerklage** anhängig gemacht werden.[101] Maßgeblicher Zeitpunkt ist der Schluss der mündlichen
Verhandlung in der letzten Tatsacheninstanz.[102]

Stützt der Beklagte seine Widerklage gegen die Klagemarke auf **unterschiedliche Löschungs-** 47
ansprüche, zB Löschung wegen bösgläubiger Markenanmeldung nach §§ 3, 4 Nr. 4, 8 UWG, § 826
BGB (→ Rn. 88) oder wegen Verfalls nach §§ 26, 49 Abs. 1, 55 Abs. 1 Abs. 2 Nr. 1 MarkenG
oder wegen älterer Rechte nach § 51 MarkenG, handelt es sich um **verschiedene Streitgegenstände**
(prozessuale Ansprüche), sodass der Beklagte angeben muss, in welcher **Reihenfolge** er die verschiedenen Streitgegenstände zur Entscheidung stellt.[103]

Wird ein **kennzeichenrechtlicher** Anspruch **erst** durch die **Widerklage** zum Gegenstand des 48
Verfahrens gemacht, so wird die Klage selbst nicht zur Kennzeichenstreitsache (→ § 1 Rn. 55–59). Die
Zuständigkeitsregelung des § 140 MarkenG erfasst jedoch den gesamten Rechtsstreit, der **an das
Kennzeichengericht** (→ § 1 Rn. 63) **abzugeben** ist.[104] In Betracht kommt auch, die Widerklage
abzutrennen und sodann isoliert zu verweisen.[105]

---

[94] BGH NJW 1990, 1289 – Marder.
[95] *Mes* PatG § 8 Rn. 19.
[96] BGH GRUR 2006, 747 – Schneidbrennerstromdüse.
[97] Wegen Erklärung der Nichtigkeit des Patents, des ergänzenden Schutzzertifikats, wegen Erteilung oder Rücknahme der Zwangslizenz oder wegen der Anpassung der durch Urteil festgesetzten Vergütung für eine Zwangslizenz.
[98] Benkard/*Hall/Nobbe* PatG § 82 Rn. 47.
[99] OLG Düsseldorf BeckRS 2010, 22206.
[100] *Heim* GRUR-Prax 2012, 315 (316).
[101] *Ingerl/Rohnke* MarkenG § 9 Rn. 10, § 14 Rn. 32, § 49 Rn. 37.
[102] BGH GRUR 1964, 458 – Düssel.
[103] BGH GRUR 2012, 180 (181 f.) – Werbegeschenke unter Hinweis auf BGH GRUR 2011, 521 – TÜV.
[104] *Ingerl/Rohnke* MarkenG § 140 Rn. 8.
[105] OLG Stuttgart GRUR-RR 2009, 79 (80) – Patentanwaltskosten bei Klagehäufung.

II. Unionsmarke

49 **1. Allgemeines.** Die in der **Unionsmarkenverordnung** (UMV) aufgeführten Widerklagen sind auf Erklärung des **Verfalls** oder der **Nichtigkeit** einer Unionsmarke gerichtet. Ihre Zulässigkeit ist in Art. 128 UMV geregelt. **Zuständig** für diese Widerklagen sind nach Art. 124 Buchst. d UMV **ausschließlich** die **Unionsmarkengerichte** (→ § 1 Rn. 64 ff.). Die Unionsmarkengerichte haben von der **Rechtsgültigkeit** der Unionsmarke auszugehen, sofern diese nicht durch den Bekl. mit einer **Widerklage** auf Erklärung des Verfalls oder der Nichtigkeit **angefochten** ist.[106]

50 Der Verfall der anspruchsbegründenden Unionsmarke oder deren Nichtigkeit kann konkurrierend zum Amtsverfahren (Art. 58 ff. UMV) neben der Widerklage nach Art. 128 UMV **auch einredeweise** geltend gemacht werden (Art. 127 Abs. 3 UMV). Der Einwand gem. Abs. 3 ist jedoch **eingeschränkt** auf den Verfall der UM **wegen Nichtbenutzung** oder ihrer Nichtigkeit wegen **älterer Beklagtenrechte** und dies **nur mit Wirkung inter partes**.[107]

51 Die internationale Zuständigkeit für solche Widerklagen richtet sich nach Art. 125 UMV (→ Vor § 12 Rn. 112–116). Beachte: Die **Zuständigkeitsbegrenzung** des Verletzungsgerichts auf den Gerichtsort der **unerlaubten Handlung** in Art. 125 Abs. 5, 126 UMV **gilt nicht** für eine in diesem Gerichtsstand erhobene Widerklage auf **Erklärung des Verfalls oder der Nichtigkeit** der klägerischen Unionsmarke, da **diese Entscheidung nur einheitlich** für die Gemeinschaft insgesamt getroffen werden kann (→ Vor § 12 Rn. 121).

52 Die Frage der **örtlichen Zuständigkeit** stellt sich, wenn ein Mitgliedsstaat wie Deutschland mehrere Unionsmarkengerichte hat (→ § 1 Rn. 79). Für ein deutsches Unionsmarkengericht finden gemäß § 125g S. 1 MarkenG die Vorschriften für die örtliche Zuständigkeit entsprechende Anwendung, die in Bezug auf nationale Marken gelten, also auch §§ 12 ff. und somit insbesondere auch § 33.[108] Hierbei ist zu beachten, **dass § 33 keine örtliche Zuständigkeit bei einer isolierten Drittwiderklage** begründet, also einer Widerklage, die sich nicht gegen den Kläger, sondern ausschließlich gegen einen bisher nicht als Partei beteiligten Dritten richtet. Dies gilt auch, wenn der Drittwiderbeklagte dem Rechtsstreit auf Seiten des Beklagten als Streithelfer beigetreten ist. Dadurch hat er nicht die Stellung einer Partei erlangt.[109] Im Anwendungsbereich der EuGVVO regelt Art. 8 Nr. 3 EuGVVO für die Widerklage die internationale und die örtliche Zuständigkeit (→ Rn. 17).

53 **2. Widerklage auf Erklärung des Verfalls oder der Nichtigkeit.** Die als **Unionsmarkengerichte** benannten nationalen Gerichte (→ § 1 Rn. 79) sind **sachlich ausschließlich** zuständig für Widerklagen des Verletzungsbeklagten auf Erklärung des Verfalls oder der Nichtigkeit **der anspruchsbegründenden Unionsmarke, Art. 124 Buchst. d, 127 Abs. 1, 128 UMV.** Voraussetzung ist ein auf Art. 124 Buchst. a UMV gestützter Verletzungsprozess[110] oder eine Klage wegen Handlungen gem. Art. 124 Buchst. c UMV.[111] Die Erhebung einer **Widerklage** gem. Art. 124 Buchst. a und c UMV ist unbeschränkt zulässig, dh sie kann auf **jeden Verfalls- oder Nichtigkeitsgrund** der in Art. 58–61 UMV aufgeführten Gründe gestützt werden. In diesen Fällen besteht eine internationale Zuständigkeit des für die Verletzungsklage zuständigen Unionsmarkengerichts.[112]

54 Soweit ein **paralleles Amtsverfahren** vor dem EUIPO gem. Art. 58 ff. UMV (oder eine Widerklage auf Erklärung des Verfalls oder der Nichtigkeit bei einem anderen Unionsmarkengericht) geführt wird, besteht unter den in **Art. 132 UMV** genannten Voraussetzungen, die Möglichkeit der **Aussetzung**[113] (zu den Einzelheiten: → § 148 Rn. 210 ff.). Beachte: Eine Verfahrensaussetzung nach Art. 132 Abs. 1 UMV kommt in Betracht, wenn die Verletzungsklage nach Art. 124 Buchst. a UMV vor dem Antrag auf Erklärung des Verfalls oder der Nichtigkeit der Unionsmarke nach Art. 58 ff. UMV erhoben worden ist.[114]

55 Wenn **kein Amtsverfahren** anhängig ist, kann das mit einer Widerklage auf Erklärung des Verfalls oder der Nichtigkeit befasste Unionsmarkengericht darüber hinaus unter den in Art. 128 Abs. 7 S. 1 UMV genannten Voraussetzungen den **Beklagten auffordern,** innerhalb einer zu bestimmenden **Frist beim EUIPO die Erklärung des Verfalls oder der Nichtigkeit zu beantragen** (→ § 148 Rn. 244). Wird innerhalb der Frist kein Antrag gestellt, gilt die Widerklage als zurückgenommen, Abs. 7 S. 2.

---

[106] BGH GRUR 2013, 925 Rn. 17 – VOODOO.
[107] BGH GRUR 2013, 925 Rn. 19 – VOODOO; *Eisenführ/Overhage*/Schennen UMV Art. 99 Rn. 3.
[108] *Fayaz* GRUR-Int 2009, 459 (465); *Ingerl/Rohnke* MarkenG § 125e Rn. 33.
[109] OLG Karlsruhe BeckRS 2013, 01921.
[110] *Eisenführ/Overhage*/Schennen UMV Art. 96 Rn. 6; *Knaak* GRUR-Int 2007, 386 (392).
[111] *Fayaz* GRUR-Int 2009, 459 (465); *Knaak* GRUR-Int 2007, 386 (392); aA: *Eisenführ/Overhage*/Schennen UMV Art. 96 Rn. 8. Die Auffassung, dass die Widerklage nicht gegen eine Klage gem. Buchst. c eröffnet sei, weil noch keine eingetragene UM vorliege, die für nichtig erklärt werden könne, ist nicht nachvollziehbar und steht auch im Widerspruch zum Umkehrschluss aus dem eindeutigen Wortlaut des Art. 99 Abs. 3 UMV. Das Gericht darf gem. Art. 9 Abs. 3 S. 3 UMV ohnehin erst nach Eintragung der Marke eine Entscheidung in der Hauptsache treffen.
[112] *Knaak* GRUR-Int 2007, 386 (392).
[113] *Eisenführ/Schennen* UMV Art. 104 Rn. 6 ff.; BGH GRUR 2013, 925 Rn. 16–20 – VOODOO.
[114] BGH GRUR 2013, 925 – VOODOO.

Die **Widerklage** wegen Verfalls oder Nichtigkeit kann auch in Verfahren erhoben werden, in **56** denen der **Markeninhaber nicht Klagepartei** ist, zB bei der Verletzungsklage eines Dritten wie bspw. des Lizenznehmers aufgrund gewillkürter Prozessstandschaft.[115] Gem. Art. 128 Abs. 3 UMV kann der Markeninhaber dem Rechtsstreit zur Wahrung seiner Rechte hinsichtlich der bei Erfolg gegenüber jedermann wirkenden Widerklage **nach Maßgabe des nationalen Rechts beitreten** (§§ 66 ff.).

Die **Nichtigerklärung** wirkt gem. Art. 62 Abs. 2 UMV **ex tunc** und gemeinschaftsweit. Die **57** **Verfallserklärung** wirkt gem. Art. 62 Abs. 1 UMV vom **Zeitpunkt der Erhebung** der Widerklage an bzw. **auf Antrag** vom Zeitpunkt des **Vorliegens des Verfallgrundes**. Eine Ausnahme von der Rückwirkung im Falle rechtskräftig entschiedener Verletzungsverfahren und bei Verträgen regelt Art. 62 Abs. 3 UMV.

Für die Widerklage wegen Verfalls oder Nichtigkeit **gilt im Übrigen** gem. Art. 129 Abs. 3 UMV **58** **deutsches Verfahrensrecht**, soweit die UMV nichts anderes bestimmt. Es gilt **insbesondere § 33.** Die Widerklage ist danach eine selbstständige Klage, die auch durch die Rücknahme der Verletzungsklage nicht zu Fall gebracht werden kann (auch → Rn. 5 f.).[116]

3. Widerklage gegen negative Feststellungsklage. Die **Rechtsgültigkeit** einer Unionsmarke **59** kann **nicht** durch eine Klage auf **Feststellung der Nichtverletzung** iSv Art. 124 Buchst. b UMV angefochten werden. Eine isolierte Widerklage auf Erklärung der Nichtigkeit einer Unionsmarke ist nicht zulässig, erforderlich ist immer eine Inanspruchnahme aus einer Unionsmarke.[117] Dies folgt aus Art. 127 Abs. 2 UMV.[118] Erhebt der Beklagte der negative Feststellungsklage jedoch seinerseits Widerklage wegen der Verletzung, kann der Kläger **Wider-Widerklage** auf Verfalls- oder Nichtigerklärung erheben und so die Beschränkungen des Art. 127 Abs. 2 UMV umgehen.[119]

4. Widerklage gegen nationale Markenverletzungsklage. Eine Widerklage auf Nichtigerklä- **60** rung einer Unionsmarke ist nicht zulässig, wenn die Klage nur auf eine parallele nationale Marke und nicht auf die Unionsmarke gestützt ist.[120]

5. Andere Widerklagen. Art. 124 Buchst. d UMV bedeutet nicht, dass andere Widerklagen in **61** Verfahren vor den Unionsmarkengerichten generell ausgeschlossen sind.[121] Nur die Widerklagen auf Erklärung des Verfalls oder der Nichtigkeit sind in der UMV abschließend geregelt. Die Zuständigkeitsregelung der UMV soll dabei sicherstellen, dass andere Gerichte nicht über Verfall und Nichtigkeit von Unionsmarken entscheiden und Unionsmarkengerichte andere Verfalls- oder Nichtigkeitsgründe als die in Art. 58–61 UMV abschließend genannten annehmen.[122] Das nationale Verfahrensrecht (vgl. Art. 129 Abs. 3 UMV) entscheidet in allen anderen Fällen der Widerklage darüber, ob das hinsichtlich der Klage als Unionsmarkengericht tätig werdende Gericht auch für eine Widerklage als nationales Gericht zuständig ist und welche zusätzlichen Voraussetzungen (→ Rn. 3 ff.) gegebenenfalls erfüllt sein müssen.[123]

Eine Nichtigkeitswiderklage kann auch aufschiebend bedingt durch die Bejahung der klageweise **62** geltend gemachten Verletzungsansprüche erhoben werden. Art. 127 UMV steht einer solchen **Eventualwiderklage** weder vom Wortlaut her noch nach Sinn und Zweck der Vorschrift entgegen.

Wird der Mitbewerber aus einem **Sperrzeichen**[124] auf Unterlassung in Anspruch genommen, kann **63** er im Wege der Widerklage nach §§ 3, 4 Nr. 4 iVm § 8 Abs. 1 S. 1 UWG die Rücknahme der Eintragung der Anmeldung des Sperrzeichens verlangen, wenn bereits die Anmeldung als solche unlauter ist.[125] Dies gilt auch, wenn es sich bei dem Sperrzeichen um eine Unionsmarke handelt, da die Vorschriften der UMV insoweit keine abschließende Regelung darstellen.[126]

6. Mitteilungspflichten. Das Unionsmarkengericht teilt dem EUIPO den Tag der Erhebung einer **64** Widerklage wegen Verfalls oder Nichtigkeit zur Eintragung in das Unionsmarkenregister mit (Art. 128 Abs. 4 UMV) und stellt dem EUIPO die rechtskräftige Entscheidung zur Eintragung eines Hinweises in das Unionsmarkenregister zu (Art. 128 Abs. 6 UMV).[127] Der Tag der Erhebung der Widerklage

---

[115] *Ingerl/Rohnke* MarkenG § 125e Rn. 56.
[116] *Ingerl/Rohnke* MarkenG § 125e Rn. 33.
[117] LG Düsseldorf BeckRS 2014, 06205.
[118] *Knaak* GRUR-Int 2007, 386 (393) – zum gleichlautenden Art. 95 Abs. 2 GMV aF.
[119] *Ruhl/Tolkmitt* GGV Art. 84 Rn. 6 zu dem insoweit gleich geregelten Gemeinschaftsgeschmacksmuster.
[120] LG München GRUR-Int 2000, 783 – Betty; *Knaak* GRUR-Int 2007, 386 (393).
[121] *Ingerl/Rohnke* MarkenG § 125e Rn. 33.
[122] *Eisenführ/Overhage/Schennen* UMV Art. 100 Rn. 4 f.
[123] *Ingerl/Rohnke* MarkenG § 125e Rn. 33.
[124] ZB: BGH GRUR 2008, 160 (161 f.) – CORDARONE; BGH GRUR 2008, 621 (623) – AKADEMIKS; BGH GRUR 2008, 917 – EROS.
[125] BGH GRUR 2000, 1032 (1034) – EQUI 2000.
[126] BGH GRUR 2005, 581 (582) – The Colour of Elégance; *Köhler/Bornkamm/Feddersen* UWG § 4 Rn. 4.85; aA: *Knaak* GRUR-Int 2007, 386 (393 f.).
[127] *Ingerl/Rohnke* MarkenG § 125e Rn. 55.

sowie Tag und Inhalt der Entscheidung sind in das Register für Unionsmarken (Art. 111 UMV) einzutragen.[128]

F. Designrecht

I. Designgesetz

65   Seit dem 1.1.2014 ist das Designgesetz in Kraft.[129] Geschmacksmuster werden nunmehr als **eingetragenes Design** bezeichnet (§ 74 Abs. 1 DesignG). Mit der Einführung des Nichtigkeitsverfahrens im modernisierten Geschmacksmusterrecht (§ 34a DesignG) ist der **Einwand des fehlenden Rechtsbestandes** im Verletzungsverfahren **fortgefallen**. Entsprechend dem Markengesetz, dem Patentgesetz und dem Gebrauchsmustergesetz ist nun auch das Geschmacksmustergesetz durch ein verwaltungsrechtliches Verfahren zur Feststellung der Nichtigkeit einer Eintragung vor dem DPMA ergänzt worden.[130] Die **Designgerichte** haben von der Rechtsgültigkeit des streitgegenständlichen eingetragenen Designs auszugehen (§ 52a DesignG), es sei denn, dass eine Widerklage auf Feststellung oder Erklärung der Nichtigkeit erhoben (§ 52b DesignG) oder ein Antrag beim DPMA nach § 34 DesignG gestellt wird. Dies gilt nach der **Übergangsvorschrift** nach § 74 Abs. 2 DesignG nur für **Designstreitigkeiten, die nach dem 31.12.2013 anhängig** geworden sind.

66   Auf die fehlende Rechtsgültigkeit des eingetragenen Designs kann sich der Beklagte nur noch durch Erhebung einer **Widerklage oder** durch Stellung eines **Nichtigkeitsantrages** berufen.[131] Die Widerklage kann mit einem **Antrag auf Feststellung der Nichtigkeit** verbunden werden. Die Gründe für die Nichtigkeit sind in § 33 Abs. 1 und 2 DesignG geregelt.

67   Der (Wider-)Klageantrag gegen das eingetragene Design ist gem. § 33 Abs. 3 DesignG **auf Feststellung (§ 33 Abs. 1 DesignG) oder Erklärung (§ 33 Abs. 2 DesignG) der Nichtigkeit** gerichtet. Der Antrag auf Feststellung der Nichtigkeit gem. § 33 Abs. 1 DesignG kann von jedermann gestellt werden, der auf Erklärung der Nichtigkeit nach § 33 Abs. 2 DesignG nur vom Inhaber des betroffenen Rechts, § 34 DesignG.

68   Auf Antrag des Inhabers des eingetragenen Designs kann das Gericht gem. § 52b Abs. 3 S. 1 DesignG nach Anhörung der weiteren Beteiligten das Verfahren aussetzen und den Widerkläger auffordern, innerhalb einer vom Gericht zu bestimmenden Frist beim DPMA die Feststellung oder Erklärung der Nichtigkeit zu beantragen. Wird der Antrag nicht innerhalb der Frist gestellt, wird das Verfahren fortgesetzt. Die Widerklage gilt dann als zurückgenommen (§ 52b Abs. 3 S. 2 DesignG). Für die Dauer der Aussetzung kann das Gericht einstweilige **Verfügungen erlassen** und **Sicherheitsmaßnahmen** treffen (§ 52b Abs. 2 S. 3 DesignG). Vom Gericht ist das DPMA über den Tag der Erhebung der Widerklage zu unterrichten. Dies ist im **Register** zu vermerken. Nachdem das Gericht dem DPMA eine Ausfertigung des rechtskräftigen Urteils übermittelt hat, wird von diesem das Ergebnis des Verfahrens mit dem Datum der Rechtskraft in das Register eingetragen (§ 52b Abs. 4 DesignG).

II. Gemeinschaftsgeschmacksmuster

69   **1. Allgemeines.** Die in der **Gemeinschaftsgeschmacksmusterverordnung** (GGV) vorgesehene Widerklage nach Art. 84 GGV ist auf Erklärung der **Nichtigkeit** eines Gemeinschaftsgeschmacksmusters (GGM) bzw. der Abweisung der Widerklage (Art. 86 Abs. 1 GGV) gerichtet. **Zuständig** für diese Widerklagen sind nach Art. 81 Buchst. d GGV **ausschließlich die Gemeinschaftsgeschmacksmustergerichte** (→ § 1 Rn. 99). Die GGM-Gerichte haben von der Rechtsgültigkeit des GGM auszugehen, sofern dieses nicht durch den Bekl. mit einer Widerklage auf Erklärung der Nichtigkeit angefochten ist, Art. 85 GGV.[132] Es ist zwischen dabei zwischen einer Klage aus **einem eingetragenen** und einem **nicht eingetragenen GGM zu unterscheiden** (s. u.).

70   Ein **eingetragenes** GGM kann nach Art. 24 Abs. 1 GGV nur im **Amtsverfahren** vor dem EUIPO (Art. 52 GGV), **oder** konkurrierend auf die **Widerklage** im Verletzungsverfahren gem. Art. 84 GGV für nichtig erklärt werden.[133] Zusätzlich kann sich der Bekl. gem. Art. 85 Abs. 1 S. 2 GGV auf ein ihm zustehendes älteres nationales Schutzrecht berufen, aus dem sich die Nichtigkeit des prioritätsjüngeren GGM ergibt.[134] Eine isolierte Nichtigkeitsklage gegen ein eingetragenes GGM ist nicht statthaft.[135]

---

[128] Eisenführ/*Schennen* UMV Art. 87 Rn. 6.
[129] Gesetz zur Modernisierung des Geschmacksmustergesetzes sowie zur Änderung der Regelungen über die Bekanntmachungen zum Ausstellungsschutz vom 10.10.2013 (BGBl. I S. 3799).
[130] *Weiden* GRUR 2013, 360.
[131] *Rehmann* GRUR-Prax 2013, 215 (216).
[132] BGH GRUR 2012, 1139 Rn. 10 – Weinkaraffe.
[133] Eichmann/*Jestaedt*/Fink/Meiser VO (EG) 6/2002 Art. 84 Rn. 5 f.
[134] Eichmann/*Jestaedt*/Fink/Meiser VO (EG) 6/2002 Art. 85 Rn. 17.
[135] Ruhl/*Tolkmitt* GGV Art. 81 Rn. 14.

Gegen ein **nicht eingetragenes GGM kann** der Angreifer jedoch alternativ gem. Art. 81 Buchst. c GGV auch **isoliert Nichtigkeitsklage** erheben.[136]

Die **internationale** Zuständigkeit für solche Widerklagen richtet sich nach Art. 82 GGV (→ Vor § 12 Rn. 133 ff.). Beachte: Die **Zuständigkeitsbegrenzung** des Verletzungsgerichts in Art. 82 Abs. 5, 83 Abs. 2 GGV **gilt nicht** für eine in diesem Gerichtsstand erhobene **Widerklage** auf Erklärung der Nichtigkeit des klägerischen GGM, da **diese Entscheidung nur einheitlich** für die Gemeinschaft insgesamt getroffen werden kann (→ Vor § 12 Rn. 139).

Die Frage der **örtlichen Zuständigkeit** stellt sich, wenn ein Mitgliedsstaat, wie Deutschland, mehrere GGM-Gerichte hat (→ § 1 Rn. 99). Für ein deutsches GGM-Gericht finden gemäß Art. 88 Abs. 2, Abs. 3 GGV subsidiär die nationalen Vorschriften Anwendung, sodass für die örtliche Zuständigkeit die §§ 12 ff. gelten, also auch § 33.[137] Im Anwendungsbereich der EuGVVO regelt Art. 8 Nr. 3 EuGVVO für die Widerklage die internationale und die örtliche Zuständigkeit (→ Rn. 17). Vertreten wird auch die Auffassung, dass sich bereits aus den vorrangigen Regeln der Art. 24 Abs. 1, 81 Buchst. d, 84 Abs. 1, 85 GGV selbst die örtliche Zuständigkeit des Verletzungsgerichts für die Nichtigkeitswiderklage ergebe.[138]

Für die Widerklage wegen Nichtigkeit **gilt subsidiär** gem. Art. 88 Abs. 3 GGV **nationales Verfahrensrecht**, soweit die GGV nichts anderes bestimmt. Die Widerklage ist daher eine selbstständige Klage, die auch durch die Rücknahme der Verletzungsklage nicht zu Fall gebracht werden kann (→ Rn. 5 f.).[139]

Die Widerklage kann gem. Art. 84 Abs. 3 GGV auch erhoben werden, wenn der **Inhaber des GGM noch nicht Partei** ist, insbesondere bei der Klage eines Lizenznehmers. Gem. Art. 84 Abs. 3 GGV kann der Inhaber des GGM dem Rechtsstreit zur Wahrung seiner Rechte hinsichtlich der bei Erfolg gegenüber jedermann wirkenden Widerklage **nach Maßgabe des nationalen Rechts beitreten** (§§ 66 ff.). Beachte: Die Wirkungen der Nebenintervention können durch die Entscheidungswirkungen in Art. 87 und Art. 86 Abs. 5 GGV überlagert werden.[140] In **Eilverfahren** ist eine Widerklage grds. **unstatthaft**; dies gilt auch für Eilverfahren über Ansprüche aus einem GGM.[141] Dafür ist in Eilverfahren jedoch der Einwand der Nichtigkeit des Gemeinschaftsgeschmacksmusters zulässig, Art. 90 Abs. 2 S. 1 GGV.

Die **Nichtigerklärung** wirkt gem. Art. 87 iVm Art. 26 Abs. 1 GGV **ex tunc** und gemeinschaftsweit. Eine Ausnahme von der Rückwirkung im Falle rechtskräftig entschiedener Verletzungsverfahren und bei Verträgen vor Art. 26 Abs. 2 GGV.

Die Regelungssystematik der GGV ist im Übrigen Art. 127 ff. **UMV nachgebildet,** sodass ergänzend auf die Ausführungen zur Unionsmarke verwiesen wird.

2. Widerklage auf Erklärung der Nichtigkeit. Die als **GGM-Gerichte** benannten nationalen Gerichte (→ § 1 Rn. 99) sind **sachlich ausschließlich** zuständig für Widerklagen des Verletzungsbeklagten auf Erklärung der Nichtigkeit **des anspruchsbegründenden GGM, Art. 81 Buchst. d, 84 Abs. 1, 85, 86 GGV.** Die Widerklage auf Erklärung der Nichtigkeit kann **nur** gem. Art. 84 Abs. 1 GGV auf die **in Art. 25 GGV** genannten **Nichtigkeitsgründe** gestützt werden, wobei in den Fällen des Art. 25 Abs. 2–5 GGV nur die dort genannten Personen (wider-)klagebefugt sind.[142]

a) Klage aus einem eingetragenen GGM (Art. 85 Abs. 1 GGV). Auf die Nichtigkeit des klagebegründenden GGM kann sich der Beklagte gem. Art. 85 Abs. 1 S. 2 GGV nur berufen, wenn er **Widerklage auf Erklärung der Nichtigkeit** des GGM gem. Art. 81 Buchst. d GGV erhebt (zur Ausnahme nach Art. 85 Abs. 1 S. 3. GGV: → Rn. 81). Daneben kann ein eingetragenes GGM nach Art. 24 Abs. 1 GGV nur im Amtsverfahren (Art. 52 GGV) für nichtig erklärt werden. **Eigenständige Nichtigkeitsklagen** gegen **eingetragene GGM** sind **nicht statthaft.**

Eine Verschränkung von Amtsverfahren und gerichtlichem Verfahren kann insofern bestehen, als bezüglich desselben GGM parallele Verfahren vor dem EUIPO und einem GGM-Gericht eingeleitet sind; hier kommt eine **Verfahrensaussetzung** in Betracht (ausführlich: → § 148 Rn. 252–261).

Statt einer Widerklage kann der Beklagte **ausnahmsweise** gem. Art. 85 Abs. 1 S. 3 GGV den **Nichtigkeitseinwand** des ihm zustehenden **älteren Rechts** gem. Art. 25 Abs. 1 Buchst. d GGV erheben. Die Entscheidung des Verletzungsgerichts wirkt dann jedoch **nur inter partes**; Art. 87 GGV ist nicht anwendbar.[143]

b) Klage aus einem nicht eingetragenen GGM (Art. 85 Abs. 2 GGV). Das **nicht eingetragene GGM** kann nach Art. 24 Abs. 3, 81 Buchst. c und d GGV von einem GGM-Gericht für

---

[136] Ruhl/Tolkmitt GGV Art. 81 Rn. 13.
[137] Ebert-Weidenfeller/Schmüser GRUR-Prax 2011, 526 (527 f.).
[138] Ruhl/Tolkmitt GGV Art. 88 Rn. 17.
[139] Ruhl/Tolkmitt GGV Art. 84 Rn. 8.
[140] Ruhl/Tolkmitt GGV Art. 84 Rn. 4.
[141] Eichmann/Jestaedt/Fink/Meiser VO (EG) 6/2002 Art. 90 Rn. 17.
[142] Ruhl/Tolkmitt GGV Art. 84 Rn. 1 f.
[143] Ruhl/Tolkmitt GGV Art. 85 Rn. 7.

nichtig erklärt werden, wenn es im Verletzungsverfahren mit einer **Widerklage** oder mit einer **isolierten Nichtigkeitsklage** angegriffen wird. Die deutsche Fassung des Art. 85 Abs. 2 GGV erweckt zwar den Eindruck, dass nur die Möglichkeit der Widerklage besteht. Dies beruht jedoch auf einem Übersetzungsfehler, sodass **als Alternative zur Widerklage** auch **die Einrede der Nichtigkeit** zur Verfügung steht.[144] Es bestehen nach Art. 85 Abs. 2 S. 1 GGV weitere Voraussetzungen, die dem Charakter der fehlenden Eintragung und ggf. unbekannten Existenz des GGM Rechnung tragen, insbesondere muss der Kläger **die Rechtsgültigkeit** des nicht eingetragenen GGM **zunächst darlegen und ggf. beweisen.**[145]

82 **3. Widerklage gegen negative Feststellungsklage.** Die **Rechtsgültigkeit** eines GGM kann **nicht** durch eine Klage auf **Feststellung der Nichtverletzung** iSv Art. 81 Buchst. b GGV angefochten werden. Dies folgt aus Art. 84 Abs. 4 GGV. Erhebt der Bekl. auf die negative Feststellungsklage hin jedoch seinerseits Widerklage wegen der Verletzung, kann der Kläger **Wider-Widerklage** auf Nichtigerklärung erheben und so die Beschränkungen des Art. 84 Abs. 4 GGV umgehen.[146]

83 **4. Andere Widerklagen.** Ebenso wie bei der Unionsmarke dürften andere Widerklagen nach dem nationalen Verfahrensrecht (vgl. Art. 88 Abs. 3 GGV) nicht generell ausgeschlossen sein. Nur die Widerklagen auf Erklärung der Nichtigkeit sind in der GGV abschließend geregelt. In allen anderen Fällen der Widerklage entscheidet das GGM-Gericht darüber, ob das hinsichtlich der Klage tätig werdende Gericht auch für eine Widerklage als nationales Gericht zuständig ist und welche zusätzlichen Voraussetzungen (insbesondere § 33 ZPO) gegebenenfalls erfüllt sein müssen.

84 Eine Nichtigkeitsklage kann auch aufschiebend bedingt durch die Bejahung der klageweise geltend gemachten Verletzungsansprüche erhoben werden. Art. 88 GGV steht einer solchen **Eventualwiderklage** weder vom Wortlaut her noch nach Sinn und Zweck der Vorschrift entgegen.[147]

85 **5. Mitteilungspflichten.** Die Mitteilungspflichten gem. Art. 86 Abs. 2 und 4 GGV gelten nur für eingetragene GGM. Das GGM-Gericht teilt dem EUIPO den Tag der Erhebung einer Widerklage wegen Nichtigkeit zur Eintragung in das Register mit und stellt dem EUIPO die rechtskräftige Entscheidung zur Eintragung eines Hinweises in das Register zu.

G. Wettbewerbsrecht

86 Für die Widerklage, die auch hier oftmals als Reaktion auf eine negative Feststellungsklage des vermeintlichen Verletzers erhoben wird, gelten im Wettbewerbsrecht grundsätzlich keine Besonderheiten.[148] Zu beachten sind jedoch folgende Konstellationen:

87 Antwortet der auf Unterlassung wegen einer Wettbewerbsverletzung in Anspruch genommene Mitbewerber seinerseits mit einer **Widerklage** wegen einer **Wettbewerbsverletzung des Klägers**, ist **grundsätzlich keine Konnexität** gegeben.[149] Auch bei einer weiten Auslegung beruhen die unterschiedlichen wettbewerblichen Verletzungshandlungen nicht auf einem einheitlichen Rechtsverhältnis oder Lebenssachverhalt. Im Rahmen des sog. „**Unclean hands**-Einwand" wird die Widerklage allerdings für **möglich** gehalten.[150] Auch wenn mit der Klage eine Pressemitteilung über die Intransparenz eines Internet-Angebots angegriffen und im Rahmen der Widerklage das Internetangebot zur Überprüfung durch das Gericht gestellt wird, kann ein zusammenhängendes, einheitliches Lebensverhältnis angenommen werden.[151]

88 Wird der Mitbewerber aus einem **Sperrzeichen**[152] auf Unterlassung in Anspruch genommen, kann er im Wege der Widerklage nach §§ 3, 4 Nr. 4 iVm § 8 Abs. 1 S. 1 UWG die Rücknahme der Eintragung der Anmeldung oder die Einwilligung in die Löschung des Sperrzeichens verlangen, wenn bereits die Anmeldung als solche unlauter ist.[153] Die gilt auch, wenn es sich bei dem Sperrzeichen um eine Unionsmarke handelt, da die Vorschriften der UMV nach der Rspr. insoweit keine abschließende Regelung darstellen.[154]

89 Im Übrigen ist für die Widerklage § 33 **Abs. 2** ZPO zu beachten. Besteht daher für die Widerklage ein (abweichender) **ausschließlicher Gerichtsstand** (zB nach § 15 GeschGehG), dann ist eine

---

[144] *Schönbohm* GRUR 2004, 41; *Gottschalk/Gottschalk* GRUR-Int 2006, 461 (464 f.); *Ruhl*/Tolkmitt GGV Art. 85 Rn. 24.
[145] Ausführlich zu den Einzelheiten: *Ruhl*/Tolkmitt GGV Art. 85 Rn. 12–24.
[146] *Ruhl*/Tolkmitt GGV Art. 84 Rn. 6.
[147] *Ruhl*/Tolkmitt GGV Art. 88 Rn. 19.
[148] Harte/Henning/*Retzer*/Tolkmitt UWG § 14 Rn. 32.
[149] OLG Frankfurt a. M. GRUR-RR 2012, 392 (394 f.).
[150] *Köhler*/Bornkamm/Feddersen UWG § 11 Rn. 2.39.
[151] OLG Frankfurt a. M. GRUR-RR 2012, 392 (395) – Screen Scraping.
[152] ZB: BGH GRUR 2008, 160 (161 f.) – CORDARONE; BGH GRUR 2008, 621 (623) – AKADEMIKS; BGH GRUR 2008, 917 – EROS.
[153] BGH GRUR 2000, 1032 (1034) – EQUI 2000.
[154] *Köhler*/Bornkamm/Feddersen UWG § 4 Rn. 4.85.

Trennung nach § 145 ZPO geboten; stellt der Kläger keinen Verweisungsantrag nach § 281 ZPO, ist die Widerklage als unzulässig abzuweisen.[155]

H. Urheberrecht

Für die Widerklage gelten im Urheberrecht grundsätzlich keine Besonderheiten, sodass auf die allgemeinen Ausführungen und die zu nicht eingetragenen Rechten verwiesen wird. Wird bei einem für Urheberrechtsstreitsachen **funktionell unzuständigen Gericht** (→ § 1 Rn. 106) eine Widerklage erhoben, die ihrerseits eine Urheberrechtsstreitsache zum Gegenstand hat, ist die Widerklage auf einen entsprechenden Antrag hin abzutrennen und an das zuständige Gericht für Urheberrechtsstreitsachen zu verweisen.[156] 90

§ 34 Besonderer Gerichtsstand des Hauptprozesses

Für Klagen der Prozessbevollmächtigten, der Beistände, der Zustellungsbevollmächtigten und der Gerichtsvollzieher wegen Gebühren und Auslagen ist das Gericht des Hauptprozesses zuständig.

Literatur: *Rauscher*, Internationaler Gerichtsstand des Erfüllungsorts – Abschied von Tessili und de Bloos, NJW 2010, 2251.

A. Allgemeines

§ 34 enthält einen besonderen, nicht ausschließlichen (§ 35), Gerichtsstand für Gebührenklagen des 1
begünstigten Personenkreises bei dem Gericht der Hauptsache. Neben der örtlichen Zuständigkeit begründet die Vorschrift nach allgemeiner Auffassung auch einen nicht ausschließlichen Gerichtsstand der sachlichen Zuständigkeit.[1] Die praktische Bedeutung der Vorschrift ist für Rechtsanwälte gering, da im Anwendungsbereich des Kostenfestsetzungsverfahrens gem. § 11 RVG die Gebührenklage mangels Rechtsschutzbedürfnis ausgeschlossen ist.[2]

Nach überwiegender Auffassung wird bei **Patentanwälten** vertreten, dass sie mangels „gesetzlicher" 2
Vergütung nicht das **Festsetzungsverfahren nach § 11 RVG** gegen ihren Auftraggeber betreiben können.[3] Nach anderer Auffassung sei diese Benachteiligung des Patentanwalts jedenfalls nach der Gleichstellung durch Aufhebung der Erstattungsbeschränkung nicht mehr sachgerecht, sondern § 11 RVG analog anzuwenden, wenn der Patentanwalt nach dem RVG abrechnen darf und das auch tut.[4]

B. Parteien

I. Kläger

Als Kläger nach § 34 kommen Prozessbevollmächtigte gem. § 78 ff. in Betracht (also nicht notwendig ein Rechtsanwalt), ihre Unterbevollmächtigten und sonstigen Vertreter, Beistände (§ 90) und Zustellungsbevollmächtigte (§ 184) sowie ferner die Rechtsnachfolger dieser Personen.[5] Für Gerichtsvollzieher ist die Vorschrift wegen § 1 Abs. 1 Nr. 7, 8 JBeitrO, § 9 Abs. 1 GVKostG gegenstandslos geworden.[6] 3

II. Beklagter

Als Honorarbeklagte kommen die Auftraggeber oder deren Rechtsnachfolger sowie Bürgen oder 4
Schuldübernehmer in Betracht.[7]

---

[155] Köhler/Bornkamm/*Feddersen* UWG § 14 Rn. 3.
[156] Wandtke/Bullinger/*Kefferpütz* UrhG § 105 Rn. 28.
[1] OLG Brandenburg NJW 2004, 780 (781); Thomas/Putzo/*Hüßtege* ZPO § 34 Rn. 3.
[2] Musielak/Voit/*Heinrich* ZPO § 34 Rn. 7.
[3] BGH GRUR 2015, 1253 – Festsetzung der Patentanwaltsvergütung, mit ausführlicher Darstellung des Meinungsstandes.
[4] Toussaint, Kostenrecht, RVG § 11 Rn. 35; Ingerl/Rohnke MarkenG § 140 Rn. 55; iErg ebenso zum Patentnichtigkeitsverfahren BPatG GRUR 2002, 732 (733) – Künstliche Atmosphäre II; Benkard/*Grabinski/Zülch* PatG § 143 Rn. 19.
[5] Zöller/*Schultzky* ZPO § 34 Rn. 3.
[6] Musielak/Voit/*Heinrich* ZPO § 34 Rn. 2.
[7] MüKoZPO/*Patzina* ZPO § 34 Rn. 3; Musielak/Voit/*Heinrich* ZPO § 34 Rn. 3.

C. Sachlicher Anwendungsbereich

5 Zum Begriff des Hauptprozesses zählen alle Klagen wegen Gebühren und Auslagen, die in einem Verfahren des Zivilprozessrechts auf Grund Gesetzes oder Vereinbarung angefallen sind.[8] Bei Rechtsanwälten kommen nur Streitigkeiten außerhalb des Anwendungsbereichs des § 11 RVG in Betracht, also Klagen, die im Wesentlichen den Grund und nicht die Berechnung des Gebührenanspruchs betreffen.[9] Ansprüche aus außergerichtlicher Tätigkeit begründen nicht den Gerichtsstand des § 34.[10]

D. Wirkung/Prozessuales

6 Das Gericht des Hauptprozesses (in Prozessen des Gewerblichen Rechtsschutzes sind dies immer die Landgerichte, → § 1 Rn. 2) ist gem. § 34 örtlich und sachlich (nicht ausschließlich) zuständig. Das Wahlrecht aus § 35 gilt für beides.[11]

E. Internationale Zuständigkeit

I. Doppelfunktionalität

7 § 34 ist doppelfunktional und begründet neben der örtlichen und sachlichen auch die internationale Zuständigkeit, wenn es sich bei dem Rechtsstreit vor einem deutschen Gericht um einen Streitfall mit Auslandsberührung handelt.[12]

II. EuGVVO und LugÜ

8 Im Anwendungsbereich der EuGVVO und des LugÜ (→ Vor § 12 Rn. 9f.) begründet § 34 keine internationale Zuständigkeit, da die Regeln dieser Abkommen vorrangig sind und dort keine § 34 entsprechende Vorschrift existiert.[13] Zur Anwendung wird jedoch idR Art. 7 Nr. 1 Buchst. b EuGVVO (→ Vor § 12 Rn. 20–26) kommen.[14]

§ 35 Wahl unter mehreren Gerichtsständen

Unter mehreren zuständigen Gerichten hat der Kläger die Wahl.

A. Bedeutung im Gewerblichen Rechtsschutz und Urheberrecht

1 Die Vorschrift stellt klar, dass der Kläger unter mehreren zuständigen Gerichten den Rechtsstreit nach seiner Wahl vor dem Gericht führen kann, das ihm günstiger erscheint.[1] § 35 bezweckt die Kompensierung des Grundsatzes, dass der Kläger den Beklagten an dessen Ort aufzusuchen hat (→ § 12 Rn. 2).

2 Da es sich bei den **Wettbewerbsverstößen** sowie Verletzungen von **gewerblichen Schutzrechten** (Patente, Muster, Marken) um unerlaubten Handlungen handelt,[2] gilt nach allgemeiner Ansicht auch § 32 ZPO. § 14 Abs. 2 S. 2 UWG eröffnet für das Wettbewerbsrecht den Tatortgerichtsstand sogar ausdrücklich.[3] Wegen des sog. **„fliegenden Gerichtsstandes"** (hierzu ausführlich → § 32 Rn. 14ff.) hat § 35 eine erhebliche Bedeutung in Verletzungsprozessen des Gewerblichen Rechtsschutzes. Zuständig ist demnach – neben dem Gericht, an dem der Beklagte seinen allgemeinen Gerichtsstand (→ § 12 Rn. 6) bzw. eine gewerbliche oder eine Niederlassung hat (§ 21) – nach **Wahl des Klägers jedes Gericht**, in dessen Bezirk die Handlung begangen ist oder deren Begehung ernsthaft droht.

3 Im **Urheberrecht** ist § 104a UrhG relevant, wenn sich die Urheberrechtsstreitsache gegen **natürliche Personen** richtet, die durch das UrhG geschützte Werke oder Schutzgegenstände **nicht für ihre gewerbliche oder selbständige berufliche Tätigkeit** verwenden. Insbesondere das Anbieten von Werken und anderen Schutzgegenständen über sog. **Internettauschbörsen durch natürliche Per-**

---

[8] Musielak/Voit/*Heinrich* ZPO § 34 Rn. 4.
[9] Zöller/*Schultzky* ZPO § 34 Rn. 4.
[10] Musielak/Voit/*Heinrich* ZPO § 34 Rn. 6.
[11] OLG Brandenburg NJW 2004, 780 (781).
[12] MüKoZPO/*Patzina* ZPO § 34 Rn. 15.
[13] Zöller/*Schultzky* ZPO § 34 Rn. 1.
[14] BGH NJW 2006, 1806 f.; *Rauscher* NJW 2010, 2251 (2253); MüKoZPO/*Patzina* ZPO § 34 Rn. 16.
[1] MüKoZPO/*Patzina* ZPO § 35 Rn. 1.
[2] ZB: Harte/Henning/*Schulz* UWG § 11 Rn. 60; Zöller/*Schultzky* ZPO § 32 Rn. 20.15, 20.19.
[3] Beachte die Einschränkung für Zuwiderhandlungen im elektronischen Rechtsverkehr bzw. in Telemedien → § 32 Rn. 67ff.

sonen ist als nicht gewerblich anzusehen, solange dies nicht entgeltlich geschieht.[4] Hat der **Beklagte** in diesen Fällen seinen Wohnsitz, oder, in Ermangelung eines solchen, seinen gewöhnlichen Aufenthalt **im Inland**, ist gem. § 104a UrhG **ausschließlich** das Gericht des **allgemeinen Gerichtsstands des Beklagten** (§ 13) zuständig. Hat es eine Konzentration gegeben, dann ist ausschließlich das durch Landesgesetz bestimmte Gericht zuständig (→ § 1 Rn. 110–112).

B. Anwendungsbereich und Ausübung der Wahl

I. Anwendungsbereich

Das Wahlrecht besteht zwischen mehreren allgemeinen und besonderen Gerichtsständen (→ § 12 Rn. 6, 7), soweit es sich nicht um einen ausschließlichen Gerichtsstand handelt.[5] Falls mehrere ausschließliche Gerichtsstände gegeben sind, hat der Kläger die Wahl zwischen diesen.[6] Der Kläger ist in der Ausübung seiner Wahl frei. Er braucht daher grundsätzlich weder Kostengesichtspunkte noch Belange des Beklagten bei der Ausübung des Wahlrechts zu berücksichtigen.[7] Dies gilt auch, wenn der Kläger Prozesskostenhilfe in Anspruch nehmen will.[8] Die Schranke bildet der Rechtsmissbrauch (s. u.).

II. Ausübung des Wahlrechts und Rechtsfolgen

Die Ausübung des Wahlrechts erfolgt durch die Erhebung der Klage (§ 253 Abs. 1), ebenso durch Widerklage (§ 33), Bezeichnung im Mahnantrag (§ 690 Abs. 1 Nr. 5), Antrag auf Durchführung eines selbständigen Beweisverfahrens[9] (§ 486 Abs. 2) oder – soweit ein unzuständiges Gericht angerufen oder bezeichnet ist – Stellung eines Verweisungsantrags (§ 281).[10] Die getroffene Wahl ist grundsätzlich unwiderruflich und bindend, sobald Rechtshängigkeit eingetreten ist.[11] Etwas anderes kann gelten, wenn im Rahmen einer objektiven Klagehäufung nur für einen Teil der Ansprüche eine nach § 35 ZPO bindende Wahl wegen Anrufung eines unzuständigen Gerichts getroffen werden konnte[12] oder wenn die Wahlmöglichkeit erst nach Verfahrenseinleitung entstanden ist,[13] zB infolge einer Klageänderung während des laufenden Verfahrens[14] oder durch nachträgliche Kenntnis einer unerlaubten Handlung später bekannt geworden ist.[15] Auch wenn die Wahlmöglichkeit erst entsteht. Durch die Klagerücknahme entsteht das Wahlrecht wieder neu.[16] Wird das Verfahren durch Prozessurteil oder ohne Urteil (zB Vergleich) beendet, lebt das Wahlrecht wieder auf.[17] Die Bindung besteht nur für den Kläger. Der Beklagte ist bei der Zuständigkeitswahl für eine Klage umgekehrten Rubrums frei.[18] Das Wahlrecht des Unterlassungsklägers aus § 35 verengt sich auch nicht dadurch, dass eine negative Feststellungsklage des Beklagten anhängig ist.[19]

Praxishinweis: Um einen Wertungswiderspruch zur gesetzlich eingeräumten Wahlfreiheit nach § 35 zu vermeiden, kommt auch eine Versagung der **Reisekosten** des Prozessbevollmächtigten des Klägers erst dann in Betracht, wenn sich die Gerichtsstandswahl im Einzelfall als rechtsmissbräuchlich darstellt.[20]

III. Vorläufiger Rechtsschutz

Auch in Verfahren des vorläufigen Rechtsschutzes ist die Wahlmöglichkeit des § 35 eröffnet.[21] Die Stellung des Arrestantrags oder Antrags auf Erlass einer einstweiligen Verfügung stellen **nicht** bereits die Ausübung des Wahlrechts für die **Hauptsacheklage** dar.[22] Dies folgt daraus, dass durch die Antragstellung im Eilverfahren keine Rechtshängigkeit der Hauptsache eintritt.[23] Deshalb kann der

---

[4] BeckOK/*Reber* UrhG § 104a B.
[5] Thomas/Putzo/*Hüßtege* ZPO § 35 Rn. 1.
[6] MüKoZPO/*Patzina* ZPO § 35 Rn. 2.
[7] Musielak/Voit/*Heinrich* ZPO § 35 Rn. 4.
[8] OLG Karlsruhe NJW 2005, 2718 (2719).
[9] Musielak/Voit/*Heinrich* ZPO § 35 Rn. 3, dies bindet den Antragsteller jedoch nicht für das nachfolgende Hauptsacheverfahren, OLG Jena BeckRS 2008, 19969.
[10] Zöller/*Schultzky* § 35 Rn. 2, 3.
[11] Thomas/Putzo/*Hüßtege* ZPO § 35 Rn. 2: LG Frankfurt a. M. NJW-RR 2018, 1216 Rn. 6.
[12] LG Frankfurt a. M. NJW-RR 2018, 1216 Rn. 6.
[13] Zöller/*Schultzky* ZPO § 35 Rn. 2.
[14] OLG Köln NJW-RR 2014, 319.
[15] KG NJW-RR 2001, 62.
[16] Zöller/*Schultzky* ZPO § 35 Rn. 3.
[17] Musielak/Voit/*Heinrich* ZPO § 35 Rn. 3.
[18] MüKoZPO/*Patzina* ZPO § 35 Rn. 4.
[19] BGH GRUR 1994, 846 – Parallelverfahren II; Ingerl/Rohnke MarkenG § 140 Rn. 49.
[20] BGH GRUR 2014, 607 Rn. 9 – Klageerhebung an einem dritten Ort.
[21] Musielak/Voit/*Heinrich* ZPO § 35 Rn. 3.
[22] OLG Karlsruhe NJW 1973, 1509; Thomas/Putzo/*Hüßtege* ZPO § 35 Rn. 2.
[23] MüKoZPO/*Patzina* ZPO § 35 Rn. 5.

Kläger die Hauptsache nachträglich bei einem anderen Gericht erheben und übt insoweit erst damit sein Wahlrecht aus.[24]

IV. Schranke: Rechtsmissbrauch (§ 8c UWG[25], § 242 BGB)

8   Bei Ausnutzung eines formal gegebenen Gerichtsstandes aus sachfremden Gründen kann das Rechtsschutzbedürfnis fehlen (§ 242 BGB),[26] bzw. der Missbrauchseinwand gem. § 8c UWG (§ 8 Abs. 4 UWG aF) gerechtfertigt sein. Letzterer lässt nach hM die Prozessführungsbefugnis entfallen.[27] Bei missbräuchlicher gerichtlicher Geltendmachung ist die Klage bzw. der Verfügungsantrag **unzulässig**.[28] Es stellt jedoch keine zweckwidrige Ausnutzung einer formal gegebenen Rechtsposition dar, wenn der Gerichtsstand nach der mutmaßlichen Erfolgsaussicht ausgewählt wird,[29] oder ein Antragsteller unter Ausnutzung des „fliegenden" Gerichtsstandes die Rechtsprechung verschiedener Gerichte „testet".[30] An dieser Rechtslage hat die Zweifelsregelung in **§ 8c Abs. 2 UWG nichts geändert.**[31] Dieser Effekt ist im Hinblick auf § 14 Abs. 2 UWG Ausdruck des gesetzgeberischen Willens.[32] Die Gerichtswahl nach § 35 kennt grundsätzlich keine Einschränkung.[33] Auch eine getrennte gerichtliche Inanspruchnahme mehrerer Verletzer an ihrem jeweiligen allgemeinen Gerichtsstand stellt kein Indiz für Rechtsmissbrauch dar.[34] Im Einzelfall kann es jedoch missbräuchlich sein, dass ein Massenabmahner bei ausbleibender Unterwerfung das Gericht grundsätzlich so auswählt, dass dessen Sitz vom Gegners weit entfernt liegt, damit dem Gegner hohe Kosten entstehen.[35] Die Nutzung des fliegenden Gerichtsstands kann auch als eines von zahlreichen Indizien in Betracht kommen und in einer Gesamtwürdigung zur Annahme des Rechtsmissbrauchs führen.[36]

9   Das Vorliegen eines Missbrauchs ist prozessual von Amts wegen auch noch in der Revisionsinstanz im Wege des Freibeweises[37] zu prüfen.[38] Ein non-liquet geht zu Lasten des Beklagten, da grundsätzlich von der Zulässigkeit der Geltendmachung des Anspruchs auszugehen ist.[39] Die Darlegungs- und Beweislast für die tatsächlichen Voraussetzungen des Missbrauchs trifft daher grundsätzlich den Beklagten.[40] Gelingt es dem Beklagten in ausreichendem Umfang Indizien vorzutragen, die für eine missbräuchliche Geltendmachung des Unterlassungsanspruchs sprechen, obliegt es dem Kläger, diese Umstände zu widerlegen.[41]

C. Internationale Zuständigkeit

10 Für die internationale Zuständigkeit greift § 35 ebenfalls ein.[42] Der Kläger hat deshalb die Wahl zwischen einem zuständigen deutschen und einem zuständigen ausländischen Gericht, es sei denn, nach deutschem Recht greift eine ausschließliche internationale Zuständigkeit des ausländischen Gerichts ein.[43]

11 Im Anwendungsbereich der EuGVVO (→ Vor § 12 Rn. 9 f.) hat der Kläger ebenfalls zwischen mehreren konkurrierenden Gerichtsständen die Wahl. Ausschließliche Zuständigkeiten sind in Art. 24 EuGVVO (bzw. Art. 22 LugÜ) geregelt; relevant ist bei Prozessen des Gewerblichen Rechtsschutzes die Regelung für die Registerrechte in Art. 24 Nr. 4 EuGVVO (ausführlich → Vor § 12 Rn. 55).

§ 35a (aufgehoben)

---

[24] OLG Karlsruhe NJW 1973, 1509.
[25] Eingef. mWv 2.12.2020 durch G v. 26.11.2020 (BGBl. I S. 2568).
[26] Zöller/*Schultzky* ZPO § 35 Rn. 4.
[27] Ausführlich mwN: Teplitzky/*Büch* Kap. 13 Rn. 50, 63.
[28] Köhler/Bornkamm/*Feddersen* UWG § 8c Rn. 4.
[29] OLG Schleswig GRUR-Prax 2014, 70; OLG Hamm GRUR-RR 2012, 279 (280) – Doppelmoral; OLG Hamm GRUR-RR 2012, 293 (294) – Geburtstagsrabatt; KG GRUR-RR 2008, 212 – Fliegender Gerichtsstand; OLG Hamburg NJW-RR 2007, 763 (764).
[30] OLG Schleswig BeckRS 2014, 09819; OLG Naumburg BeckRS 2007, 19553.
[31] Köhler/Bornkamm/*Feddersen* UWG § 8c Rn. 42.
[32] OLG Hamburg OLG-Report 2002, 369 zu § 14 UWG aF.
[33] BGH GRUR 2014, 607 (608); OLG Naumburg BeckRS 2007, 19553; KG GRUR-RR 2008, 212 (213) – Fliegender Gerichtsstand; aA, aber nicht überzeugend: LG Aurich GRUR-Prax 2013, 168.
[34] OLG Brandenburg GRUR-Prax 2014, 446.
[35] KG GRUR-RR 2008, 212 (213) – Fliegender Gerichtsstand; OLG Karlsruhe NJW 2005, 2718 (2719).
[36] OLG Hamm GRUR-RR 2012, 293 (295) – Geburtstagsrabatt; OLG Hamm BeckRS 2010, 10787.
[37] OLG Jena GRUR-RR 2011, 4 – Umfang des Geschäftsbetriebs.
[38] BGH GRUR 2002, 715 (717) – Scanner-Werbung; BGH GRUR 2006, 243 (244) – MEGA SALE.
[39] KG GRUR-RR 2008, 212 (213) – Fliegender Gerichtsstand; Teplitzky/*Büch* Kap. 13 Rn. 54 mwN.
[40] Köhler/Bornkamm/*Feddersen* UWG § 8c Rn. 42.
[41] BGH GRUR 2001, 178 – Impfstoffversand an Ärzte; BGH GRUR 2006, 243 (244) – MEGA SALE.
[42] Musielak/Voit/*Heinrich* ZPO § 35 Rn. 5; MüKoZPO/*Patzina* ZPO § 35 Rn. 9.
[43] Stein/Jonas/*Roth* ZPO § 35 Rn. 8.

§ 36 Gerichtliche Bestimmung der Zuständigkeit

(1) Das zuständige Gericht wird durch das im Rechtszug zunächst höhere Gericht bestimmt:
1. wenn das an sich zuständige Gericht in einem einzelnen Fall an der Ausübung des Richteramtes rechtlich oder tatsächlich verhindert ist;
2. wenn es mit Rücksicht auf die Grenzen verschiedener Gerichtsbezirke ungewiss ist, welches Gericht für den Rechtsstreit zuständig sei;
3. wenn mehrere Personen, die bei verschiedenen Gerichten ihren allgemeinen Gerichtsstand haben, als Streitgenossen im allgemeinen Gerichtsstand verklagt werden sollen und für den Rechtsstreit ein gemeinschaftlicher besonderer Gerichtsstand nicht begründet ist;
4. wenn die Klage in dem dinglichen Gerichtsstand erhoben werden soll und die Sache in den Bezirken verschiedener Gerichte belegen ist;
5. wenn in einem Rechtsstreit verschiedene Gerichte sich rechtskräftig für zuständig erklärt haben;
6. wenn verschiedene Gerichte, von denen eines für den Rechtsstreit zuständig ist, sich rechtskräftig für unzuständig erklärt haben.

(2) Ist das zunächst höhere gemeinschaftliche Gericht der Bundesgerichtshof, so wird das zuständige Gericht durch das Oberlandesgericht bestimmt, zu dessen Bezirk das zuerst mit der Sache befasste Gericht gehört.

(3) ¹Will das Oberlandesgericht bei der Bestimmung des zuständigen Gerichts in einer Rechtsfrage von der Entscheidung eines anderen Oberlandesgerichts oder des Bundesgerichtshofs abweichen, so hat es die Sache unter Begründung seiner Rechtsauffassung dem Bundesgerichtshof vorzulegen. ²In diesem Fall entscheidet der Bundesgerichtshof.

Literatur: *Bornkamm*, Die Gerichtsstandsbestimmung nach §§ 36, 37 ZPO, NJW 1989, 2713; *Vossler*, Die gerichtliche Zuständigkeitsbestimmung für Streitgenossen, NJW 2006, 117; *Vossler*, Die Bedeutung des Mehrparteiengerichtsstandes nach Art. 6 Nr. 1 EuGVVO bei der Zuständigkeitsbestimmung gemäß § 36 Abs. 1 Nr. 3 ZPO, IPRax 2007, 281.

Übersicht

	Rn.
A. Allgemeines	1
I. Bedeutung und Normzweck	1
II. Anwendungsbereich	2
B. Bestimmungsverfahren	6
I. Antrag	6
II. Bestimmendes Gericht	7
1. Grundsatz	7
2. Verschiedene Oberlandesgerichtsbezirke	8
3. BGH	10
III. Zeitpunkt der Bestimmung	11
IV. Divergenzvorlage nach § 36 Abs. 3	12
C. Einzelne Anwendungsfälle	13
1. Verhinderung des Gerichts (§ 36 Abs. 1 Nr. 1)	13
2. Ungewissheit der Gerichtsbezirke (§ 36 Abs. 1 Nr. 2)	14
3. Streitgenossenschaft (§ 36 Abs. 1 Nr. 3)	15
a) Anwendbarkeit	16
b) Zeitpunkt des Antrags	17
c) Materielle Voraussetzungen	18
d) Auswahl des zuständigen Gerichts	19
4. Positiver Zuständigkeitsstreit (§ 36 Abs. 1 Nr. 5)	20
5. Negativer Zuständigkeitsstreit (§ 36 Abs. 1 Nr. 6)	21
D. Internationaler Rechtsstreit	24
I. Allgemeines	24
II. EuGVVO	26

A. Allgemeines

I. Bedeutung und Normzweck

§§ 36, 37 ergänzen die gesetzliche Zuständigkeitsordnung (§§ 12–35a) und eröffnen die Möglichkeit einer schnellen und kostengünstigen Abhilfe bei einem Zuständigkeitsstreit.[1] Es sollen langwierige Streitigkeiten der Gerichte über die Grenzen ihrer Zuständigkeit vermieden[2] und eine mehrfache

---
[1] BGH NJW 2008, 3789.
[2] BGH NJW 2002, 1425 (1426).

Inanspruchnahme der Gerichte verhindert werden.[3] Bei dem aufgrund des § 36 zu bestimmenden Gericht handelt es sich um den gesetzlichen Richter (Art. 101 Abs. 1 S. 2 GG).[4]

II. Anwendungsbereich

2 § 36 kann in **jedem der ZPO unterliegenden Verfahren** eingreifen, gleich welcher Prozessart, namentlich beim Klagverfahren,[5] in Verfahren des einstweiligen Rechtsschutzes[6], im selbständigen Beweisverfahren,[7] bei einer parteierweiternden Drittwiderklage,[8] im PKH-Verfahren,[9] im Mahnverfahren,[10] im Kostenfestsetzungsverfahren,[11] im Vollstreckungsverfahren[12] sowie im Vollstreckbarerklärungsverfahren eines ausländischen Titels.[13]

3 Bei **Kompetenzkonflikten** zwischen Gerichten verschiedener **Gerichtsbarkeiten** greift § 17a GVG ein.[14] Obwohl ein nach § 17a Abs. 2 S. 1 GVG ergangener und unanfechtbar gewordener Beschluss keiner weiteren Überprüfung unterliegt, ist eine Zuständigkeitsbestimmung entsprechend § 36 Abs. 1 Nr. 6 im Interesse einer funktionierenden Rechtspflege und der Rechtssicherheit jedoch **in Ausnahmefällen** geboten. Dies ist der Fall, wenn keines der in Frage kommenden Gerichte bereit ist, die Sache zu bearbeiten, oder die Verfahrensweise eines Gerichts die Annahme rechtfertigt, dass der Rechtsstreit von diesem nicht prozessordnungsgemäß gefördert werden wird, obwohl er gemäß § 17b Abs. 1 GVG vor ihm anhängig ist.[15]

4 § 36 greift ein, wenn das **örtlich** zuständige Gericht aus den Gründen des Abs. 1 Nr. 1–6 ungewiss oder verhindert ist.[16] Dies gilt auch, wenn ein ausschließlicher Gerichtsstand begründet ist.[17] Leitet ein Kläger aus demselben Sachverhalt Ansprüche wegen Wettbewerbsverletzungen und wegen eines Verstoßes gegen Verbraucherschutzvorschriften nach dem UKlaG her, hat das nach dem **UKlaG ausschließlich** zuständige Gericht auch über die Ansprüche nach dem **UWG** zu entscheiden. In Fällen einer solchen Anspruchskonkurrenz kann eine **Verweisung** des Rechtsstreits durch eine für die Ansprüche nach dem UKlaG zuständige allgemeine Zivilkammer an eine für die UWG-Ansprüche zuständige Kammer für Handelssachen **willkürlich** sein.[18]

5 Die Vorschrift wird darüber hinaus auf die Bestimmung der **sachlichen, funktionalen** und **instanziellen**[19] Zuständigkeit angewendet.[20] Hiervon abzugrenzen sind Streitigkeiten über die **Geschäftsverteilung** unter verschiedenen Spruchkörpern desselben Gerichts. Diese werden vom Präsidium des Gerichts entschieden, dem beide Spruchkörper angehören.[21] Etwas **anderes** gilt für den Fall, dass **durch Gesetz bestimmte Spruchkörper** vorgesehen und mit konkret bezeichneten Aufgaben betraut sind (zB der KfH gem. §§ 93 ff. GVG). Hier besteht keine Verteilungs- und Entscheidungskompetenz des Präsidiums, sondern es ist nach Maßgabe des § 36 Abs. 1 zu entscheiden, weil es um die Auslegung des Gesetzes, das eine funktionale Geschäftsverteilung bewirkt, geht.[22]

B. Bestimmungsverfahren

I. Antrag

6 Die Einleitung eines Verfahrens nach § 36 erfolgt durch Antrag einer Partei oder durch Vorlage eines am Kompetenzkonflikt beteiligten Gerichts (§ 37).[23]

---

[3] BGH NJW 1984, 1624 (1625).
[4] MüKoZPO/*Patzina* ZPO § 36 Rn. 1.
[5] Thomas/Putzo/*Hüßtege* ZPO § 36 Rn. 1; Musielak/Voit/*Heinrich* ZPO § 36 Rn. 4.
[6] Zöller/*Schultzky* ZPO § 36 Rn. 3.
[7] BGH NJW-RR 2010, 891; OLG Schleswig NJW-RR 2010, 533.
[8] BGH NJW 1991, 2838; Musielak/Voit/*Heinrich* ZPO § 36 Rn. 4; einschr. BGH NJW 2000, 1871.
[9] BGH NJW-RR 2010, 209 (210).
[10] BGH NJW 1993, 2752.
[11] Thomas/Putzo/*Hüßtege* ZPO § 36 Rn. 1.
[12] BGH NJW 2005, 1273.
[13] BayObLG NJW 1988, 2184.
[14] Musielak/Voit/*Heinrich* ZPO § 36 Rn. 4; Thomas/Putzo/*Hüßtege* ZPO § 36 Rn. 1.
[15] BGH BeckRS 2013, 10091.
[16] Musielak/Voit/*Heinrich* ZPO § 36 Rn. 2.
[17] Zöller/*Schultzky* ZPO § 36 Rn. 20.
[18] OLG Hamm GRUR-RS 39184 mit Bespr. *Kefferpütz* GRUR-Prax 2020, 193.
[19] BGH NJW-RR 1996, 891.
[20] Zöller/*Schultzky* ZPO § 36 Rn. 4; MüKoZPO/*Patzina* ZPO § 36 Rn. 5.
[21] BGH NJW 2000, 80 (81).
[22] BGH NJW 2003, 3636 (3637) mwN.
[23] Musielak/Voit/*Heinrich* ZPO § 36 Rn. 7.

II. Bestimmendes Gericht

1. Grundsatz. Zuständig ist das im **Rechtszug übergeordnete Gericht,** was nach dem **GVG** zu bestimmen ist.[24] Bestimmungsgericht ist demnach das LG für die AGe seines Bezirks; das OLG für die AGe verschiedener LG-Bezirke und für die LGe seines Bezirks.[25] Gehören die Gerichte verschiedenen OLG-Bezirken an, gilt die Regelung des Abs. 2. Es ist dasjenige OLG zuständig, zu dessen Bezirk das mit der Sache zuerst befasste Gericht gehört. Dies gilt auch, wenn sich Kompetenzkonflikte erst auf der Ebene der Oberlandesgerichte ergeben.[26] Unter den Voraussetzungen des § 36 Abs. 3 steht dem BGH die Restkompetenz zu.[27]

2. Verschiedene Oberlandesgerichtsbezirke. Es soll gem. Abs. 2 das zuständige Gericht durch dasjenige OLG bestimmt werden, in dessen Bezirk sich das zuerst mit der Sache befasste Gericht befindet **(Prioritätsprinzip),**[28] auch wenn das OLG selbst dieses Gericht ist.[29] Dies gilt im Fall des § 36 Abs. 1 Nr. 3 auch dann, wenn keiner der Streitgenossen in diesem Bezirk seinen allgemeinen Wohnsitz hat.[30]

Zuerst befasst ist das Gericht, bei dem ein Antrag auf Entscheidung vorher eingegangen ist, wobei weder Rechtshängigkeit noch Entfaltung richterlicher Tätigkeit erforderlich ist.[31] Ist **noch kein Gericht** mit der Sache befasst, was bei beabsichtigtem Vorgehen gegen Streitgenossen in Betracht kommen kann, so ist das OLG zuständig, das **zuerst** um die **Bestimmung** angegangen wird.[32] Bei gleichzeitiger Anhängigkeit der Ausgangsverfahren, entscheidet das OLG, das zuerst um die Bestimmung angegangen wird.[33] Wird der Rechtsstreit durch **Mahnverfahren** eingeleitet, ist dasjenige Gericht zuerst befasst, an welches die Sache nach Einlegung des Widerspruchs abgegeben wurde.[34] Der zuständige **Spruchkörper** für die Zuständigkeitsbestimmung ist der nach dem GVP allgemein für Kompetenzkonflikte zuständige Zivilsenat.

3. BGH. Der BGH wird nur noch auf Divergenzvorlage gem. § 36 Abs. 3 bestimmendes Gericht. Hierzu gehören nicht Kompetenzkonflikte innerhalb desselben Spruchkörpers eines OLG oder ein negativer Kompetenzkonflikt zwischen Kartell- und Zivilsenat.[35] Bei Kompetenzkonflikten zwischen Gerichten **verschiedener Gerichtsbarkeiten** obliegt die Zuständigkeitsbestimmung demjenigen **obersten Gerichtshof** des Bundes, der **zuerst** darum **angegangen** wird.[36]

III. Zeitpunkt der Bestimmung

Die Anwendung der Vorschrift setzt weder Anhängigkeit noch Rechtshängigkeit voraus.[37] Die Bestimmung kann, außer in den Fällen nach Nr. 5 und Nr. 6, noch vor Klageerhebung erfolgen und ist im Fall der Nr. 3 noch nach Erhebung der Zuständigkeitsrüge möglich, solange noch keine Beweisaufnahme stattgefunden hat.[38] Auch die Insolvenzeröffnung hindert die Gerichtsstandsbestimmung nach § 36 Abs. 1 Nr. 3 nicht.[39]

IV. Divergenzvorlage nach § 36 Abs. 3

Die Divergenzvorlage verlangt, dass der BGH das zunächst höhere Gericht ist, dass das OLG entscheidet und ein Fall der Nr. 1. – 6 vorliegt.[40] Voraussetzung ist weiter, dass das Gericht in einer Rechtsfrage abweichend von der Entscheidung eines anderen OLG (oder eines anderen Senats desselben OLG) oder des BGH entscheiden will.[41] Besteht innerhalb eines Senats des OLG keine Einigkeit darüber, ob der Einzelrichter oder der Senat zuständig ist, handelt es sich nicht um einen Kompetenzkonflikt iSv § 36 Abs. 1.[42] Das OLG legt durch begründeten Beschluss seine abweichende

---

[24] Thomas/Putzo/*Hüßtege* ZPO § 36 Rn. 5.
[25] Zöller/*Schultzky* ZPO § 36 Rn. 7.
[26] BGH NJW-RR 1999, 1081.
[27] MüKoZPO/*Patzina* ZPO § 36 Rn. 10.
[28] Musielak/Voit/*Heinrich* ZPO § 36 Rn. 9.
[29] BGH BeckRS 2012, 13265; Thomas/Putzo/*Hüßtege* ZPO § 36 Rn. 6.
[30] BGH NJW 2008, 3789.
[31] MüKoZPO/*Patzina* ZPO § 36 Rn. 8.
[32] BGH NJW 2008, 3789.
[33] Zöller/*Schultzky* ZPO § 36 Rn. 8.
[34] OLG Köln NJW-RR 1999, 1440; BayObLG NJW-RR 1999, 1296.
[35] BGH NJW 2003, 3636 (3637) mwN; BGH GRUR-Prax 2014, 192.
[36] BGH BeckRS 2013, 10091; NJW 2001, 3631.
[37] MüKoZPO/*Patzina* ZPO § 36 Rn. 12.
[38] Zöller/*Schutzky* ZPO § 36 Rn. 26.
[39] BGH NJW-RR 2014, 248.
[40] Thomas/Putzo/*Hüßtege* ZPO § 36 Rn. 9.
[41] MüKoZPO/*Patzina* ZPO § 36 Rn. 11.
[42] BGH NJW 2003, 3636.

Rechtsauffassung, die Bezeichnung der Divergenzentscheidung und die Entscheidungserheblichkeit dar.[43] Mit der zulässigen Vorlage geht die Bestimmungskompetenz auf den BGH über.[44]

C. Einzelne Anwendungsfälle

13 **1. Verhinderung des Gerichts (§ 36 Abs. 1 Nr. 1).** Die Verhinderung muss sich auf den nach allgemeinen Vorschriften zuständigen Richter und alle seine geschäftsplanmäßigen Vertreter beziehen.[45] Rechtliche Verhinderung ist bei Ausschließung (§ 41) oder Ablehnung (§§ 42 ff.) gegeben, tatsächliche bei Krankheit, Naturkatastrophen und Kriegseinwirkung.[46]

14 **2. Ungewissheit der Gerichtsbezirke (§ 36 Abs. 1 Nr. 2).** Dieser Fall ist gegeben, wenn die örtliche Grenze verschiedener Gerichtsbezirke ungewiss ist oder wenn Zweifel bestehen, in welchem Gerichtsbezirk der für die Zuständigkeit maßgebliche Ort liegt, zB der Tatort nach § 32 oder die Grundstücksgrenze.[47]

15 **3. Streitgenossenschaft (§ 36 Abs. 1 Nr. 3).** Anders als viele ausländische Prozessordnungen und das europäische Zivilverfahrensrecht (Art. 8 Nr. 1 EuGVVO) sieht die ZPO bis auf wenige – im Gewerblichen Rechtsschutz und Urheberrecht nicht relevante – Ausnahmen[48] **keinen besonderen Gerichtsstand der Streitgenossenschaft** vor.[49] Sollen mehrere Personen, die bei verschiedenen Gerichten ihren allgemeinen Gerichtsstand haben, als Streitgenossen verklagt werden und besteht für diese weder ein gemeinsamer allgemeiner noch ein besonderer Gerichtsstand im Inland, dann ist § 36 Abs. 1 Nr. 3 einschlägig. In Prozessen des Gewerblichen Rechtsschutzes und Urheberrechts wird dies **nur ausnahmsweise** der Fall sein (aber → Rn. 26), da es sich hier zumeist um Fälle handelt, in denen mehrere Personen als Täter oder Teilnehmer einer unerlaubten Handlung in Anspruch genommen werden. Für diese wird häufig ein **gemeinsamer Gerichtsstand des Begehungsortes** (§ 32) eröffnet sein. Bei **ausschließlichen** Gerichtsständen (zB § 6 Abs. 1 UKlaG, § 15 Abs. 2 GeschGehG) findet der besondere Gerichtsstand der unerlaubten Handlung gemäß § 32 ZPO allerdings keine Anwendung.[50] In Fällen einer solchen Anspruchskonkurrenz hat das ausschließlich zuständige Gericht auch über die weiteren Ansprüche zu entscheiden.[51]

16 **a) Anwendbarkeit.** Die Vorschrift ist auf alle Formen der **passiven** Streitgenossenschaft anwendbar (§§ 59, 60). Für Fälle der **aktiven** Streitgenossen gilt die Vorschrift **nicht**.[52] Zum allgemeinen Anwendungsbereich → Rn. 2–4. § 36 Abs. 1 Nr. 3 wird **weit ausgelegt** und bezieht sich auch auf das selbständige Beweisverfahren, auf Arreste und einstweilige Verfügungen. Die Vorschrift findet darüber hinaus bei unterschiedlichen ausschließlichen örtlichen und sachlichen Zuständigkeiten Anwendung.[53] Eine wirksame Gerichtsstandsvereinbarung (§ 38) eines Streitgenossen nimmt dem Kläger aber das Recht, über Abs. 1 Nr. 3 vor ein anderes Gericht zu ziehen.[54] Ausnahmsweise ist eine Bestimmung jedoch möglich, wenn ein gemeinschaftlicher Gerichtsstand mit den übrigen Streitgenossen nie bestanden hat, das im Verhältnis zu einem Streitgenossen prorogierte Gericht auch für die übrigen Streitgenossen „bestimmt" werden kann und die Prozessführung im prorogierten Gericht für diese zumutbar ist.[55]

17 **b) Zeitpunkt des Antrags.** Der Antrag auf Zuständigkeitsbestimmung kann seinem Wortlaut entsprechend bereits **vor Klageerhebung** gestellt werden. Die Bestimmung kann jedoch auch noch **nach Rechtshängigkeit** der Hauptsache nachgeholt werden.[56] In der Praxis werden entsprechende Anträge häufig erst gestellt, wenn bei einer Klage gegen mehrere Streitgenossen einer der Beklagten die mangelnde Zuständigkeit des angerufenen Gerichts rügt oder das Prozessgericht selbst einen entsprechenden Hinweis erteilt.[57] Der Zuständigkeitsbestimmung sind **zeitliche Grenzen** gesetzt. Nach der Rechtsprechung ist ein Antrag nach Abs. 1 Nr. 3 ZPO nicht mehr zulässig, wenn der Rechtsstreit bereits zu weit fortgeschritten ist. Dieses Stadium ist **spätestens** dann erreicht, wenn

---

[43] Zöller/*Schultzky* ZPO § 36 Rn. 15.
[44] HK-ZPO/*Bendtsen* ZPO § 36 Rn. 8.
[45] BGH BeckRS 2012, 06647.
[46] Thomas/Putzo/*Hüßtege* ZPO § 36 Rn. 12; Zöller/*Schultzky* ZPO § 36 Rn. 18.
[47] Musielak/Voit/*Heinrich* ZPO § 36 Rn. 15.
[48] § 603 Abs. 2 ZPO, § 56 Abs. 2 S. 2 LuftVG.
[49] *Vossler* NJW 2006, 117.
[50] Köhler/Bornkamm/Feddersen/*Alexander* UWG GeschGehG § 15 Rn. 23.
[51] OLG Hamm GRUR-RS 2019, 39184 zu § 6 Abs. 1 UKlaG/UWG mit Bespr. Kefferpütz GRUR-Prax 2020, 193.
[52] Zöller/*Schultzky* ZPO § 36 Rn. 20.
[53] *Bornkamm* NJW 1989, 2713 (2714 f.); weitere Einzelheiten bei Zöller/*Schultzky* ZPO § 36 Rn. 20.
[54] BGH NJW 1983, 996.
[55] OLG Düsseldorf BeckRS 2012, 24066; BGH NJW 1988, 646 (647).
[56] Allg. Ansicht: BGH NJW-RR 2011, 929; Thomas/Putzo/*Hüßtege* ZPO § 36 Rn. 15.
[57] *Vossler* NJW 2006, 117 (119).

bindende **Verweisungsbeschlüsse** ergangen sind,[58] nach Durchführung einer **Beweisaufnahme** oder Erlass einer **Sachentscheidung** gegen einen Beklagten[59] und schließlich allgemein, wenn der Prozess **so weit fortgeschritten** ist, dass die Bestimmung eines anderen als mit der Klageerhebung angerufenen Gerichts aus Gründen der Prozessökonomie **praktisch ausscheidet**.[60] Eine Zuständigkeitsbestimmung nach Abs. 1 Nr. 3 ist **auch nicht mehr möglich**, wenn der Kläger **die Klage nicht von vornherein** gegen mehrere Beklagte gerichtet hat, sondern diese in getrennten Prozessen vor unterschiedlichen Gerichten verklagt hat. An der Entscheidung, die Beklagten nicht als Streitgenossen im allgemeinen Gerichtsstand zu verklagen, muss er sich festhalten lassen.[61] Ist dem streitigen Verfahren ein Mahnverfahren vorangegangen, ist die Bestimmung erst dann zulässig, wenn der Antragsteller den Anspruch nach § 697 Abs. 2 ZPO begründet, ohne zugleich auf eine Zuständigkeitsbestimmung hinzuweisen bzw. einen entsprechenden Antrag anzukündigen.[62]

c) Materielle Voraussetzungen. § 36 Abs. 1 Nr. 3 verlangt zunächst, dass die **Beklagten als Streitgenossen** verklagt werden können. Die Norm beruht weitgehend auf Zweckmäßigkeitserwägungen und ist deshalb **grundsätzlich weit auszulegen**. Danach ist Streitgenossenschaft auch ohne Identität oder Gleichheit des tatsächlichen und rechtlichen Grundes gegeben, wenn die geltend gemachten Ansprüche in einem **inneren sachlichen Zusammenhang** stehen, der sie **ihrem Wesen nach** als **gleichartig** erscheinen lässt.[63] Es kommt dabei allein darauf an, ob die Voraussetzungen einer Streitgenossenschaft vom Antragsteller **schlüssig vorgetragen** werden.[64] Ob sie tatsächlich vorliegen, wird im Bestimmungsverfahren ebenso wenig geprüft, wie die Schlüssigkeit oder Begründetheit des Klagevorbringens.[65] Erforderlich ist weiter, dass die **Streitgenossen** bei unterschiedlichen Gerichten ihren allgemeinen Gerichtsstand (§ 12) also **unterschiedliche Wohn- bzw. Geschäftssitze** haben (§§ 13, 17). Maßgeblicher **Zeitpunkt** hierfür ist die **Klageerhebung** (§§ 253 Abs. 1, 261 Abs. 1 ZPO); eine danach erfolgte Änderung des Wohnsitzes oder Verlegung des Geschäftssitzes ist unerheblich (perpetuatio fori, § 261 Abs. 3 Nr. 2 ZPO).[66] Jeder Streitgenosse muss im Inland einen allgemeinen oder besonderen Gerichtsstand haben und die deutschen Gerichte müssen **für alle Streitgenossen international zuständig** sein.[67] Abs. 1 Nr. 3 setzt schließlich voraus, dass die Streitgenossen keinen **gemeinsamen besonderen** Gerichtsstand (im Inland) haben.[68] Im Gewerblichen Rechtsschutz und Urheberrecht ist praktisch außerordentlich bedeutsam der Gerichtsstand der **unerlaubten Handlung** (§ 32).[69] **18**

d) Auswahl des zuständigen Gerichts. Es kommt idR nur ein Gericht in Betracht, bei dem mindestens **einer** der zu verklagenden **Streitgenossen** seinen **allgemeinen** Gerichtsstand hat.[70] Besteht für einen der Streitgenossen eine **ausschließliche** Zuständigkeit, zB § 14 UWG, § 6 UKlaG, 104a UrhG oder durch Prorogation, kann darüber hinaus auch das betreffende Gericht als zuständig bestimmt werden, selbst wenn keiner der zu verklagenden Streitgenossen dort seinen allgemeinen Gerichtsstand hat.[71] **19**

4. Positiver Zuständigkeitsstreit (§ 36 Abs. 1 Nr. 5). Ein positiver Kompetenzkonflikt ist bei einem Streit über die sachliche, örtliche oder funktionelle Zuständigkeit gegeben, wenn über denselben Anspruch zwei Verfahren zwischen denselben Parteien – uU in unterschiedlicher Parteirolle – bei verschiedenen Gerichten anhängig sind. § 36 Abs. 1 Nr. 5 setzt weiter voraus, dass sich beide Gerichte rechtskräftig, dh durch Zwischenurteil nach § 280, für zuständig erklärt haben.[72] Für eine Gerichtsstandsbestimmung nach § 36 Abs. 1 Nr. 5 ist also kein Raum mehr, wenn bereits eines der beiden Gerichte in der Sache entschieden hat.[73] **20**

5. Negativer Zuständigkeitsstreit (§ 36 Abs. 1 Nr. 6). Ein negativer Kompetenzkonflikt ist bei einem Streit über die sachliche, örtliche oder funktionelle Zuständigkeit in sämtlichen Verfahren der ZPO gegeben, soweit es sich nicht um eine durch die Geschäftsverteilung (§ 21 GVG) zu regelnde **21**

---

[58] BGH NJW 2006, 699.
[59] BGH NJW 1978, 321.
[60] OLG Bremen BeckRS 2010, 19167.
[61] BGH NJW-RR 2011, 929.
[62] BGH BeckRS 2013, 18035 Rn. 8.
[63] BGH NJW-RR 2013, 1399 Rn. 8.
[64] MüKoZPO/*Patzina* ZPO § 36 Rn. 24.
[65] BayObLG NJW-RR 2003, 134.
[66] *Vossler* NJW 2006, 117 (119).
[67] Thomas/Putzo/*Hüßtege* ZPO § 36 Rn. 16.
[68] HK-ZPO/*Bendtsen* ZPO § 36 Rn. 15.
[69] Im Gerichtsstand des § 32 besteht zudem eine umfassende Entscheidungszuständigkeit, auch für konkurrierende Ansprüche, zB aus Vertrag (→ § 12 Rn. 10).
[70] BGH NJW 1989, 439.
[71] BGH NJW 2008, 3789.
[72] *Bornkamm* NJW 1989, 2713 (2724).
[73] Zöller/*Schultzky* ZPO § 36 Rn. 31.

Frage handelt (→ Rn. 4).[74] Die Vorschrift ist **anwendbar** auf einen Zuständigkeitsstreit zwischen Rechtspflegern verschiedener Gerichte,[75] Streit über die Zuständigkeit für die Entscheidung über ein Rechtsmittel,[76] Streit zwischen verschiedenen Spruchkörpern desselben Gerichts, wenn es um die Anwendung ausdrücklich gesetzlicher Zuweisungsvorschriften geht, zB Zivilkammer im Verhältnis zur KfH.[77] Die Anwendbarkeit ist **zu verneinen** im Regelfall des § 17a GVG (vgl. aber → Rn. 3), bei Streitigkeiten zwischen Rechtsmittelgericht und nachgeordnetem Gericht, das die Bindungswirkung der Zurückverweisung leugnet[78] und bei Streitigkeiten über die spruchkörperinterne Geschäftsverteilung.[79] Eine Gerichtsstandsbestimmung soll **analog** § 36 Abs. 1 Nr. 6 auch in Fällen erfolgen können, in denen eine allgemeine Zivilkammer und eine **Kammer mit Spezialzuständigkeit nach § 72a GVG** jeweils verbindlich ihre funktionelle Zuständigkeit ablehnen und die Zuständigkeitsbestimmung aufgrund gesetzlicher Vorschriften zu erfolgen hat.[80]

22 Folgende **Voraussetzungen** müssen im Fall des Abs. 1 Nr. 6 erfüllt sein: Es muss ein Rechtsstreit anhängig sein bei dem verschiedene Gerichte, von denen eines für den Rechtsstreit zuständig ist, sich **rechtskräftig**[81] für unzuständig erklärt haben,[82] was grundsätzlich die Rechtshängigkeit der Streitsache (§ 261) voraussetzt.[83] Es muss eines der **beteiligten** Gerichte, die sich für unzuständig erklärt haben, **tatsächlich zuständig** sein.[84] Dieses Gericht ist unter Berücksichtigung der allgemeinen Zuständigkeitsbestimmungen, der verfahrensrechtlichen Bindungswirkungen (§ 281 Abs. 2 S. 2 u. 4.) und Zuständigkeitsverfestigungen (§ 261 Abs. 3 Nr. 2) zu bestimmen.[85]

23 Die **Bindungswirkung** des Verweisungsbeschlusses besteht grundsätzlich auch bei **gesetzwidrigen Verweisungen,** wenn der Beschluss inhaltlich unrichtig oder sonst fehlerhaft ist oder das Gericht von einer höchstrichterlichen oder obergerichtlichen Rechtsprechung abweicht.[86] Einfache Rechtsfehler, wie etwa das Übersehen einer die Zuständigkeit begründenden Rechtsnorm, rechtfertigen die Annahme einer objektiv willkürlichen Verweisung daher grundsätzlich nicht.[87] Einem Verweisungsbeschluss kommt allerdings dann keine Bindungswirkung zu, wenn er schlechterdings nicht als im Rahmen des § 281 ergangen angesehen werden kann, etwa weil er auf der Verletzung rechtlichen Gehörs beruht oder weil ihm jede gesetzliche Grundlage fehlt und er deshalb als **willkürlich** angesehen werden muss.[88]

D. Internationaler Rechtsstreit

I. Allgemeines

24 Bei Fällen mit Auslandsberührung ist § 36 anwendbar, wenn die internationale Zuständigkeit deutscher Gerichte gegeben ist[89] und deshalb die §§ 12–35a anwendbar sind. § 36 Abs. 1 Nr. 3 **begründet keine internationale** Zuständigkeit, **sondern setzt** sie vielmehr für jeden Streitgenossen **voraus,**[90] sei es kraft eines inländischen allgemeinen oder besonderen Gerichtsstandes.[91] Dies gilt selbst dann, wenn sämtliche Streitgenossen einen gemeinsamen allgemeinen Gerichtsstand im Ausland haben, sofern die internationale Zuständigkeit der deutschen Gerichte für sämtliche Streitgenossen schlüssig dargelegt wurde.[92] Fehlt hingegen für die beabsichtigte Klage hinsichtlich eines oder mehrerer Streitgenossen ein inländischer Gerichtsstand, kann die fehlende internationale Zuständigkeit für mitverklagte Streitgenossen nicht durch Abs. 1 Nr. 3 begründet werden.[93]

25 Ein Fall des § 36 kann insbesondere dann gegeben sein, wenn die Parteien die Zuständigkeit deutscher Gerichte prorogiert haben, ohne ein örtlich zuständiges Gericht zu bestimmen.[94] Die

---

[74] BGH NJW 1991, 2910; Zöller/*Schultzky* ZPO § 36 Rn. 33.
[75] Thomas/Putzo/*Hüßtege* ZPO § 36 Rn. 21.
[76] BGH NJW 1986, 2764.
[77] BGH NJW 2003, 3636 (3637); OLG Hamm GRUR-RS 2019, 39184.
[78] BGH BeckRS 2013, 01061.
[79] Ausf. auch zu weiteren Fallgruppen: Zöller/*Schultzky* ZPO § 36 Rn. 39–43.
[80] OLG Nürnberg BeckRS 2021, 5856.
[81] Ausf. mwN Thomas/Putzo/*Hüßtege* ZPO § 36 Rn. 23.
[82] OLG Köln BeckRS 2013, 14711.
[83] Thomas/Putzo/*Hüßtege* ZPO § 36 Rn. 22.
[84] BGH NJW 1995, 534.
[85] HK-ZPO/*Bendtsen* ZPO § 36 Rn. 25.
[86] BGH NJW-RR 2002, 1498 (1499).
[87] BGH BeckRS 2015, 11660; OLG Brandenburg BeckRS 2013, 12062.
[88] BGH BeckRS 2014, 17303; NJW 2002, 3634 (3635).
[89] Vor § 12.
[90] Stein/Jonas/*Roth* ZPO § 36 Rn. 25.
[91] *Schack* § 8 Rn. 440.
[92] BGH NJW 1980, 2646.
[93] *Vossler* IPrax 2007, 281 f.
[94] MüKoZPO/*Patzina* ZPO § 36 Rn. 3.

Vorschrift muss auch in Fällen internationaler Notzuständigkeit eingreifen,[95] zB wenn einer der Streitgenossen seinen Wohnsitz außerhalb des Geltungsbereichs der EuGVVO hat.[96]

II. EuGVVO

Im Geltungsbereich der EuGVVO gehen **Art. 8 Nr. 1** EuGVVO (→ Vor § 12 Rn. 9, → Rn. 48– 50) bzw. Art. 6 Nr. 1 LugÜ (→ Vor § 12 Rn. 10) vor.[97] Die Vorschrift ist im Gewerblichen Rechtsschutz von großer Bedeutung, wenn mehrere Personen wegen einer konzertierten Patent- oder Markenverletzung zusammen verklagt werden sollen. Danach können Streitgenossen im **Gerichtsstand** eines **der Streitgenossen** verklagt werden, sofern zwischen den Klagen ein enger sachlicher Zusammenhang (**Konnexität**) besteht. Voraussetzung dafür ist, dass die gemeinsame Verhandlung und Entscheidung geboten erscheint, um zu vermeiden, dass in getrennten Verfahren bei derselben Sach- und Rechtslage widersprechende Entscheidungen ergehen. Die Vorschrift wird **eng ausgelegt**, da vom Gericht des Wohnsitzes des Beklagten abgewichen wird.[98] § 36 Abs. 1 Nr. 3 ist dagegen in Fällen anzuwenden, in denen hinsichtlich eines Antragsgegners im Inland lediglich ein besonderer Gerichtsstand nach den unionsrechtlichen Zuständigkeitsbestimmungen begründet ist und die anderen Antragsgegner ihren allgemeinen Gerichtsstand im Inland haben. Soweit sich der Gerichtsstand eines Antragsgegners aus einer abschließenden Zuständigkeitsbestimmung der EuGVVO ergibt, ist das Auswahlermessen des Gerichts nach § 36 Abs. 1 Nr. 3 eingeschränkt.[99]

26

§ 37 Verfahren bei gerichtlicher Bestimmung

(1) **Die Entscheidung über das Gesuch um Bestimmung des zuständigen Gerichts ergeht durch Beschluss.**

(2) **Der Beschluss, der das zuständige Gericht bestimmt, ist nicht anfechtbar.**

Literatur: *Bornkamm*, Die Gerichtsstandsbestimmung nach §§ 36, 37 ZPO, NJW 1989, 2713; *Vossler*, Die gerichtliche Zuständigkeitsbestimmung für Streitgenossen, NJW 2006, 117.

A. Allgemeines

§ 37 regelt das Verfahren zur Bestimmung des zuständigen Gerichts und hat den Zweck, möglichst schnell eine Entscheidung herbeizuführen.[1] Deshalb ist eine mündliche Verhandlung nicht erforderlich und der Beschluss unanfechtbar.[2]

B. Bestimmungsverfahren

I. Einleitung

Das Verfahren wird durch Gesuch (Antrag) schriftlich oder zu Protokoll der Geschäftsstelle eingeleitet.[3] Der Antrag unterliegt nach allgemeiner Meinung nicht dem Anwaltszwang.[4] Die Bezeichnung des Gerichts, das für zuständig erklärt werden soll, ist nicht erforderlich.[5] Antragsteller kann der Kläger oder sein Nebenintervenient sein, in den Fällen des § 36 Abs. 1 Nr. 5 und 6 können dies auch der Beklagte und dessen Streithelfer sein.[6] In den Fällen des § 36 Abs. 1 Nr. 5 und 6 kann die Entscheidung zudem durch Vorlage der am Kompetenzkonflikt beteiligten Gerichte von Amts wegen erfolgen.[7]

1

II. Entscheidung

Die Entscheidung ergeht stets durch Beschluss, der jedenfalls im Falle seiner Unanfechtbarkeit nicht mit Gründen versehen werden muss.[8] § 308 Abs. 1 gilt nicht.[9] Das Gericht entscheidet bei fakultativer mündlicher Verhandlung (§ 128 Abs. 4) und Freibeweis auf der Grundlage des Sachvortrags des

2

---

[95] Schack § 8 Rn. 440; Zöller/*Schultzky* ZPO § 36 Rn. 21; MüKoZPO/*Patzina* ZPO § 36 Rn. 4.
[96] → Vor § 12 Rn. 49 ff.
[97] HK-ZPO/*Bendtsen* ZPO § 36 Rn. 14.
[98] EuGH GRUR 2012, 1169 Rn. 21 – Solvay.
[99] BGH NJW-RR 2013, 1399.
[1] MüKoZPO/*Patzina* ZPO § 37 Rn. 1.
[2] Musielak/Voit/*Heinrich* ZPO § 37 Rn. 1.
[3] Zöller/*Schultzky* ZPO § 37 Rn. 1.
[4] Thomas/Putzo/*Hüßtege* ZPO § 37 Rn. 1.
[5] Zöller/*Schultzky* ZPO § 37 Rn. 1.
[6] HK-ZPO/*Bendtsen* ZPO § 37 Rn. 2.
[7] Zöller/*Schultzky* ZPO § 37 Rn. 2 mwN.
[8] *Bornkamm* NJW 1989, 2713 (2714); aA Musielak/Voit/*Heinrich* ZPO § 37 Rn. 7.
[9] Thomas/Putzo/*Hüßtege* ZPO § 37 Rn. 3.

Antragstellers und unter Gewährung – auch formlos möglichen – rechtlichen Gehörs (Art. 103 Abs. 1 GG).[10] Bei Verletzung rechtlichen Gehörs findet die Anhörungsrüge gem. § 321a statt.[11]

3 Die Prozessvoraussetzungen und die Schlüssigkeit der Klagen sind nicht zu prüfen. Die Prozessfähigkeit des Antragstellers ist zu unterstellen.[12]

4 Der Inhalt der Entscheidung ergeht entweder dahin, dass das Gesuch (der Antrag) zurückgewiesen wird, wenn eine der Voraussetzungen der Entscheidung fehlt oder keiner der in § 36 Abs. 1 Nr. 1–6 genannten Fälle vorliegt. Dann ist die Sache an das letzte mit ihr befasste Gericht zurückzugeben, idR das Vorlegende.[13] Andernfalls wird in der Beschlussformel das zuständige Gericht bestimmt.[14]

III. Gebühren und Kosten

5 Eine Kostenentscheidung unterbleibt grundsätzlich, da die Kosten des Verfahrens Kosten der Hauptsache sind.[15] Anders im Fall des § 36 Abs. 1 Nr. 3, wenn das Gesuch (Antrag) im Bestimmungsverfahren abgelehnt oder zurückgenommen wird. Hier hat entsprechend § 91 oder § 269 Abs. 3 eine Kostenentscheidung zu erfolgen.[16] Als Gegenstandswert kann ein Anteil von 20 % der Hauptsache angesetzt werden.[17]

6 Die Rechtsanwaltsgebühren werden durch die Gebühren der Nr. 3100 ff. RVG abgegolten, da die Tätigkeit zum Rechtszug gehört, § 19 Abs. 1 S. 2 Nr. 3 RVG. Es handelt sich um dieselbe Angelegenheit, § 16 Nr. 3a RVG. Gerichtsgebühren werden nicht erhoben.[18]

IV. Rechtsbehelfe

7 Der stattgebende Beschluss ist unanfechtbar, § 37 Abs. 2. Gegen den zurückweisenden Beschluss des Landgerichts ist nach hM die sofortige Beschwerde eröffnet.[19] Der zurückweisende Beschluss eines OLG ist nicht anfechtbar.[20]

Titel 3. Vereinbarung über die Zuständigkeit der Gerichte

§ 38 Zugelassene Gerichtsstandsvereinbarung

(1) Ein an sich unzuständiges Gericht des ersten Rechtszuges wird durch ausdrückliche oder stillschweigende Vereinbarung der Parteien zuständig, wenn die Vertragsparteien Kaufleute, juristische Personen des öffentlichen Rechts oder öffentlich-rechtliche Sondervermögen sind.

(2) ¹Die Zuständigkeit eines Gerichts des ersten Rechtszuges kann ferner vereinbart werden, wenn mindestens eine der Vertragsparteien keinen allgemeinen Gerichtsstand im Inland hat. ²Die Vereinbarung muss schriftlich abgeschlossen oder, falls sie mündlich getroffen wird, schriftlich bestätigt werden. ³Hat eine der Parteien einen inländischen allgemeinen Gerichtsstand, so kann für das Inland nur ein Gericht gewählt werden, bei dem diese Partei ihren allgemeinen Gerichtsstand hat oder ein besonderer Gerichtsstand begründet ist.

(3) Im Übrigen ist eine Gerichtsstandsvereinbarung nur zulässig, wenn sie ausdrücklich und schriftlich

1. nach dem Entstehen der Streitigkeit oder
2. für den Fall geschlossen wird, dass die im Klageweg in Anspruch zu nehmende Partei nach Vertragsschluss ihren Wohnsitz oder gewöhnlichen Aufenthaltsort aus dem Geltungsbereich dieses Gesetzes verlegt oder ihr Wohnsitz oder gewöhnlicher Aufenthalt im Zeitpunkt der Klageerhebung nicht bekannt ist.

Literatur: *Feddersen*, Gesetz zur Stärkung des fairen Wettbewerbs: Neuerungen bei Vertragsstrafe und Gerichtsstand, WRP 2021, 713; *Fezer*, Ausschließliche Zuständigkeit der Kennzeichengerichte und der Gemeinschaftsmarkengerichte, NJW 1997, 2915; *Huber*, Grundwissen – Zivilprozessrecht: Prorogation, JuS 2012, 974; *Kipping/Meyer*, Unterlassungserklärungen ausländischer Verletzer: Kann der Gläubiger die Vereinbarung eines deutschen Gerichtsstands erzwingen? GRUR-Prax 2016, 76.

---

[10] Musielak/Voit/*Heinrich* ZPO § 37 Rn. 5.
[11] Zöller/*Schultzky* ZPO § 37 Rn. 4.
[12] *Bornkamm* NJW 1989, 2713 (2715).
[13] Thomas/Putzo/*Hüßtege* ZPO § 37 Rn. 4.
[14] HK-ZPO/*Bendtsen* ZPO § 37 Rn. 4.
[15] Zöller/*Schultzky* ZPO § 37 Rn. 3a.
[16] BGH NJW-RR 1989, 757; *Vossler* NJW 2006, 117 (121).
[17] OLG Hamm NJW-RR 2013, 1341.
[18] HK-ZPO/*Bendtsen* ZPO § 37 Rn. 7.
[19] MüKoZPO/*Patzina* ZPO § 37 Rn. 8.
[20] BayObLG NJW-RR 2002, 2888; Musielak/Voit/*Heinrich* ZPO § 37 Rn. 8; Zöller/*Schultzky* ZPO § 37 Rn. 4; Thomas/Putzo/*Hüßtege* ZPO § 37 Rn. 6; aA OLG Stuttgart NJW-RR 2003, 1706.

Übersicht

	Rn.
A. Anwendungsbereich im Gewerblichen Rechtsschutz und Urheberrecht	1
I. Ausschließliche sachliche Zuständigkeit	2
II. Ausschließliche örtliche Zuständigkeit	4
1. UWG	4
a) Bis zum 2.12.2020 bereits anhängige Verfahren: § 14 UWG aF	4
b) Ab dem 2.12.2020 anhängige Verfahren: § 14 UWG nF	8
2. § 15 Abs. 2 GeschGehG	9
3. § 6 Abs. 1 UKlaG	10
4. § 141 MarkenG	11
5. § 53 DesignG	12
6. § 104a UrhG	13
7. Bedeutung im Gewerblichen Rechtsschutz und Urheberrecht	14
B. Allgemeine Voraussetzungen des § 38	16
I. Allgemeines	16
1. Begriffe	16
2. Rechtsnatur	17
II. Voraussetzungen und Rechtsfolgen gem. § 38 Abs. 1	18
1. Anwendungsbereich	18
2. Prorogationsbefugnis (§ 38 Abs. 1)	21
3. Weitere Voraussetzungen und Prüfung	22
III. Vereinbarungen im nichtkaufmännischen Bereich	24
C. Besonderheiten bei internationalen Verfahren	25
I. Außerhalb von Sonderregelungen: § 38 Abs. 2	25
II. Vorrang der EuGVVO und des LugÜ	28
III. Sonderregelungen im Gewerblichen Rechtsschutz	29
1. Art. 125 Abs. 4 Buchst. a UMV iVm Art. 25 EuGVVO	29
2. Art. 82 Abs. 4 Buchst. a GGV iVm Art. 25 EuGVVO	30
3. Art. 101 Abs. 1 Sortenschutz-VO iVm Art. 17 LugÜ (1988)	31

A. Anwendungsbereich im Gewerblichen Rechtsschutz und Urheberrecht

Die Zuständigkeit eines Gerichts erster Instanz kann durch die Parteien durch eine wirksame und **1** zulässige Gerichtsstandsvereinbarung begründet oder ausgeschlossen werden. Die Prorogation bzw. Zuständigkeitsvereinbarung kann neben der örtlichen (Gerichtsstand → § 1 Rn. 13) auch die sachliche Zuständigkeit betreffen. Die §§ 38–40 gelten in **jedem der ZPO unterliegenden Verfahren**[1] und daher auch in Verfahren des Gewerblichen Rechtsschutzes und Urheberrechts. Sie gelten in Beschlussverfahren, insbesondere bei Arresten und **einstweiligen Verfügungen** und entsprechend für die internationale Zuständigkeit[2] (aber → Rn. 25–28). In Prozessen des Gewerblichen Rechtsschutzes und Urheberrechts sind insbesondere die Regelungen zur ausschließlichen Zuständigkeit (§ 40) zu beachten.

I. Ausschließliche sachliche Zuständigkeit

Die Zuständigkeit der in Streitigkeiten des Gewerblichen Rechtsschutzes nach § 143 PatG, § 27 **2** GebrMG, § 39 ArbEG § 38 SortG, § 11 HalblSchG, § 140 MarkenG, § 52 DesignG, § 14 Abs. 1 UWG, § 15 GeschGehG, § 6 UKlaG bestimmten **Landgerichte** stellt eine **ausschließliche sachliche Zuständigkeit** (→ § 1 Rn. 12, 16) dar und ist **zwingend**. Sie ist der Parteivereinbarung entzogen (§ 40 Abs. 2 Nr. 2) und lässt andere Zuständigkeiten nicht wirksam werden. Soweit die Landesregierungen von den **Konzentrationsermächtigungen** (→ § 1 Rn. 3) Gebrauch gemacht haben, liegt die sachliche Zuständigkeit **ausschließlich** bei dem **bestimmten Landgericht**.[3] Eine Gerichtsstandsvereinbarung ist nur dann **wirksam,** wenn sie zur **Zuständigkeit eines dieser Spezialgerichte** führt,[4] nicht aber, wenn über den Kreis dieser Gerichte hinaus ein anderes Landgericht vereinbart werden soll.[5]

Die **sachliche** Zuständigkeit für **Urheberrechtsstreitsachen** liegt gem. § 104 UrhG bei den **3** Zivilgerichten und, soweit die Landesregierungen von der **Konzentrationsermächtigung** gem. § 105 UrhG Gebrauch gemacht haben, ausschließlich bei dem bestimmten Amts- oder Landgericht

---

[1] Zöller/*Schultzky* ZPO Vor § 38 Rn. 2.
[2] Thomas/Putzo/*Hüßtege* ZPO Vorb. § 38 Rn. 3.
[3] → § 1 Rn. 39 (Patent), → Rn. 44 (GebrM), → Rn. 51 (Sorten), → Rn. 63 (Marke), → Rn. 77 (UM), → Rn. 85 (Design), → Rn. 99 (GGeschmM), → Rn. 103 (UWG), → Rn. 105 (UKlaG), → Rn. 112 (UrhR), → Rn. 110 (Kartell).
[4] Zum Patentrecht: Schulte/*Rinken* PatG § 143 Rn. 16; zum Markenrecht: *Ingerl/Rohnke* MarkenG § 140 Rn. 35; *Fezer* NJW 1997, 2915 (2917); zum Designrecht: *Eichmann/Jestaedt/Fink/Meiser* DesignG § 52 Rn. 13.
[5] Für das PatentR: BGH GRUR 1953, 114 (117); 1962, 305 (306) – Federspannvorrichtung.

(→ § 1 Rn. 110f.). Auch hier ist eine Gerichtsstandsbestimmung nur wirksam, wenn sie zu der Zuständigkeit eines dieser Spezialgerichte führt.[6]

II. Ausschließliche örtliche Zuständigkeit

4 **1. UWG. a) Bis zum 2.12.2020 bereits anhängige Verfahren: § 14 UWG aF.** § 14 UWG aF eröffnet bei Klagen auf Grund des UWG (→ § 1 Rn. 102) zwei **ausschließliche örtliche Gerichtsstände.** Ein anderes Gericht kann daher auch durch Parteivereinbarung oder durch rügeloses Verhandeln zur Hauptsache (§ 39) nicht zuständig werden (§ 40 Abs. 2).[7] Bei den Gerichtsständen nach **§ 14 Abs. 1 UWG aF** ist in erster Linie der Ort der inländischen **gewerblichen** oder selbständigen beruflichen **Niederlassung** maßgebend, in zweiter Linie der inländische Wohnsitz (§ 14 Abs. 1 S. 1 UWG aF) und hilfsweise der inländische Aufenthaltsort des Beklagten (§ 14 Abs. 1 S. 2 UWG aF).

5 Wahlweise (→ § 35 Rn. 4f.) kann der Kläger nach **§ 14 Abs. 2 S. 1** UWG aF den Gerichtsstand des **Begehungsortes** anrufen. Dieses Wahlrecht ist durch § 14 Abs. 2 S. 2 UWG aF für andere Anspruchsberechtigte als Mitbewerber deutlich **eingeschränkt.** Die in § 8 Abs. 3 Nr. 2–4 UWG aF genannten **Klageberechtigten** (Verbände, qualifizierte Einrichtungen und Industrie- sowie Handelskammern) können sich auf den Gerichtsstand des **Begehungsortes** nur **sehr eingeschränkt** berufen, nämlich nur dann, wenn der Beklagte im Inland weder eine gewerbliche oder selbständige berufliche Niederlassung noch einen Wohnsitz hat.

6 Nur der klagende Mitbewerber (§ 8 Abs. 3 Nr. 1 UWG aF) hat die uneingeschränkte Wahl (§ 35) zwischen den Gerichtsständen des § 14 Abs. 1 und Abs. 2 UWG aF. Das dem Mitbewerber eingeräumte Wahlrecht, auch das Gericht anzurufen, „in dessen Bezirk die Handlung begangen ist", ist in Wettbewerbsprozessen zumeist ein sehr weites Wahlrecht, da nach hM zum Begehungsort sowohl der Handlungsort als auch der Erfolgsort gehören[8] (→ § 32 Rn. 15f.). Bei der insoweit zulässigen vorbeugenden Unterlassungsklage ist der Ort, an dem die Verwirklichung eines Wettbewerbsverstoßes droht, ebenfalls zuständigkeitsbegründend.[9]

7 Da die meisten Wettbewerbshandlungen bestimmungsgemäß bundesweit verbreitet bzw. Dritten zur Kenntnis gebracht werden, hat der klagende Mitbewerber in der Regel die Wahl zwischen allen sachlich zuständigen Landgerichten. Die ausschließliche örtliche Zuständigkeit des § 14 Abs. 2 S. 1 UWG aF führt bei Klagen und einstweiligen Verfügungen von Mitbewerbern in der Praxis daher nur in seltenen Fällen zu Einschränkungen bei der Prorogation oder Derogation.

8 **b) Ab dem 2.12.2020 anhängige Verfahren: § 14 UWG nF.** Anders als noch im UWG aF sind die örtlichen Gerichtsstände des **§ 14 Abs. 2 UWG nF** nach ihrem eindeutigen Wortlaut **keine ausschließlichen Gerichtsstände mehr.**[10] Dies ergibt sich ohne weiteres im Umkehrschluss auch daraus, dass es bei der sachlichen Zuständigkeit in § 14 Abs. 1 UWG nF und in anderen Regelungen (zB § 104a UrhG, § 6 UKlaG) ausdrücklich „ausschließlich" zuständig heißt. Darüber hinaus sind die Worte „außerdem **nur"** in § 14 Abs. 2 UWG aF ersatzlos weggefallen. Hinzu kommt der Vergleich mit der engeren Formulierung in § 13 Abs. 4 Nr. 1 UWG nF.[11] Dies bedeutet, dass die Begründung einer anderen Zuständigkeit durch **Gerichtsstandvereinbarungen** oder **rügeloses Verhandeln möglich ist.**[12]

9 **2. § 15 Abs. 2 GeschGehG.** Die örtliche Zuständigkeit bestimmt sich gem. § 15 Abs. 2 S. 1 GeschGehG **ausschließlich** anhand des allgemeinen Gerichtsstands des **Beklagten.** Dieser allgemeine Gerichtsstand richtet sich wiederum nach den §§ 13 ff. ZPO. Grundsätzlich ist dabei von den **Wohnsitz oder Sitz** des Beklagten auszugehen.[13] Aufgrund der Ausschließlichkeit findet der besondere Gerichtsstand der unerlaubten Handlung gemäß § 32 ZPO bei Geschäftsgeheimnisstreitsachen keine Anwendung.[14] Auch bei Mittätern und Teilnehmern mit unterschiedlichem Wohnsitz oder Sitz muss der Kläger verschiedene Gerichte anrufen oder das ggf. zeitaufwendige Verfahren nach § 36 Abs. 1 Nr. 3 wählen, was zu erheblichen Mehrkosten und Zeitverzögerungen führen kann. Die Regelung in Abs. 2 S. 1 ist daher völlig verfehlt und hat im Schrifttum zu Recht Kritik erfahren.[15]

10 **3. § 6 Abs. 1 UKlaG.** § 6 Abs. 1 S. 1 UKlaG eröffnet bei Klagen auf Grund des UKlaG (→ § 1 Rn. 104) einen **ausschließlichen örtlichen Gerichtsstand.** Nach § 6 UKlaG ist in erster Linie der

---

[6] MüKoZPO/*Patzina* ZPO § 38 Rn. 10.
[7] Harte/Henning/*Retzer/Tolkmitt*, UWG, 4. Aufl., UWG § 14 Rn. 16.
[8] Teplitzky/*Schaub*, 12. Aufl., Kap. 45 Rn. 13.
[9] *Köhler/Feddersen*/Bornkamm, UWG, 37. Aufl., § 14 Rn. 14.
[10] BT-Drs. 19/12084, 35; Wagner/Keffepütz WRP 2021, 151 (158); Köhler/Bornkamm/*Feddersen* UWG § 14 Rn. 7.
[11] OLG Düsseldorf GRUR-RS 2021, 2043 Rn. 21.
[12] BT-Drs. 19/12084, 35; OLG Düsseldorf MMR 2021, 332; *Wagner/Keffepütz* WRP 2021, 151 (158); aA *Feddersen* WRP 2021, 713 (718).
[13] Begr. zum RegE, BT-Drs. 19/4724, 35.
[14] Köhler/Bornkamm/Feddersen/*Alexander* GeschGehG § 15 Rn. 23.
[15] Köhler/Bornkamm/Feddersen/*Alexander* GeschGehG § 15 Rn. 23 mwN.

Ort der inländischen gewerblichen **Niederlassung** maßgebend, in zweiter Linie der inländische Wohnsitz (§ 6 Abs. 1 S. 1 UKlaG) und hilfsweise der inländische Aufenthaltsort des Beklagten (§ 6 Abs. 1 S. 2 UKlaG). Zum Begriff der gewerblichen Niederlassung und des Wohnsitzes wird auf die §§ 12, 13, 17 und 21 ZPO verwiesen. Hat der Beklagte auch keinen inländischen Aufenthaltsort, so ist gem. § 6 Abs. 1 S. 2 Nr. 1 UKlaG bei unwirksamen AGB das Gericht zuständig, in dessen Bezirk die AGB verwendet wurden und gem. § 6 Abs. 1 S. 2 Nr. 2 UKlaG bei Verstößen gegen Verbraucherschutzgesetze (§ 2 UKlaG) das Gericht, in dessen Bezirk gegen Verbraucherschutzgesetze verstoßen wurde. Zwischen mehreren Verwendungsorten hat der Kläger ein Wahlrecht (→ § 35 Rn. 3).

4. § 141 MarkenG. Gem. § 141 MarkenG werden die örtlichen Gerichtsstände des **§ 14 Abs. 2 UWG** für Ansprüche **aufgehoben,** die auf die Bestimmungen des UWG gestützt werden, jedoch **auch im MarkenG** geregelte **Rechtsverhältnisse betreffen.** Hier ist insbesondere der wettbewerbsrechtliche Nachahmungsschutz relevant, dh wenn §§ 3, 4 Nr. 3 UWG als zusätzliche Anspruchsgrundlagen angeführt werden. Es gelten dann die allgemeinen Vorschriften über den Gerichtsstand, sodass in Kennzeichenstreitsachen immer die Kennzeichengerichte (→ § 1 Rn. 63, 77) angerufen werden können, auch wenn der Anspruch zusätzlich auf UWG gestützt ist.[16] Die Bedeutung des § 141 MarkenG ist dann **relativiert,** wenn in wettbewerbsrechtlichen Streitigkeiten mit kennzeichenrechtlichem Bezug **außerhalb von Handlungen im elektronischen Geschäftsverkehr** (→ § 32 Rn. 67 ff.) **Mitbewerber** (§ 8 Abs. 3 Nr. 1 UWG) streiten. Hier gilt der **Tatortgerichtsstand des § 14 Abs. 2 S. 2 UWG, der § 32 ZPO entspricht,** weiterhin uneingeschränkt.[17]

5. § 53 DesignG. Gem. § 53 DesignG werden die örtlichen Gerichtsstände des **§ 14 Abs. 2 UWG** für Ansprüche **aufgehoben,** die auf die Bestimmungen des UWG gestützt werden, jedoch **auch im DesignG** geregelte **Rechtsverhältnisse betreffen.** Der Regelungsgehalt stimmt mit dem von § 141 MarkenG überein. Auch hier wird die Zuständigkeit der Gerichte für Designstreitsachen (→ § 1 Rn. 85, 99) nicht dadurch berührt, dass der Anspruch auch auf Bestimmungen des UWG gestützt wird.[18] Die Bedeutung des § 53 DesignG ist, wie im Markenrecht (s. o.), dadurch relativiert, dass in wettbewerbsrechtlichen Streitigkeiten mit designrechtlichem Bezug der Kläger typischerweise Mitbewerber (§ 8 Abs. 3 Nr. 1 UWG) ist, für den der Tatortgerichtsstand des § 14 Abs. 2 S. 1 UWG **außerhalb von Handlungen im elektronischen Geschäftsverkehr** weiterhin eröffnet ist.

6. § 104a UrhG. § 104a Abs. 1 UrhG eröffnet einen **ausschließlichen örtlichen Gerichtsstand** bei Urheberrechtsstreitigkeiten, die sich gegen **natürliche Personen** richten, die durch das Gesetz geschützte Werke oder Schutzgegenstände **nicht für ihre gewerbliche oder selbständige berufliche Tätigkeit** verwenden. Die Vorschrift ist auch im einstweiligen Verfügungsverfahren anwendbar[19] und gilt auch bei der negativen Feststellungsklage.[20] Die Regelung betrifft insbesondere das Anbieten von Werken und anderen Schutzgegenständen über sog. **Internettauschbörsen** durch natürliche Personen, solange dies nicht entgeltlich geschieht.[21]

7. Bedeutung im Gewerblichen Rechtsschutz und Urheberrecht. Da es bei Prozessen des Gewerblichen Rechtsschutzes und Urheberrechts ganz überwiegend um unerlaubte Handlungen geht, spielen Gerichtsstandsvereinbarungen in der Praxis nur eine untergeordnete Rolle. Wegen des in diesen Fällen im gewerblichen Bereich regelmäßig eingreifenden sog. fliegenden Gerichtsstandes (→ § 32 Rn. 14 f.) hat der Kläger die Möglichkeit, seinen Anspruch vor dem Amts- oder Landgericht seiner Wahl anhängig zu machen und daher wenig Veranlassung, sich auf eine Gerichtsstandsvereinbarung einzulassen. Bei einem im **Ausland ansässigen Verletzer** kann es ratsam sein, in die vorbereitete Unterlassungserklärung stets eine Gerichtsstandsklausel zugunsten eines konkret bezeichneten deutschen Gerichts aufzunehmen.[22]

Ansonsten bieten sich Gerichtsstandsvereinbarungen bei **vertraglichen Beziehungen** an, wie zB dem **Unterlassungsvertrag,** dem Verkauf einer Marke oder eines Patents oder der Einräumung von Nutzungsrechten (Lizenzvertrag, Verwertungsvertrag). Hier gelten im Gewerblichen Rechtsschutz und Urheberrecht mit Ausnahme der oben ausgeführten Einschränkungen keine Besonderheiten. **Weitere Einzelfälle:** Eine Vereinbarung umfasst auch einen solchen **deliktischen** Anspruch, der einen Bezug zum Vertrag hat.[23] Unproblematisch ist eine Gerichtsstandsvereinbarung, die nicht ein bestimmtes Amts- oder Landgericht, sondern nur **einen Ort nennt,** da die Vereinbarung dann das für

---

[16] Ströbele/Hacker/*Thiering* MarkenG § 141 Rn. 2; v. Schultz/*v. Zumbusch* MarkenG § 141 Rn. 1.
[17] Ströbele/Hacker/*Thiering* MarkenG § 141 Rn. 2; *Ingerl/Rohnke* MarkenG § 141 Rn. 2.
[18] Eichmann/*Jestaedt*/Fink/Meiser DesignG § 53 Rn. 1.
[19] OLG Hamburg MMR 2014, 553.
[20] AG Hannover ZUM-RD 2014, 667 (668); Dreier/*Schulze* UrhG § 104a Rn. 6.
[21] BeckOK/*Reber* UrhG § 104a B.
[22] Kipping/Meier GRUR-Prax 2016, 76.
[23] OLG Stuttgart MDR 2008, 709 = BeckRS 2007, 19263: danach gilt die Gerichtsstandsvereinbarung auch für konkurrierende deliktische Ansprüche; Dies soll auch bei einer Vereinbarung in AGB gelten und auch dann, wenn sich der Kläger auf die Anfechtung des Vertrages beruft.

den Gerichtsbezirk dieses Ortes im Gewerblichen Rechtsschutz sachlich und örtlich zuständige Gericht prorogiert, soweit die allgemeinen Voraussetzungen der §§ 38, 40 gegeben sind.[24]

B. Allgemeine Voraussetzungen des § 38

I. Allgemeines

16 **1. Begriffe.** Die Zuständigkeit eines Gerichts erster Instanz – in Prozessen des Gewerblichen Rechtsschutzes[25] sind dies zwingend die Landgerichte[26] – kann durch die Parteien durch eine wirksame und zulässige Gerichtsstandsvereinbarung (§ 40) begründet oder ausgeschlossen werden. Die Vereinbarung, dass ein an sich unzuständiges Gericht zuständig wird, wird als **Prorogation** bezeichnet, die Vereinbarung, dass ein an sich zuständiges Gericht unzuständig wird, als **Derogation**.[27] Die negative Zuständigkeitsvereinbarung hat in der Praxis keine Bedeutung.[28]

17 **2. Rechtsnatur.** Die Gerichtsstandsvereinbarung ist ein **Prozessvertrag**,[29] für den – soweit nicht die zwingenden prozessualen Vorschriften eingreifen – grundsätzlich die Regeln des BGB über Rechtsgeschäfte gelten,[30] also insbesondere die Regeln über Geschäftsfähigkeit, Vertretung, Willenserklärungen und Vertragsschluss. Eine Vereinbarung in **AGB** ist im **nichtkaufmännischen** Verkehr unwirksam und stellt einen Rechtsbruchtatbestand nach § **3a UWG** dar.[31] Dagegen können die gem. § 8 Abs. 3 UWG Anspruchsberechtigten vorgehen.

II. Voraussetzungen und Rechtsfolgen gem. § 38 Abs. 1

18 **1. Anwendungsbereich.** Die §§ 38–40 gelten in **jedem der ZPO unterliegenden Verfahren**,[32] sie gelten auch in Beschlussverfahren, insbesondere bei Arresten und **einstweiligen Verfügungen**.[33] In Verfahren des **Gewerblichen Rechtsschutzes** besteht allerdings die **Besonderheit**, dass § 143 PatG, § 27 GebrMG, § 39 ArbEG § 38 SortG, § 11 HalblSchG, § 140 MarkenG, § 52 DesignG, § 14 Abs. 1 UWG, § 6 UKlaG, § 15 GeschGehG eine **ausschließliche sachliche Zuständigkeit** der (idR durch Konzentrationsermächtigungen näher bestimmten) Landgerichte vorsehen (→ § 1 Rn. 2 und 3). Dies hat zur Folge, dass eine Vereinbarung über die Zuständigkeit bzw. ein rügeloses Einlassen (§§ 38–40) in Sachen des Gewerblichen Rechtsschutzes **nur** möglich ist, wenn sie zur Zuständigkeit **eines anderen Spezialgerichts** führt.[34] Im Urheberrecht ist ebenfalls zu beachten, dass eine Gerichtsstandsbestimmung nur wirksam ist, wenn sie zu einem der gem. § 105 UrhG bestimmten Amts- oder Landgerichte führt (→ § 1 Rn. 112). Darüber hinaus ist bei nicht gewerblich handelnden Beklagten § 104a Abs. 1 UrhG zu beachten (→ Rn. 13).

19 **Gegenstand** der Prorogation oder Derogation kann die **sachliche**, die **örtliche** und die **internationale** Zuständigkeit sein.[35]

20 **Nicht wirksam** ist eine Vereinbarung über die Geschäftsverteilung (§ 21e GVG, → § 1 Rn. 15) und über die **funktionelle** Zuständigkeit (→ § 1 Rn. 6 ff.). Eine Gerichtsstandsvereinbarung bezüglich der Zuständigkeit der KfH ist nicht möglich. Allerdings kann bei **Handelssachen** die Zuständigkeit der Zivilkammer erreicht werden, wenn die Parteien keine Anträge nach §§ 96, 98 GVG stellen.[36]

21 **2. Prorogationsbefugnis (§ 38 Abs. 1). Kaufleute** sind unbeschränkt prorogationsbefugt. Das sind Inhaber eines Handelsgewerbes iSv § 1 HGB, die Handelsgesellschaften (OHG, KG usw) und die übrigen eingetragenen Kaufleute (§§ 2, 3 Abs. 2, 5 HGB).[37] Für die Kaufmannseigenschaft ist auf den Zeitpunkt des Abschlusses der Vereinbarung abzustellen. Kaufleute sind auch dann prorogationsbefugt, wenn das Rechtsverhältnis ein privates Geschäft betrifft.[38] **Ausgenommen** von Abs. 1 sind Gewerbetreibende, deren Betrieb nach Art und Umfang einen in kaufmännischer Weise eingerichteten

---

[24] Für Kennzeichengerichte: *Ingerl/Rohnke* MarkenG § 140 Rn. 36.
[25] Hiervon ausgenommen ist das UrhG, das eine ausschließliche sachliche Zuständigkeit der Landgerichte nicht vorsieht.
[26] Beachte aber den Meinungsstreit bei der UWG-Vertragsstrafe (→ § 1 Rn. 102).
[27] Musielak/Voit/*Heinrich* ZPO § 38 Rn. 1.
[28] *Huber* JuS 2012, 974.
[29] Wegen ihrer Rechtsnatur, insbesondere des Meinungsstreits, ob sie auch im vorprozessualen Bereich als Prozessvertrag zu qualifizieren ist: zB BGH NJW 1971, 323; Zöller/*Schultzky* ZPO § 38 Rn. 4 ZPO.
[30] BGH NJW 1968, 1233; Thomas/Putzo/*Hüßtege* ZPO Vorb. § 38 Rn. 2.
[31] LG Bochum BeckRS 2010, 06848.
[32] Zöller/*Schultzky* ZPO Vor § 38 Rn. 3.
[33] Thomas-Putzo/*Hüßtege* ZPO Vorb. § 38 Rn. 3.
[34] BGH GRUR 1953, 114 (Patent); *Ingerl/Rohnke* MarkenG § 140 Rn. 35; *Eichmann/Jestaedt*/Fink/Meiser DesignG § 52 Rn. 13.
[35] Zöller/*Schultzky* ZPO § 38 Rn. 3.
[36] Köhler/Bornkamm/*Feddersen* UWG § 14 Rn. 5.
[37] Zöller/*Schultzky* ZPO § 38 Rn. 22.
[38] Thomas/Putzo/*Hüßtege* ZPO § 38 Rn. 9.

Betrieb nicht erfordert (§ 1 Abs. 2 HGB).[39] Zu diesen sog. „Kleingewerbetreibenden", die nicht unter § 38 Abs. 1 fallen, können im Einzelfall Klein-Unternehmer auf Internetauktionsplattformen gehören.[40] In aller Regel sind die **Parteien** in Prozessen des **Gewerblichen Rechtsschutzes** jedoch **uneingeschränkt prorogationsbefugt**.

3. Weitere Voraussetzungen und Prüfung. Eine Gerichtsstandsvereinbarung von prorogationsbefugten Personen ist nach Abs. 1 stets **formlos** zulässig. Sie kann ausdrücklich, stillschweigend im Rahmen des Hauptvertrages, durch Schweigen auf ein kaufmännisches Bestätigungsschreiben oder durch schlüssige Bezugnahme auf AGB erfolgen.[41] Die Vereinbarung muss sich auf ein **bestimmtes Rechtsverhältnis** beziehen (→ § 40 Rn. 6) und ihr muss ein bestimmtes oder **bestimmbares Gericht** zu entnehmen sein, wobei mehrere Gerichte vereinbart werden können.[42] 22

Die örtliche Zuständigkeit ist als Prozessvoraussetzung **von Amts wegen** zu prüfen.[43] Im **Säumnisverfahren** genügt die substantiierte und schlüssige Behauptung einer zugelassenen Gerichtsstandsvereinbarung nicht (§ 331 Abs. 1 S. 2), sondern sie muss **nachgewiesen** werden (§ 335 Abs. 1 Nr. 1).[44] 23

III. Vereinbarungen im nichtkaufmännischen Bereich

Die Gerichtsstandsvereinbarungen der nicht prorogationsbefugten Parteien (Abs. 2, Abs. 3 Nr. 1) und bei erschwerter Rechtsverfolgung (Abs. 3 Nr. 2) spielen in Prozessen des Gewerblichen Rechtsschutzes und Urheberrechts praktisch keine Rolle. Zu den weiteren Einzelheiten wird daher auf die allgemeinen Kommentierungen zur ZPO verwiesen. 24

C. Besonderheiten bei internationalen Verfahren

I. Außerhalb von Sonderregelungen: § 38 Abs. 2

Der Ausnahmetatbestand des § 38 Abs. 2 für Gerichtsstandsvereinbarungen mit Auslandsbeziehung **gilt** nach allgemeiner Meinung **nur**, soweit **nicht** die EuGVVO oder internationale Übereinkommen **vorrangige Sonderregelungen** enthalten.[45] Umstritten ist das **Verhältnis zwischen Abs. 1 und Abs. 2**. Teilweise wird vertreten, dass Abs. 2 insoweit als lex specialis auch auf Vollkaufleute anwendbar sei.[46] Nach der Gegenauffassung können unbeschränkt prorogationsbefugte Parteien ohne weiteres gem. Abs. 1 die internationale Zuständigkeit vereinbaren.[47] 25

Für das **Zustandekommen** der Gerichtsstandsvereinbarung, die **nicht vor** dem **Prozessgericht** abgeschlossen wird, gilt das Vertragsrecht der maßgebenden Rechtsordnung. Einigung und Willensmängel (nicht die Form) richten sich also nach der **lex causae**,[48] dh nach dem nach den Regeln des internationalen Privatrechts anzuwendenden materiellen Recht (vgl. Rom I- und II-VO, vormals §§ 27 ff. EGBGB).[49] Die **Zulässigkeit** und **Wirkung** der Gerichtsstandsvereinbarung unterliegen im Übrigen der lex fori; bei Prozessen vor einem deutschen Gericht also dem deutschen Prozessrecht.[50] Maßstab sind §§ 38–40,[51] bei der Derogation in analoger Anwendung.[52] Wegen der weiteren Einzelheiten wird im Übrigen auf die allgemeinen Kommentierungen verwiesen. 26

Praxishinweis: Nach Auffassung des KG[53] können erhebliche **Zweifel an der Ernsthaftigkeit** einer Unterlassungserklärung bestehen, wenn der in einem anderen Mitgliedstaat ansässige Verletzer die Vereinbarung eines **Gerichtsstands in Deutschland** für die Geltendmachung der Vertragsstrafe **verweigert**. 27

II. Vorrang der EuGVVO und des LugÜ

Soweit ein grenzüberschreitender Sachverhalt zum Gegenstand einer Zuständigkeitsvereinbarung gemacht wird, geht im Anwendungsbereich der **EuGVVO** (bzw. des LugÜ) deren **Art. 25** (bzw. 23 28

---

[39] Zöller/*Schultzky* ZPO § 38 Rn. 22.
[40] Beachte: Der Begriff des Unternehmers in § 14 BGB und § 2 Abs. 1 Nr. 6 UWG ist nicht deckungsgleich mit dem des Kaufmanns in § 38 Abs. 1.
[41] Musielak/Voit/*Heinrich* ZPO § 38 Rn. 12.
[42] Thomas/Putzo/*Hüßtege* ZPO § 38 Rn. 5 f.
[43] Musielak/Voit/*Heinrich* ZPO § 38 Rn. 28.
[44] Zöller/*Schultzky* ZPO § 38 Rn. 49.
[45] Thomas/Putzo/*Hüßtege* ZPO § 38 Rn. 12.
[46] OLG Nürnberg NJW 1985, 1296.
[47] OLG Saarbrücken NJW 2000, 670; MüKoZPO/*Patzina* ZPO § 38 Rn. 24.
[48] *Schack* § 9 Rn. 550, 557.
[49] Thomas/Putzo/*Hüßtege* ZPO Vorb. § 38 Rn. 6.
[50] *Schack* § 9 Rn. 549.
[51] BGH NJW-RR 2005, 929.
[52] *Schack* § 9 Rn. 563.
[53] GRUR-RR 2014, 351.

LugÜ) dem § 38 **vor**.[54] Wegen der Einzelheiten einer Prorogation oder Derogation in diesen Fällen wird insoweit auf die Erläuterung bei der internationalen Zuständigkeit verwiesen (→ Vor § 12 Rn. 56–58).

III. Sonderregelungen im Gewerblichen Rechtsschutz

29   1. **Art. 125 Abs. 4 Buchst. a UMV**[55] **iVm Art. 25 EuGVVO.** Art. 125 Abs. 4 Buchst. a UMV lässt die **Prorogation** gem. Art. 25 EuGVVO (→ Vor § 12 Rn. 56–58) nur zu, wenn die Parteien vereinbaren, dass ein **anderes Unionsmarkengericht** zuständig sein soll. Im Übrigen ist die ausschließliche sachliche Zuständigkeit der Unionsmarkengerichte derogationsfest (Art. 124, 125 UMV). Zu beachten ist allerdings, dass das nationale Zuständigkeitsrecht bei einstweiligen Maßnahmen nicht verdrängt ist (→ Vor § 12 Rn. 59 f.).

30   2. **Art. 82 Abs. 4 Buchst. a GGV**[56] **iVm Art. 25 EuGVVO.** Art. 82 Abs. 4 Buchst. a GGV[57] lässt die **Prorogation** gem. Art. 25 EuGVVO (→ Vor § 12 Rn. 56–58) zu, wenn die Parteien vereinbaren, dass ein **anderes Gemeinschaftsgeschmacksmustergericht** zuständig sein soll. Im Übrigen ist die ausschließliche sachliche Zuständigkeit der Gemeinschaftsgeschmacksmustergerichte derogationsfest (Art. 81, 82 GGV). Zu beachten ist allerdings, dass das nationale Zuständigkeitsrecht bei einstweiligen Maßnahmen nicht verdrängt ist (→ Vor § 12 Rn. 60 f.).

31   3. **Art. 101 Abs. 1 Sortenschutz-VO iVm Art. 17 LugÜ (1988).** Art. 101 Abs. 1 Sortenschutz-VO[58] verweist auf das Lugano-Übereinkommen. Danach sind Gerichtsstandsvereinbarungen unter den Voraussetzungen des Art. 17 LugÜ (1988) möglich. Auch hier gilt, dass gem. § 101 Abs. 4 Sortenschutz-VO iVm § 38 Abs. 1 und 2 SortG eine Gerichtsstandsvereinbarung nur dann wirksam ist, wenn sie zur Zuständigkeit der Gerichte für Sortenschutzstreitsachen führt (→ § 1 Rn. 50 f.).

§ 39 Zuständigkeit infolge rügeloser Verhandlung

¹Die Zuständigkeit eines Gerichts des ersten Rechtszuges wird ferner dadurch begründet, dass der Beklagte, ohne die Unzuständigkeit geltend zu machen, zur Hauptsache mündlich verhandelt. ²Dies gilt nicht, wenn die Belehrung nach § 504 unterblieben ist.

A. Anwendungsbereich im Gewerblichen Rechtsschutz

1   Der Anwendungsbereich des § 39 entspricht dem der Prorogation (→ § 38 Rn. 1, → Rn. 14).[1] In Prozessen des Gewerblichen Rechtsschutzes und Urheberrechts sind insbesondere die Regelungen zur ausschließlichen Zuständigkeit (§ 40 Abs. 2 S. 1 Nr. 2, S. 2) zu beachten.

I. Ausschließliche sachliche Zuständigkeit

2   Die Zuständigkeit der nach § 143 PatG, § 27 GebrMG, § 39 ArbEG § 38 SortG, § 140 MarkenG, § 52 DesignG, § 14 Abs. 1 UWG, § 6 UKlaG, § 15 GeschGehG bestimmten Landgerichte stellt eine **ausschließliche sachliche Zuständigkeit** (§ 1) dar und ist **zwingend**. Soweit die Landesregierungen von den **Konzentrationsermächtigungen** (→ § 1 Rn. 3) Gebrauch gemacht haben, liegt die sachliche Zuständigkeit **ausschließlich** bei dem **bestimmten Landgericht**. Sie ist der Parteivereinbarung entzogen (§ 40 Abs. 2 Nr. 2) und lässt andere Zuständigkeiten nicht wirksam werden. Eine rügelose Einlassung (§ 39) ist nur dann wirksam, wenn sie vor einem (zB örtlich unzuständigen) Spezialgericht erfolgt.[2] Auch im **Urheberrecht** ist eine Gerichtsstandsbestimmung nur wirksam, wenn sie zu der Zuständigkeit eines der nach § 105 UrhG **bestimmten Amts- oder Landgerichte** führt.

II. Ausschließliche örtliche Zuständigkeit

3   Bei Klagen auf Grund des UWG (→ § 1 Rn. 102) eröffnete **§ 14 UWG aF** zwei **ausschließliche örtliche Gerichtsstände** (→ § 38 Rn. 4–7). Ein anderes Gericht konnte daher auch durch Parteivereinbarung (§ 38) oder durch rügeloses Verhandeln zur Hauptsache nicht zuständig werden (§ 40 Abs. 2).[3] Entsprechendes gilt für Klagen auf Grund des UKlaG (→ § 1 Rn. 104) und des GeschGehG

---

[54] Thomas/Putzo/*Hüßtege* ZPO Vorb. § 38 Rn. 5.
[55] VO (EG) 2017/1001.
[56] VO (EG) 6/2002.
[57] Die Verweisung auf die EuGVÜ gilt gem. Art. 68 Abs. 2 EuGVVO als Verweisung auf die EuGVVO.
[58] VO (EG) 2100/94.
[1] Zöller/*Schultzky* ZPO § 39 Rn. 2.
[2] Zum Patentrecht: Schulte/*Rinken* PatG § 143 Rn. 16; zum Markenrecht: *Ingerl*/*Rohnke* MarkenG § 140 Rn. 35; *Fezer* NJW 1997, 2915 (2917); zum Designrecht: *Eichmann*/*Jestaedt*/Fink/Meiser DesignG § 52 Rn. 13.
[3] *Köhler*/*Feddersen*/Bornkamm UWG (38. Aufl. 2020) § 14 Rn. 1.

(→ § 38 Rn. 9). Auch der danach bestimmte Gerichtsstand ist ein örtlich ausschließlicher (→ § 38 Rn. 9, 10). Die örtlichen Gerichtsstände des **§ 14 Abs. 2 UWG nF** sind nach ihrem eindeutigen Wortlaut **keine ausschließlichen Gerichtsstände mehr**.[4] Dies bedeutet, dass die Begründung einer anderen Zuständigkeit durch **Gerichtsstandvereinbarungen** oder **rügeloses Verhandeln möglich** ist.[5]

Gem. § 141 MarkenG werden die örtlichen Gerichtsstände des **§ 14 Abs. 2 UWG** für Ansprüche **aufgehoben,** die auf die Bestimmungen des UWG gestützt werden, jedoch **auch im MarkenG geregelte Rechtsverhältnisse betreffen.** Hier ist insbesondere der wettbewerbsrechtliche Nachahmungsschutz relevant, dh wenn §§ 3, 4 Nr. 3 UWG als zusätzliche Anspruchsgrundlagen angeführt werden. Es gelten dann die allgemeinen Vorschriften über den Gerichtsstand, sodass in Kennzeichenstreitsachen immer die Kennzeichengerichte (→ § 1 Rn. 63, 77) angerufen werden können, auch wenn der Anspruch zusätzlich auf UWG gestützt ist.[6] Die Bedeutung des § 141 MarkenG ist dann **relativiert,** wenn in wettbewerbsrechtlichen Streitigkeiten mit kennzeichenrechtlichem Bezug **außerhalb von Handlungen im elektronischen Geschäftsverkehr** (→ § 32 Rn. 67ff.) **Mitbewerber** (§ 8 Abs. 3 Nr. 1 UWG) streiten. Hier gilt der **Tatortgerichtsstand des § 14 Abs. 2 S. 2 UWG,** der **§ 32 ZPO entspricht,** weiterhin uneingeschränkt.[7]

B. Allgemeine Voraussetzungen

Die Zuständigkeit eines Gerichts erster Instanz – in Prozessen des Gewerblichen Rechtsschutzes sind dies zwingend die Landgerichte[8] – kann unter bestimmten Voraussetzungen durch rügelose Einlassung begründet werden. **Gegenstand** der rügelosen Einlassung kann die **sachliche,** die **örtliche** und die **internationale** Zuständigkeit sein. Hier gilt die zuvor erwähnte **Einschränkung,** dass dies zur Zuständigkeit eines der jeweils sachlich zuständigen **Spezialgerichte** führen muss. § 39 gilt auch in Fällen, in denen eine Gerichtsstandsvereinbarung nicht zugelassen ist (zB bei nicht prorogationsbefugten Parteien).[9]

Es muss **Rechtshängigkeit** zum Zeitpunkt der rügelosen Verhandlung vorliegen. Bei mehreren prozessualen Ansprüchen[10] (§§ 59, 60, 260 und § 33) ist auf den jeweiligen Anspruch abzustellen.[11]

Der Beklagte muss **zur Hauptsache verhandeln.** Dies ist der Fall, wenn er tatsächliche **Ausführungen zum Streitgegenstand**[12] in der mündlichen Verhandlung oder im schriftlichen Verfahren (§ 128 Abs. 2 u. 3) gemacht hat.[13] Bei objektiver und subjektiver Anspruchshäufung (→ § 1 Rn. 17) ist für jeden Streitgegenstand gesondert zu prüfen, ob zur Hauptsache verhandelt worden ist.[14]

Bei **Säumnis** des Klägers genügt einseitiges Verhandeln.[15] Der Antrag auf Erlass eines Versäumnisurteils oder eine Entscheidung nach Aktenlage (§ 331a) ist ausreichend.[16] Die Wirkung des § 39 kann der Beklagte vermeiden, indem er Abweisung der Klage als unzulässig beantragt.[17] Da in Prozessen des Gewerblichen Rechtsschutzes[18] zwingend die Landgerichte zuständig sind (→ § 1 Rn. 2), ist **keine Belehrung nach § 39 S. 2** geboten.

Die örtliche Zuständigkeit ist als Prozessvoraussetzung **von Amts wegen** zu prüfen.[19] Im **Säumnisverfahren** gegen den **Beklagten** gilt § 39 nicht.[20] Auch eine behauptete Zuständigkeitsvereinbarung gilt nicht als zugestanden (→ § 38 Rn. 21).

Die rügelose Einlassung hat, soweit nicht § 40 Abs. 2 Nr. 2 eingreift, die örtliche, sachliche und internationale Zuständigkeit des angegangenen Gerichts zur Folge.[21] Sie tritt unabhängig vom Willen

---

[4] BT-Drs. 19/12084, 35; OLG Düsseldorf MMR 2021, 332; *Wagner/Kefferpütz* WRP 2021, 151 (158); aA *Feddersen* WRP 2021, 713 (718).
[5] BT-Drs. 19/12084, 35; OLG Düsseldorf MMR 2021, 332; *Wagner/Kefferpütz* WRP 2021, 151 (158); aA *Feddersen* WRP 2021, 713 (718).
[6] Ströbele/Hacker/*Thiering* MarkenG § 141 Rn. 2; v. Schultz/*v. Zumbusch* MarkenG § 141 Rn. 1.
[7] Ströbele/Hacker/*Thiering* MarkenG § 141 Rn. 2; *Ingerl/Rohnke* MarkenG § 141 Rn. 2.
[8] Beachte aber den Meinungsstreit bei der UWG-Vertragsstrafe (→ § 1 Rn. 102).
[9] Thomas/Putzo/*Hüßtege* ZPO § 39 Rn. 1.
[10] Zum wettbewerbsrechtlichen Streitstand: BGH GRUR 2013, 401 – Biomineralwasser; bei Schutzrechten: BGH GRUR 2011, 1043 – TÜV II.
[11] MüKoZPO/*Patzina* ZPO § 39 Rn. 4.
[12] Thomas/Putzo/*Hüßtege* ZPO § 39 Rn. 6.
[13] Musielak/Voit/*Heinrich* ZPO § 39 Rn. 4.
[14] Zöller/*Schultzky* ZPO § 39 Rn. 7.
[15] Thomas/Putzo/*Hüßtege* ZPO § 39 Rn. 5.
[16] Zöller/*Schultzky* ZPO § 39 Rn. 6, 9.
[17] Zöller/Schultzky ZPO § 39 Rn. 9.
[18] Hierzu *gehören* Patent-, Gebrauchsmuster-, Arbeitnehmererfinder-, Sortenschutz-, Halbleiterschutz-, Kennzeichen- und Design- sowie Wettbewerbsrecht einschl. UKlaG; nicht Urheberrecht (vgl. auch: §§ 1 Abs. 1 Nr. 14, 51 GKG).
[19] Musielak/Voit/*Heinrich* ZPO § 38 Rn. 28.
[20] Zöller/*Schultzky* ZPO § 39 Rn. 9.
[21] Thomas/Putzo/*Hüßtege* ZPO § 39 Rn. 11.

und der Kenntnis der Parteien oder ihrer Vertreter und selbst bei anderweitiger Zuständigkeitsvereinbarung ein.[22]

C. Besonderheiten bei internationalen Verfahren

11 § 39 gilt in inländischen Prozessen entsprechend für die internationale Zuständigkeit, soweit **nicht** die EuGVVO oder internationale Übereinkommen **vorrangige Sonderregelungen** enthalten.[23] In der Rüge der örtlichen Zuständigkeit ist im Zweifel auch die Rüge der internationalen Zuständigkeit enthalten.[24]

12 Im Anwendungsbereich der **EuGVVO** (bzw. des LugÜ) geht deren **Art. 26** (bzw. 24 LugÜ) dem § 39 **vor**.[25] Wegen der Einzelheiten einer rügelosen Einlassung in diesen Fällen wird insoweit auf die Kommentierung zur internationalen Zuständigkeit verwiesen (→ Vor § 12 Rn. 58).

13 In einer **Unionsmarkenstreitsache** (→ § 1 Rn. 66–71) lässt Art. 125 Abs. 4 Buchst. b UMV[26] **die rügelose Einlassung** gem. Art. 26 EuGVVO nur zu, soweit sich der Beklagte vor einem anderen Unionsmarkengericht einlässt, Art. 125 Abs. 4 Buchst. b UMV.[27]

14 Auch in Streitigkeiten betr. ein **Gemeinschaftsgeschmacksmuster** (→ § 1 Rn. 86–92) bestimmt Art. 82 Abs. 4 Buchst. b GGV[28], dass eine rügelose Einlassung nur dann rechtswirksam ist, wenn es sich bei dem Gericht um ein Gemeinschaftsgeschmacksmustergericht handelt.[29]

15 Art. 101 Abs. 1 Sortenschutz-VO[30] verweist auf das Lugano-Übereinkommen. Danach sind Gerichtsstandsvereinbarungen unter den Voraussetzungen des Art. 18 LugÜ (1988) möglich. Auch hier gilt, dass gem. § 101 Abs. 4 Sortenschutz-VO iVm § 38 Abs. 1 und 2 SortG eine rügelose Einlassung nur dann wirksam ist, wenn sie zur Zuständigkeit der Gerichte für Sortenschutzstreitsachen führt (→ § 1 Rn. 50 f.).

§ 40 Unwirksame und unzulässige Gerichtsstandsvereinbarung

(1) **Die Vereinbarung hat keine rechtliche Wirkung, wenn sie nicht auf ein bestimmtes Rechtsverhältnis und die aus ihm entspringenden Rechtsstreitigkeiten sich bezieht.**

(2) ¹**Eine Vereinbarung ist unzulässig, wenn**
1. der Rechtsstreit nichtvermögensrechtliche Ansprüche betrifft, die den Amtsgerichten ohne Rücksicht auf den Wert des Streitgegenstandes zugewiesen sind, oder
2. für die Klage ein ausschließlicher Gerichtsstand begründet ist.
²In diesen Fällen wird die Zuständigkeit eines Gerichts auch nicht durch rügeloses Verhandeln zur Hauptsache begründet.

A. Anwendungsbereich im Gewerblichen Rechtsschutz und Urheberrecht

1 In Prozessen des Gewerblichen Rechtsschutzes und Urheberrechts sind insbesondere die Regelungen zur ausschließlichen Zuständigkeit nach Abs. 2 S. 1 Nr. 2, S. 2 zu beachten. Keine Rolle spielt dagegen das Prorogationsverbot über nichtvermögensrechtliche Streitigkeiten bei streitwertunabhängiger Zuständigkeit des Amtsgerichts nach Abs. 2 S. 1 Nr. 1.

2 Ausschließliche Gerichtsstände im Gewerblichen Rechtsschutz, der Parteivereinbarung entzogen sind und andere Zuständigkeiten nicht wirksam werden lassen, finden sich in den § 143 PatG, § 27 GebrMG, § 39 ArbEG § 38 SortG, § 140 MarkenG, § 52 DesignG, § 14 Abs. 1 UWG[1], § 6 UKlaG, § 15 GeschGehG. Danach liegt die **ausschließliche sachliche Zuständigkeit** (§ 1) bei den Landgerichten und, soweit die Landesregierungen von den **Konzentrationsermächtigungen** (§ 143 PatG, § 27 GebrMG, § 39 ArbEG, § 11 HalblSchG, § 38 SortG, § 140 MarkenG, § 52 DesignG, § 14 UWG, § 105 UrhG) Gebrauch gemacht haben, bei den näher **bestimmten Land- oder Amtsgerichten**.² Regelungen zur **ausschließlichen örtlichen** Zuständigkeit finden sich in § 6 UKlaG[3],

---

[22] Musielak/Voit/*Heinrich* ZPO § 39 Rn. 9.
[23] Zöller/*Schultzky* ZPO § 39 Rn. 4.
[24] BGH GRUR 2012, 1065 (1066) – Parfümflakon II.
[25] Thomas/Putzo/*Hüßtege* ZPO § 39 Rn. 1.
[26] VO (EG) 207/2009.
[27] *Eisenführ/Overhage*/Schennen UMV Art. 97 Rn. 6.
[28] VO (EG) 6/2002.
[29] Büscher/Dittmer/Schiwy/*Auler* GGV Art. 82 Rn. 6.
[30] VO (EG) 2100/94.
¹ → § 38 Rn. 4–7.
² → § 1 Rn. 39 (PatentR), → Rn. 44 (GebrM), → Rn. 51 (Sortenschutz), → Rn. 63 (Marke), → Rn. 77 (UM), → Rn. 85 (Design), → Rn. 99 (GGeschmM), → Rn. 103 (UWG), → Rn. 105 (UKlaG), → Rn. 112 (UrhR), → Rn. 117 (KartellR).
³ → § 38 Rn. 10.

§ 15 Abs. 2 GeschGehG[4] und § 104a UrhG[5] (die wiederum durch die Regelungen in § 141 MarkenG und § 53 DesignG aufgehoben sein können[6]).

Eine Gerichtsstandsvereinbarung (§ 38) bzw. eine rügelose Einlassung (§ 39) sind nur dann **wirksam**, wenn sie zur **Zuständigkeit eines dieser Spezialgerichte** führen, nicht aber, wenn über den Kreis dieser Gerichte hinaus ein anderes Landgericht vereinbart werden soll.[7] **3**

B. Allgemeines

I. Bedeutung, Anwendungsbereich und Wirkung

Zweck der Vorschrift des § 40 ist die Einschränkung der Möglichkeiten zum Abschluss einer Gerichtsstandsvereinbarung.[8] In Prozessen des Gewerblichen Rechtsschutzes und Urheberrechts wird verhindert, dass die Bündelung und Förderung richterlichen Erfahrungswissens in Spezialsachen (→ § 1 Rn. 2) durch eine Gerichtsstandsvereinbarung oder rügelose Einlassung wieder unterlaufen wird. **4**

§ 40 gilt für die **sachliche, örtliche** und **internationale** Zuständigkeit. Die Vorschrift ist **zwingend** und **von Amts wegen** zu beachten.[9] Ein ausschließlich inländischer Gerichtsstand begründet zugleich die ausschließliche internationale Zuständigkeit der deutschen Gerichte und macht auch die Derogation unzulässig.[10] **5**

II. Voraussetzungen

1. Bestimmtes Rechtsverhältnis. Zum Rechtsverhältnis → § 256 Rn. 2. Es ist bestimmt, wenn die konkrete Rechtsbeziehung **hinreichend individualisiert** werden kann und die sich daraus ergebenden Streitigkeiten für die Beteiligten **absehbar** sind.[11] Es kann sich auch um ein künftiges Rechtsverhältnis handeln, soweit es bestimmbar ist.[12] **6**

2. Kein ausschließlicher Gerichtsstand. Ist für die Klage oder Widerklage ein ausschließlicher Gerichtsstand eröffnet (vgl. → Rn. 2), ist eine entgegenstehende Prorogation unzulässig. Ist der Gerichtsstand jedoch nur in einer Beziehung ausschließlich, ist eine Prorogation iÜ zulässig.[13] So ist bspw. die rügelose Einlassung in einer Markenstreitsache vor einem örtlich unzuständigen Gericht für Kennzeichenstreitsachen (→ § 1 Rn. 63) wirksam. **7**

C. Besonderheiten bei internationalen Verfahren

Soweit ein grenzüberschreitender Sachverhalt zu beurteilen ist, geht im Anwendungsbereich der ausschließlichen Zuständigkeit des **Art. 24 Nr. 4 EuGVVO** (bzw. des Art. 22 Nr. 4 LugÜ) deren **Art. 25 Abs. 4, Art. 26 Abs. 1 S. 2 und Art. 27 EuGVVO** vor.[14] Wegen der Einzelheiten einer Prorogation oder Derogation in diesen Fällen wird insoweit auf die Erläuterungen bei der Internationalen Zuständigkeit (→ Vor § 12 Rn. 56–58) verwiesen. **8**

Art. 97 Abs. 4 Buchst. a und b UMV[15] lässt die **Prorogation** in Unionsmarkenstreitsachen (→ § 1 Rn. 66–71) gem. Art. 25 EuGVVO bzw. die **rügelose Einlassung** gem. Art. 26 EuGVVO (→ Vor § 12 Rn. 56 ff.) nur zu, wenn die Parteien vereinbaren, dass ein **anderes Unionsmarkengericht** zuständig sein soll bzw. die Einlassung vor einem anderen Unionsmarkengericht erfolgt. Im Übrigen ist die ausschließliche sachliche Zuständigkeit der Unionsmarkengerichte derogationsfest (Art. 124, 125 UMV). Zu beachten ist allerdings, dass das nationale Zuständigkeitsrecht bei einstweiligen Maßnahmen nicht verdrängt ist (→ Vor § 12 Rn. 60 f.). **9**

Wie bei der Unionsmarke lässt die zu Art. 125 Abs. 4 UMV inhaltsgleiche Regelung in Art. 82 Abs. 4 Buchst. a und b GGV[16] die **Prorogation** und die rügelose Einlassung in Gemeinschaftsgeschmacksmusterstreitsachen (→ § 1 Rn. 86–92) nur dann zu, wenn dies zur Zuständigkeit eines **10**

---

[4] → § 38 Rn. 9.
[5] → § 38 Rn. 13.
[6] → § 38 Rn. 12.
[7] Für das PatentR: BGH GRUR 1953, 114 (117); 1962, 305 (306) – Federspannvorrichtung; für das Markenrecht: Ingerl/*Rohnke* MarkenG § 140 Rn. 35; *Fezer* NJW 1997, 2915 (2917); für das Designrecht: Eichmann/Jestaedt/Fink/Meiser DesignG § 52 Rn. 13.
[8] MüKoZPO/*Patzina* ZPO § 40 Rn. 1.
[9] Zöller/*Schultzky* ZPO § 40 Rn. 2; Musielak/*Heinrich* ZPO § 40 Rn. 2.
[10] BGH GRUR 1986, 325 (327) – Peters.
[11] Zöller/*Schultzky* ZPO § 40 Rn. 3; Musielak/*Heinrich* ZPO § 40 Rn. 3, jeweils mwN.
[12] Thomas/Putzo/*Hüßtege* ZPO § 40 Rn. 4.
[13] Musielak/*Heinrich* ZPO § 40 Rn. 5.
[14] MüKoZPO/*Patzina* ZPO § 40 Rn. 12; Thomas/Putzo/*Hüßtege* ZPO § 39 Rn. 1.
[15] VO (EG) 207/2009.
[16] Die Verweisung auf die EuGVÜ gilt gem. Art. 68 Abs. 2 EuGVVO als Verweisung auf die EuGVVO.

anderen Gemeinschaftsgeschmacksmustergericht führt.[17] Auch hier ist das nationale Zuständigkeitsrecht dagegen bei einstweiligen Maßnahmen nicht verdrängt (→ Vor § 12 Rn. 60 f.).

11 Art. 101 Abs. 1 Sortenschutz-VO[18] verweist auf das Lugano-Übereinkommen. Danach sind Gerichtsstandsvereinbarungen oder eine rügelose Einlassung unter den Voraussetzungen des Art. 17 LugÜ und des Art. 18 LugÜ (1988) möglich. Auch hier gilt, dass gem. § 101 Abs. 4 Sortenschutz-VO iVm § 38 Abs. 1 und 2 SortG eine Gerichtsstandsvereinbarung oder rügelose Einlassung nur dann wirksam ist, wenn sie zur Zuständigkeit der Gerichte für Sortenschutzstreitsachen führt (→ § 1 Rn. 50 f.).

§ 41 Ausschluss von der Ausübung des Richteramtes

Ein Richter ist von der Ausübung des Richteramtes kraft Gesetzes ausgeschlossen:
1. in Sachen, in denen er selbst Partei ist oder bei denen er zu einer Partei in dem Verhältnis eines Mitberechtigten, Mitverpflichteten oder Regresspflichtigen steht;
2. in Sachen seines Ehegatten, auch wenn die Ehe nicht mehr besteht;
2a. in Sachen seines Lebenspartners, auch wenn die Lebenspartnerschaft nicht mehr besteht;
3. in Sachen einer Person, mit der er in gerader Linie verwandt oder verschwägert, in der Seitenlinie bis zum dritten Grad verwandt oder bis zum zweiten Grad verschwägert ist oder war;
4. in Sachen, in denen er als Prozessbevollmächtigter oder Beistand einer Partei bestellt oder als gesetzlicher Vertreter einer Partei aufzutreten berechtigt ist oder gewesen ist;
5. in Sachen, in denen er als Zeuge oder Sachverständiger vernommen ist;
6. in Sachen, in denen er in einem früheren Rechtszug oder im schiedsrichterlichen Verfahren bei dem Erlass der angefochtenen Entscheidung mitgewirkt hat, sofern es sich nicht um die Tätigkeit eines beauftragten oder ersuchten Richters handelt;
7. in Sachen wegen überlanger Gerichtsverfahren, wenn er in dem beanstandeten Verfahren in einem Rechtszug mitgewirkt hat, auf dessen Dauer der Entschädigungsanspruch gestützt wird;
8. in Sachen, in denen er an einem Mediationsverfahren oder einem anderen Verfahren der außergerichtlichen Konfliktbeilegung mitgewirkt hat.

§ 42 Ablehnung eines Richters

(1) Ein Richter kann sowohl in den Fällen, in denen er von der Ausübung des Richteramts kraft Gesetzes ausgeschlossen ist, als auch wegen Besorgnis der Befangenheit abgelehnt werden.

(2) Wegen Besorgnis der Befangenheit findet die Ablehnung statt, wenn ein Grund vorliegt, der geeignet ist, Misstrauen gegen die Unparteilichkeit eines Richters zu rechtfertigen.

(3) Das Ablehnungsrecht steht in jedem Fall beiden Parteien zu.

§ 43 Verlust des Ablehnungsrechts

Eine Partei kann einen Richter wegen Besorgnis der Befangenheit nicht mehr ablehnen, wenn sie sich bei ihm, ohne den ihr bekannten Ablehnungsgrund geltend zu machen, in eine Verhandlung eingelassen oder Anträge gestellt hat.

§ 44 Ablehnungsgesuch

(1) Das Ablehnungsgesuch ist bei dem Gericht, dem der Richter angehört, anzubringen; es kann vor der Geschäftsstelle zu Protokoll erklärt werden.

(2) ¹Der Ablehnungsgrund ist glaubhaft zu machen; zur Versicherung an Eides statt darf die Partei nicht zugelassen werden. ²Zur Glaubhaftmachung kann auf das Zeugnis des abgelehnten Richters Bezug genommen werden.

(3) Der abgelehnte Richter hat sich über den Ablehnungsgrund dienstlich zu äußern.

(4) ¹Wird ein Richter, bei dem die Partei sich in eine Verhandlung eingelassen oder Anträge gestellt hat, wegen Besorgnis der Befangenheit abgelehnt, so ist glaubhaft zu machen, dass der Ablehnungsgrund erst später entstanden oder der Partei bekannt geworden sei. ²Das Ablehnungsgesuch ist unverzüglich anzubringen.

§ 45 Entscheidung über das Ablehnungsgesuch

(1) Über das Ablehnungsgesuch entscheidet das Gericht, dem der Abgelehnte angehört, ohne dessen Mitwirkung.

(2) ¹Wird ein Richter beim Amtsgericht abgelehnt, so entscheidet ein anderer Richter des Amtsgerichts über das Gesuch. ²Einer Entscheidung bedarf es nicht, wenn der abgelehnte Richter das Ablehnungsgesuch für begründet hält.

(3) Wird das zur Entscheidung berufene Gericht durch Ausscheiden des abgelehnten Mitglieds beschlussunfähig, so entscheidet das im Rechtszug zunächst höhere Gericht.

§ 46 Entscheidung und Rechtsmittel

(1) Die Entscheidung über das Ablehnungsgesuch ergeht durch Beschluss.

(2) Gegen den Beschluss, durch den das Gesuch für begründet erklärt wird, findet kein Rechtsmittel, gegen den Beschluss, durch den das Gesuch für unbegründet erklärt wird, findet sofortige Beschwerde statt.

§ 47 Unaufschiebbare Amtshandlungen

(1) Ein abgelehnter Richter hat vor Erledigung des Ablehnungsgesuchs nur solche Handlungen vorzunehmen, die keinen Aufschub gestatten.

(2) ¹Wird ein Richter während der Verhandlung abgelehnt und würde die Entscheidung über die Ablehnung eine Vertagung der Verhandlung erfordern, so kann der Termin unter Mitwirkung des abgelehnten Richters fortgesetzt werden. ²Wird die Ablehnung für begründet erklärt, so ist der nach Anbringung des Ablehnungsgesuchs liegende Teil der Verhandlung zu wiederholen.

---

[17] Büscher/Dittmer/Schiwy/*Auler* GGV Art. 82 Rn. 6.
[18] VO (EG) 2100/94.

§ 48 Selbstablehnung; Ablehnung von Amts wegen
Das für die Erledigung eines Ablehnungsgesuchs zuständige Gericht hat auch dann zu entscheiden, wenn ein solches Gesuch nicht angebracht ist, ein Richter aber von einem Verhältnis Anzeige macht, das seine Ablehnung rechtfertigen könnte, oder wenn aus anderer Veranlassung Zweifel darüber entstehen, ob ein Richter kraft Gesetzes ausgeschlossen sei.

§ 49 Urkundsbeamte
Die Vorschriften dieses Titels sind auf den Urkundsbeamten der Geschäftsstelle entsprechend anzuwenden; die Entscheidung ergeht durch das Gericht, bei dem er angestellt ist.

Abschnitt 2. Parteien

Titel 1. Parteifähigkeit; Prozessfähigkeit

§ 50 Parteifähigkeit

(1) **Parteifähig ist, wer rechtsfähig ist.**

(2) **Ein Verein, der nicht rechtsfähig ist, kann klagen und verklagt werden; in dem Rechtsstreit hat der Verein die Stellung eines rechtsfähigen Vereins.**

A. Allgemeines

I. Einführung

Unter dem Begriff der **Parteifähigkeit** versteht man die Fähigkeit, Aktiv- oder Passivsubjekt eines Prozesses zu sein[1]. Die Parteifähigkeit ist Prozessvoraussetzung und in jeder Verfahrenslage, auch in der Berufungsinstanz, von Amts wegen zu prüfen[2]. Ohne sie darf ein Sachurteil nicht ergehen[3]. 1

§ 50 ZPO knüpft die Parteifähigkeit an die **Rechtsfähigkeit.** Jeder, der rechtsfähig ist, ist daher auch parteifähig. Dies bedeutet aber nicht, dass umgekehrt jedem, der nicht rechtsfähig ist, zugleich auch automatisch die Parteifähigkeit abzusprechen wäre[4]. 2

II. Parteifähigkeit einzelner Rechtsgebilde

Parteifähig sind neben **natürlichen Personen**[5] insbesondere juristische Personen des Privatrechts, wie etwa die **Aktiengesellschaft**[6] oder die Gesellschaft mit beschränkter Haftung **(GmbH)**[7] sowie **Stiftungen**[8] und **eingetragene Vereine**[9]. Zwar fehlt der Zweigniederlassung einer GmbH die Parteifähigkeit, jedoch kann ihr Verhalten als eine Verfahrenshandlung des Unternehmensträgers verstanden werden[10]. Eine gelöschte Gesellschaft ist im Passivprozess parteifähig, wenn der Kläger substanziiert behauptet, bei der Gesellschaft sei noch Vermögen vorhanden[11]. Für nichtrechtsfähige Vereine durchbricht die Zivilprozessordnung nunmehr in § 50 Abs. 2 ZPO die Verknüpfung von Rechts- und Parteifähigkeit und bestimmt, dass auch sie trotz ihrer fehlenden Rechtsfähigkeit sowohl auf Kläger- als auch auf Beklagtenseite Partei eines Rechtsstreits sein können[12]. 3

Gleiches gilt für juristische Personen des öffentlichen Rechts, also insbesondere **Gebietskörperschaften** sowie **sonstige Körperschaften, Anstalten und Stiftungen** des öffentlichen Rechts[13]. Mangels einer § 61 Nr. 1, 3, § 78 Abs. 1 Nr. 2 VwGO entsprechenden Regelung sind Behörden selbst im Zivilprozess nur kraft besonderer – im Bereich des gewerblichen Rechtsschutzes regelmäßig fehlender – gesetzlicher Bestimmungen Partei und allein insoweit parteifähig[14]. Die Arbeitsgemeinschaft der öffentlich-rechtlichen Rundfunkanstalten der Bundesrepublik Deutschland (ARD) ist in Rechtsstreitigkeiten, die die Erfüllung der den Rundfunkanstalten zugewiesenen öffentlich-rechtlichen 4

---

[1] Zöller/*Vollkommer* ZPO § 50 Rn. 1.
[2] OLG Düsseldorf BeckRS 2016, 3308.
[3] BGH NJW 1997, 557 (568).
[4] MüKoZPO/*Lindacher* § 50 Rn. 23.
[5] Vgl. § 1 BGB.
[6] Vgl. § 1 Abs. 1 AktG.
[7] Vgl. § 13 GmbHG.
[8] Vgl. §§ 21 ff. BGB.
[9] Vgl. § 80 BGB.
[10] BPatG BeckRS 2019, 28933.
[11] OLG München NZG 2017, 1071.
[12] § 50 Abs. 2 ZPO, geändert durch Art. 3 des Gesetzes vom 24.9.2009 (vgl. BGBl. I S. 3145).
[13] Musielak/Voit/*Weth* ZPO § 50 Rn. 20; Zöller/*Althammer* ZPO § 50 Rn. 11 f.
[14] BGH BeckRS 2016, 07799.

Aufgaben betreffen (wie etwa die Bereitstellung eines Telemedienangebots), nicht gemäß § 50 ZPO parteifähig[15]. Der gemäß § 56 ZPO von Amts wegen zu berücksichtigende **Verlust der Parteifähigkeit** tritt erst mit Vollbeendigung der juristischen Person ein[16], also der Löschung der vermögenslosen Gesellschaft im Handelsregister[17]. Bestehen dagegen Anhaltspunkte dafür, dass noch verwertbares Vermögen vorhanden ist, bleibt die Gesellschaft trotz der Löschung rechts- und parteifähig[18]. Eine gelöschte Gesellschaft ist daher im Passivprozess parteifähig, wenn der Kläger substanziiert behauptet, bei der Gesellschaft sei noch Vermögen vorhanden[19].

5   Darüber hinaus sind auch die Handelsgesellschaften nach dem HGB, wozu insbesondere die **Offene Handelsgesellschaft (OHG)** und die **Kommanditgesellschaft (KG)** zählen, rechts- und damit parteifähig[20]. Da es sich bei einer **GmbH & Co. KG** letztlich um eine Kommanditgesellschaft handelt, deren persönlich haftender Gesellschafter eine GmbH ist, ist auch eine solche Gesellschaft rechts- und mithin parteifähig. Sie verliert ihre Parteifähigkeit nicht schon mit der Eintragung der Auflösung im Handelsregister und dem damit verbundenen Eintritt in das Abwicklungsstadium, sondern erst mit Vollbeendigung, wenn das letzte Aktivvermögen verteilt ist[21]. Dies gilt schließlich auch für die **Außen-GbR,** nachdem der Bundesgerichtshof ihr die Rechtsfähigkeit zuerkannt hat[22]. Um eine Solche handelt es sich etwa bei einem Zusammenschluss von Rechts- und Patentanwälten; dieser ist somit auch im Patenteinspruchsverfahren parteifähig[23].

6   Handelt es sich bei einer Partei um eine Handelsgesellschaft, ist sie gemäß § 6 HGB Formkaufmann und kann daher ebenso wie Kaufleute nach § 17 Abs. 2 HGB unter ihrer **Firma** klagen und verklagt werden. Wird eine Klage lediglich unter Angabe der Firma erhoben, ist Kläger derjenige, der im Zeitpunkt der Klageerhebung Inhaber der Firma ist[24]. Die Firma selbst ist nicht parteifähig[25]. Für die Beurteilung der Parteifähigkeit kommt es ausschließlich auf die Rechtsfähigkeit des hinter der Firma stehenden Unternehmens an.

III. Verfahren vor dem Bundespatentgericht und den Ämtern

7   § 50 ZPO findet über die Verweisungen in § 99 PatG[26] sowie in § 82 Abs. 1 MarkenG auch in Verfahren vor dem **Bundespatentgericht** Anwendung. Darüber hinaus setzen auch Verfahrenshandlungen vor dem **Deutschen Patent- und Markenamt** sowie vor dem **Europäischen Patentamt** die Parteifähigkeit des Handelnden voraus, die ebenfalls unter entsprechender Anwendung von § 50 ZPO zu beurteilen ist[27].

IV. Parteifähigkeit bei ausländischen Gesellschaften

8   Die Beurteilung der Partei- und damit der Rechtsfähigkeit ausländischer Personen hat in Verfahren des gewerblichen Rechtsschutzes eine besondere Bedeutung, denn häufig stehen sich sowohl im Verletzungs- als auch im Rechtsbestandsverfahren Personen gegenüber, welche ihren **Sitz** außerhalb der Bundesrepublik Deutschland haben.

9   In solchen Fällen beurteilt sich die Parteifähigkeit nach der lex fori, also nach deutschem Prozessrecht[28]. Danach ist eine Partei gemäß § 50 ZPO iVm Art. 7 EGBGB dann parteifähig, wenn sie nach dem Recht des Staates, dem sie angehört, rechtsfähig ist[29]. Für die Beurteilung der Frage der Rechtsfähigkeit ist somit immer das Recht des Staates heranzuziehen, in welchem die Partei ihren **Verwaltungssitz** hat. Maßgebend dafür ist der Tätigkeitsort der Geschäftsführung und der dazu berufenen Vertretungsorgane, also der Ort, wo die grundlegenden Entscheidungen der Unternehmensleitung effektiv in laufende Geschäftsführungsakte umgesetzt werden[30]. Beispielsweise endet etwa die Rechtsfähigkeit – und somit auch die Parteifähigkeit gemäß § 50 Abs. 1 ZPO – einer nach englischem Recht gegründeten Limited mit ihrer Löschung im englischen Gesellschaftsregister, weswegen etwa eine von

---

[15] BGH GRUR 2015, 1228 – Tagesschau-App.
[16] BGH GRUR 2008, 625 – Fruchtextrakt.
[17] BGH GRUR-RS 2020, 10838 – Internet-Radiorecorder.
[18] BGH NJW-RR 2011, 115 (116); GRUR-RS 2020, 10838 – Internet-Radiorecorder.
[19] OLG München NZG 2017, 1071.
[20] Vgl. § 124 HGB (iVm § 161 Abs. 2 HGB).
[21] BPatG BeckRS 2016, 7110.
[22] BGH NJW 2001, 1056; Zöller/*Vollkommer* ZPO § 50 Rn. 17; vgl. zum Markenbeschwerdeverfahren: BGH BeckRS 2014, 19309.
[23] BPatG BeckRS 2018, 21164.
[24] Baumbach/*Hopt* HGB § 17 Rn. 4.
[25] BeckOK PatR/*Voß* PatG Vor § 139 Rn. 90.
[26] Ggf. iVm §§ 18 GebrMG bzw. § 23 DesignG.
[27] BPatG GRUR 2006, 169 – Einspruchserhebung mehrerer durch gemeinsamen Vertreter; Schulte/*Schulte* PatG Einleitung Rn. 39.
[28] OLG Düsseldorf BeckRS 2016, 03040.
[29] BGH NJW 2009, 289; LG Düsseldorf BeckRS 2012, 08494; Zöller/*Althammer* ZPO § 50 Rn. 9.
[30] OLG Düsseldorf BeckRS 2016, 3308.

einer solchen Gesellschaft nach ihrer Löschung eingelegte Berufung unzulässig wäre[31]. Wird eine in Deutschland verklagte Limited nach Rechtshängigkeit im Gründungsstaat England gelöscht und verliert sie hierdurch ihre Rechtsfähigkeit, ist sie – vorbehaltlich einer Weiterführung als Rest-, Spalt- oder Liquidationsgesellschaft oder als Einzelunternehmer – nicht mehr partei- oder prozessfähig[32]. Zur Ermittlung der Rechts- und damit letztlich auch der Parteifähigkeit stehen dem Richter im Wege des sog. Freibeweises alle ihm zugänglichen Erkenntnisquellen zur Verfügung, wobei er sich insbesondere regelmäßig auf ein Gutachten eines mit den einschlägigen Fragen betrauten wissenschaftlichen Instituts berufen kann[33]. Nach ihrem Heimatrecht nicht rechtsfähige Personenvereinigungen sind in Deutschland parteifähig, wenn sie nach ihrem Personalstatut ungeachtet der fehlenden Rechtsfähigkeit parteifähig sind[34].

Problematisch sind die Fälle, in denen eine Gesellschaft während eines Verfahrens ihren **Sitz** ins Inland oder in einen anderen Staat **verlegt.** 10

Nach der Rechtsprechung des **Bundesgerichtshofes**[35], die auf der Entscheidung „Überseering" des **Europäischen Gerichtshofes** beruht[36], ist die in einem Vertragsstaat nach dessen Vorschriften wirksam gegründete Gesellschaft in einem anderen Vertragsstaat unabhängig von dem Ort ihres tatsächlichen Verwaltungssitzes in der Rechtsform anzuerkennen, in der sie gegründet wurde (**„Gründungstheorie"**)[37]. Somit ist innerhalb der Europäischen Union eine identitätswahrende grenzüberschreitende Sitzverlagerung zulässig, soweit sie im Einklang mit dem Recht desjenigen Staates steht, welchen die Gesellschaft verlässt[38]. 11

Diese Grundsätze gelten für eine im Bereich der **EFTA** – Mitglieder (European Free Trade Association) Island und Norwegen gegründete Gesellschaft entsprechend[39]. Demgegenüber findet die Gründungstheorie im Verhältnis zwischen Deutschland und der Schweiz keine Anwendung, da die Schweiz zwar Mitglied der EFTA, nicht aber auch Partei des mit den übrigen EFTA-Staaten mit der Europäischen Union geschlossenen EWR-Abkommens ist[40]. 12

Existieren ein **zweiseitiges Abkommen,** sind dessen Regelungen für die Beurteilung der Rechts- und damit auch der Parteifähigkeit heranzuziehen[41]. So ist für die Beurteilung der Parteifähigkeit US-amerikanischer Gesellschaften der Freundschafts-, Handels- und Schifffahrtsvertrag vom 29.10.1954 heranzuziehen, der in Art. XXV Abs. 5 S. 2 ebenfalls auf das Gründungsrecht abstellt[42]. 13

In allen übrigen Fällen gilt die Sitztheorie weiterhin, so dass sich die Rechtsfähigkeit nach dem Recht des tatsächlichen Verwaltungssitzes der Gesellschaft richtet[43]. Beispielsweise ist eine in der Schweiz gegründete Aktiengesellschaft somit in Deutschland nur dann rechts- und damit parteifähig, wenn sie im deutschen Handelsregister eingetragen ist, was eine Neugründung voraussetzt[44]. 14

B. Folgen fehlender Parteifähigkeit

Ist eine der Parteien während des gesamten Prozesses nicht parteifähig, wird die Klage durch **Prozessurteil** abgewiesen, wobei auch eine **Kostenentscheidung** gegen die prozessunfähige Partei selbst ergeht, soweit sie Vollstreckungsschuldner sein kann[45]. Andernfalls hat der Verursacher des Rechtsstreits dessen Kosten zu tragen[46]. 15

Fällt die Parteifähigkeit einer der Parteien während eines Verletzungsprozesses weg, bleibt eine wirksam erteilte Prozessvollmacht bestehen, so dass das Verfahren – anders als im Parteiprozess – nicht nach § 239 ZPO **unterbrochen** wird. Da die Parteifähigkeit als Prozesshandlungsvoraussetzung im Schluss der mündlichen Verhandlung vorliegen muss, ist damit auch in diesem Fall die Klage durch Prozessurteil abzuweisen. Darüber hinaus kommt nur eine **Aussetzung** der Verhandlung nach § 246 ZPO in betracht[47]. 16

Dabei ist jedoch im Einzelfall sorgfältig zu prüfen, ob die Parteifähigkeit tatsächlich vollständig weggefallen ist. Denn beruht der vermeintliche Wegfall der Parteifähigkeit, wie häufig, auf der 17

---

[31] KG BeckRS 2014, 08803.
[32] BGH BeckRS 2017, 101570.
[33] BGH NJW 1991, 1419.
[34] OLG Karlsruhe NZG 2018, 757 (758).
[35] BGH NJW 2003, 1461.
[36] EuGH NJW 2002, 3614 – Überseering.
[37] Vgl. auch EuGH NJW 2003, 3331 – Inspire Art; BGH NJW 2005, 1648 (1649); OLG Karlsruhe NZG 2018, 757 (758).
[38] EuGH NJW 2009, 569 – Cartesio; Zöller/*Althammer* ZPO § 50 Rn. 31.
[39] BGH NJW 2005, 3351; Zöller/*Althammer* ZPO § 50 Rn. 32.
[40] BGH NJW 2009, 289 (290 f.) – Trabrennbahn.
[41] Zöller/*Althammer* ZPO § 50 Rn. 32.
[42] BGH NJW 2003, 1607.
[43] BGH NJW 1986, 2194; 2009, 289 (290) – Trabrennbahn; MüKoZPO/*Lindacher* § 50 Rn. 60.
[44] BGH NJW 2009, 289 (290) – Trabrennbahn.
[45] MüKoZPO/*Lindacher* § 50 Rn. 44.
[46] MüKoZPO/*Lindacher* § 50 Rn. 44.
[47] BGH NJW-RR 1986, 394; Zöller/*Althammer* ZPO § 50 Rn. 6.

Liquidation einer Gesellschaft, gilt diese, solange der **Aktiv- oder Passivprozess** schwebt, als fortbestehend und ist damit parteifähig[48]. Denn während in einem Verletzungsprozess der Kläger mit dem Schutzrecht ein Vermögensrecht in Anspruch nimmt[49], steht dem Beklagten, sollte er den Prozess gewinnen, ein Kostenerstattungsanspruch gegen den Kläger zu[50]. Diese Grundsätze finden vor Verfahren, die vor dem **Bundespatentgericht** geführt werden, entsprechende Anwendung[51].

18 Wird eine in Deutschland verklagte Limited nach Rechtshängigkeit im Gründungsstaat England gelöscht und verliert sie hierdurch nach englischem Recht ihre Rechtsfähigkeit, ist sie – vorbehaltlich einer Weiterführung als Rest-, Spalt- oder Liquidationsgesellschaft oder als Einzelunternehmer – nicht mehr partei- oder prozessfähig. Der Rechtsstreit ist in entsprechender Anwendung von §§ 239, 241 ZPO unterbrochen, sofern die Wiedereintragung der Limited betrieben wird oder betrieben werden kann[52].

§ 51 Prozessfähigkeit; gesetzliche Vertretung; Prozessführung

(1) Die Fähigkeit einer Partei, vor Gericht zu stehen, die Vertretung nicht prozessfähiger Parteien durch andere Personen (gesetzliche Vertreter) und die Notwendigkeit einer besonderen Ermächtigung zur Prozessführung bestimmt sich nach den Vorschriften des bürgerlichen Rechts, soweit nicht die nachfolgenden Paragraphen abweichende Vorschriften enthalten.

(2) Das Verschulden eines gesetzlichen Vertreters steht dem Verschulden der Partei gleich.

(3) Hat eine nicht prozessfähige Partei, die eine volljährige natürliche Person ist, wirksam eine andere natürliche Person schriftlich mit ihrer gerichtlichen Vertretung bevollmächtigt, so steht diese Person einem gesetzlichen Vertreter gleich, wenn die Bevollmächtigung geeignet ist, gemäß § 1896 Abs. 2 Satz 2 des Bürgerlichen Gesetzbuchs die Erforderlichkeit einer Betreuung entfallen zu lassen.

§ 52 Umfang der Prozessfähigkeit

(1) **Eine Person ist insoweit prozessfähig, als sie sich durch Verträge verpflichten kann.**

Literatur: Boos, Aktivlegitimation des Patentinhabers nach Vergabe ausschließlicher Lizenz, GRUR-Prax 2020, 215; *Grunwald,* Die Reichweite der Registervermutung bei nicht beurkundeten Zwischenerwerben, GRUR 2016, 1126; *Issa,* Wieviel Recht ist genug? Zur Aktivlegitimation in Filesharing-Prozessen, ZUM 2016, 431; *Jestaedt,* Die Klagebefugnis des Lizenznehmers im Patentrecht, GRUR 2020, 354; *Karl/Mellulis,* Grenzen des Sukzessionsschutzes bei patentrechtlichen Unterlizenzen, GRUR 2016, 755; *Kühnen,* Patentregister und Inhaberwechsel, GRUR 2014, 137; *Lehmant/Esser,* Nicht-technische Verteidigungen im Patentverletzungsprozess: Aktivlegitimation und Prozesskostensicherheit, GRUR-Prax 2019, 429; Kühnen/Grunwald, Vorbereitung und Durchführung eines Patentverletzungsverfahrens: Gerichtliche Durchsetzung patentrechtlicher Ansprüche, GRUR-Prax 2018, 513 (Teil 1) und 544 (Teil 2); *Lohmann,* Zur Aktivlegitimation im Verletzungsprozess: Die Finanzierungsfalle, Mitt. 2019, 64; *Ohly,* Wirkungen und Reichweite der Registervermutung im Patentrecht, GRUR 2016, 1120; *Pahlow,* Keine Geltendmachung von Schadenersatz durch Markenlizenznehmer? – Ein Plädoyer für mehr Kohärenz zwischen BGH und EuGH, GRUR 2020, 1126; *Pitz,* Aktivlegitimation im Patentverletzungsverfahren, GRUR 2011, 688; *Verhauwen,* Wer darf klagen? – Noch einmal: zur Aktivlegitimation im Patentverletzungsverfahren, GRUR 2011, 116.

Übersicht

	Rn.
A. Allgemeines	1
B. Die Stellung des gesetzlichen und organschaftlichen Vertreters im Prozess	12
C. Vertretungsverhältnisse bei ausgewählten ausländischen Gesellschaften	15
I. England	15
II. Vereinigte Staaten von Amerika	19
III. Frankreich	24
IV. Österreich	28
V. Schweiz	32
D. Prozessführungsbefugnis	36
I. Allgemeines	36
II. Prozessführungsbefugnis und Aktivlegitimation bei gewerblichen Schutzrechten	39
1. Markenrecht	39
2. Patent- und Gebrauchsmusterrecht	45
3. Designrecht	58
4. Unterlassungsklagegesetz	61
5. Gesetz gegen den unlauteren Wettbewerb (UWG)	67
6. Urheberrecht	71

---

[48] Zöller/*Althammer* ZPO § 50 Rn. 5.
[49] BGH GRUR 1991, 522 – Feuerschutzabschluss; BGH NJW-RR 1995, 1237.
[50] BGH NJW 2004, 2523 (2524).
[51] BPatG BeckRS 2010, 10214.
[52] BGH NZG 2017, 394 = MDR 2017, 346 f.

A. Allgemeines

Die §§ 51 und 52 der Zivilprozessordnung regeln die **Prozessfähigkeit,** das heißt die Fähigkeit, Prozesshandlungen selbst oder durch bestellte Vertreter wirksam vorzunehmen oder entgegenzunehmen[1]. 1

§ 51 ZPO findet über die Verweisungen in § 99 PatG[2] sowie in § 82 Abs. 1 MarkenG auch in Verfahren vor dem **Bundespatentgericht** Anwendung. Darüber hinaus setzen auch Verfahrenshandlungen vor dem **Deutschen Patent- und Markenamt** sowie vor dem **Europäischen Patentamt** die Prozessfähigkeit des Handelnden voraus, die ebenfalls unter entsprechender Anwendung von § 51 ZPO zu beurteilen ist[3]. 2

Die Prozessfähigkeit ist zwingende **Prozessvoraussetzung.** Bestehen konkrete Anhaltspunkte dafür, dass eine Partei prozessunfähig sein könnte, hat deshalb das jeweils mit der Sache befasste Gericht **von Amts wegen** zu ermitteln, ob die Prozessunfähigkeit tatsächlich vorliegt, wobei insoweit der Grundsatz des Freibeweises gilt. Verbleiben nach Erschöpfung aller erschließbaren Erkenntnisse hinreichende Anhaltspunkte für eine Prozessunfähigkeit, so gehen etwa verbleibende Zweifel an der Prozessfähigkeit zu Lasten der betroffenen Partei[4]. 3

Als **Prozessvoraussetzung** muss die Prozessfähigkeit zumindest im Schluss der mündlichen Verhandlung vorliegen[5]. Ist dies nicht der Fall, ist die Klage durch Prozessurteil als unzulässig abzuweisen[6]. 4

Da die Prozessfähigkeit zugleich auch eine **Prozesshandlungsvoraussetzung** darstellt, bedarf es der Vertretungsmacht zudem im Zeitpunkt der Vornahme der jeweiligen Prozesshandlung. Andernfalls ist die jeweilige Prozesshandlung, wenn sie nicht genehmigt wird, unwirksam[7]. 5

Wie auch in Bezug auf die Parteifähigkeit stellt die Zivilprozessordnung zur Bestimmung, ob eine Partei prozessfähig ist, auf das materielle Recht ab, denn gemäß § 52 ZPO ist eine Person insoweit prozessfähig, wie sie sich durch Verträge verpflichten kann. 6

Bei **juristischen Personen und sonstigen Gesellschaften** ist daher zu ermitteln, ob die Gesellschaft ordnungsgemäß organschaftlich vertreten wurde. 7

Besondere Bedeutung im Bereich des Gewerblichen Rechtsschutzes haben dabei insbesondere die **Aktiengesellschaft (AG),** deren Vertretung gemäß § 78 Abs. 1 und 2 AktG durch den Vorstand im Wege der Gesamtvertretung erfolgt, die **Gesellschaft mit beschränkter Haftung (GmbH),** nach § 35 Abs. 1 und 2 GmbHG von allen Geschäftsführern gemeinsam vertreten wird. In beiden Fällen ist jedoch eine abweichende Regelung im Gesellschaftsvertrag zulässig. Da es sich dabei allerdings um eine vom gesetzlichen Regelfall abweichende Vereinbarung handelt, ist diejenige Partei, die sich auf eine derartige Vereinbarung beruft, insoweit darlegungs- und ggf. beweispflichtig. Soll demgegenüber eine Willenserklärung gegenüber der Gesellschaft abgegeben werden, genügt es in beiden Fällen bereits von Gesetzes wegen, wenn diese gegenüber einem Vorstandsmitglied oder einem Geschäftsführer abgegeben wird[8]. 8

Bei den **Personenhandelsgesellschaften** erfolgt die Vertretung der **Offenen Handelsgesellschaft (OHG)** in Ermangelung einer entsprechenden Regelung im Gesellschaftsvertrag durch jeden Gesellschafter im Wege der Einzelvertretung, § 125 Abs. 1 und 2 HGB. Dies gilt nach § 161 Abs. 2 HGB entsprechend für die aus mindestens einem Komplementär und einem Kommanditisten bestehende Kommanditgesellschaft, bei welcher allerdings der Kommanditist gemäß § 170 HGB von der Vertretung der Gesellschaft ausgeschlossen ist. 9

In Anwendung der vorstehenden Grundsätze wird die in der Praxis häufig vorkommende **GmbH & Co. KG** daher durch ihre Komplementär-GmbH und diese wiederum durch deren Geschäftsführer als Gesamtvertreter vertreten. 10

Bezüglich der **Gesellschaft bürgerlichen Rechts (GbR)** knüpft § 714 BGB die Vertretungsmacht an die gesellschaftsvertragliche Geschäftsführungsbefugnis. Da § 709 BGB insoweit den Grundsatz der Gemeinschaftlichkeit statuiert, sind ohne eine entsprechende abweichende Regelung nur alle Gesellschafter gemeinschaftlich zur Vertretung der Gesellschaft berechtigt[9]. Zur Passivvertretung, das heißt insbesondere zur Entgegennahme von Willenserklärungen, genügt demgegenüber ein vertretungsberechtigter Gesellschafter[10]. 11

---

[1] Zöller/*Althammer* ZPO § 52 Rn. 1.
[2] Ggf. iVm §§ 18 GebrMG bzw. § 23 DesignG.
[3] Schulte/*Schulte* PatG Einleitung Rn. 43 ff.
[4] BGH NJW-RR 2011, 284; NJW 1996, 1059 (1060).
[5] Zöller/*Althammer* ZPO § 51 Rn. 8 und § 52 Rn. 11 f.
[6] Musielak/Voit/*Weth* ZPO § 52 Rn. 6.
[7] BGHZ 110, 295 f. = NJW 1990, 1735; Zöller/*Althammer* ZPO § 52 Rn. 13.
[8] vgl. § 78 Abs. 2 S. 2 AktG; § 35 Abs. 2 S. 2 GmbHG.
[9] Grüneberg/*Sprau* BGB § 714 Rn. 3.
[10] Grüneberg/*Sprau* BGB § 714 Rn. 4.

B. Die Stellung des gesetzlichen und organschaftlichen Vertreters im Prozess

12 Der gesetzliche oder organschaftliche Vertreter ist **nicht Partei** des Rechtsstreits. Partei bleibt vielmehr allein der Vertretene. Allerdings wird er teilweise wie eine Partei behandelt[11].

13 Bedeutung erlangt dies neben der Möglichkeit der Anordnung des persönlichen Erscheinens nach **§ 141 ZPO** insbesondere, wenn der gesetzliche oder organschaftliche Vertreter im Verletzungsprozess als Beweismittel eingesetzt werden soll[12]. Nach **§ 455 ZPO** ist er nicht als Zeuge, sondern als Partei zu vernehmen. Da eine derartige Parteivernehmung nur unter den engen Voraussetzungen der §§ 445 ff. ZPO zulässig ist, sollte dies bereits bei der Planung des Prozesses einkalkuliert werden.

14 Des Weiteren ordnet § 51 Abs. 2 ZPO an, dass sich die Partei das Verschulden eines gesetzlichen Vertreters zurechnen lassen muss. Hintergrund ist, dass sich das Prozessrisiko nicht zu Lasten des Gegners einer gesetzlich vertretenen Partei verschieben darf[13]. Relevanz erlangt dies im Verletzungsprozess insbesondere im Zusammenhang mit der Frage einer Wiedereinsetzung in den vorigen Stand (§ 233 ZPO) sowie bei der Beurteilung der Frage, ob ein bestimmter Tatsachenvortrag oder die Rüge der fehlenden Zulässigkeit (vgl. § 296 Abs. 1–3 ZPO) verspätet waren[14].

C. Vertretungsverhältnisse bei ausgewählten ausländischen Gesellschaften

I. England

15 Die **Partnership** ist gemäß Ziffer 1 des Partnership Acts 1890 eine Gesellschaft, bei der mindestens zwei Gesellschafter gemeinsam ein Handelsgewerbe betreiben. Sie wird gemäß Ziffer 5 des Partnership Acts 1890 durch die Gesellschafter vertreten, wobei jeder Gesellschafter Einzelvertretungsmacht besitzt. Zwar ist eine abweichende Regelung hiervon möglich. Eine Solche wird gegenüber Dritten aber nur wirksam, wenn dieser die Beschränkung des Gesellschafters kennt[15].

16 Bei der **Limited Partnership** handelt es sich um eine mit der deutschen Kommanditgesellschaft vergleichbare Gesellschaftsform. Sie besteht gemäß Ziffer 4 Abs. 2 des Limited Partnerships Acts 1907 aus mindestens einem unbeschränkt haftenden Gesellschafter („general partner") und einem nur mit seiner Einlage haftenden Gesellschafter („limited partner"). Für sie gilt nach Ziffer 7 des Limited Partnerships Acts 1907 der Partnerships Act 1890 entsprechend, soweit sich im Limited Partnerships Act 1907 keine abweichende Regelung findet. Die Vertretung erfolgt demnach ausschließlich durch die general partner, die limited partner sind gemäß Ziffer 6 des Limited Partnership Acts von der Vertretung ausgeschlossen[16].

17 Die **Limited Liability Partnership** wird nach Ziffer 6 Abs. 1 des Limited Liability Partnership Acts 2000 durch jeden der Gesellschafter vertreten. Die Vertretungsmacht ist im Außenverhältnis unbeschränkt, es sei denn, dem Vertragspartner ist eine im Innenverhältnis bestehende Beschränkung der Vertretungsmacht bekannt[17].

18 Schließlich gelten die vorstehenden Grundsätze für alle nach dem Companies Act 2006 gegründeten Gesellschaften im Wesentlichen entsprechend[18]. Dabei unterscheidet Ziffer 4 des Companies Act 2006 zwischen „private companies" und „public companies", wobei zu Letzteren unter anderem die mit einer deutschen GmbH vergleichbare **Private Limited Partnership** gehört[19]. Während die „private company" gemäß Art. 154 des Companies Act 2006 mindestens einen Direktor haben muss, der die Gesellschaft vertritt, besitzt eine „public company" nach Vorschrift mindestens zwei Direktoren. In diesem Fall erfolgt die Vertretung der Gesellschaft durch das Direktorium („board of Directors") im Wege der Gesamtvertretung, wobei allerdings eine Delegation der Vertretungsmacht auf den Präsidenten des Direktoriums oder auf geschäftsführende Direktoren zulässig ist[20].

II. Vereinigte Staaten von Amerika

19 Die **General Partnership** (G. P.) ist ein Zusammenschluss von mindestens zwei Personen, die als Mitinhaber ein auf Dauer angelegtes Erwerbsgeschäft betreiben (Art. 1 Section 101 Abs. 5 Uniform Partnership Act (1997) U. P. A.). Jeder Partner ist persönlich haftender Gesellschafter und als solcher grundsätzlich auch geschäftsführungs- und vertretungsbefugt[21].

---

[11] MüKoZPO/*Lindacher* § 52 Rn. 31.
[12] MüKoZPO/*Lindacher* § 52 Rn. 31.
[13] BGH NJW-RR 1993, 130 (131).
[14] Vgl. auch MüKoZPO/*Lindacher* § 52 Rn. 33.
[15] Reithmann/Martiny/*Hausmann*, Internationales Vertragsrecht, 8. Aufl., Rn. 7.197.
[16] Reithmann/Martiny/*Hausmann*, Internationales Vertragsrecht, Rn. 7.198.
[17] Reithmann/Martiny/*Hausmann*, Internationales Vertragsrecht, Rn. 7.199.
[18] Reithmann/Martiny/*Hausmann*, Internationales Vertragsrecht, Rn. 7.201.
[19] Reithmann/Martiny/*Hausmann*, Internationales Vertragsrecht, Rn. 7.201.
[20] Reithmann/Martiny/*Hausmann*, Internationales Vertragsrecht, Rn. 7.201.
[21] Reithmann/Martiny/*Hausmann*, Internationales Vertragsrecht, Rn. 7.337.

Die mit einer deutschen Kommanditgesellschaft vergleichbare **Limited Partnership (LP)**, der **20** mindestens ein unbeschränkt haftender „general partner" und mindestens ein lediglich bis zu seiner Einlage haftender „limited partner" angehört, wobei die Gesellschaft gemäß Artikel 4 Section 402 des Uniform Limited Partnership Act durch die persönlich haftenden Gesellschafter im Wege der Einzelvertretung vertreten wird[22]. Die „limited partner" sind demgegenüber nach Artikel 3 Section 302 des Uniform Limited Partnership Act von der Vertretung ausgeschlossen.

Die Vertretung der **Limited Liability Partnership (L. L. P.)** erfolgt durch sämtliche Partner, **21** wobei nach der Eintragung kein Partner mehr für unerlaubte Handlungen seiner Mitgesellschafter haftet. Für diese haften lediglich die handelnde Gesellschaft und die Gesellschaft[23].

Bei der **Limited Liability Company (L. L. C.)** sind alle Gesellschafter berechtigt, die Geschäfte **22** selbst zu führen und die Gesellschaft im Rechtsverkehr zu vertreten, wobei eine Übertragung der Geschäftsführung und Vertretung auf einzelne Geschäftsführer zulässig ist. Auch hier ist die Haftung der Partner auf das Gesellschaftsvermögen beschränkt[24].

Schließlich haftet auch die **Business Corporation (B. C.)** für Verbindlichkeiten nur mit dem **23** Gesellschaftsvermögen (§ 6.22. R. M. B. C. A.) und wird grundsätzlich durch ein Direktorium im Wege der Gesamtvertretung vertreten („board of directors", § 6.22 R. M. B. C. A."). Dabei ist es üblich, die Wahrnehmung von Vertretungsbefugnissen für bestimmte Geschäfte oder Arten von Geschäften auf Ausschüsse („committees") zu übertragen[25]. In der Praxis werden die meisten Geschäfte jedoch von leitenden Angestellten, den sog. „executive officers", abgeschlossen, die vom „board of directors" bestellt werden (§§ 8.40, 8.41 R. M. B. C. A.)[26].

III. Frankreich

Die Vertretung der **Société en nom collective (S. N. C.)** erfolgt durch einen oder mehrere **24** Geschäftsführer („gérants"), wobei gemäß L221-3 des Codes de commerce ohne eine abweichende Regelung alle Gesellschafter auch Geschäftsführer sind und jeder Geschäftsführer Einzelvertretungsmacht hat[27].

Bei der **Société en commandite simple (S. C. S.)** handelt es sich um eine aus Komplementären **25** und Kommanditisten („associés commanditaires") bestehende Gesellschaft, die nach Article L 222-1 Abs. 1 iVm Article L 221-3 des Code de Commerce durch die Komplementäre, nicht aber die Kommanditisten vertreten wird, Article L222-6 des Code de Commerce[28].

Gemäß Article L227-6 des Code de Commerce wird die **Société par Actions Simpifiée** **26** **(S. A. S.)**, eine Aktiengesellschaft in vereinfachter Form, durch den Präsidenten („président désigné") entsprechend des Statuts vertreten, wobei die Vertretungsmacht per Satzung auch anderen Personen wie einem „directeur général" übertragen werden kann[29].

Die mit der deutschen GmbH vergleichbare **Société à responsabilité limitée (S. A. R. L.)** wird **27** nach Article L223-18 durch eine oder mehrere natürliche Personen als Geschäftsführer vertreten, die nicht auch Gesellschafter sein müssen[30].

IV. Österreich

Bei der **Offenen Gesellschaft** handelt es sich gemäß § 105 des Unternehmensgesetzbuches um **28** eine unter einer eigenen Firma geführte Gesellschaft, bei der die Gesellschafter gesamthänderisch verbunden sind und bei der alle Gesellschafter unbeschränkt haften. Sie ist damit mit der deutschen OHG vergleichbar. In Bezug auf die Vertretung bestimmt § 125 Abs. 1 des Unternehmensgesetzbuches, dass jeder Gesellschafter die Gesellschaft vertreten kann, es sei denn, er ist durch den Gesellschaftsvertrag davon ausgeschlossen **(Einzelvertretung).** Allerdings ist nach § 125 Abs. 2 des Unternehmensgesetzbuches möglich, dass sich die Gesellschafter im Gesellschaftsvertrag auf eine Gesamtvertretung verständigen. Die Vertretungsmacht erstreckt sich dabei auf alle gerichtlichen und außergerichtlichen Geschäfte und Rechtshandlungen einschließlich der Veräußerung und Belastung von Grundstücken sowie des Widerrufs der Prokura, wobei Beschränkungen hiervon gegenüber Dritten unwirksam sind, § 126 Abs. 1 und 2 des Unternehmensgesetzbuches.

Die vorstehenden Regeln gelten nach § 161 Abs. 2 des Unternehmensgesetzbuches für die **Kom-** **29** **manditgesellschaft** entsprechend, bei der es sich wie bei der deutschen KG um eine unter eigener Firma geführte, aus Komplementären und Kommanditisten bestehende Gesellschaft handelt.

---

[22] Reithmann/Martiny/*Hausmann*, Internationales Vertragsrecht, Rn. 7.338.
[23] Reithmann/Martiny/*Hausmann*, Internationales Vertragsrecht, Rn. 7.339.
[24] Reithmann/Martiny/*Hausmann*, Internationales Vertragsrecht, Rn. 7.340.
[25] Reithmann/Martiny/*Hausmann*, Internationales Vertragsrecht, Rn. 7.341.
[26] Reithmann/Martiny/*Hausmann*, Internationales Vertragsrecht, Rn. 7.343.
[27] Reithmann/Martiny/*Hausmann*, Internationales Vertragsrecht, Rn. 7.213.
[28] Reithmann/Martiny/*Hausmann*, Internationales Vertragsrecht, Rn. 7.214.
[29] Reithmann/Martiny/*Hausmann*, Internationales Vertragsrecht, Rn. 7.218.
[30] Reithmann/Martiny/*Hausmann*, Internationales Vertragsrecht, Rn. 7.220.

30 Die österreichische **Aktiengesellschaft** wird gemäß § 71 Abs. 1 des Aktiengesetzes gerichtlich und außergerichtlich durch den Vorstand vertreten. Besteht dieser aus mehreren Personen, sind diese in Ermanglung einer anderen satzungsmäßigen Regelung nur gemeinschaftlich vertretungsberechtigt, § 71 Abs. 2 S. 1 AktG, wobei der Vorstand einzelne Vorstandsmitglieder zur Vornahme bestimmter Geschäfte oder Arten von Geschäften ermächtigen kann, § 71 Abs. 2 S. 2 AktG. Für eine gegenüber der Gesellschaft abzugebenden Willenserklärung lässt § 71 Abs. 2 S. 3 AktG deren Abgabe gegenüber der Gesellschaft ausreichen. Schließlich besteht nach § 71 Abs. 3 AktG auch die Möglichkeit, einzelnen Vorstandsmitgliedern, ggf. zusammen mit einem Prokuristen, das Recht zur Vertretung der Gesellschaft einzuräumen.

31 In Bezug auf die **Gesellschaft mit beschränkter Haftung** bestimmt § 18 des GmbH-Gesetzes, dass die GmbH, soweit keine anderslautende Regelung in den Gesellschaftsvertrag aufgenommen wurde, durch sämtliche Geschäftsführer gemeinsam vertreten wird. Zudem kann gemäß § 18 Abs. 3 GmbHG im Gesellschaftsvertrag die Vertretungsmacht auf einzelne Geschäftsführer in Gemeinschaft mit einem Prokuristen übertragen werden. Für die wirksame Abgabe einer Willenserklärung gegenüber der Gesellschaft reicht es nach § 18 Abs. 1 GmbHG schließlich aus, wenn diese gegenüber einer (mit-) zeichnungsberechtigten Person abgegeben wird.

V. Schweiz

32 Die mit der deutschen OHG vergleichbare **Kollektivgesellschaft** ist gemäß Art. 552 des schweizerischen Obligationenrechts eine Gesellschaft, bei der zwei oder mehrere natürliche Personen unter einer gemeinsamen Firma ein Handels-, Fabrikations- oder ein anderes nach kaufmännischer Art geführtes Gewerbe betreiben, ohne dass einer der Gesellschafter in seiner persönlichen Haftung beschränkt wäre. Jeder Gesellschafter hat grundsätzlich Einzelvertretungsmacht[31]. Eine abweichende Regelung bedarf für ihre Wirksamkeit nach Art. 555 des schweizerischen Obligationenrechts der Eintragung im Handelsregister. Die zur Vertretung befugten Gesellschafter sind nach Art. 564 des schweizerischen Obligationenrechts berechtigt, im Namen der Gesellschaft alle Rechtshandlungen vorzunehmen, die der Zweck der Gesellschaft mit sich bringt, wobei eine Beschränkung des Umfangs der Vertretungsbefugnis gegenüber gutgläubigen Dritten keine Wirkung entfaltet.

33 Vergleichbares gilt gemäß Art. 603 des schweizerischen Obligationenrechts für die aus mindestens einem Kommanditisten und einem Komplementär bestehende **Kommanditgesellschaft,** wobei diese durch den oder die Kommanditisten vertreten wird. Schließt demgegenüber der Kommanditist für die Gesellschaft Geschäfte ab, ohne ausdrücklich zu erklären, dass er nur als Prokurist oder als Bevollmächtigter handelt, so haftet er aus diesen Geschäften gutgläubigen Dritten gegenüber gleich dem Komplementär, Art. 605 des schweizerischen Obligationenrechts.

34 Die schweizerische **Aktiengesellschaft** wird nach Art. 718 des schweizerischen Obligationenrechts durch den Verwaltungsrat nach außen vertreten, wobei mangels einer anderweitigen Regelung das Prinzip der Einzelvertretung gilt. Darüber hinaus kann der Verwaltungsrat die Vertretung nach dieser Regelung einem oder mehreren seiner Mitglieder (Delegierte) oder Dritten (Direktoren) übertragen, wobei aber mindestens ein Mitglied des Verwaltungsrates zur Vertretung befugt sein muss. Zudem muss die Gesellschaft durch eine Person vertreten werden können, die ihren Wohnsitz in der Schweiz hat. Die zur Vertretung berechtigten Personen können nach Art. 718a des schweizerischen Obligationenrechts im Namen der Gesellschaft alle Rechtshandlungen vornehmen, die der Zweck der Gesellschaft mit sich bringen kann. Eine Beschränkung ist gegenüber gutgläubigen Dritten unwirksam, wobei hiervon die im Handelsregister eingetragenen Bestimmungen über die ausschließliche Vertretung der Hauptniederlassung oder einer Zweigniederlassung oder über die gemeinsame Vertretung der Gesellschaft ausgenommen sind. Die zur Vertretung der Gesellschaft befugten Personen sind vom Verwaltungsrat zur Eintragung in das Handelsregister anzumelden.

35 In Bezug auf die **Gesellschaft mit beschränkter Haftung** ordnet Art. 814 des schweizerischen Obligationenrechts eine Einzelvertretung durch die Geschäftsführer an, wobei eine abweichende Regelung in den Statuten der Gesellschaft möglich ist. In jedem Fall muss jedoch zumindest Geschäftsführer zur Vertretung befugt sein. Für den Umfang der Vertretungsmacht gelten die Regeln der Aktiengesellschaft entsprechend.

D. Prozessführungsbefugnis

I. Allgemeines

36 Von der Prozessfähigkeit zu unterscheiden ist die in § 51 ZPO ebenfalls angesprochene **Prozessführungsbefugnis.** Hierunter versteht man die Befugnis, ein bestimmtes Recht geltend machen zu dürfen. Eine Solche kann sich nicht nur aus Gesetz ergeben. Vielmehr können Ansprüche auch im Wege der **gewillkürten Prozessstandschaft** geltend gemacht werden. Eine Solche ist zulässig, wenn der Prozessführende – etwa im Rahmen eines Lizenzvertrages – vom Rechtsinhaber zu dieser Art der

---

[31] Reithmann/Martiny/*Hausmann,* Internationales Vertragsrecht, Rn. 7.330.

Prozessführung ermächtigt worden ist und er ein eigenes schutzwürdiges Interesse an ihr hat[32]. Letzteres ist gegeben, wenn die Entscheidung Einfluss auf die eigene Rechtslage des Prozessführungsbefugten hat[33]. Zudem kann es auch durch ein wirtschaftliches Interesse begründet werden[34]. In jedem Fall ist allerdings zu beachten, dass sich das schutzwürdige Eigeninteresse des Prozessstandschafters immer auf das (Schutz-)Recht beziehen muss, zu dessen Geltendmachung er ermächtigt ist. Das ist auch für die Anerkennung eines wirtschaftlichen Eigeninteresses erforderlich und bedeutet, dass nicht jedes wirtschaftliche Eigeninteresse des Prozessstandschafters ausreichend ist. Vielmehr muss sich dieses aus der Beziehung zu dem fremden (Schutz-)Recht ergeben[35]. Eine zwischen Kläger und Beklagten bestehende Konkurrenzsituation, kann bereits ausreichen, um ein wirtschaftliches Interesse und damit das für die Zulässigkeit der gewillkürten Prozessstandschaft erforderliche Interesse zu bejahen[36].

Obwohl die Prozessführungsbefugnis häufig gleichzeitig mit der **Sachbefugnis** diskutiert wird, sind 37 beide Begriffe streng zu unterscheiden. Während es sich bei der Prozessführungsbefugnis um eine Zulässigkeitsvoraussetzung handelt, ist die Sachbefugnis eine Frage der Begründetheit. Sie betrifft die Frage, wer ein bestimmtes Recht (**Aktivlegitimation**) gegen wen (**Passivlegitimation**) geltend machen darf.

Auch die Prozessführungsbefugnis ist eine in jeder Lage des Verfahrens von Amts wegen zu prüfende 38 Zulässigkeitsvoraussetzung, deren Fehlen zu einer Abweisung der Klage als unzulässig führt[37]. Fehlt dem Kläger demgegenüber die Aktivlegitimation oder ist der Beklagte nicht passivlegitimiert, hat die Klage in der Sache keinen Erfolg und ist demnach (als unbegründet) abzuweisen. Soll eine Klage aus eigenem Recht zu einer Solchen in Prozessstandschaft geändert werden, handelt es sich dabei um eine Klageänderung, für welche es im Berufungsverfahren an der Sachdienlichkeit fehlen kann[38].

II. Prozessführungsbefugnis und Aktivlegitimation bei gewerblichen Schutzrechten

1. Markenrecht. Gemäß § 28 Abs. 1 MarkenG wird vermutet, dass das durch Eintragung einer 39 Marke begründete Recht dem im Register als Inhaber Eingetragenen zusteht.

Die Berechtigung zur Geltendmachung von Ansprüchen wegen einer Verletzung der Marke steht 40 somit allein dem tatsächlichen Inhaber der Marke zu. Ihm steht lediglich die in § 28 Abs. 1 MarkenG normierte Vermutung zur Seite, so dass er in einem Verletzungsprozess zunächst auf seine Registereintragung verweisen kann, bis dem Beklagten der Beweis gelingt, dass der Registerstand nicht der tatsächlichen Rechtslage entspricht[39]. Im Regelfall reicht somit, solange der Beklagte den Gegenbeweis nicht erfolgreich geführt hat, zum Nachweis der materiellen Berechtigung die Vorlage der Registereintragung aus[40].

Die **Vermutung der Inhaberschaft** gilt dabei in allen Verfahren vor dem Deutschen Patent- und 41 Markenamt, dem Bundespatentgericht, den ordentlichen Gerichten sowie im Rechtsverkehr mit jedem Dritten[41], also insbesondere bei einer Klage wegen einer Markenverletzung[42] sowie bei einer Löschungsklage[43].

Allerdings enthält § 28 Abs. 2 MarkenG für Verfahren vor dem Patentamt sowie für Beschwerde- 42 und Rechtsbeschwerdeverfahren eine dahingehende Sonderregelung, dass ein Anspruch auf Schutz der Marke und das durch die Eintragung begründete Recht erst ab dem Zeitpunkt geltend gemacht werden dürfen, in dem das Patentamt der Antrag auf Eintragung der Rechtsänderung zugegangen ist. In den in § 28 Abs. 2 MarkenG genannten Fällen kommt es somit nicht darauf an, wer materiellrechtlicher Inhaber der Marke ist. Wird eine Marke übertragen, kann der neue Markeninhaber vielmehr erst klagen, wenn dies dem Patentamt in Form eines Änderungsantrages auch angezeigt wurde.

Nach der Rechtsprechung des **Bundesgerichtshofes** kann ein Dritter sowohl im Markenverlet- 43 zungsverfahren als auch im Amtsverfahren[44] auch auf Grund einer Ermächtigung des Rechteinhabers aus dessen Recht auf Unterlassung[45], Auskunftserteilung an sich[46] und Schadenersatz[47] klagen, wenn er

---

[32] StRspr, vgl. BGH NJW-RR 1988, 126 (127); BeckRS 2016, 17982 mwN.
[33] BGH NJW 1988, 126 (127); 2009, 1213; BeckRS 2016, 17982.
[34] BGH NJW 1995, 3186; WRP 2016, 596; BeckRS 2016, 17982; OLG München BeckRS 2016, 19103.
[35] BGH BeckRS 2016, 17982.
[36] OLG München BeckRS 2016, 19103.
[37] BGH NJW 2000, 738 f.
[38] BGH BeckRS 2017, 101938.
[39] Ingerl/*Rohnke* MarkenG § 28 Rn. 8.
[40] BGH GRUR 1998, 699 – SAM; OLG Hamburg BeckRS 2016, 13894.
[41] Ingerl/*Rohnke* MarkenG § 28 Rn. 5.
[42] BGH GRUR 2002, 190 (191) – Die Profis.
[43] BGH GRUR 1998, 699 – SAM.
[44] Ingerl/*Rohnke* MarkenG § 28 Rn. 13.
[45] BGH GRUR 2001, 344 – DB Immobilienfonds; BGH GRUR 2009, 484 (488) – Metrobus.
[46] BGH GRUR 1995, 216 (219 f.) – Oxygenol II.
[47] BGH GRUR 2009, 181 (184) – Kinderwärmekissen.

ein eigenes schutzwürdiges Interesse hat (**gewillkürte Prozessstandschaft**). Dies gilt allerdings dann nicht, wenn der Markeninhaber seine Ansprüche zugleich selbst geltend macht[48]. Im Übrigen ist stets zu beachten, dass ein Prozessstandschafter nur dann Zahlung von Schadenersatz an sich verlangen kann, wenn ihm durch den Markeninhaber eine entsprechende Einziehungsermächtigung erteilt wurde[49].

44 Ein **Markenlizenznehmer** kann gemäß § 30 Abs. 3 MarkenG eine Klage wegen einer Verletzung der Marke nur mit Zustimmung des Markeninhabers erheben. Unabhängig davon kann er jedoch nach § 30 Abs. 4 MarkenG einer Klage des Markeninhabers beitreten, um den Ersatz seines Schadens geltend zu machen.

45 **2. Patent- und Gebrauchsmusterrecht.** Im Patentrecht kommt **§ 30 Abs. 3 S. 2 PatG** entscheidende Bedeutung zu. Danach bleibt der frühere Patentinhaber nach Maßgabe des Patentgesetzes solange berechtigt und verpflichtet, wie eine Änderung nicht im Patentregister eingetragen ist.

46 Dies bedeutet zunächst nicht, dass die **Übertragung eines Patentes** für ihre materiell-rechtliche Wirksamkeit der Eintragung in das Patentregister bedarf. Vielmehr ist eine derartige Übertragung grundsätzlich **formfrei** möglich, solange es sich nicht um einen Vertrag handelt, der vor dem 31.12.1998 geschlossen wurde und dem Schriftformerfordernis des § 34 GWB unterliegt[50].

47 Die **Eintragung in der Patentrolle** legitimiert den als Patentinhaber Eingetragenen jedoch insbesondere auch für den Verletzungsprozess als Berechtigten[51]. Der im Register eingetragene Patentinhaber ist unabhängig von der materiellen Berechtigung am Klagepatent prozessual befugt, aus dem jeweiligen Patent auf Unterlassung sowie – ab dem Zeitpunkt der Eintragung als Patentinhaber – auf Rückruf und Vernichtung zu klagen, und zwar auch dann, wenn diese Ansprüche vom ausschließlichen Lizenznehmer geltend gemacht werden[52]. Für den Fall der Übertragung eines Patents entscheidet somit der Rollenstand des Patentregisters darüber, wer prozessführungsbefugt ist[53]. Solange die Umschreibung auf den neuen Inhaber nicht erfolgt ist, können Ansprüche wegen Patentverletzung nur von dem noch eingetragenen Altinhaber geltend gemacht werden, selbst wenn dieser aufgrund der Patentübertragung materiell-rechtlich nicht mehr Patentinhaber ist[54]. Der neue Patentinhaber kann demgegenüber nur als gewillkürter Prozessstandschafter klagen[55]. Ist anderseits die Umschreibung erfolgt, so ist der neu eingetragene Erwerber prozessführungsbefugt, unabhängig davon, ob die Übertragung des Patents materiell-rechtlich wirksam ist[56]. Einer Rolleneintragung (dh einer formell legitimierenden Umschreibung) bedarf es ausnahmsweise nicht, wenn der neue Schutzrechtsinhaber seine materielle Berechtigung aus einer Gesamtrechtsnachfolge herleitet[57].

48 Dies gilt unstreitig für die formelle Prozessführungsbefugnis, ist aber für die Frage der **Aktivlegitimation (Sachbefugnis)** teilweise umstritten. Während für die Geltendmachung von Unterlassungs-, Rückruf- und Vernichtungsansprüchen auch insoweit allein auf die Registereintragung abzustellen ist[58], wird die Behandlung von Schadenersatzansprüchen sowie von Ansprüchen auf Auskunftserteilung und Rechnungslegung kontrovers diskutiert.

49 Nach einer, lange Zeit die **herrschende Meinung** darstellenden Auffassung muss für die Geltendmachung von Schadenersatzansprüchen geklärt werden, wer im Zeitpunkt der Verletzungshandlungen materiell-rechtlicher Inhaber des Klagepatents war. Der in der Patentrolle Eingetragene ist somit zwar prozessführungsbefugt, kann jedoch gleichwohl nur den Schaden ersetzen verlangen, der ihm nach dem Erwerb des Klagepatents entstanden ist[59]. Bestreitet der Beklagte im Verletzungsprozess damit die Wirksamkeit der Übertragung mit Erfolg, steht dem Kläger unabhängig davon, ob er im Patentregister als Inhaber des Klagepatents eingetragen ist, kein Schadensersatzanspruch aus eigenem Recht zu[60].

50 Eine andere Auffassung, der unter anderem das **OLG Düsseldorf** zeitweise gefolgt ist[61], sieht demgegenüber den Registerstand auch für den Schadenersatzanspruch als maßgeblich an. Dies lässt sich dogmatisch damit begründen, dass es sich bei § 30 Abs. 3 S. 2 PatG nicht wie bei § 28 Abs. 1 MarkenG um eine bloße Vermutungsregelung, sondern um eine Inhaberfiktion handelt[62]. Weil sich der Ausspruch zur Schadenersatzhaftung streng nach dem Rollenstand richtet, ist nicht nur ein Bestreiten der materiellen Rechtslage durch den Verletzungsbeklagten unerheblich. Vielmehr kann

---

[48] BGH GRUR 1989, 350 (353) – Abbo/Abo.
[49] BGH GRUR 2009, 181 (184) – Kinderwärmekissen; *Ingerl/Rohnke* MarkenG § 28 Rn. 22.
[50] BeckOK PatR/*Hauck* PatG § 15 Rn. 13.
[51] BGH GRUR 2013, 713 (716) – Fräsverfahren; OLG Düsseldorf BeckRS 2011, 20938.
[52] OLG Düsseldorf GRUR-RS 2019, 25285; LG Düsseldorf GRUR-RS 2020, 15928 – Solarzelle; GRUR-RS 2020, 18024 – Solarzelle II.
[53] OLG Düsseldorf GRUR-RR 2011, 84.
[54] OLG Düsseldorf GRUR-RS 2019, 25285 – Biegevorrichtung.
[55] *Pitz* GRUR 2010, 688 (689).
[56] OLG Düsseldorf GRUR-RR 2011, 84 – Rollenumschreibung.
[57] OLG Düsseldorf GRUR-RS 2019, 25285 – Biegevorrichtung.
[58] *Pitz* GRUR 2010, 688 (689); OLG Düsseldorf BeckRS 2016, 09322; 2016, 09323.
[59] *Pitz* GRUR 2010, 688 (689).
[60] *Pitz* GRUR 2010, 688 (689).
[61] OLG Düsseldorf BeckRS 2011, 20938.
[62] *Verhauwen* GRUR 2011, 116 (118 f.).

sich auch der eingetragene Kläger selbst nicht darauf berufen, er sei bereits vor der Umschreibung materiell-rechtlich Inhaber des Patents geworden.

In diesem Zusammenhang hat nunmehr der **Bundesgerichtshof** klargestellt[63], dass für die Sachlegitimation im Verletzungsrechtsstreit nicht die Eintragung im Patentregister, sondern die **materielle Rechtslage maßgeblich** ist. Der bisherige Patentinhaber, der in Ausübung der ihm nach § 30 Abs. 3 S. 2 PatG zustehenden Befugnis die Ansprüche des neuen Inhabers prozessual geltend macht, muss seine Klage daher, soweit die begehrten Leistungen an eine bestimmte Person zu erbringen sind, für den Zeitraum nach dem materiellen Rechtsübergang auf Leistung an den neuen Patentinhaber umstellen. Soweit ein Unterlassungsanspruch nach § 139 Abs. 1 PatG besteht, ist der Beklagte demgegenüber auf die Klage des hierzu nach § 30 Abs. 3 S. 2 PatG legitimierten früheren Patentinhabers nicht zur Unterlassung gegenüber einem bestimmten Berechtigten, sondern zur Unterlassung schlechthin zu verurteilen[64]. Vor diesem Hintergrund ist es für den im Patentregister eingetragenen Kläger ein probates Mittel, einer (zB aufgrund nicht registerrechtlich erfasster Zwischenerwerbe) drohenden umfänglichen Beweisaufnahme zu Fragen der Aktivlegitimation dadurch zu entgehen, dass er keine auf die Vergangenheit (also die Zeit vor seiner Eintragung im Patentregister) bezogenen Anträge stellt bzw., wenn sich erst im laufenden Rechtsstreit unvorhergesehene Probleme ergeben, diese zurücknimmt oder notfalls auf diese verzichtet, damit eine möglichst zügige Entscheidung über den Unterlassungsantrag nicht an einer entsprechenden Aufklärungsarbeit scheitert[65]. Diese rechtlichen Maßstäbe gelten auch für die Beurteilung der Aktivlegitimation im Zusammenhang mit Anträgen auf Verurteilung zur Vernichtung und zum Rückruf, soweit sich deren Geltendmachung auf den Zeitpunkt ab der Eintragung des Klägers im Patentregister beschränkt[66]. Bei der Feststellung der Schadenersatzpflicht und bei der Verurteilung zu Auskunft und Rechnungslegung ist hingegen anzugeben, wessen Schaden zu ersetzen bzw. wem gegenüber die Informationen zu erteilen sind. Insoweit ist eine Verurteilung auch auf eine Klage des durch § 30 Abs. 3 S. 2 PatG legitimierten früheren Patentinhabers hin nur zu Gunsten des tatsächlichen Rechtsinhabers möglich, auch wenn dieser noch nicht im Patentregister eingetragen ist[67].

Allerdings kommt nach der vorgenannten Rechtsprechung der **Eintragung** im Patentregister gleichwohl eine erhebliche **Indizwirkung** zu[68], weshalb Stimmen in der Literatur dafür plädieren, eine vollständige Beweislastumkehr anzunehmen und damit das deutsche Patentregister insoweit ebenso zu behandeln wie das Markenregister (§ 28 Abs. 1 MarkenG) und das Register des EPA im Verfahren vor dem EPG (Regel 8), die jeweils gesetzliche Vermutungen begründen[69]. Eine andere Auffassung versteht die durch den Bundesgerichtshof angesprochene „Indizwirkung" demgegenüber lediglich als eine tatsächliche Vermutung[70]. Nach § 30 Abs. 3 S. 1 PatG darf das Patentamt eine Änderung in der Person des Patentinhabers nur dann im Register vermerken, wenn sie ihm nachgewiesen ist. Angesichts dessen bedarf es im Verletzungsrechtsstreit unabhängig davon, ob man in der vom Bundesgerichtshof angesprochenen „Indizwirkung" eine gesetzliche oder eine tatsächliche Vermutung zugunsten des eingetragenen Inhabers sieht, regelmäßig keines weiteren Vortrags oder Beweisantritts, wenn sich eine Partei auf den aus dem Patentregister ersichtlichen Rechtsbestand beruft. Dies gilt auch, soweit der Kläger geltend macht, er habe das Patent vom Letzteingetragenen erworben. Auch in diesem Fall ist der Kläger aufgrund der Indizwirkung des Registers zunächst davon befreit, die Übertragungsvereinbarung vorzulegen oder ihren Inhalt im Detail wiederzugeben[71]. Eine Partei, die geltend macht, die materielle Rechtslage weiche vom Registerstand ab, muss vielmehr konkrete Anhaltspunkte aufzeigen, aus denen sich die Unrichtigkeit ergibt[72]. Welche Anforderungen hierbei zu stellen sind, hängt von den Umständen des Einzelfalls ab[73]. Nicht ausreichend ist es, die Gültigkeit eines Patentübertragungsvertrags mit der ins Blaue hinein aufgestellten Behauptung in Zweifel zu ziehen, die im notariellen Patentübertragungsvertrag bezeichnete Bevollmächtigte des Verkäufers, deren allgemeine Verfahrensvollmacht unstreitig ist, habe keine spezielle Übertragungsvollmacht gehabt[74]. Hat der Kläger konkret vorgetragen, zwischen welchen Rechtssubjekten und wann die geltend gemachte Patentübertragung mit Wirkung zu welchem Datum stattgefunden haben soll, kann

---

[63] BGH GRUR 2013, 713 (716) – Fräsverfahren; vgl. dazu auch Kühnen GRUR 2014, 137.
[64] BGH GRUR 2013, 713 (716) – Fräsverfahren; OLG Düsseldorf BeckRS 2016, 09322; 2016, 09323; LG Düsseldorf BeckRS 2016, 08040.
[65] OLG Düsseldorf BeckRS 2016, 09322; 2016, 09323; LG Düsseldorf BeckRS 2016, 08040.
[66] OLG Düsseldorf BeckRS 2016, 09322; 2016, 09323; LG Düsseldorf BeckRS 2016, 08040.
[67] So nunmehr auch OLG Düsseldorf BeckRS 2016, 03040; BGH GRUR 2013, 713 (716) – Fräsverfahren.
[68] BGH GRUR 2016, 713 (717) – Fräsverfahren; OLG Hamburg GRUR-RR 2020, 294 – Verpackung für Rauchwaren; OLG Düsseldorf GRUR-RS 2019, 6087 – Improving Handovers; OLG Düsseldorf BeckRS 2017, 129336.
[69] *Ohly* GRUR 2016, 1120 (1126).
[70] *Grunwald* GRUR 2016, 1126.
[71] *Grunwald* GRUR 2016, 1126 (1128).
[72] OLG Hamburg GRUR-RR 2020, 294 – Verpackung für Rauchwaren.
[73] BGH GRUR 2013, 713 (717) – Fräsverfahren; *Ohly* GRUR 2016, 1120 (1121).
[74] OLG Hamburg GRUR-RR 2020, 294 – Verpackung für Rauchwaren.

der Beklagte im Gegenzug unabhängig von seinem Wissensstand nicht pauschal mit Nichtwissen (§ 138 Abs. 4 ZPO) bestreiten. Er muss vielmehr substantiiert dazu vortragen, warum der angebliche Übertragungsvorgang nicht stattgefunden haben oder materiell unwirksam sein soll. Erst dann ist der Kläger gehalten, unter Vorlage der in Frage stehenden Übertragungsvereinbarung seiner sekundären Darlegungslast nachzukommen und den Rechtsübergang näher zu substantiieren[75]. Geht man vor dem Hintergrund der durch den Bundesgerichtshof in seiner Entscheidung „Fräsverfahren"[76] angesprochenen „Indizwirkung" sogar von einer vollständigen Beweislastumkehr aus[77], genügt auch das bloße Aufzeigen entsprechender konkreter Anhaltspunkte nicht. In diesem Fall muss der Vermutungsgegner vielmehr sogar die Unrichtigkeit des Registers zur Überzeugung des Gerichts nachweisen[78].

53 Neben dem (im Patentregister eingetragenen) Patentinhaber, der mit der Vergabe einer ausschließlichen Lizenz nicht notwendigerweise seine materiellen Ansprüche aus dem lizensierten Schutzrecht verliert, wenn er sich mit der Lizenzierung nicht sämtlicher Rechte aus dem Schutzrecht begeben hat oder wenn ihm aus der Lizenzvergabe fortdauernde Vorteile erwachsen[79], ist in Patentsachen auch der ausschließliche[80], nicht aber der einfache **Lizenznehmer** prozessführungsbefugt[81]. Wird nach Abschluss des Lizenzvertrages ein Dritter als Patentinhaber im Register eingetragen, berührt dies nicht die Aktivlegitimation des ausschließlichen Lizenznehmers[82]. Die Frage, ob das eingeräumte Nutzungsrecht ein ausschließliches oder ein nicht ausschließliches sein soll, ist durch Auslegung zu beantworten, wobei im Zweifel ein nicht ausschließliches Nutzungsrecht anzunehmen ist[83]. Ausschließlicher Lizenznehmer ist nur derjenige, der das Patent „ausschließlich", das heißt unter Ausschluss jeglicher Dritter, benutzen darf[84]. Für das Vorliegen einer ausschließlichen Lizenz spricht beispielsweise, wenn sich der Lizenzgeber verpflichtet, keine weiteren Lizenzen zu vergeben, es sei denn, dass dem Lizenznehmer bekannt ist, dass bereits zahlreiche andere Lizenzen vergeben wurden[85]. Erhält der Lizenznehmer das Recht zur Vergabe von Unterlizenzen oder eine Klagebefugnis gegen den Verletzer des lizensierten Schutzrechts, kann dies ebenso für eine ausschließliche Lizenz sprechen[86]. Der Charakter einer ausschließlichen Lizenz geht auch nicht dadurch verloren, dass zwar nur einem einzigen Lizenznehmer für ein gewisses Gebiet eine ausschließliche Lizenz erteilt wird, sich der Lizenzgeber jedoch ein eigenes Nutzungsrecht vorbehält (sog. Alleinlizenz)[87], solange sich der Patentinhaber daneben nicht auch das Recht zur Vergabe weiterer Lizenzen auf dem betreffenden Gebiet vorbehält oder derartige Lizenzen bereits vergeben hat[88]. Um eine einfache, keine Prozessführungsbefugnis begründende einfache Lizenz handelt es sich demgegenüber auch dann, wenn vor der Vergabe einer ausschließlichen Lizenz Dritten eingeräumte einfache Lizenzen unverändert fortbestehen, denn in einem solchen Fall darf der spätere Lizenznehmer das lizensierte Patent nicht ausschließlich, dh unter Ausschluss jeglicher Dritter, benutzen. Etwas anderes gilt nur, wenn die später eingeräumte ausschließliche Lizenz über die zuvor vergebenen einfachen Lizenzen hinausgeht[89].

54 Eine ausschließliche Lizenz verleiht dem Lizenzinhaber im Rahmen des Lizenzvertrages ein gegen jedermann wirkendes Ausschlussrecht, das sowohl das positive Benutzungsrecht als auch das negative Verbietungsrecht umfasst. Dieser gegenüber jedermann wirkende Charakter der ausschließlichen Lizenz schließt es aus, die ausschließliche Lizenz durch eine spätere Vereinbarung zwischen dem Lizenzgeber und dem Lizenznehmer rückwirkend in eine einfache Lizenz umzuwandeln[90]. Nichts anderes gilt grundsätzlich im umgekehrten Fall der rückwirkenden Umwandlung einer einfachen Lizenz in eine ausschließliche Lizenz. Auch insoweit fehlt den Parteien des Lizenzvertrages die Dispositionsbefugnis. Die rückwirkende Erteilung einer ausschließlichen Lizenz ist jedoch unbedenklich, wenn der Lizenznehmer sie in dem erfassten Zeitraum faktisch ohnehin im Einverständnis mit dem Schutzrechtsinhaber als solche ausgeübt und von der unter Schutz gestellten technischen Lehre Gebrauch gemacht hat. In einem solchen Fall bringt die nachträgliche „Erteilung" einer ausschließlichen Lizenz die bereits ohnehin faktisch bestehende Sachlage letztlich nur in Papierform[91].

---

[75] *Kühnen,* Abschn. D Rn. 265; *Grunwald* GRUR 2016, 1126 (1128).
[76] BGH GRUR 2013, 713 (717) – Fräsverfahren.
[77] Ohly GRUR 2016, 1120 (1126).
[78] Ohly GRUR 2016, 1120 (1126).
[79] GRUR 2013, 1269 – Wundverband; OLG Düsseldorf BeckRS 2018, 34555 – Papierrollensäge.
[80] OLG Düsseldorf GRUR-RR 2020, 137 – Bakterienkultivierung; LG Düsseldorf GRUR-RS 2020, 18177; BeckRS 2016, 09813.
[81] BeckOK PatR/*Loth/Hauk* PatG § 15 Rn. 48; BeckOK PatR/*Voß* PatG § 139 Rn. 23.
[82] LG Düsseldorf GRUR-RS 2020, 15928 – Solarzelle.
[83] OLG Düsseldorf BeckRS 2015, 20283.
[84] BGH GRUR-Int 2008, 960 (962) – Tintenpatrone; LG Düsseldorf BeckRS 2012, 06175.
[85] *Groß,* Der Lizenzvertrag, Abschn. A Rn. 37.
[86] *Groß,* Der Lizenzvertrag, Abschn. A Rn. 37.
[87] *Groß,* Der Lizenzvertrag, Abschnitt A Rn. 38; Benkard/Ullmann/*Deichfuß,* PatG, PatG § 15 Rn. 90; *Kühnen,* Handbuch der Patentverletzung, Abschn. D Rn. 294; BeckOK PatR/*Heinrich* EPÜ Art. 73 Rn. 10.
[88] OLG Düsseldorf BeckRS 2015, 18754.
[89] OLG Düsseldorf BeckRS 2015, 18754.
[90] OLG Düsseldorf GRUR-RS 2018, 11286 – Polysiliziumschicht.
[91] OLG Düsseldorf GRUR-RR 2020, 137 – Bakterienkultivierung.

Will der Beklagte die Aktivlegitimation des Klägers unter Verweis auf eine bestehende Lizenzierung des Klagepatents bestreiten, ist es an ihm, zur Existenz, zum Umfang und zur Reichweite entsprechender Lizenzverträge vorzutragen. Er hat alles ihm Mögliche und Zumutbare zu tun, um dieser Obliegenheit nachzukommen. Eine sekundäre Darlegungslast des Patentinhabers kommt nur in Betracht, wenn der zu beweisende Vortrag des Beklagten greifbare Anhaltspunkte für seine Behauptung liefert und gegebenenfalls sowohl die Tatsachen, denen eine Indizwirkung zukommen soll, als auch die Indizwirkung selbst bewiesen werden[92]. **55**

Der Kläger muss seine ausschließliche Lizenz nicht zwingend unmittelbar vom Patentinhaber ableiten. Denn eine ausschließliche Lizenz ist nicht nur übertragbar[93]. Vielmehr darf der Inhaber einer ausschließlichen Lizenz zumindest dann, wenn der Ober-Lizenzvertrag dies ausdrücklich zulässt[94], auch seinerseits **Unterlizenzen** vergeben, und zwar in einem solchen Umfang, dass der Unterlizenznehmer nahezu die gleiche Stellung erlangt wie der Inhaber der ausschließlichen Lizenz selbst[95]. Eine im Zusammenhang mit der Erteilung von Unterlizenzen vieldiskutierte Frage ist die Auswirkung des Erlöschens der Hauptlizenz auf die Unterlizenz. Da es für die Erfolgsaussichten der Verletzungsklage auf den Schluss der letzten mündlichen Verhandlung ankommt, muss der Kläger im Verhandlungsschlusszeitpunkt Inhaber einer ausschließlichen Lizenz am Klagepatent sein, so dass mit dem Wegfall der Unterlizenz auch die Aktivlegitimation des Klägers entfällt. Der Bundesgerichtshof hat einen Wegfall der Unterlizenz beim Erlöschen der Hauptlizenz jedoch verneint, wenn der Hauptlizenznehmer dem Unterlizenznehmer ein ausschließliches Nutzungsrecht gegen Beteiligung an den Lizenzerlösen eingeräumt hat und die Hauptlizenz nicht aufgrund eines Rückrufs wegen Nichtausübung, sondern aus anderen Gründen, wie etwa der einvernehmlichen Aufhebung des Hauptlizenzvertrages, endet[96]. Zwar sind die Entscheidungen zum Urheberrecht ergangen. Jedoch hat der Bundesgerichtshof zugleich darauf hingewiesen, dass der für das Patentrecht zuständige 10. Zivilsenat habe gegen diese Beurteilung auf Anfrage keine Bedenken geäußert[97]. Der Unterlizenznehmer behält demnach seine (ausschließliche) Unterlizenz auch beim Wegfall der Hauptlizenz und bleibt damit aktivlegitimiert, und zwar auch dann, wenn man den Sukzessionsschutz als Vertragsübernahme betrachtet, so dass der Rechtsinhaber beim Wegfall des Hauptlizenzvertrages unmittelbar in den Unterlizenzvertrag eintreten würde[98]. **56**

Die für das Patent dargestellten Grundsätze gelten im Gebrauchsmusterrecht entsprechend[99]. **57**

3. Designrecht. Im Designrecht gelten nach § 8 DesignG der Anmelder und der Rechtsinhaber als berechtigt und verpflichtet. **58**

Dabei sind die Begriffe **„Anmelder"** und **„Rechtsinhaber"** rein registerrechtlich zu verstehen. Sie knüpfen nicht an die materielle Rechteinhaberschaft an. Entsprechend hat weder das DPMA im Anmeldeverfahren noch ein Gericht im Verletzungsverfahren zu prüfen, ob derjenige, der Ansprüche auf bzw. aus einem eingetragenen Design geltend macht, dazu aufgrund materiellen Rechts auch berechtigt ist[100]. **59**

Im Gegensatz zum alten Recht sind § 8 DesignG bzw. Art. 17 GGV nach ihrem klaren Wortlaut („gilt") als Fiktion und anders als etwa § 28 Abs. 1 MarkenG nicht als widerlegbare Vermutung ausgestaltet[101]. Ein Dritter kann sich daher im Rahmen eines Verletzungsprozesses nicht auf die fehlende Berechtigung des formell Eingetragenen berufen[102]. **60**

4. Unterlassungsklagegesetz. Im Gesetz über Unterlassungsklagen bei Verbraucherrechtsverstößen findet sich in **§ 3 UKlaG** eine abschließende Aufzählung anspruchsberechtigter Stellen. Nur die dort im Einzelnen aufgelisteten Stellen sind prozessführungsbefugt, so dass es sich dabei nicht lediglich um eine Frage der Aktivlegitimation handelt[103]. **61**

---

[92] LG Düsseldorf GRUR-RS 2020, 5539 – Zeitfenstersynchronisationsverfahren.
[93] OLG Düsseldorf BeckRS 2014, 14418; aA wohl *Groß*, Der Lizenzvertrag, Abschn. F Rn. 367, der von einem regelmäßigen Ausschluss der Übertragbarkeit ausgeht.
[94] BeckOK PatR/*Heinrich* EPÜ Art. 73 Rn. 11.
[95] Benkard/Ullmann/*Deichfuß*, PatG, PatG § 15 Rn. 93 und 98.
[96] BGH GRUR 2012, 914 – Take Five; BGH GRUR 2012, 916 – M2Trade, Fortführung von BGHZ 180, 344 = GRUR 2009, 946 – Reifen Progressiv.
[97] BGH GRUR 2012, 914 – Take Five; *Kühnen*, Handbuch der Patentverletzung, Abschn. E Rn. 211; *Haedicke* ZGE 11, 377; kritisch: *Dammler/Melullis* GRUR 2013, 781.
[98] So *McGuire/Kunzmann* GRUR 2014, 28 (34); für ein Wahlrecht des Unterlizenznehmers, in den ursprünglichen Vertrag des Hauptlizenzgebers mit dessen Hauptlizenznehmer einzutreten oder alternativ seine Unterlizenz zu verlieren: Karl/Mellulis GRUR 2016, 755.
[99] *Mes* PatG GebrMG § 24 Rn. 38.
[100] Eichmann/*Jestaedt*/Fink/Meiser/*Kühne* DesignG § 8 Rn. 4.
[101] Eichmann/*Jestaedt*/Fink/Meiser/*Kühne* DesignG § 8 Rn. 7; Hasselblatt/v. Gerlach MAH Gewerblicher Rechtsschutz § 45 Rn. 95; aA OLG Frankfurt a. M. GRUR 2017, 98 – Leuchte Macaron.
[102] Eichmann/*Jestaedt*/Fink/Meiser/*Kühne* DesignG § 8 Rn. 6; OLG Frankfurt a. M. GRUR 2017, 98 – Leuchte Macaron.
[103] OLG Düsseldorf BeckRS 2013, 10819; OLG Köln BeckRS 2011, 05558; OLG Hamm BeckRS 2013, 10996; KG BeckRS 2012, 00338; aA noch LG Berlin BeckRS 2010, 10890.

62 Die **Prozessführungsbefugnis** steht daher neben den qualifizierten Einrichtungen im Sinne von § 4 UKlaG[104] rechtsfähigen Verbänden zur Förderung gewerblicher oder selbstständiger beruflicher Interessen[105], den Industrie- und Handelskammern sowie den Handwerkskammern[106] zu. Soweit die in § 4 UKlaG genannten qualifizierten Einrichtungen allerdings Unterlassungs- und Widerrufsansprüche in Bezug auf Allgemeine Geschäftsbedingungen geltend machen wollen[107], fehlt ihnen die Prozessführungsbefugnis, wenn die Allgemeinen Geschäftsbedingungen gegenüber einem Unternehmer verwendet oder zur ausschließlichen Verwendung zwischen Unternehmen verwendet werden. Gemäß § 4 Abs. 4 UKlaG kann das Gericht das Bundesamt für Justiz zur Überprüfung der Eintragung auffordern und die Verhandlung bis zu dessen Entscheidung aussetzen, wenn sich in einem Rechtsstreit begründete Zweifel am Fortbestehen der Eintragungsvoraussetzungen ergeben. Die Frage, ob die Voraussetzungen einer Eintragung nach § 4 Abs. 2 S. 1 UKlaG vorliegen, ist dabei in erster Linie mit Blick auf die den qualifizierten Einrichtungen nach diesem Gesetz zugewiesenen Aufgaben zu beurteilen[108].

63 **Rechtsfähige Verbände** zur Förderung gewerblicher oder selbstständiger gewerblicher Interessen sind jedoch nur dann prozessführungsbefugt, wenn sie insbesondere nach ihrer personellen, sachlichen und finanziellen Ausstattung imstande sind, ihre satzungsgemäßen Aufgaben der Verfolgung gewerblicher oder selbstständiger beruflicher Interessen tatsächlich wahrzunehmen.

64 Das Erfordernis einer zur Wahrnehmung der satzungsgemäßen Aufgabe befähigenden personellen, sachlichen und finanziellen Ausstattung dient dazu, einer **missbräuchlichen Ausnutzung** des Verbandsklagerechts zu begegnen[109]. Die zu besorgende Missbrauchsgefahr droht insbesondere durch lediglich zum Schein bestehende Verbände, deren Verbandszweck nur ein Vorwand ist, die vor allem finanziellen Interessen der für den Verein Tätigen zu fördern[110]. Unter diesem Gesichtspunkt muss der Verband insbesondere in Bezug auf seine personelle Ausstattung aufgrund eigener personeller Kräfte in der Lage sein, das Markt- und Wettbewerbsgeschehen zu beobachten, zu bewerten und typische Verstöße, deren rechtliche Verfolgung keine besonderen Schwierigkeiten aufweist, auch ohne anwaltlichen Rat oder juristisch ausgebildete Mitarbeiter zu erkennen und hierauf zu reagieren[111].

65 Weitere Voraussetzung für **Klagen nach § 2 UKlaG** ist schließlich, dass dem rechtsfähigen Verband zur Förderung gewerblicher oder selbstständiger beruflicher Interessen eine erhebliche Zahl von Unternehmen angehört, die Waren oder Dienstleistungen gleicher oder verwandter Art auf demselben Markt vertreiben und dass durch die angegriffene Handlung, die geeignet ist, den Wettbewerb nicht nur unerheblich zu verfälschen, die Interessen ihrer Mitglieder berührt werden. Dabei kommt es nicht auf die genaue **Zahl von Mitgliedern** an. Ausreichend ist vielmehr, wenn der Verband auf dem einschlägigen Markt nicht unbedeutende Unternehmen als Mitglieder hat, die ihrer Anzahl und/oder Größe, Marktbedeutung oder wirtschaftlichem Gewicht nach als für den einschlägigen Markt repräsentativ angesehen werden können, so dass ein mißbräuchliches Vorgehen des Verbandes ausgeschlossen werden kann[112].

66 Für die Antragsbefugnis im Nichtigkeitsverfahren differenziert § 34 DesignG zwischen den in § 33 DesignG im Einzelnen aufgeführten Nichtigkeitsgründen. Während in Bezug auf die in § 33 Abs. 1 DesignG aufgeführten Nichtigkeitsgründe jedermann antragsberechtigt ist[113], steht die Antragsberechtigung hinsichtlich der Feststellung der Nichtigkeit (§ 33 Abs. 2 DesignG) ausschließlich dem Inhaber des betroffenen Rechts zu[114]. Den Nichtigkeitsgrund gemäß § 33 Abs. 1 Nr. 3 DesignG in Verbindung mit § 3 Abs. 1 Nr. 4 DesignG, das heißt in Bezug auf Designs, die eine missbräuchliche Benutzung eines der in Artikel 6 der Pariser Verbandsübereinkunft zum Schutz des gewerblichen Eigentums aufgeführten Zeichen oder von sonstigen Anzeigen, Emblemen und Wappen von öffentlichem Interesse darstellen, kann allerdings nur derjenige geltend machen, der von der Benutzung betroffen ist; eine Geltendmachung von Amts wegen durch die zuständige Behörde bleibt unberührt[115].

67 **5. Gesetz gegen den unlauteren Wettbewerb (UWG).** Die in **§ 8 Abs. 3 UWG** geregelte Prozessführungsbefugnis[116] stimmt im Wesentlichen mit den entsprechenden Regelungen im Unterlassungsklagegesetz überein, so dass zunächst auf die vorstehenden Ausführungen verwiesen werden kann. Verbände im Sinne von § 8 Abs. 3 Nr. 2 UWG sind berechtigt, Ansprüche ihrer Mitglieder wegen Verstößen gegen § 4 Nr. 2 UWG kraft eigenen Rechts durchzusetzen. Jedenfalls dürfen sie die kollektiven Interessen ihrer Mitglieder dann wahrnehmen, wenn eine anschwärzende Werbung eine

---

[104] Vgl. § 3 Abs. 1 S. 1 Nr. 1 UKlaG.
[105] Vgl. § 3 Abs. 1 S. 1 Nr. 2 UKlaG.
[106] Vgl. § 3 Abs. 1 S. 1 Nr. 3 UKlaG.
[107] Vgl. § 1 UKlaG.
[108] BGH GRUR 2018, 1166 – Prozessfinanzierer.
[109] BGH GRUR 1994, 831 (832) – Verbandsausstattung II; OLG Düsseldorf BeckRS 2013, 10819.
[110] Grüneberg/*Bassenge* BGB UklaG § 3 Rn. 7 f.; OLG Düsseldorf BeckRS 2013, 10819.
[111] Grüneberg/*Bassenge* BGB UKlaG § 3 Rn. 8; OLG Düsseldorf BeckRS 2013, 10819.
[112] BGH NJW 1996, 3276 (3277) – Preisrätselgewinnauslobung III.
[113] § 34 S. 1 DesignG.
[114] § 34 S. 2 DesignG.
[115] § 34 S. 3 DesignG.
[116] Vgl. OLG Köln BeckRS 2011, 05558; KG BeckRS 2012, 00338.

ganze Produktgattung herabsetzt und der Kreis der betroffenen Mitbewerber keinen ausufernden Umfang einnimmt[117].

§ 8 Abs. 3 Nr. 1 UWG ergänzt den Kreis potenzieller Kläger um **Mitbewerber**. Darunter fällt nach der in **§ 2 Abs. 1 Nr. 3 UWG** zu findenden Legaldefinition jeder Unternehmer, der mit einem oder mehreren Unternehmern als Anbieter oder Nachfrager von Waren oder Dienstleistungen in einem konkreten Wettbewerbsverhältnis steht. Für die Eigenschaft als Mitbewerber kommt es somit allein auf das tatsächliche Bestehen eines Wettbewerbsverhältnisses an, unabhängig davon, ob die das Wettbewerbsverhältnis begründende Tätigkeit des Anspruchstellers gesetzes- oder wettbewerbswidrig ist, es sei denn, auch die Geltendmachung wettbewerbsrechtlicher Ansprüche selbst ist ebenfalls gesetzes- oder sittenwidrig[118]. **68**

Zu beachten ist jedoch, dass die sich aus § 8 Abs. 3 Nr. 1 UWG ergebende **Anspruchsberechtigung** dann **nicht besteht**, wenn durch ein wettbewerbswidriges Verhalten nur die Belange eines bestimmten Mitbewerbers betroffen sind[119]. In diesem Fall muss es ihm überlassen werden, ob er das wettbewerbswidrige Verhalten hinnimmt[120]. **69**

Schließlich unterliegt die sich aus § 8 Abs. 3 Nr. 1 UWG ergebende Prozessführungsbefugnis auch **zeitlichen Grenzen**. Sie besteht nur, wenn Anspruchsteller und Anspruchsgegner sowohl im Zeitpunkt der Verletzungshandlung, als am Schluss der letzten mündlichen Verhandlung in einem konkreten Wettbewerbsverhältnis[121] standen[122]. **70**

6. Urheberrecht. Aktivlegitimiert sind zunächst der **Urheber** bzw. der **Leistungsberechtigte** oder deren jeweilige **Rechtsnachfolger**[123]. **71**

Besondere Bedeutung kommt in diesem Zusammenhang der in § 10 Abs. 1 und 2 UrhG normierten Vermutungsregelung zu. Danach wird derjenige, der auf den Vervielfältigungsstücken eines erschienenen Werkes oder auf dem Original eines Werkes der bildenden Künste in der üblichen Weise als Urheber bezeichnet ist, bis zum Beweis des Gegenteils als Urheber des Werkes angesehen, was auch für eine Bezeichnung, die als Deckname oder Künstlername oder Künstlerzeichen des Urhebers bekannt ist, gilt. Fehlt es an einer solchen Bezeichnung, so wird vermutet, dass derjenige ermächtigt ist, die Rechte des Urhebers geltend zu machen, der auf den Vervielfältigungsstücken des Werkes als Herausgeber bezeichnet ist; in Ermangelung einer solchen Angabe, dass der Verleger ermächtigt ist. Da sich in §§ 71, 74, 85 und 87 UrhG auch ein Verweis auf § 10 UrhG findet, steht die Vermutungsregelung auch den Leistungsschutzberechtigten zur Verfügung[124]. Für die Inhaber ausschließlicher Nutzungsrechte gilt die Vermutung des Absatzes 1 gemäß § 10 Abs. 3 UrhG entsprechend, soweit es sich um Verfahren des einstweiligen Rechtsschutzes handelt oder Unterlassungsansprüche geltend gemacht werden. Die Vermutung gilt in einem solchen Fall allerdings nicht im Verhältnis zum Urheber oder zum ursprünglichen Inhaber des verwandten Schutzrechts. Ein auf einem Werk angebrachter Copyright-Vermerk (©), löst die Vermutungswirkung nach § 10 Abs. 3 UrhG nur aus, wenn zusätzlich gerade auf die Ausschließlichkeit der Rechtseinräumung hingewiesen wird. Da ausschließliche urheberrechtliche Nutzungsrechte wegen verschiedener Nutzungsarten vergeben werden können, muss, wenn die Vermutung greifen soll, zusätzlich eindeutig angegeben werden, auf welche Nutzungsrechte sich die exklusive Nutzungsrechtseinräumung erstreckt. Weist schon der Nutzungsrechtsvermerk nicht hinreichend auf eine exklusive Nutzungsrechtseinräumung hin, kann der dort benannte Nutzungsberechtigte die Wirkung des § 10 Abs. 1 UrhG nicht dadurch herbeiführen, dass er im Prozess die Üblichkeit der ausschließlichen Nutzungsrechtsübertragung für das in Rede stehende Werkstück darlegt und gegebenenfalls beweist[125]. **72**

Das Recht zur Veröffentlichung und zur Verwertung des Werkes steht den **Miturhebern** nach § 8 Abs. 2 UrhG zur gesamten Hand zu. Gemäß § 8 Abs. 3 S. 2 UrhG ist dabei jeder Miturheber berechtigt, Ansprüche aus Verletzungen des gemeinsamen Urheberrechts geltend zu machen; er kann jedoch nur Leistung an alle Miturheber verlangen. Vergleichbares gilt, wenn mehrere ausübende Künstler eine Darbietung erbringen, ohne dass sich ihre Anteile gesondert verwerten lassen, § 80 Abs. 1 UrhG. Hat das Ensemble allerdings einen Vorstand, so ist dieser nach § 80 Abs. 2 UrhG iVm § 74 Abs. 2 S. 2 UrhG vertretungsberechtigt, in Ermangelung eines Vorstands der Ensembleleiter, also etwa der Chordirektor, Dirigent oder Ballettmeister[126]. **73**

---

[117] OLG Düsseldorf GRUR 2020, 204 – unbleached paper rolls.
[118] BGH GRUR 2005, 519 (520) – Vitamin-Zell-Komplex.
[119] BGH GRUR 2007, 978 (980) – Rechtsberatung durch Haftpflichtversicherer; BGH GRUR 2005, 519 (520) – Vitamin-Zell-Komplex.
[120] Köhler/Bornkamm/*Feddersen* UWG § 8 Rn. 3.28.
[121] OLG Düsseldorf GRUR 2006, 782 (783) – Lottofonds.
[122] BGH GRUR 1995, 697 (699) – FUNNY PAPER; Köhler/Bornkamm/*Feddersen* § 8 Rn. 3.29.
[123] Loewenheim/*Rojahn*, Handbuch des Urheberrechts, § 94 Rn. 8; *Nordemann*, Urheberrecht, § 97 Rn. 127; Wandtke/Bullinger/*v. Wolff*, § 97 Rn. 8; Dreier/Schulze/*Specht*, Urheberrechtsgesetz, § 97 Rn. 17.
[124] Loewenheim/*Rojahn* § 94 Rn. 13.
[125] OLG Hamburg BeckRS 2017, 121111 – DIN-Normen.
[126] Wandtke/Bullinger/*Büscher* § 80 Rn. 13 f.

74 Räumt der Urheber gemäß § 31 Abs. 3 UrhG Dritten **ausschließliche Nutzungsrechte** ein, steht dies seiner (eigenen) Berechtigung zur Geltendmachung von Unterlassungs- und Beseitigungsansprüchen aufgrund seines immerwährenden Bandes zum Werk nicht entgegen[127]. Demgegenüber bleibt der Urheber neben dem Inhaber des ausschließlichen Nutzungsrechts zur Geltendmachung von Auskunfts- und Schadensersatzfeststellungsansprüchen nur berechtigt, wenn er ein eigenes schutzwürdiges Interesse an der Geltendmachung der Ansprüche aus der Rechtsverletzung hat[128]. Ein solches eigenes Interesse kann beispielsweise dann zu bejahen sein, wenn die Vergütung des Urhebers von den Einnahmen des Inhabers des Ausschließlichkeitsrechts abhängt[129].

75 In Bezug auf den **Leistungsschutzberechtigten** ist demgegenüber zu berücksichtigen, dass es bei diesem (mit Ausnahme des ausübenden Künstlers) an einer immerwährenden ideellen Beziehung zum Werk fehlt[130]. Überträgt der Leistungsschutzberechtigte sein Recht auf einen Dritten, führt dies daher regelmäßig auch zum Wegfall seiner Aktivlegitimation in Bezug auf die Geltendmachung von Unterlassungs- und Beseitigungsansprüchen, es sei denn, er kann sich auf ein schutzwürdiges Interesse, etwa durch den Vorbehalt einer fortdauernden Teilhabe am wirtschaftlichem Ertrag aus der Verwertung seines Rechts, berufen[131].

76 Geht ein **ausschließlicher Lizenznehmer** am verletzten Werk, der anders als der einfache Lizenznehmer aktivlegitimiert ist[132], gegen einen Verletzer vor, muss er eine lückenlose Rechtekette darlegen und ggf. auch beweisen[133]. Dabei erfolgt der Nachweis des Erwerbs eines Nutzungsrechts üblicherweise durch die Vorlage einer Vertragsurkunde[134]. Ergibt sich jedoch aus den Umständen mit hinreichender Sicherheit, dass eine Rechteübertragung stattgefunden hat, so kann auch aus Indizien und ohne unmittelbaren Beleg auf eine Rechteübertragung geschlossen werden[135]. Die bloße Benennung von Zeugen vermag allerdings gleichwohl einen substantiierten Vortrag für das Bestehen einer lückenlosen Rechtekette nicht zu ersetzen[136]. Zudem genügt für eine schlüssige Darlegung der Aktivlegitimation auch nicht die pauschale Behauptung, der Kläger habe im Wege von nicht näher bestimmten konzerninternen Rechtseinräumungen ausschließliche Nutzungsrechte erworben[137].

77 Auch wenn der Anspruchsgegner den Kläger allein durch ein Bestreiten der Rechteinhaberschaft mit Nichtwissen (§ 138 Abs. 4 ZPO)[138] zum **Nachweis** seines, gerade im Urheberrecht häufig über zahlreiche Schritte erfolgten Rechtserwerbs zwingen kann, stehen dem klagenden ausschließlichen Lizenznehmer einige Erleichterungen zur Seite. So gilt für die Geltendmachung von Unterlassungsansprüchen sowie in Verfahren des gewerblichen Rechtsschutzes die Vermutungsregel des § 10 Abs. 1 UrhG für den Inhaber eines ausschließlichen Nutzungsrechts entsprechend, § 10 Abs. 3 S. 1 UrhG. Soweit die Vermutungswirkungen des § 10 UrhG nicht greifen, ist in jedem Fall ein Indizienbeweis zulässig, bei dem mittelbare Tatsachen die Grundlage für die Annahme der Rechtsinhaberschaft liefern[139], was vor allem bei **File-Sharing-Prozessen** von Bedeutung sein kann[140]. Ist etwa ein Tonträgerhersteller als Lieferant eines Musikalbums in einer für den Handel maßgeblichen Katalogdatenbank eingetragen, stellt dies ein erhebliches Indiz für die Inhaberschaft von Tonträgerherstellerrechten an den auf dem Album enthaltenen Musikaufnahmen dar, das nur durch den Vortrag konkreter Anhaltspunkte entkräftet werden kann, die gegen die Richtigkeit der in der Datenbank zu findenden Angaben sprechen[141]. Hat der Schuldner substantiiert zum Rechtserwerb vorgetragen, darf der Anspruchsgegner die Rechteinhaberschaft des Anspruchstellers zudem nicht lediglich pauschal mit Nichtwissen bestreiten oder unsubstantiiert behaupten, ein Dritter habe ihm die Rechte eingeräumt, solange der Verletzer nicht konkret behauptet, dass die Rechte einem dritten Rechteinhaber zustehen könnten[142]. Dies gilt erst

---

[127] Nordemann UrhG § 97 Rn. 128; vgl. auch OLG Düsseldorf GRUR 1993, 903 (907) – Bauhaus-Leuchte.
[128] OLG München GRUR 2005, 1038 (1040) – Hundertwasser-Haus II; OLG Hamburg AfP 2002, 322 (323); Möhring/Nicolini, Urheberrecht, § 97 Rn. 25.
[129] BGH GRUR 1992, 697 – ALF; BGHZ 22, 209 (212) – Europapost; BGH GRUR 1969, 251 (252) – Mecki-Igel II; LG Köln ZUM 2013, 417; Dreier/Schulze/Specht UrhG § 97 Rn. 19; Nordemann UrhG § 97 Rn. 128.
[130] *Nordemann* UrhG § 97 Rn. 130.
[131] BGH GRUR 2013, 618 (621) – Internet-Videorecorder II; Nordemann UrhG § 97 Rn. 130.
[132] BGH 1999, 984 (985) – Laras Tochter; OLG Hamburg GRUR-RD 2002, 181 (187) – Tripp-Trapp-Stuhl; *Nordemann* UrhG § 97 Rn. 132; Dreier/Schulze/*Specht* UrhG § 97 Rn. 19; Loewenheim/*Rojahn* § 94 Rn. 14.
[133] Dreier/Schulze/*Specht* UrhG § 97 Rn. 19; Loewenheim/*Rojahn* § 94 Rn. 15; OLG Frankfurt a. M. ZUM-RD 2014, 573; OLG München ZUM 2009, 245.
[134] KG ZUM-RD 2010, 125.
[135] KG ZUM-RD 2010, 125.
[136] OLG Frankfurt a. M. WRP 2014, 724.
[137] LG Hamburg ZUM-RD 2009, 679.
[138] LG Hamburg ZUM-RD 2010, 419 (420) – Fotografien.
[139] BGHZ 153, 69 (79 f.) = ZUM 2003, 298 – P-Vermerk; BGH GRUR 2016, 176 (177) = ZUM 2016, 173 – Tauschbörse I.
[140] Vgl. dazu ausführlich *Issa* ZUM 2016, 431.
[141] BGH GRUR 2016, 176 (177) = ZUM 2016, 173 (176 f.) – Tauschbörse I; GRUR 2016, 184 (185) – Tauschbörse II; GRUR 2016, 191 (192) = ZUM 2016, 373 (375) – Tauschbörse III.
[142] OLG Köln GRUR-RR 2016, 59 (60) – Afghanistan-Papiere; OLG-Hamburg GRUR-RR 2008, 282 (283) – Anita; OLG-Hamburg ZUM 2009, 159 (161) – Fallschirmsprung.

recht, wenn der Vortrag des Anspruchstellers zur Rechtekette durch eine widerspruchsfreie ausländische Registereintragung unterlegt ist[143]. Im urheberrechtlichen Gestattungsverfahren nach § 101 Abs. 9 UrhG ist zum Nachweis der Inhaberschaft an Nutzungsrechten die Vorlage einer eidesstattlichen Versicherung ausreichend. Die Vorlage von Lizenzurkunden ist nicht erforderlich[144].

Ist der Kläger nicht ohnehin als Urheber, Leistungsschutzberechtigter oder Inhaber einer ausschließ- **78** lichen Lizenz aktivlegitimiert, kann er gleichwohl zur Geltendmachung der streitgegenständlichen Ansprüche berechtigt sein, wenn die Voraussetzungen einer gesetzlichen oder gewillkürten **Prozessstandschaft** vorliegen.

Einen Fall der **gesetzlichen Prozessstandschaft** enthält § 10 Abs. 2 S. 3 UrhG bei anonymen **79** Werken zugunsten des Verlegers[145]. Die sich aus § 80 Abs. 2 UrhG iVm § 74 Abs. 2 S. 2 und 3 UrhG ergebende Ermächtigung des Vorstandes bzw. Leiters des Ensembles ist ebenfalls als gesetzlich angeordnete Prozessstandschaft anzusehen[146]. Schließlich handelt es sich auch bei der in § 8 Abs. 2 S. 3 UrhG für die Miturheber geregelten Möglichkeit eines Urhebers zur Geltendmachung von Ansprüchen aus Verletzungen des gemeinsamen Urheberrechts um eine gesetzlich angeordnete Prozessstandschaft[147].

Eine **gewillkürte Prozessstandschaft** setzt nach der Rechtsprechung des Bundesgerichtshofes eine **80** wirksame Ermächtigung des Prozessstandschafters zur gerichtlichen Verfolgung der Ansprüche des Rechteinhabers, die sich möglicherweise auch aus den Umständen, etwa einer unwirksamen Abtretung[148], ergeben kann, sowie ein eigenes schutzwürdiges Interesse des Ermächtigten an dieser Rechtsverfolgung voraus, wobei dieses Interesse auch wirtschaftlicher Natur sein kann[149]. Bei einem einfachen Lizenznehmer kann sich das berechtigte Interesse etwa daraus ergeben, dass die Rechtsverletzung die ihm eingeräumte Lizenz berührt[150]. Wurde einer **Verwertungsgesellschaft** das durch sie wahrzunehmende Recht nicht übertragen, kann sich ihre Aktivlegitimation ebenfalls aus einer gewillkürten Prozessstandschaft ergeben[151], wobei auch in diesem Fall die Voraussetzungen einer Solchen darzulegen sind[152]. Eine gewillkürte Prozessstandschaft scheidet regelmäßig aus, wenn das einzuklagende Recht **höchstpersönlichen Charakter** hat und mit dem Rechteinhaber, in dessen Person es entstanden ist, so eng verknüpft ist, dass die Möglichkeit, eine gerichtliche Geltendmachung einem Dritten im eigenen Namen zu überlassen, dazu in Widerspruch stünde[153]. Dies gilt aber dann nicht, wenn der ursprüngliche Rechtsträger verstorben ist. Für derartige Fälle ist in der Rechtsprechung anerkannt, dass in erster Linie der vom Verstorbenen zu Lebzeiten Berufene und daneben seine nahen Angehörigen als Wahrnehmungsberechtigte anzusehen sind[154].

Steht die titelmäßige Kennzeichnung von immateriellen Arbeitsergebnissen in Rede, die von **81** mehreren gemeinschaftlich mit einer im Wesentlichen gleichen Bestimmungsmacht über den Werkinhalt geschaffen wurden, kann das Werktitelrecht mehreren berechtigten Personen zustehen. Diese können entsprechend § 744 Abs. 2 BGB unabhängig voneinander Unterlassungsansprüche geltend machen[155].

§ 53 Prozessunfähigkeit bei Betreuung oder Pflegschaft

Wird in einem Rechtsstreit eine prozessfähige Person durch einen Betreuer oder Pfleger vertreten, so steht sie für den Rechtsstreit einer nicht prozessfähigen Person gleich.

§ 53a (aufgehoben)

§ 54 Besondere Ermächtigung zu Prozesshandlungen

Einzelne Prozesshandlungen, zu denen nach den Vorschriften des bürgerlichen Rechts eine besondere Ermächtigung erforderlich ist, sind ohne sie gültig, wenn die Ermächtigung zur Prozessführung im Allgemeinen erteilt oder die Prozessführung auch ohne eine solche Ermächtigung im Allgemeinen statthaft ist.

§ 55 Prozessfähigkeit von Ausländern

Ein Ausländer, dem nach dem Recht seines Landes die Prozessfähigkeit mangelt, gilt als prozessfähig, wenn ihm nach dem Recht des Prozessgerichts die Prozessfähigkeit zusteht.

---

[143] OLG Hamburg NJW-RR 2001, 693 (695) – Frank Sinatra; OLG Frankfurt a. M. ZUM-RD 2004, 99; OLG München ZUM 1999, 653 (655) – M – Eine Stadt sucht einen Mörder; Nordemann UrhG § 97 Rn. 143.
[144] OLG Köln BeckRS 2015, 19422.
[145] Dreier/Schulze/*Specht* UrhG § 97 Rn. 21.
[146] BGH GRUR 2005, 502 (503) – Leistungsschutzrechte der Mitglieder des Bayreuther Festspielorchesters; Loewenheim/*Rojahn* § 94 Rn. 18.
[147] *Nordemann* UrhG § 97 Rn. 142.
[148] BGH GRUR 2002, 248 (250) – SPIEGEL-CD-ROM.
[149] BGH GRUR 2014, 65 – Beuys-Aktion; GRUR 1993, 151 – Universitätsemblem; GRUR 2009, 181 (182) – Kinderwärmekissen; GRUR 2008, 1108 – Haus & Grund III.
[150] BGH GRUR 1981, 652 – Stühle und Tische; Dreier/Schulze/Specht UrhG § 97 Rn. 21.
[151] OLG Frankfurt a. M. GRUR 1994, 116 (117) – Städel; Möhring/Nicolini UrhG § 97 Rn. 31.
[152] BGH GRUR 1994, 800 (801) – Museumskatalog.
[153] BGH GRUR 1983, 379 (381) – Geldmafiosi mwN.
[154] BGH GRUR 1995, 668 (670) – Emil Nolde; BGHZ 50, 133 (137 ff.) = GRUR 1968, 552 (554) – Mephisto.
[155] BGH GRUR 2019, 535 – Das Omen.

§ 56 Prüfung von Amts wegen

(1) **Das Gericht hat den Mangel der Parteifähigkeit, der Prozessfähigkeit, der Legitimation eines gesetzlichen Vertreters und der erforderlichen Ermächtigung zur Prozessführung von Amts wegen zu berücksichtigen.**

(2) ¹**Die Partei oder deren gesetzlicher Vertreter kann zur Prozessführung mit Vorbehalt der Beseitigung des Mangels zugelassen werden, wenn mit dem Verzug Gefahr für die Partei verbunden ist.** ²**Das Endurteil darf erst erlassen werden, nachdem die für die Beseitigung des Mangels zu bestimmende Frist abgelaufen ist.**

A. Prüfung von Amts wegen

1   Im Zivil- und damit im Verletzungsprozess ist die Partei- und Prozessfähigkeit grundsätzlich durch das Gericht **von Amts wegen** in jeder Lage des Verfahrens[1] – und damit insbesondere auch in der Berufungsinstanz[2] – zu prüfen. Hiervon nicht umfasst ist allerdings die für die Zulässigkeit der Klage grundsätzlich erforderliche Angabe einer ladungsfähigen Anschrift. Insoweit ist das Gericht auf den Tatsachenvortrag der Parteien angewiesen, ohne zu diesem Punkt eine eigene Aufklärungsarbeit leisten zu müssen[3]. Die Notwendigkeit der Prüfung von Amts wegen bedeutet nicht, dass das Gericht insoweit zu einer **Amtsermittlung** angehalten wäre. Vielmehr setzt die Prüfungspflicht des Gerichts erst dann ein, wenn sich aufgrund des vorgetragenen Sachverhaltes konkrete Anhaltspunkte für das Nichtvorliegen der Prozessvoraussetzungen ergeben[4]. Bei der Beurteilung der Partei- und Prozessfähigkeit ist das Gericht nicht an die förmlichen Beweismittel des Zivilprozesses gebunden. Vielmehr gilt der Grundsatz des Freibeweises[5]. Jedenfalls bei einer juristischen Person, von der außer Frage steht, dass sie ursprünglich rechts- und parteifähig war, ist im Allgemeinen vom Fortbestand dieser Eigenschaft auszugehen und eine Überprüfung nur dann veranlasst, wenn hinreichende Anhaltspunkte für das Gegenteil gegeben sind[6].

2   Solange keine derartigen Anhaltspunkte für das Fehlen der Partei- und Prozessfähigkeit vorhanden sind, **gilt** eine Partei somit **als partei- und prozessfähig**[7]. Im Umkehrschluss bedarf es im Fall des Vorliegens derartiger Anhaltspunkte allerdings auch **keiner** entsprechenden **Rüge** eines Prozessbeteiligten[8], damit sich das Gericht näher mit der Partei- und Prozessfähigkeit auseinandersetzt[9]. Die Parteien können insbesondere das Vorliegen der Partei- und Prozessfähigkeit nicht unstreitig stellen[10].

3   Hat das Gericht auf der Grundlage des Prozessstoffes **Zweifel an der Partei- oder Prozessfähigkeit**, hat es die betroffene Partei darauf **hinzuweisen** und gegebenenfalls zur Vorlage entsprechender Nachweise aufzufordern (vgl. § 139 ZPO)[11]. Erst dann, wenn der Partei daraufhin der entsprechende Nachweis bis zum Schluss der mündlichen Verhandlung nicht gelingt, nach Ausschöpfung aller erschließbaren Erkenntnisquellen also noch hinreichende Anhaltspunkte für das Fehlen der Partei- und/oder Prozessfähigkeit bestehen[12], kommt eine Abweisung der Klage als unzulässig in Betracht. Lässt das Vorbringen der betroffenen Partei erkennen, dass ihr der Nachweis lediglich aus Zeitgründen nicht möglich war, ist zudem an die Möglichkeit einer Vertagung der Verhandlung über den Mangel zu denken[13].

B. Vorläufige Zulassung

4   § 56 Abs. 2 ZPO bietet dem Gericht darüber hinaus die **Möglichkeit,** die Partei oder deren gesetzlichen Vertreter zur Prozessführung mit dem Vorbehalt der Beseitigung des Mangels zuzulassen, wenn mit dem Verzug eine Gefahr für die Partei verbunden ist. So ist etwa eine Partei, die sich dagegen wendet, unrichtig als nicht existent angesehen worden zu sein, bis zur Erledigung des Streits darüber als existent anzusehen[14]. Zugleich setzt das Gericht der betreffenden Partei mit der vorläufigen

---

[1] BGH GRUR 1962, 370 – Schallplatteneinblendung; BGH NJW 1997, 657 (658); LG München I BeckRS 2016, 2346; OLG Köln BeckRS 2017, 149964; OLG Hamm NJOZ 2019, 73.
[2] OLG Düsseldorf BeckRS 2016, 03040.
[3] OLG Köln BeckRS 2017, 149964.
[4] BGHZ 86, 184 (188 f.) = NJW 1983, 996; BGHZ 159, 94 (99 f.) = NJW 2004, 2523; BGHZ 176, 74 (78) = NJW 2008, 2125; BGH NJW 2011, 778; LG München I BeckRS 2016, 2346; Musielak/Voit/*Weth* ZPO § 56 Rn. 2.
[5] BGH BeckRS 2012, 03793.
[6] LG München I BeckRS 2016, 2346.
[7] MüKoZPO/*Lindacher* § 56 Rn. 2.
[8] OLG Karlsruhe BeckRS 2015, 07670.
[9] Musielak/Voit/*Weth* ZPO § 56 Rn. 2.
[10] MüKoZPO/*Lindacher* § 56 Rn. 2.
[11] Musielak/Voit/*Weth* ZPO § 56 Rn. 3.
[12] BGH BeckRS 2012, 03793.
[13] Musielak/Voit/*Weth* ZPO § 56 Rn. 3.
[14] BGH NJW-RR 2002, 933; NJW 2011, 778.

Zulassung eine Frist zur Beseitigung des Mangels, denn erst nach dem erfolglosen Ablauf dieser Frist darf das Endurteil erst erlassen werden.

Die vorläufige Zulassung einer Partei bietet den Vorteil, dass das Verfahren zunächst fortgeführt werden kann, ohne dass das Verfahren durch die gerade bei den im gewerblichen Rechtsschutz regelmäßig vorkommenden Prozessen mit Auslandsbezug häufig länger andauernde Prüfung der Partei- und Prozessfähigkeit **verzögert** wird. 5

Von der Möglichkeit der vorläufigen Zulassung dürfte das Gericht insbesondere dann Gebrauch machen, wenn die Partei- und/oder Prozessfähigkeit bereits in einem frühen Stadium, etwa im **frühen ersten Termin**, in Frage steht und Anhaltspunkte dafür vorliegen, dass der Partei der Nachweis ihrer Partei- oder Prozessfähigkeit gelingen wird. Denn dann kann einerseits das Verfahren in der Sache seinen Fortgang finden. Andererseits kann die Zeit bis zum Haupttermin genutzt werden, um der betroffenen Partei ausreichend Gelegenheit zu geben, ihre Partei- oder Prozessfähigkeit zu belegen. 6

Weder für das Gericht, noch für die Beteiligten ist die vorläufige Zulassung mit größeren Risiken verbunden: Wird der erforderliche **Nachweis** innerhalb der durch das Gericht gesetzten Frist erbracht, sind die im Zeitraum der vorläufigen Zulassung erfolgten Prozesshandlungen endgültig wirksam. Ist dies nicht der Fall, ist die Klage durch Prozessurteil abzuweisen, wobei die Beseitigung des Mangels bis zum **Schluss der mündlichen Verhandlung** möglich ist[15]. 7

C. Verfahren vor den Ämtern und vor dem Bundespatentgericht

Auch vor dem Deutschen Patent- und Markenamt setzen prozessuale Erklärungen die Partei- und Prozessfähigkeit des Erklärenden voraus, wobei deren Vorliegen ebenfalls jeweils von Amts wegen geprüft wird[16]. 8

Zudem findet § 56 ZPO auch in vor dem Bundespatentgericht geführten Verfahren Anwendung, so dass auch dort eine Prüfung der Partei- und Prozessfähigkeit von Amts wegen erfolgt[17]. Ist die Beteiligtenfähigkeit im Streit, gilt sie gem. § 82 Abs. 1 MarkenG iVm §§ 50, 56 ZPO bis zur rechtskräftigen Feststellung des Mangels als bestehend. Die betreffende Partei kann also auch Rechtsbehelfe einlegen, insbesondere mit dem Ziel, eine andere Beurteilung ihrer Beteiligtenfähigkeit zu erreichen, aber auch zur Erreichung eines ihr günstigen Sachurteils[18]. 9

§ 57 Prozesspfleger

(1) **Soll eine nicht prozessfähige Partei verklagt werden, die ohne gesetzlichen Vertreter ist, so hat ihr der Vorsitzende des Prozessgerichts, falls mit dem Verzug Gefahr verbunden ist, auf Antrag bis zu dem Eintritt des gesetzlichen Vertreters einen besonderen Vertreter zu bestellen.**

(2) **Der Vorsitzende kann einen solchen Vertreter auch bestellen, wenn in den Fällen des § 20 eine nicht prozessfähige Person bei dem Gericht ihres Aufenthaltsortes verklagt werden soll.**

§ 58 Prozesspfleger bei herrenlosem Grundstück oder Schiff

(1) **Soll ein Recht an einem Grundstück, das von dem bisherigen Eigentümer nach § 928 des Bürgerlichen Gesetzbuchs aufgegeben und von dem Aneignungsberechtigten noch nicht erworben worden ist, im Wege der Klage geltend gemacht werden, so hat der Vorsitzende des Prozessgerichts auf Antrag einen Vertreter zu bestellen, dem bis zur Eintragung eines neuen Eigentümers die Wahrnehmung der sich aus dem Eigentum ergebenden Rechte und Verpflichtungen im Rechtsstreit obliegt.**

(2) **Absatz 1 gilt entsprechend, wenn im Wege der Klage ein Recht an einem eingetragenen Schiff oder Schiffsbauwerk geltend gemacht werden soll, das von dem bisherigen Eigentümer nach § 7 des Gesetzes über Rechte an eingetragenen Schiffen und Schiffsbauwerken vom 15. November 1940 (RGBl. I S. 1499) aufgegeben und von dem Aneignungsberechtigten noch nicht erworben worden ist.**

Titel 2. Streitgenossenschaft

§ 59 Streitgenossenschaft bei Rechtsgemeinschaft oder Identität des Grundes

Mehrere Personen können als Streitgenossen gemeinschaftlich klagen oder verklagt werden, wenn sie hinsichtlich des Streitgegenstandes in Rechtsgemeinschaft stehen oder wenn sie aus demselben tatsächlichen und rechtlichen Grund berechtigt oder verpflichtet sind.

§ 60 Streitgenossenschaft bei Gleichartigkeit der Ansprüche

Mehrere Personen können auch dann als Streitgenossen gemeinschaftlich klagen oder verklagt werden, wenn gleichartige und auf einem im Wesentlichen gleichartigen tatsäch-

---

[15] MüKoZPO/*Lindacher* § 56 Rn. 7.
[16] BGH GRUR 1972, 592 (594) – Sortiergerät; BGH GRUR 1990, 348 – Gefäßimplantat; Benkard/*Schäfers* PatG § 59 Rn. 12 und 59.
[17] Mes § 81 Rn. 76; vgl. auch die Verweisungen auf die ZPO in § 99 PatG (ggf. iVm § 18 GebrMG bzw. § 23 Abs. 2 GeschmG), § 82 Abs. 1 MarkenG.
[18] BGH NJW 1993, 2943 (2944); BPatG GRUR 2002, 371 (372); BeckRS 2015, 13696.

lichen und rechtlichen Grund beruhende Ansprüche oder Verpflichtungen den Gegenstand des Rechtsstreits bilden.

1 In den §§ 59 ff. ZPO finden sich Regelungen zur Streitgenossenschaft. Hierunter ist **eine subjektive Klagehäufung** zu verstehen. Eine Streitgenossenschaft liegt somit immer dann vor, wenn zumindest auf Kläger- oder Beklagtenseite mehrere Personen stehen[1]. Für das Vorliegen einer Streitgenossenschaft nach § 60 ZPO genügt es, wenn die geltend gemachten Ansprüche in einem inneren Zusammenhang stehen, der sie ihrem Wesen nach als gleichartig erscheinen lässt[2]. Auf den **gewerblichen Rechtsschutz** übertragen bedeutet dies, dass eine Streitgenossenschaft insbesondere dann vorliegt, wenn sich ein Schutzrechtsinhaber mit seiner Klage gegen mehrere Verletzer richtet oder – umgekehrt – mehrere Mitinhaber eines Schutzrechts gegen einen Verletzer vorgehen. Ebenso kann eine Streitgenossenschaft bei der gleichzeitigen Geltendmachung von Marken- und Werktitelrechten durch verschiedene Kläger[3].

2 Da bei einer Streitgenossenschaft somit mehrere Prozesse miteinander verbunden sind[4], stellt jede subjektive Klagehäufung zugleich auch eine **objektive Klagehäufung** dar. Damit müssen nicht nur die Voraussetzungen der §§ 59 ff. ZPO, sondern zusätzlich auch die in § 260 ZPO normierten Anforderungen erfüllt sein[5].

3 Für die Anwendbarkeit der §§ 59 ff. ZPO ist es unerheblich, wie die Streitgenossenschaft **entsteht**. Es kommt demnach nicht darauf an, ob die subjektive Klagehäufung auf einer durch oder gegen mehrere Personen erhobenen Klage, auf einer späteren Klageerweiterung oder etwa auf einer Dritt-Widerklage beruht.

4 Während sich in den §§ 59, 60 ZPO Regelungen über die **Voraussetzungen** einer Streitgenossenschaft finden, normieren die §§ 61–63 ZPO deren **Wirkungen**. Bei Letzteren ist dabei zwischen den in den §§ 61 und 63 ZPO geregelten allgemeinen Wirkungen sowie den besonderen Wirkungen der notwendigen Streitgenossenschaft (vgl. § 62 ZPO) zu unterscheiden.

5 Die Vorschriften finden über § 99 PatG auch in Verfahren vor dem **Bundespatentgericht** Anwendung[6]. Zudem sind auch mehrere Patentanmelder im **Patenterteilungsverfahren**[7] bzw. mehrere Anmelder einer Marke als (notwendige) Streitgenossen anzusehen[8]. Darüber hinaus müssen auch mehrere Erfindungsbesitzer ihr **Einspruch**srecht als Streitgenossen gemeinschaftlich ausüben[9]. Vergleichbares gilt im **Markenlöschungsverfahren**[10].

6 Gemäß **§ 59 ZPO** ist eine subjektive Klagehäufung zulässig, wenn die Streitgenossen hinsichtlich des Streitgegenstandes, etwa als Miterfinder oder als gemeinsame Inhaber einer Marke, in Rechtsgemeinschaft stehen oder wenn sie aus demselben tatsächlichen Grund berechtigt oder verpflichtet sind. Darüber hinaus lässt **§ 60 ZPO** eine Streitgenossenschaft auch dann zu, wenn gleichartige und auf einem im Wesentlichen gleichartigen tatsächlichen oder rechtlichen Grund beruhende Ansprüche oder Verpflichtungen den Gegenstand des Rechtsstreits bilden.

7 Eine Parteiänderung, die zu einer subjektiven Klagehäufung führt, kann wirksam nicht bedingt erfolgen. Es ist deshalb unzulässig, die Klage gegen einen der Beklagten von dem negativen Ausgang des Verfahrens gegen einen anderen Beklagten abhängig zu machen[11].

8 Als eine weitgehend auf Zweckmäßigkeitserwägungen beruhende Vorschrift ist § 60 ZPO, ebenso wie § 59 ZPO, **weit auszulegen.** Dies gestattet es, auch ohne Identität oder Gleichheit des tatsächlichen und rechtlichen Grundes der geltend zu machenden Ansprüche eine Streitgenossenschaft anzunehmen, wenn diese Ansprüche in einem inneren sachlichen Zusammenhang stehen, der sie ihrem Wesen nach als gleichartig erscheinen lässt[12].

9 Liegen die Voraussetzungen der Streitgenossenschaft nicht vor, führt dies nicht zur Unzulässigkeit der Klage, sondern lediglich auf Rüge zu einer **Trennung** der einzelnen Verfahren nach **§ 145 ZPO**, falls nicht die Voraussetzungen einer Verbindung nach § 147 ZPO vorliegen[13].

---

[1] Musielak/Voit/*Weth* ZPO § 60 Rn. 3; Zöller/*Althammer* ZPO § 60 Rn. 2.
[2] BGH NJW-RR 2020, 1070 (1071).
[3] LG Berlin BeckRS 2014, 124950.
[4] Zöller/*Vollkommer* § 60 Rn. 2.
[5] MüKoZPO/*Schultes* § 59 Rn. 10.
[6] BPatG GRUR 2009, 587 (588) – Schweißheizung für Kunststoffrohrmatten; vgl. auch Busse/*Engels* PatG § 74 Rn. 28; BeckOK PatR/*Kubis* PatG § 74 Rn. 11.
[7] BPatG GRUR 1999, 702 – Verstellvorrichtung; BPatG GRUR 1979, 696 – Notwendige Streitgenossen; BeckOK PatR/*Stornik* PatG Vor § 34 Rn. 21.
[8] BPatG GRUR 2004, 685 (688) – LOTTO; *Fezer* MarkenG § 7 Rn. 61.
[9] BPatG BlPMZ 1004, 61; BeckOK PatR/*Einsell* PatG § 21 Rn. 57.
[10] OLG Köln GRUR-RR 2007, 405 (406) – identische Streitsachen.
[11] OLG München BeckRS 2020, 18751.
[12] BGH NJW-RR 1991, 381; NJW 1975, 1228 (1229).
[13] Zöller/*Althammer* ZPO § 60 Rn. 8; Musielak/Voit/*Weth* ZPO § 60 Rn. 13.

§ 61 Wirkung der Streitgenossenschaft

Streitgenossen stehen, soweit nicht aus den Vorschriften des bürgerlichen Rechts oder dieses Gesetzes sich ein anderes ergibt, dem Gegner dergestalt als einzelne gegenüber, dass die Handlungen des einen Streitgenossen dem anderen weder zum Vorteil noch zum Nachteil gereichen.

Literatur: *Lange,* Der internationale Gerichtsstand der Streitgenossenschaft im Kennzeichenrecht im Lichte der „Roche/Primus"-Entscheidung des EuGH, GRUR 2007, 107; *Pahlow,* Anspruchskonkurrenzen bei Verletzung lizenzierter Schutzrechte unter Berücksichtigung der Richtlinie 2004/48/EG, GRUR 2007, 1001; *Schacht,* Neues zum internationalen Gerichtsstand der Streitgenossen bei Patentverletzungen, Besprechung zu EuGH, Urt. v. 12.7.2012 – C-616/10 – Solvay, GRUR 2012, 1110.

A. Allgemeines

In § 61 ZPO ist die **Selbstständigkeit aller Streitgenossen** normiert. Grundsätzlich sind bei einer Streitgenossenschaft die Prozessrechtsverhältnisse voneinander unabhängig, das heißt, jeder Streitgenosse ist nur in seinem Rechtsstreit Partei und betreibt seinen Prozess selbstständig und unabhängig von den anderen Streitgenossen[1]. So können verschiedene Kläger beispielsweise, etwa bezüglich des Umfangs des Angriffes, unterschiedliche Anträge stellen, unterschiedliche Nichtigkeitsgründe geltend machen oder jeder für sich die Klage zurücknehmen[2]. 1

Etwas anderes gilt nur, wenn sich aus der Zivilprozessordnung oder aus den Vorschriften des bürgerlichen Rechts etwas anderes ergibt. Der praktisch und vor allem im gewerblichen Rechtsschutz wichtigste Fall ist dabei die in § 62 ZPO normierte notwendige Streitgenossenschaft. 2

Der Eintritt der **Rechtshängigkeit** beurteilt sich für jedes Prozessrechtsverhältnis gesondert. Bedeutung erlangt dies im gewerblichen Rechtsschutz insbesondere dann, wenn neben einer deutschen auch eine ausländische Gesellschaft verklagt wird. Da die **Zustellung** im Ausland regelmäßig mehr Zeit in Anspruch nimmt, tritt die Rechtshängigkeit bezüglich der deutschen Gesellschaft meist früher ein. Daher bietet es sich an, lediglich bezüglich der deutschen Gesellschaft einen frühen ersten Termin und im Übrigen ein schriftliches Vorverfahren anzuordnen, um dem Prozess insgesamt voranzutreiben. 3

Prozesshandlungen wirken nur für den Prozess, in dem sie erklärt werden, nicht im Prozess anderer Streitgenossen[3]. Insbesondere lässt der **Rechtsbehelf** eines Streitgenossen die Rechte des anderen Streitgenossen unberührt, so dass beispielsweise Fristen für jeden Streitgenossen gesondert laufen und die Prozessvoraussetzungen bei jedem Streitgenossen selbstständig vorliegen müssen[4]. 4

Dass mehrere Personen in einem Verletzungsrechtsstreit als Streitgenossen in Anspruch genommen werden, verpflichtet sie nicht dazu, auch gemeinsam den Rechtsbestand des jeweiligen Schutzrechts anzugreifen. Vielmehr können sie insoweit auch zeitlich gestaffelt vorgehen. Dies hat den Vorteil, dass einige der Streitgenossen zunächst die Entscheidung im ersten Rechtsbestandsverfahren abwarten und erst dann, falls erforderlich, tätig werden können. Ein solches Vorgehen ist ohne das Hinzutreten weiterer Umstände nicht rechtsmissbräuchlich[5]. 4a

Anders als bei der Streitverkündung und Nebenintervention können sich Streitgenossen in ihrem **Verhalten in Widerspruch zueinander setzen,** indem etwa einer der Streitgenossen eine Tatsache bestreitet, während ein Anderer diese zugesteht. 5

Dies bedeutet allerdings nicht, dass die Prozesse der einzelnen Streitgenossen keinen Einfluss aufeinander hätten. So können **Behauptungen und Beweisantritte** eines Streitgenossen auch für den anderen wirken[6]. In der Regel ist davon auszugehen, dass von einem Streitgenossen geltend gemachte Angriffs- oder Verteidigungsmittel für alle Streitgenossen vorgetragen sind, soweit sie alle angehen und die Übrigen nicht selbst eine Erklärung abgeben[7]. Ist nicht ersichtlich, dass ein bestimmtes Angriffs- oder Verteidigungsmittel nur für einen bestimmten Streitgenossen erhoben werden soll, ist regelmäßig davon auszugehen, dass dieses auch im Verhältnis zu den anderen Streitgenossen vorgebracht werden soll[8]. 6

Darüber hinaus muss auch die **Beweiswürdigung** in der Regel einheitlich ausfallen, denn die Beweise sind wegen der Einheitlichkeit des Verfahrens nur einmal zu erheben und einheitlich frei zu würdigen, so dass unterschiedliche Ergebnisse gegen einzelne Streitgenossen ausgeschlossen sind[9]. Im 7

---

[1] OLG Köln BeckRS 2019, 10570; BPatG GRUR 2006, 169 (171) – Einspruchsgebühren; BGH GRUR 1984, 36 (37) – Transportfahrzeug.
[2] BPatG BeckRS 2017, 149321.
[3] OLG Köln BeckRS 2019, 10570; BPatG GRUR 2006, 169 (171) – Einspruchsgebühren.
[4] BGH GRUR 1984, 36 (37) – Transportfahrzeug.
[5] BGH BeckRS 2014, 10070.
[6] *Pahlow* GRUR 2007, 1011 (1007).
[7] BGH NJW 2015, 2125.
[8] Musielak/Voit/*Weth* ZPO § 61 Rn. 6.
[9] BGH NJW-RR 1992, 253 (254).

Rahmen der daher nach § 286 ZPO vorzunehmenden Gesamtwürdigung kann dabei auch das Geständnis eines Streitverkündeten, welchem ein anderer Streitgenosse widersprochen hat, Berücksichtigung finden[10].

8 Da die Vernehmung eines **Streitgenossen als Zeugen** nach der herrschenden Meinung nur dann in Betracht kommt, wenn das Beweisthema ausschließlich Bedeutung für das Verfahren des anderen Streitgenossen hat[11], erlangt eine derartige Vernehmung in Prozessen des gewerblichen Rechtsschutzes regelmäßig keine praktische Bedeutung.

9 Macht ein Kläger eine Prozesshandlung gegenüber einem ersten – einfachen – Streitgenossen von dem Ausgang gegen einen zweiten Streitgenossen abhängig, ist dies eine außerprozessuale Bedingung, die zur Unzulässigkeit dieser subjektiven Klagehäufung führt[12].

B. Gerichtsstand der Streitgenossenschaft

I. Allgemeines

10 Gemäß **Art. 6 Nr. 1 EuGVVO** kann eine Person, die ihren Wohnsitz im Hoheitsgebiet eines Mitgliedstaates hat, wenn mehrere Personen zusammen verklagt werden, auch vor dem Gericht des Ortes[13] verklagt werden, an dem einer der Beklagten seinen Wohnsitz hat, sofern zwischen den Klagen eine so enge Beziehung besteht, dass eine gemeinsame Verhandlung und Entscheidung geboten erscheint, um widersprüchliche Entscheidungen in getrennten Verfahren zu verhindern[14]. Die Norm stellt somit eine **Ausnahme zu Art. 2 EuGVVO** dar, wonach eine Person, die ihren Wohnsitz in einem Vertragsstaat hat, vor den Gerichten dieses Staates zu verklagen ist[15].

11 Dabei kann sich ein Kläger, der in einem Mitgliedstaat eine Klage gegen einen in diesem Staat wohnhaften Erstbeklagten und einen in einem anderen Mitgliedstaat ansässigen Zweitbeklagten erhebt, auch dann auf Art. 6 Nr. 1 EuGVVO berufen, wenn die **Klage gegen den Erstbeklagten** schon zum Zeitpunkt ihrer Erhebung nach nationalem Recht **unzulässig** ist[16]. Etwas anderes gilt lediglich dann, wenn die Klage gegen mehrere Beklagte nur zu dem Zweck erhoben wurde, einen von diesen der Zuständigkeit der Gerichte seines Wohnsitzstaats zu entziehen[17].

II. Patentrecht

12 Im Patentrecht ist der **Gerichtsstand der Streitgenossenschaft** bei Klagen wegen Verletzung eines europäischen Patents, die gegen mehrere in verschiedenen Vertragsstaaten ansässige Gesellschaften auf Grund von im Hoheitsgebiet eines oder mehrerer Vertragsstaaten begangenen Handlungen erhoben werden, nach der Rechtsprechung des Europäischen Gerichtshofes **nicht eröffnet**[18]. In diesem Fall kann nicht auf das Vorliegen derselben Sachlage geschlossen werden, da verschiedene Personen verklagt werden und die in verschiedenen Vertragsstaaten begangenen Verletzungshandlungen, die ihnen vorgeworfen werden, nicht dieselben sind[19]. Dies hat zur Folge, dass beispielsweise am Sitz der Konzernmutter nicht wegen Verletzung der verschiedenen nationalen Teile des europäischen Patents durch die Konzerntöchter geklagt werden kann, auch wenn diese aufgrund einer gemeinsamen Geschäftspolitik handeln[20].

13 Demgegenüber ist der Gerichtsstand der Streitgenossenschaft dann **eröffnet**, wenn jeder von zwei oder mehr Gesellschaften mit Sitz in verschiedenen Mitgliedstaaten in einem vor einem Gericht eines dieser Mitgliedstaaten anhängigen Verfahren gesondert vorgeworfen wird, denselben nationalen Teil eines europäischen Patents, wie es in einem weiteren Mitgliedstaat gilt, durch die Vornahme vorbehaltener Handlungen in Bezug auf dasselbe Erzeugnis verletzt zu haben[21].

III. Markenrecht

14 Die durch den Europäischen Gerichtshof in der Entscheidung **„Roche ./. Primus"** entwickelten Grundsätze, die im Wesentlichen daran anknüpfen, dass es sich bei einem europäischen Patent um ein Bündelpatent handelt, sind auf das Markenrecht **nicht ohne Weiteres übertragbar**[22]. Zum einen sind

---

[10] MüKoZPO/*Schultes* § 61 Rn. 9; Musielak/Voit/*Weth* ZPO § 61 Rn. 6.
[11] BGH NJW 1983, 2508.
[12] OLG Hamm NJOZ 2005, 746.
[13] Vgl. auch LG Düsseldorf GRUR-Int 1999, 775 – Impfstoff II.
[14] Vgl. auch EuGH NJW 1988, 3088 – Kalfelis.
[15] EuGH GRUR 2007, 47 – Roche/Primus.
[16] EuGH EuZW 2006, 667 (668) – Reisch/Kiesel.
[17] EuGH EuZW 2006, 667 (669) – Reisch/Kiesel; EuGH NJW 1988, 3088 (3089) – Kalfelis.
[18] EuGH GRUR 2007, 47 (48) – Roche/Primus.
[19] EuGH GRUR 2007, 47 (48) – Roche/Primus.
[20] EuGH GRUR 2007, 47 (48) – Roche/Primus; BeckOK PatR/*Voß* PatG Vor §§ 139 ff. Rn. 76.
[21] EuGH GRUR 2012, 1169 – Solvay; vgl. dazu auch *Schacht* GRUR 2012, 1110.
[22] Oberster Gerichtshof Österreich GRUR-Int 2013, 569 Red Bull/Pit Bull; aA *Lange* GRUR 2007, 107.

Gemeinschaftsmarken gemeinschaftsweit einheitliche Rechte, die der einheitlichen Regelung der Gemeinschaftsmarkenverordnung unterliegen. Zum anderen sind bei einer **Markenverletzerkette** nicht parallele Handlungen verschiedener Personen zu beurteilen, sondern aufeinander aufbauende Handlungen eines Erst- und eines Zweitverletzers[23].

§ 62 Notwendige Streitgenossenschaft

(1) Kann das streitige Rechtsverhältnis allen Streitgenossen gegenüber nur einheitlich festgestellt werden oder ist die Streitgenossenschaft aus einem sonstigen Grund eine notwendige, so werden, wenn ein Termin oder eine Frist nur von einzelnen Streitgenossen versäumt wird, die säumigen Streitgenossen als durch die nicht säumigen vertreten angesehen.

(2) Die säumigen Streitgenossen sind auch in dem späteren Verfahren zuzuziehen.

Literatur: *Pohlmann*, Das Rechtschutzbedürfnis bei der Durchsetzung wettbewerbsrechtlicher Unterlassungsansprüche, GRUR 1993, 361; *Tetzner*, Klagenhäufung im Wettbewerbsrecht, GRUR 1981, 803.

Übersicht

	Rn.
A. Allgemeines	1
I. Voraussetzungen der notwendigen Streitgenossenschaft	1
II. Wirkungen der notwendigen Streitgenossenschaft	5
B. Beispiele notwendiger Streitgenossenschaft im Gewerblichen Rechtschutz	14
I. Patentrecht	14
II. Markenrecht	20
III. Wettbewerbsrecht	24
IV. Urheberrecht	25

A. Allgemeines

I. Voraussetzungen der notwendigen Streitgenossenschaft

Nach seiner Formulierung ordnet § 62 Abs. 1 ZPO für den Fall der notwendigen Streitgenossenschaft eine **Vertretungsfiktion** an. Ist einer der notwendigen Streitgenossen säumig, wird er durch die übrigen Streitgenossen vertreten, wobei die notwendigen Streitgenossen eine Prozesshandlung, die der anwesende Streitgenosse mit Wirkung für sie vorgenommen hat, allerdings in den Tatsacheninstanzen in nachfolgenden mündlichen Verhandlungen widerrufen können[1]. 1

Wann ein derartiger Fall notwendiger Streitgenossenschaft vorliegt, definiert die Norm lediglich allgemein. Eine solche kann entweder dann vorliegen, wenn das streitige Rechtsverhältnis allen Streitgenossen gegenüber nur einheitlich festgestellt werden kann[2] oder wenn die Streitgenossenschaft „aus einem anderen Grund eine Notwendige ist". Während es sich daher bei dem zuerst genannten Fall um eine notwendige Streitgenossenschaft aus **prozessualen Gründen** handelt, wird der zweite Fall üblicherweise als notwendige Streitgenossenschaft aus **materiell-rechtlichen Gründen** bezeichnet[3], wobei beide Fälle auch kumulativ vorliegen können[4]. 2

Die Voraussetzungen einer notwendigen Streitgenossenschaft aus **prozessualen Gründen** sind dann erfüllt, wenn bei einer Nacheinander der Prozesse gegen die einzelnen Streitgenossen die Voraussetzungen einer Rechtskrafterstreckung vorliegen würden[5]. 3

Eine notwendige Streitgenossenschaft aus materiellen Gründen liegt dann vor, wenn ein Recht aus **materiell-rechtlichen Gründen** nur von mehreren Berechtigten oder gegen mehrere Verpflichtete gemeinsam ausgeübt werden darf, die Klage also wegen fehlender Prozessführungsbefugnis abgewiesen werden müsste, wenn sie nur von einem einzelnen Mitberechtigten oder gegen einen einzelnen Mitverpflichteten erhoben würde[6]. 4

---

[23] Oberster Gerichtshof Österreich GRUR-Int 2013, 569 Red Bull/Pit Bull.
[1] BGH NJW 2016, 716.
[2] BGH GRUR 2017, 520 (521) – MICRO COTTON.
[3] BGH NJW 1985, 385; Zöller/*Althammer* ZPO § 62 Rn. 1; Musielak/Voit/*Weth* ZPO § 62 Rn. 2.
[4] BGH GRUR 1967, 655 (656) – Altix; Musielak/Voit/*Weth* ZPO § 62 Rn. 2.
[5] BGH GRUR 2017, 520 (521) – MICRO COTTON; BGH NJW 1985, 385 (386); GRUR 1980, 794 (795) – Bundeszentrale für Fälschungsbekämpfung; vgl. auch BGH GRUR 2006, 493 (494) – Michel-Nummern.
[6] BGH GRUR 2017, 520 (521) – MICRO COTTON; BGH GRUR 2012, 430 (431) – Tintenpatrone II; BGH NJW 1985, 385; vgl. auch BGH GRUR 1969, 133 (134) – Luftfilter.

II. Wirkungen der notwendigen Streitgenossenschaft

5 Hinsichtlich der Wirkungen der Streitgenossenschaft, bei der grundsätzlich auch alle Streitgenossen in einem **gesonderten Rechtsverhältnis** zu dem gemeinsamen Gegner stehen[7], ist teilweise danach zu unterscheiden, ob es sich um eine notwendige Streitgenossenschaft aus prozessualen oder aus materiell-rechtlichen Gründen handelt.

6 Während die in § 62 Abs. 1 ZPO ausdrücklich angesprochene **Vertretungsfiktion** in beiden Fällen greift, besteht bei der prozessual notwendigen Streitgenossenschaft ein Zwang zu einer einheitlichen Entscheidung nur, wenn einheitlich gegen die Verpflichteten geklagt wurde, jedoch kein Zwang zu einer gemeinsamen Klage[8].

7 Anders ist dies bei einer aus materiell-rechtlichen Gründen notwendigen Streitgenossenschaft. Eine solche erfordert nicht nur eine einheitliche Entscheidung, sondern bereits zwingend eine **einheitliche Klage**. Eine nicht gegen sämtliche Beteiligte erhobene Klage muss ohne Einstieg in die Prüfung der Sache abgewiesen werden[9].

8 Die rechtzeitige **Unterbrechung der Verjährung** durch Klageerhebung gegenüber einzelnen notwendigen Streitgenossen aus materiell-rechtlichen Gründen bewirkt nicht die Unterbrechung der Verjährung gegenüber den anderen notwendigen Streitgenossen[10].

9 Gegenüber einzelnen, aus materiell-rechtlichen Gründen notwendigen Streitgenossen darf von vornherein nicht durch **Teilurteil** erkannt werden[11]. Ein solchermaßen verfahrenswidrig ergangenes Teilurteil kann allerdings nichtsdestotrotz in formelle und materielle Rechtskraft erwachsen[12]. Gleichwohl kommt einem formell rechtskräftigen Teilurteil gegen einzelne aus materiell-rechtlichen Gründen notwendige Streitgenossen keine materielle Rechtskraftwirkung gegenüber den anderen notwendigen Streitgenossen zu[13]. Bei einer aus prozessualen Gründen notwendigen Streitgenossenschaft ist der Erlass eines Teilurteils dann möglich, wenn keine Verpflichtung des Gerichts besteht, mehrere Klagen zu verbinden. Um einen solchen Fall handelt es sich beim Patentnichtigkeitsverfahren. Dort steht es im pflichtgemäßen richterlichen Ermessen, ob, etwa aus prozessökonomischen Gründen, Verfahren nach § 99 PatG iVm §§ 145, 147 ZPO miteinander verbunden oder (auch wieder) getrennt werden[14]. Ist das Verfahren hinsichtlich eines Nichtigkeitsklägers durch die Eröffnung eines Insolvenzverfahrens unterbrochen (§§ 62, 240 ZPO), wäre es möglich, die Nichtigkeitsklagen der anderen Nichtigkeitskläger abzutrennen und darüber in getrennten Verfahren zu verhandeln und zu entscheiden. Daher ist es auch zulässig, über die Nichtigkeitsklagen der Nichtigkeitskläger, hinsichtlich derer das Verfahren nicht wegen Eröffnung des Insolvenzverfahrens unterbrochen ist, ohne Abtrennung durch Teilurteil zu entscheiden[15].

10 Während bei einer notwendigen Streitgenossenschaft aus prozessualen Gründen die **Rücknahme der Klage** ohne Weiteres möglich ist und damit trotz der Notwendigkeit einer einheitlichen Entscheidung jedes Prozessrechtsverhältnis auf verschiedene prozessuale Weise ein Ende finden kann[16], ist in Rechtsprechung und Literatur umstritten, ob dies auch für die materiell-rechtlich notwendige Streitgenossenschaft gilt[17]. Für die Einräumung der Möglichkeit der Rücknahme spricht, dass ein Streitgenosse nicht gegen seinen Willen zum Weiterführen eines Prozesses gezwungen werden darf[18]. Des Weiteren wird die Klage der anderen Streitgenossen durch die Klagerücknahme zwar unzulässig, es drohen aber keine sich widersprechenden Entscheidungen[19]. Wegen der Notwendigkeit einer einheitlichen Entscheidung scheidet bei der materiell-rechtlich notwendigen Streitgenossenschaft demgegenüber ein **Anerkenntnis** oder ein **Verzicht** einzelner notwendiger Streitgenossen aus[20].

11 Insbesondere im Patentrecht von Bedeutung ist die Frage, wie sich eine **Aussetzung** der Verhandlung in dem Verfahren gegen einen der notwendigen Streitgenossen auf die übrigen Prozessrechtsverhältnisse auswirkt. Hier gilt, dass sich die Aussetzung – ebenso wie eine **Unterbrechung** oder eine **Anordnung des Ruhens des Verfahrens** – unmittelbar nur auf das jeweilige Prozessrechtsverhältnis auswirkt. Aufgrund der Notwendigkeit einer einheitlichen Entscheidung darf das Verfahren gegen die

---

[7] BGH NJW 1996, 1061; Zöller/*Althammer* ZPO § 62 Rn. 22.
[8] OLG Karlsruhe GRUR 1984, 812 – Egerlandbuch.
[9] OLG Karlsruhe GRUR 1984, 812 f. – Egerlandbuch.
[10] BGH NJW 1996, 1060.
[11] BGH BeckRS 2016, 8735.
[12] BGH NJW 1996, 1060.
[13] BGH NJW 1996, 1060.
[14] BGH BeckRS 2016, 8735.
[15] BGH BeckRS 2016, 8735.
[16] BSG NJW 1972, 175.
[17] Dafür: OLG Rostock NJW-RR 1995, 381 (382); OVG Münster BeckRS 2018, 7020; MüKoZPO/*Schultes* § 62 Rn. 49; Musielak/Voit/*Weth* ZPO § 62 Rn. 18; dagegen: Zöller/*Althammer* ZPO § 62 Rn. 25.
[18] MüKoZPO/*Schultes* § 62 Rn. 49.
[19] Musielak/Voit/*Weth* ZPO § 62 Rn. 25.
[20] OLG Düsseldorf BeckRS 2018, 34266; Zöller/*Althammer* ZPO § 62 Rn. 26; Musielak/*Weth* ZPO § 62 Rn. 18; aA: MüKoZPO/*Schultes* § 62 Rn. 49.

übrigen notwendigen Streitgenossen gleichwohl nicht fortgesetzt werden, so dass das Verfahren insgesamt auszusetzen oder zum Ruhen zu bringen ist[21].

Die notwendige Streitgenossenschaft führt des Weiteren gemäß **§ 62 Abs. 2 ZPO** dazu, dass ein Streitgenosse auch dann weiter am Verfahren zu beteiligen ist, wenn er gegen eine Instanzentscheidung kein Rechtsmittel eingelegt hat[22]. 12

Weil die Gleichartigkeit der Entscheidung gewährleistet sein muss, wirkt die Einlegung der **Berufung** durch den einzelnen Streitgenossen auch für die anderen Streitgenossen mit[23]. Daher erwächst das Urteil insgesamt solange nicht in **Rechtskraft**, wie der Gegner oder auch nur ein notwendiger Streitgenosse ein Rechtsmittel einlegen kann oder eingelegt hat[24]. Gleichwohl ist das Rechtsmittel eines jeden notwendigen Streitgenossen gesondert zu beurteilen. Die Einlegung des Rechtsmittels durch einen der notwendigen Streitgenossen kommt lediglich den anderen Streitgenossen zugute[25]. 13

B. Beispiele notwendiger Streitgenossenschaft im Gewerblichen Rechtsschutz

I. Patentrecht

Klagen ein **Schutzrechtsinhaber** und der **Inhaber einer ausschließlichen Lizenz** gemeinsam auf Herausgabe des vollen Verletzergewinns, kann eine derartige Klage nur dann Erfolg haben, wenn sie von beiden Berechtigten gemeinsam erhoben wird, weil der Schutzrechtsinhaber und der Lizenznehmer nicht Mitgläubiger im Sinne von § 432 Abs. 1 S. 1 BGB sind. Vielmehr können sie den jeweils auf sie entfallenden Schaden unabhängig voneinander geltend machen. Wollen sie gleichwohl den gesamten Schaden geltend machen, müssen sie sich über diese Art der Geltendmachung einigen und den Anspruch gemeinsam geltend machen, weshalb sie im Prozess notwendige Streitgenossen sind[26]. 14

Im **Patenterteilungsverfahren** sind zwei oder mehrere Patentanmelder notwendige Streitgenossen, weil ihnen das Recht an dem Patent in der Regel nur gemeinschaftlich zusteht und über eine Patentanmeldung nur einheitlich entschieden werden kann[27]. 15

Gleiches gilt für das **patentgerichtliche Beschwerdeverfahren.** Zwar handelt es sich dabei nicht um ein echtes Streitverfahren mit sich gegenüberstehenden Parteien. Vielmehr hat der Einsprechende, der nicht notwendigerweise eigene Rechte und Interessen zu verteidigen braucht und auch keine eigenen Ansprüche gegen den Anmelder durchzusetzen versucht, lediglich eine parteiähnliche Stellung inne. Jedoch stehen im Fall von Mitanmeldern wie bei der zivilprozessualen Streitgenossenschaft mehrere Personen, die zueinander in einer Rechtsgemeinschaft stehen, als Verfahrensbeteiligte auf der gleichen Seite, wobei jeder Mitanmelder berechtigt ist, die zur Erhaltung des Gegenstandes notwendigen Maßregeln ohne Zustimmung der anderen zu treffen. Da zudem das „streitige Rechtsverhältnis" den Mitanmeldern gegenüber nur einheitlich festgestellt werden kann, ist es nach der Rechtsprechung des Bundespatentgerichts gerechtfertigt, hier die Grundsätze der zivilprozessualen notwendigen Streitgenossenschaft entsprechend anzuwenden[28]. Da mehrere Patentinhaber im Patenteinspruchsverfahren notwendige Streitgenossen sind, ist ein Patentinhaber, der selbst keine wirksame Beschwerde eingelegt hat, gleichwohl an dem Beschwerdeverfahren des anderen beschwerdeführenden Patentinhabers entsprechend § 62 Abs. 2 ZPO iVm § 99 Abs. 1 PatG zu beteiligen[29]. Eines Beitritts als Nebenintervenient gemäß § 66 ZPO bedarf es nicht.[30] Mehrere Einsprechende sind demgegenüber keine notwendigen Streitgenossen, weshalb am Beschwerdeverfahren nur derjenige Einsprechende zu beteiligen ist, der auch selbst Einspruch erhoben hat[31]. 16

Ist eine **Patentnichtigkeitsklage** von mehreren Klägern erhoben oder sind mehrere Klageverfahren, die dasselbe Patent zum Gegenstand haben, zum Zwecke der gleichzeitigen Verhandlung und Entscheidung verbunden worden, sind die Kläger notwendige Streitgenossen[32]. Die Entscheidung über die Nichtigerklärung eines Patents ergeht durch Gestaltungsurteil; sie muss einheitlich ergehen, da das 17

---

[21] zum Patentnichtigkeitsverfahren: BGH BeckRS 2016, 8735; Musielak/Voit/*Weth* ZPO § 62 Rn. 19; Zöller/*Althammer* ZPO § 62 Rn. 29.
[22] BGH GRUR 2012, 430 (432) – Tintenpatrone II; BGH NJW 1991, 101.
[23] OLG Rostock NJW-RR 1995, 381 (382).
[24] BGH NJW 1996, 1060 (1062); Zöller/*Althammer* ZPO § 62 Rn. 31.
[25] Zöller/*Vollkommer* ZPO § 62 Rn. 32.
[26] BGH GRUR 2012, 430 (431 f.) – Tintenpatrone II.
[27] BPatG BeckRS 2018, 31242; GRUR 1999, 702 – Verstellvorrichtung.
[28] BPatG GRUR 1979, 696 (697) – Notwendige Streitgenossen; BeckOK PatR/*Kubis* PatG § 74 Rn. 11; Busse/*Engels* PatG § 74 Rn. 28.
[29] BGH GRUR 2020, 110 (111) – Karusselltüranlage; BGH BeckRS 2017, 128419 – Mehrschichtlager; Albrecht GRUR-Prax 2017, 146.
[30] BPatG BeckRS 2017, 139436.
[31] BPatG GRUR-RS 2017, 132732.
[32] BGH GRUR 2017, 520 (521) – MICRO COTTON; BGH BeckRS 2016, 8735; GRUR 2016, 361 – Fugenband.

klagestattgebende Nichtigkeitsurteil Wirkungen gegenüber jedem der Kläger entfaltet[33]. Die für Prozesshandlungen geltende Vertretungsfiktion des § 62 Abs. 1 ZPO – etwa für die in der mündlichen Verhandlung nicht erschienene Patentmitinhaberin als gemeinsam Beklagte im Nichtigkeitsverfahren – umfasst dabei auch eine beschränkte Verteidigung des Streitpatents durch die weiteren erschienenen Patentmitinhaber als notwendige Streitgenossen mittels abweichender Anträge[34]. Wird das Verfahren hinsichtlich eines von mehreren Nichtigkeitsklägern durch Eröffnung des Insolvenzverfahrens unterbrochen, kann das Gericht die Klagen der anderen Kläger abtrennen und darüber verhandeln sowie entscheiden – auch ohne Abtrennung durch Teilurteil[35].

18 Keine notwendige Streitgenossenschaft liegt demgegenüber vor, wenn der wirkliche Erfinder, der dem Patentamt gegenüber nicht als Erfinder benannt ist, auf **Zustimmung der Nachholung** klagt. Zwar bedarf der wirkliche Erfinder sowohl der Zustimmung des Patentsuchers bzw. des Patentinhabers als auch des zu Unrecht Benannten. Das Verhältnis der beiden Zustimmungsverpflichteten zueinander ist aber nicht so beschaffen, dass beide aus materiell-rechtlichen Gründen nur gemeinschaftlich verklagt werden können. Die erforderliche Mitwirkung bei der Berichtigung bzw. Nachholung der Nennung des wahren Erfinders stellt keine gemeinschaftliche Verpflichtung dar. Vielmehr ist jeder Störer für sich verpflichtet, die Beeinträchtigung des Erfinderpersönlichkeitsrechts des Berechtigten zu beseitigen[36].

19 Das Vorliegen einer notwendigen Streitgenossenschaft ist außerdem zu verneinen, wenn der wirkliche Erfinder, der dem Patentamt gegenüber nicht als Erfinder benannt ist, seine Nennung im Wege der Nachholung erreichen will und er daher der Zustimmung des Patentsuchers bzw. des Patentinhabers als auch des zu Unrecht Benannten bedarf. Dies hat zur Folge, dass beide nicht gemeinschaftlich verklagt werden müssen (aber können)[37].

II. Markenrecht

20 Im Markenrecht besteht zwischen **mehreren Anmeldern** einer Marke und **mehreren Inhabern eines Registermarkenrechts** eine notwendige Streitgenossenschaft[38].

21 Des Weiteren stellen die Mitinhaber einer Marke auch im **Löschungsverfahren** einschließlich des **Beschwerdeverfahrens** notwendige Streitgenossen dar[39]. Die Teilhaber einer Marke sind im Passivprozess notwendige Streitgenossen, wenn sie wegen der Verfügung über den gemeinsamen Gegenstand im Ganzen in Anspruch genommen werden, weil sie über diesen nach § 747 S. 2 BGB nur gemeinschaftlich verfügen können[40]. Dies gilt entsprechend in einem Widerspruchsverfahren gegen eine Marke, die mehreren Personen zusteht, die eine Bruchteilsgemeinschaft bilden[41].

22 Tritt demgegenüber ein Lizenznehmer gemäß **§ 30 Abs. 4 Markengesetz** einer durch den Inhaber der Marke erhobenen Klage bei, um den Ersatz seines Schadens geltend zu machen, sind Lizenznehmer und Markeninhaber lediglich **einfache Streitgenossen**[42]. Umfasst die Klage des Inhabers der Marke allerdings bereits auch den Schaden des Lizenznehmers, dürften Lizenznehmer und Markeninhaber unter Berücksichtigung der neueren Rechtsprechung des Bundesgerichtshofes zum Patentrecht als **notwendige Streitgenossen** anzusehen sein[43].

23 Erheben mehrere Streitgenossen Nichtigkeitsklage gegen ein registergebundenes Schutzrecht, so sind sie notwendige Streitgenossen aus prozessrechtlichen Gründen, weil die durch Gestaltungsurteil ergehende Nichtigerklärung des Schutzrechts gegenüber jedem der Kläger einheitlich ergehen muss und sie zudem Wirkung gegenüber jedermann hat. Dies gilt auch für die nach Art. 100 UMV erhobene Nichtigkeitsklage gegen eine Unionsmarke[44]. Im Falle einer solchen Nichtigkeitsklage steht die notwendige Streitgenossenschaft dem Erlass eines Teilurteils für oder gegen einzelne von mehreren Streitgenossen jedoch nicht entgegen. Es liegt nach den §§ 145, 147 ZPO, die als verfahrensrechtliche Vorschriften nach Art. 101 Abs. 2 UMV anwendbar sind, im pflichtgemäßen Ermessen des Gerichts, mehrere Nichtigkeitsverfahren zu verbinden oder auch zu trennen. Besteht aber die Möglichkeit, durch Verfahrenstrennung hinsichtlich einzelner Streitgenossen separat zu entscheiden, ist es auch zulässig, ohne Abtrennung über die Nichtigkeitsklage des Streitgenossen zu entscheiden, hinsichtlich dessen das Verfahren nicht nach § 240 ZPO unterbrochen ist[45].

---

[33] BGH GRUR 2017, 520 (521) – MICRO COTTON; BGH GRUR 2016, 361 (365) – Fugenband.
[34] BPatG GRUR 2012, 99 (101) – Lysimeterstation.
[35] BGH BeckRS 2016, 8735.
[36] OLG Karlsruhe GRUR-RR 2003, 328 – Erfinderbenennung.
[37] OLG Karlsruhe GRUR 2003, 1072 = GRUR-RR 2003, 328 – Erfinderbenennung.
[38] BPatG BeckRS 2018, 24565; 2018, 17978; GRUR 2004, 685 (688) – LOTTO; *Fezer* MarkenG § 7 Rn. 61.
[39] BPatG BeckRS 2018, 22311; 2018, 24564; 2012, 12604.
[40] BGHZ 36, 187 (188) = NJW 1962, 633; BGH NJW 1984, 2210.
[41] BGH GRUR 2014, 1024 (1025) – VIVA FRISEURE/VIVA.
[42] BGH GRUR 2007, 877 (880) – Windsor Estate; *Ingerl/Rohnke* MarkenG § 30 Rn. 102.
[43] BGH GRUR 2012, 430 (431 f.) – Tintenpatrone II.
[44] BGH GRUR 2017, 520 (521 f.) – MICRO COTTON.
[45] BGH GRUR 2017, 520 (521 f.) – MICRO COTTON.

III. Wettbewerbsrecht

Im Wettbewerbsrecht stellt sich die Frage nach dem Vorliegen einer notwendigen Streitgenossen- 24
schaft vor allem dann, wenn **mehrere Gläubiger** wegen desselben Verstoßes gegen einen Schuldner vorgehen wollen. Dies kann etwa dann der Fall sein, wenn sich sowohl Mitbewerber, als auch Verbände gegen ein bestimmtes Verhalten wenden. In derartigen Fällen liegen die Voraussetzungen einer notwendigen Streitgenossenschaft jedoch nicht vor, da eine einheitliche Entscheidung weder aus prozessrechtlichen, noch aus materiell-rechtlichen Gründen erforderlich ist[46]. Die Unterlassungsansprüche bestehen vielmehr selbstständig nebeneinander, weshalb rechtlich auch ein Gläubiger obsiegen, der andere aber unterliegen kann[47].

IV. Urheberrecht

Im Rahmen des § 13 **Urhebergesetz** unterliegen das Recht auf Urheberbenennung bei der Werk- 25
verwertung und das Recht auf Anbringung einer Urheberbezeichnung auf dem Werk einer gesamthänderischen Bindung. Die gesamthänderische Bindung auf Passivseite ist auch gegeben, wenn ein Mitherausgeber gegen die übrigen Mitherausgeber sein Recht auf Benennung als Mitherausgeber geltend macht. Klagt daher ein Mitherausgeber gegen mehrere (weitere) Mitherausgeber, sind letztere als notwendige Streitgenossen anzusehen. Eine nur gegen einen Miturheber erhobene Klage ist unzulässig[48].

§ 63 Prozessbetrieb; Ladungen

Das Recht zur Betreibung des Prozesses steht jedem Streitgenossen zu; zu allen Terminen sind sämtliche Streitgenossen zu laden.

Aufgrund der **Selbstständigkeit der Prozessrechtsverhältnisse** steht gemäß § 63 ZPO das Recht 1
zur Betreibung des Prozesses jedem, das heißt sowohl dem einfachen als auch dem notwendigen Streitgenossen zu[1].

Dies bedeutet insbesondere, dass jeder Streitgenosse als Ausfluss der Selbstständigkeit der Prozess- 2
rechtsverhältnisse berechtigt ist, selbst **Anträge zu stellen** oder ein ausgesetztes oder unterbrochenes **Verfahren wieder aufzunehmen**[2].

Damit jeder Streitgenosse in der Lage ist, die ihm zustehenden Rechte auch tatsächlich wahr- 3
zunehmen, bestimmt § 63 Hs. 2 ZPO, dass sämtliche Streitgenossen zu allen **Terminen zu laden** sind. Darüber hinaus haben in entsprechender Anwendung der Norm **Zustellungen** an jeden Streitgenossen zu erfolgen, es sei denn, es ist in der konkreten Situation lediglich einer der Streitgenossen betroffen[3]. Letzteres betrifft jedoch nur die Zustellung an die Gegenseite, nicht diejenige unter den Streitgenossen, da die Zustellung anders als die Ladung nicht den äußeren Geschehensablauf, sondern das Prozessrechtsverhältnis zum Gegner betrifft und von dem Schriftsatz eines Streitgenossen zudem auch nur der Gegner, nicht aber ein anderer Streitgenosse betroffen ist[4].

Besondere Bedeutung erlangt § 63 Hs. 2 ZPO insbesondere im Zusammenhang mit der Frage, ob 4
gegen einen Streitgenossen ein **Versäumnisurteil** ergehen kann. Denn nach § 335 Abs. 2 Nr. 2 ZPO ist eine Versäumnisentscheidung dann unzulässig, wenn die nicht erschienene Partei nicht ordnungsgemäß geladen wurde.

Titel 3. Beteiligung Dritter am Rechtsstreit

§ 64 Hauptintervention

Wer die Sache oder das Recht, worüber zwischen anderen Personen ein Rechtsstreit anhängig geworden ist, ganz oder teilweise für sich in Anspruch nimmt, ist bis zur rechtskräftigen Entscheidung dieses Rechtsstreits berechtigt, seinen Anspruch durch eine gegen beide Parteien gerichtete Klage bei dem Gericht geltend zu machen, vor dem der Rechtsstreit im ersten Rechtszug anhängig wurde.

§ 65 Aussetzung des Hauptprozesses

Der Hauptprozess kann auf Antrag einer Partei bis zur rechtskräftigen Entscheidung über die Hauptintervention ausgesetzt werden.

---

[46] *Pohlmann* GRUR 1993, 361 (368).
[47] BGH GRUR 1960, 379 (380) – Zentrale; *Tetzner* GRUR 1981, 803.
[48] OLG Karlsruhe GRUR 1984, 812 (813) – Egerlandbuch.
[1] *Zöller/Althammer* ZPO § 63 Rn. 1.
[2] *Musielak/Voit/Weth* ZPO § 63 Rn. 1; MüKoZPO/*Schultes* § 63 Rn. 1.
[3] MüKoZPO/*Schultes* § 63 Rn. 4.
[4] LAG Hamm BeckRS 2000, 30788976.

§ 66 Nebenintervention

(1) **Wer ein rechtliches Interesse daran hat, dass in einem zwischen anderen Personen anhängigen Rechtsstreit die eine Partei obsiege, kann dieser Partei zum Zwecke ihrer Unterstützung beitreten.**

(2) **Die Nebenintervention kann in jeder Lage des Rechtsstreits bis zur rechtskräftigen Entscheidung, auch in Verbindung mit der Einlegung eines Rechtsmittels, erfolgen.**

Übersicht

	Rn.
A. Voraussetzungen der Nebenintervention	1
I. Anhängiger Rechtsstreit zwischen anderen Personen	2
II. Interventionsgrund	5
B. Nebenintervention im Nichtigkeitsverfahren	15
C. Kostenentscheidung	20

A. Voraussetzungen der Nebenintervention

1 Eine Nebenintervention ist nur in einem anhängigen Rechtsstreit zwischen anderen Personen[1] zulässig, wenn der Nebenintervenient ein rechtliches Interesse am Obsiegen einer Partei hat (Interventionsgrund). Zudem muss die Erklärung der Nebenintervention den in § 70 ZPO normierten formellen Voraussetzungen entsprechen, also in Form eines Schriftsatzes erfolgen, welcher die Parteien und den Rechtsstreit bezeichnet, den Interventionsgrund angibt sowie die Erklärung des Beitritts beinhaltet.

I. Anhängiger Rechtsstreit zwischen anderen Personen

2 Wie bereits dem Wortlaut von § 66 ZPO zu entnehmen ist, setzt die Nebenintervention einen **anhängigen** und somit im Umkehrschluss nicht notwendigerweise einen bereits rechtshängigen **Rechtsstreit** voraus[2], wobei ein Beitritt des Nebenintervenienten auch noch im Berufungsverfahren erfolgen kann[3]. Der Begriff „Rechtsstreit" ist weit auszulegen und erfasst neben dem **Mahnverfahren**[4] und dem Patentnichtigkeitsverfahren[5] insbesondere auch – was gerade im Bereich des Gewerblichen Rechtsschutzes eine besondere Bedeutung hat – das **einstweilige Verfügungsverfahren**[6]. Soll die Nebenintervention in einem einstweiligen Verfügungsverfahren erfolgen, steht es der Zulässigkeit der Nebenintervention insbesondere auch nicht entgegen, wenn die Antragsgegnerin bzw. Verfügungsbeklagte keinen Antrag stellt[7]. In allen Verfahren kann der Beitritt auch noch nach dem Schluss der mündlichen Verhandlung, etwa mit Einlegung eines Rechtsbehelfs, erklärt werden[8].

3 Darüber hinaus ist eine Nebenintervention auch in einem **selbstständigen Beweisverfahren** möglich[9]. Dies wird durch die Rechtsprechung damit begründet, dass die Regelungen der § 66 ff. ZPO einerseits das rechtliche Gehör gewährleisten, andererseits aber auch wie die §§ 485 ff. ZPO der Vermeidung widersprüchlicher Prozessergebnisse und der Verringerung der Zahl der Prozesse dienen, indem sie Dritten die Möglichkeit geben, durch Unterstützung einer Partei auf einen zwischen anderen Parteien anhängigen Prozess Einfluss zu nehmen, wenn sich die Entscheidung des Verfahrens auf ihre Rechtsstellung auswirken kann. Diese Gesichtspunkte seien für das selbstständige Beweisverfahren genauso von Bedeutung wie für den Hauptprozess. Deshalb entspreche die analoge Anwendung dieser Vorschriften dem Willen des Gesetzgebers[10], auch wenn es im selbstständigen Beweisverfahren ein „Obsiegen" im engeren Sinne nicht gibt[11]. Für ein rechtliches Interesse entsprechend § 66 Abs. 1 ZPO am Beitritt in einem selbstständigen Beweisverfahren muss der Zahl der Nebenintervention zu der unterstützenden Partei oder dem Gegenstand des selbstständigen Beweisverfahrens in einem Rechtsverhältnis stehen, auf welches das Ergebnis der in dem selbstständigen Beweisverfahren stattfindenden zulässigen Beweiserhebung unmittelbar oder mittelbar einwirkt[12]. Dies kann etwa dann der Fall sein, wenn der Nebenintervenient zu einem Gläubiger in einem Rechtsverhältnis steht, auf Grund

---

[1] LG Düsseldorf BeckRS 2013, 15424.
[2] BGHZ 92, 257 = NJW 1985, 328; Zöller/*Althammer* ZPO § 66 Rn. 4.
[3] BGH GRUR 2020, 1178 Pemetrexed II.
[4] BGH NJW-RR 2006, 773.
[5] BPatG NJOZ 2014, 1525 (1527).
[6] OLG Düsseldorf NJW 1958, 794.
[7] OLG Düsseldorf NJW 1958, 794.
[8] LG Düsseldorf BeckRS 2013, 15424.
[9] BGH NJW 2016, 1018 (1019); NJW-RR 2006, 1312 (1313); NJW 1997, 859.
[10] BGH NJW-RR 2006, 1312 (1313).
[11] BGH NJW 2016, 1018 (1019).
[12] BGH NJW 2016, 1020; 2016, 1018.

dessen er diesem möglicherweise als Gesamtschuldner mit einem weiteren Schuldner haftet[13]. Die bloße Möglichkeit, dass in dem selbstständigen Beweisverfahren ein Gutachten erstellt wird, dessen Ergebnis sich im Falle einer Anwendung von § 411a ZPO nachteilig auf die Rechtsposition des Nebenintervenienten auswirken könnte, stellt keinen hinreichenden Interventionsgrund im Sinne von § 66 Abs. 1 ZPO dar[14]. Im selbstständigen Beweisverfahren ist entsprechend § 71 ZPO über einen Antrag auf Zurückweisung einer Nebenintervention durch Beschluss zu entscheiden[15].

Da eine Nebenintervention nur in einem **Rechtsstreit zwischen anderen Personen** in Betracht kommt, muss es sich bei dem Nebenintervenienten um eine von den Parteien verschiedene Rechtspersönlichkeit handeln[16], so dass der gesetzliche Vertreter einer Partei dieser nicht als Nebenintervenient beitreten kann, soweit er nicht zugleich Gesellschafter der vertretenen Partei ist[17].

II. Interventionsgrund

Nach § 66 ZPO kann derjenige, der ein **rechtliches Interesse** daran hat, dass in einem zwischen anderen Personen anhängigen Rechtsstreit eine Partei obsiegt, dieser Partei zum Zwecke ihrer Unterstützung beitreten. Kann der Nebenintervenient ein solches rechtliches Interesse nicht dartun, ist die Nebenintervention ggf. nach § 71 Abs. 1 ZPO durch Zwischenurteil zurückzuweisen[18]. Der Darlegung eines solchen rechtlichen Interesses bedarf es insbesondere auch dann, wenn ein Streitverkündeter statt dem Streitverkünder dessen Gegner als Nebenintervenient beitritt; allein die Tatsache der Streitverkündung vermag das erforderliche rechtliche Interesse nicht zu begründen[19].

Der **Begriff des rechtlichen Interesses,** der stets zu einem für die Nebenintervention grundsätzlich nicht ausreichenden rein wirtschaftlichen oder sonstigen tatsächlichen Interesse abzugrenzen ist[20], verlangt, dass der Nebenintervenient zu der unterstützten Partei oder dem Gegenstand des Rechtsstreits in einem Rechtsverhältnis steht, auf das die Entscheidung des Rechtsstreits durch ihren Inhalt oder ihre Vollstreckung unmittelbar oder auch nur mittelbar einwirkt[21]. Für die Begründung eines rechtlichen Interesses ist es daher ausreichend, wenn der Nebenintervenient von der Gestaltungswirkung eines Urteils betroffen wird[22].

Auch wenn das rechtliche Interesse grundsätzlich weit auszulegen ist[23], vermag allein der Wunsch des Nebenintervenienten, der Rechtsstreit möge zugunsten einer Partei entschieden werden, ebenso wenig ein solches Interesse zu begründen wie die Erwartung, dass die mit der Klage befassten Gerichte auch in einem künftigen Rechtsstreit der Klägerin gegen den Nebenintervenienten einen einmal eingenommenen Standpunkt beibehalten **(Präzidenzwirkung des Urteils).** Insoweit handelt es sich lediglich um ein **tatsächliches,** nicht aber ein rechtliches **Interesse**[24].

Gleiches gilt, soweit das Interesse an der Nebenintervention allein damit begründet wird, der Nebenintervenient habe ein Interesse an einer bestimmten **Beantwortung rechtlicher oder tatsächlicher Vorfragen** oder lediglich darauf abgestellt wird, dass in beiden Fällen die **gleichen Prüfungen** angestellt werden müssen oder über gleichgelagerte Rechtsfragen zu entscheiden ist[25].

Hauptanwendungsfall der Nebenintervention sind daher Fälle, bei denen der Nebenintervenient aufgrund des Ausgangs des Verfahrens **Regressansprüche** befürchtet oder zumindest behauptet[26], wobei es ausreicht, dass im Fall des Unterliegens einer Partei die Geltendmachung eines Regressanspruchs gegen ihn in Betracht kommt, also nicht von vornherein aussichtslos ist[27]. Daran ist etwa dann zu denken, wenn im Verletzungsprozess zunächst nur ein reines Vertriebsunternehmen in Anspruch genommen wird. Für den Fall der Verurteilung stehen diesem dann möglicherweise

---

[13] BGH NJW 2016, 1020 = Fortführung von BGHZ 182, 116 = NJW 2009, 1814.
[14] BGH NJW 2016, 1018.
[15] BGH NJW 2016, 1018.
[16] LG Düsseldorf BeckRS 2013, 15424.
[17] Zöller/*Althammer* ZPO § 66 Rn. 5.
[18] LG München BeckRS 2016, 08972.
[19] OLG München BeckRS 2016, 10361.
[20] BGH NJW 2011, 907; OLG Köln BeckRS 2015, 02420; OLG Rostock BeckRS 2019, 12545.
[21] BGH GRUR 2016, 596 (598) – Keine pauschale Beteiligung von Verlagen an Einnahmen der VG Wort – Verlegeranteil; BGH NJW 2016, 1018; NJW-RR 2011, 907; OLG Düsseldorf GRUR-RS 2022, 223 – Kostenerstattungsanspruch des Streithelfers II; OLG Frankfurt a. M. BeckRS 2008, 07442; LG Mannheim BeckRS 2016, 15609.
[22] BGH GRUR 2020, 1178 – Pemetrexed II.
[23] BGH NJW 2016, 1018; GRUR 2006, 438 – Carvedilol.
[24] BGH NJW 2016, 1018; GRUR 2011, 557 – Parallelverwendung inhaltsgleicher AGBs; OLG Karlsruhe BeckRS 2013, 18973; LG Düsseldorf BeckRS 2013, 15424.
[25] BGH GRUR 2011, 557– Parallelverwendung inhaltsgleicher AGBs; OLG Karlsruhe BeckRS 2013, 18973; LG Mannheim BeckRS 2016, 15609.
[26] OLG Frankfurt a. M. GRUR-RS 2019, 15325; LG Mannheim GRUR-RS 2016, 17012; Zöller/*Althammer* ZPO § 66 Rn. 13 unter Verweis auf § 72 Rn. 7; OLG Karlsruhe BeckRS 2013, 18973; LG München BeckRS 2012, 04008.
[27] OLG Karlsruhe BeckRS 2016, 15682; OLG Düsseldorf GRUR-RS 2022, 223 – Kostenerstattungsanspruch des Streithelfers II.

Regressansprüche gegen den Hersteller des schutzrechtsverletzen Gegenstandes zu. Vergleichbares dürfte gelten, wenn eine gesamtschuldnerische Haftung des Beklagten im Verletzungsprozess und des Nebenintervenienten in Betracht kommt[28]. Allerdings begründet die Regressmöglichkeit nur dann ein Interventionsrecht, wenn das im Prozess verhandelte Rechtsverhältnis der Prozessparteien für das Regressverhältnis tatsächlich auch vorgreiflich ist. Die Möglichkeit allein, dass sich ein Gericht im Folgeprozess nur faktisch am Ergebnis des Vorprozesses orientieren könnte, begründet kein rechtliches Interesse[29]. In diesem Zusammenhang ist zu berücksichtigen, dass sich der Schadensersatzanspruch des Klägers gegen den Nebenintervenienten nach deutschem Sachrecht im Falle des Unterliegens des Beklagten und der Erfüllung auf den Beklagten übergänge, dieser sich also als Gläubiger und Schuldner nicht nur sekundär eines Gesamtschuldnerausgleichs nach § 426 Abs. 1 BGB, sondern gerade auch primär eines Schadensersatzanspruchs wegen Patentverletzung gegenüberstünden. Hierdurch wirkt die Entscheidung des Ausgangsprozesses zwischen den Hauptparteien (mit-)gestaltend auf das Rechtsverhältnis zwischen dem Beklagten und dem Nebenintervenienten ein[30].

10 Zu beachten ist, dass sich das rechtliche Interesse auf die **Entscheidung über den Streitgegenstand** beziehen muss.

11 Unproblematisch ist das rechtliche Interesse unter diesem Gesichtspunkt dann zu bejahen, wenn sich der Kläger im Ausgangsprozess gegen den Vertrieb eines schutzrechtsverletzenden, durch den Nebenintervenienten hergestellten Produktes wendet. Nicht ausreichend ist demgegenüber, wenn beispielsweise im Ausgangsverfahren ein Beklagter wegen einer mittelbaren Patentverletzung im Zusammenhang mit den von einem Mobilfunknetzwerk versandten Informationssignalen in Anspruch genommen wird, während sich der Vorwurf eines Rechtsmangels wegen einer unmittelbaren Patentverletzung auf ein UMTS-Mobiltelefon bezieht[31].

12 Ein rechtliches Interesse ist darüber hinaus zu bejahen, wenn der Nebenintervenient mit dem Beklagten **gesamtschuldnerisch haftet.** In diesem Fall kann er dem Rechtsstreit sowohl auf Seiten des Klägers als auch des Beklagten beitreten. Das rechtliche Interesse am Obsiegen des Klägers ergibt sich in diesen Fällen aus einem möglichen Anspruchsübergang nach § 426 Abs. 2 BGB mit den Rechtsfolgen des § 412 BGB bzw. § 727 ZPO. Im Fall eines Obsiegens des Klägers geht bei einem Ausgleich der Schadensersatzforderung durch den Nebenintervenienten der Anspruch auf den Nebenintervenienten über, der sodann beim Beklagten Regress nehmen kann[32].

13 Demgegenüber kann ein Interventionsgrund nicht daraus hergeleitet werden, dass der Nebenintervenient geltend macht, hinsichtlich eines **Unterlassungsanspruchs** selbst **aus eigenem Recht** und/ oder in **Prozessstandschaft** klagebefugt zu sein[33]. In Bezug auf den Unterlassungsanspruch aus eigenem Recht folgt dies bereits daraus, dass der Nebenintervenient lediglich ein rechtliches Interesse an seinem Obsiegen in einem eigenen Prozess gegen den Beklagten, nicht aber an einem Sieg des Klägers im aktuellen Prozess hat. Gleiches gilt, soweit der Nebenintervenient berechtigt wäre, aufgrund einer (gewillkürten) Prozessstandschaft selbst zu klagen[34].

14 Etwas anderes gilt allerdings dann, wenn der **Inhaber des Anspruchs einen Dritten ermächtigt** hat, diesen Anspruch in Prozessstandschaft gegenüber dem Schuldner geltend zu machen. In einem solchen Fall kann der Anspruchsinhaber dem in Prozessstandschaft Klagenden als Nebenintervenient beitreten, denn in dem Rechtsstreit zwischen den Parteien des Rechtsstreits wird über den materiell dem Nebenintervenienten zustehenden Anspruch mit Rechtskraftwirkung entschieden[35].

B. Nebenintervention im Nichtigkeitsverfahren

15 Nachdem der Bundesgerichtshof im Nichtigkeitsverfahren ein rechtliches Interesse an der Nebenintervention lange Zeit nur dann als gegeben angesehen hat, wenn unabhängig davon, ob der Nebenintervenient das Streitpatent verletzt oder nicht, zwischen dem Nebenintervenienten und entweder dem Nichtigkeitskläger oder dem Patentinhaber eine Rechtsbeziehung hinsichtlich des Streitpatents, etwa aufgrund einer vorhergehenden Schutzrechtsverwarnung oder einer Verletzungsklage, besteht[36], ist er von dieser restriktiven Rechtsprechung in der Entscheidung „**Carvedilol**"[37] nunmehr abgerückt. Danach reicht es für die Zulässigkeit der Nebenintervention im Patentnichtigkeitsverfahren jedenfalls aus, wenn der Nebenintervenient ein Unternehmen ist, das durch das Streitpatent in seinen geschäftlichen Tätigkeiten als Wettbewerber beeinträchtigt werden kann[38]. Dies lässt sich unter ande-

---

[28] OLG Karlsruhe BeckRS 2016, 15682.
[29] BGH GRUR 2011, 558 – Parallelverwendung inhaltsgleicher AGBs; LG Hamburg BeckRS 2015, 20474.
[30] LG Mannheim BeckRS 2016, 15609.
[31] OLG Karlsruhe BeckRS 2013, 18973.
[32] OLG Karlsruhe NJOZ 2007, 693 (696 f.).
[33] OLG München GRUR-RR 2001, 92 – Preisempfehlung durch Franchisegeber.
[34] OLG München GRUR-RR 2001, 92 (93) – Preisempfehlung durch Franchisegeber.
[35] OLG München GRUR-RR 2001, 92 (93) – Preisempfehlung durch Franchisegeber.
[36] BGH GRUR 1952, 260 – Schreibhefte I; vgl. auch BGH GRUR 1968, 86 – Ladegerät.
[37] BGH GRUR 2006, 438 – Carvedilol.
[38] BGH GRUR 2020, 1178 – Pemetrexed II.

rem damit begründen, dass sich die Frage der Wirksamkeit des Patents so schneller einer endgültigen Klärung zuführen lässt und eine mehrfache, zeitlich versetzte und unökonomische Befassung der Gerichte mit demselben Streitpatent vermieden wird[39]. Diese Grundsätze finden auch im Einspruchsverfahren Anwendung[40].

Ebenfalls ein berechtigtes Interesse an einer Nebenintervention hat der **Einzelrechtsnachfolger** 16 des Patentinhabers[41]. Nicht ausreichend ist es demgegenüber, dass der Nebenintervenient mit dem Patentinhaber lediglich einen Vermittlungsauftrag über die Vermarktung des jeweiligen Streitpatents in einem anderen Staat geschlossen hat und daran interessiert ist, einen solchen Vertrag auch für die übrigen Länder abzuschließen, in denen das Streitpatent in Streit steht[42].

Ein rechtliches Interesse an der Nebenintervention ist nicht allein deshalb zu verneinen, weil der 17 Nebenintervenient bereits zuvor eine **eigene Nichtigkeitsklage** gegen das Streitpatent erhoben hat. Dies gilt jedenfalls dann, wenn das Patentgericht über die Nichtigkeitsklage des Nebenintervenienten noch nicht entschieden hat und das Verfahren, zu dem der Nebenintervenient beitritt, bereits in der Berufungsinstanz anhängig ist[43]. Ebenso wenig ist eine Nebenintervention auf Seiten des Klägers im Patentnichtigkeitsverfahren deshalb unzulässig, weil ein mit dem Nebenintervenienten verbundenes Unternehmen das Patent mit einer weiteren Nichtigkeitsklage angreift, über die das Patentgericht noch nicht entschieden hat[44].

Tritt der Nebenintervenient dem Patentnichtigkeitsverfahren auf Seiten des Klägers bei, ist er ein 18 **streitgenössischer** und nicht lediglich ein einfacher **Nebenintervenient**[45]. Gleiches gilt für den **ausschließlichen Lizenznehmer**, wenn dieser im Patentnichtigkeitsverfahren dem Patentinhaber beitritt, auch wenn er noch keine Rechte gegen den Nichtigkeitskläger geltend gemacht hat[46].

Gerade im Patentnichtigkeitsverfahren ist es jedoch von Bedeutung, dass der Nebenintervenient 19 nicht zur Antragstellung über das Klagebegehren hinaus berechtigt ist. Er kann somit das Klagebegehren nicht über den Antrag des Nichtigkeitsklägers hinaus erweitern und beispielsweise die vollständige Vernichtung des Streitpatents verlangen, wenn dieses durch den Nichtigkeitskläger lediglich teilweise angegriffen wird[47].

C. Kostenentscheidung

Bei der einfachen Nebenintervention gilt der Grundsatz der Kostenparallelität[48]. Nach **§ 101 Abs. 1** 20 **ZPO** sind die durch die Nebenintervention verursachten Kosten dem Gegner der vom Nebenintervenienten unterstützten Hauptpartei aufzuerlegen, soweit sie nach den Vorschriften der §§ 91–98 ZPO zu tragen hat[49]. Andernfalls werden die Kosten der Nebenintervention dem Nebenintervenienten auferlegt. Die unterstützte Partei trägt die Kosten der Nebenintervention demgegenüber nie, da zwischen dem Nebenintervenienten und der unterstützten Partei kein Rechtsstreit begründet worden ist[50].

Besonderheiten gelten allerdings, wenn der Beitritt des Nebenintervenienten so spät erfolgt, dass er 21 keinen Einfluss mehr auf das Verfahren nehmen kann. In einem solchen Fall steht einer Kostengrundentscheidung gemäß § 101 Abs. 1 ZPO zu Gunsten des Nebenintervenienten das aus Treu und Glauben herzuleitende Kostenschonungsgebot entgegen[51]. Dies ist insbesondere anzunehmen, wenn der Beitritt erst nach Schluss der mündlichen Verhandlung erklärt wird[52]. Diese Grundsätze gelten allerdings wohl nicht uneingeschränkt im Patentnichtigkeitsverfahren. Allein der Umstand, dass die Nebenintervention erst in einem sehr späten Verfahrensstadium erklärt wird, erlaubt nach Auffassung des Bundespatentgerichts noch nicht den Schluss, diese Vorgehensweise des Nebenintervenienten diene lediglich dem Zweck, Kosten zu verursachen, sei rechtsmissbräuchlich und stehe daher insoweit der Kostentragungspflicht der unterlegenen Partei entgegen[53].

Im Falle eines **Vergleichs** bestimmt sich die Kostentragungspflicht nach § 98 S. 1 ZPO, wonach die 22 Kosten des Rechtsstreits gegeneinander aufzuheben sind, wenn nicht die Parteien etwas anderes vereinbart haben. Maßgeblich ist danach nicht nur die gesetzliche Regelung der Vergleichskosten,

---

[39] BGH GRUR 2006, 438 (439) – Carvedilol; LG Düsseldorf BeckRS 2013, 15424.
[40] BPatG GRUR 2009, 569 (570).
[41] BGH GRUR 2008, 87 – Patentinhaberwechsel im Einspruchsverfahren; BPatG BeckRS 2015, 13904.
[42] BGH BeckRS 2014, 12780.
[43] BGH GRUR 2020, 1178 (1179) – Pemetrexed II; aA: Benkard/*Hall/Nobbe* § 81 Rn. 15 aE.
[44] BGH GRUR-RS 2021, 43779 – Multiplexverfahren.
[45] BGH GRUR 2008, 60 – Sammelhefter II; vgl. auch BPatG GRUR 2010, 218 – Nebenintervention im Patentnichtigkeitsverfahren; aA noch BGH GRUR 1998, 382 – Schere; BPatG BeckRS 2015, 16631.
[46] BGH GRUR 2010, 50 – Cetirizin.
[47] BPatG GRUR 2010, 218 (221) – Nebenintervention im Patentnichtigkeitsverfahren.
[48] BGHZ 154, 351 (354) = NJW 2003, 1948; BGHZ 182, 150 = NJW 2009, 3240; Zöller/*Althammer* ZPO § 66 Rn. 19.
[49] Vgl. auch BGH BeckRS 2019, 30464; NJW 2003, 1948.
[50] OLG Düsseldorf BauR 2007, 148.
[51] OLG Düsseldorf GRUR-RS 2018, 55008.
[52] OLG Frankfurt a. M. BeckRS 2010, 01578; MüKoZPO/*Schulz* § 101 Rn. 15.
[53] BPatG NJOZ 2014, 1525 = GRUR 2015, 104 – L-Arginin.

sondern auch eine hiervon abweichende und der gesetzlichen Zweifelsregelung vorgehende Vereinbarung der Hauptparteien im Vergleich, und zwar auch dann, wenn der Nebenintervenient am Vergleich nicht teilnimmt[54]. Das gilt nach § 101 Abs. 1 ZPO aber nur, soweit eine solche Regelung die Pflicht des Gegners zur Tragung der Gerichtskosten und der Kosten der Hauptparteien betrifft. Denn nur insoweit wird in § 101 ZPO auf § 98 S. 1 ZPO verwiesen. Eine weitergehende Disposition über den gesetzlichen Kostenerstattungsanspruch des Nebenintervenienten steht den Hauptparteien nicht zu. Derartige Regelungen sind nur zulässig, wenn der Nebenintervenient am Vergleich teilnimmt. Hier haben die Parteien eine Regelung ihrer Kostentragungspflicht im Vergleich getroffen. Danach werden die Kosten gegeneinander aufgehoben. Das entspricht der gesetzlichen Kostenregelung in § 98 S. 1 ZPO[55].

23   Für den Fall der **streitgenössischen Nebenintervention** verweist § 101 Abs. 2 ZPO auf § 100 ZPO, so dass regelmäßig eine Verurteilung nach Kopfteilen (§ 100 Abs. 1 ZPO) erfolgt[56].

24   Bezieht sich die Kostenentscheidung in einem Gebrauchsmusterlöschungsverfahren ausschließlich auf die Kostentragung im Verhältnis zwischen Antragstellerin sowie -gegnerin und enthält sie keinen Kostenausspruch zu Lasten der Nebenintervenientin, fehlt es schon an den grundsätzlichen Voraussetzungen für eine Streitgenossenschaft im Beschwerdeverfahren[57].

§ 67 Rechtsstellung des Nebenintervenienten

> [1] Der Nebenintervenient muss den Rechtsstreit in der Lage annehmen, in der er sich zur Zeit seines Beitritts befindet; er ist berechtigt, Angriffs- und Verteidigungsmittel geltend zu machen und alle Prozesshandlungen wirksam vorzunehmen, insoweit nicht seine Erklärungen und Handlungen mit Erklärungen und Handlungen der Hauptpartei in Widerspruch stehen. [2] Für ihn gelten die §§ 141 und 278 Absatz 3 entsprechend.

A. Allgemeines

1   § 67 ZPO regelt die **Rechtstellung des Nebenintervenienten** im Prozess. Dass der Nebenintervenient den Rechtsstreit in der Lage annehmen muss, in der er sich zur Zeit des Beitritts befindet, ist ebenso Ausfluss von dessen Beteiligung an einem fremden Rechtsstreit wie die Tatsache, dass er sich mit seinen Erklärungen und Handlungen nicht in Widerspruch zur Hauptpartei setzen darf[1].

2   Von der unselbständigen Stellung des Nebenintervenienten im Prozess beeinflusst ist ebenso sein Recht, **Angriffs- und Verteidigungsmittel** geltend zu machen. Der Nebenintervenient darf sich lediglich auf Angriffs- und Verteidigungsmittel der Hauptpartei, nicht aber auf eigene Angriffs- und Verteidigungsmittel berufen[2].

B. Befugnisse des Nebenintervenienten

3   Ein Nebenintervenient – gleich ob als einfacher oder streitgenössischer Streithelfer – beteiligt sich, auch wenn er dabei in eigenem Namen und kraft eigenem (prozessualen) Rechts neben der Hauptpartei handelt, mit der aus seiner Stellung und seinem Auftreten heraus zum Ausdruck kommenden prozessualen Erklärung, die Hauptpartei unterstützen zu wollen, an einem fremden Prozess, ohne selbst Partei zu werden[3]. Er kann zur Wahrung seiner Interessen am Ausgang des Rechtsstreits[4] **alle Prozesshandlungen** wirksam vornehmen, solange er sich dadurch nicht in Widerspruch zur Hauptpartei setzt. Bleibt der Beklagte etwa im Nichtigkeitsverfahren untätig, kann der dem Verfahren auf seiner Seite beigetretene Nebenintervenient wirksam der Klage widersprechen, Anträge stellen und sonstige Prozesshandlungen vornehmen sowie – falls zur Verfügung über das Streitpatent materiell berechtigt – dieses beschränkt verteidigen[5].

4   Ihm stehen, wenn auch nicht aus eigenem, sondern aus dem Recht der Hauptpartei, sämtliche Angriffs- und Verteidigungsmittel iSd § 146 ZPO zur Verfügung[6]. Er kann somit insbesondere Tatsachen **behaupten oder bestreiten,** neue Tatsachen vortragen, einem Dritten den Streit verkünden, den Richter oder den Sachverständigen als befangen ablehnen[7] oder namens der Hauptpartei

---

[54] BGH NJW 1961, 460 – Kosten der Nebenintervention nach außergerichtlichem Vergleich; OLG Karlsruhe NJW 2019, 943.
[55] BGH NJW 2003, 1948.
[56] Zöller/*Herget* ZPO § 101 Rn. 13.
[57] BPatG GRUR-RS 2022, 2142 – Nebenintervenient.
[1] MüKoZPO/*Schultes* § 67 Rn. 2.
[2] MüKoZPO/*Schultes* § 67 Rn. 5.
[3] BGH GRUR 2016, 1207 = NJW 2016, 3380.
[4] Zöller/*Althammer* ZPO § 67 Rn. 3.
[5] BPatG GRUR 2014, 1029 – Astaxanthin.
[6] OLG Düsseldorf BeckRS 2016, 09322; 2016, 09323.
[7] BGH BeckRS 2020, 25245; Zöller/*Althammer* ZPO § 67 Rn. 3.

ein **Rechtsmittel einlegen** und begründen[8], wobei die rechtzeitig und formgerecht eingelegte Berufung des Nebenintervenienten auch fristwahrend für die unterstützte Partei wirkt[9]. Die vom Streithelfer bis zur (rechtskräftigen) Zurückweisung seines Beitritts (§ 71 Abs. 1 ZPO) wirksam vorgenommenen Prozesshandlungen behalten auch nach Rechtskraft der Zurückweisungsentscheidung ihre Wirksamkeit[10]. Die Berufung eines Nebenintervenienten ist allerdings dann unzulässig, wenn die verurteilte Hauptpartei durch Abgabe einer Abschlusserklärung klar zum Ausdruck bringt, dass sie nicht nur selbst kein Rechtsmittel einlegen möchte, sondern dass sie das in einem Eilverfahren ergangene erstinstanzliche Urteil insgesamt für sich akzeptiert. Das gilt selbst dann, wenn sich die Hauptpartei in der Abschlusserklärung ein Vorgehen gemäß § 927 ZPO ausdrücklich vorbehalten hat[11]. Haben die Partei und ihr Streithelfer selbständig Rechtsmittel eingelegt, so handelt es sich gleichwohl um ein einheitliches Rechtsmittel, das der Streithelfer nicht fortführen kann, wenn es von der Partei zurückgenommen worden ist, weil sie sich mit dem Gegner – ohne Beteiligung des Streithelfers – außergerichtlich verglichen hat[12]. Im selbständigen Beweisverfahren steht dem Streithelfer – wie im Hauptsacheverfahren – allerdings nicht die sofortige Beschwerde gegen die gerichtliche Entscheidung zu, ein von ihm beantragtes schriftliches Ergänzungsgutachten nicht einzuholen[13].

Der Nebenintervenient hat ein Recht auf **Teilnahme an der mündlichen Verhandlung** und auf Beteiligung an ihrer schriftsätzlichen Vorbereitung. Alle Schriftsätze, Ladungen und Bekanntmachungen von Terminen sind ihm zu übermitteln[14]. Ist der Nebenintervenient zur mündlichen Verhandlung nicht ordnungsgemäß geladen worden, darf gegen die unterstützte Partei kein Versäumnisurteil ergehen[15].

Werden diese Grundsätze missachtet, wird der **Anspruch** des Nebenintervenienten **auf rechtliches Gehör** verletzt, was der Nebenintervenient ggf. mit der Gehörsrüge nach § 321a ZPO angreifen kann. Bei dem Anspruch auf rechtliches Gehör handelt es sich nicht um ein vom Recht der unterstützten Hauptpartei abgeleitetes, unselbstständiges Recht, sondern der Streithelfer ist originär Träger des Anspruchs auf rechtliches Gehör[16].

Dem Nebenintervenienten steht – wie den Parteien – ein an keine weiteren Bedingungen geknüpftes **Akteneinsichtsrecht** zu[17]. Für dessen Gewährung ist ein eventuelles Geheimhaltungsinteresse der Parteien grundsätzlich irrelevant[18], soweit der einsichtsbegründende Beitritt des Nebenintervenienten bei Offenlegung des Geheimnisses bereits erfolgt oder zuverlässig absehbar war. Eine Ausnahme davon ist allerdings für den Streithelfer zu machen, der zu einem Zeitpunkt, zu dem die Partei ihre geheimhaltungsbedürftigen Informationen bereits zum Prozess- und Akteninhalt gemacht hat[19]. Ist die Verhandlung im Verletzungsverfahren im Zeitpunkt des Beitritts ausgesetzt, rechtfertigt dies nicht, den Streithelfer mit seinem Akteneinsichtsgesuch auf einen späteren Zeitpunkt zu verweisen. Zudem kann bezüglich des Akteneinsichtsrechts des Nebenintervenienten bei einem berechtigt geltend gemachten Geheimhaltungsbedürfnis und einer mit der Gegenpartei abgeschlossenen Geheimhaltungsvereinbarung gelten, wenn sich der Nebenintervenient ohne gerechtfertigten Grund weigert, ebenfalls eine Geheimhaltungsvereinbarung abzuschließen[20]. Dem Erfolg eines Akteneinsichtsgesuchs des Streithelfers steht regelmäßig auch nicht ein eventueller Zurückweisungsantrag einer Partei entgegen. Etwas anders kann allenfalls dann gelten, wenn sich tatrichterlich feststellen lässt, dass die Nebenintervention deshalb rechtsmissbräuchlich ist, weil evident kein Interventionsgrund besteht und dem Rechtsstreit offensichtlich nur deshalb beigetreten wurde, um den für Dritte geltenden Beschränkungen des Akteneinsichtsrechts zu entgehen[21].

Unter Berücksichtigung des Vorstehenden ist aus **Anwaltssicht** an eine Nebenintervention insbesondere auch dann zu denken, wenn in einem Verletzungsprozess – wie häufig – mehrere Beteiligte als Streitgenossen verklagt werden, wobei einer der Streitgenossen im Termin zur mündlichen Verhandlung säumig ist. Da bei einer Streitgenossenschaft mehrere selbständige, verbundene Prozesse vorliegen[22], kann der im Termin anwesende Streitgenosse dem anderen, säumigen Streitgenossen, ein entsprechendes rechtliches Interesse vorausgesetzt, als Nebenintervenient beitreten. Auch wenn die

---

[8] BGH NJW 2020, 452; NJW 1990, 190; 1985, 2480; Musielak/Voit/*Weth* ZPO § 67 Rn. 4.
[9] OLG Hamburg BeckRS 2013, 200295.
[10] BGH NJW-RR 2020, 942.
[11] OLG Frankfurt a. M. BeckRS 2019, 38726.
[12] BGH BeckRS 2017, 107761.
[13] OLG Stuttgart BeckRS 2018, 16534.
[14] BGH NJW 2009, 2679 (2680).
[15] Musielak/Voit/*Weth* ZPO § 67 Rn. 3.
[16] BGH NJW 2009, 2679 (2680).
[17] OLG Düsseldorf GRUR-RS 2020, 20223 – Akteneinsichtsrecht des Streithelfers; LG München I MMR 2020, 717.
[18] OLG Düsseldorf GRUR-RS 2020, 20223; BeckRS 2018, 7036.
[19] OLG Düsseldorf GRUR-RS 2020, 20223; BeckRS 2018, 7036.
[20] LG München I MMR 2020, 717.
[21] OLG Düsseldorf GRUR-RS 2020, 20223.
[22] Zöller/*Vollkommer* ZPO § 66 Rn. 6.

9 Im **selbstständigen Beweisverfahren** ist der Nebenintervenient berechtigt, nach § 494a Abs. 1 ZPO den Antrag zu stellen, dem Antragsteller eine Frist zur Klageerhebung zu setzen, wobei dieser Antrag nur dahin gehen darf, den Antragsgegner (und nicht den Streithelfer) zu verklagen[25]. Soweit sich der Nebenintervenient nicht in Widerspruch zu der durch ihn unterstützten Partei setzt, kann er auch den Antrag stellen, *dem Antragsteller des selbständigen Beweisverfahrens die dem Antragsgegner und seinem Streithelfer entstandenen Kosten aufzuerlegen, § 494 Abs. 2 ZPO*[26]. Der Nebenintervenient darf im selbständigen Beweisverfahren dieses nicht um Beweisfragen erweitern, die nur sein Verhältnis zu einer Partei oder zu einem weiteren Streithelfer betreffen, jedoch für das Verhältnis zwischen den Parteien ohne Bedeutung sind[27].

10 Da der Nebenintervenient nicht Partei des Rechtsstreits wird, kann er im Prozess als **Zeuge** vernommen werden[28], wenn er als Partei nicht (insbesondere im Sinne einer Anspruchshäufung gemäß § 260 ZPO bei Identität des Streitgegenstandes bzw. Anspruchsgrundes) unmittelbar selbst betroffen ist[29].

C. Grenzen der Befugnisse

11 Die Befugnisse des Nebenintervenienten finden in dessen Stellung als **unselbstständiger Prozessbeteiligter** ihre Grenzen. Der Nebenintervenient beteiligt sich, auch wenn er dabei in eigenem Namen und kraft eigenen (prozessualen) Rechts neben der Hauptpartei handelt, mit der aus seiner Stellung und seinem Auftreten heraus zum Ausdruck kommenden prozessualen Erklärung, die Hauptpartei unterstützen zu wollen, an einem fremden Prozess, ohne selbst Partei zu werden[30].

12 So hat der Nebenintervenient den Rechtsstreit in der **Lage des Verfahrens** anzunehmen, in der er sich im Zeitpunkt des Beitritts befindet, er ist damit auch an den Ablauf von Fristen sowie an eine mögliche Verspätungslage gebunden[31]. Hat die unterstützte Partei etwa bereits bestimmte Tatsachen zugestanden, ist der Nebenintervenient an dieses Geständnis gebunden. Ebenso wirkt ein bereits ergangenes Zwischenurteil für und gegen den Nebenintervenienten[32].

13 Außerdem darf sich der Nebenintervenient nicht in **Widerspruch zu der Hauptpartei** setzen[33]. Steht das Vorbringen des Nebenintervenienten, etwa zur Ausgestaltung der angegriffenen Ausführungsform, im Widerspruch zu dem der von ihm unterstützten Partei, so sind die Erklärungen des Nebenintervenienten nicht zu berücksichtigen[34]. Widerspricht die Hauptpartei zweifelsfrei der Fortführung des Prozesses, ist ein Rechtsmittel des nicht streitgenössischen Streithelfers unzulässig. Der Widerspruch unterliegt nicht dem Anwaltszwang. Er muss nicht ausdrücklich erklärt werden. Schlüssiges Verhalten reicht aus, wenn sich daraus zweifelsfrei der Wille der Hauptpartei ergibt, den Prozess nicht fortführen zu wollen[35].

14 Des Weiteren ist der Nebenintervenient **nicht** berechtigt, den **Streitgegenstand zu ändern** oder **Anträge für sich zu stellen,** denn allein der Partei obliegt das Verfügungsrecht über den Streitgegenstand[36]. Für das Patentnichtigkeitsverfahren bedeutet dies beispielhaft, dass der Nebenintervenient an eine eventuell nur beschränkte Verteidigung des Streitpatents durch den Patentinhaber gebunden ist, auch wenn er das Streitpatent darüber hinaus für schutzfähig erachtet[37]. Der Nebenintervenient kann zudem weder Wider- noch Zwischenfeststellungsklage erheben[38].

15 Schließlich darf der Nebenintervenient materiell-rechtlich über den Streitgegenstand nicht verfügen[39], indem er beispielsweise einen Vergleich abschließt[40], aufrechnet[41] oder eine Willenserklärung anficht[42].

---

[23] Vgl. § 62 Abs. 1 ZPO.
[24] LG Düsseldorf BeckRS 2013, 15424.
[25] BGH NJW 2009, 3240 (3241).
[26] BGH NJW 2009, 3240 (3241).
[27] OLG Düsseldorf BeckRS 2004, 18410; Musielak/*Weth* ZPO § 67 Rn. 6 aE.
[28] MüKoZPO/*Schultes* § 67 Rn. 3.
[29] OLG Düsseldorf BeckRS 2015, 000221.
[30] BGH NJOZ 2017, 568.
[31] BPatG BeckRS 2017, 114977.
[32] Zöller/*Althammer* ZPO § 67 Rn. 8.
[33] OLG Düsseldorf BeckRS 2016, 114380.
[34] OLG Düsseldorf BeckRs 2004, 05178; OLG Saarbrücken MDR 2002, 842.
[35] BGH BeckRS 2015, 14207.
[36] BPatG GRUR 2010, 218 (221) – Nebenintervention im Patentnichtigkeitsverfahren.
[37] BPatG GRUR 2010, 218 (221) – Nebenintervention im Patentnichtigkeitsverfahren.
[38] Zöller/*Althammer* ZPO § 67 Rn. 9a.
[39] Zöller/*Althammer* ZPO § 67 Rn. 11.
[40] Zöller/*Althammer* ZPO § 67 Rn. 11.
[41] BGH NJW 1966, 930.
[42] MüKoZPO/*Schultes* § 67 Rn. 15.

§ 68 Wirkung der Nebenintervention

Der Nebenintervenient wird im Verhältnis zu der Hauptpartei mit der Behauptung nicht gehört, dass der Rechtsstreit, wie er dem Richter vorgelegen habe, unrichtig entschieden sei; er wird mit der Behauptung, dass die Hauptpartei den Rechtsstreit mangelhaft geführt habe, nur insoweit gehört, als er durch die Lage des Rechtsstreits zur Zeit seines Beitritts oder durch Erklärungen und Handlungen der Hauptpartei verhindert worden ist, Angriffs- oder Verteidigungsmittel geltend zu machen, oder als Angriffs- oder Verteidigungsmittel, die ihm unbekannt waren, von der Hauptpartei absichtlich oder durch grobes Verschulden nicht geltend gemacht sind.

A. Voraussetzungen der Nebeninterventionswirkung

1 Die in § 68 ZPO geregelte und ihre Bedeutung lediglich in einem Folgeprozess zwischen dem Nebenintervenienten und der unterstützen Partei erlangende Nebeninterventionswirkung setzt eine **wirksame Nebenintervention** sowie eine **rechtskräftige Entscheidung** im Ausgangsprozess voraus[1].

2 Für den Eintritt der Nebeninterventionswirkung ist es somit unerheblich, ob die Voraussetzungen der Nebenintervention im Ausgangsprozess vorlagen, solange die Nebenintervention dort nicht nach § 71 ZPO zurückgewiesen wurde[2]. Im Folgeprozess kommt es somit ohne eine die **Nebenintervention zurückweisende Entscheidung** für den Eintritt der Nebeninterventionswirkung weder darauf an, ob im Ausgangsprozess ein Interventionsgrund vorlag, noch darauf, ob die Nebenintervention formell den in § 70 ZPO normierten Anforderungen entsprach.

3 Voraussetzung für den Eintritt der Nebeninterventionswirkung ist ferner eine **rechtskräftige Entscheidung** im Ausgangsprozess. Dabei kommt jede rechtskräftige Sachentscheidung in Betracht, also insbesondere auch ein Grundurteil, ein Teilurteil oder ein Urteil nach vergleichsweiser Rechtsmittelrücknahme, nicht aber ein reines Prozessurteil[3].

B. Reichweite der Nebeninterventionswirkung

4 Die mit der Nebenintervention verbundene Nebeninterventionswirkung, die darin besteht, dass der Nebenintervenient im Prozess gegen ihn nicht mit der Behauptung gehört wird, der Prozess sei unrichtig entschieden worden, bezieht sich nicht nur auf den Inhalt – das festgestellte Rechtsverhältnis oder die ausgesprochene Rechtsfolge –, sondern zusätzlich auf **alle tatsächlichen und rechtlichen Grundlagen** der Entscheidung im ersten Prozess[4]. Zudem ist von der Nebeninterventionswirkung nicht nur der im Vorprozess geltend gemachten Anspruch erfasst. Sie wirkt vielmehr auch in einem Folgeprozess, in dem dieser **Anspruch aus abgetretenem Recht** geltend gemacht wird[5].

5 Demgegenüber kommt die Nebeninterventionswirkung Feststellungen des Erstgerichts, auf denen sein Urteil nicht beruht (sog. **überschießende Feststellungen**), nicht zu. Maßgeblich dafür, ob eine Feststellung überschießend ist, ist nicht die Sicht des Erstgerichts. Es kommt vielmehr darauf an, worauf die Entscheidung des Erstprozesses objektiv nach zutreffender Würdigung beruht[6]. Allerdings wird eine bei dem von dem Erstgericht gewählten Begründungsansatz objektiv notwendige Feststellung nicht deshalb zu einer überschießenden Feststellung, weil sie sich bei einem anderen Ansatz erübrigt hätte[7].

6 Erging im Ausgangsprozess eine „non-liquet"-Entscheidung, so nimmt nur diese an der Nebeninterventionswirkung teil. Die Nebeninterventionswirkung erstreckt sich somit allein auf die Feststellung, dass die betreffende Tatsache nicht zu klären ist. Im Folgeprozess kann demnach erneut eine Beweislastentscheidung ergehen[8].

7 Verkündet der Antragsteller in einem **selbstständigen Beweisverfahren,** dass er gegen einen vermeintlichen Schädiger führt, einem möglicherweise stattdessen haftenden Schädiger den Streit, so umfasst die Bindungswirkung des § 68 ZPO grundsätzlich jedes Beweisergebnis, das im Verhältnis zum Antragsgegner von rechtlicher Relevanz ist[9].

---

[1] MüKoZPO/*Schultes* § 68 Rn. 3.
[2] Zöller/*Althammer* ZPO § 68 Rn. 3.
[3] Musielak/Voit/*Weth* ZPO § 68 Rn. 2.
[4] BGH NJW 1983, 820 (821); NJW-RR 1989, 766 (767); OLG Köln NJW-RR 2009, 119 (120); BGH NJW 2019, 1748 (1705).
[5] BGH BeckRS 2020, 39397.
[6] OLG Braunschweig NJOZ 2020, 1139 (1150).
[7] BGH MDR 2004, 464.
[8] BGH NJW 1983, 820 (821).
[9] BGH NJW 2015, 559.

8   Die Nebeninterventionswirkung wirkt lediglich **zuungunsten des Nebenintervenienten** oder – umgekehrt formuliert – zugunsten der unterstützten Hauptpartei[10]. Dies wird für die Streitverkündung sowohl mit dem Wortlaut von § 74 Abs. 3 ZPO, wonach die Streitverkündung gegen den Dritten wirkt, als auch mit dem Sinn und Zweck der Streitverkündung begründet. Entsprechendes muss auch für die Nebenintervention gelten, der keine Streitverkündung vorausgegangen ist, denn es kommt bei § 74 Abs. 3 ZPO nicht darauf an, ob der Dritte beigetreten ist[11]. Die Nebeninterventionswirkung ist nicht teilbar und kann dem Nebenintervenienten nicht lediglich hinsichtlich ihm ungünstiger Umstände unter Weglassung günstiger Teile entgegengehalten werden[12]. Keine Nebeninterventionswirkung besteht zwischen dem Nebenintervenienten und der im Ausgangsprozess nicht unterstützten Gegenpartei[13].

C. Einrede mangelhafter Prozessführung

9   Gemäß § 68 Hs. 2 ZPO hat der Nebenintervenient die Möglichkeit, sich auf die **mangelhafte Prozessführung** durch die Hauptpartei zu berufen, soweit er entweder aufgrund des Zeitpunktes seines Beitritts oder durch die Hauptpartei, etwa indem er sich zu ihr in Widerspruch gesetzt hätte, verhindert war, die Angriffs- und Verteidigungsmittel bereits im Vorprozess geltend zu machen. In allen Fällen, in denen im Zeitpunkt des Beitritts des Nebenintervenienten bereits eine bindende Prozesslage eingetreten war, scheidet eine Bindung im Folgeprozess aus oder ist eingeschränkt[14].

10 Während die Nebeninterventionswirkung kraft Gesetzes eintritt und daher durch das Gericht von Amts wegen zu berücksichtigen ist, ist der Einwand mangelhafter Prozessführung als **Einrede** ausgestaltet, so dass sich der Nebenintervenient darauf aktiv berufen muss.

11 Das gilt auch, soweit § 68 Hs. 3 ZPO dem Nebenintervenienten die weitere Möglichkeit einräumt, Angriffs- und Verteidigungsmittel vorzutragen, die ihm im Vorprozess **unbekannt** waren. Diese kann der Nebenintervenient im Folgeprozess nur geltend machen, wenn sie von der Hauptpartei absichtlich oder durch grobes Verschulden, das heißt grobe Fahrlässigkeit[15], nicht geltend gemacht wurden.

§ 69 Streitgenössische Nebenintervention

Insofern nach den Vorschriften des bürgerlichen Rechts die Rechtskraft der in dem Hauptprozess erlassenen Entscheidung auf das Rechtsverhältnis des Nebenintervenienten zu dem Gegner von Wirksamkeit ist, gilt der Nebenintervenient im Sinne des § 61 als Streitgenosse der Hauptpartei.

1   Eine streitgenössische Nebenintervention setzt voraus, dass nach den Vorschriften des bürgerlichen Rechts oder des Prozessrechts die Rechtskraft der in dem Hauptprozess erlassenen Entscheidung gerade für ein Rechtsverhältnis zwischen dem Nebenintervenienten und dem Prozessgegner von Bedeutung ist[1]. Wirkt sich also die Entscheidung des Rechtsstreits auf das Verhältnis des Nebenintervenienten zu dem Gegner der durch ihn unterstützten Partei aus, gilt der Nebenintervenient iSd § 61 ZPO als Streitgenosse der Hauptpartei.

2   Entgegen dem engen, auf die Begriffe der „Rechtskraft" und des „bürgerlichen Rechts" abstellenden Gesetzeswortlaut findet die Vorschrift immer Anwendung, wenn das Urteil unmittelbar auf die Rechtsbeziehungen des Nebenintervenienten zum Gegner einwirkt[2].

3   Bedeutung erlangt die Figur des streitgenössischen Nebenintervenienten im gewerblichen Rechtsschutz vor allem im **Patentnichtigkeitsverfahren**, denn wer diesem auf Seiten des Klägers beitritt, gilt als Streitgenosse des Nichtigkeitsklägers[3]. Dies wird damit begründet, dass, nachdem der Bundesgerichtshof für die Zulässigkeit der Nebenintervention das Erfordernis einer Rechtsbeziehung des Nebenintervenienten zu dem Nichtigkeitskläger bzw. Patentinhaber aufgegeben habe[4], kein Grund mehr bestehe, die Rechtskraftwirkung eines klageabweisenden Urteils gegenüber dem Nebenintervenienten anders zu beurteilen als gegenüber dem Nichtigkeitskläger. Auch erscheine die Kostenfolge

---

[10] BGH NJW 1987, 1894 (1895); BGH NJW 2019, 1748 (1750).
[11] Zöller/*Althammer* ZPO § 68 Rn. 6.
[12] BGH NJW 2019, 1748; NJW-RR 1989, 766 (767).
[13] Musielak/*Weth* ZPO § 68 Rn. 5.
[14] Zöller/*Althammer* ZPO § 68 Rn. 12.
[15] MüKoZPO/*Schultes* § 68 Rn. 22.
[1] BGH NJW 2014, 3521; BeckRS 2016, 17023; GRUR 2016, 1207 = NJW 2016, 3380.
[2] BGH NJW 2001, 1355; Zöller/*Althammer* ZPO § 69 Rn. 1; Musielak/Voit/*Weth* ZPO § 69 Rn. 4.
[3] BGH GRUR 2008, 60 – Sammelhefter II; BPatG GRUR 2010, 50 (51) – Cetrizin; BPatG GRUR 2010, 218 – Nebenintervention im Patentnichtigkeitsverfahren; BGH GRUR 2014, 911 – Sitzgelenk; anders noch BGH GRUR 1998, 382 (387) – Schere, wo der Bundesgerichtshof in derartigen Fällen noch von einer einfachen Streitgenossenschaft ausging.
[4] BGH GRUR 2006, 438 – Carvedilol I.

des § 101 Abs. 2 ZPO, wonach im Fall der streitgenössischen Nebenintervention § 100 ZPO anzuwenden ist[5], in diesem Fall sachgerechter als die des § 101 Abs. 1 ZPO[6].

Nach § 69 ZPO **gilt** der streitgenössische Nebenintervenient **als Streitgenosse** der Hauptpartei. Er wird also nicht wirklicher Streitgenosse und damit nicht selbst Hauptpartei. Vielmehr ist er nach gefestigter Rechtsauffassung nur Prozeßgehilfe der Partei, wobei er allerdings eine unabhängigere Rechtsstellung als der gewöhnliche Nebenintervenient hat[7]. Mit Rücksicht auf die stärkere Einwirkung des Urteils auf die rechtlichen Belange des streitgenössischen Nebenintervenienten räumt das Gesetz ein eigenes Prozessführungsrecht ein, das unabhängig von dem Willen der von ihm unterstützten Hauptpartei ist[8].

Mit Rücksicht auf die stärkere Einwirkung des Urteils auf die rechtlichen Belange des streitgenössischen Nebenintervenienten räumt das Gesetz ein eigenes Prozessführungsrecht ein, das unabhängig von dem Willen der von ihm unterstützten Hauptpartei ist[9]. Anders als der „einfache" Nebenintervenient kann sich der streitgenössische Nebenintervenient zu der Hauptpartei **in Widerspruch setzen,** indem er etwa trotz eines Widerspruchs der unterstützten Partei bestimmte Angriffs- und Verteidigungsmittel vorbringt[10]. Wird eine Tatsache vom streitgenössischen Nebenintervenienten zugestanden und von der Hauptpartei bestritten und umgekehrt, so hat das Gericht sie nach § 286 ZPO frei zu würdigen[11]. Der streitgenössische Nebenintervenient ist befugt, **Rechtsmittel** auch gegen den Willen der unterstützten Hauptpartei einzulegen[12]. Dabei sind von der Hauptpartei und vom streitgenössischen Nebenintervenienten eigenständig eingelegte Rechtsmittel nicht wie bei einer einfachen Streithilfe als einheitliches Rechtsmittel, sondern getrennt zu behandeln[13]. Dadurch wird jedoch der streitgenössische Nebenintervenient nicht selbst zur Partei des Rechtsstreits, sondern gilt gleichwohl als Streitgenosse der Hauptpartei[14]; er führt mithin keinen eigenen, sondern einen fremden Prozess[15]. Ob der Streithelfer dabei als einfacher oder als streitgenössischer Streithelfer aufgetreten ist, ist keine Frage der Parteistellung im Berufungsverfahren, sondern betrifft allein Art und Umfang der ihm dabei nach §§ 66 Abs. 2, 67 ZPO zukommenden Befugnisse[16].

Da der streitgenössische Nebenintervenient nicht Partei des Rechtsstreits wird, ist er davon abhängig, dass überhaupt ein Rechtsstreit anhängig ist. **Nimmt der Kläger seine Klage zurück,** ist der Nebenintervenient daher nicht in der Lage, den Rechtsstreit auch ohne die Partei fortzusetzen[17]. Dies gilt insbesondere auch im Berufungsverfahren. Nimmt der Kläger seine Berufung gegen ein die Klage abweisendes Urteil zurück, kommt eine Fortsetzung des Berufungsverfahrens durch einen Streithelfer, der selbst kein Rechtsmittel eingelegt hat, auch dann nicht in Betracht, wenn dieser Streithelfer gemäß § 69 ZPO als Streitgenosse der Hauptpartei gilt[18].

§ 70 Beitritt des Nebenintervenienten

(1) ¹**Der Beitritt des Nebenintervenienten erfolgt durch Einreichung eines Schriftsatzes bei dem Prozessgericht und, wenn er mit der Einlegung eines Rechtsmittels verbunden wird, durch Einreichung eines Schriftsatzes bei dem Rechtsmittelgericht.** ²**Der Schriftsatz ist beiden Parteien zuzustellen und muss enthalten:**
1. **die Bezeichnung der Parteien und des Rechtsstreits;**
2. **die bestimmte Angabe des Interesses, das der Nebenintervenient hat;**
3. **die Erklärung des Beitritts.**

(2) **Außerdem gelten die allgemeinen Vorschriften über die vorbereitenden Schriftsätze.**

§ 70 ZPO regelt die **formellen und inhaltlichen Anforderungen** an eine Nebenintervention. Danach erfolgt die Nebenintervention durch einen, den in § 70 Abs. 1 S. 2 ZPO normierten Anforderungen entsprechenden Schriftsatz, für den nach § 70 Abs. 2 ZPO die allgemeinen Vorschriften über die vorbereitenden Schriftsätze entsprechend gelten. Da § 70 ZPO eine Erklärung der

---
[5] BGH BeckRS 2019, 30364.
[6] BGH GRUR 2008, 60 (65) – Sammelhefter II.
[7] BGH NJW 1965, 760.
[8] BGH GRUR 2016, 1207 (1208).
[9] BGH GRUR 2016, 1207 (1208).
[10] BGHZ 180, 51 = NJW 2009, 1496; BGHZ 89, 121 (123) = MDR 1984, 312; MüKoZPO/*Schultes* § 69 Rn. 13.
[11] Musielak/*Weth* ZPO § 69 Rn. 8.
[12] BGHZ 180, 51 = NJW 2009, 1496; BGHZ 89, 121 (123) = MDR 1984, 312; BAG NZA 2002, 228 (229).
[13] BGH GRUR 2016, 1207 (1208); NJW 1993, 2944; BeckRS 2016, 17023.
[14] BGH GRUR 2016, 1207 (1208); NJW 1965, 760; BeckRS 2016, 17023.
[15] BGH GRUR 2016, 1207 (1208); BeckRS 2016, 17023.
[16] BGH GRUR 2016, 1207 (1208); BeckRS 2016, 17023.
[17] BGH GRUR 2014, 911 – Sitzgelenk; BGH GRUR 2011, 359 – Magnetowiderstandssensor; BGH NJW 1965, 760.
[18] BGH GRUR 2011, 359 – Magnetowiderstandssensor; BGH NJW-RR 1999, 285 (286).

Nebenintervention zu Protokoll der Geschäftsstelle nicht vorsieht, unterliegt die Beitrittserklärung unter den Voraussetzungen des § 78 ZPO dem **Anwaltszwang**.

2 Der Schriftsatz muss somit neben der Bezeichnung der Parteien (§ 70 Abs. 1 S. 2 Nr. 1 ZPO) und der Erklärung, welcher Partei beigetreten werden soll (§ 70 Abs. 1 S. 2 Nr. 3 ZPO), insbesondere auch das Interesse angeben, aufgrund dessen der Nebenintervenient dem Rechtsstreit beitreten will (§ 70 Abs. 1 S. 2 Nr. 2 ZPO)[1]. Die Erklärung des Beitritts muss nicht wörtlich und ausdrücklich erfolgen. Es genügt eine dem Sinne nach eindeutige Erklärung, aus der sich die aktive Beteiligung am Prozess auf einer bestimmten Seite ergibt[2]. Lässt sich allerdings dem Beitrittsschriftsatz nicht entnehmen, welcher Partei beigetreten werden soll, ist die Nebenintervention **unzulässig**[3].

3 Eine erst mit der Einlegung eines Rechtsmittels abgegebene Beitrittserklärung des Nebenintervenienten ist auch dann zulässig, wenn der Nebenintervenient in der vorangegangenen Instanz nicht beigetreten war und die Hauptpartei selbst, welcher der Nebenintervenient beitreten will, kein Rechtsmittel eingelegt hat[4].

4 Soweit der Schriftsatz nicht den in § 70 ZPO normierten förmlichen oder inhaltlichen Anforderungen genügt, erfolgt gleichwohl keine Berücksichtigung des Mangels von Amts wegen[5]. Vielmehr kommt ein Verzicht auf die Rüge nach § 295 ZPO in Betracht[6].

§ 71 Zwischenstreit über Nebenintervention

(1) ¹Über den Antrag auf Zurückweisung einer Nebenintervention wird nach mündlicher Verhandlung unter den Parteien und dem Nebenintervenienten entschieden. ²Der Nebenintervenient ist zuzulassen, wenn er sein Interesse glaubhaft macht.

(2) Gegen das Zwischenurteil findet sofortige Beschwerde statt.

(3) Solange nicht die Unzulässigkeit der Intervention rechtskräftig ausgesprochen ist, wird der Intervenient im Hauptverfahren zugezogen.

1 Der in § 71 ZPO geregelte Zwischenstreit dient dazu, das Vorliegen der **Voraussetzungen der Nebenintervention** zu überprüfen. Als Ausfluss des Dispositionsgrundsatzes wird über die Zulässigkeit der Nebenintervention nur auf Antrag nach mündlicher Verhandlung entschieden, wobei eine Entscheidung im schriftlichen Verfahren nach § 128 Abs. 2 ZPO möglich ist[1]. Ohne einen derartigen Antrag werden die Voraussetzungen der Nebenintervention, also insbesondere das Vorliegen eines Interventionsgrundes und die Wahrung der in § 70 ZPO normierten Formanforderungen, im Hauptprozess nicht geprüft[2]. Im Hinblick auf die Prüfung des Vorliegens eines Interventionsgrundes im Rahmen des Zwischenstreits ist allerdings zu berücksichtigen, dass eine abschließende Prüfung der Rechtsbeziehungen zwischen dem Nebenintervenienten und der unterstützten Partei nicht Aufgabe des Zwischenstreits über die Zulassung der Nebenintervention ist. Für die Zulässigkeit der Nebenintervention genügt es vielmehr beispielsweise, dass der Nebenintervenient glaubhaft macht, dass Ansprüche des Beklagten gegen ihn in Betracht kommen[3].

2 Den Antrag auf Zurückweisung der Nebenintervention kann **jede Partei** stellen[4], allerdings nur, solange die jeweilige Partei im Hauptprozess noch nicht streitig verhandelt hat, ohne die Zurückweisung zu beantragen, § 295 ZPO[5]. Der Nebenintervenient ist demgegenüber gemäß § 71 Abs. 1 S. 2 ZPO im Zwischenstreit nur zuzulassen, wenn er ein rechtliches Interesse glaubhaft macht. Im selbständigen Beweisverfahren ist § 71 ZPO analog anwendbar, sodass über einen entsprechenden Antrag auch im Rahmen eines solchen Verfahrens – und nicht etwa erst im Rahmen eines späteren Hauptsacheverfahrens – in einem Zwischenstreit entschieden werden muss[6].

3 Das **Rechtsschutzbedürfnis** für eine Entscheidung über die Zulassung der Nebenintervention entfällt allerdings mit dem rechtskräftigen oder sonst endgültigen Abschluss der Hauptsache. Denn der Zweck der Nebenintervention, die Unterstützung der Hauptpartei (§ 66 Abs. 1 ZPO), kann nicht mehr erreicht und (aus Sicht der gegnerischen Hauptpartei) auch nicht mehr verhindert werden, wenn die Hauptsache beendet ist, so dass der Zwischenstreit dann gegenstandslos wird. Er dient nämlich

---

[1] LG Mannheim BeckRS 2011, 04156; LG Düsseldorf BeckRS 2013, 15424.
[2] BGH BeckRS 2020, 16792; BAG NJW 2015, 973.
[3] Musielak/Voit/*Weth* ZPO § 70 Rn. 3.
[4] LG Düsseldorf BeckRS 2013, 15424; BPatG BeckRS 2016, 11053.
[5] OLG Stuttgart NJOZ 2014, 17.
[6] OLG Nürnberg MDR 2005, 473; OLG Köln JurBüro 2014, 376; Zöller/*Althammer* ZPO § 70 Rn. 2.

[1] Zöller/*Althammer* ZPO § 71 Rn. 2.
[2] BGH NJW 1980, 1693.
[3] LG Mannheim BeckRS 2016, 15609.
[4] Zöller/*Althammer* ZPO § 71 Rn. 1.
[5] Musielak/Voit/*Weth* ZPO § 71 Rn. 2.
[6] LG München I BeckRS 2016, 123355.

allein der Klärung, ob die Unterstützung im laufenden Prozess ermöglicht oder verhindert werden soll[7]. Wird ein Urteil daher, wie dies beispielsweise in einem ein einstweiliges Verfügungsverfahren betreffenden Berufungsverfahren der Fall ist, mit seiner Verkündung rechtskräftig, fehlt das Interesse an der Klärung der Wirksamkeit des Beitritts des Nebenintervenienten in einem Zwischenverfahren[8].

Über den Zurückweisungsantrag ist grundsätzlich nach mündlicher Verhandlung zu entscheiden, es sei denn, dass das Verfahren, wie etwa ein selbständiges Beweisverfahren oder ein Verfahren nach § 522 Abs. 2 ZPO, eine mündliche Verhandlung nicht erfordert[9].

Die Form der Entscheidung über die Zulässigkeit der Nebenintervention ist in § 71 ZPO lediglich rudimentär geregelt, indem gegen „das Zwischenurteil" die **sofortige Beschwerde** stattfindet, § 71 Abs. 2 ZPO. Das Gesetz geht an dieser Stelle somit stillschweigend davon aus, dass in der Regel im Zwischenstreit das Vorliegen der Voraussetzungen der Nebenintervention durch Zwischenurteil im Sinne von § 303 ZPO entschieden wird, um den Beteiligten aufgrund der umfassenden Mitwirkungsrechte des Nebenintervenienten im Hauptsacheverfahren möglichst schnell und frühzeitig Klarheit über das Vorliegen der Voraussetzungen der Nebenintervention zu geben.

Eine Entscheidung durch Zwischenurteil ist aber nicht zwingend. Vielmehr kann eine **Entscheidung** über die Zulassung bzw. Nichtzulassung der Nebenintervention – wie in der Praxis häufig – auch im **Endurteil** erfolgen[10], wobei auch diese Entscheidung gleichwohl über die sofortige Beschwerde anfechtbar ist[11]. Im **selbstständigen Beweisverfahren** ist über einen Antrag auf Zurückweisung einer Nebenintervention durch Beschluss zu entscheiden[12].

Im Hinblick auf die **Anfechtbarkeit des Zwischenurteils** ist zudem zu beachten, dass die sofortige Beschwerde gemäß § 567 Abs. 1 ZPO nur gegen im ersten Rechtszug ergangene Entscheidungen der Amts- oder Landgerichte statthaft ist. Daraus folgt, dass das im Zwischenstreit über die Nebenintervention ergehende Zwischenurteil dann unanfechtbar ist, wenn es vom Landgericht als Rechtsmittelgericht oder vom Oberlandesgericht erlassen wird. Dies gilt auch dann, wenn die Rechtsbeschwerde im Urteil zugelassen ist[13].

Solange die Nebenintervention nicht rechtskräftig zurückgewiesen wurde, ist der Nebenintervenient am Hauptverfahren weiter so zu beteiligen, als wäre kein Antrag auf Zurückweisung der Nebenintervention gestellt, wobei die durch ihn oder gegen ihn vorgenommenen Prozesshandlungen, solange zumindest die persönlichen Beitrittsvoraussetzungen vorlagen, wirksam bleiben[14].

Über die **Kosten des Zwischenstreits**, die keine Kosten der Nebenintervention iSv § 101 ZPO sind, ist nach § 91 ZPO im Zwischen- oder Endurteil zu entscheiden, wobei in einer Entscheidung über die Kosten des Zwischenstreits eine konkludente Zulassung der Nebenintervention liegen kann[15].

§ 72 Zulässigkeit der Streitverkündung

(1) **Eine Partei, die für den Fall des ihr ungünstigen Ausganges des Rechtsstreits einen Anspruch auf Gewährleistung oder Schadloshaltung gegen einen Dritten erheben zu können glaubt oder den Anspruch eines Dritten besorgt, kann bis zur rechtskräftigen Entscheidung des Rechtsstreits dem Dritten gerichtlich den Streit verkünden.**

(2) [1]**Das Gericht und ein vom Gericht ernannter Sachverständiger sind nicht Dritter im Sinne dieser Vorschrift.** [2]**§ 73 Satz 2 ist nicht anzuwenden.**

(3) **Der Dritte ist zu einer weiteren Streitverkündung berechtigt.**

A. Allgemeines

Eine **Streitverkündung** ist die Benachrichtigung eines am Prozess nicht beteiligten Dritten vom Schweben des Prozesses, um ihm die Möglichkeit der Prozessbeteiligung und -übernahme zu geben und sich selbst den nachfolgenden Rückgriffsprozess gegen den Dritten wegen § 68 ZPO zu erleichtern[1].

Auch wenn die Zivilprozessordnung in Bezug auf die Streitverkündung auf wesentliche Vorschriften zur Nebenintervention verweist, stehen bei der Nebenintervention und der Streitverkündung strategisch unterschiedliche **Ziele** im Vordergrund. Während bei der Nebenintervention das Interesse des

---

[7] OLG Düsseldorf GRUR-RS 2018, 55008.
[8] OLG Düsseldorf GRUR-RS 2018, 55008.
[9] BGH NJW 2016, 1020; KG BeckRS 2017, 142191.
[10] BGH GRUR 2020, 1178 – Pemetrexed II; BGH GRUR 2016, 596 (598) – Keine pauschale Beteiligung von Verlagen an Einnahmen der VG Wort; BGH NJW 1982, 2070; OLG Düsseldorf BeckRS 2018, 34266.
[11] Zöller/*Althammer* ZPO § 71 Rn. 5; vgl. beispielhaft BGH NJW 1982, 2070.
[12] BGH NJW 2016, 1018 (1020) = Mitt. 2016, 527.
[13] BGH GRUR 2013, 535 – Nebenintervention.
[14] BGH NZG 2013, 792; Musielak/Voit/*Weth* ZPO § 71 Rn. 8.
[15] MüKoZPO/*Schultes* § 71 Rn. 10.
[1] Zöller/*Althammer* ZPO § 72 Rn. 1.

Nebenintervenienten an der Beteiligung am Ausgangsprozess im Vordergrund steht, geht es dem Streitverkünder vorrangig um die Herbeiführung der Nebeninterventionswirkung nach §§ 74 Abs. 3, 68 ZPO.

B. Voraussetzungen der Streitverkündung

3   Die Streitverkündung setzt neben der **Zustellung** einer den in § 73 ZPO normierten Anforderungen entsprechenden **Streitverkündungsschrift** zunächst einen **anhängigen**, nicht notwendigerweise rechtshängigen Rechtsstreit voraus[2].

4   Zudem ist nach der Gesetzesformulierung weitere Voraussetzung der Streitverkündung, dass eine Partei im Fall des ihr ungünstigen Ausganges des Rechtsstreits einen Anspruch auf Gewährleistung oder Schadloshaltung gegen einen Dritten erheben kann. Erforderlich ist somit ein **Alternativverhältnis** der Ansprüche aus dem Ausgangs- und dem Folgeprozess, denn die Ansprüche im Folgeprozess sollen dem Streitverkünder nur dann zustehen, wenn der Ausgangsprozess für ihn ungünstig ausgeht[3]. Eine Streitverkündung ist demnach insbesondere dann zulässig, wenn die Partei im Zeitpunkt der Streitverkündung aus in diesem Augenblick naheliegenden Gründen für den Fall des ihr ungünstigen Ausgangs des Rechtsstreits einen Anspruch auf Schadloshaltung gegen einen Dritten erheben zu können[4].

5   Auch wenn es sich bei der Gesetzesformulierung nicht um eine abschließende Aufzählung, sondern lediglich um eine **beispielhafte Umschreibung** handelt[5], ist damit der Hauptanwendungsfall der Streitverkündung im Gewerblichen Rechtsschutz bereits genannt. Eine Streitverkündung kommt insbesondere dann in Betracht, wenn sich der Ausgangs-Verletzungsprozess zunächst lediglich gegen den Vertreiber eines verletzenden Produktes richtet. In diesem Fall ist das durch ihn angebotene und vertriebene, nach dem Vortrag des Klägers schutzrechtsverletzende Produkt mit einem Rechtsmangel behaftet, so dass er, sollte er den Ausgangsprozess verlieren, von dem Hersteller der angegriffenen Ausführungsform in einem Folgeprozess Ansprüche aus Rechtsmängelgewährleistung geltend machen kann. Dem Risiko, dass das Gericht im Folgeprozess bei der Beurteilung der Schutzrechtsverletzung durch die angegriffene Ausführungsform zu einer anderen Auffassung gelangt, kann der als Verletzer in Anspruch genommene Vertreiber der angegriffenen Ausführungsform daher nur mittels der durch die Streitverkündung herbeigeführten Nebeninterventionswirkung begegnen.

§ 73 Form der Streitverkündung

¹Zum Zwecke der Streitverkündung hat die Partei einen Schriftsatz einzureichen, in dem der Grund der Streitverkündung und die Lage des Rechtsstreits anzugeben ist. ²Der Schriftsatz ist dem Dritten zuzustellen und dem Gegner des Streitverkünders in Abschrift mitzuteilen. ³Die Streitverkündung wird erst mit der Zustellung an den Dritten wirksam.

1   In § 73 ZPO finden sich die **formellen Anforderungen** an die Streitverkündung. Sie hat in einem **Schriftsatz** zu erfolgen, in welchem der Grund der Streitverkündung und die Lage des Rechtsstreits anzugeben sind. Obwohl Satz 2 neben der **Zustellung** des Schriftsatzes **an den Streitverkündeten** auch die Mitteilung der Streitverkündung an den Gegner des Streitverkünders und damit die andere Partei verlangt, ist für die Wirksamkeit der Streitverkündung gemäß Satz 3 lediglich die Zustellung Wirksamkeitsvoraussetzung. Trifft das Gericht eine Entscheidung, bevor eine in dem Rechtsstreit eingereichte Streitverkündungsschrift zugestellt worden ist, wird dadurch weder das Recht der streitverkündenden Partei auf ein faires Verfahren und auf wirkungsvollen Rechtsschutz noch ihr Anspruch auf rechtliches Gehör verletzt[1].

2   Bei dem die Streitverkündung enthaltenden Schriftsatz handelt es sich um einen **bestimmenden Schriftsatz,** da er mit seiner Zustellung dem Dritten eine Möglichkeit der Beteiligung am Prozess eröffnet[2*]. Auch wenn die Streitverkündungsschrift nach der herrschenden und auch durch den Bundesgerichtshof geteilten Meinung **nicht dem Anwaltszwang unterliegt,** ist der Schriftsatz dann, wenn er durch einen Rechtsanwalt eingereicht wird, auch durch diesen zu unterzeichnen[3*]. Als Prozesshandlung ist die Streitverkündung bedingungsfeindlich[4*].

3   Im Hinblick auf den Inhalt der Streitverkündungsschrift enthält § 73 ZPO lediglich die Vorgabe, dass sie den Grund der Streitverkündung und die Lage des Rechtsstreits anzugeben hat. Der Schriftsatz

---

[2] BGH NJW 1985, 328.
[3] Musielak/Voit/*Weth* ZPO § 72 Rn. 6.
[4] BGH NJW 1978, 643; 1976, 39.
[5] Zöller/*Althammer* ZPO § 72 Rn. 4.
[1] BGH GRUR 2018, 853 – Schutzhülle für Tablet-Computer.
[2*] BGH NJW 1985, 328 (329).
[3*] BGH NJW 1985, 328 (329); vgl. auch Musielak/Voit/*Weth* ZPO § 73 Rn. 2.
[4*] BGH NJW-RR 1989, 766.

muss somit neben der **Erklärung, dass der Streit verkündet wird,** das Rechtsverhältnis angeben, aus dem sich der Klage- bzw. der Regressanspruch ergibt[5]. Zudem ist anzugeben, ob und in welchem Umfang bereits Beweis erhoben und ob bereits terminiert wurde[6]. Die **Lage des Rechtsstreits** muss dabei so genau geschildert werden, dass der Dritte auf der Basis des Streitverkündungsschriftsatzes die Entscheidung treffen kann, ob er dem Rechtsstreit beitritt, und zugleich die Herbeiführung der materiell-rechtlichen Wirkungen der Streitverkündung sichergestellt ist[7]. Nach der Rechtsprechung des Bundesgerichtshofes[8] muss die Streitverkündungsschrift den Grund des im Folgeprozess geltend zu machenden Anspruchs, nicht aber dessen Höhe bezeichnen.

Mängel der Streitverkündung sind gemäß § 295 ZPO durch rügelose Einlassung **heilbar,** wobei 4 jedoch der bloße Beitritt des Dritten allein für eine Heilung nicht ausreicht[9]. Voraussetzung einer Anwendung der Heilungsvorschriften ist, dass der unvollständige Streitverkündungsschriftsatz zumindest den Klageanspruch und die Regressmöglichkeit gegen den Streitverkündungsempfänger insoweit erkennen lässt, dass dieser sich – gegebenenfalls durch Akteneinsicht – die erforderliche Klarheit für seinen Entschluss verschaffen kann, ob er dem Rechtsstreit beitreten soll[10].

§ 74 Wirkung der Streitverkündung

(1) Wenn der Dritte dem Streitverkünder beitritt, so bestimmt sich sein Verhältnis zu den Parteien nach den Grundsätzen über die Nebenintervention.

(2) Lehnt der Dritte den Beitritt ab oder erklärt er sich nicht, so wird der Rechtsstreit ohne Rücksicht auf ihn fortgesetzt.

(3) In allen Fällen dieses Paragraphen sind gegen den Dritten die Vorschriften des § 68 mit der Abweichung anzuwenden, dass statt der Zeit des Beitritts die Zeit entscheidet, zu welcher der Beitritt infolge der Streitverkündung möglich war.

Die Wirkungen der Streitverkündung treten unabhängig davon ein, ob der Streitverkündete dem 1 Rechtsstreit auf Seiten des Streitverkünders beitritt oder nicht, § 74 Abs. 3 ZPO. Lediglich die Voraussetzungen, unter denen die Wirkungen eintreten, und der Prüfungsumfang im Folgeprozess differieren.

Tritt der Streitverkündete dem Rechtsstreit **auf Seiten des Streitverkünders bei,** bestimmt sich 2 sein Verhältnis zu den Parteien gemäß § 74 Abs. 1 ZPO nach den Grundsätzen über die Nebenintervention. Der Streitverkündete erhält somit im **Ausgangsprozess** die gleiche Rechtsstellung wie ein Nebenintervenient[1]. Er hat somit insbesondere einen Anspruch auf rechtliches Gehör und kann Prozesshandlungen vornehmen, solange er sich dadurch nicht in Widerspruch zu dem Verhalten des Streitverkünders setzt (vgl. → § 67 Rn. 3–9). Ob die Voraussetzungen der Streitverkündung vorlagen, wird zudem lediglich auf Antrag im Rahmen eines Zwischenrechtsstreits nach § 71 ZPO geklärt[2].

Auch im **Folgeprozess** werden im Fall des Beitritts die Voraussetzungen der Streitverkündung 3 nicht mehr geprüft. Wird der Beitritt nicht rechtskräftig zurückgewiesen, löst folglich auch eine unzulässige Streitverkündung die Interventionswirkung des § 68 ZPO aus[3]. Für die Reichweite der Nebeninterventionswirkung spielt es zudem keine Rolle, ob in dem Verfahren, in dem die Streitverkündung erfolgt, nur ein Teil des Schadens eingeklagt worden ist, auf dessen Erstattung die Streitverkündung zielt[4].

Entscheidet sich der Streitverkündete demgegenüber gegen einen Beitritt, tritt er dem Prozess auf 4 Seiten des Gegners des Streitverkünders bei[5*] oder erklärt er sich nicht, wird der Ausgangsprozess nach **§ 74 Abs. 2 ZPO** ohne Rücksicht auf ihn fortgesetzt. Der Dritte ist in diesem Fall am Ausgangsprozess nicht beteiligt.

Die Nichtbeteiligung des Dritten am Ausgangsprozess hat allerdings zur Folge, dass im **Folgepro-** 5 **zess** zu prüfen ist, ob die Voraussetzungen der Streitverkündung tatsächlich vorlagen[6*]. Anders als bei der Nebenintervention sowie für den Fall des Beitritts erfolgt demnach die Prüfung der Voraussetzungen der Nebenintervention nicht nur im Rahmen eines Zwischenstreits, sondern von Amts wegen. Die Interventionswirkung tritt in diesem Fall nur ein, wenn die Streitverkündung formell ordnungs-

---

[5] BGH NJW-RR 1989, 767; Zöller/*Althammer* ZPO § 73 Rn. 3; aA LG Mannheim BeckRS 2011, 04156.
[6] Musielak/Voit/*Weth* ZPO § 73 Rn. 2.
[7] BGH NJW 2012, 674; Zöller/*Althammer* ZPO § 73 Rn. 3.
[8] BGH NJW 2012, 674.
[9] MüKoZPO/*Schultes* § 73 Rn. 4.
[10] BGH NJW 2008, 519 (522); 1976, 292 (293).
[1] Vgl. hierzu § 67 ZPO.
[2] Zöller/*Althammer* ZPO § 74 Rn. 3.
[3] BGH NJW 2008, 519 (520).
[4] BGH NJW 2012, 674.
[5*] BGH NJW 1983, 820 (821); BeckRS 2020, 39397.
[6*] BGH NJW 1976, 39 (40).

gemäß erklärt wurde[7], gemäß § 72 ZPO zulässig war und nicht zurückgenommen wurde, der Dritte die Möglichkeit hatte, auf den Ausgangsprozess Einfluss zu nehmen und der Ausgangsprozess durch eine rechtskräftige und für den Streitverkünder ungünstige Sachentscheidung vor dem Folgeprozess beendet wurde[8]. Als für den Eintritt der Nebeninterventionswirkung maßgeblicher **Zeitpunkt** gilt dabei nach § 74 Abs. 3 ZPO die Zeit, zu der der Beitritt möglich gewesen wäre. Tritt der Streitverkündete dem Rechtsstreit im Vorprozess nicht auf Seiten des Streitverkünders, sondern auf der Gegenseite bei, kommen ihm die sich aus § 67 ZPO ergebenden **Beschränkungen**, wonach die Interventionswirkung im Folgeprozess nicht eintritt, soweit der dem Rechtsstreit im Vorprozess nicht beigetretene Streitverkündete im Fall eines Beitritts nach § 67 ZPO gehindert gewesen wäre, auf den Verlauf des Vorprozesses Einfluss zu nehmen, nicht ein[9].

6   Unabhängig davon, ob der Dritte dem Rechtsstreit auf Seiten des Streitverkünders beigetreten ist, zeigt bereits die Formulierung von § 78 Abs. 3 ZPO („gegen den Dritten"), dass die **Nebeninterventionswirkung** nur zugunsten, nicht aber zu Lasten der streitverkündeten Partei eintritt[10].

7   **Materiell-rechtlich** führt eine formell ordnungsgemäße, den Anforderungen gemäß §§ 72, 73 ZPO entsprechende Streitverkündung[11] gemäß § 204 Abs. 1 Nr. 6 BGB zu einer Hemmung der Verjährung, die nach § 204 Abs. 2 S. 1 BGB sechs Monate nach der rechtskräftigen Entscheidung oder anderweitigen Entscheidung des Verfahrens endet. Der Umfang der verjährungsunterbrechenden Wirkung der Streitverkündung beschränkt sich hierbei nicht auf die mit der Urteilsformel ausgesprochene Entscheidung über den erhobenen Anspruch. Sie ergreift vielmehr die gesamten tatsächlichen und rechtlichen Grundlagen des Urteils[12].

8   Die materiell-rechtlichen Wirkungen der Streitverkündung sind unabhängig davon, ob auch die prozessuale Nebeninterventionswirkung eintreten konnte. Sie werden durch jede zulässige Streitverkündung bewirkt, soweit sie zu diesem Zeitpunkt noch eintreten können[13].

§ 75 Gläubigerstreit

[1] Wird von dem verklagten Schuldner einem Dritten, der die geltend gemachte Forderung für sich in Anspruch nimmt, der Streit verkündet und tritt der Dritte in den Streit ein, so ist der Beklagte, wenn er den Betrag der Forderung zugunsten der streitenden Gläubiger unter Verzicht auf das Recht zur Rücknahme hinterlegt, auf seinen Antrag aus dem Rechtsstreit unter Verurteilung in die durch seinen unbegründeten Widerspruch veranlassten Kosten zu entlassen und der Rechtsstreit über die Berechtigung an der Forderung zwischen den streitenden Gläubigern allein fortzusetzen. [2] Dem Obsiegenden ist der hinterlegte Betrag zuzusprechen und der Unterliegende auch zur Erstattung der dem Beklagten entstandenen, nicht durch dessen unbegründeten Widerspruch veranlassten Kosten, einschließlich der Kosten der Hinterlegung, zu verurteilen.

§ 76 Urheberbenennung bei Besitz

(1) [1] Wer als Besitzer einer Sache verklagt ist, die er auf Grund eines Rechtsverhältnisses der im § 868 des Bürgerlichen Gesetzbuchs bezeichneten Art zu besitzen behauptet, kann vor der Verhandlung zur Hauptsache unter Einreichung eines Schriftsatzes, in dem er den mittelbaren Besitzer benennt, und einer Streitverkündungsschrift die Ladung des mittelbaren Besitzers zur Erklärung beantragen. [2] Bis zu dieser Erklärung und nach dem Schluss des Termins, in dem sich der Benannte zu erklären hat, kann der Beklagte die Verhandlung zur Hauptsache verweigern.

(2) Bestreitet der Benannte die Behauptung des Beklagten oder erklärt er sich nicht, so ist der Beklagte berechtigt, dem Klageantrage zu genügen.

(3) [1] Wird die Behauptung des Beklagten von dem Benannten als richtig anerkannt, so ist dieser berechtigt, mit Zustimmung des Beklagten an dessen Stelle den Prozess zu übernehmen. [2] Die Zustimmung des Klägers ist nur insoweit erforderlich, als er Ansprüche geltend macht, die unabhängig davon sind, dass der Beklagte auf Grund eines Rechtsverhältnisses der im Absatz 1 bezeichneten Art besitzt.

(4) [1] Hat der Benannte den Prozess übernommen, so ist der Beklagte auf seinen Antrag von der Klage zu entbinden. [2] Die Entscheidung ist in Ansehung der Sache selbst auch gegen den Beklagten wirksam und vollstreckbar.

§ 77 Urheberbenennung bei Eigentumsbeeinträchtigung

Ist von dem Eigentümer einer Sache oder von demjenigen, dem ein Recht an einer Sache zusteht, wegen einer Beeinträchtigung des Eigentums oder seines Rechts Klage auf Beseitigung der Beeinträchtigung oder auf Unterlassung weiterer Beeinträchtigungen erhoben, so sind die Vorschriften des § 76 entsprechend anzuwenden, sofern der Beklagte die Beeinträchtigung in Ausübung des Rechtes eines Dritten vorgenommen zu haben behauptet.

Titel 4. Prozessbevollmächtigte und Beistände

§ 78 Anwaltsprozess

(1) [1] **Vor den Landgerichten und Oberlandesgerichten müssen sich die Parteien durch einen Rechtsanwalt vertreten lassen.** [2] **Ist in einem Land auf Grund des § 8 des Einführungsgesetzes zum Gerichtsverfassungsgesetz ein oberstes Landesgericht errichtet, so müssen sich**

---

[7] Vgl. § 73 ZPO.
[8] Zöller/*Vollkommer* ZPO § 74 Rn. 7.
[9] BGH BeckRS 2020, 39397.
[10] BGH NJW 1997, 2385 (2386).
[11] Musielak/Voit/*Weth* ZPO § 74 Rn. 5.
[12] BGH NJW 2012, 674 (675).
[13] BGH NJW 1979, 264 (265).

die Parteien vor diesem ebenfalls durch einen Rechtsanwalt vertreten lassen. ³ Vor dem Bundesgerichtshof müssen sich die Parteien durch einen bei dem Bundesgerichtshof zugelassenen Rechtsanwalt vertreten lassen.

(2) Behörden und juristische Personen des öffentlichen Rechts einschließlich der von ihnen zur Erfüllung ihrer öffentlichen Aufgaben gebildeten Zusammenschlüsse können sich als Beteiligte für die Nichtzulassungsbeschwerde durch eigene Beschäftigte mit Befähigung zum Richteramt oder durch Beschäftigte mit Befähigung zum Richteramt anderer Behörden oder juristischer Personen des öffentlichen Rechts einschließlich der von ihnen zur Erfüllung ihrer öffentlichen Aufgaben gebildeten Zusammenschlüsse vertreten lassen.

(3) Diese Vorschriften sind auf das Verfahren vor einem beauftragten oder ersuchten Richter sowie auf Prozesshandlungen, die vor dem Urkundsbeamten der Geschäftsstelle vorgenommen werden können, nicht anzuwenden.

(4) Ein Rechtsanwalt, der nach Maßgabe der Absätze 1 und 2 zur Vertretung berechtigt ist, kann sich selbst vertreten.

Literatur: *Zuck,* Anwaltszwang; Postulationsfähigkeit, JZ 1993, 500.

Übersicht

	Rn.
A. Allgemeines	1
B. Persönlicher Geltungsbereich des Anwaltszwangs	8
C. Sachlicher Geltungsbereich des Anwaltszwangs	12
D. Folgen fehlender Postulationsfähigkeit	20
E. Vertretung vor den Ämtern	22

A. Allgemeines

§ 78 ZPO regelt die **Postulationsfähigkeit,** das heißt die Fähigkeit, in eigener Person rechtswirksam prozessual zu handeln[1] Die Postulationsfähigkeit ist Prozesshandlungsvoraussetzung und muss im Zeitpunkt der Vornahme der Prozesshandlung gegeben sein[2]. Fehlt es an der Postulationsfähigkeit, ist die Prozesshandlung unwirksam[3]. Die von einem nicht postulationsfähigen Rechtsanwalt vorgenommene Prozesshandlung kann zwar durch einen postulationsfähigen Bevollmächtigten heilend genehmigt werden. Jedoch muss die Genehmigung bei fristgebundenen Prozesshandlungen vor Fristablauf erfolgen[4]. 1

Fällt ein Rechtsstreit in die Zuständigkeit des Landgerichts oder des Oberlandesgerichts, so muss sich eine Partei gemäß § 78 Abs. 1 S. 1 ZPO zwingend von einem zugelassenen **Rechtsanwalt** vertreten lassen. Nicht ausreichend ist damit die Vertretung allein durch einen **Patentanwalt,** der jedoch neben einem zugelassenen Rechtsanwalt tätig werden kann. Da Verletzungsstreitigkeiten im Gewerblichen Rechtsschutz regelmäßig unabhängig von ihrem Streitwert erstinstanzlich den Landgerichten zugewiesen sind[5], kommt der Vorschrift in diesem Bereich eine besondere Bedeutung zu. Nicht (zwingend) als Anwaltsprozess zu führen ist allerdings gemäß §§ 920 Abs. 3, 78 Abs. 3, 922 Abs. 1 Alt. 2, 936 ZPO das einstweilige Verfügungsverfahren vor dem Landgericht, solange es nicht zur Anordnung einer mündlichen Verhandlung kommt[6]. Die Freistellung des Gesuchs auf Erlass einer einstweiligen Verfügung vom Anwaltszwang wird allgemein mit der besonderen Eilbedürftigkeit des Gesuchs begründet[7]. Lehnt das Landgericht den Antrag auf Erlass einer einstweiligen Verfügung ohne mündliche Verhandlung durch Beschluss ab, unterliegt auch die gegen diesen Beschluss eingelegte Beschwerde nicht dem Anwaltszwang[8]. 2

Das Erfordernis der Vertretung durch einen zugelassenen Rechtsanwalt gilt nach § 78 Abs. 1 S. 3 ZPO darüber hinaus auch für Verfahren, die vor dem **Bundesgerichtshof** geführt werden, wobei dort regelmäßig die Vertretung durch einen vor dem Bundesgerichtshof zugelassenen Rechtsanwalt zu erfolgen hat[9]. Die Singularzulassung für Rechtsanwälte beim Bundesgerichtshof ist auch in dem Fall mit dem Grundgesetz vereinbar, in dem die Partei des Revisionsverfahrens Rechtsanwalt und Fachanwalt ist[10]. Eine Notwendigkeit der Vertretung durch einen beim Bundesgerichtshof zugelassenen 3

---

[1] MüKoZPO/*Toussaint* § 78 Rn. 1; *Zuck* JZ 1993, 500 (501).
[2] BGH NJW-RR 2012, 1139; GRUR-RR 2020, 509.
[3] BGH NJW 1992, 1700 (1701); 2015, 557; GRUR-RR 2020, 509.
[4] BGH NJW-RR 2007, 278; GRUR-RR 2020, 569.
[5] Vgl. § 143 Abs. 1 PatG; § 27 GebrMG; § 140 Abs. 1 MarkenG; § 52 Abs. 1 DesignG.
[6] OLG Dresden NJWE-WettbR 1997, 184 (185) – Höffner-Preis.
[7] OLG Karlsruhe GRUR 1993, 697 – Anwaltszwang bei Beschwerde.
[8] OLG Karlsruhe GRUR 1993, 697 – Anwaltszwang bei Beschwerde; OLG Dresden NJWE-WettbR 1997, 184 – Höffner-Preis.
[9] Vgl. insbesondere § 85 Abs. 5 MarkenG; § 102 Abs. 5 PatG (ggf. iVm § 23 Abs. 3 DesignG bzw. § 18 Abs. 4 GebrMG).
[10] BGH GRUR-RR 2020, 569.

Rechtsanwalt besteht auch für die in der Praxis relevante Begründung einer Nichtzulassungsbeschwerde, die ohne eine Begründung durch einen beim Bundesgerichtshof zugelassenen Rechtsanwalt als unzulässig zu verwerfen ist (§ 544 Abs. 2, § 97 Abs. 1, § 78 Abs. 1 S. 3 ZPO)[11]. Vergleichbares gilt für die Einlegung einer Rechtsbeschwerde, etwa gegen einen Beschluss des Markenbeschwerdesenats des Bundespatentgerichts. Eine Solche hat ebenfalls durch einen beim Bundesgerichtshof zugelassenen Rechtsanwalt zu erfolgen[12].

4   Eine Ausnahme davon bildet das **Nichtigkeitsberufungsverfahren** gegen ein Urteil des Bundespatentgerichts in Patentsachen, wo sich die Parteien gemäß § 111 Abs. 4 S. 1 PatG alternativ durch einen, nicht notwendigerweise beim Bundesgerichtshof zugelassenen[13], Rechtsanwalt oder durch einen Patentanwalt vertreten lassen müssen. In entsprechender Anwendung von § 78 Abs. 4 ZPO können sich vor dem Bundesgerichtshof im Berufungsrechtszug des Patentnichtigkeitsverfahrens Rechtsanwälte und auch Patentanwälte überdies selbst vertreten[14].

5   Die erste Instanz des **Patentnichtigkeitsverfahrens** vor dem Bundespatentgericht ist demgegenüber ein Parteiprozess. Eine Vertretung durch einen Rechts- oder Patentanwalt ist daher nicht zwingend erforderlich, aber sinnvoll[15]. Gleiches gilt in **Markensachen**, denn nach § 81 Abs. 1 MarkenG können die Parteien den Rechtsstreit vor dem Bundespatentgericht selbst führen. Alternativ sieht § 81 Abs. 2 MarkenG die Vertretung durch einen Patent- bzw. Rechtsanwalt oder durch einen, den in § 81 Abs. 2 S. 2 MarkenG normierten Anforderungen entsprechenden Bevollmächtigten vor. Da § 78 Abs. 1 ZPO im Beschwerdeverfahren vor dem Bundespatentgericht keine Anwendung findet, kommt eine Heranziehung von § 282 Abs. 2 ZPO nur in Betracht, wenn den Parteien durch richterliche Anordnung aufgegeben worden ist, die mündliche Verhandlung durch Schriftsätze oder zu Protokoll der Geschäftsstelle abzugebende Erklärungen gemäß § 129 Abs. 2 ZPO vorzubereiten[16].

6   Postulationsfähig im Sinne von § 78 Abs. 1 ZPO kann neben einer **natürlichen Person** nicht nur eine **GmbH** (vgl. § 59c Abs. 1 BRAO) sein, sondern auch eine **Aktiengesellschaft,** jedenfalls dann, wenn ihr Vorstandsvorsitzender als Rechtsanwalt zugelassen ist[17].

7   Ob auch eine **Limited Liability Partnership (LLP)** englischen Rechts postulationsfähig ist, hängt davon ab, ob sie mit einer Partnerschaft oder einer Rechtsanwaltsgesellschaft deutschen Rechts vergleichbar ist, was gegebenenfalls im Prozess eines Nachweises durch die Vorlage des Gesellschaftsvertrages bedarf[18]. Wird in dem Anwaltszwang unterliegender Schriftsatz allerdings durch einen zur LLP gehörenden Rechtsanwalt sowohl unter Hinweis auf sein Amt als Rechtsanwalt als auch auf seine Zugehörigkeit zu einer deutschen Zweigniederlassung einer LLP unterzeichnet, ist grundsätzlich davon auszugehen, dass die Prozesshandlung nicht ausschließlich im Namen der Gesellschaft, sondern jedenfalls auch von dem handelnden Rechtsanwalt selbst vorgenommen worden ist, wenn nicht besondere Anhaltspunkte entgegenstehen[19].

B. Persönlicher Geltungsbereich des Anwaltszwangs

8   Der Anwaltszwang gilt nach dem Gesetzeswortlaut zunächst für die **Parteien.** Unter Zugrundelegung des sogenannten „zweigliedrigen Streitgegenstandsbegriffes" sind dies, unabhängig von der materiell-rechtlichen Berechtigung, der Kläger als derjenige, der Rechtschutz begehrt, und der Beklagte, also derjenige, gegen den Rechtschutz begehrt wird[20].

9   Für den Fall der Streitgenossenschaft gilt der Anwaltszwang für jeden **Streitgenossen.** Wird einer der Streitgenossen nicht anwaltlich vertreten, so greift im Fall der notwendigen Streitgenossenschaft allerdings die Vertretungsfiktion des § 62 Abs. 1 ZPO[21].

10 Über den Wortlaut der Vorschrift hinaus gilt der Anwaltszwang auch für **Nebenintervenienten,** die **beigetretenen Streitverkündeten** und die von den §§ 75–77 ZPO erfassten Personen[22]. Nicht dem Anwaltszwang unterliegen demgegenüber **sonstige Verfahrensbeteiligte.** Dies betrifft insbesondere Dritte, die einem zwischen den Parteien geschlossenen Prozessvergleich beitreten wollen[23].

11 Ob sich eine Partei anwaltlich vertreten lassen muss, richtet sich somit nach **rein formalen Gesichtspunkten.** Maßgeblich ist allein die Stellung des Betreffenden im Prozess. Unerheblich ist demgegenüber insbesondere, ob eine nach formalen Gesichtspunkten dem Anwaltszwang unterliegen-

---

[11] BGH BeckRS 2014, 09388.
[12] BGH BeckRS 2017, 124234.
[13] Benkard/*Rogge* PatG § 111 Rn. 10.
[14] BGH GRUR 1987, 353 – Sonnendach.
[15] Busse/*Keukenschrijver* PatG § 81 Rn. 6.
[16] BGH GRUR 2010, 859 – Malteserkreuz III; BPatG BeckRS 2018, 6037.
[17] OLG Köln BeckRS 2008, 09086.
[18] BGH NJW 2009, 3162 (3162).
[19] BGH NJW 2009, 3162 (3162).
[20] Zöller/*Althammer* ZPO Vor § 50 Rn. 1.
[21] Musielak/*Weth* ZPO § 78 Rn. 13.
[22] BGH NJW-RR 2005, 1237.
[23] BGH NJW 1993, 1433; MüKoZPO/*Toussaint* § 78 Rn. 25.

de Person im Einzelfall aufgrund ihres Wissens oder unter Berücksichtigung der wirtschaftlichen Bedeutung des Prozesses anwaltlicher Hilfe bedarf[24].

C. Sachlicher Geltungsbereich des Anwaltszwangs

Der Anwaltszwang erfasst grundsätzlich das **gesamte Verfahren,** also neben der Vertretung in der mündlichen Verhandlung **alle relevanten Prozesserklärungen**[25]. In einem Anwaltsprozess hat der Rechtsanwalt einzureichende Schriftsätze grundsätzlich selbst zu unterzeichnen. Mit seiner Unterschrift macht der Rechtsanwalt deutlich, dass er die volle Verantwortung für den Inhalt des Schriftsatzes übernimmt. Zwar ist der Anwalt auch im Anwaltsprozess nicht gehindert, Schriftsätze von anderen Personen, wie etwa Rechtsreferendaren, vorbereiten zu lassen. Erforderlich ist aber, dass der unterzeichnende Anwalt den Schriftsatz selbstständig prüft und aufgrund der Prüfung die volle Verantwortung für den Schriftsatz übernimmt[26]. Parteischriftsätze sind nur zulässig, wenn deren Inhalt von dem Prozessbevollmächtigten verantwortet wird[27], was für das Gericht klar erkennbar sein muss. Es empfiehlt sich daher, auch den Parteischriftsatz vor Einreichung bei Gericht noch durch einen Rechtsanwalt unterzeichnen zu lassen. Gleiches gilt, wenn ein Schriftsatz durch einen im Verfahren mitwirkenden Patentanwalt verfasst wurde. 12

Dem Anwaltszwang unterliegen insbesondere auch die **Erklärung eines Verzichts** auf die geltend gemachten Ansprüche[28] oder deren **Anerkenntnis.** Gelangt eine außergerichtlich lediglich patentanwaltlich vertretene Partei, gegen die eine Verletzungsklage erhoben wurde, somit nach Klageerhebung zu der Erkenntnis, die mit der Klage geltend gemachten Ansprüche stünden dem Kläger tatsächlich zu, und trägt sie sich mit dem Gedanken, die Klageansprüche gerichtlich anzuerkennen, muss sie auch in diesem Fall einen Rechtsanwalt hinzuziehen. 13

Der Anwaltszwang gilt nicht nur im eigentlichen Verletzungsverfahren, sondern auch in einem sich diesem gegebenenfalls anschließenden **Zwangsvollstreckungsverfahren** einschließlich eines möglichen **Antrages auf einstweilige Einstellung der Zwangsvollstreckung**[29], wobei gemäß § 81 ZPO eine für die erste Instanz erteilte Vollmacht auch für das Zwangsvollstreckungsverfahren gilt. 14

Auch vom Anwaltszwang erfasst ist die **Aufnahme eines Verfahrens,** das durch die Eröffnung eines Insolvenzverfahrens unterbrochen war. Der nach § 250 ZPO einzureichende Schriftsatz muss daher von einem Rechtsanwalt unterzeichnet werden[30]. 15

Gleiches gilt, wenn eine **Anhörungsrüge** nach § 321a Abs. 1 ZPO erhoben werden soll[31]. 16

Eine wichtige Ausnahme vom Anwaltszwang normiert § 78 Abs. 3 ZPO. Danach unterliegen Verfahren vor dem **beauftragten oder ersuchten Richter** sowie alle **Prozesshandlungen,** die **vor dem Urkundsbeamten der Geschäftsstelle** vorgenommen werden können, nicht dem Anwaltszwang. Während der letztgenannte Fall vor allem in Bezug auf einen möglichen **Antrag auf Gewährung von Prozesskostenhilfe**[32] sowie hinsichtlich einer möglichen **beiderseitigen Erledigungserklärung**[33] relevant ist, kommt dem Verfahren vor dem beauftragten Richter in Verletzungsverfahren eine besondere Bedeutung zu. Denn häufig neigen die Verletzungsgerichte dazu, eine Beweisaufnahme, etwa in Bezug auf ein mögliches Vorbenutzungsrecht, lediglich dem Berichterstatter als beauftragtem Richter zu übertragen. 17

Besonderheiten ergeben sich schließlich im **selbstständigen Beweisverfahren.** Während gemäß § 486 Abs. 4 ZPO die Antragstellung auch zu Protokoll der Geschäftsstelle erfolgen kann und damit ebenfalls unter § 78 Abs. 3 ZPO fällt, ist das selbstständige Beweisverfahren im Übrigen nicht vom Anwaltszwang befreit[34]. Dies gilt nach der Rechtsprechung des Bundesgerichtshofes allerdings nicht für die Beitrittserklärung eines Nebenintervenienten in einem beim Landgericht anhängigen selbstständigen Beweisverfahren[35]. 18

Soll das selbstständige Beweisverfahren mit einer einstweiligen **Duldungsverfügung** kombiniert werden, unterliegt der Verfügungsantrag ohnehin dem Anwaltszwang. Da die Anträge in diesem Fall regelmäßig in einem Schriftsatz kombiniert werden, gilt der Anwaltszwang damit unabhängig von § 486 Abs. 4 ZPO mittelbar zugleich auch für die Anträge im selbstständigen Beweisverfahren. 19

---

[24] BGH NJW 1983, 1433.
[25] Vgl. zum Nichtigkeitsberufungsverfahren Benkard/*Rogge* PatG § 111 Rn. 9.
[26] BGH NJW-RR 2017, 686 (687); NJW 2008, 1311; 1989, 394 (395).
[27] OLG Hamburg NJOZ 2007, 3065 – Cybersky II.
[28] BGH NJW 1988, 210.
[29] BGH BeckRS 2001, 02363; OLG Hamm GRUR 1985, 235 – Anwaltszwang bei Zwangsvollstreckung; OLG Koblenz GRUR 1985, 573 (574) – Anwaltszwang bei Zwangsvollstreckung.
[30] BGH NJW 2001, 1581.
[31] BGH BeckRS 2011, 27555.
[32] Vgl. § 117 Abs. 1 S. 1 ZPO.
[33] Vgl. § 91a Abs. 1 S. 1 ZPO.
[34] BGH NJW 2012, 2810 (2811).
[35] BGH NJW 2012, 2810.

D. Folgen fehlender Postulationsfähigkeit

20 Werden in einem Anwaltsprozess Prozesshandlungen durch eine nicht postulationsfähige Person vorgenommen, sind diese unwirksam[36]. Diese **Unwirksamkeit** hat das Gericht von Amts wegen zu berücksichtigen[37]. Allerdings ist in derartigen Fällen immer an eine **Heilung** zu denken, denn der Prozessbevollmächtigte kann die, etwa durch die Partei selbst oder durch einen Patentanwalt vorgenommene, Prozesshandlung mit Wirkung für die Zukunft genehmigen[38]. Eine Heilung kraft rügeloser Einlassung der Gegenseite gemäß § 295 Abs. 2 ZPO kommt demgegenüber nicht in Betracht[39].

21 Wird eine selbst nicht postulationsfähige Partei in der mündlichen Verhandlung nicht wirksam vertreten, ist sie nicht in der Lage, zu verhandeln. Da sie deshalb gemäß § 333 ZPO als säumig gilt, kann gegen sie unter den Voraussetzungen der §§ 330 ff. ZPO ein **Versäumnisurteil** ergehen. Gegen ein solches Versäumnisurteil ist nach § 339 ZPO der Einspruch statthaft, wobei die Einspruchsschrift in einem Anwaltsprozess ebenfalls durch einen zugelassenen Rechtsanwalt eingereicht werden muss. Wurde bereits in einem früheren Termin mündlich verhandelt, so kann auf einen entsprechenden Antrag der erschienenen Partei unter den Voraussetzungen von § 331a ZPO iVm § 251a Abs. 2 ZPO auch eine **Entscheidung nach Lage der Akten** ergehen.

E. Vertretung vor den Ämtern

22 Gemäß Art. 134 Abs. 1 EPÜ kann die Vertretung natürlicher oder juristischer Personen in den durch das Europäische Patentübereinkommen geschaffenen Verfahren nur durch zugelassene Vertreter wahrgenommen werden, die in einer beim **Europäischen Patentamt** zu diesem Zweck geführten Liste eingetragen sind.

23 Ob vor dem **Harmonisierungsamt für den Binnenmarkt** ein Vertreter erforderlich ist, richtet sich gemäß Art. 88 GMV danach, ob die betreffende Person einen (Wohn-)sitz im Inland hat. Ist dies der Fall, ist die Bestellung eines Vertreters zwar möglich, aber nicht unbedingt erforderlich. Ansonsten ist die Bestellung eines Vertreters zwingend, wobei als Vertreter jeder in einem Mitgliedstaat der Europäischen Union zugelassene Rechtsanwalt, der seinen Geschäftssitz in der Europäischen Gemeinschaft hat sowie berechtigt ist, in Marken- oder Designsachen aufzutreten, sowie zugelassene Vertreter, die in einer bei dem Amt geführten Liste eingetragen sind, in Betracht kommen (Art. 89 Abs. 1 GMV).

24 Vor dem **deutschen Patent- und Markenamt** besteht demgegenüber grundsätzlich kein Vertretungszwang[40]. Wer allerdings im Inland weder einen (Wohn-) sitz noch eine Niederlassung hat, kann an einem Verfahren vor dem Patentamt (oder dem Patentgericht) regelmäßig nur teilnehmen und die Rechte aus einem Patent nur geltend machen, wenn er im Inland einen Rechtsanwalt oder Patentanwalt als Vertreter bestellt hat, der zur Vertretung im Verfahren vor dem Patentamt, dem Patentgericht und in bürgerlichen Rechtsstreitigkeiten, die das Patent betreffen, sowie zur Stellung von Strafanträgen bevollmächtigt ist[41].

25 Das Erfordernis der Bestellung eines Inlandsvertreters gilt entsprechend im **Beschwerdeverfahren** vor dem **Bundespatentgericht**[42].

§ 78a (weggefallen)

§ 78b Notanwalt

(1) Insoweit eine Vertretung durch Anwälte geboten ist, hat das Prozessgericht einer Partei auf ihren Antrag durch Beschluss für den Rechtszug einen Rechtsanwalt zur Wahrnehmung ihrer Rechte beizuordnen, wenn sie einen zu ihrer Vertretung bereiten Rechtsanwalt nicht findet und die Rechtsverfolgung oder Rechtsverteidigung nicht mutwillig oder aussichtslos erscheint.

(2) Gegen den Beschluss, durch den die Beiordnung eines Rechtsanwalts abgelehnt wird, findet die sofortige Beschwerde statt.

§ 78c Auswahl des Rechtsanwalts

(1) Der nach § 78b beizuordnende Rechtsanwalt wird durch den Vorsitzenden des Gerichts aus der Zahl in dem Bezirk des Prozessgerichts niedergelassenen Rechtsanwälte ausgewählt.

(2) Der beigeordnete Rechtsanwalt kann die Übernahme der Vertretung davon abhängig machen, dass die Partei ihm einen Vorschuss zahlt, der nach dem Rechtsanwaltsvergütungsgesetz zu bemessen ist.

---

[36] Musielak/*Weth* ZPO § 78 Rn. 7.
[37] MüKoZPO/*Toussaint* § 78 Rn. 67.
[38] Musielak/*Weth* ZPO § 78 Rn. 7.
[39] MüKoZPO/*Toussaint* § 78 Rn. 68.
[40] *Ingerl*/*Rohnke* MarkenG Vorbemerkung zu §§ 32–44 Rn. 5 aE.
[41] Vgl. § 25 Abs. 1 PatG, § 28 Abs. 1 GebrMG; § 96 Abs. 1 MarkenG; § 58 Abs. 1 DesignG.
[42] Busse/Keukenschrijver/*Engels* PatG Vor § 73 Rn. 59.

(3) ¹Gegen eine Verfügung, die nach Absatz 1 getroffen wird, steht der Partei und dem Rechtsanwalt die sofortige Beschwerde zu. ²Dem Rechtsanwalt steht die sofortige Beschwerde auch zu, wenn der Vorsitzende des Gerichts den Antrag, die Beiordnung aufzuheben (§ 48 Abs. 2 der Bundesrechtsanwaltsordnung), ablehnt.

§ 79 Parteiprozess

(1) ¹Soweit eine Vertretung durch Rechtsanwälte nicht geboten ist, können die Parteien den Rechtsstreit selbst führen. ²Parteien, die eine fremde oder ihnen zum Zweck der Einziehung auf fremde Rechnung abgetretene Geldforderung geltend machen, müssen sich durch einen Rechtsanwalt als Bevollmächtigten vertreten lassen, soweit sie nicht nach Maßgabe des Absatzes 2 zur Vertretung des Gläubigers befugt wären oder eine Forderung einziehen, deren ursprünglicher Gläubiger sie sind.

(2) ¹Die Parteien können sich durch einen Rechtsanwalt als Bevollmächtigten vertreten lassen. ²Darüber hinaus sind als Bevollmächtigte vertretungsbefugt nur

1. Beschäftigte der Partei oder eines mit ihr verbundenen Unternehmens (§ 15 des Aktiengesetzes); Behörden und juristische Personen des öffentlichen Rechts einschließlich der von ihnen zur Erfüllung ihrer öffentlichen Aufgaben gebildeten Zusammenschlüsse können sich auch durch Beschäftigte anderer Behörden oder juristischer Personen des öffentlichen Rechts einschließlich der von ihnen zur Erfüllung ihrer öffentlichen Aufgaben gebildeten Zusammenschlüsse vertreten lassen,
2. volljährige Familienangehörige (§ 15 der Abgabenordnung, § 11 des Lebenspartnerschaftsgesetzes), Personen mit Befähigung zum Richteramt und Streitgenossen, wenn die Vertretung nicht im Zusammenhang mit einer entgeltlichen Tätigkeit steht,
3. Verbraucherzentralen und andere mit öffentlichen Mitteln geförderte Verbraucherverbände bei der Einziehung von Forderungen von Verbrauchern im Rahmen ihres Aufgabenbereichs,
4. Personen, die Inkassodienstleistungen erbringen (registrierte Personen nach § 10 Absatz 1 Satz 1 Nummer 1 des Rechtsdienstleistungsgesetzes) im Mahnverfahren bis zur Abgabe an das Streitgericht und im Verfahren der Zwangsvollstreckung wegen Geldforderungen in das bewegliche Vermögen mit Ausnahme von Handlungen, die ein streitiges Verfahren einleiten oder innerhalb eines streitigen Verfahrens vorzunehmen sind.

³Bevollmächtigte, die keine natürlichen Personen sind, handeln durch ihre Organe und mit der Prozessvertretung beauftragten Vertreter.

(3) ¹Das Gericht weist Bevollmächtigte, die nicht nach Maßgabe des Absatzes 2 vertretungsbefugt sind, durch unanfechtbaren Beschluss zurück. ²Prozesshandlungen eines nicht vertretungsbefugten Bevollmächtigten und Zustellungen oder Mitteilungen an diesen Bevollmächtigten sind bis zu seiner Zurückweisung wirksam. ³Das Gericht kann den in Absatz 2 Satz 2 Nr. 1 bis 3 bezeichneten Bevollmächtigten durch unanfechtbaren Beschluss die weitere Vertretung untersagen, wenn sie nicht in der Lage sind, das Sach- und Streitverhältnis sachgerecht darzustellen.

(4) ¹Richter dürfen nicht als Bevollmächtigte vor einem Gericht auftreten, dem sie angehören. ²Ehrenamtliche Richter dürfen, außer in den Fällen des Absatzes 2 Satz 2 Nr. 1, nicht vor einem Spruchkörper auftreten, dem sie angehören. ³Absatz 3 Satz 1 und 2 gilt entsprechend.

§ 80 Prozessvollmacht

¹Die Vollmacht ist schriftlich zu den Gerichtsakten einzureichen. ²Sie kann nachgereicht werden; hierfür kann das Gericht eine Frist bestimmen.

§ 81 Umfang der Prozessvollmacht

Die Prozessvollmacht ermächtigt zu allen den Rechtsstreit betreffenden Prozesshandlungen, einschließlich derjenigen, die durch eine Widerklage, eine Wiederaufnahme des Verfahrens, eine Rüge nach § 321a und die Zwangsvollstreckung veranlasst werden; zur Bestellung eines Vertreters sowie eines Bevollmächtigten für die höheren Instanzen; zur Beseitigung des Rechtsstreits durch Vergleich, Verzichtleistung auf den Streitgegenstand oder Anerkennung des von dem Gegner geltend gemachten Anspruchs; zur Empfangnahme der von dem Gegner oder aus der Staatskasse zu erstattenden Kosten.

§ 82 Geltung für Nebenverfahren

Die Vollmacht für den Hauptprozess umfasst die Vollmacht für das eine Hauptintervention, einen Arrest oder eine einstweilige Verfügung betreffende Verfahren.

§ 83 Beschränkung der Prozessvollmacht

(1) Eine Beschränkung des gesetzlichen Umfanges der Vollmacht hat dem Gegner gegenüber nur insoweit rechtliche Wirkung, als diese Beschränkung die Beseitigung des Rechtsstreits durch Vergleich, Verzichtleistung auf den Streitgegenstand oder Anerkennung des von dem Gegner geltend gemachten Anspruchs betrifft.

(2) Insoweit eine Vertretung durch Anwälte nicht geboten ist, kann eine Vollmacht für einzelne Prozesshandlungen erteilt werden.

§ 84 Mehrere Prozessbevollmächtigte

¹Mehrere Bevollmächtigte sind berechtigt, sowohl gemeinschaftlich als einzeln die Partei zu vertreten. ²Eine abweichende Bestimmung der Vollmacht hat dem Gegner gegenüber keine rechtliche Wirkung.

§ 85 Wirkung der Prozessvollmacht

(1) ¹Die von dem Bevollmächtigten vorgenommenen Prozesshandlungen sind für die Partei in gleicher Art verpflichtend, als wenn sie von der Partei selbst vorgenommen wären. ²Dies gilt von Geständnissen und anderen tatsächlichen Erklärungen, insoweit sie nicht von der miterschienenen Partei sofort widerrufen oder berichtigt werden.

(2) Das Verschulden des Bevollmächtigten steht dem Verschulden der Partei gleich.

§ 86 Fortbestand der Prozessvollmacht

Die Vollmacht wird weder durch den Tod des Vollmachtgebers noch durch eine Veränderung in seiner Prozessfähigkeit oder seiner gesetzlichen Vertretung aufgehoben; der Bevollmächtigte hat jedoch, wenn er nach Aussetzung des Rechtsstreits für den Nachfolger im Rechtsstreit auftritt, dessen Vollmacht beizubringen.

§ 87 Erlöschen der Vollmacht

(1) Dem Gegner gegenüber erlangt die Kündigung des Vollmachtvertrags erst durch die Anzeige des Erlöschens der Vollmacht, in Anwaltsprozessen erst durch die Anzeige der Bestellung eines anderen Anwalts rechtliche Wirksamkeit.

(2) Der Bevollmächtigte wird durch die von seiner Seite erfolgte Kündigung nicht gehindert, für den Vollmachtgeber so lange zu handeln, bis dieser für Wahrnehmung seiner Rechte in anderer Weise gesorgt hat.

§ 88 Mangel der Vollmacht

(1) Der Mangel der Vollmacht kann von dem Gegner in jeder Lage des Rechtsstreits gerügt werden.

(2) Das Gericht hat den Mangel der Vollmacht von Amts wegen zu berücksichtigen, wenn nicht als Bevollmächtigter ein Rechtsanwalt auftritt.

§ 89 Vollmachtloser Vertreter

(1) ¹Handelt jemand für eine Partei als Geschäftsführer ohne Auftrag oder als Bevollmächtigter ohne Beibringung einer Vollmacht, so kann er gegen oder ohne Sicherheitsleistung für Kosten und Schäden zur Prozessführung einstweilen zugelassen werden. ²Das Endurteil darf erst erlassen werden, nachdem die für die Beibringung der Genehmigung zu bestimmende Frist abgelaufen ist. ³Ist zu der Zeit, zu der das Endurteil erlassen wird, die Genehmigung nicht beigebracht, so ist der einstweilen zur Prozessführung Zugelassene zum Ersatz der dem Gegner infolge der Zulassung erwachsenen Kosten zu verurteilen; auch hat er dem Gegner die infolge der Zulassung entstandenen Schäden zu ersetzen.

(2) Die Partei muss die Prozessführung gegen sich gelten lassen, wenn sie auch nur mündlich Vollmacht erteilt oder wenn sie die Prozessführung ausdrücklich oder stillschweigend genehmigt hat.

§ 90 Beistand

(1) ¹In der Verhandlung können die Parteien mit Beiständen erscheinen. ²Beistand kann sein, wer in Verfahren, in denen die Partei den Rechtsstreit selbst führen kann, als Bevollmächtigter zur Vertretung in der Verhandlung befugt ist. ³Das Gericht kann andere Personen als Beistand zulassen, wenn dies sachdienlich ist und hierfür nach den Umständen des Einzelfalls ein Bedürfnis besteht. ⁴§ 79 Abs. 3 Satz 1 und 3 und Abs. 4 gilt entsprechend.

(2) Das von dem Beistand Vorgetragene gilt als von der Partei vorgebracht, insoweit es nicht von dieser sofort widerrufen oder berichtigt wird.

Titel 5. Prozesskosten

§ 91 Grundsatz und Umfang der Kostenpflicht

(1) ¹Die unterliegende Partei hat die Kosten des Rechtsstreits zu tragen, insbesondere die dem Gegner erwachsenen Kosten zu erstatten, soweit sie zur zweckentsprechenden Rechtsverfolgung oder Rechtsverteidigung notwendig waren. ²Die Kostenerstattung umfasst auch die Entschädigung des Gegners für die durch notwendige Reisen oder durch die notwendige Wahrnehmung von Terminen entstandene Zeitversäumnis; die für die Entschädigung von Zeugen geltenden Vorschriften sind entsprechend anzuwenden.

(2) ¹Die gesetzlichen Gebühren und Auslagen des Rechtsanwalts der obsiegenden Partei sind in allen Prozessen zu erstatten, Reisekosten eines Rechtsanwalts, der nicht in dem Bezirk des Prozessgerichts niedergelassen ist und am Ort des Prozessgerichts auch nicht wohnt, jedoch nur insoweit, als die Zuziehung zur zweckentsprechenden Rechtsverfolgung oder Rechtsverteidigung notwendig war. ²Die Kosten mehrerer Rechtsanwälte sind nur insoweit zu erstatten, als sie die Kosten eines Rechtsanwalts nicht übersteigen oder als in der Person des Rechtsanwalts ein Wechsel eintreten musste. ³In eigener Sache sind dem Rechtsanwalt die Gebühren und Auslagen zu erstatten, die er als Gebühren und Auslagen eines bevollmächtigten Rechtsanwalts erstattet verlangen könnte.

(3) Zu den Kosten des Rechtsstreits im Sinne der Absätze 1, 2 gehören auch die Gebühren, die durch ein Güteverfahren vor einer durch die Landesjustizverwaltung eingerichteten oder anerkannten Gütestelle entstanden sind; dies gilt nicht, wenn zwischen der Beendigung des Güteverfahrens und der Klageerhebung mehr als ein Jahr verstrichen ist.

(4) Zu den Kosten des Rechtsstreits im Sinne von Absatz 1 gehören auch Kosten, die die obsiegende Partei der unterlegenen Partei im Verlaufe des Rechtsstreits gezahlt hat.

(5) Wurde in einem Rechtsstreit über einen Anspruch nach Absatz 1 Satz 1 entschieden, so ist die Verjährung des Anspruchs gehemmt, bis die Entscheidung rechtskräftig geworden ist oder der Rechtsstreit auf andere Weise beendet wird.

Literatur: *Ahrens,* Andere Ansichten in Kostenfragen, WRP 2001, 20; *Albrecht/Hoffmann,* Die Vergütung des Patentanwalts, 2009; *Barnitzke,* Zwei sind einer zu viel, GRUR 2016, 908; *Deichfuß,* Gebühren im patentrechtlichen Verfahren bei Beteiligung mehrerer Personen, GRUR 2015, 1170; *Gruber,* Die Neuregelung der Vertretung durch ausländische Patentanwälte und deren Auswirkung auf den Kostenerstattungsanspruch, GRUR Int. 2017, 859; *Gruber,* Ein Plädoyer für den Kostenerstattungsanspruch des vor Gericht in eigener Sache tätigen Patentanwalts, Mitt. 2018, 264; *Gruber,* Kostenerstattung bei Doppelvertretung in Kennzeichensachen, WRP 2020, 10; *Gruber,* Kostenerstattung in Kennzeichen- und Patentstreitsachen bei Einschaltung ausländischer Vertreter vor deutschen Anwälten, GRUR Int. 2016, 1025; *Gruber,* Patentanwaltskosten bei Kennzeichenstreitsachen, ZRP 2017, 53; *Haertel,* Kostenrecht im gewerblichen Rechtsschutz: Ausgewählte Probleme, GRUR-Prax 2013, 327; *Hodapp,* Zur Höhe der erstattungsfähigen Patentanwaltsgebühren nach Einführung des Rechtsanwaltsvergütungsgesetzes, Mitt. 2006, 22; *Hoffmann/Albrecht,* Was

Grundsatz und Umfang der Kostenpflicht **§ 91 ZPO**

nicht passt, wird passend gemacht? – Zur unmittelbaren Anwendung des Rechtsanwaltsvergütungsgesetzes auf Patentanwälte in gemeinsamer Berufsausübung mit Rechtsanwälten, Mitt. 2015, 548; *Hövelmann,* Der gemeinsame Einspruch, Mitt. 2004, 59; *Kieser/Buckstegge,* Kosten der Beitreibung eines Ordnungsgeldes durch den Gläubiger im europäischen Ausland, GRUR-Prax 2016, 253; *Köllner,* Hinweis der Schriftleitung zur Erstattung der Patentanwaltskosten für die Teilnahme an einer mündlichen Verhandlung, Mitt. 2004, 544; *Kurtz,* Festsetzung der Patentanwaltsgebühr nach § 11 RVG, Mitt. 2009, 507; *Mankowski,* Privatgutachten über ausländisches Recht – Erstattungsfähigkeit der Kosten, MDR 2001, 194; *Paul,* Zur Erstattungsfähigkeit von Doppelvertretungskosten im Patentnichtigkeits- und Gebrauchsmusterlöschungsverfahren, Mitt. 2017, 531; *Pitz/Rauh,* Erstattungsfähigkeit der Kosten des Zweitanwalts bei Doppelvertretung im erstinstanzlichen Patentnichtigkeitsverfahren, Mitt. 2010, 470; *Rojahn/Rektorschek,* Europäische Harmonisierung der Kostenerstattung im Bereich des gewerblichen Rechtsschutzes – ist RVG noch EU-konform? Mitt. 2014, 1; *Schrader/Kuchler,* Einspruchskosten als Kosten des Patentverletzungsprozesses, Mitt. 2012, 162; *Slowinski,* Case Note on: „United Video Properties", IIC 2017, 373; *Thünken,* Kostenfestsetzung in Markenverfahren vor den Europäischen Instanzen, GRUR-Prax 2015, 361; *Tilmann,* Kostenhaftung und Gebührenberechnung bei Unterlassungsklagen gegen Streitgenossen im gewerblichen Rechtsschutz, GRUR 1986, 691; *Tyra,* Notwendigkeit der Mitwirkung eines Patentanwalts als Voraussetzung der Gebührenerstattung in Kennzeichen- und Geschmacksmusterstreitigkeiten, WRP 2007, 1059.

Übersicht

	Rn.
A. Die Regelung des § 91 ZPO	1
I. Anwendbarkeit der §§ 91 ff. ZPO im gewerblichen Rechtsschutz	1
II. Die Prozesskosten	7
1. Gerichtskosten	8
a) Verletzungsverfahren	17
b) Rechtsbestandsverfahren	22
2. Außergerichtliche Kosten	27
a) Abgrenzung von vor- und außerprozessualen Kosten	33
b) Gesetzliche Gebühren	35
III. Voraussetzungen der Kostenentscheidung im gewerblichen Rechtsschutz	58
1. Gegenstand der Kostenentscheidung	60
2. Erlass einer Kostenentscheidung	61
IV. Korrektur der Kostenentscheidung	65
V. Maßstab für Kostenlastverteilung	66
1. ZPO-Verfahren	66
2. Rechtsbestandsverfahren	69
VI. Notwendigkeit der Kosten	73
1. Notwendigkeit Kostenminderungsgebot	73
a) Beurteilungsmaßstab	74
b) Rechtsmissbrauch	77
2. Notwendigkeit von Parteiauslagen	81
3. Notwendigkeit von Anwaltskosten	82
VII. Rückfestsetzung	86
B. Kostenpositionen (alphabetisch)	89
Abmahnkosten	89
Abschlussschreiben	90
Abstimmungskosten	91
Anwaltswechsel	92
Außergerichtliche Rechtsverfolgung	95
Ausländischer Patentanwalt	96
Ausländischer Verkehrsanwalt	97
Besprechungsraum	98
Bürgschaft	99
Doppelvertreterkosten	100
1. Patentanwaltskosten im Verletzungsverfahren	100
2. Rechtsanwaltskosten im Rechtsbestandsverfahren	116
Fotokopien	130
Gerichtskosten	134
Hinterlegungskosten	135
Kurierkosten	136
Meinungsforschungsgutachten	137
Nichtzulassungsbeschwerdeverfahren	138
Parteimehrheit	139
Parteiwechsel	140
Post- und Telekommunikation	141
Privatgutachten	142
1. Sachverständigengutachten:	142
2. Laborexperimente:	150
3. Rechtsgutachten:	151
4. Meinungsforschungsgutachten:	153
Prozessbürgschaft	154
Rechtsmittelverfahren	155

	Rn.
Reisekosten	158
1. Reisekosten der Partei:	158
2. Reisekosten des Anwalts:	160
Rücknahme der Klage oder des Rechtsmittels	167
Sachaufklärung	169
1. Detektivkosten:	170
2. Testkauf:	171
3. Recherchekosten:	172
4. Modell:	174
5. Kosten bei der Unterstützung durch Dritte/interne Abstimmungskosten:	176
Schutzschrift	177
Selbstständiges Beweisverfahren	182
Sequestrationskosten	183
Sicherheitsleistung	184
Streitgenossen	185
Übersetzungskosten	186
1. Übersetzung:	186
2. Inhaltliche Differenzierung:	191
3. Berechnungsmaßstab:	197
4. Dolmetschertätigkeit:	198
Umsatzsteuer	200
Vergleich	204
Verkehrsanwalt	205
1. Inländischer Verkehrsanwalt	206
2. Ausländischer Verkehrsanwalt	207
Verzichtsaufforderung	212
Zeitversäumnis	213
Zeugenauslagen	214
Zinsen	216
Zustellkosten	217
Zwangsvollstreckungsverfahren	220

A. Die Regelung des § 91 ZPO

I. Anwendbarkeit der §§ 91 ff. ZPO im gewerblichen Rechtsschutz

1 Die §§ 91–107 ZPO betreffen die Frage der prozessualen Kostenerstattung. Sie regeln die Fragen der **Kostenlast** („Wer?"), der **Kostenerstattung** („Wieviel?") und der **Kostenfestsetzung** („Wie?") und sind damit für die Abschätzung des Kostenrisikos der Parteien für den Ausgang eines Verfahrens von großer wirtschaftlicher Bedeutung. Die §§ 91 ff. ZPO gelten unmittelbar in allen kontradiktorischen zivilprozessualen Verfahren[1]. Verteilt über die ZPO finden sich weitere kostenrechtliche Sondervorschriften, die insbesondere bei der Frage der Kostentrennung relevant werden (→ Rn. 67). In den einzelnen Gesetzen der gewerblichen Schutzrechte wird teilweise direkt auf die §§ 91 ff. ZPO Bezug genommen, teilweise sind die Grundprinzipien des § 91 ZPO entsprechend anzuwenden. Ferner bestehen für die Prozesskostenerstattung im gewerblichen Rechtsschutz spezialgesetzliche Regelungen außerhalb der ZPO.

2 In **Patent-, Gebrauchsmuster-, Marken-, Geschmacksmuster-, Sortenschutz-, Halbleiterschutz- und Wettbewerbsstreitsachen** sowie in Verfahren nach dem **UKlaG** sind die §§ 91–107 ZPO unmittelbar anwendbar. Spezialgesetzlich geregelt ist die Kostenerstattung für die Mitwirkung von Patentanwälten (§ 143 Abs. 3 PatG, § 27 Abs. 3 GebrMG, § 140 Abs. 4 MarkenG, § 52 Abs. 4 DesignG, § 38 Abs. 3 SortSchG, § 11 Abs. 2 HalblSchG) (→ Rn. 101). Für das Urheberrecht finden sich spezialgesetzliche Regelungen für die Wahrnehmung von Urheberrechten und verwandten Schutzrechten durch Verwertungsgesellschaften vor der Schiedsstelle (§ 117 VGG).

3 Im **patentrechtlichen Nichtigkeitsverfahren** sind die §§ 91 ff. ZPO entsprechend anzuwenden (§§ 84 Abs. 2 S. 2, 121 Abs. 2 S. 2 PatG)[2]. Das Gericht kann hiervon nur abweichen, wenn dies angesichts der maßgeblichen Kostenregelung der ZPO aus Gründen der Billigkeit im Einzelfall erforderlich ist (§ 84 Abs. 2 S. 2 PatG) (→ Rn. 69). Demgegenüber gilt im **patentrechtlichen Einspruchsverfahren** vor dem DPMA, im **Beschwerdeverfahren** vor dem BPatG und im **Rechtsbeschwerdeverfahren** vor dem BGH der Grundsatz, dass jeder Beteiligte die Kosten, die ihm durch das Verfahren entstanden sind, selbst trägt (§§ 62 Abs. 1 S. 1, 80 Abs. 1 S. 1, 109 Abs. 1 S. 1 PatG)[3]. Von dieser Regel kann nur abgewichen werden, wenn dies der **Billigkeit** entspricht. Anders als im

---
[1] BGH NJW 2007, 2993.
[2] BGH GRUR 1998, 138 (139) – Staubfiltereinrichtung.
[3] BGH GRUR 1972, 600 (601) – Lewapur; BGH GRUR 1996, 399 (401) – Schutzverkleidung. Gleiches gilt im Übrigen auch für das europäische Einspruchsverfahren, Art. 104 Abs. 1 EPÜ (vgl. Beschwerdekammer des EPA T 097213).

zivilprozessualen Verfahren gemäß §§ 91 ff. ZPO ist daher für die Kostenentscheidung nicht der Verfahrensausgang, sondern Gesichtspunkte der Billigkeit entscheidend (→ Rn. 70 ff.). Die Kostenauferlegung aus Billigkeitsgründen stellt insbesondere auf Obliegenheitsverletzungen eines Beteiligten ab. Entsprechend anwendbar sind dagegen die Vorschriften über das Kostenfestsetzungsverfahren gemäß §§ 103 ff. ZPO (§§ 62 Abs. 2 S. 3, 80 Abs. 5, 109 Abs. 3 PatG).

Für das **gebrauchsmusterrechtliche Löschungs- und Beschwerdeverfahren** gelten die Regelungen des Patentnichtigkeitsverfahrens und damit die §§ 91 ff. ZPO entsprechend (§§ 17 Abs. 4 S. 2, § 18 Abs. 2 S. 2 GebrMG)[4]. Lediglich im **Rechtsbeschwerdeverfahren** vor dem BGH gilt aufgrund der Verweisung auf § 109 PatG entsprechend der Grundsatz, dass jede Partei ihre Kosten selbst trägt (§ 18 Abs. 4 S. 2 GebrMG). 4

Das **Markenrecht** enthält dem Patentrecht entsprechende Regelungen. In markenrechtlichen Rechtsbestandsverfahren vor dem DPMA, an denen mehr als eine Person beteiligt ist (zB Widerspruchsverfahren nach § 42 MarkenG, Löschungsverfahren wegen absoluter Schutzhindernisse nach § 54 MarkenG oder Erinnerung nach § 64 MarkenG), gilt daher ebenfalls der Grundsatz, dass jeder Beteiligte seine Kosten selbst trägt (§ 63 Abs. 1 S. 1 MarkenG). Ausnahmsweise kann hiervon aus Gründen der **Billigkeit** abgewichen werden (→ Rn. 70 ff.). Entsprechende Regelungen finden sich für die Rechtsbeschwerde vor dem BPatG (§ 71 Abs. 1 S. 1 MarkenG) und für das Rechtsbeschwerdeverfahren vor dem BGH (§ 90 Abs. 1 S. 1 MarkenG). Nur die ZPO-Vorschriften über die Kostenfestsetzung (§§ 103 ff. ZPO) sind entsprechend anwendbar. Für die **Unionsmarke** bestimmt Art. 85 UMV, dass im Widerspruchs-, Nichtigkeits- und Beschwerdeverfahren der unterliegende Beteiligte die Kosten trägt. In einem anschließenden Klageverfahren vor dem EuG gelten die Art. 133 EuGVfO ff.[5] 5

Im **Designrecht** kann das Nichtigkeitsverfahren vor den ordentlichen Gerichten oder vor dem DPMA stattfinden (§§ 33, 34a DesignG). Im ersten Fall liegt eine Designstreitsache vor, so dass die §§ 91 ff. ZPO unmittelbar anwendbar sind. Für den zweiten Fall wird auf die patentrechtlichen Vorschriften für Nichtigkeits- und Einspruchsverfahren verwiesen (§ 34a DesignG). Für das **Gemeinschaftsgeschmacksmuster** regelt Art. 70 Abs. 1 GGV, dass der im Nichtigkeitsverfahren über ein eingetragenes Gemeinschaftsgeschmacksmusters oder im Beschwerdeverfahren unterliegende Beteiligte die Kosten trägt. Für die Kostenfestsetzung gilt Art. 70 Abs. 6 GGV. Für das nicht eingetragene Gemeinschaftsgeschmacksmuster ist eine Nichtigkeitsklage bei den nationalen Gemeinschaftsgeschmacksmustergerichten einzureichen (Art. 24 Abs. 3 GGV), so dass die §§ 91 ff. ZPO im Falle einer deutschen Nichtigkeitsklage unmittelbar anwendbar sind. Gleiches gilt für Widerklagen auf Nichtigkeit des eingetragenen oder nicht eingetragenen Gemeinschaftsgeschmacksmusters vor Gemeinschaftsgeschmacksmustergerichten in Deutschland (Art. 24 Abs. 1 und 3 GGV). 6

II. Die Prozesskosten

Die Prozesskosten sind die unmittelbaren Aufwendungen einer Partei zur Führung eines Rechtsstreits. Sie unterteilen sich in Gerichtskosten und außergerichtliche Kosten. Der Begriff der „Prozesskosten" entspricht den **„Kosten des Rechtsstreits"** gemäß § 91 Abs. 1 S. 1 ZPO. Gegenstand der §§ 91–107 ZPO ist die prozessuale Kostenerstattung. Davon zu unterscheiden ist der **Anspruch der Staatskasse** auf Zahlung der Gerichtskosten, der sich nach dem GKG richtet. Dieser Anspruch wird durch den Kostenansatz gemäß § 19 GKG festgesetzt. Erstattungsfähig sind nur die „Kosten des Rechtsstreits" und damit im Verletzungsverfahren nicht die Kosten für anwaltliche Tätigkeiten, die im Rahmen des parallelen Rechtsbestandsverfahrens erbracht wurden, wie bspw. dem Entwurf der Nichtigkeitsklage[6]. 7

1. Gerichtskosten. Gerichtskosten sind die Gebühren und Auslagen des Gerichts (§ 1 Abs. 1 S. 1 GKG, § 1 Abs. 1 PatKostenG). Für die Verfahren nach der ZPO sowie für die Rechtsmittelverfahren vor dem BGH nach dem PatG, GebrMG, MarkenG, DesignG, HalblSchG, UrhG und SortSchG werden die Gebühren und Auslagen nach dem **GKG** erhoben (§ 1 Abs. 1 S. 1 Nr. 1 und Nr. 14 GKG). Die Gebühren für die Verfahren vor dem DPMA und dem BPatG richten sich nach dem **PatKostG**[7]. Für Auslagen in Verfahren vor dem BPatG ist das GKG anzuwenden (§ 1 Abs. 1 PatKostG). 8

Die **Höhe der Gerichtsgebühren** nach dem **GKG** richtet sich nach dem Streitwert (§ 3)[8]. Die Berechnung erfolgt gemäß dem Kostenverzeichnis (Anlage 1 zum GKG) (§ 3 GKG). Änderungen erfolgten durch das Kostenrechtsänderungsgesetz zum 1.1.2021. Auslagen werden gemäß Teil 9 des 9

---

[4] BPatG BeckRS 2010, 22013.
[5] *Thünken* GRUR-Prax 2015, 361.
[6] OLG Düsseldorf BeckRS 2018, 12486 – Erstattung der Kosten im Verletzungsrechtsstreit; aA LG München Mitt. 2014, 292 = BeckRS 2014, 12891.
[7] Siehe auch *Deichfuß* GRUR 2015, 1170.
[8] Zur Kostenrechtsreform *Haertel* GRUR-Prax 2013, 327.

KV GKG erhoben, soweit sie angefallen sind (zB Post- und Zustellungsgebühren, nach dem JVEG zu zahlende Beträge für Zeugen und Sachverständige[9], Nr. 9005 KV GKG).

10 Nach dem **PatKostG** richten sich für Klagen und einstweilige Verfügungen vor dem Bundespatentgericht die Gebühren ebenfalls nach dem Streitwert gemäß der Gebührenberechnung des § 34 GKG. Die übrigen Gebühren nach dem PatKostG sind streitwertunabhängig und werden nach dem Gebührenverzeichnis zum PatKostG erhoben (§ 2 PatKostG)[10].

11 **Gerichtskostenschuldner** ist vorrangig derjenige, dem die Gerichtskosten durch gerichtliche Entscheidung auferlegt sind (Entscheidungsschuldner) (§§ 31 Abs. 2 S. 1, 29 Nr. 1 GKG). Bei Zahlungsausfall des Entscheidungsschuldners haftet jedoch derjenige, der das Verfahren beantragt hat (Antragsschuldner) (§§ 22 Abs. 1, 31 Abs. 1 GKG). Antragsschuldner ist auch, wer Anschlussberufung einlegt[11].

12 **Fällig** wird die Verfahrensgebühr mit der Einreichung der Klage-, Antrags-, Einspruchs- oder Rechtsmittelschrift (§ 6 Abs. 1 Nr. 1 GKG, § 3 Abs. 1 S. 2 PatKostG). Der Eintritt der Fälligkeit setzt voraus, dass die zu entrichtende Gebühr auch in der Höhe feststeht[12]. Wenn der Gegenstand des Verfahrens nicht eine bestimmte Geldsumme in Euro ist oder gesetzlich kein fester Wert bestimmt ist, wie dies in Verletzungs- und Rechtsbestandsverfahren der Fall ist, setzt das Gericht bei Einreichung der Klage den Wert ohne Anhörung der Parteien durch Beschluss vorläufig fest (§ 63 Abs. 1 S. 1 GKG, § 2 Abs. 2 S. 4 PatKostG).

13 Eine **nachträgliche Verbindung** von mehreren Verfahren zur gemeinsamen Verhandlung und Entscheidung (§ 147 ZPO) führt nicht dazu, dass Gerichtsgebühren entfallen oder sich ermäßigen[13]. Erst ab dem Verbindungsbeschluss fallen Gerichtsgebühren nur noch einfach an. Dies gilt auch bei einer Festsetzung eines gemeinsamen Streitwertes[14]. Nach Verbindung ist ein neuer Gesamtstreitwert der verbundenen Klagen zu bestimmen. Dabei ist zu berücksichtigen, dass sich die Verbindung bei Patentnichtigkeitsklagen – anders als im Zivilverfahren – gebührenrechtlich nicht auswirkt, weil für die Berechnung des Streitwerts der gemeine Wert des Streitpatents zuzüglich der Schadensersatzforderungen maßgeblich ist[15].

14 Etwas anderes gilt, wenn die **Klage von Anfang an gemeinsam** erhoben wird[16]. Erheben mehrere Kläger gegen dasselbe Streitpatent eine gemeinsame Klage mit demselben Klageantrag und demselben Nichtigkeitsgrund, ist nur eine Klagegebühr zu zahlen[17]. Legen dagegen mehrere Patentinhaber gegen eine Entscheidung des DPMA im Einspruchsverfahren Beschwerde ein, hat jeder eine Beschwerdegebühr zu entrichten[18]. Wird bei einer von mehreren Beteiligten erhobenen Beschwerde nur eine Gebühr gezahlt, ist zu prüfen, ob die entrichtete Gebühr einem der Beschwerdeführer zugeordnet werden kann[19].

15 Für die Rechtsbestandsverfahren vor dem DPMA und dem BPatG sind die Gerichtskosten innerhalb einer **bestimmten Frist zu zahlen,** die im Falle einer fehlenden gesetzlichen Regelung 3 Monate beträgt (§ 6 Abs. 1 PatKostG). Die Zahlungsfrist beginnt erst zu laufen, wenn das Gericht dem Kläger den vorläufig festgesetzten Streitwert mitteilt[20]. Die vorläufige Festsetzung kann entbehrlich sein, wenn mit Eingang der Klage bereits die Gerichtsgebühr aufgrund eines vom Kläger angenommenen Streitwerts gezahlt wird, den auch das Gericht für angemessen hält[21]. Erfolgt keine Zahlung innerhalb der Frist, gilt der entsprechende Antrag als zurückgenommen (§ 6 Abs. 2 PatKostG)[22].

16 Die Klage soll erst nach Zahlung der Gerichtskosten zugestellt werden (§ 12 Abs. 1 GKG; § 5 Abs. 1 S. 3 PatKostG). Diese **Vorschusspflicht** gilt ua nicht für Widerklagen und Arbeitnehmererfinderstreitigkeiten nach § 39 Abs. 1 ArbErfG (§ 12 Abs. 2 Nr. 1, 3 GKG). Ferner sind Anträge auf

---

[9] Zur Sachverständigenvergütung nach JVEG vgl. BGH GRUR 2013, 863 – Sachverständigenentschädigung VI. Für gerichtliche Sachverständige ist ein gesetzlicher Stundensatz von 95 EUR anzusetzen. Im Fall wurde vom BGH ein Stundensatz von 165 EUR bei Einverständnis von einer Partei angesetzt. Für durchschnittliche Verfahren ist ein Aufwand von bis zu 150 Stunden angemessen, in überdurchschnittlichen Fällen auch 165 Stunden.
[10] Die Beschwerdegebühr nach Nr. 401 100 GV PatKostG fällt für jeden beschwerdeführenden Patentinhaber gesondert an, BPatG BeckRS 2014, 04596; 2017, 107080; zum Ganzen: *Deichfuß* GRUR 2015, 1170.
[11] BGH BeckRS 2016, 00484.
[12] BGH GRUR 2013, 539 (540) – Kontaktplatte.
[13] BPatG BeckRS 2011, 28432; *Hövelmann* Mitt. 2004, 59 (61); *Busse/Keukenschrijver* PatG § 81 Rn. 35; Anders/ Gehle ZPO § 147 Rn. 21.
[14] Vgl. zum Streitwert bei mehreren Nichtigkeitsklägern mit unterschiedlichen Gegenstandswerten BPatG GRUR-RS 2015, 20280.
[15] BGH GRUR 2009, 1100 – Druckmaschinen-Temperierungssystem III; BPatG GRUR-RS 2016, 01639.
[16] BGH GRUR-RS 2020, 31256, mAnm *Arnold* GRUR-Prax 2021, 55; BPatG GRUR-RS 2016, 03293; 2016, 01639; BeckRS 2011, 28432; aA noch BPatG BlPMZ 2013, 429 = BPatGE 53, 182 – Bitratenreduktion.
[17] BGH GRUR-RS 2020, 31256, mAnm *Arnold* GRUR-Prax 2021, 55; BPatG GRUR-RS 2016, 03293; *Deichfuß* GRUR 2015, 1170 (1178); vgl. zum Streitwert bei unterschiedlichen Gegenstandswerten BPatG GRUR-RS 2015, 20280.
[18] BGH GRUR 2015, 1255 – Mauersteineinsatz; BGH BeckRS 2017, 106741.
[19] BGH GRUR 2015, 1255 – Mauersteineinsatz.
[20] BGH GRUR 2013, 539 – Kontaktplatte.
[21] BGH GRUR 2013, 539 – Kontaktplatte.
[22] BGH GRUR 2005, 184 – Verspätete Zahlung der Einspruchsgebühr; BPatG GRUR 2006, 169 – Einspruchsgebühren; *Deichfuß* GRUR 2015, 1170.

Erlass einer einstweiligen Verfügung oder eines Arrests oder auf Durchführung eines selbstständigen Beweisverfahrens keine „Klage" im Sinne von § 12 GKG[23].

a) Verletzungsverfahren. In Patent-, Gebrauchsmuster-, Marken-, Design-, Sortenschutz-, Halbleiterschutz-, Urheber- und Wettbewerbsstreitsachen fallen folgende Gerichtsgebühren an: 17

- Im **Hauptsacheverfahren** beträgt die Gebühr in der **ersten Instanz** das 3fache des Gebührensatzes (Nr. 1210 KV GKG). Sie ermäßigt sich bei Beendigung des Verfahrens auf die 1fache Gebühr, wenn kein Urteil mit Tatbestand und Entscheidungsgründen vorausgegangen ist, zB bei **Klagerücknahme, Anerkenntnis, Verzicht** oder **Erledigung nach § 91a ZPO** (Nr. 1211 KV GKG). Ein **Zwischenurteil**, bspw. über die Leistung von Prozesskostensicherheit, steht daher einer Ermäßigung der Gerichtskosten entgegen[24]. In der **Berufungsinstanz** beträgt die Gerichtsgebühr das 4fache (Nr. 1220 KV GKG). Sie ermäßigt sich auf das 1fache bei Rücknahme vor Einreichung der Berufungsbegründung (Nr. 1221 KV GKG), andernfalls auf das 2fache bzw. in bestimmten Fällen auf das 3fache (Nr. 1222–1223 KV GKG). Für das **Revisionsverfahren** ist eine 5fache Gebühr anzusetzen (Nr. 1230 KV GKG), die sich bei Rücknahme vor Einreichung der Revisionsbegründung auf das 1fache (Nr. 1231 KV GKG), andernfalls auf das 3fache ermäßigen kann (Nr. 1232 KV GKG). Wurde die Revision nicht zugelassen, beträgt die Gebühr in Verfahren über die Beschwerde gegen die Nichtzulassung des Rechtsmittels bei Verwerfung oder Zurückweisung das 2fache, bei Ermäßigung das 1fache (Nr. 1242–1243 KV GKG). Wird der Beschwerde stattgegeben, fällt insoweit keine Gebühr an. Wird ein Berufungsurteil mit der Revision und hilfsweise wegen desselben Streitgegenstands mit der Nichtzulassungsbeschwerde angegriffen, entstehen neben den Gebühren für das Revisionsverfahren keine weiteren Gerichtsgebühren[25].
- Im **einstweiligen Verfügungsverfahren** beträgt in der **ersten Instanz** die Gebühr bei einer 18 Entscheidung im Beschlusswege das 1,5fache, bei Ermäßigung das 1fache und bei Entscheidung durch Urteil oder begründeten Beschluss nach § 91a oder § 269 Abs. 3 S. 3 ZPO das 3fache des Gebührensatzes (Nr. 1410–1412 KV GKG). Im **Berufungsverfahren** beträgt die Gebühr das 4fache (Nr. 1420 KV GKG). Im Falle der Beendigung des Verfahrens ohne streitiges Urteil ermäßigt sich die Gebühr auf 1,0 oder 2,0 oder 3,0, abhängig von den Ermäßigungstatbeständen der Nr. 1421–1423 KV GKG. Im **Beschwerdeverfahren** gegen die Zurückweisung eines Antrags auf Anordnung eines Arrests oder einer einstweiligen Verfügung beträgt die Gebühr 1,5 bzw. bei Ermäßigung 1,0 (Nr. 1430–1431 KV GKG).
- Im **selbstständigen Beweisverfahren** fällt eine 1fache Gebühr an (Nr. 1610 KV GKG); bei **Kombination mit einer einstweiligen Verfügung** zusätzlich die 1,5 Gebühr nach Nr. 1410 GKG. Zu 19 beachten ist, dass die Kosten des selbstständigen Beweisverfahrens Kosten des Hauptsacheverfahrens sind und von der dort getroffenen Kostenentscheidung umfasst werden[26]. Entsprechend gehören Kosten, die durch die Teilnahme von anwaltlichen Vertretern des Gläubigers am Begutachtungstermin entstehen (zB Fahrtkosten zur Besichtigung) nicht zum einstweiligen Verfügungsverfahren, sondern zum Besichtigungsverfahren und damit zum Hauptsacheverfahren[27]. Die Kosten der Hinzuziehung eines Gerichtsvollziehers zum Begutachtungstermin sind demgegenüber regelmäßig notwendige Kosten der Zwangsvollstreckung (§ 788 Abs. 1 S. 1 Hs. 1 ZPO) der einstweiligen Verfügung in Gestalt der Duldungsverfügung (→ § 494a Rn. 35)[28]. Dies wird wohl auch für die Kosten des Gerichtsvollziehers zur Beseitigung von Widerstand gelten. Hinsichtlich des Besichtigungsverfahrens richtet sich die Kostentragungspflicht nach der dort im Hauptsacheverfahren getroffenen Kostengrundentscheidung. Bei einer Kombination des selbstständigen Beweisverfahrens mit einer einstweiligen Verfügung bildet die Kostengrundentscheidung am Ende eines einstweiligen Verfügungsverfahrens keinen geeigneten Kostentitel, weil dort keine endgültige Sachentscheidung ergeht[29]. Dies gilt unabhängig davon, ob außer dem einstweiligen Verfügungsverfahren überhaupt kein Hauptsacheverfahren anhängig gemacht wird oder Hauptsacheklage und Verfügungsverfahren parallel nebeneinander geführt worden sind. Im ersten Fall sind die Besichtigungskosten im Wege des materiell-rechtlichen Kostenerstattungsanspruches einzufordern, im letztgenannten Fall ist das Ergebnis des Verfahrens zur Hauptsache abzuwarten[30]. Die Kosten eines selbstständigen Beweisverfahrens werden nicht Gegenstand der Kostenentscheidung eines sich anschließenden Klageverfahrens, wenn nicht der Antragsgegner, sondern

---

[23] Binz/Dörndorfer/Petzold/*Zimmermann* GKG § 12 Rn. 2.
[24] OLG Karlsruhe NJOZ 2007, 4642; OLG Düsseldorf NJW-RR 1999, 1231; aA OLG München BeckRS 2002, 30470785.
[25] BGH GRUR 2015, 304 – Streitwert der Nichtzulassungsbeschwerde.
[26] BGH GRUR 2020, 1346 – Besichtigungsanspruch eines IT-Systems; OLG Düsseldorf BeckRS 2016, 17161; BGH NZBau 2005, 44; Zöller/*Herget* ZPO § 91 Rn. 13 mit Ausnahmen, § 490 Rn. 5.
[27] BGH GRUR 2020, 1346 – Besichtigungsanspruch eines IT-Systems.
[28] BGH GRUR 2020, 1346 – Besichtigungsanspruch eines IT-Systems.
[29] OLG Düsseldorf BeckRS 2016, 17161; OLG München MDR 1998, 1183; OLG Schleswig JurBüro 1987, 1223; Anders Gehle ZPO § 91 Rn. 84; aA OLG Koblenz JurBüro 1995, 481; Zöller/*Herget* ZPO § 91 Rn. 13.87 „selbständiges Beweisverfahren"; Zöller/*Vollkommer* § 922 Rn. 10 aE.
[30] OLG Düsseldorf BeckRS 2016, 17161 mit ausführlicher Begründung.

ausschließlich der **Streithelfer,** aus dem selbstständigen Beweisverfahren im Klagewege in Anspruch genommen wird[31]. Das gilt auch, wenn das Ergebnis der Beweisaufnahme im selbstständigen Beweisverfahren im Prozess zwischen dem Antragsteller und dem Streithelfer verwertet wurde[32]. Eine Entscheidung im Hauptsacheverfahren über die Kosten eines im selbstständigen Beweisverfahren beigetretenen Streithelfers setzt dessen Beitritt im Hauptsacheverfahren nicht voraus.[33] Im Falle der Rücknahme des Antrags auf Durchführung einer Beweisaufnahme im selbstständigen Beweisverfahren hat die Kosten dieses Verfahrens entsprechend § 269 Abs. 3 S. 2 grundsätzlich der Antragsteller zu tragen[34]. Der Antragsteller des selbstständigen Beweisverfahrens kann die ihm hieraus entstandenen Kosten solange im Wege der Leistungsklage und gestützt auf seinen materiell-rechtlichen Kostenerstattungsanspruch geltend machen, wie ein Hauptsacheverfahren iSd § 494a ZPO nicht geführt wurde oder geführt wird und auch ein Antrag nach § 494a Abs. 1 ZPO nicht gestellt ist[35].

20 • **Sonstige Beschwerden und Rechtsbeschwerden:** Die Gebühr in Verfahren über **Beschwerden** nach § 71 Abs. 2, § 91a Abs. 2, § 99 Abs. 2, § 269 Abs. 5 oder § 494a Abs. 2 S. 2 ZPO beträgt streitwert- und erfolgsunabhängig 99 EUR und bei Ermäßigung 66 EUR. Bei Verfahren über nicht besonders aufgeführte Beschwerden, die nicht nach anderen Vorschriften gebührenfrei sind, beträgt die Gebühr bei Verwerfung oder Zurückweisung 66 EUR (Nr. 1810–1812 KV GKG); eine erfolgreiche Beschwerde ist gebührenfrei. In Verfahren über **Rechtsbeschwerden** gegen den Beschluss, durch den die Berufung als unzulässig verworfen wurde (§ 522 Abs. 1 S. 2 u. 3 ZPO) beträgt die Gebühr das 2fache bzw. bei Ermäßigung das 1fache (Nr. 1820 u. 1822 KV GKG). In Verfahren über Rechtsbeschwerden in den Fällen des § 71 Abs. 1, § 91a Abs. 1, § 99 Abs. 2, § 269 Abs. 4, § 494a Abs. 2 S. 2 oder § 516 Abs. 3 ZPO beträgt die Gebühr streitwert- und erfolgsunabhängig 1.898 EUR, bei Ermäßigung 66 EUR bzw. 99 EUR (Nr. 1823–1825 KV GKG). In Verfahren über nicht besonders aufgeführte Rechtsbeschwerden, die nicht nach anderen Vorschriften gebührenfrei sind, beträgt die Gebühr bei Verwerfung oder Zurückweisung 1.232 EUR, bei Ermäßigung 66 EUR (Nr. 1826–1827 KV GKG); die erfolgreiche Rechtsbeschwerde ist gebührenfrei. Ebenfalls gerichtsgebührenfrei ist die **Streitwertbeschwerde** (§ 68 Abs. 3 S. 1 GKG).

21 • **Zwangsvollstreckungsverfahren:** In Verfahren über Anträge auf gerichtliche Handlungen der Zwangsvollstreckung gemäß §§ 829 Abs. 1, 835, 839, 846–848, 857, 858, 886–888 oder 890 ZPO beträgt die Gebühr streitwertunabhängig 22 EUR (Nr. 2111 KV GKG). Bei mehreren Schuldnern gilt die Gebühr für jeden Schuldner. Für **Beschwerden,** die verworfen oder zurückgewiesen werden, fällt eine Gebühr von 33 EUR an; für Rechtsbeschwerden bei Verwerfung oder Zurückweisung beträgt sie 66 EUR (Nr. 2121 und 2124 KV GKG). Bei erfolgreichem Verfahrensausgang sind Beschwerde und Rechtsbeschwerde gebührenfrei.

22 **b) Rechtsbestandsverfahren. aa) Patent- und Gebrauchsmusterrecht.** In patent- und gebrauchsmusterrechtlichen Rechtsbestandsverfahren kommen folgende Gerichtsgebühren zur Anwendung:

- **Nichtigkeits- und Zwangslizenzverfahren** (§§ 81, 85a PatG; § 20 GebrMG): In der **ersten Instanz** beträgt die Gerichtsgebühr das 4,5fache des Gebührensatzes, die sich auf 1,5 ermäßigt, wenn kein streitiges Urteil ergeht (Nr. 402 100–402 110 GV PatkostG)[36]. In der **Berufungsinstanz** vor dem BGH beträgt die Gerichtsgebühr das 6fache, sie kann sich auf das 1fache oder 3fache ermäßigen, wenn kein streitiges Urteil ergeht (Nr. 1250–1252 KV GKG). Für Verfahren auf **Erlass einer einstweiligen Verfügung wegen Erteilung einer Zwangslizenz** beträgt die Verfahrensgebühr das 1,5 fache, bei mündlicher Verhandlung das 4,5fache und bei Beendigung ohne streitiges Urteil das 1,5fache (Nr. 402 300–402 320 GV PatkostG); für das Beschwerdeverfahren in Zwangslizenzsachen vor dem BGH beträgt die Gebühr das 2fache, bei Ermäßigung das 1,0fache (Nr. 1253–1254 KV GKG).
- **Einspruchsverfahren** (§ 59 PatG): 200 EUR (Nr. 313 600 GV PatkostG).
- **Löschungsverfahren** (§ 16 GebrMG): 300 EUR (Nr. 323 100 GV PatkostG).
- **Beschwerdeverfahren vor BPatG** (§ 73 Abs. 1 PatG, § 18 Abs. 1 GebrMG): 500 EUR (Nr. 401 100 GV PatkostG)[37].
- **Rechtsbeschwerdeverfahren vor BGH** (§ 100 PatG, § 18 Abs. 4 GebrMG): 825 EUR, bei Ermäßigung 110 EUR (Nr. 1255–1256 KV GKG).

---

[31] BGH BeckRS 2013, 17220.
[32] BGH BeckRS 2013, 17220.
[33] BGH NJW 2014, 1018 = Mitt. 2014, 199 (Ls.).
[34] BGH NJW 2015, 2590 = Mitt. 2015, 344 (Ls.).
[35] BGH NJW 2018, 402 = Mitt. 2018, 93 (Ls.) – Kosten des selbstständigen Beweisverfahrens.
[36] Haben die Parteien den Rechtsstreit übereinstimmend für erledigt erklärt und sich außergerichtlich über die Tragung der Kosten geeinigt, so ermäßigt sich die 4,5-fache Klagegebühr (Nr. 402 100 GV PatkostG) in Anwendung des Nr. 402 110c) GV auf die 1,5-fache Gebühr. Dies gilt auch dann, wenn eine die außergerichtliche Einigung übernehmende Kostenentscheidung nach § 99 Abs. 1 PatG, § 91a ZPO ergangen ist, BPatG BeckRS 2018, 36326 – Gebührenermäßigung bei Erledigungserklärung.
[37] Bei mehreren Patentinhabern entrichtet grundsätzlich jeder eine Beschwerdegebühr, BGH GRUR 2015, 1255 – Mauersteineinsatz.

bb) Markenrecht. In markenrechtlichen Rechtsbestandsverfahren gelten folgende Gerichtsgebühren: 23
- **Beschwerdeverfahren vor BPatG** (§ 66 MarkenG): 500 EUR (Nr. 401 100 Nr. 3 GV PatkostG).
- **Rechtsbeschwerdeverfahren vor BGH** (§ 83 MarkenG): 750 EUR, bei Ermäßigung 100 EUR (Nr. 1255–1256 KV GKG).
- **Unionsmarke:** Wird die Nichtigkeit im Wege der Widerklage vor einem deutschen Unionsmarkengericht erhoben (Art. 100 UMV), so gelten für die Gerichtsgebühren die Ausführungen zum Hauptsacheverfahren entsprechend. In Nichtigkeitsverfahren vor dem EUIPO (Art. 56 Abs. 2 UMV) betragen die Gebühren 630 EUR (Lit. A Nr. 20 im Anhang I zu VO (EG) Nr. 2015/2424), die Beschwerdegebühren (Art. 60 Abs. 1 UMV) 720 EUR (Lit. A Nr. 21 im Anhang I zu VO (EG) Nr. 2015/2424). Gerichtsgebühren für Klagen beim Europäischen Gericht der 1. Instanz (Art. 65 UMV) fallen nicht an, denn das Verfahren ist kostenfrei (Art. 139 EuGVfO).

cc) Designrecht. Für die designrechtlichen Rechtsbestandsverfahren gilt: 24
- **Nichtigkeitsverfahren vor den ordentlichen Gerichten** sind Designstreitsachen (§§ 33, 52 DesignG), so dass die Ausführungen zum Hauptsacheverfahren entsprechend gelten.
- **Nichtigkeitsverfahren vor dem DPMA** (§ 34a DesignG): 300 EUR (Nr. 346 100 GV PatkostG).
- **Beschwerdeverfahren vor dem BPatG** (§ 23 Abs. 4 DesignG): 500 EUR (Nr. 401 100 GV PatkostG).
- Die Ausführungen zum Hauptsacheverfahren gelten ebenfalls im **Gemeinschaftsgeschmacksmusterrecht** für Nichtigkeitsklagen gegen nicht eingetragene Gemeinschaftsgeschmacksmuster vor einem deutschen Gemeinschaftsgeschmacksmustergericht (Art. 24 Abs. 3 GGV) sowie für Widerklagen auf Nichtigkeit des eingetragenen oder nicht eingetragenen Gemeinschaftsgeschmacksmusters (Art. 24 Abs. 1 und 3 GGV, § 45 Abs. 1 GKG). In Nichtigkeitsverfahren vor dem EUIPO (Art. 52 GGV) betragen die Gebühren 350 EUR (Nr. 13 Anhang VO (EG) Nr. 2246/2002) und die Beschwerdegebühren (Art. 57 GGV) 800 EUR (Nr. 14 Anhang VO (EG) Nr. 2246/2002). Gerichtsgebühren für Klagen beim Europäischen Gericht der 1. Instanz (Art. 61 GGV) fallen nicht an (Art. 139 EuGVfO).

dd) Sortenschutzrecht. Für sortenschutzrechtliche Rechtsbestandsverfahren gilt: 25
- **Beschwerdeverfahren vor dem BPatG** (§§ 34 Abs. 1, 18 Abs. 2 Nr. 1, 2, 5 und 6 SortSchG): 500 EUR (Nr. 401 100 Nr. 5 GV PatkostG).
- **Rechtsbeschwerdeverfahren vor dem BGH** (§ 35 SortSchG): 750 EUR, bei Ermäßigung 100 EUR (Nr. 1255–1256 KV GKG).

ee) Halbleiterschutzrecht. Für halbleiterschutzrechtliche Rechtsbestandsverfahren gilt: 26
- **Beschwerdeverfahren vor dem BPatG** (§ 4 Abs. 4 S. 3 HalblSchG iVm § 18 Abs. 2 GebrMG): 500 EUR (Nr. 401 100 Nr. 4 GV PatkostG).
- **Rechtsbeschwerdeverfahren vor dem BGH** (§ 4 Abs. 4 S. 3 HalblSchG iVm § 18 Abs. 4 GebrMG): 825 EUR, bei Ermäßigung 110 EUR (Nr. 1255–1256 KV GKG).

2. Außergerichtliche Kosten. Unter den Begriff der „außergerichtlichen Kosten" fallen alle 27 Kosten, die im Zusammenhang mit dem Rechtsstreit entstanden sind und keine Gerichtskosten darstellen. Dies sind insbesondere die Gebühren und Auslagen der mit der Vertretung der Parteien beauftragten **Rechts- und Patentanwälte gemäß RVG** und die **Auslagen der Parteien** (vgl. zu diesen → Rn. 35 ff.).

Erstattungsfähig sind nur die **gesetzlichen Gebühren und Auslagen** des Rechts- bzw. Patent- 28 anwalts (§ 91 Abs. 2 S. 1 ZPO). Höhere Kosten aufgrund einer **Honorarvereinbarung** (§ 3a RVG) sind daher nach fast einhelliger Ansicht nicht erstattungsfähig[38]. Hat die obsiegende Partei allerdings mit ihrem Patentanwalt eine Vergütung unterhalb der gesetzlichen Gebühren des Rechtsanwalts nach dem RVG und dem Gesetz (typischerweise ein Zeithonorar) vereinbart, so besteht ein Erstattungsanspruch nur in dieser Höhe[39]. Im Falle eines **ausländischen Rechts- oder Patentanwalts** ist die Gebührenberechnung nach deutschem Recht vorzunehmen (→ Rn. 107 ff., 207 ff.). Für den Fall, dass es auf eine Honorarvereinbarung ankommt gilt, dass eine nach § 3a RVG formunwirksame und nach § 4a RVG

---

[38] Der VII. Senat des BGH hat jedoch ausdrücklich offengelassen, ob die Auffassung zutreffend ist, dass als erstattungsfähige „gesetzliche Gebühren und Auslagen" nach § 91 Abs. 2 S. 1 ZPO lediglich die Regelsätze des RVG zu erstatten sind und nicht ein auf Grund einer Honorarvereinbarung mit dem Rechtsanwalt die Regelsätze des RVG übersteigendes Honorar (BGH NJW 2015, 633 (635)). Vgl. zur Diskussion *Albrecht* GRUR-Prax 2015, 419; *Saenger/Uphoff* NJW 2014, 1412 (1414 ff.); *Mayer* NJW 2015, 1647.
[39] OLG Düsseldorf BeckRS 2018, 12486 – Erstattung der Kosten im Verletzungsrechtsstreit. Räumt der Erstattungsberechtigte die Existenz einer Honorarvereinbarung ein, so hat er sich zu deren genauen Inhalt zu erklären, was im Allgemeinen deren ungeschwärzte Vorlage genauso wie eine Präsentation der dem Mandanten gestellten Rechnung verlangt, ggf. sogar die Vorlage von Ausdrucken des anwaltlichen Zeiterfassungssystems, OLG Düsseldorf BeckRS 2018, 53682.

rechtswidrige Honorarvereinbarung zwischen Rechtsanwalt und Mandant nicht zum Erlöschen des Honoraranspruchs führt. Der Rechtsanwalt hat in diesem Fall nur Anspruch auf die gesetzlichen Gebühren oder, sollte diese niedriger sein, die vereinbarte Vergütung[40].

29 Mit Blick auf **Art. 14 der Durchsetzungs-Richtlinie** (RL 2004/48/EG) und die Entscheidung des EuGHs in „United Video Properties"[41] kann im Einzelfall eine richtlinienkonforme Auslegung geboten sein, zB von § 97a Abs. 3 S. 4 UrhG (→ § 93 Rn. 66)[42]. Art. 14 der Durchsetzungs-RL sieht vor, dass die Mitgliedsstaaten sicherstellen, „dass die Prozesskosten und sonstigen Kosten der obsiegenden Partei in der Regel, soweit sie zumutbar und angemessen sind, von der unterlegenen Partei getragen werden". Der Anwendungsbereich des Art. 14 Durchsetzungs-RL erstreckt sich auch auf die Anwaltskosten. Diese Regelung verlangt die Erstattung der zumutbaren Kosten. Nach dem EuGH steht Art. 14 der Richtlinie einer nationalen Regelung entgegen, die Pauschaltarife vorsieht, die aufgrund der darin enthaltenen zu niedrigen Höchstbeträge nicht gewährleisten, dass wenigstens ein erheblicher und angemessener Teil der zumutbaren Kosten, die der obsiegenden Partei entstanden sind, von der unterlegenen Partei getragen wird[43]. Insbesondere im Rahmen von Patentstreitigkeiten kann es zu einem deutlichen Abweichen zwischen den festgesetzten RVG-Gebühren und den tatsächlichen Kosten kommen. Was zumutbar ist, ist im Lichte des Art. 3 Abs. 1 Durchsetzungs-RL festzustellen. Danach dürfen die von den Mitgliedsstaaten vorgesehenen Verfahren aber auch nicht unnötig kostspielig sein[44].

30 Die Höhe der gesetzlichen **Rechtsanwaltsgebühren** bestimmt sich nach dem Vergütungsverzeichnis zum RVG[45]. Seit **1.8.2013** gilt ein geändertes Vergütungsverzeichnis[46]. Die Vergütung ist nach altem Recht zu berechnen, wenn der Auftrag vor dem 1.8.2013 erteilt wurde (§ 60 Abs. 1 S. 1 RVG). Wird nach dem 1.8.2013 ein Rechtsmittel eingelegt, gilt neues Recht (§ 60 Abs. 1 S. 2 RVG). Die Gebühr richtet sich regelmäßig nach dem Gegenstandswert, also dem Streitwert (Wertgebühr, § 13 RVG).

31 Die erstattungsfähigen **Gebühren des Patentanwalts im Verletzungsverfahren** sind auf Grundlage der erstattungsfähigen Gebühren eines Rechtsanwalts gemäß RVG zu berechnen (§ 143 Abs. 3 PatG, § 27 Abs. 3 GebrMG, § 140 Abs. 4 MarkenG, § 38 Abs. 3 SortSchG, § 52 Abs. 4 DesignG, → Rn. 100 ff.)[47]. Wurde mit dem Patentanwalt jedoch eine Vergütung unterhalb der gesetzlichen Gebühren des Rechtsanwalts nach dem RVG und VV vereinbart, so besteht ein Erstattungsanspruch nur in dieser Höhe[48]. Dem in eigener Sache vor dem Landgericht tätigen Patentanwalt steht im Falle des Obsiegens kein Kostenerstattungsanspruch für seine Tätigkeit analog § 91 Abs. 2 S. 3 ZPO zu[49].

32 Für die Höhe der **Patentanwaltsgebühren** in Rechtsbestandsverfahren ist zu beachten, dass es für die Leistungen der Patentanwälte keine gültige Gebührenordnung gibt[50]. Das RVG gilt unmittelbar nur für Rechtsanwälte und die PatAnwGebO, die bis zum 31.12.1971 galt, ist rechtlich unverbindlich[51]. Die Vergütung für Patentanwälte kann daher nur nach allgemeinen zivilrechtlichen Regelungen festgesetzt werden, also entweder nach § 612 BGB iVm § 675 BGB als taxmäßige oder als übliche Vergütung bzw. nach §§ 315, 316 BGB als nach billigem Ermessen zu bestimmende Vergütung[52]. Eine Festsetzung des Honorars gegen den eigenen Mandanten kann nicht gemäß § 11 RVG erfolgen[53]. Eine übliche Vergütung hat sich nicht herausgebildet. Die Sätze der PatAnwGebO werden allerdings teilweise als Bemessungsgrundlage und unter Berücksichtigung variabler Teuerungszuschläge zur Gebührenfestsetzung herangezogen[54]. Die Nichtigkeitssenate des Bundespatentgerichts sind seit 1983

---

[40] LG Hamburg BeckRS 2017, 144177 = GRUR-Prax 2018, 243 mAnm *Dietrich*.
[41] EuGH BeckRS 2016, 81750 = GRUR-Int 2016, 963 = GRUR-Prax 2016, 424 mAnm *Dorn*.
[42] LG Stuttgart GRUR-RR 2019, 99 – Abmahnkosten bei Filesharing = GRUR-Prax 2019, 46 mAnm *Cichon*.
[43] EuGH BeckRS 2016, 81750 = GRUR-Prax 2016, 424 – United Video Properties mAnm *Dorn*; Slowinski IIC 2017, 373.
[44] Zum Markenrecht und der Vereinbarkeit mit Unionsrecht: *Gruber* ZRP 2017, 53 (54); *Gruber* WRP 2020, 10.
[45] Vgl. EuGH NVwZ 2019, 1120 zum Verstoß von Mindest- und Höchstsätze der HOAI gegen Europarecht mAnm *Oriwol/Honer*.
[46] Zur Kostenrechtsreform *Haertel* GRUR-Prax 2013, 327.
[47] OLG Düsseldorf BeckRS 2018, 12486 Rn. 14 – Erstattung der Kosten im Verletzungsrechtsstreit; OLG Frankfurt a. M. GRUR-RR 2005, 104 – Textilhandel.
[48] OLG Düsseldorf BeckRS 2018, 12486 – Erstattung der Kosten im Verletzungsrechtsstreit. Zu den Vortragsverpflichtungen für den Erstattungsberechtigten: OLG Düsseldorf BeckRS 2018, 53682.
[49] Zum Streitstand *Gruber* Mitt. 2018, 264.
[50] OLG Hamburg GRUR-RS 2016, 17798 – Fressnapf; LG Düsseldorf BeckRS 2016, 121048; 2015, 14681– Patentanwaltskosten; OLG Düsseldorf GRUR-RR 2012, 181; Benkard/*Schäfers/Schwarz* PatG § 80 Rn. 45 ff. mwN.
[51] BGH GRUR 1965, 621 – Patentanwaltskosten; LG München Mitt. 1972, 56 zur kartellrechtlichen Problematik.
[52] OLG Hamburg GRUR-RS 2016, 17798 – Fressnapf; LG Düsseldorf BeckRS 2016, 121048; 2015, 14681– Patentanwaltskosten.
[53] BGH GRUR 2015, 1253; *Albrecht* GRUR-Prax 2015, 419; *Wenzel* Mitt. 2015, 573.
[54] BPatGE 15, 195 (199) (Teuerungszuschlag von 35 %); BPatG GRUR 1985, 38 (41) (Teuerungszuschlag von 100 %); LG Düsseldorf BeckRS 2015, 14681– Patentanwaltskosten (Teuerungszuschlag von 355 %); LG Düsseldorf BeckRS 2016, 121048 (Teuerungszuschlag von 355 %); OLG Düsseldorf GRUR-RR 2012, 181 (Teuerungszuschlag von 340 %); OLG Hamburg GRUR-RS 2016, 17798 – Fressnapf (mit Verweis auf ein Gutachten der Patentanwaltskammer, das auf Basis von statistischen Erhebungen einen Stundensatz von 250–350 EUR als üblicherweise angemessen angesehen hat).

dazu übergegangen, die im erstinstanzlichen Nichtigkeitsverfahren erstattungsfähigen Gebühren eines Patentanwalts nach BRAGO bzw. RVG zu berechnen, weil diese Gebühren auch für die Tätigkeit eines Patentanwalts angemessen und auf einfache Weise zu ermitteln seien[55]. Dieser Rechtsprechung haben sich verschiedene Senate des BPatG angeschlossen, darunter der Gebrauchsmustersenat[56] und einige Markensenate[57]. Diese Rechtsprechung gilt jedoch nur für die Erstattungsfähigkeit von Patentanwaltskosten im Außenverhältnis. Im Innenverhältnis zwischen Patentanwalt und Mandant findet das RVG auch dann keine Anwendung, wenn der Patentanwalt seine Berufstätigkeit in einer Partnerschaftsgesellschaft zusammen mit Rechtsanwälten ausübt[58].

a) Abgrenzung von vor- und außerprozessualen Kosten. Abzugrenzen sind die außergerichtlichen Kosten von den **vor- oder außerprozessualen Kosten**, die im Zusammenhang mit dem Rechtsstreit stehen. Häufig sind Kosten bei der **Prozessvorbereitung** angefallen, wie bspw. für vorprozessuale anwaltliche Beratung, private Sachverständigengutachten, Testkäufe oder die Einschaltung eines Detektivs. Eine prozessuale Erstattungsfähigkeit kommt nur dann in Betracht, wenn diese Kosten **prozessbezogen** sind (→ Rn. 90 ff. zu den einzelnen Kostenpositionen). 33

Fehlt der Prozessbezug, kommt nur ein materiell-rechtlicher Kostenerstattungsanspruch in Frage, der gesondert gerichtlich geltend gemacht werden muss. Dies gilt insbesondere für die Kosten einer vorgerichtlichen **Abmahnung**, eines **Abwehrschreibens** als Reaktion auf eine Abmahnung, eines **Abschlussschreibens** oder einer **Verzichtsaufforderung** in Bezug auf das Streitpatent. Diese Kosten werden von der hM nicht als außergerichtliche Kosten des Rechtsstreits angesehen und sind daher gesondert gerichtlich geltend zu machen (im Einzelnen → § 93 Rn. 10, 51 ff.)[59]. Dies kann mit einem bezifferten Zahlungsantrag im Verletzungsverfahren erfolgen (zur Anrechnung der Geschäftsgebühr → § 93 Rn. 73 ff.). 34

b) Gesetzliche Gebühren. aa) Verletzungsverfahren. In Patent-, Gebrauchsmuster-, Marken-, Design-, Sortenschutz-, Halbleiterschutz-, Urheber- und Wettbewerbsstreitsachen fallen folgende Anwaltsgebühren an: 35

- Hauptsacheverfahren:
- In der **ersten Instanz** entsteht eine 1,3 **Verfahrensgebühr** (Nr. 3100 VV). Abzulehnen ist die Erstattungsfähigkeit der Verfahrensgebühr, wenn im Zeitpunkt der Beauftragung des Rechtsanwalts die Klage bereits zurückgenommen wurde (→ Rn. 167)[60].
- Werden mehrere Personen in derselben Angelegenheit vertreten, so fällt für jede Person eine **Erhöhungsgebühr** von 0,3 an (Nr. 1008 VV). Bei der Vertretung mehrerer Beklagten ist allerdings zwischen den geltend gemachten Ansprüchen **zu unterscheiden**: 36
- Werden die Beklagten gesamtschuldnerisch auf **Schadensersatz** bzw. **Schadensersatzfeststellung** verklagt (bspw. Unternehmen in einer Vertriebskette oder ein Unternehmen und sein gesetzlicher Vertreter), so betrifft der Gegenstand der anwaltlichen Tätigkeit dieselbe Angelegenheit. Die Erhöhungsgebühr fällt daher für den Teil des Streitwerts an, der auf den Schadensersatz- oder Feststellungsanspruch entfällt[61]. 37
- Etwas anderes gilt für Ansprüche auf **Unterlassung**,[62] **Auskunftserteilung** und **Rechnungslegung**,[63] **Rückruf**[64] und **Urteilsveröffentlichung**[65]. Der Gegenstand der anwaltlichen Tätigkeit ist hier nicht derselbe. Insoweit liegen jeweils eigenständige Rechtsverhältnisse vor, auch wenn die Beklagten auf das gleiche Ziel in Anspruch genommen werden. Die Unterlassungs-, Auskunfts-, Rechnungslegungs-, Rückrufs- und Veröffentlichungspflicht ist von jedem Beklagten für sich allein 38

---

[55] BPatG GRUR 1987, 286 – PA-Kosten im Nichtigkeitsverfahren; BPatG GRUR 1983, 648 (649) – Patentanwaltsgebühren; BPatGE 26, 68 (69).
[56] BPatG BeckRS 2009, 24769; GRUR 2007, 87 – BRAGO im Gebrauchsmusterlöschungsverfahren.
[57] Vgl. BPatG BeckRS 1998, 14507; BPatG BeckRS 2016, 19199.
[58] *Hoffmann/Albrecht* Mitt. 2015, 548 mwN.
[59] BGH GRUR 2006, 439 – Nicht anrechenbare Geschäftsgebühr; BGH GRUR 2008, 639 – Kosten eines Abwehrschreibens; OLG Düsseldorf InstGE 9, 39 – Abwehrschreiben; OLG Düsseldorf BeckRS 2012, 15790; OLG Nürnberg MDR 2008, 294 = OLG Nürnberg BeckRS 2007, 13987; aA: OLG Hamburg NJOZ 2007, 1373.
[60] BGH BeckRS 2016, 05436; OLG Düsseldorf NJW-RR 2009, 426; aA OLG Hamm NJOZ 2013, 825; OLG Celle NJOZ 2010, 2421.
[61] BGH GRUR-RR 2008, 460 (461) – Tätigkeitsgegenstand; OLG Düsseldorf BeckRS 2013, 17055; 2005, 05216; GRUR 2000, 825 – ComTech; OLG Köln BeckRS 2011, 22229; OLG Frankfurt a. M. BeckRS 2001, 30221241; OLG Koblenz JurBüro 2012, 245.
[62] BGH GRUR-RR 2008, 460 (461) – Tätigkeitsgegenstand; OLG Frankfurt a. M. BeckRS 2001, 30221241; OLG Düsseldorf GRUR 2000, 825 – ComTech; *Albrecht/Hoffmann* Rn. 536; aA noch OLG Düsseldorf InstGE 7, 192 – Erhöhungsgebühr für Unterlassungsanspruch; *Tilmann* GRUR 1986, 691 (694).
[63] BGH GRUR-RR 2008, 460 (461) – Tätigkeitsgegenstand; OLG Düsseldorf BeckRS 2013, 17055; 2012, 24026; GRUR 2000, 825 – ComTech; OLG Frankfurt a. M. BeckRS 2001, 30221241; *Albrecht/Hoffmann* Rn. 536; aA noch OLG Düsseldorf InstGE 7, 192 – Erhöhungsgebühr für Unterlassungsanspruch; *Tilmann* GRUR 1986, 691 (694).
[64] OLG Düsseldorf BeckRS 2013, 17055; LG Mannheim BeckRS 2011, 04156.
[65] OLG Düsseldorf BeckRS 2013, 17055.

zu beachten bzw. zu erfüllen. Er kann damit nicht zugleich die Verpflichtung der anderen Beklagten erfüllen. In diesen Fällen ist die Anwaltsgebühr aus den zusammengerechneten Werten der verschiedenen Gegenstände zu berechnen[66]. Ein vom Kläger angegebener Gesamtstreitwert ist für diese Ansprüche auf die einzelnen Klageanträge und auf die einzelnen Beklagten aufzuteilen[67]. Eine Erhöhungsgebühr ist nicht anzusetzen. Gleiches gilt bei der Vertretung zweier Antragsteller wegen Unterlassungsansprüchen aus unterschiedlichen Schutzrechten[68].

39 • Für den Anspruch auf **Vernichtung** kommt es für die Frage, ob es sich um dieselbe Angelegenheit handelt, auf den Herausgabeantrag an, dh ob und inwieweit der Kläger die Beklagten gesamtschuldnerisch auf Herausgabe in Anspruch nimmt[69]. Geht der Kläger in seinem Begehren davon aus, dass die Beklagten jeweils **selbstständigen Besitz** an den patentverletzenden Gegenständen haben (zB bei Mutter- und Tochtergesellschaft), so handelt es sich nicht um denselben Gegenstand, mit der Folge, dass keine Erhöhungsgebühr angesetzt werden kann[70]. Nimmt der Patentinhaber dagegen eine juristische Person und ihr Organ auf Vernichtung oder alternativ auf Herausgabe zur Vernichtung in Anspruch, weil er offensichtlich von **Mitbesitz** beider Beklagten ausgeht, handelt es sich um dieselbe Angelegenheit[71]. Vernichtet ein Beklagter die patentverletzenden Gegenstände, so können diese nicht mehr durch die anderen Beklagten vernichtet werden. Eine entsprechend enge Verbindung liegt auch für die Herausgabeansprüche gegen die Mitbesitzer wegen derselben Gegenstände vor[72].

40 • Bei einer **Drittwiderklage** (zB im Rahmen einer negativen Feststellungswiderklage) kann es sich bei der anwaltlichen Vertretung von Klägerin und Drittwiderbeklagten um dieselbe Angelegenheit handeln, so dass der Rechtsanwalt die Gebühren nur einmal und daneben die Erhöhung der Verfahrensgebühr nach Nr. 1008 VV RVG verlangen kann[73].

41 • Ferner entsteht für die Wahrnehmung des Verhandlungstermins, bzw. wenn im Einverständnis mit den Parteien oder gemäß § 307 ZPO ohne mündliche Verhandlung entschieden oder in einem solchen Verfahren ein Vergleich (Vertrag nach Nr. 1000 VV)[74] geschlossen wird oder eine Erledigung nach Nr. 1002 VV eintritt, eine 1,2 **Terminsgebühr** (Nr. 3104 VV)[75]. Ist im Termin eine Partei nicht erschienen bzw. nicht ordnungsgemäß vertreten und wurde Antrag auf Versäumnisurteil gestellt, beträgt die Terminsgebühr 0,5 (Nr. 3105 VV)[76]. Erörtert das Gericht in einem Termin, in dem eine Partei nicht erschienen ist, mit dem Prozessbevollmächtigten der Gegenpartei die Sach- und Rechtslage, kann dies die volle 1,2 Terminsgebühr nach Nr. 3104 VV auch dann auslösen, wenn die erschienene Partei keinen Sachantrag stellt[77]. Der Begriff des „Termins" ist weit auszulegen. Außergerichtliche Besprechungen des Anwalts mit dem Gegenseite können auch dann eine Terminsgebühr auslösen, wenn für das Verfahren eine mündliche Verhandlung weder vorgeschrieben noch konkret anberaumt ist (Vorb. 3 Abs. 3 S. 3 Nr. 2 VV)[78]. Entsprechend löst auch eine Videobesprechung mit dem Gericht, die keine Hauptverhandlung darstellt, eine Terminsgebühr aus.

• Ggf. kann zusätzlich eine 1,0 **Einigungsgebühr** anfallen (Nr. 1003 VV) (zu Vergleichskosten § 98)[79].

42 • In der **Berufungsinstanz** entsteht eine 1,6 Verfahrensgebühr (Nr. 3200 VV), die sich bei vorzeitiger Beendigung des Auftrags auf 1,1 reduziert (Nr. 3201 VV). Auch wenn – wie regelmäßig – die dem Berufungsbeklagten zugestellte Berufungsschrift noch keine Begründung enthält, kann dieser für seinen Antrag auf Zurückweisung der Berufung eine 1,6 Verfahrensgebühr erstattet verlangen, wenn die Berufung später begründet wird[80]. Die Reihenfolge von Zurückweisungsantrag und Berufungs-

---

[66] BGH GRUR-RR 2008, 460 (461) – Tätigkeitsgegenstand.
[67] Vgl. OLG Düsseldorf BeckRS 2013, 17055.
[68] OLG Frankfurt a.M., GRUR-RS 2020, 25180 = GRUR-Prax 2020, 571 mAnm *Issa*.
[69] BGH GRUR-RR 2008, 460 (461) – Tätigkeitsgegenstand.
[70] Ebenso im Ergebnis LG Mannheim BeckRS 2011, 04156.
[71] OLG Düsseldorf BeckRS 2013, 17055; aA LG Düsseldorf BeckRS 2012, 04703 – Schlankmachtrainer; vgl. auch *Kühnen* S. 390 Rn. 436.
[72] OLG Düsseldorf BeckRS 2013, 17055.
[73] OLG Celle BeckRS 2015, 02264 = Mitt. 2015, 196 (Ls.); aA OLG Stuttgart NJW-RR 2013, 63.
[74] Die alte Regelung knüpfte das Entstehen der fiktiven Terminsgebühr daran, dass in einem Verfahren, für das die mündliche Verhandlung vorgeschrieben ist, ein schriftlicher Vergleich geschlossen wurde. Die Neuregelung stellt nicht mehr darauf ab, dass ein schriftlicher Vergleich geschlossen wird, sondern verlangt, dass mit oder ohne Mitwirkung des Gerichts ein Vertrag iSd Nr. 1000 VV geschlossen wird oder eine Erledigung der Rechtssache iSd Nr. 1002 VV eingetreten ist. Die Neuregelung des Nr. 3104 VV verlangt keinen schriftlichen Vergleich mehr, sondern einen Vertrag nach Nr. 1008 VV.
[75] Vgl. BGH NJW 2017, 3725 = Mitt. 2017, 517 (Ls.) zur Terminsgebühr, wenn ein umfangreicher Vergleich auch über nicht rechtshängige Ansprüche abgeschlossen wird und → § 98 Rn. 7.
[76] Dies gilt auch dann, wenn die Entscheidung nach § 331 Abs. 3 ZPO verfahrensfehlerhaft ohne einen entsprechenden Antrag des Klägers ergeht, BGH NJW 2017, 1483.
[77] OLG Naumburg BeckRS 2014, 14978.
[78] BGH BeckRS 2017, 111819; OVG Münster NJW 2014, 3323; vgl. aber auch OLG Hamburg BeckRS 2016, 15032; OVG Berlin-Brandenburg BeckRS 2016, 52926; OLG Naumburg IBRRS 2006, 2204; vgl. auch BGH NJW-RR 2007, 286, 287.
[79] Vgl. zum Zwangsvollstreckungsverfahren BGH NJW 2019, 3080 – Gebühr für Einigungsversuch.
[80] BGH BeckRS 2014, 19461.

begründung ist unerheblich. Die Verfahrensgebühr von lediglich 1,1 nach Nr. 3201 VV RVG entsteht bereits für die Information der Partei. Eine nach außen erkennbare Tätigkeit des beauftragten Rechtsanwalts ist nicht erforderlich[81]. Eine Verfahrensgebühr nach Nr. 3201 VV ist zu erstatten, wenn der Berufungsgegner die Berufungsbegründung erst zusammen mit der abschließenden Entscheidung des Gerichts über die Berufung (zB Verwerfung wegen Unzulässigkeit) erhält[82]. Ggf. fällt auch hier eine Erhöhungsgebühr an (Nr. 1008 VV). Bei Durchführung des Berufungsverfahrens fällt eine 1,2 Terminsgebühr an (Nr. 3202 VV), die sich ggf. bei Säumnis auf 0,5 reduzieren kann (Nr. 3203 VV). Die Einigungsgebühr beträgt 1,3 (Nr. 1004 VV).

- In der **Revisionsinstanz** fällt für die Nichtzulassungsbeschwerde eine 2,3 Verfahrensgebühr für den BGH-Anwalt an, die auf ein nachfolgendes Revisionsverfahren angerechnet wird (Nr. 3506, 3508 VV). Bei zugelassener Revision entsteht eine 2,3 Verfahrensgebühr (Nr. 3208 VV) und eine 1,5 Terminsgebühr (Nr. 3210 VV). Wird ein Berufungsurteil mit der Revision und hilfsweise wegen desselben Streitgegenstands mit der Nichtzulassungsbeschwerde angegriffen, entstehen neben den Gebühren für das Revisionsverfahren keine weiteren Anwaltsgebühren[83]. **43**

- Für das **einstweilige Verfügungsverfahren** gelten die Ausführungen zum Hauptsacheverfahren erster und zweiter Instanz entsprechend. Für das Beschwerdeverfahren gegen die Zurückweisung des Verfügungsantrages fällt eine 0,5 Verfahrensgebühr (Nr. 3500 VV) und im Falle einer mündlichen Verhandlung eine 1,2 Terminsgebühr (Nr. 3514 VV) an. Bei einem **Kostenwiderspruch** im einstweiligen Verfügungsverfahren entsteht nur die 1,3 Verfahrensgebühr (Nr. 3100 VV) und keine zusätzliche 0,8 Verfahrensgebühr nach Nr. 3101 Nr. 1 VV[84]. **44**

- Im **selbstständigen Beweisverfahren** entstehen die Gebühren gemäß Nr. 3100 ff. VV. Es fällt damit eine 1,3 Verfahrensgebühr (Nr. 3100 VV) und im Falle eines Erörterungstermins nach § 492 Abs. 3 ZPO eine 1,2 Terminsgebühr (Nr. 3104 VV) an. Die Terminsgebühr fällt ebenfalls bei Teilnahme am Besichtigungstermin an. Ggf. kann auch eine 1,5 Einigungsgebühr hinzukommen (Nr. 1000 VV). Soweit der Gegenstand des selbstständigen Beweisverfahrens auch Gegenstand eines Rechtsstreits ist oder wird, wird die Verfahrensgebühr des selbstständigen Beweisverfahrens auf die Verfahrensgebühr des Rechtszugs angerechnet (Vorb. 3 Abs. 5 VV RVG). Bei mehreren selbstständigen Beweisverfahren, zB wegen mehrerer Beweismittel, fallen die Gebühren nach den Nr. 3100 ff. VV mehrfach an. Zur Kombination des selbstständigen Beweisverfahrens mit einer **einstweiligen Verfügung** → Rn. 19. Ein Kostenerstattungsanspruch der Verfahrensbevollmächtigten des Antragsgegners für das einstweilige Verfügungsverfahren bis zum Erlass der einstweiligen Verfügung kommt regelmäßig nicht in Betracht, weil die Verfahrensbevollmächtigten des Antragsgegners bis zu diesem Zeitpunkt noch nicht tätig waren. **45**

- **Beschwerden, Erinnerungen und Rechtsbeschwerden:** Für **Beschwerden** und **Erinnerungen** (mit Ausnahme der in Vorb. 3.5 aufgezählten Verfahren) entsteht eine 0,5 Verfahrensgebühr (Nr. 3500 VV) und ggf. eine 0,5 Terminsgebühr (Nr. 3513 VV). Bei mehreren Auftraggebern gilt auch hier Nr. 1008 VV. Bei **Rechtsbeschwerden** fällt eine 1,0 Verfahrensgebühr (Nr. 3502 VV) an, die sich bei vorzeitiger Beendigung des Auftrags auf 0,5 reduziert (Nr. 3503 VV RVG). Hinzukommen kann eine 1,2 Terminsgebühr (Nr. 3516 VV). Bei der **Streitwertbeschwerde** werden außergerichtliche Kosten nicht erstattet (§ 68 Abs. 3 S. 2 GKG). **46**

- In **Zwangsvollstreckungsverfahren** fällt eine 0,3 Verfahrensgebühr (Nr. 3309 VV) und ggf. eine 0,3 Terminsgebühr (Nr. 3310 VV) an. Die Berechnung des Gegenstandswertes erfolgt nach § 25 RVG. Jede Verurteilung zu einem Ordnungsgeld gemäß § 890 Abs. 1 ZPO ist auch eine neue Angelegenheit (§ 18 Abs. 1 Nr. 14 RVG). **47**

bb) Rechtsbestandsverfahren. (1) Patent- und Gebrauchsmusterrecht. In patent- und gebrauchsmusterrechtlichen Rechtsbestandsverfahren fallen folgende Anwaltsgebühren an: **48**

- **Nichtigkeits- und Zwangslizenzverfahren** (§§ 81, 85a PatG; § 20 GebrMG): Die erstattungsfähigen Kosten des Patentanwalts richten sich ebenfalls nach dem RVG[85]. Die Kostenerstattung einer Doppelvertretung durch Patent- und Rechtsanwalt wird unter → Rn. 116 ff. dargestellt. Für die Höhe der Gebühren gelten die Ausführungen zum Hauptsacheverfahren in der ersten und zweiten Instanz entsprechend (→ Rn. 35 ff.). In **verbundenen Patentnichtigkeitsverfahren** erhält ein Patentanwalt, der mehrere Kläger in der mündlichen Verhandlung vertritt, immer nur eine Terminsgebühr aus dem originären Streitwert, weil nach der Verbindung „dieselbe Angelegenheit" gemäß §§ 7 Abs. 1, 15 Abs. 2 RVG vorliegt[86].

---

[81] OLG Koblenz NJOZ 2013, 827.
[82] OLG Celle NJW-RR 2015, 1212; vgl. zum Nachweis des Vertretungsauftrages OLG Koblenz NJOZ 2015, 1902.
[83] BGH GRUR 2015, 304 – Streitwert der Nichtzulassungsbeschwerde.
[84] BGH BeckRS 2013, 16135 mwN.
[85] BPatG GRUR 1987, 286 – PA-Kosten im Nichtigkeitsverfahren; BPatG GRUR 1983, 648 (649) – Patentanwaltsgebühren; BPatGE 26, 68 (69).
[86] BPatG GRUR-RS 2016, 01639 (auch zur Gebühren- bzw. Streitwertberechnung bei Verbindung).

49 • **Einspruchsverfahren** (§ 59 PatG): Für die Vertretung durch Patentanwälte wurde es als erstattungsfähig angesehen, die festen Gebühren der PatAnwGebO zugrundezulegen und mit angemessenen Teuerungszuschlägen zu versehen[87]. Weil im Einspruchverfahren kein Gegenstandswert festgesetzt wird, kommt für einen mitwirkenden Rechtsanwalt für die Kostenerstattung die wertunabhängige Geschäftsgebühr nach Nr. 2400 VV in Betracht.

50 • **Löschungsverfahren** (§ 16 GebrMG): Die Gebühren für die patentanwaltliche Tätigkeit im Falle eines Gebrauchsmusterlöschungsverfahrens vor dem DPMA richten sich nach den Vorschriften des RVG[88]. Gebührenrechtlich ist das Löschungsverfahren vor einer Gebrauchsmusterabteilung des DPMA als ein Verfahren vor einer Verwaltungsbehörde anzusehen, so dass eine vom Gegenstandswert abhängige Geschäftsgebühr nach Nr. 2300 VV geltend gemacht werden kann[89]. Gleiches gilt für die Gebühren eines Rechtsanwalts.

51 • **Beschwerdeverfahren vor dem BPatG** (§ 73 Abs. 1 PatG, § 18 Abs. 1 GebrMG): Der Rechtsanwalt kann im Beschwerdeverfahren vor dem BPatG eine 1,3 Verfahrensgebühr (Nr. 3510 VV) und eine 1,2 Terminsgebühr (Nr. 3516 VV) geltend machen. Gleiches gilt für die erstattungsfähigen Gebühren eines Patentanwalts in Gebrauchsmuster-Löschungsbeschwerdeverfahren. Auch diese sind nach dem Vergütungsverzeichnis des RVG zu berechnen[90]. Demgegenüber werden im Einspruchsbeschwerdeverfahren für die Patentanwälte noch die festen Gebühren der PatAnwGebO zugrundegelegt[91]. Es erscheint jedoch unter dem Gesichtspunkt der gebührenrechtlichen Gleichstellung von Rechts- und Patentanwalt sachgerecht, auch für das Einspruchsbeschwerdeverfahren die Regelungen des RVG entsprechend anzuwenden.

52 • **Rechtsbeschwerdeverfahren vor dem BGH** (§ 100 PatG, § 18 Abs. 4 GebrMG): Rechtsanwalts- und Patentanwaltsgebühren sind erstattungsfähig (§ 102 Abs. 5 S. 4 iVm § 143 Abs. 3 PatG)[92]. Für den BGH-Rechtsanwalt ist daher eine 2,3 Verfahrensgebühr (Nr. 3208 VV) und eine 1,5 Terminsgebühr (Nr. 3210 VV) erstattungsfähig. Nach Ansicht des BGH kann der Patentanwalt die erhöhte Verfahrensgebühr nicht beanspruchen, so dass nur eine 1,6 Verfahrensgebühr anfällt (Nr. 3206 VV)[93].

53 (2) **Markenrecht.** In markenrechtlichen Rechtsbestandsverfahren gelten folgende Anwaltsgebühren:

• **Beschwerdeverfahren vor dem BPatG** (§ 66 MarkenG): Die Rechtsanwaltsgebühren für Beschwerdeverfahren vor dem BPatG sind gemäß RVG erstattungsfähig. Richtet sich die Beschwerde gegen einen Beschluss, durch den über die Anmeldung einer Marke, einen Widerspruch oder einen Antrag auf Löschung oder über die Erinnerung gegen einen solchen Beschluss entschieden worden ist oder durch den ein Antrag auf Eintragung einer geographischen Angabe oder einer Ursprungsbezeichnung zurückgewiesen worden ist, fällt eine 1,3 Verfahrensgebühr (Nr. 3510 Nr. 3 VV) und eine 1,2 Terminsgebühr (Nr. 3516 VV) an. In allen anderen Verfahren betragen Verfahrensgebühr und Terminsgebühr jeweils 0,5 (Nr. 3500, 3513 VV). Für die Patentanwaltsgebühren sind die Vorschriften des RVG entsprechend anzuwenden[94].

54 • **Rechtsbeschwerdeverfahren vor dem BGH** (§ 83 MarkenG): Es gelten die Ausführungen zur Rechtsbeschwerde in Patentsachen. Rechtsanwalts- und Patentanwaltsgebühren sind erstattungsfähig (§ 85 Abs. 5 S. 3 iVm § 140 Abs. 4 MarkenG). Es fällt eine 2,3 Verfahrensgebühr (Nr. 3208 VV) und eine 1,5 Terminsgebühr (Nr. 3210 VV) für den BGH-Anwalt an. Für den Patentanwalt gilt eine 1,6 Verfahrensgebühr (Nr. 3206 VV)[95].

55 • **Unionsmarke:** Für Widerklage auf Nichtigkeit vor einem deutschen Unionsmarkengericht (Art. 100 UMV) gelten die Ausführungen zum Hauptsacheverfahren entsprechend. Vor dem EUIPO betragen die erstattungsfähigen Anwaltsgebühren in Nichtigkeitsverfahren (Art. 52 UMV) 450 EUR und in Beschwerdeverfahren (Art. 58 UMV) 550 EUR, wobei sich die Gebühren um

---

[87] BPatGE 23, 156; Busse/Keukenschrijver/*Engels* PatG § 80 Rn. 61. Vgl. zu den Teuerungszuschlägen die gebrauchsmusterrechtliche Rechtsprechung: BGH GRUR 1965, 621 – Patentanwaltskosten; BPatGE 38, 74; BPatG BeckRS 2009, 25103; BPatGE 44, 230 (234) (alle drei Entscheidungen bestätigen einen Teuerungszuschlag von 228%).

[88] BPatG BeckRS 2014, 23423; 2012, 09018; 2012, 08301; BPatGE 49, 29 (30); aA noch BPatG BeckRS 2011, 27629; 2011, 27631.

[89] BPatG BeckRS 2014, 23423 (im Normalfall eine 1,3 Gebühr; in entschiedenen Fall wurde eine 2,0 Gebühr als angemessen angesehen); BPatG BeckRS 2012, 09018; 2012, 08301; BPatGE 49, 29 (30).

[90] BPatG BeckRS 2009, 24769; 2012, 08301.

[91] Busse/Keukenschrijve/*Engels* PatG § 80 Rn. 61; vgl. die gebrauchsmusterrechtliche Rechtsprechung: BGH GRUR 1965, 621 – Patentanwaltskosten; BPatGE 31, 152; 32, 162; BPatG Mitt. 1997, 188.

[92] BPatG GRUR 1999, 44 – Mitwirkender Patentanwalt.

[93] BGH GRUR 2004, 1062 – Mitwirkender Patentanwalt (zum Markenrecht); aA *Ingerl/Rohnke* MarkenG § 140 Rn. 78 mwN.

[94] BPatG GRUR 2005, 974 (975) – Kostenfestsetzung im patentamtlichen Markenverfahren; BPatG BeckRS 1998, 14507 – Kostenfestsetzung in Beschwerden in Markensachen; BPatG GRUR 1999, 65 – P-Plus; BPatG; aA BPatG BeckRS 2002, 15859.

[95] BGH GRUR 2004, 1062 – Mitwirkender Patentanwalt; aA *Ingerl/Rohnke* MarkenG § 140 Rn. 78 mwN.

400 EUR erhöhen, sofern eine mündliche Verhandlung stattgefunden hat (Regel 94 Nr. 7d (iii)–(vii) VO (EG) Nr. 2868/95 (UMDV). Für Klagen beim Europäischen Gericht der 1. Instanz (Art. 65 UMV) sind, unabhängig vom Grundsatz der Kostenfreiheit, die notwendigen Aufwendungen der Parteien einschließlich der Vergütung der Anwälte erstattungsfähig (Art. 140b) EuGVfO). Die Höhe der Erstattungsfähigkeit beurteilt das Gericht anhand der Umstände des Einzelfalls[96].

(3) Designrecht. Für die designrechtlichen Rechtsbestandsverfahren gilt: 56
- Für das **designrechtliche Nichtigkeitsverfahren** als Designstreitsache (§ 52 DesignG) gelten die Ausführungen zum Hauptsacheverfahren. Für die Nichtigkeitsverfahren vor dem DPMA und das Beschwerdeverfahren vor dem BPatG gelten die Ausführungen zum MarkenG entsprechend.
- Gleiches gilt im **Gemeinschaftsgeschmacksmusterrecht** für Nichtigkeitsklagen gegen nicht eingetragene Gemeinschaftsgeschmacksmuster vor einem deutschen Gemeinschaftsgeschmacksmustergericht (Art. 24 Abs. 3 GGV) sowie für Widerklagen auf Nichtigkeit des eingetragenen oder nicht eingetragenen Gemeinschaftsgeschmacksmusters (Art. 24 Abs. 1 und 3 GGV, § 45 Abs. 1 GKG). In Nichtigkeitsverfahren vor dem EUIPO (Art. 52 GGV) betragen die Anwaltsgebühren 400 EUR und in Beschwerdeverfahren (Art. 55 GGV) 500 EUR, wobei sich die Gebühren im Falle einer Beweisaufnahme jeweils um 600 EUR erhöhen (Art. 79 Abs. 7f) VO (EG) Nr. 2245/2002). Für Klagen beim Gerichtshof (Art. 61 GGV) gelten die Ausführungen zur Unionsmarke (→ Rn. 55).

(4) Sorten- und Halbleiterschutzrecht. Für sortenschutzrechtliche und halbleiterschutzrechtliche 57
Rechtsbestandsverfahren gelten die Ausführungen zum Patent- und Markenrecht entsprechend:
- **Beschwerdeverfahren vor dem BPatG** (§§ 34 Abs. 1, 18 Abs. 2 Nr. 1, 2, 5 und 6 SortSchG bzw. § 4 Abs. 4 S. 3 HalblSchG iVm § 18 Abs. 2 GebrMG): Es fällt eine 1,3 Verfahrensgebühr (Nr. 3510 Nr. 6 bzw. Nr. 4 VV) und eine 1,2 Terminsgebühr (Nr. 3516 VV) an.
- **Rechtsbeschwerdeverfahren vor dem BGH** (§ 35 SortSchG bzw. § 4 Abs. 4 S. 3 HalblSchG iVm § 18 Abs. 4 GebrMG): Es gelten für den BGH-Rechtsanwalt eine 2,3 Verfahrensgebühr (Nr. 3208 VV) und eine 1,5 Terminsgebühr (Nr. 3210 VV) sowie für den Patentanwalt eine 1,6 Verfahrensgebühr (Nr. 3206 VV) und eine 1,5 Terminsgebühr (Nr. 3210 VV).

III. Voraussetzungen der Kostenentscheidung im gewerblichen Rechtsschutz

Die Voraussetzungen der Kostenentscheidung sind in § 91 Abs. 1 S. 1 geregelt. Die **unterliegende** 58
Partei (→ Rn. 66) hat die **Kosten des Rechtsstreits** (→ Rn. 7 ff.) zu tragen und insbesondere dem Gegner solche Kosten zu erstatten, die zur zweckentsprechenden Rechtsverfolgung oder Rechtsverteidigung notwendig waren.

Die Regelung unterscheidet begrifflich zwischen der „**Kostentragung**" (Kostenlast) und der 59
„**Kostenerstattung**". Über die Frage der Kostentragung wird in der **Kostengrundentscheidung** entschieden. Diese erfolgt regelmäßig im Endurteil oder einer sonstigen, ein selbstständiges Verfahren abschließenden Entscheidung (→ Rn. 61 ff.). Die Kostentragung bestimmt sich grundsätzlich nach dem **Unterliegensprinzip** (→ Rn. 66). Die Frage der Kostenerstattung betrifft dagegen die konkret zu ersetzenden Kosten. Diese bestimmen sich nach § 91 ZPO und damit insbesondere dem Kriterium der „**Notwendigkeit**". Der Anspruch auf konkrete Kostenerstattung wird durch das **Kostenfestsetzungsverfahren** (§§ 103–107 ZPO) näher geregelt.

1. Gegenstand der Kostenentscheidung. Die Kostenentscheidung ist die Entscheidung über die 60
prozessuale Kostenlast. Sie bestimmt, welche Partei zu welchem Anteil die Kosten des Rechtsstreits trägt. Es gilt nach § 91 Abs. 1 S. 1 ZPO der **Grundsatz der Kosteneinheit** („die Kosten des Rechtsstreits"): Über die Kosten des Rechtsstreits ist einheitlich zu entscheiden. Eine Trennung zwischen gerichtlichen und außergerichtlichen Kosten erfolgt grundsätzlich nicht. Eine **Kostentrennung** als Durchbrechung dieses Grundsatzes ist nur möglich, wenn das Gesetz dies ausdrücklich vorsieht (→ Rn. 67).

2. Erlass einer Kostenentscheidung. In den Verfahren der ZPO hat das Gericht über die Ver- 61
pflichtung, die Prozesskosten zu tragen, **von Amts wegen** zu erkennen (§ 308 Abs. 2 ZPO). Kostenanträge sind daher nur als Anregung zu verstehen, an die das Gericht nicht gebunden ist. Eine Ausnahme gilt für den Fall der Klagerücknahme gemäß **§ 269 Abs. 4 ZPO**.

In den **marken- und patentrechtlichen Rechtsbestandsverfahren,** in denen der Grundsatz gilt, 62
dass jede Partei grundsätzlich ihre Kosten trägt (→ Rn. 69 ff.), ist eine Kostenentscheidung nach billigem Ermessen der gesetzliche Ausnahmefall („kann"). Unterbleibt daher eine Kostenentscheidung, so tragen die Beteiligten ihre Kosten selbst[97]. Eine Kostenentscheidung kann von Amts wegen oder auf Antrag erfolgen. Ein besonderer Ausspruch, dass von der Billigkeitsregelung kein Gebrauch gemacht wurde, ist nur dann erforderlich und üblich, wenn ein Beteiligter eine entsprechende Kostenentschei-

---

[96] Vgl. zu den Beurteilungskriterien EuG BeckRS 2009, 71327 Rn. 26, 27 und 39; *Thünken* GRUR-Prax 2015, 361.
[97] BPatG GRUR 1968, 110 – Postgebühren (zum Markenrecht); BPatGE 28, 39 (40) (zum Patentrecht).

dung beantragt hat[98]. Daher empfiehlt sich in der Praxis die Aufnahme eines entsprechenden Antrages. Im Patentnichtigkeitsverfahren erfolgt die Verpflichtung zur Kostenentscheidung von Amts wegen aus § 84 Abs. 2 S. 1 PatG.

63 Die ZPO geht vom Grundsatz aus, dass jedes **Endurteil** und jede sonstige, **ein selbstständiges Verfahren abschließende, Entscheidung** einen Ausspruch über die Kosten zu enthalten hat[99]. Bei **Teilurteilen** (§ 301 ZPO) ist die Kostenentscheidung grundsätzlich dem Schlussurteil vorzubehalten. Ausnahmen sind nur möglich, wenn die Kostenentscheidung die im Schlussurteil zu treffende Kostenentscheidung nicht berührt, bspw. beim Ausscheiden eines Streitgenossen[100]. Bei **Grundurteilen** (dh Zwischenurteilen über den Grund des Anspruchs, § 304 ZPO) ist die Kostenentscheidung ebenfalls dem Schlussurteil vorzubehalten, weil bei Erlass dieses Urteils noch nicht feststeht, in welchem Umfange die eine oder andere Partei unterliegt[101].

64 **Beschlüsse** enthalten eine Kostenentscheidung, wenn sie die Instanz beenden (zB §§ 522 Abs. 2, 544 Abs. 4 S. 1, 577 Abs. 6 S. 1 ZPO, Beschlüsse über Beschwerden in Kostenfestsetzungsverfahren). Ein Aussetzungsbeschluss enthält daher bspw. keine Kostenentscheidung. Im Arrest- und einstweiligen Verfügungsverfahren ist eine Kostenentscheidung zu treffen[102].

IV. Korrektur der Kostenentscheidung

65 Eine Kostengrundentscheidung kann gemäß **§ 319 ZPO** wegen offensichtlicher Unrichtigkeit berichtigt werden[103]. Bei einer versehentlich übergangenen Kostenentscheidung ist eine Urteilsergänzung nach **§ 321 ZPO** möglich[104]. Die §§ 319 und 321 ZPO sind auch entsprechend auf Beschlüsse anwendbar[105]. Dies gilt auch für Beschlüsse im Rechtsbestandsverfahren, wenn eine offensichtliche Unrichtigkeit vorliegt oder die Kostenfrage übergangen wurde[106]. Das Gericht ist befugt, seine vorangegangene Entscheidung im Rahmen einer form- und fristlosen **Gegenvorstellung** zu überprüfen und ggf. abzuändern[107]. Eine getrennte Anfechtung der Kostenentscheidung ist unzulässig (§ 99).

V. Maßstab für Kostenlastverteilung

66 **1. ZPO-Verfahren.** Die von der ZPO vorgesehene Grundregel für die Kostenhaftung ist die **Unterliegenshaftung.** § 91 Abs. 1 S. 1 ZPO bestimmt, dass die unterliegende Partei die gesamten Kosten des Rechtsstreits zu tragen hat. Für den Fall des teilweisen Unterliegens gilt § 92 Abs. 1 ZPO, für das erfolglose Rechtsmittel § 97 Abs. 1 ZPO und für die Klagerücknahme § 269 Abs. 3 S. 2 ZPO. Die Unterliegenshaftung ist Ausprägung des Gedankens der Billigkeit und insbesondere des **Veranlasserprinzip,** denn wer unterliegt, hat die Vermutung gegen sich, zum Streit Anlass gegeben zu haben[108]. Ausdruck des Veranlasserprinzips ist ebenfalls § 93 ZPO (Kosten bei sofortigem Anerkenntnis), der die Unterliegenshaftung durchbricht.

67 Die Unterliegenshaftung wird ferner in den Fällen der **Kostentrennung** durchbrochen. Gesichtspunkte der **Billigkeit** führen dazu, dass die obsiegende Partei die durch sie verursachten Mehrkosten aufgrund von unwirtschaftlichem oder prozessverlängerndem Verhalten trägt. Dies ist bspw. der Fall bei erfolglosen Angriffs- oder Verteidigungsmitteln (§§ 96, 100 Abs. 3 ZPO), bei Termins- oder Fristversäumnis (§§ 95, 344 ZPO) oder der Anrufung eines unzuständigen Gerichts (§ 281 Abs. 3 S. 2 ZPO). Billigkeitserwägungen werden ebenfalls bei Kostenentscheidungen gemäß §§ 91a, 92 Abs. 2, und 269 Abs. 3 S. 3 ZPO berücksichtigt.

68 Aus Gründen der Billigkeit sieht ferner **§ 21 Abs. 1 S. 1 GKG** vor, dass Kosten nach dem GKG (Gebühren und Auslagen), die bei richtiger Behandlung der Sache nicht entstanden wären, nicht erhoben werden[109]. Allerdings fällt nicht jeder Fehler des Gerichts unter § 21 Abs. 1 S. 1 GKG. Vielmehr ist es erforderlich, dass das Gericht gegen eine klare gesetzliche Regelung verstößt, insbesondere einen schweren Verfahrensfehler begangen hat, der offen zu Tage tritt[110]. Das OLG Düsseldorf hat dies bspw. für Zusatzkosten verneint, die durch eine Übersetzung eines englischsprachigen Schriftstücks zunächst ins Deutsche und dann ins Niederländische entstanden sind[111]. Bejaht wurde

---

[98] Benkard/*Schäfers/Schwarz* PatG § 80 Rn. 6.
[99] Vgl. BGH NJW 1956, 1235.
[100] BGH NJW 1960, 484; OLG Düsseldorf NJW 1970, 568.
[101] BGH NJW 1956, 1235.
[102] BGH NJW 1966, 1513 (1514).
[103] BGH NJW-RR 2004, 501.
[104] BGH NJW 2006, 1351 (1352); NJW-RR 1996, 1238.
[105] BGH NJW-RR 2009, 209; Zöller/*Feskorn* ZPO § 319 Rn. 3 und § 321 Rn. 2 mwN.
[106] BPatGE 28, 39 (40).
[107] BGH Mitt. 2015, 344 (Ls.) = NJW-RR 2015, 1405 (1406); BVerfG NJW 2009, 829.
[108] BGH NJW 2006, 2490 (2492).
[109] OLG Düsseldorf GRUR-RS 2019, 10841 Rn. 117 – Vorbenutzungsrecht bei Betriebspacht; OLG München NJOZ 2016, 184 Rn. 21.
[110] OLG Düsseldorf GRUR-RS 2019, 10841 Rn. 117 – Vorbenutzungsrecht bei Betriebspacht.
[111] OLG Düsseldorf InstGE 10, 294 (299) – Übersetzungskostenerstattung.

dies im Falle einer Aufhebung und Zurückverweisung zur erneuten Verhandlung[112] und bei fehlerhafter Kostenfestsetzung ohne Antrag[113]. Die Frage, ob Kosten wegen unrichtiger Sachbehandlung niederzuschlagen sind, betrifft demgegenüber den Kostenansatz[114].

2. Rechtsbestandsverfahren. Im **patentrechtlichen Nichtigkeitsverfahren** kann das Gericht von den §§ 91 ff. ZPO nur abweichen, wenn Billigkeitsgesichtspunkte eine andere Entscheidung erfordern (§§ 84 Abs. 2 S. 2, 121 Abs. 2 S. 2 PatG). Diese Abweichung vom Unterliegensprinzip ist anhand der Umstände des konkreten Einzelfalls zu bestimmen[115]. Wird bspw. das Streitpatent erstmals im Verlauf des Nichtigkeitsverfahrens mit neugefassten Patentansprüchen **beschränkt verteidigt** und erklärt sich der Kläger hiermit sofort einverstanden, so trägt nicht der Kläger gemäß §§ 91, 269 Abs. 3 S. 2 ZPO die insoweit anfallenden Verfahrenskosten, sondern der Beklagte, und zwar unabhängig davon, ob die beschränkte Verteidigung unbedingt oder hilfsweise erklärt wurde[116]. Etwas anderes gilt jedoch, wenn der Kläger das Streitpatent nur beschränkt angreift und später die Klage vollständig zurücknimmt, ohne dass der Patentinhaber dem ursprünglichen Klagebegehren durch eine entsprechende Beschränkung des Patentanspruchs nachgekommen wäre[117]. Hier bleibt es bei der Kostentragung durch den Kläger nach § 269 Abs. 3 S. 2 ZPO. 69

In den Fällen der **Billigkeitsentscheidung in Rechtsbestandsverfahren** (→ Rn. 3) geht das Gesetz im Grundsatz davon aus, dass – in Abweichung von den §§ 91 ff. ZPO – regelmäßig keine Kostenentscheidung erforderlich ist und jeder Beteiligte seine Kosten selbst trägt[118]. Allerdings wird die Frage nach Umfang und Grenzen von Kostenerstattungsansprüchen durch den in Art. 19 Abs. 4 GG verbürgten Justizgewährungsanspruch beeinflusst[119]. So darf einem erfolgreichen Beteiligten nicht generell oder im Großteil der Fälle die Erstattung seiner Kosten versagt werden. Es kann mit Art. 3 Abs. 1 GG unvereinbar sein, eine Billigkeitsregelung dahin auszulegen, dass einem obsiegenden Beteiligten im Normalfall ein Kostenerstattungsanspruch zu versagen ist[120]. 70

Im Rahmen der Billigkeitsentscheidung ist der **Verfahrensausgang** und damit das Unterliegensprinzip des § 91 ZPO zu berücksichtigen[121]. Als weitere Anknüpfungspunkte für die Billigkeitserwägungen kommen insbesondere Umstände in Betracht, die sich aus dem Verhalten oder den Verhältnissen der Beteiligten ergeben. Eine Kostenentscheidung wird deshalb vor allem dann zu treffen sein, wenn das Verhalten eines Beteiligten **gegen die allgemeine prozessuale Sorgfaltspflicht verstößt** und den anderen Beteiligten dadurch ohne Weiteres vermeidbare Kosten entstanden sind[122]. Diese Ausnahme wird von der Rechtsprechung eng ausgelegt. Ein Verstoß gegen die prozessuale Sorgfaltspflicht liegt bspw. noch nicht vor, wenn unmittelbar vor dem anberaumten Termin zur mündlichen Verhandlung der **Verzicht auf das Streitpatent** erklärt wird[123]. Gleiches gilt, wenn aufgrund neuer Anträge des Patentinhabers eine **zweite mündliche Verhandlung** erforderlich wird, auch wenn diese Anträge bereits vorbereitet waren[124] oder wenn dies zu einer **Vertagung** führt[125]. 71

Im Rahmen der Billigkeitsentscheidung kann ebenfalls angeordnet werden, dass die **Gebühren ganz oder teilweise zurückgezahlt** werden[126]. Eine Rückzahlung von Gebühren ist nur dann gerechtfertigt, wenn es aufgrund von besonderen Umständen nicht der Billigkeit entspricht, die 72

---

[112] OLG Düsseldorf GRUR-RS 2019, 10841 Rn. 117 – Vorbenutzungsrecht bei Betriebspacht; BGH NJW-RR 2003, 1294 mwN.
[113] BVerfG, FamRZ 2001, 828; OLG Düsseldorf Beck RS 2021, 48996.
[114] BGH GRUR 2015, 1144 – Überraschungsei.
[115] BGH GRUR 1998, 138 (139) – Staubfiltereinrichtung.
[116] BPatG GRUR 2009, 46 (50) – Ionenaustauschverfahren.
[117] BPatG GRUR 2009, 1195 (1196) – Kostenverteilung aus Billigkeitsgründen.
[118] BGH GRUR 1996, 399 (401) – Schutzverkleidung; BGH GRUR 1972, 600 (601) – Lewapur.
[119] BPatG GRUR 2012, 529 (531) – Fotografierter Schuh (zu § 71 Abs. 1 MarkenG) mit Verweis auf BVerfG NJW 2006, 136 und BVerfG NJW 1987, 2569 (zur Billigkeitsentscheidung nach § 77 S. 1 GWB aF, jetzt § 78 S. 1 GWB); nach *Brandi-Dohm* FS 50 Jahre BPatG, 2011, 569 (572) entspricht die Rechtsprechung des BPatG zu § 71 Abs. 1 MarkenG nicht den verfassungsrechtlichen Anforderungen. Eine umgekehrte Billigkeitsprüfung sei vorzunehmen. Aus der Tatsache des Unterliegens folge grundsätzlich die Erstattungsfähigkeit.
[120] BVerfG NJW 1987, 2569 zu § 78 S. 1 GWB mit Hinweis auf die ungleiche Kostenbelastung aufgrund des einseitigen Anwaltszwangs; BPatG GRUR 2012, 529 (531) – Fotografierter Schuh.
[121] Zum Markenrecht: BPatG GRUR-RR 2014, 278 – Sportarena; BPatG GRUR 2012, 529 (531) – Fotografierter Schuh; zum Patentrecht: BGH GRUR 1972, 600 (601) – Lewapur; BPatGE 3, 23 = GRUR 1963, 421 (Ls.); BPatG Mitt. 71, 55; abw. BPatG Mitt. 72, 176; BeckRS 2016, 17298; bei Akteneinsicht XIII; BPatG GRUR 1994, 104 – Akteneinsicht XIII; BPatG GRUR 1972, 147 (149) – Akteneinsicht; bei Umschreibungsverfahren BPatG BeckRS 2010, 10232; BlPMZ 2001, 354 (356) – Umschreibungsantrag; BPatG 49, 136 (141) – Umschreibung/Rechtliches Gehör II; abw. BPatG GRUR 1993, 390 (392) – Akteneinsicht durch Dritte.
[122] Zum Patentrecht: BGH GRUR 1996, 399 (401) – Schutzverkleidung; BGH GRUR 1972, 600 (601) – Lewapur; BPatG GRUR 1965, 165; BPatG Mitt. 1971, 158; Benkard/*Schäfers/Schwarz* PatG § 62 Rn. 7 ff., § 80 Rn. 6 ff. mit Einzelfällen.
[123] BPatG BeckRS 2012, 20072; NJW 2009, 24139; GRUR 1999, 91 (Ls.).
[124] BPatG BeckRS 2012, 10133; 2011, 14674.
[125] BPatG BeckRS 2011, 08550.
[126] Patentrecht: §§ 62 Abs. 1 S. 3, 80 Abs. 3 PatG. Für die Rechtsbeschwerde nach § 109 Abs. 1 S. 1 PatG ist § 21 Abs. 1 GKG anzuwenden, BPatG BeckRS 2010, 19683. Markenrecht: §§ 63 Abs. 2, 71 Abs. 3 MarkenG.

Gebühr einzubehalten. Dies ist bei besonders schweren Verfahrensfehlern, wie der Verletzung rechtlichen Gehörs, der Fall oder wenn eine offensichtlich fehlerhafte Sachentscheidung vorliegt[127].

VI. Notwendigkeit der Kosten

73 **1. Notwendigkeit Kostenminderungsgebot.** § 91 Abs. 1 S. 1 Hs. 2 ZPO bestimmt, dass die unterliegende Partei die Prozesskosten zu tragen hat, soweit sie zur zweckentsprechenden Rechtsverfolgung oder Rechtsverteidigung notwendig waren. Es besteht also kein automatischer Kostenerstattungsanspruch. Vielmehr kommt eine Kostenerstattung nur in Betracht, wenn es sich um notwendige Kosten handelt. Der Begriff der „Notwendigkeit" wird in § 91 ZPO viermal erwähnt, allerdings nicht weiter konkretisiert. Er ist Ausfluss des Prinzips von **Treu und Glauben (§ 242 BGB),** das das gesamte Kostenrecht beherrscht[128]. Danach ist jede Prozesspartei verpflichtet, die Kosten ihrer Prozessführung, die sie im Falle ihres Sieges vom Gegner erstattet verlangen will, so niedrig zu halten, wie sich dies mit der Wahrung ihrer berechtigten Belange vereinbaren lässt (sog. **Kostenminderungs-** oder **Kostenschonungsgebot).** Diese Verpflichtung folgt aus dem Prozessrechtsverhältnis.

74 **a) Beurteilungsmaßstab.** Für die Frage der Notwendigkeit kommt es darauf an, ob eine verständige und wirtschaftlich vernünftige Partei die kostenauslösende Maßnahme als **sachdienlich** ansehen durfte[129]. Maßgebend ist der **Zeitpunkt der Veranlassung** der Handlung *(ex ante)*[130]. Dabei darf die Partei die berechtigten Interessen verfolgen und die zur vollen Wahrnehmung ihrer Belange erforderlichen Schritte ergreifen. Sie ist lediglich gehalten, unter mehreren **gleichartigen Maßnahmen** die kostengünstigste auszuwählen[131].

75 Bei der Prüfung der Notwendigkeit einer bestimmten Maßnahme ist eine **typisierende Betrachtungsweise** geboten[132]. Eine differenzierende Einzelfallbetrachtung würde der standardisierten Prüfung im Kostenfestsetzungsverfahren und dem Interesse der Parteien, bereits im Vorfeld des Prozesses das Kostenrisiko verlässlich einschätzen zu können, nicht gerecht[133].

76 Für die ausnahmsweise Erstattungsfähigkeit von **vorprozessualen Kosten** sind die Grundsätze der typisierenden Betrachtungsweise zum Zeitpunkt der Veranlassung der Maßnahme nur beschränkt übertragbar, weil dies andernfalls zu einer unbilligen Kostenbelastung der anderen Partei führen könnte[134]. Hier ist eine rückschauende Betrachtung zum Zeitpunkt des Prozessbeginns anzuwenden.

77 **b) Rechtsmissbrauch.** Der Kostenerstattungsanspruch unterliegt, wie jede Rechtsausübung, dem aus dem Grundsatz von **Treu und Glauben** abgeleiteten Missbrauchsverbot[135]. Aus Treu und Glauben folgt, wie dargestellt, die Verpflichtung jeder Prozesspartei, die Kosten der Prozessführung, so niedrig zu halten, wie sich dies mit der Wahrung ihrer berechtigten Belange vereinbaren lässt. Ein Verstoß gegen diese Verpflichtung kann dazu führen, dass das Festsetzungsverlangen als rechtsmissbräuchlich zu qualifizieren ist und die unter Verstoß gegen Treu und Glauben zur Festsetzung angemeldeten Mehrkosten vom Rechtspfleger im Kostenfestsetzungsverfahren abzusetzen sind[136].

78 Dies kann im Fall sein, wenn die Festsetzung von Mehrkosten beantragt wird, die dadurch entstanden sind, dass der Kläger eine oder mehrere gleichartige, aus einem einheitlichen Lebensvorgang erwachsene Ansprüche gegen eine oder mehrere Personen ohne sachlichen Grund in **getrennten Prozessen** verfolgt hat (→ § 103 Rn. 30)[137]. Gleiches gilt, wenn mehrere von demselben Prozessbevollmächtigten vertretene Antragsteller in engem zeitlichem Zusammenhang mit weitgehend gleichlautenden Antragsbegründungen aus einem weitgehend identischen Lebenssachverhalt ohne sachlichen Grund in getrennten Prozessen gegen den- oder dieselben Antragsgegner vorgegangen sind[138]. Dogmatisch hat der BGH offengelassen, ob zur Begründung darauf verwiesen werden kann, dass die

---

[127] BPatG BeckRS 2012, 23522; GRUR 1989, 105 – Überwachung von Taktsignalen.
[128] BGH NJW 2007, 2257; MüKoZPO/*Schulz* § 91 Rn. 48 f.
[129] BGH GRUR 2005, 271 – Unterbevollmächtigter III; BGH NJW 2006, 2260 (2262); 2003, 898 (899); GRUR 2005, 84 (85) – Unterbevollmächtigter II.
[130] BGH GRUR 2005, 271 – Unterbevollmächtigter III; BGH NJW 2006, 2260 (2262); 2003, 898 (899); GRUR 2005, 84 (85) – Unterbevollmächtigter II.
[131] BGH GRUR 2005, 271 – Unterbevollmächtigter III; BGH NJW 2003, 898 (899); GRUR 2005, 84 (85) – Unterbevollmächtigter II.
[132] BGH GRUR 2013, 427 (428 f.) – Doppelvertretung im Nichtigkeitsverfahren; BGH NJW-RR 2008, 1378; GRUR 2011, 754 (757) – Kosten des Patentanwalts II; BGH GRUR 2005, 271 – Unterbevollmächtigter III.
[133] MüKoZPO/*Schulz* § 91 Rn. 50.
[134] MüKoZPO/*Schulz* § 91 Rn. 52.
[135] BGH NJW 2013, 66 (67) mwN; BGH BeckRS 2012, 24810; vgl. auch BGH GRUR 2020, 1087 – Al Di Meola.
[136] BGH NJW 2013, 66 (67) mwN; BGH BeckRS 2012, 24810.
[137] BGH NJW 2013, 66 (67) mwN; BGH BeckRS 2012, 24810; GRUR 2014, 709 – Festsetzung von Mehrkosten, mAnm *Schlüter* GRUR-Prax 2014, 340.
[138] BGH NJW 2013, 66 (67) mwN; BGH GRUR 2014, 709 – Festsetzung von Mehrkosten, mAnm *Schlüter* GRUR-Prax 2014, 340.

Kosten nicht notwendig gemäß § 91 Abs. 1 S. 1 ZPO sind, denn die Ersatzfähigkeit von Rechtsanwaltsgebühren richtet sich nach § 91 Abs. 2 S. 1 Hs. 1 ZPO[139].

Ein Fall der unzulässigen Rechtsausübung kann auch vorliegen, wenn eine Partei **Antrag auf** **Zurückweisung der Berufung** stellt, bevor ihr die Berufungsbegründung zugestellt wurde[140] (→ Rn. 157 **Rechtsmittelverfahren**). Entsprechendes kann im Einzelfall gelten, wenn das Gericht bereits die Verwerfung eines vom Gegner eingelegten Rechtsbehelfs angekündigt hatte[141]. 79

Bei **Streitgenossen** kann die Bestellung verschiedener Prozessbevollmächtigter in derselben Angelegenheit dazu führen, dass die damit verbundenen Kosten nicht erstattungsfähig sind[142]. Sind daher bspw. mehrere konzernzugehörige Gesellschaften oder gesetzliche Vertreter verklagt und lassen sich durch unterschiedliche Prozessbevollmächtigte vertreten, so ist die Kostenerstattung anhand der konkreten Fallumstände zu beantworten. Allerdings wird ein die Kostenerstattung ausschließender Rechtsmissbrauch noch nicht allein darin gesehen, dass der im Ausland ansässige Kläger das ihm gemäß § 35 ZPO zustehende Wahlrecht dahin ausübt, dass er weder am Gerichtsstand des Beklagten noch am Sitz seines Prozessbevollmächtigten klagt, sondern bei einem dritten, sowohl vom Sitz des klägerischen Prozessbevollmächtigten als auch vom Wohnsitz des Beklagten weit entfernten Gerichtsort[143]. Rechtsmissbrauch kann jedoch vorliegen, wenn ein beklagter Rechtsanwalt, der zugleich Gesellschafter und Geschäftsführer einer mitbeklagten Gesellschaft mit beschränkter Haftung ist und diese vertritt, sich selbst (ausschließlich) durch eine in seiner Kanzlei tätige Rechtsanwältin vertreten lässt[144]. 80

2. Notwendigkeit von Parteiauslagen. Auslagen der Partei sind solche Aufwendungen, die der Partei durch eigene Tätigkeit entstanden sind. § 91 Abs. 1 S. 2 ZPO nennt beispielhaft die **Reisekosten** (→ Rn. 158 ff.). Die Erstattung betrifft auch die durch die notwendige Wahrnehmung von Terminen entstandene Zeitversäumnis (→ Rn. 166) im Zusammenhang mit dem Rechtsstreit. 81

3. Notwendigkeit von Anwaltskosten. Die **gesetzlichen Auslagen und Gebühren des Rechtsanwalts** (§ 13 RVG) gelten von Rechts wegen stets als notwendig (§ 91 Abs. 2 S. 1 Hs. 1 ZPO). Davon zu unterscheiden ist, ob die Hinzuziehung eines Rechtsanwalts notwendig war. Das Gesetz geht davon aus, dass sich eine Partei im Prozess regelmäßig eines Rechtsanwalts bedienen darf[145]. Da in den Prozessen des gewerblichen Rechtsschutzes regelmäßig ein Anwaltsprozess vorliegt, erfolgt hierzu keine Vertiefung[146]. 82

Eine **Notwendigkeitsprüfung** nach § 91 Abs. 1 S. 1 ZPO erfolgt nicht (vgl. aber zu Fällen des Rechtsmissbrauchs → Rn. 77). Entsprechendes gilt auch für die Gebühren des mitwirkenden **Patentanwalts**. Auch hier findet keine Notwendigkeitsprüfung statt (im Einzelnen → Rn. 100). 83

Die konkrete **Höhe** der Auslagen und Gebühren des Rechtsanwalts richtet sich nach dem RVG (→ Rn. 28 ff.). Erstattungsfähig sind nur die gesetzlichen Gebühren und Auslagen. Ein höherer Betrag aufgrund einer **Vergütungsvereinbarung** zwischen Erstattungsberechtigtem und seinem Prozessbevollmächtigten ist nicht erstattungsfähig, es sei denn, es liegt eine Abrede mit dem Erstattungspflichtigen vor[147]. Entsprechend ist auch eine Kostenlastregelung in einem Prozessvergleich dahingehend auszulegen, dass hierunter nur die nach dem RVG geschuldeten Rechtsanwaltskosten fallen[148]. Im umgekehrten Fall einer Vergütung unterhalb der gesetzlichen Gebühren besteht ein Erstattungsanspruch nur in dieser geringeren Höhe[149]. 84

Für die nicht gesetzlich geregelten Auslagen, etwa die **Reisekosten eines auswärtigen Rechtsanwalts,** findet dagegen eine Notwendigkeitsprüfung statt (→ Rn. 160) (§ 91 Abs. 2 S. 1 Hs. 2 ZPO). Die Kosten für **mehrere Rechtsanwälte** sind nur unter den Voraussetzungen des § 91 Abs. 2 S. 2 ZPO erstattungsfähig (Verkehrsanwalt → Rn. 206 f.; Anwaltswechsel → Rn. 92). 85

VII. Rückfestsetzung

Nach § 91 Abs. 4 ZPO gehören zu den Kosten des Rechtsstreits auch solche, die die obsiegende Partei der unterlegenen Partei im Laufe des Rechtsstreits gezahlt hat. Dem liegt das Prinzip zugrunde, dass aufgrund einer **vorläufigen Kostengrundentscheidung** im Kostenfestsetzungsverfahren festgesetzte und von der obsiegenden Partei im Verlauf des Rechtsstreits gezahlte Kosten nach Änderung 86

---

[139] BGH NJW 2013, 66 (67) mwN; BGH BeckRS 2012, 24810.
[140] BGH NJW 2003, 2992; 2007, 3723.
[141] BGH NJW 2006, 2260 (2262); GRUR 2014, 607.
[142] BGH NJW-RR 2004, 536; OLG Naumburg NJOZ 2013, 1468.
[143] BGH GRUR 2014, 607.
[144] BGH NJW 2017, 3788.
[145] MüKoZPO/*Schulz* § 91 Rn. 59.
[146] Dazu etwa MüKoZPO/*Schulz* § 91 Rn. 59.
[147] BGH NJW-RR 2005, 499.
[148] BGH NJW-RR 2005, 499.
[149] OLG Düsseldorf BeckRS 2018, 12486 – Erstattung der Kosten im Verletzungsrechtsstreit.

der Kostengrundentscheidung im selben Verfahren gegen den Titelgläubiger rückfestgesetzt werden können[150]. Die im Jahre 2004 eingeführte Regelung sicherte die von der herrschenden Praxis bereits vorgenommene Rückfestsetzung ab. Die Rückfestsetzung bewirkt **Waffengleichheit**, denn die Partei, die auf der Grundlage einer vorläufigen Kostengrundentscheidung die Festsetzung ihrer Kosten im vereinfachten Kostenfestsetzungsverfahren erreicht hatte, soll nach Änderung der Kostengrundentscheidung hinnehmen müssen, dass der Titel zu gleichen Bedingungen wieder rückgängig gemacht wird[151].

87 § 91 Abs. 4 ZPO ist auch auf den Fall anwendbar, dass die obsiegende Partei im Verlaufe des Rechtsstreits auf einen vom gegnerischen Rechtsanwalt gemäß **§ 126 Abs. 1 ZPO** auf dessen eigenen Namen erwirkten Kostenfestsetzungsbeschluss gezahlt hat und die Kostengrundentscheidung später aufgehoben oder geändert wird[152].

88 Die Rückfestsetzung ist der einfachere und billigere Weg zur Erlangung eines Rückzahlungstitels, so dass es für eine **gleichgerichtete Zahlungsklage**, etwa gemäß § 717 Abs. 2 ZPO, am Rechtsschutzbedürfnis fehlt[153].

B. Kostenpositionen (alphabetisch)

Abmahnkosten

89 → § 93 Rn. 53 ff.

Abschlussschreiben

90 → § 93 Rn. 9, 68 und 71.

Abstimmungskosten

91 s. **Sachaufklärung** → Rn. 176. Zur Abstimmung von angefertigten Übersetzungen mit der ausländischen Muttergesellschaft: s. **Übersetzungskosten** → Rn. 190.

Anwaltswechsel

92 Nach § 91 Abs. 2 S. 2 ZPO sind die Mehrkosten für einen zweiten Rechtsanwalt nur insoweit zu erstatten, als in der Person des Rechtsanwalts ein Wechsel eintreten musste. Maßgebend ist also, dass der Anwaltswechsel **notwendig** war. Dies ist nur dann der Fall, wenn der Wechsel nicht auf ein Verschulden der Partei oder ein ihr nach § 85 Abs. 2 ZPO zuzurechnendes Verschulden ihres Rechtsanwalts zurückzuführen ist[154]. Eine objektive Notwendigkeit des Anwaltswechsels reicht nicht aus. Vielmehr ist darüber hinaus erforderlich, dass der Wechsel nicht auf Umständen beruht, welche die Partei oder der Anwalt hätten voraussehen oder in irgendeiner zumutbaren Weise hätten verhindern können[155]. Die Voraussetzungen gelten auch, wenn ein **Streitgenosse** im Laufe des Rechtsstreits einen eigenen Rechtsanwalt bestellt (→ § 100 Rn. 26)[156]. Der Kostengläubiger trägt die **Darlegungs- und Beweislast** für die Notwendigkeit.

93 Bei einer **Rückgabe der Zulassung** trifft den Rechtsanwalt kein Verschulden, wenn er seine Zulassung aus achtenswerten Gründen aufgegeben hat und er dies bei Mandatsübernahme nicht vorhersehen konnte, zB aufgrund einer Erkrankung[157]. Dagegen stellen wirtschaftliche Schwierigkeiten eines Rechtsanwalts regelmäßig keinen achtenswerten Grund für die Aufgabe der Zulassung dar[158].

Ein Ausscheiden von Mitgliedern der ursprünglich beauftragten **Anwaltssozietät** im Laufe des Rechtsstreits stellt ebenfalls keinen Anwaltswechsel dar[159]. Etwas anderes gilt beim **Tod des Einzelanwalts**[160].

94 § 91 Abs. 2 S. 2 ZPO gilt auch bei einem Anwaltswechsel zwischen **selbständigem Beweisverfahren** und nachfolgendem Hauptsacheverfahren[161].

---

[150] BGH NJW-RR 2013, 186 (187).
[151] BGH NJW-RR 2013, 186 (187) mwN.
[152] BGH NJW-RR 2013, 186 (187).
[153] OLG Düsseldorf BeckRS 2010, 23598.
[154] BGH NJOZ 2013, 440 (441) mwN.
[155] BGH NJOZ 2013, 440 (441) mwN.
[156] MüKoZPO/*Schulz* § 91 Rn. 85.
[157] OLG Nürnberg LSK 2004, 180024.
[158] BGH NJOZ 2013, 440 (442).
[159] OLG München JurBüro 1979, 108 = FHZivR 25 Nr. 6523.
[160] OLG Hamburg JurBüro 1985, 1870 = FHZivR 32 Nr. 6562.
[161] BGH NJW 2018, 625 – Erstattungsfähigkeit der Mehrkosten bei Anwaltswechsel im Hauptsacheverfahren.

Außergerichtliche Rechtsverfolgung

→ § 93 Rn. 53 ff. 95

Ausländischer Patentanwalt

s. **Doppelvertreterkosten/Patentanwaltskosten im Verletzungsverfahren** → Rn. 107 und 96
Verkehrsanwalt → Rn. 208.

Ausländischer Verkehrsanwalt

s. **Verkehrsanwalt** → Rn. 207. 97

Besprechungsraum

Die Kosten für die Anmietung eines Raums zur Besprechung können im Einzelfall erstattungsfähig 98
sein. Insbesondere bei Patentnichtigkeits- und Patentverletzungsverfahren wird in der Regel eine
Vorbesprechung in einem besonderen Besprechungsraum **sachdienlich** sein, wenn die Prozessvertreter über keinen Kanzleisitz am Gerichtsort verfügen[162]. Nach dem BPatG ist eine Darlegung der
besonderen Umstände, warum die Besprechung nicht in einer Hotelhalle oder im Hotelzimmer abgehalten wurde, ebenso wenig erforderlich wie eine Begründung, warum eine Besprechung nicht in den
Anwaltszimmern des Gerichts durchgeführt wurde[163].

Bürgschaft

s. **Sicherheitsleistung** → Rn. 184. 99

Doppelvertreterkosten

1. Patentanwaltskosten im Verletzungsverfahren. a) Notwendigkeitsprüfung. In **Patent-,** 100
Gebrauchsmuster-, Marken-, Geschmacksmuster-, Sortenschutz-, und Halbleiterschutzstreitsachen sind die Kosten für die Mitwirkung eines Patentanwalts erstattungsfähig (§ 143 Abs. 3
PatG, § 27 Abs. 3 GebrMG, § 140 Abs. 4 MarkenG, § 52 Abs. 4 DesignG, § 38 Abs. 3 SortSchG,
§ 11 Abs. 2 HalblSchG). Für die **gesetzlichen Gebühren** des Patentanwalts bedarf es dabei **keiner**
Notwendigkeitsprüfung[164]. Dies ergibt sich bereits aus dem Wortlaut der parallelen Regelungen
(„die Gebühren nach § 13 des Rechtsanwaltsvergütungsgesetzes und die notwendigen Auslagen des
Patentanwalts"). Eine **Notwendigkeitsprüfung** gemäß § 91 Abs. 1 S. 1 ZPO im Kostenfestsetzungsverfahren hat daher nur hinsichtlich der **Auslagen** des Patentanwalts, also bspw. für Reise- und
Übernachtungskosten, zu erfolgen[165].

Für die Patentanwaltskosten im **Rechtsmittelverfahren** ist umstritten, ob die Notwendigkeits- 101
prüfung erst mit Vorliegen der gegnerischen Berufungsbegründung entfällt (→ Rn. 157)[166].

Teilweise wird vertreten, dass die Kosten eines Patentanwalts im Rahmen eines **Kostenwider-** 102
spruchs nicht geltend gemacht werden können[167]. Die Entscheidung, gegen die Kostenfolge der
einstweiligen Verfügung vorzugehen, gründet sich allein auf der Beurteilung und Durchsetzung von
Rechtsfragen, so dass hierfür die Einschaltung eines Patentanwalts neben dem vor dem Landgericht
ohnehin notwendigen Rechtsanwalt nicht mehr erforderlich ist. Dies ist im Hinblick auf die gemäß
§ 143 Abs. 3 PatG nicht erforderliche Notwendigkeitsprüfung allerdings zweifelhaft.

b) Erforderliche Mitwirkung. Für die die Gebührenforderung auslösende Mitwirkung reicht 103
grundsätzlich **jede streitbezogene Tätigkeit** des Patentanwalts, unabhängig von deren Notwendigkeit[168]. Sie kann in der unterstützenden Beratung des Rechtsanwalts mit technischem Sachverstand
oder der Verschaffung von für die Führung des Prozesses notwendiger Informationen liegen[169]. Es

---

[162] BPatG BeckRS 2012, 13980.
[163] BPatG BeckRS 2012, 13980.
[164] BGH GRUR 2003, 639 (640) – Kosten des Patentanwalts (zu § 140 Abs. 4 MarkenG); OLG Düsseldorf InstGE 13, 280 (281) – Terminskosten für Patentanwalt (zu § 143 Abs. 3 PatG); OLG Köln BeckRS 2009, 26598 (zu § 52 Abs. 4 DesignG); OLG Hamburg BeckRS 2007, 02566 (zu § 140 Abs. 4 MarkenG); aA *Barnitzke* GRUR 2016, 908 (909).
[165] BGH GRUR 2005, 1072 – Auswärtiger Rechtsanwalt V; OLG Köln BeckRS 2009, 26598.
[166] OLG Düsseldorf Mitt. 2015, 419 (421) mAnm *Koelle* = BeckRS 2015, 09392; OLG Stuttgart GRUR-RR 2004, 279 – Patentanwaltskosten bei Rechtsmittelrücknahme.
[167] LG München BeckRS 2011, 15541.
[168] BGH GRUR 2003, 639 – Kosten des Patentanwalts I; OLG Düsseldorf InstGE 13, 280 (281) – Terminskosten für Patentanwalt (zu § 143 Abs. 3 PatG); OLG Hamburg BeckRS 2007, 02566 (zu § 140 Abs. 4 MarkenG); aA *Barnitzke* GRUR 2016, 908 (909).
[169] OLG Düsseldorf GRUR-RR 2003, 125 (126) – Verhandlungsgebühr (zu § 143 Abs. 5 PatG aF).

genügt aber auch, wenn der Patentanwalt die vom Rechtsanwalt übersandten Schriftsätze oder Schriftsatzentwürfe zustimmend zur Kenntnis nimmt oder jede andere **Abstimmung** im Prozess[170]. Eine Glaubhaftmachung im Kostenfestsetzungsverfahren durch anwaltliche Versicherung ist grundsätzlich ausreichend[171]. Unschädlich ist, wenn die Mitwirkung nicht schriftsätzlich gegenüber dem Gericht **angezeigt** wurde. Entscheidend ist, ob eine Mitwirkung stattgefunden hat, die auch noch nachträglich im Kostenfestsetzungsverfahren glaubhaft gemacht werden kann[172]. Im **Nichtzulassungsbeschwerdeverfahren** können die Kosten des mitwirkenden Patentanwalts erstattungsfähig sein, wenn er die Beschwerdebegründung im Auftrag eines auf Seiten des Beschwerdegegners beigetretenen Streithelfers inhaltlich prüft und sich mit den anwaltlichen Vertretern des Beschwerdegegners abstimmt[173].

104 Für die Erstattung einer **Terminsgebühr** reicht es grundsätzlich aus, dass der Patentanwalt in der mündlichen Verhandlung anwesend ist und den Fortgang des Verfahrens eingriffsbereit verfolgt[174]. Ein eigener Wortbeitrag ist nicht erforderlich[175]. Die Terminsgebühr ist auch erstattungsfähig, wenn im Verhandlungstermin ein Verzichtsurteil ergeht, weil das Patent rechtskräftig vernichtet wurde[176]. Die Terminsgebühr kann auch dann anfallen, wenn in einem Verfahren, für das eine mündliche Verhandlung vorgeschrieben ist, gemäß § 307 ZPO **ohne mündliche Verhandlung entschieden** wird, sofern der Patenanwalt zuvor an der Klageschrift mitgewirkt hat[177].

105 c) **Patentanwalt.** Die Patentanwaltskosten sind erstattungsfähig, wenn eine Partei **einen als Rechtsanwalt und als Patentanwalt** zugelassenen Vertreter in beiden Funktionen beauftragt hat[178]. Gleiches gilt, wenn der Patentanwalt mit dem Prozessbevollmächtigten der Partei in einer **Sozietät verbunden** ist[179]. Es kommt nicht darauf an, ob der Anwalt in beiden Eigenschaften mandatiert war und im Verfahren tätig geworden ist[180]. Dagegen steht ein **Fachanwalt für gewerblichen Rechtsschutz** einem Patentanwalt in gebührenrechtlicher Hinsicht nicht gleich[181].

106 Auf einen **Patentassessor** sind die Regelungen zur Mitwirkung nicht analog anwendbar[182]. Die Kosten können jedoch erstattungsfähig sein, wenn seine Mitwirkung im Einzelfall notwendig war. Dies kann der Fall sein, wenn der Patentassessor neben technischem Sachverstand auch Kenntnisse und Erfahrungen im Rechtsbestandsverfahren einbringen soll. Dann kann seine Tätigkeit nach RVG-Gebühren abgerechnet werden[183].

107 Entsprechend anwendbar sind dagegen im Hinblick auf die Dienstleistungsfreiheit (Art. 56 AEUV) die Vorschriften zur Mitwirkung auf einen **Patentanwalt aus einem Mitgliedstaat der Europäischen Union**[184]. Voraussetzung ist, dass der ausländische Patentanwalt nach seiner Ausbildung und dem Tätigkeitsbereich, für den er in dem anderen Mitgliedstaat zugelassen ist, einem in Deutschland zugelassenen Patentanwalt im Wesentlichen gleichgestellt werden kann. Aufgrund der Harmonisierung des Markenrechts innerhalb der Europäischen Union gilt die entsprechende Anwendung des § 140 Abs. 4 MarkenG nach dem BGH unabhängig davon, ob ein ausländisches Kennzeichenrecht oder eine Unionsmarke Gegenstand des Verfahrens ist[185]. Entsprechendes gilt auch für einen nach Art. 134 EPÜ

---

[170] OLG München GRUR 2004, 536 – Kostenerstattung; OLG Hamburg OLG-Report 2006, 923; OLG Saarbrücken GRUR-RR 2009, 326 (327) – Glaubhaftmachung von Patentanwaltskosten (alle zu § 140 Abs. 4 MarkenG).

[171] OLG Saarbrücken GRUR-RR 2009, 326 (327) – Glaubhaftmachung von Patentanwaltskosten; KG GRUR 2000, 803 – Mitwirkender Patentanwalt.

[172] OLG Düsseldorf InstGE 13, 280 (281) – Terminskosten für Patentanwalt (zu § 143 Abs. 3 PatG); OLG Frankfurt a. M. GRUR-RR 2003, 125 – Mitwirkungsanzeige (zu § 140 Abs. 4 MarkenG).

[173] BGH GRUR 2019, 870 (871) – Kommunikationssystem.

[174] OLG Düsseldorf InstGE 13, 280 (281) – Terminskosten für Patentanwalt; OLG Braunschweig GRUR-RR 2012, 133 – Doppelvertretung (beide zu § 143 Abs. 3 PatG).

[175] OLG München GRUR 2004, 536 – Kostenerstattung (zu § 140 Abs. 4 MarkenG).

[176] OLG Düsseldorf InstGE 13, 280 (281) – Terminskosten für Patentanwalt.

[177] OLG Düsseldorf BeckRS 2006, 06945 (zu § 143 Abs. 3 PatG); OLG Hamm BeckRS 2009, 22691 (zu § 140 Abs. 4 MarkenG).

[178] BGH GRUR 2003, 639 (640) – Kosten des Patentanwalts (zu § 140 Abs. 4 MarkenG); BPatG BeckRS 2017, 112295 = GRUR Prax 2017, 366 – Doppelt qualifizierter Vertreter mAnm *Albrecht*.

[179] OLG Düsseldorf GRUR-RR 2003, 30 – Patentanwaltskosten (zu § 143 Abs. 3 PatG).

[180] BPatG BeckRS 2017, 112295 = GRUR Prax 2017, 366 – Doppelt qualifizierter Vertreter mAnm *Albrecht*.

[181] OLG Köln GRUR-RR 2013, 39 (40) (zu § 52 Abs. 4 DesignG); OLG Düsseldorf GRUR-RR 2003, 30 – Patentanwaltskosten (zu § 143 Abs. 3 PatG).

[182] *Kühnen* S. 380 Rn. 399 mit Verweis auf OLG Düsseldorf BeckRS 2016, 17483 (zu § 143 Abs. 3 PatG).

[183] *Kühnen* S. 380 Rn. 399 mit Verweis auf OLG Düsseldorf BeckRS 2016, 17483 (zu § 143 Abs. 3 PatG).

[184] BGH GRUR 2007, 999 (1000) – Consulente in marchi (zu § 140 Abs. 4 MarkenG, offengelassen für Patentstreitsachen); OLG Düsseldorf GRUR 1988, 761 (762) – Irischer Patentanwalt (zu § 32 Abs. 5 WZG); OLG Koblenz GRUR-RR 2002, 127 (128) – Ferrari-Armbanduhren (zu § 140 Abs. 4 MarkenG); OLG Zweibrücken GRUR-RR 2004, 343 – Testkaufkosten (zu § 140 Abs. 4 MarkenG); OLG Düsseldorf InstGE 12, 63 (69) – zusätzlicher ausländischer Patentanwalt (zu § 143 Abs. 3 PatG); OLG Frankfurt a. M. GRUR-RR 2006, 422 (423) – consulente in marchi (zu § 143 Abs. 3 PatG); OLG Karlsruhe GRUR 2004, 888 – Auftreten als Patentanwalt; *Gruber* GRUR-Int 2017, 859 (860); *Gruber* GRUR-Int 2016, 1025.

[185] BGH GRUR 2007, 999 (1000) – Consulente in marchi.

zugelassenen **Vertreter beim Europäischen Patentamt**[186]. Diese doppelte Erstattungsfähigkeit besteht auch, wenn ein Rechtsanwalt, der beim EPA als Vertreter zugelassen ist, in beiden Funktionen tätig wird[187]. Für ausländische Patentanwälte **außerhalb der EU** ist die Notwendigkeit im Einzelfall zu prüfen (s. auch **Verkehrsanwalt** → Rn. 208).

Es sind nur die Kosten **eines Patentanwalts** nach den Regelungen zur Mitwirkung erstattungs- **108** fähig. Wird neben dem deutschen ein **weiterer ausländischer Patentanwalt** hinzugezogen, so sind dessen Kosten nur nach Maßgabe des § 91 Abs. 1 ZPO, zB als Verkehrsanwalt, oder des § 91 Abs. 2 S. 2 ZPO erstattungsfähig[188]. Es gilt der Rechtsgedanke des § 91 Abs. 2 S. 2 ZPO, so dass die Kosten mehrerer Patentanwälte im Regelfall nur bis zur Höhe der Kosten eines Patentanwaltes zu erstatten sind. Für die Notwendigkeit der Hinzuziehung eines zweiten ausländischen Patentanwalts ist es nicht ausreichend, (i) dass das Klagepatent ein in fremder Verfahrenssprache abgefasstes europäisches Patent ist, (ii) dass der den Einspruch betreibende Verletzungsbeklagte eine ausländische Partei ist und (iii) dass der ausländische Patentanwalt das in der fremden Verfahrenssprache geführte Einspruchsverfahren betreut, denn dies allein hindert einen Beklagten nicht daran, zur Frage der Rechtsbeständigkeit substantiiert Stellung zu nehmen[189]. Die genannten Bedingungen reichen auch nicht für die Erstattungsfähigkeit der Kosten des ausländischen Patentanwaltes als **Verkehrsanwaltskosten**[190]. Hierfür sind außergewöhnliche Umstände nötig, die es erfordern, dass es der ausländischen Partei unmöglich oder unzumutbar ist, ihren Prozessbevollmächtigten am entfernten Gerichtsort persönlich, schriftlich oder telefonisch zu informieren (s. **Verkehrsanwalt** → Rn. 207 f.). Ist der ausländische Patentanwalt der deutschen Sprache mächtig, so steht einer zusätzlichen Berücksichtigung seiner Kosten entgegen, dass die ausländische Partei statt ihres deutschen Patentanwaltes sogleich und allein den ausländischen Patentanwalt zur Mitwirkung hätte bestellen können[191]. Beauftragt eine (bereits durch Rechtsanwalt und deutschen Patentanwalt vertretene) Partei einen ausländischen Patentanwalt in einem Markenrechtsstreit mit der Recherche und Darstellung des Schutzumfangs einer international registrierten Marke zur Erfüllung einer richterlichen Auflage, so ist für die Frage der Notwendigkeit der Hinzuziehung § 91 Abs. 1 ZPO maßgeblich[192].

d) Vorprozessuale Kosten. Auf Ansprüche auf Erstattung **vorprozessualer Patentanwaltskos-** **109** **ten** sind die Bestimmungen zur Mitwirkung von Patentanwälten **nicht entsprechend** anwendbar[193]. Vielmehr gelten auch hier die gleichen Regelungen, wie für die Erstattungsfähigkeit von vorprozessualen Rechtsanwaltskosten, die sich nach der Erforderlichkeit der Hinzuziehung des Rechtsanwalts beurteilen (→ § 93 Rn. 69 ff.). Andernfalls wären die durch die Einschaltung eines Patentanwalts entstandenen Kosten unter leichteren Voraussetzungen zu erstatten als die durch die Einschaltung eines Rechtsanwalts entstandenen Kosten.

e) Die einzelnen Streitverfahren. aa) Patentrecht. Nach § 143 Abs. 3 PatG sind die Kosten **110** für die Mitwirkung eines Patentanwalts in Patentstreitsachen erstattungsfähig[194]. Der Begriff der **Patentstreitsache** ist grundsätzlich weit auszulegen (→ § 1 Rn. 27). Zu den Patentstreitsachen zählen alle Klagen, die einen Anspruch (i) auf eine Erfindung oder (ii) aus einer Erfindung zum Gegenstand haben oder (iii) sonst wie mit einer Erfindung eng verknüpft sind[195]. Eine Patentstreitsache liegt noch nicht deshalb vor, weil Ansprüche aus einem Vertrag geltend gemacht werden, in dem sich eine Vertragspartei zur Übertragung eines Patents verpflichtet hat[196]. Gleiches gilt für die **Honorarklage** eines Rechts- oder Patentanwalts[197]. Dagegen ist ein Unterlassungsanspruch wegen unberechtigter **Patentberühmung** eine Patentstreitsache[198].

bb) Markenrecht. Kennzeichenstreitsachen iSv § 140 Abs. 4 MarkenG sind alle Klagen, durch **111** die ein Anspruch aus einem der im Markengesetz geregelten Rechtsverhältnisse geltend gemacht wird

---

[186] BGH GRUR 2020, 781 – EPA-Vertreter; OLG Karlsruhe GRUR 2004, 888 – Auftreten als Patentanwalt.
[187] BGH GRUR 2020, 781 – EPA-Vertreter.
[188] OLG Düsseldorf InstGE 12, 63 (65) – zusätzlicher ausländischer Patentanwalt (zu § 143 Abs. 3 PatG).
[189] OLG Düsseldorf InstGE 12, 63 (65) – zusätzlicher ausländischer Patentanwalt (zu § 143 Abs. 3 PatG).
[190] OLG Düsseldorf InstGE 12, 63 (66) – zusätzlicher ausländischer Patentanwalt (zu § 143 Abs. 3 PatG).
[191] OLG Düsseldorf InstGE 12, 63 (68) – zusätzlicher ausländischer Patentanwalt (zu § 143 Abs. 3 PatG).
[192] OLG Naumburg GRUR 2014, 304 (Ls.) = BeckRS 2013, 22093 – Consulente in marchi.
[193] BGH GRUR 2011, 754 – Kosten des Patentanwalts II; BGH GRUR 2012, 756 – Kosten des Patentanwalts III; BGH GRUR 2012, 759 – Kosten des Patentanwalts IV; OLG Frankfurt a. M. GRUR-RR 2010, 127 – Vorgerichtliche Patentanwaltskosten; OLG Düsseldorf BeckRS 2008, 05681 (alle zu § 140 Abs. 4 MarkenG).
[194] BGH GRUR 2006, 702 – Erstattung von Patentanwaltskosten (auch zu Verfahren, die vor Inkrafttreten der Neuregelung des § 143 Abs. 3 PatG am 1.1.2002 schon anhängig waren); OLG Düsseldorf InstGE 13, 280 (281) – Terminskosten für Patentanwalt.
[195] BGH GRUR 2011, 662 – Patentstreitsache; BGH GRUR 2013, 756 – Patentstreitsache II; OLG Düsseldorf GRUR-RR 2012, 305 – Unberechtigte Patentberühmung.
[196] BGH GRUR 2011, 662 – Patentstreitsache.
[197] BGH GRUR 2013, 756 – Patentstreitsache II; Patentstreitsache angenommen von OLG Hamburg BeckRS 2018, 30228 = Mitt. 2019, 138 – Erstattungsfähigkeit der Patentanwaltskosten bei Patentanwaltshonorarklage.
[198] OLG Düsseldorf GRUR-RR 2012, 305 – Unberechtigte Patentberühmung.

(→ § 1 Rn. 55)[199]. Zu den Klagen im Sinne dieser Bestimmung zählen auch **einstweilige Verfügungsverfahren**[200]. Der Begriff der Kennzeichenstreitsachen ist dabei im Hinblick auf den Zweck der Vorschrift weit auszulegen. Es reicht aus, wenn das Kennzeichenrecht am Rande berührt ist[201]. Unerheblich ist darüber hinaus, ob das Begehren in erster Linie oder ausschließlich auf eine andere, etwa eine **wettbewerbsrechtliche Rechtsgrundlage** gestützt worden ist[202]. Werden in erster Linie nichtkennzeichenrechtliche Ansprüche (zB namensrechtliche Ansprüche) und **hilfsweise kennzeichenrechtliche Ansprüche** geltend gemacht, ist für die Ansetzung der Kosten erforderlich, dass über die kennzeichenrechtlichen Hilfsansprüche eine gerichtliche Entscheidung ergangen ist[203]. Die **Verfassungsmäßigkeit** des Ersatzes von Patentanwaltskosten mit Blick auf die Einführung der Fachanwaltschaft für gewerblichen Rechtsschutz und die Vereinbarkeit mit Unionsrecht (Durchsetzungs-RL) wird diskutiert[204]. Der BGH hat die Frage der Vereinbarkeit des § 140 Abs. 4 MarkenG mit der Durchsetzungsrichtlinie dem EuGH vorgelegt und geht in seiner Vorlage von der Unionsrechtswidrigkeit aus[205].

112 cc) **Designrecht.** Entsprechendes gilt für eine **Designstreitsache** gemäß der wortgleichen Vorschrift des § 52 Abs. 4 DesignG (→ § 1 Rn. 81)[206]. Eine solche liegt auch vor, wenn der Klage- oder Verfügungsanspruch nur hilfsweise auf ein Design gestützt wird[207].

113 dd) **Wettbewerbssachen.** In Wettbewerbssachen sind Patentanwaltskosten nur nach § 91 Abs. 1 ZPO erstattungsfähig, also dann, wenn die Mitwirkung eines Patentanwalts zur zweckentsprechenden Rechtsverfolgung oder Rechtsverteidigung **notwendig** war[208]. In Wettbewerbssachen kann die Zuziehung eines Patentanwalts ausnahmsweise erforderlich sein, wenn – etwa bei der Geltendmachung wettbewerbsrechtlichen Leistungsschutzes – Tätigkeiten erforderlich werden, die in das **typische Arbeitsfeld des Patentanwalts** gehören[209]. Hierzu kann die Durchführung von Recherchen zum vorbekannten Formenschatz, gerade auch wenn Patentschriften und eingetragene Designs zu berücksichtigen waren,[210] die Beurteilung schwieriger patent- oder markenrechtlicher Vorfragen bei Schutzrechtsberührung innerhalb des § 1 UWG[211] oder die Beantwortung von schwierigen technischen Streitfragen zählen[212]. Bei einer **objektiven (kumulativen) Klagehäufung** beschränkt sich die auf § 140 Abs. 4 MarkenG gestützte Erstattungspflicht nur auf die – abtrennbaren – kennzeichenrechtlichen Ansprüche. Im Übrigen beurteilt sich die Erstattungsfähigkeit der Patentanwaltskosten für die Wettbewerbssache nach § 91 Abs. 1 ZPO[213].

---

[199] BGH GRUR 2012, 756 (757) – Kosten des Patentanwalts III; KG BeckRS 2018, 29685 = Mitt. 2018, 522 mAnm *Beyerlein* (auch zu verfassungsrechtlichen Fragen); OLG Frankfurt a.M. GRUR-RR 2020, 287 – Patentanwaltskosten (auch zur Frage der Verfassungsmäßigkeit); OLG Stuttgart GRUR-RR 2009, 79 – Patentanwaltskosten bei Klagehäufung; OLG Zweibrücken NJWE-FER 1999, 137; KG GRUR 2000, 803 – Mitwirkender Patentanwalt; OLG München GRUR-RR 2004, 190 – Vertragsstrafenklage; BGH GRUR 2004, 622 – ritter.de; OLG Köln GRUR-RR 2006, 350 – Kennzeichenstreitsache; aA *Barnitzke* GRUR 2016, 908 (909).
[200] BGH GRUR 2012, 756 (757) – Kosten des Patentanwalts III; OLG Stuttgart GRUR-RR 2009, 79 – Patentanwaltskosten bei Klagehäufung.
[201] OLG Stuttgart GRUR-RR 2009, 79 – Patentanwaltskosten bei Klagehäufung; OLG Zweibrücken NJWE-FER 1999, 137.
[202] OLG Stuttgart GRUR-RR 2009, 79 – Patentanwaltskosten bei Klagehäufung; KG GRUR 2000, 803 – Mitwirkender Patentanwalt; OLG Köln GRUR-RR 2006, 350 – Kennzeichenstreitsache.
[203] OLG München GRUR 2019, 983 – Kosten des Patentanwalts V = GRUR-Prax 2019, 367 mAnm *Ringer/Wiedemann*; zu den verfassungsrechtlichen und unionsrechtlichen Aspekten: *Gruber* WRP 2020, 10.
[204] KG BeckRS 2018, 29685 = Mitt. 2018, 522 mAnm *Beyerlein*; OLG Frankfurt a.M. GRUR-RR 2020, 287 – Patentanwaltskosten; *Gruber* WRP 2020, 10.
[205] BGH GRUR 2020, 1239 – Kosten des Patentanwalts VI, mAnm *Lerach* GRUR-Prax 2020, 563.
[206] OLG Frankfurt a.M. GRUR-RS 2020, 8901 = GRUR-Prax 2020, 341 mAnm *Werkmeister*.
[207] OLG Frankfurt a.M. GRUR-RR 2013, 184.
[208] OLG Frankfurt a.M. GRUR-RS 2019, 5230 – Erstattungsfähigkeit von Patentanwaltskosten in Wettbewerbssachen; OLG Frankfurt a.M. GRUR-RS 2019, 15131 – Kosten des Patentanwalts; OLG Stuttgart GRUR-RR 2009, 79 (80) – Patentanwaltskosten bei Klagehäufung; OLG Frankfurt a.M. GRUR-RR 2011, 118 – Engel-Schmuckstücke; OLG Frankfurt a.M. GRUR 1993, 161 – Hammer-Nachbau; KG OLG-Report 1999, 374; OLG Zweibrücken OLG-Report 1999, 249; OLG Köln GRUR 2001, 184 – Patentanwaltskosten; OLG München OLG-Report 2002, 96; OLG Jena GRUR-RR 2003, 30 – Gebührenerstattung in Wettbewerbssachen; OLG Köln BeckRS 2006, 00295.
[209] OLG Stuttgart GRUR-RR 2009, 79 (80) – Patentanwaltskosten bei Klagehäufung; OLG Frankfurt a.M. GRUR-RR 2011, 118 – Engel-Schmuckstücke; OLG Jena NJW-RR 2003, 105; OLG Köln BeckRS 2006, 09791.
[210] OLG Frankfurt a.M. GRUR-RS 2019, 5230 – Erstattungsfähigkeit von Patentanwaltskosten in Wettbewerbssachen; OLG Frankfurt a.M. GRUR-RS 2019, 15131 – Kosten des Patentanwalts; OLG Frankfurt a.M. GRUR-RR 2011, 118 – Engel-Schmuckstücke.
[211] OLG Köln JurBüro 2002, 591.
[212] OLG Stuttgart GRUR-RR 2009, 79 (80) – Patentanwaltskosten bei Klagehäufung; OLG Zweibrücken OLG-Report 1999, 249; OLG Jena GRUR-RR 2003, 30 – Gebührenerstattung in Wettbewerbssachen; OLG Köln BeckRS 2006, 00295.
[213] OLG Stuttgart GRUR-RR 2009, 79 (80) – Patentanwaltskosten bei Klagehäufung.

ee) Urheberrecht. In Urheberrechtsstreitigkeiten ist die Einschaltung eines Patentanwalts **grund-** 114 **sätzlich nicht notwendig** gemäß § 91 Abs. 1 ZPO[214]. Dies wird damit gerechtfertigt, dass es hinsichtlich der Beurteilung der Urheberrechtsschutzfähigkeit eines Werks keines besonderen technischen Sachverstandes bedarf. Die Rechtsfrage der erforderlichen Gestaltungshöhe und damit in Zusammenhang stehende künstlerisch-ästhetische Anknüpfungspunkte können von einem Patentanwalt nicht besser beantwortet werden als von einem Rechtsanwalt[215]. Eine Erstattungsfähigkeit wird jedoch im Einzelfall in Betracht kommen, wenn technisch geprägte Sachverhalte betroffen sind, zB im Bereich der Computerprogramme[216].

f) Patentanwaltskosten im Zwangsvollstreckungsverfahren. Auch im Zwangsvollstreckungs- 115 verfahren kommt die Erstattungsfähigkeit von Patentanwaltskosten in Betracht. Entscheidend ist, ob es sich bei der in Frage stehenden Vollstreckungsmaßnahme um eine entsprechende (Patent-, Marken- oder Design-)Streitsache handelt, dh ob es der vom Gesetzgeber für das Erkenntnisverfahren fingierten besonderen Sachkunde des Patentanwalts auch im Rahmen der Vollstreckung des Anspruchs bedarf[217]. Dies wird in der Rechtsprechung etwa in den Fällen der **Durchsetzung einer Unterlassungsverfügung nach § 890 ZPO** anerkannt, denn hier besteht die Gefahr, dass die Parteien über den objektiven Umfang der titulierten Verpflichtung streiten[218]. Gleiches gilt für die **Herausgabevollstreckung** zur Sicherung des Anspruchs auf Vernichtung patentverletzender Gegenstände[219]. Dies gilt jedenfalls dann, wenn die titulierte Herausgabeanordnung nicht auf ein konkret bezeichnetes Produkt beschränkt ist, sondern so unbestimmt gefasst ist, dass es einer besonderen Sachkunde bedarf, um die Verletzungsgegenstände eindeutig zu identifizieren[220]. Entsprechendes gilt auch für die Zwangsvollstreckung des Rückrufanspruchs[221]. Ob ein Patentanwalt hinzugezogen wird, ist im Allgemeinen zu Beginn des Verfahrens zu entscheiden. In diesem Stadium lässt sich regelmäßig nicht absehen, wie sich das weitere Verfahren entwickeln wird und ob die besondere Sachkunde eines Patentanwalts erforderlich ist[222]. Unterschiedlich wird dies von der instanzgerichtlichen Rechtsprechung für das Zwangsgeldverfahren auf **Vollstreckung der Auskunftsverpflichtung** beurteilt[223].

2. Rechtsanwaltskosten im Rechtsbestandsverfahren. a) Rechts- und Patentanwalt. Eine 116 **Doppelqualifikation** des Prozessbevollmächtigten als Rechtsanwalt und als Patentanwalt führt im Patentnichtigkeitsverfahren, anders als von den Verletzungsgerichten anerkannt, nicht zu einer zusätzlichen Gebühr[224]. Dagegen sind die Kosten für einen im Patentnichtigkeitsverfahren neben einem Rechtsanwalt mitwirkenden Patentanwalt auch dann erstattungsfähig, wenn der Patentanwalt zusätzlich als Rechtsanwalt zugelassen ist, selbst wenn beide Anwälte **derselben Sozietät** angehören[225].

Eine Kostenerstattung für eine Prozessvertretung durch mehrere **Anwälte einer Anwaltsozietät** 117 kann nur verlangt werden, wenn diese ausdrücklich einzeln beauftragt wurden oder sich aus den Gesamtumständen eindeutig ergibt, dass nicht nur die Sozietät als solche, sondern mehrere bei ihr tätige Anwälte gesondert beauftragt werden sollen[226]. Bei **gemischten Sozietäten** liegt die Beauftragung sowohl eines Patent- als auch eines Rechtsanwalts dabei vor allem dann nahe, wenn neben dem Nichtigkeitsverfahren auch ein Verletzungsverfahren anhängig war oder zumindest eine mit den Besonderheiten des Verletzungsverfahrens vergleichbare Situation vorliegt[227].

Die Kosten für die Mitwirkung von sog. **Erlaubnisscheininhabern,** die sich üblicherweise Patent- 118 ingenieure nennen, werden in Höhe von 8/10 der Gebühren eines Patentanwalts als erstattungsfähig angesehen[228].

b) Patentrecht. aa) Nichtigkeitsverfahren. Die Erstattungsfähigkeit der Kosten für die Zuzie- 119 hung eines Rechtsanwalts im Nichtigkeitsverfahren beurteilt sich nach § 91 Abs. 1 S. 1 ZPO. Der

---

[214] OLG Jena NJW-RR 2003, 105; OLG Köln BeckRS 2006, 09791; Wandtke/Bullinger/*Kefferpütz* UrhR Vorb. §§ 97 ff. Rn. 43.
[215] OLG Jena NJW-RR 2003, 105; OLG Köln BeckRS 2006, 09791.
[216] Wandtke/Bullinger/*Kefferpütz* UrhR Vorb. §§ 97 ff. Rn. 43.
[217] OLG Köln GRUR-RR 2012, 492 – Patentanwaltskosten im Zwangsgeldverfahren; OLG Düsseldorf BeckRS 2016, 17148; 2010, 16066; GRUR 1983, 512; OLG Stuttgart GRUR-RR 2005, 334.
[218] OLG München GRUR-RR 2006, 68 – Fortgesetzte Verletzungshandlung; OLG Düsseldorf BeckRS 2016, 17148; 2010, 16066.
[219] OLG Düsseldorf BeckRS 2010, 16066.
[220] OLG Düsseldorf BeckRS 2010, 16066.
[221] OLG Düsseldorf BeckRS 2016, 17148.
[222] OLG Düsseldorf BeckRS 2016, 17148.
[223] OLG Stuttgart GRUR-RR 2005, 334 – Patentanwaltskosten in der Zwangsvollstreckung: Patentanwaltskosten erstattungsfähig; aA OLG Köln GRUR-RR 2012, 492 – Patentanwaltskosten im Zwangsgeldverfahren: Patentanwaltskosten nicht erstattungsfähig.
[224] BPatG GRUR 1991, 205 – Anwaltliche Doppelqualifikation.
[225] BPatG GRUR 1991, 205 – Anwaltliche Doppelqualifikation.
[226] BPatG GRUR-RS 2016, 03293.
[227] BPatG GRUR-RS 2016, 03293.
[228] BGH BeckRS 1972, 31126389; BPatGE 29, 242.

§ 143 Abs. 3 PatG ist im Nichtigkeitsverfahren **nicht entsprechend anwendbar**[229]. Es fehlt an einer planwidrigen Regelungslücke, denn es besteht kein übergreifendes Regelungskonzept, dass in jedem Rechtsstreit über Bestand oder Rechtsfolgen eines Patents eine Vertretung durch einen Rechtsanwalt und einen Patentanwalt als notwendig anzusehen ist. Zudem ist die Interessenlage nicht vergleichbar, weil § 143 Abs. 3 PatG dem Umstand Rechnung trägt, dass in einem Patentverletzungsrechtsstreit die Zuziehung eines Patentanwalts in aller Regel zur zweckentsprechenden Rechtsverfolgung oder Rechtsverteidigung geboten ist, die Parteien aber schon im Hinblick auf § 78 ZPO gehalten sind, auch einen Rechtsanwalt mit der Wahrnehmung ihrer Interessen zu beauftragen. Dagegen steht es den Parteien im erstinstanzlichen Patentnichtigkeitsverfahren frei, ob sie den Rechtsstreit selbst führen oder sich von einem Patentanwalt oder einem Rechtsanwalt vertreten lassen (§ 97 Abs. 1 und 2 PatG)[230].

120 Bei der Prüfung, ob die Zuziehung eines Rechtsanwalts neben einem Patentanwalts notwendig war, ist grundsätzlich eine **typisierende Betrachtungsweise** geboten, um insbesondere Streitigkeiten im Einzelfall zu vermeiden[231]. Danach ist die Zuziehung des Rechtsanwalts als notwendig anzusehen, **wenn zeitgleich** mit dem Nichtigkeitsverfahren ein das Streitpatent betreffender **Verletzungsrechtsstreit anhängig ist,** an dem die betreffende Partei oder ein mit ihr wirtschaftlich verbundener Dritter beteiligt ist[232]. Die gleichzeitige Anhängigkeit von Verletzungs- und Nichtigkeitsverfahren fordert einen besonderen Abstimmungsbedarf im Hinblick auf Auslegung des Streitpatents und Vorbringen bzw. zum Offenbarungsgehalt von Druckschriften und die entsprechende Auswahl der Angriffs- oder Verteidigungsstrategie. Wenn diese Aufgaben im Verletzungsrechtsstreit von einem Rechtsanwalt und einem Patentanwalt gemeinsam wahrgenommen werden, entspricht es einer zweckentsprechenden Rechtsverfolgung oder Rechtsverteidigung, auch im Nichtigkeitsverfahren beide Vertreter heranzuziehen[233]. Eine Parteiidentität zwischen beiden Prozessen ist nicht entscheidend, sondern abzustellen ist darauf, ob das **gleiche Streitpatent Basis für beide Prozesse** ist. Erstattungsfähigkeit liegt auch dann vor, wenn der Lizenznehmer des Patentinhabers die Verletzungsklage erhebt[234]. Es reicht aus, wenn der Verletzungsrechtsstreit von einem mit dem Patentinhaber **wirtschaftlich verbundenen Dritten** betrieben wird[235]. Sind Nichtigkeits- und Verletzungsrechtsstreit **nicht gleichzeitig nebeneinander anhängig** oder überschneiden sie sich zeitlich nur kurzfristig, so kann aus der weitgehend typischen Vorgeschichte eines Nichtigkeitsverfahrens, in denen sich die Beteiligten und ihre Vertreter bereits mit Fragen der Verletzung und der Bestandskraft des Patents befasst haben, keine Notwendigkeit einer Doppelvertretung hergeleitet werden[236]. Wird ein paralleles Verletzungsverfahren rechtskräftig abgeschlossen, entfällt ab diesem Zeitpunkt die Notwendigkeit einer Doppelvertretung durch Patent- und Rechtsanwalt im Nichtigkeitsverfahren[237]. Bei **Besichtigungs- und Beweisverfahren** handelt es sich um Verletzungsstreitverfahren, was zu einem Abstimmungsbedarf mit den in zeitgleich anhängigen Nichtigkeitsverfahren beauftragten Anwälten führt und damit ist eine Doppelvertretung im Nichtigkeitsverfahren als notwendig anzusehen[238].

121 Eine Erstattungsfähigkeit kann auch dann in Betracht kommen, wenn **kein Verletzungsverfahren anhängig** ist[239]. Allerdings ist dies regelmäßig auf die Fälle zu beschränken, in denen eine mit den Besonderheiten des Verletzungsverfahrens vergleichbare Situation vorliegt, zB wenn sich die Parteien noch im Vorfeld einer Verletzungsklage befinden und bereits über Fragen streiten, die sich später sowohl im Verletzungs- als auch im Nichtigkeitsverfahren stellen werden oder stellen würden, etwa die Auslegung des Patentgegenstandes[240]. Eine Einigung auf eine Schadensersatzpflicht wurde als nicht ausreichend angesehen[241].

---

[229] BGH GRUR 2013, 427 (428) – Doppelvertretung im Nichtigkeitsverfahren; BGH GRUR 2013, 430 (431) – Rechtsanwalt im Nichtigkeitsverfahren, jeweils mN zur übereinstimmenden Rechtsprechung der einzelnen Nichtigkeitssenate.

[230] BGH GRUR 2013, 427 (428) – Doppelvertretung im Nichtigkeitsverfahren; BGH GRUR 2013, 430 (431) – Rechtsanwalt im Nichtigkeitsverfahren.

[231] BGH GRUR 2013, 427 (428) – Doppelvertretung im Nichtigkeitsverfahren; BGH GRUR 2013, 430 (431) – Rechtsanwalt im Nichtigkeitsverfahren, jeweils mwN zur teilweise abweichenden Rechtsprechung der einzelnen Nichtigkeitssenate; kritisch *Paul* Mitt. 2017, 531 (533).

[232] BGH GRUR 2013, 427 (429) – Doppelvertretung im Nichtigkeitsverfahren; BGH GRUR 2013, 430 (432) – Rechtsanwalt im Nichtigkeitsverfahren.

[233] BGH GRUR 2013, 427 (429) – Doppelvertretung im Nichtigkeitsverfahren; BGH GRUR 2013, 430 (431) – Rechtsanwalt im Nichtigkeitsverfahren.

[234] BPatG GRUR-RR 2012, 129 (130) – Doppelvertretungskosten im Nichtigkeitsverfahren VI.

[235] BPatG GRUR-RS 2020, 24854 – Doppelvertretung bei parallelem Beweisverfahren; BGH GRUR 2013, 427 – Doppelvertretung im Nichtigkeitsverfahren.

[236] BPatG GRUR-RS 2017, 134903 = GRUR-RR 2018, 272 (Ls.) – Doppelvertretung.

[237] BPatG BeckRS 2017, 112103 = GRUR-Prax 2017, 367 – Doppelvertretung im Nichtigkeitsverfahren mAnm *Albrecht*.

[238] BPatG GRUR-RS 2020, 24854 – Doppelvertretung bei parallelem Beweisverfahren.

[239] BPatG GRUR-RS 2016, 03293.

[240] BPatG GRUR-RS 2016, 03293.

[241] BPatG GRUR-RS 2016, 03293.

Ferner kann eine gleichzeitige Beauftragung sowohl eines Patent- als auch eines Rechtsanwalts **122**
gerechtfertigt sein, wenn das Mandat Fragen betrifft, die sowohl der Patent- als auch der Rechtsanwalt
für sich genommen kraft seiner Ausbildung nicht bewältigen kann, zB bei **besonderen juristischen
Problemen**[242]. Dies muss sich jedoch aus **objektiven Umständen** ergeben. Daran fehlt es bspw.,
wenn die eingereichten Schriftsätze allein vom Patentanwalt unterzeichnet worden sind und die zur
Klärung der Rechtsfragen erforderlichen Kenntnisse kraft seiner Ausbildung auch von einem Patentanwalt erwartet werden können[243].

Im Berufungsverfahren vor dem BGH sind Doppelvertreterkosten regelmäßig erstattungsfähig, auch **123**
ohne einen parallel anhängigen Verletzungsstreit[244]. Der BGH ist zur Auslegung und Fortbildung des
Patentrechts berufen und bedarf daher der Mitwirkung juristisch geschulter Rechtsanwälte. Zudem
handelt es sich um die letzte Instanz, so dass fehlerhafte Rechtsvorträge nicht mehr korrigiert werden
können. Dies gilt selbst für den Fall, dass bei *ex ante* Betrachtung keine schwierigen und komplexen
Rechtsfragen erkennbar sind[245].

bb) Einspruchsverfahren. Im Einspruchsverfahren ist § 91 Abs. 1 S. 1 ZPO nicht anwendbar. Es **124**
gilt der Grundsatz, dass regelmäßig keine Kostenentscheidung erforderlich ist und jeder Beteiligte seine
Kosten selbst trägt (§ 62 Abs. 1 S. 1 PatG). Daher wird es regelmäßig an einer **Kostengrundentscheidung** nach Billigkeitsgesichtspunkten fehlen, die bestimmt, dass ein Beteiligter des Verfahrens
die Kosten der anderen Beteiligten trägt. Teilweise wird vorgeschlagen, die Einspruchskosten als
Kosten eines parallelen Patentverletzungsprozesses anzusehen,[246] was aber im Hinblick auf die getrennten Verfahren abzulehnen ist.[247]

Liegt aber im Einzelfall eine Kostengrundentscheidung vor, so ist hinsichtlich der Erstattungsfähig- **125**
keit der Kosten zu prüfen, ob und wieweit diese zur zweckentsprechenden Wahrung der Ansprüche
und Rechte **notwendig** waren (§§ 62 Abs. 2 S. 1, 80 Abs. 1 S. 2 PatG).

Eine **Doppelvertretung** im Einspruchs- und Beschwerdeverfahren durch einen Rechtsanwalt und **126**
einen Patentanwalt wird **idR nicht als notwendig** angesehen[248]. Wählt die Partei zur Vertretung
einen Patentanwalt, so ist sie durch diesen regelmäßig vollwertig vertreten, denn der Patentanwalt ist
durch seine Ausbildung und Berufspraxis so geschult, dass er die auftretenden patentrechtlichen Fragen
beherrscht. Lediglich bei **Rechtsfragen, die außerhalb des gewerblichen Rechtsschutzes** liegen,
etwa bei schwierigen gesellschaftsrechtlichen Fragen, kann die Hinzuziehung eines Rechtsanwalts
neben dem Patentanwalt notwendig sein[249]. Es bleibt abzuwarten, ob DPMA und BPatG nach der
Anerkennung der Erstattungsfähigkeit von Doppelvertreterkosten im erstinstanzlichen Nichtigkeitsverfahren durch den BGH ihre Rechtsprechung ändern werden. Zur **Höhe der Gebühren für
Patent- und Rechtsanwälte** → Rn. 49.

c) Gebrauchsmusterrecht. Der Gebrauchsmustersenat des BPatG hat sich der Rechtsprechung **127**
zur Erstattungsfähigkeit von Doppelvertreterkosten im **Nichtigkeitsverfahren angeschlossen**[250].
Auch im Gebrauchsmusterlöschungsverfahren gehören die Kosten eines Patentanwalts und die
eines Rechtsanwalts zu den erstattungsfähigen Kosten, wenn parallel ein Verletzungsrechtsstreit anhängig
war. Der notwendige Abstimmungsbedarf von Patent- und Rechtsanwalt ist regelmäßig gleichartig wie
im Nichtigkeitsverfahren. Damit wird die gegenteilige frühere Auffassung aufgegeben, wonach auch
bei anhängigen parallelen Verletzungsverfahren die Erstattungsfähigkeit regelmäßig abgelehnt wurde
und Doppelvertretungskosten nur anerkannt wurden, wenn über den Bereich des gewerblichen Rechtsschutzes hinaus derart schwierige rechtliche Fragen zu beurteilen waren, dass für deren Beurteilung das
bei einem Patentanwalt vorauszusetzende rechtliche Wissen nicht ausreicht[251]. Hat in einem Ge-

---

[242] BPatG GRUR-RS 2016, 03293.
[243] BPatG GRUR-RS 2016, 03293.
[244] BPatG GRUR-RR 2010, 401 – Doppelvertretungskosten; BPatG BeckRS 2012, 13675.
[245] BPatG GRUR-RR 2010, 401 – Doppelvertretungskosten; BPatG BeckRS 2012, 13675.
[246] *Schrader/Kuchler* Mitt. 2012, 162.
[247] Ebenso *Rojahn/Rektorschek* Mitt. 2014, 1 (13 f.).
[248] BGH GRUR 1965, 621 (626) – Patentanwaltskosten; BPatG GRUR 1979, 702 – Anwaltszuziehung (beide zu den wortgleichen Regelung zu § 9 Abs. 3 S. 3 GebrMG aF iVm § 33 Abs. 2 S. 3 PatG aF); BPatG BeckRS 2011, 28396; 2009, 25130 (beide zu § 17 Abs. 4 GebrMG iVm § 62 Abs. 2 PatG).
[249] BGH GRUR 1965, 621 (626) – Patentanwaltskosten. Nach einer Entscheidung des BPatG (GRUR 1979, 702 – Anwaltszuziehung) bedarf es auch selbst in Fällen besonderer rechtlicher Schwierigkeiten idR nicht der Bestellung des Rechtsanwalts zum weiteren Verfahrensbevollmächtigten (Doppelvertretung), sondern nur der nach Gebührenordnung (§ 118 Abs. 1 BRAGO aF) zu vergütenden Mitwirkung des Rechtsanwalts iSd Bearbeitung von den die besonderen Schwierigkeiten ausmachenden spezifischen rechtlichen Fragen.
[250] BPatG BeckRS 2018, 10598 – Doppelvertretung im Gebrauchsmusterlöschungsverfahren II = GRUR-Prax 2018, 365 mAnm *Kendziur*; BPatG BeckRS 2017, 112295 = GRUR Prax 2017, 366 – Doppelt qualifizierter Vertreter mAnm *Albrecht*; kritisch *Paul* Mitt. 2017, 531 (533).
[251] BPatG GRUR 2010, 556 (559) – Medizinisches Instrument; BPatG BeckRS 2012, 09510; entspricht BGH GRUR 1965, 621 – Patentanwaltskosten.

128 **d) Markenrecht.** In **Löschungsverfahren** vor dem Patentamt oder in **Beschwerdeverfahren** vor dem BPatG ist die Regelung des **§ 140 Abs. 4 MarkenG nicht analog** anwendbar. Der Begriff der „Kennzeichenstreitsachen" umfasst lediglich Klageverfahren vor den ordentlichen Gerichten. Daher verbleibt es bei der allgemeinen Regelung, wonach im Einzelfall zu prüfen ist, ob die Kosten einer Doppelvertretung zur zweckentsprechenden Rechtsverfolgung notwendig waren (§§ 63 Abs. 3, 71 Abs. 1, 82 Abs. 1 S. 1 MarkenG iVm § 91 ZPO). Dies erfordert das Vorliegen **besonderer Umstände,** wie etwa einen besonderen Schwierigkeitsgrad oder den Umfang des Verfahrens, die im Regelfall nicht gegeben sind[253]. Zu berücksichtigen ist dabei auch, dass die Beteiligten vor dem Patentgericht den Rechtsstreit selbst führen können (§ 81 Abs. 1 MarkenG).

129 Demgegenüber sind im **Rechtsbeschwerdeverfahren** vor dem BGH neben den Gebühren des verfahrensbevollmächtigten (und am BGH zugelassenen) Rechtsanwalts auch die Gebühren des mitwirkenden Patentanwalts **erstattungsfähig** (§ 85 Abs. 5 S. 3 MarkenG)[254].

Fotokopien

130 Die Erstattungsfähigkeit von Fotokopien richtet sich nach § 91 Abs. 2 S. 1 Hs. 1 ZPO[255]. Danach gelten die **gesetzlichen Auslagen** des Rechtsanwalts der obsiegenden Partei stets als zweckentsprechende Kosten der Rechtsverfolgung oder Rechtsverteidigung. Es ist daher allein zu prüfen, ob der Prozessbevollmächtigte gegenüber der von ihm vertretenen Partei Anspruch auf Ersatz der Kopierkosten hat[256]. Mit den Gebühren, die ein Rechtsanwalt nach dem RVG erhält, sind auch die allgemeinen Geschäftsunkosten abgegolten. Kosten für Fotokopien sind daher grundsätzlich nicht erstattungsfähig[257]. Das KG sieht das bloße **Einscannen** von Urkunden und Unterlagen auch dann nicht als „Kopie" an, wenn die gescannten Dokumente anschließend ausgedruckt werden[258]. Ablichtungen sind nur dann erstattungsfähig, wenn einer der abschließend geregelten Ausnahmetatbestände des **Teils 7 VV Nr. 7000 RVG** vorliegt[259].

131 Danach sind Kosten für **Ablichtungen aus Behörden- und Gerichtsakten** erstattungsfähig, soweit deren Herstellung zur sachgemäßen Bearbeitung der Rechtssache geboten war (Nr. 1a). Dies ist aus der Sicht eines verständigen und durchschnittlich erfahrenen Prozessbevollmächtigten zu beurteilen, der sich mit der betreffenden Gerichtsakte beschäftigt und alle Eventualitäten bedenkt, die bei der dann noch erforderlichen eigenen Bearbeitung der Sache auftreten können[260]. Nicht erstattungsfähig sind danach Kosten für die Ablichtung von Aktenbestandteilen, die für das weitere Vorgehen des Rechtsanwalts von vornherein irrelevant sind oder Kosten für Ablichtungen von Aktenbestandteilen, von denen der zweitinstanzliche Prozessbevollmächtigte sicher erwarten konnte, dass Ablichtungen oder Abschriften in den Handakten eines früheren Prozessbevollmächtigten existieren und hierauf rechtzeitig zurückgegriffen werden kann[261].

132 Erstattungsfähig sind ferner Kosten für Fotokopien zur Zustellung oder Mitteilung an Gegner oder Beteiligte und Verfahrensbevollmächtigte, die **aufgrund einer Rechtsvorschrift** oder nach **Aufforderung durch das Gericht** erfolgen, wenn **mehr als 100 Seiten** zu fertigen waren (Nr. 1b, in Höhe der dort angegebenen Pauschale). Im ZPO-Verfahren stellt **§ 133 Abs. 1 S. 1 ZPO** eine solche Rechtsvorschrift dar. Danach haben die Parteien ihren Schriftsätzen die für die Zustellung erforderliche Zahl von Abschriften der Schriftsätze und deren Anlagen beizufügen. Allerdings muss sich der betriebene Aufwand im Rahmen einer interessengerechten Prozessführung bewegen. Kopien von allgemein zugänglichen **Gerichtsentscheidungen** sind bspw. nicht erstattungsfähig[262]. Freiwillig eingereichte **Überstücke** sind ebenfalls regelmäßig nicht erstattungsfähig. Anerkannt ist jedoch im Nichtigkeitsverfahren vor dem BPatG die Erstattungsfähigkeit der **Kopien für die fünf Mitglieder des Senats,** weil es einer festen Übung entspricht, dass die Parteien (auf Bitte des Gerichts) Ablichtungen für jedes der mit der Bearbeitung des Falles befassten Mitglieder des Senats einreichen[263].

---

[252] BPatG GRUR-RS 2021, 5080 – Arginin = GRUR-Prax 2021, 241 mAnm *Albrecht*.
[253] BPatG BeckRS 2011, 16238; nach *Ingerl/Rohnke* MarkenG § 71 Rn. 26 ist eine Doppelvertretung nie notwendig.
[254] BPatG GRUR 2000, 331 (332).
[255] BGH NJW 2005, 2317; 2003, 1532.
[256] BGH NJW 2003, 1532; BPatG BeckRS 2012, 15790.
[257] Vgl. etwa BPatG BeckRS 2009, 11763: Die Kopierkosten für die im Hotel erstellten Kopien sind in der Verfahrens- bzw. Geschäftsgebühr grundsätzlich bereits enthalten.
[258] KG BeckRS 2015, 19931.
[259] BPatG BeckRS 2012, 15790.
[260] BGH NJW 2005, 2317 f. mwN.
[261] BGH NJW 2005, 2317 (2318).
[262] OLG Koblenz NJW-RR 2008, 375 (376).
[263] BPatG BeckRS 2012, 15790; 2009, 11763.

Ebenfalls erstattungsfähig sind die Kosten für Ablichtungen zur **notwendigen Unterrichtung des** 133
Auftraggebers (Nr. 1c), wenn mehr als 100 Kopien zu fertigen waren oder wenn Ablichtungen im
Einverständnis mit dem Auftraggeber zusätzlich angefertigt worden sind (Nr. 1d). Im letztgenannten Fall muss eine Notwendigkeitsprüfung im Rahmen der Kostenerstattung erfolgen[264].

Gerichtskosten

→ Rn. 8 ff. 134

Hinterlegungskosten

Es gelten die Ausführungen zur Erstattungsfähigkeit von Kosten für die Beschaffung von **Sicher-** 135
heitsleistungen entsprechend (→ Rn. 184).

Kurierkosten

S. **Zustellkosten** → Rn. 217. 136

Meinungsforschungsgutachten

S. **Privatgutachten** → Rn. 153. 137

Nichtzulassungsbeschwerdeverfahren

In einer Patentstreitsache sind die Einzeltätigkeiten eines beim Bundesgerichtshof **nicht zugelas-** 138
senen Rechtsanwalts sowie eines mitwirkenden Patentanwalts im Nichtzulassungsbeschwerdeverfahren
erstattungsfähig, wenn diese die Beschwerdebegründung im Auftrag eines auf Seiten des Beschwerdegegners beigetretenen Streithelfers inhaltlich prüfen, mit ihrem Mandanten erörtern und sich mit den
anwaltlichen Vertretern des Beschwerdegegners hinsichtlich von diesem im Nichtzulassungsbeschwerdeverfahren einzureichender Schriftsätze abstimmen[265].

Parteimehrheit

S. **Erhöhungsgebühr** → Rn. 36 ff. und **Streitgenossenschaft** § 100. Zum **Rechtsmissbrauch** 139
bei Vertretung durch unterschiedliche Prozessbevollmächtigte (→ Rn. 80) und zum **Anwaltswechsel**
(→ Rn. 92). Zu **Gerichtsgebühren** → Rn. 15.

Parteiwechsel

Bei einem Parteiwechsel **auf Klägerseite** hat der ausscheidende Kläger entsprechend § 269 Abs. 3 140
die Mehrkosten zu tragen, die durch den Parteiwechsel entstanden sind, nicht aber – darüber hinausgehend – denjenigen Anteil der Kosten, der ihm im Falle einer Klagerücknahme aufzuerlegen wäre[266].
Beim **Wechsel des Beklagten** kann der ausscheidende Beklagte einen Kostenbeschluss analog § 269
Abs. 3 und 4 ZPO beantragen[267].

Post- und Telekommunikation

Der Prozessbevollmächtigte kann statt der **tatsächlichen Auslagen** für Post- und Telekommunikati- 141
on (Nr. 7001 VV) auch eine **Pauschale** in Höhe von 20 % der Gebühren, höchstens 20 Euro, verlangen
(Nr. 7002 VV). Bei mehreren gebührenrechtlichen Angelegenheiten (§§ 16, 17 RVG), zB bei erster
und zweiter Instanz oder Hauptsache- und Verfügungsverfahren, fallen mehrere Pauschalen an.

Privatgutachten

1. **Sachverständigengutachten:** Der Inhalt von Privatgutachten ist letztlich qualifizierter Partei- 142
vortrag, so dass die Aufwendungen für Privatgutachten nur unter bestimmten Voraussetzungen erstattungsfähig sind[268]. Die Erstattungsfähigkeit von Gutachterkosten für die Einschaltung technischer
Privatsachverständiger vor oder während des Prozesses setzt daher voraus, dass diese Maßnahme zur

---

[264] BPatG BeckRS 2012, 15790.
[265] BGH GRUR 2019, 870 (871) – Kommunikationssystem = GRUR-Prax 2019, 365 mAnm *Kendziur*.
[266] BGH GRUR 2015, 159 – Zugriffsrechte; BPatG GRUR 1994, 607 (608) – Parteiwechsel; OLG Hamm MDR 2007, 1447; OLG Zweibrücken JurBüro 2004, 494; OLG Düsseldorf MDR 1974, 147; Anders Gehle ZPO § 263 Rn. 37; nach aA (überholter Ansicht) hat er den seiner Beteiligung am Streitgegenstand insgesamt entsprechenden Anteil zu tragen, LG Frankfurt a. M. MDR 1987, 591; OLG Brandenburg FamRZ 2005, 118; Zöller/*Herget* ZPO § 91 Rn. 13.69 („Parteiwechsel"); MüKoZPO/*Schulz* § 91 Rn. 137.
[267] Zöller/*Herget* ZPO § 91 Rn. 13.69 („Parteiwechsel"); MüKoZPO/*Schulz* § 91 Rn. 137.
[268] BGH NJW 2017, 1397.

zweckentsprechenden Rechtsverfolgung oder Rechtsverteidigung notwendig iSd § 91 Abs. 1 S. 1 ZPO war. Dies ist der Fall, wenn der auftraggebenden Partei die **notwendige Sachkunde fehlt,** um ihren Anspruch schlüssig zu begründen, sich gegen die geltend gemachten Ansprüche sachgemäß zu verteidigen, Beweisangriffe abzuwehren oder Beweisen des Gegners entgegentreten zu können[269]. Werden etwa umfangreiche Gutachten, welche die beklagte Partei mangels eigener Sachkunde nicht nachvollziehen kann, zur Grundlage einer Klage gemacht, können unabhängig von der Darlegungs- und Beweislast die Kosten für von der Beklagten eingeholte Sachverständigengutachten erstattungsfähig sein[270].

143 Im **einstweiligen Verfügungsverfahren** sind dabei nicht stets gleich hohe Anforderungen zu stellen[271]. Mit Rücksicht auf § 294 ZPO kann vielmehr im Einzelfall die Einholung eines Privatgutachtens in einem Verfügungsverfahren notwendig sein, um der bei der Partei liegenden Glaubhaftmachungslast zu genügen oder die Glaubhaftmachung der Gegenseite zu erschüttern. Entscheidend ist auch hier die Sicht einer vernünftigen, umsichtig vorausschauenden Partei im Zeitpunkt der Vergabe des Gutachtenauftrages[272].

144 In **Patentverletzungsstreitigkeiten** kann das der Fall sein, wenn es um komplexe technische Sachverhalte geht, zu denen sachgerecht vorzutragen die Partei mangels eigener Sachkunde nicht in der Lage ist oder wenn ein der Partei ungünstiges Gerichts- oder gegnerisches Privatgutachten zu schwierigen technischen Fragen zu widerlegen ist[273]. Allerdings ist zu berücksichtigen, dass die Partei vorrangig ihr eigenes technisches Wissen und dasjenige des von ihr hinzugezogenen Patentanwaltes ausschöpfen muss[274]. Das Gutachten muss ferner objektiv dazu geeignet sein, die Rechtsstellung der auftraggebenden Partei tatsächlich zu unterstützen, und es muss in unmittelbarer Beziehung zu dem konkreten Rechtsstreit stehen[275]. Eine solche unmittelbare Beziehung liegt regelmäßig bei Ausführungen des Sachverständigen zur **Verletzung** vor. Sie fehlt dagegen bei Ausführungen zum **Rechtsbestand** des Schutzrechts, weil insoweit kein unmittelbarer Bezug zum Verletzungsstreit besteht. Nicht erstattungsfähig sind ebenfalls die Kosten für ein Gutachten, das sich mit Fragen der **Auslegung** des Patents beschäftigt, weil dies eine Rechtsfrage darstellt[276]. Ist die Verfahrensbezogenheit nur teilweise gegeben, so sind die erstattungsfähigen Kosten durch Quotelung zu ermitteln[277].

145 Die Kosten eines privaten Sachverständigengutachtens, das während eines **selbstständigen Beweisverfahrens** vom Antragsgegner in Auftrag gegeben wird, können nach § 494a Abs. 2 ZPO erstattungsfähig sein[278].

146 Im Falle eines **vorprozessualen Gutachtens** musste sich für die erforderliche Unmittelbarkeit ein Rechtsstreit bereits bei Einschaltung des Gutachters konkret abzeichnen, etwa aufgrund einer Abmahnung[279].

147 In **Patentnichtigkeitsverfahren** vor dem Bundespatentgericht und dem Bundesgerichtshof sind Aufwendungen für ein zur Widerlegung eines Gerichtsgutachtens in Auftrag gegebenes Parteigutachten nur in besonders gelagerten Ausnahmefällen erstattungsfähig[280]. Erforderlich für die Erstattungsfähigkeit ist, dass die Partei ihrer Darlegungspflicht oder Beweisführungslast mangels eigener Sachkunde nur mit Hilfe eines Privatgutachters genügen kann und ihre – insbesondere patentanwaltlichen – Vertreter nicht über die erforderliche Sachkunde verfügen. Die Kosten für Privatgutachten sind insbesondere dann nicht notwendig, wenn das Gutachten in erster Linie dazu dienen soll, dem eigenen Vortrag mehr Gewicht zu verleihen[281]. Anhaltspunkt hierfür kann die Vorlage von mehreren Gutachten verschiedener Gutachter zum gleichen Thema sein, insbesondere wenn diese gleichartig aufgebaut sind und sich zu weitgehend gleichen Fragestellungen äußern[282].

---

[269] BGH NJW 2012, 1370; 2006, 2415; 2003, 1398 (1399); OLG Frankfurt a. M. GRUR 1994, 532 (533) – Software-Prozess; OLG Koblenz BeckRS 2009, 05756.
[270] BGH BeckRS 2018, 23800 = Mitt. 2018, 522 – nicht nachvollziehbares Gutachten.
[271] OLG Hamburg WRP 1989, 548 = FHZivR 35 Nr. 7136; OLG Köln JurBüro 1995, 475 = FHZivR 41 Nr. 7136; OLG München GRUR 1977, 562; KG JurBüro 1987, 754 = FHZivR 33 Nr. 7154.
[272] OLG Hamburg WRP 1989, 548 = FHZivR 35 Nr. 7136.
[273] OLG Düsseldorf BeckRS 2018, 12486 – Erstattung der Kosten im Verletzungsrechtsstreit; OLG Düsseldorf BeckRS 2016, 17658; OLG Düsseldorf BeckRS 2009, 07387; *Kühnen* S. 393 Rn. 445 mit Verweis auf OLG Düsseldorf BeckRS 2016, 17787 und OLG Düsseldorf BeckRS 2016, 17822.
[274] OLG Düsseldorf BeckRS 2018, 12486 – Erstattung der Kosten im Verletzungsrechtsstreit; OLG Düsseldorf BeckRS 2016, 17658*Kühnen* S. 393 Rn. 445 mit Verweis auf OLG Düsseldorf BeckRS 2016, 17822.
[275] BGH NJW 2006, 2415 (2416); OLG München NJW-RR 2001, 1723.
[276] OLG Düsseldorf BeckRS 2009, 07387.
[277] OLG Düsseldorf BeckRS 2016, 17658; *Kühnen* S. 393 Rn. 445 mit Verweis auf OLG Düsseldorf BeckRS 2016, 17787.
[278] BGH NJW 2013, 1820 = Mitt. 2013, 371 (Ls.).
[279] OLG Koblenz BeckRS 2009, 05756; *Kühnen* S. 393 Rn. 445 mit Verweis auf OLG Düsseldorf BeckRS 2016, 17787.
[280] BPatG BeckRS 2009, 21971; 2008, 23735; 2012, 14726; 2011, 20048; BPatGE 30, 263 (266); BPatG GRUR 1993, 548 – Privatgutachterkosten; anders noch BPatG GRUR 1981, 815 – Gegengutachten.
[281] BPatG GRUR-RS 2017, 134903 = GRUR-RR 2018, 272 (Ls.) – Doppelvertretung.
[282] BPatG GRUR-RS 2017, 134903 = GRUR-RR 2018, 272 (Ls.) – Doppelvertretung.

148 Der Umstand, dass das eingeholte Privatgutachten **vom Gericht in seiner Entscheidung berücksichtigt** wurde, rechtfertigt noch keine Anerkennung der Notwendigkeit des Gutachtens, denn dies erfolgt im Rahmen der umfassenden Bewertung des Parteivorbringens und ist keine kostenrechtlich relevante Anerkennung der Erstattungsfähigkeit[283]. Da es auch hier bei der Prüfung der Notwendigkeit auf eine *ex ante* Betrachtung ankommt, ist es unerheblich, ob das Privatgutachten Einfluss auf den Ausgang des Rechtsstreits hatte.

149 Die **Höhe der Erstattungsfähigkeit** ist nicht auf die sich nach den Bestimmungen des JVEG ergebenden Beträge begrenzt[284]. Etwas anderes kann sich allerdings ergeben, wenn die Honorarrechnung des Sachverständigen offensichtlich überhöht ist. Die Kosten sind auch dann erstattungsfähig, wenn das Gutachten weder im Rechtsstreit noch im Kostenfestsetzungsverfahren **vorgelegt** wird[285].

150 **2. Laborexperimente:** Für Laborexperimente sind die Grundsätze der **Erstattungsfähigkeit von Sachverständigen** entsprechend heranzuziehen[286]. So können experimentelle Untersuchungen für ein Verletzungsverfahren erstattungsfähig sein, wenn sie zur Begründung oder zur Verteidigung der geltend gemachten Ansprüche erforderlich sind.

151 **3. Rechtsgutachten:** Die Kosten für Rechtsgutachten sind **grundsätzlich nicht erstattungsfähig**[287]. Die Prozessordnung sichert für bürgerliche Rechtsstreitigkeiten eine qualifizierte rechtliche Bewertung und auch Erörterung des Streitstoffs dadurch, dass für Verfahren vor dem Landgericht Rechtsanwälte als Organe der Rechtspflege zwingend einzuschalten sind (§ 78 Abs. 1 S. 1 ZPO). Deshalb ist davon auszugehen, dass die rechtliche Beurteilung des Tatsachenstoffs grundsätzlich durch den Prozessbevollmächtigten einer Partei vorgenommen werden kann und die (zusätzliche) Heranziehung eines Gutachters nicht notwendig ist[288]. Es gehört zu den mit der Prozessgebühr abgegoltenen Aufgaben eines Rechtsanwalts, die in einem Rechtsstreit erforderlichen rechtlichen Prüfungen anzustellen. Es kann ihm zugemutet werden, auch in entlegenere und weniger geläufige Rechtsmaterien einzudringen[289].

152 Von einem Rechtsanwalt kann aber nicht mehr an Rechtskenntnis verlangt werden als von einem Richter, der gemäß § 293 ZPO ein Sachverständigengutachten zu ausländischem Recht einholen kann. Die Darlegung ausländischen Rechts zählt nicht mehr zu den gewöhnlichen Aufgaben des Rechtsanwalts. Daher sind die Kosten für ein **Gutachten zu ausländischem Recht** im Grundsatz erstattungsfähig, wenn sie auch im Übrigen notwendig iSd § 91 Abs. 1 S. 1 ZPO waren[290]. Dabei kommt es darauf an, ob eine verständige und wirtschaftlich vernünftige Partei die kostenauslösende Maßnahme im Zeitpunkt ihrer Veranlassung als sachdienlich ansehen durfte.

153 **4. Meinungsforschungsgutachten:** Die Kosten für ein Meinungsforschungsgutachten, das eine repräsentative Befragung ausgewählter Gruppen beinhaltet, können **im Einzelfall erstattungsfähig** sein, wenn die in Auftrag gegebene Meinungsumfrage zu Beweiszwecken erforderlich war und die Kosten nicht außer Verhältnis zur Bedeutung der Sache stehen[291]. Dies ist nicht der Fall, wenn das Gutachten von der nicht beweisbelasteten Partei eingeholt wird[292].

Prozessbürgschaft

154 s. **Sicherheitsleistung** → Rn. 184.

---

[283] BPatG BeckRS 2012, 14750.
[284] Vgl. als Anhaltspunkt zur Vergütung des gerichtlichen Sachverständigen BGH GRUR 2013, 863 – Sachverständigenentschädigung VI. Für gerichtliche Sachverständige ist ein gesetzlicher Stundensatz von 95 EUR anzusetzen. Im Fall wurde vom BGH ein Stundensatz von 165 EUR bei Einverständnis von einer Partei angesetzt. Für durchschnittliche Verfahren ist ein Aufwand von bis zu 150 Stunden angemessen, in überdurchschnittlichen Fällen auch 165 Stunden.
[285] BGH BeckRS 2013, 05595.
[286] Vgl. BPatG BeckRS 2012, 14750.
[287] OLG Frankfurt a. M. GRUR-RS 2019, 5230 – Erstattungsfähigkeit von Patentanwaltskosten in Wettbewerbssachen (im Fall ging es um die Einholung eines privaten Rechtsgutachtens zu Rechtsfragen im Zusammenhang mit dem wettbewerbsrechtlichen Leistungsschutz).
[288] OLG München BeckRS 2005, 03688; NJW-RR 2001, 1723; BVerfG NJW 1993, 2793; VerfGH Bayern NJW 1993, 2794; *Kühnen* S. 394 Rn. 452.
[289] OLG München NJW-RR 2001, 1723.
[290] OLG München BeckRS 2005, 03688 (schweizerisches Patentrecht); OLG München NJW-RR 2001, 1723 (spanisches Urheberrecht); OLG Frankfurt a. M. GRUR 1993, 161 – Französischer Rechtsanwalt; *Mankowski* MDR 2001, 194 (195).
[291] OLG Brandenburg BeckRS 2011, 19605.
[292] OLG Koblenz GRUR-RR 2004, 312 – Meinungsforschungsgutachten.

Rechtsmittelverfahren

155 Die **Beauftragung** eines Rechtsanwalts im Rechtsmittelverfahren ist grundsätzlich notwendig[293]. Auch wenn der Rechtsmittelkläger das Rechtsmittel nur zur Fristwahrung einlegt und vor Ablauf der Rechtsmittelbegründungsfrist zurücknimmt, ist dem Rechtsmittelbeklagten eine ermäßigte Gebühr (zB für die Berufung eine 1,1 Verfahrensgebühr nach Nr. 3201 VV) eines zu diesem Zeitpunkt bereits beauftragten Prozessbevollmächtigten zu erstatten[294].

156 Demgegenüber ist die Zuziehung eines **Patentanwalts** im Rechtsmittelverfahren erst notwendig, wenn die gegnerische Berufungsbegründung vorliegt[295]. Bis zu diesem Zeitpunkt können sämtliche verfahrensbezogene Handlungen für den Rechtsmittelbeklagten regelmäßig noch von dessen Rechtsanwalt allein wahrgenommen werden[296].

157 Davon zu unterscheiden ist, welche Maßnahmen der bestellte Rechtsanwalt zur zweckentsprechenden Rechtsverteidigung für erforderlich halten darf. Stellt er einen **Sachantrag** auf Zurückweisung des Rechtsmittels, bevor dieses begründet worden ist, so ist ihm nur eine 1,1 Verfahrensgebühr nach Nr. 3201 VV zu erstatten (→ Rn. 79 **Rechtsmissbrauch**)[297]. Wird das Rechtsmittel dann aber begründet und in der Sache entschieden, ist eine 1,6-fache Verfahrensgebühr (Nr. 3200 VV RVG) erstattungsfähig[298]. Dies gilt unabhängig davon, ob das Verfahren später durch Rücknahme, durch Sachentscheidung oder in sonstiger Weise beendet wird[299]. Ein entsprechender Anfall der 1,6 Verfahrensgebühr gilt auch, wenn das Gericht noch keine Frist zur Berufungserwiderung gesetzt hat, weil es zunächst ein Vorgehen nach § 522 Abs. 2 ZPO prüft[300]. Die gleichen Grundsätze gelten auch für die Hinzuziehung eines Patentanwalts[301].

Reisekosten

158 **1. Reisekosten der Partei:** Reisekosten der Partei sind stets notwendig, wenn das Gericht das persönliche Erscheinen angeordnet hat. Aber auch ohne eine solche Anordnung sind sie **in der Regel erstattungsfähig**[302]. Eine Teilnahme an der mündlichen Verhandlung ist im berechtigten Interesse der Partei. Ein unmittelbares Gespräch mit den Betroffenen kann ferner zur Klärung des Streitstoffs beitragen und die Möglichkeiten einer vergleichsweisen Erledigung des Rechtsstreits besser und schneller abklären[303]. In Patentverletzungsstreitigkeiten wird regelmäßig die Anwesenheit eines mit der Technik vertrauten Mitarbeiters sinnvoll sein, um aufkommende technische Fragen zu beantworten oder zu neuem Vorbringen des Gegners Stellung zu nehmen[304]. Dies kann grundsätzlich auch ein **im Ausland ansässiger Mitarbeiter** sein[305].

159 **Anfall und Höhe** der Auslagen richten sich nach dem **JVEG**. Bei Benutzung von öffentlichen Verkehrsmitteln werden die tatsächlich entstandenen Auslagen bis einschließlich zur Höhe der entsprechenden Kosten für die Benutzung der ersten Wagenklasse der Bahn einschließlich der Auslagen für Platzreservierung erstattet. **Flugkosten** in der Business-Class sind allerdings nur in Höhe der fiktiven Kosten bei Benutzung der Economy-Class erstattungsfähig[306]. Service-Pauschalen des Reisebüros werden wegen des häufig undurchsichtigen Preissystems und damit verbunden Zeitaufwandes als erstattungsfähig angesehen[307]. **Taxikosten** für die Fahrt vom Gericht zum Flughafen sind zu erstatten[308]. Eine **Übernachtung** ist bspw. erforderlich, wenn die Reise andernfalls in der Nachtzeit zwischen 21:00 und 6:00 Uhr erfolgen müsste[309] oder wenn der Zeitaufwand für Hin- und Rückfahrt

---

[293] BGH NJW 2003, 756; 2003, 1324.
[294] BGH NJW 2003, 756; 2003, 1324.
[295] OLG Düsseldorf Mitt. 2015, 419 (421) mAnm *Koelle* = BeckRS 2015, 09392; OLG Stuttgart GRUR-RR 2004, 279 – Patentanwaltskosten bei Rechtsmittelrücknahme; aA noch OLG Düsseldorf 20.8.2007 – I-2 W 11/07.
[296] OLG Düsseldorf Mitt. 2015, 419 (421) mAnm *Koelle* = BeckRS 2015, 09392.
[297] BGH NJW 2007, 3723; 2003, 1324; *Kühnen* S. 294 Rn. 50.
[298] BGH NJW 2009, 2220.
[299] BGH BeckRS 2013, 20194, in Abweichung von BGH NJW 2007, 3723.
[300] BGH NJW 2010, 3170.
[301] OLG Stuttgart GRUR-RR 2004, 279 – Patentanwaltskosten bei Rechtsmittelrücknahme; *Kühnen* S. 413 Rn. 413.
[302] OLG Düsseldorf NJW-RR 1996, 1342.
[303] OLG Düsseldorf NJW-RR 1996, 1342.
[304] *Kühnen* S. 390 Rn. 440 mit Verweis auf OLG Düsseldorf BeckRS 2016, 17700.
[305] LG Düsseldorf BeckRS 2011, 03007; *Kühnen* S. 390 Rn. 440 mit Verweis auf OLG Düsseldorf BeckRS 2016, 17700.
[306] LG Düsseldorf BeckRS 2011, 03007; *Kühnen* S. 391 Rn. 441 mit Verweis auf OLG Düsseldorf BeckRS 2016, 17700.
[307] BPatG KoF 93/19 (Beschluss vom 19. Januar 2021).
[308] LG Berlin JurBüro 1999, 526; BPatG KoF 93/19 (Beschluss vom 19. Januar 2021).
[309] BPatG BeckRS 2018, 10598 – Doppelvertretung im Gebrauchsmusterlöschungsverfahren II = GRUR-Prax 2018, 365 mAnm *Kendziur;* OLG Naumburg BeckRS 2016, 18238 – Anreise zur Nachtzeit unzumutbar; OLG Karlsruhe NJW-RR 2003, 1654 (1655).

mehr als 10 Stunden beträgt[310]. Die Regelungen des JVEG sind ebenfalls für erstattungsfähige Parteireisekosten für eine Informationsreise heranzuziehen (§ 91 Abs. 1 S. 2 ZPO). Bei Reisekosten der im Ausland ansässigen Partei ist ein Auslandstagegeld anzusetzen[311].

2. Reisekosten des Anwalts: Für die Erstattungsfähigkeit der Reisekosten eines **auswärtigen Rechtsanwalts** findet eine Notwendigkeitsprüfung statt (§ 91 Abs. 2 S. 1 Hs. 2 ZPO). Die Zuziehung eines **am Wohn- oder Geschäftsort der Partei ansässigen Rechtsanwalts** durch die bei einem auswärtigen Gericht klagende oder verklagte Partei stellt im Regelfall eine Maßnahme zweckentsprechender Rechtsverfolgung dar[312]. Grund hierfür ist, dass üblicherweise ein persönliches mündliches Gespräch zwischen der Partei und dem Rechtsanwalt erforderlich und gewünscht ist. Dabei ist eine **typisierende Betrachtungsweise** geboten[313]. Es bedarf daher nicht der Feststellung im Einzelfall, dass die Partei zu diesem Anwalt ein besonderes Vertrauensverhältnis gehabt hat. Eine Ausnahme kann jedoch gelten, wenn schon im Zeitpunkt der Beauftragung feststeht, dass ein eingehendes Mandantengespräch für die Prozessführung nicht erforderlich sein wird, bspw. wenn das Unternehmen über eine eigene Rechtsabteilung verfügt, das die Sache bearbeitet hat[314]. Ferner ist ein nach dem UKlaG **eingetragener Verbraucherverband** unabhängig von seiner Geschäftsorganisation in durchschnittlich schwierigen Fällen gehalten, einen am Gerichtsort ansässigen Prozessvertreter zu beauftragen[315]. Reisekosten zum Prozessgericht zählen in diesen Fällen nicht zu den notwendigen Kosten einer zweckentsprechenden Rechtsverfolgung.

Macht die bei einem auswärtigen Gericht verklagte **inländische Partei** Reisekosten eines Rechtsanwalts geltend, der weder am Gerichtsort noch am Wohn- oder Geschäftsort der Partei ansässig ist (**„Rechtsanwalt am dritten Ort"**), sind die Kosten jedenfalls bis zur Höhe der **fiktiven Reisekosten** eines am Wohn- oder Geschäftsort der Partei ansässigen Rechtsanwalts zu erstatten[316]. Anerkannt ist die Erstattungsfähigkeit der Kosten von bis zu 110 % der fiktiven Reisekosten des Hauptbevollmächtigten[317]. Die Beauftragung eines **spezialisierten auswärtigen Rechtsanwalts** am dritten Ort ist zur zweckentsprechenden Rechtsverfolgung nur dann ausnahmsweise notwendig, wenn ein vergleichbarer ortsansässiger Rechtsanwalt nicht beauftragt werden kann[318]. Die Erstattungsfähigkeit der zusätzlichen Kosten eines **Unterbevollmächtigten,** der für den auswärtigen Prozessbevollmächtigten beim Prozessgericht die Vertretung in der mündlichen Verhandlung wahrnimmt, richtet sich danach, ob eine verständige und wirtschaftlich vernünftige Partei die kostenauslösende Maßnahme *ex ante* als sachdienlich ansehen durfte[319]. Dies ist insbesondere der Fall, soweit diese Kosten die durch die Tätigkeit des Unterbevollmächtigten ersparten, erstattungsfähigen Reisekosten des Prozessbevollmächtigten nicht wesentlich übersteigen[320].

Bei einer **ausländischen Partei** stellt die Zuziehung eines nicht am Gerichtsort kanzleiansässigen Anwaltes in gleicher Weise eine Maßnahme zur zweckentsprechenden Rechtsverfolgung oder Rechtsverteidigung dar, wie die Zuziehung eines in der Nähe ihres Wohn- und Geschäftssitzes ansässigen Rechtsanwalts durch eine inländische Partei[321]. Dies gilt jedenfalls für den inländischen **„Hausanwalt"** der ausländischen Partei[322] oder auch wenn der Anwaltssozietät bereits mit der Anmeldung des Klageschutzrechts befasst war[323]. Unterhält die Sozietät auch eine **Niederlassung am Gerichtsort,** so ist entscheidend, an welchem Kanzleistandort der beauftragte Rechtsanwalt tätig ist und ob seine Zuziehung als notwendig angesehen werden kann. Ein die Kostenerstattung gemäß § 91 Abs. 2 S. 1

---

[310] OLG Dresden NJW-RR 1998, 1292 (1293).
[311] § 6 JVEG iVm § 9 Abs. 4a S. 5 EStG iVm Anlage 1 zur ARVVwV. Zwar wird dabei davon ausgegangen, dass von Deutschland aus die Reise ins Ausland getätigt wird. Der umgekehrte Fall ist nicht explizit geregelt. Um Ungerechtigkeiten zu vermeiden, ist jedoch auch einer ausländischen Partei, die zu einem Termin nach Deutschland reist, ein erhöhtes Auslandstagegeld zu gewähren, *Schneider* JVEG § 6 Rn. 10, § 19 Rn. 24.
[312] BGH NJW-RR 2012, 695 (696) mwN.
[313] BGH NJW-RR 2012, 695 (696) mwN.
[314] BGH NJW-RR 2012, 695 (696); GRUR 2007, 726 (727) – Auswärtiger Rechtsanwalt VI.
[315] BGH NJW-RR 2013, 242 (243).
[316] BGH GRUR 2018, 969 – Auswärtiger Rechtsanwalt IX; NJW 2019, 681 – Erstattung fiktiver Reisekosten des auswärtigen Anwalts; NJW-RR 2012, 695 (696); NJW 2011, 3520 (3521); NJW-RR 2012, 381 (382); GRUR 2007, 726 (727) – Auswärtiger Rechtsanwalt VI; OLG Frankfurt a. M. BeckRS 2018, 25141 – Erstattungsfähigkeit fiktiver Reisekosten des Außenanwalts = WRP 2019, 241 (wonach dies auch für das Berufungsverfahren gilt).
[317] BGH GRUR 2015, 509 (511) – Flugkosten; BGH NJW 2003, 898 (901); OLG Frankfurt a. M. OLG-Report 2005, 33; KG NJOZ 2008, 1688; OLG Hamburg BeckRS 2012, 02349; OLG Celle BeckRS 2014, 15240; aA OLG Oldenburg BeckRS 2008, 06314.
[318] BGH NJW-RR 2012, 697 (698); NJW 2003, 901 (902); KG BeckRS 2010, 21082; OLG Düsseldorf BeckRS 2014, 107759.
[319] BGH NJW 2012, 2888; 2003, 898 (899); NJW-RR 2014, 763.
[320] BGH NJW 2003, 898 (899); NJW-RR 2014, 763.
[321] OLG Düsseldorf BeckRS 2009, 13647; InstGE 11, 177 – Reisekostenfestsetzung; vgl. auch BGH GRUR 2014, 607.
[322] OLG Düsseldorf BeckRS 2009, 13647; 2014, 07759.
[323] OLG Düsseldorf InstGE 11, 177 – Reisekostenfestsetzung.

ZPO ausschließender **Rechtsmissbrauch** liegt nicht allein darin, dass der im Ausland ansässige Kläger das ihm gemäß § 35 ZPO zustehende Wahlrecht dahin ausübt, dass er weder am Gerichtsstand des Beklagten noch am Sitz seines Prozessbevollmächtigten klagt, sondern bei einem dritten, sowohl vom Sitz des klägerischen Prozessbevollmächtigten als auch vom Wohnsitz des Beklagten weit entfernten Gerichtsort[324].

163 Hat eine Partei der Gegenseite die Kosten sowohl des mitwirkenden Rechtsanwalts als auch des mitwirkenden Patentanwalts zu erstatten, sind die Kosten für die **getrennte Anreise** von Rechtsanwalt und Patentanwalt nach Ansicht des OLG Frankfurt a. M. auch dann erstattungsfähig, wenn beide derselben Sozietät angehören[325]. Allerdings ist hier der Grundsatz zu berücksichtigen, die Kosten möglichst niedrig zu halten[326].

164 Reisekosten eines **ausländischen Rechtsanwalts** einer ausländischen Partei können erstattungsfähig sein, wenn es als sachinformierte Vertrauensperson der Partei zum Termin erscheint und folglich insoweit der Partei gleichzustellen ist[327]. Dies darf allerdings nicht im Vergleich zu einer Reise der Partei bzw. ihres gesetzlichen Vertreters zu höheren Kosten führen.

165 Die Kosten für eine **Informationsreise** eines Anwalts zur Partei bzw. umgekehrt zur Information des Prozessbevollmächtigten können im Einzelfall erstattungsfähig sein. So ist in **Patentnichtigkeitsverfahren**, in denen regelmäßig technisch schwierige Sachverhalte von zudem oftmals erheblicher wirtschaftlicher Bedeutung erörtert werden, für eine sachgemäße Information eine eingehende fachliche Erörterung in technischer und rechtlicher Hinsicht von Bedeutung, zB von Entgegenhaltungen oder Gutachten. Dementsprechend werden in Patentnichtigkeitsverfahren die für eine solche mündliche Erörterung anfallenden Reisekosten regelmäßig als zur zweckentsprechenden Rechtsverfolgung oder Rechtsverteidigung notwendig und damit erstattungsfähig angesehen[328].

166 Die Berechnung der **Höhe** der Reisekosten richtet sich nach **Nr. 7003–7006 VV RVG** (Fahrtkosten und Tage- und Abwesenheitsgeld[329]). **Übernachtungskosten** sind bspw. erforderlich, wenn die Reise andernfalls in der Nachtzeit zwischen 21:00 und 6:00 Uhr erfolgen müsste,[330] wenn der Zeitaufwand für Hin- und Rückfahrt mehr als 10 Stunden beträgt[331] oder wenn die Vorbesprechung bereits am frühen Morgen beginnt[332]. Bei den Kosten für ein Hotelzimmer gilt der Grundsatz der sparsamen Prozessführung, so dass die Erstattungsfähigkeit ggf. auf einen ortsüblichen, nicht kleinlich zu bemessenden Betrag zu begrenzen ist[333]. Zu Messezeiten kann der erstattungsfähige Betrag höher sein[334]. **Flugkosten** werden erstattet, wenn die dabei entstehenden Mehrkosten nicht außer Verhältnis zu den Kosten einer Bahnreise stehen[335]. Keine notwendigen Kosten der Rechtsverfolgung oder Rechtsverteidigung stellen danach jedenfalls bei Inlandsflügen die erheblichen Mehrkosten der Business Class dar. Da aber stets mit einer auch kurzfristigen Verlegung eines Gerichtstermins gerechnet werden muss, darf ein Flugpreistarif in der Economy Class gewählt werden, der die Möglichkeit zur kurzfristigen Umbuchung des Flugs gewährleistet[336]. Erstattungsfähige Flugkosten sind nicht deshalb anteilig zu kürzen, weil der Rechtsanwalt anlässlich der Reise zum Verhandlungstermin weitere Termine wahrgenommen hat[337].

Rücknahme der Klage oder des Rechtsmittels

167 Nach **§ 269 Abs. 3 S. 2 ZPO** hat der Kläger bei Rücknahme der Klage die Kosten des Rechtsstreits zu tragen. Umstritten ist, ob der Beklagte einen Anspruch auf Erstattung der Verfahrensgebühr hat, wenn **im Zeitpunkt der Beauftragung** des Rechtsanwalts die Klage bereits zurückgenommen

---

[324] BGH GRUR 2014, 607 – Klageerhebung an einem dritten Ort.
[325] OLG Frankfurt a. M. BeckRS 2018, 34242 = GRUR-Prax 2019, 72 mAnm *Gruber*.
[326] OLG Frankfurt a. M. BeckRS 2018, 34242 = GRUR-Prax 2019, 72 mAnm *Gruber*.
[327] OLG Düsseldorf 27.2.2018 – I-15 W 3/18.
[328] BPatG BeckRS 2012, 13968; 2011, 11397; aA BPatG BeckRS 2012, 13980 in einem Fall, in dem der Partei bereits die Kosten für einen Verkehrsanwalt zugebilligt wurden.
[329] Vgl. bspw. BPatG BeckRS 2009, 11763.
[330] BPatG BeckRS 2018, 10598 – Doppelvertretung im Gebrauchsmusterlöschungsverfahren II = GRUR-Prax 2018, 365 mAnm *Kendziur*; OLG Naumburg BeckRS 2016, 18238 – Anreise zur Nachtzeit unzumutbar; OLG Karlsruhe NJW-RR 2003, 1654 (1655).
[331] OLG Dresden NJW-RR 1998, 1292 (1293).
[332] LG Düsseldorf BeckRS 2011, 03007.
[333] LG Düsseldorf BeckRS 2011, 03007: Beschränkung auf 300 EUR/pro Nacht zur Messezeit; OLG Düsseldorf BeckRS 2016, 17161: Erhöhung des erstattungsfähigen Grundbetrages von 170 EUR pro Nacht um 15%.
[334] LG Düsseldorf BeckRS 2011, 03007: Beschränkung auf 300 EUR/pro Nacht zur Messezeit; OLG Düsseldorf BeckRS 2016, 17161: Erhöhung des erstattungsfähigen Grundbetrages von 170 EUR pro Nacht um 15%.
[335] BGH GRUR 2015, 509 – Flugkosten; BGH NJW-RR 2008, 654.
[336] BGH GRUR 2015, 509 – Flugkosten; OLG Hamburg NJOZ 2011, 804; OLG Brandenburg NJW-RR 2014, 828; aA OLG Zweibrücken NJOZ 2015, 106.
[337] OLG Düsseldorf 27.2.2018 – I-15 W 3/18.

wurde[338]. Nach dem 3. Senat des BGH sind die durch die Einreichung einer Berufungserwiderung nach Berufungsrücknahme entstandenen Kosten eines Rechtsanwalts auch dann nicht erstattungsfähig, wenn der Berufungsbeklagte die Rechtsmittelrücknahme nicht kannte oder kennen musste (rein objektiver Maßstab)[339]. Dagegen geht der 6. Senat davon aus, dass der Antrag auf Zurückweisung der Berufung, auch wenn er in Unkenntnis der Rücknahme erfolgt, aus der maßgebenden Sicht einer verständigen und wirtschaftlich vernünftig denkenden Partei zur zweckentsprechenden Rechtsverfolgung notwendig ist[340]. Dies scheint auch die Ansicht des 5. Senats zu sein[341]. Der rein objektive Maßstab wird von der Rechtsprechung auch für die Klageerwiderung nach Klagerücknahme[342] oder Einreichung der Schutzschrift nach Rücknahme des Antrags auf Erlass einer einstweiligen Verfügung[343] angewendet.

Ist der Anlass zur Einreichung der Klage **vor Rechtshängigkeit weggefallen** und wird daraufhin 168 die Klage zurückgenommen, so bestimmt sich die Kostentragungspflicht unter Berücksichtigung des bisherigen Sach- und Streitstandes nach billigem Ermessen, auch bei Rücknahme vor Zustellung (§ 269 Abs. 3 S. 3 ZPO). Im Falle einer negativen Feststellungsklage wegen unberechtigter Abmahnung kann eine Kostenentscheidung zu Gunsten des Klägers auch dann ergehen, wenn er den Abmahnenden nicht zuvor auf dessen fehlende Berechtigung hingewiesen hat[344].

Sachaufklärung

Kosten im Zusammenhang mit der Sachverhaltsaufklärung können erstattungsfähig sein, soweit sie 169 zur zweckentsprechenden Rechtsverfolgung notwendig waren und eine verständige Partei sie bei der konkreten prozessualen Situation als sachdienlich ansehen musste. Notwendig sind vor allem Kosten, ohne die zweckentsprechende Maßnahmen, wie bspw. der Nachweis für eine Verletzungshandlung, nicht getroffen werden können[345]. Bspw. dienen die Kosten des Verfahrens für einen **urheberrechtlichen Drittauskunftsanspruch** gegen einen Internet-Provider der Vorbereitung eines konkret bevorstehenden Rechtsstreits und sind daher zu erstatten, soweit sie zur zweckentsprechenden Rechtsverfolgung notwendig waren[346]. Generell gilt, dass bei der Frage der Erstattungsfähigkeit die einzelnen Kostenpositionen von den nicht erstattungsfähigen Kosten für eine **allgemeine Marktbeobachtung abzugrenzen** sind, bei denen eher zufällig eine Verletzungshandlung entdeckt wird[347].

1. Detektivkosten: Maßgeblich für die Erstattungsfähigkeit von Detektivkosten ist, ob eine ver- 170 nünftige Prozesspartei **berechtigte Gründe** hatte, eine Detektei zu beauftragen[348]. Hinzukommen muss, dass die Detektivkosten sich, gemessen an den wirtschaftlichen Verhältnissen der Parteien und der Bedeutung des Streitgegenstands, in vernünftigen Grenzen halten und prozessbezogen waren, die erstrebten Feststellungen wirklich notwendig waren und die Ermittlungen nicht einfacher oder billiger erfolgen konnten. Die **Beeinflussung des Prozessausgangs** ist regelmäßig ein Indiz für die Notwendigkeit[349]. Es muss sich bei den Detektivkosten um **Prozessvorbereitungskosten** handeln, die zu einem konkret bevorstehenden Rechtsstreit in Beziehung stehen und seiner Vorbereitung dienen. Die „Ermittlerkosten" für einen eingeschalteten Testkäufer sind daher nicht erstattungsfähig, wenn dieser nur zur allgemeinen Marktbeobachtung tätig geworden ist und dabei zufällig eine Markenrechtsverletzung aufgedeckt hat[350].

2. Testkauf: Testkaufkosten können erstattungsfähig sein, wenn sie zur zweckentsprechenden 171 Rechtsverfolgung notwendig waren. Dies ist insbesondere der Fall, wenn für die **Bestimmtheit der Antragstellung** die Darstellung des gekauften Gegenstandes notwendig ist[351]. Die Kosten für den

---

[338] Ablehnend OLG Düsseldorf NJW-RR 2009, 426 (427) mit Hinweis auf die BGH-Rechtsprechung zur Erstattungsfähigkeit der Kosten einer Schutzschrift nach Rücknahme des Verfügungsantrags und einen möglichen materiell-rechtlichen Erstattungsanspruch. Bejahend dagegen: OLG Hamm NJOZ 2013, 825; OLG Koblenz NJOZ 2013, 827 (Kosten des Berufungsbeklagten bei Rechtsmittelrücknahme vor Begründung); OLG Celle NJOZ 2010, 2421.
[339] BGH BeckRS 2016, 05436; aA BGH (12. Senat) BeckRS 2017, 102206; OLG Stuttgart LSK 2016, 118681; OLG Celle BeckRS 2017, 100171.
[340] BGH BeckRS 2018, 24938.
[341] BGH NJW 2019, 2698 = Mitt. 2019, 474 (Ls.) – Unkenntnis der Klagerücknahme.
[342] OLG Düsseldorf NJW-RR 2009, 426 (427).
[343] BGH NJW-RR 2007, 1575.
[344] BGH GRUR 2006, 168 – Unberechtigte Abmahnung.
[345] OLG München GRUR-RR 2004, 190 – Testkaufkosten.
[346] BGH GRUR 2017, 854 – Anwaltskosten in Gestattungsverfahren; BGH GRUR 2014, 1239 – Deus Ex; BGH GRUR-RS 2015, 01980 = ZUM-RD 2015, 214 – Beschlussgründe.
[347] OLG München GRUR-RR 2004, 190 – Testkaufkosten; OLG Zweibrücken GRUR-RR 2004, 343 – Testkaufkosten.
[348] BGH NJW 2013, 2668; BAG NZA 2009, 1300; OLG Düsseldorf NJW-RR 2006, 647; BeckRS 2009, 09212.
[349] BGH NJW 2013, 2668; BAG NZA 2009, 1300; OLG Düsseldorf NJW-RR 2006, 647; BeckRS 2009, 09212.
[350] OLG Zweibrücken GRUR-RR 2004, 343 – Testkaufkosten.
[351] OLG München GRUR-RR 2004, 190 – Testkaufkosten.

Erwerb des eigenen Erzeugnisses der Partei durch deren Prozessbevollmächtigten sind jedoch nicht erstattungsfähig[352]. Ist ein Testkäufer nur zur allgemeinen Marktbeobachtung tätig geworden und hat dabei den Testkauf durchgeführt, scheidet Erstattungsfähigkeit aus[353]. Unterschiedlich beurteilt wird die Frage, ob im Kostenfestsetzungsverfahren die erstattungsfähigen Testkaufkosten nur **Zug-um-Zug gegen Herausgabe des Testproduktes** festgesetzt werden können[354]. Entsprechend kann es sich auch bei den Kosten für den **Rückkauf eines Vorbenutzungsgegenstandes** um notwendige Kosten der Rechtsverteidigung handeln, wenn sich der Beklagte auf ein Vorbenutzungsrecht beruft und damit rechnen muss, dass er den betreffenden Gegenstand im Rahmen eines anhängigen Patentverletzungsrechtsstreits zum Zwecke der Besichtigung präsentieren muss[355].

172 **3. Recherchekosten:** Im **Verletzungsprozess** sind die Kosten einer Recherche nach dem dem Klagepatent entgegenstehendem Stand der Technik erstattungsfähig, weil darauf ein Aussetzungsantrag gestützt werden kann[356]. Dass die Rechercheergebnisse zugleich auch im parallelen Rechtsbestandsverfahren verwertet werden, ist unerheblich, auch wenn dort eine Erstattungspflicht nicht besteht[357]. Wird die Recherche vom mitwirkenden Patentanwalt durchgeführt, ist für die Kostenerstattung ein Stundensatz nach der Honorargruppe 10 des JVEG (ab 1.8.2013: 110 EUR netto) zugrunde zu legen[358]. Auf **nicht-technische Schutzrechte** können diese Grundsätze entsprechend angewendet werden[359]. Auch hier kann eine Recherche zum vorbekannten Formenschatz oder nach technischen Schutzrechten als Beleg für die technische Bedingtheit eines Designs zur zweckentsprechenden Rechtsverfolgung notwendig sein. Beauftragt eine Partei einen ausländischen Patentanwalt in einem Markenrechtsstreit mit der Recherche und Darstellung des Schutzumfangs einer international registrierten Marke zur Erfüllung einer richterlichen Auflage, so ist für die Frage der Erstattungsfähigkeit nicht § 140 Abs. 4 MarkenG, sondern § 91 Abs. 1 ZPO maßgeblich[360].

173 In **Rechtsbestandsverfahren** sind die Kosten einer Recherche zum Stand der Technik ebenfalls grundsätzlich erstattungsfähig[361]. Zwar sind mit der Verfahrensgebühr die typischen patentanwaltlichen Leistungen wie Sichtung, Ordnung und Auswertung des Materials zum Stand der Technik abgegolten, nicht jedoch die Kosten der Beschaffung[362]. Allerdings ist in jedem Einzelfall zu ermitteln, ob eine verständige und wirtschaftlich vernünftig handelnde Partei die Kosten verursachende Maßnahme im Zeitpunkt ihrer Veranlassung als sachdienlich ansehen durfte. Bei Recherchekosten ist nicht nur die Notwendigkeit der Recherche, sondern auch die **Höhe der Kosten glaubhaft zu machen.** Entsprechend sind daher Angaben über die für die Recherche benutzten Datenbanken, die für die Recherche tatsächlich aufgewendeten Stundenzahlen und die Vorlage (oder jedenfalls die Angabe) der bei der jeweiligen Recherche ermittelten Unterlagen sowie der anteiligen Vergütung der mit der Recherche beauftragten Mitarbeitern erforderlich[363]. Die Höhe der Vergütung für den Rechercheaufwand bestimmt sich auch hier in Anlehnung an die Sätze des JVEG[364]. Eine Kostenerstattung erfolgt nicht bei **eigenhändig durchgeführter Recherche** der Partei[365]. Hierbei handelt es sich um grundsätzlich nicht erstattungsfähigen allgemeinen Prozessaufwand.

174 **4. Modell:** Wird zur Verdeutlichung der patentgeschützten Erfindung oder der als Patentverletzung angegriffenen Ausführungsform ein Modell angefertigt, so sind die hierdurch verursachten Kosten nur erstattungsfähig, wenn die Anfertigung rechtsstreitbezogen erfolgt ist und die Präsentation des Modells zur zweckentsprechenden Rechtsverfolgung notwendig war[366]. Das ist der Fall, wenn das Modell (i) im Rechtsstreit **förmlich als Beweismittel verwertet** wurde oder (ii) aus Sicht einer vernünftigen, auf Kostenersparnis bedachten Partei, als **Anschauungsmaterial für das Gericht unverzichtbar** war, um komplizierte technische Sachverhalte zu verdeutlichen[367]. Das ist nicht der Fall, wenn es auf das

---

[352] OLG Frankfurt a. M. GRUR-RR 2013, 184.
[353] OLG Zweibrücken GRUR-RR 2004, 343 – Testkaufkosten.
[354] OLG Düsseldorf NJOZ 2009, 486: Zug-um-Zug nur dann, wenn der Gegenanspruch des Erstattungspflichtigen unschwer feststellbar oder unstreitig ist (mit Nachweisen zum Meinungsstreit).
[355] OLG Düsseldorf GRUR-RR 2020, 479 – Trailer-Rückkauf.
[356] OLG Düsseldorf InstGE 12, 252 (254) – Kosten der Recherche; OLG Frankfurt a. M. GRUR 1996, 967 – Recherche-Kosten; OLG Karlsruhe GRUR 1983, 507 – Eigene Recherchekosten.
[357] OLG Düsseldorf InstGE 12, 252 (254) – Kosten der Recherche.
[358] OLG Düsseldorf InstGE 12, 252 (254) – Kosten der Recherche; OLG Frankfurt a. M. GRUR 1996, 967 – Recherche-Kosten.
[359] *Eichmann/v. Falckenstein* GeschmMG DesignG § 52 Rn. 22.
[360] OLG Naumburg GRUR 2014, 304 (Ls.) = BeckRS 2013, 22093 – Consulente in marchi.
[361] BPatG BeckRS 2012, 09018; 2012, 15790; BPatG 16, 229; BPatG BeckRS 2010, 19677.
[362] BPatG BeckRS 2012, 09018; 2012, 15790; 2010, 28264.
[363] BPatG BeckRS 2012, 09018; 2012, 15790; 2010, 28264; 2010, 19677.
[364] BPatG BeckRS 2010, 28264.
[365] BPatG Mitt. 2015, 417 (Ls.) = BeckRS 2015, 13820.
[366] OLG Düsseldorf InstGE 11, 121 – Maisgebiss-Modell.
[367] OLG Düsseldorf InstGE 11, 121 – Maisgebiss-Modell.

Modell im Verletzungsstreit nicht ankommt[368]. Der Erstattungsfähigkeit steht jedoch nicht entgegen, wenn die gewonnenen Erkenntnisse auch in anderen Verfahren Verwendung finden.
Entsprechendes gilt auch im **Rechtsbestandsverfahren.** Aufwendungen für Demonstrationshilfen zur Erläuterung und Veranschaulichung des Parteivortrags, die nicht Gegenstand einer gerichtlichen Beweiserhebung waren, sind dort ebenfalls nicht zur zweckentsprechenden Rechtsverfolgung notwendig und daher nicht erstattungsfähig[369]. 175

5. Kosten bei der Unterstützung durch Dritte/interne Abstimmungskosten: Werden zur Unterstützung Dritte eingeschaltet, bspw. der Lieferant des verletzenden Produkts, so sind diese Kosten (etwa **Reise- und Übersetzungskosten**) nur erstattungsfähig, wenn die Mithilfe des Dritten notwendig war, um dem Verletzungsvorwurf sachgerecht begegnen zu können[370]. Handelt es sich um **betriebsinterne Angelegenheiten,** so sind diese Kosten nicht erstattungsfähig[371]. 176

Schutzschrift

Die Kosten einer Schutzschrift zur Verteidigung gegen einen Antrag auf einstweilige Verfügung sind erstattungsfähig, wenn ein entsprechender **Verfügungsantrag** gestellt wird[372]. Dies gilt auch dann, wenn der Antrag nach Einreichung der Schutzschrift abgelehnt oder zurückgenommen wird, unabhängig davon, ob eine mündliche Verhandlung stattgefunden hat. Ob das Gericht die Schutzschrift verwertet hat, ist ebenfalls unerheblich[373]. Gleiches gilt für die Kosten einer beim **zentralen Schutzschriftenregister** eingereichten Schutzschrift[374]. Auch hier kommt es nicht darauf an, ob das Gericht, bei dem der Verfügungsantrag gestellt wird, die Schutzschrift vor seiner Entscheidung tatsächlich zur Kenntnis genommen hat[375]. Die Kosten können auch **ohne Einreichung eines Verfügungsantrags** erstattungsfähig sein, wenn sie aus Sicht des Rechtsschutzsuchenden erforderlich und zweckmäßig waren, um seine Rechte wahrzunehmen und durchzusetzen, was auch bei einer unberechtigten Schutzrechtsverwarnung mit Bezug auf eine anstehende Messe der Fall ist[376]. 177

In zeitlicher Hinsicht besteht die Erstattungspflicht, wenn die **Geschäftstätigkeit** des Verfahrensbevollmächtigten **vor Zurückweisung oder Rücknahme** des Verfügungsantrages erfolgt[377]. Dies kann der Fall sein, wenn die Schutzschrift vor Rücknahme oder Zurückweisung des Verfügungsantrags bei Gericht eingeht[378]. Ebenfalls fällt die Verfahrensgebühr gemäß Nr. 3100, 3101 VV RVG an, wenn der Verfahrensbevollmächtigte des Antragsgegners das Geschäft bereits vor der Rücknahme des Verfügungsantrags betrieben hat, selbst wenn dies nicht dem Gericht gegenüber erfolgt[379]. Hierfür kann schon die Entgegennahme des Auftrags sowie erster Informationen genügen[380]. Bei Einreichung der Schutzschrift **nach Zurückweisung oder Rücknahme** des Verfügungsantrags kann dem Antragsgegner ein materiell-rechtlicher Kostenerstattungsanspruch zustehen[381]. 178

In der **Höhe** ist eine 1,3-Verfahrensgebühr nach Nr. 3100 VV RVG erstattungsfähig[382]. Eine Ermäßigung nach Nr. 3101 VV RVG kommt in Betracht, wenn die Schutzschrift keine Tatsachen- oder Rechtsausführungen zur Sache, sondern nur Verfahrensanträge enthält[383]. Allerdings muss sich der Erstattungsberechtigte dann an die die Verfahrensgebühr betreffenden Regelungen binden lassen, wenn Tatsachen eintreten, die zu einer Ermäßigung der Verfahrensgebühr führen, zB weil die eingereichte Schutzschrift mangels Verfügungsantrag nicht berücksichtigt werden konnte und damit der Auftrag nach Nr. 3101 VV RVG endete[384]. 179

Wird die Schutzschrift **bei mehreren Gerichten eingereicht,** kann eine prozessuale Kostenerstattung nur hinsichtlich derjenigen Kosten verlangen, die durch die Einreichung der Schutzschrift bei dem Gericht angefallen sind, bei dem später der Verfügungsantrag eingegangen ist[385]. Kosten für 180

---

[368] OLG Frankfurt a. M. GRUR 1967, 115 – Holzmodell.
[369] BPatG GRUR 2009, 1196 – Demonstrationshilfen.
[370] OLG Düsseldorf InstGE 12, 252 – Kosten der Recherche.
[371] OLG Düsseldorf InstGE 12, 252 – Kosten der Recherche.
[372] BGH GRUR 2003, 456 – Kosten der Schutzschrift I; BGH GRUR 2007, 727 (728) – Kosten der Schutzschrift II; BGH GRUR 2008, 640 – Kosten der Schutzschrift III; OLG Düsseldorf BeckRS 2018, 12486 Rn. 13 – Erstattung der Kosten im Verletzungsrechtsstreit; OLG Düsseldorf BeckRS 2008, 14698.
[373] OLG Düsseldorf BeckRS 2008, 14698.
[374] OLG Hamburg GRUR-RR 2016, 431 – Übersehene Schutzschrift.
[375] OLG Hamburg GRUR-RR 2016, 431 – Übersehene Schutzschrift.
[376] LG Düsseldorf GRUR-RR 2017, 167 – Recycling Aktiv.
[377] BGH GRUR 2007, 727 (728) – Kosten der Schutzschrift II.
[378] BGH GRUR 2007, 727 (728) – Kosten der Schutzschrift II.
[379] BGH GRUR 2007, 727 (728) – Kosten der Schutzschrift II.
[380] OLG Hamburg MDR 1998, 561 = LSK 1998, 140505 (Ls.).
[381] BGH GRUR 2007, 727 (728) – Kosten der Schutzschrift II.
[382] BGH GRUR 2008, 640 – Kosten der Schutzschrift III.
[383] BGH GRUR 2008, 640 – Kosten der Schutzschrift III.
[384] LG Düsseldorf GRUR-RR 2017, 167 (168) – Recycling Aktiv.
[385] OLG Hamburg GRUR-RR 2014, 96 – Schutzschrift.

Fotokopien, Verpackungen, Kurier und Porto aufgrund der Einreichung bei anderen Gerichten sind nicht erstattungsfähig.

181 Die Kosten einer bei einem **unzuständigen Gericht** eingereichten Schutzschrift sind grundsätzlich nicht erstattungsfähig[386]. Etwas anderes soll dann gelten, wenn auch der Verfügungsantrag bei diesem Gericht eingeht und das Verfahren sodann an das zuständige Gericht abgegeben wird[387].

Selbstständiges Beweisverfahren

182 → Rn. 19 und 45.

Sequestrationskosten

183 Die Kosten einer Sequestration, bspw. aufgrund einstweiliger Verfügung, können im Kostenfestsetzungsverfahren nach der Kostengrundentscheidung des Verfahrens festgesetzt werden, in dem die Sequestration angeordnet worden ist[388]. Dazu gehören die **Kosten des Sequesters** (zB des Gerichtsvollziehers) und die **Lagerkosten**[389]. Die Vergütung des bestellten Sequesters bestimmt sich nach dem Zeitaufwand entsprechend § 19 ZwVwV[390].

Sicherheitsleistung

184 Die Kosten einer zur Ermöglichung oder zur Abwehr der Zwangsvollstreckung beigebrachten **Bürgschaft** sind grundsätzlich erstattungsfähig[391]. Umstritten ist, ob es sich bei den Beschaffungskosten für eine zu leistende Sicherheit um Kosten der Zwangsvollstreckung (§ 788 Abs. 1 ZPO)[392] oder um Verfahrenskosten im weiteren Sinn zur Vorbereitung der Vollstreckung handelt[393]. Diese Streitfrage kann letztlich offengelassen werden, weil sich nach beiden Ansichten die Erstattungsfähigkeit nach § 91 Abs. 1 S. 1 ZPO richtet (→ § 104 Rn. 3). Die Erstattungsfähigkeit hängt nicht davon ab, dass dem Schuldner zuvor eine vollstreckbare Ausfertigung des Titels zugestellt wurde. Voraussetzung ist vielmehr, dass (1) der Gläubiger im Zeitpunkt der kostenauslösenden Maßnahme im **Besitz einer vollstreckbaren Ausfertigung** ist und (2) der Schuldner in Kenntnis seiner Verpflichtung einen gewissen Zeitraum zur freiwilligen Erfüllung der titulierten Forderung hat verstreichen lassen (in der Regel 14 Tage)[394]. Dementsprechend fehlt es an der Notwendigkeit für die Erstattungsfähigkeit, wenn im Zeitpunkt der Vornahme des Auftrags zur Übernahme der Bürgschaft der Gläubiger nach nicht im Besitz der vollstreckbaren Ausfertigung ist[395]. Eine vorherige Erkundigung beim Schuldner, ob er den Urteilsausspruch freiwillig befolgen möchte, ist regelmäßig nicht erforderlich[396]. Dagegen sind **Prozessfinanzierungskosten,** wie bspw. Kreditkosten für den Vorschuss von Gerichts- und Anwaltskosten, nicht erstattungsfähig, weil sie nicht in einem unmittelbaren Zusammenhang mit der Prozessführung stehen[397].

Streitgenossen

185 S. **Parteimehrheit** → Rn. 139.

Übersetzungskosten

186 **1. Übersetzung:** Die Kosten für die Übersetzung fremdsprachiger Dokumente sind erstattungsfähig, wenn die Partei sie bei sorgsamer, vernünftiger Überlegung im Zeitpunkt der Anfertigung der Übersetzung als zur zweckentsprechenden Rechtsverfolgung oder -verteidigung erforderlich halten durfte[398]. Das sind bei einer der deutschen Sprache nicht kundigen ausländischen Prozesspartei grund-

---

[386] OLG Düsseldorf JurBüro 2000, 423 = BeckRS 1999, 30086900.
[387] OLG Rostock GRUR-RR 2011, 230 – Schutzschriftkosten.
[388] BGH NJW 2006, 3010 mwN zum Streitstand.
[389] BGH NJW 2006, 3010.
[390] BGH NJW-RR 2005, 1283.
[391] BGH NJW 2012, 3789; NJW-RR 2006, 1001.
[392] OLG Koblenz BeckRS 2004, 02821; OLG Düsseldorf JurBüro 2003, 47; OLG München NJW-RR 2000, 517 (518).
[393] BGH NJW-RR 2008, 515 (516); 2006, 1001; NJW 1974, 693 (694).
[394] BGH NJW 2012, 3789; OLG Düsseldorf 4.4.2017 – I-15 W 12/17; OLG Düsseldorf 20.12.2011 – I-2 W 51/11.
[395] OLG Düsseldorf 4.4.2017 – I-15 W 12/17.
[396] OLG Düsseldorf 4.4.2017 – I-15 W 12/17; OLG Düsseldorf 20.12.2011 – I-2 W 51/11.
[397] Zöller/*Herget* ZPO § 91 Rn. 13.56 „Kreditkosten".
[398] OLG Düsseldorf GRUR-RR 2012, 493 (494); BeckRS 2009, 25832 = GRUR-RR 2009, 448 (Ls.) – Übersetzungskosten im Patentverletzungsstreit; OLG Düsseldorf BeckRS 2011, 11310; BPatG GRUR 1992, 689 – Übersetzungskosten; BPatG BeckRS 2011, 11397; 2013, 01225; Zur Abgrenzung Übersetzung/Dolmetschertätigkeit OLG Düsseldorf InstGE 13, 252 = BeckRS 2012, 05112 – Pumpeinrichtung; OLG Celle BeckRS 2008, 19221.

sätzlich die Kosten für die Übersetzung **aller wesentlichen Schriftstücke,** insbesondere umfangreiche Schriftstücke und solche, auf deren genauen Wortlaut es ankommen kann, von vorzulegenden Urkunden, gerichtlichen Entscheidungen oder Verfügungen[399]. Der Kostenerstattungsanspruch folgt ebenfalls aus Art. 103 Abs. 1 GG[400].

Den Parteien obliegt es allerdings, die Kosten für Übersetzungen **möglichst niedrig zu halten**[401]. **187** Ist die schriftliche Übersetzung für das prozessuale Vorgehen der Partei ohne besondere Bedeutung und stehen die Kosten außer Verhältnis zur Höhe der Klageforderung, muss die Partei sich unter Umständen damit begnügen, dass das betreffende Schriftstück nur mündlich im Verhandlungstermin übersetzt wird[402] oder dass der Rechtsanwalt den Inhalt mündlich oder schriftlich erläutert[403]. Es besteht jedoch keine grundsätzliche Pflicht, zunächst beim Gegner nachzufragen, ob dieser bereits vorhandene Übersetzungen zur Verfügung stellt.

Diese Grundsätze gelten auch dann, wenn der Prozessbevollmächtigte der ausländischen Partei die **188** **Übersetzung selbst vornimmt**[404]. Der Aufwand für solche Übersetzungen ist nicht mit der Prozessgebühr abgegolten. Daran ändert sich nichts, wenn der Prozessbevollmächtigte einer internationalen Sozietät angehört, deren Mitglieder die Sprache, in die die Schriftsätze übersetzt worden sind, beherrschen und dies zur täglichen Routine gehört[405].

Entstehung und Höhe der Übersetzungskosten sind **glaubhaft zu machen**[406]. Es gibt keine **189** Erstattung für fiktive Kosten. Eine anwaltliche Versicherung der angemeldeten Kosten ist jedenfalls dann nicht ausreichend, wenn die Gegenseite deren Anfall und Höhe bestreitet[407]. Dann bedarf es eines Einzelnachweises, etwa durch Vorlage der Rechnungen an den Mandanten. Wenn höhere Kosten angefallen sind, als sich ergeben hätten, wenn der Übersetzer direkt vom Gericht herangezogen und nach JVEG vergütet worden wäre, so sind die erstattungsfähigen Kosten auf die fiktiven geringeren Kosten zu beschränken[408].

Übersetzungskosten für die Abstimmung des Verfahrens in internationalen Unternehmen, etwa **190** zwischen der deutschen Tochtergesellschaft und der nicht beteiligten **ausländischen Muttergesellschaft,** sind grundsätzlich nicht erstattungsfähig[409]. Konzerninterne Regelungen, dass bspw. das gesamte Patentwesen des Konzerns durch die Muttergesellschaft verwaltet wird, begründen grundsätzlich keinen Erstattungsanspruch für Übersetzungskosten.

2. Inhaltliche Differenzierung: Erstattungsfähig sind grundsätzlich Übersetzungskosten für die im **191** Prozess gewechselten Schriftsätze, Urkunden, Beweisprotokolle und Gutachten sowie gerichtliche Protokolle, Verfügungen und Entscheidungen[410].

Die Kosten für **wörtliche Übersetzungen** sowohl der gegnerischen **Schriftsätze** als auch der **192** Schriftsätze des eigenen anwaltlichen Vertreters sind in **Patentverletzungsstreitigkeiten** regelmäßig notwendig und daher erstattungsfähig[411]. Die wörtliche Kenntnis des Inhalts der eingereichten Schriftsätze ist für die des Deutschen nicht mächtige Partei unerlässlich, um ihr eine möglichst genaue und vollständige Kenntnis über den aktuellen Sach- und Streitstand des Verfahrens zu verschaffen und auf der Grundlage dieses Kenntnisstandes über das weitere Vorgehen im Prozess entscheiden zu können. Ist die schriftliche Übersetzung für das prozessuale Vorgehen der Partei ohne besondere Bedeutung und stehen ihre Kosten außer Verhältnis zur Höhe der Klageforderung, kann eine mündliche Übersetzung durch den Rechtsanwalt ausreichend sein[412]. Die **wirtschaftliche Bedeutung** dokumentiert sich dabei im Streitwert, so dass diesem Indizwirkung zukommt[413]. Die erstattungsfähigen Übersetzungskosten betreffen grundsätzlich auch die Anlagen zu Schriftsätzen der Gegenseite[414].

---

[399] OLG Düsseldorf BeckRS 2009, 25832 = GRUR-RR 2009, 448 (Ls.) – Übersetzungskosten im Patentverletzungsstreit; OLG Düsseldorf BeckRS 2008, 11310; BPatG GRUR 1992, 689 (690) – Übersetzungskosten.
[400] BVerfG NJW 1990, 3072.
[401] Vgl. OLG Düsseldorf InstGE 10, 294 = BeckRS 2009, 18543 – Übersetzungskosten.
[402] BVerfG NJW 1990, 3072.
[403] OLG Düsseldorf BeckRS 2008, 11310.
[404] OLG Düsseldorf BeckRS 2009, 25832.
[405] OLG Düsseldorf BeckRS 2009, 25832.
[406] OLG Düsseldorf BeckRS 2013, 07434; 2011, 02045.
[407] OLG Düsseldorf BeckRS 2013, 07434.
[408] OLG Düsseldorf BeckRS 2011, 02045.
[409] OLG Frankfurt a. M. WRP 2006, 1274; BeckRS 2011, 19961; BPatG BeckRS 2009, 11763.
[410] OLG Düsseldorf GRUR-RR 2012, 493 (494) – Sicherheitsabschlag; OLG Düsseldorf BeckRS 2013, 07434; 2005, 30366481; OLG Köln JurBüro 2002, 591 = LSK 2003, 110095; BPatG BeckRS 2011, 11797.
[411] OLG Düsseldorf InstGE 12, 177 – Übersetzung eigener Schriftsätze; OLG Düsseldorf GRUR-RR 2012, 493 (494); BeckRS 2009, 25831; 2009, 25832.
[412] BVerfG NJW 1990, 3072; OLG Düsseldorf BeckRS 2005, 30366481 mit Betonung der Obliegenheit, im Einzelfall auf eine Übersetzung zu verzichten oder sich mit einer gerafften Zusammenfassung des Textes zu begnügen; OLG Celle BeckRS 2008, 19221 und OLG Köln JurBüro 2002, 591 = LSK 2003, 110095 mit entsprechenden Einschränkungen.
[413] OLG Düsseldorf GRUR-RR 2012, 493 (494).
[414] Vgl. OLG Düsseldorf InstGE 10, 294 = BeckRS 2009, 18543 – Übersetzungskosten.

193 Unter bestimmten Voraussetzungen kann eine Übersetzung des **Sitzungsprotokolls** sinnvoll erscheinen, etwa wenn es umfangreiche Anweisungen zum weiteren Verfahrensablauf (zB Prozesskostensicherheit, Haupttermin, Schriftsatzfristen, Auflagen an die Parteien) enthält[415].

194 Bei kurzen **gerichtlichen Verfügung** kann eine Wiedergabe des Inhalts bei der Weiterleitung ausreichend sein[416]. Die Kosten für die Übersetzung des **erstinstanzlichen Urteils** können im Kostenfestsetzungsverfahren erster Instanz geltend gemacht werden[417]. Übersetzungen von **Druckschriften** sind erstattungsfähig, wenn sie für den Verletzungsprozess irgendwie relevant waren[418].

195 Entsprechendes gilt auch in **patentrechtlichen Rechtsbestandsverfahren**. Die Kosten der Übersetzung von im Nichtigkeitsverfahren wesentlichen Schriftstücken, insbesondere umfangreichen Schriftstücken und solchen, auf deren genauen Wortlaut es ankommen kann, zur Unterrichtung einer die deutsche Sprache nicht ausreichend beherrschenden ausländischen Partei sind grundsätzlich erstattungsfähig[419]. Dies gilt regelmäßig auch dann, wenn die ausländische Partei neben einem deutschen Anwalt durch einen ausländischen Verkehrsanwalt vertreten war[420]. Eine wortwörtliche Übersetzung ist jedenfalls in Bezug auf eine Klageschrift unerlässlich, um der Partei eine möglichst genaue und vollständige Kenntnis über Gegenstand und Inhalt des Klageverfahrens zu verschaffen[421]. Ein späterer Bezug auf das Dokument im Urteil ist für die Frage der Erstattungsfähigkeit nicht erforderlich[422]. Im Rechtsbestandsverfahren werden die Kosten für Übersetzungen von fremdsprachigen **Entgegenhaltungen** als notwendig angesehen, insbesondere auch aufgrund der Regelung des § 14 Abs. 4 PatV[423].

196 In **markenrechtlichen Rechtsbestandsverfahren** sind Übersetzungskosten erstattungsfähig, wenn eine entsprechende Übersetzung angefordert wurde[424].

197 **3. Berechnungsmaßstab:** Bei Texten in Patentverletzungsstreitigkeiten handelt es sich regelmäßig um außergewöhnlich schwierige Texte, so dass von einem Zeilensatz von **205 Euro** je angefangene 55 Anschläge (§ 11 Abs. 1 S. 2 JVEG) ausgegangen werden kann[425]. Bei Übersetzung weitgehend **textidentischer Schriftsätze**, zB nach Aufteilung des Verfahrens in mehrere Verfahren nach Klagepatenten, kann ein Zeilensatz von 1,85 Euro gemäß § 11 Abs. 1 S. 2 JVEG analog als angemessen angesehen werden. **Außerhalb des Patentrechts** ist ein Zeilensatz von 1,55 Euro oder bei erheblich erschwerten Übersetzungen von bis zu 2,05 Euro anzusetzen, der im Einzelfall anhand der zu übersetzenden Texte zu ermitteln ist[426].

198 **4. Dolmetschertätigkeit:** Die Kosten einer mündlichen Übersetzung sind unter den gleichen Voraussetzungen wie eine schriftliche Übersetzung erstattungsfähig[427]. Dh sie müssen für die jeweilige Partei notwendig gewesen sein. Nach **§ 9 Abs. 3 S. 1 JVEG** beträgt das Honorar eines Dolmetschers für jede Stunde 70 Euro, bei simultanem Dolmetschen 75 Euro. Übersetzt der Anwalt jedoch den Schriftsatz **mündlich**, in einer Besprechung am Telefon, auch in der **mündlichen Verhandlung**, sind die Kosten als Dolmetschertätigkeit jedoch nur im Ausnahmefall erstattungsfähig[428]. Auch wenn ein an der mündlichen Verhandlung teilnehmender Mitarbeiter oder gesetzlicher Vertreter einer ausländischen Partei der deutschen Sprache nicht mächtig ist, sind Simultandolmetscherkosten regelmäßig dann nicht erstattungsfähig, wenn der Parteivertreter und seine Anwälte in einer ihnen gemeinsam geläufigen Fremdsprache miteinander kommunizieren können[429]. Sie sind dann erstattungsfähig, wenn der Parteivertreter keine Fremdsprachenkenntnisse hat, die ihm eine mündliche Verständigung mit den Anwälten erlauben, oder wenn ausnahmsweise die ohne Simultandolmetschung eintretende Erschwernis der Teilnahme an der mündlichen Verhandlung gravierend ist. Dass der Prozessbevollmächtigte ergänzende Informationen vom anwesenden Parteivertreter benötigt, begründet nicht die Erstattungsfähigkeit von Simultandolmetscherkosten, sondern kann einen Antrag auf Unterbrechung der Verhandlung rechtfertigen[430]. An der Notwendigkeit der Zuziehung eines Dolmetschers kann es

---

[415] OLG Düsseldorf GRUR-RR 2012, 493 (494).
[416] OLG Düsseldorf BeckRS 2005, 30366481.
[417] OLG Düsseldorf GRUR-RR 2012, 493 (494) – Sicherheitsabschlag; aA noch OLG Düsseldorf BeckRS 2008, 11310.
[418] Kühnen S. 401 Rn. 473 mit Verweis auf OLG Düsseldorf BeckRS 2016, 17481.
[419] BPatG GRUR 1992, 689 – Übersetzungskosten; BPatG BeckRS 2013, 01225.
[420] BPatG GRUR 1992, 689 – Übersetzungskosten.
[421] BPatG BeckRS 2011, 11397.
[422] BPatG BeckRS 2013, 01225.
[423] BPatG BeckRS 2012, 09018.
[424] BPatG BeckRS 2008, 12972.
[425] OLG Düsseldorf BeckRS 2009, 25832; LG Düsseldorf InstGE 5, 152 – Übersetzungskosten (beide Entscheidungen noch zur alten Rechtslage mit 4 Euro).
[426] Vgl. KG BeckRS 2010, 23727 (Strafrecht): Kein erhöhter Zeilensatz von 1,85 EUR bei juristischen Begriffen.
[427] BPatG BeckRS 2009, 21971; 2011, 11397; OLG Düsseldorf InstGE 13, 252 – Pumpeinrichtung.
[428] OLG Düsseldorf BeckRS 2019, 59510; OLG Düsseldorf BeckRS 2016, 09162 = GRUR-Prax 2016, 317 mAnm *Rüting*; OLG Düsseldorf InstGE 13, 252 – Pumpeinrichtung.
[429] OLG Düsseldorf BeckRS 2019, 59510; OLG Düsseldorf BeckRS 2016, 09162 = GRUR-Prax 2016, 317 mAnm *Rüting*.
[430] OLG Düsseldorf BeckRS 2016, 09162 = GRUR-Prax 2016, 317 mAnm *Rüting*.

ebenfalls fehlen, wenn der Prozessbevollmächtigte der ausländischen Partei über hinreichende Sprachkenntnisse verfügt und nicht ernstlich mit einer Vernehmung der Partei in der mündlichen Verhandlung zu rechnen war[431]. Ein bloßer Hinweis auf die Komplexität der Materie oder die Covid19-Pandemie genügt nicht[432]. Hat das Gericht eine persönliche Ladung der Partei bzw eines entsprechenden Vertreters nicht angeordnet und damit zu erkennen gegeben, dass aus seiner Sicht keine Notwendigkeit für die Klägerin bestand, einen Vertreter zum Termin zu entsenden, kann sich eine Partei nicht darauf berufen, es sei für die Wahrnehmung ihrer Rechte unabdingbar gewesen, jedes in der Sitzung gesprochene Wort simultan übersetzt zu erhalten[433].

Nicht erstattungsfähig sind Dolmetscherkosten, wenn in der mündlichen Verhandlung kein gesetzlicher Vertreter oder sonstiger Mitarbeiter der Partei anwesend war, sondern nur ein **Vertreter der nicht am Verfahren beteiligten Muttergesellschaft**[434]. Gleiches gilt für Dolmetscherkosten für einen fremdsprachigen Patentanwalt, der für eine Partei anwesend war[435]. Diese Kosten können allenfalls als Kosten eines (ausländischen) Korrespondenz(patent)anwalts geltend gemacht werden, jedoch gelten auch dann die gleichen Grundsätze[436] (s. auch **Verkehrsanwalt** → Rn. 207). 199

Umsatzsteuer

Die Erstattung von Umsatzsteuer kann in voller Höhe erfolgen, sofern keine Vorsteuerabzugsberechtigung der Partei besteht[437]. Nach **§ 104 Abs. 2 S. 3 ZPO** genügt die Erklärung des Antragstellers, dass er die Beträge nicht als Vorsteuer gemäß § 15 UStG abziehen kann[438]. Zur Überprüfung der Erklärung durch den Rechtspfleger → § 104 Rn. 9. 200

Ist der **Anwalt zum Vorsteuerabzug berechtigt,** darf er bleibende Ausgaben, wie bspw. **Reisekosten,** in denen Umsatzsteuer enthalten ist (und die er als Vorsteuer geltend machen kann), nur in Höhe der Nettobeträge in seine Rechnung einstellen und erst anschließend einheitlich nach Nr. 7008 VV RVG die Umsatzsteuer berechnen[439]. Entsprechend ist nur der Nettobetrag der Reisekosten im Kostenfestsetzungsverfahren erstattungsfähig und nicht der enthaltene Umsatzsteuerbetrag, weil andernfalls eine Bereicherung des Kostengläubigers vorliegen würde[440]. 201

Bei **Auslandsberührung** gilt Folgendes: Ein deutscher Anwalt darf seinem ausländischen Auftraggeber **keine Mehrwertsteuer** in Rechnung stellen[441]. Die Leistung des Anwalt gilt nicht als im Erhebungsgebiet der deutschen Mehrwertsteuer ausgeführt (§§ 1 Nr. 1, 3a Abs. 1 S. 1 iVm Abs. 4 Nr. 3 UStG) und unterliegt daher nicht der deutschen Umsatzsteuer. Umsatzsteuer fällt jedoch an und ist erstattungsfähig, wenn der Rechtsanwalt einer nicht als Unternehmer im EG-Ausland wohnende Partei vertritt, die diesen Rechtsstreit nicht in Unternehmereigenschaft führt (§§ 1, 3a Abs. 4 Nr. 3 UStG)[442]. Ein ausländischer Kostenschuldner schuldet dem obsiegenden inländischen Prozessgegner die von seinem Anwalt zu entrichtende Mehrwertsteuer[443]. 202

Werden mehrere **Streitgenossen** durch einen Anwalt vertreten und ist nur ein Streitgenosse vorsteuerabzugsberechtigt, so ist im Regelfall nur der Anteil der Umsatzsteuer, der dem Anwalt im Innenverhältnis geschuldet wird, erstattungsfähig[444]. 203

Vergleich

S. **Einigungsgebühr** → Rn. 41. Zu Vergleichskosten § 98 ZPO. 204

Verkehrsanwalt

Der Auftrag des Verkehrsanwalts beschränkt sich auf die Führung des Verkehrs der Partei mit dem Verfahrensbevollmächtigten (Nr. 3400 VV RVG). 205

---

[431] OLG Köln JurBüro 2002, 591 = LSK 2003, 110095 (Ls.).
[432] OLG Düsseldorf BeckRS 2019, 59510.
[433] OLG Düsseldorf BeckRS 2019, 59510.
[434] BPatG BeckRS 2009, 21971; 2011, 11397.
[435] BPatG BeckRS 2011, 11397.
[436] OLG Düsseldorf BeckRS 2019, 59510.
[437] Für das Gebrauchsmusterlöschungsverfahren: BPatG GRUR 1992, 503 – Mehrwertsteuer; BPatG GRUR 1993, 385 (386) – Umsatzsteuer.
[438] Vgl. zur Erklärung des Antragstellers BPatG GRUR 1992, 503 – Mehrwertsteuer; BPatG GRUR 1993, 385 (386) – Umsatzsteuer.
[439] BGH NJW-RR 2012, 1016.
[440] BGH NJW-RR 2012, 1016; BPatG BeckRS 2009, 11763.
[441] OLG München BeckRS 1988, 07445; OLG Schleswig FHZivR 41 Nr. 7135; MüKoZPO/*Schulz* § 104 Rn. 17; *Hartmann*, Kostengesetze, VV Rn. 19; Zöller/*Herget* ZPO § 91 Rn. 13.101 „Umsatzsteuer".
[442] OLG Düsseldorf NJW-RR 1993, 704.
[443] OLG Koblenz NJW 1992, 640.
[444] MüKoZPO/*Schulz* § 104 Rn. 20 mwN; Zöller/*Herget* ZPO § 91 Rn. 13.101 „Umsatzsteuer".

206 **1. Inländischer Verkehrsanwalt.** Inländische Verkehrsanwälte haben mit dem Wegfall der Postulationsschranken an Amts-, Land- und Oberlandesgerichten an Bedeutung verloren. Kosten für einen inländischen Verkehrsanwalt sind **nur ausnahmsweise** erstattungsfähig, etwa wenn es der Partei unmöglich ist, einen Prozessbevollmächtigten am Sitz des Prozessgerichts schriftlich oder telefonisch zu instruieren[445]. Die Kosten des Verkehrsanwalts sind der Höhe nach nur insoweit erstattungsfähig, soweit sie die Mehrkosten durch einen Distanzanwalt gemäß § 91 Abs. 2 S. 1 ZPO nicht übersteigen[446].

207 **2. Ausländischer Verkehrsanwalt.** Die gleichen Grundsätze gelten für die Erstattungsfähigkeit der Kosten für einen ausländischen Verkehrsanwalt einer ausländischen Partei[447]. Allein die Ausländereigenschaft und eine fehlende inländische Vertriebsorganisation sind für die Erstattungsfähigkeit nicht ausreichend[448]. Diese bedarf vielmehr der **Notwendigkeitsprüfung im Einzelfall.** Dabei ist zu berücksichtigen, dass eine ausländische Partei typischerweise etwa wegen sprachlicher Barrieren, kultureller Unterschiede oder mangelnder Vertrautheit mit dem deutschen Rechtssystem eher auf einen Verkehrsanwalt an ihrem Wohn- oder Geschäftssitz angewiesen sein wird als eine inländische Partei. Ein ausländischer Verkehrsanwalt ist jedenfalls dann nicht erforderlich, wenn der deutsche Verfahrensbevollmächtigte bereits über alle nötigen **Informationen** verfügt[449]. Dies kann etwa der Fall sein, wenn nach einer Abmahnung durch den inländischen Bevollmächtigten eine Unterlassungserklärung gegenüber der ausländischen Partei abgegeben wurde und im anschließenden Rechtsstreit nur noch über die durch die Abmahnung entstandenen Kosten gestritten wird[450]. Ferner ist die Mitwirkung des ausländischen Verkehrsanwalts nicht erforderlich, wenn es für die ausländische Partei möglich, zumutbar und kostengünstiger ist, den **inländischen Prozessbevollmächtigten unmittelbar zu informieren**[451]. Das kommt vor allem in Betracht, wenn die ausländische Partei aufgrund **langjähriger Geschäftstätigkeit in Deutschland,** etwa mit einer eigenen Vertriebsorganisation, und Kenntnissen der deutschen Sprache zweifelsfrei in der Lage ist, direkt mit ihrem deutschen Prozessbevollmächtigten zu verkehren und für den Rechtsstreit Kenntnisse des Heimatrechts der ausländischen Partei unerheblich sind[452].

208 Eine **patentrechtliche Spezialmaterie** rechtfertigt grundsätzlich nicht die Einschaltung eines Verkehrsanwalts, weil die Partei im Patentrecht versierte Prozessbevollmächtigte und fachspezifische Patentanwälte im Inland beauftragen kann[453]. Im Falle eines **EU-ausländischen Patentanwalts** hat die Partei alternativ die Möglichkeit, sich nur durch ihren ausländischen Patentanwalt vertreten zu lassen und die hierdurch entstehenden Kosten gemäß § 143 Abs. 3 PatG erstattet zu verlangen (s. Doppelvertreterkosten → Rn. 107)[454]. Für eine Erstattungsfähigkeit als Verkehrsanwalt ist dagegen erforderlich, dass es der Partei aufgrund besonderer Umstände des Falles nicht zugemutet werden kann, mit dem deutschen Prozessbevollmächtigten direkt zu korrespondieren[455]. Dies kann im Einzelfall aufgrund der nicht hinreichend sichergestellten unmittelbaren Information des Inlandsvertreters und der Bedeutung des Falles für die Partei der Fall sein[456].

209 Im Falle einer nicht erstattungsfähigen Tätigkeit des Verkehrsanwalts können fiktive Kosten für eine **Informationsreise** erspart wurden, die in Patentnichtigkeitsverfahren erstattungsfähig sein können (s. Informationsreise → Rn. 165). Entsprechend können daher in Patentnichtigkeitsverfahren fiktive Kosten einer Informationsreise ansetzbar sein[457]. Eine Erstattung ersparter **fiktiver Übersetzungskosten** ist abzulehnen (s. Übersetzungskosten → Rn. 189).

210 In **markenrechtlichen Löschungsverfahren** wird vom BPatG mit Hinweis auf den erforderlichen direkten Gedankenaustauschs zwischen dem anwaltlichen Vertreter und dem Mandanten und den hinreichend sicheren Informationsfluss eine Erstattungsfähigkeit der ausländischen Verkehrsanwaltskosten im Einzelfall anerkannt[458].

---

[445] BGH NJW 2006, 301 (302); OLG Düsseldorf InstGE 12, 63 (66) – zusätzlicher ausländischer Patentanwalt.
[446] MüKoZPO/*Schulz* § 91 Rn. 173; Zöller/*Herget* ZPO § 91 Rn. 13.105 „Verkehrsanwalt".
[447] BGH GRUR 2012, 319 – Ausländischer Verkehrsanwalt; OLG Düsseldorf InstGE 12, 63 (66) – zusätzlicher ausländischer Patentanwalt; BPatG BeckRS 2012, 13968 (Patentnichtigkeitsverfahren); BPatG BeckRS 2000, 15261 (Patentnichtigkeitsverfahren); BPatG GRUR 2011, 463 – Britischer Verkehrsanwalt (markenrechtliches Löschungsverfahren); BPatG BeckRS 2011, 01662 (Gebrauchsmusterlöschungsverfahren).
[448] So aber noch OLG Stuttgart GRUR-RR 2005, 69 (70); KG GRUR-RR 2008, 373 (374) – Schweizer Anwalt; OLG Hamburg FHZivR 32 Nr. 6709 (Ls.).
[449] BGH GRUR 2012, 319 – Ausländischer Verkehrsanwalt.
[450] KG BeckRS 2009, 24905.
[451] BGH GRUR 2012, 319 – Ausländischer Verkehrsanwalt.
[452] BGH GRUR 2012, 319 (320) – Ausländischer Verkehrsanwalt.
[453] OLG Düsseldorf InstGE 12, 63 (67) – zusätzlicher ausländischer Patentanwalt; BPatG BeckRS 2000, 15261.
[454] OLG Düsseldorf InstGE 12, 63 (68) – zusätzlicher ausländischer Patentanwalt.
[455] OLG Düsseldorf InstGE 12, 63 (68) – zusätzlicher ausländischer Patentanwalt; BPatG BeckRS 2012, 13968 (Patentnichtigkeitsverfahren); BPatG BeckRS 2011, 01662 (Gebrauchsmusterlöschungsverfahren).
[456] BPatG BeckRS 2011, 01662 (Gebrauchsmusterlöschungsverfahren).
[457] BPatG BeckRS 2012, 13968.
[458] BPatG GRUR 2011, 463 – Britischer Verkehrsanwalt (Markenrechtliches Löschungsverfahren).

Die **Höhe** der erstattungsfähigen Kosten bestimmt sich nach den für inländische Verkehrsanwälte **211** geltenden Grundsätzen[459].

Verzichtsaufforderung

→ § 93 Rn. 38. **212**

Zeitversäumnis

Nach § 91 Abs. 1 S. 2 ZPO umfasst die Kostenerstattung auch die Entschädigung für die durch **213** Reisen oder die Wahrnehmung von Terminen entstandene Zeitversäumnis. Die Höhe bestimmt sich nach den Regelungen des **JVEG** (vgl. § 20 JVEG für die reine Zeitversäumnis und § 22 JVEG für den Verdienstausfall). Die Regelung ist abschließend. Eine auf anderen Gründen beruhende Zeitversäumnis, etwa aufgrund der Begleitung des Prozesses und der damit verbundenen Tatsachenaufklärung, ist nicht erstattungsfähig[460]. Es handelt sich bei solchem **Zeit- und Müheaufwand** um allgemeinen Prozessaufwand, der grundsätzlich nicht erstattungsfähig ist[461]. Die Zeitversäumniskosten der beim Termin **anwesenden Partei** sind nur erstattungsfähig, wenn das persönliche Erscheinen angeordnet und sie geladen waren oder wenn ihr Erscheinen im Termin aus anderen Gründen als notwendig zu erachten war[462].

Zeugenauslagen

Auslagen einer Partei für die von ihr zur mündlichen Verhandlung mitgebrachten ungeladenen **214** Zeugen (sistierte Zeugen) oder Sachverständigen können erstattungsfähig sein, wenn die Prozesslage oder ein naher Verhandlungstermin diese Vorsichtsmaßnahme erfordern[463]. Dies kann insbesondere in **einstweiligen Verfügungsverfahren** aufgrund des Eilbedürfnisses gegeben sein[464]. Maßgebend ist, ob die Stellung des Zeugen oder Sachverständigen aus Gründen der Eilbedürfnis oder vernünftigen prozessualen Vorsorge angemessen und notwendig ist. Notwendig sind die Auslagen jedenfalls dann, wenn das **Gericht angeregt** hat, den Zeugen zum Termin zu sistieren[465]. Unerheblich ist für die maßgebliche *ex ante* Betrachtung, wenn es nicht zur Vernehmung kommt[466].

Die Höhe der erstattungsfähigen Kosten bestimmt sich, wie bei einer vom Gericht herangezogenen **215** Person, nach dem **JVEG**[467]. Sie sind der obsiegenden Partei als Teil der Gerichtskosten zu erstatten. Es ist unerheblich, ob die Partei selbst den Zeugen entschädigt oder dies direkt durch das Gericht erfolgt[468].

Zinsen

S. **Sicherheitsleistung** → Rn. 184. **216**

Zustellkosten

Die Kosten einer Zustellung durch den **Gerichtsvollzieher** (GvKostG-KV Nr. 100 und 101) sind **217** trotz der einfacheren Möglichkeit einer Zustellung von Anwalt zu Anwalt erstattungsfähig, wenn die zustellende Partei ein berechtigtes sachliches Interesse an schneller und sicherer Zustellung hat[469]. Dies ist insbesondere bei der Zustellung einer im Beschlusswege erlassenen einstweiligen Verfügung der

---

[459] BGH NJW 2005, 1373; GRUR 2012, 319 (320) – Ausländischer Verkehrsanwalt; BPatG GRUR 2011, 463 – Britischer Verkehrsanwalt (Markenrechtliches Löschungsverfahren).
[460] BPatG Mitt. 2015, 417 (Ls.) = BeckRS 2015, 13820; KG MDR 1985, 414; MüKoZPO/*Schulz* § 91 Rn. 98 mwN.
[461] BPatG Mitt. 2015, 417 (Ls.) = BeckRS 2015, 13820; KG MDR 1985, 414; vgl. zu Ausnahmen OLG Nürnberg MDR 2001, 1439.
[462] BGH NJW 2009, 1001; Zöller/*Herget* § 91 Rn. 13.116 („Zeitversäumnis").
[463] OLG Koblenz NJW-RR 1998, 717; GRUR 1986, 688 – Angereister Zeuge; OLG Nürnberg NJW-RR 2011, 1292.
[464] OLG Hamburg MDR 1995, 210 = LSK 1995, 190074 (Ls.); OLG Koblenz NJW-RR 1998, 717; OLG Nürnberg NJW-RR 2011, 1292; OLG Koblenz GRUR 1986, 688 – Angereister Zeuge.
[465] OLG Hamburg MDR 2000, 666 = BeckRS 2000, 10576; OLG Hamburg MDR 1995, 859 = LSK 1996, 030313 (Ls.).
[466] OLG Nürnberg NJW-RR 2011, 1292; OLG Koblenz GRUR 1986, 688 – Angereister Zeuge.
[467] OLG Nürnberg NJW-RR 2011, 1292.
[468] OLG Nürnberg NJW-RR 2011, 1292; OLG Hamburg MDR 2000, 666 = BeckRS 2000, 10576; OLG Hamburg MDR 1995, 859 = LSK 1996, 030313 (Ls.); OLG Karlsruhe JurBüro 1991, 1514 = FHZivR 37 Nr. 7662 (Ls.); Zöller/*Herget* ZPO § 91 Rn. 13.117 „Zeugenauslagen"; aA OLG Koblenz NJW-RR 1998, 717; OLG Hamburg MDR 1987, 147 = LSK 1987, 380057 (Ls.).
[469] KG JurBüro 1981, 438 = LSK 1981, 320053 (Ls.); Zöller/*Herget* ZPO § 91 Rn. 13.119 „Zustellung".

Fall[470]. Gleiches ist auch für Urteilsverfügungen regelmäßig anzunehmen, weil den Rechtsanwalt keine berufsrechtliche Mitwirkungspflicht bei der Zustellung nach § 195 ZPO trifft[471].

218 Dagegen sind die Kosten für die Direktzustellung eines Schriftsatzes des Prozessbevollmächtigten im Hauptsacheverfahren an den gegnerischen Prozessbevollmächtigten per **Fahrrad-Kurierdienst** nicht erstattungsfähig, denn der Schriftsatz hätte per Telefax übermittelt werden können[472]. **Kurierkosten** werden von den Gerichten regelmäßig neben der Pauschale nach Nr. 7002 VV-RVG nur als erstattungsfähig angesehen, wenn und soweit für jede einzelne Sendung eine besondere Dringlichkeit bestand und erläutert wird.

219 Haben die Verfahrensbevollmächtigten der Gläubigerin ihren Sitz in einer anderen Stadt als die Schuldner, kann neben der Verfahrensgebühr des Erkenntnisverfahrens eine 0,3 Verfahrensgebühr gemäß Nr. 3309 VV RVG für die **Zustellung durch eine weitere Rechtsanwaltskanzlei** erstattungsfähig sein, wenn ein anerkennungswürdiges Interesse daran besteht, die einstweilige Verfügung so schnell wie möglich zuzustellen[473].

Zwangsvollstreckungsverfahren

220 Für die Kosten der Zwangsvollstreckung gilt § 788 Abs. 1 ZPO, der auf § 91 ZPO verweist. Vollstreckt der Gläubiger ein Ordnungsgeld im **europäischen Ausland,** wird eine Erstattungsfähigkeit der Kosten durch einen Abzug vom beigetriebenen Ordnungsgeld diskutiert[474]. Zur Erstattungsfähigkeit von **Patentanwaltskosten** im Zwangsvollstreckungsverfahren → Rn. 115.

221 Wird ein Vollstreckungstitel, aus dem die Zwangsvollstreckung betrieben wurde, **später durch einen anderen Titel ersetzt,** zB einen Prozessvergleich, kann der Gläubiger grundsätzlich die Erstattung der Vollstreckungskosten in der Höhe verlangen, in der sie angefallen wären, wenn er von vornherein die Vollstreckung auf den Vergleichsbetrag beschränkt hätte. Maßgeblich für den Erstattungsanspruch ist nicht die Kontinuität des Vollstreckungstitels, sondern die Vollstreckbarkeit des zu Grunde liegenden Anspruchs[475].

§ 91a Kosten bei Erledigung der Hauptsache

(1) ¹Haben die Parteien in der mündlichen Verhandlung oder durch Einreichung eines Schriftsatzes oder zu Protokoll der Geschäftsstelle den Rechtsstreit in der Hauptsache für erledigt erklärt, so entscheidet das Gericht über die Kosten unter Berücksichtigung des bisherigen Sach- und Streitstandes nach billigem Ermessen durch Beschluss. ²Dasselbe gilt, wenn der Beklagte der Erledigungserklärung des Klägers nicht innerhalb einer Notfrist von zwei Wochen seit der Zustellung des Schriftsatzes widerspricht, wenn der Beklagte zuvor auf diese Folge hingewiesen worden ist.

(2) ¹Gegen die Entscheidung findet die sofortige Beschwerde statt. ²Dies gilt nicht, wenn der Streitwert der Hauptsache den in § 511 genannten Betrag nicht übersteigt. ³Vor der Entscheidung über die Beschwerde ist der Gegner zu hören.

Literatur *Bernreuther,* Einstweilige Verfügung und Erledigungserklärung, GRUR 2007, 660; *Hess,* Unterwerfung als Anerkenntnis?, WRP 2003, 353; *Kühnen,* Das Erlöschen des Patentschutzes während des Verletzungsprozesses – Materiell-rechtliche und verfahrensrechtliche Folgen, GRUR 2009, 288; *Zöllner,* Der Vorlage- und Besichtigungsanspruch im gewerblichen Rechtsschutz – Ausgewählte Probleme, insbesondere im Eilverfahren, GRUR-Prax 2010, 74.

Übersicht

	Rn.
A. Allgemeines	1
I. Anwendung des § 91a ZPO im Gewerblichen Rechtsschutz	1
II. Bedeutung und Abgrenzung zur Klagerücknahme	4
B. Erledigungserklärung und erledigendes Ereignis	10
I. Erledigungserklärung	10
II. Erledigendes Ereignis	13
C. Übereinstimmende Erledigung	16
I. Wirkung	16
II. Zeitpunkt	19
III. Widerruf	20
IV. Kostenentscheidung	21
1. Verfahren	21

---

[470] KG JurBüro 1981, 438 = LSK 1981, 320053 (Ls.).
[471] BGH BeckRS 2015, 19028.
[472] OLG Köln JurBüro 2002, 591 = LSK 2003, 110095 (Ls.).
[473] KG NJOZ 2010, 1499 (1500); OLG Celle NJW-RR 2008, 1600.
[474] *Kieser/Buckstegge* GRUR-Prax 2016, 253 mwN.
[475] BGH NJW-RR 2004, 503; 2010, 1005; 2014, 1149.

	Rn.
2. Entscheidungsmaßstab und Entscheidungsgrundlagen	24
a) Die Regelungen der §§ 91, 92 und 93 ZPO	25
b) Bisheriger Sach- und Streitstand und neuer Vortrag	27
c) Verhalten der Parteien	29
V. Rechtsmittel	34
D. Einseitige Erledigung	38
I. Rechtsnatur	38
II. Widerruf	40
III. Hilfsweise Antragstellung	41
IV. Verfahren und Entscheidung	43
E. Einzelfälle zur übereinstimmenden Erledigung	47
Auskunftserteilung	47
Besichtigungsverfahren	48
Erfüllung	51
Feststellungsklage	52
FRAND	53
Gesetzesänderung	54
Rechtsbestandsverfahren	55
Rechtsmittelverfahren	56
Rechtsprechungsänderung	57
Streitgenossen	58
Unterlassungserklärung	59
Unzuständiges Gericht	60
Verfügungsverfahren	61
1. Vorläufig vollstreckbare Entscheidung in der Hauptsache	61
2. Einstweilige Verfügung und spätere Erledigung der Hauptsache	63
Verjährung	67
Wegfall des Schutzrechts	68
1. Auswirkung für Verletzungsverfahren	69
2. Auswirkung im Rechtsbestandsverfahren	73
Wegfall der Wiederholungs-/Erstbegehungsgefahr	84
Wegfall wirtschaftlichen Interesses	87
Zeitablauf bei befristeten Schutzrechten	88

A. Allgemeines

I. Anwendung des § 91a ZPO im Gewerblichen Rechtsschutz

Für die Anwendbarkeit des § 91a ZPO im Gewerblichen Rechtsschutz gelten die Ausführungen bei **1** § 91 ZPO (→ § 91 Rn. 1 ff.).
Im **patentrechtlichen Nichtigkeitsverfahren** ist § 91a ZPO iVm §§ 84 Abs. 2 S. 2, 99 Abs. 1 PatG anwendbar[1]. Im **patentrechtlichen Einspruchsverfahren** wird die Kostenregelung des § 91a ZPO nicht herangezogen[2]. § 62 Abs. 2 PatG verweist nicht auf § 91a ZPO. Gründe für eine Kostenauferlegung aus Billigkeitsgründen nach § 62 Abs. 1 S. 1 PatG liegen bei Erledigung regelmäßig nicht vor. Stellt der Erfolg eines Einspruchs bereits keinen Billigkeitsgrund dar, besteht nach dem BPatG kein Anlass für eine Kostenauferlegung, wenn das Einspruchsziel auf andere Art und Weise erreicht wird und sich das Einspruchsverfahren dadurch erledigt hat[3].
In **Gebrauchsmusterlöschungsverfahren** vor dem DPMA und dem BPatG ist § 91a ZPO gemäß **2** §§ 17 Abs. 4 GebrMG, 84 Abs. 2 PatG anzuwenden und eine Kostenentscheidung nach billigem Ermessen unter Berücksichtigung der bisherigen Sach- und Rechtslage zu treffen[4].
Im **markenrechtlichen Beschwerdeverfahren** wird teilweise § 91a ZPO entsprechend angewen- **3** det gemäß §§ 82 Abs. 1, 71 Abs. 5 MarkenG[5]. Teilweise wird dies abgelehnt und die Billigkeit der Kostenauferlegung im Einzelfall geprüft[6].

II. Bedeutung und Abgrenzung zur Klagerücknahme

Die Regelung des § 91a ZPO hat **Klägerschutzfunktion**. Sie will dem Kläger helfen, dass seine **4** Klage nicht mit der Kostenfolge des § 91 ZPO abgewiesen wird, wenn sein zunächst zulässiges und

---

[1] BPatG BeckRS 2013, 04566; 2012, 16519.
[2] BPatG GRUR 2010, 363 – Radauswuchtmaschine; BPatG BeckRS 2013, 05139; 2012, 18666; 2011, 22858 = GRUR-RR 2012, 128 (Ls.) – Unterseeboot.
[3] BPatG BeckRS 2012, 18666.
[4] BGH GRUR 1997, 625 – Einkaufswagen; BPatG BeckRS 2012, 20730; 2011, 00187.
[5] BPatG BeckRS 2011, 28330.
[6] BPatG BeckRS 2008, 27028.

begründetes Begehren durch ein nicht von ihm zu vertretendes Ereignis unzulässig oder unbegründet wird[7].

5   Die Erledigungserklärung ist von der Klagerücknahme nach **§ 269 Abs. 3 S. 3 ZPO** abzugrenzen. Dem Kläger stehen, abhängig vom Zeitpunkt der Erledigung, verschiedene **prozessuale Möglichkeiten** zur Verfügung:

6   (1) Tritt die Erledigung **vor Zustellung** der Klage ein, kann der Kläger die Klage unter Verwahrung gehen die Kosten zurücknehmen (§ 269 Abs. 3 S. 3 ZPO). Gleiches gilt, wenn die Erledigung schon **vor Einreichung** der Klage eingetreten ist[8] oder wenn die **Klage nicht zugestellt** wird (§ 269 Abs. 3 S. 3 Hs. 2 ZPO). Das Gericht entscheidet dann im summarischen Verfahren über die Kostentragung.

7   (2) **Bis zur Verhandlung des Beklagten zur Hauptsache** kann der Kläger seine Klage unter Tragung der Kosten **zurücknehmen** (§ 269 Abs. 1, 3 S. 2 ZPO).

8   (3) Alternativ kann er die Klage für **erledigt** erklären. Schließt sich der Beklagte an, ist die Kostenentscheidung nach § 91a ZPO zu treffen, andernfalls nach §§ 91, 92 ZPO oder § 269 Abs. 3 S. 3 ZPO analog[9]. Der Klägerin kann also die Klage in der Weise ändern, dass er die Feststellung der Kostentragungspflicht des Beklagten verlangt. Eine solche Änderung in eine Klage auf Feststellung der Kostentragung ist auch nach der Neufassung des § 269 Abs. 3 S. 3 ZPO zulässig[10].

9   (4) Verhandelt der Beklagte zur Hauptsache, verbleibt dem Kläger nur die Erledigungserklärung.

B. Erledigungserklärung und erledigendes Ereignis

I. Erledigungserklärung

10 Die Erledigung der Hauptsache kann **einseitig,** dh vom Kläger allein, oder von den Parteien **übereinstimmend** erklärt werden. Die übereinstimmende Erledigungserklärung kann auch nur für **einen Teil** des Streitgegenstandes abgegeben werden bzw. der Beklagte kann sich nur für einen Teil anschließen (→ Rn. 17). Nur im Falle einer einseitigen Erledigungserklärung ist vom Gericht zu prüfen, ob tatsächlich ein erledigendes Ereignis vorliegt. Die einseitige Erledigungserklärung des **Beklagten** ist unerheblich[11].

11 Der Inhalt einer Erledigungserklärung ist ggf. durch **Auslegung** zu ermitteln[12]. Eine Beschränkung der Erklärung des Gläubigers nur auf den **Zeitraum** nach Eintritt des erledigenden Ereignisses ist rechtlich möglich[13]. Bei der Auslegung der Erledigungserklärung ist nicht allein der Wortlaut der Erklärung maßgebend, sondern dass der erklärte Wille auch aus den Begleitumständen und insbesondere aus der Interessenlage hervorgehen kann[14]. Sowohl bei nur gestellten als auch bereits rechtskräftig entschiedenen und vollstreckten **Ordnungsmittelanträgen** ist in der Regel davon auszugehen, dass eine Erledigungserklärung nur für die Zukunft gelten und daher einen bereits erwirkten Unterlassungstitel als Grundlage für die Vollstreckung wegen zurückliegender Zuwiderhandlungen nicht in Frage stellen soll[15]. Im Falle der übereinstimmenden Erledigungserklärung hat das Gericht bei der zu treffenden Kostenentscheidung grundsätzlich keinen Anlass zu prüfen, ob die Erledigungserklärung des Gläubigers auch auf der Vergangenheit bezogen war, wenn die Parteien keine gegenteiligen Anträge stellen[16]. Wird die Hauptsache nur mit Wirkung für die Zukunft für erledigt erklärt, mit der Folge, dass ein bereits erlassener Unterlassungstitel seine Wirkung für die Vergangenheit behält, so liegt lediglich eine **teilweise** Erledigung der Hauptsache vor (→ Rn. 22)[17].

12 Teilweise wird vertreten, dass es für den Beklagten im Regelfall sinnvoll ist, sich der Erledigungserklärung **anzuschließen**[18]. Die Überprüfung der Erfolgsaussichten der Klage erfolgt im Rahmen des § 91a ZPO. Der Erledigung sollte nur dann widersprochen werden, wenn eine Beweisaufnahme angestrebt wird oder sichergestellt werden soll, dass bereits ergangene Verfügungen *ex tunc* aufgehoben

---

[7] MüKoZPO/*Lindacher* § 91a Rn. 1.
[8] Zöller/*Greger* ZPO § 269 Rn. 18d.
[9] MüKoZPO/*Lindacher* § 91a Rn. 23 mwN; vgl. zur aA Zöller/*Althammer* ZPO § 91a Rn. 35 mwN.
[10] OLG Frankfurt a. M. NJW 2019, 1158 = Mitt. 2019, 195 (Ls.) – Klage auf Feststellung der Kostentragung bei Hauptsacheerledigung.
[11] Zöller/*Althammer* ZPO § 91a Rn. 52 mwN.
[12] BGH GRUR 2016, 421 – Erledigungserklärung nach Gesetzesänderung; BGH GRUR 2004, 264 – Euro-Einführungsrabatt; OLG Düsseldorf BeckRS 2010, 21642 – Digital-Receiver.
[13] BGH GRUR 2016, 421 – Erledigungserklärung nach Gesetzesänderung; BGH GRUR 2004, 264 – Euro-Einführungsrabatt.
[14] BGH GRUR 2016, 421 – Erledigungserklärung nach Gesetzesänderung; BGH GRUR 2004, 264 – Euro-Einführungsrabatt.
[15] BGH GRUR 2016, 421 – Erledigungserklärung nach Gesetzesänderung; BGH GRUR 2004, 264 – Euro-Einführungsrabatt.
[16] BGH GRUR 2016, 421 – Erledigungserklärung nach Gesetzesänderung.
[17] OLG Köln GRUR 2014, 1032 – NACT-Studie.
[18] Harte-Bavendamm/Bodewig/*Brüning* UWG Vorb. § 12 Rn. 54.

werden, um die Verhängung von Ordnungsmitteln zu verhindern (vgl. aber → Rn. 16 ff. zu den Wirkungen der Erledigungserklärung)[19].

II. Erledigendes Ereignis

Erledigungsereignis ist eine Tatsache mit Auswirkungen auf die materiell-rechtlichen Voraussetzungen der **Zulässigkeit oder Begründetheit** der Klage[20]. Die Hauptsache ist erledigt, wenn die Klage im Zeitpunkt des nach ihrer Zustellung eingetretenen erledigenden Ereignisses zulässig und begründet war und durch das behauptete Ereignis unzulässig oder unbegründet wurde[21]. Erledigungsereignis kann bspw. der Wegfall der Erstbegehungs- oder Wiederholungsgefahr, das Erlöschen des Schutzrechts oder die Erfüllung des Anspruchs auf Auskunft sein (→ Rn. 47 ff.). Kein Erledigungsereignis ist dagegen die Änderung der Rechtsprechung (→ Rn. 57). Entscheidend ist der **objektive Eintritt** des Ereignisses und nicht die Frage einer subjektiven Verantwortlichkeit, selbst wenn das Ereignis vom Kläger herbeigeführt wurde[22]. 13

In **zeitlicher Hinsicht** ist ein Erledigungsereignis **ab Anhängigkeit** beachtlich[23]. Im Verfügungsverfahren gibt es keine Rechtshängigkeit, so dass es nur auf Anhängigkeit ankommen kann. Für das Hauptsacheverfahren gilt für Erledigung vor Rechtshängigkeit § 269 Abs. 3 S. 3 ZPO mit gleicher Regelung. 14

Tritt die **Erledigung zwischen den Instanzen** ein, können die Parteien die Erledigungserklärung entweder **gegenüber dem Rechtsmittelgericht** erklären[24]. Bis zur Einlegung eines Rechtsmittels beim Rechtsmittelgericht können die Parteien ihre Erklärungen aber **auch gegenüber dem Gericht der unteren Instanz** abgeben, auch wenn in dieser Instanz bereits das Urteil zugestellt ist[25]. Die Anhängigkeit dauert trotz Zustellung des Urteils fort. § 318 ZPO hindert das Gericht der unteren Instanz lediglich daran, die mündliche Verhandlung mit dem Ziel wiederzueröffnen, seine streitige Entscheidung zu ändern[26]. Analog § 269 Abs. 3 S. 1 ZPO wird ein bereits ergangenes und noch nicht rechtskräftiges Urteil mit beiderseitiger Erledigungserklärung wirkungslos[27]. 15

C. Übereinstimmende Erledigung

I. Wirkung

Nach einer uneingeschränkten übereinstimmenden Erledigterklärung kann **keine Entscheidung mehr über den Streitgegenstand** ergehen[28]. Es ist nur noch nach billigem Ermessen eine Entscheidung über die Kosten zu treffen. Ein im Verfahren erlassener und noch **nicht rechtskräftig gewordener Titel entfällt** ohne Weiteres[29]. Ein im Verfahren ergangener Unterlassungstitel kann daher auch keine Grundlage für **Vollstreckungsmaßnahmen** mehr sein, selbst wenn die Zuwiderhandlung gegen das ausgesprochene Unterlassungsgebot vor Erledigungserklärung begangen wurde[30]. Der Kläger kann jedoch seine Erledigterklärung auf die Zeit nach dem erledigenden Ereignis beschränken, wenn er den bereits erstrittener Unterlassungstitel weiterhin als Grundlage für Vollstreckungsmaßnahmen wegen Zuwiderhandlungen, die vor dem erledigenden Ereignis begangen worden sind, aufrechterhalten will[31]. 16

Die **beschränkte teilweise Abgabe der Erledigterklärung** ist daher insbesondere bei möglicher Vollstreckung aus Unterlassungstiteln von Bedeutung[32]. Ferner ist sie regelmäßig zu wählen, wenn die Schutzdauer des Schutzrechts abläuft, weil nur hinsichtlich des Unterlassungsanspruchs die Erledigungserklärung erfolgt (→ Rn. 67 ff.). In den Fällen der beschränkten übereinstimmenden Erledigungserklärung ergeht eine gemischte Kostenentscheidung. 17

Im Falle von **anhängigen Hilfsanträgen** ist über diese regelmäßig auch dann zu entscheiden, wenn der Kläger den Hauptantrag für erledigt erklärt und es daraufhin zu keiner Entscheidung im Sinne des 18

---

[19] Harte-Bavendamm/Bodewig/*Brüning* UWG Vorb. § 12 Rn. 54.
[20] BGH NJW 2007, 3721 (3722); 2003, 3134.
[21] BGH NJW 2010, 2422; 2003, 3134.
[22] BGH GRUR 1993, 769 (770) – Radio Stuttgart; BGH NJW 1986, 588; OLG Frankfurt a. M. WRP 1979, 799; OLG Düsseldorf WRP 1980, 701.
[23] Zöller/*Althammer* ZPO § 91a Rn. 6.
[24] BGH GRUR 2005, 41 – Staubsaugersaugrohr.
[25] BGH NJW 1995, 1095 (1096); OLG Hamburg WRP 1983, 425 = LSK 1983, 450039 (Ls.); Zöller/*Althammber* ZPO § 91a Rn. 21; MüKoZPO/*Schulz* § 91a Rn. 41; Harte-Bavendamm/Bodewig/*Brüning* UWG Vorb. § 12 Rn. 48.
[26] BGH NJW 1995, 1095 (1096).
[27] MüKoZPO/*Schulz* § 91a Rn. 41.
[28] BGH GRUR 2004, 264 (267) – Euro-Einführungsrabatt; BGH GRUR 2003, 724.
[29] BGH GRUR 2004, 264 (267) – Euro-Einführungsrabatt.
[30] BGH GRUR 2004, 264 (267) – Euro-Einführungsrabatt; OLG Düsseldorf GRUR-RR 2002, 151 – Hartnäckige Zuwiderhandlung.
[31] BGH GRUR 2004, 264 (267) – Euro-Einführungsrabatt.
[32] BGH GRUR 2004, 264 – Euro-Einführungsrabatt.

Hauptbegehrens kommt³³. Der Hilfsantrag steht unter der Bedingung, dass der Hauptantrag unzulässig oder unbegründet ist, so dass über ihn zu entscheiden ist, wenn der Hauptantrag abgewiesen ist oder sich anderweitig erledigt hat³⁴.

II. Zeitpunkt

19   Eine übereinstimmende Erledigungserklärung ist auch noch in der **höheren Instanz** und selbst in der Revisionsinstanz möglich (→ Rn. 14 f.)³⁵.

III. Widerruf

20   Der Kläger kann seine Erledigtklärung grundsätzlich frei widerrufen, solange sich der Beklagte ihr **nicht angeschlossen** und das Gericht **noch keine Entscheidung** über die Erledigung der Hauptsache getroffen hat³⁶. Bis zu diesem Zeitpunkt kann ein Kläger von der einseitig gebliebenen Erledigungserklärung Abstand nehmen und ohne das Vorliegen weiterer Voraussetzungen zu seinem ursprünglichen Klageantrag zurückkehren.

IV. Kostenentscheidung

21   **1. Verfahren.** Liegt eine **vollständige** übereinstimmende Erledigungserklärung vor, trifft das Gericht nur noch eine Entscheidung über die Kosten. Die Entscheidung ergeht durch **Beschluss**, so dass eine **mündliche Verhandlung nicht erforderlich** ist (§ 128 Abs. 3 und 4 ZPO).

22   Bei nur **teilweiser übereinstimmender Erledigungserklärung** ergeht eine **gemischte Kostenentscheidung**. Es ist eine einheitliche Kostenentscheidung zu treffen, die aus einer gemischten Anwendung des § 91a ZPO mit § 91 ZPO oder mit § 92 ZPO resultiert. Entsprechend ist durch **Urteil** zu entscheiden. Wird ein Rechtsstreit bspw. teilweise in der Hauptsache für erledigt erklärt und teilweise durch Anerkenntnisurteil erledigt, so ist durch Urteil sowohl über den anerkannten Teil des Klagebegehrens als auch über die Kosten des Rechtsstreits insgesamt zu entscheiden³⁷. Wird etwa die Hauptsache nur mit Wirkung für die Zukunft für erledigt erklärt, so liegt lediglich eine teilweise Erledigung vor, so dass eine auf die Kosten beschränkte Entscheidung nach § 91a ZPO dann nicht möglich ist³⁸.

23   Die Entscheidung umfasst alle bisher im Verfahren entstandenen Kosten, also auch diejenigen der **Vorinstanzen**.

24   **2. Entscheidungsmaßstab und Entscheidungsgrundlagen.** Es handelt es sich um eine **Ermessensentscheidung**. Das Gericht prüft unter Berücksichtigung des bisherigen Sach- und Streitstands summarisch die Erfolgsaussichten **zum Zeitpunkt der Erledigungserklärung**³⁹. Der Kern des Rechtsstreitigkeit hat sich erledigt, so dass die Frage der Kostenlast in Form einer abgekürzten, Zeit- und Arbeitskraft ersparenden, Behandlung und Entscheidung getroffen werden kann⁴⁰. Alle **rechtlichen Zweifelsfragen** müssen dabei nicht erschöpfend behandelt und entschieden werden, so dass im Einzelfall von einer Entscheidung von „schwierigen Rechtsfragen" abgesehen werden kann⁴¹.

25   **a) Die Regelungen der §§ 91, 92 und 93 ZPO.** Die Kostenregelungen der **§§ 91 und 92 ZPO**, dh ob und in welchem Umfang die Klage zum Erledigungszeitpunkt Erfolg hatte, sind zu berücksichtigen. Der Grundgedanke aus **§ 93 ZPO**, wonach dem Kläger die Kosten zur Last fallen, wenn der Beklagte durch sein Verhalten keine Veranlassung zur Klage gegeben hat und den Anspruch sofort anerkennt, kann entsprechend angewendet werden⁴². Dies gilt auch für Rechtsbestandsverfahren⁴³.

26   Kann der **voraussichtliche Ausgang** des Verfahrens mit hinreichender Sicherheit prognostiziert werden, so ist dieser maßgeblich⁴⁴. War die Frage der Erfolgsaussicht zum Zeitpunkt der Erledigung **offen,** entspricht es regelmäßig der Billigkeit, die Kosten gegeneinander aufzuheben⁴⁵. **Naheliegende**

---
   ³³ BGH GRUR 2003, 903 (904) – ABC der Naturheilkunde.
   ³⁴ BGH GRUR 2003, 903 (904) – ABC der Naturheilkunde.
   ³⁵ BGH GRUR 2005, 41 – Staubsaugersaugrohr.
   ³⁶ BGH GRUR 2002, 287 (288) – Widerruf der Erledigungserklärung.
   ³⁷ OLG Frankfurt a. M. GRUR 1989, 934 (Ls.).
   ³⁸ OLG Köln GRUR 2014, 1032 – NACT-Studie.
   ³⁹ BGH GRUR 2005, 41 – Staubsaugersaugrohr; BGH GRUR 2008, 357 – Planfreigabesystem; BGH GRUR 2004, 350 – Pyrex.
   ⁴⁰ BGH GRUR 2005, 41 – Staubsaugersaugrohr; BGH GRUR 1986, 531 – Schweißgemisch.
   ⁴¹ BGH GRUR 2005, 41 – Staubsaugersaugrohr; BGH GRUR 1986, 531 – Schweißgemisch; BGH NJW-RR 2009, 425; NJW 2007, 1591; einschränkend: OLG Frankfurt a. M. GRUR 1979, 808 (809) – Firmenkern 'alpha'; MüKoZPO/*Schulz* § 91a Rn. 44 mwN.
   ⁴² LG Düsseldorf BeckRS 2012, 05052 – Winterweizensorte VI.
   ⁴³ BPatG Mitt. 2011, 565 = BeckRS 2012, 01031– Klageveranlassung bei EP-Patent; BGH GRUR 1984, 272 (276) – Isolierglasscheibenrandfugenfüllvorrichtung.
   ⁴⁴ BGH GRUR 2012, 1230 (1236) – MPEG-2-Videosignalcodierung.
   ⁴⁵ OLG Köln GRUR 1989, 705 – Unaufgeklärte Sachlage.

hypothetische Entwicklungen können berücksichtigt werden, wie bspw. dass der Kläger Verweisungsantrag an das zuständige Gericht stellen wird (**Unzuständiges Gericht** → Rn. 60)[46].

b) Bisheriger Sach- und Streitstand und neuer Vortrag. Das Ergebnis einer **bereits durchgeführten Beweisaufnahme** kann berücksichtigt werden. Allerdings ist zu beachten, dass ggf. weitere Sachaufklärung erforderlich wäre. Daher kann letztlich nur ein hypothetisches Beweisergebnis vorliegen, so dass von einem offenem Prozessausgang auszugehen wäre[47]. 27

Eine **Beweiserhebung** ist nicht ausgeschlossen, aber regelmäßig nicht erforderlich[48]. **Präsente Beweismittel**, wie bspw. Urkunden oder zwischenzeitlich eingegangene Akten, sind grundsätzlich zu berücksichtigen, wenn sie nicht zusätzliche Prüfungen erfordern[49]. Von der **Vernehmung präsenter Zeugen** (§ 294 Abs. 2 ZPO) ist abzusehen, wenn der Grundsatz der Waffengleichheit die Vernehmung eines nicht präsenten Gegenzeugen gebietet[50]. Gleiches gilt für **nachgereichte eidesstattliche Versicherungen**[51]. 28

c) Verhalten der Parteien. Das **Beklagtenverhalten** kann ein Indiz für den Prozessausgang sein. Zwar besteht kein allgemeiner Grundsatz dahingehend, dass die Kosten stets der Partei aufzuerlegen sind, die sich durch **Zahlung der Klageforderung** während des Prozesses freiwillig in die Rolle des Unterlegenen begibt (zur Abgabe der Unterlassungserklärung → Rn. 85). Andererseits ist ein solches Verhalten des Beklagten ein gewichtiges Indiz dafür, dass er selbst die gegen ihn gerichtete Klage für begründet erachtet, es sei denn, er kann verständliche Gründe vortragen, weshalb seine Leistung keine Anerkennung der Klageforderung bedeuten sollte[52]. 29

Bei der Erhebung der **Einrede der Verjährung** im Prozess ist zu prüfen, ob der Kläger billigenswerte Erwägungen zur Geltendmachung des verjährten Anspruchs hatte (→ Rn. 67). Ein Kläger muss etwa nicht damit rechnen, dass der Beklagte ihn allein deshalb durch einen Antrag nach § 926 ZPO zur Klageerhebung veranlasst, um im Klageverfahren sogleich die Einrede der Verjährung zu erheben[53]. 30

Bei **mutwilliger Klageerhebung** sind dem Kläger die Kosten des Verfahrens aufzuerlegen[54]. Eine mutwillige Klageerhebung liegt bspw. in einem Nichtigkeitsverfahren vor, wenn eine unter dem Einfluss des Klägers stehende Person zu einem bereits anhängigen Verfahren dasselbe Rechtsschutzziel verfolgt und bei Erhebung der weiteren Klage eine abschließende Entscheidung des BGH in dem anhängigen Verfahren, die möglicherweise zur Erledigung des zweiten Rechtsstreits führt, unmittelbar bevorsteht[55]. 31

Kosten, die durch eine **verspätete Erledigungserklärung** des Klägers verursacht worden sind, können zu Lasten des Klägers berücksichtigt werden[56]. Dies kann bspw. die außergerichtlichen Kosten im Widerspruchsverfahrens betreffen. Die nach Zustellung der einstweiligen Verfügung erklärte Unterwerfung beseitigt die Wiederholungsgefahr. Hat der Antragsteller jedoch ungeachtet der Aufforderung des Antragsgegners, auf die Rechte aus der einstweiligen Verfügung zu verzichten, das Verfahren erst für erledigt erklärt, nachdem der Antragsgegner den unnötigen Widerspruch eingelegt hat, trifft den Antragsteller insoweit die Kostenlast[57]. 32

Auch **prozessuales Verhalten** und insbesondere nicht rechtzeitiges Einlassung gemäß **§ 282 ZPO** sind bei der Kostenentscheidung zu berücksichtigen. Hat sich etwa eine Partei entgegen § 282 ZPO zu einer streitigen Tatsache erklärt und dem Gegner damit nicht hinreichend Gelegenheit gegeben, sich insoweit angemessen einzulassen, so ist dies zu ihren Lasten zu berücksichtigen[58]. 33

V. Rechtsmittel

Gegen die Kostenentscheidung findet die **sofortige Beschwerde** statt, § 91a Abs. 2 S. 1 ZPO. Entscheidungen der Oberlandesgerichte sind unanfechtbar, vgl. § 567 Abs. 1 ZPO. 34

Bei **gemischter Kostenentscheidung** ist der Kostenausspruch hinsichtlich des erledigten Teils mit der **sofortigen Beschwerde** anfechtbar[59]. Die Entscheidung kann allerdings nur insoweit abgeändert werden, soweit sie auf § 91a ZPO beruht. 35

---

[46] BGH GRUR 2010, 1037 – Unzuständigkeitsrüge.
[47] OLG Köln GRUR 1989, 705 – Unaufgeklärte Sachlage; vgl. OLG Frankfurt a. M. GRUR 1989, 934 (Ls.).
[48] Köhler/Bornkamm UWG § 12 Rn. 2.34.
[49] MüKoZPO/*Schulz* § 91a Rn. 52 mwN.
[50] *Köhler/Bornkamm* UWG § 12 Rn. 2.34.
[51] OLG Frankfurt a. M. GRUR 1987, 472.
[52] OLG Frankfurt a. M. BeckRS 1995, 06446 = LSK 1996, 270382 (Ls.); OLG Koblenz NJW-RR 1999, 943 (944); OLG Celle NJW-RR 1986, 1061; OLG München NJW-RR 1992, 731.
[53] OLG Frankfurt a. M. GRUR-RR 2002, 183 (184).
[54] BPatG GRUR 2003, 726 – Luftverteiler.
[55] BPatG GRUR 2003, 726 – Luftverteiler.
[56] OLG Hamburg BeckRS 2012, 23068; OLG Frankfurt a. M. BeckRS 2012, 15967.
[57] OLG Hamburg BeckRS 2012, 23068.
[58] LG Düsseldorf BeckRS 2009, 06666 – Vaselin.
[59] BGH NJW 1964, 660; MüKoZPO/*Schulz* § 91a Rn. 115; Zöller/*Althammer* ZPO § 91a Rn. 56.

36 Die **Berufung** oder **Revision** hinsichtlich der Hauptsacheentscheidung erfasst auch die im Urteil enthaltende Kostenentscheidung nach § 91a ZPO[60]. Das Rechtsmittel kann hinsichtlich des auf § 91a ZPO beruhenden Teils der Kostenentscheidung aber nur darauf gestützt werden, dass die Vorinstanz die Voraussetzungen dieser Bestimmung verkannt hat. Es kann nicht geltend gemacht werden, dass die Vorinstanz die Erfolgsaussichten des übereinstimmend für erledigt erklärten Anspruchs unzutreffend beurteilt habe, weil anderenfalls ein zur Überprüfung einer solchen Kostenentscheidung vom Gesetz nicht vorgesehenes Rechtsmittel eröffnet würde[61]. Das Rechtsmittel der Berufung ist jedoch nicht statthaft, wenn sich die Partei allein gegen die Kostenentscheidung nach § 91a ZPO und nicht zugleich gegen die Hauptsache wendet[62].

37 Die Statthaftigkeit einer **Rechtsbeschwerde** gegen eine nach § 91a ZPO ergangene Kostenentscheidung ist umstritten[63]. Nach vorzugswürdiger Ansicht ist sie unter Verweis auf die Regelung des § 99 ZPO für nicht statthaft anzusehen[64]. Dieser will verhindern, dass das Gericht bei der Überprüfung der Kostenentscheidung erneut die Hauptsache beurteilen muss, obwohl diese nicht angefochten wurde. Der Ausschluss der Rechtsbeschwerde gilt jedenfalls für Kostenentscheidungen nach § 91a ZPO, die im Verfahren auf Erlass einer **einstweiligen Verfügung** ergangen sind[65]. Im Verfügungsverfahren ist der Instanzenzug für die Anfechtung von Entscheidungen in der Hauptsache durch § 542 Abs. 2 S. 1 ZPO begrenzt, ohne dass es darauf ankommt, ob durch Urteil oder Beschluss entschieden wurde.

D. Einseitige Erledigung

I. Rechtsnatur

38 Die **Klägerschutzfunktion** gilt ebenfalls für den Fall der einseitigen Erledigterklärung. War die ursprüngliche Klage bis zum Erledigungsereignis zulässig und begründet und der Beklagte schließt sich der Erledigung nicht an, muss der Kläger die Möglichkeit haben, der Kostenfolge des § 91 ZPO zu entgehen. Umgekehrt ist es dem Beklagten zu ermöglichen, weiterhin seinen Klageabweisungsantrag zu verfolgen, weil er die Klage auch vor dem Erledigungsereignis als unzulässig oder unbegründet ansieht[66].

39 Der Fall der einseitigen Erledigterklärung ist im Gesetz nicht geregelt. Nach hM führt der Antrag, die Erledigung der Hauptsache festzustellen, zu einer Änderung des Streitgegenstands[67]. Der ursprüngliche Klageantrag des Klägers ändert sich in einen **Feststellungsantrag**. Entsprechend kann der Antrag auch nur wirksam vom Kläger gestellt werden. Es handelt sich um eine Klageänderung, die regelmäßig gemäß § 264 Nr. 2 ZPO als Beschränkung zulässig ist[68]. Das Feststellungsbegehren des Klägers ist begründet, wenn die ursprünglich erhobene Klage im Zeitpunkt eines nach ihrer Zustellung eingetretenen erledigenden Ereignisses zulässig und begründet war.

II. Widerruf

40 Der Kläger kann seine Erledigungserklärung grundsätzlich **frei widerrufen,** solange sich der Beklagte ihr nicht angeschlossen und das Gericht noch keine Entscheidung über die Erledigung der Hauptsache getroffen hat[69]. Bis zu diesem Zeitpunkt kann der Kläger von seiner Erledigungserklärung Abstand nehmen und zu seinem ursprünglichen Klageantrag zurückkehren[70].

III. Hilfsweise Antragstellung

41 Eine **hilfsweise ausgesprochene Erledigungserklärung** ist unzulässig[71]. Eine solche hilfsweise erklärte Erledigung der Hauptsache, die in der Erwartung der Zustimmung der Gegenseite abgegeben wird und dazu führen soll, dass das Gericht nicht mehr über die Hauptsache, sondern nur noch über die Kosten entscheidet, ist mit dem auf Verurteilung gerichteten Hauptantrag nicht zu vereinbaren und

---

[60] BGH GRUR 2011, 1140 (1142); 2008, 357 (358) – Planfreigabesystem; BGH NJW 2010, 2053 (2054); MüKoZPO/*Schulz* § 91a Rn. 116; Zöller/*Althammer* ZPO § 91a Rn. 56.
[61] BGH GRUR 2011, 1140 (1142) – Schaumstoff Lübke; BGH GRUR 2008, 357 (358) – Planfreigabesystem.
[62] BGH NJW 2013, 2361.
[63] Nicht statthaft: BGH GRUR 2003, 724 – Rechtsbeschwerde II; BGH GRUR 2011, 1140 (1142) – Schaumstoff Lübke; BGH NJW 2007, 1591 (1593); 2003, 3565; vgl. BGH NJW 2002, 1577; aA statthaft: BGH NJW-RR 2004, 999.
[64] BGH GRUR 2003, 724 – Rechtsbeschwerde II; BGH GRUR 2011, 1140 (1142) – Schaumstoff Lübke.
[65] BGH GRUR 2003, 724 – Rechtsbeschwerde II; BGH GRUR 2011, 1140 (1142) – Schaumstoff Lübke.
[66] MüKoZPO/*Schulz* § 91a Rn. 76.
[67] BGH NJW 1994, 2363 (2364) – Greifbare Gesetzwidrigkeit II; BGH GRUR 1990, 530 (531) – Unterwerfung durch Fernschreiben; BGH GRUR 1993, 769 (770) – Radio Stuttgart; MüKoZPO/*Schulz* § 91a Rn. 76 ff.
[68] Musielak/*Lackmann* ZPO § 91a Rn. 29.
[69] BGH GRUR 2002, 287 (288) – Widerruf der Erledigungserklärung.
[70] BGH GRUR 2002, 287 (288) – Widerruf der Erledigungserklärung.
[71] BGH GRUR 2006, 879 (880) – Flüssiggastank; BGH GRUR 1998, 1045 (1046) – Brennwertkessel.

verbietet sich daher aus prozessualen Gründen[72]. Auch ein Hilfsantrag zum Hauptantrag auf Verurteilung für den Fall, dass das Gericht ein erledigendes Ereignis annimmt, mit dem Inhalt, festzustellen, dass die Klage bis zum Eintritt des erledigenden Ereignisses zulässig und begründet war, ist regelmäßig mangels Feststellungsinteresse unzulässig[73].

Zulässig ist umgekehrt die hilfsweise vollständige oder teilweise Aufrechterhaltung des **ursprüng-** 42 **lichen Klageantrages**.[74]

IV. Verfahren und Entscheidung

Die einseitige Erledigungserklärung ist in der **mündlichen Verhandlung** abzugeben (§ 128 Abs. 1 43 ZPO)[75]. Bis dahin kann sie nur in einem die mündliche Verhandlung vorbereitenden Schriftsatz angekündigt werden (§§ 129, 130 Nr. 2, 3 ZPO).

Das Gericht prüft, ob die Klage bis zu dem geltend gemachten erledigenden Ereignis **zulässig und** 44 **begründet war** und, wenn das der Fall ist, ob sie durch dieses Ereignis unzulässig oder unbegründet geworden ist[76]. Sind beide Voraussetzungen erfüllt, ist die Hauptsacheerledigung festzustellen („Der Rechtsstreit ist in der Hauptsache erledigt."). Anderenfalls ist die Klage abzuweisen.

Das **Feststellungsinteresse** ergibt sich aus der Vermeidung der negativen Kostenfolge. Die Ent- 45 scheidung ergeht aufgrund streitiger mündlicher Verhandlung durch **Endurteil**. Die allgemeinen Grundsätze zum Vorbringen neuer Tatsachen oder Beweismittel sind anzuwenden. Für die Kostenentscheidung gelten §§ 91, 92 ZPO.

Die Auswirkung der einseitigen Erledigung auf den **Streitwert** wird unterschiedlich beurteilt. 46 Teilweise wird vertreten, es verbleibe beim bisherigen Streitwert[77], teilweise wird der Streitwert halbiert[78]. Nach vorzugswürdiger Ansicht des BGH richtet sich der Streitwert nach dem **Kosteninteresse** des Klägers und damit nach der Summe der bis zum Zeitpunkt der Erledigungserklärung entstandenen Kosten (→ § 3 Rn. 43)[79].

E. Einzelfälle zur übereinstimmenden Erledigung

Auskunftserteilung

Erfüllung → Rn. 51. 47

Besichtigungsverfahren

Im selbstständigen Besichtigungsverfahren wird die Besichtigungsanordnung regelmäßig durch eine 48 einstweilige Verfügung begleitet, die den Besichtigungsschuldner zur Duldung der Besichtigung verpflichtet. Die **Duldungsanordnung** hat sich **mit Durchführung der Besichtigung erledigt**. Legt der Besichtigungsschuldner vollumfänglich Widerspruch ein (zum **Kostenwiderspruch** → § 93 Rn. 8) und erklären die Parteien anschließend übereinstimmend die Erledigung, so ist über die Kosten der Duldungsverfügung unter Berücksichtigung des bisherigen Sach- und Streitstands zu entscheiden.

Zwar kommt es grundsätzlich für § 91a ZPO auf Rechtslage vor Eintritt der Erledigung, dh vor 49 Besichtigung, an. Bei der Kostenentscheidung ist jedoch nicht nur die Aktenlage bei Beantragung der Verfügung, sondern auch das **Ergebnis der Besichtigung**, dh das Sachverständigengutachten, zu berücksichtigen[80]. Das Gericht kann anhand des Gutachtens beurteilen, ob die für den Erlass der Besichtigungsanordnung ausreichende Wahrscheinlichkeit einer Patentverletzung bestätigt, widerlegt oder ob keine verwertbaren Erkenntnisse gewonnen wurden.

Bestätigt das Gutachten die Patentverletzung, so trägt der Besichtigungsschuldner die Kosten. Hat 50 das Gutachten **keine Klarheit** hinsichtlich der Verletzungsfrage gebracht, so sind dem **Besichtigungsgläubiger** die Kosten aufzuerlegen[81]. Dies wird damit begründet, dass die Duldungsverfügung die im Rahmen des selbstständigen Beweisverfahrens getroffene Besichtigungsanordnung nur begleitet

---

[72] BGH GRUR 2006, 879 (880) – Flüssiggastank; BGH GRUR 1998, 1045 (1046) – Brennwertkessel.
[73] BGH GRUR 2006, 879 (880) – Flüssiggastank; aA noch BGH GRUR 1998, 1045 (1046) – Brennwertkessel; BGH GRUR 2003, 890 (892) – Buchclub-Kopplungsangebot; OLG Koblenz GRUR 1988, 43 (46).
[74] *Köhler/Bornkamm* UWG § 12 Rn. 2.32; *Musielak/Lackmann* ZPO § 91a Rn. 31.
[75] BGH NJW 1984, 1901.
[76] BGH GRUR 2004, 349 – Einkaufsgutschein II; BGH GRUR 2002, 1000 (1001) – Testbestellung; BGH WRP 2004, 746 = BeckRS 2004, 04905 – Zeitung am Sonntag; BGH GRUR 2004, 701 (702) – Klinikpackung II.
[77] OLG Frankfurt a. M. NJW-RR 1992, 1341; OLG Düsseldorf NJW-RR 1993, 510; OLG München NJW-RR 1996, 956; MüKoZPO/*Schulz* § 91a Rn. 89 mwN; *Musielak/Lackmann* ZPO § 91a Rn. 47 mwN.
[78] OLG München BeckRS 1995, 31009016.
[79] BGH NJW-RR 2005, 1728; NZM 1999, 21; NJW-RR 1996, 1210.
[80] OLG München InstGE 12, 186 (189) – Presseur; OLG München InstGE 13, 293 (295) – erfolglose Besichtigung; *Kühnen* S. 462 Rn. 191.
[81] OLG München InstGE 13, 293 (295) – erfolglose Besichtigung; OLG München InstGE 13, 190 (191) – Kein Verletzungsnachweis nach Besichtigung mwN; *Kühnen* S. 462 Rn. 192; aA OLG Frankfurt a. M. GRUR-RR 2006, 295 (297) – Quellcode-Besichtigung; *Zöllner* GRUR-Prax 2010, 74 (79).

und der Besichtigungsgläubiger die Kosten des Beweisverfahrens nur erstattet verlangen kann, wenn er im nachfolgenden Verletzungsverfahren obsiegt. Diese Intention muss auch entsprechend im Widerspruchsverfahren berücksichtigt werden. Liegt **keine Patentverletzung** vor, trägt ebenfalls der Besichtigungsgläubiger die Kosten.

Entsprechendes gilt auch, wenn sich der Besichtigungsgläubiger der Erledigungserklärung nicht anschließt und diese **einseitig** bleibt[82].

Erfüllung

51   Erteilt der Beklagte im Verlaufe des Prozesses **Auskunft** über seine Verletzungshandlung oder gibt eine **Negativerklärung** ab, können die Parteien den Rechtsstreit im Umfang des Auskunftsbegehrens für erledigt erklären. Die Kosten sind insoweit regelmäßig dem Beklagten aufzuerlegen, denn ohne den Eintritt des erledigenden Ereignisses wäre er dem klägerischen Anspruch auf Auskunft und Rechnungslegung unterlegen[83]. Entsprechendes gilt auch für die **Zahlung von Schadensersatz** während des Prozessverlaufs[84].

Feststellungsklage

52   Einer **negativen Feststellungsklage** fehlt nach Erhebung einer Leistungsklage umgekehrten Rubrums das Feststellungsinteresse[85]. Es gilt der **Vorrang der Leistungsklage** gegenüber der negativen Feststellungsklage. Erklärt der Kläger seine Feststellungsklage nicht für erledigt, so ist diese als unzulässig mit der Kostenfolge des § 91 ZPO abzuweisen[86]. Eine negative Feststellungsklage ist daher unbedingt für erledigt zu erklären, wenn eine positive Leistungsklage, bspw. im Wege der Widerklage, erhoben wird. Für die Kostenentscheidung nach § 91a ZPO ist danach zu fragen, welche Partei im Rechtsstreit voraussichtlich unterlegen gewesen wäre[87]. Betreffen die negative Feststellungsklage und die Widerklage **denselben Gegenstand,** so sind durch die Erhebung der negativen Feststellungsklage und der übereinstimmenden Erledigung keine zusätzlichen Kosten entstanden, so dass der Klägerin auch keine weiteren Kosten aufzuerlegen sind[88].

FRAND

53   Liegt ein wirksamer **FRAND-Einwand** des Beklagten nach den Kriterien des EuGH in „Huawei/ZTE"[89] vor und hat der Beklagte Auskunft über seine Verkäufe erteilt und eine entsprechende Sicherheit für die Lizenzgebühr geleistet, so entfällt der Unterlassungsanspruch[90]. Gleiches gilt, wenn der Patentinhaber seinen kartellrechtlichen Pflichten nicht nachgekommen ist[91]. Eine übereinstimmende Erledigungserklärung kommt daher – anders als nach der „Orange-Book-Standard"-Rechtsprechung[92] – nicht in Betracht. Erklären die Parteien dennoch aus irgendwelchen Gründen den Rechtsstreit übereinstimmend für erledigt, zB bei Ablauf des Klagepatents, so ist bei der Kostenentscheidung zu berücksichtigen, ob die Anforderungen nach „Huawei/ZTE" eingehalten wurden[93].

Gesetzesänderung

54   Erklären die Parteien den Rechtsstreit aufgrund einer Gesetzesänderung für erledigt, so sind für die Kostenentscheidung die Erfolgsaussichten ohne Gesetzesänderung entscheidend[94].

Rechtsbestandsverfahren

55   **Wegfall des Schutzrechts** → Rn. 68 ff.

---

[82] *Kühnen* S. 462 Rn. 191; vgl. aber auch BGH ZfBR 2021, 144 der im Falle einer Erledigung vor Besichtigung für eine Kostenentscheidung nach billigem Ermessen im selbstständigen Beweisverfahren keinen Raum sieht.
[83] OLG Düsseldorf BeckRS 2008, 05801 – Türbänder; LG Düsseldorf BeckRS 2012, 05052 – Winterweizensorte VI.
[84] LG Düsseldorf BeckRS 2016, 17687; 2016, 17673.
[85] BGH GRUR 2006, 217 – Detektionseinrichtung I.
[86] BGH GRUR 2006, 217 (218) – Detektionseinrichtung I.
[87] LG Düsseldorf BeckRS 2013, 02740 – Fugenband IV; LG Düsseldorf BeckRS 2016, 17688 – Separate Anmeldungen.
[88] LG Düsseldorf BeckRS 2016, 17685 – Arterien-Punktionsverschluss; LG Düsseldorf BeckRS 2016, 17690 – Punktionsverschluss.
[89] EuGH GRUR 2015, 764.
[90] EuGH GRUR 2015, 764.
[91] LG Mannheim BeckRS 2016, 18389.
[92] BGH GRUR 2009, 694.
[93] OLG Düsseldorf BeckRS 2016, 01680.
[94] BGH GRUR 2004, 350 – Pyrex (Aufhebung der Zugabeverordnung und des Rabattgesetzes); BGH GRUR 2016, 421 – Erledigungserklärung nach Gesetzesänderung.

Rechtsmittelverfahren

Eine übereinstimmende Erledigungserklärung ist auch noch in der **Berufungs-** oder **Revisions-** 56
instanz möglich (→ Rn. 15)[95]. Die Kostenentscheidung umfasst nicht nur das Rechtsmittel, sondern auch die Vorinstanzen[96]. § 91a ZPO kann auch noch im **Nichtzulassungsbeschwerdeverfahren** angewendet werden[97].

Rechtsprechungsänderung

Die Änderung der Rechtsprechung ist **kein erledigendes Ereignis**[98]. Das Risiko eines nicht 57
auszuschließenden Wandels der Rechtsprechung liegt beim Kläger. Dafür wird insbesondere angeführt, dass der Kläger auch derjenige ist, der im umgekehrten Fall profitiert, dh der Rechtsprechungsänderung nach der Klageerhebung zu seinen Gunsten ausfallen kann.

Streitgenossen

Bei einer einfachen Streitgenossenschaft führt das **Ausscheiden eines Streitgenossen** durch über- 58
einstimmende Erledigterklärung zu einer **Teilerledigung**[99]. Der Kläger kann die Kostenentscheidung nach § 91a ZPO entweder dadurch überprüfen, dass er zusätzlich zur Berufung noch eine sofortige Beschwerde einlegt. Er kann eine umfassende Überprüfung der Kostenentscheidung aber auch im Rahmen des Berufungsverfahrens erreichen[100].

Unterlassungserklärung

Wegfall der Wiederholungs-/Erstbegehungsgefahr → Rn. 84 f. 59

Unzuständiges Gericht

Bei Einreichung der Klage bei einem unzuständigen Gericht und anschließender übereinstimmender 60
Erledigungserklärung können **naheliegende hypothetische Entwicklungen** berücksichtigt werden[101]. Erklären die Parteien etwa vor dem unzuständigen Gericht erhobene, in der Sache aber begründete Unterlassungsklage übereinstimmend in der Hauptsache für erledigt, nachdem der Beklagte die Unzuständigkeit gerügt und sodann eine strafbewehrte Unterlassungserklärung abgegeben hat, trägt der Beklagte die Kosten[102]. Wird der Kläger durch das Gericht auf dessen offensichtliche örtliche Unzuständigkeit hingewiesen, ist nach der Lebenserfahrung ohne Weiteres zu erwarten, dass er den Verweisungsantrag an das zuständige Gericht stellen wird.

Verfügungsverfahren

1. Vorläufig vollstreckbare Entscheidung in der Hauptsache. Erlangt der Antragsteller nach 61
Erlass der einstweiligen Verfügung im parallelen Hauptsacheverfahren einen vorläufig vollstreckbaren Titel, liegt regelmäßig ein Fall der Erledigung vor. Die Erlangung eines vorläufig vollstreckbaren Hauptsachetitels lässt den **Verfügungsgrund grundsätzlich nachträglich entfallen**[103]. Es bedarf einer besonderen Begründung, wenn der Antragsteller gleichwohl noch eine vorläufig sichernde Entscheidung im Verfügungsverfahren für erforderlich hält[104]. Der Antragsteller kann ausnahmsweise dann noch auf die einstweilige Sicherung angewiesen sein, wenn ihm die Leistung der in der Hauptsache angeordneten Sicherheit nicht möglich oder zumutbar ist[105]. Entsprechendes gilt auch für den im Verfügungsverfahren geltend gemachten **Sequestrationsanspruch**, wenn der Vernichtungsanspruch im Hauptsacheverfahren erstinstanzlich ausgeurteilt wird.

Die Erledigungserklärung ist bei Vorliegen des vollstreckbaren Unterlassungstitels abzugeben, und 62
zwar **bei erster Gelegenheit**[106]. Sieht das Verfahren eine notwendige mündliche Verhandlung vor, so

---

[95] BGH GRUR 2005, 41 – Staubsaugersaugrohr.
[96] BGH GRUR 2005, 41 – Staubsaugersaugrohr; BGH GRUR 1959, 102 (103) – Filterpapier.
[97] BGH GRUR 2007, 448 – LottoT.
[98] BGH GRUR 2004, 349 – Einkaufsgutschein II.
[99] OLG Düsseldorf BeckRS 2008, 02513 – Bodenbeläge für Freilandräume.
[100] OLG Düsseldorf BeckRS 2008, 02513 – Bodenbeläge für Freilandräume mwN.
[101] BGH GRUR 2010, 1037 – Unzuständigkeitsrüge.
[102] BGH GRUR 2010, 1037 – Unzuständigkeitsrüge.
[103] OLG Düsseldorf InstGE 10, 124 = BeckRS 2009, 09403 – Inhalator; OLG Düsseldorf BeckRS 2010, 21559 – Stabilisierung von Förderstrecken-Druckprodukten; KG NJWE-WettbR 1999, 293; OLG Karlsruhe NJW-RR 1996, 960; aA OLG Hamm NJW-RR 1990, 1536.
[104] OLG Düsseldorf BeckRS 2010, 21559 – Stabilisierung von Förderstrecken-Druckprodukten.
[105] OLG Düsseldorf BeckRS 2010, 21559 – Stabilisierung von Förderstrecken-Druckprodukten; OLG Karlsruhe NJW-RR 1996, 960.
[106] OLG Düsseldorf InstGE 10, 124 = BeckRS 2009, 09403 – Inhalator.

ist die Erledigungserklärung in der ersten auf die Erledigung folgenden Verhandlung zu erklären. Andernfalls trägt der Antragsteller die entstehenden Mehrkosten.

63 **2. Einstweilige Verfügung und spätere Erledigung der Hauptsache.** Liegt eine einstweilige Verfügung vor und erklären die Parteien bspw. im Widerspruchsverfahren die Hauptsache übereinstimmend für erledigt, hat dies zur Folge, dass ein im Verfahren erlassener, noch nicht rechtskräftig gewordener Unterlassungstitel ohne Weiteres entfällt[107]. § 269 Abs. 3 ZPO kann analog angewendet werden. Der Titel kann auch dann keine Grundlage für Vollstreckungsmaßnahmen mehr sein, wenn die Zuwiderhandlung gegen das ausgesprochene Unterlassungsgebot zuvor begangen worden ist.

64 Der Antragsteller kann und sollte jedoch seine **Erledigterklärung auf die Zeit nach dem erledigenden Ereignis beschränken,** wenn ein bereits erstrittener Unterlassungstitel weiterhin für Vollstreckungsmaßnahmen wegen Zuwiderhandlungen vor dem erledigenden Ereignis aufrechterhalten bleiben soll[108]. Erklären die Parteien das Eilverfahren (nur) mit Wirkung für die Zukunft für erledigt, ist grundsätzlich über den nicht für erledigt erklärten Teil des Verfahrens, nämlich die Frage, ob der Unterlassungstitel für die Vergangenheit Bestand hat, durch Urteil zu entscheiden[109]. In diesem Urteil ist im Rahmen einer einheitlichen Kostenentscheidung zugleich gemäß § 91a ZPO über die Kosten des für erledigten Teils zu befinden. Dies gilt jedoch nur dann, wenn die Parteien hierzu ausdrücklich weitergehende Anträge gestellt haben. Fehlt es daran, bleibt der Vollstreckungstitel für die Vergangenheit bestehen, und es ergeht nur eine Kostenentscheidung nach § 91a ZPO[110].

65 Etwas anderes gilt, wenn die übereinstimmende Erledigungserklärung nach Abgabe einer **Abschlusserklärung** erfolgt. Hier kommt es den Parteien gerade darauf an, dass die einstweilige Verfügung fortbesteht und nicht entfällt[111].

66 Veranlasst der Antragsteller innerhalb der Vollziehungsfrist die Zustellung an den Antragsgegner und gibt der Antragsgegner **während des laufenden Zustellungsverfahrens** eine ausreichende Unterlassungserklärung ab, so trägt der Antragsgegner (vorbehaltlich des § 93 ZPO und des Bestehens der sonstigen Voraussetzungen für den Erlass einer einstweiligen Verfügung) die Kosten des daraufhin übereinstimmend für erledigt erklärten Verfahrens[112]. Dies gilt auch dann, wenn die Zustellung letztlich nicht bewirkt wird.

Verjährung

67 Erhebt der Beklagte die Einrede der Verjährung, kann dies zur Erledigung des Rechtsstreits führen[113]. Die Erledigung tritt auch dann ein, wenn die Verjährungsfrist **bereits bei Erhebung der Klage** abgelaufen war, wenn der Beklagte erstmals im Prozess die Einrede erhebt[114]. Ob der Geltendmachung des verjährten Anspruchs **billigenswerte Erwägungen des Klägers** zu Grunde lagen oder nicht, ist sodann im Rahmen der Kostenentscheidung nach § 91a ZPO zu beantworten (→ Rn. 30)[115]. Dabei ist auch zu berücksichtigen, welche der Parteien in dem Rechtsstreit voraussichtlich unterlegen wäre[116].

Wegfall des Schutzrechts

68 Ein Wegfall des Schutzrechts mit Wirkung *ex nunc* liegt etwa bei Erlöschen des Schutzrechts durch **Zeitablauf, Nichtzahlung** der Jahresgebühren oder durch **Verzicht** vor[117]. Entsprechendes gilt für eine **Beschränkung.** Ein Wegfall mit *ex tunc*-Wirkung tritt durch **Nichtigkeits- oder Teilnichtigkeitserklärung** des Schutzrechts ein.

69 **1. Auswirkung für Verletzungsverfahren.** Erlischt das Schutzrecht **während des Erkenntnisverfahrens** vorzeitig oder durch Zeitablauf, so muss der Schutzrechtsinhaber sein Begehren auf den Zeitraum bis zum Erlöschen beschränken und den Rechtsstreit in der Hauptsache im Übrigen für erledigt erklären[118]. Der Unterlassungsanspruch erledigt sich. Ist das Schutzrecht in dem für die Beur-

---

[107] BGH GRUR 2004, 264 – Euro-Einführungsrabatt.
[108] BGH GRUR 2004, 264 – Euro-Einführungsrabatt.
[109] OLG Frankfurt a. M. GRUR-RR 2018, 47 – Lagerkorn.
[110] OLG Frankfurt a. M. GRUR-RR 2018, 47 – Lagerkorn; BGH GRUR 2016, 421 – Erledigungserklärung nach Gesetzesänderung.
[111] *Teplitzky* Kap. 46 Rn. 36; Harte-Bavendamm/Bodewig/*Brüning* UWG Vorb. § 12 Rn. 50 mwN.
[112] OLG Düsseldorf GRUR-RR 2020, 45 – Fehlendes Formblatt.
[113] BGH NJW 2010, 2422; OLG Frankfurt a. M. GRUR-RR 2002, 183; OLG Stuttgart NJW-RR 1996, 1520; OLG Nürnberg WRP 1980, 232 (233); OLG Düsseldorf WRP 1980, 701 (702); BeckRS 2010, 13263; OLG Karlsruhe GRUR 1985, 454; OLG München WRP 1987, 267 (268); OLG Celle GRUR-RR 2001, 285; OLG Koblenz NJW-RR 1996, 1520.
[114] BGH NJW 2010, 2422; OLG Frankfurt a. M. GRUR-RR 2002, 183.
[115] OLG Frankfurt a. M. GRUR-RR 2002, 183.
[116] OLG Koblenz NJW-RR 1996, 1520; OLG Stuttgart NJW-RR 1996, 1520.
[117] Vgl. *Kühnen* GRUR 2009, 288.
[118] BGH GRUR 2010, 996 (997) – Bordako; *Kühnen* GRUR 2009, 288 (289).

Kosten bei Erledigung der Hauptsache　　　　　　　　　　70–77　§ 91a ZPO

teilung maßgeblichen Zeitpunkt noch in Kraft, dh zum Zeitpunkt der letzten mündlichen Verhandlung, braucht das Gericht hingegen nicht zu prüfen, ob Umstände vorliegen, aufgrund deren damit zu rechnen ist, dass das Schutzrecht in absehbarer Zeit vorzeitig erlöschen wird, selbst wenn der Rechtsinhaber auf das Schutzrecht zu einem in der Zukunft liegenden Zeitpunkt verzichtet hat. Solange das Schutzrecht besteht, ist deshalb eine unbefristete Verurteilung – die immanent auf den Zeitraum der höchstmöglichen Schutzdauer beschränkt ist – möglich[119].

Im **Rechtsmittelverfahren** ist zwischen Erlöschen aufgrund des Ablaufs der Schutzdauer und vorzeitigem Erlöschen zu trennen: 　70

Erlischt das Schutzrecht während des Rechtsmittelverfahrens wegen **Ablauf der Schutzdauer**, bedarf es weder einer teilweisen Erledigungserklärung noch einer Einschränkung der in der Vorinstanz erfolgten Verurteilung[120]. Vielmehr ist davon auszugehen, dass der Klageantrag und die stattgebende Entscheidung immanent auf den nach dem Gesetz höchstens in Betracht kommenden Schutzzeitraum beschränkt sind.

Für den Fall des **vorzeitigen Erlöschens** in der Rechtsmittelinstanz kann der erstinstanzlichen Verurteilung dagegen keine immanente Beschränkung entnommen werden[121]. Ein vorzeitiges Erlöschen ist nicht schwer vorhersehbar und kann streitig sein. Ein entsprechender Vorbehalt in der Verurteilung oder eine immanente Beschränkung würde diese Fragen in das Vollstreckungsverfahren verlagern. Daher muss der Schutzrechtsinhaber im Rechtsmittelverfahren sein Begehren auf den Zeitraum bis zum Erlöschen beschränken und im Übrigen die Erledigung erklären[122]. 　71

Ist das Schutzrecht durch Zeitablauf erloschen und haben die Parteien den Rechtsstreit hinsichtlich des Unterlassungsanspruchs für erledigt erklärt, so ist zu prüfen, ob ohne Eintritt des erledigenden Ereignisses eine **Schutzrechtsverletzung** vorgelegen hätte[123]. 　72

2. Auswirkung im Rechtsbestandsverfahren. Im Rechtsbestandsverfahren lässt sich zwischen Ereignissen ohne und mit Rückwirkung unterscheiden: 　73

a) Ereignisse ohne Rückwirkung: Keine Rückwirkung liegt etwa vor bei Erlöschen des Schutzrechts durch **Zeitablauf, Nichtzahlung** der Jahresgebühren oder durch **Verzicht**. Eine **Beschränkung** des Schutzrechts führt ebenfalls zu einer teilweisen ex nunc-Erledigung. 　74

Die Ereignisse ohne Rückwirkung führen ohne eine Erledigterklärung nicht automatisch zur Unzulässigkeit der Klage, so dass der Kläger nicht zwingend seine Klage ändern bzw. die Parteien die Hauptsache für erledigt erklären müssen. Bei Fortsetzung des ursprünglichen Antrages auf Nichtigkeit ist jedoch das Vorliegen eines **rechtlichen Interesses** erforderlich[124]. Erforderlich ist, dass die rückwirkende Nichtigerklärung dem Kläger einen rechtlichen Vorteil bringen könnte[125]. Die bloße Besorgnis, möglicherweise Ansprüchen ausgesetzt zu sein, genügt. Eine anhängige Verletzungsklage ist nicht erforderlich[126]. 　75

Die voraussichtlich unterliegende Partei trägt die Kosten. Hätte sich der Patentgegenstand voraussichtlich nicht als patentfähig erwiesen, wenn sich der Rechtsstreit nicht anderweitig erledigt hätte, trägt der Patentinhaber die Kosten[127]. 　76

Im Regelfall wird nach dem **Verzicht** auf das Streitpatent davon auszugehen sein, dass der Prozessausgang im Sinne eines zu erwartenden Erfolgs der Nichtigkeitsklage nicht zweifelhaft erscheint[128]. Hat sich der Beklagte zu dem Verzicht aufgrund von Material veranlasst gesehen, das ihm vom Kläger oder vom Gericht erst im späteren Verlauf des Verfahrens entgegengehalten worden ist, so sind ihm in der Regel die gesamten Kosten des Verfahrens aufzuerlegen[129]. Dies gilt unabhängig davon, ob der Verzicht dadurch veranlasst wurde, dass der Kläger Stand der Technik vorlegte oder dieser außerhalb des Prozesses bekannt wurde oder das Gericht diesen aufgefunden hatte[130]. Es kann jedoch auch bei 　77

---

[119] BGH GRUR 2010, 996 (997) – Bordako; BGH GRUR 1992, 612 – Nicola.
[120] BGH GRUR 2010, 996 (997) – Bordako; BGH GRUR 1990, 997 – Ethofumesat; BGH GRUR 1958, 179 (180) – Resin.
[121] BGH GRUR 2010, 996 (997) – Bordako.
[122] BGH GRUR 2010, 996 (997) – Bordako.
[123] BGH GRUR 2012, 1230 (1236) – MPEG-2-Videosignalcodierung; OLG Düsseldorf BeckRS 2011, 20946 – Krampenbogenkassette II.
[124] Für Patente: BGH GRUR 1966, 141 – Stahlveredelung; BGH GRUR 1965, 231 (233) – Zierfalten; BGH GRUR 2005, 749 – Aufzeichnungsträger; für Marken: BGH GRUR 2001, 337.
[125] BGH GRUR 1995, 342 (343) – Tafelförmige Elemente; BGH GRUR 1981, 515 (516) – Anzeigegerät; BGH GRUR 1983, 560 – Brückenlegepanzer II; BGH GRUR 2010, 910 – Fälschungssicheres Dokument; BGH GRUR 2006, 316 – Koksofentür; BGH GRUR 2005, 749 – Auszeichnungsträger; BGH GRUR 1965, 231 (233) – Zierfalten; BPatG BeckRS 2009, 09769; 2013, 08660; 2012, 21979; GRUR 1993, 961 (962 f.) – Armaturengruppe.
[126] BGH GRUR 1995, 342 (343) – Tafelförmige Elemente; BGH GRUR 1981, 515 (516) – Anzeigegerät; BGH GRUR 2010, 910 – Fälschungssicheres Dokument.
[127] BGH GRUR 2004, 623 (624) – Stretchfolienumhüllung (Verzicht); BPatG BeckRS 2010, 19757 (Beschränkungsverfahren, Kostenentscheidung bestätigt von BGH BeckRS 2011, 12925).
[128] BGH GRUR 1961, 278 – Lampengehäuse; BPatGE 31, 191 (192).
[129] BGH GRUR 1961, 278 – Lampengehäuse; BPatG GRUR 1964, 499; BPatGE 31, 191 (192).
[130] BPatG GRUR 1964, 499; BPatGE 31, 191 (192).

einem Verzicht billigem Ermessen entsprechen, die Kosten des übereinstimmend für erledigt erklärten Patentnichtigkeitsverfahrens dem Kläger aufzuerlegen, wenn ein Erfolg der Nichtigkeitsklage im Streitfall nicht zu erwarten war[131].

78 Bei einem sofortigen vollständigen oder teilweisen Verzicht auf das Patent ist der **Rechtsgedanke des § 93 ZPO** anzuwenden (→ § 93 Rn. 15 ff.)[132]. Das Verhalten des Patentinhabers ist aus Billigkeitsgründen wie ein sofortiges Anerkenntnis im Sinne von § 93 ZPO zu behandeln. Gleiches gilt für die sofortige Herbeiführung einer Beschränkung[133]. Dagegen nicht ausreichend ist die bloße beschränkte Verteidigung im Nichtigkeitsverfahren, an die der Patentinhaber nicht gebunden ist[134]. Für die Annahme einer **Veranlassung** zur Erhebung einer Nichtigkeitsklage sind konkrete Umstände erforderlich, die die Annahme rechtfertigen, dass der Patentinhaber ohne weitere Vorwarnung mit einer Nichtigkeitsklage rechnen musste[135].

79 Entfällt das Rechtsschutzinteresse an der Nichtigerklärung eines bereits durch Zeitablauf erloschenen Patents dadurch, dass der Patentinhaber die **Verletzungsklage zurücknimmt,** kann eine gegenseitige Kostenaufhebung sachgerecht sein[136].

80 Eine Erledigung im **Einspruchs- oder Einspruchsbeschwerdeverfahren** aufgrund der Rücknahme des Einspruchs hängt vom geltend gemachten Widerrufsgrund ab. Wurde der Einspruch allein auf den Widerrufsgrund der widerrechtlichen Entnahme gestützt, ist das Verfahren in der Hauptsache erledigt[137]. Eine Kostenauferlegung aus Billigkeitsgründen nach § 80 Abs. 1 S. 1 PatG ist auch in diesem Fall die Ausnahme. Bei anderen Widerrufsgründen wird das Einspruchsverfahren von Amts wegen gemäß § 61 Abs. 1 S. 2 PatG fortgesetzt.

81 b) **Ereignis mit Rückwirkung:** Ein Ereignis mit Rückwirkung ist bspw. gegeben, wenn das Schutzrecht **in einem anderen Nichtigkeitsverfahren für nichtig** oder teilnichtig erklärt wird. Der Patentinhaber trägt grundsätzlich die Kosten des zweiten Nichtigkeitsverfahrens, wenn dasselbe Patent im ersten Nichtigkeitsverfahrens für nichtig erklärt wird und die Parteien die Hauptsache für erledigt erklären[138].

82 Dem Kläger sind jedoch die Kosten des Verfahrens aufzuerlegen, wenn die Klage zwar nach dem maßgeblichen Sach- und Streitstand Erfolg gehabt hätte, aber **mutwillig erhoben** wurde. Davon ist grundsätzlich auszugehen, wenn eine unter dem Einfluss des Klägers stehende Person zu einem bereits anhängigen Verfahren dasselbe Rechtsschutzziel verfolgt und bei Erhebung der weiteren Klage eine abschließende Entscheidung des BGH in dem anhängigen Verfahren, die möglicherweise zur Erledigung des zweiten Rechtsstreits führt, unmittelbar (im Fall ein Tag) bevorsteht[139].

83 Wird eine **Patentanmeldung im Beschwerdeverfahren zurückgenommen,** so ist das Beschwerdeverfahren gegenstandslos und damit in der Hauptsache erledigt (§ 58 Abs. 3 PatG)[140]. Ein Antrag des Patentanmelders auf Rückzahlung der Beschwerdegebühr kommt regelmäßig nicht in Betracht.

Wegfall der Wiederholungs-/Erstbegehungsgefahr

84 Die Wiederholungs- oder Erstbegehungsgefahr kann bspw. durch Abgabe einer strafbewehrten **Unterwerfungserklärung** oder **Abschlusserklärung** wegfallen[141].

85 Bei der Abgabe einer Unterwerfungserklärung ist dennoch das **Bestehen eines Unterlassungsanspruchs** zu prüfen[142]. Aus dem Umstand der Abgabe der Unterwerfungserklärung lässt sich eine alleinige oder überwiegende Kostenbelastung des Beklagten nicht herleiten. Anders als ein Anerkenntnis führt die Unterwerfungserklärung nicht zur automatischen Kostenbelastung des Beklagten. Vielmehr ist zu prüfen, ob ohne Abgabe des Unterlassungsversprechens antragsgemäß verurteilt worden wäre[143].

86 Hat der Beklagte im Laufe des Rechtsstreits eine zur Beseitigung der Wiederholungsgefahr ausreichende Unterwerfungserklärung abgegeben, die der **Kläger zunächst als unzureichend abge-**

---

[131] BGH GRUR 2004, 623 (624) – Stretchfolienumhüllung.
[132] Für das Patentnichtigkeitsverfahren: BGH GRUR 1984, 272 (276) – Isolierglasscheibenrandfugenfüllvorrichtung; BGH GRUR 2004, 138 (141) – Dynamisches Mikrofon; BPatG BeckRS 2012, 01031; für das Gebrauchsmusterlöschungsverfahren: BGH GRUR 1982, 364; 1982, 417.
[133] BGH GRUR 2004, 138 – Dynamisches Mikrofon.
[134] BGH GRUR 2004, 138 – Dynamisches Mikrofon.
[135] BPatG BeckRS 2012, 01031.
[136] BPatG GRUR 1991, 204 – Abschlussblende II.
[137] BPatG GRUR-RR 2012, 128 – Unterseeboot.
[138] BGH GRUR 1960, 27 (29) – Verbindungsklemme.
[139] BPatG GRUR 2003, 726 – Luftverteiler.
[140] BPatG BeckRS 2009, 06351.
[141] Vgl. OLG Düsseldorf BeckRS 2010, 21642 – Digital-Receiver zur Frage, ob eine teilweise übereinstimmende Erledigung aufgrund einer Unterlassungserklärung vorliegt.
[142] OLG Düsseldorf BeckRS 2010, 22204 – Nudelrolle; OLG Köln GRUR 1989, 705; OLG Koblenz GRUR 1988, 566; Köhler/*Bornkamm* UWG § 12 Rn. 1.37 und Rn. 2.34.
[143] OLG Düsseldorf BeckRS 2010, 22204 – Nudelrolle.

lehnt hat, und gibt der Beklagte sodann in der mündlichen Verhandlung eine weitere Unterwerfungserklärung ab, die zur übereinstimmenden Erledigungserklärung führt, entspricht es nicht der Billigkeit, den Beklagten mit den Verfahrenskosten oder einem Teil hiervon zu belasten, unabhängig davon, ob die Klage ursprünglich zulässig und begründet war[144].

Wegfall wirtschaftlichen Interesses

Der Umstand, dass der Kläger sein wirtschaftliches Interesse an der Durchsetzung der von ihm verfolgten Ansprüche verloren hat, ist **kein Erledigungsereignis**[145]. 87

Zeitablauf bei befristeten Schutzrechten

Wegfall des Schutzrechts → Rn. 68 ff. 88

§ 92 Kosten bei teilweisem Obsiegen

(1) ¹**Wenn jede Partei teils obsiegt, teils unterliegt, so sind die Kosten gegeneinander aufzuheben oder verhältnismäßig zu teilen.** ²Sind die Kosten gegeneinander aufgehoben, so fallen die Gerichtskosten jeder Partei zur Hälfte zur Last.

(2) Das Gericht kann der einen Partei die gesamten Prozesskosten auferlegen, wenn
1. die Zuvielforderung der anderen Partei verhältnismäßig geringfügig war und keine oder nur geringfügig höhere Kosten veranlasst hat oder
2. der Betrag der Forderung der anderen Partei von der Festsetzung durch richterliches Ermessen, von der Ermittlung durch Sachverständige oder von einer gegenseitigen Berechnung abhängig war.

Literatur: *Engels*, Nach der „TÜV"-Entscheidung des BGH: Wie kann das Kostenrisiko des Klägers minimiert werden?, GRUR-Prax 2011, 523; *Labesius*, Streitwertbemessung bei der hilfsweisen Geltendmachung unterschiedlicher gewerblicher Schutzrechte, GRUR-RR 2012, 317.

Übersicht

	Rn.
A. Allgemeines	1
I. Anwendbarkeit des § 92 ZPO im gewerblichen Rechtsschutz	1
II. Kostenlast beider Parteien (§ 92 Abs. 1)	3
III. Kostenlast einer Partei (§ 92 Abs. 2)	13
1. § 92 Abs. 2 Nr. 1	14
2. § 92 Abs. 2 Nr. 2	17
B. Einzelfälle zum Teilunterliegen (alphabetisch)	19
Anpassung des Antrages an konkrete Verletzungsform	19
Billigkeitsgründe im Rechtsbestandsverfahren	21
1. Nichtigkeitsverfahren:	21
2. Einspruchsverfahren:	27
Klagehäufung	33
1. Mehrere Ansprüche eines Schutzrechts:	33
2. Mehrere Schutzrechte:	34
3. Streitgegenstand nach „TÜV-Rechtsprechung":	35
Teilweises Unterliegen mit „Nebenforderungen"	37
Ordnungsmittelverfahren	42
Sicherheitsleistung	43
Verfügungsverfahren	44
Verletzungshandlungen	45
1. Benutzungshandlung „Herstellen":	45
2. Mittelbare Verletzung:	46
3. Unmittelbare und mittelbare Verletzung:	49
4. Wortsinngemäße und äquivalente Verletzung:	52
Zwangsmittelverfahren	53

---

[144] OLG Frankfurt a. M. GRUR-RR 2016, 264 – „Gutmütiger" Unterlassungsschuldner.
[145] BGH GRUR 2006, 223 – Laufzeit eines Lizenzvertrags.

A. Allgemeines

I. Anwendbarkeit des § 92 ZPO im gewerblichen Rechtsschutz

1 Zur Anwendbarkeit des § 92 ZPO im gewerblichen Rechtsschutz gelten die Ausführungen bei § 91 ZPO (→ § 91 Rn. 1 ff.). § 92 ZPO ist auch bei Rücknahme von Klage und Widerklage nach **§ 269 Abs. 3 ZPO** anwendbar[1].

2 **Einzelfälle zum Teilunterliegen** aus dem gewerblichen Rechtsschutz werden unter Punkt B (→ Rn. 19 ff.) aufgeführt.

II. Kostenlast beider Parteien (§ 92 Abs. 1)

3 Der § 92 Abs. 1 ZPO setzt das Unterliegensprinzip des § 91 ZPO bei der Kostenentscheidung fort. Unterliegt eine Partei nur teilweise, so trägt sie auch nur zum Teil die Kosten.

4 Ob ein teilweises Obsiegen oder Unterliegen vorliegt, ist durch Vergleich des ursprünglichen Begehrens mit der Verurteilung zu ermitteln. Bei **teilbaren Streitgegenständen**, etwa einer Geldforderung, liegt ein Teilunterliegen vor, wenn nur einem Teil des geltend gemachten Anspruchs stattgegeben wird[2]. Eine Zuvielforderung von **Zinsen** kann im Kostenausspruch berücksichtigt werden, allerdings wird insoweit regelmäßig ein Fall des § 92 Abs. 2 Nr. 1 ZPO vorliegen[3]. Die Berechnung des jeweiligen Obsiegens und Unterliegens erfolgt unter Zugrundelegung des **Streitwertes**.

5 Über die Kosten von **Klage** und **Widerklage** ist einheitlich zu entscheiden. Wird der Klage stattgeben und die Widerklage abgewiesen, ist nach § 91 Abs. 1 S. 1 ZPO zu entscheiden. Andernfalls ist gemäß dem Unterliegensanteil nach dem Verhältnis der Streitwerte zu entscheiden[4].

6 Hat der Kläger bei **Haupt- und Hilfsantrag** nur mit dem Hilfsantrag Erfolg, so liegt regelmäßig ein Teilunterliegen vor. Eine Kostenentscheidung nach § 91 Abs. 1 S. 1 ZPO ist nur ausnahmsweise dann möglich, wenn Haupt- und Hilfsantrag **wirtschaftlich identisch** sind (§ 45 Abs. 1 S. 3 GKG)[5]. Für diese Konstellationen bietet jedoch der § 92 Abs. 2 Nr. 1 ZPO regelmäßig die sachgerechtere Regelung.

7 Entsprechendes gilt für eine bestrittene **Hilfsaufrechnung**. Führt sie zur vollständigen oder teilweisen Abweisung der Klage, sind die Werte von Haupt- und Hilfsantrag zusammenzurechnen und die Kosten verhältnismäßig aufzuteilen[6].

8 Folge des teilweisen Obsiegens bzw. Unterliegens ist entweder eine Kostenaufhebung oder eine verhältnismäßige Teilung. Bei der **Kostenaufhebung** trägt jede Partei ihre außergerichtlichen Kosten selbst. Die Gerichtskosten fallen jeder Partei zur Hälfte zur Last. Kostenaufhebung bietet sich an, wenn das wechselseitige Obsiegen und Unterliegen etwa übereinstimmt. Es handelt sich um Einzelfallentscheidungen[7].

9 Die **verhältnismäßige Teilung** kommt in Betracht, wenn eine Partei überwiegend obsiegt. Das Verhältnis kann in Bruchteilen oder Prozentsätzen angegeben werden. Das Verhältnis ist durch Vergleich des Klagebegehrens mit der Verurteilung zu ermitteln.

10 Dies gilt auch entsprechend für das **Rechtsbestandsverfahren**. Maßgeblich ist dann der Umfang der Verringerung des Gegenstands des Schutzrechts[8]. Verteidigt der Beklagte bspw. das angegriffene Patent nicht mehr vollumfänglich, so hat er sich freiwillig in die Rolle der Unterlegenen begeben und ist insoweit kostenpflichtig. Für das Maß des beiderseitigen Obsiegens und Unterliegens ist das **Wertverhältnis** zwischen dem verbliebenen **Restpatent** und ursprünglich **angegriffenen Patent** maßgebend, was bei einer nur geringfügigen Beschränkung bspw. auf ¾ geschätzt werden kann[9].

11 Das Risiko eines **zu weit gefassten Antrages** trägt grundsätzlich der Nichtigkeitskläger. Hiervon können jedoch aus **Billigkeitserwägungen** in der Konstellation der Selbstbeschränkung durch Patentinhaber und der anschließenden Teilrücknahme der Klage Ausnahmen gemacht werden (→ Rn. 22)[10].

12 Bei einer Mehrheit von Beklagten ist die sog. **Baumbach'sche Kostenformel** anwendbar (→ § 100 Rn. 30)[11].

---

[1] Vgl. etwa OLG Stuttgart BeckRS 2006, 05191.
[2] MüKoZPO/*Schulz* § 92 Rn. 4.
[3] BGH NJW 1988, 2173.
[4] MüKoZPO/*Schulz* § 92 Rn. 4.
[5] MüKoZPO/*Schulz* § 92 Rn. 8 mwN.
[6] MüKoZPO/*Schulz* § 92 Rn. 8 mwN.
[7] Vgl. etwa zur Kostenaufhebung in einer markenrechtlichen Entscheidung mit Haupt- und Hilfsantrag OLG Stuttgart BeckRS 2011, 26369.
[8] BPatG Mitt. 1972, 75 – Gebrauchsmuster-Löschungssachen.
[9] BPatG BeckRS 2011, 08558.
[10] BPatG BeckRS 2011, 18069.
[11] Vgl. etwa LG Düsseldorf BeckRS 2016, 17354 – Patentanwaltshonorar.

III. Kostenlast einer Partei (§ 92 Abs. 2)

Der § 92 Abs. 2 ZPO stellt eine Kostenregelung nach Billigkeitsgesichtspunkten dar. Trotz teilweisen Obsiegens trägt eine Partei die gesamten Kosten des Rechtsstreits.

1. § 92 Abs. 2 Nr. 1. Der § 92 Abs. 2 Nr. 1 ZPO stellt zwei Voraussetzungen auf, bei deren Vorliegen das Gericht einer Partei die gesamten Prozesskosten auferlegen kann: (1) Die Zuvielforderung der anderen Partei war verhältnismäßig geringfügig und (2) hat keine oder nur geringfügig höhere Kosten veranlasst.

Für die Bestimmung der verhältnismäßig geringfügigen **Zuvielforderung** kann eine wirtschaftliche Betrachtungsweise aus Sicht des Klägers vorgenommen werden[12]. Der abgewiesene Antrag ist mit dem durchgreifenden Antrag im Hinblick auf den gesamten Streitgegenstand zu vergleichen. Aus Gründen der Praktikabilität kann als Faustformel eine Grenze von **10 % des Gebührenstreitwerts** angesetzt werden[13].

Ferner ist erforderlich, dass durch die Zuvielforderung keine oder nur geringfügig **höhere Kosten** veranlasst sind. Keine höheren Kosten entstehen, wenn die Zuvielforderung nicht zu einem **Gebührensprung** führt[14]. Für die nur geringfügig höheren Kosten ist auch hier wiederum die **10 %-Regel** anzuwenden[15]. An höheren Kosten fehlt es daher ebenfalls, wenn die Zuvielforderung nicht streitwerterhöhend ist (vgl. **§ 4 Abs. 1 Hs. 2 ZPO**), weil dann keine besonderen Kosten verursacht werden. Zu den Kosten iSd § 4 Abs. 1 Hs. 2 ZPO können auch die Kosten für eine **vorgerichtliche Abmahnung** gezählt werden, so dass § 92 Abs. 2 Nr. 1 ZPO bei einem Unterliegen hinsichtlich der Abmahnkosten angewendet werden kann[16].

2. § 92 Abs. 2 Nr. 2. Nach Abs. 2 Nr. 2 können einer Partei aus Billigkeitsgründen die gesamten Prozesskosten auferlegt werden, wenn der Betrag der Forderung der anderen Partei noch anderen Umständen abhängig war, die **erst im Prozessverlauf eingetreten** sind. Eine **Unsicherheit in der Forderungshöhe** soll der forderungsberechtigten Partei nicht zum Nachteil gereichet werden[17]. Die Regelung unterscheidet drei Fallgruppen:

(1) Die Festsetzung der bestimmten Forderung durch **richterliches Ermessen** betrifft die Fälle der Schadens- bzw. Forderungsfeststellung nach § 287 Abs. 1 und 2 ZPO und Bestimmung einer Leistung nach billigem Ermessen gemäß § 315 BGB. Im gewerblichen Rechtsschutz ist die Fallgruppe regelmäßig nicht einschlägig. (2) Die zweite Fallgruppe ist die Ermittlung der konkreten Forderung durch **Sachverständige**. Auch dieser Fall ist für den gewerblichen Rechtsschutz kaum relevant. (3) Gleiches gilt für die dritte Fallgruppe der Abhängigkeit der Forderungshöhe von einer gegenseitigen Berechnung.

B. Einzelfälle zum Teilunterliegen (alphabetisch)

Anpassung des Antrages an konkrete Verletzungsform

Anhand des Klagebegehrens ist der **Streitgegenstand zu bestimmen.** Ist der Klageantrag nicht auf die konkrete Verletzungsform beschränkt, sondern geht darüber hinaus, so liegen unterschiedliche Streitgegenstände und damit ein Teilunterliegen vor. Ist bspw. der Unterlassungsantrag nicht auf die konkrete Form der Werbeaussage beschränkt, sondern geht es um das Verbot der Werbeaussage schlechthin, so ist die Kostenentscheidung nach § 92 Abs. 1 ZPO zu treffen[18]. Ausnahmsweise kann ein Fall des § 92 Abs. 2 Nr. 1 ZPO in Betracht kommen.

Dagegen liegt bei einer **Modifikation des Antrages** auf die konkrete Verletzungsform kein Teilunterliegen vor, wenn bei verständiger Würdigung des ursprünglichen Antrags der konkrete Bezug bereits gegeben war[19]. Dies gilt etwa für die Aufnahme des Zusatzes „**wenn geschehen wie**"[20].

Billigkeitsgründe im Rechtsbestandsverfahren

1. Nichtigkeitsverfahren: Nach **§ 84 Abs. 2 S. 2 PatG** sind die Vorschriften der ZPO über die Prozesskosten entsprechend anzuwenden, soweit nicht die Billigkeit eine andere Entscheidung erfordert. Im Rahmen der Billigkeitsentscheidungen des BPatG wird regelmäßig § 84 Abs. 2 PatG iVm § 92 ZPO zitiert.

---

[12] Vgl. OLG Düsseldorf BeckRS 2011, 27019 – Brasilianische Patente.
[13] MüKoZPO/*Schulz* § 92 Rn. 19 mwN.
[14] Vgl. etwa LG Düsseldorf BeckRS 2016, 17356 – Trennung von Proteinen.
[15] MüKoZPO/*Schulz* § 92 Rn. 21 mwN.
[16] OLG Düsseldorf BeckRS 2010, 15818 – Treppenlift.
[17] MüKoZPO/*Schulz* § 92 Rn. 22.
[18] BGH GRUR 1992, 625 (627) – Therapeutische Äquivalenz.
[19] OLG Hamburg GRUR-RR 2013, 437 – Spitzentrio.
[20] OLG Hamburg GRUR-RR 2013, 437 – Spitzentrio.

22 Die Anwendung der Billigkeitsregel kommt nach neuerer Rechtsprechung insbesondere in Betracht, wenn der beklagte Patentinhaber das Patent im Laufe des Nichtigkeitsverfahrens erstmals mit neugefassten Patentansprüchen **beschränkt verteidigt** und der Kläger sich hiermit sofort einverstanden erklärt. In Abweichung zu den Regelungen der §§ 91 ff., 269 Abs. 3 S. 2 ZPO trägt nicht der Kläger, sondern aus Billigkeitsgründen der Beklagte die insoweit anfallenden Verfahrenskosten gemäß § 84 Abs. 2 S. 2 PatG[21]. Die Berücksichtigung von Billigkeitsgründen wird auch im Hinblick auf die Entscheidung des BGH „Schwenkhebelverschluss"[22] gerechtfertigt, denn danach ist es dem Kläger im Patentnichtigkeitsverfahren verwehrt, einen Patentanspruch in der Weise beschränkt anzugreifen, dass der Patentinhaber durch eine in den Klageantrag aufgenommene Neufassung des angegriffenen Patentanspruchs festgelegt wird[23].

23 Dies gilt unabhängig davon, ob die beschränkte Verteidigung **unbedingt oder hilfsweise** erklärt wird[24]. Ferner gilt dies auch, wenn der **Klageantrag nicht zulässig** ist, der Patentinhaber sich dennoch entsprechend diesem ursprünglichen (unzulässigen) Klageantrags beschränkt und anschließend die Klage zurückgenommen wird[25]. Hat das Patent dagegen **mangels entsprechender Selbstbeschränkung** des Patentinhabers unverändert Bestand, bleibt es im Fall der Klagerücknahme bei der Kostenfolge des § 269 Abs. 3 S. 2 ZPO zu Lasten des Klägers[26].

24 Eine Abweichung von dieser Rechtsprechung, dass bei solchen Fallgestaltungen der Beklagte die gesamten Kosten des Rechtsstreits trägt, ist in Fällen gerechtfertigt, wenn die beschränkte Verteidigung und die Klagerücknahme auf einem **außergerichtlichen Vergleich** beruhen und die beschränkte Verteidigung keine unmittelbare, sofortige Reaktion auf die Klage darstellt[27].

25 Der obsiegenden Partei kann aufgrund ihres **Prozessverhaltens** aus Billigkeitsgründen ein Teil der Kosten auferlegt werden[28].

26 Auch nach **Verbindung mehrerer Klagen** kann bei der Kostenentscheidung aus Billigkeitsgründen berücksichtigt werden, dass die Kläger das Patent in unterschiedlichem Umfang angegriffen haben[29]. Andernfalls würde der Sinn der Verfahrensverbindung ins Gegenteil verkehrt, wenn einem Nichtigkeitskläger, der die Kostenbelastung dadurch gering zu halten sucht, indem er das Patent nur in einem beschränkten, für ihn tatsächlich relevanten Umfang angreift, ein höheres Kostenrisiko im Umfang einer anderen, von ihm nicht zu verantwortenden Klage auferlegt wird. Dies kann durch Festsetzung unterschiedlicher Streitwerte erfolgen[30].

27 **2. Einspruchsverfahren:** Im **Einspruchs- und Einspruchsbeschwerdeverfahren** trägt grundsätzlich jeder Beteiligte seine Kosten selbst, unabhängig von der Frage, wer unterliegt (§§ 62 Abs. 1, 80 PatG). Entsprechendes gilt für das **markenrechtliche Widerspruchsverfahren**[31]. Abweichungen von dieser Regel aus Gründen der Billigkeit werden in der Rechtsprechung nur in sehr seltenen Fällen anerkannt. Eine vom Regelfall abweichende Kostenentscheidung kann dann notwendig sein, wenn sich das Verhalten eines der Beteiligten im Verlauf des Verfahrens einen **Verstoß gegen die allgemeine prozessuale Sorgfaltspflicht** darstellt[32]. Der Verstoß muss dabei von einem derartigen Gewicht sein, dass es unbillig erscheint, die ohne Weiteres vermeidbaren Kosten den anderen Beteiligten tragen zu lassen. Dies bedeutet, dass derjenige, der vorwerfbar aus Säumnis oder Nachlässigkeit unnötige Kosten verursacht, diese auch billigerweise tragen muss.

28 Der Patentinhaber trägt auch dann nicht die Kosten der ersten mündlichen Verhandlung, wenn er unmittelbar vor der Verhandlung **neue Ansprüche vorlegt** und **Vertagung** erforderlich ist[33]. Auch allein die Tatsache, dass der Patentinhaber **nicht zur mündlichen Verhandlung erscheint**, recht-

---

[21] BPatG GRUR 2009, 46 (50) – Ionenaustauschverfahren; BPatG GRUR 2009, 1195 – Kostenverteilung aus Billigkeitsgründen; BPatG BeckRS 2008, 24908; vgl. auch BGH BeckRS 2001, 30213298: Der Senat hat bei der Kostenentscheidung berücksichtigt, dass die Klägerin ihr in der Berufungsinstanz nur noch eingeschränkt verfolgtes Klageziel im Wesentlichen erreicht hat; aA noch BGH BeckRS 2000, 30130872 – Druckentlastungspaneel (§§ 91, 92, 269 Abs. 3 S. 2 ZPO); BPatG BeckRS 1994, 12826 – Drahtseele (§ 84 Abs. 2 PatG iVm § 91 Abs. 1, § 101 Abs. 2, § 100 Abs. 1 und § 269 Abs. 3 S. 2 ZPO); kritisch *Keukenschrijver* S. 124 Rn. 198: Das Kostenrisiko eines zu weit gefassten Antrages trägt grundsätzlich der Kläger.
[22] BGH GRUR 1997, 272.
[23] BPatG GRUR 2009, 46 (50) – Ionenaustauschverfahren.
[24] BPatG GRUR 2009, 46 (50) – Ionenaustauschverfahren.
[25] BPatG GRUR 2009, 1195 – Kostenverteilung aus Billigkeitsgründen.
[26] BPatG GRUR 2009, 1195 – Kostenverteilung aus Billigkeitsgründen.
[27] BPatG BeckRS 2011, 18069.
[28] BGH GRUR 1998, 895 = BeckRS 1998, 30013070 – Regenbecken.
[29] BPatG BeckRS 2007, 12756.
[30] BPatG BeckRS 2007, 12756.
[31] BGH GRUR 1972, 600 – Lewapur: Im Widerspruchsverfahren ist das bloße Unterliegen einer Partei für sich allein regelmäßig noch kein ausreichender Grund, ihr aus Billigkeitsgründen die Kosten aufzuerlegen (noch zum alten WZG).
[32] BGH GRUR 1996, 399 (401) – Schutzverkleidung; BPatG BeckRS 2011, 08550; *Schulte* PatG § 80 Rn. 9 und 13.
[33] BPatG BeckRS 2011, 08550.

fertigt noch nicht, ihm die durch die Durchführung der Verhandlung entstandenen Kosten aufzuerlegen[34]. Es steht jedem Verfahrensbeteiligten grundsätzlich frei, ob er zu einem anberaumten Verhandlungstermin erscheint oder fernbleibt. Etwas anderes kann in Fällen gelten, in denen ein Beteiligter der **auf seinen Antrag hin** der anberaumten mündlichen Verhandlung **unentschuldigt fernbleibt**[35].

Der **Verzicht auf das Patent** am Tag vor der mündlichen Verhandlung stellt für sich genommen keinen Verstoß gegen prozessuale Sorgfaltspflichten dar, der zur Kostenauferlegung aus Billigkeitsgründen führt[36].

Bei einer **Rücknahme** des Einspruchs oder der Beschwerde führt die Regelung des § 269 Abs. 3 ZPO nicht zur Kostenlast des Einsprechenden oder des Beschwerdeführers, wenn die Rücknahme aus sachdienlichen Gründen erfolgt[37].

Der **Verstoß gegen die Wahrheitspflicht** gemäß § 124 PatG kann kostenrechtliche Folgen für den Beteiligten haben[38]. Allein die **fehlende Vorlage von Druckschriften** durch den Patentinhaber, die in einem parallelen Erteilungsverfahren als sehr relevant eingestuft wurden, ist jedoch nicht ausreichend für eine Kostenauferlegung aus Billigkeitsgründen[39].

Das Gericht kann dem Patentinhaber die Kosten des Verfahrens ganz oder teilweise auferlegen, wenn er nach einer **Teilung seines Patents** in der mündlichen Verhandlung eine weitere mündliche Verhandlung über das Stammpatent veranlasst, ohne neue, über den Gegenstand der ersten mündlichen Verhandlung hinausgehende und die Verfahrenslage ändernde Gesichtspunkte zur Patentfähigkeit seines Stammpatents vorzutragen[40].

Klagehäufung

1. Mehrere Ansprüche eines Schutzrechts: Macht der Kläger mehrere **nebengeordnete Ansprüche** eines Schutzrechts geltend und unterliegt teilweise, so ist für die Bemessung der Kostenanteile zu berücksichtigen, ob die Ansprüche den gleichen **Schutzumfang** haben und damit das gleiche **wirtschaftliche Interesse** des Klägers betreffen[41]. Ist dies der Fall, kann es sich um eine nur geringfügige Zuvielforderung nach § 92 Abs. 2 Nr. 1 ZPO handeln. Dies ist bspw. der Fall, wenn der zurückgewiesene oder zurückgenommene Verfahrensanspruch wirtschaftlich völlig hinter dem ebenfalls geltend gemachten Sachanspruch zurücktritt[42]. Werden mit einem „insbesondere"-Antrag **abhängige Unteransprüche** geltend gemacht, so werden diese regelmäßig nicht selbst zum Streitgegenstand, sondern dienen nur der näheren Umschreibung. Ein Aussparen der Unteransprüche im Urteilstenor stellt insoweit keine Teilklageabweisung dar[43].

2. Mehrere Schutzrechte: Stützt der Kläger sein Begehren auf mehrere Schutzrechte und ist nur hinsichtlich eines Schutzrechts erfolgreich, so ist für die Kostenfolge der **Schutzbereich der Schutzrechte** und damit der Streitgegenstand bzw. das **wirtschaftliche Interesse** des Klägers entscheidend. Bei nahezu identischen Schutzrechten, zB einem Gebrauchsmuster und einem parallelen Patent, kann die Kostenlast den Beklagten nach § 92 Abs. 2 Nr. 1 ZPO treffen, weil der Kläger mit seinen Anträgen durchdringt[44]. Es ist allerdings möglich, dem Kläger über § 96 ZPO Kosten teilweise aufzuerlegen[45]. Liegt ein unterschiedlicher Schutzbereich vor, zB weil die Schutzrechte unterschiedliche Teile der angegriffene Ausführungsform betreffen, dann ist ein Teilunterliegen mit der Folge des § 92 Abs. 1 ZPO gegeben.

3. Streitgegenstand nach „TÜV-Rechtsprechung": Bei der Bestimmung des Teilunterliegens in marken-, design- und wettbewerbsrechtlichen Streitigkeiten sind die Grundsätze der „TÜV-Rechtsprechung" des BGH zu beachten[46]. Liegt danach ein Unterliegen mit einem eigenständigen Streitgegenstand vor, gilt grundsätzlich § 92 Abs. 1 ZPO. In der instanzgerichtlichen Rechtsprechung wird etwa bei **hilfsweiser Geltendmachung unterschiedlicher Schutzrechte** eine Streitwertaddi-

---

[34] BPatG BeckRS 2010, 16296 – Mehrlagiger Luftfilter.
[35] BPatG BeckRS 2010, 16296 – Mehrlagiger Luftfilter.
[36] BPatG BeckRS 2009, 24139 = Mitt. 2009, 233 (Ls.) – Kostenauferlegung im Einspruchsverfahren nach Patentverzicht.
[37] BPatG GRUR 2001, 329 – Umschreibungsverfahren II.
[38] BPatG BeckRS 2009, 22334.
[39] BPatG BeckRS 2009, 22334.
[40] BGH GRUR 1996, 399 (401) – Schutzverkleidung.
[41] OLG Düsseldorf GRUR-RR 2013, 236 (241) – Flupirtin-Maleat.
[42] OLG Düsseldorf GRUR-RR 2013, 236 (241) – Flupirtin-Maleat.
[43] LG Mannheim BeckRS 2015, 15919.
[44] Benkard/*Grabinski/Zülch* PatG § 139 Rn. 164.
[45] Benkard/*Grabinski/Zülch* PatG § 139 Rn. 164.
[46] BGH GRUR 2011, 521 – TÜV I; BGH GRUR 2011, 1043 – TÜV II; BGH GRUR 2013, 401 – Biomineralwasser (Streitgegenstand Wettbewerbsrecht); BGH NJW-RR 2012, 943 – Oscar (Streitgegenstand Markenrecht); *Engels* GRUR-Prax 2011, 523.

tion vorgenommen[47]. Im Falle des Unterliegens führt dies zur entsprechenden Kostenfolgen aus § 92 Abs. 1 ZPO.

36 Wird ein einheitlicher Unterlassungsantrag **kumulativ** auf mehrere Ansprüche gestützt, so hat keine schematische Erhöhung des Streitwerts zu erfolgen[48]. Vielmehr ist der Streitwert für einen der Ansprüche, wie im Fall der eventuellen Klagehäufung, unter Berücksichtigung des unveränderten Angriffsfaktors angemessen zu erhöhen. In diesem Fall ist die Kostenverteilung, wenn der Kläger nicht mit allen Ansprüchen durchdringt, ebenfalls nicht schematisch vorzunehmen. Vielmehr ist der Kläger mit einem der angemessenen Erhöhung entsprechenden Anteil an den Kosten zu beteiligen[49].

Teilweises Unterliegen mit „Nebenforderungen"

37 Nimmt der Kläger im Laufe des Verfahrens Ansprüche auf **Schadensersatz, Entschädigung, Auskunft, Rechenschaftslegung, Rückruf, Vernichtung** oder **Urteilsveröffentlichung** teilweise zurück bzw. schränkt diese ein oder werden seine Ansprüche insoweit zurückgewiesen, liegt ein Teilunterliegen vor. Ein Teilunterliegen hinsichtlich einzelner oder mehrerer dieser Ansprüche fällt wertmäßig nicht erheblich ins Gewicht, so dass bei der Kostenentscheidung regelmäßig die Anwendung von **§ 92 Abs. 2 Nr. 1 ZPO** gerechtfertigt ist[50].

38 Ein Teilunterliegen mit Ansprüchen auf **Rechnungslegung** und/oder **Schadensersatzfeststellung**, auch über einen Zeitraum von mehreren Jahren, kann eine verhältnismäßig geringfügige Zuvielforderung sein[51]. Rücknahme von Anträgen auf **Belegvorlage** oder ein entsprechendes Unterliegen fällt ebenfalls unter § 92 Abs. 2 Nr. 1 ZPO[52]. Bei der Aufnahme eines **Wirtschaftsprüfervorbehalts** ist entsprechend § 92 Abs. 2 Nr. 1 ZPO anzuwenden[53].

39 Ein vollständiges Unterliegen mit dem **Entschädigungsanspruch** bzw. eine entsprechende Klagerücknahme kann dennoch die Anwendung des § 92 Abs. 2 Nr. 1 ZPO rechtfertigen, weil der Gegenstandswert des Entschädigungsantrags im Verhältnis zum übrigen Klagebegehren sehr gering ist[54]. Erst recht gilt dies für ein teilweises Unterliegen hinsichtlich der Entschädigung[55]. Etwas anderes gilt bei **Abweisung des Schadensersatzfeststellungsanspruchs** oder Rücknahme, etwa weil ein Verschulden nicht gegeben ist. Der Anteil des Schadensersatzfeststellungsanspruchs am Gesamtstreitwert beträgt regelmäßig mehr als 10 %, so dass ein Fall des § 92 Abs. 1 ZPO einschlägig ist.

40 Wird der **Rückrufanspruch** zeitlich beschränkt bzw. teilweise zurückgenommen, liegt ein Fall des § 92 Abs. 2 Nr. 1 ZPO vor[56]. Die Rücknahme des gesamten Rückrufanspruchs kann insoweit eine Kostentragung durch den Kläger gemäß § 92 Abs. 1 ZPO auslösen[57]. Entsprechendes gilt für die vollständige Rücknahme des Vernichtungsanspruchs, obwohl auch hier teilweise eine Kostentragung des Beklagten nach § 92 Abs. 2 Nr. 1 ZPO angenommen wurde[58]. Eine Beschränkung des Vernichtungsanspruchs bzw. eine teilweise Rücknahme stellt jedenfalls einen Fall des § 92 Abs. 2 Nr. 1 ZPO dar[59].

41 Unterliegt der Kläger mit seinem Anspruch auf **Urteilsveröffentlichung,** so ist § 92 Abs. 2 Nr. 1 ZPO anzuwenden[60].

Ordnungsmittelverfahren

42 Bleibt im Ordnungsmittelverfahren das vom Gericht ausgesprochene Ordnungsmittel deutlich unterhalb der vom Gläubiger genannten Mindestsumme, ist der Zwangsvollstreckungsantrag teilweise

---

[47] OLG Frankfurt a. M. GRUR-RR 2012, 367 – Streitwertaddition; *Labesius* GRUR-RR 2012, 317.
[48] BGH BeckRS 2013, 20393; OLG Köln GRUR-RR 2015, 402 – Tippfehlerdomain II.
[49] OLG Köln GRUR-RR 2015, 402 – Tippfehlerdomain II.
[50] Vgl. BGH GRUR 2012, 1230 (1236) – MPEG-2-Videosignalcodierung.
[51] LG Düsseldorf BeckRS 2016, 17303 – Isonitril III: Unterliegen mit Ansprüchen auf Rechnungslegung und Schadensersatzfeststellung über einen Zeitraum von acht Jahren. Die Zuvielforderung war lediglich geringfügig, weil Beklagte unstreitig keine Umsätze in diesem Zeitraum getätigt hatte, so dass sich auch dieser Zeitraum bei wirtschaftlicher Betrachtungsweise auf das Interesse der Klägerin auch nicht auswirken bzw. dieses beeinträchtigen konnte; OLG Düsseldorf BeckRS 2011, 26324 – Papierpresse; OLG Düsseldorf BeckRS 2010, 11808 – Kabelschlosshalterung; OLG Karlsruhe BeckRS 2009, 09227; BGH GRUR 2012, 1230 (1236) – MPEG-2-Videosignalcodierung.
[52] OLG Düsseldorf GRUR-RR 2013, 236 (241) – Flupirtin-Maleat; OLG Düsseldorf BeckRS 2011, 26324 – Papierpresse; OLG Düsseldorf BeckRS 2010, 11808 – Kabelschlosshalterung; OLG Düsseldorf BeckRS 2011, 20933 – Escherichia.
[53] Benkard/*Grabinski*/*Zülch* PatG § 139 Rn. 164.
[54] LG Düsseldorf BeckRS 2013, 14727– Notlaschenverbinder.
[55] OLG Karlsruhe BeckRS 2009, 09227.
[56] OLG Düsseldorf BeckRS 2011, 20933 – Escherichia; OLG Düsseldorf BeckRS 2011, 20929 – Klammerdrahtbogenpaket.
[57] OLG Düsseldorf BeckRS 2010, 22204 – Nudelrolle: Unterliegen des Klägers von 5 %.
[58] LG Düsseldorf BeckRS 2016, 17308 – Bremsscheibe.
[59] BGH GRUR 2012, 1230 (1236) – MPEG-2-Videosignalcodierung.
[60] LG Düsseldorf BeckRS 2012, 02243 – Schneeschieberstecksystem; LG Mannheim BeckRS 2015, 15919.

zurückzuweisen und es liegt ein Unterliegen nach **§ 92 Abs. 1 ZPO** vor[61]. Dies gilt auch dann, wenn der Gläubiger zwar die Höhe des festzusetzenden Ordnungsgeldes in das Ermessen des Gerichts gestellt hat, gleichzeitig aber einen Mindestbetrag nennt[62].

Sicherheitsleistung

Hat der Antragsteller im einstweiligen Verfügungsverfahren seinen Unterlassungsanspruch unabhängig von einer Sicherheitsleistung beantragt und wird die Verfügung nur gegen Sicherheitsleistung erlassen, so handelt es sich um eine Zuvielforderung nach **§ 92 Abs. 2 Nr. 1 ZPO**[63]. 43

Verfügungsverfahren

Auferlegung eines Teils der Kosten auf die Antragstellerin kann in Betracht kommen, wenn mit der abändernden Entscheidung die Vollziehung der einstweiligen Verfügung von einer durch die Antragstellerin zu leistenden **Sicherheit** abhängig gemacht wird[64]. 44

Verletzungshandlungen

1. Benutzungshandlung „Herstellen": Unterliegt der Kläger hinsichtlich der Benutzungshandlung des „Herstellens", wird die Kostenfolge durch die Instanzgerichte **unterschiedlich** beurteilt. Teilweise wird darin eine verhältnismäßig geringfügige Mehrforderung iSd **§ 92 Abs. 2 Nr. 1 ZPO** gesehen, die keine Kostenfolgen für den Kläger hat[65]. Teilweise werden dem Kläger insoweit die Kosten auferlegt gemäß **§ 92 Abs. 1 ZPO**[66]. Hat der Beklagte erst in der Duplik offenbart, dass er selbst nicht herstellt und erst in der mündlichen Verhandlung den Namen des Herstellers offengelegt, so liegt hierin ein **verspätetes substantiiertes Bestreiten** mit der Folge, dass der Beklagte die Kosten der teilweise Klagerücknahme analog § 269 Abs. 3 S. 3 ZPO trägt[67]. 45

2. Mittelbare Verletzung: Ein Teilunterliegen liegt vor, wenn der Kläger ein **Schlechthinverbot** beantragt und das Gericht dem Beklagten nur einen schriftlichen **Warnhinweis** aufgibt, weil eine patentfreie Verwendung nicht ausgeschlossen ist. Es liegen unterschiedliche Klagebegehren vor. Hier können dem Kläger die Kosten gemäß **§ 92 Abs. 1 ZPO** teilweise auferlegt werden, zB in Höhe von 10%[68]. 46

Erachtet das Gericht im Einzelfall eine Beschränkung des Unterlassungsantrags dahingehend für erforderlich, dass lediglich Angebote und Lieferungen an **Nichtberechtigte** zu unterlassen sind, führt eine entsprechende Beschränkung durch den Kläger zu keiner Kostentragung gemäß **§ 92 Abs. 2 Nr. 1 ZPO**[69]. Diese Beschränkung kann im Übrigen auch durch Auslegung des Antrages gewonnen werden. 47

Beantragt der Kläger, dem Beklagten für den Fall der Lieferung aufzuerlegen, mit seinen Abnehmern eine strafbewehrte vertragliche **Unterlassungsverpflichtungsvereinbarung** abzuschließen und das Gericht verurteilt den Beklagten nur zu einem Warnhinweis, weil dieser nach den Umständen des Einzelfalls ausreichend ist[70], so liegt ebenfalls ein Teilunterliegen vor. Die Kosten können jedoch dem Beklagten nach **§ 92 Abs. 2 Nr. 1 ZPO** auferlegt werden[71]. 48

3. Unmittelbare und mittelbare Verletzung: Hat der Kläger ursprünglich eine unmittelbare Patentverletzung geltend gemacht und wird wegen mittelbarer Verletzung verurteilt, so kann ein Teilunterliegen vorliegen. Auch hier kommt es auf die **Bestimmung des Streitgegenstandes** an. War die mittelbare Patentverletzung Gegenstand des Sachvortrags des Klägers und hat er einen Unterlassungsantrag gestellt, der zwar **unzutreffend formuliert** ist, aber erkennen lässt, dass das Unterlassungsbegehren darauf gerichtet ist, die mittelbare Patentverletzung zu untersagen, so ist die mittelbare Patentverletzung von vornherein Streitgegenstand[72]. Eine Änderung des Unterlassungs- 49

---

[61] BGH GRUR 2015, 511 – Kostenquote bei beziffertem Ordnungsmittelantrag; *Kühnen* S. 1235 Rn. 213; KG WRP 2005, 1033 (Ls.).
[62] BGH GRUR 2015, 511 – Kostenquote bei beziffertem Ordnungsmittelantrag.
[63] OLG Düsseldorf BeckRS 2011, 16625 – Aufzugssysteme IV.
[64] OLG Hamm GRUR 1988, 477 – WAZ/WAS.
[65] OLG Karlsruhe BeckRS 2009, 09227.
[66] LG Düsseldorf BeckRS 2016, 17353 – Olanzapin VI: Kläger trägt 5% der Kosten bei Rücknahme der Ansprüche hinsichtlich Herstellen und Belegvorlage.
[67] LG Düsseldorf BeckRS 2016, 17351 – Modulares elektronisches Sicherheitssystem.
[68] OLG Düsseldorf GRUR-RR 2006, 39 = BeckRS 2005, 14723 – Kaffee-Filterpads: Das OLG hob das vom Landgericht ausgesprochene unbeschränkte Verbot auf und legte der Klägerin die Kosten zu 10% auf (Kostenentscheidung nur im Volltext).
[69] OLG Karlsruhe BeckRS 2013, 13968 = GRUR-Prax 2013, 423 mAnm *Rüting*.
[70] BGH GRUR 2007, 679 (685) – Haubenstretchautomat.
[71] LG Düsseldorf BeckRS 2016, 17351 – Modulares elektronisches Sicherheitssystem.
[72] BGH GRUR 2005, 407 – T-Geschiebe.

begehrens ist eine stets zulässige Klageänderung iSd § 264 ZPO[73]. In diesen Fällen liegt der gleiche Streitgegenstand vor. Eine Teilabweisung oder Klagerücknahme ist folglich nicht erforderlich.

50 Anders ist der Fall, wenn der Kläger sein Klagebegehren in eine unbedingte oder hilfsweise Verurteilung wegen mittelbarer Verletzung **ändert.** Insoweit liegt ein Teilunterliegen vor, das regelmäßig die Kostenfolge des § 92 Abs. 1 ZPO auslöst. Die Verurteilung bleibt hinter dem ursprünglichen wirtschaftlichen Begehren des Klägers zurück.

51 Erreicht der Kläger dagegen ein vollumfängliches Unterlassungsverbot aufgrund mittelbarer Patentverletzung **(Schlechthinverbot),** kann die Anwendung des § 92 Abs. 2 Nr. 1 ZPO sachgerecht sein. In diesem Fall liegt der gleiche Streitgegenstand und das identische wirtschaftliche Interesse des Klägers vor.

52 **4. Wortsinngemäße und äquivalente Verletzung:** Macht der Kläger im Hauptantrag eine wortsinngemäße Verletzung und im Hilfsantrag eine äquivalente Verletzung der **gleichen angegriffenen Ausführungsform** geltend, stellt sich die Frage, ob ein Teilunterliegen vorliegt. Dies ist abzulehnen, denn es liegt ein identisches Klagebegehren und damit ein **identischer Streitgegenstand** vor[74]. Es kommt nicht darauf an, ob der Kläger im Hauptantrag den Wortlaut des Patentanspruchs wiedergibt und im Hilfsantrag sein (identisches) Begehren auf die angegriffene Ausführungsform zuschneidet[75]. Konsequenterweise erfolgt daher keine Teilabweisung und es liegt **kein Teilunterliegen** vor. Folgt man dem nicht, so ist eine Kostenentscheidung jedenfalls nach § 92 Abs. 2 Nr. 1 ZPO gerechtfertigt, weil das Klagebegehren wirtschaftlich übereinstimmt[76].

Zwangsmittelverfahren

53 Erweisen sich im Zwangsmittelverfahren **mehrere Beanstandungen** des Gläubigers gegenüber der Rechnungslegung des Schuldners als nicht begründet, führt dies zu **keiner anteiligen Kostenbelastung** des Gläubigers[77]. Solange nur in einem rechnungslegungspflichtigen Punkt Angaben fehlen, ist ein Zwangsmittel zu verhängen. Macht der Gläubiger mit seinem Vollstreckungsantrag geltend, dass die Rechnungslegung hinsichtlich mehrerer Einzeldaten unzureichend sei, und erweisen sich lediglich einige, aber nicht alle Beanstandungen als durchgreifend, so führt dies weder zu einer teilweisen Zurückweisung des Zwangsmittelantrages noch zu einer teilweisen Kostenbelastung des Gläubigers[78]. Wird der Zwangsmittelantrag lediglich hinsichtlich der beantragten Anordnung von **Zwangshaft zurückgewiesen,** ist § 92 Abs. 2 Nr. 1 ZPO anwendbar[79].

§ 93 Kosten bei sofortigem Anerkenntnis

Hat der Beklagte nicht durch sein Verhalten zur Erhebung der Klage Veranlassung gegeben, so fallen dem Kläger die Prozesskosten zur Last, wenn der Beklagte den Anspruch sofort anerkennt.

Literatur *Einsiedler,* Geschäftsführung ohne Auftrag bildet keine Anspruchsgrundlage für die Erstattung der Kosten wettbewerbsrechtlicher Abmahnschreiben und Abschlussschreiben, WRP 2003, 354; *Günther/Beyerlein,* Abmahnen nach dem RVG – Ein Gebühren-Eldorado?, WRP 2004, 1222; *Heidenreich,* Zum Kostenerstattungsanspruch für eine wettbewerbsrechtliche Gegenabmahnung, WRP 2004, 660; *Köhler,* Zur Erstattungsfähigkeit von Abmahnkosten, FS Erdmann, 2002, 845; *Kunath,* Kostenerstattung bei ungerechtfertigter Verwarnung, WRP 2000, 1074; *Mayer,* Die Anwaltsvergütung nach dem Kostenrechtsänderungsgesetz 2021, NJW 2021, 345; *Michel* Die Neuerungen des GSFW zum Abmahnmissbrauch – Heilung, Wiederholungsgefahr, Vertragsstrafe, WRP 2021, 704; *Rehart,* Wettbewerbsrechtliches Abschlussschreiben: Wartefrist und Kostenfaktor, GRUR-Prax 2015, 294; *Schneider,* Anrechnungsprobleme im Zusammenhang mit einstweiligen Verfügungsverfahren – Abmahnung – einstweilige Verfügung – Abschlussschreiben – Hauptsacheverfahren, NJW 2009, 2017; *Schulz,* Schubladenverfügung und die Kosten der nachgeschobenen Abmahnung, WRP 2007, 589; *Stjerna,* Das sofortige Anerkenntnis (§ 93 ZPO) im gewerblichen Rechtsschutz, Wettbewerbs- und Urheberrecht – Teil 1, MarkenR 2010, 113; *Stjerna,* Das sofortige Anerkenntnis (§ 93 ZPO) im gewerblichen Rechtsschutz, Wettbewerbs- und Urheberrecht – Teil 2, MarkenR 2010, 153; *Verweyen,* Von Angelegenheiten und Gegenständen: Zur kostenrechtlich „selben Angelegenheit" i. S. v. § 15 Abs. 2 RVG, WRP 2020, 12; *Voges,* Die Umsatzsteuerpflicht bei der Abmahnung, GRUR-Prax 2020, 254; *Voges-Wallhöfer,* Kostenfallen bei der Abmahnung vermeiden, GRUR-Prax 2018, 324; *Zöllner,* Der Vorlage- und Besichtigungsanspruch im gewerblichen Rechtsschutz – Ausgewählte Probleme, insbesondere im Eilverfahren, GRUR-Prax 2010, 74.

---

[73] BGH GRUR 2005, 407 – T-Geschiebe.
[74] Ebenso OLG Düsseldorf BeckRS 2015, 05649 – Pemetrexed; OLG Düsseldorf GRUR-RR 2014, 185 (191) – WC-Sitzgelenk mwN; aA LG Düsseldorf BeckRS 2014, 08590.
[75] BGH GRUR 2012, 485 (488) – Rohrreinigungsdüse II.
[76] LG Düsseldorf BeckRS 2011, 06619 – Kunststoff-Schalenteil-Gepäckstück.
[77] OLG Düsseldorf BeckRS 2012, 04013; InstGE 5, 292 – Balkonbelag.
[78] OLG Düsseldorf BeckRS 2012, 04013; InstGE 5, 292 – Balkonbelag.
[79] OLG Düsseldorf BeckRS 2012, 04013.

Übersicht

	Rn.
A. Anwendung im gewerblichen Rechtsschutz	1
B. „Sofort"	5
C. Anerkenntnis	12
D. Veranlassung zur Klage	18
E. Einzelfälle zur Entbehrlichkeit der Abmahnung (alphabetisch)	31
Abschlussschreiben	31
Besichtigungsverfahren	32
Negative Feststellungsklage	33
Parallele Verfahren	34
1. Einstweilige Verfügung und Hauptsacheklage parallel:	34
2. Paralleles Hauptsacheverfahren:	37
Rechtsbestandsverfahren	38
Schubladenverfügung	39
Sequestration	40
Unterlassung, Rechnungslegung, Schadensersatz	44
Vindikation	52
F. Abmahnkosten	53
I. Anspruchsgrundlage	54
II. Höhe der Kosten	58
1. Höhe der Geschäftsgebühr	58
2. Mitwirkender Patentanwalt	69
3. Umsatzsteuer	72
III. Anrechnung der Geschäftsgebühr	73

A. Anwendung im gewerblichen Rechtsschutz

§ 93 ZPO ist eine Ausnahme vom Unterliegensprinzip des § 91 ZPO, wonach die unterliegende **1** Partei die Kosten trägt. Aus Billigkeitserwägungen ordnet § 93 ZPO an, dass der Kläger die Kosten trägt, wenn der Beklagte vorprozessual keine Veranlassung zur Klage gegeben hat (**Veranlassungsprinzip**). § 97a UrhG und § 12 Abs. 1 UWG sehen zudem eine **Obliegenheit** für den Kläger vor, den Beklagten vor Klageerhebung abzumahnen.

In Verfahren des gewerblichen Rechtsschutzes, in denen eine **Anerkennung** des geltend gemachten **2** Anspruchs möglich ist (vgl. §§ 307, 313b ZPO), findet § 93 ZPO unmittelbare Anwendung. Dies schließt Feststellungsklagen ein.

Rechtsbestandsverfahren haben regelmäßig Gestaltungsklagen zum Gegenstand. Ein Anerkennt- **3** nis im zivilprozessualen Sinn kommt nicht in Betracht, weil ein Anerkenntnisurteil dort nicht ergehen kann. Dennoch ist im **Patentnichtigkeitsverfahren** aus Billigkeitsgründen nach § 84 Abs. 2 PatG eine **entsprechende Anwendung** des § 93 ZPO geboten, wenn der Beklagte dem Nichtigkeitskläger in vergleichbarer Weise einen Erfolg des Klagebegehrens sichert und keinen Anlass zur Klageerhebung gegeben hat[1]. § 93 ZPO findet allerdings insoweit keine Anwendung, als die Nichtigkeitsklage auf die Validität des im Verletzungsverfahren maßgeblichen Patentgegenstandes abzielt und noch Ausdruck der sich aus § 148 ZPO ergebenden Verknüpfung von Verletzungs- und Nichtigkeitsverfahren ist[2]. Gleiches gilt für **Gebrauchsmusterlöschungsverfahren**[3]. Im **Einspruchs- und Beschwerdeverfahren** bleibt es bei der Grundregel, dass jeder Beteiligte unabhängig vom Verfahrensausgang seine Kosten selbst trägt (§§ 62 Abs. 1, 80 Abs. 1 PatG).

Daneben wird die Billigkeitsregel des § 93 ZPO und seine Wertung auch in verschiedenen Kon- **4** stellationen **entsprechend bzw. analog** angewendet. Dies ist insbesondere bei der Kostenentscheidung nach übereinstimmender Erledigung nach **§ 91a ZPO** der Fall[4]. Ferner kann die Anwendung des § 93 ZPO in „**sinngemäßer Umkehrung**" in bestimmten Fällen auch zugunsten des Klägers diskutiert werden[5]: Bei **sofortigem Klageverzicht** wird teilweise vertreten, § 93 ZPO analog anzuwenden[6]. Ergibt bei der **Stufenklage** die erteilte Auskunft, dass ein Leistungsanspruch nicht besteht, lehnt der BGH jedoch einen Kostenausspruch zugunsten des Klägers sowohl nach § 91 ZPO als auch in entsprechender Anwendung des § 93 ZPO ab[7]. Ein Klageverzicht nach Erledigung führt

---

[1] BPatG BeckRS 2013, 01223; BGH GRUR 2004, 138 (141) – Dynamisches Mikrofon; BGH GRUR 1984, 272 (276) – Isolierglasscheibenrandfugenfüllvorrichtung.
[2] BPatG BeckRS 2017, 129593 = GRUR-Prax 2018, 51 – Interdentalreiniger mAnm *Albrecht*.
[3] BGH GRUR 1982, 364 – Figur 3; BGH GRUR 1982, 417 – Gebrauchsmuster-Löschungsverfahren; BPatG BeckRS 2010, 22013; BPatG Mitt. 1999, 374 (376).
[4] Benkard/*Hall/Nobbe* PatG § 84 Rn. 31 mwN; für das Patentnichtigkeitsverfahren vgl. etwa BPatG BeckRS 2013, 01223.
[5] Vor Einführung des § 269 Abs. 3 S. 3 ZPO wurde § 93 ZPO für entsprechende Konstellationen herangezogen.
[6] OLG Frankfurt a. M. NJW-RR 1994, 62 = GRUR 1993, 931 (Ls.); aA GRUR 1994, 666 – Negative Auskunft.
[7] BGH GRUR 1994, 666 – Negative Auskunft.

ebenfalls zu Kostenfolgen des § 91 ZPO für den Kläger.[8] Eine Anwendbarkeit bei **Restitutionsklagen** wird abgelehnt.[9]

B. „Sofort"

5 Der Beklagte muss den Anspruch sofort anerkennen. Das erfordert ein Einlenken bei der **ersten prozessual dafür in Betracht kommenden Gelegenheit**[10].

6 Bei Anordnung des **schriftlichen Vorverfahrens,** ist grundsätzlich innerhalb der Frist des § 276 Abs. 1 S. 1 ZPO für die Verteidigungsanzeige anzuerkennen. Sind in der Verteidigungsanzeige noch keine Sachanträge angekündigt oder ist der Beklagte dem Klageanspruch noch nicht auf sonstige Weise entgegengetreten, dann genügt das Anerkenntnis innerhalb der Klageerwiderungsfrist nach § 276 Abs. 1 S. 2 ZPO[11]. Wird in der Verteidigungsbereitschaftserklärung zusätzlich **das Klagevorbringen bestritten**, ist ein sofortiges Anerkenntnis nicht mehr möglich[12].

7 Findet ein **früher erster Termin** statt, so muss das Anerkenntnis vor Stellung der Sachanträge erfolgen[13].

8 Im **einstweiligen Verfügungsverfahren** gilt für **Beschlussverfügung**, dass das Anerkenntnis zugleich mit dem Widerspruch in Form des **Kostenwiderspruchs** abzugeben ist. Der Widerspruch ist für den Antragsgegner die erste Möglichkeit im Prozess der einstweiligen Verfügung, in der Sache einzulenken[14]. Entsprechendes gilt für die **Abgabe einer strafbewehrten Unterlassungserklärung**, die als Anerkenntnis ausreichend ist (→ Rn. 12)[15]. Die strafbewehrte Unterlassungserklärung ist keine Prozesshandlung. Die Klaglosstellung des Antragstellers erfolgt vielmehr durch deren Annahme und damit außerprozessual. Damit muss die Unterwerfungserklärung bereits mit dem Widerspruch gegen eine Beschlussverfügung abgegeben werden, wenn sie als sofortiges Anerkenntnis gewertet werden soll[16]. Ein Anerkenntnis im **Fortsetzungstermin** eines einstweiligen Verfügungsverfahrens ist nicht mehr sofort[17].

9 Liegt bereits eine einstweilige Verfügung vor, gilt die Kostenfolge des § 93 ZPO hinsichtlich eines sich anschließenden Hauptsacheverfahrens. Um Kostennachteile aus § 93 ZPO zu vermeiden, muss der Unterlassungsgläubiger nach Erlass eines Urteils, das die Unterlassungsverfügung bestätigt, dem Unterlassungsschuldner ein **Abschlussschreiben** zusenden, bevor er Hauptsacheklage erhebt[18]. Denn die zwischenzeitliche mündliche Verhandlung und die schriftliche Urteilsbegründung können einen Auffassungswandel des Unterlassungsschuldners herbeigeführt haben. Gleiches gilt erst Recht für eine Beschlussverfügung, zu der sich der Gegner noch nicht geäußert hat oder für die Bestätigung der einstweiligen Verfügug nach Widerspruch[19] (zur **Entbehrlichkeit** → Rn. 33, 35). Das kostenauslösende Abschlussschreiben ist nur erforderlich und entspricht nur dem mutmaßlichen Willen des Schuldners (§ 677 BGB), wenn der Gläubiger dem Schuldner zuvor angemessene Zeit gewährt hat, um die Abschlusserklärung unaufgefordert von sich aus abgeben zu können **(Wartefrist)**[20]. Die Wartefrist beträgt **mindestens zwei Wochen** beginnend mit der Zustellung des Urteils, durch das die einstweilige Verfügung erlassen oder bestätigt wurde[21]. Bei einer **Beschlussverfügung** ist regelmäßig eine längere Wartefrist als zwei Wochen einzuhalten, weil dem Schuldner in diesem Fall regelmäßig keine begründete gerichtliche Entscheidung als Beurteilungsgrundlage zur Verfügung steht und ein Widerspruch auch nach §§ 935, 924 Abs. 1 ZPO unbefristet zulässig ist. Die Wartefrist wird hier im Regelfall bei drei Wochen liegen[22]. Außer der Wartefrist ist dem Schuldner eine **Erklärungsfrist** für die Prüfung zuzubilligen, ob er die Abschlusserklärung abgibt[23]. Diese beträgt im Regelfall **mindestens zwei Wochen**[24]. Eine zu kurze Erklärungsfrist setzt eine angemessene Erklärungsfrist in Gang, während deren Lauf der Schuldner durch § 93 ZPO vor einer Kostenbelastung infolge der Erhebung

---

[8] OLG Koblenz WRP 1986, 298 = LSK 1986, 360111 (Ls.); OLG Düsseldorf BeckRS 2014, 07760.
[9] LG Düsseldorf BeckRS 2016, 17684 – Fenster- oder Türflügel.
[10] LG Hamburg GRUR-RR 2010, 88 – Kostenwiderspruch; KG NJW-RR 2007, 647; OLG Düsseldorf BeckRS 1990, 07873.
[11] BGH NJW 2019, 1525 = Mitt. 2019, 372 (Ls.); BGH NJW 2006, 2490 (2491) mwN.
[12] OLG Düsseldorf 18.1.2018 – I-2 W 45/17.
[13] LG Düsseldorf BeckRS 2016, 17307 – Sofortiges Anerkenntnis.
[14] LG Hamburg GRUR-RR 2010, 88 (Ls.) = NJOZ 2009, 4786 – Kostenwiderspruch; OLG Düsseldorf BeckRS 1990, 07873; OLG Köln GRUR 1990, 310 – Vollwiderspruch II.
[15] OLG Düsseldorf BeckRS 1990, 07873.
[16] OLG Düsseldorf BeckRS 1990, 07873.
[17] OLG Jena GRUR-RR 2008, 108 – Fortsetzungstermin.
[18] BGH GRUR 2015, 822 (823) – Kosten für Abschlussschreiben II mwN.
[19] OLG Frankfurt a.M. WRP 2007, 556 = BeckRS 2007, 05337 – Fehlende Klageveranlassung; OLG Köln GRUR-RR 2009, 183 – Hauptsacheklage nach Widerspruch.
[20] BGH GRUR 2015, 822 (823) – Kosten für Abschlussschreiben II mwN.
[21] BGH GRUR 2015, 822 (823) – Kosten für Abschlussschreiben II mwN.
[22] BGH GRUR 2015, 822 (823) – Kosten für Abschlussschreiben II; BGH GRUR-RR 2008, 368.
[23] BGH GRUR 2015, 822 (823) – Kosten für Abschlussschreiben II mwN.
[24] BGH GRUR 2015, 822 (823) – Kosten für Abschlussschreiben II mwN; *Rehart* GRUR-Prax 2015, 294 (295).

der Hauptsacheklage geschützt ist[25]. Die Summe aus Warte- und Erklärungsfrist soll dabei nicht kürzer als die Berufungsfrist (§ 517 ZPO) sein[26]. Dem Schuldner fallen dann keine Kosten eines Abschlussschreibens zur Last, wenn er bereits vor dessen Absendung und innerhalb angemessener Frist **unaufgefordert die Abschlusserklärung abgegeben** hat. Ob die Frist angemessen ist, hängt von den konkreten Umständen des Einzelfalls ab, wobei jedoch im Regelfall von einer zweiwöchigen Frist ausgegangen wird[27]. Die Kosten eines Abschlussschreibens sind nicht ersetzbar, wenn es überflüssig war, weil der Schuldner bereits vorher zu verstehen gegeben hatte, dass er innerhalb der maßgeblichen Monatsfrist unaufgefordert mitteilen werde, ob er die einstweilige Verfügung als endgültige Regelung anerkenne[28]. Bei einem Wechsel des Unternehmensinhabers scheidet ein Anspruch auf Kostenersatz für ein an das alte Unternehmen gerichtetes Abschlussschreiben gegenüber dem neuen Unternehmensinhaber aus[29].

Eine **erstinstanzliche Vernichtung** des Patents durch das Bundespatentgericht ist nicht ausreichend, um mit einem Anerkenntnis zuzuwarten. Die Wirkungen eines Patents gelten erst bei einer rechtskräftigen Nichtigkeitserklärung als von Anfang an nicht eingetreten[30]. 10

Im **Rechtsbestandsverfahren** gilt, dass der Patentinhaber innerhalb der **Widerspruchsfrist** des § 82 Abs. 1 PatG auf das Patent verzichten muss[31]. Der rechtzeitige Verzicht gegenüber dem Patentgericht genügt[32]. 11

C. Anerkenntnis

§ 93 ZPO erfordert ein Anerkenntnis des Klageanspruchs. Der Beklagte muss den geltend gemachten Antrag auf Leistung, Feststellung oder Gestaltung gemäß § 307 S. 1 ZPO anerkennen[33]. Das Anerkenntnis ist **unbedingt, vorbehaltlos** und **unmissverständlich** gegenüber Gericht und Prozessgegner abzugeben[34]. Ein Anerkenntnis liegt nicht vor, wenn Zweifel an der Ernsthaftigkeit des Unterlassungswillens in der Unterwerfungserklärung bestehen, etwa bei **Drittunterwerfung**[35]. 12

Im einstweiligen Verfügungsverfahren ist ein Widerspruch auf die Kosten zu beschränken (**Kostenwiderspruch**)[36]. Die Abgabe einer den Kläger oder Antragsteller voll befriedigenden **strafbewehrten Unterlassungsverpflichtungserklärung** ist ausreichend, denn Anerkenntnis ist das förmliche Einlenken des Beklagten oder Antragsgegners, das ohne weitere Sachprüfung zwangsläufig zu einer sachlichen Erledigung des Begehrens des Klägers oder Antragstellers führt[37]. 13

Der Anwendung des § 93 ZPO zugunsten des Antragsgegners **steht nicht entgegen,** wenn er zugleich mit dem Kostenwiderspruch beantragt, dem Antragsteller gemäß § 494a ZPO eine **Frist zur Klageerhebung** zu setzen[38]. Der im Kostenwiderspruch enthaltene Verzicht auf eine Sachentscheidung im Eilverfahren bedeutet keinen Verzicht auf eine Sachentscheidung in einem nachfolgenden Hauptsacheverfahren. Der Verfügungsbeklagte kann ohne Weiteres die Sachentscheidung im einstweiligen Verfügungsverfahren hinnehmen und sich – ohne dass er dies erklären müsste – die Überprüfung der Sachentscheidung im Hauptsacheverfahren vorbehalten, etwa um die dort verbesserten Beweismöglichkeiten nutzen zu können[39]. 14

Für ein Anerkenntnis im **Rechtsbestandsverfahren** ist erforderlich, dass der Patentinhaber **auf das Patent** (mit Wirkung *ex nunc*) **und** auf alle daraus gegenüber dem Nichtigkeitskläger abgeleiteten **Ansprüche verzichtet** (auch für die Vergangenheit)[40]. Ein Verzicht für die Vergangenheit ist jedoch nur erforderlich, wenn überhaupt Ansprüche für die Vergangenheit konkret in Betracht kommen[41]. 15

Die Anwendung von § 93 ZPO kommt ebenfalls in Betracht, wenn der Patentinhaber in der Klageerwiderung das Schutzrecht **nur in eingeschränkter Fassung verteidigt** und auf den darüber 16

---

[25] BGH GRUR 2015, 822 (823) – Kosten für Abschlussschreiben II mwN.
[26] BGH GRUR 2015, 822 (823) – Kosten für Abschlussschreiben II mwN.
[27] BGH GRUR 2010, 855 – Folienrollos; LG Karlsruhe BeckRS 2014, 13929, mAnm *Juretzek* GRUR-Prax 2015, 47 mwN.
[28] OLG München GRUR-RS 2020, 26444, mAnm *Stoll* GRUR-Prax 2020, 599.
[29] OLG Frankfurt a. M. GRUR-RS 2021, 1946, mAnm *Hauch* GRUR-Prax 2021, 181.
[30] LG Düsseldorf BeckRS 2016, 17353 – Olanzapin VI.
[31] BGH GRUR 2004, 138; 1961, 278.
[32] BGH GRUR 2004, 138; BPatG GRUR 1980, 782.
[33] MüKoZPO/*Schulz* § 93 Rn. 10.
[34] MüKoZPO/*Schulz* § 93 Rn. 11.
[35] LG Düsseldorf BeckRS 2011, 00467 – Dreifach neigungsverstellbare Kopfstütze.
[36] LG Hamburg GRUR-RR 2010, 88 (Ls.) = NJOZ 2009, 4786 – Kostenwiderspruch; OLG Düsseldorf BeckRS 1990, 07873; LG Düsseldorf 2016, 17301 – Kostenwiderspruch; OLG Köln GRUR 1990, 310 – Vollwiderspruch II.
[37] OLG Düsseldorf BeckRS 1990, 07873; OLG Köln GRUR 1990, 310 – Vollwiderspruch II.
[38] LG Düsseldorf BeckRS 2012, 10334 – Glasverpackung/Kostenwiderspruch; OLG Hamm GRUR 1991, 633.
[39] LG Düsseldorf BeckRS 2012, 10334 – Glasverpackung/Kostenwiderspruch; OLG Hamm GRUR 1991, 633.
[40] BGH GRUR 2004, 138 – Dynamisches Mikrofon; BGH GRUR 1961, 278.
[41] BPatG GRUR 80, 782.

hinausgehenden Schutz für die Vergangenheit und Zukunft **verzichtet**[42]. Eine Erklärung des Patentinhabers, er erkenne das gegen den nicht verteidigten Teil des Patents gerichtete Klagebegehren an, ist grundsätzlich als Verzicht in diesem Sinne auszulegen[43]. Ein Anerkenntnis kann ebenfalls vorliegen, wenn der Patentinhaber insoweit einen zulässigen **Beschränkungsantrag** stellt und auf das Recht auf Rücknahme dieses Antrags verzichtet[44]. Eine bloße beschränkte Verteidigung im Nichtigkeitsverfahren, an die der Patentinhaber nicht gebunden ist, steht dem jedoch nicht gleich[45].

17   Bei einem zunächst **nur unvollständigen Verzicht** kommt eine Kostenteilung in Betracht[46]. Gleiches gilt, wenn die Nichtigkeitsklage erst aufgrund späteren **Nachschiebens weiteren Materials** begründet erscheint und erst dann sofort ein Verzicht erfolgt[47].

D. Veranlassung zur Klage

18   Der Beklagte gibt Veranlassung zur Klage, wenn er sich vor Prozessbeginn so verhält, dass der Kläger davon ausgehen muss, er werde nur durch Klageerhebung zu seinem Recht kommen. Eine Veranlassung zur Klageerhebung in den Fällen des gewerblichen Rechtsschutzes liegt regelmäßig vor, wenn auf eine nicht entbehrliche und ordnungsgemäße **Abmahnung** keine ausreichende Unterwerfungserklärung erfolgt bzw. bei Rechtsbestandsverfahren der Rechtsinhaber nach **Aufforderung zum Verzicht** einen solchen Verzicht nicht abgibt.

19   Eine **Berechtigungsanfrage** oder **Austausch von unterschiedlichen Rechtsansichten** statt Abmahnung sind nicht ausreichend[48]. Seitens des Beklagten ist eine **Unterwerfungserklärung** erforderlich. Nicht ausreichend ist bspw. ein Kaufangebot zum Ausgleich des Schadens[49]. Eine Veranlassung zur Klageerhebung fehlt, wenn der Beklagte nur ein Teilanerkenntnis abgibt und sich im Übrigen auf den Privilegierungstatbestand nach **§ 11 Nr. 2b PatG** beruft[50].

20   Maßgeblicher Zeitpunkt für die Prüfung der Veranlassung ist nicht die Abgabe des Anerkenntnisses, sondern die letzte mündliche Verhandlung, auf die hin das Anerkenntnisurteil ergeht[51]. Grundsätzlich ist dabei auf das Verhalten **vor Prozessbeginn** abzustellen[52]. Ein späteres Verhalten des Beklagten kann jedoch die Veranlassung zur Klageerhebung **indizieren**[53]. Dies gilt allerdings regelmäßig **nicht bei Schubladenverfügungen**[54].

21   Es muss eine **ordnungsgemäße Abmahnung** vorliegen, es sei denn, diese ist im Einzelfall entbehrlich (→ Rn. 32 ff.)[55].

22   Angaben zur **Aktivlegitimation** müssen zutreffend sein[56]. Die Abmahnung ist gegen den richtigen **Adressaten** zu richten[57]. Die richtige Adressierung der Abmahnung ist allerdings unerheblich, wenn tatsächlich die zutreffende Gesellschaft auf die Abmahnung reagiert hat[58]. Ein nur konzernmäßig mit dem Beklagten verbundenes Unternehmen reicht nicht aus[59]. In **inhaltlicher** Sicht muss die Abmahnung dem Verletzer die Möglichkeit geben, den Verletzungsvorwurf zu prüfen[60]. Es ist konkret darzulegen, welches **Schutzrecht** verletzt sein soll[61]. Die Angaben in der Abmahnung dürfen **nicht irreführend** sein. Entsprechend darf die vorformulierte Unterlassungserklärung nicht von der an-

---

[42] BGH BeckRS 2013, 16821 – Druckdatenübertragungsverfahren; BGH GRUR 1984, 272 (276) – Isolierglasscheibenrandfugenfüllvorrichtung.
[43] BGH BeckRS 2013, 16821 – Druckdatenübertragungsverfahren.
[44] BGH BeckRS 2013, 16821 – Druckdatenübertragungsverfahren; BGH GRUR 2004, 138 (141) – Dynamisches Mikrofon.
[45] BGH GRUR 2004, 138 – Dynamisches Mikrofon; vgl. zur Bindungswirkung BGH GRUR 1995, 210 – Lüfterkappe.
[46] BPatGE 19, 126.
[47] BPatGE 20, 132.
[48] OLG Hamburg GRUR 2006, 616 – Anerkenntnis nach Berechtigungsanfrage; vgl. zur Abgrenzung von Abmahnung und Berechtigungsanfrage LG Mannheim GRUR-RR 2007, 304 = NJOZ 2007, 2707 – Wasserinjektionsanlage; *Voges-Wallhöfer* GRUR-Prax 2018, 324.
[49] LG Düsseldorf BeckRS 2009, 07687 – Festklemmen eines Flansches.
[50] OLG Düsseldorf BeckRS 2014, 07760.
[51] OLG Düsseldorf BeckRS 2016, 17141; Zöller/*Herget* ZPO § 93 Rn. 3 mwN.
[52] OLG Düsseldorf BeckRS 2016, 17141; Zöller/*Herget* ZPO § 93 Rn. 3 mwN.
[53] OLG Düsseldorf BeckRS 2016, 17141; LG Düsseldorf InstGE 12, 234 (237) – Fieberthermometer; LG Düsseldorf BeckRS 2013, 13262.
[54] LG Düsseldorf InstGE 12, 234 (237) – Fieberthermometer.
[55] Vgl. *Kühnen* S. 409 Rn. 6 ff.
[56] OLG Düsseldorf BeckRS 2016, 17788; LG Düsseldorf BeckRS 2015, 13374 – Kinderwagen.
[57] OLG Düsseldorf InstGE 8, 183 – Falscher Abmahnungsadressat; OLG Hamburg GRUR 2006, 616; LG Düsseldorf BeckRS 2015, 13374 – Sofortiges Anerkenntnis; OLG Köln NJOZ 2013, 446: Terminsgebühr bei Übersendung einer Unterlassungserklärung an falschen Empfänger; *Voges-Wallhöfer* GRUR-Prax 2018, 324.
[58] LG Düsseldorf BeckRS 2017, 151356.
[59] OLG Düsseldorf InstGE 8, 183 – Falscher Abmahnungsadressat.
[60] *Kühnen* S. 410 Rn. 11.
[61] LG Düsseldorf BeckRS 2015, 13374 – Sofortiges Anerkenntnis.

gegriffenen Ausführungsform abweichen[62]. Bei Verweis auf Entscheidungen sind die fehlende Rechtskraft und nachteilige Entscheidungen anzugeben[63]. Auf den Umstand, dass es sich bei einem Gebrauchsmuster um ein ungeprüftes Schutzrecht handelt, sollte hingewiesen werden[64]. Eine **Frist** zur Abgabe einer strafbewehrten Unterlassungserklärung ist zu setzen[65]. Eine zu kurze Frist setzt eine angemessene Frist in Lauf[66]. Wer in wettbewerbsrechtlichen Streitigkeiten auf eine Abmahnung nicht innerhalb der ihm gesetzten Frist reagiert, vermittelt Veranlassung zur Anbringung eines Verfügungsantrages, es sei denn, es liegen Umstände vor, die für den Antragsteller im Zeitpunkt der Abmahnung erkennbar gewesen sind[67]. Der Unterlassungsgläubiger kann gehalten sein, dem Unterlassungsschuldner vor Einreichung des Eilantrages eine kurze **Nachfrist** zur Abgabe der mit der Abmahnung geforderten Unterwerfungserklärung zu gewähren, wenn nach der bisherigen Reaktion auf die Abmahnung damit zu rechnen ist, dass die Erklärung noch abgegeben wird und die Nachfrist dem Unterlassungsgläubiger nach den Gesamtumständen zuzumuten ist[68]. Ferner sind **rechtliche Schritte** für den Fall der Nichtannahme anzukündigen[69]. Für das Urheberrecht regelt **§ 97a Abs. 2 S. 1 UrhG** spezifische inhaltliche Vorgaben[70].

Die **Ernsthaftigkeit** der Abmahnung ist entscheidend[71]. Die Aufforderung zur **Abgabe einer strafbewehrten Unterlassungserklärung** kann nicht durch Beifügung des Entwurfes einer Klageschrift sowie der Übersendung eines Lizenzvertragsentwurfs ersetzt werden[72]. Allerdings liegt eine wirksame Abmahnung vor, wenn der **Zeitraum für Schadensersatz und Rechnungslegung unrichtig** angegeben wird[73]. Unschädlich ist ebenfalls, wenn der beigefügte Entwurf der Unterlassungs- und Verpflichtungserklärung für sich allein dem **Bestimmtheitsgebot nicht genügt,** weil er bspw. die beanstandeten Verhaltensweisen nicht übernimmt, solange die Antragsgegnerin das von ihr verlangte Verhalten erkennen und dessen Berechtigung überprüfen konnte[74]. Es ist unschädlich, wenn der Gläubiger mit der von ihm vorgeschlagenen **Unterwerfungserklärung zu weit gefasst** hat und mehr fordert, als ihm zusteht[75]. Denn es obliegt dem abgemahnten Verletzer, die Unterlassungserklärung so zu formulieren, dass sie dem berechtigten Verlangen des Abgemahnten entspricht und die Wiederholungsgefahr ausschließt[76]. Eine **Nachfasspflicht des Abmahners** besteht bei Unklarheiten oder Missverständnissen oder wenn nach der bisherigen Reaktion auf die Abmahnung damit zu rechnen ist, dass die Unterwerfungserklärung noch abgegeben wird[77]. Bei nicht eindeutiger Rechtslage ist weitere Aufklärung zu suchen[78]. Die Darlegungs- und Beweislast für einen fehlenden **Zugang der Abmahnung** trifft grundsätzlich den Beklagten[79]. Im Rahmen der sekundären Darlegungslast ist der Kläger lediglich gehalten, substantiiert darzulegen, dass das Abmahnschreiben abgesandt worden ist[80]. Es besteht keine Notwendigkeit, eine **Anwaltsvollmacht** beizufügen, wenn die Abmahnung mit einem Angebot zum Abschluss eines Unterwerfungsvertrags verbunden ist, weil § 174 S. 1 BGB auf die wettbewerbsrechtliche Abmahnung nicht anwendbar ist[81].

Wendet sich der Gläubiger in einer Abmahnung gegen ein konkret umschriebenes Verhalten, das er unter mehreren Gesichtspunkten als rechtswidrig beanstandet, sind die Kosten für die Abmahnung grundsätzlich bereits dann in vollem Umfang ersatzfähig, wenn sich der **Anspruch unter einem der genannten Gesichtspunkte als begründet** erweist[82]. Anders kann es sich verhalten, wenn die Auslegung der Abmahnung ergibt, dass der Gläubiger die einzelnen Beanstandungen zum Gegenstand gesonderter Angriffe macht, wie etwa dann, wenn er gesonderte Unterlassungsansprüche geltend

---

[62] LG Düsseldorf BeckRS 2013, 15501.
[63] OLG Düsseldorf BeckRS 2011, 27019.
[64] LG Düsseldorf BeckRS 2013, 15673.
[65] LG Düsseldorf BeckRS 2015, 13374 – Sofortiges Anerkenntnis.
[66] BGH GRUR 1990, 381 (382) – Antwortpflicht des Abgemahnten; OLG Köln NJWE-WettbR 1999, 92 (93); OLG München NJWE-WettbR 1998, 255.
[67] OLG Düsseldorf BeckRS 2016, 17146.
[68] OLG Frankfurt a. M. BeckRS 2013, 19539.
[69] LG Düsseldorf BeckRS 2015, 13374 – Sofortiges Anerkenntnis; OLG Düsseldorf InstGE 9, 122 – MPEG-2.
[70] Vgl. dazu etwa Wandke/Bullinger/*Kefferpütz* UrhR § 97a Rn. 6 ff.
[71] LG Düsseldorf BeckRS 2016, 17300 – Parallelimport.
[72] LG Düsseldorf BeckRS 2012, 05042 – Lizenzangebot.
[73] LG Düsseldorf BeckRS 2009, 07687 – Festklemmen eines Flansches.
[74] OLG Düsseldorf BeckRS 2016, 17141.
[75] BGH GRUR 2019, 82 (85) – Jogginghosen; BGH GRUR 2007, 607 – Telefonwerbung für „Individualverträge".
[76] BGH GRUR 2019, 82 (85) – Jogginghosen; BGH GRUR 2007, 607 – Telefonwerbung für „Individualverträge"; OLG Düsseldorf BeckRS 2016, 17141; OLG München BeckRS 2010, 10619.
[77] OLG Hamburg GRUR 1992, 479; OLG Frankfurt a. M. BeckRS 2013, 19539.
[78] OLG Düsseldorf GRUR 1970, 432.
[79] BGH GRUR 2007, 629 – Zugang des Abmahnschreibens.
[80] BGH GRUR 2007, 629 – Zugang des Abmahnschreibens.
[81] BGH GRUR 2010, 1120 – Wirksamkeit einer Abmahnung trotz nicht beigefügter Vollmachtsurkunde.
[82] BGH GRUR 2019, 82 (85) – Jogginghosen; BGH GRUR 2016, 1301 – Kinderstube.

macht. In einem solchen Fall ist die Abmahnung nur insoweit berechtigt und sind die Kosten der Abmahnung nur insoweit zu ersetzen, wie die einzelnen Beanstandungen begründet sind[83].

25 Der Verfügungsantrag kann bereits vor Ausspruch der Abmahnung gestellt werden. Für das Kostenrisiko des § 93 ZPO kommt es allein darauf an, ob der Abgemahnte noch **vor Erlass der einstweiligen Verfügung** eine Unterlassungserklärung abgegeben hat[84].

26 Bei einem **Aufhebungsantrag nach § 927 ZPO** gegen eine einstweilige Verfügung gegen den Verkauf eines Generikums, besteht idR Veranlassung iSd § 93 ZPO, wenn die Beschwerdekammer im parallelen Einspruchsbeschwerdeverfahren durch Äußerung ihrer vorläufigen Auffassung die Einspruchsentscheidung entwertet hat[85]. Der Verfügungskläger muss nicht zuvor zum Verzicht auf die einstweilige Verfügung aufgefordert werden, da mit einem Verzicht grundsätzlich nicht zu rechnen ist.

27 Für **Rechtsbestandsverfahren** gilt, dass der Beklagte Veranlassung zur Klage gibt, wenn der Kläger ihn unter substantiierter **Angabe der Nichtigkeitsgründe** und mit **angemessener Fristsetzung** erfolglos zum **Verzicht** auf das Schutzrecht aufgefordert hat[86]. Entsprechendes gilt für das **Gebrauchsmusterlöschungsverfahren**[87]. Hat die im Patentnichtigkeitsverfahren beklagte Patentinhaberin vor Erhebung der Nichtigkeitsklage bereits eine auf das Gebrauchsmuster gestützte Verletzungsklage erhoben, so besteht in der Regel eine Veranlassung zur Klageerhebung auch dann, wenn die Patentinhaberin nicht zuvor zum Verzicht auf das Streitpatent aufgefordert worden ist[88].

28 Der Patentinhaber gibt auch dann Veranlassung zur Erhebung einer Nichtigkeitsklage, wenn er dem potentiellen Kläger trotz Aufforderung nicht schon vor Klageerhebung eine **Rechtsstellung verschafft, die mit derjenigen nach der Nichtigerklärung des Patents vergleichbar ist**[89]. Dies kann dadurch geschehen, dass der Patentinhaber beim Patentamt die Beschränkung des Streitpatents beantragt und auf das Recht zur Rücknahme dieses Antrags verzichtet. Nicht ausreichend ist jedoch, wenn der Verzicht auf die Rechte aus dem Patent nur gegenüber einzelnen Personen erklärt wird[90].

29 Es muss das für die Klageerhebung **maßgebliche Material** genannt werden[91]. Ein **Nachreichen** von entscheidendem Material bei einem ursprünglich offensichtlich unbegründeten Vorbringen kann zu einer Billigkeitsentscheidung zugunsten des Beklagten führen. Die Ablehnung des Verzichts bzw. der Einräumung des Mitbenutzungsrechts trotz Androhung der Nichtigkeitsklage bildet grundsätzlich einen hinreichenden Anlass zur Klageerhebung[92]. Eine **Mitteilung des Verzichts** ist nicht erforderlich[93].

30 Eine **Abmahnung** aus dem Schutzrecht gibt für sich allein noch keine Veranlassung, eine Nichtigkeitsklage zu erheben bzw. einen Löschungsantrag zu stellen[94]. Etwas anderes gilt bei erhobener **Verletzungsklage**[95].

E. Einzelfälle zur Entbehrlichkeit der Abmahnung (alphabetisch)

Abschlussschreiben

31 Entbehrlich ist ein Abschlussschreiben ausnahmsweise, wenn eine Veranlassung von Anfang an fehlt oder nachträglich entfällt bzw. der Schuldner unzweideutig zu erkennen gegeben hat, zur Abgabe einer Abschlusserklärung nicht bereit zu sein. Dies wird überwiegend für den Fall bejaht, dass der Schuldner **Widerspruch** gegen die Beschlussverfügung bzw. Berufung gegen ein die einstweilige Verfügung erlassendes/bestätigendes Urteil einlegt[96]. Bei parallelen Verfahren → Rn. 38. Die bloße **Ankündigung eines Widerspruchs** macht die Aufforderung zur Abschlusserklärung jedoch noch nicht entbehrlich[97]. Dies gilt jedenfalls dann, wenn die Ankündigung des Widerspruchs im Zeitpunkt des Aufforderungsschreibens schon längere Zeit zurückliegt, so dass der Schuldner hinreichend Zeit hatte, seine Ankündigung auch in die Tat umzusetzen[98].

---

[83] BGH GRUR 2010, 744 – Sondernewsletter; BGH GRUR 2010, 935 – Telefonwerbung nach Unternehmenswechsel.
[84] LG Hamburg BeckRS 2017, 143097 = GRUR-Prax 2018, 198 mAnm *Brexl*.
[85] OLG Düsseldorf GRUR-Prax 2021, 204 mAnm *Pesch*.
[86] BGH BeckRS 2013, 16821 – Druckdatenübertragungsverfahren; BGH GRUR 1984, 272 (276) – Isolierglasscheibenrandfugenfüllvorrichtung; BPatG BeckRS 2012, 01031 – Klageveranlassung bei EP-Patent; BPatG GRUR-RR 2009, 325 (326) – Kostenauferlegung bei Verzicht auf das Streitpatent; BPatG GRUR 1983, 504.
[87] BPatG BeckRS 2010, 22013.
[88] BPatG BeckRS 2017, 129593 = GRUR-Prax 2018, 51 – Interdentalreiniger mAnm *Albrecht*.
[89] BGH BeckRS 2013, 16821 – Druckdatenübertragungsverfahren.
[90] BGH BeckRS 2013, 16821 – Druckdatenübertragungsverfahren.
[91] BPatG GRUR 1983, 504.
[92] BPatG GRUR 1983, 504.
[93] BPatG GRUR 1981, 819.
[94] BPatGE 21, 17; 19, 126 (128).
[95] BPatG GRUR 1987, 233; vgl. aber BPatGE 34, 93 für den Fall, dass die Verletzungsklage aus einem europäischen Patent, aber nicht dem deutschen Teil erhoben wurde.
[96] OLG Düsseldorf BeckRS 2016, 11379; zum Meinungsstand Berneke/*Schüttpelz* Rn. 638 mwN.
[97] OLG Düsseldorf BeckRS 2016, 11379; Berneke/*Schüttpelz* Rn. 638.
[98] OLG Düsseldorf BeckRS 2016, 11379.

Besichtigungsverfahren

Bestätigt die Besichtigung eine Patentverletzung, stellt sich für den Besichtigungsschuldner die **32** Frage, ob er Kostenwiderspruch einlegt und nach § 93 ZPO der Kostenfolge entgeht. Dies hängt davon ab, ob eine Abmahnung – ggf. mit kurzer Fristsetzung – erforderlich war. Eine Abmahnung ist dann nicht erforderlich bzw. dem Antragsteller sogar unzumutbar, (1) wenn die **Gefahr** besteht, dass der Antragsgegner aufgrund der Abmahnung eine Besichtigung des Gegenstandes durch **Veränderung oder Beiseiteschaffen** vereiteln würde, und/oder (2) dass die Abmahnung und die entsprechende Fristsetzung soviel **Zeit** in Anspruch nehmen würden, dass der Gegenstand dem **Besichtigungszugriff entzogen würde**[99]. Solche Umstände sind vom Antragsteller auf den Kostenwiderspruch des Antragsgegners hin darzulegen[100].

Negative Feststellungsklage

Eine Gegenabmahnung vor Erhebung einer negativen Feststellungsklage ist **grundsätzlich nicht** **33** **erforderlich**[101]. Der Abgemahnte braucht also nicht seinerseits abzumahnen, bevor er klagt.

Parallele Verfahren

1. Einstweilige Verfügung und Hauptsacheklage parallel: Wird eine Hauptsacheklage **zeit-** **34** **gleich** mit der einstweiligen Verfügung eingereicht, ist eine Abmahnung **nicht entbehrlich**[102]. Dem Gläubiger eines Unterlassungsanspruchs, der eine einstweilige Verfügung beantragt, ist **zuzumuten, mit der Erhebung einer auf dasselbe Ziel gerichteten Unterlassungsklage wenige Tage abzuwarten,** ob nicht aufgrund seines Verfügungsantrags eine Beschlussverfügung ergeht, um zur Kostenvermeidung vor Klageerhebung den Unterlassungsschuldner zu einer Abschlusserklärung aufzufordern, mit der dieser die einstweilige Verfügung als endgültige Regelung anerkennt[103]. Wird der Antrag abgelehnt oder wird ein Termin zur mündlichen Verhandlung bestimmt, mag der Gläubiger die Hauptsacheklage erheben, ohne den Kostennachteil des § 93 ZPO fürchten zu müssen. Die Hauptsacheklage wird teilweise aufgrund **fehlendem Rechtsschutzinteresses** für unzulässig gehalten[104].

Ist eine **Beschlussverfügung ergangen und wird anschließend Hauptsacheklage** erhoben, so **35** ist ein Abschlussschreiben erforderlich[105]. Ein Abschlussschreiben ist entbehrlich, wenn der Antragsgegner **Widerspruch** eingelegt oder **Fristsetzung zur Hauptsacheklageerhebung** beantragt hat[106].

Gleiches gilt, wenn der **Widerspruch oder die Berufung zurückgewiesen** werden und die **36** einstweilige Verfügung bestätigt wird[107]. Auch hier ist vor Erhebung der Hauptsacheklage ein Abschlussschreiben erforderlich. Bei Berufung oder Fristsetzung zur Hauptsacheklage ist das Abschlussschreiben entbehrlich.

2. Paralleles Hauptsacheverfahren: Startet der Kläger ein weiteres Hauptsacheverfahren, kommt **37** es für die Anwendung des § 93 ZPO darauf an, ob er davon ausgehen kann, der Beklagte werde auch insoweit einer vorgerichtlichen Abmahnung keine Folge leisten. Eine Abmahnung wäre in diesen Fällen nur unnötige **Förmelei**. Erweitert der Kläger seine Klage um ein **weiteres Schutzrecht**, ist er grundsätzlich gehalten, den Beklagten noch aus diesem Schutzrecht abzumahnen, wenn sich der Beklagte im Ausgangsverfahren verteidigt[108].

---

[99] LG Düsseldorf InstGE 6, 294 (296) – Walzen-Formgebungsmaschine II; LG Düsseldorf InstGE 11, 35 = BeckRS 2012, 10334 – Abmahnung bei Besichtigungsanspruch (keine Entbehrlichkeit); *Kühnen* S. 463 Rn. 193; *Zöllner* GRUR-Prax 2010, 74 (eher fraglich); LG Düsseldorf BeckRS 2016, 17304 – Kontaktwalzenwickel-Maschine (keine Entbehrlichkeit).
[100] LG Düsseldorf InstGE 6, 294 (296) – Walzen-Formgebungsmaschine II; LG Düsseldorf InstGE 11, 35 = BeckRS 2012, 10334– Abmahnung bei Besichtigungsanspruch.
[101] BGH GRUR 2004, 790 (792) – Gegenabmahnung; OLG Frankfurt a. M. GRUR 1972, 670; 1989, 705; OLG Hamm GRUR 1985, 84; OLG Köln WRP 1986, 428 = FHZivR 32 Nr. 6795; OLG Köln WRP 2004, 782 = BeckRS 2004, 04530; OLG Stuttgart WRP 1985, 449; 1988, 766 = LSK 1989, 180149 (Ls.); Piper/Ohly/*Sosnitza* UWG § 12 Rn. 28; aA KG WRP 1980, 206; OLG Frankfurt a. M. WRP 1982, 295; OLG München GRUR 1985, 161.
[102] OLG Karlsruhe NJWE-WettbR 1996, 257 – CD-ROM Erotic 5; OLG Köln WRP 1996, 1214 (1216) = LSK 1997, 050260; OLG Köln NJWE-WettbR 1999, 92; OLG Hamm NJW-RR 1986, 1165; OLG Dresden NJWE-WettbR 1996, 138 (nur wenn Unterwerfung auf vorprozessuale Abmahnung eindeutig abgelehnt wurde).
[103] OLG Karlsruhe NJWE-WettbR 1996, 257 – CD-ROM Erotic 5.
[104] Vgl. OLG Hamm NJW-RR 1986, 1165.
[105] OLG Frankfurt a. M. WRP 2007, 556 = BeckRS 2007, 05337 – Fehlende Klageveranlassung; OLG Köln GRUR-RR 2009, 183 – Hauptsacheklage nach Widerspruch.
[106] OLG Köln GRUR-RR 2009, 183 – Hauptsacheklage nach Widerspruch; *Kühnen* S. 463 Rn. 196.
[107] OLG Frankfurt a. M. GRUR-RR 2006, 111 – Aufforderung zur Abschlusserklärung; OLG Frankfurt a. M. WRP 2007, 556 = BeckRS 2007, 05337 – Fehlende Klageveranlassung.
[108] OLG Düsseldorf BeckRS 2010, 22204 – Nudelrolle.

Rechtsbestandsverfahren

38 Abmahnung bzw. vorherige Verzichtsaufforderung ist nur entbehrlich, wenn aufgrund des Verhaltens des Patentinhabers oder sonstiger besonderer Umstände eine solche Abmahnung als **aussichtslos** oder **unzumutbar** erscheint[109]. Dies ist der Fall, wenn der Patentinhaber seinerseits im Wege einer **einstweiligen Verfügung** oder **Verletzungsklage** aus dem Patent gegen den Nichtigkeitskläger vorgeht[110].

Schubladenverfügung

39 Bei Vorliegen einer Schubladenverfügung ist eine Abmahnung nicht mehr ausreichend, um der Kostenfolge des § 93 ZPO zu entgehen. Der Beklagte hat **keine Veranlassung zur Klage** gegeben[111]. Ein Aufwendungsersatzanspruch für Abmahnkosten aus Geschäftsführung ohne Auftrag besteht nur für eine Abmahnung, die vor Einleitung eines gerichtlichen Verfahrens ausgesprochen wird[112]. Allerdings kann der Verfügungsantrag bereits vor Ausspruch der Abmahnung gestellt werden[113].

Sequestration

40 Der Sequestrationsanspruch dient im Patent-, Marken- und Wettbewerbsrecht der Sicherung des Anspruchs auf Vernichtung. Er kann insbesondere im einstweiligen Verfügungsverfahren geltend gemacht werden. Wird mit der einstweiligen Verfügung nicht nur Unterlassung, sondern auch eine Sequestration begehrt, ist eine vorherige Abmahnung – **auch für den gleichzeitig geltend gemachten Unterlassungsanspruch** – grundsätzlich entbehrlich[114].

41 Eine vorherige Abmahnung ist dem Antragsteller unzumutbar, wenn durch die damit verbundene Warnung des Antragsgegners der Rechtsschutz vereitelt würde. Die Abmahnung könnte dem Verletzer die Möglichkeit eröffnen, zur Vermeidung von Nachteilen, den vorhandenen angegriffenen Warenbestand **beiseite zu schaffen** und damit den Anspruch des Verletzten auf Vernichtung der Ware zu unterlaufen. Dies wird insbesondere bei kleineren Gegenständen der Fall sein[115].

42 Hat der Antragsgegner bei einer zuvor durchgeführten **Beschlagnahme durch den Zoll** einer Vernichtung der beschlagnahmten Ware zugestimmt, führt dies allein noch nicht zur Zumutbarkeit der Abmahnung, weil ein weiteres Beiseiteschaffen nicht unwahrscheinlich ist[116]. Gleiches gilt, wenn vor Stellung des Verfügungsantrags eine **staatsanwaltliche Durchsuchung** stattgefunden hat[117].

43 Eine vorherige Abmahnung ist **nur dann erforderlich,** wenn für den Antragsteller **konkrete Anhaltspunkte** vorliegen, die die zu vermutende Gefahr des Beseiteschaffens der Waren oder anderer Vernebelungsaktionen ausnahmsweise ausschließen[118]. **Teilweise** wird eine **Einzelfallprüfung verlangt,** um Missbrauchsfälle auszuschließen, in denen der Schutzrechtsinhaber den Sequestrationsanspruch nur deshalb geltend macht, um auf diese Weise die hinsichtlich des Unterlassungsanspruchs grundsätzlich bestehende Abmahnobliegenheit zu umgehen[119]. Ein schützenswertes Sicherungsinteresse für die Sequestration kann zu verneinen sein, wenn die beantragte **Sequestration später nicht vollzogen** wird[120]. In solchen Fällen ist zu verlangen, dass der Antragsteller schlüssig darlegt, wieso auf die Sequestration verzichtet wurde. Wird der **Sequestrationsantrag** mangels der dafür erforderlichen Voraussetzungen **zurückgewiesen;** kann sich der Antragsgegner hinsichtlich der anderen Verfügungs-

---

[109] BPatG BeckRS 2012, 01031 – Klageveranlassung bei EP-Patent; Benkard/*Hall*/*Nobbe* PatG Rn. 27 ff. mwN.
[110] BPatG BeckRS 2017, 129593 = GRUR-Prax 2018, 51 – Interdentalreiniger mAnm *Albrecht;* Benkard/*Hall*/*Nobbe* PatG § 82 Rn. 30.
[111] BGH GRUR 2010, 257 (258) – Schubladenverfügung; LG Düsseldorf InstGE 12, 234 (236) – Fieberthermometer.
[112] BGH GRUR 2010, 257 – Schubladenverfügung.
[113] LG Hamburg BeckRS 2017, 143097 = GRUR-Prax 2018, 198 mAnm *Brexl.*
[114] OLG Karlsruhe GRUR-RR 2013, 182; KG GRUR 2008, 372 – Abmahnkosten; OLG Hamburg GRUR-RR 2007, 29 – Cerebro Card; OLG Hamburg GRUR-RR 2004, 191 – Flüchtige Ware; OLG Düsseldorf NJW-RR 1997, 1064 – Ohrstecker; LG Düsseldorf InstGE 12, 234 – Fieberthermometer; LG Düsseldorf BeckRS 2016, 17680 – Pramipexol; LG Hamburg GRUR-RR 2010, 88 (Ls.) = NJOZ 2009, 4786 – Kostenwiderspruch; OLG Hamburg GRUR 1984; WRP 1988, 47; OLG Köln WRP 1983, 453; 1984, 641; OLG München NJWE-WettbR 1999, 239; OLG Frankfurt a. M. GRUR-RS 2020, 9833 = GRUR-Prax 2020, 351 – Herausgabe von Sandalen mAnm *Voges;* OLG Frankfurt a. M. GRUR 2006, 264 – Abmahnerfordernis; OLG Frankfurt a. M. BeckRS 2015, 14743 – Sequestration; OLG Braunschweig GRUR-RR 2005, 103 – Flüchtige Ware (einschränkend).
[115] *Kühnen* S. 568 Rn. 343.
[116] OLG Karlsruhe GRUR-RR 2013, 182 (183) – Spielsteuerung.
[117] OLG Hamburg GRUR-RR 2007, 29 – Cerebro Card.
[118] OLG Karlsruhe GRUR-RR 2013, 182 – Spielsteuerung; KG GRUR 2008, 372 – Abmahnkosten; OLG Hamburg GRUR-RR 2007, 29 – Cerebro Card; OLG Hamburg GRUR-RR 2004, 191 – Flüchtige Ware; OLG Düsseldorf NJW-RR 1997, 1064 – Ohrstecker.
[119] LG Düsseldorf InstGE 12, 234 – Fieberthermometer; KG GRUR 2008, 372 – Abmahnkosten.
[120] OLG Frankfurt a. M. GRUR-RS 2020, 9833 = GRUR-Prax 2020, 351 – Herausgabe von Sandalen mAnm *Voges;* OLG Frankfurt a. M. BeckRS 2013, 19748.

sprüche mit Erfolg in einem Kostenwiderspruch auf die fehlende Abmahnung berufen[121]. Wird die Sequestrationsanordnung jedoch erlassen und lediglich **Kostenwiderspruch** eingelegt, kann die sachliche Berechtigung der Anordnung im Beschwerdeverfahren nicht mehr überprüft werden[122].

Unterlassung, Rechnungslegung, Schadensersatz

Eine Abmahnung bei Ansprüchen auf Unterlassung, Rechnungslegung oder Schadensersatz (ohne gleichzeitige Geltendmachung eines Sequestrationsanspruchs → Rn. 41) ist **nur bei Unzumutbarkeit** entbehrlich[123]. Nicht entscheidend ist, inwieweit die Abmahnung tatsächlich erfolgsversprechend sein kann. Die Unzumutbarkeit für den Kläger bzw. Antragsteller ist anhand eines **objektiven Maßstabes** zu beurteilen. 44

Unzumutbarkeit ist nach dem OLG Düsseldorf „Turbolader II"[124] gegeben, wenn 45
(1) die mit einer vorherigen Abmahnung notwendig verbundene **Verzögerung** unter Berücksichtigung der gerade im konkreten Fall gegebenen außergewöhnlichen Eilbedürftigkeit **schlechthin nicht mehr hinnehmbar ist,** etwa um besonderen Schaden vom Kläger abzuwenden, oder
(2) sich dem Kläger bei objektiver Sicht der Eindruck geradezu aufdrängen musste, der **Verletzer baue auf die grundsätzliche Abmahnpflicht** und wolle sich diese zunutze machen, um mindestens eine Zeitlang ungestört die Verletzungshandlungen begehen zu können und sich gegebenenfalls nach dem damit erzieltem wirtschaftlichem Erfolg unter Übernahme vergleichsweise niedriger Abmahnkosten zu unterwerfen.

Die Voraussetzungen gelten auch für **einstweilige Verfügungsverfahren**[125]. 46

Eine Abmahnung ist auch grundsätzlich in Fällen **außergewöhnlicher Eilbedürftigkeit** erforderlich[126]. Die gilt ebenfalls für **Messe-Fälle**[127]. Auch hier ist grundsätzlich unter Setzung einer der Situation angemessenen kurzen Frist – sei es mündlich am Messestand – abzumahnen[128]. Gleiches gilt in **presserechtlichen Angelegenheiten,** und zwar auch dann, wenn es auf wenige Stunden ankommt[129]. Dem Maß der Eilbedürftigkeit ist bei der Bemessung der Abmahnfrist Rechnung zu tragen. Eine zu kurz bemessene Frist führt nicht zur Unwirksamkeit der Abmahnung, setzt aber eine angemessene Frist in Gang. Der Antragsteller kann aus dem erfolglosen Ablauf einer zu kurz bemessenen Frist grundsätzlich noch nicht auf die Notwendigkeit der Inanspruchnahme gerichtlicher Hilfe schließen. Von einem Antragsgegner, der auf einer großen und international bedeutsamen Messe ausstellt, kann erwartet werden, dass er einen gegen ihn erhobenen Vorwurf einer Patentverletzung wegen eines ausgestellten Gegenstandes auf seine Berechtigung hin überprüft, und hierzu auch qualifizierte Mitarbeiter in ausreichender Zahl zur Verfügung hat[130]. 47

Eine Abmahnung ist auch bei **Torpedo-Gefahr** erforderlich. Eine Ausnahme kommt nur bei konkretem Vortrag zur Gefahr und zum besonderen Schaden in Betracht[131]. 48

Die Erforderlichkeit einer **kurzen Frist** lässt eine Abmahnung nicht entbehrlich werden[132]. Allein die **vorsätzliche Patentverletzung** macht die Abmahnung nicht entbehrlich[133]. 49

Eine Abmahnung kann im Einzelfall aus Gründen der **Förmelei bzw. Zwecklosigkeit** entbehrlich sein[134]. Erforderlich für die Zwecklosigkeit ist die **definitive Gewissheit,** dass der Antragsgegner nicht zum Einlenken bewegt wird. Dies kann bspw. bei einer **Unternehmensstrategie** der Fall sein, nach der unabhängig von den Chancen einer Rechtsverteidigung aus prinzipiellen Erwägungen eine 50

---

[121] OLG Frankfurt a. M. BeckRS 2015, 14743 – Sequestration, kritisch *Klein* GRUR-Prax 2015, 447.
[122] OLG Frankfurt a. M. GRUR-RS 2020, 9833 = GRUR-Prax 2020, 351 – Herausgabe von Sandalen mAnm *Voges*.
[123] OLG Düsseldorf InstGE 2, 237 = BeckRS 2002, 17352 – Turbolader II; OLG Düsseldorf InstGE 4, 159 – INTERPACK; LG Düsseldorf InstGE 3, 221 – Rahmengestell; LG Düsseldorf BeckRS 2015, 15903; 2016, 17352; InstGE 3, 224 (225) – Abmahnung bei Vindikationsklage; OLG Düsseldorf InstGE 2012, 05111; LG Düsseldorf BeckRS 2013, 14877; LG München BeckRS 2011, 15541; *Kühnen* S. 458 Rn. 176 ff.
[124] OLG Düsseldorf InstGE 2, 237 = BeckRS 2002, 17352 – Turbolader II.
[125] LG Düsseldorf BeckRS 2015, 15903; 2009, 26666 – Gittergewebe; LG München BeckRS 2011, 15541.
[126] OLG Düsseldorf InstGE 2, 237 = BeckRS 2002, 17352 – Turbolader II; OLG Düsseldorf InstGE 4, 159 – INTERPACK; LG Düsseldorf InstGE 3, 221 – Rahmengestell.
[127] OLG Düsseldorf InstGE 4, 159 – INTERPACK; LG Düsseldorf BeckRS 2015, 15903; 2012, 04699 – Entbehrlichkeit einer Abmahnung; LG Düsseldorf BeckRS 2010, 14015 – Presseerklärung auf dem Messestand; LG Düsseldorf BeckRS 2013, 13321.
[128] LG Düsseldorf BeckRS 2010, 14015 – Presseerklärung auf dem Messestand.
[129] LG Hamburg BeckRS 2017, 143917 = GRUR-Prax 2018, 198 mAnm *Brexl*.
[130] LG Düsseldorf BeckRS 2004, 18406; LG Düsseldorf BeckRS 2017, 126131 – Luftreinigeranordnung.
[131] LG Düsseldorf BeckRS 2016, 17686 – Handgelenkorthese.
[132] LG Düsseldorf BeckRS 2015, 15903; 2016, 17352; InstGE 3, 221 (223) – Rahmengestell.
[133] OLG Düsseldorf InstGE 2, 237 – Turbolader II; OLG Oldenburg NJW-RR 1990, 1330; LG BeckRS 2016, 17355 – Blutgefäßschließer III; aA OLG Frankfurt a. M. GRUR 1988, 312.
[134] OLG Düsseldorf InstGE 13, 238 – Laminatboden-Paneele; OLG Düsseldorf InstGE 2, 237 – Turbolader II; OLG Düsseldorf InstGE 6, 120 – Tankverschlusskapp; OLG Hamburg GRUR 2006, 616 – Anerkenntnis nach Berechtigungsanfrage.

gerichtliche Klärung erzwungen wird[135]. Auch der **vorsätzlich oder grob fahrlässig** handelnde Verletzer gibt keine Veranlassung zur Klageerhebung[136].

51   Die Unzumutbarkeit ist **vom Kläger darzulegen**[137].

Vindikation

52   Eine Abmahnung ist **entbehrlich,** wenn mit einem einstweiligen Verfügungsverbot ein Vindikationsanspruch wegen widerrechtlicher Entnahme gesichert werden soll und der Antragsteller geltend machen kann, der Antragsgegner habe die Schutzrechtsanmeldung in dem **vollen Bewusstsein getätigt, dass es sich um eine ihm nicht gehörende Erfindung handelt.** Es besteht in solchen Konstellationen die Gefahr, dass der Entnehmende das Schutzrecht **veräußert, aufgibt** oder **Lizenzen** vergibt, um den Vindikationsanspruch zu vereiteln[138]. Erfolgt das Anerkenntnis im Hauptsacheverfahren in der Klageerwiderung, bleibt es bei der Kostenfolge des § 93 ZPO[139].

F. Abmahnkosten

53   Abmahnkosten **zählen nicht zu den Kosten des Rechtsstreits** iSd § 91 Abs. 1 S. 1 ZPO[140]. Sie können daher nicht im Kostenfestsetzungsverfahren festgesetzt werden, sondern sind gesondert geltend zu machen[141]. Dies gilt auch für die Kosten einer Verzichtsaufforderung vor Einleitung eines Rechtsbestandsverfahrens[142].

I. Anspruchsgrundlage

54   Anspruchsgrundlage für diesen gesonderten materiell-rechtlichen Anspruch ist die **Geschäftsführung ohne Auftrag** (§§ 677, 683 S. 1, 670 BGB) bzw. im Wettbewerbsprozess **§ 12 Abs. 1 S. 2 UWG**[143]. Bei **schuldhaftem Verhalten** des Abgemahnten kann der Anspruch sich auch aus den spezialgesetzlichen Regelungen zum **Schadensersatz** (zB § 14 Abs. 6 S. 1 MarkenG[144], § 139 Abs. 2 PatG), aus § 823 Abs. 1 BGB (Eingriff in den eingerichteten und ausgeübten Gewerbebetrieb) oder aus § 826 BGB ergeben[145]. Im Urheberrecht ist **§ 97a Abs. 3 S. 1 UrhG** die Anspruchsgrundlage[146]. § 97a Abs. 3 S. 2 UrhG regelt für bestimmte Fälle eine Anspruchsbegrenzung[147]. Ein vertraglicher Anspruch auf Zahlung der Abmahnkosten entsteht noch nicht, wenn der Abgemahnte lediglich eine **strafbewehrte Unterlassungserklärung abgibt**[148]. Dies gilt auch dann, wenn der Abgemahnte die Unterlassungserklärung abgibt, ohne zu erklären, dass dies ohne Anerkennung einer Rechtspflicht geschieht[149]. Für **Berechtigungsanfragen** wird eine Kostenerstattung, soweit ersichtlich, nicht diskutiert. Auch hier lässt sich ein Anspruch aufgrund Geschäftsführung ohne Auftrag diskutieren. Ein eigenes Interesse des Schuldners kann gegeben sein, wenn er das beanstandete Verhalten abstellt. Der Anspruch auf Ersatz vorgerichtlicher Rechtsanwaltskosten besteht in Höhe des (anteiligen) Gegenstandswerts, welcher der **berechtigten Forderung** entspricht[150].

55   Für Abmahnungen nach Erlass der Verbotsverfügung, dh bei **Schubladenverfügung,** ist keine Kostenerstattung möglich[151]. Kosten für eine **Gegenabmahnung** in Vorbereitung einer negativen Feststellungsklage sind nur erstattungsfähig, wenn die Gegenabmahnung ausnahmsweise erforderlich war[152]. Kosten für eine, auf die Abmahnung des Unterlassungsgläubigers folgende, **inhaltsgleiche**

---

[135] OLG Düsseldorf InstGE 13, 238 – Laminatboden-Paneele II.
[136] LG Düsseldorf 28.4.2016 – 4a O 134/14.
[137] LG Düsseldorf BeckRS 2016, 17355 – Blutgefäßschließer III.
[138] LG Düsseldorf InstGE 3, 224 (225) – Abmahnung bei Vindikationsklage; OLG Düsseldorf BeckRS 2010, 22911.
[139] LG Düsseldorf BeckRS 2009, 06675 – Patent-Vindikationslage.
[140] BGH GRUR 2006, 439 – Nicht anrechenbare Geschäftsgebühr mwN; BGH GRUR 2008, 639 – Kosten eines Abwehrschreibens.
[141] OLG Düsseldorf BeckRS 2010, 16713 – EAS-Etikett mwN, auch mit Beispiel zur Tenorierung.
[142] BPatG BeckRS 2012, 15790.
[143] BGH GRUR 2011, 754 (755) – Kosten des Patentanwalts II; OLG Düsseldorf BeckRS 2010, 16713 – EAS-Etikett mwN; *Köhler/Bornkamm* UWG § 13 Rn. 87 ff. mwN; *Kühnen* S. 422 Rn. 43 ff.
[144] Gilt auch für den Inhaber einer Kollektivmarke, OLG Frankfurt a. M. BeckRS 2017, 121548 = WRP 2017, 1246 – Erstattung anwaltlicher Abmahnkosten bei Verletzung einer Kollektivmarke.
[145] BGH GRUR 2011, 754 (755) – Kosten des Patentanwalts II; OLG Düsseldorf BeckRS 2010, 16713 – EAS-Etikett mwN; *Köhler/Bornkamm* UWG § 13 Rn. 1.88 ff. mwN; *Kühnen* S. 422 Rn. 43 ff.
[146] BGH GRUR 2019, 1044 = GRUR Prax 2019, 450 – Der Novembermann mAnm *Elzer.*
[147] Vgl. dazu etwa Wandke/Bullinger/*Kefferpütz* UrhG § 97a Rn. 52 ff.
[148] BGH BeckRS 2013, 18625.
[149] BGH BeckRS 2013, 18625.
[150] LG Düsseldorf GRUR-RS 2018, 16617 – Laserschneideanlagen.
[151] BGH GRUR 2010, 257 – Schubladenverfügung; OLG München GRUR-RR 2006, 176 – Schubladenverfügung.
[152] OLG Hamm BeckRS 2009, 89545; LG München InstGE 6, 117 – Kosten der Gegenabmahnung auf Berechtigungsanfrage (keine Kostenansprüche).

Zweitabmahnung sind regelmäßig nicht erstattungsfähig[153]. Etwas anderes kann allenfalls dann gelten, wenn das anwaltliche Abmahnschreiben nicht nur den Inhalt der Eigenabmahnung wiederholt, sondern vertiefte tatsächliche oder rechtliche Ausführungen enthält, die die berechtigte Erwartung zulassen, der Verletzer werde unter dem Eindruck dieser Ausführungen seine bisherige Position überdenken und zur Abgabe der verlangten Erklärungen bereit sein[154]. Kosten für anwaltliches **Erläuterungsschreiben** sind ebenfalls nicht erstattungsfähig[155].

Fraglich ist, ob Abmahnkosten erstattungsfähig sein können, wenn sich das Abmahnschreiben auf 56 die Verletzung eines Anspruchs stützt, der sich als **nicht rechtsbeständig** erweist, und eine Patentverletzung sich erst dadurch ergibt, dass die angegriffene Ausführungsform auch von einer eingeschränkten, als schutzfähig erkannten Anspruchskombination Gebrauch macht, derentwegen hätte abgemahnt werden können[156]. Das LG Düsseldorf bejaht in einem solchen Fall die Erstattungspflicht und verweist ua darauf, dass sich der Patentinhaber zunächst auf den Erteilungsakt des sachlich geprüften Schutzrechts verlassen darf[157].

Eine Abmahnung kann **rechtsmissbräuchlich** sein, wenn sie vorwiegend dazu dient, gegen den 57 Verletzer einen Anspruch auf Ersatz von Aufwendungen oder Kosten der Rechtsverfolgung entstehen zu lassen (vgl. § 8 Abs. 4 UWG)[158]. Grundsätzlich nicht missbräuchlich ist die Vornahme gesonderter Abmahnungen gegenüber unterschiedlichen Adressaten wegen eigenständiger Rechtsverletzungen[159].

II. Höhe der Kosten

1. Höhe der Geschäftsgebühr. Auf der Grundlage des Gegenstandswertes entsteht für die außer- 58 gerichtliche Wahrnehmung durch Rechts- und Patentanwälte eine Gebühr nach **Nr. 2300 VV RVG** iVm §§ 2 Abs. 2, 13, 14 RVG, wenn noch kein Klageauftrag erteilt wurde[160].

Honorarvereinbarungen sind zu berücksichtigen. Dem Geschädigten steht ein Erstattungs- 59 anspruch im Hinblick auf vorgerichtliche Rechtsanwaltskosten nur dann zu, wenn er im Innenverhältnis zur Zahlung der in Rechnung gestellten Kosten verpflichtet ist[161]. Werden Anwälte zu geringerer Vergütung als nach dem RVG tätig, so sind nur die entsprechend geringeren Beträge zu erstatten.

Ein **Klageauftrag** liegt noch nicht vor, wenn eine gerichtliche Auseinandersetzung im Schreiben 60 angedeutet wird, denn es handelt sich dabei um noch keinen unbedingten Klageauftrag, sondern nur um eine Andeutung der Konsequenzen[162].

Für die außergerichtliche Vertretung in einer zivilrechtlichen Angelegenheit steht dem Rechts- 61 anwalt nach Nr. 2300 VV RVG iVm §§ 13, 14 RVG eine **Geschäftsgebühr** in Höhe von **0,5 bis 2,5 des Gebührensatzes** zu, wobei für durchschnittliche Fälle die Regelgebühr 1,3 beträgt[163].

In **Patentverletzungssachen** liegt die angemessene Gebühr allerdings regelmäßig **oberhalb der** 62 **1,3 Gebühr**, weil es sich bei Streitigkeiten über technische Schutzrechte im Regelfall um schwierige Sachverhalte handelt[164]. Hieran ändert auch die gleichzeitige Tätigkeit von Rechtsanwälten und Patentanwälten nichts[165]. Bei einfachen Fällen kann ein Gebührensatz von **1,5** angesetzt werden, wobei allerdings ein 20 % Toleranzbereich gilt[166]. Für den Ansatz einer **1,8** Gebühr bestehen daher regelmäßig keine Bedenken[167].

In einer **Gebrauchsmuster- oder Gemeinschaftsgeschmacksmustersache** kann nicht pauschal 63 von einem überdurchschnittlichen Umfang oder einer überdurchschnittlichen Schwierigkeit der

---

[153] BGH GRUR 2010, 354 = GRUR-Prax 2010, 109 – Keine Kostenerstattung für zweite Abmahnung mAnm *Matthes*; OLG Frankfurt a. M. BeckRS 2012, 06899; BGH GRUR 2013, 307 = GRUR-Prax 2013, 69 – Unbedenkliche Mehrfachabmahnung mAnm *Bohne*; OLG Frankfurt a. M. GRUR-RR 2018, 72 – Zweitabmahnung.
[154] OLG Frankfurt a. M. GRUR-RR 2018, 72 – Zweitabmahnung.
[155] OLG Frankfurt a. M. BeckRS 2019, 9853 = GRUR-Prax 2019, 341 – Erläuterung der Eigenabmahnung mAnm *Smirra*.
[156] *Kühnen* S. 450 Rn. 145.
[157] LG Düsseldorf BeckRS 2016, 117121.
[158] BGH GRUR 2013, 176 – Ferienluxuswohnung; BGH GRUR 2019, 1044 (1045) = GRUR Prax 2019, 450 – Der Novembermann mAnm *Elzer*; Michel WRP 2021, 704 (705); für das Urheberrecht: BGH GRUR 2020, 1087 – Al Di Meola.
[159] BGH GRUR 2013, 176 – Ferienluxuswohnung; BGH GRUR 2019, 1044 (1045) = GRUR Prax 2019, 450 – Der Novembermann mAnm *Elzer*; Michel WRP 2021, 704 (705).
[160] BGH NJW 2011, 1603; GRUR 2010, 1120 – Vollmachtsnachweis.
[161] BGH GRUR 2019, 763 = GRUR-Prax 2019, 173 – Anspruch auf Erstattung vorgerichtlicher Anwaltskosten mAnm *Römermann*.
[162] OLG Düsseldorf BeckRS 2010, 16713 – EAS-Etikett.
[163] BGH NJW-RR 2007, 420.
[164] LG Düsseldorf InstGE 6, 37 (39) – Abmahnkostenerstattung bei Patentverletzung; OLG Düsseldorf BeckRS 2010, 16713 – EAS-Etikett.
[165] LG Düsseldorf InstGE 6, 37 (39) – Abmahnkostenerstattung bei Patentverletzung.
[166] LG Düsseldorf InstGE 6, 37 (39) – Abmahnkostenerstattung bei Patentverletzung.
[167] OLG Düsseldorf BeckRS 2010, 16713 – EAS-Etikett.

Tätigkeit des Rechtsanwalts, die eine Überschreitung der Regelgebühr von **1,3** rechtfertige, ausgegangen werden[168]. Dies gelte insbesondere, wenn weder die Schutzfähigkeit in Ansehung des Standes der Technik bzw. vorbekannter Gestaltungen zu beurteilen sei noch im Zusammenhang mit der geltend gemachten Verletzung aufwendige Prüfungen erforderlich gewesen seien.

64 Entsprechendes gilt auch in **Markenstreitsachen**[169]. Bei einer Vielzahl von Beanstandungen und einem erheblichen Schwierigkeitsgrad in tatsächlicher und rechtlicher Hinsicht kann im Einzelfall eine **2,0** Geschäftsgebühr gerechtfertigt sein[170].

65 Bei einer **wettbewerbsrechtlichen Abmahnung** ist in einem durchschnittlichen Fall die Geschäftsgebühr **nicht unterhalb einer 1,3** Gebühr anzusetzen[171]. Bei besonderem Umfang oder besonderer Schwierigkeit kann die Regelgebühr von 1,3 auch überschritten werden, wofür der Kläger allerdings die Darlegungs- und Beweislast trägt[172]. Bei presserechtlichen Ansprüchen kann eine 1,5 Gebühr in Betracht kommen[173].

66 In **urheberrechtlichen Streitigkeiten** wird ebenfalls regelmäßig eine 1,3 Geschäftsgebühr angemessen sein[174]. § 97a Abs. 3 S. 2 UrhG regelt für bestimmte Fälle eine Anspruchsbegrenzung[175]. Die Auslegung von Art. 14 der Durchsetzungs-Richtlinie (RL 2004/48/EG) durch den EuGH in „United Video Properties"[176] kann es gebieten, im Wege richtlinienkonformer Auslegung des § 97a Abs. 3 S. 4 UrhG eine „besondere Unbilligkeit" bereits dann anzunehmen, wenn die Gegenstandswertbegrenzung des § 97a Abs. 3 S. 2 UrhG dazu führen würde, dass der Verletzer nur zur Erstattung eines geringen Teils der dem Rechteinhaber tatsächlich entstandenen, zumutbaren Anwaltskosten verpflichtet wäre, obwohl Billigkeitsgründe einer Erstattung eines erheblichen und angemessenen Teils nicht entgegen stünden[177]. Spricht der Rechteinhaber im Falle der öffentlichen Zugänglichmachung eines urheberrechtlich geschützten Werkes über eine Internettauschbörse gegenüber dem für die Rechtsverletzung nicht verantwortlichen Anschlussinhaber eine Abmahnung aus, der daraufhin den Rechtsverletzer benennt, so umfasst der vom Rechtsverletzer zu leistende Schadensersatz nach § 97 Abs. 2 S. 1 UrhG die Kosten dieser Abmahnung[178].

67 Nach § 15 Abs. 2 RVG kann der Rechtsanwalt die Gebühren in derselben Angelegenheit nur einmal fordern. Anwaltliche Leistungen betreffen in der Regel **dieselbe Angelegenheit,** wenn zwischen ihnen ein innerer Zusammenhang besteht und sie sowohl inhaltlich als auch in der Zielsetzung so weitgehend übereinstimmen, dass von einem **einheitlichen Rahmen** der anwaltlichen Tätigkeit gesprochen werden kann[179]. Ein einheitlicher Rahmen der anwaltlichen Tätigkeit kann grundsätzlich auch dann noch vorliegen, wenn der Anwalt zur Wahrnehmung der Rechte des Geschädigten verschiedene, in ihren Voraussetzungen voneinander abweichende Anspruchsgrundlagen zu prüfen oder mehrere getrennte Prüfungsaufgaben zu erfüllen hat. Denn unter einer Angelegenheit im gebührenrechtlichen Sinne ist das gesamte Geschäft zu verstehen, das der Rechtsanwalt für den Auftraggeber besorgen soll. Die Angelegenheit ist von dem Gegenstand der anwaltlichen Tätigkeit abzugrenzen, der das konkrete Recht oder Rechtsverhältnis bezeichnet, auf das sich die anwaltliche Tätigkeit bezieht. Eine Angelegenheit kann durchaus mehrere Gegenstände umfassen. Für einen einheitlichen Rahmen der anwaltlichen Tätigkeit reicht es grundsätzlich aus, wenn die verschiedenen Gegenstände in dem Sinn einheitlich vom Anwalt bearbeitet werden können, dass sie verfahrensrechtlich zusammengefasst oder in einem einheitlichen Vorgehen – zum Beispiel in einem einheitlichen Abmahnschreiben – geltend gemacht werden können[180]. Ein innerer Zusammenhang zwischen den anwaltlichen Leistungen ist zu bejahen, wenn die verschiedenen Gegenstände bei objektiver Betrachtung und unter Berücksichtigung des mit der anwaltlichen Tätigkeit nach dem Inhalt des Auftrags

---

[168] BGH GRUR 2014, 206 (208) – Einkaufskühltasche.
[169] OLG München MMR 2008, 334 (335) (Geschäftsgebühr von 1,8).
[170] LG Frankfurt a. M. GRUR-RR 2007, 256 (Ls.) = BeckRS 2007, 04367 – Fognail; LG Frankfurt a. M. BeckRS 2010, 01015.
[171] BGH GRUR 2010, 1120 – Vollmachtsnachweis; *Köhler/Bornkamm* UWG § 13 Rn. 6 ff. mwN.
[172] OLG Hamburg WRP 2007, 1380 = BeckRS 2007, 14909.
[173] BGH GRUR 2016, 319 (320) – „nicht dieselbe Angelegenheit".
[174] OLG München BeckRS 2010, 15097 – Pumuckl-Illustrationen III; OLG Frankfurt a. M. BeckRS 2011, 16990; Wandke/Bullinger/*Kefferpütz* UrhR § 97a Rn. 48.
[175] BGH GRUR 2019, 1044 = GRUR Prax 2019, 450 – Der Novembermann mAnm *Elzer;* vgl. dazu etwa Wandke/Bullinger/*Kefferpütz* UrhR § 97a Rn. 52 ff.
[176] EuGH GRUR-Int 2016, 963.
[177] LG Stuttgart GRUR-RR 2019, 99 – Abmahnkosten bei Filesharing = GRUR-Prax 2019, 46 [Cichon].
[178] BGH GRUR 2018, 914 – Riptide.
[179] BGH GRUR 2019, 1044 (1046) = GRUR Prax 2019, 450 – Der Novembermann mAnm *Elzer;* BGH GRUR 2019, 763 = GRUR-Prax 2019, 173 – Anspruch auf Erstattung vorgerichtlicher Anwaltskosten mAnm *Römermann;* BGH GRUR-RR 2010, 269 = GRUR 2010, 560 (Ls.) – Rosenkrieg; BGH GRUR-RR 2012, 90 – Rosenkrieg II; *Verweyen* WRP 2020, 12.
[180] BGH GRUR 2019, 1044 (1046) = GRUR Prax 2019, 450 – Der Novembermann mAnm *Elzer;* BGH GRUR-RR 2010, 269 = GRUR 2010, 560 (Ls.) – Rosenkrieg; BGH GRUR-RR 2012, 90 – Rosenkrieg II; *Verweyen* WRP 2020, 12.

erstrebten Erfolgs zusammengehören[181]. Lässt der Rechtsinhaber gegenüber unterschiedlichen, rechtlich oder wirtschaftlich nicht verbundenen Unternehmen oder Personen in engem zeitlichem Zusammenhang getrennte, **im Wesentlichen gleichlautende Abmahnungen** wegen des rechtswidrigen Vertriebs von Vervielfältigungsstücken derselben Werke aussprechen, die aus derselben Quelle stammen, so können diese Abmahnungen eine Angelegenheit darstellen[182]. Eine Angelegenheit kann auch vorliegen, wenn ein dem Rechtsanwalt zunächst erteilter **Auftrag vor dessen Beendigung später ergänzt** wird. Ob eine Ergänzung des ursprünglichen Auftrags vorliegt oder ein neuer Auftrag erteilt wurde, ist unter Berücksichtigung der Umstände des Einzelfalls festzustellen[183].

Der Anspruch auf Erstattung der für die Anforderung der **Abschlusserklärung** veranlassten Kosten **68** richtet sich ebenfalls nach den Grundsätzen der Geschäftsführung ohne Auftrag. Die Höhe der Geschäftsgebühr ist auch auf Grundlage von **Nr. 2300 VV RVG** zu berechnen[184]. Es handelt sich in der Regel nicht um ein Schreiben einfacher Art iSv Nr. 2302 VV RVG[185]. Ein Abschlussschreiben erschöpft sich in der Regel nicht in einer bloßen Bezugnahme auf die bereits ergangene einstweilige Verfügung, sondern verfolgt insbesondere das Ziel, einen Verzicht des Antragsgegners auf sämtliche Gegenrechte herbeizuführen. Der Schwierigkeitsgrad eines solchen Schreibens ist daher in der Regel höher anzusetzen als bei bloßen Zahlungsaufforderungen oder Mahnungen[186]. Zudem bedarf es nach Zugang der Abschlusserklärung im Regelfall einer Prüfung, ob die abgegebene Erklärung zur Erreichung des Sicherungsziels inhaltlich ausreicht. Zwar stellt ein Abschlussschreiben geringere Schwierigkeitsanforderungen als eine erstmalige Abmahnung dar, weil bereits eine einstweilige Verfügung vorliegt. Das Abschlussschreiben ist dennoch im Regelfall mit einer **1,3 Gebühr** zu vergüten[187]. Ein Anlass, diese Regelgebühr bei durchschnittlichen Fällen weiter abzusenken, besteht auch im Fall des Abschlussschreibens nicht[188]. Ein Abschlussschreiben kann danach im Einzelfall als Schreiben einfacher Art, das lediglich eine 0,3-Gebühr auslöst, einzustufen sein, wenn sich der Inhalt des Schreibens in der Aufforderung zur Abgabe einer Abschlusserklärung erschöpft und nicht dargelegt ist, dass dem Schreiben weitere Prüfungen oder über den Inhalt des Schreibens hinausgehende Erwägungen und Absprachen mit der Mandantschaft vorausgingen[189]. Abmahnung und Abschlussschreiben sind auch „verschiedene Angelegenheiten" iSd § 17 RVG, so dass die entsprechenden Kostenerstattungsansprüche kumulativ geltend gemacht werden können[190].

2. Mitwirkender Patentanwalt. Die Bestimmungen zur Mitwirkung von Patentanwälten (§ 143 **69** Abs. 3 PatG, § 27 Abs. 3 GebrMG, § 140 Abs. 3 MarkenG, § 52 Abs. 4 DesignG, § 38 Abs. 3 SortSchG, § 11 Abs. 2 HalblSchG) betreffen die „Kosten des Rechtsstreits" und sind auf vorprozessualer Patentanwaltskosten **nicht analog** anwendbar[191].

Vielmehr kann die Erstattung der durch die Mitwirkung des Patentanwalts entstandenen Kosten nur **70** beansprucht werden, wenn der Anspruchsteller darlegt und nachweist, dass die Mitwirkung des Patentanwalts **erforderlich** war[192]. Diese Voraussetzung ist regelmäßig nur dann erfüllt, wenn der Patentanwalt dabei Aufgaben übernommen hat, die – wie etwa Recherchen zum Stand der Technik, Registerstand oder zur Benutzungslage – zum typischen Arbeitsgebiet eines Patentanwalts gehören[193]. Die Notwendigkeit der außergerichtlichen Mitwirkung eines Patentanwalts neben einem Rechtsanwalt kann nicht im Wege einer typisierenden Betrachtungsweise für komplexe oder bedeutsame

---

[181] BGH GRUR 2019, 1044 (1046) = GRUR Prax 2019, 450 – Der Novembermann mAnm *Elzer*; BGH GRUR-RR 2010, 494 = GRUR 2011, 272 (Ls.) – Unrichtige Presseberichtserstattung; BGH GRUR-RR 2011, 389 – www.bild.de; BGH GRUR 2019, 763 – Ermittlungen gegen Schauspielerin mwN.

[182] BGH GRUR 2019, 1044 (1046) = GRUR Prax 2019, 450 – Der Novembermann mAnm *Elzer*; *Verweyen* WRP 2020, 12.

[183] BGH GRUR-RR 2010, 494 = GRUR 2011, 272 (Ls.) – Unrichtige Presseberichtserstattung; BGH NJW 2011, 3167; Gerold/Schmidt/*Mayer* § 15 Rn. 8; Hartung/Schons/*Enders* § 15 Rn. 38.

[184] BGH GRUR 2010, 1038 – Kosten für Abschlussschreiben; BGH GRUR 2015, 822 (824) – Kosten für Abschlussschreiben II; OLG Hamburg GRUR-RR 2014, 229 – Standardabschlussschreiben.

[185] AA LG Karlsruhe BeckRS 2014, 13929.

[186] BGH GRUR 2010, 1038 – Kosten für Abschlussschreiben; BGH GRUR 2015, 822 (824) – Kosten für Abschlussschreiben II.

[187] BGH GRUR 2015, 822 (824) – Kosten für Abschlussschreiben II. Bis zu dieser Entscheidung wurde in der Rechtsprechung der Instanzgerichte noch eine Geschäftsgebühr zwischen 0,8 und 1,3 angesetzt: 1,3 Geschäftsgebühr: OLG Hamm BeckRS 2009, 21055; KG BeckRS 2009, 03936; 0,8 Geschäftsgebühr: OLG Hamburg GRUR-RR 2014, 229 – Standardabschlussschreiben; OLG Hamburg NJOZ 2009, 3610; BeckRS 2009, 25057; OLG Düsseldorf BeckRS 2008, 05681; LG Hamburg BeckRS 2009, 89230; zum Streitstand auch Rehart GRUR-Prax 2015, 294.

[188] BGH GRUR 2015, 822 (824) – Kosten für Abschlussschreiben II.

[189] OLG Frankfurt a. M. BeckRS 2018, 11676 = GRUR-Prax 2018, 391 mAnm *Dombrowski*.

[190] LG Hamburg BeckRS 2009, 07435; aA KG BeckRS 2006, 08072.

[191] BGH GRUR 2011, 754 – Kosten des Patentanwalts II; BGH GRUR 2012, 756 – Kosten des Patentanwalts III; BGH GRUR 2012, 759 – Kosten des Patentanwalts IV; OLG Frankfurt a. M. GRUR-RR 2010, 127 – Vorgerichtliche Patentanwaltskosten; OLG Düsseldorf BeckRS 2008, 05681 (alle zu § 140 Abs. 3 MarkenG).

[192] BGH GRUR 2011, 754 – Kosten des Patentanwalts II.

[193] BGH GRUR 2011, 754 – Kosten des Patentanwalts II.

Angelegenheiten generell bejaht werden, sondern ist **im Einzelfall zu prüfen**[194]. Allein der nicht weiter **substantiierte Vortrag**, der Patentanwalt habe eine Recherche durchgeführt, ist nicht ausreichend, die Erforderlichkeit zu begründen[195].

71 Für die Mitwirkung eines Patentanwalts bei einem **Abschlussschreiben** bedarf es eines näheren Vortrages für die Rechtfertigung seiner Mitwirkung. Dabei kann nicht einfach auf die Erforderlichkeit der Hinzuziehung der Rechtsanwälte abgestellt werden, sondern die Prüfung muss für den Patentanwalt gesondert erfolgen[196].

72 **3. Umsatzsteuer.** Nach dem BFH sind Zahlungen, die an einen Unternehmer von dessen Wettbewerbern als Aufwendungsersatz aufgrund von wettbewerbs-, marken-, design- und patentrechtlichen Abmahnungen geleistet werden, umsatzsteuerrechtlich **als Entgelt im Rahmen eines umsatzsteuerbaren Leistungsaustauschs** zwischen dem Unternehmer und den von ihm abgemahnten Wettbewerbern – und nicht als steuerbare Schadensersatzzahlungen – zu qualifizieren[197]. Auf welche nationale zivilrechtliche Grundlage der Zahlungsanspruch gestützt wird, spielt für die Frage, ob ein Leistungsaustausch im umsatzsteuerrechtlichen Sinne vorliegt, keine Rolle. Dh der Abmahnende sollte seinen Aufwendungsersatzanspruch auch mit Umsatzsteuer geltend machen.

III. Anrechnung der Geschäftsgebühr

73 Nach Vorb. 3 Abs. 4 VV RVG ist die Geschäftsgebühr nach Nr. 2300 VV RVG zur Hälfte, höchstens mit einem Gebührensatz von 0,75, auf die wegen desselben Gegenstands angefallene **Verfahrensgebühr des gerichtlichen Verfahrens anzurechnen**. Fällt die Geschäftsgebühr für die vorgerichtliche Tätigkeit mehrfach an und werden die vorgerichtlich geltend gemachten Ansprüche im Wege objektiver Klagehäufung in einem einzigen gerichtlichen Verfahren verfolgt, so dass die Verfahrensgebühr nur einmal anfällt, sind alle entstandenen Geschäftsgebühren in der tatsächlichen Höhe anteilig auf die Verfahrensgebühr anzurechnen[198].

74 Es vermindert sich also nicht die Geschäftsgebühr, sondern **nur die spätere Verfahrensgebühr im gerichtlichen Verfahren reduziert sich** aufgrund der Anrechnung. Die Kosten einer Abmahnung gehen damit im Falle einer auf die Abmahnung folgenden Klage nicht (teilweise) in den Kosten des Hauptverfahrens auf. Daher sind die Abmahnkosten von dem Abmahnenden unmittelbar **mit der Hauptsacheklage in voller Höhe einzuklagen**[199]. Dies kann auch noch im Wege der zweitinstanzlichen Klageerweiterung erfolgen. Die Anrechnung erfolgt dann erst im Kostenfestsetzungsverfahren.

75 Für die Anrechnung kommt es nicht darauf an, ob die Geschäfts- und die Verfahrensgebühr dieselbe Angelegenheit oder unterschiedliche Angelegenheiten im kostenrechtlichen Sinn (dh §§ 16 und 17 RVG) betreffen. Entscheidend ist allein, dass wegen **desselben Gegenstands** bereits eine Geschäftsgebühr entstanden ist[200]. Bei der Bestimmung des Gegenstandes ist keine formale, sondern eine wertende Betrachtungsweise vorzunehmen, bei der auf die **wirtschaftliche Identität** abzustellen ist. Im Verhältnis **Abmahnung und einstweiliges Verfügungsverfahren** spricht einiges dafür, keine Anrechnung vorzunehmen[201]. Es handelt sich nicht um denselben Gegenstand. Die Abmahnung betrifft die Hauptsache, wohingegen das Verfügungsverfahren eine vorläufige Regelung zum Inhalt hat. Eine Tätigkeit in derselben Angelegenheit kann vorliegen, wenn der Rechtsanwalt einheitlich mit der Abwehr von inhaltlich übereinstimmenden Folgeberichterstattungen verschiedener Schädiger beauftragt wird[202].

76 Eine anrechenbare Geschäftsgebühr entsteht allerdings nicht, wenn die obsiegende Partei mit ihrem Prozessbevollmächtigten für dessen vorgerichtliche Tätigkeit eine **Vergütungsvereinbarung** getroffen hat[203]. Die Anrechnungsbestimmung in Vorb. 3 Abs. 4 VV RVG erfasst nach ihrem Wortlaut nur den Anfall einer Geschäftsgebühr gemäß der gesetzlichen Regelung in Nr. 2300 VV RVG und ist damit auf eine vorgerichtliche Tätigkeit mit Vereinbarung eines Pauschal- oder Stundenhonorars nicht

---

[194] BGH GRUR 2012, 756 – Kosten des Patentanwalts III.
[195] BGH GRUR 2012, 759 – Kosten des Patentanwalts IV.
[196] OLG Düsseldorf BeckRS 2008, 05681.
[197] BGH GRUR 2019, 825 – Tonaufnahmen im Internet; BFH GRUR 2017, 826 = GRUR-Prax 2017, 218 – umsatzsteuerbare Leistung mAnm *Sterzinger*; LG Braunschweig GRUR-RR 2018, 371 – Umsatzsteuer auf Abmahnkosten; LG Düsseldorf BeckRS 2017, 141954; LG Düsseldorf 20.3.2019 BeckRS 2019, 59511; *Voges* GRUR-Prax 2020, 254; *Nücken* NJW 2019, 1836; aA LG Heidelberg BeckRS 2019, 27350 = GRUR-Prax 2020, 15 – Umsatzsteuerrechtliche Behandlung von Abmahnungen mAnm *Sterzinger*.
[198] BGH NJW 2017, 1821.
[199] OLG Düsseldorf BeckRS 2010, 16713 – EAS-Etikett.
[200] BGH NJW-RR 2012, 313 (314); WRP 2009, 75 = BeckRS 2008, 22192.
[201] *Schneider* NJW 2009, 2017 (2018) mN zur Gegenansicht.
[202] BGH GRUR 2019, 763 – Anspruch auf Erstattung vorgerichtlicher Anwaltskosten.
[203] BGH GRUR 2019, 763 = GRUR-Prax 2019, 173 – Anspruch auf Erstattung vorgerichtlicher Anwaltskosten mAnm *Römermann*; BGH NJW-RR 2010, 359; RVGreport 2015, 72; OLG Köln BeckRS 2014, 04920; Zöller/Herget ZPO § 91 Rn. 13.45 („Honorarvereinbarung").

(aufgehoben) **§§ 93c, 93d ZPO**

anwendbar; es verbleibt mithin bei dem Ansatz der vollen Verfahrensgebühr. Eine Anrechnung findet jedoch auch dann ausnahmsweise statt, wenn der Kläger trotz Vergütungsvereinbarung den nicht anrechenbaren Teil der Geschäftsgebühr als Nebenforderung im Prozess geltend macht und sodann ein Vergleich unter Einbeziehung dieser Geschäftsgebühr geschlossen wird[204].

§ 15a RVG regelt die Folgen der Anrechnung. Danach ist zwischen dem Innenverhältnis zwischen **77** Anwalt und Mandant (Abs. 1 und 2) sowie dem Außenverhältnis gegenüber Dritten (Abs. 3) zu unterscheiden:

Im **Innenverhältnis** kann der Rechtsanwalt bei einer Anrechnung beide Gebühren fordern, jedoch **78** nicht mehr als den um den Anrechnungsbetrag verminderten Gesamtbetrag der beiden Gebühren. Die **Berechnung** ist also wie folgt[205]: **(1)** Ermittlung des Gesamtbetrages der Einzelgebühren, **(2)** Ermittlung des Anrechnungsbetrages ($1/2$, maximal 0,75 der Geschäftsgebühr), **(3)** Summe (1) abzüglich (2).

Nach dem neu eingeführten **§ 15a Abs. 2 S. 1 RVG** ist, wenn mehrere Gebühren teilweise auf **79** dieselbe Gebühr anzurechnen sind, der anzurechnende Betrag für jede anzurechnende Gebühr gesondert zu ermitteln. Nach § 15a Abs. 2 S. 2 RVG darf bei Wertgebühren der Gesamtbetrag der Anrechnung denjenigen Anrechnungsbetrag nicht übersteigen, der sich ergeben würde, wenn eine Gebühr anzurechnen wäre, die sich aus dem Gesamtbetrag der betroffenen Wertteile nach dem höchsten für die Anrechnung einschlägigen Gebührensatz berechnet. Nach § 15a Abs. 2 S. 3 RVG darf bei Betragsrahmengebühren der Gesamtbetrag der Anrechnung den für die Anrechnung bestimmten Höchstbetrag nicht übersteigen. Hintergrund der neu eingeführten Regelung ist der Grundsatz des BGH, bei der Anrechnung der Geschäftsgebühr auf die Verfahrensgebühr nicht auf fiktive Geschäftsgebühren zurückzugreifen[206].

Im **Außenverhältnis** zu Dritten wirkt sich die Anrechnung grundsätzlich nicht aus[207]. § 15a Abs. 3 **80** RVG sieht hiervon **drei Ausnahmen** vor:

(1) Ein Dritter kann sich auf die Anrechnung berufen, soweit er den Anspruch auf eine der beiden **81** Gebühren **erfüllt** hat. Hat der Dritte bereits die außergerichtliche Geschäftsgebühr bezahlt, kann er dies dem Kläger im Kostenfestsetzungsverfahren entgegenhalten, wenn dieser die volle Verfahrensgebühr verlangt[208].

(2) Er kann sich ferner auf die Anrechnung berufen, wenn wegen eines dieser Ansprüche gegen ihn **82** ein **Vollstreckungstitel** besteht. Dies ist der Fall, wenn die volle Geschäftsgebühr tituliert ist[209]. Dies ist dann im Kostenfestsetzungsverfahren zu berücksichtigen.

(3) Werden beide Gebühren in **demselben Verfahren** gegen den Dritten geltend gemacht, kann **83** insgesamt nur der nach Anrechnung ermittelte Betrag verlangt werden. Für die Bestimmung von „demselben Verfahren" gelten die Ausführung zur Bestimmung „desselben Gegenstands" (→ Rn. 75). Auch hier ist eine wertende Betrachtungsweise vorzunehmen und auf die wirtschaftliche Identität abzustellen[210].

§ 93a (aufgehoben)

§ 93b Kosten bei Räumungsklagen

(1) ¹Wird einer Klage auf Räumung von Wohnraum mit Rücksicht darauf stattgegeben, dass ein Verlangen des Beklagten auf Fortsetzung des Mietverhältnisses auf Grund der §§ 574 bis 574b des Bürgerlichen Gesetzbuchs wegen der berechtigten Interessen des Klägers nicht gerechtfertigt ist, so kann das Gericht die Kosten ganz oder teilweise dem Kläger auferlegen, wenn der Beklagte die Fortsetzung des Mietverhältnisses unter Angabe von Gründen verlangt hatte und der Kläger aus Gründen obsiegt, die erst nachträglich entstanden sind (§ 574 Abs. 3 des Bürgerlichen Gesetzbuchs). ²Dies gilt in einem Rechtsstreit wegen Fortsetzung des Mietverhältnisses bei Abweisung der Klage entsprechend.

(2) ¹Wird eine Klage auf Räumung von Wohnraum mit Rücksicht darauf abgewiesen, dass auf Verlangen des Beklagten die Fortsetzung des Mietverhältnisses auf Grund der §§ 574 bis 574b des Bürgerlichen Gesetzbuchs bestimmt wird, so kann das Gericht die Kosten ganz oder teilweise dem Beklagten auferlegen, wenn er auf Verlangen des Klägers nicht unverzüglich über die Gründe des Widerspruchs Auskunft erteilt hat. ²Dies gilt in einem Rechtsstreit wegen Fortsetzung des Mietverhältnisses entsprechend, wenn der Klage stattgegeben wird.

(3) Erkennt der Beklagte den Anspruch auf Räumung von Wohnraum sofort an, wird ihm jedoch eine Räumungsfrist bewilligt, so kann das Gericht die Kosten ganz oder teilweise dem Kläger auferlegen, wenn der Beklagte bereits vor Erhebung der Klage unter Angabe von Gründen die Fortsetzung des Mietverhältnisses oder eine den Umständen nach angemessene Räumungsfrist vom Kläger vergeblich begehrt hatte.

§§ 93c, 93d (aufgehoben)

---

[204] BGH RVGreport 2015, 72; OLG Köln BeckRS 2014, 04920; Zöller/*Herget* ZPO § 91 Rn. 13.45 („Honorarvereinbarung").
[205] Vgl. bspw. OLG Düsseldorf BeckRS 2013, 11782; *Kühnen* S. 432 Rn. 71 mit Verweis auf OLG Köln.
[206] BGH NJW-RR 2015, 189; *Mayer* NJW 2021, 345.
[207] BGH BeckRS 2012, 09364; NJW 2009, 3101; NJW-RR 2008, 1095.
[208] BGH NJW 2007, 1213; NJW-RR 2011, 573; vgl. OLG Koblenz NJOZ 2013, 826 zur Auslegung eines Vergleichs hinsichtlich der Anrechnung der Geschäftsgebühr.
[209] BGH NJW-RR 2012, 313.
[210] BGH NJW-RR 2012, 313 (314); NJW 2010, 76.

§ 94 Kosten bei übergegangenem Anspruch

Macht der Kläger einen auf ihn übergegangenen Anspruch geltend, ohne dass er vor der Erhebung der Klage dem Beklagten den Übergang mitgeteilt und auf Verlangen nachgewiesen hat, so fallen ihm die Prozesskosten insoweit zur Last, als sie dadurch entstanden sind, dass der Beklagte durch die Unterlassung der Mitteilung oder des Nachweises veranlasst worden ist, den Anspruch zu bestreiten.

§ 95 Kosten bei Säumnis oder Verschulden

Die Partei, die einen Termin oder eine Frist versäumt oder die Verlegung eines Termins, die Vertagung einer Verhandlung, die Anberaumung eines Termins zur Fortsetzung der Verhandlung oder die Verlängerung einer Frist durch ihr Verschulden veranlasst, hat die dadurch verursachten Kosten zu tragen.[1]

A. Anwendbarkeit im gewerblichen Rechtsschutz

1   Zur Anwendbarkeit des § 95 ZPO im gewerblichen Rechtsschutz gelten die Ausführungen bei § 91 ZPO (→ § 91 Rn. 1 ff.).

2   Der Anwendungsbereich des § 95 ZPO ist begrenzt. Die Vorschrift tritt im Versäumnisverfahren hinter der speziellen Vorschrift des **§ 344 ZPO** zurück. Ferner wird sie für die Fälle des Versäumnisverfahrens durch die allgemeine Regelung des **§ 91 ZPO** verdrängt (iVm §§ 330, 331, 341, 343 und 345 ZPO) und durch § 269 Abs. 3 S. 2 ZPO und § 98 ZPO begrenzt[2]. Die Regelungen in § 91 ZPO und § 92 ZPO sind vorrangig, wenn die von § 95 ZPO betroffene Partei ohnehin die Kosten zu tragen hat.

3   § 95 ZPO ist Ausdruck von Billigkeitserwägungen, so dass der Rechtsgedanke der Vorschrift auch im **Rechtsbestandsverfahren** zu berücksichtigen ist[3]. Für ein Abweichen von der Grundregel, dass jede Partei ihre Kosten trägt (vgl. §§ 62 Abs. 1, 80 Abs. 1 PatG) ist ein Verstoß gegen die allgemeine prozessuale Sorgfaltspflicht erforderlich, wozu die gesetzliche Billigkeitsregelung des § 95 ZPO zählt[4].

4   Neben § 95 ZPO kann das Gericht gegen die säumige Partei auch eine **Verzögerungsgebühr nach § 38 GKG** verhängen[5].

B. Voraussetzungen

5   § 95 ZPO regelt einen Fall der **Kostentrennung** und stellt damit eine Ausnahme vom Grundsatz der einheitlichen Kostenentscheidung dar. Die Regelung dient dazu, der Prozessverschleppung entgegenzuwirken[6]. Sie regelt zwei Fallgruppen.

I. Säumnis

6   Die erste Fallgruppe ist die Versäumung eines **Termins** (§§ 216, 220 Abs. 2 ZPO) oder einer **Frist** (§§ 221, 230 ZPO). Die Kostentragungpflicht ist **verschuldensunabhängig.** Die Säumnisfolgen müssen im Verlaufe des weiteren Verfahrens weggefallen sein[7]. Dies ist nicht der Fall, wenn das Verfahren mit der Säumnis endet, etwa durch Versäumnisurteil.

7   Im Patenteinspruchsverfahren rechtfertigt allein die Tatsache, dass ein Beteiligter **nicht zur mündlichen Verhandlung erscheint,** noch nicht, ihm die durch die Durchführung der Verhandlung entstandenen Kosten aufzuerlegen[8]. Im Einspruchsverfahren steht es jedem Verfahrensbeteiligten grundsätzlich frei, ob er zu einem anberaumten Verhandlungstermin erscheint oder diesem fernbleibt. Etwas anderes kann jedoch gelten, wenn ein Beteiligter der **auf seinen Antrag hin anberaumten mündlichen Verhandlung unentschuldigt** fernbleibt[9].

II. Veranlassung der Verlegung eines Termins oder Verlängerung einer Frist

8   Die zweite Fallgruppe betrifft die durch eine Partei veranlasste Verlegung eines Termins, Vertagung einer Verhandlung, die Anberaumung eines Termins zur Fortsetzung der Verhandlung oder die Verlängerung einer Frist. Diese Verlegung muss durch das **Verschulden** der Partei veranlasst sein. Ein

---

[1] Vgl. auch § 38 GKG.
[2] MüKoZPO/*Schulz* § 95 Rn. 1.
[3] BPatG BeckRS 2007, 07828.
[4] BPatG BeckRS 2007, 07828.
[5] MüKoZPO/*Schulz* § 95 Rn. 1 mwN.
[6] BVerfG BeckRS 2010, 56285.
[7] MüKoZPO/*Schulz* § 95 Rn. 3.
[8] BPatG BeckRS 2010, 16296.
[9] BPatG BeckRS 2010, 16296.

Verschulden des gesetzlichen Vertreters oder des Prozessbevollmächtigten (§ 85 Abs. 2 ZPO) ist ihr zuzurechnen.

Ein Fall der verschuldeten Anberaumung eines Fortsetzungstermins liegt im Rechtsbestandsverfahren bspw. vor, wenn in der ersten mündlichen Verhandlung **Zweifel an der Existenz des ausländischen Einsprechenden** bestehen und eine weitere mündliche Verhandlung erforderlich wird[10]. Es gehört zu den Obliegenheiten des Einsprechenden, ihre gesellschaftsrechtliche Verfassung und Existenz rechtzeitig klarzustellen. Entsprechend kann dies auch im Verletzungsverfahren der Fall sein, wenn diese Zweifel erst im Rahmen der mündlichen Verhandlung entstehen und das Gericht statt der Klageabweisung einen Hinweis nach § 139 ZPO erteilt. 9

Ferner kann es der Billigkeit entsprechen, einem Patentinhaber die Kosten einer weiteren mündlichen Verhandlung aufzuerlegen, wenn er **verspätet verwirrende und unübersichtliche Hilfsanträge einreicht, die eine Vertagung erfordern**[11]. Im Fall hatte der Patentinhaber seine Hilfsanträge bereits vor Beginn der mündlichen Verhandlung fertig vorliegen, so dass sie ersichtlich keine Reaktion auf eine veränderte prozessuale Lage waren. Die Hilfsanträge waren zudem unübersichtlich und verwirrend, so dass ihr genauer Wortlaut erst nach zeitaufwändiger Interpretation ermittelt werden konnte. 10

C. Kostenentscheidung

§ 95 ZPO ist **von Amts wegen** zu berücksichtigen. Die Kostenentscheidung erfolgt in der abschließenden Entscheidung über die der Partei wegen Säumnis oder Verschulden zur Last fallenden Kosten ist **gesondert im Tenor zu entscheiden**. Die Kosten dürfen nicht als Quote oder Prozentsatz der Gesamtkosten angegeben werden[12]. Der Ausspruch könnte bspw. lauten: „Die Einsprechende trägt die außergerichtlichen Kosten, die dem Patentinhaber durch die mündliche Verhandlung vom ... entstanden sind. Von den weitergehenden Kosten des Verfahrens trägt jeder Beteiligte seine Kosten selbst."[13] 11

Die Kostenentscheidung ist nur zusammen **mit der Hauptsacheentscheidung anfechtbar** (§ 99). Unterbleibt die Kostentrennung, kommt Urteilsergänzung gemäß § 321 ZPO in Betracht. 12

§ 96 Kosten erfolgloser Angriffs- oder Verteidigungsmittel

Die Kosten eines ohne Erfolg gebliebenen Angriffs- oder Verteidigungsmittels können der Partei auferlegt werden, die es geltend gemacht hat, auch wenn sie in der Hauptsache obsiegt.

A. Anwendbarkeit im gewerblichen Rechtsschutz

Zur Anwendbarkeit des § 96 ZPO im gewerblichen Rechtsschutz gelten die Ausführungen bei § 91 ZPO entsprechend (→ § 91 Rn. 1 ff.). 1

§ 96 ZPO ist nicht anwendbar, wenn keine Entscheidung in der Hauptsache ergeht[1]. Bei **Klagerücknahme** ist daher die Regelung des § 269 Abs. 3 S. 2 ZPO vorrangig. Wird der Rechtsstreit von den Parteien nach **§ 91a ZPO** übereinstimmend für erledigt erklärt, kann die Wertung des § 96 ZPO im Rahmen der Kostenentscheidung berücksichtigt werden[2]. Eine analoge Anwendung des § 96 ZPO kommt im Fall der **Nebenintervention** in Betracht, wenn der Nebenintervenient neben der Hauptpartei erfolglos ein Rechtsmittel eingelegt hat und zusätzliche Kosten durch besondere Angriffs- oder Verteidigungsmittel entstehen[3]. Diese können dann dem Nebenintervenienten auferlegt werden. 2

B. Voraussetzungen

§ 96 ZPO sieht wie § 95 ZPO einen Fall der **Kostentrennung** vor. Abweichend vom Grundsatz der einheitlichen Kostenentscheidung können der obsiegenden Partei die Kosten eines erfolglosen Angriffs- oder Verteidigungsmittels auferlegt werden. Zweck ist die Förderung einer **sparsamen Prozessführung** durch die Parteien[4]. 3

§ 96 ZPO verlangt ein ohne Erfolg gebliebenes **Angriffs- oder Verteidigungsmittels**. Hierunter fällt jedes sachliche oder prozessuale Vorbringen, das der Durchsetzung oder Abwehr des materiell- 4

---

[10] BPatG BeckRS 2016, 17299.
[11] BPatG BeckRS 2007, 07828.
[12] MüKoZPO/*Schulz* § 95 Rn. 6 mit Tenorierungsvorschlag.
[13] Nach BPatG BeckRS 2016, 17299.
[1] MüKoZPO/*Schulz* § 96 Rn. 2.
[2] MüKoZPO/*Schulz* § 96 Rn. 2.
[3] Zöller/*Herget* ZPO § 101 Rn. 4.
[4] MüKoZPO/*Schulz* § 96 Rn. 7.

rechtlichen oder verfahrensrechtlichen Anspruchs dient[5]. Hierzu zählen Tatsachenbehauptungen, Bestreiten, Einreden (zB Verjährung), Einwendungen (zB Aufrechnung), Einwand der fehlenden Prozesskostensicherheit[6], Anträge auf Durchführung eines selbstständigen Beweisverfahrens[7] oder Beweiserhebung[8]. Das Angriffs- oder Verteidigungsmittel muss sich auf den Teil der Hauptsache beziehen, mit dem die Partei obsiegt hat[9].

5 **Kein Angriffs- oder Verteidigungsmittel** sind die den **Streitgegenstand selbst betreffenden Prozesshandlungen,** wie Klage, Hilfsanträge, Klageänderung, Klageerweiterung, Rechtsmitteleinlegung oder Rechtsausführungen[10]. Dies gilt grundsätzlich auch für die **Widerklage,** weil auch diese den Streitgegenstand betrifft. Der Rechtsgedanke des § 96 ZPO ist jedoch anzuwenden, wenn Klagerücknahme und Rücknahme der Widerklage erfolgt[11]. Wird daher bspw. bei einer Klagerücknahme auch vom Beklagten eine Vindikationsklage zurückgenommen, die im Wege der Widerklage erhoben wurde, kann § 96 ZPO für zusätzliche Kosten einer Beweisaufnahme über die Frage des Erfindungsbesitzes herangezogen werden.

6 **Ohne Erfolg** geblieben ist ein Angriffs- oder Verteidigungsmittel der Partei, wenn es bei rückschauender Betrachtung den Ausgang des Rechtsstreits nicht in irgendeinem für sie günstigen Sinn beeinflusst hat[12].

7 Das erfolglose Angriffs- oder Verteidigungsmittel muss **ausscheidbare Kosten** verursacht haben. Dies ist bspw. bei einer **Beweisaufnahme** der Fall. So trägt der obsiegende Nichtigkeitskläger die Kosten einer für ihn erfolglosen Beweisaufnahme über eine **behauptete offenkundige Vorbenutzung.**

C. Kostenentscheidung

8 Die Entscheidung über die Kostentragung des erfolglosen Angriffs- oder Verteidigungsmittels liegt im **billigen Ermessen** des Gerichts. Die Erfolglosigkeit des Angriffs- oder Verteidigungsmittels muss **nicht verschuldet** sein. Ein Verschulden kann jedoch bei der Ausübung des Ermessens berücksichtigt werden. Über die Kosten des Angriffs- oder Verteidigungsmittels ist **gesondert im Tenor zu entscheiden**[13]. Sie dürfen nicht als Quote oder Prozentsatz der Gesamtkosten angegeben werden. Zur Anfechtbarkeit gelten die Ausführungen bei § 95 ZPO (→ § 95 Rn. 12).

§ 97 Rechtsmittelkosten

(1) **Die Kosten eines ohne Erfolg eingelegten Rechtsmittels fallen der Partei zur Last, die es eingelegt hat.**

(2) **Die Kosten des Rechtsmittelverfahrens sind der obsiegenden Partei ganz oder teilweise aufzuerlegen, wenn sie auf Grund eines neuen Vorbringens obsiegt, das sie in einem früheren Rechtszug geltend zu machen imstande war.**

Literatur *Brandi-Dohrn,* Anmerkung zu BGH GRUR 1990, 594 „Computerträger", GRUR 1990, 596.

Übersicht

	Rn.
A. Anwendbarkeit im gewerblichen Rechtsschutz	1
B. Voraussetzungen	2
I. Kosten bei erfolglosem Rechtsmittel (§ 97 Abs. 1)	3
II. Kosten bei erfolgreichem Rechtsmittel	10
III. „Kostenstrafe" bei Obsiegen (§ 97 Abs. 2)	14
1. Voraussetzungen	14
2. Einzelfälle:	21
a) Neue Druckschriften in zweiter Instanz	21
b) Substantiierung erst in zweiter Instanz	22
c) Erstmaliger Vortrag zur fehlenden Verletzung in der Berufungsinstanz	27
d) Klageänderung	28

---

[5] MüKoZPO/*Schulz* § 96 Rn. 3.
[6] BGH NJW 1980, 838 (839).
[7] BGH NJW-RR 2006, 810.
[8] MüKoZPO/*Schulz* § 96 Rn. 3 mwN.
[9] MüKoZPO/*Schulz* § 96 Rn. 1.
[10] BGH BeckRS 2016, 17765; MüKoZPO/*Schulz* § 96 Rn. 3.
[11] MüKoZPO/*Schulz* § 96 Rn. 2.
[12] MüKoZPO/*Schulz* § 96 Rn. 4.
[13] MüKoZPO/*Schulz* § 96 Rn. 6.

A. Anwendbarkeit im gewerblichen Rechtsschutz

Zur Anwendbarkeit des § 97 ZPO im gewerblichen Rechtsschutz gelten die Ausführungen bei § 91 ZPO (→ § 91 Rn. 1 ff.). In **Rechtsbestandsverfahren** ist der Rechtsgedanke des § 97 Abs. 2 ZPO entsprechend anwendbar[1]. 1

B. Voraussetzungen

§ 97 ZPO regelt zwei Fälle der **Kostentrennung** als Abweichung vom Grundsatz der einheitlichen Kostenentscheidung. 2

I. Kosten bei erfolglosem Rechtsmittel (§ 97 Abs. 1)

Der Begriff des **Rechtsmittels** ist im weitesten Sinn zu verstehen. Hierunter fallen etwa Berufung, Revision, Beschwerde, Erinnerung im Kostenfestsetzungsverfahren, Widerspruch, Einspruch und unselbstständige Anschlussrechtsmittel[2]. § 97 ZPO ist nicht auf die außerordentlichen Rechtsmittel der §§ 578 ff. ZPO, wie bspw. die **Restitutionsklage**, anwendbar. Bei diesen ergeht die Kostenentscheidung nach § 91 ZPO. § 97 ZPO ist auch nicht anwendbar, wenn das Rechtsmittelverfahren kostenfrei ist, wie im Fall der **Streitwertbeschwerde** (§ 68 Abs. 3 GKG). 3

Die **Erfolglosigkeit** des Rechtsmittels ergibt sich aus dem Vergleich von Rechtsmittelantrag und Tenor der Entscheidung. § 97 Abs. 1 ZPO ist bei einem **insgesamt** als unzulässig verworfenen oder als unbegründet zurückgewiesenen Rechtsmittels anwendbar. Für ein teilweise erfolgloses Rechtsmittel oder eine Aufhebung und Zurückweisung an die Vorinstanz gilt § 97 Abs. 1 ZPO nicht (→ Rn. 10, 13). 4

Auch bei Erfolglosigkeit des Rechtsmittels muss das Rechtsmittelgericht **von Amts wegen** prüfen, ob der **Kostenausspruch der angefochtenen Entscheidung** richtig ist[3]. Es muss gegebenenfalls eine falsche Kostenentscheidung korrigieren. Die Überprüfungspflicht besteht auch bei beschränktem Rechtsmittelangriff[4]. Ein Verschlechterungsverbot gilt nicht[5]. Die Prüfungspflicht gilt nicht für Kostenentscheidungen des Berufungsgerichts, wenn der BGH die Nichtzulassungsbeschwerde zurückweist[6]. 5

Kostenpflichtig ist der unterlegene Rechtsmittelführer. Dies kann auch der **Nebenintervenient** sein, wenn er selbst ein Rechtsmittel eingelegt hat[7]. Bei **notwendigen Streitgenossen** (§ 62 ZPO) trifft die Kostenlast nur denjenigen Streitgenossen, der sich am Rechtsmittel beteiligt hat[8]. Zum **Umfang** der Kostenpflicht für die Kosten der Rechtsmittelinstanz gelten die bei § 91 ZPO dargestellten Grundsätze (→ § 91 Rn. 152). 6

Bei **beiderseitigen erfolglosen Rechtsmittel,** dh beide Parteien legen Rechtsmittel ein und es werden beide Rechtsmittel verworfen, zurückgewiesen oder zurückgenommen, ist über die Rechtsmittelkosten abschließend und endgültig zu entscheiden[9]. Die Kostenquote ist gemäß **§ 92 ZPO** nach dem Verhältnis des jeweiligen Unterliegens zum gesamten Rechtsmittelstreitwert zu bestimmen[10]. 7

Verliert ein zulässig erhobenes **Anschlussrechtsmittel** seine Wirkung durch Rücknahme des Rechtsmittels, sind dem **Rechtsmittelkläger im Regelfall auch die Kosten des Anschlussrechtsmittels** aufzuerlegen, denn eine unselbstständige Anschließung an ein gegnerisches Rechtsmittel ist kein eigenes Rechtsmittel, sondern nur ein Antrag innerhalb des vom Prozessgegner eingelegten Rechtsmittels[11]. Nur wenn **ausnahmsweise** über das Anschlussrechtsmittel **in der Sache entschieden wird**, etwa wenn es als unbegründet zurückgewiesen wird oder wenn es selbst unzulässig war oder wenn die nach § 521 Abs. 4 ZPO wirkungslos gewordene Anschlussberufung weiterverfolgt wird und diese als unzulässig zu verwerfen ist, ist das Anschlussrechtsmittel auf Kosten dessen zu verwerfen, der es eingelegt hat[12]. Dann ergeht über das unselbstständige Anschlussrechtsmittel eine eigene Entscheidung, die nach dem Grundsatz des § 97 Abs. 1 ZPO bei der einheitlichen Kostenentscheidung zu berücksichtigen ist. Gleiches gilt, wenn der Anschlussrechtsmittelführer in die Rücknahme des Rechts- 8

---

[1] BPatG BeckRS 1998, 13836. In den Fällen des § 84 Abs. 2 PatG richtigerweise kraft direkter Verweisung.
[2] MüKoZPO/*Schulz* § 97 Rn. 3.
[3] BGH GRUR 1992, 625 (627) – Therapeutische Äquivalenz; OLG Düsseldorf BeckRS 2011, 27019 – Brasilianische Patente; Zöller/*Heßler* ZPO § 97 Rn. 6; MüKoZPO/*Schulz* § 97 Rn. 5.
[4] BGH GRUR 1992, 625 (627) – Therapeutische Äquivalenz; OLG Düsseldorf BeckRS 2011, 27019 – Brasilianische Patente; Zöller/*Heßler* ZPO § 97 Rn. 6; MüKoZPO/*Schulz* § 97 Rn. 6.
[5] OLG Düsseldorf BeckRS 2011, 27019 – Brasilianische Patente; Zöller/*Heßler* ZPO § 97 Rn. 6.
[6] BGH NJW 2004, 2598.
[7] MüKoZPO/*Schulz* § 97 Rn. 7.
[8] MüKoZPO/*Schulz* § 97 Rn. 7; Zöller/*Heßler* ZPO § 97 Rn. 4.
[9] MüKoZPO/*Schulz* § 97 Rn. 11.
[10] MüKoZPO/*Schulz* § 97 Rn. 11.
[11] BGH NJW-RR 2007, 786; 2005, 727 mwN.
[12] BGH NJW-RR 2007, 786; 2005, 727 (728) mwN.

mittels eingewilligt hat und die Einwilligung zur Wirksamkeit der Rücknahme **notwendig** war[13]. Denn dann hat er selbst daran mitgewirkt, sein unselbstständiges Anschlussrechtsmittel zu Fall zu bringen.

9 Die außergerichtlichen Kosten der Gegenpartei des erfolglosen Beschwerdeführers im **Verfahren über die Ablehnung eines Sachverständigen** gemäß § 406 ZPO gehören zu den erstattungsfähigen notwendigen Kosten des Rechtsstreits[14].

II. Kosten bei erfolgreichem Rechtsmittel

10 Bei vollem Erfolg des Rechtsmittels ist nach **§ 91 ZPO** zu entscheiden. Ausnahmsweise kann ein Fall des § 97 Abs. 2 ZPO vorliegen (→ Rn. 7 ff.). Es gilt der Grundsatz der **Kostenlast des Letztunterliegenden**[15]. Die letztunterliegende Partei trägt, unabhängig vom vorangegangenen Prozessverlauf, die gesamten Kosten des Rechtsstreits. **Beschränkt** der Rechtsmittelführer sein Rechtsmittel auf einen **Teilbetrag** und obsiegt, so trägt die andere Partei die Kosten der Rechtsmittelinstanz nach § 91 ZPO und die Kosten der Vorinstanz sind nach § 92 Abs. 1 ZPO zu ermitteln[16].

11 Bei **Teilunterliegen** des Rechtsmittelführers ist nach **§ 92 ZPO** zu entscheiden[17]. Das Verhältnis des jeweiligen Obsiegens bzw. Unterliegens bestimmt sich nach dem Verhältnis zum instanzübergreifenden Gesamtstreitwert.

12 Wird eine **Nichtzulassungsbeschwerde** zum Teil zurückgewiesen, ergeht insoweit eine Kostenentscheidung zum Nachteil des Beschwerdeführers[18]. Durch die Aufteilung des ursprünglich einheitlichen Rechtsmittelgegenstands auf zwei gesonderte Rechtsmittelverfahren werden allerdings die Vorteile der Gebührendegression bei höherem Streitwert beschnitten. Der Wert des Beschwerdegegenstands bemisst sich daher für die Gerichtskosten nach dem erfolglosen Teil der Beschwerde, für die außergerichtlichen Kosten nach der Beschwerde insgesamt, beschränkt auf die Quote, die dem erfolglosen Teil entspricht[19].

13 Im Falle der **Aufhebung** der angefochtenen Entscheidung **und Zurückverweisung** durch das Rechtsmittelgericht liegt zum Zeitpunkt der Zurückverweisung weder ein Obsiegen noch ein Unterliegen vor, denn es entscheidet erst der endgültige Ausgang des Rechtsstreits über den Erfolg. Entsprechend enthält die Rechtsmittelentscheidung **keinen Kostenausspruch,** da eine endgültige Entscheidung in der Sache nicht getroffen wurde[20]. Über die Kosten entscheidet die **Vorinstanz.** Dies gilt zB auch im **Patentnichtigkeitsverfahren** bei Zurückverweisung durch den BGH an das BPatG[21].

III. „Kostenstrafe" bei Obsiegen (§ 97 Abs. 2)

14 **1. Voraussetzungen.** Trotz Obsiegens sind einer Partei nach § 97 Abs. 2 ZPO die Kosten ganz oder teilweise aufzuerlegen, wenn sie aufgrund eines neuen Vorbringens obsiegt, dass sie in der Vorinstanz hätte geltend machen können. § 97 Abs. 2 ZPO dient der **Kostengerechtigkeit** und der Vermeidung von **Prozessverschleppung**[22]. Es handelt sich um eine Ausnahme von § 91 ZPO und dem Grundsatz der einheitlichen Kostenentscheidung. Neben § 97 Abs. 2 ZPO kann das Gericht gegen die obsiegende Partei auch eine **Verzögerungsgebühr nach § 38 GKG** verhängen[23].

15 Ein **Obsiegen im Rechtsmittelverfahren** liegt vor, wenn die jeweilige Partei mit ihrem Sachantrag durchdringt. Dies kann der **Rechtsmittelführer** sein, aber auch der **Rechtsmittelgegner,** der mit seinem Antrag auf Verwerfung oder Zurückweisung des Rechtsmittels Erfolg hat. Bei einem **Teilobsiegen** ist § 97 Abs. 2 ZPO für diesen Teil anzuwenden und im Übrigen nach §§ 91 ff. ZPO zu entscheiden[24].

16 **Neues Vorbringen** kann aufgrund von neuem **Tatsachenvortrag, Beweismitteln** oder **Angriffs- und Verteidigungsmitteln** (→ § 96 Rn. 4), wie bspw. der **Verjährungseinrede,** vorliegen[25]. **Rechtsansichten** stellen kein neues Vorbringen dar. Das Vorbringen ist **neu,** wenn es bislang noch nicht Gegenstand des Verfahrens war und erstmals eingeführt wird. Es kommt nur ein Vorbringen in Betracht, das vom Rechtsmittelgericht zugelassen wurde und auch nicht in der Vorinstanz

---

[13] BGH NJW-RR 2007, 786; 2005, 727 (728) mwN.
[14] BGH NJW 2019, 428 = Mitt. 2019, 45 (Ls.) – außergerichtliche Kosten bei Ablehnung eines Sachverständigen.
[15] MüKoZPO/*Schulz* § 97 Rn. 14.
[16] MüKoZPO/*Schulz* § 97 Rn. 15.
[17] MüKoZPO/*Schulz* § 97 Rn. 16.
[18] BGH NJW 2004, 1048.
[19] BGH NJW 2004, 1048.
[20] MüKoZPO/*Schulz* § 97 Rn. 17.
[21] BPatG BeckRS 2009, 77074.
[22] MüKoZPO/*Schulz* § 97 Rn. 18.
[23] MüKoZPO/*Schulz* § 97 Rn. 18.
[24] MüKoZPO/*Schulz* § 97 Rn. 21.
[25] BGH GRUR 2016, 1204 – Prozesskostensicherheit; MüKoZPO/*Schulz* § 97 Rn. 22.

zu Recht zurückgewiesen wurde. Wird die Grundlage für das Vorbringen erst in der Rechtsmittelinstanz geschaffen, ist § 97 Abs. 2 ZPO jedenfalls nicht direkt anwendbar[26].

Das neue Vorbringen muss **kausal** für den Sieg in der Rechtsmittelinstanz sein[27]. Gewissheit ist nicht erforderlich. § 97 Abs. 2 ZPO findet keine Anwendung bei neuem Vorbringen, das keine Auswirkung auf den Ausgang des Klageverfahrens hat und das auf dieselben Gesichtspunkte gestützt wird, die zur Abweisung der Klage geführt haben[28]. **17**

Die obsiegende Partei muss die Verspätung **zu vertreten** haben (vgl. auch §§ 51 Abs. 2, 85 Abs. 2 ZPO). Es muss ihr möglich gewesen sein, das neue Vorbringen bereits früher im Verfahren geltend zu machen. Maßstab ist eine **gewissenhafte Prozessführung** und das Gebot, Angriffs- und Verteidigungsmittel rechtzeitig gemäß **§ 282 ZPO** vorzubringen[29]. Es ist zu prüfen, ob die Partei nach dem Grundsatz vernünftiger wirtschaftlicher Prozessführung **Anlass hatte,** mit diesem Vorbringen zunächst **zurückzuhalten**[30]. **18**

Im **Patentnichtigkeitsverfahren** ist die Problemstellung für den Nichtigkeitskläger zu berücksichtigen, dass die Vorlage einer **Vielzahl von Druckschrift eher als Indiz für eine erfinderische Tätigkeit** angesehen werden kann[31]. *Brandi-Dohrn* plädiert daher für eine zurückhaltende Anwendung des § 97 Abs. 2 ZPO im Nichtigkeitsverfahren[32]. **19**

Tritt die Veränderung erst in der Rechtsmittelinstanz ein, kann eine **entsprechende Anwendung** von § 97 Abs. 2 in Betracht kommen. Die Regelung bringt einen allgemeinen Grundsatz zum Ausdruck und ist daher entsprechend anwendbar, wenn eine Partei erst in der Rechtsmittelinstanz infolge eines in der Rechtsmittelinstanz eingetretenen Umstands obsiegt, der nicht dem Bereich der Gegenpartei, sondern ihrem Bereich zuzurechnen ist[33]. Der aufgrund neuer, in ihrem Einflussbereich eingetretener tatsächlicher Umstände obsiegenden Partei können Kosten des Rechtsmittelverfahrens nur dann auferlegt werden, wenn sie dadurch gegen ihre Prozessförderungspflicht verstoßen hat, dass sie diese Umstände nicht bereits in einem früheren Rechtszug herbeigeführt hat[34]. **20**

2. Einzelfälle: a) Neue Druckschriften in zweiter Instanz. Werden im Rechtsbestandverfahren neue Druckschriften in zweiter Instanz vorgelegt, die zur Vernichtung des angegriffenen Patents führen, kann dies eine Kostentragung des Nichtigkeitsklägers für die **Kosten der zweiten Instanz** zur Folge haben[35]. Der Rechtsgedanke des § 97 Abs. 2 ZPO ist auch für entsprechende Fälle im **Gebrauchsmusterlöschungsverfahren** entsprechend heranzuziehen[36]. Erweist sich das Gebrauchsmuster aufgrund von Druckschriften als schutzunfähig, die erst im Beschwerdeverfahren ermittelt und vorgelegt wurden, so erfordert die Billigkeit die Auferlegung der Kosten des Beschwerdeverfahrens auf die Antragstellerin, wenn von ihr erwartet werden konnte, mit einer Recherche bereits vor Abschluss der ersten Instanz diese Druckschriften zu ermitteln[37]. Für das **Einspruchsverfahren** ist eine entsprechende Kostenauferlegung ebenfalls im Rahmen der Billigkeit zu prüfen. **21**

b) Substantiierung erst in zweiter Instanz. Die Kostenregel des § 97 Abs. 2 ZPO kann ebenfalls angewendet werden, wenn das **unsubstantiierte erstinstanzliche Vorbringen** erst in der Rechtsmittelinstanz substantiiert wird[38]. **22**

Dies kann bspw. der Fall sein, wenn die im erstinstanzlichen Verfahren mit einem eigenen Anspruch unterlegene Partei im Berufungsverfahren mit einem nunmehr erst in **gewillkürter Prozessstandschaft** geltend gemachten Anspruch eines Dritten obsiegt, dessen Ermächtigungserklärung sie erst im Berufungsverfahren vorgelegt hat, jedoch im erstinstanzlichen Verfahren bereits hätte beschaffen können und im Rahmen der ihr obliegenden Prozessförderungspflicht auch hätte beschaffen und vorlegen müssen[39]. **23**

Eine entsprechende Kostentragung trotz Obsiegens ist auch denkbar, wenn ein Kläger erstinstanzlich **unsubstantiiert zur äquivalenten Verletzung vorträgt** und der Beklagte diese bestreitet. Obsiegt der Kläger im Berufungsverfahren wegen substantiiert vorgetragener äquivalenter Verletzung kommt eine Kostentragung nach § 97 Abs. 2 ZPO in Betracht. **24**

---

[26] MüKoZPO/*Schulz* § 97 Rn. 23 mwN auch zur entsprechenden Anwendbarkeit.
[27] BGH NJW-RR 2009, 254; 2005, 866; NJW 1960, 818.
[28] BGH NJW-RR 2009, 254; 2005, 866.
[29] BGH GRUR 2016, 1204 – Prozesskostensicherheit; MüKoZPO/*Schulz* § 97 Rn. 24.
[30] BGH NJW 1960, 818.
[31] Vgl. BGH GRUR 1953, 120 – Rohrschelle; BGH GRUR 1970, 289 (294) – Diarähmchen IV.
[32] *Brandi-Dohrn* GRUR 1990, 596 (597).
[33] BGH GRUR 2016, 1204 – Prozesskostensicherheit mwN.
[34] BGH GRUR 2016, 1204 – Prozesskostensicherheit mwN (verneint für den Fall der Änderung der personellen Besetzung des Vertreterorgans, die zum Wegfall der Pflicht zur Leistung von Prozesskostensicherheit führt).
[35] BGH GRUR 1990, 594 – Computerträger mAnm *Brandi-Dohrn*.
[36] BPatG Mitt. 2002, 570 – Schaltdrehgriffänderung; BPatG BeckRS 1998, 13836.
[37] BPatG BeckRS 1998, 13836.
[38] BGH GRUR 1992, 108 (109) – Oxygenol.
[39] BGH GRUR 1992, 108 (109) – Oxygenol.

25 Substantiiert der obsiegende Beklagte erst in der zweiten Instanz seinen **Einwand der offenkundigen Vorbenutzung,** kann ihn ebenfalls die Kostenfolge des § 97 Abs. 2 ZPO treffen[40].

26 Der Rechtsgedanke des § 97 Abs. 2 ZPO gilt auch im **Kostenfestsetzungsverfahren.** Hat ein Antragsteller bspw. hinsichtlich der **Recherchekosten** obsiegt und die Belege erst im Beschwerdeverfahren vorgelegt, obwohl die Antragsgegnerin die Höhe der Kosten bereits im Festsetzungsverfahren bestritten hatte, so trägt er insoweit die Kosten des Verfahrens[41].

27 **c) Erstmaliger Vortrag zur fehlenden Verletzung in der Berufungsinstanz.** Trägt der Beklagte erstmalig in der Berufungsinstanz vor, dass keine Verletzungshandlung vorliegt und hätte dies auch schon während des landgerichtlichen Verfahrens geltend gemacht werden können und ist er mit diesem Vorbringen auch nicht präkludiert, so kann § 97 Abs. 2 ZPO zu seinen Lasten angewendet werden[42]. Dies kann etwa der Fall sein, wenn der Beklagte erstmalig vorträgt, die angegriffene Ausführungsform seit geraumer Zeit nicht mehr herzustellen, anzubieten oder zu vertreiben und diese Tatsache im Berufungsverfahren zu berücksichtigen ist, weil sie unstreitig wird[43].

28 **d) Klageänderung.** Obsiegt der Kläger in der Berufungsinstanz aufgrund einer Änderung seiner Anträge, die er ohne Weiteres auch in der ersten Instanz hätte stellen können, kann ihn nach § 97 Abs. 2 ZPO die Kostenlast treffen. Dies kann bspw. der Fall sein, wenn er seine erstinstanzlich als unzulässig abgewiesene **Feststellungsklage in eine Leistungsklage ändert**[44] oder aufgrund neuer **Hilfsanträge** obsiegt[45].

§ 98 Vergleichskosten

¹Die Kosten eines abgeschlossenen Vergleichs sind als gegeneinander aufgehoben anzusehen, wenn nicht die Parteien ein anderes vereinbart haben. ²Das Gleiche gilt von den Kosten des durch Vergleich erledigten Rechtsstreits, soweit nicht über sie bereits rechtskräftig erkannt ist.

A. Anwendbarkeit im gewerblichen Rechtsschutz

1 Zur Anwendbarkeit des § 98 ZPO im gewerblichen Rechtsschutz gelten die Ausführungen bei § 91 ZPO entsprechend (→ § 91 Rn. 1). § 98 ZPO findet auch im **Rechtsbestandsverfahren** entsprechende Anwendung. Wird durch einen vor Gericht abgeschlossenen Vergleich ein beim DPMA anhängiges Gebrauchsmusterlöschungsverfahren erledigt, ohne dass eine Vereinbarung über die Kosten dieses Verfahrens getroffen wird, so ist § 98 ZPO anzuwenden¹.

2 § 98 S. 1 ZPO ist nach hM auch auf den **außergerichtlichen Vergleich** anwendbar (→ Rn. 10 ff.).

B. Voraussetzungen

3 § 98 ZPO regelt die Kostentragung bei Abschluss des Verfahrens durch Prozessvergleich. Aufgrund der einvernehmlichen Streitbeilegung der Parteien, ist die Unterliegensregel des § 91 Abs. 1 S. 1 ZPO nicht anwendbar. § 98 ZPO trifft keine einheitliche Regelung über die Kosten des Rechtsstreits bei Abschluss eines gerichtlichen Vergleichs². Vielmehr befasst sich **Satz 1** nur mit den **Kosten des Vergleichs.** Diese Regelung, dass die Kosten grundsätzlich als gegeneinander aufgehoben gelten, wird in **Satz 2** auf die **Kosten des Rechtsstreits** übertragen. Vereinbaren die Parteien nichts anderes, gilt für die Kosten des Rechtsstreits und die Kosten des Vergleichs die gleiche Kostenverteilung. Das ändert aber nichts an der Unterscheidung zwischen den Kosten des Vergleichs einerseits und den Kosten des Rechtsstreits andererseits. Folge hiervon ist, dass die Kosten „des Rechtsstreits" weder die Kosten eines gerichtlichen noch die Kosten eines außergerichtlichen Vergleichs umfassen. Beide Gruppen von Kosten folgen vielmehr eigenen und nicht notwendig ergebnisgleichen Regeln³.

---

[40] RG GRUR 1941, 270 (272) – Gußmodellplatten.
[41] BPatG BeckRS 2011, 28095 – Kostenerstattung in einem Gebrauchsmuster-Löschungsverfahren.
[42] OLG Düsseldorf BeckRS 2008, 04699 – Kettenrad für Gelenkketten.
[43] OLG Düsseldorf BeckRS 2008, 04699 – Kettenrad für Gelenkketten.
[44] OLG Düsseldorf WRP 1985, 644.
[45] Zöller/*Herget* ZPO § 97 Rn. 13 mwN.
¹ BPatG GRUR 1982, 483 – Vollstreckungsgegenklage; aA BPatG GRUR 1981, 133 – Metra noch für das Warenzeichen-Widerspruchsverfahren.
² BGH NJW 2011, 1680 (1681); 2009, 519.
³ BGH NJW 2011, 1680 (1681); 2009, 519.

Vergleichskosten 4–11 § 98 ZPO

I. Vergleich

§ 98 ZPO betrifft unmittelbar den Prozessvergleich gemäß § 794 Abs. 1 Nr. 1 ZPO. Zum außergerichtlichen Vergleich → Rn. 10 ff. Die Regelung ist auch auf einen **Gesamtvergleich** anwendbar, durch den weitere Prozesse beendet werden[4]. Es ist nicht erforderlich, dass alle Verfahren vor dem Gericht anhängig sind, vor dem der Vergleich geschlossen wird[5]. § 98 ZPO gilt ferner für **Zwischenvergleiche,** die den Rechtsstreit nicht beenden und **Teilvergleiche,** bei denen nur ein Teil des Streitgegenstandes geregelt wird[6]. Der Vergleich muss zwischen den **Parteien des Rechtsstreits** geschlossen werden. Dazu gehört auch der Prozessstandschafter[7]. 4

II. Parteivereinbarung oder Kostenaufhebung

Nach § 98 S. 1 ZPO gilt bei der Kostenentscheidung der **Vorrang der Parteivereinbarung.** Die Parteien können eine **positive Kostenvereinbarung** treffen und die Verteilung der Kosten regeln[8]. Der Prozessvergleich ist dann Grundlage für die Festsetzung der erstattungsfähigen Kosten im Kostenfestsetzungsverfahren. In Zweifelsfällen kann die Vereinbarung Gegenstand der Auslegung durch das Gericht sein[9]. Alternativ können die Parteien auch eine **negative Kostenentscheidung** treffen. Dies ist der Fall, wenn sie die gesetzliche Kostenfolge (§ 98 S. 1 ZPO) ausschließen und dem Gericht die Kostenentscheidung überlassen[10]. Ein **bloßes Schweigen** zum Kostenpunkt ist jedoch **nicht ausreichend,** sondern stellt den Regelfall des § 98 S. 1 ZPO dar[11]. Die Entscheidung des Gerichts ergeht durch Beschluss entsprechend **§ 91a ZPO**[12]. Im Rahmen des billigen Ermessens kann berücksichtigt werden, welche Kostentragungsregelung die Parteien selbst angestrebt haben, andernfalls ist die Kostenregelung des § 91a ZPO anzuwenden. 5

Haben die Parteien keine positive oder negative Kostenregelung getroffen, so sind die Kosten als **gegeneinander aufgehoben** anzusehen (§ 92 Abs. 1 S. 2 ZPO), soweit über sie nicht bereits rechtskräftig entschieden wurde. Liegt eine rechtskräftige Kostengrundentscheidung vor, hat diese Vorrang. 6

Schließen die Parteien in einem Termin zur mündlichen Verhandlung einen umfassenden Vergleich, der bisher **nicht rechtshängige Ansprüche einbezieht,** ist eine Kostenregelung, wonach eine Partei die Kosten des Rechtsstreits zu tragen hat und die Kosten des Vergleichs gegeneinander aufgehoben werden, regelmäßig dahin auszulegen, dass die nur durch die Einbeziehung nicht rechtshängiger Ansprüche in den Vergleich entstehenden Teile der Terminsgebühr zu den Kosten des Vergleichs gehören[13]. 7

III. Umfang der Kostenerstattung

Bei **positiver Kostenvereinbarung** ist der Inhalt der **Parteivereinbarung,** der ggf. durch Auslegung zu ermitteln ist, entscheidend[14]. Maßstab ist **grundsätzlich die gesetzliche Kostenerstattung**[15]. Der Prozessvergleich kann jedoch auch eine Erstattung von höheren als den gesetzlichen Gebühren für Rechts- und Patentanwälte vorsehen. Entsprechendes gilt für die notwendigen Kosten. 8

Bei **negativer oder fehlender Kostenvereinbarung** gelten die Grundsätze des § 91 ZPO. 9

Bei den Gerichtskosten ist zu berücksichtigen, dass eine **Ermäßigung der Gerichtsgebühr** in Betracht kommt (Nr. 1211 Nr. 3 KV GKG). Bei den außergerichtlichen Kosten entsteht eine **Einigungsgebühr** nach Nr. 1000 VV RVG. 10

IV. Außergerichtlicher Vergleich

§ 98 S. 1 ZPO gilt für einen außergerichtlichen Vergleich **entsprechend,** wenn der außergerichtliche Vergleich **zur Prozessbeendigung führt**[16]. Haben die Parteien also keine abweichende Kostenregelung im Vergleich getroffen, sind die Kosten gegeneinander aufzuheben. Außergerichtliche Vergleiche und Vereinbarungen sind damit im Kostenfestsetzungsverfahren nur dann zu beachten und gehören nur dann zu den erstattungsfähigen Kosten, wenn die Parteien dies vereinbart haben und 11

---

[4] MüKoZPO/*Schulz* § 98 Rn. 4.
[5] MüKoZPO/*Schulz* § 98 Rn. 4.
[6] MüKoZPO/*Schulz* § 98 Rn. 5.
[7] MüKoZPO/*Schulz* § 98 Rn. 8.
[8] MüKoZPO/*Schulz* § 98 Rn. 11.
[9] MüKoZPO/*Schulz* § 98 Rn. 12 ff.
[10] MüKoZPO/*Schulz* § 98 Rn. 17.
[11] MüKoZPO/*Schulz* § 98 Rn. 17 mwN.
[12] BGH NJW 2007, 835.
[13] BGH NJW 2017, 3725 = Mitt. 2017, 517 (Ls.).
[14] BGH NJW-RR 2007, 1149.
[15] MüKoZPO/*Schulz* § 98 Rn. 23.
[16] BGH NJW 2011, 1680 (1681); 2009, 519; NJW-RR 2006, 1000; OLG Düsseldorf Mitt. 2015, 419 (421) mAnm *Koelle* = BeckRS 2015, 09392.

wenn dies unstreitig ist[17]. Allein die Regelung in einem außergerichtlichen Vergleich, dass die Anwendbarkeit des § 98 ZPO ausgeschlossen sein soll, ist nicht ausreichend, wenn zwischen den Parteien im Kostenfestsetzungsverfahren keine Einigkeit über den Inhalt dieser Regelung besteht[18].

12   Der Vergleich führt zur Prozessbeendigung, wenn sich die Parteien außergerichtlich zur Abgabe einer **prozessbeendigenden Erklärung** (Klagerücknahme, Rechtsmittelrücknahme oder Erledigungserklärung) verpflichten. Prozessuale Wirkung entfaltet ein solcher Vergleich auch dann, wenn er nicht vereinbarungsgemäß umgesetzt wird. Anders als ein Prozessvergleich beendet der außergerichtliche Vergleich den Rechtsstreit zwar nicht unmittelbar. Beruft sich eine Partei auf den Vergleich, ist die Fortsetzung des Verfahrens unzulässig[19]. Streit der Parteien über die Wirksamkeit eines außergerichtlichen Vergleichs und die Erfüllung der darin geregelten Ansprüche sind grundsätzlich im laufenden Verfahren zu klären[20]. Die Regelung des § 98 ZPO verdrängt die entsprechenden Regelungen (zB **§§ 91a, 269 Abs. 3, 516 Abs. 3 ZPO**)[21].

13   Für die **Kostenverteilung** gilt der **Parteiwille**, der ggf. durch Auslegung zu ermitteln ist[22]. Eine **negative Kostenvereinbarung** durch die Parteien und eine anschließende Bestimmung der Kostenlast durch das Gericht entsprechend **§ 91a ZPO** ist möglich[23]. Ein außergerichtlicher Vergleich ist kein Vollstreckungstitel und kann nicht Grundlage der Kostenfestsetzung sein[24].

14   Auch bei einem außergerichtlichen Vergleich entsteht für die außergerichtlichen Kosten eine **Einigungsgebühr** nach Nr. 1000 VV RVG[25]. Für die Festsetzbarkeit der Einigungsgebühr im Kostenfestsetzungsverfahren reicht es aus, dass glaubhaft gemacht wird, dass die Parteien eine Vereinbarung iSv Nr. 1000 VV RVG geschlossen haben[26]. Die Protokollierung des Vergleichs nach § 794 Abs. 1 Nr. 1 ZPO ist nicht erforderlich[27]. Nur die Voraussetzungen des Nr. 1000 Abs. 1 Nr. 1 VV RVG müssen erfüllt sein. Dabei gilt, dass außergerichtliche Vereinbarungen im Festsetzungsverfahren nur zu beachten sind, wenn sie unstreitig sind[28].

§ 99 Anfechtung von Kostenentscheidungen

(1) **Die Anfechtung der Kostenentscheidung ist unzulässig, wenn nicht gegen die Entscheidung in der Hauptsache ein Rechtsmittel eingelegt wird.**

(2) ¹Ist die Hauptsache durch eine auf Grund eines Anerkenntnisses ausgesprochene Verurteilung erledigt, so findet gegen die Kostenentscheidung die sofortige Beschwerde statt. ²Dies gilt nicht, wenn der Streitwert der Hauptsache den in § 511 genannten Betrag nicht übersteigt. ³Vor der Entscheidung über die Beschwerde ist der Gegner zu hören.

Übersicht

	Rn.
A. Anwendbarkeit im gewerblichen Rechtsschutz	1
I. Restitutionsklage	2
II. Rechtsbestandsverfahren	3
1. Patent- und Gebrauchsmusterrecht	4
2. Markenrecht	7
B. Voraussetzungen der Nichtanfechtbarkeit	8
I. Kostenentscheidung	8
II. Entscheidung in der Hauptsache	9
III. Beschränkung des Rechtsmittels auf die Kosten	15
1. Rechtsmittel	16
2. Kostenwiderspruch	19
IV. Rechtsfolge	23
V. Anfechtung bei Anerkenntnis	24

---

[17] OLG Düsseldorf Mitt. 2015, 419 (421) mAnm *Koelle* = BeckRS 2015, 09392.
[18] OLG Düsseldorf Mitt. 2015, 419 (421) mAnm *Koelle* = BeckRS 2015, 09392.
[19] BGH NJW 2002, 1503 (1504); 1989, 39.
[20] BGH NJW 2002, 1503 (1504).
[21] BGH NJW-RR 2006, 1000.
[22] BGH NJW 2011, 1680; 2009, 519; 1963, 637; MüKoZPO/*Schulz* § 98 Rn. 32.
[23] BGH NJW-RR 2006, 1000.
[24] MüKoZPO/*Schulz* § 98 Rn. 43 ff.
[25] BGH NJW 2011, 1680; 2007, 2187.
[26] BGH NJW 2007, 2187.
[27] BGH NJW 2011, 1680 (1681); 2009, 519; OLG Düsseldorf Mitt. 2015, 419 (421) mAnm *Koelle* = BeckRS 2015, 09392.
[28] OLG Düsseldorf Mitt. 2015, 419 (421) mAnm *Koelle* = BeckRS 2015, 09392 mwN.

A. Anwendbarkeit im gewerblichen Rechtsschutz

Nach § 99 Abs. 1 ZPO ist die Anfechtbarkeit der Kostenentscheidung von der Einlegung eines Rechtsmittels in der Hauptsache abhängig. Die Vorschrift dient der **Verfahrensökonomie**. Sie hat den Zweck, zu verhindern, dass das Gericht bei der Überprüfung der Kostenentscheidung erneut die Hauptsache beurteilen muss, obwohl diese nicht angefochten wurde[1]. Die Regelung verhindert ebenfalls **widersprechende Entscheidungen**. In Konstellationen, in denen sich die **Hauptsache erledigt hat** und nur noch eine Entscheidung über die Kosten getroffen wird, spricht dagegen nichts gegen die Anfechtung der Kostenentscheidung (**§ 99 Abs. 2 ZPO**, vgl. auch §§ 91a Abs. 2 S. 1, 269 Abs. 5 S. 1 ZPO).

I. Restitutionsklage

Die Unzulässigkeit der Anfechtung der Kostenentscheidung gemäß § 99 Abs. 1 ZPO **gilt entsprechend** für die **Restitutionsklage** (§ 580 ZPO)[2]. Macht der Restitutionskläger ausdrücklich nur die Aufhebung des rechtskräftigen Urteils im Umfang der Kostenentscheidung geltend und verlangt die Zurückweisung der ursprünglichen Klage nur insofern, dass dem Restitutionsbeklagten die Kosten des Rechtsstreits aufzuerlegen sind, so geht die Restitutionsklage nicht über die Anfechtung der Kostengrundentscheidung hinaus. Dieses Vorgehen ist in entsprechender Anwendung von § 99 Abs. 1 ZPO unzulässig.

II. Rechtsbestandsverfahren

Im **Rechtsbestandsverfahren ist § 99 ZPO nicht unmittelbar anwendbar.**

1. Patent- und Gebrauchsmusterrecht. Dies ergibt sich für das Patentnichtigkeitsverfahren und das Gebrauchsmusterlöschungsverfahren aus **§ 99 Abs. 2 PatG** (iVm § 18 Abs. 2 GebrMG), wonach eine Anfechtung von Entscheidungen des Bundespatentgerichts nur in den vom Patentgesetz bestimmten Fällen stattfindet. Eine Verweisung auf die Regelung des § 99 Abs. 2 ZPO enthält das Patentgesetz nicht.

Dennoch ist für das **Patentnichtigkeitsverfahren** unter Verweis auf § 99 Abs. 1 ZPO anerkannt, dass die Kostenentscheidung eines Nichtigkeitsurteils nicht isoliert angefochten werden kann[3]. Verteidigt der Patentinhaber im Nichtigkeitsverfahren das in vollem Umfang angegriffene Streitpatent im Wege der Selbstbeschränkung nicht mehr (sog. „**Selbstbeschränkung auf Null**"), so ist es ohne Sachprüfung für nichtig zu erklären. In dieser „Selbstbeschränkung auf Null" wird teilweise eine faktisch dem Anerkenntnis eines Klageantrags gemäß § 307 ZPO ähnliche Erklärung gesehen, so dass für diese Konstellationen die isolierte Anfechtbarkeit der Kostenentscheidung nach dem Rechtsgedanken des **§ 99 Abs. 2 S. 1 ZPO** anwendbar wäre[4].

Im **gebrauchsmusterrechtlichen Löschungsverfahren** wurde die Anwendbarkeit des § 99 Abs. 2 ZPO und eine „sofortige Beschwerde" gegen die Kostengrundentscheidung in einem Berichtigungsbeschluss abgelehnt[5]. Ein entsprechender Ausschluss von § 99 ZPO gilt auch für das patentrechtliche **Einspruchsverfahren**.

2. Markenrecht. Im **Markenbeschwerdeverfahren** ist § 99 ZPO ebenfalls **nicht anwendbar**[6]. Vielmehr ist eine isolierte Anfechtung einer Kostenentscheidung des DPMA gemäß § 66 Abs. 1 S. 1 MarkenG im Rahmen eines Beschwerdeverfahrens vor dem BPatG zulässig. Die Besonderheiten des Beschwerdeverfahrens vor dem Patentgericht schließen die Anwendung von § 99 ZPO aus (§ 82 Abs. 1 Hs. 2 MarkenG), weil alle belastenden Entscheidungen des Patentamtes als Träger öffentlicher Gewalt im Hinblick auf Art. 19 Abs. 4 GG gerichtlich überprüfbar sein müssen[7].

---

[1] BGH GRUR 2003, 724 – Rechtsbeschwerde II; OLG Düsseldorf 15 W 10/20 (Beschluss vom 1. Juli 2021).
[2] LG Düsseldorf BeckRS 2016, 17309 – Patente Schüssel total legal mwN; OLG Düsseldorf BeckRS 2008, 05698 – Restitutionsklage II.
[3] BGH GRUR 1995, 577 – Drahtelektrode.
[4] BPatG GRUR 2010, 137 (138) – Oxaliplatin; aA BGH GRUR 1995, 577 – Drahtelektrode.
[5] BPatG BeckRS 2011, 25562.
[6] BPatG BeckRS 2010, 23080 – Kostenauferlegung aus Billigkeitsgründen; BPatG BeckRS 2010, 23081 – Isolierte Kostenbeschwerde; BPatG BeckRS 2010, 23082 – Kostentragung des Widerspruchsverfahrens nach isolierter Kostenbeschwerde; BPatG BeckRS 2010, 22361 – Isolierte Anfechtung der Kostenentscheidung.
[7] BPatG BeckRS 2010, 22361 – Isolierte Anfechtung der Kostenentscheidung.

B. Voraussetzungen der Nichtanfechtbarkeit

I. Kostenentscheidung

8 Es muss eine Kostenentscheidung **über die Kostenlast** dem Grunde nach vorliegen. Lehnt das Gericht bewusst die Kostenentscheidung ab, so ist dagegen die sofortige Beschwerde § 99 Abs. 2 ZPO analog statthaft[8]. Gleiches gilt für eine Kostenentscheidung, die nicht hätte ergehen dürfen, zB im Rahmen eines Teilurteils[9]. Zur Korrektur einer Kostenentscheidung → § 91 Rn. 65.

II. Entscheidung in der Hauptsache

9 **Zusammen mit der Kostenentscheidung** muss eine Entscheidung in der Hauptsache vorliegen. Dies kann eine Entscheidung in der Sache, die über den Streitgegenstand befindet, oder eine verfahrensrechtliche Entscheidung, die den Antrag als unzulässig zurückweist, sein. Eine streitige Entscheidung nach einseitiger Erledigungserklärung ist eine Hauptsacheentscheidung.

10 In Fällen der reinen Kostenentscheidung, wie bspw. bei übereinstimmender Erledigungserklärung nach **§ 91a Abs. 2 ZPO** oder der Klagerücknahme nach **§ 269 Abs. 5 S. 1 ZPO,** handelt es sich um **keine Hauptsacheentscheidung.** Die Kostenbeschlüsse sind vielmehr mit der sofortigen Beschwerde anfechtbar[10].

11 Die Rechtsmittelsperre des § 99 Abs. 1 ZPO gilt jedoch weiterhin für den Fall, dass das Gericht die in dem die Instanz abschließenden Urteil getroffene Kostenentscheidung auf **Gegenvorstellung** einer Partei durch nachträglichen Beschluss ändert[11]. Ein Rechtsmittel ist auch dann unzulässig, wenn die Kostenentscheidung durch **Berichtigungsbeschluss** getroffen wurde und der Berichtigungsbeschluss an sich gemäß § 319 Abs. 3 ZPO anfechtbar wäre[12].

12 Liegt eine **teilweise übereinstimmende Erledigungserklärung** und damit eine Kostenmischentscheidung gemäß §§ 91a, 91, 92 ZPO vor, ist eine isolierte Anfechtung der Kostenentscheidung mit der sofortigen Beschwerde nur insoweit zulässig als der Kostenausspruch auf § 91a ZPO beruht (→ § 91a Rn. 35)[13]. Entsprechendes gilt für eine **teilweise Klagerücknahme,** bei der die Kostenentscheidung auf § 269 Abs. 3 S. 2, S. 3 und §§ 91 ff. ZPO gestützt ist (§ 269).

13 § 99 Abs. 1 ZPO gilt für Entscheidungen durch den Richter. Bei Entscheidungen durch den **Rechtspfleger** ist eine isolierte Anfechtung einer möglichen Kostenentscheidung im Hinblick auf Art. 19 Abs. 4 GG möglich[14]. Insofern stellt § 11 Abs. 2 S. 1 RPflG eine verfassungsrechtlich gebotene Spezialregelung dar, da die Rechtsschutzgarantie des Art. 19 Abs. 4 GG erfordert, dass jeder, der sich durch die öffentliche Gewalt in seinen Rechten verletzt fühlt, eine richterliche Überprüfung herbeiführen kann[15]. Aus Art. 19 Abs. 4 GG folgt daher zwingend, dass gegenüber jeder Entscheidung des Rechtspflegers eine Möglichkeit der richterlichen Überprüfung gegeben sein muss[16].

14 Bei einem **Schlussurteil** handelt es sich, selbst wenn es sich auf den Kostenausspruch erschöpft, um keine reine Kostenentscheidung, sondern um eine Hauptsacheentscheidung[17].

III. Beschränkung des Rechtsmittels auf die Kosten

15 Dritte Voraussetzung für eine unzulässige Anfechtung nach § 99 Abs. 1 ZPO ist, dass das Rechtsmittel auf die Kosten beschränkt wurde.

16 **1. Rechtsmittel.** Rechtsmittel iSd § 99 Abs. 1 ZPO sind nur solche, die **Devolutiv-** (Beförderung in die höhere Instanz) **und Suspensiveffekt** (Aufschub der Rechtskraft) haben[18]. Hierzu zählen Berufung, Revision, sofortige Beschwerde und Rechtsbeschwerde.

17 **Nicht darunter** fallen Rechtsbehelfe im weiteren Sinn wie **Widerspruch** gegen Arrest oder einstweilige Verfügung, **Einspruch** gegen Versäumnisurteil oder **Erinnerung** (§§ 573, 732, 766 ZPO, § 11 Abs. 2 RPflG). In diesen Fällen ist die isolierte Anfechtung der Kostenentscheidung zulässig.

18 Wurde ein Rechtsmittel in der Hauptsache eingelegt, so kann die Gegenseite ein **Anschlussrechtsmittel** (§§ 524, 554, 567 Abs. 4, 574 Abs. 4 ZPO) beschränkt auf die Kostenentscheidung einlegen[19].

---

[8] OLG Celle NJW-RR 2003, 1509; MüKoZPO/*Schulz* § 99 Rn. 4.
[9] MüKoZPO/*Schulz* § 99 Rn. 9 mwN.
[10] OLG Düsseldorf BeckRS 2008, 05698 – Restitutionsklage II.
[11] BGH Mitt. 2015, 344 (Ls.) = NJW-RR 2015, 1405.
[12] OLG Karlsruhe NJW-RR 2000, 730.
[13] MüKoZPO/*Schulz* § 99 Rn. 6 mwN.
[14] OLG Düsseldorf 15 W 10/20 (Beschluss vom 1. Juli 2021); MüKoZPO/*Schulz* § 99 Rn. 7 mwN.
[15] BVerfG, FamRZ 2001, 828; OLG Düsseldorf 15 W 10/20 (Beschluss vom 1. Juli 2021).
[16] BVerfG, FamRZ 2001, 828; OLG Düsseldorf 15 W 10/20 (Beschluss vom 1. Juli 2021).
[17] MüKoZPO/*Schulz* § 99 Rn. 9 mwN.
[18] MüKoZPO/*Schulz* § 99 Rn. 12.
[19] MüKoZPO/*Schulz* § 99 Rn. 13.

2. **Kostenwiderspruch.** Legt der Antragsgegner einen auf die Kostenentscheidung beschränkten 19 Widerspruch ein **(Kostenwiderspruch)** und ergeht daraufhin ein reines **Kostenurteil,** so ist auch dieses nach **§ 99 Abs. 2 ZPO analog** mit der **sofortigen Beschwerde** anfechtbar[20]. Durch die Beschränkung des Widerspruchs auf die Kostenentscheidung und die gleichzeitige Abgabe einer strafbewehrten Unterlassungserklärung verzichtet der Antragsgegner auf eine Überprüfung der Sachentscheidung der einstweiligen Verfügung[21]. Damit entfällt die Möglichkeit, über die für die Sachentscheidung bedeutsamen Fragen im Kostenwiderspruchsverfahren zu entscheiden und diese Entscheidung auch in der nächsten Instanz überprüfen zu lassen. Eine Gefahr widersprechender Entscheidungen besteht daher nicht. Dieser **Verzicht auf eine Sachentscheidung** ist dem Anerkenntnis gleichzustellen, so dass die sofortige Beschwerde analog § 99 Abs. 2 ZPO zulässig ist. Die Überprüfung beschränkt sich auf die Kostenfrage und regelmäßig auf die Frage, ob dem Antragsteller die Kosten entsprechend § 93 ZPO aufzuerlegen sind[22].

Hat der Antragsgegner Kostenwiderspruch eingelegt und entscheidet das Gericht dennoch über den 20 **Widerspruch einheitlich durch Urteil,** so kann der Antragsgegner das Urteil einheitlich mit der **Berufung** anfechten, auch soweit er sich damit gegen den Teil der Kostenentscheidung wendet[23]. Gemäß dem **Meistbegünstigungsgrundsatz** genügt die Wahrung der einmonatigen Berufungsfrist; die zweiwöchige Frist des § 569 ZPO für die isolierte Kostenbeschwerde braucht nicht eingehalten zu werden[24].

Gegen ein im ersten Rechtszug im Aufhebungsverfahren nach **§ 927 ZPO** ergangenes Urteil kann 21 allein wegen der Entscheidung über die Kosten des Verfügungsverfahrens Berufung eingelegt werden. § 99 Abs. 1 ZPO gilt für diesen Fall nicht[25].

Eine isolierte Anfechtung der zum Nachteil des Nebenintervenienten ergangenen Kostenentschei- 22 dung (**§ 101 ZPO**) ist analog § 99 Abs. 2 ZPO dann statthaft, wenn sie auf der Zurückweisung der Nebenintervention beruht und das Zwischenurteil zum Zeitpunkt der Endentscheidung noch nicht rechtskräftig war[26].

IV. Rechtsfolge

Liegen die Voraussetzungen nach § 99 Abs. 1 ZPO vor und ist kein Ausnahmefall gegeben (vgl. 23 § 99 Abs. 2 S. 1 ZPO, §§ 91a Abs. 2 S. 1, 269 Abs. 5 S. 1 ZPO oder Fall der gemischten Kostenentscheidung), so ist das Rechtsmittel als **unzulässig abzuweisen**[27].

V. Anfechtung bei Anerkenntnis

Bei einem Anerkenntnisurteil besteht **keine Gefahr widersprechender Entscheidungen,** denn 24 hier richtet sich die Kostenentscheidung nicht nach dem Unterliegensgrundsatz, der der Sachentscheidung folgt, sondern danach, ob die Voraussetzungen des § 93 ZPO (fehlende Klageveranlassung und sofortiges Anerkenntnis) vorliegen[28].

Es muss ein **Anerkenntnisurteil** iSd § 307 ZPO vorliegen. Dieses muss die Hauptsache vollständig 25 erledigt haben.

Bei einem **teilweisen Anerkenntnis** liegt eine vergleichbare Konstellation wie bei der teilweisen 26 Klagerücknahme und der teilweisen übereinstimmenden Erledigungserklärung vor. Dies kann bspw. der Fall sein, wenn die Aktivlegitimation des Patentinhabers sich nicht über den vollen eingeklagten Zeitraum aus dem Patentregister ergibt und der Verletzer daher nur den Unterlassungsanspruch und einen Teil des Schadensersatzanspruchs anerkannt hat. Es ergeht dann ein **Teilanerkenntnis- und Endurteil.** Nach dem Grundsatz der Kosteneinheit ist eine einheitliche Kostenentscheidung zu treffen, die den anerkannten und auch den verbleibenden Teil berücksichtigt **(Kostenmischentscheidung).** Gleiches gilt, wenn eine Kostenmischentscheidung nach vorausgegangenem **Anerkenntnis-Teilurteil** im **Schlussurteil** zusammen mit dem Restanspruch ergeht.

Eine **isolierte** und auf den anerkannten Teil bezogene Kostenanfechtung nach § 99 Abs. 2 ZPO ist 27 in beiden Fällen statthaft[29]. Alternativ kann die gesamte Entscheidung auch **einheitlich** durch Beru-

---

[20] OLG Düsseldorf InstGE 5, 157 – Kostenwiderspruch; OLG München GRUR 1990, 482 – Anfechtung der Kostenentscheidung; OLG Hamburg WRP 1976, 180 (181) = FHZivR 22 Nr. 6777 (Ls.); OLG Köln WRP 1983, 43 = LSK 1983, 170070 (Ls.); OLG Stuttgart WRP 1970, 403 = FHZivR 16 Nr. 6775 (Ls.).
[21] OLG München GRUR 1990, 482 – Anfechtung der Kostenentscheidung.
[22] OLG München GRUR 1990, 482 – Anfechtung der Kostenentscheidung.
[23] OLG Hamm GRUR 1988, 933 = NJW-RR 1987, 426; Zöller/*Herget* ZPO § 99 Rn. 17.
[24] OLG Hamm GRUR 1988, 933 = NJW-RR 1987, 426.
[25] OLG Schleswig BeckRS 2016, 04411 mwN.
[26] OLG Karlsruhe GRUR-RS 2017, 127168 – isolierte Kostenbeschwerde.
[27] OLG Düsseldorf BeckRS 2008, 05167 – Kreuzleger für Papierprodukte.
[28] BGH NJW-RR 2004, 999; MüKoZPO/*Schulz* § 99 Rn. 20.
[29] BGH NJW-RR 2010, 640 = Mitt. 2010, 210 (Ls.); BGH NJW 2001, 230; Zöller/*Herget* ZPO § 99 Rn. 7; MüKoZPO/*Schulz* § 99 Rn. 31 f.

fung angegriffen werden³⁰. Eine **Nichtzulassungsbeschwerde** ist allerdings nicht statthaft, soweit sie sich gegen eine in dem Berufungsurteil enthaltene Entscheidung über die Kosten eines durch ein Anerkenntnis erledigten Teils der Hauptsache richtet³¹.

§ 100 Kosten bei Streitgenossen

(1) Besteht der unterliegende Teil aus mehreren Personen, so haften sie für die Kostenerstattung nach Kopfteilen.

(2) Bei einer erheblichen Verschiedenheit der Beteiligung am Rechtsstreit kann nach dem Ermessen des Gerichts die Beteiligung zum Maßstab genommen werden.

(3) Hat ein Streitgenosse ein besonderes Angriffs- oder Verteidigungsmittel geltend gemacht, so haften die übrigen Streitgenossen nicht für die dadurch veranlassten Kosten.

(4) ¹Werden mehrere Beklagte als Gesamtschuldner verurteilt, so haften sie auch für die Kostenerstattung, unbeschadet der Vorschrift des Absatzes 3, als Gesamtschuldner. ²Die Vorschriften des bürgerlichen Rechts, nach denen sich diese Haftung auf die im Absatz 3 bezeichneten Kosten erstreckt, bleiben unberührt.

Literatur: *Tilmann,* Kostenhaftung und Gebührenberechnung bei Unterlassungsklagen gegen Streitgenossen im gewerblichen Rechtsschutz, GRUR 1986, 691.

Übersicht

	Rn.
A. Anwendbarkeit im gewerblichen Rechtsschutz	1
B. Voraussetzungen	3
I. Unterliegen aller Streitgenossen – Haftung nach Kopfteilen (Abs. 1)	5
II. Erhebliche Verschiedenheit der Beteiligung (Abs. 2)	7
III. Besonderes Angriffs- oder Verteidigungsmittel (Abs. 3)	10
IV. Haftung als Gesamtschuldner (Abs. 4)	11
1. Grundsatz	11
2. Einzelfälle	14
V. Obsiegen aller Streitgenossen	21
1. Kostenerstattungsanspruch bei mehreren Anwälten	22
2. Kostenerstattungsanspruch bei gemeinsamem Anwalt	27
3. Kostenfestsetzung	28
VI. Unterliegen einzelner und Obsiegen anderer Streitgenossen	29
1. Baumbach'sche Formel	29
2. Kostenerstattung	33
VII. Teilunterliegen einzelner Streitgenossen	36
VIII. Beendigung der Streitgenossenschaft während des Verfahrens	37

A. Anwendbarkeit im gewerblichen Rechtsschutz

1   Zur Anwendbarkeit des § 100 ZPO im gewerblichen Rechtsschutz gelten die Ausführungen bei § 91 ZPO (→ § 91 Rn. 1 ff.).

2   Die Regelung des § 100 ZPO ist im **Rechtsbestandsverfahren** grundsätzlich **anwendbar**¹. Die Anwendung des Gedankens des § 159 S. 2 VwGO, wonach Kosten mehreren Personen als Gesamtschuldner auferlegt werden können, wenn das streitige Rechtsverhältnis dem kostenpflichtigen Teil gegenüber nur einheitlich entschieden werden kann, kommt insbesondere bei Nichtigkeitsklagen, die sich gegen mehrere Patentinhaber richten, nur in Betracht, wenn die entsprechend anzuwendende Vorschrift der ZPO über die Prozesskosten im Einzelfall unbillig ist².

B. Voraussetzungen

3   Der § 100 ZPO regelt die Kostenverteilung bei Streitgenossenschaft (§§ 59 ff. ZPO) oder streitgenössischer Streithilfe (§§ 101 Abs. 2, 69 ZPO). Die Vorschrift erfasst nicht sämtliche kostenrechtliche Fallgestaltungen, wie bspw. das Obsiegen aller Streitgenossen oder bei unterschiedlichem Obsiegen bzw. Unterliegen (→ Rn. 21 ff.).

4   Auch bei Beteiligung von mehreren Personen auf Kläger- oder Beklagtenseite gilt der Grundsatz der Kosteneinheit, dh über die Prozesskosten ist grundsätzlich eine **einheitliche Kostenentscheidung** zu

---

³⁰ BGH NJW-RR 2010, 640 = Mitt. 2010, 210 (Ls.); BGH NJW 2001, 230 (231); Zöller/*Herget* ZPO § 99 Rn. 7; MüKoZPO/*Schulz* § 99 Rn. 3 f.
³¹ BGH NJW-RR 2010, 640 = Mitt. 2010, 210 (Ls.).
¹ BGH GRUR 1998, 138 (139) – Staubfiltereinrichtung (Patentnichtigkeitsverfahren); BPatG BeckRS 2011, 27915 (Gebrauchsmusterlöschungsverfahren).
² BGH GRUR 1998, 138 (139) – Staubfiltereinrichtung.

treffen. Im Rahmen dieser Entscheidung empfiehlt es sich jedoch häufig, die Gerichtskosten und die außergerichtlichen Kosten getrennt auszuweisen[3]. Eine Kostenentscheidung getrennt nach Streitgenossen ist grundsätzlich unzulässig (zur Ausnahme → Rn. 36, 42).

I. Unterliegen aller Streitgenossen – Haftung nach Kopfteilen (Abs. 1)

Im Falle des **Unterliegens oder teilweisen Unterliegens aller Streitgenossen** haften sie für die Kostenerstattung nach Kopfteilen, also zu gleichen Anteilen. Dies gilt für Streitgenossenschaft auf Kläger- und Beklagtenseite. Eine gesamtschuldnerische Verurteilung hinsichtlich der Kosten ist nur im Falle des Absatzes 4 zulässig. Die anteilige Haftung tritt **auch ohne gesonderten Ausspruch** im Tenor kraft Gesetzes ein[4]. Sie gilt auch in der **Rechtsmittelinstanz**. 5

Im **Rechtsbestandsverfahren** ist § 100 Abs. 1 ZPO anwendbar. Mehrere unterliegende Nichtigkeitsbeklagte, zB Mitinhaber des Streitpatents, haften für die Kosten anteilig[5]. Gleiches gilt bei unterliegenden Nichtigkeitsklägern[6]. § 100 Abs. 1 ZPO gilt ebenfalls bei unterliegenden Antragstellern im Gebrauchsmusterlöschungsverfahren[7]. 6

II. Erhebliche Verschiedenheit der Beteiligung (Abs. 2)

Bei einer erheblichen Verschiedenheit der Beteiligungen der einzelnen Streitgenossen am Rechtsstreit kann das Gericht nach pflichtgemäßem Ermessen die Kosten den Streitgenossen entsprechend ihrer Beteiligung auferlegen. **Verschiedenheit** beurteilt sich im Hinblick auf eine unterschiedliche materielle Beteiligung am Streitgegenstand[8]. Sie kann sich aber auch daraus ergeben, dass ein Streitgenosse vor der streitigen Verhandlung durch Anerkenntnis ausgeschieden ist[9]. Die **Erheblichkeit** ist anhand einer wertenden Betrachtung des Einzelfalls zu bestimmen[10]. 7

Eine Kostenentscheidung nach § 100 Abs. 2 ZPO kann auch in Betracht kommen, wenn mehrere Nichtigkeitskläger **unterschiedliche Anträge** stellen oder **unterschiedliche Nichtigkeitsgründe** geltend machen[11]. 8

Die Kostenverteilung nach Abs. 2 muss ausdrücklich tenoriert werden. Der Ausspruch kann bspw. lauten[12]: 9

„Die Beklagten tragen auch die Kosten des Berufungsrechtszuges, und zwar wie folgt: Die zweitinstanzlich entstandenen Gerichtskosten und die zweitinstanzlich entstandenen außergerichtlichen Kosten der Klägerin werden den Beklagten zu 1) bis 3) als Gesamtschuldnern zu 50 %, auferlegt, die übrigen 50 % der zweitinstanzlich entstandenen Gerichtskosten und der zweit-instanzlich entstandenen außergerichtlichen Kosten der Klägerin hat die Beklagte zu 3) zu tragen. Die Beklagten haben ihre zweitinstanzlich entstandenen außergerichtlichen Kosten selbst zu tragen."

III. Besonderes Angriffs- oder Verteidigungsmittel (Abs. 3)

Hat ein Streitgenosse ein besonderes **Angriffs- und Verteidigungsmittel** (→ § 96 Rn. 4) geltend gemacht und die übrigen Streitgenossen haben sich diesem nicht angeschlossen, so sind dem Veranlasser die Kosten durch gesonderten Ausspruch aufzuerlegen. Dies können Kosten sein, die durch eine **Beweisaufnahme** veranlasst sind. Hat bspw. nur ein Nichtigkeitsbeklagter die offenkundige Vorbenutzung bestritten und wurde ein Zeuge vernommen, können ihm die Kosten zur Last fallen[13]. 10

IV. Haftung als Gesamtschuldner (Abs. 4)

1. Grundsatz. Abweichend von Absatz 1 haften **mehrere Beklagte** für die Kosten als Gesamtschuldner, **wenn und soweit** sie als Gesamtschuldner verurteilt werden. Absatz 4 ist für den umgekehrten Fall, dass mehrere **Kläger** verurteilt werden, nicht anwendbar[14]. Ebenfalls gilt § 100 Abs. 4 ZPO nicht für den Fall, dass die verklagten Gesamtschuldner obsiegen und die Prozesskosten als 11

---

[3] MüKoZPO/*Schulz* § 100 Rn. 3.
[4] MüKoZPO/*Schulz* § 100 Rn. 7.
[5] BGH GRUR 1998, 138 (139) – Staubfiltereinrichtung.
[6] BGH GRUR 1959, 102 – Filterpapier; BGH BeckRS 2000, 30098745 – Warenregal (ohne Begründung); Keukenschrijver Rn. 194; Benkard/*Hall/Nobbe* PatG § 84 Rn. 40; aA noch BGH GRUR 1953, 477.
[7] BPatG BeckRS 2011, 27915.
[8] MüKoZPO/*Schulz* § 100 Rn. 9.
[9] OLG Koblenz NJW-RR 1999, 728.
[10] MüKoZPO/*Schulz* § 100 Rn. 9.
[11] BPatGE 34, 215.
[12] Bspw. nach OLG Düsseldorf BeckRS 2016, 17484 – Heilklimagerät.
[13] BGH GRUR 1998, 138 – Staubfiltereinrichtung.
[14] MüKoZPO/*Schulz* § 100 Rn. 12.

Gesamtgläubiger geltend machen wollen[15]. Vielmehr treten die Streitgenossen im Festsetzungsverfahren dem Kostenschuldner als Einzelgläubiger gegenüber, und zwar auch dann, wenn sie im Rechtsstreit durch denselben Prozessbevollmächtigten vertreten waren.

12 Die gesamtschuldnerische Haftung muss in der Kostenentscheidung nicht ausdrücklich ausgesprochen werden, sondern tritt **kraft Gesetzes** ein, wenn sich aus dem Tenor und den Urteilsgründen eine gesamtschuldnerische Haftung für den Hauptanspruch ergibt[16].

13 Der Tenor kann bspw. lauten[17]: „Von den Kosten des Rechtsstreits tragen die Beklagten $^1/_{10}$ als Gesamtschuldner sowie jede der Beklagten für sich je weitere $^9/_{20}$."

14 **2. Einzelfälle. Unterlassungsanspruch:** Bei der Verurteilung von mehreren Unterlassungsschuldnern, deren Verpflichtung sich auf den gleichen Gegenstand und letztlich die gleiche Verletzungshandlung richtet, zB Gesellschaft und Geschäftsführer, haften die Beklagten dennoch **nach Kopfteilen**[18]. Die Unterlassungsverpflichtung trifft jeden Unterlassungsschuldner persönlich. Sie ist mit dem Wesen der Gesamtschuld nicht vereinbar. Es gelten die gleichen Grundsätze wie für die Erhöhungsgebühr (→ § 91 Rn. 33).

15 Dennoch finden sich in der Praxis häufig Entscheidungen, die zu Unrecht im Kostenpunkt pauschal auf § 100 Abs. 4 ZPO verweisen. Im Hinblick auf Kostenfestsetzung und Berechnung der Erhöhungsgebühr erscheint daher eine **Aufteilung im Kostenpunkt** sinnvoll. Die Tenorierung bzw. Antragstellung sollte daher gemäß dem oben dargestellten Tenorierungsbeispiel erfolgen (→ Rn. 9). Alternativ kann ausgesprochen werden: „Die Beklagten tragen die Kosten des Rechtsstreits." In der Urteilsbegründung erfolgt dann der Hinweis auf § 100 Abs. 1 ZPO. Eine gesamtschuldnerische Haftung ist nur möglich, wenn diese hinsichtlich des Hauptanspruchs aus dem Tenor oder eindeutig aus den Gründen folgt.

16 **Rechnungslegungspflichten:** Für die Rechnungslegungspflichten gilt das gleiche wie für den Unterlassungsanspruch (→ Rn. 14). Auch diese Verpflichtung treffen die Beklagten persönlich und sie haften für die Kosten insoweit **nach Kopfteilen**[19].

17 **Rückrufpflichten:** Es gelten die Ausführungen zum Unterlassungsanspruch (→ Rn. 14), dh Haftung **nach Kopfteilen**[20].

18 **Vernichtungspflichten:** Für die Vernichtungspflichten kommt es auf den Herausgabeantrag an (→ § 91 Rn. 39)[21]. Im Regelfall wird eine Haftung **nach Kopfteilen** vorliegen[22].

19 **Entschädigungsverpflichtung:** Die Entschädigungsverpflichtung wird in der Rechtsprechung genauso wie die Unterlassungsverpflichtung behandelt, dh die Beklagten haften **nach Kopfteilen**[23].

20 **Schadensersatzfeststellung:** Für die Schadensersatzfeststellung gilt grundsätzlich **gesamtschuldnerische Kostenhaftung** der Beklagten nach § 100 Abs. 4 ZPO, wenn für den Hauptanspruch die Voraussetzungen der Gesamtschuld vorliegen[24].

---

[15] LG Düsseldorf BeckRS 2016, 17352 – Gesamtgläubiger; Zöller/*Herget* ZPO § 100 Rn. 4 und § 104 Rn. 21.85 („Streitgenossen").

[16] MüKoZPO/*Schulz* § 100 Rn. 13.

[17] Bsp. nach LG Mannheim BeckRS 2011, 04156.

[18] BGH GRUR-RR 2008, 460 – Tätigkeitsgegenstand mwN; LG Mannheim BeckRS 2011, 04156; 2009, 08150 = GRUR-RR 2009, 222 (Ls.) – FRAND-Erklärung; KG BeckRS 2002, 30242580; LG Düsseldorf BeckRS 2012, 04703– Schlankmachtrainer; OLG Koblenz WRP 1985, 45 = GRUR 1984, 909 – Mehrere Unterlassungsschuldner; *Teplitzky* Kap. 14 Rn. 29 ff.; KG BeckRS 2002, 30242580 (allerdings einschränkend); aA OLG Düsseldorf InstGE 7, 192 (194) – Erhöhungsgebühr für Unterlassungsanspruch („gesamtschuldähnlich", allerdings überholt aufgrund BGH GRUR-RR 2008, 460); *Tilmann* GRUR 1986, 691 (695): §§ 421 ff. BGB anwendbar und daher § 100 Abs. 4 ZPO einschlägig, weil Hauptschuld und Kostenschuld gleich sind. Es ist Sinn und Zweck des § 840 BGB, das Insolvenzrisiko eines der Täter abzusichern.

[19] BGH GRUR-RR 2008, 460 (461) – Tätigkeitsgegenstand mwN; LG Mannheim BeckRS 2011, 04156; OLG Düsseldorf BeckRS 2013, 17055; LG Düsseldorf BeckRS 2012, 04703 – Schlankmachtrainer; einschränkend: KG BeckRS 2002, 30242580 (Eine gesamtschuldnerische Kostenhaftung mehrerer Auskunftsschuldner kann nach den Umständen des Einzelfalles in Betracht kommen, wenn die Auskunft des einen zugleich die Verpflichtung des anderen vollständig erfüllt. Dies gilt etwa für den Fall, dass der – auch persönlich verurteilte – Geschäftsführer die Auskunft gibt, denn sein Wissen ist dann auch das der GmbH; aA *Tilmann* GRUR 1986, 691: Die Verpflichtungen mehrerer zur Auskunft oder Rechnungslegung stehen in einem Gesamtschuldverhältnis.

[20] OLG Düsseldorf BeckRS 2013, 17055; LG Mannheim BeckRS 2011, 04156.

[21] BGH GRUR-RR 2008, 460 (461) – Tätigkeitsgegenstand; OLG Düsseldorf BeckRS 2013, 17055.

[22] LG Mannheim BeckRS 2011, 04156; LG Düsseldorf BeckRS 2012, 04703 – Schlankmachtrainer.

[23] LG Mannheim BeckRS 2011, 04156; LG Düsseldorf BeckRS 2012, 04703 – Schlankmachtrainer.

[24] BGH GRUR-RR 2008, 460 (461) – Tätigkeitsgegenstand; LG Mannheim BeckRS 2011, 04156; aA und ohne Begründung nach Kopfteilen: LG Düsseldorf BeckRS 2012, 04703 – Schlankmachtrainer.

V. Obsiegen aller Streitgenossen

Der Fall des Obsiegens sämtlicher Streitgenossen ist in § 100 ZPO nicht geregelt. Die Gegenseite 21 trägt gemäß § 91 ZPO die Kosten des Rechtsstreits. Für den Kostenerstattungsanspruch der einzelnen Streitgenossen kommt es darauf an, ob diese jeweils durch einen eigenen Anwalt oder einen gemeinsamen Anwalt vertreten wurden.

1. Kostenerstattungsanspruch bei mehreren Anwälten. Es besteht grundsätzlich keine kosten- 22 rechtliche Verpflichtung zur Bestellung eines gemeinsamen Prozessbevollmächtigten[25]. Vielmehr darf jeder Streitgenosse grundsätzlich einen **eigenen Rechtsanwalt beauftragen.** Die entsprechenden Kosten sind daher im Regelfall erstattungsfähig. Eine dies ausschließende Ausnahme gilt grundsätzlich nur im Falle des **Rechtsmissbrauchs** (→ § 91 Rn. 80)[26].

Dennoch besteht die Pflicht jeder Partei, die Kosten ihrer Prozessführung, die sie im Falle ihres 23 Obsiegens vom Gegner erstattet verlangen will, so **niedrig zu halten,** wie sich dies mit der Wahrung ihrer berechtigten Belange vereinbaren lässt. Der Kostenerstattungsanspruch der Streitgenossen kann daher im Einzelfall insgesamt auf den Betrag beschränkt sein, der sich ergeben hätte, wenn sie einen gemeinsamen Prozessbevollmächtigten beauftragt hätten[27]. Dies kommt insbesondere in Betracht, wenn hinsichtlich ihrer Rechtsverteidigung Interessenkonflikte zwischen ihnen weder bestanden noch zu erwarten waren[28].

Ohne sachlichen Grund besteht keine Notwendigkeit gemäß § 91 Abs. 1 S. 1 ZPO, dass sich die 24 Streitgenossen jeweils durch mehrere Rechtsanwälte **derselben Sozietät** vertreten lassen[29].

Entsprechendes kann auch bei **konzernzugehörigen Gesellschaften oder gesetzlichen Ver-** 25 **tretern** in derselben Angelegenheit vorliegen. Im Falle einer **GmbH & Co. KG** und ihrer Komplementär-GmbH sind nur die Kosten eines gemeinsamen Prozessbevollmächtigten erstattungsfähig[30].

Ein sachlicher Grund ist ebenfalls erforderlich, wenn sich ein Streitgenosse **erst im Laufe des** 26 **Prozesses** einen eigenen Anwalt bestellt (→ § 91 Rn. 92 „Anwaltswechsel")[31]. Dies gilt ebenfalls für die **Rechtsmittelinstanz**[32].

2. Kostenerstattungsanspruch bei gemeinsamem Anwalt. Bei gemeinsamem Anwalt der 27 Streitgenossen ist zwischen dem Anspruch des gemeinsamen Anwalts und dem Erstattungsanspruch des jeweiligen Streitgenossen gegenüber dem Gegner zu unterscheiden[33]. Gegenüber dem gemeinsamen Anwalt haften die Streitgenossen als Gesamtschuldner (§ 7 Abs. 2 RVG). Die einzelnen Streitgenossen sind hinsichtlich der auf ihrer Seite insgesamt angefallenen Anwaltskosten **Anteilsgläubiger** (§ 420 BGB)[34]. Die Höhe des jeweiligen Anteils bestimmt sich nach dem Innenverhältnis. Dabei ist grundsätzlich von gleichen Anteilen auszugehen, ein höherer Anteil ist vom Streitgenossen glaubhaft zu machen.

3. Kostenfestsetzung. Im Kostenfestsetzungsbeschluss sind die Anteile der jeweiligen Streitgenos- 28 sen am Kostenerstattungsanspruch **gesondert auszuweisen**[35].

VI. Unterliegen einzelner und Obsiegen anderer Streitgenossen

1. Baumbach'sche Formel. Bei unterschiedlichem Erfolg mehrerer Streitgenossen ist die Kosten- 29 verteilung gemäß §§ 91, 92 ZPO nach Quoten zu bestimmen, wobei die **Gerichtskosten** und die **außergerichtlichen Kosten** der Beteiligten gesondert auszuweisen sind[36].

Es gelten die Grundsätze der **Baumbach'schen Formel**[37]: (1) Die **außergerichtlichen Kosten** 30 **jedes obsiegenden Streitgenossen** werden dem Gegner auferlegt. Es gilt das Verhältnis des obsiegenden Streitgenossen zum Gegner. (2) **Gerichtskosten und außergerichtliche Kosten des Gegners** werden teilweise dem unterlegenen Streitgenossen, teilweise dem Gegner auferlegt. Dabei ist zunächst das Unterliegen des Gegners gegenüber jedem Streitgenossen zu ermitteln. Anschließend sind die Unterliegensbeträge zu addieren und die Summe ins Verhältnis zum fiktiven Gesamtstreitwert zu setzen. (3) Jeder **unterlegene Streitgenosse** trägt seine außergerichtlichen Kosten selbst.

---

[25] BVerfG NJW 1990, 2124; MüKoZPO/*Schulz* § 100 Rn. 21.
[26] BVerfG NJW 1990, 2124; BGH NJW 2012, 319.
[27] BGH NJW 2007, 2257.
[28] BGH NJW 2007, 2257; NJW-RR 2004, 536; NJW 2012, 319.
[29] BGH NJW 2007, 2257; MüKoZPO/*Schulz* § 100 Rn. 26 mwN.
[30] MüKoZPO/*Schulz* § 100 Rn. 25.
[31] OLG Bamberg NJW-RR 2011, 935; MüKoZPO/*Schulz* § 100 Rn. 22.
[32] MüKoZPO/*Schulz* § 100 Rn. 22.
[33] MüKoZPO/*Schulz* § 100 Rn. 27 ff.
[34] MüKoZPO/*Schulz* § 100 Rn. 29.
[35] MüKoZPO/*Schulz* § 100 Rn. 30.
[36] MüKoZPO/*Schulz* § 100 Rn. 32; Zöller/*Herget* ZPO § 100 Rn. 5 ff.
[37] MüKoZPO/*Schulz* § 100 Rn. 36.

31 Die Kostenentscheidung kann bspw. für den Fall von mehreren Klägern, von denen die Klägerin zu 2) unterliegt und die Klägerin gegenüber der Beklagten obsiegt, lauten[38]: „Die Kosten des Rechtsstreits werden wie folgt verteilt: Die Gerichtskosten und die außergerichtlichen Kosten der Beklagten sind je zur Hälfte von der Klägerin zu 2) und der Beklagten zu tragen. Die außergerichtlichen Kosten der Klägerin zu 1) werden im vollen Umfang der Beklagten auferlegt. Die außergerichtlichen Kosten der Klägerin zu 2) hat diese im vollen Umfang selbst zu tragen."

32 Die Grundsätze gelten auch entsprechend im Falle der **Klagerücknahme** hinsichtlich einem von mehreren streitgenössischen Beklagten[39].

33 **2. Kostenerstattung.** Kosten, die nur dem obsiegenden Streitgenossen entstanden sind, sind diesem zu erstatten, wenn sie nach § 91 ZPO notwendig waren. Zur Kostenerstattung bei mehreren Anwälten (→ Rn. 22).

34 Für den Kostenerstattungsanspruch bei einem **gemeinsamen Anwalt** gelten die Ausführungen bei Obsiegen der Streitgenossen (→ Rn. 27). Nach zutreffender Ansicht kann der obsiegende Streitgenosse nicht die Erstattung des vollen Betrages verlangen, für den er im Innenverhältnis gegenüber dem Anwalt nach § 7 Abs. 2 RVG haftet, sondern nur seinen **Anteil an Anwaltskosten** bzw. einen tatsächlich geleisteten höheren Betrag[40].

35 Den Streitgenossen ist bei gemeinsamem Anwalt mindestens der im Innenverhältnis entfallende Anteil, dh bei gleicher Beteiligung am Rechtsstreit der **Kopfteil**, zu erstatten[41]. Dies gilt unabhängig von der internen Kostenzuweisung, denn der Gegner soll nicht an der internen Freistellung partizipieren[42]. Bei unterschiedlicher Beteiligung am Rechtsstreit sind die Beträge nach § 7 Abs. 2 RVG zu ermitteln[43].

VII. Teilunterliegen einzelner Streitgenossen

36 Wird der Prozess gegenüber den Streitgenossen teilweise gleich, teilweise unterschiedlich entschieden, so liegt eine **Kombination** der Punkte I (→ Rn. 5) und VI (→ Rn. 29) vor[44]. Die Baumbach'sche Formel ist anzuwenden.

VIII. Beendigung der Streitgenossenschaft während des Verfahrens

37 Bei Beendigung der Streitgenossenschaft während des Verfahrens durch Prozesstrennung oder durch Ausscheiden eines Streitgenossen (zB durch Teilurteil, Klagerücknahme gegenüber einem Streitgenossen, Teilerledigung) ist **§ 100 ZPO nur bis zu diesem Zeitpunkt** anwendbar[45].

38 Bei **Prozesstrennung** (§ 145 ZPO) sind die Verfahren bei der Kostenentscheidung so zu behandeln, als ob von Anfang an mehrere Verfahren vorgelegen hätten[46].

39 Bei **Ausscheiden eines Streitgenossen** während des Verfahrens dürfen diesem Streitgenossen in der abschließenden einheitlichen Kostenentscheidung keine Kosten auferlegt werden, die erst nach seinem Ausscheiden entstanden sind[47]. Dies gilt auch, wenn sich die fehlende Haftung nicht eindeutig aus der Kostengrundentscheidung ergibt[48].

40 In einem **Teilurteil** darf grundsätzlich **keine Entscheidung über Teilkosten** ergehen, wenn der Rechtsstreit in Bezug auf einen Streitgenossen **teilweise vorab** entschieden wurde[49]. Bei **abschließender** Entscheidung hinsichtlich eines Streitgenossen ist eine Teilkostenentscheidung möglich, wenn das Schlussurteil von der Kostenentscheidung nicht mehr berührt wird[50].

41 Bei **Rücknahme** oder **Abweisung** der Klage oder des Rechtsmittels gegenüber einem Streitgenossen steht endgültig fest, dass der Kläger bzw. Rechtsmittelführer dessen außergerichtliche Kosten zu tragen hat. Ein Teilurteil bzw. Beschluss nach §§ 269 Abs. 4, 516 Abs. 3 S. 2, 565 ZPO ist zu erlassen[51].

42 **Obsiegt ein Kläger oder Rechtsmittelführer** gegen einen Streitgenossen, der mit Rechtskraft der Entscheidung aus dem Verfahren ausscheidet, erfolgt grundsätzlich keine quotenmäßige Kostenauferlegung, denn der Umfang des Obsiegens steht erst nach Beendigung des Rechtsstreits fest[52].

---

[38] Nach OLG Düsseldorf BeckRS 2013, 17381.
[39] OLG Koblenz NJW-RR 2004, 1008; MüKoZPO/*Schulz* § 100 Rn. 37.
[40] BGH NJW-RR 2003, 1217; 2006, 1508; MüKoZPO/*Schulz* § 100 Rn. 39 mwN auch zur Gegenansicht.
[41] MüKoZPO/*Schulz* § 100 Rn. 40.
[42] MüKoZPO/*Schulz* § 100 Rn. 40.
[43] MüKoZPO/*Schulz* § 100 Rn. 44.
[44] MüKoZPO/*Schulz* § 100 Rn. 48 ff.
[45] MüKoZPO/*Schulz* § 100 Rn. 53.
[46] MüKoZPO/*Schulz* § 100 Rn. 54.
[47] MüKoZPO/*Schulz* § 100 Rn. 55.
[48] MüKoZPO/*Schulz* § 100 Rn. 55.
[49] MüKoZPO/*Schulz* § 100 Rn. 56 ff.
[50] MüKoZPO/*Schulz* § 100 Rn. 56.
[51] MüKoZPO/*Schulz* § 100 Rn. 57.
[52] MüKoZPO/*Schulz* § 100 Rn. 59.

Ausnahmsweise darf eine Teilkostenentscheidung gegen den ausscheidenden Streitgenossen ergehen, wenn ein Zuwarten unzumutbar wäre, zB bei drohender Zahlungsunfähigkeit des Schuldners[53].

§ 101 Kosten einer Nebenintervention

(1) **Die durch eine Nebenintervention verursachten Kosten sind dem Gegner der Hauptpartei aufzuerlegen, soweit er nach den Vorschriften der §§ 91 bis 98 die Kosten des Rechtsstreits zu tragen hat; soweit dies nicht der Fall ist, sind sie dem Nebenintervenienten aufzuerlegen.**

(2) Gilt der Nebenintervenient als Streitgenosse der Hauptpartei (§ 69), so sind die Vorschriften des § 100 maßgebend.

Übersicht

	Rn.
A. Anwendbarkeit im gewerblichen Rechtsschutz	1
B. Voraussetzungen	6
I. Allgemeines	6
II. Kosten der Nebenintervention	9
III. Kostenentscheidung	11
1. Ausdrücklicher Kostenausspruch	11
2. Fehlender Kostenausspruch	13
3. Anfechtung der Kostenentscheidung	14
IV. Inhalt der Kostenentscheidung	15
1. Kostenverhältnis	15
2. Kostenverteilung	16
3. Kostenentscheidung bei Rechtsmittel	22
4. Prozessvergleich	24
V. Streitgenössische Nebenintervention (Abs. 2)	26

A. Anwendbarkeit im gewerblichen Rechtsschutz

Zur Anwendbarkeit des § 101 ZPO im gewerblichen Rechtsschutz gelten die Ausführungen bei § 91 ZPO (→ § 91 Rn. 1 ff.). **1**

Im **Rechtsbestandsverfahren** kommt regelmäßig nur eine Anwendung des **§ 101 Abs. 2** iVm § 100 ZPO in Betracht[1]: **2**

Im **Patentnichtigkeitsverfahren** wird für die Anwendbarkeit des § 101 Abs. 2 ZPO nicht darauf **3** abgestellt, ob die Wirkungen einer streitgenössischen Nebenintervention nach § 69 ZPO vorliegen. Vielmehr wird die Kostenfolge des § 101 Abs. 2 ZPO, die den streitgenössischen Nebenintervenienten kostenrechtlich uneingeschränkt einem Streitgenossen der Hauptpartei gleichstellt, als sachgerechter angesehen und ausschließlich herangezogen[2]. Die Unanwendbarkeit des Grundsatzes der Kostenparallelität im Verhältnis zwischen Hauptpartei und streitgenössischem Nebenintervenienten nach § 101 Abs. 2 ZPO ist im Nichtigkeitsverfahren einschlägig.

Der Kostenerstattungsanspruch des einzelnen Streitgenossen im Nichtigkeitsverfahren bestimmt sich **4** entsprechend dem aus § 100 ZPO folgenden Kostengrundsätzen nach dem persönlichen Obsiegen und Unterliegen des Nebenintervenienten im Verhältnis zum Gegner. Deshalb ist auch über die Kosten des streitgenössischen Nebenintervenienten **eigenständig und unabhängig** von der für die unterstützte Hauptpartei getroffenen Kostenentscheidung auf der Grundlage der für ihn maßgeblichen Umstände zu entscheiden[3].

Wird die Nichtigkeitsklage auf Grund einer ausschließlich zwischen den Hauptparteien getroffenen **5** vergleichsweisen Vereinbarung unter Verzicht auf Kostenerstattungsansprüche des Beklagten gegenüber dem Kläger **zurückgenommen,** so ist der gegen die streitgenössische Nebenintervenientin gerichtete Kostenantrag auf anteilige Erstattung der außergerichtlichen Kosten zurückzuweisen[4]. Der

---

[53] BGH NJW-RR 2001, 642; MüKoZPO/*Schulz* § 100 Rn. 59.
[1] BGH GRUR 2010, 123 – Escitalopram; BGH BeckRS 2010, 03346 (Klagerücknahme durch Streitgenossen); BGH GRUR 2008, 60 (65) – Sammelhefter II mwN; BGH GRUR 1995, 394 – Aufreißdeckel (Klagerücknahme durch Streitgenossen); BPatG GRUR 2010, 50 – Cetirizin; BPatG BeckRS 2012, 17313; 2010, 03065 (bei Teilerledigung); BPatG BeckRS 2009, 07958.
[2] BGH GRUR 2010, 123 – Escitalopram; BGH BeckRS 2010, 03346 (Klagerücknahme durch Streitgenossen); BGH GRUR 2008, 60 (65) – Sammelhefter II mwN; BGH GRUR 1995, 394 – Aufreißdeckel (Klagerücknahme durch Streitgenossen); BPatG GRUR 2010, 50 – Cetirizin; BPatG BeckRS 2012, 17313; 2010, 03065 (bei Teilerledigung); BPatG BeckRS 2009, 07958.
[3] BGH BeckRS 2010, 03346.
[4] BPatG GRUR-RR 2014, 225 – Kostentragung bei streitgenössischer Nebenintervention.

§ 101 Abs. 2 ZPO gilt im Nichtigkeitsverfahren sowohl für die Intervention auf **Klägerseite**[5] als auch auf **Beklagtenseite**[6].

B. Voraussetzungen

I. Allgemeines

6 Die Regelungen der §§ 91–100 ZPO betreffen die Kostenverteilung zwischen den **Parteien des Rechtsstreits**. § 101 ZPO regelt die Kostenverteilung, wenn ein Nebenintervenient als Dritter dem Rechtsstreit zur Unterstützung einer Partei beitritt.

7 **§ 101 Abs. 1 ZPO** betrifft dabei die Kosten aufgrund der einfachen Nebenintervention (§ 67 ZPO). Es gilt der **Grundsatz der Kostenparallelität**: Der Nebenintervenient soll hinsichtlich seiner Kosten grundsätzlich so gestellt werden wie die Partei, die er unterstützt[7]. Ein Kostenerstattungsanspruch des Nebenintervenienten gegen die unterstützte Hauptpartei wird durch Absatz 1 nicht begründet, weil die §§ 91 ff. ZPO ein kontradiktorisches Verfahren voraussetzen und es hieran zwischen Hauptpartei und Nebenintervenient fehlt (→ § 91 Rn. 1)[8].

8 **§ 101 Abs. 2 ZPO** regelt die Kosten im Falle der streitgenössischen Nebenintervention iSv § 69 ZPO. Der streitgenössische Nebenintervenient wird hinsichtlich der Kosten behandelt wie ein Streitgenosse nach § 100 ZPO.

II. Kosten der Nebenintervention

9 Die Kosten der Nebenintervention sind von den Kosten des Rechtsstreits zu trennen und in der Kostengrundentscheidung gesondert auszuweisen. Es handelt sich um Kosten eines Dritten, der am Rechtsstreit beteiligt ist. Keine Kosten der Nebeninvention sind die **Kosten eines Zwischenstreits** über die Zulassung der Nebenintervention (§ 71 ZPO). Bei Zulassung trägt die Kosten die widersprechende Partei ohne Rücksicht auf den Prozessausgang[9]. Bei Nichtzulassung trägt der Nebenintervenient die Kosten[10].

10 Zu den Kosten der Nebenintervention zählen nur die **Vertretungskosten des Nebenintervenienten**. Aufwendungen der Hauptpartei nur im Zusammenhang mit der Nebenintervention sind Kosten des Rechtsstreits. Die Partei wäre mit diesen Kosten auch dann belastet worden, wenn der Streithelfer dem Rechtsstreit nicht beigetreten wäre[11]. Kosten durch ein **Rechtsmittel** des Nebenintervenienten, an dem sich die Hauptpartei beteiligt, sind Kosten des Rechtsstreits. Beteiligt sich die Hauptpartei nicht, fallen die Kosten eines erfolglosen Rechtsmittels dem Nebenintervenient gemäß § 97 ZPO zur Last (→ § 97 Rn. 6)[12].

III. Kostenentscheidung

11 **1. Ausdrücklicher Kostenausspruch.** Die Entscheidung über die Kosten der Streithilfe erfolgt **von Amts wegen** in dem die Instanz abschließenden Urteil oder Beschluss. Im Falle einer Klagerücknahme ist die Stellung eines Kostenantrags erforderlich (**§ 269 Abs. 4 S. 1 ZPO**)[13]. Für die Kosten der Nebenintervention ist **zusätzlich zur normalen Kostenentscheidung** ein ausdrücklicher Kostenausspruch erforderlich[14]. § 101 Abs. 1 ZPO macht deutlich, dass die Kosten der Streithilfe Gegenstand einer besonderen richterlichen Entscheidung sein müssen. Ein Urteilsausspruch, der sich lediglich auf „die Kosten des Rechtsstreits" oder „die Kosten des Berufungsverfahrens" bezieht, kann daher keinen Titel für die Festsetzung von Streithilfekosten darstellen.

12 Eine ausdrückliche gerichtliche Anordnung über die Kostentragung kann im Einzelfall verzichtbar sein, wenn sich der Wille des Gerichts, eine Partei mit bestimmten Kosten zu belasten, im Wege einer **Auslegung** der Gerichtsentscheidung ermitteln lässt[15]. Eine allgemeine Kostenentscheidung zu Lasten

---

[5] BGH GRUR 2010, 123 – Escitalopram; BGH BeckRS 2010, 03346 (Klagerücknahme durch Streitgenossen); BGH GRUR 2008, 60 (65) – Sammelhefter II; BPatG BeckRS 2012, 17313.
[6] BPatG GRUR 2010, 50 – Cetirizin; BPatG BeckRS 2010, 03065.
[7] MüKoZPO/*Schulz* § 101 Rn. 2.
[8] MüKoZPO/*Schulz* § 101 Rn. 2.
[9] MüKoZPO/*Schulz* § 101 Rn. 5.
[10] MüKoZPO/*Schulz* § 101 Rn. 5.
[11] OLG Düsseldorf BeckRS 2016, 17140.
[12] MüKoZPO/*Schulz* § 101 Rn. 7.
[13] Im Falle einer unstreitigen und zulässigen Klagerücknahme des Beschwerdegegners im Nichtzulassungsbeschwerdeverfahren braucht der Nebenintervenient keinen beim BGH zugelassenen Anwalt zu bestellen, BGH Mitt. 2015, 87 (Ls.) = BeckRS 2014, 23468.
[14] BGH BeckRS 2011, 05638; OLG Hamm BeckRS 2001, 30171608; OLG Koblenz BeckRS 2002, 30277195; 2005, 01677; OLG Bamberg BeckRS 2009, 10143; MüKoZPO/*Schulz* § 101 Rn. 8.
[15] OLG Koblenz BeckRS 2002, 30277195; 2005, 01677.

des Gegners der unterstützten Hauptpartei kann im Regelfall nicht dahin ausgelegt werden, dass ihm auch die Kosten der Nebenintervention auferlegt sind[16].

2. Fehlender Kostenausspruch. Eine Berichtigung des Urteils nach § 319 ZPO in Bezug auf die Kosten des Streithelfers ist – wenn nicht bereits ein Fall der Auslegung des Tenors vorliegt – nur statthaft, wenn sich aus dem Urteil hinreichende Anhaltspunkte dafür ergeben, dass das Gericht in seiner Entscheidung auch über die Kosten des Streithelfers entschieden hat, der Ausspruch im Tenor aber versehentlich unterblieben ist[17]. Hat das Gericht bewusst oder unbewusst eine Entscheidung über die Kosten der Streithilfe nicht getroffen, verbleibt dem Streithelfer nur ein Antrag auf Ergänzung des Urteils gemäß **§ 321 ZPO**[18]. 13

3. Anfechtung der Kostenentscheidung. § 99 ZPO gilt auch für die Anfechtung der Entscheidung über die Kosten der Nebenintervention. In den Fällen des §§ 91a, 99 Abs. 2 und 269 Abs. 4 kann der Streithelfer die ihn betreffende Kostenentscheidung im eigenen Namen mit der sofortigen Beschwerde anfechten[19]. Eine isolierte Anfechtung der zum Nachteil des Nebenintervenienten ergangenen Kostenentscheidung ist analog § 99 Abs. 2 ZPO jedenfalls dann statthaft, wenn sie auf der Zurückweisung der Nebenintervention beruht und das Zwischenurteil zum Zeitpunkt der Endentscheidung noch nicht rechtskräftig war[20]. 14

IV. Inhalt der Kostenentscheidung

1. Kostenverhältnis. Die Kosten der Nebeninvention können gemäß § 101 ZPO **nur dem Gegner der Hauptpartei** oder dem Streithelfer selbst auferlegt werden. Der Streitverkündete hat gegen den Streitverkünder, gleichgültig ob er als Nebenintervenient dem Rechtsstreit beigetreten ist oder nicht, keinen prozessualen Kostenerstattungsanspruch. Ein solcher besteht auch nicht aus analoger Anwendung des § 269 ZPO für den Fall, dass der Streitverkünder gegenüber dem Streitverkündeten die Streitverkündung zurücknimmt[21]. Mögliche materielle Kostenerstattungsansprüche sind in einem gesonderten Rechtsstreit geltend zu machen. 15

2. Kostenverteilung. Für die Kostenverteilung gilt der **Grundsatz der Kostenparallelität** (→ Rn. 7). Neben den in § 101 Abs. 1 ZPO aufgeführten Fällen erstreckt sich dieser auch auf andere Konstellationen, in denen der Gegner der Hauptpartei die Kosten zu tragen hat, zB §§ 269 Abs. 3 S. 2, 516 Abs. 3 S. 1 oder 565 ZPO[22]. Er gilt allerdings **nicht in Fällen der Kostentrennung,** denn dort beruht die Kostenentscheidung gerade auf dem spezifischen prozessualen Fehlverhalten einer Partei[23]. 16

Beschränkt sich der Beitritt auf einen abgrenzbaren **Teil des Rechtsstreits,** so betrifft die Kostenentscheidung für die Nebenintervention und die Prüfung des Obsiegens der unterstützenden Partei nur diesen Teil[24]. Eine Entscheidung im Hauptsacheverfahren über die Kosten eines im **selbstständigen Beweisverfahren** beigetretenen Streithelfers setzt dessen Beitritt im Hauptsacheverfahren nicht voraus (→ § 91 Rn. 19)[25]. 17

Das **Gericht muss prüfen, ob eine wirksame Beitrittserklärung** des Streitverkündeten nach § 70 ZPO vorliegt[26]. Daran fehlt es bspw., wenn die Beitrittserklärung ohne Angabe der Partei, der beigetreten wird, erfolgt[27]. Für die Kostenentscheidung **unerheblich ist, ob ein rechtliches Interesse** des Nebenintervenienten nach § 66 Abs. 1 ZPO vorliegt[28]. Dies ist eine Frage des Zwischenstreits nach § 71 ZPO. 18

Bei einer **Rücknahme des Beitritts** sind dem Nebenintervenienten entsprechend § 269 Abs. 3 S. 2, Abs. 4 ZPO die durch die Nebenintervention verursachten Kosten aufzuerlegen[29]. Tritt der Streithelfer später auf Seiten der anderen Partei erneut bei, so ist § 101 Abs. 1 ZPO nur hinsichtlich der weiteren Kosten anzuwenden. Zu beachten ist, dass es sich bei der Tätigkeit des Anwalts um dieselbe Angelegenheit iSv § 15 RVG handelt[30]. 19

---

[16] OLG Koblenz BeckRS 2002, 30277195; 2005, 01677.
[17] BGH BeckRS 2011, 05638; OLG Jena BeckRS 2009, 26237; Zöller/*Herget* ZPO § 101 Rn. 5.
[18] BGH BeckRS 2011, 05638; NJW-RR 2005, 295; NJW 1975, 218; OLG München NJW-RR 2003, 1440; OLG Nürnberg IBR 2008, 130; OLG Bamberg BeckRS 2009, 10621; MüKoZPO/*Schulz* § 101 Rn. 9; Zöller/ *Herget* ZPO § 101 Rn. 5.
[19] MüKoZPO/*Schulz* § 101 Rn. 11.
[20] OLG Karlsruhe GRUR-RS 2017, 127168 – isolierte Kostenbeschwerde.
[21] OLG Köln NJW-RR 2002, 1726.
[22] MüKoZPO/*Schulz* § 101 Rn. 13.
[23] MüKoZPO/*Schulz* § 101 Rn. 13 mwN.
[24] MüKoZPO/*Schulz* § 101 Rn. 14 mwN.
[25] BGH BeckRS 2014, 00974.
[26] OLG Karlsruhe BeckRS 2008, 02086; MüKoZPO/*Schulz* § 101 Rn. 15; vgl. LG Düsseldorf BeckRS 2011, 03262 – UMTS-Standard.
[27] OLG Karlsruhe BeckRS 2008, 02086; BAG NZA 2002, 228 (230).
[28] LG Düsseldorf BeckRS 2011, 03262 – UMTS-Standard; MüKoZPO/*Schulz* § 101 Rn. 15.
[29] MüKoZPO/*Schulz* § 101 Rn. 17.
[30] MüKoZPO/*Schulz* § 101 Rn. 17.

20 Im Patentnichtigkeitsverfahren erlaubt allein der Umstand, dass eine Nebenintervention erst in einem **sehr späten Verfahrensstadium** erklärt wird, noch nicht den Schluss, diese Vorgehensweise des Nebenintervenienten diene lediglich dem Zweck, Kosten zu verursachen, sei rechtsmissbräuchlich und stehe daher insoweit der Kostentragungspflicht der unterlegenen Partei entgegen[31].

21 Kosten, die durch ein **Angriffs- oder Verteidigungsmittel** entstehen, das der Nebenintervenient mit Wirkung für die unterstützte Hauptpartei geltend macht (§ 67 ZPO), sind Kosten des Rechtsstreits und von der unterliegenden Hauptpartei zu tragen. Will die unterstützte Hauptpartei der Kostenlast entgehen, so muss sie der Prozesshandlung widersprechen. In diesem Fall trägt der Nebenintervenient die Kosten einschließlich etwaiger Gerichtskosten gemäß § 96 ZPO analog[32].

22 **3. Kostenentscheidung bei Rechtsmittel.** Legt der Nebenintervenient selbstständig ein Rechtsmittel ein, so sind verschiedene Szenarien zu unterscheiden:

23 **Beteiligt sich die Hauptpartei** an dem Rechtsmittel, bleibt es bei den dargestellten Grundsätzen. Die Kosten des Rechtsmittels fallen der Hauptpartei zur Last und der Nebenintervenient trägt seine Kosten selbst[33]. Bleibt die unterstützte Hauptpartei **untätig,** fallen die Kosten des erfolglosen Rechtsmittels dem Nebenintervenienten nach § 97 Abs. 1 ZPO zur Last. War die Berufung des Nebenintervenienten erfolgt und wird in der Revision das erstinstanzliche Urteil wiederhergestellt, trägt der Nebenintervenient die Kosten beider Rechtszüge[34]. Entsprechend trifft die unterstützende Hauptpartei die Kostenlast für beide Instanzen, auch wenn sie sich erst in der Revisionsinstanz beteiligt. **Widerspricht** die Hauptpartei dem Rechtsmittel, ist es als unzulässig auf Kosten des Nebenintervenienten zu verwerfen[35]. Legen Hauptpartei und Nebenintervenient **unabhängig voneinander ein Rechtsmittel** ein, liegt dennoch nur ein Rechtsmittel der unterstützten Hauptpartei vor.

24 **4. Prozessvergleich.** Bei einem Prozessvergleich **mit Beteiligung** des Nebenintervenienten richtet sich die Kostenerstattung nach den vertraglichen Regelungen. Wurde der Prozessvergleich **ohne Mitwirkung** des Nebenintervenienten abgeschlossen, gilt der Grundsatz der Kostenparallelität[36]. Der Kostenanspruch des Nebenintervenienten folgt dem Anspruch der unterstützten Hauptpartei. Bei **Kostenaufhebung** besteht kein Kostenerstattungsanspruch des Nebenintervenienten gegen den Gegner[37]. Dies gilt auch dann, wenn der Streithelfer nicht am Vergleich beteiligt war[38].

25 Entsprechendes gilt auch bei einem **außergerichtlichen Vergleich.** Bei Rücknahme einer Klage nach einem außergerichtlichen Vergleich geht die im Vergleich getroffene Kostenregelung auch im Verhältnis zum Streithelfer der gesetzlichen Regelung des § 268 Abs. 3 S. 2 ZPO vor[39]. Das bedeutet, dass der Nebenintervenient wegen §§ 74 Abs. 1, 67 ZPO keinen Kostenantrag stellen kann, wenn dieser im Widerspruch zu den Handlungen der Hauptpartei steht (zB weil die Beklagte auf einen Kostenantrag nach § 269 Abs. 4 ZPO verzichtet haben). Eine Kostengrundentscheidung nach § 101 Abs. 1 ZPO bleibt dann ebenfalls erfolglos. Der Anspruch des Nebenintervenienten geht nicht weiter als der Kostenerstattungsanspruch der unterstützten Hauptpartei. Der Nebenintervenient kann nicht besser stehen als die unterstütze Hauptpartei und hat daher nachteilige Auswirkungen von deren Prozesshandlungen auch kostenrechtlich mitzutragen. Es gilt auch hier der Grundsatz der Kostenparallelität.

V. Streitgenössische Nebenintervention (Abs. 2)

26 Nach § 101 Abs. 2 ZPO ist für die streitgenössische Nebenintervention die Regelung des § 100 ZPO anwendbar. Die Kosten der Nebenintervention werden als Kosten der Hauptsache behandelt. Der streitgenössische Nebenintervenient trägt daher zusammen mit der unterstützten Hauptpartei die Kosten nach Kopfteilen (§ 100 Abs. 1 ZPO) oder der gerichtlichen Verteilung (§ 100 Abs. 3 und Abs. 4 ZPO). § 100 Abs. 4 ZPO ist nicht anwendbar, denn der Nebenintervenient kann nicht zur Hauptsache verurteilt werden. Die Regelung des § 101 Abs. 2 iVm § 100 ZPO gilt insbesondere im **Rechtsbestandsverfahren,** ohne dass ein Fall von § 69 ZPO vorliegen muss (→ Rn. 3).

§ 102 (weggefallen)

---

[31] BGH BeckRS 2014, 11340.
[32] MüKoZPO/*Schulz* § 101 Rn. 18.
[33] MüKoZPO/*Schulz* § 101 Rn. 21.
[34] MüKoZPO/*Schulz* § 101 Rn. 22.
[35] BGH NJW 1985, 386; MüKoZPO/*Schulz* § 101 Rn. 23.
[36] MüKoZPO/*Schulz* § 101 Rn. 30 ff.
[37] BGH NJW 2003, 1948; 2003, 3354; NJW-RR 2008, 261; NJW-RR 2005, 1159; LG Düsseldorf 29.4.2013 – 4b O 77/10; MüKoZPO/*Schulz* § 101 Rn. 31.
[38] LG Düsseldorf 29.4.2013 – 4b O 77/10.
[39] BGH NJW-RR 2004, 1506; OLG Karlsruhe NJW-RR 2009, 1078; LG Mannheim BeckRS 2019, 59510.

§ 103 Kostenfestsetzungsgrundlage; Kostenfestsetzungsantrag

(1) Der Anspruch auf Erstattung der Prozesskosten kann nur auf Grund eines zur Zwangsvollstreckung geeigneten Titels geltend gemacht werden.

(2) ¹Der Antrag auf Festsetzung des zu erstattenden Betrages ist bei dem Gericht des ersten Rechtszuges anzubringen. ²Die Kostenberechnung, ihre zur Mitteilung an den Gegner bestimmte Abschrift und die zur Rechtfertigung der einzelnen Ansätze dienenden Belege sind beizufügen.

Übersicht

	Rn.
A. Anwendbarkeit im gewerblichen Rechtsschutz	1
B. Grundlage der Kostenfestsetzung (Abs. 1)	5
I. Vollstreckungstitel	5
1. Einstweilige Verfügungen	7
2. Restitutionsverfahren	13
3. Vergleich	14
II. Vollstreckbarkeit	17
1. Vollstreckungsbeschränkungen	17
2. Wegfall der Vollstreckbarkeit des Hauptanspruchs	19
3. Wegfall des Titels	20
C. Kostenfestsetzungsantrag (Abs. 2)	21
I. Parteien des Antrages	21
II. Antragstellung	24
III. Zuständiges Gericht	28
IV. Rechtsmissbrauch	29
V. Aussetzung des Hauptverfahrens	30

A. Anwendbarkeit im gewerblichen Rechtsschutz

Zur Anwendbarkeit des § 103 ZPO im gewerblichen Rechtsschutz gelten die Ausführungen bei 1 § 91 ZPO (→ § 91 Rn. 1 ff.). Die §§ 103 ff. ZPO sind, bis auf das Gemeinschaftsgeschmacksmusterrecht, **entsprechend anwendbar**. In Verletzungsverfahren als ZPO-Verfahren sind sie unmittelbar anwendbar.

In **Rechtsbestandsverfahren** sind sie kraft Verweisung heranzuziehen: Im **Patentrecht**: Nichtig- 2 keitsverfahren (§ 84 Abs. 2 S. 2 Hs. 2 PatG), Einspruchsverfahren (§ 62 Abs. 2 S. 3 PatG), Beschwerdeverfahren vor dem BPatG (§ 80 Abs. 5 PatG), Rechtsbeschwerde vor dem BGH (§ 109 Abs. 3 PatG). Im **Gebrauchsmusterrecht**: Löschungsverfahren (§ 17 Abs. 4 S. 2 GebrMG, §§ 62 Abs. 2, 84 Abs. 2 S. 2 und 3 PatG), Beschwerdeverfahren (§ 18 Abs. 2 S. 2 GebrMG, § 84 Abs. 2 PatG), Rechtsbeschwerde (§ 18 Abs. 4 S. 2 GebrMG, § 109 PatG). Im **Markenrecht**: Löschungsverfahren vor dem DPMA (§ 63 Abs. 3 S. 2 MarkenG), Beschwerdeverfahren vor dem BPatG (§ 71 Abs. 5 MarkenG). Für die Unionsmarke ist die Kostenfestsetzung für Verfahren vor dem EUIPO in Art. 85 Abs. 6 UMV geregelt. Für Klagen beim Europäischen Gericht der 1. Instanz (Art. 65 UMV) gilt Art. 140 EuGVfO. Im **Designrecht**: Nichtigkeit als ZPO-Verfahren (§ 33 DesignG). Im Gemeinschaftsgeschmacksmusterrecht gilt dagegen Art. 70 Abs. 6 GGV, ohne Verweis auf die §§ 103 ff. ZPO.

Die §§ 103–107 ZPO dienen der Bestimmung der **betragsmäßigen Höhe** der zu erstattenden 3 Kosten. Welche Partei zu welchem Anteil die Prozesskosten zu tragen hat, wird in den §§ 91–101 ZPO geregelt. Die §§ 103 ff. ZPO führen zur Schaffung eines selbstständigen **Vollstreckungstitels** iSd § 794 Abs. 1 Nr. 2 ZPO, dem Kostenfestsetzungsbeschluss.

Das Kostenfestsetzungsverfahren ist ein formalisiertes und auf eine einfache Prüfung zugeschnittenes 4 **Massenverfahren**[1]. Es ist grundsätzlich nicht dafür ausgelegt, auf die Umstände des Einzelfalles abzustellen. Vielmehr sollte aus Gründen der Praktikabilität eine typisierende Betrachtung erfolgen. Wesentliche Grundlage für die Prüfung ist die Prozessakte. Zusätzlich werden regelmäßig nur schriftliche Belege der Parteien oder Erklärung von Beteiligten herangezogen[2]. Es betrifft allein den **prozessualen Kostenerstattungsanspruch** (→ § 91 Rn. 33).

B. Grundlage der Kostenfestsetzung (Abs. 1)

I. Vollstreckungstitel

Die Kostenfestsetzung erfolgt nur auf Grund eines zur Zwangsvollstreckung geeigneten Titels. 5 Dieser muss einen Ausspruch zur **Kostengrundentscheidung** enthalten. Aus ihm muss die Zwangsvollstreckung nach der ZPO stattfinden können (§§ 704 ff., 794, 801 ZPO). Dazu gehören ebenfalls

---

[1] MüKoZPO/*Schulz* § 103 Rn. 1.
[2] MüKoZPO/*Schulz* § 103 Rn. 1.

Beschlüsse, die gesonderte Kostenlastentscheidung treffen, zB gemäß §§ 91a Abs. 1, 269 Abs. 4, 516 Abs. 3 ZPO. Es ist unerheblich, ob die Entscheidung zur Hauptsache vollstreckbar ist. Auch klageabweisende, rechtsgestaltende oder feststellende Entscheidungen sind ausreichend, soweit sie eine Kostenentscheidung enthalten[3].

6   Der die Kostengrundentscheidung enthaltende Titel muss **wirksam zugestellt** sein[4]. Andernfalls kann ein Kostenfestsetzungsbeschluss von Beginn an keine rechtlichen Wirkungen entfalten, weil es an einem zur Zwangsvollstreckung geeigneten Titel fehlt.

7   **1. Einstweilige Verfügungen.** Einstweilige Verfügungen und Arrestbefehle (§§ 928, 936 ZPO), die eine Kostenentscheidung enthalten, sind ebenfalls Kostentitel iSv § 103 Abs. 1 ZPO.

8   Hat eine einstweilige Verfügung wegen Dringlichkeit ohne mündliche Verhandlung zu ergehen (§ 937 Abs. 2 ZPO), bedarf die zugunsten des Antragstellers zu treffende Kostengrundentscheidung nicht erst des Zustandekommens eines formalen **Prozessrechtsverhältnisses** unter Beteiligung des Antragsgegners[5]. Die Grundsätze des fairen Verfahrens und das Recht auf rechtliches Gehör (Art. 103 Abs. 1 GG) gebieten es jedoch, dass **spätestens im Zeitpunkt des Kostenfestsetzungsverfahrens,** die zuvor der Dringlichkeit des Verfahrens geschuldete unterbliebene **Anhörung** des Antragsgegners zur Berechtigung einer Kostengrundentscheidung nachzuholen.

9   Die **Vollziehungsfrist** des § 929 Abs. 3 ZPO ist im Kostenfestsetzungsverfahren **nicht zu prüfen**[6]. Es liegt auch dann ein geeigneter Titel iSv § 103 ZPO vor, wenn die einstweilige Verfügung nicht vollzogen wird. Die Vollziehung betrifft nur die Vollstreckbarkeit des Hauptanspruchs und führt ggf. zur Aufhebung der Entscheidung nach Widerspruch oder Berufung. Eine einstweilige Einstellung der Zwangsvollstreckung nach § 924 Abs. 3 ZPO oder § 719 Abs. 1 ZPO kommt jedoch in Betracht.

10 Die Kostenentscheidung im Verfahren auf **Aufhebung** der einstweiligen Verfügung (§§ 927, 936 ZPO) betrifft grundsätzlich nur die Kosten im Aufhebungsverfahren. Die Kostenentscheidung der einstweiligen Verfügung bleibt bestehen[7].

11 Die Kosten einer **Schutzschrift** können als Kosten des Verfügungsverfahrens erstattungsfähig sein (→ § 91 Rn. 172 ff.). Maßgebend ist die Kostengrundentscheidung im Verfügungsverfahren.

12 Dies gilt ebenfalls für die **Sequestrationskosten** (→ § 91 Rn. 178) einschließlich der Kosten im Zusammenhang mit dem privatrechtlichen Rechtsverhältnis der Partei und dem Gerichtsvollzieher[8].

13 **2. Restitutionsverfahren.** Das Restitutionsverfahren stellt im Verhältnis zum wiederaufgenommenen Vorprozess gebührenrechtlich eine **neue Instanz** dar[9]. Im Restitutionsverfahren sind daher auch insbesondere Kostenbeschlüsse nach § 516 Abs. 3 ZPO aufzuheben, da andernfalls eine Kostenfestsetzung zugunsten des obsiegenden Restitutionsklägers nicht erfolgen kann[10].

14 **3. Vergleich.** Ein **Prozessvergleich** ist ein zur Zwangsvollstreckung geeigneter Titel. Im Kostenfestsetzungsverfahren ist zu prüfen, ob die formellen Anforderungen des § 794 Abs. 1 Nr. 1 ZPO erfüllt sind.

15 Ein **außergerichtlicher Vergleich,** durch dessen Umsetzung der Rechtsstreit beendet wird, ist kein geeigneter Titel iSv § 103 ZPO. Allerdings kann ein außergerichtlicher Vergleich für die Festsetzung einer **Einigungsgebühr** nach Nr. 1000 Abs. 1 S. 1 VV RVG ausreichend sein[11].

16 Treffen die Parteien **nach Urteilserlass** einen außergerichtlichen Vergleich, in dem eine von der streitigen Gerichtsentscheidung abweichende Kostenregelung getroffen wurde, ändert dies nichts an der Zulässigkeit eines Kostenfestsetzungsantrags[12]. Denn aus Vergleich kann der hierin Berechtigte allenfalls zivilrechtliche Ansprüche geltend machen.

II. Vollstreckbarkeit

17 **1. Vollstreckungsbeschränkungen.** Lediglich vorläufig vollstreckbar erklärte Urteile können ebenfalls Grundlage der Kostenfestsetzung sein. Für die Kostenfestsetzung ist es ohne Belang, ob die Voraussetzungen für die vorläufige Vollstreckbarkeit des zugrundeliegenden Titels erfüllt sind. Die Kostenfestsetzung erfolgt nach Antrag **ohne Rücksicht darauf, ob Sicherheit geleistet wurde**[13]. Dies interessiert erst bei der Vollstreckung aus dem Kostenfestsetzungsbeschluss. Gleiches gilt für die

---

[3] MüKoZPO/*Schulz* § 103 Rn. 3.
[4] BGH NJW 2013, 2438.
[5] OLG Jena BeckRS 2005, 30358983.
[6] OLG Jena BeckRS 2005, 30358983; MüKoZPO/*Schulz* § 103 Rn. 10.
[7] MüKoZPO/*Schulz* § 103 Rn. 11.
[8] BGH NJW 2006, 3010 = Mitt. 2006, 573.
[9] OLG Düsseldorf InstGE 12, 113 – Lagersystem.
[10] OLG Düsseldorf InstGE 12, 113 – Lagersystem.
[11] BGH NJW 2007, 2187.
[12] BPatG GRUR-RS 2016, 01639.
[13] BGH NJW 2013, 2975; OLG Köln BeckRS 2009, 87184; MüKoZPO/*Schulz* § 103 Rn. 21.

Einstellung der Zwangsvollstreckung aus dem zugrundeliegenden Urteil nach §§ 707, 719 ZPO oder der **Abwendung** durch Sicherheitsleistung §§ 711, 712 ZPO[14].

Eine **vollstreckbare Ausfertigung** ist für die Kostenfestsetzung nicht erforderlich[15]. Etwas anderes gilt im Falle der **Rechtsnachfolge** auf Seiten des Antragstellers oder des Erstattungspflichtigen[16]. 18

2. Wegfall der Vollstreckbarkeit des Hauptanspruchs. Der Wegfall der Vollstreckbarkeit des Hauptanspruchs **ändert nichts daran**, dass der Titel Grundlage der Kostenfestsetzung sein kann. Dies gilt auch bei Erledigung der Hauptsache. Dies ändert sich erst dann, wenn der Titel aufgehoben, abgeändert, ersetzt (vgl. § 91a ZPO) oder durch Klagerücknahme (§ 269 Abs. 3 S. 1 Hs. 2 ZPO) oder Prozessvergleich gegenstandslos wird[17]. Entsprechend ist ein Kostenfestsetzungsantrag auch **nach Ablauf der Vollziehungsfrist** des § 929 Abs. 3 zulässig (→ Rn. 9). 19

3. Wegfall des Titels. Der Kostenfestsetzungsbeschluss ist sowohl hinsichtlich seiner Entstehung als auch seines Bestandes **von der Kostengrundentscheidung abhängig**[18]. Wird diese, zB im Rechtsmittelverfahren, aufgehoben oder abgeändert, wird ein auf ihrer Grundlage erlassener Kostenfestsetzungsbeschluss im Umfang der Aufhebung oder Abänderung ohne Weiteres **wirkungslos**[19]. Ein Kostenfestsetzungsantrag aufgrund des ersten Titels ist unzulässig. 20

C. Kostenfestsetzungsantrag (Abs. 2)

I. Parteien des Antrages

Antragsbefugt ist **jede Prozesspartei** zu deren Gunsten die Kostengrundentscheidung ergangen ist. Der **Nebenintervenient** kann Kostenfestsetzung beantragen, wenn dem Gegner der unterstützten Hauptpartei die Kosten ganz oder teilweise auferlegt wurden (§ 101 ZPO). Der Rechtsnachfolger ist erst nach Umschreibung des Titels (§§ 727 ZPO) antragsbefugt. 21

Antragsgegner können insbesondere die **gegnerische Partei**, einzelne **Streitgenossen** oder **Nebenintervenienten** sein[20]. Auch **Zeugen** oder **Sachverständige**, denen die Kosten ihres Nichterscheinens auferlegt wurden (§§ 380 Abs. 1, 409 Abs. 1 ZPO), kommen in Betracht. 22

Zwischen Streitgenossen findet grundsätzlich keine Kostenfestsetzung statt (→ § 100 Rn. 4). 23

II. Antragstellung

Der Antrag ist **schriftlich** oder zu Protokoll der Geschäftsstelle des zuständigen Gerichts zu stellen. Der **Titel** oder eine vollstreckbare Ausfertigung sind **nicht vorzulegen**. Etwas anderes gilt bei Titelumschreibung. 24

Der Antrag auf Erlass eines Kostenfestsetzungsbeschlusses muss den Gegenstand der geltend gemachten Kostenpositionen in hinreichend bestimmter Form bezeichnen[21]. Erforderlich ist eine **genaue Bezeichnung** des zugrunde liegenden **Rechtsstreits** oder **Vollstreckungstitels** sowie die **nachvollziehbare Angabe von Grund und Höhe der einzelnen Positionen**[22]. Wird die Festsetzung von Rechtsanwaltskosten begehrt, so muss die nach § 10 Abs. 2 RVG vorzunehmende **Kostenberechnung aus sich heraus verständlich** sein; die Bezugnahme auf Vollstreckungsunterlagen genügt hierfür nicht[23]. Entsprechend hat der Antrag eine Kostenberechnung im Sinne einer **geordneten und nachvollziehbaren Zusammenstellung** der einzelnen Posten unter Angabe von Grund, Datum und Betrag der Aufwendungen zu enthalten (§ 104 Abs. 2 S. 2 ZPO)[24]. **Belege** für die einzelnen Ansätze sind beizufügen. Eine Ausnahme gilt für **Gerichtskosten**, soweit sie sich aus der Akte ergeben. Daher sollte immer entsprechend vorsorglich beantragt werden: „Nicht berücksichtigte Gerichtskosten bitten wir hinzuzusetzen, soweit sie sich aus der Akte ergeben." 25

Eine **Nachfestsetzung** nicht beanspruchter Gebühren oder Aufwendungen ist **grundsätzlich zulässig**, soweit dem nicht die Rechtskraft einer früheren Entscheidung entgegensteht[25]. 26

Bis zur Rechtskraft des Kostenfestsetzungsbeschlusses kann der Antrag ohne Einwilligung der Gegenseite **zurückgenommen** werden[26]. 27

---

[14] MüKoZPO/*Schulz* § 103 Rn. 21.
[15] MüKoZPO/*Schulz* § 103 Rn. 26.
[16] MüKoZPO/*Schulz* § 103 Rn. 26.
[17] MüKoZPO/*Schulz* § 103 Rn. 24.
[18] BGH NJW 2013, 2975.
[19] BGH NJW 2013, 2975; NJW-RR 2007, 784; OLG Köln BeckRS 2009, 87184; MüKoZPO/*Schulz* § 103 Rn. 27.
[20] MüKoZPO/*Schulz* § 103 Rn. 29.
[21] BGH NJW 2019, 679.
[22] BGH NJW 2019, 679.
[23] BGH NJW 2019, 679.
[24] MüKoZPO/*Schulz* § 103 Rn. 41.
[25] MüKoZPO/*Schulz* § 103 Rn. 43, § 104 Rn. 137 mwN.
[26] MüKoZPO/*Schulz* § 103 Rn. 44 mwN.

III. Zuständiges Gericht

28 Der Antrag ist beim **Gericht des ersten Rechtszuges** einzureichen. Funktionell zuständig ist der **Rechtspfleger** (→ § 104 Rn. 2).

IV. Rechtsmissbrauch

29 Ein Kostenfestsetzungsantrag kann im Einzelfall rechtsmissbräuchlich sein. Dies kann etwa der Fall sein, wenn der Antragsteller die Festsetzung von Mehrkosten beantragt, die dadurch entstanden sind, dass er einen oder mehrere gleichartige, aus einem einheitlichen Lebensvorgang erwachsene Ansprüche gegen eine oder mehrere Personen **ohne sachlichen Grund aufspaltet und in getrennten Prozessen verfolgt**[27]. Gleiches gilt für Erstattungsverlangen in Bezug auf Mehrkosten, die darauf beruhen, dass mehrere von demselben Prozessbevollmächtigten vertretene Antragsteller in **engem zeitlichem Zusammenhang** mit weitgehend gleichlautenden Antragsbegründungen aus einem weitgehend identischen Lebenssachverhalt ohne sachlichen Grund in getrennten Prozessen gegen den- oder dieselben Antragsgegner vorgegangen sind[28]. Liegen die Voraussetzungen des Rechtsmissbrauchs vor, muss sich der Antragsteller kostenrechtlich so behandeln lassen, als habe er ein einziges Verfahren geführt. Die Prüfung erfolgt durch den **Rechtspfleger.**

V. Aussetzung des Hauptverfahrens

30 Bei Aussetzung oder Unterbrechung des Hauptverfahrens (§§ 239 ff. ZPO) findet eine Festsetzung der Prozesskosten nicht statt[29]. Dies gilt ebenfalls für die Aussetzung von Amts wegen nach **§ 148 ZPO,** denn auch deren Wirkungen richten sich nach § 249 ZPO.

§ 104 Kostenfestsetzungsverfahren

(1) ¹Über den Festsetzungsantrag entscheidet das Gericht des ersten Rechtszuges. ²Auf Antrag ist auszusprechen, dass die festgesetzten Kosten vom Eingang des Festsetzungsantrags im Falle des § 105 Abs. 3 von der Verkündung des Urteils ab mit fünf Prozentpunkten über dem Basiszinssatz nach § 247 des Bürgerlichen Gesetzbuchs zu verzinsen sind. ³Die Entscheidung ist, sofern dem Antrag ganz oder teilweise entsprochen wird, dem Gegner des Antragstellers unter Beifügung einer Abschrift der Kostenrechnung von Amts wegen zuzustellen. ⁴Dem Antragsteller ist die Entscheidung nur dann von Amts wegen zuzustellen, wenn der Antrag ganz oder teilweise zurückgewiesen wird; im Übrigen ergeht die Mitteilung formlos.

(2) ¹Zur Berücksichtigung eines Ansatzes genügt, dass er glaubhaft gemacht ist. ²Hinsichtlich der einem Rechtsanwalt erwachsenden Auslagen für Post- und Telekommunikationsdienstleistungen genügt die Versicherung des Rechtsanwalts, dass diese Auslagen entstanden sind. ³Zur Berücksichtigung von Umsatzsteuerbeträgen genügt die Erklärung des Antragstellers, dass er die Beträge nicht als Vorsteuer abziehen kann.

(3) ¹Gegen die Entscheidung findet sofortige Beschwerde statt. ²Das Beschwerdegericht kann das Verfahren aussetzen, bis die Entscheidung, auf die der Festsetzungsantrag gestützt wird, rechtskräftig ist.

Übersicht

	Rn.
A. Anwendbarkeit im gewerblichen Rechtsschutz	1
B. Zuständigkeit und Verfahrensgrundsätze	2
I. Zuständigkeit	2
II. Verfahrensgrundsätze	5
1. Gelegenheit zur Stellungnahme	5
2. Glaubhaftmachung	6
C. Prüfung des Kostenfestsetzungsantrages	11
I. Zulässigkeit und Beweiserhebung	11
II. Materielle Einwendungen	14
1. Zahlungen	16
2. Aufrechnung	17
3. Verjährung	20

---

[27] BGH NJW 2013, 66 (67) mwN, mAnm *Schlüter* GRUR-Prax 2012, 497; BGH GRUR 2014, 709 – Festsetzung von Mehrkosten, mAnm *Schlüter* GRUR-Prax 2014, 340.
[28] BGH GRUR 2014, 709 – Festsetzung von Mehrkosten, mAnm *Schlüter* GRUR-Prax 2014, 340.
[29] MüKoZPO/*Schulz* § 103 Rn. 46 mwN.

	Rn.
III. Kostenfestsetzungsbeschluss	21
1. Formalien	21
2. Inhalt des Kostenfestsetzungsbeschlusses	24
3. Änderung der Kostengrundentscheidung und Verzinsung	30
D. Rechtsbehelfe	34
I. Sofortige Beschwerde	36
1. Zulässigkeit	36
2. Verfahren vor dem Rechtspfleger	39
3. Verfahren vor dem Beschwerdegericht	41
II. Erinnerung	44

A. Anwendbarkeit im gewerblichen Rechtsschutz

Zur Anwendbarkeit des § 104 ZPO im gewerblichen Rechtsschutz gelten die Ausführungen bei **1** § 103 ZPO (→ § 103 Rn. 1). § 103 ZPO betrifft die allgemeinen Grundsätze der Kostenfestsetzung. § 104 ZPO regelt das Verfahren der Kostenfestsetzung.

B. Zuständigkeit und Verfahrensgrundsätze

I. Zuständigkeit

Für den Festsetzungsantrag ist das Gericht des ersten Rechtszuges **örtlich** und **instanziell** aus- **2** schließlich zuständig. Dies gilt für die Kosten **aller Instanzen** und auch dann, wenn eine einstweilige Verfügung oder eine Restitutionsklage unmittelbar beim Berufungsgericht eingereicht wird[1]. Bei **Verweisung** des Rechtsstreits an ein anderes Gericht geht die Zuständigkeit auch hinsichtlich bereits entstandener Kosten auf das Gericht über, an das verwiesen wird.

Zwangsvollstreckungskosten sind gemäß **§ 788 ZPO** zu erstatten. Zuständig für die Festsetzung **3** ist das **Vollstreckungsgericht** (§ 788 Abs. 2 S. 1 ZPO). Die Kosten einer **zur Abwehr der Zwangsvollstreckung** beigebrachten Sicherheit sind grundsätzlich als Verfahrenskosten im weiteren Sinn erstattungsfähig (→ § 91 Rn. 179 „Sicherheitsleistung")[2]. Zuständig ist das Prozessgericht gemäß § 104 ZPO, denn die Kosten dienen gerade der Vermeidung einer Vollstreckung[3]. Bei **Beschaffungskosten für eine zu leistende Sicherheit** iSv § 709 wird differenziert: Findet eine Vollstreckung statt, handelt es sich um Kosten der Zwangsvollstreckung (§ 788 Abs. 1 ZPO) und das Vollstreckungsgericht ist zuständig[4]. Unterbleibt die Vollstreckung, sind es Verfahrenskosten und das Prozessgericht ist zuständig[5].

Funktionell zuständig ist der **Rechtspfleger** (§ 21 Nr. 1 RPflG). Für die **Rechtsbestandsverfah- 4 ren** ergibt sich seine Zuständigkeit aus § 23 Abs. 1 Nr. 12 RPflG. Der Rechtspfleger ist sachlich unabhängig und nur an Recht und Gesetz gebunden (§ 21 Nr. 1 RPflG). Eine Vorlagepflicht an den Richter besteht nur unter den engen Voraussetzungen des § 5 Abs. 1 RPflG.

II. Verfahrensgrundsätze

1. Gelegenheit zur Stellungnahme. Auch im Verfahren der Kostenfestsetzung ist das Gebot **5** rechtlichen Gehörs zu beachten[6]. Dem Antragsgegner ist daher vor Erlass des Kostenfestsetzungsbeschlusses **Gelegenheit zur Stellungnahme** zu geben, auch bei einfach gelagerten Fällen[7]. Dies gilt umgekehrt auch für den Fall, dass der Rechtspfleger beabsichtigt, den Festsetzungsantrag ganz oder teilweise zurückzuweisen[8]. In der Praxis werden die Fristen zur Stellungnahme regelmäßig knapp bemessen. Der Mangel des rechtlichen Gehörs kann **im Beschwerdeverfahren geheilt werden,** weil die Nachholung des rechtlichen Gehörs durchaus rechtsstaatlichen Grundsätzen entspricht[9]. Die Anhörung erfolgt grundsätzlich **schriftlich**. Eine mündliche Verhandlung ist jedoch theoretisch möglich.

---

[1] MüKoZPO/*Schulz* § 104 Rn. 2.
[2] BGH NJW 2012, 3789; NJW-RR 2006, 1001.
[3] MüKoZPO/*Schulz* § 104 Rn. 7 mwN.
[4] OLG Koblenz MDR 2004, 835 = BeckRS 2004, 02821; OLG Düsseldorf JurBüro 2003, 47; OLG München NJW-RR 2000, 517 (518); MüKoZPO/*Schulz* § 104 Rn. 6 mwN; Zöller/*Geimer* ZPO § 788 Rn. 5.
[5] BGH NJW-RR 2008, 515 (516); 2006, 1001; NJW 1974, 693 (694); MüKoZPO/*Schulz* § 104 Rn. 7 mwN.
[6] MüKoZPO/*Schulz* § 104 Rn. 10 mwN.
[7] OLG Düsseldorf NJOZ 2012, 2017; OLG Frankfurt a. M. NJW 1999, 1265.
[8] OLG Frankfurt a. M. NJW 1999, 1265; MüKoZPO/*Schulz* § 104 Rn. 10.
[9] OLG Düsseldorf NJOZ 2012, 2017.

6 **2. Glaubhaftmachung.** Nach § 104 Abs. 2 S. 1 ZPO genügt für die Berücksichtigung eines Ansatzes, dass er glaubhaft iSd § 294 Abs. 1 ZPO gemacht wurde. Die Glaubhaftmachung bezieht sich auf die **Entstehung** und auf die **Notwendigkeit** der Kosten[10]. Als Beweismaß reicht daher eine **überwiegende Wahrscheinlichkeit** für eine Festsetzung aus[11]. Sämtliche Beweismittel einschließlich der eidesstattlichen Versicherung sind daher zulässig. Die Beschränkung auf präsente Beweismittel nach § 294 Abs. 2 ZPO gilt nicht. Belege sollten **im Original** eingereicht werden, wenn sie sich noch nicht in der Akte befinden[12]. Das **Sitzungsprotokoll** hat keine entscheidende Bedeutung[13]. Wird daher ein mitwirkender Patentanwalt nicht im Protokoll genannt, kann seine Anwesenheit durch andere Beweismittel belegt werden.

7 Eine Amtsermittlung findet grundsätzlich nicht statt[14]. Es gilt der **Beibringungsgrundsatz.** Es gelten die allgemeinen Darlegungs- und Beweisregeln gemäß §§ 138, 288 ZPO[15]. Ein pauschales Bestreiten kann daher unbeachtlich sein. Die Beweislast trifft denjenigen, der einen Erstattungsanspruch geltend macht. Nach dem BPatG gilt allerdings der **§ 138 Abs. 3 ZPO** nicht für das Kostenerstattungsverfahren. Vielmehr kommt es auf ein prozessuales Geständnis an[16].

8 Hinsichtlich der dem Anwalt entstandenen **Auslagen für Post- und Telekommunikationsdienstleistungen** genügt seine Versicherung, dass diese Auslagen entstanden sind (§ 104 Abs. 2 S. 2 ZPO). Bei der Gebührenpauschale des Nr. 7002 VV RVG ist dies nicht erforderlich.

9 **Rechnungen über** die geltend gemachten **Rechtsanwaltsgebühren** müssen grundsätzlich nicht vorgelegt werden. Ob die Kosten bereits in Rechnung gestellt wurden oder bereits bezahlt wurden, ist für die Berücksichtigung im Kostenfestsetzungsbeschluss unerheblich. Nach § 91 ZPO sind die Auslagen des Anwalts zu erstatten, sofern sie notwendig waren. Diese gilt auch für Kosten, die dem Mandanten gegenüber noch nicht geltend gemacht sind[17]. Die Rechtspflicht zur Zahlung genügt. Der Kostengläubiger kann die Erstattung von Kosten verlangen, die er noch nicht bezahlt hat, für die er aber haftet[18]. Etwas anderes kann gelten, wenn der Erstattungsberechtigte die Existenz einer Honorarvereinbarung einräumt[19].

10 Für die Berücksichtigung von **Umsatzsteuerbeträgen** genügt die Erklärung des Antragstellers, dass er die Beträge nicht als Vorsteuer abziehen kann (§ 104 Abs. 2 S. 3 ZPO). Eine **inhaltliche Überprüfung** findet nicht statt, es sei denn, die Angabe ist offensichtlich unrichtig oder der entsprechende Nachweis wird geführt[20]. Die Erklärung kann nachträglich im Laufe des Festsetzungsverfahrens abgegeben oder **geändert** werden[21]. Sind einzelne **Streitgenossen** nicht zum Vorsteuerabzug berechtigt, ist bei einem gemeinsamen Anwalt nur der im Innenverhältnis geschuldete Anteil festzusetzen[22]. Dem Erstattungspflichtigen steht gegen die Vollstreckbarkeit eines Kostenfestsetzungsbeschlusses, soweit Umsatzsteuer festgesetzt ist, die Vollstreckungsgegenklage nach § 767 ZPO zu; Abs. 2 gilt nicht[23].

C. Prüfung des Kostenfestsetzungsantrages

I. Zulässigkeit und Beweiserhebung

11 Der Rechtspfleger prüft die **Zulässigkeit des Kostenfestsetzungsantrages.** Hierzu gehört das Vorliegen eines Titels gemäß § 103 Abs. 1 ZPO (→ § 103 Rn. 5), eines Kostenfestsetzungsantrages gemäß § 103 Abs. 2 ZPO (→ § 103 Rn. 25), seine Zuständigkeit und ob Verfahrenshindernisse, wie bspw. ein bestehender rechtskräftiger Kostenfestsetzungsbeschluss, bestehen.

12 Bei beweisbedürftigen Tatsachen kann der Rechtspfleger jeden angebotenen **Beweis erheben**[24]. Er ist nicht auf das Strengbeweisverfahren limitiert. Er kann schriftliche Erklärungen von Parteien, Prozessbevollmächtigten oder Zeugen anfordern und gemäß § 286 ZPO frei würdigen. Er kann die

---

[10] Räumt der Erstattungsberechtigte die Existenz einer Honorarvereinbarung ein, so hat er sich zu deren genauen Inhalt zu erklären, was im Allgemeinen deren ungeschwärzte Vorlage genauso wie eine Präsentation der dem Mandanten gestellten Rechnung verlangt, ggf. sogar die Vorlage von Ausdrucken des anwaltlichen Zeiterfassungssystems, OLG Düsseldorf BeckRS 2018, 53682.
[11] BGH NJW 2007, 2187 für die Vergleichsgebühr.
[12] Zöller/*Herget* ZPO § 104 Rn. 8, str. mit Nachweisen zur aA.
[13] Zöller/*Herget* ZPO § 104 Rn. 8.
[14] MüKoZPO/*Schulz* § 104 Rn. 14 mwN.
[15] MüKoZPO/*Schulz* § 104 Rn. 14 mwN.
[16] BPatG GRUR 1992, 503 – Mehrwertsteuer; BPatG GRUR 1993, 385 (386) – Umsatzsteuer; aA MüKoZPO/*Schulz* § 104 Rn. 14 mwN; Zöller/*Herget* ZPO § 104 Rn. 21.
[17] Vgl. Thomas/*Putzo* § 91 Rn. 20.
[18] Thomas/*Putzo* § 104 Rn. 9; Zöller/*Herget* § 104 Rn. 1.
[19] In diesem Fall hat er sich zu deren genauen Inhalt zu erklären, was im Allgemeinen deren ungeschwärzte Vorlage genauso wie eine Präsentation der dem Mandanten gestellten Rechnung verlangt, ggf. sogar die Vorlage von Ausdrucken des anwaltlichen Zeiterfassungssystems, OLG Düsseldorf BeckRS 2018, 53682.
[20] MüKoZPO/*Schulz* § 104 Rn. 16 mwN.
[21] MüKoZPO/*Schulz* § 104 Rn. 18 mwN.
[22] MüKoZPO/*Schulz* § 104 Rn. 20 mwN.
[23] BPatG GRUR 1992, 503 – Mehrwertsteuer.
[24] MüKoZPO/*Schulz* § 104 Rn. 22 mwN.

Einholung eines Sachverständigengutachtens (§ 144 ZPO) zur Beurteilung der Angemessenheit eines privaten Sachverständigenhonorars anordnen oder Akten beiziehen[25]. Ihm steht im Rahmen des § 287 ZPO ein Schätzermessen zu, um bspw. Parteiauslagen festzustellen, wenn eine genaue Aufklärung unverhältnismäßig wäre[26]. Ist der Inhalt der Gerichtsakte nicht ausreichend, kommt auch eine dienstliche Äußerung des Richters in Betracht[27].

Die angemeldeten Kosten müssen beim Erstattungsberechtigten **tatsächlich angefallen** sein. Ersparte Kosten sind grundsätzlich nicht erstattungsfähig[28]. Bei **Streitgenossen** kann jeder nur den Betrag fordern, den er tatsächlich zur Prozessführung aufgewendet hat[29].

II. Materielle Einwendungen

Materiellrechtliche Einwendungen und Einreden gegen den Kostenerstattungsanspruch sind im Kostenfestsetzungsverfahren **grundsätzlich nicht zu berücksichtigen**[30]. Im Falle einer späteren Zwangsvollstreckung aus dem Kostenfestsetzungsbeschluss sind die Einwendungen nach § 775 Nr. 4 und 5 ZPO oder im Wege der Vollstreckungsabwehrklage nach § 767 Abs. 1 ZPO geltend zu machen. § 767 Abs. 2 ZPO ist nicht anwendbar, denn über die Höhe des Kostenanspruchs wurde nicht entschieden[31].

Davon ist eine **Ausnahme** zu machen, wenn die Einwendung keine weitere Prüfung erfordert, weil sie aufgrund feststehender Tatsachen offensichtlich begründet ist[32]. Dies ist etwa der Fall, wenn die Einwendung **rechtskräftig festgestellt** ist[33]. Das Gleiche gilt, wenn die Tatsachen für die Einwendung **unstreitig** zwischen den Parteien sind oder nicht bestritten werden[34]. Im Falle der **Anrechnung nach § 15a RVG** (→ § 93 Rn. 69 ff.) hat der Erstattungspflichtige die Möglichkeit, sich im Kostenfestsetzungsverfahren auf diese Einwendung zu berufen. Die Erfüllung muss jedoch unstreitig sein oder sich ohne Weiteres feststellen lassen[35].

1. Zahlungen. Unstreitige Teilzahlungen auf den Kostenerstattungsanspruch sind von den angemeldeten Kosten abzusetzen[36].

2. Aufrechnung. Im Kostenfestsetzungsverfahren kann der Antragsgegner nicht mit einer eigenen Gegenforderung aufrechnen[37]. Dem Rechtspfleger fehlt die **Zuständigkeit**, über Bestand und Höhe der Gegenforderung zu entschieden.

Die Aufrechnung ist jedoch dann zu berücksichtigen, wenn Bestand und Höhe der Gegenforderung sowie die Aufrechnungslage nach § 387 BGB zwischen den Parteien **unstreitig** sind oder die Gegenforderung **rechtskräftig** zuerkannt wurde[38]. Hat aufgrund von Kostenquotelung zwischen den Parteien ein Kostenausgleich nach § 106 ZPO stattzufinden, so ist die Aufrechnung zulässig, sobald die Parteien die gegenseitigen Kostenfestsetzungsanträge eingereicht haben[39].

Außerhalb des Kostenfestsetzungsverfahrens kann **mit einem Kostenerstattungsanspruch** aufgerechnet werden, wenn der Kostenerstattungsanspruch im Kostenfestsetzungsverfahren rechtskräftig festgesetzt oder – auch der Höhe nach – unbestritten ist[40]. Fällt ein rechtskräftiger Kostenerstattungsanspruch aufgrund der Aufhebung des Urteils im Rechtsmittelverfahren später weg, entfällt auch die Wirkung der Aufrechnung rückwirkend.

3. Verjährung. Der Kostenerstattungsanspruch verjährt nach § 195 BGB in **drei Jahren.** Allerdings ist die Verjährung durch die Klageerhebung gehemmt (§ 204 Abs. 1 Nr. 1, Abs. 2 BGB). Bei rechtskräftiger Entscheidung der Kostengrundentscheidung gilt die Verjährungsfrist von **30 Jahren** gemäß § 197 Abs. 1 Nr. 3 BGB[41].

---

[25] MüKoZPO/*Schulz* § 104 Rn. 22 mwN.
[26] MüKoZPO/*Schulz* § 104 Rn. 22 mwN.
[27] MüKoZPO/*Schulz* § 104 Rn. 23 mwN.
[28] MüKoZPO/*Schulz* § 104 Rn. 26 mwN.
[29] MüKoZPO/*Schulz* § 104 Rn. 28 mwN.
[30] BGH NJW-RR 2010, 718; MüKoZPO/*Schulz* § 104 Rn. 34 mwN.
[31] MüKoZPO/*Schulz* § 104 Rn. 34 mwN.
[32] BGH NJW 2006, 1962; NJW-RR 2010, 718; MüKoZPO/*Schulz* § 104 Rn. 35.
[33] MüKoZPO/*Schulz* § 104 Rn. 35 mwN.
[34] MüKoZPO/*Schulz* § 104 Rn. 35 mwN.
[35] MüKoZPO/*Schulz* § 104 Rn. 36 mwN.
[36] MüKoZPO/*Schulz* § 104 Rn. 36 mwN.
[37] MüKoZPO/*Schulz* § 104 Rn. 39 mwN.
[38] OLG München NJW-RR 2000, 1524; MüKoZPO/*Schulz* § 104 Rn. 40 mwN.
[39] OLG München NJW-RR 2000, 1524; MüKoZPO/*Schulz* § 104 Rn. 40.
[40] BGH NJW 2013, 2975.
[41] BGH NJW 2006, 1962.

III. Kostenfestsetzungsbeschluss

21 **1. Formalien.** Ist der Kostenfestsetzungsantrag zulässig und begründet, ergeht der Kostenfestsetzungsbeschluss. Dieser muss aus sich heraus nachvollziehbar und verständlich sein. Eine **Begründung** ist jedenfalls erforderlich, wenn die Festsetzung beantragter Kosten abgelehnt oder streitige Kosten festgesetzt werden[42].

22 Der Kostenfestsetzungsbeschluss ist dem Gegner unter Beifügung einer Abschrift der Kostenberechnung **zuzustellen** (§ 104 Abs. 1 S. 3 ZPO). Dem Antragsteller ist die Entscheidung nur zuzustellen, wenn sein Antrag ganz oder teilweise zurückgewiesen wurde (§ 104 Abs. 1 S. 3 ZPO). Andernfalls erfolgt eine formlose Mitteilung. Im Hinblick auf die zweiwöchige Wartefrist für die Vollstreckung des Kostenfestsetzungsbeschlusses nach § 798 ZPO sollte der Antragsteller bei der Erteilung der vollstreckbaren Ausfertigung auch gleichzeitig den **Vermerk des Zustellungsdatums** mit beantragen.

23 Hat der Rechtspfleger **versehentlich** nicht über alle angemeldeten Kosten entschieden, kann der Antragsteller die **Ergänzung** des Kostenfestsetzungsbeschlusses nach **§ 321 ZPO** beantragen[43]. Die Frist des § 321 Abs. 2 ZPO ist anzuwenden. Nach Ablauf der Frist ist allerdings noch eine **Nachfestsetzung** durch einen neu eingereichten Kostenfestsetzungsantrag möglich[44]. Eine sofortige Beschwerde oder Erinnerung scheidet dagegen aus, denn sie dienen der inhaltlichen Korrektur der Entscheidung und es fehlt damit an einer Beschwer[45]. **Offensichtliche Unrichtigkeiten** können nach **§ 319 ZPO** analog berichtigt werden[46].

24 **2. Inhalt des Kostenfestsetzungsbeschlusses.** Rechtspfleger und Richter sind an die Kostengrundentscheidung **gebunden,** selbst wenn diese fehlerhaft oder unvollständig ist[47]. In engen Grenzen ist allerdings eine **Auslegung** einer unklaren Kostengrundentscheidung möglich, wenn dadurch der sachliche Gehalt des Titels nicht verändert wird[48].

25 Der Rechtspfleger ist entsprechend § 308 Abs. 1 S. 1 ZPO an die **Parteianträge gebunden.** Dies gilt für außergerichtliche und gerichtliche Kosten, so dass der Antragsteller immer auch die Festsetzung von Gerichtskosten beantragen sollte, soweit sich diese aus der Akte ergeben. Unter bestimmten Voraussetzungen ist ein **Austausch von Kosten** innerhalb des angemeldeten Gesamtbetrages möglich, wenn die nichtangemeldete Position in einem Zusammenhang hierzu steht[49].

26 Bei **Streitgenossen,** die gesamtschuldnerisch für die Kosten nach § 100 Abs. 4 ZPO haften, ist diese Verpflichtung im Kostenfestsetzungsbeschluss aufzunehmen[50]. Bei anteiliger Haftung nach § 100 Abs. 1–3 ZPO ist der von jedem Streitgenossen zu erstattende Betrag zu nennen[51].

27 Auf Antrag ist auszusprechen, dass die Kosten ab Eingang des Festsetzungsantrages mit 5 % über dem Basiszinssatz zu **verzinsen** sind (§ 104 Abs. 1 S. 2 ZPO)[52]. Maßgebend ist der **Eingang des Festsetzungsantrages** beim zuständigen Gericht, wenn die Voraussetzungen der Kostenfestsetzung vorliegen (§ 103) und der Kostenerstattungsanspruch fällig ist. Der Kostenerstattungsanspruch wird mit der in einem vorläufig vollstreckbaren Urteil getroffenen Kostengrundentscheidung fällig[53]. Wenn der Festsetzungsbeschluss gemäß § 105 Abs. 1 ZPO auf das Urteil gesetzt wird und der Gläubiger gemäß § 105 Abs. 3 ZPO die Berechnung der Kosten bereits vor der Verkündung des Urteils mitgeteilt hat, ist stattdessen der Zeitpunkt maßgeblich, in dem das Urteil verkündet wurde[54]. Für **Gebrauchsmusterlöschungsverfahren** hat das BPatG entschieden, dass die Verzinsung frühestens mit Bestands- bzw. Rechtskraft der Kostengrundentscheidung beginnt[55].

28 Der Kostenfestsetzungsbeschluss ist Vollstreckungstitel nach § 794 Abs. 1 Nr. 2 ZPO. Er ist von der Kostengrundentscheidung abhängig und die dort enthaltenen Beschränkungen gelten für ihn genauso. Dennoch sollte **zur Klarstellung** und zum Schutz des Schuldners nochmals im Kostenfestsetzungsbeschluss aufgeführt werden, unter welchen **Voraussetzungen die Zwangsvollstreckung** stattfindet[56].

29 Kosten für das Festsetzungsverfahren fallen nicht an. Das Verfahren ist **gerichtsgebührenfrei,** allerdings können Auslagen anfallen. Die Tätigkeit des Anwalts wird von der Verfahrensgebühr abgedeckt.

---

[42] MüKoZPO/*Schulz* § 104 Rn. 52 mwN.
[43] MüKoZPO/*Schulz* § 104 Rn. 58 mwN.
[44] MüKoZPO/*Schulz* § 104 Rn. 58 mwN.
[45] MüKoZPO/*Schulz* § 104 Rn. 58 mwN.
[46] MüKoZPO/*Schulz* § 104 Rn. 59 mwN.
[47] MüKoZPO/*Schulz* § 104 Rn. 62 mwN.
[48] LG Düsseldorf BeckRS 2016, 17352 – Gesamtgläubiger; MüKoZPO/*Schulz* § 104 Rn. 62 mwN.
[49] MüKoZPO/*Schulz* § 104 Rn. 64 mwN.
[50] Vgl. LG Düsseldorf BeckRS 2016, 17352 – Gesamtgläubiger.
[51] MüKoZPO/*Schulz* § 104 Rn. 66 mwN.
[52] MüKoZPO/*Schulz* § 104 Rn. 67 ff.
[53] BGH NJW 2013, 2975.
[54] BGH BeckRS 2015, 19224 – Verzinsung des Kostenerstattungsanspruchs.
[55] BPatG BeckRS 2012, 07724; *Bühring* § 17 Rn. 140.
[56] MüKoZPO/*Schulz* § 104 Rn. 74 mwN.

3. Änderung der Kostengrundentscheidung und Verzinsung. Bei späterer Änderung der 30
Kostengrundentscheidung gilt Folgendes hinsichtlich der Verzinsung:
Ein Anspruch auf Kostenerstattung kann nicht mehr geltend gemacht werden, soweit die zugrunde liegende Kostengrundentscheidung **aufgehoben** oder **zu Ungunsten des Gläubigers** abgeändert wird. In diesem Fall verliert ein bereits erlassener Kostenfestsetzungsbeschluss seine Wirkung, weil er in seinem Bestand von der ihm zugrunde liegenden Kostengrundentscheidung abhängt und diese nur hinsichtlich der Höhe des zu erstattenden Kostenbetrags ausfüllt[57].

Wird die Kostengrundentscheidung nur **teilweise aufgehoben oder abgeändert**, bildet sie aber 31
weiterhin eine geeignete Grundlage für die **Verzinsung** hinsichtlich derjenigen Kosten, die sowohl nach der ursprünglichen als auch nach der geänderten Entscheidung zu erstatten sind[58].

Wird eine zugunsten des Beklagten ergangene Kostengrundentscheidung aufgrund einer **Klage-** 32
rücknahme wirkungslos, so ist der Anspruch auf Kostenerstattung dennoch vom Zeitpunkt des Eingangs eines auf der Grundlage der ersten Entscheidung eingereichten Kostenfestsetzungsantrags an zu verzinsen, soweit gemäß § 269 Abs. 4 ZPO eine inhaltsgleiche Kostenentscheidung zugunsten des Beklagten ergangen ist[59].

Wird eine Kostengrundentscheidung aufgehoben oder zu Ungunsten des Gläubigers abgeändert, zu 33
einem **späteren Zeitpunkt aber wiederhergestellt,** so ist eine Verzinsung des Anspruchs auf Kostenerstattung frühestens von dem Zeitpunkt an möglich, in dem die wiederherstellende Entscheidung verkündet worden ist[60].

D. Rechtsbehelfe

Nach § 104 Abs. 3 S. 1 ZPO findet gegen den Kostenfestsetzungsbeschluss die sofortige Beschwerde 34
iSv § 567 Abs. 1 Nr. 1 ZPO statt. Ist die sofortige Beschwerde unzulässig, ist die Erinnerung zum Richter derselben Instanz statthaft (§ 11 Abs. 2 S. 1, S. 3 RPflG). Die Abgrenzung erfolgt grundsätzlich nach dem **Wert des Beschwerdegegenstandes.** Über 200 Euro ist die sofortige Beschwerde zulässig. Bei einem Beschwerdewert unter 200 Euro ist daher regelmäßig ein als „sofortige Beschwerde" bezeichneter Rechtsbehelf als Rechtspflegererinnerung zu verstehen[61].

Gegen Kostenentscheidungen des Rechtspflegers in **Rechtsbestandsverfahren** ist **nur die Er-** 35
innerung zulässig (§ 23 Abs. 1 Nr. 12, Abs. 2 RPflG).

I. Sofortige Beschwerde

1. Zulässigkeit. Es gelten die Ausführung unter § 567 ZPO. Eine **Beschwer** liegt in der Absetzung 36
beantragter eigener Kosten oder in der Zuerkennung von Kosten zugunsten der Gegenseite. Bei **offensichtlichen Unrichtigkeiten** oder **übergangenen Kostenpositionen** ist die sofortige Beschwerde nicht statthaft (→ Rn. 22).

Für den **Beschwerdewert** von **mehr als 200 Euro** sind die zuerkannten oder abgesetzten Beträge 37
maßgebend. Zinsen und Umsatzsteuer sind zu berücksichtigen[62].

Durch die Einlegung der sofortigen Beschwerde wird die **Rechtskraft des Kostenfestsetzungs-** 38
beschlusses insgesamt gehemmt, auch wenn nur einzelne Kostenpositionen angegriffen werden[63]. Der Beschwerdeführer kann nach Ablauf der Beschwerdefrist daher auch andere Kostenpositionen beanstanden.

2. Verfahren vor dem Rechtspfleger. Der Rechtspfleger hat zu prüfen, ob er der sofortigen 39
Beschwerde **abhilft** (§ 572 Abs. 1 S. 1 ZPO, § 11 Abs. 1 RPflG). Bei Nichtabhilfe ergeht ein Beschluss, der den Parteien formlos mitzuteilen ist. Bei vollständiger oder teilweiser Abhilfe ergeht ein Beschluss, der zu begründen und bekanntzumachen ist[64]. Dieser kann gesondert mittels sofortiger Beschwerde oder Erinnerung angegriffen werden.

Hilft der Rechtspfleger der Beschwerde nicht vollständig ab, so hat er die Sache dem Beschwerdege- 40
richt oder, wenn der nicht abgeholfene Betrag den Beschwerdewert nicht erreicht, dem Instanzrichter **vorzulegen.**

3. Verfahren vor dem Beschwerdegericht. Für das Verfahren gelten die §§ 568–572 ZPO. **Neue** 41
Tatsachen und Mittel zur Glaubhaftmachung sind zulässig (§ 571 Abs. 2 S. 1 ZPO). Das Beschwerdegericht kann das Beschwerdeverfahren nach § 104 Abs. 3 S. 2 ZPO **aussetzen,** um bei einem nur vorläufig

---

[57] BGH GRUR 2008, 1030 – Zustellungsbevollmächtigter; BGH BeckRS 2015, 19224 – Verzinsung des Kostenerstattungsanspruchs.
[58] BGH NJW 2006, 1140; BeckRS 2015, 19224 – Verzinsung des Kostenerstattungsanspruchs.
[59] BGH BeckRS 2015, 19224 – Verzinsung des Kostenerstattungsanspruchs.
[60] BGH BeckRS 2015, 19224 – Verzinsung des Kostenerstattungsanspruchs.
[61] OLG Düsseldorf BeckRS 2021, 48996; OLG Düsseldorf BeckRS 2016, 17143.
[62] MüKoZPO/*Schulz* § 104 Rn. 88 mwN.
[63] MüKoZPO/*Schulz* § 104 Rn. 95.
[64] MüKoZPO/*Schulz* § 104 Rn. 101 mwN.

vollstreckbaren Kostenfestsetzungsbeschluss unnötigen Arbeitsaufwand zu vermeiden[65]. Die Aussetzung nach § 104 Abs. 3 S. 2 ZPO verhindert jedoch nicht die Zwangsvollstreckung aus dem Kostenfestsetzungsbeschluss[66]. Anders wäre es nur, wenn die Vollziehung der angefochtenen Entscheidung ausgesetzt wird, wozu das Beschwerdegericht nach § 570 Abs. 2 ZPO berechtigt ist (→ § 570 Rn. 5)[67].

42 Es gilt das **Verbot der Schlechterstellung**. Eine Abänderung des Gesamtbetrages zu Lasten des Beschwerdeführers ist also unzulässig[68].

43 Gegen die Entscheidung des Beschwerdegerichts ist die **Rechtsbeschwerde** statthaft, wenn das Beschwerdegericht diese zugelassen hat (§ 574 Abs. 1 S. 1 Nr. 2 ZPO)[69].

II. Erinnerung

44 Ist gegen die Entscheidung des Rechtspflegers nach den allgemeinen verfahrensrechtlichen Vorschriften ein Rechtsmittel nicht gegeben, so findet die Erinnerung statt (§ 11 Abs. 2 S. 1 RPflG). Übersteigt der Wert des Beschwerdegegenstandes **200 Euro** nicht, ist die Erinnerung statthaft. Bei Kostenentscheidungen des Rechtspflegers in **Rechtsbestandsverfahren** ist **nur die Erinnerung** unabhängig vom Beschwerdewert zulässig (§ 23 Abs. 1 Nr. 12, Abs. 2 RPflG). Wird über Auslagen des Festsetzungsverfahrens entschieden, findet ebenfalls die Erinnerung statt. Zudem ist die Erinnerung gegeben, wenn der Rechtspfleger des OLG den Kostenfestsetzungsbeschluss, zB bei Vollstreckbarerklärung eines Schiedsspruchs, erlassen hat[70].

45 Die **Frist** zur Einlegung der Erinnerung beträgt zwei Wochen (§ 11 Abs. 2 S. 1 RPflG, § 569 Abs. 1 S. 1 ZPO bzw. § 23 Abs. 2 S. 2 RPflG). Der Rechtspfleger kann der Erinnerung **abhelfen** (§ 11 Abs. 2 S. 2 RPflG). Andernfalls legt er sie dem Instanzrichter vor. Auf die Erinnerung sind die **Vorschriften über die sofortige Beschwerde** sinngemäß anzuwenden (§ 11 Abs. 2 S. 4 RPflG).

46 Trifft die Erinnerung einer Partei mit der **sofortigen Beschwerde der anderen Partei** zusammen, gilt der Vorrang der sofortigen Beschwerde und beide Rechtsbehelfe sind einheitlich zu behandeln[71].

§ 105 Vereinfachter Kostenfestsetzungsbeschluss

(1) ¹Der Festsetzungsbeschluss kann auf das Urteil und die Ausfertigungen gesetzt werden, sofern bei Eingang des Antrags eine Ausfertigung des Urteils noch nicht erteilt ist und eine Verzögerung der Ausfertigung nicht eintritt. ²Erfolgt der Festsetzungsbeschluss in der Form des § 130b, ist er in einem gesonderten elektronischen Dokument festzuhalten. ³Das Dokument ist mit dem Urteil untrennbar zu verbinden.

(2) ¹Eine besondere Ausfertigung und Zustellung des Festsetzungsbeschlusses findet in den Fällen des Absatzes 1 nicht statt. ²Den Parteien ist der festgesetzte Betrag mitzuteilen, dem Gegner des Antragstellers unter Beifügung der Abschrift der Kostenberechnung. ³Die Verbindung des Festsetzungsbeschlusses mit dem Urteil soll unterbleiben, sofern dem Festsetzungsantrag auch nur teilweise nicht entsprochen wird.

(3) Eines Festsetzungsantrags bedarf es nicht, wenn die Partei vor der Verkündung des Urteils die Berechnung ihrer Kosten eingereicht hat; in diesem Fall ist die dem Gegner mitzuteilende Abschrift der Kostenberechnung von Amts wegen anzufertigen.

A. Anwendbarkeit im gewerblichen Rechtsschutz

1 Zur Anwendbarkeit des § 105 ZPO im gewerblichen Rechtsschutz gelten die Ausführungen bei § 103 ZPO (→ § 103 Rn. 1).

B. Voraussetzungen

I. Anwendungsbereich

2 § 105 ZPO dient der weiteren **Vereinfachung und Beschleunigung** des Kostenfestsetzungsverfahrens. Nach § 105 ZPO kann der Kostenfestsetzungsbeschluss auf das Urteil gesetzt werden. Ein gesonderter Beschluss ist nicht erforderlich. In der Praxis findet die Vorschrift allerdings **kaum Anwendung**. Dies liegt häufig an der praktischen Handhabung. Selten wird ein Kostenfestsetzungsantrag bereits im Verhandlungstermin vorliegen. Zudem wird der Kostenfestsetzungsantrag dem Gegner regelmäßig

---

[65] OLG Düsseldorf BeckRS 2016, 17147; MüKoZPO/*Schulz* § 104 Rn. 106 mwN.
[66] OLG Düsseldorf BeckRS 2016, 17147; OLG Koblenz JurBüro 2007, 206; Zöller/*Herget* ZPO § 104 Rn. 21.19 „Aussetzung".
[67] OLG Düsseldorf BeckRS 2016, 17147.
[68] MüKoZPO/*Schulz* § 104 Rn. 112 mwN.
[69] MüKoZPO/*Schulz* § 104 Rn. 116 ff.
[70] MüKoZPO/*Schulz* § 104 Rn. 122.
[71] MüKoZPO/*Schulz* § 104 Rn. 130.

zunächst zur Stellungnahme zugeleitet. Dies kann dazu führen, dass eine Verzögerung bei der Ausfertigung des Urteils eintritt und diese negative Voraussetzung nicht vorliegt (§ 105 Abs. 1 S. 1 ZPO).

Die Regelung betrifft Urteile, einschließlich der im schriftlichen Vorverfahren ergehenden Versäumnisurteile nach **§ 331 Abs. 3 ZPO**[1] sowie vollstreckbare Beschlüsse und Prozessvergleiche. § 105 ZPO ist nur für das erstinstanzliche Verfahren anwendbar[2]. **3**

II. Voraussetzungen

Erforderlich ist ein **Kostenfestsetzungsantrag**. § 105 Abs. 1 ZPO verlangt keinen bestimmten Antrag. Es liegt im **Ermessen des Rechtspflegers,** ob er einen vereinfachten Kostenfestsetzungsbeschluss erlässt oder das normale Verfahren durchführt. Die weiteren Voraussetzungen des Kostenfestsetzungsverfahrens müssen vorliegen (§ 103). Ein Kostenfestsetzungsantrag ist nach § 105 Abs. 3 ZPO **nicht erforderlich,** wenn der Antragsteller vor der Verkündung des Urteils seine Berechnung einschließlich der Belege einreicht. **4**

§ 105 Abs. 1 ZPO stellt **negative Voraussetzungen** für den Erlass auf. Das vereinfachte Verfahren ist unzulässig, wenn bei Eingang des Antrages eine Ausfertigung des Urteils schon erteilt ist oder dadurch eine Verzögerung der Ausfertigung eintritt. Die Festsetzung soll ferner unterbleiben, wenn dem Antrag auch nur teilweise nicht entsprochen wird (§ 105 Abs. 2 S. 3 ZPO). Ungeeignet ist die vereinfachte Festsetzung auch bei einstweiligen Verfügungen, denn diese erfordern für die Vollstreckung keine vollstreckbare Ausfertigung[3]. **5**

III. Verfahren

Erfolgt die Entscheidung im vereinfachten Verfahren, so **verbindet** der Rechtspfleger den Kostenfestsetzungsbeschluss mit dem Urteil[4]. Die für die Vollstreckung eines Kostenfestsetzungsbeschlusses nach § 798 ZPO einzuhaltende **Wartefrist entfällt** aufgrund der Verbindung. Der Kostenfestsetzungsbeschluss ist gesondert mit sofortiger Beschwerde oder Erinnerung anfechtbar. **6**

§ 106 Verteilung nach Quoten

(1) ¹Sind die Prozesskosten ganz oder teilweise nach Quoten verteilt, so hat nach Eingang des Festsetzungsantrags das Gericht den Gegner aufzufordern, die Berechnung seiner Kosten binnen einer Woche bei Gericht einzureichen. ²Die Vorschriften des § 105 sind nicht anzuwenden.

(2) ¹Nach fruchtlosem Ablauf der einwöchigen Frist ergeht die Entscheidung ohne Rücksicht auf die Kosten des Gegners, unbeschadet des Rechts des letzteren, den Anspruch auf Erstattung nachträglich geltend zu machen. ²Der Gegner haftet für die Mehrkosten, die durch das nachträgliche Verfahren entstehen.

A. Anwendbarkeit im gewerblichen Rechtsschutz

Zur Anwendbarkeit des § 106 ZPO im gewerblichen Rechtsschutz gelten die Ausführungen bei § 103 ZPO (→ § 103 Rn. 1). **1**

B. Voraussetzungen

Für den Fall, dass die Prozesskosten zwischen den Parteien nach Quoten verteilt sind, sieht § 106 ZPO die **einheitliche Festsetzung** in einem Kostenfestsetzungsbeschluss vor. Die doppelte Festsetzung und wechselseitige Vollstreckung der Forderungen soll vermieden werden. **2**

I. Kosten ganz oder teilweise nach Quoten verteilt

Erforderlich ist eine Kostengrundentscheidung, in der die Kosten ganz oder teilweise nach Quoten verteilt sind. Dies kann eine Aufteilung nach Bruchteilen oder Prozentsätzen sein. Die Quotelung kann auch nur einen Teil der Prozesskosten betreffen, zB wenn der Kostenausspruch zwischen **Gerichts- und außergerichtlichen Kosten** unterscheidet[1*]. Die Kostenaufhebung nach **§ 92 ZPO** ist ein Fall iSd § 106 ZPO, denn die Gerichtskosten werden hälftig geteilt. Die streitgenössische Nebenintervention nach **§ 100 Abs. 4 ZPO** fällt ebenfalls unter § 106 ZPO[2*]. **3**

---

[1] BGH GRUR 2008, 1030 (1031) – Zustellungsbevollmächtigter.
[2] MüKoZPO/*Schulz* § 105 Rn. 2.
[3] MüKoZPO/*Schulz* § 105 Rn. 4.
[4] MüKoZPO/*Schulz* § 105 Rn. 5.
[1*] MüKoZPO/*Schulz* § 106 Rn. 3.
[2*] MüKoZPO/*Schulz* § 106 Rn. 3 mwN.

4 Nach herrschender Meinung fällt eine **Aufteilung der Kosten nach Rechtszügen** nicht unter § 106 ZPO, es sei denn, Kosten in einer Instanz sind quotenmäßig verteilt[3]. Dagegen wendet das BPatG auch bei einer Kostenverteilung nach Rechtszügen § 106 ZPO entsprechend an und nimmt einen Kostenausgleichung vor[4].

5 Kein Fall der quotenmäßigen Verteilung liegt in den Fällen der Kostentrennung vor, wenn einer Partei bestimmte **Mehrkosten** auferlegt werden und im Übrigen die Gegenseite die Kosten trägt (zB §§ 281 Abs. 3 S. 2, 344 ZPO)[5].

II. Verfahren

6 Der Kostenfestsetzungsantrag braucht keinen Antrag auf Kostenausgleich zu enthalten. Das Verfahren nach § 106 ZPO ist **von Amts wegen** vorzunehmen[6].

7 Liegen die Voraussetzungen vor, fordert der Rechtspfleger den Gegner auf, seine Kostenberechnung iSd § 103 ZPO binnen **Wochenfrist** einzureichen. Erforderlich ist eine förmliche Zustellung (§ 329 Abs. 2 S. 2 ZPO). Eine Verlängerung der Frist ist nicht möglich, weil es sich um eine gesetzliche Frist handelt (§ 224 Abs. 2 Hs. 2 ZPO). Der Gegner kann jedoch seine Kosten nachträglich in einem gesonderten Festsetzungsverfahren geltend machen (§ 106 Abs. 2 S. 1 ZPO).

8 Liegt die **Kostenberechnung des Gegners** vor, ist durch Kostenfestsetzungsbeschluss einheitlich über die Kosten der Instanzen zu entscheiden. Nur von einer Partei beantragte Kostenpositionen, die aber nach Aktenlage auch beim Gegner angefallen sind, sind von Amts wegen zu dessen Gunsten zu berücksichtigen[7]. Zinsen nach § 104 Abs. 1 S. 2 ZPO sind nur für den Endsaldobetrag festzusetzen. Der Beschluss ist beiden Parteien förmlich zuzustellen.

9 In Rechtsbestandsverfahren ist nach dem BPatG die auf die Vergütung eines Anwalts entfallende **Umsatzsteuer** bei einer im Kostenfestsetzungsverfahren vorzunehmenden Kostenausgleichung von der Verrechnung auszunehmen und gemäß der Kostenquote gesondert festzusetzen, wenn und soweit der insoweit Erstattungspflichtige die Vorsteuerabzugsberechtigung einwendet und wenn die Verrechnung zu seinen Lasten zu einem geringeren Ausgleichsbetrag führen würde[8].

10 Macht die Gegenseite ihre Kosten **nicht oder erst nach Versendung** des Kostenfestsetzungsbeschlusses geltend, so werden nur die Kosten des Antragstellers gemäß der ausgeurteilten Quote festgesetzt. Geht die Berechnung verspätet aber noch vor Absenden des Kostenfestsetzungsbeschlusses ein, ist der Rechtspfleger gehalten, diese zu berücksichtigen[9].

11 Nichtberücksichtigte Kosten können **nachträglich** in einem gesonderten Kostenfestsetzungsverfahren geltend gemacht werden (§ 106 Abs. 2 S. 1 ZPO). Die Entscheidung erfolgt durch einen weiteren selbstständigen Kostenfestsetzungsbeschluss. Eine Aufrechnung mit dem Kostenfestsetzungsbeschluss des ersten Verfahrens ist möglich[10]. Ggf. ist eine Vollstreckungsgegenklage nach § 767 ZPO erforderlich.

III. Anfechtung

12 Jede Partei kann den einheitlichen Kostenfestsetzungsbeschluss mit sofortiger Beschwerde oder Erinnerung **anfechten,** soweit sie beschwert ist. Eine Beschwer scheidet aus, wenn eine Gebühr auf beiden Seiten nicht berücksichtigt wurde, weil eine Berichtigung nicht zu einem höheren Erstattungsanspruch führen würde.

§ 107 Änderung nach Streitwertfestsetzung

(1) ¹Ergeht nach der Kostenfestsetzung eine Entscheidung, durch die der Wert des Streitgegenstandes festgesetzt wird, so ist, falls diese Entscheidung von der Wertberechnung abweicht, die der Kostenfestsetzung zugrunde liegt, auf Antrag die Kostenfestsetzung entsprechend abzuändern. ²Über den Antrag entscheidet das Gericht des ersten Rechtszuges.

(2) ¹Der Antrag ist binnen der Frist von einem Monat bei der Geschäftsstelle anzubringen. ²Die Frist beginnt mit der Zustellung und, wenn es einer solchen nicht bedarf, mit der Verkündung des den Wert des Streitgegenstandes festsetzenden Beschlusses.

(3) Die Vorschriften des § 104 Abs. 3 sind anzuwenden.

---

[3] MüKoZPO/*Schulz* § 106 Rn. 3 mwN.
[4] BPatG GRUR 1991, 205 (206) – Anwaltliche Doppelqualifikation; BPatGE 31, 256 (260).
[5] MüKoZPO/*Schulz* § 106 Rn. 4 mwN.
[6] OLG Düsseldorf BeckRS 2021, 51383.
[7] MüKoZPO/*Schulz* § 106 Rn. 7.
[8] BPatG GRUR 1993, 385 (386) – Umsatzsteuer.
[9] OLG Koblenz NJOZ 2013, 826; MüKoZPO/*Schulz* § 106 Rn. 10 mwN auch zur aA; Zöller/*Herget* ZPO § 106 Rn. 4.
[10] MüKoZPO/*Schulz* § 106 Rn. 11 mwN.

A. Anwendbarkeit im gewerblichen Rechtsschutz

Zur Anwendbarkeit des § 107 ZPO im gewerblichen Rechtsschutz gelten die Ausführungen bei § 103 ZPO (→ § 103 Rn. 1). **1**

B. Voraussetzungen

Ändert sich der Streitwert, nachdem ein Kostenfestsetzungsbeschluss ergangen ist, kann dieser nach § 107 ZPO abgeändert werden. Die Regelung ist erforderlich, weil ein Kostenfestsetzungsbeschluss im Umfang der festgesetzten oder aberkannten Positionen formell und materiell rechtskräftig werden kann. § 107 ZPO regelt die **Durchbrechung der Rechtskraft**[1]. **2**

Vor Eintritt der Rechtskraft des Kostenfestsetzungsbeschlusses haben die Parteien die Wahl, ob sie einen Antrag nach § 107 ZPO stellen oder die Anpassung im Rahmen der sofortigen Beschwerde oder Erinnerung verlangen. **3**

Die Änderung erfolgt nur auf **Antrag** und innerhalb der **Monatsfrist** des § 107 Abs. 2 ZPO. Es handelt sich um eine gesetzliche Frist, die nicht verlängert werden kann und bei deren Versäumung keine Wiedereinsetzung in Betracht kommt (§ 224 Abs. 2 Hs. 2 ZPO)[2]. **4**

Die Entscheidung nach § 107 ZPO beschränkt sich auf eine **betragsmäßige Abänderung der streitwertabhängigen Positionen.** Zwischenzeitlich erfolgte unstreitige Zahlungen auf den Kostenfestsetzungsbeschluss sind nicht zu berücksichtigen[3]. **5**

Führt eine Streitwertreduzierung zu einer **Überzahlung,** so ist diese durch eine Rückfestsetzung nach § 91 Abs. 4 ZPO geltend zu machen. Ein Antrag nach § 107 ZPO kann in einen Antrag auf Rückfestsetzung umgedeutet werden[4]. **6**

Titel 6. Sicherheitsleistung

§ 108 Art und Höhe der Sicherheit

(1) ¹In den Fällen der Bestellung einer prozessualen Sicherheit kann das Gericht nach freiem Ermessen bestimmen, in welcher Art und Höhe die Sicherheit zu leisten ist. ²Soweit das Gericht eine Bestimmung nicht getroffen hat und die Parteien ein anderes nicht vereinbart haben, ist die Sicherheitsleistung durch die schriftliche, unwiderrufliche, unbedingte und unbefristete Bürgschaft eines im Inland zum Geschäftsbetrieb befugten Kreditinstituts oder durch Hinterlegung von Geld oder solchen Wertpapieren zu bewirken, die nach § 234 Abs. 1 und 3 des Bürgerlichen Gesetzbuchs zur Sicherheitsleistung geeignet sind.

(2) **Die Vorschriften des § 234 Abs. 2 und des § 235 des Bürgerlichen Gesetzbuchs sind entsprechend anzuwenden.**

Übersicht

	Rn.
A. Anwendbarkeit im gewerblichen Rechtsschutz	1
B. Gerichtliche Bestimmung der Sicherheitsleistung	3
I. Anordnung der Sicherheitsleistung	3
II. Höhe der Sicherheitsleistung	6
III. Art der Sicherheitsleistung	8
1. Sicherheit durch Bürgschaft	10
a) Inhalt	10
b) Form	16
2. Sicherheit durch Hinterlegung von Geld oder Wertpapieren	24
3. Sicherheit auf andere Art	27
C. Parteivereinbarung	28
D. Rechtsbehelf	29

A. Anwendbarkeit im gewerblichen Rechtsschutz

Die Regelungen der §§ 108 und 109 ZPO betreffen die **Erbringung und die Rückgabe** der durch das Gericht angeordneten **prozessualen Sicherheitsleistung.** Die §§ 108 ff. ZPO sind in den Verletzungsverfahren unmittelbar anwendbar. Bei Sicherheitsleistungen zur Erfüllung eines FRAND- **1**

---

[1] MüKoZPO/*Schulz* § 107 Rn. 1.
[2] MüKoZPO/*Schulz* § 107 Rn. 5.
[3] MüKoZPO/*Schulz* § 107 Rn. 9 mwN auch zur aA.
[4] MüKoZPO/*Schulz* § 107 Rn. 10.

Angebotes gemäß der „Huawei/ZTE"-Rechtsprechung[1] handelt es sich dagegen nicht um eine prozessuale Sicherheitsleistung, sondern um eine Sicherheitsleistung nach dem BGB.

2 Bei den **Rechtsbestandsverfahren** ist zu differenzieren: Im **Patentnichtigkeitsverfahren** sind die §§ 108, 109 ZPO iVm § 99 Abs. 1 PatG grundsätzlich anwendbar, zB bei der Kostenvollstreckung gegen Sicherheitsleistung[2]. § 108 ZPO ist ebenfalls entsprechend anwendbar für die Prozesskostensicherheit nach § 81 Abs. 6 PatG. Im patentrechtlichen **Einspruchsverfahren** kommt eine Anwendung von §§ 108 ff. ZPO nicht in Betracht, weil eine vorläufige Vollstreckbarkeit gegen Sicherheitsleistung in § 62 PatG nicht vorgesehen ist. Gleiches gilt auch aufgrund des fehlenden Verweises auf die §§ 108 ff. ZPO für das **Gebrauchsmusterlöschungsverfahren** und die **markenrechtlichen Rechtsbestandsverfahren**.

B. Gerichtliche Bestimmung der Sicherheitsleistung

I. Anordnung der Sicherheitsleistung

3 Verschiedene Regelungen sehen die Anordnung einer Sicherheitsleistung durch das Gericht vor. Teilweise ist das Gericht hierzu **verpflichtet** (zB § 709 ZPO) und teilweise steht die Anordnung im **Ermessen** (zB § 707 ZPO). Manche Anordnung erfolgt **von Amts wegen** (zB § 709 ZPO), andere wiederum nur **auf Antrag** (zB § 110 ZPO). Fälle der vom Gericht angeordneten Sicherheitsleistung sind bspw.: Prozesskostensicherheit (§ 110 ZPO), Vollstreckungssicherheit (§ 709 ZPO), Abwendungssicherheit (§§ 711, 712 ZPO), Einstellungssicherheit (§§ 707, 719 ZPO) oder Arrest- und einstweiliges Verfügungsverfahren (§§ 925, 927, 939 ZPO).

4 Die Anordnung der Sicherheitsleistung kann im Tenor des **Endurteils** erfolgen (zB §§ 709, 925 ZPO), in der **einstweiligen Verfügung** (zB §§ 921, 923, 936 ZPO) oder wenn keine mündliche Verhandlung erforderlich ist durch **Beschluss**. Bei Streit über die Prozesskostensicherheit ist durch **Zwischenurteil** zu entscheiden (→ § 113 Rn. 4).

5 Eine **Änderung** der angeordneten Sicherheitsleistung ist nur unter den Voraussetzungen des **§ 319 ZPO** (Berichtigung) oder der **§§ 716, 321 ZPO** (Ergänzung) möglich, denn die Anordnung ist Bestandteil der Hauptsacheentscheidung. Bei nur vorläufigen Entscheidungen (§§ 707, 719, 732 Abs. 2, 769 ZPO) sind dagegen die Höhe und die Art der Sicherheitsleistung noch abänderbar[3].

II. Höhe der Sicherheitsleistung

6 Zweck der Sicherheitsleistung ist in sämtlichen Fällen die **Absicherung möglicher Ansprüche der Gegenseite**[4]. An diesem Zweck hat sich die Höhe der Sicherheitsleistung zu orientieren. So ist im Falle der **Vollstreckungssicherheit** nach § 709 ZPO der Schaden abzusichern, den der Beklagte erleiden kann, wenn der Titel später aufgehoben oder abgeändert wird. Die ersatzfähigen Schäden bestimmen sich nach § 717 Abs. 2 ZPO (§ 717). Hierzu zählen Hauptanspruch, Zinsen, Verfahrenskosten und vermögenswerte Nachteile aus der Vollstreckung[5]. Dagegen ist bei der **Abwendungs- oder Einstellungssicherheit** auf den Schaden für den Kläger aufgrund der unterbliebenen oder verzögerten Vollstreckung abzustellen.

7 Die Entscheidung liegt im **Ermessen** des Gerichts. Grundsätzlich ist eine **konkrete Bezifferung** der Höhe erforderlich. In den Fällen der §§ 709 S. 2, 711 S. 2 ZPO kann sie auch in einem bestimmten Verhältnis zum vollstreckbaren Betrag angegeben werden.

III. Art der Sicherheitsleistung

8 Das Gericht bestimmt nach **freiem Ermessen** die Art der Sicherheitsleistung. Soweit keine Bestimmung getroffen wird, ist die Sicherheitsleistung durch **Bürgschaft** oder **Hinterlegung** von Geld oder Wertpapieren nach § 108 Abs. 1 S. 2 ZPO zu bewirken. Das Gericht kann davon abweichende Sicherheiten anordnen (→ Rn. 27). Es ist auch nicht an die Regelungen der §§ 232, 240 BGB gebunden[6].

9 Die mangelnde oder fehlerhafte Leistung der Sicherheit betrifft die Voraussetzungen der Zwangsvollstreckung und ist daher bei der Vollstreckung im Wege der **Erinnerung** (§ 766 ZPO) geltend zu machen[7].

10 **1. Sicherheit durch Bürgschaft. a) Inhalt.** Die Bürgschaft nach § 108 Abs. 1 S. 2 ZPO muss selbstschuldnerisch, unwiderruflich, unbedingt und unbefristet sein.

---

[1] EuGH GRUR 2015, 764.
[2] BPatG BeckRS 2007, 12755; Busse/Keukenschrijver/*Schuster* PatG § 99 Rn. 8.
[3] MüKoZPO/*Schulz* § 108 Rn. 62.
[4] MüKoZPO/*Schulz* § 108 Rn. 2.
[5] MüKoZPO/*Schulz* § 108 Rn. 54.
[6] MüKoZPO/*Schulz* § 108 Rn. 17.
[7] LG Düsseldorf InstGE 3, 150 – Tintenpatrone.

Art und Höhe der Sicherheit 11–21 § 108 ZPO

Die Bürgschaft ist **selbstschuldnerisch**, wenn der Bürge auf die Einrede der Vorausklage (§§ 771, 11 773 Abs. 1 Nr. 1 BGB) verzichtet (§ 239 Abs. 2 BGB). Im Falle des § 349 HGB entfällt diese Einrede bereits kraft Gesetzes. Die Bürgschaft ist **unwiderruflich**, wenn der Bürge sie nicht einseitig aufheben kann[8].

Eine **auflösende Bedingung** ist zulässig, wenn über den Eintritt der Bedingung ausschließlich der 12 Sicherungsberechtigte entscheidet. Dies ist etwa der Fall, wenn für das Erlöschen der Bürgschaft die Rückgabe der Bürgschaftsurkunde erforderlich ist[9]. Die Bürgschaft kann nicht an das Vorliegen einer **rechtskräftigen Entscheidung** oder den Fall der **Zwangsvollstreckung** geknüpft werden[10]. Zulässig ist, in der Bürgschaftsurkunde aufzunehmen, dass die Bürgschaft der Sicherung aller Ansprüche dient, die im Fall der Aufhebung oder Abänderung des Urteils durch seine Vollstreckung oder durch eine zur Abwendung der Vollstreckung erbrachte Leistung entstehen sollten, da dies lediglich die Klägerstellung des Bürgschaftszweckes im Hinblick auf § 717 Abs. 2 ZPO ist[11]. Eine unzulässige Bedingung oder Befristung führt zur **Unwirksamkeit** der Sicherheitsleistung.

Es gilt der Grundsatz, dass die gesicherte Partei durch Inhalt und Umfang der Bürgschaft nicht 13 schlechter gestellt werden darf, als sie bei Hinterlegung von Geld oder Wertpapieren stünde[12].

Dient die Sicherheitsleistung **mehreren Sicherungsgläubigern** als Sicherung, muss gewährleistet 14 sein, dass jeder Sicherungsgläubiger zumindest zu einem Anteil tatsächlich in den Genuss der Sicherheitsleistung kommen kann, wenn ihm ein Vollstreckungsschaden entsteht. Daher ist die Übernahme einer Bürgschaft für mehrere Beklagten als Gesamtgläubiger unzureichend[13]. Die Gesamtgläubigerschaft ist dadurch gekennzeichnet, dass jeder Gläubiger Leistung nur an sich verlangen kann und der Schuldner wählen kann, an wen er befreiend mit Wirkung für alle die Leistung erbringt (§ 428 BGB). Dies ist mit dem Zweck der Sicherheitsleistung nicht vereinbar. Durch die Bürgschaft muss vielmehr gewährleistet sein, dass jeder Beklagte in den Genuss der Sicherheitsleistung kommen kann. Die Beklagten sind daher insoweit **Mitgläubiger nach § 432 BGB**[14].

Entsprechend ist eine Bürgschaftsurkunde im Zweifel auch dahingehend **auszulegen,** dass die 15 Sicherungsberechtigten Mitgläubiger und nicht lediglich Gesamtgläubiger sind. Ein ausdrücklicher Hinweis auf die Mitgläubigerschaft ist nicht erforderlich[15].

b) Form. Fehlt eine Bestimmung durch das Gericht, ist die Bürgschaftserklärung **schriftlich** zu 16 erteilen (§ 108 Abs. 1 S. 2 ZPO). Die nach § 350 HGB zulässige mündliche Bürgschaftserklärung eignet sich nicht als prozessuale Sicherheit.

Die strengeren Anforderungen des **§ 751 Abs. 2 ZPO** gelten nur für den Nachweis der Bürg- 17 schaftserklärung zur Einleitung der Zwangsvollstreckung. Soll jedoch eine Zwangsvollstreckung kurzfristig erfolgen, kann zB eine notarielle Beurkundung der Bürgschaftserklärung ratsam sein[16].

Dem Schuldner ist die vom Bürgen unterzeichnete **Originalurkunde** zu übermitteln[17]. Die Über- 18 sendung einer vom Anwalt des Gläubigers beglaubigten Abschrift des Originals ist nicht ausreichend. Bei **mehreren Beklagten** muss nicht jedem einzelnen ein eigenes Original der Bürgschaftsurkunde überlassen werden. Die Beklagten werden Miteigentümer an der Bürgschaftsurkunde gemäß § 952 Abs. 1 S. 1 BGB[18].

Die Bürgschaftserklärung kann **von Anwalt zu Anwalt** nach § 195 ZPO zugestellt werden, denn 19 die Prozessvollmacht des Rechtsanwalts erfasst auch den Abschluss einer Prozessbürgschaft[19]. Gegenüber dem Schuldner ist durch den Gerichtsvollzieher zuzustellen. Die Prozessbürgschaft kann an den **Schuldner oder seinen Prozessbevollmächtigten** zugestellt werden[20].

Das Gericht muss im Rahmen seines pflichtgemäßen Ermessens nach § 108 Abs. 1 S. 1 ZPO einen 20 **tauglichen Bürgen** bestimmen. Es muss sichergestellt werden, dass der Sicherheitsgläubiger einem inländischen, solventen Schuldner gegenübersteht, so dass Ansprüche aus der Bürgschaft in einem inländischen Gerichtsstand durchgesetzt werden, können[21].

§ 108 Abs. 1 S. 2 ZPO lässt die Bürgschaft eines in Deutschland zum Geschäftsbetrieb befugten 21 Kreditinstituts zu (vgl. § 1 KWG). Häufig ordnen die Gerichte die Beibringung einer Bürgschaft durch

---

[8] MüKoZPO/*Schulz* § 108 Rn. 28.
[9] MüKoZPO/*Schulz* § 108 Rn. 29 mwN.
[10] MüKoZPO/*Schulz* § 108 Rn. 30 mwN.
[11] LG Düsseldorf InstGE 3, 150 – Tintenpatrone.
[12] LG Düsseldorf InstGE 3, 227 (228) – Prozessbürgschaft.
[13] LG Düsseldorf InstGE 3, 227 (228) – Prozessbürgschaft.
[14] LG Düsseldorf InstGE 3, 227 (228) – Prozessbürgschaft.
[15] LG Düsseldorf InstGE 13, 116 – Prozesskostensicherheitsbürgschaft.
[16] MüKoZPO/*Schulz* § 108 Rn. 33.
[17] LG Düsseldorf InstGE 11, 154 (157) – Original der Bürgschaftsurkunde; aA MüKoZPO/*Schulz* § 108 Rn. 33; Zöller/*Herget* ZPO § 108 Rn. 11.
[18] LG Düsseldorf InstGE 13, 116 (119) – Prozesskostensicherheitsbürgschaft.
[19] MüKoZPO/*Schulz* § 108 Rn. 37; Zöller/*Herget* ZPO § 108 Rn. 11.
[20] BGH GRUR 2008, 1029 – Nachweis der Sicherheitsleistung.
[21] LG Düsseldorf InstGE 3, 150 – Tintenpatrone.

eine „in der Bundesrepublik Deutschland ansässige Großbank oder öffentlich-rechtliche Sparkasse" an[22]. Diese Anforderungen sind erfüllt, wenn die Bürgschaft von der **deutschen Niederlassung einer ausländischen Bank** übernommen wird, sofern die Niederlassung in Deutschland einen zuständigkeitsbegründenden Sitz hat, im Inland als Kreditinstitut zum Geschäftsbetrieb befugt ist und über ein ausreichendes Vermögen verfügt, welches sicherstellt, dass die Bürgschaftssumme aufgebracht werden kann[23].

22 Eine geeignete Bürgschaft iSv § 108 Abs. 1 S. 2 ZPO liegt auch vor, wenn eine unselbstständige inländische Zweigniederlassung einer ausländischen Bank mit Hauptsitz in einem anderen Vertragsstaat des **Europäischen Wirtschaftsraums (EWR)** eine Prozessbürgschaft stellt[24].

23 Eine nachträglich **geänderte Firmenbezeichnung** einer Partei hat keinen Einfluss auf die Ordnungsgemäßheit der Leistung der Prozessbürgschaft[25].

24 **2. Sicherheit durch Hinterlegung von Geld oder Wertpapieren.** Eine weitere Form der Regelsicherheit nach § 108 Abs. 1 S. 2 ZPO ist die Hinterlegung von Geld oder Wertpapieren. **Ausländisches Geld** ist eine geeignete Sicherheit nach § 108 Abs. 1 S. 2 ZPO iVm § 232 BGB, jedoch nur unter Berücksichtigung von drei Vierteln seines Kurswertes (§ 234 Abs. 3 BGB analog)[26]. Geeignete **Wertpapiere** sind solche, die auf den Inhaber lauten, einen Kurswert haben und zu einer Gattung gehören, in der Mündelgeld angelegt werden kann[27]. Orderpapiere, die mit Blankoindossament versehen sind, stehen diesen gleich[28].

25 Die Durchführung der **Hinterlegung** richtet sich nach den **Hinterlegungsgesetzen der jeweiligen Bundesländer**[29]. Zuständig für die Hinterlegung sind die Hinterlegungsstellen der **Amtsgerichte**[30]. Auch im **Rechtsbestandsverfahren** erfolgt die Hinterlegung von Geld bei einem Amtsgericht in der Bundesrepublik und nicht bei der Amtskasse des Deutschen Patentamts, es sei denn, dies ist ausdrücklich bestimmt[31]. Die **bloße Überweisung** eines Betrags an die Zahlstelle des Prozessgerichts steht einer Hinterlegung nicht gleich[32].

26 Die Hinterlegung von Geldbeträgen gliedert sich am **Beispiel Nordrhein-Westfalen** in folgende Schritte: Bei der **Hinterlegungsstelle** des Amtsgerichts ist der Hinterlegungsantrag in zweifacher Ausfertigung einzureichen[33]. Der Hinterlegungsgrund ist mit Anlagen darzulegen. Im Falle der FRAND-Hinterlegung sollte auf die Entscheidung „Huawei/ZTE"[34] verwiesen werden. In den FRAND-Konstellationen ist wohl ein Verzicht auf die Rücknahme zu erklären[35]. Die Hinterlegungsstelle prüft den Antrag und vergibt ein Geschäftszeichen. Das Original des Antrages geht zur zuständigen **Gerichtskasse**, für das Amtsgericht Düsseldorf ist dies bspw. die Gerichtskasse Hamm. Anschließend ist der Hinterlegungsbetrag an die Gerichtskasse unter Angabe des Geschäftszeichens zu überweisen. Eine Bareinzahlung ist nicht möglich. Nach Eingang des Betrags erfolgt ein Eintrag ins Verwahrbuch und die Gerichtskasse sendet den Antrag zusammen mit der Quittung an den Antragsteller. Der Antragsteller übersendet die Quittung an den Gegner. Für die Freigabe des Geldbetrages ist eine Anordnung der Hinterlegungsstelle erforderlich. In Bayern ist bspw. eine Bareinzahlung jedenfalls in Eilfällen möglich. Die Vollstreckung eines Urteils gilt als solcher Eilfall.

27 **3. Sicherheit auf andere Art.** Das Gericht kann auch eine andere als in § 108 Abs. 1 S. 2 ZPO aufgeführte Sicherheit anordnen, wie bspw. **Schmuck, ausländisches Geld** oder **nicht mündelsichere Wertpapiere**[36].

C. Parteivereinbarung

28 Die Parteien können Höhe und Art der Sicherheitsleistung durch Vereinbarung gerichtlich oder außergerichtlich regeln. Diese geht der gerichtlichen Bestimmung vor (vgl. § 108 Abs. 1 S. 2 ZPO). Eine solche Vereinbarung über die Sicherheitsleistung sollte insbesondere Regelungen zur Rückgabe der Sicherheit (zB Rechtskraftzeugnis, Rücknahme des Rechtsmittels) und zur Verwertung (zB in Anlehnung an § 22 Abs. 3 HintG NRW bei Zustimmung beider Parteien oder wenn die Berechtigung

---

[22] LG Düsseldorf InstGE 3, 150 – Tintenpatrone.
[23] LG Düsseldorf InstGE 3, 150 – Tintenpatrone.
[24] MüKoZPO/*Schulz* § 108 Rn. 41; *Zöller*/*Herget* ZPO § 108 Rn. 7.
[25] LG Düsseldorf BeckRS 2009, 07656.
[26] MüKoZPO/*Schulz* § 108 Rn. 22.
[27] MüKoZPO/*Schulz* § 108 Rn. 23.
[28] MüKoZPO/*Schulz* § 108 Rn. 23.
[29] Vgl. etwa Hinterlegungsgesetz Nordrhein-Westfalen vom 16.3.2010; Bayerisches Hinterlegungsgesetz vom 23.11.2010.
[30] Vgl. zB § 1 HintG NRW; Art. 2 BayHintG.
[31] BPatGE 7, 35.
[32] BGH NJW 2002, 3259.
[33] Antrag erhältlich unter http://www.justiz.nrw.de/BS/formulare/hinterlegung/hs_1.pdf.
[34] EuGH GRUR 2015, 764.
[35] So jedenfalls nach BGH GRUR 2009, 694 (697) – Orange-Book-Standard.
[36] MüKoZPO/*Schulz* § 108 Rn. 17; *Zöller*/*Herget* ZPO § 108 Rn. 6.

des Sicherungsnehmers rechtskräftig feststeht) enthalten. Sinnvoll ist die Aufnahme einer Regelung, nach der der Sicherheitsnehmer die ordnungsgemäße Zahlung schriftlich bestätigt. Mit Blick auf ein mögliches Insolvenzrisiko des Sicherungsnehmers sollte die Zahlung auf ein treuhänderisches Anderkonto (zB eines Prozessbevollmächtigten) erfolgen.

D. Rechtsbehelf

Die Anordnung der Sicherheitsleistung erfolgt in der Hauptsacheentscheidung. Daher sind gegen die Anordnung nur die **Rechtsbehelfe gegen die Hauptsache** (Berufung, Revision) gegeben[37]. Teilweise wird vertreten, dass das Rechtsmittel auf die Entscheidung über die vorläufige Vollstreckbarkeit beschränkt werden kann[38]. Ohne eine Beschränkung kann auf Antrag vorab über die Sicherheitsleistung verhandelt werden (§ 718 ZPO).   29

Gegen die Entscheidung des Gerichts über die **Art der Sicherheitsleistung** durch Beschluss ist grundsätzlich kein Rechtsmittel möglich[39]. Lediglich bei **Ablehnung** einer beantragten bestimmten Art durch Beschluss ist die sofortige Beschwerde möglich[40].   30

Zur Anfechtbarkeit eines **Zwischenurteils** über die Prozesskostensicherheit (→ § 112 Rn. 15 ff.).   31

§ 109 Rückgabe der Sicherheit

(1) **Ist die Veranlassung für eine Sicherheitsleistung weggefallen, so hat auf Antrag das Gericht, das die Bestellung der Sicherheit angeordnet oder zugelassen hat, eine Frist zu bestimmen, binnen der ihm die Partei, zu deren Gunsten die Sicherheit geleistet ist, die Einwilligung in die Rückgabe der Sicherheit zu erklären oder die Erhebung der Klage wegen ihrer Ansprüche nachzuweisen hat.**

(2) ¹**Nach Ablauf der Frist hat das Gericht auf Antrag die Rückgabe der Sicherheit anzuordnen, wenn nicht inzwischen die Erhebung der Klage nachgewiesen ist; ist die Sicherheit durch eine Bürgschaft bewirkt worden, so ordnet das Gericht das Erlöschen der Bürgschaft an.** ²**Die Anordnung wird erst mit der Rechtskraft wirksam.**

(3) ¹**Die Anträge und die Einwilligung in die Rückgabe der Sicherheit können vor der Geschäftsstelle zu Protokoll erklärt werden.** ²**Die Entscheidungen ergehen durch Beschluss.**

(4) **Gegen den Beschluss, durch den der im Absatz 1 vorgesehene Antrag abgelehnt wird, steht dem Antragsteller, gegen die im Absatz 2 bezeichnete Entscheidung steht beiden Teilen die sofortige Beschwerde zu.**

A. Anwendbarkeit im gewerblichen Rechtsschutz

Zur Anwendbarkeit des § 109 ZPO im gewerblichen Rechtsschutz gelten die Ausführungen bei § 108 ZPO (→ § 108 Rn. 1 f.).   1

B. Abgrenzung zu anderen Rückgabeverfahren

Hat das Gericht eine Sicherheitsleistung im Falle eines vorläufig vollstreckbaren Urteils nach §§ 709, 711 S. 1 aE oder 712 Abs. 2 S. 2 ZPO angeordnet, so ordnet das Gericht nach **§ 715 ZPO auf Antrag die Rückgabe** der Sicherheit an, wenn ein Zeugnis über die Rechtskraft des für vorläufig vollstreckbar erklärten Urteils vorgelegt wird (§ 706 ZPO). Bei Sicherheit durch Bürgschaft ordnet das Gericht das Erlöschen der Bürgschaft an. Das Verfahren nach § 715 ZPO ist gegenüber § 109 ZPO einfacher, weil nur der Rechtskraftnachweis erforderlich ist. Dem Verfahren nach § 109 ZPO fehlt daher das **Rechtsschutzbedürfnis**[1].   2

Eine **Leistungsklage auf Rückgabe** der Sicherheit ist grundsätzlich **unzulässig**[2]. Zweck des Verfahrens nach § 109 ZPO ist vor allem in der Möglichkeit zu sehen, auf einfacherem und billigerem Wege einen Herausgabetitel zu erhalten. Ein schnelleres und billigeres Mittel des Rechtsschutzes lässt das Rechtsschutzbedürfnis für eine Klage daher entfallen, wenn es vergleichbar sicher oder wirkungsvoll alle erforderlichen Rechtsschutzziele herbeiführen kann[3]. Besteht die Möglichkeit eines Schadensersatzanspruchs, scheidet ein Rückgabeanspruch des Sicherungsgebers nach § 109 ZPO aus[4].   3

---

[37] MüKoZPO/*Schulz* § 108 Rn. 73.
[38] MüKoZPO/*Schulz* § 108 Rn. 73; aA OLG Köln NJW-RR 2006, 66.
[39] MüKoZPO/*Schulz* § 108 Rn. 74.
[40] MüKoZPO/*Schulz* § 108 Rn. 74.
[1] MüKoZPO/*Schulz* § 109 Rn. 4 mwN.
[2] MüKoZPO/*Schulz* § 109 Rn. 5; vgl. BGH NJW 1994, 1351.
[3] BGH NJW 1994, 1351.
[4] BGH NJW 1982, 1397.

C. Voraussetzungen der Rückgabe

4 § 109 ZPO regelt die Rückgabe der Sicherheit, wenn die Veranlassung zur Sicherheitsleistung weggefallen ist. Die Regelung sieht ein **zweistufiges Verfahren** vor: Nach **Absatz 1** wird der Sicherungsnehmer vom Gericht aufgefordert, die Rückgabe der Sicherheit zu erklären oder die Klageerhebung wegen Ansprüchen hinsichtlich der Sicherheitsleistung nachzuweisen. Erfolgt dies nicht, sieht **Absatz 2** die Anordnung der Rückgabe oder das Erlöschen der Bürgschaft vor.

5 § 109 ZPO ist auf alle Sicherheitsleistungen anwendbar. Sie gilt auch für den **Austausch einer Bürgschaft** mit einer gleichwertigen Prozessbürgschaft[5]. Eine freiwillige Rückgabe der Sicherheit geht aus § 109 ZPO vor.

I. Wegfall der Veranlassung

6 Die Veranlassung zur Sicherheitsleistung ist weggefallen, wenn und soweit der gesicherte Anspruch nicht entstanden ist und auch nicht mehr zur Entstehung gelangen kann, dh der **Sicherungszweck entfallen** ist[6]. Dies ist der Fall, wenn eine **vorläufige Maßnahme endgültig** wird, zB ein vorläufig vollstreckbares Urteil rechtskräftig wird. Ferner ist der Sicherungszweck entfallen, wenn bei der Einstellungssicherheit der **Gläubiger befriedigt** wurde oder bereits **erfolgreich vollstreckt** hat[7]. Ebenfalls gehört dazu, wenn eine Entscheidung ergeht, die die vorläufige Vollstreckbarkeit aufhebt[8]. Die Veranlassung ist ebenfalls weggefallen, wenn das ursprüngliche Urteil durch ein rechtskräftiges Urteil aufgehoben wurde und somit nicht mehr vollstreckt werden kann.

6a Die ggf. notwendige Ermittlung der Höhe eines **eventuellen Schadensersatzanspruchs** bedeutet nicht, dass der Sicherungsnehmer an der Geltendmachung seines Schadens gehindert wäre. Ein Wegfall der Veranlassung liegt auch dann vor.

7 Bei Stellung einer **Prozesskostensicherheit** nach § 110 ZPO fällt der Sicherungszweck weg, wenn der Beklagte später seinen gewöhnlichen Aufenthalt in einen Mitgliedstaat der Europäischen Union oder in einen Vertragsstaat des Abkommens über den Europäischen Wirtschaftsraum verlegt[9]. Gleiches gilt bei rechtskräftiger Verurteilung des Beklagten zu den Prozesskosten[10].

8 **Ändert sich die Höhe der Sicherheitsleistung**, kann eine Zug-um-Zug-Rückgabe der bereits zugestellten Bürgschaftsurkunde gegen die Zustellung der neuen Bürgschaftsurkunde über Verfahren nach § 109 oder § 715 ZPO getroffen werden[11].

9 In **einstweiligen Verfügungs- oder Arrestverfahren** fällt die Veranlassung weg, wenn die Verfügung oder der Arrest aufgehoben werden. Hat ein Vollzug stattgefunden, ist die Veranlassung erst weggefallen, wenn feststeht, dass eine Ersatzforderung nicht besteht[12]. Wird die Verfügung nicht innerhalb der Frist des § 929 Abs. 2 und 3 ZPO vollzogen, entfällt die Veranlassung ebenfalls[13].

II. Rückgabeverfahren

10 **1. Fristbestimmung (Abs. 1).** Erforderlich ist ein **Antrag des Sicherheitsgebers**. Bei Gesamtgläubigern ist jeder antragsberechtigt. Der Antrag ist bei dem Gericht zu stellen, das die Bestellung der Sicherheit angeordnet oder zugelassen hat. Bei einstweiligen Verfügungen oder Arrest ist nach **§ 943 Abs. 2 ZPO** das Gericht der Hauptsache ausschließlich zuständig, wenn die Hauptsache anhängig ist oder anhängig war. Bei einer Bürgschaft ist zu beantragen, dass dem Sicherungsnehmer aufgegeben wird, in das Erlöschen der Bürgschaft oder die Entlassung der Bürgen aus der Haftung einzuwilligen (vgl. § 109 Abs. 2 S. 1 aE)[14].

11 Die **Fristbestimmung** erfolgt durch das Gericht. Funktionell zuständig ist der **Rechtspfleger** (§ 20 Nr. 3 RPflG). Die Entscheidung erfolgt durch Beschluss und bedarf keiner mündlichen Verhandlung (§ 128 Abs. 4 ZPO). Das Verfahren nach § 109 ZPO erfolgt auch, wenn bereits Klage auf Rückgabe der Sicherheit eingereicht wurde, denn es ist diesem gegenüber vorrangig bzw. lässt das Rechtsschutzbedürfnis der Leistungsklage entfallen (→ Rn. 3). Für die Länge der Frist gelten die §§ 221–225 ZPO; eine Verlängerung der Frist ist möglich, § 224 Abs. 2 ZPO. Eine Frist von vier Wochen ist angemessen.

12 Der Beschluss ist zuzustellen. Dies kann zu Problemen führen, wenn der **Antragsgegner im Ausland** sitzt und keinen inländischen Prozessbevollmächtigten hat. Wurde bspw. eine einstweilige

---

[5] BGH NJW 1994, 1351.
[6] MüKoZPO/*Schulz* § 109 Rn. 8 mwN.
[7] MüKoZPO/*Schulz* § 109 Rn. 9 mwN.
[8] MüKoZPO/*Schulz* § 109 Rn. 11 mwN.
[9] BGH NJW-RR 2006, 710.
[10] OLG Stuttgart MDR 1985, 1033 = FHZivR 31 Nr. 6608 (Ls.).
[11] OLG Düsseldorf BeckRS 2006, 12700 = GRUR-RR 2007, 256 (Ls.) – Sicherheitsleistung/Kaffeepads; BGH NJW 1994, 1351.
[12] MüKoZPO/*Schulz* § 109 Rn. 14.
[13] MüKoZPO/*Schulz* § 109 Rn. 14.
[14] MüKoZPO/*Schulz* § 109 Rn. 18.

Verfügung gegen Sicherheitsleistung erteilt und diese vollstreckt, kann es für den Antragsteller aufwendig und teuer werden, die Sicherheit wieder freizubekommen.

Der stattgebende Beschluss ist nicht anfechtbar[15]. Ein ablehnender Beschluss unterliegt der **sofortigen Beschwerde** (§ 109 Abs. 4 ZPO). 13

2. Rückgabeanordnung (Abs. 2). Der Erlass der Rückgabeanordnung setzt einen **weiteren Antrag** voraus, der aber bereits mit dem Antrag zur Fristbestimmung gestellt werden kann. Die Rückgabeanordnung wird erlassen, wenn der Antragsgegner innerhalb der Fristsetzung nach Absatz 1 weder in die Rückgabe der Sicherheit eingewilligt, noch dem Erlöschen der Bürgschaft zugestimmt oder die Klageerhebung nachgewiesen hat. 14

Die Rückgabeanordnung wird durch Beschluss durch den Rechtspfleger erlassen. Bei einer **Bürgschaftsurkunde** bedarf es der Anordnung des Erlöschens der Bürgschaft (§ 109 Abs. 2 S. 1 ZPO) und des Ausspruchs der Rückgabe der Bürgschaftsurkunde. 15

Die Wirkung der Rückgabeanordnung tritt mit **Rechtskraft** ein (§§ 109 Abs. 2 S. 2, 705 ZPO). Die Hinterlegungsstelle zahlt aufgrund dieser Anordnung den hinterlegten Geldbetrag aus. 16

Die Entscheidung ist für die jeweils beschwerte Partei mit der **sofortigen Beschwerde** anfechtbar (§ 109 Abs. 4 ZPO)[16]. 17

Für das Rückgabeverfahren nach § 109 ZPO entstehen **keine Gerichts- und Rechtsanwaltsgebühren**. 18

§ 110 Prozesskostensicherheit

(1) Kläger, die ihren gewöhnlichen Aufenthalt nicht in einem Mitgliedstaat der Europäischen Union oder in einem Vertragsstaat des Abkommens über den Europäischen Wirtschaftsraum haben, leisten auf Verlangen des Beklagten wegen der Prozesskosten Sicherheit.

(2) Diese Verpflichtung tritt nicht ein:
1. wenn auf Grund völkerrechtlicher Verträge keine Sicherheit verlangt werden kann;
2. wenn die Entscheidung über die Erstattung der Prozesskosten an den Beklagten auf Grund völkerrechtlicher Verträge vollstreckt würde;
3. wenn der Kläger im Inland ein zur Deckung der Prozesskosten hinreichendes Grundvermögen oder dinglich gesicherte Forderungen besitzt;
4. bei Widerklagen;
5. bei Klagen, die auf Grund einer öffentlichen Aufforderung erhoben werden.

Literatur: Lehment/Eßer, Nicht-technische Verteidigungen im Patentverletzungsprozess: Aktivlegitimation und Prozesskostensicherheit, GRUR-Prax 2019, 429; *Leible,* Ausländersicherheit und einstweiliger Rechtsschutz, NJW 1995, 2817; *Mankowski,* Brexit und Internationales Privat- und Zivilverfahrensrecht, EuZW-Sonderausgabe 1/2020, 3; *Rinnert/von Falck,* Zur Prozesskostensicherheitsverpflichtung gem. § 110 ZPO und dem TRIPS-Übereinkommen – Anmerkung zu LG München I, GRUR-RR 2005, 335, GRUR-RR 2005, 297; *Rühl,* Die Wahl englischen Rechts und englischer Gerichte nach dem Brexit, JZ 2017, 72; *von Falck/Rinnert,* Vereinbarkeit der Prozesskostensicherheitsverpflichtung mit dem TRIPS-Übereinkommen, GRUR 2005, 225; *Wagner,* Justizielle Zusammenarbeit in Zivilsachen nach dem Brexit, IPRax 2021, 2.

Übersicht

	Rn.
A. Anwendbarkeit im gewerblichen Rechtsschutz	1
B. Voraussetzungen der Prozesskostensicherheit	2
I. Anwendungsbereich	2
1. Zweck der Regelung	2
2. Einstweiliges Verfügungsverfahren	5
II. Personenkreis	7
1. EU und EWR	7
2. Kläger	9
3. Gewöhnlicher Aufenthalt bzw. Sitz	14
4. Umgehung der Verpflichtung zur Prozesskostensicherheit	20
III. Auf Verlangen des Beklagten	25
IV. Ausnahmen von der Verpflichtung (Abs. 2)	29
1. Völkerrechtliche Verträge über die Prozesskostensicherheit (Nr. 1)	29
2. Völkerrechtliche Verträge über die Vollstreckung (Nr. 2)	36
3. Inlandsvermögen (Nr. 3)	38
4. Widerklagen (Nr. 4)	40
5. Öffentliche Klageaufforderung (Nr. 5)	42
6. Weitere Ausnahmen	43
V. Beweislast	45

---

[15] MüKoZPO/*Schulz* § 109 Rn. 28.
[16] MüKoZPO/*Schulz* § 109 Rn. 45 f.

A. Anwendbarkeit im gewerblichen Rechtsschutz

1 Die Regelung des § 110 ZPO gilt für die ZPO-Verfahren. Für das patentrechtliche Nichtigkeitsverfahren sieht **§ 81 Abs. 6 PatG** die Anordnung einer Prozesskostensicherheit vor. Der § 110 Abs. 2 Nr. 1–3 ZPO gilt entsprechend.

B. Voraussetzungen der Prozesskostensicherheit

I. Anwendungsbereich

2 **1. Zweck der Regelung.** Die Regelungen zur Prozesskostensicherheit in §§ 110–113 ZPO gehen in ihrer aktuellen Fassung auf Entscheidungen des EuGH zur Vereinbarkeit mit dem Diskriminierungsverbot (Art. 18 AEUV, Art. 4 Abkommen über den Europäischen Wirtschaftsraum) zurück[1].

3 Der § 110 ZPO möchte den Beklagten, der seine Kostenerstattungsansprüche durchsetzen möchte, vor **rechtlichen Schwierigkeiten der Auslandsvollstreckung** bewahren, die typischerweise bei einer Vollstreckung außerhalb der Europäischen Union oder des Europäischen Wirtschaftsraums auftreten[2]. Die Regelung schützt dagegen nicht vor der Gefahr, dass ein zukünftiger Kostenerstattungsanspruch wegen Vermögenslosigkeit des zukünftigen Schuldners nicht realisierbar ist[3]. Entscheidend ist daher, ob eine Vollstreckung am Sitz des Schuldners der Form nach in Betracht kommt, also ein Vollstreckungsverfahren gegen den Schuldner in Gang gesetzt werden kann. Das hängt letztlich davon ab, ob an dem betreffenden Ort eine dauerhafte, **zustellfähige Adresse** vorhanden ist[4]. Wer in einem von der Verpflichtung zur Sicherheitsleistung befreiten Staat eine zustellfähige Adresse unterhält, braucht keine Prozesskostensicherheit zu leisten. Dies ist bei der Frage eines möglichen Rechtsmissbrauchs aufgrund einer gezielten Umgehung der Voraussetzungen des § 110 ZPO zu berücksichtigen.

4 Ein Antrag auf Prozesskostensicherheit kann in der Praxis zu **Verzögerungen des Rechtsstreits** führen. Zum einen ist auf Antrag des Beklagten zwingend mündlich zu verhandeln. Zum anderen werden Klageerwiderungsfristen großzügiger verlängert, bis über den Antrag verhandelt und entschieden wurde; teilweise setzen Gerichte die Klageerwiderungsfrist auch aus, bis über den Antrag entschieden wurde.

5 **2. Einstweiliges Verfügungsverfahren.** Arrest- und einstweilige Verfügungsverfahren sind Verfahren nach der ZPO. Grundsätzlich gilt auch hier der Schutzzweck des § 110 ZPO, den Beklagten vor Schwierigkeiten bei der Vollstreckung seines Kostenerstattungsanspruchs zu bewahren. Die Regelung wird jedoch im einstweiligen Rechtsschutz aufgrund des besonderen Eilcharakters **nicht angewendet**, und zwar unabhängig davon, ob eine Entscheidung durch Beschluss oder aufgrund mündlicher Verhandlung ergeht[5]. Die Stellung einer Prozesskostensicherheit bedarf eines zeitlichen Aufwandes, der auch im Falle der Anberaumung eines Termins zur mündlichen Verhandlung eine zeitliche Verzögerung des Verfügungsverfahrens mit sich bringen kann, insbesondere wenn die Einrede erst kurz vor dem Verhandlungstermin erhoben wird.

6 Entsprechendes gilt auch für das **Beweissicherungsverfahren,** wenn es mit einer einstweiligen Verfügung kombiniert wird.

II. Personenkreis

7 **1. EU und EWR.** Die Verpflichtung zur Leistung von Prozesskostensicherheit trifft Kläger, die ihren gewöhnlichen Aufenthalt nicht in einem Mitgliedstaat der Europäischen Union oder in einem Vertragsstaat des Abkommens über den Europäischen Wirtschaftsraum haben. Abzustellen ist auf den gewöhnlichen Aufenthalt und nicht die Staatsangehörigkeit.

8 Derzeit sind **27 Staaten** Mitglied der **Europäischen Union**[6]: Belgien, Bulgarien, Dänemark, Deutschland, Estland, Finnland, Frankreich, Griechenland, Irland, Italien, Kroatien, Lettland, Litauen, Luxemburg, Malta, Niederlande, Österreich, Polen, Portugal, Rumänien, Schweden, Slowakei, Slowenien, Spanien, Tschechische Republik, Ungarn und Zypern. Zum **Europäischen Wirtschaftsraum**

---

[1] MüKoZPO/*Schulz* § 110 Rn. 1 mwN.
[2] BGH BeckRS 2016, 14929 – Prozesskostensicherheit; BGH NJW 1984, 2762; OLG Düsseldorf BeckRS 2013, 10038; 2013, 11854; OLG München BeckRS 2013, 11857; LG Mannheim BeckRS 2015, 20077; LG Düsseldorf BeckRS 2016, 08353.
[3] BGH NJW 1984, 2762; OLG Düsseldorf BeckRS 2013, 11854; 2013, 11857.
[4] OLG Düsseldorf BeckRS 2013, 11854; 2013, 11857; OLG Karlsruhe NJW-RR 2008, 944; LG Düsseldorf BeckRS 2016, 08353.
[5] LG Düsseldorf InstGE 5, 234 = BeckRS 2011, 03782 – Prozesskostensicherheit V; OLG Köln NJOZ 2005, 66; LG Düsseldorf BeckRS 2008, 17673; OLG Frankfurt a. M. IPRax 2002, 222 = BeckRS 2000, 30142918; OLG Hamburg GRUR 1999, 91 (Ls.); Zöller/*Herget* ZPO § 110 Rn. 3; aA differenzierend zwischen Beschluss und Urteilsverfügung: LG Düsseldorf InstGE 4, 287 – Prozesskostensicherheit IV; OLG Köln ZIP 1994, 326; LG Düsseldorf InstGE 4, 287 Rn. 3 f.; MüKoZPO/*Schulz* § 110 Rn. 4; *Leible* NJW 1995, 2817.
[6] Vgl. http://europa.eu/about-eu/countries/index_de.htm.

gehören darüber hinaus Island, Liechtenstein und Norwegen. Das **Vereinigte Königreich**[7] ist zum 31.1.2020 aus der EU ausgetreten, bis zum 31.12.2020 galt eine Übergangsphase → Rn. 31.

2. Kläger. Abzustellen ist auf den Kläger. Dies gilt auch, wenn der Kläger ein **abgetretenes Recht** 9 geltend macht oder in **gewillkürter Prozessstandschaft** klagt. Zur Frage der Umgehung der Verpflichtung zur Prozesskostensicherheit → Rn. 19.

Maßgebend ist die **Parteirolle in der ersten Instanz**. Für den **Beklagten** besteht daher keine 10 Verpflichtung zur Leistung von Sicherheitsleistung, auch wenn er Rechtsmittelführer ist[8].

Bei **Klägermehrheit** ist für jeden Kläger selbstständig zu prüfen, ob die Voraussetzungen der 11 Prozesskostensicherheit vorliegen[9]. Ggf. berechnet sich die Sicherheitsleistung nach Kopfteilen gemäß § 100 Abs. 1 ZPO.

Der **Nebenintervenient des Klägers** steht dem Kläger gleich und hat entsprechend Sicherheit zu 12 leisten. Dies umfasst die ihn nach § 101 ZPO betreffenden Kosten der Nebenintervention. Im Falle der streitgenössischen Nebenintervention (§ 69 ZPO) umfasst die Sicherheitsleistung die gesamten Prozesskosten[10].

Ist Kläger eine **Partei kraft Amtes** (zB Insolvenzverwalter), so kommt es darauf an, ob das 13 verwaltete Vermögen im Gebiet der EU oder des EWR liegt[11].

3. Gewöhnlicher Aufenthalt bzw. Sitz. Der gewöhnliche Aufenthalt einer Person ist an dem Ort, 14 an dem sie längere Zeit oder regelmäßig verweilt[12]. Maßgebend sind die **rein tatsächlichen Verhältnisse**[13]. Auf die polizeiliche Meldung kommt es nicht an.

Bei juristischen Personen ist auf ihren Sitz abzustellen[14]. Dabei kommt es nicht auf den satzungs- 15 gemäßen, sondern – entsprechend dem „gewöhnlichen Aufenthalt" natürlicher Personen – auf den **tatsächlichen Verwaltungssitz** an[15]. Das gilt jedenfalls dann, wenn an dem in der Satzung angegebenen Sitz kein Geschäftsraum, sondern nur ein Briefkasten unterhalten wird und deshalb dort keine zustellungsfähige Anschrift gegeben ist[16]. Der Ort, an dem die Verwaltung geführt wird, ist derjenige, an dem die Geschäftsführung und die dazu berufenen Vertretungsorgane tätig sind, also derjenige, wo die **grundlegenden Entscheidungen der Unternehmensleitung** effektiv in laufende Geschäftsführungsakte umgesetzt werden[17]. Dies erfordert eine gewisse organisatorische Verfestigung bzw. zumindest das Vorhandensein von Räumlichkeiten, in denen die Geschäftsführungsorgane ihre Tätigkeit ausüben können. Das OLG Karlsruhe führt an, dass es auf eine angemessene Personal- und Sachausstattung für das Bestehen eines Verwaltungssitzes nicht ankomme[18]. Es bedürfe deshalb keiner gesonderten Büroräume und keiner Mitarbeiter[19]. Nach dem OLG München ist die Vornahme von Handlungen erforderlich, die den Geschäftszweck und die Tätigkeit des Unternehmens inhaltlich beeinflussen und typischerweise auf der Ebene der Unternehmensleitung erfolgen[20]. Eine bloß formale Ausführung von Entscheidungen, die anderenorts getroffen werden, reiche nicht[21]. Unschädlich ist, wenn die zu einem international agierenden Konzern gehörende **Tochtergesellschaft** Teile ihrer Entscheidungen auch an Beschlüssen zu orientieren hat, die von ihrer Muttergesellschaft getroffen wurden, denn dies ist für Konzerngesellschaften gerade typisch[22]. Der tatsächliche Verwaltungssitz ist

---

[7] Einschließlich Jersey BGH NJW 2002, 3539 (3540).
[8] BGH GRUR 2005, 359 – Ausländersicherheit im Patentnichtigkeitsverfahren.
[9] MüKoZPO/*Schulz* § 110 Rn. 16.
[10] MüKoZPO/*Schulz* § 110 Rn. 16.
[11] MüKoZPO/*Schulz* § 110 Rn. 13.
[12] BGH NJW 1983, 2772; MüKoZPO/*Schulz* § 110 Rn. 11.
[13] BGH NJW 1983, 2772.
[14] BGH GRUR 2016, 1204 (1205) – Prozesskostensicherheit; BGH NJW-RR 2005, 148; OLG Karlsruhe GRUR-RS 2018, 1935 – irische general partnership; OLG Karlsruhe NJW-RR 2008, 944; LG München I ZIP 2009, 1979; BGH NJW 2009, 1610; OLG Düsseldorf BeckRS 2013, 10038; 2013, 11854; 2013, 11857.
[15] BGH GRUR-RS 2017, 126173 Rn. 6 ff. – Prozesskostensicherheit; OLG Düsseldorf BeckRS 2017, 113388; 2016, 09830; 2015, 06771; 2013, 10038; 2013, 11854; 2013, 11857; LG Düsseldorf BeckRS 2016, 08353; OLG Karlsruhe GRUR-RS 2018, 1935 – irische general partnership; OLG München BeckRS 2018, 21416; LG Düsseldorf 11.12.2018 – 4a O 7/18; *Lehment/Eßer* GRUR-Prax 2019, 429 (430); offengelassen: BGH GRUR 2016, 1204 (1205) – Prozesskostensicherheit; BGH NJW-RR 2005, 148 (149); BeckRS 2002, 30269508; LG Mannheim BeckRS 2015, 20077.
[16] OLG Karlsruhe NJW-RR 2008, 944; LG München I ZIP 2009, 1979; OLG Düsseldorf BeckRS 2013, 10038; 2013, 11854; 2013, 11857.
[17] BGH GRUR 2016, 1204 (1205) – Prozesskostensicherheit; BGH BeckRS 2016, 14929 – Prozesskostensicherheit; BGH NJW 2009, 1610; OLG Düsseldorf BeckRS 2017, 113388; 2015, 06771; 2013, 10038; 2013, 11854; 2013, 11857; OLG Karlsruhe GRUR-RS 2018, 1935 – irische general partnership.
[18] OLG Karlsruhe GRUR-RS 2018, 1935 – irische general partnership; aA OLG Düsseldorf GRUR-RS 2017, 113388 – Prozeßkostensicherheit.
[19] OLG Karlsruhe GRUR-RS 2018, 1935 – irische general partnership; aA OLG Düsseldorf GRUR-RS 2017, 113388 – Prozeßkostensicherheit.
[20] OLG München BeckRS 2018, 21416.
[21] OLG München BeckRS 2018, 21416; aA LG München BeckRS 2017, 151255.
[22] LG Mannheim BeckRS 2015, 20077; LG Düsseldorf BeckRS 2016, 08353.

rein tatsächlich zu bestimmen. Wenn festzustellen ist, dass an einem Ort mit einer gewissen Verfestigung die tatsächliche Umsetzung der Unternehmensleitungsentscheidungen durch die dazu berufenen Vertretungsorgane erfolgt, kommt es nicht darauf an, ob dies in rechtlich zutreffender Weise und ggf. mittels aller hierfür erforderlicher Verträge sowie unter vollständiger Beachtung steuerrechtlicher Normen geschieht[23]. Für das Bestehen eines Verwaltungssitzes ist es nach Auffassung des OLG Karlsruhe unschädlich, dass sich in dem Bürogebäude des Klägers **kein Briefkasten** des Klägers befindet, dass der dort beschäftigte Concierge den Kläger nicht kennt und die Geschäftsräume nicht zugänglich sind, wenn der Kläger keinen auf Publikumsverkehr zugeschnittenen Geschäftsbetrieb unterhalte[24].

16 Die Anknüpfung an den tatsächlichen Verwaltungssitz entspricht auch dem Sinn und Zweck der Regelung, den Beklagten vor Vollstreckungsschwierigkeiten zu bewahren (→ Rn. 3). Entscheidend ist, ob eine Vollstreckung am Sitz des Schuldners der Form nach in Betracht kommt, also ein Vollstreckungsverfahren gegen den Schuldner in Gang gesetzt werden kann. Das hängt letztlich davon ab, ob an dem betreffenden Ort eine **dauerhafte, zustellfähige Adresse** vorhanden ist[25]. Entsprechend wird das Vorhandensein einer dauerhaften, zustellfähigen Inlandsadresse als notwendige kumulative Voraussetzung für den Verwaltungssitz angesehen[26]. Die Zustellung soll eine erhöhte Gewähr dafür bieten, dass der Empfänger das zuzustellende Schriftstück auch erhält und von diesem Inhalt Kenntnis nehmen kann, und sie soll diejenige Stelle, die die Zustellung veranlasst hat, zuverlässig davon in Kenntnis setzen, dass das zuzustellende Schriftstück in der gesetzlich vorgeschriebenen Weise seinen Empfänger erreicht hat[27]. Dies gilt auch für eine Zustellung nach Abschluss des Erkenntnisverfahrens im Rahmen der späteren Vollstreckung.

17 Die Regelung des **§ 17 Abs. 1 S. 1 ZPO,** wonach der allgemeine Gerichtsstand einer juristischen Person grundsätzlich durch den satzungsmäßigen und nicht durch ihren tatsächlichen Verwaltungssitz bestimmt wird, steht dem nicht entgegen[28]. § 17 ZPO möchte der klagenden Partei einen möglichst einfach zu bestimmenden Gerichtsstand verschaffen und dient nicht der Vermeidung von Vollstreckungsrisiken. Entsprechendes gilt auch für **Art. 60 EuGVVO,** der auch lediglich eine Zuständigkeit am satzungsmäßigen Sitz begründet[29].

18 Der Zweck der Prozesskostensicherheit wird nicht gefährdet und es ist keine Sicherheit zu leisten, wenn sich Unternehmenssitz und Zustellmöglichkeit nicht an einem Ort, sondern an **unterschiedlichen Orten** innerhalb der Europäischen Union oder des Europäischen Wirtschaftsraums befinden[30]. Dementsprechend kommt es auch dann, wenn die Geschäftsführung von mehreren Geschäftsführern an unterschiedlichen Orten wahrgenommen wird, nicht darauf an, in welchem Verhältnis diese zueinander stehen, solange sich sämtliche Tätigkeitsorte der Geschäftsführer in der Union oder innerhalb des Europäischen Wirtschaftsraums befinden[31]. Eine Partei kann mehr als eine zustellfähige Anschrift haben. Es ist ebenfalls irrelevant, wenn es sich bei der zustellungsfähigen Anschrift nicht um die in der Klageschrift genannte Anschrift handelt[32].

19 Bei einer **Änderung** des gewöhnlichen Aufenthaltes oder Sitzes ist das Verfahren nach § 109 ZPO durchzuführen[33].

20 **4. Umgehung der Verpflichtung zur Prozesskostensicherheit.** Die Verpflichtung zur Sicherheitsleistung kann vermieden werden, wenn der Rechteinhaber seine Forderung an einen in der EU oder EWR oder in einem Land gemäß § 110 Abs. 2 Nr. 2 ZPO ansässigen Kläger **abtritt,** sein Schutzrecht entsprechend an diesen **überträgt** oder **lizenziert** oder diesen im Wege der **gewillkürten Prozessstandschaft** zur Klage in eigenem Namen ermächtigt. Es stellt sich dann die Frage, ob hierin eine rechtsmissbräuchliche Umgehung der ohne diese Maßnahme erforderlichen Sicherheitsleistung liegt.

21 **Sinn und Zweck** des § 110 ZPO ist Vermeidung von **rechtlichen Schwierigkeiten** bei der Auslandsvollstreckung. Die Regelung soll ermöglichen, dass ein Vollstreckungsverfahren gegen den Schuldner in Gang gesetzt werden kann (→ Rn. 3)[34]. Hierfür ist das Vorhandensein einer **dauerhaften**

---

[23] OLG Düsseldorf BeckRS 2017, 113388.
[24] OLG Karlsruhe GRUR-RS 2018, 1935 – irische general partnership.
[25] OLG Karlsruhe NJW-RR 2008, 944; LG München I ZIP 2009, 1979; OLG Düsseldorf BeckRS 2013, 10038; 2013, 11854; 2013, 11857.
[26] OLG Düsseldorf BeckRS 2017, 113388; 2015, 06771; OLG Karlsruhe NJW-RR 2008, 944; OLG München BeckRS 2010, 18320.
[27] OLG Karlsruhe NJW-RR 2008, 944; LG München I ZIP 2009, 1979; OLG Düsseldorf BeckRS 2013, 10038; 2013, 11854; 2013, 11857.
[28] OLG Karlsruhe NJW-RR 2008, 944; LG München I ZIP 2009, 1979; OLG Düsseldorf BeckRS 2013, 10038; 2013, 11854; 2013, 11857.
[29] OLG Düsseldorf BeckRS 2013, 10038; 2013, 11854; 2013, 11857.
[30] BGH BeckRS 2016, 14929 – Prozesskostensicherheit; OLG Düsseldorf BeckRS 2017, 113388.
[31] GH BeckRS 2016, 14929 – Prozesskostensicherheit.
[32] OLG Düsseldorf BeckRS 2017, 113388.
[33] BGH NJW-RR 2006, 710.
[34] BGH NJW 1984, 2762; OLG Düsseldorf BeckRS 2013, 10038; 2013, 11854; 2013, 11857; OLG Karlsruhe NJW-RR 2008, 944; LG München ZIP 2009, 1179; LG Mannheim BeckRS 2015, 20077; LG Düsseldorf BeckRS 2016, 08353.

Zustelladresse ausschlaggebend (→ Rn. 3). § 110 ZPO **schützt dagegen nicht vor** der Gefahr, dass ein zukünftiger Kostenerstattungsanspruch wegen **Vermögenslosigkeit** des zukünftigen Schuldners nicht realisierbar ist[35]. Entscheidend ist vielmehr, ob eine Vollstreckung am Sitz des Schuldners der Form nach in Betracht kommt, also ein Vollstreckungsverfahren gegen den Schuldner in Gang gesetzt werden kann.

Eine Verpflichtung zur Sicherheitsleistung eines in Deutschland ansässigen Klägers besteht daher noch nicht, weil er **vermögenslos** ist und eine ihm von einer nicht in der EU oder dem EWR ansässigen Person abgetretene Forderung geltend macht[36]. Diese Gefahr würde in gleicher Weise bestehen, wenn der Kläger und der Zedent Deutsche im Inland ansässig wären. Die Abtretung kann allerdings nach den BGH gemäß **§ 138 BGB** im Einzelfall nichtig sein, wenn die Forderung nur zu dem Zweck abgetreten wurde, um im Falle eines Misserfolgs der Klage die Durchsetzung des **Kostenerstattungsanspruchs des Beklagten zu vereiteln**[37]. **22**

Das **Landgericht Berlin** nahm in einem Fall einen Verstoß gegen Treu und Glauben (§ 242 BGB) an und ordnete die Hinterlegung von Prozesskostensicherheit an, weil die Klägerin **einzig zum Zwecke der Prozessführung** durch ihre amerikanische Mutter **gegründet** wurde[38]. Der geltend gemachte Anspruch wurde von der amerikanischen Mutter abgetreten und die Klägerin verfügte über keine Mitarbeiter oder Geschäftsräume. Den Umstand, dass die Klägerin sich auf ausreichende finanzielle Mittel zur Prozessführung berief, hielt das Gericht für unbeachtlich. Das Gericht prüfte nicht, ob der Verwaltungssitz in Deutschland lag[39]. Das Landgericht Berlin nimmt letztlich einen Rechtsmissbrauch aus Erwägungen an, welche bei der Frage, ob ein Sitz in Deutschland besteht, zu prüfen sind, nämlich das Fehlen von Geschäftsräumen, Mitarbeitern und operativem Geschäft im Inland. Bei der Frage einer Umgehung der Prozesskostensicherheit erscheint es daher vorzugswürdiger, zunächst zu prüfen, ob ein Sitz in der EU oder dem EWR vorliegt. **23**

Entsprechende betreffen die Entscheidungen zur Umgehung der Prozesskostensicherheit das **Auseinanderfallen von Satzungs- und Verwaltungssitz**: Das OLG München ordnete Prozesskostensicherheit für eine im Vereinigten Königreich gegründete Private Limited Company an, weil der in erster Linie maßgebliche Ort zur Bestimmung des Verwaltungssitzes, nämlich der **gewöhnliche Aufenthalt der gesetzlichen Vertreter**, in den USA lag[40]. Das OLG Düsseldorf konnte bspw. keinen Verwaltungssitz in der Schweiz feststellen, weil drei von vier **Geschäftsführern** in den USA wohn- und geschäftsansässig waren, der einzig in der Schweiz ansässige Geschäftsführer weder am Satzungssitz noch am angeblichen Betriebssitz ansässig war und es weder am Satzungssitz noch am angeblichen Betriebsort ein Firmenschild, ein Klingelschild oder einen **Briefkasten** mit der Firmierung der Klägerin gab[41]. Die **Anmietung einer Adresse** zum Empfang von Routinebriefen von Behörden durch eine nach englischem Recht gegründete Private Limited Company ist ebenfalls nicht ausreichend, um einen Sitz an der angemieteten Adresse zu begründen[42]. **24**

III. Auf Verlangen des Beklagten

Beim Einwand der Prozesskostensicherheit handelt es sich um eine **prozessuale Einrede** des Beklagten iSd § 282 Abs. 3 ZPO. Sie ist in der mündlichen Verhandlung **vor der Verhandlung zur Hauptsache** vorzubringen. Findet ein **früher erster Termin** statt, ist die Einrede vor der Stellung der Anträge zur Hauptsache und daher bspw. auch des Aussetzungsantrages zu erheben[43]. Ist dem Beklagten vor der mündlichen Verhandlung eine **Frist zur Klageerwiderung** gesetzt, so hat er die Rügen innerhalb dieser Frist geltend zu machen (§ 282 Abs. 3 S. 2 ZPO). **25**

Wird die Rüge nicht innerhalb des frühen ersten Termins oder der Klageerwiderungsfrist erhoben, ist der Beklagte mit seinem Einwand grundsätzlich nach **§ 296 Abs. 3 ZPO** präkludiert[44]. Eine spätere Geltendmachung der Einrede kommt nur in Betracht, wenn die Voraussetzungen für die Verpflichtung zur Sicherheitsleistung erst im Laufe des Rechtsstreits eingetreten sind (vgl. § 111 ZPO) oder die verspätete Geltendmachung schuldlos erfolgte (§ 296 Abs. 3 ZPO)[45]. Letzteres kann etwa der Fall sein, wenn erst im Laufe des Verfahrens bekannt wird, dass die Entscheidungsträger des Klägers außerhalb **26**

---

[35] BGH NJW 1984, 2762; OLG Düsseldorf BeckRS 2013, 10038; 2013, 11854; 2013, 11857; OLG Karlsruhe NJW-RR 2008, 944; LG München ZIP 2009, 1179; LG Mannheim BeckRS 2015, 20077; LG Düsseldorf BeckRS 2016, 08353.
[36] BGH NJW 1984, 2762.
[37] BGH NJW 1984, 2762.
[38] LG Berlin WM 2010, 435.
[39] LG Berlin WM 2010, 435.
[40] OLG München BeckRS 2010, 18320.
[41] OLG Düsseldorf BeckRS 2013, 10038; 2013, 11854.
[42] LG Düsseldorf BeckRS 2016, 17350.
[43] LG Düsseldorf InstGE 9, 18 – Belaghalter für Scheibenbremse; LG Düsseldorf BeckRS 2007, 13037; 2009, 07658.
[44] LG Düsseldorf InstGE 9, 18 – Belaghalter für Scheibenbremse; LG Düsseldorf BeckRS 2007, 13037; 2009, 07658.
[45] BGH NJW 2001, 3630; NJW-RR 2005, 148; OLG Düsseldorf BeckRS 2013, 11854.

27 Unter der gleichen Voraussetzung kann die Rüge auch noch in der **höheren Instanz** erhoben werden[48]. Im Patentnichtigkeitsverfahren wird vertreten, dass ein Antrag auch erstmals in der Berufungsinstanz gestellt werden kann und nicht verspätet wäre[49]. Dies ist abzulehnen. Eine erstmalige Geltendmachung der Einrede in zweiter Instanz dürfte nur nach Maßgabe von § 117 PatG und § 531 Abs. 2 ZPO zulässig sein.

28 Auch der **Streithelfer des Beklagten** kann die Einrede der mangelnden Prozesskostensicherheit geltend machen.

IV. Ausnahmen von der Verpflichtung (Abs. 2)

29 **1. Völkerrechtliche Verträge über die Prozesskostensicherheit (Nr. 1).** Die Verpflichtung zur Prozesskostensicherheit tritt nicht ein, wenn auf Grund völkerrechtlicher Verträge keine Sicherheit verlangt werden kann.

30 Wichtigster völkerrechtlicher Vertrag ist das **Haager Übereinkommen** über den Zivilprozess (HZPÜ) vom 1.3.1954. Danach darf den Angehörigen eines der Vertragsstaaten wegen ihrer Eigenschaft als Ausländer oder wegen Fehlens eines inländischen Wohnsitzes oder Aufenthalts eine Sicherheitsleistung oder Hinterlegung nicht auferlegt werden (Art. 17 Abs. 1 HZPÜ). **Vertragsstaaten** des HZPÜ sind neben den Mitgliedern der EU und des EWR: Ägypten, Albanien, Argentinien, Armenien, Belarus, Bosnien-Herzegowina, **Israel**[50], **Japan,** Kirgistan, Libanon, Marokko, Mazedonien, Montenegro, **Russland, Schweiz,** Serbien, Surinam, **Türkei,** Ukraine, Usbekistan und Vatikanstadt[51]. Ferner gilt das HZPÜ im Verhältnis zu Georgien und Kasachstan[52].

31 Ein weiterer völkerrechtlicher Vertrag iSd § 110 Abs. 2 Nr. 1 ZPO ist das **deutsch-britische Abkommen** über den Rechtsverkehr vom 20.3.1928. Das Abkommen gilt ua im Verhältnis zu Anguilla, Antigua, **Australien,** Barbuda, Bermuda, Cayman Islands, **Kanada, Neuseeland** und **Singapur**[53]. Nach Artikel 14 des Abkommens sind die Angehörigen eines Vertragsstaates nicht verpflichtet, Sicherheit für Kosten irgendwelcher Art in denjenigen Fällen zu leisten, wo ein Angehöriger des anderen vertragschließenden Teiles davon befreit ist. Die Befreiung tritt **jedoch nur** unter der Voraussetzung ein, dass der Kläger seinen **Sitz in Deutschland** hat[54]. In diesem Fall gilt ohnehin die Befreiung nach § 110 Abs. 1 ZPO[55]. Darüber hinaus kommt die Befreiung in Betracht, wenn die Gegenseitigkeit (jedenfalls) partiell verbürgt ist[56]. Bspw. verzichtet die englische Rechtsprechung auf die Sicherheitsleistung, wenn der Ausländer über ein hinreichendes Vermögen im Gerichtsstaat verfügt[57]. Damit ist im Falle des deutsch-britischen Abkommens regelmäßig Prozesskostensicherheit zu leisten.

32 Das **Vereinigte Königreich**[58] ist zum 31.1.2020 aus der EU ausgetreten[59]. Art. 126 des Brexit-Austrittsabkommen sieht eine Übergangsphase bis zum 31.12.2020 vor (ABl. 2020 L 29, S. 7, § 1 BrexitÜG). Nach BGH und BPatG hat ein Kläger, jedenfalls sofern er eine **juristische Person** ist, mit Sitz im Vereinigten Königreich ab dem 1.1.2021 **Prozesskostensicherheit zu leisten,** weil die Voraussetzungen des § 110 Abs. 2 Nr. 1 ZPO nicht vorliegen[60]. Das BPatG hat sich mit den zugrundeliegenden völkerrechtlichen Verträgen beschäftigt und entschieden, dass eine Befreiung nicht

---

[46] OLG Düsseldorf BeckRS 2013, 10038; 2013, 11854.
[47] BGH GRUR-RS 2021, 4858 = GRUR-Prax 2021, 257 – Prozesskostensicherheit mAnm *Brambrink;* BPatG GRUR-RS 2021, 6537 – Prozesskostensicherheit.
[48] BGH NJW 2001, 3630; NJW-RR 2005, 148; OLG Düsseldorf BeckRS 2013, 10038; 2013, 11854.
[49] *Keukenschrijver* Rn. 121 mit Verweis auf RGZ 127, 194; 154, 225.
[50] Hier gilt auch der Deutsch-israelischer Anerkennungs- und Vollstreckungsvertrag vom 20.7.1977, BGBl. 1980 II S. 925, 1531, vgl. auch LG Düsseldorf 11.12.2018 – 4a O 7/18.
[51] Aktueller Status unter http://www.hcch.net/index_de.php?act=conventions.status&cid=33.
[52] MüKoZPO/*Schulz* § 110 Rn. 18.
[53] Vgl. BGBl. 1960 II S. 1518 mit einer Liste der britischen Gebiete, auf die das deutsch-britische Abkommen Anwendung findet. Bspw. ist Jersey dort nicht genannt.
[54] BPatG GRUR-RS 2021, 6537 – Prozesskostensicherheit; BGH NJW-RR 2005, 148 (149); OLG München NJW-RR 2019, 188 (189).
[55] BGH NJW 2005, 148 = ZIP 2004, 2013 (im Verhältnis zu Anguilla); OLG Karlsruhe NJW-RR 2008, 944 (im Verhältnis zu Kanada), LG Mannheim BeckRS 2012, 10142 (im Verhältnis zu Antigua und Barbuda); OLG Hamm BeckRS 1996, 09567 (im Verhältnis zu den Cayman Islands); *Kühnen* S. 735 Rn. 31 (im Verhältnis zu Australien, Neuseeland, Singapur); aA *Schütze* in *Geimer/Schütze,* Internationaler Rechtsverkehr in Zivil- und Handelssachen, Nr. 1007-5; *Schütze,* Rechtsverfolgung im Ausland, 3. Aufl. 2002, Rn. 163.
[56] OLG Hamm BeckRS 1996, 09567.
[57] OLG Hamm BeckRS 1996, 09567 mwN zur englischen Rspr.
[58] Einschließlich Jersey BGH NJW 2002, 3539 (3540).
[59] Abkommen über den Austritt des Vereinigten Königreichs Großbritannien und Nordirland aus der Europäischen Union und der Europäischen Atomgemeinschaft, ABl. 2020 L 29, S. 7 („Brexit-Austrittsabkommen").
[60] BGH GRUR-RS 2021, 4858 = GRUR-Prax 2021, 257 – Prozesskostensicherheit mAnm *Brambrink;* BPatG GRUR-RS 2021, 6537 – Prozesskostensicherheit.

vorliege[61]: Das Haager Übereinkommen über den Zivilprozess (HZPÜ) vom 1.3.1954[62], das in Art. 17 eine Befreiung von der Pflicht zur Leistung von Prozesskostensicherheit vorsieht, ist im Verhältnis zu Großbritannien mangels Ratifizierung nicht in Kraft getreten. Das Deutsch-britische Abkommen über den Rechtsverkehr vom 20.3.1928[63] ist nur für Klageparteien mit Sitz in Deutschland anwendbar[64]. Das Europäische Niederlassungsabkommen vom 13.12.1955[65] gilt zwar auch im Verhältnis zu Großbritannien[66], sieht aber eine Befreiung zur Sicherheitsleistung nach Art. 9 und Art. 30 nur für natürliche Personen, nicht aber für Unternehmen vor. Das nach Art. 216 Abs. 2 AEUV unmittelbar in den Mitgliedstaaten geltende, derzeit allerdings nur vorläufig anwendbare Handels- und Kooperationsabkommen zwischen der Europäischen Union und dem Vereinigten Königreich von Großbritannien und Nordirland vom 31.12.2020 sieht zwar in Art. IP.6 Abs. 2 eine Inländergleichbehandlung bei Verfügbarkeit, Erwerb, Umfang, Aufrechterhaltung und Durchsetzung von Rechten des geistigen Eigentums vor. Dies reicht aber zur Befreiung der Leistung von Prozesskostensicherheit nach § 110 Abs. 2 Nr. 1 ZPO allgemein nicht aus[67]. BGH und BPatG gehen jedoch nicht auf die **Übergangsregelung in Art. 67 Abs. 2 lit. a Brexit-Austrittsabkommen** ein. Diese sieht vor, dass eine deutsche Kostenentscheidung in einem Altfall, dh aus der Zeit vor dem 1.1.2021, im Vereinigten Königreich nach der fortgeltenden EuGVVO (Verordung (EU) Nr. 1215/2012) anerkannt und vollstreckt werden kann[68]. Damit sollte für Altfälle keine Pflicht zur Prozesskostensicherheit bestehen[69]. Darüber hinaus lässt sich für **Neufälle**, dh Anhängigkeit ab dem 1.1.2021, die Frage stellen, ob völkerrechtlichen Verträge (Brüsseler Übereinkommen über die gerichtliche Zuständigkeit und die Vollstreckung gerichtlicher Entscheidungen in Zivil- und Handelssachen von 1968[70] und Deutsch-Britisches Abkommen über die gegenseitige Anerkennung und Vollstreckung von gerichtlichen Entscheidungen in Zivil- und Handelssachen vom 14.7.1960) wiederaufleben können[71].

33 Kläger mit Sitz in den **USA** haben Prozesskostensicherheit zu leisten[72]. Der deutsch-amerikanische Freundschafts-, Handels- und Schifffahrtsvertrag vom 29.10.1954 befreit nach Art. VI Abs. 1 nur U.S. amerikanische Kläger bei ständigem Aufenthalt in Deutschland von der Verpflichtung zur Prozesskostensicherheit[73]. Dies würde sich auch bereits aus § 110 Abs. 1 ZPO ergeben. Eine Befreiung von der Verpflichtung zur Sicherheitsleistung ergibt sich auch nicht aus dem Grundsatz der Inländerbehandlung in Art. 3 Abs. 1 TRIPS oder dem Grundsatz der Meistbegünstigung in Art. TRIPS[74].

34 Eine entsprechende Verpflichtung zur Sicherheitsleistung ergibt sich ebenso bspw. für **China**[75], **Kanada**[76] oder **Taiwan**[77].

35 Eine Übersicht über die **einzelnen Länder** findet sich bei *Anders/Gehle* im Anhang zu § 110 ZPO und bei Keukenschrijver Rn. 120. Eine Übersicht über die einzelnen zwischenstaatlichen Vereinbarungen für die einzelnen Länder befindet sich ferner auf der Internetseite „Internationale Rechtshilfe-Online"[78].

---

[61] BPatG GRUR-RS 2021, 6537 – Prozesskostensicherheit.
[62] BGBl. 1958 II S. 576.
[63] RGBl. 1928 II S. 624.
[64] BPatG GRUR-RS 2021, 6537 – Prozesskostensicherheit; BGH NJW-RR 2005, 148 (149); OLG München NJW-RR 2019, 188 (189).
[65] BGBl. 1959 II S. 997.
[66] BGBl. 1969 70 II S. 843 und 1081 II S. 1031.
[67] BPatG GRUR-RS 2021, 6537 – Prozesskostensicherheit; BGH BeckRS 2018, 28298; OLG Frankfurt a. M. BeckRS 2005, 02600.
[68] *Brambrink* GRUR-Prax 2021, 257.
[69] *Bert*, Brexit und Ausländersicherheit: Neues vom BPatG und ein Fragezeichen, zpoblog.de vom 18.4.2021, https://www.zpoblog.de/brexit-und-auslaendersicherheit-neues-vom-bpatg-und-ein-fragezeichen/; *Bert*, Bundesgerichtshof zur Ausländersicherheit nach Brexit, zpoblog.de vom 31.3.2021, https://www.zpoblog.de/bundesgerichtshof-zur-auslaendersicherheit-nach-brexit/.
[70] *Wagner* IPRax 2021, 2 (7); *Mankowski* EuZW-Sonderausgabe 2020, 3; *Rühl* JZ 2017, 72.
[71] *Bert*, Bundesgerichtshof zur Ausländersicherheit nach Brexit, zpoblog.de vom 31.3.2021, https://www.zpoblog.de/bundesgerichtshof-zur-auslaendersicherheit-nach-brexit/ mit Verweis auf eine Entscheidung des LG Köln aus Anfang 2021.
[72] LG München I GRUR-RR 2005, 335 – US-Firmensitz; LG Düsseldorf InstGE 1, 157 – Prozesskostensicherheit I; LG Düsseldorf InstGE 3, 215 – Prozesskostensicherheit III; LG Düsseldorf InstGE 4, 287 – Prozesskostensicherheit IV; OLG Hamburg MDR 2010, 345; BGH NJW 2002, 3259; *von Falck/Rinnert* GRUR 2005, 225; *Rinnert/von Falck* GRUR-RR 2005, 297; *Kühnen* S. 735 Rn. 30; aA OLG Frankfurt a. M. IPRax 2002, 222.
[73] LG München I GRUR-RR 2005, 335 – US-Firmensitz; OLG Hamburg MDR 2010, 345; *Kühnen* S. 735 Rn. 30.
[74] LG München I GRUR-RR 2005, 335 – US-Firmensitz; LG Düsseldorf InstGE 1, 157 – Prozesskostensicherheit I; LG Düsseldorf InstGE 3, 215 – Prozesskostensicherheit III; LG Düsseldorf InstGE 4, 287 – Prozesskostensicherheit IV; *von Falck/Rinnert* GRUR 2005, 225; *Rinnert/von Falck* GRUR-RR 2005, 297; *Kühnen* S. 735 Rn. 30.
[75] BPatG GRUR 2005, 973 – Ausländersicherheit für WTO-Ausländer.
[76] OLG Karlsruhe NJW-RR 2008, 944.
[77] *Kühnen* S. 735 Rn. 30.
[78] http://www.datenbanken.justiz.nrw.de/pls/jmi/ir_lan_start.

36 **2. Völkerrechtliche Verträge über die Vollstreckung (Nr. 2).** Der Kläger ist von der Verpflichtung zur Sicherheitsleistung ferner befreit, wenn die Entscheidung über die Erstattung der Prozesskosten an den Beklagten auf Grund völkerrechtlicher Verträge vollstreckt würde. Erforderlich ist also ein Staatsvertrag, der die **Vollstreckung** einer zugunsten des Beklagten ergangenen Kostenentscheidung **ausdrücklich zusichert**[79].

37 Hierunter fallen bspw. Art. 25 LugÜ vom 16.9.1988, Art. 27 Abs. 3 deutsch-tunesischer Anerkennungs-, Vollstreckungs- und Rechtshilfevertrag vom 19.7.1966 oder Art. 18 HZPÜ[80].

38 **3. Inlandsvermögen (Nr. 3).** Besitzt der Kläger in Deutschland ein zur Deckung der Prozesskosten hinreichendes Grundvermögen oder dinglich gesicherte Forderungen, ist er ebenfalls von der Verpflichtung zur Sicherheitsleistung befreit. Grundvermögen in der EU oder dem EWR ist nicht ausreichend[81]. Zum **Grundvermögen** zählen Grundstücke und diesen gleichgestellte dingliche Rechte wie Erbbaurecht, Wohnungseigentum einschließlich der wesentlichen Bestandteile iSd §§ 93, 94 BGB[82]. **Dingliche gesicherte Forderungen** sind solche, die durch Grundpfandrechte (§§ 1113 ff., 1191 ff., 1199 BGB, §§ 867, 868 ZPO) gesichert sind[83].

39 Für den **hinreichenden Wert** gelten die Ausführungen zur Höhe der Prozesskostensicherheit (§ 112). Bei der **Bewertung** des Grundvermögens sind neben den Belastungen auch die Kosten zu berücksichtigen, die durch die Begründung einer notwendig werdenden Sicherheit und deren Verwertung (Zwangshypothek, Zwangsversteigerung, Zwangsverwaltung) entstehen[84].

40 **4. Widerklagen (Nr. 4).** Bei Widerklagen besteht keine Verpflichtung zur Leistung von Sicherheit. Bei der Widerklage handelt es sich um ein qualifiziertes **Verteidigungsmittel**[85].

41 Die Befreiung von der Sicherheitsleistung besteht **auch bei Abtrennung** von Klage und Widerklage nach § 145 Abs. 2 ZPO (zB mangels rechtlichen Zusammenhangs) und nach rechtskräftiger **Abweisung der Klage** fort[86].

42 **5. Öffentliche Klageaufforderung (Nr. 5).** Privilegiert ist ein Kläger, der seine Klage auf Grund einer öffentlichen Aufforderung erhebt (zB §§ 433 ff. FamFG). Diese Ausnahme findet keine Anwendung im Bereich des gewerblichen Rechtsschutzes.

43 **6. Weitere Ausnahmen.** Die **Verbürgung der Gegenseitigkeit** ist **kein Befreiungsgrund** von der Pflicht zur Sicherheitsleistung[87]. Ein ausländischer Kläger ist daher nicht von der Pflicht zur Sicherheitsleistung befreit, wenn ein Deutscher nach den Gesetzen des Staates, dem der Kläger angehört, dort als Kläger nicht zur Sicherheitsleistung verpflichtet wäre.

44 Im Falle von **Prozesskostenhilfe** ist der außerhalb der EU oder des EWR ansässige Kläger von der Prozesskostensicherheit nach § 122 Abs. 1 Nr. 2 ZPO befreit.

V. Beweislast

45 Die **Darlegungs- und Beweislast** dafür, dass der Kläger seinen Sitz nicht im Gebiet der EU oder des EWR oder in einem aufgrund völkerrechtlicher Abkommen von der Verpflichtung zur Sicherheitsleistung befreiten Staat hat, trägt der die Sicherheitsleistung fordernde Beklagte[88]. Entsprechend muss er hierfür konkrete Umstände vorbringen und notfalls unter Beweis stellen. Da der Beklagte typischerweise keinen Einblick in die organisatorischen Strukturen des Klägers hat, kommen die Grundsätze zur prozessualen **sekundären Darlegungslast** zur Anwendung[89]. Insoweit trifft den Kläger die sekundäre Darlegungslast. Es genügt deshalb, dass der Beklagte plausible Anhaltspunkte aufzeigt, aus denen sich ergibt, dass der Kläger seinen tatsächlichen Verwaltungssitz nicht in der EU oder dem EWR hat[90]. Das Vorliegen der Voraussetzungen des § 110 Abs. 1 ZPO kann im Freibeweisverfahren festgestellt werden[91]. Davon abgesehen ist der Kläger für die Befreiungstatbestände (§ 110 Abs. 2 ZPO) darlegungs- und beweispflichtig[92]. Hat der Kläger einen Sitz in der

---

[79] MüKoZPO/*Schulz* § 110 Rn. 21.
[80] MüKoZPO/*Schulz* § 110 Rn. 22 f. mwN; *Anders/Gehle* ZPO Anhang zu § 110.
[81] MüKoZPO/*Schulz* § 110 Rn. 24.
[82] OLG Hamm BeckRS 1996, 09567 (Gebäudekomplex); MüKoZPO/*Schulz* § 110 Rn. 25.
[83] MüKoZPO/*Schulz* § 110 Rn. 26.
[84] MüKoZPO/*Schulz* § 110 Rn. 27.
[85] MüKoZPO/*Schulz* § 110 Rn. 28.
[86] OLG München GRUR-RR 2011, 34 (35) – Budget; MüKoZPO/*Schulz* § 110 Rn. 29; aA Zöller/*Herget* ZPO § 110 Rn. 6.
[87] BGH NJW 2001, 1219; GRUR 1960, 429 – Deckelfugenabdichtung; aA noch zu § 110 ZPO aF BGH WM 1982, 880 (881).
[88] OLG Düsseldorf BeckRS 2017, 113388; BGH RPfl 2006, 205; LG Düsseldorf BeckRS 2016, 08353; 2016, 17350 mwN.
[89] OLG Düsseldorf BeckRS 2017, 113388; LG Düsseldorf BeckRS 2016, 08353.
[90] OLG Düsseldorf BeckRS 2017, 113388.
[91] OLG Düsseldorf BeckRS 2017, 113388.
[92] OLG Karlsruhe NJW-RR 2008, 944; OLG Düsseldorf BeckRS 2013, 10038; 2013, 11854; 2013, 11857; LG Düsseldorf BeckRS 2016, 08353.

EU schlüssig dargelegt, muss der Beklagte aufzeigen, welcher Ort in einem Drittstaat als Sitz in Betracht kommt[93].

§ 111 Nachträgliche Prozesskostensicherheit

Der Beklagte kann auch dann Sicherheit verlangen, wenn die Voraussetzungen für die Verpflichtung zur Sicherheitsleistung erst im Laufe des Rechtsstreits eintreten und nicht ein zur Deckung ausreichender Teil des erhobenen Anspruchs unbestritten ist.

A. Anwendbarkeit im gewerblichen Rechtsschutz

Zur Anwendbarkeit des § 111 ZPO im gewerblichen Rechtsschutz gelten die Ausführungen bei § 110 ZPO (→ § 110 Rn. 1). 1

Die Regelung des § 111 ZPO gilt nur für Fälle, in denen die Voraussetzungen für die Pflicht zur 2
Sicherheitsleistung erst **nachträglich** im Laufe des Verfahrens eintreten[1]. Die Einrede der mangelnden Sicherheitsleistung ist grundsätzlich vor der ersten Verhandlung zur Hauptsache für alle Rechtszüge zu erheben. Über die Verpflichtung zur Sicherheitsleistung für die Prozesskosten soll nur einmal und nicht in jeder Instanz erneut entschieden werden. § 111 ZPO gilt nicht für die verspätete Erhebung der Einrede der Prozesskostensicherheit nach den §§ 282 Abs. 3 S. 1, 296 Abs. 3 ZPO (→ § 110 Rn. 26 f.). § 111 ZPO ist also nur einschlägig, wenn die Verpflichtung zur Sicherheitsleistung erst nach dem Zeitpunkt eintritt, bis zu dem die Einrede noch zulässigerweise erhoben werden konnte (→ § 110 Rn. 26). Dem gleichzustellen ist der Fall, wenn sich erst im Laufe des Verfahrens Zweifel hinsichtlich des tatsächlichen Verwaltungssitzes bzw. der zustellungsfähigen Anschrift ergeben[2]. Besteht eine Veranlassung zur Recherche erst in der **Berufungsinstanz**, so kann der Einwand der fehlenden Prozesskostensicherheit noch erhoben werden[3].

B. Voraussetzungen

I. Voraussetzungen für Sicherheitsleistung entstehen nachträglich

Die Voraussetzungen für die Pflicht zur Sicherheitsleistung können nachträglich eintreten, wenn ein 3
Parteiwechsel, eine **Parteierweiterung** oder eine **Rechtsnachfolge** auf Klägerseite erfolgt. Ebenfalls zählen hierzu die **Verlegung des gewöhnlichen Aufenthaltes oder Sitzes** während des Prozesses außerhalb des Gebietes der EU oder des EWR, der **Entfall der zwischenstaatlichen Vereinbarung** oder der **Verkauf des inländischen Grundstücks**. Für den Fall des **Brexits** lässt der BGH die Einrede der Prozesskostensicherheit auch in bereits anhängigen Verfahren gegen im Vereinigten Königreich ansässige Kläger noch in höherer Instanz zu[4]. Dabei stellt er maßgeblich darauf ab, dass Großbritannien mit Ablauf des Übergangszeitraums am 31.12.2020 nicht mehr als Mitgliedstaat der EU gilt[5].

Die Einrede entsteht ferner, wenn ein **Hauptsacheverfahren im Anschluss an ein einstweiliges** 4
Verfügungsverfahren durchgeführt wird[6]. Die Einrede kann auch noch im Revisionsverfahren entstehen. Eine nachträgliche **Trennung von Klage und Widerklage** führt dagegen nicht zur Verpflichtung des Widerklägers, Sicherheit zu leisten.

II. Kein Verzicht auf die Einrede durch den Beklagten

Der Beklagte darf ferner auf die Einrede der Prozesskostensicherheit nicht verzichtet haben[7]. 5

III. Ungedeckter Anspruch auf Sicherheitsleistung

Ist ein zur Deckung des Kostenerstattungsanspruchs des Beklagten ausreichender Teil des vom 6
Kläger erhobenen Anspruchs unbestritten, kann der Beklagte keine Prozesskostensicherheit verlangen. Er hat vielmehr die Möglichkeit, mit seinem Kostenerstattungsanspruch gegen die Forderung des

---

[93] OLG Karlsruhe GRUR-RS 2018, 1935 – irische general partnership.
[1] BGH GRUR-RS 2021, 4858 = GRUR-Prax 2021, 257 – Prozesskostensicherheit mAnm *Brambrink*; BGH NJW 2001, 3630.
[2] OLG Düsseldorf BeckRS 2013, 10038; 2013, 11854; 2013, 11857; LG Düsseldorf BeckRS 2016, 08353.
[3] OLG Düsseldorf BeckRS 2013, 10038; 2013, 11854; 2013, 11857.
[4] BGH GRUR-RS 2021, 4858 = GRUR-Prax 2021, 257 – Prozesskostensicherheit mAnm *Brambrink*; BPatG GRUR-RS 2021, 6537 – Prozesskostensicherheit.
[5] BGH GRUR-RS 2021, 4858 = GRUR-Prax 2021, 257 – Prozesskostensicherheit mAnm *Brambrink*; BPatG GRUR-RS 2021, 6537 – Prozesskostensicherheit.
[6] MüKoZPO/*Schulz* § 111 Rn. 6.
[7] MüKoZPO/*Schulz* § 111 Rn. 7.

Klägers **aufzurechnen**. Für einen „unbestrittenen Anspruch" ist es nicht erforderlich, dass die Voraussetzungen eines Anerkenntnisses vorliegen[8].

IV. Verlangen des Beklagten

7 Die Verpflichtung zur nachträglichen Sicherheitsleistung gilt nur bei Verlangen des Beklagten. Die Ausführungen bei **§ 110 ZPO** gelten entsprechend (→ § 110 Rn. 25).

V. Verfahren

8 Für das Verfahren der Anordnung der Sicherheitsleistung gilt **§ 113 ZPO**.

C. Wegfall der Pflicht zur Sicherheitsleistung für den Kläger

9 **Entfallen** die Voraussetzungen für die Sicherheitsleistung nachträglich, kann § 111 ZPO zugunsten des Klägers entsprechend angewendet werden (→ § 113 Rn. 23)[9]. Dies kann etwa der Fall sein, wenn der Kläger im Prozessverlauf seinen gewöhnlichen Aufenthalt oder Sitz in das Gebiet der EU oder des EWR verlegt oder ein inländisches Grundstück erwirbt.

10 Für die Rückgabe der Sicherheit gilt das **Freigabeverfahren nach § 109 ZPO**[10].

§ 112 Höhe der Prozesskostensicherheit

(1) **Die Höhe der zu leistenden Sicherheit wird von dem Gericht nach freiem Ermessen festgesetzt.**

(2) ¹Bei der Festsetzung ist derjenige Betrag der Prozesskosten zugrunde zu legen, den der Beklagte wahrscheinlich aufzuwenden haben wird. ²Die dem Beklagten durch eine Widerklage erwachsenden Kosten sind hierbei nicht zu berücksichtigen.

(3) Ergibt sich im Laufe des Rechtsstreits, dass die geleistete Sicherheit nicht hinreicht, so kann der Beklagte die Leistung einer weiteren Sicherheit verlangen, sofern nicht ein zur Deckung ausreichender Teil des erhobenen Anspruchs unbestritten ist.

Literatur: *Schmieder,* Zur Höhe der Ausländersicherheit im Patentnichtigkeitsverfahren GRUR 1982, 12; *Schütze,* Der gewöhnliche Aufenthaltsort juristischer Personen und die Verpflichtung zur Stellung einer Prozesskostensicherheit nach § 110 ZPO, IPRax 2011, 245.

Übersicht

	Rn.
A. Anwendbarkeit im gewerblichen Rechtsschutz	1
B. Höhe der Sicherheit	3
I. Zuständigkeit	3
II. Ermittlung der Höhe:	4
1. Voraussichtliche gerichtliche und außergerichtliche Kosten	4
2. Instanzen	10
III. Entscheidung	14
C. Nachträgliche Erhöhung oder Herabsetzung	15

A. Anwendbarkeit im gewerblichen Rechtsschutz

1 Zur Anwendbarkeit des § 112 ZPO im gewerblichen Rechtsschutz gelten die Ausführungen bei § 110 ZPO (→ § 110 Rn. 1).

2 Der § 112 ZPO betrifft die Festsetzung der **Höhe** der zu leistenden Sicherheit. Die **Art** der Sicherheit bestimmt sich nach § 108 ZPO.

B. Höhe der Sicherheit

I. Zuständigkeit

3 Zuständig für die Bestimmung der Höhe der Sicherheit ist der in der Hauptsache zuständige Richter, vor dem der Prozess **anhängig** ist.

---

[8] MüKoZPO/*Schulz* § 111 Rn. 8.
[9] MüKoZPO/*Schulz* § 111 Rn. 12; aA anscheinend LG Düsseldorf BeckRS 2016, 18388.
[10] MüKoZPO/*Schulz* § 111 Rn. 12.

II. Ermittlung der Höhe:

1. Voraussichtliche gerichtliche und außergerichtliche Kosten. Die Höhe der Prozesskostensicherheit wird nach freiem und nicht nachprüfbarem **Ermessen** festgesetzt[1]. Auch eine Schätzung ist möglich.
Nach § 112 Abs. 2 ZPO ist der Betrag zugrunde zu legen, den der Beklagte **wahrscheinlich** für gerichtliche und außergerichtliche Prozesskosten **aufzuwenden hat**. Erfasst werden alle dem Beklagten im Rechtsstreit bereits entstandenen (zB nach dem RVG bereits fälligen) oder voraussichtlich entstehenden **gerichtlichen** und **außergerichtlichen** Prozesskosten[2]. Eine Übersicht zur Berechnung findet sich bei *Kühnen* S. 738 Rn. 53[3].
Zu den **Gerichtskosten** zählt insbesondere der **Gerichtskostenvorschuss,** etwa für die Einlegung der Berufung oder Revision. Für die Nichtzulassungsbeschwerde gegen die Nichtzulassung der Revision ist zu berücksichtigen, dass die stattgebende Zulassungsentscheidung gerichtskostenfrei ist (vgl. Nr. 1243 KV GKG aE). Fraglich ist, ob nicht dennoch die Gerichtskosten für die Einreichung der Revisionsbegründung anzusetzen sind, die nach Zulassung der Revision durch den BGH entstehen können[4]. Zu den voraussichtlichen Gerichtskosten zählen ebenfalls die Kosten einer eventuellen Beweisaufnahme[5].
Zu den außergerichtlichen Kosten des Beklagten gehören die Kosten für einen **Patentanwalt**[6] und **Auslagen** wie bspw. Reisekosten des Rechtsanwalts, des Patentanwalts oder der Partei, Übersetzungskosten oder Kosten im Zusammenhang mit einer Beweisaufnahme[7]. Diese Auslagen können durch eine **Auslagenpauschale** berücksichtigt werden[8]. Erforderlich ist jedoch, dass greifbare Anhaltspunkte vorgetragen werden, dass im konkreten Fall entsprechende Kosten in der Höhe entstehen können[9]. Außergerichtliche Kosten des Klägers sind dagegen nicht zu berücksichtigen[10]. Ebenfalls sind die dem Beklagten aufgrund einer Widerklage entstehenden Kosten nicht anzusetzen (§ 112 Abs. 2 S. 2 ZPO).
Hinsichtlich der **Umsatzsteuer** ist zu beachten, dass diese bei ausländischen Auftraggebern nicht anfällt und daher auch nicht Teil der Prozesskostensicherheit sein kann (→ § 91 Rn. 197). Ist der Beklagte **vorsteuerabzugsberechtigt**, stellt sich die Frage, ob dies bei der Berechnung der Prozesskostensicherheit zu berücksichtigen ist. Die Praxis der Gerichte ist insoweit nicht einheitlich. Vorzugswürdig erscheint, die Umsatzsteuer nicht anzusetzen. Diese wäre auch in einem späteren Kostenfestsetzungsbeschluss nicht anzusetzen und würde daher nur zu einer Bereicherung des Beklagten führen.
Bei **Streitgenossen** auf Klägerseite gilt § 100 ZPO entsprechend[11].

2. Instanzen. Umstritten ist, ob die Prozesskosten für **alle Instanzen** oder nur diejenigen für die **erste Instanz und der Einlegung des Rechtsmittels** anzusetzen sind.
Nach dem **BGH** und einem Teil der Instanzgerichte (zB **Düsseldorf, München**) sind die Kosten **sämtlicher Instanzen** einschließlich eines etwaigen Revisionsverfahrens anzusetzen, jedenfalls wenn nach dem Wert des Streitgegenstandes mit einem Revisionsverfahren gerechnet werden muss[12]. Gleiches gilt für ein etwaiges Nichtzulassungsbeschwerdeverfahren[13]. Dh in die Berechnung der Prozesskostensicherheit fließt eine 2,3 Verfahrensgebühr für den BGH-Anwalt und ggf. eine 2,3[14] Verfahrensgebühr für den Patentanwalt ein. Teilweise werden auch die 5,0 Gerichtsgebühren für Revisionsverfahren angesetzt, die erst nach Zulassung der Revision durch den Bundesgerichtshof aufgrund einer ggf. erfolgreichen Nichtzulassungsbeschwerde einzuzahlen sind[15].

---

[1] MüKoZPO/*Schulz* § 112 Rn. 3.
[2] LG Düsseldorf InstGE 3, 147 (148) – Prozesskostensicherheit II; MüKoZPO/*Schulz* § 112 Rn. 4.
[3] Allerdings noch zum alten RVG.
[4] Bejahend OLG München BeckRS 2014, 20370; aA wohl *Kühnen* S. 738 Rn. 53.
[5] LG Düsseldorf InstGE 3, 147 (149) – Prozesskostensicherheit II.
[6] LG Düsseldorf InstGE 3, 147 (149) – Prozesskostensicherheit II.
[7] LG Düsseldorf InstGE 3, 147 (149) – Prozesskostensicherheit II.
[8] LG Düsseldorf InstGE 3, 147 (148) – Prozesskostensicherheit II; LG Düsseldorf BeckRS 2012, 18115; *Kühnen* S. 686 Rn. 43, jeweils mit einer Auslagenpauschale von 5.000 EUR für eine Instanz.
[9] OLG München BeckRS 2014, 20370 (im Fall wurde ebenfalls eine Auslagenpauschale von 5.000 EUR/Instanz angenommen).
[10] LG Düsseldorf InstGE 3, 147 (149) – Prozesskostensicherheit II; MüKoZPO/*Schulz* § 112 Rn. 4.
[11] MüKoZPO/*Schulz* § 112 Rn. 8.
[12] BGH NJW 1981, 2646; NJW-RR 1990, 378; NJOZ 2002, 2756 (2757); LG Düsseldorf InstGE 3, 147 (149) – Prozesskostensicherheit II; OLG München BeckRS 2014, 20370; Hinweise des LG München zum Münchener Verfahren in Patentstreitsachen (Stand: Dezember 2016, abrufbar unter https://www.justiz.bayern.de/media/images/behoerden-und-gerichte/infoblatt_m_nchner_verfahren__stand_12_2016_.pdf) (aA noch OLG München BeckRS 2010, 18320); OLG Hamburg NZG 2010, 319 (320); *Kühnen* S. 736 Rn. 40.
[13] LG Düsseldorf InstGE 3, 147 (149) – Prozesskostensicherheit II; *Kühnen* S. 736 Rn. 40.
[14] Teilweise wird hier auch 1,6 Gebühr vertreten, weil die 2,3 Gebühr an die besondere Stellung der beim BGH zugelassenen Rechtsanwälte anknüpfe, OLG München BeckRS 2014, 20370 mwN.
[15] OLG München BeckRS 2014, 20370.

12 Nach anderer Ansicht soll die Höhe der Kosten zunächst nur nach den Kosten der **Eingangsinstanz und Einlegung des Rechtsmittels** bemessen werden (zB **Mannheim/Karlsruhe**)[16]. Es wird darauf verwiesen, dass keine allgemeine Wahrscheinlichkeit besteht, dass jeder Prozess der Überprüfung durch den BGH unterstellt wird[17]. Die Sicherheitsleistung für eine mögliche Berufung ist danach bspw. auf die Kosten zu begrenzen, die entstehen würden, bis der Beklagte für die Berufungsinstanz die Einrede nach § 112 Abs. 3 ZPO erneut erheben kann[18]. Dies sind die Gerichtsgebühren und die Verfahrensgebühr. Eine Termingebühr wäre danach nicht anzusetzen. Hinzu kommen die für den Streit um die Prozesskostensicherheit in zweiter Instanz vom Beklagten aufgewendeten Kosten.

13 Im **Nichtigkeitsverfahren** bestimmt sich nach der Rechtsprechung des BPatG die Höhe der Sicherheit nach den gesamten gerichtlichen und außergerichtlichen Kosten des Beklagten in **allen Instanzen**[19].

III. Entscheidung

14 Die Entscheidung über die Höhe der Sicherheit ergeht durch Beschluss oder Zwischenurteil (§ 113).

C. Nachträgliche Erhöhung oder Herabsetzung

15 Ergibt sich im Laufe des Verfahrens, dass die geleistete Sicherheit nicht ausreichend ist, kann der Beklagte nach § 112 Abs. 3 ZPO weitere Sicherheit verlangen. Die Sicherheit kann aus verschiedenen Gründen nicht ausreichend sein.

16 Eine **Klageerweiterung** hinsichtlich des Streitgegenstandes oder der Parteien kann zu höheren Kosten führen[20]. Die außergerichtlichen Kosten können sich auch erhöhen, wenn erst im Laufe des Verfahrens die **Hinzuziehung eines Patentanwalts** erforderlich wird, weil die ursprüngliche Klage ganz überwiegend auf Urheberrecht und UWG gestützt war[21].

17 Entsprechend erhöhte Kosten können sich bei **Rechtsmitteleinlegung, Zulassung der Revision** oder **Zurückverweisung** des Rechtsstreits ergeben. Eine Nachforderung nach § 112 Abs. 3 ZPO in der ersten Instanz scheidet jedoch aus, wenn die geleistete Sicherheit die Kosten der ersten Instanz und diejenigen der höheren Instanz, die entstehen, bevor in der höheren Instanz erneut wegen der weiteren Kosten die Einrede der mangelnden Sicherheit erhoben werden kann, abdeckt[22].

18 Die weitere Sicherheit darf nicht dadurch gedeckt sein, dass ein ausreichender Teil des erhobenen **Anspruchs unbestritten** ist. Hier gelten die Ausführungen unter → § 111 Rn. 6.

19 Weitere Sicherheit wird nur auf **Verlangen des Beklagten** angeordnet (dazu bereits → § 110 Rn. 24 f.).

20 Die Rüge der fehlenden weiteren Sicherheit darf nicht **verspätet** sein (§ 282 Abs. 3 S. 1 ZPO). Hat der Beklagte die Einrede der mangelnden Prozesskostensicherheit im ersten Rechtszuge uneingeschränkt geltend gemacht und das Landgericht Sicherheit nur für die erste und einen Teil der zweiten Instanz angeordnet, kann er abwarten, bis die vom Landgericht angeordnete Sicherheit die Kosten nicht mehr deckt, und dann die Leistung einer weiteren Sicherheit verlangen[23]. **Sobald Voraussetzungen nach § 112 Abs. 3 ZPO erfüllt sind,** muss er jedoch die Rüge der mangelnden Prozesskostensicherheit erneut erheben, ggf. bereits im Berufungsverfahren[24]. Erfolgt dies nicht, ist die Einrede nur zuzulassen, wenn der Beklagte die Verspätung genügend entschuldigt nach § 296 Abs. 3 ZPO oder der Kläger dies nicht rügt[25].

21 Entsprechend kann der **Kläger** nach § 112 Abs. 3 ZPO auch eine **Herabsetzung** der Sicherheit verlangen, wenn sich diese nachträglich als zu hoch herausstellt, zB weil das Rechtsmittelverfahren nicht durchgeführt wird[26].

---

[16] OLG Karlsruhe NJW-RR 2008, 944 (947); OLG Hamburg BeckRS 1996, 03722; LG Hamburg BeckRS 2016, 19561. Verfügung vom 11.10.2013; MüKoZPO/*Schulz* § 112 Rn. 5; Zöller/*Herget* ZPO § 112 Rn. 2; *Schütze* IPrax 2011, 245.
[17] LG Mannheim BeckRS 2014, 09414.
[18] OLG Karlsruhe NJW-RR 2008, 944 (947).
[19] BPatG BeckRS 2016, 19748; BPatG BeckRS 2016, 19757; BPatG BeckRS 2012, 14329; BPatG BeckRS 2009, 28388; aA Schulte/*Voit* PatG § 81 Rn. 201; *Schmieder* GRUR 1982, 12 (nur Kosten vor dem BPatG und für Berufungseinlegung).
[20] MüKoZPO/*Schulz* § 112 Rn. 10.
[21] BGH NJOZ 2002, 2756 (2757).
[22] LG Düsseldorf BeckRS 2012, 18115.
[23] BGH NJW-RR 1990, 378; BGH Mitt. 2005, 45 (Ls.) – Anguilla.
[24] BGH NJW-RR 1990, 378 (379).
[25] BGH NJW-RR 1990, 378 (379).
[26] MüKoZPO/*Schulz* § 112 Rn. 14.

§ 113 Fristbestimmung für Prozesskostensicherheit

¹Das Gericht hat dem Kläger bei Anordnung der Sicherheitsleistung eine Frist zu bestimmen, binnen der die Sicherheit zu leisten ist. ²Nach Ablauf der Frist ist auf Antrag des Beklagten, wenn die Sicherheit bis zur Entscheidung nicht geleistet ist, die Klage für zurückgenommen zu erklären oder, wenn über ein Rechtsmittel des Klägers zu verhandeln ist, dieses zu verwerfen.

Übersicht

	Rn.
A. Anwendbarkeit im gewerblichen Rechtsschutz	1
B. Anordnung der Sicherheitsleistung	2
I. Zuständigkeit	2
II. Antrag	3
III. Entscheidung	4
1. Zwischenurteil	4
2. Beschluss	11
IV. Fristsetzung	12
V. Rechtsmittel	15
1. Zwischenurteil	15
2. Bei Anordnung durch Beschluss	18
C. Entscheidung nach Fristablauf	19
I. Entscheidung bei geleisteter Sicherheit	19
II. Entscheidung bei nichtgeleisteter Sicherheit	21

A. Anwendbarkeit im gewerblichen Rechtsschutz

Zur Anwendbarkeit des § 113 ZPO im gewerblichen Rechtsschutz gelten die Ausführungen bei § 110 ZPO (→ § 110 Rn. 1). **1**

B. Anordnung der Sicherheitsleistung

I. Zuständigkeit

Zuständig für die Anordnung nach § 113 ZPO ist das **Gericht der Hauptsache.** Dies ist im Falles des § 110 Abs. 1 ZPO die Eingangsinstanz und im Falle des § 112 Abs. 3 ZPO das Gericht, vor dem das Verfahren **anhängig** ist[1]. **2**

II. Antrag

Die Anordnung der Sicherheitsleistung erfolgt nur auf Verlangen des Beklagten, dh auf Antrag (§§ 110 Abs. 1, 111, 112 Abs. 3 ZPO) (→ § 110 Rn. 24 f.). **3**

III. Entscheidung

1. Zwischenurteil. Bei **Streit** über die Prozesskostensicherheit ist durch Zwischenurteil zu entscheiden (§ 303 ZPO)[2]. **4**

Verlangt der Beklagte Prozesskostensicherheit, handelt es sich um eine Einrede zur Zulässigkeit der Klage. Das Gericht kann daher gemäß § 280 Abs. 1 ZPO die **gesonderte Verhandlung** über diese Einrede anordnen. Das Zwischenurteil ergeht entweder nach mündlicher Verhandlung (§ 128 Abs. 1 ZPO) oder im schriftlichen Verfahren (§ 128 Abs. 2 ZPO). Die nach § 280 Abs. 2 S. 2 ZPO mögliche Verhandlung zur Hauptsache kann nach Ansicht des LG München mit der Begründung abgelehnt werden, die Auslegung des Klagepatents gestalte sich ausgesprochen schwierig[3]. **5**

Ist die Einrede **unbegründet,** wird der Antrag durch Zwischenurteil zurückgewiesen[4]. Die Zurückweisung kann auch in den Gründen des Endurteils ausgesprochen werden[5]. **6**

Bei **begründeter** Einrede verpflichtet das Gericht den Kläger zur Leistung von Sicherheit in bestimmter Höhe und bestimmt eine Frist für die Leistung. **7**

Wird der Einrede stattgegeben, aber der **Betrag** der vom Kläger zu leistenden Sicherheit **geringer** bemessen als vom Beklagten beantragt, liegt darin keine Zurückweisung[6]. Die Bezifferung wird nur als Anregung gesehen. Die Zurückweisung ist nicht selbstständig anfechtbar[7]. **8**

---

[1] MüKoZPO/*Schulz* § 113 Rn. 3.
[2] BGH NJW-RR 1990, 378; NJW 1974, 238; LG Düsseldorf BeckRS 2013, 13259.
[3] LG München BeckRS 2017, 151255.
[4] MüKoZPO/*Schulz* § 113 Rn. 5.
[5] LG Düsseldorf BeckRS 2012, 18115; MüKoZPO/*Schulz* § 113 Rn. 5.
[6] BGH NJW 1974, 238.
[7] BGH NJW 1974, 238; LG Mannheim BeckRS 2014, 09414, *Kühnen* S. 738 Rn. 55.

9 Erfolgt eine spätere Klagerücknahme, ist zu beachten, dass aufgrund des ergangenen Zwischenurteils nach einem Teil der Rechtsprechung keine Ermäßigung der **Gerichtsgebühren** eintritt[8].

10 Im **Patentnichtigkeitsverfahren** ist eine mündliche Verhandlung nicht erforderlich[9].

11 **2. Beschluss.** Besteht **kein Streit** über die Pflicht zur Prozesskostensicherheit und die Höhe der Sicherheit kann die Entscheidung durch unanfechtbaren Beschluss und ohne mündliche Verhandlung ergehen (§ 128 Abs. 4 ZPO)[10].

IV. Fristsetzung

12 Im Zwischenurteil oder Beschluss ist nach § 113 S. 1 ZPO eine Frist zur Beibringung der Sicherheit zu setzen. Fristen von ca. **einem Monat bis sechs Wochen** sind üblich[11]. Von der Fristsetzung kann abgesehen werden, wenn der Kläger erklärt, er werde die Sicherheitsleistung auf keinen Fall erbringen[12]. Die fehlende Fristsetzung ermöglicht dem Kläger in dieser Konstellation die schnellere Anfechtbarkeit des Zwischenurteils.

13 Die Frist ist eine **richterliche Frist** nach §§ 221 ff. ZPO. Eine Verlängerung ist nach § 224 ZPO möglich. Eine abgelaufene Frist kann nicht verlängert werden[13]. Wiedereinsetzung in den vorigen Stand (§ 233 ZPO) ist nicht anwendbar. Dies ist auch nicht erforderlich, denn die Sicherheit kann **auch nach Ablauf der Frist** bis zum Schluss der mündlichen Verhandlung gestellt werden (§ 113 S. 2 ZPO)[14].

14 Eine nichtgeleistete Sicherheit kann es im Einzelfall rechtfertigen, **Fristverlängerungsgesuchen des Beklagten** stattzugeben, weil dieser andernfalls in Vorleistung tritt. Dabei ist jedoch zu beachten, dass die Einrede der mangelnden Prozesskostensicherheit aufgrund der eindeutigen Regelung des § 113 S. 2 ZPO **nicht zur Unzulässigkeit** der Klage führt.

V. Rechtsmittel

15 **1. Zwischenurteil.** Das Zwischenurteil, das die Einrede der mangelnden Prozesskostensicherheit **zurückweist**, ist nach § 280 Abs. 2 S. 1 ZPO als Endurteil anzusehen. Der Beklagte kann es daher selbstständig mit **Berufung** oder **Revision** anfechten. Als **Streitwert** für die Berufung oder Revision ist der Wert der Hauptsache anzusetzen[15].

16 Wird der Einrede **stattgegeben** und die Sicherheitsleistung durch Zwischenurteil angeordnet, so kann der Kläger sie **nur zusammen mit dem Endurteil** anfechten[16]. Grund hierfür ist, dass es sich gerade nicht um ein Zwischenurteil über die Zulässigkeit iSd § 280 Abs. 1 ZPO handelt, denn es lässt die Zulässigkeit gerade noch offen. Über die Zulässigkeit ist vielmehr erst in einem nachfolgenden Verfahrensabschnitt durch ein echtes Endurteil gemäß § 113 S. 2 ZPO zu entscheiden. Mit der Berufung gegen das Schlussurteil steht gemäß § 512 ZPO zugleich das Zwischenurteil zur Prüfung an. Infolgedessen hat das Berufungsgericht (eigenständig) zu prüfen und zu entscheiden, ob die Voraussetzungen des § 110 ZPO gegeben sind. Maßgeblich sind dabei die Verhältnisse im Zeitpunkt der letzten mündlichen Verhandlung über die Prozesseinrede, weswegen insbesondere auch eine zwischenzeitlich eingetretene Veränderung der Umstände zu berücksichtigen ist[17].

17 Eine **zu niedrige Sicherheit** kann der Beklagte nicht anfechten (→ Rn. 18)[18]. Er hat jedoch die Möglichkeit des Antrages nach **§ 112 Abs. 3 ZPO.**

18 **2. Bei Anordnung durch Beschluss.** Erfolgt die Anordnung durch Beschluss, weil Grund und Höhe der Prozesskostensicherheit unstreitig sind, ist **kein Rechtsmittel** gegeben[19].

---

[8] OLG Düsseldorf NJW-RR 1999, 1231; OLG Karlsruhe NJOZ 2007, 4642; aA OLG München BeckRS 2002, 30470785.
[9] Vgl. BPatG BeckRS 2016, 19756; Schulte/*Voit* PatG § 81 Rn. 200.
[10] *Kühnen* S. 738 Rn. 55; MüKoZPO/*Schulz* § 113 Rn. 7.
[11] Vgl. LG Düsseldorf InstGE 13, 116 (117) – Prozesskostensicherheitsbürgschaft.
[12] MüKoZPO/*Schulz* § 113 Rn. 8.
[13] MüKoZPO/*Schulz* § 113 Rn. 9.
[14] BGH WM 1982, 880; MüKoZPO/*Schulz* § 113 Rn. 9.
[15] BGH BeckRS 2005, 13242 mwN; *Kühnen* S. 738 Rn. 55. Dies führt allerdings nicht dazu, dass die Gerichtskosten zweimal anfallen, wenn später Berufung in der Hauptsache eingelegt wird.
[16] BGH NJW 1988, 1733; NJW-RR 2006, 710 (711); OLG Düsseldorf BeckRS 2017, 113388; MüKoZPO/*Schulz* § 113 Rn. 10; aA OLG Düsseldorf IPrax 1991, 189; OLG Karlsruhe MDR 1986, 593; OLG Bremen NJW 1982, 2737.
[17] OLG Düsseldorf BeckRS 2017, 113388.
[18] BGH NJW 1974, 238; *Kühnen* S. 738 Rn. 55.
[19] *Kühnen* S. 738 Rn. 55; MüKoZPO/*Schulz* § 113 Rn. 12.

C. Entscheidung nach Fristablauf

I. Entscheidung bei geleisteter Sicherheit

Im Falle der Erbringung einer ordnungsgemäßen Sicherheitsleistung ist der **Termin zur mündlichen Verhandlung** zu bestimmen[20]. Bei einem bereits anberaumten Haupttermin verbleibt es. Liegt weiterhin ein Antrag des Beklagten nach **§ 113 S. 2 ZPO** vor, die Klage als zurückgenommen zu erklären, so kann dieser Antrag durch Beschluss zurückgewiesen werden[21].

Eine zwischenzeitlich nach Leistung der Sicherheit erfolgte **Änderung in der Firmenbezeichnung** des Klägers hat keinen Einfluss auf die Ordnungsgemäßheit der Leistung der Prozesskostensicherheit[22].

II. Entscheidung bei nichtgeleisteter Sicherheit

Der Kläger kann die Sicherheit nach Fristablauf auch noch **bis zum Schluss der mündlichen Verhandlung** leisten (vgl. § 113 S. 2 ZPO)[23]. Das Verfahren wird ungeachtet der Erbringung der Sicherheitsleistung fortgesetzt[24].

Leistet der Kläger die Sicherheit nicht innerhalb der Frist und holt dies bis zur Entscheidung nicht nach, kann der Beklagte **beantragen**, die Klage für zurückgenommen zu erklären oder das Rechtsmittel des Klägers zu verwerfen (§ 113 S. 2 ZPO, § 81 Abs. 6 S. 3 PatG). Der Antrag des Beklagten muss unverzüglich im anberaumten Termin gestellt werden (§§ 282 Abs. 3, 296 Abs. 3 ZPO)[25].

Es stellt sich die Frage, ob das Gericht auch nach Erlass des Zwischenurteils erneut prüfen muss, ob die Voraussetzungen für die Prozesskostensicherungspflicht fortbestehen und ob es insbesondere **neue Tatsachen** berücksichtigen muss, die im Zeitpunkt der mündlichen Verhandlung zu einem nachträglichen Wegfall der Pflicht zur Sicherheitsleistung führen. Das LG Düsseldorf lehnt dies mit Blick auf Sinn und Zweck der Anordnung der Prozesskostensicherheit und dem Wortlaut des § 113 S. 2 ZPO, der keine weiteren Voraussetzungen vorsieht, ab[26]. Eine erneute Überprüfung der Verpflichtung zur Leistung von Prozesskostensicherheit würde eine Verzögerung des Verfahrens bedeuten und eine Durchführung des Hauptsacheverfahrens – da die Sicherheit noch nicht geleistet ist – hindern. Zudem entfalte das Zwischenurteil über die Anordnung der Prozesskostensicherheit Bindungswirkung gemäß § 318 ZPO. Es spricht jedoch einiges dafür, nach Erlass des Zwischenurteils eingetretene Umstände zu berücksichtigen. Der Regelung des § 111 ZPO kann der allgemeine Grundsatz entnommen werden, dass nachträglich eintretende Umstände noch zu berücksichtigen sind (→ § 111 Rn. 9). Zudem ist das die Sicherheitsleistung anordnende Zwischenurteil nicht selbstständig anfechtbar, weil gerade nicht abschließend über die Zulässigkeit entschieden wurde.

Die Entscheidung in der **ersten Instanz** ergeht durch Endurteil. Der Kläger trägt nach § 269 Abs. 3 S. 2 ZPO die Kosten des Rechtsstreits. Ist in der **Rechtsmittelinstanz** der Beklagte Rechtsmittelführer, ist die Klage ebenfalls für zurückgenommen zu erklären. Ein unselbstständiges Anschlussrechtsmittel des Klägers entfällt. Hat der Kläger Rechtsmittel eingelegt, so ist dieses mit der Kostenfolge des §§ 516 Abs. 3 S. 1, 565 ZPO zu verwerfen (§ 113 S. 2 ZPO).

Ist der Kläger **säumig**, kann der Beklagte den Erlass eines Versäumnisurteils nach § 330 ZPO oder eines Endurteils nach § 113 S. 2 ZPO beantragen[27].

Titel 7. Prozesskostenhilfe[28] und Prozesskostenvorschuss

§ 114 Voraussetzungen

(1) ¹Eine Partei, die nach ihren persönlichen und wirtschaftlichen Verhältnissen die Kosten der Prozessführung nicht, nur zum Teil oder nur in Raten aufbringen kann, erhält auf Antrag Prozesskostenhilfe, wenn die beabsichtigte Rechtsverfolgung oder Rechtsverteidigung hinreichende Aussicht auf Erfolg bietet und nicht mutwillig erscheint. ²Für die grenzüberschreitende Prozesskostenhilfe innerhalb der Europäischen Union gelten ergänzend die §§ 1076 bis 1078.

(2) Mutwillig ist die Rechtsverfolgung oder Rechtsverteidigung, wenn eine Partei, die keine Prozesskostenhilfe beansprucht, bei verständiger Würdigung aller Umstände von der Rechtsverfolgung oder Rechtsverteidigung absehen würde, obwohl eine hinreichende Aussicht auf Erfolg besteht.

---

[20] MüKoZPO/*Schulz* § 113 Rn. 13.
[21] LG Düsseldorf InstGE 13, 116 – Prozesskostensicherheitsbürgschaft.
[22] LG Düsseldorf BeckRS 2009, 07656.
[23] BGH WM 1982, 880; MüKoZPO/*Schulz* § 113 Rn. 14.
[24] MüKoZPO/*Schulz* § 113 Rn. 14.
[25] MüKoZPO/*Schulz* § 113 Rn. 15.
[26] LG Düsseldorf BeckRS 2016, 18388.
[27] MüKoZPO/*Schulz* § 113 Rn. 18.
[28] Vgl. Art. 20–24 Haager Übereinkommen über den Zivilprozess. Siehe ferner § 11 G über die Rechtsstellung heimatloser Ausländer im Bundesgebiet und für Mitglieder der in der Bundesrepublik stationierten ausländischen Truppen vgl. Art. 31 Zusatzabkommen zum NATO-Truppenstatut.

§ 115 Einsatz von Einkommen und Vermögen

(1) ¹Die Partei hat ihr Einkommen einzusetzen. ²Zum Einkommen gehören alle Einkünfte in Geld oder Geldeswert. ³Von ihm sind abzusetzen:
1. a) die in § 82 Abs. 2 des Zwölften Buches Sozialgesetzbuch bezeichneten Beträge;
   b) bei Parteien, die ein Einkommen aus Erwerbstätigkeit erzielen, ein Betrag in Höhe von 50 vom Hundert des Regelsatzes, der für den alleinstehenden oder alleinerziehenden Leistungsberechtigten vom Bund gemäß der Regelbedarfsstufe 1 nach der Anlage zu § 28 des Zwölften Buches Sozialgesetzbuch festgesetzt oder fortgeschrieben worden ist;
2. a) für die Partei und ihren Ehegatten oder ihren Lebenspartner jeweils ein Betrag in Höhe des um 10 vom Hundert erhöhten Regelsatzes, der für den alleinstehenden oder alleinerziehenden Leistungsberechtigten vom Bund gemäß der Regelbedarfsstufe 1 nach der Anlage zu § 28 des Zwölften Buches Sozialgesetzbuch festgesetzt oder fortgeschrieben worden ist;
   b) bei weiteren Unterhaltsleistungen auf Grund gesetzlicher Unterhaltspflicht für jede unterhaltsberechtigte Person jeweils ein Betrag in Höhe des um 10 vom Hundert erhöhten Regelsatzes, der für eine Person ihres Alters vom Bund gemäß den Regelbedarfsstufen 3 bis 6 nach der Anlage zu § 28 des Zwölften Buches Sozialgesetzbuch festgesetzt oder fortgeschrieben worden ist;
3. die Kosten der Unterkunft und Heizung, soweit sie nicht in einem auffälligen Missverhältnis zu den Lebensverhältnissen der Partei stehen;
4. Mehrbedarfe nach § 21 des Zweiten Buches Sozialgesetzbuch und nach § 30 des Zwölften Buches Sozialgesetzbuch;
5. weitere Beträge, soweit dies mit Rücksicht auf besondere Belastungen angemessen ist; § 1610a des Bürgerlichen Gesetzbuchs gilt entsprechend.

⁴Maßgeblich sind die Beträge, die zum Zeitpunkt der Bewilligung der Prozesskostenhilfe gelten. ⁵Soweit am Wohnsitz der Partei aufgrund einer Neufestsetzung oder Fortschreibung nach § 29 Absatz 2 bis 4 des Zwölften Buches Sozialgesetzbuch höhere Regelsätze gelten, sind diese heranzuziehen. ⁶Das Bundesministerium der Justiz und für Verbraucherschutz gibt bei jeder Neufestsetzung oder jeder Fortschreibung die maßgebenden Beträge nach Satz 3 Nummer 1 Buchstabe b und Nummer 2 und nach Satz 5 im Bundesgesetzblatt bekannt. ⁷Diese Beträge sind, soweit sie nicht volle Euro ergeben, bis zu 0,49 Euro abzurunden und von 0,50 Euro an aufzurunden. ⁸Die Unterhaltsfreibeträge nach Satz 3 Nr. 2 vermindern sich um eigenes Einkommen der unterhaltsberechtigten Person. ⁹Wird eine Geldrente gezahlt, so ist sie anstelle des Freibetrages abzusetzen, soweit dies angemessen ist.

(2) ¹Von dem nach den Abzügen verbleibenden Teil des monatlichen Einkommens (einzusetzendes Einkommen) sind Monatsraten in Höhe der Hälfte des einzusetzenden Einkommens festzusetzen; die Monatsraten sind auf volle Euro abzurunden. ²Beträgt die Höhe einer Monatsrate weniger als 10 Euro, ist von der Festsetzung von Monatsraten abzusehen. ³Bei einem einzusetzenden Einkommen von mehr als 600 Euro beträgt die Monatsrate 300 Euro zuzüglich des Teils des einzusetzenden Einkommens, der 600 Euro übersteigt. ⁴Unabhängig von der Zahl der Rechtszüge sind höchstens 48 Monatsraten aufzubringen.

(3) ¹Die Partei hat ihr Vermögen einzusetzen, soweit dies zumutbar ist. ² § 90 des Zwölften Buches Sozialgesetzbuch gilt entsprechend.

(4) Prozesskostenhilfe wird nicht bewilligt, wenn die Kosten der Prozessführung der Partei vier Monatsraten und die aus dem Vermögen aufzubringenden Teilbeträge voraussichtlich nicht übersteigen.

§ 116 Partei kraft Amtes; juristische Person; parteifähige Vereinigung

¹Prozesskostenhilfe erhalten auf Antrag
1. eine Partei kraft Amtes, wenn die Kosten aus der verwalteten Vermögensmasse nicht aufgebracht werden können und den am Gegenstand des Rechtsstreits wirtschaftlich Beteiligten nicht zuzumuten ist, die Kosten aufzubringen;
2. eine juristische Person oder parteifähige Vereinigung, die im Inland, in einem anderen Mitgliedstaat der Europäischen Union oder einem anderen Vertragsstaat des Abkommens über den Europäischen Wirtschaftsraum gegründet und dort ansässig ist, wenn die Kosten weder von ihr noch von den am Gegenstand des Rechtsstreits wirtschaftlich Beteiligten aufgebracht werden können und wenn die Unterlassung der Rechtsverfolgung oder Rechtsverteidigung allgemeinen Interessen zuwiderlaufen würde.

² § 114 Absatz 1 Satz 1 letzter Halbsatz und Absatz 2 ist anzuwenden. ³Können die Kosten nur zum Teil oder nur in Teilbeträgen aufgebracht werden, so sind die entsprechenden Beträge zu zahlen.

§ 117 Antrag

(1) ¹Der Antrag auf Bewilligung der Prozesskostenhilfe ist bei dem Prozessgericht zu stellen; er kann vor der Geschäftsstelle zu Protokoll erklärt werden. ²In dem Antrag ist das Streitverhältnis unter Angabe der Beweismittel darzustellen. ³Der Antrag auf Bewilligung von Prozesskostenhilfe für die Zwangsvollstreckung ist bei dem für die Zwangsvollstreckung zuständigen Gericht zu stellen.

(2) ¹Dem Antrag sind eine Erklärung der Partei über ihre persönlichen und wirtschaftlichen Verhältnisse (Familienverhältnisse, Beruf, Vermögen, Einkommen und Lasten) sowie entsprechende Belege beizufügen. ²Die Erklärung und die Belege dürfen dem Gegner nur mit Zustimmung der Partei zugänglich gemacht werden; es sei denn, der Gegner hat gegen den Antragsteller auf Grund der Vorschriften des bürgerlichen Rechts einen Anspruch auf Auskunft über Einkünfte und Vermögen des Antragstellers. ³Dem Antragsteller ist vor der Übermittlung seiner Erklärung an den Gegner Gelegenheit zur Stellungnahme zu geben. ⁴Er ist über die Übermittlung seiner Erklärung zu unterrichten.

(3) ¹Das Bundesministerium der Justiz wird ermächtigt, zur Vereinfachung und Vereinheitlichung des Verfahrens durch Rechtsverordnung mit Zustimmung des Bundesrates Formulare für die Erklärung einzuführen. ²Die Formulare enthalten die nach § 120a Absatz 2 Satz 4 erforderliche Belehrung.

(4) Soweit Formulare für die Erklärung eingeführt sind, muss sich die Partei ihrer bedienen.

§ 118 Bewilligungsverfahren

(1) ¹Dem Gegner ist Gelegenheit zur Stellungnahme zu geben, ob er die Voraussetzungen für die Bewilligung von Prozesskostenhilfe für gegeben hält, soweit dies aus besonderen Gründen nicht unzweckmäßig erscheint. ²Die Stellungnahme kann vor der Geschäftsstelle zu Protokoll erklärt werden. ³Das Gericht kann die Parteien zur mündlichen Erörterung laden, wenn eine Einigung zu erwarten ist; ein Vergleich ist zu gerichtlichem Protokoll zu nehmen. ⁴Dem Gegner entstandene Kosten werden nicht erstattet. ⁵Die durch die Vernehmung von Zeugen und Sachverständigen nach

Beiordnung eines Rechtsanwalts § 121 ZPO

Absatz 2 Satz 3 entstandenen Auslagen sind als Gerichtskosten von der Partei zu tragen, der die Kosten des Rechtsstreits auferlegt sind.

(2) ¹Das Gericht kann verlangen, dass der Antragsteller seine tatsächlichen Angaben glaubhaft macht, es kann insbesondere auch die Abgabe einer Versicherung an Eides statt fordern. ²Es kann Erhebungen anstellen, insbesondere die Vorlegung von Urkunden anordnen und Auskünfte einholen. ³Zeugen und Sachverständige werden nicht vernommen, es sei denn, dass auf andere Weise nicht geklärt werden kann, ob die Rechtsverfolgung oder Rechtsverteidigung hinreichende Aussicht auf Erfolg bietet und nicht mutwillig erscheint; eine Beeidigung findet nicht statt. ⁴Hat der Antragsteller innerhalb einer von dem Gericht gesetzten Frist Angaben über seine persönlichen und wirtschaftlichen Verhältnisse nicht glaubhaft gemacht oder bestimmte Fragen nicht oder ungenügend beantwortet, so lehnt das Gericht die Bewilligung von Prozesskostenhilfe insoweit ab.

(3) Die in Absatz 1, 2 bezeichneten Maßnahmen werden von dem Vorsitzenden oder einem von ihm beauftragten Mitglied des Gerichts durchgeführt.

§ 119 Bewilligung

(1) ¹Die Bewilligung der Prozesskostenhilfe erfolgt für jeden Rechtszug besonders. ²In einem höheren Rechtszug ist nicht zu prüfen, ob die Rechtsverfolgung oder Rechtsverteidigung hinreichende Aussicht auf Erfolg bietet oder mutwillig erscheint, wenn der Gegner das Rechtsmittel eingelegt hat.

(2) Die Bewilligung von Prozesskostenhilfe für die Zwangsvollstreckung in das bewegliche Vermögen umfasst alle Vollstreckungshandlungen im Bezirk des Vollstreckungsgerichts einschließlich des Verfahrens auf Abgabe der eidesstattlichen Versicherung.

§ 120 Festsetzung von Zahlungen

(1) ¹Mit der Bewilligung der Prozesskostenhilfe setzt das Gericht zu zahlende Monatsraten und aus dem Vermögen zu zahlende Beträge fest. ²Setzt das Gericht nach § 115 Absatz 1 Satz 3 Nummer 5 mit Rücksicht auf besondere Belastungen von dem Einkommen Beträge ab und ist dazu anzunehmen, dass die Belastungen bis zum Ablauf von vier Jahren ganz oder teilweise entfallen werden, so setzt das Gericht zugleich diejenigen Zahlungen fest, die sich ergeben, wenn die Belastungen nicht oder nur in verringertem Umfang berücksichtigt werden, und bestimmt den Zeitpunkt, von dem an sie zu erbringen sind.

(2) Die Zahlungen sind an die Landeskasse zu leisten, im Verfahren vor dem Bundesgerichtshof an die Bundeskasse, wenn Prozesskostenhilfe in einem vorherigen Rechtszug nicht bewilligt worden ist.

(3) Das Gericht soll die vorläufige Einstellung der Zahlungen bestimmen,
1. wenn die Zahlungen der Partei die voraussichtlich entstehenden Kosten decken;
2. wenn die Partei, ein ihr beigeordneter Rechtsanwalt oder die Bundes- oder Landeskasse die Kosten gegen einen anderen am Verfahren Beteiligten geltend machen kann.

§ 120a Änderung der Bewilligung

(1) ¹Das Gericht soll die Entscheidung über die zu leistenden Zahlungen ändern, wenn sich die für die Prozesskostenhilfe maßgebenden persönlichen oder wirtschaftlichen Verhältnisse wesentlich verändert haben. ²Eine Änderung der nach § 115 Absatz 1 Satz 3 Nummer 1 Buchstabe b und Nummer 2 maßgebenden Beträge ist nur auf Antrag und nur dann zu berücksichtigen, wenn sie dazu führt, dass keine Monatsrate zu zahlen ist. ³Auf Verlangen des Gerichts muss die Partei jederzeit erklären, ob eine Veränderung der Verhältnisse eingetreten ist. ⁴Eine Änderung zum Nachteil der Partei ist ausgeschlossen, wenn seit der rechtskräftigen Entscheidung oder der sonstigen Beendigung des Verfahrens vier Jahre vergangen sind.

(2) ¹Verbessern sich vor dem in Absatz 1 Satz 4 genannten Zeitpunkt die wirtschaftlichen Verhältnisse der Partei wesentlich oder ändert sich ihre Anschrift, hat sie dies dem Gericht unverzüglich mitzuteilen. ²Bezieht die Partei ein laufendes monatliches Einkommen, ist eine Einkommensverbesserung nur wesentlich, wenn die Differenz zu dem bisher zu Grunde gelegten Bruttoeinkommen nicht einmalig 100 Euro übersteigt. ³Satz 2 gilt entsprechend, soweit abzugsfähige Belastungen entfallen. ⁴Hierüber und über die Folgen eines Verstoßes ist die Partei bei der Antragstellung in dem gemäß § 117 Absatz 3 eingeführten Formular zu belehren.

(3) ¹Eine wesentliche Verbesserung der wirtschaftlichen Verhältnisse kann insbesondere dadurch eintreten, dass die Partei durch die Rechtsverfolgung oder Rechtsverteidigung etwas erlangt. ²Das Gericht soll nach der rechtskräftigen Entscheidung oder der sonstigen Beendigung des Verfahrens prüfen, ob eine Änderung der Entscheidung über die zu leistenden Zahlungen mit Rücksicht auf die durch die Rechtsverfolgung oder Rechtsverteidigung Erlangte geboten ist. ³Eine Änderung der Entscheidung ist ausgeschlossen, soweit die Partei bei rechtzeitiger Leistung des durch die Rechtsverfolgung oder Rechtsverteidigung Erlangten ratenfreie Prozesskostenhilfe erhalten hätte.

(4) ¹Für die Erklärung über die Änderung der persönlichen oder wirtschaftlichen Verhältnisse nach Absatz 1 Satz 3 muss die Partei das gemäß § 117 Absatz 3 eingeführte Formular benutzen. ²Für die Überprüfung der persönlichen und wirtschaftlichen Verhältnisse gilt § 118 Absatz 2 entsprechend.

§ 121 Beiordnung eines Rechtsanwalts

(1) Ist eine Vertretung durch Anwälte vorgeschrieben, wird der Partei ein zur Vertretung bereiter Rechtsanwalt ihrer Wahl beigeordnet.

(2) Ist eine Vertretung durch Anwälte nicht vorgeschrieben, wird der Partei auf ihren Antrag ein zur Vertretung bereiter Rechtsanwalt ihrer Wahl beigeordnet, wenn die Vertretung durch einen Rechtsanwalt erforderlich erscheint oder der Gegner durch einen Rechtsanwalt vertreten ist.

(3) Ein nicht in dem Bezirk des Prozessgerichts niedergelassener Rechtsanwalt kann nur beigeordnet werden, wenn dadurch weitere Kosten nicht entstehen.

(4) Wenn besondere Umstände dies erfordern, kann der Partei auf ihren Antrag ein zur Vertretung bereiter Rechtsanwalt ihrer Wahl zur Wahrnehmung eines Termins zur Beweisaufnahme vor dem ersuchten Richter oder zur Vermittlung des Verkehrs mit dem Prozessbevollmächtigten beigeordnet werden.

(5) Findet die Partei keinen zur Vertretung bereiten Anwalt, ordnet der Vorsitzende ihr auf Antrag einen Rechtsanwalt bei.

§ 122 Wirkung der Prozesskostenhilfe

(1) Die Bewilligung der Prozesskostenhilfe bewirkt, dass
1. die Bundes- oder Landeskasse
   a) die rückständigen und die entstehenden Gerichtskosten und Gerichtsvollzieherkosten,
   b) die auf sie übergegangenen Ansprüche der beigeordneten Rechtsanwälte gegen die Partei
   nur nach den Bestimmungen, die das Gericht trifft, gegen die Partei geltend machen kann,
2. die Partei von der Verpflichtung zur Sicherheitsleistung für die Prozesskosten befreit ist,
3. die beigeordneten Rechtsanwälte Ansprüche auf Vergütung gegen die Partei nicht geltend machen können.

(2) Ist dem Kläger, dem Berufungskläger oder dem Revisionskläger Prozesskostenhilfe bewilligt und ist nicht bestimmt worden, dass Zahlungen an die Bundes- oder Landeskasse zu leisten sind, so hat dies für den Gegner die einstweilige Befreiung von den in Absatz 1 Nr. 1 Buchstabe a bezeichneten Kosten zur Folge.

§ 123 Kostenerstattung

Die Bewilligung der Prozesskostenhilfe hat auf die Verpflichtung, die dem Gegner entstandenen Kosten zu erstatten, keinen Einfluss.

§ 124 Aufhebung der Bewilligung

(1) Das Gericht soll die Bewilligung der Prozesskostenhilfe aufheben, wenn
1. die Partei durch unrichtige Darstellung des Streitverhältnisses die für die Bewilligung der Prozesskostenhilfe maßgebenden Voraussetzungen vorgetäuscht hat;
2. die Partei absichtlich oder aus grober Nachlässigkeit unrichtige Angaben über die persönlichen oder wirtschaftlichen Verhältnisse gemacht oder eine Erklärung nach § 120a Absatz 1 Satz 3 nicht oder ungenügend abgegeben hat;
3. die persönlichen oder wirtschaftlichen Voraussetzungen für die Prozesskostenhilfe nicht vorgelegen haben; in diesem Fall ist die Aufhebung ausgeschlossen, wenn seit der rechtskräftigen Entscheidung oder sonstigen Beendigung des Verfahrens vier Jahre vergangen sind;
4. die Partei entgegen § 120a Absatz 2 Satz 1 bis 3 dem Gericht wesentliche Verbesserungen ihrer Einkommens- und Vermögensverhältnisse oder Änderungen ihrer Anschrift absichtlich oder aus grober Nachlässigkeit unrichtig oder nicht unverzüglich mitgeteilt hat;
5. die Partei länger als drei Monate mit der Zahlung einer Monatsrate oder mit der Zahlung eines sonstigen Betrages im Rückstand ist.

(2) Das Gericht kann die Bewilligung der Prozesskostenhilfe aufheben, soweit die von der Partei beantragte Beweiserhebung auf Grund von Umständen, die im Zeitpunkt der Bewilligung der Prozesskostenhilfe noch nicht berücksichtigt werden konnten, keine hinreichende Aussicht auf Erfolg bietet oder der Beweisantritt mutwillig erscheint.

§ 125 Einziehung der Kosten

(1) Die Gerichtskosten und die Gerichtsvollzieherkosten können von dem Gegner erst eingezogen werden, wenn er rechtskräftig in die Prozesskosten verurteilt ist.

(2) Die Gerichtskosten, von deren Zahlung der Gegner einstweilen befreit ist, sind von ihm einzuziehen, soweit er rechtskräftig in die Prozesskosten verurteilt oder der Rechtsstreit ohne Urteil über die Kosten beendet ist.

§ 126 Beitreibung der Rechtsanwaltskosten

(1) Die für die Partei bestellten Rechtsanwälte sind berechtigt, ihre Gebühren und Auslagen von dem in die Prozesskosten verurteilten Gegner im eigenen Namen beizutreiben.

(2) [1] Eine Einrede aus der Person der Partei ist nicht zulässig. [2] Der Gegner kann mit Kosten aufrechnen, die nach der in demselben Rechtsstreit über die Kosten erlassenen Entscheidung von der Partei zu erstatten sind.

§ 127 Entscheidungen

(1) [1] Entscheidungen im Verfahren über die Prozesskostenhilfe ergehen ohne mündliche Verhandlung. [2] Zuständig ist das Gericht des ersten Rechtszuges; ist das Verfahren in einem höheren Rechtszug anhängig, so ist das Gericht dieses Rechtszuges zuständig. [3] Soweit die Gründe der Entscheidung Angaben über die persönlichen und wirtschaftlichen Verhältnisse der Partei enthalten, dürfen sie dem Gegner nur mit Zustimmung der Partei zugänglich gemacht werden.

(2) [1] Die Bewilligung der Prozesskostenhilfe kann nur nach Maßgabe des Absatzes 3 angefochten werden. [2] Im Übrigen findet die sofortige Beschwerde statt; dies gilt nicht, wenn der Streitwert der Hauptsache den in § 511 genannten Betrag nicht übersteigt, es sei denn, das Gericht hat ausschließlich die persönlichen oder wirtschaftlichen Voraussetzungen für die Prozesskostenhilfe verneint. [3] Die Notfrist beträgt einen Monat.

(3) [1] Gegen die Bewilligung der Prozesskostenhilfe findet die sofortige Beschwerde der Staatskasse statt, wenn weder Monatsraten noch aus dem Vermögen zu zahlende Beträge festgesetzt worden sind. [2] Die Beschwerde kann nur darauf gestützt werden, dass die Partei gemäß § 115 Absatz 1 bis 3 nach ihren persönlichen und wirtschaftlichen Verhältnissen Zahlungen zu leisten oder gemäß § 116 Satz 3 Beträge zu zahlen hat. [3] Die Notfrist beträgt einen Monat und beginnt mit der Bekanntgabe des Beschlusses. [4] Nach Ablauf von drei Monaten seit der Verkündung der Entscheidung ist die Beschwerde unstatthaft. [5] Wird die Entscheidung nicht verkündet, so tritt an die Stelle der Verkündung der Zeitpunkt, in dem die unterschriebene Entscheidung der Geschäftsstelle übermittelt wird. [6] Die Entscheidung wird der Staatskasse nicht von Amts wegen mitgeteilt.

(4) Die Kosten des Beschwerdeverfahrens werden nicht erstattet.

§ 127a (aufgehoben)

Abschnitt 3. Verfahren

Titel 1. Mündliche Verhandlung

§ 128 Grundsatz der Mündlichkeit; schriftliches Verfahren

(1) Die Parteien verhandeln über den Rechtsstreit vor dem erkennenden Gericht mündlich.

(2) ¹Mit Zustimmung der Parteien, die nur bei einer wesentlichen Änderung der Prozesslage widerruflich ist, kann das Gericht eine Entscheidung ohne mündliche Verhandlung treffen. ²Es bestimmt alsbald den Zeitpunkt, bis zu dem Schriftsätze eingereicht werden können, und den Termin zur Verkündung der Entscheidung. ³Eine Entscheidung ohne mündliche Verhandlung ist unzulässig, wenn seit der Zustimmung der Parteien mehr als drei Monate verstrichen sind.

(3) Ist nur noch über die Kosten oder Nebenforderungen zu entscheiden, kann die Entscheidung ohne mündliche Verhandlung ergehen.

(4) Entscheidungen des Gerichts, die nicht Urteile sind, können ohne mündliche Verhandlung ergehen, soweit nichts anderes bestimmt ist.

Übersicht

	Rn.
A. Allgemein	1
B. Sonderregelungen im gewerblichen Rechtsschutz	3
C. Anwendungsbereich	13
I. Mündliche Verhandlung vor dem erkennenden Gericht (Abs. 1)	13
II. Schriftliches Verfahren (Abs. 2)	18
III. Verzicht auf mündliche Verhandlung bei Kostenentscheidung oder Nebenforderungen (Abs. 3)	26
IV. Fakultative mündliche Verhandlung (Abs. 4)	29

A. Allgemein

§ 128 Abs. 1 ZPO sieht für zivilgerichtliche Verfahren den **Grundsatz der Mündlichkeit** vor. Daraus folgt, dass gerichtliche Entscheidungen durch Urteil grundsätzlich nicht ohne eine mündliche Verhandlung ergehen dürfen, wobei auch die ZPO hierzu einige Ausnahmen vorsieht.[1] Im engen Zusammenhang mit dem Grundsatz der Mündlichkeit steht auch der **Grundsatz der Unmittelbarkeit**, der die Erörterung des relevanten Prozessstoffes in der mündlichen Verhandlung vor dem erkennenden Gericht voraussetzt.[2] **1**

Aus dem Grundsatz der Mündlichkeit folgt allerdings nicht, dass dem **schriftlichen Vortrag der Parteien** eine geringere Relevanz zukommt. Vielmehr stellt der schriftliche Vortrag insbesondere bei Verfahren im gewerblichen Rechtsschutz in der Praxis regelmäßig die wesentliche Grundlage für eine Entscheidung des Gerichts dar. Der Grundsatz der Mündlichkeit wird dementsprechend auch durch Regelungen zur **Vorbereitung der Verhandlung durch Schriftsätze** gemäß § 129 ZPO durchbrochen.[3] **2**

B. Sonderregelungen im gewerblichen Rechtsschutz

§ 128 ZPO ist in patentgerichtlichen Verfahren über § 99 Abs. 1 S. 1 PatG und § 82 Abs. 1 S. 1 MarkenG **nur eingeschränkt anwendbar**, wobei die entsprechende Anwendbarkeit einzelner Regelungen des § 128 ZPO teilweise umstritten ist.[4] **3**

Gegen die generelle **Anwendbarkeit von § 128 Abs. 1 ZPO** im Verfahren vor dem BPatG spricht bereits, dass es sich beim Beschwerdeverfahren vor dem BPatG um ein schriftliches Verfahren handelt und in § 78 PatG (§ 18 Abs. 2 S. 1 GebrMG, § 23 Abs. 4 S. 4 DesignG und § 4 Abs. 4 S. 3 HalbLSchG verweisen darauf) und § 69 MarkenG jeweils eine Sonderregelung zur mündlichen Verhandlung vorgesehen ist.[5] **4**

---

[1] Zöller/*Greger* ZPO § 128 Rn. 2; Musielak/Voit/*Stadler* ZPO § 128 Rn. 1.
[2] Zöller/*Greger* ZPO § 128 Rn. 1; Musielak/Voit/*Stadler* ZPO § 128 Rn. 3.
[3] Zöller/*Greger* ZPO § 128 Rn. 1; Musielak/Voit/*Stadler* ZPO § 128 Rn. 2.
[4] Vgl. BPatG BeckRS 2015, 00687; Ströbele/Hacker/*Knoll* MarkenG § 82 Rn. 53 und § 69 Rn. 1; Busse/Keukenschrijver PatG § 82 Rn. 12; ohne Differenzierung Busse/*Schuster* PatG § 99 Rn. 8; Schulte/*Püschel* PatG § 99 Rn. 6 und § 78 Rn. 17 und Rn. 31 f.
[5] Vgl. Ströbele/Hacker/*Knoll* MarkenG § 82 Rn. 53 und § 69 Rn. 1.

5 Gemäß § 78 PatG bzw. § 69 MarkenG findet eine mündliche Verhandlung in diesen Verfahren vor dem BPatG nur statt, wenn einer der Beteiligten sie beantragt (Nr. 1), vor dem Patentgericht Beweis erhoben wird (Nr. 2) oder das Patentgericht sie für sachdienlich erachtet (Nr. 3). Für das **patentrechtliche Nichtigkeits- oder Zwangslizenzverfahren** gemäß §§ 81 ff. PatG ist in § 82 Abs. 3 S. 1 PatG hingegen grundsätzlich die Durchführung einer mündlichen Verhandlung vorgesehen.[6]

6 In welchem Umfang die **Regelungen des § 128 Abs. 2 ZPO** in den patentgerichtlichen Verfahren entsprechend anwendbar sind, ist hingegen umstritten bzw. von der Rechtsprechung bislang nicht abschließend geklärt.[7] Gegen die Anwendbarkeit der **Beschränkungen des § 128 Abs. 2 S. 2 und S. 3 ZPO** spricht zunächst, dass diese auf dem Ausnahmecharakter einer Entscheidung des Gerichts im schriftlichen Verfahren beruhen, während eine Entscheidung des BPatG **im Beschwerdeverfahren** ohne eine mündliche Verhandlung hingegen den Regelfall darstellt.[8] Für eine Entscheidung des BPatG im schriftlichen Verfahren bedarf es daher (zunächst) nicht einer Zustimmung der Parteien gemäß § 128 Abs. 2 S. 1 ZPO.[9]

7 Die **Notwendigkeit der Zustimmung der Parteien** gemäß § 128 Abs. 2 S. 1 ZPO bezüglich einer Entscheidung des Gerichts ohne mündliche Verhandlung kommt daher allenfalls in Betracht, wenn das Gericht im Anschluss an eine mündliche Verhandlung gemäß § 78 PatG bzw. § 69 MarkenG beschließt, in das schriftliche Verfahren überzugehen.[10] Eine Rückkehr in das schriftliche Verfahren kommt beispielsweise in Betracht, wenn die mündliche Verhandlung noch nicht zu einer abschließenden Klärung der Sach- oder Rechtslage geführt hat und den Parteien daher die Einreichung weiterer Unterlagen aufgegeben wird oder diese im Nachgang zur mündlichen Verhandlung Vergleichsgespräche für eine Abgrenzung aufgenommen haben.[11]

8 Für die Regelungen der **Terminsbestimmung** gemäß § 128 Abs. 2 S. 2 ZPO und der **zeitlichen Beschränkung einer Entscheidung** im Nachgang zu einer Zustimmung der Parteien gemäß § 128 Abs. 2 S. 3 ZPO gilt ebenfalls, dass der Regel-Ausnahme-Charakter des schriftlichen Verfahrens bei Entscheidungen im Beschwerdeverfahren vor dem BPatG gegen die Anwendbarkeit dieser Regelungen spricht.[12] Zum Teil wird allerdings die Regelung des § 128 Abs. 2 S. 3 ZPO für entsprechend anwendbar erachtet, um auf diese Weise eine Verfahrensverzögerung zu vermeiden.[13]

9 Die **Rechtsprechung** hat sich noch nicht explizit damit auseinandergesetzt, ob § 128 Abs. 2 ZPO im Beschwerdeverfahren vor dem BPatG uneingeschränkt anwendbar ist.[14] Es kann aus den bisherigen Entscheidungen des BGH allerdings abgeleitet werden, dass dieser die Regelungen des § 128 Abs. 2 S. 2 und S. 3 ZPO grundsätzlich über § 99 Abs. 1 PatG bzw. § 82 Abs. 1 MarkenG für entsprechend anwendbar erachtet, allerdings ohne dies entsprechend zu begründen oder insofern zu differenzieren.[15] Zudem kam es bei den jeweiligen Entscheidungen im Ergebnis auf die Anwendbarkeit nicht an. Für eine entsprechende Anwendbarkeit spricht, dass anderenfalls für das Gericht keine gesetzliche Vorgabe besteht, einen Zeitpunkt, bis zu dem Schriftsätze eingereicht werden können, oder einen Verkündungstermin bestimmen zu müssen.[16]

10 In Bezug auf das **patentrechtliche Nichtigkeits- oder Zwangslizenzverfahren** sieht das BPatG die Vorschrift des § 82 Abs. 3 PatG im Verhältnis zu § 128 Abs. 2 ZPO als eigenständige Regelung an.[17] Nach Auffassung des BPatG erscheint es daher zweifelhaft, ob es zusätzlich über die Verweisungsnorm des § 99 Abs. 1 PatG eines Rückgriffs auf § 128 Abs. 2 ZPO bedarf. Sofern die Parteien zugestimmt haben, von der Durchführung einer mündlichen Verhandlung abzusehen, und wenn das Gericht einen frühen gerichtlichen Hinweis erlassen und dabei den Parteien gemäß § 83 Abs. 2 PatG eine Frist gesetzt hat, soll laut BPatG die Regelung des § 128 Abs. 2 S. 2 und S. 3 ZPO zumindest nicht mehr anwendbar sein.[18] Es bedarf demnach weder einer Fristbestimmung zur Einreichung der Schriftsätze gemäß § 128 Abs. 2 S. 2 PatG, noch gilt die Drei-Monatsfrist des § 128 Abs. 2 S. 2 PatG.

---

[6] Busse/*Keukenschrijver* PatG § 82 Rn. 12.
[7] Vgl. BPatG BeckRS 2015, 00687– extrudierte Platte; BGH GRUR 2003, 546 (547) – Turbo-Tabs; BPatG GRUR 1970, 431; Ströbele/Hacker/*Knoll* MarkenG § 69 Rn. 19.
[8] Ströbele/Hacker/*Knoll* MarkenG § 69 Rn. 19; BeckOK PatR/*Kubis* PatG § 78 Rn. 3. Vgl. auch § 79 Abs. 2 S. 2 PatG und § 70 Abs. 2 MarkenG im Falle der Verwerfung einer Beschwerde als unzulässig.
[9] BeckOK MarkenR/*Albrecht* MarkenG § 69 Rn. 9.
[10] Ströbele/Hacker/*Knoll* MarkenG § 69 Rn. 19.
[11] Ströbele/Hacker/*Knoll* MarkenG § 69 Rn. 19.
[12] Ströbele/Hacker/*Knoll* MarkenG § 69 Rn. 19.
[13] Schulte/*Püschel* PatG § 78 Rn. 31.
[14] Zum patentrechtlichen Nichtigkeitsverfahren siehe BPatG BeckRS 2015, 00687– extrudierte Platte.
[15] BGH GRUR 2003, 546 (547) – Turbo-Tabs; BGH GRUR 2011, 654 (655) – Yoghurt-Gums; BGH GRUR 1967, 435 (436) – Isoharnstoffäther.
[16] Vgl. BGH GRUR 2003, 546 (407) – Turbo-Tabs. Sofern eine Schriftsatzfrist oder ein Termin zur Verkündung einer Entscheidung fehlt, ist unter Berücksichtigung des weiteren Parteivorbringens der Zeitpunkt der Absendung durch die Geschäftsstelle entscheidend, vgl. BGH GRUR 1967, 435 (436 f.) – Isoharnstoffäther.
[17] BPatG BeckRS 2015, 00687– extrudierte Platte; Busse/*Keukenschrijver* PatG § 82 Rn. 12.
[18] BPatG BeckRS 2015, 00687– extrudierte Platte.

Die **Regelung des § 128 Abs. 3 ZPO** ist hingegen über § 99 Abs. 1 PatG bzw. § 82 Abs. 1 MarkenG uneingeschränkt anwendbar.[19]

Bei **§ 128 Abs. 4 ZPO** ist ebenfalls hinsichtlich einer **entsprechenden Anwendung zu differenzieren**. Im Beschwerdeverfahren macht die entsprechende Anwendbarkeit keinen Sinn, da insofern die Reglungen des § 78 PatG bzw. § 69 MarkenG vorgehen bzw. eine Ausnahmeregelung darstellen, auf die § 128 Abs. 4 ZPO selber verweist. In Bezug auf andere Entscheidungen des BPatG (erstinstanzliche Verfahren vor dem BPatG wie zB: Antrag auf Akteneinsicht, Wiedereinsetzungsverfahren für die Beschwerdeeinlegung etc) ist § 128 Abs. 4 ZPO hingegen entsprechend heranziehbar.[20]

C. Anwendungsbereich

I. Mündliche Verhandlung vor dem erkennenden Gericht (Abs. 1)

Das Gebot der Mündlichkeit bezieht sich zunächst auf das **Urteilsverfahren** und nicht auf andere Verfahren wie beispielsweise das Beschwerdeverfahren (§ 572 Abs. 4, § 577 Abs. 6 in Verbindung mit Abs. 4 ZPO).[21]

Ob § 128 Abs. 1 ZPO unmittelbare Anwendung auf das für den gewerblichen Rechtsschutz wichtige **einstweilige Verfügungsverfahren** findet, in dem das Gericht einen Beschluss auch ohne mündliche Verhandlung fassen kann, war bislang umstritten.[22] Lediglich wenn dem Antrag auf einstweilige Verfügung mittels eines Beschlusses stattgegeben wurde und der Gegner daraufhin Widerspruch erhoben hat, hat das Gericht gemäß §§ 936, 925 Abs. 1 ZPO mittels **Endurteil** eine Entscheidung zu treffen und gemäß § 924 Abs. 2 S. 2 ZPO zuvor einen Termin zur mündlichen Verhandlung zu bestimmen. Nichtsdestotrotz ist nach der bislang überwiegenden Meinung in der Rechtsprechung für das einstweilige Verfügungsverfahren nach §§ 935 ff. ZPO eine mündliche Verhandlung grundsätzlich vorgesehen, selbst wenn im Einzelfall im Beschlusswege entschieden werden sollte. Dies hat mit Blick auf die Entstehung einer Termingebühr gemäß Nr. 3104 Abs. 1 VV-RVG eine Relevanz für den Fall, dass keine mündliche Verhandlung durchgeführt wurde, aber einer der Tatbestände des Nr. 3104 Abs. 1 VV-RVG einschlägig ist. Der BGH hat diese Rechtsauffassung nun ausdrücklich bestätigt.[23]

Unter einer **Verhandlung iSd § 128 Abs. 1 ZPO** ist nur eine streitige Verhandlung bzw. bei Säumnis einer Partei auch eine einseitige Verhandlung zur Hauptsache zu verstehen. Nicht unter den Begriff der Verhandlung fallen die Güteverhandlung nach § 278 Abs. 2 S. 1 ZPO, die Beweisaufnahme oder die Verkündungstermine.[24]

Auf **Dritte** ist § 128 Abs. 1 ZPO erst dann anwendbar, nachdem sie dem Rechtsstreit beispielsweise als Streithelfer beigetreten sind.[25]

Die Verhandlung hat vor dem **erkennenden Gericht** stattzufinden. Diese Regelung steht im engen Zusammenhang mit § 309 ZPO und dem Grundsatz der Unmittelbarkeit. Dies bedeutet ua, dass im Fall eines **Richterwechsels nach Schluss der mündlichen Verhandlung** und vor Urteilsfällung ein Urteil nicht mehr ergehen darf, sondern gemäß § 156 Abs. 2 Nr. 3 ZPO die mündliche Verhandlung wiederzueröffnen ist.[26] Anders ist dies im Fall eines patentgerichtlichen Verfahrens zu beurteilen, wenn nach dem Schluss der mündlichen Verhandlung mit Zustimmung der Parteien ein **Übergang in das schriftliche Verfahren** angeordnet wurde (→ Rn. 23).[27] Das erkennende Gericht kann zugleich auch der Einzelrichter gemäß §§ 348, 348a ZPO oder der Vorsitzende der Kammer für Handelssachen gemäß § 349 ZPO sein,[28] was insbesondere für marken-, design- und wettbewerbsrechtliche Verfahren, für die nach § 95 Abs. 1 Nr. 4c) und Nr. 5 GVG primär die Handelskammer zuständig ist, von Bedeutung sein kann.

II. Schriftliches Verfahren (Abs. 2)

§ 128 Abs. 2 ZPO erlaubt als **Durchbrechung des Gebots der Mündlichkeit** gemäß Abs. 1 eine Entscheidung im schriftlichen Verfahren, sofern die Parteien dem zugestimmt haben. In der Praxis ist es bei zivilgerichtlichen Verfahren im **Bereich des gewerblichen Rechtsschutzes** eher unüblich, dass eine Entscheidung des Gerichts durch Urteil im Rahmen eines ausschließlich schriftlich geführten

---

[19] Ströbele/Hacker/*Knoll* MarkenG § 82 Rn. 53 und § 69 Rn. 11; Schulte/*Püschel* PatG § 99 Rn. 6 und § 78 Rn. 17.
[20] Schulte/*Püschel* PatG § 78 Rn. 17 f.
[21] Musielak/Voit/*Stadler* ZPO § 128 Rn. 5.
[22] BGH NJW 2020, 2474 (2475 f.) mwN zum Meinungsstand; OLG Düsseldorf BeckRS 2017, 130449.
[23] BGH NJW 2020, 2474 (2476).
[24] Musielak/Voit/*Stadler* ZPO § 128 Rn. 8.
[25] Musielak/Voit/*Stadler* ZPO § 128 Rn. 9.
[26] Musielak/Voit/*Stadler* ZPO § 128 Rn. 3 und Musielak/Voit/*Musielak/Voit* ZPO § 309 Rn. 2.
[27] BGH GRUR 2003, 546 (547) – Turbo-Tabs; BGH GRUR 1987, 515 (516) – Richterwechsel III; BGH GRUR 1974, 294 (295) – Richterwechsel II.
[28] Musielak/Voit/*Stadler* ZPO § 128 Rn. 7.

Verfahrens gemäß § 128 Abs. 2 ZPO erfolgt.[29] Denkbar ist allerdings der Übergang in das schriftliche Verfahren mit Zustimmung der Parteien gemäß § 128 Abs. 2 ZPO nach Durchführung einer mündlichen Verhandlung, beispielsweise wenn sich die Parteien im Nachgang zu einer mündlichen Verhandlung nicht auf einen Vergleich einigen können und die Sache im Übrigen aber bereits entscheidungsreif ist und daher ein weiterer mündlicher Verhandlungstermin entbehrlich wird.[30] Von Bedeutung ist § 128 Abs. 2 ZPO allerdings in den patentgerichtlichen Verfahren, sofern die Anwendbarkeit bejaht wird (→ Rn. 6 ff.).

19 Die **Zustimmung der Parteien** stellt eine Prozesshandlung dar und kann in der mündlichen Verhandlung oder schriftlich erfolgen.[31] Sie kann im Anwaltsprozess nicht telefonisch erteilt werden.[32] Als einseitige, prozessgestaltende Erklärung muss sie klar, eindeutig und vorbehaltlos erfolgen.[33] Ein Schweigen auf die Anordnung des schriftlichen Verfahrens darf das Gericht nicht als Zustimmung werten, wenn nicht besondere Umstände hierzu Anlass geben.[34] Allerdings hat die betroffene Partei die Fortsetzung im schriftlichen Verfahren zu rügen (§ 295 ZPO).[35] In der Mitteilung einer Partei, dass sie dem Eintragungsbeschluss des Gerichts bzgl. eines Schutzrechts in Kürze entgegen sieht, kann allerdings ggf. ein Einverständnis mit einer Entscheidung im schriftlichen Verfahren gesehen werden.[36]

20 Die Zustimmung der Partei zum schriftlichen Verfahren ist **in der Regel unwiderruflich,** sofern die andere Partei ebenfalls zugestimmt hat.[37] § 128 Abs. 2 S. 1 ZPO sieht einen Widerruf nur im Fall einer wesentlichen Änderung der Prozesslage vor. Im Rahmen der Frage der Wirksamkeit eines Widerrufs ist die Prozesslage bei Abgabe der Zustimmungserklärung mit derjenigen im Zeitpunkt des Widerrufs zu vergleichen. Dabei muss die neue Prozesslage gerade in Beziehung zum Erfordernis einer mündlichen Verhandlung gesetzt werden.[38] Eine wesentliche Änderung kann beispielsweise bei geänderten Sachanträgen oder neuen Beweismitteln bzw. wesentlichen neuen Behauptungen vorliegen.[39] Ein Widerruf kommt insbesondere in Betracht, wenn das Gericht aufgrund des neuen Sach- und Beweisvortrags einen richterlichen Hinweis nach § 139 ZPO an den Gegner erlässt.[40]

21 Nicht unter § 128 Abs. 2 ZPO fallen **nachgelassene bzw. nachgereichte Schriftsätze einer Partei**.[41] Hierfür gelten die Sonderregelungen des §§ 139 Abs. 5, 283 ZPO.[42] Antwortet der Gegner hingegen wieder auf einen nachgelassenen Schriftsatz, muss das Gericht neuen Sach- und Beweisvortrag in diesem Fall nicht beachten bzw. gegebenenfalls als verspätet zurückweisen.

22 Die **Anordnung des schriftlichen Verfahrens** erfolgt durch Beschluss, der entweder förmlich zuzustellen ist oder noch in der mündlichen Verhandlung ergeht.[43] In diesem Beschluss sind der Zeitpunkt zur Einreichung von Schriftsätzen durch die Parteien sowie ein Verkündungstermin zu bestimmen. Das **Ende der Schriftsatzfrist** steht dem Schluss der mündlichen Verhandlung gleich. Anträge wie zum Beispiel eine Widerklage können wirksam daher nur bis zu diesem Zeitpunkt gestellt werden.[44] Da dieser Termin zudem für beide Parteien gleichermaßen gilt, ist eine lediglich einseitige Verlängerung der Schriftsatzfrist für eine Partei unzulässig.[45] Das Gericht hat grundsätzlich ein Ermessen bezüglich der Anordnung des schriftlichen Verfahrens. Entscheidend ist, ob eine Beendigung des Rechtsstreits im schriftlichen Verfahren einfacher und schneller zu erreichen ist.[46]

23 Die Zustimmung der Parteien gilt nur **bis zur nächsten Sachentscheidung.** Abgesehen von einem Urteil des Gerichts fällt hierunter auch ein Beweisbeschluss.[47] Richterliche Hinweise gemäß § 139 ZPO stellen hingegen keine Sachentscheidungen iSd § 128 Abs. 2 ZPO dar.[48]

---

[29] Für ein Beispiel aus der Praxis LG Hamburg 407 HKO 141/11; Anordnung der Entscheidung im schriftlichen Verfahren im Fall einer erkennbar unbegründeten Vollstreckungsabwehrklage, bei der der Gegenanspruch auf einen (vermeintlichen) Schadensersatz aus der Verletzung von Kennzeichenrechten gestützt wurde.
[30] Vgl. Musielak/Voit/*Stadler* ZPO § 128 Rn. 10; Zöller/*Greger* ZPO § 128 Rn. 3.
[31] OLG München BeckRS 2020, 12946; Musielak/Voit/*Stadler* ZPO § 128 Rn. 12; Zöller/*Greger* ZPO § 128 Rn. 4.
[32] OLG München BeckRS 2020, 12946.
[33] BGH NJW 2007, 2122.
[34] BGH NJW 2007, 2122.
[35] BGH NJW 2007, 2122; GRUR-RR 2012, 496 – Speed Cat; Musielak/Voit/*Stadler* ZPO § 128 Rn. 19. Siehe aber auch BGH GRUR 2012, 180 (182 f.) – Werbegeschenke.
[36] BGH GRUR 1987, 515 (516) – Richterwechsel III.
[37] BGH NJW 2001, 2480; Musielak/Voit/*Stadler* ZPO § 128 Rn. 14.
[38] BGH BeckRS 2016, 5316; OLG Rostock BeckRS 2021, 25330.
[39] Vgl. OLG Dresden GRUR-RS 2020, 21255.
[40] Musielak/Voit/*Stadler* ZPO § 128 Rn. 14; Zöller/*Greger* ZPO § 128 Rn. 5.
[41] Schulte/*Püschel* PatG § 78 Rn. 34.
[42] Zöller/*Greger* ZPO § 128 Rn. 3; Schulte/*Püschel* PatG § 78 Rn. 34.
[43] Musielak/Voit/*Stadler* ZPO § 128 Rn. 16.
[44] LG Mannheim Mitt. 010, 496 (Ls.).
[45] AG Kassel BeckRS 2015, 04529.
[46] Musielak/Voit/*Stadler* § 128 Rn. 10.
[47] BGHZ 31, 210 (215).
[48] Musielak/Voit/*Stadler* § 128 Rn. 17.

Bei seiner Entscheidung hat das Gericht auch den Vortrag der Parteien aus vorangegangenen **24** mündlichen Verhandlungen zu berücksichtigen.[49] Sofern nach Schluss der mündlichen Verhandlungen ein Richterwechsel stattgefunden hat, eine Entscheidung hingegen erst nach **Übergang in das schriftliche Verfahren** getroffen wird, ist § 309 ZPO in diesem Fall nicht anwendbar.[50] Das Gericht kann und darf im Fall eines Richterwechsels eine Entscheidung treffen, ohne dass es hierzu zunächst die mündliche Verhandlung wiederzueröffnen hat.[51] Allerdings darf es bei seiner Entscheidung nur den Streitstoff berücksichtigen, der aufgrund des schriftlichen Vortrags der Parteien dem erkennenden Gericht aktenkundig oder durch das Protokoll der mündlichen Verhandlung festgehalten ist.[52] Verstößt das Gericht hiergegen, kann dies einen wesentlichen Verfahrensfehler begründen.[53]

Einer Entscheidung im schriftlichen Verfahren nach § 128 Abs. 2 ZPO kommt auch in **kosten-** **25** **rechtlicher Hinsicht** im Bereich des gewerblichen Rechtsschutzes eine besondere Bedeutung zu. Auch wenn keine mündliche Verhandlung durchgeführt wurde und es sich daher um ein rein schriftliches Verfahren gehandelt hat, fällt nach Nr. 3104 Abs. 1 Nr. 1 VV-RVG eine Termingebühr an. Hat in dem schriftlichen Verfahren neben dem Rechtsanwalt ein Patentanwalt mitgewirkt und findet in diesem Verfahren beispielsweise § 140 Abs. 4 MarkenG oder § 143 Abs. 3 PatG Anwendung, fällt nach Nr. 3104 Abs. 1 Nr. 1 VV-RVG auch für den Patentanwalt eine Termingebühr an.[54]

III. Verzicht auf mündliche Verhandlung bei Kostenentscheidung oder Nebenforderungen (Abs. 3)

§ 128 Abs. 3 erlaubt dem Gericht, auf eine mündliche Verhandlung zu verzichten, sofern nur noch **26** über die Kosten eines Rechtsstreits oder (seit dem 1.1.2020) Nebenforderungen zu entscheiden ist. Im Hauptsacheverfahren betrifft dies in der Regel **Kostenentscheidungen nach Klagerücknahme** einschließlich Rücknahme der Berufung oder **übereinstimmenden Erledigungserklärungen** der Parteien, sofern diese den gesamten Rechtsstreit betreffen.[55] Bei Nebenforderungen handelt es sich in der Regel um Zinsen oder Kosten (vgl. die abschließende Aufzählung in § 4 ZPO). Diese bleiben bereits bei der Wertberechnung des Gegenstandswertes des Verfahrens unberücksichtigt. Ob ein miteingeklagter **Anspruch eine Nebenforderung** ist, kann nach der Rechtsprechung nur aus seinem Verhältnis zu dem als Hauptforderung in Betracht kommenden Anspruch heraus beurteilt werden. Zur Hauptforderung muss die Nebenforderung in einem Abhängigkeitsverhältnis stehen.[56] Das kommt beispielsweise im Rahmen eines Verzugs und der sich hieraus ergebenden Zinsansprüche in Betracht.[57] Sind die Forderungen dagegen nach materiellem Recht auch im Hinblick auf ihre Entstehung gleichrangig, so ist keine von ihnen Nebenforderung. Das kann auch im Fall von Zinsansprüchen zutreffen, wenn diese Teil eines einheitlichen Gesamtanspruchs sind.[58] Der Begriff der Nebenforderung im Sinne von § 128 Abs. 3 ZPO ist dabei denklogisch auf den Zeitpunkt zu bestimmen, zu dem noch eine Hauptforderung geltend gemacht worden ist.[59]

Eine besondere Bedeutung kommt § 128 Abs. 3 ZPO auch im **Verfahren des einstweiligen** **27** **Rechtsschutzes** zu, sofern eine Partei lediglich einen **Kostenwiderspruch** erhebt und nicht den Erlass einer einstweiligen Verfügung als solchen in Frage stellt. Nach der Rechtsprechung kann das Gericht in diesem Fall gemäß § 128 Abs. 3 ZPO davon absehen, eine mündliche Verhandlung durchzuführen.[60] Eine Termingebühr gemäß Nr. 3104 Abs. 1 Nr. 1 VV-RVG fällt bei § 128 Abs. 3 ZPO nicht an.[61] Eine Termingebühr entsteht im Rahmen des einstweiligen Verfügungsverfahrens gemäß Nr. 3104 Abs. 1 Nr. 1 Var. 3 VV-RVG, wenn ein schriftlicher Vergleich in diesem Verfahren geschlossen wird. Denn grundsätzlich setzt das einstweilige Verfügungsverfahren eine mündliche Verhandlung voraus.[62]

---

[49] Musielak/Voit/*Stadler* § 128 Rn. 18.
[50] BGH GRUR 1992, 627 (628) – Pajero.
[51] Vgl. BGH GRUR 2003, 546 (547) – Turbo-Tabs; BGH GRUR 1987, 515 (516) – Richterwechsel III; BGH GRUR 1974, 294 (295) – Richterwechsel II; BGH GRUR 1971, 532 – Richterwechsel I.
[52] BGH GRUR 1987, 515 (516) – Richterwechsel III; BGH GRUR 1992, 627 (628).
[53] BGH NJW-RR 1992, 1065; Zöller/*Greger* ZPO § 128 Rn. 41; Musielak/Voit/*Stadler* ZPO § 128 Rn. 19.
[54] Vgl. OLG Hamburg 4 W 74/12, im Anschluss an LG Hamburg 407 HKO 141/11. Siehe auch zur Vorlage an den EuGH im Falle eines markenrechtlichen Verfahrens: BGH GRUR 2020, 1239 – Kosten des Patentanwalts VI.
[55] Musielak/Voit/*Stadler* ZPO § 128 Rn. 23.
[56] BGH BeckRS 2016, 110511; BeckOK ZPO/*Wendtland* ZPO § 4 Rn. 12.
[57] BeckOK ZPO/*Wendtland* ZPO § 4 Rn. 12.
[58] BGH BeckRS 2016, 110511.
[59] BeckOK ZPO/*von Selle* ZPO § 128 Rn. 17.
[60] OLG Frankfurt a. M. GRUR-RR 2007, 62 (63) – Termingebühr; KG GRUR-RR 2008, 143 (144) – Termingebühr II.
[61] BGH NJW 2007, 2644; OLG Frankfurt a. M. GRUR-RR 2007, 62 (63) – Termingebühr.
[62] BGH NJW 2020, 2474 (2475 f.).

28 Entsprechendes gilt für Kostenentscheidungen in den **patengerichtlichen Verfahren**.[63] Auch hier ist § 128 Abs. 3 ZPO anwendbar.

IV. Fakultative mündliche Verhandlung (Abs. 4)

29 Die Regelung des § 128 Abs. 4 ZPO bezieht sich nur auf Entscheidungen des Gerichts ohne Urteil. Im **Bereich des gewerblichen Rechtsschutzes** hat die Vorschrift allenfalls bei einer einstimmigen Zurückweisung der Berufung nach § 522 Abs. 2 ZPO oder einer Entscheidung über die Nichtzulassungsbeschwerde bzgl. der Revision nach § 544 Abs. 4 S. 1 ZPO eine Bedeutung.[64]

§ 128a Verhandlung im Wege der Bild- und Tonübertragung

(1) [1]Das Gericht kann den Parteien, ihren Bevollmächtigten und Beiständen auf Antrag oder von Amts wegen gestatten, sich während einer mündlichen Verhandlung an einem anderen Ort aufzuhalten und dort Verfahrenshandlungen vorzunehmen. [2]Die Verhandlung wird zeitgleich in Bild und Ton an diesen Ort und in das Sitzungszimmer übertragen.

(2) [1]Das Gericht kann auf Antrag gestatten, dass sich ein Zeuge, ein Sachverständiger oder eine Partei während einer Vernehmung an einem anderen Ort aufhält. [2]Die Vernehmung wird zeitgleich in Bild und Ton an diesen Ort und in das Sitzungszimmer übertragen. [3]Ist Parteien, Bevollmächtigten und Beiständen nach Absatz 1 Satz 1 gestattet worden, sich an einem anderen Ort aufzuhalten, so wird die Vernehmung auch an diesen Ort übertragen.

(3) [1]Die Übertragung wird nicht aufgezeichnet. [2]Entscheidungen nach Absatz 1 Satz 1 und Absatz 2 Satz 1 sind unanfechtbar.

A. Allgemein

1 Diese Regelung lässt es zu, dass Verfahrensteilnehmer bei einer mündlichen Verhandlung nur mittels einer Bild- und Tonübertragung teilnehmen können, **nicht aber körperlich anwesend** sein müssen. Trotz der körperlichen Abwesenheit können mittels der Bild- und Tonübertragung alle Verfahrenshandlungen vorgenommen werden.[1] Dies gilt gemäß Abs. 2 auch für die Vernehmung von Zeugen, Sachverständigen oder einer Partei. Umgekehrt besteht allerdings keine Verpflichtung der Gerichte, entsprechende Technik zur Durchführung einer Verhandlung im Wege der Bild- und Tonübertragung bereitzustellen. Der ursprüngliche Zweck der Vorschrift zielte auf eine Zeit- und Kostenersparnis für die Parteien oder bei der Vernehmung von Zeugen ab, insbesondere bei Gerichtsprozessen im internationalen Kontext. Die Corona-Pandemie hat dieser Regelung eine weitere Begründung für die Anwendung bereitet, da es nun auch um den Gesundheitsschutz der beteiligten Personen und den Erhalt der Funktionsfähigkeit der Justiz ging.[2] Viele Gerichte weisen nun auch die notwendige technische Ausstattung zur Durchführung von Gerichtsverfahren mittels einer Videokonferenz auf. Indem die Verhandlung zeitgleich in Bild und Ton an den „anderen" Ort und in das Sitzungszimmer übertragen wird, wird die gemäß § 169 GVG erforderliche Öffentlichkeit gewahrt. Die Gerichtsverhandlung kann durch Dritte vollständig im Sitzungszimmer mitverfolgt werden.[3] § 128a Abs. 3 S. 2 ZPO schließt abweichend von der allgemeinen Regelung des § 567 Abs. 2 ZPO eine sofortige Beschwerde gegen die Anordnung des Gerichts zur Durchführung einer Verhandlung im Wege der Bild- und Tonübertragung aus.[4]

2 Das BPatG hat die Regelung des § 128a ZPO in **patentgerichtlichen Verfahren** über § 99 Abs. 1 PatG und § 82 Abs. 1 MarkenG bereits frühzeitig für anwendbar erklärt, und zwar auch im Zeitpunkt der Übergangsregelungen.[5] Insbesondere bei Zeugenvernehmungen oder technischen Sachverständigen ist eine Vernehmung im Wege der Bild- und Tonübertragung im Einzelfall in Erwägung zu ziehen. Dies gilt auch für eine Vernehmung von Beweispersonen im Ausland.[6] Aus Sicht des BPatG ist eine solche Vernehmung unter dem Gesichtspunkt der Wahrheitsfindung und dem Gesichtspunkt der

---

[63] BPatG GRUR-RS 2021, 10648; 2019, 45567; BPatGE 16, 188; BPatG BeckRS 2016, 12923; 2010, 28264 – Wert eines Gebrauchsmusters; Busse/*Engels* PatG § 78 Rn. 29; bei Antrag auf Rückzahlung der Beschwerdegebühr BPatGE 52, 112 (113) – Mikro-Schweißspitze; aA für isolierte Kostenbeschwerde Ströbele/Hacker/*Knoll* MarkenG § 69 Rn. 11, mit Blick auf die fehlende Anwendbarkeit bei Verfahren im einstweiligen Rechtsschutz bedenklich, vgl. OLG Frankfurt a. M. GRUR-RR 2007, 62 (63) – Terminsgebühr.
[64] Vgl. Musielak/Voit/*Stadler* ZPO § 128 Rn. 24.
[1] Zöller/*Greger* ZPO § 128a Rn. 1.
[2] LAG Düsseldorf BeckRS 2021, 3353.
[3] Elzer ArbRAktuell 2021, 171.
[4] LAG Düsseldorf BeckRS 2020, 17870.
[5] BPatG GRUR 2003, 176 – Leiterplattennutzen – Trennvorrichtung.
[6] Musielak/Voit/Voit/*Stadler* ZPO § 128a Rn. 8.

Gewährung des rechtlichen Gehörs einer konsularischen Vernehmung oder einer Vernehmung durch einen beauftragten Richter am Sitz der zu vernehmenden Person in der Regel vorzuziehen.[7]

B. Voraussetzungen und Durchführung

Eine Verhandlung im Wege der Bild- und Tonübertragung gemäß Abs. 1 setzt einen **Antrag** des oder der zuzuschaltenden beteiligten Personen voraus, hierzu zählen die Parteien sowie ihre Bevollmächtigten und Beistände. Ferner wird ein Einverständnis beider Parteien verlangt. Nur wenn beide Voraussetzungen erfüllt sind, kann das Gericht die Bild- und Tonübertragung für den jeweiligen Antragsteller gestatten, es ist aber nicht zwingend. Allerdings kann das Gericht eine Verhandlung im Wege der Bild- und Tonübertragung auch **von Amts wegen** gestatten. Hiervon haben die Gerichte während der Corona-Pandemie verstärkt Gebrauch gemacht. Zwar setzt dies auch die notwendige technische Ausstattung der Parteien oder zumindest deren Zugang hierzu voraus.[8] Da die Teilnahme an der Verhandlung aber in der Regel nur eine browserbasierte Kommunikationssoftware voraussetzt, dürfte dies in der Praxis kaum noch eine Rolle spielen. Die Gerichte können den Parteien und Prozessbevollmächtigten gestatten, von unterschiedlichen Orten an der mündlichen Verhandlung teilzunehmen.[9] Dass die Partei sich mit dem Prozessbevollmächtigten am selben Ort befindet, setzt § 128a ZPO nicht voraus. Der Begriff des „anderen Ortes" ist insofern weit zu verstehen und enthält keine inhaltliche Beschränkung.[10] Es geht lediglich darum, dass die mündliche Verhandlung in einer dem Wesen einer Gerichtsverhandlung angemessenen Weise durchgeführt werden kann, was neben einer Teilnahme aus der Kanzlei auch aus dem Homeoffice heraus möglich ist. Die Einladung erfolgt durch eine Übersendung der Einwahldaten durch das Gericht rechtzeitig per E-Mail an die aus dem Briefkopf oder Internetauftritt der Prozessbevollmächtigten ersichtlichen E-Mail-Adressen, soweit dem Gericht nichts anderes bekannt ist oder vom Prozessbevollmächtigten mitgeteilt worden ist.[11]

§ 128a Abs. 2 ZPO bezieht sich hingegen auf die Durchführung von Beweisaufnahmen mittels **Videokonferenz.** Das Gericht entscheidet hierüber von Amts wegen. Eines Antrags der Parteien bedarf es nicht, nur deren Einverständnis ist erforderlich.[12] Eine Verpflichtung der Beweispersonen, sich mittels Videokonferenz vernehmen zu lassen, besteht allerdings nicht.[13]

Eine entsprechende Anhörung erfolgt durch Gerichtsbeschluss. Die jeweils betroffene Person wird vom Gericht an den hierfür vorgesehenen Übertragungsort geladen, wobei die hiervon betroffene Person zum Ort auch entsprechende Angaben gegenüber dem Gericht machen kann. Dies kann das an dem anderen Ort befindliche Gericht oder ein vom Gericht zur Verfügung gestellter Raum sein. Dies ist aber nicht zwingend.[14] Eine solche Einschränkung auf einen bestimmten Ort ergibt sich weder aus dem Wortlaut noch aus dem Sinn und Zweck der Regelung.[15]

§ 129 Vorbereitende Schriftsätze

(1) **In Anwaltsprozessen wird die mündliche Verhandlung durch Schriftsätze vorbereitet.**

(2) **In anderen Prozessen kann den Parteien durch richterliche Anordnung aufgegeben werden, die mündliche Verhandlung durch Schriftsätze oder zu Protokoll der Geschäftsstelle abzugebende Erklärungen vorzubereiten.**

A. Allgemein

Die Regelung des § 129 ZPO bezieht sich ausschließlich auf vorbereitende Schriftsätze. Diese sind abzugrenzen von bestimmten Schriftsätzen, denen für ein Verfahren eine unmittelbar, also außerhalb der mündlichen Verhandlung, prozessgestaltende Wirkung zukommt.[1] Hierzu zählen insbesondere Schriftsätze, die ein Verfahren oder zumindest Abschnitte davon einleiten oder abschließen (zB Klage, Widerspruch bei einstweiligen Verfügungen, Einlegung von Rechtsmitteln, Klagerücknahme, Erledigungserklärung) sowie alle schriftlichen Anträge, über die nicht mündlich zu verhandeln ist.[2]

---

[7] BPatG GRUR 2003, 176 – Leiterplattennutzen – Trennvorrichtung.
[8] BeckOK ZPO/*von Selle* ZPO § 128a Rn. 3.
[9] LG Köln BeckRS 2021, 13341.
[10] LAG Düsseldorf BeckRS 2021, 3353; 2021, 21265; 2021, 21266; BeckOK ZPO/*von Selle* ZPO § 128a Rn. 6.
[11] LG Köln BeckRS 2021, 5483.
[12] Musielak/Voit/*Stadler* ZPO § 128a Rn. 5.
[13] Musielak/Voit/*Stadler* ZPO § 128a Rn. 9.
[14] LAG Düsseldorf BeckRS 2021, 21265; 2021, 21266; Musielak/Voit/*Stadler* ZPO § 128a Rn. 2; BeckOK ZPO/*von Selle* ZPO § 128a Rn. 6; aA Zöller/*Greger* ZPO § 128a Rn. 4.
[15] LAG Düsseldorf BeckRS 2021, 21265; 2021, 21266; Elzer ArbRAktuell 2021, 171.
[1] Zöller/*Greger* ZPO § 129 Rn. 1; Musielak/Voit/*Stadler* ZPO § 129 Rn. 1.
[2] Zöller/*Greger* ZPO § 129 Rn. 3; Musielak/Voit/*Stadler* ZPO § 129 Rn. 6.

B. Anwendbarkeit in patentgerichtlichen Verfahren

2 Die Regelung des **§ 129 Abs. 1 ZPO** ist in patentgerichtlichen Verfahren über § 99 Abs. 1 S. 1 PatG und § 82 Abs. 1 S. 1 MarkenG **nicht anwendbar**, da diese Verfahren keinen (Rechts-)Anwaltszwang vorsehen und es sich daher auch nicht um einen Anwaltsprozess im Sinne von § 78 Abs. 1 ZPO handelt.[3] **§ 129 Abs. 2 ZPO** wird hingegen grundsätzlich für anwendbar erachtet.[4]

C. Voraussetzungen

3 Vorbereitende Schriftsätze dienen **der Vorbereitung und der Erleichterung** der mündlichen Verhandlung. Dadurch erspart sich das Gericht zeitaufwendige Erörterungen und Niederschriften in der mündlichen Verhandlung (§ 160 Abs. 2 ZPO).[5] Zudem erhält das Gericht (§ 273 ZPO) und der Gegner (§ 132 ZPO) rechtzeitig Gelegenheit, sich auf die jeweiligen Tatsachen und Argumente in der mündlichen Verhandlung vorzubereiten.[6] Der Inhalt vorbereitender Schriftsätze gemäß § 129 ZPO soll den Anforderungen des § 130 ZPO entsprechen.[7]

4 Sinn und Zweck der Regelung sind hingegen nicht, dass sich die Parteien durch jeweils möglichst zahlreiche Schriftsätze im Vorfeld einer mündlichen Verhandlung über den Prozessstoff unentwegt austauschen. In **Patentstreitsachen** wird daher unter anderem von den Gerichten teilweise ausdrücklich vorgegeben, in welchem Umfang und zu welchen Zeitpunkten vorbereitende Schriftsätze bei Gericht eingereicht werden können und sollen.

5 Zum herkömmlichen Inhalt vorbereitender Schriftsätze zählen jeweils der von den Parteien behauptete Sachvortrag, ggf. unter Beweisantritt, das jeweilige Bestreiten der Parteien sowie deren Rechtsausführungen.[8] Da ein vorbereitender Schriftsatz keinen Ersatz für den Vortrag in der mündlichen Verhandlung darstellt, ist das schriftliche Vorbringen grundsätzlich **durch einen späteren Vortrag widerruflich**.[9] Allerdings kann das Gericht einen widersprüchlichen Sachvortrag im Rahmen der Beweiswürdigung berücksichtigen (vgl. § 286 ZPO).

6 Der Inhalt vorbereitender Schriftsätze ist für die Entscheidung des Gerichts prozessual dennoch von Bedeutung. Denn durch **Vortrag oder Bezugnahme** des Inhalts (§ 137 Abs. 3 ZPO) in der mündlichen Verhandlung wird dieser zum entscheidungserheblichen Prozessstoff,[10] wobei die Anforderungen an die Bezugnahme nicht allzu hoch zu stellen sind.[11] Entsprechendes gilt für den **Urteilstatbestand** (§ 313 Abs. 2 ZPO) mittels entsprechender Bezugnahme im Tatbestand oder den Generalverweis auf die Schriftsätze.[12] Setzt das Gericht den Parteien eine Frist zur Einreichung eines vorbereitenden Schriftsatzes, können dessen Fehlen oder verspätete Einreichung zur **Präklusion** gem. §§ 282 Abs. 2, 296 ZPO führen und auch insofern für die gerichtliche Entscheidung maßgeblich sein. Insbesondere sind alle Angriffs- und Verteidigungsmittel gemäß §§ 282 Abs. 2, Abs. 1 ZPO in den vorbereitenden Schriftsätzen rechtzeitig mitzuteilen, so dass der Gegner hierauf noch reagieren kann.

7 § 129 Abs. 1 ZPO gilt allerdings nur für den **Anwaltsprozess.** Liegt ein solcher nicht vor, ist die Regelung des § 129 Abs. 2 ZPO maßgeblich, die sich auf den Parteiprozess gemäß § 79 ZPO bezieht. In diesen Fällen bedarf es einer richterlichen Anordnung an die Parteien, die mündliche Verhandlung durch Schriftsätze oder zu Protokoll der Geschäftsstelle abzugebenen Erklärungen vorzubereiten.[13]

8 Von Bedeutung ist die Regelung des § 129 Abs. 2 ZPO insbesondere in **Beschwerdeverfahren vor dem Bundespatentgericht.** Bei diesen handelt es sich nicht um einen Anwaltsprozess im Sinne von § 78 Abs. 1 ZPO, weil die Vertretung durch Rechtsanwälte nicht zwingend geboten ist.[14] Eine solche richterliche Anordnung muss an die Parteien klar und deutlich gerichtet sein.[15] Sie liegt nicht bereits dann vor, wenn das Gericht eine Anfrage an die Parteien richtet, ob ein ursprünglicher Antrag auf Durchführung einer mündlichen Verhandlung aufrecht erhalten bleibt oder die Parteien ihr

---

[3] Str., vgl. BGH GRUR 2010, 859 (860) – Malteserkreuz III; Ströbele/Hacker/*Knoll* MarkenG § 82 Rn. 47; Anwendbarkeit ohne Begründung bejahend Busse/*Schuster* PatG § 99 Rn. 8; Schulte/*Püschel* PatG § 129 Rn. 6.
[4] BGH GRUR 2010, 859 (860) – Malteserkreuz III; BPatG BeckRS 2018, 6037; Busse/*Schuster* PatG § 99 Rn. 8; Schulte/*Püschel* PatG § 129 Rn. 6; mit Einschränkungen Ströbele/Hacker/*Knoll* MarkenG § 82 Rn. 48.
[5] Zöller/*Greger* ZPO § 129 Rn. 1.
[6] Zöller/*Greger* ZPO § 129 Rn. 1; Musielak/Voit/*Stadler* ZPO § 129 Rn. 1.
[7] Musielak/Voit/*Stadler* ZPO § 129 Rn. 8 f.; OLG Hamburg GRUR-RR 2008, 100 (102) – ALLERSLIT forte.
[8] Zöller/*Greger* ZPO § 129 Rn. 1.
[9] Zöller/*Greger* ZPO § 129 Rn. 1a.
[10] Zöller/*Greger* ZPO § 129 Rn. 2a; Musielak/Voit/*Stadler* ZPO § 129 Rn. 1.
[11] Vgl. BGH GRUR 2012, 1236 (1239) – Fahrzeugwechselstromgenerator: Denn nach der Rechtsprechung des Bundesgerichtshofs (BGHZ 158, 269 (278); BGH NJW 2007, 2414 Rn. 16; BeckRS 2012, 17736 Rn. 29) gelangt mit einem zulässigen Rechtsmittel der gesamte aus den Akten ersichtliche Streitstoff des ersten Rechtszugs in die Berufungsinstanz.
[12] Zöller/*Greger* ZPO § 129 Rn. 2a.
[13] Vgl. BPatG BeckRS 2018, 6037.
[14] BGH GRUR 2010, 859 (860) – Malteserkreuz III; BPatG BeckRS 2018, 6037; vgl. auch bereits BPatG GRUR 1997, 370 (371) – Lalique/Lalique.
[15] Vgl. BGH GRUR 2011, 654 f. – Yoghurt-Gums; *Grabrucker* jurisPR-WettbR 11/2011 Anm. 4.

Einverständnis mit einer Entscheidung im schriftlichen Verfahren erklären wollen. Eine solche Anfrage dient nicht der Vorbereitung der mündlichen Verhandlung durch Schriftsätze der Beteiligten, sondern soll lediglich klären, ob überhaupt eine mündliche Verhandlung durchzuführen ist.[16]

Von Bedeutung kann eine solche richterliche Anordnung insbesondere im **markenrechtlichen** **Widerspruchsverfahren** sein. Die Einrede der Nichtbenutzung einer Marke kann nämlich nur dann gemäß § 282 Abs. 2 ZPO in Verbindung mit § 296 Abs. 2 ZPO im Beschwerdeverfahren vor dem BPatG als verspätet zurückgewiesen werden, wenn zuvor das Gericht eine diesbezügliche richterliche Anordnung an die jeweilige Partei erlassen hat.[17] 9

§ 129a Anträge und Erklärungen zu Protokoll

(1) **Anträge und Erklärungen, deren Abgabe vor dem Urkundsbeamten der Geschäftsstelle zulässig ist, können vor der Geschäftsstelle eines jeden Amtsgerichts zu Protokoll abgegeben werden.**

(2) [1]**Die Geschäftsstelle hat das Protokoll unverzüglich an das Gericht zu übermitteln, an das der Antrag oder die Erklärung gerichtet ist.** [2]**Die Wirkung einer Prozesshandlung tritt frühestens ein, wenn das Protokoll dort eingeht.** [3]**Die Übermittlung des Protokolls kann demjenigen, der den Antrag oder die Erklärung zu Protokoll abgegeben hat, mit seiner Zustimmung überlassen werden.**

§ 129a ZPO stellt eine Ergänzung der Regelung des § 129 ZPO dar. Nicht nur **im Parteiprozess**, sondern auch im Anwaltsprozess lässt die Zivilprozessordnung Erklärungen zu Protokoll der Geschäftsstelle eines jeden Amtsgerichts genügen.[1] 1

Für die Geschäftsstelle besteht die **amtliche Verpflichtung,** entsprechende Anträge und Erklärungen entgegenzunehmen und durch den Urkundsbeamten zu protokollieren.[2] Dies gilt für jedes Amtsgericht. Eine telefonische Mitteilung solcher Anträge und Erklärungen ist allerdings nicht zulässig bzw. nicht ausreichend.[3] 2

Die Regelung des § 129a ZPO spielt im gewerblichen Rechtsschutz keine bedeutende Rolle, da es sich **bei den zivilgerichtlichen Verfahren** ausschließlich um Anwaltsprozesse handelt und hierbei Anträge und Erklärungen in der Regel nicht vor der Geschäftsstelle eines Amtsgerichts zu Protokoll gegeben werden (können).[4] 3

Von zumindest theoretischer Bedeutung ist die Regelung für **Beschwerdeverfahren vor dem Bundespatentgericht.** Bei diesem handelt es sich nicht um einen Anwaltsprozess im Sinne von § 78 Abs. 1 ZPO, so dass auch die Regelung des § 129 Abs. 2 ZPO grundsätzlich anwendbar ist.[5] In der Praxis kommt der Regelung aber keine oder zumindest kaum eine Bedeutung zu, da auch in diesen Verfahren in der Regel eine anwaltliche Vertretung stattfindet oder zumindest Personen tätig werden, die über eine besondere Sachkenntnis im gewerblichen Rechtsschutz verfügen und direkt die notwendige Erklärung an das jeweils zuständige Patentgericht übermitteln. 4

§ 130 Inhalt der Schriftsätze

Die vorbereitenden Schriftsätze sollen enthalten:
1. **die Bezeichnung der Parteien und ihrer gesetzlichen Vertreter nach Namen, Stand oder Gewerbe, Wohnort und Parteistellung; die Bezeichnung des Gerichts und des Streitgegenstandes; die Zahl der Anlagen;**
1a. **die für eine Übermittlung elektronischer Dokumente erforderlichen Angaben, sofern eine solche möglich ist;**
2. **die Anträge, welche die Partei in der Gerichtssitzung zu stellen beabsichtigt;**
3. **die Angabe der zur Begründung der Anträge dienenden tatsächlichen Verhältnisse;**
4. **die Erklärung über die tatsächlichen Behauptungen des Gegners;**

---

[16] BGH GRUR 2010, 859 (860) – Malteserkreuz III.
[17] BGH GRUR 2010, 859 (860) – Malteserkreuz III; vgl. zu den möglichen Auswirkungen auf die Praxis Grabrucker jurisPR-WettbR 11/2011 Anm. 4; noch aA die Vorinstanz BPatG BeckRS 2008, 08384; 2018, 6037; siehe zur Rechtslage vor der Zivilprozessreform vom 1.1.2002 BPatG GRUR 1996, 414 (415 f.) – RACOON/DRAGON; BPatG GRUR 1997, 370 (372) – Lailique/Lalique.
[1] Vgl. Musielak/Voit/*Stadler* ZPO § 129a Rn. 2, wobei dies für den Anwaltsprozess nur gilt, wenn Prozesshandlungen vom Anwaltszwang ausdrücklich ausgenommen sind.
[2] Musielak/Voit/*Stadler* ZPO § 129a Rn. 4; Zöller/*Greger* ZPO § 129a Rn. 2.
[3] BGH NJW-RR 2009, 852; Musielak/Voit/*Stadler* ZPO § 129a Rn. 4; lediglich eine Verpflichtung zur telefonischen Entgegennahme verneinen Zöller/*Greger* ZPO § 129a Rn. 2, wobei die protokollierte Rechtsmitteleinlegung mit Verweis auf die Entscheidung des BGH auch als unwirksam erachtet wird.
[4] Vgl. zu den vom Anwaltszwang ausgenommenen Prozesshandlungen Musielak/Voit/*Stadler* ZPO § 129a Rn. 2.
[5] BGH GRUR 2010, 859 (860) – Malteserkreuz III; BPatG BeckRS 2018, 6037.

5. die Bezeichnung der Beweismittel, deren sich die Partei zum Nachweis oder zur Widerlegung tatsächlicher Behauptungen bedienen will, sowie die Erklärung über die von dem Gegner bezeichneten Beweismittel;
6. die Unterschrift der Person, die den Schriftsatz verantwortet, bei Übermittlung durch einen Telefaxdienst (Telekopie) die Wiedergabe der Unterschrift in der Kopie.

A. Allgemein

1   § 130 ZPO steht im direkten Zusammenhang mit § 129 ZPO (→ § 129 Rn. 3). Die Regelungen des § 130 ZPO werden grundsätzlich als **Soll-Vorschriften** für vorbereitende Schriftsätze verstanden.[1] Lediglich das Unterschriftserfordernis des § 130 Nr. 6 ZPO wird nach der Rechtsprechung weiterhin grundsätzlich als Wirksamkeitsvoraussetzung angesehen.[2] Die Vorgaben des § 130 ZPO dienen überwiegend dazu, dem Gericht und dem Gegner eine geordnete Prozessführung zu ermöglichen. Die Angabe eines bereits zugeordneten und mitgeteilten Aktenzeichens ist in den Vorgaben des § 130 ZPO nicht aufgeführt, obwohl auch dessen Angabe die Weiterleitung innerhalb des Gerichts erleichtern und für eine rasche Bearbeitung sorgen soll. Fehlt ein solches Aktenzeichen, muss das Gericht den vorbereitenden Schriftsatz bei einem fristgemäßen Eingang dennoch berücksichtigen.[3]

B. Sonderregelungen im gewerblichen Rechtsschutz

2   § 130 ZPO ist in patentgerichtlichen Verfahren über § 99 Abs. 1 S. 1 PatG und § 82 Abs. 1 S. 1 MarkenG zumindest ergänzend heranzuziehen, sofern nicht im PatG oder MarkenG vorrangige oder abweichende Regelungen bestehen.[4] Für **Nichtigkeitsverfahren in Patentsachen** sind insbesondere in § 81 Abs. 4 und Abs. 5 PatG verschiedene Vorgaben für den Inhalt der Schriftsätze als vorrangig gegenüber den Vorgaben des § 130 ZPO (und 253 ZPO) anzusehen. Denn diese Regelungen sind nicht nur als Soll-Vorschriften verfasst. Allerdings sieht § 81 Abs. 5 S. 3 PatG grundsätzlich eine Heilungsmöglichkeit vor, sofern die inhaltlichen Vorgaben in der Klage nicht in vollem Umfang eingehalten worden sind.

3   Im **markenrechtlichen Beschwerdeverfahren** werden die Vorgaben in § 32 Abs. 2 und Abs. 3 MarkenG (iVm § 5 MarkenV) auch für das Verfahren vor dem Patentgericht als vorrangig angesehen. Die Vorgaben des § 130 ZPO werden nur ergänzend herangezogen, wenn dies für solche Verfahren erforderlich erscheint und keine abweichende Bestimmung im MarkenG besteht.[5]

C. Voraussetzungen

I. Bezeichnung der Parteien (Nr. 1)

4   Gemäß § 130 Nr. 1 ZPO sind die Parteien und ihre gesetzlichen Vertreter nach Namen, Stand oder Gewerbe, Wohnort und Parteistellung zu bezeichnen. Die Bezeichnung sollte so genau erfolgen, dass die **Parteien identifiziert** und Verwechslungen ausgeschlossen werden können.[6] Insbesondere im Fall einer Klageschrift sollte zwecks Möglichkeit einer **Zustellung der Klage** eine ladungsfähige Anschrift angegeben sein (§ 253 Abs. 4 iVm § 130 Nr. 1 ZPO). Wird eine zunächst ladungsfähige Anschrift einer Partei im Laufe eines Verfahrens unrichtig, ist dies für die Zulässigkeit der Klage ohne Belang.[7]

5   § 81 Abs. 5 S. 1 PatG sieht insofern für das **Verfahren vor dem Patentgericht** lediglich vor, dass Kläger und Beklagter zu bezeichnen sind. Für die Art der Bezeichnung kann daher weiterhin § 130 Nr. 1 ZPO herangezogen werden. Entsprechendes gilt auch für das Einspruchsverfahren gegen ein Patent.[8]

6   Auch wenn im Falle der patentrechtlichen Nichtigkeitsklage als Popularklage die Person des Klägers eine untergeordnete Rolle für die materiell-rechtliche Beurteilung spielt, muss aus Gründen der Rechtssicherheit, der umfassenden Verteidigungsmöglichkeit des Patentinhabers und der Erzielung eines geordneten Verfahrensablaufs die **Erkennbarkeit der beteiligten Parteien** in einer jeder Zweifel ausschließenden Weise gewährleistet sein.[9] Dies schließt eine ladungsfähige Anschrift mit ein.[10]

---

[1] Zöller/*Greger* ZPO § 130 Rn. 1; Musielak/Voit/*Stadler* ZPO § 130 Rn. 1.
[2] BGH GRUR 2003, 1068 – Computerfax; BGH NJW-RR 2009, 357; BAG NJW 2009, 3597; BGH NJW 2019, 2096 (2097); BeckRS 2020, 4237; Musielak/Voit/*Stadler* ZPO § 129 Rn. 8 und § 130 Rn. 2.
[3] BVerfG BeckRS 2018, 17097.
[4] Vgl. BPatG BeckRS 2012, 18934; Ströbele/Hacker/*Knoll* MarkenG § 82 Rn. 57; ohne Differenzierung Busse/ Schuster PatG § 99 Rn. 8; Schulte/*Püschel* PatG § 99 Rn. 6; BeckOK PatR/*Schnekenbühl* PatG § 81 Rn. 49 ff.
[5] Ströbele/Hacker/*Knoll* MarkenG § 82 Rn. 57.
[6] Musielak/Voit/*Stadler* ZPO § 130 Rn. 3.
[7] BGH MDR 2004, 1014 (1015); Musielak/Voit/*Stadler* ZPO § 130 Rn. 3.
[8] BGH GRUR 1990, 108 – Meßkopf; BPatG BeckRS 2016, 17173.
[9] BGH GRUR 1990, 108 – Meßkopf; BPatG BeckRS 2016, 11049; für das Einspruchsverfahren BPatG BeckRS 2016, 17173.
[10] BGH GRUR 1990, 108 – Meßkopf.

Allerdings kann sich dies nicht nur durch die ausdrückliche Bezeichnung der beteiligten Personen im Rubrum der Klage- oder Antragsschrift ergeben. Die Erkennbarkeit der beteiligten Personen kann auch oder muss ggf. sogar im Wege der Auslegung der Klageschrift und etwa sonst vorliegender Unterlagen gewonnen werden.[11] Dabei gilt, dass selbst bei einer dem Wortlaut nach unrichtigen Bezeichnung einer Partei grundsätzlich diejenige Person als Partei anzusehen ist, die nach dem Gesamtzusammenhang der Prozesserklärung als Partei gemeint ist.[12] Davon zu unterscheiden ist die irrtümliche Benennung der falschen, am materiellen Rechtsverhältnis nicht beteiligten Person als Partei. Diese wird Partei im Klageverfahren, da dies dem Willen des Antragstellers entspricht.[13] Der Einspruch gegen ein erteiltes Patent ist unzulässig, wenn die innerhalb der Einspruchsfrist gemachten Angaben nicht ausreichen, um die Person des Einsprechenden zweifelsfrei festzustellen.[14] Auch im Einspruchsverfahren muss der Patentinhaber die Möglichkeit haben, sich umfassend zu verteidigen, soweit es um Einwendungen in Bezug auf die Person des Einsprechenden oder seines Hintermannes geht. Hierzu gehört auch die Angabe der ladungsfähigen Anschrift, und zwar sogar dann, wenn die Identität als solche für alle Verfahrensbeteiligten zweifelsfrei feststeht.[15] Das Fehlen der Voraussetzung kann auch noch im Beschwerdeverfahren gerügt werden.[16] Für die Mitteilung der erforderlichen Angaben ist der anwaltliche Vertreter verantwortlich, und zwar unabhängig davon, ob es sich um einen Rechts- oder Patentanwalt handelt.[17] Es gilt insofern kein Amtsermittlungsgrundsatz.

In **markenrechtlichen Verfahren** vor dem Patentgericht bedarf es keiner Bezeichnung der Parteien gemäß § 130 Nr. 1 ZPO. Aus § 32 Abs. 2 Nr. 1 MarkenG ergibt sich lediglich, dass die Identität der Beteiligten feststellbar sein muss.[18] Die Benennung der gesetzlichen Vertreter bei juristischen Personen ist nicht erforderlich und wird in den Entscheidungen des BPatG auch nicht mit aufgeführt.[19] **7**

II. Bezeichnung des Gerichts und Streitgegenstands (Nr. 1)

Bei der Klageschrift ergibt sich die **Angabe des Gerichts** bereits aus § 253 Abs. 2 Nr. 1 ZPO. § 130 Nr. 1 ZPO bezieht sich daher nur auf Schriftsätze, bei denen das Gericht bereits festgelegt sein dürfte. Zusätzliche Angaben wie Patentstreitkammer, Handelskammer oder Unionsmarkengericht sind allerdings sinnvoll. Dies gilt insbesondere bei der Klageschrift, da markenrechtliche oder designrechtliche Verletzungsverfahren beispielsweise sowohl – und zwar auf Antrag vorrangig gemäß § 95 Abs. 1 Nr. 4c GVG – **vor der Handelskammer oder vor der Zivilkammer des Gerichts** stattfinden können. Bei Verfahren vor dem Patentgericht sind solche zusätzlichen Angaben hingegen nicht erforderlich. **8**

Die Bezeichnung des Streitgegenstands ist sowohl in § 130 Nr. 1 ZPO als auch in § 81 Abs. 5 S. 1 PatG vorgesehen. Insofern genügt jeweils eine **stichwortartige Umschreibung** wie zum Beispiel „wegen Patentverletzung/Marken-/Designverletzung" in Verfahren vor den Zivilgerichten oder „wegen Nichtigkeit des Patents" in Verfahren vor dem Patentgericht.[20] **9**

Anlagen sollten nummeriert und am Ende eines Schriftsatzes insgesamt angegeben werden. Bei **umfangreichen Anlagen** empfiehlt sich eine Anlagenübersicht. **10**

III. Angaben für eine Übermittlung elektronischer Dokumente (Nr. 1a)

Mit dem Gesetz zur Umsetzung der Berufsanerkennungsrichtlinie und zur Änderung weiterer Vorschriften im Bereich der rechtsberatenden Berufe vom 12.5.2017 (BGBl. 2017 I S. 1121) wurde § 130 Nr. 1a ZPO zum 1.1.2018 eingeführt. Die Regelung dient ebenfalls der Durchführung des elektronischen Rechtsverkehrs und ergänzt die Regelung des § 130a Abs. 4 ZPO. Die Regelung soll mittels der erforderlichen Angabe die Übermittlung eines elektronischen Dokuments durch das Gericht ermöglichen. In der Praxis betrifft dies in der Regel die Übermittlung an das besondere elektronische Anwaltspostfach (§ 130a Abs. 4 Nr. 2 ZPO iVm § 31a BRAO). Zu dessen Identifizierung genügt den Gerichten bereits die genaue Bezeichnung des Inhabers des Postfachs (Vor- und Zuname sowie Anschrift des Anwalts). **11**

---

[11] BGH NJW-RR 2013, 1169 (1170); BeckRS 2006, 00809. Zur Auslegung der Anträge BGH NJW-RR 2006, 1048 (1050) – Parfümtestkäufe.
[12] BGH NJW-RR 2013, 1169 (1170); BeckRS 2006, 00809; BPatG BeckRS 2016, 11049.
[13] BGH NJW-RR 2013, 1169 (1170).
[14] BPatG BeckRS 2016, 17173.
[15] BGH GRUR 1990, 108 – Meßkopf.
[16] BPatG BeckRS 2016, 17173.
[17] BGH GRUR 1990, 108 – Meßkopf.
[18] Ströbele/Hacker/*Knoll* MarkenG § 82 Rn. 57.
[19] Vgl. hierzu Ströbele/Hacker/*Knoll* MarkenG § 82 Rn. 57, mit Verweis auf eine Ausnahme.
[20] Zöller/*Greger* ZPO § 130 Rn. 4; Musielak/Voit/*Stadler* ZPO § 130 Rn. 4.

IV. Bezeichnung der Anträge (Nr. 2)

12 § 130 Nr. 2 ZPO sieht wie auch § 81 Abs. 5 S. 1 PatG die **Angabe eines Antrags** vor, wenn auch jeweils nur als Sollvorschrift. Bei der Klageschrift in zivilgerichtlichen Verfahren ist dies bereits in § 253 Abs. 2 Nr. 2 ZPO vorgesehen. Die Anträge sollten hervorgehoben und zur Verlesung in der mündlichen Verhandlung geeignet sein.[21] Die Anträge im Rahmen des § 81 PatG lauten auf die Nichtigerklärung des Patents (ggf. mit Beschränkung des Umfangs), nicht aber auf Feststellung der Nichtigkeit oder Widerruf des Patents.[22] Das Gericht muss den Antrag allerdings auslegen.[23]

V. Erklärung zu den tatsächlichen Verhältnissen und gegnerischen Behauptungen sowie Bezeichnung der Beweismittel (Nr. 3–5)

13 Die Vorgaben des § 130 Nr. 3–5 ZPO sind **weitgehend bedeutungslos**. Die maßgeblichen Anforderungen an die Darstellung der tatsächlichen Verhältnisse, die Erklärungen zu gegnerischen Behauptungen und die (rechtzeitige) Angabe von Beweismitteln ergeben sich vornehmlich aus § 138 und § 282 ZPO.[24]

VI. Unterschrift

14 § 130 Nr. 6 ZPO sieht die Unterschrift der Person, die einen Schriftsatz verantwortet, vor. Gemeint ist grundsätzlich die **eigenhändige und handschriftliche Unterzeichnung** des Schriftsatzes,[25] wobei bei einer Übermittlung per Telefax (oder Computerfax) die Wiedergabe der Unterschrift in Kopie ausreichend ist. Das gilt auch in patentgerichtlichen Verfahren.[26] Eine eingescannte Unterschrift genügt den Anforderungen des § 130 Nr. 6 ZPO nicht.[27] Die Unterschrift muss zwar nicht lesbar sein. Die Unterschrift muss aber zumindest eines die Identität des Unterschreibenden ausreichend kennzeichnenden individuellen Schriftzuges erkennen lassen.[28] Eine Paraphe entspricht diesen Anforderungen nicht.[29]

15 Im **Anwaltsprozess** muss die Unterzeichnung durch den Rechtsanwalt erfolgen. Der Schriftsatz muss zwar nicht vom Anwalt selbst verfasst sein, zumindest aber von ihm nach eigenverantwortlicher Prüfung genehmigt und unterschrieben sein.[30] Der Anwalt darf sich weder durch einen Zusatz von der Erklärung distanzieren, noch dürfen Form und Inhalt eine eigenverantwortliche Prüfung ausschließen.[31] Daher kann auch der Zusatz „i. A." unschädlich sein, wenn der unterzeichnende, grundsätzlich zur Prozessführung befähigte Anwalt nicht nur als Erklärungsbote sondern zumindest auch unmittelbar in Ausführung des ihm selbst erteilten Mandates tätig geworden ist.[32] Nach der Rechtsprechung des BGH kann ausnahmsweise sogar das Fehlen der Unterschrift des Prozessbevollmächtigten auf dem als Urschrift gedachten Schriftsatz unschädlich sein, wenn sich aus anderen Umständen eine der Unterschrift vergleichbare Gewähr dafür bietet, dass der Prozessbevollmächtigte die Verantwortung für den Inhalt des jeweiligen Schriftsatzes übernommen und den Schriftsatz willentlich dem Gericht zugeleitet hat.[33] Dies kann sich beispielsweise aus der Unterzeichnung der zugleich übermittelten beglaubigten Abschrift des Schriftsatzes ergeben.[34]

16 Wird ein eigenhändig unterzeichneter Schriftsatz nicht per Telefax sondern zunächst eingescannt und anschließend **elektronisch übermittelt** (zB als PDF-Datei) und vom Gericht entgegen genommen und ausgedruckt, genügt auch diese Art der Übermittlung den Anforderungen des § 130 Nr. 6 Alt. 2 ZPO.[35] Andernfalls würde dies den Zugang zu Gericht in unzumutbarer, aus Sachgründen nicht zu rechtfertigender Weise behindern.[36] Entscheidend ist in diesem Fall allerdings, wann dem Gericht der Ausdruck vorliegt. Denn nur der Ausdruck (nicht bereits der Empfang der E-Mail samt Anhang) erfüllt die Schriftform.[37] Der Zeitpunkt der Speicherung im elektronischen Postfach des Gerichts ist insofern nicht maßgeblich.

---

[21] Musielak/Voit/*Stadler* ZPO § 130 Rn. 5.
[22] Vgl. Busse/*Keukenschrijver* PatG § 81 Rn. 23.
[23] BPatG BeckRS 2008, 18415; Busse/*Keukenschrijver* PatG § 81 Rn. 24.
[24] Zöller/*Greger* ZPO § 130 Rn. 5; Musielak/Voit/*Stadler* ZPO § 130 Rn. 5 ff.
[25] Zöller/*Greger* ZPO § 130 Rn. 10.
[26] BPatG BeckRS 2012, 18934.
[27] BGH MDR 2007, 481; BVerfG NJW 2007, 3117 (3118).
[28] BGH NJW 1975, 1704; 1982, 1467; BPatG BeckRS 2012, 15756.
[29] BGH GRUR 1968, 108 – Paraphe; BPatG BeckRS 2012, 15756.
[30] BGH NJW 1989, 3022; OLG Hamburg ZUM-RD 2007, 569; Zöller/*Greger* ZPO § 130 Rn. 16.
[31] BGH NJW 2008, 1311; BeckRS 1998, 95839; Zöller/*Greger* ZPO § 130 Rn. 16.
[32] BGH BeckRS 1998, 95839.
[33] BGH BeckRS 2011, 26453; NJW 2009, 2311.
[34] BGH BeckRS 2011, 26453; NJW 2009, 2311; LG Düsseldorf BeckRS 2014, 18832.
[35] BGH CIPR 2008, 130; NJW 2015, 1527.
[36] BVerfGE 41, 323 (326 f.); BGHZ 151, 221 (227); BGH CIPR 2008, 130.
[37] BGH NJW 2019, 2096 (2097); BeckRS 2020, 4237.

§ 81 Abs. 4 S. 1 PatG sieht für die Klage die Schriftform mit eigenhändiger Unterschrift vor.[38] Auch der Antrag auf Einsicht in die Akten eines Patentnichtigkeitsverfahrens muss eigenhändig unterzeichnet sein.[39] Im patentrechtlichen **Nichtigkeitsverfahren** ist der maßgebliche Zeitpunkt für die Erfüllung der Zulässigkeitsvoraussetzung der Schriftform grundsätzlich der Schluss der mündlichen Verhandlung, da die Erhebung einer Nichtigkeitsklage nicht fristgebunden ist.[40] Im Rahmen der markenrechtlichen Nichtigkeits- und Verfallsklage gemäß § 55 Abs. 1 MarkenG kann es hingegen im Einzelfall auf den Zeitpunkt der Klageerhebung angekommen (zB bei Fragen der Verwirkung), so dass sich die Rechtsprechung zu den Patentnichtigkeitsverfahren auf solche Verfahren nicht ohne weiteres übertragen lässt.

§ 130a Elektronisches Dokument

(1) Vorbereitende Schriftsätze und deren Anlagen, schriftlich einzureichende Anträge und Erklärungen der Parteien sowie schriftlich einzureichende Auskünfte, Aussagen, Gutachten, Übersetzungen und Erklärungen Dritter können nach Maßgabe der folgenden Absätze als elektronische Dokumente bei Gericht eingereicht werden.

(2) ¹Das elektronische Dokument muss für die Bearbeitung durch das Gericht geeignet sein. ²Die Bundesregierung bestimmt durch Rechtsverordnung mit Zustimmung des Bundesrates technische Rahmenbedingungen für die Übermittlung und die Eignung zur Bearbeitung durch das Gericht.

(3) ¹Das elektronische Dokument muss mit einer qualifizierten elektronischen Signatur der verantwortenden Person versehen sein oder von der verantwortenden Person signiert und auf einem sicheren Übermittlungsweg eingereicht werden. ²Satz 1 gilt nicht für Anlagen, die vorbereitenden Schriftsätzen beigefügt sind.

(4) ¹Sichere Übermittlungswege sind
1. der Postfach- und Versanddienst eines De-Mail-Kontos, wenn der Absender bei Versand der Nachricht sicher im Sinne des § 4 Absatz 1 Satz 2 des De-Mail-Gesetzes angemeldet ist und er sich die sichere Anmeldung gemäß § 5 Absatz 5 des De-Mail-Gesetzes bestätigen lässt,
2. der Übermittlungsweg zwischen dem besonderen elektronischen Anwaltspostfach nach § 31a der Bundesrechtsanwaltsordnung oder einem entsprechenden, auf gesetzlicher Grundlage errichteten elektronischen Postfach und der elektronischen Poststelle des Gerichts,
3. der Übermittlungsweg zwischen einem nach Durchführung eines Identifizierungsverfahrens eingerichteten Postfach einer Behörde oder einer juristischen Person des öffentlichen Rechts und der elektronischen Poststelle des Gerichts,
4. der Übermittlungsweg zwischen einem nach Durchführung eines Identifizierungsverfahrens eingerichteten elektronischen Postfach einer natürlichen oder juristischen Person oder einer sonstigen Vereinigung und der elektronischen Poststelle des Gerichts,
5. der Übermittlungsweg zwischen einem nach Durchführung eines Identifizierungsverfahrens genutzten Postfach- und Versanddienst eines Nutzerkontos im Sinne des § 2 Absatz 5 des Onlinezugangsgesetzes und der elektronischen Poststelle des Gerichts,
6. sonstige bundeseinheitliche Übermittlungswege, die durch Rechtsverordnung der Bundesregierung mit Zustimmung des Bundesrates festgelegt werden, bei denen die Authentizität und Integrität der Daten sowie die Barrierefreiheit gewährleistet sind.

²Das Nähere zu den Übermittlungswegen gemäß Satz 1 Nummer 3 bis 5 regelt die Rechtsverordnung nach Absatz 2 Satz 2.

(5) ¹Ein elektronisches Dokument ist eingegangen, sobald es auf der für den Empfang bestimmten Einrichtung des Gerichts gespeichert ist. ²Dem Absender ist eine automatisierte Bestätigung über den Zeitpunkt des Eingangs zu erteilen.

(6) ¹Ist ein elektronisches Dokument für das Gericht zur Bearbeitung nicht geeignet, ist dies dem Absender unter Hinweis auf die Unwirksamkeit des Eingangs unverzüglich mitzuteilen. ²Das Dokument gilt als zum Zeitpunkt der früheren Einreichung eingegangen, sofern der Absender es unverzüglich in einer für das Gericht zur Bearbeitung geeigneten Form nachreicht und glaubhaft macht, dass es mit dem zuerst eingereichten Dokument inhaltlich übereinstimmt.

---

[38] Schulte/*Voit* PatG § 81 Rn. 29; BeckOK PatR/*Schnekenbühl* PatG § 81 Rn. 49.
[39] BPatG 30.3.1992 – 3 ZA (pat) 2/92.
[40] BPatG BeckRS 2012, 15756.

A. Allgemein

1 Die Regelung des § 130a Abs. 1 ZPO sieht grundsätzlich vor, dass für vorbereitende Schriftsätze und deren Anlagen, für Anträge und Erklärungen der Parteien sowie für Auskünfte, Aussagen, Gutachten, Übersetzungen und Erklärungen Dritter eine Aufzeichnung als elektronisches Dokument zur Einhaltung der Schriftform genügt, sofern diese für das Gericht in technischer Hinsicht verwertbar sind. Mit dieser Regelung soll der **Einstieg in den elektronischen Rechtsverkehr** erleichtert werden und eine Alternative zur Schriftform gemäß den §§ 129, 130 ZPO angeboten werden.[1] Die Neufassung des § 130a ZPO erfolgte mit Wirkung zum 1.1.2018 durch das Gesetz zur Förderung des elektronischen Rechtsverkehrs mit den Gerichten.

2 Dass sich in der Zukunft die elektronische Einreichung von Dokumenten weiter etablieren wird, lässt sich bereits an den entsprechenden **Regelungen auf europäischer Ebene** erkennen. Sowohl der EuG als auch der EuGH sowie das EUIPO sehen bereits seit längerem standardmäßig die Möglichkeit zur Einreichung von Schriftsätzen samt Anlagen in elektronischer Form vor. Gemäß Beschluss des Exekutivdirektors des EUIPO ist das Fax am 1.3.2021 außer Betrieb gesetzt worden. Aber auch in der Kommunikation zwischen Gerichten und Anwälten in Deutschland sind mittlerweile im Bereich des gewerblichen Rechtsschutzes und des Wettbewerbsrechts die elektronische Einreichung und Übermittlung von Dokumenten eher die Regel als die Ausnahme.

3 Der deutsche Gesetzgeber hat mit dem **Gesetz zur Förderung des elektronischen Rechtsverkehrs mit den Gerichten (FördEIRV)** vom 10.10.2013 (BGBl. I S. 3786) ebenfalls auf einen verstärkten Ausbau elektronischer Übermittlungswege gesetzt. Gemäß Art. 26 Abs. 1 FördEIRV ist mit Wirkung vom 1.1.2018 eine neue Fassung für § 130a ZPO erlassen worden, die als sicheren Übermittlungsweg ua auch den Postfach- und Versanddienst eines De-Mail-Kontos oder die Kommunikation mit dem besonderen elektronischen Anwaltspostfach (beA) anerkennt.[2] Entsprechende Regelungen zur Änderung der Vorschriften des § 125a Abs. 1 PatG, § 95a Abs. 1 MarkenG und § 25 Abs. 1 GeschmMG (noch nicht die Namensänderung zum DesignG ab 1.1.2014 berücksichtigend), die jeweils auf die Neuregelungen des § 130a ZPO verweisen, sind in Art. 9–11 FördEIRV enthalten. In § 130d ZPO ist mit Wirkung vom 1.1.2022, wobei dessen Inkrafttreten durch Landesverordnung auf den 1.1.2020 oder 1.1.2021 vorverlegt werden kann, zudem eine **Nutzungspflicht zur Übermittlung bestimmter elektronischer Dokumente** für Rechtsanwälte und Behörden vorgesehen. Von der Möglichkeit einer Vorverlegung haben Schleswig-Holstein für die Arbeitsgerichtsbarkeit (seit dem 1.1.2020) und Bremen für das Arbeitsgericht Bremen-Bremerhaven, dem Landesarbeitsgericht Bremen, dem Sozialgericht Bremen und dem Finanzgericht Bremen Gebrauch (seit dem 1.1.2021) gemacht. Für den Bereich des gewerblichen Rechtsschutzes und des Wettbewerbsrechts gibt es – von der Einreichung elektronischer Schutzschriften abgesehen (→ Rn. 20), wobei dies nicht mit § 130d ZPO zusammenhängt, sondern gesondert in § 945a ZPO geregelt ist – noch keine Vorverlegung.

B. Anwendungsbereich

4 Damit § 130a Abs. 1 ZPO in der Praxis allerdings Anwendung finden kann, bedurfte es zunächst noch einer Umsetzung durch die Bundesregierung (mittlerweile ausschließlich gemäß Abs. 2 S. 2) und bis zum 31.12.2019 durch die Landesregierungen (gemäß Abs. 2 aF). Diese mussten mittels einer Rechtsverordnung den Zeitpunkt bestimmen, von dem an elektronische Dokumente bei den Gerichten eingereicht werden können.[3] Mittlerweile ist dies gemäß § 130a Abs. 2 S. 2 bundeseinheitlich durch eine Rechtsverordnung der Bundesregierung mit Zustimmung des Bundesrates geregelt, die **Verordnung über die technischen Rahmenbedingungen des elektronischen Rechtsverkehrs und über das besondere elektronische Behördenpostfach (ERVV)**. In dieser Verordnung sind ua die technischen Rahmenbedingungen (zB Dateiformate, Dateigrößen) für die elektronischen Dokumente geregelt, die für die Bearbeitung durch die Gerichte geeignet sind (Abs. 2 S. 1). Vor der Neuregelung des § 130a ZPO und der bundeseinheitlich geltenden ERVV konnte die Zulassung der elektronischen Form auch zunächst auf einzelne Gerichte oder Verfahren beschränkt werden. Im Ergebnis hat dies dazu geführt, dass sich die Anforderungen an die Einreichung elektronischer Dokumente von Gericht zu Gericht unterschieden haben. Der Bund hatte unter anderem für den Bundesgerichtsgerichtshof und das Bundespatentgericht eine Verordnung nach § 130a Abs. 2 ZPO erlassen (vgl. BGBl. 2007 I S. 2130), die insbesondere für Verfahren im gewerblichen Rechtsschutz zur Anwendung kam.[4] Die ERVV ersetzt nun sowohl die bisherigen Verordnungen des Bundes über den elektronischen Rechtsverkehr (§ 12 ERVV) als auch die bisher bestehenden Landesverordnungen und schafft damit bundeseinheitliche Rahmenbedingungen an allen deutschen Zivilgerichten.[5]

---

[1] Musielak/Voit/*Stadler* ZPO § 130a Rn. 1; Schulte/*Schell* PatG § 125a Rn. 4.
[2] Neue Gesetzesregelung abgedruckt in Zöller/*Greger* ZPO Vor § 130a Rn. 1.
[3] Vgl. BGH NJW-RR 2009, 357.
[4] Vgl. Zöller/*Greger* ZPO § 130a Rn. 5 und 5a.
[5] Musielak/Voit/*Stadler* ZPO § 130a Rn. 3.

Ein Computerfax ist kein elektronisches Dokument gemäß § 130a ZPO, sondern fällt unter die **5** Übermittlung nach § 130 Nr. 6 ZPO.[6] Eine **E-Mail mit einem angehängten und unterzeichneten Schriftsatz** fällt hingegen nicht unter § 130 ZPO, sondern unter § 130a ZPO. Es handelt sich hierbei um ein elektronisches Dokument, das aus der in einer elektronischen Datei enthaltenen Datenfolge besteht und die in § 130 ZPO vorausgesetzte Schriftform für vorbereitende und bestimmende Schriftsätze (zunächst) nicht wahrt.[7] Allein aus der Einrichtung elektronischer Postfächer bei den Gerichten durfte bis zur Neuregelung des § 130a ZPO auch nicht die Schlussfolgerung gezogen werden, dass damit nach § 130a Abs. 2 ZPO auf Landesebene der elektronische Rechtsverkehr vollständig eröffnet wurde.[8] Erfolgte eine Übermittlung eines an sich fristwahrenden Schriftsatzes nur in elektronischer Form, ohne dass eine Rechtsverordnung nach § 130a Abs. 2 ZPO für das insofern zuständige Gericht erlassen war, war dieser in der Regel nicht wirksam und es kam eine Wiedereinsetzung nach § 233 ZPO aufgrund des Verschuldens nicht in Betracht.[9] Hatte sich ein Gericht hingegen selbst zur Annahme eines Schriftsatzes per E-Mail und zum rechtzeitigen Ausdruck samt Eingangsvermerk gegenüber dem Absender bereit erklärt, war bei Vorliegen der weiteren Voraussetzungen die **Schriftform nach § 130 Nr. 6 ZPO** als erfüllt anzusehen und die Übermittlung per E-Mail unschädlich.[10]

C. Sonderregelungen im gewerblichen Rechtsschutz

Bereits am 15.10.2003 trat die Verordnung über den elektronischen Rechtsverkehr im gewerblichen **6** Rechtsschutz in Kraft. Diese wurde seitdem bereits mehrfach geändert bzw. durch andere Regelungen ergänzt, unter anderem am 24.8.2007 durch die Verordnung über den elektronischen Rechtsverkehr beim Bundespatentgericht und beim Bundesgerichtshof (BGH/BPatGERVV), durch Art. 1 Nr. 13 des Gesetzes zur Vereinfachung und Modernisierung des Patentrechts (PatRModG) vom 31.7.2009 oder durch Art. 1 des Gesetzes zur Novellierung patentrechtlicher Vorschriften und anderer Gesetze des gewerblichen Rechtsschutzes (PatNovG) vom 19.10.2013.[11] Die Regelungen galten gemäß Anhang zu § 1 BGH/BPatGERVV nicht nur für Verfahren nach dem PatG oder MarkenG sondern auch für Verfahren nach dem GebrMG, dem DesignG und dem HalbleiterschutzG. Zum 1.1.2018 ist die BGH/BPatGERVV durch die bundeseinheitlich geltende ERVV ersetzt worden (§ 12 Abs. 2).

In **§ 125a PatG, § 95a MarkenG und § 25 DesignG** wurden dementsprechend Sonderregelungen **7** für den elektronischen Rechtsverkehr geschaffen, die als Rechtsgrundlage für das elektronische Verfahren vor dem DPMA, dem BPatG und dem BGH dienen.

In § 125a PatG, § 95a MarkenG und § 25 DesignG wird beim elektronischen Rechtsverkehr **8** zwischen **Verfahren vor dem DPMA und Verfahren vor dem BPatG und BGH** unterschieden.[12] Für Verfahren vor dem BPatG und BGH wird in § 125a Abs. 2 PatG, § 95a Abs. 2 MarkenG und § 25 Abs. 2 DesignG umfassend auf die entsprechenden Regelungen zum elektronischen Rechtsverkehr in der ZPO verwiesen.[13] Für Verfahren vor dem DPMA wird hingegen nicht vollständig auf die Regelungen der ZPO verwiesen, sondern es gelten gemäß § 125a Abs. 1 PatG, § 95a Abs. 1 MarkenG und § 25 Abs. 1 DesignG nur die Regelungen des § 130a Abs. 1, Abs. 2 S. 1, Abs. 5 und Abs. 6 ZPO entsprechend (bis zum 31.12.2017 erfolgte der Verweis noch auf die Regelungen des § 130a Abs. 1 S. 1 und S. 3, Abs. 3 ZPO aF). Indem § 130a Abs. 3 ZPO (zuvor § 130 Abs. 1 S. 2 ZPO aF) ausdrücklich vom Verweis ausgenommen wurde, bleibt für Verfahren vor dem DPMA die Möglichkeit eröffnet, elektronische Dokumente auch ohne eine qualifizierte elektronische Signatur einzureichen.[14] Von der Ermächtigung zur elektronischen Aktenführung gemäß § 125a Abs. 3 Nr. 2 PatG, § 95a Abs. 3 Nr. 2 MarkenG und § 25 Abs. 3 Nr. 2 DesignG wurde durch die Verordnung über die elektronische Aktenführung bei dem Patentamt, dem Patentgericht und dem Bundesgerichtshof vom 10.2.2010 (EAPatV) bereits Gebrauch gemacht.[15]

---

[6] BGH GRUR 2003, 1068 – Computerfax; Schulte/*Schell* PatG § 125a Rn. 5.
[7] BGH NJW-RR 2009, 357; NJW 2008, 2649 (2650); OLG Düsseldorf MDR 2014, 350; AnwBl 2014, 91.
[8] OLG Düsseldorf AnwBl 2014, 91.
[9] BGH NJW-RR 2009, 357; OLG Düsseldorf AnwBl 2014, 91.
[10] BGH CIPR 2008, 130, GRUR 2008, 838; Meier-Beck GRUR 2009, 893 (901).
[11] Vgl. hierzu ausführlich Busse/*Keukenschrijver* PatG § 125a Rn. 6; Schulte/*Schell* PatG § 125a Rn. 1 f.
[12] Vgl. zu den Einzelheiten Busse/*Keukenschrijver* PatG § 125a Rn. 3–11; Schulte/*Schell* PatG § 125a Rn. 12–19; Ströbele/Hacker/*Kober-Dehm* MarkenG § 95a Rn. 2–10.
[13] BGH GRUR 2020, 980 (981); GRUR-RS 2020, 16803. Vgl. Schulte/*Schell* PatG § 125a Rn. 16, mit einer Übersicht der in der ZPO insofern relevanten Regelungen.
[14] Schulte/*Schell* PatG § 125a Rn. 11.
[15] Busse/*Keukenschrijver* PatG § 125a Rn. 16 ff.

D. Voraussetzungen

I. Technische Anforderungen

9 § 130a ZPO enthält verschiedene technisch-formale Anforderungen an die Einreichung eines elektronischen Dokuments. Für eine Wahrung der Schriftform ist es zunächst erforderlich, dass das elektronische Dokument in einem **für die Bearbeitung durch das Gericht geeigneten Format** übermittelt wird, § 130a Abs. 2 S. 1 ZPO.[16] Während bis zum 1.1.2018 in § 2 Abs. 4 BGH/BPatGERVV acht verschiedene Dateiformate festgelegt waren, die für eine Bearbeitung durch das Gericht geeignet gewesen sind (ua Unicode, Microsoft RTF, Adobe PDF, Microsoft Word, soweit keine aktiven Komponenten (zum Beispiel Makros) verwendet werden), sieht die nun geltende Regelung des § 2 ERVV vorrangig das PDF-Format vor. Das **PDF-Dokument ist in druckbarer, kopierbarer und, soweit technisch möglich, durchsuchbarer Form** zu übermitteln. Bildliche Darstellungen dürfen zusätzlich im Dateiformat TIFF übermittelt werden, wenn sie im PDF-Format nicht verlustfrei wiedergegeben werden können. Ob ein Dokument für die Bearbeitung durch das Gericht geeignet ist, bestimmt sich allein nach den Regelungen, die der Verordnungsgeber auf der Grundlage von § 130a Abs. 2 S. 2 ZPO und zB § 125a Abs. 3 Nr. 1 PatG getroffen hat.[17] Falls ein Dokument hingegen aufgrund eines nachgelagerten internen Fehlers im IT-System nicht zur Bearbeitung durch das Gericht geeignet ist (zB weil der Dateiname Umlaute enthält, die das IT-System nicht verarbeiten kann), spielt im Ergebnis keine Rolle.[18]

10 Für die elektronische Übermittlung ist grundsätzlich nicht die Einreichung als gewöhnliche E-Mail vorgesehen, sondern es wurde hierfür von Bund und Ländern das gemeinsame **Elektronische Gerichts- und Verwaltungspostfach** (EGVP) geschaffen. Anwälte können bzw. müssen sich mittlerweile hierfür ein eigenes elektronisches Postfach einrichten.

11 Gemäß § 130a Abs. 3 S. 1 ZPO muss **die verantwortende Person** das Dokument **mit einer qualifizierten elektronischen Signatur** versehen oder es muss **von ihr signiert und auf einem sicheren Übermittlungsweg gemäß Abs. 4 eingereicht** werden. Die zweite Alternative ist erst mit der Neuregelung hinzugekommen. Der frühere Wortlaut der Regelung zur qualifizierten elektronischen Signatur gemäß § 130a Abs. 1 S. 2 ZPO als auch die Gesetzesbegründung (BT-Drs. 14/4987, 24, 43 f.) hatten noch nahegelegt, dass es sich hierbei nur um eine Ordnungsvorschrift und nicht um ein technisch zwingendes Erfordernis zur Einhaltung der Schriftform handelt.[19] Nach der Rechtsprechung des BGH ist auch § 130a Abs. 1 S. 2 ZPO aF hingegen stets als **Muss-Vorschrift** verstanden worden, da mittels der qualifizierten elektronischen Signatur neben den sonstigen Funktionen der Unterschrift auch gewährleistet werden soll, dass das elektronische Dokument nicht spurenlos manipuliert werden kann (Perpetuierungs- oder Integritätsfunktion).[20] Der jetzige Wortlaut des § 130a Abs. 3 S. 1 ZPO lässt hingegen keine Zweifel mehr daran, dass es sich bei diesen technischen Vorgaben um Wirksamkeitserfordernisse handelt.[21] Die im EGVP-Verfahren eingesetzte qualifizierte **Container-Signatur,** mit der die gesamte elektronische Nachricht eine qualifizierte elektronische Signatur erhält, nicht aber jede einzelne Datei, genügt entgegen der früheren Rechtsprechung[22] zu § 130a Abs. 1 S. 2 ZPO aF nicht den Anforderungen des § 130a Abs. 3 S. 1 ZPO, wie der BGH nun ausdrücklich festgestellt hat.[23] Denn gemäß § 4 Abs. 2 ERVV wird die Container-Signatur ausdrücklich von der Übermittlung ausgeschlossen.[24] Die fortgeschrittene elektronische Signatur ist ebenfalls nicht ausreichend.[25] Die Voraussetzungen an die qualifizierte elektronische Signatur bestimmen sich dabei nicht mehr nach dem SignaturG. Dieses wurde mit Wirkung zum 29.7.2017 durch das Vertrauensdienstegesetz (VDG) abgelöst.[26] Die Definition der qualifizierten elektronischen Signatur ist wiederum in der Verordnung (EU) 910/2014 über elektronische Identifizierung und Vertrauensdienste für elektronische Transaktionen im Binnenmarkt und zur Aufhebung der Richtlinie 1999/93 (EG) (Art. 3 Nr. 12 eIDAS-VO) enthalten. Gemäß Art. 25 Abs. 2 eIDAS-VO kommt oder qualifizierten elektronischen Signatur die gleiche Rechtswirkung wie einer handschriftlichen Unterschrift zu.

12 Die Signatur muss, um einer eigenhändigen handschriftlichen Unterzeichnung gleichwertig zu sein, aber ebenfalls von demjenigen vorgenommen werden, dessen Unterschrift dem Formerfordernis genügen würde.[27] Dies hat grundsätzlich durch einen zur Vertretung **bei dem Gericht berechtigten**

---

[16] Musielak/Voit/*Stadler* ZPO § 130a Rn. 3.
[17] BGH GRUR 2020, 980 (981).
[18] BGH GRUR 2020, 980 (981); BFH NJW 2019, 2647 (2648).
[19] Zur Übersicht über den Meinungsstand BGH NJW 2010, 2134 (2135 f.); Zöller/*Greger* ZPO § 130a Rn. 4.
[20] BGH NJW 2013, 2034 (2035); 2011, 1294 (1295); 2010, 2134 (2135 f.); NJW-RR 2009, 357.
[21] Musielak/Voit/*Stadler* ZPO § 130a Rn. 3.
[22] Vgl. BGH NJW 2013, 2034 (2035); Musielak/Voit/*Stadler* ZPO § 130a Rn. 5 mwN.
[23] BGH NJW 2019, 2030 (2031) – Unzulässigkeit der Container-Signatur; BSG BeckRS 2019, 5787 Rn. 5 f.
[24] Vgl. Musielak/Voit/*Stadler* ZPO § 130a Rn. 5.
[25] OLG Braunschweig BeckRS 2019, 8430.
[26] Vgl. Musielak/Voit/*Stadler* ZPO § 130a Rn. 4.
[27] BGH NJW 2011, 1294 (1295).

Rechtsanwalt oder Patentanwalt zu erfolgen. Dieses Formerfordernis ist jedenfalls dann nicht gewahrt, wenn die Signatur von einem Dritten unter Verwendung der Signaturkarte des Anwalts vorgenommen wird, ohne dass dieser den Inhalt des betreffenden Schriftsatzes geprüft und sich zu eigen gemacht hat.[28]

Falls die verantwortende Person das elektronische Dokument nicht mit einer qualifizierten elektronischen Signatur sondern nur mit einer (einfachen elektronischen) Signatur versieht, muss dieses auf einem sicheren Übermittlungsweg eingereicht werden. Gemäß Art. 3 Nr. 10 eIDAS-VO besteht eine **(einfache) elektronische Signatur** aus „Daten in elektronischer Form, die anderen elektronischen Daten beigefügt oder logisch mit ihnen verbunden werden und die der Unterzeichner zum Unterzeichnen verwendet". Dies kann durch Einfügen einer eingescannten Unterschrift oder auch nur durch die maschinenschriftliche Wiedergabe des Namens der verantwortenden Person am Textende des elektronischen Dokuments geschehen.[29] Dabei muss weder zwingend der Vorname noch die Berufsbezeichnung (zB Rechtsanwalt) angegeben werden, sofern die Identität der zu verantwortenden Person zweifelsfrei festgestellt werden kann.[30] Eine maschinelle Wiedergabe des Namens oder eines Kanzleikürzels auf der ersten Seite des elektronischen Dokuments (und nicht an dessen Ende) bieten hingegen keine hinreichende Gewähr dafür, dass diese Person die volle Verantwortung für den Inhalt des Schriftsatzes übernehmen will, und genügen damit nicht den Anforderungen an eine einfache Signatur iSd § 130a Abs. 3 S. 1 ZPO.[31] **13**

Die verantwortende Person muss das elektronische Dokument im Falle der einfachen Signatur aber nicht nur signieren, sondern auch auf einem sicheren Übermittlungsweg **eigenhändig einreichen.** Die Identität des Signierenden und des Absenders müssen übereinstimmen.[32] Wird das Dokument daher durch einen Dritten eingereicht, genügt dies den gesetzlichen Vorgaben nicht. Die Regelung des § 130a Abs. 3 S. 1 Alt. 2 ZPO ist auch nicht mit den Anforderungen der Rechtsprechung an die Einreichung eines Computerfax vergleichbar, da ein per Computerfax eingereichter Schriftsatz immer noch die eigenhändige Unterschrift des Anwalts voraussetzt.[33] **14**

In § 130a Abs. 4 Nr. 1–4 ZPO sind die sicheren Übermittlungswege definiert. Nr. 1 sieht unter Beachtung weiterer Voraussetzungen des De-Mail-Gesetzes einen Versand über ein De-Mail-Konto als sicheren Übermittlungsweg vor. Der wichtigste sichere Übermittlungsweg ist gemäß Nr. 2 das besondere elektronische Anwaltspostfach beA, das mittlerweile verpflichtend von jedem zugelassenen Rechtsanwalt genutzt werden muss.[34] Für Patentanwälte steht das beA allerdings nicht zur Verfügung. Sie sind auch nicht verpflichtet, einen Rechtsanwalt zwecks fristwahrender Übermittlung eines Dokuments mittels beA einzuschalten, wenn eine eigene Übermittlung mittels Fax aufgrund technischer Probleme scheitert.[35] Ein Rechtsanwalt muss diesen Weg hingegen zwecks einer Fristwahrung als Alternative in Betracht ziehen.[36] Nr. 3 bezieht sich auf eine Übermittlung von einem besonderen elektronischen Behördenpostfach. Nr. 4 sieht weitere Übermittlungswege vor, die noch durch eine Rechtsverordnung zu regeln sind. **15**

II. Eingang bei Gericht

Die Regelung des § 130a Abs. 5 stellt eine Sonderregelung im Verhältnis zu § 167 ZPO dar.[37] Ein elektronisches Dokument ist dem Gericht zugegangen, sobald es auf der für den Empfang bestimmten Einrichtung des Gerichts, also derzeit das EGVP, **gespeichert ist.** Entscheidend ist damit der Zeitpunkt der Speicherung und nicht des Ausdrucks (anders als im Fall der Übermittlung per E-Mail → Rn. 5 und → § 130 Rn. 16).[38] Entscheidend für den wirksamen Zugang eines Dokuments ist hierbei allein, dass dieses auf dem für den Empfang bestimmten IT-System des jeweiligen Gerichts gespeichert worden ist, sofern ansonsten die technischen Anforderungen eingehalten worden sind und die elektronische Übermittlung bestätigt worden ist.[39] Wird ein Dokument hingegen gar nicht erst an den zuständigen Server des jeweiligen Gerichts übermittelt, sondern beispielsweise in ein Verzeichnis für korrupte Nachrichten auf einen anderen Server des Gerichts verschoben, kommt zumindest bei Vorliegen der weiteren Voraussetzungen auch eine Wiedereinsetzung in den vorigen Stand in Betracht.[40] **16**

---

[28] BGH NJW 2011, 1294 (1295).
[29] Vgl. BT-Drs. 17/12634, 25; BAG BeckRS 2020, 26568; BeckOK ZPO/*von Selle* ZPO § 130a Rn. 16.
[30] BAG BeckRS 2020, 26568.
[31] BAG BeckRS 2020, 26568.
[32] OLG Braunschweig BeckRS 2019, 8430; OLG Karlsruhe BeckRS 2020, 18157.
[33] OLG Braunschweig BeckRS 2019, 8430.
[34] Musielak/Voit/*Stadler* ZPO § 130a Rn. 8.
[35] Vgl. BGH BeckRS 2020, 9779 – Berufungsbegründung durch Patentanwalt.
[36] Vgl. OLG Dresden BeckRS 2019, 32256.
[37] Zöller/*Greger* ZPO § 130a Rn. 6.
[38] Musielak/Voit/*Stadler* ZPO § 130a Rn. 5; Zöller/*Greger* ZPO § 130a Rn. 6.
[39] BGH GRUR 2020, 980 (981).
[40] BGH GRUR 2020, 980 (981).

17 Das Risiko eines **rechtzeitigen Zugangs** des elektronischen Dokuments in der **technisch vorgeschriebenen Form** trägt grundsätzlich der Absender.[41] Daran ändert auch die Regelung des § 130a Abs. 3 ZPO in Verbindung mit der Bestätigungs- und Hinweispflicht des § 130a Abs. 5 S. 2 bzw. Abs. 6 S. 1 ZPO nichts. Die technisch vorgeschriebene Form ist nach der Rechtsprechung des BGH eine Wirksamkeitsvoraussetzung, so dass mittels einer technisch fehlerhaft übermittelten Datei keine Fristwahrung möglich ist (→ Rn. 11).

III. Bestätigungs- und Hinweispflicht des Gerichts

18 § 130a Abs. 5 S. 2 ZPO sieht eine **automatisierte Bestätigungspflicht** an den Absender über den Zeitpunkt des Eingangs des elektronischen Dokuments vor. Mit der Eingangsbestätigung soll der Absender, insbesondere der Rechtsanwalt, die Sicherheit darüber erhalten, dass der Sendevorgang erfolgreich war. Bei Erhalt der Bestätigung, darf er auf einen erfolgreichen Eingang vertrauen. Bleibt die Bestätigung allerdings aus, muss der Anwalt dies überprüfen und gegebenenfalls eine erneute Übermittlung veranlassen.[42] Insofern wendet die Rechtsprechung bei der elektronischen Übermittelung dieselben Grundsätze wie beim Versand per Telefax an.[43] Auch beim Versand per Telefax muss überprüft werden, ob die Übermittlung fehlerfrei und an den richtigen Empfänger erfolgte und beispielsweise alle Seiten übermittelt wurden.[44] Überträgt der Anwalt diese Aufgabe dem Büropersonal, hat er dieses anzuweisen, stets den **Erhalt der automatisierten Eingangsbestätigung zu kontrollieren.** Allgemeine Kontrollanweisungen in Bezug auf Versand und Fehlermeldungen genügen insofern nicht.[45] Für die Ausgangskontrolle des elektronischen Postfachs beA bei fristgebundenen Schriftsätzen genügt auch nicht nur die Feststellung, dass die Versendung irgendeines Schriftsatzes mit dem passenden Aktenzeichen an das Gericht erfolgt ist, sondern es ist anhand des zuvor sinnvoll vergebenen Dateinamens auch zu prüfen, welcher Art der Schriftsatz war.[46] Zudem muss er diesbezüglich zumindest stichprobenweise Überprüfungen durchzuführen.[47] Erfolgt eine Überprüfung in Bezug auf die Eingangsbestätigung nicht, und wird eine Frist dennoch gestrichen, kommt in der Regel auch keine Wiedereinsetzung in Betracht.[48]

19 § 130a Abs. 6 S. 1 ZPO sieht eine Hinweispflicht des Gerichts vor, dass dem Absender unter Hinweis auf die Unwirksamkeit des Eingangs und auf die geltenden technischen Bedingungen unverzüglich mitzuteilen hat, wenn ein übermitteltes **elektronisches Dokument für das Gericht zur Bearbeitung nicht geeignet** ist. § 130a Abs. 6 S. 2 ZPO sieht in diesem Fall eine den Absender begünstigende Eingangsfiktion vor, wenn dieser auf die Mitteilung hin das Dokument in einer für das Gericht zur Bearbeitung geeigneten Form **unverzüglich nachreicht** und **glaubhaft macht,** dass es mit dem zuerst eingereichten Dokument inhaltlich übereinstimmt. Das Dokument gilt dann rückwirkend als zu dem Zeitpunkt der früheren Einreichung eingegangen. Die Glaubhaftmachung nach § 294 ZPO hat sich auf sämtliche Dokumente zu beziehen, die den Formatvorgaben unterliegen.[49] Fehlt es an der hinreichenden Glaubhaftung, greift die Rückwirkungsfiktion des § 130a Abs. 6 S. 2 ZPO nicht. Die übrigen Regelungen des § 130a Abs. 3 und Abs. 4 ZPO müssen ebenfalls eingehalten worden sein.[50] Ob die fehlende Geeignetheit des Dokuments zur Bearbeitung hingegen vom Absender verschuldet worden ist, ist wiederum rechtlich unerheblich.[51] Der Bestätigungs- und Hinweispflicht des § 130a Abs. 5 S. 2 bzw. Abs. 6 S. 1 ZPO unterliegt hingegen nicht der Fall, dass der Absender einen technischen Übermittlungsweg gewählt hat (zB per E-Mail), der vom Gericht gar nicht vorgesehen ist.

E. Elektronische Schutzschrift

20 Nicht unter die Regelung des § 130a ZPO fiel in der Vergangenheit die Möglichkeit, vorsorglich Schutzschriften in elektronischer Form in das sogenannte zentrale Schutzschriftenregister (ZSR) einzureichen. Hierbei war zu beachten, dass nicht alle Gerichte, die im gewerblichen Rechtsschutz und im Wettbewerbsrecht von Bedeutung sind, sich in der Vergangenheit verpflichtet hatten, Einblick in dieses Schutzschriftenregister zu nehmen bzw. hieran teilzunehmen.[52] Von den teilnehmenden Ge-

---

[41] Musielak/Voit/*Stadler* ZPO § 130a Rn. 11.
[42] BGH BeckRS 2021, 15401; BAG BeckRS 2019, 18629; OLG Saarbrücken BeckRS 2019, 28210; BeckOK ZPO/*von Selle* ZPO § 130a Rn. 23.
[43] BGH BeckRS 2021, 15401; BAG BeckRS 2019, 18629; OLG Saarbrücken BeckRS 2019, 28210.
[44] Vgl. hierzu BGH BeckRS 2021, 17174; 2019, 9149; 2013, 20510; 2012, 23588.
[45] BGH BeckRS 2021, 15401.
[46] BGH BeckRS 2020, 9298.
[47] BGH BeckRS 2021, 15401; BAG BeckRS 2019, 18629; Vgl. allgemein zu den Anforderungen an die Ausgangskontrolle: BGH BeckRS 2020, 9298.
[48] BGH BeckRS 2021, 15401.
[49] OLG Zweibrücken BeckRS 2020, 36589; BeckOK ZPO/*von Selle* ZPO § 130a Rn. 25.
[50] BeckOK ZPO/*von Selle* ZPO § 130a Rn. 25.
[51] BeckOK ZPO/*von Selle* ZPO § 130a Rn. 25.
[52] Es nahmen die folgenden Landgerichte teil: Arnsberg, Baden-Baden, Bielefeld, Bochum, Bremen, Cottbus, Darmstadt, Detmold, Dortmund, Duisburg, Düsseldorf, Ellwangen, Essen, Frankfurt a. M., Frankfurt/Oder, Freiburg,

richten wurde die Abfrage in der Regel auch eingehalten. Mit Wirkung vom 1.1.2016 ist mittels des Gesetzes zur Förderung des elektronischen Rechtsverkehrs mit den Gerichten (FördElRV) vom 10.10.2013 nun endlich eine verbindliche Regelung zur Einreichung von Schutzschriften in § 945a ZPO eingeführt worden. Diese sieht die Einreichung eines elektronischen Schriftsatzes iSd § 130a ZPO vor.[53] Zudem sind die Gerichte zum Abruf nun verpflichtet.[54]

§ 130b Gerichtliches elektronisches Dokument

[1] Soweit dieses Gesetz dem Richter, dem Rechtspfleger, dem Urkundsbeamten der Geschäftsstelle oder dem Gerichtsvollzieher die handschriftliche Unterzeichnung vorschreibt, genügt dieser Form die Aufzeichnung als elektronisches Dokument, wenn die verantwortenden Personen am Ende des Dokuments ihren Namen hinzufügen und das Dokument mit einer qualifizierten elektronischen Signatur versehen. **[2]** Der in Satz 1 genannten Form genügt auch ein elektronisches Dokument, in welches das handschriftlich unterzeichnete Schriftstück gemäß § 298a Absatz 2 übertragen worden ist.

Die Regelung des § 130b ZPO stellt eine Ergänzung zu § 130a ZPO dar. Anders als bei der Kommunikation der Parteien gegenüber dem Gericht werden für ein gerichtliches elektronisches Dokument **erhöhte Formvorschriften** vorausgesetzt. Die das elektronische Dokument verantwortete Person (zB Richter, Rechtspfleger, Urkundsbeamter der Geschäftsstelle oder Gerichtsvollzieher) hat gemäß Satz 1 am Ende des Dokuments seinen Namen hinzuzufügen und das Dokument mit einer **qualifizierten elektronischen Signatur** zu versehen. Dies gilt allerdings nur für gerichtliche Dokumente, die von Gesetzes wegen einer Unterschrift bedürfen (Urteil, Beschluss, Protokoll). 1

Sollten bei der elektronischen Unterzeichnung Mängel auftreten, sind diese entsprechend **wie Mängel der herkömmlichen eigenhändigen Unterschrift zu behandeln.**[1] Diese Mängel können in der Regel durch Nachholung beseitigt werden (vgl. § 315 ZPO). Hierbei gilt aber auch die Fünf-Monatsfrist ab Verkündung der Entscheidung gemäß der Rechtsprechung des BGH.[2] 2

Ist ein Beschluss von **mehreren verantwortenden Personen** zu unterzeichnen, setzt dies eine qualifizierte elektronische Signatur durch jede einzelne Person voraus. Die Unterzeichnung von zwei Personen im Falle einer aus drei Personen bestehenden Kammer genügt nicht.[3] 3

Die **Regelung in Satz 2** wurde erst nachträglich mit Wirkung vom 1.1.2018 in § 130b ZPO eingeführt. Diese Vorschrift bezieht sich auf in Papierform vorliegende, handschriftlich unterzeichnete Schriftstücke, die in eine elektronisch geführte Prozessakte übertragen wurden. § 130b S. 2 ZPO verweist hierzu auf § 298a Abs. 2 ZPO, die ebenfalls mit Wirkung vom 1.1.2018 neu gefasst wurde. § 298a Abs. 2 ZPO stellt hieran allgemein die Bedingung, dass das elektronische Dokument mit dem original Schriftstück bildlich und inhaltlich übereinstimmt und mit einem Übertragungsnachweis versehen ist, der das bei der Übertragung angewandte Verfahren und die bildliche und inhaltliche Übereinstimmung dokumentiert. Wird ein handschriftlich unterzeichnetes gerichtliches Schriftstück übertragen, gelten allerdings erhöhte Anforderungen für den Übertragungsnachweis. Dieser ist dann mit einer qualifizierten elektronischen Signatur des Urkundsbeamten der Geschäftsstelle zu versehen. Mängel bei der handschriftlichen Unterzeichnung der Original-Schriftstücke werden durch eine ordnungsgemäße Übertragung dieser Schriftstücke in die elektronische Prozessakte indes nicht beseitigt bzw. geheilt. 4

§ 5 Abs. 3 EAPatV sieht als Sonderregelung für **eine Niederschrift oder einen Beschluss des DPMA** vor, dass diese unterzeichnet werden, indem der Name der unterzeichnenden Person oder der unterzeichnenden Personen eingefügt und das Dokument mit einer fortgeschrittenen oder qualifizierten Signatur gemäß Verordnung (EU) Nr. 910/2014 des Europäischen Parlaments und des Rates vom 23.7.2014 über elektronische Identifizierung und Vertrauensdienste für elektronische Transaktionen im Binnenmarkt (früher Signaturgesetz) versehen wird. Bei anderen elektronischen Dokumenten, insbesondere also auch bei Prüfungsbescheiden, genügt mittlerweile gemäß § 5 Abs. 2 EAPatV die Einfügung des Namens der unterzeichnenden Person.[4] Das Dokument selbst muss mit einem qualifi- 5

Fulda, Gießen, Hagen, Hamburg, Hanau, Heidelberg, Kassel, Kleve, Krefeld, Leipzig, Limburg, Mannheim, Marburg, Mönchengladbach, Mosbach, Münster, Nürnberg-Fürth, Paderborn, Ravensburg, Saarbrücken, Siegen, Stuttgart, Tübingen, Ulm, Waldshut-Tiengen, Wiesbaden, Wuppertal. Nicht dabei waren unter anderem das LG Berlin, das LG Braunschweig (insbesondere bei Messesachen), das LG Köln oder das LG München. Weitere Einzelheiten unter www.schutzschriftenregister.de.
[53] Zöller/*Vollkommer* ZPO § 945a Rn. 2.
[54] Zöller/*Vollkommer* ZPO § 945a Rn. 3.
[1] OLG München BeckRS 2018, 13316; BeckOK ZPO/von Selle ZPO § 130b Rn. 7.
[2] BGH NJW 2006, 1881; BPatG BeckRS 2013, 07888 – Elektrischer Winkelstecker II; OLG München BeckRS 2018, 13316.
[3] BPatG BeckRS 2013, 06653.
[4] Die Altregelung sah noch die Anbringung einer fortgeschrittenen elektronischen Signatur vor.

zierten Zeitstempel versehen werden. Mängel der Unterzeichnung solcher elektronischen Dokumente, die der Neuregelung des § 5 Abs. 2 EAPatV, nicht aber der Altregelung genügen und in der begrenzten Übergangszeit aufgetreten sind, will das BPatG keiner formellen Sanktionierung unterziehen.[5] Die schriftliche Ausfertigung eines Beschlusses der Patentabteilung setzt hierbei **ein – singuläres – elektronisches Beschluss-Urdokument** voraus, das analog § 315 Abs. 1 S. 1 ZPO von allen an der Entscheidung mitwirkenden Mitgliedern der Patentabteilung zu unterzeichnen ist, indem gemäß 5 Abs. 3 EAPatV (§ 5 Abs. 2 EAPatV aF) die Namen der Unterzeichnenden eingefügt werden und das Dokument von allen an der Entscheidung Mitwirkenden mit einer fortgeschrittenen oder qualifizierten elektronischen Signatur versehen wird.[6] Eine sog. **„qualifizierte Container-Signatur"**, die nicht nur die jeweils übersandte Einzeldatei, sondern die gesamte elektronische Nachricht umfasst und die vom BGH im EGVP-Verfahren für § 130a ZPO aF als ausreichend anerkannt wurde,[7] genügt den Anforderungen an die Signatur eines elektronischen Beschluss-Urdokuments des Patentamts iSd § 5 Abs. 3 EAPatV nicht (bzw. § 5 Abs. 2 EAPatV aF).[8]

§ 130c Formulare; Verordnungsermächtigung

[1] Das Bundesministerium der Justiz und für Verbraucherschutz kann durch Rechtsverordnung mit Zustimmung des Bundesrates elektronische Formulare einführen. [2] Die Rechtsverordnung kann bestimmen, dass die in den Formularen enthaltenen Angaben ganz oder teilweise in strukturierter maschinenlesbarer Form zu übermitteln sind. [3] Die Formulare sind auf einer in der Rechtsverordnung zu bestimmenden Kommunikationsplattform im Internet zur Nutzung bereitzustellen. [4] Die Rechtsverordnung kann bestimmen, dass eine Identifikation des Formularverwenders abweichend von § 130a Absatz 3 auch durch Nutzung des elektronischen Identitätsnachweises nach § 18 des Personalausweisgesetzes, § 12 des eID-Karte-Gesetzes oder § 78 Absatz 5 des Aufenthaltsgesetzes erfolgen kann.

§ 130d Nutzungspflicht für Rechtsanwälte und Behörden

[1] Vorbereitende Schriftsätze und deren Anlagen sowie schriftlich einzureichende Anträge und Erklärungen, die durch einen Rechtsanwalt, durch eine Behörde oder durch eine juristische Person des öffentlichen Rechts einschließlich der von ihr zur Erfüllung ihrer öffentlichen Aufgaben gebildeten Zusammenschlüsse eingereicht werden, sind als elektronisches Dokument zu übermitteln. [2] Ist dies aus technischen Gründen vorübergehend nicht möglich, bleibt die Übermittlung nach den allgemeinen Vorschriften zulässig. [3] Die vorübergehende Unmöglichkeit ist bei der Ersatzeinreichung oder unverzüglich danach glaubhaft zu machen; auf Anforderung ist ein elektronisches Dokument nachzureichen.

§ 131 Beifügung von Urkunden

(1) **Dem vorbereitenden Schriftsatz sind die in den Händen der Partei befindlichen Urkunden, auf die in dem Schriftsatz Bezug genommen wird, in Abschrift beizufügen.**

(2) **Kommen nur einzelne Teile einer Urkunde in Betracht, so genügt die Beifügung eines Auszugs, der den Eingang, die zur Sache gehörende Stelle, den Schluss, das Datum und die Unterschrift enthält.**

(3) **Sind die Urkunden dem Gegner bereits bekannt oder von bedeutendem Umfang, so genügt ihre genaue Bezeichnung mit dem Erbieten, Einsicht zu gewähren.**

A. Allgemein

1 Sofern eine Partei in einem vorbereiteten Schriftsatz auf eine in seinen Händen befindliche Urkunde Bezug nimmt, ist diese in Urschrift oder in Abschrift beizufügen. Die Regelung gewährleistet, dass Gericht und Gegner einen entsprechenden **Zugang zu den Informationen** erhalten, auf die die andere Partei Bezug nimmt.[1]

B. Anwendbarkeit in Verfahren vor dem Patentgericht

2 Die Regelung des § 131 ZPO ist auch in patentgerichtlichen Verfahren über § 99 Abs. 1 PatG und § 82 Abs. 1 MarkenG **uneingeschränkt anwendbar**.[2] Weder im PatG noch im MarkenG besteht insofern eine vergleichbare Regelung. § 88 Abs. 1 S. 2 PatG und § 74 Abs. 1 S. 2 MarkenG stellen jeweils nur klar, dass das Patentgericht zur Beweiserhebung unter anderem auch Urkunden heranziehen kann.

---

[5] BPatG BeckRS 2016, 07066 – Abgedichtetes Antennensystem.
[6] BPatG BeckRS 2013, 07888 – Elektrischer Winkelstecker II.
[7] BGH NJW 2013, 2034 (2034 f.). Zur Neuregelung des § 130a ZPO vom BGH ausgeschlossen: BGH NJW 2019, 2030 (2031) – Unzulässigkeit der Container-Signatur; BSG BeckRS 2019, 5787 Rn. 5 f.
[8] BPatG BeckRS 2013, 07888 – Elektrischer Winkelstecker II.
[1] Zöller/*Greger* ZPO § 131 Rn. 1. Siehe zur Problematik der Beifügung der Antragsschrift bei einstweiligen Verfügungen Klein GRUR 2016, 899 ff. (903). Zur Frage der wirksamen Klagezustellung gemäß § 253 ZPO bei Fehlen der Anlagen: BGH BeckRS 2013, 691, in Abgrenzung zu BGH NJW 2007, 775.
[2] Busse/*Schuster* PatG § 99 Rn. 8.

C. Anwendungsbereich

§ 131 Abs. 2 ZPO stellt klar, dass in diesem Zusammenhang nicht zwingend der **Inhalt der gesamten Urkunde** zur Verfügung gestellt werden muss. Das gilt jedenfalls dann, wenn es keinerlei Anhaltspunkte dafür gibt, dass sich in den nicht vorgelegten Teilen einer Urkunde etwas befindet, was in Widerspruch zu den vorgelegten Teilen steht oder deren Inhalt in irgendeiner Weise einschränkt.[3] Das Gericht darf seine Überzeugung in der Beweiswürdigung entsprechend auf die nur auszugsweisen Teile der Urkunde stützen (§ 286 ZPO).[4] Wird nur auf einen Teil der Urkunde Bezug genommen, muss neben dem bezugnehmenden Teil noch der Eingang, der Schluss, das Datum und die Unterschrift im vorzulegenden Auszug enthalten sein.

Sollte eine Partei dieser – nicht erzwingbaren – Vorlagepflicht nicht nachkommen, kann das Gericht eine entsprechende **Anordnung gemäß § 142 ZPO** erlassen.[5] Im Übrigen bleibt die Partei, die ihrer Vorlagepflicht nicht nachkommt, beweisfällig (§ 286 ZPO), oder es kommt eine Präklusion gemäß §§ 129, 282 Abs. 2, 296 ZPO in Betracht.[6]

Gemäß § 131 Abs. 3 ZPO sind von der Vorlagepflicht lediglich Urkunden ausgenommen, die dem Gegner bereits bekannt sind oder von bedeutendem Umfang sind. In diesem Fall genügt ihre genaue Bezeichnung mit dem Erbitten, dem Gegner **Einsicht zu gewähren**. In welchem Fall ein bedeutender Umfang vorliegt, ist nicht abschließend geklärt und muss jeweils unter Berücksichtigung der aktuellen technischen Voraussetzungen bewertet werden. Die beifügungspflichtige Partei trägt jedenfalls die Darlegungs- und Beweislast für die Entbehrlichkeit der Beifügung.[7] Allein der Hinweis darauf, dass eine Urkunde aufgrund der Dateigröße nicht mittels beA an das Gericht übermittelt werden kann, dürfte hierfür nicht genügen. In dem Fall besteht immer noch die Möglichkeit einer Übermittlung in Papierform.

Daneben wird das Informationsrecht des Gegners dadurch gewahrt, dass er einen **Anspruch auf Ablichtung** aller Schriftsätze und deren Anlagen gemäß § 133 ZPO sowie ein **Recht auf Einsichtnahme** der dem Gericht vorgelegten Urkunden gemäß § 134 ZPO hat.[8] Ist dies auf ein Pflichtversäumnis der gegnerischen Partei zurückzuführen, hat diese die hierbei anfallenden Kosten gemäß § 28 Abs. 1 S. 2 GKG (in Verbindung mit KV 9000 Nr. 1 und Nr. 2) zu tragen.

§ 132 Fristen für Schriftsätze

(1) ¹**Der vorbereitende Schriftsatz, der neue Tatsachen oder ein anderes neues Vorbringen enthält, ist so rechtzeitig einzureichen, dass er mindestens eine Woche vor der mündlichen Verhandlung zugestellt werden kann.** ²Das Gleiche gilt für einen Schriftsatz, der einen Zwischenstreit betrifft.

(2) ¹Der vorbereitende Schriftsatz, der eine Gegenerklärung auf neues Vorbringen enthält, ist so rechtzeitig einzureichen, dass er mindestens drei Tage vor der mündlichen Verhandlung zugestellt werden kann. ²Dies gilt nicht, wenn es sich um eine schriftliche Gegenerklärung in einem Zwischenstreit handelt.

A. Allgemein

Die Regelung des § 132 ZPO soll sicherstellen, dass das Gericht und die Parteien sich rechtzeitig und unter hinreichender **Gewährung rechtlichen Gehörs** auf die mündliche Verhandlung vorbereiten können.[1] Bei der Regelung des § 132 ZPO handelt es sich lediglich um eine Auffangregelung. Gesetzliche Fristen sowie vom Gericht verfügte Fristen gehen dieser Regelung vor.[2]

B. Anwendbarkeit im gewerblichen Rechtsschutz

I. Verfahren vor dem Patentgericht

Die Regelung des § 132 ZPO ist auch in patentgerichtlichen Verfahren über § 99 Abs. 1 S. 1 PatG und § 82 Abs. 1 S. 1 MarkenG **uneingeschränkt anwendbar**.[3*]

---

[3] OLG Hamburg GRUR-RR 2007, 3 (4) – Metall auf Metall.
[4] OLG Hamburg GRUR-RR 2007, 3 (4) – Metall auf Metall.
[5] Musielak/Voit/*Stadler* ZPO § 131 Rn. 2.
[6] Zöller/*Greger* ZPO § 131 Rn. 1.
[7] BeckOK ZPO/*von Selle* ZPO § 131 Rn. 9.
[8] Musielak/Voit/*Stadler* ZPO § 131 Rn. 3.
[1] Musielak/Voit/*Stadler* ZPO § 132 Rn. 1.
[2] Musielak/Voit/*Stadler* ZPO § 132 Rn. 1; Zöller/*Greger* ZPO § 132 Rn. 1.
[3*] Anwendbarkeit ohne weitere Begründung bejaht BGH GRUR 2004, 77 (78) – Park & Bike; BPatG GRUR-RS 2020, 23196; BeckRS 2018, 19291; Busse/*Schuster* PatG § 99 Rn. 8; Ströbele/Hacker/*Knoll* MarkenG § 82 Rn. 59.

II. Verfahren im einstweiligen Rechtsschutz

3 Keine Anwendung findet die Regelung des § 132 ZPO in Verfahren des einstweiligen Rechtsschutzes,[4] die im gewerblichen Rechtsschutz häufig sind. Dagegen spricht die Eilbedürftigkeit dieser Verfahren, so dass im Fall einer mündlichen Verhandlung **jederzeit ein Schriftsatz** mit weiteren Mitteln der Glaubhaftmachung dem Gericht übergeben werden darf. Hierauf muss sich die jeweilige Prozesspartei einrichten.[5]

C. Voraussetzungen

4 Die Vorschrift bezieht sich nur auf in vorbereitenden Schriftsätzen enthaltene **Angriffs- und Verteidigungsmittel** im Sinne der §§ 146, 282 Abs. 2 und Abs. 3 ZPO. Ob sie auch für bestimmende Schriftsätze mit Sachanträgen gilt, ist nicht abschließend geklärt, wird aber überwiegend bejaht.[6] § 132 ZPO gilt uneingeschränkt im Anwaltsprozess (§ 78 ZPO), da hier eine schriftliche Terminsvorbereitung gemäß § 129 Abs. 1 ZPO vorgeschrieben ist. Im Parteiprozess gemäß § 79 ZPO gilt die Regelung nur nach Anordnung des Gerichts gemäß § 129 Abs. 2 ZPO.

5 Die **Wochenfrist** des § 132 Abs. 1 ZPO ist nur dann eingehalten, wenn der Schriftsatz bei Gericht so rechtzeitig eingegangen ist, dass dieser auch dem Gegner eine Woche vor der mündlichen Verhandlung zugestellt werden kann.[7] Da es sich in Verfahren des gewerblichen Rechtsschutzes ausschließlich um Anwaltsprozesse handelt, wird die Wochenfrist in der Regel durch die **Zustellung von Anwalt zu Anwalt** gemäß § 195 ZPO gewahrt.[8]

6 Sofern die Wochenfrist des § 132 Abs. 1 ZPO nicht eingehalten wird, folgt daraus nicht zwangsläufig, dass auch der Inhalt des Schriftsatzes für das Verfahren unberücksichtigt bleiben muss. Die Regelung der Präklusionsvorschrift des § 296 ZPO kann zwar grundsätzlich zur Anwendung kommen.[9] In der Regel ist aber eine Abhilfe gemäß § 283 ZPO, also durch Gewährung eines **Schriftsatznachtrags** für den Gegner möglich. Der Gegner ist auch nicht berechtigt, nur aufgrund der Verspätung des Schriftsatzes die Einlassung zu verweigern oder eine Vertagung der mündlichen Verhandlung zu beantragen.[10] Falls ein Schriftsatznachlass indes nur für den Fall beantragt wird, dass das Gericht nicht zu Gunsten der eigenen Partei entscheiden sollte, muss dieser vom Gericht nicht (zwingend) gewährt werden.[11] Das Gericht kann insofern auch berücksichtigen, ob der nicht innerhalb der Wochenfrist zugestellte Schriftsatz, entscheidungserheblichen Tatsachenvortrag enthält oder nicht.[12]

7 Sofern der Gegner noch auf einen solchen vorbereitenden Schriftsatz gemäß § 132 Abs. 1 ZPO reagieren will, hat er seinen vorbereitenden Schriftsatz innerhalb der Frist des § 132 Abs. 2 ZPO einzureichen. Auch insofern gilt, dass nicht die Zustellung bei Gericht drei Tage vor der mündlichen Verhandlung ausreicht, sondern dem Gegner **mindestens drei Tage vor der mündlichen Verhandlung** der Schriftsatz zugestellt werden können muss. In der Praxis kommt daher in der Regel nur eine Zustellung von Anwalt zu Anwalt in Betracht. Ein Schriftsatz, mit dem im Rahmen des § 132 Abs. 2 ZPO nur auf den vorangegangenen Schriftsatz reagiert wird, ohne neuen Tatsachenvortrag zu enthalten, berechtigt selbst wiederum nicht zum Schriftsatznachlass nach § 283 ZPO. Insbesondere muss der Gegner substantiiert darlegen, worin der neue Sachvortrag bestehen soll. Dabei kann das Gericht einen solchen Antrag auf Schriftsatznachlass insbesondere dann ablehnen, wenn der Antrag erkennbar einzig und allein der Prozessverzögerung dienen soll, um die drohende Verurteilung wegen Verletzung des Schutzrechts ungerechtfertigt weiter hinauszuschieben.[13] Werden Schriftsätze erst im Termin zur mündlichen Verhandlung an den Gegner übergeben oder an das Gericht übermittelt, so dass eine Übermittlung an den Gegner ausgeschlossen ist, kann das Gericht solche Schriftsätze nicht mehr als vorbereitende Schriftsätze iSd § 129 ZPO ansehen und eine allgemeine Bezugnahme auf solche Schriftsätze als unangemessen betrachten.[14] Dies kann zum Ausschluss nach § 137 Abs. 3 ZPO führen. Eine Bezugnahme auf den Inhalt dieser Schriftsätze in der mündlichen Verhandlung kann damit allerdings nicht ausgeschlossen werden. Lediglich die Verlesung dieser Schriftsätze ist unzulässig

---

[4] LG Hamburg GRUR-RR 2014, 137 (139) – Koronarstent; LG Hamburg BeckRS 2006, 00280; OLG Stuttgart BeckRS 2017, 138704; Musielak/Voit/*Stadler* ZPO § 132 Rn. 1.

[5] OLG Hamburg GRUR-RR 2009, 365 (367) – Five Four.

[6] Anscheinend bejahend für die Klageänderung einer Patentnichtigkeitsklage: BPatG GRUR-RS 2020, 23196; BeckRS 2018, 19291; OLG Düsseldorf BeckRS 9998, 17256; BeckOK ZPO/*von Selle* ZPO § 132 Rn. 4; anscheinend ablehnend: Zöller/*Greger* ZPO § 132 Rn. 1; differenzierend zwischen Sachantrag und Angriffs- und Verteidigungsmitteln Musielak/Voit/*Stadler* ZPO § 132 Rn. 1.

[7] Zöller/*Greger* ZPO § 132 Rn. 2.

[8] Vgl. OLG München BeckRS 2015, 15130.

[9] Zöller/*Greger* ZPO § 132 Rn. 2.

[10] BVerfG NJW 1989, 795; BGH NJW 1985, 1539 (1543); Musielak/Voit/*Stadler* ZPO § 132 Rn. 3.

[11] Vgl. LG Düsseldorf BeckRS 2016, 129572.

[12] Vgl. LG Düsseldorf BeckRS 2016, 129572; 2016, 20417.

[13] OLG Düsseldorf BeckRS 2017, 137480.

[14] Musielak/Voit/*Stadler* ZPO § 132 Rn. 4.

gemäß § 137 Abs. 2 ZPO.[15] Dem Gegner ist im jeden Fall auf Antrag ein **Schriftsatznachlass nach § 283 ZPO** zu gewähren.

Bei der Fristbemessung ist zu berücksichtigen, dass es sich nur um **Mindestfristen** handelt.[16] Um den Gegner ein hinreichendes rechtliches Gehör zu gewähren, ist das Gericht daher auch dazu befugt, bei Einhaltung dieser Fristen einem Antrag auf Schriftsatznachlass stattzugeben. 8

Werden Schriftsätze erst **nach der mündlichen Verhandlung** eingereicht bzw. nachgereicht, müssen diese bei der Entscheidung bis auf darin enthaltene Rechtsausführungen unberücksichtigt bleiben.[17] Rechtsausführungen darf das Gericht für seine eigene rechtliche Würdigung grundsätzlich immer berücksichtigen. 9

§ 133 Abschriften

(1) ¹Die Parteien sollen den Schriftsätzen, die sie bei dem Gericht einreichen, die für die Zustellung erforderliche Zahl von Abschriften der Schriftsätze und deren Anlagen beifügen. ²Das gilt nicht für elektronisch übermittelte Dokumente sowie für Anlagen, die dem Gegner in Urschrift oder in Abschrift vorliegen.

(2) Im Falle der Zustellung von Anwalt zu Anwalt (§ 195) haben die Parteien sofort nach der Zustellung eine für das Prozessgericht bestimmte Abschrift ihrer vorbereitenden Schriftsätze und der Anlagen bei dem Gericht einzureichen.

A. Allgemein

Bei der Verpflichtung zur Herstellung von Abschriften gemäß § 133 Abs. 1 ZPO handelt es sich nur um eine **Sollvorschrift**. Diese Verpflichtung gilt für den **Anwalts- und Parteiprozess**.[1] Zweck der Regelung ist die hinreichende Information des Gegners bzw. der Parteien. Die notwendige Anzahl der Abschriften richtet sich dabei nach der Anzahl der Parteien bzw. der für sie tätigen Rechtsanwälte. Üblich, aber nicht vorgeschrieben, ist die Erstellung jeweils einer Abschrift für die Partei und den für die Partei tätigen Rechtsanwalt.[2] 1

B. Anwendbarkeit in Verfahren vor dem Patentgericht

Ob die Regelung des § 133 ZPO auch in patentgerichtlichen Verfahren über § 99 Abs. 1 S. 1 PatG und § 82 Abs. 1 S. 1 MarkenG uneingeschränkt anwendbar ist, ist gerichtlich bislang nicht abschließend geklärt.[3] Gegen die Anwendbarkeit von § 133 Abs. 1 S. 1 ZPO könnten die **Sonderregelungen** in § 66 Abs. 4 S. 1 MarkenG und § 81 Abs. 4 S. 2 PatG sprechen, die jeweils vorsehen, dass allen Schriftsätzen Abschriften für die Beteiligten bzw. die Gegenpartei beigefügt werden sollen.[4] Zumindest für eine ergänzende Heranziehung des § 133 Abs. 1 S. 1 ZPO spricht, dass die vorgenannten Sonderregelungen in Verfahren vor dem Patentgericht anders als § 133 Abs. 1 S. 1 ZPO die Beifügung von Anlagen zu den Schriftsätzen unerwähnt lassen. Die **übrigen Regelungen des § 133 ZPO** sind hingegen uneingeschränkt anwendbar, da insofern keine Sonderregelungen greifen.[5] 2

C. Weitere Voraussetzungen

Nur sofern die Einreichung in **elektronischer Form** gemäß § 130a Abs. 1 ZPO (→ § 130a Rn. 6 ff.) zugelassen ist, entfällt die Verpflichtung zur Beifügung von Abschriften gemäß § 133 Abs. 1 S. 2 ZPO. Erforderliche Abschriften werden in diesem Fall durch das Gericht auf dessen Kosten erstellt, sofern die anschließende Zustellung herkömmlich und nicht elektronisch erfolgt.[6] Durch die zunehmende (und ab 1.1.2022 für Rechtsanwälte verpflichtende) elektronische Einreichung von Schriftsätzen verliert § 133 ZPO bereits jetzt erheblich an Bedeutung. Besonderheiten können sich ergeben, wenn Anlagen nicht in elektronischer Form eingereicht werden können (→ Rn. 6). Wird ein Dokument gemäß § 130a ZPO formwirksam in elektronischer Form eingereicht, muss es nicht auch noch in Papierform (zB als Fax) an das Gericht übermittelt werden. In diesen Fällen ist daher auch die 3

---

[15] Zöller/*Greger* ZPO § 132 Rn. 3a; Musielak/Voit/*Stadler* ZPO § 132 Rn. 4.
[16] Zöller/*Greger* ZPO § 132 Rn. 3b; Musielak/Voit/*Stadler* ZPO § 132 Rn. 2.
[17] Zöller/*Greger* ZPO § 132 Rn. 4.
[1] Musielak/Voit/*Stadler* ZPO § 133 Rn. 1.
[2] Zöller/*Greger* ZPO § 133 Rn. 1.
[3] Verweis im Sinne eines Vergleichs bei BGH GRUR 2004, 77 (78) – Park & Bike; ohne Begründung bejahend Busse/*Schuster* PatG § 99 Rn. 8; mit Verweis auf § 66 Abs. 4 S. 1 MarkenG bejahend Ströbele/Hacker/*Knoll* MarkenG § 82 Rn. 60.
[4] Ströbele/Hacker/*Knoll* MarkenG § 82 Rn. 60.
[5] Ströbele/Hacker/*Knoll* MarkenG § 82 Rn. 60.
[6] Zöller/*Greger* ZPO § 133 Rn. 1.

Geltendmachung einer Dokumentenpauschale auf der Grundlage von § 28 Abs. 1 S. 2 GKG, Nr. 9000 Nr. 1 Buchst. b Hs. 2 KV-GKG ausgeschlossen.[7]

4   Sofern es sich um förmlich zuzustellende Schriftsätze handelt (vgl. § 270 ZPO), sind diese Abschriften zu beglaubigen.[8] Sonstige Abschriften benötigen keine Beglaubigung. Demensprechend ist im Anwaltsprozess dem Gegner in der Regel eine **beglaubigte Abschrift** für den Anwalt und eine einfache Abschrift für die generische Partei zuzustellen. Ein Verstoß gegen § 133 ZPO führt zu keinen sachlichen Nachteilen, sondern hieraus können nur eine Vertagung und Kostennachteile für die jeweilige Partei folgen.[9] Das gilt auch für den Fall, dass Anlagen übermittelt werden, die dem Gegner gemäß § 133 Abs. 1 S. 2 Alt. 2 ZPO bereits vorliegen oder allgemein zugänglich sind (zB veröffentlichte Gerichtsentscheidungen).[10]

5   Wird der vorbereitende Schriftsatz **von Anwalt zu Anwalt** (§ 195 ZPO) zugestellt, ist bei Gericht unverzüglich eine Abschrift hiervon zuzustellen (§ 133 Abs. 2 ZPO). Zugleich ist das Gericht darüber zu informieren, dass und welcher Schriftsatz von Anwalt zu Anwalt zugestellt wurde.[11] Der Nachweis über die Zustellung mittels Empfangsbekenntnis ist nur auf Anordnung des Gerichts zu führen.[12]

6   Grundsätzlich gilt, dass auch **Anlagen zu den Schriftsätzen** in der erforderlichen Anzahl beizufügen sind. Insbesondere bei Verfahren im gewerblichen Rechtsschutz kommt es allerdings auch in Betracht, dass dreidimensionale Verletzungsgegenstände im Original als Anlage zu den Schriftsätzen bei Gericht eingereicht werden. Diese müssen aber weder mehrfach als Anlage für den Gegner beigefügt werden, noch müssen sie für den Gegner mittels Fotografien abgebildet und vervielfältigt werden. Denn dem Wortlaut nach müssen Anlagen geeignet sein, abgeschrieben zu werden und ihr Inhalt muss sich erschöpfend in dieser Weise wiedergeben lassen. Für **dreidimensionale Gegenstände und Bilder** kann dies nicht gelten. Eine analoge Anwendung des § 133 ZPO auf solche Anlagen wird von der Rechtsprechung zudem abgelehnt.[13] § 133 ZPO begründet deshalb für die den Schriftsatz einreichende Partei keine Pflicht, Anlagen beizufügen, die sich nicht abschriftlich erschöpfend wiedergeben lassen.

§ 134 Einsicht von Urkunden

(1) **Die Partei ist, wenn sie rechtzeitig aufgefordert wird, verpflichtet, die in ihren Händen befindlichen Urkunden, auf die sie in einem vorbereitenden Schriftsatz Bezug genommen hat, vor der mündlichen Verhandlung auf der Geschäftsstelle niederzulegen und den Gegner von der Niederlegung zu benachrichtigen.**

(2) ¹**Der Gegner hat zur Einsicht der Urkunden eine Frist von drei Tagen.** ²**Die Frist kann auf Antrag von dem Vorsitzenden verlängert oder abgekürzt werden.**

A. Regelungszusammenhang

1   Die Regelung steht im direkten Zusammenhang mit §§ 131 Abs. 1, 133 und 299 ZPO. Über keine dieser Vorschriften ist zwingend die Einsichtnahme oder Überlassung von Original-Urkunden an den Gegner vorgesehen. Nur über § 134 ZPO wird die **Einsichtnahme in die Original-Urkunden** gewährleistet. Hierdurch soll die Überprüfung der Echtheit der Urkunden für den Gegner ermöglicht werden. Die niedergelegten Urkunden werden aber nicht Bestandteil der Prozessakten.[1]

2   Die Regelung des § 134 ZPO weist prinzipiell für zivilgerichtliche Verletzungsverfahren im Bereich des gewerblichen Rechtsschutzes keine Besonderheiten auf. Ob diese Regelung auch in **kontradiktorischen Verfahren vor dem Patentgericht** Anwendung findet, ist bislang nicht gerichtlich entschieden worden. Da die Verfahren vor dem Patentgericht die Möglichkeit einer mündlichen Verhandlung einschließlich einer Beweisaufnahme mittels Urkunden vorsehen und nur auf diese Weise eine Überprüfung der Original-Urkunden für den Gegner möglich ist, ist trotz des Amtsermittlungsgrundsatzes vor dem Patentgericht eine Anwendung der Regelung zu bejahen.

B. Voraussetzung für die Verpflichtung zur Niederlegung

3   Voraussetzung für die Verpflichtung zur Niederlegung der Urkunden auf der Geschäftsstelle des Gerichts ist, dass die betroffene Partei auf die in ihren Händen befindlichen Urkunden **in einem**

---

[7] OLG Nürnberg NJW 2021, 2123.
[8] Zöller/*Greger* ZPO § 133 Rn. 1.
[9] Musielak/Voit/*Stadler* ZPO § 133 Rn. 1; Zöller/*Greger* ZPO § 133 Rn. 3.
[10] OLG Hamburg BeckRS 2017, 111424.
[11] Zöller/*Greger* ZPO § 133 Rn. 2.
[12] Zöller/*Greger* ZPO § 133 Rn. 2.
[13] OLG Hamburg BeckRS 2000, 00224.
[1] Vgl. OLG Hamburg BeckRS 2011, 17275. Siehe zum Fall geheimhaltungsbedürftiger Dokumente: BGH BeckRS 2020, 437.

vorbereitenden Schriftsatz Bezug genommen hat. Zudem muss eine Aufforderung zur Niederlegung zwecks Einsichtnahme durch das Gericht oder den Gegner erfolgen. Im Falle geheimhaltungsbedürftiger Urkunden ist § 134 ZPO allerdings nicht (uneingeschränkt) anwendbar. Denn nach der Rechtsprechung des BGH steht einem Verfahrensbeteiligten kein Recht auf Einsicht in die in Bezug genommenen und als geheimhaltungsbedürftigen Unterlagen zu, sofern diese nicht Bestandteil der Gerichtsakten geworden sind und der Gegner deren Weitergabe an die anderen Verfahrensbeteiligten ohne besondere Geheimhaltungsmaßnahmen nicht zugestimmt hat.[2]

§ 134 Abs. 1 sieht eine **Benachrichtigung über die Niederlegung** durch die betroffene Partei an **4** den Gegner vor. Ab Benachrichtigung läuft gemäß § 134 Abs. 2 eine 3-Tages-Frist zum Recht auf Einsichtnahme für Gegner auf der Geschäftsstelle. Die Frist kann auf Antrag durch den Vorsitzenden verlängert oder verkürzt werden. Ob der Gegner daneben einen Anspruch auf Anfertigung von Abschriften durch die Geschäftsstelle hat, ist umstritten.[3] Eine Überlassung der Original-Urkunden an den Prozessbevollmächtigten ist zum Schutz des Originals in der Regel aber ausgeschlossen.[4] Nach Ablauf der Frist erfolgt die Rückgabe der Urkunden an die betroffene Partei, sofern nicht eine gerichtliche Anordnung zur Urkundenvorlage gemäß § 142 Abs. 1 S. 2 ZPO erfolgt oder die Echtheit der Urkunde bestritten wird und § 443 ZPO zur Anwendung kommt.[5]

C. Rechtsfolge bei Verweigerung oder unterlassener Aufforderung

Bei Verweigerung der Niederlegung nach Aufforderung ist die Rechtsfolge umstritten. Teilweise **5** wird vertreten, dass die Bezugnahme generell unbeachtet bleiben muss[6], nach anderer Auffassung nur im Fall der gerichtlichen Anordnung.[7]

Eine unterlassene Aufforderung oder Einsichtnahme durch den Gegner kann zum **Ausschluss der 6 entsprechenden Beweiseinrede** führen.[8] Aufgrund des geltenden Amtsermittlungsgrundsatzes auch bei kontradiktorischen Verfahren vor dem **Patentgericht** dürfte diese Rechtsfolge bei diesen Verfahren allerdings nicht gelten.[9]

§ 135 Mitteilung von Urkunden unter Rechtsanwälten

(1) **Den Rechtsanwälten steht es frei, die Mitteilung von Urkunden von Hand zu Hand gegen Empfangsbescheinigung zu bewirken.**

(2) Gibt ein Rechtsanwalt die ihm eingehändigte Urkunde nicht binnen der bestimmten Frist zurück, so ist er auf Antrag nach mündlicher Verhandlung zur unverzüglichen Rückgabe zu verurteilen.

(3) **Gegen das Zwischenurteil findet sofortige Beschwerde statt.**

Alternativ zu § 134 ZPO ermöglicht § 135 ZPO im Fall einer anwaltlichen Vertretung beider **1** Parteien die Mitteilung von Original-Urkunden nach Aufforderung **von Rechtsanwalt zu Rechtsanwalt**. Dies ersetzt die Niederlegung auf der Geschäftsstelle des Gerichts zwecks Einsichtnahme.

Bislang nicht gerichtlich geklärt ist, ob § 135 ZPO auch im **Verfahren vor dem BPatG** Anwen- **2** dung findet, wenn eine Partei nur durch einen Patentanwalt und nicht durch einen Rechtsanwalt vertreten wird. Dafür spricht, dass über § 99 PatG und § 82 MarkenG im Verfahren vor dem BPatG die Regelungen der ZPO subsidiäre Anwendung finden, wenn die Besonderheiten des Verfahrens vor dem BPatG dies nicht ausschließen.[1] Gründe, die gegen eine Ausdehnung der Regelung auf Patentanwälte sprechen, sind aber nicht ersichtlich.

Gibt ein Anwalt die ihm übergebene Urkunde nicht innerhalb der bestimmten Frist zurück, sieht **3** § 135 Abs. 2 ZPO die Möglichkeit eines **Zwischenstreits** über die Rückgabe vor. Die Frist zur Rückgabe bestimmt sich grundsätzlich nach § 134 Abs. 2 ZPO (3-Tages-Frist). Die Parteien können aber eine andere Frist vereinbaren oder diese kann einseitig vom herausgabeberechtigten Anwalt gesetzt werden.[2*]

Parteien des Zwischenstreits sind die Partei, der die Urkunde gehört, und der Anwalt des Gegners, **4** dem die Urkunde übermittelt wurde. Dieser und nicht der Gegner hat auch die Kosten des Zwischenstreits zu tragen, falls dem Antrag stattgegeben wird.

---

[2] BGH BeckRS 2020, 437.
[3] Bejahend OLG Karlsruhe NJW-RR 2013, 312 ff.; verneinend OLG Hamm BeckRS 2007, 05080.
[4] OLG Hamburg BeckRS 2011, 17275; OLG Koblenz BeckRS 2004, 08310.
[5] BeckOK ZPO/von Selle ZPO § 134 Rn. 6.
[6] BL/*Hartmann* ZPO § 134 Rn. 13; Zöller/*Greger* ZPO § 134 Rn. 4.
[7] MK/*Wagner* ZPO § 134 Rn. 5.
[8] Vgl. Zöller/*Greger* ZPO § 134 Rn. 5 mwN.
[9] Vgl. allgemein zu den Rechtsfolgen des Amtsermittlungsgrundsatzes: Busse/*Schuster* PatG § 87 Rn. 5 ff., 18.
[1] Vgl. auch BPatG BeckRS 2007, 11428; bejahend Busse/*Schuster* PatG § 99 Rn. 8.
[2*] Zöller/*Greger* ZPO § 135 Rn. 2.

5   Das Gericht muss für den Zwischenstreit grundsätzlich eine **gesonderte mündliche Verhandlung** anberaumen. Bei Säumnis einer Partei ergeht allerdings ein streitiges Zwischenurteil und nicht ein Versäumnisurteil. Nur bei Zustimmung der Parteien kann das Gericht gemäß § 128 Abs. 2 ZPO auf eine mündliche Verhandlung verzichten. Das Zwischenurteil ist gemäß §§ 794 Nr. 3, 883 ZPO sofort vollstreckbar. Gerichtskosten und eine gesonderte Rechtsanwaltsvergütung fallen für das Zwischenurteil nicht an.³

6   Bei **Verfahren vor dem Patentgericht** ersetzt ein **Zwischenbeschluss** das Zwischenurteil iSd § 303 ZPO⁴ (→ § 303 Rn. 3). Die Verweisung auf die sofortige Beschwerde in Abs. 3 passt auch nicht zu Verfahren vor dem Patentgericht, da insofern nur die Rechtsbeschwerde in Betracht kommt.⁵

§ 136 Prozessleitung durch Vorsitzenden

(1) **Der Vorsitzende eröffnet und leitet die Verhandlung.**

(2) ¹**Er erteilt das Wort und kann es demjenigen, der seinen Anordnungen nicht Folge leistet, entziehen.** ²**Er hat jedem Mitglied des Gerichts auf Verlangen zu gestatten, Fragen zu stellen.**

(3) **Er hat Sorge zu tragen, dass die Sache erschöpfend erörtert und die Verhandlung ohne Unterbrechung zu Ende geführt wird; erforderlichenfalls hat er die Sitzung zur Fortsetzung der Verhandlung sofort zu bestimmen.**

(4) **Er schließt die Verhandlung, wenn nach Ansicht des Gerichts die Sache vollständig erörtert ist, und verkündet die Urteile und Beschlüsse des Gerichts.**

A. Allgemein

1   Die Prozessleitung umfasst **alle richterlichen Maßnahmen** zur Vorbereitung und Verkündung einer gerichtlichen Entscheidung.¹ § 136 ZPO regelt die formelle (Abs. 1, Abs. 2, Abs. 4) und materielle Prozessleitung (Abs. 3 Hs. 1). Die Regelung ist allerdings nicht abschließend zu verstehen, sondern wird durch zahlreiche andere Regelungen ergänzt. Der Begriff der „Verhandlung" ist dabei vom Begriff der „mündlichen Verhandlung" (siehe § 137 ZPO) zu unterscheiden, mit deren Beginn bestimmte prozessuale Sperrwirkungen verbunden sind (→ ZPO § 137 Rn. 6).²

B. Sonderregelungen im gewerblichen Rechtsschutz

2   Die §§ 90 Abs. 1, Abs. 2, 91 Abs. 2, Abs. 3 PatG und § 76 Abs. 1, Abs. 2, Abs. 5, Abs. 6 MarkenG enthalten zu § 136 ZPO teils übereinstimmende und teils ergänzende Regelungen für die Befugnisse des Vorsitzenden bei **Verfahren vor dem Patentgericht**. Sofern diese Regelungen im PatG oder MarkenG keine entsprechende abschließende Regelung enthalten, ist über § 99 Abs. 1 PatG bzw. § 82 Abs. 1 S. 1 MarkenG weiterhin § 136 ZPO heranzuziehen.³*

3   Als Besonderheit sieht § 90 Abs. 2 PatG bzw. § 76 Abs. 2 MarkenG vor, dass nach Aufruf der Sache entweder der Vorsitzende oder der Berichterstatter den wesentlichen Inhalt der Akten vorträgt. Eine vergleichbare Regelung enthält § 136 ZPO nicht.

C. Bedeutung der Prozessleitung

4   Die **formelle Prozessleitung** bezieht sich auf den formalen Rahmen des Verfahrens, also Terminsbestimmung, Fristsetzung für vorbereitende Schriftsätze, Einhaltung eines ordnungsgemäßen Gangs der mündlichen Verhandlung. Die **materielle Prozessleitung** gewährleistet eine sorgfältige inhaltliche Behandlung des Gerichts mit der Sache. Hierzu gehört die umfassende Erörterung des Sach- und Streitstands mit den Parteien in der mündlichen Verhandlung (§ 136 Abs. 3 Hs. 1 ZPO, § 76 Abs. 4 MarkenG, § 91 Abs. 1 PatG), die sachgemäße Ausübung der Aufklärungs- und Fragepflicht gegenüber den Parteien (§ 139 ZPO) und die Durchführung einer Beweisaufnahme.

5   Aus der Verpflichtung des Vorsitzenden, die Sache erschöpfend zu erörtern, folgt keine besondere Hinweis- oder Aufklärungspflicht gegenüber den Parteien eines Rechtsstreits. Das gilt auch in Verfahren vor dem Patentgericht, in denen der Vorsitzende die Sache mit den Beteiligten in **tatsächlicher und rechtlicher Hinsicht** zu erörtern hat (vgl. § 91 Abs. 1 PatG, § 76 Abs. 4 MarkenG) und das Patentgericht zugleich den Sachverhalt von Amts wegen ermittelt, sofern den Verfahrensbeteiligten durch Gesetz oder Sachzusammenhang nicht eine eigene Darlegungspflicht

---

³ Musielak/Voit/*Stadler* ZPO § 135 Rn. 3, 4.
⁴ Busse/*Schuster* PatG § 99 Rn. 9 mwN.
⁵ Vgl. Ströbele/Hacker/*Knoll* MarkenG § 83 Rn. 13.
¹ Musielak/Voit/*Stadler* ZPO § 136 Rn. 1.
² LG Hamburg BeckRS 2019, 3623.
³* Busse/*Schuster* PatG § 99 Rn. 18; BPatG BeckRS 2019, 31702.

zukommt. Das Patentgericht hat hierdurch insbesondere keine besondere Verpflichtung, vor seiner Entscheidung auf seine Rechtsauffassung hinzuweisen oder allgemein von seinem Frage- und Aufklärungsrecht Gebrauch zu machen.[4] Das Gericht muss den Beteiligten beispielsweise auch nicht mitteilen, welchen Offenbarungsgehalt es einer in der mündlichen Verhandlung erörterten Veröffentlichung entnimmt.[5]

Sehen das Gericht oder der Vorsitzende hiervon ab, stellt dies keine Verletzung des **Anspruchs auf rechtliches Gehör** gemäß Art. 103 Abs. 1 GG dar. Nur wenn das Gericht ohne vorherigen Hinweis Anforderungen an den Sachvortrag stellt, mit denen auch ein gewissenhafter und kundiger Verfahrensbeteiligter – selbst unter Berücksichtigung der Vielzahl vertretbarer Rechtsauffassungen – nach dem bisherigen Verfahrensverlauf nicht zu rechnen brauchte, wird einem Verfahrensbeteiligten hinreichendes rechtliches Gehör versagt, da dies im Ergebnis der Verhinderung des Vortrags eines Verfahrensbeteiligten gleichkommt.[6]

Der Vorsitzende kann den **Schluss der mündlichen Verhandlung** nicht nur ausdrücklich, sondern auch schlüssig erklären. Durch den Verhandlungsschluss verlieren die Parteien – vorbehaltlich § 283 ZPO[7] – das Recht, dass das Gericht weiteres Vorbringen der jeweiligen Partei berücksichtigen muss.[8] Insofern bedarf es der Wiedereröffnung der mündlichen Verhandlung, was in Verfahren vor dem Patentgericht durch den Senat beschlossen wird (§ 76 Abs. 6 S. 2 MarkenG, § 91 Abs. 3 S. 2 PatG).[9] Schließen die Parteien im Rahmen einer mündlichen Verhandlung einen **widerruflichen Vergleich,** ohne allerdings anschließend Klageanträge zu stellen, und wird der Vergleich nach der Verhandlung von einer Partei widerrufen, muss damit nicht der Schluss der mündlichen Verhandlung erfolgt sein.[10] Das kann selbst dann gelten, wenn im Protokoll der mündlichen Verhandlung vermerkt ist, dass die Verhandlung geschlossen worden ist. Vielmehr steht in einem solchen Fall fest, dass im Falle eines Widerrufs des in der mündlichen Verhandlung zwischen den Parteien geschlossenen Vergleichs noch ein weiterer Verhandlungstermin hätte stattfinden müssen, in welchem die Parteien ihre Anträge hätten stellen und die Sache vollständig und abschließend bis zur Entscheidungsreife hätte erörtert werden müssen. Daher kann in einem solchen Fall auch noch mit Zustimmung der Gegenseite eine Klagerücknahme erfolgen, die zu einer Reduktion der Gerichtsgebühren führt.[11]

§ 137 Gang der mündlichen Verhandlung

(1) **Die mündliche Verhandlung wird dadurch eingeleitet, dass die Parteien ihre Anträge stellen.**

(2) **Die Vorträge der Parteien sind in freier Rede zu halten; sie haben das Streitverhältnis in tatsächlicher und rechtlicher Beziehung zu umfassen.**

(3) [1]**Eine Bezugnahme auf Dokumente ist zulässig, soweit keine der Parteien widerspricht und das Gericht sie für angemessen hält.** [2]**Die Vorlesung von Dokumenten findet nur insoweit statt, als es auf ihren wörtlichen Inhalt ankommt.**

(4) **In Anwaltsprozessen ist neben dem Anwalt auch der Partei selbst auf Antrag das Wort zu gestatten.**

A. Allgemein

Die Regelungen des § 137 Abs. 1–3 ZPO geben den Ablauf der mündlichen Verhandlung vor. Die Regelungen gelten im **Anwalts- und Parteiprozess.** Ergänzt werden diese Regelungen durch die Vorgabe einer Güteverhandlung gemäß § 278 Abs. 2 ZPO und die damit vorgesehene Erörterung der Sach- und Rechtslage.[1]

B. Anwendbarkeit im patentgerichtlichen Verfahren

Ob die Regelungen des § 137 ZPO in patentgerichtlichen Verfahren uneingeschränkt anwendbar sind, ist mit Blick auf die Sonderregelungen im MarkenG und PatG fraglich. Sowohl § 76 MarkenG als auch §§ 90, 91 PatG sehen (teilweise) eigene Regelungen zum Gang der mündlichen Verhandlung

---

[4] BGH GRUR-RR 2012, 271 – Post.
[5] BGH GRUR 2009, 91 (92) – Antennenhalter.
[6] BVerfG NJW 1994, 1274; BGH GRUR 2010, 1034 – LIMES LOGISTIK.
[7] Zum eingeschränkten Vortragsrecht nach § 283 ZPO BPatG BeckRS 2013, 05071.
[8] Zöller/*Greger* ZPO § 136 Rn. 4; BPatG BeckRS 2013, 05071.
[9] Siehe zur Wiedereröffnung der mündlichen Verhandlung gemäß § 76 Abs. 6 MarkenG BGH GRUR 2012, 89 (90) – Stahlschlüssel; BPatG BeckRS 2013, 05071.
[10] BPatG BeckRS 2019, 31702.
[11] BPatG BeckRS 2019, 31702.
[1] Musielak/Voit/*Stadler* ZPO § 137 Rn. 1.

vor.² Die Rechtsprechung scheint § 137 ZPO dennoch ohne Bedenken insgesamt **in patentgerichtlichen Verfahren** ergänzend anzuwenden.³

C. Ablauf der mündlichen Verhandlung

I. Antragstellung

3 Gemäß § 137 Abs. 1 ZPO ist als **Beginn der mündlichen Verhandlung** die Stellung der Anträge vorgesehen.⁴ Als Regelfall sieht § 278 Abs. 1 und Abs. 2 ZPO nun aber zunächst die Durchführung einer Güteverhandlung vor, die auch eine Erörterung des Sach- und Streitstands mit den Parteien unter Würdigung aller Umstände umfasst. Das Gericht kann durch die Güteverhandlung mit den Parteien die Möglichkeit eines Vergleichs ausloten, ohne dass die Parteien zu diesem Zeitpunkt die teilweise prozessualen Sperrwirkungen⁵ (→ Rn. 6) zu beachten haben, die durch die Antragstellung und damit den Beginn der mündlichen Verhandlung ausgelöst werden.⁶ Haben die Parteien und das Gericht dabei die übereinstimmende Fehlvorstellung, bereits entsprechende Sachanträge gestellt zu haben, liegen diese aber tatsächlich nicht vor, hat die mündliche Verhandlung damit noch nicht begonnen.⁷

4 Sowohl § 76 Abs. 2 MarkenG als auch § 90 Abs. 2 PatG sehen abweichend zu § 137 ZPO vor, dass vor Antragstellung der Parteien der Vorsitzende oder der Berichterstatter **den wesentlichen Inhalt der Akte vorträgt** und somit in den Sach- und Streitstand einführt. Dies stellt allerdings noch keine Erörterung des Sach- und Streitstands mit den Parteien iSd § 76 Abs. 4 MarkenG, § 91 Abs. 1 PatG oder § 139 Abs. 1 ZPO dar.⁸

5 Die Antragstellung erfolgt in der Regel durch die **Bezugnahme auf die vorbereitenden Schriftsätze.** Es ist allerdings auch ein Verlesen der Anträge aus dem Schriftsatz oder eine Antragstellung durch Erklärung zu Protokoll möglich, sofern dies der Vorsitzende gestattet (§ 297 ZPO).⁹ Selbst wenn nur schriftsätzlich angekündigt wird, in der mündlichen Verhandlung zu beantragen, die Klage abzuweisen, entsteht hierdurch bereits die volle Verfahrensgebühr gemäß Nr. 3100 VV RVG.¹⁰ In patentgerichtlichen Verfahren gelten die Anträge der anwesenden Mitinhaber bzw. Mitanmelder eines Schutzrechts gemäß § 62 Abs. 1 ZPO über die Vertretungsfiktion im Rahmen der notwendigen Streitgenossenschaft auch für die Mitinhaber bzw. Mitanmelder, die in der mündlichen Verhandlung nicht anwesend oder anwaltlich vertreten sind.¹¹

6 Mit der Antragstellung sind prozessuale Wirkungen verbunden. Stellt die beklagte Partei den Antrag, die Klage als unbegründet abzuweisen, erfolgt hierdurch eine rügelose Einlassung in der Sache nach § 39 ZPO. Die **Rüge der fehlenden internationalen und örtlichen Zuständigkeit** des Gerichts ist damit ausgeschlossen.¹² Diese Problematik besteht insbesondere im Fall der Patentverletzungsverfahren vor den Zivilgerichten. In diesen Verfahren ist in der Regel ein früher erster Termin vorgesehen, in dem die Parteien nur die Anträge stellen. Achtet die beklagte Partei in diesem Termin nicht darauf, den Antrag auf ein bloßes Prozessurteil zu begrenzen und insbesondere auf den Vorbehalt der fehlenden örtlichen oder internationalen Zuständigkeit hinzuweisen, liegt hierin bereits die rügelose Einlassung.¹³ Eine Übertragung des Verfahrens auf den Einzelrichter gem. § 348a Abs. 1 Nr. 3 ZPO ist nach der Antragstellung ebenfalls nicht mehr möglich. Zudem ist die einseitige Rücknahme der Klage gem. § 269 Abs. 1 ZPO ausgeschlossen,¹⁴ was auch für patentgerichtliche Verfahren von Relevanz ist.¹⁵ Aber selbst wenn die Antragstellung noch nicht erfolgte, kann im Einzelfall nach einer (ausführlichen) Erörterung der rechtlichen Einschätzung des Gerichts der Beginn der mündlichen Verhandlung bereits bejaht werden.¹⁶ Zumindest der **Antrag auf Verweisung des Rechtsstreits** von einer Zivilkammer an eine Handelskammer gemäß § 101 Abs. 1 GVG kann hierdurch gesperrt sein. Dies kann insbesondere in Marken- und Designverletzungsverfahren sowie in Wettbewerbsverfahren von Relevanz sein. Ein Antrag auf Verweisung kann daher nur so lange gestellt werden, bis das zur

---

² Vgl. hierzu Ströbele/Hacker/*Knoll* MarkenG § 76 Rn. 1; Schulte/*Püschel* PatG § 90 Rn. 5.
³ BPatG BeckRS 2010, 05484; 2009, 28388.
⁴ LG Hamburg BeckRS 2019, 3623; OLG Nürnberg BeckRS 9998, 12221; OLG Dresden OLG-NL 1997, 94.
⁵ BGHZ 109, 41 (44).
⁶ Vgl. LG Hamburg BeckRS 2019, 3623; OLG Nürnberg BeckRS 9998, 12221; OLG Dresden OLG-NL 1997, 94.
⁷ LG Hamburg BeckRS 2019, 3623.
⁸ Vgl. Ströbele/Hacker/*Knoll* MarkenG § 76 Rn. 1.
⁹ Zöller/*Greger* ZPO § 137 Rn. 2.
¹⁰ OLG Karlsruhe BeckRS 2020, 36951.
¹¹ BPatG GRUR 2012, 99 (100 f.) – Lysimeterstation; BPatG GRUR 1979, 696 – Notwendige Streitgenossen; Busse/*Schuster* PatG § 90 Rn. 8.
¹² LG Düsseldorf BeckRS 2007, 32105.
¹³ LG Düsseldorf BeckRS 2007, 32105.
¹⁴ LG Hannover BeckRS 2017, 159526; LG Hannover BeckRS 2017, 143915.
¹⁵ Musielak/Voit/*Stadler* ZPO § 137 Rn. 1.
¹⁶ OLG Hamburg NJW-RR 2012, 634 (635); im konkreten Fall ablehnend LG Hamburg BeckRS 2017, 159526.

II. Art und Umfang des Parteivortrags

Aus § 137 Abs. 2 ZPO ergibt sich, dass in der Verhandlung das **Mündlichkeitsprinzip** gilt. **7** Nicht erlaubt ist damit ein **Verlesen der vorbereitenden Schriftsätze.** Allerdings stellt § 137 Abs. 3 ZPO klar, dass eine Bezugnahme auf schriftliche Dokumente aller Art in der mündlichen Verhandlung grundsätzlich zulässig ist. Hierzu können auch Beiakten aus anderen Verfahren gehören.[18] Die Dokumente müssen allerdings durch Beifügung oder Beziehung zu den Gerichtsakten gelangt sein.[19]

Durch die Antragstellung wird im Zweifel auf den gesamten bis dahin **angefallenen Akteninhalt** **8** durch die jeweilige Partei Bezug genommen, sofern nach der Antragstellung auch verhandelt wurde.[20] Fraglich kann dies allenfalls bei Schriftsätzen sein, die erst kurz vor oder in der mündlichen Verhandlung eingereicht wurden. In diesem Fall sollte eine ausdrückliche Bezugnahme auf den Inhalt in der mündlichen Verhandlung erfolgen.[21]

Umstritten ist es, ob und inwieweit die **Verwendung von technischen Hilfsmitteln** wie zB **9** Filmen, Tondateien, computergenerierten Darstellung und insbesondere Power-Point-Präsentationen in der mündlichen Verhandlung zugelassen ist. Das BPatG hat in der Vergangenheit eine solche Präsentation mittels technischer Hilfsmittel **unterschiedlich beurteilt.**[22] In einer Entscheidung hat es auf den Widerspruch des Gegners eine Power-Point-Präsentation in der mündlichen Verhandlung ua unter Verweis auf eine Entscheidung des EPA[23] abgelehnt, da es im konkreten Fall aufgrund der kurzfristigen Ankündigung dieser Präsentation vor der mündlichen Verhandlung nicht die Chancengleichheit für die Parteien hinreichend gewahrt gesehen hat und die andere Partei ohne diese Präsentation nicht daran gehindert sei, die für sie entscheidungserheblichen Gesichtspunkte mündlich vorzutragen.[24] In einem anderen Fall hat es die elektronische Präsentation von entgegengehaltenen Druckschriften zur besseren Lesbarkeit und Verdeutlichung als zulässig erachtet, da der freie Vortrag lediglich durch bildliche Bezugnahme auf Schriftstücke unterstützt werden sollte und der Gegner hierdurch nicht benachteiligt wurde.[25]

Im Ergebnis kommt es für die **Zulassung dieser Bezugnahme mittels technischer Hilfsmittel** **10** darauf an, dass (1) insbesondere mittels einer frühzeitigen Ankündigung und vorangegangenen Einreichung der bezugnommenen Dokumente die Chancengleichheit der Parteien gewahrt ist, (2) eine solche Darstellung den freien Vortrag (nur) unterstützen und hierfür hilfreich sein kann, und (3) dies nicht zu einer unnötigen Verzögerung des Verfahrens führt.[26] Liegen diese Voraussetzungen vor, kann das Gericht eine solche Präsentation auch trotz des Widerspruchs der anderen Partei zulassen.[27]

Für die schlüssige Darlegung einer Schutzrechtsverletzung kann es nach § 137 Abs. 3 S. 1 ZPO **11** zulässig und ausreichend sein, dass dies durch einen **Verweis auf identische oder vergleichbare Rechtsverletzungen** erfolgt, die Gegenstand anderer Gerichtsverfahren waren und zu denen die Partei die entsprechenden Urteile bzw. Entscheidungen im schriftlichen Vorverfahren vorgelegt hat.[28] Wird auf **umfangreiche Dokumente** wie zum Beispiel Verkehrsbefragungen in markenrechtlichen Verfahren Bezug genommen, sind diese für das Verfahren aufzuarbeiten und es muss eine konkrete und nicht nur pauschale Bezugnahme erfolgen.[29] Andernfalls kann das Gericht solche Dokumente als unerheblich zurückweisen.

Beweisangebote in den Schriftsätzen müssen in der mündlichen Verhandlung nicht ausdrücklich **12** wiederholt werden.[30] Nur bei eindeutigen Hinweisen kann davon ausgegangen werden, dass ein Beweisangebot nicht mehr aufrechterhalten wird. Im Zweifel muss das Gericht hier allerdings eindeutig nachfragen.[31]

---

[17] OLG Hamburg NJW-RR 2012, 634 (636).
[18] OLG Brandenburg BeckRS 2016, 11243.
[19] BGH NJW 1995, 1841; Zöller/*Greger* ZPO § 137 Rn. 3a.
[20] BGH NJW-RR 1996, 379; Zöller/*Greger* ZPO § 137 Rn. 3; Musielak/Voit/*Stadler* ZPO § 137 Rn. 3.
[21] Zöller/*Greger* ZPO § 137 Rn. 3.
[22] BPatG BeckRS 2010, 05484 (nicht zugelassen); BPatG BeckRS 2009, 28388 (zugelassen).
[23] EPA BeckRS 2004, 30680796.
[24] BPatG BeckRS 2010, 05484.
[25] BPatG BeckRS 2009, 28388.
[26] Vgl. Schulte/*Püschel* PatG § 90 Rn. 5; Busse/*Schuster* PatG § 90 Rn. 9.
[27] Schulte/*Püschel* PatG § 90 Rn. 5.
[28] BGH WRP 2013, 1613 (1617) – Kinderstuhl im Internet II.
[29] OLG Düsseldorf GRUR-RR 2002, 20 (22) – T-Box; BGH NJW 1984, 310 (311).
[30] BGH NJW-RR 1996, 1459; Zöller/*Greger* ZPO § 137 Rn. 3.
[31] BGH NJW 1998, 2977; Zöller/*Greger* ZPO § 137 Rn. 3.

III. Persönliche Anhörung der Partei

13 § 137 Abs. 4 ZPO bezieht sich nicht auf den Ablauf der mündlichen Verhandlung, sondern stellt klar, dass im Anwaltsprozess auch der Partei selbst ein Recht zur persönlichen Anhörung zusteht. Voraussetzung ist in diesem Fall allerdings, dass ein Anwalt in der mündlichen Verhandlung **anwesend und verhandlungsbereit** ist.[32] Wenn eine der deutschen Sprache nicht mächtige Partei von seinem Äußerungsrecht nach § 137 Abs. 4 ZPO Gebrauch machen will, hat das Gericht für die Hinzuziehung eines Dolmetschers Sorge zu tragen, selbst wenn das persönliche Erscheinen der Partei durch das Gericht nicht angeordnet worden ist.[33] Gegebenenfalls muss das Gericht aufgrund des bisherigen Vortrags einer Partei auch mittels einer Parteianhörung gemäß § 137 Abs. 4 ZPO (iVm § 141 ZPO) einen unter Beweis gestellten streitigen Tatsachenvortrag weiter aufklären.[34] Aus den Ausführungen einer Partei kann sich ein sogenannter „Anbeweis" ergeben, der weitere Beweismaßnahmen des Gerichts gemäß §§ 445 ff. ZPO rechtfertigen kann.[35]

14 Lässt das Gericht die Partei nicht zu Wort kommen, kann hierin eine **Versagung des Anspruchs auf rechtliches Gehör** liegen.[36] Allerdings muss die Partei eindeutig erkennbar gemacht haben, das Wort ergreifen zu wollen. Zudem muss sie gegen die Zurückweisung ihrer Wortmeldung alle prozessualen Rechtsbehelfe ausgeschöpft haben.[37] Widersprechen sich der Vortrag des Anwalts und der Vortrag der Partei, kann dies vom Gericht frei gewürdigt werden.[38]

§ 138 Erklärungspflicht über Tatsachen; Wahrheitspflicht

(1) **Die Parteien haben ihre Erklärungen über tatsächliche Umstände vollständig und der Wahrheit gemäß abzugeben.**

(2) **Jede Partei hat sich über die von dem Gegner behaupteten Tatsachen zu erklären.**

(3) **Tatsachen, die nicht ausdrücklich bestritten werden, sind als zugestanden anzusehen, wenn nicht die Absicht, sie bestreiten zu wollen, aus den übrigen Erklärungen der Partei hervorgeht.**

(4) **Eine Erklärung mit Nichtwissen ist nur über Tatsachen zulässig, die weder eigene Handlungen der Partei noch Gegenstand ihrer eigenen Wahrnehmung gewesen sind.**

Literatur: *Solmecke/Rüther/Herkens:* Uneinheitliche Darlegungs- und Beweislast in Filesharing-Verfahren – Abweichen von zivilprozessualen Grundsätzen zu Gunsten der Rechteinhaber?, MMR 2013, 217; *Gotthardt:* Zivilprozessuale Rechtsdurchsetzung in Filesharing-Fällen mit Familienbezug – Nachforschungspflichten im Rahmen der sekundären Darlegungslast unter Berücksichtigung aktueller Rechtsprechung, ZUM 2021, 7; *Marx:* Gib mal loud – Parteivortrag „im grünen Bereich", GRUR 2021, 288; *Ohly:* Das neue Geschäftsgeheimnisgesetz im Überblick, GRUR 2019, 441; *Haedicke:* Zweckbindung und Geheimnisschutz bei Auskunfts- und Rechnungslegungsansprüchen, GRUR 2020, 785; *Zhu/Popp:* Zivilprozessualer Geheimnisschutz in Patentstreitverfahren, GRUR 2020, 338; *Kühnen:* Zivilprozessualer Geheimnisschutz in Patentstreitverfahren, GRUR 2020, 576.

Übersicht

	Rn.
A. Allgemein	1
B. Sonderregelungen im gewerblichen Rechtsschutz	2
C. Anwendungsbereich	6
I. Vollständigkeits- und Wahrheitspflicht (Abs. 1)	6
1. Umfang	6
2. Besonderheiten bei patent- und markenrechtlichen Verfahren	11
3. Rechtsfolgen	14
II. Erklärungspflicht und Bestreiten (Abs. 2–4)	17
1. Allgemeine Bedeutung	17
2. Unterscheidung nach Art des Bestreitens	18
3. Anforderungen an das Bestreiten	20
4. Rechtsfolgen	27
5. Besonderheiten im gewerblichen Rechtsschutz	28
a) Darlegungslast und Anforderungen an das Bestreiten bei patentrechtlichen Streitigkeiten	28

---

[32] BVerwG NJW 1984, 625; OLG Frankfurt a. M. NJW-RR 2010, 140; Zöller/*Greger* ZPO § 137 Rn. 4; Musielak/Voit/*Stadler* ZPO § 137 Rn. 4.
[33] BGH BeckRS 2018, 3575.
[34] BVerfG BeckRS 2017, 121694.
[35] BGH BeckRS 2017, 121446.
[36] VerfGH Bayern NJW 1961, 1523; Zöller/*Greger* ZPO § 137 Rn. 4; Musielak/Voit/*Stadler* ZPO § 137 Rn. 4.
[37] VerfGH Bayern NJW 1984, 1026.
[38] BGH NJW-RR 2009, 1272 (1273).

	Rn.
b) Darlegungslast und Anforderungen an das Bestreiten bei markenrechtlichen Streitigkeiten	51
c) Darlegungslast und Anforderungen an das Bestreiten bei designrechtlichen Streitigkeiten	63
d) Darlegungslast und Anforderungen an das Bestreiten bei wettbewerbsrechtlichen Streitigkeiten	69
e) Darlegungslast und Anforderungen an das Bestreiten bei urheberrechtlichen Streitigkeiten	83
D. Besonderheiten der Darlegungs- und Erklärungspflicht bei Geschäftsgeheimnissen	95

A. Allgemein

Die Regelung des § 138 ZPO ergänzt den im Zivilprozess geltenden **Verhandlungs- bzw. Beibringungsgrundsatz** (vgl. § 139 Abs. 1 S. 2 ZPO, § 136 Abs. 3 ZPO) und die Prozessförderungspflicht der Parteien.[1] Trotz des Verhandlungsgrundsatzes soll durch die Geltung der Wahrheitspflicht eine faire Verfahrensführung gegenüber Gericht und Gegner gewährleistet werden.[2] Die Wahrheits- und Vollständigkeitspflicht gilt für die Parteien und für die jeweiligen Anwälte.[3]

B. Sonderregelungen im gewerblichen Rechtsschutz

In Verfahren vor dem Patentamt, dem Patentgericht und dem Bundesgerichtshof, soweit dieser über Entscheidungen des Patentgerichts zu urteilen hat, ergibt sich die (subjektive) **Wahrheitspflicht der Beteiligten aus § 124 PatG bzw. § 92 MarkenG**. Diese Vorschriften sind mit der Ausnahme, dass sie sich auf „Beteiligte" und nicht auf die „Parteien" beziehen, inhaltsgleich zu § 138 Abs. 1 ZPO. Im Patenterteilungsverfahren gilt zudem § 34 Abs. 7 PatG. Hiernach hat der Anmelder auf Verlangen des Patentamts den Stand der Technik nach seinem besten Wissen vollständig und wahrheitsgemäß anzugeben und in die Beschreibung der Erfindung aufzunehmen.

Ob die Regelungen des § 138 Abs. 2–4 ZPO auch in patentgerichtlichen Verfahren über § 99 Abs. 1 S. 1 PatG und § 82 Abs. 1 S. 1 MarkenG (teilweise) anwendbar sind, ist umstritten und nicht einheitlich zu beantworten.

Teilweise wird die **Anwendbarkeit dieser Vorschriften in patentgerichtlichen Verfahren,** die sich auf Patente oder Gebrauchsmuster beziehen, aufgrund des Untersuchungsgrundsatzes gemäß § 87 Abs. 1 PatG vollständig ausgeschlossen.[4] In patentgerichtlichen Verfahren, die sich auf Marken beziehen, wird die Anwendung zumindest teilweise bejaht.[5] Dies soll aber nur für Tatsachen und Umstände gelten, für die in Ausnahme zu § 73 Abs. 1 MarkenG nicht der Untersuchungsgrundsatz sondern der Verhandlungs- bzw. Beibringungsgrundsatz gilt. Hiervon betroffen sind Fragen der rechtserhaltenden Benutzung der Marke, der Berücksichtigung einer erhöhten Kennzeichnungskraft im Widerspruchsverfahren und der Verkehrsdurchsetzung,[6] wobei bei Fragen der rechtserhaltenden Benutzung § 43 Abs. 1 MarkenG lex specialis zu § 138 Abs. 2–4 ZPO sein soll.[7]

Nach Auffassung des BPatG sind die Regelungen hingegen auch für diese Verfahren **zumindest eingeschränkt anwendbar,** ohne dies allerdings näher zu begründen.[8] So hat das BPatG in einem Nichtigkeitsverfahren gegen ein Patent ein Bestreiten mit Nichtwissen, ob ein den Stand der Technik wiedergebendes Dokument vorveröffentlicht ist, gemäß § 99 Abs. 1 PatG iVm § 138 Abs. 4 ZPO für zulässig erachtet.[9] Das Schweigen eines Widersprechenden zu Benutzungsfragen soll wiederum gemäß § 138 Abs. 3 ZPO als Zugeständnis des gegnerischen Sachvortrags zu werten sein und die Annahme der Nichtbenutzung der Widerspruchsmarken begründen.[10] Nach der Rechtsprechung des BPatG sind die Erklärungslast des § 138 Abs. 2 ZPO und die weiteren Regelungen des § 138 Abs. 3 und Abs. 4 ZPO zum Bestreiten einer Partei dementsprechend auch in den patentgerichtlichen Verfahren zu beachten.

---

[1] Musielak/Voit/*Stadler* ZPO § 138 Rn. 9.
[2] Musielak/Voit/*Stadler* ZPO § 138 Rn. 1.
[3] Zöller/*Greger* ZPO § 138 Rn. 1.
[4] Busse/*Schuster* PatG § 99 Rn. 13; nicht ausdrücklich, aber mangels Aufzählung von § 138 ZPO konkludent ausschließend Schulte/*Püschel* PatG § 99 Rn. 4 und 6.
[5] Ströbele/Hacker/*Knoll* MarkenG § 82 Rn. 9 und Rn. 61.
[6] Ströbele/Hacker/*Knoll* MarkenG § 82 Rn. 9.
[7] Ströbele/Hacker/*Ströbele* MarkenG § 43 Rn. 26 und 38; Ingerl/*Rohnke* MarkenG § 43 Rn. 11.
[8] BPatG BeckRS 2009, 13960 zu § 138 Abs. 4 ZPO; BPatG BeckRS 2014, 16365, zu § 138 Abs. 3 ZPO (markenrechtliches Widerspruchsverfahren).
[9] BPatG BeckRS 2009, 13960.
[10] BPatG BeckRS 2014, 16365; BPatG BeckRS 2009, 19720.

C. Anwendungsbereich

I. Vollständigkeits- und Wahrheitspflicht (Abs. 1)

6 **1. Umfang.** Die Regelung in Abs. 1 bezieht sich auf eine subjektive Wahrheitspflicht.[11] Die Parteien dürfen daher keine Erklärungen in Bezug auf tatsächliche Umstände abgeben, die **nach der eigenen Überzeugung unwahr** sind. Ein Verstoß gegen die Wahrheitspflicht kann aber nicht nur bei der bewussten Behauptung unwahrer Tatsachen vorliegen, sondern auch bei einem Verschweigen von Tatsachen, die der Partei bekannt sind und deren Vortrag für den jeweiligen Ausgang des Verfahrens entscheidend ist.[12] Die Wahrheitspflicht verbietet ua, aus der Unkenntnis der Erteilungsbehörde oder der anderen Verfahrensbeteiligten wider besseres eigenes Wissen Vorteile zu ziehen.[13] Im Rahmen eines einstweiligen Verfügungsverfahrens gehört es zur prozessualen Wahrheitspflicht, die (umfangreiche) Antwort auf eine Abmahnung dem Gericht vorzulegen, und nicht nur zu behaupten, der Gegner habe keine strafbewehrte Unterlassungserklärung abgegeben.[14] Ebenso wenig zulässig ist das Bestreiten von Tatsachen **wider besseres Wissen**. Die Verpflichtung zur Wahrheit besteht nicht mehr, wenn eine Partei dadurch gezwungen wäre, eine ihr zur Unehre gereichende Tatsache oder eine von ihr begangene strafbare Handlung zu offenbaren.[15]

7 Strittig ist hingegen, ob sich die Vollständigkeits- und Wahrheitspflicht für eine Partei auch auf Tatsachen bezieht, die eine **rechtsändernde oder rechtsvernichtende Einwendung des Gegners** oder eine bereits zuvor erhobene Einrede des Gegners betreffen.[16] Sofern die andere Partei diese Einwendungen oder Einreden als zutreffend erachtet, darf sie die der Einwendung oder Einrede zugrunde liegende Tatsache nicht verschweigen. Etwas anderes gilt nur, wenn die jeweilige Partei nicht davon überzeugt ist, dass die Einwendungen oder Einreden durchgreifen.

8 Stellt eine Partei **Vermutungen bzw. Behauptungen ins Blaue hinein** auf, muss dies nicht unbedingt einen Verstoß gegen die Wahrheitspflicht darstellen.[17] Die Erklärung der jeweiligen Partei erfolgt gerade nicht wider besseres Wissen. Sofern diese Behauptungen allerdings nicht auf der Grundlage greifbarer und nachvollziehbar dargelegter Anhaltspunkte erfolgen,[18] sondern den Gegner nur zu einer Offenlegung von Tatsachen verleiten sollen, die dem Gegner zur Substantiierung seiner Rechte fehlen, führt dies nicht zur Verpflichtung der anderen Partei, hierauf mittels einer substantiierten Erklärung zu erwidern.[19] Ein solcher Vortrag aufs Geratewohl ist rechtsmissbräuchlich.[20] Ebenso wenig ist das Gericht verpflichtet, in diesen Fällen eine Anordnung der Vorlage gemäß § 142 ZPO oder Einnahme des Augenscheins gemäß § 144 ZPO zu erlassen.[21] Ein Verstoß gegen die Wahrheitspflicht gemäß §§ 34 Abs. 7, 124 PatG kann allerdings vorliegen, wenn im Rahmen des Patenterteilungsverfahrens zu technischen Gebrauchseigenschaften von Konkurrenzprodukten Angaben ins Blaue hinein erfolgen.[22]

9 **Parteivereinbarungen,** die eine Einschränkung der Wahrheitspflicht vorsehen, sind gemäß § 134 BGB nichtig. Lediglich Abreden, die vorsehen, dass bestimmte Beweismittel nicht vorgelegt werden, können in prozessualer Hinsicht zulässig sein.[23]

10 Kein Verstoß gegen die Wahrheitspflicht liegt vor, wenn der Prozessbevollmächtigte **Tatsachendarstellungen seines Mandanten** vorträgt, ohne diese auf ihre Richtigkeit hin zu kontrollieren.[24] Nur Tatsachen, von denen der Prozessbevollmächtigte weiß, dass sie nicht zutreffend sind, darf er nicht vortragen.[25]

11 **2. Besonderheiten bei patent- und markenrechtlichen Verfahren.** In patentrechtlichen **Verfahren** haben die Beteiligten dementsprechend alle tatsächlichen Angaben mitzuteilen, die für die Patentfähigkeit tatsächlich von Bedeutung sind.[26] Hierzu gehören ua Angaben zum bekannten Stand der Technik (vgl. hierzu auch den im Patenterteilungsverfahren geltenden § 34 Abs. 7 PatG), insbesondere hierzu bekannte wichtige Unterlagen einschließlich in einer Auslandsanmeldung entgegen-

---

[11] Musielak/Voit/*Stadler* ZPO § 138 Rn. 2; Zöller/*Greger* ZPO § 138 Rn. 2.
[12] BPatG BeckRS 2007, 07256; Zöller/*Greger* ZPO § 138 Rn. 3.
[13] BPatG BeckRS 2009, 22334.
[14] OLG München BeckRS 2017, 124245.
[15] BVerfG NJW 1981, 1431; LG Frankfurt a. M. MMR 2013, 55 (56).
[16] Vgl. Musielak/Voit/*Stadler* ZPO § 138 Rn. 5.
[17] Musielak/Voit/*Stadler* ZPO § 138 Rn. 6.
[18] BGH WM 2002, 1690 (1692); GRUR 1975, 254 (256) – Ladegerät II.
[19] Musielak/Voit/*Stadler* ZPO § 138 Rn. 6.
[20] Fitzner/Lutz/Bodewig/*Voß* PatG Vor §§ 139 ff. Rn. 131.
[21] Vgl. BGH GRUR 2013, 316 (318) – Rohrmuffe.
[22] VGH München GRUR-RR 2003, 297 (298) – Aufreißdeckel.
[23] Zöller/*Greger* ZPO § 138 Rn. 5.
[24] Vgl. BVerfG NJW 2003, 3263; Zöller/*Greger* ZPO § 138 Rn. 6.
[25] Zöller/*Greger* ZPO § 138 Rn. 6.
[26] Schulte/*Schell* PatG § 124 Rn. 6.

gehaltener Druckschriften,[27] oder Ergebnisse von Versuchen und Vergleichstests.[28] Ein Verstoß gegen die Wahrheits- und Vollständigkeitspflicht liegt aber nicht bereits vor, wenn zum Beispiel im Patenterteilungsverfahren dem Prüfer vom Anmelder bestimmte Fakten zum Stand der Technik vorenthalten worden sind, sofern diese verschwiegenen Fakten objektiv eine Patenterteilung nicht hätten verhindern können.[29]

12 Auch **Vermutungen zur Offenkundigkeit einer Vorbenutzung** stellen keinen Verstoß gegen die Wahrheitspflicht dar, sofern diese Vermutungen oder Behauptungen nicht ohne einen greifbaren Anhaltspunkt ins Blaue hinein aufgestellt wurden.[30] Die erforderliche Schilderung des angeblich vorbenutzten Gegenstands braucht sich nicht auf alle baulichen, nicht zur geschützten Konstruktion gehörenden unerheblichen Einzelheiten zu erstrecken, sondern es genügt ein – nicht völlig abwegiger – Vortrag zur Übereinstimmung des vorbenutzten Gegenstands mit den kennzeichnenden Merkmalen des Patents oder Gebrauchsmusters. Solche Vermutungen sind dementsprechend auch vom Gericht mit Blick auf eine mögliche Beweisaufnahme zu beachten, zumal die darlegungs- und beweislastete Partei in der Regel aus eigener Wahrnehmung keine genaue Kenntnis der unter Beweis gestellten Tatsachen haben wird.[31]

13 In **markenrechtlichen Verfahren** ist die Wahrheitspflicht von geringerer Bedeutung.[32] Die Wahrheitspflicht kann hierbei ua bei Erklärungen von Bedeutung sein, die sich auf Einwendungen oder Einreden des Gegners beziehen, beispielsweise Vortrag zur Bejahung absoluter Schutzhindernisse bei einer Markenanmeldung in anderen Amtsverfahren[33] oder zur Kenntnis der gegnerischen Benutzungshandlungen im Falle bösgläubiger Markenanmeldungen.

14 **3. Rechtsfolgen.** Bei einem **Verstoß gegen § 138 Abs. 1 ZPO** bzw. § 124 PatG oder § 92 MarkenG sind im Gesetz keine unmittelbaren Folgen vorgesehen. Allerdings darf das Gericht zur Überprüfung der Richtigkeit die jeweilige Partei dazu vernehmen. Ansonsten ist das Gericht an den jeweiligen Parteivortrag aufgrund des Verhandlungsgrundsatzes gebunden, selbst wenn eine hierbei mitgeteilte Tatsache unwahr ist.

15 Die Bindung des Gerichts an den Parteivortrag gilt nicht für die **patentgerichtlichen Verfahren,** sofern in diesen für die betreffenden Tatsachen der Untersuchungsgrundsatz und nicht ausnahmsweise der Beibringungsgrundsatz gilt, wie zum Beispiel beim Nachweis der Benutzung einer Marke. Tatsachenvortrag, der hingegen erkennbar unrichtig ist oder an deren Richtigkeit die jeweilige Partei nach Überzeugung des Gerichts selbst nicht glaubt, muss vom Gericht nicht berücksichtigt werden (§ 286 ZPO).[34]

16 Ein Verstoß gegen die Wahrheitspflicht kann in patentgerichtlichen Verfahren **kostenrechtliche Folgen** für den Beteiligten haben. Dies kann beispielsweise dazu führen, dass dem gegen die Wahrheitspflicht verstoßenden Beteiligten ausnahmsweise die Kosten eines Einspruchs- oder Widerspruchsverfahrens auferlegt werden.[35] Die Unterlassung einer Veröffentlichung der Patentschrift kann bei einem Verstoß allerdings nicht verlangt werden.[36]

II. Erklärungspflicht und Bestreiten (Abs. 2–4)

17 **1. Allgemeine Bedeutung.** Die Erklärungspflicht des § 138 Abs. 2 ZPO ist im Sinne einer **Erklärungslast** zu verstehen.[37] Gibt eine Partei über vom Gegner behauptete Tatsachen keine Erklärung ab, tritt die Rechtsfolge des § 138 Abs. 3 ZPO ein und diese Tatsache ist vom Gericht grundsätzlich als zugestanden anzusehen und es entfällt die Beweisbedürftigkeit.[38] Nach Auffassung des BPatG sind die Regelung des § 138 Abs. 2 ZPO und die Regelungen zur Nichterfüllung der Erklärungspflicht nach § 138 Abs. 3 und Abs. 4 ZPO auch in patentgerichtlichen Verfahren anwendbar (→ Rn. 4 f.). Die Erklärungslast steht in einem direkten Zusammenhang mit den Regeln zur Darlegungs- und Beweislast.[39]

18 **2. Unterscheidung nach Art des Bestreitens.** § 138 Abs. 3 und Abs. 4 ZPO erläutern, unter welchen Voraussetzungen eine vom Gegner behauptete Tatsache von einer Partei hinreichend bestritten werden kann. Gemäß § 138 Abs. 3 ZPO kann das **Bestreiten ausdrücklich oder durch**

---

[27] BPatG BeckRS 2009, 22334.
[28] BGH GRUR 2006, 754 – Haftetiketten; BGH GRUR 1969, 133 – Luftfilter; Schulte/*Schell* PatG § 124 Rn. 6.
[29] OLG Düsseldorf GRUR 2009, 53 – Brandschutzvorrichtung.
[30] BGH GRUR 1975, 254 (256) – Ladegerät II.
[31] BGH GRUR 1975, 254 (256) – Ladegerät II.
[32] Ströbele/Hacker/*Kober-Dehm* MarkenG § 92 Rn. 1.
[33] Vgl. zum Eintragungsverfahren BPatG GRUR 2010, 425 (430) – Volksflat.
[34] BGH NJW-RR 2003, 69; GRUR 1975, 254 (256) – Ladegerät II; Schulte/*Schell* PatG § 124 Rn. 6; Musielak/Voit/*Stadler* ZPO § 138 Rn. 7; Zöller/*Greger* ZPO § 138 Rn. 5.
[35] BPatG BeckRS 2009, 22334.
[36] VGH München GRUR-RR 2003, 297 (298) – Aufreißdeckel.
[37] Musielak/Voit/*Stadler* ZPO § 138 Rn. 9; Zöller/*Greger* ZPO § 138 Rn. 8.
[38] Musielak/Voit/*Stadler* ZPO § 138 Rn. 9; Zöller/*Greger* ZPO § 138 Rn. 9.
[39] Zöller/*Greger* ZPO § 138 Rn. 8, 8b.

schlüssigen Vortrag erfolgen. Pauschales Bestreiten beispielsweise mittels der Formulierung „es wird alles bestritten, was nicht ausdrücklich zugestanden wurde" ist rechtlich unbeachtlich.[40]

19 Erklärungen zum Bestreiten können in **einfaches Bestreiten, substantiiertes Bestreiten oder Bestreiten mit Nichtwissen** (§ 138 Abs. 4 ZPO) eingeordnet werden. Bei einem einfachen Bestreiten wird lediglich erklärt, dass die gegnerische Tatsachenbehauptung nicht zutrifft.[41] Ein substantiiertes Bestreiten liegt vor, wenn eine Partei sich zum Vortrag des Gegners mit einer konkreten Gegendarstellung erklärt und im Gegensatz zum einfachen Bestreiten nicht nur mitteilt, dass die Behauptung nicht zutreffend sei.[42] Die Erklärung bzw. das Bestreiten mit Nichtwissen erfolgt in der Regel ausdrücklich mittels dieser Formulierung und ist mit dem einfachen Bestreiten gleichzusetzen, sofern die übrigen Voraussetzungen des § 138 Abs. 4 ZPO erfüllt sind.[43]

20 **3. Anforderungen an das Bestreiten. Ob und Umfang** der Erklärungslast bzw. des Bestreitens hängen davon ab, ob die andere Partei ihrer Darlegungslast genügt hat und die ihren Anspruch oder Einwand begründenden Tatsachen vorgetragen hat.[44] Hat die andere Partei bereits nicht schlüssig die angeblich ihre Rechtsbehauptung stützenden Tatsachen vorgetragen, besteht für den Gegner in einem solchen Fall auch keine Erklärungslast gemäß § 138 Abs. 2 ZPO. Andernfalls würde dies zu einer Ausforschung und Umkehr der Darlegungs- und Beweislast führen.[45] Eine Einschränkung erfährt diese Regelung allerdings durch die Rechtsprechung zur sogenannten **sekundären Darlegungslast**.[46]

21 Bei **allgemeinen Behauptungen** des Gegners ohne Angabe konkreter Einzelheiten genügt in der Regel ein einfaches Bestreiten. In diesem Fall muss zunächst der Gegner erst noch substantiiert vortragen, bevor hierauf wiederum ein substantiiertes Bestreiten der anderen Partei erforderlich wird.[47] Dieses einfache Bestreiten ist unter Beachtung der prozessualen Wahrheitspflicht aber auch erforderlich.[48]

22 Auf einen **substantiierten Vortrag** der gegnerischen Partei muss sich die andere Partei ihrerseits substantiiert erklären bzw. diesen substantiiert bestreiten.[49] Ein einfaches Bestreiten genügt in solchen Fällen nicht. Vielmehr muss sie mit positiven Angaben hierzu Stellung nehmen, soweit ihr das möglich ist.[50] Dies betrifft insbesondere Umstände, die in ihrem eigenen Wahrnehmungs- oder Verantwortungsbereich liegen.

23 Die Anforderungen an die Substantiierungslast können sich allerdings für die darlegungs- und beweisbelastete Partei reduzieren, wenn diese anders als der Gegner **keinen Einblick in die behaupteten Vorgänge** hat bzw. haben kann.[51] In solchen Fällen lässt die Rechtsprechung ein einfaches Bestreiten des besser informierten Gegners im Rahmen des Zumutbaren nicht genügen, sondern verlangt ein substantiiertes Bestreiten der behaupteten Tatsache unter Darlegung der für das Gegenteil sprechenden Tatsachen und Umstände.[52]

24 Aufgrund des Verhandlungsgrundsatzes muss das Gericht auch das **Bestreiten eines begünstigenden Vortrags** des Gegners berücksichtigen und diesen Vortrag nicht zu Gunsten der anderen Partei als unstreitig verwerten.[53]

25 Eine **Erklärung mit Nichtwissen** nach § 138 Abs. 4 ZPO ist für eine Partei nur dann zulässig, wenn die erklärende Partei nach der Lebenserfahrung kein eigenes Wissen hat. Bei eigenen Handlungen oder eigenen Wahrnehmungen ist dies regelmäßig ausgeschlossen. Lediglich wenn die Partei substantiiert darlegt und behauptet, hierzu mangels Erinnerung (zB bei lange zurückliegenden Alltagsvorgängen) keine Erklärung mehr abgeben zu können, ist eine Erklärung bzw. Bestreiten mit Nichtwissen hierzu zulässig.[54] Allerdings besteht für die Partei in diesem Fall eine **Erkundigungs- bzw. Informationspflicht**.[55] Sie ist verpflichtet, die ihr zugänglichen Informationen in ihrem Unternehmen und von denjenigen Personen einzuholen, die unter ihrer Anleitung, Aufsicht oder Verantwortung tätig geworden sind oder mittels Einsicht in Aufzeichnungen und Unterlagen die frühere Kenntnis wiederherzustellen.

---

[40] Musielak/Voit/*Stadler* ZPO § 138 Rn. 10; Zöller/*Greger* ZPO § 138 Rn. 10a.
[41] BGH NJW-RR 1986, 980 (981); Musielak/Voit/*Stadler* ZPO § 138 Rn. 10; Zöller/*Greger* ZPO § 138 Rn. 10a.
[42] Zöller/*Greger* ZPO § 138 Rn. 10a.
[43] Musielak/Voit/*Stadler* ZPO § 138 Rn. 16.
[44] Allgemein BGH NJW 1999, 1404 (1405).
[45] Zöller/*Greger* ZPO § 138 Rn. 8.
[46] Vgl. BGH NJW 1999, 1404 (1405); 2008, 982 (984).
[47] BGH NJW-RR 1986, 980 (981); 1990, 78 (80); Musielak/Voit/*Stadler* ZPO § 138 Rn. 10.
[48] OLG Düsseldorf BeckRS 2019, 31329 – Tintenzusammensetzung.
[49] BGH NJW 2010, 1357 (1358).
[50] Musielak/Voit/*Stadler* ZPO § 138 Rn. 10.
[51] BGH NJW-RR 2001, 1294.
[52] BGH NJW 2005, 2614 (2615 f.).
[53] Zöller/*Greger* ZPO § 138 Rn. 11.
[54] BGH GRUR 2002, 190 (191) – Die Profis.
[55] BGH NJW 1999, 53 (54); GRUR 2002, 190 (191) – Die Profis.

Den eigenen Handlungen oder eigenen Wahrnehmungen gleichgestellt sind solche von **gesetzlichen**[56] **oder rechtsgeschäftlichen Vertretern**[57] einer Partei. Die Partei kann sich insbesondere nicht durch eine arbeitsteilige Organisation in ihrem Geschäfts- oder Verantwortungsbereich ihren prozessualen Erklärungspflichten entziehen. Vielmehr muss sie in diesem Fall alle erforderlichen Erkundigungen hierzu anstellen und diese auch glaubhaft machen.[58] 26

4. Rechtsfolgen. Sofern der Vortrag des Gegners schlüssig ist und die andere Partei diese Tatsachen nicht hinreichend bestritten hat, hat das Gericht diese Tatsachen gemäß § 138 Abs. 3 ZPO als zugestanden anzusehen. Hierdurch entfällt die Beweisbedürftigkeit über diese Tatsachen. Das Nichtbestreiten bzw. nicht ausreichende Bestreiten im Sinne von § 138 Abs. 3 ZPO führt zu einer **Geständnisfiktion des gegnerischen Tatsachenvortrags.**[59] Entsprechendes gilt, wenn eine Erklärung bzw. Bestreiten mit Nichtwissen ausscheidet.[60] Diese Bindungswirkung ist von den Regelungen in §§ 288, 290 ZPO zu unterscheiden, da die Partei das Bestreiten noch nachholen kann, sofern sie nicht mit diesem Vortrag präkludiert ist.[61] 27

5. Besonderheiten im gewerblichen Rechtsschutz. a) Darlegungslast und Anforderungen an das Bestreiten bei patentrechtlichen Streitigkeiten. In Patentverletzungsverfahren hat der Patentinhaber bzw. Kläger alle anspruchsbegründenden Sachverhaltselemente darzulegen.[62] 28

Der **Patentinhaber bzw. Kläger** muss daher (siehe entsprechend zur Beweislast → § 284 Rn. 66)[63] insbesondere folgende **anspruchsbegründende Tatsachen darlegen und ggf. beweisen:** seine Rechtsstellung als Patentinhaber bzw. seine Aktivlegitimation im Falle eines (ausschließlichen) Lizenznehmers; die Voraussetzungen der Prozessstandschafts- und Abtretungserklärung einschließlich der Zeichnungsberechtigung des Vertreters für den Patentinhaber;[64] den Rechtsbestand des Patents; zur Bestimmung des Schutzbereichs wesentliche Tatsachen; die Tatsachen, in denen die Benutzung des geschützten Gegenstands besteht[65] bzw. aus denen sich die wortsinngemäße Verletzung des Patents oder die Äquivalenz der angegriffenen Ausführungsform ergibt; die Passivlegitimation des Gegners; Tatsachen, aus denen sich die Erstbegehungs- oder Wiederholungsgefahr ergibt, wobei die Wiederholungsgefahr im Fall einer der Darlegung einer bereits erfolgten Verletzungshandlung vermutet wird,[66] sofern diese nicht bereits verjährt ist[67]; Wahrscheinlichkeit des Schadenseintritt, Schadenshöhe[68] bzw. Angabe üblicher Lizenzgebühren im Fall einer unbezifferten Schadensersatzklage; das Verschulden beim Schadensersatzanspruch, wobei hierbei allgemein gilt, dass dies durch die Rechtswidrigkeit der Verletzungshandlung indiziert ist[69]; Besitz bzw. Eigentum des Gegners an Erzeugnissen oder Vorrichtungen (§ 140a PatG); Erforderlichkeit einer Auskunft (§ 140b PatG; §§ 242, 259 BGB); Offensichtlichkeit einer Rechtsverletzung (§ 140b Abs. 2, Abs. 7 PatG); Erteilung einer falschen oder unvollständigen Auskunft (§ 140b Abs. 5 PatG); hinreichende Wahrscheinlichkeit einer Patentverletzung bei Besichtigung oder Urkundenvorlage (§ 140c PatG, §§ 142, 144 ZPO)[70]; Existenz einer Urkunde und deren Besitz (§§ 140c, 140d PatG), wobei im Falle gesetzlicher Dokumentations-, Buchführungs- oder Aufbewahrungspflichten der Verweis auf diesen Pflichten hierfür genügt[71]; Erforderlichkeit einer Urkundenvorlage (§§ 140c Abs. 1, d PatG); gewerbliches Ausmaß (§§ 140b Abs. 2, 140c Abs. 1 S. 2 und 140d Abs. 1 S. 1 PatG), wobei hierbei in der Regel (zunächst) konkretisierende Angaben zum Besitz, der Inanspruchnahme von Dienstleistungen etc genügen und der Gegner anschließend die Umstände einer privaten Handlung darzulegen hat[72]; berechtigtes Interesse an Urteilsveröffentlichung (§ 140e PatG)[73]; Notwendigkeit des Abschlusses einer Geheimhaltungsvereinbarung bei FRAND-Lizenzverhandlungen für die Vorlage der Vergleichslizenzverträge[74]; im Falle der Geltend- 29

---

[56] BGH NJW 1999, 53 (54); GRUR 2002, 190 (191) – Die Profis.
[57] OLG München IPRax 1985, 338; Musielak/Voit/*Stadler* ZPO § 138 Rn. 17; aA Zöller/*Greger* ZPO § 138 Rn. 15.
[58] BGH GRUR 2002, 190 (191) – Die Profis.
[59] BGH NJW 1987, 499; Musielak/Voit/*Stadler* ZPO § 138 Rn. 15.
[60] Musielak/Voit/*Stadler* ZPO § 138 Rn. 16.
[61] Musielak/Voit/*Stadler* ZPO § 138 Rn. 15.
[62] BGH GRUR 2004, 268 (269) – Blasenfreie Gummibahn II; BGH GRUR 2009, 1142 (1143) – MP3-Player-Import; Schulte/*Voß/Kühnen* PatG § 139 Rn. 35.
[63] Siehe hierzu auch die Aufzählung in Fitzner/Lutz/Bodewig/*Voß* Patentrechtskommentar PatG Vor §§ 139 ff. Rn. 119.
[64] LG Düsseldorf BeckRS 2014, 20341.
[65] BGH GRUR 2009, 1142 (1143) – MP3-Player-Import.
[66] BGH GRUR 2003, 1031 (1033) – Kupplung für optische Geräte.
[67] BGH GRUR 1987, 125 (125) – Berührung.
[68] OLG Düsseldorf GRUR-RR 2007, 378 – Schwerlastregal (Ls.) = BeckRS 2007, 04167 (Volltext).
[69] BGH GRUR 1993, 460 (464) – Wandabstreifer; BGH GRUR 1976, 579 (581) – Tylosin.
[70] BGH GRUR 2013, 316 (318) – Rohrmuffe; BGH GRUR 2006, 962 (967) – Restschadstoffentfernung.
[71] Fitzner/Lutz/Bodewig/*Voß* Patentrechtskommentar PatG § 140d Rn. 11 und PatG Vor §§ 139 ff. Rn. 126.
[72] Fitzner/Lutz/Bodewig/*Voß* Patentrechtskommentar PatG § 140b Rn. 25.
[73] Fitzner/Lutz/Bodewig/*Voß* Patentrechtskommentar PatG § 140e Rn. 13.
[74] LG Düsseldorf BeckRS 2018, 20333.

machung eines Vindikationsanspruchs, der sich auf Patentanmeldungen bezieht, für die das Schutzlandprinzip gilt, sind die Voraussetzungen eines Vindikationsanspruchs im Ausland durch den Kläger vorzutragen[75]; das Naheliegen für den Fachmann im Patentnichtigkeitsverfahren, wobei hier eine Gesamtschau von Indiztatsachen ausreichend sein kann[76].

30 Der Gegner bzw. Beklagte muss umgekehrt **alle anspruchshindernden, anspruchsvernichtenden oder anspruchshemmenden Tatsachen** darlegen. Hierzu zählen insbesondere (siehe entsprechend zur Beweislast → § 284 Rn. 67):[77] Tatsachen, aus denen sich die fehlende Neuheit der patentierten Erfindung ergeben; fehlende Schutzfähigkeit, insbesondere mangelnde Neuheit eines Gebrauchsmusters[78] bzw. Nichtfeststellbarkeit schutzunfähiger Materials zum Stand der Technik[79]; Tatsachen zum vorbekannten Stand der Technik, die eine Einschränkung des Schutzbereichs begründen können[80]; Tatsachen, die den Formstein-Einwand begründen können; eine den Schutzbereich beeinflussende Prioritätsverschiebung, die sich aus der Patentschrift selbst nicht ergibt[81], wobei das Gericht die Erteilungsakte nicht von Amts wegen auf solche Umstände überprüfen muss[82]; Tatsachen, die einen Wegfall der Aktivlegitimation des Klägers begründen können[83]; Tatsachen, die eine Beseitigung der Erstbegehungs- oder Wiederholungsgefahr begründen können; kartellrechtliche Einwände, insbesondere bei standardessenziellen Patenten[84]; Tatsachen für eine Erschöpfung des Patentrechts[85]; Ausschluss der Rechtswidrigkeit[86], zB aufgrund eines Vorbenutzungsrechts nach § 12 PatG[87], eines Weiterbenutzungsrechts oder aufgrund eines Einverständnisses des Patentinhabers[88]; fehlendes Verschulden; Verzicht; Verwirkung; Verjährung; Unverhältnismäßigkeit der Vernichtung, Rückruf und Entfernung (§ 140a PatG), der Auskunft (§ 140b PatG)[89], der Vorlage von Urkunden oder der Besichtigung (§§ 140c, 140d PatG); abweichende Umstände von der Rechnungslegung[90]; Voraussetzungen für die Notwendigkeit einer Zwangslizenz gem. § 24 PatG[91].

31 Das Gericht darf hierbei keine überzogenen Anforderungen an den **Umfang der Darlegungs- und Erklärungslast** durch den Patentinhaber bzw. Kläger stellen. Ein Sachvortrag zur Begründung eines Klageanspruchs ist bereits schlüssig und damit erheblich, wenn der Kläger **Tatsachen vorträgt**, die in Verbindung mit einem Rechtssatz geeignet und erforderlich sind, das geltend gemachte Recht als in der Person des Klägers entstanden erscheinen zu lassen.[92] Der Kläger muss den behaupteten Sachverhalt nicht in allen Einzelheiten wiedergeben. Nähere Einzelheiten sind in diesem Zusammenhang nur dann anzugeben, wenn diese für die Rechtsfolgen von Bedeutung sind.[93] Der Tatsachenvortrag bedarf aufgrund der Darlegungslast erst dann einer Ergänzung, wenn er infolge der Einlassung des Gegners unklar wird und nicht mehr den Schluss auf die Entstehung des geltend gemachten Rechts zulässt.[94] Der Gegner muss dann umgekehrt diesen Sachvortrag zumindest einfach bestreiten.[95] Auf Rechtsausführungen bezieht sich die Darlegungs- und Erklärungslast von vornherein nicht.[96]

32 In einem patentrechtlichen Verletzungsverfahren hat der Patentinhaber bzw. Kläger daher insbesondere die **Ausführungsform konkret zu beschreiben** und die **Handlungen des Gegners** darzulegen, durch die in das Patent eingegriffen worden sein soll.[97] Der Patentinhaber bzw. Kläger kann sich dafür in der Regel nicht auf eine Erklärung mit Nichtwissen zurückziehen, um fehlenden tatsächlichen Vortrag zu kompensieren.[98] Er kann allerdings argumentieren, dass die angegriffene

---

[75] LG München BeckRS 2016, 133685 – Einräumung einer Patentmitinhaberschaft über Vindikationsansprüche.
[76] BGH BeckRS 2019, 18914 – Fulvestrant; BGH GRUR 2019, 713 – Cer-Zirkonium-Mischoxid I; BGH GRUR 2019, 718 – Cer-Zirkonium-Mischoxid II.
[77] Siehe hierzu auch die Aufzählung in Fitzner/Lutz/Bodewig/*Voß* Patentrechtskommentar PatG Vor §§ 139 ff. Rn. 120.
[78] BGH GRUR 1997, 892 (893) – Leiterplattennutzen; Benkard/*Rogge/Grabinski* PatG GebrMG § 24 Rn. 18; *Meier-Beck* GRUR 1988, 861 (864).
[79] Busse/*Keukenschrijver* PatG GebrMG § 24 Rn. 4; *Kaess* GRUR 2009, 276 (280).
[80] BGH GRUR 1990, 508 (509) – Spreizdübel.
[81] Benkard/*Rogge/Grabinski* PatG § 139 Rn. 114.
[82] BGH GRUR 1974, 715 (717) – Spreizdübel.
[83] OLG Düsseldorf GRUR-RS 2018, 2235 – Schnellwechsel- und Bohrkernauswerfspindel.
[84] BGH GRUR 2009, 694 (695 f.) – Orange-Book-Standard.
[85] BGH GRUR 2000, 299 (301) – Karate; BGH GRUR 1976, 579 (581) – Tylosin.
[86] BGH GRUR 1965, 411 (414) – Lacktränkeinrichtung; BGH GRUR 1976, 579 (581) – Tylosin.
[87] RG GRUR 1942, 207 (208 f.); BGH GRUR 1965, 411 (414 f.) – Lacktränkeinrichtung.
[88] BGH GRUR 1976, 579 (581) – Tylosin.
[89] Fitzner/Lutz/Bodewig/*Voß* Patentrechtskommentar PatG § 140b Rn. 26.
[90] OLG Düsseldorf InstGE 7, 194 – Schwerlastregal II.
[91] BGH GRUR 2019, 1038 – Alirocumab.
[92] BGH GRUR 1992, 559 (560) – Mikrofilmanlage.
[93] BGH GRUR 1992, 559 (560) – Mikrofilmanlage.
[94] BGH GRUR 1992, 559 (560) – Mikrofilmanlage.
[95] OLG Düsseldorf BeckRS 2019, 31329 – Tintenzusammensetzung.
[96] Fitzner/Lutz/Bodewig/*Voß* Patentrechtskommentar PatG Vor §§ 139 ff. Rn. 121.
[97] Fitzner/Lutz/Bodewig/*Voß* Patentrechtskommentar PatG Vor §§ 139 ff. Rn. 121.
[98] LG Düsseldorf BeckRS 2019, 6887.

Ausführungsform eine bestimmte technische Ausstattung haben muss, weil sich anderenfalls die auch bei ihr gegebenen patentgemäßen Wirkungen nicht einstellen könnten.[99] In diesem Fall liegt ein beachtliches Bestreiten des Gegners aber bereits vor, wenn dieser wenigstens eine technische Möglichkeit aufzeigt, wie die angegriffene Ausführungsform ohne die besagte Ausstattung erfolgreich funktionieren kann. Einen Beweis muss der Gegner hierfür nicht liefern. Vielmehr obliegt es dann dem Patentinhaber, seinen Sachvortrag zur technischen Notwendigkeit einer bestimmten Ausstattung angesichts der gegnerischen bestreitenden Einlassung weiter zu konkretisieren und unter Beweis zu stellen.[100] Sofern für den Patentinhaber bzw. Kläger Probleme bei der Begründung sämtlicher Anspruchsmerkmale bestehen, muss er unter Umständen auch auf vorgelagerte Möglichkeiten der Beweisermittlung wie das selbständige Beweisverfahren (einschließlich des Besichtigungsverfahrens) zurückgreifen.[101] Der Gegner muss ihm diese Darlegung grundsätzlich nicht erleichtern, wenn und soweit den Gegner nicht eine **sekundäre Darlegungslast** nach § 138 Abs. 2 ZPO trifft.[102] Allerdings kann dem Kläger nicht die Durchführung eines US-Discovery-Verfahrens abverlangt werden, um seiner Vortragslast zu genügen. Das Discovery-Verfahren geht über die von der ZPO vorgesehene Darlegungs- und Beweislast hinaus, weil es letztlich Ausforschungsmöglichkeiten bietet, die die ZPO gerade verhindern will.[103]

Eine solche **Verpflichtung des Gegners zur Spezifizierung von Tatsachen** kann sich ergeben, wenn und soweit diese Informationen der mit der Darlegungs- und Beweisführung belasteten Partei nicht oder nur unter unverhältnismäßigen Erschwerungen zugänglich sind, während ihre Offenlegung für den Gegner sowohl ohne weiteres möglich als auch zumutbar erscheint.[104] Dieser Verpflichtung kann aber bereits genüge getan sein, wenn bestimmte Merkmale vom Gegner benannt werden, die nach seiner Auffassung nicht verwirklicht sind, oder zur Funktionsweise der angegriffenen Ausführungsform in Abweichung zu Patentmerkmalen substantiiert Stellung genommen wird.[105] Dies kann durch den Gegner zunächst zwar ebenfalls pauschal erfolgen und braucht nicht weiter substanziiert zu werden als die gegenteilige (pauschale) Behauptung des Klägers. Aber nur wenn der Gegner sich im genannten Sinne konkret geäußert hat, ist der betreffende Sachvortrag streitig, so dass der Kläger jetzt seine Verletzungsbehauptung weiter ausführen und ggf. beweisen muss.[106] Kein erhebliches Bestreiten liegt vor, wenn der Gegner sich darauf beschränkt, am Sachvortrag des Klägers lediglich zu bemängeln, dessen Ausführungen zum Verletzungstatbestand seien unsubstanziiert.[107] Grundsätzlich gilt auch hier, dass die Anforderungen an ein substantiiertes Bestreiten des Gegners desto strenger sind, je substantiierter der Sachvortrag des Schutzrechtsinhabers ist.[108] 33

Für einen Spediteur, der den **Transport patentverletzender Erzeugnisse** durchführt, besteht eine solche Verpflichtung zur Spezifizierung regelmäßig nicht, so dass er in Bezug auf die Beschaffenheit der angegriffenen Erzeugnisse eine Erklärung mit Nichtwissen gemäß § 138 Abs. 4 ZPO abgeben darf.[109] Es bestehen für ihn in der Regel auch keine Informations- und Erkundigungspflichten.[110] 34

Anders kann dies zu beurteilen sein, wenn **im Fall eines Verfahrenspatents** der Kläger substantiiert behauptet, dass das streitgegenständliche Erzeugnis in einem Verfahren hergestellt worden sei, bei dem von allen Merkmalen des Klagepatents Gebrauch gemacht worden sei. Damit ist der Tatbestand einer Patentverletzung durch den Kläger schlüssig dargelegt.[111] Gibt der Gegner daraufhin an, dass die Eigenschaften des Erzeugnisses bereits auf das eingesetzte Ausgangsmaterial und nicht auf die Verwirklichung der geschützten Verfahrensschritte zurückzuführen seien, muss dies nicht vom Kläger beispielsweise mittels einer Materialanalyse widerlegt werden. Vielmehr muss der Gegner als Hersteller des Produkts konkret mitteilen, wodurch sich das von ihm eingesetzte Ausgangsmaterial von demjenigen des Klagepatents unterscheidet.[112] 35

Etwas anderes gilt für die Anforderungen an das Bestreiten, wenn die jeweilige Partei die angegriffenen Erzeugnisse selbst anbietet oder herstellt. In diesem Fall ist das angegriffene Erzeugnis als Gegenstand der eigenen Wahrnehmung anzusehen, so dass bei fehlender aktueller Kenntnis **Informations- und Er-** 36

---

[99] OLG Düsseldorf GRUR-RS 2020, 39519 – Aufweckverfahren; OLG München GRUR-RS 2019, 41076.
[100] OLG Düsseldorf GRUR-RS 2020, 39519 – Aufweckverfahren; OLG München GRUR-RS 2019, 41076.
[101] LG Düsseldorf BeckRS 2019, 6887; OLG Düsseldorf GRUR-RS 2020, 39519 – Aufweckverfahren.
[102] BGH GRUR 2009, 1142 (1143) – MP3-Player-Import; LG Düsseldorf BeckRS 2019, 6887.
[103] LG München BeckRS 2018, 33489.
[104] BGH GRUR 2004, 268 (269) – Blasenfreie Gummibahn II; OLG Düsseldorf GRUR-RS 2020, 39519 – Aufweckverfahren; *Kühnen* HdB Kapitel E Rn. 142.
[105] OLG Düsseldorf GRUR-RR 2021, 337 (341) – Filtervorrichtung; vgl. hierzu ausführlich *Kühnen* HdB Kapitel E Rn. 141 ff.
[106] OLG Düsseldorf GRUR-RR 2021, 337 (341) – Filtervorrichtung; OLG Düsseldorf BeckRS 2017, 162308; 2016, 3307.
[107] OLG Düsseldorf GRUR-RR 2021, 337 (341) – Filtervorrichtung.
[108] BGH GRUR 1982, 681 (682) – Skistiefel; OLG Düsseldorf BeckRS 2014, 21930– Antigenbindendes Fragment.
[109] BGH GRUR 2009, 1142 (1143) – MP3-Player-Import.
[110] Nicht eindeutig, ob dies auch für den Spediteur gilt: OLG Düsseldorf BeckRS 2017, 162308.
[111] BGH GRUR 2004, 268 (269) – Blasenfreie Gummibahn II.
[112] BGH GRUR 2004, 268 (269) – Blasenfreie Gummibahn II.

kundigungspflichten bestehen.¹¹³ Die Erkundigungspflicht umfasst auch Vorgänge im Bereich von Personen – nicht nur der eigenen, sondern auch einer fremden Firma –, die unter Anleitung, Aufsicht oder Verantwortung der erklärungspflichtigen Partei tätig geworden ist.¹¹⁴ Hieraus folgt auch die zumutbare Verwendung weiterer Hilfsmittel, wie Mittel für Messungen oder Analysen,¹¹⁵ selbst wenn es hierzu der Einschaltung eines externen Sachverständigen bedarf.¹¹⁶ Allgemein gilt, dass ein Unternehmen mit eigener Forschungs- und Entwicklungsabteilung, das selbst den erforderlichen Sachverstand und die fachlichen Mittel zur Untersuchung der angegriffenen Ausführungsform auf ihre im Rahmen der geltend gemachten Patentverletzung relevanten Eigenschaften hat, ohne weiteres verpflichtet ist, solche Untersuchungen durchzuführen.¹¹⁷ Aber selbst wenn eine Partei nicht über die erforderliche fachliche Ausstattung und/oder den erforderlichen Sachverstand zu einer eigenen Untersuchung des potentiellen Verletzungsgegenstands verfügt, ist ihr grundsätzlich zuzumuten, Untersuchungen durch fachkundige Dritte vornehmen zu lassen. Lediglich wenn eine solche Untersuchung nicht mehr im Rahmen der finanziellen Verhältnisse der Partei liegt, kann dies im Einzelfall unzumutbar sein. Dies ist allerdings von der betroffenen Partei auch substantiiert darzulegen.¹¹⁸ Dementsprechend hat ein Computerhändler beispielsweise Informations- und Erkundigungspflichten, wenn es um die Verletzung eines (Standard-) Patents durch von ihm vertriebene PC mit aufgespielter oder auf Datenträger beigefügter Software geht, und kann sich dementsprechend nicht wie ein bloßer Spediteur mittels Bestreiten durch Nichtwissen verteidigen.¹¹⁹ Ein Unternehmen der pharmazeutischen Industrie muss im Falle von Schwangerschaftstests als angegriffene Ausführungsform auch das als Gegenstand der eigenen Wahrnehmung ansehen und sich hierzu informieren, was erst durch die zumutbare Verwendung weiterer Hilfsmittel wie beispielsweise chemischen oder physikalischen Analysemethoden oder Messungen offenbar wird.¹²⁰ Auch eine Verteidigung mit dem Hinweis, dass das als Beweis vorgelegte Bild- und Videomaterial keine hinreichende Qualität aufweisen würde, reicht für ein substantiiertes Bestreiten des Gegners nicht aus, wenn der Vortrag des Klägers zur Verletzung an sich schlüssig ist.¹²¹ Wenn es bei einer Verletzungsklage bei dem zugrundeliegenden Patent um die Einhaltung konkreter Werte geht und der Kläger hierzu seinen Vortrag bestätigende Testreihen vorgelegt hat, kann sich der Gegner nicht damit begnügen, dass er lediglich die klägerische Analytik in Zweifel zieht. Der Beklagte ist vielmehr zur Nennung konkreter abweichender Werte gezwungen.¹²² Die Informations- und Erkundigungspflichten können sogar dazu führen, den angegriffenen Gegenstand, wenn die beklagte Partei ihn selbst aktuell nicht in ihrem Besitz hat, auf dem Markt besorgen zu müssen, um anschließend hieran die für die Verletzungsfrage notwendigen Feststellungen durchzuführen.¹²³ Dies gilt insbesondere bei Produkten, die allgemein oder zumindest von der beklagten Partei ohne größeren Aufwand bezogen werden können.¹²⁴ Und selbst wenn sich der Wissensträger in einem Insolvenzverfahren befindet, wird die Erkundigungspflicht dem Grunde nach hierdurch nicht ausgeschlossen.¹²⁵ Bei Verletzung dieser Informationsbeschaffungspflichten ist ein Bestreiten mit Nichtwissen nach § 138 Abs. 4 ZPO nicht zulässig bzw. unbeachtlich, so dass das Gericht den Vortrag der anderen Partei als zugestanden berücksichtigen muss.¹²⁶

37 Auch den Verletzungskläger kann die **sekundäre Darlegungslast** treffen. Trägt der vermeintliche Verletzer beispielsweise substantiiert vor, dass eine Patentverletzung bei der angegriffenen Ausführungsform durch zusätzliche Mittel verhindert wird, weil die angestrebten Funktionen oder Wirkungen der Erfindung nicht erreicht werden, kann sich der Verletzungskläger im Rahmen der sekundären Darlegungslast nicht mehr mit dem Hinweis auf die abstrakte Eignung der vorhandenen räumlich-körperlichen Mittel zur Zweckerreichung begnügen.¹²⁷

38 Im Fall einer **mittelbaren Patentverletzung** muss der Berechtigte ebenfalls alle Anspruchsvoraussetzungen darlegen und beweisen. Es bleibt ua auch Aufgabe des Berechtigten, sich darüber Gewissheit zu verschaffen, ob einzelne Abnehmer die Erfindung benutzt haben.¹²⁸ Für die in Anspruch genom-

---

[113] BGH GRUR 2009, 1142 – MP3-Player-Import; BGH GRUR 2002, 190 (191) – Die Profis; OLG Düsseldorf GRUR-RR 2021, 337 (341) – Filtervorrichtung; OLG Düsseldorf BeckRS 2017, 162308; 2016, 3307; GRUR-RR 2011, 121 (122) – Vorrichtung zum Streckblasformen; Kühnen HdB Kapitel E Rn. 145.
[114] OLG Düsseldorf GRUR-RR 2011, 121 (122) – Vorrichtung zum Streckblasformen.
[115] BGH GRUR 2004, 268 (269) – Blasenfreie Gummibahn II; LG Düsseldorf BeckRS 2013, 01709.
[116] OLG Düsseldorf BeckRS 2014, 05732.
[117] OLG Düsseldorf BeckRS 2017, 162300; 2016, 3307; 2016, 111011.
[118] OLG Düsseldorf BeckRS 2017, 162300; 2016, 111011.
[119] LG Mannheim InstGE 12, 136 (141) – zusätzliche Anwendungssoftware.
[120] OLG Düsseldorf BeckRS 2016, 3307. Vgl. auch OLG Düsseldorf BeckRS 2017, 162308.
[121] OLG Düsseldorf BeckRS 2019, 10841 – Sprengreinigungsverfahren.
[122] OLG Düsseldorf GRUR-RS 2019, 31327 – Tintenzusammensetzung.
[123] OLG Düsseldorf GRUR-RR 2021, 337 (341) – Filtervorrichtung; OLG Düsseldorf BeckRS 2014, 05732; LG Düsseldorf BeckRS 2013, 01709.
[124] OLG Düsseldorf GRUR-RR 2021, 337 (341) – Filtervorrichtung; OLG Düsseldorf BeckRS 2014, 05732.
[125] BGH GRUR 2010, 1107 (1108) – JOOP!; LG Düsseldorf BeckRS 2013, 01709.
[126] OLG Hamm BeckRS 2012, 18152; OLG Düsseldorf BeckRS 2014, 05732; GRUR-RR 2021, 337 (341) – Filtervorrichtung; OLG Düsseldorf BeckRS 2017, 162308; 2017, 162300; 2016, 3307; 2016, 111011.
[127] LG Mannheim GRUR-RR 2007, 378 (379) – bibag.
[128] LG Düsseldorf BeckRS 2011, 20669 – Oberflächenvorbehandlung.

mene Partei besteht keine Pflicht, bei ihren Abnehmern nachzufragen, in welcher Weise diese einen bestimmten Gegenstand verwenden. Im Zusammenhang mit dem Auskunfts- und Schadensersatzanspruch kann der mittelbare Verletzer das Vorliegen einer unmittelbaren Verletzung mit Nichtwissen bestreiten.[129] Das Auskunftsverlangen für eine Rechnungslegung kann dementsprechend mit einer Nullauskunft erfüllt werden, da eine weitergehende Ermittlungspflicht gegenüber den Abnehmern mit der Rechtsnatur der Auskunft als Wissenserklärung nicht vereinbar wäre.[130]

Ferner muss der Berechtigte bei der mittelbaren Patentverletzung darlegen, dass die Mittel objektiv geeignet sind, für die Benutzung der geschützten Erfindung verwendet zu werden. Zur Darlegung der objektiven Eignung kann sich der Berechtigte aber auch auf **gesetzliche Beweiserleichterungen** wie § 139 Abs. 3 PatG berufen.[131] Behauptet der Verletzer, zur Patentbenutzung beispielsweise aufgrund eines Vorbenutzungsrechts oder einer Lizenz berechtigt zu sein, trägt er auch im Rahmen der mittelbaren Patentverletzung die Darlegungs- und Beweislast.[132]

Wenn der Schutzrechtsinhaber aufgrund einer mittelbaren Patentverletzung eine unbedingte Unterlassungsverfügung, also ein sog. **Schlechthinverbot** begehrt, muss er hingegen darlegen, dass eine patentfreie Benutzung des angebotenen oder gelieferten Mittels nicht möglich ist.[133] Da es sich hierbei aber um eine negative Tatsache handelt, genügt es aber zunächst, dass der Schutzrechtsinhaber das Nichtbestehen einer patentfreien Verwendungsmöglichkeit pauschal behauptet.[134] Der Verletzer muss anschließend seiner sekundären Darstellungslast nachkommen und konkret eine patentfreie Verwendungsmöglichkeit vortragen.[135] Wenn der Verletzer dies substantiiert vorträgt, ist es wieder Sache des Schutzrechtsinhabers, diese Benutzungsmöglichkeit substantiiert zu bestreiten und beispielsweise die technische oder wirtschaftliche Sinnlosigkeit dieser behaupteten patentfreien Benutzung darzulegen, wobei den Verletzer hierbei auch wieder sekundäre Darlegungslasten aufgrund besonderer Kenntnisse treffen können.[136] Geht es im Rahmen eines begehrten Schlechthinverbots hingegen darum, ob das Mittel ohne weiteres patentfrei umgestaltet werden kann, hat der Schutzrechtsinhaber diese Umstände darzulegen und die Möglichkeit einer Umgestaltung oder Modifikation mit zumutbarem Aufwand vorzutragen.[137] Der Verletzer hat anschließend wiederum diejenigen Umstände darzulegen hat, die es für ihn ausnahmsweise unzumutbar machen, die technische Änderungen vorzunehmen.[138]

Den **Einwand der Erschöpfung** hat als Ausnahme gegenüber den Ausschließlichkeitsrechten des Patentinhabers nach den allgemeinen Regeln der Beklagte bzw. Verletzer darzulegen und ggf. zu beweisen.[139] Allgemein gehaltene Hinweise und Ausführungen, dass die streitgegenständliche Ausführungsform mit Zustimmung des Patentinhabers in Verkehr gekommen ist, reichen für eine substantiierte Darlegung nicht aus.[140] In der Regel bestehen auch keine Erleichterungen für den Gegner bzw. Beklagten an die Darlegungs- und Beweislast oder eine sekundäre Darlegungslast für den Patentinhaber bzw. Kläger im Verletzungsprozess. Auch wenn der Patentinhaber bzw. Kläger eher als der Gegner bzw. Beklagte in der Lage sein sollte, über etwaige Vertriebswege oder Vertriebsbeschränkungen und Exporterlaubnisse Auskunft zu geben, führt dies in der Regel noch nicht zur Erleichterung oder sogar Umkehr der Darlegungslast.[141] Der Gegner bzw. Beklagte hat auch bei Originalwaren darzulegen, dass das angegriffene Erzeugnis mit **Zustimmung des Patentinhabers in der Europäischen Gemeinschaft** oder im Europäischen Wirtschaftsraum und nicht außerhalb derselben in Verkehr gebracht worden ist. Die Benennung des Vorlieferanten mit Sitz in der Europäischen Gemeinschaft reicht hierfür nicht aus und stellt auch keinen Beweis des ersten Anscheins dar, da es für den Vertriebsweg eines Erzeugnisses in der Regel keinen typischen Geschehensablauf gibt.[142] Eine andere Beurteilung der Darlegungs- und Beweislast kommt nur in Betracht, wenn der Patentinhaber bzw. Kläger auf ein selektives Vertriebssystem zurückgreift und für eine Marktabschottung sorgt, so dass der Gegner mit einer Aufklärung der Vertriebswege bzw. der Bezugsquelle befürchten muss, die Bezugsquelle zu verlieren.[143] Auch bei sog. standardessentiellen Patenten kann dies ggf. anders zu beurteilen sein.[144]

---

[129] LG Düsseldorf BeckRS 2011, 20669 – Oberflächenvorbehandlung.
[130] OLG Karlsruhe InstGE 11, 61 – Multifeed II.
[131] *Kühnen* HdB Kapitel A Rn. 365.
[132] BGH BeckRS 2015, 05013 – Audiosignalcodierung.
[133] BGH BeckRS 2013, 09620 – Fräsverfahren.
[134] *Kühnen* HdB Kapitel A Rn. 386.
[135] BGH BeckRS 2013, 09620 – Fräsverfahren; OLG Karlsruhe BeckRS 2014, 17799 – Ringfiltereinsätze.
[136] *Kühnen* HdB Kapitel A Rn. 386; BGH BeckRS 2013, 09620 – Fräsverfahren.
[137] BGH BeckRS 2013, 09620 – Fräsverfahren; OLG Düsseldorf BeckRS 2012, 08566.
[138] OLG Düsseldorf BeckRS 2012, 08566; *Kühnen* HdB Kapitel A Rn. 394.
[139] BGH GRUR 2000, 299 (301) – Karate; BGH GRUR 1976, 579 (581) – Tylosin.
[140] BGH GRUR 1976, 579 (581) – Tylosin.
[141] BGH GRUR 2000, 299 (301) – Karate; BGH GRUR 1976, 579 (581) – Tylosin.
[142] BGH GRUR 2000, 299 (302) – Karate.
[143] Zum Markenrecht BGH GRUR 2000, 879 (880 f.) – stüssy; EuGH GRUR 2003, 512 (514); BGH GRUR 2004, 156 (158) – stüssy II. Vgl. auch zur Darlegungslast bzgl. der Marktabschottung BGH GRUR 2012, 630 (632) – Converse II; OLG Düsseldorf GRUR-RR 2011, 323 (324) – Converse; LG Mannheim BeckRS 2010, 09856.
[144] LG Düsseldorf BeckRS 2018, 20333.

42 Versucht eine Partei die eigenen Ansprüche mittels eines **privaten Gutachtens** zu belegen, ist dieses Gutachten nur als Parteivorbringen zu werten. Insofern reicht es für den Gegner aus, diesem Gutachten mit den üblichen Erklärungen entgegenzutreten.[145] Um die Verwertung eines solchen Gutachtens zu verhindern, ist es nicht erforderlich, selbst ein privates Gegengutachten zu erstellen.[146]

43 Geht die klägerische Partei nicht aus einem eigenen Schutzrecht vor, sondern macht lediglich fremde Rechte im eigenen Namen geltend, muss sie alle **Voraussetzungen für die Prozessführungsbefugnis** darlegen und beweisen. Sie muss ua darlegen und beweisen, dass die Person, die die Prozessstandschafts- und Abtretungserklärung für den Patentinhaber unterzeichnet hat, auch zeichnungsberechtigt gewesen ist.[147] Beruft sie sich im Zusammenhang mit den Vertretungsverhältnissen auf die Regelungen eines anderen Landes, ist es ebenfalls die Sache der klägerischen Partei, hierzu substantiiert vorzutragen. Die gegnerische Partei ist jeweils dazu berechtigt, die behauptete Vertretungsmacht mit Nichtwissen zu bestreiten.[148]

44 Bei **Verletzungsverfahren auf der Grundlage standardessenzieller Patente** hat der EuGH verschiedene Bedingungen aufgestellt, unter welchen Voraussetzungen ein Patentinhaber dem vermeintlichen Verletzer eine Lizenz zu fairen, zumutbaren und diskriminierungsfreien Bedingungen (so genannte **FRAND-Bedingungen:** fair, reasonable and non-discriminatory) anzubieten hat, damit seiner Verletzungsklage nicht der kartellrechtliche Zwangslizenzeinwand nach Art. 102 AEUV im Sinne des Missbrauchs einer marktbeherrschenden Stellung entgegengehalten werden kann.[149] Nach der Rechtsprechung des EuGH sind beispielsweise Ansprüche auf Unterlassung und Rückruf aus den Vertriebswegen gerichtlich nicht durchsetzbar, solange der SEP-Inhaber sich nicht entsprechend seiner FRAND-Zusage gegenüber der Standardisierungsorganisation verhält.[150] Zwar sind diese Ansprüche aufgrund des kartellrechtlichen Zwangslizenzeinwandes nicht dauerhaft ausgeschlossen. Es steht ihnen jedoch eine dilatorische Einrede entgegen, solange der SEP-Inhaber seinen Verpflichtungen nicht nachkommt.[151] Der SEP-Inhaber muss seine Verpflichtungen spätestens bis zum Schluss der letzten mündlichen Tatsachenverhandlung erfüllen, wenn er verhindern will, dass seine Klage insoweit als derzeit unbegründet abgewiesen wird.[152]

45 Aufgrund der rechtlichen Besonderheiten bei diesen Verfahren ergeben sich auch besondere Anforderungen an die Darlegungs- und Beweislast der beteiligten Parteien. Der Patentinhaber oder ausschließlich Berechtigte hat gegenüber dem Lizenznehmer seine **berechtigende Stellung** darzulegen und zu beweisen,[153] wobei der Eintragung im Patentregister eine Indizwirkung zukommt.[154] Der Gegner hat in diesem Fall vorzutragen, warum der eingetragene Inhaber das Patent nicht wirksam oder zu einem anderen Zeitpunkt erworben habe, oder woraus sich die Unwirksamkeit des eingetragenen Rechtsübergangs ergeben soll.[155]

46 Der Kläger bzw. SEP-Inhaber hat ferner darzulegen, dass er den Lizenzsucher auf die **Verletzung hingewiesen** und ihn auf die Möglichkeit und Notwendigkeit einer Lizenznahme aufmerksam gemacht hat.[156] Insoweit genügt es allerdings, dass das Patent bezeichnet und angegeben wird, in welcher konkreten Handlung die Verletzung bestehen soll. Dies erfordert die Bezeichnung der Art der Verletzungshandlung sowie der angegriffenen Ausführungsformen. Detaillierter technischer oder rechtlicher Erläuterungen des Verletzungsvorwurfs bedarf es nicht. Der Lizenznehmer bzw. Verletzer muss nur in die Lage versetzt werden, sich – gegebenenfalls mit sachverständiger Hilfe oder durch Einholung von Rechtsrat – ein Bild von der Berechtigung des Patentverletzungsvorwurfs zu machen. Eine Darlegung anhand von sog. „Claim Charts" ist regelmäßig ausreichend, aber nicht zwingend geboten.[157]

47 Der Kläger bzw. SEP-Inhaber hat ferner darzulegen, dass sein **Lizenzangebot** gegenüber dem Lizenzsucher **FRAND-konform** ist. Dies umfasst Darlegungen zu den objektiven Umständen, die den Lizenzsucher in die Lage versetzen nachzuvollziehen, dass das vom SEP-Inhaber unterbreitete

---

[145] BPatG BeckRS 2015, 14189.
[146] BPatG BeckRS 2015, 14189.
[147] LG Düsseldorf BeckRS 2014, 20341.
[148] LG Düsseldorf BeckRS 2014, 20341.
[149] EuGH GRUR 2015, 764 – Huawei Technologies/ZTE. Vgl. auch BGH GRUR 2020, 961 – FRAND-Einwand; BGH GRUR 2021, 585 – FRAND-Einwand II.
[150] EuGH GRUR 2015, 764 – Huawei Technologies/ZTE.
[151] EuGH GRUR 2015, 764 – Huawei Technologies/ZTE.
[152] OLG Karlsruhe Mitt. 2016, 321 – Informationsaufzeichnungsmedium; OLG Düsseldorf BeckRS 2017, 124408; LG Düsseldorf BeckRS 2016, 8288.
[153] OLG Düsseldorf GRUR-RS 2019, 6087 – Improving Handovers; LG Düsseldorf BeckRS 2018, 33825; *Kühnen* HdB Kapitel E Rn. 349.
[154] BGH GRUR 2013, 713 (717) – Fräsverfahren; OLG Düsseldorf GRUR-RS 2019, 6087 – Improving Handovers.
[155] BGH GRUR 2013, 713 (717) – Fräsverfahren; OLG Düsseldorf GRUR-RS 2019, 6087 – Improving Handovers.
[156] BGH GRUR 2020, 961 (969) – FRAND-Einwand; LG Mannheim GRUR-RS 2020, 26457; LG Düsseldorf BeckRS 2018, 20333; *Kühnen* HdB Kap. E Rn. 344.
[157] BGH GRUR 2020, 961 (969, 971) – FRAND-Einwand.

Angebot FRAND-Kriterien entspricht. Hierzu gehören nicht nur eine Erläuterung der Lizenzhöhe und der Modalitäten der Berechnung, sondern gerade auch derjenigen Umstände, die die vertraglichen Vergütungsfaktoren als diskriminierungs- und ausbeutungsfrei ausweisen.[158] Sind bereits **Lizenzverträge mit dritten Unternehmen** zu unterschiedlichen Bedingungen abgeschlossen, wird der SEP-Inhaber regelmäßig zumindest den Inhalt der wesentlichen Lizenzvertragsbedingungen jener Verträge so darzulegen und zu erläutern haben, dass der Lizenzsucher entnehmen kann, ob, gegebenenfalls inwieweit und gegebenenfalls aus welchen Sachgründen er wirtschaftlich ungleichen Konditionen ausgesetzt ist.[159] Allerdings räumt der BGH dem Kläger bzw. SEP-Inhaber insofern auch einen gewissen Spielraum ein, da es sich um eine Verhandlungssituation handelt.[160]

Der Gegner trägt für die **Marktbeherrschung** nach den allgemeinen Grundsätzen die Darlegungs- und Beweislast. Insofern gilt, dass nicht jedes standardessenzielle Patent als solches eine Marktbeherrschung begründet.[161] Der Gegner hat somit ganz konkrete Tatsachen vorzutragen, dass eine beherrschende Stellung auf dem räumlich und sachlich relevanten Markt gegeben ist, dh, ob sich der Zugang zur Nutzung des fraglichen SEP als regelrechte **Marktzutrittsvoraussetzung** darstellt, beispielsweise wenn auf dem relevanten Markt überhaupt nur Produkte angeboten und nachgefragt werden, die den Standard durch Benutzung des SEP ausführen, oder wenn auf dem relevanten Markt zwar auch Produkte angeboten werden, die die Produktkonfiguration des SEP nicht aufweisen, jedoch ein wettbewerbsfähiges Angebot ohne Zugang zur Nutzung des streitigen SEP nicht möglich ist.[162] 48

Der Gegner bzw. Lizenzsucher hat ferner darzulegen, dass er sich klar und eindeutig bereit erklärt habe, mit dem Patentinhaber bzw. SEP-Inhaber einen Lizenzvertrag zu angemessenen und nichtdiskriminierenden Bedingungen abzuschließen **(Lizenzierungswille)**, und er auch in der Folge zielgerichtet an den Lizenzverhandlungen mitgewirkt habe.[163] Im Falle eines **Gegenangebots** zum Angebot des SEP-Inhabers hat der Gegner darzulegen, dass sein Angebot FRAND-konform ist.[164] Der SEP-Inhaber kann die fehlende FRAND-Konformität wiederum nicht allein damit bestreiten, dass dieses Gegenangebot signifikant von seinem Angebot abweicht.[165] 49

Der Verletzer hat wiederum die besonderen Umstände vorzutragen, dass die Inanspruchnahme auf Vernichtung oder Rückruf gem. § 140a Abs. 4 PatG im Einzelfall unverhältnismäßig sei.[166] 50

b) Darlegungslast und Anforderungen an das Bestreiten bei markenrechtlichen Streitigkeiten. Auch in markenrechtlichen Streitigkeiten hat der Markeninhaber bzw. Kläger grundsätzlich **alle anspruchsbegründenden Tatsachen** und der Gegner bzw. Beklagte umgekehrt **alle anspruchshindernden, anspruchsvernichtenden oder anspruchshemmenden Tatsachen** darzulegen. 51

Der **Markeninhaber bzw. Kläger** muss insbesondere folgende Tatsachen darlegen: Handlung des Gegners „im geschäftlichen Verkehr", wobei bei Internet-Versteigerungen die Darlegung eines wiederholten Handelns mit gleichartigen, insbesondere auch neuen Gegenständen genügt[167]; Benutzung des angegriffenen Zeichens[168]; auf das Inland bzw. das Schutzgebiet der Marke oder Kennzeichen bezogene Benutzungshandlung des Anspruchsgegners[169]; Tatsachen, die für eine Bekanntheit oder erhöhte Kennzeichnungskraft der Marke sprechen[170]; tatsächliche Grundlagen der Waren- und Dienstleistungsähnlichkeit[171]; Ausnutzung und (künftige) Beeinträchtigung einer bekannten Marke[172]; Haftung des Geschäftsführers bzw. Betriebsinhabers,[173] wobei bei Unternehmensinterna sekundäre Darlegungspflichten bestehen können[174]; Unlauterbarkeit als Schranken-Schranke in § 23 MarkenG[175]; 52

---

[158] OLG Karlsruhe GRUR 2020, 166 (172) – Multiplexgerät.
[159] OLG Karlsruhe GRUR 2020, 166 (172 f.) – Multiplexgerät.
[160] BGH GRUR 2021, 585 (593) – FRAND-Einwand II.
[161] OLG Düsseldorf BeckRS 2017, 124408; LG Düsseldorf BeckRS 2018, 33825; *Kühnen* HdB Kapitel E Rn. 349.
[162] LG Düsseldorf BeckRS 2018, 33825; *Kühnen* HdB Kapitel E Rn. 349.
[163] BGH GRUR 2020, 961 (969) – FRAND-Einwand; BGH GRUR 2021, 585 (591) – FRAND-Einwand II; LG Düsseldorf GRUR-RS 2019, 3125 – Decodiervorrichtung.
[164] LG Mannheim GRUR-RS 2020, 26457.
[165] LG Mannheim GRUR-RS 2020, 26457.
[166] BGH GRUR 2020, 961 (972) – FRAND-Einwand.
[167] BGH GRUR 2009, 871 (873) – Ohrclips; BGH GRUR 2008, 702 (705) – Internet-Versteigerung III; *Ingerl/Rohnke* MarkenG § 14 Rn. 77 f. mit weiteren Beispielen.
[168] BGH GRUR 2009, 502 (504) – pcb; BGH BeckRS 2011, 18676.
[169] BGH GRUR 2005, 431 (432) – Hotel Maritime; BGH GRUR 2012, 621 (624) – Oscar. Vgl. zur Problematik der Durchfuhr von Waren und der Darlegung einer Unterbrechung EuGH GRUR 2007, 146 (147) – Diesel; BGH GRUR 2007, 876 (877) – Diesel II.
[170] BGH MarkenR 2007, 376 (377); BPatG GRUR 1997, 840 (842) – Lindora/Linola.
[171] Vgl. zum WZG BGH GRUR 1968, 550 (551) – Poropan.
[172] Vgl. EuGH GRUR 2009, 56 (58) – Intel.
[173] Für das Wettbewerbsrecht BGH BeckRS 2014, 14705– Geschäftsführerhaftung.
[174] OLG Köln BeckRS 2014, 11237– Aztekenofen; LG Hamburg BeckRS 2015, 17956– BMW M/MSpeed. Für das Urheberrecht OLG München GRUR-RR 2007, 345 (346) – Beweislastverteilung.
[175] *Ingerl/Rohnke* MarkenG § 23 Rn. 127.

Rechtserhaltende Benutzung und berechtigte Gründe für Nichtbenutzung nach §§ 25 Abs. 2, 26 MarkenG[176]; Zustimmung zur Benutzung durch Dritte (§ 26 Abs. 2 MarkenG, Art. 15 Abs. 3 GMV), wobei etwaige Konzernverbindungen eine großzügige Handhabung erlauben[177]; Rechtfertigungsgründe für Nichtbenutzung nach § 26 Abs. 1 aE: MarkenG[178]; Umstände bzgl. der Bösgläubigkeit einer Markenanmeldung[179].

53 Der **Gegner bzw. Beklagte** trägt insbesondere die Darlegungs- und Beweislast für: Gegenteil der gesetzlichen Vermutung des § 28 Abs. 1 MarkenG (→ § 292 Rn. 28 ff.); Schwächungen der Kennzeichnungskraft zB durch Drittbenutzungen[180]; Voraussetzungen der Ausnahmeregelung des § 23 MarkenG[181]; eine die Widerrechtlichkeit ausschließende Zustimmung[182], und zwar einschließlich der Eigenschaft als Originalmarkenware[183]; Einwand der Erschöpfung (→ Rn. 46)[184]; Verjährung, insbesondere Kenntniserlangung durch den Markeninhaber bzw. Kläger[185]; Verwirkung[186]; Umstände für eine Unverhältnismäßigkeit bei Vernichtung oder Rückruf (§ 18 MarkenG)[187].

54 In markenrechtlichen Verfahren kann der Gegner gegen eine Marke, für die keine Benutzungsschonfrist mehr besteht, grundsätzlich die **Einrede der Nichtbenutzung** erheben (§ 26 MarkenG für das Verletzungsverfahren und § 43 MarkenG für das Widerspruchsverfahren).[188] Eine Erklärung, die Benutzung der Marke werde bestritten, ist mit der Einrede der Nichtbenutzung gleichzusetzen.[189] In diesem Fall trifft den Berechtigten bzw. Widersprechenden die Erklärungslast gemäß § 26 bzw. § 43 MarkenG in Verbindung § 138 Abs. 2 ZPO. Unterlässt er eine solche Erklärung, gilt auch insoweit die Geständnisfiktion des § 138 Abs. 3 ZPO.[190] Dies gilt auch für die patentgerichtlichen Verfahren in dem Fall, dass die erklärungspflichtige Partei aufgrund des Ausbleibens (vgl. § 75 MarkenG) eine solche Erklärung in einer mündlichen Verhandlung nicht abgeben kann.[191] Trägt der Markeninhaber hingegen Tatsachen für eine rechtserhaltende Benutzung der Marke vor, und erklärt der Gegner diese Form der Benutzung lediglich für ungeeignet, eine rechtserhaltende Benutzung iSd § 26 MarkenG zu begründen, stellt dies kein erhebliches Bestreiten der tatsächlichen Benutzung dar.[192]

55 Bei einer **(Wider-)Klage auf Löschung einer Marke** wegen Verfalls gemäß §§ 49, 55 MarkenG war die Rechtsprechung bislang der Auffassung, dass die Darlegungs- und Beweislast für die Nichtbenutzung zwar grundsätzlich der Antragsteller bzw. Kläger trage. Allerdings kamen ihm hierbei die im Wettbewerbsrecht anerkannten Beweiserleichterungen beim Nachweis negativer Tatsachen, betriebsinterner Vorgänge und dem Löschungsbeklagten ohne weiteres zugänglichen, für den Löschungskläger aber nicht oder nur mit unzumutbarem Aufwand beschaffbaren Benutzungsinformationen zugute.[193] Hatte der Löschungskläger beispielsweise substantiiert vorgetragen, dass nach seinen eigenen Recherchen (zB Online-Recherchen) Benutzungshandlungen im relevanten Zeitraum nicht feststellbar gewesen seien, musste der beklagte Markeninhaber Art und Umfang der Benutzung im Einzelnen darlegen und durch geeignete Unterlagen belegen. Dies galt auch für den Fall, dass er sich auf die Benutzungshandlungen eines Lizenznehmers stützen will. Allein die Vorlage des Lizenzvertrags genügte insoweit nicht.[194] Insofern hat der BGH nun entschieden, dass dies einer unionsrechtskonformen Auslegung von § 49 Abs. 1 MarkenG nicht mehr entspricht. Vielmehr trägt auch insofern der Markeninhaber die

---

[176] OLG Stuttgart GRUR-RR 2002, 381 (384) – Hot Chili; OLG Hamburg GRUR 1988, 914 (916) – Lip-Kiss; Ingerl/Rohnke MarkenG § 25 Rn. 19 und § 26 Rn. 264; Ströbele/Hacker/*Hacker* MarkenG § 25 Rn. 24; Ströbele/Hacker/*Ströbele* MarkenG § 26 Rn. 97.
[177] EuGH GRUR 2006, 582 (583) – Vitafruit; OLG Braunschweig MarkenR 2009, 118 (121) – ROUNDER.
[178] *Ingerl/Rohnke* MarkenG § 26 Rn. 264.
[179] BPatG BeckRS 2014, 04241.
[180] BGH GRUR 1955, 579 (582) – Sunpearl I; BGH GRUR 1958, 604 (605) – Wella-Perla; vgl. zu OLG Köln NJWE-WettbR 2000, 214 (216) – Blitzrezepte.
[181] Vgl. BGH GRUR 2004, 156 (157 f.) – stüssy II.
[182] BGH GRUR 2000, 879 (880) – stüssy I; GRUR 2012, 626 (628) – Converse I.
[183] OLG Düsseldorf GRUR-RR 2013, 156 (156 f.) – Polohemden.
[184] BGH GRUR 2000, 879 (880 f.) – stüssy; EuGH GRUR 2003, 512 (514); BGH GRUR 2004, 156 (158) – stüssy II; BGH GRUR 2012, 626 (628) – Converse I; BGH GRUR 2012, 630 (632) – Converse II; BGH BeckRS 2012, 17733; OLG Düsseldorf GRUR-RR 2013, 156 – Polohemden; GRUR-RR 2013, 256 – HIV-Präparat (bzgl. Parteien eines Kaufvertrages).
[185] *Ingerl/Rohnke* MarkenG § 20 Rn. 38.
[186] BGH GRUR 2005, 783 (785) – NEURO-VIBOLEX/NEURO-FIBRAFLEX; BGH GRUR 2008, 1104 (1107) – Haus & Grund II.
[187] BGH GRUR 1997, 899 (900 f.) – Vernichtungsanspruch.
[188] Ein Bestreiten mit Nichtwissen bei (sehr wahrscheinlicher) Kenntnis nach der Lebenserfahrung LG Köln BeckRS 2009, 04994.
[189] BPatG BeckRS 1999, 15231.
[190] BPatG BeckRS 2014, 16365; BPatG BeckRS 2009, 19720.
[191] BPatG BeckRS 1999, 15231; 2007, 11665.
[192] LG Hamburg BeckRS 2016, 21027.
[193] BGH GRUR 2009, 60 (61 f.) – LOTTOCARD; OLG Hamburg GRURPrax 2014, 278; OLG Frankfurt a. M. BeckRS 2019, 15449; OLG München GRUR-RS 2020, 44074 – Stella; *Ingerl/Rohnke* MarkenG § 55 Rn. 12.
[194] OLG Frankfurt a. M. BeckRS 2019, 15449.

volle Darlegungs- und Beweislast für die ernsthafte Benutzung der Marke.[195] Dies hat der EuGH in Bezug auf die Verfahren in Deutschland nun auch mehrfach bestätigt.[196] Das entbindet die Klagepartei nicht zwangsläufig von der Obliegenheit, in ihrer Klageschrift den Sachverhalt, auf den sie ihre Ansprüche stützt, umfassend darzulegen. Sie muss aber vor Klageerhebung keine (umfassende) Recherchen am Markt zur Benutzung der Marke durchführen.[197] Eine solche Verfahrensregel würde laut EuGH mit den Vorgaben der Markenrichtlinie nicht in Einklag stehen.[198]

Ein Bestreiten mit Nichtwissen gemäß § 138 Abs. 4 ZPO kann unzulässig sein, sofern der Gegner die materielle Berechtigung des Inhabers substantiiert bestreitet, indem er beispielsweise auf ein Treuhandverhältnis zu einem Dritten verweist. Zwar sieht die **Vermutungsregelung des § 28 Abs. 1 MarkenG** (→ § 292 Rn. 28 ff.) den Markeninhaber aufgrund der Eintragung im Register bis zum Nachweis des Gegenteils als alleinigen materiell Berechtigten an. Dies entbindet ihn aber nicht von Informations- und Erkundigungspflichten in seinem Wahrnehmungsbereich.[199] Der Gegner kann auch nicht mit Nichtwissen bestreiten, dass die streitgegenständlichen Produkte nicht mit dem **streitgegenständlichen Zeichen gekennzeichnet** gewesen seien. Das ist Gegenstand der eigenen Wahrnehmung des Gegners und muss daher substantiiert bestritten werden.[200]

Eine Geständnisfiktion gemäß § 138 Abs. 3 ZPO durch Sachvortrag der Parteien ist ausgeschlossen, wenn es um die Beurteilung der rechtlichen Voraussetzungen der **Benutzung einer Bezeichnung in einem kennzeichnungsrechtlichen Sinne** geht.[201] Hierbei handelt es sich nicht um eine herkömmliche Rechtstatsache.

Den **Einwand der Erschöpfung** gemäß § 24 MarkenG bzw. Art. 13 UMV hat als Ausnahme gegenüber den Ausschließlichkeitsrechten des Markeninhabers nach den allgemeinen Regeln der Beklagte bzw. Verletzer darzulegen und ggf. zu beweisen (→ Rn. 39).[202] Eine andere Beurteilung der Darlegungs- und Beweislast kommt nur in Betracht, wenn der Markeninhaber bzw. Kläger auf ein selektives Vertriebssystem zurückgreift und für eine Marktabschottung sorgt, so dass der Gegner mit einer Aufklärung der Vertriebswege bzw. der Bezugsquelle befürchten muss, seine Bezugsquelle zu verlieren.[203]

Bei einem **Löschungsverfahren vor dem Patentamt** bzw. BPatG gemäß § 54 MarkenG wegen absoluter Schutzhindernisse gilt zwar grundsätzlich der Amtsermittlungsgrundsatz.[204] Dennoch ist vornehmlich der Antragsteller dafür verantwortlich, das Amt bei der Erforschung des Sachverhalts zu unterstützen und diejenigen tatsächlichen Voraussetzungen darzulegen und zu beweisen, die die Löschungsreife der Marke begründen.[205] Dies gilt insbesondere in Bezug auf unternehmensinterne Vorgänge.[206]

Auch im **Widerspruchsverfahren vor dem Patentamt** bzw. BPatG gilt, dass der Widersprechende beispielsweise das Vorliegen eines nicht registrierten Kennzeichenrechts und dessen Zeitrang sowie die gesteigerte Kennzeichnungskraft oder deren Bekanntheit darzulegen hat.[207]

Für den **markenrechtlichen Vernichtungsanspruch** gemäß § 18 MarkenG muss der Schutzrechtsinhaber darlegen, dass Produkte oder Werbemittel wie Prospekte oder Geschäftspapier tatsächlich mit dem Verletzerzeichen versehen worden sind. Der Umstand, dass das Verletzerzeichen auf einer Webseite benutzt wurde, genügt hierfür noch nicht.[208]

Trägt der Markeninhaber Umstände vor, aus denen sich ergeben kann, dass die Verwendung eines Kennzeichens nicht den **anständigen Gepflogenheiten in Gewerbe und Handel** entspricht, muss der Gegner dies substantiiert bestreiten und hierzu konkret Stellung nehmen.[209]

c) Darlegungslast und Anforderungen an das Bestreiten bei designrechtlichen Streitigkeiten. Auch in designrechtlichen Streitigkeiten gilt grundsätzlich, dass der Designinhaber bzw. Kläger

---

[195] BGH GRUR-RS 2021, 5277 – Stella.
[196] EuGH 22.10.2020 – C-720/18 und C-721/18 Rn. 82 – Ferrari; EuGH 22.3.2022 – C-183/21 Rn. 36 – Maxxus.
[197] EuGH 22.3.2022 – C-183/21 Rn. 39 – Maxxus.
[198] EuGH 22.3.2022 – C-183/21 Rn. 46 – Maxxus.
[199] BGH GRUR 2002, 190 (191) – Die Profis.
[200] LG Hamburg GRUR-RS 2019, 39676.
[201] BGH GRUR 1991, 138 (139) – Flacon.
[202] BGH GRUR 2000, 879 (880 f.) – stüssy I; EuGH GRUR 2003, 512 (514); BGH GRUR 2004, 156 (158) – stüssy II.
[203] BGH GRUR 2000, 879 (880 f.) – stüssy I; EuGH GRUR 2003, 512 (514) – Van Doren; BGH GRUR 2004, 156 (158) – stüssy II. Vgl. auch zur Darlegungslast bzgl. der Marktabschottung BGH GRUR 2012, 630 (632) – Converse II; OLG Düsseldorf GRUR-RR 2011, 323 (324) – Converse; LG Mannheim BeckRS 2010, 09856.
[204] Ströbele/Hacker/*Kirschneck* MarkenG § 54 Rn. 18.
[205] BPatG GRUR 1980, 58 (59) – Sangrita; BPatG GRUR 1997, 833 (835) – digital; Ströbele/Hacker/*Kirschneck* MarkenG § 54 Rn. 18.
[206] BPatG MarkenR 2008, 181 (182) – Salvatorre Ricci/Nina Ricci.
[207] BGH GRUR 2006, 859 – Malteserkreuz; BGH GRUR 2008, 909 – Pantogast; BGH MarkenR 2007, 376 (377); BPatG GRUR 1997, 840 (842) – Lindora/Linola; Ströbele/Hacker/*Kirschneck* MarkenG § 42 Rn. 56 und Rn. 58.
[208] OLG Köln BeckRS 2014, 11237 – Aztekenofen.
[209] OLG Hamburg BeckRS 2017, 113244 – Abnehmen mit ALMASED.

grundsätzlich **alle anspruchsbegründenden Tatsachen** und der Gegner bzw. Beklagte umgekehrt **alle anspruchshindernden, anspruchsvernichtenden oder anspruchshemmenden Tatsachen** darzulegen hat.[210]

64 Der **Designinhaber bzw. Kläger** hat insbesondere darzulegen und ggf. zu beweisen: Aktivlegitimation; im Fall einer Löschungsklage gestützt auf § 34 DesignG/GeschmG den Bestand des älteren Design- oder Urheberrechts und die Voraussetzungen eines Kollisionstatbestands iSv § 34 DesignG/GeschmG[211]; fehlende unabhängige Entwicklung bzw. kein selbständiger Entwurf beim Gegner (§ 41 DesignG/GeschmG)[212], sofern dieser zuvor relevante Benutzungs- bzw. Vorbereitungshandlungen dargelegt hat, wobei die Darlegung der Umstände bzgl. einer möglichen Kenntnisnahme genügt[213].

65 Der **Gegner bzw. Beklagte** hat darzulegen und ggf. zu beweisen: Widerlegung der Gültigkeitsvermutung des § 39 DesignG/GeschmG (→ § 292 Rn. 32); Beweis des Gegenteils gegenüber Vermutung aus § 1 Nr. 5 DesignG/GeschmG (→ § 292 Rn. 33); Einschränkung des Schutzumfangs des Designs durch vorbekannten Formenschatz[214]; allgemein alle Einreden und Einwendungen sowie gesetzliche Ausnahmevorbehalte:[215] für die Selbständigkeit einer Entwurfstätigkeit besteht zumindest eine (sekundäre) Darlegungslast[216]; Unverhältnismäßigkeit einer Drittauskunft[217]; Unrichtigkeit der Rechnungslegung[218] sowie höheren Schaden als denjenigen, welcher sich aus der Rechnungslegung ergibt[219]; Erschöpfung (§ 48 DesignG/GeschmG; Art. 21 GGV)[220].

66 Eine wichtige Besonderheit besteht im Designrecht allerdings durch die **Vermutungsregelung bzgl. der Rechtsgültigkeit des eingetragenen Designs** (§ 39 DesignG/GeschmG) bzw. der Beweislastregelung bzgl. der Rechtsgültigkeit des eingetragenen Gemeinschaftsgeschmacksmusters (Art. 85 Abs. 1 S. 1 GGV). Das Gericht hat aufgrund der Regelung des Art. 85 Abs. 1 S. 1 GGV von der Neuheit und Eigenart des eingetragenen Gemeinschaftsgeschmacksmusters (Art. 4–6 GGV) und vom Fehlen von Schutzausschlussgründen (Art. 8, 9 GGV) auszugehen, so dass der Designinhaber bzw. Kläger diese Voraussetzungen (zunächst) nicht darzulegen hat.[221] Entsprechendes gilt für die widerlegbare Vermutung gemäß § 39 DesignG/GeschmG, wobei eine Widerlegung der Vermutung auch aufgrund des Vortrags des Designinhabers bzw. Klägers oder der Offenkundigkeit von Tatsachen bei Gericht (§ 291 ZPO) ohne Einrede des Gegners angenommen werden darf.[222]

67 Bei einer Klage aus einem **nicht eingetragenen Gemeinschaftsgeschmacksmuster** hat der Designinhaber bzw. Kläger die Inhaberschaft gemäß Art. 14 Abs. 1 und 3 GGV darzulegen und zu beweisen.[223] Entsprechendes gilt für die Voraussetzungen des Art. 11 GGV, also insbesondere die erste öffentliche Zugänglichmachung, und gemäß Art. 85 Abs. 2 S. 1 GGV die Umstände, aus denen sich die Eigenart des Designs ergeben.[224] Wird ein Antrag auf **einstweilige Verfügung** auf ein nicht eingetragenes Gemeinschaftsgeschmacksmuster gestützt, ändert sich an der Darlegungslast grundsätzlich nichts. Allerdings kommt nach der Rechtsprechung ein Erlass der einstweiligen Verfügung in der Regel nicht in Betracht, wenn der (mutmaßliche) Verletzer zuvor nicht die Gelegenheit hatte, zur Frage der Neuheit und Eigenart des Verfügungsmusters, die er zu widerlegen hat, sowie zum Schutzumfang Stellung zu nehmen. Für die dann **erforderliche Gehörsgewährung** kann es ausreichen, dass der Designinhaber den (mutmaßlichen) Verletzer mit einer Frist, die dem ggf. erforderlichen Rechercheaufwand Rechnung trägt, abmahnt und dem Eilantrag die Reaktion auf diese Abmahnung beifügt.[225]

68 Der Verletzer hat nach dem Wortlaut des Art. 110 GGV darzulegen und zu beweisen, dass er ein Erzeugnis zur **Benutzung als Reparaturaustauschteil** anbietet und vertreibt. Dabei kann der Ersatzteilhersteller eine derartige Absicht nur beweisen, indem er darlegt, wie er sicherstellen kann, dass das von ihm gelieferte Teil nur als Reparaturaustauschteil verwendet wird.[226]

69 **d) Darlegungslast und Anforderungen an das Bestreiten bei wettbewerbsrechtlichen Streitigkeiten.** Das Wettbewerbsrecht enthält mit Ausnahme von § 5 Abs. 4 UWG **keine besonderen**

---

[210] Vgl. *Eichmann*/von Falckenstein GeschmG § 42 Rn. 39.
[211] *Eichmann*/von Falckenstein GeschmG § 34 Rn. 9.
[212] Vgl. aber EuGH GRUR 2014, 368 (370) – Gartenpavillon, zur Möglichkeit einer Beweiserleichterung.
[213] *Eichmann*/von Falckenstein GeschmG § 41 Rn. 12.
[214] LG Düsseldorf BeckRS 2012, 07205.
[215] *Eichmann*/von Falckenstein GeschmG § 42 Rn. 42.
[216] LG Mannheim BeckRS 09, 88824; *Eichmann*/von Falckenstein GeschmG § 41 Rn. 12.
[217] Vgl. BGH GRUR 1995, 338 (342) – Kleiderbügel.
[218] BGH GRUR 1993, 897 (899) – Mogul-Anlage.
[219] Für den Schadensersatz aus Patentverletzung OLG Düsseldorf GRUR-RR 2007, 378 – Schwerlastregal.
[220] *Eichmann*/v. Falckenstein GeschmG § 48 Rn. 8.
[221] *Ruhl* GGV Art. 85 Rn. 2.
[222] *Eichmann*/v. Falckenstein GeschmG § 39 Rn. 4.
[223] BGH GRUR 2013, 830 (831) – Bolerojäckchen.
[224] OLG Düsseldorf BeckRS 2011, 144991; LG Düsseldorf BeckRS 2013, 19906; *Eichmann*/v. Falckenstein GeschmG § 39 Rn. 7.
[225] OLG Frankfurt a.M. GRUR-RR 2011, 66 (66) – Sequestrationsanspruch; OLG Frankfurt a. M. BeckRS 2012, 10682.
[226] LG Düsseldorf BeckRS 2016, 5896.

Regelungen für die Darlegungs- und Beweislast, so dass auch insofern die allgemeinen Grundsätze gelten.[227]

§ 5 Abs. 4 UWG beinhaltet lediglich für eine irreführende Werbung im Fall von Preisherabsetzungen eine (widerlegliche) Vermutungsregelung (Abs. 4 S. 1) und eine Beweislastumkehr (Abs. 4 S. 2), deren Anwendung in der Praxis aber mit erheblichen Schwierigkeiten verbunden ist.[228] 70

Ansonsten trägt der Kläger die Darlegungs- und Beweislast für **alle anspruchsbegründenden Tatsachen**, insbesondere für: das Vorliegen einer geschäftlichen Handlung nach § 3 Abs. 1 iVm § 2 Abs. 1 Nr. 1 UWG; die Eignung zur spürbaren Beeinträchtigung,[229] sofern es sich nicht um eine geschäftliche Handlung gegenüber Verbrauchern gemäß eines Tatbestandes aus Anhang zu § 3 Abs. 3 UWG handelt[230]; das Vorliegen aller Tatbestandsvoraussetzungen des **ergänzenden Leistungsschutzes** gemäß § 3 iVm **§ 4 Nr. 3 UWG**[231]; das Vorliegen einer irreführenden geschäftlichen Handlung gemäß § 5 UWG, insbesondere für das Vorliegen unwahrer oder zur Täuschung geeigneter Angaben über Umstände gemäß § 5 Abs. 1 S. 2 Nr. 1–7 UWG (zu den Erleichterungen der Darlegungs- und Beweislast → Rn. 73ff. und → § 284 Rn. 76ff.)[232]; die Unzulässigkeit einer vergleichenden Werbung[233]; Haftungsvoraussetzungen für die wettbewerbswidrigen Handlungen, wobei insofern auch eine sekundäre Erklärungslast bestehen kann[234]; die Eigenschaft als Mitbewerber bzw. konkretes Wettbewerbsverhältnis gemäß § 8 Abs. 3 Nr. 1 UWG[235]; Haftung des Geschäftsführers einer GmbH;[236] die Anspruchsberechtigung und Prozessführungsbefugnis bei Verbänden oder qualifizierten Einrichtungen gemäß § 8 Abs. 3 Nr. 2 und Nr. 3 UWG[237]; Hemmung oder Neubeginn der Verjährung[238]. 71

Sofern für den Kläger nicht Beweiserleichterungen in Betracht kommen, aus denen sich eine prozessuale Erklärungspflicht für den Beklagten ergeben können (→ Rn. 73ff.), hat der **Beklagte alle anspruchshindernden, anspruchsvernichtenden oder anspruchshemmenden Tatsachen** darzulegen und ggf. zu beweisen, insbesondere: die tatsächlichen Voraussetzungen der Verjährung[239]; grundsätzlich die tatsächlichen Anforderungen für einen Missbrauch iSv § 8 Abs. 4 UWG[240]; Einwände gegen die Entstehung einer wettbewerblichen Eigenart wie vorbekannte Gestaltungen, Schwächung oder Wegfall beim ergänzenden Leistungsschutz nach § 4 Nr. 3 UWG[241]; das Pressepriviteg in § 9 S. 2 UWG[242]; Voraussetzungen einer Kostenentscheidung nach § 93 ZPO[243]. 72

Neben dem allgemeinen Grundsatz, dass der Kläger für alle anspruchsbegründenden Tatsachen die Darlegungs- und Beweislast trifft, hat die Rechtsprechung im Wettbewerbsrecht für den Kläger allerdings verschiedene **Darlegungs- und Beweiserleichterungen** geschaffen (→ § 284 Rn. 80ff.). 73

Beweiserleichterungen sind insbesondere in Bezug auf **wahrheitswidrige oder irreführende Werbebehauptungen anerkannt**, bei denen der Kläger außerhalb des Geschehensablaufs steht und daher oft keine genauen Kenntnisse der maßgeblichen Tatumstände hat bzw. haben kann und den Sachverhalt auch nicht auf andere Weise aufklären kann, während der Beklagte über die notwendigen Kenntnisse verfügt oder sich diese zumindest ohne größere Anstrengung verschaffen und dementsprechend auch die notwendige Aufklärung leisten kann.[244] Allerdings hat der Kläger zunächst **über bloße Verdachtsmomente hinaus** die für eine Wettbewerbswidrigkeit sprechenden Tatsachen darzutun 74

---

[227] Vgl. BGH GRUR 1997, 229 (230) – Beratungskompetenz; BGH GRUR 2004, 246 (247) – Mondpreise?
[228] Köhler/Bornkamm/Feddersen/*Bornkamm/Feddersen* UWG § 5 Rn. 7.76ff.
[229] Köhler/Bornkamm/*Köhler* UWG § 3 Rn. 134.
[230] Köhler/Bornkamm/*Köhler* UWG § 3 Rn. 30.
[231] OLG Düsseldorf BeckRS 2016, 21066. Vgl. auch Köhler/Bornkamm/*Köhler* UWG § 4 Rn. 9.78 mwN.
[232] BGH GRUR 1985, 140 (142) – Größtes Teppichhaus der Welt; BGH GRUR 1991, 848 (849) – Rheumalind II; BGH GRUR 1997, 229 (230) – Beratungskompetenz; BGH GRUR 2004, 246 (247) – Mondpreis?; BGH GRUR 2007, 251 – Regenwaldprojekt II.
[233] OLG Hamburg GRUR-RR 2002, 362 – Beweislast.
[234] BGH NZM 2020, 382 (383) – Sonntagsverkauf von Backwaren.
[235] BGH GRUR 1995, 697 (699) – Funny Paper.
[236] BGH BeckRS 2014, 14705 – Geschäftsführerhaftung. Siehe aber zur sekundären Erklärungslast OLG Frankfurt a. M. GRUR-RS 2020, 45913.
[237] BGH GRUR 1983, 130 (131) – Lohnsteuerhilfe-Bundesverband; BGH GRUR 1996, 217 (218) – Anonymisierte Mitgliederliste; Köhler/Bornkamm/*Köhler* UWG § 8 Rn. 3.66 mwN.
[238] Köhler/Bornkamm/*Köhler* UWG § 11 Rn. 1.54.
[239] OLG Jena WRP 2007, 1121 (1121 f.); Köhler/Bornkamm/*Köhler* UWG § 11 Rn. 1.54.
[240] BGH GRUR 2001, 178 – Impfstoffversand an Ärzte; BGH GRUR 2006, 243 Rn. 21 – MEGA SALE; KG WRP 2008, 511; OLG Jena GRUR-RR 2002, 362 – Beweislast.
[241] BGH GRUR 1998, 477 (479) – Trachtenjunker; OLG Köln GRUR-RR 2008, 166 (168) – Bigfoot.
[242] Köhler/Bornkamm/*Köhler* UWG § 9 Rn. 2.17.
[243] BGH GRUR 2007, 629 – Zugang des Abmahnschreibens.
[244] BGH GRUR 1961, 356 (359) – Pressedienst; BGH GRUR 1963, 270 (271) – Bärenfang; BGH GRUR 1969, 461 (463) – Euro-Spirituosen; BGH GRUR 1975, 78 (79) – Preisgegenüberstellung; BGH GRUR 1985, 140 (142) – Größtes Teppichhaus der Welt; BGH GRUR 1993, 980 (983) – Tariflohnunterschreitung; BGH 1997, 229 (230) – Beratungskompetenz; BGH GRUR 2004, 246 (247) – Mondpreise?; BGH GRUR 2007, 251 (253) – Regenwaldprojekt II; BGH BeckRS 2013, 13797 – Kostenvergleich bei Honorarfactoring; BGH BeckRS 2014, 07961 – Umweltengel für Tragetasche; KG BeckRS 2016, 6413. Vgl. auch Köhler/Bornkamm/*Bornkamm* UWG § 5 Rn. 3.23ff. mwN.

und gegebenenfalls unter Beweis zu stellen. In dem Fall kann der Gegner ggf. auch bei entsprechenden Betriebsgeheimnissen dazu verpflichtet sein, dass sich der Kläger beim Betriebsversuch durch einen öffentlich bestellten und vereidigten Sachverständigen vertreten lässt, der vom Gericht ausdrücklich zur Verschwiegenheit auch gegenüber der eigenen Partei verpflichtet worden ist.[245] Eine Beweislastumkehr kann auch bei Tatsachenbehauptungen bestehen, die in den **Tatbestand der üblen Nachrede** gem. § 186 StGB fallen. Allerdings muss der Kläger hierfür in seinem sozialen Geltungsanspruch herabgewürdigt worden sein.[246]

75 Gelingt dem Kläger dieser Vortrag, fällt die Aufklärung dieser Tatsachen in den **Verantwortungsbereich des Beklagten,** sofern ihm die Aufklärung nach den konkreten Umständen zuzumuten ist.[247] Dem Beklagten trifft in diesen Fällen nach dem Gebot der redlichen Prozessführung (§ 242 BGB) **eine prozessuale Erklärungspflicht.**[248] Kommt der Beklagte dieser Erklärungspflicht wiederum nicht nach, darf das Gericht gemäß § 138 Abs. 3 ZPO von einer unrichtigen bzw. irreführenden Werbebehauptung ausgehen oder im Wege der freien Beweiswürdigung nach § 286 ZPO zumindest darauf schließen, dass die angegriffene Werbebehauptung unrichtig oder jedenfalls irreführend ist.[249]

76 Die Anwendung von Darlegungs- und Beweiserleichterungen kommt insbesondere in Betracht, wenn der Werbebehauptung **innerbetriebliche Vorgänge** zugrunde liegen, die Dritte ohne Aufklärung durch den Beklagten nicht zugänglich sein können.[250] Dies kommt beispielsweise bei der Werbung von Traumrenditen im Zusammenhang mit Kapitalanlagen in Betracht.[251] Wenn der Beklagte mit solchen Werbebehauptungen an die Öffentlichkeit geht, kann er sich auch nicht auf Geheimhaltungsinteressen berufen.[252] Wendet sich ein Hersteller gegen Tatsachenbehauptungen in einem **Testbericht,** liegt die Darlegungs- und Beweislast bzgl. der Unrichtigkeit der Behauptung grundsätzlich bei ihm. Allerdings trifft den Veranstalter des Tests eine sekundäre Darlegungslast, auf welche Weise er zu bestimmten Ergebnissen bzw. Bewertungen gelangt ist. Nachweisen und die daraus folgende Bewertungen gelangt ist.[253]

77 Bei der Berühmung des Werbenden mit **einer Alleinstellung oder einer Spitzengruppenzugehörigkeit** trifft die Darlegungs- und Beweislast grundsätzlich den Kläger. Der Beklagte hat im Rahmen seiner Aufklärungspflicht aber gegebenenfalls darzulegen, auf welche Umstände er seine Werbebehauptung stützt.[254] Voraussetzung für diese Beweiserleichterung ist aber, dass der Kläger auf eine Aufklärung durch den Beklagten angewiesen ist und sich die notwendigen Informationen nicht auf andere Weise verschaffen kann.[255] Im Falle einer **unlauteren Behinderung** mittels eines Verkaufs unter Einstandspreis trifft den Kläger ebenfalls die Darlegungs- und Beweislast.[256] Eine sekundäre Darlegungslast bzw. Beweiserleichterung kommt auch regelmäßig nicht für die für den Kläger unbekannte Preiskalkulation des Gegners in Betracht, die notwendig ist, um die Abgabe unter Einstandspreis zu substanziieren. Aus einer dauerhaften Preisunterbietung folgt zudem keine Vermutung für eine Abgabe unter Einstandspreis.[257]

78 Bei der Werbung mit einer **fachlich umstrittenen Behauptung** ohne Erwähnung der Gegenansicht hat der Beklagte die Verantwortung für die objektive Richtigkeit seiner Behauptung übernommen und muss diese gegebenenfalls auch beweisen.[258] Noch strenger sind die Anforderungen im **Bereich der gesundheitsbezogenen Werbung,** insbesondere im Bereich von Heil- und Arzneimitteln sowie Lebensmitteln. Sofern in diesen Bereichen eine Werbung mit gesundheitsbezogenen

---

[245] BGH BeckRS 2014, 07961 – Umweltengel für Tragetasche.
[246] LG Köln BeckRS 2016, 116822.
[247] BGH GRUR 1961, 356 (359) – Pressedienst; BGH GRUR 1963, 270 (271) – Bärenfang; BGH GRUR 1969, 461 (463) – Euro-Spirituosen; BGH GRUR 1975, 78 (79) – Preisgegenüberstellung; BGH GRUR 1985, 140 (142) – Größtes Teppichhaus der Welt; BGH GRUR 1993, 980 (983) – Tariflohnunterschreitung; BGH 1997, 229 (230) – Beratungskompetenz; BGH GRUR 2004, 246 (247) – Mondpreise?; BGH GRUR 2007, 251 (253) – Regenwaldprojekt II.
[248] BGH GRUR 1985, 140 (142) – Größtes Teppichhaus der Welt; BGH GRUR 1993, 980 (983) – Tariflohnunterschreitung; BGH 1997, 229 (230) – Beratungskompetenz; BGH GRUR 2004, 246 (247) – Mondpreise?; BGH GRUR 2007, 251 (253) – Regenwaldprojekt II.
[249] BGH GRUR 1961, 85 (90) – Pfiffikus-Dose; BGH GRUR 1970, 461 (463) – Euro-Spirituosen; BGH GRUR 1978, 249 (250) – Kreditvermittlung; Köhler/Bornkamm/*Bornkamm* UWG § 5 Rn. 3.23; Harte-Bavendamm/Henning-Bodewig/*Dreyer* UWG § 5 Rn. 13 f.
[250] BGH GRUR 1961, 356 (359) – Pressedienst; BGH GRUR 1963, 270 (271) – Bärenfang; Harte-Bavendamm/Henning-Bodewig/*Dreyer* UWG § 5 Rn. 13 f.
[251] OLG München NJWE-WettR 1997, 152.
[252] Köhler/Bornkamm/*Bornkamm* UWG § 5 Rn. 3.24.
[253] OLG München BeckRS 2014, 18591; Köhler/Bornkamm/*Köhler* UWG § 6 Rn. 202a.
[254] BGH GRUR 1973, 594 (596) – Ski-Sicherheitsbindung; BGH GRUR 1978, 249 (250) – Kreditvermittlung; BGH GRUR 1983, 779 (781) – Schuhmarkt; BGH GRUR 2010, 352 – Hier spiegelt sich Erfahrung; OLG Düsseldorf BeckRS 2014, 19555; Köhler/Bornkamm/Feddersen/*Bornkamm/Feddersen* UWG § 5 Rn. 3.25 mwN.
[255] BGH GRUR 2010, 352 – Hier spiegelt sich Erfahrung; BGH GRUR 2015, 186 (187) – Wir zahlen Höchstpreise.
[256] BGH GRUR 2005, 1059 (1061) – Quersubventionierung von Laborgemeinschaften.
[257] Gloy/Loschelder/Danckwerts/*Hasselblatt/Witschel,* Wettbewerbsrecht, § 52 Rn. 109.
[258] BGH GRUR 1958, 485 (486) – Odol; BGH GRUR 1965, 368 (372 f.) – Kaffee C; BGH GRUR 1991, 848 (849) – Rheumalind II.

Aussagen überhaupt zulässig ist,[259] hat der Beklagte die Richtigkeit seiner Werbebehauptung gegebenenfalls mittels einer unabhängigen und anerkannten wissenschaftlichen Studie darzulegen und zu beweisen.[260]

Im **Rahmen der unerwünschten Werbung** hat der Werbende bei Werbung unter Verwendung 79 elektronischer Post oder bei einer Telefonwerbung darzulegen und zu beweisen, dass im Zeitpunkt der Werbung eine vorherige ausdrückliche Einwilligung iSd § 7 Abs. 2 Nr. 2 oder Nr. 3 UWG vorlag.[261] Hierfür ist eine konkrete Darlegung der Einzelheiten erforderlich, aus denen erkennbar wird, wie und in welcher Form die Einwilligung durch den Verbraucher erklärt worden ist.[262] Entsprechendes gilt im Hinblick auf die Darlegungs- und Beweislast der Zuwiderhandlung gegen eine Unterlassungserklärung des Werbenden, wenn das Einverständnis mit der Formulierung „sofern das Einverständnis des Werbeadressaten nicht vorliegt" als von dem Werbenden nachzuweisender Rechtfertigungsgrund für eine Werbung per Email oder Telefon ausgestaltet ist.[263] Trägt der Kläger vor, er sei „von einer männlichen Person" im Namen des Gegners angerufen worden, kommt diesem eine sekundäre Darlegungslast zu. Er kann sich nicht darauf berufen, dass der Kläger auch den Namen dieser Person mitzuteilen hat.[264]

Macht der Kläger einen Unterlassungsanspruch geltend und erhebt der Beklagte den Einwand einer 80 **Drittunterwerfung,** hat der Beklagte darzulegen und zu beweisen, dass die bereits von ihm abgegebene Unterwerfungserklärung geeignet war, die Wiederholungsgefahr generell für alle Gläubiger zu beseitigen.[265]

Der Beklagte ist regelmäßig für die **Umstände des Rechtsmissbrauchs** darlegungspflichtig.[266] 81 Geht es hierbei um die Rechtsmissbräuchlichkeit einer Abmahntätigkeit des Klägers, kann diesem allerdings eine sekundäre Darlegungslast auferlegt werden, wenn er in der Vergangenheit unstreitig an rechtsmissbräuchlichen Abmahnungen beteiligt gewesen ist.[267] Trägt ein Beklagter zudem in ausreichendem Umfang Indizien vor, die für eine missbräuchliche Geltendmachung des Unterlassungsanspruchs sprechen, obliegt es dem Kläger, diese Umstände zu widerlegen.[268]

Ob eine **Abmahnung des Klägers** dem Beklagten vor Klageerhebung zugegangen ist, wird im 82 Rahmen der Kostenentscheidung des Gerichts bei einem sofortigen Anerkenntnis des Beklagten relevant. Da der Beklagte hierbei eine für ihn günstige Regelung beansprucht, trifft ihn grundsätzlich die Darlegungs- und Beweislast für die Voraussetzungen einer dem Kläger die Prozesskosten auferlegenden Entscheidung nach § 93 ZPO. Macht der Beklagte geltend, ihm sei die Abmahnung nicht zugegangen, ist der Kläger im Rahmen der sekundären Darlegungslast lediglich gehalten, substantiiert darzulegen, dass das Abmahnschreiben abgesendet worden ist. Kann letztlich nicht festgestellt werden, ob das Abmahnschreiben dem Beklagten zugegangen ist oder nicht, kann der Beklagte sich nicht erfolgreich auf § 93 ZPO berufen.[269]

e) Darlegungslast und Anforderungen an das Bestreiten bei urheberrechtlichen Streitig- 83 **keiten.** Auch in urheberrechtlichen Streitigkeiten gilt, dass der Urheberrechtsinhaber bzw. Kläger grundsätzlich **alle anspruchsbegründenden Tatsachen**[270] und der Gegner bzw. Beklagte umgekehrt **alle anspruchshindernden, anspruchsvernichtenden oder anspruchshemmenden Tatsachen** darzulegen hat. Der Kläger trägt im urheberrechtlichen Prozess insbesondere die Darlegungslast für das Vorliegen einer persönlichen geistigen Schöpfung. Hierzu hat er nicht nur das betreffende Werk vorzulegen, sondern grundsätzlich auch die konkreten Gestaltungselemente darzulegen, aus denen sich der urheberrechtliche Schutz ergeben soll.[271]

Eine Besonderheit stellt hingegen die **gesetzliche Vermutung der Rechtsinhaberschaft** gemäß 84 § 10 UrhG dar. Die Regelungen des § 10 UrhG sehen hierbei drei unterschiedliche und widerlegliche Vermutungen vor[272]: gemäß Abs. 1 die Vermutung der Urheberschaft bei Anbringung der Urheberbe-

---

[259] Vgl. hierzu Köhler/Bornkamm/Feddersen/*Bornkamm/Feddersen* UWG § 5 Rn. 4.181 ff.
[260] BGH GRUR 1991, 848 (849) – Rheumalind II; BGH GRUR 1971, 153 (155) – Tampax; OLG Hamburg GRUR-RR 2004, 88. Köhler/Bornkamm/Feddersen/*Bornkamm/Feddersen* UWG § 5 Rn. 4.184 ff. mit weiteren Beispielen.
[261] BGH BeckRS 2004, 03730 – E-Mail-Werbung I; BGH BeckRS 2011, 19244 – Double-opt-in-Verfahren; OLG München BeckRS 2012, 23383; OLG Düsseldorf BeckRS 2016, 11857.
[262] LG Düsseldorf BeckRS 2016, 7977.
[263] OLG Düsseldorf BeckRS 2016, 11857.
[264] LG Arnsberg GRUR-RS 2019, 38704.
[265] BGH BeckRS 1998, 99594 – Wiederholte Unterwerfung II; Köhler/Bornkamm/*Bornkamm* UWG § 12 Rn. 1.235.
[266] BGH BeckRS 2000, 30105916 – Impfstoffversand an Ärzte; OLG Düsseldorf BeckRS 2015, 8632.
[267] LG Köln BeckRS 2015, 05142 – Fehlzusammenfassung.
[268] OLG Düsseldorf BeckRS 2015, 8632.
[269] BGH BeckRS 2007, 09497 – Zugang des Abmahnschreibens. Im Einzelnen Köhler/Bornkamm/*Bornkamm* UWG § 12 Rn. 1.43.
[270] BGH BeckRS 2009, 23290 – Montezuma.
[271] BGH GRUR 2008, 984 – St. Gottfried; BGH GRUR 1974, 740 (741) – Sessel; GRUR 2003, 231 (233) – Staatsbibliothek; BGH GRUR 2012, 58 – Seilzirkus.
[272] Schricker/Loewenheim/*Loewenheim* § 10 Rn. 1.

zeichnung, gemäß Abs. 2 die Vermutung der Rechtsinhaberschaft des Herausgebers oder des Verlegers bei fehlender Urheberbezeichnung, gemäß Abs. 3 die Vermutung der Rechtsinhaberschaft des Inhabers der ausschließlichen Nutzungsrechte bei Anbringung einer entsprechenden Bezeichnung. Es ist insofern aber Aufgabe des Urhebers, seine Schöpfung zu dokumentieren, darzulegen und zu beweisen. Diese Darlegungslast geht auch auf den Erben des Urhebers über.[273]

85 Dabei kann eine solche Urheberbezeichnung auch auf einer Internetseite erfolgen, wenn dieser eine **Vervielfältigung des Werkes in elektronischer Form** zugrunde liegt. Der Umstand, dass in das Internet eingestellte Werke in unkörperlicher Form öffentlich zugänglich gemacht werden und eine solche unkörperliche öffentliche Wiedergabe die Voraussetzungen des § 10 Abs. 1 UrhG nicht erfüllt, steht nach der Rechtsprechung einer Anwendung dieser Vorschrift nicht entgegen.[274] Auf den sog. **P-Vermerk für Hersteller und Vertreiber von Tonträgern und Videos** ist die Vermutungsregelung des § 10 Abs. 2 UrhG allerdings nicht anwendbar.[275] Dem P-Vermerk kann lediglich eine starke tatsächliche Indizwirkung dahingehend zukommen, dass dem darin genannten Unternehmen ausschließliche Rechte gem. § 85 Abs. 1 UrhG zustehen (aus eigenem Recht als Tonträgerhersteller oder auf Grund einer Vollrechtsübertragung des Rechts des Tonträgerherstellers) oder auf Grund des Erwerbs einer ausschließlichen Lizenz.[276] Will jemand hingegen an einem bestimmten Wertungsverfahren einer Verwertungsgesellschaft teilnehmen, hat er darzulegen und gegebenenfalls zu beweisen, dass die von ihm angemeldeten Werke für eine wirtschaftliche Verwertung in Betracht kommen und er in der Lage ist, gem. § 7 S. 2 WahrnG förderungswürdige Werke zu schaffen. Die Vermutungsregelung gemäß § 10 Abs. 1 UrhG ist insofern nicht geeignet, diesen Nachweis entbehrlich zu machen.[277] Ist eine Rechteinhaberin allerdings bei allen großen Händlern mit ihrem Label als Herstellerin des streitgegenständlichen Computerspiels gelistet oder in sonstigen Datenbanken der Händler aufgeführt, begründet dies eine **Indizwirkung für die Rechtsinhaberschaft,** so dass ein pauschales Bestreiten der Rechtsinhaberschaft gem. § 138 Abs. 3 ZPO oder mit Nichtwissen gem. § 138 Abs. 4 ZPO unbeachtlich ist.[278]

86 Ansonsten trägt der Kläger die Darlegungs- und Beweislast für **alle anspruchsbegründenden Tatsachen,** insbesondere für: die Anfertigung des Werkes durch den Urheber[279]; erforderliche Schöpfungshöhe für urheberrechtlichen Schutz[280]; Eingriff in das Urheberrecht[281]; Nicht-Erscheinen bei einem nachgelassenen Werk gemäß § 71 UrhG, wobei zunächst die pauschale Behauptung genügt und dem Gegner eine sekundäre Darlegungslast obliegt[282]; Tätigwerden des Arbeitnehmers in Erfüllung seiner Arbeitspflicht gemäß § 43 UrhG[283]; Unternehmensbezogenheit einer urheberrechtlichen Handlung, wobei den Unternehmensinhaber eine sekundäre Darlegungslast bei unternehmensinternen Umständen treffen kann[284].

87 Der **Beklagte hat alle anspruchshindernden, anspruchsvernichtenden oder anspruchshemmenden Tatsachen** darzulegen und ggf. zu beweisen, insbesondere: Erschöpfung des Verbreitungsrechts gemäß § 17 Abs. 2 UrhG[285]; Einwilligung des Urhebers in die urheberrechtsverletzende Handlung[286]; Erwerb der Nutzungsrechte[287]; freie Benutzung gemäß § 24 UrhG; Vorliegen der Voraussetzungen einer Schrankenregelung der §§ 44a ff. UrhG.

88 Auch die GEMA als Verwertungsgesellschaft trifft bei der Durchsetzung ihrer Verwertungsrechte grundsätzlich eine Darlegungs- und Beweislast.[288] Allerdings kann diese durch die sogenannte **GEMA-Vermutung** erleichtert werden. Die von der Rechtsprechung anerkannte GEMA-Vermutung besagt, dass zugunsten der GEMA angesichts ihres umfassenden In- und Auslandsrepertoires eine tatsächliche Vermutung ihrer Wahrnehmungsbefugnis für die Aufführungsrechte an in- und ausländischer Tanz- und Unterhaltungsmusik und für die sogenannten mechanischen Rechte besteht (aber nicht für alle wahrgenommenen Rechte sondern nur für solche, bei denen die GEMA über eine Monopolstellung

---

[273] LG Braunschweig BeckRS 2019, 12528.
[274] BGH GRUR 2015, 258 (260) – CT-Paradies; OLG Frankfurt a. M. BeckRS 2017, 124505.
[275] BGH BeckRS 2003, 00443 – P-Vermerk.
[276] BGH BeckRS 2003, 00443 – P-Vermerk.
[277] BGH GRUR 2002, 332 (333) – Klausurerfordernis.
[278] BGH ZUM 2016, 173 (175) – Tauschbörse I; BGH GRUR 2016, 1280 (1282) – Everytime we touch; AG München ZUM 2018, 742 (743). Vgl. auch OLG Frankfurt a. M. BeckRS 2017, 124505.
[279] BGH BeckRS 2011, 26078 – Vorschaubilder II.
[280] BGH BeckRS 2011, 26078 – Vorschaubilder II.
[281] BGH BeckRS 2011, 26078 – Vorschaubilder II.
[282] BGH BeckRS 2009, 23290 – Montezuma; Wandtke/Bullinger/*Thum* § 71 Rn. 10a.
[283] BGH GRUR 1978, 244 (245 f.) – Ratgeber für Tierheilkunde; OLG Düsseldorf BeckRS 2008, 05934; Schricker/Loewenheim/*Rojahn* § 43 Rn. 27.
[284] OLG München GRUR-RR 2007, 345 (346) – Beweislastverteilung; Schricker/Loewenheim/*Wild* § 99 Rn. 4.
[285] BGH BeckRS 9998, 76042 – Schallplattenimport III; BGH BeckRS 2013, 01262 – UsedSoft III.
[286] BGH BeckRS 2011, 26078 – Vorschaubilder II.
[287] LG Düsseldorf BeckRS 2015, 15202.
[288] BGH BeckRS 9998, 76042 – Schallplattenimport III; BGH BeckRS 9998, 163909 – GEMA-Vermutung II.

verfügt)²⁸⁹, diese Werke auch urheberrechtlich geschützt sind, und bei einer Verwendung der Werke in den von der GEMA wahrgenommenen Rechtsbestand eingegriffen wird.²⁹⁰

Im Rahmen des **Verwertungsrechts für ein nachgelassenes Werk gemäß § 71 UrhG** hat der **89** Anspruchsteller grundsätzlich die Darlegungs- und Beweislast dafür, dass das Werk im Sinne dieser Bestimmung „nicht erschienen" ist.²⁹¹ Da es sich hierbei aber um eine negative Tatsache handelt, kann er sich allerdings zunächst auf die Behauptung beschränken, das Werk sei bislang nicht erschienen. Anschließend ist es Sache der Gegenseite, die Umstände vorzutragen, die für ein bereits zuvor erfolgtes Erscheinen des Werkes sprechen. Der Anspruchsteller hat diese Umstände dann wiederum zu widerlegen.²⁹²

Hat ein Kläger an seinem urheberrechtlich geschützten Werk einem Dritten **eine Lizenz erteilt** **90** und kommt es für einen Eingriff in sein Urheberrecht auf den Inhalt und die Reichweite der Lizenz an, hat der Kläger vorzutragen und ggf. zu beweisen, dass er mit seinen Lizenznehmern eine vom Regelfall abweichende, beispielsweise das Recht auf öffentliche Zugänglichmachung **beschränkende Vereinbarung** getroffen hat.²⁹³

Problematisch sind auch die Anforderungen an die Darlegungs- und Beweislast, wenn eine Rechts- **91** verletzung (insbesondere im Rahmen des sog. **File-Sharing**) über einen Internetanschluss begangen wird.²⁹⁴ Auch insofern gelten die allgemeinen Beweisgrundsätze, dass zunächst der Kläger beweispflichtig für die behauptete Rechtsverletzung durch den Beklagten ist. Denn es ist grundsätzlich Sache des Rechteinhabers darzulegen und nachzuweisen, dass der jeweilige Beklagte Täter oder Teilnehmer der behaupteten Urheberrechtsverletzung ist.²⁹⁵ Wird ein urheberrechtlich geschütztes Werk oder eine urheberrechtlich geschützte Leistung der Öffentlichkeit von einer IP-Adresse aus zugänglich gemacht, die zum fraglichen Zeitpunkt einer bestimmten Person zugeteilt ist, spricht allerdings zunächst eine tatsächliche Vermutung dafür, dass diese Person für die Rechtsverletzung verantwortlich ist.²⁹⁶ Der Anschlussinhaber trägt insofern eine **sekundäre Darlegungslast,** die aber weder zu einer Umkehr der Beweislast noch zu einer über die prozessuale Wahrheitspflicht und Erklärungslast hinausgehenden Verpflichtung des Anschlussinhabers führt, dem Anspruchsteller alle für seinen Prozesserfolg benötigten Informationen zu verschaffen.²⁹⁷. Der sekundären Darlegungslast kann er dadurch entsprechen, indem er vorträgt, ob andere Personen und gegebenenfalls welche anderen Personen selbstständigen Zugang zu seinem Internetanschluss hatten und als Täter der Rechtsverletzung in Betracht kommen.²⁹⁸ Insofern hat ein Anschlussinhaber zur Entkräftung seiner Täterschaft auch Kenntnisse über die Umstände einer eventuellen Verletzungshandlung mitzuteilen, die den Bereich der eigenen Familie betreffen.²⁹⁹ Dementsprechend müssen Eltern aufdecken, welches ihrer volljährigen Kinder die Verletzungshandlung begangen hat, sofern sie davon tatsächliche Kenntnis erlangt haben.³⁰⁰ Der Schutz der Eigentumsgarantie des Art. 14 GG muss insofern nicht gegenüber dem Grundrecht auf Achtung des Familienlebens aus Art. 6 Abs. 1 GG zurückweichen.³⁰¹ Der sekundären Darlegungslast genügt der Anschlussinhaber nicht, wenn er lediglich pauschal die theoretische Möglichkeit des Zugriffs von in seinem Haushalt lebenden Dritten auf seinen Internetanschluss behauptet.³⁰² Wenn eine andere Person, die den Download vorgenommen haben könnte, selbst nach Ansicht des Anschlussinhabers nicht als möglicher Rechteverletzer in Betracht kommt, bleibt es mangels substantiierten Bestreitens ebenfalls bei der Annahme einer tatsächlichen Vermutung der Täterschaft des Anschlussinhabers.³⁰³ Der Anschlussinhaber muss aber beispielsweise nicht näher vortragen, was seine Ehefrau zu den behaupteten Tatzeitpunkten getan hat, wenn der Tatzeitpunkt bereits 2 Monate her ist. Dem Inhaber eines privaten Internetanschlusses ist nicht abzuverlangen, zur Abwendung seiner täterschaftlichen Haftung die Internetnutzung seines Ehegatten oder anderer Familienmitglieder einer Dokumentation zu unterwerfen oder den genutzten Computer auf das Vorhandensein von File-Sharing-Programmen zu untersuchen.³⁰⁴ Die im Rahmen der sekundären Darlegungslast des Anschlussinhabers bestehende Nach-

---

²⁸⁹ BGH BeckRS 9998, 163908 – GEMA-Vermutung I.
²⁹⁰ BGH BeckRS 9998, 76042 – Schallplattenimport III; BGH BeckRS 9998, 163909 – GEMA-Vermutung II; BGH NJW 1955, 1356 – Betriebsfeiern.
²⁹¹ BGH BeckRS 2009, 23290 – Montezuma.
²⁹² BGH BeckRS 2009, 23290 – Montezuma.
²⁹³ BGH BeckRS 2011, 26078 – Vorschaubilder II.
²⁹⁴ Vgl. hierzu *Gotthardt* ZUM 2021, 7.
²⁹⁵ BGH BeckRS 2013, 06313 – Morpheus; BGH BeckRS 2014, 03850 – BearShare.
²⁹⁶ BGH BeckRS 2010, 13455 – Sommer unseres Lebens; BGH BeckRS 2014, 03850 – BearShare.
²⁹⁷ BGH BeckRS 2014, 03850 – BearShare. Vgl. hierzu auch *Solmecke/Rüther/Herkens* MMR 2013, 217.
²⁹⁸ BGH BeckRS 2014, 03850 – BearShare; LG Braunschweig BeckRS 2015, 11532.
²⁹⁹ BVerfG NJW 2019, 1510 (1511).
³⁰⁰ BGH NJW 2018, 65 (66) – Loud.
³⁰¹ BVerfG NJW 2019, 1510 (1511).
³⁰² BGH NJW 2016, 953 (956) – Tauschbörse III; BGH GRUR 2016, 1280 (1282) – Everytime we touch.
³⁰³ LG Leipzig MMR 2017, 426 (427).
³⁰⁴ BGH NJW 2018, 68 (69) – Ego-Shooter; BGH NJW 2017, 1961 (1963) – Afterlife; LG Frankfurt a. M. BeckRS 2019, 16015; insofern strenger AG München ZUM 2018, 742 (743). Vgl. zur sekundären Darlegungslast auch KG BeckRS 2013, 6198; OLG Köln NJW-RR 2014, 1004 – Walk this way; LG Köln BeckRS 2017, 116272; LG Düsseldorf BeckRS 2016, 5608; LG Berlin BeckRS 2018, 24258; AG Charlottenburg MMR 2017, 362.

forschungsobliegenheit des Anschlussinhabers entsteht erst innerhalb des gerichtlichen Verfahrens und nicht bereits mit Erhalt der Abmahnung.[305] Einen privaten Anschlussinhaber trifft im Vorfeld auch keine diesbezügliche Dokumentationspflicht.[306]

92 Macht ein Kläger geltend, an Teilen des Linux-Kernels entsprechende **Bearbeiterurheberrechte** erworben zu haben, muss er substantiiert darlegen und ggf. beweisen, welche Teile aus dem Linux-Programm von ihm in welcher Weise umgearbeitet worden sein sollen, inwiefern diese Umarbeitungen die Anforderungen an ein Bearbeiterurheberrecht nach § 69c Nr. 2 S. 2 iVm § 3 UrhG erfüllen, und dass gerade die für ihn schutzbegründenden umgearbeiteten Programmteile ihrerseits von dem Verletzer (ggf. weiter umgearbeitet) übernommen worden sind.[307] Ein angebotener Sachverständigenbeweis kann den notwendigen eigenen Tatsachenvortrag nicht ersetzen und ist daher unzulässig.[308]

93 Handelt ein Beklagter mit Software, die er nicht von den Herstellern oder deren Vertriebsgesellschaften, sondern von Abnehmern der Computerprogramme bezieht (sogenannte **„gebrauchte" Software**), muss er die Voraussetzungen einer Erschöpfung der Rechte darlegen. Er muss hierzu darlegen und erforderlichenfalls nachweisen, dass der Ersterwerber der Software seine eigenen Kopien der Computerprogramme unbrauchbar gemacht hat.[309]

94 Der Urheberrechtsinhaber muss im Rahmen der Haftung des Inhabers eines Unternehmens gemäß § 99 UrhG die Unternehmensbezogenheit einer urheberrechtlichen Handlung als ungeschriebenes Tatbestandsmerkmal darlegen.[310] Allerdings kann sich die Gegenseite nicht mit einfachem Bestreiten begnügen, wenn es hierbei um unternehmensinterne Informationen geht. In diesem Fall muss der Gegner vielmehr im Rahmen seiner sekundären Darlegungslast im Einzelnen darlegen, dass die von ihm bestrittene Behauptung unrichtig ist.[311]

D. Besonderheiten der Darlegungs- und Erklärungspflicht bei Geschäftsgeheimnissen

95 Bereits vor Inkrafttreten des **Gesetzes zum Schutz von Geschäftsgeheimnissen** (GeschGehG) am 26.4.2019 war eine Partei in der Regel nicht dazu verpflichtet, im Rahmen eines Verletzungsverfahrens ihre Geschäfts- und Betriebsgeheimnisse offenzulegen.[312] § 4 GeschGehG sieht nunmehr verschiedene Vorgaben vor, unter welchen Voraussetzungen ein Geschäftsgeheimnis nicht erlangt, genutzt oder offengelegt werden darf. § 16 Abs. 1 GeschGehG sieht insofern vor, dass bei Klagen, durch die Ansprüche nach diesem Gesetz geltend gemacht werden (Geschäftsgeheimnisstreitsachen) das Gericht der Hauptsache auf Antrag einer Partei streitgegenständliche Informationen ganz oder teilweise als geheimhaltungsbedürftig einstufen kann, wenn diese ein Geschäftsgeheimnis sein können. In diesem Fall müssen die Parteien, ihre Prozessvertreter, Zeugen, Sachverständige, sonstige Vertreter und alle sonstigen Personen, die an Geschäftsgeheimnisstreitsachen beteiligt sind oder die Zugang zu Dokumenten eines solchen Verfahrens haben, als geheimhaltungsbedürftig eingestufte Informationen vertraulich behandeln und dürfen diese außerhalb eines gerichtlichen Verfahrens nicht nutzen oder offenlegen, es sei denn, dass sie von diesen außerhalb des Verfahrens Kenntnis erlangt haben (§ 16 Abs. 2 GeschGehG). Das Recht auf Akteneinsicht kann insofern gegenüber Dritten auch eingeschränkt werden (§ 16 Abs. 3 GeschGehG). Ferner kann auf Antrag einer Partei der Zugang ganz oder teilweise bezogen auf die Geschäftsgeheimnisse betreffende Dokumente auf eine bestimmte Anzahl von zuverlässigen Personen beschränkt werden, soweit nach Abwägung aller Umstände das Geheimhaltungsinteresse das Recht der Beteiligten auf rechtliches Gehör unter Beachtung ihres Rechts auf effektiven Rechtsschutz und ein faires Verfahren übersteigt (§ 19 GeschGehG).

96 Außerhalb des Geltungsbereichs des GeschGehG gab es bis zum **Inkrafttreten von § 145a PatG**[313]**, der auf die Regelungen der §§ 16–20 GeschGehG verweist,** noch keine vergleichbare gesetzliche Regelung zum Schutz von Geschäftsgeheimnissen im Rahmen eines Zivilprozesses. Zwar gab es Regelungen zum Schutz von Betriebs- und Geschäftsgeheimnissen im UWG. Diese haben nicht vorgesehen, dass ein Gericht im Verletzungsverfahren einen Geheimnisschutz für Unterlagen einer Partei anordnen konnte. Gem. § 172 Nr. 3 GVG kann ein Gericht zwar die Öffentlichkeit von der Verhandlung ausschließen und gem. § 174 Abs. 3 GVG die Vertraulichkeit von Dokumenten anzuordnen. Dem Gegner müssen aber immer alle Dokumente und Informationen zur Verfügung gestellt werden, sofern das Gericht diese in seine Entscheidung einbeziehen soll.[314] Insofern kann die **Darle-**

---

[305] LG Düsseldorf NJW 2021, 792 (794) – Fünf Freunde 3.
[306] LG Düsseldorf NJW 2021, 792 (794) – Fünf Freunde 3.
[307] LG Hamburg BeckRS 2016, 13761 – Linux-Kernel; OLG Hamburg BeckRS 2019, 9863 – Linux-Kernel.
[308] OLG Hamburg BeckRS 2019, 9863 – Linux-Kernel.
[309] BGH BeckRS 2013, 01262 – UsedSoft III.
[310] OLG München GRUR-RR 2007, 345 (346) – Beweislastverteilung.
[311] OLG München GRUR-RR 2007, 345 (346) – Beweislastverteilung; Schricker/Loewenheim/*Wild* UrhG § 99 Rn. 4.
[312] Vgl. *Marx* GRUR 2021, 288.
[313] Vgl. *Kühnen* GRUR 2020, 576 (578).
[314] Vgl. OLG München GRUR-RR 2005, 175 (176) – Anlagenkonvolut; *Marx* GRUR 2021, 288; *Ohly* GRUR 2019, 441 (449 f.).

gungs- und Beweislast einer Partei erschwert sein, wenn sie zugleich die eigenen Geschäfts- und Betriebsgeheimnisse vor der anderen Partei oder auch Dritten hinreichend geschützt wissen will.

Ein gewisser Schutz vor Offenlegung von Geschäftsgeheimnissen ist bereits seit längerem in den **97** **Besichtigungsverfahren nach dem „Düsseldorfer Modell"** anerkannt, die insbesondere in **Patentverletzungsverfahren und Urheberrechtsverfahren im Bereich der Software** eine wichtige Rolle spielen.[315] Das selbständige Besichtigungsverfahren nach Düsseldorfer Modell sieht bereits im Rahmen der Antragstellung vor, dass der Rechteinhaber und damit Antragsteller der Besichtigung freiwillig auf eine Teilnahme bei der Besichtigung verzichtet und stattdessen nur dessen Anwalt (Rechtsanwalt und ggf. Patentanwalt) an der Besichtigung teilnehmen darf, wobei dieser sich zur Verschwiegenheit auch gegenüber dem eigenen Mandanten verpflichten muss. Wird vom gerichtlich bestellten Sachverständigen ein **Besichtigungsgutachten** erstellt, muss das Gericht den Besichtigungsschuldner und Antragsgegner zunächst zu etwaigen Geheimhaltungsinteressen anhören und ggf. Schwärzungen im Gutachten veranlassen, bevor dieses dem Antragsteller persönlich ausgehändigt wird. Das Geheimhaltungsinteresse ist in diesem Fall vom Besichtigungsschuldner bzw. Antragsgegner darzulegen.[316] Nur wenn der zur Besichtigung führende Verletzungsverdacht sich im Gutachten von vornherein nicht bestätigen lässt, da der Besichtigungsgegenstand eine andere Konstruktion oder Funktionsweise als zuvor beschrieben aufweist und sich daher eine Verletzung ausschließen lässt, wird dem Antragsteller zum Schutz der Geheimhaltungsinteressen des Antragsgegners selbst kein Einblick in das Gutachten gewährt.[317]

Gemäß der jüngeren Rechtsprechung kann eine darlegungs- und beweisbelastete Partei verschiedene Maßnahmen zum Schutz ihrer Geschäftsgeheimnisse auch im herkömmlichen Verletzungsverfahren **98** ergreifen. Für die Partei besteht die Möglichkeit, zunächst nur eine teilgeschwärzte Fassung oder eine verkürzte Wiedergabe der betreffenden Unterlagen bei Gericht einzureichen und das Gericht um **Anordnung geeigneter Geheimhaltungsmaßnahmen** zu ersuchen.[318] Gerade bei detaillierten Informationen zu Preisen, Kosten, Gewinnmargen, Kunden, Vertriebswegen und -strategien etc. handelt es sich um Informationen, hinsichtlich derer ein berechtigtes Interesse an der Geheimhaltung für eine Partei bestehen kann.[319] Diese Informationen sind in der Regel auch nicht allgemein bekannt und frei zugänglich und damit **Gegenstand von Geheimhaltungsmaßnahmen** gem. § 2 Nr. 1 GeschGehG. Die Informationen lassen Rückschlüsse auf das Wettbewerbsverhalten der Hersteller zu. Ihre Offenbarung kann daher geeignet sein, das Wettbewerbsverhalten der Marktteilnehmer insgesamt zu beeinflussen und damit auch zu beeinträchtigen.[320] Damit liegt aber die Geheimhaltung zugleich im öffentlichen Interesse an der Integrität des Wettbewerbs. Der Geheimnisschutz umfasst auch die **Darstellung vertraulicher Informationen in Gutachten** einschließlich Anlagen, Zusammenfassungen, Stellungnahmen, Schriftsätzen und gerichtlichen Entscheidungen sowie in der Erörterung und Anhörung der Gerichtssachverständigen in der mündlichen Verhandlung, vorausgesetzt diese ist geeignet, das Geheimnis zu gefährden.[321] Dementsprechend können **vertrauliche und nichtvertrauliche Fassungen** für die Parteiöffentlichkeit vorzulegen sein.[322] Ohne das Ersuchen nach Geheimhaltung und ohne entsprechende Sicherheitsvorkehrungen muss die Partei hingegen damit rechnen, dass der anderen Partei und sonstigen Beteiligten die Unterlagen uneingeschränkt zur Verfügung gestellt werden.[323]

Eine angemessene Sicherheitsvorkehrung kann beispielsweise eine **außergerichtlich abgeschlos-** **99** **sene Geheimhaltungsvereinbarung** sein, um die sich die betroffene Partei zu kümmern hat, wobei das Gericht hierzu Vorschläge unterbreiten kann.[324] Insbesondere in Patentverletzungsverfahren auf Grundlage standardessenzieller Patente hat der SEP-Inhaber darzulegen, dass sein Angebot auf Abschluss einer Lizenzvereinbarung **FRAND-konform** ist. Dies kann die Vorlage von bereits mit Dritten abgeschlossenen Lizenzverträgen beinhalten, um seiner Erklärungslast hinreichend nachzukommen. Dazu hat der SEP-Inhaber regelmäßig zumindest jeweils den **Inhalt der wesentlichen Lizenzvertragsbedingungen** jener Verträge in einem hinreichend belastbaren Maße so darzulegen und zu erläutern, dass der Lizenzsucher entnehmen kann, ob, ggf. inwieweit und aus welchen Sachgründen er wirtschaftlich ungleichen Konditionen ausgesetzt ist. Insofern können aber dieser Offenlegung auch Geheimhaltungsinteressen entgegenstehen, die wiederum nur durch Abschluss einer Vertraulichkeitsvereinbarung abgesichert werden können.[325] Diese Möglichkeit wird auch in den Hin-

---

[315] Vgl. *Hauck* GRUR 2020, 817 (818). Siehe zur Einschaltung eines Sachverständigen im Wettbewerbsrecht BGH BeckRS 2014, 07961 – Umweltengel für Tragetasche.
[316] *Kühnen* GRUR 2020, 576 (578).
[317] Vgl. *Kühnen* GRUR 2020, 576 (578).
[318] BGH GRUR 2020, 327 (328) – Akteneinsicht XXIV; OLG Düsseldorf BeckRS 2018, 7036.
[319] LG München BeckRS 2021, 12925 – Geheimnisschutz bei Geschäftsgeheimnisverwertung in Gutachten.
[320] LG München BeckRS 2021, 12925 – Geheimnisschutz bei Geschäftsgeheimnisverwertung in Gutachten.
[321] LG München BeckRS 2021, 12925 – Geheimnisschutz bei Geschäftsgeheimnisverwertung in Gutachten.
[322] LG München BeckRS 2021, 12925 – Geheimnisschutz bei Geschäftsgeheimnisverwertung in Gutachten.
[323] BGH GRUR 2020, 327 (328) – Akteneinsicht XXIV; OLG Düsseldorf BeckRS 2018, 7036; 2016, 114380.
[324] OLG Düsseldorf BeckRS 2018, 7036; 2017, 156523; 2016, 114380.
[325] OLG Karlsruhe BeckRS 2019, 28234 – Multiplexgerät.

weisen des LG München I zum FRAND-Einwand aufgegriffen.[326] Insbesondere hat das LG München kürzlich auch Hinweise zur Handhabung von Anträgen auf Geheimhaltung in und außerhalb der mündlichen Verhandlung veröffentlicht.[327] Der SEP-Inhaber bzw. Kläger hat danach auf einen Beschluss über die **Anordnung der Urkundenvorlegung nach § 142 ZPO** hinzuwirken. Dieser Anregung soll in der Regel durch die Kammern gefolgt und die Vorlage angeordnet werden, wenn der Lizenzsucher (und ggf. die Nebenintervenienten) zuvor eine außergerichtliche Geheimhaltungsvereinbarung abgeschlossen haben.[328]

100 Falls sich die **andere Partei weigert,** eine zum Geheimnisschutz notwendige und zumutbare Sicherungsvereinbarung mit dem Prozessgegner zu treffen, soll sich nach der Rechtsprechung des OLG Düsseldorf seine Darlegungslast reduzieren, soweit es um die Geheimnisse aussparenden Sachvortrag geht. Seine insoweit pauschalen Angaben seien dann als prozessual ausreichend zu bewerten und das hierauf bezogene **Bestreiten des Gegners als unbeachtlich** zu behandeln.[329] Der darlegungsbelasteten Partei sei es insoweit gestattet, im Rahmen ihrer Ausführungen und Erläuterungen diejenigen Umstände in einer Detailliertheit auszulassen, die ihr Geschäftsgeheimnis gefährden.[330] Gemäß der Rechtsprechung des BGH werden diese Dokumente hingegen **nicht Bestandteil der Prozessakte** und das Gericht kann seine Entscheidung nicht auf diese Unterlagen stützen, wenn geheimhaltungsbedürftige Dokumente nicht im Rahmen eines Verletzungsverfahren nur unter **Bedingung einer noch abzuschließenden Geheimhaltungsvereinbarung bei Gericht eingereicht** und ansonsten die Weiterleitung an den Gegner und Dritte untersagt wird.[331] Entsprechendes gilt für ein gerichtliches Sachverständigengutachten, wenn es auf (geheimhaltungsbedürftigen) Unterlagen beruht, die eine der Parteien nur dem Sachverständigen, nicht auch dem Gericht und der Gegenpartei zur Verfügung gestellt hat. Dieses ist in der Regel **als Beweismittel unverwertbar.**[332]

101 Die **Darlegungslast, dass es auf den Schutz der Betriebs- oder Geschäftsgeheimnisse im konkreten Fall ankommt,** trägt diejenige Partei, die sich darauf beruft.[333] Diese hat nicht nur die vertrauliche Information zu identifizieren, sondern außerdem konkret darzutun, dass und warum die betreffende Information ein auf die begehrte Weise zu schützendes Betriebs- oder Geschäftsgeheimnis darstellt. Dazu müssen **substantiiert die Maßnahmen genannt** werden, die bisher die Vertraulichkeit der Geheimnisse gewährleistet haben. Zugleich muss erläutert und dargelegt werden, **welche Nachteile genau aus einem Bekanntwerden der fraglichen Information** (und zwar jeder einzelnen) mit welchem Grad von Wahrscheinlichkeit drohen.[334] Der Prozessgegner muss wie ein etwaiger Streithelfer beurteilen können, ob für sie im Zweifel eine vertragliche Verpflichtung zur Verschwiegenheit und die Gefahr der Verwirkung der Vertragsstrafe bestehen. Die zur Einschätzung erforderlichen Einlassungen dürfen wiederum nicht unter Hinweis auf mögliche Geschäftsgeheimnisse verweigert werden.[335]

102 Handelt es sich bei den (vermeintlich) geheimhaltungsbedürftigen Dokumenten um Lizenzverträge, die auf der Grundlage der abgegebenen FRAND-Erklärung des SEP-Inhabers bereits abgeschlossen worden sind und die deshalb auch den Maßstab für die Lizenzerteilung an den Prozessgegner bilden sollen, bedarf es für die Geltendmachung eines Geheimnisschutzes in der Regel **einer ganz besonderen Rechtfertigung und Begründung.**[336] Die Zusage bei standardessenziellen Patenten, diese fair und diskriminierungsfrei zu lizenzieren, spricht gerade gegen ein Geheimhaltungsinteresse an den Lizenzbedingungen für Dritte.[337]

103 Zumindest für den Bereich der Patentstreitsachen sowie Zwangslizenzverfahren gem. § 81 Abs. 1 S. 1 PatG besteht mit der seit 18.8.2021 geltenden **Regelung des § 145a PatG und deren Verweis auf die §§ 16–20 GeschGehG** nun eine gesetzliche Normierung, die die von der Rechtsprechung entwickelten vorstehenden Grundsätze aufgreift. Mit der Anwendung dieser Vorschriften im Patentverletzungsverfahren sind zwei verschiedene Schutzanordnungen zu unterscheiden, nämlich die **Einstufung der fraglichen Dokumente als geheimhaltungsbedürfte Information** und die Notwendigkeit einer **Zugangs- und Benutzungsbeschränkung.**[338] Auch im Rahmen der Vorschriften des GeschGehG trägt diejenige Partei die Darlegungslast, die sich auf ein Geheimhaltungsinteresse an

---

[326] LG München BeckRS 2021, 12925 – Geheimnisschutz bei Geschäftsgeheimnisverwertung in Gutachten.
[327] abrufbar unter: https://www.justiz.bayern. de/gerichte-und-behoerden/landgericht/muenchen-1/verfahren_03.php.
[328] LG München BeckRS 2021, 12925 – Geheimnisschutz bei Geschäftsgeheimnisverwertung in Gutachten.
[329] OLG Düsseldorf BeckRS 2018, 7036.
[330] OLG Düsseldorf BeckRS 2018, 7036.
[331] BGH GRUR 2020, 327 (328) – Akteneinsicht XXIV. Vgl. hierzu auch OLG Düsseldorf BeckRS 2016, 114380.
[332] LG München BeckRS 2021, 12925 – Geheimnisschutz bei Geschäftsgeheimnisverwertung in Gutachten.
[333] OLG Düsseldorf BeckRS 2018, 7036.
[334] OLG Düsseldorf BeckRS 2018, 7036.
[335] OLG Düsseldorf BeckRS 2018, 7036.
[336] OLG Düsseldorf BeckRS 2018, 7036.
[337] OLG Düsseldorf BeckRS 2018, 7036.
[338] BeckOK Patentrecht, Fitzner/Lutz/Bodewig/*Kircher* § 145a Rn. 25.

bestimmten Informationen beruft.[339] Der Antragsteller bzw. Kläger hat seiner Darlegungslast aber bereits Genüge getan, wenn das Gericht es für überwiegend wahrscheinlich hält, dass die Information ein Geschäftsgeheimnis darstellt.[340] Aus Gründen des rechtlichen Gehörs sieht das GeschGehG nicht den vollständigen Ausschluss der Gegenseite von vertraulichen Informationen vor. Gemäß § 19 Abs. 1 S. 3 GeschGehG muss daher mindestens einer natürlichen Person jeder Partei und sämtlichen von ihr bestellten Prozessvertretern (Rechts- und Patentanwälte) Zugang zu der geschützten Information gewährt werden.[341]

Ob diese Regelung auch auf **Streithelfer anwendbar** ist, ist noch nicht abschließend geklärt,[342] wobei die Berücksichtigung des Geheimhaltungsinteresses auch insofern von Bedeutung ist. Auch dem **Besichtigungsverfahren nach Düsseldorfer Modell** wird zukünftig weiterhin ein eigener Anwendungsbereich verbleiben, da die Vorschrift des § 145a PatG dem Wortlaut nach nicht auf selbständige Besichtigungsverfahren anwendbar ist.[343] **104**

Die Regelung des § 145a PatG gilt ex nunc und ist daher auch auf Verfahren vor Inkrafttreten anzuwenden.[344] § 145a PatG ist auch in Arbeitnehmererfinder-Rechtsstreitigkeiten (**§ 39 Abs. 1 S. 2 ArbNErfG**) anwendbar. Parallele Vorschriften finden sich in **§ 26a GebrMG** und **§ 11 Abs. 3 HalbSchG**.[345] Für andere Bereiche des gewerblichen Rechtsschutzes oder des Wettbewerbsrechts hat der Gesetzgeber keine entsprechende Regelung vorgesehen, so dass insoweit die vorgenannten Grundsätze der Rechtsprechung weiterhin von Bedeutung sind. **105**

§ 139 Materielle Prozessleitung

(1) ¹Das Gericht hat das Sach- und Streitverhältnis, soweit erforderlich, mit den Parteien nach der tatsächlichen und rechtlichen Seite zu erörtern und Fragen zu stellen. ²Es hat dahin zu wirken, dass die Parteien sich rechtzeitig und vollständig über alle erheblichen Tatsachen erklären, insbesondere ungenügende Angaben zu den geltend gemachten Tatsachen ergänzen, die Beweismittel bezeichnen und die sachdienlichen Anträge stellen. ³Das Gericht kann durch Maßnahmen der Prozessleitung das Verfahren strukturieren und den Streitstoff abschichten.

(2) ¹Auf einen Gesichtspunkt, den eine Partei erkennbar übersehen oder für unerheblich gehalten hat, darf das Gericht, soweit nicht nur eine Nebenforderung betroffen ist, seine Entscheidung nur stützen, wenn es darauf hingewiesen und Gelegenheit zur Äußerung dazu gegeben hat. ²Dasselbe gilt für einen Gesichtspunkt, den das Gericht anders beurteilt als beide Parteien.

(3) Das Gericht hat auf die Bedenken aufmerksam zu machen, die hinsichtlich der von Amts wegen zu berücksichtigenden Punkte bestehen.

(4) ¹Hinweise nach dieser Vorschrift sind so früh wie möglich zu erteilen und aktenkundig zu machen. ²Ihre Erteilung kann nur durch den Inhalt der Akten bewiesen werden. ³Gegen den Inhalt der Akten ist nur der Nachweis der Fälschung zulässig.

(5) Ist einer Partei eine sofortige Erklärung zu einem gerichtlichen Hinweis nicht möglich, so soll auf ihren Antrag das Gericht eine Frist bestimmen, in der sie die Erklärung in einem Schriftsatz nachbringen kann.

Literatur: *Bornkamm,* Das Ende der ex-parte-Verfügung auch im Wettbewerbs- und Immaterialgüterrecht, GRUR 2020, 715; *Guhn,* Richterliche Hinweise und „forum shopping" im einstweiligen Verfügungsverfahren, WRP 2014, 27; *Teplitzky,* Gerichtliche Hinweise im einseitigen Verfahren zur Erwirkung einer einstweiligen Unterlassungsverfügung, GRUR 2008, 34; *Teplitzky,* Unzulässiges forum-„hopping" nach gerichtlichen Hinweisen, WRP 2016, 917; *Teplitzky,* Verfahrensgrundrechte im Recht der einstweiligen Verfügung, WRP 2016, 1181.

Übersicht

	Rn.
A. Allgemein	1
B. Sonderregelungen im gewerblichen Rechtsschutz	3
C. Anwendungsbereich	7
I. Aufklärungspflicht (Abs. 1)	8
1. Allgemein	8
2. Besonderheiten im gewerblichen Rechtsschutz	12

---

[339] BeckOK Patentrecht, Fitzner/Lutz/Bodewig/*Kircher* § 145a Rn. 33 f.
[340] BeckOK Patentrecht, Fitzner/Lutz/Bodewig/*Kircher* § 145a Rn. 33.
[341] BeckOK Patentrecht, Fitzner/Lutz/Bodewig/*Kircher* § 145a Rn. 30.
[342] BeckOK Patentrecht, Fitzner/Lutz/Bodewig/*Kircher* § 145a Rn. 31. Siehe auch *Kühnen* HdB Kap. D Rn. 123.
[343] *Kühnen* GRUR 2020, 576 (577).
[344] BeckOK Patentrecht, Fitzner/Lutz/Bodewig/*Kircher* § 145a Rn. 2.
[345] BeckOK Patentrecht, Fitzner/Lutz/Bodewig/*Kircher* § 145a Rn. 4.

	Rn.
II. Verbot einer Überraschungsentscheidung (Abs. 2)	23
1. Allgemein	23
2. Besonderheiten im gewerblichen Rechtsschutz	27
III. Hinweispflicht bei Prozessvoraussetzungen (Abs. 3)	31
1. Allgemein	31
2. Besonderheiten im gewerblichen Rechtsschutz	33
IV. Zeitpunkt und Dokumentation der gerichtlichen Hinweise (Abs. 4)	35
V. Schriftsatzrecht (Abs. 5)	38
VI. Besonderheiten im einstweiligen Rechtsschutz	40
D. Rechtsfolgen bei Verstoß	48

A. Allgemein

1 Auch wenn bei den Verfahren vor den Zivilgerichten grundsätzlich der Verhandlungs- und Beibringungsgrundsatz gilt und es daher den Parteien obliegt, die für die geltend gemachten Ansprüche notwendigen Tatsachen und Beweismittel vorzutragen, trägt das Gericht dennoch eine Mitverantwortung für eine möglichst umfassende tatsächliche und rechtliche Klärung des Streitstoffes.[1] § 139 ZPO sieht daher für das Gericht **allgemeine Erörterungs- und Fragepflichten** sowie **besondere Hilfe- und Hinweispflichten** vor, wobei das Gericht zugleich den Beibringungsgrundsatz zu beachten hat und zur **Neutralität und Gleichbehandlung** der Parteien verpflichtet ist.[2]

2 Die Regelung des § 139 ZPO ist über § 525 Abs. 1 S. 1 ZPO auch im **Berufungsverfahren** uneingeschränkt anwendbar.[3] Auch für das **einstweilige Verfügungsverfahren** wird die Anwendbarkeit bejaht,[4] wobei hier aufgrund des zunächst „einseitigen" Parteiverfahrens Besonderheiten bei der Anwendung des § 139 ZPO bestehen.[5] Insoweit hat insbesondere das BVerfG zuletzt durch mehrere Entscheidungen die rechtlichen Anforderungen an die Gerichte konkretisiert[6] (→ Rn. 40 ff.) und diese Maßstäbe im Grundsatz auch für einstweilige Verfügungsverfahren im Bereich des Wettbewerbsrechts für anwendbar erklärt.[7] Für den Bereich des gewerblichen Rechtsschutzes hat das BVerfG dies angesichts von Art. 9 Abs. 4 Enforcement-Richtlinie[8] noch offen gelassen.[9] Das Prinzip der Chancen- und Waffengleichheit spricht allerdings für die grundsätzliche Anwendbarkeit des § 139 ZPO im Bereich des gewerblichen Rechtsschutzes, zumal dies nicht mit der Regelung des Art. 9 Abs. 4 Enforcement-Richtlinie in Widerspruch stehen muss.

B. Sonderregelungen im gewerblichen Rechtsschutz

3 Die Regelung des § 139 ZPO ist nach allgemeiner Auffassung gemäß § 99 Abs. 1 PatG beziehungsweise § 82 Abs. 1 MarkenG auch **in patentgerichtlichen Verfahren** anwendbar.[10] § 139 ZPO wird auch in **Verfahren vor dem DPMA** für entsprechend anwendbar erachtet.[11]

---

[1] Musielak/Voit/*Stadler* ZPO § 139 Rn. 1; Zöller/*Greger* ZPO § 139 Rn. 1.
[2] BVerfG NJW 1979, 1925 (1928); Zöller/*Greger* ZPO § 139 Rn. 2.
[3] Musielak/Voit/*Stadler* ZPO § 139 Rn. 3; BeckOK ZPO/*von Selle* ZPO § 139 Rn. 11.
[4] Ohne Einschränkung, aber auch ohne Begründung sondern nur mit Verweis auf die Literatur OLG Stuttgart BeckRS 9998, 65914; Zöller/*Greger* ZPO § 139 Rn. 2 (mit Verweis bzgl. etwaiger Besonderheiten auf *Teplitzky* GRUR 2008, 34); BeckOK ZPO/*von Selle* ZPO § 139 Rn. 11 (ohne auf den einstweiligen Rechtsschutz explizit einzugehen).
[5] Ausführlich hierzu *Teplitzky* GRUR 2008, 34. Siehe auch *Teplitzky* WRP 2016, 1181 (1185 f.); *Teplitzky* WRP 2013, 839 (841).
[6] BVerfG GRUR 2021, 987 (988 f.) – Lobbyaktivitäten; BVerfG GRUR 2020, 773 (774 f.) – Personalratswahlen bei der Bundespolizei; BVerfG GRUR 2018, 1288 (1290 f.) – Die F.-Tonbänder; BVerfG GRUR 2018, 1291 (1292 f.) – Steuersparmodell eines Fernsehmoderators.
[7] BVerfG BeckRS 2020, 17728 = GRUR 2020, 1119 (1120) – Zahnabdruckset.
[8] Richtlinie 2004/48/EG des Europäischen Parlaments und des Rates vom 29.4.2004 zur Durchsetzung der Rechte des geistigen Eigentums, Art. 9 Abs. 4: Die Mitgliedstaaten stellen sicher, dass die einstweiligen Maßnahmen nach den Absätzen 1 und 2 in geeigneten Fällen ohne Anhörung der anderen Partei angeordnet werden können, insbesondere dann, wenn durch eine Verzögerung dem Rechtsinhaber ein nicht wieder gutzumachender Schaden entstehen würde. In diesem Fall sind die Parteien spätestens unverzüglich nach der Vollziehung der Maßnahmen davon in Kenntnis zu setzen. Auf Antrag des Antragsgegners findet eine Prüfung, die das Recht zur Stellungnahme einschließt, mit dem Ziel statt, innerhalb einer angemessenen Frist nach der Mitteilung der Maßnahmen zu entscheiden, ob diese abgeändert, aufgehoben oder bestätigt werden sollen.
[9] BVerfG BeckRS 2020, 17728 = GRUR 2020, 1119 (1120) – Zahnabdruckset. Vgl. zur Übertragung der Entscheidungen auf das Immaterialgüter- und Wettbewerbsrecht *Bornkamm* GRUR 2020, 715 (719 f.).
[10] Vgl. BGH GRUR 2010, 859 (860) – Malteserkreuz III; BGH GRUR 1998, 938 (939) – DRAGON; BPatG GRUR 2004, 950 (953) – ACELAT/Acesal; BPatG GRUR 2000, 900 (902) – Neuro-Vibolex; BPatG BeckRS 2011, 26086; 2011, 01020; 2013, 05069; 2011, 07292; 2011, 00181; Schulte/*Schulte* PatG Einleitung Rn. 105 ff. und Schulte/*Püschel* PatG § 99 Rn. 6; Ströbele/Hacker/*Knoll* MarkenG § 82 Rn. 61 (mit einer nicht näher begründeten Ausnahme der Anwendbarkeit von § 139 Abs. 1 S. 1 ZPO; Busse/*Schuster* PatG § 99 Rn. 8.
[11] Schulte/*Schulte* PatG Einleitung Rn. 105; Ströbele/Hacker/*Ströbele* MarkenG § 43 Rn. 49 ff.

Auch wenn **§ 91 Abs. 1 PatG** und **§ 76 Abs. 4 MarkenG** teilweise inhaltsgleich zur Regelung des 4
§ 139 Abs. 1 S. 1 ZPO sind, folgt hieraus nicht zwingend, dass § 139 Abs. 1 S. 1 ZPO in patentgerichtlichen Verfahren gar keine Anwendung findet. Vielmehr ergänzen sich die jeweiligen Regelungen, da § 139 Abs. 1 S. 1 ZPO beispielsweise im Gegensatz zu § 76 Abs. 4 MarkenG ausdrücklich vorsieht, dass das Gericht gegebenenfalls auch verpflichtet ist, den Parteien Fragen zu stellen.

Fraglich ist, ob in Verfahren vor dem DPMA und dem BPatG die **Aufklärungs- und Hinweis-** 5
pflichten noch weiter sind als in Verfahren vor den Zivilgerichten. Immerhin gilt in diesen Verfahren im Unterschied zu den zivilgerichtlichen Verfahren auch der Untersuchungsgrundsatz, so dass das DPMA und das BPatG den Sachverhalt von Amts wegen zu erforschen haben.[12] Gegen weitergehende Hinweis- und Aufklärungspflichten in diesen Verfahren spricht allerdings das insofern geltende **Gebot der Neutralität** und **Gleichbehandlung der Parteien.** Zumindest im Verfahren mit mehreren Beteiligten ist daher die Aufklärungs- und Hinweispflicht des Amtes und des Gerichts begrenzt.[13]

Im Rahmen des (patentgerichtlichen) Nichtigkeitsverfahrens gegen ein Patent gilt gemäß § 83 PatG 6
eine besondere, **qualifizierte Hinweispflicht** des BPatG. Allerdings wird in § 83 Abs. 1 S. 3 PatG ausdrücklich klargestellt, dass § 139 ZPO auch insofern ergänzend anzuwenden ist.[14]

C. Anwendungsbereich

Die Regelungen des § 139 Abs. 1–3 ZPO enthalten inhaltliche Vorgaben, unter welchen Voraus- 7
setzungen das Gericht seiner Hinweis- und Aufklärungspflicht nachzukommen hat. Bei den inhaltlichen Vorgaben der Abs. 1–3 wird in der Rechtsprechung nicht immer genau unterschieden. Insbesondere Abs. 1 S. 2 und Abs. 2 werden bei den Hinweispflichten oft gemeinsam aufgeführt. § 139 Abs. 4 und Abs. 5 ZPO enthalten hingegen Vorgaben, wann die entsprechenden Hinweise zu geben sind und in welcher Form sie zu erfolgen haben.

I. Aufklärungspflicht (Abs. 1)

1. Allgemein. Die richterliche Aufklärungs- und Hinweispflicht darf nicht im Sinne einer all- 8
gemeinen und umfassenden Fragepflicht verstanden werden. Vielmehr ist aus Sicht des Gerichts **ein konkreter Anlass erforderlich,** eine oder beide Parteien beispielsweise auf einen unklaren oder lückenhaften Sachvortrag hinzuweisen. Für einen Hinweis müssen sich hinreichende Andeutungen im Parteivortrag finden. Es ist nicht die Aufgabe des Gerichts, den Parteien Hinweise in Bezug auf neuen Sachvortrag zu geben und dadurch auf **neue Anträge, Anspruchsgrundlagen oder Einreden im Prozess** hinzuwirken.[15] Insbesondere im Fall der rechts- bzw. patentanwaltlichen Beratung einer oder beider Parteien reduziert sich die Hinweis- und Aufklärungspflicht des Gerichtes oder ist zumindest zurückhaltend anzuwenden.[16]

Sofern das Gericht nach § 139 Abs. 1 S. 2 ZPO daraufhin wirken soll, dass sich die Parteien 9
rechtzeitig und vollständig über alle erheblichen Tatsachen erklären, betrifft dies insbesondere widersprüchlichen, zweideutigen oder offensichtlich falschen Sachvortrag der Parteien, sofern dieser für die Entscheidung erheblich ist.[17] Das Gericht kann ferner auf eine fehlerhafte Bezeichnung der Parteien, die Annahme einer sekundären Darlegungslast oder ein unsubstantiiertes Bestreiten hinweisen.[18] Unzulässig sind hingegen Hinweise des Gerichts auf **neue Einwendungen und Einreden,** sofern diese nicht bereits im Sachvortrag der Partei für das Gericht erkennbar angedeutet waren.[19]

Gemäß § 139 Abs. 1 S. 2 ZPO hat das Gericht ferner bei der **Formulierung sachdienlicher** 10
Anträge behilflich zu sein. Zulässig ist beispielsweise eine Klarstellung zur Unterscheidung von Haupt- und Hilfsantrag oder Hinweise auf die Konkretisierung bzw. Präzisierung eines Klageantrags.[20] Dies gilt insbesondere dann, wenn ein Rechtsmittelgericht einen Klageantrag abweichend von der Vorinstanz als zu unbestimmt und damit unzulässig beurteilt.[21] Hält ein Kläger allerdings trotz eines Hinweises des Gerichts an einem zu weit gefassten Unterlassungsantrag fest, kann daraus nicht der

---

[12] Vgl. Schulte/*Schulte* PatG Einleitung Rn. 105.
[13] Vgl. BGH GRUR 2010, 859 (860) – Malteserkreuz III; BGH GRUR 1998, 938 (939) – DRAGON; BPatG GRUR 2004, 950 (953) – ACELAT/Acesal; GRUR 2000, 900 (902) – Neuro-Vibolex; BeckRS 2011, 26086; 2011, 01020; 2013, 05069; 2011, 07292; 2011, 00181; Schulte/*Schulte* PatG Einleitung Rn. 105; Ströbele/Hacker/*Ströbele* MarkenG § 43 Rn. 50.
[14] Vgl. Fitzner/Lutz/Bodewig/*Ahrens*, Patentrechtskommentar, PatG § 83 Rn. 76. Vgl. zu den Anforderungen an den qualifizierten Hinweis gemäß § 83 PatG als solchen Fitzner/Lutz/Bodewig/*Ahrens*, Patentrechtskommentar, PatG § 83 Rn. 71 ff.
[15] Musielak/Voit/*Stadler* ZPO § 139 Rn. 5; Zöller/*Greger* ZPO § 139 Rn. 3.
[16] Musielak/Voit/*Stadler* ZPO § 139 Rn. 6; Zöller/*Greger* ZPO § 139 Rn. 12a.
[17] Vgl. BGH NJW-RR 2003, 742; NJW 2002, 1071; Musielak/Voit/*Stadler* ZPO § 139 Rn. 8.
[18] Vgl. Musielak/Voit/*Stadler* ZPO § 139 Rn. 8 mwN.
[19] BGH NJW 1983, 624 (625).
[20] BGH GRUR 2005, 569 (570) – Blasfolienherstellung.
[21] BGH NJW-RR 2010, 70 (71); GRUR 2014, 393 (397) – wetteronline.de; BGH GRUR 2012, 1153 (1154) – Unfallersatzgeschäft.

Schluss gezogen werden, dass die in Bezug genommene konkrete Verletzungsform vom Unterlassungsbegehren als unechter Hilfsantrag bzw. Minus nicht erfasst sein soll.[22] Ebenso sind Hinweise des Gerichts angezeigt, wenn sich die Verfahrenssituation aus Sicht des Gerichts geändert hat.[23] Dies kommt beispielsweise in Betracht, wenn eine Partei im Rahmen des Verfahrens eine strafbewehrte Unterlassungserklärung abgibt, die zwar nicht im Wortlaut mit dem Unterlassungsantrag der Klage übereinstimmt, nach Auffassung des Gerichts aber dennoch zur Erledigung des Unterlassungsbegehrens führt. Nach einem erfolglosen Hinweis muss das Gericht allerdings nicht die Anträge selbst formulieren oder der Partei einen konkreten Formulierungsvorschlag unterbreiten oder sogar den Antrag im Sinne des eigenen Hinweises auslegen.[24] Das Gericht muss auch nicht auf die Stellung sachdienlicher Anträge hinwirken, wenn die klagende Partei beispielsweise im Fall einer urheberrechtlichen Klage nicht einmal die konkreten Verletzungshandlungen darstellen kann.[25] Das Gericht muss einem Kläger auch nur dann Gelegenheit geben, die Reichweite seines Antrags zu prüfen und gegebenenfalls ihn neu zu fassen und dazu sachdienlich vorzutragen, wenn der zu weit gehende Antrag von der Gegenpartei nicht oder nur am Rande gerügt wurde.[26]

11 Im Zusammenhang mit der **Bezeichnung von Beweismitteln** darf das Gericht auf unvollständige oder unbestimmte Beweisanträge oder ungeeignete Beweismittel hinweisen.[27] Eine Hinweispflicht des Gerichts kann auch bestehen, wenn das Gericht konkrete Beweise von Amts wegen erheben könnte (zB nach § 144 Abs. 1 ZPO: Sachverständigengutachten, Meinungsumfrage), hiervon aber im konkreten Verfahren absehen will.[28] Wenn das Berufungsgericht die Beweiserheblichkeit des Tatsachenvortrags oder der Beweise abweichend von der Vorinstanz beurteilt, ist ebenfalls ein Hinweis an die davon betroffene Partei geboten.[29] Entsprechendes gilt, wenn eine Partei offensichtlich die Verteilung der Beweislast falsch einschätzt und daher keinen Beweis anbietet.[30]

12 **2. Besonderheiten im gewerblichen Rechtsschutz.** Im **markenrechtlichen Widerspruchsverfahren** ist es fraglich, ob und in welchem Umfang eine Hinweispflicht des Gerichts gegenüber dem Widersprechenden nach § 139 Abs. 1 ZPO besteht, sofern der prioritätsjüngere Markenanmelder die Nichtbenutzungseinrede gegen die Widerspruchsmarke erhebt.[31] Zunächst ist zu beachten, dass hinsichtlich der Darlegung und Glaubhaftmachung der bestrittenen Benutzung einer Widerspruchsmarke uneingeschränkt der Beibringungsgrundsatz gilt.[32] Das Gericht muss bzw. darf sich daher nicht ohne berechtigten Anlass um eine Aufklärung in dieser Hinsicht bemühen.

13 Eine grundsätzliche Hinweispflicht lehnt die Rechtsprechung zudem aufgrund des **Neutralitätsgebots** ab.[33] Wenn ein Hinweis die prozessuale Stellung einer Partei stärken und die der anderen schwächen würde, ist eine Hinweispflicht ausgeschlossen.[34] Das Gericht darf daher einen Verfahrensbeteiligten nach Erhebung der Nichtbenutzungseinrede weder auf die Notwendigkeit der Glaubhaftmachung ausdrücklich aufmerksam machen, noch auf den notwendigen Umfang der Glaubhaftmachung hinweisen.[35]

14 Das gilt auch, wenn ein Verfahrensbeteiligter das Gericht um **„geeignete Hinweise" oder Mitteilung bittet,** falls „nach Auffassung des Gerichts die vorgelegten Unterlagen immer noch nicht ausreichend" seien.[36] Ein Widersprechender hat nach Erhebung der Nichtbenutzungseinrede von sich aus unverzüglich alle erforderlichen Unterlagen vorzulegen. Der Widersprechende hat grundsätzlich auch von sich aus den sich ständig verändernden Benutzungszeitraum zu beachten und zu überprüfen, inwieweit sein bisheriger Vortrag und die dazu eingereichten Unterlagen dem beweglichen zeitlichen Rahmen des § 43 Abs. 1 S. 2 MarkenG noch entsprechen.[37] Auf den offensichtlichen Umstand, dass sein bisheriges Vorbringen zwischenzeitlich überholt sein könnte, hat das Gericht ebensowenig hinzuweisen, wie auf andere offenkundige Mängel der Glaubhaftmachung.[38]

---

[22] BGH BeckRS 1998, 30037066 – Auslaufmodelle II; BGH GRUR 2014, 393 (397) – wetteronline.de; LG Hamburg BeckRS 2019, 30759.
[23] Musielak/Voit/*Stadler* ZPO § 139 Rn. 12.
[24] Musielak/Voit/*Stadler* ZPO § 139 Rn. 10.
[25] OLG München 2.11.2010 – 29 W 2316/10.
[26] OLG Köln GRUR-RR 2021, 282 (285).
[27] Vgl. Musielak/Voit/*Stadler* ZPO § 139 Rn. 14 mwN.
[28] BGH NJW 1991, 493 (495) – Versäumte Meinungsumfrage.
[29] BGH NJW 1985, 3078 (3079); Musielak/Voit/*Stadler* ZPO § 139 Rn. 14.
[30] BGH NJW 1982, 940 (941) – Pneumatische Einrichtung.
[31] Vgl. BPatG BeckRS 2011, 1020 – biona/Biona.
[32] BGH GRUR 2010, 859 (860) – Malteserkreuz III; BGH GRUR 1998, 938 (939) – DRAGON.
[33] BPatG GRUR 2004, 950 (953) – ACELAT/Acesal; Ströbele/Hacker/*Ströbele* MarkenG § 43 Rn. 50.
[34] BPatG GRUR 2004, 950 (953) – ACELAT/Acesal.
[35] Vgl. BPatG GRUR 1996, 981 (981 f.) – ESTAVITAL; BPatG GRUR 1994, 629 (630) – Doutherm; BPatGE 22, 211 ff.; BPatG GRUR 2004, 950 (953) – ACELAT/Acesal; BPatG GRUR 2000, 900 (902) – Neuro-Vibolex; BPatG BeckRS 2012, 13018; 2009, 00713; 2009, 00294; 2009, 19890; 2009, 19720.
[36] BPatG GRUR 2000, 900 (902) – Neuro-Vibolex; BPatG BeckRS 2013, 05069.
[37] BPatG BeckRS 2011, 00181; 2011, 26086.
[38] BPatG BeckRS 2011, 26086.

Eine Hinweispflicht kommt daher zumeist nur in Betracht, wenn beide Verfahrensbeteiligten **15** erkennbar von **unzutreffenden tatsächlichen oder rechtlichen Voraussetzungen** ausgehen.[39] In diesen Fällen ergibt sich die Hinweispflicht aber regelmäßig nicht aus § 139 Abs. 1 ZPO sondern aus § 139 Abs. 2 ZPO (→ Rn. 28).

Im Klageverfahren hat das Gericht grundsätzlich auf die Stellung sachdienlicher, insbesondere **16** zulässiger Anträge hinzuwirken, bevor es eine Klage aufgrund eines solchen Antrags als unzulässig abweist (→ Rn. 11).[40] Das bedeutet aber nicht, dass das Gericht im **markenrechtlichen Löschungsverfahren** auf die Sachdienlichkeit einer Einschränkung des Waren- und Dienstleistungsverzeichnisses nach § 139 Abs. 1 S. 2 ZPO hinzuweisen hat.[41] Die Einschränkung des Waren- und Dienstleistungsverzeichnisses stellt einen Teilverzicht auf die Marke dar.[42] Die Hinweispflicht des § 139 Abs. 1 S. 2 ZPO erlaubt aber aus Gründen der Neutralität keine Hinweise zur Änderung der materiell-rechtlichen Grundlagen der Entscheidung, was bei einem solchen Hinweis der Fall wäre.[43] Anders kann dies allenfalls zu beurteilen sein, wenn der Markeninhaber durch einen fehlerhaften Hinweis des Gerichts zunächst davon abgehalten wird, eine Beschränkung des Waren- und Dienstleistungsverzeichnisses bereits in der mündlichen Verhandlung zu erklären.[44]

Bei Klageverfahren, in denen der Kläger seinen **Antrag auf die Verletzung mehrerer unter- 17 schiedlicher Schutzrechte** stützt, hat dieser nach der neuen Rechtsprechung des BGH[45] eine Reihenfolge anzugeben, in der die Rechte aus den verschiedenen Schutzrechten geltend gemacht werden.[46] Grundsätzlich ist eine Klarstellung der Reihenfolge bereits in der Klage geboten. Unterlässt der Kläger dies, kann er die **Angabe der Reihenfolge** aber noch im Laufe des Verfahrens nachholen. Für das Gericht besteht umgekehrt eine Hinweispflicht gemäß § 139 Abs. 1 S. 2 ZPO gegenüber dem Kläger.[47] Das Gericht muss auf die Angabe einer Reihenfolge hinwirken. Die Erörterung der Antragsfassung mit dem Kläger in der mündlichen Verhandlung genügt hierfür in der Regel aber nicht.[48]

Eine Hinweispflicht des Gerichts nach § 139 Abs. 1 ZPO kommt ebenfalls bei der **Formulierung 18 der konkreten bzw. sachdienlichen Anträge** in Betracht, beispielsweise wenn der Kläger aus einer Marke gegen ein Verletzerzeichen vorgeht, der Antrag aber nicht auf einen **markenmäßigen sondern nur auf einen firmenmäßigen Gebrauch des Verletzerzeichens** gerichtet ist.[49] Wird ein Klageantrag erst in der Revisionsinstanz unter Berücksichtigung des bisherigen Sachvortrags als begründet angesehen, ist der anderen Partei unter Berücksichtigung des § 139 Abs. 1 S. 2, Abs. 2 S. 1 ZPO in der Regel noch die Gelegenheit zu geben, zu möglichen Einwänden Stellung zu nehmen.[50]

In **patentrechtlichen Streitigkeiten** kann sich aus dem klägerischen Sachvortrag ergeben, dass **19** (auch) eine Verletzung des Klagepatents in vom Wortsinn abweichender Form geltend gemacht werden soll. Hat sich dies in den Klageanträgen nicht niedergeschlagen, hat das Gericht dies im Rahmen der ihm obliegenden Verpflichtung gemäß § 139 Abs. 1 S. 2 ZPO zu erörtern.[51] Das Gericht hat darauf hinzuwirken, dass der Kläger einen die konkrete Verletzungsform umschreibenden Unterlassungsantrag stellt. Das gilt sowohl hinsichtlich der technischen Merkmale als auch der Art der Benutzung der angegriffenen Ausführungsform.[52]

Das Gericht muss im Rahmen eines **Nichtigkeitsverfahrens gegen ein Patent** nach § 139 Abs. 1 **20** S. 2 ZPO hingegen nicht darauf aufmerksam machen, dass auch sogenannte „echte" Unteransprüche ohne eigenen erfinderischen Gehalt mit dem nicht rechtsbeständigen Hauptanspruch nur auf Antrag des Klägers und nicht von Amts wegen für nichtig zu erklären sind. Mit Rücksicht auf die Dispositionsfreiheit der Parteien ist es dem Gericht untersagt, auf eine entsprechende Erweiterung eines beschränkten Klageantrags als „sachdienlich" hinzuwirken.[53] Anders kann dies zu beurteilen sein, wenn sich ein **Antrag auf Löschung eines Gebrauchsmusters** gegen einen vom Inhaber verteidigten, von den Schutzansprüchen des Gebrauchsmusters abweichenden, ihnen gegenüber eingeschränkten

---

[39] Ströbele/Hacker/*Ströbele* MarkenG § 43 Rn. 53.
[40] Vgl. BGH GRUR 2010, 633 (636) – Sommer unseres Lebens; BGH GRUR 2011, 1140 (1141 f.) – Schaumstoff Lübke; BGH GRUR 2012, 405 (406) – Kreditkontrolle.
[41] BGH GRUR 2012, 1044 (1046) – Neuschwanstein.
[42] Vgl. BGH GRUR 2008, 719 (722) – idw Informationsdienst Wissenschaft.
[43] BGH GRUR 2012, 1044 (1046) – Neuschwanstein.
[44] BPatG GRUR 2011, 654 (656) – Yoghurt-Gums.
[45] BGH GRUR 2011, 521 (523) – TÜV I; BGH GRUR 2012, 304 (305) – Basler Haar-Kosmetik.
[46] Die Angabe einer Reihenfolge verlangt die Rechtsprechung beispielsweise bei einem Vorgehen aus verschiedenen Marken- oder sonstigen Kennzeichenrechten, bei einem Vorgehen aus gewerblichen Schutzrechten und einem ergänzenden wettbewerbsrechtlichen Leistungsschutz, oder bei einem Vorgehen aus Design- und Urheberrechten.
[47] BGH GRUR 2012, 1145 (1147) – Pelikan.
[48] BGH GRUR 2012, 1145 (1147) – Pelikan.
[49] BGH GRUR 2011, 1140 (1141 f.) – Schaumstoff Lübke.
[50] Vgl. BGH BeckRS 2014, 07409 – Micardis, zur Verletzung des Markenrechts bei der Umverpackung von Arzneimitteln.
[51] BGH GRUR 2010, 314 (31) – Kettenradanordnung II.
[52] BGH GRUR 1986, 803 (806) – Formstein-Einwand; BGH GRUR 2005, 569 (570) – Blasfolienherstellung.
[53] BPatG GRUR 1981, 349 (349 f.) – Poltermaschine.

Schutzbereich richtet.[54] Eine Hinweispflicht besteht ebenfalls nicht in Bezug auf die Stellung von Hilfsansprüchen im Patenterteilungsverfahren.[55] Hat das Gericht im Patentnichtigkeitsverfahren **Haupt- und Hilfsanträge** ausführlich erörtert, den Parteien die Möglichkeit zur Stellungnahme hierzu eingeräumt und im Vorfeld bereits zu erkennen gegeben, eine erfolgreiche Verteidigung des Streitpatents auf dem Hauptantrag als möglich anzusehen, hat es seiner Aufklärungs- und Hinweispflicht grundsätzlich genüge getan, wenn das Streitpatent später mit einem leicht abgeänderten Hilfsantrag aufrecht erhalten bleibt.[56] Sollte sich eine anwaltlich vertretene Partei nicht in der Lage sehen, in der mündlichen Verhandlung auf einen Hilfsantrag zu antworten, der zu den zuvor bereits gestellten und bekannten Hilfsanträgen leicht abweicht, ist es allein Sache der Partei, auf die Hinweise des Gerichts sachgerecht zu reagieren und notfalls zur Wahrung weiteren Vortrags einen Antrag auf Unterbrechung der mündlichen Verhandlung oder Vertagung zu stellen.[57]

21 In patent-, marken- und wettbewerbsrechtlichen Verfahren kann sich eine besondere Hinweispflicht gemäß § 139 Abs. 1 S. 2 ZPO auch ergeben, wenn es um die **Beschaffung von Beweismitteln** geht, die das Gerichts auch von Amts wegen anordnen könnte (zB §§ 142, 144 ZPO). Insbesondere wenn ein Beweismittel wie im Fall einer Meinungsumfrage ein ungewöhnlich aufwendiges Verfahren erfordert, das regelmäßig hohe Kosten verursacht, längere Zeit in Anspruch nimmt und außerdem wegen der Schwierigkeit richtiger Fragestellungen in besonderem Maße der Gefahr des Misslingens ausgesetzt ist, hat das Gericht, sofern es eine solche Beweiserhebung für zwingend erforderlich erachtet, entweder selbst eine entsprechende Anordnung gemäß § 144 Abs. 1 ZPO zu treffen oder gegenüber der darlegungs- und beweispflichtigen Partei unmissverständlich zum Ausdruck zu bringen, dass es einen Beweisantrag der Partei als notwendig ansieht, weil es selbst nicht ein solches Gutachten von Amts wegen einholen wird.[58] Dies gilt erst Recht, wenn das Gericht im Rahmen eines vorangegangenen Verfügungsverfahrens einen solchen Nachweis noch nicht als erforderlich erachtet hat.[59]

22 Das Gericht hat zudem allgemein sicherzustellen, dass die Verfahrensbeteiligten bei Anwendung der von ihnen zu verlangenden Sorgfalt erkennen können, auf welchen Tatsachenvortrag es für die Entscheidung ankommen kann. Dadurch soll für jeden Beteiligten ein hinreichendes rechtliches Gehör sichergestellt werden. Auf seine Rechtsauffassung muss das Gericht vor der Entscheidung hingegen nicht hinweisen. Es muss auch nicht allgemein von seinem Frage- und Aufklärungsrecht Gebrauch machen.[60] Wenn das Gericht indes ohne vorherigen Hinweis Anforderungen an den Sachvortrag stellt, mit denen auch ein gewissenhafter und kundiger Verfahrensbeteiligter – selbst unter **Berücksichtigung der Vielzahl vertretbarer Rechtsauffassungen** – nach dem bisherigen Verfahrensverlauf nicht zu rechnen brauchte, kann dies im Ergebnis der Verhinderung eines Vortrags der Beteiligten gleichkommen.[61] Allerdings kommt eine diesbezügliche Hinweispflicht des Gerichts gemäß § 139 Abs. 1 S. 2 ZPO nur selten in Betracht. Denn ein Verfahrensbeteiligter muss grundsätzlich von sich aus alle vertretbaren rechtlichen Gesichtspunkte in Erwägung ziehen.[62] Eine Hinweispflicht besteht daher beispielsweise nicht bereits dann, wenn das BPatG einen Streitfall anders beurteilt als das DPMA als Vorinstanz.[63]

II. Verbot einer Überraschungsentscheidung (Abs. 2)

23 **1. Allgemein.** Das Gericht hat die Parteien nach § 139 Abs. 2 ZPO sowohl **auf rechtliche als auch tatsächliche Gesichtspunkte** hinzuweisen, die es für entscheidungserheblich erachtet.[64] Mit dieser Regelung sollen Überraschungsentscheidungen vermieden werden.[65] Für bloße Nebenforderungen gilt diese Hinweispflicht nicht.

24 § 139 Abs. 2 S. 1 ZPO sieht eine Hinweispflicht vor, wenn eine Partei einen entscheidungserheblichen Gesichtspunkt erkennbar übersehen oder für unerheblich gehalten hat. Die Regelung steht im engen Zusammenhang mit der Hinweispflicht des § 139 Abs. 1 ZPO.[66] Sofern dies aus den Schriftsätzen nicht erkennbar ist und hierzu auch keine Einlassung in der mündlichen Verhandlung erfolgte, spricht die **Vermutung für das Nichterkennen** eines nicht ausdrücklich angesprochenen Gesichtspunktes.[67]

---

[54] BPatGE 26, 196.
[55] BGH GRUR 1983, 171 – Schneidhaspel.
[56] BPatG BeckRS 2014, 13668.
[57] BPatG BeckRS 2014, 13668.
[58] BGH NJW 1991, 493 (495) – Versäumte Meinungsumfrage.
[59] BGH NJW 1991, 493 (495) – Versäumte Meinungsumfrage.
[60] BGH BeckRS 2012, 06458 – Grüner Apfel.
[61] Vgl. BVerfGE 84, 188 (190); BVerfG NJW 1994, 1274; BGH GRUR 2010, 1034 – LIMES LOGISTIK.
[62] BGH BeckRS 2012, 06458 – Grüner Apfel.
[63] BGH GRUR 2006, 152 (153) – GALLUP; BGH GRUR 2008, 1027 (1028) – Cigarettenpackung; BGH BeckRS 2012, 06458 – Grüner Apfel.
[64] Musielak/Voit/*Stadler* ZPO § 139 Rn. 19.
[65] Zöller/*Greger* ZPO § 139 Rn. 5.
[66] Vgl. BGH MarkenR 2014, 265 (268) – Micardis.
[67] BGH NJW 1993, 667.

Im Falle einer anwaltlichen Vertretung kann zumindest der **Umfang der Hinweispflicht** allerdings 25
geringer ausfallen. Eine solche Hinweispflicht besteht, wenn das Gericht durch eindeutig formulierte
Hinweise seine Rechtsauffassung zu erkennen gibt und dann von dieser abrücken will.[68] Sie kann
ferner beispielsweise für ein Berufungsgericht bestehen, wenn es der Beurteilung der Vorinstanz nicht
folgen will und aufgrund seiner abweichenden Ansicht eine Ergänzung des Vorbringens oder einen
Beweisantritt der in erster Instanz siegreichen Partei für erforderlich hält.[69] Eine Partei darf insbesondere darauf vertrauen, dass ihm das Berufungsgericht, wenn es in der Beweiswürdigung dem Erstrichter
nicht folgen will, einen Hinweis gem. § 139 ZPO erteilt, und zwar so rechtzeitig, dass darauf noch vor
dem Termin zur mündlichen Verhandlung oder vor dem Ablauf einer Schriftsatzfrist im schriftlichen
Verfahren reagiert werden kann.[70] Dies gilt jedoch nicht, wenn die dem angefochtenen Urteil
zugrunde liegende Auffassung des erstinstanzlichen Gerichts als zentraler Streitpunkt zur Überprüfung
durch das Berufungsgericht gestellt wird und die in der Vorinstanz obsiegende Partei von vornherein
damit rechnen kann, dass sich das Berufungsgericht der Auffassung des Gegners anschließen wird.[71]
Geht es beispielsweise in einer **wettbewerbsrechtlichen Auseinandersetzung** primär um die Frage,
ob die Parteien in einem Wettbewerbsverhältnis stehen und somit der Kläger als Mitbewerber aktivlegitimiert ist, muss das Gericht in der Berufungsinstanz nicht davon ausgehen, dass noch weiterer
Aufklärungsbedarf besteht, und den Hinweis erteilen, dass es insofern nicht der Rechtsauffassung der
Erstinstanz folgen wird.[72]

§ 139 Abs. 2 S. 2 ZPO erfasst wiederum den Fall, dass das Gericht einen Gesichtspunkt anders 26
beurteilt als beide Parteien. Zwar ist das Gericht von vornherein nicht an **die Rechtsansichten oder
die Beurteilung des vorgetragenen Sachverhalts** der Parteien verpflichtet, selbst wenn diese übereinstimmend sein sollten. Zur Vermeidung einer Überraschung für beide Parteien hat es vor einer
Entscheidung aber seine abweichende Ansicht mitzuteilen.[73]

2. Besonderheiten im gewerblichen Rechtsschutz. Das Verbot von Überraschungsentscheidun- 27
gen wird häufig in **markenrechtlichen Widerspruchsverfahren** angeführt, wenn es um die Anforderungen an die Glaubhaftmachung einer rechtserhaltenden Benutzung der Marke geht. Aufgrund
des **Neutralitätsgebots** lehnen die Gerichte eine dahingehende besondere Hinweispflicht nach § 139
Abs. 2 ZPO regelmäßig ab.[74] Das Gericht muss daher beispielsweise nicht auf die bestehenden Mängel
der vorgelegten Glaubhaftmachungsunterlagen im Zusammenhang mit einem für das Verfahren maßgeblichen, „wandernden" Benutzungszeitraum hinweisen.[75] Auch über Grundfragen des Benutzungsrechts wie der Notwendigkeit einer hinreichend konkreten Glaubhaftmachung muss eine Partei vom
Gericht nicht hingewiesen und aufgeklärt werden.[76]

Nach der **Rechtsprechung des BPatG** wird eine Hinweispflicht gemäß § 139 Abs. 2 ZPO iVm 28
§ 82 Abs. 1 Marken im markenrechtlichen Widerspruchsverfahren allerdings in den **folgenden fünf
Fällen** bejaht:[77] die Markenstelle des DPMA hat die Glaubhaftmachung der Benutzung mangels
Verwechslungsgefahr dahingestellt gelassen, das Gericht die Frage der rechtserhaltenden Benutzung
aber als entscheidungserheblich angesehen; die Markenstelle des DPMA hat die zur Glaubhaftmachung
eingereichten Unterlagen als ausreichend angesehen und das BPatG will von dieser Beurteilung der
Vorinstanz abweichen; der maßgebliche Benutzungszeitraum hat sich aufgrund der langen Verfahrensdauer verschoben, so dass die im Verfahren vor der Markenstelle des DPMA eingereichten und als
ausreichend angesehenen Unterlagen den Benutzungszeitraum nach § 43 Abs. 1 S. 2 MarkenG nicht
mehr abdecken; eine im Verfahren vor der Markenstelle des DPMA unzulässig erhobene Einrede wird
im Beschwerdeverfahren erneut erhoben und ist auf Grund des Ablaufs der Benutzungsschonfrist
nunmehr wirksam[78]; die eidesstattliche Versicherung weist formelle Mängel auf[79].

Hat im Zusammenhang mit der Frage der **Erschöpfung von Markenrechten** der Kläger einen 29
Umstand zwar mit der Klage vorgetragen, sich darauf aber bei seinen Rechtsausführungen zu keinem
Zeitpunkt gestützt, und der Beklagte diesen Gesichtspunkt daher für unerheblich gehalten, muss das
Gericht gemäß § 139 Abs. 2 S. 1 ZPO auf diesen Gesichtspunkt hinweisen und dem Beklagten die
Möglichkeit eines ergänzenden Sachvortrags einräumen, sofern es seine Entscheidung auf diesen
Gesichtspunkt stützen will.[80]

---

[68] BVerfG BeckRS 2021, 15517.
[69] BGH NJW-RR 2007, 17; 2006, 937.
[70] BVerfG BeckRS 2017, 121694.
[71] BGH NJW 2010, 3089 (3091); OLG München ZMR 2016, 832.
[72] OLG München ZMR 2016, 832.
[73] Musielak/Voit/*Stadler* ZPO § 139 Rn. 23.
[74] BPatG BeckRS 2014, 04251 – Modern Times Group; BPatG BeckRS 2014, 04755 – IGA TEC ON SPOT/
Imatec; BPatG BeckRS 2011, 00181; GRUR 2004, 950 (953) – ACELAT/Acesal.
[75] BPatG BeckRS 2011, 00181.
[76] BPatG BeckRS 2014, 04251 – Modern Times Group.
[77] Vgl. BPatG BeckRS 2011, 01020; BPatG Mitt. 2006, 567 – Vision Arena/@rena vision.
[78] BPatG BeckRS 2008, 26463.
[79] BPatG Mitt. 2006, 567 – Vision Arena/@rena vision.
[80] Vgl. BGH MarkenR 2014, 265 (268) – Micardis.

30 Macht der Markenanmelder im **Markenerteilungsverfahren** eine Einschränkung des Waren- und Dienstleistungsverzeichnisses davon abhängig, zunächst die Auffassung des Amtes oder des Gerichts zur Schutzunfähigkeit der Marke zu erfahren, besteht keine Verpflichtung des Amtes oder des Gerichts, den Markenanmelder im Vorfeld zu einer „erwogenen" Einschränkung des Verzeichnisses zu beraten und ihm mitzuteilen, welchen Waren oder Dienstleistungen im Einzelnen ein Schutzrechtshindernis entgegenstehen könnte und welchen nicht.[81]

III. Hinweispflicht bei Prozessvoraussetzungen (Abs. 3)

31 **1. Allgemein.** § 139 Abs. 3 ZPO bezieht sich auf die **von Amts wegen zu prüfenden Prozessvoraussetzungen.**[82] Dies bedeutet allerdings nicht, dass das Gericht die Voraussetzungen von Amts wegen auch zu untersuchen hat. Vielmehr obliegt es weiterhin den Parteien, die zur Begründung einer Prozessvoraussetzung erforderlichen Tatsachen vorzutragen. Allerdings ist das Gericht verpflichtet, bei Bedenken, ob eine Prozessvoraussetzung vorliegt oder nicht, die jeweilige Partei darauf hinzuweisen, sodass diese noch notwendige Nachweise erbringen oder die erforderlichen Erklärungen abgeben kann.[83]

32 Zulässig sind beispielsweise Hinweise auf das Vorliegen eines **ausschließlichen Gerichtsstands,** eine entgegenstehende **anderweitige Rechtshängigkeit**[84] oder das Fehlen eines **Rechtsschutzbedürfnisses** bei einer (negativen) Feststellungsklage.[85] Unzulässig ist hingegen ein Hinweis auf ein **Prozesshindernis,** das nur auf Einrede hin berücksichtigt werden darf, aber vom Beklagten noch nicht vorgetragen wurde.[86]

33 **2. Besonderheiten im gewerblichen Rechtsschutz.** Der Regelung des § 139 Abs. 3 ZPO kommt in Verfahren des gewerblichen Rechtsschutzes zumeist keine besondere Bedeutung zu. Eine sich hieraus ergebene Hinweispflicht kann ua bei der **Sonderzuständigkeit eines Gerichts** bestehen. Beispielsweise sind bei Verfahren, bei dem aus Unionsmarken vorgegangen wird, nur ausgewählte Gerichte in den jeweiligen Bundesländern zuständig und somit nicht jedes Gericht, das ansonsten in Kennzeichenstreitsachen zuständig ist.

34 Hält das Patentamt **im Einspruchsverfahren** den Einspruch gegen eine Patenterteilung für unzulässig, muss es einen aufklärenden Hinweis auf die aus seiner Sicht fehlende Zulässigkeit des Einspruchs geben oder im Hinblick auf einen (möglichen) Hilfsantrag der Einsprechenden eine Anhörung durchzuführen, um insbesondere der Einsprechenden die Möglichkeit zu Äußerung zu geben. Unterlässt es dies, ist es gegebenenfalls zur Erstattung der Gebühren verpflichtet.[87]

IV. Zeitpunkt und Dokumentation der gerichtlichen Hinweise (Abs. 4)

35 Das Gericht hat die Hinweise gemäß Abs. 1–3 so früh wie möglich zu erteilen, dh **möglichst schon vor der mündlichen Verhandlung.**[88] Die Parteien sollen dadurch die Gelegenheit haben, ihre Prozessführung darauf einzurichten und schon für die anstehende mündliche Verhandlung ihren Vortrag zu ergänzen und die danach erforderlichen Beweise anzutreten. Erteilt das Gericht den Hinweis erst in der mündlichen Verhandlung, muss es der betroffenen Partei genügend Gelegenheit zur Reaktion hierauf geben. Kann eine sofortige Äußerung nach den konkreten Umständen und den Anforderungen des § 282 Abs. 1 ZPO nicht erwartet werden, darf die mündliche Verhandlung nicht ohne weiteres geschlossen werden, sondern muss gegebenenfalls vertagt oder nach einer schriftlichen Äußerung der betroffenen Partei wiedereröffnet werden oder es muss mit Zustimmung der Parteien ins schriftliche Verfahren übergangen werden.[89]

36 § 139 Abs. 4 S. 1 ZPO sieht ferner vor, dass richterliche Hinweise und Fragen gemäß der Abs. 1–3 **aktenkundig zu machen sind,** zB durch Erlass einer entsprechenden Verfügung, eines Hinweisbeschlusses, Aufnahme in das Verhandlungsprotokoll oder einen Aktenvermerk.[90] Sind richterliche Hinweise in Verfügungen enthalten, sind sie damit zwangsläufig Bestandteil der Akten.[91] Sofern der Hinweis lediglich in der mündlichen Verhandlung erfolgt, ist er in das Protokoll aufzunehmen.[92] Denkbar sind auch Hinweise, die das Gericht gegenüber einer Partei telefonisch gibt. In einem solchen

---
[81] BPatG BeckRS 2016, 12538 – Tv. de.
[82] Musielak/Voit/*Stadler* ZPO § 139 Rn. 24.
[83] Musielak/Voit/*Stadler* ZPO § 139 Rn. 24; Zöller/*Greger* ZPO § 139 Rn. 9.
[84] BGH NJW 1989, 2064 (2065).
[85] Streitig, vgl. hierzu BGH NJW 1982, 1042; NJW-RR 1992, 566 (567).
[86] Musielak/Voit/*Stadler* ZPO § 139 Rn. 24.
[87] BPatG BeckRS 2010, 19775.
[88] BGH NJW-RR 2008, 973 (973); GRUR 2010, 1117 (1119) – Gewährleistungsausschluss im Internet.
[89] BGH NJW-RR 2008, 973 (973); GRUR 2010, 1117 (1119) – Gewährleistungsausschluss im Internet.
[90] OLG Düsseldorf BeckRS 2011, 21121; Zöller/*Greger* ZPO § 139 Rn. 13.
[91] Musielak/Voit/*Stadler* ZPO § 139 Rn. 27.
[92] BGH NJW 2006, 60 (62).

Fall sind vom Gericht entsprechende Aktenvermerke anzufertigen.[93] Ist die Dokumentation eines entscheidungserheblichen Hinweises versehentlich unterblieben, kann sie im Urteil nicht ohne weiteres nachgeholt werden, sondern nur dann, wenn sich aus dem Urteil auch ergibt, dass die **Protokollierung versehentlich unterblieben** ist.[94] Es ist nicht erforderlich, den vollen Wortlaut des Hinweises wiederzugeben. Allgemeine Hinweise, dass die Sach- und Rechtslage erörtert worden sei, genügen allerdings nicht für eine hinreichende Aktenkundigkeit.[95]

§ 139 Abs. 4 S. 2 und S. 3 ZPO enthalten eine **besondere Beweisregel**. Ist eine Tatsache, dass ein den jeweils den Anforderungen entsprechender Hinweis des Gerichts gegeben wurde, nicht aus den Gerichtsakten ersichtlich, so gilt, dass der Hinweis nicht erfolgt ist.[96] Als Gegenbeweis kommt nur die Fälschung der jeweiligen Aktenteile in Betracht. Dies setzt eine wissentlich falsche Aktenführung oder Protokollierung voraus, was in der Regel schwer nachzuweisen ist.[97] Andere Beweismittel sind nicht zugelassen.[98] Mit dieser Regelung wird nicht nur der Zweck verfolgt, Streit darüber zu vermeiden, ob eine bestimmte Frage in der mündlichen Verhandlung erörtert worden ist. Das Erfordernis der Dokumentation soll darüber hinaus dafür sorgen, dass der Hinweis in einer Form erteilt wird, die der Partei, an die er sich richtet, die **Notwendigkeit einer prozessualen Reaktion** – und sei es nur in der Form eines Antrags nach § 139 Abs. 5 ZPO – deutlich vor Augen führt.[99] Ist ein Hinweis an die jeweils betroffene Partei erfolgt und auch aktenkundig gemacht, kann allerdings noch fraglich sein, ob der konkrete Hinweis vom Umfang her ausreichend war (→ Rn. 35).[100]

V. Schriftsatzrecht (Abs. 5)

Sofern eine Partei in der mündlichen Verhandlung einen Hinweis des Gerichts nach den Abs. 1–3 erhält, von der Partei nach den konkreten Umständen und den Anforderungen des § 282 Abs. 1 ZPO eine sofortige Äußerung aber nicht erwartet werden kann, sieht § 139 Abs. 5 ZPO vor, dass der betroffenen Partei **auf Antrag ein befristetes Schriftsatzrecht** einzuräumen ist.[101] Alternativ kann das Gericht die mündliche Verhandlung auch vertagen oder nach einer schriftlichen Äußerung der betroffenen Partei wieder eröffnen oder es muss mit Zustimmung der Parteien ins schriftliche Verfahren übergehen.[102]

Trägt eine Partei in einem nachgelassenen Schriftsatz auch ergänzend zu Gesichtspunkten vor, die nicht Gegenstand des richterlichen Hinweises waren, kann das Gericht diesen Vortrag unberücksichtigt lassen und gegebenenfalls gemäß § 296 ZPO zurückweisen.[103] Gibt eine Partei nach einem in der mündlichen Verhandlung zu spät erteilten richterlichen Hinweis in einem nicht nachgelassenen Schriftsatz eine auf den Hinweis bezogene, erhebliche Erklärung ab, muss das Gericht gegebenenfalls die **mündliche Verhandlung wieder eröffnen**.[104]

VI. Besonderheiten im einstweiligen Rechtsschutz

Unter Berücksichtigung welcher Besonderheiten die Regelungen des § 139 ZPO im einstweiligen Rechtsschutz und hier insbesondere im Bereich des gewerblichen Rechtsschutzes und des Wettbewerbsrechts anwendbar sind, ist bislang noch nicht abschließend geklärt. Das OLG Stuttgart hat die **Anwendbarkeit im einstweiligen Verfügungsverfahren** – anscheinend ohne Einschränkung – bejaht, hierfür letztlich aber keine rechtliche Begründung angeführt.[105] Das BVerfG hat zuletzt durch mehrere Entscheidungen die rechtlichen Anforderungen an die Gerichte in Bezug auf die Hinweis- und Aufklärungspflicht der Gerichte gegenüber dem Antragsgegner konkretisiert[106] und diese Maßstäbe im Grundsatz auch für einstweilige Verfügungsverfahren im Bereich des Wettbewerbsrechts für anwendbar erklärt.[107] Für den Bereich des gewerblichen Rechtsschutzes hat das BVerfG dies angesichts von Art. 9 Abs. 4 Enforcement-Richtlinie, der die Mitgliedstaaten verpflichtet, dass einstweilige Maß-

---

[93] BGH NJW 2006, 60 (62).
[94] BGH NJW 2006, 60 (62).
[95] BGH NJW-RR 2010, 70 (71); GRUR 2012, 1145 (1147) – Pelikan.
[96] BGH NJW-RR 2005, 1518.
[97] Musielak/Voit/*Stadler* ZPO § 139 Rn. 28.
[98] Musielak/Voit/*Stadler* ZPO § 139 Rn. 28.
[99] BGH GRUR 2011, 1140 (1141 f.) – Schaumstoff Lübke; BGH GRUR 2012, 1145 (1147) – Pelikan.
[100] BGH NJW-RR 2010, 70 (71); GRUR 2012, 1145 (1147) – Pelikan.
[101] Musielak/Voit/*Stadler* ZPO § 139 Rn. 29.
[102] BGH NJW-RR 2008, 973 (973); GRUR 2010, 1117 (1119) – Gewährleistungsausschluss im Internet.
[103] Musielak/Voit/*Stadler* ZPO § 139 Rn. 30.
[104] BGH NJW 2009, 2378 (2379).
[105] Vgl. OLG Stuttgart BeckRS 9998, 65914.
[106] BVerfG GRUR 2021, 987 (988 f.) – Lobbyaktivitäten; BVerfG GRUR 2020, 773 (774 f.) – Personalratswahlen bei der Bundespolizei; BVerfG GRUR 2018, 1288 (1290 f.) – Die F.-Tonbänder; BVerfG GRUR 2018, 1291 (1292 f.) – Steuersparmodell eines Fernsehmoderators.
[107] BVerfG BeckRS 2020, 17728 – GRUR 2020, 1119 (1120) – Zahnabdruckset.

nahmen in geeigneten Fällen ohne Anhörung der anderen Partei angeordnet werden können,[108] noch offen gelassen.[109]

41 Die Problematik einer Hinweispflicht des Gerichts an beide Parteien stellt sich insbesondere dann, wenn das Verfahren noch „einseitig", also ohne Beteiligung der gegnerischen Partei geführt wird.[110] Wenn das Gericht dem Antrag auf Erlass einer einstweiligen Verfügung nicht oder zumindest nicht ohne mündliche Verhandlung stattgeben will, entsprach es bislang der Praxis vieler Gerichte, den Antragsteller vorab über die vorläufige rechtliche Einschätzung entweder telefonisch oder schriftlich zu informieren und dem Antragsteller die Möglichkeit einzuräumen, den **Antrag vor einer Mitteilung an die gegnerische Partei** zurückzunehmen. Nahm der Antragsteller den Antrag zurück, erfuhr die gegnerische Partei in vielen Fällen weder von dem gescheiterten Versuch noch von der Einschätzung des Gerichts.

42 Dem Antragsteller eröffnete die Rücknahme des Antrags oft die (theoretische) Möglichkeit, einen weiteren Versuch auf Erlass einer einstweiligen Verfügung bei einem anderen Gericht zu starten (sog. „**forum shopping**"). In der Praxis dürfte diese Vorgehensweise im gewerblichen Rechtsschutz aber eher die Ausnahme und nicht die Regel darstellen. Wird der gescheiterte „erste" Versuch im Rahmen des „zweiten" einstweiligen Rechtsschutzverfahrens bekannt, entspricht es mittlerweile der gängigen Rechtsprechungspraxis, dass ein solcher „zweiter" Antrag mit unterschiedlichen Begründungen zurückgewiesen wird.[111] Entscheidend hierfür ist allerdings, dass die gegnerische Partei von dem „ersten" Versuch Kenntnis erlangt. Ohne eine Mitteilung bzw. einen Hinweis des Erstgerichts wird die gegnerische Partei aber nur durch einen Antrag auf Akteneinsicht Kenntnis hiervon erhalten, da der Antragsteller seinen gescheiterten Versuch in der Regel nicht vortragen wird.

43 Diese **Praxis des „einseitigen Hinweises"** durch die Gerichte ist weder mit den Grundgedanken des § 139 ZPO noch mit dessen Wortlaut vereinbar.[112] Die Regelung des § 139 ZPO zielt auf eine faire Prozessleitung und eine Chancen- und Waffengleichheit der beteiligten Parteien ab. Diese Grundsätze werden aber erkennbar eingeschränkt, wenn nur eine Partei vom Gericht über die Rechtseinschätzung unterrichtet wird. Aus welchem Grund hierfür eine Rechtfertigung bestehen soll, ist nicht erkennbar. Es gibt auch keine gesetzliche Regelung, die den Gerichten eine solche Mitteilung an die andere Partei untersagen würde.[113] Der Wortlaut des § 139 Abs. 1 S. 1 ZPO (*„mit den Parteien"*) geht im Gegenteil davon aus, dass durchweg beide Parteien vom Gericht über prozessrelevante Ereignisse zu informieren sind. Nach Rücknahme eines Verfügungsantrags besteht auch kein berechtigter Grund, warum das Gericht den Gegner hierüber nicht informieren sollen dürfte. Hat der Prozessgegner nämlich vorsorglich eine Schutzschrift beim Gericht eingereicht, ist es unstreitig, dass eine solche Information zu erfolgen hat. Dementsprechend hat mittlerweile auch das BVerfG bestätigt, dass der Antragsgegner auch im Falle der **Zurückweisung eines Antrags** zwingend zu informieren ist.[114]

44 Wie diese **Mitteilung der Gerichte an den Prozessgegner** im Einzelfall zu erfolgen hat, ist allerdings nicht geklärt. Hat der Prozessgegner seinen regulären Sitz in Deutschland, ist dies unproblematisch. Schwieriger wird es indes, wenn der Prozessgegner seinen Sitz im Ausland hat und auch keine Gewähr dafür geboten ist, dass eine Unterrichtung in der deutschen Sprache erfolgen kann. Gerade bei Messesachen wird ein Gericht dem Prozessgegner kaum die Mitteilung noch auf der Messe zustellen können. In diesem Fall wird dem Gericht kaum etwas anderes übrig bleiben, als die Mitteilung in die jeweilige Sprache des Prozessgegners übersetzen zu lassen.

---

[108] Richtlinie 2004/48/EG des Europäischen Parlaments und des Rates vom 29.4.2004 zur Durchsetzung der Rechte des geistigen Eigentums, Art. 9 Abs. 4: Die Mitgliedstaaten stellen sicher, dass die einstweiligen Maßnahmen nach den Absätzen 1 und 2 in geeigneten Fällen ohne Anhörung der anderen Partei angeordnet werden können, insbesondere dann, wenn durch eine Verzögerung dem Rechtsinhaber ein nicht wieder gutzumachender Schaden entstehen würde. In diesem Fall sind die Parteien spätestens unverzüglich nach dem Vollziehen der Maßnahmen davon in Kenntnis zu setzen. Auf Antrag des Antragsgegners findet eine Prüfung, die das Recht zur Stellungnahme einschließt, mit dem Ziel statt, innerhalb einer angemessenen Frist nach der Mitteilung der Maßnahmen zu entscheiden, ob diese abgeändert, aufgehoben oder bestätigt werden sollen.

[109] BVerfG BeckRS 2020, 17728 = GRUR 2020, 1119 (1120) – Zahnabdruckset. Vgl. zur Übertragung der Entscheidungen auf das Immaterialgüter- und Wettbewerbsrecht *Bornkamm* GRUR 2020, 715 (719 f.).

[110] Siehe hierzu *Teplitzky* GRUR 2008, 34; *Teplitzky* WRP 2016, 1181 (1185 f.); *Teplitzky* WRP 2016, 917 f.; *Teplitzky* WRP 2013, 839 (841); *Guhn* WRP 2014, 27 (28 f.).

[111] OLG München BeckRS 2011, 03783; OLG Hamburg BeckRS 2010, 10601; OLG Frankfurt a. M. BeckRS 2005, 10515; OLG Karlsruhe BeckRS 9998, 11531. Vgl. hierzu auch *Guhn* WRP 2014, 27 (31).

[112] Vgl. BVerfG GRUR 2021, 987 (988 f.) – Lobbyaktivitäten; BVerfG GRUR 2020, 773 (774 f.) – Personalratswahlen bei der Bundespolizei; BVerfG GRUR 2018, 1288 (1290 f.) – Die F-Tonbänder; BVerfG GRUR 2018, 1291 (1292 f.) – Steuersparmodell eines Fernsehmoderators; BVerfG BeckRS 2020, 17728 = GRUR 2020, 1119 (1120) – Zahnabdruckset. Im Ergebnis bejahend *Teplitzky* GRUR 2008, 34; *Teplitzky* WRP 2016, 1181 (1185 f.); *Teplitzky* WRP 2016, 917 f.; *Teplitzky* WRP 2013, 839 (841); *Bornkamm* GRUR 2020, 715 ff.

[113] Art. 9 Abs. 4 Enforcement-Richtlinie sieht hierzu „in geeigneten Fällen" einstweilige Maßnahmen ohne Anhörung vor. Für den vorliegenden Fall, dass einstweilige Maßnahmen vom Gericht abgelehnt werden, ist die Regelung aber erkennbar nicht einschlägig.

[114] BVerfG GRUR 2018, 1291 (1293) – Steuersparmodell eines Fernsehmoderators.

Das BVerfG hat in mehreren Entscheidungen, zunächst für den **Bereich des Presse- und Äuße-** 45
rungsrechts,[115] später auch für den **Bereich des Wettbewerbsrechts**,[116] rechtliche Vorgaben gemacht, in welchen Fällen der Antragsgegner vor Erlass einer einstweiligen Verfügung anzuhören ist. Insbesondere wenn dem Antragsteller ein richterlicher Hinweis gemäß § 139 ZPO erteilt wird, ist dieser Hinweis aufgrund des **Grundsatzes der prozessualen Waffengleichheit** auch dem Antragsgegner zeitnah mitzuteilen. Dem Antragsgegner ist insbesondere Gehör zu gewähren, wenn das Unterlassungsbegehren aus der vorprozessualen Abmahnung und der nachfolgend gestellte Verfügungsantrag nicht identisch sind. Nur bei wortlautgleicher Identität ist sichergestellt, dass der Antragsgegner auch hinreichend Gelegenheit hatte, sich zu dem vor Gericht geltend gemachten Vorbringen des Antragstellers in gebotenem Umfang zu äußern.[117] Das gilt erst Recht dann, wenn das Gericht dem Antragsteller den Hinweis erteilt hat, den Antrag nachzubessern, oder eine Einschätzung zu den Erfolgsaussichten des bisherigen Antrags mitgeteilt hat.[118] Ferner ist Gehör zu gewähren, wenn der Gegner nicht in der gehörigen Form abgemahnt wurde oder der Antrag vor Gericht in anderer Weise oder mit ergänzendem Vortrag begründet wird als in der Abmahnung.[119] Darüber hinaus müssen Hinweise, insbesondere sofern sie mündlich oder fernmündlich erteilt werden, vollständig vom Gericht dokumentiert werden, so dass sich nachvollziehbar aus den Akten ergibt, wer wann wem gegenüber welchen Hinweis gegeben hat.[120] Ferner muss dem Gericht vor Erlass der einstweiligen Verfügung eine mögliche Erwiderung des Gegners auf eine vorherige Abmahnung hin vollständig vorgelegt werden.[121]

Ob diese Grundsätze sich auch uneingeschränkt auf den Bereich des gewerblichen Rechtsschutzes 46
übertragen lassen, hat das BVerfG angesichts von Art. 9 Abs. 4 Enforcement-Richtlinie[122] noch offen gelassen.[123] Das Prinzip der Chancen- und Waffengleichheit spricht allerdings auch in diesem Bereich für die grundsätzliche Anwendbarkeit des § 139 ZPO. Gemäß Art. 9 Abs. 4 Enforcement-Richtlinie müssen die Mitgliedstaaten zwar sicherstellen, dass einstweilige Maßnahmen „in geeigneten Fällen" ohne Anhörung der anderen Partei angeordnet werden können. Was unter einem „geeigneten Fall" zu verstehen ist, lässt die Richtlinie indes offen.[124]

Aber auch über diese Problematik hinaus ist die Anwendbarkeit aller Regelungen des § 139 ZPO 47
nicht unproblematisch. Das **Schriftsatzrecht des § 139 Abs. 5 ZPO** dürfte mit dem Eilcharakter des Verfügungsverfahrens nicht vereinbar sein.[125] Findet im einstweiligen Verfügungsverfahren eine mündliche Verhandlung statt, ist es Aufgabe jeder Partei, alle erforderlichen Beweismittel präsent zu haben.

D. Rechtsfolgen bei Verstoß

Ein Verstoß gegen die Hinweispflicht des § 139 ZPO kann zu einer **Verletzung des Anspruchs auf** 48
rechtliches Gehör führen.[126] Dies kann bei einem nicht abgeschlossenen Verfahren zunächst eine Verpflichtung des Gerichts zur Wiedereröffnung der mündlichen Verhandlung begründen.[127] Ist bereits ein Urteil bzw. eine Entscheidung ergangen, ist diese im Rahmen einer Berufung oder Revision aufzuheben und es muss ggf. eine Zurückverweisung erfolgen, wenn die Entscheidung auf dem Verstoß gegen § 139 ZPO beruht (§§ 513 Abs. 1, 546 ZPO). Wichtig ist in diesem Zusammenhang allerdings die Darlegung der Kausalität des Verstoßes gegen die Hinweispflicht für die konkrete Entscheidung. Die Partei, die sich auf einer Verletzung des § 139 ZPO stützt, muss daher ausführen, was sie im Einzelnen vorgetragen hätte, wenn ihr ein entsprechender Hinweis rechtzeitig erteilt worden wäre.[128]

---

[115] BVerfG GRUR 2021, 987 (988 f.) – Lobbyaktivitäten; BVerfG GRUR 2020, 773 (774 f.) – Personalratswahlen bei der Bundespolizei; BVerfG GRUR 2018, 1288 (1290 f.) – Die F.-Tonbänder; BVerfG GRUR 2018, 1291 (1292 f.) – Steuersparmodell eines Fernsehmoderators.
[116] BVerfG BeckRS 2020, 17728 = GRUR 2020, 1119 (1120) – Zahnabdruckset. Vgl. zur Anwendung im Wettbewerbsrecht auch OLG Düsseldorf BeckRS 2019, 5570.
[117] BVerfG BeckRS 2020, 17728 = GRUR 2020, 1119 (1120) – Zahnabdruckset; BVerfG GRUR 2018, 1288 (1290 f.) – Die F.-Tonbänder; BVerfG GRUR 2018, 1291 (1292 f.) – Steuersparmodell eines Fernsehmoderators.
[118] BVerfG BeckRS 2020, 17728 = GRUR 2020, 1119 (1120) – Zahnabdruckset.
[119] BVerfG GRUR 2018, 1288 (1291) – Die F.-Tonbänder.
[120] BVerfG GRUR 2018, 1288 (1291) – Die F.-Tonbänder; BVerfG GRUR 2018, 1291 (1292 f.) – Steuersparmodell eines Fernsehmoderators.
[121] BVerfG GRUR 2018, 1288 (1290 f.) – Die F.-Tonbänder; BVerfG GRUR 2018, 1291 (1292 f.) – Steuersparmodell eines Fernsehmoderators.
[122] Richtlinie 2004/48/EG des Europäischen Parlaments und des Rates vom 29.4.2004 zur Durchsetzung der Rechte des geistigen Eigentums.
[123] BVerfG BeckRS 2020, 17728 = GRUR 2020, 1119 (1120) – Zahnabdruckset. Vgl. zur Übertragung der Entscheidungen auf das Immaterialgüter- und Wettbewerbsrecht *Bornkamm* GRUR 2020, 715 (719 f.).
[124] Vgl. hierzu allgemein *Bornkamm* GRUR 2020, 715 (723).
[125] OLG München ZMR 2016, 832; OLG Hamm GRUR 1989, 931 (932); *Berneke/Schüttpelz*, Die einstweilige Verfügung in Wettbewerbssachen, Rn. 324.
[126] *Zöller/Greger* ZPO § 139 Rn. 20.
[127] Vgl. BGH GRUR 2010, 1117 (1119) – Gewährleistungsausschluss im Internet, mwN.
[128] BGH BeckRS 2020, 42845; GRUR 2008, 1126 (1127) – Weiße Flotte; BGH BeckRS 2013, 1440; OLG Düsseldorf BeckRS 2011, 21121.

49 Im **einstweiligen Verfügungsverfahren** werden Verstöße gegen die Hinweispflicht des § 139 ZPO durch die spätere Anhörung nach Widerspruch in der Regel wieder geheilt.[129] Ausnahmsweise kommt allerdings eine Verfassungsbeschwerde in Betracht. Im Rahmen einer solchen Verfassungsbeschwerde kann in der Regel aber nicht eine einstweilige Anordnung auf Aufhebung der angegriffenen einstweiligen Verfügung oder Aussetzung der Vollstreckung beantragt werden, da der Nachteil insofern bereits eingetreten ist.[130] Vielmehr kommt lediglich ein Feststellungsantrag in Betracht, dass der Erlass der einstweiligen Verfügung das Recht des Betroffenen auf prozessuale Waffengleichheit verletzt.[131] Anzunehmen ist ein **Feststellungsinteresse** jedoch nur, wenn eine Wiederholung der angegriffenen Maßnahme zu befürchten ist, also eine hinreichend konkrete Gefahr besteht, dass unter im Wesentlichen unveränderten rechtlichen und tatsächlichen Umständen eine gleichartige Entscheidung ergehen würde.[132] Ein auf Wiederholungsgefahr gestütztes Feststellungsinteresse setzt insofern voraus, dass die Zivilgerichte die aus dem Grundsatz der prozessualen Waffengleichheit folgenden Anforderungen grundsätzlich verkennen und ihre Praxis hieran unter Missachtung der verfassungsrechtlichen Maßstäbe nicht ausrichten.[133] Die bloße Geltendmachung eines Verfahrensfehlers reicht hierfür nicht aus.[134] Schwere Nachteile sollen hingegen durch die (verschuldensunabhängige) Schadensersatzpflicht des § 945 ZPO aufgefangen werden.[135]

50 Möchte der Antragsteller bzw. Anwalt hingegen eine mündliche Verhandlung bzw. sonstige Anhörung des Gegners (zunächst) vermeiden, da das Gericht einen Verstoß gegen § 139 ZPO befürchtet, setzt dies eine vorherige Abmahnung und die Vorlage der Reaktion des Abgemahnten samt aller zuvor vorgelegten Anlagen sowie eine Identität zwischen der in der Abmahnung enthaltenen Unterlassungsforderung und Unterlassungsantrag der beantragten einstweiligen Verfügung voraus. Jede inhaltliche Abweichung dürfte nach der Rechtsprechung des BVerfG dazu führen, dass das Gericht den Gegner zumindest vor Erlass der einstweiligen Verfügung anzuhören hat.[136]

§ 140 Beanstandung von Prozessleitung oder Fragen

Wird eine auf die Sachleitung bezügliche Anordnung des Vorsitzenden oder eine von dem Vorsitzenden oder einem Gerichtsmitglied gestellte Frage von einer bei der Verhandlung beteiligten Person als unzulässig beanstandet, so entscheidet das Gericht.

A. Allgemein

1 Die Regelung des § 140 ZPO räumt allen an einer Verhandlung beteiligten Personen das Recht ein, eine auf die Sachleitung bezogene **Anordnung des Vorsitzenden** oder einer von dem Vorsitzenden oder einem Gerichtsmitglied gestellte **Frage als unzulässig zu beanstanden.** Da die Regelung auf einen Spruchkörper mit mehreren Mitgliedern abzielt, ist sie auf Verhandlungen vor dem Einzelrichter (zB auch bei einem allein entscheidenden Vorsitzenden der Kammer für Handelssachen) nicht anwendbar.[1] Darüber hinaus setzt die Regelung eine Verhandlung voraus, dh eine Güteverhandlung (§ 278 Abs. 3 ZPO) oder eine mündliche Verhandlung (§ 128 Abs. 1 ZPO); sie ist daher nicht anwendbar auf Anordnungen oder Fragen außerhalb einer Verhandlung.[2]

B. Anwendbarkeit in Verfahren vor dem Patentgericht

2 Die Regelung des § 140 ZPO ist nach allgemeiner Auffassung auch in patentgerichtlichen Verfahren über § 99 Abs. 1 PatG und § 82 Abs. 1 MarkenG **uneingeschränkt anwendbar.**[3] Weder im PatG noch im MarkenG besteht insofern eine vergleichbare Regelung. Zugleich besteht aber auch in diesen Verfahren das Bedürfnis, dass die beteiligten Personen die Prozessleitung des Gerichts beanstanden können müssen.

---

[129] Vgl. BVerfG BeckRS 2020, 17728 = GRUR 2020, 1119 (1120) – Zahnabdruckset; OLG Düsseldorf BeckRS 2019, 5570.
[130] BVerfG BeckRS 2018, 1682.
[131] BVerfG GRUR 2018, 1288 (1289) – Die F.-Tonbänder; BVerfG GRUR 2018, 1291 (1292) – Steuersparmodell eines Fernsehmoderators.
[132] BVerfG GRUR 2018, 1288 (1289) – Die F.-Tonbänder; BVerfG GRUR 2018, 1291 (1292) – Steuersparmodell eines Fernsehmoderators.
[133] BVerfG BeckRS 2020, 17728 = GRUR 2020, 1119 (1120) – Zahnabdruckset.
[134] BVerfG BeckRS 2020, 17728 = GRUR 2020, 1119 (1120) – Zahnabdruckset; *Smirra* GRUR-Prax 2020, 426.
[135] BVerfG BeckRS 2020, 17728 = GRUR 2020, 1119 (1121) – Zahnabdruckset.
[136] Vgl. *Bornkamm* GRUR 2020, 715 (724).
[1] BeckOK ZPO/*von Selle* ZPO § 140 Rn. 2.
[2] BeckOK ZPO/*von Selle* ZPO § 140 Rn. 2; OLG Saarbrücken BeckRS 2018, 30253; OLG Celle BeckRS 2012, 355.
[3] Ströbele/Hacker/*Knoll* MarkenG § 82 Rn. 62; Busse/*Schuster* PatG § 99 Rn. 8.

C. Voraussetzungen

§ 140 ZPO ermöglicht nur die Beanstandung von Anordnungen des Vorsitzenden Richters oder **3**
Fragen eines Mitglieds des Gerichts durch eine **an der Verhandlung beteiligten Person**. Zu den an
der Verhandlung beteiligten Personen gehören die Parteien einschließlich ihrer Prozessbevollmächtigten, Streithelfer, Zeugen und Sachverständige.[4] Mitglieder des Gerichts können eine Anordnung des
Vorsitzenden oder eines anderen Gerichtsmitglieds hingegen nicht beanstanden.[5]

Die Beanstandung muss sich auf die **rechtliche Unzulässigkeit** und nicht nur auf eine Unerheb- **4**
lichkeit oder Unzweckmäßigkeit der Anordnung oder Frage beziehen.[6] In der Beanstandung ist ein
Antrag auf eine Entscheidung des Gerichts zu sehen.[7] Die Beanstandung muss als Verfahrensrüge
gemäß § 295 Abs. 1 ZPO unmittelbar in der mündlichen Verhandlung erfolgen.[8]

Über die Beanstandung entscheidet das Gericht durch einen zu **verkündenden Beschluss** (§ 329 **5**
Abs. 1 ZPO). Ein solcher Beschluss ist nach § 567 Abs. 1 ZPO nicht selbstständig anfechtbar, sondern
kann nur zusammen mit dem Endurteil angegriffen werden.[9] In patentgerichtlichen Verfahren gilt dies
entsprechend für die materielle Beschlussentscheidung. Erfolgte eine Beanstandung, wurde daraufhin
aber kein Gerichtsbeschluss über diese Beanstandung gemäß § 140 ZPO herbeigeführt, ist umstritten,
ob die jeweilige Maßnahme mittels eines späteren Rechtsmittels noch angreifbar ist.[10]

§ 141 Anordnung des persönlichen Erscheinens

(1) [1]Das Gericht soll das persönliche Erscheinen beider Parteien anordnen, wenn dies zur Aufklärung des Sachverhalts geboten erscheint. [2]Ist einer Partei wegen großer Entfernung oder aus sonstigem wichtigen Grund die persönliche Wahrnehmung des Termins nicht zuzumuten, so sieht das Gericht von der Anordnung ihres Erscheinens ab.

(2) [1]Wird das Erscheinen angeordnet, so ist die Partei von Amts wegen zu laden. [2]Die Ladung ist der Partei selbst mitzuteilen, auch wenn sie einen Prozessbevollmächtigten bestellt hat; der Zustellung bedarf die Ladung nicht.

(3) [1]Bleibt die Partei im Termin aus, so kann gegen sie Ordnungsgeld wie gegen einen im Vernehmungstermin nicht erschienenen Zeugen festgesetzt werden. [2]Dies gilt nicht, wenn die Partei zur Verhandlung einen Vertreter entsendet, der zur Aufklärung des Tatbestandes in der Lage und zur Abgabe der gebotenen Erklärungen, insbesondere zu einem Vergleichsabschluss, ermächtigt ist. [3]Die Partei ist auf die Folgen ihres Ausbleibens in der Ladung hinzuweisen.

A. Allgemein

§ 141 ZPO stellt eine Ergänzung zur Regelung des § 139 ZPO dar. Auch diese Regelung dient dazu, **1**
den Sach- und Streitstand bestmöglich durch das Gericht aufzuklären.[1] Hierzu soll das **unmittelbare
Gespräch mit den Parteien** beitragen.[2] Zugleich ist § 141 ZPO von den Regelungen zur Beweisaufnahme durch Parteivernehmung nach §§ 445–455 ZPO, insbesondere die **Vernehmung der Partei
von Amts wegen** nach § 448 ZPO, abzugrenzen. Eine Anhörung nach § 141 ZPO ist daher keine
förmliche Beweisaufnahme mittels Parteivernehmung gemäß § 448 ZPO und darf auch nicht als solche
gewürdigt werden.[3] Nichtsdestotrotz gehört die Anhörung zum Inhalt der Verhandlung und ist dementsprechend im Rahmen der freien Beweiswürdigung nach § 286 ZPO zu berücksichtigen.[4*]

B. Anwendbarkeit in Verfahren vor dem Patentgericht

Die Regelung des § 141 ZPO ist auch in patentgerichtlichen Verfahren über § 99 Abs. 1 PatG und **2**
§ 82 Abs. 1 MarkenG **uneingeschränkt anwendbar**.[5*] Für die Anwendbarkeit dieser Regelung

---

[4] Zöller/*Greger* ZPO § 140 Rn. 3; Musielak/Voit/*Stadler* ZPO § 140 Rn. 3.
[5] Zöller/*Greger* ZPO § 140 Rn. 3; Musielak/Voit/*Stadler* ZPO § 140 Rn. 3.
[6] Musielak/Voit/*Stadler* ZPO § 140 Rn. 4; Zöller/*Greger* ZPO § 140 Rn. 1.
[7] Musielak/Voit/*Stadler* ZPO § 140 Rn. 4.
[8] Vgl. BeckOK ZPO/von Selle ZPO § 140 Rn. 5, 7.
[9] BGH NJW 1990, 840 (840); Zöller/*Greger* ZPO § 140 Rn. 5; Musielak/Voit/*Stadler* ZPO § 140 Rn. 6.
[10] Musielak/Voit/*Stadler* ZPO § 140 Rn. 6 mwN.
[1] Musielak/Voit/*Stadler* ZPO § 141 Rn. 1; Zöller/*Greger* ZPO § 141 Rn. 1.
[2] Zöller/*Greger* ZPO § 141 Rn. 1.
[3] Musielak/Voit/*Stadler* ZPO § 141 Rn. 2; Zöller/*Greger* ZPO § 141 Rn. 1. Insofern unklar: BGH NJW 2013, 2601 (2602).
[4*] BGH NJW-RR 1997, 663; Musielak/Voit/*Stadler* ZPO § 141 Rn. 1; Zöller/*Greger* ZPO § 141 Rn. 1. Sehr weitgehend: BGH NJW 2013, 2601 (2602).
[5*] Ohne weitere Begründung für markenrechtliche Verfahren bejaht BPatG WRP 2013, 87 (89) – RDM; Ströbele/Hacker/*Knoll* MarkenG § 82 Rn. 63; Busse/*Schuster* PatG § 99 Rn. 8.

spricht bereits, dass in den patentgerichtlichen Verfahren grundsätzlich der Amtsermittlungs- bzw. Untersuchungsgrundsatz gilt (§ 87 Abs. 1 PatG bzw. § 73 Abs. 1 MarkenG). Eine Regelung wie § 141 ZPO kann zugleich auch die Ermittlung des Sachverhalts von Amts wegen und die Vorschriften zur Beweiserhebung gemäß § 74 Abs. 1 MarkenG bzw. § 88 Abs. 1 PatG, die jeweils auch die Möglichkeit einer Anhörung der Beteiligten vorsehen, unterstützen.

3   Zwar kann auch über § 87 Abs. 2 S. 1, S. 2 PatG bzw. § 73 Abs. 2 S. 1, S. 2 MarkenG iVm § 273 Abs. 2 Nr. 3 ZPO das persönliche Erscheinen der Parteien angeordnet werden. Allerdings ist **mangels Verweis auf § 273 Abs. 4 S. 2 ZPO in § 87 Abs. 2 S. 2 PatG bzw. § 73 Abs. 2 S. 2 MarkenG** eine Anwendung von § 141 Abs. 2, Abs. 3 ZPO über diesen Weg ausgeschlossen. Daraus folgt aber nicht ein entsprechender Ausschluss der Anwendbarkeit von § 141 ZPO oder zumindest von § 141 Abs. 2 und Abs. 3 ZPO als solcher, da es keine – jedenfalls keine so weit reichende – vergleichbare Regelung im PatG und MarkenG gibt.[6] Ansonsten würde in patentgerichtlichen Verfahren jegliches Druckmittel für das persönliche Erscheinen fehlen, obwohl in diesen Verfahren die vollständige Aufklärung des Sach- und Streitstandes viel stärker im Vordergrund als bei den zivilprozessrechtlichen Verfahren steht. Auch dies spricht für die uneingeschränkte Anwendbarkeit von § 141 ZPO in patentgerichtlichen Verfahren.

C. Voraussetzungen und Rechtsfolgen

I. Anordnung des persönlichen Erscheinens

4   **1. Adressat der Anordnung.** Die Anordnung des Gerichts kann an **eine oder beide Parteien** ergehen, wobei der Regelfall die Anhörung beider Parteien ist.[7] Dies entspricht auch dem Gebot der Waffengleichheit. Bei juristischen Personen, die im gewerblichen Rechtsschutz und im Wettbewerbsrecht überwiegend Partei iSd § 50 ZPO sind, kommt nur die **Anordnung gegenüber dem gesetzlichen Vertreter**,[8] also dem Geschäftsführer oder einem Vorstandsmitglied in Betracht. Hierbei kann das Gericht im Falle mehrerer gesetzlicher Vertreter konkret bestimmen, wer von diesen zu erscheinen hat. Ohne genaue Bestimmung des Gerichts reicht es aus, wenn einer der gesetzlichen Vertreter erscheint.[9] Die Anordnung kann zudem auch gegenüber dem streitgenössischen Streithelfer iSd § 69 ZPO ergehen.[10]

5   **2. Ermessen des Gerichts.** Nach dem Wortlaut des § 141 ZPO steht es grundsätzlich im Ermessen des Gerichts, die Anordnung des persönlichen Erscheinens gegenüber den Parteien auszusprechen.[11] Die Anordnung muss aus Sicht des Gerichts zur Ermittlung des Sachverhalts lediglich **zweckmäßig und in diesem Zusammenhang verhältnismäßig** sein.[12] § 141 Abs. 1 S. 2 ZPO enthält für das Gericht (ausfüllungsbedürftige) Vorgaben, wann von einer Anordnung des persönlichen Erscheinens abzusehen ist. Ein Grund, nämlich die große Entfernung der Parteien zum Gerichtssitz, gilt insbesondere für Verfahren im gewerblichen Rechtsschutz, in denen in der Regel der Gerichtsstand der unerlaubten Handlung gemäß § 32 ZPO zur Anwendung kommt. Der Wortlaut der Regelung scheint dabei zunächst auf ein persönliches Erscheinen im körperlichen Sinne abzustellen. Nach diesseitiger Auffassung sollte die Regelung des § 141 ZPO aber auch im Falle einer **Gerichtsverhandlung im Wege der Bild- und Tonübertragung gemäß § 128a ZPO** Anwendung finden. Auch bei solchen Verhandlungen ist ein Vieraugengespräch mit der Partei ohne weiteres möglich. Mit dem Ausbau und Fortschritt der Gerichtsverhandlungen im Wege der Bild- und Tonübertragung gemäß § 128a ZPO sollte umgekehrt der **Grund der erheblichen Entfernung** einer Partei als Begründung gegen das persönliche Erscheinen zukünftig eher restriktiv angewandt werden, da zumindest eine Anhörung im Wege der Videozuschaltung in Betracht kommt. Das sollte insbesondere in Erwägung gezogen werden, wenn eine informatorische Anhörung der Partei aus prozessualen Gründen angezeigt ist.[13] Auch auf diesem Wege kann ein ordnungsgemäßer und zügiger Ablauf des Verfahrens mit einer weitgehenden Aufklärung des Sachverhalts gewährleistet werden und damit dem Zweck des § 141 ZPO entsprochen werden.[14] In welchem Verhältnis § 141 ZPO, insbesondere Abs. 1 S. 2, zu § 128a ZPO steht, scheint von den Gerichten aber bislang nicht geklärt worden zu sein.[15]

6   Es besteht **kein Anspruch einer Partei** auf eine Ladung zum persönlichen Erscheinen.[16] Ausnahmsweise kann das Ermessen des Gerichts allerdings aus Gründen der Waffengleichheit reduziert

---

[6] Vgl. aber § 46 Abs. 1 PatG für die Prüfungsstelle des DPMA und § 59 Abs. 3 S. 1 PatG für das Einspruchsverfahren vor dem DPMA.
[7] Musielak/Voit/*Stadler* ZPO § 141 Rn. 6.
[8] BGH NJW 1965, 106; Musielak/Voit/*Stadler* ZPO § 141 Rn. 6; Zöller/*Greger* ZPO § 141 Rn. 2.
[9] Zöller/*Greger* ZPO § 141 Rn. 2.
[10] Musielak/Voit/*Stadler* ZPO § 141 Rn. 8; Zöller/*Greger* ZPO § 141 Rn. 2.
[11] Musielak/Voit/*Stadler* ZPO § 141 Rn. 2 und 4; Zöller/*Greger* ZPO § 141 Rn. 3.
[12] Musielak/Voit/*Stadler* ZPO § 141 Rn. 4; Zöller/*Greger* ZPO § 141 Rn. 3.
[13] OLG Düsseldorf BeckRS 2019, 39114.
[14] OLG Brandenburg BeckRS 2019, 29136.
[15] Eher nicht in Erwägung ziehend: LG Potsdam BeckRS 2021, 10744.
[16] Zöller/*Greger* ZPO § 141 Rn. 2.

sein.[17] Dies gilt insbesondere dann, wenn im Falle eines so genannten **Vieraugengesprächs** eine Partei die Möglichkeit hat, hierfür die Erklärung eines an dem Gespräch beteiligten Zeugen aus dem eigenen Lager anzubieten, während die andere Partei ausschließlich selbst an diesem Gespräch beteiligt gewesen ist.[18] In einem solchen Fall kann unter Umständen die Anhörung nach § 141 ZPO einer Parteivernehmung von Amts wegen gemäß § 448 ZPO vorzuziehen sein, bzw. diese kann ggf. sogar ermessensfehlerhaft sein.[19] Denn das Gericht kann eine solche Anhörung auch im Rahmen der freien Beweiswürdigung gemäß § 286 ZPO berücksichtigen, ohne dass es einer förmlichen Parteivernehmung nach § 448 ZPO bedarf.[20]

3. Ladung der Partei. Die Anordnung des persönlichen Erscheinens erfolgt in der Regel **außerhalb der mündlichen Verhandlung.**[21] Die Anordnung ist der Partei **persönlich mitzuteilen,** selbst wenn ein Prozessbevollmächtigter bestellt ist (§ 141 Abs. 2 S. 1 Hs. 1 ZPO). Die Ladung der Partei kann formlos erfolgen und muss nicht zugestellt werden (§ 141 Abs. 2 S. 2 Hs. 2 ZPO). Der Anwalt der Partei und der Gegner erhalten über die Anordnung des Erscheinens der Partei nur eine formlose Mitteilung.[22] 7

Die Ladung muss die Anordnung des persönlichen Erscheinens, den **Zweck des Erscheinens** sowie die **Folgen des Ausbleibens** enthalten.[23] Der Zweckangabe genügt der allgemeine Hinweis zur Aufklärung des Sachverhalts.[24] 8

4. Pflicht zum Erscheinen und Durchsetzung. Aus § 141 ZPO ergibt sich für die geladene Partei nur die Pflicht zum Erscheinen. Aus § 141 ZPO ergibt sich hingegen nicht die Pflicht, dass im Fall der Anordnung des Erscheinens durch das Gericht diese Partei auch **entsprechende Erklärungen** in der mündlichen Verhandlung abzugeben hat. 9

Die Verhängung eines Ordnungsgeldes als einzige Sanktionsmöglichkeit gemäß § 141 Abs. 3 S. 1 ZPO[25] findet dementsprechend nur Anwendung im Fall eines **schuldhaften Ausbleibens der Partei.** Die fehlende Einlassung oder Erklärung der Partei kann hingegen nicht unmittelbar sanktioniert werden. Es können hieraus allerdings prozessuale Nachteile folgen.[26] 10

Anstatt der persönlichen Teilnahme der Partei erlaubt § 141 Abs. 3 S. 2 ZPO auch die **Entsendung eines persönlichen, sachkundigen Vertreters.** Dieser muss zunächst über die notwendigen Kenntnisse zur Aufklärung des Sachverhalts verfügen. Der Prozessbevollmächtigte genügt diesen Anforderungen in der Regel nicht, sofern er diese Kenntnisse nur aus der Beschäftigung mit dem Verfahrensstoff erlangt hat.[27] Der Vertreter muss zugleich berechtigt sein, sämtliche prozessual gebotenen Erklärungen abzugeben, insbesondere über einen Vergleich vor Gericht mit dem Gegner verhandeln zu dürfen.[28] 11

Der Partei sind bei Erscheinen die notwendigen **Kosten für die Teilnahme** an der mündlichen Verhandlung zu erstatten. Wird ein Dritter als Vertreter entsandt, gilt dies aber nur, sofern diese Maßnahme von der Partei bei der Führung des Rechtsstreits in dieser Lage als sachdienlich angesehen werden musste. Dies kann insbesondere bei Vertretern, die aus dem Ausland anreisen, problematisch sein.[29] 12

II. Durchführung und Protokollierung der Anhörung

Die Anhörung der Partei oder des entsendeten Vertreters erfolgt **in der mündlichen Verhandlung** vor dem Prozessgericht.[30] Der Befragung der Partei sind hierbei zumindest in den Verletzungsverfahren vor den Zivilgerichten Grenzen gesetzt. Die Anhörung darf nicht den Verhandlungsgrundsatz unterwandern. Sie darf daher nur der Aufklärung des von den Parteien bereits dargelegten Sachverhalts dienen.[31] Hierbei sind zugleich die Darlegungs- und Beweislastregeln vom Gericht zu beachten.[32] Da 13

---

[17] Musielak/Voit/*Stadler* ZPO § 141 Rn. 2; Zöller/*Greger* ZPO § 141 Rn. 3.
[18] EGMR NJW 1995, 1414; BVerfG NJW 2001, 2531; Musielak/Voit/*Stadler* ZPO § 141 Rn. 2; Zöller/*Greger* ZPO § 141 Rn. 3.
[19] BGH GRUR 1999, 367 (369) – Vieraugengespräch; BGH NJW 1998, 306 f.; OLG Zweibrücken NJW 1998, 167.
[20] BGH GRUR 1990, 669 (672) – Bibelreproduktion.
[21] Zöller/*Greger* ZPO § 141 Rn. 5.
[22] Musielak/Voit/*Stadler* ZPO § 141 Rn. 8; Zöller/*Greger* ZPO § 141 Rn. 10.
[23] Musielak/Voit/*Stadler* ZPO § 141 Rn. 9.
[24] Zöller/*Greger* ZPO § 141 Rn. 10.
[25] Vgl. Musielak/Voit/*Stadler* ZPO § 141 Rn. 12; Zöller/*Greger* ZPO § 141 Rn. 11.
[26] Musielak/Voit/*Stadler* ZPO § 141 Rn. 10 und 13.
[27] Musielak/Voit/*Stadler* ZPO § 141 Rn. 16 f.; Zöller/*Greger* ZPO § 141 Rn. 17.
[28] Musielak/Voit/*Stadler* ZPO § 141 Rn. 16; Zöller/*Greger* ZPO § 141 Rn. 18.
[29] OLG Düsseldorf GRUR-RR 2011, 158 (159) – Interner Auslandsaufwand.
[30] Musielak/Voit/*Stadler* ZPO § 141 Rn. 11; Zöller/*Greger* ZPO § 141 Rn. 6.
[31] Zöller/*Greger* ZPO § 141 Rn. 8.
[32] Musielak/Voit/*Stadler* ZPO § 141 Rn. 11.

in den Verfahren vor dem Patentgericht grundsätzlich der Untersuchungsgrundsatz gilt, besteht für das Gericht insofern ein größerer Ermessensspielraum.

14 Es besteht für das Gericht **keine Verpflichtung zur Protokollierung** der Anhörung.[33] Sie ist aber zweckmäßig, da die Anhörung in der Entscheidung nur bei einer Protokollierung oder bei (zumindest sinngemäßer) Wiedergabe in der Entscheidung verwertet werden darf.[34] Hat das Gericht die Anhörung zumindest in den Entscheidungsgründen wiedergegeben, ist ein die Aufhebung nach sich ziehender Verfahrensfehler nur in solchen Fällen anzunehmen, in denen auch die schriftlichen Gründe die Grundlagen der Entscheidung nicht mehr sicher erkennen lassen.[35] Bei einer unrichtigen Wiedergabe der Anhörung in den Entscheidungsgründen kann diese zur Vermeidung der Beweiswirkung des § 314 ZPO nur mit einem Berichtigungsantrag nach § 320 ZPO angegriffen werden.[36]

15 Die Protokollierung kann gemäß § 160 Abs. 4 S. 1 ZPO **von den Parteien beantragt** werden.[37] Allerdings kann das Gericht die Protokollierung gemäß § 160 Abs. 4 S. 2 ZPO (teilweise) ablehnen, sofern es für das Gericht auf den Vorgang oder die Äußerung für seine Entscheidung nicht ankommt.

III. Prozessuale Bedeutung der Anhörung

16 Einer Erklärung der Partei im Rahmen einer Anhörung gemäß § 141 ZPO kann nicht die Wirkung eines Geständnisses beigemessen werden.[38] Im Gegensatz zur Parteivernehmung gemäß §§ 445 ff. ZPO stellt sie auch kein Beweismittel dar.[39] Äußert sich eine Partei in der mündlichen Verhandlung allerdings, wird diese Äußerung **zum Inhalt der Verhandlung** und kann im Rahmen der **freien Beweiswürdigung nach § 286 ZPO** bei der Entscheidung berücksichtigt werden.[40] Der Erklärung der Partei kann bei der Beweiswürdigung gegenüber einer Zeugenaussage sogar auch der Vorzug gegeben werden.[41] Da keine Einlassungspflicht besteht, kann umgekehrt aber auch die Nichtabgabe einer Erklärung der Partei durch das Gericht frei gewürdigt werden.[42]

17 In Fällen so genannter **Vieraugengespräche** (→ Rn. 7) kann sich das Ermessen des Gerichts, eine Partei gemäß §§ 445 ff. ZPO zu vernehmen oder zumindest nach § 141 ZPO oder § 137 Abs. 4 ZPO anzuhören, weitgehend reduzieren und aufgrund des Gebots der Waffengleichheit sogar als geboten erscheinen.[43]

D. Sonderregelung im Wettbewerbsrecht

18 In § 15 UWG ist vorgesehen, dass bei bürgerlichen Rechtsstreitigkeiten, in denen ein Anspruch aus dem UWG geltend gemacht wird, bei den Industrie- und Handelskammern eingerichtete **Einigungsstellen** angerufen werden können. Gemäß § 15 Abs. 5 ZPO kann die der Einigungsstelle vorsitzende Person ua das persönliche Erscheinen der Parteien anordnen und es kann gegen die unentschuldigt ausbleibende Partei ein Ordnungsgeld festgesetzt werden.[44] Auch wenn Zweck dieser Regelung im Gegensatz zu § 141 ZPO nicht die Aufklärung des Sachverhalts ist,[45] sind die übrigen **Regelungen des § 141 ZPO** (wie zB § 141 Abs. 1 S. 2 und Abs. 3 ZPO) zumindest entsprechend anwendbar.[46]

§ 142 Anordnung der Urkundenvorlegung

(1) ¹Das Gericht kann anordnen, dass eine Partei oder ein Dritter die in ihrem oder seinem Besitz befindlichen Urkunden und sonstigen Unterlagen, auf die sich eine Partei bezogen hat, vorlegt. ²Das Gericht kann hierfür eine Frist setzen sowie anordnen, dass die vorgelegten Unterlagen während einer von ihm zu bestimmenden Zeit auf der Geschäftsstelle verbleiben.

(2) ¹Dritte sind zur Vorlegung nicht verpflichtet, soweit ihnen diese nicht zumutbar ist oder sie zur Zeugnisverweigerung gemäß den §§ 383 bis 385 berechtigt sind. ²Die §§ 386 bis 390 gelten entsprechend.

---

[33] Musielak/Voit/*Stadler* ZPO § 141 Rn. 11; Zöller/*Greger* ZPO § 141 Rn. 6. Vgl. auch BGH GRUR 2011, 509 (511) – Schweißheizung zu § 46 PatG und § 141 ZPO.
[34] BGH BeckRS 2002, 04868.
[35] BGH GRUR 2011, 509 (511) – Schweißheizung.
[36] BGH BeckRS 2002, 04868.
[37] Zöller/*Greger* ZPO § 141 Rn. 7.
[38] BGH GRUR-RR 2009, 398 (399) – Steuerberater- und Wirtschaftsprüfer-Jahrbuch; BGH NJW-RR 2006, 672 (673).
[39] BGH GRUR 1990, 669 (672) – Bibelreproduktion.
[40] BGH GRUR 1990, 669 (672) – Bibelreproduktion; BGHZ 122, 115 (121); BGH NJW 1998, 306 (307).
[41] BGH GRUR 1990, 669 (672) – Bibelreproduktion; BGH GRUR 1999, 367 (369) – Vieraugengespräch.
[42] Zöller/*Greger* ZPO § 141 Rn. 11.
[43] BGH GRUR 1999, 367 (369) – Vieraugengespräch.
[44] LG München WRP 2009, 1161 (1162); OLG Frankfurt a. M. GRUR 1988, 150 (151) – Einigungsstelle.
[45] OLG Frankfurt a. M. GRUR 1988, 150 (151) – Einigungsstelle.
[46] Köhler/Bornkamm/*Köhler* UWG § 15 Rn. 19.

(3) ¹Das Gericht kann anordnen, dass von in fremder Sprache abgefassten Urkunden eine Übersetzung beigebracht wird, die ein Übersetzer angefertigt hat, der für Sprachübertragungen der betreffenden Art in einem Land nach den landesrechtlichen Vorschriften ermächtigt oder öffentlich bestellt wurde oder einem solchen Übersetzer jeweils gleichgestellt ist. ²Eine solche Übersetzung gilt als richtig und vollständig, wenn dies von dem Übersetzer bescheinigt wird. ³Die Bescheinigung soll auf die Übersetzung gesetzt werden, Ort und Tag der Übersetzung sowie die Stellung des Übersetzers angeben und von ihm unterschrieben werden. ⁴Der Beweis der Unrichtigkeit oder Unvollständigkeit der Übersetzung ist zulässig. ⁵Die Anordnung nach Satz 1 kann nicht gegenüber dem Dritten ergehen.

Übersicht

	Rn.
A. Allgemein	1
B. Anwendbarkeit und Besonderheiten in Verfahren des gewerblichen Rechtsschutzes	4
I. Anwendbarkeit in patentgerichtlichen Verfahren	4
II. Anwendbarkeit im selbständigen Beweisverfahren	5
C. Voraussetzungen der Urkundenvorlage (Abs. 1)	7
I. Gegenstand der Vorlage	7
II. Voraussetzungen der Anordnung	9
1. Bezugnahme auf die Urkunde oder Unterlage	10
2. Darlegung der Prozessrelevanz/Wahrscheinlichkeit einer Rechtsverletzung	13
3. Verhältnismäßigkeit und Angemessenheit	20
III. Adressat der Anordnung	24
IV. Weigerungsrecht Dritter (Abs. 2)	25
V. Anordnung des Gerichts	29
VI. Vorlageanordnungen in ausländischen Verfahren	35
D. Vorlage von Übersetzungen fremdsprachiger Urkunden (Abs. 3)	37

A. Allgemein

Die Anordnungsbefugnis des Gerichts gemäß § 142 ZPO dient wie auch die Möglichkeit einer Einnahme des Augenscheins und der Begutachtung gemäß § 144 ZPO dazu, dass sich das Gericht **zum besseren Verständnis des Prozessstoffes Informationen verschaffen** kann oder den Sachverhalt mittels Erläuterung des Parteivortrags oder Vorlage von Beweismitteln aufklären kann.¹ Selbst ohne einen förmlichen Antrag oder Beweisantritt einer Partei oder der Darlegung der Beweisbedürftigkeit oder -eignung kann das Gericht die Vorlage von Urkunden oder hierzu ähnlichen Unterlagen gegenüber den Parteien oder Dritten nach § 142 ZPO anordnen.² **1**

Die Anordnungsbefugnisse der §§ 142, 144 ZPO ermöglichen neben §§ 140c, 140d PatG, § 24c GebrMG, §§ 19a, 19b, 128 und 135 MarkenG, § 9 Abs. 2 HalbleiterschutzG, § 37c SortenschutzG, §§ 101a, 101b UrhG und §§ 809, 810 BGB die Sachaufklärung.³ Wie die **spezialgesetzlichen Regelungen der gewerblichen Schutzrechte und des Urheberrechts** und den allgemeinen zivilrechtlichen Regelungen der §§ 809, 810 BGB verlangt die Rechtsprechung für eine gerichtliche Anordnung nach §§ 142, 144 ZPO allerdings einen gewissen Grad an Wahrscheinlichkeit einer Rechtsverletzung.⁴ **2**

Den §§ 142, 144 ZPO kommt im Bereich des gewerblichen Rechtsschutzes auch die Funktion zu, einem **Beweisnotstand** des Klägers beggenen zu können.⁵ Zugleich wird hierdurch auch Art. 6 der Richtlinie 2004/48/EG des Europäischen Parlaments und des Rates vom 29.4.2004 zur Durchsetzung der Rechte des geistigen Eigentums (Enforcement-Richtline) umgesetzt, der Maßnahmen zur Vorlage von Beweismitteln vorsieht.⁶ Ferner sind die Regelungen in einer Weise auszulegen, dass mit ihrer Hilfe den Anforderungen des Art. 43 TRIPS-Übereinkommens Genüge getan wird.⁷ **3**

---

[1] Musielak/Voit/*Stadler* ZPO § 142 Rn. 1; Zöller/*Greger* ZPO § 142 Rn. 1.
[2] Zöller/*Greger* ZPO § 142 Rn. 1.
[3] Schulte/*Rinken*/*Kühnen* PatG § 140c Rn. 90; Schricker/*Wild* UrhG § 102a Rn. 8.
[4] BGH GRUR 2006, 962 (966) – Restschadstoffentfernung; BGH GRUR 2013, 316 (318) – Rohrmuffe; BGH GRUR 2002, 1046 – Faxkarte.
[5] BGH GRUR 2006, 962 (966) – Restschadstoffentfernung.
[6] BGH GRUR 2006, 962 (966) – Restschadstoffentfernung.
[7] BGH GRUR 2002, 1046 – Faxkarte; BGH GRUR 2006, 962 (966) – Restschadstoffentfernung; vgl. auch Tilmann/Schreibauer GRUR 2002, 1017; Tilmann/Schreibauer FS W. Erdmann, 2002, 901 (909 ff.).

B. Anwendbarkeit und Besonderheiten in Verfahren des gewerblichen Rechtsschutzes

I. Anwendbarkeit in patentgerichtlichen Verfahren

4   Die Regelung des § 142 ZPO ist in patentgerichtlichen Verfahren bereits über den Verweis in § 87 Abs. 2 S. 2 PatG bzw. § 73 Abs. 2 S. 2 MarkenG auf § 273 Abs. 2 Nr. 5 ZPO (mit Verweis auf Anordnungen nach §§ 142, 144 ZPO), jedenfalls aber über § 99 Abs. 1 PatG und § 82 Abs. 1 MarkenG **uneingeschränkt anwendbar.**[8] Dies entspricht auch dem Normzweck der Regelung. Im Ergebnis stellt die Regelung eine Einschränkung des ansonsten in den zivilgerichtlichen Verfahren geltenden Beibringungsgrundsatzes dar[9] und ist daher bereits mit dem in den patentgerichtlichen Verfahren grundsätzlich geltenden Untersuchungsgrundsatz vereinbar.

II. Anwendbarkeit im selbständigen Beweisverfahren

5   Ob und inwieweit die Regelungen der §§ 142, 144 ZPO im selbständigen Beweisverfahren Anwendung finden und eine Anordnung auf Duldung der Vorlage nach § 142 ZPO oder auf Duldung der Begutachtung nach § 144 ZPO, also auf Veranlassung des Gerichts, ergehen darf, ist **umstritten**[10] und bislang vom BGH noch nicht (ausdrücklich) entschieden worden.[11]

6   Eine zumindest entsprechende Anwendbarkeit der §§ 142, 144 ZPO im selbständigen Beweisverfahren wurde von der Rechtsprechung in der Vergangenheit teilweise bejaht,[12] zumeist allerdings ohne dies näher zu begründen. Lediglich das OLG Düsseldorf hat sich mit der Anwendung im selbständigen Beweisverfahren ausführlich auseinandergesetzt und diese im konkreten Fall bejaht.[13] Im Ergebnis zutreffend geht die heutige Rechtsprechung allerdings überwiegend davon aus, dass **eine (analoge) Anwendung der §§ 142, 144 ZPO nicht in Betracht** kommt.[14] Eine entsprechende Anwendung der Regelungen ist weder mit der Gesetzessystematik noch mit dem Sinn und Zweck der Regelungen vereinbar. Die §§ 142, 144 ZPO sollen gerade dem Gericht ermöglichen, sich für ein besseres Verständnis des Prozessstoffes Informationen zu verschaffen. Das selbständige Beweisverfahren soll hingegen ausschließlich den Beweisnotstand einer Partei beseitigen und dient nicht dem besseren Verständnis des Gerichts vom Prozessstoff. Im selbständigen Beweisverfahren hat das Gericht zudem nur eine eingeschränkte Prüfungskompetenz, was mit den Regelungen der §§ 142, 144 ZPO ebenfalls nicht vereinbar ist.[15] Der BGH hat sich hierzu noch nicht abschließend und ausdrücklich geäußert. Zumindest besteht gemäß BGH aber kein (gesondertes) Beschwerderecht gegen die Ablehnung einer Anordnung gemäß §§ 142, 144 ZPO.[16]

C. Voraussetzungen der Urkundenvorlage (Abs. 1)

I. Gegenstand der Vorlage

7   Gegenstand der Vorlageanordnung gemäß Abs. 1 sind **Urkunden** im Sinne von §§ 415 ff. ZPO und sonstige Unterlagen. Unter den Begriff der Urkunde fällt jede schriftlich verkörperte Gedankenäußerung.[17] Zu den **sonstigen Unterlagen** gehören beispielsweise Pläne, Zeichnungen, Tabellenwerke oder Fotografien, sofern diese verkörpert sind und es um deren Aussagegehalt geht.[18] Der Wortlaut der Regelung des § 142 ZPO geht damit vermeintlich weiter als die Vorlageregelungen im PatG oder MarkenG. Diese gestatten nur die Vorlage von Urkunden (§ 140c PatG/§ 19a MarkenG) oder von Bank-, Finanz- oder Handelsunterlagen (§ 140d PatG/§ 19b MarkenG), nicht aber allgemein von sonstigen Unterlagen.

---

[8] Ohne weitere Begründung von der Anwendbarkeit des § 142 Abs. 3 ZPO ausgehend BPatG BeckRS 2012, 18664; GRUR 2001, 774 (775) – Künstliche Atmosphäre. Vgl. auch Ströbele/Hacker/*Knoll* MarkenG § 82 Rn. 63; Ströbele/Hacker/*Hacker* MarkenG § 19a Rn. 4; *Ingerl/Rohnke* MarkenG § 19a Rn. 4; Busse/*Schuster* PatG § 99 Rn. 8; Schulte/*Rinken/Kühnen* PatG § 140c Rn. 90.

[9] Zöller/*Greger* ZPO § 142 Rn. 2; Musielak/Voit/*Stadler* ZPO § 142 Rn. 1.

[10] Vgl. zum aktuellen Streitstand OLG Karlsruhe BeckRS 2014, 05839; KG NJW 2014, 85 (85 ff.).

[11] Offenlassend BGH WuM 2013, 436 (437); BeckRS 2013, 10090. Zwar offen gelassen, aber gemäß der erläuternden Ausführungen eher ablehnend BGH BeckRS 2016, 112023.

[12] KG NJW-RR 2006, 241; OLG Frankfurt a. M. BeckRS 2003, 30305320; OLG Düsseldorf BeckRS 2014, 840.

[13] OLG Düsseldorf BeckRS 2014, 840.

[14] Vgl. im Einzelnen OLG Karlsruhe BeckRS 2014, 05839; KG NJW 2014, 85 (85 ff.); OLG Karlsruhe BeckRS 2016, 112085; OLG Frankfurt a. M. BeckRS 2014, 13890.

[15] Vgl. im Einzelnen OLG Karlsruhe BeckRS 2014, 05839; KG NJW 2014, 85 (85 ff.).

[16] BGH BeckRS 2016, 112023; aA OLG Düsseldorf BeckRS 2014, 8408, das eine Beschwerde gemäß § 567 Abs. 1 Nr. 2 ZPO gegen die Ablehnung der Anordnung und deren Überprüfung durch Zwischenurteil für zulässig erachtet hat.

[17] Zöller/*Greger* ZPO § 142 Rn. 4; Musielak/Voit/*Stadler* ZPO § 142 Rn. 2.

[18] Zöller/*Greger* ZPO § 142 Rn. 4.

Geht es bei den sonstigen Unterlagen allein um deren Augenschein, kommt allerdings nur eine **8**
Anordnung gemäß § 144 Abs. 1 ZPO in Betracht.[19] Entsprechendes gilt für die **Vorlage elektronischer Dokumente**, da diesen im Gegensatz zu Urkunden das Wesensmerkmal einer Verkörperung auf einem unmittelbar, ohne technisches Hilfsmittel wahrnehmbaren Schriftträger fehlt.[20] Für die Vorlage elektronischer Dokumente kommt daher nur § 144 Abs. 1 ZPO in Betracht (vgl. auch § 371 Abs. 1 S. 2 ZPO).

II. Voraussetzungen der Anordnung

Die durch § 142 ZPO vermittelte Aufklärungsbefugnis des Gerichts darf nicht zu einer **Aus-** **9**
forschung schutzwürdiger Geheimbereiche führen und die Grenzen des Parteivortrags überschreiten bzw. außer Acht lassen.[21]

1. Bezugnahme auf die Urkunde oder Unterlage. Voraussetzung für die Anordnung ist daher **10**
zunächst eine **Bezugnahme auf die Urkunde oder Unterlage** durch eine Partei oder einen Streithelfer.[22] Die Bezugnahme kann ausdrücklich oder konkludent erfolgen. Die Bezugnahme auf die Urkunde oder Unterlage muss lediglich derart konkretisiert sein, dass diese für die Partei oder den Dritten, der diese im Besitz hat, **identifizierbar** ist.[23]

Insbesondere bei Urkunden oder Unterlagen im Besitz der gegnerischen Partei oder Dritten sind **11**
keine allzu hohen Anforderungen an eine Bezugnahme der beweisbelasteten Partei zu stellen, da diese hierzu gerade keinen Zugang hat und sich daher etwaig im Beweisnotstand befindet.[24] **Bloße Behauptungen einer Existenz** solcher Urkunden oder Unterlagen ohne nähere Angaben reichen hingegen nicht aus.[25]

Ferner ist § 142 ZPO unabhängig davon anwendbar, welche Partei sich auf die Urkunde bezogen **12**
hat. Die Bezugnahme kann auch durch den beweispflichtigen Prozessgegner erfolgen, ohne dass diesem ein **materiell-rechtlicher Herausgabe- oder Vorlegungsanspruch** zustehen muss.[26]

2. Darlegung der Prozessrelevanz/Wahrscheinlichkeit einer Rechtsverletzung. Ferner müs- **13**
sen die Tatsachen, die sich aus der Urkunde oder sonstigen Unterlage ergeben sollen, substantiiert dargelegt und zugleich die **Prozessrelevanz der vorzulegenden Urkunde oder Unterlage** erläutert werden.[27] Dies setzt grundsätzlich voraus, dass sich die zu erwartenden Erkenntnisse aus der Urkunde oder Unterlage auf den Streitgegenstand beziehen und dies von der Bezug nehmenden Partei schlüssig vorgetragen werden muss.[28]

Das Gericht ist nach § 142 ZPO nicht berechtigt, unabhängig von einem schlüssigen Vortrag zum **14**
Zwecke der **Informationsgewinnung** Urkunden oder Unterlagen von den Parteien oder Dritten anzufordern.[29]

Geht es bei der Vorlage der Urkunde oder Unterlage darum, dass damit eine Rechtsverletzung **15**
bewiesen werden soll, lässt es die Rechtsprechung für eine Anordnung des Gerichts genügen, dass ein **gewisser Grad von Wahrscheinlichkeit für eine Schutzrechtsverletzung** spricht. Dieser Grad besteht schon dann, wenn ungewiss ist, ob eine Rechtsverletzung vorliegt.[30] Lediglich die entfernte Möglichkeit einer Rechtsverletzung reicht hierfür allerdings nicht aus.[31]

Es müssen **konkrete Anhaltspunkte** vorliegen, die die Möglichkeit einer Rechtsverletzung als **16**
wahrscheinlich erscheinen lassen.[32] Bezüglich der Darlegung einer hinreichenden Wahrscheinlichkeit einer Rechtsverletzung kann insbesondere die Rechtsprechung zu §§ 140c, 140d PatG, §§ 19a, 19b MarkenG und §§ 101a, 101b UrhG herangezogen werden, da die Rechtsprechung für die §§ 142, 144 ZPO insofern dieselben Anforderungen stellt.[33]

---

[19] Musielak/Voit/*Stadler* ZPO § 142 Rn. 2.
[20] Musielak/Voit/*Stadler* ZPO § 142 Rn. 2; Musielak/Voit/*Huber* ZPO § 371 Rn. 12.
[21] Zöller/*Greger* ZPO § 142 Rn. 2.
[22] Zöller/*Greger* ZPO § 142 Rn. 6; Musielak/Voit/*Stadler* ZPO § 142 Rn. 4.
[23] Zöller/*Greger* ZPO § 142 Rn. 6; Musielak/Voit/*Stadler* ZPO § 142 Rn. 4.
[24] Musielak/Voit/*Stadler* ZPO § 142 Rn. 4.
[25] BGH NJW 2007, 2989 (2992); Zöller/*Greger* ZPO § 142 Rn. 6; Musielak/Voit/*Stadler* ZPO § 142 Rn. 4.
[26] BGH NJW 2007, 2989 (2992).
[27] Zöller/*Greger* ZPO § 142 Rn. 6.
[28] Vgl. BGH NJW-RR 2008, 865; OLG Düsseldorf BeckRS 2015, 16355; 2015, 16357; LG Mannheim 4.5.2010 – 2 O 142/08; LG Düsseldorf 6.6.2002 – 4a O 86/01; Zöller/*Greger* ZPO § 142 Rn. 6.
[29] BGH NJW 2007, 2989 (2992); LG Düsseldorf 6.6.2002 – 4a O 86/01.
[30] BGH GRUR 1985, 512 – Druckbalken; BGH GRUR 2002, 1046 – Faxkarte; BGH GRUR 2006, 962 (966) – Reststoffschadentfernung; BGH GRUR 2013, 316 (318) – Rohrmuffe; OLG Düsseldorf GRUR-RS 2020, 39519 – Aufweckverfahren.
[31] BGH GRUR 2006, 962 (966 f.) – Reststoffschadentfernung.
[32] BGH GRUR 2006, 962 (966 f.) – Reststoffschadentfernung; OLG Düsseldorf BeckRS 2015, 16355; Schulte/Rinken/*Kühnen* PatG § 140c Rn. 12.
[33] BGH GRUR 2006, 962 (966 f.) – Restschadstoffentfernung mwN; BGH GRUR 2013, 316 (318) – Rohrmuffe; BGH GRUR 2002, 1046 – Faxkarte; OLG Düsseldorf BeckRS 2015, 16355; 2015, 16357.

17 In **patentrechtlichen Streitigkeiten** können sich solche Anhaltspunkte beispielsweise aus der Tatsache ergeben,[34]
- dass der vermeintliche Verletzer patentverletzende Parallelprodukte im Ausland vertreibt,
- dass einzelne Ausstattungsmerkmale bekannt sind und die Art und Weise der Bewerbung des Produkts oder die Annahme der Einhaltung von Industriestandards die Verwirklichung der Merkmale des Patents im Übrigen nahe legen,
- dass im Falle eines Verfahrenspatents Maschinen eingesetzt werden, die in der Regel die Anwendung des patentierten Verfahrens ermöglichen.

Trägt die darlegungs- und beweisbelastete Partei aber lediglich vor, dass sie die Verwirklichung eines technischen Merkmals des Patents nicht ausschließen könne, und bestehen über die theoretische Möglichkeit hinaus auch keine konkreten Anhaltspunkte hierfür, reicht dies für eine Anordnung durch das Gericht nicht aus.[35]

18 In **markenrechtlichen Streitigkeiten** bezieht sich die Vorlage von Urkunden oder Unterlagen in der Regel nicht auf den Verletzungsgegenstand als solchen. Dieser ist zumeist frei zu erwerben, so dass eine dahingehende Anordnung des Gerichts nicht verhältnismäßig wäre. Vielmehr ist dies durch die beweisbelastete Partei zu besorgen.[36] Es kann bei der Vorlage aber beispielsweise um Fragen der Erschöpfung oder den Umfang der Verletzungshandlungen gehen.

19 Ist aufgrund des übrigen Vortrags der Parteien erkennbar, dass selbst bei Vorlage der Urkunde oder Unterlage aus anderen Gründen dem Begehren der jeweiligen Partei nicht stattgegeben werden kann, scheidet eine Vorlageanordnung nach § 142 ZPO ebenfalls aus.[37] Für die **anderen Voraussetzungen** wie zum Beispiel Inhaberschaft des Schutzrechts bzw. Aktivlegitimation oder die Rechtserhaltung des Schutzrechts (zB rechtserhaltene Benutzung im Markenrecht) oder Einwendungen wie zum Beispiel Erschöpfung der Rechte oder Verjährung genügt eine hinreichende Wahrscheinlichkeit nicht, sofern die Vorlage der Urkunde oder Unterlage nicht den Beweis dieser Voraussetzungen jeweils bezwecken soll.[38]

20 3. **Verhältnismäßigkeit und Angemessenheit.** Zudem muss die Vorlegung zur Aufklärung des Sachverhalts **geeignet und erforderlich** sowie auch unter Berücksichtigung der rechtlich geschützten Interessen des zur Vorlage Verpflichteten **verhältnismäßig und angemessen** sein.[39]

21 Das Gericht hat für die Abwägung der Sachlage auf die **Intensität des Eingriffs** in das Schutzrecht und in die rechtlich geschützten Interessen des von der Vorlage Betroffenen abzustellen.[40] Die Berücksichtigung der Interessen der betroffenen Partei ergibt sich allerdings nicht aus der entsprechenden Anwendung des § 142 Abs. 2 ZPO, sondern lässt sich aus **verfassungsrechtlichen Vorgaben** wie zum Beispiel Art. 12 Abs. 1 und Art. 14 GG ableiten.[41]

22 Insofern sind insbesondere berechtige **Belange des Geheimnis- oder Persönlichkeitsschutzes** zu berücksichtigen.[42] Im Bereich des gewerblichen Rechtsschutzes ist im Rahmen einer Vorlageanordnung insbesondere der Schutz von **Betriebs- und Geschäftsgeheimnissen** zu berücksichtigen und zu gewährleisten.[43] Auch die Vorlage von Unterlagen mit einem höchstpersönlichen Inhalt (zB Tagebücher) oder die Korrespondenz mit dem Anwalt sind in der Regel unzumutbar für den Betroffenen.[44] Zudem können auch Vertraulichkeitsanordnungen gegen die Vorlage bestimmter Dokumente sprechen, insbesondere wenn diese einem Anwalt auferlegt sind.[45]

23 Für den Schutz der Belange der betroffenen Partei oder eines Dritten kommt die Einschaltung einer zur Verschwiegenheit verpflichteten Person in der Regel nicht in Betracht, da ein solches „**in camera**"-Verfahren für die §§ 142, 144 ZPO nicht vorgesehen ist.[46] Eingriffen in die Rechte der Parteien oder Dritter kann das Gericht allerdings durch **gerichtliche Schutzanordnungen und Vertraulichkeitsvereinbarungen** zwischen den Parteien Rechnung tragen. Das Gericht kann insbesondere den Zugang und Umgang mit vertraulichen Informationen, die Betriebs- und Geschäftsgeheimnisse und Gegenstand von Geheimhaltungsmaßnahmen sind (§ 2 Nr. 1 GeschGehG), bei den Parteien, Sachverständigen, den Parteivertretern und Privatsachverständigen und bei Gericht regeln. Das Gericht kann hierzu Regelungen zu Übermittlung, Speicherung und Löschung der Informatio-

---

[34] Vgl. zu § 140c PatG Schulte/*Rinken/Kühnen* PatG § 140c Rn. 12.
[35] OLG Düsseldorf BeckRS 2015, 16355; GRUR-RS 2020, 39519 – Aufweckverfahren.
[36] *Ingerl/Rohnke* MarkenG § 19a Rn. 9.
[37] Vgl. zu § 140c PatG Schulte/*Rinken/Kühnen* PatG § 140c Rn. 12.
[38] Vgl. BGH GRUR 2013, 509 (510) – UniBasic-IDOS (bzgl. Urheberrecht); OLG Hamburg BeckRS 2009, 09886; OLG Frankfurt a. M. BeckRS 2011, 18385.
[39] BGH GRUR 2013, 316 (318) – Rohrmuffe; BGH GRUR 2006, 962 (966 f.) – Reststoffschadentfernung.
[40] BGH GRUR 2006, 962 (967) – Restschadstoffentfernung.
[41] BGH GRUR 2006, 962 (967) – Restschadstoffentfernung; LG München I BeckRS 2021, 12925 – Geheimnisschutz bei Geschäftsgeheimnisverwertung in Gutachten.
[42] BT-Drs. 14/6036, 120; BGH NJW 2007, 2989 (2992); OLG München GRUR-RS 2019, 41076.
[43] Zöller/*Greger* ZPO § 142 Rn. 8.
[44] Zöller/*Greger* ZPO § 142 Rn. 8.
[45] OLG München GRUR-RS 2019, 41076.
[46] BGH GRUR 2006, 962 (966) – Restschadstoffentfernung.

nen, dem Kreis der Zugangsberechtigten, dem Verwendungszweck und der Darstellung in Gutachten, Schriftsätzen, mündlicher Verhandlung und Urteil alle Stadien der Beweisaufnahme und des Verfahrens aufstellen.[47] Insbesondere ist bei den vorzulegenden Urkunden oder Unterlagen eine teilweise Schwärzung gestattet, sofern bestimmte Informationen in diesen Unterlagen keine Relevanz für den Prozessstoff haben (→ Rn. 28). Soweit das Gericht dies zum Schutz der Vertraulichkeit für nicht ausreichend erachtet, kann es den Parteien ergänzend aufgegeben, eine Vertraulichkeitsvereinbarung abzuschließen. Damit soll der Partei, die die vertraulichen Informationen zur Verfügung stellen muss, ein effektives Sanktionsmittel im Falle der Verletzung der Vertraulichkeit an die Hand gegeben werden.[48]

III. Adressat der Anordnung

24 Adressat der gerichtlichen Anordnung kann nach dem Wortlaut jede Partei oder auch ein Dritter sein. Es kann damit grundsätzlich jedermann von der Anordnung erfasst werden, der aus Sicht des Gerichts als **unmittelbarer oder mittelbarer Besitzer** die Urkunde oder sonstige Unterlage herausgeben kann.[49] Dies kann insbesondere auch die nicht darlegungs- und beweispflichtige Partei sein.[50] Ferner kommen als Adressat einer Anordnung auch juristische Personen in Betracht.[51]

IV. Weigerungsrecht Dritter (Abs. 2)

25 Das Weigerungsrecht nach § 142 Abs. 2 ZPO stellt eine Besonderheit dar, sofern die Vorlageanordnung gegenüber einem Dritten ergeht. Auf die Parteien ist § 142 Abs. 2 ZPO auch **nicht analog anwendbar**.[52] Besondere Interessen der Parteien, die gegen eine Vorlage sprechen, sind allein im Rahmen der allgemeinen Ermessensausübung des Gerichts (einschließlich der Prüfung der Verhältnismäßigkeit und Zumutbarkeit einer Anordnung) und bei einer Weigerung ggf. im Rahmen der Beweiswürdigung zu berücksichtigen.[53]

26 Dritte sind hingegen berechtigt, die Vorlage einer in ihrem Besitz befindlichen Urkunde oder Unterlage mit Verweis auf die **Unzumutbarkeit oder des Bestehens eines Zeugnisverweigerungsrechts** gemäß §§ 383–385 ZPO zu verweigern.

27 Die §§ 383, 384 ZPO sehen ein Zeugnisverweigerungsrecht **aus persönlichen und sachlichen Gründen** vor. Für den gewerblichen Rechtsschutz ist insbesondere das Zeugnisverweigerungsrecht aus sachlichen Gründen nach § 384 Nr. 1 ZPO (unmittelbarer vermögensrechtlicher Schaden) und § 384 Nr. 3 ZPO (Offenbarung eines Gewerbegeheimnisses) relevant. § 385 ZPO sieht hierzu teilweise Ausnahmen vor, in denen das Zeugnisverweigerungsrecht wiederum nicht besteht.

28 Eine **Unzumutbarkeit der Vorlage** kann bestehen, wenn mit der Vorlage für den Dritten ein erheblicher Aufwand oder eine erhebliche Störung der geschäftlichen Tätigkeit verbunden ist oder hierdurch ein Eingriff in die Privatsphäre des Dritten stattfindet.[54] Allerdings kann die Unzumutbarkeit beseitigt werden, wenn beispielsweise eine Kostenerstattung stattfindet oder eine Schwärzung der für den Dritten problematischen Passagen in der Anordnung vorgesehen ist.[55]

V. Anordnung des Gerichts

29 Das Gericht kann bei Vorliegen der vorgenannten Voraussetzungen eine **Vorlageanordnung** durch einen nicht anfechtbaren Beschluss oder eine vorbereitende Verfügung des Vorsitzenden Richters gemäß § 273 Abs. 2 Nr. 5 ZPO treffen.[56]

30 Die Entscheidung steht dem Wortlaut nach grundsätzlich im **Ermessen des Gerichts**. Allerdings hat das Gericht dieses Ermessen auch ausüben und im Urteil zu dokumentieren, wenn die Voraussetzungen für eine Vorlageanordnung im Übrigen bestehen. Es muss daher im Urteil deutlich machen, dass es von einem ihm eingeräumten Ermessen überhaupt Gebrauch gemacht hat.[57]

31 § 142 ZPO hat auch gegenüber der nicht beweisbelasteten Partei im **Verhältnis zu den §§ 422, 423 ZPO** einen eigenständigen Anwendungsbereich. Ermessens- und damit rechtsfehlerhaft iSd § 139 ZPO ist es daher, wenn das Gericht eine Anordnung nach § 142 ZPO gegenüber der nicht beweisbe-

---

[47] Vgl. hierzu die detaillierten Vorgaben vom LG München I BeckRS 2021, 12925 – Geheimnisschutz bei Geschäftsgeheimnisverwertung in Gutachten.
[48] LG München I BeckRS 2021, 12925 – Geheimnisschutz bei Geschäftsgeheimnisverwertung in Gutachten.
[49] Zöller/*Greger* ZPO § 142 Rn. 9; Musielak/Voit/*Stadler* ZPO § 142 Rn. 3.
[50] BGH NJW 2007, 2989 (2991).
[51] BGH NJW 2007, 155.
[52] Zöller/*Greger* ZPO § 142 Rn. 14.
[53] Zöller/*Greger* ZPO § 142 Rn. 14.
[54] Zöller/*Greger* ZPO § 142 Rn. 12.
[55] BGH GRUR 2006, 962 (967) – Restschadstoffentfernung; Zöller/*Greger* ZPO § 142 Rn. 12.
[56] Zöller/*Greger* ZPO § 142 Rn. 3.
[57] BGH NJW 2007, 2989 (2992).

lasteten Partei mit der Begründung unterlässt, weil es die Regelungen zur Vorlage nach §§ 422, 423 ZPO als vorrangig ansieht und diese im konkreten Fall nicht erfüllt sind.[58]

32 Das Gericht kann zur Vorlage gemäß § 142 Abs. 1 S. 2 ZPO eine Frist setzen und den Verbleib der Urkunde oder Unterlage auf der Geschäftsstelle für eine bestimmte Dauer anordnen, ohne dass diese Bestandteil der Gerichtsakte werden. Die Parteien haben in dieser Zeit jeweils ein **Einsichtsrecht** gemäß § 134 Abs. 2 ZPO.[59]

33 Die Parteien sind bei einer Anordnung, die das Gericht nach § 142 ZPO getroffen hat, **zur Vorlage verpflichtet.** Ihnen steht kein Weigerungsrecht nach Abs. 2 zu. Folgen sie der Anordnung nicht, ist das Gericht aber von der Existenz und dem Besitz durch die Partei überzeugt, kann das Gericht dies gemäß § 286 ZPO frei würdigen. Eine anderweitige Sanktions- oder gar Durchsetzungsmöglichkeit gegenüber den Parteien ist gesetzlich nicht vorgesehen.

34 **Gegenüber Dritten** gelten insofern gemäß Abs. 2 S. 1 die Regelungen der §§ 386–390 ZPO.[60] § 390 ZPO sieht ua die Möglichkeit eines Ordnungsgeldes und einer Ordnungshaft im Wiederholungsfall vor, um die Vorlage zu erzwingen.

VI. Vorlageanordnungen in ausländischen Verfahren

35 Fraglich ist, ob der Rechtsgedanke des § 142 ZPO auch auf die Vorlage von Urkunden oder Unterlagen anwendbar ist, die im Rahmen eines ausländischen Beweissicherungsverfahrens angefordert werden.[61] Dies betrifft insbesondere Unterlagen, die im sog. „discovery"-Verfahren bzw. „pre-trial discovery of documents" nach US-amerikanischem Recht angefordert werden.

36 Gemäß Art. 23 HBÜ kann jeder Vertragsstaat im Falle einer entsprechenden Erklärung Rechtshilfeersuchen nicht erledigen, die in Verfahren zum Gegenstand haben, das in den Ländern des „Common Law" unter der Bezeichnung „pre-trial discovery of documents" bekannt ist. § 14 Abs. 1 AusfG HBÜ sieht für Deutschland vor, dass Rechtshilfeersuchen, die ein Verfahren nach Art. 23 HBÜ zum Gegenstand haben, nicht erledigt werden. Diese Regelung ist auch nach der Neuregelung des § 142 ZPO nicht einschränkend auszulegen.[62]

D. Vorlage von Übersetzungen fremdsprachiger Urkunden (Abs. 3)

37 § 184 GVG sieht vor, dass die **Gerichtssprache deutsch** ist. Die Kommunikation der Prozessbeteiligten untereinander ist daher grundsätzlich in deutscher Sprache zu führen.[63] § 142 Abs. 3 S. 1 ZPO sieht vor diesem Hintergrund vor, dass das Gericht die Beibringung einer Übersetzung von in fremder Sprache abgefasster Urkunden anordnen kann.

38 Allerdings folgt weder aus § 142 Abs. 3 ZPO noch aus § 184 GVG die **Pflicht, fremdsprachige Urkunden** in bzw. mit Übersetzung vorzulegen, damit diese berücksichtigt werden.[64] Zumindest wenn alle Beteiligten die fremde Sprache beherrschen und das Schriftstück eindeutig verstehen können, kann das Gericht von der Vorlage einer Übersetzung absehen.[65] Insbesondere die Partei, von der eine Urkunde stammt, kann sich in solchen Fällen nicht auf die Nichtbeachtung der Gerichtssprache berufen.

39 Aber selbst wenn nicht alle Beteiligten die Sprache verstehen sondern nur das Gericht, kann dieses von der Beibringung einer Übersetzung absehen.[66] Die übrigen Beteiligten können bzw. müssen in diesem Fall **selbst Übersetzungen anfertigen lassen,** wobei die Kosten hierfür nach (§ 84 Abs. 2 S. 2 PatG iVm) § 91 ZPO geltend gemacht werden können.[67] Eine Reduktion des gerichtlichen Ermessens kommt allenfalls in Betracht, wenn eine Partei dartut, dass sie sich aus bestimmten Gründen keine Übersetzung verschaffen kann.[68] Da bei Patentschriften in englischer Sprache aber mittlerweile in den meisten Fällen Maschinenübersetzungen herangezogen werden können, kann das Gericht bei entsprechender eigener Sprachkenntnis für eingereichte Druckschriften von der Beibringung einer Übersetzung regelmäßig absehen können.[69]

40 Legt eine Partei eine vom Gericht ihr gegenüber angeordnete Übersetzung nicht vor, hat dies dieselbe Wirkung wie eine **Verweigerung der Vorlage der Urkunde** als solche.[70]

---

[58] BGH NJW 2007, 2989 (2991 f.).
[59] Musielak/Voit/*Stadler* ZPO § 142 Rn. 6; Zöller/*Greger* ZPO § 142 Rn. 16.
[60] Zöller/*Greger* ZPO § 142 Rn. 15.
[61] Vgl. hierzu Busse/*Keukenschrijver/Kaess* PatG § 140c Rn. 60 ff.; Schulte/*Rinken/Kühnen* PatG § 140c Rn. 93 f.
[62] OLG Frankfurt a. M. BeckRS 2013, 12264; OLG Düsseldorf BeckRS 2013, 13986; OLG Celle NJW-RR 2008, 78.
[63] OLG Frankfurt a. M. GRUR-RR 2005, 394 (395) – Bluttest.
[64] OLG Frankfurt a. M. GRUR-RR 2005, 394 (395) – Bluttest.
[65] OLG Zweibrücken NJWE-WettbR 1998, 267 (268).
[66] BGH NJW 1989, 1432 (1433); BPatG GRUR 2001, 774 – Künstliche Atmosphäre; BPatG BeckRS 2012, 18664 – Bildaufzeichnungssystem; Zöller/*Greger* ZPO § 142 Rn. 17.
[67] BPatG GRUR 2001, 774 (775) – Künstliche Atmosphäre.
[68] BPatG GRUR 2001, 774 (775) – Künstliche Atmosphäre.
[69] BPatG BeckRS 2012, 18664 – Bildaufzeichnungssystem.
[70] Zöller/*Greger* ZPO § 142 Rn. 17.

§ 143 Anordnung der Aktenübermittlung

Das Gericht kann anordnen, dass die Parteien die in ihrem Besitz befindlichen Akten vorlegen, soweit diese aus Dokumenten bestehen, welche die Verhandlung und Entscheidung der Sache betreffen.

A. Allgemein

Zweck der Regelung ist die **(Wieder-)Herstellung vollständiger Gerichtsakten**.[1] Umstritten ist, ob die Regelung auch für die Vervollständigung der Akten des Gegners anwendbar ist, wovon überwiegend ausgegangen wird.[2] § 143 ZPO ist zugleich in Abgrenzung zu § 142 ZPO zu lesen und bezieht sich daher nicht auf die Übermittlung von Akten, die nicht Gegenstand des Verfahrens gewesen sind.[3]   **1**

B. Anwendbarkeit in Verfahren vor dem Patentgericht

Die Regelung des § 141 ZPO ist auch in patentgerichtlichen Verfahren über § 99 Abs. 1 PatG und § 82 Abs. 1 MarkenG **uneingeschränkt anwendbar**.[4] Weder im PatG noch im MarkenG besteht insofern eine vergleichbare Regelung. Der Zweck dieser Regelung unterstützt grundsätzlich den in patentgerichtlichen Verfahren geltenden Untersuchungsgrundsatz, so dass für eine Anwendung auch keine Einwände bestehen.   **2**

C. Voraussetzungen

§ 143 ZPO ist nur dahingehend zu verstehen, dass auf Anordnung des Gerichts von einer Partei in ihrem Besitz befindliche Dokumente – auch elektronischer Art – vorgelegt werden (sollen), die bereits **Bestandteil der Gerichtsakten oder der Akten des Prozessgegners** gewesen sind.[5] Es soll damit sichergestellt sein, dass die Akten jeweils vollständig sind. Für andere Zwecke, beispielsweise zur Amtsermittlung oder sonstigen Informationsgewinnung, kann die Regelung nicht herangezogen werden.[6]   **3**

Die **Anordnung zur Vorlage** darf sich nur auf die im Besitz der Parteien befindlichen Aktendokumente beziehen, nicht auf Dokumente im Besitz von Dritten.[7] Die Vorlage ist nicht erzwingbar, kann aber bei Nichtbefolgung der Anordnung gemäß § 286 ZPO im Rahmen der freien Beweiswürdigung mit berücksichtigt werden, wenn der Inhalt ermittelbar ist.[8] Die Anordnung kann in der mündlichen Verhandlung durch Gerichtsbeschluss und außerhalb durch eine Verfügung des Gerichts ergehen, jeweils mit einer kurzen Begründung.[9]   **4**

§ 144 Augenschein; Sachverständige

(1) ¹Das Gericht kann die Einnahme des Augenscheins sowie die Hinzuziehung von Sachverständigen anordnen. ²Es kann zu diesem Zweck einer Partei oder einem Dritten die Vorlegung eines in ihrem oder seinem Besitz befindlichen Gegenstandes aufgeben und hierfür eine Frist setzen. ³Es kann auch die Duldung der Maßnahme nach Satz 1 aufgeben, sofern nicht eine Wohnung betroffen ist.

(2) ¹Dritte sind zur Vorlegung oder Duldung nicht verpflichtet, soweit ihnen diese nicht zumutbar ist oder sie zur Zeugnisverweigerung gemäß den §§ 383 bis 385 berechtigt sind. ²Die §§ 386 bis 390 gelten entsprechend.

(3) Die Vorschriften, die eine auf Antrag angeordnete Einnahme des Augenscheins oder Begutachtung durch Sachverständige zum Gegenstand haben, sind entsprechend anzuwenden.

---

[1] Zöller/*Greger* ZPO § 143 Rn. 1; Musielak/Voit/*Stadler* ZPO § 143 Rn. 1.
[2] Vgl. Musielak/Voit/*Stadler* ZPO § 143 Rn. 1 mwN; aA Zöller/*Greger* ZPO § 143 Rn. 1, nur anwendbar für Gerichtsakten.
[3] OLG Frankfurt a. M. BeckRS 2013, 18862.
[4] Ströbele/Hacker/*Knoll* MarkenG § 82 Rn. 63; Busse/*Schuster* PatG § 99 Rn. 8.
[5] Musielak/Voit/*Stadler* ZPO § 143 Rn. 1; OLG Frankfurt a. M. BeckRS 2013, 18862.
[6] OLG Braunschweig BeckRS 2020, 32401; OLG Frankfurt a. M. BeckRS 2013, 18862. Insofern missverständlich LG Düsseldorf BeckRS 2017, 120734.
[7] Musielak/Voit/*Stadler* ZPO § 143 Rn. 2.
[8] Zöller/*Greger* ZPO § 143 Rn. 2; Musielak/Voit/*Stadler* ZPO § 143 Rn. 2.
[9] Musielak/Voit/*Stadler* ZPO § 143 Rn. 2.

Übersicht

	Rn.
A. Allgemein	1
B. Anwendbarkeit und Besonderheiten in Verfahren des gewerblichen Rechtsschutzes	3
I. Anwendbarkeit in patentgerichtlichen Verfahren	3
II. Anwendbarkeit im selbständigen Beweisverfahren	4
C. Voraussetzungen der Anordnung	5
I. Allgemein	5
II. Prozessrelevanz/Wahrscheinlichkeit einer Rechtsverletzung	7
III. Einnahme des Augenscheins	9
IV. Begutachtung durch Sachverständigen	13
V. Adressat der Anordnung	24
VI. Weigerungsrecht Dritter (Abs. 2)	25
VII. Ermessen des Gerichts	26
1. Allgemein	26
2. Patentrecht	27
3. Markenrecht	30
4. Ausübung des Ermessens	33
VIII. Anordnung des Gerichts	37

A. Allgemein

1 Die Anordnungsbefugnis des Gerichts zur Einnahme des Augenscheins oder Begutachtung durch einen Sachverständigen gemäß § 144 ZPO dient wie auch die Möglichkeit der Vorlage von Urkunden oder Unterlagen gemäß § 142 ZPO dazu, dass das Gericht sich **zum besseren Verständnis des Prozessstoffes Informationen verschaffen** kann oder den Sachverhalt mittels Vorlage von Beweismitteln aufklären kann.[1] Nachfolgend wird hierzu auf die ausführlichen Erläuterungen bei § 142 ZPO verwiesen, sofern es sich nicht um Besonderheiten des § 144 ZPO handeln sollte.

2 Die Regelung schränkt mit der Aufklärung von Amts wegen den Beibringungsgrundsatz ein.[2] Die Anordnungsbefugnisse der §§ 142, 144 ZPO ermöglichen neben §§ 140c, 140d PatG, § 24c GebrMG, §§ 19a, 19b, 128 und 135 MarkenG, § 9 Abs. 2 HalbleiterschutzG, § 37c SortenschutzG, §§ 101a, 101b UrhG und §§ 809, 810 BGB die Sachaufklärung.[3] Wie bei den spezialgesetzlichen Regelungen der gewerblichen Schutzrechte und des Urheberrechts verlangt die Rechtsprechung für eine gerichtliche Anordnung nach §§ 142, 144 ZPO allerdings einen **gewissen Grad an Wahrscheinlichkeit einer Rechtsverletzung**.[4]

B. Anwendbarkeit und Besonderheiten in Verfahren des gewerblichen Rechtsschutzes

I. Anwendbarkeit in patentgerichtlichen Verfahren

3 Die Regelung des § 144 ZPO ist in patentgerichtlichen Verfahren bereits über den Verweis in § 87 Abs. 2 S. 2 PatG bzw. § 73 Abs. 2 S. 2 MarkenG auf § 273 Abs. 2 Nr. 5 ZPO (mit Verweis auf Anordnungen nach §§ 142, 144 ZPO), jedenfalls aber über § 99 Abs. 1 PatG und § 82 Abs. 1 MarkenG **uneingeschränkt anwendbar** (→ § 142 Rn. 4 für weitere Nachweise).[5]

II. Anwendbarkeit im selbständigen Beweisverfahren

4 Ob und inwieweit die Regelungen der §§ 142, 144 ZPO im selbständigen Beweisverfahren Anwendung finden und eine Anordnung auf Duldung der Vorlage nach § 142 ZPO oder auf Duldung der Begutachtung nach § 144 ZPO, also auf Veranlassung des Gerichts ergehen darf, ist **umstritten**[6] und bislang vom BGH noch nicht (ausdrücklich) entschieden worden.[7] Die aktuelle Rechtsprechung geht mit zutreffender Begründung mehrheitlich davon aus, dass **eine (analoge) Anwendung der**

---

[1] Musielak/Voit/*Stadler* ZPO § 144 Rn. 1; Zöller/*Greger* ZPO § 144 Rn. 1.
[2] Musielak/Voit/*Stadler* ZPO § 144 Rn. 1; Zöller/*Greger* ZPO § 144 Rn. 1.
[3] Schulte/*Rinken/Kühnen* PatG § 140c Rn. 90; Schricker/*Wild* UrhG § 102a Rn. 8.
[4] BGH GRUR 2006, 962 (966) – Restschadstoffentfernung; BGH GRUR 2013, 316 (318) – Rohrmuffe; BGH GRUR 2002, 1046 – Faxkarte; BGH BeckRS 2013, 06314 – UniBasic-IDOS.
[5] Ohne weitere Begründung der Anwendbarkeit ausgehend BPatG Mitt. 2014, 30 (Leitsatz); BPatG GRUR 2001, 774 (775) – Künstliche Atmosphäre. Vgl. auch Ströbele/Hacker/*Knoll* MarkenG § 82 Rn. 63; Ströbele/Hacker/*Hacker* MarkenG § 19a Rn. 4; *Ingerl/Rohnke* MarkenG § 19a Rn. 4; Busse/*Schuster* PatG § 99 Rn. 8; Schulte/*Rinken/Kühnen* PatG § 140c Rn. 90.
[6] Vgl. zum aktuellen Streitstand OLG Karlsruhe BeckRS 2014, 05839; KG NJW 2014, 85 (85 ff.).
[7] Offenlassend BGH WuM 2013, 436 (437); BGH BeckRS 2013, 10090. Zwar offengelassen, aber gemäß der erläuternden Ausführungen eher ablehnend BGH BeckRS 2016, 112023.

§§ 142, 144 ZPO nicht in Betracht kommt (→ § 142 Rn. 5 f. für Einzelheiten).⁸ Zumindest besteht gemäß BGH kein (gesondertes) Beschwerderecht gegen die Ablehnung einer Anordnung gemäß §§ 142, 144 ZPO.⁹

C. Voraussetzungen der Anordnung

I. Allgemein

Die Anordnungsbefugnis nach § 144 ZPO steht im Ermessen des Gerichts. Das Gericht darf hierbei aber nicht die Grenzen des Parteivortrags überschreiten und mittels der Anordnung **eine unzulässige Ausforschung** zugunsten einer Partei betreiben.¹⁰ Ermessensfehlerhaft handelt das Gericht allerdings, wenn es die Anordnungsbefugnis des § 144 ZPO gar nicht in Erwägung zieht (→ Rn. 29 und → ZPO § 142 Rn. 31 f. für weitere Nachweise).¹¹

Sowohl im Rahmen der Augenscheinnahme als auch bei einem Sachverständigengutachten können Beweismittel gewonnen werden.¹² § 144 Abs. 3 ZPO erklärt aus diesem Grund die **zivilprozessualen Beweisregelungen** zur Augenscheinnahme gemäß §§ 371 ff. ZPO und zum Sachverständigengutachten gemäß §§ 402 ff. ZPO für entsprechend anwendbar.

II. Prozessrelevanz/Wahrscheinlichkeit einer Rechtsverletzung

Die Anforderungen an die Prozessrelevanz sind gering. Entscheidend ist lediglich, dass ein **schlüssiger Parteivortrag** beispielsweise zum Gegenstand des Augenscheins oder der Besichtigung bzw. Begutachtung erfolgte¹³ und sich eine streitige Tatsache durch die Augenscheinnahme oder das Sachverständigengutachten ggf. aufklären lässt. Es muss aber der Nachweis der übrigen Voraussetzungen des geltend gemachten Anspruchs bereits bis zu einem Punkt erbracht sein, an dem nur noch die Augenscheinnahme oder das Sachverständigengutachten fehlt, um letzte Klarheit zu schaffen.¹⁴ Ist beispielsweise noch nicht geklärt, ob der Kläger überhaupt über ein ausschließliches Nutzungsrecht an der fraglichen Software verfügt, kann der Beklagte (noch) nicht zur Vorlage des Quellcodes zwecks Feststellung einer Übereinstimmung mit der klägerischen Software verpflichtet werden.¹⁵

Geht es bei der Augenscheinnahme oder dem Sachverständigengutachten um den Beweis einer Rechtsverletzung, muss nach der Rechtsprechung für eine Anordnung des Gerichts ein **gewisser Grad von Wahrscheinlichkeit für eine Schutzrechtsverletzung** vorliegen. Dieser Grad besteht schon dann, wenn ungewiss ist, ob eine Rechtsverletzung vorliegt.¹⁶ Lediglich die entfernte Möglichkeit einer Rechtsverletzung reicht hierfür allerdings nicht aus (→ § 142 Rn. 15 ff. für weitere Einzelheiten).¹⁷ Bezüglich der Darlegung einer hinreichenden Wahrscheinlichkeit einer Rechtsverletzung kann insbesondere die Rechtsprechung zu §§ 140c, 140d PatG, §§ 19a, 19b MarkenG und §§ 101a, 101b UrhG herangezogen werden, da die Rechtsprechung für die §§ 142, 144 ZPO insofern dieselben Anforderungen stellt.¹⁸

III. Einnahme des Augenscheins

Die Aufklärung streitiger Tatsachen oder Behauptungen erfolgt bei der Einnahme des Augenscheins durch die **eigene gegenständliche Wahrnehmung**.¹⁹ Objekt des Augenscheins kann eine Person oder Sache oder ein damit im Zusammenhang stehender Vorgang sein, der einer sinnlichen Wahrnehmung, also durch Sehen, Hören, Riechen, Schmecken oder Fühlen zugänglich ist.²⁰

---

⁸ Vgl. im Einzelnen OLG Karlsruhe BeckRS 2014, 05839; KG NJW 2014, 85 (85 ff.); OLG Karlsruhe BeckRS 2016, 112085; OLG Frankfurt a. M. BeckRS 2014, 13890; aA KG NJW-RR 2006, 241; OLG Düsseldorf BeckRS 2014, 8408.
⁹ BGH BeckRS 2016, 112023; aA OLG Düsseldorf BeckRS 2014, 8408, das eine Beschwerde gemäß § 567 Abs. 1 Nr. 2 ZPO gegen die Ablehnung der Anordnung und deren Überprüfung durch Zwischenurteil für zulässig erachtet hat.
¹⁰ Musielak/Voit/*Stadler* ZPO § 144 Rn. 3.
¹¹ Vgl. Musielak/Voit/*Stadler* ZPO § 144 Rn. 4.
¹² Zöller/*Greger* ZPO § 144 Rn. 1.
¹³ Siehe hierzu § 371 Abs. 1 S. 1 ZPO. Vgl. auch OLG Karlsruhe BeckRS 2014, 05839.
¹⁴ Vgl. BGH GRUR 1985, 512 (516) – Druckbalken.
¹⁵ BGH BeckRS 2013, 06314 – UniBasic-IDOS.
¹⁶ BGH GRUR 1985, 512 (516) – Druckbalken; BGH GRUR 2002, 1046 – Faxkarte; BGH GRUR 2006, 962 (966) – Reststoffschadentfernung; BGH GRUR 2013, 316 (318) – Rohrmuffe; BGH BeckRS 2013, 06314 – UniBasic-IDOS.
¹⁷ BGH GRUR 2006, 962 (966) – Reststoffschadentfernung.
¹⁸ BGH GRUR 2006, 962 (966) – Restschadstoffentfernung; BGH GRUR 2013, 316 (318) – Rohrmuffe; BGH GRUR 2002, 1046 – Faxkarte.
¹⁹ Zöller/*Greger* ZPO § 371 Rn. 1; Musielak/Voit/*Huber* ZPO § 371 Rn. 3.
²⁰ Zöller/*Greger* ZPO § 371 Rn. 1; Musielak/Voit/*Huber* ZPO § 371 Rn. 3 f., 6.

10 Das Objekt des Augenscheins muss **hinreichend identifizierbar** sein. Bei einer Formulierung wie zum Beispiel „die zu begutachtenden Konstruktionspläne", die einen Zusammenhang mit einem konkretisierten Patentanspruch aufweisen sollen, ist der Gegenstand des Augenscheins noch unklar und nicht hinreichend genau bezeichnet.[21]

11 In der Regel setzt die Einnahme des Augenscheins eine eigene Wahrnehmung des Gerichts voraus. Das Gericht ist nach § 372 ZPO allerdings befugt, bei der Einnahme des Augenscheins einen **Sachverständigen hinzuziehen** oder diesem die Einnahme des Augenscheins sogar vollständig zu übertragen (sog. Augenscheingehilfe).[22]

12 Die **Vorlage oder Übermittlung elektronischer Dokumente** stellt eine Einnahme des Augenscheins gemäß § 371 Abs. 1 S. 2 ZPO dar und richtet sich somit nach § 144 ZPO und nicht nach § 142 ZPO (→ § 142 Rn. 8).

IV. Begutachtung durch Sachverständigen

13 Hinsichtlich der Voraussetzungen für die Begutachtung durch einen Sachverständigen kann im Wesentlichen auf die Rechtsprechung zu den **spezialgesetzlichen Besichtigungsansprüchen** verwiesen werden.[23]

14 Mit der Begutachtung durch einen Sachverständigen gemäß § 144 Abs. 1 S. 1 ZPO kann auch die **Duldung einer Besichtigung** vor Ort durch den Sachverständigen einhergehen. Dies kommt insbesondere in Betracht, wenn eine Vorlage des Gegenstands zur Begutachtung bereits aus tatsächlichen Gründen (beispielsweise aufgrund der fehlenden Transportfähigkeit) ausscheidet.

15 In **patentrechtlichen Streitigkeiten** wird der Anspruchsberechtigte in der Regel ein selbständiges Beweisverfahren kombiniert mit einer einstweiligen Duldungsverfügung wählen, sofern es ihm um den Nachweis einer Patentverletzung geht.[24] Nur bei diesem Verfahrensweg besteht ein Überraschungseffekt. Eine Anordnung für ein Sachverständigengutachten nach § 144 Abs. 1 ZPO kommt hingegen insbesondere in Betracht, wenn das Gericht begründete Zweifel an der Richtigkeit technischer Regeln oder Erfahrungssätze hat, die es seiner Entscheidung zugrunde legen möchte,[25] oder es wichtig ist, dass der Untersuchungsgegenstand bei der Vorbereitung der Untersuchung nicht verfälscht wird.[26] Entsprechendes gilt, wenn das Gutachten nicht nur dem Interesse der beweisbelasteten Partei dient, sondern die Aufklärung des technischen Sachverhalts im Interesse beider Parteien liegt.[27]

16 Geht es um die **Benutzung eines patentierten Verfahrens**, ist für den Besichtigungsanspruch nach § 140c PatG anerkannt, dass eine Besichtigung nicht die Verfügungsgewalt des Anspruchsgegners über den Besichtigungsgegenstand erfordert.[28] § 144 Abs. 1 ZPO erlaubt bereits dem Wortlaut nach die Anordnung einer Besichtigung und Begutachtung gegenüber einen Dritten.

17 In **markenrechtlichen Streitigkeiten** kommt die Einholung eines Sachverständigengutachtes nach § 144 Abs. 1 ZPO in der Praxis nur in Ausnahmefällen in Betracht. Der Verletzungsgegenstand ist in der Regel bei Prozessbeginn bekannt und für die Beurteilung der Verwechslungsgefahr scheidet die Einholung eines Sachverständigengutachtens aus, da es sich um eine Rechtsfrage handelt, die anhand der tatsächlichen Gesichtspunkte allein vom Gericht zu beurteilen ist.

18 Die Einholung eines Gutachtens kommt allenfalls in Betracht, wenn es um tatsächliche Anhaltspunkte für den **Nachweis einer Bekanntheit, Verkehrsdurchsetzung oder Verkehrsgeltung einer Marke oder eines sonstigen Kennzeichens** geht. In der Praxis wird die Einholung eines solchen Gutachtens in der Regel aber nicht durch das Gericht angeordnet, sondern verlangt die Erstellung und Vorlage eines solches Gutachtens von der insofern beweisbelasteten Partei.[29]

19 In **wettbewerbsrechtlichen Streitigkeiten** kommt die Einholung eines Gutachtens insbesondere zur Aufklärung technischer Sachverhalte in Betracht, beispielsweise in Bezug auf die Angabe technisch überprüfbarer Angaben in der Werbung. Auch im Bereich des wettbewerbsrechtlichen Nachahmungsschutzes kann die Einholung eines Sachverständigengutachtens für das Gericht angezeigt sein, wenn es um die Aufklärung technischer Sachverhalte geht, bei denen dem Gericht die entsprechende Sachkunde fehlt.

20 Ist die Frage zu beurteilen, ob eine Werbung irreführend ist, bedarf es im allgemeinen keiner Einholung eines durch **eine Meinungsumfrage untermauerten Sachverständigengutachtens**, um das Verständnis des Verkehrs zu ermitteln, sofern das Gericht zum angesprochenen Verkehrskreis gehört.[30] Die Einholung eines Sachverständigengutachtens oder ein anderer Weg zur Ermittlung des

---

[21] OLG Hamm GRUR-RR 2013, 306 (307).
[22] Musielak/Voit/*Huber* ZPO § 372 Rn. 3.
[23] Vgl. Schulte/*Rinken/Kühnen* PatG § 140c Rn. 11 ff.; Ströbele/Hacker/*Hacker* MarkenG § 19a Rn. 6 ff.
[24] Schulte/*Rinken/Kühnen* PatG § 140c Rn. 49 f.
[25] Musielak/Voit/*Stadler* ZPO § 144 Rn. 6.
[26] OLG Düsseldorf GRUR-RS 2019, 39106.
[27] Musielak/Voit/*Stadler* ZPO § 144 Rn. 6.
[28] Schulte/*Rinken/Kühnen* PatG § 140c Rn. 18.
[29] Hasselblatt/*Pflüger/Dobel*, MAH Gewerblicher Rechtsschutz, § 9 Rn. 140.
[30] BGH BeckRS 2004, 00854 – Marktführerschaft.

Verkehrsverständnisses kann hingegen dann geboten sein, wenn keiner der erkennenden Richter durch die fragliche Werbung angesprochen wird.[31] Allerdings kann das Gericht in diesen Fällen die erforderliche Sachkunde erworben haben, um eigenständig beurteilen zu können, wie Fachkreise eine bestimmte Werbeaussage verstehen, so dass aus diesem Grund die Einholung eines Sachverständigengutachtens nicht geboten erscheint.[32]

In **urheberrechtlichen Streitigkeiten** ist die Einholung eines Gutachtens insbesondere bei Computerprogrammen von Relevanz.[33] Dies kann nicht nur die Beurteilung einer Übernahme oder Nachahmung des Programmcodes sondern auch des urheberrechtlichen Schutzes eines Computerprogramms nach § 2 Abs. 2 UrhG betreffen. Für die Frage, ob ein Computerprogramm die erforderliche Schöpfungshöhe besitzt, ist für die Untersuchung des Sachverständigen ggf. aber nicht die Vorlage des gesamten Programmcodes erforderlich.[34] Bei komplexen Computerprogrammen spricht zudem eine tatsächliche Vermutung für eine hinreichende Individualität der Programmgestaltung.[35] Die Grenze der Vorlagepflicht ist dort zu ziehen, wo durch die gänzliche Offenlegung eine Beeinträchtigung des Urheberrechts in Betracht kommt und die Rechtsverteidigung einer Partei nicht zu dieser Offenlegung zwingt.[36] Liegt eine urheberrechtsverletzende Software vor und bleibt es daher unklar, welche Teile der streitgegenständlichen Software ein Sachverständiger im Hinblick auf Übereinstimmungen bzw. urheberrechtlich geschützte Softwareteile begutachten sollte, scheidet eine Anordnung gemäß § 144 ZPO aus. Vielmehr kommt in einem solchen Fall nur eine Besichtigung nach § 101a UrhG oder § 809 BGB in Betracht.[37] Die Anordnung eines Sachverständigengutachtens kommt ebenfalls nicht in Betracht, wenn der Rechteinhaber nicht durch eigenen Tatsachenvortrag seinen Anteil im Rahmen eines Gesamt-Computerprogramms sowie dessen urheberrechtliche Schöpfungshöhe und die Übernahme und Nutzung dieser Anteile in der Software des Verletzers darlegen kann.[38]

Für die Frage, ob ein Werk die **erforderliche Schöpfungshöhe** besitzt und dementsprechend einen urheberrechtlichen Schutz beanspruchen kann, ist die Anordnung zur Einholung eines Sachverständigengutachtens nur dann nicht geboten, wenn das Gericht über die erforderliche Sachkunde verfügt und diese ggf. auch darlegt.[39] Grundsätzlich kann ein Gericht über die erforderliche Sachkunde verfügen, da für die Beurteilung der Schutzfähigkeit der ästhetische Eindruck entscheidend ist, den ein Werk nach dem Urteil des für Kunst empfänglichen und mit Kunst einigermaßen vertrauten Menschen vermittelt.[40] Die Beurteilung der Frage, ob ein musikalisches Werk als persönlich-geistige Schöpfung anerkannt werden kann, setzt nach der Rechtsprechung – auch im Bereich der Unterhaltungsmusik – aber in der Regel musikalischen Sachverstand voraus.[41] Entsprechendes gilt für die Frage, ob ein Musikstück **eine freie oder abhängige Bearbeitung** zum Original darstellt.[42] Anders kann dies ggf. bei anderen Werkarten wie zum Beispiel Plänen für Bauwerke zu beurteilen sein.[43]

Die Anordnung einer Begutachtung durch einen Sachverständigen kann auch für die Frage in Betracht kommen, ob der von einer Partei angesetzte Betrag für einen **Schadensersatz** angemessen und marktüblich ist, selbst wenn der Schadensersatz im Wege einer Schätzung des Gerichts nach § 287 ZPO bestimmt wird.[44]

V. Adressat der Anordnung

Adressat der gerichtlichen Anordnung kann nach dem Wortlaut jede Partei oder auch ein Dritter sein. Es kann damit **grundsätzlich jedermann** von der Anordnung erfasst werden, der aus Sicht des Gerichts für die Vorlegung des Augenscheinobjektes in Betracht kommt oder die Verfügungsgewalt über das zu begutachtende Objekt hat (→ § 142 Rn. 24).[45]

---

[31] BGH BeckRS 2004, 00854 – Marktführerschaft.
[32] BGH BeckRS 2004, 00854 – Marktführerschaft; BGH BeckRS 2001, 07154 – Rechenzentrum; noch aA BGH GRUR 1990, 607 (608) – Meister-Kaffee.
[33] Wandtke/Bullinger/*Grützmacher* UrhG Vor §§ 69a ff. Rn. 21 f.
[34] OLG Nürnberg GRUR 1984, 736 – Glasverschnitt-Programm.
[35] BGH BeckRS 2005, 09945 – Fash 2000; BGH BeckRS 2013, 06314 – UniBasic-IDOS; OLG Hamburg GRUR-RS 2020, 31460.
[36] OLG Nürnberg GRUR 1984, 736 – Glasverschnitt-Programm; OLG Hamburg GRUR-RS 2020, 31460.
[37] OLG Hamburg GRUR-RS 2020, 31460.
[38] OLG Hamburg BeckRS 2019, 9863 – Linux-Kernel.
[39] BGH BeckRS 2015, 17163 – Goldrapper; OLG Zweibrücken BeckRS 2015, 20471 – Piano-Lehrbuch.
[40] BGH GRUR 1980, 853 (854) – Architektenwechsel; BGH GRUR 1974, 675 (676) – Schulerweiterung.
[41] BGH BeckRS 2015, 17163 – Goldrapper; BGH GRUR 1981, 267 (268) – Dirlada; OLG Zweibrücken BeckRS 2015, 20471 – Piano-Lehrbuch; noch aA LG Frankenthal BeckRS 2016, 06732.
[42] OLG Zweibrücken BeckRS 2015, 20471 – Piano-Lehrbuch; noch aA LG Frankenthal BeckRS 2016, 06732.
[43] BGH GRUR 1980, 853 (854) – Architektenwechsel; BGH GRUR 1974, 675 (676) – Schulerweiterung.
[44] LG München BeckRS 2014, 13690.
[45] Zöller/*Greger* ZPO § 144 Rn. 3.

VI. Weigerungsrecht Dritter (Abs. 2)

25 Das Weigerungsrecht nach § 144 Abs. 2 ZPO stellt eine Besonderheit dar, sofern die Anordnung der Vorlegung oder Duldung gegenüber einem Dritten ergeht. Die §§ 383, 384 ZPO sehen ein Zeugnisverweigerungsrecht **aus persönlichen und sachlichen Gründen** vor. Für den gewerblichen Rechtsschutz ist insbesondere das Zeugnisverweigerungsrecht aus sachlichen Gründen nach § 384 Nr. 1 ZPO (unmittelbarer vermögensrechtlicher Schaden) und § 384 Nr. 3 ZPO (Offenbarung eines Gewerbegeheimnisses) relevant. § 385 ZPO sieht hierzu teilweise Ausnahmen vor, in denen das Zeugnisverweigerungsrecht wiederum nicht besteht (→ § 142 Rn. 25–28 für weitere Einzelheiten).

VII. Ermessen des Gerichts

26 1. **Allgemein.** Die Einnahme des Augenscheins oder die Begutachtung durch den Sachverständigen muss wie bei § 142 ZPO oder den spezialgesetzlichen Regelungen im gewerblichen Rechtsschutz zur Aufklärung des Sachverhalts **geeignet und erforderlich** sowie auch unter Berücksichtigung der rechtlich geschützten Interessen des zur Vorlegung oder Duldung Verpflichteten **verhältnismäßig und angemessen** sein (→ § 142 Rn. 20–23 für weitere Einzelheiten).[46] Im Ergebnis sind wie bei § 142 ZPO die **Intensität des Eingriffs** in das jeweilige Schutzrecht und die berechtigten **Geheimhaltungs- und Vertraulichkeitsinteressen** des von der Anordnung Betroffen zu berücksichtigen.[47]

27 2. **Patentrecht.** In patentrechtlichen Streitigkeiten geht es in der Regel um die Besichtigung für die Einholung eines Sachverständigengutachtens. Diese muss erforderlich sein, um einen Anspruch wegen Patentverletzung dem Grunde oder der Höhe nach aufzuklären oder entsprechende Beweise zu sichern.[48]

28 Dem Anspruchsteller müssen daher keine anderen einfacheren und vergleichbar **geeigneten Möglichkeiten zur Aufklärung des Sachverhalts** oder Beweissicherung zur Verfügung stehen. Dies kann beispielsweise der Fall sein, wenn dem Anspruchsteller der Erwerb eines patentverletzenden Gegenstands in wirtschaftlicher Hinsicht zugemutet werden kann oder sich die Patentverletzung bereits anhand von Veröffentlichungen im Internet oder in Werbematerialien der anderen Partei hinreichend belegen lässt.

29 **Unverhältnismäßig** kann die Anordnung sein, wenn erhebliche Zweifel an der Rechtsbeständigkeit des Klagepatents bestehen, die Wahrscheinlichkeit einer Patentverletzung anhand des bisherigen Vortrags der Parteien sehr gering ist, die Begutachtung hohe Kosten verursacht oder die Besichtigung einen erheblichen Eingriff in den Geschäftsbetrieb beispielsweise durch länger andauernde Betriebsunterbrechungen oder die notwendige Zerstörung des Besichtigungsgegenstands darstellt.[49] Die Zerlegung einer Anlage oder ein substantieller Eingriff in die Betriebsabläufe darf aber nicht generell vom Gericht als unverhältnismäßig angesehen werden.[50]

30 3. **Markenrecht.** In markenrechtlichen Streitigkeiten kommt eine Anordnung nach § 144 ZPO nur eher selten in Betracht (→ Rn. 17). Bereits die Bedeutung von § 19a MarkenG ist erheblich geringer als der Besichtigungsanspruch nach § 140c PatG.[51]

31 Geht es um die **Augenscheinnahme,** ist es dem Schutzrechtsinhaber in der Regel zuzumuten, einen Verletzungsgegenstand zwecks Darlegung einer Kennzeichenrechtsverletzung zu besorgen. Im Übrigen sind mittlerweile zahlreiche Informationen durch entsprechende Werbematerialien im Internet abrufbar, was eine Anordnung nach § 144 ZPO ebenfalls entbehrlich macht.

32 Die **Einholung eines Gutachtens** (zB mittels einer Verkehrsbefragung) kommt beispielsweise in Betracht, um damit die Verkehrsgeltung bzw. Verkehrsdurchsetzung einer Marke oder deren Bekanntheit zu belegen. Auch insofern hat das Gericht sein Ermessen pflichtgemäß auszuüben.[52] Bei seiner Entscheidung hat das Gericht allerdings zu berücksichtigen, dass demoskopische Gutachten hohe Kosten verursachen, zu einer erheblichen zeitlichen Verzögerung führen und zudem stets mit besonderen Risiken auch für die beweisbelastete Partei verbunden sind.[53] Hat das Gericht eine Partei gemäß § 139 ZPO auf die Stellung eines entsprechenden Beweisantrages hingewiesen und ist die Partei diesem Hinweis nicht nachgekommen, besteht für das Gericht im Rahmen der Ausübung des pflichtgemäßen Ermessens kein Anlass mehr dafür, ein Gutachten von Amts wegen nach § 144 ZPO einzuholen.[54] Darüber hinaus ist eine Auseinandersetzung des Gerichts zur Ermittlung einer Verkehrs-

---

[46] BGH GRUR 2013, 316 (318) – Rohrmuffe; BGH GRUR 2006, 962 (966 f.) – Reststoffschadentfernung.
[47] BGH GRUR 2006, 962 (967) – Restschadstoffentfernung; Schulte/*Rinken/Kühnen* PatG § 140c Rn. 22.
[48] Schulte/*Rinken/Kühnen* PatG § 140c Rn. 19.
[49] Schulte/*Rinken/Kühnen* PatG § 140c Rn. 25.
[50] BGH GRUR 2013, 316 (318) – Rohrmuffe; BGH GRUR 2002, 1046 (1049) – Faxkarte; vgl. zur früheren ablehnenden Rechtsprechung BGH GRUR 1985, 512 (517) – Druckbalken.
[51] Ströbele/Hacker/*Hacker* MarkenG § 19a Rn. 2.
[52] OLG Frankfurt a. M. WRP 2007, 1372 (1376) – Imitation eines Markenparfum.
[53] OLG Frankfurt a. M. WRP 2007, 1372 (1376) – Imitation eines Markenparfum.
[54] OLG Frankfurt a. M. WRP 2007, 1372 (1376) – Imitation eines Markenparfum.

bekanntheit oder Kennzeichnungskraft einer Marke nur dann angezeigt, wenn ausreichend substantiiert vorgetragen wird, aufgrund welcher Tatsachen oder Indizien ein entscheidungsrelevant hoher Bekanntheits- bzw. Kennzeichnungsgrad bestehen soll.[55]

4. Ausübung des Ermessens. Grundlage für eine **ermessensfehlerfreie Entscheidung** des Gerichts iSd § 144 ZPO ist, dass das Gericht in jedem Fall sein Ermessen ausübt und dies auch entsprechend in seiner Entscheidung dokumentiert.[56] Verkennt das Gericht die Möglichkeit des § 144 ZPO, kann dies einen Verfahrensfehler darstellen.[57] Fehlt beispielsweise der Beweisantrag einer Partei, hat das Gericht dieser Partei entweder einen Hinweis nach § 139 ZPO zu geben oder eine Beweiserhebung von Amts wegen nach § 144 ZPO in Erwägung zu ziehen.[58] Im Rahmen seines pflichtgemäßen Ermessens ist das Gericht aber grundsätzlich nur dazu gehalten, die beweisbelastete Partei auf die Notwendigkeit eines Beweisantrags hinzuweisen. Verzichtet diese im Anschluss an einen solchen Hinweis des Gerichts darauf, muss das Gericht auch keine Anordnung nach § 144 ZPO treffen.[59] Ist der Beweisantrag einer Partei hingegen verspätet und damit präkludiert, kann das Gericht die Verspätungsregeln nicht ohne weiteres durch eine Anordnung gemäß § 144 ZPO aushebeln.[60] 33

Für eine rechtsfehlerfreie Ermessensausübung ist es nicht erforderlich, dass sich das Gericht mit der Möglichkeit einer Anordnung gemäß § 144 ZPO **ausdrücklich in seiner Entscheidung** auseinandergesetzt hat. Vielmehr kann es ausreichen, dass das Gericht sich rechtsfehlerfrei mit den Voraussetzungen eines spezialgesetzlichen Besichtigungsanspruchs (wie zum Beispiel gemäß § 140c PatG) auseinandergesetzt hat, deren Maßstäbe letztlich auch für eine Entscheidung nach § 144 ZPO von Bedeutung sind.[61] 34

Auch wenn **Tatsachen zwischen den Parteien unstreitig** sind, kann beispielsweise die Einholung eines Sachverständigengutachtens für das Gericht geboten sein.[62] Dies kann der Fall sein, wenn allein die Kenntnis dieser Tatsachen für das Gericht nicht ausreicht, um auf die Sicht des Fachmanns zu schließen oder die technischen Zusammenhänge zuverlässig bewerten zu können, was aber wiederum für eine rechtsfehlerfreie Patentauslegung durch das Gericht erforderlich ist.[63] 35

Haben die Parteien ihren Standpunkt zum technischen Sachverhalt hingegen eingehend dargelegt und damit eine tragfähige Grundlage für eine eigene Beurteilung durch das Gericht geschaffen, wird sich die **Hinzuziehung eines Sachverständigen** zumeist erübrigen.[64] In diesem Zusammenhang wird davon ausgegangen, dass die (erfahrenen) zivilgerichtlichen Spezialkammern und erst recht die mit einem technischen Richter besetzten Senate des BPatG aufgrund dessen naturwissenschaftlichen Studiums in der Regel die hinreichende Sachkunde besitzen.[65] In diesem Zusammenhang reicht es aus, wenn nur ein Mitglied des Gerichts die hinreichende Sachkunde besitzt.[66] 36

VIII. Anordnung des Gerichts

Das Gericht kann bei Vorliegen der vorgenannten Voraussetzungen eine Anordnung durch einen nicht anfechtbaren **(Beweis-)Beschluss** (§§ 358 ff. ZPO) oder eine **vorbereitende Verfügung** des Vorsitzenden Richters (§ 273 Abs. 2 Nr. 5 ZPO) treffen.[67] Eine von Gerichts wegen angeordnete Beweiserhebung darf nicht als Grundlage für eine Vorschussanforderung gegenüber den Parteien herangezogen werden.[68] § 17 Abs. 3 GKG ist in diesem Fall nicht einschlägig. Die Vornahme einer von Gerichts wegen gebotenen Beweisaufnahme darf auch nicht vom Eingang eines Vorschusses abhängig gemacht werden.[69] 37

Die Entscheidung steht dem Wortlaut nach grundsätzlich im Ermessen des Gerichts (→ Rn. 22 ff.). Allerdings hat das Gericht dieses Ermessen auch ausüben und **im Urteil oder Beweisbeschluss zu** 38

---

[55] BGH GRUR 1967, 100 (102) – Edeka-Schloß-Export; BGH BeckRS 2008, 17338 – Eros; Hasselblatt/*Pflüger/Dobel*, MAH Gewerblicher Rechtsschutz, § 9 Rn. 141.
[56] BGH NJW 2007, 2989 (2992).
[57] BGH NJW 1992, 2019 (2020).
[58] BGH NJW-RR 2019, 719 (720 f.); Musielak/Voit/*Stadler* ZPO § 144 Rn. 4.
[59] BGH NJW-RR 2019, 719 (720 f.); OLG Frankfurt a. M. WRP 2007, 1372 (1376) – Imitation eines Markenparfum.
[60] Musielak/Voit/*Stadler* ZPO § 144 Rn. 5.
[61] BGH GRUR 2013, 316 (318) – Rohrmuffe.
[62] BGH GRUR 2010, 314 (317) – Kettenradanordnung II; Haedicke/Timmann, Handbuch des Patentrechts, § 3 Rn. 47.
[63] BGH GRUR 2010, 314 (317) – Kettenradanordnung II; BGH GRUR 2004, 413 (416) – Geflügelkörperhaltung; BGH NJW-RR 1999, 546 (548) – Sammelförderer; Musielak/Voit/*Stadler* ZPO § 144 Rn. 5 mwN.
[64] BGH GRUR 2004, 413 (416) – Geflügelkörperhaltung; BGH GRUR 1991, 436 (440) – Befestigungsvorrichtung II; BPatG Mitt. 2014, 30.
[65] BGH GRUR 2004, 413 (416) – Geflügelkörperhaltung; BGH GRUR 1991, 436 (440) – Befestigungsvorrichtung II; BPatG Mitt. 2014, 30 (Leitsatz).
[66] BPatG Mitt. 2014, 30.
[67] Zöller/*Greger* ZPO § 144 Rn. 4.
[68] BPatG 30.3.2011 – 26 W (pat) 24/06.
[69] BGH NJW 2000, 743; BPatG 30.3.2011 – 26 W (pat) 24/06.

dokumentieren, wenn die Voraussetzungen für eine Vorlageanordnung im Übrigen bestehen. Es muss daher im Urteil deutlich machen, dass es von einem ihm eingeräumten Ermessen überhaupt Gebrauch gemacht hat (→ Rn. 29 ff. und → § 142 Rn. 29 ff. für weitere Einzelheiten).[70]

39   Die Parteien sind bei einer Anordnung, die das Gericht nach § 144 ZPO getroffen hat, **zur Mitwirkung verpflichtet.**[71] Ihnen steht kein Weigerungsrecht nach Abs. 2 zu. Folgen sie der Anordnung nicht, steht dem Gericht kein Zwangsmittel zu. Allerdings kann das Gericht dies gemäß § 286 ZPO frei würdigen.[72] Vereitelt eine Partei zudem die ihr zumutbare Einnahme des Augenscheins, können die Behauptungen des Gegners über die Beschaffenheit des Gegenstands gemäß § 371 Abs. 3 ZPO als bewiesen angesehen werden.

40   **Gegenüber Dritten** gelten gemäß Abs. 2 S. 1 wie bei § 142 ZPO die Regelungen der §§ 386–390 ZPO.[73] § 390 ZPO sieht ua die Möglichkeit eines Ordnungsgeldes und einer Ordnungshaft im Wiederholungsfall vor, um die Vorlage zu erzwingen.

§ 145 Prozesstrennung

(1) ¹**Das Gericht kann anordnen, dass mehrere in einer Klage erhobene Ansprüche in getrennten Prozessen verhandelt werden, wenn dies aus sachlichen Gründen gerechtfertigt ist.** ²**Die Entscheidung ergeht durch Beschluss und ist zu begründen.**

(2) **Das Gleiche gilt, wenn der Beklagte eine Widerklage erhoben hat und der Gegenanspruch mit dem in der Klage geltend gemachten Anspruch nicht in rechtlichem Zusammenhang steht.**

(3) **Macht der Beklagte die Aufrechnung einer Gegenforderung geltend, die mit der in der Klage geltend gemachten Forderung nicht in rechtlichem Zusammenhang steht, so kann das Gericht anordnen, dass über die Klage und über die Aufrechnung getrennt verhandelt werde; die Vorschriften des § 302 sind anzuwenden.**

Literatur: *Crummenerl,* Die Parteierweiterung im Patentverletzungsprozess, GRUR 2009, 245; *Nieder,* § 145 ZPO versus § 145 PatG – Zwang zur Klagenkonzentration und Prozesstrennung, GRUR 2010, 402; *Stjerna,* § 145 ZPO versus § 145 PatG? – Eine Erwiderung auf Nieder, GRUR 2010, 964.

A. Anwendungsbereich

1   Das Gericht kann nach § 145 ZPO mehrere in einer Klage erhobene Ansprüche in getrennten Verfahren verhandeln, wenn es dies für sachdienlich hält (→ Rn. 7 ff.).

2   Im Gewerblichen Rechtsschutz wird von dieser Möglichkeit recht häufig Gebrauch gemacht. Im Patentverletzungsverfahren beispielsweise wird **eine auf die Verletzung mehrerer Patente gestützte Klage** von den meisten Gerichten in getrennten Verfahren verhandelt.[1] Die Prozesstrennung erhöht hier die Übersichtlichkeit der oft komplexen Verfahren. Sie ermöglicht es, die Eigenständigkeit eines jeden Patents zu berücksichtigen und über eine Aussetzung des Verfahrens für jedes Patent gesondert zu entscheiden (→ § 148 Rn. 90).[2] Eine Prozesstrennung erfolgt dabei in der Regel auch dann, wenn das weitere Patent im Wege der Klageerweiterung im Berufungsverfahren in das Verfahren eingeführt wurde.[3]

3   In **anderen Konstellationen** erfolgt eine Trennung im Verletzungsverfahren nur selten, da trotz unterschiedlicher Streitgegenstände in aller Regel über die gleichen Fragen zu urteilen ist und die Abtrennung daher keine Vorteile bringt.[4]

4   Auch in Verfahren vor dem **BPatG** findet § 145 ZPO Anwendung. Sie kommt insbesondere dann in Betracht, wenn eine **Nichtigkeitsklage gegen mehrere Patente eines Patentinhabers** gerichtet ist.[5] Kein Fall des § 145 ZPO ist grundsätzlich die Teilung einer Patentanmeldung nach § 39 Abs. 1 PatG.[6] Ist die Stammanmeldung allerdings vor dem BPatG anhängig und wird die Teilung des Patents vor dem BPatG erklärt, so wird auch die Teilanmeldung vor dem BPatG anhängig.[7] Das BPatG kann dann eine Verfahrenstrennung der Beschwerde in der Stammanmeldung von der Beschwerde in der Teilanmeldung gem. § 145 ZPO verfügen.[8]

---

[70] BGH NJW 2007, 2989 (2992).
[71] Musielak/Voit/*Stadler* ZPO § 144 Rn. 8.
[72] Musielak/Voit/*Stadler* ZPO § 144 Rn. 8.
[73] Zöller/*Greger* ZPO § 142 Rn. 15.
[1] Kühnen Patentverletzung-HdB Kap. E Rn. 89 f. mit Formulierungsbeispiel für den Trennungsbeschluss.
[2] BeckOK PatR/*Voß* PatG Vor §§ 139 ff. Rn. 43.
[3] Vgl. OLG Düsseldorf GRUR-RR 2013, 1 (2) – Haubenstretchautomat.
[4] Vgl. Beck OK PatR/*Voß* PatG Vor §§ 139 ff. Rn. 43.
[5] BPatG BeckRS 2009, 26529; *Keukenschrijver* Rn. 265.
[6] BPatG BeckRS 2014, 23412; GRUR 2011, 949 (950) – Vorrichtung zur Detektion von Wasser; BPatG BeckRS 2011, 00969.
[7] S. hierzu BeckOK PatR/*Gleiter/Fischer* PatG § 39 Rn. 63.
[8] BPatG BeckRS 2019, 6404; BeckOK PatR/*Gleiter/Fischer* PatG § 39 Rn. 63.

Auch in Verfahren vor dem **DPMA** soll § 145 ZPO entsprechende Anwendung finden, beispielsweise bei Anträgen auf Löschung mehrerer Gebrauchsmuster desselben Inhabers.[9]

B. Voraussetzung der Trennung

Voraussetzung für die Verfahrenstrennung nach § 145 ZPO ist zunächst das **Vorliegen mehrerer Streitgegenstände**, in Form objektiver (§ 260 ZPO) oder subjektiver (§§ 59, 60 ZPO) Klagehäufung.[10] Liegen diese Voraussetzungen vor, liegt die Entscheidung über die Verfahrenstrennung gemäß § 145 ZPO grundsätzlich im **Ermessen des Gerichts**.[11] Dies gilt nach § 145 Abs. 2 ZPO auch dann, wenn der Beklagte eine **Widerklage** erhoben hat und der Gegenanspruch mit dem in der Klage geltend gemachten Anspruch nicht in rechtlichem Zusammenhang steht.

Eine Verfahrenstrennung soll erfolgen, wenn dies zu einer schnelleren Erledigung des Rechtsstreits führt.[12]

Eine Verfahrenstrennung bietet sich immer dann an, wenn das Verfahren auch im Wege von **Teilurteilen** entschieden werden könnte.[13] Sie unterliegt allerdings nicht denselben strengen Voraussetzungen wie der Erlass eines Teilurteils.[14] Eine Verfahrenstrennung kann daher auch in Betracht kommen, wenn ein Teilurteil wegen der Gefahr einander widersprechender Entscheidungen nicht möglich wäre[15] (sog. „Teilurteilsverbots" → § 301 Rn. 6; → § 148 Rn. 89 f.).

Im Gewerblichen Rechtsschutz ist eine Prozesstrennung insbesondere dann sachdienlich, wenn mehrere Patente zum Gegenstand einer Verletzungs- oder Nichtigkeitsklage gemacht wurden (→ Rn. 2).

Eine Prozesstrennung ist dann **nicht mehr zulässig**, wenn ein Anspruch **entscheidungsreif** ist und ein Teilurteil (§ 301 ZPO) ergehen kann.[16] Auch wenn eine **Verbindung zwingend vorgeschrieben** ist, also etwa bei notwendiger Streitgenossenschaft[17] (§ 62 ZPO) oder im Fall des § 518 S. 2 ZPO ist eine Prozesstrennung nicht möglich.[18] Dies gilt auch im Fall einer Eventualklagehäufung.[19]

Einer Trennung patentrechtlicher Verfahren steht die **Konzentrationsmaxime des § 145 PatG** nicht entgegen.[20] Nach dieser Regelung hat der Kläger grundsätzlich die Verletzung aller Patente wegen „derselben oder einer gleichartigen Handlung" in einer Klage geltend zu machen.[21] Eine Geltendmachung zu einem späteren Zeitpunkt ist nach § 145 PatG nur dann möglich, wenn der Kläger ohne sein Verschulden nicht in der Lage war, die Verletzung auch dieses Patents zum Gegenstand des früheren Rechtsstreits zu machen.

Gegen eine Prozesstrennung im Anwendungsbereich des § 145 PatG wird insbesondere vorgebracht, dass eine Verfahrenstrennung zu einer Erhöhung der Prozesskosten führe, die durch § 145 PatG gerade verhindert werden solle.[22] Wie der BGH[23] bereits in seiner Entscheidung „Kreislegge II" ausgeführt hat, ist die Prozesstrennung gemäß § 145 ZPO in diesen Fällen gleichwohl als „unabwendbarer Notbehelf" hinzunehmen, um dem Gericht die Möglichkeit zu geben den Verfahrensstoff zu ordnen und eine schnelle Erledigung des Rechtsstreits zu erreichen.[24]

---

[9] Bühring/*Braitmayer* GebrMG § 16 Rn. 29.
[10] OLG München GRUR 2009, 149 – Umfang der Übertragungsansprüche (Ls.) = BeckRS 2008, 15130 (Volltext).
[11] BeckOK PatR/*Voß* PatG Vor §§ 139 ff. Rn. 43; Musielak/Voit/*Stadler* ZPO § 145 Rn. 1; vgl. auch BPatG BeckRS 2009, 26529; für den Fall der Parteierweiterung in der Berufungsinstanz vgl. *Crummenerl* GRUR 2009, 245 (248).
[12] Musielak/Voit/*Stadler* ZPO § 145 Rn. 1; instruktiv BGH NJW 1995, 3120.
[13] BeckOK PatR/*Voß* PatG Vor §§ 139 ff. Rn. 43; hierzu auch OLG München GRUR 2009, 149 – Umfang der Übertragungsansprüche (Ls.) = BeckRS 2008, 15130 (Volltext).
[14] BeckOK PatR/*Voß* PatG Vor §§ 139 ff. Rn. 43.
[15] Kühnen Patentverletzung-HdB Kap. D Rn. 411, 417.
[16] Musielak/Voit/*Stadler* ZPO § 145 Rn. 3; einschränkend OLG München GRUR 2009, 149 – Umfang der Übertragungsansprüche (Ls.) = BeckRS 2008, 15130 (Volltext).
[17] OLG München GRUR 2009, 149 – Umfang der Übertragungsansprüche (Ls.) = BeckRS 2008, 15130 (Volltext).
[18] Musielak/Voit/*Stadler* ZPO § 145 Rn. 3 mit Hinweis auf weitere Konstellationen.
[19] OLG München GRUR 2009, 149 – Umfang der Übertragungsansprüche (Ls.) = BeckRS 2008, 15130 (Volltext).
[20] LG Düsseldorf BeckRS 2016, 09813; hierzu eingehend *Nieder* GRUR 2010, 402 ff.; *Stjerna* GRUR 2010, 964 ff.
[21] Eingehend hierzu Kühnen Patentverletzung-HdB Kap. E Rn. 62 ff.
[22] *Nieder* GRUR 2010, 402 (404).
[23] GRUR 1989, 187 (188) – Kreislegge II; so auch LG Düsseldorf BeckRS 2016, 09813.
[24] Vgl. *Stjerna* GRUR 2010, 996 (965).

C. Wirkung

13 Die Trennung des Prozesses führt dazu, dass die Verfahren jeweils ein eigenes Aktenzeichen bekommen und unabhängig voneinander verhandelt werden. In jedem der Verfahren ergeht dann eine gesonderte Entscheidung.
14 Bei der Entscheidung über die Trennung ist ferner zu berücksichtigen, dass sich die **Prozesskosten** erhöhen können.[25] Selbiges gilt für den Gebührenanspruch des Rechtsanwalts. Dieser hat nach Trennung ein Wahlrecht, ob er gegenüber seinem Mandanten die vor Prozesstrennung entstandenen Gebühren nach dem Gesamtstreitwert geltend macht oder die nach Prozesstrennung nach den Einzelwerten entstandenen (idR höheren) Gebühren.[26]

D. Entscheidung des Gerichts

15 Über die Prozesstrennung kann **auf Antrag oder von Amts wegen** ohne vorherige mündliche Verhandlung entschieden werden.[27] Die Parteien sind jedoch anzuhören, da die Prozesstrennung Auswirkungen auf die Verfahrenskosten haben und den Prozess verzögern kann.[28]
16 Das Gericht entscheidet über die Prozesstrennung durch Beschluss, der gemäß § 145 Abs. 1 S. 2 zu begründen ist. Gegen den Trennungsbeschluss besteht **keine Beschwerdemöglichkeit,** allerdings kann das Rechtsmittelverfahren auf den fehlerhaften Gebrauch des § 145 ZPO gestützt werden.[29] Eine unzulässige Trennung im Sinne von § 145 ZPO führt als solche auch nicht (gleichsam automatisch) dazu, dass sich die Rechtsmittelsumme aus dem Gesamtstreitwert der getrennten Verfahren errechnet.[30]

E. Prozessaufrechnung (Abs. 3)

17 § 145 Abs. 3 ZPO enthält eine besondere Regelung für den Fall, dass der Beklagte die Aufrechnung einer Gegenforderung geltend macht, die mit der in der Klage geltend gemachten Forderung nicht in rechtlichem Zusammenhang steht. Hier kann das Gericht den Prozess zwar nicht trennen, aber zur Vermeidung von Verzögerungen des Verfahrens anordnen, dass über die Klage und über die Aufrechnung getrennt verhandelt wird.[31]

§ 146 Beschränkung auf einzelne Angriffs- und Verteidigungsmittel

> Das Gericht kann anordnen, dass bei mehreren auf denselben Anspruch sich beziehenden selbständigen Angriffs- oder Verteidigungsmitteln (Klagegründen, Einreden, Repliken usw.) die Verhandlung zunächst auf eines oder einige dieser Angriffs- oder Verteidigungsmittel zu beschränken sei.

1 Das Gericht kann das Verfahren gemäß § 146 dadurch gliedern, dass es bei mehreren sich auf denselben Anspruch beziehenden Angriffs- oder Verteidigungsmitteln eine Beschränkung der Verhandlung auf einzelne dieser Angriffs- oder Verteidigungsmittel anordnet.
2 In der Praxis spielt § 146 ZPO nur eine geringe Rolle, da sich die Möglichkeit der Verhandlungsbeschränkung mit der Konzentrationsmaxime des § 272 ZPO nicht verträgt.[1]
3 Der Begriff der Angriffs- und Verteidigungsmittel entspricht dem in § 282 ZPO, auf dessen Kommentierung verwiesen wird (→ § 282 Rn. 4 ff.). Ein Beweisantrag ist für sich genommen kein selbständiges Angriffs- oder Verteidigungsmittel.[2]
4 Die Anordnung nach § 146 ZPO ergeht durch **nicht anfechtbaren,** gemäß § 150 ZPO jederzeit aufhebbaren Beschluss.[3]

§ 147 Prozessverbindung

> Das Gericht kann die Verbindung mehrerer bei ihm anhängiger Prozesse derselben oder verschiedener Parteien zum Zwecke der gleichzeitigen Verhandlung und Entscheidung anordnen, wenn die Ansprüche, die den Gegenstand dieser Prozesse bilden, in rechtlichem Zusammenhang stehen oder in einer Klage hätten geltend gemacht werden können.

---

[25] Haedicke/Timmann PatR-HdB/*Zigann* § 15 Rn. 177; vgl. auch LG Frankfurt a. M. BeckRS 2012, 02230.
[26] OLG Schleswig BeckRS 2018, 23604.
[27] BeckOK PatR/*Voß* PatG Vor §§ 139 ff. Rn. 44.
[28] BeckOK PatR/*Voß* PatG Vor §§ 139 ff. Rn. 44.
[29] BGH NJW 1995, 3120; OLG Hamburg BeckRS 2013, 05563.
[30] BGH BeckRS 2019, 8679.
[31] Hierzu eingehend Musielak/Voit/*Stadler* ZPO § 145 Rn. 10 ff.
[1] Zöller/*Greger* ZPO § 146 Rn. 1.
[2] BGH GRUR 1974, 419 – Oberflächenprofilierung.
[3] MüKoZPO/*Fritsche* ZPO § 146 Rn. 4.

A. Anwendungsbereich

Nach § 147 ZPO kann das Gericht, wenn dies sachdienlich ist, verschiedene Prozesse miteinander **1** verbinden, um über diese gleichzeitig zu verhandeln und zu entscheiden. Die Verbindung steht im Ermessen des Gerichts.

Im **Verletzungsverfahren** kommt eine Prozessverbindung nach § 147 ZPO beispielsweise dann in **2** Betracht, wenn gegen verschiedene Beklagte separate Klagen aus demselben Klagepatent gegen dieselbe Ausführungsform anhängig sind.[1]

Die Vorschrift findet auch in **Verfahren vor dem BPatG** Anwendung. Hier kommt insbesondere **3** eine Verbindung verschiedener gegen dasselbe Patent gerichteter Nichtigkeitsklagen in Betracht.[2] Auch die Verbindung einer Klage auf Erklärung der Nichtigkeit eines ergänzenden Schutzzertifikats mit der Nichtigkeitsklage gegen das zugrundeliegende Patent kann sachgerecht sein.[3] Eine Verbindung von Nichtigkeitsklagen gegen Parallelpatente oder verschiedene aus einer Teilung hervorgegangene Patente wird hingegen in aller Regel nicht sachdienlich sein.[4]

In **Amtsverfahren vor dem DPMA** kann § 147 ZPO entsprechend herangezogen werden.[5] Dies **4** gilt beispielsweise für eine Verbindung verschiedener gegen dasselbe Schutzrecht gerichteter Löschungsanträge[6] oder Designnichtigkeitsverfahren.[7] Auch eine Verbindung verschiedener marken- oder patentrechtlicher Anmeldeverfahren ist möglich.[8]

Auch mehrere arbeitnehmererfinderrechtliche **Schiedsstellenverfahren** derselben Beteiligten kön- **5** nen entsprechend § 147 ZPO durch die Schiedsstelle miteinander verbunden werden, die dann einen gemeinsamen Einigungsvorschlag vorlegt.[9]

B. Voraussetzungen der Prozessverbindung

Eine Prozessverbindung setzt voraus, dass die Prozesse bei dem **demselben Gericht** anhängig sind. **6** Nicht erforderlich ist hingegen eine Anhängigkeit bei derselben Kammer.[10] Allerdings ist wegen der unterschiedlichen Besetzung der Kammern dann wohl die Zustimmung der Parteien zu der Verbindung erforderlich, da die Verbindung zu einem Austausch des gesetzlichen Richters führt.[11]

Die Verfahren müssen in **derselben Prozessart** anhängig sein. Eine Verbindung des Hauptsache- **7** verfahrens mit einem parallelen einstweiligen Verfügungsverfahren kommt daher nicht in Betracht.[12]

§ 147 ZPO verlangt, dass die Ansprüche, die den Gegenstand der zu verbindenden Prozesse bilden, **8** in einem **rechtlichen Zusammenhang** stehen oder in einer Klage im Wege der **Klagehäufung** hätten geltend gemacht werden können. Dies setzt voraus, dass entweder ein Zusammenhang iSd § 33 ZPO (→ § 33 Rn. 10 ff.) besteht oder die Voraussetzungen einer subjektiven (§§ 59, 60 ZPO) oder objektiven Klagehäufung (§ 260 ZPO) vorliegen.

C. Wirkung der Prozessverbindung

Nach erfolgter Verbindung werden die Prozesse zu einem Verfahren zusammengefasst. Es wird **9** **gemeinschaftlich verhandelt;** Beweisaufnahme und Entscheidung erfolgen einheitlich.

Auf derselben Seite stehende Parteien werden **Streitgenossen**.[13] **10**

Gegen die Entscheidung der Prozessverbindung oder deren Ablehnung ist **keine selbständige** **11** **Anfechtung** möglich.[14]

---

[1] Haedicke/Timmann PatR-HdB/*Zigann* § 15 Rn. 178.
[2] BGH GRUR 1960, 27 – *Verbindungsklemme*; *Keukenschrijver* Rn. 281; zum Streitwert bei Verbindung mehrerer Nichtigkeitsklagen vgl. BPatG BeckRS 2012, 02652.
[3] Benkard/*Hall/Nobbe* PatG § 81 Rn. 43.
[4] *Vgl. Keukenschrijver* Rn. 264.
[5] Vgl. BPatG BeckRS 2012, 13033 (Verbindung markenrechtlicher Anmeldeverfahren); BPatG BeckRS 2009, 02502 (Verbindung von Widerspruchsverfahren); BPatG GRUR 1985, 1040 (1041) – *Kraftstoffregler* (Verbindung zweier Patenterteilungsverfahren).
[6] Bühring/*Braitmayer* GebrMG § 16 Rn. 29.
[7] BPatG BeckRS 2019, 3000.
[8] BPatG BeckRS 2012, 13033 (Verbindung markenrechtlicher Anmeldeverfahren); zur Verbindung patentrechtlicher Anmeldungen vgl. Schulte/*Schulte* PatG Einleitung Rn. 435 ff.
[9] *Bartenbach/Volz* ArbErfG § 33 Rn. 10.
[10] MüKoZPO/*Fritsche* ZPO § 147 Rn. 3.
[11] So Zöller/*Greger* ZPO § 147 Rn. 2; Musielak/Voit/*Stadler* ZPO § 147 Rn. 2.
[12] MüKoZPO/*Fritsche* ZPO § 147 Rn. 4.
[13] Musielak/Voit/*Stadler* ZPO § 147 Rn. 5.
[14] BPatG GRUR 1985, 1040 (1041) – *Kraftstoffregler*; Musielak/Voit/*Stadler* ZPO § 147 Rn. 7.

§ 148 Aussetzung bei Vorgreiflichkeit

(1) Das Gericht kann, wenn die Entscheidung des Rechtsstreits ganz oder zum Teil von dem Bestehen oder Nichtbestehen eines Rechtsverhältnisses abhängt, das den Gegenstand eines anderen anhängigen Rechtsstreits bildet oder von einer Verwaltungsbehörde festzustellen ist, anordnen, dass die Verhandlung bis zur Erledigung des anderen Rechtsstreits oder bis zur Entscheidung der Verwaltungsbehörde auszusetzen sei.

(2) Das Gericht kann ferner, wenn die Entscheidung des Rechtsstreits von Feststellungszielen abhängt, die den Gegenstand eines anhängigen Musterfeststellungsverfahrens bilden, auf Antrag des Klägers, der nicht Verbraucher ist, anordnen, dass die Verhandlung bis zur Erledigung des Musterfeststellungsverfahrens auszusetzen sei.

Literatur: *Ahrens,* Die Koordination der Verfahren zur Schutzentziehung und wegen Verletzung von registrierten Rechten des Geistigen Eigentums, GRUR 2009, 196; *Augenstein/Roderburg,* Aussetzung des Patentverletzungsverfahrens nach Änderung der Patentansprüche, GRUR 2008, 457; *Beyerlein,* Das Verfahren wird ausgesetzt. – Überlegungen zur Reichweite des § 148 ZPO im gewerblichen Rechtsschutz vor europäischem Hintergrund, WRP 2006, 731; *Cepl,* Der Umfang der Bindungswirkung nach § 19 Satz 3 GebrMG und ihre Erstreckung auf Dritte Festschrift 80 Jahre Patentgerichtsbarkeit in Düsseldorf (2016), S. 91; *Dagg,* „TO STAY ... OR NOT TO STAY" – ein europäischer Blick auf die Aussetzungspraxis in Patentrechtsstreitigkeiten während anhängiger EPA-Einspruchsverfahren, Mitt. 2003, 1; *Fock/Bartenbach,* Zur Aussetzung nach § 148 ZPO bei Patentverletzungsverfahren, Mitt. 2010, 155; *Grunwald,* Die beschränkte Anspruchsfassung im Verletzungsverfahren, Mitt. 2010, 549; *Haertel,* Italienischer Torpedo 2.0, GRUR-RR 2009, 373; *Kaess,* Die Schutzfähigkeit technischer Schutzrechte im Verletzungsverfahren, GRUR 2009, 277; *Klepsch/Büttner,* Zum Aussetzungsmaßstab unterhalb des Unterlassungsanspruchs, Festschrift 80 Jahre Patentgerichtsbarkeit in Düsseldorf (2016), S. 281; *Köllner/Sergherart/Hangau,* 95 Thesen zur Aussetzung, Mitt. 2018, 8; *von Maltzahn,* Die Aussetzung in Patentverletzungsprozess nach § 148 ZPO bei erhobener Patentnichtigkeitsklage, GRUR 1985, 163; *Melullis,* Zur Notwendigkeit einer Aussetzung des Verletzungsprozesses bei Anpassungen der Schutzansprüche an Bedenken gegen deren Schutzfähigkeit, Festschrift Bornkamm (2014), S. 713; *Ochs,* Aussetzung im Gebrauchsmusterverletzungsverfahren, Mitt. 2014, 534; *Reimann/Kreye,* Weiteres zur Aussetzung des Patentverletzungsverfahrens, Festschrift Tilmann (2005), S. 587; *Scharen,* Die Aussetzung des Patentverletzungsstreits wegen anhängiger, jedoch erstinstanzlich noch nicht beschiedener Nichtigkeitsklage, Festschrift 50 Jahre VPP (2005), S. 396; *Graf von Schwerin,* Aussetzung von Patentverletzungsprozessen gemäß § 148 ZPO trotz rechtskräftiger Nichtigkeits-/Widerrufsentscheidung, GRUR 2021, 366; *Tetzner,* Die Aussetzung des Prüfungsverfahrens aufgrund einer älteren Patentanmeldung, GRUR 1975, 522; *Wuttke/Guntz,* Wie weit reicht die Privilegierung des Klägers durch das Trennungsprinzip?, Mitt. 2012, 477.

Übersicht

	Rn.
A. Anwendungsbereich im Gewerblichen Rechtsschutz	1
I. Aussetzung des Verletzungsverfahrens	5
II. Aussetzung der Verfahren vor DPMA und BPatG	11
III. Aussetzung bei kartellrechtlichen Vorfragen	17
IV. Weitere Anwendungsfälle im Gewerblichen Rechtsschutz	22
V. Aussetzung nach Art. 29, 30 EuGVVO („Torpedo")	31
1. Art. 29 EuGVVO	36
a) Parteiidentität	37
b) Anspruchsidentität	40
c) Keine Prüfungskompetenz des Zweitgerichts	43
2. Art. 30 EuGVVO	44
B. Allgemeine Voraussetzungen des § 148 ZPO	49
I. Vorliegen eines vorgreiflichen Verfahrens	49
1. Präjudizialität des anderen Rechtsstreits	50
2. Abstrakte oder konkrete Vorgreiflichkeit?	58
II. Ermessen des Gerichts, Interessenabwägung	65
III. Zeitpunkt der Aussetzung	68
IV. Verspätung	73
V. Verfahren	77
1. „Aussetzungsantrag"	77
2. Darlegungslast im Verfahren	83
3. Rechtliches Gehör	84
4. Entscheidung über die Aussetzung	85
5. Ende der Aussetzung	91
VI. Wirkung der Aussetzung	94
VII. Rechtbehelf gegen Aussetzungsentscheidung	96
C. Patentrecht	101
I. Aussetzung des Patentverletzungsverfahrens	101
1. Erfolgsaussichten des Rechtsbestandsverfahrens	105
a) Aussetzungsmaßstab und relevanter Stand der Technik	110
b) Darlegungslast des Beklagten im Verfahren	118
c) Maßstab für die Prognoseentscheidung im Rechtsmittelverfahren	121
d) Bedeutung der Ereignisse im Erteilungsverfahren	127
e) Bedeutung von Entscheidungen im Rechtsbestandsverfahren	128

	Rn.
2. Weitere Ermessenskriterien	143
3. Beschränkung des Patents im Verletzungsverfahren	153
4. Dauer der Aussetzung des Patentverletzungsverfahrens	161
II. Aussetzung des Einspruchs- bzw. Nichtigkeitsverfahrens	163
1. Aussetzung des Einspruchsverfahrens	164
2. Aussetzung des Nichtigkeitsverfahrens	168
a) Aussetzung bei mehreren Nichtigkeitsverfahren	169
b) Aussetzung bei anhängigem Einspruchsverfahren	174
c) Aussetzung bei laufendem Erteilungsverfahren	175
d) Aussetzung bei Beschränkungsverfahren	176
e) Aussetzung bei Vindikationsverfahren	177
D. Gebrauchsmusterrecht	179
I. Aussetzung des Gebrauchsmusterverletzungsverfahrens	179
1. Fakultative Aussetzung nach § 19 S. 1 GebrMG	185
2. Zwingende Aussetzung nach § 19 S. 2 GebrMG	188
3. Bindungswirkung der Löschungsentscheidung	190
4. Beschränkung des Gebrauchsmusters im Verletzungsverfahren	196
II. Aussetzung des Gebrauchsmusterlöschungsverfahrens	198
E. Markenrecht	203
I. Aussetzung des Markenverletzungsverfahrens	203
1. Vorgreiflichkeit des Rechtsbestandsverfahrens	205
a) Rechtsbestandsverfahren gegen eine deutsche Marke	205
b) Rechtsbestandsverfahren gegen eine Unionsmarke	210
c) Vorgreiflichkeit bei mehreren Klageschutzrechten	217
2. Ermessen und Prognoseentscheidung im Verletzungsverfahren	219
II. Aussetzung des Rechtsbestandsverfahrens	229
1. Aussetzung des Widerspruchsverfahrens	230
2. Aussetzung des Löschungsverfahrens	240
3. Aussetzung der Widerklage auf Löschung der Unionsmarke	243
F. Designrecht	247
I. Deutsches Design	247
II. Gemeinschaftsdesign	252
1. Eingetragenes Gemeinschaftsdesign	252
2. Nicht eingetragenes Gemeinschaftsdesign	259
III. Aussetzung des Rechtsbestandsverfahrens	260
G. Wettbewerbsrecht	262
H. Urheberrecht	265

A. Anwendungsbereich im Gewerblichen Rechtsschutz

Nach § 148 ZPO kann ein Verfahren ausgesetzt werden, um den Ausgang eines anderen anhängigen Verfahrens abzuwarten, in dem über eine für das ausgesetzte Verfahren präjudizielle Frage entschieden wird. Durch die Aussetzung im Hinblick auf dieses **vorgreifliche Verfahren** soll verhindert werden, dass es zu widerstreitenden Entscheidungen kommt und sich die Gerichte mit derselben Rechtsfrage doppelt befassen müssen.[1] **1**

Es gibt neben § 148 verschiedene **weitere Vorschriften,** die die Aussetzung eines Verfahrens im Gewerblichen Rechtsschutz regeln und die § 148 ZPO vorgehen können.[2] Von besonderer Bedeutung sind hier insbesondere § 49 Abs. 2 PatG, § 140 PatG, § 140b Abs. 2 S. 2 PatG, § 19 GebrMG, § 24b Abs. 2 S. 2 GebrMG, § 34b DesignG, § 52b Abs. 3 S. 1 DesignG, § 19 Abs. 2 S. 2 MarkenG, § 43 Abs. 3 MarkenG, § 32 MarkenV, Art. 104 GMV, Art. 91 GGV, § 14e WahrnG, § 16 Abs. 2 S. 2 WahrnG, Art. 106 GemSortVO[3]. Daneben sind auf europäischer Ebene Art. 27, 28 EuGVVO (Verordnung [EG] Nr. 44/2001) zu beachten, die die Aussetzung im Hinblick auf ein im europäischen Ausland anhängiges Parallelverfahren regeln und die in den sog. „Torpedo"-Konstellationen relevant werden (→ Rn. 31 ff.). **2**

Ferner kann eine Aussetzung in den Fällen des **Art. 267 Abs. 2 und 3 AEUV** (vormals Art. 234 Abs. 2 und 3 EG) geboten sein, wenn dem **EuGH** eine Frage über die Auslegung und/oder Gültigkeit gemeinschaftsrechtlicher Vorschriften zur **Vorabentscheidung** vorgelegt wird.[4] Nach Art. 267 Abs. 3 AEUV ist eine Vorlage zum EuGH zwingend, wenn die Entscheidungen des nationalen Gerichts selbst nicht mehr mit Rechtsmitteln des innerstaatlichen Rechts angefochten werden können. In den anderen Fällen ist die Vorlage durch die Instanzgerichte nach Art. 267 Abs. 2 AEUV fakultativ. Ein Vorabentscheidungsgesuch rechtfertigt eine Aussetzung analog § 148 ZPO dann nicht, wenn die im Vorabentscheidungsgesuch aufgeworfenen Fragen angesichts des Wortlauts, der Regelungssystematik **3**

---

[1] BGH GRUR 2004, 710 (711) – Druckmaschinen-Temperierungssystem; LG Düsseldorf BeckRS 2013, 17113; LG Mannheim BeckRS 2013, 14992; KG BeckRS 2013, 00928.
[2] S. zu weiteren Vorschriften außerhalb des Gewerblichen Rechtsschutzes auch Zöller/*Greger* ZPO § 148 Rn. 2 f.
[3] Vgl. hierzu *Leßmann/Würtenberger,* Deutsches und europäisches Sortenschutzrecht, 2. Aufl. 2009, § 7 Rn. 207 ff.
[4] Teplitzky/*Schwippert* Kap. 48 Rn. 33.

und des Regelungszwecks einer Richtlinie derart offenkundig zu beantworten sind, dass für vernünftige Zweifel kein Raum bleibt.[5] Auch eine Aussetzung der Verfahren vor dem BPatG kommt mit Rücksicht auf ein anhängiges Vorlageverfahren in Betracht.[6] Im Verfügungsverfahren ist eine Aussetzung nach Art. 267 Abs. 3 AEUV wegen des Eilcharakters des Verfahrens nicht möglich.[7]

4 Wurde dieselbe Rechtsfrage dem EuGH bereits **in einem anderen Rechtsstreit zur Vorabentscheidung vorgelegt**, kann das Verfahren in entsprechender Anwendung von § 148 ZPO auch ohne gleichzeitiges Vorabentscheidungsersuchen ausgesetzt werden.[8] Eine Aussetzung ist aber nicht zwingend, sondern steht im Ermessen des Gerichts.[9] Zu beachten ist, dass das Verletzungsgericht die Vorlage zurückzunehmen hat, wenn die dem EuGH vorgelegte Rechtsfrage ihre Bedeutung für das Ausgangsverfahren verliert, etwa weil die Parteien das Verfahren einvernehmlich beendet haben. Das vorgreifliche Verfahren vor dem EuGH erledigt sich dann[10] und der Aussetzungsgrund fällt weg.

I. Aussetzung des Verletzungsverfahrens

5 Hauptanwendungsbereich von § 148 ZPO im Gewerblichen Rechtsschutz ist die Aussetzung eines Verletzungsverfahrens im Hinblick auf ein parallel **anhängiges Verfahren über den Rechtsbestand des streitgegenständlichen Schutzrechts**. Das Verletzungsgericht kann in diesen Fällen den Ausgang des Rechtsbestandsverfahrens abwarten. Im Patentrecht ist eine Aussetzung bis zur Entscheidung im Einspruchs- oder Nichtigkeitsverfahren aufgrund des Trennungsprinzips sogar die einzige Möglichkeit die Frage der Schutzfähigkeit des Patents im Verletzungsverfahren zu berücksichtigen. Wegen der Einzelheiten wird auf die Ausführungen unten verwiesen (vgl. für das Patentrecht → Rn. 99 ff., für das Gebrauchsmusterrecht → Rn. 176 ff., für das Markenrecht → Rn. 200 ff. und für das Designrecht → Rn. 241 ff.).

6 Eine Aussetzung im Hinblick auf ein Rechtsbestandsverfahren kommt auch dann in Betracht, wenn die Frage der Verletzung des Schutzrechts Gegenstand einer Feststellungsklage ist, etwa wenn der vermeintliche Verletzer eine **negative Feststellungsklage** eingereicht hat, um die Nichtverletzung des Patents gerichtlich feststellen zu lassen.[11] Dies gilt insbesondere im Anwendungsbereich der Art. 29, 30 EuGVVO (zuvor Art. 27, 28 EuGVVO), die eine Aussetzung für den Fall vorsehen, dass in einem anderen Mitgliedstaat der EU bereits eine Klage wegen desselben Anspruchs zwischen denselben Parteien (Art. 29 EuGVVO) oder eine in Zusammenhang stehende Klage (Art. 30 EuGVVO) anhängig gemacht wurde (→ Rn. 31 ff.). Eine Aussetzung des Verletzungsverfahrens kann auch im Hinblick auf eine **positive Feststellungsklage** erfolgen, mit der die Feststellung eines vertraglichen Nutzungsrechts begehrt wird.[12]

7 Eine **Aussetzung des Verfügungsverfahrens** ist mit der Eilbedürftigkeit des Verfügungsverfahrens nicht zu vereinbaren und kommt daher nicht in Betracht.[13] Dies gilt auch für die Aussetzung nach Art. 267 Abs. 3 AEUV[14]. Wird im Verfügungsverfahren die Verletzung eines Patents geltend gemacht, können die von der Rechtsprechung zu § 148 ZPO entwickelten Kriterien jedoch bei der Glaubhaftmachung der Rechtsbeständigkeit des Verfügungspatents herangezogen werden. Nach der Rechtsprechung des OLG Düsseldorf[15] und des OLG Karlsruhe[16] ist der Rechtsbestand des Verfügungspatents nämlich dann nicht ausreichend gesichert, wenn in einem entsprechenden Hauptsacheverfahren nach § 148 ZPO ausgesetzt werden müsste.[17]

8 Das Verletzungsverfahren kann auch im Hinblick auf ein vom eigentlich Berechtigten gegen den eingetragenen Nichtberechtigten angestrengtes **Vindikationsverfahren** auf Übertragung des Schutzrechts (§ 8 S. 2 PatG, § 13 Abs. 3 GebrMG iVm § 8 PatG, § 9 Abs. 1 DesignG) auszusetzen sein.[18] Eine Aussetzung ist hier dann möglich, wenn der Vindikationsanspruch in einem eigenständigen

---

[5] BGH BeckRS 2020, 13405.
[6] BPatG Mitt. 2001, 206 (Nichtigkeitsverfahren); BPatG BeckRS 2013, 14164 (Löschungsverfahren); BPatG GRUR 2002, 737 (735) – grün/grau (markenrechtliches Beschwerdeverfahren); BPatG GRUR 2013, 449 – Safener Isoxadifen (ergänzendes Schutzzertifikat).
[7] OLG Düsseldorf BeckRS 2012, 16130.
[8] BGH GRUR 2016, 523 – Prämienmodell niederländischer Apotheke; BGH BeckRS 2013, 13901; 2013, 05545; GRUR-RR 2012, 496 – Le-Corbusier-Möbelmodell (Ls.) = BeckRS 2012, 12764 (Volltext); LG Düsseldorf GRUR-RR 2013, 196 – LTE-Standard.
[9] BPatG BeckRS 2013, 14164.
[10] EuGH BeckRS 2012, 80435.
[11] OLG Düsseldorf GRUR-RR 2003, 359 – Vorgreiflichkeit.
[12] LG Düsseldorf BeckRS 2013, 17113.
[13] OLG München BeckRS 2015, 02230; Berneke/Schüttpelz Rn. 333.
[14] OLG Düsseldorf BeckRS 2012, 16130.
[15] GRUR-RR 2008, 329 (331) – Olanzapin; InstGE 8, 122 (128) – Medizinisches Instrument.
[16] BeckRS 2011, 02760.
[17] So auch OLG Braunschweig GRUR-RR 2012, 97 (98) – Scharniere auf Hannovermesse; anders wohl das OLG München, vgl. Wuttke/Guntz Mitt. 2012, 477 (485).
[18] BGH GRUR 1964, 606 (611) – Förderband; LG Düsseldorf BeckRS 2014, 21504; BeckOK PatR/Voß PatG Vor §§ 139 ff. Rn. 182.

Verfahren geltend gemacht wird. Beschränkt sich der Berechtigte hingegen darauf den Vindikationsanspruch einredeweise oder widerklagend im Verletzungsprozess geltend zu machen, kommt eine Aussetzung nicht in Betracht.

Eine Aussetzung des Verletzungsverfahrens **wegen eines nachträglich anhängig gemachten Besichtigungsverfahrens** wird grundsätzlich nicht in Betracht kommen, da sich das Besichtigungsverfahren auf die Feststellung von Tatsachen beschränkt und nicht zu einer Entscheidung über ein vorgreifliches Rechtsverhältnis führt[19] (→ Rn. 26). Auszusetzen ist aber dann, wenn sich die Parteien vor dem Verletzungsgericht damit einverstanden erklären, das Ergebnis des Besichtigungsverfahrens abzuwarten, damit es später in dem Hauptsacheverfahren verwertet werden kann.[20]   9

Auch eine Aussetzung des Verletzungsverfahrens im Hinblick auf ein zwischen den Parteien **anhängiges Schiedsverfahren** ist denkbar, beispielsweise, wenn sich der Beklagte auf ein lizenzvertragliches Nutzungsrecht beruft, dessen Umfang in dem Schiedsverfahren streitgegenständlich ist.   10

II. Aussetzung der Verfahren vor DPMA und BPatG

In den Verfahren vor dem DPMA und dem BPatG ist § 148 ZPO entsprechend heranzuziehen. Für **Verfahren vor dem BPatG** ergibt sich dies aus **§ 99 Abs. 1 PatG** und **§ 82 Abs. 1 MarkenG,** die die Vorschriften der ZPO für entsprechend anwendbar erklären, soweit die Besonderheiten des Verfahrens vor dem Patentgericht dies nicht ausschließen.[21] Danach kommt insbesondere eine **Aussetzung der nationalen Rechtsbestandsverfahren** in Betracht. Dies gilt für das Patentnichtigkeitsverfahren[22] (→ Rn. 166 ff.) ebenso wie für die Beschwerden in den verschiedenen patent-, gebrauchsmuster-, marken- und designrechtlichen Verfahren, über die jeweils das BPatG entscheidet.[23] Auch eine Aussetzung des Beschwerdeverfahrens über die Erteilung eines ergänzenden Schutzzertifikats (§ 49a PatG) ist möglich.[24]   11

Die Anwendung der ZPO-Vorschriften auf **Verfahren vor dem DPMA** ist gesetzlich nicht geregelt. § 99 Abs. 1 PatG, § 82 Abs. 1 MarkenG finden hier keine Berücksichtigung, da sie nur die Anwendbarkeit der ZPO-Vorschriften auf Verfahren vor dem BPatG betreffen. Für Verfahren vor dem DPMA enthalten die Gesetze keine grundsätzliche Verweisung auf die ZPO. Das BVerfG[25] hat daher darauf hingewiesen, dass die Vorschriften der ZPO für das gerichtliche Verfahren trotz der justizförmigen Ausgestaltung der Verfahren vor dem DPMA nur in den ausdrücklich normierten Fällen anwendbar seien. Dies erscheint insoweit problematisch, als die Regelungen der für Verfahren vor dem DPMA maßgeblichen Verfahrensvorschriften in PatG, GebrMG, MarkenG und DesignG unzureichend sind und auch das Verwaltungsverfahrensrecht nach § 2 Abs. 2 Nr. 3 VwVfG für die verwaltungsrechtlichen Verfahren vor dem DPMA nicht anwendbar ist.[26] In Ermangelung spezieller verfahrensrechtlicher Regelungen überzeugt es daher, wenn die Gerichte die Vorschriften der ZPO in ständiger Rechtsprechung auch in Verfahren vor dem DPMA für entsprechend anwendbar erklären, soweit die Besonderheiten des DPMA-Verfahrens dies nicht ausschließen.[27] Dies gilt auch für die Aussetzungsnorm des § 148 ZPO, deren entsprechende Anwendung in Verfahren vor dem DPMA anerkannt ist[28] und die einen auch im Verwaltungsverfahren **allgemein anerkannten Verfahrensgrundsatz** regelt.[29]   12

§ 148 ZPO wird zunächst in den Verfahren vor dem DPMA entsprechend angewendet, in denen der **Rechtsbestand eines Schutzrechts** streitgegenständlich ist. Dies gilt für das Einspruchsverfahren gegen deutsche Patente[30] und das Gebrauchsmusterlöschungsverfahren (§ 17 Abs. 1 GebrMG),[31] über die erstinstanzlich das DPMA entscheidet (→ Rn. 195). Auch eine Aussetzung des markenrechtlichen Widerspruchsverfahrens ist neben den spezialgesetzlichen Aussetzungsregeln in § 43 Abs. 3 MarkenG und § 32 MarkenV in entsprechender Anwendung des § 148 ZPO möglich (→ Rn. 223).   13

Ferner findet § 148 ZPO nach ständiger Rechtsprechung des BPatG entsprechende Anwendung in **Erteilungs- bzw. Eintragungsverfahren**.[32] Eine Aussetzung des Patenterteilungsverfahrens für eine jüngere Anmeldung kann beispielsweise dann erfolgen, wenn die Erledigung einer älteren Voranmel-   14

---

[19] LG Düsseldorf BeckRS 2013, 02744.
[20] BGH NJW 2004, 2597.
[21] Zu den nach § 99 PatG anwendbaren Normen der ZPO vgl. BeckOK PatR/*Schnurr* PatG § 99 Rn. 9.
[22] BGH BeckRS 2000, 006625; BPatG Mitt. 1999, 313.
[23] BPatG GRUR 2008, 179 (182) – deutsche CityPost.
[24] BPatG BeckRS 2011, 29305.
[25] GRUR 2003, 723.
[26] BeckOK PatR/*Stortnik* PatG Vor § 34 Rn. 1.
[27] BPatG GRUR 1980, 997 – Haupt- und Hilfsantrag; BPatGE 15, 114 (116); BeckOK PatR/*Stortnik* PatG Vor § 34 Rn. 2; *Tetzner* GRUR 1975, 522 (524).
[28] BPatGE 15, 114 (115).
[29] Vgl. hierzu Stelkens/Bonk/Sachs/*Schmitz* VwVfG § 9 Rn. 203.
[30] Schulte/*Schulte* PatG Einleitung Rn. 142 mwN.
[31] BeckOK PatR/*Eisenrauch* GebrMG § 17 Rn. 22.
[32] BPatGE 24, 54 (57); 15, 114 ff.; 15, 32 (34); *Bühring*/*Braitmayer* GebrMG § 8 Rn. 45.

dung abgewartet werden muss.³³ Eine parallele Vindikationsklage eines Dritten auf Abtretung des Anspruchs auf Patenterteilung rechtfertigt eine Aussetzung des Erteilungsverfahrens hingegen nicht, da die sachliche Berechtigung des Anmelders wegen § 7 Abs. 1 PatG im Erteilungsverfahren nicht geprüft wird und das Vindikationsverfahren daher nicht vorgreiflich ist.³⁴

15 Für Patente und Gebrauchsmuster kann eine **Aussetzung des Erteilungsverfahrens** ferner in den Fällen des **§ 49 Abs. 2 PatG** erfolgen, der gemäß § 8 Abs. 1 S. 3 GebrMG auch für die Eintragung des Gebrauchsmusters gilt. Nach § 49 Abs. 2 PatG kann das Erteilungsverfahren auf Antrag des Anmelders bis zum Ablauf einer Frist von fünfzehn Monaten ausgesetzt werden, die mit dem Tag der Einreichung der Anmeldung beim Patentamt oder, falls für die Anmeldung ein früherer Zeitpunkt als maßgebend in Anspruch genommen wird, mit diesem Zeitpunkt beginnt. Eine darüber hinausgehende Aussetzung ist grundsätzlich ausgeschlossen.³⁵

16 Eine **Aussetzung des patentrechtlichen Beschränkungsverfahrens** vor dem DPMA bis zur Entscheidung in einem parallel anhängigen Nichtigkeitsverfahren kommt nicht in Betracht.³⁶ Es fehlt hier an der Vorgreiflichkeit des Nichtigkeitsverfahrens für das Beschränkungsverfahren, da im Nichtigkeitsverfahren keine Vorfrage für das Beschränkungsverfahren entschieden wird. Die Vorgreiflichkeit ergibt sich auch nicht daraus, dass sich das Beschränkungsverfahren erledigen kann, wenn das Patent im Nichtigkeitsverfahren widerrufen wird.

III. Aussetzung bei kartellrechtlichen Vorfragen

17 Eine Verfahrensaussetzung kann bei kartellrechtlichen Vorfragen wegen der **ausschließlichen Zuständigkeit der Kartellgerichte** in Betracht kommen³⁷ (→ § 1 Rn. 114). Nach § 87 S. 1 GWB sind die Landgerichte unabhängig vom Streitwert ausschließlich für Kartellstreitsachen zuständig, wobei diese Zuständigkeit nach § 87 S. 2 GWB unabhängig davon gilt, ob über kartellrechtliche Vor- oder Hauptfragen zu befinden ist.

18 Da auch Einwände des Beklagten zuständigkeitsrelevant sind³⁸, kann eine Aussetzung des Verletzungsverfahrens dann erforderlich sein, wenn der Beklagte im Patent- oder Gebrauchsmusterverletzungsverfahren den **kartellrechtlichen Zwangslizenzeinwand** erhebt. Dies gilt allerdings nur in den Fällen, in denen die Landgerichte, denen § 87 GWB die ausschließliche Zuständigkeit für Kartellstreitsachen zuweist, nicht gleichzeitig aufgrund der Konzentrationsermächtigung des § 143 Abs. 2 PatG Patentstreitgericht sind.³⁹ In der Praxis stellen sich hier daher zumeist keine Probleme, da auf Ebene der Landgerichte die meisten Patentgerichte zugleich auch Kartellgericht sind (LG Düsseldorf, LG Frankfurt a. M., LG Hamburg, LG Leipzig, LG Mannheim, LG Magdeburg; LG München I, LG Nürnberg/Fürth). Anders ist dies im Fall des LG Braunschweig, da in Niedersachsen das LG Hannover zuständiges Kartellgericht ist. Wird der kartellrechtliche Zwangslizenzeinwand hier beim Patentgericht erhoben, ist das Verfahren entweder nach § 281 ZPO an das Kartellgericht zu verweisen, oder ggf. das Verletzungsverfahren im Hinblick auf eine vor dem Kartellgericht anhängige Feststellungsklage auszusetzen. Auf Berufungsebene sind Verfahren mit kartellrechtlichem Zwangslizenzeinwand vor den Kartellsenaten zu entscheiden.⁴⁰ In der Revision ist der Kartellsenat des BGH zuständig.⁴¹

19 Eine Aussetzung des Verletzungsverfahrens ist im Hinblick auf ein **von der Europäischen Kommission eingeleitetes Kartellverfahren** betreffend die Durchsetzung standardessentieller Patente denkbar, beispielsweise wenn in diesem Kartellverfahren eine Entscheidung der Kommission zur kartellrechtlichen Bewertung einer FRAND-Erklärung zu erwarten ist.⁴² Die Aussetzung kann dann nach **Art. 16 der Verordnung 1/2003** erfolgen, die in Abs. 1 Satz 2, 3 die Möglichkeit einer Aussetzung gerichtlicher Verfahren für den Fall vorsieht, dass das Gericht eine Entscheidung erlässt, die einer beabsichtigten Entscheidung der Kommission in einem von ihr eingeleiteten Verfahren zuwiderläuft.⁴³ Der Anwendungsbereich von Art. 16 der Verordnung 1/2003 ist aber nur eröffnet, wenn es sich um denselben Untersuchungsgegenstand handelt, was nicht bereits der Fall ist, wenn es sich um einen vergleichbaren Sachverhalt handelt.⁴⁴

20 Eine Aussetzung im Hinblick auf die **kartellrechtliche Prüfung der Zulässigkeit einer Übernahme** der Muttergesellschaft der Klägerin kommt regelmäßig nicht in Betracht, da eine hiermit eventuell verbundene zukünftige Veränderung der Rechtslage nicht vorgreiflich ist.⁴⁵

---

³³ BPatG GRUR 1981, 584 (585) – Akteneinsichtsinteresse; vgl. zu § 4 Abs. 2 PatG aF Tetzner GRUR 1975, 522 ff.
³⁴ BPatGE 24, 54 (57).
³⁵ BGH GRUR 1966, 85 (87) – Aussetzung der Bekanntmachung; Bühring/*Braitmayer* GebrMG § 8 Rn. 45.
³⁶ Benkard/Schäfers/Schwarz PatG § 64 Rn. 40.
³⁷ Benkard/*Grabinski*/*Zülch* PatG § 139 Rn. 112.
³⁸ Kühnen Patentverletzung-HdB Kap. E Rn. 464.
³⁹ Kühnen Patentverletzung-HdB Kap. E Rn. 468.
⁴⁰ Kühnen Patentverletzung-HdB Kap. E Rn. 468.
⁴¹ Vgl. BGH GRUR 2009, 694 ff. – Orange-Book-Standard.
⁴² Vgl. LG Düsseldorf BeckRS 2013, 14798; 2012, 09682.
⁴³ LG Mannheim 7 O 241/12.
⁴⁴ *Verhauwen* GRUR 2013, 558 (562).
⁴⁵ LG Mannheim BeckRS 2013, 11805; 2013, 11804.

Auch in **Verfahren vor dem BPatG** können sich kartellrechtliche Vorfragen stellen, wenn sich der 21 Beklagte im Nichtigkeitsverfahren auf das Vorliegen einer **Nichtangriffsabrede** beruft. Hier kann die Wirksamkeit der Nichtangriffsabrede wegen eines Verstoßes gegen kartellrechtliche Vorschriften in Frage stehen. Bis zur Reform des GWB durch die Sechste GWB Novelle von 1998 war in **§ 96 Abs. 2 GWB aF** ausdrücklich die Aussetzung des Verfahrens für den Fall vorgesehen, dass die Entscheidung des Rechtsstreits ganz oder teilweise von einer Entscheidung nach dem GWB abhängt. Der BGH hat daher das Nichtigkeitsverfahren bei Bedenken gegen die kartellrechtliche Wirksamkeit der Nichtangriffsabrede regelmäßig ausgesetzt und nur in Ausnahmefällen von einer Aussetzung abgesehen.[46] Mit Reform des GWB zum 1.1.1999 ist diese ausdrücklich normierte Aussetzungsregelung weggefallen. Nach **§ 87 GWB** haben zwar weiterhin unabhängig vom Streitwert die Landgerichte als Kartellgerichte die ausschließliche Zuständigkeit zur Beantwortung kartellrechtlicher Fragen[47], allerdings erfasst die Vorschrift ausdrücklich nur noch **bürgerliche Rechtsstreitigkeiten.** Einspruchs- und Nichtigkeitsverfahren sind aber keine bürgerlichen Rechtsstreitigkeiten, sondern besonders ausgestaltete Verwaltungsstreitverfahren, in denen über die Rechtmäßigkeit des Verwaltungsakts der Patenterteilung entschieden wird.[48] Die Zuständigkeitsregelung des § 87 GWB findet daher in diesen Verfahren keine Anwendung, so dass das BPatG nicht an einer Entscheidung über die kartellrechtliche Zulässigkeit der Nichtangriffsabrede gehindert ist.[49] Das BPatG ist aber gleichwohl nicht daran gehindert, das Einspruchs- oder Nichtigkeitsverfahren entsprechend § 148 ZPO auszusetzen, wenn ausnahmsweise vor einem Kartellgericht die Frage der kartellrechtlichen Zulässigkeit der Nichtangriffsabrede streitgegenständlich sein sollte.

IV. Weitere Anwendungsfälle im Gewerblichen Rechtsschutz

Eine Anwendung von § 148 ZPO wird im Gewerblichen Rechtsschutz ferner in folgenden Kon- 22 stellationen diskutiert:

- Eine Verfahrensaussetzung ist möglich, wenn das entscheidungserhebliche Gesetz Gegenstand einer 23 anhängigen **Verfassungsbeschwerde** oder **Richtervorlage** ist.[50] Die Aussetzung ist bei Zweifeln an der Verfassungsmäßigkeit eines Gesetzes aber nicht zwingend, sondern steht im Ermessen des Gerichts.[51] Eine Aussetzung soll nach der Rechtsprechung des BGH insbesondere dann in Betracht kommen, wenn Zweifel an der Verfassungsmäßigkeit der relevanten Vorschrift bestehen und die Prüfung der Verfassungsmäßigkeit weder einfach noch ohne großen Zeitaufwand zu erledigen ist.[52] Auch bei einer Verfassungsbeschwerde gegen ein der Nichtigkeitsklage stattgebendes Berufungsurteil soll eine Aussetzung des Verletzungsverfahrens in Betracht kommen können.[53]
- Ob eine Aussetzung des Verletzungsverfahrens im Hinblick auf ein **Zwangslizenzverfahren** nach 24 §§ 24, 66 Abs. 1 Nr. 2 PatG[54] in Betracht kommt, ist umstritten. Hiergegen spricht, dass das Zwangslizenzverfahren nicht vorgreiflich ist, da die Erteilung der Zwangslizenz nur in die Zukunft wirkt.[55]
- Umstritten ist auch, ob das **Aufhebungsverfahren nach §§ 936, 927 Abs. 2 ZPO** gemäß § 148 25 ZPO bis zur Entscheidung im parallelen Hauptsacheverfahren ausgesetzt werden kann.[56] Nach dem OLG Düsseldorf[57] ist die Entscheidung im Hauptsacheverfahren jedenfalls dann vorgreiflich, wenn das parallele Hauptsacheverfahren bereits in der Berufungsinstanz anhängig ist.[58] Je nachdem, wie das Berufungsgericht in der Hauptsache entscheidet, sei die einstweilige Verfügung durch das Landgericht dann entweder aufzuheben oder nicht, so dass ohne eine Aussetzung die Gefahr widersprüchlicher Entscheidungen bestehe. Aus Sicht des OLG München[59] liegt die Gefahr widersprüchlicher Entscheidungen bereits in den unterschiedlichen Erkenntnismöglichkeiten im Verfügungs- und Hauptsacheverfahren begründet und soll daher hinzunehmen sein. Eine Aussetzung des Aufhebungsverfahrens sei nicht geboten, da das Aufhebungsverfahren den Fortbestand des einstweiligen Rechtsschutzes betreffe und mit dessen Eilbedürftigkeit nicht zu vereinbaren sei.

---

[46] BGH GRUR 1989, 39 (40) – Flächenentlüftung; BGH GRUR 1959, 494 ff. – Markenschokolade II.
[47] Benkard/*Grabinski*/*Zülch* PatG § 139 Rn. 112.
[48] BGH GRUR 1955, 393 (396) – Deutsches Patentamt; BeckOK PatR/*Schnekenbühl* PatG § 81 Rn. 6.
[49] *Cepl*/*Rüting* WRP 2013, 305 (311).
[50] BGH GRUR 2007, 859 (861) – Informationsübermittlungsverfahren I; BGH GRUR 2005, 615 (616) – Aussetzung wegen Parallelverfahren; OLG Schleswig BeckRS 2013, 14380 (zum OlympSchG).
[51] BGH GRUR 2007, 859 (861) – Informationsübermittlungsverfahren I.
[52] BGH GRUR 2007, 859 (861) – Informationsübermittlungsverfahren I.
[53] LG Düsseldorf InstGE 5, 66 – Aussetzung wegen Verfassungsbeschwerde; Mes PatG § 139 Rn. 365.
[54] Ablehnend Benkard/*Grabinski*/Zülch PatG § 139 Rn. 109; BeckOK PatR/*Voß* PatG Vor §§ 139 ff. Rn. 182; für eine Aussetzung *Nieder* Mitt. 2001, 400 (402).
[55] BeckOK PatR/Voß PatG Vor §§ 139 ff. Rn. 182.
[56] Bejahend OLG Düsseldorf GRUR 1985, 160 – Aussetzung des Aufhebungsverfahrens; kritisch OLG München OLGZ 1988, 230 (232).
[57] GRUR 1985, 160 – Aussetzung des Aufhebungsverfahrens.
[58] So wohl auch OLG Hamburg GRUR-RR 2007, 20 (22) – Ratenkredit.
[59] OLGZ 1988, 230 (232).

26 • Eine **Aussetzung des Besichtigungsverfahrens** (§§ 485 ff. ZPO) kommt nicht bereits deshalb in Betracht, weil der Rechtsbestand des dem Besichtigungsantrag zugrunde liegenden Schutzrechts angegriffen wurde.[60] Einer Aussetzung steht hier bereits entgegen, dass das Verfahren in der Feststellung von Tatsachen erschöpft, es also nicht zu einer Entscheidung eines Rechtsstreits kommen kann.[61]

27 • Für eine **Aussetzung des Vindikationsverfahrens** wegen eines anhängigen Rechtsbestandsverfahrens besteht regelmäßig kein Anlass, da die Schutzfähigkeit für den Vindikationsanspruch ohne Bedeutung ist.[62] Dies gilt auch dann, wenn in dem Rechtsbestandsverfahren eine widerrechtliche Entnahme (§ 21 Abs. 1 Nr. 3 PatG, § 13 Abs. 2 GebrMG) geltend gemacht wird.[63] Zur Aussetzung des Rechtsbestandsverfahrens im Hinblick auf ein paralleles Vindikationsverfahren → Rn. 8 und 177 f.

28 • Die Aussetzung eines **arbeitnehmererfinderrechtlichen Verfahrens** im Hinblick auf ein **Rechtsbestandsverfahren** gegen das aus der Arbeitnehmererfindung hervorgegangene Schutzrecht kommt nicht in Betracht, da sich die Vernichtung des Schutzrechts nicht auf den Vergütungsanspruch des Arbeitnehmererfinders in der Vergangenheit auswirkt und das Rechtsbestandsverfahren daher nicht vorgreiflich ist.[64] Auch keine Aussetzung des Verfahrens zwecks **Anrufung der Schiedsstelle** ist in aller Regel geboten.[65] In Verfahren vor der Schiedsstelle kommt eine entsprechende Anwendung von § 148 ZPO wegen § 37 Abs. 2 Nr. 2 ArbnErfG nicht in Betracht.[66] Auszusetzen sein kann aber die Klage auf Einwilligung in die Anpassung der Vergütungsvereinbarung nach § 12 Abs. 6 ArbnErfG, wenn gleichzeitig Vergütungsansprüche für die Vergangenheit vor dem Arbeitsgericht geltend gemacht werden.[67] Eine Aussetzung ist auch denkbar, wenn die Zulässigkeit der Klage vom Fortbestehen des Arbeitsverhältnisses abhängt und hierüber ein Rechtsstreit anhängig ist, dessen Ausgang abgewartet werden soll.[68]

29 • Ein **Verfahren über die Zahlung von Lizenzgebühren** aufgrund eines bestehenden Lizenzvertrages ist nicht im Hinblick auf ein anhängiges Rechtsbestandsverfahren über eines der lizenzierten Schutzrechte auszusetzen. Zwar besteht die Pflicht zur Zahlung der Lizenzgebühr nur solange bis das Patent rechtskräftig vernichtet ist. Die rechtskräftige Nichtigerklärung des Schutzrechts beseitigt aber nicht die Pflicht zur Zahlung der Lizenzgebühren für Benutzungshandlungen in der Zeit vor dem Eintritt der Rechtskraft des Nichtigkeitsurteils.[69] Die Entscheidung im Rechtsbestandsverfahren ist daher für den parallelen Zahlungsanspruch nicht vorgreiflich. Ausgesetzt werden kann die Zahlungsklage aber im Hinblick auf eine **parallele Auskunfts- oder Feststellungsklage**.[70] Wird die Zahlung von Lizenzgebühren im Urkundsprozess geltend gemacht, kommt eine Aussetzung ebenfalls nicht in Betracht.[71]

30 • Ist ein **Strafverfahren,** etwa wegen der in § 142 PatG, §§ 143 ff. MarkenG oder § 51 DesignG normierten Strafvorschriften, anhängig, rechtfertigt dies keine Aussetzung des Zivilprozesses bis zur Beendigung des parallelen Strafverfahrens, da beide Verfahren eine unterschiedliche Zielsetzung verfolgen und das Strafverfahren daher für den Zivilprozess nicht vorgreiflich ist.[72]

V. Aussetzung nach Art. 29, 30 EuGVVO („Torpedo")

31 Eine Aussetzung kann sich aus Art. 29 oder 30 EuGVVO ergeben (bis zum 10.1.2015 Art. 27, 28 EuGVVO).

32 Nach diesen Vorschriften kommt eine Verfahrensaussetzung in Betracht, wenn in einem anderen Mitgliedstaat zuvor bereits eine Klage wegen desselben Anspruchs zwischen denselben Parteien (Art. 29 EuGVVO) oder eine in Zusammenhang stehende Klage (Art. 30 EuGVVO) anhängig gemacht wurde. Zweck der Vorschriften ist insbesondere die **Vermeidung widerstreitender Entscheidungen verschiedener Gerichte der Mitgliedsstaaten**.[73] Ferner soll durch eine Aussetzung verhindert werden, dass ein zugunsten einer Partei in einem fremden Vertragsstaat ergangenes Urteil nach Art. 45 Abs. 1c) EuGVVO nicht anerkannt würde, weil es mit einer Entscheidung unvereinbar

---

[60] OLG Düsseldorf InstGE 7, 256 (257) – Klinkerriemchen.
[61] LG Düsseldorf BeckRS 2013, 02744.
[62] BGH GRUR 2001, 823 (825) – Schleppfahrzeug; *Mes* PatG § 8 Rn. 31; Benkard/*Rogge/Engel* GebrMG § 19 Rn. 5.
[63] *Mes* PatG § 8 Rn. 31.
[64] Vgl. OLG Düsseldorf BeckRS 2013, 18744.
[65] Vgl. hierzu *Bartenbach/Volz* ArbnErfG § 37 Rn. 8.
[66] *Bartenbach/Volz* ArbnErfG § 33 Rn. 47.
[67] OLG Jena GRUR-RR 2012, 89 (90) – Aussetzungsgrund.
[68] Boemke/Kursawe/*Boemke* ArbErfG § 37 Rn. 65.
[69] BGH GRUR 1983, 237 (239) – Brückenlegepanzer; OLG Karlsruhe GRUR-RR 2009, 121 (122) – Bodybass.
[70] Vgl. OLG Karlsruhe GRUR 1995, 263 (264) – Eckenfräser.
[71] OLG Karlsruhe GRUR 1995, 263 (265) – Eckenfräser.
[72] Teplitzky/*Schwippert* Kap. 48 Rn. 19.
[73] LG Düsseldorf InstGE 11, 99 (104) – Computernetzwerk.

Aussetzung bei Vorgreiflichkeit   33–42 § 148 ZPO

ist, die zwischen denselben Parteien in dem Staat ergangen ist in dem die Anerkennung geltend gemacht wird.[74]

Anders als § 148 ZPO setzen Art. 29 und 30 EuGVVO voraus, dass das Verfahren im Hinblick auf 33 welches ausgesetzt werden soll, vorher anhängig gemacht wurde. Maßgeblich ist hier nicht der Zeitpunkt der Rechtshängigkeit, sondern nach Art. 32 Abs. 1a EuGVVO der **Zeitpunkt, zu dem das verfahrensleitende Schriftstück bei Gericht eingereicht wurde.** Dabei ist es erforderlich, dass der Kläger nach Klageeinreichung alle ihm obliegenden Maßnahmen trifft, um die Zustellung an den Beklagten zu bewirken.[75] Diesen Anforderungen wird genügt, wenn der Klageschrift ein Verrechnungsscheck zur Abdeckung des Prozesskostenvorschusses beifügt wird.[76]

Bei mehreren Parteien ist die Frage welcher Rechtsstreit zuerst anhängig gemacht wurde einheitlich 34 für alle Parteien auf der jeweiligen Beklagtenseite nach dem Zeitpunkt zu entscheiden, zu dem das Verfahren hinsichtlich der ersten identischen Partei eingetreten ist.[77]

Art. 29, 30 EuGVVO gelten nur für Mitgliedstaaten der Europäischen Union, die das EuGVVO 35 ratifiziert haben. Dies gilt seit dem 1.7.2007 auch für Dänemark, für das zuvor Art. 21, 22 EuGVÜ maßgeblich war; für die EFTA Staaten (Schweiz, Norwegen und Island) gelten Art. 27, 28 LugÜ.

1. Art. 29 EuGVVO. Nach Art. 29 EuGVVO ist ein Verfahren **von Amts wegen zwingend** 36 **auszusetzen,** wenn in einem anderen Mitgliedstaat zuvor bereits eine Klage wegen desselben Anspruchs zwischen denselben Parteien anhängig gemacht wurde.

a) Parteiidentität. Voraussetzung ist Parteiidentität („dieselbe Partei"). Nach der Rechtsprechung 37 des EuGH[78] ist nicht erforderlich, dass an beiden Verfahren formal identische Parteien teilnehmen. Ausreichend soll vielmehr sein, dass die Interessen der Parteien hinsichtlich des Gegenstandes der Rechtsstreitigkeiten so übereinstimmen, dass ein Urteil, das gegen den einen ergeht, Rechtskraft gegen den anderen entfaltet.[79] Ob dies der Fall ist, ist nach dem nationalen Recht des Zweitgerichts zu entscheiden.[80]

Parteiidentität liegt immer vor, wenn der **einfache Lizenznehmer** die Verletzungsklage in Prozess- 38 standschaft geltend macht.[81]

Nach der Rechtsprechung des BGH ist Parteiidentität auch dann gegeben, wenn der **ausschließ-** 39 **liche Lizenznehmer** die Schutzrechtsverletzung geltend macht, die negative Feststellungsklage aber gegen den Schutzrechtsinhaber gerichtet ist. Auch wenn die Rechtspositionen von Patentinhaber und ausschließlichem Lizenznehmer voneinander unabhängig sind, leitet der Lizenznehmer seine Rechtsstellung von dem Schutzrecht ab und ist daher wie der Erwerber eines Patents an ein Urteil gegen den Schutzrechtsinhaber gebunden.[82] Dies soll jedenfalls dann gelten, wenn die ausschließliche Lizenz nach Rechtshängigkeit der Verletzungsklage erteilt wird.[83]

b) Anspruchsidentität. Ferner müssen beide Verfahren **denselben Anspruch** betreffen. Ausrei- 40 chend ist insoweit, dass beide Klagen im Kern den gleichen Gegenstand aufweisen; vollständige Anspruchsidentität ist nicht erforderlich.[84] Der Begriff des Anspruchs in Art. 29 EuGVVO ist nicht identisch mit dem Streitgegenstandsbegriff im deutschen Zivilprozessrecht.[85]

Die Vorschrift findet im Gewerblichen Rechtsschutz insbesondere dann Anwendung, wenn in zwei 41 Verfahren dasselbe nationale Patent streitgegenständlich ist. Dies ist der typische Fall des **sog. „Torpedo",** bei dem bei einem für seine lange Verfahrensdauer bekannten ausländischen Gericht eine negative Feststellungsklage wegen Nichtverletzung des Patents erhoben wird, um ein deutsches Verfahren wegen Verletzung desselben Patents (Unterlassung und/oder Schadensersatz) zu verzögern. Wird dann später Verletzungsklage eingereicht, muss das Gericht das Verletzungsverfahren wegen Art. 29 EuGVVO aussetzen, bis im Ausland über die Zuständigkeit des zuerst angerufenen Gerichts **rechtskräftig** entschieden wurde.

Maßgeblich sind die in der Feststellungsklageschrift als verfahrenseinleitendem Schriftstück geltend 42 gemachten Ansprüche. Werden die relevanten Ansprüche erst später im Rahmen einer Verfahrenserweiterung in das Verfahren eingebracht, finden sie keine Berücksichtigung.[86] Anspruchsidentität besteht dann nicht, wenn sich die negative Feststellungsklage gegen das Stammpatent richtet, im

---

[74] LG Düsseldorf InstGE 11, 99 (104) – Computernetzwerk; LG Düsseldorf GRUR-Int 1998, 803 (804) – Kondensatorspeicherzellen.
[75] LG Mannheim InstGE 13, 65 (69) – UMTS-fähiges Mobiltelefon II.
[76] LG Mannheim InstGE 13, 65 (69) – UMTS-fähiges Mobiltelefon II.
[77] OLG München InstGE 2, 78 (79) – Negative Feststellungsklage in Italien II.
[78] Mitt. 1998, 387 (388) – Drouot/CMI; so auch LG Düsseldorf BeckRS 2014, 08590.
[79] Hierzu LG Düsseldorf BeckRS 2014, 08590.
[80] EuGH Mitt. 1998, 387 (388) – Drouot/CMI.
[81] Benkard/Grabinski/Zülch PatG § 139 Rn. 101e; vgl. auch OLG Düsseldorf Mitt. 2000, 419 (421) – Aussetzung.
[82] BGH GRUR 2013, 1269 (1270) – Wundverband.
[83] BGH GRUR 2013, 1269 (1270) – Wundverband; vgl. hierzu Nieder GRUR 2013, 1195 (1197).
[84] LG Düsseldorf InstGE 11, 99 (107) – Computernetzwerk.
[85] LG Mannheim InstGE 13, 65 (70) – UMTS-fähiges Mobiltelefon II.
[86] OLG Düsseldorf GRUR-RR 2009, 401 – Torpedo.

Cepl

Verletzungsverfahren aber die Verletzung eines daraus hervorgegangenen Teilpatents geltend gemacht wird.[87] Für eine Aussetzung besteht auch dann kein Anlass, wenn der Streitgegenstand der negativen Feststellungsklage **nicht so konkret bestimmt ist,** dass beurteilt werden kann, ob die dort streitbefangene Sache in den erfindungsrelevanten Details mit der angegriffenen Ausführungsform des Verletzungsverfahrens übereinstimmt.[88]

43   c) **Keine Prüfungskompetenz des Zweitgerichts.** Die Zuständigkeit des zuerst angerufenen Gerichts darf das später angerufene Gericht **nicht selbständig prüfen.**[89] Dies gilt auch dann, wenn für die Streitigkeit eine ausschließliche Zuständigkeit des Zweitgerichts besteht.[90] Die Zuständigkeit des Erstgerichts ist nach dem Wortlaut von Art. 29 EuGVVO gerade keine Tatbestandsvoraussetzung. Art. 29 EuGVVO stellt allein auf die zeitliche Reihenfolge der Verfahren ab. Auch bei offensichtlicher Unzuständigkeit des Erstgerichts ist daher nach Ansicht des LG Düsseldorf die Entscheidung des Erstgerichts über seine Zuständigkeit abzuwarten.[91] Ob dies auch bei einem offensichtlich rechtsmissbräuchlichem Torpedo gilt, ist bislang noch nicht entschieden.[92]

44   **2. Art. 30 EuGVVO.** Sind bei Gerichten verschiedener Mitgliedstaaten **im Zusammenhang stehende Klagen** anhängig, kann das später angerufene Gericht das Verfahren nach Art. 30 Abs. 1 EuGVVO aussetzen. Ein solcher Zusammenhang liegt nach Art. 30 Abs. 3 EuGVVO dann vor, wenn zwischen ihnen eine so enge Beziehung gegeben ist, dass eine gemeinsame Verhandlung und Entscheidung geboten erscheint, um zu vermeiden, dass in getrennten Verfahren widersprechende Entscheidungen ergehen.

45   Die Aussetzung nach Art. 30 Abs. 1 EuGVVO steht im **pflichtgemäßen Ermessen des Gerichts,** wobei die Kriterien für die Ermessensentscheidung den zu § 148 ZPO entwickelten Grundsätzen entsprechen.[93] Grundsätzlich ist der Anwendungsbereich von Art. 30 EuGVVO breit und verlangt nur eine geringe Übereinstimmungsidentität.[94]

46   Auf Grundlage von Art. 30 Abs. 1 EuGVVO kommt beispielsweise eine Aussetzung des Verletzungsverfahrens in Betracht, wenn in dem parallelen ausländischen Verfahren die **Wirksamkeit eines Lizenzvertrages** streitgegenständlich ist, auf den sich der Beklagte zur Begründung seiner Nutzungsberechtigung im Verletzungsverfahren beruft.[95]

47   Ein Zusammenhang ist auch dann gegeben, wenn in der zuerst in einem anderen Mitgliedsstaat erhobenen Klage um die **Verletzung eines anderen nationalen Teils desselben europäischen Patents** wegen derselben Ausführungsform gestritten wird.[96] Betrifft hingegen die parallele negative Feststellungsklage das Stammpatent, die später anhängig gemachte Verletzungsklage aber ein daraus hervorgegangenes Teilpatent, liegt kein Zusammenhang iSv Art. 30 EuGVVO vor.[97]

48   Ist mit einer Sachentscheidung im parallelen ausländischen Verfahren allenfalls in geraumer, nicht weiter absehbarer Zeit zu rechnen, ist dem Interesse des Klägers an einer zügigen Durchsetzung seiner Verbietungsrechte aus den zeitlich begrenzten Schutzrechten grundsätzlich Rechnung zu tragen. Eine Aussetzung nach Art. 30 EuGVVO kommt dann nicht in Betracht.[98] Eine Aussetzung nach Art. 30 EuGVVO kommt auch dann nicht in Betracht, wenn das ausländische Patentverletzungsverfahren seinerseits wegen eines Einspruchsverfahren ausgesetzt wurde.[99]

B. Allgemeine Voraussetzungen des § 148 ZPO

I. Vorliegen eines vorgreiflichen Verfahrens

49   § 148 ZPO setzt die Vorgreiflichkeit eines anderweitig anhängigen Verfahrens über das Bestehen oder Nichtbestehen eines Rechtsverhältnisses voraus.

50   **1. Präjudizialität des anderen Rechtsstreits.** Vorgreiflichkeit im Sinne von § 148 ZPO liegt dann vor, wenn das Bestehen oder Nichtbestehen des in dem anderen Verfahren streitgegenständlichen Rechtsverhältnisses für den auszusetzenden Rechtsstreit **präjudizielle Bedeutung** hat.[100] Hier-

---

[87] LG Düsseldorf InstGE 11, 99 – Computernetzwerk.
[88] LG Düsseldorf InstGE 1, 296 (303) – Mehrlagendichtung.
[89] Benkard/*Grabinski*/*Zülch* PatG § 139 Rn. 101e.
[90] LG Düsseldorf InstGE 11, 99 (103) – Computernetzwerk.
[91] LG Düsseldorf InstGE 11, 99 (104) – Computernetzwerk; LG Düsseldorf GRUR 2000, 692 (697) – NMR-Kontrastmittel.
[92] Offen gelassen in LG Mannheim InstGE 13, 65 (70) – UMTS-fähiges Mobiltelefon II.
[93] LG Düsseldorf InstGE 3, 231 (232) – wasserloses Urinal; LG Düsseldorf GRUR-Int 1998, 803 (804) – Kondensatorspeicherzellen.
[94] LG Düsseldorf InstGE 11, 99 (109) – Computernetzwerk.
[95] *Pitz* Rn. 56.
[96] LG Düsseldorf GRUR-Int 1998, 803 (804) – Kondensatorspeicherzellen.
[97] LG Düsseldorf InstGE 11, 99 (109) – Computernetzwerk.
[98] OLG Düsseldorf GRUR-RR 2009, 401 f. – Torpedo; vgl. auch LG Düsseldorf BeckRS 2014, 08590.
[99] LG Düsseldorf InstGE 3, 231 (232) – wasserloses Urinal.
[100] Zöller/*Greger* ZPO § 148 Rn. 5.

von ist dann auszugehen, wenn das Rechtsverhältnis als Vorfrage für die Entscheidung über den Klagegrund oder eine in dem auszusetzenden Prozess erhobene Einrede in Betracht kommt und das auszusetzende Verfahren **rechtlich beeinflussen kann.**[101] Vorgreiflichkeit liegt immer dann vor, wenn in dem anderen Verfahren über ein Rechtsverhältnis für den anderen, auszusetzenden Rechtsstreit mit materieller Rechtskraft entschieden wird.[102] Zwingend erforderlich ist eine Rechtskrafterstreckung aber nicht.[103] Es muss sich um einen vom Ausgangsverfahren verschiedenen Rechtsstreit oder ein gesondertes Verwaltungsverfahren handeln. Die Aussetzung eines Rechtsstreits bei innerprozessualen Vorgängen, zB bis zur Zustellung einer in diesem Rechtsstreit eingereichten Streitverkündungsschrift, kommt daher weder in direkter noch in analoger Anwendung von § 148 ZPO in Betracht.[104]

Eine nur **tatsächliche Einflussnahme** auf die zu treffende Entscheidung begründet keine Vorgreiflichkeit.[105] Vorgreiflichkeit liegt auch dann nicht vor, wenn zwei Gerichte in tatsächlicher und/oder rechtlicher Hinsicht über **dieselbe Frage** zu entscheiden haben[106] und zwar auch dann nicht, wenn der andere Rechtsstreit bereits beim BGH anhängig ist.[107] Auch die in einem US-amerikanischen Discovery-Verfahren vorzunehmende Beweisaufnahme ist daher nicht vorgreiflich im Sinne von § 148 ZPO, auch wenn die in dem US-Verfahren möglicherweise vorzulegenden Dokumente Beweis über die behauptete Patentverletzung erbringen können.[108] Gegen eine Aussetzung spricht in derartigen Konstellationen, dass bloße Zweckmäßigkeitsüberlegungen noch keine Vorgreiflichkeit begründen. Der BGH hat allerdings offen gelassen, ob **Gründe der Prozessökonomie** eine Aussetzung ausnahmsweise rechtfertigen können, wenn bei Massenverfahren eine angemessene Bewältigung der Gesamtheit der Verfahren durch das Gericht nicht möglich ist.[109] Das BPatG jedenfalls hat in verschiedenen Entscheidungen eine Aussetzung des Patentnichtigkeitsverfahrens[110] über die Anmeldung eines ergänzenden Schutzzertifikats[111] (§ 49a PatG) aus prozessökonomischen Erwägungen angenommen (→ Rn. 167 f.). Auch bei Vorlage einer für das Verfahren maßgeblichen Rechtsfrage zur **Vorabentscheidung** zum EuGH soll eine Aussetzung nach § 148 ZPO aus Gründen der Prozessökonomie möglich sein.[112]

Das Bestehen oder Nichtbestehen des Rechtsverhältnisses muss den Gegenstand des anderen Verfahrens bilden und darf **nicht nur Vorfrage** in dem anderen Prozess sein.[113] Eine Aussetzung eines Schadensersatzprozesses wegen **ungerechtfertigter Schutzrechtsverwarnung** bis zur Entscheidung in einem parallelen Verletzungsverfahren kommt daher nicht in Betracht, weil hier die Frage der Schutzrechtsverletzung nur eine Vorfrage ist, für die präjudizielle Bedeutung fehlt.

Präjudizielle Bedeutung wird das andere Verfahren in aller Regel nur dann haben, wenn es zwischen denselben Parteien anhängig ist. **Parteiidentität** ist aber keine zwingende Voraussetzung für die Vorgreiflichkeit. Erforderlich ist aber jedenfalls, dass bei Nichtidentität der Parteien sonstige Umstände vorliegen, die eine Präjudizialität begründen, was etwa bei der Nebeninterventionswirkung (§§ 68, 74 Abs. 3 ZPO) der Fall ist[114]. Keine Rolle spielt es daher auch, wenn der **Angriff auf den Rechtsbestand eines Schutzrechts von einem Dritten** geführt wird, da der Widerruf bzw. die Vernichtung des Patents Wirkung erga omnes entfaltet.[115] Die Aussetzung ist dann allerdings nur solange möglich, wie der Dritte das Rechtsbestandsverfahren auch führt. Beendet der Dritte den Angriff auf den Rechtsbestand des Schutzrechts, fällt auch der Aussetzungsgrund weg.[116]

Vorgreiflichkeit kann nach dem Wortlaut von § 148 ZPO nur dann vorliegen, wenn das anderweitige Verfahren **rechtshängig** ist.[117] Es ist nicht ausreichend, wenn das Verfahren bloß angekündigt wird.[118] Der Beklagte kann daher die Aussetzung wegen mangelnder Schutzfähigkeit des im Verletzungsverfahren streitgegenständlichen Schutzrechts nur beantragen, wenn die Schutzfähigkeit Gegenstand eines bereits rechtshängigen Rechtsbestandsverfahrens ist.[119] Nicht ausreichend ist es daher,

---

[101] LG Düsseldorf BeckRS 2013, 17113.
[102] LG Düsseldorf BeckRS 2013, 17113.
[103] Zöller/*Greger* ZPO § 148 Rn. 5.
[104] BGH GRUR 2018, 853 (854) – Schutzhülle für Tablet-Computer.
[105] LG Düsseldorf BeckRS 2013, 17113; aA *von Maltzahn* GRUR 1985, 163 (164).
[106] LG München I GRUR-RS 2020, 22572 – Rückenmarkstimulation.
[107] BGH GRUR 2005, 615 (616) – Aussetzung wegen Parallelverfahren; LG Düsseldorf BeckRS 2013, 17113.
[108] LG München I GRUR-RS 2020, 22572 – Rückenmarkstimulation.
[109] BGH GRUR 2005, 615 (616) – Aussetzung wegen Parallelverfahren.
[110] BPatG Mitt. 1999, 313.
[111] BPatG BeckRS 2011, 29305.
[112] BGH GRUR-RR 2012, 496 = BeckRS 2012, 12764 – Le-Corbusier-Möbelmodell.
[113] Zöller/*Greger* ZPO § 148 Rn. 5a.
[114] Zöller/*Greger* ZPO § 148 Rn. 5.
[115] LG München I GRUR 1956, 209.
[116] Haedicke/Timmann PatR-HdB/*Bukow* § 13 Rn. 185.
[117] LG München I BeckRS 2014, 05284.
[118] RG GRUR 1936, 50 (51).
[119] BGH GRUR 2007, 780 (782) – Pralinenform; LG München I BeckRS 2014, 05284.

wenn eine Nichtigkeitsklage zwar eingereicht, aber die Gerichtskosten noch nicht gezahlt und die Klage daher noch nicht zugestellt wurde.[120]

55 In Verfahren des Gewerblichen Rechtsschutzes ist es entgegen der ansonsten vorherrschenden Lehre[121] unerheblich, **wenn beide Verfahren vor dem demselben Spruchköper des BGH anhängig sind.**[122] Der Umstand, dass das Verletzungsverfahren und das Rechtsbestandsverfahren in letzter Instanz aus prozessökonomischen Gründen und zur Vermeidung widersprüchlicher Entscheidungen beim BGH zusammengeführt werden, führt nach Ansicht des I. Senats nicht zu einem Wegfall der Aussetzungsmöglichkeit.[123]

56 In Bezug auf **offensichtlich schutzunfähige Trivialpatente** wird diskutiert, ob eine Aussetzung auch ohne ein Rechtsbestandsverfahren möglich ist.[124] Hiergegen spricht bereits der ausdrückliche Wortlaut von § 148 ZPO. Unklar ist auch, bis wann eine Aussetzung in diesen Fällen erfolgen soll, da es ja an einem anderweitigen Verfahren fehlt, dessen Ausgang abgewartet werden könnte. Das Verletzungsgericht würde sich unter Verstoß gegen das Trennungsprinzip über den Erteilungsakt hinwegsetzen, wenn es in derartigen Fällen eine Durchsetzung des Patents wegen fehlender Schutzfähigkeit verweigern würde.[125]

57 Liegt kein vorgreifliches Verfahren vor, kommt eine Aussetzung nicht in Betracht. Es ist dann auch nicht zulässig das Verfahren durch Nichtbetreiben zu verzögern, da dies eine Umgehung der Voraussetzungen des § 148 ZPO darstellen würde.[126] Eine einvernehmliche Verzögerung des Rechtsstreits kann dann nur erreicht werden, indem das Verfahren **nach § 251 ZPO zum Ruhen gebracht wird.** Hier kann sich dann aber wegen § 204 Abs. 2 BGB, insbesondere bei den kurzen Fristen des UWG das Problem der Verjährung stellen (→ § 251 Rn. 23).

58 **2. Abstrakte oder konkrete Vorgreiflichkeit?** Es ist umstritten, ob eine Aussetzung nur dann möglich ist, wenn feststeht, dass die Entscheidung in dem anderen Rechtsstreit tatsächlich vorgreiflich ist. Problematisch kann dies insbesondere im Patentverletzungsverletzungsverfahren sein, wenn eine komplizierte Verletzungsanalyse erforderlich ist, die das Gericht ggf. nicht ohne Einholung eines Sachverständigengutachtens entscheiden kann.

59 Überwiegend wird die Auffassung vertreten, dass die Vorgreiflichkeit **positiv festzustellen** ist, solange der Kläger einer Aussetzung der Verhandlung nicht zustimmt[127] oder der Beklagte selbst anregt, das Gericht möge bei der Aussetzungsentscheidung von der Vorgreiflichkeit ausgehen.[128] Das Gericht muss bei Bedarf ein Sachverständigengutachten zur Patentverletzung einholen und kann das Verfahren – je nach Ergebnis des Gutachtens – erst anschließend aussetzen.[129] Dies gilt auch bei grenzüberschreitenden Patentverletzungsverfahren, wenn zur Beantwortung der Verletzungsfrage die Einholung eines Sachverständigengutachtens über die einschlägigen Bestimmungen des ausländischen Rechts erforderlich ist.[130]

60 Nach einer älteren Entscheidung des OLG München[131] ist das Erfordernis der Vorgreiflichkeit hingegen nicht konkret, sondern abstrakt zu verstehen. Eine Aussetzung des Verletzungsverfahrens (hier eines Patentverletzungsverfahrens) soll nicht zwingend voraussetzen, dass die Schutzrechtsverletzung positiv festgestellt wurde. Dieser Ansatz erscheint schon deshalb problematisch, weil die Vorgreiflichkeit klares Tatbestandsmerkmal des § 148 ZPO ist („wenn die Entscheidung des Rechtsstreits ganz oder zum Teil von dem Bestehen oder Nichtbestehen eines Rechtsverhältnisses abhängt") und nicht Teil der Ermessensentscheidung des Gerichts.[132] Auch das OLG München hat in einer jüngeren Entscheidung deutlich gemacht, an seiner gegenteiligen Auffassung in dieser Allgemeinheit nicht mehr festhalten zu wollen.[133]

61 Im Ergebnis wird man nur ausnahmsweise von dem Erfordernis einer konkreten Vorgreiflichkeit abrücken können. Aus Gründen der **Prozessökonomie** kommt eine Aussetzung eines Verletzungsverfahrens trotz unklarer Verletzungslage allenfalls dann in Betracht, wenn die Verletzung nur durch eine besonders aufwändige, umfangreiche und kostspielige Beweisaufnahme möglich ist und der Erfolg

---

[120] OLG Düsseldorf BeckRS 2016, 09689; LG München I BeckRS 2014, 05284.
[121] Vgl. etwa Zöller/*Greger* ZPO § 148 Rn. 6; Musielak/*Stadler* ZPO § 148 Rn. 6.
[122] BGH GRUR-RR 2013, 528 – Gute Laune Drops (Ls.) = BeckRS 2013, 12000 (Volltext).
[123] BGH GRUR-RR 2013, 528 – Gute Laune Drops (Ls.) = BeckRS 2013, 12000 (Volltext).
[124] *Kaess* GRUR 2009, 276 (279).
[125] Auch der Einwand der Rechtsmissbräuchlichkeit nach § 242 BGB wird daher der Durchsetzung eines solchen Patents in aller Regel nicht der entgegenstehen; vgl. hierzu BGH GRUR 2001, 242 – Classe E; *Kaess* GRUR 2009, 276 (279).
[126] Fezer Markenpraxis-HdB/*Grabrucker* I 1 2 Rn. 271 (S. 332); vgl. auch BVerfG NJW 2000, 797.
[127] LG Düsseldorf InstGE 8, 112 – Aussetzung bei aufklärungsbedürftiger Verletzungslage; LG Mannheim BeckRS 2013, 14993; *Wuttke/Guntz* Mitt. 2012, 477 (482).
[128] LG München I GRUR-RR 2015, 512 (Ls.) = BeckRS 2015, 07460 (Volltext).
[129] LG Düsseldorf InstGE 8, 112 – Aussetzung bei aufklärungsbedürftiger Verletzungslage.
[130] OLG Düsseldorf GRUR-RR 2003, 359 (360) – Vorgreiflichkeit.
[131] InstGE 11, 192 – abstrakte Vorgreiflichkeit.
[132] *Reimann/Kreye* FS Tilmann, 2003, 587 (590).
[133] OLG München 16.7.2015 – 6 U 187/13.

des Einspruchs- bzw. Nichtigkeitsverfahrens mit hinreichender Sicherheit anzunehmen ist.[134] Nach Ansicht von *Kühnen*[135] gilt dies aber dann nicht, wenn der Kläger beantragt, das Sachverständigengutachten parallel zum Einspruchs- oder Nichtigkeitsverfahren einzuholen, da in diesem Fall die schriftliche Begutachtung weder das Gericht noch den Beklagten belastet und einer unnötigen Verzögerung des Rechtsstreits vorbeugt.

Denkbar ist, dass eine **umfangreiche Beweisaufnahme** sowohl im Verletzungsverfahren zum Nachweis der privaten Vorbenutzung[136], als auch im Nichtigkeitsverfahren zum Nachweis einer neuheitsschädlichen offenkundigen Vorbenutzung erforderlich ist. Da es nicht prozessökonomisch ist, über denselben Gegenstand zweimal Beweis zu erheben, erscheint es auch hier sinnvoll, die Entscheidung im Nichtigkeitsverfahren abzuwarten und über die private Vorbenutzung nicht gesondert Beweis zu erheben, um zu verhindern, dass sich die Ergebnisse der Beweisaufnahme widersprechen.[137] **62**

Ein Ausnahmefall liegt auch dann vor, wenn die Technische Beschwerdekammer einen **Einspruch zur weiteren Verhandlung an die Einspruchsabteilung zurückverwiesen** hat und in der Entscheidung ausführt, dass der erteilte Patentanspruch nicht gewährbar ist. Hier ist es aus Gründen der Prozessökonomie nicht geboten, über die Verletzung zu entscheiden, da aufgrund der Bindungswirkung nach Art. 111 Abs. 2 S. 1 EPÜ bereits feststeht, dass der erteilte Anspruch so keinen Bestand haben wird[138], was sich auch auf die Prüfung der Patentverletzung auswirkt. **63**

Auch **im Gebrauchsmusterverletzungsverfahren** kommt eine Aussetzung nur bei Vorgreiflichkeit in Betracht. Etwas anderes ergibt sich auch nicht aus § 19 S. 2 GebrMG, der eine Aussetzung im Hinblick auf ein anhängiges Löschungsverfahren für den Fall vorsieht, dass das Gericht das Gebrauchsmuster für nicht schutzfähig hält.[139] Auch in diesen Fällen darf das Gericht gleichwohl nur aussetzen, wenn es das Schutzrecht für verletzt hält (→ Rn. 186). **64**

II. Ermessen des Gerichts, Interessenabwägung

§ 148 ZPO stellt die Aussetzung in das **freie Ermessen** des Gerichts („kann").[140] Bei der Ermessensentscheidung sind die Interessenlage der Parteien und der Zweck des auszusetzenden Verfahrens zu berücksichtigen. In Fällen, in denen das Gericht durch die materielle Rechtskraft in dem anderen Verfahren gebunden wäre, ist die Aussetzung grundsätzlich zweckmäßig und sinnvoll.[141] **65**

Das Gericht hat die verschiedenen Aspekte, die für und gegen eine Aussetzung sprechen miteinander **abzuwägen** (→ Rn. 141 ff.). Ein besonderes Gewicht kommt dabei dem Interesse des Klägers an einem zeitnahen Abschluss des Verfahrens zu[142], weshalb grundsätzlich das Interesse des Schutzrechtsinhabers an der Durchsetzung seines Ausschließlichkeitsrechts den Vorrang vor dem Interesse des Beklagten an einer ungehinderten Fortsetzung seiner gewerblichen Tätigkeit haben wird.[143] **66**

Der Ermessensspielraum des Gerichts ist sehr weit.[144] Nur ausnahmsweise wird das Ermessen dann (auf Null) reduziert sein, wenn die Aussetzung im Hinblick auf die fehlenden Erfolgsaussichten des anderen Verfahrens nur zu Prozessverzögerungen führen würde.[145] Eine Überprüfung der Ermessensentscheidung ist nur eingeschränkt möglich und wird nur ausnahmsweise erfolgreich sein (→ Rn. 97, → § 252 Rn. 14 ff.). **67**

III. Zeitpunkt der Aussetzung

Eine Aussetzung ist grundsätzlich **in jedem Stand des Verfahrens** möglich, wobei ihre Voraussetzungen in jeder Instanz erneut unter Berücksichtigung des Standes des parallelen Verfahrens geprüft werden müssen.[146] Sie kann mithin nicht nur in erster Instanz, sondern auch im **Berufungsverfahren** erfolgen. Im Verletzungsverfahren kommt eine Aussetzung selbst in der **Revisionsinstanz** in Betracht[147] und zwar auch dann, wenn Verletzungs- und Rechtsbestandsverfahren parallel beim BGH anhängig sind.[148] Dies ergibt sich daraus, dass die Änderung der Schutzrechtslage in jeder Phase des **68**

---

[134] Kühnen Patentverletzung-HdB Kap. E Rn. 804; BeckOK PatR/*Voß* PatG Vor §§ 139 ff. Rn. 181.
[135] Kap. E Rn. 804; so auch LG Düsseldorf InstGE 8, 112 – Aussetzung bei aufklärungsbedürftiger Verletzungslage.
[136] Vgl. LG Mannheim BeckRS 2013, 17114.
[137] LG Mannheim BeckRS 2013, 17114; so auch bereits *von Maltzahn* GRUR 1985, 163 (167 f.).
[138] LG Mannheim BeckRS 2013, 14993.
[139] AA LG Mannheim BeckRS 2014, 09712.
[140] BGH GRUR 2014, 1101 (1102) – Gelbe Wörterbücher; BGH GRUR 1967, 199 (2000) – Napoléon II.
[141] KG BeckRS 2013, 00928; LG Düsseldorf BeckRS 2013, 17113.
[142] BGH GRUR 2004, 710 (711) – Druckmaschinen-Temperierungssystem.
[143] OLG Düsseldorf GRUR-RR 2007, 259 (262) – Thermocycler.
[144] OLG Düsseldorf GRUR 1985, 160 – Aussetzung des Aufhebungsverfahrens.
[145] KG BeckRS 2013, 00928.
[146] BGH GRUR 2014, 1237 (1238) – Kurznachrichten.
[147] BGH GRUR 2014, 1101 (1102) – Gelbe Wörterbücher; BGH GRUR 2012, 512 (516) – Kinderwagen; BGH GRUR 2007, 780 (782) – Pralinenform; BGH GRUR 1987, 284 – Transportfahrzeug; BGH GRUR 1964, 606 (611) – Förderbank.
[148] BGH GRUR-RR 2013, 528 – Gute Laune Drops (Ls.) = BeckRS 2013, 12000 (Volltext).

Verfahrens zu berücksichtigen ist und die Verletzungsklage bei Erfolg des Rechtsbestandsverfahrens abzuweisen ist.[149] Dies gilt trotz § 559 Abs. 1 ZPO auch dann, wenn die Aussetzung **erstmals** im Revisionsverfahren geltend gemacht wird. Zwar unterliegt der Beurteilung des Revisionsgerichts grundsätzlich nur dasjenige Parteivorbringen, das aus dem Berufungsurteil oder dem Sitzungsprotokoll ersichtlich ist, es ist aber anerkannt, dass § 559 ZPO dann nicht anzuwenden ist, wenn es sich um prozessual bedeutsame Tatsachen handelt.[150] Hier gilt die Besonderheit, dass die Gerichte die Veränderung der Patentlage wie eine Gesetzesänderung während des gesamten Verfahrens zu beachten haben und die Vernichtung des Schutzrechts die Rechtsgrundlage für das Verletzungsverfahren entfallen lässt.[151] Neue Tatsachen die eine Aussetzung oder Unterbrechung des Verfahrens notwendig machen, sind daher im Revisionsverfahren immer zu berücksichtigen.[152] § 559 Abs. 1 ZPO steht einer Aussetzung im Revisionsverfahren mithin nicht entgegen.

69 Etwas anderes gilt nach einer Entscheidung des BGH[153] aber in dem Fall, dass der Beklagte erst in der Revisionsinstanz die Aussetzung des Verletzungsverfahrens im Hinblick auf ein **paralleles Vindikationsverfahren** beantragt. Hier stehe § 559 Abs. 1 ZPO einer Berücksichtigung dieser neuen Tatsachen entgegen. Dieser Rechtsprechung ist zuzustimmen, da sich die Vindikation, anders als die Entscheidung im Nichtigkeitsverfahren, nicht auf den Bestand des Schutzrechts auswirkt.

70 Wurde in einem Verletzungsverfahren die Revision vom Berufungsgericht nicht zugelassen, kann der BGH das **Nichtzulassungsbeschwerdeverfahren** im Hinblick auf ein anhängiges Rechtsbestandsverfahren aussetzen[154] (→ Rn. 122). Auf diese Weise wird verhindert, dass die Entscheidung im Verletzungsverfahren rechtskräftig wird und so ggf. im Widerspruch zu der Entscheidung im parallelen Rechtsbestandsverfahren steht. Auch die Aussetzung des Nichtzulassungsbeschwerdeverfahrens steht im Ermessen des Gerichts. Dabei ist nicht nur das Interesse an einer widerspruchsfreien Entscheidung zu berücksichtigen, sondern alle für die Entscheidung relevanten Umstände sind in die Abwägung einzubeziehen.[155]

71 Zu beachten ist, dass sich der **Aussetzungsmaßstab** verschieben kann, je nachdem in welchem Verfahrensstadium die Aussetzung beantragt wird (→ Rn. 119 ff.).

72 Die Aussetzung einer **Restitutionsklage** im Hinblick auf eine parallele Nichtigkeitsklage wird nicht in Betracht kommen. Vor rechtskräftigem Abschluss des Nichtigkeitsverfahrens fehlt es an einem Wiederaufnahmegrund, so dass die Restitutionsklage unstatthaft und gem. § 589 Abs. 1 ZPO als unzulässig zu verwerfen ist.[156] Die unzulässige Restitutionsklage ist dann entscheidungsreif und eine Aussetzung kommt nicht in Betracht.[157]

IV. Verspätung

73 Eine Zurückweisung der Aussetzung wegen Verspätung kommt grundsätzlich nicht in Betracht.[158] § 148 ZPO ist **kein Verteidigungsmittel im Sinne der Präklusionsvorschriften,** da die Möglichkeit einer Aussetzung von Amts wegen in jedem Stand des Verfahrens zu prüfen ist.[159] Auch der BGH[160] hält eine Aussetzung daher auch dann für möglich, wenn die Nichtigkeitsklage erst nach Abschluss der Tatsacheninstanz im Revisionsverfahren erhoben wurde.

74 Die Aussetzung wird auch dann nicht wegen Verspätung zurückzuweisen sein, wenn sie erst **nach dem Schluss der mündlichen Verhandlung** im Verletzungsverfahren geltend gemacht wird.[161] Auch § 296a ZPO steht der Aussetzung dann nicht entgegen, da die Vorschrift nur solche Angriffs- und Verteidigungsmittel ausschließt, über die erst nach mündlicher Verhandlung entschieden werden kann, was bei der Aussetzungsentscheidung nicht der Fall ist[162] (→ Rn. 83).

---

[149] BGH GRUR 2004, 710 (711) – Druckmaschinen-Temperierungssystem.
[150] Musielak/Voit/*Ball* ZPO § 559 Rn. 9.
[151] BGH GRUR 2004, 710 (711) – Druckmaschinen-Temperierungssystem; BGH GRUR 1964, 606 (611) – Förderband.
[152] MüKoZPO/*Krüger* ZPO § 559 Rn. 27; Musielak//Voit/*Ball* ZPO § 559 Rn. 9; vgl. auch BGH NJW 1975, 442 (443) für die Unterbrechung nach § 240.
[153] GRUR 1964, 606 (611) – Förderband.
[154] BGH GRUR 2017, 428 (431) – Vakuumtransportsystem; BGH GRUR 2004, 710 (711) – Druckmaschinen-Temperierungssystem.
[155] BGH GRUR 2012, 93 – Klimaschrank.
[156] OLG Düsseldorf BeckRS 2011, 20930.
[157] OLG Düsseldorf BeckRS 2011, 20930; 2013, 11702.
[158] AA LG München I Mitt. 2012, 129 – Reifendruckmesssystem (Ls.) = BeckRS 2012, 03038 (Volltext).
[159] *Scharen* FS 50 Jahre VPP, 2005, 396 (410); vgl. auch *Reimann/Kreye* FS Tilmann, 2003, 587 (595); offen gelassen in LG Mannheim BeckRS 2014, 09712.
[160] GRUR 2012, 93 – Klimaschrank, BGH GRUR 1964, 606 (611) – Förderband.
[161] AA LG München I Mitt. 2012, 129 – Reifendruckmesssystem (Ls.) = BeckRS 2012, 03038 (Volltext).
[162] LG Mannheim BeckRS 2014, 09712; BeckOK PatR/*Kircher* GebrMG § 19 Rn. 6; aA OLG Düsseldorf GRUR-RR 2001, 49 (53) – Combit/ComIT (zum Markenverletzungsverfahren); Benkard/*Rogge/Engel* GebrMG § 19 Rn. 4.

Eine Aussetzung kann daher in der Berufungsinstanz im Hinblick auf eine nach der mündlichen 75
Verhandlung eingeleitetes Rechtsbestandsverfahren auch **nicht wegen § 531 Abs. 2 ZPO zurückgewiesen werden,** wenn sie bereits in erster Instanz hätte geltend gemacht werden können.[163] Dies gilt auch dann, wenn die Nichtigkeitsklage bereits im erstinstanzlichen Verfahren anhängig war und der Beklagte gleichwohl erst im Berufungsrechtszug erstmals die Aussetzung des Verfahrens anregt.

Dies bedeutet aber nicht, dass es unbeachtlich ist, wann der Beklagte die Aussetzung anregt. Macht 76
der Beklagte die Aussetzung erst nach dem Schluss der mündlichen Verhandlung oder nach Abschluss der Tatsacheninstanz im Hinblick auf ein Rechtsbestandsverfahren geltend, ist dies zwar nicht auf Grundlage der Verspätungsregeln zu bewerten, aber **im Rahmen der vorzunehmenden Interessenabwägung zu berücksichtigen** (→ Rn. 144). Wenn der Beklagte das Rechtsbestandsverfahren erst kurz vor oder nach der mündlichen Verhandlung einleitet, **wird die Interessenabwägung regelmäßig zu seinen Lasten ausfallen.** Eine Aussetzung ist dann erst in der Rechtsmittelinstanz möglich. Wird das Rechtsbestandsverfahren erst nach Abschluss der Tatsacheninstanz eingeleitet, verstößt der Beklagte gegen seine Prozessförderungspflicht, da er es versäumt hat Klarheit über den Rechtsbestand des Patents zu schaffen. Eine Aussetzung kommt dann nur in Betracht, wenn die Erfolgsaussichten der Nichtigkeitsklage offenkundig sind[164] (→ Rn. 121).

V. Verfahren

1. **„Aussetzungsantrag".** Im Verletzungsverfahren stellt der Beklagte in der Praxis üblicherweise 77
einen förmlichen Aussetzungsantrag. Die Aussetzung wird zumeist hilfsweise für den Fall beantragt, dass das Gericht von einer Verletzung des Klageschutzrechts ausgeht. Formal ist ein solcher Aussetzungsantrag nach § 148 ZPO nicht erforderlich, da kein Anspruch auf eine Aussetzung besteht.[165] Anders als § 251 ZPO setzt § 148 ZPO seinem Wortlaut nach keinen Antrag voraus. Vielmehr steht die Aussetzung im Ermessen des Gerichts („kann") und ist damit **unabhängig davon, ob ein Antrag gestellt wurde oder nicht.**[166] Der Aussetzungsantrag ist daher als Anregung einer Aussetzung zu verstehen.[167] Unerheblich ist mithin auch, ob die Aussetzung als Hilfsantrag oder unbedingt formuliert ist.[168] Das Gericht darf sich aufgrund des Erfordernisses der Vorgreiflichkeit ohnehin erst dann mit der Frage der Aussetzung befassen, wenn es zuvor die Verletzung des Klageschutzrechts angenommen hat (→ Rn. 48 ff.).

Da die Aussetzung im Ermessen des Gerichts liegt, kann das Verletzungsgericht bei Vorliegen eines 78
vorgreiflichen Verfahrens den Rechtsstreit **auch von Amts wegen aussetzen, wenn keine der Parteien um die Aussetzung bittet.**[169] In aller Regel wird dem Gericht, insbesondere bei technischen Schutzrechten allerdings die Kenntnis von den eine Aussetzung rechtfertigenden Umständen fehlen, wenn die Parteien zur fehlenden Schutzfähigkeit des Klageschutzrechts nichts vortragen. Denkbar ist allerdings, dass ein Schutzrecht in verschiedenen Verfahren gegen unterschiedliche Beklagte streitgegenständlich ist und nur in einem der Verfahren die Aussetzung des Verfahrens im Hinblick auf ein Rechtsbestandsverfahren angeregt wird. Hält das Verletzungsgericht den parallelen Angriff auf das Schutzrecht für hinreichend erfolgversprechend, kann es dann aus dieser Sachkunde heraus auch die anderen Verletzungsverfahren aussetzen, in denen eine Aussetzung nicht angeregt wurde.

Eine **Aussetzung von Amts wegen** kommt im Markenverletzungsverfahren in Betracht, wenn die 79
Parteien in der Berufungsinstanz aufgrund der Zurückweisung des Löschungsantrags durch das DPMA keine Aussetzung mehr anregen. Hat das Berufungsgericht Zweifel an der Richtigkeit der Entscheidung des DPMA kann es das Verletzungsverfahren bis zur Entscheidung über den Löschungsantrag im anhängigen Beschwerdeverfahren aussetzen.[170]

Wenn die Parteien **einvernehmlich um die Aussetzung bitten,** ist bei Anhängigkeit eines 80
parallelen Verfahrens in der Regel auszusetzen. Dies lässt sich für die Aussetzung des Verletzungsverfahrens im Hinblick auf ein parallel anhängiges Rechtsbestandsverfahren damit begründen, dass die Parteien Herren des Verfahrens sind und ihnen daher keine Entscheidung gegen ihren Willen aufgezwungen werden kann.[171] Der strenge Aussetzungsmaßstab, der insbesondere eine Beschränkung des Rechteinhabers in der Durchsetzung seines Ausschließlichkeitsrechts verhindern möchte, greift dann nicht mehr. Dies hat das Gericht bei seiner Ermessensentscheidung zu berücksichtigen, das daher

---

[163] S. hierzu OLG Düsseldorf GRUR-RS 2021, 34296 – Laufsohle.
[164] BGH GRUR 2012, 93 (94) – Klimaschrank.
[165] *von Maltzahn* GRUR 1985, 163 (172).
[166] OLG Düsseldorf BeckRS 2012, 10315; anders für das Nichtzulassungsbeschwerdeverfahren BGH GRUR 2017, 428 (431) – Vakuumtransportsystem.
[167] *Scharen* FS 50 Jahre VPP, 2005, 396 (398).
[168] Anders wohl LG München I BeckRS 2019, 715.
[169] OLG Düsseldorf BeckRS 2015, 06710; 2012, 10315; vgl. auch BGH GRUR 2014, 1101 (1102) – Gelbe Wörterbücher; OLG Köln GRUR 1970, 606 (607) – Sir.
[170] Vgl. OLG Hamburg GRUR-RR 2006, 321 (322) – Prismenpackung; OLG Köln GRUR 1970, 606 (607) – Sir.
[171] *Kühnen* Patentverletzung-HdB Kap. E. Rn. 805.

entsprechend reduziert ist. Eine detaillierte Prüfung der Vorgreiflichkeit ist dann nicht erforderlich[172]. Dies gilt auch dann, wenn der Beklagte selbst anregt, das Gericht möge bei der Aussetzungsentscheidung von der Vorgreiflichkeit ausgehen.[173]

81 Zwingend ist eine Aussetzung bei übereinstimmender Bitte der Parteien aber nicht, da es allein im Ermessen des Gerichts liegt, ob es das Verfahren aussetzt oder nicht.[174] Dies ergibt sich schon daraus, dass § 148 ZPO anders als § 251 ZPO nicht festschreibt, dass das Verfahren bei gemeinsamen Antrag der Parteien auszusetzen ist. Eine Aussetzung trotz übereinstimmender Bitte der Parteien wird aber jedenfalls im Fall des Verletzungsverfahrens nur dann nicht in Betracht kommen, wenn die Schutzrechtsverletzung erkennbar nicht gegeben ist und es daher an der Vorgreiflichkeit fehlt oder wenn das parallele Rechtsbestandsverfahren offensichtlich keine Aussicht auf Erfolg hat. Lehnt das Gericht in einem solchen Fall die Aussetzung ab, können die Parteien das Verfahren unter den Voraussetzungen des § 251 ZPO einvernehmlich zum Ruhen zu bringen.

82 Bei der Aussetzung von **Verfahren vor dem DPMA** ist zu beachten, dass es sich bei diesen Verfahren um Verwaltungsverfahren handelt, in denen der **Amtsermittlungsgrundsatz** gilt. Soweit die Parteien Verfahren vor dem DPMA nicht durch Rücknahme beenden können,[175] können sie auch nicht die Aussetzung des Verfahrens einvernehmlich bewirken, da sie nicht Herren des Verfahrens sind. Allerdings dürfte auch hier der einvernehmliche Wille auch beim Verfahren vor dem DPMA im Rahmen der Interessenabwägung zu berücksichtigen sein.

83 2. Darlegungslast im Verfahren. Die Voraussetzungen für eine Aussetzung sind **von der Partei dazulegen, die sich auf die Aussetzung des Verfahrens beruft**. Im Verletzungsverfahren ist dies regelmäßig der das parallele Rechtsbestandsverfahren betreibende Beklagte. Es ist daher Sache des Beklagten, die Dokumente vorzulegen, die das Gericht benötigt, um die Erfolgsaussichten des Rechtsbestandsverfahrens bewerten zu können (zu den Anforderungen an die vorzulegenden Dokumente → Rn. 117 f.).

84 3. Rechtliches Gehör. Den Parteien ist vor der Entscheidung **rechtliches Gehör** zu gewähren.[176] In der Regel geschieht dies in der mündlichen Verhandlung, in der die Parteien zu der Aussetzung vortragen können. Eine **mündliche Verhandlung** ist wegen des klaren Wortlauts von § 128 Abs. 4 ZPO aber nicht erforderlich.[177] Es reicht aus, wenn die Parteien schriftsätzlich die Möglichkeit zur Stellungnahme haben.

85 4. Entscheidung über die Aussetzung. Das Gericht entscheidet über die Aussetzung entweder im **Urteil oder einem gesonderten Beschluss**.[178] Ein gesonderter Beschluss ergeht zumeist nur dann, wenn das Verfahren ausgesetzt wird. Erfolgt keine Aussetzung, wird diese Entscheidung in dem die Instanz abschließenden Urteil ausgesprochen.

86 Das Verfahren ist nach dem Wortlaut des § 148 ZPO „bis zur Erledigung des anderen Rechtsstreits auszusetzen". Die Vorschrift erlaubt damit grundsätzlich eine Aussetzung, bis zur Rechtskraft des anderen Verfahrens. Allerdings ist hinsichtlich der **Dauer der Aussetzung** Zurückhaltung geboten, um den Kläger nicht über Gebühr in der Durchsetzung seines Rechts zu beeinträchtigen. Vielmehr sollte zunächst nur solange ausgesetzt werden, **bis die erstinstanzliche Entscheidung vorliegt**. Der Beklagte wird hierdurch nicht unangemessen benachteiligt, da eine weitere Aussetzung bis zur rechtskräftigen Entscheidung des anderen Verfahrens möglich ist, wenn die erstinstanzliche Entscheidung eine weitere Aussetzung rechtfertigt. Hat das Gericht gleichwohl bis zur Rechtskraft der Entscheidung im Rechtsbestandsverfahren ausgesetzt, kann es nach § 150 ZPO jederzeit die Fortsetzung des Verfahrens anordnen, wenn die Entscheidung in dem anderen Verfahren entgegen der im Aussetzungsbeschluss getroffenen Prognose ausfällt.[179]

87 Die Aussetzung kann **beispielsweise wie folgt tenoriert werden**:

„Der Rechtsstreit wird gemäß § 148 ZPO bis zur Entscheidung des BPatG (bzw. des EPA) über die Nichtigkeitsklage (bzw. den Einspruch) betreffend den deutschen Teil des europäischen Patents (bzw. des deutschen Patents) ... (Az. ...) oder einer anderweitigen Erledigung des Nichtigkeitsverfahrens (bzw. des Einspruchs) ausgesetzt."

„Der Rechtsstreit wird gemäß § 148 ZPO bis zur Entscheidung des DPMA über das Löschungsverfahren betreffend die Marke Nr. ... (Az. ...) ausgesetzt."

„Das Löschungsverfahren betreffend die Marke Nr. ... aus den Widersprüchen ... wird ausgesetzt."

---

[172] *Kühnen* Patentverletzung-HdB Kap. E Rn. 805.
[173] LG München I GRUR-RR 2015, 512 (Ls.) = BeckRS 2015, 07460 (Volltext).
[174] BPatG GRUR 2002, 737 (735) – grün/grau.
[175] Vgl. etwa für das Einspruchsverfahren BeckOK PatR/*Schnekenbühl* PatG § 59 Rn. 95.
[176] BeckOK PatR/*Voß* PatG Vor §§ 139 ff. Rn. 192, MüKoZPO/*Fritsche* ZPO § 148 Rn. 14.
[177] BGH GRUR-RR 2012, 48 – Sportwettenerlaubnis; vgl. auch Busse/*Keukenschrijver/Kaess* PatG § 140 Rn. 23, der § 248 ZPO entsprechend heranzieht, MüKoZPO/*Fritsche* ZPO § 148 Rn. 14, Musielak/Voit/*Stadler* ZPO § 148 Rn. 8, *Kühnen* Patentverletzung-HdB Kap. E Rn. 848.
[178] Baumbach/Lauterbach/Hartmann/Anders/Gehle ZPO § 148 Rn. 36.
[179] Vgl. Benkard/*Rogge* GebrMG § 19 Rn. 8.

88 Die Aussetzungsentscheidung ist **zu begründen.** Erfolgt die Entscheidung in einem gesonderten Beschluss, muss die Begründung nicht bereits in diesem Aussetzungsbeschluss enthalten sein, sondern kann für den Fall einer Beschwerde der Nichtabhilfeentscheidung vorbehalten bleiben.[180] Die Begründungspflicht entfällt, wenn die Parteien einvernehmlich um die Aussetzung des Verfahrens bitten.[181] In der Begründung müssen die relevanten streitigen Umstände so konkret und ausführlich dargestellt werden, dass das Beschwerdegericht die Entscheidung der Vorinstanz auf Ermessensfehler überprüfen kann[182] (→ § 252 Rn. 19 ff.).

89 Wegen des **Teilurteilsverbots** (→ § 301 Rn. 8) kommt eine Aussetzung des Verletzungsverfahrens hinsichtlich einer von mehreren streitgegenständlichen Ausführungsformen dann nicht in Betracht, wenn für beide Ausführungsformen die Verletzung **desselben Schutzrechts** geltend gemacht wird.[183] Verletzt nur eine der Ausführungsformen das Schutzrecht, ist es nicht möglich das Verfahren nur hinsichtlich dieser Ausführungsform auszusetzen und die Klage gleichzeitig hinsichtlich einer nichtverletzenden Ausführungsform durch Teilurteil abzuweisen. Da es für beide Ausführungsformen auf die Rechtsbeständigkeit des Schutzrechts ankommt, kann das Verfahren nur insgesamt ausgesetzt werden.

90 Wird in einem Verfahren die Verletzung **mehrerer Schutzrechte** geltend gemacht, gilt das Teilurteilsverbot nicht.[184] Die Aussetzung bezüglich eines der Schutzrechte bei gleichzeitiger Sachentscheidung über ein anderes Schutzrecht ist möglich, da die Entscheidung über die Verletzung der Schutzrechte unabhängig voneinander ist.[185] In der Praxis wird sich hier bereits deshalb kein Problem ergeben, da die Gerichte ein Verfahren, in dem die Verletzung mehrerer Schutzrechte geltend gemacht wird, in der Regel ohnehin nach § 145 ZPO trennt, so dass jedes Verfahren sein eigenes Schicksal nimmt (→ § 145 Rn. 2).

91 **5. Ende der Aussetzung.** Das Gericht kann die Aussetzung nach § 150 ZPO **jederzeit von Amts wegen wieder aufheben,** solange die Aussetzung nicht zwingend gesetzlich vorgeschrieben ist. Die Aufhebung der Aussetzung steht dabei **im Ermessen des Gerichts.** Wurde das Verletzungsverfahren beispielsweise zunächst bis zur rechtskräftigen Entscheidung im parallelen Rechtsbestandsverfahren ausgesetzt, kann das Verletzungsgericht die Aussetzung aufheben, wenn die erstinstanzliche Nichtigkeitsentscheidung vorliegt (→ Rn. 2).

92 Ist bis zur Entscheidung eines anderen Verfahrens ausgesetzt, **endet die Aussetzung automatisch,** ohne dass es einer Aufnahmeerklärung seitens der Parteien oder eines Aufhebungsbeschlusses bedarf.[186] Dies gilt auch für eine Aussetzung wegen eines Vorlageverfahrens zum EuGH, die ebenfalls automatisch mit der Entscheidung des EuGH endet.[187] Eine Aufnahme des Prozesses nach § 250 ZPO ist in diesen Fällen nicht erforderlich. Ausreichend ist, dass dem Gericht von dem Wegfall des die Aussetzung bedingenden Umstandes, zB der Entscheidung im Rechtsbestandsverfahren Anzeige gemacht wird.

93 Wurde die Aussetzung auf einvernehmliche Bitte der Parteien vorgenommen, kommt eine Aufnahme aufgrund einseitiger Bitte einer der Parteien **gegen den Willen der anderen Partei** nur unter den Voraussetzungen des § 150 ZPO in Betracht. Das Gericht ist also nicht an den Aufhebungsantrag der Partei gebunden, sondern muss auch hier eine eigene Ermessensentscheidung treffen. Bei der Ermessensentscheidung ist dann auch zu berücksichtigen, dass die Parteien einvernehmlich um Aussetzung gebeten haben. Dieser Umstand steht aber einer Beendigung der Aussetzung auf einseitige Bitte einer der Parteien grundsätzlich nicht entgegen.

VI. Wirkung der Aussetzung

94 Nach § 249 Abs. 1 ZPO hat die Aussetzung die Wirkung, dass **alle prozessualen Fristen aufhören zu laufen** und erst mit Beendigung der Aussetzung automatisch wieder von neuem zu laufen beginnen.[188] Ferner sind nach § 249 Abs. 2 ZPO während der Aussetzung von einer Partei in Ansehung der Hauptsache vorgenommenen Prozesshandlungen der anderen Partei gegenüber ohne rechtliche Wirkung. Es wird insoweit auf die Ausführungen bei § 249 ZPO verwiesen.

95 Die Aussetzung des Berufungsverfahrens hindert den Kläger nicht, die Zwangsvollstreckung aus einer vorläufig vollstreckbaren landgerichtlichen Entscheidung zu betreiben, da die Aussetzung lediglich das gerichtliche Verfahren zum Stillstand bring.[189] Um die Zwangsvollstreckung zu verhindern ist daher ein Antrag auf Einstellung der Zwangsvollstreckung zu stellen, bei dessen Prüfung dann der

---

[180] *Kühnen* Patentverletzung-HdB Kap. E Rn. 852.
[181] *Kaess* GRUR 2009, 276; BeckOK PatR/*Voß* PatG Vor §§ 139 ff. Rn. 192.
[182] BGH NJW-RR 2010, 423.
[183] OLG Düsseldorf BeckRS 2013, 02726.
[184] BeckOK PatR/*Kircher* PatG § 145 Rn. 26.
[185] Anders noch BGH GRUR 1961, 79 (80) – Feuerzeugbenzinbehälter.
[186] BGH NJW 1989, 1729 (1730).
[187] Vgl. BPatG BeckRS 2009, 25189.
[188] Zöller/*Greger* ZPO § 148 Rn. 8.
[189] OLG Hamburg 18.12.2015 – 5 U 82/11.

Umstand der Aussetzung bei der im Rahmen der Begründetheit der Einstellungsentscheidung vorzunehmenden Abwägung der Parteiinteressen zu berücksichtigen ist.[190]

VII. Rechtbehelf gegen Aussetzungsentscheidung

96 Nach § 252 ZPO kann gegen die Aussetzungsentscheidung unter den Voraussetzungen §§ 567 ff. ZPO **sofortige Beschwerde** eingelegt werden (→ § 252 Rn. 7 ff.). Eine Beschwerde kommt wegen § 567 Abs. 1 ZPO nur gegen **Aussetzungsbeschlüsse der Landgerichte** in Betracht. Gegen einen Aussetzungsbeschluss des OLG ist nur die **Rechtsbeschwerde** nach § 574 ZPO statthaft.[191]

97 Wurde über die Ablehnung einer beantragten Aussetzung **in einem Urteil** in der Hauptsache entschieden, ist dies im **Berufungsverfahren** überprüfbar. Eine sofortige Beschwerde ist dann nicht mehr statthaft[192], da das mit ihr verfolgte Ziel wegen der Beendigung des erstinstanzlichen Rechtsstreits nicht mehr erreicht werden kann.[193]

98 Im **Revisionsverfahren** kommt eine Überprüfung der Aussetzungsentscheidung überhaupt nicht in Betracht.[194] Eine Überprüfung scheidet im Fall einer Zulassung der Revision bereits deshalb aus, weil die Revisionszulassung auf die Revision gegen die Sachentscheidung beschränkt ist und daher eine revisionsgerichtliche Überprüfung der im Berufungsurteil enthaltenen Aussetzungsentscheidung nicht umfasst.[195] Selbst die rechtsfehlerhafte Entscheidung das Berufungsverfahren nicht auszusetzen, macht die Sachentscheidung daher nicht verfahrensfehlerhaft.[196]

99 Die **Prüfungskompetenz des Beschwerdegerichts** ist beschränkt.[197] Da es sich bei der Aussetzung um eine Ermessensentscheidung handelt, kann das Beschwerdegericht nur überprüfen, ob das Gericht bei seiner Aussetzungsentscheidung sein **Ermessen fehlerfrei ausgeübt** hat.[198] Hierzu zählen auch die Leitlinien, die das Landgericht seiner Ermessensausübung zugrunde gelegt hat.[199] Ist die Entscheidung danach vertretbar, kann das Beschwerdegericht auch dann, wenn es selbst zu einem anderen Ergebnis käme, seine eigene Ermessensentscheidung nicht an die Stelle derer des Landgerichts setzen.[200] In tatsächlicher Hinsicht kann das Beschwerdegericht zunächst überprüfen, ob ein Aussetzungsgrund vorlag, dh ob eine **Vorgreiflichkeit** des anderen anhängigen Rechtsstreits gegeben ist.[201] Eine detaillierte Prüfung der Verletzungsfrage verbietet sich dabei, da dem Landgericht so praktisch die durch Endurteil erst noch zu treffende abschließende Sachentscheidung vorgegeben würde, was der Selbständigkeit der Instanzen widerspricht[202] (zur Prüfungskompetenz → § 252 Rn. 14 ff.).

100 Eine **Aussetzungsentscheidung des BPatG** ist nicht gesondert anfechtbar und zwar unabhängig davon, ob das BPatG im Einspruchs- oder Nichtigkeitsverfahren entscheidet.[203] § 252 ZPO findet auf Verfahren vor dem BPatG keine Anwendung, da § 99 Abs. 2 PatG eine Anfechtung von Entscheidungen des BPatG nur in den Fällen für statthaft erklärt, in denen das PatG eine Anfechtung ausdrücklich vorsieht. Eine Anfechtungsmöglichkeit ergibt sich auch nicht in Form der Rechtsbeschwerde nach § 100 PatG, da die Zwischenentscheidung über die Aussetzung keinen der in § 100 PatG abschließend genannten Fälle darstellt.[204] Auf Verfahren vor dem DPMA ist § 99 Abs. 2 PatG seinem Wortlaut nach nicht anwendbar, weshalb die Beschwerde gegen Aussetzungsbeschlüsse des DPMA vom BPatG für statthaft gehalten wird.[205]

C. Patentrecht

I. Aussetzung des Patentverletzungsverfahrens

101 Eine Aussetzung des Verletzungsverfahrens nach § 148 ZPO kommt in Betracht, wenn der Beklagte in einem Einspruchs- oder Nichtigkeitsverfahren den Rechtsbestand des Schutzrechts angreift. Das Verletzungsgericht kann aufgrund des **Trennungsprinzips** nicht selbst über die Validität des Schutz-

---

[190] OLG Hamburg 18.12.2015 – 5 U 82/11.
[191] Busse/*Keukenschrijver* PatG § 140 Rn. 25.
[192] Vgl. OLG Düsseldorf BeckRS 2013, 03820; LAG Thüringen NZA-RR 1996, 467 (468).
[193] OLG Düsseldorf BeckRS 2013, 03820.
[194] BGH GRUR 2007, 780 (781 f.) – Pralinenform; BGH GRUR 1967, 199 (200) – Napoléon II; Zöller/*Greger* ZPO § 252 Rn. 1c.
[195] BGH GRUR 2007, 780 (782) – Pralinenform.
[196] BGH GRUR 2007, 780 (782) – Pralinenform; BGH GRUR 1967, 199 (200) – Napoléon II.
[197] OLG Düsseldorf BeckRS 2016, 17185.
[198] OLG Karlsruhe GRUR-RR 2019, 145 (146) – Empfangsanordnung; OLG Düsseldorf BeckRS 2013, 04893.
[199] OLG Karlsruhe GRUR-RR 2019, 145 (146) – Empfangsanordnung.
[200] OLG Karlsruhe GRUR-RR 2019, 145 (146) – Empfangsanordnung.
[201] OLG Düsseldorf GRUR-RR 2003, 359 – Vorgreiflichkeit.
[202] OLG Düsseldorf GRUR-RR 2003, 359 – Vorgreiflichkeit; OLG Düsseldorf GRUR 1994, 507 – Prüfungskompetenz des Beschwerdegerichts; OLG Karlsruhe GRUR-RR 2019, 145 (146) – Empfangsanordnung; für die Aussetzung des Gebrauchsmusterverfahrens OLG Düsseldorf BeckRS 2016, 17763.
[203] BGH GRUR 2007, 859 – Informationsübermittlungsverfahren I.
[204] BGH GRUR 2007, 859 – Informationsübermittlungsverfahren I.
[205] BPatG 17, 154 (156).

rechts entscheiden, sondern ist an den Erteilungsakt gebunden.²⁰⁶ Der Kläger kann die fehlende Schutzfähigkeit daher nicht zur Verteidigung im Verletzungsverfahren geltend machen, sondern nur eine Aussetzung des Verletzungsverfahrens im Hinblick auf anhängige Einspruchs- (Art. 99 EPÜ, § 59 PatG) oder Nichtigkeitsverfahren (§ 81 PatG) erwirken. Auch eine Aussetzung bis zur Entscheidung der Großen Beschwerdekammer des EPA ist möglich.²⁰⁷

Zu beachten ist, dass eine Nichtigkeitsklage nach **§ 81 Abs. 2 PatG** nicht erhoben werden kann, solange gegen das Patent ein Einspruchsverfahren anhängig ist oder ein Einspruch erhoben werden kann. Wird die Aussetzung des Verletzungsverfahrens im Hinblick auf einen europäischen Einspruch geltend gemacht, der keine Erfolgsaussichten hat, weil er auf eine Entgegenhaltung gestützt wird, die nur im Nichtigkeitsverfahren, nicht aber im europäischen Einspruch zu berücksichtigen ist, kann das Gericht das Verletzungsverfahren gleichwohl im Hinblick auf das anhängige Einspruchsverfahren aussetzen, wenn es davon ausgehen muss, dass die **im Anschluss an das erfolglose Einspruchsverfahren erhobene Nichtigkeitsklage** mit hoher Wahrscheinlichkeit erfolgreich sein wird.²⁰⁸ Dies soll gelten, obwohl im Moment der Beendigung des Einspruchsverfahrens noch gar keine Nichtigkeitsklage anhängig ist und der Grund für die Aussetzung damit eigentlich fehlt. Nach Ansicht des BGH soll eine Aussetzung hier aber gleichwohl im Hinblick auf die Erfolgsaussichten der zukünftig möglichen Nichtigkeitsklage in Betracht kommen.²⁰⁹ 102

Keine Anwendung findet § 148 ZPO, wenn **Entschädigungsansprüche** aus einer offengelegten Patentanmeldung nach § 33 Abs. 1 PatG geltend gemacht werden. Hier greift zunächst die **spezialgesetzliche Regelung des § 140 PatG,** nach der das Gericht das Verletzungsverfahren bis zur Entscheidung über die Erteilung des Patents auszusetzen kann. Auf diese Weise wird vermieden, dass das Verletzungsgericht die Patentfähigkeit noch vor der Erteilungsbehörde prüft. Hat das Verletzungsgericht ernstzunehmende Zweifel an der Patentfähigkeit, wird es das Verfahren in der Regel aussetzen, zumal die hiermit verbundenen Nachteile für den Kläger gering sind, solange lediglich der Entschädigungsanspruch streitgegenständlich ist. Nach dem Wortlaut des § 140 PatG ist das Verfahren nur **bis zur Entscheidung über die Erteilung des Patents** auszusetzen. Nach Erteilung des Patents kann das Verfahren dann ggf. nach § 148 ZPO weiter ausgesetzt werden.²¹⁰ Auf Klagen aus veröffentlichten europäischen oder internationalen Patentanmeldungen (Art. II § 1 IntPatÜG) ist § 140 PatG entsprechend anzuwenden.²¹¹ 103

Eine Aussetzung des Verletzungsverfahrens kommt ferner in den Fällen des **§ 140b Abs. 2 S. 2 PatG** in Betracht, wenn der dort normierte Auskunfts- und Rechnungslegungsanspruch gegen einen am Verletzungsverfahren unbeteiligten Dritten in einem eigenständigen Prozess geltend gemacht wird. Nach § 140b Abs. 2 S. 2 PatG kann hier der Verletzungsprozess bis zur vollständigen Erteilung der **Drittauskunft** ausgesetzt werden. § 148 ZPO bleibt daneben uneingeschränkt anwendbar.²¹² 104

1. Erfolgsaussichten des Rechtsbestandsverfahrens. Da das Patent nur eine beschränkte Schutzdauer hat, ist angesichts der häufig langen Dauer eines Einspruchs- oder Nichtigkeitsverfahrens bei der Aussetzung **Zurückhaltung geboten.**²¹³ Eine zu großzügige Aussetzungspraxis würde den Patentinhaber über Gebühr in der Durchsetzung seines Ausschließlichkeitsrechts beschränken und Angriffe auf den Rechtsbestand des Patents geradezu herausfordern. Sie stünde auch in Widerspruch zu dem Grundsatz, dass Rechtsbehelfen gegen den Bestand des Patents grundsätzlich keine aufschiebende Wirkung zukommt.²¹⁴ 105

Der Umstand allein, dass das die Validität des Klagepatents in einem parallelen Rechtsbestandsverfahren angegriffen wird, rechtfertigt daher regelmäßig noch nicht die Aussetzung des Verletzungsverfahrens.²¹⁵ Vielmehr ist eine **Interessenabwägung** im Einzelfall vorzunehmen, bei der neben den Erfolgsaussichten des Rechtsbestandsverfahrens insbesondere das Interesse des Klägers an einem zeitnahen Abschluss des Verletzungsverfahrens²¹⁶ zu berücksichtigen ist. Grundsätzlich hat das Interesse des Patentinhabers an der Durchsetzung seines Ausschließlichkeitsrechts den Vorrang vor dem Interesse des Beklagten an einer ungehinderten Fortsetzung seiner gewerblichen Tätigkeit.²¹⁷ Der Beklagte wird 106

---

²⁰⁶ BGH GRUR 2014, 1237 (1238) – Kurznachrichten; BGH GRUR 2005, 41 (43) – Staubsaugerrohr; BGH GRUR 2004, 710 (711) – Druckmaschinen-Temperierungssystem.
²⁰⁷ OLG Düsseldorf BeckRS 2015, 18291.
²⁰⁸ BGH GRUR 2011, 848 (851) – Mautberechnung.
²⁰⁹ BGH GRUR 2011, 848 (851) – Mautberechnung; OLG Düsseldorf BeckRS 2013, 13744.
²¹⁰ Benkard/Grabinski/Zülch PatG § 140 Rn. 3.
²¹¹ Benkard/Rogge/Grabinski/Zülch PatG § 140 Rn. 1.
²¹² BeckOK PatR/Voß PatG § 140b Rn. 34.
²¹³ BGH GRUR 1987, 284 – Transportfahrzeug; OLG Düsseldorf GRUR-RR 2007, 259 (262) – Thermocycler; zur Aussetzungshäufigkeit vgl. Kühnen/Claessen GRUR 2013, 592 (594).
²¹⁴ OLG Düsseldorf GRUR-RR 2007, 259 (262) – Thermocycler.
²¹⁵ OLG Düsseldorf GRUR 1979, 188 – Flachdachabläufe; LG Düsseldorf Mitt. 1988, 91 – Nickel-Chrom-Legierung.
²¹⁶ BGH GRUR 2004, 710 (711) – Druckmaschinen-Temperierungssystem.
²¹⁷ OLG Düsseldorf GRUR-RR 2007, 259 (262) – Thermocycler.

hier zudem durch die zur Vollstreckung des erstinstanzlichen Urteils gemäß §§ 709 ff. ZPO zu erbringende Sicherheitsleistung und die Haftung nach § 717 Abs. 2 ZPO geschützt.

107 Eine Aussetzung kommt grundsätzlich nur dann in Betracht, wenn das Gericht im Rahmen einer **Prognoseentscheidung** zu dem Ergebnis kommt, dass mit einer Vernichtung des Patents oder des ergänzenden Schutzzertifikats[218] im zulässigen[219] parallelen Rechtsbestandsverfahren mit **hoher Wahrscheinlichkeit** zu rechnen ist.[220] Die in der Rechtsprechung gewählte Terminologie ist nicht immer einheitlich. In verschiedenen Entscheidungen wird davon gesprochen, dass „überwiegende Wahrscheinlichkeit"[221] oder „hinreichende Erfolgsaussichten"[222] bestehen müssen oder darauf abgestellt, dass der Angriff auf das Patent „erfolgreich sein wird".[223] In der Sache ergeben sich hinsichtlich der zu stellenden Anforderungen aber keine wahrnehmbaren Unterschiede, zumal das Aussetzungsermessen nicht allein anhand der Erfolgsaussichten des Rechtsbestandsverfahrens zu bilden ist, sondern auch andere Abwägungskriterien zu berücksichtigen sind (→ Rn. 141 ff.).

108 Maßgeblich für die Prognose hinsichtlich der Erfolgsaussichten des Rechtsbestandsverfahrens ist die **eigene Auslegung des Patents durch das Gericht** und nicht die von den Parteien vorgetragene Auslegung. Auch der Offenbarungsgehalt des entgegengehaltenen Standes der Technik ist vom Verletzungsgericht zu ermitteln.[224] Eine Aussetzung kommt daher nicht allein deswegen in Betracht, weil der Patentinhaber **im Nichtigkeitsverfahren abweichend argumentiert**.[225] Legt das Verletzungsgericht Merkmale des Patentanspruchs anders aus als die Spruchkörper im parallelen Einspruch- oder Nichtigkeitsverfahren, ist eine Aussetzung dann geboten, wenn das Patent nach dieser Auslegung des Verletzungsgerichts nicht rechtsbeständig wäre.[226] Soweit bereits eine Entscheidung zur Auslegung des Patents aus einem Nichtigkeitsberufungsverfahren vorliegt, hat das Verletzungsgericht seiner Beurteilung diejenige Auslegung der Anspruchsmerkmale zu Grunde zu legen, die das Nichtigkeitsberufungsurteil vorgibt, um keinen Zulassungsgrund zu schaffen.[227]

109 Die Prognoseentscheidung ist unabhängig davon, ob die Validität des Klagepatents in einem Einspruchs- oder in einem Nichtigkeitsverfahren angegriffen wird.[228] Nach Ansicht von *Mes*[229] soll eine Aussetzung bei einem erfolgversprechenden Einspruchsverfahren aufgrund der unterschiedlichen Regelung der Darlegungs- und Beweislast eher geboten sein, als bei einer Nichtigkeitsklage, das im Einspruchsverfahren der Patentanmelder die Patentfähigkeit darlegen und gegebenenfalls beweisen muss, im Nichtigkeitsverfahren hingegen der Nichtigkeitskläger. In der Praxis wirken sich diese Unterschiede bei der Aussetzungsentscheidung kaum aus, da Fragen der Darlegungs- und Beweislast in aller Regel keine Rolle im Einspruchs- bzw. Nichtigkeitsverfahren spielen. Anders kann dies dann sein, wenn der Beklagte fehlende Neuheit aufgrund einer vermeintlich offenkundigen Vorbenutzung geltend macht.

110 a) **Aussetzungsmaßstab und relevanter Stand der Technik.** Das Verletzungsgericht hat sich grundsätzlich mit **allen Einspruchs- bzw. Nichtigkeitsgründen** zu befassen. Dabei ist für den Aussetzungsmaßstab grundsätzlich unerheblich, aus welchem technischen Gebiet das Klagepatent stammt, selbst wenn es sich um ein Technikgebiet mit hoher Vernichtungsrate handelt.[230]

111 Eine Aussetzung kommt insbesondere dann in Betracht, wenn **neuheitsschädlicher Stand der Technik** vorgelegt wird, der noch nicht im Erteilungsverfahren berücksichtigt wurde. Der dem Verletzungsgericht vorgelegte Stand der Technik muss der technischen Lehre des Klagepatents **näher kommen, als der im Erteilungsverfahren bereits berücksichtigte**. Soweit dieser Stand der Technik bereits berücksichtigt wurde, ist grundsätzlich nicht mit der erforderlichen „hohen Wahrscheinlichkeit" mit einer Vernichtung des Patents zu rechnen, da er die Erteilungsbehörde nicht von einer Erteilung abgehalten hat.[231] Dies betrifft auch solchen Stand der Technik, der von einem nicht am Erteilungsverfahren beteiligten Dritten nach Art. 115 EPÜ eingebracht wurde.[232]

---

[218] LG München I BeckRS 2012, 05720; LG Düsseldorf BeckRS 2012, 20233.
[219] BGH GRUR 1993, 892 (893) – Heizkörperkonsole.
[220] BGH GRUR 1987, 284 – Transportfahrzeug; OLG Düsseldorf GRUR-RR 2007, 259 (262) – Thermocycler; LG Mannheim BeckRS 2012, 02785; LG München Mitt. 2012, 82 – eigene Argumentation (Ls.) = BeckRS 2011, 29471 (Volltext).
[221] LG Düsseldorf GRUR-RR 2010, 369 – Rotor-Drehsensor; LG München I BeckRS 2013, 11819; so auch BeckOK PatR/*Voß* PatG Vor §§ 139 ff. Rn. 185.
[222] BGH GRUR 2014, 1237 (1238) – Kurznachrichten; BGH GRUR 2011, 848 (851) – Mautberechnung: OLG Karlsruhe GRUR-RS 2018, 25201 – Werkzeuggriff.
[223] LG Hamburg BeckRS 2013, 14999.
[224] BeckOK PatR/*Voß* PatG Vor §§ 139 ff. Rn. 185.
[225] LG München I Mitt. 2012, 82 – eigene Argumentation (Ls.) = BeckRS 2011, 29471 (Volltext).
[226] BeckOK PatR/*Voß* PatG Vor §§ 139 ff. Rn. 186.
[227] OLG Düsseldorf GRUR 2011, 290 – Walzwerkzeug (Ls.).
[228] *Kaess* GRUR 2009, 276 (278).
[229] *Mes* PatG § 139 Rn. 372.
[230] LG Düsseldorf BeckRS 2016, 08040.
[231] BGH GRUR 1987, 284 – Transportfahrzeug; LG Hamburg BeckRS 2013, 14999.
[232] LG Mannheim BeckRS 2011, 04156, in InstGE 13, 65 ff. – UMTS-fähiges Mobiltelefon II verkürzt wiedergegeben.

Aussetzung bei Vorgreiflichkeit **112–118 § 148 ZPO**

Diese Wertung gilt auch für den Fall, dass nach Bestätigung des Patentes im Einspruchsverfahren **112** nunmehr Aussetzung im Hinblick auf ein nachfolgend anhängig gemachtes Nichtigkeitsverfahren beantragt wird. Auch hier kommt eine Aussetzung in aller Regel nur in Betracht, wenn Stand der Technik vorgelegt wird, der nicht bereits im Einspruchsverfahren berücksichtigt wurde.

Von diesem Grundsatz ist ausnahmsweise nur dann abzuweichen, wenn der im Erteilungs- oder **113** Einspruchsverfahren vorgelegte Stand der Technik **unzutreffend gewürdigt** wurde[233] oder aus Rechtsgründen Zweifel an der Aufrechterhaltung des Patents bestehen.[234] Ein solcher Fall kann etwa dann vorliegen, wenn die Erteilungsbehörde die Frage der Offenkundigkeit einer Vorbenutzung aufgrund einer unzutreffenden Behauptung der Anmelderin falsch bewertet hat.[235]

Legt der Beklagte keinen neuheitsschädlichen Stand der Technik vor, ist eine Aussetzung zwar nicht **114** ausgeschlossen, allerdings wird eine **Aussetzung wegen fehlender Erfindungshöhe** nur dann in Betracht kommen, wenn sich für ihre Zuerkennung kein vernünftiges Argument finden lässt.[236] Lassen sich für die Bejahung der Erfindungshöhe zumindest noch vernünftige Argumente finden, scheidet eine Aussetzung wegen fehlender erfinderischer Tätigkeit in der Regel aus.[237] Zu berücksichtigen ist hier auch, dass nach der jüngeren Rechtsprechung des BGH[238] eine Erfindung nur dann nicht auf einer erfinderischen Tätigkeit beruht, wenn der bekannte Stand der Technik dem Fachmann Anlass oder Anregung gab, zu der vorgeschlagenen Lehre zu gelangen. Dies bedeutet, dass eine Aussetzung wegen fehlender Erfindungshöhe nur ausnahmsweise in Betracht kommen wird, da das Vorliegen eines erfinderischen Schritts infolge einer wertenden Entscheidung zu bestimmen ist und sich in aller Regel Gründe finden lassen, die für die Bejahung der Erfindungshöhe sprechen.[239]

Macht der Beklagten fehlende Neuheit aufgrund einer vermeintlich **offenkundigen Vorbenut-** **115** **zung** geltend, kommt eine Aussetzung nur in Betracht, wenn ihre betreffenden tatsächlichen Behauptungen **lückenlos durch liquide Beweismittel**, insbesondere durch Urkunden[240] belegt werden kann.[241] Eine Aussetzung wegen offenkundiger Vorbenutzung scheidet hingegen aus, wenn zu ihrem Nachweis eine Beweisaufnahme erforderlich ist.[242] Das Verletzungsgericht kann einer im Einspruchs- oder Nichtigkeitsverfahren zum Nachweis der einer offenkundigen Vorbenutzung erforderlichen **Beweisaufnahme nicht vorgreifen**[243] und nicht prognostizieren, was ein Zeuge aussagen und wie diese Aussage vom zuständigen Gericht gewürdigt wird.[244] Dies gilt auch dann, wenn das Verletzungsgericht über die Frage der offenkundigen Vorbenutzung des parallelen Klagegebrauchsmusters selbst Zeugenbeweis erhoben hat.[245] Auch die Vorlage schriftlicher Zeugenaussagen im Verletzungsverfahren ist nicht ausreichend.[246]

Da das Gericht sich grundsätzlich mit allen Nichtigkeitsgründen zu befassen hat, kommt auch eine **116** Aussetzung wegen **unzulässiger Erweiterung**[247], **mangelnder Ausführbarkeit**[248] oder mangelnder Technizität[249] in Betracht.

Sprechen mehrere Einspruchs- oder Nichtigkeitsgründe gegen die Schutzfähigkeit des Patents, kann **117** sich die Wahrscheinlichkeit des Erfolgs des Rechtsbestandsverfahrens aufgrund der **Kombination der verschiedenen Gründe** erhöhen.[250]

b) Darlegungslast des Beklagten im Verfahren. Die Voraussetzungen für eine Aussetzung sind **118** vom Beklagten im Verletzungsverfahren darzulegen.[251] In aller Regel geschieht dies, indem der Beklagte seine Eingaben aus dem Einspruchs- oder Nichtigkeitsverfahren vorlegt. Es empfiehlt sich den Vortrag aus dem parallelen Rechtsbestandsverfahren für das Verletzungsgericht in einer in sich

---

[233] BGH GRUR 1987, 284 – Transportfahrzeug; LG München I InstGE 9, 27 (34) – antibakterielle Versiegelung.
[234] LG Düsseldorf Mitt. 1988, 91 – Nickel-Chrom-Legierung.
[235] LG München I InstGE 9, 27 (34) – antibakterielle Versiegelung.
[236] OLG Düsseldorf GRUR-RR 2007, 259 (262) – Thermocycler; OLG Düsseldorf Mitt. 1997, 257 – Steinknacker; LG Düsseldorf BeckRS 2013, 14797; LG Mannheim GRUR-RR 2013, 449 (454) – Seitenaufprall-Schutzvorrichtung; LG Mannheim BeckRS 2011, 04156; LG München I BeckRS 2012, 05720.
[237] LG Düsseldorf InstGE 3, 54 (58) – Sportschuhsohle.
[238] BGH GRUR 2010, 407 (409) – einteilige Öse; BGH GRUR 2012, 378 (379) – Installiereinrichtung II.
[239] *Wuttke/Guntz* Mitt. 2012, 477 (483), LG München I WRP 2012, 757 – Aussetzung im Löschungsverfahren (Ls.) = BeckRS 2012, 040087 (Volltext) (für das Gebrauchsmusterrecht).
[240] LG Düsseldorf BeckRS 2013, 14806.
[241] LG Düsseldorf BeckRS 2013, 13296; so auch LG Düsseldorf BeckRS 2014, 15027 für den Fall, dass der Veröffentlichungszeitpunkt einer Entgegenhaltung in Streit steht.
[242] OLG Düsseldorf GRUR 1979, 636 (637) – Ventilanbohrvorrichtung.
[243] LG Düsseldorf BeckRS 2009, 07929.
[244] LG Düsseldorf BeckRS 2013, 14541; 2013, 14806.
[245] LG Düsseldorf BeckRS 2013, 15860.
[246] LG Düsseldorf BeckRS 2013, 14806.
[247] LG Düsseldorf BeckRS 2013, 14541; LG Mannheim BeckRS 2011, 04156, in InstGE 13, 65 ff. – UMTS-fähiges Mobiltelefon II verkürzt wiedergegeben.
[248] Vgl. LG Düsseldorf BeckRS 2013, 02741.
[249] Vgl. LG Düsseldorf BeckRS 2013, 14541.
[250] LG München I InstGE 9, 27 (30 f.) – antibakterielle Versiegelung.
[251] BeckOK PatR/*Voß* PatG Vor §§ 139 ff. Rn. 191.

geschlossenen, verständlichen und zusammenhängenden Darstellung aufzubereiten und sich **auf die wesentlichen und aussichtreichsten Entgegenhaltungen zu konzentrieren**. Mit der bloßen Bezugnahme auf einen als Anlage eingereichten Einspruch bzw. eine Nichtigkeitsklage wird der Darlegungslast in aller Regel nicht genügt. Im Rahmen der Aussetzungsdiskussion sollte der Beklagte vielmehr immer den Gegenstand und Hintergrund der in den Entgegenhaltungen beschriebenen und offenbarten Stand der Technik erläutern, denn erst durch einen dahingehenden Sachvortrag wird eine ausschließlich juristisch qualifizierten Richtern besetzte Patentstreitkammer in die Lage versetzt, eine Aussage dazu zu treffen, mit welcher Wahrscheinlichkeit sich das Streitpatent vor dem Hintergrund der schriftsätzlich diskutierten Entgegenhaltungen als rechtsbeständig erweisen wird.[252]

119 Bei der Prognoseentscheidung sind nur solche Entgegenhaltungen zu berücksichtigen, die zum Schluss der mündlichen Verhandlung im Verletzungsverfahren **bereits im parallelen Einspruchs- oder Nichtigkeitsverfahrens vorgelegt wurden**[253] und auf die die Beklagte im Verletzungsverfahren Bezug genommen hat.[254] Der Nachweis, dass die Entgegenhaltungen in das Rechtsbestandsverfahren eingebracht wurden, ist bis zum Schluss der letzten mündlichen Verhandlung im Verletzungsverfahren zu erbringen.[255] In Anlehnung an die Rechtsprechung des BGH in der Entscheidung „Mautberechnung"[256] sind bei der Aussetzungsentscheidung prinzipiell auch Entgegenhaltungen zu berücksichtigen, die die Einspruchsabteilung oder Beschwerdekammer in einem laufenden Einspruchsverfahren wegen zu später Vorlage nicht zulässt bzw. voraussichtlich nicht zulassen wird, auf die aber nach Abschluss des Einspruchsverfahrens eine nachfolgende Nichtigkeitsklage mit Erfolg gestützt werden kann.[257]

120 Wird auf Einsprüche Dritter Bezug genommen, reicht es nicht aus, die Einspruchsbegründung in englischer Originalsprache vorzulegen. Vielmehr ist eine **Übersetzung der Einspruchsbegründung** vorzulegen.[258] Nach der Rechtsprechung des LG Düsseldorf gilt dies auch für fremdsprachige Entgegenhaltungen, auf die im Einspruch oder in der Nichtigkeitsklage Bezug genommen wird. Da die Gerichtssprache Deutsch ist (§ 184 GVG), berücksichtigt das LG Düsseldorf bei der Aussetzungsentscheidung nur solche Entgegenhaltungen, die **in deutscher Übersetzung** vorgelegt werden.[259] Hierauf werden die Parteien regelmäßig zu Beginn des Verfahrens vom Gericht hingewiesen. Werden gleichwohl fremdsprachige Entgegenhaltungen überreicht, sollen diese dann keine taugliche Grundlage für eine Aussetzung sein können.[260]

121 **c) Maßstab für die Prognoseentscheidung im Rechtsmittelverfahren.** Im Rechtsmittelverfahren kann sich der Maßstab für die Prognoseentscheidung verschieben: Liegt bereits ein gegen Sicherheitsleistung **vollstreckbares erstinstanzliches Verletzungsurteil** vor, ist die Frage der Aussetzung des Patentverletzungsverfahrens in der **Berufungsinstanz** unter etwas weniger strengen Gesichtspunkten zu beurteilen.[261] In diesem Fall kann der Patentinhaber nämlich das erstinstanzliche Urteil mit dem sich aus § 717 Abs. 2 ZPO ergebenden Risiko vollstrecken und seine Rechte so durchsetzen.[262] Dies gilt insbesondere dann, wenn im Verletzungsverfahren **nur noch Rechnungslegungs- und Vernichtungsansprüche** streitgegenständlich sind[263] oder der Unterlassungsanspruch gegenstandslos ist, weil das **Klagepatent abgelaufen** ist.[264]

122 Vor diesem Hintergrund kann eine **Aussetzung des Berufungsverfahrens** auch dann in Betracht kommen, wenn im Nichtigkeitsverfahren nur solcher Stand der Technik vorgelegt wurde, der bereits im Erteilungs- oder Einspruchsverfahren gewürdigt wurde.[265] Auch an eine Aussetzung wegen fehlender erfinderischer Tätigkeit sollen geringere Anforderungen zu stellen sein.[266] Voraussetzung ist aber auch hier, dass die Vernichtung des Patents im parallelen Rechtsbestandsverfahren **nicht nur möglich, sondern wahrscheinlich** ist.[267] Auch hier ist nämlich das grundsätzliche Interesse des Klägers an einer zeitnahen Entscheidung im Berufungsverfahren zu berücksichtigen, die ihm eine höhere Rechtssicherheit gibt und eine Vollstreckung ohne Sicherheitsleistung und ohne das Risiko einer Haftung

---

[252] LG München I BeckRS 2014, 16686.
[253] LG Düsseldorf BeckRS 2014, 15027; 2013, 14797; 2013, 02742; kritisch unter Verweis auf den Amtsermittlungsgrundsatz Busse/*Keukenschrijver*/*Kaess* PatG § 140 Rn. 18.
[254] OLG Düsseldorf BeckRS 2012, 08566.
[255] OLG Düsseldorf BeckRS 2013, 13744; LG Düsseldorf BeckRS 2014, 15027.
[256] GRUR 2011, 848 (850).
[257] OLG Düsseldorf BeckRS 2013, 13744.
[258] LG Düsseldorf InstGE 3, 231 (233) – wasserloses Urinal.
[259] LG Düsseldorf InstGE 3, 231 (233) – wasserloses Urinal; LG Düsseldorf BeckRS 2012, 20233.
[260] LG Düsseldorf BeckRS 2013, 02742.
[261] OLG Düsseldorf GRUR-RR 2007, 259 (263) – Thermocycler; OLG Düsseldorf GRUR-RR 2002, 369 (377) Haubenstrechautomat; kritisch *Scharen* FS 50 Jahre VPP, 2005, 396 (405).
[262] OLG Düsseldorf Mitt. 1997, 257 (258) – Steinknacker.
[263] OLG Karlsruhe InstGE 12, 220 (222) – MP3-Standard.
[264] OLG Karlsruhe GRUR-RS 2018, 25201 – Werkzeuggriff.
[265] OLG Düsseldorf GRUR-RR 2002, 369 (377) – Haubenstrechautomat; OLG Düsseldorf Mitt. 1997, 257 (258) – Steinknacker.
[266] LG Mannheim BeckRS 2013, 17114.
[267] OLG Düsseldorf GRUR-RR 2007, 259 (263) – Thermocycler; OLG Karlsruhe GRUR-RS 2018, 25201 – Werkzeuggriff; LG München I BeckRS 2012, 05720.

nach § 717 Abs. 2 ZPO ermöglicht. Daher kann sich der Beklagte auch nicht darauf berufen, dass der BGH das Verletzungsverfahren ohnehin spätestens mit der Einlegung der Nichtzulassungsbeschwerde aussetzen wird.[268]

Eine **Aussetzung in der Revisionsinstanz** ist ebenfalls möglich und zwar auch dann, wenn beide Verfahren parallel beim BGH anhängig sind[269] (→ Rn. 67): Bei Zulassung der Revision durch das OLG kommt eine Aussetzung des Revisionsverfahrens durch den BGH insbesondere dann in Betracht, wenn das parallele Nichtigkeitsverfahren noch beim BPatG anhängig ist. Der **Aussetzungsmaßstab** entspricht dabei grundsätzlich dem im Berufungsverfahren, wobei allerdings die Besonderheit besteht, dass beim BGH das Nichtigkeits- und das Verletzungsverfahren zusammenlaufen.[270] Durch die Aussetzung wird dann verhindert, dass der BGH, der in letzter Instanz im Verletzungs- und im Nichtigkeitsverfahren zu entscheiden hat, widersprüchliche Entscheidungen in beiden Verfahren trifft. Um einen Selbstwiderspruch des BGH zu vermeiden, bietet sich eine Aussetzung des Revisionsverfahrens daher jedenfalls an, solange noch kein Nichtigkeitsberufungsverfahren anhängig ist und der BGH die beiden Verfahren daher nicht koordinieren kann.[271] Dies kann allerdings nur gelten, wenn der Beklagte die Nichtigkeitsklage bereits **in der Tatsacheninstanz** eingereicht hat. Wird der Angriff auf das Patent erst später eingeleitet, ist dieses lange Zuwarten durch den Beklagten bei der Interessenabwägung zu berücksichtigen. Eine Aussetzung „zugunsten" des Beklagten ist dann nur dann gerechtfertigt, wenn die Erfolgsaussichten der Nichtigkeitsklage **offenkundig** ist, da es der Beklagte versäumt hat frühzeitig Klarheit über den Rechtsbestand des Patents zu schaffen.[272] 123

Wurde die Revision vom OLG nicht zugelassen, kann gegen diese Entscheidung **Nichtzulassungsbeschwerde** eingelegt werden. Dabei ist zu beachten, dass es für den Erfolg der Nichtzulassungsbeschwerde darauf ankommt, ob einer der Zulassungsgründe des § 543 Abs. 2 ZPO vorliegt. Hieran wird es häufig fehlen, da die Anhängigkeit einer parallelen Nichtigkeitsklage noch keinen Zulassungsgrund begründet[273] und die Zulassung der Revision in aller Regel trotz der Möglichkeit einer falschen Patentauslegung im Verletzungsverfahren nicht zur Sicherung einer einheitlichen Rechtsprechung erforderlich ist.[274] Es verbleibt dann nur die Möglichkeit, das Nichtzulassungsbeschwerdeverfahren bis zur Entscheidung im Rechtsbestandsverfahren auszusetzen, um zu verhindern, dass das Verletzungsurteil zunächst rechtskräftig wird, obgleich mit einer Vernichtung des Patents im Nichtigkeitsverfahren zu rechnen ist.[275] 124

Auch die Aussetzung im Nichtzulassungsbeschwerdeverfahren ist eine **Ermessensentscheidung**, bei dem nicht nur das Interesse an widerspruchsfreien Entscheidungen, sondern auch das Interesse des Klägers an einer zeitnahen Beendigung des Verletzungsverfahrens zu berücksichtigen ist.[276] Wesentlich für den **Aussetzungsmaßstab** ist dabei, wann das Rechtsbestandsverfahren eingeleitet wurde: Wurde das Rechtsbestandsverfahren noch **während der Tatsacheninstanz** eingeleitet, wird das Nichtzulassungsbeschwerdeverfahren in der Regel auszusetzen sein, wenn die Nichtigkeitsklage „erfolgversprechend" ist.[277] Erhebt der Beklagte hingegen erst **nach Abschluss der Tatsacheninstanz** Nichtigkeitsklage gegen das Klagepatent und versäumt er es so, Klarheit über den Rechtsbestand des Patents zu schaffen, erfolgt eine Aussetzung im Zweifel nur, wenn die Erfolgsaussichten der Nichtigkeitsklage **offenkundig** ist.[278] Kommt eine Aussetzung nicht in Betracht, muss der BGH über die Zulassung der Revision entscheiden, was zur Folge haben kann, dass der Beklagte eine Verurteilung im Verletzungsverfahren bei nachträglicher Vernichtung des Klagepatents mittels der Restitutionsklage angreifen muss[279] (→ § 580 Rn. 8 ff.). 125

Auch nach rechtskräftigem Abschluss eines Nichtigkeitsverfahrens kommt eine Aussetzung des Nichtzulassungsbeschwerdeverfahrens aufgrund einer im Anschluss erhobenen **zweiten Nichtigkeitsklage** in Betracht. Nach der Rechtsprechung des BGH ist eine Aussetzung aber nur möglich, wenn die Erfolgsaussichten dieser zweiten Nichtigkeitsklage offensichtlich sind.[280] Stützt sich die Beklagte in der weiteren Nichtigkeitsklage auf offenkundige Vorbenutzungshandlungen sind diese Voraussetzung dann nicht erfüllt, wenn eine Beweisaufnahme erforderlich ist.[281] 126

---

[268] OLG Düsseldorf GRUR-RR 2007, 259 (263) – Thermocycler.
[269] BGH GRUR-RR 2013, 528 – Gute Laune Drops (Ls.) = BeckRS 2013, 12000 (Volltext).
[270] Vgl. *Scharen* FS 50 Jahre VPP, 2005, 396 (407).
[271] *Scharen* FS 50 Jahre VPP, 2005, 396 (407).
[272] So für die Aussetzung des Nichtzulassungsbeschwerdeverfahrens BGH GRUR 2012, 93 (94) – Klimaschrank; vgl. auch BGH BeckRS 2014, 10070.
[273] BGH GRUR 2004, 710 (711) – Druckmaschinen-Temperierungssystem.
[274] BGH GRUR 2010, 858 – Crimpwerkzeug III.
[275] BGH GRUR 2004, 710 (711) – Druckmaschinen-Temperierungssystem; BGH GRUR 2010, 858 – Crimpwerkzeug III.
[276] BGH GRUR 2012, 1072 – Verdichtungsvorrichtung; BGH GRUR 2012, 93 f. – Klimaschrank.
[277] Vgl. BGH GRUR 2004, 710 (712) – Druckmaschinen-Temperierungssystem; *Scharen* FS 50 Jahre VPP, 2005, 396 (410).
[278] BGH GRUR 2012, 93 (94) – Klimaschrank (hier: 8 Monate nach Verkündung des Berufungsurteils).
[279] BGH GRUR 2012, 93 (94) – Klimaschrank; BGH BeckRS 2014, 10070.
[280] BGH GRUR 2012, 1072 – Verdichtungsvorrichtung.
[281] BGH GRUR 2012, 1072 – Verdichtungsvorrichtung.

127 **d) Bedeutung der Ereignisse im Erteilungsverfahren.** Nach Ansicht von *Kühnen*[282] ist eine Aussetzung dann geboten, wenn sich aus den Erteilungsakten ergibt, dass der Patentinhaber dort **die Beschränkung der Patentanmeldung erklärt hat,** diese Beschränkungserklärung aber keinen Eingang in die Patentschrift gefunden hat. Dies soll jedenfalls dann gelten, wenn sich aus der Erteilungsakte ergibt, dass der Anmelder selbst berechtigten Anlass für eine Beschränkung der Patentanmeldung gesehen hat.[283] Eine Aussetzung sei hingegen dann nicht gerechtfertigt, wenn sich der Erteilungsakte entnehmen lasse, dass der Anmelder nicht selbst von der Notwendigkeit der Beschränkung ausgegangen ist und die Beschränkung beispielsweise nur deshalb akzeptiert hat, um die Erteilung des Patents zu beschleunigen.[284]

128 **e) Bedeutung von Entscheidungen im Rechtsbestandsverfahren. aa) Zwischenbescheid und qualifizierter Hinweis.** Nicht bindend ist ein vom EPA nach Regel 116 im Einspruchsverfahren zur Vorbereitung der mündlichen Verhandlung erlassener **Zwischenbescheid,** der lediglich eine vorläufige Meinungsäußerung darstellt und daher keine zuverlässige Grundlage für eine Entscheidung bietet.[285] Gleiches gilt für den nach § 83 PatG im Nichtigkeitsverfahren nunmehr obligatorischen **qualifizierten Hinweis,** der erhebliches Gewicht bei der Aussetzungsentscheidung hat, das Verletzungsgericht aber nicht bindet[286] und für entsprechende Hinweise der Löschungsabteilung des DPMA in Gebrauchsmusterlöschungsverfahren. In der Praxis kommt Zwischenbescheiden und qualifizierten Hinweisen jedoch eine besondere Relevanz zu und sie werden bei der Aussetzungsentscheidung berücksichtigt.[287] Es empfiehlt sich daher im Rechtsbestandsverfahren einen **Beschleunigungsantrag** zu stellen, damit Zwischenbescheid bzw. qualifizierter Hinweis bereits zum Zeitpunkt der mündlichen Verhandlung im Verletzungsverfahren vorliegen (→ Rn. 143).

129 Keine Auswirkungen haben auch **mündliche Aussagen des Nichtigkeitssenats** über die etwaigen Erfolgsaussichten in einem früheren Nichtigkeitsverfahren, das später durch Klagerücknahme beendet wurde. Hierbei handelt es sich nur um eine **vorläufige Einschätzung,** die sich im Lauf einer Verhandlung ändern kann und die daher die Bewertung der Erfolgsaussichten der späteren Nichtigkeitsklage auch dann nicht beeinflussen, wenn sich die Nichtigkeitsklagen in wesentlichen Punkten überschneiden.[288]

130 Eine Aussetzung hat in aller Regel dann zu erfolgen, wenn **erst in der mündlichen Einspruchs- oder Nichtigkeitsverhandlung Hilfsanträge** eingereicht werden und EPA bzw. BPatG daraufhin **die Sache vertagt,** um der Einsprechenden bzw. der Nichtigkeitskläger Möglichkeit zu geben, zu den Hilfsanträgen schriftsätzlich Stellung zu nehmen und eine erneute Recherche nach weiterem Stand der Technik vorzunehmen.[289] Hier steht auch ohne abschließende Entscheidung im Einspruchs- bzw. Nichtigkeitsverfahren bereits fest, dass die Patentansprüche in ihrer erteilten Fassung nicht schutzfähig sind, so dass der Erteilungsakt kein Festhalten an den erteilten Ansprüchen gebietet. Auch wenn der Kläger im Verletzungsverfahren seine Ansprüche nur noch auf das Patent in der Fassung der Hilfsansprüche stützt, ist das Verletzungsverfahren auszusetzen, da insoweit die im Rechtsbestandsverfahren gewährte Möglichkeit einer ergänzenden Recherche abzuwarten ist.[290] Erst wenn das Ergebnis dieser Recherche vorliegt und keinen weiteren Stand der Technik hervorgebracht hat, kann das Verletzungsgericht von einer Aussetzung absehen und in der Sache entscheiden.

131 **bb) Widerruf oder Vernichtung des Patents im Rechtsbestandsverfahren.** Wird das Klagepatent im Verlauf des Verletzungsprozesses im parallelen Rechtsbestandsverfahren **erstinstanzlich widerrufen oder für nichtig erklärt,** ist das Verletzungsgericht an diese Entscheidung zwar nicht gebunden, das Verletzungsverfahren ist aber gleichwohl in aller Regel bis zur rechtskräftigen Entscheidung im Rechtsbestandsverfahren auszusetzen.[291] Der Entscheidung der sachkundigen Spruchkörper im Einspruchs- oder Nichtigkeitsverfahren kommt insoweit besonderes Gewicht zu.[292]

132 Das selbst nicht mit technischen Richtern besetzte Verletzungsgericht wird in aller Regel nur dann von der Entscheidung im Einspruchs- oder Nichtigkeitsverfahren abweichen, wenn es ausnahmsweise aufgrund eigener technischer Sachkunde verlässlich erkennen kann, dass diese **evident unrichtig** ist.[293]

---

[282] *Kühnen* Patentverletzung-HdB Kap. E Rn. 826.
[283] *Kühnen* Patentverletzung-HdB Kap. E Rn. 826.
[284] *Kühnen* Patentverletzung-HdB Kap. E Rn. 826.
[285] OLG München GRUR 1990, 352 (353) – Regal-Ordnungssysteme; LG Düsseldorf BeckRS 2013, 14805.
[286] LG Düsseldorf BeckRS 2014, 15027; *Mes* PatG § 139 Rn. 384.
[287] Vgl. etwa LG Düsseldorf BeckRS 2013, 14805 wo allerdings trotz eines negativen Zwischenbescheides nicht ausgesetzt wurde.
[288] LG Düsseldorf BeckRS 2013, 02740.
[289] *Kühnen* Patentverletzung-HdB Kap. E Rn. 827.
[290] *Kühnen* Patentverletzung-HdB Kap. E Rn. 827.
[291] OLG München InstGE 3, 62 (63) – Aussetzung bei Nichtigkeitsurteil II.
[292] OLG Düsseldorf BeckRS 2008, 07892; LG München I GRUR-RR 2015, 512 (Ls.) = BeckRS 2015, 07460 (Volltext).
[293] OLG Düsseldorf GRUR-RR 2009, 329 (331) – Olanzapin; LG München I GRUR-RR 2015, 512 (Ls.) = BeckRS 2015, 07460 (Volltext); vgl. für das Markenrecht OLG Köln GRUR-RR 2013, 24 (26) – Gute Laune Drops (→ Rn. 218).

Dies kann dann der Fall sein, wenn dem Verletzungsgericht die auftretenden technischen Fragen in Anbetracht des Sachvortrags der Parteien zugänglich sind und von ihm auf der Grundlage ausreichender Erfahrung in der Beurteilung technischer und patentrechtlicher Sachverhalte abschließend beantwortet werden können.[294]

cc) Bestätigung des Patents im Rechtsbestandsverfahren. Auch wenn das Klagepatent im parallelen Rechtsbestandsverfahren **erstinstanzlich bestätigt** wurde, ist das Verletzungsgericht an diese Entscheidung nicht gebunden und kann gleichwohl aussetzen.[295] Eine Aussetzung kommt aber auch hier nur ausnahmsweise dann in Betracht, wenn die Entscheidung im Einspruchs- oder Nichtigkeitsverfahren offensichtlich unzutreffend ist oder der Beklagte neuen Stand der Technik vorlegt, der im erstinstanzlichen Verfahren noch nicht berücksichtigt wurde.[296] Ist dies nicht der Fall, ist das fachkundige Votum aus dem Einspruchs- oder Nichtigkeitsverfahren grundsätzlich hinzunehmen.[297] Dies gilt auch dann, wenn das die Patentfähigkeit bestätigende Urteil des BPatG später infolge einer Rücknahme der Nichtigkeitsklage wirkungslos wird.[298] Keine Rolle spielt es auch, wenn die Entscheidung im Rechtsbestandsverfahren möglicherweise aus formalen Gründen keinen Bestand hat, da dies keine Auswirkung auf die maßgebliche Bewertung der Rechtsbeständigkeit durch das BPatG hat.[299] Strebt der Beklagte gleichwohl unter dem Gesichtspunkt der Unvertretbarkeit eine Aussetzung des Verletzungsverfahrens an, setzt dies eine Begründung des Rechtsmittels gegen die im Rechtsmittelverfahren ergangene Entscheidung voraus. Ein bloßer **Tatbestandsberichtigungsantrag** genügt hierfür nicht.[300]

Eine Aussetzung ist trotz der Bestätigung des Patents im Einspruchs- oder Nichtigkeitsverfahren 134 dann vorzunehmen, **wenn das Verletzungsgericht Merkmale des Patentanspruchs anders auslegt** als die Spruchkörper im parallelen Einspruch- oder Nichtigkeitsverfahren und das Patent auf Grundlage der Auslegung des Verletzungsgerichts widerrufen oder für nicht zu erklären wäre.[301]

Wurde das Patent im Rechtsbestandsverfahren **in eingeschränktem Umfang bestätigt,** ist das 135 Verletzungsverfahren auszusetzen, wenn die angegriffene Ausführungsform den eingeschränkten Anspruch nicht verwirklicht und der Kläger im Einspruchsbeschwerde- oder Nichtigkeitsberufungsverfahren die ursprünglich erteilte Fassung des Patents weiter verteidigt.[302] Es kommt dann nicht darauf an, wie das Verletzungsgericht die Erfolgsaussichten im Rechtsmittelverfahren bewertet, da die Entscheidung über die Schutzfähigkeit des Patents dem EPA bzw. BPatG zusteht. Eine Abweisung der Klage verbietet sich daher, bevor das Patent in seiner ursprünglichen Fassung nicht rechtskräftig widerrufen wurde.[303]

Wurde das Patent bereits **in einem Nichtigkeitsverfahren rechtskräftig bestätigt,** kommt eine 136 Aussetzung des Verletzungsverfahrens aufgrund einer im Anschluss erhobenen zweiten Nichtigkeitsklage nur dann in Betracht, wenn die Erfolgsaussichten dieser zweiten Nichtigkeitsklage offensichtlich sind.[304] Wurde ein Klagepatent in einem ersten Rechtsbestandsverfahren in beschränktem Umfang in der Fassung eines Unteranspruchs aufrechterhalten, soll eine Aussetzung aufgrund einer weiteren Nichtigkeitsklage dann nicht in Betracht kommen, wenn zunächst eine Teilnichtigkeitsklage erhoben wurde, obwohl der Unteranspruch bereits Gegenstand eines „insbesondere, wenn"-Antrages im Verletzungsprozess war.[305] Nur wenn der betreffende Unteranspruch bisher nicht Gegenstand des Verletzungsverfahrens war, dürfe dem Beklagten kein Nachteil daraus erwachsen, dass er sich im Nichtigkeitsverfahren zunächst auf die im Verletzungsverfahren gegen ihn geltend gemachten Ansprüche beschränkt hat und nunmehr vor dem Hintergrund der durch die Teilvernichtung veranlassten Beschränkung der Klageanträge zu einer weiteren Nichtigkeitsklage gezwungen ist.[306]

dd) Entscheidungen über den Rechtsbestand paralleler Schutzrechte. Entscheidungen über 137 den Rechtsbestand von **Schutzrechten aus der Patentfamilie des Klageschutzrechts** haben ebenfalls nur indizielle Wirkung. Auch die rechtskräftige Löschung eines Gebrauchsmusters führt daher nicht automatisch dazu, dass das auf ein paralleles Patent gestützte Verletzungsverfahren auszusetzen ist und zwar auch dann nicht, wenn die Ansprüche deckungsgleich sind. Eine Aussetzung wird daher trotz Löschung des deckungsgleichen Gebrauchsmusters dann nicht in Betracht kommen, wenn das

---

[294] OLG Düsseldorf GRUR-RR 2009, 329 (331) – Olanzapin.
[295] OLG Düsseldorf BeckRS 2012, 10314.
[296] Vgl. BGH GRUR 1959, 320 (324) – Moped-Kupplung; OLG Düsseldorf GRUR-RS 2021, 8206 – Halterahmen II; BeckOK PatR/*Voß* PatG Vor §§ 139 ff. Rn. 186.
[297] OLG Düsseldorf BeckRS 2011, 08599.
[298] LG Düsseldorf BeckRS 2012, 10417.
[299] Vgl. LG München I BeckRS 2014, 05121.
[300] OLG Düsseldorf GRUR-RS 2021, 8206 – Halterahmen II.
[301] *Kühnen* Patentverletzung-HdB Kap. E Rn. 833; OLG Düsseldorf BeckRS 2012, 10314.
[302] *Kühnen* Patentverletzung-HdB Kap. E Rn. 834.
[303] OLG Düsseldorf BeckRS 2012, 212939, zitiert bei Kühnen Patentverletzung-HdB Kap. E Rn. 834.
[304] BGH GRUR 2012, 1072 – Verdichtungsvorrichtung.
[305] OLG Düsseldorf GRUR-RS 2021, 30324 – Schiebedach.
[306] OLG Düsseldorf GRUR-RS 2021, 30324 – Schiebedach.

EPA das Patent im Einspruchsverfahren erstinstanzlich aufrechterhalten hat[307] oder der im Löschungsverfahren für relevant gehaltene Stand der Technik bereits im Patenterteilungsverfahren berücksichtigt wurde.

138 Auch ausländische **Entscheidungen über einen anderen nationalen Teil eines europäischen Patents** binden das deutsche Verletzungsgericht nicht.[308] Diesen Entscheidungen kommt aber insoweit erhebliches Gewicht zu, als sich das Verletzungsgericht unter dem Gesichtspunkt der Rechtssicherheit und dem Interesse einer Harmonisierung der Rechtsprechung im Geltungsbereich des EPÜ mit den Entscheidungen anderer nationaler Gerichte auseinanderzusetzen hat.[309] Das Verletzungsgericht hat die Entscheidung des ausländischen Gerichts über den Rechtsbestand des parallelen nationalen Teils demnach auch bei der Aussetzungsentscheidung zu berücksichtigen. Dies gilt allerdings nur dann, wenn das ausländische Recht in der maßgeblichen Frage materiell und formell mit dem deutschen Recht vergleichbar ist.[310]

139 Auch wenn die Rechtsbeständigkeit von Schutzrechten grundsätzlich unabhängig voneinander zu bewerten ist, besteht bei einer **Verletzungsklage aus mehreren parallelen Schutzrechten** (zB Patent und paralleles Gebrauchsmuster) die Gefahr, dass das Verletzungsgericht das Verfahren insgesamt aussetzt, wenn es hinsichtlich eines der Schutzrechte die Voraussetzungen einer Aussetzung für gegeben hält oder bei den übrigen Schutzrechten **großzügiger aussetzt,** wenn für eines der Patente bereits eine vollstreckbare Entscheidung vorliegt.[311]

140 Werden die verschiedenen Schutzrechte in einem **einheitlichen Klageantrag** geltend gemacht, besteht die Möglichkeit das Verfahren abzutrennen und nur hinsichtlich des einen Schutzrechts auszusetzen, für das die Voraussetzungen des § 148 ZPO vorliegen (→ Rn. 89).

141 ee) **Einholung eines Sachverständigengutachtens.** Sieht sich das Gericht nicht in der Lage die Prognoseentscheidung über die Schutzfähigkeit ohne sachverständige Hilfe zu entscheiden, ist das Verfahren **im Zweifel auszusetzen,** bis die Entscheidung im Einspruchs- bzw. Nichtigkeitsverfahren vorliegt.[312] Allerdings sind Schwierigkeiten bei der Auslegung für sich genommen noch kein hinreichender Grund für eine Aussetzung.[313]

142 Die Einholung eines eigenen Sachverständigengutachtens zur Frage der Schutzfähigkeit des Klageschutzrechts kommt zumeist nicht in Betracht, da innerhalb der Zeit, die für die Einholung des Sachverständigengutachtens benötigt wird, in aller Regel die Entscheidung im Einspruchs- bzw. Nichtigkeitsverfahren vorliegt. Wird allerdings ein Sachverständigengutachten zur Frage der Patentverletzung eingeholt, kann der Sachverständige zeitgleich gebeten werden, zur Frage der Schutzfähigkeit Stellung zu nehmen.[314]

143 **2. Weitere Ermessenskriterien.** Neben der Prognoseentscheidung über die Erfolgsaussichten des Angriffs auf das Patent sind bei der Ermessensentscheidung im Rahmen der **Interessenabwägung** weitere Kriterien zu berücksichtigen:

144 Relevant ist, **wann das Rechtsbestandsverfahren eingeleitet wurde.** Grundsätzlich sollte der Beklagte den Angriff auf das Klageschutzrecht so früh wie möglich einleiten, spätestens als Reaktion auf eine vorgerichtliche Abmahnung.[315] Wartet der Beklagte mit dem Angriff auf das Klageschutzrecht und verhindert er auf diese Weise, dass frühzeitig Klarheit über die Schutzfähigkeit des Klagepatents besteht, spricht dies tendenziell gegen eine Aussetzung. Gleiches gilt, wenn der Beklagte erst **in der Berufungsinstanz** die Nichtigkeitsklage einreicht[316] oder durch Nichtzahlung des vom BPatG geforderten Gerichtskostenvorschusses die Zustellung einer anhängigen Nichtigkeitsklage verhindert.[317] Eine Aussetzung wird in aller Regel zudem dann nicht mehr in Betracht kommen, wenn der Beklagte Einspruch oder Nichtigkeitsklage **erst kurz vor dem Verhandlungstermin im Verletzungsverfahren eingelegt** und der Kläger hierauf vor Schluss der mündlichen Verhandlung nicht mehr reagieren kann.[318] Beispielsweise ist eine Erwiderung auf eine mehr als 30 Seiten lange Stellungnahme zur angeblich fehlenden Rechtsbeständigkeit des Patents nicht mehr zuzumuten, wenn die Nichtigkeitsklage erst drei Wochen vor dem seit langem bekannten Haupttermin eingereicht wurde.[319] Gleiches gilt, wenn sich der Beklagte erst kurz vor dem Verhandlungstermin auf Einspruch oder

---

[307] OLG München InstGE 6, 57 (65) – Kassieranlage.
[308] OLG Düsseldorf I-2 U 76/99; Busse/*Keukenschrijver/Kaess* PatG § 140 Rn. 8.
[309] BGH GRUR 2010, 950 (952) – Walzenformgebungsmaschine.
[310] LG Düsseldorf BeckRS 2015, 15910.
[311] *Kühnen* Patentverletzung-HdB Kap. E Rn. 836; vgl. hierzu auch *Reimann/Kreye* FS Tilmann, 2003, 587 (593).
[312] *Rogge* GRUR-Int 1996, 386 (389); aA Kühnen Patentverletzung-HdB Kap. E Rn. 804.
[313] Busse/*Keukenschrijver/Kaess* PatG § 140 Rn. 16.
[314] *Rogge* GRUR-Int 1996, 386 (389).
[315] *Kühnen* Patentverletzung-HdB Kap. E Rn. 810; kritisch *Wuttke/Guntz* Mitt. 2012, 477 (483).
[316] OLG Düsseldorf GRUR-RS 2021, 34296 – Laufsohle.
[317] OLG Düsseldorf BeckRS 2016, 09689.
[318] OLG Düsseldorf BeckRS 2013, 13744; OLG Karlsruhe Mitt. 2015, 784 (390) – Fahrradfelge; LG München I BeckRS 2014, 05284.
[319] LG Düsseldorf BeckRS 2007, 13037.

Nichtigkeitsklage eines Dritten beruft³²⁰ oder die Aussetzung erst **nach der mündlichen Verhandlung** in einem nicht nachgelassenen Schriftsatz geltend gemacht wird.³²¹ Eine Ausnahme von diesem Grundsatz ist dann zu machen, wenn bereits nach summarischer Prüfung feststeht, dass der Angriff auf das Klagepatent offensichtlich erfolgreich sein wird.³²²

*Kühnen*³²³ verweist auf die Möglichkeit, einen **Antrag auf Beschleunigung des Einspruchs- bzw. Nichtigkeitsverfahrens** zu stellen, um die Wahrscheinlichkeit zu erhöhen, dass die Verhandlung im Rechtsbestandsverfahren so zeitnah stattfindet, dass das Verletzungsgericht die dortige Entscheidung berücksichtigen kann. Die Terminierung im Rechtsbestandsverfahren kann das Verletzungsgericht dann ggf. entweder bei der Terminierung des Verhandlungstermins berücksichtigen oder aber jedenfalls den Verkündungstermin im Verletzungsverfahren entsprechend hinausschieben (bis maximal 5 Monate).³²⁴ Ist in absehbarer Zeit mit eine Entscheidung im Rechtsbestandsverfahren zu rechnen, kann dies für eine Aussetzung sprechen, da die Interessen der Klägerin dann zumeist weniger stark beeinträchtigt werden.³²⁵ Ferner ist es möglich, dass das EPA bzw. das BPatG aufgrund des Beschleunigungsantrags noch vor der Verhandlung im Verletzungsverfahren einen **Zwischenbescheid** erlassen, in dem es eine erst Stellungnahme zu den Erfolgsaussichten des Rechtsbestandsverfahrens abgibt. Ein solcher Zwischenbescheid bindet das Verletzungsgericht zwar nicht, hat aber gleichwohl ein erhebliches Gewicht bei der Aussetzungsentscheidung (→ Rn. 126).

In zeitlicher Hinsicht spricht für eine Aussetzung, dass der Kläger die Patentverletzung trotz **Kenntnis über einen Zeitraum von mehreren Jahren** hingenommen hat.³²⁶

Für die Aussetzungsentscheidung kann ferner der **Inhalt der streitgegenständlichen Klageanträge** relevant sein. Allerdings ist die Rechtsprechung zu dieser Frage auch innerhalb der Gerichte uneinheitlich³²⁷: Nach Ansicht einiger Gerichte ist eine Aussetzung dann eher zu rechtfertigen, wenn **nur noch Ersatz- oder Auskunftsansprüche in Streit stehen,** etwa weil das Patent zwischenzeitlich abgelaufen³²⁸ ist oder der Unterlassungsanspruch aufgrund eines erfolgreichen FRAND-Einwands nicht mehr durchsetzbar ist.³²⁹ In solchen Fällen wiege das Allgemeininteresse an der Vermeidung sich widersprechender Entscheidungen schwerer als das Durchsetzungsinteresse des Patentinhabers, das sich dann auf das Interesse an zeitnahem Rechtsschutz und der Verringerung des allgemeinen Zwangsvollstreckungs- und Insolvenzrisikos beschränkt.³³⁰ Gleiches soll gelten, wenn nur noch Auskunfts- und Vernichtungsansprüche streitgegenständlich sind.³³¹ Hier kann eine Aussetzung bereits dann in Betracht kommen, wenn bei summarischer Prüfung die nicht ganz fern liegende Möglichkeit der Vernichtung des Klagepatents besteht. Kann die Verletzungsfrage nur nach Einholung eines Sachverständigengutachtens entschieden werden, soll eine Aussetzung nach Ansicht des OLG Düsseldorf³³² aus Gründen der Prozessökonomie sogar *„gradezu geboten"* sein, wenn nur noch Ersatz- oder Auskunftsansprüche streitgegenständlich sind.

Für eine Aussetzung sollen im Einzelfall die **außerordentlichen wirtschaftlichen Auswirkungen** sprechen, die ein Unterlassungsurteil haben kann.³³³ Vorzugswürdig erscheint es aber wohl, die wirtschaftlichen Folgen einer Vollstreckung des Unterlassungsanspruchs im Rahmen eines Vollstreckungsschutzantrags nach §§ 719 Abs. 1, 707 ZPO zu berücksichtigen.

Auch der Umstand, dass die Patentinhaberin eine **Verwertungsgesellschaft** ist, die ihre Patente nur zur Lizenzvergabe nutzt, rechtfertigt daher für sich genommen keine großzügigere Aussetzungspraxis.³³⁴

Eine **kurze Restlaufzeit des Patents** kann tendenziell eher gegen eine Aussetzung sprechen, da der Ausschließlichkeitsschutz des Patents sonst faktisch suspendiert wird.³³⁵ Ist das Patent hingegen

---

³²⁰ OLG Karlsruhe Mitt. 2015, 384 (390) – Fahrradfelge; LG Düsseldorf InstGE 3, 54 (59) – Sportschuhsohle; LG München I BeckRS 2014, 05284.
³²¹ LG München I Mitt. 2012, 129 – Reifendruckmesssystem = BeckRS 2012, 03038 (Volltext); LG München I BeckRS 2013, 11819.
³²² OLG Düsseldorf BeckRS 2014, 16925.
³²³ *Kühnen* Patentverletzung-HdB Kap. E Rn. 810.
³²⁴ So zB OLG Düsseldorf BeckRS 2013, 03821; vgl. auch Kühnen Patentverletzung-HdB Kap. E Rn. 810; Haedicke/Timmann PatR-HdB/*Zigann* § 15 Rn. 479.
³²⁵ LG Mannheim BeckRS 2013, 17114.
³²⁶ *Mes* PatG § 139 Rn. 380.
³²⁷ Hierzu eingehend *Klepsch/Büttner* FS 80 Jahre Patentgerichtsbarkeit, 2016, 281 (285) ff.
³²⁸ LG Mannheim BeckRS 2013, 17114; 2012, 02785; LG München I 7 O 3815/12; aA LG Düsseldorf BeckRS 2014, 21504; LG Mannheim 7 O 38/14; LG München I BeckRS 2012, 05721.
³²⁹ LG Mannheim BeckRS 2012, 02785.
³³⁰ LG Mannheim BeckRS 2013, 17114; 2012, 02785; OLG Düsseldorf BeckRS 2013, 02736; aA LG Mannheim 7 O 38/14.
³³¹ OLG Karlsruhe InstGE 12, 220 (222) – MP3-Standard.
³³² BeckRS 2012, 10314.
³³³ *Mes* PatG § 139 Rn. 365.
³³⁴ LG Düsseldorf BeckRS 2014, 20491; *Rogge* GRUR-Int 1996, 386 (387).
³³⁵ OLG Düsseldorf BeckRS 2012, 08566.

bereits abgelaufen und stehen nur noch Schadensersatz- bzw. Bereicherungsansprüche im Raum, ist eine Aussetzung eher zuzumuten.[336]

151 Für die wahrscheinliche Rechtsbeständigkeit des Patents und damit gegen eine Aussetzung kann sprechen, dass mehrere andere Einsprechende den **Einspruch zurückgenommen und eine Lizenz am Klagepatent genommen haben**.[337]

152 Nach Ansicht des OLG Düsseldorf kann im Rahmen der Ermessensentscheidung berücksichtigt werden, dass in Bezug auf die angegriffene Ausführungsform gegen den Beklagten bereits eine **Entscheidung aufgrund eines anderen Schutzrechts** ergangen ist, aus dem ohne Sicherheitsleistung vollstreckt werden kann.[338]

153 **3. Beschränkung des Patents im Verletzungsverfahren.**[339] Dem Patentinhaber steht es frei den Patentanspruch im Einspruchs- oder Nichtigkeitsverfahren nur eingeschränkt zu verteidigen, um so die Erfolgsaussichten des Rechtsbestandsverfahrens zu erhöhen. Um gleichzeitig das Risiko einer Aussetzung des parallelen Verletzungsverfahrens zu verringern, kann er den beschränkten Patentanspruch im Verletzungsverfahren geltend machen, der dann **auch vor Abschluss des Rechtsbestandsverfahrens vom Verletzungsgericht zu berücksichtigen** ist.[340] Auch im Rahmen der Aussetzungsentscheidung legt das Verletzungsgericht den beschränkt geltend gemachten Anspruch zugrunde. Dies gilt allerdings nur dann, wenn der Kläger die Verletzung des Patentanspruchs in seiner beschränkten Fassung **unbedingt geltend macht.** Eine nur hilfsweise Geltendmachung eines beschränkten Anspruchs wirkt sich auf die Aussetzungsentscheidung regelmäßig nicht aus, weil sich das Verletzungsgericht erst dann mit diesem Hilfsantrag befassen darf, wenn der Hauptantrag unbegründet ist, was wiederum eine Entscheidung über den Rechtsbestand des Patentanspruchs in seiner erteilten Fassung im Einspruchs- bzw. Nichtigkeitsverfahren voraussetzt.[341] Das Verfahren ist dann aufgrund der überwiegenden Wahrscheinlichkeit einer fehlenden Schutzfähigkeit des erteilten Anspruchs auszusetzen. Macht der Kläger die Verletzung des beschränkten Patentanspruchs hingegen unbedingt geltend, ist nur dieser beschränkte Anspruch bei der Aussetzungsentscheidung zu berücksichtigen.

154 In der Instanzgerichtsrechtsprechung scheint umstritten, wie sich die Selbstbeschränkung des Patentinhabers auf die Frage der Aussetzung auswirkt. Nach einer Entscheidung des OLG München[342] ist das Verletzungsverfahren regelmäßig auszusetzen, solange keine abschließende Entscheidung von EPA oder BPatG vorliegt. Zur Begründung verweist das Gericht darauf, dass mit der Beschränkung die Bindungswirkung des Erteilungsaktes entfällt und neu über die Schutzfähigkeit des beschränkten Anspruchs zu entscheiden ist.[343] Bereits aufgrund der Beschränkung stehe daher fest, dass das Rechtsbestandsverfahren zumindest teilweise erfolgreich sei, da das Patent jedenfalls nicht in dem erteilten Umfang aufrechterhalten werde.[344] Ferner spreche für die Aussetzung, dass aufgrund der Beschränkung eine Entscheidungsgrundlage fehle, da noch nicht feststehe, welchen Umfang das Patent nach der Beendigung des Rechtsbestandsverfahrens habe.[345] Auch das LG Mannheim[346] hat diese Ansicht vertreten, was vom OLG Karlsruhe[347] in der darauffolgend ergangenen Beschwerdeentscheidung nicht als ermessensfehlerhaft angesehen wurde.[348] Ob in den vorstehend genannten Entscheidungen tatsächlich ein **allgemeiner Aussetzungsautomatismus** bei Beschränkung des Patents angenommen wird, ist offen. Bei den Entscheidungen des OLG München und des OLG Karlsruhe jedenfalls handelt es sich um Entscheidungen im Beschwerdeverfahren, in denen lediglich die Aussetzungsentscheidungen der Vorinstanzen auf Ermessensfehler untersucht wurden. Da die Überprüfung der Aussetzungsentscheidung im Beschwerdeverfahren nur in engen Grenzen möglich ist (→ § 252 Rn. 14 f.), lassen sich aus den Entscheidungen keine allgemeinen Rückschlüsse ziehen.

155 Ein Aussetzungsautomatismus ist nur dann gerechtfertigt, wenn die beschränkte Anspruchsfassung nicht zumindest in Form von Hilfsansprüchen in das Einspruchs- oder Nichtigkeitsverfahren eingebracht wurde. Nur dann bleibt nämlich offen, welchen Inhalt die Ansprüche nach Beendigung des Rechtsbestandsverfahrens haben. Wird die beschränkte Anspruchsfassung hingegen – unbedingt oder in Form eines Hilfsanspruchs – **auch in das Einspruchs- oder Nichtigkeitsverfahren eingeführt,** steht bereits fest, dass Schutzfähigkeit des Patents in seiner beschränkten Fassung geprüft wird, wenn der erteilte Anspruch für nicht schutzfähig gehalten wird. Es besteht dann kein Grund für eine

---

[336] *Rogge* GRUR-Int 1996, 386 (387).
[337] LG Düsseldorf BeckRS 2013, 02743.
[338] OLG Düsseldorf BeckRS 2014, 01152; aA LG Düsseldorf BeckRS 2013, 14798.
[339] S. hierzu *Melullis* FS Bornkamm, 2014, 713 ff.
[340] BGH GRUR 2010, 904 (908) – Maschinensatz; OLG Düsseldorf GRUR-RS 2021, 69 – Decodierungsanordnung; BeckOK PatR/*Voß* PatG Vor §§ 139 ff. Rn. 181.
[341] *Kühnen* Patentverletzung-HdB Kap. E Rn. 844 f.
[342] GRUR 1990, 352 (353) – Regal-Ordnungssysteme.
[343] Vgl. *Kaess* GRUR 2009, 276 (278).
[344] OLG München GRUR 1990, 352 (353) – Regal-Ordnungssysteme.
[345] OLG München GRUR 1990, 352 (353) – Regal-Ordnungssysteme.
[346] LG Mannheim – 2 O 150/05.
[347] OLG Karlsruhe – 6 W 52/06.
[348] Vgl. hierzu *Augenstein/Roderburg* GRUR 2008, 457 (458).

automatische Aussetzung.³⁴⁹ Vielmehr wird die Beschränkung des Anspruchs in der Regel die Wahrscheinlichkeit erhöhen, dass das Klagepatent schutzfähig ist, da der Schutzbereich des Patents durch die Beschränkung verringert wird. Auch der Umstand, dass aufgrund der Beschränkung ein Schutzrecht entsteht, dass in dieser Form nicht Gegenstand des Erteilungsverfahrens gewesen ist, rechtfertigt für sich genommen eine Aussetzung nicht, da auch beim Gebrauchsmuster keine automatische Aussetzung erfolgt, obwohl es sich um ein ungeprüftes Schutzrecht handelt.³⁵⁰ Vielmehr sind, wie der BGH in seiner Entscheidung „Maschinensatz"³⁵¹ ausgeführt hat, im Rahmen der Aussetzungsentscheidung die Erfolgsaussichten des Rechtsbestandsverfahrens auf Grundlage des Patents in seiner beschränkten Fassung zu bewerten. Die Schutzfähigkeit des Anspruchs in seiner ursprünglichen Fassung spielt für die Aussetzungsentscheidung dann keine Rolle mehr. Dieser Anspruch ist für die Entscheidung im Verletzungsverfahren nicht vorgreiflich, da nur noch der beschränkte Anspruch streitgegenständlich ist und es nur insoweit auf die Schutzfähigkeit dieser beschränkten Anspruchsfassung ankommt.³⁵²

Neben den etwaigen Widerrufs- oder Nichtigkeitsgründen sind auch die **Voraussetzungen der Beschränkung zu prüfen.**³⁵³ Dies umfasst die Prüfung der Klarheit der Ansprüche ebenso wie die Frage, ob die Beschränkung eine unzulässige Erweiterung darstellt.³⁵⁴ **156**

Bei der Prognoseentscheidung ist zu berücksichtigen, auf welche Weise der Patentanspruch beschränkt wurde: Erfolgt die Beschränkung des Patentanspruchs durch eine **Anspruchskombination**, behält der Erteilungsakt jedenfalls tendenziell seine Aussagekraft.³⁵⁵ Da auch die Unteransprüche im Erteilungsverfahren geprüft wurden, besteht hier kein Anlass von den allgemeinen Anforderungen an die Aussetzung des Verletzungsverfahrens abzuweichen. Es bleibt dann bei der zuvor dargelegten Aussetzungsregel, wonach eine Aussetzung nur bei hoher Wahrscheinlichkeit für einen Widerruf oder eine Vernichtung des Klagepatents zu rechnen ist.³⁵⁶ Diese allgemeinen Aussetzungsregeln gelten auch dann, wenn der Anspruch durch Beschränkung konkretisiert wird, beispielsweise dahingehend, dass von ursprünglich drei im Anspruch genannten Alternativen, nur noch zwei Alternativen beansprucht werden.³⁵⁷ **157**

Werden zur Selbstbeschränkung hingegen **neue Merkmale aus der Patentbeschreibung** in den kennzeichnenden Teil eingeführt, verliert der Erteilungsakt seine Aussagekraft und das Patent ist wie ein **ungeprüftes Schutzrecht zu behandeln.**³⁵⁸ Auch hier ist eine automatische Aussetzung nicht gerechtfertigt. Vielmehr sollten dann im Rahmen der Prognoseentscheidung die für die Aussetzung des Gebrauchsmusterverletzungsverfahrens entwickelten Aussetzungskriterien herangezogen werden.³⁵⁹ Eine Aussetzung ist dann bereits gerechtfertigt, wenn **Zweifel an der Schutzfähigkeit des beschränkten Patents bestehen** (→ Rn. 183). **158**

Eine Aussetzung ist dann nicht gerechtfertigt, wenn zur Begründung der angeblich fehlenden Neuheit **Stand der Technik im Sinne von Art. 54 Abs. 3 EPÜ** vorgelegt wird, der zwar für die Frage der Neuheit zu beachten ist, nicht aber für Prüfung der erfinderischen Tätigkeit. Wenn die Beschränkung hier die Neuheit gegenüber diesem Stand der Technik herstellt, besteht kein Grund für eine Aussetzung allein im Hinblick auf diesen Stand der Technik, da die Frage der erfinderischen Tätigkeit dann insoweit nicht in Frage steht. **159**

Eine Aussetzung hat dann zu erfolgen, wenn **erst in der mündlichen Einspruchs- oder Nichtigkeitsverhandlung Hilfsanträge** eingereicht werden und EPA bzw. BPatG daraufhin **die Sache vertagt**, um der Einsprechenden bzw. der Nichtigkeitskläger Möglichkeit zu geben, zu den Hilfsanträgen schriftsätzlich Stellung zu nehmen.³⁶⁰ Hier steht fest, dass die Patentansprüche in ihrer erteilten Fassung nicht schutzfähig sind, so dass der Erteilungsakt kein Festhalten an den erteilten Ansprüchen gebietet. **160**

4. Dauer der Aussetzung des Patentverletzungsverfahrens. Nach dem Wortlaut des § 148 ZPO kann das Verfahren „bis zur Erledigung des anderen Rechtsstreits" ausgesetzt werden. Die Vorschrift erlaubt damit eine Aussetzung bis zur Rechtskraft des parallelen Einspruchs- oder Nichtigkeitsverfahrens. Grundsätzlich ist hinsichtlich der Dauer der Aussetzung aber Zurückhaltung geboten, da das Patent nur eine beschränkte Schutzdauer hat. Um den Schutzrechtsinhaber nicht über Gebühr in der Durchsetzung seines Rechts zu beeinträchtigen, ist daher **zunächst nicht bis zur rechtskräftigen Entscheidung des Einspruchs- oder Nichtigkeitsverfahrens auszusetzen,** sondern **161**

---

³⁴⁹ Hierzu Haedicke/Timmann PatR-HdB/*Bukow* § 13 Rn. 212.
³⁵⁰ *Grunwald* Mitt. 2010, 549 (551).
³⁵¹ GRUR 2010, 904 (908).
³⁵² Vgl. *Augenstein/Roderburg* GRUR 2008, 457 (458).
³⁵³ BGH GRUR 2010, 904 (908) – Maschinensatz; OLG Karlsruhe GRUR-RR 2019, 145 (146) – Empfangsanordnung.
³⁵⁴ Haedicke/Timmann PatR-HdB/*Bukow* § 13 Rn. 218.
³⁵⁵ LG Düsseldorf BeckRS 2013, 13305.
³⁵⁶ *Kühnen* Patentverletzung-HdB Kap. E Rn. 830.
³⁵⁷ LG Düsseldorf BeckRS 2013, 02739.
³⁵⁸ *Kühnen* Patentverletzung-HdB Kap. E Rn. 829.
³⁵⁹ *Kühnen* Patentverletzung-HdB Kap. E Rn. 829.
³⁶⁰ *Kühnen* Patentverletzung-HdB Kap. E Rn. 827.

nur solange, bis die erstinstanzliche Entscheidung vorliegt.[361] Der Beklagte wird hierdurch nicht unangemessen benachteiligt, da eine weitere Aussetzung bis zur Entscheidung der Beschwerde- oder des Berufungsverfahrens möglich ist, wenn das Schutzrecht erstinstanzlich widerrufen oder für nichtig erklärt wurde.

162 Hat das Gericht gleichwohl bis zur Rechtskraft der Entscheidung im Rechtsbestandsverfahren ausgesetzt, kann es nach § 150 ZPO jederzeit die **Fortsetzung des Verfahrens** anordnen, wenn das Schutzrecht entgegen der im Aussetzungsbeschluss hinsichtlich seiner Schutzfähigkeit getroffenen Prognose doch bestätigt worden ist[362] (→ § 150 Rn. 2). Auch vor der erstinstanzlichen Entscheidung im Rechtsbestandsverfahren kann das Verletzungsgericht seine Entscheidung, das Verfahren bis zur Rechtskraft des Nichtigkeitsverfahrens auszusetzen, jederzeit dahingehend abändern, dass eine Aussetzung nur bis zur erstinstanzlichen Entscheidung im Rechtsbestandsverfahren erfolgt.[363]

II. Aussetzung des Einspruchs- bzw. Nichtigkeitsverfahrens

163 Auch im Einspruchs- und Nichtigkeitsverfahren (§§ 59 ff. bzw. 81 ff. PatG) wird § 148 ZPO entsprechend angewendet (→ Rn. 11 ff.). Sie kommt insbesondere bei mehreren Nichtigkeitsklagen gegen dasselbe Patent in Betracht (→ Rn. 167). Eine Aussetzung des Einspruchs- oder Nichtigkeitsverfahrens bis zum rechtskräftigen Abschluss des **parallelen Verletzungsverfahrens** kommt mangels Vorgreiflichkeit nicht in Betracht.[364]

164 **1. Aussetzung des Einspruchsverfahrens.** Im Einspruchsverfahren gegen ein deutsches Patent vor dem DPMA nach §§ 59 ff. PatG ist § 148 ZPO nach ständiger Rechtsprechung entsprechend anwendbar (→ Rn. 13). Der Anwendungsbereich ist aber gering:

165 Eine Aussetzung des Einspruchsverfahrens kommt nicht bereits deshalb in Betracht, weil ein **paralleles europäisches Erteilungs- oder Einspruchsverfahren** anhängig ist. Es fehlt hier an der Vorgreiflichkeit des europäischen Verfahrens, da die Erteilung oder Existenz eines europäischen Patents auf den gleichen oder im wesentlichen gleichen Gegenstand keinen Widerrufsgrund im deutschen Einspruchsverfahren darstellt.[365] Das deutsche Patent wird durch das europäische Patent in seinem Bestand nicht berührt. Das in Art. II § 8 Abs. 1 IntPatÜG geregelte Doppelschutzverbot hat nur zur Konsequenz, dass das deutsche Patent seine Wirkung verliert und die Verbietungsrechte in dem Umfang entfallen, wie das europäische Patent reicht.[366]

166 Auch eine Aussetzung des Einspruchsverfahrens bis zur Entscheidung in einem auf § 8 PatG gestützten **Vindikationsverfahren** kommt nicht in Betracht.[367] Das Vindikationsverfahren betrifft die Frage der Berechtigung, die sich auf die Frage der Schutzfähigkeit des Patents nicht auswirkt. Dies gilt auch dann, wenn der Einspruch gemäß § 21 Abs. 1 Nr. 3 PatG auf widerrechtlicher Entnahme gestützt wird. Vindikationsverfahren und Einspruch wegen widerrechtlicher Entnahme verfolgen unterschiedliche Schutzzwecke und stehen einander nicht entgegen. Während § 8 PatG das Auseinanderfallen von materieller Berechtigung und formaler Inhaberschaft vermeiden soll, wird durch den Einspruch wegen widerrechtlicher Entnahme der Anspruch des Anmelders auf Patenterteilung geprüft und die Wirkung des Patents ggf. rückwirkend beseitigt.[368]

167 Im **Einspruchsverfahren gegen ein europäisches Patent** vor dem EPA findet § 148 ZPO ebenfalls keine Anwendung. Eine etwaige Aussetzung des Einspruchsverfahrens richtet sich nach Regel 78 der Ausführungsordnung zum Europäischen Patentübereinkommen (EPÜ).[369]

168 **2. Aussetzung des Nichtigkeitsverfahrens.** Die Möglichkeit einer Aussetzung besteht auch im Nichtigkeitsverfahren, für das § 148 ZPO gemäß § 99 Abs. 1 PatG entsprechend anzuwenden ist.[370] Dies gilt auch für das Nichtigkeitsverfahren gegen ein ergänzendes Schutzzertifikat.[371]

169 **a) Aussetzung bei mehreren Nichtigkeitsverfahren.** Sind verschiedene Nichtigkeitsklagen wegen desselben Patents anhängig, kann nach der Rechtsprechung des BPatG eine **Aussetzung des später anhängig gemachten Nichtigkeitsverfahrens** in Betracht kommen. Auch wenn die Entscheidung in dem einen Nichtigkeitsverfahren nicht vorgreiflich für das andere Nichtigkeitsverfahren ist, soll die Aussetzung nach § 148 ZPO aus Gründen der **Prozessökonomie** geboten sein.[372]

---

[361] *Kühnen* Patentverletzung-HdB Kap. E Rn. 849; für das Gebrauchsmusterverletzungsverfahren vgl. Benkard/*Rogge* GebrMG § 19 Rn. 8.
[362] Vgl. Benkard/*Rogge*/*Engel* GebrMG § 19 Rn. 8.
[363] LG Hamburg BeckRS 2013, 02738.
[364] BPatG GRUR 2013, 58 (60) – Ranibizumab.
[365] BPatGE 28, 4 (6).
[366] *Kühnen* Patentverletzung-HdB Kap. E Rn. 138 f.
[367] *Pitz* Rn. 208; zur Aussetzung des Nichtigkeitsverfahrens → Rn. 55.
[368] *Pitz* Rn. 208.
[369] Vgl. hierzu BeckOK PatR/*Schneckenbühl* EPÜ Art. 61 Rn. 68 ff.
[370] BGH BeckRS 2000, 006625; BPatG Mitt. 1999, 313.
[371] BPatG Mitt. 2001, 206.
[372] BPatG Mitt. 1999, 313; aA BPatG BeckRS 2015, 00687.

Aussetzung bei Vorgreiflichkeit 170–176 § 148 ZPO

Eine Aussetzung aus prozessökonomischen Gründen kommt nicht in Betracht, wenn **beide Nich-** 170
tigkeitsverfahren noch in erster Instanz beim BPatG anhängig sind. Eine Aussetzung ist in diesen
Fällen aus prozessökonomischen Gründen nicht geboten, zumal sie mit erheblichen Nachteilen für den
Nichtigkeitskläger verbunden ist. Vielmehr sind die Verfahren in diesem Fall nach § 147 ZPO zu
verbinden.[373]

Ist das Nichtigkeitsverfahren auf dessen Ausgang gewartet werden soll bereits im **Nichtigkeits-** 171
berufungsverfahren beim BGH anhängig, kann das erstinstanzlich anhängige Nichtigkeitsverfahren
nach Ansicht einiger Senate des BPatG aus prozessökonomischen Gründen ausgesetzt werden.[374] Offen
ist, ob die Aussetzung voraussetzt, dass das Patent in dem anderen Nichtigkeitsverfahren **erstinstanzlich für nichtig erklärt wurde**.[375] Nach Auffassung des BPatG[375] ist die Aussetzung in diesem Fall für
den Nichtigkeitskläger keine unzumutbare Belastung, da auch ein paralleles Verletzungsverfahren
wegen dieser erstinstanzlichen Nichtigerklärung in der Regel ausgesetzt wird. Wurde das im Nichtigkeitsberufungsverfahren anhängige Patent vom BPatG erstinstanzlich bestätigt, wird eine Aussetzung
jedenfalls dann nicht in Betracht kommen, wenn der Nichtigkeitskläger Stand der Technik vorgelegt
hat, der nicht auch Gegenstand des Nichtigkeitsberufungsverfahrens ist. Es ist dann nämlich nicht
auszuschließen, dass das Patent aufgrund dieser Entgegenhaltungen für nichtig zu erklären ist, selbst
wenn der BGH die parallele Nichtigkeitsberufung zurückweist.

Eine **Aussetzung des Nichtigkeitsberufungsverfahren** aus Gründen der Prozessökonomie 172
kommt nach der Rechtsprechung des BGH[376] dann in Betracht, wenn in einem vor dem BPatG
anhängigen Parallelverfahren eine umfangreiche Beweisaufnahme zum Nachweis der Offenkundigkeit
einer Vorbenutzung erfolgt, die auch im parallel anhängigen Nichtigkeitsberufungsverfahren durchzuführen wäre. Nach Auffassung des BGH kann das Nichtigkeitsberufungsverfahren hier zur Vermeidung von Kosten, bis zur Erledigung des Parallelverfahrens ausgesetzt werden.[377]

Eine Aussetzung des Nichtigkeitsberufungsverfahrens ist nicht bei Streit über die Heranziehung des 173
Klägers als Zweitschuldner für die erstinstanzlichen Kosten geboten.[378]

b) Aussetzung bei anhängigem Einspruchsverfahren. Eine Aussetzung einer Nichtigkeitsver- 174
fahrens bis zum Abschluss des anhängigen Einspruchsverfahrens kommt nicht in Betracht.[379] Dies
ergibt sich aus **§ 81 Abs. 2 PatG**, wonach eine Nichtigkeitsklage nicht erhoben werden kann,
solange gegen das Patent ein Einspruchsverfahren anhängig ist oder ein Einspruch erhoben werden
kann. Aufgrund dieser Vorschrift, die das deutsche und die europäische Einspruchsverfahren erfasst,
ist eine **vor Abschluss des Einspruchsverfahrens eingereichte Nichtigkeitsklage unzulässig**.[380]
Dies gilt auch dann, wenn das parallel anhängige europäische Einspruchsverfahren keine Erfolgsaussichten hat, weil es auf eine im Sinne von § 3 Abs. 2 Nr. 1 PatG nachveröffentlichte Anmeldung
gestützt wird, die im europäischen Einspruchsverfahren nicht zu berücksichtigen ist. Auch wenn in
diesem Fall die Nichtigkeitsklage wegen dieser Entgegenhaltung Aussicht auf Erfolg hat, ist sie nicht
nach § 99 Abs. 1 PatG iVm § 148 ZPO auszusetzen, sondern als unzulässig zurückzuweisen.[381] Zu
beachten ist jedoch, dass in diesem Fall eine Aussetzung des Verletzungsverfahrens nach § 148 ZPO
im Hinblick auf eine im Anschluss an das Einspruchsverfahren erhobene Nichtigkeitsklage möglich ist
(→ Rn. 100).

c) Aussetzung bei laufendem Erteilungsverfahren. Auch eine Aussetzung des Nichtigkeitsver- 175
fahrens bis zum Abschluss eines laufenden Erteilungsverfahrens wird regelmäßig nicht in Betracht
kommen. Sie wurde diskutiert im Zusammenhang mit § 3 des Ersten Überleitungsgesetzes vom
8.7.1949 hinsichtlich des Erteilungsverfahrens für eine frühere, aber nicht vorveröffentlichte Patentanmeldung, um die Einführung eines weiteren Nichtigkeitsgrundes in das Nichtigkeitsverfahren zu
ermöglichen.[382]

d) Aussetzung bei Beschränkungsverfahren. Eine Aussetzung des Nichtigkeitsverfahrens 176
kommt nicht deshalb in Betracht, weil sich streitgegenständliche Patent im Beschränkungsverfahren
befindet.[383] Das Beschränkungsverfahren ist nicht vorgreiflich, da im Nichtigkeitsverfahren die
Rechtsbeständigkeit des Patents durch das Gericht selbst geprüft wird. Dies gilt auch für die Schutzfähigkeit beschränkter Ansprüche, die der Nichtigkeitsbeklagte in das Nichtigkeitsverfahren einbringen kann.

---

[373] Benkard/*Hall*/*Nobbe* PatG § 81 Rn. 43.
[374] BPatG Mitt. 1999, 313; anders noch BPatG PMZ 1958, 189; aA BPatG BeckRS 2015, 00687.
[375] Mitt. 1999, 313.
[376] BeckRS 2000, 006625.
[377] BGH BeckRS 2000, 006625.
[378] BGH BeckRS 2005, 13206.
[379] BGH GRUR 2011, 848 (850) – Mautberechnung.
[380] BGH GRUR 2005, 967 (968) – Strahlungsteuerung.
[381] BGH GRUR 2011, 848 (850) – Mautberechnung.
[382] BGH GRUR 1954, 317 (321 f.).
[383] *Keukenschrijver* Rn. 232.

177 **e) Aussetzung bei Vindikationsverfahren.** Eine Aussetzung des Nichtigkeitsverfahrens wegen eines parallel anhängigen Vindikationsverfahrens kommt ebenfalls nicht in Betracht.[384] Das Vindikationsverfahren ist schon deshalb nicht vorgreiflich, weil die Frage der Inhaberschaft für die Entscheidung im Nichtigkeitsverfahren keine Vorfrage ist, da die Nichtigkeitsklage gemäß § 81 Abs. 1 S. 2 PatG immer gegen den im Register als Patentinhaber Eingetragenen zu richten ist. Eine Entscheidung kann nämlich auch gegen den Nichtberechtigten ergehen, solange dieser in der Patentrolle eingetragen ist. Auch die Übertragung des Patents hat keinen automatischen Einfluss auf die Parteistellung im Nichtigkeitsverfahren, so dass die Nichtigkeitsklage auch bei Erfolg des Vindikationsverfahrens nicht automatisch unzulässig wird.[385]

178 Die Vorgreiflichkeit ergibt sich auch nicht daraus, dass das Rechtsschutzbedürfnis für eine Nichtigkeitsklage wegfallen kann, wenn die sachliche Rechtsinhaberschaft des Nichtigkeitsklägers am Streitpatent im Vindikationsverfahren festgestellt wird, da es für eine Aussetzung nicht ausreicht, dass ein Prozess durch einen anderen Prozess gegenstandslos werden könnte.[386]

D. Gebrauchsmusterrecht

I. Aussetzung des Gebrauchsmusterverletzungsverfahrens

179 Im Gebrauchsmusterverletzungsverfahren kommt eine Aussetzung in Betracht, wenn der Rechtsbestand des Gebrauchsmusters in einem parallelen **Löschungsverfahren** (§§ 15 ff. GebrMG) angegriffen wird. Im Gebrauchsmusterverletzungsverfahren kann der Beklagte dann die Aussetzung im Hinblick auf das von ihm oder einem Dritten[387] anhängig gemachte Löschungsverfahren beantragen.

180 Gegenüber der Aussetzung des Patentverletzungsverfahrens ergeben sich für das Gebrauchsmusterverletzungsverfahren dadurch Besonderheiten, dass das Gebrauchsmuster ein **ungeprüftes Schutzrecht** ist, das, anders als das Patent, nicht durch einen rechtsgestaltenden Hoheitsakt, sondern kraft Eintragung entsteht. Das im Patentrecht geltende Trennungsprinzip gilt daher im Gebrauchsmusterrecht nicht, weshalb das Verletzungsgericht die Schutzfähigkeit des Gebrauchsmusters selbständig prüfen muss, wenn sich der Beklagte auf die mangelnde Schutzfähigkeit des Gebrauchsmusters im Verletzungsverfahren beruft. Die Pflicht zur selbständigen Prüfung durch das Verletzungsgericht besteht unabhängig davon, ob der Beklagte die mangelnde Schutzfähigkeit einredeweise im Prozess oder parallel in einen gesonderten Löschungsverfahren beim DPMA geltend macht.[388]

181 Im Falle eines parallelen Löschungsverfahrens kommt nach **§ 19 GebrMG** eine Aussetzung des Verletzungsverfahrens im Hinblick auf das anhängige Löschungsverfahren in Betracht. § 19 GebrMG stellt eine **spezialgesetzliche Regelung** für die Aussetzung des Gebrauchsmusterverletzungsverfahrens dar. Ziel der Regelung ist es, wie bei § 148 ZPO, widersprechende Entscheidungen über die Rechtsbeständigkeit des Gebrauchsmusters zu vermeiden, die sich dadurch ergeben können, dass die Prüfung der Rechtsbeständigkeit des Gebrauchsmusters nicht ausschließlich der Erteilungsbehörde anvertraut ist.[389] Im Gebrauchsmusterverletzungsverfahren bestimmt sich die Aussetzung daher primär nach § 19 GebrMG. Auf § 148 ZPO ist nur dann zurückzugreifen, wenn § 19 GebrMG keine vorrangige Regelung enthält.[390]

182 § 19 GebrMG unterscheidet **zwei Varianten:** Gemäß § 19 S. 2 GebrMG muss das Verletzungsgericht das Verletzungsverfahren bis zur Entscheidung im parallel anhängigen Löschungsverfahren zwingend aussetzen, wenn es das Gebrauchsmuster für unwirksam hält. In den übrigen Fällen stellt § 19 S. 1 GebrMG eine Aussetzung bei zur Entscheidung im Löschungsverfahren in das pflichtgemäße Ermessen des Verletzungsgerichts.

183 § 19 GebrMG sieht keinen Aussetzungsautomatismus vor, sondern verlangt stets eine **eigene Einschätzung des Verletzungsgerichts.**[391] Auch eine nicht-rechtskräftige Entscheidung im Löschungsverfahren befreit das Verletzungsgericht daher nicht davon, eine eigenständige Einschätzung abzugeben; sie ist lediglich als gewichtige sachkundige Äußerung zur Kenntnis zu nehmen und zu würdigen.[392]

184 Eine Aussetzung des Gebrauchsmusterverletzungsverfahrens kommt ferner in den Fällen des **§ 24b Abs. 2 S. 2 GebrMG** in Betracht, wenn der dort normierte Auskunfts- und Rechnungslegungsanspruch gegen einen am Verletzungsverfahren unbeteiligten Dritten in einem eigenständigen Prozess geltend gemacht wird. Nach § 24b Abs. 2 S. 2 GebrMG kann hier der Verletzungsprozess bis zur vollständigen Erteilung der **Drittauskunft** ausgesetzt werden. § 148 ZPO bleibt daneben anwendbar.

---

[384] BPatG GRUR-RR 2016, 397 – Transportsystem; aA BPatG BeckRS 2015, 15646; zum Einspruchsverfahren → Rn. 166.
[385] BPatG GRUR-RR 2016, 397 – Transportsystem; aA BPatG BeckRS 2015, 15646.
[386] BPatG GRUR-RR 2016, 397 (398) – Transportsystem; aA BPatG BeckRS 2015, 15646.
[387] BeckOK PatR/*Kircher* GebrMG § 19 Rn. 8.
[388] BGH GRUR 1997, 892 (893) – Leiterplatten.
[389] Benkard/*Rogge/Engel* GebrMG § 19 Rn. 1.
[390] *Beyerlein* WRP 2006, 731 (732).
[391] LG Düsseldorf GRUR-RR 2012, 66 (68) – Tintenpatronen-Verfügung.
[392] LG Düsseldorf GRUR-RR 2012, 66 (68) – Tintenpatronen-Verfügung.

1. Fakultative Aussetzung nach § 19 S. 1 GebrMG. Nach § 19 S. 1 GebrMG *kann* das Ver- **185** letzungsgericht den Rechtsstreit nach pflichtgemäßem Ermessen bis zur Erledigung des Löschungsverfahrens aussetzen.

Der Maßstab der vom Verletzungsgericht vorzunehmenden Prognoseentscheidung unterscheidet **186** sich von der des Patentrechts. Da es sich beim Gebrauchsmuster um ein ungeprüftes Schutzrecht handelt, ist im Rahmen der Prognoseentscheidung **nicht der strenge Aussetzungsmaßstab des Patentrechts** anzuwenden, der eine Aussetzung nur dann zulässt, wenn mit überwiegender Wahrscheinlichkeit von einer Vernichtung des Patents auszugehen ist. Eine Aussetzung des Gebrauchsmusterverletzungsverfahrens kommt nach überwiegender Auffassung[393] vielmehr schon dann in Betracht, wenn das Verletzungsgericht **Zweifel an der Schutzfähigkeit** des Gebrauchsmusters hat. Dieser verringerte Prüfungsmaßstab soll verhinden, dass es aufgrund der dem Patentamt und dem Verletzungsgericht zugewiesenen doppelten Prüfungs- und Entscheidungskompetenz im Gebrauchsmusterrecht zu inhaltlich widersprechenden Entscheidungen kommt.[394] Die Zweifel müssen berechtigt sein, dh sie müssen an konkrete Aspekte der Rechtsbestandsprüfung anknüpfen.[395] Sie liegen bereits dann vor, wenn die Prüfung der Schutzfähigkeit eine Beweisaufnahme erfordert.[396]

Fraglich ist, wie sich eine nicht rechtskräftige erstinstanzliche Entscheidung im Löschungsverfahren **187** auswirkt. Wie sich aus § 19 S. 3 GebrMG ergibt, **bindet nur die rechtskräftige Löschungsentscheidung das Verletzungsgericht.** Gleichwohl wird man aufgrund des reduzierten Aussetzungsmaßstabs davon ausgehen müssen, dass die Schutzfähigkeit des Gebrauchsmusters im Fall einer noch nicht rechtskräftigen Entscheidung im Löschungsverfahren, in der die Schutzfähigkeit verneint wird, in einem Maße zweifelhaft ist, die eine Aussetzung bedingt.[397] Wurde das Gebrauchsmuster hingegen bestätigt, wird eine Aussetzung in aller Regel nicht geboten sein.[398] Allerdings ist auch in diesen Fällen eine Interessenabwägung vorzunehmen, die im Einzelfall eine Aussetzung trotz Vorliegen einer das Gebrauchsmuster **bestätigenden Löschungsentscheidung** rechtfertigen kann.[399] Es erscheint in diesem Fall aber nicht gerechtfertigt, bloße Zweifel am Rechtsbestand des Gebrauchsmusters für eine Aussetzung ausreichen zu lassen, da eine der Erteilung eines Patents vergleichbare Prüfung des Gebrauchsmusters durch die technisch kompetente Gebrauchsmusterabteilung vorliegt.[400] Eine Aussetzung kommt dann nur in Betracht, wenn mit einer Löschung des Gebrauchsmusters im Beschwerdeverfahren mit überwiegender Wahrscheinlichkeit zu rechnen ist.[401] Ein Gebrauchsmuster ist bei der Aussetzungsentscheidung auch dann wie ein geprüftes Schutzrecht zu behandeln, wenn ein **paralleles Patent** erteilt wurde, dessen Schutzbereich identisch oder sogar breiter ist als derjenige des Klagegebrauchsmusters.[402]

2. Zwingende Aussetzung nach § 19 S. 2 GebrMG. Hält das Gericht das Gebrauchsmuster für **188** unwirksam, *muss* es das Verletzungsverfahren nach § 19 S. 2 GebrMG zwingend bis zur Entscheidung im Löschungsverfahren aussetzen.

Auch eine Aussetzung nach § 19 S. 2 GebrMG kommt nur bei **Vorgreiflichkeit** des anhängigen **189** Löschungsverfahrens in Betracht.[403] Die gegenteilige Ansicht des LG Mannheim[404] überzeugt nicht: Danach soll § 19 S. 2 GebrMG ein **eigenständiger Aussetzungstatbestand** sein, bei dem die Vorgreiflichkeit des Löschungsverfahrens anders als § 19 S. 1 GebrMG keine Tatbestandsvoraussetzung ist. Hält das Gericht das Klagegebrauchsmuster für unwirksam, habe es den Rechtsstreit **ohne weitere Vorgreiflichkeitsprüfung** auszusetzen.[405] Hiergegen spricht, dass sich § 19 S. 2 GebrMG inhaltlich auf Satz 1 bezieht, der eine Aussetzung von der Vorgreiflichkeit des anderen Verfahrens abhängig macht und diese in das Ermessen des Gerichts stellt. Dieses Ermessen ist in den Fällen des § 19 S. 2 GebrMG reduziert, wenn das Gericht von einer Unwirksamkeit des Gebrauchsmusters ausgeht. Dies bedeutet aber nicht, dass in den Fällen des § 19 Satz GebrMG die Vorgreiflichkeit des

---

[393] OLG Düsseldorf BeckRS 2014, 01152; OLG München GRUR 1957, 272 (273) – Kufenstühle; LG Mannheim BeckRS 2010, 14367; LG Düsseldorf BeckRS 2015, 15873; BeckOK PatR/*Kircher* GebrMG § 19 Rn. 14; aA LG München I WRP 2012, 757 – Aussetzung im Löschungsverfahren (Ls.) = BeckRS 2012, 04008 (Volltext), das Zweifel nicht für ausreichend hält und stattdessen denselben Prüfungsmaßstab wie im Patentverletzungsverfahren anwendet; vgl. zum Streitstand OLG Karlsruhe GRUR 2014, 352 (354) – Stanzwerkzeug.
[394] LG Mannheim BeckRS 2010, 14367.
[395] LG Düsseldorf BeckRS 2015, 15873.
[396] BeckOK PatR/*Kircher* GebrMG § 19 Rn. 14.
[397] BeckOK PatR/*Kircher* GebrMG § 19 Rn. 14.
[398] Ausführlich BeckOK PatR/*Kircher* GebrMG § 19 Rn. 15.
[399] Vgl. etwa LG Mannheim 7 O 255/10.
[400] OLG Karlsruhe GRUR 2014, 352 (354) – Stanzwerkzeug.
[401] OLG Karlsruhe GRUR 2014, 352 (354) – Stanzwerkzeug.
[402] OLG Düsseldorf GRUR-RS 2021, 10556 – Kindersitz.
[403] LG München I InstGE 4, 59 (60) – Ackerwalze I; so auch OLG Karlsruhe GRUR 1979, 850 (851) – Fixierstrebe für § 11 GebrMG aF; Busse/*Keukenschrijver* GebrMG § 19 Rn. 8; Benkard/*Rogge/Engel* GebrMG § 19 Rn. 7.
[404] LG Mannheim Mitt. 2014, 563 – mechanisches Arretiersystem = BeckRS 2014, 09712.
[405] LG Mannheim Mitt. 2014, 563 (565) – mechanisches Arretiersystem = BeckRS 2014, 09712.

Löschungsverfahrens keine Voraussetzung mehr für die Aussetzung ist. Konsequenz wäre sonst, dass das Verletzungsgericht auch dann aussetzen müsste, wenn das Gebrauchsmuster offensichtlich nicht verletzt ist. Dies entspricht nicht dem Sinn und Zweck des § 19 S. 2 GebrMG. Die durch eine Aussetzung nach § 19 S. 2 GebrMG zu vermeidende Gefahr widersprechender Entscheidungen besteht nicht, wenn das Verletzungsgericht gar nicht über die Schutzfähigkeit des Gebrauchsmusters befindet, sondern die Klage wegen fehlender Verletzung als unbegründet abweist. Eine Aussetzung ohne Vorgreiflichkeitsprüfung ist entgegen der Ansicht des LG Mannheim[406] auch nicht allein aufgrund der ggf. für die Prüfung der Verletzung erforderlichen Beweisaufnahme angezeigt. Dieser Problematik wird ausreichend dadurch Rechnung getragen, dass unter den bereits dargelegten Voraussetzungen ausnahmsweise von einer abschließenden Prüfung der Verletzungsfrage abgesehen werden kann, wenn hierfür eine aufwändige Beweisaufnahme erforderlich wäre (→ Rn. 60 f.). Es besteht keine Notwendigkeit in den Fällen des § 19 S. 2 GebrMG über diese besonderen Sachverhalte hinaus eine Aussetzung ohne Vorgreiflichkeitsprüfung auch dann vorzunehmen, wenn die Prüfung der Verletzungsfrage keine Beweisaufnahme erfordert.

190 **3. Bindungswirkung der Löschungsentscheidung.** Eine Aussetzung des Gebrauchsmusterverletzungsverfahrens kommt nach **§ 19 S. 3 GebrMG** dann nicht in Betracht, wenn der Löschungsantrag rechtskräftig zurückgewiesen wurde. Der Verletzungsrichter ist dann **an die Entscheidung im Löschungsverfahren gebunden**[407] und der Prüfung der Schutzfähigkeit des Gebrauchsmusters im Verletzungsverfahren enthoben. Dies gilt allerdings nur, wenn die Entscheidung im Löschungsverfahren zwischen denselben Parteien ergangen ist, die sich auch im Verletzungsverfahren gegenüberstehen.[408] Um eine Umgehung der Vorschrift zu vermeiden, ist die Voraussetzung der Parteiidentität breit auszulegen. Durch die rechtskräftige Entscheidung im Löschungsverfahren werden daher auch der ausschließliche Lizenznehmer,[409] OHG-Gesellschafter[410] und der Rechtsnachfolger der Partei gebunden.[411]

191 Eine Aussetzung darf auch nicht aufgrund eines **von dritter Seite erneut anhängig gemachten neuen Löschungsverfahrens** erfolgen.[412] Das von dem am Verletzungsverfahren unbeteiligten Dritten betriebene Löschungsverfahren wird erst dann relevant, wenn das Gebrauchsmuster dort abweichend vom Löschungsverfahren der Parteien gelöscht wurde.[413] In einem solchen Fall erscheint es gerechtfertigt, das Verletzungsverfahren aus Gründen der Billigkeit bereits vor Rechtskraft der Löschungsentscheidung auszusetzen.[414]

192 Umstritten ist, ob die Bindungswirkung des § 19 Satz GebrMG auch dann greift, wenn die **Löschungsklage als unzulässig zurückgewiesen** wurde. Hiergegen spricht, dass es dann an einer Sachentscheidung über die Schutzfähigkeit des Gebrauchsmusters fehlt.[415] Nach einer Entscheidung des OLG Düsseldorf[416] soll eine Bindungswirkung nach § 19 S. 3 GebrMG aber jedenfalls dann gegeben sein, wenn der Löschungsantrag wegen **Verneinung der Antragsbefugnis nach Treu und Glauben** als unzulässig zurückgewiesen wurde.

193 Die Bindungswirkung des § 19 S. 3 GebrMG ist auf die im Löschungsverfahren beschiedenen Löschungsgründe beschränkt.[417] Sie greift daher dann nicht, wenn in dem neuen Löschungsantrag **andere Löschungsgründe** geltend gemacht wurden, die nicht bereits Gegenstand des vorherigen Löschungsverfahrens waren.[418] Es ist allerdings nicht möglich für denselben Löschungsgrund, etwa mangelnde Neuheit, weiteren Stand der Technik vorzulegen.

194 Die Entscheidung im Löschungsverfahren entfaltet grundsätzlich **keine Bindungswirkung für die Verletzungsfrage**.[419] Der Beklagte kann daher im Verletzungsverfahren bei potentiell äquivalenter Verletzung den „Formstein"-Einwand[420] erheben und vortragen die als äquivalent angegriffene Ausführungsform stelle mit Rücksicht auf den Stand der Technik keine die Voraussetzungen des § 1 GebrMG erfüllende Erfindung dar.[421] Das Berufen auf den Stand der Technik im Rahmen des „Formstein"-Einwands ist dann nicht aufgrund der Entscheidung im Löschungsverfahren ausgeschlossen, weil diese Prüfung nicht den Gegenstand des Schutzrechts, sondern die angegriffene Ausführungsform und

---

[406] LG Mannheim Mitt. 2014, 563 – mechanisches Arretiersystem = BeckRS 2014, 09712.
[407] Siehe hierzu *Cepl* FS 80 Jahre Patentgerichtsbarkeit, 2016, 91 ff.
[408] *Cepl* FS 80 Jahre Patentgerichtsbarkeit, 2016, 91 (95) ff.
[409] BGH GRUR 1969, 681 – Hopfenpflückvorrichtung.
[410] BGH GRUR 1976, 30 (31) – Lampenschirm.
[411] BeckOK PatR/*Kircher* GebrMG § 19 Rn. 19.
[412] BGH GRUR 1997, 454 (458) – Kabeldurchführung.
[413] BGH GRUR 1997, 454 (458) – Kabeldurchführung.
[414] Ausdrücklich offengelassen in BGH GRUR 1997, 454 (458) – Kabeldurchführung.
[415] BeckOK PatR/*Kircher* GebrMG § 19 Rn. 21.
[416] GRUR 1995, 487 (488) – Gummifüße.
[417] Benkard/*Rogge/Engel* GebrMG § 19 Rn. 10.
[418] BGH GRUR 1997, 454 (458) – Kabeldurchführung.
[419] BGH GRUR 1997, 454 (457) – Kabeldurchführung; BeckOK PatR/*Kircher* GebrMG § 19 Rn. 21.
[420] BGH GRUR 1986, 803 ff. – Formstein.
[421] BGH GRUR 1997, 454 (456) – Kabeldurchführung.

ihre Vorwegnahme durch den Stand der Technik betrifft.[422] Allerdings darf sich das Verletzungsgericht in seiner Prüfung nicht in Widerspruch zu der im Löschungsverfahren getroffenen Entscheidung setzen.[423]

Will der Beklagte der Bindungswirkung des § 19 S. 3 GebrMG entgehen, muss er den Löschungsantrag zurücknehmen. Die Rücknahme ist ohne die Zustimmung des Schutzrechtsinhabers bis zum Ende der Rechtsmittelfrist möglich.[424]

4. Beschränkung des Gebrauchsmusters im Verletzungsverfahren. Anders als im Patentverletzungsverfahren ergeben sich im Gebrauchsmusterverletzungsverfahren keine Besonderheiten, wenn der Kläger im Verletzungsverfahren gegenüber dem erteilten Gebrauchsmuster veränderte Ansprüche geltend macht. Dem Kläger steht es frei, das Gebrauchsmuster durch Einreichung einschränkender Ansprüche zur Gebrauchsmusterakte beim DPMA mit Wirkung gegenüber jedermann zu beschränken[425] oder im Verletzungsverfahren eingeschränkt geltend zu machen. Da es sich beim Gebrauchsmuster um ein ungeprüftes Schutzrecht handelt und das Trennungsprinzip nicht gilt, **muss das Verletzungsgericht im Verletzungsverfahren die Rechtsbeständigkeit der beschränkten Ansprüche prüfen** und kann nicht allein unter Verweis auf die Beschränkung der Ansprüche aussetzen.[426]

Anders als bei der Beschränkung des Patents gilt dies auch dann, wenn die beschränkte Anspruchsfassung nicht auch in ein paralleles Löschungsverfahren eingebracht wurde.[427] Die vorstehend skizzierte Diskussion zur Aussetzung bei Beschränkung des Patents (→ Rn. 151) ist mithin nicht auf das Gebrauchsmusterverletzungsverfahren übertragbar.

II. Aussetzung des Gebrauchsmusterlöschungsverfahrens

Auch eine Aussetzung des Löschungsverfahrens ist grundsätzlich denkbar. Auf die Aussetzung des Löschungsverfahrens ist § 19 GebrMG nicht anwendbar, da die Vorschrift nur für Gebrauchsmusterstreitsachen im Sinne von § 27 Abs. 1 GebrMG gilt.[428] Eine Aussetzung erfolgt hier vielmehr in **entsprechender Anwendung von § 148 ZPO**, dessen allgemeine Voraussetzungen vorliegen müssen.[429] Eine Aussetzung des Gebrauchsmusterlöschungsverfahrens kommt daher grundsätzlich nur im Fall der Vorgreiflichkeit eines anderen Verfahrens in Betracht.

Ein vorgreifliches Verfahren kann dann vorliegen, wenn ein Schutzrecht angegriffen ist, dass dem im Löschungsverfahren streitigen Gebrauchsmuster gem. § 15 Abs. 1 Nr. 2 GebrMG als **älteres Recht** entgegengehalten wird.[430]

Keine Vorgreiflichkeit liegt vor, wenn ein **Einspruchs- oder Nichtigkeitsverfahrens gegen ein paralleles Patent** anhängig ist, da beide Schutzrechte unabhängig voneinander sind und die Validität des Patents daher keine Voraussetzung für die Entscheidung im Löschungsverfahren darstellt[431]. Auch eine **zweite Löschungsklage gegen dasselbe Gebrauchsmuster** rechtfertigt keine Aussetzung des anderen Gebrauchsmusterlöschungsverfahrens.[432]

Auch eine Aussetzung des Löschungsverfahrens wegen eines **parallelen Verletzungsprozesses** kommt mangels Vorgreiflichkeit nicht in Betracht.[433]

Wie im Patentnichtigkeitsverfahren, scheidet auch im Gebrauchsmusterlöschungsverfahren eine Aussetzung wegen eines **Vindikationsverfahrens** auf Übertragung des Gebrauchsmusters aus[434] (→ Rn. 175).

E. Markenrecht

I. Aussetzung des Markenverletzungsverfahrens

Im Markenrecht kommt eine Aussetzung des Markenverletzungsprozesses wegen **Vorgreiflichkeit eines parallelen Widerspruchs- oder Löschungsverfahrens** in Betracht und zwar auch dann, wenn Verletzungs- und Rechtsbestandsverfahren parallel beim BGH anhängig sind.[435] Voraussetzung ist auch hier, dass das parallele Rechtsbestandsverfahren eine erhebliche Erfolgswahrscheinlichkeit hat. Die Rechtsprechung verweist insoweit zu Recht auf die vergleichbare Konstellation im Patentrecht.[436]

---

[422] BGH GRUR 1997, 454 (457) – Kabeldurchführung.
[423] Benkard/*Rogge/Engel* GebrMG § 19 Rn. 10.
[424] BPatG Mitt. 2009, 325 – Biologische Substanz.
[425] BGH GRUR 1998, 910 (912) – Scherbenkreis.
[426] BGH GRUR 2003, 867 (868) – Momentanpol.
[427] LG Mannheim BeckRS 2014, 09712.
[428] Busse/*Keukenschrijver* GebrMG § 19 Rn. 2.
[429] BeckOK PatR/*Eisenrauch* GebrMG § 17 Rn. 22.
[430] Bühring/*Braitmayer* GebrMG § 16 Rn. 37.
[431] Benkard/*Goebel/Engel* GebrMG § 17 Rn. 9.
[432] Bühring/*Braitmayer* GebrMG § 16 Rn. 37.
[433] Bühring/*Haberl* GebrMG § 19 Rn. 3.
[434] Bühring/*Braitmayer* GebrMG § 16 Rn. 37.
[435] BGH GRUR-RR 2013, 528 – Gute Laune Drops (Ls.) = BeckRS 2013, 12000 (Volltext).
[436] OLG Saarbrücken GRUR-RR 2007, 274 – Shisha.

204 Eine Aussetzung des Verletzungsverfahrens kommt ferner in den Fällen des **§ 19 Abs. 2 S. 2 MarkenG** in Betracht, wenn der dort normierte Auskunfts- und Rechnungslegungsanspruch gegen einen am Verletzungsverfahren unbeteiligten Dritten in einem eigenständigen Prozess geltend gemacht wird. Nach § 19 Abs. 2 S. 2 MarkenG kann hier der Verletzungsprozess bis zur vollständigen Erteilung der **Drittauskunft** ausgesetzt werden. § 148 ZPO bleibt daneben anwendbar.

205 **1. Vorgreiflichkeit des Rechtsbestandsverfahrens. a) Rechtsbestandsverfahren gegen eine deutsche Marke.** Die praktische Bedeutung von § 148 ZPO in einem auf eine deutsche Marke gestützten Markenverletzungsverfahren ist vergleichsweise gering, weil Einwände des Beklagten zumeist einredeweise oder per Widerklage geltend gemacht werden können.

206 Bei der deutschen Marke ist das Markenverletzungsgericht zwar an die Eintragungsentscheidung des Patentamts gebunden.[437] Eine ausschließliche Zuständigkeit zur Überprüfung der Löschungstatbestände hat das DPMA aber nur **wegen absoluter Schutzhindernisses gemäß §§ 54, 50 MarkenG**.[438] Durch diese Konzentration der Prüfungskompetenz wird sichergestellt, dass keine unterschiedlichen Maßstäbe für die Beurteilung der absoluten Schutzhindernisse durch die Eintragungsinstanzen und die Verletzungsgerichte entstehen, und damit die widersprechende Entscheidungen zu den tatsächlichen und rechtlichen Anforderungen nach § 8 MarkenG bei derselben Marke ausgeschlossen werden.[439] Die Nichtigkeit der deutschen Marke wegen absoluter Schutzhindernisse ist daher in einem Löschungsverfahrens vor dem DPMA geltend zu machen und kann nicht durch das Verletzungsgericht selbst festgestellt werden. Der Beklagte kann im Hinblick auf einen solchen anhängigen Löschungsantrag sodann die Aussetzung des Verletzungsverfahrens nach § 148 beantragen.[440]

207 Aus **§ 22 MarkenG** ergibt sich nichts Gegenteiliges, da die Bestimmung des § 22 Abs. 1 Nr. 2 Alt. 2 MarkenG auf Fälle beschränkt ist, in denen die Löschungsreife der prioritätsälteren Marke im Löschungsverfahren vor dem DPMA nach § 54 MarkenG nicht oder nicht mehr geltend gemacht werden kann, etwa weil die Zehnjahresfrist des § 50 Abs. 2 S. 2 MarkenG für die Antragstellung abgelaufen ist.[441] Liegen die Voraussetzungen des § 22 MarkenG vor, darf der Inhaber einer jüngeren Marke von der Einleitung des vorrangigen patentamtlichen Löschungsverfahrens absehen, und sich im Verhältnis zum Inhaber der prioritätsälteren Marke im Verletzungsverfahren auf sein eingetragenes Zeichen als Zwischenrecht berufen.

208 Alle **anderen Löschungsgründe**, etwa der Verfall (§ 49 MarkenG) oder das Bestehen älterer Rechte (§ 51 MarkenG) können nach § 55 MarkenG vor den ordentlichen Gerichten geltend gemacht werden. In der Regel werden diese Löschungsgründe einredeweise oder widerklagend als Reaktion auf die Markenverletzungsklage im selben Verfahren erhoben[442], so dass sich die Frage der Aussetzung nicht stellt. Ausnahmsweise wird der Verletzer aus taktischen Gründen die Löschungsklage bei einem anderen Gericht einreichen oder es ist bereits eine von einem Dritten eingereichte Löschungsklage vor einem anderen Gericht anhängig. In diesen Fallkonstellationen kommt dann Aussetzung des Markenverletzungsverfahrens in Betracht.

209 Theoretisch denkbar ist eine Aussetzung des Verletzungsverfahrens auch dann, wenn vom Inhaber einer Marke oder einer geschäftlichen Bezeichnung mit älterem Zeitrang gegen die im Verletzungsverfahren streitgegenständliche Marke **Widerspruch** nach § 42 MarkenG eingelegt wurde. Da es dem Beklagten im Markenverletzungsverfahren frei steht, das Bestehen älterer Rechte trotz laufender Widerspruchsfrist einredeweise oder im Rahmen einer Löschungswiderklage im Verletzungsverfahren geltend zu machen, wird sich die Frage der Aussetzung allerdings nur ausnahmsweise stellen. Denkbar ist dies insbesondere dann, wenn der Widerspruch von dritter Seite eingelegt wurde und der Beklagte im Markenverletzungsverfahren die Aussetzung im Hinblick auf diesen Widerspruch anregt.

210 **b) Rechtsbestandsverfahren gegen eine Unionsmarke.** Soweit ein Verletzungsverfahren auf eine Unionsmarke gestützt wird, kann der Beklagte die Nichtigkeit der Unionsmarke entweder in einem Löschungsverfahren vor dem EUIPO oder aber unmittelbar im Verletzungsverfahren vor dem Unionsmarkengericht in Form einer Widerklage geltend machen.

211 Das Unionsmarkengericht kann das Verletzungsverfahren nach **Art. 104 Abs. 1 UMV** (entspricht Art. 104 GMV, früher Art. 100 GMV) aussetzen, wenn die Rechtsgültigkeit der im Verletzungsverfahren streitgegenständlichen Unionsmarke **vor einem anderen Unionsmarkengericht** im Wege der Löschungswiderklage angefochten worden ist oder wenn **beim EUIPO bereits ein Löschungsantrag gestellt** worden ist. Art. 104 UMV erfasst nur die Fälle in denen die Unionsmarke mit ergaomnes-Wirkung angegriffen wird, nicht aber Sachverhalte, in denen der Angriff auf die Unionsmarke einredeweise mit inter-partes-Wirkung erfolgt.[443]

---

[437] BGH GRUR 2003, 1040 (1042) – Kinder I; OLG Köln GRUR-RR 2013, 213 (214) – Wörterbuch-Gelb.
[438] BGH GRUR 1998, 412 (413) – Analgin.
[439] BGH GRUR 2003, 1040 (1042) – Kinder I.
[440] BGH GRUR 2003, 1040 (1042) – Kinder I; BGH GRUR 2000, 888 (889) – MAG-LITE; OLG Köln WRP 2002, 249 (254) – freelotto; OLG München BeckRS 2015, 02230.
[441] BGH GRUR 2003, 1040 (1042) – Kinder I.
[442] *Fezer* MarkenG § 55 Rn. 17.
[443] Eisenführ/Schennen/*Schennen* GMV Art. 104 Rn. 2.

Der Anwendungsbereich des Art. 104 Abs. 1 UMV ist dabei nur eröffnet, wenn der Angriff auf die **212** Unionsmarke **bei Einreichung der Verletzungsklage** bereits anhängig war.[444] Werden der Löschungsantrag oder die Löschungswiderklage erst nach Einreichung der Verletzungsklage gestellt, ist eine Aussetzung nach Art. 104 Abs. 1 UMV nicht möglich.[445] Ferner soll eine Aussetzung dann nicht in Betracht kommen, wenn das zuerst anhängig gemachte Verfahren nur auf eine Löschung der Unionsmarke gerichtet ist.[446]

Die Aussetzung nach Art. 104 Abs. 1 UMV kann von Amts wegen oder auf Antrag einer Partei **213** erfolgen. Sie liegt im Ermessen des Unionsmarkengerichts.[447] Die Parteien sind nach dem ausdrücklichen Wortlaut der Vorschrift anzuhören.

Gemäß Art. 104 Abs. 1 UMV ist die Verletzungsklage auszusetzen, soweit **keine besonderen** **214** **Gründe für die Fortsetzung des Verletzungsverfahrens bestehen.** Damit begründet Art. 104 UMV für den Fall eines vor Erhebung der Verletzungsklage gestellten Antrags auf Nichtigerklärung der Klagemarke ein **Regel-Ausnahme-Verhältnis zugunsten der Aussetzung,** wie die Formulierung „soweit nicht" unmissverständlich klarstellt.[448] Die Voraussetzungen für eine Aussetzung nach Art. 104 UMV liegen bereits dann vor, wenn der Nichtigkeitsantrag Aussicht auf Erfolg hat.[449] Die mit der Aussetzung verbundene Verzögerung des Verletzungsverfahrens steht einer Aussetzung nicht entgegen, die von der GMV bewusst hingenommen wird.[450]

Durch die UMV werden die Gründe für eine Aussetzung eines bei einem Unionsmarkengericht **215** anhängigen Verletzungsverfahrens **nicht abschließend** geregelt. Greift der Beklagte die Unionsmarke erst **nach Einreichung der Verletzungsklage** in einem Löschungsverfahren vor dem EUIPO an, kann das Unionsmarkengericht das Verletzungsverfahren vielmehr **entsprechend § 148 ZPO aussetzen.**[451] Die Anwendbarkeit von § 148 ZPO ergibt sich aus Art. 101 Abs. 3 UMV (entspricht Art. 101 Abs. 3 GMV, früher Art. 97 Abs. 3 GMV), der nationale Verfahrensregeln für anwendbar erklärt, soweit die GMV nichts anderes bestimmt. Diese Voraussetzung sind erfüllt, da die UMV keine Regelung für den Fall enthält, dass ein Antrag auf Erklärung der Nichtigkeit der Marke beim EUIPO nach Erhebung einer auf diese Marke gestützten Verletzungsklage gestellt wird.[452] Wie das OLG Hamburg[453] ausgeführt hat, lässt auch eine Gesamtbetrachtung der Verfahrensbestimmungen der UMV zur Aussetzung nicht den Schluss zu, dass neben der Art. 104 UMV keine anderen Aussetzungstatbestände angewendet werden können. Auch Gründe der Prozessökonomie sowie der besonderen Bedeutung der Entscheidungen des EUIPO über das Vorliegen der Eintragungsvoraussetzungen, wie sie in der UMV zum Ausdruck kommt, sollen einer Aussetzung des Verletzungsverfahrens in Fallkonstellationen, die in der UMV nicht geregelt sind, nach nationalem Verfahrensrecht nicht entgegenstehen.

Eine Aussetzung in entsprechender Anwendung von § 148 ZPO kommt nur in Betracht, wenn **216** dessen allgemeine Tatbestandsvoraussetzungen vorliegen, dh wenn das Löschungsverfahren **vorgreiflich** ist und eine **erhebliche Erfolgswahrscheinlichkeit** besteht.

c) Vorgreiflichkeit bei mehreren Klageschutzrechten. Problematisch sind die Fälle, in denen **217** der Kläger die Verletzung verschiedener paralleler Marken oder Kennzeichnungsrechte geltend macht, von denen nur ein Teil in einem gesonderten Rechtsbestandsverfahren angegriffen ist. Nach der Rechtsprechung verschiedener Instanzgerichte soll eine Aussetzung dann nicht in Betracht kommen, wenn das Klagebegehren aus einem nicht angegriffenen Klageschutzrecht[454] oder einem nicht eingetragenen Kennzeichenrecht[455] begründet ist. Für eine Aussetzung im Hinblick auf ein anhängiges Löschungsverfahren soll auch dann kein Grund bestehen, wenn ein firmenrechtlicher Anspruch auf Unterlassung besteht.[456]

Ob dies nach der „TÜV"-Rechtsprechung des BGH[457] noch gilt, ist fraglich. Der BGH hat in der **218** Entscheidung „Sparkassen-Rot/Santander-Rot"[458] eine Aussetzung unter anderem deshalb abgelehnt,

---

[444] BGH GRUR 2013, 925 (926) – VOODOO; OLG München BeckRS 2011, 00967.
[445] BGH GRUR 2013, 925 (926) – VOODOO; OLG Hamburg GRUR-RR 2005, 251 (252) – The Home Depot/Bauhaus.
[446] Eisenführ/Schennen/*Schennen* GMV Art. 104 Rn. 11.
[447] LG Hamburg BeckRS 2015, 18335; zu den Gründen die gegen eine Aussetzung sprechen können vgl. Eisenführ/Schennen/*Schennen* GMV Art. 104 Rn. 13.
[448] OLG Düsseldorf BeckRS 2015, 09732– Annapurna; LG Hamburg BeckRS 2015, 18335.
[449] OLG Düsseldorf BeckRS 2015, 09732– Annapurna.
[450] LG Hamburg BeckRS 2015, 18335.
[451] BGH GRUR 2013, 925 (926) – VOODOO; OLG Karlsruhe BeckRS 2013, 13439; OLG Hamburg GRUR-RR 2005, 251 (252) – The Home Depot/Bauhaus; OLG Hamburg GRUR-RR 2003, 356 ff. – TAE BO.
[452] OLG Hamburg GRUR-RR 2003, 356 (357) – TAE BO.
[453] GRUR-RR 2003, 356 (357) – TAE BO.
[454] OLG Saarbrücken BeckRS 2007, 03759 – 5K Protein.
[455] OLG Nürnberg GRUR-RR 2003, 206 (208) – FRÜHSTÜCKS-DRINK.
[456] BGH GRUR 1993, 556 (559) – TRIANGLE.
[457] GRUR 2011, 1043 ff. TÜV II; GRUR 2011, 521 – TÜV I.
[458] GRUR 2015, 1201 (1204).

weil die Klage neben der Verletzung einer eingetragenen Farbmarke hilfsweise auch auf die Verletzung eines Unternehmenskennzeichens und eine Benutzungsmarke sowie Verstöße gegen das UWG gestützt wurde. Da es sich insoweit um **eigenständige Streitgegenstände** handelt, kommt eine Aussetzung des gesamten Verfahrens bis zur Entscheidung im Löschungsverfahren über die ebenfalls streitgegenständliche Marke dann nicht in Betracht. Hält das Gericht die Marke zwar für verletzt, gibt dem Löschungsverfahren aber hinreichende Erfolgsaussichten, kann es, wie im Patentrecht üblich (→ Rn. 89), das Verfahren nach § 145 ZPO insoweit **abtrennen und kann dann aussetzen.**[459]

219 **2. Ermessen und Prognoseentscheidung im Verletzungsverfahren.** Die Aussetzung steht im Ermessen des Verletzungsgerichts.[460] Die Aussetzung des Verletzungsverfahrens kommt also nicht allein deshalb in Betracht, weil ein Löschungsverfahren anhängig ist, da andernfalls die Rechtsstellung, die die erteilte Marke seinem Inhaber vermittelt, weitgehend entwertet und Rechtsbehelfe gegen die Marke geradezu provoziert würden.[461]

220 Das Markenverletzungsverfahren ist daher nur dann auszusetzen, wenn das parallel anhängige Löschungsverfahren **überwiegende Erfolgsaussichten** hat.[462] Die Terminologie ist in der Rechtsprechung der Instanzgerichte nicht einheitlich.[463] Auch der BGH spricht teilweise von einer „gewissen Wahrscheinlichkeit für die Löschung".[464] Wie sich aus dem Kontext dieser Entscheidungen aber entnehmen lässt, kommt eine Aussetzung nur dann in Betracht, wenn mit der Löschung der Marke im parallelen Rechtsbestandsverfahren zu rechnen ist. Bloße Zweifel an der Bestandsfähigkeit der Marke reichen nicht aus.[465] Das Verletzungsgericht hat insoweit eine Prognose hinsichtlich der Erfolgsaussichten des Löschungsverfahrens vorzunehmen.[466]

221 Die bei der Prognoseentscheidung heranzuziehenden Kriterien sind denen im Patentrecht ähnlich (→ Rn. 103 ff.). Allerdings ist zu berücksichtigen, dass die Prüfung der Marke auf absolute Schutzhindernisse auf rechtlichen Erwägungen basiert und anders als im Patentrecht keine komplizierten technischen Überlegungen anzustellen sind. In der Regel wird es dem Verletzungsgericht bei einer Marke leichter fallen, eine Prognose über die Bestandskraft der Marke abzugeben.[467] Bei Löschungsgründen wie der bösgläubigen Markenanmeldung bei denen die Erkenntnismöglichkeiten beschränkt sind, sollen an die Erfolgsaussichten geringere Anforderungen zu stellen sein.[468]

222 Eine Aussetzung des Verletzungsverfahrens wird häufig dann angezeigt sein, wenn die **Marke vom DPMA gelöscht wurde** und gegen den Löschungsbeschluss Beschwerde eingelegt wurde.[469] Ein Aussetzungsautomatismus greift wie im Patentrecht aber auch in diesem Fall nicht (→ Rn. 129 f.). Vielmehr ist das Verletzungsgericht an die Markeneintragung gebunden, solange der Löschungsbeschluss nicht rechtskräftig ist. Es liegt daher weiter im Ermessen des Verletzungsgerichts, ob es das Verfahren aussetzt. Hält das Verletzungsgericht die Entscheidung des DPMA im Löschungsverfahren für falsch, muss es das Verletzungsverfahren trotz des Beschlusses zur Löschung der Marke bis zur Entscheidung im Beschwerdeverfahren nicht zwingend aussetzen.[470]

223 Wurde die Marke vom BPatG gelöscht, kann dann nicht ohne weiteres von einer hinreichenden Wahrscheinlichkeit für die Löschung der Klagemarke ausgegangen werden, wenn zugleich die Rechtsbeschwerde mit der Begründung zugelassen wurde, das BPatG sei in wesentlichen Fragen von der Rechtsprechung des BGH abgewichen.[471]

224 Wurde andererseits der **Löschungsantrag vom DPMA zurückgewiesen,** steht dies einer Aussetzung des Verletzungsverfahrens bis zur Entscheidung im Beschwerdeverfahren nicht zwingend entgegen.[472] Das Verletzungsgericht kann hier das Verfahren gleichwohl aussetzen, wenn es die Einschät-

---

[459] *Ingerl/Rohnke* MarkenG § 14 Rn. 26.
[460] BGH GRUR 2015, 1201 (1204) – Sparkassen-Rot/Santander-Rot; BGH GRUR 2014, 1101 (1102) – Gelbe Wörterbücher; BGH GRUR 1993, 556 (559) – TRIANGLE.
[461] OLG Saarbrücken GRUR-RR 2007, 274 – Shisha.
[462] BGH GRUR 2014, 1101 (1102) – Gelbe Wörterbücher; OLG Köln GRUR-RR 2013, 213 (214) – Wörterbuch-Gelb; OLG Hamburg GRUR-RR 2005, 251 (252) – The Home Depot/Bauhaus; OLG Hamburg GRUR-RR 2004, 71 – Salatfix; OLG Hamburg GRUR-RR 2004, 296 – Tae Bo; OLG Hamburg GRUR-RR 2003, 356 (357) – TAE BO.
[463] OLG Saarbrücken GRUR-RR 2007, 274 – Shisha („einige Aussicht auf Erfolg"); OLG Frankfurt a. M. Mitt. 2002, 368 (370) – Vitalroyale/Vita-Royale plus („Löschungsantrag nicht aussichtsreich"); OLG Köln GRUR-RR 2013, 24 (26) – Gute Laune Drops („einige Erfolgsaussichten"); OLG Köln GRUR 1970, 606 (607) – Sir („gewisse Aussicht, dass das BPatG die Löschung anordnen würde").
[464] BGH GRUR 2016, 197 (198) – Bounty; BGH GRUR 2014, 1101 (1102) – Gelbe Wörterbücher; BGH BeckRS 2016, 08905.
[465] Ströbele/Hacker/*Hacker* MarkenG § 14 Rn. 19.
[466] BGH GRUR 2003, 1040 (1042) – Kinder I.
[467] Ströbele/Hacker/*Hacker* MarkenG § 14 Rn. 22.
[468] OLG Frankfurt a. M. GRUR-RR 2021, 160 – LEDAR.
[469] Vgl. OLG Köln NJW-RR 1986, 935.
[470] OLG Hamburg GRUR-RR 2004, 71 – Salatfix; OLG Köln GRUR-RR 2013, 24 (26) – Gute Laune Drops.
[471] BGH GRUR 2015, 1201 (1204) – Sparkassen-Rot/Santander-Rot.
[472] OLG Hamburg GRUR-RR 2006, 321 (322) – Prismenpackung; OLG Köln GRUR 1970, 606 (607) – Sir.

Aussetzung bei Vorgreiflichkeit 225–231 § 148 ZPO

zung des DPMA nicht teilt und eine Löschung der Marke im Beschwerdeverfahren für überwiegend wahrscheinlich hält.

Die Abwägung der Erfolgsaussichten des Nichtigkeitsverfahrens und der mit der Aussetzung verbundenen Prozessverzögerung lässt nach Ansicht des BGH[473] eine Aussetzung dann nicht mehr geboten erscheinen, wenn der Angriff auf die Rechtsbeständigkeit des Schutzrechts (hier eines Gemeinschaftsdesigns) erst während des Revisionsverfahrens gestellt wurde (→ Rn. 67). 225

Neben den Erfolgsaussichten des Rechtsbestandsverfahrens sind auch bei der Aussetzung des Markenverletzungsverfahrens weitere Kriterien im Rahmen einer **Interessenabwägung** zu berücksichtigen (→ Rn. 141 ff.). Abzuwägen sind dabei das Interesse des Verletzungsklägers an einer zeitnahen Entscheidung, das Interesse des Beklagten, nicht auf Grund einer löschungsreifen Marke verurteilt zu werden, und das Interesse, widersprüchliche Entscheidungen zu vermeiden.[474] Im Zweifel überwiegt dabei das Interesse des Klägers an der Durchsetzung seines Monopolrechts. 226

Im Rahmen der Interessenabwägung ist ferner zu berücksichtigen, dass eine Verfahrensaussetzung zu einer **Schwächung der Klagemarke** führen kann, wenn der Beklagte die Marke während der Dauer der Verfahrensaussetzung weiter nutzen kann.[475] Anders als im Patent- oder Gebrauchsmusterrecht kommt nämlich der Frage einer fortdauernden, rechtserhaltenden Benutzung einer Marke eine erhebliche Bedeutung zu.[476] Dies gilt insbesondere für verkehrsdurchgesetzte Marken, deren Bestand und Stärke eine stete Anstrengung des Markeninhabers erfordert. 227

Das Interesse des Beklagten soll insbesondere dann gegenüber dem Interesse des Klägers an der Durchsetzung seiner Markenrechte überwiegen, wenn die mit der streitgegenständlichen Marke versehenen Produkte aufgrund einer Produktänderung nicht mehr oder nur noch in geringem Umfang vertrieben werden.[477] 228

II. Aussetzung des Rechtsbestandsverfahrens

Die Regelung des § 148 ZPO ist entsprechend auch in den markenrechtlichen Rechtsbestandsverfahren vor DPMA und BPatG anzuwenden. Dies ergibt sich für Verfahren vor dem BPatG aus **§ 82 MarkenG**, der die Vorschriften der ZPO für anwendbar erklärt, soweit das MarkenG keine Bestimmungen über das Verfahren enthält und die Besonderheiten des Verfahrens vor dem Patentgericht eine Anwendung nicht ausschließen. Eine entsprechende Anwendung von § 148 ZPO ist im markenrechtlichen Widerspruchs- und Löschungsverfahren allgemein anerkannt. 229

1. Aussetzung des Widerspruchsverfahrens. Hinsichtlich der Aussetzung des Widerspruchsverfahrens ist zunächst die **Spezialvorschrift des § 43 Abs. 3 MarkenG** zu beachten. Danach kann das Verfahren über weitere Widersprüche bis zur rechtskräftigen Entscheidung über die Eintragung der Marke ausgesetzt werden, wenn die eingetragene Marke wegen einer oder mehrerer Marken mit älterem Zeitrang zu löschen ist. Das DPMA kann danach eines von mehreren Widerspruchsverfahren auswählen, das entscheidungsreif ist und Grund für eine Löschung der angegriffenen Marke bietet, und die anderen Verfahren bis zur rechtskräftigen Entscheidung in diesem Verfahren aussetzen. Die Aussetzung nach § 43 Abs. 3 MarkenG ist aber nicht zwingend. Sie steht vielmehr **im Ermessen des DPMA**. Aus verfahrensökonomischen Erwägungen kann es, wie in § 31 MarkenV vorgesehen, durchaus geboten sein, über die verschiedenen Widersprüche gemeinsam zu entscheiden.[478] Dabei ist insbesondere zu berücksichtigen, dass eine Aussetzung eine erhebliche Verlängerung der Verfahrensdauer bedeutet. 230

§ 43 Abs. 3 MarkenG stellt keine abschließende Regelung der Aussetzung des Widerspruchsverfahrens dar. Nach **§ 32 Abs. 1 MarkenV** kommt eine Aussetzung des Widerspruchsverfahrens bei **Sachdienlichkeit** in Betracht. Ausreichend sind insoweit verfahrensökonomische Erwägungen, Vorgreiflichkeit iSv § 148 ZPO ist nicht erforderlich.[479] § 32 Abs. 2 MarkenV, der für Verfahren vor dem DPMA gilt[480], benennt exemplarisch zwei Fallvarianten, in denen eine Aussetzung sachdienlich sein kann: Nach § 32 Abs. 2 Alt. 1 MarkenV ist dann auszusetzen, wenn dem Widerspruch voraussichtlich stattzugeben wäre und der Widerspruch auf eine angemeldete Marke gestützt worden ist, § 32 Abs. 2 Alt. 2 MarkenV sieht eine Aussetzung vor, wenn vor dem DPMA ein Verfahren zur Löschung der Widerspruchsmarke anhängig ist. Die Anhängigkeit einer Löschungsklage reicht für sich genommen aber nicht aus, um Sachdienlichkeit iSv § 32 Abs. 1 MarkenV anzunehmen. Erforderlich ist vielmehr, dass die Löschungsklage erfolgversprechend ist und eine Interessenabwägung für eine Aussetzung spricht.[481] 231

---

[473] GRUR 2012, 512 (516) – Kinderwagen; s. auch OLG Köln GRUR-RR 2017, 266 (269) – Candice Cooper Sneaker.
[474] BGH GRUR 2016, 197 (198) – Bounty; BGH GRUR 2014, 1101 (1102) – Gelbe Wörterbücher.
[475] BGH GRUR 2015, 1201 (1204) – Sparkassen-Rot/Santander-Rot.
[476] OLG Hamburg 18.12.2015 – U 82/11, (zur Farbmarke Rot der Sparkasse).
[477] Vgl. OLG Köln NJW-RR 1986, 935.
[478] Ströbele/Hacker/*Ströbele* MarkenG § 43 Rn. 107.
[479] Ströbele/Hacker/*Ströbele* MarkenG § 43 Rn. 107.
[480] Ströbele/Hacker/*Ströbele* MarkenG § 43 Rn. 109.
[481] *Ingerl/Rohnke* MarkenG § 43 Rn. 51.

232 Im **Beschwerdeverfahren** vor dem BPatG findet § 32 MarkenV keine Anwendung. Hier kommt eine Aussetzung allein unter **entsprechender Anwendung des § 148 ZPO** in Betracht.[482] Anders als bei § 32 MarkenV ist eine Aussetzung nach § 148 ZPO nicht allein aus Sachdienlichkeitserwägungen möglich. Erforderlich ist hier die Vorgreiflichkeit des anderen Verfahrens.[483]

233 Vorgreiflichkeit ist etwa dann gegeben, wenn ein voraussichtlich erfolgreicher Widerspruch auf eine angemeldete, aber noch nicht eingetragene Marke gestützt wird.[484] Eine Aussetzung kommt aber auch dann in Betracht, wenn die Anmelderin **Antrag auf Löschung der Widerspruchsmarke** gestellt hat.[485] Das Löschungsverfahren ist dann vorgreiflich, da die Widerspruchsmarke bei Löschung der Eintragung der angemeldeten Marke nicht mehr entgegensteht.[486] An der Vorgreiflichkeit fehlt es aber dann, wenn nur die Frage der Kennzeichnungskraft der Widerspruchsmarke offen ist und dies nicht einen Gegenstand des Löschungsverfahrens darstellt.[487]

234 Mangels Vorgreiflichkeit ist dann nicht auszusetzen, wenn es sich bei dem anderen Verfahren um **ein paralleles Unionsmarkenanmeldeverfahren** handelt. Da das nationale Gericht im Eintragungsverfahren nicht an Entscheidungen europäischer Ämter und Gerichte betreffend eine parallele Unionsmarkenanmeldung gebunden ist, ist die dort ergehende Entscheidung **nicht präjudiziell**.[488]

235 Auch eine Aussetzung des Beschwerdeverfahrens bis zur Entscheidung in einem **Eintragungsbewilligungsverfahren** (§ 44 MarkenG) soll grundsätzlich möglich sein, da die Abweisung der Eintragungsbewilligungsklage die Unzulässigkeit der Beschwerde zur Folge hat.[489]

236 Wie bei Aussetzung des Verletzungsverfahrens sind die Vor- und Nachteile einer Aussetzung durch das Gericht im Rahmen der Ermessensentscheidung gegeneinander **abzuwägen**.[490] Die Aussetzung hängt dabei von den Besonderheiten des Einzelfalls ab.[491] Eine Aussetzung des Widerspruchsverfahrens wird nur in Betracht kommen, wenn eine hinreichende Wahrscheinlichkeit für die Löschung der Widerspruchsmarke besteht.[492] Für eine Aussetzung des Widerspruchverfahrens kann der Umstand sprechen, dass der Widersprechende die Marke ggf. in einer anderen Markenform nutzt als er sie beantragt hat – die ältere Widerspruchsmarke also Rechte aus einer so nicht registrierten Markenform geltend macht.[493] Gegen eine Aussetzung spricht ferner, wenn die Anmelderin lange mit der Stellung des Löschungsantrags gewartet hat[494] (→ Rn. 142).

237 Im Rahmen der Abwägung zu berücksichtigen ist, dass die Aussetzung zu einer erheblichen Verfahrensverzögerung führt. Eine Aussetzung wird daher insbesondere dann in Betracht kommen, wenn sich das vorgreifliche Löschungsverfahren bereits in der Beschwerde befindet.[495] Die Aussetzung widerspricht dann nicht dem Beschleunigungsgebot.[496]

238 Das Widerspruchsverfahren kann ferner ausgesetzt werden, wenn der **Widerspruch auf eine ältere Anmeldung gestützt wird,** die noch nicht eingetragen ist. Da Markenanmeldungen gemäß § 9 Abs. 2 MarkenG nur dann ein Eintragungshindernis darstellen, wenn sie eingetragen werden, kann das Widerspruchsverfahren bis zum Abschluss des die ältere Anmeldung betreffenden Eintragungsverfahrens auszusetzen.[497]

239 Auszusetzen ist das Widerspruchsverfahren auch dann, wenn der Widerspruch aus einer Marke erhoben wurde, deren **Schutzdauer zwar abgelaufen ist, aber noch verlängert werden kann**.[498] Die Zulässigkeit des Widerspruchs stellt sich dann nämlich erst nachträglich heraus, da die Eintragung der älteren Marke gemäß § 47 Abs. 6 MarkenG bereits mit Wirkung ab dem Ablauf der Schutzdauer gelöscht wird, wenn die Schutzdauer nicht verlängert wird.[499]

240 **2. Aussetzung des Löschungsverfahrens.** Eine Aussetzung des Löschungsverfahrens vor dem DPMA entsprechend § 148 ZPO ist ebenfalls möglich[500]:

241 Das Löschungsverfahren wegen Nichtigkeit der Eintragung einer prioritätsjüngeren Marke nach §§ 51 Abs. 1, 55 Abs. 1, Abs. 2 Nr. 2 MarkenG ist beispielsweise dann auszusetzen, wenn die

---

[482] BPatG BeckRS 2019, 840; GRUR 2008, 179 (182) – deutsche CityPost; BPatG GRUR 2006, 1035 (1039) – EVIAN/REVIAN; *Fezer* MarkenG § 43 Rn. 40.
[483] BPatG BeckRS 2019, 840.
[484] BPatG BeckRS 2019, 840.
[485] BPatG GRUR 1998, 406 (407) – Aussetzung des Widerspruchsverfahrens.
[486] BPatG GRUR 1998, 406 (407) – Aussetzung des Widerspruchsverfahrens.
[487] BPatG GRUR 2008, 179 (182) – deutsche CityPost; BPatG GRUR 2008, 174 (179) – EUROPOSTCOM.
[488] BPatG GRUR 2006, 1035 (1039) – EVIAN/REVIAN.
[489] BPatGE 12, 62 (67), wo von der Aussetzung aus prozessökonomischen Gründen abgesehen wurde.
[490] BPatG GRUR 2007, 596 (597) – La Martina.
[491] BPatGE 13, 139 (147).
[492] BPatGE 17, 154 (157); BPatG GRUR 1998, 406 (407) – Aussetzung des Widerspruchsverfahrens.
[493] BPatG BeckRS 2019, 840.
[494] BPatG GRUR 1998, 406 (407) – Aussetzung des Widerspruchsverfahrens.
[495] BPatG GRUR 2007, 596 (597) – La Martina.
[496] BPatG GRUR 2007, 596 (597) – La Martina.
[497] *Winkler* GRUR 1994, 569 (577).
[498] *Ingerl/Rohnke* MarkenG § 43 Rn. 51.
[499] *Winkler* GRUR 1994, 569 (577).
[500] Vgl. etwa BPatG BeckRS 2013, 14164.

Löschung auf das Bestehen einer zwar **angemeldeten, aber nicht eingetragenen Marke mit älterem Zeitrang** nach § 9 Abs. 1 MarkenG gestützt wird. Hier ist das Löschungsverfahren bis zur Eintragung der angemeldeten Marke mit älterem Zeitrang auszusetzen, wenn der Löschungsklage im Übrigen stattzugeben ist.[501]

Eine Aussetzung kommt hingegen mangels Vorgreiflichkeit **nicht wegen eines bei EUIPO gegen die identische Unionsmarke Nichtigkeitsverfahrens** in Betracht.[502] Die Entscheidung des EUIPO entfaltet für das nationale Gericht keine Bedingungswirkung und ist daher nicht präjudiziell. 242

3. Aussetzung der Widerklage auf Löschung der Unionsmarke. Eine Aussetzung des Löschungswiderklageverfahrens durch das Unionsmarkengericht nach § 148 ZPO kommt trotz der speziellen Regelungen der UMV grundsätzlich in Betracht. Ob ein Verletzungsverfahren nach § 148 ZPO auszusetzen ist, entscheidet sich anhand der Abwägung der Erfolgsaussichten des Verfahrens über den Verfall der Klagemarke und der mit der Aussetzung verbundenen Prozessverzögerung.[503] 243

Im Löschungswiderklageverfahren gilt aber vorrangig **Art. 100 Abs. 7 UMV** (entspricht Art. 100 Abs. 7 GMV), wonach das mit einer Widerklage auf Erklärung des Verfalls oder der Nichtigkeit befasste Unionsmarkengericht auf Antrag des Inhabers der Unionsmarke nach Anhörung der anderen Parteien das Verfahren aussetzen und den Beklagten auffordern kann, innerhalb einer zu bestimmenden Frist beim EUIPO die Erklärung des Verfalls oder der Nichtigkeit zu beantragen. Wird der Antrag nicht innerhalb der Frist gestellt, wird das Verfahren fortgesetzt; die Widerklage gilt dann als zurückgenommen. 244

Ferner kann das Unionsmarkengericht das Löschungswiderklageverfahren nach **Art. 104 Abs. 2 S. 2 UMV** (entspricht Art. 104 Abs. 2 GMV) aussetzen, wenn beim EUIPO ein Löschungsantrag gestellt worden ist. Die Aussetzung erfolgt auf Antrag einer Partei nach Anhörung der anderen Partei. Nach Aussetzung durch das Unionsmarkengericht setzt das EUIPO das bei ihm anhängige Löschungsverfahren fort (Art. 104 Abs. 2 S. 3 UMV). 245

Eine Aussetzung des **Verfahrens vor dem EUIPO** im Hinblick auf ein vor einem deutschen Gericht anhängiges Löschungsverfahrens gegen eine **parallele deutsche Marke** kommt in der Regel nicht in Betracht.[504] 246

F. Designrecht

I. Deutsches Design

Designs sind **ungeprüfte Rechte,** deren materielle Schutzfähigkeit bei Registrierung nicht geprüft wird. Das Verletzungsgericht ist gleichwohl an die Eintragung gebunden (§ 52a DesignG). 247

Im Verletzungsprozess kann der Beklagte seit dem 1.1.2014 aufgrund der durch das Geschmacksmustermodernisierungsgesetz[505] in Kraft getretenen Änderungen den Einwand fehlender Rechtsbeständigkeit des Designs nicht mehr direkt im Verletzungsprozess einredeweise geltend machen. Vielmehr existiert nunmehr mit **§§ 34, 34a DesignG** ein dem Marken-, Patent- und Gebrauchsmusterrecht vergleichbares verwaltungsrechtliches **Nichtigkeitsverfahren** zur Feststellung der Nichtigkeit des Designs durch das DPMA. Alternativ kann nach **§ 52b DesignG** im Verletzungsverfahren eine **Widerklage** auf Feststellung oder Erklärung der Nichtigkeit des eingetragenen Design vor den ordentlichen Gerichten erhoben werden (→ § 33 Rn. 67ff.). Es handelt sich bei dieser Klage um eine Designstreitsache iSv § 52 DesignG. Zuständig sind insoweit die ordentlichen Gerichte. 248

Ist oder wird während des **Nichtigkeitsverfahrens** ein Rechtsstreit anhängig, dessen Entscheidung vom Rechtsbestand des eingetragenen Designs abhängt, kann das Gericht gemäß **§ 34b DesignG** die **Aussetzung des Rechtsstreits** anordnen. Sie ist anzuordnen, wenn das Gericht das eingetragene Design für nichtig hält. Ist der Nichtigkeitsantrag unanfechtbar zurückgewiesen worden, ist das Gericht an diese Entscheidung nur gebunden, wenn sie zwischen denselben Parteien ergangen ist. Wie der Verweis auf § 52b Abs. 3 S. 3 klarstellt, kann das Gericht für die Dauer der Aussetzung einstweilige Verfügungen erlassen und Sicherheitsmaßnahmen treffen. 249

Wurde die Nichtigkeit des eingetragenen Designs gemäß **§ 52b DesignG** vor dem ordentlichen Gericht im Wege der **Widerklage** geltend gemacht, kann das **Verfahren gemäß § 52b Abs. 3 S. 1 DesignG ausgesetzt werden.** Mit der Aussetzung ist die Aufforderung an den Widerkläger zu verbinden, innerhalb einer vom Gericht zu bestimmenden Frist beim DPMA die Feststellung oder Erklärung der Nichtigkeit zu beantragen. Wird der Antrag nicht innerhalb der Frist gestellt, wird das Verfahren fortgesetzt. Die Widerklage gilt dann als zurückgenommen (§ 52b Abs. 2 S. 2 DesignG). Für die Dauer der Aussetzung kann das Gericht einstweilige Verfügungen erlassen und Sicherheitsmaßnahmen treffen. 250

---

[501] *Fezer* MarkenG § 9 Rn. 15.
[502] BPatG BeckRS 2013, 06184.
[503] BGH GRUR 2013, 925 (926) – VOODOO; Eisenführ/Schennen/*Eisenführ* GMV Art. 100 Rn. 10.
[504] Vgl. EuG BeckRS 2013, 80812.
[505] Gesetz zur Modernisierung des Geschmacksmustergesetzes sowie zur Änderung der Regelungen über die Bekanntmachungen zum Ausstellungsschutz vom 10.10.2013 (BGBl. I S. 3799).

251 Eine Aussetzung des Designverletzungsverfahrens kommt ferner in den Fällen des **§ 46 Abs. 2 S. 2 DesignG** in Betracht, wenn der dort normierte Auskunfts- und Rechnungslegungsanspruch gegen einen am Verletzungsverfahren unbeteiligten Dritten in einem eigenständigen Prozess geltend gemacht wird. Nach § 46 Abs. 2 S. 2 DesignG kann hier der Verletzungsprozess bis zur vollständigen Erteilung der Drittauskunft ausgesetzt werden.

II. Gemeinschaftsdesign

252 **1. Eingetragenes Gemeinschaftsdesign.** Die Nichtigkeit eines **eingetragenen Gemeinschaftsdesign** kann nach Art. 24 Abs. 1 GGV nur auf Antrag beim EUIPO (Art. 52 GGV) oder auf vom Gemeinschaftsdesignmustergericht auf Widerklage im Verletzungsverfahren (Art. 85 Abs. 1 S. 2 GGV) erklärt werden. Eine einredeweise Geltendmachung der Nichtigkeit im Verletzungsverfahren ist ebenso wenig möglich, wie eine eigenständige Nichtigkeitsklage vor dem Gemeinschaftsdesigngericht.

253 Eine Aussetzung des auf ein Gemeinschaftsdesign gestützten Verletzungsverfahrens kommt mithin dann in Betracht, wenn das Gemeinschaftsdesign Gegenstand eines **Nichtigkeitsverfahrens vor dem EUIPO** ist oder die Rechtsgültigkeit des Gemeinschaftsdesign bereits auf Grund einer **Widerklage vor einem anderen Gemeinschaftsdesigngericht** angegriffen ist.

254 Maßgebliche Vorschrift über die Aussetzung des Verletzungsverfahrens ist **Art. 91 Abs. 1 GGV**, der als spezialgesetzliche Regelung § 148 ZPO vorgeht. Die Aussetzung nach Art. 91 Abs. 1 GGV kann auf Antrag oder von Amts wegen erfolgen, wobei rechtliches Gehör zu gewähren ist. Eine Aussetzung des Verfahrens nach Art. 91 Abs. 1 GGV ist aber nur dann möglich, wenn die Rechtsgültigkeit des Gemeinschaftsdesigns **vor Rechtshängigkeit der Verletzungsklage** mit einer Nichtigkeitsklage vor dem EUIPO bzw. einer Widerklage vor einem anderen Gemeinschaftsdesigngericht angegriffen wurde. Wird der Antrag beim Amt oder die Widerklage erst nach Rechtshängigkeit der Verletzungsklage gestellt ist Art. 91 Abs. 1 GGV nicht einschlägig.[506]

255 Auch nach Art. 91 Abs. 1 GGV erfolgt die Aussetzung bereits dann, wenn **keine besonderen Gründe für die Fortsetzung** des Verletzungsverfahrens bestehen. Es gelten insoweit die bereits zum Art. 104 UMV gemachten Ausführungen (→ Rn. 211 ff.).

256 Erfolgt der Angriff auf das Gemeinschaftsdesign erst **nach Rechtshängigkeit** der Verletzungsklage kann § 148 ZPO ergänzende Anwendung finden, da Art. 91 GGV diese Konstellation nicht erfasst und Art. 88 Abs. 3 GGV für diesen Fall die nationalen Verfahrensvorschriften für anwendbar erklärt.[507] Die Rechtslage im Designrecht ist insoweit der des Markenrechts vergleichbar, wo § 148 ZPO ebenfalls entsprechend gilt, wenn der Angriff auf die Unionsmarke erst nach Rechtshängigkeit der Verletzungsklage erfolgt (→ Rn. 211).

257 Auch beim Gemeinschaftsdesign setzt die Aussetzung nach § 148 ZPO eine **Abwägung** der Erfolgsaussichten des Nichtigkeitsverfahrens und der mit der Aussetzung verbundenen Prozessverzögerung in Betracht[508] (→ Rn. 221). Eine Aussetzung soll nach Ansicht des BGH[509] dann nicht erfolgen, wenn der Angriff auf die Rechtsbeständigkeit des Gemeinschaftsdesigns erst während des Revisionsverfahrens gestellt wurde.

258 Neben Art. 91 Abs. 1 GGV bzw. § 148 ZPO kann eine Aussetzung des Verletzungsverfahrens auch nach **Art. 86 Abs. 3 GGV** in Betracht kommen. Danach kann das Verletzungsverfahren auf Antrag des Inhabers des Gemeinschaftsdesigns ausgesetzt werden, um dem Widerkläger die Möglichkeit zu geben, das Nichtigkeitsverfahren vor dem EUIPO einzuleiten.

259 **2. Nicht eingetragenes Gemeinschaftsdesign.** Das **nicht eingetragene Gemeinschaftsdesign** kann nach Art. 24 Abs. 3 GGV nur von einem Gemeinschaftsdesigngericht für nichtig erklärt werden, wenn es mit einer isolierten Nichtigkeitsklage oder mit einer Widerklage im Verletzungsverfahren angegriffen wird. Bei Anhängigkeit einer Nichtigkeitsklage kann ein auf ein nicht eingetragenes Gemeinschaftsdesign gestütztes Verletzungsverfahren nach § 148 ZPO ausgesetzt werden. Art. 91 Abs. 1 GGV greift hier nicht, da die Vorschrift ihrem Wortlaut nach nur die Nichtigkeitswiderklage und das Nichtigkeitsverfahren vor dem EUIPO betrifft.

III. Aussetzung des Rechtsbestandsverfahrens

260 Mit der Einführung des **Nichtigkeitsverfahrens** in **§ 34a DesignG** zum 1.1.2014 stellt sich nunmehr die Frage einer möglichen Aussetzung dieses Verfahrens. Da es sich beim Nichtigkeitsverfahren um ein dem Marken-, Patent- und Gebrauchsmusterrecht vergleichbares verwaltungsrechtliches Verfahren vor dem DPMA handelt, ist auch hier eine **Aussetzung nach § 148 ZPO** grundsätzlich

---

[506] BGH GRUR 2012, 512 (516) – Kinderwagen.
[507] BGH GRUR 2012, 512 (516) – Kinderwagen; OLG Frankfurt a. M. GRUR-RS 2021, 18763 – PallRun; *Ruhl/Tolkmitt* GGV Art. 91 Rn. 13.
[508] GRUR 2012, 512 (516) – Kinderwagen.
[509] GRUR 2012, 512 (516) – Kinderwagen.

möglich. Hinsichtlich der Voraussetzungen für eine solche Aussetzung wird auf die Ausführungen zum Markenrecht verwiesen (→ Rn. 223 ff.).

Auf das Nichtigkeitsverfahren vor dem EUIPO ist § 148 ZPO nicht anwendbar. Die Aussetzung richtet sich hier nach **Art. 91 Abs. 2 S. 1 GGV**. 261

G. Wettbewerbsrecht

Im Wettbewerbsrecht ist der Anwendungsbereich von § 148 ZPO beschränkt, da es zumeist an der Vorgreiflichkeit eines anderweitig anhängigen Rechtsstreits über das Bestehen oder Nichtbestehen eines Rechtsverhältnisses fehlen wird. 262

Keine Vorgreiflichkeit liegt vor, wenn **über die dieselbe Sach- und/oder Rechtsfrage schon in einem anderen Rechtsstreit gestritten wird** und zwar auch dann nicht, wenn der andere Rechtsstreit bereits beim BGH anhängig ist[510] (→ Rn. 50). 263

Eine Aussetzung eines gerichtlichen Verfahrens wegen Anhängigkeit der Sache vor der **Einigungsstelle der Industrie- und Handelskammer nach § 15 UWG** kommt ebenfalls mangels Vorgreiflichkeit nicht in Betracht.[511] 264

H. Urheberrecht

Auch im Urheberrecht ist der Anwendungsbereich von § 148 ZPO beschränkt, insbesondere da es kein gesondertes Rechtsbestandsverfahren gibt, das vorgreiflich für ein Verletzungsverfahren sein könnte. 265

Das Verfahren nach **§ 36a Abs. 3 UrhG** zur Bestellung des Vorsitzenden und zur Bestimmung der Zahl der Beisitzer der Schlichtungsstelle kann das OLG gemäß § 148 ZPO aussetzen, wenn über das Vorliegen der Voraussetzungen des Schlichtungsverfahrens Streit besteht und hierüber ein Rechtsstreit zwischen den Parteien bereits anhängig ist.[512] 266

Eine Aussetzung des Schiedsstellenverfahren nach § 14 Abs. 1 Nr. 1 lit. a oder b WahrnG zwischen Verwertungsgesellschaft und Einzelnutzer ist gemäß **§ 14e WahrnG** möglich, um zunächst eine zu einer Entscheidung mit einer Nutzervereinigung zu kommen, die dann eine Vielzahl von Nutzern bindet.[513] 267

Entsteht erst im Verlauf der Klage, die eine Nutzungsstreitigkeit nach § 14 Abs. 1 Nr. 1 lit. a WahrnG betrifft, Streit über den Tarif, kann das Verfahren gemäß **§ 16 Abs. 2 S. 2 WahrnG** ausgesetzt werden, um den Parteien die Anrufung der Schiedsstelle zu ermöglichen. Die Aussetzung gemäß § 16 Abs. 2 S. 2 WahrnG ist in jeder Lage des Verfahrens von Amts wegen zu prüfen und auch noch im Revisionsverfahren möglich.[514] Sie kommt nur in Betracht, wenn die Anwendbarkeit und Angemessenheit des Tarifs entscheidungserheblich ist.[515] 268

§ 149 Aussetzung bei Verdacht einer Straftat

(1) Das Gericht kann, wenn sich im Laufe eines Rechtsstreits der Verdacht einer Straftat ergibt, deren Ermittlung auf die Entscheidung von Einfluss ist, die Aussetzung der Verhandlung bis zur Erledigung des Strafverfahrens anordnen.

(2) ¹Das Gericht hat die Verhandlung auf Antrag einer Partei fortzusetzen, wenn seit der Aussetzung ein Jahr vergangen ist. ²Dies gilt nicht, wenn gewichtige Gründe für die Aufrechterhaltung der Aussetzung sprechen.

§ 150 Aufhebung von Trennung, Verbindung oder Aussetzung

¹**Das Gericht kann die von ihm erlassenen, eine Trennung, Verbindung oder Aussetzung betreffenden Anordnungen wieder aufheben.** ²**§ 149 Abs. 2 bleibt unberührt.**

Das Gericht kann die Anordnung der Trennung (§ 145), Verbindung (§ 147) oder Aussetzung (§ 148) des Verfahrens jederzeit auch ohne entsprechenden Antrag der Parteien wieder aufheben. Die Entscheidung steht im **pflichtgemäßen Ermessen** des Gerichts, es sei denn die Trennung, Verbindung oder Aussetzung ist gesetzlich vorgeschrieben.[1] 1

Das Verletzungsgericht kann also beispielsweise das nach § 148 ZPO bis zur Rechtskraft der Entscheidung im Rechtsbestandsverfahren ausgesetzte Verletzungsverfahren gemäß § 150 ZPO jederzeit fortsetzten, wenn das Schutzrecht im Rechtsbestandsverfahren entgegen der im Aussetzungsbeschluss hinsichtlich seiner Schutzfähigkeit getroffenen Prognose doch bestätigt worden ist.[2] Auch vor 2

---

[510] BGH GRUR 2005, 615 (616) – Aussetzung wegen Parallelverfahren.
[511] OLG Stuttgart WRP 1997, 259 (zu § 27a UWG aF).
[512] BGH GRUR 2011, 808 – Aussetzung des Schlichtungsverfahrens.
[513] Wandtke/Bullinger/*Gerlach* WahrnG § 14e.
[514] BGH GRUR 2016, 71 (72) – Ramses.
[515] BGH GRUR 2016, 71 (72) – Ramses.
[1] MüKoZPO/*Fritsche* ZPO § 150 Rn. 2.
[2] Vgl. Benkard/*Rogge/Engels* GebrMG § 19 Rn. 8.

der erstinstanzlichen Entscheidung im Rechtsbestandsverfahren kann das Verletzungsgericht seine Entscheidung, das Verfahren bis zur Rechtskraft des Nichtigkeitsverfahrens auszusetzen, jederzeit dahingehend abändern, dass eine Aussetzung nur bis zur erstinstanzlichen Entscheidung im Rechtsbestandsverfahren erfolgt.[3]

3 Gegen den ändernden Beschluss zur Trennung oder Verbindung ist eine **Beschwerde** nicht zulässig. Für die Beschwerde gegen eine Änderung des Aussetzungsbeschlusses gilt § 252 ZPO.[4]

§ 151 (weggefallen)

§ 152 Aussetzung bei Eheaufhebungsantrag

[1] Hängt die Entscheidung eines Rechtsstreits davon ab, ob eine Ehe aufhebbar ist, und ist die Aufhebung beantragt, so hat das Gericht auf Antrag das Verfahren auszusetzen. [2] Ist das Verfahren über die Aufhebung erledigt, so findet die Aufnahme des ausgesetzten Verfahrens statt.

§ 153 Aussetzung bei Vaterschaftsanfechtungsklage

Hängt die Entscheidung eines Rechtsstreits davon ab, ob ein Mann, dessen Vaterschaft im Wege der Anfechtungsklage angefochten worden ist, der Vater des Kindes ist, so gelten die Vorschriften des § 152 entsprechend.

§ 154 Aussetzung bei Ehe- oder Kindschaftsstreit

(1) Wird im Laufe eines Rechtsstreits streitig, ob zwischen den Parteien eine Ehe oder eine Lebenspartnerschaft bestehe oder nicht bestehe, und hängt von der Entscheidung dieser Frage die Entscheidung des Rechtsstreits ab, so hat das Gericht auf Antrag das Verfahren auszusetzen, bis der Streit über das Bestehen oder Nichtbestehen der Ehe oder der Lebenspartnerschaft im Wege der Feststellungsklage erledigt ist.

(2) Diese Vorschrift gilt entsprechend, wenn im Laufe eines Rechtsstreits streitig wird, ob zwischen den Parteien ein Eltern- und Kindesverhältnis bestehe oder nicht bestehe oder ob der einen Partei die elterliche Sorge für die andere zustehe oder nicht zustehe, und von der Entscheidung dieser Fragen die Entscheidung des Rechtsstreits abhängt.

§ 155 Aufhebung der Aussetzung bei Verzögerung

In den Fällen der §§ 152, 153 kann das Gericht auf Antrag die Anordnung, durch die das Verfahren ausgesetzt ist, aufheben, wenn die Betreibung des Rechtsstreits, der zu der Aussetzung Anlass gegeben hat, verzögert wird.

§ 156 Wiedereröffnung der Verhandlung

(1) **Das Gericht kann die Wiedereröffnung einer Verhandlung, die geschlossen war, anordnen.**

(2) **Das Gericht hat die Wiedereröffnung insbesondere anzuordnen, wenn**

1. **das Gericht einen entscheidungserheblichen und rügbaren Verfahrensfehler (§ 295), insbesondere eine Verletzung der Hinweis- und Aufklärungspflicht (§ 139) oder eine Verletzung des Anspruchs auf rechtliches Gehör, feststellt,**
2. **nachträglich Tatsachen vorgetragen und glaubhaft gemacht werden, die einen Wiederaufnahmegrund (§§ 579, 580) bilden, oder**
3. **zwischen dem Schluss der mündlichen Verhandlung und dem Schluss der Beratung und Abstimmung (§§ 192 bis 197 des Gerichtsverfassungsgesetzes) ein Richter ausgeschieden ist.**

Übersicht

	Rn.
A. Allgemeine Grundlagen	1
B. Voraussetzungen für eine Wiedereröffnung	5
I. Entscheidungserheblicher und rügbarer Verfahrensfehler	9
II. Vortrag von Tatsachen, die einen Wiederaufnahmegrund bilden	15
III. Ausscheiden eines Richters nach der mündlichen Verhandlung	16
C. Entscheidung	19

A. Allgemeine Grundlagen

1 Nach Schließung der mündlichen Verhandlung kann das Gericht die Verhandlung unter den Voraussetzungen des § 156 ZPO wiedereröffnen (→ Rn. 5 ff.). Auf diese Weise wird dem Gericht die Möglichkeit gegeben, nach Schluss der Verhandlung eintretende Umstände zu berücksichtigen, die eine Verfahrensbeendigung fehlerhaft erscheinen lassen.[1] Durch die Wiedereröffnung wird das Verfahren mit seinem gesamten Streitstoff, also auch hinsichtlich der bereits verhandelten Punkte fortgesetzt.[2]

---

[3] LG Hamburg BeckRS 2013, 02738; vgl. auch LG München I BeckRS 2014, 05121.
[4] Musielak/Voit/*Stadler* ZPO § 150 Rn. 3.
[1] Musielak/Voit/*Stadler* ZPO § 156 Rn. 1.
[2] Musielak/Voit/*Stadler* ZPO § 156 Rn. 7.

Im einstweiligen Verfügungsverfahren kommt eine Wiedereröffnung des Verfahrens gemäß 2
§ 156 Abs. 1 ZPO grundsätzlich nicht in Betracht, da dies mit dem Sinn und Zweck des einstweiligen Rechtsschutzes nicht zu vereinbaren ist.[3] Eine Fortsetzung der mündlichen Verhandlung zur Korrektur von Verfahrensmängeln nach § 156 Abs. 2 ZPO wird aber für möglich gehalten.[4]

Das Marken- und Patentrecht enthalten für die **Verfahren vor dem BPatG** spezialgesetzliche 3
Regelungen: Im markenrechtlichen Beschwerdeverfahren ergibt sich die Möglichkeit einer Wiedereröffnung der Verhandlung aus **§ 76 Abs. 6 S. 2 MarkenG.** In patentrechtlichen Verfahren vor dem BPatG gilt der inhaltsgleiche **§ 91 Abs. 3 S. 2 PatG.** Allerdings findet daneben § 156 Abs. 2 ZPO über § 82 Abs. 1 MarkenG, § 99 Abs. 1 PatG entsprechende Anwendung.[5] Eine Wiedereröffnung der mündlichen Verhandlung ist daher bei Vorliegen der Voraussetzungen des § 156 Abs. 2 ZPO auch in Verfahren vor dem BPatG zwingend erforderlich.[6]

Auch in **Verfahren vor dem DPMA** wird § 156 Abs. 1 ZPO entsprechend angewendet.[7] 4

B. Voraussetzungen für eine Wiedereröffnung

§ 156 Abs. 1 ZPO stellt die Wiedereröffnung der Verhandlung grundsätzlich in das pflichtgemäße 5
Ermessen des Gerichts *("kann")*.[8] Eine Wiedereröffnung nach § 156 Abs. 1 ZPO kann etwa dann in Betracht kommen, wenn bei einem auf Wiederholungsgefahr gestützten und in die Zukunft gerichteten Unterlassungsanspruch das maßgebliche Recht nach der mündlichen Verhandlung novelliert worden ist, allerdings nur dann, wenn diese Gesetzesänderung entscheidungserheblich ist.[9]

In den Fällen des **§ 156 Abs. 2 ZPO** ist die Wiedereröffnung prozessual **zwingend erforderlich,** 6
wobei der Katalog des Abs. 2 nicht abschließend ist, sondern andere Sachverhalte erfasst, in denen bei einem vorzeitigen Verfahrensende ein falsches Ergebnis droht.[10]

Außerhalb der in § 156 Abs. 2 ZPO genannten Fällen, stellt die Wiedereröffnung in der Praxis die 7
Ausnahme dar. Die Gerichte wiedereröffnen die mündliche Verhandlung nur äußerst selten. Insbesondere Tatsachenvortrag, der Inhalt eines nach dem Schluss der mündlichen Verhandlung eingereichten nachgelassenen oder nicht nachgelassenen Schriftsatzes ist, veranlasst das Gericht in aller Regel nicht zur Wiedereröffnung der Verhandlung (→ Rn. 12 f.).

Eine Wiedereröffnung kommt aus Gründen der Prozessökonomie dann in Betracht, wenn die 8
Parteien das Verfahren nach dem Schluss der mündlichen Verhandlung durch **Prozessvergleich** beenden möchten.[11] Auch wenn die nach dem Schluss der mündlichen Verhandlung eingetretene Tatsache des **Erlöschens des Schutzrechts,** etwa aufgrund eines Verzichts auf das Schutzrecht durch den Rechtsinhaber berücksichtigt werden soll, kann sich eine Wiedereröffnung anbieten.[12] Eine Wiedereröffnung erfolgt aber nicht zwingend deshalb, weil nach dem Schluss der mündlichen Verhandlung in einem parallelen Einspruchs- oder Nichtigkeitsverfahren eine vorläufige Einschätzung in Bezug auf die Rechtsbeständigkeit eines Patents kommuniziert wird, nach der das Klagepatent nicht rechtsbeständig ist.[13] Da die vorläufige Einschätzung das Verletzungsgericht nicht bindet, wird eine Wiedereröffnung nur dann in Betracht kommen, wenn die vorläufige Einschätzung Erwägungen erhält, die das Verletzungsgericht im Rahmen seiner Aussetzungserwägungen nicht berücksichtigt hat. Ist die Klage mangels Verletzung abzuweisen, kommt eine Wiedereröffnung nicht in Betracht, da es dann auf die Rechtsbeständigkeit des Klagepatents nicht entscheidend ankommt.[14]

I. Entscheidungserheblicher und rügbarer Verfahrensfehler

Gemäß § 156 Abs. 2 Nr. 1 ZPO ist die Verhandlung wiederzueröffnen, wenn das Gericht einen 9
entscheidungserheblichen und rügbaren Verfahrensfehler (§ 295) feststellt.

Wichtigste Anwendungsbereiche sind die im Gesetzt exemplarisch genannten Konstellationen, in 10
denen das Gericht seine Hinweis- und Aufklärungspflicht nach § 139 ZPO oder den Anspruch auf rechtliches Gehör (Art. 103 Abs. 1 GG) verletzt hat.[15]

Unterlässt das Gericht einen nach der Prozesslage gebotenen **Hinweis nach § 139 Abs. 1 ZPO** 11
oder erteilt es ihn erst in der mündlichen Verhandlung und erkennt es aus einem nicht nachgelassenen

---

[3] LG Braunschweig – 9 O 545/06.
[4] LG Hamburg BeckRS 2015, 18334; *Berneke/Schüttpelz* Rn. 324.
[5] Vgl. etwa BPatG BeckRS 2009, 15050; 1998, 13757; 2011, 08552; *Busse/Schuster* PatG § 91 Rn. 9.
[6] *Busse/Schuster* PatG § 91 Rn. 9; *Schulte/Püschel* PatG § 91 Rn. 6; *Ströbele/Hacker/Thiering/Knoll* MarkenG § 76 Rn. 9.
[7] Vgl. BPatG BeckRS 2013, 14114.
[8] Vgl. hierzu MüKoZPO/*Fritsche* ZPO § 156 Rn. 2.
[9] BGH GRUR 2016, 516 (517) – Wir helfen im Trauerfall; BGH GRUR 2019, 522 (523) – SAM.
[10] MüKoZPO/*Fritsche* ZPO § 156 Rn. 3.
[11] MüKoZPO/*Fritsche* ZPO § 156 Rn. 12.
[12] BGH GRUR 2001, 337 (338) – EASYPRESS.
[13] Hierzu LG München I BeckRS 2019, 706 – Spotlight-Suche.
[14] LG München I BeckRS 2019, 706 – Spotlight-Suche.
[15] Zu weiteren Konstellationen vgl. MüKoZPO/*Fritsche* ZPO § 156 Rn. 10.

Schriftsatz der betroffenen Partei, dass diese sich offensichtlich in der mündlichen Verhandlung nicht ausreichend hat erklären können, ist gem. § 156 Abs. 2 Nr. 1 ZPO die mündliche Verhandlung wiederzueröffnen.[16]

Ist ein Hinweis nach § 139 Abs. 1 ZPO erfolgt, ist es Sache der Partei auf diesen Hinweis sachgerecht zu reagieren. In aller Regel reicht es insoweit aus, wenn die Partei auf einen Hinweis hin Gelegenheit zur Stellungnahme und damit rechtliches Gehör eingeräumt wird. Es ist davon auszugehen, dass bei einer unzureichenden Reaktion auf einen Hinweis weiterer Vortrag nicht möglich oder nicht gewünscht ist.[17] Eine Wiedereröffnung kommt dann nicht in Betracht.

12 Eine Wiedereröffnung der Verhandlung kommt aber nicht allein deshalb in Betracht, weil eine der Parteien nach der mündlichen Verhandlung einen **nicht nachgelassenen Schriftsatz** einreicht, der neuen Sachvortrag enthält.[18] Hier steht einer Berücksichtigung neuen Vorbringens in aller Regel bereits § 296a ZPO entgegen, der ausdrücklich feststellt, dass Angriffs- und Verteidigungsmittel nach Schluss der mündlichen Verhandlung nicht mehr vorgebracht werden können. Zwar lässt § 296a ZPO die Anwendung der §§ 156, 283 ZPO unberührt, weshalb der Schriftsatz nicht von vornherein unberücksichtigt gelassen werden darf.[19] Allerdings dürfen die **Präklusionsvorschriften** nicht unterlaufen werden[20], weshalb die Gerichte ihr Ermessen meist dahingehend ausüben, dass sie von einer Wiedereröffnung absehen. Eine Wiedereröffnung muss aber dann erfolgen, wenn das Vorbringen aufgrund eines nicht ordnungsgemäßen Verhaltens des Gerichts im Sinne von § 156 Abs. 2 Nr. 1 ZPO nicht rechtzeitig in den Prozess eingeführt wurde.[21]

Auch dann, wenn sich die tatsächlichen Umstände erst nach dem Schluss der mündlichen Verhandlung ändern, ist eine Wiedereröffnung nicht zwingend. Zu berücksichtigen ist hier auch, ob die Änderung der tatsächlichen Umstände aus **Nachlässigkeit** einer der Parteien erst nach dem Schluss der mündlichen Verhandlung erfolgt ist, was gegen eine Wiedereröffnung spricht. Ein solcher Fall liegt etwa vor, wenn die Umschreibung und Eintragung der Klägerin aus dem Patentregister aus Nachlässigkeit nicht rechtzeitig von der Klägerin bewirkt wird.[22] Prozessuale Nachlässigkeit soll hingegen dann nicht vorliegen, wenn der Einwand der besseren Priorität des Urheberrechts erst durch Übertragung ausschließlicher Nutzungs- und Verwertungsrechte nach Schluss der mündlichen Verhandlung erfolgt ist.[23]

13 Auch wenn den Parteien **gemäß § 283 ZPO ein Schriftsatznachlass** gewährt wurde, liegt die Entscheidung über die Wiedereröffnung der Verhandlung im Ermessen des Gerichts.[24] Auch hier erfolgt die Wiedereröffnung, wenn das gemäß § 283 ZPO nachgelassene Vorbringen ergibt, dass es aufgrund eines nicht prozessordnungsmäßigen Verhaltens des Gerichts, insbesondere einer Verletzung der richterlichen Aufklärungspflicht oder des Anspruchs auf rechtliches Gehör nicht rechtzeitig in den Rechtsstreit eingeführt wurde (→ § 283 Rn. 21 f.).[25] Enthält der nachgelassene Schriftsatz **veranlassten neuen Tatsachenvortrag,** der das Erklärungsthema betrifft, ist wiederzueröffnen, da dem Gegner hierzu seinerseits rechtliches Gehör zu gewähren ist.[26] Werden in dem nachgelassenen Schriftsatz **neue Sachanträge** gestellt, ist die Wiedereröffnung ebenfalls zu beschließen, wenn sie gerade durch das verspätete Vorbringen provoziert wurden, da die Berücksichtigung einer Änderung des Klageantrages oder des Klagegrundes – etwa die Erweiterung um ein weiteres Klageschutzrecht – nur nach Wiedereröffnung der mündlichen Verhandlung möglich ist.[27]

14 In Verfahren vor dem BPatG und dem DMPA kann eine Wiedereröffnung des Verfahrens aufgrund des **Amtsermittlungsgrundsatzes** geboten sein, wenn entscheidungserheblicher Tatsachenvortrag eines Beteiligten vor Erlass der Entscheidung eingeht, obwohl kein Schriftsatznachlass entsprechend § 283 ZPO gewährt wurde.[28]

II. Vortrag von Tatsachen, die einen Wiederaufnahmegrund bilden

15 Eine Wiedereröffnung der Verhandlung ist ferner nach Abs. 2 Nr. 2 veranlasst, wenn nach der mündlichen Verhandlung Tatsachen vorgetragen und glaubhaft gemacht werden, die einen Wiederaufnahmegrund im Sinne der §§ 579, 580 ZPO bilden. Ein solcher Fall kann beispielsweise vorliegen,

---

[16] BGH GRUR 2011, 1140 (1142) – Schaumstoff Lübke; BGH GRUR 2010, 1117 (1119) – Gewährleistungsausschluss im Internet.
[17] BPatG BeckRS 2014, 13668.
[18] LG Düsseldorf BeckRS 2013, 18194.
[19] Vgl. Benkard/*Schäfers* PatG § 91 Rn. 9.
[20] MüKoZPO/*Fritsche* ZPO § 156 Rn. 11.
[21] OLG Düsseldorf BeckRS 2019, 10841 – Sprengreinigungsverfahren.
[22] LG Düsseldorf BeckRS 2014, 20341.
[23] LG Hamburg BeckRS 2015, 18334.
[24] BGH NJW 2004, 3102 (3103) – Internet-Versteigerung; BGH NJW 2000, 142 (143); BPatG GRUR 2004, 950 (953).
[25] BGH NJW 2000, 142 (143).
[26] Musielak/Voit/*Foerste* ZPO § 283 Rn. 13; MüKoZPO/*Prütting* ZPO § 283 Rn. 22.
[27] BGH NJW 2004, 3102 (3103) – Internet-Versteigerung.
[28] *Ingerl*/*Rohnke* MarkenG § 76 Rn. 2; vgl. auch BGH GRUR 1979, 219 – Schaltungschassis.

wenn das Gericht bei seiner Entscheidung eine Urkunde heranzieht, für die die Gegenseite vorträgt und glaubhaft macht, dass diese gefälscht sei (§ 580 Nr. 2 ZPO).[29]

III. Ausscheiden eines Richters nach der mündlichen Verhandlung

Gemäß § 156 Abs. 2 Nr. 3 ZPO ist die Verhandlung ferner wiederzueröffnen, wenn ein Richter nach dem Schluss der mündlichen Verhandlung, aber **vor der Entscheidungsfindung,** dh vor dem Schluss der Beratung und Abstimmung (§§ 192 ff. GVG), ausgeschieden ist. Die Wiedereröffnung ist hier erforderlich, da das Urteil nach § 309 ZPO nur von denjenigen Richtern gefällt werden darf, die der dem Urteil zugrunde liegenden Verhandlung beigewohnt haben. Auch in Verfahren vor dem BPatG gilt dieser Grundsatz gemäß, allerdings sind § 93 Abs. 3 PatG und § 78 Abs. 3 MarkenG zu beachten, die bei einem Richterwechsel nach der Schlussverhandlung und Zustimmung aller Beteiligten die Möglichkeit zur Beschlussfassung in geänderter Besetzung ohne Wiedereröffnung der mündlichen Verhandlung ermöglichen (→ § 309 Rn. 8). Ohne diese Zustimmung ist eine Wiederaufnahme gemäß § 156 Abs. 2 Nr. 3 ZPO zwingend.[30] 16

Ein Wechsel zwischen Abschlussberatung und Verkündung des Urteils wird von § 156 Abs. 2 Nr. 3 ZPO nicht erfasst.[31] 17

Um bei einem bereits feststehenden Wechsel eines Richters nach der mündlichen Verhandlung zu verhindern, dass die Verhandlung nach § 156 Abs. 2 Nr. 3 ZPO wiederzueröffnen ist, kann das Gericht in der Verhandlung mit Einverständnis der Parteien **ins schriftliche Verfahren übergehen.** 18

C. Entscheidung

Das Gericht entscheidet in der Besetzung der Schlussverhandlung[32] von Amts wegen im **Beschlusswege** ohne mündliche Verhandlung über die Wiedereröffnung.[33] Ausreichend ist dabei, wenn sich die Wiedereröffnung aus dem Umstand ergibt, dass das Gericht einen neuen Verhandlungstermin bestimmt.[34] 19

Die Entscheidung das Verfahren wieder zu eröffnen ist in dem Beschluss **zu begründen.** 20

Da die Entscheidung über die Wiedereröffnung im Ermessen des Gerichts steht, ist ein entsprechender **Antrag nicht erforderlich.** Ein Antrag einer der Parteien ist als bloße Anregung zu bewerten, die nicht beschieden werden muss.[35] 21

Der Verstoß gegen § 156 ZPO kann als Verfahrensfehler in der Rechtsmittelinstanz gerügt werden. 22

§ 157 Untervertretung in der Verhandlung

Der bevollmächtigte Rechtsanwalt kann in Verfahren, in denen die Parteien den Rechtsstreit selbst führen können, zur Vertretung in der Verhandlung einen Referendar bevollmächtigen, der im Vorbereitungsdienst bei ihm beschäftigt ist.

§ 158 Entfernung infolge Prozessleitungsanordnung

Ist eine bei der Verhandlung beteiligte Person zur Aufrechterhaltung der Ordnung von dem Ort der Verhandlung entfernt worden, so kann auf Antrag gegen sie in gleicher Weise verfahren werden, als wenn sie freiwillig sich entfernt hätte.

§ 159 Protokollaufnahme

(1) [1] Über die Verhandlung und jede Beweisaufnahme ist ein Protokoll aufzunehmen. [2] Für die Protokollführung kann ein Urkundsbeamter der Geschäftsstelle zugezogen werden, wenn dies auf Grund des zu erwartenden Umfangs des Protokolls, in Anbetracht der besonderen Schwierigkeit der Sache oder aus einem sonstigen wichtigen Grund erforderlich ist.

(2) [1] Absatz 1 gilt entsprechend für Verhandlungen, die außerhalb der Sitzung vor Richtern beim Amtsgericht oder vor beauftragten oder ersuchten Richtern stattfinden. [2] Ein Protokoll über eine Güteverhandlung oder weitere Güteversuche vor einem Güterichter nach § 278 Absatz 5 wird nur auf übereinstimmenden Antrag der Parteien aufgenommen.

§ 160 Inhalt des Protokolls

(1) Das Protokoll enthält
1. den Ort und den Tag der Verhandlung;
2. die Namen der Richter, des Urkundsbeamten der Geschäftsstelle und des etwa zugezogenen Dolmetschers;
3. die Bezeichnung des Rechtsstreits;

---

[29] Vgl. LG Hamburg BeckRS 2013, 07730.
[30] BPatG BeckRS 2019, 26270.
[31] MüKoZPO/*Fritsche* ZPO § 156 Rn. 9.
[32] BeckOK ZPO/*Elzer* ZPO § 309 Rn. 10.
[33] Musielak/Voit/*Stadler* ZPO § 156 Rn. 2.
[34] Musielak/Voit/*Stadler* ZPO § 156 Rn. 2.
[35] BGH GRUR 1979, 219 – Schaltungschassis; BPatG BeckRS 2008, 08387; Busse/*Schuster* PatG § 91 Rn. 9.

4. die Namen der erschienenen Parteien, Nebenintervenienten, Vertreter, Bevollmächtigten, Beistände, Zeugen und Sachverständigen und im Falle des § 128a den Ort, von dem aus sie an der Verhandlung teilnehmen;
5. die Angabe, dass öffentlich verhandelt oder die Öffentlichkeit ausgeschlossen worden ist.

(2) Die wesentlichen Vorgänge der Verhandlung sind aufzunehmen.

(3) Im Protokoll sind festzustellen
1. Anerkenntnis, Anspruchsverzicht und Vergleich;
2. die Anträge;
3. Geständnis und Erklärung über einen Antrag auf Parteivernehmung sowie sonstige Erklärungen, wenn ihre Feststellung vorgeschrieben ist;
4. die Aussagen der Zeugen, Sachverständigen und vernommenen Parteien; bei einer wiederholten Vernehmung braucht die Aussage nur insoweit in das Protokoll aufgenommen zu werden, als sie von der früheren abweicht;
5. das Ergebnis eines Augenscheins;
6. die Entscheidungen (Urteile, Beschlüsse und Verfügungen) des Gerichts;
7. die Verkündung der Entscheidungen;
8. die Zurücknahme der Klage oder eines Rechtsmittels;
9. der Verzicht auf Rechtsmittel,
10. das Ergebnis der Güteverhandlung.

(4) [1]Die Beteiligten können beantragen, dass bestimmte Vorgänge oder Äußerungen in das Protokoll aufgenommen werden. [2]Das Gericht kann von der Aufnahme absehen, wenn es auf die Feststellung des Vorgangs oder der Äußerung nicht ankommt. [3]Dieser Beschluss ist unanfechtbar; er ist in das Protokoll aufzunehmen.

(5) Der Aufnahme in das Protokoll steht die Aufnahme in eine Schrift gleich, die dem Protokoll als Anlage beigefügt und in ihm als solche bezeichnet ist.

Literatur *Bartels,* Ist das amtliche Protokoll über eine mündliche Verhandlung prioritätsbegründend?, GRUR 1960, 4; *Dötsch,* Antrag auf Aufnahme in das Protokoll (§ 160 Abs. 4 ZPO), MDR 2014, 1122; *Harmsen,* Die Niederschrift über die mündliche Verhandlung gemäß § 33 PatG, Mitt. 39, 1.

Übersicht

	Rn.
A. Anwendungsbereich	1
B. Allgemeines	3
C. Formalien (Abs. 1)	7
D. Wesentliche Vorgänge (Abs. 2)	12
E. Zwingende Feststellung (Abs. 3)	16
F. Protokollaufnahmeantrag (Abs. 4)	27
G. Anlagen (Abs. 5)	29

A. Anwendungsbereich

1   Nach § 159 ist über Verhandlungen und jede Beweisaufnahme – unabhängig davon, ob sie vor dem Prozessgericht (§ 355 Abs. 1 S. 1), im selbständigen Beweissicherungsverfahren (§ 492), vor einem beauftragten (§ 362 Abs. 1) oder ersuchten Richter (§ 362 Abs. 1) stattfindet – ein Protokoll anzufertigen. Folglich haben auch die **Zivil- bzw. Verletzungsgerichte** in den Verfahren wegen Verletzung eines technischen Schutzrechts, einer Marke, eines Designs, in Geschäftsgeheimnisstreitsachen oder wegen Verstoßes gegen das UrhG oder das UWG die Pflicht zur Erstellung eines Protokolls mit dem von § 160 bestimmten Inhalt. Eine **Protokollierungspflicht** besteht darüber hinaus auch in den Verfahren vor dem **BPatG**, wobei diese Pflicht nicht aus § 159, sondern aus § 92 Abs. 2 S. 1 PatG und § 77 Abs. 2 S. 1 MarkenG erwächst. Beide Vorschriften bestimmen wortgleich, dass über die mündliche Verhandlung und jede Beweisaufnahme eine Niederschrift aufzunehmen ist. Trotz der unterschiedlichen Rechtsgrundlagen gelten in beiden Gerichtsverfahren im Wesentlichen die gleichen Anforderungen bezüglich Inhalt, Form, Entbehrlichkeit, Genehmigung, Unterzeichnung, Berichtigung und Beweiskraft der Protokolle, da § 92 Abs. 2 S. 2 PatG und § 77 Abs. 2 S. 2 MarkenG jeweils die **entsprechende Anwendung der §§ 160–165** normieren. Ein **Unterschied** besteht allerdings bezüglich der protokollführenden Person. Während im Verfahren vor den Zivil- bzw. Verletzungsgerichten für die Protokollführung gem. § 159 Abs. 1 S. 2 ein **Urkundsbeamter** der Geschäftsstelle (§ 153 GVG) hinzugezogen werden „kann" (also fakultativ), wenn dies auf Grund des zu erwartenden Umfangs des Protokolls, in Anbetracht der besonderen Schwierigkeit der Sache oder aus einem sonstigen wichtigen Grund erforderlich ist, so dass die Hinzuziehung die Ausnahme ist, bestimmen § 92 Abs. 1 S. 1 PatG und § 77 Abs. 1 S. 1 MarkenG, dass ein Urkundsbeamter zur mündlichen Verhandlung und zu jeder Beweisaufnahme hinzugezogen „wird". In den Verfahren vor dem BPatG ist nach dem Gesetz[1] mithin die Hinzuziehung des Urkundsbeamten die Regel. Allerdings kann nach

---
[1] Die Praxis sieht anders aus: Busse/Keukenschrijver/*Schuster* PatG § 92 Rn. 4.

§ 92 Abs. 1 S. 2 PatG, § 77 Abs. 1 S. 2 MarkenG auf Anordnung des Vorsitzenden auf eine solche Hinzuziehung verzichtet werden. Trotz des von der ZPO einerseits und vom PatG bzw. MarkenG andererseits normierten (umgekehrten) Regel-Ausnahme-Verhältnisses kann es folglich zu gleichen Ergebnissen kommen. Die **Entscheidung** des Vorsitzenden zur Hinzuziehung eines Urkundsbeamten im Zivil- bzw. Verletzungsverfahren[2] und die Anordnung des Vorsitzenden in dem Verfahren vor dem BPatG auf den Urkundsbeamten zu verzichten, sind **nicht anfechtbar**. Sie können auch erst im Laufe einer Verhandlung getroffen werden.[3]

In den Verfahren vor dem **DPMA** und dem **EPA** ist nach § 46 Abs. 2 PatG, § 60 Abs. 3 MarkenG bzw. Regel 124 EPÜ ebenfalls über die Anhörungen bzw. mündlichen Verhandlungen und Vernehmungen eine Niederschrift zu fertigen, die nach den genannten Vorschriften den wesentlichen Gang der Verhandlung wiedergeben und die rechtserheblichen Erklärungen der Beteiligten enthalten soll. Die Beteiligten erhalten Abschriften der Niederschriften. Regel 124 EPÜ sieht keine entsprechende Anwendung der §§ 160 ff. vor. Für die Niederschriften des DPMA gelten die Normen der ZPO nur eingeschränkt. § 46 Abs. 2 PatG, § 60 Abs. 3 MarkenG erklären allein die §§ 160a, 162 und 163 für entsprechend anwendbar.

B. Allgemeines

Ist ein **Urkundsbeamter** der Geschäftsstelle (§ 153 GVG, § 72 PatG) zur Erstellung des Protokolls hinzugezogen, schreibt dieser das Protokoll in eigener Verantwortung nieder und unterzeichnet es (§ 163). Gleichsam verantwortlich für den Inhalt des Protokolls ist der **Vorsitzende,** der das Protokoll ebenfalls unterzeichnet (§ 163). Der Vorsitzende kann gegenüber dem Urkundsbeamten anordnen, dass und welche Vorgänge, Erklärungen etc wie in das Protokoll aufgenommen werden; er ist auch zum Diktat berechtigt. Bei nicht aufzuklärenden **Unstimmigkeiten** zwischen dem Urkundsbeamten und dem Vorsitzenden hinsichtlich der Protokollierung sind beide Auffassungen im Protokoll festzuhalten.[4]

Ist nach § 159 Abs. 1 S. 2, § 92 Abs. 1 S. 2 PatG, § 77 Abs. 1 S. 2 MarkenG **kein Urkundsbeamter** anwesend, erstellt der Vorsitzende, der Einzelrichter, der beauftragte oder ersuchte Richter selbst das Protokoll. Ist das Verfahren vor einem Spruchkörper anhängig, wird das Protokoll **üblicherweise** von einem **Beisitzer** niedergeschrieben. Bei den Kammern und Senaten der Zivil- bzw. Verletzungsgerichte ist dies idR der Berichterstatter, in den technischen Beschwerdesenaten des BPatG üblicherweise das juristische Mitglied und in den anderen Beschwerdesenaten üblicherweise der Beisitzer, der nicht Berichterstatter ist.[5] Eine Pflicht zur Erstellung des Protokolls besteht für die beisitzenden Richter eines Spruchkörpers allerdings nicht.[6] Fertigt ein Richter das Protokoll, tritt er an die Stelle des Urkundsbeamten und wird zugleich als solcher tätig; er hat mithin das Protokoll in eigener Verantwortung zu erstellen und zu unterzeichnen.[7]

Das Protokoll kann **unmittelbar** in der Verhandlung oder der Beweisaufnahme **angefertigt** werden. Der Inhalt des Protokolls kann aber auch in einer gebräuchlichen Kurzschrift, durch verständliche Abkürzungen oder auf einen Ton- oder Datenträger **vorläufig aufgezeichnet** werden (§ 160a Abs. 1). In diesem Fall ist das Protokoll unverzüglich nach der Sitzung herzustellen (§ 160a Abs. 2 S. 1); die vorläufigen Aufzeichnungen werden zu den Prozessakten genommen oder bei der Geschäftsstelle aufbewahrt (§ 160a Abs. 3). Bis zu ihrer Löschung sind sie Bestandteil der Prozessakten und unterliegen uneingeschränkt dem Recht auf Akteneinsicht gem. § 299 Abs. 1.[8] Die Parteien erhalten **Abschriften** des Protokolls.[9] Enthält das Protokoll **Geschäftsgeheimnisse,** kann das Gericht in Geheimnisstreitverfahren und solchen Verfahren, die auf die entsprechenden Paragraphen verweisen, nach § 19 Abs. 1 Nr. 2 GeschGehG den Zugang zum Protokoll auf eine bestimmte Anzahl zuverlässiger Personen beschränken. In Anbetracht des Anspruchs auf rechtliches Gehör gem. Art. 103 Abs. 1 GG sowie des Grundsatzes der Parteiöffentlichkeit (§ 357) kann diese Zugangsbeschränkung allerdings nicht dazu führen, dass die Kenntnisnahme der Partei vom Protokoll vollständig ausgeschlossen wird.

Sinn und Zweck des § 160 ist die Bestimmung des notwendigen Inhalts des Protokolls und damit die Festlegung der Reichweite der Beweiskraft nach §§ 165, 415, 418.

---

[2] Zöller/*Stöber* ZPO § 159 Rn. 3.
[3] Benkard/*Schäfers* PatG § 92 Rn. 4; BeckOK PatR/*Rauch/Schnurr* PatG § 92 Rn. 5.
[4] Schulte/*Püschel* PatG § 92 Rn. 5; Zöller/*Stöber* ZPO § 159 Rn. 4.
[5] BeckOK PatR/*Rauch/Schnurr* PatG § 92 Rn. 5; Busse/Keukenschrijver/*Schuster* PatG § 92 Rn. 4; Schulte/*Püschel* PatG § 92 Rn. 4.
[6] BeckOK PatR/*Rauch/Schnurr* PatG § 92 Rn. 5; Busse/Keukenschrijver/*Schuster* PatG § 92 Rn. 4. *Fezer* MarkenG § 77 Rn. 1 spricht von einer „Beauftragung" durch den Vorsitzenden.
[7] Benkard/*Schäfers* PatG § 92 Rn. 4; Busse/Keukenschrijver/*Schuster* PatG § 92 Rn. 5; Schulte/*Püschel* PatG § 92 Rn. 4.
[8] OLG Stuttgart NWJ-RR 2021, 640; OLG Karlsruhe BeckRS 1994, 13889. AA OLG Frankfurt a. M. NJW-RR 2017, 547, wonach ein besonderes Interesse erforderlich sein soll.
[9] Mitt. 1/95 PräsBPatG PMZ 1995, 1.

C. Formalien (Abs. 1)

7 § 160 Abs. 1 normiert in seinen Nr. 1–5 die Angaben zu den Formalien, die das Protokoll enthalten **muss**.

8 Anzugeben sind **Ort und Tag** der Verhandlung (Nr. 1), nicht hingegen notwendigerweise die **Uhrzeit**.[10] Die Uhrzeit des Aufrufs der Sache und/oder des Endes der Verhandlung und/oder Unterbrechungszeiten sind nur dann aufzunehmen, wenn aus ihrer Dokumentation prozessuale Konsequenzen folgen können, wie zB Einhaltung der Wartefrist vor Erlass eines Versäumnisurteils (§§ 330, 331, 331a).[11] Findet die Verhandlung in einem anderen Saal als dem geladenen **Sitzungssaal** statt, ist dies ebenso im Protokoll zu vermerken wie die getroffenen Maßnahmen, die sicherstellen, dass alle Beteiligten und die Öffentlichkeit von dem neuen Verhandlungsort Kenntnis erlangen konnten.[12] Bei einer Verhandlung im Wege der **Bild- und Tonübertragung** gem. § 128a (Nr. 4) ist dies als solches im Protokoll zu vermerken und der Ort anzugeben, von dem aus die Personen an der Verhandlung teilnehmen. Wegen des Auslagentatbestandes GKG KV 9019 sind ferner die Anfangs- und die Endzeit der Bild- und Tonübertragung zu protokollieren.

9 Das Protokoll muss des Weiteren die **Namen der Richter,** des **Urkundsbeamten** der Geschäftsstelle und des etwa hinzugezogenen **Dolmetschers** (Nr. 2) enthalten, wobei es sinnvoll, aber nicht zwingend ist,[13] die Funktion zu protokollieren, in der die genannten Personen an der mündlichen Verhandlung teilnehmen. Der **Rechtsstreit** ist zu bezeichnen (Nr. 3). Dies geschieht üblicherweise durch Angabe des Aktenzeichens sowie des Kurzrubrums. Ein **vollständiges Rubrum** muss das Protokoll enthalten, wenn das Protokoll einen Vollstreckungstitel, zB Prozessvergleich, enthält (§§ 313 Abs. 1 Nr. 1, 750 Abs. 1).[14]

10 Weiterhin aufzunehmen sind die Namen der erschienenen **Parteien, Nebenintervenienten, Vertreter, Bevollmächtigten, Beistände, Zeugen** und **Sachverständigen** (Nr. 4). Bevollmächtigte idS sind in den Verfahren vor dem BPatG die in § 97 Abs. 2 PatG genannten Personen, mithin insbes. Rechts- und Patentanwälte,[15] im Zivil- bzw. Verletzungsverfahren indes nur der nach §§ 78 ff. Prozessbevollmächtigte, dh ein in der Bundesrepublik zugelassener Rechtsanwalt.[16] Zu den **Vertretern** gehören die gesetzlichen Vertreter, insbes. die Organe juristischer Personen, und gewillkürte Vertreter. Im Zivil- bzw. Verletzungsverfahren ist es erforderlich, dass der gewillkürte Vertreter zur Abgabe von Erklärungen in der mündlichen Verhandlung bevollmächtigt ist, die nicht auch der Prozessbevollmächtigte der Partei abgeben kann.[17] Dies bedeutet zwar nicht, dass sonstige gewillkürte Vertreter oder Personen nicht in das Protokoll aufgenommen werden dürfen.[18] Ihre Aufnahme ist jedoch nicht zwingend, so dass sie keinen Anspruch auf Aufnahme haben. Sofern im Protokoll bezüglich der Prozessbevollmächtigten eine Rechtsform angegeben ist, muss es sich um die im Zeitpunkt der Verhandlung zutreffende Rechtsform handeln.[19] Die Namen der anwesenden **Zeugen** und **Sachverständigen** sind auch dann im Protokoll festzuhalten, wenn sie nicht vernommen bzw. angehört werden.[20] Wegen der Entschädigungspflicht nach dem ZVEG ist es überdies zweckmäßig, den Zeitpunkt der Entlassung des Zeugen bzw. Sachverständigen oder deren Verzicht auf die Entschädigung zu protokollieren.

11 Erforderlich ist zudem die Angabe, dass öffentlich verhandelt oder die Öffentlichkeit ausgeschlossen (§§ 169 ff. GVG) worden ist (Nr. 5). Insbes. dann, wenn gem. § 172 Nr. 2 GVG ein **wichtiges Geschäfts-, Betriebs-, Erfindungs- oder Steuergeheimnis** zur Sprache kommt, durch dessen öffentliche Erörterung überwiegende schutzwürdige Interessen verletzt würden, ist folglich an die Protokollierung des **Ausschlusses der Öffentlichkeit**, der durch zu verkündenden Beschluss gem. § 174 Abs. 1 S. 2 GVG erfolgen muss, zu denken (§§ 160 Abs. 1 Nr. 5, Abs. 3 Nr. 7, 165). Gleichfalls zu protokollieren sind das Durchführen der Verhandlung über den Ausschluss der Öffentlichkeit gem. § 174 Abs. 1 S. 1 GVG sowie ggf. die Wiederherstellung der Öffentlichkeit. Unterbleibt die erforder-

---

[10] BPatG BeckRS 1999, 15381; BeckOK PatR/*Rauch/Schnurr* PatG § 92 Rn. 6; Busse/Keukenschrijver/*Schuster* PatG § 92 Rn. 7.
[11] BeckOK ZPO/*Wendtland* ZPO § 160 Rn. 3.
[12] BeckOK ZPO/*Wendtland* ZPO § 160 Rn. 3; Musielak/Voit/*Stadler* ZPO § 160 Rn. 2.
[13] BGH GRUR 2020, 781 – EPA-Vertreter.
[14] BeckOK ZPO/*Wendtland* ZPO § 160 Rn. 5; Musielak/Voit/*Stadler* ZPO § 160 Rn. 2; Zöller/*Stöber* ZPO § 160 Rn. 2. AA Baumbach/Lauterbach/Albers/Hartmann ZPO § 160 Rn. 6, wonach das volle Rubrum auch erst bei Erteilung der vollstreckbaren Ausfertigung eingefügt werden kann.
[15] BGH GRUR 2014, 1024 – VIVA FRISEURE/VIVA.
[16] OLG Düsseldorf 12.3.2013 – I-2 U 73/12.
[17] OLG Düsseldorf 12.3.2013 – I-2 U 73/12.
[18] Vor den Verletzungsgerichten in Düsseldorf werden leitende Angestellte der Parteien, insbes. die Leiter der Patentabteilung üblicherweise in das Protokoll aufgenommen. Beim BPatG entspricht die Aufnahme von sonstigen Angestellten, Patentsachbearbeitern nach BPatGE 36, 42 nicht der gängigen Praxis. Vgl. aber: BeckOK PatR/*Rauch/Schnurr* PatG § 92 Rn. 6.
[19] BPatG BeckRS 2012, 02767. Vgl. a. OLG Frankfurt a. M. NJW-RR 2013, 574.
[20] Musielak/Voit/*Stadler* ZPO § 160 Rn. 2.

liche Protokollierung des Ausschlusses der Öffentlichkeit in der letzten mündlichen Verhandlung, liegt ein absoluter Revisionsgrund vor, § 547 Nr. 5.[21] Der Beschluss, mit dem die Öffentlichkeit ausgeschlossen wird, ist gem. § 174 Abs. 1 S. 3 GVG zu begründen, wobei es in Bezug auf § 172 GVG genügt, den Gesetzeswortlaut des zutreffenden Grundes zu wiederholen. Es ist weder im Beschluss noch bei Darstellung der Verhandlung über den Ausschluss erforderlich, die tatsächlichen Umstände aufzuführen, aus denen sich der Ausschlussgrund ergibt.[22] Im Falle des Ausschlusses der Öffentlichkeit sind – mit Ausnahme der Namen der anwesenden Richter oder Beamten (§ 175 Abs. 3 GVG) – die Namen der bei der nicht öffentlichen Sitzung anwesenden Personen in das Protokoll aufzunehmen. Verpflichtet das Gericht die Anwesenden zudem gem. § 174 Abs. 3 GVG (analog) zur Geheimhaltung, ist auch der dahingehende Beschluss im Protokoll aufzunehmen, § 174 Abs. 3 S. 2 GVG. Im Anwendungsbereich des GeschGehG bietet § 19 Abs. 2 Nr. 1 GeschGehG die Möglichkeit, die Öffentlichkeit auszuschließen, wenn in der mündlichen Verhandlung ein **Geschäftsgeheimnis** offengelegt wird und das Gericht Zugangsbeschränkungen gem. § 19 Abs. 1 S. 1 GeschGehG trifft. Ob § 19 Abs. 2 Nr. 1 GeschGehG der Regelung in § 172 Nr. 2 GVG vorgeht oder ob beide nebeneinander stehen, wird unterschiedlich betrachtet.[23] Einigkeit besteht indes zurecht darin, dass für das Verfahren und die Entscheidung (Beschluss) die Vorschriften des GVG maßgeblich sind.[24] Es gelten mithin die vorherigen Ausführungen entsprechend.

D. Wesentliche Vorgänge (Abs. 2)

§ 160 Abs. 2 enthält eine **Generalklausel**. Hiernach sind die **wesentlichen Vorgänge** der Verhandlung aufzunehmen, worunter der **äußere Verfahrensablauf**, nicht aber der Inhalt der Verhandlung[25] zu verstehen ist. Entsprechend dem Normzweck von § 160, die Reichweite der Beweiskraft (§ 165) festzulegen, sind sämtliche Vorgänge zu protokollieren, die für das laufende Verfahren einschließlich der Rechtsmittelinstanz **entscheidungserheblich** bzw. sonst von Bedeutung sein können.[26] Die Prüfung, ob ein wesentlicher Vorgang idS vorliegt, liegt im pflichtgemäßen richterlichen Ermessen. Wird diese Frage bejaht, steht die Protokollierung des Vorgangs nicht im Ermessen des Gerichts; ein wesentlicher Vorgang ist vielmehr zwingend zu protokollieren.[27] Auch wenn ein Protokoll nicht überfrachtet werden sollte, bietet sich wegen des Normzwecks des § 160 in Zweifelsfragen eine großzügigere Handhabung an. 12

Als **zu protokollierende** wesentliche Vorgänge nach Abs. 2 kommen in Betracht:[28] die Erörterung des Sach- und Streitstandes (§ 279 Abs. 3); richterliche Hinweise (§ 139),[29] wobei die nach § 139 Abs. 4 S. 1 notwendige Dokumentation der Hinweise nur ausnahmsweise bei versehentlichen Unterlassen durch einen entsprechenden Aktenvermerk oder im Urt. nachgeholt werden kann;[30] Reaktion der Parteien auf gerichtliche Hinweise; Vergleichsvorschläge (§ 278); Schriftsatzfristen (§ 283); Anträge auf Schriftsatznachlass;[31] prozessleitende Verfügungen, Zwischenentscheidungen, Beweisanordnungen, Beiziehung von Akten und Urkunden;[32] Anhörung von Zeugen außerhalb einer förmlichen Beweisaufnahme;[33] Anhörung einer Partei gem. § 141;[34] Verhandlungen der Parteien über 13

---
[21] → § 547 Rn. 29.
[22] Zöller/*Lückemann* ZPO GVG § 174 Rn. 2 mit Rspr.-Nachw. aus dem Strafrecht.
[23] Vorrang: BeckOK GeschGehG/*Gregor* GeschGehG § 19 Rn. 5. Nebeneinander: Harte-Bavendamm/Ohly/*Kalbfus* GeschGehG § 19 Rn. 42.
[24] BeckOK GeschGehG/*Gregor* GeschGehG § 19 Rn. 5; Harte-Bavendamm/Ohly/*Kalbfus* GeschGehG § 19 Rn. 43.
[25] BPatG BeckRS 2013, 19409; 2013, 01827; 2013, 18905; 2009, 02748.
[26] BeckOK ZPO/*Wendtland* ZPO § 160 Rn. 6; MüKoZPO/*Wagner* ZPO § 160 Rn. 3; Musielak/Voit/*Stadler* ZPO § 160 Rn. 3.
[27] BeckOK ZPO/*Wendtland* ZPO § 160 Rn. 6; MüKoZPO/*Wagner* ZPO § 160 Rn. 3; Musielak/Voit/*Stadler* ZPO § 160 Rn. 3.
[28] Hierzu im Einzelnen: BeckOK ZPO/*Wendtland* ZPO § 160 Rn. 8; MüKoZPO/*Wagner* ZPO § 160 Rn. 3; Musielak/Voit/*Stadler* ZPO § 160 Rn. 3; Zöller/*Stöber* ZPO § 160 Rn. 3.
[29] BVerfG NJW 2015, 1166; BGH BeckRS 2020, 12568; MarkenR 2017, 551 – Glückskäse; BeckRS 2014, 14711; GRUR 2012, 1145 – Pelikan; NJW-RR 2011, 1556; GRUR 1997, 637 – Top-Selection (Rechtsbeschwerde begründet); OLG Düsseldorf GRUR-RS 2022, 1513 – Tabaksticks.
[30] BGH BeckRS 2020, 12568; MarkenR 2017, 551 – Glückskäse; BeckRS 2014, 14711; NJW-RR 2011, 1556; GRUR 2011, 1140 – Schaumstoff Lübke NJW 2006, 60; OLG Düsseldorf GRUR-RS 2015, 7898 – Massivholzmöbel.
[31] BVerfG NJW 2015, 1166; BPatG BeckRS 2009, 00615. OLG Düsseldorf GRUR-RS 2021, 38084 – Dunstabzugshaube. Nicht protokollierungsbedürftig ist indes das dem Antrag nachfolgende Gespräch zwischen der Partei und dem Vorsitzenden, hierzu: LG Düsseldorf 6.2.2014 – 4b O 85/12.
[32] Nachdem die Beweisgebühr nach dem RVG weggefallen ist, muss das Protokoll keine Angabe mehr dazu enthalten, ob die Akten zu Informations- oder zu Beweiszwecken beigezogen worden sind. Will das Gericht eine in einer beigezogenen Akte enthaltene protokollierte Angaben eines Zeugen zum Zwecke des Urkundenbeweises verwerten, kann eine dahingehende Protokollierung allerdings wegen § 139 geboten sein: BGH NJW-RR 2016, 957.
[33] OLG Düsseldorf NJW-RR 2002, 863.
[34] BGH GRUR 2011, 509.

das Ergebnis der Beweisaufnahme (§ 285 Abs. 1);[35] Rügen der Parteien (§§ 39, 295);[36] schriftsätzlich noch nicht gestellte Prozessanträge, wie zB neue Beweisanträge,[37] neue Anträge auf Anordnung der Urkundenvorlage (§ 142), Kostenantrag nach nunmehr erklärter Klagerücknahme (§ 269 Abs. 4), Erledigung (§ 91a), Verweisungsanträge (§ 281); Hilfsanträge;[38] neues tatsächliches Vorbringen und, soweit die Gegenseite dieses bestreitet, auch das Bestreiten[39]; Befangenheitsgesuch (§ 42),[40] sitzungspolizeiliche Maßnahmen (§ 182 GVG).

14 **Nicht zu protokollieren** sind bloße Anregungen der Parteien oder „Anträge", die auf Umstände gerichtet sind, über die das Gericht von Amts wegen zu entscheiden hat,[41] oder Fragen, die das Gericht an eine gem. § 141 Abs. 1 geladene (aber nicht erschienene) Partei beabsichtigte zu stellen.[42]

15 Protokollierung der wesentlichen Vorgänge bedeutet nicht Erstellung eines Wortlautprotokolls; es geht insbes. nicht um die (wortgetreue) Wiedergabe der inhaltlichen Vorträge der Parteien. Das Protokoll kann vielmehr eine **Zusammenfassung** der wesentlichen Vorgänge, dh des äußeren Verfahrensablaufs bzw. nur die Wiedergabe der Kernaussagen enthalten.[43] Angesichts des § 165 ist allerdings stets im Blick zu halten, dass derartige Zusammenfassungen nicht in **inhaltsleere Floskeln** münden sollen. Da die Protokollierung zu Beweiszwecken erfolgt, muss das Rechtsmittelgericht mit Hilfe des Protokolls verlässlich prüfen können, ob die für die Verhandlung vorgeschriebenen Förmlichkeiten beachtet worden sind. Formularhafte Sätze ohne inhaltliche Substanz werden dem idR nicht gerecht; sie sind deshalb weder zweckmäßig noch zielführend. Es sollte deshalb stets geprüft werden, ob bspw. allein die Aufnahme des Satzes „Mit den Parteien wurde die Sach- und Rechtslage erörtert." den Anforderungen an die Protokollierung im jeweiligen Einzelfall genügt.[44] Vor allem vom Gericht erteilte Hinweise und die Reaktionen der Parteien hierauf sollten so konkret wie möglich im Protokoll festgehalten werden. Hinreichend dokumentiert sind in der mündlichen Verhandlung erteilte Hinweise nämlich nur, wenn dem Protokoll zu entnehmen ist, dass den Parteien nicht nur ein allgemeiner und pauschaler Hinweis erteilt wurde, sondern ein unmissverständlicher Hinweis auf den fehlenden Sachvortrag, den das Gericht als entscheidungserheblich ansieht, erfolgt ist.[45]

E. Zwingende Feststellung (Abs. 3)

16 In § 160 Abs. 3 Nr. 1–10 sind weitere **von Amts wegen** zu protokollierende Vorgänge (Prozesshandlungen) genannt. Die Protokollierung dient nur **Beweiszwecken**; die Wirksamkeit der Prozesshandlung ist hiervon grds. unabhängig. Etwas anderes gilt nur für den **Prozessvergleich** (§ 794 Abs. 1 Nr. 1) und das **Geständnis** vor dem beauftragten oder ersuchten Richter (§ 288 Abs. 1). Beides bedarf, um Wirksamkeit zu erlangen, der Protokollierung (Nr. 1, 3).[46]

17 Die Protokollierung eines **Anerkenntnis**ses (§ 307) oder eines **Verzicht**s (§ 306) nach Nr. 1 hat wörtlich zu erfolgen.

18 Nach Nr. 2 sind die **Anträge** zu protokollieren, worunter nach hM nur **Sachanträge, nicht auch Prozessanträge** zu verstehen sind.[47] In der Lit. wird demgegenüber insbes. unter Hinweis auf den Wortlaut von § 160 Abs. 3 Nr. 2 und dem Zweck der Norm zT die Ansicht vertreten, dass unter Nr. 2 auch Prozessanträge fallen.[48] Der Meinungsstreit zeitigt nur dann Auswirkungen, wenn –

---

[35] BGH GRUR 1989, 628 – Katzelmacher.
[36] Die Protokollierung der Rügen ist nicht Wirksamkeitsvoraussetzung. Es ist deshalb nicht erforderlich, eine Rüge, die bereits in einem Schriftsatz zur Vorbereitung der mündlichen Verhandlung erhoben worden und die weiterhin aufrechterhalten ist, in der mündlichen Verhandlung zu Protokoll zu wiederholen. Für die Rüge der örtlichen Unzuständigkeit: LG Düsseldorf InstGE 11, 41 - 2-Achsen-Drehkopf.
[37] BPatG Mitt. 1996, 350; BeckRS 1995, 11926.
[38] BPatG BeckRS 1999, 15214.
[39] OLG Düsseldorf GRUR-RS 2021, 38084 – Dunstabzugshaube.
[40] OLG Jena BeckRS 2014, 22225; OLG Celle BeckRS 2011, 2424; OLG Schleswig BeckRS 2005, 30362144.
[41] BeckOK ZPO/*Wendtland* ZPO § 160 Rn. 10.
[42] OLG Karlsruhe BeckRS 2012, 15450.
[43] LG Düsseldorf 6.2.2014 – 4b O 85/12.
[44] Musielak/Voit/*Stadler* ZPO § 160 Rn. 3 hält dies für zulässig, sofern es sich nicht um einen Formularvordruck handelt. Strenger: BeckOK ZPO/*Wendtland* ZPO § 160 Rn. 7. Vgl. aber auch BPatG BeckRS 2013, 01827, wonach der allgemeine Hinweis auf die Erörterung der Sach- und Rechtslage ausreicht, weil Inhalt und Umfang der tatsächlichen Erörterung des Sach- und Streitstandes nicht zu den wesentlichen Vorgängen gehören sollen. In dieser Allgemeinheit kann dem nicht zugestimmt werden.
[45] Sofern die Erteilung eines gebotenen Hinweises in der mündlichen Verhandlung im Protokoll nicht hinreichend dokumentiert ist, gilt er als nicht erteilt: BGH BeckRS 2020, 12568; 2015, 18837; 2014, 14711; NJW-RR 2011, 1556; GRUR 2011, 1140 – Schaumstoff Lübke; OLG Düsseldorf GRUR-RS 2022, 1513 – Tabaksticks; GRUR-RS 2022, 38084 – Dunstabzugshaube.
[46] Str. ist, ob auch der Protokollierungsvermerk gem. § 162 Abs. 1 Wirksamkeitsvoraussetzung ist: *Leube* JuS 2016, 317.
[47] BPatG BeckRS 2008, 25777; 2009, 00615; 1995, 11926; OLG München NJW 1964, 361; BeckOK ZPO/*Wendtland* ZPO § 160 Rn. 12; Benkard/*Schäfers* PatG § 92 Rn. 10; BeckOK PatR/*Rauch/Schnurr* PatG § 92 Rn. 9; Ingerl/Rohnke MarkenG § 77 Rn. 3; Zöller/*Stöber* ZPO § 160 Rn. 6.
[48] MüKoZPO/*Wagner* ZPO § 160 Rn. 5; Musielak/Voit/*Stadler* ZPO § 160 Rn. 6.

unzutreffender Weise – (neue) Prozessanträge nicht als wesentliche Vorgänge iSd Generalklausel des Abs. 2 angesehen werden. Die Sachanträge können in den Formen des § 297 gestellt werden. Das Protokoll muss erkennen lassen, welche Form gewählt worden ist.

Erklärungen über den **Antrag auf Parteivernehmung** (§§ 445 ff.) sind nach Nr. 3 zu protokollieren, die Aussagen im Rahmen einer **Parteivernehmung** (§§ 445 ff.)[49] unterfallen Nr. 4, es sei denn § 161 greift ein. Für die Art und Weise der Protokollierung der Aussage einer vernommenen Partei gelten die nachfolgend aufgeführten Grundsätze entsprechend. Keiner inhaltlichen Protokollierung bedarf grundsätzlich die Anhörung einer Partei gem. § 141.[50] Es reicht insoweit, wenn – neben dem Vermerk der Anhörung als wesentlicher Vorgang gem. Abs. 2 – die gemachten Angaben in den Entscheidungsgründen wiedergegeben sind. Bei umfangreicheren tatsächlichen Angaben kann gleichwohl eine Protokollierung geboten sein.[51] **19**

Nach Nr. 4 sind (auch) die Aussagen von Zeugen und Sachverständigen zu protokollieren, sofern kein Tatbestand des § 161 Abs. 1 vorliegt. Die Aussagen der **Zeugen** (§ 396) sind unter Berücksichtigung ihrer Erheblichkeit für das Beweisthema vollständig, unverfälscht und soweit wie möglich in der Sprache der Zeugen in das Protokoll aufzunehmen. Es empfiehlt sich eine Aufnahme in indirekter Rede. Nur wenn die Aussage so getreu wie möglich aufgenommen worden ist, ist eine ordnungsgemäße Beweiswürdigung (§ 286) gewährleistet. Eigene, „schönere" oder „passendere" Formulierungen des Protokollführers vermitteln einen anderen Eindruck, mögen sie auch nur gewählt worden sein, um dem Zeugen zu helfen. Der Inhalt der Zeugenaussage ist zu protokollieren. Der Satz „Der Zeuge äußerte sich zur Sache" genügt für sich genommen nicht.[52] Die wörtliche Wiedergabe einer Aussage ist erforderlich, wenn es auf den genauen Wortlaut ankommt, bspw. bei Widersprüchen in der eigenen bzw. gegenüber anderen Zeugenaussagen, im Falle der Beeidigung des Zeugen (§§ 391, 410, 452) oder bei Korrektur einer Aussage. Das Protokoll kann auch Feststellungen zum nonverbalen Verhalten des Zeugen, wie zB Körpersprache, Mimik, Anzeichen für Nervosität oder Unsicherheit enthalten.[53] Für die Vernehmung von **gerichtlichen Sachverständigen**[54] gelten die gleichen Grundsätze. Es ist insbes. nicht ausreichend im Protokoll allein festzuhalten: „Der Gutachter erläutert sein schriftliches Gutachten". Der Inhalt der sachverständigen Bekundungen ist im Protokoll nieder zu schreiben, wobei uU eine konkrete Bezugnahme auf Textstellen eines zuvor erstellten schriftlichen Gutachtens genügen kann. Von dieser Möglichkeit sollte in komplexen Fallgestaltungen allerdings in zurückhaltender Weise Gebrauch gemacht werden; die Bezugnahme darf keinesfalls dazu führen, dass die protokollierte Aussage unverständlich wird. Gerade bei (technisch) komplexen Sachverhalten und diffizilen Beweisthemen bietet es sich oftmals an, ein Wortprotokoll zu führen. Bei den mit technischen Schutzrechten befassten Verletzungsgerichten in Düsseldorf ist es – auch wenn die Protokollführung beim Vorsitzenden liegt – mittlerweile üblich, den Sachverständigen zu bitten, seine Antworten zu technischen Fragen direkt selbst in ein Diktiergerät, mit dem die Vernehmung regelmäßig vorläufig aufgezeichnet wird, zu sprechen. Ebenso werden die Parteivertreter regelmäßig gebeten, ihre Fragen zur Technik selbst zu diktieren. Dies gewährleistet, dass die bei komplexen technischen Fragestellungen geltenden Feinheiten von allen beachtet werden können und die Konzentration insbes. der (technisch nicht vorgebildeten) Richter nicht vorrangig auf der richtigen Zusammenfassung der Bekundungen oder der Erstellung des Protokolls, sondern an der inhaltlichen Erfassung der sachverständigen Äußerungen und der Sachklärung liegt. Bei einer **wiederholten Vernehmung** eines Zeugen oder eines Sachverständigen zum selben Beweisthema muss nur die abweichende Aussage protokolliert werden. Die mündliche Anhörung eines Sachverständigen zu seinem schriftlichen Gutachten ist keine wiederholte Vernehmung idS.[55] **20**

Ist die **Protokollierung** der Aussagen **fehlerhafter Weise unterblieben,** so dass ein Mangel im Tatbestand vorliegt, kann dieser Mangel nicht durch rügeloses Verhandeln (§ 295) geheilt werden.[56] Die Bedeutung der Protokollierung für die rechtliche Überprüfbarkeit der erfolgten Rechtsanwendung steht nicht zur Disposition der Parteien.[57] Es ist jedoch möglich, die – ggf. wegen eines (zu spät bemerkten) technischen Defekts bei vorläufiger Tonbandaufnahme – fehlende Protokollierung durch die Darstellung der Aussagen im Urt. oder durch einen Berichterstattervermerk über das Ergebnis der Beweisaufnahme, auf den im Urt. Bezug genommen wird, zu ersetzen.[58] Dies setzt allerdings voraus, **21**

---

[49] § 160 Abs. 3 Nr. 4 erfasst nicht die Parteianhörung gem. § 141.
[50] BGH GRUR 2011, 509.
[51] BGH GRUR 2011, 509.
[52] BGH NJW-RR 2010, 63.
[53] BeckOK ZPO/*Wendtland* § 160 Rn. 15; Musielak/Voit/*Stadler* ZPO § 160 Rn. 8; Zöller/*Stöber* ZPO § 160 Rn. 8.
[54] Angaben eines Privatgutachters stellen lediglich Parteivorbringen dar und sind somit nicht protokollierungspflichtig: LG Düsseldorf 5.8.2013 – 4a O 264/09.
[55] Musielak/Voit/*Stadler* ZPO § 160 Rn. 8. AA BeckOK ZPO/*Wendtland* ZPO § 160 Rn. 16.
[56] BGH GRUR 1987, 65 – Aussageprotokollierung.
[57] BeckOK ZPO/*Wendtland* ZPO § 160 Rn. 19; Musielak/Voit/*Stadler* ZPO § 160 Rn. 8.
[58] BGH GRUR 1987, 65 – Aussageprotokollierung; BeckOK ZPO/*Wendtland* ZPO § 160 Rn. 19; Musielak/Voit/*Stadler* ZPO § 160 Rn. 8.

dass sich der Inhalt der Zeugenaussagen aus dem Urt. und/oder dem Vermerk selbst klar ergibt und keine Anhaltspunkte dafür bestehen, dass der Zeuge bei der Vernehmung weitere Erklärungen abgegeben hat, die erheblich sein könnten.[59] Es ist deshalb grds. geboten, den Parteien einen Berichterstattervermerk innerhalb der Spruchfrist zwecks Wahrung des rechtlichen Gehörs zur Kenntnis zu geben.[60]

22 Nach Nr. 5 ist das Ergebnis des **Augenscheins** (§ 371) zu protokollieren. Grundvoraussetzung hierfür ist, dass die Einführung der Gegenstände zwecks Beweisaufnahme erfolgt und nicht (nur) im Zusammenhang mit einer rechtlichen Bewertung.[61] Es ist festzustellen, ob und was (zB Anlagen, Produkte oder Modelle) in Augenschein genommen wurde sowie welche äußeren tatsächlichen Feststellungen seitens des Gerichts hierzu getroffen werden konnten.[62] Nicht zu protokollieren ist das würdigende Ergebnis bzw. die Schlussfolgerungen, die aus dem Augenschein gezogen werden.[63] Unterbleibt fehlerhaft eine Protokollierung, gilt das unter → Rn. 21 Gesagte entsprechend. In der Revisionsinstanz führt der von Amts wegen zu beachtende Mangel idR zur Aufhebung und zur Zurückverweisung.[64]

23 Nr. 6 sieht die Protokollierung von **Entscheidungen**, dh Urt., Beschl. und Vfg. **des Gerichts** vor. Bei Urt. ist stets die Urteilsformel, die bei Verkündung schriftlich niedergelegt sein muss,[65] wörtlich in das Protokoll aufzunehmen (§ 311 Abs. 2). Die Aufnahme kann auch mittels einer Anlage gem. § 160 Abs. 5 erfolgen. Wird das Urt. nicht in dem Termin, in dem die mündliche Verhandlung geschlossen wird, verkündet, muss es im Verkündungstermin in vollständiger Form abgefasst sein (§ 310 Abs. 2).[66] Bei einem nicht rechtsmittelfähigen Urt. kann der wesentliche Inhalt der Entscheidungsgründe in das Protokoll aufgenommen werden, so dass diese im Urt. weggelassen werden können (§ 313a Abs. 1). Bei einem abgekürzten Urt. genügt die protokollierte Bezugnahme auf die Anträge (§ 313b Abs. 2). Wird im Berufungsverfahren in dem Termin, in dem die mündliche Verhandlung geschlossen wird, ein Protokollurteil (§ 540 Abs. 1 S. 2) erlassen, muss das Protokoll die Urteilsformel und die Urteilsverkündung enthalten. Es können zudem die nach § 540 Abs. 1 S. 1 erforderlichen Darlegungen in das Protokoll aufgenommen werden; eine schriftliche Berufungsurteilsbegründung ist dann entbehrlich. In diesem Fall genügen die Unterschriften aller Richter unter der Sitzungsniederschrift, die dann zugleich das vollständige Urt. darstellt.[67]

24 Die **Verkündung einer Entscheidung** des Gerichts ist nach Nr. 7 zu protokollieren. Wird ein Urt. verkündet (§ 310 Abs. 1 S. 1), geschieht dies durch Verlesung der Urteilsformel (§ 311 Abs. 2 S. 1) oder, wenn von den Parteien niemand anwesend ist, durch Bezugnahme auf die Urteilsformel (§ 311 Abs. 2 S. 2). In beiden Fällen muss die Urteilsformel bei Verkündung schriftlich niedergelegt sein.[68] Der Gegenstand der Verkündung muss sich entweder aus dem Protokoll selbst ergeben (zB wörtliche Aufnahme der Urteilsformel) oder aus einer dem Protokoll beigefügten und im Protokoll als solche bezeichneten Anlage (§ 160 Abs. 5).[69] Existiert kein Protokoll, mit dem sich die Verkündung nachweisen lässt, ist das Urt. nicht existent.[70] Im Protokoll genügt die Feststellung, dass die „anliegende Entscheidung" bzw. das „anliegende Urteil" verkündet worden ist, wobei dem Protokoll nur dann die volle Beweiskraft zukommt, wenn das Verkündungsprotokoll innerhalb der Fünf-Monats-Frist des § 517 erstellt worden ist.[71] Das Verkündungsprotokoll muss grundsätzlich nicht fest mit dem verkündeten Urt. verbunden sein.[72]

25 Zu protokollieren ist ferner nach den Nr. 8 und 9 die **Rücknahme der Klage** (§ 269) oder eines **Rechtsmittels** (§§ 516, 565), der **Rechtsmittelverzicht** (§§ 515, 565) sowie die hierauf erforderlichen Erklärungen der Gegenseite.[73] Nr. 10 schreibt die Protokollierung des **Ergebnisses einer Güteverhandlung** vor.

---

[59] BGH GRUR 1987, 65 – Aussageprotokollierung.
[60] Prütting/Gehrlein/*Dörr* ZPO § 160 Rn. 18.
[61] BPatG BeckRS 2009, 2748.
[62] BGH GRUR 2013, 1052 – Einkaufswagen III; GRUR 2011, 148 – Goldhase II.
[63] BeckOK ZPO/*Wendtland* ZPO § 160 Rn. 20; Musielak/Voit/*Stadler* ZPO § 160 Rn. 9; MüKoZPO/*Wagner* ZPO § 160 Rn. 12.
[64] BGH GRUR 2013, 1052 – Einkaufswagen III; GRUR 2011, 148 – Goldhase II.
[65] BGH MDR 2015, 852; NJW 2015, 2342, wonach allerdings nicht erforderlich ist, dass die schriftlich fixierte Urteilsformel Bestandteil der Akten wird; OLG Hamm MDR 2015, 1203.
[66] BGH GRUR 2007, 1059 – Zerfallszeitmessgerät.
[67] BGH NJW-RR 2008, 1521; BeckOK ZPO/*Wendtland* ZPO § 160 Rn. 21.
[68] BGH NJW 2015, 2342; BeckOK ZPO/*Wendtland* ZPO § 160 Rn. 19; Musielak/Voit/*Stadler* ZPO § 160 Rn. 8.
[69] BGH GRUR 2007, 1059 – Zerfallszeitmessgerät; BGH NJW-RR 1991, 1084.
[70] OLG Brandenburg BeckRS 2021, 42269; BeckRS 2020, 7599; OLG München AnwBl Online 2019, 162.
[71] BGH MDR 2015, 852; NJW 2011, 1741; OLG Brandenburg BeckRS 2021, 42269; OLG Schleswig BeckRS 2021, 18917; OLG München AnwBl Online 2019, 162.
[72] BGH NJW-RR 2015, 509.
[73] BeckOK ZPO/*Wendtland* ZPO § 160 Rn. 24; MüKoZPO/*Wagner* ZPO § 160 Rn. 16; Zöller/*Stöber* ZPO § 160 Rn. 12.

Das Protokoll ist insoweit, als es Feststellungen nach § 160 Abs. 3 **Nr. 1, 3, 4, 5, 8 oder 9** enthält, 26
den Beteiligten **vorzulesen** oder zur Durchsicht vorzulegen. Wenn der Inhalt des Protokolls nur
vorläufig aufgezeichnet worden ist, genügt es, wenn die Aufzeichnungen **vorgelesen** oder abgespielt
werden. In dem Protokoll ist zu vermerken, dass dies geschehen ist und die **Genehmigung** erteilt ist
oder welche Einwendungen erhoben worden sind (§ 162 Abs. 1). Ein Verstoß gegen § 162 Abs. 1
nimmt dem Protokoll insoweit die Beweiskraft einer öffentlichen Urkunde.[74]

F. Protokollaufnahmeantrag (Abs. 4)

Nach § 160 Abs. 4 S. 1 kann **jeder Beteiligte,** mithin nicht nur die Parteien, **beantragen,** dass 27
bestimmte Vorgänge oder Äußerungen in das Protokoll aufgenommen werden. Die Beteiligten
können auf diesem Wege auf ein etwaiges Versäumnis des Gerichts bei der Protokollierung von
Umständen, die nach § 160 Abs. 1–3 zwingend zu protokollieren sind, aufmerksam machen. Darüber
hinaus kann auch die Aufnahme von Äußerungen und Vorgängen begehrt werden, für die, auch wenn
sie keinen wesentlichen Vorgang gem. § 160 Abs. 2 darstellen, es ein **anerkennenswertes Interesse**
an der Aufnahme der Vorgänge oder der Äußerung in das Protokoll gibt, wobei der Sinn und Zweck
des § 160 nicht außer Acht gelassen werden darf.[75] § 160 Abs. 4 dient vor allem dazu, den Inhalt
der Parteivorträge (doch noch) zu protokollieren.[76] Eine Protokollierung auf Antrag kann bei Vorgängen oder Äußerungen in Betracht kommen, die für andere Verfahren entscheidungserheblich sein
können. So können bspw. entscheidungserhebliche Äußerungen in einem Verfahren wegen Verletzung eines Schutzrechts protokolliert werden, die in Widerspruch zu Äußerungen der Partei im
Erteilungs- bzw. Rechtsbestandsverfahren betreffend das Schutzrecht stehen und dort erhebliche
Relevanz erlangen können. Ebenso möglich ist die Protokollierung von Äußerungen oder Vorgängen,
die eine Straftat oder eine Verletzung von Standespflichten dokumentieren.

Der Antrag muss **bis zum Schluss der mündlichen Verhandlung** gestellt werden.[77] Danach ist 28
er verfristet. Vor einer Entscheidung ist der Gegenseite Gelegenheit zur Stellungnahme zu geben
(Art. 103 Abs. 1 GG). Die stattgebende **Entscheidung** obliegt dem Vorsitzenden. Wird der Antrag
hingegen abgelehnt, weil es auf die Feststellung des Vorgangs oder der Äußerung nicht ankommt, muss
dies per Beschl. des Spruchkörpers geschehen.[78] Weder die stattgebende Entscheidung noch der
ablehnende Beschl. sind nach § 160 Abs. 4 Nr. S. 3 anfechtbar. Der **ablehnende Beschl.** ist in das
Protokoll aufzunehmen, wobei die Aussage bzw. der Vorgang dessen Feststellung im Protokoll abgelehnt wird, nicht inhaltlich wieder gegeben werden muss.[79] Wird der Antrag nach § 160 Abs. 4 zu
Unrecht abgelehnt, kann dies die **Besorgnis der Befangenheit** begründen.[80]

G. Anlagen (Abs. 5)

Die Aufnahme in das Protokoll kann gem. § 160 Abs. 5 auch durch die Aufnahme in einer Schrift 29
erfolgen, die dem **Protokoll als Anlage beigefügt** und in dem Protokoll **als solche bezeichnet** ist.
Die Anlage nimmt an der Beweiskraft des Protokolls teil (§ 165). Die Bezeichnung und die Kennzeichnung der Anlage zum Protokoll müssen so konkret sein, dass keine Zweifel an ihrer Identität
aufkommen. Zweckmäßig ist es, auf der Anlage selbst zu vermerken, dass es sich um eine Protokollanlage handelt. Die Anlage muss weder vom Protokollführer noch von dem Vorsitzenden unterzeichnet werden; es ist auch keine feste Verbindung mit dem Protokoll erforderlich.[81] Die Anlage zum
Protokoll ist bei der Übersendung der Protokollabschriften mit zu übersenden.

§ 160a Vorläufige Protokollaufzeichnung

(1) Der Inhalt des Protokolls kann in einer gebräuchlichen Kurzschrift, durch verständliche Abkürzungen oder auf einem Ton- oder Datenträger vorläufig aufgezeichnet werden.

(2) [1] Das Protokoll ist in diesem Fall unverzüglich nach der Sitzung herzustellen. [2] Soweit Feststellungen nach § 160 Abs. 3 Nr. 4 und 5 mit einem Tonaufnahmegerät vorläufig aufgezeichnet worden sind, braucht lediglich dies in dem Protokoll vermerkt zu werden. [3] Das Protokoll ist um die Feststellungen zu ergänzen, wenn eine Partei dies bis zum rechtskräftigen Abschluss des Verfahrens beantragt oder das Rechtsmittelgericht die Ergänzung anfordert. [4] Sind Feststellungen nach § 160 Abs. 3 Nr. 4 unmittelbar aufgenommen und ist zugleich das wesentliche Ergebnis der Aussagen vorläufig aufgezeichnet worden, so kann eine Ergänzung des Protokolls nur um das wesentliche Ergebnis der Aussagen verlangt werden.

---

[74] BGH NJW-RR 2007, 1451.
[75] BeckOK ZPO/*Wendtland* ZPO § 160 Rn. 26. BPatG BeckRS 2013, 18905 fordert „Sachdienlichkeit" im Hinblick auf das Verfahren, in dem der Antrag gestellt worden ist.
[76] LG Düsseldorf 28.2.2012 – 4a O 219/10.
[77] BPatG BeckRS 2018, 33025; 2015, 09317; 2013, 19409; 2013, 18905; OLG Frankfurt a. M. NJOZ 2005, 764; LG Düsseldorf 5.8.2013 – 4a O 264/09.
[78] BeckOK ZPO/*Wendtland* ZPO § 160 Rn. 27; Zöller/*Stöber* ZPO § 160 Rn. 15.
[79] BeckOK ZPO/*Wendtland* ZPO § 160 Rn. 27; Benkard/*Schäfers* PatG § 92 Rn. 12; Musielak/Voit/*Stadler* ZPO § 160 Rn. 14; Zöller/*Stöber* ZPO § 160 Rn. 15.
[80] OLG Jena BeckRS 2014, 22225; BPatG Mitt. 1996, 350; Ingerl/Rohnke MarkenG § 77 Rn. 3.
[81] BeckOK ZPO/*Wendtland* ZPO § 160 Rn. 29; Zöller/*Stöber* ZPO § 160 Rn. 16.

(3) ¹Die vorläufigen Aufzeichnungen sind zu den Prozessakten zu nehmen oder, wenn sie sich nicht dazu eignen, bei der Geschäftsstelle mit den Prozessakten aufzubewahren. ²Aufzeichnungen auf Ton- oder Datenträgern können gelöscht werden,
1. soweit das Protokoll nach der Sitzung hergestellt oder um die vorläufig aufgezeichneten Feststellungen ergänzt ist, wenn die Parteien innerhalb eines Monats nach Mitteilung der Abschrift keine Einwendungen erhoben haben;
2. nach rechtskräftigem Abschluss des Verfahrens.
³Soweit das Gericht über eine zentrale Datenspeichereinrichtung verfügt, können die vorläufigen Aufzeichnungen an Stelle der Aufbewahrung nach Satz 1 auf der zentralen Datenspeichereinrichtung gespeichert werden.
(4) Die endgültige Herstellung durch Aufzeichnung auf Datenträger in der Form des § 130b ist möglich.

§ 161 Entbehrliche Feststellungen

(1) Feststellungen nach § 160 Abs. 3 Nr. 4 und 5 brauchen nicht in das Protokoll aufgenommen zu werden,
1. wenn das Prozessgericht die Vernehmung oder den Augenschein durchführt und das Endurteil der Berufung oder der Revision nicht unterliegt;
2. soweit die Klage zurückgenommen, der geltend gemachte Anspruch anerkannt oder auf ihn verzichtet wird, auf ein Rechtsmittel verzichtet oder der Rechtsstreit durch einen Vergleich beendet wird.

(2) ¹In dem Protokoll ist zu vermerken, dass die Vernehmung oder der Augenschein durchgeführt worden ist. ²§ 160a Abs. 3 gilt entsprechend.

§ 162 Genehmigung des Protokolls

(1) ¹Das Protokoll ist insoweit, als es Feststellungen nach § 160 Abs. 3 Nr. 1, 3, 4, 5, 8, 9 oder zu Protokoll erklärte Anträge enthält, den Beteiligten vorzulesen oder zur Durchsicht vorzulegen. ²Ist der Inhalt des Protokolls nur vorläufig aufgezeichnet worden, so genügt es, wenn die Aufzeichnungen vorgelesen oder abgespielt werden. ³In dem Protokoll ist zu vermerken, dass dies geschehen und die Genehmigung erteilt ist oder welche Einwendungen erhoben worden sind.

(2) ¹Feststellungen nach § 160 Abs. 3 Nr. 4 brauchen nicht abgespielt zu werden, wenn sie in Gegenwart der Beteiligten unmittelbar aufgezeichnet worden sind; der Beteiligte, dessen Aussage aufgezeichnet ist, kann das Abspielen verlangen. ²Soweit Feststellungen nach § 160 Abs. 3 Nr. 4 und 5 in Gegenwart der Beteiligten diktiert worden sind, kann das Abspielen, das Vorlesen oder die Vorlage zur Durchsicht unterbleiben, wenn die Beteiligten nach der Aufzeichnung darauf verzichten; in dem Protokoll ist zu vermerken, dass der Verzicht ausgesprochen worden ist.

§ 163 Unterschreiben des Protokolls

(1) ¹Das Protokoll ist von dem Vorsitzenden und von dem Urkundsbeamten der Geschäftsstelle zu unterschreiben. ²Ist der Inhalt des Protokolls ganz oder teilweise mit einem Tonaufnahmegerät vorläufig aufgezeichnet worden, so hat der Urkundsbeamte der Geschäftsstelle die Richtigkeit der Übertragung zu prüfen und durch seine Unterschrift zu bestätigen; dies gilt auch dann, wenn der Urkundsbeamte der Geschäftsstelle zur Sitzung nicht zugezogen war.

(2) ¹Ist der Vorsitzende verhindert, so unterschreibt für ihn der älteste beisitzende Richter; war nur ein Richter tätig und ist dieser verhindert, so genügt die Unterschrift des zur Protokollführung zugezogenen Urkundsbeamten der Geschäftsstelle. ²Ist dieser verhindert, so genügt die Unterschrift des Richters. ³Der Grund der Verhinderung soll im Protokoll vermerkt werden.

§ 164 Protokollberichtigung

(1) Unrichtigkeiten des Protokolls können jederzeit berichtigt werden.

(2) Vor der Berichtigung sind die Parteien und, soweit es die in § 160 Abs. 3 Nr. 4 genannten Feststellungen betrifft, auch die anderen Beteiligten zu hören.

(3) ¹Die Berichtigung wird auf dem Protokoll vermerkt; dabei kann auf eine mit dem Protokoll zu verbindende Anlage verwiesen werden. ²Der Vermerk ist von dem Richter, der das Protokoll unterschrieben hat, oder von dem allein tätig gewesenen Richter, selbst wenn dieser an der Unterschrift verhindert war, und von dem Urkundsbeamten der Geschäftsstelle, soweit er zur Protokollführung zugezogen war, zu unterschreiben.

(4) ¹Erfolgt der Berichtigungsvermerk in der Form des § 130b, ist er in einem gesonderten elektronischen Dokument festzuhalten. ²Das Dokument ist mit dem Protokoll untrennbar zu verbinden.

Literatur: *Foerster/Sonnabend,* Rügeverkümmerung durch Protokollberichtigung im Zivilprozess, NJW 2010, 978; *Schmieder/Ulrich,* Die untrennbare Verbindung bei elektronischer Aktenführung, NJW 2015, 3482; *Stackmann,* Der (Un-)Sinn von Berichtigungsanträgen, NJW 2009, 1537.

A. Anwendungsbereich und Normzweck

1 § 164 gilt **unmittelbar** für die Berichtigung von Protokollen, die nach §§ 159 ff. zu erstellen sind. Entsprechend anwendbar ist er nach § 92 Abs. 2 S. 2 PatG und § 77 Abs. 2 S. 2 MarkenG für die Berichtigung von Niederschriften in dem Verfahren vor dem BPatG. Gleichfalls **entsprechend anwendbar** ist § 164 gem. § 278 Abs. 6 S. 3 im Falle der Berichtigung von Beschlüssen, die den Inhalt eines nach § 278 Abs. 6 zustande gekommenen Vergleichs fehlerhaft feststellen.

2 § 164 dient der Berichtigung von Unrichtigkeiten des Protokolls. Er stellt folglich sicher, dass das Protokoll richtig und vollständig ist, wodurch die **Beweisfunktion** des Protokolls gem. § 165 **gewährleistet** wird.

B. Unrichtigkeit des Protokolls

Eine Berichtigung setzt voraus, dass das Protokoll unrichtig ist. Dies ist es, wenn sein Inhalt (§ 160) **3** **nicht** dem **tatsächlichen Geschehen in der Verhandlung oder der Beweisaufnahme entspricht**.[1] Zu berichtigen sind hiernach alle formellen und sachlichen **Fehler** sowie etwaige **Unvollständigkeiten**[2] des Protokolls. Ob der Fehler oder die Unvollständigkeit offensichtlich ist, ist – anders als bei § 319 – unerheblich. Ebenso wenig ist von Belang, ob der Fehler oder die Unvollständigkeit entscheidungserheblich sind.[3] Das Protokoll kann auch, obgleich die Beweiskraft gem. § 165 nur in dem Verfahren gilt, in dem das Protokoll erstellt worden ist, Relevanz für ein anderes Verfahren erlangen.

Die Unrichtigkeit iSv § 164 muss den äußeren Ablauf der Verhandlung und einen nach § 160 zu **4** protokollierenden Umstand betreffen.[4] Die Vorschrift bietet keine Grundlage für Berichtigungen von **inhaltlichen Fehlern**, die dem Gericht tatsächlich unterlaufen und richtig protokolliert sind.[5] Deshalb kann bspw. das versehentliche Übergehen eines geltend gemachten Haupt- oder Nebenanspruchs nicht mittels einer Protokollberichtigung korrigiert werden. Der Mangel kann nur gem. § 321 behoben werden.[6] § 164 greift gleichfalls weder bei § 162 vorgelesenen und genehmigten Feststellungen ein,[7] es sei denn, es handelt sich um einen eindeutige Übertragungsfehler bei vorläufiger Aufzeichnung (§ 160a), noch zwecks Ergänzung einer protokollierten Zeugenaussage bzw. zur Aufnahme weiterer Äußerungen iSd § 160 Abs. 4.[8] Die Berichtigung eines im Protokoll enthaltenen Fehlers darf das Protokoll nicht an anderer Stelle unrichtig machen.[9]

Die **Beweislast** für die Unrichtigkeit liegt bei der Partei bzw. dem Beteiligten, der die Protokoll- **5** berichtigung wegen Unrichtigkeit beantragt.[10]

Grundvoraussetzung für eine Berichtigung ist die **sichere Erinnerung** der Personen, die ent- **6** sprechend § 163 Abs. 1 S. 1, Abs. 2 das Protokoll unterschrieben haben, dass der Vorgang, um den das Protokoll berichtet werden soll, tatsächlich in der Verhandlung stattgefunden hat. Kann sich die Urkundsperson nicht erinnern oder unterscheidet sich bei mehreren Urkundspersonen die Erinnerung, hat eine Berichtigung zu unterbleiben.[11] Ist das Protokoll iSd § 160a vorläufig aufgezeichnet worden, gilt es zu beachten, dass es nur auf die Erinnerung der Urkundsperson ankommen kann, die in der Sitzung anwesend und mit der Protokollführung nach § 159 Abs. 1 betraut war. Die Urkundsperson, die hingegen nur die vorläufige Aufzeichnung übertragen hat, hat zwar nach § 163 Abs. 1 S. 2 die Richtigkeit der Übertragung zu überprüfen und durch ihre Unterschrift zu bestätigen. Mangels Teilnahme an der Sitzung kann sie indes aus eigener Erinnerung Nichts zu Vorgängen in der mündlichen Verhandlung sagen.

C. Berichtigungsverfahren

Das Protokoll kann auf **Antrag oder von Amts wegen** nach § 164 Abs. 1 **jederzeit** berichtigt **7** werden, dh bis zur Rechtskraft der Entscheidung, die in dem Verfahren erlassen wurde, in dem das Protokoll erstellt worden ist.[12] Wird ein verfristeter Antrag auf Protokollaufnahme nach § 160 Abs. 4[13] gestellt, ist zu klären, ob dieser als Antrag bzw. Anregung zur Protokollberichtigung aufgefasst werden soll.[14]

Nach § 164 Abs. 2 sind **vor** der **Berichtigung** die Parteien und, soweit es die in § 160 Abs. 3 Nr. 4 **8** genannten Feststellungen betrifft, auch die anderen Beteiligten iSd Vorschrift anzuhören. **Rechtliches Gehör** ist deshalb auch dem Nebenintervenienten (§§ 67, 68) oder der Beweisperson zu gewähren, nicht aber dem nicht beigetretenen Streitverkündeten (§ 74 Abs. 2).[15] Entbehrlich ist – nach dem

---

[1] BPatG BeckRS 2013, 19409; LG Düsseldorf 28.2.2012 – 4a O 219/10; BeckOK ZPO/*Wendtland* ZPO § 164 Rn. 3; Musielak/Voit/*Stadler* ZPO § 164 Rn. 1; Zöller/*Stöber* ZPO § 164 Rn. 2.
[2] LG Düsseldorf 28.2.2012 – 4a O 219/10.
[3] BeckOK ZPO/*Wendtland* ZPO § 164 Rn. 3; Musielak/Voit/*Stadler* ZPO § 164 Rn. 1; Zöller/*Stöber* ZPO § 164 Rn. 2.
[4] LG Düsseldorf 5.8.2013 – 4a O 264/09; LG Düsseldorf 28.2.2012 – 4a O 219/10.
[5] BeckOK ZPO/*Wendtland* ZPO § 164 Rn. 4; Zöller/*Stöber* ZPO § 164 Rn. 2.
[6] BGH GRUR 2014, 407 – Abmahnkosten.
[7] LG Köln BeckRS 2011, 08546; BeckOK ZPO/*Wendtland* ZPO § 164 Rn. 5; Musielak/Voit/*Stadler* ZPO § 164 Rn. 2.
[8] BPatG BeckRS 2015, 09317.
[9] BeckOK ZPO/*Wendtland* ZPO § 164 Rn. 5; Musielak/Voit/*Stadler* ZPO § 164 Rn. 2.
[10] BPatG BeckRS 2013, 19409; Zöller/*Stöber* ZPO § 164 Rn. 2.
[11] BeckOK ZPO/*Wendtland* ZPO § 164 Rn. 10; Musielak/Voit/*Stadler* ZPO § 164 Rn. 7.
[12] BeckOK ZPO/*Wendtland* ZPO § 164 Rn. 7; Musielak/Voit/*Stadler* ZPO § 164 Rn. 3; Zöller/*Stöber* ZPO § 164 Rn. 2.
[13] → § 160 Rn. 27.
[14] Zur Abgrenzung eines Antrages auf Protokollberichtigung und eines Antrags auf Protokollaufnahme bei Ergänzung einer Zeugenaussage: OLG Frankfurt a. M. NJOZ 2005, 764.
[15] Musielak/Voit/*Stadler* ZPO § 164 Rn. 3; Zöller/*Stöber* ZPO § 164 Rn. 4. AA BeckOK ZPO/*Wendtland* ZPO § 164 Rn. 8.

Gesetzeswortlaut – eine Anhörung, wenn keine Berichtigung stattfindet, der Antrag mithin zurückgewiesen wird. Sie kann gleichwohl zweckmäßig sein, wenn bspw. im Hinblick auf eine vorläufige Protokollaufzeichnung[16] gem. § 160a ein Übertragungsfehler reklamiert wird, ein solcher nach (erneuter) Anhörung der Urkundsperson durch die Urkundsperson, die die Übertragung vorgenommen hat, indes nicht festgestellt werden kann. Nach Mitteilung der entsprechenden Erkenntnis der Urkundsperson kann und wird der Berichtigungsantrag idR zurückgenommen.

D. Entscheidung

9 Sind die Voraussetzungen für eine Berichtigung erfüllt, besteht **kein Ermessen** hinsichtlich der Frage, ob berichtigt wird. Bei Unrichtigkeiten im Sinne der Vorschrift ist eine Berichtigung vielmehr zwingend.

10 Die Berichtigung erfolgt in Form eines Berichtigungsvermerks, § 164 Abs. 3, 4. Ein förmlicher Beschluss ist nicht notwendig, aber unschädlich, wenn er die Vorgaben des Abs. 3 wahrt. In dem **Berichtigungsvermerk,** der sich auf dem Protokoll oder in einer Anlage befinden muss (§ 164 Abs. 3 S. 1), ist konkret festzuhalten, welche Stelle des Protokolls wie berichtigt bzw. ergänzt wird. Das Protokoll als solches bleibt demgegenüber unverändert; in ihm wird nichts durch Streichen, Radieren, Einfügen etc. verändert, ergänzt oder berichtigt.[17] Der Berichtigungsvermerk ist vom Richter, der das Protokoll unterzeichnet hat (§ 163), zu unterzeichnen, mithin vom Vorsitzenden des Kollegialgerichts oder vom allein tätigen Richter. Von letzterem selbst dann, wenn er an der Unterzeichnung des Protokolls verhindert war. Ist zudem in der mündlichen Verhandlung eine Urkundsperson zur Protokollführung gem. § 159 Abs. 1 zugezogen gewesen, muss auch diese den Berichtigungsvermerk unterzeichnen. Bei **Verhinderung** der Urkundsperson(en) gelten die Vertretungsgrundsätze des § 163 Abs. 2 entsprechend.[18] Als Verhinderung idS gilt das Ausscheiden des protokollführenden Richters bzw. der Urkundsperson in den Ruhestand; eine Berichtigung ist dann unmöglich.[19] Ist der Richter bzw. die Urkundsperson demgegenüber lediglich **versetzt** worden, bleibt eine Berichtigung möglich.[20] Befindet sich der Berichtigungsvermerk in einer **Anlage,** ist diese mit dem Protokoll zu verbinden. Erfolgt der Berichtigungsvermerk in der Form des § 130b, ist er in einem gesonderten elektronischen Dokument festzuhalten, welches mit dem Protokoll untrennbar zu verbinden[21] ist (§ 164 Abs. 4). Die Parteien erhalten **Abschriften** des Berichtigungsvermerks.

11 Dazu, in welcher Form die **Zurückweisung** bzw. Ablehnung eines Berichtigungsantrages zu erfolgen hat, schweigt § 164. Da es sich zwar um eine Sachentscheidung, nicht jedoch um eine Entscheidung über den Prozessstoff handelt und zudem eine Entscheidung ohne mündliche Verhandlung ergeht, ist ein **Beschluss** zu erlassen. Dieser hat die **Unterschrift des Richters** zu tragen, der das Protokoll unterzeichnet hat.

12 Uneinigkeit besteht, wer einen Zurückweisungs- bzw. Ablehnungsbeschluss zu unterzeichnen und an ihm mitzuwirken hat, wenn in der mündlichen Verhandlung eine **Urkundsperson** gem. § 159 Abs. 1 S. 2 zur **Protokollführung** zugezogen war. § 164 verhält sich hierzu nicht. Weder sieht dieser ausdrücklich eine Unterschrift der Urkundsperson vor, noch schließt er sie aus. § 164 bietet damit Raum sowohl für die Ansicht, dass der Beschluss ohne Mitwirkung der Urkundsperson zu erlassen ist,[22] wie auch für die Meinung, dass die Mitwirkung und Unterschrift dieser Urkundsperson erforderlich ist. Die zweite Ansicht erscheint allerdings überzeugender. Allein die Form der Entscheidung dürfte nämlich nicht dafür sprechen, dass nur der Richter den Beschluss unterzeichnen muss. Nach der ZPO können Gerichte, Rechtspfleger und Urkundspersonen Beschlüsse erlassen, wobei gleichwohl nicht zu verkennen ist, dass der Erlass idR entweder durch ein Gericht oder einen Rechtspfleger oder eine Urkundsperson erfolgt. Vorliegend steht freilich die Berichtigung eines Protokolls in Rede, welches nicht nur von einem Richter, sondern eben auch (kumulativ) von der protokollführenden Urkundsperson unterzeichnet worden ist. Bereits dies spricht dafür, dass die Urkundsperson an der Überprüfung des – trotz der Mitverantwortung des Richters – von ihr in eigener Verantwortung erstellten Protokolls mitzuwirken hat. Sofern der Antrag auf Berichtigung nicht bereits aus formalen Gründen unzulässig ist, stellt sich darüber hinaus die Ausgangssituation bei einer Ablehnung bzw. Zurückweisung genauso dar wie im Falle einer Berichtigung: Es ist die Begründetheit des Berichtigungsantrag zu prüfen, mithin zu fragen, ob das Protokoll eine Unrichtigkeit aufweist oder nicht. Diese Frage kann nur von den bzw. allen Personen beantwortet werden, die für das Protokoll verantwortlich zeichnen. Und zwar auf Basis ihrer gemeinsamen und übereinstimmenden Erinnerung; bei Differenzen verbietet sich eine Berichtigung. Muss die protokollführende Urkundsperson mitwirken, um klären zu können, ob eine Berichtigung letztlich vorzunehmen ist, erschließt sich nicht recht, weshalb ihre

---

[16] Diese kann den Beweis einer Unrichtigkeit erbringen. OLG Stuttgart NJW-RR 2021, 640.
[17] Musielak/Voit/*Stadler* ZPO § 164 Rn. 4; Zöller/*Stöber* ZPO § 164 Rn. 8.
[18] BeckOK ZPO/*Wendtland* ZPO § 164 Rn. 9; Musielak/Voit/*Stadler* ZPO § 164 Rn. 6.
[19] OLG München OLGZ 1980, 465; Musielak/Voit/*Stadler* ZPO § 164 Rn. 6.
[20] Musielak/Voit/*Stadler* ZPO § 164 Rn. 6; Zöller/*Stöber* ZPO § 164 Rn. 6.
[21] BT-Drs. 15/4067, 30: „Elektronische Klammer".
[22] BPatG BeckRS 2009, 615; Musielak/Voit/*Stadler* ZPO § 164 Rn. 7; Zöller/*Stöber* ZPO § 164 Rn. 10.

Mitwirkung je nach Ergebnis sozusagen nachträglich wegfallen soll. Das Ergebnis einer Prüfung kann schwerlich bestimmen, wer an dem durchzuführenden – und zeitlich vorgelagerten – Prüfungsvorgang mitzuwirken hat. Ist die Urkundsperson notwendigerweise an der anzustellenden Sachprüfung beteiligt, ist kein triftiger Grund ersichtlich, weshalb ihre Mitwirkung am Erlass der daraus folgenden Entscheidung allein wegen des gefundenen Ergebnisses entbehrlich oder nicht sichtbar sein sollte. Die Entbehrlichkeit ihrer Unterschrift unter dem Beschluss dürfte insbes. nicht aus dem Umstand erwachsen, dass gerade keine Korrektur des Protokolls erfolgt. Dies gilt nämlich ebenso mit Blick auf den Richter und ist – wie ausgeführt – erst das Ergebnis der Überprüfung. Abgesehen davon kann einem Beschluss, der nur vom Richter unterzeichnet worden ist, nicht entnommen werden, ob in die Überprüfung auch die Urkundsperson einbezogen worden ist und die zurückweisende bzw. ablehnende Entscheidung auf Basis der (übereinstimmenden) Erinnerungen sämtlicher für das Protokoll verantwortlicher Personen erfolgt ist. Schließlich ist nicht erkennbar, dass der Gesetzgeber mit dem Umstand, dass er für den Berichtigungsvermerk eine (ausdrückliche) Regelung getroffen hat, zum Ausdruck bringen wollte, dass im Falle der Zurückweisung die zur Protokollführung hinzugezogene Urkundsperson außen vor zu bleiben hat. Deren Unterschrift ist angesichts dessen nach diesseitiger Ansicht erforderlich.[23]

E. Rechtsmittel

Ein Rechtsmittel (§ 567 Abs. 1) gegen die **Berichtigung** ist nicht gegeben. Dem Rechtsmittel- bzw. Beschwerdegericht ist mangels Teilnahme an der Verhandlung eine Überprüfung der sachlichen Richtigkeit Protokollberichtigung nicht möglich.[24] Auch im Rahmen eines Rechtsmittels findet keine (freibeweisliche) Überprüfung der Beachtlichkeit einer Protokollberichtigung statt, weshalb Rügen auch infolge einer Protokollberichtigung verkümmern können.[25] **13**

Auch der **ablehnende Beschluss** kann grds. nicht mit einem Rechtsmittel angefochten werden. Es gilt das bereits genannte Argument: das Beschwerdegericht war in der protokollierten Verhandlung nicht anwesend, so dass es zu einer **sachlichen Prüfung** des Protokollinhalts nicht im Stande ist.[26] Die Beschwerde (§ 567 Abs. 1) ist indessen zulässig, wenn die Ablehnung der Protokollberichtigung wegen Unzulässigkeit oder aus formellen Gründen erfolgt ist[27] oder sich die Unrichtigkeit aus den Akten selbst ergeben soll und demgemäß vom Beschwerdegericht beurteilt werden kann.[28] **14**

§ 165 Beweiskraft des Protokolls

¹**Die Beachtung der für die Verhandlung vorgeschriebenen Förmlichkeiten kann nur durch das Protokoll bewiesen werden.** ²**Gegen seinen diese Förmlichkeiten betreffenden Inhalt ist nur der Nachweis der Fälschung zulässig.**

A. Anwendungsbereich und Normzweck

§ 165 gilt **unmittelbar** für die nach §§ 159 ff. erstellten Protokolle und infolge der Verweisung in § 92 Abs. 2 S. 2 PatG und § 77 Abs. 2 S. 2 PatG für die im Verfahren vor dem BPatG erstellten Niederschriften **entsprechend**. Für die Niederschriften des DPMA gem. 46 Abs. 2 PatG, § 60 Abs. 3 MarkenG findet die Beweisregelung hingegen **keine Anwendung**.[1] **1**

§ 165 ist eine **gesetzliche Beweisregel** iSv § 286 Abs. 2. Die Einhaltung der für die Verhandlung vorgeschriebenen Förmlichkeiten kann nur durch das Protokoll bewiesen werden; eine freie Beweiswürdigung ist ausgeschlossen. Der Gegenbeweis ist nur bei Nachweis der Fälschung des Protokolls möglich.[2] Das Sitzungsprotokoll kann den durch den Tatbestand des Urteils gelieferten Beweis für das mündliche Vorbringen entkräften (§ 314 S. 2). **2**

---

[23] Ebenso: BeckOK ZPO/*Wendtland* ZPO § 164 Rn. 14, 14.11. Bei den für Patentverletzungsverfahren zuständigen Spruchkörpern am LG/OLG Düsseldorf werden die Zurückweisungsbeschlüsse von dem/der Vorsitzenden und dem/der protokollführenden Richter/in, der/die mithin die Funktion einer hinzugezogenen Urkundsperson ausübt, unterzeichnet.
[24] BGH NJW-RR 2005, 214; OLG Koblenz NJW-RR 2012, 1277; OLG Frankfurt a. M. NJW-RR 2007, 1142; NJOZ 2005, 764; Benkard/*Schäfers* PatG § 92 Rn. 17.
[25] BGH BeckRS 2019, 31512; BGH BeckRS 2013, 7923.
[26] OLG Koblenz NJW-RR 2012, 1277; OLG Frankfurt a. M. NJOZ 2005, 764.
[27] OLG Düsseldorf NJW-RR 2002, 863; BeckOK ZPO/*Wendtland* ZPO § 164 Rn. 15; Musielak/Voit/*Stadler* ZPO § 164 Rn. 8; Zöller/*Stöber* ZPO § 164 Rn. 11.
[28] OLG Frankfurt a. M. NJW-RR 2013, 574.
[1] BPatG BeckRS 2018, 10964. Diesen Niederschriften kommt jedoch als öffentliche Urkunde die Beweiskraft gem. §§ 415 ff. zu.
[2] BeckOK ZPO/*Wendtland* ZPO § 165 Rn. 1; Musielak/Voit/*Stadler* ZPO § 165 Rn. 1; Zöller/*Stöber* ZPO § 165 Rn. 1.

3 § 165 flankiert die Beweisregeln gem. §§ 415, 418, die für das Protokoll ebenfalls Geltung beanspruchen, da es sich bei der Sitzungsniederschrift um eine **öffentliche Urkunde** handelt.[3]

B. Beweiskraft

I. Umfang

4 Von der Beweiskraft des § 165 werden die **vorgeschriebenen Förmlichkeiten** der Verhandlung erfasst. Dies sind die Feststellungen im Protokoll zum **äußeren Hergang des Verfahrens**,[4] insbes. die Feststellungen nach § 160 Abs. 1, Abs. 2 und § 160 Abs. 3 Nr. 7.[5] An der Beweiskraft nach § 165 nimmt demgegenüber **nicht** der im Protokoll aufgenommene **Inhalt** der Verhandlung teil. Erfasst ist deshalb insbes. nicht der Protokollinhalt nach § 160 Abs. 3 Nr. 4–6 und Nr. 10 oder der Abschluss und Inhalt eines Vergleichs nach § 160 Abs. 3 Nr. 1. Für Zeugen- oder Sachverständigenaussagen bedeutet dies bspw., dass nur die Feststellung, dass der Zeuge bzw. der Sachverständige vernommen worden ist, Beweiskraft nach § 165 genießt, nicht aber auch der Inhalt seiner Aussage.[6] Ebenso entfaltet das Protokoll bei einseitigen Prozesshandlungen nur insoweit Beweiskraft als dass die entsprechenden Erklärungen abgegeben worden sind, nicht aber auch bezüglich ihres Inhalts oder ihrer Wirksamkeit.[7] Zu beachten ist allerdings die aus §§ 415, 418 folgende Beweiskraft.

5 Die Beweiskraft gem. § 165 entfaltet das Protokoll **nur für das Verfahren**, über dessen Verhandlung die Niederschrift errichtet wurde, und für das übergeordnete Gericht, wenn die Gesetzmäßigkeit des Verfahrens nachzuprüfen ist.[8] Sie gilt weder für das anschließende Kostenfestsetzungsverfahren[9] noch dann, wenn sich ein Streit über den Gang der Verhandlung in einem anderen Rechtsstreit ergibt.[10] Letzteres gilt auch dann, wenn es sich um ein behördliches oder ein Strafverfahren handelt.[11]

II. Beweisregel

6 **Enthält das Protokoll** die Förmlichkeit, ggf. nach Berichtigung gem. § 164, gilt es nach § 165 als bewiesen, dass sie gewahrt worden ist. **Fehlt** die an sich nach § 160 Abs. 1 und 2 gebotene Feststellung der **Förmlichkeit**, ist bewiesen, dass sie nicht eingehalten worden ist (negative Beweiskraft).[12] Die freie Beweiswürdigung (§ 286) und der Gegenbeweis (Ausnahme § 165 S. 2) sind in diesem Fall ausgeschlossen. Zu protokollierten Förmlichkeiten kann sich ein Beteiligter grds. nicht in Widerspruch setzen.[13]

III. Protokollmängel

7 Voraussetzung für die Entfaltung der formellen Beweiskraft nach § 165 S. 1 ist die Einhaltung der **Formalien**. Das Protokoll muss insbes. ordnungsgemäß unterschrieben (§§ 163, 130b),[14] unter Beachtung der Förmlichkeiten des § 162[15] und binnen der Fünf-Monats-Frist des § 517[16] erstellt worden sein.

8 Weist das Protokoll **offensichtliche Lücken** oder **Widersprüche** auf, die sich nicht mittels Auslegung schließen lassen, greift § 165 nicht. Der entsprechende Vorgang kann im Wege freier Beweiswürdigung ermittelt werden.[17]

---

[3] BeckOK ZPO/*Wendtland* ZPO § 165 Rn. 6; Zöller/*Stöber* ZPO Vorbemerkungen zu §§ 159–165: Sitzungsprotokoll Rn. 2.

[4] BeckOK ZPO/*Wendtland* ZPO § 165 Rn. 3; Benkard/*Schäfers* PatG § 92 Rn. 18; Musielak/Voit/*Stadler* ZPO § 165 Rn. 2; Zöller/*Stöber* ZPO § 165 Rn. 2, jeweils mit Einzelbeispielen.

[5] OLG Düsseldorf 15.11.2021 – I-15 U 19/21; OLG Düsseldorf BeckRS 2014, 19555.

[6] BeckOK ZPO/*Wendtland* ZPO § 165 Rn. 5; Musielak/Voit/*Stadler* ZPO § 165 Rn. 2; MüKoZPO/*Wagner* ZPO § 165 Rn. 8; Zöller/*Stöber* ZPO § 165 Rn. 2.

[7] BeckOK ZPO/*Wendtland* ZPO § 165 Rn. 5; Musielak/Voit/*Stadler* ZPO § 165 Rn. 2; MüKoZPO/*Wagner* ZPO § 165 Rn. 12; Zöller/*Stöber* ZPO § 165 Rn. 2.

[8] BGH NJW 1963, 1060; BeckOK ZPO/*Wendtland* ZPO § 165 Rn. 2; Musielak/Voit/*Stadler* ZPO § 165 Rn. 1; Zöller/*Stöber* ZPO § 164 Rn. 3.

[9] BayObLG BeckRS 1995, 7520; OLG München NJW 1964, 1377. Ob der X. Zivilsenat dies ebenso sieht, ist in Anbetracht der Entscheidung „EPA-Vertreter" (GRUR 2020, 781) offen. Gegenstand der Rechtsbeschwerde war die Beschwerdeentscheidung gegen einen Kostenfestsetzungsbeschluss mit den Patentanwaltskosten festgesetzt worden sind. Zur Begründung, dass ein Patentanwalt mitgewirkt hat, hat der X. Zivilsenat ua auf das Protokoll der mündlichen Verhandlung im Verletzungsverfahren Bezug genommen und dessen Beweiskraft gem. § 165 ZPO angesprochen. Daneben ist allerdings auch auf eine Glaubhaftmachung der Partei abgestellt worden.

[10] BGH NJW 1963, 1060.

[11] BayObLG BeckRS 1995, 7520; Zöller/*Greger* ZPO § 165 Rn. 3.

[12] BGH Mitt. 1979, 120 – Bildspeicher; BGH Mitt. 1979, 198 – Schaltuhr; Busse/Keukenschrijver/*Schuster* PatG § 92 Rn. 7.

[13] BGH GRUR 1981, 649 – Polsterfüllgut.

[14] BGH GRUR 2007, 1059 – Zerfallszeitmessgerät.

[15] BeckOK ZPO/*Wendtland* ZPO § 165 Rn. 10; Musielak/Voit/*Stadler* ZPO § 165 Rn. 4.

[16] BGH NJW 2011, 1741.

[17] BeckOK ZPO/*Wendtland* ZPO § 165 Rn. 10; Musielak/Voit/*Stadler* ZPO § 165 Rn. 5; MüKoZPO/*Wagner* ZPO § 165 Rn. 18; Zöller/*Stöber* ZPO § 165 Rn. 4.

IV. Nachweis der Fälschung

Die Beweiskraft des Protokolls entfällt gem. § 165 S. 2 bei Nachweis der Fälschung desselben. **9** Fälschung bedeutet **wissentliche Falschbeurkundung** oder **nachträglich vorsätzliche Fälschung** des Protokolls (§§ 267, 271, 348 StGB).[18] Fahrlässigkeit oder Irrtum genügen nicht. **Darlegungs- und beweisbelastet** für eine Fälschung ist die Partei, die sich auf eine Protokollfälschung beruft.[19] Die Anforderungen an die Darlegungslast dürfen allerdings nicht überspannt werden, weil die Partei regelmäßig keinen Einblick in die internen Abläufe des Gerichts hat. Es genügt daher der Vortrag bestimmter Indizien, um ggf. Zeugenbeweis zu erheben.[20]

Titel 2. Verfahren bei Zustellungen

Untertitel 1. Zustellungen von Amts wegen

§ 166 Zustellung

(1) **Zustellung ist die Bekanntgabe eines Dokuments an eine Person in der in diesem Titel bestimmten Form.**

(2) **Dokumente, deren Zustellung vorgeschrieben oder vom Gericht angeordnet ist, sind von Amts wegen zuzustellen, soweit nicht anderes bestimmt ist.**

A. Zweck der Zustellung

Die Zustellung dient dem **Nachweis,** dass und wann ein bestimmtes Schriftstück dem Adressaten **1** zugegangen ist. Außerdem gewährleistet sie die Verwirklichung des rechtlichen Gehörs des Adressaten, indem sie sicherstellt, dass der Adressat vom Inhalt des zuzustellenden Schriftstücks Kenntnis nehmen und seine Rechtsverteidigung oder Rechtsverfolgung entsprechend ausrichten kann.[1] Gemäß der Legaldefinition in Abs. 1 kommt es für die Zustellung nicht auf die tatsächliche Kenntnisnahme an, sondern nur auf die aus der Bekanntgabe folgende **Möglichkeit der Kenntnisnahme**.[2]

Allerdings können dem Adressaten auch Dokumente mit relevantem Sach- oder Rechtsvortrag bloß **2** formlos mitgeteilt werden, solange sie keine Sachanträge oder Antragsrücknahmen enthalten und wenn nicht das Gericht nach pflichtgemäßem Ermessen dennoch eine Zustellung anordnet (→ Rn. 6).[3]

Die Zustellung hat daher ihre besondere Bedeutung dort, wo die Kenntnisnahme durch den **3** Adressaten unmittelbare Rechtsfolgen hat, etwa einen Fristlauf in Gang setzt.

B. Anwendungsbereich

Die Zustellungsvorschriften der ZPO gelten in allen **gerichtlichen Verfahren** des gewerblichen **4** Rechtsschutzes, also vor den Amts-, Land- und Oberlandesgerichten, dem Bundesgerichtshof und dem Bundespatentgericht (vgl. § 127 Abs. 2 PatG, § 94 Abs. 2 MarkenG). In **Amtsverfahren** hingegen findet das VwZG Anwendung (vgl. § 127 Abs. 1 PatG, § 94 Abs. 1 MarkenG[4]). Das VwZG wiederum verweist stellenweise auf die Zustellungsvorschriften der ZPO, namentlich in §§ 3 Abs. 2, 5 Abs. 2 VwZG auf die §§ 177–181 bzw. 182 ZPO betreffend die Ausführung der Zustellung durch die Post oder durch Bedienstete des Amtes. Daneben gilt in Verfahren vor dem DPMA die Hausverfügung Nr. 10 des Präsidenten des DPMA vom 1.2.2006, die im Rahmen der Selbstbindung der Verwaltung einige das Amt bindende Konkretisierungen gesetzlicher Vorschriften enthält.[5]

Abs. 2 normiert die Zustellung von Amts wegen als Grundsatz. Zu beachten bleibt aber die **5** Besonderheit, dass Entscheidungen in Verfahren des **einstweiligen Rechtsschutzes im Parteibetrieb** (§ 191 ZPO) zuzustellen sind, damit sie fristwahrend vollzogen werden (§§ 929 Abs. 2, 928,

---

[18] BGH NJW-RR 2015, 509.
[19] BeckOK ZPO/*Wendtland* ZPO § 165 Rn. 11; Musielak/Voit/*Stadler* ZPO § 165 Rn. 5.
[20] BGH NJW 2008, 804.
[1] BVerfG NJW 1984, 2567 (2568).
[2] BVerfG NJW 1984, 2567; 1988, 2361; BGH NJW 1992, 2280.
[3] § 73 Abs. 2 S. 3 PatG, § 66 Abs. 4 S. 3 MarkenG; ähnlich zu § 270 S. 1 ZPO. In Rechtsbeschwerdeverfahren gilt Entsprechendes kraft § 106 Abs. 1 PatG und § 88 Abs. 1 MarkenG sowie kraft analoger Anwendung der vorgenannten Regelungen zum Beschwerdeverfahren, soweit sie formlose Mitteilung gestatten, vgl. Benkard/*Rogge*/*Fricke* PatG § 105 Rn. 2, Ströbele/Hacker/Thiering/*Knoll* MarkenG § 88 Rn. 3.
[4] In Verfahren des Gebrauchsmuster- und des Designrechts gilt die gleiche Aufteilung kraft der dortigen Verweise auf das PatG, siehe § 21 Abs. 1 GebrMG bzw. § 23 Abs. 4 S. 4 DesignG.
[5] Vgl. BGH GRUR 1991, 814 – Zustellungsadressat.

922 Abs. 2 ZPO). Das gilt sowohl für Beschluss- als auch für Urteilsverfügungen.[6] Unabhängig vom Erfordernis der Partei-Zustellung werden allerdings Urteilsverfügungen immer auch von Amts wegen allen Parteien zugestellt (§ 317 Abs. 1 S. 1 ZPO). Verfügungsbeschlüsse werden nur dem Antragsteller von Amts wegen zugestellt (§ 329 Abs. 2 S. 2 ZPO iVm § 929 Abs. 2 ZPO), es sei denn, der Antragsgegner ist zwar (schriftlich) angehört worden, was schon aus Gründen der Fairness und prozessualen Waffengleichheit eine Zustellung von Amts wegen an beide Parteien gebietet. Der Zeitpunkt der Verkündung, der amtlichen Zustellung und der im Parteibetrieb erfolgenden Zustellung einer Urteilsverfügung hat unterschiedliche (umstrittene) Auswirkungen auf die Wirksamkeit und die Vollziehung der Verfügung (→ § 929 Rn. 5 ff.) sowie auf die Haftung des Gläubigers nach § 945 ZPO (→ § 945 Rn. 17).

6   Die §§ 166 ff. ZPO gelten nicht zwangsläufig für solche Schriftsätze, die **keinen Sachantrag** enthalten. Denn diese können nach § 270 S. 1 ZPO **formlos mitgeteilt** werden, müssen also nicht zugestellt werden. Sachantrag meint hierbei nur solche Anträge, die sich auf den Inhalt der begehrten Entscheidung beziehen[7], also bspw. nicht bloße Anträge zur Terminsverlegung oder Beweisaufnahme. In der Praxis der landgerichtlichen Verfahren (Anwaltszwang) stellen die Gerichte aber jeden Schriftsatz an den Prozessbevollmächtigten gegen Empfangsbekenntnis (§ 175 ZPO) bzw. per beA gegen elektronisches Empfangsbekenntnis (§ 173 ZPO) zu. Diese Zustellung beruht auf einer in jedem Einzelfall getroffenen Anordnung des Gerichts durch Verfügung an die Geschäftsstelle (§ 166 Abs. 2 Alt. 2 ZPO).[8] Auf diese Zustellungen sind dann wiederum die §§ 166 ff. ZPO anwendbar.

C. Zustellungsobjekt („Dokument")

7   Der vom Gesetz verwendete Begriff des **Dokuments** umfasst sowohl körperliche Schriftstücke als auch Faxkopien und elektronische Dokumente. Zustellungsobjekt iSd § 166 ZPO sind aber immer nur solche Dokumente, die sich abschreiben lassen und deren Inhalt hierdurch erschöpfend wiedergegeben werden kann.[9] Das sind **Schriftstücke** im eigentlichen Wortsinn, also verkörperte Texte. Ob auch **Abbildungen** hierzu zählen, ist unklar[10], wird aber wohl immerhin dann zu bejahen sein, wenn dem Gericht taugliche (dh in einem üblichen Format und Material gehaltene, bspw. als PDF via beA) Vervielfältigungsstücke der betreffenden Abbildung vorliegen. **Gegenstände** wie bspw. **Muster** eines Verletzungsgegenstands oder eines nachgeahmten Originals werden hingegen nicht zugestellt. Das gilt sowohl für die wirksame Zustellung einer Klageschrift mit schriftlichen Anlagen, aber ohne ein zu den Anlagen zählendes Muster[11], als auch für die wirksame Vollziehung einer einstweiligen Verfügung durch Zustellung (§§ 935, 936, 922 Abs. 2 ZPO) des Beschlusses mit Antragsschrift und Anlagen, aber ohne ein zu den Anlagen zählendes Muster eines Original-Produkts.[12] Für die Klageschrift ergibt sich dies aus dem Umstand, dass zwar zu ihrer wirksamen Zustellung auch die Anlagen zugestellt werden müssen, Anlagen in diesem Sinne (§ 133 ZPO) aber nur schriftliche Unterlagen sind.[13] Für die einstweilige Verfügung gilt dies jedenfalls dann, wenn das Muster nur der Illustration eines Umstands dient, der dem Schuldner keine weiteren Anhaltspunkte zu Inhalt und Reichweite des Tenors liefert.[14]

8   Schriftstücke iSd § 166 ZPO sind **Urschriften, Ausfertigungen** und beglaubigte oder einfache **Abschriften**.

9   Die **Urschrift** ist das vom Verfasser eigenhändig unterzeichnete Schriftstück. Die Urschrift jeder gerichtlichen Entscheidung verbleibt bei den Akten. Jeder Ausfertigung oder Abschrift liegt zwingend eine Urschrift zu Grunde.

10 Die **Ausfertigung** ist eine amtliche Abschrift durch den Urkundsbeamten der Geschäftsstelle. Die Ausfertigung vertritt gleichsam die bei den Akten verbleibende Urschrift einer gerichtlichen Entscheidung nach außen. Weichen Ausfertigung und Urschrift voneinander ab, ist schon aus Gründen der Rechtssicherheit allein die Ausfertigung maßgeblich, weil nur sie nach außen in Erscheinung tritt und daher alleinige Entscheidungsgrundlage für die betreffende Partei ist.[15] Eine Ausfertigung muss

---

[6] HM, BGH GRUR 1993, 415 (416 f.) – Straßenverengung, mit Anm. *Teplitzky* GRUR 1993, 418.
[7] *Zöller/Greger* ZPO § 270 Rn. 2; zum teilweise str. Begriff des Sachantrags Musielak/Voit/*Foerste* ZPO § 270 Rn. 2 und MüKoZPO/*Becker-Eberhard* ZPO § 270 Rn. 4 ff.
[8] Diese Vorgehensweise empfiehlt ausdrücklich MüKoZPO/*Becker-Eberhard* ZPO § 270 Rn. 9 (zur Vermeidung von Problemen betreffend die Gewährung rechtlichen Gehörs).
[9] OLG Düsseldorf BeckRS 2014, 01193, unter II.3.a) m. Vw. auf OLG Hamburg BeckRS 2000, 00224.
[10] Verneinend OLG Düsseldorf BeckRS 2014, 01193, unter II.3.a) für „dreidimensionale Gegenstände und Bilder".
[11] OLG Düsseldorf BeckRS 2014, 01193, unter II.3.a).
[12] OLG Frankfurt a. M. GRUR-RR 2011, 340.
[13] OLG Düsseldorf BeckRS 2014, 01193, unter II.3.a), m. Vw. auf BGH NJW 2007, 775 und OLG Hamburg BeckRS 2000, 00224.
[14] OLG Frankfurt a. M. GRUR-RR 2011, 340 – in ausdrücklicher Abkehr von seiner früheren Rspr. (OLGZ 1993, 70).
[15] BGH NJW 2010, 2519 Rn. 15.

den Willen des Urkundsbeamten der Geschäftsstelle erkennen lassen, gerade eine Ausfertigung (und nicht eine bloße Abschrift) zu schaffen.[16] Dies geschieht üblicher Weise durch die Anbringung eines **Ausfertigungsvermerks** („ausgefertigt" mit Unterschrift und Dienstsiegel) auf einer Vervielfältigung der Urschrift. Erst durch diesen Vermerk wird die Ausfertigung zur öffentlichen Urkunde und damit zum tauglichen Zustellungsobjekt in solchen Fällen, in denen gerade eine Ausfertigung zuzustellen ist.[17] Die Ausfertigung muss erkennen lassen, dass die Urschrift unterschrieben ist, wofür es schon ausreicht, dass die Namen der Richter in Maschinenschrift ohne Klammern angegeben sind.[18] Nach früherem Recht war von einem Urteil immer eine Ausfertigung (keine bloße Abschrift) zuzustellen. Fehlte der Ausfertigungsvermerk, wurde die Rechtsmittelfrist nicht in Gang gesetzt.[19]

Die **Abschrift** ist eine einfache Vervielfältigung der Urschrift. Bei der **beglaubigten Abschrift** bestätigt der Beglaubigungsvermerk („beglaubigt" mit Unterschrift) ihre Übereinstimmung mit der Urschrift. Mehrere Blätter müssen **geheftet** (nicht nur geklammert) sein, wenn sich ein auf dem letzten Blatt befindlicher Beglaubigungsvermerk auf alle Blätter beziehen soll.[20] Im Zweifel sollte jeder Teil eines Dokuments oder Konvoluts einen eigenen Beglaubigungsvermerk erhalten. Dies gilt insbesondere bei einer Zustellung **per Telefax**. Weil hierbei die einzelnen Blätter des zuzustellenden Dokuments naturgemäß nicht körperlich verbunden sind, empfiehlt es sich im Zweifelsfall sogar, jedes einzelne Blatt mit einem Beglaubigungsvermerk zu versehen.[21]

Die Zustellung einer beglaubigten Abschrift ist der **Regelfall**, sofern nicht ausdrücklich Anderes geregelt ist.[22] Die Beglaubigung nimmt die Geschäftsstelle vor (§ 169 Abs. 2 ZPO; beachte das Erfordernis eines Gerichtssiegels gem. § 169 Abs. 3 S. 2). Die Beglaubigung durch einen Anwalt (für Abschriften der von ihm eingereichten Schriftstücke) genügt. Wenn sie fehlt, kann die Geschäftsstelle die Beglaubigung auch dieser Abschriften vornehmen (§ 169 Abs. 2 S. 2 ZPO).

Ob im Einzelfall die Urschrift, eine Ausfertigung oder (beglaubigte) Abschrift zu übergeben ist, ist in den §§ 166 ff. ZPO nicht geregelt, sondern richtet sich nach den einschlägigen verfahrensrechtlichen Vorschriften (bspw. §§ 253 iVm 261, 270 f. ZPO, § 70 Abs. 1 S. 2 ZPO), einer ergangenen gerichtlichen Anordnung oder dem anwendbaren materiellen Recht.[23]

D. Vollständige Zustellung

Die zuzustellenden Schriftstücke (zB Urteilsausfertigung, Klageschrift) sind **vollständig**, also lückenlos zuzustellen.[24] Das ist nicht mehr gegeben, wenn eine ganze Seite fehlt, egal welchen Inhalt die fehlende Seite hat.[25] Auf den Inhalt kann es hingegen ankommen, wenn die Seiten zwar vollständig, aber stellenweise nicht oder nur schwer leserlich sind.[26] Die Abgrenzung kann im Einzelfall unklar sein, etwa wenn einzelne Satzteile oder sinnstiftende Wörter fehlen, wobei allerdings die Vollständigkeit

---

[16] BGH NJW 1963, 1307 (1309).
[17] BGH NJW 2010, 2519 Rn. 14.
[18] BGH NJW 2010, 2519 Rn. 17.
[19] BGH NJW 2010, 2519 Rn. 18, 22.
[20] *Berneke/Schüttpelz* Rn. 592 aE m. Vw. auf BGH GRUR 2004, 264.
[21] Vgl. OLG Frankfurt a. M. BeckRS 2010, 15746: keine wirksame Vollziehung einer Beschlussverfügung durch Telefax-Übersendung des Beschlusses mit Antragsschrift und diversen Anlagen, wobei Beglaubigungsvermerke wohl nur am Ende der Antragsschrift und eines ergänzenden Schriftsatzes angebracht waren.
[22] *Zöller/Schultzky* ZPO § 166 Rn. 9; BGH NJW 2010, 2519 Rn. 13. Zur ausreichenden Zustellung einer beglaubigten Abschrift (ohne Ausfertigungsvermerk) einer einstweiligen Verfügung zwecks Vollziehung siehe *Berneke/Schüttpelz* Rn. 591, 595 f.; zur ausreichenden Zustellung einer (nur) gerichtlich (und nicht anwaltlich) beglaubigten Abschrift einer einstweiligen Verfügung zwecks Vollziehung siehe Kühnen Patentverletzung-HdB Kap. G Rn. 236 mwN.
[23] Für den in der Praxis wichtigen Fall der Zustellung einer einstweiligen Verfügung zwecks Vollziehung ist grds. die Zustellung mindestens einer gerichtlich (nicht nur anwaltlich) beglaubigten Abschrift oder Ausfertigung erforderlich; ob nach zuvor erfolgter gerichtlicher Zustellung einer Urteilsverfügung (§ 317 ZPO) auch die im Parteibetrieb erfolgende Zustellung einer nur anwaltlich beglaubigten Abschrift genügt, ist umstritten (dafür OLG München BeckRS 2013, 04096; dagegen OLG Düsseldorf BeckRS 2015, 08419 – Diamant-Trennscheiben = GRUR-Prax 2015, 241 [*Juretzek*, insoweit kritisch]). Dass die zwecks Vollziehung zuzustellende Entscheidung immer einen Ausfertigungsvermerk tragen müsse (*Ott* WRP 2016, 1455 mwN, dort in Fn. 6: „wesentliches Erfordernis"), lässt sich mit Blick auf § 317 ZPO, wonach von Amts wegen grds. nur Abschriften (und keine Ausfertigungen) zugestellt werden, nicht mehr aufrechterhalten (*Berneke/Schüttpelz* Rn. 591). Zur alten Rechtslage vor dem 1.7.2014 siehe Kühnen Patentverletzung-HdB Kap. G Rn. 232 ff.
[24] BGH GRUR 1998, 746 – Unzulängliche Zustellung. Ebenso für die Zustellung im Parteibetrieb OLG Köln GRUR 1987, 404 – Unvollständige Zustellung.
[25] BGH GRUR 1998, 746 – Unzulängliche Zustellung.
[26] BGH Vers 1980, 771 (772) = BeckRS 1980, 30392694; *Zöller/Schultzky* ZPO § 169 Rn. 12 mwN; *Köhler* Kap. G Rn. 229 hält die Unlesbarkeit einzelner Teile des Dokuments für unerheblich, „wenn wenn der Schuldner [d. h. Zustellungsempfänger] ohne unzumutbaren Aufwand erkennen kann, wie der nicht lesbare Text lautet", insbesondere wenn es sich erkennbar um ein Dokument aus seiner eigenen Sphäre handelt (mV auf OLG Frankfurt a. M. GRUR-RS 2018, 132374 – Fruchtsaftbären; siehe aber auch die besondere Sachverhaltskonstellation in BGH NJW-RR 2005, 1658.

anzunehmen sein wird, wenn nur einzelne Buchstaben oder solche Wörter fehlen, die den Sinn eines Satzes nicht verändern.[27]

15 Unter welchen Umständen ein Schriftstück nur zusammen mit weiteren Dokumenten, insbesondere **Anlagen,** vollständig ist, hängt vom Einzelfall ab. Eine gerichtliche Entscheidung ist jedenfalls dann nur mit einer oder mehreren Anlagen vollständig, wenn der Tenor (nicht nur Tatbestand oder Entscheidungsgründe) der Entscheidung auf diese Anlage(n) **Bezug nimmt;** im Zweifel sind dann auch diese Anlagen zuzustellen.[28] Zwar mag der Zweck der Zustellung (→ Rn. 1) auch bei einer Zustellung ohne in Bezug genommene Anlagen erreicht sein, wenn der Gehalt der Entscheidung „auch ohne die Anlagen aus sich heraus verständlich ist und dem Schuldner Umfang und Inhalt [der Entscheidung] klar und zweifelsfrei vermittelt".[29] Im Interesse der von einer Entscheidung Betroffenen[30] sowie im allgemeinen Interesse der Rechtssicherheit[31] ist allerdings eine formalere Beurteilung (dh Abstellen auf Bezugnahme im Tenor) vorzugswürdig. Waren die vom Tenor in Bezug genommenen Anlagen jedoch der gerichtlichen Abschrift oder Ausfertigung nicht beigefügt, müssen sie jedenfalls dann nicht mit zugestellt werden, wenn der Tenor auch ohne sie verständlich ist, etwa weil sie nur den „Insbesondere"-Teil des Tenors veranschaulicht hätten.[32] Die Frage nach der Vollständigkeit des zuzustellenden Schriftstücks erübrigt sich, wenn das Gericht ausdrücklich **anordnet,** dass bestimmte Anlagen, Schriftsätze oder andere Dokumente zuzustellen sind (§ 166 Abs. 2 Alt. 2 ZPO).[33]

16 Das vorstehende für gerichtliche Entscheidungen Gesagte (→ Rn. 15) gilt entsprechend für andere zuzustellende Schriftstücke, insbesondere die **Klageschrift.** In der Praxis stellen die Gerichte die Klageschrift mit allen Anlagen zu, was Unsicherheiten vermeidet. Denn streng genommen müssen der Klageschrift **keine Anlagen** beigefügt sein.[34] Allenfalls eine solche Anlage, auf die sich der Klageantrag ausdrücklich bezieht, dürfte nach § 253 Abs. 2 Nr. 2 ZPO integraler Bestandteil der Klageschrift und damit auch zustellungspflichtig sein (§ 261 Abs. 2 ZPO). Anlagen zur Klageschrift dienen in der Regel aber als Beweismittel zum Beleg des behaupteten Sachverhalts. Diese müssen aber weder nach § 253 ZPO in der Klageschrift enthalten (bzw. ihr beigefügt) sein, noch unterfallen sie der Soll-Vorschrift des § 130 ZPO (dort genannt sind nur der Sachvortrag als solcher und die Bezeichnung der Beweismittel, nicht aber die Beweismittel selbst). Das Gericht hat die Klage daher in der Regel auch dann bereits **zuzustellen,** wenn der Kläger entgegen § 253 Abs. 5 S. 1 ZPO keine Anlagen eingereicht hat, es sei denn, der Klageantrag bezieht sich auf (fehlende) Anlagen oder die Klageschrift nimmt anderweitig auf den Inhalt einer Anlage Bezug, ohne den relevanten Inhalt oder Passus unmittelbar wiederzugeben.[35] Daher kann es für den Kläger sinnvoll sein, relevante Passagen aus Anlagen unmittelbar in der Klageschrift zu **zitieren,** um die Anlage nicht zustellungspflichtig zu machen, insbesondere bei grenzüberschreitenden Zustellungen mit dem Risiko der Annahmeverweigerung, wenn keine (vollständige) Übersetzung vorliegt.[36]

---

[27] Zöller/*Schultzky* ZPO § 169 Rn. 12 mwN; ähnlich OLG Naumburg MDR 2000, 601; wohl zu streng HK-ZPO/*Siebert* § 169 Rn. 5.
[28] OLG Köln GRUR 1987, 404 – Unvollständige Zustellung; OLG Koblenz GRUR 1982, 571 – Interform; OLG Frankfurt a. M. GRUR-RR 2011, 340 – Ankle Tube: „in jedem Fall Anlagen, auf die im Verbotstenor verwiesen wird"; OLG Frankfurt a. M. GRUR 2009, 995 – Farbige Skulpturen; OLG Köln BeckRS 2004, 05511 – Zustellung ohne Antragsabschrift = WRP 2004, 914 (915); OLG Düsseldorf BeckRS 2010, 04605; OLG München BeckRS 2003, 07904 – Zustellung mit Antragsschrift = NJW-RR 2003, 1722; LG Düsseldorf BeckRS 2009, 86894 – Sickerschacht (betreffend Zustellung ohne die in der Antragsschrift genannten Fotos); OLG Frankfurt a. M. GRUR-RR 2014, 317 (318); *Oetker* GRUR 2003, 119 (122) mwN. Zustellung einer Schwarz-weiß-Kopie einer farbigen Urschrift kann genügen, wenn für den Zustellungsempfänger unmissverständlich erkennbar ist, um was für eine Abbildung es sich handelt (OLG Frankfurt a. M. BeckRS 2015, 07662).
[29] So OLG Düsseldorf GRUR 1984, 78 – Vollziehung ohne Anlagen; OLG Köln GRUR-RR 2010, 175 (176) – Farbige Lichtbilder im Beschlusstenor; OLG Düsseldorf BeckRS 2010, 04605; OLG Jena GRUR-RR 2013, 496 (Ls.) – Zustellung ohne Anlagen = NJW-RR 2013, 831 (832); Fezer Markenpraxis-HdB/*Hirsch* Markenverletzungsverfahren I 4 Rn. 407 mwN, allerdings lediglich konkret nur betreffend das Fehlen eines Musters, nicht einer schriftlichen Anlage (→ Rn. 7), OLG Frankfurt a. M. GRUR-RR 2011, 340.
[30] OLG Nürnberg GRUR 1992, 564 – Vollständige Zustellung.
[31] BGH GRUR 1998, 746 – Unzulängliche Zustellung.
[32] OLG Jena BeckRS 2013, 06049, das zutreffend darauf hinweist, dass bei anderer Ansicht mangels ordnungsgemäßer Zustellung an den Antragsteller schon die Vollziehungsfrist nicht in Gang gesetzt worden wäre (entspricht bei Beschlussverfügungen der hM, wird bei Urteilsverfügungen jedoch teilweise strenger zu Lasten des Antragstellers [Klägers] gehandhabt, siehe Nw. bei *Ott* WRP 2016, 1455 [→ Rn. 10 f.]). Eine Übersicht zu praktischen Verfahrensweisen in verschiedenen OLG-Bezirken findet sich bei *Ott* WRP 2016, 1455 (→ Rn. 7).
[33] Es wäre daher praktikabel, wenn Gerichte grundsätzlich die Zustellung konkreter, von ihnen jeweils in Bezug genommener Anlagen ausdrücklich anordnen würden, wie dies bei Beschlussverfügungen teilweise geschieht.
[34] BGH NJW 2013, 387 Rn. 30 zur Auslandszustellung einer Klage ohne Anlagen in China.
[35] Vgl. Zöller/*Greger* ZPO § 253 Rn. 26 mwN.
[36] Vgl. Art. 8 Abs. 1 EuZVO (→ § 183 Rn. 21 ff.). Kein Übersetzungserfordernis bei Messe-Zustellung, da Inlandszustellung (LG Düsseldorf BeckRS 2012, 05049, dort unter II. der Gründe).

E. Zustellungsmängel, Heilung, Rechtsbehelf

Ein Verstoß gegen zwingende Zustellungsvorschriften – seien es allgemeine oder besondere Voraus- 17
setzungen der gewählten Zustellungsform – führt zur Unwirksamkeit der Zustellung. Möglich ist
allerdings die **Heilung** durch Genehmigung oder gemäß § 189 ZPO (tatsächlicher Zugang) oder
§ 295 ZPO (Verzicht auf Verfahrensrüge). Eine fehlgeschlagene Zustellung kann neu vorgenommen
werden. Die erneute Zustellung heilt dann aber nicht die fehlgeschlagene frühere und hat **keine
Rückwirkung** auf den ersten Zustellungsversuch.[37]

Ersucht eine Partei das Gericht um Zustellung auf eine bestimmte Weise oder an einen bestimmten 18
Adressaten, kann die Zurückweisung dieses Ersuchens nicht mit der sofortigen Beschwerde angegriffen
werden.[38]

§ 167 Rückwirkung der Zustellung

Soll durch die Zustellung eine Frist gewahrt werden oder die Verjährung neu beginnen oder nach § 204 des Bürgerlichen Gesetzbuchs gehemmt werden, tritt diese Wirkung bereits mit Eingang des Antrags oder der Erklärung ein, wenn die Zustellung demnächst erfolgt.

A. Allgemeines

Die Vorschrift entlastet den Zustellenden von der Verantwortlichkeit für Umstände, die außerhalb 1
seiner Einflusssphäre liegen, nachdem er (rechtzeitig) die Zustellung durch Übergabe an die zuständige
Stelle angestoßen und alles seinerseits gesetzlich Erforderliche erledigt hat. Auf der anderen Seite muss
die Zustellung auch tatsächlich „demnächst" erfolgen, weil andererseits das Interesse des Zustellungsadressaten überwiegt, sich auf Rechtsfolgen verlassen zu können, die aus Zeitablauf resultieren.

Die Vorschrift gilt für alle Zustellungen sowohl **von Amts wegen** als (nach hM) auch per Gerichts- 2
vollzieher im **Parteibetrieb**[1], einschließlich der Zustellung zum Zwecke der Vollziehung einer einstweiligen Verfügung (§ 929 Abs. 2).[2] Ihre Anwendung setzt nicht voraus, dass im Zeitpunkt der
Zustellung die zu wahrende Frist bereits abgelaufen ist.[3] Die Rückwirkung setzt eine **wirksame**
Zustellung voraus. Dennoch kann auch nach einem oder mehreren **fehlgeschlagenen** Zustellungs-
versuch(en) § 167 ZPO noch greifen, wenn diese und die weitere Zustellung zügig (und letztlich
wirksam) betrieben werden und wenn ein Fehlschlag bisheriger Zustellungsversuche nicht auf Fehlern
des Zustellungsbetreibers beruht.[4]

Die Vorschrift gilt auch bei **Auslandszustellungen** (→ § 183 Rn. 26).[5] Von praktischer Bedeutung 3
ist hier allerdings die Frage, ob bei einer Zustellung im Ausland ohne **Übersetzungen** und deswegen
erfolgender **Verweigerung der Annahme** durch den Adressaten im Ausland (→ § 183 Rn. 7, 21 ff.)
die sodann veranlasste Übersetzung und erneute Zustellung übersetzter Schriftstücke noch „demnächst" erfolgt.[6] In diesen Fällen wird die Rückwirkung des § 167 ZPO bei wertender Betrachtung
(→ Rn. 7) jedenfalls dann noch anzuwenden sein, wenn der Zustellungsbetreiber aus objektiv nachvollziehbaren Gründen davon ausgehen durfte, dass der Adressat die Zustellung auch ohne Übersetzung annehmen würde[7], etwa weil man zuvor schon in der Sprache des Schriftstücks korrespondiert
hatte (vgl. → § 183 Rn. 23). Dem Interesse des Zustellungsadressaten wird in diesen Fällen zumindest
dadurch Rechnung getragen, dass er schon durch den Zustellungsversuch des nicht übersetzten Schriftstücks Kenntnis von einem durch den Zustellungsbetreiber veranlassten gerichtlichen Vorgang erhält

---

[37] Auch die rügelose Einlassung (§ 295 ZPO) wirkt nur ex nunc, hat also keine Rückwirkung und führt nicht nachträglich zu einer „demnächstigen" Zustellung iSd § 167 ZPO (OLG Karlsruhe BeckRS 2015, 07667).
[38] BGH GRUR 2014, 705 – Inländischer Admin-C, betreffend Zustellung an inländischen Admin-C statt an in den USA ansässige Beklagte, vgl. → § 171 Rn. 2 aE.
[1] *Anders* WRP 2003, 204 (206 f.), Teplitzky/*Feddersen* Kap. 55 Rn. 41a mwN auch zur inzwischen ganz hM und Rspr. Für die Zustellung im Parteibetrieb unter Anwälten gegen Empfangsbekenntnis gilt § 167 hingegen nicht, § 191 letzter Teilsatz iVm § 195 Abs. 2 (so auch ArbG Krefeld BeckRS 2021, 25820 zur Vollziehung einer einstweiligen Verfügung in einer Geschäftsgeheimnissache; offengelassen durch LAG Düsseldorf BeckRS 2021, 25821 in der nachfolgenden Beschwerdeinstanz). Die Zustellung gegen Empfangsbekenntnis ist auch deshalb kein Fall des § 167, weil sie direkt zwischen Zustellungsveranlasser und Zustellungsadressat abläuft und keinen Dritten (zB Gericht oder Gerichtsvollzieher) einbindet, dessen Zeitbedarf dem Zuzustellenden nicht angelastet werden soll.
[2] OLG Düsseldorf GRUR-RR 2001, 94 (95); LG Berlin BeckRS 2012, 16277 (unter III.a) der Gründe); vgl. auch Prütting/Gehrlein/*Fischer* ZPO § 929 Rn. 9.
[3] BGH NJW 2010, 856 (857).
[4] In diese Richtung Zöller/*Greger* ZPO § 167 Rn. 13; Musielak/Voit/*Wittschier* ZPO § 167 Rn. 6, 9 erster Satz; Prütting/Gehrlein/*Marx* ZPO § 167 Rn. 12 erster Satz. Aber → § 166 Rn. 17.
[5] BGH NJW 2003, 2830; *Brand* NJW 2004, 1138.
[6] Gegen die Anwendbarkeit des § 167 ZPO in diesen Fällen *Brand* NJW 2004, 1138 (1140) in Ablehnung von BGH NJW 2003, 2830 (2831).
[7] So auch OLG Frankfurt a. M. GRUR-RR 2015, 183.

(denn dieser Umstand wird sich in aller Regel auch ohne Übersetzung erkennen lassen), auch wenn die Einzelheiten des Vorgangs mangels Übersetzung unklar bleiben.

4 Im einstweiligen Rechtsschutz gilt § 167 ZPO auch in **Aufhebungsverfahren** nach § 926 Abs. 2 ZPO (Anordnung der Klageerhebung, str., → § 926 Rn. 17).[8] Dort ist für die fristgerechte Klageerhebung die fristgerechte Rechtshängigkeit, also auch Zustellung an den Antragsgegner erforderlich.[9] Wird die Klage fristgerecht eingereicht und sonst alles für die Zustellung Erforderliche getan, kann die Klage gemäß § 167 ZPO auch dann als **fristgerecht erhoben** gelten, wenn sie dem Antragsgegner oder seinem Bevollmächtigten erst nach Ablauf der vom Gericht gesetzten Frist zugestellt wird. Soweit in Aufhebungsverfahren auch § 231 Abs. 2 ZPO in Betracht kommt (Nachholen einer versäumten Prozesshandlung, hier: Klageerhebung vor Schluss der mündlichen Verhandlung über den Aufhebungsantrag), soll diese Vorschrift **nur alternativ,** nicht kumulativ zu § 167 ZPO herangezogen werden können.[10]

B. Eingangszeitpunkt

5 Für den Zeitpunkt des Eingangs ist maßgeblich, dass die **zuständige**[11] **Stelle** infolge des ordnungsgemäßen Eingangs auf geschäftsüblichem Weg **Gewahrsam und Verfügungsgewalt** an dem Schriftstück mit Zustellungsauftrag erlangt hat.[12] Entsprechend genügt – unabhängig vom Zeitpunkt der späteren Leerung – bereits der **Einwurf** in einen (Nacht-)Briefkasten oder ein Gerichtspostfach.[13]

6 In zeitlicher Hinsicht muss das Schriftstück am Tage des Fristablaufs **bis 24 Uhr** in die Verfügungsgewalt gelangt sein.[14] Bei Übermittlung durch **Telefax** muss das Schriftstück so rechtzeitig aufgegeben werden, dass unter normalen Umständen die Übersendung **vor Mitternacht abgeschlossen,** dh die Sendung vollständig empfangen ist.[15] Für **elektronische Kommunikation** gilt § 130a Abs. 5 ZPO.

C. Zustellung „demnächst"

7 Die Zustellung erfolgt „demnächst", wenn sie innerhalb einer den Umständen des **Einzelfalls** entsprechenden angemessenen Frist[16] stattfindet und die die Zustellung betreibende Partei alles Erforderliche und Zumutbare für die Gewährleistung einer zügigen Zustellung getan hat. Dieses Tatbestandsmerkmal hat also eine zeitliche und eine wertende Komponente, wobei die Rechtsprechung den Schwerpunkt auf die **wertende Komponente** legt und **keine absolute zeitliche Obergrenze** zieht.[17] Außerhalb des Verantwortungsbereichs des Zustellenden liegende Verzögerungen im Geschäftsablauf des Gerichts gehen nicht zu Lasten des Zustellenden.[18] Die Kasuistik ist **uneinheitlich** und extrem einzelfallabhängig.

8 Die Zustellung erfolgt nicht mehr „demnächst", wenn sie durch vom Zustellungsbetreiber (ggf. auch nur leicht fahrlässig[19]) zu vertretende und für die Verzögerung kausal werdende Versäumnisse erheblich verzögert wird, etwa durch eine Verzögerung der Einzahlung des **Gerichtskostenvorschusses**[20] um mehr als zwei Wochen oder durch das Weglassen der für die Zustellung erforderlichen Anzahl der **Abschriften**[21] (§ 133 Abs. 1 S. 1 ZPO). Allerdings hat die Rechtsprechung eine auf Nachlässigkeit der Partei oder ihres Prozessbevollmächtigten zurückzuführende Verzögerung von **bis zu zwei**

---

[8] Zöller/*Vollkommer* ZPO § 926 Rn. 32; Prütting/Gehrlein/*Fischer* ZPO § 926 Rn. 9; beide mwN.
[9] → § 926 Rn. 17.
[10] → § 231 Rn. 6.
[11] Prütting/Gehrlein/*Marx* ZPO § 167 Rn. 8.
[12] BVerfG NJW 1980, 580.
[13] BVerfG NJW 1991, 2076; BGH NJW 1981, 1216; 1984, 1237.
[14] BGH NJW 1976, 757; 1976, 1255.
[15] BGH NJW 2007, 2045 (2046); 2006, 2263 (2265).
[16] Selbst ein Zeitraum von einem Monat oder mehr führt nicht per se zum Ausschluss der Rückwirkung, BGH NJW 2001, 885; 2003, 2830.
[17] Zöller/*Greger* ZPO § 167 Rn. 10; BGH NJW-RR 2019, 1465 Rn. 23; NZG 2020, 238 Rn. 8: „Hat der Veranlasser die Zustellung nicht vorwerfbar verzögert oder fällt ihm nur eine geringfügige Verzögerung zur Last, überwiegen regelmäßig seine Interessen gegenüber den Belangen des Zustellungsadressaten"; *Schwaiger* AnwBl 2011, 771 (772): „im Einzelfall mehrere Monate, ja sogar Jahre"; *Brand* NJW 2004, 1148 (1141): bei Auslandszustellung „Zustellungszeiten von bis zu neun Monaten"; OLG Frankfurt a. M. GRUR-RR 2015, 183: Zustellung nicht mehr „demnächst" bei zweimonatiger Untätigkeit des Zustellungsveranlassers nach Erhalt der gerichtlichen Nachricht von der Annahmeverweigerung gem. Art. 8 Abs. 1 EuZVO (→ § 183 Rn. 21 ff.); alle mwN.
[18] BGH NJW-RR 2019, 1465; NJW 2003, 2830 (2831); 2006, 3206 mwN; OLG Hamburg NJW-RR 1998, 1277 (1278); OLG Düsseldorf BeckRS 2015, 09096 („demnächst" bejaht in einem UWG-Fall bei mehr als einem Jahr zwischen Klageeinreichung und ordnungsgemäßer Zustellung an den Prozessbevollmächtigten, wobei der Kläger keinen Anlass hatte, an der ordnungsgemäßen Zustellungsveranlassung durch das Gericht zu zweifeln; OLG Düsseldorf BeckRS 2015, 09096 Rn. 21).
[19] BGH NZG 2020, 238 Rn. 8.
[20] Zöller/*Greger* ZPO § 167 Rn. 15 mwN; Musielak/Voit/*Wittschier* ZPO § 167 Rn. 10.
[21] BGH VersR 1974, 1106; streitig für weitere Exemplare der Klageschrift zum Zwecke der Auslandszustellung, vgl. Zöller/*Greger* ZPO § 167 Rn. 15 mwN; *Brand* NJW 2004, 1138 (1140).

Wochen noch als geringfügig und im Rahmen des § 167 ZPO unbeachtlich beurteilt.[22] Abzustellen ist nicht auf die Zeitspanne etwaiger Verzögerungen beim Zustellungsveranlasser, sondern darauf, um wie viel sich der für die Zustellung ohnehin erforderliche Zeitraum in Folge dieser Verzögerungen verlängert hat.[23]

Der Zustellungsbetreiber bzw. dessen Prozessbevollmächtigter ist gehalten, nicht einfach die Zustellungsnachricht des Gerichts abzuwarten, sondern sich nach angemessener Zeit bei Gericht **nach dem Sachstand zu erkundigen**, um etwaige Hindernisse ausräumen zu können.[24]

D. Auslagen

Für Zustellungsauslagen des Gerichts gilt KV Nr. 9002.

§ 168 Aufgaben der Geschäftsstelle

(1) ¹Die Geschäftsstelle führt die Zustellung nach §§ 173 bis 176 Absatz 1 aus. ²Sie kann einen nach § 33 Abs. 1 des Postgesetzes beliehenen Unternehmer (Post) oder einen Justizbediensteten mit der Ausführung der Zustellung beauftragen. ³Den Auftrag an die Post erteilt die Geschäftsstelle auf dem dafür vorgesehenen Vordruck.

(2) Der Vorsitzende des Prozessgerichts oder ein von ihm bestimmtes Mitglied können einen Gerichtsvollzieher oder eine andere Behörde mit der Ausführung der Zustellung beauftragen, wenn eine Zustellung nach Absatz 1 keinen Erfolg verspricht.

A. Normzweck

Mit der Vorschrift wird der Geschäftsstelle (§ 153 GVG) und dort dem zuständigen Urkundsbeamten bzw. dessen Vertreter die **eigenverantwortliche Zuständigkeit** für Zustellungen von Amts wegen zugewiesen. Fehlt es an einer ausdrücklichen Anordnung des Gerichts, hat der Urkundsbeamte unter den in §§ 173–176 ZPO genannten Zustellungsverfahren nach **pflichtgemäßem Ermessen** zu wählen. Nur in den Fällen der Auslandszustellung nach § 183 ZPO oder der öffentlichen Zustellung nach §§ 186 ff. ZPO besteht kein Auswahlermessen.

Die Geschäftsstelle unterliegt dem Weisungsrecht des Richters bzw. Rechtspflegers. So kann etwa gerichtlich angeordnet werden, an den Adressaten eigenhändig, im Ausland oder öffentlich zuzustellen.[1]

Der Urkundsbeamte muss eine erkennbar mangelhafte Zustellung **wiederholen**.[2]

B. Zustellung durch die Geschäftsstelle (Abs. 1)

Die Geschäftsstelle hat nach pflichtgemäßem Ermessen den einfachsten und kostengünstigsten, aber auch erfolgversprechendsten Zustellungsweg zu wählen. In Betracht kommen die **Aushändigung** des zuzustellenden Schriftstücks an den Adressaten an der Amtsstelle, dh in den Geschäftsräumen des Gerichts (§ 174 ZPO), oder gegen **Empfangsbekenntnis** (§ 175 ZPO) oder durch **Einschreiben** mit Rückschein (§ 176 ZPO). Zur Ermessensausübung gehört auch die Wahl eines **geeigneten Post-Unternehmens** iSd § 168 Abs. 1 ZPO. Als solches kommen grundsätzlich alle mit einer Briefzusteller-Lizenz ausgestatteten Unternehmen in Frage, wenn sie nicht durch die Regulierungsbehörde von ihrer Pflicht zur Durchführung förmlicher Zustellungen befreit sind (§ 33 Abs. 2 PostG). Im Rahmen der Ermessensausübung spielt zwar eine erhebliche Rolle, dass die Kosten und der Gesamtaufwand niedrig zu halten sind, jedoch sind Aufwand und Kosten im Einzelfall **abzuwägen** gegen die Erfolgsaussicht einer konkreten Zustellung.

Als Alternative zu einem Post-Unternehmen kann die Zustellung auch durch einen **Justizbediensteten** durchgeführt werden, wozu bspw. Justizwachtmeister (auch eines anderen Gerichts), Bedienstete einer JVA oder einer Staatsanwaltschaft zählen.[3] Polizei und Zoll zählen hingegen nicht zu den Justizbediensteten. Sie können aber nach Abs. 2 mit der Durchführung der Zustellung beauftragt werden.

---

[22] BGH NJW-RR 2006, 789; NZG 2020, 238 Rn. 8; Zöller/*Greger* ZPO § 167 Rn. 15 mwN.
[23] BGH BeckRS 2015, 13055.
[24] Betreffend die (ausbleibende) Anforderung und Zahlung des Gerichtskostenvorschusses: BGH NJW 1978, 215 (Nachfragepflicht in der Regel nach drei Wochen); ähnlich BGH BeckRS 2015, 20402 (gut drei Wochen); BGH NJW 2009, 984 (halbes Jahr abwarten jedenfalls zu lang); BGH NJW 2003, 2830 (2831); zustimmend jeweils Zöller/*Greger* ZPO § 167 Rn. 15; *Schwaiger* AnwBl 2011, 771 (772); Musielak/Voit/*Wittschier* ZPO § 167 Rn. 9 aE: allgemein bei Ausbleiben der Zustellungsnachricht Pflicht zur Erkundigung „binnen vier Wochen".
[1] Der amtliche Vordruck (§ 190) enthält bereits Ankreuzfelder zur Anordnung der Angabe der Uhrzeit der Zustellung und zum Ausschluss der Ersatzzustellung oder Niederlegung.
[2] BGH NJW 1990, 176 (177).
[3] Zöller/*Schultzky* ZPO § 168 Rn. 3.

6 Die Geschäftsstelle hat die Durchführung der Zustellung zu **überwachen** und den eingegangenen Zustellungsnachweis (Empfangsbekenntnis, Rückschein, Zustellungsurkunde) auf den Nachweis einer ordnungsgemäßen Zustellung zu überprüfen.[4]

C. Zustellung durch richterlichen Auftrag (Abs. 2)

7 Verspricht die Regel-Zustellung nach Abs. 1 keinen Erfolg, kann der Vorsitzende des Prozessgerichts oder ein von ihm bestimmtes Mitglied (in der Regel der Berichterstatter, vgl. § 273 Abs. 2 ZPO) einen **Gerichtsvollzieher** (§ 154 GVG) oder eine andere **Behörde** (Polizei, Zoll, Gemeinde) mit der Zustellung beauftragen. Die Einschaltung von Zoll oder Polizei kann vor allem in eilbedürftigen Situationen Sinn machen, wenn Bedienstete dieser Behörden ohnehin in unmittelbarer Nähe zum Adressaten sind, bspw. auf Messen. Allerdings ist zu berücksichtigen, dass ein Gerichtsvollzieher in der Regel mit den besonderen Regeln zur Ausführung der Zustellung (gemäß § 176 Abs. 2 ZPO gelten die §§ 177–181 ZPO) besser vertraut sein dürfte als andere Bedienstete.

8 Eine Zustellung nach Abs. 1 verspricht insbesondere dann „**keinen Erfolg**", wenn eine solche Zustellung bereits (wiederholt) fehlgeschlagen ist oder der Zustellungsadressat über keinen oder einen ungeklärten festen Wohnsitz verfügt.[5] Ermessensfehler führen allerdings nicht zur Unwirksamkeit einer erfolgten Zustellung, dh auch wenn eine erfolgreiche Zustellung nach Abs. 1 ohne weiteres möglich gewesen wäre, bleibt eine nach Abs. 2 erfolgte Zustellung wirksam.

D. Gerichtskosten

9 Es gilt KV Nr. 9002, wonach allerdings Auslagen für Zustellungen nur erhoben werden, soweit in einem Rechtszug mehr als 10 Zustellungen anfallen. Der Auslagenvorschuss richtet sich nach der allgemeinen Regel des § 17 GKG.

§ 169 Bescheinigung des Zeitpunktes der Zustellung; Beglaubigung

(1) **Die Geschäftsstelle bescheinigt auf Antrag den Zeitpunkt der Zustellung.**

(2) [1]**Die Beglaubigung der zuzustellenden Schriftstücke wird von der Geschäftsstelle vorgenommen.** [2]**Dies gilt auch, soweit von einem Anwalt eingereichte Schriftstücke nicht bereits von diesem beglaubigt wurden.**

(3) [1]**Eine in Papierform zuzustellende Abschrift kann auch durch maschinelle Bearbeitung beglaubigt werden.** [2]**Anstelle der handschriftlichen Unterzeichnung ist die Abschrift mit dem Gerichtssiegel zu versehen.** [3]**Dasselbe gilt, wenn eine Abschrift per Telekopie zugestellt wird.**

(4) [1]**Ein Schriftstück oder ein elektronisches Dokument kann in beglaubigter elektronischer Abschrift zugestellt werden.** [2]**Die Beglaubigung erfolgt mit einer qualifizierten elektronischen Signatur des Urkundsbeamten der Geschäftsstelle.**

(5) **Ein elektronisches Dokument kann ohne Beglaubigung elektronisch zugestellt werden, wenn es**

1. **nach § 130a oder § 130b Satz 1 mit einer qualifizierten elektronischen Signatur der verantwortenden Personen versehen ist,**
2. **nach § 130a auf einem sicheren Übermittlungsweg eingereicht wurde und mit einem Authentizitäts- und Integritätsnachweis versehen ist oder**
3. **nach Maßgabe des § 298a errichtet wurde und mit einem Übertragungsnachweis nach § 298a Absatz 2 Satz 3 oder 4 versehen ist.**

A. Zustellungsbescheinigung (Abs. 1)

1 Die Zustellungsbescheinigung erlaubt den Parteien eine **sichere Auskunft** über den Zustellungszeitpunkt auch in Verfahren der Amtszustellung, die ja (sofern sie nicht selbst Zustellungsadressat ist) ohne Zutun und damit ohne Kenntnis der Partei erfolgt. Bei der Zustellung im Parteibetrieb erhält der Zustellungsveranlasser von Gesetzes wegen eine solche Bescheinigung vom den Gerichtsvollzieher, ohne dass es eines gesonderten Antrags bedarf (§ 193 ZPO).

2 Die Bescheinigung ist überall dort relevant, wo mit der Zustellung **Fristen** in Gang gesetzt werden (vgl. → § 166 Rn. 3), etwa für die Zwangsvollstreckung (zB §§ 750 Abs. 1 und 798 ZPO) oder für Rechtsmittel gegen von Amts wegen zugestellte Entscheidungen (zB §§ 517, 548, 569 Abs. 1 ZPO). Ein Antrag nach Abs. 1 kommt aber auch für das **Verfügungsverfahren** in Betracht, obwohl Verfügungen zu ihrer Vollziehung grundsätzlich im Parteibetrieb zuzustellen sind (→ § 922 Rn. 15). Eine

---

[4] BGH NJW 1990, 176 (177).
[5] BeckOK ZPO/*Dörndorfer* ZPO § 168 Rn. 3.

Zustellung von Amts wegen erfolgt jedoch durch das Gericht, das die Verfügung erlassen hat, an den Antragsteller (bei Beschlussverfügungen) oder an beide Parteien (bei Urteilsverfügungen).[1] Damit der Antragsgegner den Lauf der einmonatigen **Vollziehungsfrist** (§§ 935, 936, 922 Abs. 2 ZPO) sicher bestimmen kann, braucht er vom Gericht die Bescheinigung (gemäß Abs. 1), wann der Antragsteller die Verfügung zugestellt bekam. Allerdings kann die Vollziehungsfrist auch schon vor diesem Zustellungszeitpunkt zu laufen beginnen.[2]

Die schriftliche Bescheinigung erteilt auf Antrag und nach Prüfung der Wirksamkeit der Zustellung 3 der Urkundsbeamte. Die Bescheinigung erbringt Beweis als **öffentliche Urkunde** (§ 418 ZPO), dass der Urkundsbeamte die Zustellung zu dem angegebenen Zeitpunkt **als wirksam erfolgt betrachtet**, nicht aber, dass die Zustellung tatsächlich dann wirksam erfolgt ist.[3] Zeitpunkt und Wirksamkeit der Zustellung sind ungeachtet einer Bescheinigung nach Abs. 1 von derjenigen Partei zu beweisen, die sich auf die Zustellung beruft. Allerdings kommt der Bescheinigung in der Regel ein ganz erheblicher Beweiswert zu, der sich nur mit substantiiertem Vortrag erschüttern lässt.[4]

Der Antrag nach Abs. 1 kann **formlos** gestellt werden und ist zB konkludent im Antrag auf 4 Erteilung einer vollstreckbaren Ausfertigung (§§ 724, 795 ZPO) enthalten.[5] Anwaltszwang besteht nicht (§ 78 Abs. 3 ZPO).

Die Bescheinigung kann isoliert erteilt werden (dann muss sie das zugestellte Schriftstück genau 5 bezeichnen), wird aber üblicher Weise **auf das Schriftstück** selbst (Ausfertigung oder beglaubigte Abschrift) gesetzt.

B. Beglaubigung (Abs. 2)

I. Inhalt, Form, Umfang

Bei der beglaubigten Abschrift (→ § 166 Rn. 11) handelt es sich um eine Abschrift (Zweitschrift), 6 auf der bezeugt wird, dass sie mit der Urschrift oder ihrer Ausfertigung **übereinstimmt**. In der Regel handelt es sich um eine Fotokopie oder einen (weiteren) Ausdruck. Für die Bezeugung der Übereinstimmung ist in jedem Fall die **handschriftliche Unterzeichnung** nötig,[6] einer zusätzlichen Wiedergabe des Namens der unterzeichnenden Person in Maschinenschrift, Stempel oder Blockschrift bedarf es allerdings nicht. In der Praxis wird deutlich formuliert, dass „beglaubigt" oder „für die Richtigkeit" eingestanden werden soll. Zumindest muss sich aus der Abschrift insgesamt ergeben, dass der Unterzeichner die Übereinstimmung bezeugen wollte. Dafür ist ein solcher ausdrücklicher Beglaubigungsvermerk zu empfehlen.[7] Der übliche Stempel „Beglaubigte Abschrift" auf der ersten Seite des Dokuments ist jedenfalls dann nicht erforderlich, wenn der Umstand der Beglaubigung anderweitig klar wird. Dass die Gerichte bisweilen **Ausfertigungen** zustellen, wo auch beglaubigte Abschriften ausreichen würden, ist unproblematisch. Denn für die Übereinstimmung mit der Urschrift hat eine Ausfertigung (→ § 166 Rn. 10) die gleiche Beweiskraft wie ein beglaubigte Abschrift.[8]

Besteht das Schriftstück aus mehreren Blättern, muss der Beglaubigungsvermerk unzweideutig 7 erkennen lassen, dass er das Vorliegen und die Übereinstimmung **aller Seiten** bestätigt.[9] Dies ist nach einer gängigen **Formel des BGH** der Fall, wenn die Blätter „als Einheit derart verbunden sind, dass die körperliche Verbindung als gewollt erkennbar und nur durch Gewaltanwendung zu lösen ist" (wofür in der Lebenswirklichkeit eine schlichte **Heftung** ausreicht[10], wohl aber nicht die bloße Büroklammer), und wenn der Beglaubigungsvermerk am Ende des Schriftstücks steht.[11] Entscheidend ist aber nicht die **Positionierung des Vermerks** (er kann bspw. auch auf der ersten Seite stehen), solange nur deutlich wird, dass er alle Blätter umfasst.[12] Eine Beglaubigung **jeder einzelnen Anlage** oder eine explizite Benennung der einzelnen Anlagen im Beglaubigungsvermerk ist **nicht erforderlich**.[13]

---

[1] Zöller/*Vollkommer* ZPO § 922 Rn. 13 und 24.
[2] Vgl. → § 929 Rn. 5 und 6.
[3] MüKoZPO/*Häublein/Müller* ZPO § 169 Rn. 1 mwN.
[4] Zöller/*Schultzky* ZPO § 169 Rn. 5; BGH BeckRS 2013, 08457.
[5] Zöller/*Schultzky* ZPO § 169 Rn. 2.
[6] Prütting/Gehrlein/*Marx* ZPO § 169 Rn. 3; das gilt auch bei Beglaubigung durch Rechtsanwalt, BGH NJW 1952, 934.
[7] Wenngleich im Einzelfall die bloße Unterschrift der Anwältin genügen kann, wenn aus den Umständen heraus klar ist, dass die Unterschrift der Beglaubigung dienen sollte (MüKoZPO/*Häublein/Müller* ZPO § 169 Rn. 7; Zöller/ *Schultzky* ZPO § 169 Rn. 10).
[8] Zöller/*Schultzky* ZPO § 166 Rn. 9.
[9] Zöller/*Schultzky* ZPO § 169 Rn. 8.
[10] BGH NJW 2004, 506 (508).
[11] BGH NJW 2017, 3721; 2004, 506 (507) mwN.
[12] Hierzu empfiehlt es sich, im Beglaubigungsvermerk das beglaubigte Dokument zu bezeichnen (bspw. „Ausfertigung des Verfügungsbeschlusses des LG (…) vom (…) Az. (…)") und die Gesamtanzahl der Seiten zu nennen, vgl. BGH NJW 2017, 3721 in Rn. 16.
[13] MüKoZPO/*Häublein/Müller* ZPO § 169 Rn. 6; OLG Hamm NJW-RR 2001, 1086 (1088) mit Bezug auf OLG Düsseldorf OLG-Report 1997, 9 (10) und entgegen OLG Karlsruhe WRP 1992, 339 (340).

8 Die ordnungsgemäße Beglaubigung ist eine **wesentliche Zustellungsvoraussetzung**. Ob das Fehlen einer solchen Beglaubigung die Zustellung insgesamt unwirksam macht oder ob sie nach § 189 geheilt werden kann, ist umstritten.[14] Entsprechend dem Prinzip des gesamten Titels 2 (→ § 166 Rn. 12) regelt Abs. 2 nur, wer eine Beglaubigung vornehmen kann, nicht aber, ob ein Dokument vor der Zustellung zu beglaubigen ist.[15] Dies bleibt anderen verfahrens- oder materiellrechtlichen Regelungen vorbehalten (Bsp.: § 110 Abs. 6 PatG).

II. Befugter Personenkreis

9 Neben der Geschäftsstelle ist auch der **Rechtsanwalt** zur Beglaubigung befugt (Abs. 2 S. 2). Diese Befugnis des Rechtsanwalts erschöpft sich aber in der Beglaubigung **zum Zwecke der Zustellung;** er hat keine darüber hinaus gehende Befugnis, (öffentliche) Beglaubigungen vorzunehmen. Fehlt die Beglaubigung durch den Rechtsanwalt, etwa bei Abschriften eingereichter vorbereitender Schriftsätze, kann auch die Geschäftsstelle deren Beglaubigung durchführen. Im Parteibetrieb übernimmt diese Aufgabe der Gerichtsvollzieher (§ 192 ZPO).

10 Während die ZPO ihrem Wesen gemäß nur dem Rechtsanwalt die Befugnis zur Beglaubigung einräumt,[16] ist in den Verfahren vor dem BPatG und dem BGH, in denen der **Patentanwalt** selbst postulationsfähiger Verfahrensbevollmächtigter ist,[17] auch dieser zur Beglaubigung im Rahmen des Abs. 2 befugt.

III. Kosten

11 Für die Bescheinigung gemäß Abs. 1 fällt keine Gebühr an. Der Rechtsanwalt erhält für seine Beglaubigung keine gesonderte Vergütung, in Betracht kommt aber uU eine Dokumentenpauschale nach VV 7000 Nr. 1.b) (bei mehr als 100 Seiten). Der Gerichtsvollzieher erhält Gebühren für die (nachgeholte) Beglaubigung und für etwaige von ihm noch herzustellende Abschriften.

§ 170 Zustellung an Vertreter

(1) ¹**Bei nicht prozessfähigen Personen ist an ihren gesetzlichen Vertreter zuzustellen.** ²**Die Zustellung an die nicht prozessfähige Person ist unwirksam.**

(2) **Ist der Zustellungsadressat keine natürliche Person, genügt die Zustellung an den Leiter.**

(3) **Bei mehreren gesetzlichen Vertretern oder Leitern genügt die Zustellung an einen von ihnen.**

1 Die Norm bestimmt den richtigen Zustellungsadressaten für Fälle, in denen die Person, an die zugestellt wird, nicht prozessfähig (§§ 51, 52 ZPO) oder (Abs. 2) keine natürliche Person ist. Der nach materiellem Recht zu bestimmende gesetzliche Vertreter oder Leiter (→ Rn. 7) ist dann in seiner vertretenden Funktion **Zustellungsadressat** (§ 182 Abs. 2 Nr. 1 ZPO → § 182 Rn. 5). Dabei muss allerdings erkennbar sein, dass an ihn **als den gesetzlichen Vertreter** der identifizierbar bezeichneten prozessunfähigen Person zugestellt werden soll.[1]

2 § 170 gilt über § 191 auch für die Zustellung im **Parteibetrieb,** nicht hingegen nach Bestellung eines **Prozessbevollmächtigten** (§ 172 ZPO). Im Einzelfall kann die wirksame Bestellung eines Prozessbevollmächtigten durch eine nicht prozess- und also nicht geschäftsfähige Person problematisch sein, jedoch geht § 172 ZPO im Zweifel vor, da es für die Wirksamkeit der Zustellung nicht auf die Wirksamkeit der Bestellung ankommt.[2]

3 Ist der gesetzliche Vertreter oder der Leiter an dem betreffenden Verfahren als **Gegner** des Zustellungsadressaten beteiligt, ist eine Zustellung an ihn nicht möglich.[3]

---

[14] BGH NJW 1952, 934; Zöller/*Schultzky* ZPO § 169 Rn. 12 und § 189 Rn. 9 mwN. Für die Zustellung eines Verfügungsbeschlusses offengelassen in BGH NJW 2019, 1374 in Rn. 14, wo der seinerzeitige Meinungsstand dargelegt wird mit Verweis auf die eine Heilungsmöglichkeit ablehnenden Entscheidungen OLG Düsseldorf GRUR-RR 2019, 240, OLG München GRUR 2018, 444 und OLG Karlsruhe BeckRS 2015, 7667 sowie auf die differenzierenden Entscheidungen OLG München GRUR 2018, 444 (446), OLG Hamburg GRUR-RR 2018, 173 (174 f.), OLG Frankfurt a. M. BeckRS 2017, 102284 und OLG Hamburg GRUR-RR 2018, 173 (175).
[15] MüKoZPO/*Häublein/Müller* ZPO § 169 Rn. 2; Prütting/Gehrlein/*Marx* ZPO § 169 Rn. 2 aE.
[16] Nicht dem Patentanwalt, *Petri/Tuscherer/Stadler* Mitt. 2014, 65 (68).
[17] Markenrechtliche Beschwerde (BPatG, § 81 Abs. 2 S. 1 MarkenG), patent- und gebrauchsmusterrechtliche Beschwerde sowie patentrechtliches Nichtigkeits- und Zwangslizenzverfahren (BPatG, § 97 Abs. 2 S. 1 PatG, vgl. § 18 Abs. 2 S. 1 GebrMG), Patentnichtigkeitsberufungsverfahren (BGH, § 113 PatG). Nicht hingegen im markenrechtlichen Rechtsbeschwerdeverfahren (BGH, § 85 Abs. 5 MarkenG).

[1] Thomas/Putzo/*Hüßtege* ZPO § 170 Rn. 2.
[2] → § 172 Rn. 7; Prütting/Gehrlein/*Marx* ZPO § 172 Rn. 2; MüKoZPO/*Häublein/Müller* ZPO § 172 Rn. 8 mwN.
[3] Arg. e § 178 Abs. 2 ZPO, Prütting/Gehrlein/*Marx* ZPO § 170 Rn. 2. Ebenso bei § 171 ZPO (→ § 171 Rn. 2).

A. Nicht prozessfähige Personen (Abs. 1)

§ 170 Abs. 1 S. 1 betrifft insbesondere **Minderjährige,** die Zustellung ist an die Eltern bzw. ein[4] **4** Elternteil (Abs. 3) zu bewirken. Nicht hierher gehören die typischen Fälle, in denen Minderjährige über das Internet Schutzrechte verletzen (zB urheberrechtsverletzendes Filesharing), denn hier wird regelmäßig nicht der Minderjährige angegangen, sondern der Erwachsene als Inhaber des Telekommunikationsanschlusses. Die Vorschrift kann hingegen einschlägig sein bei Minderjährigen, die für den selbstständigen Betrieb eines Erwerbsgeschäfts **teilgeschäftsfähig** sind (§ 112 BGB) und die im Rahmen dieses Betriebs Schutzrechte verletzen oder geltend machen. Wenngleich die Verletzung ein Delikt ist und kein Rechtsgeschäft, kann ein solcher Minderjähriger aber (egal ob auf Aktiv- oder Passivseite) über die betreffende Angelegenheit Verträge schließen, insbesondere Unterlassungsverträge oder Vergleiche, und ist daher insoweit auch prozessfähig (§ 52 ZPO). In der Praxis wird dies aber nur selten der Fall sein, weil zwar Minderjährige in Bereichen wie bspw. dem Online-Handel in großer Zahl gewerblich tätig sind, die Teilgeschäftsfähigkeit aber nicht nur die faktische Aufnahme des selbstständigen Betriebs und die Genehmigung durch den gesetzlichen Vertreter (idR Eltern) voraussetzt, sondern auch (konstitutiv[5]) die Genehmigung des Familiengerichts. Eine andere Fallkonstellation betrifft den Minderjährigen oder sonstigen nicht ausreichend Geschäftsfähigen, der **Inhaber eines Schutzrechts** ist und als solcher auf Aktiv- (zB Verletzungsverfahren, Vindikation) oder Passivseite (zB Nichtigkeits-, Löschungsverfahren) Partei werden kann.

Die Zustellung an den gesetzlichen Vertreter wirkt für und gegen die vertretene Person. Die nach **5** Abs. 1 Satz 2 **unwirksame** Zustellung an einen Prozessunfähigen kann nur im Ausnahmefall nach § 189 ZPO geheilt werden.[6] Es besteht jedoch die Möglichkeit der **Genehmigung** durch den gesetzlichen Vertreter, auch eine Genehmigung nach § 295 ZPO ist möglich.[7]

B. Keine natürliche Person (Abs. 2)

Abs. 2 erfasst insbesondere die **Gesellschaft bürgerlichen Rechts**[8]; alle **Personenvereinigungen,** **6** die selbstständig klagen oder verklagt werden können (OHG, KG, Verein, etc), sowie alle **juristischen Personen** des Privatrechts und des öffentlichen Rechts.

Die Vorschrift bestimmt, dass in allen Fällen, in denen nicht an natürliche Personen zuzustellen ist **7** (und kein Prozessbevollmächtigter bestellt wurde), jeweils dem „**Leiter**" der **gesamten** Gesellschaft, Behörde oÄ zuzustellen ist, nicht etwa dem Leiter (nur) des Justiziariats, des Marketings oder der Marken- und Patentabteilung[9] oder einer anderen „Untergliederung"[10] des Adressaten. Leiter in diesem weit[11] verstandenen Sinne sind denknotwendig nicht nur die gesetzlichen Vertreter (Geschäftsführer, Vorstand ua), sondern (auch) diejenigen, die kraft inneren Satzungsrechts der nicht natürlichen Person diese nach außen vertreten.[12]

Ist der Leiter nicht als **Zustellungsadressat** angegeben (→ Rn. 1), sondern nur die nicht natürliche Person, scheidet eine Zustellung nach § 170 aus.[13] In Betracht kommt dann aber eine Zustellung nach § 171 ZPO oder § 178 Abs. 1 Nr. 2 ZPO (→ § 171 Rn. 2, → § 178 Rn. 10). Umgekehrt genügt die Angabe des Leiters, auch wenn die nicht natürliche Person nicht selbst (zusätzlich) genannt ist.[14]

C. Mehrzahl von Vertretern oder Leitern (Abs. 3)

Bei mehreren gesetzlichen Vertretern oder Leitern genügt die Zustellung an nur einen von ihnen, **8** selbst wenn Gesamtvertretungsmacht besteht.[15] Das gilt auch für die GbR, allerdings mit der Einschränkung, dass an einen zur Geschäftsführung bestellten Gesellschafter (§ 714 BGB) zuzustellen ist, wenn denn intern eine solche Ermächtigung erfolgt ist. Da diese internen Vorgänge nicht publik sind, liegt hierin eine Unsicherheit zu Lasten des Zustellungsveranlassers.[16] Allerdings kann der geschäfts-

---

[4] Musielak/Voit/*Wittschier* ZPO § 170 Rn. 4; Anders/Gehle/*Vogt-Beheim* ZPO § 170 Rn. 6; Zöller/*Schultzky* ZPO § 170 Rn. 2; alle m. Vw. auf 1629 Abs. 1 S. 2, zweiter Teilsatz BGB, → Rn. 8.
[5] Staudinger/*Klumpp* BGB § 112 Rn. 12.
[6] MüKoZPO/*Häublein*/*Müller* ZPO § 170 Rn. 6 mwN.
[7] Prütting/Gehrlein/*Marx* ZPO § 170 Rn. 3; *Saenger* ZPO § 295 Rn. 5.
[8] Die Rechtsfähigkeit der GbR hat auch das BPatG im Einklang mit der Rspr. des BGH anerkannt, BPatG GRUR 2004, 1030 (1032) mwN.
[9] Fezer Markenpraxis-HdB/*Grabrucker* Markenbeschwerdeverfahren BPatG Kap. I 2 Rn. 326.
[10] BT-Drs. 14/4554, 17.
[11] MüKoZPO/*Häublein*/*Müller* ZPO § 170 Rn. 9.
[12] Anders/Gehle/*Vogt-Beheim* ZPO § 170 Rn. 5.
[13] Vgl. Zöller/*Schultzky* ZPO § 182 Rn. 6; MüKoZPO/*Häublein*/*Müller* ZPO § 171 Rn. 2.
[14] Prütting/Gehrlein/*Marx* ZPO § 170 Rn. 4 aE.
[15] HK-ZPO/*Siebert* ZPO § 170 Rn. 6; MüKoZPO/*Häublein*/*Müller* ZPO § 170 Rn. 10.
[16] MüKoZPO/*Häublein*/*Müller* ZPO § 170 Rn. 10 mwN.

führende GbR-Gesellschafter sich im Ergebnis nicht darauf berufen, dass seine interne Bevollmächtigung nicht die Entgegennahme von Postsendungen oder Zustellungen umfasst, da er in einem solchen Fall jedenfalls als einfacher (nicht geschäftsführender) Gesellschafter im Rahmen von Abs. 3 tauglicher Zustellungsadressat wäre.[17] Zustellung an nur ein Elternteil genügt.[18]

9 Für Amtsverfahren trifft § 6 VwZG eine dem gesamten § 170 ZPO ähnliche Regelung.

§ 171 Zustellung an Bevollmächtigte

[1] An den rechtsgeschäftlich bestellten Vertreter kann mit gleicher Wirkung wie an den Vertretenen zugestellt werden. [2] Der Vertreter hat eine schriftliche Vollmacht vorzulegen.

A. Normzweck

1 Die Vorschrift stellt klar[1], was nach allgemeinen Regeln der Vertretung und Zurechnung ohnehin gilt (vgl. § 164 Abs. 3 BGB). Sie bestimmt mit dem rechtsgeschäftlich bestellten Vertreter eine dritte Person, an die **fakultativ** mit Wirkung für den Adressaten zugestellt werden kann. Der Vertreter fungiert als Zustellungsempfänger, Zustellungsadressat bleibt allerdings der Vertretene. Die die Zustellung durchführende Person „kann" an den Vertreter zustellen, muss dies aber nicht tun, insbesondere nicht bei Zweifeln an einer ordnungsgemäßen Bevollmächtigung. Die Vorschrift eröffnet dem Zusteller eine zusätzliche Möglichkeit der Zustellung an (bevollmächtigte) Personen, die als Empfänger einer Ersatzzustellung (§ 178 ZPO) nicht in Betracht kommen. Ob der Zusteller von dieser Möglichkeit Gebrauch macht, ist ihm überlassen. Er muss weder einen rechtsgeschäftlich bestellten Vertreter ausfindig machen noch etwaige Zweifel an der Bevollmächtigung ausräumen. Die Vorschrift dient vor allem der **Vereinfachung** des Verfahrens.[2] Sie gilt über § 191 ZPO auch für Zustellungen im Parteibetrieb.

B. Vollmacht

2 Voraussetzung ist, dass eine rechtsgeschäftliche Empfangs-Vollmacht **schriftlich erteilt** wurde.[3] Erfasst sind alle Arten der rechtsgeschäftlichen Vertretung, also bspw. Generalvollmacht und Prokura, aber auch der schriftlich bevollmächtigte „Nachbar".[4] Die Bevollmächtigung muss sich gerade auch auf die Entgegennahme von Zustellungen beziehen,[5] was nach hM auch schon dann gegeben ist, wenn die **Vollmacht zur Entgegennahme von Postsendungen**[6] ermächtigt, jedenfalls in den (häufigen) Fällen, in denen die Zustellung durch ein Post-Unternehmen erfolgt.[7] Die Vollmacht muss aber dem Zusteller **nicht vorgelegt** worden sein.[8] Nach wohl hM muss im Zeitpunkt der Zustellung eine schriftliche[9] Vollmacht vorgelegen haben, deren Vorlage der Zusteller verlangen *kann*, aber nicht muss.[10] Der bloße Rechtsschein genügt nicht.[11] Wenn die Vollmacht vorgelegt wurde, ist dieser Umstand in die Zustellungsurkunde aufzunehmen (§ 182 Abs. 2 Nr. 3 ZPO). Der schriftlichen Vollmacht steht eine anderweitig verkörperte Legitimationsform, zB ein **Handelsregisterauszug**,

---

[17] BGH NJW 2006, 2191 (2192). Das dürfte für andere Personengesellschaften entsprechend gelten, vgl. zB § 125 HGB für die OHG.
[18] → Rn. 4 und die Nachweise in Fußnote 4.
[1] Schon die Gesetzesbegründung zu § 171 ZPO sagt, die Vorschrift habe eine „der geltenden Rechtslage folgend[e]" klarstellende Funktion, BT-Drs. 14/4554, 17.
[2] *Hentzen* MDR 2003, 361.
[3] OLG Frankfurt a. M. BeckRS 2014, 02335; Köhler/Bornkamm/Feddersen/*Köhler/Feddersen* UWG § 12 Rn. 2.63. Das Schriftformerfordernis ergibt sich nicht nur aus dem Wortlaut der Vorschrift, sondern findet sich auch in der Gesetzesbegründung: „Für die Wirksamkeit der Zustellung an den rechtsgeschäftlichen Vertreter ist entscheidend, dass im Zeitpunkt der Zustellung eine wirksame schriftliche Vollmacht vorliegt" (BT-Drs. 14/4554, 17). Kritisch *de lege ferenda Hentzen* MDR 2003, 361 (362 aE) und wohl auch *de lege lata* MüKoZPO/*Häublein/Müller* ZPO § 171 Rn. 5.
[4] So das Beispiel aus der Gesetzesbegründung (BT-Drs. 14/4554, 17).
[5] OLG Köln GRUR-RR 2005, 143 (144); OLG Düsseldorf BeckRS 2010, 25438, Ls. 1.
[6] OLG Düsseldorf BeckRS 2010, 25438 (unter II.1.(1)), im konkreten Fall jedoch eine Bevollmächtigung iSd § 171 ZPO ablehnend, weil gerade für die Zustellung in einem Rechtsstreit eine anderweitige Vertretungsregelung (der öffentlich-rechtlich verfassten Partei) öffentlich bekannt gemacht war (OLG Düsseldorf BeckRS 2010, 25438 (unter II.1.(2)).
[7] Zöller/*Schultzky* ZPO § 171 Rn. 2 mwN.
[8] BGH NJW-RR 2017, 58. Dies ist teils umstritten, zum Streitstand *Hentzen* MDR 2003, 361 mwN; MüKoZPO/*Häublein/Müller* ZPO § 171 Rn. 4 f. mwN.
[9] AA (mündliche Vollmacht genügt) MüKoZPO/*Häublein/Müller* ZPO § 171 Rn. 5.
[10] BGH BeckRS 2011, 27449 Rn. 8; *Hentzen* MDR 2003, 361 (363); *Anders* WRP 2003, 204 (205); Zöller/*Schultzky* ZPO § 171 Rn. 4 mwN; MüKoZPO/*Häublein/Müller* ZPO § 171 Rn. 4 f. mwN.
[11] OLG Frankfurt a. M. BeckRS 2014, 2335; HK-ZPO/*Siebert* ZPO § 171 Rn. 2.

gleich.¹² Der Admin-C einer Internet-Domain ist nicht automatisch für Zustellungen empfangsbevollmächtigt iSd § 171 ZPO.¹³

Während für den Prozessbevollmächtigten § 172 ZPO als Spezialregelung vorgeht, ist § 171 ZPO 3 auf den nicht prozessbevollmächtigten, also **außergerichtlichen anwaltlichen Vertreter nicht anwendbar**¹⁴, es sei denn, er ist zum Zeitpunkt der Zustellung schriftlich zur Entgegennahme bevollmächtigt (→ Rn. 2).¹⁵ Denn die Beauftragung zur außergerichtlichen Vertretung umfasst in der Regel nicht auch schon die Bevollmächtigung als Empfangsvertreter für zukünftige Verfahren.¹⁶

Bei **mehreren Vertretern** genügt nach wohl herrschender Ansicht entsprechend § 170 Abs. 3 4 ZPO die Zustellung **an nur einen** von ihnen. Vertritt umgekehrt ein rechtsgeschäftlich bestellter Zustellungsbevollmächtigter **mehrere Zustellungsadressaten,** empfiehlt es sich, von dem zuzustellenden Schriftstück so viele Exemplare zuzustellen, wie Adressaten von ihm vertreten werden.¹⁷

Ist der rechtsgeschäftlich bestellte Vertreter an dem betreffenden Verfahren als **Gegner des Zu-** 5 **stellungsadressaten** beteiligt, ist eine Zustellung an ihn nicht möglich.¹⁸ Ausgeschlossen ist die Zustellung nach § 171 ZPO auch dann, wenn die **eigenhändige oder persönliche Zustellung angeordnet** ist (→ § 168 Rn. 2).

Verweigert der rechtsgeschäftlich bestellte Zustellungsvertreter die Annahme, soll eine Zustellung 6 nach § 179 ZPO (Zurücklassen oder Zurücksendung) nicht möglich sein.¹⁹

Für Amtsverfahren trifft § 7 VwZG eine ähnliche Regelung. 7

§ 172 Zustellung an Prozessbevollmächtigte

(1) ¹In einem anhängigen Verfahren hat die Zustellung an den für den Rechtszug bestellten Prozessbevollmächtigten zu erfolgen. ²Das gilt auch für die Prozesshandlungen, die das Verfahren vor diesem Gericht infolge eines Einspruchs, einer Aufhebung des Urteils dieses Gerichts, einer Wiederaufnahme des Verfahrens, einer Rüge nach § 321a oder eines neuen Vorbringens in dem Verfahren der Zwangsvollstreckung betreffen. ³Das Verfahren vor dem Vollstreckungsgericht gehört zum ersten Rechtszug.

(2) ¹Ein Schriftsatz, durch den ein Rechtsmittel eingelegt wird, ist dem Prozessbevollmächtigten des Rechtszuges zuzustellen, dessen Entscheidung angefochten wird. ²Wenn bereits ein Prozessbevollmächtigter für den höheren Rechtszug bestellt ist, ist der Schriftsatz diesem zuzustellen. ³Der Partei ist selbst zuzustellen, wenn sie einen Prozessbevollmächtigten nicht bestellt hat.

A. Allgemeines

Sobald und solange eine Partei einen Verfahrensbevollmächtigten bestellt hat, ist dieser der **alleinige** 1 **Ansprechpartner** des Gerichts, und zwar sowohl für förmliche Zustellungen als auch für formlose Mitteilungen.¹ Die Vorschrift dient der Prozessökonomie unter dem Gesichtspunkt der **Konzentrati-**

---

¹² MüKoZPO/*Häublein/Müller* ZPO § 171 Rn. 4.
¹³ BGH GRUR 2014, 705 – Inländischer Admin-C (dort unter II.). Der Entscheidung lagen die DENIC-Bedingungen von Anfang 2013 zu Grunde.
¹⁴ OLG Köln GRUR-RR 2005, 143 (144) – Couchtisch; OLG Hamburg GRUR-RR 2006, 355 Rn. 27; zustimmend Schramm/*Oldekop* PatVerlProzess Kap. 9 Rn. 55 sowie Fezer Markenpraxis-HdB/*Hirsch* Markenverletzungsverfahren I 4 Rn. 414 aE; aA *Anders* WRP 2003, 204 (205); unklar Ahrens Wettbewerbsprozess-HdB/*Büttner* Kap. 59 Rn. 38; differenzierend für einen Fall, in dem ein Rechtsanwalt vorprozessual eine „Zustellungsvollmacht" (nicht: „Prozessvollmacht") erteilt war: OLG Düsseldorf GRUR-RR 2005, 102 – Elektrischer Haartrockner; in diesem Fall mag § 171 ZPO greifen, sodass an die Rechtsanwältin zugestellt werden *kann*, nicht wegen § 172 ZPO *muss*.
¹⁵ Im Ergebnis ebenso Köhler/Bornkamm/Feddersen/*Köhler/Feddersen* UWG § 12 Rn. 2.63 und Fezer Markenpraxis-HdB/*Hirsch* Markenverletzungsverfahren I 4 Rn. 414.
¹⁶ OLG Köln GRUR-RR 2005, 143 (144) – Couchtisch (konkret für den Fall einer im Anschluss an den Erhalt einer Abmahnung erfolgten Beauftragung eines Rechtsanwalts); OLG Hamburg GRUR-RR 2006, 355 Rn. 27; zustimmend Fezer Markenpraxis-HdB/*Hirsch* Markenverletzungsverfahren Kap. I 4 Rn. 414 aE; Kühnen Patentverletzung-HdB Kap. G Rn. 237 mwN.
¹⁷ MüKoZPO/*Häublein/Müller* ZPO § 170 Rn. 12. Für die Kostenberechnung gilt eine solche Zustellung mehrerer Schriftstücke als eine einzige Zustellung (Vorb. 1 Abs. 1 KV zu § 9 GVKostG), wobei allerdings die Schreibauslage mehrfach anfallen kann (KV 700 Rdp. 1 zu § 9 GVKostG). – Hiervon zu unterscheiden ist der Fall, dass ein und derselbe Vertreter iSd § 170 ZPO gleichzeitig Vertreter mehrerer Verfahrensbeteiligter ist (Bsp.: dieselbe natürliche Person ist Geschäftsführer verschiedener, im selben Verfahren verklagter GmbHs).
¹⁸ Arg. e § 178 Abs. 2 ZPO, Zöller/*Schultzky* ZPO § 171 Rn. 2.
¹⁹ Zöller/*Schultzky* ZPO § 171 Rn. 5 aE; fraglich, da jedenfalls (und nur) dann, wenn der rechtsgeschäftlich bestellte Vertreter iSd § 171 ZPO in seiner Wohnung oder seinem Geschäftsraum angetroffen wird, mit dem Zurücklassen des Schriftstücks der Zweck des § 179 ZPO, von dem Schriftstück doch noch Kenntnis nehmen zu können, in der Person des Vertreters genauso erfüllt wird wie bei einer persönlichen Zustellung an den Adressaten, was nach allgemeinen Zurechnungsgrundsätzen (vgl. auch § 85 ZPO) weder dem Adressaten noch dem Vertreter unzumutbar wäre.
¹ Zöller/*Schultzky* ZPO § 172 Rn. 1, 2.

on des Verfahrensstoffs in einer Hand, nicht hingegen der Beschleunigung.² Der Zustellungsveranlasser ist aber nicht gehindert, bei Unsicherheit hinsichtlich des richtigen Zustellungsadressaten an mehrere Adressaten parallel zuzustellen (Beispiele: Partei und Bevollmächtigter; Bevollmächtiger der ersten und der zweiten Instanz). Eine solche parallele Zustellung ist aus Effizienzgründen in Zweifelsfällen zu empfehlen.³

2 Die Vorschrift gilt für **Amtszustellungen** ebenso wie für Zustellungen im **Parteibetrieb** (§ 191 ZPO). Für Zustellungen im Parteibetrieb ist im Rahmen des Anwaltsprozesses, der im gewerblichen Rechtsschutz den absoluten Regelfall⁴ darstellt, außerdem die vereinfachte Zustellung von Anwalt zu Anwalt möglich und üblich (§ 195 ZPO).

3 Wird trotz Vorliegens der Voraussetzungen des § 172 an die Partei selbst zugestellt, ist die Zustellung **unwirksam**.⁵ Heilung nach §§ 189, 295 ZPO ist möglich.⁶ Jedoch heilt der Zugang bei der Partei nicht die unterbliebene Zustellung an den Prozessbevollmächtigten, weil Heilung den Zugang beim richtigen Zustellungsadressaten voraussetzt,⁷ und das ist in Fällen des § 172 ZPO ausschließlich der Bevollmächtigte.⁸ Heilung kann aber eintreten, wenn die Partei eine **Kopie, Telefaxkopie oder Scan-Kopie (per E-Mail) an den Bevollmächtigten** weitergibt.⁹ Eine solche **Weitergabe** des Schriftstücks ist unerlässlich; die bloße Information über den Inhalt des Schriftstücks führt nicht zur Heilung.¹⁰ Nur ausnahmsweise ordnet das Gesetz die Zustellung bzw. Mitteilung **an die Partei persönlich** an oder lässt sie zumindest zu, wobei aber auch in einem solchen Fall der Prozessbevollmächtigte zumindest parallel zu informieren ist.¹¹ In Zweifelsfällen hinsichtlich der (Reichweite der) Bevollmächtigung der gegnerischen anwaltlichen Vertreter kann der Grundsatz des fairen Verfahrens gebieten, die Anwälte der Gegenseite zumindest über an deren Partei gerichtete Zustellungen zu informieren.¹² Zur Sicherheit kann in solchen Zweifelsfällen (und auch sonst) parallel an Partei und Bevollmächtigte zugestellt werden.¹³

B. Rechtszug

4 § 172 ZPO gilt für den Bevollmächtigten einer **gesamten Instanz,** also ab Anhängigkeit (dh Einreichung der Klage- bzw. Antrags- oder Rechtsmittelschrift) und grundsätzlich bis zum Eintritt der formellen Rechtskraft einer die Instanz abschließenden Entscheidung oder eines Prozessvergleichs bzw. bis zur Einlegung eines Rechtsmittels gegen diese Entscheidung.¹⁴ Bei Abgabe oder **Verweisung** gehört das Verfahren vor dem empfangenden, neuen Gericht zum selben Rechtszug.¹⁵ Verfahren der **Zwangsvollstreckung** und der **Kostenfestsetzung** gehören grundsätzlich zum ersten Rechtszug (dh erste Instanz; § 172 Abs. 1 S. 2 ZPO, §§ 103 Abs. 2 S. 1, 104 Abs. 1 S. 1 ZPO). In diesen Verfahren ist dem Bevollmächtigten der ersten Instanz zuzustellen bzw. demjenigen Bevollmächtigten, der sich für dieses Verfahren (zB das Kostenfestsetzungsverfahren) gesondert bestellt hat.¹⁶ Zum Rechtszug des **selbstständigen Beweisverfahrens** gehört nicht ohne weiteres das nachfolgende Hauptsacheverfah-

---

² *Musielak/Voit/Wittschier* ZPO § 172 Rn. 1, der darauf hinweist, dass aus diesem Grund nicht etwa eine (zusätzliche, weil schnellere) Zustellung an den inländischen Prozessbevollmächtigten veranlasst werden kann, wenn sich dieser bestellt, nachdem bereits eine (längerwierige) Auslandszustellung veranlasst wurde (OLG Hamburg NJW-RR 1988, 1277 [1278 f.]).
³ *MüKoZPO/Häublein/Müller* ZPO § 172 Rn. 23 aE; siehe unten bei → Fn. 13.
⁴ § 78 Abs. 1 S. 1 ZPO iVm § 140 Abs. 1 MarkenG, § 143 Abs. 1 PatG, § 52 Abs. 1 GeschmMG, § 13 Abs. 1 S. 1 UWG ua.
⁵ BGH NJW-RR 2019, 1465 Rn. 28; NJW 2002, 1728 (1729); 1984, 926; OLG Köln MDR 1976, 50; BPatG BeckRS 2013, 12381.
⁶ *Zöller/Schultzky* ZPO § 172 Rn. 22.
⁷ *Zöller/Schultzky* ZPO § 189 Rn. 6.
⁸ *Zöller/Schultzky* ZPO § 189 Rn. 5; OLG Düsseldorf BeckRS 2017, 127425 (Zustellung einer Verfügung zwecks Vollziehung an den Verfügungsbeklagten statt an seinen Verfahrensbevollmächtigten).
⁹ KG BeckRS 2011, 05647 = GRUR-RR 2011, 287 – Zustellung per E-Mail = GRUR-Prax 2011, 179 *(Kipping)*; LG Hamburg BeckRS 2017, 127424; Bornkamm/Feddersen *Köhler/Feddersen* UWG § 12 Rn. 2.64; aA *Zöller/Schultzky* ZPO § 189 Rn. 4. Auch → § 189 Rn. 8.
¹⁰ OLG Köln GRUR-RR 2005, 143 (144) – Couchtisch; OLG Hamburg PharmR 2007, 50 (54); *Oetker* GRUR 2003, 119 (125), dort in Fn. 68 mwN; Ahrens Wettbewerbsprozess-HdB/*Büttner* Kap. 59 Rn. 32 und Rn. 47. Bewusst unterbleibende Weiterleitung (auch nach entsprechender Anleitung durch den eigenen Bevollmächtigten) kann das Berufen auf eine unwirksame Parteizustellung rechtsmissbräuchlich machen (KG BeckRS 2005, 00821; *Prütting/Gehrlein/Marx* ZPO § 189 Rn. 3).
¹¹ Bspw. bei der Anordnung des persönlichen Erscheinens der Partei, § 141 Abs. 2 S. 2 ZPO, vgl. Anders/Gehle/*Vogt-Beheim* ZPO § 141 Rn. 26 f.; *Zöller/Greger* ZPO § 141 Rn. 10. Auflistung weiterer Fälle der persönlichen Zustellung/Mitteilung bei MüKoZPO/*Häublein/Müller* ZPO § 172 Rn. 2 aE.
¹² OLG Düsseldorf NJW-RR 1992, 699 (700).
¹³ *Kurtz* WRP 2016, 305 Rn. 20; *Kipping* GRUR-Prax 2011, 179; *Lensing-Kramer* in MAH GewRS Teil B § 5 Rn. 43a. Die Kosten einer überflüssigen Zustellung sind allerdings uU nicht erstattungsfähig (LG Hamburg BeckRS 2008, 25127; vgl. auch MüKoZPO/*Häublein/Müller* ZPO § 195 Rn. 3, dort bei und in Fn. 5 mwN).
¹⁴ MüKOZPO/*Häublein/Müller* ZPO § 172 Rn. 12 f.
¹⁵ *Prütting/Gehrlein/Marx* ZPO § 172 Rn. 7 aE; OLG Köln MDR 1976, 50.
¹⁶ *Prütting/Gehrlein/Marx* ZPO § 172 Rn. 7 f.

ren.¹⁷ Jedoch kann in Einzelfällen die Bestellung in einem Beweissicherungsverfahren ausnahmsweise als Bestellung auch für das unmittelbar nachfolgende, denselben Streitgegenstand betreffend Hauptsacheverfahren auszulegen sein.¹⁸

In Verfahren des **einstweiligen Rechtsschutzes** ist der Bevollmächtigte des Hauptsacheverfahrens **5** grundsätzlich auch für das Verfügungsverfahren bevollmächtigt (§ 82 ZPO) und daher tauglicher Zustellungsadressat auch im Verfügungs- und Arrestverfahren. An ihn kann, muss aber nicht zwingend zugestellt werden, weil er zwar empfangsbevollmächtigt ist, andererseits aber Verfügungs- und Arrestverfahren nicht iSd § 172 ZPO zum Rechtszug des Hauptsacheverfahrens gehören, § 172 ZPO also nicht greift.¹⁹ Umgekehrt ist der im einstweiligen Rechtsschutzverfahren Bevollmächtigte nicht ohne weiteres auch für das Hauptsacheverfahren bevollmächtigt.²⁰ Nach diesen Grundsätzen ist auch bei einer **vorprozessualen Mitteilung** eines Antragsgegners, bestimmten Rechtsanwälten sei für den Fall eines gerichtlichen Vorgehens eine **„Zustellungsvollmacht"** erteilt, nicht ohne weiteres von deren Bevollmächtigung für ein Verfügungsverfahren auszugehen, sodass eine Verfügung durch Zustellung an die Partei selbst (oder an die Rechtsanwälte) vollzogen werden kann.²¹ Zur Bevollmächtigung eines Anwalts, der eine Schutzschrift hinterlegt hat, → Rn. 8 ff.

Nach Abs. 1 Satz 3 gehört das Verfahren vor dem **Vollstreckungsgericht,** insbesondere also das **6** Verfahren über die Vollstreckungserinnerung (§ 766 ZPO) und die sofortige Beschwerde (§ 793 ZPO), zum ersten Rechtszug. Zur Zwangsvollstreckung gehören auch die ihre Einleitung bewirkenden Zustellungen.²² Die Zustellung zum Zwecke der **Vollziehung** (§ 929 Abs. 2 ZPO) gehört jedoch **nicht** hierher, denn sie ist keine Maßnahme der Zwangsvollstreckung.²³ Zwar ist der einstweilige Rechtsschutz im Buch 8 („Zwangsvollstreckung") der ZPO geregelt. Die Zustellung zwecks Vollziehung dient aber nicht der Zwangsvollstreckung im Sinne der erzwungenen faktischen Durchsetzung einer bereits wirksam und verbindlich ergangenen Entscheidung (Titel), sondern sie dient erst noch dazu, die (Verfügungs-) Entscheidung für den Gegner verbindlich werden zu lassen. Sie muss daher grundsätzlich an den Bevollmächtigten desjenigen Rechtszugs erfolgen, in dem die zu vollziehende Entscheidung erlassen wurde. Weist also zB das Landgericht einen Verfügungsantrag zurück und erlässt das Oberlandesgericht auf Berufung des Antragstellers erstmals eine Verfügung, so hat der Antragsteller diese Verfügung an den Bevollmächtigten der Berufungsinstanz zuzustellen (sofern sich für den Antragsgegner ein Bevollmächtigter bestellt hatte). In der eigentlichen Zwangsvollstreckung im Sinne des Abs. 1 Satz 3 befindet man sich erst bei Maßnahmen wie dem Ordnungsmittelantrag, für den das Prozessgericht erster Instanz ausschließlich zuständig ist.²⁴

C. Bestellung

Die Bestellung ist nicht zu verwechseln mit der Bevollmächtigung durch die Partei. Die Bevoll- **7** mächtigung erfolgt im Innenverhältnis, wohingegen die Bestellung in der nach außen (dh an das Gericht und/oder andere Verfahrensbeteiligte) gerichteten **Bekanntgabe der Bevollmächtigung** liegt.²⁵ Für § 172 ZPO ist es **unerheblich, ob tatsächlich** (im Innenverhältnis) eine Bevollmächtigung vorliegt²⁶, denn die mangelnde Bevollmächtigung eines Rechtsanwalts wird nur auf Rüge geprüft (§ 88 ZPO; ebenso § 97 Abs. 5 S. 1 PatG, § 81 Abs. 6 S. 1 MarkenG). Bei Rüge der fehlenden Vollmacht ist der Nachweis durch eine deutschsprachige **Original-Urkunde** zu führen, die eine (im Falle von Untervollmachten: lückenlose) Bevollmächtigung durch die Partei belegt.²⁷ Zwar enthalten anwaltliche Schriftsätze häufig eine ausdrückliche Mitteilung der Bestellung, jedoch genügt auch ein **konkludentes** Verhalten, aus dem auf die Vertretung der betreffenden Partei geschlossen werden kann.²⁸ Die Bestellung ist nicht formgebunden.²⁹

---

¹⁷ MüKoZPO/*Häublein/Müller* ZPO § 172 Rn. 22; Prüttling/Gehrlein/*Marx* ZPO § 172 Rn. 9.
¹⁸ OLG Düsseldorf NJW-RR 1992, 699 (700). Zum Begriff der Bestellung → Rn. 7 ff.
¹⁹ OLG Nürnberg BeckRS 2001, 30209582; Teplitzky/*Feddersen* Kap. 55 Rn. 43 aE mwN; Prütting/Gehrlein/*Marx* ZPO § 172 Rn. 9 mwN.
²⁰ Prütting/Gehrlein/*Burgermeister* ZPO § 82 Rn. 1 aE mwN.
²¹ OLG Düsseldorf GRUR 2005, 102 – Elektrischer Haartrockner.
²² Musielak/Voit/*Wittschier* ZPO § 172 Rn. 7.
²³ Kühnen Patentverletzung-HdB Kap. G Rn. 231.
²⁴ Teplitzky/*Feddersen* Kap. 57 Rn. 30; Haedicke/Timmann PatR-HdB/*Chakraborty/Haedicke* § 15 Rn. 692; zum Zustellungserfordernis einer separaten, nicht schon im Unterlassungstitel erfolgenden Ordnungsmittelandrohung vgl. BGH BeckRS 2013, 07698.
²⁵ MüKoZPO/*Häublein/Müller* ZPO § 172 Rn. 6; Musielak/Voit/*Wittschier* ZPO § 172 Rn. 2; *Kurtz* WRP 2016, 305 (306).
²⁶ MüKoZPO/*Häublein/Müller* ZPO § 172 Rn. 6; Musielak/Voit/*Wittschier* ZPO § 172 Rn. 2; BGH NJW-RR 2019, 1465 Rn. 28.
²⁷ OLG Koblenz BeckRS 2010, 25911; BGH BeckRS 2002, 03611. Bei nicht deutschsprachigen Parteien empfiehlt sich daher aus Praktikabilitätsgründen eine zweisprachige Vollmacht.
²⁸ Musielak/Voit/*Wittschier* ZPO § 172 Rn. 2.
²⁹ BGH NJW-RR 1986, 286.

8 Entscheidend ist die **Kenntnis des Zustellungsveranlassers** von der (augenscheinlichen) Bevollmächtigung in dem Zeitpunkt, in dem er die Zustellung in die Wege leitet, dh wenn er das zuzustellende Schriftstück „zur Zustellung weggibt".[30] Ihn trifft keine Nachforschungspflicht.[31] Erlangt der Zustellungsveranlasser diese Kenntnis erst später, aber noch vor Abschluss der (nicht an den Bevollmächtigten gerichteten) Zustellung, ist die Zustellung **nicht deswegen unwirksam.**[32] Daher bleibt die durch Zustellung nur an den Schuldner persönlich erfolgte Vollziehung einer Beschlussverfügung wirksam, wenn der Gläubiger nach der Zustellung von der vorherigen Bestellung eines Prozessbevollmächtigten erfährt.[33] Das gilt auch dann, wenn der Gläubiger zwar wusste, dass der Schuldner eine (anwaltliche) **Schutzschrift**[34] hinterlegt hatte, deren Inhalt und damit auch die darin enthaltene Bestellung eines Verfahrensbevollmächtigten aber nicht kannte.[35] Bestreitet der Antragsgegner die Wirksamkeit der Zustellung an ihn als Partei, weil sich sein Bevollmächtigter bereits bestellt hatte, so trifft ihn im Zweifel die Beweislast für die Kenntnis des Antragstellers (Zustellungsveranlassers) von der Bestellung.[36]

9 Ist der Bevollmächtigte erkennbar nicht für das **Verfahren insgesamt,** sondern nur für einzelne Teile wie bspw. die Vertretung in einem konkreten Verhandlungstermin oder ausdrücklich nur für die Hinterlegung einer Schutzschrift bevollmächtigt, greift § 172 ZPO nicht.[37] Dem Terminsprotokoll kann insoweit maßgebliche Bedeutung zukommen, wenn nämlich der (nur) Terminvertreter nicht ausdrücklich in Untervollmacht des Verfahrensbevollmächtigten erscheint.[38] Bestellt sich ein Rechtsanwalt zum Verfahrensbevollmächtigten in einem Kostenwiderspruchsverfahren gegen eine einstweilige Verfügung, bestellt er sich damit für das Verfügungsverfahren insgesamt[39], nicht automatisch auch für das Hauptsacheverfahren (→ Rn. 5).

10 Die Vorschrift ist bereits dann anzuwenden, wenn eine Partei einen (angeblichen) Bevollmächtigten ihrer **Gegenpartei benennt** (bspw. in Klageschrift den Rechtsanwalt, der in der vorgerichtlichen Korrespondenz den Beklagten vertrat). Etwaige Risiken einer wirksamen Zustellung, also des Bestehens einer tatsächlichen Bestellung oder eines Vertretungsverhältnisses im Innenverhältnis, trägt hierbei diejenige Partei, welche den Bevollmächtigten der Gegenseite benennt.[40] Die Zustellung an diesen Bevollmächtigten ist jedenfalls dann wirksam, wenn der benennenden Partei ausdrücklich das Bestehen einer Prozessvollmacht mitgeteilt worden war.[41]

11 Eine **außerhalb des konkreten Verfahrens** erfolgende Tätigkeit oder Bestellung eines Anwalts führt nicht automatisch zur Zustellungspflicht nach § 172 ZPO. Vertritt ein Anwalt eine Partei im **vorgerichtlichen Abmahnverfahren,** liegt hierin nicht automatisch eine Bestellung für ein nachfolgendes Verfahren,[42] und zwar auch dann nicht, wenn die Partei ihrem Gegner vorprozessual mitgeteilt hat, einem bestimmten Anwalt sei „Zustellungsvollmacht"[43] erteilt. Eine Bestellung liegt erst dann vor, wenn sich der Anwalt **ausdrücklich oder in eindeutiger Weise konkludent** als Zu-

---

[30] OLG Hamburg NJW-RR 1987, 1277 (1278); 1988, 1277; OLG Frankfurt a. M. NJW-RR 1986, 587 – Hinweispflicht auf Ladenschluss am Sonnabend.
[31] OLG Düsseldorf GRUR 2005, 102 – Elektrischer Haartrockner; zustimmend Petri/Tuscherer/Stadler Mitt. 2014, 65 (68); Ott WRP 2016, 1455 Rn. 18 mwN.
[32] Musielak/Voit/*Wittschier* ZPO § 172 Rn. 4; OLG Hamburg NJW-RR 1987, 1277 (1278). Für den umgekehrten Fall (hier: Bevollmächtigter hatte sich bestellt, verstarb aber vor Erhalt der Zustellung, ohne dass der Zustellungsveranlasser dies zum Zeitpunkt der Veranlassung wusste) siehe BPatG BeckRS 2013, 12381.
[33] OLG Hamburg GRUR-RR 2003, 105 (107 f.) – KLACID; OLG Hamburg WRP 2007, 465 = BeckRS 2011, 17314; OLG Düsseldorf GRUR-RR 2005, 102 – Elektrischer Haartrockner.
[34] → Rn. 9 und → Rn. 11.
[35] OLG Düsseldorf GRUR 1984, 79 (81) – Vollziehungszustellung bei Schutzschrift; OLG Hamburg GRUR-RR 2003, 105 (108) – KLACID. In beiden Fällen hatte das Gericht zwar die Schutzschrift im Verfügungsbeschluss erwähnt, aber die in der Schutzschrift genannten Bevollmächtigten des Antragsgegners nicht im Rubrum aufgeführt. Im Ergebnis ebenso, aber neben der Kenntnis des Zustellungsveranlassers auch auf dessen Kennenmüssen abstellend OLG Frankfurt a. M. GRUR 1988, 858; NJW-RR 1986, 587 (Ls. 1) – Hinweispflicht auf Ladenschluss am Sonnabend. Vermittelnd (Kenntnis ebenso wie vorwerfbares Verschließen vor der Kenntnisnahme) Köhler/Bornkamm/Feddersen/*Köhler/Feddersen* UWG § 12 Rn. 2.63; weitere Nachweise bei Ahrens/Büttner Kap. 7 Rn. 25 (dort in Fn. 54).
[36] OLG Hamm BeckRS 2009, 19343; Ott WRP 2016, 1455 Rn. 20.
[37] MüKoZPO/*Häublein/Müller* ZPO § 172 Rn. 5; BGH NJW-RR 2007, 356; zur Schutzschrift OLG Frankfurt a. M. BeckRS 2016, 04864.
[38] Vgl. BGH NJW-RR 2007, 356 Rn. 8.
[39] OLG Hamm GRUR 1995, 230.
[40] BGH NJW-RR 2011, 997 Rn. 12 ff.; Zöller/*Schultzky* ZPO § 172 Rn. 7.
[41] Zöller/*Schultzky* ZPO § 172 Rn. 6.
[42] Ahrens Wettbewerbsprozess-HdB/*Büttner* Kap. 7 Rn. 25; Kühnen Patentverletzung-HdB Kap. G Rn. 221; Schramm/Oldekop PatVerlProzess Kap. 9 Rn. 55; Fezer/*Büscher* UWG § 12 Rn. 157; Zöller/*Vollkommer* ZPO § 929 Rn. 13; Köhler/Bornkamm/Feddersen/*Köhler/Feddersen* UWG § 12 Rn. 2.63; Teplitzky/*Feddersen* Kap. 55 Rn. 43 (dort in Fn. 230 mwN); Petri/Tuscherer/Stadler Mitt. 2014, 65 (68); Ott WRP 2016, 1455 Rn. 19 mwN; OLG Köln GRUR-RR 2005, 143 – Couchtisch (zu § 171 ZPO).
[43] OLG Düsseldorf GRUR 2005, 102 – Elektrischer Haartrockner; OLG Hamburg GRUR-RR 2006, 355 (356 f.) – Stadtkartenausschnitt; → Rn. 5.

stellungsbevollmächtigter bezeichnet hat.[44] Hinterlegt ein Anwalt als Bevollmächtigter eine **Schutzschrift**, führt dies nur dann zur Zustellungspflicht nach § 172 ZPO, wenn (dh sobald) der Zustellungsveranlasser (also idR der Antragsteller) zum Zeitpunkt der Zustellungsveranlassung konkret von der Bestellung des Anwalts in der Schutzschrift weiß[45], was in der Praxis meist durch Nennung des bevollmächtigten Antragsgegner-Vertreters im Rubrum des Verfügungsbeschlusses[46] oder durch Übersendung der Schutzschrift durch das Gericht an den Antragsteller[47] geschieht. Die Schutzschrift kann aber klarstellen, dass der Anwalt nur für diese bevollmächtigt ist und insbesondere keine weitergehende Zustellungsvollmacht hat; § 172 ZPO greift in diesem Fall nicht.[48] Eine solche eingeschränkte Bevollmächtigung muss aber klar zum Ausdruck kommen.[49] Weiß der Antragsteller nur von der Hinterlegung einer Schutzschrift, nicht aber von der darin enthaltenen, konkreten Bestellung, so trifft ihn **keine Nachforschungspflicht**.[50] Hat ein Bevollmächtigter eine Schutzschrift hinterlegt, ist er nur für das konkrete Verfügungsverfahren bestellt, nicht für Verfahren mit ähnlichem Gegenstand.[51]

Bestellt sich eine **Anwalts-Sozietät** (gleich welcher Rechtsform), ist in der Regel von der Bestellung sämtlicher im Briefkopf aufgeführten Rechtsanwälte auszugehen.[52] Ob dies bei einer **überörtlichen Kanzlei** auf die Anwälte an einem bestimmten Kanzleisitz zu beschränken ist, ist umstritten.[53] Da die zügige interne Zuordnung und Kenntnisgabe eingehender Schriftsätze und Mitteilungen letztlich in der Verantwortlichkeit eines jeden Anwalts und einer jeden Sozietät liegen,[54] und weil die Weiterleitung mit heutigen Postdiensten, aber auch per beA, Telefax (oa), schnell und ohne großen Aufwand möglich ist[55], wird in aller Regel auch die Zustellung an einen anderen Kanzleisitz als denjenigen des sachbearbeitenden Anwalts ausreichen. Hiervon werden jedoch (bei internationalen Kanzleien) ausländische Kanzleisitze auszunehmen sein. Auch wenn die Zustellung bewusst an einen anderen Kanzleisitz erfolgt (etwa bei Zustellung im Parteibetrieb oder bei Zustellung von Amts wegen nach Angabe einer Zustelladresse durch den Gegner), um das Verfahren zu verzögern oder um dem sachbearbeitenden Anwalt realiter weniger Zeit zur Bearbeitung zu lassen, wird man dies im Rahmen von Treu und Glauben und dem Fairnessgebot zu berücksichtigen haben; jedoch wird es in solchen Fällen häufig am Nachweis einer treuwidrigen Intention fehlen. **12**

Bestellen sich **mehrere bzw. weitere Prozessbevollmächtigte** (ohne dass ein Fall von → Rn. 12 vorliegt), ist nach allgemeinen Grundsätzen (§ 133 BGB) auszulegen, ob hierin ein Widerruf der dem bisherigen Bevollmächtigten erteilten Vollmacht liegt.[56] Im Zweifel ist von einer parallelen Bevollmächtigung auszugehen mit der Folge, dass jeder Bevollmächtigte für sich genommen tauglicher Zustelladressat ist.[57] Für eine gegenüber der Partei wirksame Zustellung genügt dann die Zustellung an nur einen der Prozessbevollmächtigten. Erfolgt die Zustellung an mehrere Bevollmächtigte, muss die vertretene Partei die zeitlich erste Zustellung gegen sich gelten lassen; insbesondere beginnt die Rechtsmittelfrist mit der ersten Zustellung.[58] Hat sich im Verfügungsverfahren ein Anwalt bestellt, so bleibt er im Zweifel Verfahrensbevollmächtigter, auch wenn sich in einem zugehörigen Hauptsacheverfahren ein anderer Anwalt bestellt.[59] **13**

---

[44] OLG Hamburg GRUR-RR 2006, 355 (357) – Stadtkartenausschnitt; OLG Hamburg GRUR 1993, 778 = NJW 1993, 958 (959); KG Magazindienst 2011, 431 = GRUR-Prax 2011, 179 *(Kipping)*; *Kurtz* WRP 2016, 305 (307).
[45] *Kurtz* WRP 2016, 305 (307) mwN.
[46] OLG Düsseldorf GRUR 1984, 79 (80) – Vollziehungszustellung bei Schutzschrift; OLG Hamburg NJW-RR 1995, 444 (445).
[47] OLG Köln GRUR-RR 2001, 71 – Schutzschriftanwalt, Zustellung dann nur an den in der Schutzschrift benannten Anwalt; zust. Anders/Gehle/*Vogt-Beheim* ZPO § 172 Rn. 20 aE.
[48] OLG Frankfurt a. M. BeckRS 2016, 04864. Im dortigen Fall lag allerdings insgesamt eine treuwidrige Vereitelung der Zustellung vor.
[49] Im Zweifel liegt in der Hinterlegung also auch die Bestellung zum (Zustellungs-) Bevollmächtigten; überzeugend hierzu *Kurtz* WRP 2016, 305 (307 f.).
[50] OLG Düsseldorf GRUR 1984, 79 (81) – Vollziehungszustellung bei Schutzschrift; OLG Hamburg GRUR-RR 2003, 105 (108) – KLACID; siehe oben bei und in Fn. 31.
[51] OLG Karlsruhe NJW-RR 1992, 700. Die Bevollmächtigung kann in der Schutzschrift aber auf diese allein begrenzt werden, sodas keine weitergehende Zustellungsvollmacht besteht (siehe bei Fn. 48).
[52] Hierbei handelt es sich in der Regel nicht um einen Fall des § 84 ZPO, weil die Sozietät als solche Bevollmächtigte ist, wenn sich im Einzelfall aus den Umständen der Bevollmächtigung nichts Anderes ergibt (§ 133 BGB); Zöller/*Althammer* ZPO § 84 Rn. 2.
[53] Vgl. KG NJW 1994, 3111 (nur die am Ort des Prozessgerichts ansässigen Anwälte); Musielak/Voit/*Wittschier* ZPO § 172 Rn. 2 mwN; Zöller/*Schultzky* ZPO § 172 Rn. 4 einerseits, aA aber Zöller/*Althammer* ZPO § 84 Rn. 2; wie hier: MüKoZPO/*Häublein/Müller* ZPO § 172 Rn. 4; vermittelnd: LG Berlin NJW-RR 2003, 428 (429) (wirksame Zustellung jedenfalls *auch* an den Kanzleisitz am Ort des Prozessgerichts, selbst wenn das Verfahren zuvor von Kanzlei an anderem Ort bearbeitet wurde).
[54] So auch LG Berlin NJW-RR 2003, 428 (429 aE); zust. Prütting/Gehrlein/*Marx* ZPO § 172 Rn. 10.
[55] MüKoZPO/*Häublein/Müller* ZPO § 172 Rn. 4.
[56] BGH NJW 2007, 3640.
[57] § 84 ZPO; vgl. Zöller/*Althammer* ZPO § 84 Rn. 3.
[58] Zöller/*Althammer* ZPO § 84 Rn. 3 mwN; BeckOK ZPO/*Dörndorfer* § 172 Rn. 3; BGH BeckRS 2013, 01443.
[59] Zöller/*Althammer* ZPO § 87 Rn. 3 aE m. Vw. auf OLG München.

14 Ist ein einziger Bevollmächtigter (oder eine einzige Sozietät, → Rn. 12) **für mehrere Parteien,** bspw. mehrere Beklagte, bestellt, so genügt zwar eine (einzige) Zustellung an ihn, jedoch darf diese Zustellung nicht erkennbar an ihn als den Bevollmächtigten nur einer Partei gerichtet sein.[60]

15 Legt der bisherige Prozessbevollmächtigte das **Mandat nieder,** bleibt er wegen § 87 ZPO bis zur Bestellung eines neuen Bevollmächtigten Zustellungsadressat. Im Anwaltsprozess müssen Zustellungen weiterhin an den bisherigen Bevollmächtigten erfolgen.[61] Auch wenn eine Partei in **Insolvenz** gerät, bleibt ihr bisheriger Prozessbevollmächtigter der richtige Zustellungsadressat.[62] Unterlässt der Bevollmächtigte, der das Mandat niedergelegt hat, die Entgegennahme einer Zustellung und/oder die Benachrichtigung der Partei über die (versuchte) Zustellung, so muss sich die Partei ein solches Fehlverhalten **nicht ohne weiteres zurechnen** lassen.[63]

D. Rechtsmittelschriftsatz (Abs. 2)

16 Die Regelung des Absatz 2 ist mit ihren drei Fallgruppen aus sich heraus verständlich. Werden Rechtsmittel gegen ein Teil- oder Zwischenurteil eingelegt oder werden in einer solchen Konstellation **mehrere Urteile** angefochten, ist der richtige Zustellungsadressat (Bevollmächtigter der Instanz ad quem oder a quo) jeweils gesondert zu ermitteln.[64]

E. Amtsverfahren

17 Während in Verfahren vor dem BPatG kraft Verweisung[65] § 172 ZPO anzuwenden ist, trifft für Amtsverfahren § 7 VwZG Regelungen zur Zustellung an Bevollmächtigte (mit einzelnen Maßgaben für Sonderfälle in § 127 Abs. 1 PatG, § 94 Abs. 1 MarkenG ua). Anders als bei § 172 ZPO ist hier die Zustellung an den Bevollmächtigten zunächst fakultativ und nur dann obligatorisch, wenn der Bevollmächtigte eine schriftliche Vollmacht vorgelegt hat (§ 7 Abs. 1 S. 1 und S. 2 VwZG). Als eine solche Vollmacht dient auch die **allgemeine, beim DPMA hinterlegte Vollmacht.**[66] Zudem kann die Ermessensentscheidung des Amts durch eine Hausverfügung des Präsidiums des DPMA gebunden sein, gemäß derer **nach Bestellung eines Bevollmächtigten grundsätzlich an diesen** zuzustellen ist.[67] Die Bestellung kann ausdrücklich oder konkludent durch den Beteiligten (Partei) oder den Bevollmächtigten geschehen.[68] Auch im Übrigen gelten **ähnliche Grundsätze** wie nach § 172 ZPO.[69] Vertritt allerdings ein Bevollmächtigter mehrere Beteiligte, so sind ihm so viele Exemplare zuzustellen, wie er Beteiligte vertritt (§ 7 Abs. 2 VwZG); ein Verstoß hiergegen soll einen unheilbaren Zustellungsmangel begründen.[70]

§ 173 Zustellung von elektronischen Dokumenten

(1) **Ein elektronisches Dokument kann elektronisch nur auf einem sicheren Übermittlungsweg zugestellt werden.**

(2) ¹**Einen sicheren Übermittlungsweg für die elektronische Zustellung eines elektronischen Dokuments haben zu eröffnen:**
1. Rechtsanwälte, Notare, Gerichtsvollzieher sowie
2. Behörden, Körperschaften oder Anstalten des öffentlichen Rechts.

²Steuerberater und sonstige in professioneller Eigenschaft am Prozess beteiligte Personen, Vereinigungen und Organisationen, bei denen von einer erhöhten Zuverlässigkeit ausgegangen werden kann, sollen einen sicheren Übermittlungsweg für die elektronische Zustellung eröffnen.

(3) ¹**Die elektronische Zustellung an die in Absatz 2 Genannten wird durch ein elektronisches Empfangsbekenntnis nachgewiesen, das an das Gericht zu übermitteln ist.** ²Für die

---

[60] Vgl. OLG Hamburg GRUR-RR 2007, 296 (Ls. 3 aE) = PharmR 2007, 50 (54).
[61] § 87 ZPO; Zöller/*Althammer* ZPO § 87 Rn. 4 mwN; BeckOK ZPO/*Dörndorfer* § 172 Rn. 4.
[62] BPatG GRUR 2014, 1029 – Astaxanthin (für den im Patentregister eingetragenen Inlandsvertreter).
[63] BGH NJW 2008, 334.
[64] Zöller/*Schultzky* ZPO § 172 Rn. 12 ff. und Rn. 19 ff.
[65] § 127 Abs. 2 PatG; § 94 Abs. 2 MarkenG ua.
[66] Ströbele/Hacker/Thiering/*Knoll* MarkenG § 94 Rn. 9.
[67] Die nicht öffentlich abrufbare Hausverfügung Nr. 10, deren aktuelle Geltung und Stand nicht allgemein bekannt sind, enthält eine solche Regelung (telef. Auskunft des DPMA, Stand Mai 2022). Vgl. Fitzner/Lutz/Bodewig/*Hofmeister* PatG § 127 Rn. 6; BPatG GRUR 2008, 364 (366) – Zustellung an Verfahrensbevollmächtigten des Insolvenzverwalters.
[68] BGH GRUR 1991, 814 (815) – Zustellungsadressat (im Übrigen zu altem Recht); BGH GRUR 1191, 37 – Spektralapparat.
[69] Vgl. Ströbele/Hacker/Thiering/*Knoll* MarkenG § 94 Rn. 9–11; Fitzner/Lutz/Bodewig/*Hofmeister* PatG § 127 Rn. 6 f.
[70] BPatG GRUR 1999, 702 – Verstellvorrichtung (zu altem Recht).

Übermittlung ist der vom Gericht mit der Zustellung zur Verfügung gestellte strukturierte Datensatz zu verwenden. ³ Stellt das Gericht keinen strukturierten Datensatz zur Verfügung, so ist dem Gericht das elektronische Empfangsbekenntnis als elektronisches Dokument (§ 130a) zu übermitteln.

(4) ¹ An andere als die in Absatz 2 Genannten kann ein elektronisches Dokument elektronisch nur zugestellt werden, wenn sie der Zustellung elektronischer Dokumente für das jeweilige Verfahren zugestimmt haben. ² Die Zustimmung gilt mit der Einreichung eines elektronischen Dokuments im jeweiligen Verfahren auf einem sicheren Übermittlungsweg als erteilt. ³ Andere als natürliche Personen können die Zustimmung auch allgemein erteilen. ⁴ Ein elektronisches Dokument gilt am dritten Tag nach dem auf der automatisierten Eingangsbestätigung ausgewiesenen Tag des Eingangs in dem vom Empfänger eröffneten elektronischen Postfach als zugestellt. ⁵ Satz 4 gilt nicht, wenn der Empfänger nachweist, dass das Dokument nicht oder zu einem späteren Zeitpunkt zugegangen ist.

Die praktische Bedeutung der Vorschrift liegt im Wesentlichen in den Fällen, in denen der Richter **1** im Verhandlungstermin dem Parteivertreter ein zuzustellendes Schriftstück aushändigt und in denen eine im Beschlusswege ergangene einstweilige Verfügung **auf der Geschäftsstelle abgeholt** wird (idR um durch Vermeidung des Postlaufs die Vollziehung zu beschleunigen). Bei der ersten Variante handelt es sich um eine Zustellung an den Prozessbevollmächtigten als Zustellungsadressaten (§ 172 ZPO). Die andere Variante ist eine Zustellung an dessen rechtsgeschäftlich bestellten Vertreter (§ 171 ZPO), bspw. an einen Kurier oder einen Mitarbeiter des Anwaltsbüros.

Der Begriff des **Aushändigens** ist im umgangssprachlichen Sinne wörtlich zu verstehen und **2** bedeutet die Verschaffung der Sachherrschaft durch persönliche Übergabe des Schriftstücks an den empfangsbereiten Zustellungsadressaten oder seinen Vertreter.¹ Der Adressat muss **zur Entgegennahme bereit** sein; § 179 ist auf die Zustellung durch Aushändigung an der Amtsstelle nicht anwendbar.²

Das zuzustellende Schriftstück ist dem Adressaten oder seinem Vertreter durch einen **Bediensteten 3** auszuhändigen (Satz 3), also in der Regel durch einen Urkundsbeamten der Geschäftsstelle (§ 168 ZPO), der wiederum andere Justizbedienstete beauftragen kann (→ § 168 Rn. 5). Daneben kann der Richter zum Zwecke der Zustellung aushändigen³ oder dies gemäß § 168 Abs. 2 an einen Gerichtsvollzieher oder eine andere Behörde delegieren (→ § 168 Rn. 7). Andere als die mit dem konkreten Verfahren befassten Bedienstete (und Richter) können auch ohne vorherige Beauftragung iSd § 168 ZPO durch Aushändigung zustellen.⁴ Es ist nicht erforderlich, dass die aushändigende Person mit dem konkreten Verfahren befasst ist, solange die Bearbeitung von Verfahren generell zu ihren Aufgaben gehört.⁵

Nur eine Aushändigung an der **Amtsstelle** bewirkt die Zustellung. Das ist abgesehen von der **4** Geschäftsstelle und dem Sitzungssaal auch jeder andere Raum des Gerichts, bspw. ein richterliches Dienstzimmer oder auch der Gerichtsflur.⁶ Außerhalb des Gerichts ist außerdem jeder Ort Amtsstelle iSd § 173 ZPO, an dem gerichtliche Tätigkeit ausgeübt wird, insbesondere die Lokalität eines Ortstermins.⁷

Der Zustellungsadressat (oder sein Vertreter) kann sich zufällig an der Amtsstelle aufhalten oder **5** (formlos) zur Aushändigung an die Amtsstelle gebeten werden, was im Einzelfall das Verfahren vereinfachen kann; jedoch ist der Adressat nicht verpflichtet, dieser Bitte Folge zu leisten.⁸

Der **Vermerk** über die Aushändigung auf dem Schriftstück sowie in den Akten dient an Stelle der **6** Zustellungsurkunde als Nachweis der Zustellung. Ein solcher Vermerk erübrigt sich, wenn die Aushändigung in das richterliche Protokoll aufgenommen wird.⁹ Da die Beurkundung der Zustellung nur Beweiszwecken dient, aber **nicht konstitutiv** für die Zustellungswirkung ist¹⁰, ist die Zustellung durch Aushändigung auch dann wirksam, wenn der Vermerk oder die Protokollierung unterbleibt.¹¹

---

¹ MüKoZPO/*Häublein*/*Müller* ZPO § 173 Rn. 4.
² MüKoZPO/*Häublein*/*Müller* ZPO § 173 Rn. 4; Musielak/Voit/*Wittschier* ZPO § 173 Rn. 2.
³ BT-Drs. 14/4554, 17.
⁴ MüKoZPO/*Häublein*/*Müller* ZPO § 173 Rn. 4.
⁵ Zöller/*Schultzky* ZPO § 173 Rn. 5; Musielak/Voit/*Wittschier* ZPO § 173 Rn. 2; HK-ZPO/*Siebert* ZPO § 173 Rn. 1.
⁶ MüKoZPO/*Häublein*/*Müller* ZPO § 173 Rn. 3.
⁷ Zöller/*Schultzky* ZPO § 173 Rn. 4.
⁸ Zöller/*Schultzky* ZPO § 173 Rn. 4 aE.
⁹ Musielak/Voit/*Wittschier* ZPO § 173 Rn. 2.
¹⁰ Musielak/Voit/*Wittschier* ZPO § 166 Rn. 2; Zöller/*Schultzky* ZPO § 166 Rn. 1; BT-Drs. 14/4554, 15.
¹¹ Zöller/*Schultzky* ZPO § 173 Rn. 6. AA Thomas/Putzo/*Hüßtege* ZPO § 173 Rn. 7 und wohl auch BeckOK ZPO/*Dörndorfer* § 173 Rn. 4: der Vermerk könne „nachgeholt" werden; beide stützen sich hierbei allerdings auf die nach altem Recht (§ 213 ZPO aF) ergangene Entscheidung BGH NJW 1983, 884. Nach In-Kraft-Treten des ZustRG mit seiner Grundintention der Vereinfachung der Zustellung und mit seiner Abkehr vom Begriff der Zustellung als *beurkundete* Übergabe (also Dokumentation als konstitutives Element der Zustellung) ist diese Ansicht nicht mehr haltbar.

Ob der Vertreter des Zustellungsadressaten eine schriftliche Vollmacht vorlegen muss oder ob es genügt, wenn diese (schriftliche) Vollmacht besteht (vgl. → § 171 Rn. 2), ist praktisch ohne Bedeutung, da der nach § 173 ZPO aushändigende Bedienstete sich wohl immer die Bevollmächtigung nachweisen lassen wird.

§ 174 Zustellung durch Aushändigung an der Amtsstelle

[1]Ein Schriftstück kann dem Adressaten oder seinem rechtsgeschäftlich bestellten Vertreter durch Aushändigung an der Amtsstelle zugestellt werden. [2]Zum Nachweis der Zustellung ist auf dem Schriftstück und in den Akten zu vermerken, dass es zum Zwecke der Zustellung ausgehändigt wurde und wann das geschehen ist; bei Aushändigung an den Vertreter ist dies mit dem Zusatz zu vermerken, an wen das Schriftstück ausgehändigt wurde und dass die Vollmacht nach § 171 Satz 2 vorgelegt wurde. [3]Der Vermerk ist von dem Bediensteten zu unterschreiben, der die Aushändigung vorgenommen hat.

1 Die praktische Bedeutung der Vorschrift liegt im Wesentlichen in den Fällen, in denen der Richter **im Verhandlungstermin** dem Parteivertreter ein zuzustellendes Schriftstück aushändigt und in denen eine im Beschlusswege ergangene einstweilige Verfügung **auf der Geschäftsstelle abgeholt** wird (idR um durch Vermeidung des Postlaufs die Vollziehung zu beschleunigen). Bei der ersten Variante handelt es sich um eine Zustellung an den Prozessbevollmächtigten als Zustellungsadressaten (§ 172 ZPO). Die andere Variante ist eine Zustellung an dessen rechtsgeschäftlich bestellten Vertreter (§ 171 ZPO), bspw. an einen Kurier oder einen Mitarbeiter des Anwaltsbüros.

2 Der Begriff des **Aushändigens** ist im umgangssprachlichen Sinne wörtlich zu verstehen und bedeutet die Verschaffung der Sachherrschaft durch persönliche Übergabe des Schriftstücks an den empfangsbereiten Zustellungsadressaten oder seinen Vertreter.[1] Der Adressat muss **zur Entgegennahme bereit** sein; § 179 ist auf die Zustellung durch Aushändigung an der Amtsstelle nicht anwendbar.[2]

3 Das zuzustellende Schriftstück ist dem Adressaten oder seinem Vertreter durch einen **Bediensteten** auszuhändigen (Satz 3), also in der Regel durch einen Urkundsbeamten der Geschäftsstelle (§ 168 ZPO), der wiederum andere Justizbedienstete beauftragen kann (→ § 168 Rn. 5). Daneben kann der Richter zum Zwecke der Zustellung aushändigen[3] oder dies gemäß § 168 Abs. 2 an einen Gerichtsvollzieher oder eine andere Behörde delegieren (→ § 168 Rn. 7). Andere als die mit dem konkreten Verfahren befassten Bedienstete (und Richter) können auch ohne vorherige Beauftragung iSd § 168 ZPO durch Aushändigung zustellen.[4] Es ist nicht erforderlich, dass die aushändigende Person mit dem konkreten Verfahren befasst ist, solange die Bearbeitung von Verfahren generell zu ihren Aufgaben gehört.[5]

4 Nur eine Aushändigung an der **Amtsstelle** bewirkt die Zustellung. Das ist abgesehen von der Geschäftsstelle und dem Sitzungssaal auch jeder andere Raum des Gerichts, bspw. ein richterliches Dienstzimmer oder auch der Gerichtsflur.[6] Außerhalb des Gerichts ist außerdem jeder Ort Amtsstelle iSd § 173 ZPO, an dem gerichtliche Tätigkeit ausgeübt wird, insbesondere die Lokalität eines Ortstermins.[7]

5 Der Zustellungsadressat (oder sein Vertreter) kann sich zufällig an der Amtsstelle aufhalten oder (formlos) zur Aushändigung an die Amtsstelle gebeten werden, was im Einzelfall das Verfahren vereinfachen kann; jedoch ist der Adressat nicht verpflichtet, dieser Bitte Folge zu leisten.[8]

6 Der **Vermerk** über die Aushändigung auf dem Schriftstück sowie in den Akten dient an Stelle der Zustellungsurkunde als Nachweis der Zustellung. Ein solcher Vermerk erübrigt sich, wenn die Aushändigung ins richterliche Protokoll aufgenommen wird.[9] Da die Beurkundung der Zustellung nur Beweiszwecken dient, aber **nicht konstitutiv** für die Zustellungswirkung ist[10], ist die Zustellung durch Aushändigung auch dann wirksam, wenn der Vermerk oder die Protokollierung unterbleibt.[11]

---

[1] MüKoZPO/*Häublein/Müller* ZPO § 173 Rn. 4.
[2] MüKoZPO/*Häublein/Müller* ZPO § 173 Rn. 4; Musielak/Voit/*Wittschier* ZPO § 173 Rn. 2.
[3] BT-Drs. 14/4554, 17.
[4] MüKoZPO/*Häublein/Müller* ZPO § 173 Rn. 4.
[5] Zöller/*Schultzky* ZPO § 173 Rn. 5; Musielak/Voit/*Wittschier* ZPO § 173 Rn. 2; HK-ZPO/*Siebert* ZPO § 173 Rn. 1.
[6] MüKoZPO/*Häublein/Müller* ZPO § 173 Rn. 3.
[7] Zöller/*Schultzky* ZPO § 173 Rn. 4.
[8] Zöller/*Schultzky* ZPO § 173 Rn. 4 aE.
[9] Musielak/Voit/*Wittschier* ZPO § 173 Rn. 2.
[10] Musielak/Voit/*Wittschier* ZPO § 166 Rn. 2; Zöller/*Schultzky* ZPO § 166 Rn. 1; BT-Drs. 14/4554, 15.
[11] Zöller/*Schultzky* ZPO § 173 Rn. 6. AA Thomas/Putzo/*Hüßtege* ZPO § 173 Rn. 7 und wohl auch BeckOK ZPO/*Dörndorfer* § 173 Rn. 4: der Vermerk könne „nachgeholt" werden; beide stützen sich hierbei allerdings auf die nach altem Recht (§ 213 ZPO aF) ergangene Entscheidung BGH NJW 1983, 884. Nach In-Kraft-Treten des ZustRG mit seiner Grundintention der Vereinfachung der Zustellung und mit seiner Abkehr vom Begriff der Zustellung als *beurkundete* Übergabe (also Dokumentation als konstitutives Element der Zustellung) ist diese Ansicht nicht mehr haltbar.

Ob der Vertreter des Zustellungsadressaten eine schriftliche Vollmacht vorlegen muss oder ob es genügt, wenn diese (schriftliche) Vollmacht besteht (vgl. → § 171 Rn. 2), ist praktisch ohne Bedeutung, da der nach § 173 ZPO aushändigende Bedienstete sich wohl immer die Bevollmächtigung nachweisen lassen wird.

§ 175 Zustellung von Schriftstücken gegen Empfangsbekenntnis

(1) Ein Schriftstück kann den in § 173 Absatz 2 Genannten gegen Empfangsbekenntnis zugestellt werden.

(2) ¹Eine Zustellung gegen Empfangsbekenntnis kann auch durch Telekopie erfolgen. ²Die Übermittlung soll mit dem Hinweis „Zustellung gegen Empfangsbekenntnis" eingeleitet werden und die absendende Stelle, den Namen und die Anschrift des Zustellungsadressaten sowie den Namen des Justizbediensteten erkennen lassen, der das Dokument zur Übermittlung aufgegeben hat.

(3) Die Zustellung nach den Absätzen 1 und 2 wird durch das mit Datum und Unterschrift des Adressaten versehene Empfangsbekenntnis nachgewiesen.

(4) Das Empfangsbekenntnis muss schriftlich, durch Telekopie oder als elektronisches Dokument (§ 130a) an das Gericht gesandt werden.

A. Anwendungsbereich

Die Vorschrift erlaubt eine einfache, schnelle und kostengünstige Form der Zustellung an solche Personen, die auf Grund ihres Berufes als besonders zuverlässig gelten, die (jedenfalls teilweise, § 173 Abs. 2 Satz 1 ZPO) einen sicheren elektronischen Übermittlungsweg anbieten müssen und bei denen von einer unverzüglichen Rücksendung des Empfangsbekenntnisses auszugehen ist. Die Zustellung gegen Empfangsbekenntnis geht allerdings auch mit Unsicherheiten einher, angesichts derer man sorgfältig abwägen sollte, ob sie die geeignete Form ist (→ § 175 Rn. 8 f.).[1] Die Vorschrift gilt für Zustellungen im **Amts- und Parteibetrieb** (§ 191 ZPO) und hierbei sowohl für **Rechtsanwälte**, die einer ausdrücklichen berufsrechtlichen Pflicht zur unverzüglichen Erteilung eines Empfangsbekenntnisses unterliegen[2], als auch für **Patentanwälte**[3], nicht aber für juristische Assessoren[4] oder Patentassessoren.[5]

Da die Vorschrift an die persönliche Eigenschaft (Zuverlässigkeit) des Adressaten anknüpft, kommt eine **Ersatzzustellung** gegen Empfangsbekenntnis **nicht in Frage**. Ebenso wenig kann der zum gemäß Abs. 1 privilegierten Personenkreis zählende Adressat **andere Personen** (Assessoren, Referendare, Bürovorsteher oa) mit der wirksamen Entgegennahme von Zustellungen gegen Empfangsbekenntnis und mit der Ausfertigung von Empfangsbekenntnissen beauftragen.[6] In einer **Sozietät** gelten allerdings in der Regel **alle Rechtsanwälte** (Sozien und Angestellte) als berechtigt, Empfangsbekenntnisse wirksam auszufertigen. Denn im Zweifel sind alle von einer Sozietät nach außen (zB Briefkopf, Türschild) namentlich benannten Rechtsanwälte bevollmächtigt (→ § 172 Rn. 12), und jeder zugelassene Rechtsanwalt zählt persönlich zum privilegierten Personenkreis. Daneben gelten die Grundsätze der Rechtsscheinvollmacht.[7]

B. Entgegennahme und Empfangsbereitschaft

Abgesehen vom Fall des elektronischen Empfangsbekenntnisses muss der Adressat **schriftlich** bestätigen, das empfangene Schriftstück **persönlich** an einem **bestimmten Tag** mit dem **Willen** entgegengenommen zu haben, es **als zugestellt** gelten zu lassen.[8] Voraussetzung hierfür ist zunächst, dass der Adressat an dem Schriftstück derart **Gewahrsam** erlangt hat, dass er von seinem Inhalt Kenntnis nehmen kann. Auf die eigentliche Kenntnisnahme kommt es (wie grundsätzlich[9]) ebenso

---

[1] Für eine fristwahrende Zustellung zum Ende der betreffenden Frist, insbesondere zum Zwecke der Vollziehung einer einstweiligen Verfügung, dürften daher andere Zustellungsformen, insbesondere die auch unter Anwälten zur Verfügung stehende Zustellung per Gerichtsvollzieher (§ 192), die vorzugswürdige Alternative sein.
[2] § 59b Abs. 2 Nr. 8 BRAO, § 14 BORA.
[3] Zöller/*Schultzky* ZPO § 174 Rn. 3 aE; vgl. auch § 28 Abs. 2 PAO.
[4] OLG Stuttgart NJW 2010, 2532 (2533).
[5] BPatG GRUR 1998, 729 ff. – EKOMAX/Ökomat; Busse/Keukenschrijver/*Engels* PatG § 127 Rn. 23; Schulte/*Schell* PatG § 127 Rn. 82; Ströbele/Hacker/Thiering/*Knoll* MarkenG § 94 Rn. 19.
[6] BSG NJW 2010, 317 (318); OLG Stuttgart NJW 2010, 2532 (2533).
[7] BGH NJW 1975, 1652 (1653); MüKoZPO/*Häublein/Müller* ZPO § 174 Rn. 12.
[8] BVerfG NJW 2001, 1563 (1564); BGH NJW 1011, 3581; 2012, 2117; 2006, 1206 (1207); NJW-RR 2015, 953. Laut BGH NJW-RR 2018, 60 genügt auch die schriftliche Angabe des Prozessbevollmächtigten in der Berufungsschrift, dass ihm das erstinstanzliche Urteil an einem bestimmten Datum zugestellt worden sei, als Empfangsbekenntnis und als Beleg für den Vollzug der entsprechenden Zustellung ungeachtet der sonstigen Umstände eines zuvor erfolgten Zugangs.
[9] → § 166 Rn. 1 aE.

wenig an wie auf den konkreten Weg, auf dem das Schriftstück an den Adressaten gelangt ist (Post, beA, Kurierdienst, Bote, persönliche Übergabe oa).[10]

4 Das bloße Ausbleiben der Zurücksendung des Empfangsbekenntnisses lässt noch nicht auf fehlenden Willen zur Entgegennahme schließen. Entscheidend ist vielmehr, welcher Wille sich im **sonstigen Verhalten des Adressaten äußert**. Reicht der Zustellungsadressat das zuzustellende Schriftstück bspw. an seinen Mandanten weiter, erteilt hierzu Rechtsrat und nimmt darauf einen Auftrag entgegen (zB zur Einlegung eines Rechtsmittels), kann die Zustellung wirksam erfolgt oder geheilt sein.[11] Der Wille, das Dokument *nicht* als zugestellt entgegen zu nehmen, muss jedenfalls dann nach außen einen Ausdruck gefunden haben, wenn die **Gesamtumstände auf Empfangsbereitschaft hindeuten**.[12] Die **bloße Einlassung** auf den Inhalt des zuzustellenden Dokuments beweist für sich genommen aber noch keine Empfangsbereitschaft, insbesondere dann nicht, wenn der Anwalt gleichzeitig die Unwirksamkeit der Zustellung behauptet.[13]

5 Erforderlich ist stets die **eigenhändige Unterschrift** des Adressaten (Abs. 4 Satz 1).[14] Fehlt sie, lässt sich der Nachweis der Zustellung mit dieser konkreten Urkunde nicht führen. Andererseits dokumentiert die Unterschrift in aller Regel den Willen des Adressaten zur Entgegennahme als zugestellt.[15] Der Adressat muss aber **keine sonstigen Förmlichkeiten**[16] beachten und **keine ganz bestimmte Erklärung** als Empfangsbekenntnis abgeben, insbesondere ist er nicht gezwungen, ihm mit der Zustellung übersandte **Vordrucke** zu verwenden. Die schriftliche und unterschriebene Bestätigung, das konkrete Schriftstück zugestellt erhalten zu haben, kann auch auf andere Weise erfolgen, etwa durch Erwähnung der konkreten Zustellung als solche in einem (vom Adressaten unterzeichneten) **Schriftsatz**.[17] Unter engen Voraussetzungen kann auch schon die bloße (schriftsätzliche) Einlassung auf ein gegen Empfangsbekenntnis zugestelltes Schriftstück ausreichen,[18] nämlich wenn aus den Gesamtumständen und dem Inhalt der Einlassung der Wille der Entgegennahme als zugestellt erkennbar ist. **Verweigert** der Adressat die Entgegennahme des Schriftstücks als zugestellt (auch wenn er tatsächlich Gewahrsam daran hat) oder weigert er sich, ein Empfangsbekenntnis zu erteilen, ist die Zustellung **ohne Heilungsmöglichkeit** fehlgeschlagen.[19]

6 Obwohl Abs. 3 für das Empfangsbekenntnis auch ein „Datum" vorsieht, ist die Zustellung auch bei **fehlender oder falscher Datumsangabe** wirksam.[20] Fehlt ein Datum, gilt laut BGH die Zustellung als spätestens an dem Tag erfolgt, an dem das Empfangsbekenntnis beim Zustellungsveranlasser eingeht.[21] Ist die Datumsangabe falsch, dient das Empfangsbekenntnis bis zum Beweis des Gegenteils dem Nachweis der Zustellung an dem angegebenen Tag. An einen grundsätzlich möglichen **Gegenbeweis** sind **strenge Anforderungen** zu stellen.[22] Das Empfangsbekenntnis ist **Privaturkunde** (→ § 416 Rn. 6). Widerruf oder Anfechtung eines einmal geäußerten Empfangsbekenntnisses sind ausgeschlossen.[23] Der spätere Verlust des Empfangsbekenntnisses als Dokument ändert nichts an der wirksam erfolgten Zustellung.[24]

7 Für den tatsächlichen **Zeitpunkt der Zustellung** kommt es nicht schon auf die Gewahrsamserlangung an, sondern auf den Tag, an dem der Adressat das Schriftstück als zugestellt entgegen nimmt.[25] Die Zustellung ist daher **nicht schon mit Eingang** des Schriftstücks etwa in der Kanzlei oder mit Einlegen ins Abholfach[26] des Prozessbevollmächtigten oder mit Eingang im beA[27] erfolgt, sondern erst mit Entgegennahme durch den sachbearbeitenden Rechtsanwalt, auch wenn sich etwa krankheits-

---

[10] BGH NJW 2001, 3787 (3788); MüKoZPO/*Häublein*/*Müller* ZPO § 174 Rn. 2.
[11] BGH NJW-RR 2015, 953.
[12] BGH NJW-RR 2015, 953 Rn. 12; Kühnen Patentverletzung-HdB Kap. G Rn. 237.
[13] *Kurtz* WRP 2016, 305 Rn. 24 m. Vw. auf BGH NJW 1989, 1154.
[14] MüKoZPO/*Häublein*/*Müller* ZPO § 174 Rn. 11; Faksimile-Stempel genügt nicht, BGH NJW 1989, 838 f.
[15] BVerfG NJW 2001, 1563 (1564); BGH NJW 2007, 600 (601); 2006, 1206 (1207).
[16] OLG Hamm NJW 2010, 3380.
[17] BGH NJW-RR 1992, 1150 (Angabe des Zustellungszeitpunktes des erstinstanzlichen Urteils im Berufungsschriftsatz).
[18] MüKoZPO/*Häublein*/*Müller* ZPO § 174 Rn. 6 mwN.
[19] MüKoZPO/*Häublein*/*Müller* ZPO § 174 Rn. 7 aE; OLG Hamm NJW 2010, 3380 (3382).
[20] BGH NJW 2005, 3216 (3217); zust. MüKoZPO/*Häublein*/*Müller* ZPO § 174 Rn. 10.
[21] BGH NJW 2005, 3216 (3217). Im Übrigen kann das Gericht im Rahmen von §§ 286, 419 ZPO nach freier Überzeugung den Tag der Zustellung ermitteln (BeckOK ZPO/*Dörndorfer* § 174 Rn. 6 aE).
[22] BeckOK ZPO/*Dörndorfer* § 174 Rn. 6; Zöller/*Schultzky* ZPO § 174 Rn. 21; MüKoZPO/*Häublein*/*Müller* ZPO § 174 Rn. 15 mwN.
[23] Zöller/*Schultzky* ZPO § 174 Rn. 20.
[24] Zöller/*Schultzky* ZPO § 174 Rn. 20.
[25] BGH NJW-RR 2015, 953 Rn. 12 mwN.
[26] MüKoZPO/*Häublein*/*Müller* ZPO § 174 Rn. 16 mwN; Schulte/*Schell* PatG § 127 Rn. 138.
[27] ArbG Krefeld BeckRS 2021, 25820 zur Vollziehung einer einstweiligen Verfügung in einer Geschäftsgeheimnissache (offengelassen von LAG Düsseldorf BeckRS 2021, 25821 in der nachfolgenden Beschwerdeinstanz). § 130a Abs. 5 ZPO gilt hier weder direkt noch analog, weil es dort auf die Funktionsfähigkeit einer technischen Einrichtung ankommt und nicht wie hier auf die Empfangsbereitschaft der Person des Adressaten. Außerdem betrifft § 130a Abs. 5 ZPO die fristwahrende Zustellung ans Gericht und nicht die fristwahrende Zustellung an eine andere Partei bzw. Person im Wege des vereinfachten Verfahrens gegen Empfangsbekenntnis.

oder reisebedingt erhebliche Verzögerungen ergeben. Das gilt auch dann,[28] wenn auf dem Schriftstück oder auf einem Vordruck eines Empfangsbekenntnisses ein **Eingangsstempel** angebracht wird. Unterzeichnet der Adressat das Empfangsbekenntnis und bringt hierbei eine abweichende Datumsangabe an, gilt diese. Unterbleibt jedoch eine gesonderte Datumsangabe, ist die Unterschrift dahin auszulegen, dass das Schriftstück als am Datum des Eingangsstempels zugestellt entgegengenommen wird.

Vor diesem Hintergrund lassen sich **Manipulationen** des Adressaten in der Praxis kaum feststellen und ahnden. Auch die berufsrechtliche Pflicht des Rechtsanwalts, ordnungsgemäße Zustellungen entgegen zu nehmen sowie ein Empfangsbekenntnis unverzüglich zu datieren und zurückzusenden, hat keine prozessrechtliche Wirkung.[29] Vertraut der Zustellungsveranlasser allerdings nicht der vermuteten erhöhten Zuverlässigkeit des Adressaten, wird er schlicht eine **andere Zustellungsform** wählen, denn die Zustellung gegen Empfangsbekenntnis ist rein fakultativ („kann"). Insbesondere im praktisch bedeutsamen Fall der Zustellung einer einstweiligen Verfügung zum Zwecke der Vollziehung (§ 929 Abs. 2 ZPO) sollte der Zustellungsveranlasser jedenfalls kurz vor Ende der Vollziehungsfrist sich nicht einfach auf die rechtzeitige Entgegennahme des Schriftstücks durch den Zustellungsadressaten verlassen, sondern im Zweifel die Zustellung per Gerichtsvollzieher wählen, die gemäß § 167 ZPO Rückwirkung entfalten kann (→ § 192 Rn. 1, → § 167 Rn. 2 und 7). Ein Gericht als Zustellungsveranlasser wird Umstände, die gegen eine Zuverlässigkeit iSd §§ 174, 175 ZPO sprechen, bei der Ermessensauswahl[30] der gebotenen Zustellungsart zu berücksichtigen haben.[31] 8

Die **Rücksendung** des Empfangsbekenntnisses (Abs. 4) kann per beA, per Post oder auch auf jedem anderen Wege erfolgen. Sie kann per **Telefax** geschehen, auch wenn die Zustellung selbst nicht per Telefax (Abs. 3) erfolgt ist. Sie kann auch als elektronisches Dokument erfolgen, etwa als Scan-Kopie im Anhang einer **E-Mail**, wenn nur das Empfangsbekenntnis damit tatsächlich beim Zustellungsveranlasser eingeht. Ist die Zustellung selbst allerdings bereits per beA erfolgt, muss nach dem Gesetzeswortlaut auch das Empfangsbekenntnis an das Gericht als elektronisches Dokument (§ 130a ZPO) übersandt werden (Abs. 4, § 173 Abs. 3 ZPO), also in der Praxis ebenfalls per beA. Erfolgt die Rücksendung in einem solchen Fall auf anderem Wege (zB per Telefax oder Post), kann eine Heilung nach § 189 ZPO in Betracht kommen (→ § 189 Rn. 2). 9

C. Wege der Zustellung

Im Anwendungsbereich des § 175 kann die Zustellung auch per Telefax (Telekopie) erfolgen. Die formale Besonderheit liegt dabei in dem Umstand, dass der Adressat nicht das Original einer Ausfertigung oder (beglaubigten) Abschrift erhält, sondern eben **nur eine (Tele-) Kopie**. Diese Kopie muss aber von dem **richtigen Original** stammen; die Faxkopie einer einfachen Abschrift genügt also bspw. nicht, wenn eine beglaubigte Abschrift zuzustellen ist.[32] Ebenso wenig genügt die Zustellung einer Abschrift des Verhandlungsprotokolls mit dem Tenor der bereits verkündeten Entscheidung; erforderlich, aber auch ausreichend ist die Zustellung einer (ggf. abgekürzten) Urteilsausfertigung.[33] Im Übrigen gelten die gleichen Grundsätze wie bei einer Zustellung nach Abs. 1. 10

Die in Abs. 2 Satz 2 genannten einleitenden **Hinweise** („Zustellung gegen Empfangsbekenntnis") und Angaben oder gar ein gesondertes Vorblatt sollen den Adressaten auf den besonderen Gehalt des Telefaxes hinweisen, sind aber **keine Voraussetzung** für eine wirksame Zustellung. Wie auch bei der postalischen (oÄ) Sendung kann der Faxsendung, muss aber nicht ein Empfangsbekenntnis-Vordruck beigefügt sein. Allerdings ist es nicht nur allgemein üblich, sondern auch geboten, die weiteren in Abs. 2 Satz 2 genannten Angaben (absendende Stelle, Zustellungsadressat, ggf. auch Bezeichnung des zuzustellenden Schriftstücks) in der Übersendung an den Adressaten, sei es auch nur auf einem vorgefertigten Empfangsbekenntnis, zu nennen, um den erforderlichen Zustellungswillen[34] unmissverständlich auszudrücken und zu dokumentieren. 11

Die Übersendung per **Computerfax** ist nach richtiger Ansicht der Übersendung per Telefax gleichzustellen, nicht der Übersendung als elektronisches Dokument.[35] 12

Telefaxe sind standardmäßig schwarz-weiß. Eine wirksame Zustellung per Telefax ist daher immer dann sehr fraglich, wenn das zu beurteilende Schriftstück, insbesondere ein Verbotstenor, eine **farbige Abbildung** enthält. In der Regel ist die Zustellung eines solchen Schriftstücks nur in Schwarz-Weiß unzureichend,[36] jedenfalls wenn sich nicht der Gegenstand des Schriftstücks (zB Umfang und Reich- 13

---

[28] MüKoZPO/*Häublein/Müller* ZPO § 174 Rn. 10 mwN.
[29] BFH NJW-RR 2007, 1001; HK-ZPO/*Siebert* ZPO § 174 Rn. 5.
[30] → § 168 Rn. 1.
[31] So auch HK-ZPO/*Siebert* ZPO § 174 Rn. 5; Schulte/*Rudloff-Schäffer* PatG § 127 Rn 129 aE.
[32] Zu Besonderheiten des Beglaubigungsvermerks bei Telefax-Zustellung → § 166 Rn. 11.
[33] Ahrens Wettbewerbsprozess-HdB/*Büttner* Kap. 5e Rn. 33 mwN.
[34] Vgl. Zöller/*Stöber* ZPO § 174 Rn. 5.
[35] MüKoZPO/*Häublein/Müller* ZPO § 174 Rn. 19 mwN.
[36] Ahrens Wettbewerbsprozess-HdB/*Büttner* Kap. 59 Rn. 34 mwN.

weite des Tenors) zweifelsfrei auch aus der Schwarz-Weiß-Abbildung erkennen lässt.[37] Aus Gründen der Rechtssicherheit soll es auch nicht genügen, wenn der Zustellungsadressat die Abbildung beispielsweise aus vorausgehender Abmahnung oa in Farbe kennt.[38]

14 Elektronische Dokumente (§§ 130a, 130b) können auch elektronisch zugestellt werden, also ohne dass sie ausgedruckt oder auf Papier (fax-) kopiert werden Eine solche Zustellung ist nicht nur an den in Abs. 1 genannten privilegierten Adressatenkreis, sondern auch **andere Verfahrensbeteiligte** möglich, sofern diese der elektronischen Übermittlung vorher **ausdrücklich zugestimmt** haben (§ 173 Abs. 4 ZPO), wozu die bloße Angabe einer E-Mail-Adresse auf dem Briefkopf nicht ausreicht.[39]

15 Auch bei einer Zustellung nach Abs. 1 oder Abs. 2 kann die **Rücksendung** des Empfangsbekenntnisses per Post (oa), Telefax oder als elektronisches Dokument (§ 130a) erfolgen. Zum Nachweis einer Zustellung in Form eines elektronischen Dokuments ist ein elektronisches Empfangsbekenntnis erforderlich. Ein Empfangsbekenntnis in anderer als elektronischer Form macht die Zustellung aber nicht ohne Weiteres unwirksam; jedenfalls ist Heilung nach § 189 möglich.[40]

D. Amtsverfahren

16 Für Amtsverfahren bestimmt § 5 Abs. 1 S. 3 VwZG das Empfangsbekenntnis als obligatorisch bei sämtlichen Zustellungen. Zustellung gegen Empfangsbekenntnis auch per Telefax oder elektronisch an Rechtsanwälte und Patentanwälte sowie andere privilegierte Berufsgruppen erlaubt § 5 Abs. 4 VwZG. Für die elektronische Zustellung gelten besondere Regeln in § 5 Abs. 4 und 5 sowie § 5a VwZG. § 175 Abs. 2 S. 2 ZPO findet seine Entsprechung in § 5 Abs. 6 VwZG. Das BPatG stellt in Patentnichtigkeitsverfahren nach § 175 ZPO zu.[41]

§ 176 Zustellung durch Einschreiben mit Rückschein; Zustellungsauftrag

(1) ¹Ein Schriftstück kann durch Einschreiben mit Rückschein zugestellt werden. ²Zum Nachweis der Zustellung genügt der Rückschein.

(2) ¹Wird die Post, ein Justizbediensteter oder ein Gerichtsvollzieher mit der Zustellung eines Schriftstücks beauftragt oder wird eine andere Behörde um die Zustellung ersucht, so übergibt die Geschäftsstelle das zuzustellende Schriftstück in einem verschlossenen Umschlag und ein vorbereitetes Formular einer Zustellungsurkunde. ²Die Zustellung erfolgt nach den §§ 177 bis 181.

1 In der seit 1.1.2022 geltenden Fassung enthält § 176 ZPO seinen bisherigen Wortlaut im jetzigen Abs. 2 und zusätzlich den früheren Wortlaut des § 175 ZPO aF nun als Abs. 1. Die Kommentierung folgt dieser Struktur.

A. Zustellung durch Einschreiben mit Rückschein (Abs. 1)

2 Die Vorschrift bietet eine **einfache** und **kostengünstige** Form der Zustellung, deren Wahl im pflichtgemäßen Ermessen der Geschäftsstelle steht (→ § 168 Rn. 1, 4). Vom Ansatz her entspricht sie der im Verwaltungszustellungsgesetz vorgesehenen Zustellung (§ 4 VwZG).[1] Für eine Zustellung **im Parteibetrieb** (§§ 191 ff. ZPO), also insbesondere die Zustellung einer Verfügung zum Zwecke der Vollziehung, steht die Zustellung durch Einschreiben mit Rückschein **nicht zur Verfügung** (§ 192 Satz 1 ZPO).

3 Die Aufgabe und die Beförderung sowie die Übergabe an den Empfänger richten sich ergänzend nach den **Beförderungsbedingungen** (AGB) des beauftragten Post-Unternehmens.[2] Da das einfache Einschreiben („Einwurf-Einschreiben") weder dem Zustellungsadressaten persönlich übergeben wird noch den Zugang dokumentiert, kommt es für eine Zustellung nach der ZPO nicht in Frage. Ebenso

---

[37] OLG Köln GRUR-RR 2010, 175; strenger OLG Frankfurt a. M. GRUR-RR 2014, 317 (318) und OLG Hamburg GRUR-RR 2007, 406; (zustimmend *Lensing-Kramer* in MAH GewRS Teil B § 5 Rn. 43b) Harte-Bavendamm/Henning-Bodewig/*Retzer* UWG § 12 Rn. 533 mwN; vgl. auch BGH NJW 2001, 1653 (1654) mwN zum ähnlichen Problem der Abweichungen zwischen Urschrift und zuzustellender Ausfertigung.

[38] LG Düsseldorf BeckRS 2009, 86894; aA OLG Frankfurt a. M. BeckRS 2015, 07662 in einem Fall, in dem der Beklagte nur ein einziges (streitgegenständliches) Foto veröffentlicht hatte und ihm daher auch aus der Schwarz-weiß-Wiedergabe unmissverständlich erkennbar war, um welches Foto es sich handelte.

[39] Vgl. nach altem Recht: MüKoZPO/*Häublein/Müller* ZPO § 174 Rn. 23. Zu praktischen Problemen des elektronischen Rechtsverkehrs beim DPMA (hier: Patentsache) vgl. BPatG Mitt. 2013, 520 ff. – Elektrischer Winkelstecker.

[40] MüKoZPO/*Häublein/Müller* ZPO § 174 Rn. 26 mwN.

[41] *Keukenschrijver* Rn. 26 (noch nach altem Recht); zu Markenverfahren vor dem BPatG siehe Fezer Markenpraxis-HdB/*Grabrucker* Markenbeschwerdeverfahren BPatG I 2 Rn. 329 ff.

[1] BT-Drs. 14/4554, 19.

[2] BT-Drs. 14/4554, 19; Zöller/*Schultzky* ZPO § 175 Rn. 2.

scheidet das Übergabe-Einschreiben für eine Zustellung nach § 176 ZPO aus, weil bei ihm nur der Empfänger selbst die Entgegennahme quittiert,[3] dh es fehlt die urkundliche Bestätigung durch einen (neutralen) Dritten sowie an einem urkundlichen Zustellungsnachweis. Das Einschreiben mit Rückschein muss nicht als Zustellungssendung gekennzeichnet werden.[4]

Die Zustellung ist mit der **Übergabe** des zuzustellenden Schriftstücks an den Adressaten oder seinen Bevollmächtigten (§ 171 ZPO) vollzogen. Diese Übergabe vermerkt der Zusteller auf dem Rückschein. Ist die Übergabe an den Adressaten oder seinen Bevollmächtigten nicht möglich, kann der Zusteller das Schriftstück einem **Ersatzempfänger** übergeben, wenn nicht eine eigenhändige Zustellung angeordnet ist (→ § 168 Rn. 2). Der Kreis der möglichen Ersatzempfänger ist umstritten. Die wohl hM bestimmt den Kreis möglicher Ersatzempfänger nach Maßgabe der jeweils geltenden **Beförderungsbedingungen**.[5] Nach aA sollen die Bedingungen des Beförderungsvertrages keine Wirkung zu Lasten des außerhalb dieses Vertrages stehenden Adressaten haben; über § 130 Abs. 1 S. 1 BGB (Wirksamwerden der Willenserklärung gegenüber Abwesenden) gelangt diese Ansicht aber in der Praxis zu einem entsprechenden Ergebnis.[6] 4

Wird der Adressat nicht angetroffen und auch nicht an einen Ersatzempfänger zugestellt, wird das Einschreiben **zur Abholung** auf der Poststelle verwahrt und eine **Benachrichtigung** in den Briefkasten eingelegt. Dies ist noch **keine wirksame Zustellung**[7], die erst bewirkt ist, wenn der Adressat (oder sein Vertreter) das Einschreiben abholt. 5

Die Zustellung ist **gescheitert**, wenn der Adressat die **Annahme verweigert** oder das Schriftstück nicht innerhalb des **Verwahrungszeitraumes**[8] abholt. Das Einschreiben ist sodann als unzustellbar an den Absender zurückzusenden. Diese Schwierigkeiten und die damit einher gehende praktische Schwäche der ansonsten sehr einfachen Zustellung nach § 176 ZPO sind im Rahmen der Ermessensausübung bei der Wahl der Zustellungsart zu berücksichtigen.[9] Zwar kann sich der Adressat bei arglistiger Zustellungsvereitelung, sei es durch Annahmeverweigerung oder durch Ignorieren der Benachrichtigung, nicht auf den fehlenden Zugang berufen.[10] Der Nachweis einer solchen Arglist steht dem Zustellungsveranlasser theoretisch auch offen[11], ist ihm in der Praxis jedoch kaum möglich.[12] 6

Der dem Nachweis des Zugangs dienende **Rückschein** wird zu den Akten genommen. Im Gegensatz zur Zustellungsurkunde (§ 182 Abs. 1 S. 2 ZPO) handelt es sich beim Rückschein nach ganz hM nicht um eine öffentliche Urkunde,[13] sondern um eine **Privaturkunde** nach § 416 ZPO.[14] Weder das Erstellen noch die Rücksendung oder der Akteneingang des Rückscheins sind für eine wirksame Zustellung erforderlich.[15] 7

B. Zustellung mit Zustellungsurkunde (Abs. 2)

Die Vorschrift regelt dasjenige, was das Gericht bei einer Zustellung mittels Zustellungsauftrag zu tun hat; die Ausführung durch den beauftragten Zusteller richtet sich nach den §§ 177–181 ZPO. Die Zustellung mittels eines Zustellungsauftrags ist wegen des mit ihr verbundenen **Aufwands nur dann** anzuordnen, wenn eine Zustellung nach §§ 173–175 ZPO nicht möglich oder nicht geboten ist.[16] Als Post kommt gemäß der Legaldefinition in § 168 ZPO jedes Post-Unternehmen gemäß § 33 Abs. 1 PostG in Betracht (→ § 168 Rn. 4). Die Erteilung des Zustellungsauftrags kann **formlos** geschehen.[17] 8

---

[3] Anders/Gehle/*Vogt-Beheim* ZPO § 175 Rn. 4.
[4] Zöller/*Schultzky* ZPO § 175 Rn. 2.
[5] So schon die Gesetzesbegründung BT-Drs. 14/4554, 19. Daneben auch: Zöller/*Schultzky* ZPO § 175 Rn. 3; Musielak/Voit/*Wittschier* ZPO § 175 Rn. 2; BeckOK ZPO/*Dörndorfer* § 175 Rn. 1; Thomas/Putzo/*Hüßtege* ZPO § 175 Rn. 4; leicht einschränkend MüKoZPO/*Häublein/Müller* ZPO § 175 Rn. 3 und Prütting/Gehrlein/*Marx* ZPO § 175 Rn. 2. – Diese Beförderungsbedingungen sehen in der Regel mehrere oder alle der folgenden Personengruppen als taugliche Ersatzempfänger vor: Familienangehörige des Adressaten oder seines Ehegatten; andere, in den Räumen des Adressaten anwesende Personen; Hausbewohner, Nachbarn, in der Wohnung oder im Betrieb des Adressaten regelmäßig Beschäftigte und andere Personen, sofern von ihnen den Umständen nach angenommen werden kann, dass sie zur Annahme des Einschreibens berechtigt sind.
[6] BSG NJW 2005, 1303 (1304); Anders/Gehle/*Vogt-Beheim* § 175 Rn. 4 aE; *Eyinck* MDR 2006, 785.
[7] HK-ZPO/*Siebert* ZPO § 175 Rn. 2.
[8] Die Deutsche Post AG verwahrt sieben Tage lang auf der nächsten Postfiliale (Stand: Dezember 2016).
[9] Prütting/Gehrlein/*Marx* ZPO § 175 Rn. 2.
[10] Prütting/Gehrlein/*Marx* ZPO § 175 Rn. 2; MüKoZPO/*Häublein/Müller* ZPO § 175 Rn. 5 mit dem Hinweis darauf, dass die Beweislast für die Arglist beim Zustellungsveranlasser liegt.
[11] MüKoZPO/*Häublein/Müller* ZPO § 175 Rn. 6 aE.
[12] In Fällen möglicher Zustellungsvereitelung oder anderweitig erfolglos bleibenden Zustellungsversuchen ist auch für den Zweck der Vollziehung einer einstweiligen Verfügung an eine öffentliche Zustellung zu denken, vgl. OLG Düsseldorf MMR 2017, 828.
[13] Musielak/Voit/*Wittschier* ZPO § 175 Rn. 2.
[14] Zöller/*Schultzky* ZPO § 175 Rn. 4; Thomas/Putzo/*Hüßtege* ZPO § 175 Rn. 6; aA Anders/Gehle/*Vogt-Beheim* ZPO § 175 Rn. 4 und Anders/Gehle/*Vogt-Beheim* ZPO § 418 Rn. 5.
[15] Prütting/Gehrlein/*Marx* Rn. 3.
[16] BT-Drs. 14/4554, 19; Musielak/Voit/*Wittschier* § 176 Rn. 1.
[17] § 176 Abs. 1 ZPO: „übergibt"; vgl. Anders/Gehle/*Vogt-Beheim* ZPO § 176 Rn. 7.

Die Übergabe zum Zwecke der Zustellung wird in den Akten vermerkt; unterbleibt ein solcher Vermerk, bleibt die Zustellung dennoch wirksam.[18] Der Zusteller hat die Zustellung durch die **Zustellungsurkunde** zu dokumentieren, die eine **öffentliche Urkunde** ist (§ 182 Abs. 1 S. 2 ZPO). Die **Vordrucke** bzw. formalen Vorgaben für die Zustellungsurkunde und den „verschlossenen Umschlag" iSd § 176 ZPO sind auf Grundlage des § 190 ZPO in der Zustellungsvordruckverordnung (ZustVV) geregelt.[19]

9 Hinsichtlich des **Beauftragenden** ist zu differenzieren: Die Post oder einen Justizbediensteten[20] kann die Geschäftsstelle beauftragen (§ 168 Abs. 1 ZPO); den Gerichtsvollzieher oder eine andere Behörde[21] ersucht der Vorsitzende des Prozessgerichts oder ein von ihm bestimmtes Mitglied (§ 168 Abs. 2 ZPO). Ein solches Ersuchen kommt allerdings erst in Betracht, wenn eine Zustellung durch die Post oder einen Justizbediensteten nicht erfolgversprechend erscheint (§ 168 Abs. 2 aE ZPO, → § 168 Rn. 8).[22]

10 Das zuzustellende Schriftstück ist zum Schutz des Empfängers stets in einem **verschlossenen Briefumschlag**[23] zu übergeben.[24] Damit ist der sogenannte „innere"[25] Umschlag gemeint, der das zuzustellende Schriftstück enthält und zusammen mit der Vordruck der Zustellungsurkunde in einen weiteren („äußeren") Umschlag gesteckt wird, der wiederum dem zur Zustellung Beauftragten übergeben wird. Allerdings ist bei Verstößen zu differenzieren[26]: Wird das Schriftstück in einem nicht verschlossenen Umschlag übergeben, ist die Zustellung unwirksam (Heilung nach § 189 ZPO oder § 295 ZPO möglich). Wird das Schriftstück ganz ohne „inneren" Umschlag übergeben, bleibt die Zustellung wirksam. Diese Differenzierung liegt in dem Umstand begründet, dass bei einem nicht verschlossenen Umschlag nicht mehr gewährleistet ist, dass der Inhalt unverändert geblieben ist.[27]

11 Der „äußere" Umschlag ist gleichzeitig der **Zustellungsauftrag**. Auf ihm müssen Name und Anschrift[28] des Zustellungsadressaten sowie das Aktenzeichen vermerkt sein; bei Verwendung eines Fensterumschlags kann sich das erübrigen, wenn diese Angaben durch das Fenster direkt auf dem Schriftstück zu lesen sind. Daneben können zusätzliche Anweisungen zur Ausführung der Zustellung vermerkt sein, etwa „keine Ersatzzustellung", „nicht durch Niederlegung zustellen", „mit Angabe der Uhrzeit zustellen".[29] Verstöße gegen diese Anweisungen sowie fehlerhafte Pflichtangaben (zB falsche Anschrift) machen die Zustellung **nicht ohne weiteres unwirksam.** Es kommt dann auf die Umstände des Einzelfalles an, ob die Identität des Empfängers, die Richtigkeit des Zustellungsobjekts usw gewährleistet war oder nicht.[30]

C. Kosten, Amtsverfahren

12 Hinsichtlich der Kosten gilt KV Nr. 9002.
13 Für Amtsverfahren treffen §§ 3, 4 VwZG ähnliche Regelungen.[31] Im Übrigen verweist § 3 VwZG hinsichtlich der Ausführung der Zustellung auf §§ 177–182 ZPO.

§ 177 Ort der Zustellung

Das Schriftstück kann der Person, der zugestellt werden soll, an jedem Ort übergeben werden, an dem sie angetroffen wird.

1 Die Zustellung durch **persönliche Übergabe** gilt als Leitbild der Zustellung.[1] Dementsprechend stellt die Vorschrift klar, dass es nicht auf formale Dinge wie einen Wohn- oder Geschäftssitz ankommt, sondern darauf, dass das zuzustellende Schriftstück dem Zustellungsadressaten (persönlich) zugeht.

---

[18] Zöller/*Schultzky* ZPO § 176 Rn. 4; HK-ZPO/*Siebert* ZPO § 176 Rn. 2.
[19] ZustVV vom 12.2.2002 (BGBl. I S. 671, 1019) in der durch Artikel 1 der Verordnung vom 23.4.2004 (BGBl. I S. 619) geänderten Fassung.
[20] Zum Begriff des Justizbediensteten → § 168 Rn. 5.
[21] → § 168 Rn. 7.
[22] BT-Drs. 14/4554, 19.
[23] Der Briefumschlag kann ein Fensterumschlag sein, § 2 Abs. 2 ZustVV.
[24] Zöller/*Schultzky* ZPO § 176 Rn. 2; Prütting/Gehrlein/*Marx* ZPO § 176 Rn. 3.
[25] Vgl. § 1 Nr. 2 und Nr. 3 ZustVV, Muster in BGBl. 2002 I S. 671 ff., BGBl. 2004 I S. 619 ff.
[26] Zöller/*Schultzky* ZPO § 176 Rn. 7.
[27] Zöller/*Schultzky* ZPO § 176 Rn. 7; Prütting/Gehrlein/*Marxg* ZPO § 176 Rn. 3.
[28] Postfach genügt nicht, MüKoZPO/*Häublein/Müller* ZPO § 176 Rn. 4 mwN auch zu einer wohl gegenteiligen Entscheidung des BFH (BB 1983, 1713).
[29] MüKoZPO/*Häublein/Müller* ZPO § 176 Rn. 4 m. Vw. auf Anlage 2 zu § 1 Nr. 2 ZustVV.
[30] Zöller/*Schultzky* ZPO § 176 Rn. 7; MüKoZPO/*Häublein/Müller* ZPO § 176 Rn. 4 und 6.
[31] Hierzu bspw. Ströbele/Hacker/Thiering/*Knoll* MarkenG § 94 Rn. 14 ff.; Busse/Baumgärtner/*Engels* PatG § 127 Rn. 41 ff.
[1] BGH NJW 2001, 885 (887).

Daher kann auch außerhalb von Wohnung oder Geschäftsraum zugestellt werden, beispielsweise am **Arbeitsplatz** des Zustellungsadressaten oder in einem Krankenhaus, in dem er sich als Patient oder Besucher aufhält, aber auch auf **offener Straße**.

Aus § 183 ZPO, der Sonderregelungen für die Zustellung im Ausland trifft, ergibt sich allerdings, 2 dass „jeder Ort" iSd § 177 ZPO nur ein Ort **innerhalb der Bundesrepublik Deutschland** sein kann.

Für die Praxis bedeutsam ist § 177 ZPO insbesondere dort, wo sich durch die persönliche Übergabe 3 an einen sich (ggf. auch nur vorübergehend) im Inland aufhaltenden Zustellungsadressaten eine aufwändige **Auslandszustellung vermeiden** und sich das Verfahren somit vereinfachen und beschleunigen lässt.[2] Hierdurch erübrigt sich insbesondere die Beifügung einer **Übersetzung** in die Sprache des Adressaten oder des ausländischen Staates (analog Art. 5, 8 EuZVO bzw. Art. 5 Abs. 3 HZÜ), weil die Zustellung nach § 177 ZPO eine Inlandszustellung ist.[3] Zudem erweitert § 177 ZPO die Möglichkeiten einer erfolgreichen Zustellung auf Messen, Kongressen und ähnlichen Veranstaltungen. Denn für § 177 ZPO kommt es anders als für die Ersatzzustellung nach § 178 ZPO nicht darauf an, ob der Adressat einen eigenen Messe-Stand oder andere, eigene Geschäftsräume unterhält, sondern nur darauf, ob er persönlich angetroffen wird.

Zwar soll auf die Belange des Adressaten Rücksicht genommen und entsprechend des für Gerichts- 4 vollzieher geltenden § 27 S. 2 GVGA ein angemessener Ort und eine passende Gelegenheit gewählt werden. Eine Zustellung **zur Unzeit** oder sonstige Verstöße führen jedoch **nicht zur Unwirksamkeit** der Zustellung.[4] Allerdings kann dem Zustellungsadressaten im Einzelfall ein Annahmeverweigerungsrecht zustehen. Nur im Falle der *unberechtigten* Annahmeverweigerung gilt § 179 ZPO.

Die Vorschrift gilt auch für die Zustellung im Parteibetrieb sowie für in Amtsverfahren[5] erfolgende 5 Zustellungen durch ein Post-Unternehmen oder gegen Empfangsbekenntnis.

§ 178 Ersatzzustellung in der Wohnung, in Geschäftsräumen und Einrichtungen

(1) Wird die Person, der zugestellt werden soll, in ihrer Wohnung, in dem Geschäftsraum oder in einer Gemeinschaftseinrichtung, in der sie wohnt, nicht angetroffen, kann das Schriftstück zugestellt werden
1. in der Wohnung einem erwachsenen Familienangehörigen, einer in der Familie beschäftigten Person oder einem erwachsenen ständigen Mitbewohner,
2. in Geschäftsräumen einer dort beschäftigten Person,
3. in Gemeinschaftseinrichtungen dem Leiter der Einrichtung oder einem dazu ermächtigten Vertreter.

(2) Die Zustellung an eine der in Absatz 1 bezeichneten Personen ist unwirksam, wenn diese an dem Rechtsstreit als Gegner der Person, der zugestellt werden soll, beteiligt ist.

A. Allgemeines

Die Vorschrift erlaubt die Ersatzzustellung immer dann, wenn der Adressat an der Zustellungsadresse 1 nicht angetroffen wird. Dazu gehört auch der Fall, dass der Adressat zwar anwesend, jedoch an der **Annahme des Schriftstücks verhindert** ist, etwa weil er wegen Krankheit oder unabwendbarer geschäftlicher Dinge dem Zusteller nicht persönlich begegnen kann.[1] Es genügt, dass auf das Klingeln des Zustellers niemand öffnet, oder dass er auf seine Frage nach dem Adressaten keine Antwort erhält; der Zusteller muss **keine Nachforschungen** anstellen.[2*] Verweigert auch die Ersatzperson die Annahme unberechtigt, ist nach § 179 ZPO zuzustellen. Ist niemand anzutreffen, kommt Ersatzzustellung durch Einlegen in den Briefkasten in Betracht (§ 180 ZPO). Bei fehlerhafter Zustellung ist Heilung nach §§ 189, 295 ZPO möglich.

---

[2] Bei Zustellung an im Inland anzutreffende Personen, die ihren Sitz im EU-Ausland haben, ist das Verhältnis zwischen § 177 ZPO und EuZVO nicht abschließend geklärt. *Heiderhoff* EuZW 2006, 235 (237), *Strasser* ZIP 2008, 2111 (2113) und *Düsterhaus* NJW 2013, 445 (446) halten § 177 ZPO aber aus pragmatischen und überzeugenden Gründen auch in einem solchen Fall für anwendbar. Ebenso MüKoZPO/Rauscher Vor § 1067 Rn. 11a und EuZVO Art. 1 Rn. 19. So auch LG Hamburg BeckRS 2013, 15425.
[3] Zöller/*Geimer* ZPO § 183 Rn. 23 weist zu Recht darauf hin, dass der EU-Verordnungsgeber keine Kompetenz zur Regelung von Inlandszustellungen hat (so auch LG Hamburg BeckRS 2013, 15425) und dass in Deutschland auch für Ausländer oder Personen mit ausländischem Sitz die Gerichtssprache Deutsch ist. Schon die Systematik der §§ 166 ff. ZPO (insbesondere § 177 in Abgrenzung zu § 183) zeigt, dass es bei § 177 ZPO gerade nicht um eine Zustellung im Ausland geht und damit auch nicht um eine Übermittlung „in einen anderen Mitgliedstaat", die aber für die Anwendbarkeit der EuZVO Voraussetzung ist (Art. 1 Abs. 1 EuZVO). AA *Heiderhoff* EuZW 2006, 235 (237).
[4] HK-ZPO/*Siebert* ZPO § 177 Rn. 2; Zöller/*Schultzky* ZPO § 177 Rn. 2; *Strasser* ZIP 2008, 2111 (2113).
[5] §§ 3 Abs. 2, 5 Abs. 2 VwZG.
[1] Musielak/Voit/*Wittschier* ZPO § 178 Rn. 2; MüKoZPO/*Häublein/Müller* ZPO § 178 Rn. 4.
[2*] MüKoZPO/*Häublein/Müller* ZPO § 178 Rn. 4 mwN.

2 **Abs. 2** normiert einen Grundsatz, der im **gesamten Zustellungsrecht** gilt, nämlich dass eine Ersatzzustellung an Personen, die gleichzeitig Gegner des Zustellungsveranlassers sind, unzulässig ist.

3 Es ist umstritten, ob die in Abs. 1 genannten Ersatzpersonen bei Entgegennahme des Schriftstücks als gesetzliche Vertreter des nicht angetroffenen Adressaten fungieren[3] oder ob es sich bei Abs. 1 um eine Zugangsfiktion handelt.[4] Jedenfalls führt § 178 ZPO aber zu **keiner Wissenszurechnung,** wenn es prozess- oder materiellrechtlich (zB § 233 ZPO, § 932 BGB) auf Kenntnis des Adressaten ankommt.[5]

4 In der **Zustellungsurkunde** werden der Grund der Ersatzzustellung, deren Ort und die Ersatzperson vermerkt (§ 182 Abs. 2 Nr. 2, 4 und 7 ZPO, → § 182 Rn. 8). Der amtliche Vordruck sieht die namentliche Bezeichnung der Ersatzperson vor (im Einzelnen → § 182 Rn. 8). Der **Zusteller muss prüfen,** ob es sich bei dem Ersatzempfänger um eine der in Abs. 1 Nr. 1–3 genannten Personen handelt.[6] **Erwachsen** im Sinne der Vorschrift (erforderlich bei Abs. 1 Nr. 1 und Nr. 2[7]) bedeutet weder volljährig noch geschäftsfähig, sondern nach Alter und der sich aus dem Auftreten und äußeren Erscheinungsbild zeigenden geistigen Entwicklung erkennbar in der Lage, den (abstrakten) Zweck einer Zustellung und die Verpflichtung zur Weitergabe des Schriftstücks an den Adressaten zu erkennen.[8] Hierfür gibt es keine festen Altersgrenzen, man geht aber wohl überwiegend davon aus, dass diese Voraussetzungen (erst) **ab vierzehn Jahren** gegeben sein können.[9]

B. Wohnung (Abs. 1 Nr. 1)

5 Eine Wohnung ist überall dort, wo der Adressat in konkreten Räumlichkeiten **tatsächlich lebt,** insbesondere (aber nicht unbedingt[10]) übernachtet.[11] Dabei kann es sich auch um eine **Zweitwohnung** bzw. um eine Wohnung von mehreren handeln, sofern der Adressat sich dort regelmäßig (und nicht nur ausnahmsweise) aufhält.[12] Auch bei **Wohnsitz im Ausland** kann an eine weitere Wohnung in Deutschland zugestellt, eine Auslandszustellung also vermieden werden.[13] Hotel- oder Krankenhauszimmer[14] können eine Wohnung in diesem Sinne sein; umgekehrt bleibt die Wohnstätte auch dann eine Wohnung im Sinne des Abs. 1 Nr. 1, wenn der Adressat für **mehrere Wochen abwesend** ist (zB Krankenhausaufenthalt, Kur, Urlaub).[15] Entscheidend ist jeweils, ob nach den Umständen des Einzelfalles aus objektiver Sicht[16] damit gerechnet werden kann, dass der Adressat alsbald vom zuzustellenden Schriftstück Kenntnis nehmen kann.[17] Die **Erklärung des Zustellers,** er habe den Adressaten in seiner „Wohnung" nicht angetroffen, ist ein beweiskräftiges Indiz für die Tatsache, dass der Adressat unter der Zustellungsanschrift wohnt.[18]

6 Die in Frage kommenden **Ersatzpersonen** sind in der Vorschrift abschließend aufgeführt. Ihnen allen ist gemeinsam, dass sie in der Wohnung des Empfängers angetroffen werden und dass bei ihnen unter gewöhnlichen Umständen von einer **zeitnahen Weiterleitung** der zugestellten Sendung an den Adressaten auszugehen ist. Auch der nichteheliche Lebensgefährte sowie das Mitglied einer Wohngemeinschaft sind als ständige Mitbewohner taugliche Ersatzpersonen, nicht hingegen der bloß vorübergehend sich in der Wohnung aufhaltende Besucher.[19] Umgekehrt ist ein Familienangehöriger[20] auch dann taugliche Ersatzperson, wenn er sich nur zufällig oder vorübergehend in der Wohnung des Adressaten aufhält, denn bei Familienangehörigen ist „häusliche Gemeinschaft" nicht erforderlich.[21] Eine Zustellung an eine nicht aufgeführte Ersatzperson ist unwirksam.

---

[3] BSG NJW 1963, 1645.
[4] MüKoZPO/*Häublein/Müller* ZPO § 178 Rn. 3 m. Vw. auf Stein/Jonas/*Roth* ZPO § 178 Rn. 2.
[5] Prütting/Gehrlein/*Marx*ZPO § 178 Rn. 1.
[6] HK-ZPO/*Siebert* ZPO § 178 Rn. 19.
[7] Prütting/Gehrlein/*Marx* ZPO § 178 Rn. 8 aE.
[8] BGH NJW 1981, 1613 (1614) mwN.
[9] Zöller/*Schultzky* ZPO § 178 Rn. 13 und Rn. 9 mwN; auch → § 182 Rn. 8.
[10] OLG Köln NJW-RR 1989, 443.
[11] Zöller/*Schultzky* ZPO § 178 Rn. 4 mwN.
[12] OLG Köln NJW-RR 1989, 443 (444); Zöller/*Schultzky* ZPO § 178 Rn. 5.
[13] OLG Köln NJW-RR 1989, 443 (444).
[14] Zustellung im Krankenhaus kann allerdings Annahmeverweigerungsrecht begründen, wenn es sich um Zustellung zur Unzeit handelt, vgl. → § 179 Rn. 4.
[15] Prütting/Gehrlein/*Marx* ZPO § 178 Rn. 3; Zöller/*Schultzky* ZPO § 178 Rn. 4, 6. Abgrenzung zu Fällen, in denen der Adressat inhaftiert ist, bleibt in der Rspr. unklar, vgl. die Beispiele bei Zöller/*Schultzky* ZPO § 178 Rn. 6.
[16] Anders Prütting/Gehrlein/*Marx* ZPO § 178 Rn. 3a, der auf die Sichtweise eines „mit den Verhältnissen vertrauten Beobachter(s)" abstellt, wobei unklar bleibt, welche Detailkenntnisse einem solchen gedachten Dritten zu unterstellen sind.
[17] Vgl. OLG Köln NJW-RR 1989, 443; weitere Einzelfälle bei MüKoZPO/*Häublein/Müller* ZPO § 178 Rn. 5, 8 ff.
[18] BGH NJW 1992, 1963.
[19] Zöller/*Schultzky* ZPO § 178 Rn. 12 aE.
[20] Zum Begriff Zöller/*Schultzky* ZPO § 178 Rn. 8.
[21] Prütting/Gehrlein/*Marx* ZPO § 178 Rn. 4 aE.

C. Geschäftsraum (Abs. 1 Nr. 2)

Geschäftsraum ist jeder Raum, den der Zustellungsadressat auch für Unbeteiligte objektiv erkennbar **7** derzeit für **seine (eigene) Berufs- oder Gewerbeausübung** unterhält und an der er **regelmäßig tätig** und damit erreichbar ist.[22] Das bisweilen genannte Tatbestandsmerkmal des Publikumsverkehrs hat nur insofern Bedeutung, als solche geschäftlich genutzten Räume ausscheiden, in denen absolut kein Publikumsverkehr stattfindet, etwa rein betriebsintern genutzte Lager- oder Besprechungsräume, Aufenthaltsräume oder Produktionshallen.[23] Auch ein Lager kann aber Geschäftsraum sein, wenn zB Lieferanten oder Transporteure Ware unmittelbar dort laden und also Publikum im weiteren Sinne sind. Ein solcher Geschäftsraum kann auch **gemeinschaftlich** von mehreren Personen für deren jeweils eigene Berufs- oder Gewerbeausübung genutzt sein.[24] Der bloße Rechtsschein eines Geschäftsraums genügt im Zweifel nicht.[25] Dem **gesetzlichen Vertreter** einer juristischen Person oder Personengesellschaft soll **auch in persönlichen Angelegenheiten** an deren Geschäftssitz, nicht aber an deren bloßer Betriebsstätte zugestellt werden können.[26]

Ein Zustellungsadressat kann **mehrere Geschäftsräume** unterhalten, etwa mehrere Niederlassun- **8** gen oder Büroräume am einen und Werkräume an einem anderen Ort. Unerheblich ist, ob die Zustellung im Zusammenhang gerade mit derjenigen geschäftlichen Tätigkeit erfolgt, die in den konkreten Geschäftsräumen ausgeübt wird. Bei mehreren Zweigniederlassungen derselben juristischen Person ist eine Zustellung nach Abs. 1 Nr. 2 auch dann möglich, wenn bspw. eine konkrete Schutzrechtsverletzung oder ein unlauteres Verhalten nur aus einer einzigen der Niederlassungen heraus begangen wurde. Das folgt schon aus dem Umstand, dass in einem Geschäftsraum auch Zustellungen in nicht-geschäftlichen Angelegenheiten erfolgen können.[27]

Auch ein **Messestand** ist Geschäftsraum.[28] Bei Zustellung an einen im Ausland ansässigen Adressa- **9** ten auf seinem in Deutschland liegenden Messestand handelt es sich um eine Inlandszustellung. Es bedarf daher keiner Übersetzungen. Andererseits kann bei einer solchen Zustellung keine das weitere Verfahren vereinfachende Anordnung zur Benennung eines Zustellungsbevollmächtigten im Inland (§ 184 ZPO) ergehen.[29] Genaues Augenmerk ist darauf zu richten, dass der Messestand tatsächlich vom Zustellungsadressaten selbst[30] unterhalten wird, was sich meistens dem Ausstellerverzeichnis entnehmen lässt. Im Regelfall ist ein Messestand nur für den konkret genannten Aussteller ein Geschäftsraum (gemeinschaftliche Messestände → Rn. 7). Zwar ist auch denkbar, dass ein weiteres, nicht als Aussteller verzeichnetes Unternehmen sich faktisch an einem Messestand geschäftlich einrichtet. Für eine wirksame Messe-Zustellung an ein solches Unternehmen bedarf es aber greifbarer und dem Nachweis zugänglicher Indizien (etwa: Auslage eigenen Werbematerials, Personal mit eigenen Visitenkarten, eigene Kundengespräche am Stand; bloße Konzernverbundenheit wird in der Regel nicht genügen). Ist ein solches Unternehmen am Messestand durch seinen Leiter (→ § 170 Rn. 7) vertreten, kommt aber eine Zustellung nach §§ 170 Abs. 2, 177 ZPO in Betracht.

Als **beschäftigte Person** und damit taugliche Ersatzperson kommt jeder **Erwachsene** (dh praktisch **10** mindestens 14 Jahre alt, → Rn. 4) in Betracht, der erkennbar eine solche Vertrauensstellung hat, dass davon ausgegangen werden kann, er werde die Sendung an den Adressaten weiterleiten. Eines Dienstvertragsverhältnisses zwischen Ersatzperson und Zustellungsadressat bedarf es hierfür nicht. Auch der nur aushilfsweise, ggf. sogar unentgeltlich Tätige kann Ersatzperson sein, nicht hingegen der sich nur zufällig im Geschäftsraum aufhaltende Bote, Kunde oa. Die **Stellung des Beschäftigten innerhalb der Geschäftsorganisation** des Adressaten ist **unerheblich:**[31] taugliche Ersatzperson sind daher leitende Angestellte ebenso wie Pförtner, Azubis oder (angestellte[32]) Reinigungskräfte.[33] Die Abgrenzung mag in

---

[22] BGH NJW 2011, 2440 (2441); NJW-RR 2010, 489 (490); NJW 1998, 1958 (1959).
[23] Prütting/Gehrlein/*Marx* ZPO § 178 Rn. 8; Zöller/*Schultzky* ZPO § 178 Rn. 15a: der Raum muss einer geschäftlichen, also „mit Publikumsverkehr verbunde(n)" Tätigkeit dienen. Entscheidend ist die Art der Tätigkeit, nicht die Frage, ob die Räumlichkeit der allgemeinen Öffentlichkeit zugänglich ist.
[24] Zöller/*Schultzky* ZPO § 178 Rn. 15a.
[25] BGH NJW 1998, 1958 (1959); NJW-RR 1993, 1083; theoretisch kann der Rechtsschein aber ausreichen, Zöller/*Schultzky* ZPO § 178 Rn. 17 mwN, vor allem bei dolosem Verhalten des Adressaten, BGH NJW 2011, 2440 (2441) – Briefeinwurf (Ls. 1 und Rn. 13 ff.).
[26] MüKoZPO/*Häublein/Müller* ZPO § 178 Rn. 21 mwN.
[27] Zöller/*Schultzky* ZPO § 178 Rn. 16; Prütting/Gehrlein/*Marx* ZPO § 178 Rn. 8.
[28] BGH GRUR 2008, 1030; OLG Köln NJW-RR 2010, 646 – Möbelmesse Köln; LG Düsseldorf BeckRS 2012, 05049 (dort unter II.).
[29] BGH GRUR 2008, 1030; Kühnen Patentverletzung-HdB Kap. D Rn. 67 (dort in Fn. 131).
[30] LG Düsseldorf BeckRS 2012, 05049 (dort unter II. der Gründe).
[31] BeckOK ZPO/*Dörndorfer* § 178 Rn. 13.
[32] Speziell für Reinigungskräfte ist deren Tauglichkeit als Ersatzperson str., vgl. MüKoZPO/*Häublein/Müller* ZPO § 178 Rn. 26 (dort bei Fn. 133 mwN).
[33] Zöller/*Schultzky* ZPO § 178 Rn. 18. Laut OLG Düsseldorf BeckRS 2017, 113388 kommt bei einer Zustellung nach Art. 14 EuZVO als Ersatzperson jede im Betrieb des Zustellungsadressaten beschäftigte oder auch nur anwesende Person in Betracht, die zur Entgegennahme der Sendung berechtigt ist und den Empfang bestätigt bzw. den

Einzelfällen schwierig sein, etwa bei regelmäßig in dem Geschäftsraum tätigen Dienstleistern (zB Reinigungskraft), die aber nicht vom Adressaten beschäftigt sind, sondern über einen dritten, vom Adressaten beauftragten Dienstleister dort eingesetzt werden (untauglich; ebenso wie ein nur als Beschäftigter eines beauftragten Dritten tätiger Handwerker, der bspw. Reparaturen vornimmt). Ist auf einem **Messestand** neben den Mitarbeitern des ausstellenden Unternehmens auch **Betreuungspersonal** tätig, das ausschließlich zur Produkt-Präsentation oder zur Bewirtung von Besuchern eingesetzt wird, handelt es sich hierbei jedenfalls dann um keine tauglichen Ersatzpersonen, wenn sie nicht unmittelbar beim Adressaten angestellt, sondern als Mitarbeiter eines beauftragten Dritten tätig sind.

D. Gemeinschaftseinrichtung (Abs. 1 Nr. 3)

11   Die Gemeinschaftseinrichtung muss dem **Wohnen** dienen (→ Rn. 5).[34] Die gemeinsame Einrichtung einer Repräsentanz oder eines Ausstellungsraums ist keine Gemeinschaftseinrichtung im Sinne von Abs. 1 Nr. 3, kann aber gemeinschaftlicher Geschäftsraum sein (→ Rn. 7).

§ 179 Zustellung bei verweigerter Annahme

[1] Wird die Annahme des zuzustellenden Schriftstücks unberechtigt verweigert, so ist das Schriftstück in der Wohnung oder in dem Geschäftsraum zurückzulassen. [2] Hat der Zustellungsadressat keine Wohnung oder ist kein Geschäftsraum vorhanden, ist das zuzustellende Schriftstück zurückzusenden. [3] Mit der Annahmeverweigerung gilt das Schriftstück als zugestellt.

1   Grundsätzlich hat niemand das Recht, die Annahme einer ihm zuzustellenden Sendung zu verweigern. Gleichwohl überlässt § 179 ZPO es quasi dem Adressaten, ob er eine Sendung entgegen nimmt, bürdet ihm aber das Risiko der **Zustellungsfiktion** bei unberechtigter Verweigerung auf.[1] Bei berechtigter Verweigerung gilt die Zustellung als nicht erfolgt.

2   Die Vorschrift greift bei unberechtigter **Annahmeverweigerung eines jeden tauglichen Zustellungsempfängers,** also nicht nur des Adressaten selbst, sondern auch seiner gesetzlichen (§ 170 ZPO) oder rechtsgeschäftlich bestellten (§ 171 ZPO) Vertreter und seiner Ersatzpersonen[2] (§ 178 ZPO). **Keine Anwendung** findet sie hingegen bei der Zustellung gegen Empfangsbekenntnis (§ 174 ZPO) einschließlich der Zustellung von Anwalt zu Anwalt (§ 195 ZPO).[3]

3   Die Verweigerung kann **ausdrücklich oder konkludent** geschehen, bspw. durch Weglaufen oder Zuschlagen der Wohnungstür. In der Praxis hat der Zusteller bisweilen Schwierigkeiten, die Identität seines Gegenübers und damit die Identität des Adressaten oder die Geeignetheit der angetroffenen Person als Vertreter oder Ersatzperson festzustellen. Bestehen insofern **Zweifel**, hat die Zustellung nach § 179 ZPO zu unterbleiben.[4]

4   Der praktisch bedeutsamste Streitpunkt ist die Frage nach der **Berechtigung** einer Annahmeverweigerung. Sie kommt in Betracht, wenn der vom Zusteller angesprochene Empfänger begründete **Zweifel an der Identität** mit dem im Zustellungsauftrag genannten Adressaten hat[5], etwa bei Namensgleichheit zweier Bewohner eines Mehrfamilienhauses oder zweier Mitarbeiter in demselben Unternehmen, aber auch bei fehlerhafter Schreibweise des Namens des Adressaten. Weitere Gründe für eine berechtigte Verweigerung sind die **Zustellung zur Unzeit,** also bspw. zur Nachtzeit (21 bis 6 Uhr) oder an Sonn- und Feiertagen, sofern die Zustellung zu dieser Zeit für den Empfänger eine **unbillige Härte** darstellt (vgl. § 758a Abs. 4 ZPO), was nach ähnlichem Maßstab zu beurteilen ist wie im Falle des § 177 ZPO die Zustellung bei unpassender Gelegenheit (→ § 177 Rn. 4).[6] In Fällen des gewerblichen Rechtsschutzes, die größtenteils gewerblich handelnde Beteiligte aufweisen und häufig erhebliche wirtschaftliche Bedeutung haben, wird eine unbillige Härte **nur ausnahmsweise** zu bejahen sein, etwa bei Zustellung während einer Beerdigung,[7] nicht hingegen automatisch schon bei

---

Rückschein unterzeichnet, bspw. auch ein Rezeptionist, der in dieser Funktion für mehrere Unternehmen in einem Gebäude (darunter der Adressat) tätig ist.

[34] HK-ZPO/*Siebert* ZPO § 178 Rn. 18; BeckOK ZPO/*Dörndorfer* § 178 Rn. 14.
[1] MüKoZPO/*Häublein/Müller* ZPO § 179 Rn. 1.
[2] Für § 178 Abs. 1 Nr. 3 ZPO (Zustellung in Gemeinschaftseinrichtungen) ist die Anwendbarkeit von § 179 ZPO umstritten, vgl. Prütting/Gehrlein/*Marx* § 179 Rn. 2 und MüKoZPO/*Häublein/Müller* Rn. 2 (§ 179 ZPO anwendbar) versus Thomas/Putzo/*Hüßtege* ZPO § 179 Rn. 2 und BeckOK ZPO/*Dörndorfer* § 179 Rn. 1 mwN (bei Verweigerung nur Ersatzzustellung nach § 181 möglich).
[3] MüKoZPO/*Häublein/Müller* ZPO § 179 Rn. 2.
[4] Prütting/Gehrlein/*Marx* ZPO § 179 Rn. 2; MüKoZPO/*Häublein/Müller* ZPO § 179 Rn. 3.
[5] MüKoZPO/*Häublein/Müller* ZPO § 179 Rn. 4.
[6] In Amtsverfahren dürfte hingegen jedenfalls bei einer Zustellung zur Unzeit kein Beurteilungsspielraum bestehen, vgl. § 5 Abs. 3 VwZG eine solche Zustellung nur mit schriftlicher oder elektronischer Erlaubnis des Behördenleiters erlaubt; die Zustellung ist aber wirksam, wenn sie nicht verweigert wird (§ 5 Abs. 3 S. 4 VwZG).
[7] Bsp. von MüKoZPO/*Häublein/Müller* § 177 Rn. 2.

Ersatzzustellung durch Einlegen in den Briefkasten   1, 2 § 180 ZPO

Zustellung anlässlich einer Sportveranstaltung oder auf einer Party. Die vom Zusteller angetroffene Person kann die Annahme allerdings berechtigt verweigern, wenn sie tatsächlich keine taugliche Ersatzperson iSd § 178 ZPO ist, etwa weil sie in der Wohnung oder dem Geschäftsraum nur zu Besuch ist.[8]

Das **Zurücklassen** der Sendung bei der Zustellung in der Wohnung oder in dem Geschäftsraum 5 nach Satz 1 kann insbesondere durch schlichten Einwurf in den Briefkasten oder aber dem Ablegen in den Räumlichkeiten oder Durchschieben unter der Tür geschehen.[9] Die Zustellungsurkunde muss die konkrete Weise des Zurücklassens nicht dokumentieren, wohl aber die Identität der Person, die die Annahme verweigert hat (§ 182 Abs. 2 Nr. 5 ZPO).[10] Wird hingegen an einem anderen Ort nach § 177 ZPO oder in einer Gemeinschaftseinrichtung nach § 178 Abs. 1 Nr. 3 ZPO zugestellt, ist das Schriftstück im Falle der Annahmeverweigerung an den Auftraggeber **zurückzusenden**.[11]

In Amtsverfahren gilt § 179 ZPO kraft Verweises in §§ 3 Abs. 2, 5 Abs. 2 VwZG für die dort 6 geregelten Zustellungen durch die Post bzw. durch die Behörde mit Zustellungsurkunde.

Eine Besonderheit gilt nach § 127 Nr. 1 PatG im Fall der Annahmeverweigerung in Ver- 7 fahren vor dem Patentamt (in Patent, Gebrauchs- und Designsachen): Auch hier gilt die Zustellung als bewirkt, wenn die Annahme ohne gesetzlichen Grund verweigert wird. Der für die Berechnung des (fiktiven) Zustellungszeitpunkts und Fristenlaufs maßgebliche Tag der Aufgabe des Briefes zur Post (§ 4 Abs. 2 S. 2 VwZG) muss das DPMA dem Empfänger aber weder auf der übermittelten Ausfertigung noch im Rahmen der Rechtsmittelbelehrung mitteilen.[12] Das gilt jedoch nicht in markenrechtlichen Verfahren vor dem DPMA: hier wird die Einschreibesendung im Falle der Annahmeverweigerung lediglich als unzustellbar an den Absender zurückgeschickt.[13]

§ 180 Ersatzzustellung durch Einlegen in den Briefkasten

[1] Ist die Zustellung nach § 178 Abs. 1 Nr. 1 oder 2 nicht ausführbar, kann das Schriftstück in einen zu der Wohnung oder dem Geschäftsraum gehörenden Briefkasten oder in eine ähnliche Vorrichtung eingelegt werden, die der Adressat für den Postempfang eingerichtet hat und die in der allgemein üblichen Art für eine sichere Aufbewahrung geeignet ist. [2] Mit der Einlegung gilt das Schriftstück als zugestellt. [3] Der Zusteller vermerkt auf dem Umschlag des zuzustellenden Schriftstücks das Datum der Zustellung.

Die Vorschrift ist ausdrücklich subsidiär zu § 178 ZPO, eine Ersatzzustellung durch Einlegen in den 1 Briefkasten kommt also erst in Betracht, nachdem eine Ersatzzustellung nach § 178 ZPO **gescheitert** ist (→ § 178 Rn. 1). Eine bloße Prognoseentscheidung, dass eine Zustellung nach § 178 ZPO nur geringe Erfolgsaussicht hat, eröffnet noch nicht den Anwendungsbereich von § 180 ZPO.[1] Allerdings kann es genügen, wenn bei früheren (aber zeitnahen) Zustellungsversuchen, dh Zustellung anderer Schriftstücke in dem gleichen oder auch in anderen Verfahren, eine Ersatzzustellung nach § 178 ZPO scheiterte.[2] Praktisch häufigste Anwendung des § 180 ZPO ist der Fall, dass der Zusteller in dem in der Zustelladresse entsprechendem Wohn- oder Geschäftsraum (→ § 178 Rn. 5 und 7) überhaupt **niemanden antrifft**.

Die Zustellung wird realiter in der gleichen Weise bewirkt, in der gewöhnliche Briefsendungen 2 erfolgen, nämlich durch Einlegen des zuzustellenden Schriftstücks in den **Briefkasten**. Als „**ähnliche Vorrichtung**" kommen ein bloßer Briefschlitz, eine Briefklappe in einer Tür oder eine ähnliche dem Postempfang dienende Vorrichtung in Betracht. Ein **Postfach** ist jedenfalls dann eine ähnliche Vorrichtung in diesem Sinne, wenn die Wohnanschrift des Zustellungsadressaten unbekannt oder nicht vorhanden ist.[3] Es genügt für § 180 ZPO allerdings nicht, das zuzustellende Schriftstück unter einer Wohnungstür oÄ hindurch zu schieben, auch dann nicht, wenn bereits erkennbar mit anderen Briefsendungen auf diese Weise verfahren wurde. Denn der vom Adressaten für den Postempfang eingerichtete Briefkasten (und die „ähnliche Vorrichtung") bietet erhöhte Gewähr dafür, dass das Schriftstück auch tatsächlich den Adressaten erreicht. Wird das Schriftstück anders als in einer solchen Vorrichtung an der Zustelladresse hinterlassen, entspräche das dem bloßen Zurücklassen, das ausdrücklich nur bei (unberechtigter) Annahmeverweigerung erlaubt ist

---

[8] BeckOK ZPO/*Dörndorfer* ZPO § 179 Rn. 1.
[9] Prütting/Gehrlein/*Marx* ZPO § 179 Rn. 4; BeckOK ZPO/*Dörndorfer* ZPO § 179 Rn. 2.
[10] Der amtliche Vordruck sieht außerdem ein handschriftlich auszufüllendes Feld vor zur Angabe, in welchem Verhältnis die verweigernde Person zum Adressaten steht (Ziffer 12 in Anlage 1 zur ZustVV).
[11] Zöller/*Schultzky* ZPO § 179 Rn. 3.
[12] BPatG GRUR 1999, 569 (570) – Beschluss-Zustellung.
[13] Ströbele/Hacker/Thiering/*Knoll* MarkenG § 94 Rn. 17.
[1] Prütting/Gehrlein/*Marx* ZPO § 180 Rn. 2; Zöller/*Schultzky* ZPO § 180 Rn. 2, der allerdings auch die Zustellung nach § 177 ZPO als vorrangig ansieht.
[2] Anders/Gehle/*Vogt-Beheim* ZPO § 180 Rn. 4.
[3] BGH NJW-RR 2012, 1012 – Zuschlagsbeschluss (Ls. 1 und Rn. 9).

(§ 179 ZPO).[4] Auch eine **andere Vorrichtung,** die eine Sendung zwar aufnehmen kann, dafür aber **nicht erkennbar vorgesehen** ist, genügt nicht. Ist zB in einem Geschäftslokal oder auf einem Messestand eine Sammelbox für Visitenkarten der Standbesucher aufgestellt, kann ein zuzustellendes Schriftstück dort nicht nach § 180 ZPO eingelegt werden, weil der Adressat in dieser Box keine formalen Sendungen erwartet und seine Kenntnisnahme nicht in gleicher Weise gewährleistet ist wie bei einem ordentlichen Briefkasten oÄ.

3   Der Briefkasten muss erkennbar **vom Adressaten** für den Postempfang eingerichtet sein. Davon ist auszugehen, wenn der Briefkasten mit dem **Namen** des Adressaten beschriftet ist. Solange keine gegenteiligen Anhaltspunkte vorliegen, gilt das auch bei Beschriftung nur mit dem Familiennamen (ohne Vorname) oder zusätzlich auch mit anderen Namen.[5] Ein nicht beschrifteter Briefkasten an einem Mehrfamilienhaus lässt sich hingegen nicht ohne weiteres dem Adressaten zuordnen, es sei denn, dem Zusteller ist dieser Umstand zutreffend bekannt.[6] Der Einwurf in den gemeinschaftlich genutzten Briefschlitz (ohne Auffangvorrichtung) eines Drei-Parteien-Hauses kann unter „engen" (BGH) Voraussetzungen den Vorgaben des § 180 ZPO genügen, wenn der Adressat auf diese Weise für gewöhnlich Briefsendungen entgegen nimmt, und solange in dortigen Geschäftsräumen kein reger Publikumsverkehr herrscht.[7]

4   Bei der Zustellung an eine **juristische Person,** also an deren gesetzlichen Vertreter oder Leiter (→ § 170 Rn. 1 und 7), kann die Ersatzzustellung durch Einlegung in eine persönliche (bspw. private) Postempfangsvorrichtung des Vertreters oder in eine solche der juristischen Person erfolgen. Die Postempfangsvorrichtung der juristischen Person unterliegt nämlich der Organisationsgewalt und damit auch der Letztverantwortlichkeit des Vertreters. Ein formalistisches Abstellen darauf, wer konkret im Zustellungsauftrag als Adressat genannt ist, macht keinen Sinn, weil mit Zugang beim Vertreter – egal an welcher Anschrift – der Zustellungszweck, nämlich die Möglichkeit der Kenntnisnahme (→ § 166 Rn. 1), erreicht ist.[8]

5   Die Postempfangsvorrichtung darf nicht überfüllt, zugeklebt oder aus anderen Gründen nicht (mehr) in der „allgemein üblichen Art für eine **sichere Aufbewahrung** geeignet" sein, also auch nicht erheblich beschädigt, bereits aufgebrochen oder zu klein zur sicheren Aufbewahrung der Sendung.[9]

6   Die **Beweiskraft** (§ 418 ZPO) der Zustellungsurkunde nach § 180 ZPO erschöpft sich in dem Beleg dafür, dass der Zusteller die Sendung in einen an der Zustelladresse vorhandenen Briefkasten eingelegt hat. Sie umfasst nicht auch den (für eine wirksame Zustellung notwendigen) Umstand, dass der Zustelladressat an dieser Adresse eine Wohnung oder einen Geschäftsraum unterhält.[10] Für diesen Umstand liefert die Zustellungsurkunde allerdings ein Indiz, das sich aber im Einzelfall entkräften lässt. Der Vortrag des Adressaten, das Schriftstück im Briefkasten nicht aufgefunden zu haben, genügt nicht den bei § 418 Abs. 2 ZPO geltenden Substantiierungserfordernissen (→ § 418 Rn. 2 f.).[11] Kann der Adressat jedoch nachweisen, dass die Empfangseinrichtung im Zeitpunkt der Zustellung beschädigt oder sonst nicht im ordnungsgemäßen Zustand war, ist die Beweiskraft der Urkunde diesbezüglich erschüttert und die Zustellung unwirksam.[12]

7   Verstöße gegen § 180 ZPO machen die Zustellung **unwirksam.** Die Mängel können allerdings nach § 189 ZPO oder § 195 ZPO geheilt werden. Fehlt der **Vermerk** gemäß Satz 3, der dem Adressaten ermöglichen soll, den Zeitpunkt der Zustellung nachzuvollziehen, oder ist dieser Vermerk fehlerhaft, bleibt die Zustellung jedoch **wirksam.**[13] Das gilt auch im Falle einer **fehlerhaften Beurkundung** nach § 182 Abs. 2 Nr. 4[14] und Nr. 6 ZPO. Der Zusteller muss jedenfalls nicht vermerken, in welche (Art von) Postempfangsvorrichtung er die Sendung eingelegt hat.[15]

---

[4] Zweifelhaft daher Zöller/*Schultzky* ZPO § 180 Rn. 3; für die hier vertretene Auffassung spricht auch das Tatbestandsmerkmal „zur sicheren Aufbewahrung geeignet". Dass dies bei § 181 ZPO anders sein soll (Hindurchschieben unter der Tür zulässig, OLG Koblenz NJW-RR 2013, 1280), widerspricht dem nicht, da § 181 ZPO auch das bloße Anheften (der Mitteilung) genügen lässt, also gerade keine Aufnahmevorrichtung verlangt (→ § 181 Rn. 4).
[5] Prütting/Gehrlein/*Marx* ZPO § 180 Rn. 2; Zöller/*Schultzky* ZPO § 180 Rn. 5. Ausgenommen ist der Fall, dass auch ein Verfahrensgegner des Adressaten den gleichen Briefkasten nutzt, *arg. e* § 178 Abs. 2 ZPO.
[6] Anders/Gehle/*Vogt-Beheim* ZPO § 180 Rn. 5 aE.
[7] BGH NJW 2011, 2440 Rn. 25 f. – Briefeinwurf.
[8] In diesem Punkt für die Wirksamkeit einer Zustellung zu differenzieren, erscheint auch deshalb formalistisch, weil im Ergebnis wohl eine Heilung nach § 189 ZPO zu bejahen sein wird.
[9] BT-Drs. 14/4554, 21; Prütting/Gehrlein/*Marx* ZPO § 180 Rn. 2; Zöller/*Schultzky* ZPO § 180 Rn. 5; Anders/Gehle/*Vogt-Beheim* ZPO § 180 Rn. 6; BGH NJW 2006, 150.
[10] BGH NJW 1992, 1963; BPatG BeckRS 2009, 11159.
[11] MüKoZPO/*Häublein/Müller* ZPO § 180 Rn. 8.
[12] MüKoZPO/*Häublein/Müller* ZPO § 180 Rn. 8 m. Vw. auf LG Darmstadt NStZ 2005, 164.
[13] Zöller/*Schultzky* ZPO § 180 Rn. 9. Zur Frage des Zeitpunkts der Heilung bei unterbliebener Datumsangabe auf dem Umschlag siehe BFH BeckRS 2013, 95719 (Vorlagefrage an den GS-BFH mit Darlegung auch der BGH-Rspr.).
[14] Zöller/*Schultzky* ZPO § 180 Rn. 9.
[15] BGH NJW 2006, 150 (152).

In Amtsverfahren kommt eine Zustellung durch Einlegen in den Briefkasten bei einer Zustellung 8 durch die Post mit Zustellungsurkunde in Betracht[16] (§ 3 Abs. 2 S. 1 VwZG); diese Form der Ersatzzustellung ist in der Zustellungsurkunde zu vermerken.

§ 181 Ersatzzustellung durch Niederlegung

(1) ¹Ist die Zustellung nach § 178 Abs. 1 Nr. 3 oder § 180 nicht ausführbar, kann das zuzustellende Schriftstück auf der Geschäftsstelle des Amtsgerichts, in dessen Bezirk der Ort der Zustellung liegt, niedergelegt werden. ²Wird die Post mit der Ausführung der Zustellung beauftragt, ist das zuzustellende Schriftstück am Ort der Zustellung oder am Ort des Amtsgerichts bei einer von der Post dafür bestimmten Stelle niederzulegen. ³Über die Niederlegung ist eine schriftliche Mitteilung auf dem vorgesehenen Formular unter der Anschrift der Person, der zugestellt werden soll, in der bei gewöhnlichen Briefen üblichen Weise abzugeben oder, wenn das nicht möglich ist, an der Tür der Wohnung, des Geschäftsraums oder der Gemeinschaftseinrichtung anzuheften. ⁴Das Schriftstück gilt mit der Abgabe der schriftlichen Mitteilung als zugestellt. ⁵Der Zusteller vermerkt auf dem Umschlag des zuzustellenden Schriftstücks das Datum der Zustellung.

(2) ¹Das niedergelegte Schriftstück ist drei Monate zur Abholung bereitzuhalten. ²Nicht abgeholte Schriftstücke sind danach an den Absender zurückzusenden.

Die Vorschrift regelt das „letzte Mittel"[1] oder die **„ultima ratio"**[2] im Zustellungsrecht. Sie ist 1 subsidiär zu den Zustellungen nach §§ 178 und 180 ZPO und findet erst und nur dann Anwendung, wenn diese anderen Zustellungsversuche gescheitert sind. Wird die Annahme unberechtigt verweigert, kommt nur § 179 ZPO in Betracht; eine Niederlegung ist dann ausgeschlossen.[3]

Bei einer Ersatzzustellung durch Niederlegung greift die **Zustellungsfiktion** des Abs. 1 Satz 4, 2 gemäß derer das zuzustellende Schriftstück mit der Abgabe der schriftlichen Mitteilung als zugestellt gilt, ohne dass es auf die tatsächliche Kenntnisnahme durch den Zustellungsadressaten ankommt.[4]

Als Niederlegungsstelle kommen neben der Geschäftsstelle des für den Zustellungsort zuständigen 3 Amtsgerichts in der Praxis (bei Zustellung durch einen Post-Bediensteten) vor allem die von der Post hierfür bestimmten Stellen in Betracht, also neben größeren Postfilialen auch sogenannte **Postagenturen**,[5] wie sie häufig im Rahmen eines Einzelhandelsgeschäfts eingerichtet sind.

Was eine **„bei gewöhnlichen Briefen übliche Weise"** für die Abgabe der **schriftlichen Mitteilung** 4 ist, richtet sich nach den konkreten Umständen des Einzelfalls. Jedenfalls handelt es sich hierbei nicht um einen intakten Briefkasten oder Briefschlitz, weil bei dessen Vorhandensein nach § 180 ZPO zuzustellen wäre und eine Niederlegung gemäß § 181 ZPO nicht in Frage käme.[6] Üblich kann es aber sein, die Mitteilung unter einer Türe hindurch zu schieben.[7] Entscheidend ist, ob der Postzusteller die konkrete Weise bei sonstigen Briefzustellungen regelmäßig praktiziert hat oder ob der Zustellungsadressat sie zumindest hingenommen hat.[8] Wird die Mitteilung in ein vom Adressaten unterhaltenes **Postfach** eingelegt, entspricht das der bei gewöhnlichen Briefen üblichen Weise und genügt damit dem § 181 ZPO (str.[9]). Nur wenn die Mitteilung auf keine solche Weise abgegeben werden kann, kann der Zusteller sie **an die Türe heften,** dh mit Klebeband, Heftzwecken, einer Schnur oder anderem Mittel befestigen.[10] Das bloße Einklemmen in den Türspalt genügt hierfür nicht.[11]

Für die schriftliche Mitteilung gibt es einen **Vordruck** (Anlage 4 zu § 1 Nr. 4 ZustVV[12]), der den 5 Adressaten über die wesentlichen Rechtsfolgen der Niederlegung, die Öffnungszeiten für die Abholung des Schriftstücks und über die Möglichkeit informieren, das Schriftstück auch durch einen

---

[16] BPatG BeckRS 2009, 11159.
[1] Musielak/Voit/*Wittschier* ZPO § 181 Rn. 2.
[2] MüKoZPO/*Häublein/Müller* ZPO § 181 Rn. 1.
[3] Zöller/*Schultzky* ZPO § 181 Rn. 2 aE.
[4] Zöller/*Schultzky* ZPO § 181 Rn. 7 mwN.
[5] OLG Düsseldorf BeckRS 2001, 30158626, unter II.1.b); BGH NJW 2001, 832 (zum alten Recht).
[6] Die Mitteilung nach § 181 ZPO kann allenfalls dann in einen Briefkasten eingelegt werden, wenn dieser bspw. wegen Beschädigung nicht iSd § 180 ZPO „für eine sichere Aufbewahrung geeignet" ist (MüKoZPO/*Häublein/Müller* § 181 Rn. 8).
[7] OLG Koblenz NJW-RR 2013, 1280. Das ist ein wesentlicher Unterschied zwischen der Niederlegung nach § 181 ZPO und der Einlegung nach § 180 ZPO, bei der ein solches Hindurchschieben nicht genügt (→ § 180 Rn. 2).
[8] Zöller/*Schultzky* ZPO § 181 Rn. 4a. Weitere Beispiele: Ablage im Gartenhaus oder in der Garage, einklemmen ins Gartentor, jeweils sofern dies auch bei sonstigen Briefsendungen an den Adressaten übliche Verfahrensweise ist (vgl. MüKoZPO/*Häublein/Müller* § 181 Rn. 9).
[9] Vgl. MüKoZPO/*Häublein/Müller* ZPO § 181 Rn. 9 mwN auch zur Gegenansicht.
[10] Zöller/*Schultzky* ZPO § 181 Rn. 5.
[11] OLG Koblenz NJW-RR 2013, 1280 mwN.
[12] → § 190 Rn. 1.

Vertreter abholen zu lassen. Die Zustellungsurkunde muss die nähere Art und Weise der Abgabe der Mitteilung wiedergeben, wozu der Vordruck (Anlage 1 zur ZustVV) unter Ziffer 11.2 ein Feld zur handschriftlichen Ergänzung durch den Zusteller vorsieht (§ 182 Abs. 2 Nr. 4 ZPO). Unterlässt der Zusteller diese Angabe und kreuzt nur an, dass er die Mitteilung „in der bei gewöhnlichen Briefen üblichen Weise abgegeben" hat, kann die Zustellung allein deshalb unwirksam sein.[13]

6   Zum Begriff der Wohnung und des **Geschäftsraums** → § 178 Rn. 5 und 7. Bei Zustellung auf einer **Messe** wird nur in seltenen Ausnahmefällen eine Ersatzzustellung durch Niederlegung in Betracht kommen, weil sich für einen Messe-Stand in der Regel keine „bei gewöhnlichen Briefen übliche Weise" der Benachrichtigung feststellen lässt. Denkbar ist das allerdings bei einem Messe-Stand eines Ausstellers, der immer wieder in ähnlicher Manier an einer bestimmten Messe teilnimmt und der dort auch tatsächlich gewöhnliche Briefsendungen entgegen nimmt (vgl. → § 180 Rn. 2). Allerdings wird an einem Messe-Stand jedenfalls zu den üblichen Messe-Zeiten in aller Regel eine Ersatzperson gemäß § 178 Abs. 1 Nr. 2 ZPO anzutreffen sein, an die vorrangig nach eben dieser Vorschrift zuzustellen ist.

7   Die Konsequenzen einer **fehlerhaften Zustellung** sind umstritten.[14] Fehlerhafte Annahme der Voraussetzung des § 181 ZPO macht die Zustellung unwirksam; Heilung nach §§ 189, 295 ZPO bleibt möglich.[15] Gleiches gilt bei Unterbleiben oder fehlerhafter Ablage der Mitteilung,[16] nicht aber bei ordnungsgemäßer Ablage der Mitteilung, die dem Adressaten dann aber nicht zugeht,[17] etwa weil ein Dritter sie wegnimmt oder sie anderweitig verloren geht. Fehler bei der Niederlegung (zB Niederlegung bei einer Stelle in einer Nachbargemeinde[18]) stehen der Wirksamkeit der Zustellung nicht entgegen.[19] Das Schriftstück muss aber überhaupt niedergelegt worden sein.[20]

8   In Amtsverfahren eröffnen §§ 3 Abs. 2, 5 Abs. 2 VwZG für die dort geregelten Zustellungen durch die Post bzw. durch die Behörde mit Zustellungsurkunde die Möglichkeit der Niederlegung durch Verweis auf § 181 ZPO.

§ 182 Zustellungsurkunde

(1) ¹Zum Nachweis der Zustellung nach den §§ 171, 177 bis 181 ist eine Urkunde auf dem hierfür vorgesehenen Formular anzufertigen. ²Für diese Zustellungsurkunde gilt § 418.

(2) Die Zustellungsurkunde muss enthalten:
1. die Bezeichnung der Person, der zugestellt werden soll,
2. die Bezeichnung der Person, an die der Brief oder das Schriftstück übergeben wurde,
3. im Falle des § 171 die Angabe, dass die Vollmachtsurkunde vorgelegen hat,
4. im Falle der §§ 178, 180 die Angabe des Grundes, der diese Zustellung rechtfertigt und wenn nach § 181 verfahren wurde, die Bemerkung, wie die schriftliche Mitteilung abgegeben wurde,
5. im Falle des § 179 die Erwähnung, wer die Annahme verweigert hat und dass der Brief am Ort der Zustellung zurückgelassen oder an den Absender zurückgesandt wurde,
6. die Bemerkung, dass der Tag der Zustellung auf dem Umschlag, der das zuzustellende Schriftstück enthält, vermerkt ist,
7. den Ort, das Datum und auf Anordnung der Geschäftsstelle auch die Uhrzeit der Zustellung,
8. Name, Vorname und Unterschrift des Zustellers sowie die Angabe des beauftragten Unternehmens oder der ersuchten Behörde.

(3) Die Zustellungsurkunde ist der Geschäftsstelle in Urschrift oder als elektronisches Dokument unverzüglich zurückzuleiten.

A. Allgemeines (Abs. 1)

1   Der **Vordruck** einer Zustellungsurkunde findet sich in Anlage 1 zur ZustVV.[1] Dieser Vordruck ist allein durch den Zusteller auszufüllen und zu **unterschreiben,** weil nur er den konkreten Vorgang der Zustellung bezeugen kann, deren Nachweis die Zustellungsurkunde dient. Der Zusteller hat die Zustellungsurkunde zu unterschreiben. Fehlt die Unterschrift, bleibt die Zustellung **wirksam,** aber

---

[13] OLG Düsseldorf BeckRS 2004, 09060 (der amtliche Vordruck wurde seither allerdings um das handschriftlich auszufüllende Feld ergänzt).
[14] Vgl. MüKoZPO/*Häublein*/*Müller* ZPO § 181 Rn. 13f.
[15] Zöller/*Schultzky* ZPO § 181 Rn. 10.
[16] Prütting/Gehrlein/*Marx* ZPO § 181 Rn. 4.
[17] Zöller/*Schultzky* ZPO § 181 Rn. 10.
[18] Str., aA MüKoZPO/*Häublein*/*Müller* ZPO § 181 Rn. 4.
[19] Zöller/*Schultzky* ZPO § 181 Rn. 10.
[20] HK-ZPO/*Siebert* ZPO § 181 Rn. 7; MüKoZPO/*Häublein*/*Müller* ZPO § 181 Rn. 14 mwN.
[1] → § 190 Rn. 1.

ihre Beurkundung ist noch nicht abgeschlossen, was ihre **Beweiskraft** mindern kann.[2] Auch sonstige Mängel der Zustellungsurkunde lassen die Wirksamkeit der ansonsten ordnungsgemäß durchgeführten Zustellung unbeeinträchtigt.[3] Die Voraussetzungen einer wirksamen Zustellung lassen sich auch durch andere Beweismittel als die Zustellungsurkunde belegen.[4]

Die Zustellungsurkunde ist **öffentliche Urkunde** (→ § 418 Rn. 2). Ihre Beweiskraft als öffentliche **2** Urkunde erschöpft sich in den **äußeren Vorgängen,** die in ihr dokumentiert sind, etwa dass der Zusteller das zuzustellende Schriftstück[5] einer bestimmten, namentlich benannten Ersatzperson ausgehändigt hat oder es in den Briefkasten (oder eine ähnliche Vorrichtung) eingelegt hat.[6] Zur Widerlegung dieser beurkundeten Vorgänge ist deren Unrichtigkeit substantiiert vorzutragen und voll zu beweisen.[7] Die Beweiskraft umfasst hingegen keine hinter den äußeren Vorgängen liegenden Umstände, insbesondere **nicht das Vorliegen der Tatbestandsvoraussetzungen** einer bestimmten Zustellung. Die Zustellungsurkunde liefert also keinen öffentlichen Urkundsbeweis dafür, dass an der Zustellungsadresse überhaupt eine Wohnung oder ein Geschäftsraum des Adressaten bestand oder dass eine bestimmte Person geeignete Ersatzperson iSd § 178 Abs. 2 ZPO ist;[8] sie kann hierfür aber ein beweiskräftiges Indiz sein.[9]

Nach Abs. 3 ist die ausgefüllte Urkunde durch den Zusteller unverzüglich an die Geschäftsstelle **3** **zurückzusenden,** die die Zustellung beauftragt hat (§ 176 ZPO). Für die Zustellung im Parteibetrieb finden sich entsprechende Regelungen in §§ 193 Abs. 3, 193a Abs. 2, 194 Abs. 2, 195 Abs. 2 S. 3 ZPO.

B. Inhalt der Zustellungsurkunde (Abs. 2)

Der amtliche Vordruck (→ Rn. 1) sieht Felder zum Ankreuzen und teilweise auch Ausfüllen vor, **4** welche den jeweils notwendigen Inhalt der Zustellungsurkunde abdecken sollen. Die Ausgestaltung des Vordrucks hat aber keine Auswirkung darauf, was nach der gesetzlichen Vorschrift für die Zustellungsurkunde erforderlicher Inhalt ist.[10] Neben den in § 182 ZPO aufgelisteten Angaben zu einer durchgeführten Zustellung enthält der amtliche Vordruck auch Felder für Angaben dazu, warum eine Zustellung nicht erfolgt ist.

Zustellungsadressat, Nr. 1: Benannt werden muss der formale Zustellungsadressat, in der Regel **5** also die **Partei** selbst. Bei Zustellung an einen gesetzlichen Vertreter, einen Prozessbevollmächtigten oder einen bereits im Vorfeld zur Zustellungsannahme Bevollmächtigten ist dieser **Vertreter** bzw. Bevollmächtigte und nicht der Vertretene aufzunehmen.[11] Bei am Rechtsstreit beteiligten **juristischen Personen** (und Behörden) lässt die Rechtsprechung es allerdings ausreichen, wenn diese als solche und ohne namentliche Benennung des Vertreters aufgenommen wird.[12] Der **Bevollmächtigte** nach § 171 ZPO ist nicht der formal in der Zustellungsurkunde zu benennende Adressat, weil an ihn an Stelle des Adressaten zugestellt werden kann.[13] Er wird allenfalls dann konkret benannter Adressat, wenn seine Bevollmächtigung dem Zustellungsveranlasser bereits vor Erteilung des Zustellungsauftrags bekannt ist und dieser die Zustellung daher unmittelbar an ihn als Bevollmächtigten in Auftrag gibt. Der Adressat muss **zweifelsfrei identifizierbar** benannt sein (Nennung von Vor- und Nachname), wobei kleinere **Schreibfehler** unbeachtlich sind, solange keine Unklarheiten aufkommen, wer die Sendung erhalten soll.[14]

Zustellungsempfänger, Nr. 2: Es ist diejenige Person anzugeben, der das Schriftstück **tatsächlich 6 übergeben** wurde. Handelt es sich hierbei um den Adressaten selbst, genügt ein Vermerk wie „persönlich"[15], in anderen Fällen sind Vor- und Nachname des tatsächlichen Empfängers anzugeben. Auch der Empfänger muss zweifelsfrei identifizierbar benannt sein.

---

[2] Prütting/Gehrlein/*Marx* ZPO § 182 Rn. 4; Zöller/*Schultzky* ZPO § 182 Rn. 17; BeckOK ZPO/*Dörndorfer* § 182 Rn. 14; BGH NJW-RR 2008, 218 (219) – Fehlende Unterschrift.
[3] Prütting/Gehrlein/*Marx* ZPO § 182 Rn. 4; Zöller/*Schultzky* ZPO § 182 Rn. 19; MüKoZPO/*Häublein/Müller* ZPO § 182 Rn. 19; BeckOK ZPO/*Dörndorfer* § 182 Rn. 14 mwN.
[4] MüKoZPO/*Häublein/Müller* ZPO § 182 Rn. 19; Zöller/*Schultzky* ZPO § 182 Rn. 17; OLG Stuttgart NJW 2006, 1887 (1888 f.).
[5] Dieser Nachweis umfasst idR nicht auch den konkreten Umfang des zugestellten Schriftstücks, etwa der Zustellung auch von Anlagen eines Verfügungsbeschlusses, wenn in der Zustellungsurkunde nur der Beschluss als solcher genannt ist (LG Düsseldorf BeckRS 2009, 86894 – Sickerschacht).
[6] Prütting/Gehrlein/*Marx* ZPO § 182 Rn. 1; Zöller/*Schultzky* ZPO § 182 Rn. 14; OLG Düsseldorf BeckRS 2001, 30158626 unter II.1.b).
[7] Prütting/Gehrlein/*Marx* ZPO § 182 Rn. 1; Zöller/*Schultzky* ZPO § 182 Rn. 15; OLG Köln NJW-RR 2003, 802, OLG Düsseldorf BeckRS 2001, 30158626 unter II.1.b).
[8] Musielak/Voit/*Wittschier* ZPO § 182 Rn. 3.
[9] Prütting/Gehrlein/*Marx* ZPO § 182 Rn. 1; MüKoZPO/*Häublein/Müller* ZPO § 182 Rn. 18; BPatG BeckRS 2009, 11159 (in einem markenrechtlichen Amtsverfahren); vgl. → § 418 Rn. 2 f.
[10] OLG Düsseldorf BeckRS 2004, 09060; MüKoZPO/*Häublein/Müller* ZPO § 182 Rn. 7 aE.
[11] Zöller/*Schultzky* ZPO § 182 Rn. 5; Prütting/Gehrlein/*Marx* ZPO § 182 Rn. 6.
[12] Prütting/Gehrlein/*Marx* ZPO § 182 Rn. 6 mwN; MüKoZPO/*Häublein/Müller* ZPO § 182 Rn. 5.
[13] § 171 Rn. 1; MüKoZPO/*Häublein/Müller* ZPO § 182 Rn. 5.
[14] MüKoZPO/*Häublein/Müller* ZPO § 182 Rn. 5; OLGR Saarbrücken MDR 2004, 51 Rn. 17 mwN.
[15] Prütting/Gehrlein/*Marx* ZPO § 182 Rn. 7.

7 **Vollmachtsurkunde, Nr. 3:** Wurde bei einer Zustellung nach § 171 ZPO die Vollmacht vorgelegt (Vorlagepflicht ist umstritten, → § 171 Rn. 2), ist dies in der Urkunde zu vermerken. Nähere Angaben zu Form, Datierung und Art der Vollmacht sind von § 182 Nr. 3 ZPO nicht verlangt, wenngleich solche Angaben die Beweiskraft erhöhen und die Zustellungsurkunde praktikabler machen.[16] Der amtliche Vordruck sieht hierfür allerdings kein Feld vor.

8 **Grund der Ersatzzustellung, Nr. 4:** Nötig ist die Angabe der Tatsachengrundlage der Ersatzzustellung. Obligatorisch ist die Angabe, dass der Adressat nicht angetroffen wurde. Im Falle einer **Ersatzzustellung an eine Ersatzperson** (§ 178 ZPO) muss aufgenommen werden, in welchem Verhältnis der Empfänger zum Adressaten steht, das ihn als **taugliche Ersatzperson** qualifiziert. Der amtliche Vordruck sieht hierfür ausschließlich die folgenden Optionen vor: erwachsener[17] Familienangehöriger, erwachsener ständiger Mitbewohner, in der Familie beschäftigte Person; in den Geschäftsräumen beschäftigte Person; Leiter der Gemeinschaftseinrichtung oder zum Empfang ermächtigter Vertreter; jeweils unter Nennung des vollen Namens des Empfängers. Bei Aushändigung an **Minderjährige** soll auch deren Alter vermerkt werden, um ihre Eigenschaft als „Erwachsene" iSd § 178 ZPO überprüfen zu können,[18] was allerdings wenig Sinn ergibt, weil die Eigenschaft als „Erwachsener" gerade nicht von einer exakten Altersgrenze abhängt (→ § 178 Rn. 4) und weil der Zusteller das Alter wird schätzen können und eine Altersangabe kaum verlässlich wird überprüfen können. Die Eigenschaft als „Erwachsener" stellt sich vielmehr als ein nicht äußerlicher Vorgang, sondern ein weiteres Tatbestandsmerkmal der Ersatzzustellung dar und bedarf daher keiner Beurkundung (→ Rn. 2). Bei der der Ersatzzustellung durch **Einlegen in den Briefkasten** (§ 180 ZPO) wird ohne nähere Angaben beurkundet, dass eine Übergabe des Schriftstücks nicht möglich war; der Zusteller muss nicht spezifizieren, in welche Empfangseinrichtung er das zuzustellende Schriftstück gelegt hat.[19] Hingegen bedarf es bei der Ersatzzustellung durch **Niederlegung** einer näheren Angabe darüber, wie die schriftliche Mitteilung abgegeben bzw. dass sie an der Tür angeheftet und wo das Schriftstück niedergelegt wurde. Letzteres ist von § 182 Abs. 2 Nr. 4 ZPO zwar nicht ausdrücklich verlangt, ergibt sich aber aus der Natur der Niederlegung als Ersatzzustellung zur Ermöglichung der Kenntnisnahme durch den Adressaten.[20]

9 **Verweigerung der Annahme, Nr. 5:** Die tatsächlich angetroffene Person ist **identifizierbar** namentlich zu bezeichnen. Der Vordruck sieht auch die Angabe der „Beziehung zum Adressaten" vor, was gesetzlich nicht erforderlich ist (wenngleich zu Beweiszwecken sinnvoll, was aber mindestens genauso für Nr. 4 gilt, wo keine solche Angabe vorgesehen ist). Ebenso nicht gesetzlich vorgeschrieben, aber sinnvoll ist die Beurkundung des vorgebrachten **Grundes der Annahmeverweigerung**, idealer Weise in Kombination mit näheren Angaben zu den Umständen der Zustellung wie Zeitpunkt oder Umfeld.[21] Die Urkunde muss außerdem den Ort (Wohnung oder Geschäftsraum) bezeichnen, an dem das Schriftstück zurückgelassen wurde, wenn es nicht zurückgesendet wurde. Es bedarf keiner näheren Angaben, wo in der Wohnung oder im Geschäftsraum oder in welcher Vorrichtung das Schriftstück zurückgelassen wurde (vgl. aber → Rn. 11).

10 **Zustellungsvermerk, Nr. 6:** Die Angabe des Datums der Zustellung auf dem Umschlag (und damit erkennbar für den Empfänger und Adressaten) hat bei **jeder Zustellung** zu erfolgen, nicht nur in den ausdrücklich geregelten Fällen der §§ 180 S. 3, 181 Abs. 1 S. 5 ZPO.[22]

11 **Ort und Zeitpunkt der Zustellung, Nr. 7:** Der Ort ist **in verkehrsüblicher Weise** anzugeben (in der Regel Straße und Hausnummer). Im Einzelfall kann eine konkretere Angabe des Ortes sinnvoll sein, insbesondere bei Zurücklassen des Schriftstücks nach Annahmeverweigerung (Nr. 5). Die Uhrzeit (nach Stunden und Minuten) ist nur auf Anordnung zu beurkunden.

12 **Zustellerbezeichnung und Unterschrift, Nr. 8:** Neben der Angabe des Unternehmens oder der Behörde, für die der Zusteller gehandelt hat, ist dessen (identifizierbare) Unterschrift (nicht nur Paraphe[23]) mit zusätzlicher (lesbarer) Namensnennung obligatorisches und konstitutives Element der Beurkundung (nicht hingegen der Zustellung, vgl. → Rn. 1).[24]

C. Amtsverfahren

13 Für Amtsverfahren verweist § 3 Abs. 2 S. 1 VwZG (Zustellung durch die Post mit Zustellungsurkunde) auf § 182 ZPO, und § 5 Abs. 2 S. 2 VwZG trifft für die Zustellung durch die Behörde gegen Empfangsbekenntnis weit gehend kongruente Regelungen betreffend den Inhalt des Aktenvermerks zum Nachweis der Zustellung.

---

[16] Zöller/*Schultzky* ZPO § 182 Rn. 7 (mwN) verlangt solche Angaben; wie hier MüKoZPO/*Häublein/Müller* ZPO § 182 Rn. 7 mwN.
[17] Zum Begriff des „Erwachsenen" → § 178 Rn. 4 (in aller Regel mindestens 14 Jahre alt).
[18] HK-ZPO/*Siebert* ZPO § 182 Rn. 7.
[19] BGH NJW 2006, 150 (152).
[20] Prütting/Gehrlein/*Marx* ZPO § 182 Rn. 9.
[21] MüKoZPO/*Häublein/Müller* ZPO § 182 Rn. 10; zust. BeckOK ZPO/*Dörndorfer* ZPO § 182 Rn. 9.
[22] Zöller/*Schultzky* ZPO § 182 Rn. 10.
[23] BGH NJW-RR 2008, 218 (219) – Fehlende Unterschrift.
[24] BGH NJW-RR 2008, 218 (219) – Fehlende Unterschrift.

§ 183 Zustellung im Ausland

(1) ¹Soweit nicht unmittelbar anwendbare Regelungen der Europäischen Union in ihrer jeweils geltenden Fassung, insbesondere
1. die Verordnung (EG) Nr. 1393/2007 des Europäischen Parlaments und des Rates vom 13. November 2007 über die Zustellung gerichtlicher und außergerichtlicher Schriftstücke in Zivil- oder Handelssachen in den Mitgliedstaaten („Zustellung von Schriftstücken") und zur Aufhebung der Verordnung (EG) Nr. 1348/2000 des Rates (ABl. L 324 vom 10.12.2007, S. 79), die durch die Verordnung (EU) Nr. 517/2013 (ABl. L 158 vom 10.6.2013, S. 1) geändert worden ist, sowie
2. das Abkommen zwischen der Europäischen Gemeinschaft und dem Königreich Dänemark vom 19. Oktober 2005 über die Zustellung gerichtlicher und außergerichtlicher Schriftstücke in Zivil- oder Handelssachen (ABl. L 300 vom 17.11.2005, S. 55)

maßgeblich sind, gelten für die Zustellung im Ausland die nachfolgenden Absätze 2 bis 5. ²Für die Durchführung der in Satz 1 genannten Regelungen gelten § 1067 Absatz 1, § 1068 Absatz 1 und § 1069 Absatz 1.

(2) ¹Eine Zustellung im Ausland ist nach den bestehenden völkerrechtlichen Vereinbarungen vorzunehmen. ²Wenn Schriftstücke aufgrund solcher Vereinbarungen unmittelbar durch die Post zugestellt werden dürfen, dann soll dies durch Einschreiben mit Rückschein oder mittels eines gleichwertigen Nachweises bewirkt werden, anderenfalls soll die Zustellung auf Ersuchen des Vorsitzenden des Prozessgerichts unmittelbar durch die Behörden des fremden Staates erfolgen.

(3) ¹Ist eine Zustellung nach Absatz 2 nicht möglich, ist durch die zuständige diplomatische oder konsularische Vertretung des Bundes oder die sonstige zuständige Behörde zuzustellen. ²Nach Satz 1 ist insbesondere zu verfahren, wenn völkerrechtliche Vereinbarungen nicht bestehen, die zuständigen Stellen des betreffenden Staates zur Rechtshilfe nicht bereit sind oder besondere Gründe eine solche Zustellung rechtfertigen.

(4) An entsandte *Beschäftige* einer deutschen Auslandsvertretung und die in ihrer Privatwohnung lebenden Personen erfolgt die Zustellung auf Ersuchen des Vorsitzenden des Prozessgerichts durch die zuständige Auslandsvertretung.

(5) ¹Zum Nachweis der Zustellung nach Absatz 2 Satz 2 erster Halbsatz genügt der Rückschein oder ein gleichwertiger Nachweis. ²Die Zustellung nach Absatz 2 Satz 2 zweiter Halbsatz und den Absätzen 3 und 4 wird durch das Zeugnis der ersuchten Behörde nachgewiesen.

Übersicht

	Rn.
A. Allgemeines	1
B. Zustellung in Nicht-EU-Staaten	8
I. Einschreiben mit Rückschein	9
II. Zustellung durch ausländische Behörden (Abs. 1 Satz 2 Hs. 2)	12
III. Diplomatische oder konsularische Zustellung (Abs. 2)	14
C. Zustellung in EU-Staaten (Abs. 5, EuZVO)	15
I. Anwendungsbereich der EuZVO	15
II. Modalitäten der Zustellung gerichtlicher Schriftstücke	17
III. Übersetzungen, Annahmeverweigerung (Art. 5, 8)	21
IV. Zustellungszeitpunkt, Rückwirkung (Art. 9)	26
D. Amtsverfahren	27

A. Allgemeines

Zustellung im Ausland bedeutet Zustellung an eine **außerhalb** des Hoheitsgebiets **der Bundes-** **1** **republik Deutschland liegende Adresse.** Rechtsform, Sitz oder Nationalität des Adressaten sind hierfür unbeachtlich. An ein ausländisches Unternehmen kann bspw. auf einem von diesem Unternehmen unterhaltenen Messestand[1] nach § 178 Abs. 1 Nr. 2 ZPO oder nach §§ 170 Abs. 2, 177 ZPO durch Übergabe an einen im Inland angetroffenen Leiter[2] (Organ) zugestellt werden, außerdem an eine im Inland bestehende Niederlassung (§ 21 ZPO), ohne dass es sich hierbei um Auslandszustellungen handeln würde.

Die Vorschrift gilt auch für Zustellungen im **Parteibetrieb**[3] (§ 191 ZPO), insbesondere auch für **2** die Auslandszustellung einstweiliger Verfügungen zum Zwecke der Vollziehung, womit der Antragsteller sowohl das Gericht als auch eine sonst zuständige Person des Empfangsstaates (Art. 10 lit. c

---
[1] → § 178 Rn. 9.
[2] → § 170 Rn. 7; → § 177 Rn. 3.
[3] Zöller/*Geimer* ZPO § 183 Rn. 5.

HZÜ[4], Art. 15 EuZVO) direkt beauftragen kann.[5] **Parteivereinbarungen** über Art und Form einer grenzüberschreitenden Zustellung sind **unwirksam** (str.[6]). Unter welchen Voraussetzungen welche Dokumente an wen und an welchem Ort zuzustellen sind, richtet sich nach dem einschlägigen deutschen Recht (va §§ 270, 271 ZPO).[7] Zu **Heilungsmöglichkeiten** bei Auslandszustellungen → § 189 Rn. 4 und den Sonderfall der nachträglichen Zustellung mit Übersetzung gemäß EuZVO (→ Rn. 25).

3   Bei Auslandszustellungen **einstweiliger Verfügungen** ist grundsätzlich darauf zu achten, dass Entscheidungen, die in Deutschland ohne vorherige Anhörung aller Parteien ergangen sind, **in anderen Staaten nicht anerkannt** und nicht vollstreckt werden.[8] Sofern also absehbar ist, dass eine einstweilige Verfügung einem ausländischen Verfahrensgegner (im Ausland) zuzustellen sein wird, sollte der Antragsteller bei Gericht auf eine mündliche Verhandlung drängen oder zumindest eine ausdrückliche vorherige schriftliche Anhörung (die in der Entscheidung erwähnt sein sollte), um nicht eine letztlich wertlose Entscheidung zu erwirken.[9]

4   Bei **Unterlassungstiteln** ist außerdem darauf zu achten, ob die in der Praxis üblicher Weise bereits mit dem Unterlassungsantrag beantragte und tenorierte **Ordnungsmittelandrohung** die Auslandszustellung unzulässig macht.[10] Ist die Entscheidung mit Ordnungsmittelandrohung ergangen, kann die die Zustellung betreibende Partei beantragen, dass die Zustellung ohne die Androhung erfolgt, wozu in der Praxis die Androhung in dem zuzustellenden Schriftstück geschwärzt wird.[11]

5   Eine die Zustellung betreibende Partei trifft bei der Auslandszustellung grundsätzlich **keine erhöhte Sorgfaltspflicht**.[12] Sie muss weder eine bestimmte Zustellungsart wählen, noch hat sie dem Gericht besondere Mitteilungen zu machen (solche können allerdings ratsam sein, → Rn. 8 Fn. 24). Auf entsprechenden Antrag des Zustellungsveranlassers obliegt es allein der Justizverwaltung, nach ordnungsgemäßer Ermessensausübung die Zustellung zu betreiben.[13] Das gilt unter den sonstigen Voraussetzungen des § 167 ZPO auch für die Frage der Rückwirkung der Zustellung (→ § 167 Rn. 3 und 7 f.).[14] Nach misslungenem Versuch der Auslandszustellung kommt uU eine **öffentliche Zustellung** nach § 185 Nr. 3 ZPO in Betracht.[15] Zur Möglichkeit der nachträglichen Zustellung einer Übersetzung nach Annahmeverweigerung wegen fehlender Übersetzung gemäß EuZVO → Rn. 25.

---

[4] Vgl. LG Hamburg GRUR-RR 2013, 230 – Process Forwarding International (zur Zustellung zwecks Vollziehung in den USA).

[5] Für die Praxis im Grundsatz richtig, allerdings zu pauschal Fezer Markenpraxis-HdB/*Hirsch* Markenverletzungsverfahren I 4 Rn. 285 aE (dort zur EuZVO): Auch für die Parteizustellung empfehle es sich, „das Prozessgericht um Zustellung zu ersuchen, da die Zustellung nicht durch Private bewirkt werden kann"; Fezer Markenpraxis-HdB/*Hirsch* Markenverletzungsverfahren I 4 Rn. 292 aE (dort zum HZÜ): es habe „immer ein Antrag an den Vorsitzenden der Kammer (…) zu erfolgen" – ohne die genannten Artikel der EuZVO und des HZÜ zu thematisieren. Die Entscheidung der LG Hamburg GRUR-RR 2013, 230 – Process Forwarding International bleibt von *Hirsch* (Fezer Markenpraxis-HdB/*Hirsch* Markenverletzungsverfahren I 4 Rn. 285) unberücksichtigt. Richtig ist allerdings, dass als einzuschaltende deutsche Stelle nur das Prozessgericht in Frage kommt, nicht der Gerichtsvollzieher (MüKoZPO/*Häublein*/*Müller* ZPO § 191 Rn. 3).

[6] Thomas/Putzo/*Hüßtege* ZPO § 183 Rn. 2 aE; Prütting/Gehrlein/*Marx* ZPO § 183 Rn. 1; MüKoZPO/*Häublein*/*Müller* ZPO § 183 Rn. 4 aE; aA Zöller/*Geimer* ZPO § 183 Rn. 25 sowie *Schmidt* IPrax 2004, 13 (14).

[7] Zöller/*Geimer* ZPO § 183 Rn. 1, 14, 18, 21; BGH NJW-RR 2011, 417 Rn. 8.

[8] Fezer Markenpraxis-HdB/*Hirsch* Markenverletzungsverfahren I 4 Rn. 301, 313, 315, jeweils mwN; *Böttger* GRUR-Prax 2013, 484 (485) mwN. – Zu wechselseitigen Aspekten auch der Vollstreckung ausländischer Entscheidungen, die vorangegangenes kontradiktorisches Verfahren ergangen sind, siehe Ahrens Wettbewerbsprozess-HdB/*Heinze* Kap. 15 Rn. 54.

[9] *Böttger* GRUR-Prax 2013, 484 (485); Fezer Markenpraxis-HdB/*Hirsch* Markenverletzungsverfahren I 4 Rn. 301.

[10] Vgl. Teplitzky/*Schwippert* Kap. 51 Rn. 44 mwN in Fn. 177 mwN; Ahrens Wettbewerbsprozess-HdB/*Bacher* Kap. 34 Rn. 14 mwN.

[11] Ahrens Wettbewerbsprozess-HdB/*Bacher* Kap. 34 Rn. 15 mit Fn. 20 mwN.

[12] BGH NJW 2003, 2830 (2831 aE); *Heidrich* EuZW 2005, 743.

[13] MüKoZPO/*Häublein*/*Müller* ZPO § 183 Rn. 5.

[14] BGH NJW 2003, 2830 (2831); OLG Hamburg NJW-RR 1988, 1277. Anders natürlich, wenn der Zustellungsveranlasser (oder sein Bevollmächtigter) selbst Verzögerungen oder Fehler verursacht, etwa durch fahrlässige Angabe einer falschen Zustelladresse im Rubrum der Klage oder des Zustellungsauftrags, vgl. BGH NJW 2003, 2830 (2831) und OLG Köln NJW-RR 1987, 851.

[15] Während bei Klageverfahren die durch die Auslandszustellung zu erwartende Verzögerung für sich genommen in der Regel nicht schon die öffentliche Zustellung erlaubt, kann dies in Verfahren des einstweiligen Rechtsschutzes wegen der ihnen eigenen Eilbedürftigkeit der Fall sein, sodass in solchen Verfahren eine öffentliche Zustellung auch schon vor Versuch bzw. Scheitern einer Auslandszustellung in Betracht kommt. Vgl. OLG Düsseldorf BeckRS 2004, 09078– Cimtek/LCD-Monitor; Kühnen Patentverletzung-HdB Kap. D Rn. 93 f., der dies bei einer zu erwartenden Verzögerung von „sechs Monaten und mehr" annimmt, gleichzeitig aber empfiehlt, die Schriftstücke dem Zustellungsempfänger parallel auf informellem Wege etwa per Fax oder E-Mail (sofern bekannt oder ermittelbar) zur Verfügung zu stellen, was auch das OLG Köln NJW-RR 1998, 1683 zur Wahrung des rechtlichen Gehörs für geboten hält (dort: Zusendung per Post, kein Verfügungsverfahren). Musielak/Voit/*Wittschier* ZPO § 185 Rn. 6 (m. Vw. auf OLG Hamm MDR 1988, 589) verlangt für die Zulässigkeit der öffentlichen Zustellung sogar nur eine bei Auslandszustellung zu erwartende Verfahrensverzögerung, die über die Vollziehungsfrist hinausgeht; das dürfte zu knapp bemessen sein, da der Antragsteller insoweit durch § 167 ZPO geschützt ist, der auch für die Zustellung zwecks Vollziehung gilt (→ § 167 Rn. 2).

Für Zustellungen in **EU-Staaten** (→ Rn. 15 ff.) gilt die Verordnung über die Zustellung gericht- **6** licher und außergerichtlicher Schriftstücke in Zivil- oder Handelssachen in den Mitgliedsstaaten (**EuZVO**, mit §§ 1067–1069 ZPO).[16] Für Zustellungen in **Nicht-EU-Staaten** (→ Rn. 8 ff.) gilt § 183 ZPO in Verbindung mit internationalen Übereinkommen, insbesondere dem Haager Übereinkommen über die Zustellung gerichtlicher und außergerichtlicher Schriftstücke im Ausland in Zivil- und Handelssachen vom 15.11.1965 (**HZÜ**)[17], dem sich Deutschland und etwa 65 weitere Staaten angeschlossen haben.[18] Soweit EuZVO und einschlägige völkerrechtliche Verträge (HZÜ) anwendbar sind, gehen sie den Regelungen der ZPO vor.[19] Eine Zusammenfassung der wichtigsten Regelungen über den vertraglichen und vertraglosen Rechtshilfeverkehr mit praktischen Anleitungen findet sich in der Rechtshilfeordnung für Zivilsachen (**ZRHO**).[20]

Ob die zuzustellenden Schriftstücke in eine Sprache des Empfangsstaates **übersetzt** werden müssen, **7** ist in § 183 ZPO nicht geregelt; insoweit sind die jeweils geltenden völkerrechtlichen Vereinbarungen bzw. die EuZVO zu beachten[21], wobei in der Praxis eine Übersetzung jedenfalls des zuzustellenden Schriftsatzes[22] und der wesentlichen Anlagen[23] anzuraten ist,[23] weil andernfalls eine Annahmeverweigerung droht (vgl. Art. 8 Abs. 1 EuZVO, Art. 5 Abs. 2 aE HZÜ) oder der Nicht-EU-Empfangsstaat die (förmliche) Zustellung verweigert (vgl. Art. 5 Abs. 3 HZÜ, von dem die meisten Vertragsstaaten Gebrauch machen). Eine bestimmte **Form der Übersetzung,** insbesondere ob es sich um eine beglaubigte Übersetzung oÄ handeln muss, ist weder in § 183 ZPO noch in HZÜ oder EuZVO verlangt, kann sich aber im Einzelfall aus nationalrechtlichen Vorschriften ergeben (zur Zustellung, Vollstreckbarkeit oa). **Kosten der Übersetzung** (→ Rn. 22) sind gemäß allgemeinem Grundsatz (§ 91 Abs. 1 S. 1 ZPO) in dem tatsächlich notwendigen Maß erstattungsfähig, und zwar auch solche Kosten, die (intern) durch **Übersetzung in der Kanzlei** des Prozessbevollmächtigten angefallen sind, sei es durch den Bevollmächtigten selbst oder durch angestellte Übersetzer.[24] Dabei hält das OLG Düsseldorf in **Patentverletzungsstreitigkeiten** wegen der regelmäßig überdurchschnittlichen Schwierigkeit von Texten in solchen Verfahren einen (hohen) Zeilensatz von 4,00 Euro für angemessen.[25] Kosten für die Zustellung einer einstweiligen Verfügung an eine im Ausland ansässige Antragsgegnerin sind jedoch dann nicht erstattungsfähig, wenn die einstweilige Verfügung an den inländischen Prozessbevollmächtigten durch Gerichtsvollzieher zugestellt werden kann; das gilt auch dann, wenn dieser Bevollmächtigte zuvor eine Zustellung von Anwalt zu Anwalt gemäß § 195 ZPO verweigert hat.[26]

B. Zustellung in Nicht-EU-Staaten

Vorrang haben die beiden Übermittlungswege völkerrechtlicher Übereinkommen, nämlich die **8** direkte Zustellung durch **Einschreiben mit Rückschein** und die Zustellung im Wege des **unmittelbaren Behördenverkehrs** (Abs. 1), da sie den einfacheren und kostengünstigeren Zustellungsweg bieten. Subsidiär folgt dann für Fälle, in denen eine Zustellung nach Abs. 1 aus rechtlichen oder tatsächlichen Gründen nicht in Betracht kommt, insbesondere wenn zwischen Deutschland und dem Empfängerstaat keine völkerrechtliche Vereinbarung existiert (sog. **vertragsloser Rechtshilfeverkehr**), die deutlich aufwändigere und umständlichere Option der Zustellung im Ausland durch die diplomatische oder konsularische Vertretung (Abs. 2). Unter Beachtung dieser Rangfolge ordnet der

---

[16] VO (EG) Nr. 1393/2007 (beachte: VO (EG) 1348/2000 ist aufgehoben); vgl. § 183 Abs. 5 ZPO.
[17] BGBl. 1992 II S. 146 (zuvor BGBl. 1977 II S. 1453); deutsches AusfG vom 22.12.1977, §§ 1–6, BGBl. 1977 I S. 3105.
[18] Eine Liste aller Vertragsstaaten ist abrufbar unter https://www.justiz.nrw.de/Bibliothek/ir_online_db/ir_htm/vertragsstaaten-hzue65.htm. Zu den HZÜ-Vertragsstaaten zählen ua: China, Südkorea, Japan, Australien, Indien, Pakistan, USA, Kanada, Mexiko, Venezuela, Argentinien, Schweiz, Norwegen, Vereinigtes Königreich, Russland, Türkei, Ukraine, Marokko, Ägypten, Israel. Kein HZÜ-Vertragsstaat sind bspw. Brasilien, Singapur, Südafrika (Stand: Juni 2022).
[19] BGH NJW 2011, 3581 Rn. 32 f.; OLG Hamm GWR 2011, 544 Rn. 21; Fezer Markenpraxis-HdB/*Hirsch* Markenverletzungsverfahren I 4 Rn. 278 aE. Das heißt für Zustellungen ins EU-Ausland, dass § 183 ZPO neben der EuZVO nur insoweit Anwendung finden kann, wie die EuZVO nicht selbst Regelungen trifft, und § 184 ZPO im Anwendungsbereich der EuZVO nicht gilt, vgl. EuGH NJW 2013, 443 mAnm *Düsterhaus*; *Heiderhoff* EuZW 2006, 235 (237) sowie BGH NJW 2011, 1885 = Mitt. 2011, 310 (Ls.) und BGH NJW 2011, 2218 = Mitt. 2011, 439 (Ls.), OLG Düsseldorf NJW-RR 2008, 1522 (1523).
[20] Abrufbar mit nach Ländern gegliederter Suchmaske unter http://www.ir-online.nrw.de/index2.jsp (Stand: Juni 2022).
[21] *Zöller/Geimer* ZPO § 183 Rn. 37.
[22] Vgl. EuGH NJW 2008, 1721 – Fehlende Übersetzung von Anlagen. Auch → Rn. 24.
[23] *Pitz* PatVerlVerf Rn. 247; *Kühnen* Patentverletzung-HdB Kap. D Rn. 78; Haedicke/Timmann PatR-HdB/*Zigann* § 15 Rn. 184.
[24] OLG Düsseldorf BeckRS 2009, 25832 – Übersetzungskosten im Patentverletzungsstreit (dort unter IV.1.b) = InstGE 12, 177–181.
[25] OLG Düsseldorf BeckRS 2009, 25832 – Übersetzungskosten im Patentverletzungsstreit (dort unter IV.2.) = InstGE 12, 177–181; OLG Düsseldorf BeckRS 2009, 25831.
[26] OLG Hamburg GRUR-Prax 2017, 314 *(Löffel).*

Vorsitzende des Prozessgerichts nach pflichtgemäßem Ermessen die Form der Auslandszustellung an. Bestehen bereits **Erfahrungen** mit Zustellungen an den Adressaten, etwa dass bestimmte Formen bereits zum Erfolg geführt haben oder erfolglos waren, ist dies bei der Ermessensausübung zu berücksichtigen; weiß eine Partei von solchen Umständen, sollte das **Gericht informiert** werden.[27] Die Ausführung der Zustellung obliegt sodann der Geschäftsstelle im Fall der Zustellung durch Einschreiben mit Rückschein (Abs. 1 Satz 2 Alt. 1) und in den übrigen Fällen der Justizverwaltung.[28] Trifft in der Zukunft (zzt. nicht existent) eine völkervertragliche Vereinbarung abweichend von der Soll-Vorschrift des Abs. 1 Satz 2 eine Regelung und lässt bspw. eine Zustellung auf elektronischem Wege zu, hat diese Option Vorrang.[29]

I. Einschreiben mit Rückschein

9   Zustellung durch Einschreiben mit Rückschein ist ausdrücklich nur erlaubt, wenn die **unmittelbare Übersendung durch die Post** im Rahmen einer einschlägigen internationalen Vereinbarung zulässig ist.[30] Da Deutschland den in Art. 10 lit. a HZÜ vorbehaltenen Widerspruch erklärt hat, ist die praktische Bedeutung der Zustellung per Einschreiben begrenzt, wenngleich umstritten ist, ob der deutsche Widerspruch wegen des **völkerrechtlichen Gegenseitigkeitsgrundsatzes** die Zustellung per Einschreiben auch in solchen Empfangsstaaten verbietet, die ihrerseits keinen Widerspruch erklärt haben.[31] Der wirksame Vollzug erfordert wie bei der Inlandszustellung durch Einschreiben mit Rückschein (→ § 175 Rn. 3) lediglich die **Übergabe** des Schriftstücks an den Adressaten, seinen Ehepartner[32] oder seinen Empfangsbevollmächtigten oder an eine nach den Vorschriften des Empfängerlandes und nach den dort geltenden Post-Beförderungsbedingungen (vgl. → § 175 Rn. 3) **zugelassene Ersatzperson.**[33] Ausgeschlossen ist die Übergabe an einen Ersatzempfänger lediglich auf dem Zustellungsumschlag angebrachten Zusatz **„Eigenhändig",**[34] der allerdings nicht in allen Staaten anerkannt wird.[35] Zustellung durch **Niederlegung** (§ 181 ZPO) ist ausgeschlossen.[36]

10   Für den **Nachweis** der Zustellung gilt nicht § 182 ZPO (Zustellungsurkunde), sondern der mit dem Erledigungsvermerk des Postbediensteten im Empfängerland (nach dortigen Regeln) oder mit Quittung (Unterschrift) eines korrekten Empfängers versehene **Rückschein** (Abs. 4 Satz 1). Der Rückschein ist keine öffentliche Urkunde,[37] wohl aber das Zeugnis der ersuchten ausländischen Behörde.[38] Andere Formen des Nachweises sind möglich.[39]

11   Kommt eine Sendung **als unzustellbar zurück,** ist in der Regel schon deshalb ein erneuter Zustellungsversuch (ggf. auf anderem Wege) geboten, weil und soweit der die Zustellung betreibenden Stelle die näheren Umstände der Unzustellbarkeit unbekannt sind. Sind allerdings nähere Umstände bekannt, hat die die Zustellung betreibende Stelle zu prüfen, ob die Zustellung dennoch als erfolgt gilt, etwa bei erkennbar unberechtigter Annahmeverweigerung. Für diese Beurteilung sind, sofern einschlägige völkerrechtliche Grundlagen keine eigene Regelung treffen, nach allgemeinem völkerrechtlichen Grundsatz die Regeln desjenigen Staates maßgeblich, in dem das Verfahren anhängig ist.[40]

---

[27] MüKoZPO/*Häublein*/*Müller* ZPO § 183 Rn. 8 m. Vw. auf *Heidrich* EuZW 2005, 743; Prütting/Gehrlein/*Marx* ZPO § 183 Rn. 5.

[28] MüKoZPO/*Häublein*/*Müller* ZPO § 183 Rn. 8.

[29] Prütting/Gehrlein/*Marx* ZPO § 183 Rn. 3 m. Vw. auf BT-Drs. 16/8893, 20.

[30] Zustellung durch die Post ist bspw. nicht möglich in der Schweiz, in Norwegen, China, Türkei. Aktuelle Informationen je nach Empfängerland unter http://www.ir-online.nrw.de/index2.jsp (Stand: Dezember 2016).

[31] Gegen eine solche „allseitige" Wirkung des deutschen Widerspruchs: Fezer Markenpraxis-HdB/*Hirsch*, Markenverletzungsverfahren I 4 Rn. 297; Zöller/*Geimer* ZPO § 183 Rn. 10; wohl auch Prütting/Gehrlein/*Marx* ZPO § 183 Rn. 3; LG Hamburg GRUR-RR 2013, 230 (232) – Process Forwarding International und LG Berlin BeckRS 2012, 16277 – Loriot-Briefmarken (beide Entscheidungen zu Zustellungen in den USA zwecks Vollziehung einer einstweiligen Verfügung); aA (für „allseitige" Wirkung) *Heidrich* EuZW 2005, 743 (746). – Der Länderteil der ZRHO (oben → Fn. 20) bleibt insofern unentschieden, als es bei solcher Staaten, die nicht selbst einen Widerspruch erklärt haben, dem Gericht eine „Einzelfallprüfung" aufgibt, bspw. für Zustellungen in den USA oder in Japan. Zustellung per Post ist aber bspw. erlaubt in Kanada, Australien, den Kanal-Inseln, den Kaiman-Inseln und in Bermuda.

[32] So ausdrücklich BT-Drs. 14/4554, 23.

[33] BT-Drs. 14/4554, 3. OLG Celle NJW-RR 2005, 1589 (1590): Hausmeister einer spanischen Appartmentanlage als Postbevollmächtigter; MüKoZPO/*Häublein*/*Müller* ZPO § 183 Rn. 11.

[34] Musielak/Voit/*Wittschier* ZPO § 183 Rn. 2.

[35] MüKoZPO/*Häublein*/*Müller* ZPO § 183 Rn. 11; nach *Jastrow* NJW 2002, 3382 (3383) keine Anerkennung in Frankreich, Griechenland und den Niederlanden.

[36] MüKoZPO/*Häublein*/*Müller* ZPO § 183 Rn. 11 mwN.

[37] MüKoZPO/*Häublein*/*Müller* ZPO § 183 Rn. 11.

[38] BGH BeckRS 2013, 02733 = Mitt. 2013, 363 (Ls.) für das Zeugnis einer türkischen Behörde (dort → Rn. 12).

[39] MüKoZPO/*Häublein*/*Müller* ZPO § 183 Rn. 11 aE zu § 183 Abs. 2 ZPO aF; nun ausdrücklich geregelt durch Erwähnung des „gleichwertigen Nachweises".

[40] MüKoZPO/*Häublein*/*Müller* ZPO § 183 Rn. 12 mwN.

II. Zustellung durch ausländische Behörden (Abs. 1 Satz 2 Hs. 2)

Ist die vorrangige Zustellung durch die Post (Einschreiben mit Rückschein) entweder mangels **12** entsprechender Staatsverträge nicht möglich, oder verspricht sie aus tatsächlichen Gründen keinen Erfolg, so ist die Zustellung auf unmittelbarem Wege über ein **Rechtshilfeersuchen** des Vorsitzenden des Prozessgerichts über die Justizverwaltung der Länder an die zentrale Stelle des Empfangsstaates zu bewirken. Das Gericht ordnet die Auslandszustellung im Wege der prozessleitenden Verfügung an. Dabei stellt es nach pflichtgemäßem Ermessen Antrag entweder auf **formlose oder förmliche Zustellung.** Im ersten Fall wird die Zustellung durch bloße Übergabe des zuzustellenden Schriftstücks an den annahmebreiten Empfänger bewirkt (§ 5 Nr. 1a ZRHO). Beim Antrag auf förmliche Zustellung (§ 5 Nr. 1b ZRHO) kann das Gericht entweder den Wunsch nach einem bestimmten (nach deutschem Recht gebotenen) Zustellungsweg äußern oder um eine Zustellung in der durch die Gesetzgebung des Empfangsstaats vorgeschriebenen Form ersuchen. Wegen der erheblichen Erfolgsunsicherheit der formlosen Zustellung sollte die die Zustellung betreibende Partei im Zweifel **ausdrücklich die förmliche Zustellung beantragen,** wenngleich die förmliche Zustellung erfahrungsgemäß deutlich längere Zeit in Anspruch nehmen kann.[41] An einen Antrag auf förmliche Zustellung ist das Gericht gebunden, es kann dann also nicht mehr um formlose Zustellung ersuchen.[42]

Zum **Nachweis** der Zustellung erteilt die Behörde des Empfangsstaats ein **Zeugnis** über die **13** erfolgte Zustellung (Abs. 4 Satz 2), dessen Form und Inhalt sich nach dem für die erteilende (ausländische) Behörde richtet und das eine **öffentliche Urkunde** iSd § 418 ZPO darstellt.[43] Wie bei der Zustellung durch Einschreiben mit Rückschein (→ Rn. 10 aE) lässt sich der Nachweis der Zustellung auch auf anderem Wege erbringen.[44]

III. Diplomatische oder konsularische Zustellung (Abs. 2)

Die **diplomatische oder konsularische Zustellung** ist der aufwändigste Weg, der daher nicht **14** nur gesetzlich subsidiär (vgl. auch § 14 ZRHO),[45] sondern auch praktisch von untergeordneter Bedeutung ist. Die jeweils zuständige diplomatische oder konsularische Vertretung des Bundes ist dem Länderteil der ZRHO (siehe → Fn. 20) zu entnehmen. Für den **Nachweis** der auf diplomatischem oder konsularischem Weg erfolgten Zustellung gilt das in → Rn. 13 Gesagte entsprechend.

C. Zustellung in EU-Staaten (Abs. 5, EuZVO)

I. Anwendungsbereich der EuZVO

Muss in Verfahren des gewerblichen Rechtsschutzes[46] ein gerichtliches oder außergerichtliches[47] **15** Schriftstück **in einem anderen EU-Mitgliedstaat** (einschließlich Dänemark[48]) zugestellt werden, gilt **ausschließlich die EuZVO** (Verordnung (EG) Nr. 1393/2007). Die EuZVO hat insbesondere Vorrang vor anders lautenden nationalen Regelungen und vor völkerrechtlichen Übereinkommen wie dem HZÜ (Art. 20 Abs. 1 EuZVO). Die EuZVO ist immer dann anzuwenden, wenn der **Adressat bekanntlich im EU-Ausland** sitzt; etwaige nationalrechtliche Regelungen, die auch in einem solchen Fall eine Alternative zur Zustellung im Ausland erlauben, finden keine Anwendung.[49] Daher kann in einem solchen Fall bspw. keine Anordnung nach § 184 ZPO ergehen[50] und in ausländischen Verfahren die Zustellung an deutsche Parteien nicht durch Niederlegung zur Gerichtsakte oder durch Übergabe an nationale Behörden fingiert werden. Die EuZVO gilt nur dann **nicht,** wenn die

---

[41] Kühnen Patentverletzung-HdB Kap. D Rn. 69, der darauf hinweist, dass die Dauer von Land zu Land erheblich schwanken kann und in der Regel zwischen mehreren Wochen und mehr als einem Jahr beträgt.
[42] Zöller/*Geimer* ZPO § 183 Rn. 58.
[43] Prütting/Gehrlein/*Marx* ZPO § 183 Rn. 4; BGH BeckRS 2013, 02733 (für Zustellungszeugnis einer türkischen Behörde).
[44] Zöller/*Geimer* ZPO § 183 Rn. 2 aE siehe auch → Fn. 39.
[45] Näheres bei MüKoZPO/*Häublein/Müller* ZPO § 183 Rn. 10 ff. und Fezer Markenpraxis-HdB/*Hirsch* Markenverletzungsverfahren I 4 Rn. 294–296.
[46] Solche sind nämlich immer „Zivil- und Handelssachen" iSd Art. 1 Abs. 1 EuZVO, vgl. § 95 Abs. 1 Nr. 4 lit. b und lit. c, Nr. 5 GVG, § 143 Abs. 1 PatG, § 140 Abs. 1 MarkenG, § 52 Abs. 1 DesignG, § 27 Abs. 1 GebrMG (mit § 11 Abs. 2 HlSchutzG), § 38 Abs. 1 SortSchG.
[47] Die EU-Auslandszustellung außergerichtlicher Schriftstücke kann, muss aber nicht nach den Regeln der EuZVO bewirkt werden (Art. 16 EuZVO; EuGH BeckRS 2015, 81681 Rn. 44). In Betracht kommt hier bspw. die Auslandszustellung einer Abmahnung.
[48] Siehe ABl. 2008 L 331, S. 21. Dänemark wendet nach anfänglichem Vorbehalt (weshalb es in Art. 1 Abs. 3 EuZVO noch ausdrücklich ausgenommen ist) inzwischen die EuZVO mit gewissen Besonderheiten (zB was zukünftige Änderungen der EuZVO betrifft) an, die für die tägliche Praxis in aller Regel bedeutungslos sind.
[49] EuGH NJW 2013, 443 (444 f.) – Alder/Orłowska mAnm *Düsterhaus.*
[50] BGH NJW 2011, 1885 = Mitt. 2011, 310 (Ls.); BGH NJW 2011, 2218 – Einspruchsfrist bei unzulässiger Inlandszustellung = Mitt. 2011, 439 (Ls.); OLG Düsseldorf NJW-RR 2008, 1522; *Heiderhoff* EuZW 2006, 235 (237).

zustellungstaugliche **Anschrift des Adressaten unbekannt** ist[51] (dann ggf. öffentliche Zustellung nach § 185 ZPO[52]) oder wenn der Adressat einen **Bevollmächtigten im Inland**[53] bestellt hat, der also in dem Land sitzt, in dem das Verfahren anhängig ist, wobei es sich im Falle eines Prozessbevollmächtigten um einen für das konkrete Verfahren[54] Bevollmächtigten handeln muss.

16   Die sogenannten **Zentralstellen**[55] (Art. 3 EuZVO, § 1069 Abs. 3 ZPO) helfen mit Auskünften und bei Problemen mit der Zustellung nach der EuZVO, ohne als solche den jeweiligen Zustellungsvorgang aktiv zu betreiben. Das ist den sogenannten **Übermittlungs- und Empfangsstellen** vorbehalten (Art. 2 EuZVO, § 1069 Abs. 1 und 2 ZPO). Die deutschen Übermittlungs- und Empfangsstellen bestimmen sich nach § 1069 Abs. 1 und 2 ZPO, die Stellen der anderen Mitgliedstaaten sind im europäischen Gerichtsatlas[56] genannt.

II. Modalitäten der Zustellung gerichtlicher Schriftstücke

17   Die Übermittlungsstelle, also bspw. bei einem vor einem deutschen Landgericht geführten Patentverletzungsprozess eben dieses deutsche Landgericht, kann nach eigenem Ermessen unter Berücksichtigung von Effizienz- und Kostengesichtspunkten[57] zwischen **verschiedenen Zustellungswegen** wählen[58], die (mit Ausnahme der Übermittlung auf konsularischem oder diplomatischem Weg, Art. 12 EuZVO) **gleichrangig**[59] nebeneinander bestehen. Die Übermittlungsstelle kann auch verschiedene Zustellungsarten parallel veranlassen. In Betracht kommen die direkte Zustellung per Post durch Einschreiben mit Rückschein (Art. 14 EuZVO, → Rn. 19), die Zustellung im Wege der Rechtshilfe (Art. 4 ff. EuZVO, → Rn. 20) und in Ausnahmefällen die (praktisch kaum bedeutsame) konsularische oder diplomatische Zustellung (Art. 12 EuZVO), daneben für den Fall der Zustellung im Parteibetrieb die unmittelbare Zustellung (Art. 15 EuZVO, → Rn. 18).

18   Die von einer Partei veranlasste **unmittelbare Zustellung** (Art. 15 EuZVO) ist dann zulässig, wenn eine solche Parteizustellung nach dem Recht sowohl des Prozessgerichts als auch des Empfangsstaates[60] erlaubt ist, was insbesondere die Zustellung einer **einstweiligen Verfügung** einschließt.[61] Für eine solche Parteizustellung in Deutschland ist gemäß § 192 ZPO der Gerichtsvollzieher zuständig. Für Zustellungen im EU-Ausland ist umstritten, ob sich die betreibende Partei direkt an die im Empfangsstaat zuständige Stelle zu wenden, einen Gerichtsvollzieher einzuschalten[62] oder beim Verfahrensgericht die Zustellung zu beantragen hat und auf welchem Wege die Zustellung dann jeweils zu

---

[51] Art. 1 Abs. 2 EuZVO; EuGH NJW 2013, 443 Rn. 24 – Alder/Orłowska mAnm *Düsterhaus*; EuGH BeckRS 2015, 81681 Rn. 51. In dem gemäß Art. 24 EuZVO erstellten Bericht der Kommission über die Anwendung der EuZVO (COM(2013) 858 vom 4.12.2013) wird *de lege ferenda* die Anwendbarkeit der EuZVO auch in diesen Fällen angedacht, und zwar verknüpft mit einer Verpflichtung der zuständigen Stelle des Empfangsstaates, eine zustellungstaugliche Anschrift des Adressaten zu ermitteln. Hierzu ist die Empfangsstelle *de lege lata* nicht verpflichtet, es ist ihr aber auch nicht verboten (vgl. MüKoZPO/*Rauscher* ZPO Anh. §§ 1067 ff., EuZVO Art. 1 Rn. 12 ff.).

[52] EuGH GRUR-Int 2012, 544 Rn. 52 ff. – G/Cornelius de Visser; Prütting/Gehrlein/*Windau* ZPO Anh. § 1071, EuZVO Art. 1 Rn. 4; MüKoZPO/*Rauscher* ZPO Anh. §§ 1067 ff., EuZVO Art. 1 Rn. 13. Ein in einem solchen Verfahren ergangenes Versäumnisurteil kann allerdings nicht als Europäischer Vollstreckungstitel bestätigt werden, da die öffentliche Zustellung den Mindestanforderungen der Art. 13, 14 EuVTVO (Verordnung (EG) Nr. 805/2004) nicht genügt, und lässt sich wohl auch nicht nach der EuGVVO anerkennen und vollstrecken (Art. 34 Nr. 2 EuGVVO), vgl. *Heckel* IPrax 2008, 218 (220).

[53] Erwägungsgrund Nr. 8 der EuZVO; EuGH NJW 2013, 443 Rn. 24 – Alder/Orłowska mzustAnm *Düsterhaus* (dort unter 2.); EuGH BeckRS 2015, 81681 Rn. 51.

[54] MüKoZPO/*Rauscher* ZPO Anh. §§ 1067 ff., EuZVO Art. 1 Rn. 19. Bei Zustellungen aus dem EU-Ausland in Deutschland dürften in diesem Zusammenhang die für § 172 ZPO geltenden Maßstäbe gelten, vgl. → § 172 Rn. 4 ff.

[55] Auflistung der deutschen Zentralstellen bei MüKoZPO/*Rauscher* ZPO § 1069 Rn. 25. Dort sind ua genannt für Baden-Württemberg: AG Freiburg; Bayern: Staatsministerium der Justiz und für Verbraucherschutz; Hamburg: Präsident des AG Hamburg; Hessen: Präsident/in des OLG Frankfurt a. M.; Niedersachsen: Justizministerium; Nordrhein-Westfalen: Präsident/in des OLG Düsseldorf.

[56] Abrufbar unter https://e-justice.europa.eu/373/DE/serving_documents (Stand: Juni 2022). Diese Informationen sind auch im Länderteil der ZRHO zu finden (→ Fn. 20).

[57] OLG Düsseldorf BeckRS 2005, 30359874, m. Vw. auf *Heß* NJW 2002, 2417 (2423).

[58] EuGH BeckRS 2015, 81681 Rn. 52 f., 61.

[59] EuGH NJW 2006, 975 Rn. 19–22 – Plumex; zust. *Sujecki* EuZW 2007, 44 (45).

[60] MüKoZPO/*Rauscher* ZPO Anh. §§ 1067 ff., EuZVO Art. 15 Rn. 2 und 7; kritisch *Sujecki* NJW 2008, 1628 (1630). Laut dem Bericht der Kommission über die Anwendung der EuZVO (COM(2013) 858 vom 4.12.2013) ist die unmittelbare Zustellung „möglich in Belgien, Dänemark, Griechenland, Frankreich, Italien, Malta, den Niederlanden, Portugal, Finnland, Schweden (im Grundsatz), dem Vereinigten Königreich (Schottland und Gibraltar) und Zypern", hingegen „nicht möglich in Bulgarien, Estland, Irland, Lettland, Litauen, Österreich, Polen, Rumänien, Slowenien, der Slowakei, Spanien, der Tschechischen Republik, Ungarn"; in Luxemburg „ist die unmittelbare Zustellung auf Grundlage von Gegenseitigkeit zulässig" (COM(2013) 858, 16). Wo keine unmittelbare Zustellung möglich ist, ist die Zustellung beim Verfahrensgericht zu beantragen und durch dieses vorzunehmen (OLG Dresden NJW-RR 2019, 319).

[61] Prütting/*Windau* ZPO Anh. § 1071, EuZVO Art. 15 Rn. 1 mwN.

[62] Hiergegen LG Berlin BeckRS 2008, 15977 (unter II.2. aE, zur EuZVO aF betreffend die Vollziehungs-Zustellung einer UWG-Verfügung in den Niederlanden).

erfolgen hat.⁶³ In der Praxis ist daher die **Einschaltung des Verfahrensgerichts** die sichere Variante, neben der ggf. weitere, möglicher Weise schnellere Zustellungen parallel in die Wege geleitet werden können.⁶⁴ Maßgeblich ist dann die erste ordnungsgemäß erfolgte Zustellung.⁶⁵ Verweigert das Verfahrensgericht eine beantragte Auslandszustellung, kann der Antragsteller hiergegen mittels sofortiger Beschwerde vorgehen (§ 567 ZPO).⁶⁶

Gemäß Art. 14 EuZVO kann eine deutsche Übermittlungsstelle (§ 1069 Abs. 1 ZPO) immer postalisch durch **Einschreiben mit Rückschein** zustellen (sog. **Direktzustellung**). Der Begriff des Einschreibens gegen Rückschein ist autonom auszulegen, zu fordern ist, dass eine **Übergabe der Sendung** durch den Postdienst an den Empfänger erfolgt und dieser (nicht der Postdienst) zur Dokumentation einen **Beleg zur Rücksendung** an die Übermittlungsstelle **unterschreibt**; als Zeitpunkt der Zustellung gilt dabei bereits der **Zeitpunkt der Unterzeichnung**.⁶⁷ Die Direktzustellung ist wegen ihrer Einfachheit zwar beliebt, bleibt aber in der Praxis **fehleranfällig**.⁶⁸ Zudem bleibt umstritten, ob die Zustellung als erfolgt zu gelten hat, wenn der Adressat das vom Postdienst ordnungsgemäß hinterlegte Schriftstück **nicht abholt**.⁶⁹ Daher gilt auch hier für die Praxis die Empfehlung, parallel zur Direktzustellung auch eine Zustellung über die zuständigen Empfangsstellen im Wege der Rechtshilfe nach Art. 4 ff. EuZVO zu veranlassen.⁷⁰ **19**

Bei der Zustellung durch **Übermittlung an die zuständige Empfangsstelle** übergibt der Zustellungsveranlasser das zuzustellende Dokument zunächst der zuständigen Übermittlungsstelle in dem Land, in dem das Verfahren anhängig ist (für Deutschland siehe § 1069 Abs. 1 ZPO), die das Dokument wiederum „so schnell wie möglich" (Art. 4 Abs. 1 EuZVO) und ggf. mit Abschrift (falls Rücksendung mit Zustellungsnachweis gewünscht ist, Art. 4 Abs. 5 EuZVO) an die Empfangsstelle weiterleitet. Die Empfangsstelle hat umgehend, spätestens innerhalb von sieben Tagen den **Erhalt des Dokuments zu bestätigen** (Art. 6 Abs. 1 EuZVO) und die **Zustellung nach dem Recht ihres Staates** durchzuführen (sowie ggf. unter Beachtung besonderer, von der Übermittlungsstelle gewünschter Formalien, Art. 7 Abs. 1 EuZVO). Die Monatsfrist in Art. 7 Abs. 2 EuZVO ist eher Ziel als Realität: nach wie vor dauern Zustellungen nach Art. 4 ff. EuZVO **insgesamt meist mehrere Monate**.⁷¹ **20**

III. Übersetzungen, Annahmeverweigerung (Art. 5, 8)

Grundsätzlich muss das zuzustellende Dokument **nicht übersetzt** werden (vgl. → Rn. 7).⁷² Allerdings gehen etwaige Verzögerungen der Zustellung durch (berechtigte) Annahmeverweigerung nach Art. 8 EuZVO in der Regel zu Lasten derjenigen Partei, in deren Interesse die Zustellung erfolgt.⁷³ Um das Risiko einer Annahmeverweigerung wegen fehlender Übersetzung zu vermeiden, hat der Zustellungsveranlasser bzw. diejenige Partei, in deren Interesse eine Zustellung von Amts wegen in die Wege geleitet wird, das zuzustellende Dokument in eine am Empfangsort geltende **Amtssprache** oder eine andere **vom Empfänger verstandene Sprache** zu übersetzen oder übersetzen zu lassen (Art. 5 Abs. 1, 8 Abs. 1 EuZVO). Die Entscheidung, ob übersetzt werden soll, obliegt allein der Partei. Über das Annahmeverweigerungsrecht nach Art. 8 EuZVO sind sowohl der Zustellungsveranlasser als auch der Empfänger **aufzuklären** (Art. 5 Abs. 1, 8 Abs. 1 EuZVO). Die Folgen einer fehlenden oder fehlerhaften Aufklärung sind unklar und richten sich teils nach nationalem Recht.⁷⁴ **21**

Etwaige **Kosten** der Übersetzung⁷⁵ (vgl. → Rn. 7) sind von der Partei zu verauslagen, können aber in der Kostenendentscheidung des betreffenden Verfahrens auch einem anderen Beteiligten auferlegt **22**

---

⁶³ Vgl. (teils zur EuZVO aF) *Jastrow* NJW 2002, 3382 (3384); *Möller* NJW 2003, 1571 (1573); dagegen *Hornung* DGVZ 2003, 167; *Emde* NJW 2004, 1830; dagegen *Hess* NJW 2004, 3301; *Heidrich* EuZW 2005, 743 (745); MüKoZPO/*Rauscher* ZPO Anh. §§ 1067 ff., EuZVO Art. 14 Rn. 3.
⁶⁴ So auch schon (zur EuZVO aF) *Hess* NJW 2004, 3301 (3303).
⁶⁵ EuGH NJW 2006, 975 Rn. 31 – Plumex; Zöller/*Geimer* ZPO Anh. II EuZVO Art. 14 Rn. 1 aE; Dauses/ Kreuzer/*Wagner* EU-Wirtschaftsrecht Kap. Q.3.a)bb)ggg) Rn. 558.
⁶⁶ OLG Dresden NJW-RR 2019, 319.
⁶⁷ MüKoZPO/*Rauscher* ZPO Anh. §§ 1067 ff., EuZVO Art. 14 Rn. 7.
⁶⁸ *Heidrich* EuZW 2005, 743 (744) (zur EuZVO aF); Bericht der Kommission über die Anwendung der EuZVO (COM(2013) 858 vom 4.12.2013), Seite 15; Kühnen Patentverletzung-HdB Kap. D Rn. 92.
⁶⁹ Ablehnend OLG Stuttgart BeckRS 2010, 13189; *Prütting*/*Windau* ZPO Anh. § 1071, EuZVO Art. 14 Rn. 5; aA Zöller/*Geimer* ZPO Anh. II EuZVO Art. 14 Rn. 3; LG Trier NJW-RR 2003, 287.
⁷⁰ *Hess* NJW 2004, 3301 (3303) (zur EuZVO aF).
⁷¹ Durchschnittlicher Zeitrahmen für verschiedene Länder (Stand ca. Anfang 2012) aufgeführt im Bericht der Kommission über die Anwendung der EuZVO (COM(2013) 858 vom 4.12.2013), Anhang 1, Seite 19.
⁷² MüKoZPO/*Rauscher* ZPO Anh. §§ 1067 ff., EuZVO Art. 5 Rn. 4.
⁷³ MüKoZPO/*Rauscher* ZPO Anh. §§ 1067 ff., EuZVO Art. 5 Rn. 5. Im Rahmen von § 167 ZPO gilt eine wertende Betrachtung (Einzelheiten → § 167 Rn. 3 und → Rn. 7). Laut OLG Frankfurt a. M. BeckRS 2019, 12531 kann sich der Zustellungsveranlasser nicht auf § 167 ZPO berufen, wenn er direkt eine Auslandszustellung mit Übersetzung beantragt, die Übersetzung aber nicht sofort beifügt und dies eine erhebliche Verzögerung verursacht.
⁷⁴ Bericht der Kommission über die Anwendung der EuZVO (COM(2013) 858 vom 4.12.2013), Seite 12.
⁷⁵ Vgl. Kühnen Patentverletzung-HdB Kap. D Rn. 79 f. mwN.

werden (Art. 5 Abs. 2 EuZVO). Veranlasst das Gericht von sich aus eine Übersetzung, muss die Partei die hierfür angefallenen Kosten im Zweifel nicht tragen.[76]

23 Das Gericht, bei dem das Verfahren anhängig ist, entscheidet in freier Beweiswürdigung anhand objektiver Kriterien darüber, ob eine **Annahmeverweigerung** (oder Rücksendung) nach Art. 8 Abs. 1 EuZVO berechtigt war.[77] Neben dem formalen Kriterium der am Empfangsort geltenden Amtssprache kommt es auf eine ausreichende Sprachkenntnis des Adressaten an. Ein objektiver (aber nicht unbedingt der allein entscheidende) Anhaltspunkt hierfür kann der Umstand sein, dass der Zustellungsadressat im Verhältnis zum Zustellungsveranlasser in der Original-Sprache der zuzustellenden Urkunde **gewerbliche Korrespondenz** geführt oder bereits **Eingaben an das Gericht**[78] gemacht hat oder ausdrücklich mit dem Zustellungsveranlasser vertraglich diese Sprache für die gewerbliche Korrespondenz vereinbart hat.[79] Besteht eine solche vertragliche Sprachen-Regelung, kann der Adressat aber die Annahme jedenfalls nicht allein deshalb verweigern, weil bestimmte Anlagen zum zuzustellenden Dokument nicht übersetzt sind, die aus genau solcher Korrespondenz bestehen.[80] Im Übrigen hat das Gericht zu prüfen, ob **Inhalt, Form und Ausdrucksweise** bisheriger Äußerungen des Zustellungsadressaten in der Original-Sprache dessen ausreichende Kenntnis dieser Sprache erkennen lassen.[81] Bei Zustellungen an **juristische Personen** soll es genügen, wenn ausreichende Sprachkenntnis bei einem der Organe[82] oder sogar nur einem der Mitarbeiter[83] vorhanden ist, und bei international tätigen Unternehmen soll Kenntnis der englischen Sprache unterstellt werden können,[84] was jedoch ohne objektive Anhaltspunkte einer *ausreichenden* Kenntnis zum Verständnis auch *juristischer*[85] Dokumente fraglich erscheint.

24 Soweit eine Übersetzung erforderlich ist, ist das **gesamte zuzustellende Dokument** zu übersetzen. Inwieweit hierzu auch (sämtliche) **Anlagen** gehören, hängt vom Einzelfall ab. Der EuGH unterscheidet im Rahmen des Art. 8 EuZVO für ein verfahrenseinleitendes Schriftstück danach, ob die jeweilige Anlage unerlässlich für das Verständnis von Gegenstand und Grund des Antrags ist oder ob es sich nur um Anlagen mit „Beweisfunktion" handelt.[86] Da der EuGH die Beurteilung letztlich den nationalen Gerichten anheimstellt, gelten in deutschen Verfahren letztlich die gleichen Kriterien wie für die Frage, ob die Klage nach § 166 ZPO mit (bestimmten) Anlagen zugestellt werden muss (vgl. → § 166 Rn. 13–15).[87] Um Übersetzungsaufwand und -kosten zu begrenzen, kann es sinnvoll sein, relevante Passagen einer Anlage, bspw. einer Bedienungsanleitung oder eines Prospektes, unmittelbar im zuzustellenden Dokument (zB Klage) zu zitieren und sodann nur diese Passage als Teil des Dokuments zu übersetzen, anstatt die gesamte Anlage einschließlich redundanter Bestandteile zu übersetzen.

25 Im Falle einer Annahmeverweigerung wegen fehlender Übersetzung erlaubt Art. 8 Abs. 3 EuZVO eine **nachträgliche Zustellung.** Formlose Nachsendung genügt nicht; das zuzustellende Dokument muss zusammen mit einer Übersetzung erneut nach den Regeln der EuZVO zugestellt werden (Wechsel des Zustellungsweges ist möglich), und zwar **so schnell wie möglich** (dh unverzüglich[88])

---

[76] OLG Koblenz BeckRS 2009, 87257 (Zustellung einer Klage in Italien nach EuZVO aF). Siehe aber Zöller/*Geimer* ZPO Anh. II EuZVO Art. 8 Rn. 1 aE: Gericht muss ggf. von Amts wegen gemäß § 183 ZPO für eine ordnungsgemäße Zustellung sorgen. Laut OLG Düsseldorf IPrax 2006, 270 Rn. 17 kann das die Auslandszustellung veranlassende Gericht „nur in klaren Fällen vorhandener Sprachkenntnisse" auf eine Übersetzung verzichten, hiergegen Prütting/*Windau* ZPO Anh. § 1071, EuZVO Art. 8 Rn. 10a.

[77] EuGH NJW 2008, 1721 Rn. 78 – Weiss; LG Düsseldorf BeckRS 2011, 03329 = InstGE 11, 291 Rn. 14 – Tampon.

[78] So bei LG Düsseldorf BeckRS 2011, 03329 = InstGE 11, 291 Rn. 15 ff. – Tampon.

[79] EuGH NJW 2008, 1721 Rn. 86–88 – Weiss.

[80] EuGH NJW 2008, 1721 Rn. 91 f. – Weiss.

[81] LG Düsseldorf BeckRS 2011, 03329 = InstGE 11, 291 Rn. 18 – Tampon.

[82] Prütting/*Windau* ZPO Anh. nach § 1071, EuZVO Art. 8 Rn. 7 mwN stellt auf die Sprachkenntnisse der gesetzlichen Vertreter ab.

[83] Dafür genügt nicht irgendein Mitarbeiter in der gesamten Organisation. Ausreichend ist aber, „wenn im Rahmen einer üblichen dezentralen Organisationsstruktur eines Unternehmens die mit der Sache befasste Abteilung über einen entsprechend Sprachkundigen verfügt, dessen Einschaltung in die Übersetzung des Schriftstücks nach den gesamten Umständen erwartet werden kann", MüKoZPO/*Rauscher* ZPO Anh. § 1067, EuZVO Art. 8 Rn. 12. Das ist laut OLG Frankfurt a. M. GRUR-RR 2015, 183 bei der Auslandszustellung einer Unterlassungsverfügung nicht schon ein deutschsprachiger Verkaufsleiter.

[84] Prütting/*Windau* ZPO Anh. nach § 1071, EuZVO Art. 8 Rn. 7 m. Vw. auf Wieczorek/*Schütze* ZPO § 1070 Rn. 6.

[85] MüKoZPO/*Rauscher* ZPO Anh. §§ 1067 ff., EuZVO Art. 8 Rn. 10.

[86] EuGH NJW 2008, 1721 (Ls. 1 und Rn. 73) – Weiss (allerdings mit einem wohl zu pauschalen Verständnis des deutschen Prozessrechts, vgl. EuGH NJW 2008, 1721 Rn. 43 aE und → § 166 Rn. 15; kritisch zur dogmatischen Begründung des EuGH, iErg aber zustimmend MüKoZPO/*Rauscher* ZPO Anh. §§ 1067 ff., EuZVO Art. 8 Rn. 16).

[87] Vgl. BGH NJW 2013, 387 Rn. 27 ff. zu einer wirksamen Zustellung einer Klage ohne Anlagen nach HZÜ in China.

[88] Zöller/*Geimer* ZPO Anh. II EuZVO Art. 8 Rn. 7 nennt (wohl in Anlehnung an den EuGH NJW 2006, 491 Rn. 64 – Leffler) zur EuZVO aF eine Regelfrist von einem Monat für die nachträgliche Zustellung. Tatsächlich gilt keine strikte Frist, sondern das Erfordernis der Unverzüglichkeit, so MüKoZPO/*Rauscher* ZPO Anh. §§ 1067 ff., EuZVO Art. 8 Rn. 23.

nach Kenntnis des Zustellungsveranlassers von der Annahmeverweigerung. Als Zustellungsdatum gilt dann das **Datum der nachträglichen Zustellung** (Art. 8 Abs. 3 S. 2 EuZVO). Soll mit der Zustellung aber die Verjährung gehemmt oder eine **einstweilige Verfügung vollzogen** werden, wirkt die nachträgliche Zustellung (ähnlich wie § 167 ZPO für Inlandszustellungen und entsprechend Art. 9 EuZVO generell) auf den **Zeitpunkt der ersten**, wegen Annahmeverweigerung fehlgeschlagenen **Zustellung zurück** (Art. 8 Abs. 3 S. 3 EuZVO).[89]

IV. Zustellungszeitpunkt, Rückwirkung (Art. 9)

Art. 9 EuZVO normiert das Prinzip des „doppelten Datums", das die Interessen von Zustellungsveranlasser und Zustellungsadressat gleichermaßen berücksichtigt. Das ist insbesondere relevant für alle **Anwendungsfälle des § 167 ZPO** nach deutschem Recht, bspw. für die rechtzeitige **Vollziehung** einer im Ausland zuzustellenden einstweiligen Verfügung, für die unabhängig von den Regelungen im Empfangsstaat der rechtzeitige Zustellungsantrag genügt, wenn die Voraussetzungen des § 167 ZPO im Übrigen vorliegen.[90]

D. Amtsverfahren

In patent- und markenrechtlichen Verfahren vor dem BPatG gelten kraft Verweises in den Sondergesetzen[91] die obigen Ausführungen entsprechend, ebenso in den patentrechtlichen Verfahren vor dem BGH nach §§ 106, 122 PatG.[92] In Verfahren vor dem EUIPO gelten die wortgleichen Art. 79 GMVO[93] bzw. Art. 79 Abs. 1 UMV (ab 1.10.2017) und Art. 66 GGVO (iVm Art. 48 GGDV[94]). Zustellungen in Verfahren vor dem EPA regen Art. 119 EPÜ und Regeln 125 f., 128 f., 139 AOEPÜ.[95] In Verfahren vor dem DPMA gilt das VwZG mit den in § 127 Abs. 1 PatG bzw. § 94 Abs. 1 MarkenG geregelten Besonderheiten.[96]

§ 184 Zustellungsbevollmächtigter; Zustellung durch Aufgabe zur Post

(1) ¹Das Gericht kann bei der Zustellung nach § 183 Absatz 2 bis 5 anordnen, dass die Partei innerhalb einer angemessenen Frist einen Zustellungsbevollmächtigten benennt, der im Inland wohnt oder dort einen Geschäftsraum hat, falls sie nicht einen Prozessbevollmächtigten bestellt hat. ²Wird kein Zustellungsbevollmächtigter benannt, so können spätere Zustellungen bis zur nachträglichen Benennung dadurch bewirkt werden, dass das Schriftstück unter der Anschrift der Partei zur Post gegeben wird.

(2) ¹Das Schriftstück gilt zwei Wochen nach Aufgabe zur Post als zugestellt. ²Das Gericht kann eine längere Frist bestimmen. ³In der Anordnung nach Absatz 1 ist auf diese Rechtsfolgen hinzuweisen. ⁴Zum Nachweis der Zustellung ist in den Akten zu vermerken, zu welcher Zeit und unter welcher Anschrift das Schriftstück zur Post gegeben wurde.

Die Vorschrift ergänzt § 183 ZPO und dient der Erleichterung der mit Zustellungen im Ausland häufig verbundenen Schwierigkeiten und Verzögerungen. In Fällen mit Auslandsberührung ergeht eine Anordnung nach § 184 ZPO häufig in Verfahren, die mit einem Versäumnisurteil enden.[1] Die Vorschrift gilt **nicht für Zustellungen nach der EuZVO**[2] (wohl aber nach HZÜ[3]) und nicht bei Zustellungen an ausländische Adressaten **im Inland,** also bspw. gemäß § 177 ZPO (→ § 177 Rn. 3) oder auf einem Messestand gemäß § 178 ZPO (→ § 178 Rn. 9). Die Anordnung gemäß Abs. 1 Satz 1 muss auf die Rechtsfolgen einer unterbleibenden Benennung hinweisen (Abs. 2 Satz 3) und nach den jeweils geltenden Regelungen übersetzt sein.[4] Ist nach erfolgter Anordnung kein (oder kein ordnungs-

---

[89] Kritisch zur Rückwirkung *Adolphsen* EuIZPR-Pat Rn. 275 mwN. Laut OLG Frankfurt a. M. BeckRS 2019, 12531 soll die Rückwirkung ausgeschlossen sein bei einem sofortigen Antrag auf Zustellung *mit* Übersetzung, wenn die Übersetzung nicht gleich beifügt (im konkreten Fall hierdurch Verzögerung von rund einem Jahr).
[90] Vgl. → § 167 Rn. 2 f., → Rn. 7; OLG Frankfurt a. M. GRUR-RR 2015, 183; *Brand* NJW 2004, 1138.
[91] § 127 Abs. 2 PatG, § 94 Abs. 2 MarkenG, § 21 Abs. 1 GebrMG, § 11 Abs. 1 HlSchG ua.
[92] Schulte/*Schell* PatG § 127 Rn. 26; Busse/Keukenschrijver/*Engels* PatG § 127 Rn. 4.
[93] Vgl. Eisenführ/*Schennen* UMV Art. 79 Rn. 21 f. und ausführlich Fezer Markenpraxis-HdB/*Bender* Gemeinschaftsmarkenverfahren HABM I 2 Rn. 251 ff., 270.
[94] Vgl. *Ruhl* GGM Art. 66 Rn. 8 f.
[95] Hierzu Busse/Keukenschrijver/*Engels* PatG § 127 Rn. 7 ff.
[96] Vgl. Fezer Markenpraxis-HdB/*Bingener* Markenverfahren DPMA I 1 Rn. 51 ff., 59; beachte auch § 94 MarkenG (Inlandsvertreter).
[1] Haedicke/Timmann PatR-HdB/*Zigann* § 15 Rn. 183.
[2] BGH NJW 2011, 1885 Rn. 16 ff. = Mitt. 2011, 310 (Ls.); BGH NJW 2011, 2218 = Mitt. 2011, 439 (Ls.); OLG Düsseldorf NJW-RR 2008, 1522; Haedicke/Timmann PatR-HdB/*Zigann* § 15 Rn. 183; aA Zöller/*Geimer* ZPO § 183 Rn. 69.
[3] BGH NJW 2012, 2588 (2590), betreffend Zustellungen in die Türkei; BGH NJW 2011, 1885.
[4] Prütting/Gehrlein/*Marx* ZPO § 184 Rn. 2; Musielak/Voit/*Wittschier* ZPO § 184 Rn. 3.

gemäßer, bspw. ohne inländischen Wohnsitz oder Geschäftsraum) Zustellungs- oder Prozessbevollmächtigter benannt, **können** (nicht müssen) weitere Zustellung sowohl von Amts wegen als **auch im Parteibetrieb** durch Aufgabe zur Post bewirkt werden.[5] Die Zustellung durch Aufgabe zur Post nach Abs. 1 Satz 2 ist keine Auslandszustellung, sondern eine fingierte Form der Inlandszustellung, daher sind insbesondere keine Übersetzungen (mehr) erforderlich.[6]

2   Die Partei, die die Zustellung veranlasst bzw. in deren Interesse sie erfolgt, kann bei Gericht eine Anordnung nach Abs. 1 Satz 1 **beantragen**.[7] Die Anordnung steht letztlich aber im pflichtgemäßen **Ermessen** des Gerichts. Wegen der mit ihr offenkundig verbundenen Nachteile für die betreffende Partei soll sie dann nicht (mehr) möglich sein, wenn bislang Zustellungen ohne großen Zeitaufwand erfolgreich waren, insbesondere im Falle des § 183 Abs. 1 S. 2 ZPO bei erfolgreicher Zustellung per Einschreiben mit Rückschein (→ § 183 Rn. 9).[8] Auch die Frage, welche **Frist angemessen** ist, liegt im gerichtlichen Ermessen. Fristen von zwei (bis drei[9]) Wochen für Unternehmen und vier bis sechs Wochen für Privatpersonen gelten als angemessen.[10] Die Frist beginnt erst mit erfolgter Zustellung der Anordnung, nicht bereits mit Einleitung der Zustellung.

3   Die Anordnung nach Abs. 1 Satz 1 kann **ab Anhängigkeit** mit der Zustellung des **verfahrenseinleitenden** Schriftstücks ergehen oder mit jeder **späteren** Zustellung,[11] auch bspw. der Zustellung einer Klageerweiterung.[12] Die Zustellung, bei der die Anordnung ergeht, kann logischer Weise nicht schon selbst nach Abs. 1 Satz 2 erfolgen. Ist zunächst ein Zustellungsbevollmächtigter bestellt, verliert dieser aber im Laufe des Verfahrens seinen inländischen Wohnsitz oder Geschäftsraum, kann ab diesem Zeitpunkt eine Anordnung nach Abs. 1 Satz 1 ergehen. Ist allerdings ein Prozessbevollmächtigter bestellt und legt dieser bspw. das Mandat nieder, bleibt er jedenfalls im Anwaltsprozess weiterhin Zustellungsadressat (→ § 172 Rn. 14). Umgekehrt ist für § 184 Abs. 2 ZPO kein Raum mehr, wenn die Partei im Laufe des Verfahrens einen Sitz oder Wohn- oder Geschäftsraum im Inland begründet.[13]

4   Unterbleibt die angeordnete Benennung (und vorausgesetzt, die Anordnung wurde ordnungsgemäß zugestellt), gilt jedes später durch Aufgabe zur Post zugestellte Dokument **zwei Wochen später als ordnungsgemäß zugestellt**. Diese zweiwöchige Frist kann das Gericht nach eigenem Ermessen verlängern (Abs. 2 Satz 2), etwa bei bekanntlich besonders langen Postlaufzeiten im Empfängerland.[14] Als Nachweis der Zustellung dient der **Aktenvermerk** gemäß Abs. 2 Satz 4, der aber keine Voraussetzung für die Zustellungsfiktion ist. Ergibt sich aus dem Aktenvermerk, dass die Sendung **unvollständig oder fehlerhaft adressiert** war, bleibt die Zustellungsfiktion bestehen, wenn die Fehler nicht zu einer Verwechslung hinsichtlich des richtigen Zustellortes führen können, wobei das vielmehr[15] von den Umständen des Einzelfalls abhängt. Auf den **tatsächlichen Zugang** des Dokuments beim Adressaten kommt es nicht an. Geht das Dokument aber auf dem Postweg verloren, kann eine **Wiedereinsetzung** in Betracht kommen, auch wenn der Adressat auf Anordnung keinen Bevollmächtigten benannt hatte.[16]

5   Für Amtsverfahren trifft § 9 Abs. 3 VwZG eine entsprechende Regelung mit einer Zustellungsfiktion bereits nach sieben Tagen ab Aufgabe zur Post, die allerdings nicht greift, wenn feststeht, dass das zuzustellende Dokument den Empfänger tatsächlich nicht oder zu einem späteren Zeitpunkt erreicht hat.

§ 185 Öffentliche Zustellung

Die Zustellung kann durch öffentliche Bekanntmachung (öffentliche Zustellung) erfolgen, wenn
1. der Aufenthaltsort einer Person unbekannt und eine Zustellung an einen Vertreter oder Zustellungsbevollmächtigten nicht möglich ist,

---

[5] Zöller/*Schultzky* ZPO § 184 Rn. 7.

[6] BGH NJW 1999, 1871 (1872) unter II.1.c)ee); BGH NJW-RR 1996, 387 (388); Haedicke/Timmann PatR-HdB/*Zigann* § 15 Rn. 183; Zöller/*Schultzky* ZPO § 184 Rn. 9; Prütting/Gehrlein/*Marx* ZPO § 184 Rn. 4; kritisch MüKoZPO/*Häublein/Müller* ZPO § 184 Rn. 9, 14 aE. Auch § 339 Abs. 2 ZPO gilt daher nicht (HK-ZPO/*Siebert* ZPO § 184 Rn. 4 aE).

[7] Dieser Antrag kann auch schon mit dem verfahrenseinleitenden Schriftsatz erfolgen, bspw. mit dem Verfügungsantrag. Kühnen Patentverletzung-HdB Kap. D Rn. 81 empfiehlt ein solches Vorgehen ausdrücklich (Tenorierungsbeispiel einer Anordnung Kühnen Patentverletzung-HdB Kap. D Rn. 84), und zwar kombiniert (Kühnen Patentverletzung-HdB Kap. D Rn. 85) mit einer „schlanken" Klageschrift, die weitest möglich darauf verzichtet, auf Anlagen Bezug zu nehmen, damit diese nicht übersetzt werden müssen und später (also nach Zustellung der Anordnung nach § 184 ZPO) ohne Übersetzung zugestellt werden können (→ Rn. 1 aE). Zigann (Haedicke/Timmann PatR-HdB/*Zigann* § 15 Rn. 184 aE) weist allerdings auf das Risiko hin, dass eine allzu „schlanke" Klageschrift ggf. den Anspruch nicht mehr schlüssig begründet und daher keine ausreichende Grundlage für ein Versäumnisurteil sein mag.

[8] Prütting/Gehrlein/*Marx* ZPO § 184 Rn. 2.

[9] Thomas/Putzo/*Hüßtege* ZPO § 184 Rn. 8.

[10] MüKoZPO/*Häublein/Müller* ZPO § 184 Rn. 9 mwN.

[11] Thomas/Putzo/*Hüßtege* ZPO § 184 Rn. 4; Zöller/*Schultzky* ZPO § 184 Rn. 3.

[12] BGH NJW 2012, 2588 Rn. 12.

[13] Zöller/*Schultzky* ZPO § 184 Rn. 7.

[14] Musielak/Voit/*Wittschier* ZPO § 184 Rn. 3; MüKoZPO/*Häublein/Müller* ZPO § 184 Rn. 10.

[15] BGH NJW-RR 2001, 1361 mwN.

[16] BGH NJW 2000, 3284 (3285) – Zustellung eines Versäumnisurteils im Ausland.

2. bei juristischen Personen, die zur Anmeldung einer inländischen Geschäftsanschrift zum Handelsregister verpflichtet sind, eine Zustellung weder unter der eingetragenen Anschrift noch unter einer im Handelsregister eingetragenen Anschrift einer für Zustellungen empfangsberechtigten Person oder einer ohne Ermittlungen bekannten anderen inländischen Anschrift möglich ist,
3. eine Zustellung im Ausland nicht möglich ist oder keinen Erfolg verspricht oder
4. die Zustellung nicht erfolgen kann, weil der Ort der Zustellung die Wohnung einer Person ist, die nach den §§ 18 bis 20 des Gerichtsverfassungsgesetzes der Gerichtsbarkeit nicht unterliegt.

§ 186 Bewilligung und Ausführung der öffentlichen Zustellung

(1) ¹Über die Bewilligung der öffentlichen Zustellung entscheidet das Prozessgericht. ²Die Entscheidung kann ohne mündliche Verhandlung ergehen.

(2) ¹Die öffentliche Zustellung erfolgt durch Aushang einer Benachrichtigung an der Gerichtstafel oder durch Veröffentlichung der Benachrichtigung in einem elektronischen Informations- und Kommunikationssystem, das im Gericht öffentlich zugänglich ist. ²Die Benachrichtigung muss erkennen lassen
1. die Person, für die zugestellt wird,
2. den Namen und die letzte bekannte Anschrift des Zustellungsadressaten,
3. das Datum, das Aktenzeichen des Schriftstücks und die Bezeichnung des Prozessgegenstandes sowie
4. die Stelle, wo das Schriftstück eingesehen werden kann.
³Die Benachrichtigung muss den Hinweis enthalten, dass ein Schriftstück öffentlich zugestellt wird und Fristen in Gang gesetzt werden können, nach deren Ablauf Rechtsverluste drohen können. ⁴Bei der Zustellung einer Ladung muss die Benachrichtigung den Hinweis enthalten, dass das Schriftstück eine Ladung zu einem Termin enthält, dessen Versäumung Rechtsnachteile zur Folge haben kann.

(3) In den Akten ist zu vermerken, wann die Benachrichtigung ausgehängt und wann sie abgenommen wurde.

§ 187 Veröffentlichung der Benachrichtigung

Das Prozessgericht kann zusätzlich anordnen, dass die Benachrichtigung einmal oder mehrfach im Bundesanzeiger oder in anderen Blättern zu veröffentlichen ist.

§ 188 Zeitpunkt der öffentlichen Zustellung

¹Das Schriftstück gilt als zugestellt, wenn seit dem Aushang der Benachrichtigung ein Monat vergangen ist. ²Das Prozessgericht kann eine längere Frist bestimmen.

§ 189 Heilung von Zustellungsmängeln

Lässt sich die formgerechte Zustellung eines Dokuments nicht nachweisen oder ist das Dokument unter Verletzung zwingender Zustellungsvorschriften zugegangen, so gilt es in dem Zeitpunkt als zugestellt, in dem das Dokument der Person, an die die Zustellung dem Gesetz gemäß gerichtet war oder gerichtet werden konnte, tatsächlich zugegangen ist.

A. Anwendungsbereich

Die Formvorschriften der §§ 166 ff. ZPO sind kein Selbstzweck[1], sondern dienen dem eigentlichen Ziel einer jeden Zustellung, dem Adressaten die Kenntnisnahme eines Schriftstücks zu ermöglichen (→ § 166 Rn. 1). Ist dieses Ziel auf anderem als dem gesetzlich vorgesehenen Weg erreicht, verlieren die Formalien weit gehend ihre Bedeutung.[2] Dafür genügt es aber nicht schon, dass der Adressat eine Möglichkeit hat, (nur) den Inhalt des zuzustellenden Schriftstücks zu erfahren[3], sondern er muss das Schriftstück selbst in **Besitz** bekommen („tatsächlich zugegangen", → Rn. 7).[4] 1

Vor dem Hintergrund des mit dem ZustRG verfolgten Ziels der Vereinfachung des Zustellungsrechts ist die Vorschrift im Übrigen **weit auszulegen**.[5] Sie gilt für Amtszustellungen ebenso wie für Zustellungen im Parteibetrieb (§ 191 ZPO) einschließlich der Zustellung zum Zwecke der **Vollziehung** einer einstweiligen Verfügung (§§ 936, 922 Abs. 2 ZPO)[6], und zwar sowohl Beschluss- als auch Urteilsverfügungen.[7] Sie ist auch auf die **Telekopie** und das **elektronische Dokument** iSd §§ 173, 130a ZPO anwendbar[8] und gilt auch für Zustellungen, die eine Notfrist[9] in Gang setzen (zB Berufungsfrist, § 517 ZPO). 2

---

[1] Anders/Gehle/*Vogt-Beheim* ZPO § 189 Rn. 2.
[2] HK-ZPO/*Siebert* ZPO § 189 Rn. 1; BeckOK ZPO/*Dörndorfer* § 189 Rn. 1.
[3] BGH NJW 1992, 2099 (2100); vgl. → § 172 Rn. 3, dort in Fn. 10.
[4] BGH NJW 1984, 926 (927); Anders/Gehle/*Vogt-Beheim* ZPO § 189 Rn. 5.
[5] BGH NJW-RR 2011, 417 Rn. 11; NJW 2011, 1965 Rn. 47.
[6] OLG Dresden NJW-RR 2003, 1721; Ahrens Wettbewerbsprozess-HdB/*Büttner* Kap. 59 Rn. 40.
[7] Teplitzky/*Feddersen* Kap. 55 Rn. 44; MüKoZPO/*Häublein*/*Müller* ZPO § 189 Rn. 3; Ahrens Wettbewerbsprozess-HdB/*Büttner* Kap. 59 Rn. 40; Fezer/*Büscher* UWG § 12 Rn. 158; *Berneke/Schüttpelz* Rn. 585 aE.
[8] Thomas/Putzo/*Hüßtege* ZPO § 189 Rn. 3; → § 174 Rn. 9 und → § 174 Rn. 9 Rn. 13.
[9] BT-Drs. 14/4554, 25; Prütting/Gehrlein/*Marx* ZPO § 189 Rn. 2.

3 Nach wohl hM und Rspr. sind nur fehlerhafte Förmlichkeiten des **Zustellungsakts** heilbar[10], nicht hingegen Fehler des zuzustellenden **Schriftstücks** wie fehlende Beglaubigung,[11] Abweichung von der Urschrift oa.[12] Das ist jedenfalls für die im gewerblichen Rechtsschutz häufigen Unterlassungs- und ähnlichen Titel wie bspw. die Sequestration (§ 938 Abs. 2 ZPO) richtig, weil dem Schuldner bzw. Zustellungsadressaten bei diesen meist gravierenden Eingriffen den **Inhalt** und die **Authentizität** des zugestellten Schriftstücks **zweifelsfrei feststellen** können muss.[13] Eine Heilung nach § 189 ZPO scheidet bspw. aus, wenn sich für den Empfänger einer Klageschrift erst aufgrund einer Auslegung des Inhalts ergibt, dass er und nicht die im Rubrum der Klageschrift irrtümlich genannte Person, der die Klageschrift zugestellt worden ist, Beklagter sein soll.[14]

4 Die Vorschrift gilt (vorbehaltlich abweichender völkerrechtlicher Vereinbarungen) auch für **Auslandszustellungen,** sofern die verletzte Zustellungsvorschrift nicht in der einschlägigen völkerrechtlichen Vereinbarung oder der EuZVO stehen.[15] Sind also die Anforderungen des HZÜ gewahrt, kommt eine Heilung nach § 189 ZPO auch dann in Betracht, wenn im nationalen Recht des Zustellungsstaates keine Heilung vorgesehen ist.[16]

B. Zustellungswille

5 Die Fiktion der wirksamen Zustellung nach § 189 ZPO setzt voraus, dass überhaupt eine **förmliche Zustellung gewollt** war. Der Zustellungsveranlasser muss also gerade den Willen gehabt haben, einem bestimmten Adressaten das Dokument in aller Form zuzustellen[17] und nicht nur zur Kenntnisnahme zu übersenden. Nimmt der Zustellungsveranlasser irrig an, eine bloß formlose Übersendung würde zur Erwirkung bestimmter Rechtsfolgen ausreichen, greift § 189 ZPO nicht ein.[18] Ist eine Zustellung im Parteibetrieb geboten, muss der Zustellungsveranlasser dementsprechend wegen § 192 Abs. 1 ZPO den Willen gehabt haben, einen **Gerichtsvollzieher** zu beauftragen,[19] wenn nicht nach § 195 ZPO von Anwalt zu Anwalt zugestellt werden soll. Ohne einen solchen Willen zur formalen Bewirkung der Zustellung[20] kann auch ein tatsächlicher Zugang beim Adressaten die Zustellung fehlerhafte Zustellung nicht heilen. Eine **Ausnahme** soll für die materiell-rechtliche Wirkung der **Verjährungshemmung** gelten, die auch bei fehlendem Zustellungswillen durch faktischen Zugang des die Verjährung hemmenden Dokuments eintreten soll.[21] Eine weitere Ausnahme kann gelten, wenn dem Antragsgegner im **Besichtigungsverfahren** eine beglaubigte und mit Dienstsiegel versehene Ausfertigung des Verfügungsbeschluss nicht durch Gerichtsvollzieher zugestellt, sondern **vom Verfahrensbevollmächtigten** des Antragstellers überreicht wird und der Antragsgegner den Empfang „zum Zwecke der Zustellung" quittiert.[22]

6 Die **falsche Zustellungsart** (Amts- versus Parteibetrieb) führt **nicht zur Heilung**.[23] Das ergibt sich schon aus dem Umstand, dass nicht irgendwer, sondern der richtige Zustellungsveranlasser den

---

[10] Zum Streitstand siehe MüKoZPO/*Häublein/Müller* ZPO § 189 Rn. 10 mwN.

[11] OLG Koblenz GRUR 1987, 319 (nicht heilbar: unbeglaubigte Abschrift einer Beschlussverfügung); OLG Karlsruhe BeckRS 2015, 07667 (nicht heilbar: unbeglaubigte Abschrift einer Klage); *Berneke/Schüttpelz* Rn. 586. Zugang nur einer (mit dem Original inhaltsgleichen) Kopie an Stelle des Originals kann hingegen ausreichen, → § 189 Rn. 8 mwN. Siehe auch BGH NJW 2017, 3721, in Rn. 17: „Nach der Rechtsprechung des BGH handelt es sich bei der Zustellung einer einfachen statt einer beglaubigten Abschrift der Klageschrift um einen Zustellungsmangel, der nach § 189 ZPO geheilt werden kann, sofern die zugestellte Abschrift mit der Urschrift übereinstimmt".

[12] MüKoZPO/*Häublein/Müller* ZPO § 189 Rn. 12 mwN; Prütting/Gehrlein/*Marx* ZPO § 189 Rn. 2; Anders/Gehle/*Vogt-Beheim* ZPO § 189 Rn. 7; Zöller/*Schultzky* ZPO § 189 Rn. 9; ebenso wohl auch Fezer/*Büscher* UWG § 12 Rn. 158 aE; BGH GRUR 1987, 745 – Frischemärkte (betr. eine Zustellung im Verwaltungsverfahren); aA Musielak/Voit/*Wittschier* ZPO § 189 Rn. 2 (ohne Begründung); Thomas/Putzo/*Hüßtege* ZPO § 189 Rn. 6 (mit unklarem, weil fehlerhaftem Verweis); unklar HK-ZPO/*Siebert* ZPO § 189 Rn. 6 und BeckOK ZPO/*Dörndorfer* § 189 Rn. 6.

[13] Ahrens Wettbewerbsprozess-HdB/*Büttner* Kap. 59 Rn. 41; Teplitzky/*Feddersen* Kap. 55 Rn. 44; *Klute* GRUR 2005, 924 (927); in diese Richtung auch BGH GRUR 1987, 745 (746) – Frischemärkte (dort unter B. I.2.b); OLG Zweibrücken GRUR-RR 2001, 288.

[14] BGH NJW 2017, 2472 (2476 f.).

[15] MüKoZPO/*Häublein/Müller* ZPO § 183 Rn. 21 mwN. Praxisrelevant ist insbesondere die Heilung bzw. Rückwirkung durch nachträgliche Zustellung einer Übersetzung gemäß Art. 8 Abs. 3 EuZVO.

[16] BGH NJW 2011, 3581 = Mitt. 2012, 246 (Ls.); Prütting/Gehrlein/*Marx* ZPO § 189 Rn. 2; Kühnen Patentverletzung-HdB Kap. D Rn. 65.

[17] BGH NJW 2017, 2472 (2475 f.); NJW-RR 2017, 1086.

[18] MüKoZPO/*Häublein/Müller* ZPO § 189 Rn. 4; Prütting/Gehrlein/*Marx* ZPO § 189 Rn. 5; Musielak/Voit/*Wittschier* ZPO § 189 Rn. 2; BGH NJW 2001, 3713 (3714); OLG Hamm NJW-RR 1994, 63.

[19] MüKoZPO/*Häublein/Müller* ZPO § 189 Rn. 8; *Kipping* GRUR-Prax 2011, 179.

[20] An die Manifestation des solchen Willens sind keine zu niedrigen Anforderungen zu stellen, OLG Hamm BeckRS 2010, 00199 (dort unter B., achter Absatz).

[21] BGH NJW-RR 2013, 1169 Rn. 19; NJW 2011, 1965 Rn. 46 ff.; NJW-RR 2010, 1438; krit. MüKoZPO/*Häublein/Müller* ZPO § 189 Rn. 5 mwN.

[22] LG Düsseldorf BeckRS 2012, 07226. Im Ergebnis ebenso für Zustellung durch den Prozessbevollmächtigten selbst (statt durch Gerichtsvollzieher) per Einschreiben mit Rückschein OLG Dresden NJW-RR 2003, 1721.

[23] *Berneke/Schüttpelz* Rn. 586 aE.

Willen zur Zustellung gehabt haben muss.[24] Eine vollzogene Parteizustellung kann also nicht das Fehlen oder die Fehlerhaftigkeit einer Zustellung im Amtsbetrieb heilen.[25] Und umgekehrt heilt eine Zustellung von Amts wegen nicht eine fehlende oder fehlerhafte Zustellung im Parteibetrieb, insbesondere ersetzt die vom Gericht veranlasste Zustellung eines Verfügungsurteils (erst recht nicht des Sitzungsprotokolls) nicht die zur Vollziehung erforderliche Parteizustellung.[26]

C. Tatsächlicher Zugang

Der Zeitpunkt des tatsächlichen Zugangs gilt als **Zeitpunkt der (wirksamen) Zustellung**.[27] Es gelten allgemeinen Beweislastregeln; das Gericht entscheidet in freier Beweiswürdigung.[28] Das zuzustellende Dokument muss dem Zustellungsadressaten **tatsächlich** und vollständig[29] so zugegangen sein, dass er es behalten und von dessen Inhalt Kenntnis nehmen kann. Zugang bei einer **Ersatzperson** iSd § 178 ZPO genügt nicht. Hingegen kommt es bei einer Zustellung nach §§ 170–172 ZPO auf den **Zugang beim Vertreter bzw. Bevollmächtigten** an.[30] Umgekehrt muss das Dokument der Partei selbst zugegangen sein, sofern § 172 ZPO (noch) nicht greift; Zugang nur beim Bevollmächtigten genügt dann nicht.[31] Erfolgt die Zustellung gegen **Empfangsbekenntnis** (§§ 175, 195 ZPO), ist für die Heilung nicht nur der faktische Zugang, sondern zusätzlich auch die **Bereitschaft des Adressaten** erforderlich, das Schriftstück als zugestellt entgegen zu nehmen (→ § 175 Rn. 3 und → § 175 Rn. 4 aE).[32] Diese Bereitschaft kann sich auch aus äußeren Umständen ergeben, sofern ein gegenteiliger Wille sich nicht geäußert hat.[33]

Die **bloße Information** über den Inhalt des Schriftstücks (zB durch telefonische Mitteilung oder durch Akteneinsicht[34]) genügt ebenso wenig wie der Zugang eines anderen, aber **inhaltsgleichen Dokuments** (zB einer Verbotsverfügung aus einem anderen Verfahren betreffend die gleiche Ausführungsform). Erfolgt die Zustellung an die Partei an Stelle des bestellten Prozessbevollmächtigten (§ 172 ZPO), ist die Zustellung geheilt, wenn die Partei dem Prozessbevollmächtigten das zugestellte Dokument aushändigt. Dazu genügt auch die Weiterleitung einer (originalgetreuen) **Kopie** oder die Übersendung per **Fax** oder **E-Mail** (→ § 172 Rn. 3).[35] Unterlässt der Adressat bewusst diese Weiterleitung, etwa weil ihn sein Bevollmächtigter entsprechend anleitet, kann sein Berufen auf die fehlerhafte Zustellung rechtsmissbräuchlich sein.[36] Hatte der Prozessbevollmächtigte das Dokument schon **vor seiner Bestellung** erhalten, soll Heilung mit seiner nachfolgenden Bestellung jedenfalls dann eintreten, wenn er noch im Besitz des Dokumentes ist.[37]

---

[24] Ähnlich BGH MDR 2010, 885 (unter II.1.b)bb)(1)) = BeckRS 2010, 15168 Rn. 17 f.; OLG Frankfurt a. M. BeckRS 2000, 10375.

[25] BGH MDR 2010, 885 = BeckRS 2010, 15168 mit Darlegung des Meinungsstandes; HK-ZPO/*Siebert* ZPO § 189 Rn. 4.

[26] BGH GRUR 1993, 415 (Ls.) – Straßenverengung, mit zust. Anm. *Teplitzky*; OLG Düsseldorf NJW-RR 1999, 795; MDR 2010, 652 = BeckRS 2010, 04605; OLG Düsseldorf BeckRS 2017, 127425; OLG München NJWE-WettbR 1998, 282 (283); OLG Hamburg BeckRS 2006, 06553; KG BeckRS 2007, 08722; OLG Jena GRUR-RR 2011, 436 (Ls.) = BeckRS 2011, 08717; Teplitzky/*Feddersen* Kap. 55 Rn. 44 (dort bei Fn. 238); *Oetker* GRUR 2003, 119 (123); MüKoZPO/*Häublein*/*Müller* ZPO § 189 Rn. 10; Zöller/*Schultzky* ZPO § 189 Rn. 3; Zöller/*Vollkommer* ZPO § 929 Rn. 14 aE; Ahrens Wettbewerbsprozess-HdB/*Büttner* Kap. 55 Rn. 42 mwN; aA OLG München BeckRS 2005, 07822.

[27] Bei Heilung einer Zustellung nach § 180 ZPO nach unterbliebener Datumsangabe auf dem Umschlag ist fraglich, ob es auf den Zeitpunkt der tatsächlichen Entgegennahme durch den Adressaten oder auf den früheren Zeitpunkt ankommt, zu dem nach gewöhnlichem Geschehensablauf mit der Entnahme des Dokuments aus dem Briefkasten gerechnet werden konnte, siehe BFH BeckRS 2013, 95719 (Vorlagefrage an den GS-BFH mit Darlegung auch der BGH-Rspr.).

[28] MüKoZPO/*Häublein*/*Müller* ZPO § 189 Rn. 20; Musielak/Voit/*Wittschier* ZPO § 189 Rn. 3.

[29] Vgl. → § 166 Rn. 13 ff. (va bezüglich Anlagen) und → § 174 Rn. 12 (va bezüglich farbiger Abbildungen).

[30] MüKoZPO/*Häublein*/*Müller* ZPO § 189 Rn. 14 mwN. Praxisrelevant ist insbesondere die Heilung bzw. Rückwirkung gerechnet nachträglicher Zustellung einer Übersetzung gemäß Art. 8 Abs. 3 EuZVO (bspw. in OLG Frankfurt a. M. GRUR-RR 2015, 183).

[31] OLG Frankfurt a. M. BeckRS 2016, 04864.

[32] Musielak/Voit/*Wittschier* ZPO § 189 Rn. 3 aE; *Kurtz* WRP 2016, 305 Rn. 24; ArbG Krefeld BeckRS 2021, 25820 zur Vollziehung einer einstweiligen Verfügung in einer Geschäftsgeheimnissache.

[33] BGH NJW-RR 2015, 953 Rn. 12.

[34] OLG Köln GRUR 1987, 404 (405) – Unvollständige Zustellung.

[35] BGH GRUR 2020, 776 (777) – Übermittlung per E-Mail, dort in Rn. 21 ff.; KG BeckRS 2011, 05647 = GRUR-RR 2011, 287 – Zustellung per E-Mail; OLG Düsseldorf GRUR-Prax 2011, 179 (*Kipping*); str., vgl. Zöller/*Schultzky* ZPO § 189 Rn. 4; Anders/Gehle/*Vogt-Beheim* ZPO § 189 Rn. 6 (Stichwort „Fax") einerseits und Rn. 9 (Stichwort „Prozessbevollmächtigter") andererseits; der (auch hier vertretenen) Ansicht des BGH und des KG zustimmend Ahrens Wettbewerbsprozess-HdB/*Büttner* Kap. 59 Rn. 47 und Kühnen Patentverletzung-HdB Kap. G Rn. 237 sowie mit guten Gründen MüKoZPO/*Häublein*/*Müller* ZPO § 189 Rn. 17. Die Entscheidung LG Hamburg GRUR-Prax 2017, 516 (*Danckwerts*) hat das OLG Hamburg GRUR-RR 2018, 173 aufgehoben und sich der Gegenansicht angeschlossen (Auseinandersetzung mit der Streitfrage dort ab Rn. 59 ff.).

[36] KG BeckRS 2005, 00821; Prütting/Gehrlein/*Marx* ZPO § 189 Rn. 3; Anders/Gehle/*Vogt-Beheim* ZPO § 189 Rn. 9 (Stichwort „Prozessbevollmächtigter").

[37] BGH NJW 2020, 3106; zust. Kühnen Patentverletzung-HdB Kap. G Rn. 237; BGH NJW-RR 2011, 417 Rn. 11 aE; OLG Frankfurt a. M. BeckRS 2016, 04864.

9   Ist die Zustellung an eine **falsche Person adressiert,** kommt eine Heilung auch dann nicht in Betracht, wenn an Stelle des falschen der richtige Adressat das Schriftstück erhält („gerichtet war oder gerichtet werden konnte").

D. Amtsverfahren

10   Für Amtsverfahren trifft § 8 VwZG eine entsprechende Regelung, deren Gehalt dem § 189 ZPO weitest gehend entspricht,[38] was insofern nicht überrascht, als § 189 ZPO ausdrücklich der verwaltungszustellungsrechtlichen Regelung nachempfunden ist.[39]

§ 190 Einheitliche Zustellungsformulare

Das Bundesministerium der Justiz wird ermächtigt, durch Rechtsverordnung mit Zustimmung des Bundesrates zur Vereinfachung und Vereinheitlichung der Zustellung Formulare einzuführen.

1   Die Vorschrift ermächtigt zur Einführung einheitlicher Formulare für den Zustellungsauftrag (§ 168 Abs. 1 ZPO), die Zustellungsurkunde (§ 182 ZPO), der Mitteilung über die Niederlegung (§ 181 Abs. 1 S. 2 ZPO) sowie den Umschlag zum Versand (§ 176 Abs. 1 ZPO). Von der Ermächtigung ist Gebrauch gemacht worden durch die **Zustellungsvordruckverordnung** (ZustVV) vom 12.2.2002[1], die im Anhang entsprechende Muster enthält. Die einheitlichen Formulare sind von den Justizbediensteten einschließlich des Gerichtsvollziehers, den Zustellern anderer Behörden und allen nach § 33 Abs. 1 PostG beliehenen Post-Unternehmen zu verwenden. Die Verwendung der Vordrucke bedeutet nicht zwangsläufig, dass alle gesetzlich notwendigen Angaben dokumentiert sind.[2]

Untertitel 2. Zustellungen auf Betreiben der Parteien

§ 191 Zustellung

Ist eine Zustellung auf Betreiben der Parteien zugelassen oder vorgeschrieben, finden die Vorschriften über die Zustellung von Amts wegen entsprechende Anwendung, soweit sich nicht aus den nachfolgenden Vorschriften Abweichungen ergeben.

1   Die Zustellung auf Betreiben der Parteien spielt im gewerblichen Rechtsschutz vor allem für die **Vollziehung einstweiliger Verfügungen** eine Rolle (§§ 922 Abs. 2, 935, 936 ZPO).[1*] Neben den Schriftstücken, für die die ZPO es vorsieht, können auch alle anderen Dokumente im Parteibetrieb zugestellt werden, wenn eine Partei dies in Auftrag gibt.

2   Die wesentlichen Unterschiede zur Amtszustellung ergeben sich aus dem Umstand, dass bei der Parteizustellung der **Gerichtsvollzieher** im Grundsatz die Aufgaben der Geschäftsstelle übernimmt (§ 192 ZPO). Auch bei der Parteizustellung gelten die Vorschriften über die **Rückwirkung der Zustellung** (→ § 167 Rn. 2), über die fakultative Zustellung an **Bevollmächtigte** (→ § 171 Rn. 1), die obligatorische Zustellung an **Vertreter und Prozessbevollmächtigte** (→ § 170 Rn. 2; → § 172 Rn. 2, siehe hierzu auch § 195 ZPO) sowie über § 176 Abs. 2[2*] ZPO auch die Vorschriften über die **Ausführung der Zustellung,** also Zustellung an den im Inland angetroffenen Adressaten, Ersatzzustellung insbesondere in Wohnung oder Geschäftsraum, Verfahren bei Annahmeverweigerung, Ersatzzustellung durch Einlegen in den Briefkasten und durch Niederlegung (§§ 177–181 ZPO).

3   Die Partei kann den Gerichtsvollzieher über die **Gerichtsvollzieher-Verteilerstelle** des für die Zustellungsadresse zuständigen Amtsgerichts oder auch **unmittelbar** beauftragen.[3] Die unmittelbare Beauftragung kommt vor allem in besonders eiligen Fällen in Betracht, etwa bei Zustellungen auf **Messen,** für die mancherorts auch **besondere Gerichtsvollzieherzuständigkeiten** gelten. Die betreffenden Gerichtsvollzieher sind in aller Regel kenntnisreich und erfahren, nicht nur für die Formalitäten der eigentlichen Zustellung, sondern auch hinsichtlich der örtlichen Gegebenheiten und

---

[38] Fitzner/Lutz/Bodewig/*Hofmeister* PatG § 127 Rn. 24 („nahezu identisch").
[39] BT-Drs. 14/4554, 24 f. (genauer: dem § 9 VwZG aF nachempfunden, MüKoZPO/*Häublein*/*Müller* ZPO § 189 Rn. 17 aE).
[1] BGBl. 2002 I S. 671 und S. 1019.
[2] Vgl. OLG Düsseldorf BeckRS 2004, 09060; der amtliche Vordruck der Zustellungsurkunde sieht inzwischen ein Feld zur handschriftlichen Ergänzung der im dortigen Fall fehlenden Angaben vor.
[1*] Missverständlich Musielak/Voit/*Wittschier* ZPO § 191 Rn. 2, da die Parteizustellung nicht nur bei Beschlussverfügungen notwendig sein kann → § 192 Rn. 7.
[2*] § 176 Abs. 1 ZPO gilt nur für die Beauftragung durch das Gericht und gilt daher für die Parteizustellung nicht, auch wenn dort ebenfalls der Gerichtsvollzieher genannt ist.
[3] Muster zB bei BeckOF-Prozess/*Ziegelmayer* Kap. 27.3.1 und BeckOF-Prozess/*Manderla* Kap. 9.2.4.1.

der Umsetzung begleitender Maßnahmen wie bspw. einer Sequestration (§ 938 Abs. 2 ZPO iVm § 18 Abs. 1 S. 1 MarkenG, § 140a Abs. 1 und 2 PatG ua). Soll das im Parteibetrieb zuzustellende Dokument **im Ausland** zugestellt werden, muss sich die die Zustellung veranlassende Partei an das Gericht wenden.[4] Ein entsprechender Zustellungsantrag kann bereits im Verfügungsantrag enthalten sein[5].

Für die Zustellungen durch den Gerichtsvollzieher werden Gebühren und Auslagen nach GvKostG KV Nr. 100–102 berechnet. Für den Rechtsanwalt ist die Zustellung keine besondere Angelegenheit iSd § 18 Abs. 1 RVG (vgl. § 18 Abs. 1 Nr. 2 aE RVG), sondern sie ist mit der allgemeinen Verfahrensgebühr für den betreffenden Rechtszug abgegolten (§ 19 Abs. 1 Nr. 9 RVG). Ist der Rechtsanwalt ausnahmsweise nur mit der Zustellung befasst, erhält er hierfür eine 0,3-Gebühr nach RVG VV Nr. 3309.[6] 4

§ 192 Zustellung durch Gerichtsvollzieher

[1] Die von den Parteien zu betreibenden Zustellungen erfolgen unbeschadet der Zustellung im Ausland (§ 183) durch den Gerichtsvollzieher. [2] Im Verfahren vor dem Amtsgericht kann die Partei den Gerichtsvollzieher durch Vermittlung durch die Geschäftsstelle des Prozessgerichts mit der Zustellung beauftragen. [3] Insoweit hat diese den Gerichtsvollzieher mit der Zustellung zu beauftragen.

Hat eine Zustellung im Parteibetrieb zu erfolgen, so geschieht dies **zwangsläufig** durch Einschaltung des **Gerichtsvollziehers,** wenn nicht eine Zustellung von Anwalt zu Anwalt (§ 195 ZPO) möglich ist. Wesentlicher Anwendungsbereich ist die Zustellung **einstweiliger Verfügungen** zum Zwecke der Vollziehung (§§ 922 Abs. 2, 935, 936 ZPO). Eine fehlerhafte Parteizustellung zum Zwecke der Vollziehung wird durch eine ordnungsgemäße Amtszustellung weder obsolet noch geheilt[1], umgekehrt kann eine Parteizustellung eine gesetzlich vorgeschriebene Amtszustellung nicht ersetzen.[2] Auch für Zustellungen im Parteibetrieb gelten die **Rückwirkung**[3] des § 167 ZPO (→ § 167 Rn. 2) und die Möglichkeit der **Heilung**[4*] nach § 189 ZPO (→ § 189 Rn. 2); im Übrigen → § 191 Rn. 2. Zu Parteizustellungen mit **Auslandsbezug** → § 183 Rn. 2ff. und → § 183 Rn. 18. 1

Der Zustellungsauftrag kann **formlos,** auch mündlich oder konkludent (etwa durch Übersendung des zuzustellenden Dokuments mit Abschriften[5*]) erteilt werden. Der Zustellungsempfänger kann weder einen Nachweis des Zustellungsauftrags verlangen noch die Zustellung nach § 174 S. 1 BGB zurückweisen, weil der Gerichtsvollzieher nicht als Stellvertreter, sondern als öffentliches Organ handelt.[6*] Veranlasst ein Rechtsanwalt **ohne vorherige Beauftragung durch die Partei** die Zustellung durch Gerichtsvollzieher, etwa weil er in einer eiligen Unterlassungssache kurzfristig von einer Gelegenheit hierzu erfährt (bspw. Messeauftritt[7] oder kurzzeitiger Inlandsaufenthalt[8] eines Organs des Gegners), liegt ein ordentlicher Zustellungsauftrag vor, wenn die Partei dieses Vorgehen nachträglich genehmigt.[9] 2

Grundsätzlich sind sowohl im Beschlusswege als auch durch Urteil ergangene einstweilige Verfügungen **durch Zustellung im Parteibetrieb zu vollziehen.**[10] Von diesem Grundsatz ausgenommen sind nur solche Urteilsverfügungen, deren Gehalt sich darin erschöpft, eine vorausgegangene Beschluss- oder erstinstanzliche Urteilsverfügung zu bestätigen.[11] Solche **rein bestätigenden** Urteilsverfügungen bedürfen keiner erneuten Parteizustellung zwecks Vollziehung. Diese Ausnahme soll auch 3

---

[4] → § 183 Rn. 9 und 18.
[5] LG Berlin BeckRS 2008, 15977 Rn. 27 betreffend die Zustellung einer UWG-Verfügung in den Niederlanden.
[6] OLG Celle NJW-RR 2008, 1600.
[1] OLG München NJWE-WettbR 1998, 282; OLG Hamm GRUR 1989, 298 betreffend die Parteizustellung der Ausfertigung eines Unterlassungsverfügungsurteils, in der die Unterschrift eines Richters wiedergegeben ist, der das Urteil nicht selbst unterschrieben hat. So inzwischen auch das früher aA folgende OLG Stuttgart GRUR-RR 2009, 194 – Zustellungserfordernis. Auch → § 929 Rn. 11.
[2] BGH BeckRS 2010, 15168.
[3] Rückwirkung gilt bei Zustellung einer Urteils- oder auch einer Beschlussverfügung zwecks Vollziehung (→ § 929 Rn. 11; hierzu Ahrens Wettbewerbsprozess-HdB/*Büttner* Kap. 59 Rn. 52; Teplitzky/*Feddersen* Kap. 55 Rn. 41a), auch bei Parteizustellung zwecks Vollziehung ins Ausland (OLG Düsseldorf BeckRS 2007, 06141).
[4*] Kritisch zur Heilung bei der Zustellung von Beschlussverfügungen *Klute* GRUR 2005, 924.
[5*] MüKoZPO/*Häublein/Müller* ZPO § 192 Rn. 3.
[6*] MüKoZPO/*Häublein/Müller* ZPO § 192 Rn. 3.
[7] → § 178 Rn. 9.
[8] → § 177 Rn. 3 und → § 170 Rn. 7.
[9] Vgl. MüKoZPO/*Häublein/Müller* ZPO § 192 Rn. 3 mwN.
[10] OLG Düsseldorf BeckRS 2011, 03266 (Ls.) Rn. 5 mwN. Bei einer per einstweiliger Verfügung angeordneten Auskunftserteilung kann zur Vollziehung außerdem ein Vollstreckungsantrag nach § 888 ZPO erforderlich sein (str., so OLG Düsseldorf BeckRS 2017, 117612 mwN auch zur Gegenansicht, dort unter B. II.2.a).
[11] OLG Stuttgart GRUR-RR 2009, 194 f. – Zustellungserfordernis mwN; OLG Düsseldorf BeckRS 2011, 03266 (Ls.) Rn. 5 mwN.

für solche Urteilsverfügungen gelten, die eine vorangegangene Verfügung nur einschränken[12] (aber nicht ändern, also nur ein Minus regeln) oder die eine vorangegangene Verfügung nur unwesentlich ändern[13], jedoch bedeutet die Beurteilung dessen, was noch unwesentlich ist, eine gravierende Unsicherheit zu Lasten des Verfügungsgläubigers, da er bei irrtümlicher Beurteilung keine weitere Möglichkeit der Vollziehung hat und also Gefahr läuft, die Verfügung insgesamt zu verlieren[14], wenn die Vollziehungsfrist (§ 929 Abs. 2 ZPO) erst einmal abgelaufen ist. Daher gilt für die Praxis die **Regel, immer erneut zuzustellen,** da eine überflüssige Zustellung keine Nachteile bringt.[15] Auch zwischenzeitlich (bspw. auf Widerspruch) aufgehobene und sodann (in der Berufungsinstanz) **erneut erlassene Verfügungen** müssen erneut durch Parteizustellung vollzogen werden.[16]

4 Die Monatsfrist, innerhalb derer die Vollziehung erfolgen muss, beginnt bei **Beschlussverfügungen** mit dem **Tag der Zustellung** des Beschlusses an den Antragsteller bzw. dessen Bevollmächtigten, bei **Urteilsverfügungen** mit dem **Tag ihrer Verkündung**.[17] Im letzteren Fall muss der Antragsteller daher im Zweifel bei Gericht früh genug eine ausreichende Anzahl von Abschriften oder Ausfertigungen anfordern, um rechtzeitig die Parteizustellung zu veranlassen und damit fristgerecht zu vollziehen. Damit ihre Zustellung Vollziehungswirkung hat, muss die zuzustellende Verfügung bereits die **Ordnungsmittelandrohung** enthalten.[18] Hat das Gericht für die Vollziehung einer einstweiligen Verfügung eine **Sicherheitsleistung** angeordnet, muss auch die Sicherheit innerhalb der Vollziehungsfrist beigebracht und dem Beklagten nachgewiesen, also die entsprechende Urkunde zugestellt werden (vgl. § 751 Abs. 2 ZPO).

§ 193 Zustellung von Schriftstücken

(1) ¹Soll ein Dokument als Schriftstück zugestellt werden, so übermittelt die Partei dem Gerichtsvollzieher das zuzustellende Dokument
1. in Papierform zusammen mit den erforderlichen Abschriften oder
2. als elektronisches Dokument auf einem sicheren Übermittlungsweg.

²Im Falle des Satzes 1 Nummer 1 beglaubigt der Gerichtsvollzieher die Abschriften; er kann fehlende Abschriften selbst herstellen. ³Im Falle des Satzes 1 Nummer 2 fertigt der Gerichtsvollzieher die erforderlichen Abschriften als Ausdrucke selbst und beglaubigt diese.

(2) ¹Der Gerichtsvollzieher beurkundet im Falle des Absatzes 1 Satz 1 Nummer 1 auf der Urschrift des zuzustellenden Schriftstücks oder auf dem mit der Urschrift zu verbindenden hierfür vorgesehenen Formular die Ausführung der Zustellung nach § 182 Abs. 2 und vermerkt die Person, in deren Auftrag er zugestellt hat. ²Im Falle des Absatzes 1 Satz 1 Nummer 2 gilt Satz 1 mit der Maßgabe, dass der Gerichtsvollzieher die Beurkundung auf einem Ausdruck des zuzustellenden elektronischen Dokuments oder auf dem mit dem Ausdruck zu verbindenden hierfür vorgesehenen Formular vornimmt. ³Bei Zustellung durch Aufgabe zur Post ist das Datum und die Anschrift, unter der die Aufgabe erfolgte, zu vermerken.

(3) Der Gerichtsvollzieher vermerkt auf dem zu übergebenden Schriftstück den Tag der Zustellung, sofern er nicht eine beglaubigte Abschrift der Zustellungsurkunde übergibt.

(4) Die Zustellungsurkunde ist der Partei zu übermitteln, für die zugestellt wurde.

---

[12] OLG Düsseldorf BeckRS 2011, 03266 Rn. 5 mwN. In der nachträglichen Anordnung einer Sicherheitsleistung sieht das OLG Düsseldorf (OLG Düsseldorf BeckRS 2011, 03266 Rn. 5) eine inhaltliche Änderung, nicht nur eine Einschränkung der ursprünglichen Verfügung; ebenso OLG Düsseldorf BeckRS 2017, 117612. Kühnen Patentverletzung-HdB Kap. G Rn. 242 ff. (mit Nachweisen zum Streitstand dort in Fn. 424) hält eine erneute Zustellung zwecks Vollziehung für entbehrlich, wenn „[1] ein zuvor allgemein gefasstes Verbot konkretisiert wird, [2] die Beschlussverfügung nur in einer von mehreren Ziffern aufrechterhalten wird, [3] bei mehreren Begehungsformen nur einzelne in den bestätigenden Ausspruch übernommen werden".

[13] Köhler/Bornkamm/Feddersen *Köhler/Feddersen* UWG § 12 Rn. 2.66 mwN zur Rspr.; Teplitzky/*Feddersen* Kap. 55 Rn. 48 ff., ebenso Rn. 49. Das OLG Karlsruhe OLGR 2003, 410 fordert eine erneute Zustellung sogar nur bei „wesentlicher" Abänderung der bisherigen Beschlussverfügung.

[14] Durch Aufhebungsverfahren nach § 927 ZPO (OLG Düsseldorf NJW-RR 2000, 68; Musielak/*Huber* ZPO § 927 Rn. 7) oder im Widerspruchs- oder Berufungsverfahren (OLG Köln GRUR 1987, 404 (405) – Unvollständige Zustellung; Köhler/Bornkamm/Feddersen *Köhler/Feddersen* UWG § 12 Rn. 2.68).

[15] Abgesehen davon, dass die Kosten einer überflüssigen Zustellung ggf. nicht erstattungsfähig sind, vgl. LG Hamburg BeckRS 2008, 25127.

[16] OLG Frankfurt a. M. NJW-RR 2002, 1080: auch dann, wenn nach dem Tenor des Berufungsurteils die Beschlussverfügung „bestätigt" wurde.

[17] Kühnen Patentverletzung-HdB Kap. G Rn. 225 mwN; Teplitzky/*Feddersen* Kap. 55 Rn. 37; → § 929 Rn. 6.

[18] Kühnen Patentverletzung-HdB Kap. G Rn. 229; Gloy/Loschelder/Danckwerts/*Spätgens/Kessen* § 103 Rn. 4 mwN; Teplitzky/*Feddersen* Kap. 55 Rn. 40b mwN; *Berneke/Schüttpelz* Rn. 584. Zu Schadensersatzrisiken des Klägers aus § 945 ZPO auf Grund der Ordnungsmittelandrohung in einem nur verkündeten, aber noch nicht im Parteiwege zugestellten Verfügungsurteil siehe BGH GRUR 2009, 890 Rn. 16 – Ordnungsmittelandrohung; BGH BeckRS 2015, 00469 – Nero = GRUR-Prax 2015, 45 (*Böckenholt*).

Die Vorschrift regelt das Prozedere in dem Fall, dass der Zustellungsveranlasser die Zustellung eines **1** papiernen Dokuments wünscht („als Schriftstück"). Ist stattdessen die Zustellung als elektronisches Dokument gewünscht, gilt § 193a ZPO. Für eine Zustellung „als Schriftstück" erhält der Gerichtsvollzieher das zuzustellende Schriftstück entweder als **elektronisches Dokument** (also in der Praxis per beA) oder in Papier als **Original des zuzustellenden Schriftstücks** mit einer **ausreichenden Anzahl an Abschriften** dieses Schriftstücks. Nach Abs. 1 S. 3 muss auch das zunächst elektronisch an den Gerichtsvollzieher gesandte Dokument dort ausgedruckt werden, eben weil die eigentliche Zustellung auf Wunsch des Veranlassers in Papierform erfolgt. Das Original selbst wird nicht zugestellt, sondern geht mit dem Zustellungsnachweis (idR Zustellungsurkunde) an die die Zustellung betreibende Partei bzw. ihren Verfahrensbevollmächtigten zurück (vgl. §§ 193, 194 ZPO). Welche **Form** das Original haben muss, ist in § 192 ZPO nicht geregelt, sondern richtet sich nach den jeweils einschlägigen verfahrens- und materiellrechtlichen Vorschriften bzw. nach einer zu Grunde liegenden richterlichen Anordnung.[1] Ist eine Ausfertigung zuzustellen, ist sie mit den entsprechenden Abschriften dem Gerichtsvollzieher zu übergeben. Ist nur eine beglaubigte Abschrift zuzustellen, wie etwa zum Zwecke der **Vollziehung einer einstweiligen Verfügung,**[2] genügt die Übergabe eben einer solchen Abschrift nebst weiteren Abschriften, wobei die Abschrift einer **abgekürzten Ausfertigung** (§ 317 Abs. 2 S. 3 ZPO) ausreicht.[3] Ist eine (beglaubigte) Abschrift einer Ausfertigung zuzustellen[4], so muss die Abschrift auch den **Ausfertigungsvermerk wiedergeben,**[5] anderenfalls ist die Zustellung unwirksam. Ob dem Gerichtsvollzieher das zuzustellende Dokument auch **per Telefax** übermittelt werden kann, ist umstritten.[6] Diese Frage hat allerdings kaum noch praktische Relevanz, da jedenfalls die Übermittlung **per beA** zulässig ist[7], weil sie anders als das Telefax das Dokument im Ganzen übermittelt und in technischer Hinsicht ausreichend zuverlässig die Übermittlung des gesamten Dokuments mit unverändertem Inhalt erwarten lässt.

Die „erforderliche" Anzahl an papiernen Abschriften entspricht der Anzahl der Zustellungsadressaten: **je Adressat eine Abschrift**. Eine einzige Abschrift kann bei formal mehreren Adressaten nur ausnahmsweise dann genügen, wenn ein und **derselbe Zustellungsempfänger mehrere Adressaten vertritt**, bspw. wenn dieselbe Person vertretungsberechtigtes Organ mehrerer Gesellschaften ist oder wenn ein Rechtsanwalt mehrere Parteien vertritt (→ § 172 Rn. 13). Bei Unklarheiten hinsichtlich der Zustellungsvollmacht eines bislang nur außergerichtlich tätigen Rechtsanwalts[8] kann der Zustellungsveranlasser sicherheitshalber parallel an Rechtsanwalt und Partei zustellen lassen (→ § 172 Rn. 1). Hat der Gerichtsvollzieher keine oder **zu wenige Abschriften** erhalten, kann er sie beim Zustellungsveranlasser **nachfordern** und, jedenfalls wenn die Abschriften nicht nachgereicht werden oder bei Eilbedürftigkeit (insbesondere in Verfügungsverfahren[9]), **auf dessen Kosten selbst herstellen** (beachte aber Risiko bei farbigen Abbildungen, → Rn. 5). **2**

Zum **Umfang** der zuzustellenden Schriftstücke (insbesondere auch **Anlagen**) und zum Erfordernis **3** der **Erkennbarkeit** ihres Inhalts, insbesondere auch bei **(farbigen) Abbildungen,** gilt das Gleiche wie bei der Amtszustellung (Vollständigkeit, Anlagen → § 166 Rn. 13 ff.; Abbildungen, Farben → § 175 Rn. 13). Stellt der Gerichtsvollzieher von einer Unterlassungsverfügung mit farbigen Abbildungen selbst (entgegen dem Zustellungsauftrag) eine nur schwarz-weiße Abschrift her und stellt nur diese zu, ist die Verfügung nicht wirksam zugestellt.[10] Nennt die Zustellungsurkunde nur einen Verfügungsbeschluss als solchen (ohne auch Anlagen oa zu benennen), der ausweislich der Gerichtsakte fest mit der Antragsschrift, aber nicht auch mit dessen Anlagen verbunden war, kann sie nicht als Nachweis dafür dienen, dass auch Abbildungen zugestellt wurden, die Anlage des Verfügungsantrags waren.[11]

---

[1] Vgl. → § 194 Rn. 2 und → § 166 Rn. 12.
[2] Inzwischen wohl allg. Ans. Auch das OLG München lässt inzwischen die Zustellung einer beglaubigten Abschrift des Verfügungsbeschlusses oder -urteils ausreichen, OLG München BeckRS 2013, 04096 in Abkehr von OLG München NJWE-WettbR 1998, 282. Siehe auch *Berneke/Schüttpelz* Rn. 591.
[3] Ahrens Wettbewerbsprozess-HdB/*Büttner* Kap. 59 Rn. 33.
[4] Veraltet insoweit OLG Düsseldorf BeckRS 2011, 03266 (Ls.) Rn. 7 für die Zustellung einer Verfügung zwecks Vollziehung. Auch OLG Zweibrücken BeckRS 2015, 20470 Rn. 4, 33, 35 f. behandelt eine Zustellung noch nach altem Recht. Siehe oben bei und in → Fn. 11.
[5] Ahrens Wettbewerbsprozess-HdB/*Büttner* Kap. 59 Rn. 35; Oetker GRUR 2003, 119 (121, dort unter II.3. mwN zur OLG-Rspr.); Ott WRP 2016, 1455 (→ Rn. 6).
[6] Bejahend OLG Düsseldorf BeckRS 2003, 30334446; Thomas/Putzo/*Hüßtege* ZPO § 192 Rn. 4 m. Vw. auf § 174 Abs. 2 S. 1 ZPO; in diese Richtung auch MüKoZPO/*Häublein/Müller* ZPO § 192 Rn. 3 aE (dort in Fn. 15); ablehnend Zöller/*Schultzky* ZPO § 192 Rn. 7 (ohne weitere Begründung). Bei Übersendung per Telefax ist insbesondere auf eine ausreichende Wiedergabequalität zu achten und die mögliche Relevanz von Farben bspw. in im Tenor eingeblendeten Abbildungen, zu beachten, → § 174 Rn. 12.
[7] Wie hier schon nach früherem Gesetzeswortlaut: beA-Newsletter der Bundesrechtsanwaltskammer, Ausgabe 23/2019 (o. Verf.).
[8] Vgl. → § 172 Rn. 10 ff.
[9] Fezer Markenpraxis-HdB/*Hirsch* Markenverletzungsverfahren I 4 Rn. 408.
[10] OLG Hamburg GRUR-RR 2007, 406 – Farbige Verbindungsanlage.
[11] LG Düsseldorf BeckRS 2009, 86894.

4 Erteilt ein Rechtsanwalt den Zustellungsauftrag, kann er die Abschriften selbst[12] **beglaubigen** (auch durch Unterbevollmächtigten, bspw. durch anderen Anwalt in derselben Sozietät, auch durch angestellten Anwalt[13]); unabhängig davon kann der Gerichtsvollzieher nach Abs. 2 Satz 2 beglaubigen (ähnlich wie bei der Amtszustellung, vgl. § 169 Abs. 2 ZPO). Auch die Zustellung einer (nur) gerichtlich (und nicht auch anwaltlich) beglaubigten Kopie genügt.[14] Allerdings sind die zuzustellenden **Schriftstücke insgesamt** zu beglaubigen, also auch diejenigen **Anlagen**, deren Zustellung erforderlich ist (→ Rn. 5). Allerdings muss **nicht jede Seite separat** beglaubigt werden[15], sondern es genügt, dass aus dem Beglaubigungsvermerk erkennbar wird, dass er sich **auf das gesamte Dokument bezieht,** was in aller Regel bei einer Beglaubigung am Ende eines gehefteten Dokuments der Fall ist und mglw. auch dann, wenn der Beglaubigungsvermerk zwar am Anfang des Dokuments steht, sich aber ausdrücklich auf eine genannte Anzahl nachfolgender Seiten bezieht (→ § 169 Rn. 7). Um Unsicherheiten zu vermeiden, ist die separate Beglaubigung jedes einzelnen Schriftstücks ratsam, also jedes Schriftsatzes und jeder einzelnen Anlage.[16] Das gilt auch bei einer Übermittlung **per beA,** wobei abgesehen von Fällen der Übermittlung einer beglaubigten elektronischen Abschrift (§ 169 Abs. 4), die ohne Weiteres auch per beA übermittelt und zugestellt werden kann, für Fälle der elektronischen Zustellung eines zunächst nur in Papierform vorliegenden Dokuments nach derzeitigem Gesetzeswortlaut unklar bleibt, ob schon die elektronische Signatur als Beglaubigungsvermerk anzusehen sein kann.[17] Für die Praxis sicherer ist hingegen die Beglaubigung jedes einzelnen Dokuments in Papierform unabhängig von der elektronischen Signatur im Zuge des beA-Versands. Erfolgt die Zustellung bzw. die Übergabe an den Gerichtsvollzieher **per Telefax** (zur Zulässigkeit einer solchen Übersendung → Rn. 1 aE), ist hingegen die **Beglaubigung jedes einzelnen Blattes** sinnvoll, weil die Faxseiten nicht miteinander verbunden sind und daher nicht zweifelsfrei erkennbar ist, auf welche Blätter sich ein Beglaubigungsvermerk bezieht.[18]

5 Die Vorschrift regelt außerdem neben der Pflicht zur Übermittlung der Zustellungsurkunde (Abs. 3) die wesentlichen **vom Gerichtsvollzieher vorzunehmenden schriftlichen Vermerke** zur Dokumentation der Zustellung. Nach Abs. 2 Satz 1 kann der Gerichtsvollzieher wählen, ob er den amtlichen Vordruck (→ § 190 Rn. 1) verwendet oder die Beurkundung auf dem Original[19] des zuzustellenden Schriftstücks direkt vornimmt. Verwendet er das amtliche Formular, hat er es mit dem Original **dauerhaft zu verbinden** (bspw. heften), wobei allerdings eine **fehlende Verbindung** die Zustellung nicht unwirksam macht.[20] Sind **mehrere Dokumente** zuzustellen, genügt ein einziges Formular[21], sofern darin alle zuzustellenden Dokumente genannt sind. **Inhalt und Umfang der Beurkundung** richten sich nach § 182 Abs. 2 ZPO (→ § 182 Rn. 5 ff.); zusätzlich sind die Person des Zustellungsveranlassers (nicht dessen Prozessbevollmächtigten) zu vermerken sowie bei Zustellung durch die Post auch das Postübergabezeugnis gemäß § 194 Abs. 1 S. 2 ZPO (→ § 194 Rn. 3). Für die Ausführung der Zustellung gelten im Übrigen die §§ 177–181 ZPO.

§ 193a Zustellung von elektronischen Dokumenten

(1) ¹Soll ein Dokument als elektronisches Dokument zugestellt werden, so übermittelt die Partei dem Gerichtsvollzieher das zuzustellende Dokument
1. elektronisch auf einem sicheren Übermittlungsweg oder
2. als Schriftstück.

²Im Falle des Satzes 1 Nummer 2 überträgt der Gerichtsvollzieher das Schriftstück in ein elektronisches Dokument.

(2) ¹Als Nachweis der Zustellung dient die automatisierte Eingangsbestätigung. ²Der Zeitpunkt der Zustellung ist der in der automatisierten Eingangsbestätigung ausgewiesene Zeitpunkt des Eingangs in dem vom Empfänger eröffneten elektronischen Postfach. ³Im Falle des Absatzes 1 Satz 1 Nummer 1 ist die automatisierte Eingangsbestätigung mit dem zuzustellenden elektronischen Dokument zu verbinden und der Partei zu übermitteln, für die zugestellt wurde. ⁴Im Falle des Absatzes 1 Satz 1 Nummer 2 fertigt der Gerichtsvoll-

---

[12] *Anders* WRP 2003, 204 m. Vw. auf BT-Drs. 14/4554, 25; BeckOK ZPO/*Dörndorfer* § 192 Rn. 3; Kühnen Patentverletzung-HdB Kap. G Rn. 232, dort in Fn. 381.
[13] OLG Düsseldorf BeckRS 2011, 03266 (Ls.) Rn. 8; Kühnen Patentverletzung-HdB Kap. G Rn. 232.
[14] Kühnen Patentverletzung-HdB Kap. G Rn. 236 m. Vw. auf OLG Düsseldorf BeckRS 2016, 21119.
[15] Fezer Markenpraxis-HdB/*Hirsch* Markenverletzungsverfahren I 4 Rn. 409.
[16] Großzügiger wohl MüKoZPO/*Häublein/Müller* ZPO § 169 Rn. 5 für die Beglaubigung bei der Amtszustellung.
[17] Hierzu beA-Newsletter der Bundesrechtsanwaltskammer, Ausgabe 23/2019 (o. Verf.).
[18] So für eine Faxsendung im Rahmen einer Zustellung von Anwalt zu Anwalt nach § 195 ZPO OLG Frankfurt a. M. BeckRS 2010, 15746 = GRUR-Prax 2010, 451 *(Tietze)*.
[19] Zum missverständlichen Begriff der „Urschrift" im hiesigen Untertitel 2 → § 194 Rn. 2 und MüKoZPO/*Häublein/Müller* ZPO § 192 Rn. 3 mwN.
[20] MüKoZPO/*Häublein/Müller* ZPO § 193 Rn. 3 m. Vw. auf RGZ 52, 11 (14).
[21] MüKoZPO/*Häublein/Müller* ZPO § 193 Rn. 3.

zieher einen Ausdruck der automatisierten Eingangsbestätigung, verbindet den Ausdruck mit dem zuzustellenden Schriftstück und übermittelt dieses der Partei, für die zugestellt wurde.

Die Vorschrift regelt das Prozedere in dem Fall, dass der Zustellungsveranlasser die Zustellung als elektronisches Dokument wünscht. Ist stattdessen die Zustellung in Papierform („als Schriftstück") gewünscht, gilt § 193 ZPO. **1**

Der Gerichtsvollzieher kann ein ihm bereits elektronisch übermitteltes Dokument oder auch ein ihm in Papierform übersandtes Dokument elektronisch zustellen, wobei er (spiegelbildlich zu § 193 Abs. 1 S. 3 ZPO) in letzterem Fall das elektronische Dokument aus dem ihm übersandten papiernen Dokument erstellt. **2**

Gemäß Abs. 2 weist – anders als nach § 173 Abs. 3 ZPO – nicht ein Empfangsbekenntnis, sondern die automatisierte Eingangsbestätigung den Erfolg und den Zeitpunkt der Zustellung nach. Der Nachweis eines tatsächlich nicht oder erst später erfolgten Zugangs ist also (anders als bei § 173 Abs. 4 ZPO) nicht möglich. Sätze 3 und 4 regeln die Dokumentationspflichten nach erfolgter Zustellung je nachdem, ob der Zustellung als elektronisches Dokument ein papiernes Dokument oder bereits ein elektronisches Dokument zu Grunde lag. Die „Verbindung" kann im Falle eines elektronischen Dokuments (Abs. 2 S. 3) durch Herstellung eines neuen, einheitlichen elektronischen Dokuments erfolgen.[1] Im Falle eines papiernen Dokuments (Abs. 2 S. 4) erfolgt die „Verbindung" durch Heftung o. ä. (→ § 193 Rn. 5). Unterbleibt eine solche „Verbindung" in elektronischer oder physischer Form, ist die Zustellung in Fortschreibung der früheren Rechtslage aber nicht unwirksam (→ § 193 Rn. 5 bei und in Fn. 20). **3**

§ 194 Zustellungsauftrag

(1) ¹Beauftragt der Gerichtsvollzieher die Post mit der Ausführung der Zustellung, vermerkt er auf dem zuzustellenden Schriftstück, im Auftrag welcher Person er es der Post übergibt. ²Auf der Urschrift des zuzustellenden Schriftstücks oder auf einem mit ihr zu verbindenden Übergabebogen bezeugt er, dass die mit der Anschrift des Zustellungsadressaten, der Bezeichnung des absendenden Gerichtsvollziehers und einem Aktenzeichen versehene Sendung der Post übergeben wurde.

(2) **Die Post leitet die Zustellungsurkunde unverzüglich an den Gerichtsvollzieher zurück.**

Während im allgemeinen Zivilprozess die Zustellung des Gerichtsvollziehers durch Beauftragung der Post die Regel ist, findet sie bei der Parteizustellung im gewerblichen Rechtsschutz seltener Anwendung, weil der Postlauf in der Regel eine **Verzögerung** um einen oder mehrere Werktage mit sich bringt. Insbesondere bei der meist eilbedürftigen Zustellung zum Zwecke der **Vollziehung einstweiliger Verfügungen** wird der am Zustellungsort zuständige Gerichtsvollzieher in aller Regel **persönlich** tätig. Es empfiehlt sich, **im Zustellungsauftrag** mit Hinweis auf die besondere Eile ausdrücklich die persönliche Zustellung durch den Gerichtsvollzieher **anzuregen.**[1*] **1**

Der Zustellungsveranlasser übergibt dem Gerichtsvollzieher das **Original** des zuzustellenden Dokuments. Welche **Form** dieses Original hat, richtet sich nach den jeweils einschlägigen verfahrens- und materiellrechtlichen Vorschriften bzw. nach einer zu Grunde liegenden richterlichen Anordnung (→ § 166 Rn. 12). Der **Begriff „Urschrift"** in Abs. 1 S. 2 ist insoweit irreführend, also auch eine zuzustellende Ausfertigung oder (beglaubigte) Abschrift ein Original und damit „Urschrift" im Sinne des Abs. 1 S. 2 sein kann.[2] Der Gerichtsvollzieher übergibt der Post sodann eine (in der Regel beglaubigte) Abschrift des Originals zum Zwecke der Zustellung, wenn nicht die Zustellung einer konkreten anderen Form des Schriftstücks zu erfolgen hat.[3] **2**

Die **Ausführung** der Zustellung durch den Postbediensteten erfolgt **wie bei der Amtszustellung** (§ 176 Abs. 2 ZPO) nach §§ 177–181 ZPO. Die vom Gerichtsvollzieher vorbereitete und vom Postbediensteten auszustellende **Zustellungsurkunde** (§ 182 ZPO) ist an den Gerichtsvollzieher zurückzusenden (Abs. 2), der sie zusammen mit dem Original des zuzustellenden Dokuments an die die Zustellung veranlassende Partei weiterreicht (§ 193 Abs. 4 ZPO). Von der Zustellungsurkunde zu unterscheiden ist das **Postübergabezeugnis** nach Abs. 1 Satz 2, das lediglich die Übergabe an die Post, nicht hingegen die Zustellung bezeugt. Für die Wirksamkeit der Zustellung ist es unerheblich, ob dieses Postübergabezeugnis fehlerhaft ist oder ganz fehlt.[4] Der Gerichtsvollzieher verwendet die nach § 190 ZPO iVm ZustVV vorgesehenen Formulare (→ § 190 Rn. 1). Er muss die Zustellung durch die Post **überwachen,** ggf. nachfassen und etwaige Fehler der Zustellung beheben lassen und hat die zustellende Partei entsprechend zu **informieren.**[5] **3**

---

[1] Musielak/Voit/*Wittschier* ZPO § 193 Rn. 3 m. Vw. auf BT-Drs. 19/31119, 5.
[1*] BeckOF-Prozess/*Ziegelmayer* Kap. 27.3.1 Rn. 10, dort auch Muster eines Zustellungsauftrags.
[2] MüKoZPO/*Häublein/Müller* ZPO § 192 Rn. 3.
[3] MüKoZPO/*Häublein/Müller* ZPO § 194 Rn. 2.
[4] Musielak/Voit/*Wittschier* ZPO § 194 Rn. 2.
[5] MüKoZPO/*Häublein/Müller* ZPO § 194 Rn. 5.

§ 195 Zustellung von Anwalt zu Anwalt

(1) ¹Sind die Parteien durch Anwälte vertreten, so kann ein Dokument auch dadurch zugestellt werden, dass der zustellende Anwalt das Dokument dem anderen Anwalt übermittelt (Zustellung von Anwalt zu Anwalt). ²Auch Schriftsätze, die nach den Vorschriften dieses Gesetzes von Amts wegen zugestellt werden, können stattdessen von Anwalt zu Anwalt zugestellt werden, wenn nicht gleichzeitig dem Gegner eine gerichtliche Anordnung mitzuteilen ist. ³In dem Schriftsatz soll die Erklärung enthalten sein, dass von Anwalt zu Anwalt zugestellt werde. ⁴Die Zustellung ist dem Gericht, sofern dies für die zu treffende Entscheidung erforderlich ist, nachzuweisen. ⁵Für die Zustellung von Anwalt zu Anwalt gelten § 173 Absatz 1 und § 175 Absatz 2 Satz 1 entsprechend.

(2) ¹Zum Nachweis der Zustellung eines Schriftstücks genügt das mit Datum und Unterschrift versehene Empfangsbekenntnis desjenigen Anwalts, dem zugestellt worden ist. ²§ 175 Absatz 4 gilt entsprechend. ³Die Zustellung eines elektronischen Dokuments ist durch ein elektronisches Empfangsbekenntnis in Form eines strukturierten Datensatzes nachzuweisen. ⁴Der Anwalt, der zustellt, hat dem anderen Anwalt auf Verlangen eine Bescheinigung über die Zustellung zu erteilen.

1 Die Vorschrift vereinfacht ähnlich wie §§ 172, 175 ZPO die Zustellung in allen Fällen, in denen sowohl Zustellungsveranlasser als auch Zustellungsadressat anwaltlich vertreten sind. Die Einschaltung eines **Gerichtsvollziehers** ist dann **nicht notwendig**, bleibt aber möglich und ist insbesondere dann geboten, wenn der empfangende Anwalt die Entgegennahme verweigert oder das Empfangsbekenntnis nicht zurücksendet.[1] Zustellung von Anwalt zu Anwalt ist auch zum Zwecke der Vollziehung einstweiliger Verfügungen möglich (§§ 922 Abs. 2, 935, 936 ZPO).[2] Die Patentstreitkammern des LG Düsseldorf verfügen regelmäßig, dass die Parteien weitest möglich nach § 195 ZPO von Anwalt zu Anwalt zustellen sollen.

2 Die Vorschrift deckt sich im Wesentlichen mit § 175 ZPO, stellt aber klar, dass im Parteibetrieb nur ein Anwalt als Bevollmächtigter des Zustellungsveranlassers (nicht also der Zustellungsveranlasser selbst) direkt an den Anwalt des Adressaten zustellen kann. Bei beiderseitiger anwaltlicher Vertretung folgt aus § 172 ZPO zudem, dass wirksam nur an den bevollmächtigten Anwalt zugestellt werden kann.[3] Die ausdrücklichen Verweise auf § 173 Abs. 1 und § 175 Abs. 2 S. 1 ZPO betreffen die Möglichkeit der **Zustellung per Telefax oder elektronischem Dokument** und der entsprechenden Rücksendung des **Empfangsbekenntnisses**.

3 Eine **Pflicht zur (unverzüglichen) Rücksendung** des Empfangsbekenntnisses an den zustellenden Anwalt resultiert aus § 14 BORA, allerdings ohne prozessrechtliche Wirkung.[4] Für gerichtlich veranlasste Zustellungen findet sich eine solche Pflicht außerdem in § 175 Abs. 4 S. 1 ZPO, auf den § 195 ZPO nun auch ausdrücklich verweist. Demnach muss der zustellende Anwalt muss sorgfältig abwägen, ob er statt einer Zustellung von Anwalt zu Anwalt nicht sicherer per Gerichtsvollzieher[5] zustellt, sei es nach Ausbleiben der Rücksendung des Empfangsbekenntnisses oder von vornherein.[6]

4 Hinsichtlich der Bestellung des Anwalts und der Zustellung gegen Empfangsbekenntnis (maßgeblicher Zeitpunkt, Form und Inhalt des Empfangsbekenntnisses, Erfordernis der Entgegennahme als zugestellt etc) kann im Übrigen auf die **Kommentierung zu §§ 172, 175 ZPO** verwiesen werden. Unterzeichnet ein bislang noch nicht mandatierter (also noch nicht bevollmächtigter) Anwalt ein vom zustellenden Anwalt **vorbereitetes Empfangsbekenntnis**, das diese Formulierung enthält, wonach der empfangende Anwalt „als Prozessbevollmächtigter" des Antragsgegners handelt, so bestellt er sich mit Unterzeichnung und Rücksendung des Empfangsbekenntnisses und die Zustellung ist wirksam an ihn erfolgt.[7] Vorformulierte Empfangsbekenntnisse sollten daher nicht ungeprüft verwendet werden. Ob auch ein **Patentanwalt** nach § 195 ZPO zustellen bzw. Zustellungen wirksam empfangen kann, ist umstritten.[8]

5 Nach § 195 ZPO können **sämtliche (auch prozessuale) Dokumente** von Anwalt zu Anwalt zugestellt werden, auch solche, die eigentlich im Amtsbetrieb zugestellt werden, allerdings nicht bei

---

[1] Nur Kosten einer überflüssigen Zustellung sind ggf. nicht erstattungsfähig (vgl. LG Hamburg BeckRS 2008, 25127; MüKoZPO/*Häublein/Müller* ZPO § 195 Rn. 3, dort bei und in Fn. 5 mwN).
[2] Ahrens Wettbewerbsprozess-HdB/*Büttner* Kap. 59 Rn. 31.
[3] → § 172 Rn. 3.
[4] → § 174 Rn. 8; MüKoZPO/*Häublein/Müller* ZPO § 195 Rn. 8.
[5] Zustellungsadressat bleibt aber auch dann der gegnerische Anwalt als Bevollmächtigter.
[6] *Löffel* GRUR-Prax 2015, 542; *Möller* NJW 2015, 3673; *Möller* GRUR-Prax 2015, 46. Ausführlich *Kurtz* WRP 2016, 305 (308 ff.).
[7] KG BeckRS 2005, 09483.
[8] Amtszustellung gegen Empfangsbekenntnis ist an den Patentanwalt (nicht an Patentassessor oder juristischen Assessor) unstreitig möglich (BPatG GRUR 1998, 729 ff. - EKOMAX/Ökomat; → § 175 Rn. 1 aE). Zöller/*Schultzky* ZPO § 195 Rn. 3 aE hält jedoch die Anwendung des § 195 ZPO auf nicht-rechtsanwaltliche Personen, denen nach § 175 ZPO (bzw. § 174 ZPO aF) zugestellt werden kann, für ausgeschlossen (ohne Begründung). Ablehnend speziell für Patentanwälte auch Petri/*Tuscherer/Stadler* Mitt. 2014, 65 (68).

solchen Dokumenten, die **bei Gericht** zum Zwecke der Amtszustellung eingereicht werden müssen, also Klage- und Rechtsmittelschriften sowie Rechtsmittelbegründungsschriften.[9] Klageänderungen, Klageerweiterungen und Widerklagen lassen sich hingegen von Anwalt zu Anwalt zustellen.[10] Zustellung von Anwalt zu Anwalt ist auch **ausgeschlossen,** wenn zusammen mit dem Dokument **gerichtliche Anordnungen** mitzuteilen sind (Abs. 1 Satz 2 aE), also bspw. Ladungen (§ 214 ZPO), Anordnung des schriftlichen Vorverfahrens (§ 276 ZPO) oder Schriftsatzfristen (§§ 276 Abs. 1 S. 2, 277 Abs. 2 ZPO). Ob auch der **Nachweis einer angeordneten Sicherheitsleistung** (zB Bankbürgschaft, § 108 ZPO) von Anwalt zu Anwalt zugestellt werden kann, oder ob hierfür ein Gerichtsvollzieher einzuschalten ist, ist **umstritten.**[11]

Die Zustellung von Anwalt zu Anwalt **per Telefax** ist wegen ihrer Schnelligkeit und Einfachheit in der Praxis beliebt, bedarf aber besonderer Aufmerksamkeit insbesondere hinsichtlich **Beglaubigung**[12] sowie **vollständiger und richtiger (ggf. farbiger) Wiedergabe** auf dem Empfangsgerät (→ § 192 Rn. 5f. und die dortigen Verweise). Zur Zustellung von Anwalt zu Anwalt **per beA** → § 192 Rn. 6.[13] **6**

Abs. 1 Satz 3 ist eine bloße **Sollvorschrift.** Fehlt eine ausdrückliche Erklärung, dass von Anwalt zu Anwalt zugestellt werde, lässt das die Wirksamkeit der Zustellung unbeeinträchtigt. **Jede andere Aussage,** dass „zugestellt" (oÄ) wird, genügt gleicher Maßen wie **konkludente Erklärungen,** die vor allem in der Beifügung eines vorbereiteten Empfangsbekenntnisses[14] zu sehen sind. **7**

Zustellung von Anwalt zu Anwalt ist kraft der sondergesetzlichen Verweisungen[15] auch in Verfahren vor dem **BPatG** nach den allgemeinen Regeln möglich.[16] **8**

§§ 195a bis 213a (weggefallen)

Titel 3. Ladungen, Termine und Fristen

§ 214 Ladung zum Termin

Die Ladung zu einem Termin wird von Amts wegen veranlasst.

A. Anwendungsbereich

§§ 214 ff. ZPO gelten für alle Verfahren, die der ZPO unterliegen, soweit keine Sonderregelungen gelten. **1**

Für Verfahren vor dem **BPatG** gehen die in ihren Wortlauten miteinander identischen § 75 MarkenG und § 89 PatG dem § 214 vor. Ihr Charakter als Sonderregelungen ergibt sich aus § 82 Abs. 1 S. 1 MarkenG und § 99 Abs. 1 PatG, der auch im Gebrauchsmusterrecht gilt.[1] Danach sind das GVG und die ZPO auf Verfahren vor dem Patentgericht entsprechend anzuwenden, soweit keine Sonderbestimmung des jeweiligen Gesetzes, etwa des MarkenG oder des PatG gilt und die Besonderheiten des Verfahrens vor dem Patentgericht – etwa der Untersuchungsgrundsatz[2] – die entsprechende Anwendung nicht ausschließen.[3] So ist die Anwendung der §§ 215 Abs. 1 und 2, 217, 227 Abs. 3 S. 1 ausgeschlossen.[4] Der Anwendung des § 215 Abs. 1 stehen § 75 Abs. 2 MarkenG und § 89 Abs. 2 PatG entgegen,[5] der Anwendung des § 215 Abs. 2 die fehlende Geltung des § 78 ZPO in Verfahren vor dem BPatG,[6] der Anwendung des § 217 im Markenrecht § 75 Abs. 1 S. 1 MarkenG und im Patentrecht § 89 Abs. 1 S. 1 PatG und der Anwendung des § 227 Abs. 3 S. 1 im Markenrecht § 82 Abs. 1 S. 2 MarkenG und im Patentrecht § 99 Abs. 4 PatG.[7] **2**

---

[9] Zöller/*Schultzky* ZPO § 195 Rn. 8.
[10] Zöller/*Schultzky* ZPO § 195 Rn. 8; Prütting/Gehrlein/*Marx* ZPO § 195 Rn. 2.
[11] Kühnen Patentverletzung-HdB Kap. E Rn. 31 mwN.
[12] Vgl. OLG Frankfurt a. M. BeckRS 2010, 15746 = GRUR-Prax 2010, 451 *(Tietze):* Beglaubigung jedes einzelnen Blattes ist geboten.
[13] Insbesondere zur Möglichkeit einer solchen Zustellung zwecks Vollziehung einer einstweiligen Verfügung siehe beA-Newsletter der Bundesrechtsanwaltskammer, Ausgabe 23/2019 (o. Verf.); bejahend auch *Czernik/Preiss* MMR 2017, 829.
[14] BGH NJW 1954, 1722 (1723).
[15] Bspw. § 94 Abs. 2 MarkenG, § 127 Abs. 2 PatG.
[16] Fezer Markenpraxis-HdB/*Grabrucker* Markenbeschwerdeverfahren BPatG I 2 Rn. 329.
[1] *Mes* GebrMG § 21 Rn. 3; vgl. BPatG GRUR 1980, 997 – Haupt- und Hilfsantrag.
[2] BPatGE 8, 40 (42); Ingerl/Rohnke § 75 Rn. 1; *Mes* § 99 Rn. 1; *Fezer* MarkenR § 82 Rn. 3.
[3] Fezer/*Grabrucker* I 1 2 Rn. 403; vgl. Benkard/*Goebel* GebrMG § 21 Rn. 1.
[4] Ströbele/Hacker/*Knoll* § 82 Rn. 67–69; vgl. Benkard/*Schäfers* § 99 Rn. 6–6e; Busse/*Schuster* § 99 Rn. 10.
[5] Ströbele/Hacker/*Knoll* § 82 Rn. 69.
[6] Ströbele/Hacker/*Knoll* § 82 Rn. 69; *Mes* § 97 Rn. 3.
[7] Ströbele/Hacker/*Knoll* § 82 Rn. 72.

ZPO § 214 3–11　Buch 1. Allgemeine Vorschriften

3　Dieser Grundsatz gilt auch für Verfahren vor dem **DPMA**. Auf Verfahren vor dem DPMA sind §§ 214–227 – zumindest entsprechend – anzuwenden, soweit nicht (a) die DPMAV eine besondere Regelung vorsieht oder (b) die Besonderheiten des Verfahrens vor dem DPMA – etwa der Untersuchungsgrundsatz[8] – die entsprechende Anwendung nicht ausschließen.[9] Denn die justizförmige Ausgestaltung der Verfahren vor dem DPMA gebieten insoweit die Regelungen der ZPO in kontradiktatorischen Verfahren.[10] Der Anwendungsbereich der §§ 214–227 in Verfahren vor dem DPMA ist jedoch in der Praxis beschränkt. Die Regelungen in der DPMAV sind relativ umfassend.[11] Sie gelten einheitlich für Patent-, Gebrauchsmuster-, Design- und Markenverfahren.

4　Auf Verfahren vor dem **EUIPO**[12] und der **WIPO**[13] sind §§ 214–227 nicht anwendbar.

5　Für **Einigungsstellen** können auch die Durchführungsverordnungen nach § 15 Abs. 11 UWG Sonderregelungen enthalten.

B. Allgemeines

6　Das Gericht lädt die Parteien zu Terminen → Rn. 9 grundsätzlich (zur Ausnahme der Entbehrlichkeit der Ladung § 218) von Amts wegen durch die Bekanntgabe der Ladungsverfügung. Für die **Ladung** ist die Geschäftsstelle zuständig, § 153 GVG. Sie kommuniziert die vorangegangene Terminsbestimmung nach § 216 mit der Ladung nach außen. Die Terminsbestimmung nach § 216 und die Ladung nach § 214 müssen sich inhaltlich entsprechen.[14] Systematisch folgt § 214 daher (erst) auf § 216.[15] § 214 wird für Ladungen zu mündlichen Verhandlungen durch § 215 ergänzt. Für die Anhörung einer Partei (ua §§ 141 Abs. 2, 273 Abs. 4, 450 Abs. 1 S. 3, 497), für Streitgenossen (§ 63), für Zeugen (§§ 273 Abs. 2 Nr. 4, 377) und für Sachverständige (§§ 402, 273 Abs. 2 Nr. 4, 377) gelten die jeweiligen Sonderregelungen ergänzend.

7　Hat sich ein Bevollmächtigter in einer **Schutzschrift** wirksam bestellt, ist die Ladung an ihn zu richten.[16] Es genügt die Ladung an die Partei, wenn sich der Bevollmächtigte erst nach der Ladung bestellte.[17] In **einstweiligen Verfügungsverfahren** werden Zeugen und Sachverständige grundsätzlich nicht geladen. Ausnahmen hiervon sind selten, etwa wenn die den Zeugen anbietende Partei aufgrund Armut außerstande ist, den Zeugen zum Termin zu stellen.[18] Eine solche Ausnahme kommt auch in Betracht, wenn glaubhaft gemacht ist, dass ein Zeuge eine Tatsache bestätigte, sich aber weigert, eidesstattliche Versicherung abzugeben oder als präsenter Zeuge ohne Ladung zum Termin zu erscheinen.

8　Im Fall des **Klägerwechsels** bedarf es keiner gesonderten Ladung des Beklagten zu einem bereits vor dem Klägerwechsel bestimmten Termin.[19]

C. Termin

9　**Termin** ist der im Voraus bestimmte Zeitpunkt für ein gemeinsames Handeln von Gericht und Parteien.[20] Regelmäßig handelt es sich um eine Güteverhandlung (§ 278), eine mündliche Verhandlung (§ 279), die Verkündung einer Entscheidung, eine Beweisaufnahme (§ 370) oder die Protokollierung eines Vergleichs. Auch Sitzungen originärer und obligatorischer Einzelrichter und beauftragter und ersuchter Richter sind Termine.

D. Ladung

10　Ladung ist die Bekanntgabe über einen nach Ort, Tag und Zeit bestimmten Termin mit der Aufforderung, zu diesem Termin zu erscheinen. Sie ist prozessleitende Verfügung, keine Entscheidung.[21]

11　**Inhaltlich** muss sie das Gericht, den Rechtsstreit, den Tag und Uhrzeit des Termins[22], den Terminsort[23] und den Terminszweck bezeichnen. Für die Bezeichnung des Terminszwecks genügt

---

[8] BPatG GRUR 1984, 647 (648); BPatGE 8, 40 (42).
[9] IE BPatG GRUR 1980, 997 – Haupt- und Hilfsantrag; zu § 222 Eichmann/Jestaedt/Fink/*Meiser*/*Kühne* § 23 Rn. 54.
[10] Ströbele/Hacker/*Kirschneck* § 56 Rn. 1, § 65 Rn. 1; vgl. BPatG GRUR 1980, 997 – Haupt- und Hilfsantrag; Ingerl/*Rohnke* Vor §§ 56–65 Rn. 1; Fezer/*Bingener* I 1 1 Rn. 72.
[11] Vgl. Ströbele/Hacker/*Kirschneck* § 56 Rn. 1; Fezer/*Bingener* I 1 1 Rn. 71 ff.
[12] Vgl. Fezer/*Bender* I 2 Rn. 280 ff.
[13] Fezer/*Gaedertz*/*Grundmann* I 3 Rn. 49a ff.
[14] Stein/Jonas/*Roth* § 214 Rn. 1.
[15] MüKoZPO/*Stackmann* § 214 Rn. 1; Stein/Jonas/*Roth* § 214 Rn. 1.
[16] *Berneke*/*Schüttpelz* Rn. 293 aE.
[17] OLG Köln NJOZ 2001, 1190 (1191).
[18] *Berneke*/*Schüttpelz* Rn. 322 aE.
[19] OLG Jena BeckRS 2001, 30157785.
[20] Zöller/*Feskorn* Vor § 214 Rn. 1; vgl. MüKoZPO/*Stackmann* § 214 Rn. 2.
[21] MüKoZPO/*Stackmann* § 214 Rn. 2.
[22] OLG München NJW 2000, 748 zu (fehlender) Befangenheit bei Terminierung auf den 11.11. um 11 Uhr 11.
[23] Nach BVerwG NVwZ-RR 1989, 168 genügt die Ladung zu einem „Treffpunkt".

eine allgemeine Umschreibung.[24] Weitere Mindestinhalte der Ladung hängen von ihrem jeweiligen Zweck ab. Bei Zeugen ist nach § 377 Abs. 2 der Gegenstand der Vernehmung, bei Ladungen zu mündlichen Verhandlungen der Inhalt nach § 215 anzugeben.

Grobe Fehler des Inhalts können zur Unwirksamkeit der Ladung führen.[25] **12**

Die Ladung wird durch Zustellung nach §§ 166 Abs. 2, 168 Abs. 1, 329 Abs. 2 S. 2 oder durch **13** Verkündung nach § 218 **bekanntgegeben,** soweit nichts anderes geregelt ist (siehe etwa für Zeugen § 477 Abs. 1, für Sachverständige §§ 377 Abs. 1, 402 sowie §§ 341a, 357 Abs. 2 S. 1, 366 Abs. 2, 370 Abs. 2, 377 Abs. 1 S. 2, 497 Abs. 1 S. 1, 523 Abs. 1 S. 2, 553 Abs. 1).[26]

Fehlt eine der notwendigen Angaben → Rn. 11 oder ist die Ladung so fehlerhaft, dass sie ihr nicht **14** entnommen werden können, oder wird die Ladung nicht ordnungsgemäß zugestellt, erfolgt die Ladung **nicht ordnungsgemäß.** Die gesetzlichen Folgen einer Säumnis treten dann nach § 335 Abs. 1 Nr. 2 nicht ein.[27] Da die Gerichtsakte keine Durchschrift der Ladung enthält, kann das Gericht Fehler der Ladungsverfügung meist nicht erkennen. Ladungsfehler bedürfen daher praktisch der – formlos zulässigen – Rüge, um gesetzliche Säumnisfolgen von vornherein zu vermeiden.[28] Ladungs- und Zustellungsfehler können nach §§ 189, 295 geheilt werden.[29]

§ 215 Notwendiger Inhalt der Ladung zur mündlichen Verhandlung

(1) ¹In der Ladung zur mündlichen Verhandlung ist über die Folgen einer Versäumung des Termins zu belehren (§§ 330 bis 331a). ²Die Belehrung hat die Rechtsfolgen aus den §§ 91 und 708 Nr. 2 zu umfassen.

(2) In Anwaltsprozessen muss die Ladung zur mündlichen Verhandlung, sofern die Zustellung nicht an einen Rechtsanwalt erfolgt, die Aufforderung enthalten, einen Anwalt zu bestellen.

A. Allgemeines

Die Vorschrift wurde eingeführt, um unbestrittene Forderungen im Wege eines europäischen Voll- **1** streckungstitels vollstrecken zu können.[1] Durch die Belehrung wird sichergestellt, dass auch ein Versäumnisurteil die Voraussetzungen des Art. 17 EG-VollstrTitelVO erfüllt. **Systematisch** ergänzt § 215 die Regelung des § 214, indem sie weiteren notwendigen Inhalt der Ladung, nämlich der Ladung zur mündlichen Verhandlung festlegt.

Es ist dagegen keine Frage der Ordnungsgemäßheit der Ladung, wenn das Gericht im **einstweiligen** **2** **Verfügungsverfahren** dem Antragsgegner nicht den Antrag oder dem Antragsteller nicht die Schutzschrift übersendet.[2]

Auf Verfahren vor dem **BPatG** ist § 215 nicht anwendbar. Der Anwendung des § 215 Abs. 1 stehen **3** § 75 Abs. 2 MarkenG und § 89 Abs. 2 PatG entgegen → § 214 Rn. 2. Zur Anwendung vor dem **DPMA, EUIPO** und **WIPO** → § 214 Rn. 3 f.

B. Belehrungspflichten nach Absatz 1

Die Belehrungspflichten nach Abs. 1 umfassen die Belehrung über die möglichen Folgen einer **4** Versäumung nach §§ 330–331a einschließlich der Kosten- und Vollstreckungsfolgen. Einer Belehrung über ein mögliches zweites Versäumnisurteil bedarf es nicht.[3]

C. Aufforderung zu Anwaltsbestellung nach Absatz 2

Im Anwaltsprozess nach § 78 müssen – auch wegen Terminsverlegungen oder Vertagungen oder **5** aus sonstigen Gründen wiederholte[4] – Ladungen nach Abs. 2 die Aufforderung zur Bestellung eines Anwalts enthalten, wenn die Ladung nicht ohnehin bereits einem zugelassenen Anwalt zugestellt wird.

---

[24] BGH NJW 1982, 888: Ladung „*zur mündlichen Verhandlung*" im Falle der Verhandlung über Einspruch und über Hauptsache genügt, wenn der Partei der bisherige Verfahrensgang bekannt ist und sie daher bei uneingeschränkter Ladung mit umfassender Erörterung des Sach- und Streitstands rechnen muss.
[25] MüKoZPO/*Stackmann* § 214 Rn. 2.
[26] So auch MüKoZPO/*Stackmann* § 214 Rn. 2; Zöller/*Feskorn* § 214 Rn. 5 sieht die Formlosigkeit als Regel- und die Zustellung als Ausnahmefall.
[27] BGH NJW 2011, 928 (929).
[28] Zöller/*Feskorn* § 214 Rn. 3; MüKoZPO/*Stackmann* § 214 Rn. 3.
[29] Musielak/Voit/*Stadler* § 214 Rn. 7.
[1] Vgl. BGH GRUR 2010, 662 (664) – Ordnungsmittelbeschluss.
[2] So wohl auch *Berneke/Schüttpelz* Rn. 295, 319.
[3] BGH BeckRS 2010, 24080; OLG Düsseldorf BeckRS 2011, 25482; LG Memmingen BeckRS 2010, 24082; MüKoZPO/*Stackmann* § 215 Rn. 1.
[4] Zöller/*Feskorn* § 215 Rn. 2; MüKoZPO/*Stackmann* § 215 Rn. 4.

6 Die Aufforderung ist **entbehrlich,** wenn die Ladung ohnehin einem Rechtsanwalt, sei es als Partei, als Prozess- oder Zustellungsbevollmächtigter, oder seinem amtlich bestellten Vertreter oder Abwickler nach §§ 53, 55 BRAO zugestellt wird.[5] Das gilt jedoch nicht für Zustellungen an Bevollmächtigte des Rechtsanwalts.[6] Die Aufforderung ist auch dann nicht entbehrlich, wenn die betroffene Partei § 78 kennt oder es eine wiederholte Ladung ist. Denn durch das Fehlen der Aufforderung könnte die Partei unzutreffend darauf schließen, dass sie sich nicht mehr vertreten lassen muss.[7] Bestellt sich ein Anwalt nach der Ladung an eine Partei, ist eine gesonderte Ladung an den Anwalt gesetzlich nicht vorgesehen[8], in der Praxis aber üblich.

D. Folgen von Verstößen

7 Erfüllt eine Ladung die Anforderungen des § 215 nicht, erfolgt sie **nicht ordnungsgemäß.** Die gesetzlichen Folgen einer Säumnis treten dann – wie bereits bei einem Verstoß gegen § 214 → § 214 Rn. 14 – nach § 335 Abs. 1 Nr. 2 nicht ein.[9] Wie bei einem Verstoß gegen § 214 gilt auch hier, dass das Gericht Fehler der Ladung meist nicht erkennen kann, da die Gerichtsakte keine Durchschrift der Ladung enthält. In der Praxis ist eine – formlos zulässige – Rüge zu empfehlen, um die gesetzlichen Säumnisfolgen von vornherein zu vermeiden.

8 Ein Verstoß gegen § 215 kann auch zur Unwirksamkeit der Ladung führen, wobei eine Heilung nach §§ 189, 295 möglich ist.[10]

§ 216 Terminsbestimmung

(1) **Die Termine werden von Amts wegen bestimmt, wenn Anträge oder Erklärungen eingereicht werden, über die nur nach mündlicher Verhandlung entschieden werden kann oder über die mündliche Verhandlung vom Gericht angeordnet ist.**

(2) **Der Vorsitzende hat die Termine unverzüglich zu bestimmen.**

(3) **Auf Sonntage, allgemeine Feiertage oder Sonnabende sind Termine nur in Notfällen anzuberaumen.**

Übersicht

	Rn.
A. Allgemeines	1
B. Pflicht zur Terminsbestimmung von Amts wegen	5
C. Verfahren	15
D. Terminswahl	17
E. Anfechtbarkeit	23

A. Allgemeines

1 Die Vorschrift regelt die Pflicht zur Terminsbestimmung (Termin → § 214 Rn. 9) von Amts wegen. Diese Pflicht dient der Verfahrensförderung und ist Ausfluss der **Rechtsschutzgarantie.** Sie kann daher grundsätzlich (Ausnahmen → Rn. 5 ff.) nicht wegen Zweifeln des Gerichts an der Zulässigkeit oder der Begründetheit der Klage eingeschränkt werden.[1] Die Feststellung solcher Mängel ist gerade Gegenstand des durchzuführenden Verfahrens.[2] § 216 gilt für alle Verfahren der ZPO, für die eine mündliche Verhandlung zwingend vorgesehen oder für die sie vom Gericht angeordnet ist, §§ 128, 272 Abs. 2. Sonderregelungen sind ua in §§ 272 Abs. 2, 341a, 361, 366 Abs. 2, 368, 523, 553, 924 Abs. 2 vorgesehen. Die Möglichkeit zur Anordnung eines schriftlichen Vorverfahrens nach § 276 mindert die Bedeutung der Vorschrift, ändert jedoch nichts an ihrer **verfassungsrechtlichen Grundlage.**

2 § 216 ist auch auf Verfahren vor dem **BPatG** anwendbar → § 214 Rn. 2. Zur Anwendbarkeit auf Verfahren des **DPMA, EUIPO** und **WIPO** → § 214 Rn. 3 f.

3 Der Vorsitzende ist grundsätzlich (zum Umfang der Pflicht → Rn. 5) verpflichtet, Termine unverzüglich und von Amts wegen zu bestimmen, wenn nur nach mündlicher Verhandlung entschieden werden kann oder die mündliche Verhandlung angeordnet wurde. Einer Anregung durch eine Partei

---

[5] MüKoZPO/*Stackmann* § 215 Rn. 3.
[6] MüKoZPO/*Stackmann* § 215 Rn. 3.
[7] Zöller/*Feskorn* § 215 Rn. 2.
[8] OLG Köln IJOZ 2001, 1190 (1191); MüKoZPO/*Stackmann* § 215 Rn. 4.
[9] OLG Brandenburg BeckRS 2001, 30182528; LAG Köln BeckRS 2019, 45749.
[10] MüKoZPO/*Stackmann* § 215 Rn. 5.
[1] Vgl. OLG Frankfurt a. M. BeckRS 2010, 14620; Stein/Jonas/*Roth* § 216 Rn. 10; Musielak/Voit/*Stadler* § 216 Rn. 4.
[2] OLG Frankfurt a. M. BeckRS 2010, 14620.

bedarf es nicht.³ § 216 geht damit **systematisch** § 214 vor. Erst wenn der Vorsitzende den Termin nach § 216 bestimmt hat, kann die Geschäftsstelle nach § 214 laden. Terminierungsanträge der Parteien dienen daher nur als Anregung zur Amtstätigkeit, es sei denn das Verfahren ist unterbrochen oder ausgesetzt oder ruht oder eine Sondervorschrift sieht einen solchen Antrag vor.⁴

Soweit Termine von Amts wegen zu bestimmen sind, gilt das nicht nur für den ersten Termin, sondern wirkt während des weiteren Verfahrens fort, es sei denn die Fortsetzung des Verfahrens hängt von der formellen Rechtskraft einer Zwischenentscheidung – etwa eines Teil- oder Grundurteils – ab.⁵ 4

B. Pflicht zur Terminsbestimmung von Amts wegen

Der **Umfang** der Pflicht zur Terminsbestimmung geht so weit wie der Zweck dieser Terminsbestimmung erreicht werden kann.⁶ Es ist daher kein Termin zu bestimmen, wenn der Zweck der Verfahrensförderung nicht erreicht, etwa schon die Zustellung der Klage verweigert werden kann. So besteht die Pflicht zur unverzüglichen Terminsbestimmung von Amts wegen nicht, 5

– wenn das Gericht das schriftliche Vorverfahren anordnet, §§ 272 Abs. 2, 276; die Terminsbestimmung beendet das schriftliche Vorverfahren.⁷ 6
– wenn die deutsche Gerichtsbarkeit nicht gegeben ist. Unterliegt der Beklagte nicht der deutschen Gerichtsbarkeit, etwa wegen Exterritorialität, ist kein Termin zu bestimmen.⁸ Dagegen besteht kein Verfahrenshindernis, wenn der Kläger nicht der deutschen Gerichtsbarkeit unterliegt. Er hat mit der Klage auf seinen Schutz durch Exterritorialität verzichtet.⁹ 7
– wenn ein die Pflicht zur Terminsbestimmung ausschließendes Verfahrenshindernis besteht, wenn die Klage entgegen § 184 GVG in fremder Sprache verfasst, nicht oder nur durch einen nicht postulationsfähigen Anwalt unterschrieben ist (§ 78), sich nicht als Klage verstehen lässt, den Beklagten nicht erkennen lässt, keinen Klageantrag enthält, grob unvollständig ist, nur unsachlichen und ausschließlich beleidigenden Inhalt hat, sonstwie grob und offensichtlich missbräuchlich¹⁰ oder an ein funktionell unzuständiges Gericht gerichtet ist.¹¹ 8
– wenn eine mündliche Verhandlung so lange nicht terminiert wird, wie in pandemiebedingten Ausgangs- oder Reisebeschränkungen die Bewertung der verantwortlichen Exekutive zum Ausdruck kommt, dass eine solche Kontaktaufnahme eine zu vermeidende Gefahr darstellt.¹² 9
– wenn eine Partei nicht existiert.¹³ Dann fehlt es schon an einem Prozessrechtsverhältnis. Das gilt nicht bei mangelhafter Angabe von Vertretungsverhältnissen oder bloßen Falschbezeichnungen, da solche Mängel während des Verfahrens behoben werden können. 10
– wenn der Kläger den Gerichtskostenvorschuss nicht zahlt oder eine etwa notwendige Ausländersicherheit nicht leistet.¹⁴ Bestimmte das Gericht trotz § 12 GKG vor der Zahlung der Gerichtskosten einen Termin (auf Antrag des Beklagten zwingend¹⁵), ist es ihm jedoch verwehrt, die mündliche Verhandlung wegen weiter fehlender Zahlung der Gerichtskosten zu verweigern und auf Antrag des Beklagten klageabweisendes Versäumnisurteil zu erlassen.¹⁶ Mit einer solchen Klageabweisung wäre eine gerichtliche Aberkennung des geltend gemachten Anspruchs verbunden. Der Kläger, der die Klage erhebt ohne Gerichtskosten einzuzahlen, darf nicht schlechter gestellt werden als der Kläger, der keine Klage erhebt. Ihm wird der Anspruch gerichtlich auch nicht aberkannt.¹⁷ 11
– wenn und solange das Verfahren nach §§ 239–245 unterbrochen oder nach §§ 246, 247 (nicht aber §§ 148, 149) ausgesetzt ist, wenn kein begründeter Antrag nach § 250 gestellt ist.¹⁸ 12
– nach Schluss der mündlichen Verhandlung, solange keine Wiedereröffnung nach § 156 angezeigt oder ein durch Prozessvergleich beendetes Verfahren nicht fortzusetzen ist.¹⁹ 13
– wenn im Mahnverfahren die Anspruchsbegründung eingegangen ist oder auf Antrag des Schuldners, § 697 Abs. 2 und 3. 14

---

³ BGH BeckRS 1975, 30372602.
⁴ Zöller/*Feskorn* § 216 Rn. 1.
⁵ Zöller/*Feskorn* § 216 Rn. 1; zum Grundurteil BGH NJW 1979, 2307 (2308).
⁶ MüKoZPO/*Stackmann* § 216 Rn. 3.
⁷ Zöller/*Feskorn* § 216 Rn. 13.
⁸ OLG München NJW 1975, 2144; OLG Frankfurt a. M. BeckRS 2010, 14620.
⁹ MüKoZPO/*Stackmann* § 216 Rn. 3; Zöller/*Feskorn* § 216 Rn. 6.
¹⁰ ArbG Hamm MDR 1966, 272 zu gleichzeitiger Erhebung derselben Klage bei 74 Gerichten.
¹¹ Zöller/*Feskorn* § 216 Rn. 9; MüKoZPO/*Stackmann* § 216 Rn. 3.
¹² MüKoZPO/*Rauscher* COVID-19 Rn. 23.
¹³ Zöller/*Feskorn* § 216 Rn. 8.
¹⁴ Zöller/*Feskorn* § 216 Rn. 7.
¹⁵ OLG München NJW-RR 1989, 64.
¹⁶ BGH NJW 1974, 1287 f.; Zöller/*Feskorn* § 216 Rn. 7.
¹⁷ BGH NJW 1974, 1287 f.; Zöller/*Feskorn* § 216 Rn. 7.
¹⁸ Zöller/*Feskorn* § 216 Rn. 4; MüKoZPO/*Stackmann* § 216 Rn. 5.
¹⁹ Zöller/*Feskorn* § 216 Rn. 4.

C. Verfahren

15 Für die Terminsbestimmung ist – soweit vor einer Kammer oder einem Senat zu verhandeln ist – der Vorsitzende **zuständig**. Das gilt auch für Termine außerhalb des Gerichtssitzes.[20] Ansonsten sind der Einzelrichter, der beauftragte oder ersuchte Richter, der Richter am Amtsgericht oder der Rechtspfleger zuständig – je nach dem, vor wem zu verhandeln ist. Für Vertagungen gilt § 227 Abs. 4.

16 Der Termin ist **unverzüglich** zu bestimmen, auch wenn die Bestimmung langfristig im Voraus erfolgt. Unverzüglich bedeutet ohne prozessordnungswidriges Zögern.[21]

D. Terminswahl

17 Die Wahl des Termins steht im **Ermessen** des Vorsitzenden.[22] Sein Ermessen ist – neben Abs. 3 – gebunden durch § 272 Abs. 3, die Notwendigkeit einer angemessenen Vorbereitungszeit nach § 273 Abs. 1 und die Einhaltung der Ladungs- (§ 217, § 75 Abs. 1 MarkenG, § 89 Abs. 1 PatG), Einlassungs- (§ 274 Abs. 3) und Erklärungsfristen (§ 132). Sind Zustellungen im Ausland oder öffentliche Zustellungen erforderlich, ist deren voraussichtliche Dauer zu berücksichtigen.[23]

18 Grundsätzlich ist in der **Reihenfolge der Eingänge** zu terminieren.[24] Stellen sich in zwei zeitlich ggf. weit auseinander liegenden Verfahren dieselben oder ähnliche Rechtsfragen, kann es pflichtgemäßem Ermessen auch entsprechen, ein Verfahren vorzuziehen – dies unabhängig davon, ob es sich um ein Parallelverfahren im engeren Sinne, also mit mindestens einer identischen Partei oder aus einem identischen Schutzrecht handelt. Es dient der eingehenden Klärung von Rechtsfragen, wenn alle sich in solchen Verfahren stellenden Konstellationen zusammenhängend beraten und entschieden werden.[25] Die für gewerblichen Rechtsschutz zuständigen Senate des Bundesgerichtshofs und einige auf dieses Gebiet zuständige Kammern und Senate der Instanzgerichte verfahren regelmäßig in dieser Weise. Die Parteien können auf die Möglichkeit einer solchen zusammenhängenden Beratung und Entscheidung hinweisen. Sind unterschiedliche Spruchkörper zuständig, kann ein solcher Hinweis zumindest deren Abstimmung untereinander dienen.

19 Die Bestimmung von **Sammelterminen,** also desselben Termins für mehrere Verfahren ist grundsätzlich zulässig.[26] Im gewerblichen Rechtsschutz sind sie jedoch kaum praktikabel und allenfalls bei Klagen auf Erstattung von Kosten für Abmahnungen, Abschlussschreiben oder Anwaltskosten denkbar, wenn der Beklagte die Zahlungspflicht dem Grunde nach bereits anerkannte oder sie dem Grunde nach bereits rechtskräftig festgestellt wurde.

20 Die Eilbedürftigkeit von **einstweiligen Verfügungsverfahren** ist dahingehend zu berücksichtigen, dass sie sehr kurzfristig zu terminieren sind.[27] Sie müssen nicht in der Reihenfolge ihrer Eingänge terminiert werden.[28] Auch das Maß ihrer jeweiligen Eilbedürftigkeit spielt eine Rolle.[29] Wenn eine angemessen kurzfristige Terminierung nicht anders möglich ist, ist auch der Termin einer weniger eilbedürftigen (Haupt- oder Verfügungs-)Sache zu vertagen.[30]

21 Im Laufe einer **Pandemie** ist besonders zu berücksichtigen, ob die Terminierung einer mündlichen Verhandlung im Einzelfall angezeigt erscheint. Eine mündliche Verhandlung ist unter solchen Umständen weder generell unzumutbar noch generell geboten.[31] *Rauscher* weist zutreffend darauf hin, dass eine mündliche Verhandlung mit deutlich wirksameren Abtrennungen im Regelfall zumutbar sein sollte, wenn zehntausende Verkäuferinnen und Verkäufer im Lebensmittelhandel durch Plexiglasscheiben mit Ausgabe- und Bezahlöffnungen arbeiten.[32] Auch insoweit sind jedoch die Umstände des Einzelfalls einschließlich der der beteiligten Personen zu berücksichtigen, insbesondere Reiseentfernungen, Anreisemöglichkeiten, Übernachtungsmöglichkeiten, Zugehörigkeit der Beteiligten zu einer Risikogruppe uä.

---

[20] BAG NJW 1993, 1029.
[21] MüKoZPO/*Stackmann* § 216 Rn. 6; vgl. OLG Schleswig NJW 1982, 246.
[22] MüKoZPO/*Stackmann* § 216 Rn. 8; die Weite des Ermessens zeigt OLG München NJW 2000, 748, wonach eine Terminsbestimmung auf den 11.11. um 11 Uhr 11 jedenfalls nicht die Annahme von Befangenheit begründen soll.
[23] Zöller/*Feskorn* § 216 Rn. 14.
[24] Zöller/*Feskorn* § 216 Rn. 14; Fezer/*Grabrucker* I 1 2 402; ähnlich OLG Köln BeckRS 2005, 04340: nächster freier Termin unter Einhaltung der Ladungsfrist.
[25] Fezer/*Grabrucker* I 1 2 Rn. 402; MüKoZPO/*Stackmann* § 216 Rn. 6.
[26] Zöller/*Feskorn* § 216 Rn. 15; MüKoZPO/*Stackmann* § 216 Rn. 8.
[27] Teplitzky/*Feddersen* Kap. 55 Rn. 16; *Berneke/Schüttpelz* Rn. 316.
[28] *Berneke/Schüttpelz* Rn. 316.
[29] OLG Düsseldorf BeckRS 2009, 09664 hält die Bestimmung des Termins zur mündlichen Verhandlung in einer Arrestsache in vier Monaten auf den 11.11. in einer *„zweifellos eilbedürftigen"* Sache nicht für *„greifbar gesetzeswidrig"*.
[30] OLG Frankfurt a. M. NJW 1974, 1715 (1716); *Berneke/Schüttpelz* Rn. 316.
[31] MüKoZPO/*Rauscher* COVID-19 Rn. 25.
[32] MüKoZPO/*Rauscher* COVID-19 Rn. 25.

Nach Abs. 3 kann in **Notfällen** auch auf einen Samstag, einen Sonntag oder einen allgemeinen 22
Feiertag terminiert werden. Allgemeiner Feiertag sind bundesweite Feiertage und Feiertage in dem
Bundesland, in dem der Termin stattfindet. Ein solcher Eilfall liegt nicht schon in einem einstweiligen
Verfügungs- oder Arrestverfahren. In normalen Zivilverfahren kommt eine solche Ausnahme praktisch
kaum vor. In einstweiligen Verfügungsverfahren und Beweissicherungsverfahren ist eine Terminierung
auf einen Samstag, Sonntag oder allgemeinen Feiertag denkbar, wenn ansonsten eine Beweis- oder
Glaubhaftmachungsvereitelung konkret droht oder die Nichtterminierung auf einen solchen Tag einer
Rechtsschutzverweigerung gleichkäme. Termine an anderen Feiertagen, insbesondere rein religiösen
oder solchen in Bundesländern, von denen aus Beteiligte anreisen, sollten auf begründeten Antrag
ebenfalls verlegt werden.[33]

E. Anfechtbarkeit

Die Terminsbestimmung ist als prozessleitende Verfügung **grundsätzlich unanfechtbar**.[34] Dieser 23
Grundsatz der Unanfechtbarkeit gilt auch für die Zurückweisung eines Antrags auf Terminsbestimmung, sofern ein solcher Antrag nicht erforderlich ist.[35] Denn bei einem solchen Antrag handelt es sich
lediglich um eine Anregung. Ansonsten würde die grundsätzliche Unanfechtbarkeit der Zurückweisung der Terminsbestimmung durch einen Antrag umgangen werden können.[36]

Anfechtbar ist die Terminsbestimmung 24
- trotz Ruhens- oder Aussetzungsgesuchs,[37]
- wenn sie einen besonderen Antrag erfordert und dieser zurückgewiesen wird,[38]
- wenn sie mit der Entscheidung einhergeht, das zunächst angeordnete schriftliche Vorverfahren abzubrechen und einen frühen ersten Termin zur mündlichen Verhandlung zu bestimmen;[39]
- wenn die Terminsbestimmung so unangemessen kurzfristig erfolgt, dass zu kurze Zeit (etwa einem Tag) zwischen dem Tag der Terminsbestimmung und dem Terminstag bleibt und dadurch das Recht auf Gehör verletzt wird (dann sofortige Beschwerde nach § 567 analog § 252);
- wenn die Terminsbestimmung entgegen § 272 Abs. 3 nicht oder so weit in der Zukunft erfolgt, dass sie tatsächlich einem Verfahrensstillstand bzw. einer Rechtsschutzverweigerung gleichkommt (dann sofortige Beschwerde nach § 567 analog § 252).[40]

Vor jedem auf eine Terminsänderung gerichteten Rechtsmittel ist ein Antrag auf Terminsänderung 25
nach § 227 zu stellen, ansonsten fehlt es dem Rechtsmittel am Rechtsschutzbedürfnis.

Eine nicht den Anforderungen des § 216 genügende Terminsbestimmung schließt die Annahme der 26
Säumnis in diesem Termin aus.[41]

§ 217 Ladungsfrist

Die Frist, die in einer anhängigen Sache zwischen der Zustellung der Ladung und dem Terminstag liegen soll (Ladungsfrist), beträgt in Anwaltsprozessen mindestens eine Woche, in anderen Prozessen mindestens drei Tage.

A. Normzweck

Die Vorschrift dient dem **Schutz der notwendigen Vorbereitungszeit** vor einem Termin – dies 1
sowohl zugunsten der zeitlichen Dispositionen, also der Freihaltung der Terminszeit von anderen
Verpflichtungen, als auch zugunsten der für den Termin – auf die Ladungsfrist typisiert – notwendigen
Vorbereitungszeit, also dem Schutz vor Überraschungen und Überrumpelungen.

---

[33] MüKoZPO/*Stackmann* § 216 Rn. 8.
[34] OLG Köln NJW-RR 1999, 290; NJW 1981, 2263; OLG Düsseldorf BeckRS 2009, 09664; Teplitzky/*Feddersen* Kap. 55 Rn. 17; *Baudewin/Scheffer* NJW 2021, 3495.
[35] OLG Düsseldorf NJW 2009, 2388; OLG Brandenburg BeckRS 2006, 10016; OLG Saarbrücken NJW-RR 1999, 1290; 1998, 1531.
[36] OLG Frankfurt a. M. MDR 1983, 411; KG MDR 1985, 416; OLG Köln NJW 1981, 2263; MüKoZPO/*Stackmann* § 216 Rn. 11.
[37] Zöller/*Greger* § 252 Rn. 1a.
[38] Stein/Jonas/*Roth* § 216 Rn. 30; so bei Stufenklage nach Erledigung der Auskunftsstufe OLG Brandenburg BeckRS 2006, 10016.
[39] KG MDR 1985, 416.
[40] OLG Köln NJW-RR 1999, 290 (291); NJW 1981, 2263; OLG Saarbrücken NJW-RR 1998, 1531; OLG Düsseldorf BeckRS 2009, 09664; NJW 2009, 2388 (2389); OLG Hamburg NJW-RR 1989, 1022; OLG Celle NJW 1975, 1230; OLG Hamm NJW-RR 1999, 651; OLG Schleswig NJW 1982, 246; MüKoZPO/*Stackmann* § 216 Rn. 11; Teplitzky/*Feddersen* Kap. 55 Rn. 17; *Berneke/Schüttpelz* Rn. 318: für späte Terminierung muss jede verständige Grundlage fehlen; vgl. Köhler/Bornkamm/*Köhler* § 12 Rn. 2.25.
[41] BGH NJW 2011, 928 (929).

2 § 217 gilt nicht für Verfahren vor dem **BPatG** → § 214 Rn. 2. Auf Verfahren vor dem **DPMA**, **EUIPO** oder **WIPO** ist § 217 nicht anwendbar → § 214 Rn. 3 f.

B. Anwendungsbereich

3 Diesem Normzweck entsprechend gilt § 217 **für alle Verfahrensarten der ZPO** einschließlich solcher vor dem beauftragten oder ersuchten Richter[1], für alle Instanzen, für alle Termine, also auch Folgetermine und auch – neben beiden[2] Parteien – für Streithelfer und Prozessvertreter.[3] § 217 gilt auch in Eil-, also **einstweiligen Verfügungs- und Arrestverfahren,** wenn eine mündliche Verhandlung anberaumt wird.[4] Die Ladungsfrist kann – und sollte in besonders dringlichen Fällen – nach § 226 abgekürzt werden.[5]

4 § 217 gilt auch für Terminsverlegungen und -vertagungen nach § 227, für Fälle, in denen ein Termin bereits angekündigt oder bedingt festgelegt war[6] und bei nur formloser Mitteilung der Ladung nach § 497 Abs. 1 und bei Terminsbekanntmachungen ohne Ladung nach § 357 Abs. 2 S. 2 analog: bei Übersendung mit der Post ist für Beginn der Frist die Terminsmitteilung am Folgetag im Ortsbestellverkehr, sonst am zweiten Werktag nach der Aufgabe als bewirkt anzusehen.[7] Er gilt auch, wenn das Gericht eine mündliche Verhandlung „unterbricht" und zwei Arbeitstage später „fortsetzt". Denn dann nutzt es die „organisatorische Einheit der Verhandlung" als verdeckte Anberaumung eines neuen Termins unter Nichteinhaltung des § 217.[8]

5 Dagegen gilt § 217 **nicht bei der Änderung der Terminstunde.**[9] Dies folgt zum einen aus dem Wortlaut der Regelung. Zum anderen besteht auch kein praktisches Bedürfnis. Eine weitere Vorbereitungszeit mit der Länge der Ladungsfrist wird meist nicht erforderlich sein. Soweit dies – ausnahmsweise – doch der Fall sein sollte oder der Normzweck der zeitlichen Dispositionsfreiheit konkret betroffen ist, wird ein Antrag nach § 227 begründet sein.[10] § 217 gilt auch nicht bei Anberaumung eines Verkündungstermins, da die Parteien nach § 312 nicht anwesend sein müssen, und nicht für die Ladung von Beweis- und Auskunftspersonen. § 217 gilt auch nicht bei nach § 218 verkündeten Terminen[11] und bei Verfahren vor Einigungsstellen[12].

6 War der Rechtsstreit wegen des Todes einer Partei nach § 239 unterbrochen, bestimmt der Vorsitzende die Ladungsfrist für die Rechtsnachfolger des Verstorbenen nach § 239 Abs. 3 S. 2.

7 § 217 ist – dem Normzweck entsprechend – teilweise dispositiv: Die Ladungsfrist kann nach §§ 224, 226 abgekürzt, nicht aber nach § 224 verlängert werden.[13] § 217 regelt den Maximalschutzstandard exklusiv.

C. Ladungsfrist und Berechnung

8 Bei ihrer Berechnung der Ladungsfrist werden der Tag der Zustellung nach § 328 Abs. 2 S. 2 und der Tag des Termins nach § 222 mit §§ 187, 188 BGB nicht eingerechnet.[14] Das bedeutet: Wird die Ladung am Donnerstag, den 2.1., zugestellt, kann der Termin frühestens am Freitag, den 10.1., stattfinden.

D. Folgen des Verstoßes

9 Wurde die Ladungsfrist des § 217 nicht eingehalten, erfolgte die Ladung **nicht ordnungsgemäß.** Dadurch darf dem nicht ordnungsgemäß Geladenen kein Nachteil entstehen. Insbesondere darf kein Versäumnisurteil gegen ihn, § 335 Abs. 1 Nr. 2, und keine Entscheidung nach Aktenlage ergehen.[15] Der Termin ist vielmehr von Amts wegen zu vertagen oder zu verlegen.[16]

---

[1] OLG Köln MDR 1973, 856.
[2] OLGZ 1974, 241 (243).
[3] MüKoZPO/*Stackmann* § 217 Rn. 2.
[4] Teplitzky/*Feddersen* Kap. 55 Rn. 19; Zöller/*Feskorn* § 217 Rn. 3; *Berneke/Schüttpelz* Rn. 316.
[5] *Berneke/Schüttpelz* Rn. 316; nach Köhler/Bornkamm/*Köhler* § 12 Rn. 2.25 sollte die Frist immer abgekürzt werden.
[6] OLG Oldenburg MDR 1987, 503.
[7] Zöller/*Feskorn* § 217 Rn. 2.
[8] OLG Frankfurt a. M. NJW-RR 1998, 128.
[9] OLG Brandenburg NJW-RR 1998, 500 (501); Zöller/*Feskorn* § 217 Rn. 1.
[10] OLG Brandenburg NJW-RR 1998, 500 (501); LG Köln MDR 1987, 590.
[11] BGH NJW 1964, 658; aA mit dem – wohl besseren – Argument, dass der Schutzzweck des § 217 auch in diesen Fällen eingreift MüKoZPO/*Stackmann* § 217 Rn. 1 und Musielak/Voit/*Stadler* § 217 Rn. 2; Stein/Jonas/*Roth* § 217 Rn. 1; jetzt auch Zöller/*Feskorn* § 217 Rn. 2.
[12] Harte-Bavendamm/Henning-Bodewig/*Retzer* § 15 Rn. 26; nach Teplitzky/*Bacher* Kap. 42 Rn. 16 sind die jeweils geltenden Ladungsfristen abkürzbar, in der 10. Auflage stützte *Teplitzky* das auf „analog § 224".
[13] Zöller/*Feskorn* § 217 Rn. 3.
[14] BGH NJW 2013, 2199 (2200).
[15] BSG NZS 1992, 160; LG München I BeckRS 2014, 14091; Stein/Jonas/*Roth* § 217 Rn. 5.
[16] Zöller/*Feskorn* § 217 Rn. 4.

Erscheint eine nach § 217 nicht ordnungsgemäß geladene Partei zum Termin, steht es ihr frei, den 10
Mangel durch rügeloses Einlassen nach § 295 zu heilen oder ihn zu rügen.[17] Der Verstoß gegen § 217
kann – dem Normzweck (→ Rn. 1) entsprechend – eine Versagung des rechtlichen Gehörs darstellen.[18]

§ 218 Entbehrlichkeit der Ladung

Zu Terminen, die in verkündeten Entscheidungen bestimmt sind, ist eine Ladung der Parteien unbeschadet der Vorschriften des § 141 Abs. 2 nicht erforderlich.

A. Anwendungsbereich

Zum Anwendungsbereich der Regelung in Verfahren vor dem **BPatG** → § 214 Rn. 2, dem 1
DPMA, EUIPO oder **WIPO** → § 214 Rn. 3 f.

B. Entbehrlichkeit der Ladung

§ 218 regelt ein **praktisches Erfordernis.** Wird ein Termin in einer verkündeten Entscheidung – 2
selbständig oder in Verbindung mit einer anderen Entscheidung – bestimmt, ist die Ladung entbehrlich. Wird das persönliche Erscheinen einer Partei angeordnet, gilt § 141 Abs. 2. Die ordnungsgemäß verkündete Terminsbestimmung ersetzt dabei die Ladung, wenn die Partei ordnungsgemäß geladen war.[1] Damit stellt § 218 eine Ausnahme zu § 214 dar, nach dem von Amts wegen zu allen Terminen zu laden ist.
Voraussetzung der Entbehrlichkeit der Ladung zum Folgetermin ist, dass die jeweilige Partei – oder 3
der Prozessbevollmächtigte oder der Streithelfer – zu dem Termin, in dem der neue Termin beschlossen und verkündet wurde, ordnungsgemäß geladen (oder tatsächlich anwesend)[2] war und auch die Verkündung ordnungsgemäß erfolgte. Tatsächliche Kenntnis von dem Termin ist nicht Voraussetzung der Entbehrlichkeit der Ladung. Die Kenntnis wird bei verkündeten Entscheidungen vermutet, vgl. § 312 Abs. 1. Es ist **Aufgabe der Parteien**, sich nach dem Ergebnis von Terminen, die in ihrer Abwesenheit stattfanden, zu erkundigen.[3] Beispiel: Wenn das Gericht die Parteien zum frühen ersten Termin auf den 1.6. lädt, den 30.6. als Verkündungstermin festlegt und in dieser verkündeten Entscheidung einen Beweisbeschluss verkündet, mit dem es den Termin für eine Beweisaufnahme verkündet, bedarf es keiner gesonderten Ladung für diesen weiteren Termin. Zwischen Verkündungstermin und neuem Termin muss keine Ladungsfrist eingehalten werden – dies auch dann nicht, wenn eine an sich entbehrliche Ladung erfolgt.[4]
Soweit ein **Beweisbeschluss nur „seinem wesentlichen Inhalt"** nach erlassen wurde, genügt 4
dies nicht den Voraussetzungen des § 218. Denn der Inhalt des verkündeten Beweisbeschlusses ist nicht feststellbar.[5]

C. Ladungszwang

Die Ladung ist nicht entbehrlich und muss erfolgen, wenn das Gericht nach § 141 Abs. 2 das 5
persönliche Erscheinen der Partei anordnete, sowie im Falle der §§ 335 Abs. 2, 337 S. 2, 450 Abs. 1 S. 2. Auch Zeugen und Sachverständige, deren Erscheinen angeordnet ist, müssen geladen werden.

§ 219 Terminsort

(1) **Die Termine werden an der Gerichtsstelle abgehalten, sofern nicht die Einnahme eines Augenscheins an Ort und Stelle, die Verhandlung mit einer am Erscheinen vor Gericht verhinderten Person oder eine sonstige Handlung erforderlich ist, die an der Gerichtsstelle nicht vorgenommen werden kann.**
(2) **Der Bundespräsident ist nicht verpflichtet, persönlich an der Gerichtsstelle zu erscheinen.**

---

[17] Vgl. BPatG BeckRS 2012, 21909.
[18] Stein/Jonas/*Roth* § 217 Rn. 5.
[1] BGH NJW 2011, 928 (929).
[2] Zöller/*Feskorn* § 218 Rn. 1; Stein/Jonas/*Roth* § 218 Rn. 2.
[3] Zöller/*Feskorn* § 218 Rn. 1.
[4] BGH NJW 1964, 658; Zöller/*Feskorn* § 217 Rn. 2; Stein/Jonas/*Roth* § 218 Rn. 1.
[5] OLG Frankfurt a. M. NJW 1986, 731.

A. Anwendungsbereich

1 § 219 gilt für alle der ZPO unterfallenden Verfahren, auch denen vor dem **BPatG**.[1] Zur Anwendbarkeit auf Verfahren vor dem **DPMA**, **EUIPO** und **WIPO** → § 214 Rn. 3 f. Zu Bild- und Tonübertragung § 128a.

B. Gerichtsstelle

2 Termine (§ 214) werden grundsätzlich (→ Rn. 3 ff.) an der **Gerichtsstelle** abgehalten. Dadurch soll in das Bewusstsein der Anwesenden gerufen werden, dass ein an festgelegte äußere Formen gebundenes Gerichtsverfahren stattfindet und nicht irgendeine Verhandlung sonstiger Art.[2] Die Möglichkeit, einen Termin nach § 128a im Wege der Bild- und Tonübertragung durchzuführen, ändert nichts an der Gerichtsstelle, sondern ermöglicht anderen Beteiligten als dem Gericht die Teilnahme von anderen Orten aus.[3]

Gerichtsstelle ist das am Gerichtsort für Verhandlungen bestimmte Gebäude, meist das Gerichtsgebäude, ggf. auch das Gebäude einer Zweigstelle oder ein für vorübergehende Nutzung – etwa wegen Sanierung – vorgesehenes Gebäude.[4] Auswärtige (detachierte) Spruchkörper ändern nichts daran, dass sie Teil eines einheitlichen Gerichts sind und eine etwaige örtliche Zuständigkeit eines anderen Gerichts nicht entgegensteht.[5] Die gleichen Grundsätze gelten für Hauptgericht und Zweigstelle sowie für sonstige Orte außerhalb des Gerichtssitzes, an denen Gerichtstage abgehalten werden. Voraussetzung ist jeweils, dass das jeweilige Gebäude von der allein zuständigen Gerichtsverwaltung zumindest vorübergehend zur regelmäßigen Nutzung für Verhandlungen bestimmt wurde.[6]

C. Erforderlichkeit eines Lokaltermins

3 In den in Abs. 1 Hs. 2 genannten Ausnahmen ist es zulässig, den Termin an einem anderen Ort als der Gerichtsstelle, grundsätzlich also jedem Ort abzuhalten.

4 Der Begriff der **Erforderlichkeit** liegt im Ermessen des Gerichts. Es ist erforderlich, einen Termin an einem anderen Ort als der Gerichtsstelle abzuhalten, wenn die jeweilige Prozesshandlung nicht oder nicht in der zur Herbeiführung einer sachgerechten Entscheidung des Rechtsstreits notwendigen Art und Weise abgehalten werden kann.[7] Bloße Nützlichkeit eines Lokaltermins oder eine Kostensenkung durch Lokaltermin genügen nicht.[8] Als Beispiele für Erforderlichkeit nennt Abs. 1 den Augenschein nach §§ 371, 372 und die Anhörung einer am Erscheinen, etwa aufgrund Krankheit verhinderten Person, sei sie Partei oder Zeuge, oder einer sonstigen Handlung, die an der Gerichtsstelle nicht vorgenommen werden kann. Dazu zählt es, wenn ein Sitzungssaal zu klein ist oder den Sicherheitsanforderungen nicht genügt.[9]

5 Grundsätzlich besteht wegen Art. 13 GG keine Pflicht der Parteien oder Dritter, die Abhaltung des Termins in ihrer **Wohnung** zu dulden.[10] Das Gericht ist insoweit von der Zustimmung des jeweiligen Besitzers abhängig.[11] Die Parteien und Dritte sind im Rahmen der Zumutbarkeit verpflichtet, das Betreten des Grundstücks oder Gebäudes – außerhalb des Schutzes des Art. 13 GG – zu dulden, soweit ihnen – im Fall der Duldung durch einen Zeugen – kein Zeugnisverweigerungsrecht besteht.[12] Dies dient der Inaugenscheinnahme sowie der Erstellung von Sachverständigengutachten.[13] Soweit eine Partei oder ein Dritter zur Duldung verpflichtet ist, kann diese Duldung nicht erzwungen werden. Die Verweigerung der Duldung kann und sollte im Regelfall prozessuale Konsequenzen im Rahmen der Beweiswürdigung nach § 286 ZPO und der Beweisvereitelung nach § 371 Abs. 3 haben.[14]

D. Entscheidung

6 Erscheint dem Gericht das Abhalten eines Lokaltermins aus sachlichen Gründen erforderlich, muss es nach pflichtgemäßem Ermessen entscheiden, wo der Termin stattfinden soll. Die Zuständigkeit

---

[1] Ströbele/Hacker/*Knoll* § 82 Rn. 67.
[2] OLG Koblenz BeckRS 1998, 16374.
[3] LAG Düsseldorf BeckRS 2021, 3353; MüKoZPO/*Fritsche* § 128a Rn. 4.
[4] Zöller/*Feskorn* § 219 Rn. 1.
[5] MüKoZPO/*Stackmann* § 219 Rn. 1; *Kissel/Mayer* § 116 Rn. 7.
[6] Zöller/*Feskorn* § 219 Rn. 1.
[7] Vgl. Zöller/*Feskorn* § 219 Rn. 1; MüKoZPO/*Stackmann* § 219 Rn. 2.
[8] MüKoZPO/*Stackmann* § 219 Rn. 4; Musielak/Voit/*Stadler* § 219 Rn. 2.
[9] Stein/Jonas/*Roth* § 219 Rn. 6; Musielak/Voit/*Stadler* § 219 Rn. 2.
[10] Zöller/*Feskorn* § 219 Rn. 4.
[11] MüKoZPO/*Stackmann* § 219 Rn. 3; im einzelnen *Schulte* NJW 1988, 1006.
[12] MüKoZPO/*Stackmann* § 219 Rn. 3.
[13] MüKoZPO/*Stackmann* § 219 Rn. 3.
[14] MüKoZPO/*Stackmann* § 219 Rn. 3.

richtet sich nach der Zuständigkeit für die Terminsbestimmung.[15] Zuständig sind daher jeweils der Vorsitzende, das Kollegium im Falle eines Beweisbeschlusses oder der Einzelrichter.

Die Entscheidung ist nicht selbständig anfechtbar.[16] Die fehlende Anfechtbarkeit kann nicht durch einen Antrag in Bezug auf den Terminsort umgangen werden. Bei solchen Anträgen handelt es sich lediglich um Anregungen, deren Zurückweisung nicht anfechtbar ist. **7**

§ 220 Aufruf der Sache; versäumter Termin

(1) **Der Termin beginnt mit dem Aufruf der Sache.**
(2) **Der Termin ist von einer Partei versäumt, wenn sie bis zum Schluss nicht verhandelt.**

A. Anwendungsbereich

Die Regelung ist auf der ZPO unterfallende Verfahren und auch auf Verfahren vor dem **BPatG** anwendbar → § 214 Rn. 2. Zur Anwendbarkeit auf Verfahren vor dem **DPMA**, dem **EUIPO** oder der **WIPO** → § 214 Rn. 3 f. **1**

B. Aufruf

Der **Termin beginnt** mit dem Aufruf der Sache. **Aufruf** ist die mündliche und hörbare[1] Mitteilung des Gerichts an alle Beteiligten, dass das Gericht zur Behandlung dieser Sache bereit ist.[2] Der Aufruf findet durch den Vorsitzenden nach § 136 im Sitzungssaal sowie dort statt, wo sich die Beteiligten nach den Gebräuchen des betreffenden Gerichts üblicherweise aufhalten, also ggf. dem Gerichtsflur, dem Raum vor dem Sitzungssaal oder einem besonderen Warteraum.[3] Er beinhaltet die Nennung der Parteien, zumindest in Abkürzungen.[4] Die Nennung bloß des Aktenzeichens ist kein hinreichender Aufruf.[5] Termin ist die Gerichtssitzung im konkreten Rechtsstreit, sei es eine mündliche Verhandlung, Beweisaufnahme, Verkündung einer Entscheidung, Erörterung, Güteversuch oder die Protokollierung eines Vergleichs.[6] **2**

Der Aufruf jeder einzelnen Sache ist **unentbehrlich**. Er kann nicht durch den Aushang eines Terminszettels, den Hinweis, der Aufruf finde nur im Sitzungssaal statt, oder die Aufforderung, ohne Aufruf einzutreten, ersetzt werden.[7] **3**

Verspätet sich der Aufruf, muss das Gericht die Parteien zuverlässig hierüber informieren.[8] Nach Ablauf einer zumutbaren Wartefrist fehlt es am Verschulden der Partei, wenn sie den Wartebereich verlässt und das Gericht hierüber informiert.[9] Von dieser Möglichkeit sollte erst nach einer erheblichen Wartezeit Gebrauch gemacht werden. Verzögerungen von mehr als einer Stunde sind heute üblich. **4**

Ein inhaltlich oder räumlich nicht hinreichender – ebenso wie ein verfrühter[10] – Aufruf stellt einen **Verfahrensfehler** dar. Dieser Verfahrensfehler ist jedoch nach § 295 heilbar.[11] Wird er nicht geheilt, kommt es zu keiner Säumnis nach §§ 330 f.[12] **5**

Der **Termin endet**, wenn der Vorsitzende die Verhandlung nach § 136 Abs. 4 schließt. Da mehrere Termine eine einheitliche mündliche Verhandlung darstellen, ist das Ende des Termins nicht zwingend auch das Ende der mündlichen Verhandlung. Die mündliche Verhandlung kann im Gegensatz zum Termin auch wiedereröffnet werden. **6**

---

[15] MüKoZPO/*Stackmann* § 219 Rn. 4.
[16] BayOLG BeckRS 1997, 13503; MüKoZPO/*Stackmann* § 219 Rn. 5; aA LAG Thüringen BeckRS 2011, 66085.
[1] LG Hamburg NJW 1977, 1459.
[2] MüKoZPO/*Stackmann* § 220 Rn. 2.
[3] BVerfG NJW 1977, 1443; Zöller/*Feskorn* § 220 Rn. 1 f.; MüKoZPO/*Stackmann* § 220 Rn. 2; vgl. LG Hamburg NJW 1977, 1459.
[4] MüKoZPO/*Stackmann* § 220 Rn. 2.
[5] MüKoZPO/*Stackmann* § 220 Rn. 2; Musielak/Voit/*Stadler* § 220 Rn. 2.
[6] Musielak/Voit/*Stadler* § 214 Rn. 3, § 220 Rn. 2.
[7] MüKoZPO/*Stackmann* § 220 Rn. 2; Zöller/*Feskorn* § 220 Rn. 2.
[8] MüKoZPO/*Stackmann* § 220 Rn. 3.
[9] MüKoZPO/*Stackmann* § 220 Rn. 3; nach BVerwG NJW 1999, 2131 (2132) ist eine Wartezeit von 75 Minuten zumutbar; nach LAG Hamm NJW 1973, 1950 (1951) ist „rund 1 Stunde" zumutbar; nach Stein/Jonas/*Roth* § 220 Rn. 7 ist eine Stunde zu kurz; Zöller/*Feskorn* § 220 Rn. 3.
[10] KG NJW 1987, 1338 (1339); MüKoZPO/*Stackmann* § 220 Rn. 3.
[11] MüKoZPO/*Stackmann* § 220 Rn. 3.
[12] MüKoZPO/*Stackmann* § 220 Rn. 3; Zöller/*Feskorn* § 220 Rn. 2.

C. Säumnis

7 Nach Abs. 2 versäumt eine Partei einen Termin, wenn sie bis zu dessen Schluss (§ 136 Abs. 4; danach ggf. Wiedereröffnung nach § 156, wenn noch kein Versäumnisurteil ergangen ist[13]) nicht verhandelt (§ 333). Für die Säumnis kommt es nicht auf An- oder Abwesenheit an, sondern auf das Verhandeln.[14] Wenn eine Partei beim Aufruf der Sache nach Abs. 1 nicht erscheint, jedoch vor dem Ende des Termins erscheint und verhandelt, ist sie nicht säumig.[15] Ein Versäumnisurteil kann dann nicht ergehen. Ist ein Versäumnisurteil ergangen, kann die Verhandlung nach Einspruch fortgeführt werden. Wird der Rechtsstreit sofort durch Vergleich erledigt, wird das Versäumnisurteil wirkungslos.[16]

8 Versäumt eine Partei den Termin, kann das Gericht unter den jeweiligen Voraussetzungen das Ruhen des Verfahrens nach § 251a anordnen, nach Aktenlage nach §§ 251a, 331a entscheiden, nach §§ 227 Abs. 1, 335 Abs. 2, 337 vertagen oder ein Versäumnisurteil nach §§ 330, 331 erlassen.

§ 221 Fristbeginn

(1)[1] **Der Lauf einer richterlichen Frist beginnt, sofern nicht bei ihrer Festsetzung ein anderes bestimmt wird, mit der Zustellung des Dokuments, in dem die Frist festgesetzt ist, und, wenn es einer solchen Zustellung nicht bedarf, mit der Verkündung der Frist.**

A. Allgemeines

1 In §§ 221–226 sind die allgemeinen Grundsätze prozessualer Fristen geregelt. Prozessuale Fristen sind Zeiträume zur Vornahme einer Parteihandlung, deren Nichteinhaltung bestimmte Rechtsfolgen auslöst.[2] Soweit Zeiträume wegen der Benutzung unbestimmter (Rechts-)Begriffe nicht allein mit dem Kalender und einer Uhr konkret bestimmbar sind, handelt es sich nicht um Fristen. Fristen sind zu unterscheiden in eigentliche und uneigentliche Fristen.

2 §§ 221–226 findet in Verfahren der ZPO und in Verfahren vor dem **BPatG**[3] → § 214 Rn. 2 Anwendung. Zur Anwendbarkeit auf Verfahren vor dem **DPMA**, dem **EUIPO** und der **WIPO** → § 214 Rn. 3 f. Termine und Zeiträume, an deren Ablauf gesetzliche materiellrechtliche Konsequenzen geknüpft sind, sind keine Fristen.[4]

3 **Eigentliche Fristen** sind abgegrenzte Zeiträume zur Vornahme einer Parteihandlung (sog. Handlungsfristen) oder zur Vorbereitung (sog. Zwischenfristen).[5] Auf sie sind §§ 221–226 anwendbar.

4 **Handlungsfristen** dienen der Prozessförderung und – soweit sie Not- oder Ausschlussfristen sind – der Rechtsklarheit und -sicherheit.[6] Handlungsfristen sind nur gewahrt, wenn die jeweilige Handlung vor Fristablauf vollständig vorgenommen ist.[7] Das Versäumen einer Handlungsfrist hat regelmäßig deren Ausschluss zur Folge, §§ 230, 296.

5 **Zwischenfristen** dienen der Sicherung von Parteirechten.[8] Sie sind mit ihrem Ablauf gewahrt.[9]

6 Ergibt sich die Dauer der Frist aus dem Gesetz, ist sie **eine gesetzliche Frist,** deren Versäumung meist zum Ausschluss der Parteihandlung nach § 230 führt. Ergibt sich die Dauer der Frist aus einer Bestimmung des Richters, ist sie **eine richterliche Frist.** Richterliche Fristen können nur durch die Bestimmung eines konkreten Zeitraums oder eines konkreten Enddatums erfolgen.[10] Eine unkonkrete Bestimmung, etwa „umgehend", ist unzulässig.[11] Richterliche Fristen führen teilweise zum Ausschluss des Rechts, teilweise zur Möglichkeit des Ausschlusses.[12] Das Versäumen einer richterlichen Frist muss nicht zu dem Ausschluss des jeweiligen Rechts führen, vgl. § 296.

---

[13] MüKoZPO/*Stackmann* § 220 Rn. 5.
[14] BGH NJW 2016, 3248 (3249); LAG Rheinland-Pfalz BeckRS 2020, 31500.
[15] BGH NJW 1993, 861 (862).
[16] MüKoZPO/*Stackmann* § 220 Rn. 5; Zöller/*Feskorn* § 220 Rn. 5.
[1] In der amtlichen Fassung, wohl infolge Redaktionsversehens, noch als Abs. 1 nummeriert nachdem Abs. 2 gestrichen wurde.
[2] MüKoZPO/*Stackmann* § 221 Rn. 1; eine Übersicht und Einordnung der Fristen findet sich bei Zöller/*Feskorn* Vor § 214 Rn. 7.
[3] BPatG BeckRS 2012, 14400; Ströbele/Hacker/*Knoll* § 82 Rn. 68 f.
[4] BGH GRUR 2011, 854 (856) – Wiener Griessler.
[5] Zöller/*Feskorn* Vor § 214 Rn. 3; MüKoZPO/*Stackmann* § 221 Rn. 1.
[6] Zöller/*Feskorn* Vor § 214 Rn. 3; MüKoZPO/*Stackmann* § 221 Rn. 2.
[7] Zöller/*Feskorn* Vor § 214 Rn. 3; MüKoZPO/*Stackmann* § 221 Rn. 2.
[8] MüKoZPO/*Stackmann* § 221 Rn. 2.
[9] Zöller/*Feskorn* Vor § 214 Rn. 3.
[10] MüKoZPO/*Stackmann* § 221 Rn. 3; zu richterlichen Fristen im Einzelnen Zöller/*Feskorn* Vor § 214 Rn. 5.
[11] MüKoZPO/*Stackmann* § 221 Rn. 3; Zöller/*Feskorn* Vor § 214 Rn. 5.
[12] Zöller/*Feskorn* Vor § 214 Rn. 4.

Fristberechnung   **§ 222 ZPO**

Unter den gesetzlichen und den richterlichen Fristen gibt es **Notfristen.** Notfristen sind Fristen, die 7
im Gesetz ausdrücklich als Notfristen bezeichnet sind, § 224 Abs. 1 S. 2. Notfristen können – im
Gegensatz zu sonstigen Fristen – nicht verlängert oder verkürzt werden und unterliegen nicht der
Unterbrechung nach § 249.[13]

Uneigentliche Fristen sind die im Gesetz vorgesehenen Zeiträume, innerhalb derer das Gericht 8
Amtshandlungen vorzunehmen hat, etwa §§ 251a Abs. 2, 310 Abs. 1, 315 Abs. 2 und 816 Abs. 1.[14]
Sie haben dienstaufsichtsrechtliche, aber keine verfahrensrechtliche Bedeutung.[15] Auf sie sind §§ 221–
226 nicht anwendbar.[16] Ihre Berechnung erfolgt auch nach § 222.[17] Ihr Versäumnis führt nicht
unmittelbar zu prozessualen Konsequenzen, ihre Einhaltung ist Amtspflicht nach § 839 BGB.[18]

B. Beginn richterlicher Fristen

Die Regelung setzt eine richterliche Frist voraus → Rn. 6. Der Lauf einer richterlichen Frist beginnt 9
regelmäßig mit der **Verkündung** nach § 329 Abs. 1[19] oder der **Zustellung** an den jeweils Beteiligten
nach § 329 Abs. 2. Wird das die Frist bestimmende Dokument nicht ordnungsgemäß zugestellt oder
verkündet, beginnt der Lauf der Frist nicht.[20] Der Fristbeginn mit Zustellung kann – und wird
praktisch häufig – je nach Zustelldatum bei jeder Partei anders ausfallen. Beginnt die Frist mit
Verkündung zu laufen, kann sie vor Kenntnis der Partei von der Frist ablaufen. Denn die Wirksamkeit
der Verkündung hängt nicht von der Kenntnis oder Anwesenheit der Partei ab, § 312 Abs. 1.[21]

Ein anderer Fristbeginn gilt nur, wenn – wie praktisch nie – der Fristbeginn bei der Fristfestsetzung 10
anders bestimmt wird. In diesen Fällen wird die Frist in der Regel datumsmäßig bestimmt. Sie beginnt
dann an dem bestimmten Datum zu laufen, wenn diese Bestimmung der jeweiligen Partei vor dem
bestimmten Datum ordnungsgemäß, also durch Zustellung oder Verkündung bekannt gemacht wird.

Wenn das Gericht vor Ablauf der jeweiligen Frist entscheidet, stellt dies einen Verstoß gegen den 11
Anspruch auf rechtliches Gehör aus Art. 103 Abs. 1 GG dar. Das gilt auch dann, wenn die Frist nicht
zu laufen begann, da ein zuzustellendes Dokument nicht zugestellt, sondern nur formlos übersandt
wurde.[22]

C. Beginn gesetzlicher Fristen

Der Beginn sonstiger gesetzlicher Fristen ist jeweils gesetzlich geregelt. Meist beginnen gesetzliche 12
Fristen mit der Zustellung zu laufen, so die Einspruchsfrist nach § 339, die Berufungsfrist nach § 517,
die Frist für die Nichtzulassungsbeschwerde nach § 544 Abs. 1, die Revisionsfrist nach § 548, die Frist
für die sofortige Beschwerde nach § 569 und die Frist für die Rechtsbeschwerde nach § 575. § 221 ist
auch nicht auf die Frist zum Widerruf eines gerichtlichen Vergleichs anzuwenden, sondern § 222 ZPO
iVm §§ 187, 188 BGB. Denn dies sind rechtsgeschäftlich vereinbarte und keine richterlichen Fristen.[23]

D. Fristbeginn für Streithelfer

Bestimmt das Gericht eine Frist (auch) für den Streithelfer, beginnt die Frist für ihn auch mit der 13
Zustellung oder der Verkündung zu laufen.[24] Das gilt auch und gerade bei den Fristen der §§ 379, 56
Abs. 2, 89 Abs. 1, 109 und – wenn der Streithelfer das Rechtsmittel selbst eingelegt hat – § 521
Abs. 2. Im Übrigen setzt die Zustellung an die Partei auch die Rechtsmittelfrist und die Frist des § 320
Abs. 3 für ihren Streithelfer in Gang.[25] Das Urteil muss ihm nicht gesondert von Amts wegen zugestellt
werden.

§ 222 Fristberechnung

(1) **Für die Berechnung der Fristen gelten die Vorschriften des Bürgerlichen Gesetzbuchs.**[1]

---

[13] Zöller/*Feskorn* § 224 Rn. 5.
[14] Zöller/*Feskorn* Vor § 214 Rn. 6; MüKoZPO/*Stackmann* § 221 Rn. 1.
[15] BPatG GRUR 1985, 373 – Abhilfe VI.
[16] MüKoZPO/*Stackmann* § 221 Rn. 1.
[17] MüKoZPO/*Stackmann* § 221 Rn. 1.
[18] Zöller/*Feskorn* Vor § 214 Rn. 6.
[19] OLG Hamm NJW-RR 2007, 1295 (1296); Fezer/*Grabrucker* I 2 Rn. 146.
[20] MüKoZPO/*Stackmann* § 221 Rn. 3.
[21] KG BeckRS 2004, 01520; MüKoZPO/*Stackmann* § 221 Rn. 3.
[22] MüKoZPO/*Stackmann* § 221 Rn. 3.
[23] OLG Schleswig NJW-RR 1987, 1022.
[24] MüKoZPO/*Stackmann* § 221 Rn. 7; Stein/Jonas/*Roth* § 221 Rn. 5.
[25] BGH NJW 1986, 257; 1963, 1251 f.; Zöller/*Feskorn* § 221 Rn. 1.
[1] Vgl. §§ 187–193 BGB.

(2) **Fällt das Ende einer Frist auf einen Sonntag, einen allgemeinen Feiertag oder einen Sonnabend, so endet die Frist mit Ablauf des nächsten Werktages.**

(3) **Bei der Berechnung einer Frist, die nach Stunden bestimmt ist, werden Sonntage, allgemeine Feiertage und Sonnabende nicht mitgerechnet.**

Literatur: *Wolf,* Die Verwendung eines Fernkopierers zur Dokumentenübermittlung, NJW 1989, 2592 ff.

A. Anwendungsbereich

1 § 222 gilt für alle **prozessualen Fristen** einschließlich Ausschlussfristen für die Klageerhebung und verlängerter Fristen.[2] Er verweist auf §§ 187–189, 192 BGB.[3] Er ist auch auf Verfahren vor dem **BPatG**[4] im Anwendungsbereich des MarkenG nach § 82 Abs. 1 S. 1 MarkenG und des PatG nach § 99 Abs. 1 PatG[5] grundsätzlich anzuwenden.[6] Zur Anwendbarkeit auf Verfahren vor dem **DPMA**, dem **EUIPO** und der **WIPO** → § 214 Rn. 3 f.

2 § 222 gilt analog für **Vergleichswiderrufsfristen** – dies obwohl es sich insoweit nicht um prozessuale, sondern um rechtsgeschäftliche, im Vergleich vereinbarte Fristen handelt.[7] Um Unklarheiten zu vermeiden, ist anzuraten, die Widerrufsfristen datumsmäßig zu bestimmen.[8] Die Frist beginnt nach § 187 Abs. 1 BGB mit dem Abschluss der Protokollierung des Vergleichs zu laufen, nicht erst mit Zustellung des Protokolls der mündlichen Verhandlung mit dem Prozessvergleich.[9]

3 § 222 gilt nicht für die **Fünfmonatsfristen der §§ 517, 548.** Sie verlängern sich nicht, wenn ihr Ende auf einen Sonntag, einen allgemeinen Feiertag oder einen Sonnabend fällt. Denn diese Frist soll den Eintritt der Rechtskraft nicht auf unbestimmte Zeit hinauszögern. Dieser Sinn erfordert die Anwendung des Abs. 2 nicht.[10]

B. Verweis auf bürgerlich-rechtliche Vorschriften

4 § 222 Abs. 1 verweist auf die Vorschriften des Bürgerlichen Gesetzbuchs, dort §§ 187–189, 192. Danach gilt Folgendes:

I. Beginn

5 Der Fristbeginn richtet sich nach § 221. Nach Abs. 2 enden Fristen nicht an Sonntagen, allgemeinen Feiertagen oder Sonnabenden. Das gilt sowohl für datierte als auch für berechnete Fristen.[11] Fristen können an solchen Tagen jedoch in Gang gesetzt werden, etwa durch Zustellung.[12]

II. Berechnung und Ende von Fristen

6 Fällt das Ende einer Frist auf einen Sonntag, einen allgemeinen Feiertag oder einen Sonnabend, so endet die Frist nach Abs. 2 mit Ablauf des nächsten Werktages. Das gilt auch bei datumsmäßiger Bestimmung des Fristendes.[13] Ob es sich um einen allgemeinen Feiertag handelt, richtet sich nach dem jeweiligen Recht des Landes oder Ortes, in dem das Gericht ansässig ist.[14] Bei detachierten Kammern oder Senaten kommt es auf den jeweiligen Sitz, nicht den Hauptsitz an.[15] Bei Verfahren beim DPMA kommt es bei landesunterschiedlichen Feiertagen darauf an, ob München oder Jena zuständig ist.[16] Der

---

[2] MüKoZPO/*Stackmann* § 222 Rn. 1; Zöller/*Feskorn* § 222 Rn. 1.
[3] MüKoZPO/*Stackmann* § 222 Rn. 1 und im einzelnen Rn. 2; aA im Ergebnis aber wohl identisch Zöller/*Feskorn* § 222 Rn. 1: §§ 187–193; *Fezer* I 1 2 Rn. 146: §§ 186 ff. BGB.
[4] BPatG BeckRS 2012, 14400; Ströbele/Hacker/*Knoll* § 82 Rn. 72; zum Markenrecht vgl. Ingerl/*Rohnke* § 66 Rn. 49; Fezer/*Grabrucker* I 1 2 Rn. 146; zum Patentrecht BPatG BeckRS 2013, 02510; 2012, 24523; 2010, 28304; 2011, 27830; GRUR 1999, 569 (570) – Beschluss-Zustellung.
[5] Vgl. zur Anwendbarkeit auch im GebrMG BPatG GRUR 1980, 997 – Haupt- und Hilfsantrag; *Mes* GebrMG § 21 Rn. 3.
[6] Zum Markenrecht vgl. Ingerl/*Rohnke* § 66 Rn. 49; Fezer/*Grabrucker* I 1 2 Rn. 146; zum Patentrecht BPatG BeckRS 2013, 02510; 2012, 24523; 2010, 28304; 2011, 27830; GRUR 1999, 569 (570) – Beschluss-Zustellung.
[7] BGH NJW 1978, 2091; OLG München NJW 1975, 933; OLG Schleswig NJW-RR 1987, 1022; MüKoZPO/*Stackmann* § 222 Rn. 1, 6.
[8] So auch MüKoZPO/*Stackmann* § 222 Rn. 6.
[9] OLG Schleswig NJW-RR 1987, 1022; MüKoZPO/*Stackmann* § 222 Rn. 6.
[10] BAG NJW 2000, 2835 f.
[11] BVerfG NJW 2013, 3776 (Ls.) = BeckRS 2013, 56437; 2014, 59303.
[12] MüKoZPO/*Stackmann* § 222 Rn. 7.
[13] BVerfG BeckRS 1982, 02077; BGH BeckRS 1954, 31398164; Zöller/*Feskorn* § 222 Rn. 1.
[14] BGH NJW-RR 2012, 254; BAG NJW 1989, 1181; 1997, 1942; OVG Frankfurt (Oder) NJW 2004, 3795; VGH München NJW 1997, 2130; Zöller/*Feskorn* § 222 Rn. 1; vgl. FG Nürnberg BeckRS 2015, 94270 zu einem von regionalen Umständen abhängigen Feiertag.
[15] BAG NJW 1959, 2279; Zöller/*Feskorn* § 222 Rn. 3; Musielak/Voit/*Stadler* § 222 Rn. 8; vgl. für DPMA-Regelungen Fezer/*Grabrucker* I 1 2 Rn. 149; Fezer/*Bingener* I 1 1 Rn. 72.
[16] Vgl. Ingerl/*Rohnke* § 66 Rn. 49.

24.12.[17] ist ebenso wenig ein allgemeiner Feiertag iSd Abs. 2 wie örtliche Brauchtumstage wie etwa Weiberfastnacht[18], Rosenmontag[19] oder der 31.12.[20]

1. In Stunden bestimmte Fristen. Eine (seltene, etwa § 604 Abs. 2) stundenweise Frist endet mit **7** Ablauf der bestimmten Stundenzahl nach Fristbeginn. Gesetzliche und richterliche Stundenfristen beginnen und enden nicht an Sonntagen, allgemeinen Feiertagen und Sonnabenden.[21] Dabei ist § 187 Abs. 1 BGB nach § 222 Abs. 1 dahingehend entsprechend anzuwenden, dass nur volle Stunden gezählt werden.[22] Beispiel: Eine mit Zustellung um 15 Uhr 12 beginnende Frist von 24 Stunden endet am Folgetag (solange kein Sonntag, allgemeiner Feiertag oder Sonnabend, sonst § 222 Abs. 3) um 16 Uhr.

Nach Abs. 3 werden bei der Fristberechnung, die nach Stunden bestimmt ist, Sonntage, allgemeine **8** Feiertage und Sonnabende nicht mitgerechnet. Diese Regelung war erforderlich, da der Verweis auf das BGB insoweit ins Leere geht. Das BGB kennt keine in Stunden bestimmten Fristen.[23] Keine Frist kann an einem solchen Tag enden. Beispiel: Eine mit Zustellung um 15 Uhr 12 beginnende Frist von 24 Stunden endet nicht am Folgetag, wenn dieser Folgetag ein Sonntag, allgemeiner Feiertag oder Sonnabend ist, da er nach Abs. 3 bei der Fristberechnung nicht mitgerechnet wird. Sie endet am darauffolgenden Tag um 16 Uhr (solange dieser darauffolgende Tag kein Sonntag, allgemeiner Feiertag oder Sonnabend ist, sonst weitere Anwendung des § 222 Abs. 3).

2. In Tagen bestimmte Fristen. Bei nach Tagen bestimmten Fristen wird der Tag der Zustellung **9** bzw. Verkündung nach Abs. 1 und § 187 Abs. 1 BGB nicht mitgerechnet, es sei denn der Beginn des Tages ist der für den Beginn der Frist maßgebliche Zeitpunkt, Abs. 1 und § 187 Abs. 2 S. 1 BGB. Die nach Tagen bestimmte Frist endet nach Abs. 1 und § 188 Abs. 1 BGB mit dem Ablauf des letzten Tages der Frist, also um 23 Uhr 59.[24]

3. In Wochen bestimmte Fristen. Nach Wochen bestimmte Fristen enden nach Abs. 1 und § 188 **10** Abs. 2 BGB im Fall des § 187 Abs. 1 BGB – wenn also für den Fristanfang ein Ereignis oder in den Lauf eines Tages fallender Zeitpunkt maßgebend ist – mit dem Ablauf desjenigen Tages der letzten Woche, der durch seine Benennung dem Tag entspricht, in den das Ereignis oder der Zeitpunkt fällt. Im Falle des § 187 Abs. 2 BGB – wenn also für den Fristanfang der Beginn eines Tages maßgebend ist – enden sie nach Abs. 1 und § 188 Abs. 2 BGB mit dem Ablauf desjenigen Tages der letzten Woche, der dem Tage vorhergeht, der durch seine Benennung dem Anfangstag der Frist entspricht. Denn dann wird der Tag des Fristanfangs mitgerechnet.[25] Beispiel: Beginnt eine Frist von einer Woche nach § 187 Abs. 1 BGB an einem Dienstag zu laufen, endet sie am folgenden Dienstag. Beginnt eine Frist von einer Woche nach § 187 Abs. 2 BGB an einem Dienstag zu laufen, endet sie am folgenden Montag. In beiden Beispielen wird vorausgesetzt, dass das jeweilige Fristende nicht auf einen Sonntag, allgemeinen Feiertag oder Sonnabend fällt; ansonsten gilt § 222 Abs. 2.

4. In Monaten bestimmte Fristen. Nach Monaten bestimmte Fristen enden nach Abs. 1 und **11** § 188 Abs. 2 BGB im Fall des § 187 Abs. 1 BGB – wenn also für den Fristanfang ein Ereignis oder in den Lauf eines Tages fallender Zeitpunkt maßgebend ist – mit dem Ablauf desjenigen Tages des letzten Monats, der durch seine Zahl – also das Datum – dem Tag entspricht, in den das Ereignis oder der Zeitpunkt fällt. Im Falle des § 187 Abs. 2 BGB – wenn also für den Fristanfang der Beginn eines Tages maßgebend ist – enden sie nach Abs. 1 und § 188 Abs. 2 BGB mit dem Ablauf desjenigen Tages des letzten Monats, der dem Tage vorhergeht, der durch Zahl dem Anfangstag der Frist entspricht. Denn dann wird der Tag des Fristanfangs mitgerechnet. Das bedeutet, dass eine in Monaten bestimmte Frist, die am 31. eines Monats zu laufen beginnt, bereits am letzten Tag des jeweiligen Endmonats enden wird – dies auch dann, wenn dies (schon) der 28., 29. oder 30. ist. Beispiele: Beginnt eine Frist von einem Monat nach § 187 Abs. 1 BGB am 2.3. zu laufen (etwa die Berufungsfrist durch Zustellung), endet sie am 2.4. Beginnt eine Frist von einem Monat nach § 187 Abs. 2 BGB am 2.4. zu laufen, endet sie am 1.5. Beginnt eine Frist von einem Monat am 30. oder 31.1. zu laufen, endet sie – im Falle des § 187 Abs. 1 BGB – am 28.2., in einem Schaltjahr am 29.2.[26] Beginnt eine Frist von einem Monat am 29.2. zu laufen, endet sie – ebenfalls im Falle des § 187 Abs. 1 BGB – am 29.3.[27] In diesen Beispielen wird vorausgesetzt, dass das jeweilige Fristende nicht auf einen Sonntag, allgemeinen Feiertag oder Sonnabend fällt; ansonsten gilt § 222 Abs. 2.

---

[17] OVG Hamburg NJW 1993, 1941.
[18] OLG Hamm BeckRS 2011, 08079, jedoch ohne § 222 ausdrücklich zu nennen.
[19] BPatG GRUR 1978, 710 (711) – Rosenmontag; BFH NJW 1997, 416; Fezer/*Grabrucker* I 1 2 Rn. 149.
[20] VGH Mannheim NJW 1987, 1353; Fezer/*Grabrucker* I 1 2 Rn. 149.
[21] MüKoZPO/*Stackmann* § 222 Rn. 4.
[22] Zöller/*Feskorn* § 222 Rn. 2; MüKoZPO/*Stackmann* § 222 Rn. 4.
[23] MüKoZPO/*Stackmann* § 222 Rn. 1.
[24] Vgl. BFH NJW 2001, 991.
[25] MüKoZPO/*Stackmann* § 222 Rn. 3.
[26] MüKoZPO/*Stackmann* § 222 Rn. 3.
[27] So für den 28.2. und 28.3. BGH NJW 1984, 1358.

12 **5. In Jahren bestimmte Fristen.** Für in Jahren bestimmte Fristen gelten die Regelungen für in Monaten bestimmte Fristen entsprechend. Dabei sind sie als Fristen von – je Jahr – zwölf Monaten zu verstehen.[28] Das bedeutet: Nach Jahren bestimmte Fristen enden nach Abs. 1 und § 188 Abs. 2 BGB im Fall des § 187 Abs. 1 BGB – wenn also für den Fristanfang ein Ereignis oder in den Lauf eines Tages fallender Zeitpunkt maßgebend ist – mit dem Ablauf desjenigen Tages des entsprechenden Monats des Endjahres, der durch seine Zahl – also das Datum – dem Tag entspricht, in den das Ereignis oder der Zeitpunkt fällt. Im Falle des § 187 Abs. 2 BGB – wenn also für den Fristanfang der Beginn eines Tages maßgebend ist – enden sie nach Abs. 1 und § 188 Abs. 2 BGB mit dem Ablauf desjenigen Tages des entsprechenden Monats des Endjahres, der dem Tage vorhergeht, der durch seine Zahl dem Anfangstag der Frist entspricht. Das bedeutet auch, dass eine am 29.2. beginnende in Jahren bestimmte Frist am 28.2. endet, wenn es sich bei dem Endjahr nicht erneut um ein Schaltjahr handelt.[29]

III. Beginn und Ende von Fristverlängerungen

13 Fällt das Ende der Rechtsmittelbegründungsfrist auf einen Tag nach Abs. 2, endet die Frist mit Ablauf des nächsten Werktages. Eine tages-, wochen- oder monatsweise Verlängerung dieser Frist beginnt erst am darauffolgenden Tag zu laufen.[30] Dies ist unerheblich bei der Verlängerung der Frist bis zu einem bestimmten Datum.[31] Beispiel: Fällt das Ende einer um drei Tage verlängerten Rechtsmittelbegründungsfrist auf einen Sonntag und ist keiner der folgenden Tage ein allgemeiner Feiertag, endet die Frist nach Abs. 2 mit Ablauf des Montags, so dass die Verlängerung um drei Tage am Dienstag beginnt und mit Ablauf des Donnerstags endet. Wird die Frist von vornherein dahingehend verlängert, dass der Donnerstag datumsmäßig als Fristende bestimmt wird, spielt die Frage des Beginns der Fristverlängerung keine Rolle § 224 Abs. 3.

C. Ausschöpfen von Fristen

14 Grundsätzlich **dürfen Fristen vollständig, also bis zu ihrem Ende ausgeschöpft werden**.[32] Nach Tagen, Wochen, Monaten oder Jahren bestimmte Fristen können also bis 24 Uhr des letzten Tages gewahrt werden. Sie enden nicht mit dem Ende der Dienstzeit des jeweiligen Gerichts an dem Tag des Fristablaufs.[33] Die Frist ist gewahrt, wenn das Schriftstück vor Fristablauf in die Verfügungsgewalt des Gerichts gelangt[34] – dies unabhängig davon, ob ein Nachtbriefkasten vorhanden ist[35] oder mit einer Leerung des Gerichtsbriefkastens an diesem Tag noch zu rechnen ist[36] oder ob das Gericht ein Postfach, das es bereit hält, noch am selben Tag leert oder dies zu erwarten stand.[37] Bei Einreichungen per beA kommt es darauf an, wann der Schriftsatz auf dem Intermediär des Gerichts gespeichert ist.[38] Bei Telefaxen genügt es, wenn die maßgeblichen Signale vor Fristablauf bei Gericht eingehen, auch wenn der Ausdruck erst nach Fristende erfolgt.[39] Ein Eingang erst um 0 Uhr 00 ist eine Minute zu spät.[40]

Die jeweilige Partei muss die Wahrung der Frist ggf. beweisen.[41]

15 Werden danach fristgerecht eingegangene Dokumente nicht berücksichtigt, kann dies das Recht auf rechtliches Gehör verletzen.[42]

16 Im **einstweiligen Verfügungsverfahren** gelten Besonderheiten. Der Antragsteller muss den Verfügungsgrund darlegen und glaubhaft machen, soweit er nicht vermutet wird. Unterliegt der Antragsteller in erster Instanz ganz oder teilweise, sollte er die Beschwerde- bzw. Berufungsbegründungsfrist nicht vollständig ausschöpfen, erst recht nicht deren Verlängerung beantragen. Einige Gerichte gehen – bei tatsächlich und rechtlich einfachen Sachen – davon aus, dass schon mit der vollen Ausschöpfung der nicht verlängerten Fristen der Verfügungsgrund entfällt. Der Antragsteller mache damit deutlich,

---

[28] Zöller/*Feskorn* § 222 Rn. 7.
[29] Zöller/*Feskorn* § 222 Rn. 7.
[30] BGH NJW 2006, 700; NJW-RR 2008, 76 (77); 2010, 211; Zöller/*Feskorn* § 222 Rn. 1.
[31] Zöller/*Feskorn* § 222 Rn. 1.
[32] BGH NJW 1995, 521 (522); BVerfG NJW 1991, 2076; *Fezer* I 1 2 Rn. 148; MüKoZPO/*Stackmann* § 222 Rn. 8; Zöller/*Feskorn* § 222 Rn. 8.
[33] MüKoZPO/*Stackmann* § 222 Rn. 8.
[34] BVerfG NJW 1980, 580; 1991, 2076; BGH NJW 1984, 1237; BFH NJW 2001, 991; zu Telefaxen vgl. *Wolf* NJW 1989, 2592 ff.; Zöller/*Feskorn* § 222 Rn. 8.
[35] BVerfG NJW 1980, 580 (581); OLG Hamm NJW 1976, 762; BVerwG NJW 1964, 1239; vgl. Fezer/*Grabrucker* I 1 2 Rn. 148.
[36] BGH NJW 1984, 1237; NJW-RR 2001, 280.
[37] BGH NJW 1987, 2646 (2647); zu Postschließfach OVG Münster NJW 1971, 533; Zöller/*Feskorn* § 222 Rn. 8.
[38] BGH NJW 2021, 2202 (2202).
[39] BGH Mitt. 2016, 418 (419); vgl. Fezer/*Grabrucker* I 1 2 Rn. 148.
[40] BGH GRUR-RR 2011, 344; NJW 2007, 2045 (2046); BFH NJW 2001, 991; aA OLG Rostock NJW 2003, 3141 f.
[41] Zöller/*Feskorn* § 222 Rn. 8; MüKoZPO/*Stackmann* § 222 Rn. 8.
[42] BVerfG BeckRS 1982, 02077; NJW 1965, 579; MüKoZPO/*Stackmann* § 222 Rn. 8.

dass ihm die Sache nicht (mehr) dringlich ist.[43] Das nimmt die Rechtsprechung in aller Regel auch an, wenn der Antragsteller die Verlängerung einer Rechtsmittelbegründungsfrist beantragt (→ § 940 Rn. 89).

§ 223 (weggefallen)

§ 224 Fristkürzung; Fristverlängerung

(1) [1]**Durch Vereinbarung der Parteien können Fristen, mit Ausnahme der Notfristen, abgekürzt werden.** [2]**Notfristen sind nur diejenigen Fristen, die in diesem Gesetz als solche bezeichnet sind.**

(2) **Auf Antrag können richterliche und gesetzliche Fristen abgekürzt oder verlängert werden, wenn erhebliche Gründe glaubhaft gemacht sind, gesetzliche Fristen jedoch nur in den besonders bestimmten Fällen.**

(3) **Im Falle der Verlängerung wird die neue Frist von dem Ablauf der vorigen Frist an berechnet, wenn nicht im einzelnen Fall ein anderes bestimmt ist.**

Literatur: *Liesching*, Die Verlängerung der Berufungserwiderungsfrist im Zivilprozess – Fristverlängerung ohne Wert?, NJW 2003, 1224 ff.; *Traub*, Verlust der Eilbedürftigkeit durch prozessuales Verhalten des Antragstellers, GRUR 1996, 707 ff.

A. Anwendungsbereich

§ 224 regelt Friständerungen, also Fristkürzungen und Fristverlängerungen. Die Regelung ist auf **1** uneigentliche Fristen und Ausschlussfristen nicht anwendbar.[1] Das Verfahren für Friständerungen nach § 224 regelt § 225. § 226 ergänzt § 224 zur Abkürzung von Zwischenfristen. Daneben gelten teilweise Sonderregelungen für Friständerungen, so ua §§ 520 Abs. 2 S. 2, 551 Abs. 2 S. 5, 575 Abs. 2 S. 3, 340 Abs. 3 S. 2, 134 Abs. 2 S. 2. Ist eine Frist durch Urteil bestimmt, ist sie wegen § 318 nicht mehr abänderbar.[2]

§ 224 gilt auch für Verfahren vor dem **BPatG** → § 214 Rn. 2 und für Verfahren vor dem **DPMA**, **2** soweit die DPMAV nicht anwendbar ist → § 214 Rn. 3. Das BPatG wendet § 224 Abs. 2 ausdrücklich auch auf Verfahren vor dem DPMA an.[3] Die Ausschlussfrist des § 54 Abs. 2 S. 2 MarkenG kann das DPMA nicht verlängern.[4] § 224 gilt nicht für Verfahren vor dem **EUIPO** oder der **WIPO** → § 214 Rn. 4.

B. Fristabkürzungen durch Parteivereinbarung, Absatz 1

Nach Abs. 1 können – praktisch kaum relevant – richterliche und gesetzliche (→ § 221 Rn. 6) **3** Fristen, wenn sie keine Notfristen (→ § 221 Rn. 7) sind, durch Parteivereinbarung und damit ohne Mitwirkung des Gerichts abgekürzt werden. Die Vereinbarung ist eine formlos wirksame Prozessvereinbarung[5] und unterliegt dem Anwaltszwang soweit er gilt, da sie auch Prozesshandlung ist.[6]

Aus Abs. 1 folgt, dass die **Verlängerung** einer richterlichen oder gerichtlichen Frist durch Partei- **4** vereinbarung unzulässig – also unwirksam – ist.[7]

Die Änderung einer **Widerrufsfrist** eines Prozessvergleichs ist durch Parteivereinbarung und **5** formlos möglich – dies jedoch wegen ihres Charakters als rechtsgeschäftlich vereinbarte Frist und nicht nach § 224.[8] Sie unterliegt daher auch nicht den Einschränkungen des Abs. 1. Auch die Frist*verlängerung* ist daher möglich.[9]

C. Notfristen

Notfristen sind nur die als **Notfristen** bezeichneten Fristen, ua die Rechtsmittelfristen für die **6** Berufung, die Revision, die sofortige Beschwerde, die Rechtsbeschwerde, die Einspruchsfrist gegen ein Versäumnisurteil und die Frist zur Verteidigungsanzeige im schriftlichen Vorverfahren. In den Fällen der §§ 339 Abs. 2, 276 Abs. 1 S. 3 bestimmt der Richter die Länge der Notfristen. Dagegen sind ua die Fristen zur Begründung der Berufung, der Revision und eines Einspruchs, für den Antrag

---

[43] Vgl. etwa Köhler/Bornkamm/*Köhler* § 12 Rn. 2.16.
[1] Zöller/*Feskorn* § 224 Rn. 1.
[2] LG Hamburg IPRax 1998, 276 f.; MüKoZPO/*Stackmann* § 224 Rn. 4.
[3] BPatG GRUR 2011, 854 (856) – Wiener Griessler; vgl. *Baumann* GRUR 1986, 666; *Winterfeldt* GRUR 2004, 361 (372); *Winterfeldt* GRUR 2006, 441 (452 f.).
[4] BPatG BeckRS 2017, 111868.
[5] MüKoZPO/*Stackmann* § 224 Rn. 2.
[6] Zöller/*Feskorn* § 224 Rn. 2; MüKoZPO/*Stackmann* § 224 Rn. 2; Stein/Jonas/*Roth* § 224 Rn. 3.
[7] MüKoZPO/*Stackmann* § 224 Rn. 2.
[8] Missverständlich *Traub* GRUR 1996, 707 Fn. 25.
[9] Im einzelnen Zöller/*Geimer* § 794 Rn. 10c; Stein/Jonas/*Roth* § 224 Rn. 3.

auf Wiedereinsetzung in den vorigen Stand nach § 234,[10] zum Widerruf eines Prozessvergleichs[11] und auch die Vollziehungsfrist nach §§ 936, 929 Abs. 2[12] keine Notfristen.

7   Notfristen unterliegen **keinen Friständerungen,** auch nicht denen des § 224. Sie können weder abgekürzt noch verlängert werden[13] – dies nach §§ 251 S. 2, 233 auch nicht mittelbar durch Ruhen des Verfahrens.[14] Zustellungsmängel können nach § 189 geheilt werden. Ist eine Notfrist versäumt, findet unter den Voraussetzungen der §§ 233 ff. Wiedereinsetzung in den vorigen Stand statt.

D. Gerichtliche Friständerungen, Absatz 2

8   Nach Abs. 2 können richterliche und gesetzliche Fristen, nicht jedoch Notfristen[15] (→ § 221 Rn. 7) auf Antrag **geändert,** also abgekürzt oder verlängert werden, wenn erhebliche Gründe glaubhaft gemacht sind, gesetzliche Fristen jedoch nur in den im Gesetz bestimmten Fällen. Das Verfahren richtet sich nach § 225.

9   Gesetzliche Fristen können danach nur unter den Voraussetzungen der §§ 134 Abs. 2, 226 abgekürzt und unter den Voraussetzungen der §§ 134 Abs. 2, 188 S. 2, 340 Abs. 3, 520 Abs. 2 oder 551 Abs. 2 verlängert werden. Änderungen richterlicher Fristen sind dagegen unter den folgenden Voraussetzungen nach dem Ermessen des Gerichts unbeschränkt zulässig.

10 Auf rechtsgeschäftlich vereinbarte Fristen – damit auch auf die Widerrufsfrist eines Prozessvergleichs[16] – und auf materiell-rechtliche Ausschlussfristen[17] ist Abs. 2 nicht anwendbar. Die Widerrufsfrist eines Prozessvergleichs kann bis zu ihrem Ablauf durch Parteivereinbarung abgeändert, also verlängert und verkürzt werden.[18]

11 Friständerungen setzen einen **erheblichen Grund** im Einzelfall und, soweit vom Gericht gefordert, dessen Glaubhaftmachung voraus. Insoweit gelten die gleichen Grundsätze wie bei § 227 → § 227 Rn. 8 ff.[19] In der Praxis gängige – wenn auch nicht in jedem Einzelfall akzeptierte – erhebliche Gründe sind – auch in Kombination – ua Erkrankung oder Urlaub[20] einer Partei oder ihres Bevollmächtigten, ein Wechsel des Bevollmächtigten,[21] dessen Überlastung,[22] weitere notwendige Rücksprachen wegen der Komplexität des jeweiligen Falles, Sprachschwierigkeiten wegen ausländischer Partei, notwendige Übersetzungen, der Notwendigkeit der Betreuung von Kindern während pandemiebedingter Schließung von Kindertagesstätten oder Schulen und wenn der neue Bevollmächtigte die Akte noch nicht einsehen konnte.[23] Die Absicht, ein Sachverständigengutachten einzuholen, ist nicht zwingend ein erheblicher Grund.[24]

12 Soweit eine Glaubhaftmachung gefordert wird, gelten die allgemeinen Grundsätze. In der Praxis genügt bei üblichen Verlängerungsgesuchen, wie etwa erstmaligen Rechtsmittelbegründungsverlängerungen von nicht mehr als zwei Monaten, die Darlegung der erheblichen Gründe, wenn keine besonderen Gründe für Zweifel bestehen. Eine solche Darlegung ist jedoch auch erforderlich.[25] Im Übrigen genügen meist die anwaltliche Versicherung, ansonsten eine eidesstattliche Versicherung.[26] Bei wiederholten Anträgen (§ 225 Abs. 2) sind inhaltlich strengere Anforderungen zu stellen.[27]

13 Eine **Parteivereinbarung** allein genügt grundsätzlich nicht.[28] Sie genügt nach Abs. 1 nur für die Fristkürzung. Sind sich die Parteien über eine Friständerung nach Abs. 2 einig, sind die Anforderungen an den erheblichen Grund mangels Eingriffs in eine Rechtsposition einer Partei jedoch deutlich herabzusetzen.[29] Die Fristverlängerung sollte in solchen Fällen nur bei gewichtigen entgegenstehenden Interessen Dritter oder der Allgemeinheit verweigert werden.[30]

---

[10] BGH BeckRS 1980, 30390090.
[11] Zöller/*Feskorn* § 224 Rn. 4.
[12] *Berneke/Schüttpelz* Rn. 570.
[13] MüKoZPO/*Stackmann* § 224 Rn. 3.
[14] MüKoZPO/*Stackmann* § 224 Rn. 3.
[15] Stein/Jonas/*Roth* § 224 Rn. 4; MüKoZPO/*Stackmann* § 224 Rn. 4.
[16] BGH NJW 1974, 107; OLG Hamm BeckRS 2006, 13157; MüKoZPO/*Stackmann* § 224 Rn. 4.
[17] MüKoZPO/*Stackmann* § 224 Rn. 4; BGH NJW 2009, 3655 (3656) spricht von „ernstlichen Zweifeln".
[18] OLG Hamm BeckRS 2006, 13157; Stein/Jonas/*Roth* § 224 Rn. 3.
[19] Stein/Jonas/*Roth* § 224 Rn. 8; MüKoZPO/*Stackmann* § 224 Rn. 5; vgl. Zöller/*Feskorn* § 224 Rn. 6: § 520 Abs. 2 S. 3.
[20] BGH NJW 1991, 2080 f.
[21] Musielak/Voit/*Stadler* § 224 Rn. 3; MüKoZPO/*Stackmann* § 224 Rn. 7; Stein/Jonas/*Roth* § 224 Rn. 8.
[22] BGH NJW 1991, 2080 f.; NJW-RR 1989, 1280; BAG NJW 1995, 150; *Liesching* NJW 2003, 1224; Stein/Jonas/*Roth* § 224 Rn. 8; MüKoZPO/*Stackmann* § 224 Rn. 7.
[23] MüKoZPO/*Stackmann* § 224 Rn. 5; anders, aber wohl wegen besonderer Umstände des Einzelfalls OLG Düsseldorf MDR 1987, 768.
[24] OLG Köln BeckRS 2015, 07685.
[25] BGH NJW-RR 2022, 201 (203).
[26] MüKoZPO/*Stackmann* § 224 Rn. 5.
[27] Stein/Jonas/*Roth* § 224 Rn. 9.
[28] Stein/Jonas/*Roth* § 224 Rn. 8; Zöller/*Feskorn* § 224 Rn. 6.
[29] MüKoZPO/*Stackmann* § 224 Rn. 6.
[30] MüKoZPO/*Stackmann* § 224 Rn. 6.

Die Entscheidungen über das „*Ob*" und das Maß der Friständerung liegen – im Rahmen des Antrags **14** – im pflichtgemäßen **Ermessen** des Gerichts *(„können")*. Dieses Ermessen sollte – und wird praktisch meist – großzügig ausgeübt werden, dies zumindest bei dem ersten Antrag auf Fristverlängerung.[31] In Zeiten einer Pandemie werden Fristen eher großzügiger verlängert.[32] Das Ermessen kann – je nach den Umständen – so reduziert sein, dass das Gericht eine Fristverlängerung gewähren muss.[33] Das Gericht kann die Berufungsbegründungsfrist grundsätzlich nach Stunden, Tagen und/oder Wochen ändern,[34] soweit eine Änderung nach Stunden nicht mangels fehlender Praktikabilität ermessensfehlerhaft ist.[35] Dabei hat das Gericht den Grundsatz der Verfahrensbeschleunigung zu berücksichtigen und im Rahmen seiner Abwägung der beteiligten Interessen auch auf den Antragsgegner Rücksicht zu nehmen.[36] Um Auseinandersetzungen über die Berechnung der Fristverlängerung zu vermeiden, ist die datumsmäßige Bestimmung des Fristendes zweckmäßig.[37]

Der zu begründende[38] Antrag richtet sich nach § 225. Er ist zu begründen, **vor Fristablauf** zu **15** stellen und unterliegt dem Anwaltszwang.[39] Die Frist kann dann nach ihrem Ablauf verlängert werden.[40] Die Bearbeitungszeit des Antrags bei Gericht darf nicht zu einem Nachteil auf Seiten des Antragstellers führen.[41]

Wird der Antrag sehr spät gestellt oder wiederholt, kann dies im Rahmen der Ermessensausübung **16** sowohl über das *„Ob"* eines erheblichen Grunds als auch das Maß der Friständerung berücksichtigt werden.

Wird der Antrag auf Fristverlängerung erst nach Fristablauf gestellt, kann er nicht mehr zu einer **17** Friständerung nach § 224 führen.[42] Gibt das Gericht ihm fehlerhaft statt, bleiben der Antrag und die Entscheidung wegen der Rechtskraft der Entscheidung wirkungslos.[43] Eine **Wiedereinsetzung** in die versäumte Frist für das Verlängerungsgesuch ist unabhängig davon unzulässig, ob die Wiedereinsetzung in die zu verlängernde Frist möglich ist.[44] Denn wenn eine Wiedereinsetzung in die versäumte Frist nicht möglich ist, kann dies nicht durch die Wiedereinsetzung in die Frist für ein Friständerungsgesuch umgangen werden. Wenn eine Wiedereinsetzung in die versäumte Frist möglich ist, muss diese Wiedereinsetzung beantragt werden anstatt einer Fristverlängerung.[45] Versäumte Prozesshandlung nach § 236 Abs. 2 S. 2 ist die vorzunehmende Handlung, nicht der Verlängerungsantrag.[46] Ein erst nach Fristablauf gestelltes Fristverlängerungsgesuch kann jedoch die Präklusion verspäteten Vorbringens verhindern, wenn das Nichtverschulden der Verspätung dargelegt ist[47] und als Antrag auf Wiedereinsetzung in den vorigen Stand nach § 233 umgedeutet wird.[48] Andersherum handelt der Bevollmächtigte, den der zuständige Richter unzutreffend darüber belehrte, er habe die Frist versäumt, nicht pflichtwidrig, wenn er einen Antrag auf Wiedereinsetzung stellt, um die Versäumung der von dem Richter für richtig gehaltenen Frist zu entschuldigen.[49]

E. Anknüpfung der neuen Frist bei Fristverlängerung, Absatz 3

Nach Abs. 3 wird bei Fristverlängerungen die neue Frist von dem Ablauf der vorigen Frist an **18** berechnet, wenn das Gericht nichts anderes bestimmt hat. Diese Regelung gilt nach ihrem Zweck nur dann, wenn die Dauer der Fristverlängerung nicht datumsmäßig (bei Stundenfristen uhrzeitmäßig) bestimmt ist, sondern – wie häufig – durch die Bestimmung des Maßes der Verlängerung in Stunden, Tagen, Wochen oder Monaten.[50] Die neue Frist beginnt erst mit Ablauf der vorigen Frist zu laufen. Fällt das Ende der vorigen Frist auf einen Sonntag, einen allgemeinen Feiertag oder einen Sonnabend, endet sie nach § 222 Abs. 2 mit Ablauf des nächsten Werktags. Beispiel: Die neue Frist beginnt nach § 222 Abs. 2 erst am Mittwoch nach Ostern um 0 Uhr 00 zu laufen, wenn das Ende der vorigen Frist

---

[31] BGH NJW 1991, 2080; Stein/Jonas/*Roth* § 224 Rn. 9; MüKoZPO/*Stackmann* § 224 Rn. 7, zur Bemessung des Maßes der Fristverlängerung OLG München MDR 1980, 147.
[32] Schmidt/*Zschieschack* § 14 Rn. 99.
[33] BGH BeckRS 2014, 06222.
[34] BAG NJW 1957, 1942 f.
[35] Vgl. MüKoZPO/*Stackmann* § 224 Rn. 7.
[36] Zöller/*Feskorn* § 224 Rn. 6.
[37] Stein/Jonas/*Roth* § 224 Rn. 11.
[38] BVerwG NJW 2008, 3303 (3304).
[39] Stein/Jonas/*Roth* § 224 Rn. 5.
[40] BGH NJW 1992, 842; 1982, 1651 (1652); MüKoZPO/*Stackmann* § 224 Rn. 8.
[41] BGH NJW 1982, 1651 (1652); BVerfG NJW 1980, 580 (581).
[42] BGH NJW 1992, 842; 1982, 1651 (1652); Stein/Jonas/*Roth* § 224 Rn. 10; Zöller/*Feskorn* § 224 Rn. 7.
[43] BGH NJW 1992, 842; MüKoZPO/*Stackmann* § 225 Rn. 3.
[44] MüKoZPO/*Stackmann* § 225 Rn. 3.
[45] Stein/Jonas/Roth § 224 Rn. 10; MüKoZPO/*Stackmann* § 225 Rn. 3.
[46] MüKoZPO/*Stackmann* § 225 Rn. 3.
[47] Zöller/*Feskorn* § 224 Rn. 7; vgl. MüKoZPO/*Stackmann* § 224 Rn. 8.
[48] MüKoZPO/*Stackmann* § 224 Rn. 8; MüKoZPO/*Stackmann* § 225 Rn. 3.
[49] KG VersR 1981, 1057.
[50] BGH NJW-RR 2008, 76 f.; MüKoZPO/*Stackmann* § 224 Rn. 9.

auf Ostersamstag, Ostersonntag oder Ostermontag fällt.[51] Denn dann endet die vorige Frist am Dienstag nach Ostern um 23 Uhr 59. Wird dem rechtzeitigen Antrag auf Verlängerung einer am 15.1. endenden Frist erst am 20.1. stattgegeben, beginnt die neue Frist am 16.1. um 0 Uhr 00 zu laufen. Das Datum der Verlängerungsentscheidung ist unerheblich. Zur Berechnung von Fristverlängerungen im Einzelnen → § 222 Rn. 13.

§ 225 Verfahren bei Friständerung

(1) **Über das Gesuch um Abkürzung oder Verlängerung einer Frist kann ohne mündliche Verhandlung entschieden werden.**

(2) **Die Abkürzung oder wiederholte Verlängerung darf nur nach Anhörung des Gegners bewilligt werden.**

(3) **Eine Anfechtung des Beschlusses, durch den das Gesuch um Verlängerung einer Frist zurückgewiesen ist, findet nicht statt.**

Literatur: *Müller,* Formlose Mitteilung oder Zustellung der Verlängerung der Berufungsbegründungsfrist, NJW 1990, 1778

Übersicht

	Rn.
A. Antrag	1
B. Entscheidung	6
C. Anhörung des Gegners, Absatz 2	19
D. Rechtsbehelfe, Absatz 3	22

A. Antrag

1 Der Anwendungsbereich des § 225 ist mit dem des § 224 identisch → § 224 Rn. 2.

2 § 225 regelt das Verfahren der Friständerungen nach § 224. Sie sind nicht von Amts wegen, sondern nur auf Antrag (in § 225 „*Gesuch*" – anders als in § 224 Abs. 2) hin zulässig. Es ist umstritten, ob ein solcher Antrag nur von der Partei zulässig ist, zu deren Gunsten die Frist geändert werden soll, oder auch von der Gegenseite.[1] Gegen eine Beschränkung der Berechtigung zu einem solchen Antrag spricht mit der hM, dass §§ 224, 225 keine Beschränkung einer solchen **Antragsberechtigung** vorsehen.[2] Für eine solche Beschränkung der Antragsberechtigung wird vorgebracht, dass das Interesse einer Partei, dass der Gegenseite eine Frist abgeändert wird, als bloße Reflexwirkung rechtlich nicht geschützt wird.[3]

3 Der Antrag unterliegt im Anwaltsprozeß dem Anwaltszwang.[4] Er ist **grundsätzlich schriftlich** einzureichen und zu unterschreiben,[5] wenn er nicht in einer mündlichen Verhandlung gestellt wird. Wird er in einer mündlichen Verhandlung gestellt, ist er zu protokollieren,[6] es sei denn das Gericht entscheidet bereits und aus der protokollierten Entscheidung ist ersichtlich, auf welchen Antrag hin sie ergeht. Voraussetzung der Wirksamkeit des Antrags ist nicht, dass ein Zeitraum der Fristveränderung angegeben wird.[7]

4 Die Praxis einer **telefonischen Vorabanfrage** dient damit nur (und immerhin) der Ankündigung eines solchen Antrags, der schriftlich eingereicht werden wird. Die telefonische Anfrage selbst ist kein wirksamer Antrag.[8] Wird die Frist nach unwirksamem, etwa nur telefonischem Antrag wirksam geändert, ist die Unwirksamkeit des Antrags geheilt.[9]

5 Der Antrag ist zu begründen und **vor Ende der Frist** zu stellen. Über die Änderung der Frist kann nach Ablauf der Frist entschieden werden (→ § 224 Rn. 15). Wird der Antrag auf Fristverlängerung erst nach Fristablauf gestellt, kann er nicht mehr zu einer Friständerung nach § 224 führen → § 224 Rn. 17. Er kann jedoch die Präklusion verspäteten Vorbringens verhindern, wenn das Nichtverschul-

---

[51] Vgl. BGH NJW 1956, 1278 f.; 2006, 700 f.; NJW-RR 2008, 76 (77); auch BFH NJW 2001, 991, wonach die Frist um eine Minute versäumt ist, wenn das zur Fristwahrung gedachte Telefax erst um 0 Uhr 00 des Folgetags statt bis 23 Uhr 59 des Vortags eingeht; aA OLG Rostock NJW 2003, 3141 f.
[1] MüKoZPO/*Stackmann* § 224 Rn. 1.
[2] So Stein/Jonas/*Roth* § 225 Rn. 3; Musielak/Voit/*Stadler* § 225 Rn. 2.
[3] So MüKoZPO/*Stackmann* § 224 Rn. 1.
[4] BGH NJW 1985, 1558 (1559); Stein/Jonas/*Roth* § 225 Rn. 3; Musielak/Voit/*Stadler* § 225 Rn. 2; MüKoZPO/*Stackmann* § 225 Rn. 2.
[5] Stein/Jonas/*Roth* § 225 Rn. 3; MüKoZPO/*Stackmann* § 225 Rn. 2.
[6] Stein/Jonas/*Roth* § 225 Rn. 3; MüKoZPO/*Stackmann* § 225 Rn. 2.
[7] BGH NJW 1985, 1558 (1559); NJW-RR 2001, 931; Zöller/*Feskorn* § 225 Rn. 1.
[8] BGH NJW 1985, 1558 (1559); Zöller/*Feskorn* § 225 Rn. 1; MüKoZPO/*Stackmann* § 225 Rn. 4.
[9] MüKoZPO/*Stackmann* § 225 Rn. 2.

den der Verspätung dargelegt ist, und er als Antrag auf Wiedereinsetzung in den vorigen Stand nach § 233 umgedeutet wird (→ § 224 Rn. 17).

B. Entscheidung

Die Entscheidung ergeht grundsätzlich durch Beschluss, Abs. 3. Die Friständerung durch den Vorsitzenden ergeht durch Verfügung.[10] Nach Abs. 1 kann über den Antrag der Friständerung nach § 224 ohne mündliche Verhandlung entschieden werden. Die Entscheidung kann auch nach Ablauf der Frist, deren Verlängerung beantragt wird, erfolgen (→ § 224 Rn. 15). Ein sehr später Antragszeitpunkt und ein wiederholter Antrag können bei der Ausübung des Ermessens der Friständerung berücksichtigt werden (→ § 224 Rn. 16). 6

Die **Zuständigkeit** für die Entscheidung richtet sich nach den allgemeinen Regeln, so dass grundsätzlich das Kollegium zuständig ist, wenn die Entscheidung nicht dem Vorsitzenden übertragen ist, etwa wegen §§ 134 Abs. 2, 226 Abs. 3, 340 Abs. 3, 349 Abs. 1 S. 1, 520 Abs. 2, 551 Abs. 2. Dabei ist der Vorsitzende – nach Auffassung des BGH – auch allein berechtigt, Anträge auf Verlängerungen von Rechtsmittelbegründungsfristen zurückzuweisen.[11] Das widerspricht zum einen dem Wortlaut der §§ 520 Abs. 2 S. 2, 551 Abs. 2 S. 4, wonach der Vorsitzende die Frist (nur) *verlängern* kann.[12] Im Ergebnis entscheidet er dadurch zum anderen allein über die (Un-)Zulässigkeit des Rechtsmittels anhand des Kriteriums der erheblichen Gründe nach §§ 224 Abs. 2, 520 Abs. 2, 551 Abs. 2. Das soll gerade dem Kollegium vorbehalten sein und begegnet daher verfassungsrechtlichen Bedenken in Hinblick auf Art. 20 Abs. 3, 101 Abs. 1 und 103 Abs. 1 GG.[13] 7

Nur das Kollegium und nicht der Vorsitzende allein ist auch für die Änderung von Fristen zuständig, die es selbst setzte.[14] 8

Ist der Vorsitzende zuständig, entscheidet aber das Kollegium, ist diese Entscheidung wirksam.[15] 9

Inhaltlich muss mit der Entscheidung die Frist ausdrücklich abgeändert werden.[16] Diese Abänderung enthält in der Sache immer zwei Anordnungen, nämlich zum einen die Entbindung von dem Ende der vorigen Frist und zum anderen die Festsetzung des Endes der neuen Frist.[17] Die Wirksamkeit dieser beiden Anordnungen hängt nicht voneinander ab. Kann die die Friständerung beantragende Partei der Ausfertigung der Entscheidung das Ende der neuen Frist (bzw. bei einer nicht datumsmäßigen Verlängerung die Dauer des verlängerten Teils der Frist) nicht entnehmen (sei es weil das Original sie schon nicht enthält, sei es weil die Abschrift fehlerhaft ist), ist die Anordnung der Entbindung von dem Ende der vorigen Frist wirksam, die Festsetzung des Endes der neuen Frist jedoch nicht. Der Antragsteller ist dann weder an die vorige noch an die neue Frist gebunden.[18] Eine Fristbindung tritt erst ein, wenn das Gericht die Setzung einer neuen Frist wirksam nachholt.[19] 10

Bei einem Antrag auf Fristverlängerung mit der datumsmäßigen Angabe des Fristendes, um das ersucht wird, genügt die Entscheidung der „antragsgemäßen" Fristverlängerung.[20] 11

Ist ein Antrag auf „stillschweigende" Fristverlängerung gerichtet, bedarf es dennoch einer Entscheidung. Stillschweigen ist keine Prozesshandlung und genießt keinen Vertrauensschutz.[21] 12

Entscheidungen über Friständerungsgesuche sind **zu begründen,** wenn der Antrag zurückgewiesen wird oder die Gegenseite der Friständerung widersprochen hat.[22] Sie müssen nach §§ 329, 317 Abs. 2 die volle Unterschrift des Richters aufweisen, die aus der Abschrift auch ersichtlich sein muss. Eine Paraphe genügt nicht.[23] 13

Die **zurückweisende Entscheidung** darf nur zugleich mit der Hauptsacheentscheidung ergehen, wenn der Antrag so spät gestellt war, dass die Entscheidung über den Antrag nicht mehr vor Fristablauf möglich war.[24] Eine für den Antragsteller ungünstige Sachentscheidung darf nicht ergehen, ohne dass über die beantragte Friständerung entschieden wird.[25] 14

---

[10] MüKoZPO/*Stackmann* § 225 Rn. 7; Musielak/Voit/*Stadler* § 225 Rn. 2.
[11] BGH VersR 1982, 1191 (1192); 1985, 972; Stein/Jonas/*Roth* § 225 Rn. 2.
[12] Dagegen versteht MüKoZPO/*Stackmann* § 225 Rn. 6 die Zuständigkeit für Verlängerungen auch als Entscheidungsbefugnis über die teilweise oder vollständige Zurückweisung.
[13] Zöller/*Feskorn* § 225 Rn. 3.
[14] BGH NJW 1983, 2030 f.; Zöller/*Feskorn* § 225 Rn. 3; Stein/Jonas/*Roth* § 224 Rn. 2.
[15] Zöller/*Feskorn* § 225 Rn. 3.
[16] MüKoZPO/*Stackmann* § 225 Rn. 7.
[17] BGH NJW 1952, 469 (470); 1954, 1604; NJW-RR 1987, 1277; 1989, 1404.
[18] BGH NJW-RR 1987, 1277; Stein/Jonas/*Roth* § 225 Rn. 6; MüKoZPO/*Stackmann* § 225 Rn. 8.
[19] Zöller/*Feskorn* § 225 Rn. 4.
[20] Zöller/*Feskorn* § 225 Rn. 4; MüKoZPO/*Stackmann* § 225 Rn. 7.
[21] Stein/Jonas/*Roth* § 225 Rn. 7; Zöller/*Feskorn* § 225 Rn. 4; MüKoZPO/*Stackmann* § 225 Rn. 7; Musielak/Voit/*Stadler* § 225 Rn. 3; vgl. BGH VersR 1990, 327 (328).
[22] Stein/Jonas/*Roth* § 225 Rn. 6; Musielak/Voit/*Stadler* § 225 Rn. 3; MüKoZPO/*Stackmann* § 225 Rn. 8.
[23] Stein/Jonas/*Roth* § 225 Rn. 6; MüKoZPO/*Stackmann* § 225 Rn. 8; Musielak/Voit/*Stadler* § 225 Rn. 3.
[24] OLG Düsseldorf BeckRS 2013, 03068, nach dem der Antrag am Mittwoch früh genug ist, wenn die Frist am folgenden Montag abläuft.
[25] BGH NJW-RR 1988, 581; BVerfG NJW 1988, 1773 (1774); BVerwG NJW 1988, 1280.

15 Die Friständerung muss dem Antragsteller **bekannt gegeben werden,** sonst ist sie unwirksam. Bei Fristverlängerungen genügt die formlose Mitteilung nach § 329 Abs. 2 S. 1, da keine neue Frist in Gang gesetzt wird, sondern eine bestehende Frist verlängert wird.[26] Die Bekanntgabe kann – wie die Entscheidung – auch nach Fristablauf erfolgen. Die Friständerung soll auch der Gegenseite mitgeteilt werden. Dies ist jedoch keine Voraussetzung ihrer Wirksamkeit.[27]

16 Die Entscheidung, mit der eine Frist abgekürzt wird, ist nach § 329 Abs. 2 S. 2 der Partei zuzustellen, die sie wahren muss.[28] Auch die Fristkürzung ist der Gegenseite formlos mitzuteilen.

17 Nach Abs. 1 kann über den Antrag der Friständerung ohne mündliche Verhandlung entschieden werden. Dies ist tagtäglich gängige und übliche Praxis – dies auch vor dem Hintergrund, dass die Gegenseite nach Abs. 2 nur in besonderen Fällen vor der Entscheidung zu hören ist.

18 Wird das Verfahren zur Fristverlängerung **fehlerhaft** durchgeführt und eine Frist dementsprechend fehlerhaft verlängert, führt dies nicht zur Unwirksamkeit der Fristverlängerung, es sei denn der Mangel ist besonders schwerwiegend.[29] Wenn sich die Partei auf die Entscheidung der Fristverlängerung verlässt, ist es ausgeschlossen, ihr die privilegierende Wirkung dieser Entscheidung durch (erst recht nachträgliche) Feststellung der Unwirksamkeit der Fristverlängerung wegen Verfahrensfehlers wieder zu entziehen. Dies ist ein Gebot des Vertrauensschutzes und für einzelne Konstellationen in diesem Sinne entschieden.[30]

C. Anhörung des Gegners, Absatz 2

19 Nach Abs. 2 dürfen die Abkürzung und die wiederholte Verlängerung nur nach Anhörung der Gegenseite bewilligt werden. Die Vorschrift dient nur dem rechtlichen Gehör der Gegenseite, damit das Gericht in die Lage versetzt wird, die Interessen der Parteien gegenseitig abzuwägen.[31] Dem Normzweck entsprechend ist die Anhörung entbehrlich, wenn der Antragsteller mit dem Antrag glaubhaft macht, dass die Gegenseite mit der Friständerung einverstanden ist. Dagegen ist die Abwägung nicht entbehrlich, wenn der Antragsteller wiederholt die Fristverlängerung zur Rechtsmittelbegründung beantragt, während die Gegenseite sich in der Rechtsmittelinstanz noch nicht bestellt hat.[32] Die fehlende Bestellung der Gegenseite zeigt zum einen noch kein hinreichendes Desinteresse an der Verfahrensbeschleunigung, das ein Abweichen von dem Wortlaut des Abs. 2 rechtfertige. Zum anderen kann der Grund für die fehlende Bestellung auch in dem Vermeiden der damit einhergehenden Kostenlast liegen.

20 Das Erfordernis der Anhörung bedeutet nicht, dass das Gericht auch der etwaigen Stellungnahme der Gegenseite entsprechend entscheiden muss. Weder die Fristkürzung noch die wiederholte Fristverlängerung bedürfen der Zustimmung der Gegenseite.[33] Es verstößt daher gegen Art. 2 Abs. 1 GG iVm dem Rechtsstaatsprinzip, wenn der Antrag wegen der fehlenden Zustimmung der Gegenseite zurückgewiesen wird.[34] Dem Normzweck entsprechend gilt kein Formerfordernis. Auch eine telefonische oder mündliche Anhörung genügt, wenn das Gericht dazu – wegen §§ 512, 557 Abs. 2 – einen schriftlichen Vermerk zu den Akten nimmt.[35] Nur in den Fällen der Verlängerung der Berufungsbegründungsfrist und der Revisionsbegründungsfrist um mehr als einen Monat (Berufungsbegründungsfrist) bzw. zwei Monate (Revisionsbegründungsfrist) ist das Einverständnis der Gegenseite nach §§ 520 Abs. 2 S. 2 und 3, 551 Abs. 2 S. 5 erforderlich.

21 Ein Verstoß gegen Abs. 2 führt nicht zur Unwirksamkeit der Entscheidung.[36] Abs. 2 gilt auch für die Vorverlegung eines Termins, so dass Säumnis der Gegenseite nicht angenommen werden kann, wenn sie nicht nach Abs. 2 angehört wurde.[37]

---

[26] BGH NJW 1990, 1797; 1994, 2364 (2365); 1985, 1558 (1559); Stein/Jonas/*Roth* § 225 Rn. 7; *Müller* NJW 1990, 1778 (1779); Zöller/*Feskorn* § 225 Rn. 6; MüKoZPO/*Stackmann* § 225 Rn. 9; Stein/Jonas/*Roth* 25 Rn. 7.
[27] Zöller/*Feskorn* § 225 Rn. 6; MüKoZPO/*Stackmann* § 225 Rn. 9.
[28] Zöller/*Feskorn* § 225 Rn. 6; Musielak/Voit/*Stadler* § 225 Rn. 3; MüKoZPO/*Stackmann* § 225 Rn. 9; Stein/Jonas/*Roth* § 225 Rn. 7.
[29] BGH NJW 1988, 268; vgl. Stein/Jonas/*Roth* § 225 Rn. 5.
[30] BGH NJW 1954, 1604: telefonische Mitteilung der Verfügung des Vorsitzenden ohne Vermerk in der Gerichtsakte; BGH NJW 1962, 1396: Entscheidung durch Vorsitzen eines unzuständigen Senats; BGH NJW 1985, 1558 (1559): Fristverlängerung trotz unwirksamen Gesuchs; MüKoZPO/*Stackmann* § 225 Rn. 8 verweist auf diese Konstellationen, ebenso wie hier MüKoZPO/*Stackmann* § 225 Rn. 8; Stein/Jonas/*Roth* § 225 Rn. 3; ähnlich Zöller/*Heßler* § 520 Rn. 20.
[31] Zöller/*Feskorn* § 225 Rn. 7.
[32] So aber MüKoZPO/*Stackmann* § 225 Rn. 5.
[33] BVerfG NJW 2000, 944 (945); Musielak/Voit/*Stadler* § 225 Rn. 2; Zöller/*Feskorn* § 225 Rn. 7; MüKoZPO/*Stackmann* § 225 Rn. 2.
[34] BVerfG NJW 2000, 944 (945); Musielak/Voit/*Stadler* § 225 Rn. 2.
[35] Zöller/*Feskorn* § 225 Rn. 7; MüKoZPO/*Stackmann* § 225 Rn. 5.
[36] Zöller/*Feskorn* § 225 Rn. 7; Stein/Jonas/*Roth* § 225 Rn. 5; MüKoZPO/*Stackmann* § 225 Rn. 5.
[37] Zöller/*Feskorn* § 225 Rn. 7.

D. Rechtsbehelfe, Absatz 3

Friständerungen sind grundsätzlich – mit Ausnahme der Zurückweisung des seltenen Antrags auf **22** Fristkürzung – unanfechtbar.[38] So ist die Zurückweisung des Antrags zur Fristverlängerung nach Abs. 3 unanfechtbar. Die Gewährung einer beantragten Fristverlängerung ist wie die Gewährung einer beantragten Fristkürzung nach § 567 Abs. 1 nicht anfechtbar.[39] Nur gegen die Zurückweisung des Antrags zur Fristkürzung im ersten Rechtszug ist die sofortige Beschwerde nach § 567 Abs. 1 statthaft, im Übrigen die Rechtsbeschwerde nach § 574 Abs. 1, wenn sie zugelassen ist. Ist die Fristkürzung oder -verlängerung für beide Parteien bewilligt, ist die sofortige Beschwerde nicht statthaft.[40]

§ 226 Abkürzung von Zwischenfristen

(1) **Einlassungsfristen, Ladungsfristen sowie diejenigen Fristen, die für die Zustellung vorbereitender Schriftsätze bestimmt sind, können auf Antrag abgekürzt werden.**

(2) **Die Abkürzung der Einlassungs- und der Ladungsfristen wird dadurch nicht ausgeschlossen, dass infolge der Abkürzung die mündliche Verhandlung durch Schriftsätze nicht vorbereitet werden kann.**

(3) **Der Vorsitzende kann bei Bestimmung des Termins die Abkürzung ohne Anhörung des Gegners und des sonst Beteiligten verfügen; diese Verfügung ist dem Beteiligten abschriftlich mitzuteilen.**

A. Anwendungsbereich

§ 226 gilt für Zwischenfristen, nämlich Einlassungsfristen nach § 274 Abs. 3, Ladungsfristen nach **1** §§ 217, 604 und Schriftsatzfristen nach § 132, und ergänzt die Regelungen der §§ 224 und 225 insoweit. Sie können nach Abs. 1 auf Antrag, nicht von Amts wegen abgekürzt werden. Die mündliche Verhandlung muss nicht verschoben werden. Der Abkürzung der Einlassungs- und Ladungsfristen steht nach Abs. 2 nicht entgegen, dass die mündliche Verhandlung nicht vorbereitet werden kann. Die Kürzung richterlicher Fristen richtet sich nach §§ 224, 225.[1]

Der Anwendungsbereich des § 226 entspricht denen der §§ 224, 225 → § 224 Rn. 2. **2**

B. Verfahren

Der Antrag, zu dem alle Parteien berechtigt sind,[2] muss schriftlich gestellt werden, in Anwalts- **3** prozessen gilt Anwaltszwang → § 225 Rn. 3. Die bloße Anregung, einen möglichst nahen Termin anzuberaumen, genügt ohne weitere Hinweise auf eine Fristkürzung nicht als Antrag.[3] Er ist – auch unter Berücksichtigung des schutzwürdigen Interesses der Gegenpartei – zu begründen.[4] Jedoch erfordert § 226 im Gegensatz zu § 224 Abs. 2 nicht, dass erhebliche Gründe glaubhaft gemacht werden. Das Gericht hat daher die dargelegten schutzwürdigen Interessen beider Parteien gegeneinander abzuwägen.[5] Dagegen geht *Gehrlein* davon aus, dass die Abkürzung von Zwischenfristen aufgrund der damit verbundenen Beschränkung der Verteidigungsmöglichkeiten wie auch die Friständerung nach § 224 Abs. 2 an die Darlegung und Glaubhaftmachung erheblicher Gründe gebunden sein muss.[6] Dem stehen jedoch der Wortlaut und die Stellung des § 226 als Sonderregelung zu §§ 224f. entgegen.

Unabhängig davon ist dem Antragsteller in der Praxis ohnehin anzuraten, die Begründung des **4** Antrags, soweit möglich, auf erhebliche Gründe zu stützen und diese glaubhaft zu machen, um die Interessenabwägung des Gerichts positiv zu beeinflussen. Praktisch werden beide Auffassungen dann nur selten zu anderen Ergebnissen führen.

Die Abkürzung von Zwischenfristen kommt ohnehin nur in Fällen tatsächlicher Eile, insbesondere **5** in einstweiligen Verfügungs- und Arrestverfahren in Betracht.[7]

---

[38] Stein/Jonas/*Roth* § 225 Rn. 9; vgl. OLG Frankfurt a. M. BeckRS 2011, 16030 zum Antrag auf Aufhebung einer Fristverlängerung.
[39] BGH NJW 1988, 268 für Fristverlängerung; Musielak/Voit/*Stadler* § 225 Rn. 4.
[40] Zöller/*Feskorn* § 225 Rn. 8; MüKoZPO/*Stackmann* § 225 Rn. 10.
[1] MüKoZPO/*Stackmann* § 226 Rn. 1; vgl. Zöller/*Feskorn* § 226 Rn. 1.
[2] Zöller/*Feskorn* § 226 Rn. 2.
[3] Musielak/Voit/*Stadler* § 226 Rn. 1; MüKoZPO/*Stackmann* § 226 Rn. 3; Stein/Jonas/*Roth* § 226 Rn. 2; aA Zöller/*Feskorn* § 226 Rn. 2, wenn sonst kein geeigneter Termin anberaumt werden kann.
[4] Zöller/*Feskorn* § 226 Rn. 2.
[5] Zöller/*Feskorn* § 226 Rn. 2; Stein/Jonas/*Roth* § 226 Rn. 2.
[6] MüKoZPO/*Stackmann* § 226 Rn. 2.
[7] Stein/Jonas/*Roth* § 226 Rn. 1; MüKoZPO/*Stackmann* § 226 Rn. 2.

6 Nach Abs. 3 kann der Vorsitzende die Abkürzung bei der Bestimmung des Termins ohne vorherige Anhörung der weiteren Beteiligten verfügen.

C. Entscheidung

7 Unter der Abkürzung darf die Vorbereitung des Termins nach Abs. 2 leiden, sie darf aber nicht vollständig vereitelt werden.[8] Ansonsten würde das Recht auf rechtliches Gehör verletzt werden.[9] Ein Versäumnisurteil dürfte nach § 337 nicht ergehen.

8 Gegen die Ablehnung des Antrags ist die sofortige Beschwerde nach § 567 Abs. 1 statthaft. Gegen die Fristkürzung kann im Rechtszug die Verletzung rechtlichen Gehörs gerügt werden, §§ 512, 557 Abs. 2. Das gilt auch, wenn das Gericht die Frist entgegen Abs. 1 von Amts wegen abkürzt. Dieser Verfahrensfehler führt nicht zur Unwirksamkeit der Fristabkürzung.[10]

§ 227 Terminsänderung

(1) ¹Aus erheblichen Gründen kann ein Termin aufgehoben oder verlegt sowie eine Verhandlung vertagt werden. ²Erhebliche Gründe sind insbesondere nicht
1. das Ausbleiben einer Partei oder die Ankündigung, nicht zu erscheinen, wenn nicht das Gericht dafür hält, dass die Partei ohne ihr Verschulden am Erscheinen verhindert ist;
2. die mangelnde Vorbereitung einer Partei, wenn nicht die Partei dies genügend entschuldigt;
3. das Einvernehmen der Parteien allein.

(2) Die erheblichen Gründe sind auf Verlangen des Vorsitzenden, für eine Vertagung auf Verlangen des Gerichts glaubhaft zu machen.

(3) ¹Ein für die Zeit vom 1. Juli bis 31. August bestimmter Termin, mit Ausnahme eines Termins zur Verkündung einer Entscheidung, ist auf Antrag innerhalb einer Woche nach Zugang der Ladung oder Terminsbestimmung zu verlegen. ²Dies gilt nicht für
1. Arrestsachen oder die eine einstweilige Verfügung oder einstweilige Anordnung betreffenden Sachen,
2. Streitigkeiten wegen Überlassung, Benutzung, Räumung oder Herausgabe von Räumen oder wegen Fortsetzung des Mietverhältnisses über Wohnraum auf Grund der §§ 574 bis 574b des Bürgerlichen Gesetzbuchs,
3. *(aufgehoben)*
4. Wechsel- oder Scheckprozesse,
5. Bausachen, wenn über die Fortsetzung eines angefangenen Baues gestritten wird,
6. Streitigkeiten wegen Überlassung oder Herausgabe einer Sache an eine Person, bei der die Sache nicht der Pfändung unterworfen ist,
7. Zwangsvollstreckungsverfahren oder
8. Verfahren der Vollstreckbarerklärung oder zur Vornahme richterlicher Handlungen im Schiedsverfahren;

dabei genügt es, wenn nur einer von mehreren Ansprüchen die Voraussetzungen erfüllt. ³Wenn das Verfahren besonderer Beschleunigung bedarf, ist dem Verlegungsantrag nicht zu entsprechen.

(4) ¹Über die Aufhebung sowie Verlegung eines Termins entscheidet der Vorsitzende ohne mündliche Verhandlung; über die Vertagung einer Verhandlung entscheidet das Gericht. ²Die Entscheidung ist kurz zu begründen. ³Sie ist unanfechtbar.

Literatur: *Soehring,* Anspruch auf Terminsverlegung: Das Schattendasein von § 227 II ZPO, NJW 2001, 3319 f. *Feiber,* Neues Recht für Fristen und Termine, NJW 1997, 160 ff.; *Gehrlein,* Zivilprozessrecht in Zeiten des Corona-Virus, ZMR 2020, 257 ff.; *Baudewin/Scheffer,* Die Terminsverlegung – Prozessführung in Zeiten der Corona-Pandemie, NJW 2021, 3495 ff.

Übersicht

	Rn.
A. Allgemeines	1
B. Ermessensabhängige Terminsänderung, Absatz 1	3
C. Erhebliche Gründe	8
D. Zwingende Terminsverlegung, Absatz 3	32
E. Verfahren und Entscheidung	41
F. Rechtsbehelfe	47

---

[8] Zöller/*Feskorn* § 226 Rn. 3; MüKoZPO/*Stackmann* § 226 Rn. 2; Musielak/Voit/*Stadler* § 226 Rn. 2.
[9] Zöller/*Feskorn* § 226 Rn. 3.
[10] Zöller/*Feskorn* § 226 Rn. 4.

A. Allgemeines

§ 227 ist auf alle der ZPO unterliegenden Verfahren anwendbar, in denen ein Termin bestimmt ist. **1** Das OLG Hamburg wendet § 227 in Bezug auf Vertagungen nicht im einstweiligen Verfügungsverfahren an.[1] § 227 regelt Terminsänderungen. Dabei regeln Abs. 1 und 2 die ermessensabhängige Terminsänderung und Abs. 3 die zwingende Terminsänderung. Durch § 227 sollen die Verfahrensinteressen der Parteien abgewogen werden, insbesondere die Interessen an rechtlichem Gehör sowie der Verfahrensbeschleunigung und Konzentration.[2]

§ 227 – mit Ausnahme von Abs. 3 S. 1 → § 214 Rn. 2 – ist nach § 99 Abs. 1 PatG auch in **2** erstinstanzlichen Patentnichtigkeitsverfahren anzuwenden. Das PatG enthält keine Bestimmung zu Terminsänderungen und das Patentnichtigkeitsverfahren weist gegenüber dem Zivilprozessverfahren keine Besonderheiten auf, die die entsprechende Anwendung ausschließen.[3] § 227 gilt – ebenfalls mit Ausnahme von Abs. 3 S. 1 → § 214 Rn. 2 – auch entsprechend § 82 Abs. 1 MarkenG und § 99 Abs. 1 PatG in marken-,[4] patent-[5] und gebrauchsmusterrechtlichen[6] Verfahren vor dem **BPatG**. Für Verfahren vor dem **EUIPO** oder der **WIPO** gilt § 227 nicht → § 214 Rn. 4.

B. Ermessensabhängige Terminsänderung, Absatz 1

Termine → § 214 Rn. 9 können nach Abs. 1 aus erheblichen Gründen geändert, also aufgehoben **3** und verlegt und Verhandlungen vertagt werden. Auch ein Verkündungstermin ist ein Termin im Sinn[7]e des § 227 Abs. 1. Diese erheblichen Gründe sind nach Abs. 2 auf Verlangen des Vorsitzenden, bei der Vertagung auf Verlangen des Gerichts glaubhaft zu machen. Die **Terminsänderung** ist jede bewusste zeitliche, nicht nur örtliche § 219 Abweichung von dem nach Tag und Stunde bereits anberaumten Termin.[8] Sie kann erfolgen durch (a) Aufhebung, also die Absetzung des Termins vor seinem Beginn ohne gleichzeitige Bestimmung eines neuen Termins, (b) Verlegung, also die Absetzung des Termins vor seinem Beginn bei gleichzeitiger Bestimmung eines neuen (früheren oder späteren) Termins, und (c) Vertagung, also die Beendigung eines bereits begonnenen (§ 220 Abs. 1) Termins vor dessen Schluss (§ 222 Abs. 2) unter Bestimmung eines neuen Termins zur Fortsetzung.[9] Wenn bei der Vertagung ein neuer Termin bestimmt wird, hat sie Verlegungs-, sonst Aufhebungscharakter.

Die Vertagung ist abzugrenzen von der Unterbrechung des Termins oder der Sitzung. Die Unter- **4** brechung ist das zulässige Einschieben einer verhandlungsfreien Zeit in einen einheitlichen Termin. Je nach Dauer kann sie zur Vertagung nach § 227 werden.[10] Um eine Unterbrechung handelt es sich nur, wenn der Termin noch am selben Tag fortgesetzt wird.[11] Die Vertagung erfolgt im Termin durch den jeweiligen Spruchkörper.

Die Terminsänderungen stehen – soweit sie nicht nach Abs. 3 → Rn. 26 ff. erfolgen – im pflicht- **5** gemäßen Ermessen des zuständigen Gerichts oder Vorsitzenden. Sie setzen erhebliche Gründe voraus. Im Rahmen der Ermessensausübung sind – dem Normzweck entsprechend – insbesondere das rechtliche Gehör, die Beschleunigung und Verfahrenskonzentration mit den erheblichen Gründen abzuwägen. Nicht jeder schnelle Termin fördert das Verfahren, nicht jede Verzögerung ist sachgerecht. Die Interessen der Beteiligten des Einzelfalls sind vor dem Hintergrund des § 227 in angemessenen Ausgleich zu bringen.[12] Dabei ist auch die Möglichkeit einer Videoverhandlung nach § 128a zu berücksichtigen.[13]

Dabei verdichtet sich das Ermessen des Gerichts im Fall des Vorliegens eines erheblichen Grunds **6** dahingehend, dass die Partei in einem solchen Fall wegen des verfassungsrechtlichen Anspruchs auf rechtliches Gehör einen Anspruch auf Verlegung oder Vertagung hat.[14] Das gilt auch dann, wenn das

---

[1] OLG Hamburg GRUR-RR 2009, 365 (367) – Five Four.
[2] BGH GRUR 2004, 354 – Vertagung; BPatG BeckRS 2010, 23089; OLG Köln BeckRS 2013, 16964; BVerwG NJW 1995, 1231; OVG Magdeburg BeckRS 2013, 54406; MüKoZPO/*Stackmann* § 227 Rn. 1.
[3] BGH GRUR 2004, 354 – Vertagung; Benkard/*Schäfers* § 99 Rn. 6e; Fezer/*Grabrucker* I 1 2 Rn. 404.
[4] BPatG BeckRS 2010, 23089; Fezer/*Grabrucker* I 1 2 Rn. 404.
[5] BGH GRUR 2004, 354 – Vertagung.
[6] *Mes* § 99 Rn. 10, GebrMG § 21 Rn. 3.
[7] BGH BeckRS 2019, 36396; *Baudewin/Scheffer* NJW 2021, 3495.
[8] Stein/Jonas/*Roth* § 227 Rn. 3; MüKoZPO/*Stackmann* § 227 Rn. 2.
[9] MüKoZPO/*Stackmann* § 227 Rn. 2; Zöller/*Feskorn* § 227 Rn. 1–3; zur Vertagung BGH NZI 2003, 389 (391).
[10] MüKoZPO/*Stackmann* § 227 Rn. 2.
[11] Stein/Jonas/*Roth* § 227 Rn. 3; Musielak/Voit/*Stadler* § 227 Rn. 3; MüKoZPO/*Stackmann* § 227 Rn. 2.
[12] MüKoZPO/*Stackmann* § 227 Rn. 2.
[13] *Baudewin/Scheffer* NJW 2021, 3495 (3498).
[14] BGH GRUR 2004, 354 – Vertagung; NJW 2008, 1448 (1451); NJW-RR 2019, 696 (697); BPatG BeckRS 2010, 23089; 2013, 07201; OLG Köln BeckRS 2013, 16964; OLG Hamm BeckRS 2013, 05761 unter Verweis auf das rechtliche Gehör; NJW-RR 1992, 121; OLG Zweibrücken NJW-RR 2020, 1325 (1326); BVerwG NJW 2001, 2735; MüKoZPO/*Stackmann* § 227 Rn. 4; Zöller/*Feskorn* § 227 Rn. 8a; aA Fezer/*Grabrucker* I 1 2 Rn. 404; Stein/Jonas/*Roth* § 227 Rn. 4.

Gericht die Sache für entscheidungsreif hält und die Erledigung des Rechtsstreits verzögert wird. Das Ermessen des Gerichts bezieht sich dann nicht mehr auf das „*Ob*" der Terminsänderung, sondern ist auf das „*Wie*" beschränkt. Die Rechtsprechung verschiebt also den dem Gericht bei der Terminsänderung zustehenden Beurteilungsspielraum in Bezug auf die Frage des „*Ob*" der Terminsänderung entgegen dem Wortlaut des § 277 („*kann*")[15] weg von der Rechtsfolge des Ermessens hin zur Auslegung des unbestimmten Rechtsbegriffs der erheblichen Gründe. Denn entgegen dem Wortlaut steht den Gerichten bei der Entscheidung, *ob* sie einen Termin ändern, nunmehr gerade kein Ermessen mehr zu.

7   Bei Terminsverlegungen von Amts wegen ist ebenfalls Abs. 1 anwendbar,[16] etwa bei Erkrankung des Richters. Dabei gilt der Grundsatz, dass das Gericht bei der Beurteilung der erheblichen Gründe und der Abwägung der Interessen der Beteiligten an sich selbst die gleichen Kriterien anzulegen hat wie an die Beteiligten.[17]

C. Erhebliche Gründe

8   Voraussetzung der Terminsänderung nach Abs. 1 sind erhebliche Gründe und nach Abs. 2 ggf. deren Glaubhaftmachung. Der Begriff der erheblichen Gründe ist ein unbestimmter Rechtsbegriff. Er ist identisch mit dem in § 224 Abs. 2.[18] Dabei gibt Abs. 1 S. 2 Fälle vor, die nicht geeignet sind, einen erheblichen Grund darzustellen.

9   **Grundsätzlich** sind nur solche Gründe erheblich, die die weitere Vorbereitung der Entscheidung oder die Gewährung rechtlichen Gehörs gebieten.[19] Erheblich sind regelmäßig solche Gründe, die den Anspruch auf rechtliches Gehör einer oder mehrerer Parteien berühren und die auch gerade zur Gewährleistung des rechtlichen Gehörs eine Zurückstellung des Beschleunigungs- und Konzentrationsgebots erfordern.[20] Nach dem ersichtlichen oder ggf. auf Verlangen des Gerichts glaubhaft gemachten Sachstand muss durch die Ablehnung einer Vertagung der sie beantragenden Partei die Möglichkeit entzogen sein, sich in der betreffenden Instanz sachgemäß und erschöpfend über alle Tatsachen, Beweisergebnisse oder sonstigen verhandelten Fragen zu erklären, die Grundlage der zu treffenden Entscheidung sind. Das ist etwa dann der Fall, wenn die die Vertagung beantragende Partei von dem Gericht oder der Gegenseite mit einer Tatsachen- oder einer Rechtsfrage konfrontiert wird, mit der sie sich nicht aus dem Stand auseinanderzusetzen vermag, zu der sie sachlich fundiert nur nach einer angemessenen Zeit zur Überlegung und Vorbereitung Stellung nehmen kann, und die anders, etwa durch eine Unterbrechung der mündlichen Verhandlung, nicht ausreichend zur Verfügung gestellt werden kann.[21]

10   Die Gründe müssen ernsthaft sein und ein besonderes Gewicht haben. Bei Entscheidungsreife ist eine Terminsänderung nach Abs. 1 ausgeschlossen. Es steht einer Partei nicht frei, einem Termin in der Erwartung fernzubleiben, er werde auf Antrag schon geändert werden – es sei denn das Gericht stellt die Erheblichkeit des Grunds später fest.[22] Bei der Beurteilung der erheblichen Gründe sind beide Parteien grundsätzlich gleich zu behandeln.[23] In diesem Rahmen ist es bei der Abwägung der Parteiinteressen (negativ) zu berücksichtigen, wenn es sich um den vierten Verlegungsantrag mit in der Sache gleicher Begründung handelt[24] oder die Absicht der Prozessverschleppung sonstwie offensichtlich wird.[25]

11   So sind **Gründe aus der Gerichtssphäre** grundsätzlich erheblich, die eine Säumnis nach § 337 entschuldigen oder eine Wiedereinsetzung begründen würden,[26] so etwa wenn die Ladung fehlerhaft erging oder die Ladungs- oder Einlassungsfrist nicht eingehalten wurden.[27] Erheblich sind Gründe auch, wenn sie auf eine Überrumpelung hinauslaufen oder aus Gründen der Waffengleichheit geboten sind,[28] etwa wenn das Gericht kurz vor dem Termin die Anwendung ausländischen materiellen Rechts erwägt oder den Parteien ein umfangreiches Sachverständigengutachten nur drei Tage vor dem Termin schickt.[29] Verspätet sich ein Termin um 75 Minuten, liegt ein erheblicher Grund nur bei weiteren Aspekten vor, etwa weitere Terminsverpflichtungen des Anwalts oder eine inzwischen eingetretene Verschlechterung des Gesundheitszustandes.[30]

---

[15] Stein/Jonas/*Roth* § 227 Rn. 4.
[16] MüKoZPO/*Stackmann* § 227 Rn. 5.
[17] MüKoZPO/*Stackmann* § 227 Rn. 4.
[18] MüKoZPO/*Stackmann* § 227 Rn. 6.
[19] Zöller/*Feskorn* § 227 Rn. 5; MüKoZPO/*Stackmann* § 227 Rn. 6.
[20] BVerfG NJW 2021, 3384 (3386); BGH GRUR 2004, 354 – Vertagung; NJW-RR 2019, 696 (697); OLG Zweibrücken NJW-RR 2020, 1325 (1326); OLG Dresden BeckRS 2021, 4400.
[21] BGH GRUR 2004, 354 (355) – Vertagung.
[22] BGH NJW 1982, 888 (889); MüKoZPO/*Stackmann* § 227 Rn. 6.
[23] OLG Brandenburg NJW-RR 1999, 1291 (1292).
[24] BGH NJW 2006, 2492 (2495); KG NJW 2006, 2787 mwN.
[25] *Baudewin*/*Scheffer* NJW 2021, 3495 (3497).
[26] MüKoZPO/*Stackmann* § 227 Rn. 8.
[27] Musielak/Voit/*Stadler* § 227 Rn. 2.
[28] BGH NJW 1958, 1186 (1187); OLG Celle NJW 1969, 1905 (1906); BSG NJW 1984, 888.
[29] OLG Köln NJW-RR 2000, 591 (592).
[30] BVerwG NJW 1999, 2131 (2132).

Die Teilnahme des Bevollmächtigten an gängigen **Fachtagungen** – etwa GRUR, INTA, AIPPI, ECTA – wird regelmäßig auch dann als erheblicher Grund angesehen, wenn die Kanzlei über mehrere Rechtsanwälte verfügt.[31]

Die **Erkrankung einer Partei** stellt jedenfalls dann einen erheblichen Grund dar, wenn die Partei bettlägerig und an einer zumutbaren und vollständigen Informationserteilung ihres Anwalts gehindert ist.[32] Jeder Fall einer Erkrankung ist so substantiiert darzulegen, dass das Gericht in der Lage ist, die Verhandlungsfähigkeit der Partei zu beurteilen.[33] Dazu genügt eine inhaltsleere Arbeitsunfähigkeitsbescheinigung nicht, da Arbeitsunfähigkeit nicht Verhandlungsunfähigkeit bedeutet.[34] Für pandemische Erkrankungen gelten insoweit keine Besonderheiten.[35]

Die **Erkrankung des Anwalts** stellt in der Regel einen erheblichen Grund dar. Das gilt auch für plötzliche Erkrankungen.[36] Eine Ausnahme gilt dann, wenn er trotz seit längerem bestehender chronischer Erkrankung, die ihn schon zuvor an der Erfüllung der Berufspflichten hinderte, keine Vorsorge für die Terminswahrnehmung trifft.[37] Der Antrag ist so zu begründen, dass das Gericht in die Lage versetzt ist, die Verhandlungsfähigkeit selbst zu beurteilen.[38] Dazu genügt weder ein Attest ohne Diagnose noch eine Arbeitsunfähigkeitsbescheinigung.[39] Kein erheblicher Grund liegt auch vor, wenn der Bevollmächtigte „*wiederholt und äußerst kurzfristig und u. a. aufgrund von den Umständen nach zweifelhaften Erkrankungen oder Verletzungen*" Verlegungen beantragt und trotz Aufforderung kein ärztliches Attest vorlegt.[40] Für pandemische Erkrankungen gelten insoweit keine Besonderheiten.[41]

Bei **pandemiebedingten Anreisehindernissen** kommt es auf die Möglichkeit und Zumutbarkeit der Anreise im Einzelfall an, etwa bei Flugbeschränkungen, Quarantäneanordnungen, Reiseverboten, (fehlenden) Übernachtungsmöglichkeiten uä.[42] Niemand kann verpflichtet sein, entgegen einer Quarantäneanordnung an einem Termin teilzunehmen.[43]

Auch bei Verlegungsanträgen wegen pandemiebedingter **Infektionsgefahr** kommt es auf den Einzelfall an. Auch insoweit wird auf die Zumutbarkeit im Einzelfall ankommen, etwa auch die mit einer Anreise einhergehenden Risiken und individuelle Risikofaktoren der Beteiligten. Es gibt weder einen Grundsatz, dass jede Infektionsgefahr einen erheblichen Grund darstellt,[44] noch einen Grundsatz, dass eine Infektionsgefahr niemals einen erheblichen Grund darstellt. In jedem Fall sollte das Ermessen nach § 227 ZPO wegen der Besorgnis der Beteiligten großzügig ausgeübt werden.[45] Es liegt kein erheblicher Grund vor, wenn ein Anwalt aufgrund von Vorerkrankungen langfristig auf nicht absehbare Dauer zur Verhinderung einer Infektion in einer Pandemie an der Teilnahme gehindert ist. Denn dann kann ein anderer Anwalt den Termin für ihn wahrnehmen.[46]

Der gleiche Grundsatz wie bei der Erkrankung des Anwalts gilt im Fall der Verhinderung des Anwalts wegen Unterrichts für Rechtsreferendare im Rahmen der Juristenausbildung. Das bedeutet, dass er bei solch absehbarer Verhinderung Vorsorge für die Wahrnehmung von Gerichtsterminen treffen muss und bei Unterlassen solcher Vorsorge nicht auf einen erheblichen Grund für eine Terminsänderung vertrauen kann.[47]

Um einen erheblichen Grund kann es sich auch handeln, wenn während einer Pandemie sowohl eine Partei, deren persönliches Erscheinen angeordnet war, als auch ihr Anwalt Risikopatienten sind.[48] Insoweit kommt es auf die Lage der Pandemie, die jeweils aktuellen Aussichten sowie die (potentielle) Betroffenheit der Beteiligten an.[49]

---

[31] *Fezer/Grabrucker* I 1 2 Rn. 404.
[32] OLG Köln NJW-RR 1990, 1342 (1343).
[33] BGH BeckRS 2021, 14192; OLG Köln BeckRS 2013, 16964; BVerwG NJW 2001, 2735 (2736); *Fezer/Grabrucker* I 1 2 Rn. 404 fordert ärztliches Attest.
[34] OLG Köln BeckRS 2013, 16964; VG Münster BeckRS 2013, 56147.
[35] MüKoZPO/*Rauscher* COVID-19 Rn. 41.
[36] OLG Hamm NJW-RR 2019, 118 (119).
[37] BVerwG NJW 2001, 2735 (2736).
[38] BGH BeckRS 2021, 95812.
[39] BGH BeckRS 2013, 9457.
[40] BPatG BeckRS 2009, 02115.
[41] MüKoZPO/*Rauscher* COVID-19 Rn. 41.
[42] MüKoZPO/*Rauscher* COVID-19 Rn. 41; vgl. *Gehrlein* ZMR 2020, 257.
[43] *Baudewin/Scheffer* NJW 2021, 3495 (3497).
[44] Ähnlich *Baudewin/Scheffer* NJW 2021, 3495 (3497); im Sinne eines solchen Grundsatzes könnte man MüKoZPO/*Rauscher* COVID-19 Rn. 42 verstehen; auch nach *Gehrlein* ZMR 2020, 257 stellt schon die Besorgnis, sich einer Infektionsgefahr auszusetzen, einen Verhinderungsgrund dar; niemandem sei zuzumuten, sein rechtliches Gehör auf die Gefahr einer schwerwiegenden Erkrankung wahrnehmen zu müssen.
[45] MüKoZPO/*Rauscher* COVID-19 Rn. 42.
[46] OLG Karlsruhe NJW-RR 2021, 1077.
[47] OVG Berlin-Brandenburg BeckRS 2013, 56357; weiter BGH NJW 2008, 1448 (1451).
[48] OLG Zweibrücken NJW-RR 2020, 1325 (1326).
[49] Vgl. OLG Zweibrücken NJW-RR 2020, 1325 (1326) zu Lungenvorerkrankungen im Fall der Corona-Pandemie; OLG Dresden BeckRS 2021, 4400 zum abstrakten Risiko eines 70-Jährigen bei 1,5-stündiger Anreise während gestiegener Infektionszahlen; so wohl auch LG Saarbrücken ZWE 2020, 310, nach dem die Gefahr einer Infektion alleine nicht ausreicht; *Gehrlein* ZMR 2020, 257 stellt schon auf die Besorgnis, sich einer Infektionsgefahr auszusetzen, ab.

19 Der **Tod** eines Angehörigen einer Partei oder eines Anwalts ist ein erheblicher Grund.[50]

20 Die **sonstige Verhinderung** einer nicht geladenen Partei im Anwaltsprozess stellt einen erheblichen Grund in der Regel nur dar, wenn die persönliche Anwesenheit des Klägers neben dem Anwalt in der mündlichen Verhandlung erforderlich ist.[51] Das kann insbesondere dann der Fall sein, wenn er zur Klärung des Sach- und Streitstoffs beitragen kann.[52]

21 Die Verhinderung eines Anwalts wegen eines geplanten **Urlaubs** (erst recht, wenn bereits gebucht)[53] oder einer **Fortbildung** ist grundsätzlich erheblicher Grund,[54] auch die Verhinderung wegen der Teilnahme des Anwalts als Mitglied an einer Stadtratssitzung,[55] der Urlaub des Anwalts (nur) zur Vorbereitung der eigenen Geburtstagsfeier dagegen nicht.[56] Bei einer Sozietät besteht ein erheblicher Grund nicht allein aus diesem Grund nicht, weil auch ein weiterer Anwalt der Sozietät sich in die Sache einarbeiten kann,[57] es sei denn es handelt sich um eine Eilsache. Denn die Partei darf regelmäßig erwarten, dass sie im Termin von demjenigen Anwalt vertreten wird, der die Sachbearbeitung des Mandats übernommen hat, soweit es sich nicht um eine wiederholte Verlegung handelt und schutzwürdige Interessen dr Partei nicht beeinträchtigt werden.[58] Auch die Verhinderung einer Partei wegen Arbeitssuche in einer Entfernung von 300 km stellt einen erheblichen Grund dar.[59]

22 Unzumutbare **Reiseschwierigkeiten** können einen erheblichen Grund darstellen, so etwa wenn der aus Stuttgart nach Hamburg zu einem Termin in Schleswig angereiste Anwalt nach Ankunft in Hamburg erfährt, dass der Flughafen zehn Minuten später wegen Streiks geschlossen wird und er sofort zurückfliegt.[60] So wie nicht in der Hand des Anwalts liegende Erschwernisse (Zugausfall, Flugausfall, Sperrungen, Stau oä) für die Erheblichkeit sprechen, muss der Anwalt auch bereit sein, auf eine zumutbare Reisealternative (etwa Zug, Flug, Mietwagen oä) umzusteigen und einen gewissen Zeitpuffer für Erschwernisse im gängigen Rahmen einkalkulieren.[61] Dagegen stellt es keinen erheblichen Grund dar, wenn der Anwalt aufgrund der Entfernung seines Kanzleisitzes am Vortag anreisen müsste.[62]

23 Erhebliche Gründe sind auch gegeben, wenn der Partei oder dem Anwalt durch eine Ablehnung der Terminsänderung die Möglichkeit entzogen wäre, sich in der betreffenden Instanz sachgemäß und erschöpfend über alle Tatsachen, Beweisergebnisse oder sonstigen verhandelten Fragen zu erklären, die Grundlage der zu treffenden Entscheidung sind. Ein solcher Fall ist etwa gegeben, wenn die beantragende Partei von dem Gericht oder der Gegenseite mit einer Tatsachen- oder einer Rechtsfrage konfrontiert wird, mit der sie sich nicht „aus dem Stand" auseinandersetzen kann, zu der sie sachlich fundiert vielmehr nur dann Stellung nehmen kann, wenn sie angemessene Zeit für Überlegung und Vorbereitung hat.[63]

24 Ein **Anwaltswechsel** stellt nur dann einen erheblichen Grund dar, wenn die Partei ihn nicht verschuldete,[64] die Entziehung des Mandats also ihrerseits auf erheblichen Gründen beruhte, aufgrund derer es der Partei ohne eigenes Verschulden nicht mehr zugemutet werden kann, sich durch diesen Anwalt weiterhin vertreten zu lassen.[65] Liegt der Grund des Anwaltswechsels in der Erschütterung des Vertrauensverhältnisses, genügt dies nur dann, wenn die Partei darlegt, dass der Anwalt den Vertrauensverlust verschuldet hat und der Grund des Anwaltswechsels erst zu diesem Zeitpunkt offenbar wurde.[66]

25 Ernsthafte **Vergleichsgespräche** der Parteien sind ein erheblicher Grund;[67] in solchen Fällen kommt auch ein Hinweis auf § 251 in Betracht. Neuer Tatsachenvortrag macht eine Vertagung nur erforderlich, wenn er zu einer anderen Entscheidung führen kann.[68] Auch die Rücknahme einer Klage oder eines Rechtsmittels stellt einen erheblichen Grund dar.[69]

---

[50] Zöller/*Feskorn* § 227 Rn. 6; Stein/Jonas/*Roth* § 227 Rn. 6.
[51] BFH NJW 1991, 2104; vgl. Stein/Jonas/*Roth* § 227 Rn. 5 unter Verweis auf § 141 Abs. 1 S. 1.
[52] BVerwG NJW 1991, 2097.
[53] BGH NJW-RR 2019, 695 (697).
[54] BGH NJW-RR 2019, 695 (697); OLG Frankfurt a. M. NJW 2008, 1328 (1329).
[55] VGH Mannheim NVwZ 2000, 213.
[56] OLG Frankfurt a. M. NJW 2009, 1007 (1008 f.).
[57] BVerwG NJW 1984, 882; OLG Frankfurt a. M. NJW 2008, 1328 (1329).
[58] BVerfG NJW 2021, 3384 (3386); OLG Frankfurt a. M. NJW 2008, 1328 (1329); OLG Schleswig NJW 1994, 1227; aA wohl BVerwG NJW 1995, 1231; nach Zöller/*Feskorn* § 227 Rn. 6a ist der Verweis auf andere Mitglieder der Sozietät nicht generell zulässig.
[59] BayObLG NJW-RR 2004, 804.
[60] BVerwG NJW 1995, 1441 (1442).
[61] *Baudewin/Scheffer* NJW 2021, 3495 (3497).
[62] OLG Dresden NJW-RR 2021, 1149 (1150).
[63] BGH GRUR 2004, 354 (355) – Vertagung.
[64] BGH NJW-RR 2008, 876 (877 f.); BeckRS 2010, 02325; BFH BeckRS 2012, 94588; vgl. Stein/Jonas/*Roth* § 227 Rn. 15.
[65] BGH BeckRS 2021, 14192.
[66] BGH BeckRS 2021, 14192; NJW-RR 2008, 876 (877); BVerwG NJW 1986, 339.
[67] Fezer/*Grabrucker* I 2 Rn. 404; Stein/Jonas/*Roth* § 227 Rn. 13.
[68] OLG Karlsruhe GRUR 1984, 812.
[69] MüKoZPO/*Stackmann* § 227 Rn. 8.

Bei der Beurteilung der erheblichen Gründe können auch der Zeitraum zwischen der Mitteilung **26** des Termins und dem Antrag auf dessen Änderung sowie zwischen Änderungsantrag und dem Termin berücksichtigt werden. Je mehr Zeit zwischen Mitteilung des Termins und dem Antrag auf dessen Änderung bzw. je weniger Zeit zwischen dem Änderungsantrag und dem Termin liegt, umso eher ist ein erheblicher Grund nicht gegeben.[70]

§ 227 Abs. 1 S. 2 gibt einen **Negativkatalog** von Fällen vor, die allein für sich keine erheblichen **27** Gründe iSd Abs. 1 zu begründen vermögen. Kommen weitere Umstände hinzu, kann das Gesamtbild des Falles mit seinen weiteren Faktoren jedoch einen erheblichen Fall begründen, auch wenn zusätzlich ein Fall des Abs. 1 S. 2 gegeben ist.[71] Es handelt sich also nicht um Kriterien, die die Annahme eines erheblichen Grunds ausschließen, sondern um einen Negativkatalog von Kriterien, die jeweils für sich gesehen – ob in der Partei oder ihrem Bevollmächtigten begründet[72] – keinen erheblichen Grund darstellen. Dies ergibt sich schon – darauf weist *Gehrlein* hin[73] – aus dem Wortlaut der Nr. 3, nach dem das Einvernehmen der Parteien allein kein erheblicher Grund ist.

Ein erheblicher Grund ist nach **Abs. 1 S. 2 Nr. 1** insbesondere nicht das Ausbleiben einer Partei **28** oder die Ankündigung, nicht zu erscheinen, es sei denn, die Partei ist ohne ihr Verschulden am Erscheinen verhindert. Die Partei ist ohne ihr Verschulden verhindert, wenn das Ausbleiben nach der Überzeugung des Gerichts auch bei sorgfältiger Prozessführung nicht zu vermeiden war.[74] Verschuldet der Anwalt die Verhinderung, wird sein Verschulden der Partei nach § 85 Abs. 2 zugerechnet. Der weitere Verfahrensverlauf bei unentschuldigtem Ausbleiben ergibt sich aus den §§ 251a, 330 ff.

Nach **Abs. 1 S. 2 Nr. 2** ist insbesondere die mangelnde Vorbereitung einer Partei, wenn nicht die **29** Partei dies genügend entschuldigt, kein erheblicher Grund. Die mangelnde Vorbereitung ist nur entschuldigt, wenn das Gericht seiner Förderungspflicht nicht oder zu spät nachkam und nicht mehr hinreichend Gelegenheit besteht, zu einem neuen Schriftsatz Stellung zu nehmen.[75] Auch hier wird das Verschulden des Anwalts der Partei nach § 85 Abs. 2 zugerechnet. Dieser Fall ist praktisch wegen der Möglichkeit der Schriftsatzfrist des § 283 äußerst selten.

Nach **Abs. 1 S. 2 Nr. 3** ist das Einvernehmen der Parteien allein kein erheblicher Grund. Wollen **30** sie das Verfahren derzeit nicht fortführen, müssen sie sein Ruhen nach § 251 beantragen. Das Gericht hat dann auch die Möglichkeiten des § 251a.

Wird der Antrag auf Terminsänderung erst kurz vor dem anberaumten Termin gestellt und mit **31** einer plötzlichen Erkrankung begründet, kann es dem Anwalt obliegen, die Gründe für die Verhinderung so anzugeben und zu untermauern, dass das Gericht die Frage der Verhandlungsfähigkeit selbst zu beurteilen vermag.[76] Das Berufen auf einen erheblichen Grund kann rechtsmissbräuchlich sein, wenn der Antrag erst kurz vor dem Termin gestellt wird, der erhebliche Grund aber bereits seit längerem feststeht.[77] Jede Partei ist in Erfüllung ihrer Prozessförderungspflicht gehalten, dem Gericht etwaige Gründe, die der Wahrnehmung eines Termins entgegenstehen, möglichst frühzeitig mitzuteilen.[78]

D. Zwingende Terminsverlegung, Absatz 3

In Abs. 3 sind zwingende Gründe für eine Terminsverlegung im Regel-Ausnahme-Verhältnis **32** geregelt. Danach sind für die Zeit vom 1.7. bis 31.8. bestimmte Termine auf Antrag innerhalb einer Woche nach Zugang der Ladung oder Terminsbestimmung zu verlegen, wenn es sich nicht um Termine zur Verkündung einer Entscheidung handelt. Nach Abs. 3 S. 2 genügt es dabei, wenn nur einer von mehreren Ansprüchen die Voraussetzungen erfüllt. Der gesamte Termin wird dann verlegt. Dies gilt auch bei Widerklage, so dass der Termin nach Abs. 3 S. 1 zu verlegen ist, wenn ein Anspruch aus Klage oder aus Widerklage die Voraussetzungen des Abs. 3 S. 2 erfüllt.[79]

Die Anknüpfung an die Sommermonate zeigt bereits, dass es sich dabei um die Fortführung der Idee **33** der Gerichtsferien handelt – inhaltlich abgeschwächt in Form des Abs. 3 und zeitlich erweitert auf die vollen Monate Juli und August.[80] Neben der Ausnahme für Verkündungstermine – wegen der fehlenden Pflicht zur Teilnahme an ihnen[81] – gelten nach Abs. 3 S. 2 Nr. 1–8 und Abs. 3 S. 3 weitere Ausnahmen, die durchweg das besondere Bedürfnis der Beschleunigung in diesen Fällen widerspie-

---

[70] Vgl. BPatG BeckRS 2010, 23089.
[71] MüKoZPO/*Stackmann* § 227 Rn. 7.
[72] Stein/Jonas/*Roth* § 227 Rn. 14.
[73] MüKoZPO/*Stackmann* § 227 Rn. 7.
[74] MüKoZPO/*Stackmann* § 227 Rn. 7.
[75] Vgl. Zöller/*Feskorn* § 227 Rn. 7.
[76] BGH BeckRS 2015, 6668; 2017, 135104; OLG Hamm NJW-RR 2019, 118 (119) will das nur in besonderen Fällen annehmen.
[77] BGH NJW-RR 2019, 695 (697).
[78] BGH NJW-RR 2019, 695 (697); NJW 2009, 687 (688).
[79] MüKoZPO/*Stackmann* § 227 Rn. 20; Zöller/*Feskorn* § 227 Rn. 20.
[80] Vgl. OLG Brandenburg NJW-RR 1998, 500 (501); *Soehring* NJW 2001, 3319; *Feiber* NJW 1997, 160 (162).
[81] MüKoZPO/*Stackmann* § 227 Rn. 15; Stein/Jonas/*Roth* § 227 Rn. 22.

geln.⁸² Dies zeigt auch Abs. 3 S. 3, der auf die notwendige Beschleunigung aus weiteren Gründen abstellt. Der Ausnahmenkatalog des Abs. 3 S. 2 schließt damit nur die Fälle der zwingenden Terminsverlegung des Abs. 3 S. 1 aus, nicht aber eine Terminsänderung nach Abs. 1.⁸³ Von diesen Ausnahmen werden im folgenden Nr. 1, 6, 7 und 8 dargestellt.

34 Wenn das Verfahren besonderer Beschleunigung bedarf, ist dem Verlegungsantrag nicht zu entsprechen.

35 Der Antrag auf Terminsverlegung nach Abs. 3 bedarf **keiner Begründung**.⁸⁴ Antragsberechtigt sind die Parteien und Nebenintervenienten, nicht aber Zeugen oder Sachverständige.⁸⁵ Der Antrag muss innerhalb einer Woche nach Eingang der Ladung oder Terminsbestimmung erfolgen. Diese Frist ist weder abkürz- oder verlängerbar, § 224 Abs. 2, noch wiedereinsetzungsfähig⁸⁶. Sie gilt auch bei Anwaltszwang uneingeschränkt, dies auch dann, wenn die Partei einen Anwalt erst nach Ablauf der Wochenfrist beauftragt.⁸⁷ Sie wird nach § 222 berechnet. Sie beginnt mit dem Tag der Zustellung, bei formloser Mitteilung im Ortsbestellverkehr am Folgetag, sonst zwei Werktage nach Aufgabe zur Post, wenn kein anderer Zugangszeitpunkt glaubhaft gemacht wird, § 357 Abs. 1 S. 2 analog.⁸⁸ Bei verkündeten Terminen beginnt die Wochenfrist mit dem Verkündungstermin zu laufen.⁸⁹ Findet der Termin vor Ablauf dieser Wochenfrist statt, ist der Antrag nur bis zum Beginn des Termins, also seinem Aufruf nach § 220 Abs. 1 möglich.⁹⁰ Denn Abs. 3 ist nur auf Verlegung, nicht auf Vertagung gerichtet.⁹¹ Wird ein Termin auf eine andere Stunde an demselben Terminstag verlegt, setzt diese Verlegung die Wochenfrist nicht erneut in Gang. Abs. 3 dient dem Schutz der Disposition des Termintags, nicht der Terminstunde.⁹² Es besteht keine Pflicht des Gerichts, über das Recht aus Abs. 3 oder die Wochenfrist zu belehren. Ein verspäteter Antrag kann als Antrag nach Abs. 1 ausgelegt werden und richtet sich dann nach dessen Voraussetzungen.⁹³

36 Nach **Abs. 3 Nr. 1** ist die zwingende Terminsverlegung nach Abs. 2 S. 1 ausgeschlossen in Arrestsachen oder die eine einstweilige Verfügung oder einstweilige Anordnung betreffenden Sachen. Diese Regelung umfasst ihrem Normzweck entsprechend auch Widerspruchsverfahren, Aufhebungsverfahren nach §§ 927, 936, Berufungsverfahren, Arrestverfahren nach §§ 928 ff. und Verfahren der Vollstreckung von Entscheidungen in Eilverfahren.⁹⁴ Nicht erfasst sind Klageverfahren – dies unabhängig davon, ob sie sich anschließen oder in Zusammenhang stehen mit Eilverfahren.

37 Nach **Abs. 3 Nr. 6** ist die zwingende Terminsverlegung nach Abs. 2 S. 1 ausgeschlossen in Streitigkeiten wegen Überlassung oder Herausgabe einer Sache an eine Person, bei der die Sache nicht der Pfändung nach §§ 811 f. unterworfen ist. In solchen Konstellationen kann und soll eine Terminsverlegung nicht durch die Wahl von Eilverfahren nach Nr. 1 ausgeschlossen werden.⁹⁵

38 Nach **Abs. 3 Nr. 7** ist die zwingende Terminsverlegung nach Abs. 2 S. 1 ausgeschlossen in Zwangsvollstreckungsverfahren. Der Begriff des Zwangsvollstreckungsverfahrens ist umfassend zu verstehen und umfasst ua auch die Zwangsversteigerung, Zwangsverwaltung, Insolvenzverwalterversteigerung und -verwaltung, Nachlass- und Teilungsversteigerung, nicht aber Streitverfahren zum Zweck der späteren Zwangsvollstreckung wie etwa Verfahren auf Erklärung der Vollstreckbarkeit ausländischer Urteile, Klagen auf Erteilung der Vollstreckungsklausel nach § 731, Klagen gegen Vollstreckungsklauseln nach § 768, Vollstreckungsgegenklagen nach § 767 und Drittwiderspruchsklagen nach § 771.

39 Nach **Abs. 3 Nr. 8** ist die zwingende Terminsverlegung nach Abs. 2 S. 1 ausgeschlossen in Verfahren der Vollstreckbarerklärung von Schiedssprüchen nach § 1060 Abs. 1 oder zur Vornahme richterlicher Handlungen im Schiedsverfahren.

40 Nach **Abs. 3 S. 3** ist der Termin nicht nach Abs. 3 S. 1 zu verlegen, wenn das Verfahren im Einzelfall sonst wie **besonderer Beschleunigung** bedarf. Die ist der Fall, wenn die Umstände des jeweiligen Rechtsstreits eine über das ohnehin schon gebotene Maß der Prozessförderung durch Gericht und Parteien hinausgehende Verfahrensbeschleunigung verlangen,⁹⁶ etwa wegen vorangegan-

---

⁸² Vgl. Zöller/*Feskorn* § 227 Rn. 11.
⁸³ Vgl. Zöller/*Feskorn* § 227 Rn. 11.
⁸⁴ OLG Köln BeckRS 2009, 24732; MüKoZPO/*Stackmann* § 227 Rn. 13; Zöller/*Feskorn* § 227 Rn. 9; *Soehring* NJW 2001, 3319; Musielak/Voit/*Stadler* § 227 Rn. 9; *Feiber* NJW 1997, 160 (162).
⁸⁵ MüKoZPO/*Stackmann* § 227 Rn. 15; Zöller/*Feskorn* § 227 Rn. 9.
⁸⁶ MüKoZPO/*Stackmann* § 227 Rn. 17.
⁸⁷ Zöller/*Feskorn* § 227 Rn. 10.
⁸⁸ Zöller/*Feskorn* § 227 Rn. 10.
⁸⁹ OLG Brandenburg NJW-RR 1998, 500; Zöller/*Feskorn* § 227 Rn. 10; aA *Feiber* NJW 1997, 160 (162), nach dem die Wochenfrist ab Zugang des Protokolls berechnet werden soll, was (a) § 218, Zöller/*Feskorn* § 227 Rn. 10, und (b) dem Gesetzeszweck des schnellen Verlegungsantrags widerspricht.
⁹⁰ Zöller/*Feskorn* § 227 Rn. 10; MüKoZPO/*Stackmann* § 227 Rn. 17.
⁹¹ MüKoZPO/*Stackmann* § 227 Rn. 17.
⁹² OLG Brandenburg NJW-RR 1998, 500; MüKoZPO/*Stackmann* § 227 Rn. 17.
⁹³ Zöller/*Feskorn* § 227 Rn. 10.
⁹⁴ Stein/Jonas/*Roth* § 227 Rn. 26; Zöller/*Feskorn* § 227 Rn. 12.
⁹⁵ MüKoZPO/*Stackmann* § 227 Rn. 20; Zöller/*Feskorn* § 227 Rn. 17.
⁹⁶ BGH NJW 2010, 2440 (2441).

gener Verfahrensverschleppung. Denn dann kommt dem Beschleunigungsgebot ein erhöhtes Gewicht zu.[97] Solche Fälle sind glaubhaft zu machen.[98]

E. Verfahren und Entscheidung

Die Terminsverlegung nach Abs. 1 wegen erheblicher Gründe erfolgt von Amts wegen oder auf **41** Antrag, die nach Abs. 3 auf Antrag → Rn. 32. Auch der Nebenintervenient ist antragsberechtigt.[99] Gilt für das Verfahren Anwaltszwang, gilt das auch für den Antrag. Der Antrag bedarf keiner Schriftform, auch telefonischer Antrag genügt.[100] Der Antrag nach Abs. 1 ist wegen der erheblichen Gründe zu begründen, der nach Abs. 3 nicht.[101] Die erheblichen Gründe des Antrags nach Abs. 1 sind nach Abs. 2 auf Verlangen glaubhaft zu machen, es sei denn die Verlegung wird „in letzter Minute" – in der Regel zwei bis drei Tage vor dem Termin[102] – beantragt und nicht von sich aus glaubhaft gemacht. Dann bedarf es keines Hinweises des Gerichts.[103] Der Antrag kann bis zur Terminsänderung zurückgenommen werden.[104]

Die Gegenseite ist zwar nach § 227 nicht zwingend zu hören. Eine solche Anhörung ist bei einem **42** Antrag nach Abs. 1 jedoch geboten. Sie ist auch anzuraten, wenn sie terminlich (noch) möglich ist. Eine telefonische Anhörung genügt.[105]

Als Anhaltspunkt für die Zeit, die ein neuer Anwalt zur Einarbeitung benötigt, geben die Ladungs- **43** und Einlassungsfristen. Dabei ist zu berücksichtigen, dass der Anwalt meist auch in anderen Prozessen anstehende Termine wahrzunehmen hat und fristgebundene Schriftsätze anfertigen muss. Die Einarbeitungszeit ist daher so geräumig zu bemessen, dass er neben den bestehenden Mandaten auch den neuen Prozess sachgerecht bearbeiten kann.[106]

Nach Abs. 4 erfolgt die Entscheidung über die Aufhebung und die Verlegung ohne mündliche **44** Verhandlung durch den Vorsitzenden, die über eine Vertagung durch das Gericht – dies auch bei von dem Vorsitzenden bestimmten Terminen.[107] Nach Abs. 4 S. 2 ist die Entscheidung (kurz) zu begründen. Bei widersprechenden Anträgen kann eine ausführlichere Begründung erforderlich werden.[108]

Die Vertagung wird verkündet, die Aufhebung wird den Beteiligten nach § 329 Abs. 2 S. 1 formlos **45** mitgeteilt, die Verlegung mit Zustellung der neuen Ladung bekanntgegeben und die Ablehnung der Terminsänderung dem Antragsteller und den angehörten Beteiligten formlos mitgeteilt.[109]

Das Gericht hat die Möglichkeit, den neuen verlegten Termin (auch) in die Zeit vom 1.7. bis 31.8. **46** zu legen. Ist dies der Fall, begründet es die Möglichkeit eines neuen Verlegungsantrags nach Abs. 3.[110]

F. Rechtsbehelfe

Die Entscheidung ist grundsätzlich unanfechtbar, Abs. 4 S. 3. Das gilt sowohl für Entscheidungen, **47** durch die Terminsverlegungsanträgen stattgegeben wird, als auch für ablehnende Entscheidungen.[111] Nur in seltenen Ausnahmefällen besteht die Möglichkeit einer sofortigen Beschwerde entsprechend § 252, wenn die Entscheidung faktisch zum Stillstand des Verfahrens führt,[112] etwa die Aufhebung, langfristige Verlegung oder Vertagung.[113]

Nur wenn die Terminsänderung mit dem Verfahren in keinem Zusammenhang steht, kommt eine **48** Dienstaufsichtsbeschwerde in Betracht.[114] Ein Befangenheitsantrag nach Ablehnung eines Antrags nach § 227 ist wegen Rechtsmissbrauchs unzulässig, wenn er offensichtlich darauf gerichtet ist, die zuvor begehrte Terminsänderung durch den Befangenheitsantrag zu erzwingen.[115] Er ist begründet, wenn die erheblichen Gründe offensichtlich vorliegen, die Zurückweisung des Antrags für die Partei

---

[97] BGH NJW 2010, 2440 (2441); 2009, 687 zu mehrfachen Verlegungen zuvor.
[98] MüKoZPO/*Stackmann* § 227 Rn. 22; vgl. Zöller/*Feskorn* § 227 Rn. 21.
[99] Musielak/Voit/*Stadler* § 227 Rn. 4.
[100] MüKoZPO/*Stackmann* § 227 Rn. 24; Zöller/*Feskorn* § 227 Rn. 24.
[101] MüKoZPO/*Stackmann* § 227 Rn. 24.
[102] BGH BeckRS 2015, 6668.
[103] *Baudewin/Scheffer* NJW 2021, 3495.
[104] Stein/Jonas/*Roth* § 227 Rn. 35; Zöller/*Feskorn* § 227 Rn. 24.
[105] Stein/Jonas/*Roth* § 227 Rn. 36; MüKoZPO/*Stackmann* § 227 Rn. 25; Zöller/*Feskorn* § 227 Rn. 25.
[106] BGH NJW 1958, 1186 (1187).
[107] Im Einzelnen Fezer/*Grabrucker* I 2 Rn. 404.
[108] KG NJW 2006, 2787 (2788); Stein/Jonas/*Roth* § 227 Rn. 39.
[109] Zöller/*Feskorn* § 227 Rn. 27.
[110] MüKoZPO/*Stackmann* § 227 Rn. 14; Zöller/*Feskorn* § 227 Rn. 22.
[111] OLG Brandenburg BeckRS 2009, 04829; Stein/Jonas/*Roth* § 227 Rn. 40.
[112] OLG Nürnberg BeckRS 2013, 14535; OLG Jena BeckRS 2010, 33197; OLG Brandenburg BeckRS 2009, 04829; KG BeckRS 2008, 00375; OLG Frankfurt a. M. NJW 2004, 3049 (3050); Stein/Jonas/*Roth* § 227 Rn. 40.
[113] KG BeckRS 2008, 00375; OLG Frankfurt a. M. NJW 2004, 3049 (3050); Zöller/*Feskorn* § 227 Rn. 28; ähnlich MüKoZPO/*Stackmann* § 227 Rn. 14.
[114] Stein/Jonas/Roth § 227 Rn. 40; MüKoZPO/*Stackmann* § 227 Rn. 29.
[115] OLG Frankfurt a. M. NJW 2009, 1007 (1009).

schlechthin unzumutbar war und damit deren Grundrecht auf rechtliches Gehör verletzte oder sich aus der Ablehnung der Terminsverlegung der Eindruck einer sachwidrigen Benachteiligung einer Partei aufdrängt.[116] Die Ablehnung eines Antrags nach Abs. 1 steht einem späteren Antrag nach Abs. 3 ebenso wenig entgegen wie die Ablehnung eines Antrags nach Abs. 3 einem späteren Antrag nach Abs. 1.[117]

§ 228 (weggefallen)

§ 229 Beauftragter oder ersuchter Richter

Die in diesem Titel dem Gericht und dem Vorsitzenden beigelegten Befugnisse stehen dem beauftragten oder ersuchten Richter in Bezug auf die von diesen zu bestimmenden Termine und Fristen zu.

1   Nach § 229 stehen die Befugnisse – es handelt sich um Aufgaben, nicht Befugnisse[1] – auch dem beauftragten und ersuchten Richter in dessen Tätigkeitsbereich zu. Aufgaben sind Terminsbestimmung und -änderung, die Anordnung richterlicher Fristen und Friständerungen. Beauftragter Richter ist ein Mitglied des Prozessgerichts, vor dem die Beweisaufnahme, Anhörung oder Güteverhandlung stattfindet.[2] Ersuchter Richter ist der Richter eines anderen (Amts-)Gerichts (§ 157 GVG), das die Beweisaufnahme, Anhörung oder Güteverhandlung vornehmen soll.[3]

2   Gegen Verfügungen des beauftragten oder ersuchten Richters ist die Erinnerung an das Prozessgericht nach § 573 Abs. 1 statthaft, nicht an den beauftragten oder ersuchten Richter. Das Prozessgericht ist nicht zu Weisungen an den beauftragten oder ersuchten Richter berechtigt, kann aber den Auftrag bzw. das Ersuchen ändern oder wiederholen.[4] Gegen die Entscheidung des Prozessgerichts über die Erinnerung ist die sofortige Beschwerde statthaft, § 573 Abs. 2, unter den Voraussetzungen des § 574 auch die Rechtsbeschwerde.

Titel 4. Folgen der Versäumung; Rechtsbehelfsbelehrung; Wiedereinsetzung in den vorigen Stand

§ 230 Allgemeine Versäumungsfolge

Die Versäumung einer Prozesshandlung hat zur allgemeinen Folge, dass die Partei mit der vorzunehmenden Prozesshandlung ausgeschlossen wird.

Literatur: *Gregor,* Der OK-Vermerk des Telefaxsendeprotokolls als Zugangsnachweis, NJW 2005, 2885 f.

A. Normzweck und Anwendungsbereich

1   Der Vierte Titel der ZPO regelt Voraussetzungen und Rechtsfolgen der Versäumung der im Dritten Titel geregelten Fristen. Dabei definiert § 230 den **Grundsatz der Präklusion.** Wer eine Prozesshandlung versäumt, wird grundsätzlich *(„hat zur allgemeinen Folge")* von ihr ausgeschlossen. Dies ist der Grundsatz. Zu ihm gibt es Ausnahmen, um die berechtigten Interessen der Parteien angemessen abzuwägen. Ausnahmen sind zum einen die Möglichkeit der Heilung durch Wiedereinsetzung in den vorigen Stand, §§ 233–238, und zum anderen besondere Regelungen mit ihren jeweiligen Voraussetzungen wie etwa §§ 296, 296a, 356, 522 Abs. 1, 552, 572 Abs. 2, 575 Abs. 1.

2   Der **Vierte Titel** der ZPO ergänzt damit den Dritten Titel und die übrigen Fristvorschriften, etwa Rechtsmittel- und Rechtsmittelbegründungsfristen, indem er die Rechtsfolgen ihrer Versäumung regelt.[1] Darüber hinaus bildet er die Grundlage der besonderen Regelungen der Säumnis.[2] Als mögliche Heilung der Folgen unverschuldeter Versäumung bietet er das Institut der Wiedereinsetzung in den vorigen Stand nach Maßgabe der §§ 233–238.

3   Dagegen sind §§ 230 ff. nicht anzuwenden auf die Säumnis der – ebenfalls im Dritten Titel geregelten – Termine.[3] Insoweit gelten §§ 330–347, 141 Abs. 3, 251a, 454, 539, 877, 901. Dem steht es nicht entgegen, dass auch im Fall der **Säumnis eines Termins** eine gewisse Ausschlusswirkung eintritt, die der Rechtsfolge des § 230 nahekommt.

---

[116] BPatG BeckRS 2010, 23089; BGH NJW 2006, 2492 (2494); OLG Brandenburg NJW-RR 1999, 1291 (1292); 2019, 448.
[117] Vgl. Zöller/*Feskorn* § 227 Rn. 10 aE.
[1] MüKoZPO/*Stackmann* § 229 Rn. 1.
[2] MüKoZPO/*Stackmann* § 229 Rn. 1.
[3] MüKoZPO/*Stackmann* § 229 Rn. 1.
[4] Stein/Jonas/*Roth* § 229 Rn. 1; Zöller/*Feskorn* § 229 Rn. 2; MüKoZPO/*Stackmann* § 229 Rn. 2.
[1] MüKoZPO/*Stackmann* § 230 Rn. 2.
[2] MüKoZPO/*Stackmann* § 230 Rn. 2.
[3] MüKoZPO/*Stackmann* § 230 Rn. 5; Stein/Jonas/*Roth* § 230 Rn. 4.

§§ 230 und 231 gelten auch in Verfahren vor dem **BPatG**.[4] Sie dienen als Grundlage der Sonder- 4
regelungen der **§ 91 MarkenG** und **§ 123 PatG**, die §§ 233 ff. in ihrem Anwendungsbereich[5] verdrängen[6]. § 91 MarkenG und § 123 PatG gelten dabei für die Wiedereinsetzung in Verfahren vor dem **DPMA** und dem BPatG, nicht aber in Marken- und Patentverletzungsverfahren[7] und Patentnichtigkeitsverfahren vor dem BGH.[8]

§§ 230 ff. gelten nicht für Verfahren vor dem **EUIPO**[9] und der **WIPO**. 5

Subjektiv erfassen §§ 230 ff. nur Prozesshandlungen der Parteien. Dabei ist Partei nach § 230 jeder 6
Prozessbeteiligte, der eine Prozesshandlung vornehmen kann.[10] Auch der Prozessbevollmächtigte und der Streithelfer sind also Partei iSd §§ 230 ff.

Damit wird auch der **Normzweck** der §§ 230 ff. deutlich: Die §§ 230 ff., auch und insbesondere 7
§ 230 selbst dienen dazu, (a) die der Frist unterliegende Partei zur Einhaltung der Frist durch eine wirksame Prozesshandlung zu motivieren[11] und damit das Verfahren zu beschleunigen und (b) der Rechtssicherheit zugunsten der Gegenseite, dass eine bisher nicht vorgenommene Prozesshandlung auch nicht mehr vorgenommen werden wird, soweit nicht die Voraussetzungen der Wiedereinsetzung in den vorigen Stand gegeben sind. Im Streitfall muss – wie nach allgemeinen Grundsätzen üblich – derjenige, der sich zu seinen Gunsten auf die Einhaltung einer Frist beruft, deren Einhaltung auch beweisen.[12] Steht nach Überzeugung des Gerichts fest, dass ein Schriftstück zu einem anderen Zeitpunkt als dem mit dem Eingangsstempel angegebenen Tag bei Gericht einging, ist der Beweis der Unrichtigkeit des Eingangsstempels auch dann erbracht, wenn der Grund für den falschen Eingangsstempel nicht aufgeklärt werden kann.[13]

Dabei muss das Gericht auf die Notwendigkeit des Beweisantritts **hinweisen** und ggf. Zeugen 8
vernehmen.[14] Bietet die Partei die Abgabe einer eidesstattlichen Versicherung an, muss das Gericht auf die Notwendigkeit des Zeugenbeweises hinweisen.[15] Die Vorlage eines Telefax-Sendeberichts genügt als Beweis nicht.[16] Bei Telefaxen müssen bei strenger Betrachtung der Bericht des Empfangsgerätes über den vollständigen Eingang aller Daten den Eingangszeitpunkt und der Inhalt des Telefaxes durch Zeugen bewiesen werden.[17]

Für den Fall, dass die Einhaltung der Frist nicht bewiesen werden kann, sollte hilfsweise ein Antrag 9
auf Wiedereinsetzung in den vorigen Stand gestellt werden[18] → § 233 Rn. 11. Es ist zulässig, einen Wiedereinsetzungsantrag hilfsweise für diesen Fall zu stellen.[19] Dazu sollten die Versendung und der Inhalt des Telefaxes an Eides statt versichert werden.[20]

Neben § 230 sieht die ZPO auch weitere Regelungen für den Fall der Säumnis vor, ua im Fall der 10
rügelosen Einlassung nach § 39, die Geständniswirkung des § 138 Abs. 3, Nachteile der Kostentragung und die Einwilligung in die Klageänderung nach § 267.[21]

B. Prozesshandlung

Prozesshandlung der Partei ist jede Handlung der Partei, deren Hauptwirkung sich auf prozessualem 11
Gebiet entfaltet und die auch hinsichtlich ihrer Voraussetzungen dem Prozessrecht unterliegt, also eine prozessgestaltende Betätigung im anhängigen Verfahren.[22] Das bloße Erscheinen zu einem Termin ist mangels prozessgestaltender Betätigung durch das Erscheinen keine Prozesshandlung.[23] § 230 ist auf die Säumnis eines Termins nicht anzuwenden → Rn. 3.

---

[4] Ströbele/Hacker/*Knoll* § 82 Rn. 74.
[5] § 123 PatG gilt dabei auch in Gebrauchsmustersachen: *Mes* GebrMG § 21 Rn. 6.
[6] Ströbele/Hacker/*Knoll* § 82 Rn. 74; vgl. Ingerl/Rohnke § 91 Rn. 1.
[7] *Mes* § 123 Rn. 6; vgl. Ingerl/Rohnke § 91 Rn. 4.
[8] BGH GRUR 2008, 280 – Mykoplasmennachweis; *Mes* § 123 Rn. 5.
[9] Vgl. Fezer/*von Kapff* I 2 Rn. 2534 ff.
[10] MüKoZPO/*Stackmann* § 230 Rn. 6.
[11] Baumbach/Lauterbach/Hartmann/Anders/Gehle/*Becker* Vor § 230 Rn. 2; MüKoZPO/*Stackmann* § 230 Rn. 4.
[12] BGH NJW-RR 2001, 280; 1992, 1338 (1339); NJW 2005, 3501; Zöller/*Greger* Vor § 230 Rn. 2; MüKoZPO/*Stackmann* § 230 Rn. 4.
[13] BGH NJW-RR 2012, 701 (702).
[14] BGH NJW-RR 2002, 1070 (1071).
[15] BGH NJW 2007, 3069.
[16] OLG Köln NJW 1995, 1228.
[17] Zöller/*Greger* § 230 Rn. 2; *Gregor* NJW 2005, 2885 (2886); vgl. zu Eingangsbericht OLG Zweibrücken NJW-RR 2002, 355 f.
[18] Zöller/*Greger* Vor § 230 Rn. 2a.
[19] BGH NJW 2007, 603; 1997, 1312 (1313); 2000, 2280; 2000, 1872 (1873); NJW-RR 2002, 1070; Zöller/*Greger* Vor § 230 Rn. 2a.
[20] Zöller/*Greger* Vor § 230 Rn. 2a.
[21] Vgl. zu weiteren Beispielen MüKoZPO/*Stackmann* § 230 Rn. 2.
[22] MüKoZPO/*Stackmann* § 230 Rn. 3.
[23] MüKoZPO/*Stackmann* § 230 Rn. 3.

C. Versäumung

12 Versäumung ist das Unterlassen einer formell vollständigen und wirksamen Prozesshandlung innerhalb einer für sie geltenden – meist richterlichen oder gesetzlichen – Frist oder innerhalb des hierfür vorgesehenen Prozessstadiums.[24] Das ist in der Regel das Ende der mündlichen Verhandlung nach §§ 136 Abs. 4, 220 Abs. 2, 296a, kann aber etwa auch die erste mündliche Verhandlung oder Einlassung nach § 39 sein. Nicht nur tatsächlich unterlassene Prozesshandlungen sind versäumt. Auch in tatsächlicher Hinsicht vorgenommene, aber unwirksame Prozesshandlungen sind versäumt.[25]

13 Die Versäumung einer Frist ist ausgeschlossen solange nicht über einen vor Ablauf der Frist gestellten Antrag auf Fristverlängerung entschieden wurde[26] → § 224 Rn. 15.

D. Präklusion

14 Die grundsätzliche Folge der Versäumung einer Prozesshandlung ist nach § 230, dass die Partei mit der vorzunehmenden Prozesshandlung ausgeschlossen ist, also die sog. Präklusion. Das Recht, die jeweilige Prozesshandlung vorzunehmen, geht verloren.[27] Diese Folge, die Präklusion tritt grundsätzlich verschuldensunabhängig ein, soweit nicht – wie etwa in § 95 – ausnahmsweise Verschulden erforderlich ist.

15 Die Nachholung der Prozesshandlung in der Berufungsinstanz ist nach § 531 nur deutlich beschränkt möglich – dies ggf. mit der Folge des § 97 Abs. 2.

§ 231 Keine Androhung; Nachholung der Prozesshandlung

(1) **Einer Androhung der gesetzlichen Folgen der Versäumung bedarf es nicht; sie treten von selbst ein, sofern nicht dieses Gesetz einen auf Verwirklichung des Rechtsnachteils gerichteten Antrag erfordert.**

(2) **Im letzteren Fall kann, solange nicht der Antrag gestellt und die mündliche Verhandlung über ihn geschlossen ist, die versäumte Prozesshandlung nachgeholt werden.**

A. Allgemeines

1 Der Anwendungsbereich des § 231 entspricht dem des § 230 → § 230 Rn. 4.

2 § 231 regelt, dass die Folgen der Versäumung des § 230 grundsätzlich automatisch mit der Versäumung eintreten, es insbesondere keiner Androhung, Warnung und keines sonstigen Hinweises[1] bedarf. Dieser Grundsatz dient der Prozessbeschleunigung.[2] Gerichte müssen nicht auf Rechtsmittelbegründungsfristen hinweisen und die Folgen der Versäumung dieser Fristen nicht androhen.

3 Dieser Grundsatz findet seine Grenzen ua in Fällen, in denen ausdrücklich geregelt ist, dass es einer Androhung – und teilweise auch eines Hinweises auf den Anwaltszwang – bedarf, so etwa §§ 276 Abs. 2, 277 Abs. 2, 335 Abs. 1 Nr. 4, 340 Abs. 3 S. 3, 504, 890 Abs. 2.[3]

4 Ist die Rechtsmittelbegründungsfrist versäumt, muss das Gericht – bevor es das Rechtsmittel verwirft – wegen Art. 103 Abs. 1 GG dem Rechtsmittelführer durch einen Hinweis rechtliches Gehör gewähren und ihm damit die Möglichkeit geben, ggf. Wiedereinsetzung in den vorigen Stand nach §§ 233 ff. zu beantragen.[4]

B. Erfordernis des Antrags

5 Eine weitere Grenze findet der Grundsatz des § 231 Abs. 1 nach § 231 Abs. 1 Hs. 2 und Abs. 2 in den Fällen, in denen Vorschriften für die Verwirklichung des durch die Säumnis verursachten Rechtsnachteils einen gesonderten Antrag erfordern. Dies sind etwa §§ 109 Abs. 2 (Rückgabe einer Sicherheit), 113 (Ausländersicherheit), 158 (Entfernung infolge Prozessleitungsanordnung), 239 Abs. 4, 246 Abs. 2 (Nicht-Erscheinen der Rechtsnachfolger nach Tod der Partei), 330 (Versäumnisurteil), 890 (Festsetzung von Ordnungsmitteln) und 926 (Anordnung der Klageerhebung). Ob im Beweissicherungsverfahren auf die Folgen der Versäumung der Frist des § 494a nach Abs. 1 hingewiesen werden

---

[24] Zöller/*Greger* Vor § 230 Rn. 1; vgl. Stein/Jonas/*Roth* § 230 Rn. 3; MüKoZPO/*Stackmann* § 230 Rn. 7.
[25] Zöller/*Greger* Vor § 230 Rn. 1; vgl. MüKoZPO/*Stackmann* § 230 Rn. 7.
[26] BGH NJW 1982, 1651; 2005, 3501; 2007, 3069; NJW-RR 1988, 581; Zöller/*Greger* § 230 Rn. 1; MüKoZPO/*Stackmann* § 230 Rn. 4.
[27] MüKoZPO/*Stackmann* § 230 Rn. 2.
[1] Stein/Jonas/*Roth* § 231 Rn. 1.
[2] Stein/Jonas/*Roth* § 231 Rn. 1.
[3] Vgl. Stein/Jonas/*Roth* § 231 Rn. 2; Zöller/*Greger* § 231 Rn. 2; MüKoZPO/*Stackmann* § 231 Rn. 1.
[4] BGH NJW-RR 2010, 1075 (1076); 2007, 1718; 2006, 142 (143); 2008, 78; 2004, 392.

muss, ist streitig.[5] Nach Abs. 2 besteht die Möglichkeit, die versäumte Prozesshandlung in solchen Fällen nachzuholen, solange nicht der Antrag gestellt und die mündliche Verhandlung über ihn geschlossen ist. Entscheidet das Gericht im schriftlichen Verfahren, gelten § 128 Abs. 2 und 3. Ist eine mündliche Verhandlung in der jeweiligen Verfahrensart nicht notwendig – wie meist Verfahren auf Festsetzung von Ordnungsmitteln nach § 890 ZPO – kann die Handlung bis zur Antragstellung nachgeholt werden.[6]

Bestimmt im einstweiligen Verfügungsverfahren das Gericht nach §§ 926 Abs. 1, 936 eine Frist zur Erhebung der Hauptsacheklage, kann die Klage nach § 231 Abs. 2 nachgeholt werden – also bis die mündliche Verhandlung über den Antrag auf Aufhebung der einstweiligen Verfügung geschlossen ist. Für diese Nachholung gilt nicht § 167, so dass die Klage bis zum Schluss der mündlichen Verhandlung zugestellt sein muss.[7] Die Klageerhebung kann auch (nur) bis zum Schluss der ersten Instanz des Aufhebungsverfahrens nachgeholt werden.[8] Denn ansonsten hätte der Anspruchsteller die Möglichkeit, die Frist zur Klageerhebung durch Berufung im Aufhebungsverfahren selbst nach hinten zu verschieben.[9] Soweit er hierzu durch Terminsänderungsanträge in der Lage ist, soll das unschädlich sein und es weiterhin auf den Schluss der ersten Instanz des Aufhebungsverfahrens ankommen. **6**

§ 232 Rechtsbehelfsbelehrung

¹**Jede anfechtbare gerichtliche Entscheidung hat eine Belehrung über das statthafte Rechtsmittel, den Einspruch, den Widerspruch oder die Erinnerung sowie über das Gericht, bei dem der Rechtsbehelf einzulegen ist, über den Sitz des Gerichts und über die einzuhaltende Form und Frist zu enthalten.** ²**Dies gilt nicht in Verfahren, in denen sich die Parteien durch einen Rechtsanwalt vertreten lassen müssen, es sei denn, es ist über einen Einspruch oder Widerspruch zu belehren oder die Belehrung ist an einen Zeugen oder Sachverständigen zu richten.** ³**Über die Möglichkeit der Sprungrevision muss nicht belehrt werden.**

Literatur: *Fölsch*, Formulierungshilfen zur Rechtsbehelfsbelehrung im Zivilprozess, NJW 2013, 970 ff.; *Hartmann*, Rechtsbehelfsbelehrung trotz Unanfechtbarkeit?, NJW 2014, 117 ff.; *Zipperer*, Das Gesetz zur Einführung einer Rechtsbehelfsbelehrung im Zivilprozess und zur Änderung anderer Vorschriften vom 5.12.2012 und seine Auswirkungen auf die Insolvenzrechtspraxis, NZI 2013, 865 ff.

A. Normzweck

Die Vorschrift ist neu eingefügt und gilt seit dem 1.1.2014. Der Gesetzgeber meint, es sei im Rahmen einer „nationalen Nachhaltigkeitsstrategie" sinnvoll und bürgerfreundlich, in anfechtbaren zivilprozessualen Entscheidungen einschließlich Zwangsvollstreckungsverfahren über den statthaften Rechtsbehelf zu informieren. Dadurch würden unzulässige, insbesondere nicht fristgerecht eingelegte Rechtsbehelfe vermieden und dem Bürger die Orientierung im Instanzenzug erleichtert werden.[1] Dies sei zwar nicht von der Verfassung geboten, entspreche aber den anderen Verfahrensordnungen und dem Verwaltungsverfahren. Die Systematik, dass die Vorschrift zum neuen § 232 geworden ist, erscheint nicht gerade konsistent.[2] **1**

B. Anwendungsbereich

Die Vorschrift gilt für alle anfechtbaren zivilprozessualen Entscheidungen einschließlich Zwangsvollstreckungsverfahren, in denen kein Anwaltszwang besteht. Für Entscheidungen in Verfahren mit Anwaltszwang gilt sie, wenn über einen Einspruch oder Widerspruch zu belehren ist. In solchen Verfahrenssituationen des einstweiligen Rechtsschutzes durch Beschluss und des Versäumnisurteils ist eine anwaltliche Beratung und Belehrung regelmäßig nicht sichergestellt, da solche Entscheidungen regelmäßig gegen nicht anwaltliche vertretene Parteien ergehen.[3] Die Vorschrift gilt auch dann, wenn zwar Anwaltszwang besteht, die Partei sich aber nicht vertreten lässt und selbst Berufung einlegt. Auch **2**

---

[5] Bejahend OLG Köln BeckRS 1996, 31053031; verneinend OLG Frankfurt a. M. BeckRS 2002, 17416; LG Münster BeckRS 2014, 04377.

[6] Stein/Jonas/*Roth* § 231 Rn. 3; Zöller/*Greger* Vor § 230 Rn. 4; aA MüKoZPO/*Stackmann* § 231 Rn. 5: bis zur Zustellung des Antrags.

[7] OLG Frankfurt a. M. GRUR 1986, 650 (651) – eV-Aufhebung und Hauptsacheklage; *Berneke/Schüttpelz* Rn. 513.

[8] OLG Frankfurt a. M. GRUR 1986, 650 (651) – eV-Aufhebung und Hauptsacheklage; OLG Koblenz NJW-RR 1995, 443 (444); Zöller/*Vollkommer* § 926 Rn. 33; *Berneke/Schüttpelz* Rn. 513; MüKoZPO/*Drescher* § 926 Rn. 17.

[9] *Berneke/Schüttpelz* Rn. 513.

[1] *Koch* NJW 2016, 2994 (2995) spricht vom „*sozialen Zivilprozess*".

[2] Baumbach/Lauterbach/Hartmann/Anders/Gehle/*Becker* § 232 Rn. 1: „*etwas unsystematisch*", in der Vorauflage noch „*gequält*".

[3] Vgl. BGH NJW 2016, 1827.

dann ist die Beratung und Belehrung durch einen Anwalt nicht sichergestellt.[4] Entsprechendes gilt für Entscheidungen gegenüber (meist nicht anwaltlich vertretenen) Zeugen oder Sachverständigen. Sie gilt zunächst für jede anfechtbare gerichtliche Entscheidung, die der ZPO unterliegt, und damit auch für anfechtbare richterliche Verfügungen und anfechtbare Zwischen- und Nebenentscheidungen.[5] Sie gilt nicht für die Tätigkeit von Gerichtsvollziehern. § 232 gilt nach § 99 PatG, der auch im Gebrauchsmusterrecht gilt,[6] und nach § 82 Abs. 1 MarkenG auch für Verfahren vor dem BPatG.[7]

3 Ist eine Rechtsbehelfsbelehrung für eine dem Anwaltszwang unterliegende Beschwerde nicht erforderlich, wird sie aber erteilt, muss sie einen Hinweis auf den Anwaltszwang enthalten.[8]

C. Inhalt, Form und Adressat der Belehrung

4 **Der Inhalt der Belehrung** muss das statthafte Rechtsmittel, beim Versäumnisurteil den Einspruch, bei einem Beschluss im einstweiligen Rechtsschutz – meist einer einstweiligen Verfügung – den Widerspruch oder die Erinnerung und bei einem Beschluss des Berufungsgerichts, mit dem es eine dem Anwaltszwang unterliegende persönlich von der Partei eingelegte Berufung als unzulässig verwirft, die Rechtsbeschwerde und ihre Voraussetzungen der grundsätzlichen Bedeutung der Rechtssache oder des Erfordernisses des Rechts oder der Fortbildung des Rechts oder der Sicherung einer einheitlichen Rechtsprechung[9] enthalten. Die Belehrung muss damit neben den ausdrücklich genannten Rechtsbehelfen auch die Berufung, die Revision, die Nichtzulassungsbeschwerde, die sofortige Beschwerde und die Rechtsbeschwerde umfassen. Die Belehrung muss nur das statthafte Rechtsmittel benennen, nicht auch dessen Zulässigkeit im Einzelfall.[10] Sie muss daher auch erfolgen, wenn die jeweilige Beschwerdesumme offensichtlich nicht erreicht ist oder der jeweils Belehrte nicht beschwert ist.[11] Sie muss auch das Gericht, bei dem der Rechtsbehelf einzulegen ist, dessen vollständige Anschrift[12] und die einzuhaltende Form – auch den Hinweis auf einen etwaigen Anwaltszwang[13] – und die Frist umfassen. Die Belehrung über die Frist muss auch deren Beginn beinhalten, nicht aber einen Hinweis zur Berechnung der Frist oder möglicher Verlängerungen.[14]

5 Ist kein Rechtsmittel statthaft, muss auch nicht belehrt werden.[15]

6 Bei nicht fristgebundenen Rechtsbehelfen genügt der Hinweis, dass keine Frist besteht. Über den Antrag auf Anordnung der Klageerhebung nach § 926 und über außerordentliche Rechtsbehelfe wie die Wiedereinsetzung in den vorigen Stand nach §§ 233 ff., die Anhörungsrüge nach § 321a, die Ergänzung oder Berichtigung der Entscheidung, die Tatbestandsberichtigung und die Möglichkeit der Verfassungsbeschwerde muss nicht belehrt werden,[16] auch nicht über eine mögliche Anrufung des EuGH oder EGMR.[17] Über die notwendige Form und den notwendigen Inhalt der Rechtsmittel muss so genau belehrt werden, dass ein nicht anwaltlich vertretener Beteiligter in der Lage ist, allein anhand der Belehrung ohne Mandatierung eines Anwalts das Rechtsmittel wirksam bei dem richtigen Gericht einzulegen, wenn kein Anwaltszwang besteht. Hat der Belehrte ein Wahlrecht, bei welchem Gericht er das Rechtsmittel einlegt, muss er auch hierüber belehrt werden.

7 Die Belehrung muss nur die Rechtsmittel und -behelfe des Adressaten umfassen, **nicht Rechtsmittel Dritter** wie die Drittwiderspruchsklage nach § 771 oder die Klage auf vorzugsweise Befriedigung nach § 805. Auch über die weiteren, nicht in § 232 genannten Rechtsbehelfe, ua die Vollstreckungsgegenklage nach § 767 uä muss nicht belehrt werden. Auch über die Sprungrevision muss nicht belehrt werden.

8 Die Belehrung muss **Bestandteil der Entscheidung** sein, sich also vor den Unterschriften befinden.[18] Eine mündliche Belehrung genügt nicht. Bei verkündeten Beschlüssen, die nicht der Schriftform unterliegen, ist ein Merkblatt mit der notwendigen Belehrung auszuhändigen. Es genügt, wenn das Merkblatt in deutscher Sprache verfasst ist. Bei Beteiligten, die der deutschen Sprache nicht mächtig sind, soll – so die Gesetzesbegründung – nur mündlich belehrt und diese Belehrung protokolliert werden. Es ist anzuraten, in solchen Fällen auch das Merkblatt auszuhändigen.

---

[4] BGH NJW 2016, 1827.
[5] Zöller/*Greger* § 232 Rn. 2; MüKoZPO/*Stackmann* § 232 Rn. 4; auch *Hartmann* NJW 2014, 117 (118 f.), der jedoch bei unanfechtbaren Entscheidungen den Vermerk „Keine Rechtsbehelfsbelehrung wegen Unanfechtbarkeit" empfiehlt.
[6] *Mes* GebrMG § 21 Rn. 3; vgl. BPatG GRUR 1980, 997 – Haupt- und Hilfsantrag.
[7] Gesetzesbegründung, Seite 22, zum Patentrecht.
[8] OLG Dresden NJW-RR 2019, 1534 (1535).
[9] BGH NJW 2016, 1827 (1828) mAnm *Fölsch*.
[10] Zöller/*Greger* § 232 Rn. 3.
[11] Zöller/*Greger* § 232 Rn. 2.
[12] BGH NJW-RR 2010, 1297 (1298); aA Zöller/*Greger* § 232 Rn. 4.
[13] Zöller/*Greger* § 232 Rn. 4.
[14] *Fölsch* NJW 2013, 970 (971 f.); Zöller/*Greger* § 232 Rn. 4.
[15] Zöller/*Greger* § 232 Rn. 2.
[16] Zöller/*Greger* § 232 Rn. 2.
[17] Baumbach/Lauterbach/Hartmann/Anders/Gehle/*Becker* § 232 Rn. 7.
[18] Zöller/*Greger* § 232 Rn. 5.

Die Belehrung ist zu richten an diejenigen Personen, an die sich die gerichtliche Entscheidung **9** richtet,[19] damit ggf. auch an den Streithelfer, den Zeugen oder Sachverständigen.

D. Verstöße

Erfolgt die Belehrung nicht oder nicht ordnungsgemäß, wird die Entscheidung dadurch nicht unwirksam. Solche Fehler haben auch keinen Einfluss auf die Rechtsmittelfrist.[20] Sie können aber nach § 233 S. 2 im Rahmen der Wiedereinsetzung in den vorigen Stand berücksichtigt werden → § 233 Rn. 18. **10**

Ein solcher Fehler ist mangels kausalen Zusammenhangs dann nicht zu berücksichtigen, wenn der **11** nicht durch die Entscheidung beschwerte Beteiligte unter Verstoß gegen § 232 nicht belehrt wurde.[21] Wird unzutreffend über ein tatsächlich nicht statthaftes Rechtsmittel oder ein unzuständiges Rechtsmittelgericht[22] belehrt, wird dieses Rechtsmittel dadurch in der Regel nicht statthaft.[23] Denn eine unrichtige Rechtsmittelbelehrung ist meist nicht geeignet, den Anschein der Richtigkeit zu erwecken.[24]

Das ist anders, wenn der Grundsatz der Rechtsmittelklarheit, nach dem für die Parteien zweifelsfrei **12** erkennbar sein muss, welches Rechtsmittel für sie in Betracht kommt und unter welchen Voraussetzungen es zulässig ist, eine andere Beurteilung gebietet, weil die Beurteilung des zuständigen Rechtsmittelgerichts oder der Rechtsmittelfrist zweifelhaft erscheinen kann.[25] Das gilt etwa dann, wenn für ein Rechtsmittel eine landesgesetzliche Konzentration nach § 105 UrhG besteht und das erstinstanzliche Gericht unzutreffend über das für das Rechtsmittel unzuständige Gericht belehrt.[26] In diesem Fall kann der Rechtsmittelführer das Rechtsmittel bei dem in der Rechtsmittelbelehrung angegebenen Gericht einlegen, auch wenn es funktional unzuständig ist. Das unzuständige Gericht muss die Sache entsprechend § 281 an das zuständige Gericht verweisen.[27] Dabei handelt es sich um eine Ausnahme von dem Grundsatz, dass eine Verweisung von einem funktionell unzuständigen Berufungsgericht an das zuständige Berufungsgericht grundsätzlich nicht möglich ist.[28]

§ 233 Wiedereinsetzung in den vorigen Stand

¹**War eine Partei ohne ihr Verschulden verhindert, eine Notfrist oder die Frist zur Begründung der Berufung, der Revision, der Nichtzulassungsbeschwerde oder der Rechtsbeschwerde oder die Frist des § 234 Abs. 1 einzuhalten, so ist ihr auf Antrag Wiedereinsetzung in den vorigen Stand zu gewähren.** ²**Ein Fehlen des Verschuldens wird vermutet, wenn eine Rechtsbehelfsbelehrung unterblieben oder fehlerhaft ist.**

Literatur: *Albrecht*, Telefax in der Rechtsprechung des Bundespatentgerichts, GRUR 1999, 649 ff.; *auf der Heiden*, Prozessrecht in Zeiten der Corona-Pandemie, NJW 2010, 1023 ff.; *Born*, Die Rechtsprechung des BGH zur Wiedereinsetzung in den vorigen Stand, NJW 2007, 2088 ff.; *Born*, Die Rechtsprechung des BGH zur Wiedereinsetzung in den vorigen Stand, NJW 2005, 2042 ff.; *Born*, Die Rechtsprechung des BGH zur Wiedereinsetzung in den vorigen Stand, NJW 2009, 2179 ff.; *Born*, Die Rechtsprechung des BGH zur Wiedereinsetzung in den vorigen Stand, NJW 2011, 2022 ff.; *Kiethe/Groeschke*, Der markenrechtliche Wiedereinsetzungsantrag – unter besonderer Berücksichtigung der fehlgeschlagenen Verlängerung des Markenschutzes, WRP 1995, 979 ff.; *Müller*, Die Rechtsprechung des BGH zur Wiedereinsetzung in den vorigen Stand, NJW 2000, 322 ff.; *Müller*, Typische Fehler bei der Wiedereinsetzung in den vorigen Stand, NJW 1993, 681 ff.; *von Pentz*, Die Rechtsprechung des BGH zur Wiedereinsetzung in den vorigen Stand, NJW 2003, 858 ff.; *Rohwetter-Kühl*, Die Rechtsprechung des BGH zur Wiedereinsetzung in den vorigen Stand, NJW 2021, 2005 ff.; *Rohwetter-Kühl*, Die Rechtsprechung des BGH zur Wiedereinsetzung in den vorigen Stand, NJW 2022, 1990 ff.; *Schennen*, Fristen und Wiedereinsetzung im Verfahren vor dem Harmonisierungsamt, Mitt. 1999, 258 ff.; *Schmidt*, COVID-19 Rechtsfragen zur Corona-Krise, 2. Aufl., 2020; *Teplitzky*, Die jüngste Rechtsprechung des Bundesgerichtshofs zum wettbewerbsrechtlichen Anspruch und Verfahrensrecht, GRUR 1997, 691 ff.; *Toussaint*, Fristversäumnis wegen Erkrankung des Rechtsanwalts, NJW 2014, 200 ff.

Übersicht

	Rn.
A. Normzweck	1
B. Anwendungsbereich	3
C. Wirkung der Wiedereinsetzung	5

---

[19] *Zipperer* NZI 2013, 865 (867).
[20] BGH BeckRS 2016, 11158.
[21] Zöller/*Greger* § 232 Rn. 3.
[22] OLG Düsseldorf BeckRS 2019, 33589.
[23] BGH NJW-RR 2011, 415; BVerwG NVwZ 1983, 283; Zöller/*Greger* § 232 Rn. 1; MüKoZPO/*Stackmann* § 232 Rn. 14.
[24] Vgl. OLG Düsseldorf BeckRS 2019, 33589.
[25] BGH NJW 2018, 3720 f. – Pizzafoto.
[26] BGH NJW 2018, 3720 f. – Pizzafoto; vgl. BGH NJW 2020, 1525 (1527).
[27] BGH NJW 2018, 3720 (3721) – Pizzafoto; MüKoZPO/*Stackmann* § 232 Rn. 15.
[28] Vgl. BGH GRUR 2016, 638 (639) – Urheberrechtliche Zuständigkeitskonzentration.

	Rn.
D. Nichteinhaltung einer benannten Frist	6
I. Fristen	7
II. Nichteinhaltung	10
E. Ohne Verschulden	12
I. Kausalität	15
II. Verschuldensmaßstab	17
III. Fallgruppen	26
1. Ausgangskontrolle bei Anwalt	27
2. Ausschöpfung einer Frist bis zum letzten Tag	37
3. Laufzeiten der Post	38
4. Übermittlungsdauer von Telefaxen	39
5. Übermittlungen per beA	52
6. Fehladressierung	56
7. Überweisungsverzögerungen	59
8. Rechtsirrtum	60
9. Einsatz Dritter	67
10. Personal des Rechts- oder Patentanwalts	70
11. HomeOffice	79
12. Software/EDV	80
13. Mehrere Parallelverfahren	82
14. Berechnung, Notierung und Streichung von Fristen und Terminen	83
15. Unverschuldete Fehleinschätzung krankheitsbedingter Einschränkung der Leistungsfähigkeit	91
16. Erkrankungen/Infektionsgefahr	93
17. Versäumung der Gebührenzahlung/Zu geringe Gebühren	102
18. Vorübergehende Abwesenheit/Urlaub	104
19. Gerichtsinterne Verzögerungen	107
IV. Darlegungs- und Glaubhaftmachungslast	110

A. Normzweck

1 Die §§ 233 ff. bilden das Korrektiv zum Grundsatz der Präklusion nach §§ 230 f. Wer eine Frist iSd § 233 versäumt, soll die versäumte Prozesshandlung nach Maßgabe der §§ 233 ff. nachholen können. Dabei bestimmt § 233 die inhaltlichen Voraussetzungen der Wiedereinsetzung, §§ 234–238 regeln das Verfahren. Liegen die Voraussetzungen nach § 233 vor und wird das Verfahren nach §§ 234–238 eingehalten, wird nach Maßgabe der Grundsätze der Wiedereinsetzung in den vorigen Stand fingiert, die Prozesshandlung sei rechtzeitig vorgenommen worden.[1] Damit entfällt die formelle Rechtskraft verspätet angefochtener Entscheidungen.[2] Die Wiedereinsetzung in den vorigen Stand dient damit nur der Heilung der Fristversäumung, nicht (auch) sonstiger Mängel einer verspäteten Prozesshandlung nach S. 1.[3] Sie erfordert nach § 236 grundsätzlich einen Antrag in der Frist des § 234.

2 Die Grundsätze der Wiedereinsetzung gewährleisten damit den verfassungsrechtlichen Anspruch auf Gewährung wirkungsvollen Rechtsschutzes aus Art. 2 Abs. 1 GG iVm dem Rechtsstaatsprinzip.[4] Sie dienen der Abwägung der materiellen Gerechtigkeit und der Rechtssicherheit.[5] Diese Abwägung ist auch bei den jeweiligen Anforderungen an die Wiedereinsetzung – insbesondere im Rahmen des Verschuldens, etwa bei Fehlern des Gerichts[6] oder bei Fehlern bei der Veröffentlichung von Gesetzestexten[7] – dahingehend zu berücksichtigen, dass die Anforderungen nicht überspannt werden dürfen.[8]

B. Anwendungsbereich

3 Die Grundsätze der §§ 233 ff. finden auf alle der ZPO unterfallenden Verfahren einschließlich der Zwangsvollstreckung Anwendung,[9] so in den der ZPO unterliegenden **Schutzrechtsverletzungsverfahren**[10] sowie entsprechend in Rechtsbeschwerden und Berufungen in **Patentnichtigkeitsverfahren** vor dem BGH.[11]

---

[1] Zöller/*Greger* § 233 Rn. 1; Stein/Jonas/*Roth* § 233 Rn. 1; vgl. BGH NJW 1953, 423.
[2] Musielak/Voit/*Grandel* § 238 Rn. 4.
[3] Zöller/*Greger* § 233 Rn. 1.
[4] BGH NJW 2021, 390 (391); 2002, 3029 (3031) mwN; NJW-RR 2012, 252 (253).
[5] Stein/Jonas/*Roth* § 233 Rn. 1; Zöller/*Greger* § 233 Rn. 3; vgl. BGH NJW 1953, 423.
[6] Etwa BVerfG NJW 2004, 2887.
[7] Etwa BVerfG NJW 2008, 2167 (2168 f.).
[8] BGH GRUR 2008, 837 (838) – Münchner Weißwurst; NJW 2002, 3029 (3031); 2004, 2887; BVerfG NJW 2004, 2583 (2584); 2003, 1516; Stein/Jonas/*Roth* § 233 Rn. 2; Zöller/*Greger* § 233 Rn. 3; Ströbele/Hacker/*Knoll* § 91 Rn. 10.
[9] Stein/Jonas/*Roth* § 233 Rn. 4.
[10] Vgl. Mes § 123 Rn. 6; Ingerl/Rohnke § 91 Rn. 4.
[11] BGH GRUR 2000, 1010 f. – Schaltmechanismus; 2008, 280 – Mykoplasmennachweis; Mes § 123 Rn. 5; vgl. BGH GRUR 2004, 80 (81) – Zeitpunkt der Berufungsbegründung.

Dabei gehen spezialgesetzliche **Sonderregelungen** den §§ 233 ff. in ihrem jeweiligen Anwendungsbereich vor, so § 91 MarkenG für die Wiedereinsetzung in den vorigen Stand bei der Versäumung von Fristen in markenrechtlichen Verfahren vor dem DPMA oder dem BPatG,[12] § 91a MarkenG für die Weiterbehandlung der Anmeldung in Fällen der Versäumung einer vom DPMA gesetzten Frist, die zur Zurückweisung der Anmeldung durch Entscheidung des DPMA führte,[13] § 123 PatG für die Versäumung von Fristen in patentrechtlichen Verfahren vor dem DPMA oder dem BPatG, § 123 PatG iVm § 21 Abs. 1 GebrMG in Gebrauchsmustersachen vor dem DPMA oder dem BPatG, § 123 PatG iVm § 23 Abs. 3 S. 3 DesignG in Designsachen vor dem DPMA oder dem BPatG,[14] Art. 105, 105 UMV für die Wiedereinsetzung in den vorigen Stand und die Weiterbehandlung in Unionsmarkensachen bei dem EUIPO[15] und Art. 67 GGV in Gemeinschaftsgeschmacksmustersachen bei dem EUIPO. Für Verfahren bei der WIPO gelten besondere Vorschriften. 4

C. Wirkung der Wiedereinsetzung

Die Wirkung der Wiedereinsetzung in den vorigen Stand nach § 233 besteht darin, dass fingiert 5 wird, dass die versäumte und nachgeholte Prozesshandlung als rechtzeitig bewirkt wurde.[16] Sie beseitigt die Rechtskraft einer etwaigen Entscheidung, die aufgrund der Versäumnis ergangen ist,[17] heilt dabei aber ausschließlich die Fristversäumung, nicht (auch) etwaige weitere Mängel. Bei Rechtsmittel- und Rechtsmittelbegründungsfristen ist zu beachten, dass dies zwei unterschiedliche Fristen sind, die auch im Rahmen der Wiedereinsetzung in den vorigen Stand getrennt zu behandeln sind. Eine Wiedereinsetzung in den vorigen Stand in Bezug auf eine Frist begründet nicht automatisch auch die Wiedereinsetzung in den vorigen Stand der anderen.[18] Ist aufgrund der Fristversäumung bereits eine Entscheidung ergangen, mit der das jeweilige Rechtsmittel als unzulässig verworfen wird, ist diese Entscheidung gegenstandslos[19] und aus Gründen der Klarstellung aufzuheben.[20]

D. Nichteinhaltung einer benannten Frist

Voraussetzung der Anwendung des § 233 ist, dass eine der in § 233 S. 1 benannten Fristen nicht 6 eingehalten wurde.

I. Fristen

Eine der in § 233 ZPO benannten Fristen muss nicht eingehalten sein, also eine Notfrist (§ 224 7 Abs. 1 S. 2), eine Frist zur Begründung der Berufung der Revision, der Nichtzulassungsbeschwerde oder der Rechtsbeschwerde oder die Frist nach § 234 Abs. 1. Ob § 233 auch bei Nicht-Einhaltung der Frist zur Einlegung der Anschlussberufung entsprechend anwendbar ist, war bisher umstritten. Die entsprechende Anwendung hat der BGH nun verneint.[21] Die entsprechende Anwendung auf die Anschlussrevision hat der BGH als *obiter dictum* zunächst verneint, später offengelassen.[22]

Zwar ist die Einhaltung der Frist für die Revisionsbegründung nach S. 1 ausdrücklich wiedereinsetzungsfähig. Das gilt jedoch nicht für die Frist zur Erhebung einzelner Revisionsrügen, es sei denn diese beruhen darauf, dass die Revisionsbegründungsschrift nicht vollständig an das Revisionsgericht gelangt ist.[23] Sie sind nicht im Wege der Wiedereinsetzung nachholbar.[24] Das gilt folgerichtig auch für die Erhebung von einzelnen Berufungsgründen.[25] Das Institut der Wiedereinsetzung in den vorigen Stand dient nicht dazu, inhaltliche Unvollständigkeiten einer an sich fristgerecht eingereichten Rechtsmittelbegründung zu heilen.[26] 8

Die Regelung umfasst dagegen nicht weitere, in § 233 nicht genannten Fristen, so etwa nicht die 9 Frist zur Vollziehung von einstweiligen Verfügungen und Arresten nach §§ 936, 929 Abs. 2,[27] nach

---

[12] Dazu Fezer/*Bingener* I 1 1 Rn. 77 ff.; *Ingerl/Rohnke* § 91 Rn. 4 ff.; zu Telefaxen *Albrecht* GRUR 1999, 649 ff.
[13] Dazu *Kiethe/Groeschke* WRP 2005, 979 (981 ff.); zum Verhältnis von § 91 MarkenG und § 91a MarkenG Fezer/*Bender* I 2 Rn. 2030.
[14] Eichmann/Jestaedt/Fink/*Meiser/Kühne* § 23 Rn. 7 ff.
[15] Dazu Fezer/*Bender* I 2 Rn. 1916 ff., 2534 ff.; *Hildebrandt* § 28 Rn. 41 ff.; *Schennen* Mitt. 1999, 257 (264 ff.).
[16] Stein/Jonas/*Roth* § 233 Rn. 1; Zöller/*Greger* § 233 Rn. 1; vgl. BGH NJW 1953, 423.
[17] BGH NJW 1992, 1898 (1899); Stein/Jonas/*Roth* § 233 Rn. 1.
[18] Zöller/*Greger* § 233 Rn. 1.
[19] BGH NJW-RR 2003, 276; 2003, 934; Stein/Jonas/*Roth* § 233 Rn. 1.
[20] BGH NJW-RR 2013, 692 (693).
[21] BGH NJW 2022, 1620 (1622), zuvor bejahend OLG Zweibrücken NJW-RR 2003, 1299 (1300); MüKoZPO/*Rimmelspacher* § 524 Rn. 32; Stein/Jonas/*Roth* § 233 Rn. 9; OLG Düsseldorf NZV 2003, 94 (95); Zöller/*Greger* § 233 Rn. 7 und Vorauflage.
[22] *Obiter dictum* in BGH NJW 2005, 3067; offengelassen bei BGH NJW 2015, 2812 (2814 f.) mwN.
[23] BGH NJW 2000, 364.
[24] BGH NJW 1997, 1309 (1310); 2000, 364 (365); vgl. Zöller/*Greger* § 233 Rn. 9 aE.
[25] BGH NJW 1997, 1309 (1310); Stein/Jonas/*Roth* § 233 Rn. 14; vgl. Zöller/*Greger* § 233 Rn. 9 aE.
[26] BAG NJW 2018, 2219 (2221).
[27] *Berneke/Schüttpelz* Rn. 570.

§ 320 Abs. 2,[28] § 321 Abs. 2,[29] zur Einspruchsbegründung, zum Widerruf eines Prozessvergleichs (sofern nicht vertraglich geregelt),[30] § 167 ZPO,[31] erst recht keine materiell-rechtlichen Ausschlussfristen[32] oder Fristen zur rechtzeitigen Beantragung einer Fristverlängerung[33]. Hat es der Streithelfer versäumt, dem Verfahren bis zum Eintritt der Rechtskraft beizutreten, kann der Beitritt nicht mithilfe der Wiedereinsetzung in den vorigen Stand nachgeholt werden.[34] § 233 findet auch keine Anwendung auf vorprozessuale Ausschlussfristen.[35]

II. Nichteinhaltung

10 Eine solche Frist muss nicht eingehalten, also versäumt worden sein. Eine Frist ist eingehalten, wenn der ordnungsgemäß nach § 130d ZPO per beA eingereichte Schriftsatz auf dem Intermediär des Gerichts gespeichert ist.[36] Auf die Dauer der gerichtsinternen Vorgänge kommt es dann nicht an,[37] auch nicht auf Schwierigkeiten beim Öffnen von Dateien etwa wegen Umlauten in Dateibezeichnungen, wenn solche Umlaute in Dateibezeichnungen zulässig sind.[38] Die Frist ist auch dann nicht eingehalten, wenn eine Handlung zwar in tatsächlicher Hinsicht vorgenommen wurde, sie als **Prozesshandlung** aber **unwirksam** ist, etwa die Berufungsbegründung nicht unterschrieben wurde[39] oder der Sprungrevision die unterschriebene Einwilligungserklärung des Gegners nicht beigefügt ist[40].[41] Geht die vollständige Berufung rechtzeitig bei der gemeinsamen Annahmestelle des Eingangs- und Berufungsgerichts ein, ist die Frist eingehalten.[42]

11 Beruft sich eine Partei darauf, die Frist sei eingehalten, muss sie die **Fristeinhaltung beweisen**. Hierüber ist in dem jeweiligen Verfahren Beweis zu erheben, Glaubhaftmachung genügt nicht.[43] Insoweit gilt der Grundsatz der freien Beweiswürdigung nach § 286.[44] Erst wenn dieser Beweis, an den keine geringeren oder höheren Anforderungen als ansonsten an Beweise gestellt werden,[45] nicht erbracht wird, kommt es im Rahmen der Voraussetzungen der Wiedereinsetzung in den vorigen Stand auf Glaubhaftmachungen an.[46] Wird der Beweis erbracht, ist der (Haupt- oder Hilfs- → § 236 Rn. 3) Antrag auf Wiedereinsetzung gegenstandslos.[47] Ein die Wiedereinsetzung unzutreffend versagender Beschluss ist zur Klarstellung aufzuheben.[48] Unzulässig – und unerheblich – ist es jedoch, wenn erst im Rechtsbeschwerdeverfahren erstmals vorgetragen wird, die Frist sei schon nicht versäumt worden.[49]

E. Ohne Verschulden

12 Die maßgebliche Person muss diese Frist ohne eigenes oder ihr zuzurechnendes Verschulden versäumt haben. Verschulden bedeutet **Fahrlässigkeit** im Sinn des § 276 Abs. 2 BGB.[50] Vorsatz kommt insoweit als Verschulden nicht in Betracht. In Fällen vorsätzlicher Versäumnis scheidet eine Wiedereinsetzung von vornherein aus.[51] Das Fehlen des Verschuldens muss glaubhaft gemacht sein. Bleibt ein Verschulden nach diesem Maßstab möglich, ist die Wiedereinsetzung in den vorigen Stand ausgeschlossen.[52]

---

[28] Zöller/*Greger* § 233 Rn. 5; Stein/Jonas/*Roth* § 233 Rn. 9.
[29] BGH NJW 1980, 785 (786); Zöller/*Greger* § 233 Rn. 5; Stein/Jonas/*Roth* § 233 Rn. 9.
[30] BGH NJW 1995, 521 (522); LAG Köln BeckRS 2021, 41583; MüKoZPO/*Stackmann* § 233 Rn. 15; aA Stein/Jonas/*Roth* § 233 Rn. 12 f.; Zöller/*Greger* § 233 Rn. 7 und Stein/Jonas/*Roth* § 233 Rn. 12 wollen auch Vereinbarung dazu zulassen.
[31] OLG Koblenz BeckRS 2015, 04360.
[32] Stein/Jonas/*Roth* § 233 Rn. 11.
[33] Zöller/*Greger* § 233 Rn. 5.
[34] BGH GRUR 2001, 271 (272); NJW 1991, 229 (230); MüKoZPO/*Stackmann* § 230 Rn. 6.
[35] Zöller/*Greger* § 233 Rn. 6.
[36] BGH NJW-RR 2020, 1519; NJW 2021, 2201 (2202); Hettenbach/*Müller* NJW 2022, 815 (816).
[37] BGH NJW 2021, 2201 (2202).
[38] LG Frankfurt a. M. NJW 2022, 85 (86).
[39] BGH NJW 2020, 309.
[40] BGH NJW-RR 2007, 1075.
[41] BGH NJW-RR 2020, 309; NJW 2002, 3636; Zöller/*Greger* § 233 Rn. 9; Stein/Jonas/*Roth* § 233 Rn. 14.
[42] BGH GRUR 1992, 344 (345) – Annahmestelle.
[43] BGH NJW 2007, 1457 (1458); 2003, 2460; MüKoZPO/*Stackmann* § 233 Rn. 14; Zöller/*Greger* § 233 Rn. 8, Vor § 230 Rn. 2; von Pentz NJW 2003, 858.
[44] OLG Frankfurt a. M. BeckRS 2007, 65311.
[45] BGH NJW-RR 2001, 280; NJW 2007, 1457 (1458).
[46] BGH NJW 2007, 1457 (1458).
[47] Zöller/*Greger* § 233 Rn. 9; vgl. BGH GRUR 2009, 427 – ATOZ II.
[48] BGH NJW 1998, 1155 (1156); 2006, 693 (695).
[49] BGH NJW-RR 2008, 1290; NJW 2004, 71.
[50] Zöller/*Greger* § 233 Rn. 12.
[51] Vgl. dazu eingehend Stein/Jonas/*Roth* § 233 Rn. 24.
[52] BGH NJW 1996, 319; 1992, 574 (575); Stein/Jonas/*Roth* § 233 Rn. 21; Ingerl/Rohnke § 91 Rn. 18; Baumbach/Lauterbach/Hartmann/Anders/Gehle/*Becker* § 233 Rn. 13.

13 Bei der Beurteilung der Versäumung ist zwischen eigenem Verschulden und dieser Person zuzurechnendem Verschulden eines anderen zu unterscheiden. Um eigenes Verschulden handelt es sich bei Verschulden der Person, die die Frist selbst einzuhalten hatte, also die fristwahrende Handlung im eigenen Namen vornehmen hätte können und müssen.[53] Diese Person trifft kein Eigenverschulden, wenn sie zwischen Fristbeginn und Fristablauf nicht geschäftsfähig war.[54] Der maßgeblichen Person werden ein Verschulden ihres gesetzlichen Vertreters nach Maßgabe des § 51 Abs. 2 und ein Verschulden des Bevollmächtigten nach Maßgabe des § 85 Abs. 2 zugerechnet.[55] Bei mehreren Vertretern genügt das Verschulden eines Vertreters, um die verschuldete Nichteinhaltung der Frist anzunehmen.[56]

14 Ein Verschulden sonstiger Dritter – etwa des Büropersonals – wird nicht zugerechnet.[57] § 278 BGB gilt nicht für prozessuale Fristen.[58] Jedoch geht mit einem solchen Verschulden eines Dritten häufig ein Auswahl-, Organisations-, Belehrungs- oder Überwachungsverschulden der maßgeblichen Person oder eines Vertreters oder Bevollmächtigten einher, das ihr zugerechnet wird.[59] Das begründet keine Haftung für Verschulden Dritter über den Maßstab der §§ 51 Abs. 2, 85 Abs. 2 hinaus. Vielmehr handelt es sich um Eigenverschulden der maßgeblichen Person oder eines Vertreters oder Bevollmächtigten.

I. Kausalität

15 Die Nichteinhaltung der Frist muss durch die unverschuldeten Umstände verursacht worden sein.[60] Ursächlich ist jedes Verschulden der Partei oder ihres Prozessbevollmächtigten, bei dessen Fehlen die Frist nach dem gewöhnlichen Lauf der Dinge nicht versäumt worden wäre.[61] Grundsätzlich genügt jede Mitverursachung dazu.[62] Auch dann beruht die Fristversäumung auf dem Fehlen von Verschulden.

16 An einer (Mit-)Verursachung fehlt es, wenn zwar die Partei oder ihren Bevollmächtigten ein Verschulden trifft, es aber glaubhaft gemacht ist, dass die rechtliche Erheblichkeit dieses Verschuldens durch ein späteres, der Partei oder ihrem Vertreter nicht zuzurechnendes Ereignis entfällt (sog. überholende Kausalität).[63] Dazu zählen Fälle, in denen die Partei trotz Verschuldens eines Umstands alle erforderlichen Schritte unternommen hatte, die bei normalem Verlauf zur Fristwahrung genügt hätten,[64] etwa eine zwar nicht hinreichende Ausgangskontrolle, wenn der Schriftsatz aber dennoch rechtzeitig zur Post gegeben wird und der Postlauf unerwartet lange in Anspruch nimmt.[65] Umstände, die erst nach Fristablauf eingetreten sind, können die Nichteinhaltung der Frist von vornherein nicht (mit-)verursacht haben.[66] Von dem Grundsatz, dass jede Mitverursachung die Annahme einer unverschuldeten Fristversäumung ausschließt, gelten normative Ausnahmen, so etwa wenn die Fristversäumung auf einer falschen Auskunft des Gerichts beruht, deren Falschheit die Partei oder ihr Bevollmächtigter hätten erkennen können → Rn. 59.[67]

II. Verschuldensmaßstab

17 Der zur Beurteilung des Verschuldens jeweils anzulegende Sorgfaltsmaßstab hängt von der Person ab, die die Versäumung jeweils etwaig verschuldete.

18 Das Fehlen eines Verschuldens wird nach S. 2 vermutet, wenn eine Rechtsbehelfsbelehrung nach § 232 unterblieben ist oder fehlerhaft war. S. 2 wurde mit § 232 zum 1.1.2014 eingeführt. Der

---

[53] *Ingerl/Rohnke* § 91 Rn. 10.
[54] BGH NJW 1987, 440; Stein/Jonas/*Roth* § 233 Rn. 22; Zöller/*Greger* § 233 Rn. 12.
[55] BGH NJW 2021, 390 (391); 2014, 556 (557) = MMR 2014, 270 (271); BeckRS 2013, 12530; Stein/Jonas/ *Roth* § 233 Rn. 22; Zöller/*Greger* § 233 Rn. 16; Ströbele/Hacker/*Knoll* § 91 Rn. 11; zur Zurechnung nach § 85 Abs. 2 BGH GRUR 2011, 357 – Geänderte Berufungsbegründungsfrist; BGH GRUR 2001, 271 (272); BPatG BeckRS 2009, 14587; 2012, 24521; 2013, 08355; GRUR-RR 2022, 150; OLG Frankfurt a. M. BeckRS 2005, 10191.
[56] Stein/Jonas/*Roth* § 233 Rn. 22.
[57] Stein/Jonas/*Roth* § 233 Rn. 23; Zöller/*Greger* § 233 Rn. 16.
[58] BGH NJW 2002, 2180; Stein/Jonas/*Roth* § 233 Rn. 23; Zöller/*Greger* § 233 Rn. 16; *Müller* NJW 2000, 322 (328).
[59] Vgl. Stein/Jonas/*Roth* § 233 Rn. 23; vgl. *Ingerl/Rohnke* § 91 Rn. 19.
[60] BGH GRUR 2011, 357 (358) – Geänderte Berufungsbegründungsfrist; BGH Mitt. 2005, 233 (234); NJW 2008, 587; Stein/Jonas/*Roth* § 233 Rn. 17.
[61] BGH NJW 2000, 2511 (2512); Stein/Jonas/*Roth* § 233 Rn. 29; Zöller/*Greger* § 233 Rn. 17.
[62] BGH Mitt. 2005, 233 (234); GRUR 2011, 357 (358) – Geänderte Berufungsbegründungsfrist; NJW-RR 1997, 1289; Benkard/*Schäfers* § 123 Rn. 15a.
[63] BGH NJW 2007, 2778 (2779); NJW-RR 2004, 1217 (1218); Stein/Jonas/*Roth* § 233 Rn. 29; Zöller/*Greger* § 233 Rn. 17; *Ingerl/Rohnke* § 91 Rn. 17.
[64] BGH Mitt. 2005, 233 (234); NJW 2007, 1751; vgl. BeckRS 2021, 2285: wenn „*Vorsorge [...] getroffen wurde, dass bei normalem Verkauf der Dinge die Frist [...] mit Sicherheit gewahrt worden wäre*".
[65] BGH NJW 2007, 2778 (2779).
[66] Stein/Jonas/*Roth* § 233 Rn. 29, 31.
[67] Vgl. Stein/Jonas/*Roth* § 233 Rn. 30; Zöller/*Greger* § 233 Rn. 20.

Anwalt darf grundsätzlich auf die Richtigkeit einer durch das Gericht erteilten Rechtsbehelfsbelehrung vertrauen. Es wird aber von ihm erwartet, dass er die Grundzüge des Verfahrensrechts und des Rechtsmittelsystems in der jeweiligen Verfahrensart kennt. Er kann das Vertrauen in die Richtigkeit der Rechtsbehelfsbelehrung nicht uneingeschränkt, sondern nur in solchen Fällen in Anspruch nehmen, in denen die fehlerhafte Rechtsbehelfsbelehrung zu einem unvermeidbaren oder zumindest nachvollziehbaren oder verständlichen Rechtsirrtum des Anwalts führte.[68] Verließ sich ein Rechtsanwalt auf eine fehlerhafte Rechtsbehelfsbelehrung, begründet das die Vermutung des Fehlens des Verschuldens, wenn die Fehlerhaftigkeit nicht offenkundig falsch und deshalb geeignet war, den Anschein der Richtigkeit zu erwecken.[69] Bei der Frage der Offenkundigkeit des Fehlers legen die Gerichte strenge Maßstäbe an.[70] Das Fehlen des Verschuldens muss in Fällen der Glaubhaftmachung der Fristversäumung wegen der (unterbliebenen oder fehlerhaften) Rechtsbehelfsbelehrung – wegen der Vermutung des Verschuldens – nicht glaubhaft gemacht werden.[71] Ist eine Rechtsbehelfsbelehrung nach § 232 nicht erforderlich, gilt auch die Vermutung des S. 2 nicht.[72] Die Vermutung des S. 2 ist widerlegbar.[73]

19 Die maßgebliche Person handelte ohne Verschulden, wenn sie unter Berücksichtigung ihrer subjektiven Verhältnisse die zumutbare, verkehrsübliche Sorgfalt beachtete.[74] Der BGH stellt dabei darauf ab, was von der Partei und ihrem Anwalt in ihrer Lage bei Berücksichtigung der Umstände des Falls verständiger Weise zu erwarten war.[75] Demgegenüber wird teilweise auf den rein objektiven Maßstab des § 276 Abs. 2 abgestellt, dessen Maßstab die Sorgfalt einer ordentlichen Prozesspartei ist.[76] Dem steht jedoch entgegen, dass (jedenfalls gesetzliche) Fristen auf einer typisierenden Bewertung des damit jeweils verbundenen Aufwands beruhen, für die Verschuldensprüfung im Rahmen des § 233 demgegenüber die Umstände des jeweiligen Einzelfalls maßgeblich sind.[77] Eine dritte Auffassung stellt bei der Partei selbst auf den subjektiven und bei Anwälten auf den objektiven Maßstab ab.[78]

20 Diese unterschiedlichen dogmatischen Ansätze werden praktisch kaum zu unterschiedlichen Ergebnissen führen.[79] Denn zum einen soll auch bei dem objektiven Maßstab auf den jeweiligen Organisationsgrad abgestellt werden. So soll es etwa maßgeblich sein, ob es sich bei einer Partei um ein Großunternehmen mit Rechtsabteilung oder einen Verbraucher handelt.[80] Zum anderen sollen auch nach dem subjektiven Maßstab etwa an Anwälte besonders strenge Maßstäbe angelegt werden. In jedem Einzelfall ist die Abwägung der Rechtssicherheit und der materiellen Gerechtigkeit → Rn. 1 f. sicherzustellen.

21 Jede, auch nur leichte Fahrlässigkeit schließt die Wiedereinsetzung aus.[81] Dabei gelten umfangreiche Organisationspflichten und bei Einschaltung Dritter Auswahl- und Überwachungspflichten. So müssen Anwälte alles Zumutbare veranlassen, um Rechtsmittelfristen zu wahren.[82] Dazu gehört vorrangig, eigenverantwortlich das für den Beginn des Laufs der Rechtsmittelfrist maßgebende Zustellungsdatum festzustellen.[83] Beauftragt die Partei für die Rechtsmittelinstanz einen anderen Anwalt, hat dieser in eigener Verantwortung durch geeignete und verlässliche Erkundigungen zu ermitteln, ob und wann die Entscheidung der Vorinstanz zugestellt worden ist.[84] Er darf sich nicht auf den Eingangsstempel der Partei selbst verlassen.[85]

22 In Fällen des gewerblichen Rechtsschutzes gelten wegen ihres Charakters als geschäftliche Angelegenheiten strengere Anforderungen an die Erkennbarkeit bevorstehender Zustellungen und allgemein an die Vorkehrungen zur Entgegennahme und Kenntniserlangung von Zustellungen als die Recht-

---

[68] BGH NJW 2021, 784; BVerfG BeckRS 2020, 28622.
[69] BGH NJW 2021, 784; 2018, 164 (165); NJW-RR 2018, 385 (386); OLG Düsseldorf BeckRS 2019, 33589; ähnlich Zöller/Greger § 233 Rn. 23.31; vgl. BGH NJW 2012, 2443 (2445).
[70] Vgl. OLG Düsseldorf BeckRS 2019, 33589.
[71] Zöller/Greger § 233 Rn. 23.31.
[72] BGH NJW 2016, 1827.
[73] Zöller/Greger § 233 Rn. 23.31; Baumbach/Lauterbach/Hartmann/Anders/Gehle/Becker § 233 Rn. 17.
[74] Benkard/Schäfers § 123 Rn. 15 f.; Stein/Jonas/Roth § 233 Rn. 25 für ein Verschulden der Partei; so wohl auch Ströbele/Hacker/Knoll § 91 Rn. 10; Eichmann/Jestaedt/Fink/Meiser/Kühne § 23 Rn. 14.
[75] BGH NJW 2013, 3181 (3182).
[76] BVerfG NJW 1995, 1416 (1417); Zöller/Greger § 233 Rn. 12; MüKoZPO/Stackmann § 233 Rn. 32.
[77] Vgl. BGH NJW 2013, 3181 (3182).
[78] Stein/Jonas/Roth § 233 Rn. 27.
[79] Nach Stein/Jonas/Roth § 233 Rn. 25 soll etwa bei ausländischen Prozessparteien ein großzügigerer Maßstab angelegt werden, was zu einer Verringerung des Maßes an Rechtssicherheit von Entscheidungen in Verfahren gegen ausländische Parteien führt.
[80] Zöller/Greger § 233 Rn. 12.
[81] Wegen der früher strengeren Fassung des § 123 Abs. 1 S. 1 PatG ist die dazu bis 1977 ergangene Rechtsprechung in Patent- und Warenzeichensachen heute nur sehr eingeschränkt verwertbar, vgl. etwa BPatG GRUR 1974, 354 ff. – Wiedereinsetzung.
[82] BGH NJW 2016, 1180 (1181); BeckRS 2014, 15666.
[83] BGH NJW 2016, 1180 (1181); NJW-RR 1991, 828 f.
[84] BGH NJW 2016, 1180 (1181); 1996, 1477.
[85] BGH NJW 2016, 1180 (1181).

sprechung sie etwa in reinen Privat- und Strafsachen entwickelte.[86] Für Fälle nicht zwingend geschäftlichen Charakters – etwa im Urheberrecht – sollte insoweit auf das Maß des geschäftlichen Charakters des jeweiligen Einzelfalls abgestellt werden. In der Praxis wird die kleinteilige Unterscheidung in Sorgfaltsmaßstäbe, die in geschäftlichen Angelegenheiten und in nicht-geschäftlichen Angelegenheiten angelegt werden, meist keine entscheidende Rolle spielen.

Wesentlicher wird meist sein, dass an Verfahrensbevollmächtigte in der Regel höhere Sorgfaltsmaßstäbe angelegt werden als an die jeweils vertretene Partei.[87] Regelmäßig wird auf die übliche Sorgfalt eines ordentlichen Anwalts abgestellt.[88] Diese Sorgfalt ist für den Berufsanfänger die gleiche wie des erfahrenen Anwalts.[89] Für den Patentanwalt gelten in der Regel die gleichen Maßstäbe wie für den Rechtsanwalt.[90] Das Verschulden eines Verfahrensbevollmächtigten ist der jeweiligen Partei nach § 85 Abs. 2 ZPO zuzurechnen → Rn. 13. Das gilt auch für das Verschulden eines von in einer Sozietät angestellten Rechts- oder Patentanwalts, wenn er mit der selbständigen und eigenverantwortlichen Erledigung von Prozessangelegenheiten betraut ist, selbst wenn sich ein Partner die Unterzeichnung der von ihm angefertigten Schriftsätze vorbehält.[91] Zwar fehlt es im Prozessrecht an einem Pendant zu § 278 BGB. Jedoch wurden die Auswahl-, Organisations-, Belehrungs- und Überwachungspflichten[92] des beauftragten Rechts- oder Patentanwalts so weit gezogen, dass ihn in solchen Fällen häufig selbst ein Verschulden trifft.[93] Dieser Konstruktion bedarf es nicht, wenn eine Sozietät beauftragt ist und ein Partner der Sozietät die Fristversäumung verschuldete. 23

Die Sorgfaltsanforderungen an Rechts- und Patentanwälte werden als wesentlich zu weitgehend kritisiert. Dass die Zurechnung des Verschuldens von Mitarbeitern eingeschränkt wird, wird durch die Annahme extensiver Auswahl-, Organisations- Belehrungs- und Überwachungspflichten (über-)kompensiert.[94] 24

Wendet der Anwalt überobligationsmäßig besondere Anstrengungen an, um die Versäumung einer Frist zu vermeiden, und unterläuft ihm (nur) im Rahmen dieser überobligationsmäßigen Sorgfalt ein Fehler, der zur Nichteinhaltung der Frist führt, die auch bei Erfüllung der Sorgfaltsanforderungen nicht eingehalten worden wäre, führt dies nicht zur Annahme von Verschulden. Der überobligationsmäßig sorgfältige Anwalt darf nicht schlechter gestellt werden als wenn er die zusätzliche Sicherheitsmaßnahme nicht vorgesehen hätte.[95] 25

III. Fallgruppen

Nach diesen Grundsätzen hat sich die folgende Rechtsprechung entwickelt, die hier nicht vollständig wiedergegeben werden kann. Einen umfassenderen Blick vermitteln die einschlägigen Großkommentare und Literatur.[96] Zum Verschulden sind auch die Entscheidungen zu § 91 MarkenG und § 123 PatG heranzuziehen. Der Rechtsbegriff des Verschuldens ist in diesen Regelungen mit dem des § 233 identisch.[97] Die im Folgenden wiedergegebenen Fallgruppen sind nicht als statische jeweils feststehende, von der Rechtsprechung anerkannte Fallgruppen zu verstehen, sondern als Versuch der Ordnung einer Vielzahl von Einzelfällen, deren Fallgruppen vielfach ineinander übergehen und sich überschneiden. Dieser Versuch der Ordnung dient der Übersichtlichkeit und Auffindbarkeit von Entscheidungen, nicht der Begründung statischer Fallgruppen. Auch das Zusammentreffen mehrerer Fallgruppen kann zu erhöhten Sorgfaltsobliegenheiten führen.[98] 26

1. Ausgangskontrolle bei Anwalt. Der Anwalt muss durch die Organisation des Büros eine dahingehende Ausgangskontrolle gewährleisten, dass für den Versand vorgesehene Dokumente auch tatsächlich 27

---

[86] BPatGE 24, 127 (129) nimmt kein Verschulden an, wenn die für einen gewissenhaften, seine Belange sachgerecht wahrnehmenden Patentinhaber gebotene und ihm nach den konkreten Umständen auch zumutbare Sorgfalt beachtet wurde.
[87] Kiethe/Groeschke WRP 1995, 979 (983); Stein/Jonas/Roth § 233 Rn. 25, 27.
[88] Stein/Jonas/Roth § 233 Rn. 27; Zöller/Greger § 233 Rn. 13.
[89] Stein/Jonas/Roth § 233 Rn. 27.
[90] BGH GRUR 2001, 271 (272) – Kreiselpumpe; BGH GRUR 2001, 411 (412) – Wiedereinsetzung V; Ingerl/Rohnke § 91 Rn. 20; Ströbele/Hacker/Knoll § 91 Rn. 13; Eichmann/Jestaedt/Fink/Meiser/Kühne § 23 Rn. 16.
[91] BPatG Mitt. 1974, 31 (32); Müller NJW 1993, 681 (684).
[92] OLG Frankfurt a. M. BeckRS 2006, 10306.
[93] BPatG Mitt. 1974, 31 (32); Müller NJW 1993, 681 (684).
[94] Eingehend Ingerl/Rohnke § 91 Rn. 20: „bei Beachtung aller dieser Anforderungen ein zumutbarer Kanzleibetrieb kaum mehr möglich".
[95] BGH NJW 2015, 2266 (2267 f.); 1998, 2676 (2677); 1995, 1682; NJW-RR 2010, 1976 (1078); Stein/Jonas/Roth § 233 Rn. 28; vgl. BGH NJW 2013, 3183 (3184).
[96] Insbesondere Stein/Jonas/Roth § 233 Rn. 33–56; MüKoZPO/Stackmann § 233 Rn. 38–186; Zöller/Greger § 233 Rn. 23 ff.; Baumbach/Lauterbach/Hartmann/Anders/Gehle/Becker § 233 Rn. 19–189; Müller NJW 2000, 322 ff.; von Pentz NJW 2003, 858 ff.; Born NJW 2005, 2042 ff.; Born NJW 2007, 2088 ff.; Born NJW 2009, 2179 ff.; Born NJW 2011, 2022 ff.
[97] Vgl. Ingerl/Rohnke § 91 Rn. 2; Ströbele/Hacker/Knoll § 91 Rn. 12; Fezer/Grabrucker I 1 2 Rn. 180; so wohl auch Mes § 123 Rn. 50 aE; Benkard/Schäfers § 123 Rn. 12a.
[98] Vgl. BPatG GRUR-RR 2020, 150 (151).

versandt werden. Die im Fristenkalender vermerkten Fristen dürfen erst dann gestrichen oder anderweitig als erledigt gekennzeichnet werden, wenn die fristwahrende Maßnahme tatsächlich durchgeführt, ein fristwahrender Schriftsatz also gefertigt oder zumindest postfertig gemacht worden ist.[99] Der Anwalt muss auch prüfen, dass der Schriftsatz keine Mängel aufweist, insbesondere an das richtige Gericht adressiert ist, die Parteien benennt, vollständig und unterschrieben ist. Bei Einreichung eines nicht unterschriebenen Schriftsatzes ist grundsätzlich von einem der Partei zuzurechnenden Anwaltsverschulden auszugehen. Denn es ist die Pflicht des Anwalts, für einen mangelfreien Zustand der ausgehenden Schriftsätze zu sorgen, wozu nach § 130 Nr. 6 zu leistende Unterschrift[100, 101] sowie die Sicherstellung gehören, dass die Unterschrift deutlich sichtbar, hinreichend kontrastreich und nicht zu blass ist, damit sie auch mit einem Telefax übertragen wird[102]. Zu diesen Pflichten gehört es auch, die ihm zur Unterzeichnung vorgelegten Schriftsätze selbst auf Vollständigkeit zu prüfen,[103] zu unterschreiben und Vorkehrungen dagegen zu treffen, dass sie nicht versehentlich in den Postausgang geraten und ohne Unterschrift eingereicht werden.[104] Bei Rechtsmitteleinlegung ist auch erforderlich, dass das Gericht, das das angefochtene Urteil erlassen hat, das Verkündungsdatum und das Aktenzeichen erkennbar sind. Fehlerhafte oder unvollständige Angaben schaden nur dann nicht, wenn auf Grund der sonstigen erkennbaren Umstände für Gericht und Prozessgegner nicht zweifelhaft bleibt, welches Urteil angefochten wird.[105]

28 Zu einer wirksamen Ausgangskontrolle gehört auch eine Anordnung des Prozessbevollmächtigten, die sicherstellt, dass die Erledigung der fristgebundenen Sachen am Abend eines jeden Arbeitstags anhand des Fristenkalenders überprüft wird.[106] Dazu ist der jeweilige Mitarbeiter anzuweisen, Fristen im Kalender grundsätzlich erst zu streichen oder als erledigt zu kennzeichnen, nachdem er sich anhand der Akte vergewissert hat, dass zweifelsfrei nichts mehr zu veranlassen ist.[107] Diese Kontrolle kann grundsätzlich nicht einer Auszubildenden übertragen werden.[108] Übernimmt er die Kontrolle im Allgemeinen oder im Einzelfall selbst, muss er insoweit auch selbst für eine wirksame Kontrolle Sorge tragen.[109]

29 Bei der Versendung fristwahrender Schriftsätze per **Post** darf die Frist erst gestrichen werden, wenn der Schriftsatz in ein Postausgangsfach eingelegt wird und die abgehende Post von dort unmittelbar zum Briefkasten oder zur maßgeblichen gerichtlichen Einlaufstelle gebracht wird, das Postausgangsfach also „letzte Station" auf dem Weg zum Adressaten ist.[110] In einem solchen Fall erübrigt sich eine zusätzliche Überwachung der abgehenden Post, etwa durch Führung eines Postausgangsbuchs.[111] Das Postausgangsfach ist jedoch nicht die „letzte Station", wenn eine Mitarbeiterin die in dem Postausgangsfach gesammelten Schriftsätze noch in Umschläge einsortieren muss.[112] Die Erledigung fristgebundener Sachen ist am Abend eines jeden Arbeitstages anhand des Fristenkalenders zu überprüfen.[113] Ein Nachweis, dass das Schriftstück tatsächlich in den Postlauf gelangt ist, ist ebenso wenig erforderlich wie eine Darlegung, wann und wie genau ein Schriftstück verloren gegangen ist. Die Glaubhaftmachung, dass der Verlust mit großer Wahrscheinlichkeit nicht im Verantwortungsbereich der Partei eingetreten ist, genügt.[114]

30 Bei der Übermittlung fristwahrender Schriftsätze per **Telefax** muss der Bevollmächtigte für die hinreichende Ausgangskontrolle seinem Personal die Weisung erteilen, sich einen Sendebericht ausdrucken zu lassen, auf dieser Grundlage die Vollständigkeit der Übermittlung zu prüfen und die Notfrist erst nach Kontrolle des Sendeberichts zu löschen.[115] Dabei ist ein Vergleich der Anzahl der zu übermittelnden Seiten mit den laut Sendeprotokoll versandten Seiten besonders nachdrücklich anzuordnen, wenn die Vorgaben eines in der Anwaltskanzlei verwendeten Qualitätshandbuchs in diesem Punkt lückenhaft sind.[116] Dazu gehört die Anweisung, die genutzte Telefaxnummer mit der richtigen,

---

[99] BGH NJW 2021, 2201 (2204); GRUR-RR 2013, 448 = NJW 2013, 1008 (1009); NJW 2011, 385 f.; NJW-RR 2012, 427 (428); NJW 2007, 3497 (3498).
[100] Zu Computerfax BGH BeckRS 2021, 1705.
[101] BGH NJW 2016, 718 (719).
[102] BGH NJW-RR 2019, 441 (443).
[103] BGH NJW 2022, 1964 (1965), auch die Vorlage eines Schriftsatzes zum zweiten Mal nach Korrektur eines Schreibfehlers.
[104] BGH NJW 2014, 2961 (2962); 2016, 718 (719).
[105] BGH NJW 2001, 1070 (1071).
[106] BGH NJW 2000, 1957; 2006, 2638 (2639); 2010, 1378 (1379); 2011, 385 f.; NJW-RR 2012, 427 (428); OLG Schleswig NJW 2002, 708 (709).
[107] BGH NJW 2007, 3497 (3498); 2016, 1740 (1741); NJW-RR 2012, 427 (428).
[108] BGH NJW 2007, 3497 (3498); zu den Anforderungen an eine Übertragung an eine Auszubildende BGH NJW 2006, 1519 (1520).
[109] BGH NJW-RR 2009, 785 (786); NJW 2006, 1519 (1520).
[110] BGH NJW 2011, 2051 (2052); 1997, 3446 (3447); 2010, 1378 (1379); 2001, 1577 (1578).
[111] BGH NJW 2011, 2051 (2052); 2006, 2638 (2639); 2001, 1577 (1578); 2010, 1378 (1379).
[112] BGH NJW 2011, 2051 (2052).
[113] BGH NJW 2006, 2638 (2639); 2010, 1378 (1379); 2011, 2051 (2052).
[114] BGH NJW 2010, 1378 (1379).
[115] BGH NJW-RR 2010, 1648 (1649); 2002, 60; GRUR-RR 2013, 448 = NJW 2013, 1008 (1009); 2013, 3183 (3184); 2006, 1519 (1520); 2007, 2778 (2779); *Müller* NJW 2000, 322 (324).
[116] BGH NJW 2008, 508 (2509).

dem jeweiligen Empfänger zugeordneten Nummer zu vergleichen.[117] Diese Ausgangskontrolle anhand des Sendeberichts dient nicht nur dazu, Fehler bei der Übermittlung auszuschließen. Sie soll auch die Feststellung ermöglichen, ob der Schriftsatz überhaupt übermittelt worden ist.[118] Die Anweisung zur Kontrolle des Sendeberichts kann dabei durch eine Anweisung, die Frist erst nach telefonischer Rückfrage beim Empfänger nach dem Eingang des Telefaxes zu streichen, ersetzt werden.[119] Zu einer wirksamen Ausgangskontrolle gehört zudem eine Anordnung, die sicherstellt, dass die Erledigung der fristgebundenen Sachen am Abend eines jeden Arbeitstags anhand des Fristenkalenders überprüft wird.[120]

Bei der Übermittlung fristwahrender Schriftsätze oder von Aufträgen an Dritte per **E-Mail** gelten die zur Ausgangskontrolle von Telefaxen entwickelten Grundsätze entsprechend. Auch bei E-Mails besteht die Gefahr, dass eine E-Mail den Empfänger wegen einer technischen Störung bei der Übermittlung nicht erreicht. Um sicherzustellen, dass eine E-Mail den Adressaten erreicht hat, hat der Versender die Möglichkeit, eine Lesebestätigung anzufordern, und muss von dieser Möglichkeit Gebrauch machen.[121] **31**

Auch bei der Übermittlung fristwahrender Schriftsätze per **beA** gelten die zur Ausgangskontrolle von Telefaxen entwickelten Grundsätze entsprechend → Rn. 39 ff., 52 ff. **32**

Auch eine konkrete Einzelanweisung im Einzelfall, einen Schriftsatz per Telefax oder per beA an das zuständige Gericht zu senden, macht diese Anforderungen an die Ausgangskontrolle nicht entbehrlich.[122] Denn auch bei Einzelanweisungen muss die angewiesene Person (allgemein oder einzelfallbezogen) angewiesen sein, die vollständige Übermittlung des Telefaxes anhand des Sendeprotokolls zu kontrollieren und die Frist erst nach dieser Kontrolle zu streichen.[123] Die Einzelanweisung ersetzt die allgemeine Anweisung nicht, wenn (a) sie die bestehende Organisation nicht außer Kraft setzt, sondern sich in sie einfügt und nur einzelne Elemente ersetzt, während andere ihre Bedeutung behalten und geeignet sind, Fristversäumnissen entgegenzuwirken,[124] oder (b) eine allgemeine Anweisung nicht besteht und die Einzelanweisung nicht umfassend erfolgt.[125] Der Grundsatz, dass es auf die allgemeine Anweisung nicht ankommt, wenn der Anwalt eine Einzelanweisung traf, bei deren Befolgung eine versäumte Frist gewahrt worden wäre, gilt nur solange der Anwalt auf die Befolgung der Einzelanweisung vertrauen durfte.[126] **33**

Bei Ausfall des Telefax- oder sonstigen Gerätes des Gerichts muss der Bevollmächtigte keine besonderen Mühen (etwa Reisen) auf sich nehmen, um den Schriftsatz noch fristwahrend einzureichen. Fällt sein Gerät aus, muss er alle ihm noch möglichen Schritte einleiten, um die Frist noch auf andere Art und Weise zu wahren.[127] **34**

Übersendet ein Anwalt einem anderen Anwalt vereinbarungsgemäß eine Akte und hat der Versender den Empfänger um Eingangsbestätigung gebeten, da der Empfänger darauf hinwies, dass er sich erst mit Erhalt der Akte beauftragt sieht, begründet es ein Verschulden des Versenders, wenn der Empfänger die Akte nicht erhält und eine Frist versäumt.[128] Der versendende Anwalt muss allgemein überwachen, ob der Empfängeranwalt die Akte erhielt und die Sache angenommen hat.[129] Die Sorgfaltspflicht des beauftragenden Bevollmächtigten erschöpft sich nicht im rechtzeitigen Absenden des Auftragsschreibens.[130] Etwas anderes gilt nur dann, wenn der Versender und der Empfänger im Einzelfall oder allgemein abgesprochen haben, dass der Empfänger den Auftrag annehmen, prüfen und ausführen werde. Erst dann besteht für den Versender in der Regel kein Grund, von sich aus den Ablauf der Rechtsmittelfrist weiterhin zu überwachen.[131] **35**

Hält der Anwalt die besonderen Pflichten in Zusammenhang mit der Ausgangskontrolle ein, ist er nicht auch noch verpflichtet, den Eingang seiner Schriftsätze bei Gericht zu überwachen.[132] Eine Nachfragepflicht kommt daher nur dann in Betracht, wenn hierfür ein konkreter Anlass besteht. **36**

---

[117] BGH NJW 2011, 458 (459); das gilt laut OLG Karlsruhe BeckRS 2015, 02077 insbesondere bei Verwechslungen der Telefax-Nummern des LG und des OLG Karlsruhe, da bei ihnen wegen ihrer Ähnlichkeit „eine erhöhte Verwechslungsgefahr" besteht.
[118] BGH NJW 2013, 3183 (3184).
[119] BGH NJW-RR 2002, 60.
[120] BGH NJW 2011, 385 (386); NJW-RR 2012, 427 (428).
[121] BGH NJW 2014, 556 (557).
[122] BGH GRUR-RR 2013, 448 = NJW 2013, 1008 (1009); NJW-RR 2013, 1328; 2010, 1648 (1649); BeckRS 2013, 09353 Rn. 18.
[123] BGH NJW-RR 2013, 1008 (1009); NJW 2008, 2508 (2509); vgl. BGH NJW-RR 2002, 60, wo die Kontrolle des Sendeberichts durch Kontrollanruf ersetzt werden durfte.
[124] BGH NJW 2011, 458 (459); BeckRS 2013, 09353 Rn. 18.
[125] BGH NJW 2016, 1742 (1743 f.).
[126] BGH NJW 2016, 718 (719).
[127] *Teplitzky* GRUR 1997, 691 (700) zu Telefax.
[128] BGH NJW 2001, 1576 f.; eingehend zu ähnlichen Konstellationen *Müller* NJW 1993, 681 (687).
[129] BPatG GRUR 2008, 935 (936) – Gehäusestruktur.
[130] BPatG GRUR 2008, 935 (936) – Gehäusestruktur.
[131] BGH NJW 1988, 3020 (3021).
[132] BGH NJW 2014, 226.

37 **2. Ausschöpfung einer Frist bis zum letzten Tag.** Es ist erlaubt, prozessuale Fristen bis zu ihrer Grenze auszuschöpfen.[133] Dann gelten jedoch – auch bei besonderen Umständen, wie etwa Arbeitsüberlastung des Kanzleipersonals – erhöhte Sorgfaltsanforderungen.[134] So ist die Vorbereitung eines fristgebundenen Schriftsatzes nur zwei Tage vor Ablauf einer vierwöchigen Frist mit einem erheblichen Risiko verbunden.[135] Zu erwartende Verzögerungen – wie besetzte Telefaxnummern und Verkehrsstaus zu üblichen Stauzeiten – sind daher zu berücksichtigen, nicht aber unvorhersehbare Ereignisse wie Verkehrsunfälle[136], Reifenpannen[137] oder unvorhersehbare Erkrankungen.[138]

38 **3. Laufzeiten der Post.** Die folgenden Ausführungen gelten nur soweit die Übermittlung per Post nach § 130d ZPO zulässig ist. Veranlasst ein Prozessbevollmächtigter, dass ein Schriftsatz so rechtzeitig in den Briefkasten eingeworfen wird, dass er nach den normalen Postlaufzeiten, die die Deutsche Post AG festlegt,[139] fristgerecht bei dem Gericht hätte eingehen müssen, verschuldet er eine Verspätung in der Regel nicht.[140] Er darf auf deren Einhaltung vertrauen, wenn ihm keine besonderen Umstände bekannt sind, die zu einer Verlängerung der normalen Postlaufzeiten führen können[141] und keine sonstigen konkreten Anhaltspunkte dafür vorliegen, dass im Einzelfall mit längeren Postlaufzeiten zu rechnen ist[142]. Dies gilt auch dann, wenn wegen anstehender Feiertage eine starke Beanspruchung der Post zu erwarten ist.[143] Weiß ein Anwalt vom Beginn eines bundesweiten Poststreiks, obliegt es ihm, sich vor Absenden eines fristwahrenden Schriftsatzes über die Auswirkungen des Streiks am Versand- und Empfangsort zu informieren, dies auch über die Berichterstattung in Zeitung, Fernsehen, Rundfunk oder Internetportalen der Nachrichtenanbieter.[144]

39 **4. Übermittlungsdauer von Telefaxen.** Die folgenden Ausführungen gelten nur soweit die Übermittlung per Telefax nach § 130d ZPO zulässig ist. Für die Übermittlung eines fristwahrenden Schriftsatzes per **Telefax** gelten die Grundsätze für Postlaufzeiten im Ausgangspunkt entsprechend. Der Nutzer hat mit der Wahl eines funktionsfähigen Sendegeräts und der korrekten Eingabe der Empfängernummer das seinerseits Erforderliche zur Fristwahrung getan, wenn er so rechtzeitig mit der Übertragung beginnt, dass unter normalen Umständen mit deren Abschluss vor 24 Uhr bzw. vor Fristablauf zu rechnen ist.[145] Denn wenn das Gericht die Möglichkeit der Übermittlung per Telefax eröffnet, dürfen die aus den technischen Gegebenheiten dieses Kommunikationsmittels herrührenden besonderen Risiken nicht auf den Nutzer dieses Mediums abgewälzt werden. Das gilt grundsätzlich für Störungen des Empfangsgeräts bei Gericht. Die entscheidende Ursache für die Fristversäumung liegt dann in der Sphäre des Gerichts.[146]

40 Der Anwalt muss sich über zu erwartende Sendezeiten informieren.[147] Er muss die Übertragung auf Grundlage seiner vorzutragenden und glaubhaft zu machenden Erfahrungswerte zu den als Maßstab setzenden *„normalen Umständen"*[148] rechtzeitig beginnen, damit die Übertragung vor Fristablauf erfolgreich abgeschlossen werden kann. In der Regel muss er mit einer Übermittlungszeit von 30 Sekunden je zu übermittelnder Seite rechnen,[149] ohne besondere Umstände nicht aber mit einer Übermittlungszeit von 50 Sekunden oder zwei Minuten je zu übermittelnder Seite.[150]

41 Einige Gerichte und Senate fordern über diesen Regelwert, der auf „normalen Umständen" beruht und von dem nach vorzutragenden und glaubhaft zu machenden Erfahrungswerten des Anwalts abge-

---

[133] BGH NJW-RR 2021, 54 (55); GRUR 2020, 779 (780); LAG Hessen BeckRS 2020, 36620.
[134] BGH NJW 1989, 2393 (2394); 1998, 2677 (2678); 2006, 2637; 2015, 171 (172); OLG Düsseldorf GRUR-RR 2017, 249 (255) – Lichtemittierende Vorrichtung; LAG Hessen BeckRS 2020, 36620; Stein/Jonas/*Roth* § 233 Rn. 26; Zöller/*Greger* § 233 Rn. 14; *Ingerl/Rohnke* § 91 Rn. 12; Eichmann/Jestaedt/Fink/*Meiser/Kühne* § 23 Rn. 14; das BPatG spricht in GRUR-RR 2020, 150 (151) von der Notwendigkeit besonders hoher Sorgfalt.
[135] BPatG GRUR-RR 2020, 150 (151).
[136] BGH NJW 1998, 2677 (2678).
[137] BGH NJW 1998, 2677 (2678); Stein/Jonas/*Roth* § 233 Rn. 26; Zöller/*Greger* § 233 Rn. 14.
[138] BGH NJW 2015, 171 (172).
[139] Zu dieser Definition von „normaler" Postlaufzeit BGH NJW-RR 2008, 930.
[140] BVerfG NJW 1999, 3701 (3702); 2000, 2657 (2658); BGH NJW 2022, 400 (402); 2008, 587; 2007, 2778 (2779); Stein/Jonas/*Roth* § 233 Rn. 31; Eichmann/Jestaedt/Fink/*Meiser/Kühne* § 23 Rn. 18; Benkard/*Schäfers* § 123 Rn. 42; vgl. *Ingerl/Rohnke* § 91 Rn. 14.
[141] BGH NJW 2008, 587; 2003, 3712 (3713); BeckRS 2011, 04938; *Müller* NJW 2000, 322 (327).
[142] BGH NJW-RR 2004, 1217 (1218).
[143] BVerfG NJW 2001, 1566; 2008, 587; BPatGE 23, 88 (90 ff.); vgl. für „*allgemein erhöhtes Postaufkommen*" BGH NJW-RR 2004, 1217 (1218); dagegen will BPatGE 42, 122 (126) – wenn auch im entschiedenen Fall nicht erheblich – bekannte Verzögerungen während Feiertagen berücksichtigen.
[144] BGH NJW 2016, 3789 (3791).
[145] BGH GRUR 2020, 779 (780) – Berufungsbegründung durch Patentanwalt; NJW-RR 2021, 54 (55); NJW 2014, 2047 (2048).
[146] BGH NJW 2021, 390 (391); 2014, 2047 (2048).
[147] BGH Mitt. 2016, 418 (420); OLG Saarbrücken NJW 2013, 3797 mwN zu unterschiedlichen Minutenangaben.
[148] BGH GRUR 2020, 779 (780) – Berufungsbegründung durch Patentanwalt.
[149] BGH GRUR 2020, 779 (780) – Berufungsbegründung durch Patentanwalt; NJW 2005, 678 (679); LAG Hessen BeckRS 2020, 36620.
[150] BGH Mitt. 2016, 418 (420) zu 2 Minuten; NJW 2005, 678 (679) zu 50 Sekunden.

wichen werden kann, hinaus einen sog. Sicherheitszuschlag wegen der Möglichkeit einer anderweitigen Belegung des Empfangsgeräts und schwankenden Übertragungsgeschwindigkeiten. Der sechste und zehnte Senat des BGH fordern einen solchen Sicherheitszuschlag von *„etwa zwanzig Minuten",*[151] der elfte *„von zwanzig Minuten"*[152], der zweite, achte und neunte *„eine gewisse Zeitreserve"*[153].

Der Anwalt genügt seiner Pflicht nicht, wenn er *„um ca. 23.55 Uhr"* des Tags des Fristablaufs einen **42** 19-seitigen Schriftsatz per Telefax versendet und dieser um 00.25 Uhr bei Gericht eingeht.[154] Entsprechendes gilt für einen Anwalt, dessen Schriftsatz am Tag nach dem Fristablauf um 00.02 Uhr eingeht und der nicht glaubhaft macht, dass er rechtzeitig mit den Übertragungsversuchen begonnen hat.[155] Der Beginn der Versendung von 10 Seiten ab 23.41 Uhr kann genügen.[156]

Von einem Anwalt, der sich und seine organisatorischen Vorkehrungen darauf eingerichtet hat, **43** einen Schriftsatz nicht selbst, nicht durch Boten und nicht per Post, sondern durch Telefax zu übermitteln, kann beim Scheitern der gewählten Übermittlung per Telefax wegen eines Defekts des Empfangsgeräts oder Leitungsstörungen nicht verlangt werden, dass er innerhalb kürzester Zeit eine andere als die gewählte, vom Gericht offiziell eröffnete Zugangsart sicherstellt.[157] Wenn er feststellt, dass das Empfangsgerät gestört ist, ist es ihm zuzumuten, jedenfalls im gewählten Übermittlungsweg nach Alternativen zu suchen, die sich aufdrängen.[158] Der Anwalt darf angezeigte Störungen oder ein sonstiges Scheitern der Übermittlung also nicht vorschnell zum Anlass nehmen, von weiteren Sendeversuchen Abstand zu nehmen.[159]

Wenn er sich für eine Übermittlung per Telefax entscheidet, muss er stets mit einem Scheitern, **44** insbesondere wegen einer Belegung des Empfangsgeräts mit anderweitigen Sendungen rechnen. Er ist daher gehalten, ihm erkennbare Übermittlungsfehler bis um Fristablauf zu beheben und zumindest weitere Übermittlungsversuche unternehmen.[160] Dazu genügt es nicht, wenn er weitere Sendeversuche um 20 Uhr einstellt[161] oder vorschnell um 15 Uhr des Tags des Fristablaufs aufgibt und die für ihn nicht aufklärbare Ursache der Übermittlungsschwierigkeiten der Risikosphäre des Empfangsgerichts zuschreibt.[162] Es ist ihm grundsätzlich auch zumutbar, aus einer allgemein zugänglichen Quelle eine weitere Telefax-Nummer des Gerichts in Erfahrung zu bringen und den Schriftsatz dorthin zu übermitteln.[163] Das gilt insbesondere dann, wenn ein Gericht aufgrund seiner Struktur – etwa wegen Außensenaten – über mehrere Faxanschlüsse verfügt.[164] Die Telefax-Nummer des Pressesprechers des Gerichts muss er dazu jedoch nicht recherchieren.[165]

Ein Anwalt, der sich für den Versand eines fristwahrenden Schriftsatzes per Telefax entschieden hat **45** und das besondere elektronische Anwaltspostfach bisher nicht aktiv genutzt hat und nicht zu dessen Nutzung verpflichtet ist, ist bei technischen Problemen kurz vor Fristablauf nicht gehalten, einen Übermittlungsversuch über das besondere elektronische Anwaltspostfach zu unternehmen.[166] Denn jedenfalls Anwälten, die das beA noch nicht aktiv nutzen und nicht dazu verpflichtet sind, ist die Suche nach Alternativen im Rahmen des gewählten Übermittlungswegs Telefax kurz vor Fristablauf zumutbar, nicht aber die Änderung des gewählten Übermittlungswegs vom Telefax zum beA.[167] Solange er nur zur passiven Nutzung des beA verpflichtet ist und das beA nicht aktiv nutzt, ist es ihm nicht zumutbar, sich innerhalb kurzer Zeit vor Fristablauf erstmals mit den Voraussetzungen dieser für ihn neuen Übermittlungsweg vertraut zu machen.[168]

Der BGH hat offengelassen, wie das bei Anwälten zu beurteilen ist, die das beA bereits aktiv zum **46** Versand von Schriftsätzen genutzt haben, mit seiner Nutzung also vertraut sind. Er hat aber zugleich klargestellt, dass es erwägenswert erscheine, einen Wechsel des gewählten Übermittlungswegs vom Telefax zum beA für zumutbar zu erachten, wenn sich dieser Weg aufdrängt und der Aufwand gering sei. Insoweit sei es erwägenswert, den Aufwand für Anwälte, die das beA bereits aktiv genutzt haben, als gering zu beurteilen und den Wechsel des gewählten Übermittlungswegs damit für zumutbar zu halten.[169]

---

[151] BGH GRUR 2020, 779 (780) – Berufungsbegründung durch Patentanwalt; NJW-RR 2021, 54 (55); so auch LAG Hessen BeckRS 2020, 36620.
[152] BGH BeckRS 2017, 140484 Rn. 10.
[153] BGH NJW 2019, 3310 (3312); NJW-RR 2018, 1398 (1400); MMR 2004, 667; NJOZ 2012, 935 (936).
[154] OLG Saarbrücken NJW 2013, 3797 mwN zu unterschiedlichen Minutenangaben.
[155] BGH BeckRS 2014, 09623.
[156] BGH Mitt. 2016, 418 (419 f.).
[157] BGH NJW 2021, 390 (391) mwN.
[158] BGH NJW 2021, 390 (391) mwN.
[159] BGH NJW 2019, 3310 (3311).
[160] BGH GRUR 2020, 779 (780) – Berufungsbegründung durch Patentanwalt; NJOZ 2012, 935 (936).
[161] BGH NJW 2019, 3310 (3311 f.).
[162] BGH NJW-RR 2022, 204 (205).
[163] BGH NJW-RR 2017, 1084 (1085); 2021, 54 (55).
[164] BGH NJW-RR 2021, 54 (55).
[165] BGH NJW-RR 2017, 629 (630).
[166] BGH NJW 2021, 390 (392); BeckRS 2021, 41851.
[167] BGH NJW 2021, 390 (392).
[168] BGH NJW 2021, 390 (392); BeckRS 2021, 41851.
[169] BGH NJW 2021, 390 (392).

47 Indem der BGH die Frage, ob es dem Anwalt obliegt, von der kurz vor Fristablauf gescheiterten Übermittlung per Telefax zur Übermittlung über beA zu wechseln, anhand des Begriffs der Zumutbarkeit davon abhängig macht, ob der Anwalt das beA bereits aktiv zur Übermittlung von Schriftsätzen nutzte, hat er die bis dahin von den Instanzgerichten entwickelten Leitlinien zu solchen Konstellationen verworfen. Das OLG Dresden und das LG Krefeld waren bis dahin davon ausgegangen, dass Anwälte bei Scheitern der Übermittlung per Telefax generell gehalten sind, die Übermittlung über das beA zu versuchen.[170] Das LG Mannheim lehnte das ab solange der Anwalt nicht zur aktiven Nutzung des beA verpflichtet ist.[171]

48 Diese Rechtsprechung des BGH bedeutet auch, dass einem Anwalt ab Beginn der Pflicht zu aktiven Nutzung des beA der Wechsel vom Übermittlungsweg Telefax zum Übermittlungsweg beA zuzumuten ist. Entsprechendes muss dann auch für den Wechsel vom Übermittlungsweg beA zum Übermittlungsweg Telefax gelten.[172]

49 Einem Patentanwalt obliegt es im Fall des Scheiterns einer Telefax-Übermittlung aus technischen Gründen nicht, einen Rechtsanwalt zu beauftragen, den Schriftsatz per beA einzureichen.[173]

50 Hält der Prozessbevollmächtigte diese Grundsätze ein, begründet es grundsätzlich kein Verschulden, wenn er es unterlässt, sich bei Gericht nach dem rechtzeitigen Eingang zu erkundigen und den Schriftsatz ggf. noch fristwahrend per Telefax einzureichen.[174] Das gilt auch dann, wenn er eine Mitarbeiterin anwies, sich nach dem rechtzeitigen Eingang zu erkundigen, dies jedoch keine Klärung brachte. Denn diese überobligatorische Anweisung kann ihm – wie auch andere überobligatorischen Sicherungsmaßnahmen → Rn. 25 – nicht zum Nachteil gereichen.[175] Eine Ausnahme von diesem Grundsatz gilt nur dann, wenn er nach Aufgabe zur Post nicht (mehr) auf die rechtzeitige Zustellung vertrauen darf, etwa wegen Poststreiks.[176]

51 Der Grundsatz, dass der Partei und ihrem Prozessbevollmächtigten kein Verschulden anzulasten ist, wenn er den Schriftsatz rechtzeitig und ordnungsgemäß zur Post gibt und etwas anderes nur gilt, wenn konkrete Anhaltspunkte dafür vorliegen, dass im Einzelfall mit längeren Postlaufzeiten zu rechnen ist → Rn. 38, gilt auch bei Nutzung privater Kurierdienste.[177]

52 **5. Übermittlungen per beA.** Für Übermittlungen per beA gelten die für Telefaxe entwickelten Grundsätze entsprechend.[178] Das bedeutet zunächst, dass für die Zumutbarkeit des Wechsels von der Übermittlung per beA hin zur Übermittlung per Telefax die bereits → Rn. 34 ff. dargelegten Grundsätze gelten.[179] Ist die Übermittlung eines Schriftsatzes aus technischen Gründen vorübergehend nicht möglich, ist die Übermittlung nach allgemeinen Grundsätzen, also im Original oder per Telefax nach Maßgabe des → § 130d S. 2 zulässig.

53 Das bedeutet auch, dass die Grundsätze zur Übermittlung von Schriftsätzen per Telefax – unter Berücksichtigung der schnelleren Übertragung – auch für die Übermittlung von Schriftsätzen per beA gelten.[180] Dabei ist die meist höhere Geschwindigkeit der Übermittlung per beA im Vergleich zur Übermittlung per Telefax zu berücksichtigen.[181] Der Anwalt genügt seiner Sorgfaltspflicht nicht, wenn er um 23 Uhr 46 einen Schriftsatz mit unzulässiger Dateibezeichnung per beA einreichen möchte, um 23 Uhr 50 die Fehlermeldung wegen der Dateibezeichnung erhält und die Frist nach Ablauf desselben Tags dann versäumt.[182] Grundsätzlich müssen gerade Anwälte, die überwiegend außergerichtlich tätig und daher selten mit der Einreichung von Fristsachen per beA befasst sind, einkalkulieren, dass der Übermittlungsvorgang mehr als zehn Minuten in Anspruch nehmen kann, wenn aufgrund mangelnder Erfahrung unvorhergesehene Probleme auftreten.[183] Das gilt nicht, wenn der Anwalt innerhalb der Frist die – ggf. unzutreffende – Nachricht der erfolgreichen Übermittlung erhält.[184]

---

[170] OLG Dresden NJW 2019, 3312 (3313), das BGH GRUR 2020, 779 (780) – Berufungsbegründung durch Patentanwalt als *„zweifelhaft"* bezeichnete; wie das OLG Dresden auch LG Krefeld NJW 2019, 3658 (3659).
[171] LG Mannheim NJW 2020, 940 (941); so auch *Siegmund* NJW 2020, 941 (942) und *Günther* NJW 2020, 1785 (1786).
[172] Im Ergebnis auch OLG Koblenz NJW 2020, 1823.
[173] BGH GRUR 2020, 779 (780) – Berufungsbegründung durch Patentanwalt.
[174] BGH NJW 2003, 3712 (3713).
[175] BGH NJW 2008, 587; vgl. BGH NJW 1990, 188 (189).
[176] BGH NJW 1993, 1332 (1334).
[177] BGH NJW-RR 2008, 930; BVerfG NJW 2000, 2657 (2658); NJW-RR 2002, 1005 f.; *Ingerl/Rohnke* § 91 Rn. 14.
[178] BGH NJW 2021, 2201 (2202); OLG Dresden 2021, 2665 (2666); LAG Hessen BeckRS 2020, 36620.
[179] BGH NJW 2021, 2201 (2202); LAG Hessen BeckRS 2020, 36620.
[180] LAG Hessen BeckRS 2020, 36620.
[181] Das LAG Hessen BeckRS 2020, 36620 nimmt eine *„typische Übertragungsdauer"* bei der Übermittlung per beA von knapp 90 Sekunden an. Wenn man eine *„typische Übertragungsdauer"* ansetzen möchte, wird diese aber nicht generell gelten können, sondern erfahrungsgemäß insbesondere der Dateigröße berücksichtigen müssen.
[182] OLG Frankfurt a. M. NJW 2022, 250 (251); GRUR-RS 2021, 37408.
[183] OLG Frankfurt a. M. NJW 2022, 250 (251); GRUR-RS 2021, 37408.
[184] OLG Frankfurt a. M. NJW 2022, 250 (251); GRUR-RS 2021, 37408.

Es obliegt dem Anwalt, den Versandvorgang zu überprüfen.[185] Diese Überprüfung erfordert die **54** Kontrolle, ob die Bestätigung des Eingangs der elektronischen Dokumente bei Gericht nach § 130a Abs. 5 erteilt wurde.[186] Diese Kontrolle muss auch die Prüfung umfassen, ob die richtige Datei versandt wurde.[187] Denn sie soll dem Absender unmittelbar und ohne weiteres Eingreifen eines Justizbediensteten Gewissheit darüber verschaffen, ob die Übermittlung bereits erfolgreich verlief oder weitere Bemühungen zur erfolgreichen Übermittlung erforderlich sind.[188] Erhält der Anwalt diese Eingangsbestätigung, ist sicher, dass der Sendevorgang erfolgreich war. Erhält er sie nicht, muss ihn das zur Überprüfung und ggf. erneuten Übermittlung veranlassen.[189] Der Anwalt muss den Erhalt der Anwalt bei der Übermittlung per beA keine automatische Bestätigung über den Zeitpunkt des Eingangs, muss er sich die Klärung der Ursache kümmern und eine erneute Übermittlung, ggf. auf anderem Weg versuchen.[190] Der Anwalt ist auch verpflichtet, sein etwaiges Kanzleipersonal anzuweisen, dass es bei der Übermittlung von Daten per beA stets den Erhalt der Eingangsbestätigung – wie bei Telefaxen – kontrollieren muss, und dies zumindest stichprobenhaft zu überprüfen.[191]

Eine unzulässige Weitergabe der beA-Karte oder ihrer Daten – etwa an einen Mitarbeiter – kann **55** nicht zur Annahme fehlenden Verschuldens der Versäumung einer Frist führen. Denn die rechtswidrige Weitergabe kann den Anwalt nicht gegenüber einem rechtmäßig Handelnden privilegieren.

6. Fehladressierung. Gibt eine Partei oder ihr Prozessbevollmächtigter einen unrichtig adressierten **56** Schriftsatz so frühzeitig zur Post, dass mit seinem rechtzeitigen Eingang gerechnet werden kann, oder richtet sie ihn so frühzeitig versehentlich nicht an das Berufungsgericht des Eingangsgerichts, dass das Eingangsgericht ihn bei ordnungsgemäßem Geschäftsgang ohne Weiteres fristgerecht an das Berufungsgericht hätte weiterleiten können, begründet dies kein hinreichendes, also für die Fristversäumnis kausales Verschulden.[192] Denn dann wirkt sich das Verschulden der Partei oder ihres Bevollmächtigten nicht mehr aus.[193] Gerichte sind nicht verpflichtet, solche fälschlich an sie adressierten Schriftsätze beschleunigt an das zuständige Gericht weiterzuleiten oder die Beteiligten von der Einreichung des Schriftsatzes bei einem unzuständigen Gericht zu unterrichten. Sonst würde die Verantwortung für die Ermittlung des zuständigen Gerichts den Beteiligten abgenommen und dem nicht zuständigen Gericht übertragen werden.[194]

Dieser Grundsatz gilt nicht **57**

(a) bei der Einlegung eines Rechtsmittels beim LG statt bei dem nach § 119 Abs. 1 Nr. 1 lit. b GVG zuständigen OLG. Die fristgerechte Weiterleitung der beim LG eingegangenen Berufung an das OLG kann vom LG nicht erwartet werden. Die jeweiligen Berufungsvorschriften müssen Geschäftsstellenbeamten nicht kennen, sie sind auch nicht leicht und einwandfrei erkennbar.[195]

(b) bei un- und unterfrankierten Sendungen. Sie werden dem Empfänger in der Regel schon nicht zugestellt. Es steht dem Absender nicht frei, seine Verpflichtung zur Zahlung eines Nachentgelts auf den Empfänger abzuwälzen.[196]

Stellt der Anwalt bei Überprüfung einer Rechtsmittelschrift fest, dass der Schriftsatz nicht an das **58** richtige Gericht adressiert ist, genügt er seiner Sorgfaltspflicht, wenn er eine zuverlässige Bürokraft anweist, eine neue richtige Rechtsmittelschrift zu erstellen, ihm zur Unterschrift vorzulegen, er diesen richtig adressierte Schriftsatz unterzeichnet und ihn der Bürokraft zur Übersendung übergibt.[197]

7. Überweisungsverzögerungen. Eine Verzögerung bei der Überweisung von Gebühren, die erst **59** mit der Kontogutschrift bewirkt sind, begründet kein Verschulden, wenn der Schuldner den Überweisungsauftrag so rechtzeitig tätigte, dass die Bank ihn bei zeitgemäßer Geschäftsabwicklung ausführen kann.[198] Bei einer Vielzahl an Verfahrensschritten zwischen dem Auftrag an die Buchhaltung und der Freigabe durch den Anwalt und mehreren Beteiligten bedarf es bei besonderer zeitlicher Nähe zur Zahlungsfrist besonderer Kontrollen.[199] Wird der Bank der Auftrag erteilt, einen bestimmten

---

[185] BGH NJW 2021, 2201 (2202).
[186] BGH NJW 2021, 2201; 2021, 3471 (3472); OLG Schleswig NJW 2022, 708 (709).
[187] OLG Dresden 2021, 2665 (2666) unter Verweis auf die spezifische Gefahrenlage bei einer Übermittlung über beA, bei der – anders als beim Telefax – nicht das Original des Schriftsatzes händisch in das Telefax-Gerät eingelegt wird; bei dem Telefax sei „eine Verwechslung bei einfacher Sichtkontrolle sicher" ausgeschlossen.
[188] BGH NJW 2021, 2201 (2202).
[189] BGH NJW 2021, 2201 (2202).
[190] OLG Koblenz NJW 2020, 1823; BAG NJW 2019, 2793 (2794).
[191] BGH NJW 2021, 2201 (2202); BAG NJW 2019, 2793 (2796).
[192] BGH BeckRS 2016, 14801; NJW-RR 2013, 701; NJW 2007, 1751; 2006, 3499; 2005, 3776 (3777); BVerfG NJW 2005, 2137 f.; vgl. dazu noch anders BGH NJW 1979, 876.
[193] BGH NJW-RR 2013, 701; NJW 2014, 2 (3).
[194] BGH NJW-RR 2014, 2 (3).
[195] BGH NJW 2005, 3776 (3777).
[196] BGH NJW 2007, 1751 f. zu unterfrankierter Sendung.
[197] BGH BeckRS 2021, 43213.
[198] BPatGE 27, 33 (35).
[199] BPatG GRUR-RR 2020, 150 (151).

hinreichenden Betrag zu überweisen, begründet es kein Verschulden des Anweisenden, wenn die Bank von dem zu überweisenden Betrag eigene Spesen abzieht und entgegen der klaren Anweisung den entsprechend geringeren Betrag überweist.[200]

60 **8. Rechtsirrtum.** Der Gesetzgeber geht grundsätzlich davon aus, dass den Parteien das Gesetz und damit auch Fristen bekannt sind.[201] Die mangelnde Kenntnis gesetzlicher Vorschriften stellt grundsätzlich keinen Wiedereinsetzungsgrund dar.[202] Bei Fehlen einer solchen Kenntnis muss sich die Partei eines Fachmanns bedienen.[203] Gerade bei der Anmeldung, Eintragung und Verlängerung von Schutzrechten wird ein Rechtsirrtum in der Regel verschuldet sein. Es gehört in Spezialmaterien wie Markenrecht, Patentrecht und dem übrigen gewerblichen Rechtsschutz und Urheberrecht zur verkehrsüblichen Sorgfalt, sich durch geeignetes Fachpersonal oder einen auf dieses Rechtsgebiet spezialisierten Rechts- oder Patentanwalt beraten und vertreten zu lassen.[204] Von einem Anwalt ist zu verlangen, dass er sich anhand einschlägiger Fachliteratur über den aktuellen Stand der Rechtsprechung informiert.[205] Er darf nicht auf die Richtigkeit einer offenkundig fehlerhaften Rechtsmittelbelehrung vertrauen, die nach dem bei einem Anwalt vorauszusetzenden Kenntnisstand nicht einmal den Anschein der Richtigkeit zu erwecken vermag.[206] Ein Rechtsirrtum eines Anwalts ist regelmäßig verschuldet.[207] Zwar darf der Anwalt grundsätzlich auf die Richtigkeit einer durch das Gericht erteilten Rechtsbehelfsbelehrung vertrauen. Es wird aber von ihm erwartet, dass er die Grundzüge des Verfahrensrechts und des Rechtsmittelsystems in der jeweiligen Verfahrensart kennt. Er kann das Vertrauen in die Richtigkeit der Rechtsbehelfsbelehrung nicht uneingeschränkt, sondern nur in solchen Fällen in Anspruch nehmen, in denen die fehlerhafte Rechtsbehelfsbelehrung zu einem unvermeidbaren oder zumindest nachvollziehbaren oder verständlichen Rechtsirrtum des Anwalts führte[208]. Verließ sich ein Rechtsanwalt auf eine fehlerhafte Rechtbehelfsbelehrung, begründet das die Vermutung des Fehlens des Verschuldens, wenn die Fehlerhaftigkeit nicht offenkundig falsch und deshalb geeignet war, den Anschein der Richtigkeit zu erwecken.[209] Bei der Frage der Offenkundigkeit des Fehlers legen die Gerichte strenge Maßstäbe an.[210]

61 Es begründet im Übrigen grundsätzlich ein Verschulden, wenn ein Verfahrensbevollmächtigter eine Frist wegen einer unrichtigen, nicht hinreichend geprüften Rechtsansicht versäumt.[211] Der Bevollmächtigte muss die volle von einem Rechts- bzw. Patentanwalt zu fordernde Sorgfalt anzuwenden, um zu einer richtigen Rechtsauffassung zu gelangen.[212] Dabei gilt ein strenger Maßstab, da die Partei zu Recht darauf vertraut, dass er dieser Aufgabe gewachsen ist.[213] Das gilt auch für einen Anwalt, der fast ausschließlich im Strafrecht tätig ist.[214] So ist die Versäumung der Frist zur Anschlussberufung verschuldet, wenn sich die Partei darauf verlässt, dass sich der BGH insoweit der Vorinstanz und der im jeweiligen Fachschrifttum überwiegend vertretenen Ansicht anschließt, wenn die jeweilige Rechtsfrage Gegenstand der schriftsätzlichen Auseinandersetzung war.[215] Die Kenntnis des Rechtsmittelsystems der ZPO ist von einem Anwalt zu erwarten.[216]

62 Dieser Grundsatz gilt ua dann nicht, wenn ein OLG und in der Folge die gängigen Handkommentare den Fristbeginn oder die Fristberechnung unzutreffend definieren und die klarstellende Entscheidung des BGH noch nicht in Fachzeitschriften veröffentlicht ist.[217] Dem Verfahrensbevollmächtigten kann dann kein Vorwurf daraus gemacht werden, dass er sich ohne nähere Prüfung dieser unrichtigen Ansicht anschloss. Divergiert die Rechtsprechung verschiedener Senate des BGH zur Berechnung einer Frist, ist der Irrtum unverschuldet, wenn der Anwalt sich auf ein Urteil eines Senats zu einer im Streitfall entschiedenen Frage verlässt, wenn ein anderer Senat eine abweichende Auffassung lediglich in einem *obiter dictum* erklärte.[218]

63 Von dem Rechts- oder Patentanwalt ist nicht zu erwarten, dass er sich um die eigenverantwortliche Klärung von Rechtsfragen bemüht. Bei unklarer Rechtslage mit mehreren denkbaren Handlungs-

---

[200] BPatGE 42, 23 (25).
[201] BPatG Mitt. 1986, 115; Benkard/*Schäfers* § 123 Rn. 36.
[202] BGH NJW 2022, 346 (347); BPatG BeckRS 2015, 13819.
[203] BPatG Mitt. 1986, 115.
[204] Vgl. *Kiethe/Groeschke* WRP 2005, 979 (982); Ströbele/Hacker/*Knoll* § 91 Rn. 18; Ingerl/*Rohnke* § 91 Rn. 13.
[205] BGH NJW 2013, 471 (472); 2011, 386 (388).
[206] BGH NJW 2017, 1112 (1113).
[207] BGH NJW-RR 2014, 2 (3).
[208] BGH NJW 2021, 784; BVerfG BeckRS 2020, 28622.
[209] BGH NJW 2021, 784; 2018, 164 (165); NJW-RR 2018, 385 (386); OLG Düsseldorf BeckRS 2019, 33589; ähnlich Zöller/*Greger* § 233 Rn. 23.31; vgl. BGH NJW 2012, 2443 (2445).
[210] Vgl. OLG Düsseldorf BeckRS 2019, 33589.
[211] BGH NJW 1985, 495 (496).
[212] BGH NJW 2013, 471 (472).
[213] BGH NJW 2013, 471 (472).
[214] OLG Schleswig NJW-RR 2014, 1338 (1339).
[215] BGH GRUR-RR 2006, 118 (121) – Drehschwingungstilger.
[216] BGH NJW 2022, 346 (237).
[217] BGH NJW 1985, 495 (496).
[218] BGH NJW 2013, 471 (472).

alternativen muss er vielmehr die für den Auftraggeber günstigste oder zumindest am wenigsten schädliche wählen. Eine auf Rechtsirrtum beruhende Fristversäumnis ist daher nur zu entschuldigen, wenn der Vertreter die äußerste, ihm nach Lage der Dinge zumutbare Sorgfalt aufgewandt hat, um das richtige und für seinen Mandanten günstigste Vorgehen zu ermitteln und auszuführen.[219] Bei zweifelhafter Rechtslage muss der Verfahrensbevollmächtigte vorsorglich so handeln, wie es bei einer für die von ihm vertretenen Partei ungünstigen Entscheidung im Zweifel zur Wahrung ihrer Belange notwendig war, also den sichereren Weg wählen und die kürzere Frist beachten.[220] Ist nach einer Gesetzesänderung die jeweils geltende Frist unklar und die Anwendung unterschiedlicher Fristen denkbar, muss der Vertreter – wenn er keine Einzelweisung erteilt – sicherstellen, dass die jeweils für Fristbeginn, -ablauf und -dauer anzuwendende Frist festgestellt wird.[221]

Grundsätzlich darf sich ein Prozessbevollmächtigter bei einer klaren Rechtslage nicht auf eine falsche **64** Auskunft des Gerichts verlassen, wenn die Fehlerhaftigkeit erkennbar war.[222] So darf sich ein Beteiligter nicht darauf verlassen, wenn eine Geschäftsstellenbeamtin des BPatG ihm einen um den Namen des Verfahrensbevollmächtigten berichtigten Beschluss mit dem unzutreffenden Hinweis schickt, er setze eine „neue Frist" in Lauf. Er darf nicht auf die Richtigkeit der Auskunft einer Geschäftsstellenbeamtin des Gerichts über die prozessualen Wirkungen einer Zustellung vertrauen.[223]

Ausnahmen von diesem Grundsatz gelten, wenn die Fehlerhaftigkeit der Auskunft für den Beteiligten **65** nicht offenkundig erkennbar ist,[224] etwa wenn die Hinweise gleich zweier Gerichte so eindeutig und in Form eines Schreibens des Senatsvorsitzenden so gewichtig sind, dass bei den Beteiligten der Eindruck entstehen musste, sie könnten sich hieran halten.[225] Eine Grenze findet der Grundsatz, dass der Vertreter sich auf eine falsche Auskunft des Gerichts nicht verlassen darf, auch insoweit als er nicht klüger sein muss als der zuständige Fachsenat des Berufungsgerichts.[226] Auf die Richtigkeit einer Rechtsmittelbelehrung (§ 232) eines solchen Senats dürfen sich die Beteiligten verlassen.[227] Eine solche Ausnahme gilt auch, wenn die Rechtslage – in seltenen Ausnahmefällen – wegen aktueller Änderungen in einem Maße unübersichtlich ist, dass der Irrtum entschuldbar erscheint.[228]

Es begründet Verschulden, wenn der Vertreter bei dem Gericht, bei dem er einen Schriftsatz **66** einreicht, nicht postulationsfähig ist, das nicht geprüft hat und daher eine Frist versäumt.[229]

9. Einsatz Dritter. Wenn ein Schutzrechtsinhaber die Verantwortung für die Überwachung des **67** Schutzrechts und die Zahlung der Gebühren auf einen Rechts- oder Patentanwalt delegiert, muss er sich zur Vermeidung eines Auswahlverschuldens nach der Eignung dieses Dritten erkundigen. Ein Überwachungsverschulden trifft ihn, wenn er den Auftragnehmer nicht hinreichend überwacht. Zwar treffen ihn bei solchen Auftragnehmern keine ebenso hohen Überwachungspflichten wie bei eigenen Hilfspersonen. Der Auftragnehmer darf jedoch auch nicht für alle Zukunft sich selbst überlassen bleiben.[230] Ein Überwachungsverschulden trifft den Schutzrechtsinhaber daher jedenfalls dann, wenn der geschäftliche Ruf des Auftragnehmers ernsthaft erschüttert ist und Tatsachen bekannt werden, die auf beginnende Desorganisation und finanzielle Zerrüttung schließen lassen. Der Schutzrechtsinhaber darf es sich nicht darauf ankommen lassen, ob sein Auftragnehmer die Gebühren zahlt.[231] Bleibt er mehr als zwei Jahre untätig, handelt er grob fahrlässig.[232]

Den Schutzrechtsinhaber trifft auch dann ein eigenes Verschulden bei Einschalten eines Auftragneh- **68** mers, wenn er den Auftragnehmer mit der Übertragung des Schutzrechts beauftragt, dabei jedoch für die jeweilige Beauftragung wesentliche Umstände nicht mitteilt und für Rückfragen nicht erreichbar ist.[233]

Ist ein Verfahrensbevollmächtigter mit der selbständigen Entrichtung von Gebühren beauftragt, **69** verletzt er seine Sorgfaltspflicht, wenn er eine Gebührennachricht lediglich an den Schutzrechtsinhaber weiterleitet anstatt selbst für die rechtzeitige Gebührenzahlung Sorge zu tragen.[234]

---

[219] BGH GRUR 1995, 45 (46) – Prüfungsantrag.
[220] BGH NJW 2013, 471 (472); GRUR 2001, 271 (272); vgl. BVerfG NJW 2008, 2167 (2168).
[221] BGH GRUR 2011, 357 (358) – Geänderte Berufungsbegründungsfrist.
[222] BVerfG NJW 2004, 2887 (2888); Ingerl/Rohnke § 91 Rn. 13; vgl. Stein/Jonas/Roth § 233 Rn. 45 „Mitverschulden des Gerichts" und Rn. 50 „Rechtsirrtum der Partei" und „Rechtsirrtum des Anwalts".
[223] BGH GRUR 1995, 50 – Success.
[224] BPatGE 27, 212 (213); BVerfG NJW 2004, 2887 (2888).
[225] BVerfG NJW 2004, 2887 (2888).
[226] BGH NJW 1993, 3206.
[227] BGH NJW 1993, 3206.
[228] BPatGE 31, 266 (269); bei Fehler bei der Veröffentlichung eines Gesetzes BVerfG NJW 2008, 2167 (2169); großzügig BPatG Mitt. 1980, 39 für Irrtum über Wahrung der Zahlungsfrist „eines ersichtlich patentrechtlich unerfahrenen Anmelders"; insoweit aA Benkard/Schäfers § 123 Rn. 38 und BPatGE 47, 21 (22).
[229] BGH NJW 2001, 1575 (1576).
[230] BPatGE 24, 127 (129).
[231] BPatGE 24, 127 (130).
[232] BPatGE 24, 127 (130).
[233] BPatGE 44, 113 (122).
[234] BPatGE 26, 116 (117 f.).

70 **10. Personal des Rechts- oder Patentanwalts.** Der Rechts- oder Patentanwalt ist berechtigt, gewisse einfache Vorrichtungen, die keine besondere Geistesarbeit oder juristische Schulung verlangen, zur selbständigen Erledigung auf sein geschultes und zuverlässiges Büropersonal zu übertragen.[235] Dabei muss eindeutig feststehen, welche Bürokraft zu einem bestimmten Zeitpunkt jeweils ausschließlich für die Fristenkontrolle zuständig ist.[236] Insbesondere Schutzrechtsanmeldungen, Zahlungsfristen für Verlängerungsgebühren, Widersprüche und Rechtsmittel sind von dem Kreis solcher einfacher Vorrichtungen nicht umfasst. Bei ihnen kommt es gerade auf die anwaltlichen Fähigkeiten an.[237] Er darf Schutzrechtsanmeldungen und sonstige Eingaben an Ämter daher zwar von geschultem und zuverlässigem Personal vorbereiten lassen, muss sie jedoch auf Richtigkeit, Vollständigkeit und Rechtzeitigkeit prüfen.[238] Dazu genügt es nicht, sie nur auf Schlüssigkeit zu prüfen und es bei einer Nachfrage bewenden zu lassen.[239] Auch die Prüfung der Höhe einer Beschwerdegebühr obliegt der sorgfältigen Prüfung des Rechts- oder Patentanwalts.[240] Der Anwalt kann seine Pflicht, einen Schriftsatz vor seiner Einreichung selbst auf Richtigkeit und Vollständigkeit zu prüfen → Rn. 27, nicht auf sein Büropersonal übertragen.[241]

71 Um eine einfache Vorrichtung handelt es sich nicht bei der Berechnung einer Frist, wenn ein Gesetz oder in Hinblick darauf eine Zustellweise geändert wurde. Es genügt in einem solchen Fall nicht, das Personal auf die geänderte Rechtslage hinzuweisen. Es muss ausdrücklich darauf hingewiesen werden, dass die Fristberechnung in solchen Fällen nicht mehr wie bisher erfolgen dürfe.[242] Eine einfache Vorrichtung ist die Überprüfung ausgehender Rechtsmittelschriften darauf, ob sie unterschrieben sind,[243] und der Entwurf eines Antrags auf Fristverlängerung.[244]

72 Der Bevollmächtigte muss sein Personal sorgfältig auswählen und überwachen und für das Büro erforderliche Organisation schaffen und erhalten.[245] Er darf darauf vertrauen, dass sein sonst zuverlässiges Personal seine Weisungen befolgt.[246] Dies gilt auch für Rechtsreferendare.[247] Dieser Grundsatz, der sogar für allgemeine Weisungen gilt, kommt bei konkreten, auf eine bestimmte Sache bezogenen Weisungen umso mehr zum Tragen.[248] Der Bevollmächtigte braucht bei einem gut geschulten, zuverlässigen und regelmäßig überwachten Kreis von Mitarbeitern grundsätzlich nicht die Erledigung jeder konkreten Einzelanweisung zu überwachen.[249] Dem Anwalt obliegt jedoch die Pflicht zu einer besonderen Überwachung und stichprobenartigen Kontrollen, ob seine Weisungen befolgt werden, wenn eine Angestellte ein Jahr zuvor einen nicht fristgebundenen Schriftsatz falsch adressiert und diesen Fehler trotz entsprechender Anweisung nicht korrigiert hat.[250] Denn dadurch hat sich als unzuverlässig erwiesen. Entsprechendes gilt, wenn der Anwalt den Wiedereinsetzungsantrag ohne weitere Kontrolle durch eine Angestellte versenden lässt, die bereits die vorherige Fristversäumung verschuldete und auch bei der Wiedereinsetzung einen Fehler begeht.[251]

73 Die Übersendung eines fristwahrenden Schriftsatzes per Telefax darf einem Auszubildenden nur überlassen werden, wenn dieser mit einer solchen Tätigkeit vertraut ist und eine regelmäßige Kontrolle seiner Tätigkeit keine Beanstandungen ergeben hat.[252] Ein strengerer Maßstab gilt für die Fristeintragung und -überwachung durch Auszubildende. Jede solche Tätigkeit erfordert, dass die ordnungsgemäße Erledigung jeweils durch den Anwalt oder hierzu geeignete Angestellte anhand der Akten überprüft wird.[253]

74 Weicht der Bevollmächtigte von einer bestehenden Organisation ab und erteilt eine Einzelweisung, so ist alleine die Einzelweisung maßgeblich, so dass es auf allgemeine organisatorische Anweisungen nicht

---

[235] BPatGE 37, 241 (244); BGH GRUR 2008, 837 (838) – Münchner Weißwurst; zur Übertragung der Unterschriftenkontrolle BGH BeckRS 2021, 2285.
[236] BGH BeckRS 2015, 05113.
[237] BPatG GRUR-RR 2019, 500 (502); Ströbele/Hacker/*Knoll* § 91 Rn. 14; für Schutzrechtsanmeldung BPatGE 37, 241 (244).
[238] BPatGE 37, 241 (245); BPatG GRUR 1979, 626 (628) – Elektrostatisches Ladungsbild mkritAnm *Klaka*.
[239] BPatGE 37, 241 (245).
[240] BPatGE 44, 180 (184); ähnlich bereits BPatGE 18, 208 (210 f.).
[241] BGH NJW 2022, 1964 (1965).
[242] BGH GRUR 2003, 724 (725).
[243] BGH GRUR 2008, 837 (838) – Münchner Weißwurst.
[244] BGH BeckRS 2013, 09353 Rn. 7.
[245] BPatG Mitt. 1974, 262 (263).
[246] BGH BeckRS 2013, 09353 Rn. 7; GRUR-RR 2010, 407 – Ausgangskontrolle; eingehend *Müller* NJW 1993, 681 (685).
[247] BGH NJW 2006, 1070 f.
[248] BGH NJW 1989, 2393 (2394); BeckRS 2013, 09353 Rn. 7, 17.
[249] BGH NJW 1994, 2831.
[250] BGH NJW-RR 2016, 312; *Strasser* NZFam 2015, 984 weist darauf hin, dass der BGH nicht geklärt hat, ob, wann und wie unzuverlässiges Personal wieder zuverlässig werden kann, und der Anwalt dem praktisch nur mit einer anwaltlichen Endkontrolle begegnen kann.
[251] BGH BeckRS 2015, 14067.
[252] BGH NJW 2014, 225.
[253] BGH BeckRS 2015, 20797.

mehr ankommt, es sei denn die Einzelweisung setzt nicht die bestehende Organisation außer Kraft, sondern fügt sich in sie ein und ersetzt nur einzelne Elemente, während andere ihre Bedeutung behalten und geeignet sind, Fristversäumnissen entgegenzuwirken.[254] So ersetzt etwa die Einzelweisung, einen Schriftsatz sofort per Telefax zu versenden und sich durch einen Anruf beim Empfänger über den vollständigen Eingang zu vergewissern, die allgemeine Ausgangskontrolle → Rn. 27 ff. Mängel der allgemeinen Ausgangskontrolle sind dann unerheblich.[255] Dagegen fehlt bei der Weisung, einen Schriftsatz einem Anwalt zur Unterschrift vorzulegen und zu faxen, eine Regelung der Ausgangskontrolle. Mit ihr werden nur das Medium der Übermittlung und der Zeitpunkt der Versendung bestimmt. Weitere Kontrollmechanismen erübrigen sich damit nicht.[256] Dieser Grundsatz findet auch für Fristsachen und die Weisung, einen Auftrag zur Einlegung der Berufung zu versenden, Anwendung.[257] Es kann dem Anwalt kein Verschulden angelastet werden, wenn er die Ausführung der einem zuverlässigen Angestellten erteilten einfachen Anweisung nicht selbst überprüft. Auch die Weisung, einen anderen Anwalt mit der Einlegung der Berufung zu beauftragen ist eine solche einfache Anweisung.[258]

Auf Fehler einer allgemeinen Weisung kommt es nicht an, wenn im Einzelfall eine konkrete Anweisung erteilt wurde, bei deren Befolgung die Fristversäumung verhindert worden wäre.[259] **75**

Ist aufgrund des Verschuldens einer Hilfsperson bereits eine Frist versäumt worden, darf er sich zur Überwachung der weiteren Fristen nicht ohne besondere Sicherheitsvorkehrungen erneut dieser Person bedienen.[260] Es begründet ein Organisationsverschulden, wenn nicht festgestellt werden kann, dass nur eine bestimmte qualifizierte Fachkraft für die Fristennotierung im Kalender und die Fristenüberwachung verantwortlich ist, sondern es möglich ist, dass mehrere Büroangestellte und – unzulässigerweise – auch eine Auszubildende hierfür zuständig ist.[261] **76**

Beauftragt der Anwalt nach Mitteilung einer Diagnose einen Sozius mit der Fristenkontrolle, kommt es für die Frage des Verschuldens einer Fristversäumung auf das Maß der Instruktion über die zur Fristwahrung notwendigen Aufgaben und ein eigenständiges, der Partei zuzurechnendes Verschulden des Sozius an.[262] **77**

Pandemiebedingte Erschwernisse in der Kanzleiorganisation – etwa Ausfälle wegen Erkrankungen, Quarantänemaßnahmen, Quarantäneanordnungen, HomeOffice, Angst vor Ansteckung, Betreuung von Kindern – sind bei der Feststellung des Verschuldens zu berücksichtigen. Dabei werden nicht die allgemein geltenden Grundsätze abgeschwächt, sondern die dem Fall zugrundeliegenden Umstände des Sachverhalts auch rechtlich berücksichtigt. Dabei sind die Anforderungen an die gebotene Organisation „*[i]m Dreieck zwischen Organisationsanforderungen, arbeitsrechtlicher Fürsorgepflicht und Familienschutz*"[263] nicht zu überziehen. Auch das sorgsamste Erkennen des Ablaufs einer Frist hilft nicht, wenn die individuelle Belastung die Wahrung der Frist unmöglich macht.[264] **78**

11. HomeOffice. Befindet sich ein Sachbearbeiter im HomeOffice, bestehen jedenfalls in der Anfangsphase besondere Sorgfaltspflichten dahingehend, dass der Anwalt darauf achten muss, ob der Sachbearbeiter unter diesen (erschwerten)[265] Bedingungen seinen Pflichten so ordnungsgemäß wie gewohnt nachkommt.[266] Denn die andere Ausstattung des Arbeitgebers, die neuen Arbeitsumgebung und ggf. Ablenkungen durch weitere Haushaltsangehörige oder private Gelegenheiten können dazu führen, dass am Arbeitsplatz eingespielte Abläufe jedenfalls anfangs vom HomeOffice aus nicht gleichermaßen routiniert und verlässlich eingehalten werden können.[267] Der Anwalt muss den Sachbearbeiter engmaschiger betreuen und kontrollieren, um den durch die Umstellung auf HomeOffice geänderten Bedingungen Rechnung zu tragen.[268] **79**

12. Software/EDV. Die Führung eines elektronischen Kalenders darf keine hinter der Führung eines manuellen Kalenders zurückbleibende Überprüfungssicherheit bieten.[269] Der Anwalt, der laufende Fristen in einem elektronischen Fristenkalender erfasst, muss die Kontrolle der Fristeingabe durch geeignete Organisationsmaßnahmen gewährleisten. Das gilt insbesondere für bei der Fristeneingabe bestehende spezifische Fehlermöglichkeiten, etwa Datenverarbeitungsfehler der EDV oder Eingabe- **80**

---

[254] BGH BeckRS 2013, 09353 Rn. 18; NJW 2016, 874 (875).
[255] BGH BeckRS 2013, 09353 Rn. 18.
[256] BGH BeckRS 2013, 09353 Rn. 18.
[257] BGH NJW 1989, 2393 (2394).
[258] BGH NJW 1989, 2393 (2394).
[259] BGH MMR 2010, 375 (376).
[260] BGH NJW-RR 2016, 312; BeckRS 2015, 14067; BPatGE 26, 116 (117).
[261] BGH NJW 2006, 1520 (1521); vgl. BGH NJW-RR 2016, 505; NJW 2007, 3497 (3498).
[262] BGH GRUR 2014, 470 f. – Sozius.
[263] MüKoZPO/*Rauscher* COVID-19 Rn. 39.
[264] MüKoZPO/*Rauscher* COVID-19 Rn. 39.
[265] BPatG GRUR-RR 2020, 150 (151).
[266] BPatG GRUR-RR 2020, 150 (151).
[267] BPatG GRUR-RR 2020, 150 (151).
[268] BPatG GRUR-RR 2020, 150 (151).
[269] BGH NJW 2019, 1456 (1457) mkritAnm *Siegmund* NJW 2019, 1458.

fehler, etwa durch Vertippen.²⁷⁰ Hierzu obliegt es ihm grundsätzlich, einen Kontrollausdruck zu fertigen, um Datenverarbeitungsfehler des eingesetzten Programms, Eingabefehler und Eingabeversäumnisse erkennen und beseitigen zu können.²⁷¹ Ihm obliegt es auch, anzuordnen, dass ein solcher Kontrollausdruck in die Handakte aufzunehmen ist, wenn eine solche Handakte in Papierform geführt wird. Damit gewährleistet er, dass er eine eigenverantwortliche Fristenkontrolle durchführen kann, wenn ihm die Handakte vorgelegt wird.²⁷² Ob der Kontrollausdruck dem Anwalt auch dann obliegt, wenn er keine Handakte in Papierform mehr führt, sondern nur mit einer elektronischen Akte arbeitet, hat der BGH bisher offengelassen.²⁷³

81 Eine solche Kontrolle ist nur ausreichend, wenn sie sicheren Aufschluss darüber gibt, ob die Eingabe von Fristen oder deren Änderung von dem Programm ausgeführt wird. Es reicht nicht, wenn eine hinreichend geschulte Person die Eingabe von Datensätzen kontrolliert. Vielmehr muss geprüft werden, ob die eingegebenen Daten von dem Programm ausgeführt worden sind – etwa durch eine Ausgabe der eingegebenen Einzelvorgänge über einen Drucker oder eines Protokolls über etwaige Fehlermeldungen.²⁷⁴ Er muss auch sicherstellen, dass sowohl einem versehentlichen Löschen von Fristen durch sein Personal als auch einem hierdurch bedingten Versäumen der Frist effektiv entgegengewirkt wird.²⁷⁵

82 **13. Mehrere Parallelverfahren.** Es begründet auch denn ein Verschulden, wenn eine Partei bei mehreren Verfahren mit denselben Beteiligten, die bisher parallel und gleichzeitig verliefen, die Zustelldaten nicht jedes einzelnen Beschlusses einzeln prüft und aufgrund der bisherigen Parallelität der Verfahren vermutet, dies werde auch weiterhin so sein. Die Parallelität von Verfahren entbindet nicht von der Prüfungspflicht der einzelnen Entscheidungen.²⁷⁶

83 **14. Berechnung, Notierung und Streichung von Fristen und Terminen.** Ein Rechtsanwalt kann die Führung des Fristenkalenders und die Berechnung der üblichen, in seiner Praxis häufig vorkommenden Fristen seinem gut ausgebildeten und sorgfältig überwachten Büropersonal überlassen → Rn. 70 ff. Er ist nicht berechtigt, diese Aufgabe ohne besondere Überwachung an Auszubildende zu übertragen.²⁷⁷ Dabei muss er durch geeignete allgemeine Anweisungen auf einen verlässlichen, Fristversäumnisse möglichst vermeidenden Geschäftsgang hinwirken,²⁷⁸ um sicherzustellen, dass die Fristen zuverlässig festgehalten und kontrolliert werden²⁷⁹ und die Eingangspost darauf überprüft wird, ob sich darunter eine Fristsache befindet²⁸⁰. Dafür sind eindeutige Anweisungen, die Festlegung klarer Zuständigkeiten und die zumindest stichprobenartige Kontrolle des Angestellten unverzichtbar.²⁸¹ Dabei gehört zu einer ordnungsgemäßen Büroorganisation die klare Anweisung, dass stets und unter allen Umständen zuerst die Fristen im Kalender eingetragen werden müssen, bevor ein entsprechender Vermerk in der Akte eingetragen werden kann.²⁸²

84 Um eine Kontrolle zu ermöglichen, müssen Rechtsmittelfristen insbesondere in der Handakte notiert werden und die Handakte durch entsprechende Erledigungsvermerke oder sonst wie erkennen lassen, dass die Fristen in alle geführten Fristenkalender eingetragen wurden.²⁸³ Wird dem Anwalt die Sache zur Bearbeitung vorgelegt, muss er die Einhaltung seiner Anweisungen zur Berechnung und Notierung der Rechtsmittelfristen einschließlich der Eintragung in den Fristenkalender prüfen, kann sich aber grundsätzlich auf die Prüfung der Vermerke in der Handakte beschränken.²⁸⁴ Im Zweifel muss er die Vorlage der Handakte dazu veranlassen.²⁸⁵

85 Diese Grundsätze gelten auch für die elektronische Handakte. Entscheidet sich der Anwalt zur Führung einer elektronischen Handakte, muss sie in ihrem Inhalt der elektronischen Handakte entsprechen.²⁸⁶ Die elektronische Handakte darf keine geringere Überprüfungssicherheit bieten als ihr analoges Pendant.²⁸⁷ Wenn der Zugriff auf den elektronischen Fristenkalender vorübergehend nicht

---

²⁷⁰ BGH NJW 2019, 1456 (1457).
²⁷¹ BGH NJW 2019, 1456 (1457); NJW-RR 2021, 444.
²⁷² BGH NJW-RR 2021, 444.
²⁷³ BGH NJW-RR 2021, 444 (445).
²⁷⁴ BGH NJW 1995, 1756 (1757); OLG Frankfurt a. M. BeckRS 2007, 65311.
²⁷⁵ OVG Saarlouis NJW 2014, 2602 (2603).
²⁷⁶ So BPatGE 7, 230 (233) zwar noch zum damaligen Kriterium des *„unabwendbaren Ereignisses"*, was heute jedoch voraussichtlich ebenso zu entscheiden wäre.
²⁷⁷ BGH NJW-RR 2016, 505; 2022, 135 (137).
²⁷⁸ BGH NJW 1999, 142; eingehend *Müller* NJW 1993, 681 (686).
²⁷⁹ BGH BeckRS 2013, 21443 Rn. 10 – Bergbaumaschine.
²⁸⁰ BGH NJW-RR 2022, 135 (137).
²⁸¹ BGH GRUR 2011, 357 (358) – Geänderte Berufungsbegründungsfrist; BeckRS 2013, 21143 Rn. 10 – Bergbaumaschine.
²⁸² BGH NJW 2019, 3234.
²⁸³ BGH Mitt. 2014, 522 = NJW 2014, 3102 (3103); BPatG GRUR-RR 2019, 500 (502).
²⁸⁴ BGH NJW 2014, 3102 (3103); BeckRS 2015, 02175; vgl. auch BGH NJW-RR 2013, 1010 f.
²⁸⁵ BGH NJW-RR 2015, 1468; NJW 2014, 3102 (3103).
²⁸⁶ BGH NJW 2014, 3102 (3103); BeckRS 2014, 20546.
²⁸⁷ BGH NJW 2014, 3102 (3103); 2015, 2038 (2039); OLG Schleswig NJW 2022, 708.

störungsfrei gewährleistet ist, kann die Sorgfaltspflicht des Anwalts die Umstellung auf eine manuelle Fristenkontrolle gebieten.²⁸⁸

Bei der Rechtsmittelbegründungsfrist darf nicht die Nachricht des Berufungsgerichts über den Tag **86** des Eingangs der Rechtsmittelschrift abgewartet werden. Das mutmaßliche Ende der Begründungsfrist muss schon früher, nämlich bei oder alsbald nach Einreichung der Rechtsmittelschrift vermerkt werden. Ein solcher Vermerk ist zu überprüfen und ggf. zu korrigieren, wenn das Gericht ggf. das Eingangsdatum der Rechtsmittelschrift bekannt gibt.²⁸⁹ Der Zugang dieser Mitteilung darf nicht abgewartet werden. Er ist für den Lauf der Berufungsbegründungsfrist bedeutungslos; sie erleichtert es lediglich, sich über das Datum des Eingangs der Rechtsmittelschrift zu vergewissern.²⁹⁰

Der Anwalt muss seine Tätigkeit für die Partei so organisieren, dass auch mögliche Unregelmäßig- **87** keiten und Zwischenfälle, sofern sie nicht außerhalb des Bereichs der vernünftigerweise anzustellenden Berechnungen liegen, kein Hindernis für die Wahrung der Frist bilden.²⁹¹ Dieser Organisationspflicht genügt er nicht, wenn er die Notierung einer Rechtsmittelfrist regelmäßig nur mündlich anweist.²⁹² Rechtsmittel- und Rechtsmittelbegründungsfristen müssen zudem so notiert werden, dass sie sich von gewöhnlichen Wiedervorlagefristen deutlich abheben.²⁹³ Ein bestimmtes Verfahren ist dazu weder vorgeschrieben noch allgemein üblich. Als hinreichend anerkannt sind etwa die Führung eines besonderen Promptfristenkalenders, eines Kalenders mit besonderen Spalten für Rechtsmittel- und Rechtsmittelbegründungsfristen oder die farbliche Kennzeichnung bestimmter Fristen.²⁹⁴ Der Rechtsanwalt muss nicht nur einen Fristenkalender führen, sondern auch die Fristen auf den Handakten sichern.²⁹⁵ Die Organisationspflicht umfasst auch die Pflicht, sicherzustellen, dass neben der Rechtsmittelbegründungsfrist auch eine Vorfrist notiert wird, damit sich der sachbearbeitende Anwalt rechtzeitig auf die auf ihn zukommende Fertigung der Rechtsmittelbegründung einstellen kann.²⁹⁶ Der Rechtsanwalt darf das Empfangsbekenntnis grundsätzlich unterschreiben und zurücksenden, wenn die Rechtsmittelfrist in den Handakten festgehalten und vermerkt ist, dass die Frist im Fristenkalender notiert ist.²⁹⁷ Unterlässt er dies, trifft ihn eine besondere Sorgfaltspflicht bei der Fristnotierung, für deren Erfüllung allgemeine Weisungen an Angestellte nicht genügen.²⁹⁸

Der Anwalt hat auch sicherzustellen, dass notierte Fristen erst dann gestrichen oder als erledigt **88** gekennzeichnet werden, wenn die fristgebundene Handlung durchgeführt worden ist.²⁹⁹ Der fristwahrende Schriftsatz muss rechtzeitig vor Fristablauf postfertig gemacht und nötigenfalls vorab per Telefax übermittelt worden sein.³⁰⁰ Darüber hinaus muss der Anwalt sicherstellen, dass sein Personal Fristen nicht eigenmächtig, also ohne vorherige Rücksprache mit ihm ändert oder löscht – dies insbesondere wenn eine außergewöhnliche Verfahrensgestaltung Anlass zur Prüfung gibt, ob die eingetragenen Fristen maßgeblich bleiben.³⁰¹

Der BGH hat die Rechtsprechung zur Notierung und Streichung von Fristen auf die Notierung **89** und Streichung von Terminen übertragen.³⁰²

Der Anwalt muss anordnen, dass am Ende eines jeden Arbeitstags von einer dazu beauftragten **90** Bürokraft geprüft wird, welche fristwahrenden Schriftsätze hergestellt, abgesandt oder versandfertig gemacht worden sind und ob sie mit den im Fristenkalender vermerkten Sachen übereinstimmen. Nur so kann festgestellt werden, ob möglicherweise in einer bereits als erledigt vermerkten Sache die fristwahrende Handlung noch aussteht.³⁰³

15. Unverschuldete Fehleinschätzung krankheitsbedingter Einschränkung der Leistungs- 91 fähigkeit. Ein Kuriosum stellen die Fälle der sog. unverschuldeten Fehleinschätzung krankheitsbedingter Einschränkung der Leistungsfähigkeit dar. Wenn hinreichend glaubhaft gemacht wird, dass die Versäumnis des Verfahrensbevollmächtigten (wohl: erst recht im Fall einer Naturalpartei) ausschließlich auf der durch seine Erkrankung verminderten Leistungs- und Konzentrationsfähigkeit beruht, soll ihn an der Versäumung kein Verschulden treffen.³⁰⁴ Voraussetzung dafür ist, dass sowohl die fehlerhaft

---

²⁸⁸ BGH NJW 2015, 2038 (2039); 2015, 2040 (2041).
²⁸⁹ BGH NJW 1999, 142; GRUR 2001, 411 (412).
²⁹⁰ BGH NJW 1999, 142.
²⁹¹ BGH NJW 1994, 2831.
²⁹² BGH NJW 1992, 574; bei OLG Frankfurt a. M. BeckRS 2004, 10008 fehlte hierzu jegliche Glaubhaftmachung, was den Antrag allein schon unbegründet machte.
²⁹³ BGH NJW 2019, 3234 (3235); 1989, 2393 (2394).
²⁹⁴ BGH NJW 1989, 2393 (2394).
²⁹⁵ OLG Frankfurt a. M. BeckRS 2007, 65311.
²⁹⁶ BGH NJW 1994, 2831.
²⁹⁷ BGH NJW 2019, 3234.
²⁹⁸ OLG Frankfurt a. M. BeckRS 2007, 65311.
²⁹⁹ BGH BeckRS 2013, 21143 Rn. 11 – Bergbaumaschine; NJW 2016, 874 (875) zu Telefax.
³⁰⁰ BGH NJW-RR 2013, 572 Rn. 6; BeckRS 2013, 21143 Rn. 11 – Bergbaumaschine.
³⁰¹ BGH BeckRS 2013, 21143 Rn. 11, 21 – Bergbaumaschine.
³⁰² BGH NJW-RR 2016, 505 (506).
³⁰³ BGH NJW 2000, 1957; OLG Schleswig NJW 2022, 708 (709).
³⁰⁴ BGH WRP 1999, 438 (439) – Konzentrationsstörung zu „*vegetativer Stresssituation*".

handelnde Person als auch ein etwaiger Überwachungspflichtiger die konkrete Erkrankung nicht erkennen konnten, da sie sonst ein Überwachungs- oder Organisationsverschulden trifft. Diese Fallgruppe soll die Parallele zu der Entscheidung bilden, dass eine Partei, die zwischen Fristbeginn und -ende nicht geschäftsfähig ist, die Einhaltung der Frist nicht verschuldet versäumt → Rn. 13.

92 Die Anerkennung der Fallgruppe der unverschuldeten Fehleinschätzung krankheitsbedingter Einschränkung der Leistungsfähigkeit ist mit dem Erfordernis der Rechtssicherheit nicht vereinbar[305] und scheint in der Praxis eher vom Ergebnis geleitet zu sein.

93 **16. Erkrankungen/Infektionsgefahr.** Krankheiten müssen so schwer sein, dass die zur Fristwahrung notwendige Handlung unmöglich oder unzumutbar ist und dieser Zustand nicht vorhersehbar war.[306] Denn ansonsten hätte rechtzeitig Vorsorge durch Vertretung durch einen anderen Anwalt getroffen werden können. Im Rahmen dieser Organisationspflicht muss er auch Vorkehrungen treffen, dass im Fall einer Erkrankung ein Vertreter die notwendigen Prozesshandlungen vornimmt.[307] Das gilt auch für Ausfälle infolge einer Pandemie durch Erkrankung oder eine Quarantäneanordnung.[308] Der Bevollmächtigte muss sich auf einen krankheitsbedingten Ausfall dementsprechend aber nur dann vorbereiten, wenn er eine solche Situation vorhersehen kann. Wird er unvorhergesehen krank, begründet das Unterbleiben der Einschaltung eines Vertreters kein Verschulden, wenn ihm dies weder möglich noch zumutbar war.[309] Das gilt auch dann, wenn er die Frist bis zum letzten Tag ausschöpfen wollte und an diesem letzten Tag unvorhersehbar erkrankt.[310] Entsprechend treffen ihn nach seiner krankheitsbedingten Verhinderung im Fall eines unmittelbar bevorstehenden Fristablaufs besondere Sorgfaltspflichten, insbesondere zur vorrangigen Bearbeitung.[311]

94 Es bedarf daher der Darlegung und Glaubhaftmachung, dass die Krankheit in verfahrensrelevanter Form Einfluss auf die Entscheidungs-, Urteils- und Handlungsfähigkeit genommen hat.[312] Eine Arbeitsunfähigkeitsbescheinigung genügt dazu nicht.[313]

95 Diese Grundsätze finden auch auf den Fall erheblicher Arbeitsüberlastungen des Rechtsanwalts Anwendung. Sie können eine Wiedereinsetzung nur dann ausnahmsweise rechtfertigen, wenn sie plötzlich und unvorhersehbar eingetreten ist und durch sie die Fähigkeit zu konzentrierter Arbeit erheblich eingeschränkt wird.[314] Ist ein Fristverlängerungsantrag (noch) nicht gestellt und ist eine Fristverlängerung zulässig, kann regelmäßig ein erster Fristverlängerungsantrag unter Hinweis auf einen der gesetzlichen Gründe gestellt werden, von dem der Rechtsanwalt grundsätzlich erwarten kann, dass ihm entsprochen wird.[315] Wird der Fristverlängerungsantrag nicht begründet, muss der Antragsteller grundsätzlich damit rechnen, dass der Antrag abgelehnt wird.[316] Erkennt der Rechtsanwalt, dass er eine Frist nicht wird einhalten können, muss er durch einen rechtzeitig gestellten Antrag auf Fristverlängerung dafür Sorge tragen, dass ein Wiedereinsetzungsantrag nicht erforderlich wird. Denn die Fristverlängerung und die Wiedereinsetzung sind nicht zwei gleichrangige Optionen, zwischen denen ein Rechtsanwalt im Verhinderungsfall wählen kann.[317]

96 Ist eine **Partei** aufgrund einer pandemischen **Erkrankung** (a) nicht mehr in der Lage, den Rat eines Anwalts einzuholen oder (b) eine sachgemäße Entscheidung über die Einlegung eines Rechtsmittels zu treffen und den Anwalt hierüber zu unterrichten, ist die Nichteinhaltung der Frist unverschuldet. Dabei kann angesichts der Bandbreite der Wirkungen des Corona-Virus, die sich von Symptomfreiheit über (schwere) Lungenentzündungen bis zum Tod erstreckt, keine generalisierende Aussage dazu getroffen werden, ob der Betroffene einsichts- oder steuerungsfähig ist. Insoweit wird es auf den Krankheitsverlauf im Einzelfall ankommen.[318]

---

[305] *Ingerl/Rohnke* § 91 Rn. 16; aA *Kiethe/Groeschke* WRP 1995, 979 (982 f.) wegen Einzelfallgerechtigkeit.
[306] BGH NJW 2018, 1691 (1692); 1992, 1898 (1899); 1975, 593 (594) zu Diabetesschock; iE Benkard/*Schäfers* § 123 Rn. 40; Ströbele/Hacker/*Knoll* § 91 Rn. 18; *Toussaint* NJW 2014, 200 (201).
[307] BGH NJW 2013, 3183 (3184); *Toussaint* NJW 2014, 200 (201).
[308] *Vorwerk* NJW 2020, 1196 (1198).
[309] BGH NJW 2018, 1691 (1692); 2013, 3183 (3184); 2011, 1609; *Gehrlein* ZMR 2020, 257 (259).
[310] BGH NJW 2015, 171 (172).
[311] BGH NJW 2013, 3181 (3182).
[312] BGH NJW-RR 2007, 1717 f.
[313] BGH NJW-RR 2007, 1717 (1718).
[314] BGH NJW-RR 2012, 694 (695).
[315] BGH NJW 2013, 2035 (2036); 2009, 3100; ein Antrag ohne Bezugnahme auf einen erheblichen Grund iSd § 227 genügt jedoch nicht, BGH NJW 1993, 134 (135); es gibt keinen allgemeinen Erfahrungssatz, dass ein Fristverlängerungsantrag auf Arbeitsüberlastung hindeutet, OLG Koblenz BeckRS 2020, 19111.
[316] BGH NJW 1993, 134 (135); OLG Koblenz BeckRS 2020, 19111.
[317] BGH NJW 2013, 3181.
[318] *auf der Heiden* NJW 2020, 1023 (1027); *Gehrlein* ZMR 2020, 257 (259); MüKoZPO/*Rauscher* COVID-19 Rn. 35, der zudem zutreffend darauf hinweist, dass eine unverschuldete Nichteinhaltung einer Frist gegeben sein kann, wenn durch ein ärztliches Attest glaubhaft gemacht ist, dass (a) bereits die Diagnose einer Infektion bei Angehörigen einer Risikogruppe in ihrer Gefährlichkeit überschätzt und die Fähigkeit zur Besorgung von Rechtsangelegenheiten psychisch gestört sein kann, oder (b) ohne Infektion angesichts einer allgemeinen Angst eine psychisch labile Partei einer Fixierung auf die Infektionsgefahr anheimfällt, die zu einer Verdrängung anderer Probleme führen kann.

Ist der **Anwalt** von einer pandemischen **Erkrankung** betroffen, gelten andere, nämlich strengere **97** Grundsätze – insoweit sind in Bezug auf die Corona-Pandemie generalisierende Aussagen möglich. Soweit der Anwalt so schwer erkrankt ist, dass er seine Tätigkeit als Anwalt nicht mehr ausüben kann, wird in der Regel von einem Verschulden auszugehen sein – dies gilt jedenfalls auf Grundlage der bisherigen Wahrscheinlichkeit, ggf. von dem Virus betroffen und arbeitsunfähig zu werden. Es kommt also darauf an, ob der Anwalt hiermit im Zeitpunkt des Fristablaufs angesichts der dann aktuellen Verbreitung des Virus in seiner Region, aufgrund seines Vorverhaltens oder wegen seiner Reisetätigkeiten rechnen muss.[319] Wenn ein nicht unwesentlicher Teil der Bevölkerung von dem Virus betroffen sein wird, spricht dies für die Vorhersehbarkeit der Betroffenheit.[320] Angesichts des derzeit verhältnismäßig geringen Anteils schwerer Verläufe, die kritisch bis lebensbedrohlich sind, wird ein Anwalt nicht generell – also nicht unabhängig von seinem individuellen Risiko, seinem Vorverhalten, der Betroffenheit der Region und seiner Reisetätigkeiten – vorhersehen müssen, infolge einer Erkrankung handlungsunfähig zu werden. Entsprechend wird man bei schweren Fällen von einem unverschuldeten Fristversäumnis, bei nicht schweren Verläufen von einem verschuldeten Fristversäumnis ausgehen müssen.[321]

Ist der Anwalt nicht von einer pandemischen Erkrankung betroffen und geht aus Angst vor einer **98** Infektion – egal ob aus Angst, dass er selber infiziert wird oder dass er jemanden infiziert – nicht ins Büro, ist die Nichteinhaltung einer Frist in der Regel verschuldet. Denn dann obliegt es ihm, sich ein Home Office so einzurichten und zu betreiben, dass er fristgebundene Schriftsätze fristgerecht erstellen, bearbeiten und einreichen kann.[322]

Wenn der **Anwalt** wegen einer Pandemie unter **Quarantäne** gestellt wird, gelten die gleichen **99** Grundsätze, wenn er dadurch gehindert ist, (a) die Frist selbst einzuhalten und (b) einen Kollegen zu beauftragen. Beide Voraussetzungen werden nach derzeitigem Stand (März 2021) in Deutschland kumulativ nicht absehbar eintreten.[323] Wenn ein Anwalt alleine – nicht als Sozietät – beauftragt ist, kann es je nach Infektionslage dazu kommen, dass es ihm obliegt, für den Fall einer Infektion oder einer Quarantäne wechselseitige Übernahmeabsprachen mit einem Kollegen zu treffen.

Sitzt die **Partei** pandemiebedingt an einem Reiseort wegen Quarantäne oder der Unmöglichkeit **100** der Rückreise fest, kommt es für die Frage des Verschuldens der Nichteinhaltung einer Frist auf die Umstände an. Der Grundsatz, dass man während der Anhängigkeit eines Verfahrens, in dem man mit dem Lauf einer Frist rechnen muss, seine Erreichbarkeit sicherstellen muss → Rn. 104 gilt in solchen Fällen nicht, da der Aufenthalt nicht planmäßig, sondern zwangsweise erfolgt.[324] Im Parteiprozess gilt, dass die Nichteinhaltung einer Frist in solchen Fällen unverschuldet ist, wenn entweder keine Kommunikation oder zwar eine Kommunikation – etwa per E-Mail oder Telefon – möglich ist, nicht aber eine formgerechte Kommunikation mit dem Gericht.[325] Im Anwaltsprozess ist die Nichteinhaltung einer Frist bei Festsitzen der Partei dagegen nur dann verschuldet, wenn eine fristgerechte Kommunikation mit dem Anwalt nicht möglich ist.[326]

Sitzt ein **Anwalt** pandemiebedingt an einem Reiseort wegen Quarantäne oder der Unmöglichkeit **101** der Rückreise fest, ist die Nichteinhaltung einer Frist unverschuldet, wenn er seiner Pflicht, die Wahrung von Fristen auch während Reisen organisatorisch abzusichern, so erfüllt hatte, dass er die Frist unter den im Einzelfall *ex ante* zu erwartenden Umständen nicht versäumt hätte.[327]

17. Versäumung der Gebührenzahlung/Zu geringe Gebühren. Die → Rn. 83 ff. dargestellten **102** Grundsätze der bei Fristberechnung und -notierung anzuwendenden Sorgfalt gelten auch für die Frist zur Gebührenzahlung, wenn der jeweilige Rechtsbehelf oder das Rechtsmittel von der Zahlung der jeweiligen Gebühr abhängt. Neben der Rechtsbehelfs- oder -mittelfrist ist auch die Frist für die jeweilige Gebühr festzustellen und zu notieren.[328] Ist die Gebühr im Schriftsatz unzutreffend angege-

---

[319] MüKoZPO/*Rauscher* COVID-19 Rn. 36; dagegen stellt *auf der Heiden* NJW 2020, 1023 (1027) auf eine allgemeine Prognose ab, dass 60 bis 70 % der Bevölkerung betroffen sein werden; Schmidt/*Zschieschack* § 14 Rn. 102 stellt auf die allgemeine Vorhersehbarkeit der Betroffenheit ab.
[320] *auf der Heiden* NJW 2020, 1023 (1027); so zur Corona-Pandemie auch Schmidt/*Zschieschack* § 14 Rn. 101.
[321] Dagegen stellen *auf der Heiden* NJW 2020, 1023 (1027) und MüKoZPO/*Rauscher* COVID-19 Rn. 36 darauf ab, dass die Nichteinhaltung einer Frist wegen eines schweren Verlaufs nicht vorhersehbar und unverschuldet sei, die Nichteinhaltung wegen eines nicht-schweren Verlaufs dagegen vorhersehbar, also verschuldet; nach *Vorwerk* NJW 2020, 1196 (1197 f.) soll bei solchen Umständen § 244 zur Anwendung kommen, nicht §§ 233 ff.; nach Schmidt/*Zschieschack* § 14 Rn. 102 muss ein Anwalt damit rechnen, betroffen zu sein, weshalb es ihm obliegt, in der Kanzlei Weisungen für diesen Fall zu hinterlegen.
[322] Schmidt/*Zschieschack* § 14 Rn. 101.
[323] MüKoZPO/*Rauscher* COVID-19 Rn. 36.
[324] MüKoZPO/*Rauscher* COVID-19 Rn. 38.
[325] MüKoZPO/*Rauscher* COVID-19 Rn. 38.
[326] Ähnlich MüKoZPO/*Rauscher* COVID-19 Rn. 38.
[327] Ähnlich MüKoZPO/*Rauscher* COVID-19 Rn. 38.
[328] BPatG GRUR 1974, 354 – Wiedereinsetzung; BPatGE 44, 180 (184); vgl. Stein/Jonas/*Roth* § 233 Rn. 45 „Krankheit".

ben, genügt eine mündliche Anweisung an das Personal nicht.[329] Der Vertreter unterliegt diesen Pflichten nicht, wenn er nicht mit der Überwachung und Zahlung von Gebühren beauftragt ist.

103 Es begründet ein Verschulden, wenn die Partei bestätigt und unterschreibt, sie entrichte die anfallende Gebühr durch Gebührenmarken und dies nicht oder nicht ausreichend tut. Die Organisationspflicht und damit die Ausgangskontrolle → Rn. 27 ff. umfasst auch die Gebührenzahlung, wenn der Vertreter damit betraut ist. Es besteht auch dann keine Pflicht, auf die fehlenden Gebühren hinzuweisen, wenn eine Nachentrichtung zeitlich noch möglich wäre.[330]

104 **18. Vorübergehende Abwesenheit/Urlaub.** Ist ein Verfahrensbevollmächtigter im Urlaub, muss er Vorsorge dafür treffen, dass die Akte einem erreichbaren Anwalt vorgelegt wird.

105 Ist eine Naturalpartei – kein Verfahrensbevollmächtigter – vorübergehend nicht in ihrer ständigen Wohnung anwesend, etwa wegen Urlaubs, einer plötzlichen Krankheit, einer unerwarteten Dienstreise oder einer (ggf. pandemiebedingten) Verhinderung der Rückreise, und trifft zuvor keine besonderen Vorkehrungen wegen möglicher Zustellungen, begründet die Versäumung einer erst durch diese Zustellung beginnenden Frist kein Verschulden, wenn sie in dieser Sache keine Zustellung zu erwarten hat.[331] Dies gilt unabhängig davon, ob die Abwesenheit in eine allgemeine Ferienzeit fällt.[332] Das BVerfG nahm 1976 bei einer Abwesenheit von bis zu sechs Wochen aus der ständigen Wohnung eine vorübergehende Abwesenheit an.[333]

106 Von fehlendem Verschulden kann jedoch dann nicht ausgegangen werden, wenn der Partei ein anderes Verschulden zur Last gelegt werden kann, sie etwa die Abholung vernachlässigt hat.[334] Die Partei wird nicht geschützt, wenn sie der Wahrnehmung ihrer Rechte mit vermeidbarer Gleichgültigkeit gegenübersteht und ihr zumutbare Anstrengungen zum „Wegfall des Hindernisses" nicht unternimmt, wenn sie dazu Anlass hat und in der Lage ist.[335]

107 **19. Gerichtsinterne Verzögerungen.** Es begründet kein Verschulden, wenn Fristen bis zu deren Grenze ausgenutzt werden → § 222 Rn. 14. Für die Rechtzeitigkeit des Eingangs bei Gericht kommt es darauf an, ob das Schriftstück innerhalb der Frist tatsächlich in die Verfügungsgewalt des Gerichts gelangt → § 222 Rn. 14. Hierzu genügt auch der Eingang bei einer gemeinsamen Annahmestelle des zutreffenden Gerichts mit weiteren Gerichten.[336] Zu Verzögerungen im Rahmen der Weiterleitung eines Schriftsatzes vom unzuständigen Gericht, wo er eingereicht wurde, an das zuständige Gericht → Rn. 41.

108 Etwaige Fristversäumungen, die auf Verzögerungen der Entgegennahme der Sendung durch das Gericht beruhen, dürfen dem Bürger nicht angelastet werden.[337] Die Grenze des Zumutbaren ist überschritten, wenn dem Bürger die Verantwortung für Risiken und Unsicherheiten bei der Entgegennahme rechtzeitig in den Gewahrsam des Gerichts gelangender fristwahrender Schriftsätze abgewälzt wird und die Ursache hierfür allein in der Sphäre des Gerichts zu finden ist.[338]

109 Ist ein Schriftsatz fristgerecht per beA eingereicht und auf dem Intermediär des Gerichts gespeichert, ist die Frist auch dann nicht versäumt, wenn es gerichtsintern zu Verzögerungen kommt.[339]

IV. Darlegungs- und Glaubhaftmachungslast

110 Der die Wiedereinsetzung in Anspruch Nehmende muss das Vorliegen ihrer Voraussetzungen darlegen und beweisen. Zweifel gehen zu seinen Lasten.[340] Erscheint eine verschuldete Fristversäumung auch nach seiner Darlegungen und Glaubhaftmachungen möglich, ist die Wiedereinsetzung ausgeschlossen.[341]

111 Grundsätzlich darf von dem anwaltlich als richtig oder an Eides statt versicherten Vorbringen ausgegangen werden. Das gilt dann nicht, wenn konkrete Anhaltspunkte es ausschließen, den geschuldeten Sachverhalt mit überwiegender Wahrscheinlichkeit als zutreffend zu erachten.[342]

---

[329] BPatGE 28, 94 (97, 98).
[330] BPatG Mitt. 1998, 314 (315).
[331] BVerfG NJW 1976, 1537 spricht insoweit vom *„ersten Zugang";* MüKoZPO/*Rauscher* § 233 Rn. 58 fordert „konkrete Anhaltspunkte" für ein anstehendes Verfahren.
[332] BVerfG NJW 1976, 1537.
[333] BVerfG NJW 1976, 1537.
[334] BVerfG NJW 1993, 847.
[335] BVerfG NJW 1993, 847.
[336] Vgl. BGH GRUR 1992, 344 (345) – Annahmestelle.
[337] BGH NJW 2021, 390 (391); BVerfG NJW 1991, 2076.
[338] BVerfG NJW 1991, 2076 zu einem Briefkasten im Innern des Gerichts mit der Aufschrift „Landgericht" ohne erkennbare sachliche oder zeitliche Einschränkung.
[339] BGH NJW 2021, 2201 (2202).
[340] Vgl. etwa BGH NJW-RR 2015, 624 (625) zu notwendigen Darlegungen zur Zuverlässigkeit von Mitarbeitern und BGH NJW 2015, 171 (172) zu Erkrankungen.
[341] BGH NJW 2014, 2047 (2048); 1992, 574 (575); 1994, 2831; 2006, 1520.
[342] BGH NJW 2015, 349 (350); *Koch* NJW 2016, 2994 (2997).

§ 234 Wiedereinsetzungsfrist

(1) ¹**Die Wiedereinsetzung muss innerhalb einer zweiwöchigen Frist beantragt werden.** ²**Die Frist beträgt einen Monat, wenn die Partei verhindert ist, die Frist zur Begründung der Berufung, der Revision, der Nichtzulassungsbeschwerde oder der Rechtsbeschwerde einzuhalten.**

(2) **Die Frist beginnt mit dem Tag, an dem das Hindernis behoben ist.**

(3) **Nach Ablauf eines Jahres, von dem Ende der versäumten Frist an gerechnet, kann die Wiedereinsetzung nicht mehr beantragt werden.**

A. Allgemeines

Die Regelung einer Frist für den Antrag auf Wiedereinsetzung führt den Grundsatz der §§ 230 f. und des § 233 weiter, dass die Präklusion des § 230 Ausnahmen hat. Dabei soll einerseits ein dauerhafter Schwebezustand zugunsten der Rechtssicherheit vermieden werden.[1] Andererseits soll eine einer Frist unterliegende Prozesshandlung unter den materiellen Voraussetzungen des § 233 nachgeholt werden können.[2] § 234 ergänzt diese materiellen Voraussetzungen der Wiedereinsetzung in den vorigen Stand nach § 233 gemeinsam mit § 236 dahingehend, dass die Wiedereinsetzung (a) grundsätzlich nur auf Antrag (Ausnahme § 236 Abs. 2 S. 2 Hs. 2) gewährt wird und (b) dieser Antrag fristgebunden ist. § 234 normiert damit gemeinsam mit § 236 die Zulässigkeitsvoraussetzungen der Wiedereinsetzung in den vorigen Stand.[3] Durch die Frist soll eine **Prozessverschleppung verhindert** werden.[4] Wer unverschuldet iSd § 233 gehindert ist, eine Frist einzuhalten, soll sich zugunsten der Rechtssicherheit zumindest nach Behebung des Hindernisses um die zügige Fortführung des Verfahrens bemühen. Auch diese Aspekte dienen der Abwägung der den §§ 230 f., 233 ff. zugrundeliegenden verfassungsrechtlichen Rechte → § 233 Rn. 2. Soweit diese Abwägung in § 234 für fehlerhaft gehalten wird, stellt sich daher jeweils die Frage der Verfassungsmäßigkeit.[5] 1

Der **Anwendungsbereich** des § 234 ist mit dem des § 233 identisch. § 234 ist damit auch in Rechtsbeschwerden und Berufungen in Patentnichtigkeitsverfahren entsprechend anwendbar → § 233 Rn. 3.[6] 2

B. Antragsfrist, Absatz 1

Die Frist nach Abs. 1 ist eine gesetzliche Frist, für die §§ 221 ff. gelten. Sie beträgt grundsätzlich zwei Wochen und in den genannten – praktisch relevanten – Fällen der Frist zur Begründung der Berufung, der Revision, der Nichtzulassungsbeschwerde oder der Rechtsbeschwerde einen Monat. Diese jeweils geltende Frist ist wegen § 224 Abs. 2 nicht verlängerbar.[7] Ihr Ablauf kann auch nicht durch Rügeverzicht nach § 295 ZPO geheilt werden.[8] 3

Auch die Frist des Abs. 1 selbst ist eine nach § 233 **wiedereinsetzungsfähige Frist**, § 233 Abs. 1. Ein sie umfassender Antrag muss die unverschuldeten Hindernisse sowohl zur Wahrung der Hauptfrist als auch der Frist des Abs. 1 erkennen lassen.[9] Für die Darlegungen und Glaubhaftmachungen des Fehlens des Verschuldens der Nichteinhaltung der Frist des Abs. 1 läuft eine gesonderte Frist von zwei Wochen, deren Beginn sich ebenfalls gesondert nach Abs. 2 richtet.[10] Es handelt sich um zwei unabhängige Fristen, in die Wiedereinsetzung beantragt wird. Das Gericht muss für beide Fristen die jeweiligen Voraussetzungen prüfen.[11] Die Jahresfrist des Abs. 3 ist nicht wiedereinsetzungsfähig.[12] 4

C. Fristbeginn, Absatz 2

Die Frist des Abs. 1 beginnt nach Abs. 2 mit dem Ablauf des Tages, an dem das Hindernis behoben wird. Diese Frist wird nach § 222 Abs. 1 und 2 iVm §§ 187 ff. BGB berechnet. Die Behebung des 5

---

[1] Zöller/*Greger* § 234 Rn. 1.
[2] Vgl. MüKoZPO/*Stackmann* § 234 Rn. 1.
[3] MüKoZPO/*Stackmann* § 234 Rn. 2.
[4] BGH NJW-RR 2004, 1651 (1653); OLG Düsseldorf NJW-RR 2003, 136 (138); MüKoZPO/*Stackmann* § 234 Rn. 2.
[5] So Zöller/*Greger* § 234 Rn. 1 zu Abs. 1 S. 2.
[6] BGH GRUR 2000, 1010 (1011) – Schaltmechanismus; 2001, 271 (272) – Kreiselpumpe; 2011, 357 – Geänderte Berufungsbegründungsfrist; 2004, 80 (81) – Zeitpunkt der Berufungsbegründung.
[7] Zöller/*Greger* § 234 Rn. 2; MüKoZPO/*Stackmann* § 234 Rn. 3.
[8] Zöller/*Greger* § 234 Rn. 2; MüKoZPO/*Stackmann* § 234 Rn. 3.
[9] Zöller/*Greger* § 234 Rn. 4; i. e. Stein/Jonas/*Roth* § 234 Rn. 3.
[10] BGH NJW-RR 1999, 430; Zöller/*Greger* § 234 Rn. 4.
[11] Stein/Jonas/*Roth* § 234 Rn. 3.
[12] Zöller/*Greger* § 234 Rn. 4.

Hindernisses stellt das Ereignis iSd § 187 Abs. 1 BGB dar.[13] Bei der Berechnung der Frist wird der Tag der **Behebung des Hindernisses** daher nicht mitgerechnet.[14] Beispiel: Stellt der Bevollmächtigte unverschuldet erst am 5.1. fest, dass der Schriftsatz trotz hinreichender Weisungen noch nicht an das Gericht geschickt wurde und die Frist am 2.1. abgelaufen ist, beginnt die Wiedereinsetzungsfrist des Abs. 2 am 6.1. zu laufen und läuft – vorbehaltlich § 222 Abs. 2 – am 19.1. (Abs. 1 S. 1) bzw. 5.2. (Abs. 1 S. 2) – jeweils um 23 Uhr 59 → § 222 Rn. 9 – ab.

6 Das Hindernis ist behoben, wenn die Partei oder ihr Verfahrensbevollmächtigter nicht mehr ohne Verschulden gehindert ist, die jeweilige in § 233 benannte Frist einzuhalten. Das Hindernis entfällt nicht erst bei Kenntnis des wahren Sachverhalts, sondern auch sobald das Fortbestehen der Ursache der Verhinderung nicht mehr unverschuldet ist.[15] Einfache Fahrlässigkeit genügt insoweit → § 233 Rn. 21.[16] Insofern gelten die zu § 233 Abs. 1 dargestellten Grundsätze entsprechend.

7 Sobald die Fristversäumung nach den Grundsätzen zu § 233 verschuldet wird → § 233 Rn. 17 ff., beginnt die Frist des Abs. 2 – wegen § 222 Abs. 1 und § 187 BGB am Folgetag um 00 Uhr 00 – zu laufen. Entscheidend ist, wann das Hindernis nach den Verschuldensmaßstäben des § 233 hätte behoben werden müssen, nicht können.[17] Das ist regelmäßig der Zeitpunkt, in dem die Partei oder der Anwalt bei der jeweils zu erwartenden Sorgfalt die Versäumung der Frist erkennen konnte und musste.[18] In dem Fall, dass der Bevollmächtigte krankheitsbedingt an der Einhaltung der bereits einmal verlängerten Rechtsmittelbegründungsfrist gehindert ist, beginnt die Frist des § 234 mit dem Wegfall der Erkrankung und nicht (erst) mit der Verweigerung der Gegenseite zu erneuter Fristverlängerung. Denn auf die Gewährung einer zweiten Fristverlängerung ohne Zustimmung der Gegenseite darf er nicht vertrauen.[19] Stimmt die Gegenseite zu, darf er jedoch grundsätzlich auf die Gewährung auch einer zweiten Fristverlängerung vertrauen.[20] Nach dem Antrag auf Fristverlängerung hat der Anwalt sicherzustellen, dass er bei ausbleibender Reaktion des Gerichts noch vor Ablauf der Frist, deren Verlängerung er beantragte, nachfragt, ob und bis wann dem Antrag stattgegeben wurde.[21] Fragt er nicht nach, beginnt die Frist, wenn er eine klärende Antwort auf die Nachfrage erhalten hätte.[22] Das Verschulden des Anwalts wird auch im Rahmen des § 234 nach § 85 Abs. 2 der Partei zugerechnet → § 233 Rn. 23. Dabei sind die hohen Anforderungen an Rechts- und Patentanwälte zu beachten → § 233 Rn. 23 f. Das Hindernis wird daher regelmäßig schneller behoben sein und die Frist des Abs. 2 damit früher zu laufen beginnen, wenn ein Anwalt und nicht bloß die Partei tätig ist.

8 Im Falle von **Irrtümern** ist das Hindernis dann behoben, wenn der Irrtum nicht mehr unverschuldet ist. Das ist dann der Fall, wenn der sich Irrende seinen Irrtum erkennt oder Anlass hat, selbständig und eigenverantwortlich zu prüfen, ob seine irrige Annahme zutrifft – je nach dem was früher eintritt.[23] Bei Anwälten besteht regelmäßig Anlass, die richtige Ermittlung des Fristendes und seine richtige Eintragung zu prüfen, wenn ihm die Sache – etwa wegen des bevorstehenden Fristablaufs – mit oder ohne Akte vorgelegt wird.[24]

9 Verlässt sich der Anwalt auf eine falsche Rechtsmittelbelehrung des Gerichts nach § 232, die nicht offenkundig fehlerhaft und geeignet ist, den Anschein der Richtigkeit zu erwecken, besteht der durch den Fehler des Gerichts hervorgerufene Vertrauensschutz so lange fort bis das aufgrund der Rechtsmittelbelehrung angerufene Gericht auf seine Unzuständigkeit hinweist. Erst dann beginnt die Frist des § 234 Abs. 2 zu laufen.[25]

10 Bei **Unkenntnis von Zustellungen** endet die unverschuldete Verhinderung mit der Kenntniserlangung oder dem Eintritt des Verschuldens der Unkenntnis – je nach dem was früher eintritt.[26] Die Unkenntnis der Zustellung eines Urteils beruht jedenfalls dann auf Fahrlässigkeit, wenn aus dem Urteil vollstreckt wird oder die Vollstreckung angedroht wird oder ein Kostenfestsetzungsbeschluss zugestellt wird.[27]

---

[13] MüKoZPO/*Stackmann* § 234 Rn. 4.
[14] BGH NJW 1993, 1332 (1333); MüKoZPO/*Stackmann* § 234 Rn. 4; Zöller/*Greger* § 234 Rn. 5.
[15] BGH GRUR 2004, 80 (81) – Zeitpunkt der Berufungsbegründung; OLG Frankfurt a. M. BeckRS 2005, 10191.
[16] MüKoZPO/*Stackmann* § 234 Rn. 5.
[17] BGH NJW 2000, 592; OLG Frankfurt a. M. BeckRS 2004, 07168; Zöller/*Greger* § 234 Rn. 5b.
[18] BGH BeckRS 2015, 02175; NJW-RR 2005, 435 (436); 2012, 252 (253); BeckRS 2011, 21195; NJW 2001, 1430 (1431); vgl. BGH GRUR 2004, 80 (81) – Zeitpunkt der Berufungsbegründung.
[19] BGH NJW 2011, 1601 (1602).
[20] BGH NJW 2013, 3181 mwN.
[21] BGH BeckRS 2016, 00923; NJW-RR 2015, 700 (701).
[22] BGH BeckRS 2016, 00923.
[23] Vgl. BGH NJW 1994, 2831 (2832); OLG Frankfurt a. M. BeckRS 2005, 10191; vgl. Zöller/*Greger* § 234 Rn. 5b.
[24] BGH NJW 1994, 2831 (2832); OLG Frankfurt a. M. BeckRS 2005, 10191.
[25] BGH NJW 2020, 1525 (1526).
[26] MüKoZPO/*Stackmann* § 234 Rn. 6.
[27] BGH NJW 2001, 1430 (1431).

Unverschuldete Unkenntnis von sich aus der **Handakte** ergebenden Umständen endet regelmäßig 11 mit Akteneinsicht der Partei oder ihres Bevollmächtigten.[28] Nach einem Mandatswechsel braucht der neue Anwalt jedoch nicht zu prüfen, ob die Berufungsschrift unterzeichnet war, wenn bereits die Berufungsbegründung von dem früheren Anwalt eingereicht worden war und die Frist längst abgelaufen ist.[29] Anwälte sind nur dann verpflichtet, sich nach dem rechtzeitigen Eingang eines Schriftstücks bei Gericht zu erkundigen, wenn bei dem Anwalt nach der Aufgabe des Schriftstücks zur Post Zweifel an seinem rechtzeitigen Eingang bei Gericht entstanden sein müssen, etwa wegen Streiks.[30]

Wird ein **Rechtsmittel** erst nach Ablauf der jeweiligen Rechtsmittelfrist eingelegt, muss das Gericht 12 die Partei zunächst auf die Fristversäumung hinweisen und damit die Gelegenheit geben, Wiedereinsetzung zu beantragen. Erst danach kann es das Rechtsmittel als unzulässig verwerfen.[31] Wenn die Parteien sich während des Laufs der Berufungsfrist vergleichen, ist das mit dem Vergleich einhergehende unverschuldete Hindernis der Versäumung der Berufungsfrist (a) bei einem außergerichtlichen Vergleich an dem Tag behoben, an dem eine Partei die zur Nichtigkeit des Vergleichs führenden Gründe kennt,[32] und (b) bei einem gerichtlichen Vergleich am Tag seiner Anfechtung.[33]

Bestehen **mehrere Gründe** unverschuldeter Verhinderung, ist zu unterscheiden. Wenn jeder dieser 13 Gründe allein eine unverschuldete Verhinderung begründet, beginnt die Frist mit Wegfall des letzten zu laufen. Denn erst dann besteht kein Grund unverschuldeter Verhinderung mehr.[34] Wenn diese Gründe dagegen erst in ihrer Kumulation die unverschuldete Verhinderung begründen, entfällt sie mit Wegfall eines dieser Gründe,[35] dies wenn die weiteren noch bestehenden Hinderungsgründe allein das Fehlen von Verschulden nicht begründen.

Das Hindernis kann auch **vor Ablauf der zu wahrenden Frist** behoben werden. Dann beginnt 14 die Frist des Abs. 2 auch vor Ablauf der zu wahrenden Frist zu laufen.[36] Endet die Frist vor Ablauf der zu wahrenden Frist, muss die Partei die Frist einhalten. Eine Wiedereinsetzung in den vorigen Stand ist dann ausgeschlossen.[37] Jedenfalls muss der Antragsteller im Fall einer solchen unverschuldeten Fristkürzung alles Zumutbare getan haben, um die Frist trotz des vorangegangenen Hindernisses zu wahren.[38] Im Fall von Rechtsmittelbegründungsfristen kann der Zeitraum, der durch unverschuldete Verhinderung entfallen ist, auf Antrag durch Fristverlängerung an das Fristende „angehangen" werden.[39]

Das Beheben des Hindernisses der Bedürftigkeit/PKH wird hier nicht behandelt.[40] 15

D. Jahresfrist, Absatz 3

Die Wiedereinsetzung ist nach Ablauf eines Jahres, von dem Ende der versäumten Frist an nach 16 § 222 iVm §§ 187 ff. BGB berechnet, nach Abs. 3 ausgeschlossen. Schutzzweck des Abs. 3 ist es, die Gefährdung der formellen Rechtskraft zu beschränken und den Bestand der an ihren Eintritt geknüpften Rechte des Prozessgegners zu schützen → Rn. 1.[41] Die Regelung ist verfassungskonform.[42] Sie ist absolute Ausschlussfrist und unterliegt nicht den §§ 221, 224–226. Ihre Verletzung kann nicht durch Rügeverzicht nach § 295 geheilt werden.[43] Auch eine Wiedereinsetzung in die Frist des Abs. 3 ist ausgeschlossen → Rn. 4.[44]

Diese absolute Ausschlussfrist ist in wenigen bestimmten **Ausnahmekonstellationen unanwend-** 17 **bar** – nämlich dann, wenn der Schutzzweck des Abs. 3 zurücktreten muss, weil der Prozessgegner auf den Eintritt der Rechtskraft nicht vertrauen darf und der Antragsteller den Ablauf der Ausschlussfrist nicht zu vertreten hat.[45] Dies ist in den Fällen der Wiedereinsetzung von Amts wegen nach § 236 Abs. 2 S. 2 Hs. 2[46] und dann der Fall, wenn der Prozessgegner den Antragsteller arglistig veranlasste,

---

[28] Vgl. BGH NJW 1997, 1079; 2008, 3706 (3707); 2018, 952 (954).
[29] BGH NJW 2002, 3636 (3637); Zöller/*Greger* § 234 Rn. 5b; MüKoZPO/*Stackmann* § 234 Rn. 9.
[30] BGH NJW 1993, 1332 (1333).
[31] BGH NJW-RR 2006, 142 (143).
[32] MüKoZPO/*Stackmann* § 234 Rn. 6.
[33] Zöller/*Greger* § 234 Rn. 5b.
[34] BGH NJW 1990, 188; Stein/Jonas/*Roth* § 234 Rn. 7; MüKoZPO/*Stackmann* § 234 Rn. 5; vgl. BGH BeckRS 2016, 03900.
[35] BGH NJW 1990, 188; Stein/Jonas/*Roth* § 234 Rn. 7; MüKoZPO/*Stackmann* § 234 Rn. 5.
[36] BGH NJW 1994, 2831 (2832); NJW-RR 1990, 830; Zöller/*Greger* § 234 Rn. 5a; MüKoZPO/*Stackmann* § 234 Rn. 12.
[37] BGH NJW 1990, 188; MüKoZPO/*Stackmann* § 234 Rn. 12.
[38] BGH NJW 2013, 3181.
[39] MüKoZPO/*Stackmann* § 234 Rn. 12.
[40] Dazu Zöller/*Greger* § 234 Rn. 6–11; MüKoZPO/*Stackmann* § 234 Rn. 13 ff.; vgl. BGH NZI 2014, 1062 ff.
[41] OLG Stuttgart NJW-RR 2002, 716 (717); Zöller/*Greger* § 234 Rn. 10.
[42] BGH VersR 1987, 256; BeckRS 1986, 01745.
[43] MüKoZPO/*Stackmann* § 234 Rn. 21; Stein/Jonas/*Roth* § 234 Rn. 18.
[44] BGH BeckRS 1986, 01745; Zöller/*Greger* § 234 Rn. 10.
[45] OLG Stuttgart NJW-RR 2002, 716 (717); Zöller/*Greger* § 234 Rn. 10.
[46] OLG Düsseldorf NJW-RR 2003, 136 (138); Stein/Jonas/*Roth* § 236 Rn. 14.

die Frist zu versäumen,[47] oder die Frist aus Gründen, die allein aus der Sphäre des Gerichts herrühren, versäumt wurde.[48] Dazu zählt auch der Fall, dass erst das Berufungsgericht die Fristversäumnis aufdeckt, die erste Instanz den Wiedereinsetzungsantrag für zulässig hielt und in der Sache entschied[49] oder der Partei zunächst eine fehlerhafte, für sie günstigere Ausfertigung des Urteils zugestellt wurde.[50]

§ 235 (weggefallen)

§ 236 Wiedereinsetzungsantrag

(1) **Die Form des Antrags auf Wiedereinsetzung richtet sich nach den Vorschriften, die für die versäumte Prozesshandlung gelten.**

(2) ¹**Der Antrag muss die Angabe der die Wiedereinsetzung begründenden Tatsachen enthalten; diese sind bei der Antragstellung oder im Verfahren über den Antrag glaubhaft zu machen.** ²**Innerhalb der Antragsfrist ist die versäumte Prozesshandlung nachzuholen; ist dies geschehen, so kann Wiedereinsetzung auch ohne Antrag gewährt werden.**

Literatur: *Koch*, Die Glaubhaftmachung beim Antrag auf Wiedereinsetzung, NJW 2016, 2994 ff.

A. Allgemeines

1   § 236 regelt – neben der Frist nach § 234 – die weiteren Zulässigkeitsfragen der Wiedereinsetzung in den vorigen Stand,[1] nämlich Form und Inhalt des Wiedereinsetzungsantrags. Die versäumte Prozesshandlung ist innerhalb der Frist des § 234 nachzuholen. Dies ist praktisch meist zugleich mit dem Antrag auf Wiedereinsetzung der Fall.[2] Ist die versäumte Prozesshandlung nachgeholt, kann Wiedereinsetzung im Fall des § 236 Abs. 2 S. 2 Hs. 2 von Amts wegen erfolgen → Rn. 15.

2   Der Anwendungsbereich des § 236 entspricht dem des § 234 → § 234 Rn. 2. § 236 findet daher auch entsprechende Anwendung auf Rechtsbeschwerden und Berufungen in Patentnichtigkeitsverfahren.[3]

B. Form des Antrags, Absatz 1

3   Der Antrag muss nicht ausdrücklich gestellt und formuliert werden, er kann auch stillschweigend in einem Schriftsatz enthalten sein.[4] Es genügt dazu, wenn in dem Schriftsatz konkludent zum Ausdruck kommt, dass trotz verspäteter Einreichung in der Sache die Fortführung des Rechtsstreits, also das Nicht-Eintreten der Präklusion als Rechtsfolge der Versäumung begehrt wird.[5] Das setzt das Bewusstsein der Fristversäumung voraus.[6] Ein konkludenter Antrag auf Wiedereinsetzung kann nicht angenommen werden, wenn die fristgebundene Prozesshandlung in der irrigen Annahme erbracht wird, die Frist sei noch nicht abgelaufen.[7] Ein Fristverlängerungsantrag genügt daher nicht als konkludenter Wiedereinsetzungsantrag.[8] Der Auslegung einer Rechtsmittelbegründung (auch) als Wiedereinsetzungsantrag steht nicht entgegen, dass der Schriftsatz keine Angabe zu Wiedereinsetzungsgründen enthält, wenn diese bereits aktenkundig sind.[9] Der Antrag kann auch hilfsweise gestellt werden.[10]

4   Die Form des Antrags richtet sich nach den Vorschriften für die jeweils versäumte Prozesshandlung. Grund hierfür ist, dass der Wiedereinsetzungsantrag kein eigenständiger Rechtsbehelf ist. Vielmehr wird mit der Wiedereinsetzung (nur) fingiert, die Frist sei nicht versäumt und die jeweilige Prozesshandlung fristgerecht vorgenommen worden → § 233 Rn. 1.[11] Aus diesem Grund muss die Prozesshandlung selbst auch nach Abs. 2 S. 2 Hs. 1 vorgenommen, also nachgeholt werden. Das ist nicht bloß

---

[47] Zöller/*Greger* § 234 Rn. 12.
[48] BGH NJW 2013, 1684; 2011, 522 (523 f.); NJW-RR 2008, 878 (879); 2004, 1651 (1653); Zöller/*Greger* § 234 Rn. 10; MüKoZPO/*Stackmann* § 234 Rn. 23.
[49] BGH NJW 2011, 522 Rn. 37.
[50] BGH NJW-RR 2004, 1651 (1653).
[1] Stein/Jonas/*Roth* § 236 Rn. 1 f.; MüKoZPO/*Stackmann* § 236 Rn. 2.
[2] MüKoZPO/*Stackmann* § 236 Rn. 2.
[3] BGH GRUR 2004, 80 (81) – Zeitpunkt der Berufungsbegründung.
[4] BGH NJW 2011, 1601 (1602).
[5] BGH NJW 2011, 1601 (1602); MüKoZPO/*Stackmann* § 236 Rn. 9; Stein/Jonas/*Roth* § 236 Rn. 4; Zöller/*Greger* § 236 Rn. 4 spricht von der das Bewusstsein der Fristversäumung erkennbar machenden Darlegung von Wiedereinsetzungsgründen.
[6] Stein/Jonas/*Roth* § 236 Rn. 4; Zöller/*Greger* § 236 Rn. 4; Musielak/Voit/*Grandel* § 238 Rn. 2.
[7] BGH NJW-RR 2012, 1206 (1207).
[8] Stein/Jonas/*Roth* § 236 Rn. 4.
[9] BGH NJW 2011, 1601 (1602).
[10] BGH NJW 2008, 3501 f.; 2002, 2107 (2108); Stein/Jonas/*Roth* § 236 Rn. 4; Baumbach/Lauterbach/Hartmann/Anders/Gehle/*Becker* § 236 Rn. 4.
[11] Zöller/*Greger* § 233 Rn. 1; Stein/Jonas/*Roth* § 233 Rn. 1; vgl. BGH NJW 1953, 423; MüKoZPO/*Stackmann* § 236 Rn. 3.

Förmelei, sondern dient der Rechtssicherheit, wenn sie –wie hier – geeignet ist, die prozessuale Lage rasch und zweifelsfrei zu klären.[12]

Damit richten sich insbesondere die Anforderungen an die Schriftform, ein etwaiger Anwaltszwang nach § 78 und der richtige Adressat → Rn. 6 nach den Vorschriften der versäumten Prozesshandlung. Grundsätzlich unterliegen sämtliche wiedereinsetzungsfähigen Prozesshandlungen der Schriftform des § 129 und müssen ordnungsgemäß unterschrieben werden.[13] Ausnahmen gelten für (a) die sofortige Beschwerde, die unter den Voraussetzungen des § 569 Abs. 3 Nr. 1–3 auch durch Erklärung zu Protokoll der Geschäftsstelle nach § 129a erfolgen kann, wenn der Rechtsstreit im ersten Rechtszug nicht als Anwaltsprozess zu führen war oder ist, die Beschwerde die Prozesskostenhilfe betrifft oder sie von einem Zeugen, Sachverständigen oder Dritten iSd §§ 142, 144 erhoben wird, und (b) Prozesshandlungen in Verfahren vor den Amtsgerichten, die nach § 496 durch Erklärung zu Protokoll der Geschäftsstelle nach § 129a erfolgen können. 5

Der Antrag ist grundsätzlich an das Gericht zu richten, das nach § 237 für die Entscheidung zuständig ist. Da nach § 569 Abs. 1 S. 1 die sofortige Beschwerde bei dem Gericht, dessen Entscheidung angefochten wird, oder bei dem Beschwerdegericht eingelegt werden kann, kann auch die Wiedereinsetzung bei beiden Gerichten beantragt werden.[14] 6

C. Inhalt des Antrags, Absatz 2

Die Partei muss mit dem Antrag die die Wiedereinsetzung begründenden Tatsachen schlüssig[15] darlegen und glaubhaft machen. 7

I. Darlegungen

Zu den darzulegenden Tatsachen gehört eine aus sich heraus verständliche, geschlossene Schilderung der tatsächlichen Abläufe, aus denen sich ergibt, auf welchen konkreten Umständen die Fristversäumnis beruht.[16] Insoweit gelten die allgemeinen Anforderungen an die Substantiierung.[17] Die Behauptung 8
– eines nicht nachvollziehbaren Absturzes des Computers,[18]
– der Versendung eines Computerfaxes ohne Darlegung dazu, ob der Anwalt oder dessen Büropersonal die Unterschrift des Anwalts scannte und einsetzte,[19]
– der verloren gegangene Schriftsatz sei „bei der Post aufgegeben worden"[20] oder
– eines nicht plausiblen Ablaufs[21]
genügen nicht.

Insbesondere muss sich der Antragsteller auf einen Sachverhalt festlegen. Er kann nicht alternativ vortragen oder den tatsächlichen Geschehensablauf offenlassen, wenn dabei die Möglichkeit des verschuldeten Fristversäumung offenbleibt.[22] Wie bei § 233 sind Unklarheiten und Unaufgeklärtheiten, die ein Verschulden möglich erscheinen lassen und die nicht zulässigerweise → Rn. 10 später nachgeholt werden, zulasten des Antragstellers zu werten.[23] Bleiben sie unaufgeklärt, ist die Wiedereinsetzung ausgeschlossen, da ein Verschulden möglich erscheint → § 233 Rn. 12.[24] Inhaltlich müssen die Darlegungen und Glaubhaftmachungen alle Tatsachen umfassen, die für die Zulässigkeit und Begründetheit des Wiedereinsetzungsantrags erheblich sind, also die versäumte Frist, das Hindernis, den Zeitpunkt des Behebens des Hindernisses der Fristeinhaltung und das Fehlen des Verschuldens.[25] Von Darlegungen und Glaubhaftmachungen bzgl. des Zeitpunkts des Behebens des Hindernisses der Frist- 9

---

[12] BGH NJW-RR 2020, 309 (310).
[13] MüKoZPO/*Stackmann* § 236 Rn. 5; Zöller/*Greger* § 236 Rn. 2.
[14] Stein/Jonas/*Roth* § 236 Rn. 4; MüKoZPO/*Stackmann* § 236 Rn. 4.
[15] Nach BGH NJW-RR 2005, 793 (794) fehlt es an einem schlüssigen Antrag, wenn einerseits die Diskette mit der Berufungsbegründung „total" verloren gegangen, es andererseits nach (dann objektiv nicht möglichen) Korrekturen an der Berufungsbegründung zu einer Verzögerung bei der Versendung gekommen sein soll; nach OLG Frankfurt a. M. BeckRS 2011, 25458 ist das Vertrauen in den Bevollmächtigten gemindert, wenn er unterschiedliche Zustellungsdaten der anzufechtenden Entscheidung benennt.
[16] BGH BeckRS 2015, 20732; NJOZ 2013, 935 (936); NJW 2008, 3501 (3502); NJW-RR 2005, 793 (794); MüKoZPO/*Stackmann* § 236 Rn. 10; Zöller/*Greger* § 236 Rn. 6.
[17] OLG Frankfurt a. M. BeckRS 2006, 10306; MüKoZPO/*Stackmann* § 236 Rn. 11.
[18] Nach BGH NJW 2004, 2525 (2526) fehlt im dortigen Fall eines Computerfehlers Vortrag, wann, wie oder bei welcher Verrichtung sich der Computerdefekt auftrat, wie er wann behoben wurde, ob er zu einem (teilweisen) Verlust des Textes führte oder etwa nur die Druckfunktion aussetzte und ob der Bevollmächtigte so eingeübt war, dass er die Druckfunktion nachts ohne Schreibkraft sicher bedienen konnte.
[19] BGH BeckRS 2021, 1705.
[20] BGH BeckRS 2021, 1448.
[21] BGH GRUR-RR 2010, 407.
[22] BGH NJW 2008, 3501 (3502).
[23] BPatG GRUR-RS 2022, 719.
[24] OLG Frankfurt a. M. BeckRS 2006, 10306.
[25] BGH GRUR 2004, 80 (81) – Zeitpunkt der Berufungsbegründung; MüKoZPO/*Stackmann* § 236 Rn. 10; Zöller/*Greger* § 236 Rn. 6; Stein/Jonas/*Roth* § 236 Rn. 6.

einhaltung kann nur abgesehen werden, wenn die Frist des § 234 nach Lage der Akten offensichtlich eingehalten ist.[26]

10 Nach Ablauf der Frist des § 234 Abs. 1 dürfen lediglich erkennbar unklare oder ergänzungsbedürftige Angaben, deren Aufklärung nach § 139 geboten ist, erläutert und vervollständigt werden.[27] Das ist etwa bei „etwas allgemein gehaltenen Angaben" der Fall.[28] Auf solche notwendigen Aufklärungen muss das Gericht nach § 139 hinweisen,[29] nicht aber darauf, das die Umstände, die zur Fristversäumung geführt haben, vollständig vorgetragen werden müssen.[30] Danach werden praktisch häufig Einzelheiten der Weisungen an Angestellte und der Büroorganisation auch nach Fristablauf erläutert.[31] Nach Ablauf dieser Frist – und erst recht mit der Beschwerde – darf jedoch kein neuer Vortrag über organisatorische Maßnahmen nachgeschoben werden, auf deren Fehlen die Versagung der Wiedereinsetzung im angefochtenen Beschluss gestützt worden ist.[32] Auch unsubstantiierte Darlegungen können nach Fristablauf nicht mehr substantiiert werden.[33]

11 Wenn ein Gericht die Partei darauf hinweist, dass zwar nicht der im Antrag dargelegte Wiedereinsetzungsgrund gegeben ist, nach den Darlegungen im Antrag wohl aber ein anderer Wiedereinsetzungsgrund, und stützt die Partei den Wiedereinsetzungsantrag nach Ablauf der Frist des § 234 Abs. 1, aber innerhalb der gewährten Stellungnahmefrist auf diesen Wiedereinsetzungsgrund, handelt es sich um ein unzulässiges Nachschieben eines neuen Wiedereinsetzungsgrunds.[34]

12 Hat der Antragsteller die Fristen sowohl zur Einlegung als auch zur Begründung eines Rechtsmittels versäumt, muss er Wiedereinsetzung in beide Fristen beantragen und die Anträge entsprechend für die Versäumung beider Fristen begründen.[35] Mit der Wiedereinsetzung nur in eine dieser beiden Fristen ist ihm nicht geholfen.

II. Glaubhaftmachungen

13 Diese darzulegenden Tatsachen sind nach § 294 glaubhaft zu machen. Hierzu kommen praktisch meist eidesstattliche Versicherungen, anwaltliche Versicherungen, ärztliche Atteste und Urkunden in Betracht. Tatsachen, die gerichtsbekannt sind, bedürfen der Glaubhaftmachung nicht.[36] Im Rahmen der Glaubhaftmachung durch Indizien genügt es, dass die auf Hilfstatsachen gestützte Schlussfolgerung überwiegend wahrscheinlich erscheint, ohne dass dadurch bereits alle anderen Möglichkeiten praktisch ausgeschlossen sein müssen.[37]

III. Nachholung der Prozesshandlung

14 Die versäumte Prozesshandlung ist innerhalb der Frist des § 234 nachzuholen. Praktisch wird sie meist gemeinsam mit dem Wiedereinsetzungsantrag in demselben Schriftsatz nachgeholt. Das ist jedoch nicht erforderlich. Der Wiedereinsetzungsantrag kann vor und nach der nachgeholten Prozesshandlung gestellt werden. Erforderlich ist lediglich, dass sowohl der Wiedereinsetzungsantrag vor Ablauf der Frist des § 234 gestellt als auch die versäumte Prozesshandlung vor Ablauf dieser Frist nachgeholt wird.[38] Ohne diese Nachholung brächte der Wiedereinsetzungsantrag dem Antragsteller nichts[39] → Rn. 1, 4. Eine nachgeholte Berufungsbegründung muss also unterzeichnet sein[40]; dabei handelt es sich nicht bloß um eine Förmelei, da hier auch Formerfordernisse der Rechtssicherheit dienen. Der Antrag einer nicht anwaltlich vertretenen Partei auf Wiedereinsetzung in die Einspruchsfrist gegen ein Versäumnisurteil ist dahingehend auszulegen, dass er auch den Einspruch enthält.[41] Ein Antrag auf Fristverlängerung genügt nicht als Nachholung der Prozesshandlung.[42] Wird die versäumte

---

[26] BGH NJW-RR 2011, 1284; NJW 2000, 592.
[27] BGH BeckRS 2015, 18438; NJW 2021, 3132 (3133); 2013, 3181 (3182); 2011, 458; 2007, 3212; 1992, 697; NJW-RR 2011, 1284 f.; GRUR 2008, 837 (838) – Münchner Weißwurst; Zöller/*Greger* § 236 Rn. 6a; vgl. Musielak/Voit/*Grandel* § 238 Rn. 3; *Toussaint* NJW 2014, 200 (202).
[28] BGH NJW 2011, 1601 (1602).
[29] Zöller/*Greger* § 236 Rn. 6a.
[30] BGH BeckRS 2015, 18438.
[31] Etwa BGH GRUR 2008, 837 (838) – Münchner Weißwurst.
[32] BGH NJW 2001, 1576 (1577); 1992, 697; *Toussaint* NJW 2014, 200 (202); MüKoZPO/*Stackmann* § 236 Rn. 14.
[33] BGH NJW 2002, 2107 (2108); OLG Frankfurt a. M. BeckRS 2006, 10306; sind „Angaben etwas allgemein gehalten", sind sie nicht unsubstantiiert, BGH NJW 2011, 1601 (1602).
[34] BGH BeckRS 2021, 47406.
[35] OLG Brandenburg NJW 2003, 2995 (2996).
[36] MüKoZPO/*Stackmann* § 236 Rn. 17.
[37] BGH NJW 1998, 1870; OLG Stuttgart BeckRS 2011, 04966; Stein/Jonas/*Roth* § 236 Rn. 9; vgl. BGH NJW 2003, 3558.
[38] MüKoZPO/*Stackmann* § 236 Rn. 20; vgl. Zöller/*Greger* § 236 Rn. 1.
[39] Vgl. BGH NJW-RR 2020, 309 f.
[40] BGH NJW-RR 2020, 309 f.
[41] BVerfG NJW 1993, 1635 (1636).
[42] BGH NJW 2009, 442 (443); OLG Zweibrücken NJOZ 2015, 1031 (1032); MüKoZPO/*Stackmann* § 236 Rn. 22.

Prozesshandlung nicht fristgerecht nachgeholt, ist der Wiedereinsetzungsantrag unzulässig → Rn. 4.[43] Besonderheiten im Fall von Prozesskostenhilfe werden hier nicht besprochen.[44]

D. Wiedereinsetzung von Amts wegen

Nach Abs. 2 S. 2 Hs. 2 kann Wiedereinsetzung auch ohne (ausdrücklichen oder konkludenten) Antrag, also von Amts wegen erfolgen. Dies ist jedoch ausgeschlossen, wenn die Partei die Auffassung vertritt, sie habe keine Frist versäumt und keine Wiedereinsetzung wünscht.[45] Es genügt für die Wiedereinsetzung von Amts wegen, dass der Antragsteller seinen Willen zur Fortsetzung des Verfahrens erkennbar macht.[46] Voraussetzung der Wiedereinsetzung von Amts wegen ist, dass die die Wiedereinsetzung begründenden Umstände (ggf. durch Darlegungen und Glaubhaftmachungen innerhalb der Frist des § 234) bei Nachholung der versäumten Prozesshandlung aktenkundig oder gerichtsbekannt sind,[47] etwa wegen eines Fehlers aus der Sphäre des Gerichts oÄ.[48] Dann besteht ein Anspruch auf Wiedereinsetzung. Trotz des Wortlauts *(„kann")* steht die Entscheidung dann nicht im Ermessen des Gerichts.[49] Jedenfalls ist die Nicht-Wiedereröffnung rechtswidrig, wenn die Ermessensausübung zur Wiedereröffnung hätte führen müssen.[50] Die Wiedereröffnung von Amts wegen unterliegt nicht der Jahresfrist des § 234 Abs. 3.[51]

15

§ 237 Zuständigkeit für Wiedereinsetzung

Über den Antrag auf Wiedereinsetzung entscheidet das Gericht, dem die Entscheidung über die nachgeholte Prozesshandlung zusteht.

§ 237 regelt die Zuständigkeit für die Entscheidung – die sog. Entscheidungszuständigkeit[1] – über die Wiedereinsetzung sowohl für die im Wortlaut genannte Wiedereinsetzung auf Antrag als auch für die Wiedereinsetzung von Amts wegen nach § 236 Abs. 2 S. 2 Hs. 2.[2] Von dieser Entscheidungszuständigkeit ist die Empfangszuständigkeit zu unterscheiden. Nach § 237 ist das Gericht für die Entscheidung über die Wiedereinsetzung zuständig, das auch für die Entscheidung über die nachgeholte Prozesshandlung zuständig ist, bei Versäumung der Berufungs- oder Berufungsbegründungsfrist das Berufungsgericht,[3] bei Versäumung der Revisions- oder Revisionsbegründungsfrist das Revisionsgericht und bei Versäumung der Frist der sofortigen Beschwerde das Beschwerdegericht.[4] Grund hierfür ist, dass der Wiedereinsetzungsantrag kein eigenständiger Rechtsbehelf ist.

1

Diese Entscheidungszuständigkeit besteht unverändert fort, wenn das nach § 237 zuständige Gericht das Rechtsmittel bereits wegen Versäumung der Frist verworfen hat.[5] Mit Wiedereinsetzung wird der das Rechtsmittel als unzulässig verwerfende Beschluss gegenstandslos[6] und ist zur Klarstellung aufzuheben.[7]

2

Von diesem Grundsatz des § 237 zur Entscheidungszuständigkeit gelten sowohl für die Wiedereinsetzung auf Antrag als auch die Wiedereinsetzung von Amts wegen[8] zwei Ausnahmen:

3

Zum einen ist der BGH in dem Fall, dass das Berufungsgericht die Berufung wegen Verspätung und den Wiedereinsetzungsantrag zurückweist, auf eine Rechtsbeschwerde hin befugt, nicht nur den die Berufung als unzulässig verwerfenden Beschluss aufzuheben, sondern auch Wiedereinsetzung zu gewähren.[9] Dem steht nicht entgegen, dass eine die Wiedereinsetzung gewährende Entscheidung des

4

---

[43] Zöller/*Greger* § 236 Rn. 1; MüKoZPO/*Stackmann* § 236 Rn. 20.
[44] Dazu Musielak/Voit/*Grandel* § 236 Rn. 6–7.
[45] MüKoZPO/*Stackmann* § 236 Rn. 23.
[46] BGH NJW-RR 2013, 692 (693); BeckRS 1986, 31182571.
[47] BGH NJW-RR 1993, 1092; Zöller/*Greger* § 236 Rn. 3; MüKoZPO/*Stackmann* § 236 Rn. 24; Stein/Jonas/ *Roth* § 236 Rn. 14; vgl. BGH NJW 2006, 1518.
[48] Zöller/*Greger* § 236 Rn. 5.
[49] BGH NJW 2013, 471 (472); Zöller/*Greger* § 236 Rn. 5; Stein/Jonas/*Roth* Rn. 14; Baumbach/Lauterbach/ Hartmann/Anders/Gehle/*Becker* § 236 Rn. 19; noch offen gelassen bei BGH NJW-RR 2013, 692 (693); aA MüKoZPO/*Stackmann* § 236 Rn. 25.
[50] BGH NJW-RR 2013, 692 (693).
[51] OLG Düsseldorf NJW-RR 2003, 136 (138); Stein/Jonas/*Roth* § 236 Rn. 14.
[1] Stein/Jonas/*Roth* § 237 Rn. 1; MüKoZPO/*Stackmann* § 237 Rn. 1.
[2] BGH NJW-RR 1989, 962 (963); NJW 1982, 1873 (1874); Musielak/Voit/*Grandel* § 237 Rn. 1; MüKoZPO/ *Stackmann* § 237 Rn. 1; Stein/Jonas/*Roth* § 237 Rn. 1.
[3] Nach BGH BeckRS 2016, 02987 ist – wenn über den Wiedereinsetzungsantrag nach Beendigung der Berufungsinstanz zu entscheiden ist – das Revisionsgericht nur ausnahmsweise aus Gründen der Prozesswirtschaftlichkeit zur Entscheidung befugt, wenn nach dem Akteninhalt Wiedereinsetzung ohne Weiteres zu gewähren ist.
[4] Zöller/*Greger* § 237 Rn. 1; MüKoZPO/*Stackmann* § 237 Rn. 1; Stein/Jonas/*Roth* § 237 Rn. 2.
[5] Stein/Jonas/*Roth* § 237 Rn. 2.
[6] BGH NJW-RR 2003, 934; Stein/Jonas/*Roth* § 237 Rn. 2.
[7] BGH NJW-RR 2013, 692 (693 f.); Zöller/*Greger* § 238 Rn. 2.
[8] Stein/Jonas/*Roth* § 237 Rn. 3.
[9] BGH NJW-RR 2003, 934; Stein/Jonas/*Roth* § 237 Rn. 3.

nach § 237 zuständigen Gerichts nach § 238 Abs. 3 unanfechtbar wäre. Aus § 238 Abs. 3 ergibt sich, dass das nach § 237 zuständige Gericht die erstmalige Entscheidung zu treffen hat und dass ein Rechtsmittelgericht diese Entscheidung nicht an sich ziehen darf. Hat das nach § 237 zuständige Gericht den Wiedereinsetzungsantrag bereits zurückgewiesen, haben die Rechtsmittelgerichte darüber zu entscheiden, ob diese Entscheidung Bestand haben kann.[10]

5 Zum anderen ist das Rechtsmittelgericht aus prozesswirtschaftlichen Gründen befugt, die Wiedereinsetzung zu gewähren, wenn sich das Vorliegen der Voraussetzungen aus der Akte ergibt.[11] Dies ist auch dann möglich, wenn das nach § 237 zuständige Gericht noch nicht über den Wiedereinsetzungsantrag entschieden hat[12] und selbst dann wenn das Berufungsgericht die Berufung bereits als unbegründet zurückgewiesen hat und der Wiedereinsetzungsantrag erst nach Einlegung der Nichtzulassungsbeschwerde gestellt wurde.[13]

§ 238 Verfahren bei Wiedereinsetzung

(1) ¹Das Verfahren über den Antrag auf Wiedereinsetzung ist mit dem Verfahren über die nachgeholte Prozesshandlung zu verbinden. ²Das Gericht kann jedoch das Verfahren zunächst auf die Verhandlung und Entscheidung über den Antrag beschränken.

(2) ¹Auf die Entscheidung über die Zulässigkeit des Antrags und auf die Anfechtung der Entscheidung sind die Vorschriften anzuwenden, die in diesen Beziehungen für die nachgeholte Prozesshandlung gelten. ²Der Partei, die den Antrag gestellt hat, steht jedoch der Einspruch nicht zu.

(3) Die Wiedereinsetzung ist unanfechtbar.

(4) Die Kosten der Wiedereinsetzung fallen dem Antragsteller zur Last, soweit sie nicht durch einen unbegründeten Widerspruch des Gegners entstanden sind.

A. Allgemeines

1 § 238 ergänzt die §§ 233–237 um Regelungen zum Verfahren der Wiedereinsetzung. Sind der Wiedereinsetzungsantrag zulässig und die Darlegungen zu seiner Begründetheit schlüssig, kommt es auf die Glaubhaftmachungen an. Ist der Vortrag substantiiert, aber ergänzungsbedürftig, muss das Gericht nach § 139 darauf hinweisen → § 236 Rn. 10. Vor der Wiedereinsetzung ist den weiteren Beteiligten Gelegenheit zur Stellungnahme zu geben[1] – dies auch da die Wiedereinsetzung nach Abs. 3 unanfechtbar ist. Wird der Wiedereinsetzungsantrag als unzulässig oder unbegründet zurückgewiesen, bedarf es keiner Gelegenheit zur Stellungnahme für die weiteren Beteiligten. Über die Wiedereinsetzung darf wegen Art. 103 Abs. 1 GG nicht vor Ablauf der Wiedereinsetzungsfrist entschieden werden.[2] Der Antragsteller muss innerhalb dieser Frist die Möglichkeit haben, den unzulässigen oder unbegründeten Antrag zulässig oder begründet zu machen. Stützt er ein Rechtsmittel auf eine Verletzung dieses Rechts, muss er substantiiert darlegen, was er vor Ablauf der Wiedereinsetzungsfrist noch weiter vorgetragen hätte, so dass das Gericht den ergänzenden Vortrag bei einer Entscheidung hätte berücksichtigen können.[3]

B. Ermessensentscheidung nach Absatz 1

2 Das Gericht muss das Verfahren über den Wiedereinsetzungsantrag mit dem Verfahren über die nachgeholte Prozesshandlung nach Abs. 2 verbinden, kann das Verfahren jedoch zunächst auf die Verhandlung und Entscheidung über den Wiedereinsetzungsantrag beschränken. Ob das Gericht das Verfahren insoweit beschränkt betreibt, liegt – trotz des eindeutig Regel-Ausnahme-Verhältnis aussehenden Wortlauts – in seinem Ermessen und ist eine reine Zweckmäßigkeitsfrage.[4] Bei Rechtsmitteln wird regelmäßig die Beschränkung des Verfahrens naheliegen, wenn eine Wiedereinsetzung in Betracht kommt. Dadurch wird Klarheit geschaffen und den Beteiligten die Vorbereitung auf die Verhandlung erleichtert.[5] Eine solche Beschränkung erfolgt durch Beschluss, vgl. §§ 146, 280. Die Entscheidung des Gerichts über die Beschränkung ist unanfechtbar.[6]

---

[10] BGH NJW 1996, 2581; Stein/Jonas/*Roth* § 237 Rn. 3.
[11] BGH NJW-RR 2013, 702 (703); NJW 1985, 2650 (2651); Stein/Jonas/*Roth* § 237 Rn. 3.
[12] BGH NJW 1980, 1168 (1169); Zöller/*Greger* § 238 Rn. 2; Stein/Jonas/*Roth* § 237 Rn. 3.
[13] BGH NJW-RR 2013, 702 (703).
[1] BVerfG NJW 1982, 2234; Musielak/Voit/*Grandel* § 238 Rn. 1; MüKoZPO/*Stackmann* § 238 Rn. 6; abweichend Stein/Jonas/*Roth* § 238 Rn. 4: „stets".
[2] BGH NJW 2011, 1363; MüKoZPO/*Stackmann* § 238 Rn. 6.
[3] BGH NJW 2012, 2201 (2202 f.).
[4] MüKoZPO/*Stackmann* § 238 Rn. 7; Stein/Jonas/*Roth* § 238 Rn. 2 f.
[5] MüKoZPO/*Stackmann* § 238 Rn. 9.
[6] Stein/Jonas/*Roth* § 238 Rn. 3.

3 Verbindet das Gericht die Verfahren und die Entscheidung, muss es nach § 128 auch über die Wiedereinsetzung mündlich verhandeln, wenn es über die nachgeholte Prozesshandlung mündlich verhandelt.[7] Die Frage der mündlichen Verhandlung richtet sich nach der jeweiligen Prozesshandlung.[8]

4 Entscheidet sich das Gericht für ein zunächst beschränktes Verfahren, entscheidet es vorab über die Wiedereinsetzung. In diesem beschränkten Verfahren darf nicht über die versäumte Prozesshandlung verhandelt oder entschieden werden.[9] Die Entscheidung über die Beschränkung des Verfahrens kann aufgehoben werden.[10]

5 Das Gericht darf über die nachgeholte Prozesshandlung nicht vor der Wiedereinsetzung entscheiden.[11] Über die Wiedereinsetzung muss es vor oder mit der Entscheidung über die nachgeholte Prozesshandlung entscheiden.

C. Entscheidung über Wiedereinsetzung, Absatz 2

6 Die Entscheidung über die Wiedereinsetzung ergeht im gemeinsamen Verfahren nach Abs. 1 mit der Entscheidung über die nachgeholte Prozesshandlung. Ob sie in einem solchen Fall durch Urteil oder Beschluss ergeht, richtet sich nach dem Verfahren der jeweils nachgeholten Prozesshandlung.[12] Dabei muss die Entscheidung nicht im Tenor enthalten sein, eine Entscheidung in den Gründen genügt.[13] Die Entscheidung ergeht durch echtes Versäumnisurteil und gleichzeitiges Verwerfen der verspäteten Prozesshandlung, wenn der Antragsteller im Termin zur mündlichen Verhandlung über die Wiedereinsetzung und die verspätete Prozesshandlung nicht verhandelt.[14] Wegen Abs. 2 S. 2 steht dem Antragsteller dagegen nicht der Einspruch, sondern nur die Berufung oder Revision unter den Voraussetzungen der §§ 514 Abs. 2, 565 zu.[15]

7 Weist das Berufungsgericht den Antrag auf Wiedereinsetzung durch gesonderten Beschluss zurück, muss der Beschluss gesondert nach §§ 238 Abs. 2, 522 Abs. 1 S. 2–4 angefochten werden, um ihn nicht in Rechtskraft erwachsen zu lassen.[16] In diesem Verfahren kann der Antragsteller weitere Wiedereinsetzungsgründe geltend machen.[17] Weist das Gericht den Wiedereinsetzungsantrag der Form nach fehlerhaft zurück (etwa durch Beschluss statt durch Urteil), gereicht das dem Antragsteller nicht zum Nachteil. Ihm steht sowohl das Rechtsmittel zu, das nach Art der ergangenen Entscheidung statthaft ist (im Fall der der Form nach fehlerhaften Entscheidung durch Beschluss die Rechtsbeschwerde), als auch das Rechtsmittel, das bei einer in der richtigen Form ergangenen Entscheidung statthaft gewesen wäre[18] (im Beispielsfall die Berufung). Verhandelt der Antragsgegner nicht, wird über die Wiedereinsetzung entschieden. Wird Wiedereinsetzung bewilligt, kann Versäumnisurteil ergehen.[19]

8 Hat das Gericht das Verfahren zunächst auf die Entscheidung über die Wiedereinsetzung beschränkt, ergeht sie – nach mündlicher Verhandlung – durch Zwischenurteil nach § 303 oder – ohne mündliche Verhandlung – grundsätzlich durch Beschluss. Nur im Fall des § 341 Abs. 2 ergeht sie auch ohne mündliche Verhandlung durch Urteil.[20] Der Tenor muss die Entscheidung wiedergeben.[21] Gibt das Gericht dem Wiedereinsetzungsantrag statt, erklärt es die Bewilligung der Wiedereinsetzung. Mit der Bewilligung wird fingiert, die Prozesshandlung sei rechtzeitig vorgenommen worden → § 233 Rn. 1.[22] Gibt es ihm nicht statt, verwirft es den Antrag als unzulässig oder weist ihn als unbegründet zurück – dies jeweils unter Verwerfung der verspäteten Prozesshandlung.[23] Eine etwaige vorangegangene Verwerfung des Rechtsmittels wegen Nichteinhaltung der Rechtsmittelfrist wird gegenstandslos[24] und ist zudem zur Klarstellung aufzuheben[25].

---

[7] Stein/Jonas/*Roth* § 238 Rn. 4; Zöller/*Greger* § 238 Rn. 1.
[8] Stein/Jonas/*Roth* § 238 Rn. 3.
[9] Stein/Jonas/*Roth* § 238 Rn. 3.
[10] OLG Zweibrücken MDR 1985, 771; MüKoZPO/*Stackmann* § 238 Rn. 9; Stein/Jonas/*Roth* § 238 Rn. 3.
[11] Zöller/*Greger* § 238 Rn. 1; Stein/Jonas/*Roth* § 238 Rn. 3; MüKoZPO/*Stackmann* § 238 Rn. 7.
[12] BGH BeckRS 2016, 05647.
[13] BGH BeckRS 2014, 04550; MüKoZPO/*Stackmann* § 238 Rn. 10; nach Stein/Jonas/*Roth* § 238 Rn. 5 zumindest „*unschädlich*".
[14] Zöller/*Greger* § 238 Rn. 2; MüKoZPO/*Stackmann* § 238 Rn. 11.
[15] Stein/Jonas/*Roth* § 238 Rn. 9.
[16] BGH BeckRS 2016, 03900.
[17] BGH BeckRS 2016, 03900.
[18] BGH BeckRS 2016, 05647.
[19] Stein/Jonas/*Roth* § 238 Rn. 8; MüKoZPO/*Stackmann* § 238 Rn. 11.
[20] BGH NJW 2008, 218.
[21] Musielak/Voit/*Grandel* § 238 Rn. 4; MüKoZPO/*Stackmann* § 238 Rn. 10; OLG Rostock NJW-RR 1999, 1507; LG Düsseldorf NJW 1950, 547 (548).
[22] Stein/Jonas/*Roth* § 233 Rn. 1; Zöller/*Greger* § 233 Rn. 1; MüKoZPO/*Stackmann* § 238 Rn. 12.
[23] Musielak/Voit/*Grandel* § 238 Rn. 4 aE; Zöller/*Greger* § 238 Rn. 2; ähnlich MüKoZPO/*Stackmann* § 238 Rn. 11; Stein/Jonas/*Roth* § 238 Rn. 5.
[24] BGH NJW-RR 2013, 692 (693); MüKoZPO/*Stackmann* § 238 Rn. 12; Zöller/*Greger* § 238 Rn. 2.
[25] BGH NJW-RR 2013, 692 (693 f.); Zöller/*Greger* § 238 Rn. 2.

9 Das Gericht prüft die Zulässigkeit und Begründetheit des Wiedereinsetzungsantrags von Amts wegen. Auf die (Un-)Streitigkeit der Voraussetzungen kommt es daher nicht an.[26]
10 Das Gericht ist entsprechend § 318 nach Ablauf der Frist des § 234 an die Entscheidung über die Wiedereinsetzung gebunden.[27] Das gilt grundsätzlich auch für das Rechtsmittelgericht. Von diesem Grundsatz gilt aus Gründen der Prozessökonomie eine Ausnahme, wenn Gegenvorstellung gegen die Bewilligung der Wiedereinsetzung erhoben wurde und solange noch kein die Instanz abschließendes Urteil ergangen ist.[28]

D. Unanfechtbarkeit der Wiedereinsetzung, Absatz 3

11 Die Wiedereinsetzung ist nach Abs. 3 unanfechtbar. Das bedeutet, dass die Bewilligung der Wiedereinsetzung unanfechtbar ist, nicht aber die Verwerfung oder Zurückweisung des Wiedereinsetzungsantrags.[29]
12 Die Bewilligung der Wiedereinsetzung entzieht sich unabhängig von der Form ihrer Entscheidung der Nachprüfung – dies auch im Rahmen des Rechtsmittels.[30] Sie ist auch einer inzidenten Nachprüfung in einer höheren Instanz entzogen.[31] Nur bei Verletzung des rechtlichen Gehörs kommt eine Anhörungsrüge nach § 321a in Betracht.[32] Diese Unanfechtbarkeit gilt auch für die Form der Entscheidung,[33] es sei denn das Gericht entschied durch Beschluss, obwohl es über die Wiedereinsetzung nur nach mündlicher Verhandlung hätte entscheiden dürfen.[34] Die Bewilligung der Wiedereinsetzung bleibt auch dann unanfechtbar, wenn das Ausgangsgericht die Rechtsbeschwerde zulässt. Denn eine Entscheidung, die vom Gesetz der Anfechtung entzogen ist, bleibt auch bei – irriger – Rechtsmittelzulassung unanfechtbar.[35] Nach Abs. 2 S. 2 steht dem Antragsteller, gegen den ein Versäumnisurteil ergangen ist, kein Einspruch zu → Rn. 6. Das jeweils statthafte Rechtsmittel ist begründet, wenn es sich gegen die Verwerfung eines Rechtsmittels wegen Nichteinhaltung der Rechtsmittelfrist richtet und das Gericht den Antragsteller vor der Verwerfung kein rechtliches Gehör gewährte.[36]
13 Die Verwerfung des Wiedereinsetzungsantrags als unzulässig und seine Zurückweisung als unbegründet sind dagegen nach Abs. 2 S. 1 mit den Rechtsmitteln anfechtbar, die gegen die jeweilige Entscheidung nach allgemeinen Grundsätzen statthaft sind.[37] So sind (sowohl Zwischen- als auch End- → Rn. 7) Urteile durch Berufung, Revision oder Nichtzulassungsbeschwerde anfechtbar,[38] die Berufung verwerfende Beschlüsse durch Rechtsbeschwerde – die jedoch wegen § 542 Abs. 2 nicht in einstweiligen Verfügungs- oder Arrestsachen.[39] Ist die Entscheidung im Vorabverfahren nach Abs. 1 S. 2 getroffen worden, muss auch die Entscheidung über die nachgeholte Prozesshandlung angefochten werden.[40] Der ein Rechtsmittel als unzulässig wegen Nichteinhaltung der Frist verwerfende Beschluss muss nicht angefochten werden, da er mit Bewilligung der Wiedereinsetzung gegenstandslos wird und zur Klarstellung von Amts wegen aufzuheben ist → Rn. 8.[41] Zur Entscheidung nach Aktenlage durch das Rechtsmittelgericht → § 237 Rn. 4 f.

E. Kosten, Absatz 4

14 Die Kosten der Wiedereinsetzung fallen nach Abs. 4 dem Antragsteller zur Last, soweit sie nicht durch einen unbegründeten Widerspruch des Gegners entstanden sind. Grundsätzlich soll derjenige, der die Frist versäumte, auch die durch die Versäumung verursachten Kosten tragen – dies auch dann, wenn er die Fristversäumung nicht verschuldete. Denn er verursacht diese Kosten, nicht die sonstigen Beteiligten. Der dem Abs. 4 zugrundeliegende Rechtsgedanke entspricht damit weitgehend dem der besonderen Kostentragungsregel des § 344.[42]

---

[26] Musielak/Voit/*Grandel* § 238 Rn. 2.
[27] MüKoZPO/*Stackmann* § 238 Rn. 12.
[28] BGH NJW 1995, 2497 (2498); Stein/Jonas/*Roth* § 238 Rn. 10.
[29] Musielak/Voit/*Grandel* § 238 Rn. 6; MüKoZPO/*Stackmann* § 238 Rn. 15.
[30] Stein/Jonas/*Roth* § 238 Rn. 10; MüKoZPO/*Stackmann* § 238 Rn. 13; Zöller/*Greger* § 238 Rn. 6.
[31] BGH BeckRS 2016, 14087.
[32] BGH NJW-RR 2009, 642 (643); Musielak/Voit/*Grandel* § 238 Rn. 5; Zöller/*Greger* § 238 Rn. 6.
[33] So umfassend MüKoZPO/*Stackmann* § 238 Rn. 13.
[34] OLG Düsseldorf MDR 1984, 763; Stein/Jonas/*Roth* § 238 Rn. 13.
[35] BGH NJW 2003, 211 (212); Stein/Jonas/*Roth* § 238 Rn. 10.
[36] BGH NJW-RR 2006, 142 (143).
[37] MüKoZPO/*Stackmann* § 238 Rn. 15; im einzelnen Musielak/Voit/*Grandel* § 238 Rn. 6; Stein/Jonas/*Roth* § 238 Rn. 11–13; Zöller/*Greger* § 238 Rn. 7.
[38] MüKoZPO/*Stackmann* § 238 Rn. 15.
[39] BGH NJW 2003, 69; OLG Frankfurt a. M. BeckRS 2011, 25458; MüKoZPO/*Stackmann* § 238 Rn. 15; Musielak/Voit/*Grandel* § 238 Rn. 7.
[40] Zöller/*Greger* § 238 Rn. 10; MüKoZPO/*Stackmann* § 238 Rn. 15; Stein/Jonas/*Roth* § 238 Rn. 11.
[41] MüKoZPO/*Stackmann* § 238 Rn. 15.
[42] Zöller/*Greger* § 238 Rn. 11.

Dieser Grundsatz erfährt diesem Normzweck entsprechend zwei Ausnahmen, wenn die Gegenseite 15
die Kosten verursachte, indem sie dem Antrag unbegründet widersprochen hat. Die Formulierung des
unbegründeten Widerspruchs findet sich auch in § 344. Das kann zum einen nicht bei einfachem
Bestreiten, Widersprechen oder Nicht-Anerkennen des Fehlens von Verschulden gelten, sondern
erfordert einen qualifizierten Widerspruch, der mit Tatsachen begründet wurde, nicht bereits von
Amts wegen zu prüfen war und besondere, ausscheidbare Kosten verursachte.[43] So lässt sich auch der
Wortlaut des unbegründeten Widerspruchs verstehen. Er darf auch nicht in einen unsubstantiierten
Bestreiten erschöpfen, sondern muss hinreichend substantiiert sein, sich im Ergebnis aber – nach
Prüfung und weiteren ausscheidbaren Kosten – als unbegründet herausstellen. Zum anderen erfährt
dieser Grundsatz eine Ausnahme und Abs. 4 gilt nicht, wenn eine Wiedereinsetzung nicht notwendig
war, da der Antragsteller die Frist bei zutreffender Betrachtung nicht versäumte.[44] Dann verursachte er
die (Mehr-)Kosten nicht.

Die Kosten der Wiedereinsetzung umfassen auch die Kosten eines vom Antragsteller erfolgreich 16
betriebenen Beschwerdeverfahrens.[45] Bei erfolgloser Beschwerde geht § 97 Abs. 1 dem Abs. 3 vor.
Wird der Antrag auf Wiedereinsetzung als unzulässig verworfen oder als unbegründet zurückgewiesen,
gilt § 91, nicht Abs. 4 – wenn auch mit gleichem Ergebnis.[46]

Die Entscheidung über die Wiedereinsetzung enthält nur eine Entscheidung über die Kosten, wenn 17
über die Hauptsache bereits abschließend entschieden und der Wiedereinsetzungsantrag verworfen
oder zurückgewiesen wurde. Ansonsten ist die Kostenfolge in der Kostenentscheidung der Hauptsache
zu berücksichtigen.[47] Fehlt eine Kostenentscheidung für die Wiedereinsetzung, ist die Ergänzung nach
§ 321 möglich.[48]

Die Kostenregel des Abs. 4 ist auch im Rahmen der Kostenentscheidung nach § 91a zu berück- 18
sichtigen,[49] nicht aber im Fall der Klage- oder Rechtsmittelrücknahme. Insoweit gelten die jeweiligen
gesetzlichen Kostensonderregelungen.[50]

Titel 5. Unterbrechung und Aussetzung des Verfahrens

§ 239 Unterbrechung durch Tod der Partei

(1) Im Falle des Todes einer Partei tritt eine Unterbrechung des Verfahrens bis zu dessen Aufnahme durch die Rechtsnachfolger ein.

(2) Wird die Aufnahme verzögert, so sind auf Antrag des Gegners die Rechtsnachfolger zur Aufnahme und zugleich zur Verhandlung der Hauptsache zu laden.

(3) ¹Die Ladung ist mit dem den Antrag enthaltenden Schriftsatz den Rechtsnachfolgern selbst zuzustellen. ²Die Ladungsfrist wird von dem Vorsitzenden bestimmt.

(4) Erscheinen die Rechtsnachfolger in dem Termin nicht, so ist auf Antrag die behauptete Rechtsnachfolge als zugestanden anzunehmen und zur Hauptsache zu verhandeln.

(5) Der Erbe ist vor der Annahme der Erbschaft zur Fortsetzung des Rechtsstreits nicht verpflichtet.

§ 240 Unterbrechung durch Insolvenzverfahren

¹Im Falle der Eröffnung des Insolvenzverfahrens über das Vermögen einer Partei wird das Verfahren, wenn es die Insolvenzmasse betrifft, unterbrochen, bis es nach den für das Insolvenzverfahren geltenden Vorschriften aufgenommen oder das Insolvenzverfahren beendet wird. ²Entsprechendes gilt, wenn die Verwaltungs- und Verfügungsbefugnis über das Vermögen des Schuldners auf einen vorläufigen Insolvenzverwalter übergeht.

Literatur: *Buntenbroich,* Unterbrechung eines Rechtsstreits bei ausländischem Insolvenzverfahren nur bei Einfluss des Insolvenzverfahrens auf anhängige Rechtsstreitigkeiten nach dem Recht des Insolvenzeröffnungsstaats, NZI 2012, 547; *Kraßer/Neuburger,* Die Unterbrechung des Verfahrens vor dem DPMA im Fall der Insolvenz eines Beteiligten, GRUR 2010, 588; *Zeising,* Verfügungs- und Verwertungsbefugnisse des Insolvenzverwalters über gewerbliche Schutzrechte, Mitt. 2001, 411.

---

[43] MüKoZPO/*Stackmann* § 238 Rn. 18.
[44] BGH NJW 2006, 693 (695); Zöller/*Greger* § 238 Rn. 11.
[45] OLG Frankfurt a. M. NJW 1987, 334; Zöller/*Greger* § 238 Rn. 11; MüKoZPO/*Stackmann* § 238 Rn. 16.
[46] Zöller/*Greger* § 238 Rn. 11; MüKoZPO/*Stackmann* § 238 Rn. 16.
[47] BGH NJW 2000, 3284 (3286); MüKoZPO/*Stackmann* § 238 Rn. 16.
[48] MüKoZPO/*Stackmann* § 238 Rn. 16.
[49] MüKoZPO/*Stackmann* § 238 Rn. 17.
[50] Musielak/Voit/*Grandel* § 238 Rn. 8; MüKoZPO/*Stackmann* § 238 Rn. 17; für die Klagerücknahme auch Zöller/*Greger* § 238 Rn. 11.

Übersicht

	Rn.
A. Normzweck	1
B. Anwendungsbereich	4
I. Anwendbarkeit in Verfahren vor den Zivilgerichten	6
II. Anwendbarkeit in Verfahren vor dem BPatG	9
III. Anwendbarkeit in Verfahren vor dem DPMA	10
C. Voraussetzungen der Unterbrechung	15
I. Eröffnung eines Insolvenzverfahrens	16
II. Betroffenheit der Insolvenzmasse	20
1. Vermögensrechtliche Streitigkeit	21
2. Teilweise Betroffenheit der Insolvenzmasse	31
III. Unterbrechungsautomatismus	33
IV. Unterbrechung bei Streitgenossen	36
D. Wirkung der Unterbrechung	39
E. Beendigung der Unterbrechung	43
F. Verstoß gegen § 240 ZPO	52

A. Normzweck

1 Mit Eröffnung des Insolvenzverfahrens übernimmt der Insolvenzverwalter nach § 80 Abs. 1 InsO die Verwaltungs- und Verfügungsbefugnis über das zur Insolvenzmasse gehörende Vermögen.[1] Die Eigentumsverhältnisse und die Inhaberschaft der zur Insolvenzmasse gehörenden Sachen und Rechte bleiben unverändert, ihr Eigentümer bzw. Inhaber wird aber in seiner Handlung beschränkt, da nunmehr der **Insolvenzverwalter die Verwaltungs- und Verfügungsrechte übernimmt**. Die Eröffnung des Insolvenzverfahrens führt dazu, dass der Insolvenzverwalter aus eigenem Recht Partei des Prozesses kraft Amtes wird, mit allen damit verbundenen Rechten und Pflichten. Mit Eröffnung des Insolvenzverfahrens sind Verfügungen und Verfahrenserklärungen des insolventen Schuldners über einen Gegenstand der Insolvenzmasse gemäß § 81 InsO unwirksam. Von ihm erteilte Prozessvollmachten erlöschen gemäß § 117 Abs. 1 InsO. Diesem Wechsel der Prozessführungsbefugnis soll § 240 ZPO Rechnung tragen.[2]

2 Vom Verwaltungs- und Verfügungsrecht des Insolvenzverwalters umfasst sind neben der Befugnis für die insolvente Gesellschaft Verfahren vor den Zivilgerichten und dem BPatG zu führen, auch alle Handlungen gegenüber dem DPMA.[3]

3 Um dem Insolvenzverwalter nach Eröffnung des Insolvenzverfahrens Gelegenheit zu geben, sich den für die Verwaltung erforderlichen Überblick zu verschaffen und die Erfolgsaussichten laufender Verfahren zu prüfen[4], werden rechtshängige Verfahren durch die Insolvenzeröffnung gem. § 240 S. 1 ZPO unterbrochen. Entsprechendes gilt nach § 240 S. 2 ZPO, wenn die Verwaltungs- und Verfügungsbefugnis über das Vermögen des Schuldners auf einen vorläufigen Insolvenzverwalter übergeht. Das Insolvenzverfahren wird so prozessual gesichert und kann durchgeführt werden, ohne durch laufende Prozesse gestört zu werden.[5] Die Unterbrechungswirkung tritt **automatisch und unmittelbar mit der Insolvenzeröffnung** ein, ohne dass es hierfür einer Prozesshandlung bedarf (→ Rn. 33 ff.).

B. Anwendungsbereich

4 § 240 ZPO betrifft grundsätzlich alle **rechtshängigen Verfahren**[6], in denen es um die prozessuale Durchsetzung bestehender materieller Rechte geht, die in die Insolvenzmasse fallen.[7] Keine Rolle spielt, bei welcher der Parteien die Insolvenz eintritt. Das Verfahren wird auch bei Insolvenz eines Rechtsinhabers unterbrochen, dessen Rechte in **gewillkürter Prozessstandschaft** geltend gemacht werden.[8]

5 Unerheblich ist auch, in welcher Instanz sich das Verfahren befindet. Auch in der Revisionsinstanz wird der Rechtsstreit daher im Fall der Insolvenzeröffnung nach § 240 ZPO unterbrochen. Die Insolvenzeröffnung wird insoweit als neue Tatsache verfahrensrechtlich berücksichtigt.[9] Auch im Beschwerdeverfahren tritt mit Insolvenzeröffnung eine Unterbrechung nach § 240 ZPO ein.[10]

---

[1] Vgl. zu den Verwertungsbefugnissen des Insolvenzverwalters im Gewerblichen Rechtsschutz *Zeising* Mitt. 2001, 411 ff.
[2] BPatG BeckRS 2014, 12941.
[3] *Zeising* Mitt. 2001, 411.
[4] BPatG GRUR 2014, 104 – Verfahren zum Formen (Ls.) = BeckRS 2013, 12865 (Volltext); BPatG Mitt. 2012, 410 (Ls.) – akustischer Mehrschichtenabsorber, im Volltext BeckRS 2012, 10797.
[5] MüKoZPO/*Stackmann* ZPO § 240 Rn. 1.
[6] BGH NJW-RR 2009, 566 (567); BPatG BeckRS 2015, 09638.
[7] BGH GRUR 2008, 551 (552) – Sägeblatt.
[8] BeckOK PatR/*Voß* PatG Vor §§ 139 ff. Rn. 172.
[9] BGH NJW 1975, 442 (443).
[10] Gottwald/*Gerhardt* Insolvenzrechts-Handbuch § 32 Rn. 10.

I. Anwendbarkeit in Verfahren vor den Zivilgerichten

Anwendung findet § 240 ZPO in allen rechtshängigen Verfahren. Im Gewerblichen Rechtsschutz sind dies zunächst alle **Verfahren wegen der Verletzung eines Schutzrechts**, unabhängig davon, ob es sich bei dem Verletzungsverfahren um ein Hauptsache- oder ein **Verfügungsverfahren**[11] handelt. Ferner tritt die Unterbrechungswirkung auch in allen anderen kontradiktorischen Zivilverfahren mit Schutzrechtsbezug ein, beispielsweise in Vindikationsverfahren, Schadenshöheverfahren oder lizenzvertragsrechtlichen Streitigkeiten. Auch das **Kostenfestsetzungsverfahren** wird von § 240 ZPO erfasst.[12] Ein Rechtsstreit wegen Unterlassungsansprüchen nach §§ 1, 4 UKlaG kann ebenfalls gemäß § 240 Abs. 1 ZPO unterbrochen werden, da gemäß § 5 UKlaG die Regeln der ZPO auch im Unterlassungsklageverfahren Anwendung finden.[13]

Im **selbständigen Beweisverfahren** (§§ 485 ff. ZPO) findet § 240 ZPO keine Anwendung, solange das Beweisverfahren noch nicht beendet ist.[14] Zur Begründung verweist der BGH darauf, dass das selbständige Beweisverfahren die Möglichkeit einer schnellen Beweissicherung ohne Zustimmung des Gegners und außerhalb eines streitigen Verfahrens ermöglichen soll. Mit dieser Zielrichtung sei es nicht zu vereinbaren, wenn das Beweissicherungsverfahren nach § 240 ZPO auf unbestimmte Zeit unterbrochen wird, da dann die Gefahr eines Verlustes des Beweismittels bestehe.[15] Diese Erwägungen treffen aber dann nicht mehr zu, wenn in einem selbstständigen Beweisverfahren die **Beweisaufnahme beendet** und das Verfahren damit sachlich abgeschlossen ist.[16] Ab diesem Zeitpunkt besteht kein besonderes Beschleunigungsbedürfnis mehr und das Verfahren wird nach § 240 ZPO unterbrochen.

Die Eröffnung des Insolvenzverfahrens wirkt sich auch nicht auf das **Zwangsvollstreckungsverfahren** aus. Gegen eine Anwendung von § 240 ZPO spricht, dass die vollstreckungsrechtlichen Vorschriften der ZPO die Frage der Hemmung des Vollstreckungsverfahrens abschließend regeln und insoweit den allgemeinen Unterbrechungsvorschriften vorgehen.[17] **Zwangs- und Ordnungsmittelverfahren** (§§ 888, 890 ZPO) werden mithin durch eine Eröffnung des Insolvenzverfahrens über das Vermögen des Schuldners nicht unterbrochen.[18] Dies gilt für **Pfändungsmaßnahmen** bei Eröffnung des Insolvenzverfahrens über das Vermögen des Schuldners, da die §§ 88 ff. InsO insoweit eine abschließende spezialgesetzliche Regelungen zu den Folgen des Insolvenzeröffnung für die Zwangsvollstreckung gegen den Schuldner enthalten.[19]

II. Anwendbarkeit in Verfahren vor dem BPatG

In Verfahren vor dem BPatG ist § 240 ZPO anzuwenden. Die Anwendbarkeit ergibt sich aus den Verweisungsvorschriften in § 99 Abs. 1 PatG und § 82 Abs. 1 MarkenG. Im Nichtigkeitsverfahren[20] findet § 240 ZPO daher ebenso Anwendung, wie in den patent-, marken-, gebrauchs- und designrechtlichen **Beschwerdeverfahren,** die in die Zuständigkeit des BPatG fallen.[21] Die Anwendung von § 240 ZPO auf das **markenrechtliche Widerspruchsbeschwerdeverfahren** ist umstritten (→ Rn. 29).

III. Anwendbarkeit in Verfahren vor dem DPMA

Grundsätzlich umfasst die Verwaltungs- und Verfügungsbefugnis des Insolvenzverwalters auch alle Handlungen gegenüber dem DPMA.[22] Auch in den Rechtsbestandsverfahren vor dem DPMA ist daher § 240 ZPO in der Vergangenheit bei Eröffnung des Insolvenz über das Vermögen eines der Beteiligten angewendet worden.[23] Nach derzeitiger Praxis des DPMA soll dies nicht mehr der Fall sein. In einer Mitteilung des Präsidenten des DPMA vom 14.11.2008 wird darauf hingewiesen, dass § 240 ZPO **in Schutzrechtsverfahren vor dem DPMA nicht mehr angewendet wird.**

---

[11] BGH NZI 2004, 165 (166).
[12] BGH NZI 2012, 625; 2006, 128.
[13] OLG Frankfurt a. M. BeckRS 2021, 5140.
[14] BGH NZI 2004, 165; anders noch LG Karlsruhe NJW-RR 2002, 266 (267).
[15] BGH NZI 2004, 165 (166).
[16] BGH NJW 2011, 1679.
[17] KG GRUR 2000, 1112 – Unterlassungsvollstreckung in der Insolvenz; LG Düsseldorf InstGE 3, 229 (230) – Verhütungsmittel; Zöller/*Greger* ZPO vor § 239 Rn. 8.
[18] KG GRUR 2000, 1112 – Unterlassungsvollstreckung in der Insolvenz; LG Düsseldorf InstGE 3, 229 (230) – Verhütungsmittel.
[19] BGH NJW 2007, 3132 (3133).
[20] Vgl. etwa BGH GRUR 2013, 862 – Aufnahme des Patentnichtigkeitsverfahrens; BGH Mitt. 2004, 171 (172) – Kerzenleuchter; BPatG BeckRS 2014, 12941.
[21] BPatG NZI 2012, 291 (292).
[22] *Zeising* Mitt. 2001, 411.
[23] Vgl. BPatG BeckRS 2012, 05915.

11 Diese Praxis des DPMA ist zu Recht kritisiert worden.[24] Die Entscheidung „Sägeblatt" des BGH[25], auf die sich das DPMA in der Mitteilung bezieht, betraf die Frage, ob die Pflicht zur Zahlung von Jahresgebühren im Fall der Insolvenzeröffnung über das Vermögen des Schutzrechtsinhabers fortbesteht. Eine entsprechende Heranziehung von § 240 ZPO verbietet sich hier nach Ansicht des BGH deshalb, weil es sich bei der Zahlung der Gebühren um eine materiell-rechtliche Voraussetzung für den Fortbestand des Schutzrechts handelt, die prozessual nicht außer Kraft gesetzt werden kann[26] (→ Rn. 40).

12 Soweit es sich jedoch um ein **kontradiktorisches Verfahren** handelt, spricht eigentlich nichts gegen eine analoge Anwendung von § 240 ZPO, da auch hier dem Insolvenzverwalter nach Eröffnung des Insolvenzverfahrens die Möglichkeit gegeben werden sollte, die Erfolgsaussichten des Verfahrens zu prüfen und sodann über die Aufnahme des Verfahrens zu entscheiden. Zu Recht hat die Rechtsprechung daher in der Vergangenheit § 240 ZPO in markenrechtlichen Löschungsverfahren wegen absoluter Schutzhindernisse[27] ebenso analog angewendet, wie im patentrechtlichen Einspruchsverfahren[28] und im Gebrauchsmusterlöschungsverfahren.[29] Es liegen hier insoweit dieselben Voraussetzungen vor, wie in den Beschwerdeverfahren vor dem BPatG, die ebenfalls mit Eröffnung des Insolvenzverfahrens nach § 240 ZPO unterbrochen werden (→ Rn. 9).

13 Nur bei **einseitigen Verfahren** kommt eine analoge Anwendung von § 240 ZPO grundsätzlich nicht in Betracht und ist vom BPatG auch in der Vergangenheit nicht angenommen worden. Eine Unterbrechung des **markenrechtlichen Anmeldeverfahrens** beispielsweise hat das BPatG zu Recht mit der Begründung abgelehnt, dass ein rechtlicher Stillstand des Verfahrens drohe dessen zeitliche Dauer allein in das Belieben des Anmelders gestellt werde, da eine Aufnahme des Verfahrens nach § 239 Abs. 2–4 ZPO analog nicht möglich sei.[30] Dies könne nicht hingenommen werden, weil der Anmelder bereits während des Anmeldeverfahrens eine Rechtsstellung erlange, die es ihm zB ermögliche, auch bei einer Unterbrechung des Eintragungsverfahrens Widerspruch gegen eine jüngere Anmeldung bzw. Eintragung einzulegen und damit diese zu blockieren.[31]

14 Nach der aktuellen Entscheidungspraxis des DPMA dürfte es hingegen keine Rolle spielen, ob ein einseitiges oder ein zweiseitiges Verfahren vorliegt.[32] Bis auf weiteres ist davon auszugehen, dass eine Unterbrechung analog § 240 ZPO in Verfahren vor dem DPMA insgesamt nicht erfolgt.[33]

C. Voraussetzungen der Unterbrechung

15 Die Unterbrechungswirkung tritt gemäß § 240 ZPO entweder mit **Eröffnung des Insolvenzverfahrens** (Satz 1) oder mit **Übergang der Verwaltungs- und Verfügungsbefugnis** auf einen vorläufigen Insolvenzverwalter (Satz 2) ein. Erforderlich ist in beiden Fällen, dass das Verfahren die Insolvenzmasse betrifft. Ferner ist anerkannt, dass die Unterbrechungswirkung auch im Falle der **Eigenverwaltung** nach § 270 InsO eintritt.[34] Die Anordnung einer **vorläufigen Eigenverwaltung** nach § 270a Abs. 1 InsO bewirkt hingegen keine Unterbrechung des Verfahrens nach § 240 ZPO.[35]

I. Eröffnung eines Insolvenzverfahrens

16 Die Eröffnung des Insolvenzverfahrens bestimmt sich nach **§§ 27 ff. InsO**. Sie erfolgt durch den Eröffnungsbeschluss des Insolvenzgerichts.

17 § 240 erfasst nicht nur die Fälle, in denen ein Insolvenzverfahren nach den §§ 27 ff. InsO eröffnet wird. Die Unterbrechungswirkung kann vielmehr auch mit Eröffnung eines **ausländischen Insolvenzverfahrens** iSd **§§ 352, 343 InsO** eintreten.[36] Voraussetzung ist danach zunächst, dass es sich um ein Verfahren handelt, dass in etwa die gleichen Ziele verfolgt, wie die in der InsO vorgesehenen Verfahren.[37] Auch das ausländische Insolvenzverfahren muss also die Liquidation des Schuldnervermögens oder den Bestand des Unternehmens bei gleichzeitiger Befriedigung der Gläubiger zum Ziel

---

[24] Kraßer/Neuburger GRUR 2010, 588 ff.; für das Gebrauchsmusterlöschungsverfahren Bühring/Schmid GebrMG § 16 Rn. 38; zum Streitstand BGH GRUR 2019, 549 (551) – Kaffeekapsel.
[25] GRUR 2008, 1644 ff.
[26] BGH GRUR 2008, 551 (552) – Sägeblatt.
[27] BGH GRUR 2019, 549 (552) – Kaffeekapsel; BPatG BeckRS 2007, 13508.
[28] BPatG GRUR 2010, 521 (524) – Prüfungskompetenz bei widerrechtlicher Entnahme.
[29] Vgl. BPatG Mitt. 2001, 150 (151) – Reinigungstextile; Bühring/Schmid GebrMG § 16 Rn. 38.
[30] BPatG BeckRS 2012, 10606 – BürgerBräu Hof-Bayern; BPatG BeckRS 2007, 14619.
[31] BPatG BeckRS 2007, 14619.
[32] Hierzu Kraßer/Neuburger GRUR 2010, 588 (590).
[33] Bühring/Schmid GebrMG § 16 Rn. 38; anders für das markenrechtliche Widerspruchsverfahren BPatG BeckRS 2013, 21429.
[34] BGH NJW-RR 2007, 629; BeckOK PatR/Voß PatG Vor §§ 139 ff. Rn. 171.
[35] BAG BeckRS 2020, 10022.
[36] BGH GRUR 2010, 861 (862) – Schnellverschlusskappe; offen gelassen in LG Mannheim GRUR-RR 2001, 49 (52) – convenant not to sue.
[37] BGH GRUR 2010, 861 (862) – Schnellverschlusskappe.

haben.[38] Erforderlich ist jedenfalls, dass das ausländische Insolvenzverfahren nach dem Recht des Staates, in dem es eröffnet wurde, Einfluss auf anhängige Prozesse hat.[39]

Bei dem **Verfahren nach Kapitel 11 des US-amerikanischen Bankruptcy Code** handelt es sich um ein ausländisches Insolvenzverfahren, dessen Einleitung eine Verfahrensunterbrechung nach § 240 ZPO bewirkt.[40] Hier kann das Verfahren erst dann aufgenommen werden, wenn zuvor bei den zuständigen US-amerikanischen Gerichten um eine Aufhebung der Unterbrechung („relief from the stay") nachgesucht wurde. **18**

Bei Eröffnung eines Insolvenzverfahrens in einem EU-Mitgliedsstaat gilt die **EuInsVO**.[41] Dabei ist Art. 16 EuInsVO zu beachten, wonach die Eröffnung eines Insolvenzverfahrens durch ein Gericht eines Mitgliedsstaats in allen übrigen Mitgliedsstaaten anerkannt wird, sobald die Entscheidung im Staat der Verfahrenseröffnung wirksam ist.[42] Die Eröffnung des Insolvenzverfahrens in einem Mitgliedsstaat entfaltet in jedem anderen Mitgliedsstaat automatisch die Wirkungen, die das Recht des Staates der Verfahrenseröffnung dem Verfahren beilegt (Art. 17 EuInsVO). Dies bedeutet aber nicht, dass das Verfahren mit Insolvenzeröffnung im EU-Ausland immer unterbrochen wird. Vielmehr bestimmt sich die Wirkung des Insolvenzverfahrens auf einen anhängigen Rechtsstreit ausschließlich nach dem Rechts des Mitgliedsstaates, in dem der Rechtsstreit anhängig ist. Die Wirkung der Insolvenzeröffnung im Geltungsbereich der EuInsVO ist daher für einen deutschen Rechtsstreit nach § 240 ZPO zu bestimmen.[43] **19**

II. Betroffenheit der Insolvenzmasse

Die Unterbrechungswirkung betrifft nur solche Verfahren, die die Insolvenzmasse (§§ 35, 36 InsO) betreffen. Ein **mittelbarer Bezug** zur Insolvenzmasse genügt dabei.[44] Nicht ausreichend ist hingegen eine nur wirtschaftliche Beziehung.[45] Bei Eröffnung eines Insolvenzverfahrens im Geltungsbereich der EuInsVO richtet sich die Frage, welche Vermögenswerte zur Masse gehören gemäß Art. 4 Abs. 2 S. 2 lit. b EuInsVO nach der **lex fori concursus**, dh dem Recht des Mitgliedsstaates, in dem das Verfahren eröffnet wird.[46] **20**

1. Vermögensrechtliche Streitigkeit. Erfasst werden nur vermögensrechtliche Streitigkeiten, dh solche Verfahren, die das pfändbare Vermögen betreffen.[47] Dies umfasst neben Leistungsklagen auch **Feststellungsklagen,** die einen massezugehörigen Gegenstand oder ein sich auf die Masse beziehendes Feststellungsinteresse des Klägers betreffen.[48] Auch das Vorbenutzungsrecht[49] und Rechte aus § 15 PatG[50] gehören zur Insolvenzmasse. **21**

Zur Insolvenzmasse gehören **Schadensersatzansprüche** wegen einer Schutzrechtsverletzung, einschließlich der Schadensersatzfeststellungsansprüchs und des zur Ermittlung des Schadens dienenden unselbständigen Auskunftsanspruchs.[51] Dies gilt jedenfalls für Schadensersatzansprüche, die bis zur Insolvenzeröffnung entstanden sind. Nach Eröffnung des Insolvenzverfahrens kann ein Fall des § 55 Abs. 1 Nr. 1 InsO vorliegen.[52] **22**

Auch der **Vernichtungsanspruch** wird von § 240 ZPO erfasst, da er die Aussonderung eines Gegenstandes aus der Insolvenzmasse betrifft.[53] **23**

Umstritten ist, ob und inwieweit eine Unterbrechung des Verletzungsverfahrens auch im Hinblick auf den **Unterlassungsanspruch** erfolgt. Der BGH geht hiervon in ständiger Rechtsprechung aus.[54] Zur Begründung wird darauf verwiesen, dass die Frage, ob der Verletzer die vom Verletzten beanstandete Handlung vornehmen dürfe, für den Gewerbebetrieb des Verletzers ein meist erhebliches Vermögensinteresse darstelle.[55] Zu berücksichtigen ist jedoch, dass es sich bei der Unterlassungspflicht um eine **höchstpersönliche Pflicht des Schuldners** handelt, die grundsätzlich nicht die Insolvenzmasse **24**

---

[38] BeckOK PatR/*Voß* PatG Vor §§ 139 ff. Rn. 177.
[39] BGH NZI 2012, 572 (575); kritisch hierzu *Buntenbroich* NZI 2012, 547 ff.; vgl. BPatG BeckRS 2014, 12941 für das freiwillige Vergleichsverfahren (concordato preventivo) nach italienischem Insolvenzrecht.
[40] BGH GRUR 2010, 861 (862) – Schnellverschlusskappe.
[41] VO (EG) 1346/2000 vom 29.5.2000.
[42] Hierzu Kühnen Patentverletzung-HdB Kap. D Rn. 450.
[43] OLG München NZI 2012, 1028 (1029).
[44] BGH GRUR 2010, 343 (344) – Oracle.
[45] BeckOK PatR/*Voß* PatG Vor §§ 139 ff. Rn. 173.
[46] Vgl. BPatG BeckRS 2013, 12865.
[47] Zöller/*Greger* ZPO § 240 Rn. 8.
[48] MüKoInsO/*Ott/Vuia* InsO § 80 Rn. 83.
[49] BGH GRUR 2010, 47 (48) – Füllstoff; BGH GRUR 1966, 370 (374) – Dauerwellen II.
[50] Schulte/*Schulte* PatG Einleitung Rn. 10.
[51] BGH GRUR 2010, 343 (344) – Oracle; BGH GRUR 2015, 672 (673) – Videospiel-Konsolen II.
[52] BeckOK PatR/*Voß* PatG Vor §§ 139 ff. Rn. 173.
[53] BGH GRUR 2015, 672 (673) – Videospiel-Konsolen II.
[54] BGH GRUR 1966, 218 (219) – Dia-Rähmchen III; BGH GRUR 2010, 343 (344) – Oracle; BGH GRUR 2015, 672 (673) – Videospiel-Konsolen II; BGH BeckRS 2019, 15300.
[55] BGH GRUR 1966, 218 (219) – Dia-Rähmchen III.

betrifft, da sich der Insolvenzverwalter die Handlungen des Rechtsvorgängers nicht zurechnen lassen muss und nicht insoweit in die Unterlassungspflicht eintritt.[56] In der Praxis ist dies aber jedenfalls dann unproblematisch, wenn der Insolvenzverwalter den Geschäftsbetrieb fortsetzt, da sich dann die Wiederholungsgefahr bereits aus dieser Unternehmensfortführung ergeben wird.[57]

25 Die Insolvenzmasse ist nicht betroffen, soweit aus einem Wettbewerbsverstoß folgende **Ansprüche wegen Drittauskunft** (zB aus § 19 MarkenG) im Streit stehen.[58] Der Drittauskunftsanspruch ist darauf gerichtet, dem Verletzten die Rechtsverfolgung gegen die Abnehmer des auf Drittauskunft in Anspruch Genommenen zu ermöglichen. Bezogen auf die Insolvenzmasse ist er vermögensmäßig neutral.[59]

26 Ferner unterfallen der Insolvenzmasse auch **Ansprüche, die den Rechtsbestand eines zur Insolvenzmasse gehörenden Schutzrechts** betreffen.[60] Da die Vernichtung des Schutzrechts zu einer Minderung der Insolvenzmasse führen kann, handelt es sich bei Rechtsbestandsverfahren um gegen die Masse gerichtete Verfahren.[61] Eine Beziehung zur Insolvenzmasse ist daher nach ständiger Rechtsprechung jedenfalls immer dann anzunehmen, wenn der Patentinhaber Gewerbetreibender ist und der Angriff auf das Schutzrecht mit Rücksicht auf den Gewerbebetrieb erhoben wurde.[62]

27 Eine **patentrechtliche Nichtigkeitsklage** hat daher ebenso Bezug zur Insolvenzmasse[63], wie ein gegen ein zur Insolvenzmasse gehörendes Patent gerichtetes patentrechtliches **Einspruchsverfahren**[64], das gemäß §§ 59, 61, 21 PatG auf den Widerruf des Patents gerichtet ist und daher zu einer Minderung der Insolvenzmasse führen kann. Gleiches gilt für die **Gebrauchsmusterlöschung**.[65] Die Insolvenz der Einsprechenden führt hingegen grundsätzlich nicht zu einer Unterbrechung des Einspruchsverfahrens.[66] Die Geltendmachung der Widerruflichkeit des Streitpatents stellt grundsätzlich keinen Vermögenswert dar, der als solcher in die Insolvenzmasse fallen würde, da es im Einspruchsverfahren vorrangig um öffentliche Interessen an der Klärung der Rechtmäßigkeit einer inter omnes wirkenden Patenterteilung und etwaige vom Einsprechenden verfolgte wirtschaftliche Interessen idR durch das Einspruchsverfahren lediglich mittelbar betroffen sind.

28 Auch der Anspruch auf **Löschung**[67] bzw. **Einwilligung zur Löschung**[68] **der Marke** betrifft die Insolvenzmasse. Dies gilt auch für denjenigen, der beim DPMA die Löschung einer Marke wegen absoluter Schutzhindernisse beantragt, wenn der Löschungsantragsteller und der Markeninhaber **Wettbewerber** sind.[69] In diesem Fall besteht auch ohne anhängiges Verletzungsverfahren ein Bezug des Löschungsverfahrens zum Vermögen des Löschungsantragstellers.

29 Es ist umstritten, ob das **markenrechtliche Widerspruchsverfahren** die Insolvenzmasse betrifft.[70] Hiergegen wird vorgebracht, dass das Widerspruchsrecht gemäß § 42 MarkenG nur dem Inhaber der Widerspruchsmarke zusteht, weshalb es sich bei dem Widerspruchsrecht um ein unpfändbares unselbständiges Nebenrecht iSd § 857 ZPO handelt.[71]

30 Die Insolvenzmasse ist auch dann betroffen, wenn die Ansprüche auf eine **Verletzung von Wettbewerbsrecht** gestützt werden.[72] Die Unterbrechung tritt daher beispielsweise auch dann ein, wenn gegen den Insolvenzschuldner wettbewerbsrechtliche Unterlassungsansprüche geltend gemacht werden.[73]

31 **2. Teilweise Betroffenheit der Insolvenzmasse.** Bei mehreren im Verfahren streitgegenständlichen Ansprüchen wird das Verfahren nach überwiegender Auffassung **insgesamt nach § 240 ZPO unterbrochen,** wenn nur einzelne dieser Ansprüche die Insolvenzmasse betreffen oder wenn bei einem teilbaren Anspruch nur ein Teil die Insolvenzmasse berührt.[74]

---

[56] *Zeising* Mitt. 2001, 411 (414).
[57] *Zeising* Mitt. 2001, 411 (414).
[58] BGH GRUR 2010, 343 (344) – Oracle, OLG Düsseldorf BeckRS 2015, 13306.
[59] BGH GRUR 2010, 343 (344) – Oracle.
[60] BGH GRUR 1995, 394 – Aufreißdeckel.
[61] BPatG Mitt. 2012, 410 (Ls.) – akustischer Mehrschichtenabsorber, im Volltext BeckRS 2012, 10797; BPatG GRUR 2010, 521 (524) – Prüfungskompetenz bei widerrechtlicher Entnahme.
[62] BGH GRUR 1995, 394 – Aufreißdeckel.
[63] BGH GRUR 2010, 861 (862) – Schnellverschlusskappe; BGH GRUR 1995, 394 – Aufreißdeckel.
[64] BPatG Mitt. 2012, 410 (Ls.) – akustischer Mehrschichtenabsorber, im Volltext BeckRS 2012, 10797; BPatG GRUR 2010, 521 (524) – Prüfungskompetenz bei widerrechtlicher Entnahme.
[65] Bühring/*Schmid* GebrMG § 16 Rn. 39.
[66] BPatG BeckRS 2019, 13816.
[67] BPatG BeckRS 2015, 09638; 2007, 13508.
[68] BGH GRUR 2010, 343 (344) – Oracle.
[69] BGH GRUR 2019, 549 (552) – Kaffeekapsel.
[70] Gegen eine Anwendung BPatG NZI 2012, 291 (292); GRUR 2008, 364 (365) – Zustellung an Verfahrensbevollmächtigten des Insolvenzverwalters; aA BPatG BeckRS 2008, 15448; 2013, 21429.
[71] BPatG NZI 2012, 291 (292).
[72] BGH GRUR 2010, 343 (344) – Oracle.
[73] OLG Köln BeckRS 2008, 01152.
[74] BGH GRUR 2010, 343 (344) – Oracle; BGH GRUR 1966, 218 (219) – Dia-Rähmchen III.

Eine Ausnahme von diesem Grundsatz hat der BGH im Fall des **Anspruchs auf Drittauskunft** 32 gemacht.[75] Einer Erstreckung der Unterbrechungswirkung auch auf den Anspruch auf Drittauskunft hätte nach Ansicht des I. Zivilsenats zur Folge, dass die Rechtsverfolgung für den Verletzten gegen den Dritten erheblich verzögert würde. Dies werde auch durch den Schutzzweck des § 240 ZPO nicht gerechtfertigt, der dem Insolvenzverwalter in erster Linie Bedenkzeit für die Entscheidung geben solle, ob er den Rechtsstreit aufnehmen möchte. Dieser Schutzzweck wird nicht berührt, da durch den Drittauskunftsanspruch nur das Verhältnis zwischen dem Drittabnehmer und dem verletzten Gläubiger betroffen ist. Es kann daher in einer solchen Konstellation ausnahmsweise über den Anspruch auf Drittauskunft durch Teilurteil gem. § 301 ZPO entschieden werden, wenn der Anspruch zusammen mit anderen Ansprüchen geltend gemacht wird, die von § 240 ZPO betroffen sind.[76] Das Teilurteilsverbot greift dann nicht (vgl. → § 301 Rn. 6).

III. Unterbrechungsautomatismus

Sind die vorstehend genannten Voraussetzungen erfüllt, tritt die Unterbrechungswirkung **automatisch mit Eröffnung des Insolvenzverfahrens** ein. Unerheblich ist insoweit, ob das Gericht oder die Parteien Kenntnis von der Insolvenzeröffnung haben.[77] Auch die Rechtmäßigkeit der Insolvenzeröffnung spielt keine Rolle.[78] Eine sofortige Beschwerde gegen den Eröffnungsbeschluss nach § 34 InsO lässt die Unterbrechungswirkung daher nicht entfallen.[79] 33

Ein Antrag auf Unterbrechung des Prozesses ist nicht erforderlich. Die Eröffnung des Insolvenzverfahrens sollte dem Gericht jedoch umgehend von den Parteien mitgeteilt werden. So kann vermieden werden, dass das Gericht in Unkenntnis von der Insolvenzeröffnung Prozesshandlungen vornimmt, die dann ggf. wegen § 249 ZPO unwirksam sind. 34

Über die Wirkung der Insolvenzeröffnung auf den Rechtsstreit kann das Gericht gem. § 303 ZPO durch **Zwischenurteil** entscheiden, wenn sie zwischen den Parteien umstritten ist[80] (→ § 303 Rn. 2). Bringt das Zwischenurteil zum Ausdruck, dass die Partei endgültig an der Aufnahme des Prozesses gehindert ist, kann es wie ein Endurteil angefochten werden.[81] 35

IV. Unterbrechung bei Streitgenossen

Die Unterbrechungswirkung tritt bei **einfacher Streitgenossenschaft** (§ 61 ZPO) nur gegenüber der Partei ein, über deren Vermögen das Insolvenzverfahren eröffnet wird.[82] Eine Unterbrechung des Verfahrens auch im Hinblick auf die der Insolvenzeröffnung nicht betroffenen Streitgenossen ist mit der Gewährung effektiven Rechtsschutzes nicht vereinbar.[83] Auch das Insolvenzverfahrens eines einfachen Streithelfers (§ 67 ZPO) führt nicht zur Unterbrechung.[84] Bei Insolvenz einer **OHG, KG, KGaA oder GbR** werden mit Insolvenzeröffnung (§ 11 Abs. 2 Nr. 1 InsO) nur solche Verfahren unterbrochen, die das **Gesellschaftsvermögen betreffen,** nicht aber Verfahren der persönlich haftenden Gesellschafter, da auch hier eine einfache Streitgenossenschaft vorliegt.[85] 36

Die Insolvenzeröffnung führt in diesen Fällen zu einer **faktischen Trennung des Verfahrens,** da das Verfahren für die nicht betroffenen Streitgenossen fortgesetzt wird. Es ergibt dann im Hinblick auf diesen Streitgenossen insoweit ein **Teilurteil** (§ 301 ZPO). Das Teilurteilsverbot, wonach grundsätzlich ein Teilurteil dann unzulässig ist, wenn es eine Frage entscheidet, die sich im weiteren Verfahren über die anderen Ansprüche noch einmal stellt, gilt hier nicht[86] (→ § 301 Rn. 6). Über eine auf Nichtigerklärung eines Patents gerichtete Klage mehrerer Kläger kann daher durch Teilurteil entschieden werden, wenn das Verfahren gegen einen der Kläger gem. § 240 ZPO unterbrochen ist.[87] 37

Bei **notwendigen Streitgenossen** (§ 62 ZPO) wird mit Eröffnung des Insolvenzverfahren über das Vermögen eines der Streitgenossen das gesamte Verfahren unterbrochen.[88] 38

---

[75] BGH GRUR 2010, 343 (344) – Oracle.
[76] OLG Düsseldorf BeckRS 2015, 13306.
[77] BGH NJW 1995, 2563; Musielak/Voit/*Stadler* ZPO § 240 Rn. 3.
[78] Musielak/Voit/Stadler ZPO § 240 Rn. 3.
[79] Gottwald/*Eckardt,* Insolvenzrechts-Handbuch, § 32 Rn. 94.
[80] BGH GRUR 2010, 343 (344) – Oracle; BGH GRUR 2010, 861 (862) – Schnellverschlusskappe.
[81] BGH NZI 2006, 123.
[82] OLG Düsseldorf BeckRS 2010, 15569; LG Düsseldorf BeckRS 2013, 13313.
[83] BGH GRUR 2010, 343 (345) – Oracle.
[84] BeckOK PatR/*Voß* PatG Vor §§ 139 ff. Rn. 172.
[85] Musielak/Voit/*Stadler* ZPO § 240 Rn. 2.
[86] BGH GRUR 2017, 520 (521) – MICRO COTTON; BGH NZI 2007, 575 (576); GRUR 2010, 343 (345) – Oracle; OLG Düsseldorf BeckRS 2105, 13306; LG Düsseldorf BeckRS 2004, 21365.
[87] BGH GRUR 2021, 1382 – Oszillationsantrieb.
[88] Zöller/*Greger* ZPO § 240 Rn. 7; BeckOK PatR/*Voß* PatG Vor §§ 139 ff. Rn. 172.

D. Wirkung der Unterbrechung

39   Die Wirkung der Unterbrechung ist in § 249 ZPO geregelt. Auf die dortige Kommentierung wird verwiesen.

40   Von besonderer Bedeutung ist, dass die Eröffnung des Insolvenzverfahrens über das Vermögen des Patentinhabers keine Auswirkungen auf die **Pflicht zur Zahlung fälliger Jahres-, Aufrechterhaltungs- oder Verlängerungsgebühren** hat.[89] Nicht erfasst werden wohl auch die **Frist zur Offenlegung der Patentanmeldung** nach § 32 Abs. 2 PatG und die **Prioritätsfrist**[90], wohingegen die **Frist zur Stellung des Prüfungsantrags** nach § 44 Abs. 2 S. 1 PatG von § 249 Abs. 1 ZPO erfasst wird[91] (→ § 249 Rn. 13).

41   Eine Besonderheit gilt im Hinblick auf **§ 249 Abs. 3 ZPO,** wonach die Verkündung einer Entscheidung durch eine nach Schluss der mündlichen Verhandlung eintretende Unterbrechung nicht verhindert wird. Wird die Entscheidung an **Verkündungs statt** zugestellt, wird das Verfahren mit Insolvenzeröffnung nicht unterbrochen, wenn der von den beteiligten Richtern unterschriebene Beschluss bei Insolvenzeröffnung bereits der Geschäftsstelle zur Aufgabe zur Post übergeben worden ist.[92] Dies gilt auch im **schriftlichen Verfahren,** in dem die Insolvenzeröffnung ebenfalls nicht mehr zu berücksichtigen ist, wenn der unterschriebene Beschluss nebst förmlicher Verfügung der Geschäftsstelle zur Aufgabe zur Post übergegeben wurde.[93] Vor der Übergabe des Beschlusses zur Post, ist die Insolvenzeröffnung grundsätzlich zu berücksichtigen.[94]

42   Keine Unterbrechung des Verfahrens soll auch ausnahmsweise dann eintreten, wenn den Parteien in der mündlichen Verhandlung ein **Schriftsatznachlass gemäß § 283 ZPO** gewährt wird und ein Insolvenzverfahren vor Ablauf der Nachschubfrist eröffnet wird[95] (→ § 249 Rn. 25).

E. Beendigung der Unterbrechung

43   Die Unterbrechung endet gemäß § 240 ZPO dann, wenn der Rechtsstreit nach den für das Insolvenzverfahren geltenden Vorschriften **aufgenommen oder das Insolvenzverfahren beendet** wird.[96] Die Befugnis zur Aufnahme richtet sich nach §§ 85 ff. InsO. Sie erfolgt nach § 250 ZPO durch Einreichung eines Schriftsatzes bei Gericht (→ § 250 Rn. 4). Bei Anfechtung des Eröffnungsbeschlusses endet die Unterbrechung automatisch mit Rechtskraft der Aufhebungsentscheidung.[97] Eine Übertragung des zur Insolvenzmasse gehörenden streitgegenständlichen Schutzrechts führt nicht automatisch zu einem Ende der Unterbrechung, sondern setzt ebenfalls die Aufnahme des unterbrochenen Verfahrens voraus.[98]

44   Bei einem Insolvenzverfahren innerhalb des Geltungsbereichs der **EuInsVO** richtet sich die Frage der Aufnahme des Verfahrens gemäß Art. 15 EuInsVO nach dem lex fori, also bei einem deutschen Rechtsstreit nach den für das Insolvenzverfahren geltenden Vorschriften.[99] Etwas anderes gilt, wenn es sich um ein **außereuropäisches Insolvenzverfahren** handelt, bei dem das außereuropäische lex fori concursus für die Aufnahme maßgeblich ist.[100]

45   Das Gericht hat die formellen und materiellen Voraussetzungen, unter welchen der unterbrochene Rechtsstreit aufgenommen werden kann, von Amts wegen zu prüfen.[101] Bei Streit über die Wirksamkeit der Aufnahme oder Anzeige kann hierüber durch Zwischenurteil oder in den Gründen des Endurteils entschieden werden[102] (→ Rn. 35).

46   Die Aufnahme des Verfahrens durch den Insolvenzverwalter führt zu einem **gesetzlichen Parteiwechsel.**[103] Zu beachten ist, dass der Gläubiger seinen Klageantrag ggf. auf Feststellung der Forderung zur Tabelle umstellen muss.[104]

47   Hinsichtlich der **Befugnis zur Aufnahme** des Rechtsstreits ist danach zu unterscheiden, ob es sich bei dem unterbrochenen Verfahren um einen **Aktiv- oder einen Passivprozess** handelt. Während

---

[89] Für BGH GRUR 2008, 551 (552) – Sägeblatt (Patentrecht); BPatG BeckRS 2008, 1270 (Markenrecht); BPatG BeckRS 2007, 08956 (Markenrecht); Bühring/*Schmid* GebrMG § 16 Rn. 40 (Gebrauchsmusterrecht).
[90] *Krasser/Neuburger* GRUR 2010, 588 (590).
[91] BPatGE GRUR 1973, 590 – Aussetzung.
[92] Fezer Markenpraxis-HdB/*Grabrucker* I 1 2 Markenverfahren BPatG, Rn. 292.
[93] Fezer Markenpraxis-HdB/*Grabrucker* I 1 2 Markenverfahren BPatG, Rn. 293.
[94] Vgl. BGH GRUR 1997, 223 (224) – Ceco.
[95] Hierzu LG Mannheim GRUR-RR 2011, 49 (52) – convenant not to sue.
[96] Hierzu Zöller/*Greger* ZPO § 240 Rn. 15.
[97] MüKoZPO/*Stackmann* ZPO § 240 Rn. 9.
[98] BPatG BeckRS 2013, 21429.
[99] BGH GRUR 2013, 862 – Aufnahme des Patentnichtigkeitsverfahrens.
[100] *Schoenen* NZI 2013, 690 (691), Anmerkung zu BGH GRUR 2013, 862.
[101] BGH GRUR 1966, 218 (219) – Dia-Rähmchen III.
[102] Musielak/Voit/*Stadler* ZPO § 250 Rn. 2.
[103] BeckOK PatR/*Voß* PatG Vor §§ 139 ff. Rn. 175; Musielak/Voit/*Stadler* ZPO § 240 Rn. 1.
[104] BeckOK PatR/*Voß* PatG Vor §§ 139 ff. Rn. 175.

sich die Aufnahme eines Aktivprozesses nach § 85 InsO richtet, wird die Aufnahme von Passivprozessen in § 86 InsO geregelt. Passivprozesse die eine Insolvenzforderung betreffen sind nach §§ 180 Abs. 2, 184 Abs. 1 S. 2 InsO aufzunehmen. Dies gilt insbesondere für Rechnungslegungs- und Schadensersatzansprüche für Verletzungshandlungen bis zum Verfügungsverbot.[105]

Ob ein Verfahren einen Passiv- oder einen Aktivprozess darstellt, ist aus der Sicht des Schuldners zu beurteilen, wobei es nicht auf die Parteirolle des Insolvenzverwalters im Prozess ankommt, sondern auf die materielle Rechtslage.[106] Aktivprozesse sind solche Verfahren, in denen über die Pflicht zu einer Leistung gestritten wird, die in die Masse zu gelangen hat.[107] Passivprozesse hingegen betreffen die Aussonderung eines Gegenstandes aus der Insolvenzmasse, die abgesonderte Befriedigung oder eine Masseverbindlichkeit.[108] **48**

Nach der Rechtsprechung des BGH ist ein gegen den Insolvenzschuldner gerichteter **Unterlassungsanspruch** wegen Verletzung eines gewerblichen Schutzrechts oder wegen eines Wettbewerbsverstoßes ein **Passivprozess iSd § 86 InsO**.[109] Für die Aufnahme eines Passivprozesses, der einen gesetzlichen Unterlassungsanspruch wegen Verletzung eines gewerblichen Schutzrechts, Urheberrechts oder wegen eines Wettbewerbsverstoßes zum Gegenstand hat gilt § 86 Abs. 1 Nr. 3 InsO analog.[110] Dies gilt auch für den Schadensersatzfeststellungs- und den Rechnungslegungsanspruch für die Zeit nach Anordnung des Verfügungsverbotes.[111] **49**

Bezüglich eines **Vernichtungsanspruchs** kann der Rechtsstreit nach § 86 Abs. 1 Nr. 1 InsO aufgenommen werden, da der Anspruch die Aussonderung eines Gegenstandes aus der Insolvenzmasse betrifft.[112] **50**

Nach der Rechtsprechung des BPatG[113] ist auch für die Aufnahme eines durch die Eröffnung des Insolvenzverfahrens über das Vermögen des Patentinhabers unterbrochenen **Einspruchsverfahrens** § 86 InsO maßgeblich. Auch die Aufnahme des nach § 240 ZPO unterbrochenen **Patentnichtigkeitsverfahrens** richtet sich nach § 86 Abs. 1 Nr. 1 InsO.[114] Das Einspruchs- bzw. Nichtigkeitsverfahrens kann daher neben dem Insolvenzverwalter auch vom Einsprechenden bzw. Nichtigkeitskläger aufgenommen werden. **51**

F. Verstoß gegen § 240 ZPO

Entscheidungen, die unter Verstoß gegen § 240 ZPO ergehen, sind **wirksam, aber anfechtbar**.[115] Es liegt ein Verfahrensfehler vor, der im Zweifel zu einer Aufhebung der unter Verstoß gegen § 240 ZPO ergangenen Entscheidung führt. Unerheblich ist insoweit, ob der Beschwerdeführer seine Beschwerde auf diesen Verfahrensfehler stützt, da der Verfahrensfehler von Amts wegen zu berücksichtigen ist.[116] **52**

§ 241 Unterbrechung durch Prozessunfähigkeit

(1) Verliert eine Partei die Prozessfähigkeit oder stirbt der gesetzliche Vertreter einer Partei oder hört seine Vertretungsbefugnis auf, ohne dass die Partei prozessfähig geworden ist, so wird das Verfahren unterbrochen, bis der gesetzliche Vertreter oder der neue gesetzliche Vertreter von seiner Bestellung dem Gericht Anzeige macht oder der Gegner seine Absicht, das Verfahren fortzusetzen, dem Gericht angezeigt und das Gericht diese Anzeige von Amts wegen zugestellt hat.

(2) Die Anzeige des gesetzlichen Vertreters ist dem Gegner der durch ihn vertretenen Partei, die Anzeige des Gegners ist dem Vertreter zuzustellen.

(3) Diese Vorschriften sind entsprechend anzuwenden, wenn eine Nachlassverwaltung angeordnet wird.

§ 242 Unterbrechung durch Nacherbfolge

Tritt während des Rechtsstreits zwischen einem Vorerben und einem Dritten über einen der Nacherbfolge unterliegenden Gegenstand der Fall der Nacherbfolge ein, so gelten, sofern der Vorerbe befugt war, ohne Zustimmung des Nacherben über den Gegenstand zu verfügen, hinsichtlich der Unterbrechung und der Aufnahme des Verfahrens die Vorschriften des § 239 entsprechend.

---

[105] BGH GRUR 2010, 536 (539) – Modulgerüst II; Kühnen Patentverletzung-HdB Kap. D Rn. 451.
[106] BGH GRUR 2010, 536 (538) – Modulgerüst II; OLG Köln BeckRS 2008, 01152.
[107] BGH NZI 2004, 318 (319); GRUR 2010, 536 (538) – Modulgerüst II.
[108] BGH GRUR 2010, 536 (538) – Modulgerüst II.
[109] BGH GRUR 2010, 536 (538) – Modulgerüst II; anders noch BGH GRUR 1966, 218 (219 f.) – Dia-Rähmchen III; BGH GRUR 1983, 179 (180) – Stapel-Automat.
[110] BGH GRUR 2015, 672 (673) – Videospiel-Konsolen II; BGH GRUR 2010, 536 (539) – Modulgerüst II.
[111] BGH GRUR 2010, 536 (539) – Modulgerüst II; vgl. zur Aufnahme des Anspruchs auf Feststellung der Schadensersatzpflicht auch BGH GRUR 2015, 672 (674) – Videospiel-Konsolen II.
[112] BGH GRUR 2015, 672 (673) – Videospiel-Konsolen II.
[113] Mitt. 2012, 410 (Ls.) – akustischer Mehrschichtabsorber, im Volltext BeckRS 2012, 10797.
[114] BGH GRUR 2013, 862 f. – Aufnahme des Patentnichtigkeitsverfahrens.
[115] BPatG GRUR 2010, 521 (524) – Prüfungskompetenz bei widerrechtlicher Entnahme; BPatG BeckRS 2012, 14218.
[116] BPatG BeckRS 2008, 15448.

§ 243 Aufnahme bei Nachlasspflegschaft und Testamentsvollstreckung

Wird im Falle der Unterbrechung des Verfahrens durch den Tod einer Partei ein Nachlasspfleger bestellt oder ist ein zur Führung des Rechtsstreits berechtigter Testamentsvollstrecker vorhanden, so sind die Vorschriften des § 241 und, wenn über den Nachlass das Insolvenzverfahren eröffnet wird, die Vorschriften des § 240 bei der Aufnahme des Verfahrens anzuwenden.

§ 244 Unterbrechung durch Anwaltsverlust

(1) Stirbt in Anwaltsprozessen der Anwalt einer Partei oder wird er unfähig, die Vertretung der Partei fortzuführen, so tritt eine Unterbrechung des Verfahrens ein, bis der bestellte neue Anwalt seine Bestellung dem Gericht angezeigt und das Gericht die Anzeige dem Gegner von Amts wegen zugestellt hat.

(2) [1] Wird diese Anzeige verzögert, so ist auf Antrag des Gegners die Partei selbst zur Verhandlung der Hauptsache zu laden oder zur Bestellung eines neuen Anwalts binnen einer von dem Vorsitzenden zu bestimmenden Frist aufzufordern. [2] Wird dieser Aufforderung nicht Folge geleistet, so ist das Verfahren als aufgenommen anzusehen. [3] Bis zur nachträglichen Anzeige der Bestellung eines neuen Anwalts erfolgen alle Zustellungen an die zur Anzeige verpflichtete Partei.

§ 245 Unterbrechung durch Stillstand der Rechtspflege

Hört infolge eines Krieges oder eines anderen Ereignisses die Tätigkeit des Gerichts auf, so wird für die Dauer dieses Zustandes das Verfahren unterbrochen.

§ 246 Aussetzung bei Vertretung durch Prozessbevollmächtigten

(1) Fand in den Fällen des Todes, des Verlustes der Prozessfähigkeit, des Wegfalls des gesetzlichen Vertreters, der Anordnung einer Nachlassverwaltung oder des Eintritts der Nacherbfolge (§§ 239, 241, 242) eine Vertretung durch einen Prozessbevollmächtigten statt, so tritt eine Unterbrechung des Verfahrens nicht ein; das Prozessgericht hat jedoch auf Antrag des Bevollmächtigten, in den Fällen des Todes und der Nacherbfolge auch auf Antrag des Gegners die Aussetzung des Verfahrens anzuordnen.

(2) Die Dauer der Aussetzung und die Aufnahme des Verfahrens richten sich nach den Vorschriften der §§ 239, 241 bis 243; in den Fällen des Todes und der Nacherbfolge ist die Ladung mit dem Schriftsatz, in dem sie beantragt ist, auch dem Bevollmächtigten zuzustellen.

§ 247 Aussetzung bei abgeschnittenem Verkehr

Hält sich eine Partei an einem Ort auf, der durch obrigkeitliche Anordnung oder durch Krieg oder durch andere Zufälle von dem Verkehr mit dem Prozessgericht abgeschnitten ist, so kann das Gericht auch von Amts wegen die Aussetzung des Verfahrens bis zur Beseitigung des Hindernisses anordnen.

§ 248 Verfahren bei Aussetzung

(1) Das Gesuch um Aussetzung des Verfahrens ist bei dem Prozessgericht anzubringen; es kann vor der Geschäftsstelle zu Protokoll erklärt werden.

(2) Die Entscheidung kann ohne mündliche Verhandlung ergehen.

§ 249 Wirkung von Unterbrechung und Aussetzung

(1) Die Unterbrechung und Aussetzung des Verfahrens hat die Wirkung, dass der Lauf einer jeden Frist aufhört und nach Beendigung der Unterbrechung oder Aussetzung die volle Frist von neuem zu laufen beginnt.

(2) Die während der Unterbrechung oder Aussetzung von einer Partei in Ansehung der Hauptsache vorgenommenen Prozesshandlungen sind der anderen Partei gegenüber ohne rechtliche Wirkung.

(3) Durch die nach dem Schluss einer mündlichen Verhandlung eintretende Unterbrechung wird die Verkündung der auf Grund dieser Verhandlung zu erlassenden Entscheidung nicht gehindert.

Literatur: *Kraßer/Neuburger*, Die Unterbrechung des Verfahrens vor dem DPMA im Fall der Insolvenz eines Beteiligten, GRUR 2010, 588.

Übersicht

	Rn.
A. Anwendungsbereich	1
B. Beginn und Ende der Aussetzungs- und Unterbrechungswirkung	4
C. Unterbrechung prozessualer Fristen (Abs. 1)	7
I. Von § 249 Abs. 1 ZPO erfasste Fristen	9
II. Neubeginn der Frist	15
D. Unwirksamkeit von Prozesshandlungen (Abs. 2)	18
E. Unterbrechung nach Schluss der mündlichen Verhandlung (Abs. 3)	24

A. Anwendungsbereich

1 § 249 ZPO regelt die rechtliche Wirkung einer Unterbrechung oder Aussetzung des Verfahrens und soll die Parteien in besonderen Situationen schützen, in denen ihr ein Fortführen des Prozesses

Wirkung von Unterbrechung und Aussetzung 2–12 § 249 ZPO

nicht oder kaum möglich ist.¹ Die Vorschrift erfasst nicht nur die Fälle, in denen die Unterbrechung bzw. Aussetzung nach §§ 239 ff. ZPO erfolgt, sondern auch die Aussetzung nach §§ 148, 149 ZPO. Erfasst werden ferner auch Aussetzungsnormen außerhalb der ZPO, soweit auf das Verfahren die ZPO allgemein Anwendung findet und sofern die Wirkungen der Aussetzung nicht abweichend geregelt sind.²

Es ist umstritten, ob § 249 ZPO auch Verfahren erfasst, die nach § 251 ZPO zum Ruhen gebracht wurden. Hierfür spricht, dass das Ruhen des Verfahrens einen Fall der Aussetzung darstellt. Auf das Ruhen des Verfahrens sind § 249 Abs. 1 und 2 ZPO aber jedenfalls ergänzend heranzuziehen (→ § 251 Rn. 21). § 249 Abs. 3 ZPO betrifft nur die Unterbrechung des Verfahrens und gilt daher nicht beim Ruhen des Verfahrens. 2

Die Wirkung von Unterbrechung und Aussetzung betrifft nicht nur Verfahren vor den Zivilgerichten (zB Verletzungsverfahren), sondern grundsätzlich auch **Verfahren vor dem DPMA und dem BPatG**.³ 3

B. Beginn und Ende der Aussetzungs- und Unterbrechungswirkung

Die Wirkung des § 249 ZPO tritt ein, sobald Aussetzung bzw. Unterbrechung wirksam werden. Wird das Verfahren durch das Gericht im Beschlusswege nach § 148 ZPO ausgesetzt, tritt die Wirkung des § 249 ZPO mit der (formlosen) Mitteilung des Aussetzungsbeschlusses durch das Gericht an die Partei nach § 329 Abs. 2 ZPO ein und nicht erst mit der Zustellung des Beschlusses.⁴ 4

Im Fall des § 240 ZPO tritt die Unterbrechungswirkung automatisch mit dem Moment der Eröffnung des Insolvenzverfahrens ein, ohne dass es einer weiteren Prozesshandlung einer der Parteien oder des Gerichts bedarf (→ § 240 Rn. 33). 5

Die Aussetzungs- und Unterbrechungswirkung **endet** mit der Aufnahme des Verfahrens bzw. zu dem im Aussetzungsbeschluss benannten Zeitpunkt oder Ereignis (§ 250). 6

C. Unterbrechung prozessualer Fristen (Abs. 1)

Nach § 249 Abs. 1 ZPO haben Aussetzung und Verfahrensunterbrechung die Wirkung, dass der **Lauf sämtlicher Fristen beendet wird** und mit Beendigung der Aussetzung automatisch die volle Frist von neuem zu laufen beginnt.⁵ Eine Anrechnung des bereits verstrichenen Teils der Frist erfolgt nicht.⁶ 7

Erfasst werden nicht nur Fristen, die im Moment der Unterbrechung oder Aussetzung bereits laufen, sondern auch solche Fristen, die erst während der Unterbrechung oder Aussetzung in Gang gesetzt werden.⁷ 8

I. Von § 249 Abs. 1 ZPO erfasste Fristen

Fristen im Sinne von § 249 Abs. 1 ZPO sind alle **eigentlichen prozessualen Handlungs- und Zwischenfristen**.⁸ Dies sind alle gesetzlichen oder vom Gericht bestimmten Fristen innerhalb derer die Parteien Parteihandlungen vornehmen können oder müssen oder die den Parteien als Vorbereitungszeit eingeräumt werden (zB §§ 132, 217, 789 ZPO). Besondere Bedeutung haben hier die Rechtsmittel- und Rechtsmittelbegründungsfristen. Auch Notfristen sind Fristen im Sinne von § 249 Abs. 1 ZPO. 9

Nicht erfasst werden hingegen die von der ZPO vorgegebenen **uneigentlichen Fristen**.⁹ Dies sind Zeiträume innerhalb derer das Gericht Amtshandlungen vorzunehmen hat (zB §§ 310 Abs. 1, § 315 Abs. 2 ZPO) sowie die Ausschlussfristen der §§ 234 Abs. 3, 320 Abs. 2 S. 3, 517, 548, 586 Abs. 2 S. 2 ZPO (→ § 221 Rn. 8). 10

Auf die **Wiedereinsetzungsfrist** in § 234 Abs. 1 und 2 ZPO ist § 249 ZPO anwendbar. Wenn eine unmittelbare Anwendung mangels Rechtshängigkeit des Verfahrens nicht in Betracht kommt, ist § 249 ZPO entsprechend anwendbar.¹⁰ § 234 Abs. 3 ZPO ist eine uneigentliche Frist, für die § 249 ZPO nicht gilt. 11

Keine Anwendung findet § 249 Abs. 1 ZPO auf **materielle Fristen**.¹¹ Die Verjährung von Ansprüchen wird mithin nicht nach § 249 Abs. 1 ZPO beendet. Die Aussetzung bzw. Unterbrechung des 12

---

¹ OLG Düsseldorf BeckRS 2013, 119145.
² MüKoZPO/*Stackmann* ZPO § 249 Rn. 1.
³ BeckOK PatR/*Schnurr* PatG § 99 Rn. 9; BPatGE GRUR 1973, 590 – Aussetzung.
⁴ BGH Mitt. 2012, 45 – Aussetzungswirkung (Ls.).
⁵ Zöller/*Greger* ZPO § 148 Rn. 8.
⁶ Musielak/Voit/*Stadler* ZPO § 249 Rn. 2.
⁷ Für das Patenterteilungsverfahren vgl. BPatGE 15, 114 (115).
⁸ Hierzu Zöller/*Stöber* ZPO Vor § 214 Rn. 3.
⁹ Zöller/*Stöber* ZPO Vor § 214 Rn. 6.
¹⁰ MüKoZPO/*Stackmann* ZPO § 249 Rn. 7.
¹¹ Musielak/Voit/*Stadler* ZPO § 249 Rn. 2.

Cepl

Verfahrens hat allerdings nicht die Wirkung, dass die Verjährungshemmung nach § 204 BGB endet. Die Aussetzung bzw. Unterbrechung des Verfahrens stellt insoweit, anders als das Ruhen des Verfahrens (→ § 251 Rn. 23) keinen Stillstand durch Nichtbetreiben der Parteien im Sinne von § 204 Abs. 2 S. 1 BGB dar. Die Wirkung des § 204 Abs. 2 S. 1 BGB greift erst dann, wenn die Parteien das Verfahren sechs Monate nach Beendigung der Aussetzung bzw. Unterbrechung nicht weiter betreiben.[12]

13 Keine Auswirkung hat die Aussetzung bzw. Unterbrechung auf die Pflicht des Schutzrechtsinhabers zur **Zahlung fälliger Jahres-, Aufrechterhaltungs- oder Verlängerungsgebühren**.[13] Eine entsprechende Heranziehung von § 249 ZPO verbietet sich hier, da die rechtzeitige Zahlung der Gebühren materiell-rechtliche Voraussetzung für den Fortbestand des Schutzrechts ist.[14] Diese vom materiellen Recht vorgegebene Vermögenslage würde außer Kraft gesetzt, wenn im Falle der Insolvenz des im Register eingetragenen Patentinhabers das Patent auch ohne Zahlung der fälligen Gebühren erhalten bliebe.[15] Sinn und Zweck der Gebühren ist es unter anderem den Rechtsinhaber laufend zur Prüfung des wirtschaftlichen Sinns einer Aufrechterhaltung seines Schutzrechts anzuhalten. Dieser Zweck würde bei einer Anwendung von § 249 Abs. 1 ZPO auf die Frist zur Entrichtung von Jahres-, Aufrechterhaltungs- oder Verlängerungsgebühren umgangen.[16]

14 Nicht erfasst werden wohl auch die **Frist zur Offenlegung der Patentanmeldung** nach § 32 Abs. 2 PatG und die **Prioritätsfrist**.[17] Von § 249 Abs. 1 ZPO erfasst wird hingegen die **Frist zur Stellung des Prüfungsantrags** nach § 44 Abs. 2 S. 1 PatG.[18] Zur Begründung verweist das BPatG darauf, dass die Frist nach § 44 Abs. 2 S. 1 PatG eine gesetzliche Frist ist, die das Erteilungsverfahren unmittelbar betrifft und fördert und eine einseitige Handlung eines am Verfahren Beteiligten festlegt.

II. Neubeginn der Frist

15 Mit Beendigung der Wirkung des § 249 ZPO beginnen die prozessualen Fristen **automatisch** von neuem zu laufen. Voraussetzung ist allerdings, dass bei Aussetzung bzw. Unterbrechung bereits sämtliche den Fristenlauf auslösende Voraussetzungen erfüllt waren. Ist dies nicht der Fall, beginnt die Frist erst, wenn diese zusätzlichen Voraussetzungen erfüllt sind.

16 Bei vom Gericht gesetzten Fristen, mit denen den Parteien bestimmte Prozesshandlungen auferlegt wurden (zB Schriftsatzfristen) muss das Gericht mit Beendigung der Aussetzung oder Unterbrechung neue Fristen setzen. Dies gilt auch dann, wenn der Stillstand nicht über den gesetzten Termin hin andauert.[19]

17 Hat das Gericht eine Frist verlängert und wird diese Frist nach § 249 ZPO beendet, beginnt der Lauf der gesetzlichen Frist erneut, ohne dass die gewährte Fristverlängerung hinzuzurechnen ist.[20] Ggf. muss die Partei also einen neuen Antrag auf Fristverlängerung stellen.

D. Unwirksamkeit von Prozesshandlungen (Abs. 2)

18 Als weitere Wirkung der Aussetzung bzw. Unterbrechung des Verfahrens bestimmt § 249 Abs. 2 ZPO, dass während der Aussetzung von einer Partei „in Ansehung der Hauptsache" vorgenommene Prozesshandlungen der anderen Partei gegenüber relativ unwirksam sind. Unter Hauptsache iSd § 249 Abs. 2 ZPO ist der prozessuale Anspruch zu verstehen[21], dh der Streitgegenstand, der sich aus Antrag und Lebenssachverhalt zusammensetzt. Alle Prozesshandlungen, die denselben Streitgegenstand betreffen, sind demnach während der Aussetzung bzw. Unterbrechung wirkungslos.

19 Die andere Partei kann die relativ unwirksamen Prozesshandlungen des Gegners **genehmigen oder auf eine Rüge verzichten** (§ 295 Abs. 1 ZPO), beispielsweise durch rügeloses Verhandeln. Voraussetzung ist insoweit allerdings, dass die Prozesshandlungsfähigkeit des Gegners durch den Aussetzungs- bzw. Unterbrechungsgrund nicht berührt wurde.[22]

20 Erfasst werden von § 249 Abs. 1 ZPO nicht nur Prozesshandlungen der Parteien, sondern **auch Prozesshandlungen des Gerichts**. Ladungen oder Zustellungen, die die Hauptsache betreffen, sind während der Aussetzung oder Unterbrechung gegenüber beiden Parteien wirkungslos.[23]

---

[12] MüKoZPO/*Stackmann* ZPO § 249 Rn. 5.
[13] Für BGH GRUR 2008, 551 (552) – Sägeblatt (Patentrecht); BPatG BeckRS 2008, 1270 (Markenrecht); BPatG BeckRS 2007, 08956 (Markenrecht); Bühring/*Schmid* GebrMG § 16 Rn. 33 (Gebrauchsmusterrecht); BPatG Mitt. 2001, 119 (121) – PCT-Jahresgebühr; BPatGE 15, 114 (115 f.).
[14] BGH GRUR 2008, 551 (552) – Sägeblatt.
[15] BGH GRUR 2008, 551 (552) – Sägeblatt.
[16] BPatGE 15, 114 (116 f.).
[17] *Kraßer/Neuburger* GRUR 2010, 588 (590).
[18] BPatGE GRUR 1973, 590 – Aussetzung.
[19] MüKoZPO/*Stackmann* ZPO § 249 Rn. 11.
[20] MüKoZPO/*Stackmann* ZPO § 249 Rn. 12.
[21] LG Düsseldorf BeckRS 2013, 13305.
[22] Musielak/Voit/*Stadler* ZPO § 249 Rn. 3.
[23] LG Düsseldorf BeckRS 2013, 13305; Zöller/*Greger* ZPO § 249 Rn. 7.

Nicht betroffen werden von § 249 Abs. 2 ZPO solche Prozesshandlungen, die die Unterbrechung 21
bzw. Aussetzung selbst oder Vor- oder Nebenverfahren betreffen.[24] Nicht entgegen steht § 249 ZPO
der gerichtlichen Bestimmung der Zuständigkeit nach § 36 ZPO, da die Parteien auch während des
Verfahrens Gewissheit darüber benötigen, welches Gericht für die Entgegennahme ihrer Erklärungen
zuständig ist.[25] Auch Prozesshandlungen, die die Zwangsvollstreckung betreffen (zB **Vollstreckungsschutzanträge**), bleiben möglich.[26] Ferner bleibt auch die **Einlegung von Rechtsmitteln** möglich,
da es sich hierbei nicht um eine Prozesshandlung handelt, die dem Gegner gegenüber vorzunehmen
ist.[27] Auch ein **Streitwertbeschluss** darf ergehen, obwohl der Rechtsstreit zu diesem Zeitpunkt
bereits unterbrochen ist.[28] Von dem Verfahrensstillstand ausgenommen sind auch **Akteneinsichts-
gesuche**, da diese in keinem Zusammenhang mit dem prozessualen Anspruch stehen, sondern allein
dazu diesen, sich über den Stand des Verfahrens zu informieren und die für die sachgerechte Prozessführung erforderlichen Tatsachen zu ermitteln.[29] Dies gilt auch für einen Akteneinsichtsantrag eines
Streithelfers.[30]

Keine nach § 249 Abs. 2 ZPO unwirksame Prozesshandlung liegt vor, wenn der Kläger seine Klage 22
während der Aussetzung nach § 148 ZPO um ein weiteres Schutzrecht erweitert, indem etwa
ein weiteres Patent in das Verletzungsverfahren eingeführt wird. Bei dem neu eingeführten Schutzrecht
handelt es sich um einen eigenen Streitgegenstand.[31] Die Hauptsache des Ausgangsverfahrens im Sinne
von § 249 Abs. 2 ZPO bilden allein die mit der ursprünglichen Klage angegriffenen Schutzrechte.[32] Es
wird daher durch die Klageerweiterung keine Handlung vorgenommen, die die ausgesetzte Sache
betrifft.[33] Auch eine im Zusammenhang mit der Klageerweiterung erfolgende Zustellung des Kla-
geerweiterungsschriftsatzes, des Abtrennungsbeschlusses und/oder einer Ladung der Parteien ist keine
Prozesshandlung, die in Ansehung der Hauptsache erfolgt.[34] Zudem ist der Beklagte auch nicht
schutzbedürftig, da ihm durch die Klageerweiterung kein Nachteil in Bezug auf das Ursprungsverfahren erwächst, weil sich an der Aussetzung des Ursprungsverfahrens durch die Klageerweiterung
nichts ändert.

Unerheblich ist, ob die Schutzrechte im Hinblick auf **dieselbe oder eine andere angegriffene** 23
Ausführungsform neu eingeführt werden.[35] Die neu eingeführten Schutzrechte stellen einen neuen
Streitgegenstand auch in Bezug auf bereits im Ursprungsverfahren streitgegenständliche Ausführungs-
formen dar.

E. Unterbrechung nach Schluss der mündlichen Verhandlung (Abs. 3)

Nach § 249 Abs. 3 ZPO wird die Verkündung einer Entscheidung durch eine nach Schluss der 24
mündlichen Verhandlung eintretende Unterbrechung nicht verhindert. § 249 Abs. 3 ZPO **betrifft
nur die Unterbrechung des Verfahrens** und findet seinem Wortlaut nach keine Anwendung, wenn
das Verfahren ausgesetzt oder zum Ruhen gebracht wurde.[36] Da im Fall der Nichtzulassungsbeschwerde keine mündliche Verhandlung vorgeschrieben ist, kann in entsprechender Anwendung von § 249
Abs. 3 ZPO eine Entscheidung auch während der Unterbrechung des Verfahrens ergehen.[37]

Wird die Entscheidung an **Verkündungs statt** zugestellt, wird das Verfahren mit Insolvenzeröff- 25
nung nicht unterbrochen, wenn der von den beteiligten Richtern unterschriebene Beschluss bei
Insolvenzeröffnung bereits der Geschäftsstelle zur Aufgabe an die Post übergeben worden ist.[38] Dies
gilt auch im **schriftlichen Verfahren,** in dem die Insolvenzeröffnung ebenfalls nicht mehr zu
berücksichtigen ist, wenn der unterschriebene Beschluss nebst förmlicher Verfügung zur Aufgabe zur
Post an die Geschäftsstelle übergegeben wurde.[39] Das Verfahren soll auch ausnahmsweise dann nicht
unterbrochen werden, wenn den Parteien in der mündlichen Verhandlung ein **Schriftsatznachlass
gemäß § 283 ZPO** gewährt wird und ein Insolvenzverfahren vor Ablauf der Nachschubfrist eröffnet
wird.[40]

---

[24] OLG Düsseldorf GRUR-RS 2020, 20223 – Mehrträger-Modulationssystem.
[25] OLG Düsseldorf BeckRS 2011, 28681.
[26] Musielak/Voit/*Stadler* ZPO § 249 Rn. 3.
[27] BGH GRUR 2013, 862 (863) – Aufnahme des Patentnichtigkeitsverfahrens.
[28] OLG Düsseldorf BeckRS 2015, 18290 für eine Unterbrechung nach § 240 ZPO.
[29] OLG Düsseldorf GRUR-RS 2020, 20223 – Mehrträger-Modulationssystem.
[30] OLG Düsseldorf GRUR-RS 2020, 20223 – Mehrträger-Modulationssystem.
[31] OLG Düsseldorf BeckRS 2013, 119145; LG Düsseldorf BeckRS 2013, 13305.
[32] OLG Düsseldorf BeckRS 2013, 119145.
[33] LG Mannheim InstGE 13, 65 (69) – UMTS-fähiges Mobiltelefon II.
[34] LG Düsseldorf BeckRS 2013, 13305.
[35] LG Düsseldorf BeckRS 2013, 13305.
[36] BGH NJW 1965, 1019.
[37] BGH BeckRS 2019, 33493.
[38] Fezer Markenpraxis-HdB/*Grabrucker* I 1 2 Markenverfahren BPatG, Rn. 292.
[39] Fezer Markenpraxis-HdB/*Grabrucker* I 1 2 Markenverfahren BPatG, Rn. 293.
[40] Hierzu LG Mannheim GRUR-RR 2001, 49 (52) – convenant not to sue.

§ 250 Form von Aufnahme und Anzeige

Die Aufnahme eines unterbrochenen oder ausgesetzten Verfahrens und die in diesem Titel erwähnten Anzeigen erfolgen durch Zustellung eines bei Gericht einzureichenden Schriftsatzes.

A. Allgemeine Grundsätze

1 Nach § 250 ZPO wird ein nach den §§ 239 ff. ZPO ausgesetztes oder unterbrochenes Verfahren durch Zustellung eines bei Gericht einzureichenden Schriftsatzes aufgenommen. Anwendung findet § 250 ZPO in allen Fällen der Unterbrechung oder Aussetzung, also auch dann, wenn das Verfahren nach § 251 ZPO zum Ruhen gebracht wurde.[1]

2 Eine Aufnahme nach § 250 ZPO ist erforderlich, wenn die Fortsetzung des Verfahrens eine Prozesshandlung einer der Parteien voraussetzt. Dies gilt insbesondere für Verfahrensunterbrechungen nach §§ 239, 240 ZPO, bei denen die Fortsetzung des Verfahrens in der Regel von der Aufnahme durch den Rechtsnachfolger bzw. Insolvenzverwalter oder bei Verzögerung durch den Gegner abhängt (→ § 240 Rn. 43 ff.).

3 Eine Aufnahme ist dann nicht erforderlich, wenn die Aussetzung bzw. Unterbrechung nur für einen bestimmten Zeitraum oder bis zu einem bestimmten Ereignis (zB in den Fällen des § 148 ZPO bis zur Entscheidung im parallelen Rechtsbestandsverfahren) angeordnet wurde. Die Aussetzung bzw. Unterbrechung **endet dann automatisch,** ohne dass es einer Aufnahmeerklärung seitens der Parteien nach § 250 ZPO bedarf.[2] Dies gilt auch für eine Aussetzung wegen eines Vorlageverfahrens zum EuGH, die ebenfalls automatisch mit der Entscheidung des EuGH endet.[3] Ggf. ist dem Gericht der Wegfall des die Aussetzung oder Unterbrechung bedingenden Umstandes anzuzeigen.

B. Form der Aufnahme

4 Die Aufnahme ist **schriftsätzlich zu erklären** und hat die Tatsachen zu enthalten, aus denen sich die Voraussetzungen für die Aufnahme ergeben.[4] Ausreichend ist, dass die Erklärung den klaren Willen erkennen lässt, das unterbrochene bzw. ausgesetzte Verfahren fortzusetzen.[5] Die Einlegung eines Rechtsmittels[6] oder der Antrag auf Widereinsetzung wird daher regelmäßig als gleichzeitige Aufnahmeerklärung zu bewerten sein.

5 Der Schriftsatz ist bei dem Gericht einzureichen, bei dem das Verfahren bis zu der Aussetzung bzw. Unterbrechung rechtshängig war. Wird die Aufnahmeerklärung mit der Einlegung eines Rechtsmittels verbunden, kann die Aufnahme wahlweise auch gegenüber dem Rechtsmittelgericht erklärt werden.

6 Da es sich bei der Aufnahmeerklärung um eine Prozesshandlung handelt, besteht gemäß § 78 Abs. 1 ZPO in Verfahren vor den Zivilgerichten grundsätzlich Anwaltszwang. Wird die Aufnahme des unterbrochenen Prozesses vor der Entscheidung über die Annahme der Revision durch den BGH erklärt, reicht es aber aus, wenn der zweitinstanzliche Prozessbevollmächtigte diese Erklärung abgibt.[7]

7 Der Schriftsatz ist dem Gegner gemäß § 166 Abs. 2 ZPO von Amts wegen zuzustellen. Etwaige Schriftsatz- oder Zustellungsmängel können nach §§ 189, 295 Abs. 1 ZPO geheilt werden.[8] Mit Zustellung wird die Aufnahme wirksam[9].

§ 251 Ruhen des Verfahrens

[1]Das Gericht hat das Ruhen des Verfahrens anzuordnen, wenn beide Parteien dies beantragen und anzunehmen ist, dass wegen Schwebens von Vergleichsverhandlungen oder aus sonstigen wichtigen Gründen diese Anordnung zweckmäßig ist. [2]Die Anordnung hat auf den Lauf der im § 233 bezeichneten Fristen keinen Einfluss.

---

[1] MüKoZPO/*Stackmann* ZPO § 250 Rn. 2.
[2] BGH NJW 1989, 1729 (1730).
[3] Vgl. BPatG BeckRS 2009, 25189.
[4] Musielak/Voit/*Stadler* ZPO § 250 Rn. 2.
[5] BGH NJW 1995, 2171 (2172).
[6] BGH NJW 1990, 1854 (1855).
[7] BGH NJW 2001, 1581.
[8] Zöller/*Greger* ZPO § 250 Rn. 5; vgl. BPatG BeckRS 2011, 28397.
[9] MüKoZPO/*Stackmann* ZPO § 250 Rn. 11.

Übersicht

	Rn.
A. Allgemeine Grundsätze	1
B. Antrag der Parteien	8
C. Zweckmäßigkeit	13
D. Anordnung durch das Gericht	18
E. Rechtsfolgen	21

A. Allgemeine Grundsätze

Unter den Voraussetzungen des § 251 ZPO können die Parteien einvernehmlich das Ruhen des Verfahrens beantragen. Die Anordnung des Ruhens des Verfahrens führt zu einem vorübergehenden Stillstand des Verfahrens, der es den Parteien beispielsweise ermöglicht, den Streit beizulegen. 1

Die Vorschrift, die einen Sonderfall der Aussetzung darstellt[1], ist **Ausfluss der Dispositionsmaxime,** nach der grundsätzlich die Parteien die Herrschaft über das zivilprozessuale Verfahren haben. Allerdings sind die Parteien in der Verfahrensgestaltung nicht frei, da sie eine **Verfahrensförderungspflicht** trifft, die auch in Verfahren mit Amtsermittlung gilt.[2] Sie können daher das Verfahren nicht selbst zum Ruhen bringen, sondern nur einen entsprechenden Antrag stellen. Diesem Antrag ist stattzugeben, wenn ein Ruhen des Verfahrens zweckmäßig ist. Für die Vertragsgestaltung bedeutet dies, dass die Parteien nur die gemeinsame Antragstellung, nicht aber das Ruhen selbst vereinbaren können. 2

Besondere Vorschriften über das Ruhen des Verfahrens finden sich in §§ 251a Abs. 3, 278 Abs. 4 und 5 ZPO, die § 251 ZPO ergänzen. 3

Ein Ruhen des Verfahrens kann **im Erkenntnis- und im Zwangsvollstreckungsverfahren** angeordnet werden.[3] Keine Anwendung findet § 251 ZPO aufgrund der besonderen Eilbedürftigkeit in Verfahren des einstweiligen Rechtsschutzes. 4

Umstritten ist die Anwendbarkeit von § 251 ZPO im **selbständigen Beweisverfahren:** Nach Entscheidungen des KG[4] und des OLG Düsseldorf[5] ist § 251 ZPO grundsätzlich anwendbar[6], weil das Beweissicherungsverfahren nicht notwendigerweise der Beschleunigung bedarf. Eine Anordnung des Ruhens komme nur dann nicht in Betracht, wenn zu befürchten sei, dass ein Beweismittel verloren gehe oder seine Benutzung erschwert werde.[7] Dem ist für das im Gewerblichen Rechtsschutz relevante Beweissicherungsverfahren nach dem „Düsseldorfer Modell" (→ § 485 Rn. 43 ff.) zuzustimmen. Insbesondere die Erstellung des Sachverständigengutachtens nach erfolgter Besichtigung wird häufig auch zu einem späteren Zeitpunkt noch möglich sein. Es spricht dann nichts dagegen, dass die Parteien das Verfahren zum Ruhen bringen, um über eine einvernehmliche Streitbeilegung zu verhandeln. Zu einem früheren Zeitpunkt wird ein Ruhen des Verfahrens ohnehin in aller Regel nicht in Betracht kommen, weil der Antragsgegner bis zur Durchführung der Besichtigung keine Kenntnis von der anstehenden Beweissicherung haben wird. 5

Umstritten ist auch, ob und inwieweit § 251 ZPO in **Verfahren vor dem DPMA und dem BPatG** anzuwenden ist: 6

Gegen eine Anwendung wird vorgebracht, dass die § 251 ZPO zugrunde liegende Dispositionsmaxime in Verfahren vor dem DPMA und dem BPatG durch den Amtsermittlungsgrundsatz eingeschränkt wird. Allerdings spricht nichts dagegen, § 251 ZPO jedenfalls **in gerichtsähnlichen Verfahren** anzuwenden.[8] Hier tritt der Amtsermittlungsgrundsatz prägende öffentliche Interesse hinter dem Interesse der Parteien zurück. Öffentliche Belange können im Rahmen der Zweckmäßigkeitsprüfung berücksichtigt werden.[9] Jedenfalls Rechtsbestandsverfahren können daher nach Antrag der Parteien in entsprechender Anwendung von § 251 ZPO zum Ruhen gebracht werden.[10]

Problematischer ist die Anwendung von § 251 ZPO in **Verfahren, die den Registerstand des Schutzrechts betreffen.** Da der Registerstand von öffentlichem Interesse ist, ist § 251 ZPO jedenfalls dann nicht anzuwenden, wenn der Registerstand durch das Ruhen über einen längeren Zeitpunkt 7

---

[1] Musielak/Voit/*Stadler* ZPO § 251 Rn. 1.
[2] Schulte/*Schulte* PatG Einleitung Rn. 33; vgl. BGH GRUR 2004, 354 (355) – Crimpwerkzeug.
[3] MüKoZPO/*Stackmann* ZPO § 251 Rn. 2.
[4] KG NJW-RR 1996, 1086.
[5] OLG Düsseldorf NJW 2009, 496.
[6] Gegen die Anwendung Zöller/*Greger* ZPO § 251 Rn. 2; MüKoZPO/*Stackmann* ZPO § 251 Rn. 3.
[7] OLG Düsseldorf NJW 2009, 496 f.
[8] Vgl. für das Patentnichtigkeitsverfahren BGH GRUR 2015, 200 – Einfache Streitgenossenschaft; für das markenrechtliche Widerspruchsverfahren BPatG BeckRS 2012, 13891; so wohl auch BGH GRUR 1968, 148 (150) – Zwillingsfrischbeutel; für das markenrechtliche Löschungsverfahren BPatG BeckRS 2014, 15519; s. auch Schulte/ *Schulte* PatG Einleitung Rn. 314.
[9] Vgl. BGH GRUR 1968, 148 (150) – Zwillingsfrischbeutel; Ströbele/Hacker/Thiering/*Ströbele* MarkenG § 43 Rn. 122.
[10] Vgl. BPatG BeckRS 2013, 09913.

ungeklärt bleibt.[11] Entgegen der Ansicht des BPatG[12] dürfte eine entsprechende Anwendung von § 251 ZPO daher auch im patentrechtlichen Erteilungsverfahren nicht in Betracht kommen. Hier kann eine gewisse Verzögerung des Verfahrens durch eine Zurückstellung der Bearbeitung erfolgen.[13]

B. Antrag der Parteien

8 Das Ruhen des Verfahrens kann, anders als die Aussetzung nach § 148 ZPO nicht von Amts wegen, sondern nur auf entsprechenden Antrag der Parteien hin angeordnet werden.[14] Erforderlich ist ein **Antrag beider Parteien.** Ausreichend ist insoweit, dass eine der Parteien dem Antrag der anderen Partei zustimmt.[15] Die Zustimmung muss nicht gegenüber dem Gericht erklärt werden und unterliegt daher, anders als der Antrag (→ Rn. 10), nicht dem Anwaltszwang.[16]

9 Bei **Streitgenossen** ist zu unterscheiden: Bei notwendigen Streitgenossen kommt ein Ruhen des Verfahrens nur dann in Betracht, wenn alle Streitgenossen einen entsprechenden Antrag stellen. Dies ist bei einfachen Streitgenossen anders. Hier kann das Verfahren grundsätzlich für einen der Streitgenossen, ggf. nach vorheriger Verfahrenstrennung nach § 145 ZPO, auch dann zum Ruhen gebracht werden, wenn nicht alle einfachen Streitgenossen das Ruhen des Verfahrens beantragen.[17] Allerdings wird dies im Hinblick auf den Gesichtspunkt der Prozesswirtschaftlichkeit nur selten zweckmäßig sein.[18]

10 Der Antrag ist formfrei, unterliegt aber dem **Anwaltszwang** gem. § 78 ZPO, da es sich um eine Prozesshandlung handelt.[19] § 251 ZPO lässt die Erklärung zu Protokoll der Geschäftsstelle nicht zu; § 248 Abs. 1 ZPO ist nicht anwendbar.[20] Der Antrag ist zu begründen, damit das Gericht die Möglichkeit hat, die Zweckmäßigkeit der Anordnung zu prüfen.

11 Der Antrag kann bis zu einer Entscheidung des Gerichts frei widerrufen werden.

12 Trotz des insoweit eindeutigen Wortlauts des § 251 ZPO hat das BPatG das Patenterteilungsverfahren **auch ohne Antrag,** allein aus Gründen der Verfahrensökonomie in entsprechender Anwendung der Vorschrift zum Ruhen gebracht.[21] Diese Praxis ist mit dem eindeutigen Wortlaut von § 251 ZPO nicht zu vereinbaren. In gewissen Grenzen kann das Gericht hier eine Verzögerung des Verfahrens nur durch Zurückstellung der Bearbeitung erreichen (→ Rn. 7).

C. Zweckmäßigkeit

13 Ein Ruhen des Verfahrens kommt nur dann in Betracht, wenn anzunehmen ist, dass diese Anordnung wegen Schwebens von Vergleichsverhandlungen oder aus sonstigen wichtigen Gründen zweckmäßig ist. Das Gericht hat insoweit einen Beurteilungsspielraum, den es unter Heranziehung der Dispositionsmaxime, des Beschleunigungsgrundsatzes und des Grundsatzes der Prozessökonomie ausfüllen muss.[22]

14 Das Verfahren kann dann zum Ruhen gebracht werden, wenn die Parteien **Vergleichsverhandlungen** führen. Diese Möglichkeit wird in § 251 S. 1 ZPO ausdrücklich benannt. Erforderlich ist, dass die Vergleichsverhandlungen bereits schweben; die Absicht entsprechende Verhandlungen zu führen reicht nicht aus. Vergleichsverhandlungen rechtfertigen eine Anordnung des Ruhens auch dann, wenn das Verfahren entscheidungsreif ist.[23]

15 Darüber hinaus kommt eine Anordnung des Ruhens auch dann in Betracht, wenn ein **anderer wichtiger Grund** vorliegt. An das Vorliegen eines wichtigen Grundes sind strenge Anforderungen zu stellen, da die Parteien und das Gericht eine Prozessförderungspflicht trifft.[24] Ein Ruhen wird vor allem dann nicht zweckmäßig sein, wenn im Einzelfall besondere Eilbedürftigkeit besteht.[25]

16 Grundsätzlich in Betracht kommen solche Gründe, die eine unstreitige oder schnelle Erledigung des Verfahrens möglich erscheinen lassen.[26] Zweckmäßig kann ein Ruhen des Verfahrens beispielsweise sein, um den Ausgang eines parallelen Verfahrens abzuwarten, in dem über eine für das Verfahren

---

[11] Ströbele/Hacker/Thiering/*Knoll* MarkenG § 82 Rn. 77.
[12] BPatG BeckRS 2012, 21566; 2012, 01306.
[13] Ströbele/Hacker/Thiering/*Ströbele* MarkenG § 43 Rn. 122.
[14] MüKoZPO/*Stackmann* ZPO § 251 Rn. 7.
[15] BGH BeckRS 2020, 35362; Musielak/Voit/*Stadler* ZPO § 251 Rn. 2; vgl. BPatG BeckRS 2014, 15519 wo auf einen Aussetzungsantrag hin dem Ruhen des Verfahrens zugestimmt wurde.
[16] BGH BeckRS 2020, 35362.
[17] BGH GRUR 2015, 200 – Einfache Streitgenossenschaft.
[18] BGH GRUR 2015, 200 – Einfache Streitgenossenschaft.
[19] MüKoZPO/*Stackmann* ZPO § 251 Rn. 7.
[20] BGH BeckRS 2020, 35362; MüKoZPO/*Stackmann* ZPO § 251 Rn. 7.
[21] BPatG BeckRS 2012, 21566.
[22] BGH GRUR 2015, 200 – Einfache Streitgenossenschaft.
[23] Musielak/Voit/*Stadler* ZPO § 251 Rn. 3.
[24] BeckOK PatR/*Voß* PatG Vor §§ 139 ff. Rn. 170.
[25] OLG Düsseldorf NJW 2009, 496 (479) für den Fall des selbständigen Beweisverfahrens.
[26] Musielak/Voit/*Stadler* ZPO § 251 Rn. 3.

wesentliche Rechtsfrage entschieden wird, da eine Aussetzung nach § 148 ZPO mangels Vorgreiflichkeit hier nicht in Betracht kommt (→ § 148 Rn. 56).[27]

Das Verfahren kann dann nicht zum Ruhen gebracht werden, wenn die Klage oder ein Rechtsmittel unzulässig sind.[28] 17

D. Anordnung durch das Gericht

Das Ruhen des Verfahrens wird vom Gericht durch **Beschluss** angeordnet.[29] Der Beschluss kann mit der Terminsabsetzung nach § 227 ZPO verbunden werden.[30] Eine mündliche Verhandlung ist wegen § 128 Abs. 4 ZPO nicht erforderlich. 18

Das Verfahren ruht mit Wirksamwerden des Beschlusses, bis es von einer der Parteien nach § 250 ZPO wieder aufgenommen wird oder bis zu einem im Beschluss genannten Zeitpunkt.[31] Ein förmlicher Aufnahmebeschluss ist nur dann erforderlich, wenn das Gericht das Verfahren von Amts wegen wieder aufnimmt, etwa weil der Anordnungsgrund weggefallen ist.[32] 19

Rechtsmittel gegen die Anordnung des Ruhens sind in aller Regel nicht gegeben, da die Anordnung nur auf Antrag beider Parteien erfolgt und die Parteien daher nicht beschwert sein werden. Wurde das Ruhen gegen den Wortlaut von § 251 S. 1 ZPO auf Antrag nur einer der Parteien angeordnet, kann die andere Partei jedoch gemäß § 252 ZPO **sofortige Beschwerde** einlegen.[33] Die Beschwerdemöglichkeit besteht auch dann, wenn es das Gericht unter Verweis auf die fehlende Zweckmäßigkeit abgelehnt hat, das Verfahren zum Ruhen zu bringen.[34] 20

E. Rechtsfolgen

Die Rechtsfolgen des Ruhens regelt **§ 249 ZPO**. Auf § 251 ZPO finden dabei nur die Abs. 1 und 2 von § 249 ZPO Anwendung. Keine Anwendung findet § 249 Abs. 3 ZPO, der seinem Wortlaut nach nur die Unterbrechung des Verfahrens betrifft und auf Fälle der Verfahrensaussetzung nicht entsprechend heranzuziehen ist.[35] 21

Nach § 251 S. 2 ZPO hat die Anordnung des Ruhens **keinen Einfluss auf die in § 233 ZPO benannten Fristen**. Der Lauf von Notfristen, der Widereinsetzungsfrist und den Fristen zur Rechtsmittelbegründung wird daher nicht unterbrochen. Nach der Rechtsprechung des BGH ist im Antrag auf Ruhen des Verfahrens nicht zugleich ein Antrag auf Verlängerung einer Rechtsmittelbegründungsfrist zu sehen.[36] 22

Da es sich beim Ruhen des Verfahrens um einen Stillstand des Verfahrens durch Nichtbetreiben der Parteien handelt[37], **gilt § 204 Abs. 2 S. 2 BGB**. Danach endet die durch die Rechtsverfolgung eingetretene Hemmung materieller Verjährungsfristen sechs Monate nach der letzten Verfahrenshandlung, also der Anordnung des Ruhens durch das Gericht. Gerade im Wettbewerbsrecht kann dies aufgrund der kurzen Verjährungsfristen des § 11 UWG ein Problem für den Kläger darstellen. Nach § 204 Abs. 2 S. 3 BGB beginnt die Hemmung der Verjährung von neuem, wenn eine der Parteien das Verfahren weiter betreibt. Ausreichend ist insoweit, dass eine der Parteien die Aufnahme des Verfahrens nach § 250 ZPO erklärt. 23

§ 251a Säumnis beider Parteien; Entscheidung nach Lage der Akten

(1) Erscheinen oder verhandeln in einem Termin beide Parteien nicht, so kann das Gericht nach Lage der Akten entscheiden.

(2) ¹Ein Urteil nach Lage der Akten darf nur ergehen, wenn in einem früheren Termin mündlich verhandelt worden ist. ²Es darf frühestens in zwei Wochen verkündet werden. ³Das Gericht hat der nicht erschienenen Partei den Verkündungstermin formlos mitzuteilen. ⁴Es bestimmt neuen Termin zur mündlichen Verhandlung, wenn die Partei dies spätestens am siebenten Tag vor dem zur Verkündung bestimmten Termin beantragt und glaubhaft macht, dass sie ohne ihr Verschulden ausgeblieben ist und die Verlegung des Termins nicht rechtzeitig beantragen konnte.

---

[27] Vgl. etwa BPatG BeckRS 2014, 15519.
[28] Musielak/Voit/*Stadler* ZPO § 251 Rn. 1.
[29] BeckOK PatR/*Voß* PatG Vor §§ 139 ff. Rn. 170.
[30] Zöller/*Greger* ZPO § 251 Rn. 4.
[31] Musielak/Voit/*Stadler* ZPO § 251 Rn. 4.
[32] Zöller/*Greger* ZPO § 251 Rn. 4.
[33] OLG Köln NJW-RR 1992, 1022.
[34] Zöller/*Greger* ZPO § 251 Rn. 5.
[35] BGH NJW 1965, 1019.
[36] BGH NJW-RR 2010, 275 (276) = Mitt. 2010, 94 – Ruhen des Verfahrens (Ls.).
[37] Zöller/*Greger* ZPO § 251 Rn. 1.

(3) **Wenn das Gericht nicht nach Lage der Akten entscheidet und nicht nach § 227 vertagt, ordnet es das Ruhen des Verfahrens an.**

A. Allgemeine Grundsätze

1 § 251a ZPO regelt den Sonderfall der **Säumnis beider Parteien**. Erscheinen oder verhandeln beide Parteien im Termin nicht, kann das Gericht ohne Antrag nach Lage der Akten entscheiden (§ 251a Abs. 1 ZPO). Alternativ kann das Gericht bei Säumnis beider Parteien gemäß § 251a Abs. 3 ZPO die Verhandlung vertagen (§ 227) oder das Verfahren zum Ruhen bringen (§ 251). Das Gericht hat sich nach **pflichtgemäßem Ermessen** für eine diese Möglichkeiten zu entscheiden und darf nicht untätig bleiben.[1]

2 In **Verfahren vor dem BPatG** findet § 251a Abs. 1 ZPO keine entsprechende Anwendung. Es fehlt hier die für eine entsprechende Anwendung erforderliche Regelungslücke, da sich die Möglichkeit einer Entscheidung bei Ausbleiben der Beteiligten in der mündlichen Verhandlung bereits aus § 75 Abs. 2 MarkenG, § 89 Abs. 2 PatG ergibt.[2] Ferner hat das BPatG die Möglichkeit die Verhandlung entsprechend § 227 ZPO zu vertragen[3] oder das Verfahren entsprechend §§ 251a Abs. 3, 251 ZPO zum Ruhen zu bringen[4] (→ § 251 Rn. 6, 7).

B. Entscheidung nach Lage der Akten

3 Entscheidung iSv § 251a Abs. 1 ZPO kann je nach Streitstand ein Beschluss (zB einen Beweisbeschluss) oder ein streitiges Urteil sein. Ein **Urteil** nach Lage der Akten kommt allerdings gemäß § 251a Abs. 2 S. 1 ZPO nur dann in Betracht, wenn **bereits in einem früheren Termin mündlich verhandelt worden ist**. Das Erfordernis einer vorangegangenen Verhandlung soll sicherstellen, dass die Parteien Gelegenheit zur mündlichen Stellungnahme hatten.[5] Termin im Sinne der Vorschrift ist **auch der frühe erste Termin**, auch wenn es sich insoweit gerade in Patentverletzungsverfahren bei manchen Gerichten um einen „Durchlauftermin" handelt, in dem keine Diskussion materieller Fragen erfolgt.[6] Es genügt insoweit, dass Gelegenheit zur Stellungnahme bestand.

4 Die Entscheidung nach Lage der Akten darf **frühestens zwei Wochen nach der mündlichen Verhandlung** verkündet werden. Das Gericht hat der nicht erschienenen Partei den Verkündungstermin formlos mitzuteilen. Macht die säumige Partei spätestens am siebenten Tag vor dem Verkündungstermin **glaubhaft**, dass sie kein Verschulden für die Säumnis trifft und auch ein Verlegungsantrag nicht gestellt werden konnte, ist **auf ihren Antrag** hin ein neuer Verhandlungstermin zu bestimmen.

5 Wird in der Frist des § 251a Abs. 2 ZPO kein begründeter Antrag auf Terminsbestimmung gestellt, entscheidet das Gericht durch streitiges Urteil. Gegen die Entscheidung können die **üblichen Rechtsmittel** eingelegt werden.[7] Ein Einspruch ist anders als beim Versäumnisurteil nach §§ 330, 331 ZPO nicht statthaft.

6 Gegen die **Anordnung des Ruhens des Verfahrens** ist in entsprechender Anwendung des § 252 ZPO das Rechtsmittel der **Beschwerde** gegeben[8] (§ 252).

§ 252 Rechtsmittel bei Aussetzung

Gegen die Entscheidung, durch die auf Grund der Vorschriften dieses Titels oder auf Grund anderer gesetzlicher Bestimmungen die Aussetzung des Verfahrens angeordnet oder abgelehnt wird, findet die sofortige Beschwerde statt.

Literatur: *Augenstein/Roderburg,* Aussetzung des Patentverletzungsverfahrens nach Änderung der Patentansprüche, GRUR 2008, 457.

Übersicht

	Rn.
A. Anwendungsbereich	1
B. Statthaftigkeit der sofortigen Beschwerde	7
C. Beschwerdebefugnis	11

---

[1] OLG Köln NJW-RR 1992, 1022 (1023).
[2] Ströbele/Hacker/Thiering/*Knoll* MarkenG § 82 Rn. 77.
[3] BGH GRUR 2004, 354 f. - Vertagung.
[4] Busse/*Keukenschrijver* PatG § 82 Rn. 27; BeckOK PatR/*Schnekenbühl* PatG § 83 Rn. 47; aA Ströbele/Hacker//Thiering*Knoll* MarkenG § 82 Rn. 77.
[5] LG Düsseldorf BeckRS 2009, 06681.
[6] LG Düsseldorf BeckRS 2009, 06681.
[7] Musielak/Voit/*Stadler* ZPO § 251a Rn. 3.
[8] OLG Köln NJW-RR 1992, 1022.

	Rn.
D. Prüfungskompetenz des Beschwerdegerichts	14
I. Vorliegen der Aussetzungsvoraussetzungen	16
II. Überprüfung der Ermessensentscheidung	19
E. Entscheidung	22
F. Kosten	24

A. Anwendungsbereich

Nach § 252 ZPO kann gegen Entscheidungen mit denen die Aussetzung des Verfahrens angeordnet **1** oder abgelehnt wird unter den Voraussetzungen der §§ 567 ff. ZPO **sofortige Beschwerde** eingelegt werden. § 252 ZPO betrifft nicht nur die Aussetzung nach §§ 239 ff. ZPO, sondern auch Aussetzungsentscheidungen aufgrund anderer gesetzlicher Vorschriften. Auch gegen eine Aussetzung nach § 148 ZPO ist demnach die sofortige Beschwerde statthaft (→ Rn. 17).

Erfasst werden auch Entscheidungen über das **Ruhen des Verfahrens** nach §§ 251, 251a Abs. 3 **2** ZPO, da es sich hierbei um einen Unterfall der Aussetzung handelt[1] (→ § 251 Rn. 2).

Die **Unterbrechung** des Verfahrens wird von § 252 ZPO nicht erfasst, da sie ohne Zutun des **3** Gerichts erfolgt. Umstritten ist, ob gerichtliche Entscheidungen über die Aufnahme eines unterbrochenen Verfahrens von § 252 ZPO erfasst werden.[2] Hiergegen spricht wohl, dass diese Entscheidungen nicht die Anordnung oder Ablehnung einer Aussetzung, sondern die Fortsetzung des Verfahrens betreffen.

Die Beschwerdemöglichkeit besteht ferner dann nicht, wenn mit der Aussetzungsentscheidung eine **4** **Vorlage an ein höheres Gericht,** zB den EuGH in den Fällen des Art. 267 Abs. 2 und Abs. 3 AEUV (→ § 148 Rn. 3) verbunden ist, da hier kein Stillstand des Verfahrens eintritt.[3]

Gegen **Aussetzungsentscheidungen des BPatG** ist die Beschwerde nach § 252 ZPO nicht statt- **5** haft.[4] Nach § 99 Abs. 2 PatG sind Entscheidungen des BPatG nur anfechtbar, wenn dies im PatG ausdrücklich vorgesehen ist. Da das PatG für patentgerichtliche Verfahren keine sofortige Beschwerde vorsieht, ist eine gesonderte Anfechtung eines Aussetzungsbeschlusses des BPatG nicht möglich und zwar unabhängig davon, ob das BPatG in erster Instanz oder im Beschwerdeverfahren entscheidet.[5] Eine Anfechtungsmöglichkeit ergibt sich auch nicht in Form der Rechtsbeschwerde nach § 100 PatG, da die Zwischenentscheidung über die Aussetzung der Verfahren vor dem BPatG keinen der in § 100 PatG abschließend genannten Fälle darstellt.[6]

Auf **Verfahren vor dem DPMA** ist § 99 Abs. 2 PatG seinem Wortlaut nach nicht anwendbar, **6** weshalb die Beschwerde gegen Aussetzungsbeschlüsse des DPMA für statthaft gehalten wird.[7]

B. Statthaftigkeit der sofortigen Beschwerde

Eine Beschwerde kommt wegen § 567 Abs. 1 ZPO nur gegen erstinstanzliche **Entscheidungen** **7** **der Landgerichte** in Betracht. Gegenstand der Beschwerde ist ein Aussetzungsbeschluss oder eine andere gerichtliche Maßnahme, die in ihren Auswirkungen einer Aussetzung gleichkommt.[8]

Gegen einen Aussetzungsbeschluss des OLG im Rechtsmittelverfahren ist die **Rechtsbeschwerde** **8** nach § 574 ZPO statthaft.[9]

Wurde über die Ablehnung einer beantragten Aussetzung **in einem Urteil** in der Hauptsache **9** entschieden, ist dies im **Berufungsverfahren** überprüfbar. Eine sofortige Beschwerde ist dann nicht mehr statthaft[10], da das mit ihr verfolgte Ziel wegen der Beendigung des erstinstanzlichen Rechtsstreits nicht mehr erreicht werden kann.[11] Wird die Aussetzung in einem Versäumnisurteil abgelehnt, gegen das rechtzeitig Widerspruch eingelegt wurde, bleibt die sofortige Beschwerde statthaft, da der Prozess dann in die Lage vor Säumnis zurückversetzt wird und damit kein die Instanz beendendes Urteil vorliegt.[12]

Im **Revisionsverfahren** kommt eine Überprüfung der Aussetzungsentscheidung überhaupt nicht **10** in Betracht.[13] Eine Überprüfung scheidet im Fall einer Zulassung der Revision bereits deshalb aus, weil die Revisionszulassung auf die Revision gegen die Sachentscheidung beschränkt ist und daher eine

---

[1] MüKoZPO/*Stackmann* ZPO § 252 Rn. 3; OLG Köln NJW-RR 1992, 1022.
[2] Musielak/Voit/*Stadler* ZPO § 252 Rn. 1; MüKoZPO/*Stackmann* ZPO § 252 Rn. 4.
[3] OLG Celle NJW-RR 2009, 857.
[4] BGH GRUR 2007, 859 – Informationsübermittlungsverfahren I.
[5] BGH GRUR 2007, 859 – Informationsübermittlungsverfahren I.
[6] BGH GRUR 2007, 859 – Informationsübermittlungsverfahren I.
[7] BPatG 17, 154 (156).
[8] Musielak/Voit/*Stadler* ZPO § 252 Rn. 1.
[9] Baumbach/Lauterbach/Albers/Hartmann ZPO § 148 Rn. 41.
[10] Vgl. OLG Düsseldorf BeckRS 2013, 03820; LAG Thüringen NZA-RR 1996, 467 (468).
[11] OLG Düsseldorf BeckRS 2013, 03820.
[12] LAG Thüringen NZA-RR 1996, 467 (468).
[13] BGH GRUR 2007, 780 (781 f.) – Pralinenform; Zöller/*Greger* ZPO § 252 Rn. 1c.

revisionsgerichtliche Überprüfung der im Berufungsurteil enthaltenen Aussetzungsentscheidung nicht umfasst.[14] Selbst eine rechtsfehlerhafte Entscheidung, das Berufungsverfahren nicht auszusetzen, macht die Sachentscheidung daher nicht verfahrensfehlerhaft.[15]

C. Beschwerdebefugnis

11 Beschwerdebefugt können grundsätzlich alle am Verfahren beteiligten Parteien sein, die durch die gerichtliche Anordnung oder Ablehnung der Aussetzung beschwert sind.

12 In den Fällen des **§ 148 ZPO** ist der **Kläger** beschwert, wenn das Gericht das Verfahren ausgesetzt hat, obwohl kein Anlass für eine Aussetzung bestanden hat. Die Beschwerdebefugnis des **Beklagten** kann hingegen bestehen, wenn das Gericht von einer Aussetzung abgesehen hat, obwohl ihre Voraussetzungen vorlagen oder wenn das Gericht die Klage anstelle der erfolgten Aussetzung wegen fehlender Verletzung hätte abweisen müssen.[16]

13 Die Beschwerdebefugnis kann sich ferner daraus ergeben, dass das Gericht den Antrag der Parteien auf **Ruhen des Verfahrens** nach § 251 ZPO unter Verweis auf die fehlende Zweckmäßigkeit abgelehnt hat.[17] Rechtsmittel gegen die Anordnung des Ruhens sind hingegen dann nicht möglich, wenn die Anordnung auf Antrag beider Parteien erfolgt ist. Wurde das Ruhen gegen den Wortlaut von § 251 S. 1 ZPO auf Antrag nur einer der Parteien angeordnet, kann die andere Partei jedoch sofortige Beschwerde einlegen.[18]

D. Prüfungskompetenz des Beschwerdegerichts

14 Der Prüfungsmaßstab des Beschwerdegerichts ist **beschränkt**. Bei der sofortigen Beschwerde gegen Aussetzungsentscheidungen darf das Beschwerdegericht die angegriffene Entscheidung auf das Vorliegen der formellen Voraussetzungen eines Aussetzungsgrundes bzw. auf Verfahrensfehler überprüfen.

15 Eine Überprüfung der Aussetzungsentscheidung **in sachlicher Hinsicht** darf das Beschwerdegericht nicht vornehmen. In den Fällen, in denen die Aussetzung im Ermessen des Gerichts liegt, wie beispielsweise bei § 148 ZPO, kann das Beschwerdegericht lediglich überprüfen, ob die Aussetzungsentscheidung ermessensfehlerhaft ist.[19] Wegen dieses beschränkten Prüfungsumfangs sind die Erfolgsaussichten einer solchen Beschwerde gegen die Aussetzungsentscheidung nach § 148 ZPO praktisch eher gering.

I. Vorliegen der Aussetzungsvoraussetzungen

16 Zunächst hat das Beschwerdegericht zu prüfen, ob das Gericht die gesetzlichen Vorgaben für die Aussetzung beachtet hat.[20]

17 Im Fall des **§ 148 ZPO** hat das Beschwerdegericht in tatsächlicher Hinsicht zu überprüfen, ob ein Aussetzungsgrund vorlag, dh ob eine **Vorgreiflichkeit** des anderen anhängigen Rechtsstreits gegeben ist.[21] Zu beachten ist jedoch, dass bei Aussetzung des Verletzungsverfahrens im Hinblick auf ein parallel anhängiges Rechtsbestandsverfahren vom Beschwerdegericht nicht überprüft werden kann, ob das Landgericht über die **Verletzungsfrage** richtig entschieden hat, die ja praktisch identisch mit der Frage der Vorgreiflichkeit ist. Das Beschwerdegericht würde dem Landgericht dann nämlich praktisch die durch Endurteil erst noch zu treffende abschließende Sachentscheidung vorgeben, was der Selbständigkeit der Instanzen widerspricht.[22] Das Beschwerdegericht kann daher nur überprüfen, ob die im Aussetzungsbeschluss enthaltene materielle Würdigung der Verletzungsfrage unvertretbar ist[23], etwa weil sie auf offensichtlich sachfremden Erwägungen beruht oder gegen die Denkgesetze verstößt.[24] Eine volle Überprüfung dieser Würdigung der Verletzungsfrage hat erst im Rechtsmittelverfahren zu erfolgen.[25]

18 Diese Grundsätze gelten auch dann, wenn sich die fehlende Patentverletzung aus anderen materiellen Gründen, etwa einem Weiterbenutzungsrecht des Beklagten oder einer fehlenden Benutzungs-

---

[14] BGH GRUR 2007, 780 (782) – Pralinenform.
[15] BGH GRUR 2007, 780 (782) – Pralinenform.
[16] Kühnen Patentverletzung-HdB Kap. E Rn. 862.
[17] Zöller/*Greger* ZPO § 251 Rn. 5.
[18] OLG Köln NJW-RR 1992, 1022.
[19] OLG Düsseldorf BeckRS 2013, 04893.
[20] BGH NJW-RR 2006, 1289 (1290); OLG Karlsruhe GRUR 1979, 850 (851) – Fixierstrebe.
[21] BGH NJW-RR 2006, 1289 (1290); OLG Karlsruhe GRUR-RR 2003, 359 – Vorgreiflichkeit.
[22] OLG Düsseldorf GRUR-RR 2003, 359 – Vorgreiflichkeit; OLG Düsseldorf GRUR 1994, 507 – Prüfungskompetenz des Beschwerdegerichts.
[23] Kühnen Patentverletzung-HdB Kap. E Rn. 862.
[24] OLG Karlsruhe GRUR 1979, 850 (851) – Fixierstrebe.
[25] OLG Düsseldorf GRUR 1994, 507 – Prüfungskompetenz des Beschwerdegerichts; OLG Karlsruhe GRUR 1979, 850 (851) – Fixierstrebe.

handlung im Inland ergeben soll.[26] Auch hier kann das Beschwerdegericht die Entscheidung des Landgerichts inhaltlich nicht vorgeben, indem es zur Prüfung der Vorgreiflichkeit zu diesen materiellen Fragen Stellung nimmt. Vielmehr hat das Beschwerdegericht die Erwägungen des Landgerichts zur Vorgreiflichkeit grundsätzlich hinzunehmen. Dies gilt beispielsweise auch für die Behandlung des kartellrechtlichen Zwangslizenzeinwands.[27]

II. Überprüfung der Ermessensentscheidung

Soweit es sich bei der Aussetzung um eine Ermessensentscheidung handelt, kann das Beschwerdegericht ferner überprüfen, ob das Gericht bei seiner Aussetzungsentscheidung sein **Ermessen fehlerfrei ausgeübt** hat.[28]

Das Beschwerdegericht darf keine eigene Ermessensentscheidung treffen[29], sondern lediglich prüfen, ob überhaupt eine Ermessensentscheidung stattgefunden hat, ob bei der Ermessensentscheidung im Aussetzungsbeschluss wesentliche Gesichtspunkte gar nicht oder offensichtlich falsch gewürdigt wurden[30], ob der richtige Maßstab bei der Interessenabwägung angenommen wurde[31], ob sich das Gericht von sachfremden Erwägungen hat leiten lassen[32] oder ob es gegen Denkgesetze verstoßen hat.[33] Da das Ermessen des Gerichts sehr weit ist, wird ein Ermessensfehlgebrauch **nur in Ausnahmefällen** vorliegen.[34] Ein solcher Fall liegt beispielsweise vor, wenn sich der Aussetzungsentscheidung nicht entnehmen lässt, ob das Gericht überhaupt eine Abwägung der für und gegen eine Aussetzung sprechenden Gründe vorgenommen hat.[35] Dies kann der Fall sein, wenn die Entscheidung offen lässt, aus welchen konkreten Gründen von einer erheblichen Wahrscheinlichkeit einer Vernichtung des Klagepatents im Rechtsbestandsverfahren ausgegangen wurde.[36] Ausnahmsweise kann das Ermessen auf Null reduziert gewesen sein, wenn die Aussetzung im Hinblick auf die fehlenden Erfolgsaussichten des anderen Verfahrens nur zu Prozessverzögerungen geführt hat.[37]

Das Beschwerdegericht kann **keine eigenen Überlegungen zur Validität des Schutzrechts anstellen** und diese dem Instanzgericht bindend vorschreiben. Auch wenn das Beschwerdegericht die Validität des Schutzrechts, beispielsweise die Frage der Erfindungshöhe eines Patents anders bewertet, darf es diese bei der Entscheidung nicht zugrunde legen.[38]

E. Entscheidung

Die Aussetzungswirkung entfällt **ex-nunc,** wenn der die Aussetzung bewirkende oder erhaltende Beschluss auf die Beschwerde hin aufgehoben wird.[39]

Kommt das Beschwerdegericht zu dem Ergebnis, dass das Landgericht sein Ermessen nicht fehlerfrei ausgeübt hat, muss es die Sache **zur erneuten Entscheidung über die Aussetzung an das Landgericht zurückverweisen,** da es keine eigene Ermessensentscheidung treffen darf.[40]

F. Kosten

Eine Kostenentscheidung ergeht im Beschwerdeverfahren gegen den die Aussetzung ablehnenden Beschluss entgegen verschiedener instanzgerichtlicher Entscheidungen nicht.[41] Die Aussetzungsentscheidung bildet nämlich nur einen Teil der Hauptsache und darf daher keine Kostenentscheidung enthalten.

---

[26] OLG Düsseldorf GRUR-RR 2003, 359 (360) – Vorgreiflichkeit.
[27] OLG Karlsruhe 6 W 62/11.
[28] KG BeckRS 2013, 00928.
[29] OLG Düsseldorf GRUR 1985, 160 – Aussetzung des Aufhebungsverfahrens; OLG Karlsruhe GRUR 2014, 352 (353) – Stanzwerkzeug; OLG Frankfurt a. M. GRUR-RS 2021, 18763 – PallRun.
[30] OLG Düsseldorf BeckRS 2013, 04893.
[31] OLG Karlsruhe GRUR 2014, 352 (353) – Stanzwerkzeug.
[32] Hierzu *Augenstein/Roderburg* GRUR 2008, 457 (460 f.).
[33] OLG Karlsruhe GRUR 1979, 850 (851) – Fixierstrebe.
[34] OLG Düsseldorf GRUR 1985, 160 – Aussetzung des Aufhebungsverfahrens.
[35] OLG Jena NJW-RR 2001, 503.
[36] OLG Karlsruhe 6 W 62/11.
[37] KG BeckRS 2013, 00928.
[38] OLG Karlsruhe GRUR 1979, 850 (851) – Fixierstrebe.
[39] Musielak/Voit/*Stadler* ZPO § 252 Rn. 3.
[40] OLG Karlsruhe 6 W 62/11.
[41] BGH NJW-RR 2006, 1289 (1290); OLG Düsseldorf BeckRS 2013, 04893; OLG Jena GRUR-RR 2012, 89 (90) – Aussetzungsgrund; Zöller/*Greger* ZPO § 252 Rn. 3; anders noch OLG Düsseldorf InstGE 2, 229 (230) – Beschwerdekosten; OLG Karlsruhe GRUR 1979, 850 (851) – Fixierstrebe.

Buch 2. Verfahren im ersten Rechtszug

Abschnitt 1. Verfahren vor den Landgerichten

Titel 1. Verfahren bis zum Urteil

§ 253 Klageschrift

(1) Die Erhebung der Klage erfolgt durch Zustellung eines Schriftsatzes (Klageschrift).

(2) Die Klageschrift muss enthalten:
1. die Bezeichnung der Parteien und des Gerichts;
2. die bestimmte Angabe des Gegenstandes und des Grundes des erhobenen Anspruchs, sowie einen bestimmten Antrag.

(3) Die Klageschrift soll ferner enthalten:
1. die Angabe, ob der Klageerhebung der Versuch einer Mediation oder eines anderen Verfahrens der außergerichtlichen Konfliktbeilegung vorausgegangen ist, sowie eine Äußerung dazu, ob einem solchen Verfahren Gründe entgegenstehen;
2. die Angabe des Wertes des Streitgegenstandes, wenn hiervon die Zuständigkeit des Gerichts abhängt und der Streitgegenstand nicht in einer bestimmten Geldsumme besteht;
3. eine Äußerung dazu, ob einer Entscheidung der Sache durch den Einzelrichter Gründe entgegenstehen.

(4) Außerdem sind die allgemeinen Vorschriften über die vorbereitenden Schriftsätze auch auf die Klageschrift anzuwenden.

(5) ¹Die Klageschrift sowie sonstige Anträge und Erklärungen einer Partei, die zugestellt werden sollen, sind bei dem Gericht schriftlich unter Beifügung der für ihre Zustellung oder Mitteilung erforderlichen Zahl von Abschriften einzureichen. ²Einer Beifügung von Abschriften bedarf es nicht, soweit die Klageschrift elektronisch eingereicht wird.

Literatur: *Ahrens,* Unterlassungsanspruch im Lichte zweier Streitgegenstände, sowie einer Streitgegenstandsverengung, JZ 2006, 1184; ders., Die Bildung kleinteiliger Streitgegenstände als Folge des TÜV-Beschlusses, WRP 2013, 129; *Barth,* Der Streitgegenstand der wettbewerbsrechtlichen Unterlassungsklage, 1996; *Berneke,* Der enge Streitgegenstand von Unterlassungsklagen des gewerblichen Rechtsschutzes und des Urheberrechts in der Praxis, WRP 2007, 579; *Bölling,* Unterlassungsantrag und Streitgegenstand im Falle der Störerhaftung, GRUR 2013, 1092; *Büscher,* Klagehäufung im gewerblichen Rechtsschutz – alternativ, kumulativ, eventuell?, GRUR 2012, 16; ders., Aus der Rechtsprechung des EuGH und des BGH zum Lauterkeitsrecht seit Ende 2016, GRUR 2018, 113; *Büttner,* Streit um den Streitgegenstand der Unterlassungsklage, FS Doepner, 2008, 107; *Czychowski/Nordemann,* Gesetzgebung und höchstrichterliche Rechtsprechung im Urheberrecht 2014, NJW 2015, 747; *Drasdo,* Die Saldoklage: Nur etwas für das Mietrecht?, NJW-Spezial 2018, 609; *Götz,* Die Neuvermessung des Lebenssachverhalts. Der Streitgegenstand im Unterlassungsprozess, GRUR 2008, 401; *Gottwald,* Die Rückkehr vom klassischen Streitgegenstandsbegriff – dank „Biomineralwasser", Festschrift Köhler, 172; *Gräbig,* Streitgegenstand und Antragsfassung bei Unterlassungsansprüchen im Presse- und Äußerungsrecht, GRUR 2020, 1044; *Grosch,* Rechtswandel u. Rechtskraft bei Unterlassungsurteil, 2002; ders., Zum Streitgegenstandsbegriff im Patentverletzungsprozess unter Berücksichtigung der Rechtsprechung zum Wettbewerbs- und Markenprozess, FS Schilling, 2007, 207; *Hermes-Keil,* Der Streitgegenstand im gewerblichen Rechtsschutz, 1. Auflage 2017; *Kamlah/Ulmar,* Neues zum Streitgegenstand der Unterlassungsklage und seine Auswirkungen auf Folgeprozesse, WRP 2006, 967; *Koch,* Kann die Äußerung unrichtiger Rechtsansichten wettbewerbsrechtlich verboten werden?, WRP 2019, 1259, *Kodde,* Vier Jahre nach „TÜV", GRUR 2015, 38; *Könen,* Der neue/alte modifizierte Streitgegenstandsbegriff bei Unterlassungsklagen nach dem UWG – Ein Ansatz zu dessen kohärenter Konkretisierung, WRP 2019, 565; *Kühnen,* Eine neue Ära bei der Antragsformulierung? Kritische Gedanken zur BGH-Entscheidung „Blasfolienherstellung", GRUR 2006, 180; *Krüger,* Zum Streitgegenstandsbegriff, WRP 2013, 140; *Lehment,* Zur Bedeutung der Kerntheorie für den Streitgegenstand, WRP 2007, 237; *Lenz,* Sachantragsfassung im Patentverletzungsprozess, GRUR 2008, 565; *Meier-Beck,* Probleme des Sachantrags im Verletzungsprozess, GRUR 1998, 276; *Meinhardt,* Aktuelles Wettbewerbsverfahrensrecht (Teil 1): In 2018 veröffentlichte Entscheidungen, WRP 2020, 150; ders., Aktuelles Wettbewerbsverfahrensrecht (Teil 2): In 2018 veröffentlichte Entscheidungen, WRP 2020, 273; ders., Aktuelles Wettbewerbsverfahrensrecht (Teil 1): In 2019 veröffentlichte Entscheidungen, WRP 2020, 1106; ders., Aktuelles Wettbewerbsverfahrensrecht (Teil 2): In 2019 veröffentlichte Entscheidungen, WRP 2020, 1257; ders., Aktuelles Wettbewerbsverfahrensrecht 2020 (Teil 1), WRP 2021, 852; ders., Neues und altes UWG in der Gerichtspraxis – Aktuelle Entscheidungen, WRP 2022, 9; *Meyer,* Der Streitgegenstand bei wettbewerbsrechtlichen Unterlassungsklagen, NJW 2003, 2887; *Pietzcker,* Die Grenzen der Lehre vom Streitgegenstand, GRUR 1974, 613; *Pohlmann,* Kartellschadensersatz – Bestimmung des Streitgegenstands bei der Feststellungsklage, NZKart 2020, 55; *Schmitt-Gaedke,* Streitgegenstand und Antragsfassung im gewerblichen Rechtsschutz (Teil 1), GRUR-Prax 2020, 357; ders., Streitgegenstand und Antragsfassung im gewerblichen Rechtsschutz (Teil 1), GRUR-Prax 2020, 397; *Schwippert;* Nach TÜV und Branchenbuch Berg – Oder: Teilklage im Wettbewerbsrecht, WRP 2013, 135; *ders.* Der Streitgegenstand nach der Biomineralwasser-Entscheidung des BGH, WRP 2014, 8; *Stieper*, Klagehäufung im gewerblichen Rechtsschutz – Alternativ, kumulativ, eventuell?, GRUR 2012, 5; *ders.*, Konkrete Verletzungsform reloaded – Die Rückkehr zum prozessualen Streitgegenstandsbegriff, WRP 213, 561; *Teplitzky*, Streitgegenstand u. materielle Rechtskraft im wettbewerbsrechtl. Unterlassungsprozess, GRUR 1998, 320; *ders.*, Zum Streitgegenstand der wettbewerbsrechtlichen Unterlassungsklage, WRP 2010, 181; *ders.* Der Streitgegenstand der schutz- und lauterkeitsrechtlichen Unterlassungsklage vor und nach den „TÜV"-Entscheidungen des BGH, GRUR 2011, 1091; *Ulrici*, Zulässigkeit sog. uneigentlicher Hilfsanträge, NJ 2018, 309; *von Ungern-Sternberg*, Grundfragen des Streitgegenstandes bei wettbewerbsrechtlichen Unterlassungsklagen (Teil 1), GRUR 2009, 901; *ders.*, Grundfragen des Streitgegenstandes bei wettbewerbsrechtlichen Unterlassungsklagen (Teil 2), GRUR 2009, 1009; *ders.*, Grundfragen des Klageantrags bei urheber- und wettbewerbsrechtlichen Unterlassungsklagen, GRUR 2011, 375; *ders.*, Grundfragen des Klageantrags bei urheber- und wettbewerbsrechtlichen Unterlassungsklagen – Teil II, GRUR 2011, 486; *Werner*, Veni, vidi, vindico: Gerichtliche Durchsetzung des patentrechtlichen Vindikationsanspruchs, GRUR-Prax 2019, 149.

Übersicht

	Rn.
A. Anwendungsbereich	1
I. Leistungsklage	4
II. Feststellungsklage	6
III. Gestaltungsklage	9
B. Klageerhebung	12
C. Inhalt der Klageschrift	17
I. Anforderungen des § 253	17
1. Notwendiger Inhalt	17
2. Nicht notwendiger, aber obligatorischer Inhalt	19
II. Zulässigkeit der Klage	22
1. Persönliche Prozessvoraussetzungen	24
2. Sachliche Prozessvoraussetzungen	25
a. Allgemeine sachliche Prozessvoraussetzungen	26
b. Besondere sachliche Prozessvoraussetzungen	38
III. Begründetheit der Klage	42
D. Streitgegenstand	46
I. Einführung und Überblick	46
II. Klageantrag (Klagebegehren)	54
1. Allgemeines	54
2. Unterlassungsantrag und Unterlassungsbegehren	59
3. Wettbewerbsrechtliches Unterlassungsbegehren	63
a. Pauschaler oder beschränkter Angriff auf die konkrete Verletzungsform	67
b. Schlechthinverbot und andere Verallgemeinerungen	70
c. Kerngleiche Handlungen	78
4. Marken- und kennzeichen-, design- und urheberrechtliches Unterlassungsbegehren	81
5. Patentrechtliches Unterlassungsbegehren	85
6. Sortenschutzrechtliches Unterlassungsbegehren	89
III. Klagegrund und wertende Betrachtung	90
1. Allgemeines	90
2. Unterlassungsklagen	93
a. Verfahrensrechtliche Aspekte	96
b. Mehrere Schutzrechte	97
c. Ansprüche aus UWG und Schutzrecht(en)	107
d. Mehrere wettbewerbsrechtliche Anspruchsgrundlagen (verschiedene Rechtsgebiete)	109
e. Weitere Aufteilung bei einem Schutzrecht	112
f. Konkrete Verletzungs- und Ausführungsform	120
g. Erstbegehungs- und Wiederholungsgefahr	132
h. Passivlegitimation, besonders Haftung als Täter oder Störer/Intermediär	136
i. Ansprüche aus Vertrag und Gesetz	139
j. Ansprüche aus eigenem und abgeleitetem Recht	141
3. Sonstige Leistungsklagen	142
a. Unterschiedliche Rechtsfolgen	142
b. Schadensersatzklagen	143
c. Ersatz der Abmahnkosten	150
d. Vertragsstrafe	151
e. Vergütungspflicht	152
f. Erfinderrechtliche Kondiktion (Vindikation)	155
4. Gestaltungsklagen	157
IV. Rechtskraft	163
1. Allgemeines	163
2. Sich überschneidende Streitgegenstände	169
V. Teilklage	173
VI. Konsequenzen für die Stellung des Unterlassungsantrags	179

	Rn.
VII. Orientierungshilfe	182
1. Ein Streitgegenstand	183
2. Mehrere Streitgegenstände	188
E. Bestimmtheitsgebot	193
I. Allgemeines	193
II. Unterlassungsantrag	196
1. Grundlegendes	196
2. Konkrete Verletzung und Verallgemeinerungen	200
3. Schlechthinverbot	208
4. Gesetzeswiederholende Anträge und auslegungsbedürftige Begriffe	209
5. Insbesondere-Antrag	214
6. Täter- oder Störerhaftung	217
7. Erstbegehungsgefahr	219
8. Antragsumformulierung	221
9. Abmahnung und einstweiliger Rechtsschutz	225
10. Besonderheiten bei wettbewerbsrechtlichen Unterlassungsanträgen	226
11. Besonderheiten bei marken- und kennzeichenrechtlichen Unterlassungsanträgen	233
12. Besonderheiten bei patent-, gebrauchsmuster- und sortenschutzrechtlichen Unterlassungsanträgen	237
13. Besonderheiten bei urheberrechtlichen Unterlassungsanträgen	243
14. Besonderheiten bei designrechtlichen Unterlassungsanträgen	246
III. Beseitigungsantrag	248
IV. Vernichtungsantrag	251
V. Antrag auf Auskunft und Rechnungslegung	252
VI. Feststellungsantrag	254
VII. Zahlungs- und Freistellungsantrag	256
VIII. Gestaltungsantrag	261

A. Anwendungsbereich

Die §§ 253–494a regeln das kontradiktorische **erstinstanzliche Erkenntnisverfahren** vor den Landgerichten bis zum Urteil. Die meisten Regelungen gelten für das Verfahren vor den Amtsgerichten entsprechend (§ 495). Es gelten der Beibringungsgrundsatz bzw. der Verhandlungsgrundsatz (§§ 288[1], 138 Abs. 3[2])[3] und der Grundsatz der Parteiherrschaft (Dispositionsmaxime)[4]. Für die Urteilsfindung ist die richterliche Überzeugung von der Wahrheit einer streitigen tatsächlichen Behauptung maßgeblich (§ 286 Abs. 1 S. 1[5]). **1**

Von diesen Verfahren ist das **einstweilige Verfügungsverfahren** zu unterscheiden, in dem die Glaubhaftmachung streitiger Tatsachen genügt (§ 920 Abs. 2[6]). Die Grundsätze des § 253 können aber **entsprechende Anwendung** finden[7]. Außerdem ist das auf Gestattung der Auskunftserteilung durch Internetserviceprovider aufgrund von Verkehrsdaten gerichtete Verfahren hiervon abzugrenzen (§ 101 Abs. 9 UrhG). Dieses richtet sich nach dem FamFG[8]. In solchen Verfahren gilt der Amtsermittlungsgrundsatz (§ 26 FamFG). **2**

Je nach dem im Erkenntnisverfahren angestrebten Erfolg hat sich der Kläger einer der **drei** normierten Klagearten zu bedienen: **3**

I. Leistungsklage

Mit der Leistungsklage kann der Kläger einen materiell-rechtlichen Anspruch gegen den Beklagten auf ein Tun (Zahlung; Herausgabe; Auskunft; Rechnungslegung; Rückruf; Vernichtung; Abgabe einer Willenserklärung oder einer eidesstattlichen Versicherung), eine Duldung oder ein Unterlassen geltend machen[9]. **4**

Zu den Leistungsklagen zählen auch die Verfalls- und Nichtigkeitsverfahren vor den ordentlichen Gerichten, die auf **Zustimmung zur Löschung** einer eingetragenen Marke nach § 55 MarkenG sowie auf **Zustimmung zur Schutzentziehung** einer international registrierten Marke nach § 115 MarkenG gerichtet sind[10]. Entsprechendes gilt für die designrechtlichen Klagen auf Einwilligung in die **5**

---

[1] → § 288 Rn. 1.
[2] Vgl. Zöller/*Greger* ZPO § 138 Rn. 9 ff.; BeckOK ZPO/*Selle* § 138 Rn. 15 ff.
[3] Zöller/*Greger* ZPO Vor § 128 Rn. 10.
[4] Zöller/*Vollkommer* ZPO Einl. Rn. 65; Zöller/*Greger* ZPO Vor § 128 Rn. 9.
[5] → § 286 Rn. 8 ff.
[6] → § 920 Rn. 12.
[7] → § 253 Rn. 225.
[8] § 24b Abs. 9 GebrMG; § 46 Abs. 9 DesignG; § 19 Abs. 9 MarkenG; § 140b Abs. 9 PatG; § 37b Abs. 9 SortG; § 101 Abs. 9 UrhG.
[9] Zöller/*Greger* ZPO Vor § 253 Rn. 3; BeckOK ZPO/*Bacher* § 253 Rn. 3.
[10] Vgl. BGH GRUR 2003, 428 (430) – BIG BERTHA; aA Ströbele/Hacker/*Thiering* § 52 Rn. 14: Gestaltungsklage.

Löschung, § 9 Abs. 1 S. 1 DesignG oder § 33 Abs. 2 und 6 DesignG[11]. Hingegen betrifft die patentrechtliche Nichtigkeitsklage eine Gestaltungsklage[12].

II. Feststellungsklage

6 Mit einer **positiven** oder einer **negativen Feststellungsklage** (§ 256)[13] kann der Kläger das Bestehen oder Nichtbestehen eines Rechtsverhältnisses zum Beklagten oder die Echtheit oder Unechtheit einer ein solches Rechtsverhältnis bestimmenden Urkunde feststellen lassen[14].

7 Mit der **Zwischenfeststellungsklage** (§ 256 Abs. 2)[15] kann das Vorliegen (oder Nichtvorliegen) des anspruchsbegründenden Rechtsverhältnisses auch bei einer Leistungsklage der Rechtskraft zugeführt werden[16].

8 Mit der **Zwischenfeststellungswiderklage**[17] kann dies auch der Beklagte erreichen, was vor allem bei Teilklagen von Bedeutung ist[18].

III. Gestaltungsklage

9 Mit der Gestaltungsklage wird die unmittelbare Änderung eines zwischen den Parteien bestehenden Rechtsverhältnisses erstrebt, so zum Beispiel die Erklärung der Unzulässigkeit der Zwangsvollstreckung (§§ 767[19], 771[20]). Während Leistungs- und Feststellungsurteile nur zwischen den Parteien wirken, hat ein Gestaltungsurteil **Wirkung gegen jedermann**[21].

10 Systematisch zu den Gestaltungsklagen vor den Zivilgerichten zählen auch die Widerklagen auf Erklärung des Verfalls oder der Nichtigkeit einer **Unionsmarke** nach Art. 128 Abs. 1 UMV (Art. 100 Abs. 1 UMV aF), auf Erklärung der Nichtigkeit eines eingetragenen **Gemeinschaftsgeschmacksmusters** nach Art. 84 Abs. 1 GGeschmMV oder auf Nichtigkeit eines **Designs** nach § 52b DesignG. Beim Gemeinschaftsgeschmacksmuster tritt mit Rechtskraft der Entscheidung diese Wirkung ein, Art. 26, 87 GGeschmV. Die Klage nach § 52b DesignG wird indes als unvollkommene Gestaltungsklage bezeichnet, weil die Feststellung oder Erklärung der Nichtigkeit gegenüber der Allgemeinheit erst mit Löschung des eingetragenen Designs nach § 36 Abs. 1 Nr. 5 DesignG wirkt[22]. Bei internationalen Eintragungen soll die Klageart entgegen des Wortlauts von § 70 Abs. 1 DesignG ebenfalls eine unvollkommene Leistungsklage sein[23].

11 Bei der **patentrechtlichen Nichtigkeitsklage** handelt es sich der Sache nach ebenfalls um eine Gestaltungsklage[24]. Anders ist dies bei den markenrechtlichen Löschungsklagen[25]. Ebenfalls eine Gestaltungsklage ist die Klage auf Erteilung einer patentrechtlichen Zwangslizenz[26].

B. Klageerhebung

12 Durch die Erhebung der Klage wird ein Prozessrechtsverhältnis begründet. Die Klageerhebung ist Prozesshandlung. Sie ist ein Antrag im Sinne von § 216[27], über den grundsätzlich nach mündlicher Verhandlung (§ 128[28]) durch Urteil (§§ 300 ff.[29]) zu entscheiden ist[30].

13 Eine Klage wird in der Regel dadurch erhoben, dass ein Schriftsatz bei Gericht eingereicht wird, der den Erfordernissen von § 253 Abs. 2–4 entspricht und an den Gegner zugestellt wird, § 253 Abs. 1. Mit Eingang der Klageschrift ist diese anhängig und zum Kläger wird ein öffentlich-rechtliches Prozessrechtsverhältnis begründet. Mit Zustellung der Klageschrift von Amts wegen (§ 270 Abs. 1[31]) ist die Klage rechtshängig und zum Beklagten wird ebenso ein solches Prozessrechtsverhältnis begrün-

---

[11] Anders *Eichmann/Jestaedt*/Fink/Meiser DesignG GGV § 42 Rn. 83: unvollkommene Gestaltungsklage.
[12] → § 253 Rn. 11.
[13] → § 256 Rn. 1 f.
[14] *Zöller/Greger* ZPO Vor § 253 Rn. 5; BeckOK ZPO/*Bacher* § 253 Rn. 4.
[15] → § 256 Rn. 32 ff.
[16] *Zöller/Greger* ZPO Vor § 253 Rn. 6.
[17] → § 256 Rn. 32 ff.
[18] *Zöller/Greger* ZPO Vor § 253 Rn. 6.
[19] → § 767 Rn. 1 ff.
[20] → § 771 Rn. 1 ff.
[21] *Zöller/Greger* ZPO Vor § 253 Rn. 8; BeckOK ZPO/*Bacher* § 253 Rn. 4 ff.
[22] Vgl. *Eichmann/Jestaedt*/Fink/Meiser DesignG GGV § 42 Rn. 81.
[23] *Eichmann/Jestaedt*/Fink/Meiser DesignG GGV § 42 Rn. 82.
[24] *Keukenschrijver*, Patentnichtigkeitsverfahren, Rn. 99.
[25] → § 253 Rn. 5.
[26] → § 253 Rn. 262.
[27] → § 216 Rn. 1 ff.
[28] Vgl. *Zöller/Greger* ZPO § 128 Rn. 1 ff.; BeckOK ZPO/*von Selle* § 128 Rn. 1 ff.
[29] → § 300 Rn. 1 ff.
[30] *Zöller/Greger* ZPO § 253 Rn. 1.
[31] → § 270 Rn. 1 ff.

det. Unter Umständen verlegt § 167[32] die Wirkung der Rechtshängigkeit auf den Zeitpunkt der Anhängigkeit der Klage zurück[33].

Die Klageerhebung zeitigt zahlreiche prozessuale und materiell-rechtliche Wirkungen. **14**

Prozessuale Wirkungen: Durch die Klageerhebung wird der Rechtsstreit **rechtshängig** (§ 261 Abs. 1[34]). Der Klageanspruch darf anderweitig nicht mehr geltend gemacht werden (§ 261 Abs. 3 Nr. 1[35]), die Zuständigkeit des angerufenen Gerichts (§ 261 Abs. 3 Nr. 2[36]) sowie die Sachlegitimation des Klägers (§ 265[37]) werden fixiert. Klageänderungen sind nur eingeschränkt möglich (§ 263[38])[39]. **15**

Materiell-rechtliche Wirkungen: Durch die Klageerhebung wird der Lauf der **Verjährung gehemmt** (§§ 204, 209 BGB; § 262 ZPO[40]); der Schuldner gerät in **Verzug** (§ 286 Abs. 1 S. 2 BGB), der Anspruch auf **Prozesszinsen** entsteht (§ 291 BGB). Es greifen ferner Haftungsverschärfungen für den Schuldner (§§ 292, 818 Abs. 4, 987 Abs. 2, 988, 989, 991, 994 Abs. 2, 996, 1007 Abs. 2, 2023 BGB), eine Ersitzung wird unterbrochen (§ 941 BGB), ebenso unterbrochen werden Ausschluss- und Vorlegungsfristen (§§ 1965 Abs. 2, 562b Abs. 2 S. 2, 801 Abs. 1 S. 2, 804 Abs. 1 S. 2, 864 Abs. 1, 977, 1002, 1188 Abs. 2 BGB; §§ 140 Abs. 2, 372 Abs. 2, 433 Abs. 2, 440 Abs. 2 HGB). Ebenso markiert die Klageerhebung das Ende des Vertrauensschutzes nach § 407 Abs. 2 BGB[41]. **16**

C. Inhalt der Klageschrift

I. Anforderungen des § 253

1. Notwendiger Inhalt. § 253 Abs. 2 bestimmt den **notwendigen** Inhalt der Klageschrift. Entspricht die Klageschrift nicht den gestellten Anforderungen, fehlt es an einer Prozessvoraussetzung. Die Klage ist dann unzulässig und deswegen abzuweisen, sofern der Fehler nicht nachträglich behoben oder geheilt wird[42]. Da das Gericht dem Kläger regelmäßig Gelegenheit geben muss, eigene Fehler zu beheben, ist in der Praxis eine Klageabweisung wegen Unzulässigkeit aufgrund eines Verstoßes gegen § 253 Abs. 2 jedoch recht selten[43]. **17**

Die notwendigen Mindestanforderungen sind im Einzelnen folgende: **18**

- **Bezeichnung der Parteien** (§ 253 Abs. 2 Nr. 1): Die Parteien sind so genau zu bezeichnen, dass kein Zweifel besteht, wer Kläger oder Beklagter ist[44]. Die Bezeichnung ist als Teil einer Prozesshandlung der Auslegung zugänglich, wobei es auf die objektive Deutung aus der Sicht der Empfänger (Gericht und Gegenpartei) ankommt, so dass ungenaue oder unrichtige Bezeichnungen unschädlich sind, wenn die Identität der Partei gleichwohl bestimmt werden kann[45]. Bei der Auslegung kommt es nicht allein auf die Angaben im Rubrum an, sondern es ist der gesamte Inhalt der Klageschrift (einschließlich etwaiger Anlagen) zu berücksichtigen[46]. Es brauchen nicht zwingend alle in § 130 Nr. 1 aufgezählten Angaben enthalten zu sein[47]. Erforderlich ist in der Regel die **Angabe des Namens** der Partei. Ausnahmen hiervon sind denkbar, wenn eine Partei auch ohne Angabe ihres Namens so klar bezeichnet wird, dass keine Zweifel an ihrer Identität aufkommen können und sie sich aus der Parteibezeichnung für jeden Dritten ermitteln lässt[48]. Bei einem Alias (-namen) ist dies nur der Fall, wenn die Identifikation der Person unmissverständlich gegeben ist[49]. Die **ladungsfähige Anschrift** der Parteien ist in der Regel ebenfalls anzugeben[50]. Bei juristischen Personen des Privatrechts genügt hierfür die Angabe der im Handelsregister eingetragenen Geschäftsanschrift, sofern dort gemäß § 170 Abs. 2 Zustellungen an das Organ als gesetzlichen Vertreter der juristischen Person oder an den rechtsgeschäftlich bestellten Vertreter (§ 171) bewirkt werden können[51]. Die

---

[32] → § 167 Rn. 1 ff.
[33] Zöller/*Greger* ZPO § 253 Rn. 4.
[34] → § 261 Rn. 3.
[35] → § 261 Rn. 9 ff.
[36] → § 261 Rn. 15 f.
[37] → § 265 Rn. 4.
[38] → § 263 Rn. 1 ff.
[39] Zöller/*Greger* ZPO Vor § 253 Rn. 27.
[40] → § 262 Rn. 2.
[41] Zöller/*Greger* ZPO Vor § 253 Rn. 26.
[42] BeckOK ZPO/*Bacher* ZPO § 253 Rn. 80.
[43] BeckOK ZPO/*Bacher* ZPO § 253 Rn. 80.
[44] Zöller/*Greger* ZPO § 253 Rn. 8.
[45] BGH NJW-RR 2008, 582 Rn. 7; NJW 2017, 2472 Rn. 19 ff. mwN; BGH BeckRS 2013, 16061 Rn. 21 – Kontakte eines auf Substrat angeordneten Drahtleiters; OLG Frankfurt a. M. BeckRS 2018, 3305 Rn. 11; NVwZ 2018, 95 Rn. 13 (Angabe des falschen Vertretungsorgans einer Gemeinde).
[46] BGH NJW 2017, 2472 Rn. 20.
[47] BeckOK ZPO/*Bacher* ZPO § 253 Rn. 45.
[48] BGH NJW-RR 2018, 1460 Rn. 7.
[49] BGH NJW-RR 2018, 1460 Rn. 9 ff. (keine durchgreifenden Gründe für eine Lockerung der Anforderungen).
[50] OLG Frankfurt a. M. BeckRS 2018, 3305 Rn. 12.
[51] BGH GRUR 2018, 1181 – Anschrift des Klägers.

unberechtigte Verweigerung dieser Angabe kann rechtsmissbräuchlich sein[52]. Eine Nichtangabe der Anschrift kann ausnahmsweise zulässig sein, wenn ihre Angabe unüberwindbare Schwierigkeiten bereitet oder ihr schutzwürdige Belange entgegenstehen, was der Kläger aber dartun muss[53].
- **Bezeichnung des Gerichts** (§ 253 Abs. 2 Nr. 1): Zwingend anzugeben ist grundsätzlich nur das Gericht als solches[54]. Es ist nicht erforderlich, die Spruchabteilung (zB Patentstreitkammer) zu benennen, gleichwohl ist dies sinnvoll, um eine zügige gerichtsinterne Bearbeitung der Klage zu unterstützen. Enthält der Geschäftsverteilungsplan des angegangenen Gerichts besondere Bestimmung in Bezug auf die Zuständigkeit einzelner Spruchkörper aufgrund einer Vorbefassung[55] sollte auf eine solche ebenfalls hingewiesen werden. Ist die Zuständigkeit der Kammer für Handelssachen gegeben, muss dies wegen § 96 GVG in der Klage angegeben werden[56]. Fehlt dieser Antrag, führt dies nicht zur Unzulässigkeit der Klage, sondern nur zur Zuständigkeit der Zivilkammern, sofern nicht der Beklagte einen Verweisungsantrag nach § 98 Abs. 1 S. 1 GVG stellt[57].
- **Bestimmte Angabe des Gegenstands und des Grundes** (§ 253 Abs. 2 Nr. 2): Mit Gegenstand ist der Sachverhalt gemeint, der den Inhalt des geltend gemachten Anspruchs konkretisiert. Dieser Begriff ist nicht identisch mit dem des Streitgegenstands[58]. Mit dem Grund des Anspruchs ist wiederum der vom Kläger darzulegende Sachverhalt gemeint, aus dem er den Klageanspruch herleitet[59]. Durch das schriftsätzliche Vorbringen muss jedenfalls eine Individualisierung des Streitgegenstands möglich sein, so dass der erhobene Anspruch von anderen Ansprüchen abgegrenzt werden kann[60].
  o Diejenige Partei, die die Darlegungs- und ggf. die Beweislast trägt, muss **konkret und substantiiert vortragen.** Insofern gilt zum einen der Grundsatz, dass gutes Recht gute Fakten braucht. Zum anderen ist die Frage betroffen, welche Partei welche Tatsachen dem Gericht vortragen und letztlich beweisen muss[61].
  o Bei **technischen Schutzrechten** ist es in der Regel geboten, dem Gericht auch die betroffene(n) technische(n) Lehre(n) eingehend zu erklären. Besonders bei Verletzungsklagen – aber auch bei sog. Vindikationsklagen[62] – ist es vorteilhaft, dem Gericht den technischen Sachverhalt anschaulich zu machen und verständlich darzustellen[63].
  o Die Vorlage einer **Merkmalsanalyse** ist nicht nur bei Streitigkeiten technische Schutzrechte betreffend zu empfehlen, sondern ist auch im Designrecht/Geschmacksmusterrecht[64] und beim ergänzenden wettbewerbsrechtlichen Leistungsschutz ratsam.
- **Bestimmter Antrag** (§ 253 Abs. 2 Nr. 2): Der Klageantrag muss hinreichend bestimmt sein. Zur Antragsfassung → § 253 Rn. 193 ff.

19 **2. Nicht notwendiger, aber obligatorischer Inhalt.** Die nach § 253 **Abs. 3–5** vorgesehenen Angaben sind **keine notwendigen** Angaben (Wortlaut „soll enthalten"). Mängel beim nicht notwendigen Inhalt berühren die Zulässigkeit der Klage zwar nicht[65]. Die Angaben sind aber dennoch **obligatorisch**[66].

20 Werden die in den Absätzen 3–5 aufgezählten Angaben bereits in der Klageschrift gemacht, ermöglicht dies eine **Beschleunigung des Verfahrens**[67], weil ggf. erforderliche gerichtliche Nachfragen entfallen, die verzögernd wirken. Ein Kläger sollte daher bereits in der Klage zu diesen Punkten Stellung nehmen.

21 Im Einzelnen sind dies folgende Angaben:
- **Außergerichtliche Konfliktbeilegung** (§ 253 Abs. 3 Nr. 1): Diese Vorschrift gilt für alle Klagen. In der Klageschrift soll angegeben werden, was unternommen wurde, um den Konflikt außergericht-

---

[52] → § 253 Rn. 33.
[53] OLG Hamburg NJW-RR 2019, 361 Rn. 10 – Klägeranschrift von Prominenten.
[54] Zöller/*Greger* ZPO § 253 Rn. 9.
[55] Zum Beispiel: Nach Ziffer 11.9 des Geschäftsverteilungsplanes des Landgerichts München I bleibt eine der beiden Patentstreitkammern, die mit dem ersten Verfahren aus einem Patent oder Gebrauchsmuster. befasst war, unabhängig von einer etwaigen Parteiidentität auch für alle weiteren.
Verfahren zuständig, die gestützt auf dasselbe Schutzrecht anhängig gemacht werden.
[56] Zöller/*Greger* ZPO § 253 Rn. 9.
[57] BeckOK ZPO/*Bacher* ZPO § 253 Rn. 49.1.
[58] Zöller/*Greger* ZPO § 253 Rn. 11; BeckOK ZPO/*Bacher* ZPO § 253 Rn. 52.
[59] Zöller/*Greger* ZPO § 253 Rn. 12.
[60] Vgl. OLG München BeckRS 2018, 38191 Rn. 11; 2018, 43466 Rn. 42.
[61] → § 138 Rn. 1 ff.
[62] Zu Bedenken wegen der Terminologie Busse/*Keukenschrijver* § 8 Rn. 6.
[63] Zum Inhalt der Klagebegründung im Patentrecht siehe: *Kühnen* HdB Patentverletzung Kap. D. Rn. 928 ff.; Haedicke/Timmann PatR-HdB/*Zigann* § 15 Rn. 101–114.
[64] Ruhl/*Tolkmitt* GGV Art. 88 Rn. 24.
[65] Zöller/*Greger* ZPO § 253 Rn. 24.
[66] Zöller/*Greger* ZPO § 253 Rn. 20.
[67] BeckOK ZPO/*Bacher* ZPO § 253 Rn. 79.

lich zu lösen; der Grund des Scheiterns braucht nicht angegeben zu werden[68]. Allerdings ist es gängige Praxis im gewerblichen Rechtsschutz und Urheberrecht, dass zu diesem Punkt in der Klage regelmäßig geschwiegen wird. Die Gerichte fragen in der Regel hierzu auch nicht nach, weil sie die Erfahrung gemacht haben, dass die Klage grundsätzlich nur erhoben wird, wenn alle vorgerichtlichen Bemühungen gescheitert sind, den Streit einer interessengerechten, angemessenen und vernünftigen Lösung zuzuführen.

- **Streitwert** (§ 253 Abs. 3 Nr. 2): Eine Angabe des Streitwerts ist bei allen Klagen nötig. Fehlt die Streitwertangabe in der Klage, wird eine gerichtliche Nachfrage erforderlich. Die daraus resultierende Verzögerung bei der Zustellung der Klage wird dem Kläger im Rahmen des § 167 nicht zugerechnet, wenn er die gerichtliche Anfrage unverzüglich beantwortet[69]. Um Verzögerungen zu vermeiden, ist es sinnvoll, den Streitwert und ggf. Teilstreitwerte für die einzelnen Anträge bereits mit der Klage anzugeben.
  - o Entsprechendes gilt, wenn eine **Streitwertermäßigung** gemäß § 144 PatG[70] oder § 142 MarkenG[71] geltend gemacht werden soll.
- **Einzelrichter** (§ 253 Abs. 3 Nr. 3): Wegen §§ 348[72], 349[73] ist es sinnvoll anzugeben, ob einer Entscheidung durch den Einzelrichter Gründe entgegenstehen, um eine Beschleunigung des Verfahrens zu bewirken. Aufgrund der Komplexität der meisten Klagen im gewerblichen Rechtsschutz und Urheberrecht dürfte zwar in der Regel eine Übertragung auf den Einzelrichter nicht in Betracht kommen. Dennoch ist eine Äußerung der Klageseite hierzu hilfreich.
- **Unterschrift** (§ 253 Abs. 4): § 253 Abs. 4, der auf § 130 verweist, ist wegen § 253 Abs. 2 im Wesentlichen ohne eigenen Regelungsgehalt. Bedeutend ist allein das Erfordernis einer Unterschrift gemäß § 130 Nr. 6[74].
- **Abschriften** (§ 253 Abs. 5 S. 1): § 253 Abs. 5 S. 1 bestimmt, dass der Kläger die für die Zustellung erforderliche Zahl von Abschriften beizufügen hat. Üblicherweise mahnt das Gericht fehlende Abschriften beim Kläger an, bevor es selbst die fehlenden Abschriften anfertigt und die hierfür anfallenden Auslagen dem Kläger in Rechnung stellt (KV 9000 Nr. 1 GKG)[75].
  - o Bei **Patent- und Gebrauchsmusterverletzungsverfahren** vor dem **LG München I** enthalten die Hinweise zum Münchner Verfahren[76] sowie die Hinweise zu Auslandszustellungen besondere Vorgaben hinsichtlich der Anzahl der Abschriften[77].

II. Zulässigkeit der Klage

Die Klage muss zulässig sein, damit das Gericht über die begehrte Sache entscheiden kann. Hierfür müssen zahlreiche Prozessvoraussetzungen oder Sachurteilsvoraussetzungen erfüllt sein. Dazu gehören positive Voraussetzungen, die gegeben sein müssen und negative Voraussetzungen, die fehlen müssen, bevor das Gericht in der Sache ein Urteil erlassen kann. Liegen sie bis zum Schluss der mündlichen Verhandlung nicht vor, darf kein Sachurteil ergehen, sondern die unzulässige Klage ist durch Prozessurteil abzuweisen. Der Kläger ist durch ein solches Urteil in der Regel nicht gehindert, seinen materiell-rechtlichen Anspruch erneut einzuklagen[78].

Es können persönliche und sachliche Prozessvoraussetzungen unterschieden werden:

1. Persönliche Prozessvoraussetzungen. Zu den persönlichen Prozessvoraussetzungen[79] zählen die Existenz und die Parteifähigkeit (§ 50), die Prozessfähigkeit (§§ 51 ff.), die ordnungsgemäße gesetzliche Vertretung (§ 56) und die Prozessführungsbefugnis[80]. Hierunter versteht man die Befugnis, ein eigenes oder fremdes Recht gerichtlich geltend machen zu dürfen.

2. Sachliche Prozessvoraussetzungen. Die sachlichen Prozessvoraussetzungen[81] unterteilen sich weiter in die allgemeinen sachlichen Prozessvoraussetzungen, die unabhängig von der gewählten Klageart oder Prozesssituation zu beachten sind, und die besonderen sachlichen Prozessvoraussetzungen, die je nach gewählter Klageart zu beachten sind[82].

---

[68] Zöller/*Greger* ZPO § 253 Rn. 20a.
[69] BeckOK ZPO/*Bacher* ZPO § 253 Rn. 79 mit Verweis auf BGH NJW 1994, 1073 (1074).
[70] Haedicke/Timmann PatR-HdB/*Zigann* § 15 Rn. 483 f.
[71] *Ingerl*/*Rohnke* MarkenG § 142 Rn. 14 ff.
[72] Vgl. Zöller/*Greger* ZPO § 348 Rn. 1 ff.; BeckOK ZPO/*Fischer* § 348 Rn. 1 ff.
[73] Vgl. Zöller/*Greger* ZPO § 349 Rn. 1 ff.; BeckOK ZPO/*Fischer* § 349 Rn. 1 ff.
[74] Zöller/*Greger* ZPO § 253 Rn. 20d; § 130 Rn. 7; BeckOK ZPO/*von Selle* § 130 Rn. 7 ff.
[75] BeckOK ZPO/*Bacher* § 253 Rn. 40.
[76] Abrufbar unter: http://www.justiz.bayern.de/gerichte-und-behoerden/landgericht/muenchen-1/verfahren_03.php (letzter Abruf am 26.2.2021).
[77] Haedicke/Timmann PatR-HdB/*Zigann* § 15 Rn. 184.
[78] → § 322 Rn. 21 f.
[79] Zöller/*Greger* ZPO Vor § 253 Rn. 12; BeckOK ZPO/*Bacher* § 253 Rn. 15 f.
[80] → §§ 51 und 52 Rn. 36 ff.
[81] Zöller/*Greger* ZPO Vor § 253 Rn. 13; BeckOK ZPO/*Bacher* § 253 Rn. 14 f., 16 f.
[82] BeckOK ZPO/*Bacher* § 253 Rn. 16, 17.

26   **a. Allgemeine sachliche Prozessvoraussetzungen.** Die Klageschrift muss den formellen und inhaltlichen Anforderungen des § 253[83] genügen[84]. Der Rechtsweg zu den Zivilgerichten muss eröffnet sein (§ 13 GVG)[85]. Das angerufene Gericht muss örtlich (§§ 12 ff.[86]) und sachlich (§ 71 GVG) zuständig sein[87]. Hierbei ist eine eventuelle landesrechtliche Zuständigkeitskonzentration nach § 13a GVG zu beachten[88]. Wenn die Klage zu einem Landgericht erhoben wird, was im gewerblichen Rechtsschutz der Regelfall sein dürfte, muss sie von einem nach § 78[89] postulationsfähigen Rechtsanwalt unterzeichnet sein. Bei urheberrechtlichen Streitigkeiten mit einem Streitwert von unter 5.000 EUR bleibt es mangels Sonderzuweisung an die Landgerichte (vgl. § 104 UrhG) bei den allgemeinen Regelungen des GVG und es ist regelmäßig die Zuständigkeit der Amtsgerichte gegeben, §§ 23 Nr. 1, 71 Abs. 1 GVG.

27   Das angerufene Gericht muss **Jurisdiktionsgewalt** über den Streitgegenstand und über die Person des Beklagten (§§ 18–20 GVG) besitzen[90]. Letzteres ist zum Beispiel gegenüber dem **Europäischen Patentamt** in der Regel nicht der Fall[91].

28   Die Klagbarkeit des Anspruchs kann vorübergehend, zum Beispiel wegen eines **Stillhalteabkommens,** oder dauerhaft, zum Beispiel wegen Nichtbeachtung des Zwangs zur patentrechtlichen Klagekonzentration gemäß **§ 145 PatG**[92], fehlen[93].

29   Über denselben Streitgegenstand[94] darf zwischen denselben Parteien nicht schon ein rechtskräftiges Sachurteil ergangen sein (§§ 322[95], 325[96]) oder ein entsprechendes Verfahren noch anhängig sein (§ 261[97])[98]. Zu beachten ist, dass nach nationalem Recht die spätere Erhebung einer Leistungsklage der früheren **negativen Feststellungsklage** das Rechtsschutzbedürfnis nimmt[99], während im Anwendungsbereich der EuGVVO (Art. 27 Abs. 1) und des LugÜ die frühere negative Feststellungsklage der Erhebung der späteren Leistungsklage entgegensteht (sog. Torpedo)[100].

30   Die Klage ist ferner unzulässig wenn der Beklagte eine **Schiedsklausel** (§ 1032)[101], das Fehlen der **Prozesskostensicherheit** (§§ 110[102], 113[103]) oder der **Kostenerstattung** nach Klagerücknahme im Vorprozess (§ 269 Abs. 6[104]) geltend macht[105].

31   Außerdem muss das erforderliche **Rechtsschutzbedürfnis** bestehen. Maßgeblich ist der Zeitpunkt der letzten mündlichen Verhandlung[106]. Sein Wegfall ist so zu behandeln, als wenn es von Anfang an fehlte[107]. Das Rechtsschutzbedürfnis hat die Aufgabe zu verhindern, dass Rechtsstreitigkeiten auf ihre Begründetheit geprüft werden, obwohl es eines Rechtsschutzes ersichtlich nicht bedarf[108]. Das Rechtsschutzbedürfnis liegt bei einer Klage[109] in der Regel vor. Es ergibt sich grundsätzlich daraus, dass der Beklagte den behaupteten materiell-rechtlichen Anspruch nicht erfüllt hat[110]. Regelmäßig kann es unterstellt werden. Das Rechtsschutzbedürfnis darf nur im Ausnahmefall verneint werden[111]. Der Rechtsuchende hat grundsätzlich einen Anspruch darauf, dass die (staatlichen) Gerichte sein Anliegen sachlich prüfen und darüber entscheiden[112]. Eine **Ausnahme** kann gegeben sein, wenn Klage oder Antrag objektiv sinnlos sind, weil der Kläger unter keinen

---

[83] → § 253 Rn. 1 ff.
[84] Zöller/*Greger* ZPO Vor § 253 Rn. 14, 24.
[85] Zöller/*Greger* ZPO Vor § 253 Rn. 16.
[86] → § 12 Rn. 1 ff.
[87] Zöller/*Greger* ZPO Vor § 253 Rn. 17.
[88] → § 1 Rn. 1 ff.
[89] → § 78 Rn. 1 ff.
[90] Zöller/*Greger* ZPO Vor § 253 Rn. 15.
[91] § 20 Abs. 2 GVG iVm Art. 3 des Protokolls über die Vorrechte und Immunitäten der Europäischen Patentorganisation.
[92] Haedicke/Timmann PatR-HdB/*Zigann* § 15 Rn. 458.
[93] Zöller/*Greger* ZPO Vor § 253 Rn. 19 f.
[94] Zur Definition → § 253 Rn. 65 ff., 68.
[95] → § 322 Rn. 6.
[96] → § 325 Rn. 1 ff.
[97] → § 261 Rn. 1.
[98] Zöller/*Greger* ZPO Vor § 253 Rn. 19b.
[99] BGH GRUR 2006, 217 Rn. 12 – Detektionseinrichtung I.
[100] → § 256 Rn. 30; Haedicke/Timmann PatR-HdB/*Chakraborty/Haedicke* § 15 Rn. 948 f.
[101] Zöller/*Geimer* ZPO § 1032 Rn. 1 ff.
[102] → § 110 Rn. 1 ff.
[103] → § 113 Rn. 21 ff.
[104] → § 269 Rn. 2.
[105] Zöller/*Greger* ZPO Vor § 253 Rn. 20 ff.; BeckOK ZPO/*Bacher* § 253 Rn. 18 f.
[106] BGH GRUR 2004, 849 (849) – Duschvorhang.
[107] Vgl. BGH GRUR 1965, 231 (233) – Zierfalten.
[108] Teplitzky/*Schwippert* Kap. 51 Rn. 52.
[109] → § 940 Rn. 19 ff.
[110] Teplitzky/*Schwippert* Kap. 51 Rn. 52.
[111] BGH GRUR 2019, 813 Rn. 30 – Cordoba II.
[112] BGH GRUR 2017, 1236 Rn. 37 – Sicherung der Drittauskunft.

Umständen mit seinem prozessualen Begehren einen schutzwürdigen Vorteil erlangen kann[113]. Das ist zB der Fall, wenn der Kläger bereits einen durchsetzbaren[114] gerichtlichen oder privaten Titel über den geltend gemachten Anspruch in Händen hält. Der Zugang einer notariellen Unterwerfungserklärung genügt hierfür nicht, wenn diese Erklärung keinen zum gerichtlichen Verbot vergleichbaren Schutz gegen erneute Zuwiderhandlungen gewährt[115]. Ebenso lässt ein (sofort vollziehbares und durch verwaltungsrechtliche Ordnungsmittel abgesichertes) behördliches Verbot das Rechtsschutzbedürfnis des Wettbewerbers für die (zivilrechtliche) Unterlassungsklage nicht entfallen, weil zivilrechtlicher Schutz und verwaltungsbehördliche Durchsetzung öffentlich-rechtlicher Verhaltenspflichten grundsätzlich unabhängig von- und nebeneinander bestehen[116]. Bedarf es einer näheren materiell-rechtlichen Prüfung, ob der Kläger überhaupt einen schutzwürdigen Vorteil erlangen kann, darf das Rechtsschutzbedürfnis in der Regel nicht verneint werden[117]. Zudem besteht es auch dann, wenn der Kläger dieselbe **Verletzungsform unter mehreren Gesichtspunkten** (vor demselben Gericht) angreift und diese Angriffe zum Gegenstand eigener Anträge macht, die sich lediglich geringfügig voneinander unterscheiden[118]. Macht der Kläger im Verbotsantrag eine „und/oder"-Verknüpfung[119] geltend und rügt der Beklagte, der „und"-Variante komme keine eigenständige Bedeutung zu, so ist nicht das Rechtsschutzbedürfnis, sondern die Begründetheit der Klage betroffen[120]. Das Rechtsschutzbedürfnis kann indes fehlen, wenn die **Unterlassung** (oder Beseitigung) **von Äußerungen** begehrt wird, die der Rechtsverfolgung oder -verteidigung **in einem (inländischen) gerichtlichen oder behördlichen Verfahren** dienen, weil der Ablauf dieses rechtsstaatlichen Verfahrens nicht beeinflusst und die Relevanz der Äußerungen ordnungsgemäß im Ausgangsverfahren geklärt werden sollen[121]. Gleiches gilt, wenn die Klage auf Unterlassung einer Äußerung gerichtet ist, die zwar außerhalb eines gerichtlichen oder behördlichen Verfahrens stattfand, aber mit einem solchen im Zusammenhang steht und auf eine Beschränkung der Rechtsverfolgung oder -verteidigung des Gegners gerichtet ist, die im Fall des Obsiegens im nachfolgenden gerichtlichen oder behördlichen Verfahren fortwirkt[122]. Das Rechtsschutzbedürfnis für die wettbewerbsrechtliche Unterlassungsklage fehlt hingegen nicht, wenn nicht die Rechtsverfolgung oder -verteidigung an sich, sondern lediglich Ausführungen zu ihrer Begründung angegriffen werden[123]. Ein Antrag oder eine Klage, die gegen eine **anti-suit injunction** (ASI) gerichtet ist, die im Nicht-EU-Ausland beantragt wurde oder droht beantragt zu werden, fehlt das Rechtsschutzbedürfnis nicht per se: Weder greift zugunsten des ausländischen Verfahrens, mit dem ein (nach deutschem Verständnis unzulässiges) Prozessführungsverbot ausgesprochen werden soll, das prozessuale Privileg, noch entfällt das Rechtsschutzbedürfnis dadurch, dass die deutschen Gerichte in der Vergangenheit die Zustellung der Anordnung einer ASI abgelehnt und deren Vollstreckung für unzulässig erachtet haben[124]. Seine Begründung findet dies im Notwehrrecht, so dass das ausländische Verfahren, das zum Erlass der ASI geführt hat, einem inländischen Antrag auf Erlass einer Gegenmaßnahme (sog. anti anti-suit injunction, AASI) regelmäßig unter keinem Gesichtspunkt entgegensteht.[125] Wiederum auf derartige Gegenmaßnahmen (AASI) gerichtete ausländische Verfahren in einem Drittstaat (anti anti anti-suit injunction, AAASI) stehen inländischen Verfahren auf Erlass von Gegenmaßnahmen nur dann entgegen, wenn sie (auch) auf das Territorium der

---

[113] BGH GRUR 2020, 1311 Rn. 27 – Vorwerk; BGH GRUR-RS 2020, 39401 Rn. 20 – Nichtangriffsabrede; BGH NJOZ 2018, 1612 Rn. 14 (bei zweifelsfreier Unmöglichkeit der verlangten Leistung).
[114] Nicht durchsetzbar ist der Titel etwa dann, wenn bei einem Verfahren nach § 809 ZPO Auslegungsprobleme drohen.
[115] BGH GRUR 2016, 1316 Rn. 16, 20 – Notarielle Unterlassungserklärung.
[116] BGH GRUR 2019, 298 Rn. 24 – Uber Black II.
[117] BGH GRUR 1993, 576 (577) – Datatel; BGH GRUR 2019, 813 Rn. 30 – Cordoba II.
[118] BGH GRUR 2020, 1311 Rn. 28 – Vorwerk; aA OLG Stuttgart GRUR-RR 2019, 274 Rn. 95 – Ocean Bottle (mangels praktischen Bedürfnisses für das weitere Verbot bestehe kein Rechtsschutzbedürfnis).
[119] → § 253 Rn. 202, 207 zur Bestimmtheit von „und/oder"-Anträgen.
[120] BGH GRUR 2019, 813 Rn. 32 – Cordoba II; Teplitzky/*Schwippert* Kap. 51 Rn. 18.
[121] BGH GRUR 2018, 757 Rn. 17 ff. – Kindeswohlgefährdung; vgl. auch BGH GRUR-RS 2020, 13411 Rn. 21 – Fernwärmepreis; BGH GRUR-RS 2020, 39401 Rn. 44 – Nichtangriffsabrede (das unionsrechtliche Verfallsverfahren wird durch die Prüfung, ob gegen eine markenrechtliche Nichtangriffsabrede verstoßen wird, nicht beeinträchtigt, so dass das Rechtsschutzbedürfnis für einen Leistungsantrag auf Rücknahme des Verfallsantrags insoweit jedenfalls bestehen bleibt).
[122] BGH GRUR-RS 2020, 13411 Rn. 22 – Fernwärmepreis; *Koch* WRP 2019, 1259 (1264); OLG Köln GRUR 2019, 306 – Kündigung durch Bausparkasse in Niedrigzinsphase (Das Rechtsschutzbedürfnis für einen Verbotsantrag gegen eine Bausparkasse, Bausparverträge aufgrund einer nach Vertragsschluss eingetretenen Veränderung der finanzwirtschaftlichen Rahmenbedingungen aus wichtigem Grund und/oder wegen Störung der Geschäftsgrundlage zu kündigen, kann im Einzelfall fehlen, wenn die Erklärung der Kündigung einer gerichtlichen Auseinandersetzung über deren Berechtigung zwingend vorausgehen muss).
[123] BGH GRUR-RS 2020, 13411 Rn. 23 – Fernwärmepreis.
[124] Vgl. OLG München GRUR 2020, 379 Rn. 51, 62, 66 ff. – Anti-Suit Injunction; LG München I BeckRS 2021, 3995 Rn. 107 ff.
[125] OLG München GRUR 2020, 379 Rn. 64 – Anti-Suit Injunction; LG München I BeckRS 2021, 3995 Rn. 107 ff.

Bundesrepublik Deutschland gerichtet sind und dort bei Erfolg die Wiederholungsgefahr entfallen lassen.[126]

32 Unzulässig ist eine Klage, wenn das gerichtliche Vorgehen **rechtsmissbräuchlich** ist. Ob Rechtsmissbrauch zum Fehlen der Prozessführungsbefugnis führt[127] oder nach der hier vertretenen Auffassung lediglich das allgemeine Rechtsschutzbedürfnis entfallen lässt, kommt es in der Regel nicht entscheidend an, weil die Klage in beiden Fällen unzulässig ist. Von einem Rechtsmissbrauch durch die Erhebung der Klage ist auszugehen, wenn das beherrschende Motiv des Anspruchstellers sachfremde Ziele sind. Die Feststellung dessen erfordert eine sorgfältige Prüfung und Abwägung der maßgeblichen Umstände des Einzelfalls[128]. Dies ist im Freibeweis von Amts wegen festzustellen[129]. Ein Rechtsmissbrauch erfordert neben der Verwirklichung des objektiven Tatbestands in der Regel ebenfalls die eines subjektiven Tatbestands (Wissen und Wollen[130]). Auf letzteren kann aus dem Vorliegen der objektiven Umstände geschlossen werden. Rechtsmissbrauch kann gegeben sein, wenn der Kläger mit seiner Klage eine Schikane beabsichtigt[131]. Denn das Gebot redlichen Verhaltens bestimmt dann hier über **§ 242 BGB** unter dem Gesichtspunkt der unzulässigen Rechtsausübung nicht nur das materielle Recht, sondern auch das Verfahrensrecht[132]. Im Wettbewerbsrecht findet sich in **§ 8c UWG** (§ 8 Abs. 4 UWG aF) eine spezialgesetzliche, aber nicht abschließende Regelung für den Rechtsmissbrauch bei Unterlassungs- und Beseitigungsansprüchen, so dass bei deren Einschlägigkeit ein Rückgriff auf § 242 BGB nicht ausgeschlossen ist[133]. Die dort genannten Fallgruppen indizieren einen Missbrauch (Wortlaut „im Zweifel"), der Betroffene kann diese Annahme aber erschüttern[134]. Die Beispiele in § 8c UWG besitzen für Streitigkeiten im Immaterialgüterrecht sicherlich ebenfalls eine Indizwirkung, einen möglichen Rechtsmissbrauch in den Blick zu nehmen. Eine unmittelbare Übernahme sämtlicher Beispiele ist hier aber nicht, jedenfalls nicht ohne weitere Begründung, geboten.

Durch Trennung von Verfahren die Kostenlast zu erhöhen, kann zum Beispiel ein Anhaltspunkt für Rechtsmissbrauch sein. Die rechtsmissbräuchliche Absicht, durch **Maximierung der Prozesskosten** zu schädigen, hat der Gesetzgeber im Lauterkeitsrecht in § 8c Abs. 2 Nr. 1 UWG (§ 8 Abs. 4 S. 1 UWG aF) und § 2b UKlaG (§ 2 Abs. 3 UKlaG aF) explizit geregelt. Hiernach sind Beseitigungs- und Unterlassungsklagen unzulässig, wenn sie unter Berücksichtigung der gesamten Umstände missbräuchlich sind, insbesondere wenn sie vorwiegend dazu dienen, gegen den Zuwiderhandelnden einen Anspruch auf Ersatz von Aufwendungen oder Kosten der Rechtsverfolgung entstehen zu lassen. Dies ist aus der Sicht einer wirtschaftlich denkenden Person zu beurteilen[135]. Als rechtsmissbräuchlich ist es deswegen auch anzusehen, wenn der Kläger sein Vorgehen gegen denselben Beklagten **künstlich in unterschiedliche Klagen aufspaltet**, um diesen ohne Not durch hierdurch erhöhten Prozesskosten maximal zu schädigen, obwohl ein kostenschonenderes Vorgehen in Klagehäufung ohne Nachteile möglich gewesen wäre[136]. Ein solches scheidet aber aus, wenn es dem Kläger nicht möglich ist, die verschiedenen Angriffe mittels einstweiliger Verfügungen in einem Verfahren zu konzentrieren, wenn aufgrund der sukzessiven Veränderungen der Verletzungsform durch den Mitbewerber die Dringlichkeit für einzelne Angriffe nicht mehr gegeben wäre[137]. Rechtsmissbrauch entsteht hier dann auch nicht dadurch, dass die Angriffe vor verschiedenen Gerichten erhoben worden sind[138]. Gleichfalls ist es grundsätzlich nicht rechtsmissbräuchlich, sondern entspricht dem berechtigten Interesse an einer effektiven Rechtsdurchsetzung, aus prozesstaktischen Gründen den Gerichtsstand zu wählen, bei dem sich der Kläger die besten Erfolgschancen verspricht[139]. Dient die Geltendmachung des Unterlassungsanspruchs indes im Wesentlichen allein dazu, dem Prozessbevollmächtigten des Klägers eine **Ein-**

---

[126] LG München I BeckRS 2021, 3995 Rn. 111 ff.
[127] BGH GRUR 2017, 266 Rn. 23 – World of Warcraft I mwN.
[128] BGH GRUR 2016, 961 Rn. 15 – Herstellerpreisempfehlung bei Amazon; BGH GRUR 2017, 266 Rn. 23 – World of Warcraft I mwN; BGH GRUR 2019, 199 Rn. 21 – Abmahnaktion II.
[129] OLG Köln GRUR-RR 2021, 176 Rn. 26.
[130] OLG Köln GRUR-RR 2021, 282.
[131] Vgl. Harte/Henning/*Brüning* UWG Vor § 12 Rn. 70–74.
[132] BGH NJW 2007, 3279 – Rechtsmissbräuchliches Eigengebot; Zöller/*Greger* ZPO Vor § 253 Rn. 18 ff.; BeckOK ZPO/*Bacher* § 253 Rn. 28 ff.
[133] Vgl. KG BeckRS 2017, 130383 Rn. 20 – Spam-Krokodil.
[134] OLG Celle GRUR-RS 2021, 15900.
[135] Vgl. BGH GRUR 2019, 199 Rn. 23 – Abmahnaktion II.
[136] Vgl. BGH GRUR 2008, 915 Rn. 11 – 40 Jahre Garantie; BGH GRUR 2006, 243 Rn. 16a – MEGA SALE; BGH GRUR 2004, 70 (71) – Preisbrecher; BGH GRUR 2002, 357 (359) – missbräuchliche Mehrfachabmahnung; BGH GRUR 2002, 715 (716) – Scanner-Werbung; BGH GRUR 2000, 1089 (1091) – missbräuchliche Mehrfachverfolgung; BGH GRUR 2019, 631 Rn. 62 – Das beste Netz; OLG Frankfurt a. M. BeckRS 2018, 7629 Rn. 4 – versehentliche Verfahrensspaltung (eine solche lässt das Rechtsschutzbedürfnis mangels Rechtsmissbrauchs nicht entfallen).
[137] BGH GRUR 2019, 631 Rn. 64 – Das beste Netz.
[138] BGH GRUR 2019, 631 Rn. 64 – Das beste Netz.
[139] BGH GRUR 2014, 607 Rn. 11 – Klageerhebung an einem dritten Ort; BGH GRUR 2018, 1246 Rn. 31 – Kraftfahrzeugfelgen II.

Klageschrift

nahmequelle zu verschaffen, kann Rechtsmissbrauch in Betracht kommen[140]. Ein Indiz hierfür ist, dass der Anwalt den Kläger ganz oder teilweise vom Kostenrisiko des Prozesses freistellt[141]. Noch deutlichere Anhaltspunkte ergeben sich, wenn ein Prozessfinanzierer[142] beteiligt ist und dem Kläger eine kostenfreie Verfolgung von Unterlassungsansprüchen nebst eines Profits (aus anfallenden Vertragsstrafen) angeboten wird[143]. Dann dient die Klage wohl nur auf dem Papier der Rechtsdurchsetzung, tatsächlich aber der Erzielung von Einnahmen von Kläger und Anwalt[144]. Ein Missbrauch kann auch dann vorliegen, wenn der Kläger kein nennenswertes wirtschaftliches oder wettbewerbspolitisches Interesse an der Rechtsverfolgung haben kann[145]. Ebenso kann sich ein Rechtsmissbrauch daraus ergeben, dass die Abmahntätigkeit des Klägers in keinem vernünftigen wirtschaftlichen Verhältnis zu seiner gewerblichen Tätigkeit steht oder er systematisch überhöhte Gebühren oder Vertragsstrafen verlangt[146]. Ein Verstoß gegen die „Novembermann"-Rechtsprechung des Bundesgerichtshofs[147] hat nicht zwingend einen Rechtsmissbrauch zur Folge[148]. Ein Indiz für rechtsmissbräuchliches Vorgehen besteht, wenn bei wettbewerbsrechtlich zweifelhafter Beurteilung in großer Zahl Abmahnungen ausgesprochen werden, ohne dass bei Ausbleiben einer Unterwerfung eine gerichtliche Klärung herbeigeführt wird. Gleiches gilt, wenn die Höhe der Personalkosten eines Verbraucherverbands den konkreten Verdacht rechtfertigt, der eigentliche Zweck des Verbands liege in der Generierung von Einnahmen für (überhöhte) Personalkosten[149]. Ein kollusives Zusammenwirken mit einem Anwalt ist hier in der Regel nicht erforderlich[150].

Verschweigt der Antragsteller im Antrag auf Erlass einer **einstweiligen Verfügung** die Reaktion des Antragsgegners auf seine **vorprozessuale Verwarnung** (Abmahnung), kann darin eine grobe Verletzung der Wahrheitspflicht und als eine rechtsmissbräuchlich zu wertende planmäßig-gezielte Gehörsvereitelung zur Erschleichung eines Titels liegen[151]. Diese Wertung dürfte der besonderen Eilbedürftigkeit im einstweiligen Rechtsschutz geschuldet sein und eine entsprechende Anwendung im Klageverfahren daher ausscheiden. Nach der hier vertretenen Auffassung[152] ist es den **Mitgliedern eines Patentpools** in der Regel verwehrt, ihr prozessuales Vorgehen nach einer noch zusammen durchgeführten Testbestellung künstlich aufzuspalten und den Beklagten in unterschiedlichen Prozessen wegen dieser einen Testbestellung aus ihren jeweiligen Patenten in Anspruch zu nehmen. Vielmehr sind sie grundsätzlich gehalten, ein anlässlich eines gemeinsam veranlassten Testkaufs an den Tag gelegtes gemeinschaftliches Vorgehen auch bei der nachfolgenden Klageerhebung beizubehalten[153]. Eine Verteilung mehrerer Klagen auf mehrere Gerichte kann indes gerechtfertigt sein, wenn die Erhebung der Klagen in einem Verfahren bei einem Gericht für den Kläger bedeutete, aufgrund der dadurch entstehenden Belastung des einzelnen Gerichts in absehbarer Zeit keinen effektiven Rechtsschutz für alle Streitgegenstände erlangen zu können. Bei mehreren Klagen aufgrund der Verletzung unterschiedlicher Patente ist § 145 PatG zu beachten.

Wird die **Angabe der ladungsfähigen Anschrift des Klägers** schlechthin oder ohne hinreichenden Grund[154] verweigert und führt der (anwaltlich vertretene) Kläger den Prozess aus dem Verborgenen, um sich dadurch einer möglichen Kostenpflicht zu entziehen, ist seine Klage rechtsmissbräuchlich und daher unzulässig[155]. Ferner kann es **rechtsmissbräuchlich** sein, den Beklagten durch einen **Testkauf** über § 32[156] an einem sitzfernen Gerichtsstandort gerichtspflichtig zu machen, an den er ohne die Provokation nie geliefert hätte[157]. Wann ein solches Verhalten rechtsmissbräuchlich ist, hängt im Wesentlichen von den Umständen des Einzelfalls ab. Ist der Testkauf jedoch an sich

33

---

[140] BGH GRUR 2019, 199 Rn. 21 – Abmahnaktion II; OLG Frankfurt a. M. GRUR-RR 2018, 483 Rn. 18 – Craniosakrale Osteopathie (im Einzelfall aber verneinend).
[141] KG BeckRS 2017, 130383 Rn. 21 – Spam-Krokodil.
[142] → § 253 Rn. 35.
[143] KG BeckRS 2017, 130383 Rn. 21 – Spam-Krokodil.
[144] KG BeckRS 2017, 130383 Rn. 21 – Spam-Krokodil.
[145] BGH GRUR 2019, 966 Rn. 34 – Umwelthilfe.
[146] BGH GRUR 2016, 961 Rn. 15 – Herstellerpreisempfehlung bei Amazon; BGH GRUR 2019, 199 Rn. 21 – Abmahnaktion II.
[147] BGH GRUR 2019, 1044 – Der Novembermann.
[148] OLG Frankfurt GRUR-RR 2021, 503.
[149] BGH GRUR 2019, 966 Rn. 34, 46 – Umwelthilfe.
[150] BGH GRUR 2019, 638 Rn. 26 – Kündigung der Unterlassungsvereinbarung.
[151] OLG München BeckRS 2017, 124245 Rn. 6 ff. – Missbrauchseinwand bei Nichtvorlage der Reaktion auf die Abmahnung im Verfügungsverfahren; OLG Frankfurt a. M. GRUR-RR 2020, 87 Rn. 10 – gekaufte Kundenbewertungen (im Einzelfall den Rechtsmissbrauch verneinend); OLG Nürnberg GRUR-RS 2021, 1111 Rn. 30; OLG München LSK 2021, 24559; vgl. *Meinhardt*, WRP 2022, 9, 12.
[152] AA BGH GRUR 2012, 1230 Rn. 10 – MPEG 2-Videosignalcodierung.
[153] Haedicke/Timmann PatR-HdB/*Zigann* § 15 Rn. 463.
[154] Vgl. BVerfG NJW 1996, 1272 (1273); BGH NJW 1988, 2114 (2114); 2004, 1503 (1503).
[155] BGH GRUR 2018, 1181 Rn. 14 – Anschrift des Klägers.
[156] Zöller/*Vollkommer* ZPO § 32 Rn. 1 ff.; BeckOK ZPO/*Toussaint* § 32 Rn. 1 ff.
[157] Vgl. BGH GRUR 1978, 194 (196) – Profil; BGH GRUR 1980, 227 (229) – Monumenta Germaniae Historica; OLG Hamm NJW 1987, 138; OLG München GRUR 1990, 677 – Postvertrieb.

zulässig[158], so müssen außergewöhnliche Umstände hinzukommen, die die Wahl des Tatortgerichts als rechtsmissbräuchlich erscheinen lassen.

34 Im Patentrecht kann der Geltendmachung von Unterlassungs-, Rückruf- und Vernichtungsansprüchen durch den Inhaber eines (standardessentiellen) **Patents** gegen einen (angeblichen) Patentbenutzer oder nicht erfolgreichen Lizenzsucher das Rechtsschutzbedürfnis fehlen, wenn mit der Klage vorrangig prozessfremde Zwecke verfolgt werden[159].

35 Ferner fehlt einem Kläger das Rechtsschutzbedürfnis für eine lauterkeitsrechtliche Leistungsklage oder eine positive Feststellungsklage, nachdem er selbst die **Einigungsstelle nach § 10 UWG** angerufen und deren Tätigwerden nicht abgewartet hat[160]. Ob eine **Gewinnabschöpfungsklage** gemäß § 10 Abs. 1 UWG rechtsmissbräuchlich ist, richtet sich nicht nach § 8c UWG (§ 8 Abs. 4 UWG aF), sondern nach § 242 BGB[161]. Eine Gewinnabschöpfungsklage eines Verbraucherverbands, die von einem gewerblichen **Prozessfinanzierer** finanziert wird, der im Fall des Obsiegens einen Anteil am abgeschöpften Gewinn erhält, ist wegen des Verbots unzulässiger Rechtsausübung aus § 242 BGB rechtsmissbräuchlich und damit unzulässig, weil sie dem Zweck von § 10 UWG widerspricht[162].

36 Im **Patentnichtigkeitsverfahren** kann das Rechtsschutzbedürfnis des Nichtigkeitsklägers nach **Erlöschen des Patents** entfallen, weil er sich nicht mehr auf das Rechtsschutzbedürfnis der Allgemeinheit an der Nichtigerklärung berufen kann[163]. Er kann aber ein **eigenes** Rechtsschutzbedürfnis darlegen[164]. Hieran sind keine strengen Anforderungen zu stellen. Es liegt bereits dann vor, wenn der Nichtigkeitskläger fürchten muss, wegen Verletzungen aus der Vergangenheit im Zusammenhang mit dem Patent in Anspruch genommen zu werden[165]. Das gilt nicht nur für Unterlassungs- oder Schadensersatzansprüche, die unmittelbar aus dem Schutzrecht folgen, sondern auch für Regressansprüche (zB wegen Versäumung der Berufungsfrist)[166]. Gleiches gilt, wenn der Nichtigkeitskläger beabsichtigt, wegen seiner Verurteilung im Patentverletzungsverfahren nach Vernichtung des Streitpatents ein Restitutionsverfahren anzustrengen[167]. Eine Nichtigkeitsklage bleibt trotz Erlöschens des Streitpatents zulässig, wenn der Patentinhaber nach einem erfolglos gebliebenen gerichtlichen Antrag auf Durchführung eines Besichtigungsverfahrens auf Anfrage des Nichtigkeitsklägers hin erklärt, er sei nach wie vor gewillt, alle IP-Rechte bezüglich der betroffenen Produkte zu verteidigen[168]. Dem Rechtsschutzinteresse an der Fortführung der Nichtigkeitsklage, die sämtliche Unteransprüche des erloschenen Streitpatents angreift, steht nicht entgegen, dass der Patentinhaber im parallelen Verletzungsstreit die Verletzungsklage nur auf den Hauptanspruch stützt[169]. Bei Nebenansprüchen gilt jedenfalls dann nichts anderes, wenn diese inhaltlich so weitgehend übereinstimmen, dass die Verwirklichung eines Anspruchs (etwa eines Vorrichtungsanspruchs) typischerweise zur Verwirklichung der Merkmale des anderen Anspruchs (etwa eines Verfahrensanspruchs) führt[170]. Das Rechtsschutzbedürfnis entfällt indes, wenn der Nichtigkeitskläger erfolgreich die Übertragung des Streitpatents und Umschreibung des Registers (wegen sog. Vindikation[171]) auf sich erreicht hat[172]. Das Rechtsschutzbedürfnis fehlt allerdings nicht bereits bei einer aussichtslosen, sondern grundsätzlich nur bei einer offensichtlich nicht schutzwürdigen Rechtsverfolgung[173]. Wird die Nichtigkeitsklage von einem „**Strohmann**"[174] für einen Dritten erhoben, der selbst durch die Rechtskraftwirkung eines vorangegangenen Nichtigkeitsurteils an der erneuten Klageerhebung gehindert ist, hängt das Rechtsschutzbedürfnis von den konkreten Umständen des Einzelfalls ab: So setzt die Ausgestaltung der Patentnichtigkeitsklage als Popularklage enge Grenzen, einem Kläger den Zugang zum Nichtigkeitsverfahren aus Umständen zu versagen, die in seiner Person liegen[175]. Klagt der Strohmann zwar im eigenen Namen, aber ohne jedes eigene Interesse und Risiko im Auftrag und Interesse eines Dritten, ist die Klage unzulässig, weil er gegen sich alle Einwendungen gelten lassen muss, die gegen seinen Hin-

---

[158] Vgl. Haedicke/Timmann PatR-HdB/*Zigann* § 15 Rn. 45 ff.
[159] Vgl. LG München I BeckRS 2018, 33489 Rn. 102 ff. – Niederspannungshüllkurvenverfolger (im Einzelfall verneinend).
[160] *Köhler*/Bornkamm/*Feddersen* UWG § 15 Rn. 30.
[161] BGH GRUR 2018, 1166 Rn. 24 – Prozessfinanzierer.
[162] BGH GRUR 2018, 1166 Rn. 41 – Prozessfinanzierer.
[163] Vgl. BGH GRUR 2017, 428 Rn. 11 – Vakuumtransportsystem; Busse/*Keukenschrijver* § 81 Rn. 72 ff.
[164] BGH GRUR 2017, 428 Rn. 11 – Vakuumtransportsystem.
[165] BGH GRUR 2010, 910 Rn. 8 – Fälschungssicheres Dokument.
[166] BGH GRUR 2017, 428 Rn. 12 – Vakuumtransportsystem.
[167] BPatG 25.10.2016 – 5 Ni 9/16 (EP) Rn. 32.
[168] BGH GRUR 2021, 696 Rn. 9 – Phytase.
[169] BGH GRUR 2020, 1284 Rn. 45 – Datenpaketumwandlung; BPatG GRUR 2020, 669 Rn. 35 ff. – Blasenkatheterset.
[170] BGH GRUR 2020, 1284 Rn. 46 – Datenpaketumwandlung.
[171] Zu Bedenken wegen der Terminologie Busse/*Keukenschrijver* § 8 Rn. 6.
[172] BPatG GRUR-RR 2016, 397 Rn. 11 – Transportsystem mwN.
[173] BGH GRUR 2017, 428 Rn. 13 – Vakuumtransportsystem.
[174] → § 325 Rn. 9.
[175] BGH GRUR 2010, 992 Rn. 8 – Ziehmaschinenzugeinheit II.

termann greifen[176]. Sobald aber ein bestehendes Schutzrecht einer derzeitigen oder auch nur künftig möglichen gewerblichen Betätigung des Strohmanns im Wege stehen könnte, kann sein Interesse anzuerkennen sein, dieses Schutzrecht mit einer Nichtigkeitsklage anzugreifen, so dass unabhängig vom Verhältnis des Klägers zum früheren Nichtigkeitskläger ein berechtigtes Interesse an der zweiten Nichtigkeitsklage bestehen kann[177]. Dann ist eine Prognoseentscheidung erforderlich, ob der Kläger künftig eine solche gewerbliche Tätigkeit aufnehmen möchte, für die der Bestand des Schutzrechts hinderlich sein könnte. Hierfür braucht das Gericht lediglich Gewissheit zu gewinnen (§ 286), die sich auf die Möglichkeit einer entsprechenden gewerblichen Betätigung bezieht. Es muss davon überzeugt sein, dass das klagende Unternehmen möglicherweise die behauptete geschäftliche Tätigkeit in Zukunft aufnehmen wird[178]. Der Einwand des Rechtsmissbrauchs greift nicht durch, wenn der Nichtigkeitsbeklagte (Patentinhaber) rügt, dass in dem mit umgekehrten Rubrum geführten Verletzungsverfahren die chinesischen Behörden die **Zustellung** der Verletzungsklage in China an den Verletzungsbeklagten (Nichtigkeitskläger) **vereiteln** würden. Gleiches gilt, wenn der Patentinhaber anführt, dass die deutschen Vertreter des Nichtigkeitsklägers nicht an der Zustellung der Verletzungsklage an diesen mitwirkten. Diese Rügen dringen grundsätzlich nicht durch, weil das Handeln der chinesischen Behörden der Nichtigkeitsklägerin nicht zugerechnet werden darf und keine Pflicht der Vertreter in Nichtigkeitsverfahren besteht, die Zustellung einer Verletzungsklage an ihren Mandanten aktiv zu fördern[179].

Im **markenrechtlichen Löschungsverfahren** wegen Verfalls wirkt dieser Löschungsgrund grundsätzlich nur auf den Zeitpunkt der Klageerhebung zurück[180]. Ob der **Verfall bereits vorher** eingetreten ist, wird nur auf Antrag nach § 52 Abs. 1 S. 2 MarkenG geprüft. Dieser Feststellungsantrag setzt nach umstrittener Auffassung ein **eigenes** Rechtsschutzbedürfnis des Klägers an der Feststellung voraus[181].

b. Besondere sachliche Prozessvoraussetzungen. Wegen der in der ZPO geregelten besonderen sachlichen Prozessvoraussetzungen wird auf die jeweiligen gesetzlichen Reglungen sowie die dortige Kommentierung verwiesen:
Abänderungsklage (§ 323[182])
Feststellungsklage (§ 256[183])
Drittwiderspruchsklage (§ 771[184])
Restitutionsklage (§ 578[185])
Urkundenklage (§ 592[186])
Widerklage (§§ 33[187], 595 Abs. 1[188])
Vollstreckungsgegenklage (§ 767[189])

Gemäß **§ 15a EGZPO** kann durch Landesgesetz bestimmt werden, dass die Erhebung der Klage in bestimmten Fällen erst zulässig ist, nachdem von einer durch die Landesjustizverwaltung eingerichteten oder anerkannten **Gütestelle** versucht worden ist, die Streitigkeit einvernehmlich beizulegen[190].

Bei Streitfällen nach § 14 Abs. 1 des Wahrnehmungsgesetzes können Ansprüche im Wege der Klage erst geltend gemacht werden, nachdem ein Verfahren vor der **Schiedsstelle** vorausgegangen ist oder nicht innerhalb des Verfahrenszeitraums abgeschlossen wurde (**§ 16 Abs. 1 WahrnG**).

Ebenso bestimmt **§ 37 Abs. 1 ArbEG,** dass Rechte oder Rechtsverhältnisse nach dem Arbeitnehmererfindergesetz im Wege der Klage erst geltend gemacht werden können, nachdem ein Verfahren vor der **Schiedsstelle** vorausgegangen ist, es sei denn, es greifen die Ausnahmen gemäß § 37 Abs. 2 ff. ArbEG ein.

III. Begründetheit der Klage

Nach der Zulässigkeit der Klage ist deren Begründetheit zu prüfen. Die Klage ist **begründet,** wenn die vom Kläger behauptete mit der vom Gericht nach Durchführung des Erkenntnisverfahrens fest-

---

[176] BGH BeckRS 2009, 12873 Rn. 10 mwN.
[177] BGH GRUR 1998, 904 – Bürstenstromabnehmer.
[178] BGH BeckRS 2018, 27189 Rn. 21 – Mikrotiterplatte.
[179] BPatG BeckRS 2015, 8062, im Ergebnis bestätigt durch BGH BeckRS 2017, 119123 Rn. 21 – Biege- und Härtevorrichtung.
[180] Ingerl/Rohnke § 52 Rn. 5.
[181] Ingerl/Rohnke § 52 Rn. 6; aA Ströbele/Hacker/*Thiering* § 52 Rn. 13 ff.; offen gelassen OLG München GRUR-RR 2005, 375 (378) – 800-FLOWERS.
[182] Vgl. Zöller/*Vollkommer* ZPO § 323 Rn. 1 ff.; BeckOK ZPO/*Gruber* § 323 Rn. 1 ff.
[183] → § 256 Rn. 2 f.
[184] → § 771 Rn. 7.
[185] → § 578 Rn. 1.
[186] Vgl. Zöller/*Greger* ZPO § 292 Rn. 1 ff.; BeckOK ZPO/*Bacher* § 292 Rn. 1 ff.
[187] → § 33 Rn. 21 ff.
[188] Vgl. Zöller/*Greger* ZPO § 595 Rn. 1 ff.; BeckOK ZPO/*Kratz* § 595 Rn. 1 ff.
[189] → § 767 Rn. 2 ff.
[190] Vgl. Zöller/*Greger* ZPO Vor § 253 Rn. 21.

gestellten Rechtsfolge übereinstimmt[191]. Die Frage nach der Schlüssigkeit der Klage ist dem vorgelagert. Eine Klage ist dann **schlüssig** (und aufgrund dessen ggf. durch Versäumnisurteil zu Gunsten des Klägers zu entscheiden), wenn die vorgetragenen Tatsachen bei Wahrunterstellung die begehrte Rechtsfolge tragen. Hingegen ist es keine Frage der Schlüssigkeit, sondern eine der Begründetheit, wenn der Kläger trotz Bestreitens durch den Beklagten keine Einzelheiten zu den Tatsachen vorträgt, aus denen sich die zur Schlüssigkeit erforderlichen Tatsachen ergeben. Es liegt dann ein Begründungsmangel aufgrund fehlender Substantiierung vor, wobei aber stets zu beachten ist, dass der Grad der Substantiierungspflicht vom Grad der Substantiierung des gegnerischen Vortrags abhängt[192]. Ist die Klage **unschlüssig oder unbegründet**, ist sie durch Sachurteil abzuweisen[193].

43 Zur Prüfung von Schlüssigkeit und Begründetheit gehören auch die Fragen nach der **Sachlegitimation**. Unter Sachlegitimation werden die **Aktivlegitimation** (oder Klageberechtigung) des Klägers[194] und die **Passivlegitimation** (oder Verantwortlichkeit) des Beklagten verstanden. Hiervon streng zu unterscheiden – auch wenn inhaltliche Überschneidungen bestehen – ist die **Prozessführungsbefugnis**[195]. Hierunter versteht man die Befugnis, ein eigenes oder fremdes Recht, gerichtlich geltend machen zu dürfen. Fehlt sie, ist die Klage als unzulässig abzuweisen[196]. Fehlt indes die Sachlegitimation, ist die Klage durch Sachurteil abzuweisen[197]. Ebenso verhält es sich mit der **Verbandsklagebefugnis** nach § 3 UKlaG oder § 8 UWG, wenn sie fehlt[198].

44 Auch gehören die Einhaltung von **Verjährungsfristen** oder von **Ausschlussfristen,** wie zum Beispiel bei der sog. Vindikationsklage[199] von zwei Jahren nach der Veröffentlichung der Erteilung des Patents (§ 8 S. 3 PatG; Art. II § 5 Abs. 2 IntPatÜG), zur Begründetheit der Klage.

45 Lässt die Klage indes entgegen § 253 Abs. 2 Nr. 2[200] ihren **Gegenstand nicht erkennen,** liegt ein Zulässigkeitsmangel vor. Die Klage ist dann als unzulässig abzuweisen[201].

D. Streitgegenstand
I. Einführung und Überblick

46 Auf Gebieten außerhalb des gewerblichen Rechtsschutzes und des Urheberrechts bereitet die Bestimmung des Streitgegenstands (des prozessualen Anspruchs) nur in seltenen Fällen Schwierigkeiten. Der **prozessuale Anspruch** ist grundsätzlich vom materiell-rechtlichen Anspruch zu unterscheiden[202], auch wenn er mit ihm zusammenfallen kann[203]. Der Streitgegenstand ist der Prozessstoff, über den eine gerichtliche Entscheidung herbeigeführt werden soll[204]. Was Streitgegenstand eines Verfahrens ist, bestimmt der Kläger[205]. Das Gericht hat über den gesamten, in diesem Sinne geltend gemachten Streitgegenstand eine Entscheidung zu treffen. Der zweigliedrige Streitgegenstandsbegriff (Klageantrag und Klagegrund) ist herrschende Meinung[206]. Auch nach der Rechtsprechung des BGH wird der Streitgegenstand durch den Klageantrag, in dem sich die vom Kläger in Anspruch genommene Rechtsfolge konkretisiert, und den Lebenssachverhalt (Klagegrund) bestimmt, aus dem der Kläger die begehrte Rechtsfolge herleitet[207]. Ob Gegenstand eines Rechtsstreits ein Streitgegenstand ist oder ob mehrere Streitgegenstände vorliegen, unterliegt allerdings nicht der Dispositionsbefugnis der Parteien, sondern betrifft eine Rechtsfrage, die vom Gericht zu beantworten ist[208] und in vollem Umfang der Rechtskontrolle unterliegt.

47 Was Streitgegenstand und ggf. Urteilsgegenstand geworden ist, bildet die **zentrale Frage des Prozessrechts.** Sie hat weitreichende Auswirkungen auf zahlreiche Fragestellungen:
• Liegt eine Klagehäufung vor?
• Ist eine Prüfungsreihenfolge der Ansprüche anzugeben?
• Wie sieht die Kostenverteilung bei teilweisem Obsiegen aus?
• Bestimmt der Klageantrag hinreichend den erhobenen prozessualen Anspruch?

---

[191] Zöller/*Greger* ZPO Vor § 253 Rn. 25a; BeckOK ZPO/*Bacher* § 253 Rn. 20.
[192] Vgl. Haedicke/Timmann PatR-HdB/*Zigann* § 15 Rn. 35 ff.
[193] Zöller/*Greger* ZPO Vor § 253 Rn. 23; BeckOK ZPO/*Bacher* § 253 Rn. 22 ff.
[194] → §§ 51 und 52 Rn. 39 ff.
[195] BeckOK ZPO/*Bacher* § 253 Rn. 27 f.
[196] → §§ 51 und 52 Rn. 36 ff.
[197] Zöller/*Greger* ZPO Vor § 253 Rn. 25; BeckOK ZPO/*Bacher* § 253 Rn. 19.
[198] Zöller/*Greger* ZPO Vor § 253 Rn. 21.
[199] Zu Bedenken wegen der Terminologie Busse/*Keukenschrijver* § 8 Rn. 6.
[200] → § 253 Rn. 18.
[201] Zöller/*Greger* ZPO Vor § 253 Rn. 24.
[202] BGH GRUR 1960, 327 (328) – Gliedermaßstäbe.
[203] Dies kann besonders bei einer positiven Feststellungsklage der Fall sein: Zöller/*Vollkommer* ZPO § 322 Rn. 6.
[204] BeckOK ZPO/*Bacher* § 253 Rn. 50.
[205] Zöller/*Vollkommer* ZPO Einl. Rn. 65.
[206] Zöller/*Vollkommer* ZPO Einl. Rn. 82 f., für andere Ansichten → Einl. Rn. 61 und 91.
[207] Vgl. BGH ZIP 2016, 1825 Rn. 24.
[208] BGH GRUR 2020, 755 Rn. 30 – WarnWetter-App.

- Führt eine Änderung des Klageantrags zu einer (zustimmungsbedürftigen) Klageänderung?
- Darf ein Teilurteil erlassen werden (§ 301 Abs. 1 S. 1 Var. 1)?
- Steht einem zweiten Prozess die Rechtshängigkeit eines Erstprozesses oder die Rechtskraft eines Ersturteils entgegen?
- Was kann der Kläger vollstrecken (und was nicht)?

Auf dem **Gebiet des gewerblichen Rechtsschutzes und des Urheberrechts,** bei dem es vor **48** allem um Unterlassungsansprüche geht, hat kein anderes prozessuales Thema in den vergangenen Jahren derart stark die Rechtsprechung und Literatur bewegt wie die Frage nach dem Streitgegenstand.

Ein erster Grund für das starke Interesse ist darin zu suchen, dass der I. Zivilsenat des BGH seine seit **49** Jahren gefestigte Rechtsprechung im Jahr 2011 aufgegeben und die **alternative Klagehäufung** als **unzulässig** angesehen hat[209]. Die alternative Klagehäufung hatte bis dahin – trotz gewichtiger Gegenstimmen in der Literatur – zu einer weit verbreiteten Übung gehört. Der Kläger durfte sein einheitliches Unterlassungsbegehren „alternativ" auf mehrere Streitgegenstände (zum Beispiel diverse Ansprüche aus MarkenG und UWG) stützen und es dem Gericht überlassen, welchen Streitgegenstand es als gegeben ansah und aufgrund welchen es das Unterlassungsgebot aussprach. Dies entsprach vor allem dem klägerischen Interesse, möglichst schnell und ohne Umschweife das beantragte Verbot des gegnerischen Verhaltens zu erlangen. Aus welchem prozessualen Anspruch das Gericht das Verbot ableitete, spielte für den Kläger oft keine Rolle. Die alternative Klagehäufung benachteiligte jedoch den Beklagten in seiner Rechtsverteidigung, weil er sich, wenn er nicht verurteilt werden wollte, gegen sämtliche geltend gemachten Ansprüche zur Wehr setzen musste[210]. Zudem konnte der Kläger ohne Kostenrisiko eine Vielzahl von Streitgegenständen einführen, weil der Beklagte auch dann die gesamten Kosten des Prozesses zu tragen hatte, wenn nur ein prozessualer Anspruch erfolgreich war und hierfür das Unterlassungsgebot ausgeurteilt wurde[211]. Die alternative Klagehäufung widerspricht daher dem Grundsatz der Waffengleichheit und verstößt gegen das Gebot des § 253 Abs. 2 Nr. 2[212].

Seitdem der BGH die alternative Klagehäufung als unzulässig einstuft, muss der Kläger, wenn er **50** mehrere prozessuale Ansprüche gerichtlich geltend macht, grundsätzlich eine **Reihenfolge angeben,** in der er seine prozessualen Ansprüche vom Gericht geprüft haben will **(Eventualklagehäufung)**[213]. Will der Kläger die aus Haupt- und Hilfsantrag oder Hilfsanträgen gebildete Reihenfolge der Streitgegenstände wieder ändern, stellt dies eine Klageänderung dar. Statt einer Eventualklage kann der Kläger auch eine **kumulative Klagehäufung** mit der Folge wählen, dass alle Streitgegenstände (quasi gleichzeitig) zum Tragen kommen sollen[214] und er somit keine Reihenfolge anzugeben braucht. Das dürfte wegen des Kostenrisikos für den Kläger aber der Ausnahmefall bleiben. Zur Kostenverteilung bei teilweisem Obsiegen → § 260 Rn. 17.

Ein zweiter Grund für das große Interesse liegt darin, dass es infolge der Rechtsprechungsänderung **51** bei der Prüfung der Zulässigkeit der Klage nunmehr maßgeblich darauf ankommt, den Streitgegenstand sorgfältig zu bestimmen[215]. Die Grundzüge der Streitgegenstandsbestimmung waren durch die bisherige Rechtsprechung anderer Zivilsenate des BGH gesichert. Der Streitgegenstand wurde auch bei Unterlassungsanträgen grundsätzlich durch den Klageantrag, in dem sich die vom Kläger in Anspruch genommene Rechtsfolge konkretisiert, und durch den Lebenssachverhalt (Klagegrund) bestimmt, aus dem der Kläger die begehrte Rechtsfolge herleitet[216]. Doch ging der I. Zivilsenat des BGH beim Klagegrund von einem recht engen Verständnis aus, das dazu führte, dass bei der wettbewerbsrechtlichen Unterlassungsklage mehrere beanstandete Angaben in einer Werbung unterschiedliche Streitgegenstände bildeten[217]. Dieses feingliedrige Streitgegenstandsverständnis führte zu praktischen Schwierigkeiten, weil es den Gegenstand der gerichtlichen Prüfung oft gegen den Willen des Klägers einschränkte. Sein Begehren richtet sich in der Regel auf das Verbot einer konkreten Verletzungsform (zB der konkret beanstandeten Werbeanzeige)[218] und nicht (nur) auf einen materiellrechtlichen Anspruch.

Mittlerweile konnten viele Fragen höchstrichterlich geklärt werden. Es gibt zahlreiche Entscheidungen, **52** die zu Klarheit und Rechtssicherheit auf diesem Gebiet geführt haben und die in dieser Kommentierung berücksichtigt werden. Die Zeit der heftigen Diskussionen dürfte damit weitgehend Vergangenheit sein.

---

[209] BGH GRUR 2011, 521 ff. – TÜV I; BGH GRUR 2011, 1043 ff. – TÜV II.
[210] BGH GRUR 2011, 521 Rn. 11 – TÜV I.
[211] BGH GRUR 2011, 521 Rn. 11 – TÜV I.
[212] BGH GRUR 2011, 521 Rn. 11 – TÜV I.
[213] BGH GRUR 2011, 521 Rn. 10 und 11 – TÜV I (zB für den I. Zivilsenat) und BGH BeckRS 2020, 26047 Rn. 15 (für den X. Zivilsenat im Reiserecht), so dass die Annahme gerechtfertigt erscheint, dass beide Senate dieselbe Linie verfolgen.
[214] *Büscher* GRUR 2012, 16 (24).
[215] BGH GRUR 2013, 401 Rn. 18– Biomineralwasser.
[216] BGH GRUR 2007, 691 Rn. 17 – Staatsgeschenk.
[217] BGH GRUR 2007, 161 – dentalästhetika II.
[218] BGH GRUR 2011, 1151 Rn. 13 – Original Kanchipur.

53 Ausgehend vom **zweigliedrigen Streitgegenstandsbegriff**[219], wonach der Streitstoff durch Klageantrag[220] und Klagegrund[221] bestimmt wird, bedarf es nach der aktuellen Rechtsprechung des I. Zivilsenats des BGH zudem einer **wertenden Beurteilung**[222], was noch zum Streitgegenstand gehören soll und was nicht[223]. Auch wenn nicht derselbe Streitgegenstand gegeben ist, weil zB unterschiedliche Lebenssachverhalte vorliegen, kann gleichwohl aus Wertungsgesichtspunkten aufgrund einer natürlichen Betrachtungsweise ein Streitgegenstand anzunehmen sein. In diesen Fällen wird in der Regel von einem „**einheitlichen Streitgegenstand**" gesprochen.

II. Klageantrag (Klagebegehren)

54 **1. Allgemeines.** Im Rahmen des zweigliedrigen Streitgegenstandsbegriffs ist der Klageantrag (nach der hier vertretenen Auffassung besser „das Klagebegehren"[224]) der erste Faktor, der den Streitgegenstand definiert. Zu Fragen der Bestimmtheit des Klageantrags → § 253 Rn. 193 ff.

55 Bei einer **Leistungsklage** muss der Kläger lediglich die streitige Rechtsfolge bezeichnen und zum Sachverhalt vortragen. Hingegen braucht er keine materiell-rechtlichen Ausführungen zu machen. Das Gericht hat den Leistungsantrag unter jedem denkbaren Gesichtspunkt daraufhin zu überprüfen, ob es ihm stattgeben kann *(iura novit curia)*[225]. Vom Klageantrag ausgehen und den Streitgegenstand bestimmen gelingt in der Regel gut, wenn zwischen prozessualem Anspruch und materiellem Anspruch ein Deckungsverhältnis besteht (Zahlungsklage auf 10.000 EUR und Anspruch aus § 433 Abs. 2 BGB). Ändert sich aber während des Prozesses der Antrag oder werden mehrere Anträge in objektiver und/oder subjektiver Klagehäufung gestellt, ist der Rückschluss auf den Streitgegenstand schwieriger, weil derselbe Klageantrag inhaltlich mehrere materielle Ansprüche erfassen kann, wobei dieselbe Rechtsfolge zudem aus mehreren Normen des materiellen Rechts hergeleitet werden kann[226].

56 Bei einer (positiven) **Feststellungsklage** kennzeichnet regelmäßig der Antrag den Streitgegenstand. Er spiegelt sich dann im behaupteten materiellen Recht wider[227]. Das gilt jedenfalls dann, wenn es sich um ein absolutes Recht handelt[228]. Ein zusprechendes **Schadensersatzfeststellungsurteil** besagt bindend, dass dem Kläger der Schadensersatzanspruch dem Grunde nach zusteht[229]. Die Bindungswirkung reicht so weit, wie das Feststellungsurteil über den durch die Feststellungsklage erhobenen Anspruch entschieden hat[230].

57 Bei der **negativen Feststellungsklage** wird der Streitgegenstand durch das Rechtsverhältnis gebildet, dessen Nichtbestehen der Kläger festgestellt haben will[231]. Rechtskraftwirkung einer erfolgreichen negativen Feststellungsklage ist, dass das Recht oder das Rechtsverhältnis nicht besteht[232]. Der Streitgegenstand der negativen Feststellungsklage kann durch eine umgekehrte Leistungsklage der anderen Partei erfasst werden. Zum Vorrang der Leistungsklage → § 256 Rn. 24 ff.

58 Bei **Gestaltungsklagen** passt in der Regel der zu kontradiktorischen Streitverfahren entwickelte Streitgegenstandsbegriff nur eingeschränkt oder überhaupt nicht[233].

59 **2. Unterlassungsantrag und Unterlassungsbegehren.** Besonderheiten gelten bei dem in die Zukunft gerichteten Unterlassungsantrag[234]. Was Ziel der Unterlassungsklage ist, bestimmt der Kläger in seiner Klage. Klageantrag und Klagebegründung konkretisieren das ihm begehrte Rechtsfolge, sein Interesse und sein Klagebegehren. Den Unterlassungsantrag in der Sache zutreffend, prozessual aber hinreichend bestimmt zu stellen, bereitet auf dem Gebiet des gewerblichen Rechtsschutzes und Urheberrechts in der Praxis nicht selten Schwierigkeiten. Dass Probleme bei der Antragstellung in diesen gerichtlichen Verfahren auftreten, ist eher die Regel als die Ausnahme, weswegen eine Umformulierung des Antrags keine Antragsänderung sein muss, sondern nach wie vor derselbe Antrag gestellt sein kann. Zur Antragsfassung → § 253 Rn. 193 ff.

60 Aufgrund der nicht unerheblichen Schwierigkeit, einen korrekten Antrag zu stellen, sollte **nach der hier vertretenen Auffassung** der Streitgegenstand bei Unterlassungsanträgen im gewerblichen

---

[219] BGH NJW 2010, 2210 Rn. 10.
[220] → § 253 Rn. 54 ff.
[221] → § 253 Rn. 90 ff.
[222] → § 253 Rn. 93 ff.
[223] BGH GRUR 2013, 401 Rn. 19 – Biomineralwasser.
[224] → § 253 Rn. 60.
[225] Zöller/Vollkommer Einl. Rn. 71.
[226] Zöller/Vollkommer Einl. Rn. 69.
[227] Zöller/Vollkommer Einl. Rn. 77.
[228] Zöller/Vollkommer Einl. Rn. 77.
[229] Ohly/*Sosnitza* UWG § 12 Rn. 96.
[230] BGH GRUR 2008, 933 Rn. 13 – Schmiermittel.
[231] Zöller/Vollkommer Einl. Rn. 78.
[232] Zöller/*Vollkommer* ZPO § 322 Rn. 12.
[233] Zöller/Vollkommer Einl. Rn. 81 mwN.
[234] Vgl. zu den Konsequenzen für die Antragstellung → § 253 Rn. 179 ff.

Rechtsschutz und Urheberrecht (und bei den auf diese rückbezogenen Folgeansprüchen) sich nicht nach dem tatsächlich gestellten Antrag richten, sondern bestimmender Faktor sollte vielmehr das vom Kläger erhobene (ggf. weiter zu ziehende) **Klagebegehren** sein. Würde man sich zu nah am Wortlaut der Anträge orientieren, könnte dies bereits wegen der häufig unzureichend formulierten Anträge zu nicht sachgerechten Ergebnissen führen und würde den Streitgegenstand nicht angemessen bzw. zu eng fassen. Eine großzügigere Betrachtung, die sich mehr am wirklich Gewollten orientiert und damit die Kläger bei der korrekten Antragstellung etwas entlastet, erscheint angebracht. Vergreift sich der Kläger bei der Formulierung seines Antrags oder gebraucht er gar eine falsche Bezeichnung, sollte dies im Rahmen des Klagebegehrens berücksichtigt und dieses abweichend vom Antrag verstanden werden können. Kommt das Klagebegehren im Klageantrag nicht hinreichend zum Ausdruck, hat das Gericht gemäß § 139 Abs. 1 auf eine sachdienliche Antragsfassung hinzuwirken[235]. Dementsprechend hat auch der **X. Zivilsenat des BGH** für das Patentrecht entschieden, dass das Gericht nach § 308 Abs. 1 nur an das Klagebegehren, nicht aber auch an die konkrete Formulierung des Antrags gebunden ist, weil nicht der gestellte Antrag, sondern das Klagebegehren den Streitgegenstand begrenzt und die sachliche Grenze für die gerichtliche Entscheidungsbefugnis zieht[236]. In dieselbe Richtung weist die neuere Rechtsprechung des **I. Zivilsenats des BGH,** indem sie bei der Auslegung[237] des Antrags als Prozesserklärung einen **großzügigen Maßstab** anlegt[238]. Es ist danach nicht am buchstäblichen Sinn zu haften, sondern es ist der wirkliche Wille der Klagepartei zu erforschen. Es ist zu beachten, dass im Zweifel dasjenige gewollt ist, was nach den Maßstäben der Rechtsordnung vernünftig ist und der wohlverstandenen Interessenlage entspricht[239]. Auch spricht die Kerntheorie[240] gegen ein Verhaften am Antrag, weil sie unabhängig davon gilt, ob der Kläger das Verbot kerngleicher Verletzungen im Antrag oder in der Klagebegründung zum Ausdruck gebracht hat und auch unabhängig davon ist, ob das Gericht das Verbot kerngleicher Verletzungen in den Tenor aufgenommen hat oder nicht[241]. Sie gehört nach höchstrichterlicher Rechtsprechung zum klägerischen Begehren und auch zum Streitgegenstand geworden[242]. Dieses Verständnis wird durch § 7 Nr. 3 und Nr. 4 UKlaG bestätigt, weil diese Vorschriften in ihrem Geltungsbereich die allgemein anerkannte Kerntheorie zur Anwendung bringen.

Hat der Kläger aus seinem Klagebegehren **zwei Unterlassungsanträge** (ggf. eventuell oder kumulativ gehäuft) abgeleitet, spricht der **erste Anschein** dafür, dass **zwei Streitgegenstände** verfolgt werden. Die nähere Befassung mit dem Klagebegehren kann indes ergeben, dass es sich nicht um zwei Streitgegenstände handelt. So kann es zwar Unterschiede in der Formulierung der Anträge geben. Doch mag dies andere Gründe haben und anderweitigen Anforderungen Rechnung tragen, die sich nicht auf den Streitgegenstand auswirken. Dies trifft besonders auf Anträge zu, die wegen einer Anpassung an die Besonderheiten der Haftung als Täter und als Störer unterschiedlich gefasst worden sind oder die im Hauptantrag den abgeschriebenen Patentanspruch enthalten und erst im Hilfsantrag an die angegriffene Ausführungsform angepasst sind[243]. In solchen Fällen ist kein echter Hilfsantrag gegeben[244], sondern es handelt sich bei dem zweiten Antrag lediglich um eine **Hilfsformulierung** für den ersten. Solche Hilfsformulierungen sind für das gerichtliche Verfahren sinnvoll und es ist ratsam für den Kläger, sie vorzubringen, um es dem Gericht zu erleichtern, dem begehrten Verbot zu entsprechen[245]. Dementsprechend kann trotz der unterschiedlichen Anträge **ein** (einheitlicher) **Streitgegenstand** gegeben sein.

Andererseits können trotz eines gleichlautenden Klageantrags zwei Streitgegenstände gegeben sein, wenn unterschiedliche Klagegründe[246] geltend gemacht werden[247].

3. Wettbewerbsrechtliches Unterlassungsbegehren. Bei wettbewerbsrechtlichen Unterlassungsanträgen haben sich zwei Hauptvarianten von Anträgen etabliert. Das klägerische Begehren kann sich gegen eine **konkrete Verletzungsform** (einschließlich kerngleicher Verletzungen) richten. Das ist der **Normalfall.** Der Kläger begehrt zB die Unterlassung einer konkreten Werbeaussage oder Werbeanzeige. Dass eine konkrete Verletzungsform angegriffen werden soll, wird häufig mit dem Kon-

---

[235] BGH GRUR 2012, 485 Rn. 23 – Rohrreinigungsdüse II; BGH GRUR 2008, 84 Rn. 23 – Versandkosten; Harte/Henning/*Brüning* UWG Vor § 12 Rn. 29; Ohly/*Sosnitza* UWG § 12 Rn. 57 aE.
[236] BGH GRUR 2012, 485 Rn. 23 aE – Rohrreinigungsdüse II.
[237] → § 253 Rn. 194.
[238] BGH GRUR 2016, 395 Rn. 40 – Smartphone-Werbung; BGH GRUR 2016, 1093 Rn. 11 – grit-lehmann.de; in dieselbe Richtung weist auch eine Entscheidung des II. Zivilsenats, BGH NZG 2016, 1032 Rn. 12 f.
[239] BGH GRUR 2016, 395 Rn. 40 – Smartphone-Werbung; BGH GRUR 2016, 1093 Rn. 11 – grit-lehmann.de.
[240] → § 253 Rn. 78 ff.
[241] BGH GRUR 2010, 749 Rn. 42 – Erinnerungswerbung im Internet.
[242] BGH GRUR 2006, 421 Rn. 27 – Markenparfümverkäufe.
[243] BGH GRUR 2016, 1031 Rn. 54 – Wärmetauscher.
[244] Teplitzky/*Schwippert* Kap. 51 Rn. 30.
[245] Teplitzky/*Schwippert* Kap. 51 Rn. 30.
[246] → § 253 Rn. 90 ff.
[247] BGH GRUR 2012, 630 Rn. 14 – CONVERSE II; BGH GRUR 2013, 397 Rn. 13 – PEEK & CLOPPENBURG III; BGH GRUR 2013, 1150 Rn. 18 – Baumann.

ditionalsatz **„wenn dies geschieht wie"** deutlich gemacht (→ § 253 Rn. 202). Neben dem Angriff auf eine konkrete Verletzungsform ist aber auch denkbar, dass der Kläger ein von dieser konkreten Verletzungsform oder vom konkreten wettbewerblichen Umfeld losgelöstes Verbot begehrt, das, weil es abstrakter gefasst ist und in der Sache weiter, also über die konkrete Verletzung hinausgeht[248]. Das ist das sog. **Schlechthinverbot.**

64 Wegen des unterschiedlichen Begehrens und des unterschiedlichen Klagegrundes (→ § 253 Rn. 111, 120 ff.) bilden ein Angriff auf eine konkrete Verletzungsform und ein Schlechthinverbot in der Regel **verschiedene Streitgegenstände**[249]. Allerdings können sich Schwierigkeiten im Zusammenhang mit der Rechtskraft ergeben, weil mit einer rechtskräftigen Abweisung eines Schlechthinverbots auch eine erneute Klage unter dem Gesichtspunkt des Angriffs gegen eine konkrete Verletzungsform gesperrt sein kann (→ § 253 Rn. 169 ff.). Soll untersagt werden, im geschäftlichen Verkehr eine bestimmte Bezeichnung zu verwenden, bildet dieses begehrte Schlechthinverbot hinsichtlich des Führens der Bezeichnung den Streitgegenstand. Dies gilt unabhängig davon, ob die Bezeichnung hervorgehoben wird. Gegenstand des geltend gemachten Verstoßes ist die Verwendung der Bezeichnung **schlechthin**[250]. Zwei Streitgegenstände sind auch dann gegeben, wenn sich das Klagebegehren zum einen gegen die Verwendung eines bestimmten Zeichens in Alleinstellung und zum anderen gegen die Verwendung in einem bestimmten Zusammenhang wendet[251].

65 Nach der Rechtsprechung des I. Zivilsenats des BGH kann der Kläger beide Begehren jeweils pauschal oder unter **Herausstellung eines gesonderten Gesichtspunkts** geltend machen[252]. Ein gesonderter Gesichtspunkt kann darin liegen, dass sich die Klage, wenn die konkrete Verletzungsform zwei Gesichtspunkte aufweist, die wettbewerblich beanstandet werden könnten, allein auf einen ausgewählten Aspekt stützt.

66 Diese Antragsvariante weist jedenfalls Ähnlichkeiten mit einer Teilklage auf, weil lediglich eine Teilmenge der möglichen Ansprüche geltend gemacht wird[253]. Die Diskussion ist derzeit noch nicht abgeschlossen, ob Grundsätze bei dieser Antragsvariante (entsprechende) Anwendung finden[254]. Nach der **hier vertretenen Auffassung** ist das der Fall. Statt seinen Anspruch in vollem Umfang einzuklagen, kann der Kläger im Wege einer Teilklage den prozessualen Anspruch beschränken und nur teilweise geltend machen. Diese Möglichkeit der Erhebung einer Teilklage ist eine Folge der **allgemeinen Dispositionsmaxime.** So wird es dem Kläger ermöglicht, die Risiken eines Prozesses zu beschränken[255]. Im Einzelfall wird zu prüfen sein, ob der Kläger eine Teilklage begehrt oder ob er die angegriffene Verletzungsform umfassend angreifen möchte. Das ist durch Auslegung zu klären. Stützt sich der Kläger lediglich auf einzelne Gesichtspunkte und lässt andere außen vor, ist zu **erforschen, was wirklich von ihm gewollt ist.** Dafür kann es erforderlich sein, einen gerichtlichen Hinweis nach § 139 Abs. 1 zu geben, weil nicht in jedem Fall eindeutig ist, ob der Kläger den Streitgegenstand bewusst eng gezogen haben möchte oder lediglich weitere mögliche Beanstandungen nicht erwähnenswert fand oder diese schlicht nicht erkannt hat. Macht der Kläger in der Tat lediglich eine Teilklage geltend, kann er später weitere Teile des Anspruchs – soweit noch nicht verjährt – entweder durch Klageerweiterung oder in einem anderen Prozess geltend machen[256]. Dabei kommt es grundsätzlich nicht darauf an, ob es sich um eine offene oder verdeckte Teilklage handelt[257]. Wegen der weiteren Einzelheiten wird auf die Kommentierung bei → § 260 Rn. 10 ff. verwiesen.

67 **a. Pauschaler oder beschränkter Angriff auf die konkrete Verletzungsform.** In der Regel greift der Kläger eine konkrete Verletzungsform an[258]. Sein Begehren ist dann auf das Verbot einer konkreten, als rechtswidrig angegriffenen Verhaltensweise gerichtet. Fraglich kann in diesem Zusammenhang sein, ob der Kläger diese Verletzungsform **pauschal** (umfassend, im Ganzen und unter allen möglichen rechtlichen Gesichtspunkten) angreifen möchte, oder ob er sich bewusst einengt und nur einen **besonderen Aspekt** vom Gericht geprüft haben möchte, unter dem die Verletzungsform zu verbieten ist. In welche Richtung das klägerische Begehren geht, ist durch Auslegung und im Zweifelsfall durch gerichtliche Nachfrage zu ermitteln. Es dürfte aber der **Erfahrungssatz** gelten, dass der Kläger im Zweifel die konkrete Verletzungsform unter allen denkbaren

---
[248] BGH GRUR 2013, 401 Rn. 26 – Biomineralwasser.
[249] Vgl. BGH GRUR 2013, 401 Rn. 25 ff. – Biomineralwasser; aA *Schwippert* WRP 2014, 8 ff. (ein Streitgegenstand); *Hermes-Keil* S. 213 (der Angriff auf die konkrete Verletzungsform ist als *minus* im Schlechthinverbot enthalten).
[250] BGH GRUR 2016, 292 Rn. 30 – Treuhandgesellschaft.
[251] BGH GRUR 2016, 705 Rn. 13 f. – ConText.
[252] BGH GRUR 2013, 401 Rn. 24 ff. – Biomineralwasser.
[253] *Teplitzky* GRUR 2013, 408 (409); Einordnung als Teilklage: *Schwippert* WRP 2013, 135 (138); *Schwippert* WRP 2014, 8.
[254] *Teplitzky* GRUR 2013, 408 (409).
[255] Zöller/*Vollkommer* ZPO Vor § 322 Rn. 47.
[256] BeckOK ZPO/*Bacher* § 253 Rn. 55.
[257] BeckOK ZPO/*Bacher* § 253 Rn. 55; BGH NJW 1997, 3019 (3020).
[258] → § 253 Rn. 200 ff. zur Bestimmtheit des Antrags.

Gesichtspunkten umfassend angreifen möchte[259]. Das Gericht hat dann dementsprechend das Begehren unter allen in Betracht kommenden rechtlichen Gesichtspunkten zu prüfen[260]. Stützt das Gericht seine Verurteilung zur Unterlassung auf einen von mehreren Irreführungsaspekten, die mit einem einheitlichen, auf eine konkrete Verletzungsform bezogenen Klageantrag geltend gemacht werden, so fällt auch der erstinstanzlich nicht berücksichtigte Irreführungsaspekt in der Berufungsinstanz an[261]. Wird die **Klage abgewiesen,** bedeutet dies, dass auf der gegebenen Tatsachengrundlage[262] die angegriffene Verletzungsform unter keinem rechtlichen Gesichtspunkt untersagt werden kann[263].

Ist das begehrte Unterlassungsverbot indes **bewusst eng** auf einen konkreten Aspekt der Rechts- **68** verletzung beschränkt, sind einer erweiternden Auslegung des Unterlassungsantrags und dementsprechend des Unterlassungsbegehrens sowie der Reichweite einer möglichen Urteilsformel im Hinblick auf kerngleiche Verletzungshandlungen enge Grenzen gesetzt[264]. Denn der Kläger gibt in einem solchen Fall durch sein Begehren einen engeren Prüfungsumfang vor, der von einem umfassenderen Angriff gegen die konkrete Verletzungsform abweicht[265]. Aufgrund der Dispositionsmaxime ist dies zulässig. Ein derartig abweichender Prüfungsumfang kann zB im Wettbewerbsrecht gegeben sein, wenn sich der Kläger gesondert einen bestimmten Gesichtspunkt der konkreten Verletzungsform herausgreift und nur diesen einen Aspekt geltend machen möchte[266]. Möchte der Kläger eine konkrete Verletzungsform unter mehreren Gesichtspunkten angreifen, kann er diese einzelnen Gesichtspunkte zu jeweils getrennten Klagezielen machen und sie im Wege der kumulativen Klagehäufung miteinander verbinden[267]. In diesem Fall nötigt der Kläger das Gericht, die beanstandete Verletzungsform unter jedem der geltend gemachten Gesichtspunkte zu prüfen[268]. Der Kläger muss hierfür die einzelnen Beanstandungen in verschiedenen Klageanträgen umschreiben, wobei er zur Verdeutlichung jeweils auf die konkrete Verletzungsform Bezug nehmen kann[269]. Es ist daher in solchen Fällen richtig, eine Klage abzuweisen, wenn zwar einer von mehreren denkbaren Gesichtspunkten die Gefahr einer relevanten Fehlvorstellung und damit einer unzulässigen wettbewerbsrechtlichen Irreführung begründen würde, dieser Gesichtspunkt vom Kläger aber mit seinem beschränkten Begehren nicht geltend gemacht und damit nicht Streitgegenstand geworden ist[270].

Greift der Kläger eine konkrete Verletzungsform an, legt dafür aber (überflüssiger- oder fälschlicher- **69** weise) eine **Prüfungsreihenfolge** für die einzelnen wettbewerbsrechtlichen Verbotsnormen fest, ergibt sich daraus in der Regel noch nicht, dass er mehrere Einzelangriffe gegen die konkrete Verletzungsform unter dem Gesichtspunkt eines Angriffs unter jeweils gesonderten Aspekten führen wollte[271].

b. Schlechthinverbot und andere Verallgemeinerungen. Ein Schlechthinverbot[272] (auch all- **70** gemeines oder generelles Verbot genannt) zeichnet sich dadurch aus, dass eine Verhaltensweise nicht nur im konkreten und kerngleichen Zusammenhang, sondern **schlechthin in allen denkbaren Fallgestaltungen** und Einzelfällen verboten ist[273]. Es ist nicht auf die konkrete Verletzungsform beschränkt. Wegen der Abstraktheit des Begehrens und der damit einhergehenden weitreichenden Wirkung muss der Antragsteller beachten, dass eventuell erlaubte Verhaltensweisen, die das Verbot

---

[259] BGH GRUR 2013, 401 Rn. 24 – Biomineralwasser.
[260] BGH GRUR 2016, 828 Rn. 29 – Kundenbewertung im Internet; BGH GRUR 2018, 954 Rn. 35 – Namensangabe; Ohly/*Sosnitza* UWG § 12 Rn. 58; aA Teplitzky/*Schwippert* Kap. 51 Rn. 50b.
[261] BGH GRUR 2017, 295 Rn. 12 – Entertain.
[262] Vgl. OLG Hamburg NJOZ 2013, 1290 – Unzulässige Werbung für Kindernahrung mit gesundheitsbezogenen Angaben.
[263] *Köhler*/Bornkamm/*Feddersen* UWG § 12 Rn. 1.23h.; OLG Hamburg NJOZ 2012, 1926 (1927 f.).
[264] BGH GRUR 2010, 454 Rn. 12 – Klassenlotterie; BGH GRUR 2013, 1071 Rn. 14 – Umsatzangaben.
[265] BGH GRUR 2013, 631 Rn. 55 – AMARULA/Marulablu: Streitgegenstand des Klageantrag 1c war die irreführende Behauptung, der Likör sei in Afrika hergestellt worden. Insofern hat der Kläger einen konkreten Ausschnitt aus der Verletzungsform zur gerichtlichen Überprüfung gestellt, wie sich aus dem Antrag ergab. Nicht erfasst und damit nicht Streitgegenstand war der Angriff, dass der Likör kein natürliches Marula enthalte. BGH GRUR 2014, 1224 Rn. 27 – ENERGY & VODKA: Der Antrag war eng gefasst und betraf lediglich die irreführende Bezeichnung „ENERGY & VODKA" und nicht die inhaltliche Zusammensetzung des Produkts. Unerheblich war, dass das Zutatenverzeichnis mit in dem Antrag abgebildet wurde, weil durch der Abbildung vorangestellten Teil das begehrte Verbot auf die Bezeichnung und nicht auf den konkreten Inhalt gerichtet war, Büscher GRUR 2015, 5 (18).
[266] Vgl. BGH GRUR 2013, 401 Rn. 25 – Biomineralwasser.
[267] BGH GRUR 2013, 401 Rn. 25 – Biomineralwasser; BGH GRUR 2016, 295 Rn. 15 – Preisangabe für Telekommunikationsdienstleistung.
[268] BGH GRUR 2013, 401 Rn. 25 – Biomineralwasser.
[269] BGH GRUR 2013, 401 Rn. 25 – Biomineralwasser; BGH GRUR 2016, 295 Rn. 15 – Preisangabe für Telekommunikationsdienstleistung; BGH GRUR 2020, 755 Rn. 27 – WarnWetter-App.
[270] Vgl. Harte/Henning/*Brüning* UWG Vor § 12 Rn. 23.
[271] OLG Köln GRUR-RR 2013, 168 (169) – Fruchtgummi-Glückswochen.
[272] Vgl. zB OLG Hamburg BeckRS 2017, 143853 – Gut für die Stimme.
[273] → § 253 Rn. 208 zur Bestimmtheit des Antrags.

erfassen würde, davon ausgenommen und hinreichend konkret umschrieben werden, damit für den Beklagten und für das Vollstreckungsverfahren erkennbar ist, welche (erlaubten) Verhaltensweisen nicht untersagt sind[274].

71 Wenn lediglich ein (abstraktes) Unterlassungsbegehren formuliert und mit verschiedenen Begründungen untermauert wird (zB Bezeichnung eines natürlichen Mineralwassers als „Biomineralwasser"), ist davon auszugehen, dass ein generelles Verbot (dieser Bezeichnung „Biomineralwasser") den Streitgegenstand bilden soll[275]. Die angeführten unterschiedlichen Aspekte, die eine Unlauterkeit begründen sollen, ändern dann in der Regel nichts daran, dass es sich bei einem solchen Begehren um ein und denselben Streitgegenstand handelt[276]. Wird eine Bezeichnung oder Aussage in Anführungszeichen („...") gesetzt, ist das Verbot in der Regel auf diesen Wortlaut bezogen und geht nicht darüber hinaus[277].

72 Ähnlich wie beim Angriff auf eine konkrete Verletzungsform kann sich der Kläger auch **einen bestimmten Aspekt** herausgreifen, unter dem er das begehrte Schlechthinverbot lediglich (beschränkt) geprüft haben möchte. Beantragt der Kläger zB das Verbot einer Spitzenstellungswerbung („Höchstpreise für Ihren Schmuck") und begründet dies zunächst damit, dass tatsächlich keine Höchstpreise gezahlt werden, wirft dann aber im weiteren Verlauf dem Beklagten vor, er führe hinsichtlich der Preise keine Marktbeobachtung durch, führt er im Wege der Klageänderung einen zweiten Streitgegenstand ein[278] und muss diesbezüglich einen bestimmten Antrag stellen, der diese Verhaltensweise aufgreift und die beiden Streitgegenstände zueinander ins Verhältnis setzen (eventuell oder kumulativ)[279].

73 Ob der Kläger tatsächlich ein Schlechthinverbot begehrt, dürfte zu erforschen sein. Denn nicht selten scheint der Wortlaut des Antrags ein solches (vermeintlich) zum Gegenstand zu machen, obwohl es tatsächlich nicht gewollt ist[280]. Wenn auch die Klagebegründung in dieser Hinsicht nicht eindeutig ist, sollte jedenfalls in diesen **Zweifelsfällen** das Gericht gemäß § 139 Abs. 1 beim Kläger nachfragen, was er wirklich begehrt.

74 Bei **Verallgemeinerungen** über die konkrete Verletzungsform hinaus[281], kann ein Schlechthinverbot oder ein Angriff auf die **konkrete Verletzungsform** samt kerngleicher Verletzungen gemeint sein[282]. Das ist durch Auslegung des Antrags und Erforschung des Klagebegehrens zu klären[283]. Jedenfalls wenn sich die Rechtswidrigkeit der angegriffenen Handlung erst aus der Gesamtgestaltung ergibt, kann nur ein Verbot ausgesprochen werden, das die konkrete Verletzungsform in den Tenor aufnimmt, weil auf die Untersagung des überschießenden Teils kein Anspruch besteht[284].

75 Wird begehrt, dass die Verwendung einer **konkreten Bezeichnung** zu unterlassen ist und ergibt sich aus dem Parteivorbringen, dass die Bezeichnung nicht isoliert und abstrahiert vom Produkt angegriffen wird, sondern lediglich die Verwendung der Bezeichnung zusammen mit den übrigen Angaben auf den konkreten Verpackungen der streitgegenständlichen Produkte, so liegt dann ein Angriff auf eine **konkrete Verletzungsform** vor, wenn sich dieses Begehren vor allem auch im gestellten Antrag („wie in Anlage ... geschehen") wiederspiegelt[285]. Auch wird nicht schon deswegen ein Schlechthinverbot begehrt, wenn geltend gemacht wird, die Benutzung der angegriffenen Bezeichnung sei bereits für sich alleine, erst recht aber im konkreten Umfeld, unzulässig. Denn dieses Vorbringen begründet lediglich das Klageziel und die angestrebte Rechtsfolge *(argumentum a maiore ad minus)*[286].

76 Wird beantragt, dass der Beklagte es zu unterlassen hat, im geschäftlichen Verkehr für seine Tätigkeit eine bestimmte Bezeichnung zu verwenden, ergibt sich **aber aus dem Klagebegehren,** dass die Verwendung der beanstandeten Bezeichnung nicht schlechthin, sondern lediglich in der konkreten Verletzungsform des vom Beklagten verwendeten Briefkopfs verboten werden soll, so richtet sich der Angriff gegen diese Verletzungsform und kann dann durch besondere Umstände (zB ohne erläuternde Hinweise) charakterisiert sein[287].

---

[274] BGH GRUR 2011, 539 Rn. 15 – Rechtsberatung durch Lebensmittelchemiker; BGH GRUR 2011, 749 Rn. 25 – Erinnerungswerbung im Internet.
[275] BGH GRUR 2013, 401 Rn. 26 f. – Biomineralwasser.
[276] BGH GRUR 2013, 401 Rn. 27 – Biomineralwasser.
[277] OLG Hamburg BeckRS 2017, 143853 Rn. 40 – Gut für die Stimme.
[278] BGH GRUR 2015, 186 Rn. 13 – Wir zahlen Höchstpreise.
[279] *Büscher* GRUR 2016, 113 (127).
[280] Vgl. BGH GRUR 2015, 403 Rn. 41 – Monsterbacke II; BGH GRUR 2014, 1211 Rn. 17 – Runes of Magic; BGH GRUR 2018, 1246 Rn. 28 – Kraftfahrzeugfelgen II.
[281] Vgl. → § 253 Rn. 80.
[282] BGH GRUR 2015, 504 Rn. 30 – Kostenlose Zweitbrille.
[283] → § 253 Rn. 60.
[284] BGH GRUR 2015, 504 Rn. 30 – Kostenlose Zweitbrille.
[285] BGH GRUR 2015, 498 Rn. 26 – Combiotik.
[286] BGH GRUR 2015, 498 Rn. 26 – Combiotik.
[287] BGH GRUR 2015, 1019 Rn. 12 – Mobiler Buchhaltungsservice.

Wird in den Unterlassungsantrag der Gesetzestext[288] und kein Bezug zur konkreten Verletzungsform 77 aufgenommen, handelt es sich jedenfalls dann nicht um ein Schlechthinverbot, wenn **beide Parteien** aufgrund der Klagebegründung den **Antrag übereinstimmend so auffassen,** dass lediglich ein Verbot im Umfang der konkret angegriffenen Verletzungsform und nicht im Umfang des Gesetzestextes beansprucht wird[289].

c. Kerngleiche Handlungen. Die Kerntheorie ist eine Besonderheit, die in ständiger Rechtsprechung im Wettbewerbsrecht und im gesamten gewerblichen Rechtsschutz und Urheberrecht anerkannt ist. Sie findet bei einer Verurteilung bezogen auf die **konkrete Verletzungsform/angegriffene Ausführungsform** Anwendung[290]. Bei einem Schlechthinverbot bedarf es ihr nicht, weil das (begehrte) Verbot bereits abstrakt gefasst ist, indem es von der konkreten Verletzungsform losgelöst ist. 78

Die Kerntheorie weist folgende **Wirkungen** auf: 79
Materiell-rechtlich besteht Wiederholungsgefahr nicht nur für künftige, mit der konkret begangenen Verletzungshandlung identische Verletzungshandlungen, sondern auch für alle im Kern gleichartigen Verletzungshandlungen[291]. Dafür bedarf es keines Rückgriffs auf die Erstbegehungsgefahr[292].
Prozessual gilt auch für kerngleiche Handlungen ein gerichtliches Verbot, selbst wenn es nur auf die konkrete Verletzungsform beschränkt ausgesprochen worden ist[293]. Das Verbot kerngleicher Verletzungen ist insofern Teil des Klagebegehrens und des erlassenen Urteils[294]. Die Kerntheorie ist eine **Fiktion.** Es wird fingiert, dass solche **kerngleichen Verletzungshandlungen** bereits **Streitgegenstand** und damit Gegenstand des Urteils waren[295], auch wenn diese weder im Antrag noch im Tenor genannt werden. Sie dient dazu, dem Kläger hinreichenden Rechtsschutz zu gewähren[296], so dass spätere Abwandlungen der Verletzungsform nicht aus dem Unterlassungsgebot herausführen, wenn die Abwandlung im Kern immer noch gleichartig mit derjenigen ist, die bereits verboten worden ist. Sie stimmt mit dem Klagebegehren überein.

Bei der Fassung eines Unterlassungsantrags sind wegen der Kerntheorie gewisse **Verallgemeinerungen** zulässig, sofern auch darin das Charakteristische der konkreten Verletzungsform zum Ausdruck kommt[297]. Die **Grenze** der zulässigen Verallgemeinerung ist jedoch die Begehungsgefahr[298]. Zudem ist zu berücksichtigen, dass sich aus einem Verbot der konkreten Verletzungsform mit Hilfe der Kerntheorie grundsätzlich **kein Schlechthinverbot**[299] ergibt, weil es sich dabei um zwei grundverschiedene Klagebegehren handelt, die in dieser Hinsicht strikt voneinander zu trennen sind. 80

4. Marken- und kennzeichen-, design- und urheberrechtliches Unterlassungsbegehren. 81
Entsprechend zum wettbewerbsrechtlichen Unterlassungsbegehren dürfte auch im Marken-, Kennzeichen-[300], Design- und Urheberrecht zwischen dem auf die Unterlassung einer konkreten Verletzungsform gerichteten Begehren[301] und einem solchen zu unterscheiden sein, das davon losgelöst ist und eine Unterlassung schlechthin erfasst[302]. Ähnlich wie im Wettbewerbsrecht bildet auch in diesen Rechtsgebieten der Angriff gegen eine konkrete Verletzungsform den Normalfall und das tatsächlich gewollte Schlechthinverbot den absoluten Ausnahmefall.

Die **Kerntheorie** ist ebenfalls anzuwenden. Zwar ist die Vermutung der Wiederholungsgefahr nicht auf die Verletzung desselben Schutzrechts beschränkt, sondern kann sich auch auf die Verletzung anderer Schutzrechte (im entschiedenen Fall auf 29 weitere Lichtbilder des klagenden Gutachters) beziehen, wenn es sich um kerngleiche Verstöße handelt[303]. Dies bedeutet indes nicht, dass im Falle der Verletzung dieser weiteren Schutzrechte auch Ordnungsmittel verhängt werden dürfen. Die Verhängung von Ordnungsmittel ist im Vollstreckungsverfahren vielmehr strikt auf die Verletzung des 82

---

[288] Vgl. zur Bestimmtheit bei gesetzwiederholenden Anträgen → § 253 Rn. 209 ff.
[289] BGH GRUR 2015, 1235 – Rückkehrpflicht V.
[290] Kritisch *Könen* WRP 2019, 565 (572).
[291] BGH GRUR 2010, 749 Rn. 42 – Erinnerungswerbung im Internet; BGH GRUR 2011, 433 Rn. 26 – Verbotsantrag bei Telefonwerbung.
[292] Harte/Henning/*Brüning* UWG Vor § 12 Rn. 106.
[293] BGH GRUR 2006, 421 Rn. 27 – Markenparfümverkäufe; BGH GRUR 2010, 749 Rn. 42 – Erinnerungswerbung im Internet; *Teplitzky* GRUR 2011, 1091 (1095); Ohly/*Sosnitza* UWG § 12 Rn. 94.
[294] BGH GRUR 2010, 749 Rn. 42 – Erinnerungswerbung im Internet.
[295] BGH GRUR 2006, 421 Rn. 23 – Markenparfümverkäufe; LG München I GRUR-RS 2020, 12124 Rn. 24 – Kommunikationssitzungsumschaltung V.
[296] BGH GRUR 2005, 443 (446) – Ansprechen in der Öffentlichkeit II.
[297] BGH GRUR 2005, 443 (446) – Ansprechen in der Öffentlichkeit II; BGH GRUR 2006, 504 Rn. 36 mwN – Parfümtestkäufe; BGH GRUR 2010, 454 Rn. 12 – Klassenlotterie; BGH GRUR 2013, 1235 Rn. 18 – Restwertbörse II; BGH GRUR 2021, 1167 Rn. 43 – Ultraschallwandler.
[298] BGH GRUR 2005, 443 (446) – Ansprechen in der Öffentlichkeit II.
[299] → § 253 Rn. 70 ff.
[300] BGH GRUR 1981, 60 (64) – Sitex (zum WZG); BGH GRUR 1997, 468 (470) – NetCom (zu §§ 5, 15 MarkenG).
[301] Vgl. → § 253 Rn. 67 ff.
[302] Vgl. → § 253 Rn. 70 ff.
[303] BGH GRUR 2013, 1235 Rn. 17 – Restwertbörse II.

Schutzrechts oder der Schutzrechte beschränkt, die Gegenstand des Erkenntnisverfahrens und des Urteils waren[304].

83 Ein **marken- und kennzeichenrechtliches Schlechthinverbot** kann ein Klagebegehren begründen, wonach es dem Beklagten untersagt werden soll, eine bestimmte (geschützte) Bezeichnung (einschränkungslos) zu verwenden. Entsprechendes gilt für abstrakte **design- und urheberrechtliche** Unterlassungsbegehren[305].

84 Wird die konkrete Verletzungsform nicht umfassend, sondern (wie es sich nach Auslegung des Klagebegehrens und ggf. durch gerichtliche Nachfrage beim Kläger ergeben mag) lediglich unter Herausstellung eines gesonderten Gesichtspunkts und damit unter Zurückstellung der übrigen Aspekte angegriffen, ist dieses Vorgehen grundsätzlich zu beanstanden. Es entspricht der Dispositionsmaxime und steht mit der Rechtsprechung des I. Zivilsenats des BGH zum Wettbewerbsrecht im Einklang[306]. Ein derart beschränkter Angriff kann gegeben sein, wenn sich der Kläger bewusst eng lediglich gegen eine konkrete Handlungsform im Rahmen des § 14 Abs. 3 MarkenG wendet (zB beschränkt auf „Anbieten" unter Ausklammerung des „Einführens") oder bewusst nur den Bekanntheitsschutz und – ggf. aus taktischen Gründen – keine Verwechslungsgefahr geltend macht.

85 **5. Patentrechtliches Unterlassungsbegehren.** Im Patentrecht wird üblicherweise die konkrete tatsächliche Ausgestaltung eines Produkts im Hinblick auf die Merkmale des geltend gemachten Patentanspruchs angegriffen, sog. **angegriffene Ausführungsform**[307]. Bei einer Patentverletzungsklage, die Verletzungshandlungen im Inland zum Gegenstand hat, wird so zugleich der Streitgegenstand maßgeblich bestimmt[308] (vgl. zu Verletzungshandlungen im **Ausland** → § 253 Rn. 213). Zu berücksichtigen ist aber, dass unabhängig von einer wortsinngemäßen oder äquivalenten Verletzung im Klageantrag[309] und in einem diesem entsprechendem Urteilsausspruch zum Ausdruck zu bringen ist, **durch welche Ausgestaltung** die angegriffene Ausführungsform die erfindungsgemäße Lehre verwirklicht, wobei nicht der Gegenstand des Klagepatents, sondern die angegriffene Ausführungsform zu bezeichnen ist[310]. Allerdings ist auch bei Anträgen, die diesen Vorgaben nicht entsprechen und den Wortlaut der Patentansprüche wortwörtlich wiedergeben, im Regelfall mangels abweichender Anhaltspunkte davon auszugehen, dass der Kläger Ansprüche lediglich wegen solcher Handlungen des Beklagten geltend machen will, die sich auf eine Ausführungsform beziehen, für die der Kläger vorträgt, dass sie auf Grund ihrer tatsächlichen Ausgestaltung sämtliche Merkmale des Patentanspruchs aufweist und vom Beklagten entgegen § 9 PatG benutzt wird oder benutzt zu werden droht[311]. Wird ein Patentanspruch in **beschränkter Fassung** geltend gemacht, weil die erteilte Fassung (vor dem Hintergrund eines Nichtigkeitsverfahrens) als zu weitgehend erscheint oder wurde das Patent bereits (rechtskräftig) beschränkt, ändert sich dadurch nicht per se der Streitgegenstand[312].

86 Es ist ferner davon auszugehen, dass der Kläger, der sich auf einen **Sachanspruch** stützt, die angegriffene Ausführungsform in der Regel hinsichtlich aller in § 9 S. 2 Nr. 1 PatG genannter **Begehungshandlungen** angreifen möchte und ein entsprechend weit gefasstes Unterlassungsziel anstrebt, auch wenn nur einzelne Benutzungshandlungen tatsächlich begangen wurden oder drohen begangen zu werden. Die übrigen Benutzungshandlungen gelten nach der bisherigen Handhabung wohl als gleichartig und daher als vom Streitgegenstand mitumfasst, wobei allenfalls bei eindeutig „nicht herstellenden" Beklagten Ausnahmen zugestanden werden[313]. Nach der **hier vertretenen Auffassung** sollte hingegen stets nach den einzelnen Handlungsalternativen wie herstellen, anbieten, in Verkehr bringen, gebrauchen, einführen und besitzen; anwenden und liefern sowie sinnfällig herrichten differenziert werden. Zum einen handelt es sich um unterschiedliche Formen der Verwirklichung des Ausschließlichkeitsrechts, die unterschiedliche Streitgegenstände bilden sollten. Zum anderen sollte der Patentinhaber die Möglichkeit haben, sich im ersten Prozess (oder im einstweiligen Verfügungsverfahren) zu beschränken und zB lediglich das Anbieten, Inverkehrbringen und Besitzen der patentverletzenden Gegenstände durch den Beklagten anzugreifen und erst in einem zweiten Prozess, wenn klar ist, woher die Produkte stammen, ggf. noch das Einführen oder Herstellen. Eine derartige Beschränkung des Streitgegenstands weist Ähnlichkeit zur Teilklage auf und steht im Einklang mit der wettbewerbsrechtlichen Rechtsprechung des BGH[314].

---

[304] BGH GRUR 2014, 706 Rn. 13 – Reichweite des Unterlassungsgebots.
[305] *Dreier/Schulze/Specht* § 97 Rn. 67.
[306] → § 253 Rn. 63 ff.
[307] BGH GRUR 2012, 485 Rn. 19 mwN – Rohrreinigungsdüse II.
[308] BGH GRUR 2021, 1167 Rn. 44 und 46 – Ultraschallwandler.
[309] → § 253 Rn. 237 ff. zur Bestimmtheit des Antrags.
[310] BGH GRUR 2005, 569 (570) – Blasfolienherstellung; BGH GRUR 2016, 1031 Rn. 54 – Wärmetauscher.
[311] BGH GRUR 2012, 485 Rn. 23 – Rohrreinigungsdüse II.
[312] OLG München GRUR-RR 2006, 385 (387) – Auswechslung des Klageschutzrechts in der Berufungsinstanz.
[313] BGH GRUR 2016, 1031 – Wärmetauscher (Tenor abgedruckt in BeckRS 2016, 15005).
[314] BGH GRUR 2013, 401 Rn. 24, 26 – Biomineralwasser; → § 253 Rn. 63 ff.

Aber auch in einem **Patentverletzungsprozess** wegen unmittelbarer Patentverletzung ist der 87
Kläger nicht gehindert, Ansprüche nicht nur wegen einer bestimmten Ausführungsform geltend zu
machen, sondern auf das Klagepatent umfassende (prozessuale) Ansprüche zu stützen, die weitere
Ausführungsformen erfassen sollen, die nach Meinung des Klägers ebenfalls unter den Patentanspruch
subsumiert werden können[315]. Dass ein solches Schlechthinverbot nicht nur eine theoretische Möglichkeit ist, sondern tatsächlich – nach Auslegung des klägerischen Begehrens unter Berücksichtigung
besonderer Anhaltspunkte – auch geltend gemacht wurde, ist, soweit sich die Rechtsprechung überblicken lässt, wohl noch nicht der Fall gewesen[316].

Ein patentrechtliches Schlechthinverbot kommt beim Unterlassungsantrag wegen **mittelbarer Pa-** 88
tentverletzung in Betracht, wenn das Anbieten und/oder Liefern eines Mittels untersagt werden soll,
ohne dass die gängigen Einschränkungen greifen[317].

6. Sortenschutzrechtliches Unterlassungsbegehren. Keine Änderung des Streitgegenstands 89
stellt es in der Regel dar, wenn der zunächst lediglich an den Merkmalen der geschützten Sorte gemäß
Erteilungsbeschluss orientierte **Klageantrag** nach Vorliegen der Erkenntnisse des gerichtlichen Sachverständigen (meist nach Durchführung eines Vergleichsanbaus) entsprechend **angepasst und konkretisiert** wird[318]. Der Verletzungstatbestand ist im Sortenschutzrecht nicht statisch, sondern aufgrund
einer Vielzahl von Faktoren (Qualität der Mutterpflanze, Haltung, Einsatz von Fungiziden und
Pestiziden, Nährstoffzufuhr, etc) variabel[319].

III. Klagegrund und wertende Betrachtung

1. Allgemeines. Der vorgetragene (und eventuell nach einem gerichtlichen Hinweis gemäß § 139 90
Abs. 1[320] noch weiter vorzutragende) **Lebenssachverhalt,** aus dem der Kläger die begehrte Rechtsfolge ableiten möchte, bildet neben dem Klagebegehren bzw. Klageantrag den zweiten Faktor für die
Streitgegenstandsbestimmung[321]. Zur Bedeutung des gegen eine **konkrete Verletzungsform** gerichteten Klagebegehrens für die Bestimmung des Lebenssachverhalts und Streitgegenstands → § 253
Rn. 120 ff.

Zum Klagegrund zählen **alle Tatsachen** des Lebenssachverhalts, die bei einer vom Standpunkt der 91
Parteien ausgehenden **natürlichen Betrachtungsweise** zu dem durch den Vortrag der Klagepartei
zur Entscheidung gestellten Tatsachenkomplex gehören[322]. Das ist dann der Fall, wenn der Tatsachenstoff **nicht sinnvoll** auf verschiedene eigenständige, den Sachverhalt in seinem Kerngehalt verändernde
Geschehensabläufe **aufgeteilt werden kann,** selbst wenn diese einer eigenständigen rechtlichen
Bewertung zugänglich sind[323]. Der BGH rechnet zum Klagegrund den **gesamten historischen
Lebensvorgang,** auf den sich das Rechtsschutzbegehren der Klagepartei bezieht, **unabhängig davon,** ob einzelne Tatsachen des Lebenssachverhalts von den Parteien vorgetragen worden sind oder
nicht, und auch unabhängig davon, ob die Parteien die nicht vorgetragenen Tatsachen des Lebensvorgangs kannten oder hätten vortragen können[324]. Es genügt, dass der geltend gemachte prozessuale
Anspruch individualisierbar ist, also individualisierbar vorgetragen worden ist; es ist jedoch nicht
erforderlich, dass der maßgebende Lebenssachverhalt vollständig beschrieben sowie schlüssig und
detailliert dargelegt worden ist[325]. Eine Mehrheit von Streitgegenständen liegt dann vor, wenn die
materiell-rechtliche Regelung die zusammentreffenden Ansprüche durch eine **Verselbständigung
der einzelnen Lebensvorgänge** erkennbar unterschiedlich ausgestaltet[326].

Deswegen ist auch die Frage nach dem Klagegrund und damit nach dem Streitgegenstand unabhän- 92
gig davon zu beantworten, ob der Kläger die Tatsachen rechtzeitig und nicht verspätet (§ 296 f.[327])
vorgetragen hat[328]. In einstweiligen Verfügungsverfahren können sich aber bei einem verspäteten
Vortrag Probleme bei der Dringlichkeit (Verfügungsgrund) ergeben.

---

[315] BGH GRUR 2012, 485 Rn. 22 – Rohrreinigungsdüse II.
[316] Kritisch auch Busse/Keukenschrijver/*Werner* § 139 Rn. 257.
[317] Vgl. BeckOK/*Voß* PatG Vor §§ 139 ff. Rn. 23.2.
[318] Vgl. OLG Düsseldorf 21.12.2015 – I-15 U 75/14; Leßmann/Würtenberger Sortenschutzrecht Rn. 160.
[319] Leßmann/Würtenberger Sortenschutzrecht Rn. 160.
[320] Zöller/*Greger* ZPO § 139 Rn. 3.
[321] Vgl. Ohly/*Sosnitza* UWG § 12 Rn. 57 aE.
[322] BGH NJW 2014, 314 Rn. 15; 2016, 1818 Rn. 28; BeckRS 2016, 16341; GRUR 2013, 401 Rn. 19 – Biomineralwasser.
[323] BGH GRUR 2013, 401 Rn. 19 – Biomineralwasser.
[324] BGH NJW 1993, 2684 (2685); GRUR 2013, 401 Rn. 19 – Biomineralwasser; Zöller/*Vollkommer* ZPO Einl. Rn. 86.
[325] BGH NJW 2016, 2747 Rn. 19; NJW-RR 2017, 380; ZfBR 2018, 772 Rn. 11; NZM 2018, 444 Rn. 30.
[326] BGH GRUR 2013, 401 Rn. 19 – Biomineralwasser; vgl. BGH NJW 2018, 387.
[327] → § 296 Rn. 1 ff.
[328] BGH GRUR 2013, 401 Rn. 22 – Biomineralwasser.

93 **2. Unterlassungsklagen.** Spätestens[329] seit der *Biomineralwasser*-Entscheidung[330] geht der I. **Zivilsenat des BGH** von denselben Obersätzen zur Bestimmung des Klagegrunds wie die anderen Zivilsenate des BGH aus[331] und wendet diese mit einer **Modifikation** auf Unterlassungsklagen an. **Zusätzlich** zu den allgemeinen Grundsätzen[332] ist eine **wertende Entscheidung** zu treffen, ob zwei (eigentlich) unterschiedliche Lebenssachverhalte trotzdem einen (einheitlichen) Streitgegenstand bilden sollten, weil ein zu feingliedriger Streitgegenstand der gebotenen natürlichen Betrachtungsweise nicht entspricht und zu erheblichen Abgrenzungsschwierigkeiten führt[333]. Im Rahmen einer dann durchzuführenden wertenden Betrachtung sind die **Interessen des Klägers und des Beklagten gegeneinander abzuwägen** und auszubalancieren[334]. Ferner sind auch **Praktikabilitätserwägungen** bei der Abwägung zu berücksichtigen[335]. Wenn die durchgeführte Interessenabwägung die Wertung ergibt, dass aufgrund der gebotenen natürlichen Betrachtungsweise ein Lebenssachverhalt gegeben ist, bezeichnet dies der Bundesgerichtshof als „**einheitlichen Streitgegenstand**"[336] und grenzt dieses durch Wertung gefundene Ergebnis (in der Regel) auch begrifflich von „**demselben Streitgegenstand**"[337] ab, bei dem per se (ohne Wertung) ein Lebenssachverhalt vorliegt. **Nicht zum Klagegrund** gehören daher lediglich zu Beweiszwecken vorgelegte Anlagen wie eine E-Mail oder mehrseitige Werbeprospekte, wenn weder in den Schriftsätzen noch in der mündlichen Verhandlung auf diese vom Kläger abgestellt wurde[338]. Diese Rechtsprechung dürfte nach der hier vertretenen Ansicht auch weiterhin gelten. Zwar bildet der gesamte historische Lebensvorgang den Klagegrund. Doch ist dies nur insoweit gegeben, wie sich das Rechtsschutzbegehren des Klägers hierauf bezieht, was in solchen Fällen gerade nicht der Fall ist.

94 In der Literatur wird diese Rechtsprechung vor allem deswegen kritisiert, weil sie erheblicher Präzisierungen bedarf[339]. Der einer wettbewerbsrechtlichen und immaterialgüterrechtlichen Unterlassungsklage zugrundeliegende Lebenssachverhalt ist häufig komplex und kann von zahlreichen Rechtsnormen erfasst werden. Zudem ist das angestrebte oder ausgesprochene Verbot in die Zukunft gerichtet und der Inhalt des Verbots hängt sachlich und in seiner Reichweite maßgeblich von der angewendeten materiell-rechtlichen Norm ab. Außerdem wirkt sich die (zutreffende) Bestimmung des Streitgegenstands auf zahlreiche prozessuale Fragestellungen aus[340]. Vor dem Hintergrund all dieser Aspekte, die sowohl die Interessen der Prozessparteien als auch den praktischen Ablauf eines Gerichtsverfahrens betreffen, bedarf es (dringend) einer **wertenden Betrachtung**, um den Streitgegenstand im Einzelfall angemessen, vernünftig und interessengerecht bestimmen zu können. Die Abgrenzung, was zu einem Streitgegenstand gehört und was bereits ein anderer Streitgegenstand ist, bleibt daher mit gewissen Unsicherheiten verbunden.

95 Wegen der durchzuführenden Wertung **verbietet sich** (bislang zumindest) auch **jede schematische Betrachtungsweise**. Es haben sich aber einige **Fallgruppen und Konstellationen** herausgebildet, in denen zumindest für den Regelfall geklärt ist, ob es sich um einen oder mehrere Streitgegenstände handelt.

96 a. **Verfahrensrechtliche Aspekte.** Klagen im Hauptsacheverfahren und Anträge im **einstweiligen Verfügungsverfahren** betreffen unterschiedliche Klagegründe und bilden daher unterschiedliche Streitgegenstände[341]. Das gilt für inländische einstweilige Verfügungen und ausländische negative Feststellungsklagen[342] ebenso wie für die Anordnung der Auskunft gemäß § 101 Abs. 9 UrhG und die entsprechende Auskunftsklage. Auch führen **mehrere** Kläger[343] und mehrere Beklagte[344] in einem Verfahren zu unterschiedlichen Streitgegenständen, weil es sich um verschiedene Prozessrechtsverhältnisse handelt.

97 b. **Mehrere Schutzrechte.** Während eine auf ein immaterialgüterrechtliches Schutzrecht gestützte Klage einen Klagegrund und damit in der Regel[345] einen Streitgegenstand betrifft, begründet eine auf

---

[329] Dieser Streitgegenstandsbegriff lag wahrscheinlich bereits einer früheren Entscheidung zugrunde, in der trotz der Unterschiede im Lebenssachverhalt (Angabe des Monatspreises *vs.* Irreführung über den Angebotscharakter) letztlich ein Streitgegenstand angenommen wurde: BGH GRUR 2012, 184 Rn. 13 ff. – Branchenbuch Berg.
[330] BGH GRUR 2013, 401 Rn. 18 ff. – Biomineralwasser.
[331] BGH GRUR 2013, 401 Rn. 18 ff. – Biomineralwasser.
[332] → § 253 Rn. 53.
[333] BGH GRUR 2013, 401 Rn. 23 – Biomineralwasser.
[334] BGH GRUR 2013, 401 Rn. 21 mwN – Biomineralwasser.
[335] Vgl. BGH GRUR 2013, 401 Rn. 23 – Biomineralwasser.
[336] BGH GRUR 2012, 621 Rn. 32 – OSCAR.
[337] BGH GRUR 2012, 621 Rn. 32 – OSCAR.
[338] BGH GRUR 2008, 1121 Rn. 20 f. – Freundschaftswerbung im Internet.
[339] Teplitzky/*Schwippert* Kap. 46 Rn. 2c.
[340] → § 253 Rn. 47.
[341] Harte/Henning/*Retzer* UWG § 12 Rn. 287 f.
[342] LG Hamburg GRUR-Int 2002, 1025 – Seifenverpackung; Schramm/*Donle*/*Kaess* Kap. 9 Rn. 233.
[343] BGH GRUR 1960, 379 (380) – Zentrale; BPatG Mitt. 2013, 371 – Bitratenreduktion; eine Ausnahme bildet die Rechtskrafterstreckung nach § 325 ZPO; → § 325 Rn. 4 ff.
[344] BeckOK/*Voß* PatG Vor § 139 Rn. 37.
[345] → § 253 Rn. 112 zur Aufteilung des Anspruchs bei einem Schutzrecht.

unterschiedliche **Immaterialgüterrechte** gestützte Klage in der Regel **unterschiedliche Streitgegenstände**[346]. Jedes Schutzrecht ist/kann in seiner Entstehung und in seinem Schicksal besonders sein[347]. Entstehung und künftiges Schicksal des absoluten Rechts bilden einen für den Klagegrund eines Unterlassungsanspruchs relevanten Sachverhalt. Der Vorteil dieser Betrachtungsweise liegt in seiner leichten Anwendbarkeit und dem damit verbundenen Maß an Klarheit und Rechtssicherheit[348]. Für diese Sichtweise spricht auch § 145 PatG, der die Klagekonzentration im Patentrecht betrifft und dem die Vorstellung zugrunde liegt, dass die Verletzung jedes Patents an sich in einem getrennten Prozess zwischen denselben Parteien verfolgt werden kann[349].

Führt der Kläger in seiner Klage mehrere Schutzrechte an, bedeutet dies nicht zwingend, dass er sein **98** Klagebegehren auf sämtliche angeführte Schutzrechte stützt. Die Auslegung seines Klagebegehrens kann ergeben, dass ein Schutzrecht ausgenommen ist. Dafür kann sprechen, dass das Schutzrecht lediglich erwähnt wurde, der Kläger aber auch nach Hinweisen des Beklagten keine Rechte aus diesem herleitet und das Schutzrecht zudem bei der Angabe der Reihenfolge fehlt, in der die verschiedenen Streitgegenstände im Wege eventueller Klagehäufung geltend gemacht werden[350].

Marken- und Kennzeichenrecht: Zwei Klagegründe und damit zwei Streitgegenstände sind **99** gegeben, wenn das Klagebegehren auf mehrere eingetragene Marken[351] (zB Wortmarke und Wort-/Bildmarke) oder auf Markenverletzung (§§ 4, 14 MarkenG) und Verletzung des Unternehmenskennzeichens (§§ 5, 15 MarkenG) gestützt wird[352]. Werden hilfsweise Unternehmenskennzeichenrechte und weiter hilfsweise das Namensrecht (§ 12 BGB) geltend gemacht liegen ebenfalls mehrere Streitgegenstände vor[353]. Unterschiedliche Streitgegenstände sind auch bei einem Vorgehen aus einer eingetragenen Marke (§ 4 Nr. 1 MarkenG) für die zB aufgrund ihrer Benutzung eine gesteigerte Kennzeichnungskraft in Anspruch genommen wird, und aus einer Benutzungsmarke (§ 4 Nr. 2 MarkenG) gegeben. Zwar wäre in beiden Fällen zur tatsächlichen Benutzung der Klagemarke vorzutragen. Doch unterscheidet sich der Lebenssachverhalt im Hinblick auf die Entstehung der Schutzrechte grundlegend (Eintragung ins Markenregister einerseits sowie Benutzung und Erwerb von Verkehrsgeltung andererseits) und jedes Markenrecht kann künftig (zB wegen Verfalls mangels rechtserhaltender Benutzung) sein eigenes Schicksal nehmen. Selbst nahezu identische Markenrechte können sich nach Priorität, Verfall mangels rechtserhaltender Benutzung oder beim räumlichen Schutzbereich (nationale deutsche Marke, Unionsmarke oder IR-Marke) unterscheiden[354].

Wird der Schutz eines **Domainnamens** beansprucht[355], ist dieser grundsätzlich in den Schutz des **100** dahinterstehenden Kennzeichens (Marken- oder Unternehmenskennzeichenrechts) eingebunden und bildet insofern mit diesem Schutzrecht einen einheitlichen Klagegrund und Streitgegenstand. Ist der Domainname indes selbst als Marke gemäß § 4 MarkenG geschützt, stellt er eine eigene Unternehmensbezeichnung gemäß § 5 Abs. 2 MarkenG dar oder ist er ein Werktitel nach § 5 Abs. 3 MarkenG und wird der „Domainname" insofern neben weiteren Marken- oder Kennzeichenrechten geltend gemacht, begründet dies unterschiedliche Streitgegenstände.

Urheberrecht und verwandtes Schutzrecht: Urheberrechtliches Werk und verwandtes Schutz- **101** recht sind zwei verschiedene Schutzrechte, bilden zwei Klagegründe und begründen in der Regel auch zwei Streitgegenstände. Oftmals liegen bereits unterschiedliche Streitgegenstände vor, weil beide Rechte unterschiedlichen Personen zustehen. Das trifft zunächst auf die **ausübenden Künstler** (§§ 73 ff. UrhG) zu, die selbst kein Werk schaffen, sondern ein fremdes Werk interpretieren. Betroffen sind auch die **Werkverwerter** (zB Tonträgerhersteller, Filmhersteller, Konzertveranstalter, Sendeunternehmen, Verlage), die ein eigenes Leistungsschutzrecht aufgrund ihrer Verwertungstätigkeit erlangt haben können, das von dem Urheberrecht an dem zugrundeliegenden Werk zu trennen ist. In diesem Sinne unterscheiden sich häufig auch das **Datenbankwerk** (§ 4 Abs. 2 UrhG) und das **Leistungsschutzrecht des Datenbankherstellers** (§ 87b UrhG)[356], weil meistens zwei unterschiedliche Rechtsinhaber gegeben sind (Urheber iSv § 7 UrhG und Datenbankhersteller iSd § 87a Abs. 2 UrhG).

Eine **Ausnahme** liegt bei der Beurteilung von Ansprüchen gestützt auf den Schutz als **Lichtbild-** **102** **werk** (§ 2 Abs. 1 Nr. 5 UrhG) und als **Lichtbild** (§ 72 UrhG) vor. Dann ist ein einheitlicher

---

[346] BGH GRUR 2012, 1145 Rn. 18 – Pelikan (für Ansprüche aus eingetragener Marke und aus geschäftlicher Bezeichnung); BGH GRUR 2019, 284 Rn. 14 – Museumsfotos; *Ruhl* GGV Art. 88 Rn. 23.
[347] Schramm/*Donle*/*Kaess* Kap. 9 Rn. 230.
[348] *Büscher* GRUR 2012, 16 (25).
[349] *Büscher* GRUR 2012, 16 (25).
[350] BGH GRUR 2015, 1214 Rn. 64 – Goldbären.
[351] BGH GRUR 2011, 1043 Rn. 26 – TÜV II; BGH GRUR 2012, 304 Rn. 18 – Basler Haar-Kosmetik; BGH GRUR 2016, 810 Rn. 15 – profitbricks.es.
[352] BGH GRUR 2012, 1145 Rn. 18 – Pelikan.
[353] BGH GRUR 2012, 304 Rn. 18 – Basler Haar-Kosmetik; BGH GRUR 2016, 810 Rn. 15 – profitbricks.es.
[354] *Büscher* GRUR 2012, 16 (25).
[355] Zum Schutz vor unbefugter Verwendung eines Domainnamens → § 253 Rn. 131.
[356] Vgl. BGH GRUR 2016, 930 Rn. 10 – TK 50 II.

Streitgegenstand gegeben³⁵⁷. Betroffen sind lediglich unterschiedliche rechtliche Aspekte eines Klagegrunds³⁵⁸.

103 Aus den zu Lichtbildern und Lichtbildwerken genannten Gründen sollte nach der hier vertretenen Auffassung auch bei **Filmwerken** (§ 2 Abs. 1 Nr. 6 UrhG) und **Laufbildern** (§ 95 UrhG) in der Regel von keinen unterschiedlichen Streitgegenständen ausgegangen werden.

104 **Patent- und Gebrauchsmusterrecht:** Klagen aus dem deutschen Teil eines europäischen Patents und aus einem (parallelen) deutschen Patent betreffen zwei Klagegründe und damit zwei Streitgegenstände. Gleiches gilt für Klagen aus unterschiedlichen (nebengeordneten) Patent-/Schutzansprüchen. Auch das ergänzende Schutzzertifikat (§ 16a PatG) begründet wie das Gebrauchsmuster³⁵⁹ jeweils einen eigenen Klagegrund.

105 Wird das Patent, Gebrauchsmuster oder ergänzende Schutzzertifikat in einer **beschränkten Fassung** (also lediglich in reduziertem Umfang) geltend gemacht, handelt es sich nach wie vor noch um dasselbe Schutzrecht und eine Streitgegenstandsänderung ist insofern nicht gegeben³⁶⁰. Wurde das Schutzrecht lediglich in beschränktem Umfang aufrechterhalten, handelt es sich dementsprechend ebenfalls um kein anderes Recht.

106 **Designrecht:** Wird eine Klage auf ein eingetragenes deutsches Design, auf ein eingetragenes Gemeinschaftsgeschmacksmuster und auf ein nicht eingetragenes Gemeinschaftsgeschmacksmuster gestützt, liegen drei unterschiedliche Streitgegenstände vor³⁶¹. Mehrere Designrechte stellen mehrere Klagegründe und damit mehrere Streitgegenstände dar³⁶².

107 **c. Ansprüche aus UWG und Schutzrecht(en).** Die Geltendmachung eines **immaterialgüterrechtlichen Unterlassungsanspruchs** neben **wettbewerbsrechtlichen Tatbeständen** führt in der Regel zu unterschiedlichen Streitgegenständen. Beide Ansprüche sind hinsichtlich Entstehung und Fortbestand verschieden ausgestaltet und bilden regelmäßig verschiedene Klagegründe. Für diese Trennung in zwei Streitgegenstände sprechen zudem Gründe der Praktikabilität und Rechtssicherheit.

108 **Höchstrichterlich** sind bislang folgende Konstellationen **entschieden,** wonach mehrere Streitgegenstände gegeben sind: Ansprüche gestützt auf Urheberrecht und wettbewerbsrechtlichen Leistungsschutz³⁶³; Ansprüche gestützt auf eingetragene Marken und auf Wettbewerbsrecht³⁶⁴; Ansprüche gestützt auf eingetragenes Gemeinschaftsgeschmacksmuster und auf wettbewerbsrechtlichen Leistungsschutz³⁶⁵; Ansprüche auf Namensrecht und wegen wettbewerbswidriger Behinderung³⁶⁶; Ansprüche gestützt auf Unternehmenskennzeichen und wettbewerbsrechtliche Ansprüche wegen Irreführung und Verschleierung des Werbecharakters³⁶⁷; Ansprüche des Datenbankherstellers gemäß §§ 87a, 87b UrhG und wettbewerbsrechtliche Ansprüche wegen gezielter Behinderung, Irreführung und wettbewerbsrechtlichen Leistungsschutzes³⁶⁸; Ansprüche gestützt auf Unionsmarke und wettbewerbsrechtliche Ansprüche wegen unzulässiger vergleichender Werbung und wettbewerbsrechtlichen Leistungsschutzes³⁶⁹; Ansprüche gestützt auf eingetragene abstrakte Farbmarke, Unternehmenskennzeichen, abstrakte Verbandsmarke und wettbewerbsrechtliche Ansprüche wegen wettbewerbsrechtlichen Leistungsschutzes, Irreführung und gezielter Behinderung³⁷⁰.

109 **d. Mehrere wettbewerbsrechtliche Anspruchsgrundlagen (verschiedene Rechtsgebiete).** Wird eine konkrete Verletzungsform angegriffen³⁷¹, ist diese nach dem zugrunde zu legenden Klagebegehren im Regelfall (Ausnahme, wenn nur eine teilklageähnliche Beschränkung auf besondere Gesichtspunkte gegeben ist³⁷²) **unter allen wettbewerbsrechtlichen Gesichtspunkten** zu prüfen³⁷³. Die verschiedenen (mitbewerber- oder verbraucherschützenden) Unlauterkeitstatbestände, aus denen

---

³⁵⁷ BGH GRUR 2019, 284 Rn. 16 – Museumsfotos.
³⁵⁸ Vgl. zur Diskussion BGH GRUR 2019, 284 Rn. 15 f. – Museumsfotos; Wandtke/Bullinger/*Thum* § 72 Rn. 188 sowie → 2. Aufl. 2018, Rn. 102.
³⁵⁹ Busse/Keukenschrijver/*Kaess* Vor § 143 Rn. 92.
³⁶⁰ OLG München GRUR-RR 2006, 385 (387) – Auswechslung des Klageschutzrechts in der Berufungsinstanz; OLG Düsseldorf BeckRS 2017, 147919 Rn. 29 – Flüssigkeitssprühvorrichtung; OLG Düsseldorf GRUR-RS 2019, 44914 Rn. 26 – Türbandscharnier; OLG Düsseldorf GRUR-RS 2019, 45774 Rn. 29 – Heizgerät.
³⁶¹ *Bernecke* WRP 2007, 579 (582); *Eichmann*/Kur, Designrecht, § 11 Rn. 39; *Eichmann*/*Jestaedt*/Fink/Meiser DesignG GGV § 42 Rn. 94; Ruhl/*Tolkmitt* GGV Art. 88 Rn. 26.
³⁶² BGH GRUR 2011, 1117 Rn. 16 – ICE.
³⁶³ BGH GRUR 2012, 58 Rn. 10 – Seilzirkus.
³⁶⁴ BGH GRUR 2012, 621 Rn. 31 – OSCAR.
³⁶⁵ BGH GRUR 2013, 285 Rn. 20 f. – Kinderwagen II.
³⁶⁶ BGH GRUR 2014, 393 Rn. 13 – wetteronline.de.
³⁶⁷ BGH GRUR-RR 2014, 201 Rn. 13 – Peek & Cloppenburg IV.
³⁶⁸ BGH GRUR 2014, 785 Rn. 21 – Flugvermittlung im Internet.
³⁶⁹ BGH GRUR 2015, 689 Rn. 14 – Parfumflakon III.
³⁷⁰ BGH GRUR 2015, 1201 Rn. 38 – Sparkassen-Rot/Santander-Rot.
³⁷¹ → § 253 Rn. 120 ff.
³⁷² § 253 Rn. 65 ff.
³⁷³ Vgl. BGH GRUR 2016, 828 Rn. 29 – Kundenbewertung im Internet; aA Teplitzky/*Schwippert* Kap. 51 Rn. 50b.

der Kläger die Unzulässigkeit des angegriffenen Verhaltens der Beklagten ableitet, bilden lediglich unterschiedliche rechtliche Gesichtspunkte und stellen keine verschiedenen Streitgegenstände dar[374]. Ob der vorgetragene Lebenssachverhalt die Voraussetzungen mehrerer Verbotsnormen erfüllt, ist ohne Bedeutung für die Frage, ob mehrere Streitgegenstände vorliegen, weil die rechtliche Würdigung der beanstandeten konkreten Verletzungsform allein Sache des Gerichts ist[375]. Insofern können auch **wettbewerbs- und öffentlich-rechtliche (Unterlassungs-)Ansprüche** ein Streitgegenstand sein, wenn dieselbe Verletzungsform betroffen ist und die materiellen Ansprüche abgesehen von der Frage, ob ein hoheitliches Handeln gegeben ist, rechtlich nicht verselbstständigt sind[376].

Dementsprechend bilden die Tatbestände gemäß § 4 Nr. 3a und 3b UWG einen *einheitlichen* Streitgegenstand[377]. Gleiches gilt für einen auf Irreführung gestützten Angriff[378] sowie für Ansprüche aus § 4 Nr. 3a und 3b UWG und wegen Irreführung gemäß § 5 Abs. 2 UWG[379]. Unlautere Handlungen gemäß § 5 Abs. 1 UWG und § 5a UWG können ebenfalls einen einheitlichen Streitgegenstand betreffen[380]. Auch Verstöße gegen Gesichtspunkte des Transparenzgebots und gegen das Informationsgebot stellen einen Streitgegenstand dar[381]. Hat ein Kläger im Rahmen eines einheitlichen Streitgegenstands mehrere Irreführungsaspekte geltend gemacht und obsiegt er aufgrund eines dieser Gesichtspunkte in erster Instanz, so fallen die anderen Irreführungsaspekte innerhalb des einheitlichen Streitgegenstands in der Berufungsinstanz an, auch wenn der Kläger auf sie dort nicht mehr ausdrücklich zurückkommt[382]. Zur Bestimmung des Streitgegenstands beim Irreführungsverbot → § 253 Rn. 126. **110**

Dies soll entsprechend auch für das **Schlechthinverbot** gelten. Auch in diesem Fall wird der Streitgegenstand durch den gesamten historischen Lebensvorgang bestimmt, auf den sich das Rechtsschutzbegehren des Unterlassungsklägers bezieht[383]. Dieses braucht sich aber nicht zwingend auf eine konkrete Verletzungsform zu begrenzen, sondern kann auch – dem Klagebegehren entsprechend – darüber hinausgehen. **111**

e. Weitere Aufteilung bei einem Schutzrecht. Grundsätzlich bildet ein Schutzrecht einen Klagegrund und einen Streitgegenstand[384]. Eine weitere Aufteilung nach den jeweiligen materiell-rechtlichen Anspruchsgrundlagen hinsichtlich desselben Klageziels (hier Unterlassung) erscheint angesichts der Probleme eines zu feingliedrigen Streitgegenstandsbegriffs grundsätzlich nicht angemessen. Dieser Grundsatz sollte im Wesentlichen für alle Ansprüche aus gewerblichen Schutzrechten und Urheberrechten gelten. **112**

Marken-, Kennzeichenrecht und Designrecht: Der markenrechtliche Identitätsschutz stellt im Verhältnis zum Verwechslungsschutz denselben Streitgegenstand dar[385]. Ansprüche wegen Schutzes der bekannten Marke (§ 14 Abs. 2 Nr. 3 MarkenG) bilden zu ihnen aufgrund normativer Gesichtspunkte einen einheitlichen Streitgegenstand[386]. Diese Wertungen auf die einzelnen Ansprüche zum Schutz des Unternehmenskennzeichens (§ 15 MarkenG) und entsprechend auf die geografische Herkunftsangabe (§ 127 MarkenG) zu übertragen, erscheint **nach der hier vertretenen Auffassung** angebracht. **113**

Auch der designrechtliche Schutz vor der Nachahmung mit einem identischen oder ähnlichen Design stellt denselben Streitgegenstand dar. **114**

Urheberrecht: Bei urheberrechtlichen Unterlassungsansprüchen sollten **nach der hier vertretenen Auffassung** aufgrund des in § 11 UrhG zum Ausdruck gebrachten einheitlichen Schutzes aus normativen Gründen geltend gemachte Urheberpersönlichkeitsrechte und Urheberverwertungsrechte in der Regel einen einheitlichen Streitgegenstand bilden. Die persönlichkeits- und verwertungsrechtliche Ausprägung des Urheberrechts sind untrennbar miteinander verbunden. Unabhängig davon dienen die Verwertungsrechte auch den ideellen Interessen des Urhebers, was besonders bei § 23 UrhG deutlich wird. Ansprüche aus allgemeinem Persönlichkeitsrecht stellen im Vergleich zu urheberrechtlichen Ansprüchen hingegen grundsätzlich einen anderen Streitgegenstand dar. **115**

Nach der **hier vertretenen Auffassung** sollten zudem sämtliche Verwertungsrechte in der Regel grundsätzlich einen einheitlichen Streitgegenstand bilden, unabhängig davon, unter welches Verwertungsrecht die konkret angegriffene Handlung dann in der Tat zu subsumieren ist, also unabhängig **116**

---

[374] BGH GRUR 2013, 1052 Rn. 11 – Einkaufswagen III; BGH GRUR 2021, 497 Rn. 38 – Zweitmarkt für Lebensversicherungen.
[375] BGH GRUR 2014, 91 Rn. 15 – Treuepunkte-Aktion.
[376] BGH GRUR 2020, 755 Rn. 28 ff. – WarnWetter-App.
[377] BGH GRUR 2013, 951 Rn. 10 – Regalsystem.
[378] BGH GRUR 2016, 828 Rn. 29 – Kundenbewertung im Internet.
[379] BGH GRUR 2013, 1052 Rn. 11 – Einkaufswagen II.
[380] BGH GRUR 2020, 1226 – LTE-Geschwindigkeit.
[381] BGH GRUR 2014, 91 Rn. 15 f. – Treuepunkte-Aktion.
[382] BGH GRUR 2017, 295 Rn. 12 – Entertain; *Büscher* GRUR 2018, 113 (128); OLG Frankfurt a. M. GRUR-RR 2018, 374 Rn. 10 – unbeschwerte Atmung; vgl. → § 253 Rn. 67.
[383] BGH GRUR 2013, 401 Rn. 26 – Biomineralwasser.
[384] → § 253 Rn. 97 bei mehreren Schutzrechten.
[385] BGH GRUR 2011, 1043 Rn. 27 – TÜV II; BGH GRUR 2012, 621 Rn. 32 – OSCAR.
[386] BGH GRUR 2012, 621 Rn. 32 – OSCAR.

davon, ob es eine Verwertung in körperlicher Form ist (Vervielfältigung nach § 16 UrhG, Verbreitung nach § 17 UrhG oder Ausstellung nach § 18 UrhG), ob die Verwertung durch öffentliche Wiedergabe erfolgt (zB öffentliches Zugänglichmachen nach § 19a UrhG und Sendung nach § 20 UrhG) oder ob sie durch eine Bearbeitung oder Umgestaltung gemäß § 23 UrhG geschieht. Ausnahmen vom Grundsatz des einheitlichen Streitgegenstands können sich aufgrund des konkreten Klagebegehrens ergeben, wenn lediglich Teile hieraus[387] (zB beschränkt auf das Verbreiten in körperlicher Form ohne öffentliches Zugänglichmachen) zum Streitgegenstand gemacht werden[388].

117 **Patent- und Gebrauchsmusterrecht:** Die **wortsinngemäße und äquivalente Benutzung** derselben technischen Lehre durch denselben technischen Aspekt derselben technischen Ausführungsform stellen einen einheitlichen Streitgegenstand dar[389]. Zu beachten ist aber, dass beim Übergang von der wortsinngemäßen zur äquivalenten Benutzung rechtzeitig ein entsprechender Antrag gestellt wird, in dessen Formulierung das ausgetauschte Lösungsmittel aufzunehmen ist[390].

118 Indes betreffen Klagen wegen **unmittelbarer** (§ 9 PatG) **und wegen mittelbarer Patentverletzung** (§ 10 PatG) in der Regel verschiedene Klagegründe und bilden daher unterschiedliche Streitgegenstände[391]. Das gilt entsprechend bei der Gebrauchsmusterverletzung (§ 11 Abs. 1 und Abs. 2 GebrMG). Hier wird ein anderer Klagegrund anzunehmen, erscheint angebracht, weil die mittelbare Verletzung den Schutz ins Vorfeld erweitert und Gefährdungshandlungen erfasst, die anderenfalls lediglich als Teilnahme an einer unmittelbaren Verletzung verboten werden könnten, was aber anders als bei der mittelbaren Verletzung eine rechtswidrige Haupttat voraussetzte. Aufgrund der konkreten Umstände des Einzelfalls kann neben der unmittelbaren die mittelbare Patentverletzung Streitgegenstand geworden sein, wenn sie Gegenstand des Sachvortrags des Klägers gewesen ist und dieser einen zwar unzutreffend formulierten Unterlassungsantrag gestellt hat, aber zu erkennen ist, dass das Unterlassungsbegehren darauf gerichtet ist, dem Beklagten neben der unmittelbaren Verletzung auch eine mittelbare Patentverletzung zu untersagen[392]. Gleiches kann zutreffen, wenn der Kläger neben einer unmittelbaren Verletzung vorsorglich geltend macht, dass der Klagegrund jedenfalls als mittelbare Patentverletzung zu bewerten sei.

119 Nach der **hier vertretenen Auffassung** betreffen eine Klage wegen Benutzung eines Verfahrensanspruchs **(§ 9 S. 2 Nr. 2 PatG)** und eine Klage wegen Anbietens, in Verkehr bringen, Einführen oder Besitzen eines unmittelbar hergestellten Verfahrenserzeugnisses **(§ 9 S. 2 Nr. 3 PatG)** unterschiedliche Klagegründe und bilden daher mehrere Streitgegenstände, weil insoweit durch die materiellrechtliche Regelung die zusammentreffenden Ansprüche durch eine Verselbständigung der einzelnen Lebensvorgänge erkennbar unterschiedlich ausgestaltet wurden. Dies zeigt sich zudem daran, dass etwas anderes angegriffen wird. Während bei § 9 S. 2 Nr. 2 PatG ein Verfahren angegriffen wird, ist dies bei § 9 S. 2 Nr. 3 PatG ein Erzeugnis.

120 **f. Konkrete Verletzungs- und Ausführungsform.** Ergibt sich aus dem Klagebegehren des Klägers, dass sich sein Angriff gegen eine konkrete Verletzungsform richtet[393], ist in dieser Verletzungsform in der Regel der **Lebenssachverhalt** zu sehen, der (vorbehaltlich einer wertenden Betrachtung) den Streitstoff und den Klagegrund bestimmt und begrenzt[394]. Dies erscheint sinnvoll, weil zum einen der Kläger angehalten wird, sämtliche zur Begründung seines Antrags geeigneten Tatsachen vorzutragen und zum anderen der Beklagte nicht befürchten muss, dass er wegen desselben oder eines kerngleichen Verhaltens in einem zweiten Verfahren mit demselben Unterlassungsantrag überzogen wird[395]. Zur **Bestimmtheit** des auf eine konkrete Verletzung gerichteten Antrags → Rn. 200 ff.

121 **Unterschiedliche Klagegründe** sind gegeben, wenn **mehrere** Verletzungs- oder Ausführungsformen betroffen sind[396]. Wird im Laufe des Prozesses die angegriffene Ausführungs- oder Verletzungsform durch eine andere, nicht kerngleiche, **ersetzt,** auf die sich nun nach dem Willen des Klägers der Verbotsausspruch beziehen soll, ändert dieses Vorgehen den Streitgegenstand und setzt ggf. einen weiteren Antrag des Klägers[397] (in den die neue Verletzungsform aufgenommen wird) und ggf. eine (vom Gericht ersatzbare) Zustimmung des Beklagten zur Klageänderung voraus. Jedenfalls liegen nach

---

[387] LG Hamburg GRUR-RS 2016, 13761 Rn. 62.
[388] → § 253 Rn. 65 ff.
[389] BGH GRUR 2012, 485 Rn. 18 – Rohrreinigungsdüse II; Haedicke/Timmann PatR-HdB/*Zigann* § 15 Rn. 72; OLG Düsseldorf BeckRS 2013, 11856; 2013, 12504.
[390] → § 253 Rn. 238 zur Bestimmtheit des Antrags.
[391] Vgl. BGH GRUR 2005, 407 (409) – T-Getriebe; Haedicke/Timmann PatR-HdB/*Zigann* § 15 Rn. 72.
[392] BGH GRUR 2005, 407 – T-Getriebe; BeckOK/*Voß* PatG Vor §§ 139 Rn. 47.
[393] → § 253 Rn. 63 ff.
[394] BGH GRUR 2006, 960 (961); 2013, 401 Rn. 24 – Biomineralwasser; BGH GRUR 2018, 203 Rn. 18 – Betriebspsychologe; BGH GRUR 2018, 431 Rn. 12 – Tiegelgröße; BGH GRUR 2020, 755 Rn. 27 – WarnWetter-App.
[395] *Stieper* WRP 2013, 561 (565).
[396] BeckOK/*Voß* PatG Vor § 139 Rn. 37.
[397] BGH GRUR 2006, 960 Rn. 16 – Anschriftenliste; OLG Düsseldorf GRUR 2020, 204 Rn. 26 – unbleached paper rolls; *Kühnen* Rn. 1377.

der zustimmungswürdigen Meinung des BGH unterschiedliche Streitgegenstände vor, wenn sich die mit einer zweiten Patentverletzungsklage angegriffene Ausführungsform in ihrer tatsächlichen Ausgestaltung von derjenigen unterscheidet, die in der ersten Klage angegriffen worden war[398], weil der Klagegrund einer Patentverletzungsklage im Wesentlichen durch die üblicherweise als angegriffene Ausführungsform bezeichnete tatsächliche Ausgestaltung eines bestimmten Produkts im Hinblick auf die Merkmale des geltend gemachten Patentanspruchs bestimmt wird[399].

Was die **konkrete Verletzungsform** ist und welche tatsächlichen Umstände zu ihr gehören, stellt in diesem Zusammenhang den relevanten Prüfungsschritt dar. Das saubere Herausarbeiten der konkreten Verletzungsform bereitet regelmäßig Schwierigkeiten, ist aber von großer Bedeutung, weil häufig die Frage der Wettbewerbswidrigkeit oder Schutzrechtsverletzung davon abhängt. Zur Bestimmung der konkreten Verletzungsform gilt die **Faustformel,** dass sie jedenfalls alle Verbotsgrundlagen abdecken soll, die sich auf die darin enthaltene Grundform beziehen[400]. Der Begriff der Verletzungsform reicht damit weiter als es das Wort „Form" zunächst vermuten lässt und erfasst nicht nur einen Gegenstand (die Anzeige oder das angegriffene Produkt). Zur konkreten Verletzungsform sind vielmehr auch die entsprechenden Handlungen zu zählen, die für eine Verletzung erfüllt sein müssen. Der I. Zivilsenat des BGH fasst daher unter den Begriff der konkreten Verletzungsform das konkret umschriebene Verhalten, das gerade auch bei einer vom Standpunkt der Parteien ausgehenden natürlichen Betrachtungsweise den Tatsachenkomplex und damit die Beanstandungen umschreibt, zu denen sie (die konkrete Verletzungsform) Anlass geben kann[401]. Werden in der Klage zur Begründung der Wettbewerbswidrigkeit der beanstandeten Werbung über die abstrakte Darstellung im Antrag hinaus weitere Sachverhalte vorgetragen, gehören sie ebenfalls zum Klagegrund[402]. Dadurch besteht eine enge Verknüpfung zum eigentlichen Klagebegehren. Erfasst sein sollen gerade auch künftige Verletzungen und nicht nur die bereits erfolgten[403]. Das Schreiben, das eine oder mehrere **unberechtigte Schutzrechtsverwarnungen** enthalten soll, bildet ebenso die konkrete Verletzungsform und führt jedenfalls dann zu einem Streitgegenstand, wenn parallel Ansprüche aus §§ 1004, 823 Abs. 1 BGB und §§ 8, 4 Nr. 4 UWG geltend gemacht werden[404].

Dies wird in der **Literatur** kritisiert und angenommen, dass zwei verschiedene Streitgegenstände vorliegen, wenn Gegenstand des einen Verfahrens eine bereits verjährte Verletzungshandlung ist und in nicht verjährter Zeit diese erneut begangen wird oder wenn im ersten Verfahren die Klage wegen Beweisschwierigkeiten abgewiesen wurde und nun im zweiten Prozess eine weitere gleichartige Handlung mit besseren Beweisen angegriffen wird[405]. In ähnlichem Sinne sollte nach der **älteren Rechtsprechung des BGH** die Einführung **weiterer Verletzungshandlungen** in einen Prozess den Streitgegenstand ändern, auch wenn die nachgeschobenen Verletzungsfälle dieselbe Verletzungsform betreffen[406].

Doch dürfte dies wegen der aktuellen Rechtsprechung des Bundesgerichtshofs zum Streitgegenstand so nicht (mehr) zutreffen, weil aufgrund einer wertenden Betrachtung ein **einheitlicher** Streitgegenstand anzunehmen ist[407]. Der Tatsachenstoff kann in diesen Fällen nicht sinnvoll auf verschiedene eigenständige, den Sachverhalt in seinem Kerngehalt verändernde Geschehensabläufe aufgeteilt werden, selbst wenn diese Geschehensabläufe einer eigenständigen rechtlichen Bewertung zugänglich wären[408]. Daraus lässt sich ableiten, dass Handlungen mit identischen oder kerngleichen Verletzungsformen (also zB weitere Verletzungshandlungen oder mehrere Verkaufsaktionen) grundsätzlich einen einheitlichen Streitgegenstand bilden (können), weil sie unabhängig von Ort und Zeit sowie anderer Begleitumstände sind[409], es sei denn, diesen Aspekten kommt im konkreten Einzelfall eine eigene Bedeutung zu[410]. So entschied der BGH, dass zum **Beispiel** drei Verkaufsaktionen von markenverletzenden Produkten lediglich einen Streitgegenstand darstellen, weil diese drei gleichartigen Verletzungshandlungen einen einheitlichen Grund bilden[411]. Das Rechtsschutzbegehren des Klägers bezieht sich auch auf Handlungen des Beklagten, die erst nach Schluss der mündlichen Verhandlung, aber in Fortführung der bereits begangenen und beanstandeten Handlungen stattfinden, und nach

---

[398] BGH GRUR 2012, 485 Rn. 17, 21 – Rohrreinigungsdüse II.
[399] BGH GRUR 2012, 485 Rn. 19 mwN – Rohrreinigungsdüse II.
[400] Vgl. für das Wettbewerbsrecht *Köhler*/Bornkamm/*Feddersen* UWG § 12 Rn. 1.23i und k.
[401] BGH GRUR 2013, 401 Rn. 24 – Biomineralwasser.
[402] BGH GRUR 2011, 742 Rn. 18 – Leistungspakete im Preisvergleich; BGH GRUR 2018, 627 Rn. 11 – Gefäßgerüst (Bewerbung der Behandlung mit dem Stent als auch die Bewerbung des Stents).
[403] *Grosch* FS Schilling, 2007, 207 (217 f.).
[404] OLG Düsseldorf GRUR-RR 2018, 446 Rn. 23 f. – Think green.
[405] Teplitzky/*Schwippert* Kap. 46 Rn. 2b.
[406] BGH GRUR 2006, 421 Rn. 26 – Markenparfümverkäufe; zur Kritik an dieser Rechtsprechung siehe Haedicke/Timmann PatR-HdB/*Zigann* § 15 Rn. 78 ff. mwN.
[407] BGH GRUR 2012, 630 Rn. 17 – CONVERSE II; Fezer/*Büscher*/Obergfell § 12 Rn. 284; Ohly/*Sosnitza* UWG § 12 Rn. 57 mwN.
[408] BGH GRUR 2013, 401 Rn. 19 – Biomineralwasser.
[409] *Köhler*/Bornkamm/*Feddersen* UWG § 12 Rn. 1.23l mwN.
[410] *Teplitzky* GRUR 2011, 1091 (1095).
[411] BGH GRUR 2012, 630 Rn. 17 – CONVERSE II.

natürlicher Betrachtungsweise einen einheitlichen Klagegrund bilden[412]. Dementsprechend können Verletzungshandlungen auf Messen, die im Abstand von zwei Jahren begangen wurden, einen einheitlichen Streitgegenstand bilden, auch wenn davon Handlungen in verjährter Zeit umfasst sind[413].

125 Da Klagegrund nur der Kern des Lebenssachverhalts ist, wird er regelmäßig auch im Sinne der **Kerntheorie**[414] kerngleiche Handlungsformen miterfassen, so dass diese bereits zum Streitgegenstand gehören und damit implizit ins Streitverfahren eingeführt und mitgeprüft sind[415].

126 **Wettbewerbsrecht:** Die konkrete Verletzungsform steht eng mit dem als lauterkeitsrechtlich unzulässig beanstandeten Verhalten im Zusammenhang und wird dadurch bestimmt. Bei der Beurteilung der Zulässigkeit eines wettbewerblichen Verhaltens lassen sich in der Regel Erkennbarkeit und Wahrnehmung des Verhaltens im Wettbewerb nicht sinnvoll auf verschiedene eigenständige Geschehensabläufe aufteilen. Dementsprechend zählen die Umstände des Wettbewerbsauftritts und seine gesamte Wahrnehmung grundsätzlich noch zu dem Tatsachenkomplex, der einen einzigen Streitgegenstand bildet, und zwar unabhängig davon, ob einzelne Tatsachen von den Parteien vorgetragen worden sind oder ob die Parteien die nicht vorgetragenen Tatsachen kannten und hätten vortragen können[416]. Eine **Grenze** des einheitlichen Lebensvorgangs besteht dort, wo im Fall des Irreführungsverbots eine personell, sachlich und zeitlich grundlegend andere Täuschungshandlung betroffen ist (statt Täuschung der durch die Werbung angesprochenen Interessenten nun die Gefahr einer Täuschung der Interessenten gegenüber ihren künftigen Kunden)[417]. Entsprechendes soll im Einzelfall gelten, wenn grundverschiedene Wettbewerbshandlungen betroffen sind, unabhängig davon, ob sie beschränkt auf die konkrete Verletzungsform verfolgt werden oder über einen „insbesondere-Antrag" in einem Lauterkeitskern zusammengeknüpft sind[418].

127 **Patent- und Gebrauchsmusterrecht:** Die angegriffene Ausführungsform ist hier üblicherweise der Lebenssachverhalt, über den entschieden werden soll. Er wird durch die Patent- oder Gebrauchsmusterverletzungshandlung in Bezug auf eine bestimmte technische Ausgestaltung einer technischen Lehre in Bezug auf den geltend gemachten Patentanspruch und nicht durch konkrete Objekte bestimmt[419]. Entscheidend für die Bestimmung der angegriffenen Ausführung ist die technische Ausgestaltung, nicht die Versions- oder Produktnummer[420]. Eine Änderung des Klagegrunds kann daher vorliegen, wenn zwar weiterhin dasselbe Produkt angegriffen wird, aber der Vortrag ausgetauscht wird, aus dem sich die Verwirklichung der patentierten technischen Lehre ergeben soll[421]. Der neue Vortrag betrifft dann in der Sache eine andere Ausführungsform.

128 Lieferungen an Abnehmer im Inland und Lieferungen an solche Abnehmer im Ausland, bei denen es naheliegend erscheint, dass sie die gelieferte Ware ins Inland weiterliefern oder dort anbieten, können zwei Streitgegenstände betreffen[422]. Werden im Verfahren zunächst das Angebot und die Lieferung im Inland angegriffen, im weiteren Verfahren aber auch das Angebot und die Lieferung ins Ausland an Dritte zum Gegenstand gemacht, auch wenn diese ihrerseits wieder ins Inland liefern, sind unterschiedliche Lebenssachverhalte und unterschiedliche Streitgegenstände betroffen[423].

129 **Marken- und Kennzeichenrecht:** Die konkrete Verletzungsform ist häufig als markenmäßig, titel- oder kennzeichenmäßig beanstandete Verhaltensweise des Beklagten. Der heranzuziehende Lebenssachverhalt beschränkt sich indes nicht strikt auf solche zu den einzelnen möglichen Schutzrechten gehörende Lebenssachverhalte. Bei der Beurteilung des markenmäßigen Gebrauchs kann daher auch die Nutzung eines Domainnamens[424] zum relevanten Lebenssachverhalt gehören, auch wenn die Verwendung des Domainnamens weder durch die konkrete Verletzungsform angegriffen noch Teil eines Verbotsantrags war[425].

130 Wird die vom Beklagten vertriebene Ware unter dem Gesichtspunkt angegriffen, dass es gefälschte Produkte sind, handelt es sich aber tatsächlich um Originalware, bei der fraglich ist, ob der Markeninhaber dem Inverkehrbringen wirksam zugestimmt hat und ob Erschöpfung gemäß § 24 Abs. 1

---

[412] BGH GRUR 2004, 755 (756) – Taxameter.
[413] LG Düsseldorf BeckRS 2016, 14977.
[414] → § 253 Rn. 78 ff.
[415] Teplitzky/*Schwippert* Kap. 46 Rn. 2h.
[416] BGH GRUR 2013, 401 Rn. 26 – Biomineralwasser.
[417] BGH GRUR 2018, 203 Rn. 21 – Betriebspsychologe; vgl. BGH GRUR 2019, 750 Rn. 31 – WifiSpot (wenn Streitgegenstand dem Vertragsschluss nachgelagerte Handlungen sind, die nun geltend gemachte Irreführung aber auf den Zeitpunkt des ursprünglichen Vertragsschlusses abstellt).
[418] OLG Stuttgart GRUR-RS 2018, 30129 Rn. 75 – schadstofffreie Matratze.
[419] BGH GRUR 2012, 485 Rn. 19 mwN – Rohrreinigungsdüse II; OLG Karlsruhe BeckRS 2016, 14987 Rn. 74 ff.
[420] OLG Düsseldorf BeckRS 2013, 10850; LG Düsseldorf GRUR-RS 2019, 47921 Rn. 84 – Flüssigkeitsbehälter; Haedicke/Timmann PatR-HdB/*Zigann* § 15 Rn. 75.
[421] Schramm/*Doenle/Kaess* Kap. 9 Rn. 232, 239.
[422] OLG Düsseldorf GRUR-RR 2020, 417 Rn. 68 – Schnellspannvorrichtung.
[423] OLG Karlsruhe GRUR 2016, 482 Rn. 70 – Abdichtsystem.
[424] → § 253 Rn. 131.
[425] BGH GRUR 2016, 1300 Rn. 30 – Kinderstube.

MarkenG eingetreten ist, handelt es sich in der Regel nicht um unterschiedliche Klagegründe und daher um einen Streitgegenstand[426].

Beansprucht der Kläger auf sein Markenrecht gestützt, dass die Verwendung der angegriffenen **131** Bezeichnung in einer Werbeanzeige unterlassen wird und richtet er sich zudem gegen die Verwendung seiner Marke als Teil in einem **Domainnamen**[427], können unterschiedliche Verletzungsformen und damit verschiedene Klagegründe und Streitgegenstände betroffen sein.

g. Erstbegehungs- und Wiederholungsgefahr. Tatsachen, die eine Erstbegehungsgefahr oder **132** eine Wiederholungsgefahr begründen, stellten nach der **älteren Rechtsprechung** des I. Zivilsenats des BGH[428] und der **herrschenden Auffassung in der Literatur**[429] unterschiedliche Lebenssachverhalte dar, auch wenn aus ihnen eine einheitliche Rechtsfolge abgeleitet werden kann. Begründet hatte dies der BGH wie folgt: Wird ein Unterlassungsbegehren zum einen auf Wiederholungsgefahr wegen der vorprozessual begangenen Verletzungshandlung gestützt und zum anderen auf Erstbegehungsgefahr wegen Erklärungen, die der auf Unterlassung gerichtlich in Anspruch Genommene zur Rechtsverteidigung im Verfahren abgibt, handelt es sich bei dem Anspruch wegen Wiederholungsgefahr und dem Anspruch wegen Erstbegehungsgefahr um zwei verschiedene Streitgegenstände[430].

In seiner **aktuellen Rechtsprechung** richtet sich der I. Zivilsenat des BGH nach den allgemei- **133** nen Regeln, um zu beurteilen, ob Erstbegehungsgefahr und Wiederholungsgefahr zwei Streitgegenstände bilden[431]. Lässt sich dem Streitfall nicht entnehmen, ob Wiederholungs- oder Erstbegehungsgefahr geltend gemacht werden, kommt es darauf an, ob es sich im Rahmen des Klagegrunds um einen einheitlichen Sachverhalt oder um mehrere den Anspruch möglicherweise rechtfertigende Lebenssachverhalte handelt[432]. Ausgehend von diesen Maßstäben nahm der I. Zivilsenat des BGH seitdem bei Wiederholungs- und Erstbegehungsgefahr einen einheitlichen Streitgegenstand an[433].

Nach der **hier vertretenen Auffassung**[434] sollten die in diesen Entscheidungen ausgesprochenen **134** Wertungen dahingehend verallgemeinert werden, dass Wiederholungs- und Erstbegehungsgefahr[435] **in der Regel** einen **einheitlichen Streitgegenstand** bilden[436] und zwar unabhängig davon, ob dem Kläger die zur Erstbegehungsgefahr bzw. Wiederholungsgefahr führenden Umstände bekannt waren oder von ihm vorgetragen worden sind. Denn der BGH rechnet zum Klagegrund den gesamten historischen Lebensvorgang, auf den sich das Rechtsschutzbegehren der Klagepartei bezieht, unabhängig davon, ob einzelne Tatsachen des Lebenssachverhalts von den Parteien vorgetragen worden sind oder nicht, und auch unabhängig davon, ob die Parteien die nicht vorgetragenen Tatsachen des Lebensvorgangs kannten oder hätten vortragen können.[437] Die ältere Rechtsprechung dürfte daher in ihrer Allgemeinheit kaum aufrechtzuerhalten sein. Sie führt zum einen zu nicht praktikablen Konsequenzen. Der Kläger, dem Umstände für beides bekannt sind, müsste eine Reihenfolge zwischen Wiederholungs- und Erstbegehungsgefahr bestimmen und ihm droht eine Teilabweisung mit entsprechender Kostenfolge, falls der Anspruch sich nicht aus Wiederholungs-, sondern (nur) aus dem hilfsweise gestellten Antrag hinsichtlich der Erstbegehungsgefahr ergibt. Der Kläger, dem nur Umstände betreffend die Erstbegehungsgefahr oder eine Wiederholungsgefahr bekannt sind, sollte nicht die Möglichkeit haben, zwei unterschiedliche Prozesse einmal gestützt auf Erstbegehungsgefahr und einmal gestützt auf Wiederholungsgefahr zu führen, soweit die erste Klage abgewiesen wurde, weil das angegriffene Verhalten nicht zu beanstanden ist. Zum anderen widerspricht diese ältere Rechtsprechung der **neueren Rechtsprechung** zur natürlichen Betrachtungsweise des Klagegrunds. In Konstellationen wie bei *Schlank-Kapseln* sollte nun ein einheitlicher Streitgegenstand angenommen werden, weil sich das Rechtsschutzbegehren des Klägers auf den gesamten historischen Lebensvorgang (vorprozessual begangene Verletzungshandlung und Aussagen im Rahmen der prozessualen Rechtsverteidigung) bezieht und dieses insofern einheitlich ist. Auch richtet es sich auf dieselbe konkrete Verletzungsform[438]. Der **X. Zivilsenat** des BGH scheint ebenfalls bei beiden Begehungsformen einen einheitlichen Streitgegenstand anzunehmen[439].

---

[426] BGH GRUR 2012, 626 Rn. 42 – CONVERSE I; OLG Frankfurt a. M. GRUR-RR 2013, 325 (326) – Converse Inc.
[427] → § 253 Rn. 129.
[428] BGH GRUR 2006, 421 Rn. 25 – Markenparfümverkäufe; BGH GRUR 2006, 429 Rn. 22 – Schlank-Kapseln; BGH BeckRS 2010, 13458 Rn. 16 – Internet-Sportwetten vor 2008; BGH GRUR 2014, 1013 Rn. 20 – Original Bach-Blüten.
[429] Köhler/Bornkamm/Feddersen UWG § 12 Rn. 1.23l; Teplitzky/Schwippert Kap. 46 Rn. 2d mwN.
[430] BGH GRUR 2006, 429 Rn. 22 – Schlank-Kapseln.
[431] BGH GRUR 2016, 83 Rn. 41 – Amplidect/ampliteq; BGH GRUR 2018, 203 Rn. 17 – Betriebspsychologe.
[432] BGH GRUR 2016, 1187 Rn. 20 – Stirnlampen.
[433] BGH GRUR 2016, 83 Rn. 41 – Amplidect/ampliteq; BGH GRUR 2016, 1187 Rn. 20 – Stirnlampen; BGH GRUR 2019, 947 Rn. 27 – Bring mich nach Hause.
[434] Anders aber OLG München 1.3.2021 – 29 W 266/21.
[435] → § 253 Rn. 219 f. zur Bestimmtheit des Antrags bei Erstbegehungsgefahr.
[436] Kritisch auch Busse/Keukenschrijver/Werner § 139 Rn. 259; Gottwald FS Köhler, 2014, 173 (176).
[437] → § 253 Rn. 91.
[438] BGH GRUR 2013, 401 Rn. 24 – Biomineralwasser.
[439] BGH GRUR 2012, 1230 Rn. 37 – MPEG-2-Videosignalcodierung.

135 Aus den Erwägungen des I. Zivilsenats des BGH, die der Entscheidung *Markenparfümverkäufe* zugrunde lag, lässt sich für vergleichbare (Ausnahme-)Fälle noch Folgendes ableiten: Der **bis zum Schluss der mündlichen Verhandlung** (vgl. § 767 Abs. 2[440]) gegebene Lebenssachverhalt, auf den sich das Rechtsschutzbegehren der Klagepartei bezieht, bildet den historischen Lebensvorgang für dieses Verfahren[441]. In diese Richtung weist auch eine neuere Entscheidung des I. Zivilsenats des BGH[442]. Neue Lebensvorgänge, die **nach dem Schluss der mündlichen Verhandlung** stattfinden und sich auf die Wiederholungs- oder Erstbegehungsgefahr auswirken, können indes einen zweiten Streitgegenstand bilden[443]. Insofern kann der Schluss der mündlichen Verhandlung eine Zäsur erzeugen und das Vorliegen von zwei Streitgegenständen ist nicht ausgeschlossen, auch wenn die angestrebte Rechtsfolge im Übrigen dieselbe ist[444]. Es ist jedoch zu beachten, dass nur ein Streitgegenstand gegeben ist, wenn der Sachverhalt, über den bereits entschieden wurde, lediglich über den Schluss der mündlichen Verhandlung hinaus fortwirkt[445].

136 **h. Passivlegitimation, besonders Haftung als Täter oder Störer/Intermediär.** Ob der Beklagte materiell-rechtlich als **Täter, Teilnehmer oder als Intermediär**[446] (Störer oder Verletzer einer lauterkeitsrechtlichen Verkehrspflicht) haftet, bildet nach der hier vertretenen Auffassung einen **einheitlichen** Streitgegenstand. Insofern ist die Passivlegitimation des Beklagten in der Regel das relevante Klagebegehren und der jeweils zu der entsprechenden Begründung heranzuziehende Lebenssachverhalt begründet insofern einen einheitlichen Klagegrund[447].

137 So bildet die Haftung als **Täter** oder als **Intermediär (insbesondere als Störer)** einen einheitlichen Streitgegenstand[448]. Die Haftung als Intermediär ist in aller Regel als *minus* in der Täterhaftung enthalten[449]. Zwar unterscheiden sich die jeweiligen Lebenssachverhalte und nach zum Urheberrecht ergangenen Entscheidungen auch die Anträge[450]. Doch handelt es sich aus Sicht des Klägers, der den Prozessstoff maßgeblich bestimmt, um einen einheitlichen Angriff mit einem einheitlichen Ziel. Dieses liegt darin, dem Beklagten Handlungen zu verbieten, aus denen künftig die beanstandeten Rechtsverletzungen entstehen können. Soweit aus den urheberrechtlichen Entscheidungen des I. Zivilsenats des BGH wegen der erforderlichen **Umformulierung des Antrags** geschlossen wird, dass es sich um zwei Streitgegenstände handele[451], trifft dies nach der hier vertretenen Ansicht nicht zu. Der BGH hat sich insofern[452] nicht ausdrücklich zum Streitgegenstand geäußert. Auch hat eine bloße Anpassung des Antrags das eigentliche Klagebegehren nicht geändert. Denn maßgeblich für Inhalt und Reichweite des materiellen Klagebegehrens ist nicht allein der Wortlaut des Antrags, sondern das Klagebegehren[453].

138 Indes stellt die **Beauftragtenhaftung** (§ 14 Abs. 7 MarkenG) nach der **Rechtsprechung** des I. Zivilsenats des BGH im Verhältnis zur Haftung als Täter oder Teilnehmer einen eigenen Streitgegenstand dar[454]. Gleiches dürfte die Rechtsprechung auch für die Haftung nach § 8 Abs. 2 UWG annehmen.

Nach der **hier vertretenen Auffassung** erscheint die Aufspaltung in zwei Streitgegenstände jedoch nicht zwingend gerechtfertigt. Vielmehr sollte im Regelfall ein Streitgegenstand gegeben sein, weil es sich um ein einheitliches Begehren handelt, das auf die Passivlegitimation des beklagten Inhabers des Betriebs oder Unternehmens gerichtet ist und der Lebenssachverhalt für diese Begründung ein einheitlicher ist, der trotz der unterschiedlichen materiell-rechtlichen Normen nicht sinnvoll aufgespalten werden kann.

---

[440] → § 767 Rn. 22.
[441] Das ist die sog. zeitliche Grenze der Rechtskraft, → § 322 Rn. 40.
[442] BGH GRUR 2016, 83 Rn. 41 – Amplidect/amplitec.
[443] Insofern greift auch keine Tatsachenpräklusion, → § 322 Rn. 50 ff.
[444] Zutreffend bereits BGH GRUR 1990, 687 (689) – Anzeigenpreis II (Die Rechtskraft eines Urteils, das mangels Erstbegehungsgefahr als unbegründet abgewiesen wurde, steht einer neuen Klage wegen Wiederholungsgefahr nicht entgegen, wenn die Zuwiderhandlung nachträglich begangen wurde.).
[445] → § 253 Rn. 123 f.
[446] → § 253 Rn. 217 f. zur Bestimmtheit des Antrags bei der Haftung als Intermediär bzw. Störer.
[447] Eine Ausnahme könnte vorliegen, wenn sich ergeben sollte, dass der Beklagte lediglich unter einem gesonderten Gesichtspunkt (zB als Täter) in Anspruch genommen werden soll und die anderen Aspekte, unter denen er ebenfalls passivlegitimiert sein könnte, der gerichtlichen Überprüfung entzogen sein sollen.
[448] Anders OLG Hamburg BeckRS 2019, 26283 Rn. 6.
[449] Vgl. BGH GRUR 2010, 835 Rn. 45 f. – POWER BALL; BGH GRUR 2007, 708 Rn. 52 – Internet-Versteigerung II.
[450] BGH GRUR 2010, 633 Rn. 37 – Sommer unseres Lebens; BGH GRUR 2013, 370 Rn. 43 – Alone in the Dark; BGH BeckRS 2013, 15388 Rn. 20 – Prüfpflichten.
[451] OLG Köln MMR 2011, 396 (397); LG Düsseldorf NJW 2012, 3663 (3664); OLG Köln GRUR-RR 2013, 49 (50) – Kirschkerne; *Bölling* GRUR 2013, 1092 (1095).
[452] Der BGH hat insofern lediglich angenommen, dass eine weitere Prüfpflicht keinen anderen Streitgegenstand darstellt, sondern lediglich ein weiteres Begründungselement bilde, besonders wenn entsprechender Vortrag schon gegeben war, BGH BeckRS 2013, 15388 Rn. 57 – Prüfpflichten.
[453] → § 253 Rn. 59 ff.
[454] BGH GRUR 2005, 864 Rn. 13 – Meißner Dekor.

i. Ansprüche aus Vertrag und Gesetz. Nach der **Rechtsprechung des BGH** ist im Regelfall 139 von einem Lebenssachverhalt und folglich von einem Klagegrund auszugehen, wenn der Kläger das beantragte Verbot sowohl auf einen gesetzlichen Unterlassungsanspruch als auch auf einen Anspruch aus einer Unterlassungsvereinbarung stützt, die die Parteien nach einer vorausgegangenen Verletzungshandlung getroffen haben[455]. Hingegen bilden nach dieser Rechtsprechung Unterlassungsansprüche hergeleitet aus Vertragsverletzung und aus Gesetz zwei Klagegründe und damit zwei Streitgegenstände, wenn die Ansprüche und Anspruchsvoraussetzungen erkennbar unterschiedlich ausgestaltet sind[456].

Nach der **hier vertretenen Ansicht** ist dem BGH indes nicht zu folgen, wenn dieser davon 140 ausgeht, dass bei Unterlassungsansprüchen ein Lebenssachverhalt und in der Regel folglich ein Klagegrund gegeben ist, wenn der Kläger das beantragte Verbot sowohl auf einen gesetzlichen Unterlassungsanspruch als auch auf einen Anspruch aufgrund einer Unterlassungsvereinbarung stützt, die die Parteien nach einer vorausgegangenen Verletzungshandlung getroffen haben. Vielmehr sollten in der Regel zwei verschiedene Streitgegenstände angenommen werden, weil die materiell-rechtlichen Regelungen für Ansprüche aus Vertrag und Gesetz unterschiedlich ausgestaltet sind, beide Rechtsgrundlagen unterschiedliche Schicksale nehmen können und durch den Abschluss des Unterlassungsvertrags (nach einer vorausgegangenen Verletzungshandlung) eine Zäsur im Lebenssachverhalt mit Blick auf den gesetzlichen Anspruch eingetreten ist. Schließlich betreffen die Ausführungen des BGH in der zitierten Entscheidung lediglich einen nicht entscheidungserheblichen Teil und die vom BGH im genannten Urteil selbst angeführte Entscheidung berührt eine andere Fragestellung, nämlich ob eine ordnungsgemäße Berufungsbegründung vorlag.

j. Ansprüche aus eigenem und abgeleitetem Recht. Bei Ansprüchen aus eigenem (originärem) 141 Recht und aus abgeleitetem (derivativem) Recht (Ermächtigung oder Abtretung) handelt es sich auch bei einem einheitlichen Klagebegehren in der Regel um verschiedene Klagegründe und daher um **mehrere Streitgegenstände**[457]. Das trifft besonders für die Ansprüche des Rechtsinhabers, die Ansprüche des ausschließlichen Lizenznehmers und die Klage in Prozessstandschaft für den Rechtsinhaber zu. Stammen die abgeleiteten Ansprüche von unterschiedlichen Personen (und weisen diese eine unterschiedliche Entstehungsgeschichte auf), liegen mehrere Streitgegenstände vor[458].

3. Sonstige Leistungsklagen. a. Unterschiedliche Rechtsfolgen. Die auf unterschiedliche 142 Rechtsfolgen gerichteten Klagebegehren begründen unterschiedliche Streitgegenstände. Klagen gerichtet auf **Unterlassung**[459], **Auskunft und Rechnungslegung**[460], **Schadensersatz**[461] sowie **Rückruf und Vernichtung**[462] usw stellen jeweils eigene Streitgegenstände dar[463]. Auch die Klage auf Unterlassung und auf **Beseitigung**[464] begründen keinen einheitlichen Streitgegenstand, weil neben der Unterlassungsklage eine Beseitigungsklage erforderlich sein kann, um die noch andauernden Folgen einer Störung zu beseitigen[465]. Dementsprechend bilden auch Ansprüche auf **Entschädigung** wegen Benutzung des Gegenstands einer offengelegten Patentanmeldung und auf **Schadensersatz** wegen Patentverletzung unterschiedliche Streitgegenstände. Hier unterscheiden sich Klagebegehren und Klagegrund.

b. Schadensersatzklagen. Bei Schadensersatzklagen greifen die allgemeinen Grundsätze zur Be- 143 stimmung des Klagegrunds[466]. Da diese Ansprüche anders als der Unterlassungsanspruch nicht in die Zukunft weisen, sondern die Vergangenheit betreffen, gelten auf dem Gebiet des gewerblichen Rechtsschutzes und des Urheberrechts im Vergleich zum sonstigen Zivilrecht nur wenige Besonderheiten.

Grundsätzlich bilden **unterschiedliche Schadensarten** unterschiedliche Streitgegenstände, außer 144 es liegen unselbständige Schadensposten innerhalb derselben Schadensart vor[467].

---

[455] BGH GRUR 2013, 397 Rn. 13 aE – Peek & Cloppenburg III unter Verweis auf BGH GRUR 2003, 889 – Internet-Reservierungssystem; OLG Köln ZUM 2015, 404 (407) – Parfümfotos bei eBay.
[456] BGH GRUR 2013, 397 Rn. 13 – Peek & Cloppenburg III; BGH GRUR-RR 2014, 201 Rn. 13 – Peek & Cloppenburg IV; BGH GRUR 2018, 1161 Rn. 23 – Hohlfasermembranspinnanlage II; BGH GRUR 2019, 284 Rn. 18 – Museumsfotos.
[457] BGH GRUR 2008, 614 Rn. 16 – ACERBON; BGH BeckRS 2014, 01621; NJW 2016, 2317 Rn. 31; GRUR 2017, 397 Rn. 27 – World of Warcraft II; Harte/Henning/*Brüning* UWG Vor § 12 Rn. 26.
[458] BGH NJW 2016, 2317 Rn. 31.
[459] → § 253 Rn. 196 ff. zur Bestimmtheit des Unterlassungsantrags.
[460] → § 253 Rn. 252 f. zur Bestimmtheit des Antrags auf Auskunft und Rechungslegung.
[461] → § 253 Rn. 256 ff. zur Bestimmtheit des Schadensersatzantrags.
[462] → § 253 Rn. 251 zur Bestimmtheit des Vernichtungsantrags.
[463] BGH GRUR 2002, 1046 (1047 f.) – Faxkarte (bzgl. gesetzlichen Unterlassungs- und gesetzlichen Schadensersatzanspruch); BGH GRUR 2012, 949 Rn. 36 – Missbräuchliche Vertragsstrafe; BeckRS 2017, 118021 Rn. 33 – Teststreifen zur Blutzuckerkontrolle II; Haedicke/Timmann PatR-HdB/*Zigann* § 15 Rn. 72.
[464] → § 253 Rn. 248 ff. zur Bestimmtheit des Beseitigungsantrags.
[465] Köhler/Bornkamm/*Feddersen* UWG § 12 Rn. 1.51.
[466] → § 253 Rn. 256 ff. zur Bestimmtheit des Schadensersatzantrags.
[467] Zöller/*Vollkommer* Einl. Rn. 73.

145 Ob bei Vertragsverletzungen der durch **jede verletzte Vertragspflicht** begründete Schaden einen selbständigen Streitgegenstand bildet, hängt vom jeweiligen Lebenssachverhalt und dem jeweils entstandenen Schaden ab: Sind die Verletzungen Teil eines einheitlichen Vorgangs, liegt ein einheitlicher Streitgegenstand vor, es sei denn zwischen den verschiedenen Fehlern besteht ein nicht unerheblicher zeitlicher Abstand, der einen anderen Lebenssachverhalt aufgrund zeitlicher Zäsur begründen kann[468].

146 Wie bei Unterlassungsklagen[469] bilden **nach der hier vertretenen Auffassung** Schadensersatzansprüche gestützt **auf Vertrag und auf Gesetz** wegen Verletzung eines Schutzrechts in der Regel keinen einheitlichen Streitgegenstand hinsichtlich des den Schadensersatzanspruch begründenden Klagegrunds, weil Vertrag und Schutzrecht unterschiedliche Schicksale haben können.

147 Bei Schadensersatzklagen, bei denen der Kläger seinen Zahlungsanspruch auf die Verletzung **mehrerer Schutzrechte** stützt, handelt es sich um mehrere Streitgegenstände, weil jedes Schutzrecht aufgrund seiner unterschiedlichen Entstehung einen eigenen Streitgegenstand bildet[470].

148 Alle drei **Berechnungsarten des Schadensersatzes** (konkreter Schadensersatz, insbesondere entgangener Gewinn, Lizenzanalogie und Herausgabe des Verletzergewinns) betreffen denselben Streitgegenstand[471].

149 Schadensersatz (und Auskunft) in Bezug auf Handlungen, die der Beklagte über den Schluss der mündlichen Verhandlung hinaus in Fortführung der bereits begangenen, mit der in der Klage angegriffenen Handlungen begeht, stellen mit diesen einen einheitlichen Streitgegenstand dar.[472]

150 **c. Ersatz der Abmahnkosten.** Ansprüche auf Ersatz der Abmahnkosten, die auf Schadensersatz, Spezialnorm oder Geschäftsführung ohne Auftrag gestützt werden, sind nach der hier vertretenen Auffassung ein einheitlicher Streitgegenstand. Gleiches gilt, wenn die Kostenerstattung für eine Abmahnung geltend gemacht wird und die Abmahnung Unterlassungsansprüche aus verschiedenen Rechtsgebieten betrifft[473].

151 **d. Vertragsstrafe.** Stützt der Kläger sein Zahlungsverlangen darauf, dass der Beklagte in mehreren Fällen gegen den Vertrag (strafbewehrte Unterlassungspflicht) verstoßen habe, weshalb der Beklagte mehrfach die vereinbarte Vertragsstrafe schulde, verfolgt er mehrere prozessuale Ansprüche (Streitgegenstände)[474].

152 **e. Vergütungspflicht.** Die urheberrechtlichen Vergütungsansprüche nach § 26 UrhG (**Folgerecht**), § 27 UrhG (**Vermietung und Verleih**), § 32 UrhG (**angemessene Vergütung**), § 32a UrhG (**weitere Beteiligung des Urhebers**) und § 32c UrhG (**Vergütung für später bekannte Nutzungsarten**) begründen jeweils aufgrund der unterschiedlichen Klagegründe einen separaten Streitgegenstand.

153 Nach der Rechtsprechung des BGH bilden die Vergütungsansprüche nach § 54 Abs. 1 UrhG aF und § 54a Abs. 1 UrhG aF einen einheitlichen Streitgegenstand, wenn die Zahlungspflicht des Beklagten deswegen bestehen soll, weil er die Möglichkeit geschaffen hat, Werke der Klägerin zu vervielfältigen[475]. Dies steht im Einklang mit dem gesetzgeberischen Willen, der nun im aktuell geltenden § 54 Abs. 1 UrhG für diese Fälle eine einheitliche Anspruchsgrundlage (sog. **Geräte- und Leermedienabgabe**) geschaffen hat.

154 Indes stellt § 54c Abs. 1 UrhG im Verhältnis zu § 54 Abs. 1 UrhG einen anderen Streitgegenstand dar, weil § 54 Abs. 1 UrhG den Grundtatbestand regelt, aber § 54c Abs. 1 UrhG eine zusätzliche Abgabe (sog. **Betreiberabgabe**) und damit einen anderen Klagegrund (aber auch ein eigenes Begehren) betrifft.

155 **f. Erfinderrechtliche Kondiktion (Vindikation).** Der Anspruch kann auf folgende Gegenstände gerichtet sein[476]: Übertragung und Umschreibung des Vollrechts (des angemeldeten oder erteilten Patents), dessen Teilung und Herausgabe des begehrten Teils oder die Einräumung einer Mitberechtigung. Diese drei Gegenstände bilden nach der hier vertretenen Auffassung einen **einheitlichen Streitgegenstand**. Der Anspruch auf Einräumung der Mitberechtigung an einem Schutzrecht ist im Anspruch auf Übertragung als *minus* enthalten[477]. Das ist nicht nur eine Frage der Prozessökonomie, sondern folgt aus dem Übertragungsbegehren. Zwischen beiden Ansprüchen liegt kein substanzieller

---

[468] Zöller/*Vollkommer* Einl. Rn. 73.
[469] → § 253 Rn. 139 f.
[470] BGH GRUR 2015, 258 Rn. 23 – CT-Paradies.
[471] BGH GRUR 1993, 55 (57) – Tchibo/Rolex II; BGH GRUR 2008, 93 Rn. 9 – Zerkleinerungsvorrichtung; vgl. auch BGH NJW 2017, 2873 Rn. 23 (zum Baurecht).
[472] BGH GRUR 2004, 744 Rn. 27 – Taxameter.
[473] OLG Stuttgart BeckRS 2019, 16939 Rn. 11 – Ersatz von Abmahnkosten.
[474] BGH GRUR 2003, 545 – Hotelfoto; BGH GRUR 2010, 167 Rn. 30 – Unrichtige Aufsichtsbehörde; BGH GRUR 2015, 258 Rn. 24 – CT-Paradies.
[475] BGH GRUR 2014, 984 Rn. 35 – PC III.
[476] Vgl. *Werner* GRUR-Prax 2019, 149 (149).
[477] BGH GRUR 2006, 747 (748) – Schneidbrennerstromdüse.

Unterschied vor, sondern beide bilden aus normativen Gesichtspunkten einen gleichartigen Anspruch[478]. Auch spricht eine unbefangene Betrachtung dafür, dass eine Mitberechtigung als *minus* in der begehrten Alleinberechtigung enthalten ist[479]. Gleiches gilt für die Kondiktion (Vindikation[480]) eines Teils der Anmeldung. Hingegen bilden nach der hier vertretenen Auffassung **Patentanmeldung und erteiltes Patent zwei Streitgegenstände.** Zwar spricht eine historische Betrachtung durchaus dafür, beide Lebenssachverhalte einheitlich zu behandeln, weil der geltend gemachte Anspruch auf einer unberechtigten Anmeldung des Patents durch einen Nichtberechtigten beruht und diese zum Patent erstarken kann. Indes unterscheiden sich beide Rechte (Anmeldung und Patent) sowohl wesentlich in ihrer Entstehung (durch Anmeldung oder Erteilung) als auch in ihrem (konsekutiven) Schicksal und sie können (bedingt durch die Ergebnisse des Prüfungs- und Erteilungsverfahrens) einen anderen Inhalt aufweisen. Insofern bildet die Patenterteilung nach der **hier vertretenen Auffassung** eine rechtliche Zäsur, die Anmeldung und Patent in zwei Streitgegenstände unterteilt[481]. Die Gefahr einer zu feingliedrigen Betrachtung dürfte sich nicht verwirklichen. Insbesondere sollte, wenn das angemeldete Patent während des Gerichtsverfahrens erteilt werden würde, das Begehren, das sich nun auf das Patent richtet, eine jedenfalls sachdienliche Klageänderung bedeuten und damit zulässig sein.

Verlangt der Kläger im ersten Verfahren vom Beklagten allein die Einräumung des Vollrechts und gibt er zu Protokoll, keine Mitberechtigung zu begehren und wird die Klage abgewiesen, soll der Erhebung einer weiteren Klage, in der die Einräumung der Mitberechtigung begehrt wird, die erste Klage entgegenstehen, weil es sich um einen einheitlichen Streitgegenstand handele; jedenfalls fehle das Rechtsschutzbedürfnis[482]. **156**

Nach der **hier vertretenen Meinung**[483] könnte nach der Rechtsprechung des I. Zivilsenats des BGH in vergleichbaren Fällen von zwei Streitgegenständen auszugehen sein, weil der Kläger seinen prozessualen Anspruch auf ein bestimmtes Klageziel beschränkt und einen gesonderten Gesichtspunkt (nur Vollrechtsübertragung) heraus- und allein diesen zur gerichtlichen Entscheidung im ersten Verfahren gestellt hat. Von dieser Einteilung in zwei Streitgegenstände unabhängig ist die Frage, ob sich die Entscheidung (oder Rechtshängigkeit) des ersten Streitgegenstands auf den zweiten Prozess auswirken und diesem entgegenstehen kann, wenn sich beide Streitgegenstände überschneiden[484]. Dies richtet sich nach den konkreten Umständen des Einzelfalls.

4. Gestaltungsklagen. Gerichtsverfahren, die auf die Vernichtung eines erteilten Schutzrechts gerichtet sind, stellen ihrem Wesen nach Verwaltungsgerichtsverfahren dar, weil über die Rechtmäßigkeit der Erteilung oder Eintragung eines Schutzrechts im Wege der Popularklage entschieden werden soll[485]. Dennoch sind sie im Bereich des gewerblichen Rechtsschutzes als kontradiktorische Zivilverfahren ausgestaltet[486]. Dies ergibt sich für das **Patentnichtigkeitsverfahren** aus § 99 PatG. Für **markenrechtliche Löschungsverfahren** vor dem Patentamt findet die ZPO ebenfalls Anwendung, soweit ihre Anwendung zur Ausfüllung von Lücken der markenrechtlichen Verfahrensvorschriften erforderlich ist und Besonderheiten dieser Verfahrensart ihre Heranziehung nicht ausschließen[487]. Gleiches sollte entsprechend für das gebrauchsmusterrechtliche Löschungsverfahren[488] und für das designrechtliche Nichtigkeitsverfahren[489] vor dem Deutschen Patent- und Markenamt gelten. **157**

Gestaltungsklagen sind die **patentrechtliche Nichtigkeitsklage**[490] und die **markenrechtliche Löschungsklage** nach § 55 MarkenG[491]. Zu ihnen gehören systematisch auch die **Widerklagen** auf Erklärung des Verfalls oder der Nichtigkeit einer **Unionsmarke** nach Art. 100 Abs. 1 UMV, auf Erklärung der Nichtigkeit eines eingetragenen **Gemeinschaftsgeschmacksmusters** nach Art. 84 Abs. 1 GGeschmMV oder auf Nichtigkeit eines **Designs** nach § 30 Abs. 3 DesignG. **158**

In Nichtigkeits- oder Löschungsverfahren ist Streitgegenstand das angegriffene Schutzrecht im Umfang des Angriffs und im Umfang der geltend gemachten Nichtigkeits- oder Löschungsgründe[492]. Weitere Löschungs- oder Nichtigkeitsgründe, die über die ursprünglich geltend gemachten Gründe hinausgehen, begründen einen anderen Streitgegenstand[493]. Dementsprechend sind Löschungs- oder **159**

---

[478] BGH NJW-RR 1995, 696 (698) – Gummielastische Masse I.
[479] BGH GRUR 2006, 747 (748) – Schneidbrennerstromdüse.
[480] Zu Bedenken wegen der Terminologie Busse/*Keukenschrijver* § 8 Rn. 6.
[481] Vgl. zum Streitstand Busse/*Keukenschrijver* § 8 Rn. 19.
[482] OLG Düsseldorf GRUR 2015, 299 Rn. 23 ff. – Kupplungsvorrichtung.
[483] *Werner* GRUR-Prax 2019, 149 (151).
[484] → § 253 Rn. 169 ff.
[485] Benkard/*Hall/Nobbe* Vor § 81 Rn. 9.
[486] Benkard/*Hall/Nobbe* Vor § 81 Rn. 9.
[487] BGH GRUR 1993, 969 (970) – Indorektal II; BGH GRUR 2010, 231 Rn. 18 – Legostein; BGH GRUR 2016, 500 Rn. 12 – Fünf-Streifen-Schuh; Ströbele/Hacker/*Kirschneck* § 54 Rn. 2; Ingerl/Rohnke § 54 Rn. 5.
[488] Busse/*Keukenschrijver* GebrMG § 17 Rn. 1; Benkard/*Goebel/Engel* GebrMG § 17 Rn. 1.
[489] Vgl. Eichmann/Jestaedt/Fink/*Meiser* DesignG GGV § 34a Rn. 2 f.
[490] *Keukenschrijver*, Patentnichtigkeitsverfahren, Rn. 99.
[491] → § 253 Rn. 261 f. zur Bestimmtheit des Antrags.
[492] *Keukenschrijver*, Patentnichtigkeitsverfahren, Rn. 112.
[493] *Keukenschrijver*, Patentnichtigkeitsverfahren, Rn. 242.

Nichtigkeitsgründe, auf die sich der Kläger nicht stützt, der gerichtlichen Prüfung entzogen[494]. Der Streitgegenstand wird insofern allein durch den Kläger bestimmt. Dieser ist aber grundsätzlich nicht gehindert, einen weiteren Nichtigkeitsgrund im Wege der Klageänderung geltend zu machen.

160   Wird in ein solches Verfahren ein anderes, weiteres Schutzrecht einbezogen, das ebenfalls vernichtet bzw. gelöscht werden soll, ist ein anderer Streitgegenstand betroffen[495].

161   Im **Marken- und Kennzeichenrecht** stellen sowohl die vier Verfallsgründe des § 49 MarkenG als auch das Löschungsbegehren aufgrund eines älteren Rechts jeweils eigenständige Streitgegenstände dar[496]. In dieser Hinsicht sind auch Löschungsansprüche wegen bösgläubiger Markenanmeldung und wegen Verfalls mangels rechtserhaltender Benutzung unterschiedliche Streitgegenstände[497]. Beruft sich der Kläger zudem auf mehrere, auf unterschiedlichen Sachverhalten beruhende ältere Rechte (zB eingetragene Marke und Unternehmenskennzeichen), liegen mehrere Streitgegenstände vor[498].

162   Im **Patentrecht** sind zwei nebengeordnete Patentansprüche zwei Streitgegenstände, weil aus ihnen zwei Patente hätten werden können[499]. Die **beschränkte Verteidigung** des Streitpatents durch Kombination eines angegriffenen Anspruchs mit einem nicht angegriffenen Unteranspruch oder mit einer von mehreren Varianten eines nicht angegriffenen Unteranspruchs ist unzulässig[500], weil ein Patent vom Nichtigkeitsbeklagten nur insoweit beschränkt verteidigt werden kann, als es vom Nichtigkeitskläger angegriffen und zur gerichtlichen Überprüfung gestellt wird[501]. Ferner sind Angriffe wegen fehlender Patentfähigkeit (§ 21 Abs. 1 Nr. 1 PatG), mangelnder ausführbarer Offenbarung (§ 21 Abs. 1 Nr. 2 PatG), wegen widerrechtlicher Entnahme (§ 21 Abs. 1 Nr. 3 PatG) und unzulässiger Erweiterung (§ 21 Abs. 1 Nr. 4 PatG) jeweils unterschiedliche Streitgegenstände[502]. Hat der Nichtigkeitskläger mehrere Streitgegenstände geltend gemacht, ist jedoch nur einer gegeben, kann nach den allgemeinen Regeln der ZPO die Klage im Übrigen abzuweisen sein[503]. Ist einer dieser Streitgegenstände entscheidungsreif und ein anderer nicht, dürfte in der Regel ein **Teilurteil** hinsichtlich des entscheidungsreifen Teils ausscheiden, weil die Gefahr eines Widerspruchs zwischen Teil- und Schlussurteil nicht zuverlässig ausgeschlossen sein dürfte. Da im Patentrecht die rechtliche Würdigung der Nichtigkeitsgründe häufig mit der Auslegung des angegriffenen Patentanspruchs steht und fällt, und im Rahmen des weiteren Verfahrens über den nicht entscheidungsreifen Teils neue Erkenntnisse zur Patentauslegung erlangt werden können, die den Patentanspruch in einem anderen Licht erscheinen lassen, ist die Gefahr sich widersprechender Teilurteile nicht ausgeschlossen. Wohl aufgrund der Besonderheit der Gestaltungswirkung (es wird nicht über individuelle Ansprüche, sondern über den Rechtsbestand des Patents entschieden) scheint bei mehreren Nichtigkeitsgründen nach wie vor die **alternative Klagehäufung** in Teilen zu gelten. Jedenfalls brauchen nach der bisherigen Praxis des X. Zivilsenats des BGH verschiedene Nichtigkeitsgründe insofern nicht in eine Reihenfolge gestellt zu werden. Wegen der Mehrheit der Streitgegenstände ist nach der hier vertretenen Ansicht bei der **Kostenentscheidung** der Streitwert angemessen zu erhöhen und die Kosten sind bei teilweisem Obsiegen anhand dieses erhöhten Streitwerts zu verteilen.

IV. Rechtskraft

163   **1. Allgemeines.** Da Streitgegenstand, Urteilsgegenstand und Rechtskraft inhaltlich fest miteinander verknüpft sind, ist auch ein Blick auf die Rechtskraft angebracht. Materielle Rechtskraft eines Urteils setzt dessen formelle Rechtskraft voraus[504]. Was in materielle Rechtskraft erwächst, wird durch den **Streitgegenstand**[505] bestimmt[506]. Der Streitgegenstand bildet die Grundlage, zugleich aber in sachlicher Hinsicht auch die **objektive Grenze** der materiellen Rechtskraft. Nicht Gegenstand der Rechtskraft sind Fragen der Vollstreckbarkeit. Die Rechtskraft besteht auch unabhängig davon, ob der Schuldner die Leistung, zu der er verurteilt wurde, bereits erbracht hat oder nicht.

164   Die materielle Rechtskraft kann im Hinblick auf spätere Prozesse im Wesentlichen zwei **Wirkungen** erzeugen:

---

[494] Benkard/Hall/Nobbe Vor § 81 Rn. 9.
[495] BPatG BeckRS 2007, 07791; *Keukenschrijver,* Patentnichtigkeitsverfahren, Rn. 242.
[496] Ingerl/Rohnke § 55 Rn. 11.
[497] BGH GRUR 2012, 180 Rn. 20 – Werbegeschenke.
[498] Ingerl/Rohnke § 55 Rn. 30.
[499] *Keukenschrijver* Rn. 242 mwN.
[500] BGH GRUR 2017, 604 Rn. 27 mwN – Ankopplungssystem.
[501] BGH GRUR 2017, 604 Rn. 28 – Ankopplungssystem.
[502] BGH GRUR 2007, 309 Rn. 8 – Schussfädentransport; BPatG GRUR 2020, 669 Rn. 43 – Blasenkatheterset; Benkard/*Rogge/Kober-Dehm* § 22 Rn. 16, 71 mwN.
[503] Vgl. Tenor bei BGH GRUR 2015, 976, abgedruckt in BeckRS 2015, 13136 – Einspritzventil.
[504] Zöller/*Vollkommer* ZPO § 322 Rn. 1.
[505] → § 253 Rn. 46 ff.
[506] StRspr BGH GRUR 2011, 742 Rn. 13 – Leistungspakete im Preisvergleich.

165 Zum einem führt sie bei Identität des Streitgegenstands zur **Unzulässigkeit** einer späteren Klage[507]. Die materielle Rechtskraft einer gerichtlichen Entscheidung verbietet eine neue Verhandlung und eine neue Sachentscheidung über denselben (oder über einen einheitlichen[508]) Streitgegenstand[509]. Zentral ist daher die Bestimmung des Streitgegenstands[510] eines Verfahrens[511]. Wenn sich der Streitgegenstand nicht unmittelbar aus dem Tenor ergibt, sind Tatbestand und Entscheidungsgründe, erforderlichenfalls auch ergänzend das Parteivorbringen heranzuziehen[512]. Liegen jedoch unterschiedliche Streitgegenstände[513] vor, steht der neuen Klage – auch wenn das Klageziel äußerlich unverändert bleibt – die materielle Rechtskraft des früheren Urteils nicht entgegen[514].

166 Zum anderen erzeugt die materielle Rechtskraft eines Urteils Bindungen, die das später angerufene Gericht an einer abweichenden Entscheidung hindern. Ein Verstoß gegen diese Bindungswirkung führt nicht zur Unzulässigkeit, sondern (ggf.) zur **Unbegründetheit** der späteren Klage[515].

167 Ein **stattgebendes Urteil** stellt fest, dass die begehrte Rechtsfolge mit allen in Betracht kommenden Gegennormen vereinbar ist[516]. Gleichgültig ist, ob das Gericht alle Gegennormen tatsächlich geprüft hat oder nicht[517]. Welche Rechtsfolge in Rechtskraft erwächst, wird durch den Streitgegenstand[518] eines Verfahrens bestimmt. So weit wie der Streitgegenstand des Ersturteils reicht, so weit geht auch seine Rechtskraft.

168 Die materielle Rechtskraft eines **abweisenden Urteils** besteht in der Regel darin, dass die begehrte Rechtsfolge unter keinen denkbaren rechtlichen Gesichtspunkten aus diesem Streitgegenstand hergeleitet werden kann, auch wenn das Gericht die rechtlichen Gesichtspunkte nicht vollständig geprüft oder welche übersehen hat[519]. In der **Kommentarliteratur** findet sich der Hinweis, dass etwas anderes gelte, wenn das Gericht in seiner abweisenden Entscheidung ausdrücklich angegeben habe, dass es einen oder mehrere rechtliche Gesichtspunkte bewusst nicht geprüft habe, zB weil der Kläger unzulässiger- oder zulässigerweise lediglich diese begrenzte Prüfung verlangt habe[520]. Nach der **neueren Rechtsprechung des Bundesgerichtshofs** zum Streitgegenstand[521] gilt diese Einschränkung jedoch nur, wenn der Streitgegenstand des Verfahrens in der Tat so eng war, dass tatsächlich einzelne Aspekte des einheitlichen Streitgegenstands der gerichtlichen Entscheidungsbefugnis entzogen waren (gesonderter Angriff auf einzelne Gesichtspunkte[522]). Da im Regelfall der Streitgegenstand alle rechtlichen Gesichtspunkte umfasst, erwächst auch das Urteil bezüglich des eingebrachten Streitgegenstands in vollem Umfang in Rechtskraft[523], auch wenn das Gericht einzelne Gesichtspunkte (unrichtigerweise übersehen und daher) nicht geprüft hat.

169 **2. Sich überschneidende Streitgegenstände.** Zwei voneinander zu trennende Streitgegenstände stehen nicht zwingend berührungslos nebeneinander, sondern können sich überschneiden. Nach der Rechtsprechung des I. Zivilsenats des BGH können ein abstraktes Verbot (Schlechthinverbot) und ein Verbot der konkreten Verletzungsform zwei verschiedene Streitgegenstände bilden[524]. Gleichwohl kann eine **weitere wettbewerbsrechtliche Unterlassungsklage** unzulässig sein, wenn der Kläger zunächst ein Schlechthinverbot für die Unterlassung einer Werbeaussage beantragte, das vom Gericht rechtskräftig abgewiesen wurde und er nun mit der neuen Klage das Verbot der konkreten Verletzungsform begehrt[525].

170 Nach der **hier vertretenen Auffassung** dürfte dieses konkrete Einzelergebnis auch nach der neuen Rechtsprechung des BGH zum Streitgegenstand zutreffend sein[526]. Berechtigte Zweifel bestehen aber an der damals gegebenen Begründung und der darin liegenden Verallgemeinerung[527]. Der Grund, warum trotz zweier Streitgegenstände das erste Urteil den zweiten Prozess erfassen kann, ist im

---

[507] *Köhler*/Bornkamm/*Feddersen* UWG § 12 Rn. 1.113; Ohly/*Sosnitza* UWG § 12 Rn. 94; Zöller/*Vollkommer* ZPO Vor § 322 Rn. 21.
[508] → § 253 Rn. 93.
[509] BGH GRUR 1993, 157 (158) – Dauernd billig.
[510] → § 253 Rn. 46 ff.
[511] *Köhler*/Bornkamm/*Feddersen* UWG § 12 Rn. 1.113.
[512] BGH GRUR 1993, 157 (158) – Dauernd billig; Zöller/*Vollkommer* ZPO Vor § 322 Rn. 31.
[513] Vgl. → § 253 Rn. 188 ff.
[514] BGH GRUR 1993, 157 (158) – Dauernd billig.
[515] Zöller/*Vollkommer* ZPO Vor § 322 Rn. 22.
[516] Zöller/*Vollkommer* ZPO Vor § 322 Rn. 40.
[517] BGH GRUR 2002, 915 (916 f.) – Wettbewerbsverbot in Realteilungsvertrag.
[518] → § 253 Rn. 46 ff.
[519] Zöller/*Vollkommer* ZPO Vor § 322 Rn. 41.
[520] Zöller/*Vollkommer* ZPO Vor § 322 Rn. 42.
[521] BGH GRUR 2013, 401 Rn. 18 ff. – Biomineralwasser.
[522] → § 253 Rn. 65 ff., 84, 88.
[523] BGH GRUR 2013, 401 Rn. 24 – Biomineralwasser.
[524] Vgl. BGH GRUR 2013, 401 Rn. 26, 27 – Biomineralwasser.
[525] BGH GRUR 1993, 157 (158) – Dauernd billig.
[526] So findet sich auch keine Kritik in der Kommentarliteratur: *Köhler*/Bornkamm/*Feddersen* UWG § 12 Rn. 1.113; Ohly/*Sosnitza* UWG § 12 Rn. 94.
[527] *Teplitzky* GRUR 2013, 408 (409).

zweigliedrigen Streitgegenstandsbegriff zu suchen. Betrifft der zweite Prozess eine Teilmenge des ersten, ist es zwar ein anderer Streitgegenstand, aber über diesen Teil wurde bereits abschließend entschieden. Die zweite Klage ist daher unzulässig.

171 Eine **Teilmenge** kann gegeben sein, wenn es sich bei den zwei Prozessen (teilweise überschneidend) um einen einheitlichen Klagegrund handelt und wenn das Klagebegehren des einen Prozesses in dem des anderen mitenthalten ist. Um sich widersprechende Entscheidungen hinsichtlich des übereinstimmenden Gegenstands zu vermeiden, muss die zweite Klage wegen entgegenstehender Rechtskraft unzulässig sein. Gleiches gilt, wenn noch kein Ersturteil vorliegt, sondern lediglich ein solcher Prozess anhängig ist. Dann bewirkt das fehlende Rechtsschutzbedürfnis die Unzulässigkeit der zweiten Klage. Diesem Ergebnis kann der Kläger nur entgehen, wenn er im zweiten Prozess den mitentschiedenen Teil aus dem ersten Prozess ausklammert[528].

172 Bildet indes das eine Verfahren im Verhältnis zum anderen keine Teilmenge, sondern stellen beide Prozesse zueinander ein *aliud* dar, kann die materielle Rechtskraft oder die bestehende Rechtshängigkeit des einen den anderen Prozess nicht beeinflussen. Dies kann insbesondere gegeben sein, wenn das Verbot (schlechthin oder einer konkreten Verletzungsform) im ersten Prozess unter einem gesonderten Gesichtspunkt beantragt wurde und im zweiten Verfahren ein anderer Gesichtspunkt herausgestellt wird. Das Vorliegen einer Teilmenge kann der Kläger ggf. dadurch vermeiden, dass er beim zweiten Prozess denjenigen Teil ausspart, der bereits Gegenstand des ersten Prozesses war oder ist.

V. Teilklage

173 Der Kläger kann seinen Anspruch in vollem Umfang oder nur teilweise geltend machen. Diese Möglichkeit der Erhebung einer Teilklage ist Ausdruck der **allgemeinen Dispositionsmaxime.** So wird es dem Kläger ermöglicht, die Risiken eines Prozesses zu beschränken[529]. Mittels einer Teilklage kann ein Kläger nur einen Teil seines Anspruchs geltend machen und einer gerichtlichen Sachprüfung unterwerfen. Macht er lediglich eine Teilklage geltend, kann er später weitere Teile des Anspruchs – entweder durch Klageerweiterung oder in einem anderen Prozess – geltend machen[530]. Dabei kommt es grundsätzlich nicht darauf an, ob es sich um eine offene oder verdeckte Teilklage handelt[531]. Wegen der weiteren Einzelheiten wird auf die Kommentierung bei → § 260 Rn. 10 ff. verwiesen.

174 Wird eine Teilklage auf Zahlung aber auf **mehrere prozessual selbständige Ansprüche** gestützt, so muss angegeben werden, wie sich der eingeklagte Betrag auf die einzelnen Ansprüche verteilen soll und in welcher Reihenfolge diese Ansprüche bis zu der geltend gemachten Gesamtsumme zur Entscheidung des Gerichts gestellt werden[532].

175 Wenn das Gericht rechtskräftig über eine Teilklage entscheidet, erwächst dieser Streitgegenstand in **Rechtskraft.** Dabei ist es ohne Bedeutung, ob das Gericht entgegen § 308 Abs. 1 S. 1[533] zu viel zugesprochen hat[534] oder hinter dem Streitgegenstand zurückgeblieben ist[535]. In beiden Fällen liegen zwar Verfahrensverstöße vor, aber die Rechtskraft der Entscheidung bleibt davon unberührt. Um zu verhindern, dass derartige Fehlentscheidungen in Rechtskraft erwachsen, ist in der Regel das geeignete Rechtsmittel einzulegen[536].

176 Die materielle Rechtskraft eines Urteils, das aufgrund einer Teilklage ergangen ist, hat folgende **Wirkungen,** wobei es nach der Rechtsprechung des Bundesgerichtshofs keinen Unterschied (mehr) macht, ob eine offene oder verdeckte Teilklage vorliegt[537]:

177 Bei einem **stattgebenden Urteil** ist der siegreiche Kläger nicht gehindert, weitere Ansprüche (Mehr- und Nebenforderungen) der gleichen Art aus demselben Streitgegenstand zu erheben, sofern dieser Teil nicht bereits geltend gemacht wurde und Streitgegenstand des Erstprozesses war[538]. Das Ersturteil bindet nämlich nicht, sofern es nicht in Rechtskraft erwachsen ist. **Fehlt** jedoch die **Teilbarkeit des Anspruchs,** weil zB ein einheitlicher Gesamtanspruch besteht oder Ansprüche auf wiederkehrende Leistungen gegeben sind, scheidet eine Teilklage aus und der Streitgegenstand erwächst in vollem Umfang mit der Folge in Rechtskraft, dass die spätere Geltendmachung von Mehr- und Nebenforderungen ausgeschlossen ist[539].

---

[528] Anders OLG Frankfurt a. M. ZUM-RD 2016, 632 (635 f.): Sofern ein beträchtlicher Teil des gestellten Unterlassungsantrags noch nicht in einem Vorverfahren tituliert wurde, besteht ein Rechtsschutzinteresse an einem Unterlassungsantrag auch dann, wenn er in Teilbereichen bereits tituliert wurde.
[529] Zöller/*Vollkommer* ZPO Vor § 322 Rn. 47.
[530] BeckOK ZPO/*Bacher* § 253 Rn. 55.
[531] BeckOK ZPO/*Bacher* § 253 Rn. 55; BGH NJW 1997, 3019 (3020).
[532] BGH GRUR 2015, 258 Rn. 21 – CT-Paradies; BeckOK ZPO/*Bacher* § 253 Rn. 55 mwN.
[533] → § 308 Rn. 1 ff.
[534] BGH GRUR 2002, 915 (916) – Wettbewerbsverbot in Realteilungsvertrag.
[535] Anders Zöller/*Vollkommer* ZPO Vor § 322 Rn. 44, der zwischen wiederholbaren und unwiederholbaren Rechtsfolgen unterscheidet.
[536] BGH GRUR 2002, 915 (916) – Wettbewerbsverbot in Realteilungsvertrag.
[537] BGH GRUR 2008, 93 Rn. 15 – Zerkleinerungsvorrichtung.
[538] Zöller/*Vollkommer* ZPO Vor § 322 Rn. 47.
[539] Zöller/*Vollkommer* ZPO Vor § 322 Rn. 48.

Bei einem **abweisenden Urteil** beschränkt sich die Rechtskraft dementsprechend auch nur auf den geltend gemachten und zum Streitgegenstand des Erstprozesses erhobenen Anspruchsteil[540].

VI. Konsequenzen für die Stellung des Unterlassungsantrags

Möchte der Kläger dem Beklagten eine bestimmte Verhaltensweise (und kerngleiche Verletzungshandlungen) untersagen, begrenzt sich hierauf in der Regel sein Begehren, die angegriffene Verhaltensweise bildet in dem Fall den Klagegrund und beide Elemente (Klagebegehren und Klagegrund) führen zum Streitgegenstand. Wenn die angegriffene Verhaltensweise aufgrund mehrerer rechtlicher Gründe untersagt werden kann, die einen (einheitlichen) Streitgegenstand betreffen, überlässt es der Kläger dem Gericht, auf welchen Gesichtspunkt dieses die Unterlassung stützt und kann nichts dagegen unternehmen, wenn das Gericht „den kürzesten Weg zum Tor" nimmt. Andererseits bietet dieser breite Angriff den Vorteil, dass die Klage nur dann abzuweisen ist, wenn das angegriffene Verhalten unter keinem rechtlichen Gesichtspunkt verboten werden kann, wofür der Kläger die Darlegungs- und Beweislast trägt. Allerdings kann der Kläger keine erneute Klage betreffend dieses Streitgegenstands wegen entgegenstehender Rechtskraft erheben, wenn die konkrete Verletzungsform bereits Gegenstand eines rechtskräftigen (nicht notwendigerweise abweisenden) Urteils ist. Auch dann ist ihm eine erneute Klage nicht möglich, wenn es sich um Aspekte handelt, die im ersten Prozess gar nicht zur Sprache kamen und keine besonderen Anhaltspunkte dafür vorlagen, dass der Kläger im ersten Verfahren die angegriffene Ausführungsform lediglich unter einzelnen Gesichtspunkten angegriffen und den Streitgegenstand auf diese beschränkt hatte.

Möchte der Kläger dem Beklagten eine bestimmte Verhaltensweise (und kerngleiche Verhaltensweisen) untersagen lassen und kommen dafür mehrere Gesichtspunkte in Betracht, ist es dem Kläger unbenommen, die konkrete Verletzungsform unter jedem dieser Aspekte anzugreifen, diese zu einem eigenen Klageziel zu machen und diese (jeweils auf den angegriffenen Einzelaspekt zugeschnittene) Anträge im Wege der kumulativen Klagehäufung ins gerichtliche Verfahren einzuführen. Dies bietet dem Kläger den Vorteil, das Gericht zwingen zu können, zu jedem dieser Aspekte Stellung zu nehmen. Dies kann in Fällen von Vorteil sein, wenn zu befürchten ist, dass der Beklagte die konkrete Verletzungsform um den einen, als rechtsverletzend ausgeurteilten Teilaspekt bereinigt (indem er ihn einfach entfernt) und diese (leicht) abgewandelte Verletzungsform (trotz zahlreicher weiterer Rechtsverstöße) wieder verwenden wird. Allerdings ist zu beachten, dass eine solche Antragsfassung nachteilige Kostenfolgen haben kann, wenn der Kläger nicht mit allen Teilaspekten durchdringen sollte.

Wenn Zweifel bestehen, ob eine weitere Verletzungsform vom Ersturteil erfasst wird, oder wenn bereits aufgrund eines erfolglosen Vollstreckungsverfahrens geklärt ist, dass die weitere Verletzungsform vom Tenor des Ersturteils nicht erfasst wird, kommt ein **Antrag auf Erlass einer einstweiligen Verfügung** in Betracht[541].

VII. Orientierungshilfe

Generell lässt sich festhalten, dass die Entscheidung, ob ein oder mehrere Streitgegenstände gegeben sind, nicht mehr logisch-deduktiv, sondern vor allem wertend getroffen werden muss[542]. Eine schematische Betrachtungsweise verbietet sich. Die im Folgenden aufgeführten Konstellationen stellen lediglich eine Orientierungshilfe dar. Entscheidend bleiben allein die konkreten Umstände des Einzelfalls.

1. Ein Streitgegenstand.
a. Allgemeines
- Auf dasselbe Klageziel gerichtetes Begehren aus demselben Schutzrecht abgeleitet[543]
- Unterlassungsbegehren gestützt auf Erstbegehungsgefahr bzw. Wiederholungsgefahr bei einem einheitlichen Lebenssachverhalt bis zum Schluss der mündlichen Verhandlung ohne Zäsur durch eine gerichtliche Entscheidung[544]
- Täter- und Störerhaftung, inkl. Beauftragtenhaftung gemäß § 14 Abs. 7 MarkenG und § 8 Abs. 2 UWG im Verhältnis zur Täter- und Teilnehmerhaftung[545]
- Anspruch auf Ersatz der Abmahnkosten gestützt auf Schadensersatz, Spezialnorm oder GoA (als einheitlicher Streitgegenstand anzusehen)[546]
- Alle (drei) Berechnungsarten des Schadensersatzes[547]

---

[540] Zöller/*Vollkommer* ZPO Vor § 322 Rn. 47.
[541] Harte/Henning/*Brüning* UWG Vor § 12 Rn. 229.
[542] Köhler/Bornkamm/*Feddersen* UWG § 12 Rn. 1.23k.
[543] → § 253 Rn. 59 ff., 112.
[544] → § 253 Rn. 132 ff.
[545] → § 253 Rn. 136 ff.
[546] → § 253 Rn. 150.
[547] → § 253 Rn. 148.

o Auskunft und Schadensersatz in Bezug auf Handlungen, die der Beklagte über den Schluss der mündlichen Verhandlung hinaus in Fortführung der bereits begangenen, mit der Klage angegriffenen Handlungen begeht[548]

o mehrere immaterialgüterrechtliche Benutzungshandlungen wie herstellen, anbieten, in Verkehr bringen, gebrauchen, einführen und besitzen; anwenden, liefern; sinnfällig herrichten[549]

184 b. Wettbewerbsrecht:

o Dieselbe angegriffene geschäftliche Handlung bzw. dieselbe konkrete Verletzungsform unter allen wettbewerbsrechtlichen Gesichtspunkten[550]

185 c. Kennzeichenrecht:

o Identitätsschutz, Verwechslungsschutz und Bekanntheitsschutz wegen derselben Marke (§ 4 MarkenG) oder wegen derselben geschäftlichen Bezeichnung (§ 5 MarkenG) oder (wohl auch) wegen derselben geografischen Herkunftsangabe (§ 126 MarkenG)[551]

o Vertrieb nicht erschöpfter Originalware und Vertrieb gefälschter Ware[552]

186 d. Patentrecht/Gebrauchsmusterrecht:

o Wortsinngemäße Benutzung und äquivalente Benutzung derselben technischen Lehre durch denselben technischen Aspekt derselben angegriffenen Ausführungsform[553]

o Anspruch auf Einräumung einer Mitberechtigung gegenüber dem vollen Übertragungsanspruch des Erfinders gegen den eingetragenen Patentinhaber[554]

187 e. Urheberrecht:

o Urheberpersönlichkeitsrechte und Urheberverwertungsrechte aus demselben Schutzrecht abgeleitet und dasselbe Klageziel betreffend[555]

o Sämtliche Verwertungsrechte in der Regel[556]

2. Mehrere Streitgegenstände.

188 a. Allgemeines

o Unterschiedliche Rechtsfolgen: wie Unterlassung, Beseitigung, Auskunft, Schadensersatz, Rückruf, Vernichtung etc[557]

o Immaterialgüterrechtliche und wettbewerbsrechtliche Ansprüche[558]

o Mehrere (immaterialgüterrechtliche) Schutzrechte[559]

o Verletzung des Namensrechts und wettbewerbsrechtliche Ansprüche[560]

o Unterschiedliche Verletzungsformen/Ausführungsformen[561]

o Anträge im einstweiligen Verfügungsverfahren und im Hauptsacheverfahren (das gilt auch für inländische einstweilige Verfügungen und ausländische negative Feststellungsklagen)[562]

o Klage aus eigenem (originärem) Recht und Klage aus abgetretenem Recht[563]

o Mehrere (Nichtigkeits-)Kläger[564]

o Mehrere Beklagte[565]

o Klage als Rechteinhaber, Klage als ausschließlicher Lizenznehmer und Klage in Prozessstandschaft für den Rechteinhaber[566]

o Gesondertes Verbot (Schlechthinverbot oder Angriff gegen eine konkrete Verletzungsform) unter einem ersten gesonderten Gesichtspunkt und gesondertes Verbot (Schlechthinverbot oder Angriff gegen eine konkrete Verletzungsform) unter einem zweiten gesonderten Gesichtspunkt[567]

o Vertragliche Ansprüche (zB wegen Verletzung eines Lizenz- oder Unterlassungsvertrages) und gesetzliche Ansprüche (zB wegen Patentverletzung)[568]

---

[548] → § 253 Rn. 149.
[549] → § 253 Rn. 86.
[550] → § 253 Rn. 65 ff., 109 ff.
[551] → § 253 Rn. 113.
[552] → § 253 Rn. 130.
[553] → § 253 Rn. 117.
[554] → § 253 Rn. 155.
[555] → § 253 Rn. 115.
[556] → § 253 Rn. 116.
[557] → § 253 Rn. 54 ff., 142.
[558] → § 253 Rn. 107 f.
[559] → § 253 Rn. 97 ff.
[560] → § 253 Rn. 108.
[561] → § 253 Rn. 120 ff.
[562] → § 253 Rn. 96.
[563] → § 253 Rn. 141.
[564] → § 253 Rn. 96.
[565] → § 253 Rn. 96.
[566] → § 253 Rn. 141.
[567] → § 253 Rn. 64 ff.
[568] → § 253 Rn. 139 f., 146.

- o Mehrere Vertragsstrafen (im Regelfall)[569]
- o Unterlassungsbegehren gestützt auf Erstbegehungsgefahr bzw. Wiederholungsgefahr bei einer Zäsur durch eine gerichtliche Entscheidung[570]
b. Wettbewerbsrecht: **189**
- o Verschiedene geschäftliche Handlungen bzw. mehrere konkrete Verletzungshandlungen[571]
- o Verschiedene konkrete Verletzungsformen mit derselben Werbeaussage[572]
- o Gesondertes Vorgehen gegen einzelne Rechtsverletzungen aus derselben angegriffenen Verletzungsform[573]
c. Kennzeichenrecht: **190**
- o Kennzeichenrechtliche und wettbewerbsrechtliche Ansprüche[574]
- o Löschungsansprüche wegen bösgläubiger Markenanmeldung und wegen Verfalls mangels rechtserhaltender Benutzung[575]
d. Patentrecht/Gebrauchsmusterrecht: **191**
- o Klagen wegen unterschiedlichen angegriffenen Ausführungsformen[576]
- o Ansprüche auf Entschädigung wegen Benutzung des Gegenstands einer offengelegten Anmeldung und auf Schadensersatz wegen Patentverletzung[577]
- o Klage wegen unmittelbarer und wegen mittelbarer Patent- oder Gebrauchsmusterverletzung[578]
- o Klage wegen Benutzung eines Verfahrensanspruchs (§ 9 S. 2 Nr. 2 PatG) und Klage wegen Anbieten, in Verkehr bringen, Einführen oder Besitzen eines unmittelbar hergestellten Verfahrenserzeugnisses (§ 9 S. 2 Nr. 3 PatG), denn insoweit wurden durch die materiell-rechtliche Regelung die zusammentreffenden Ansprüche durch eine Verselbständigung der einzelnen Lebensvorgänge erkennbar unterschiedlich ausgestaltet[579]
e. Urheberrecht: **192**
- o Urheberrechte und verwandte Schutzrechte (aber Ausnahme bei Licht- und Laufbildern)[580]

E. Bestimmtheitsgebot

I. Allgemeines

Eine von mehreren Zulässigkeitsvoraussetzungen einer **Klage** ist, dass ein bestimmter Antrag gestellt wird. Liegt kein bestimmter Antrag vor, ist die Klage unzulässig. Es liegt ein Verfahrensmangel vor, der in jeder Lage des Rechtsstreits von Amts wegen zu beachten ist[581]. Ein Antrag ist grundsätzlich dann hinreichend bestimmt, wenn er den erhobenen Anspruch konkret bezeichnet, dadurch den Rahmen der gerichtlichen Entscheidungsbefugnis absteckt, Inhalt und Umfang der materiellen Rechtskraft der begehrten Entscheidung erkennen lässt, das Risiko eines Unterliegens des Klägers nicht durch vermeidbare Ungenauigkeit auf den Beklagten abwälzt und eine Zwangsvollstreckung aus dem Urteil ohne eine Fortsetzung des Streits im Vollstreckungsverfahren erwarten lässt[582]. **193**

Der Inhalt eines Antrags ist als Prozesserklärung der **Auslegung** zugänglich[583], wozu die Ausführungen in der Klagebegründung heranzuziehen sind[584]. Hierdurch ist zu ermitteln, was der Kläger begehrt. Die Auslegung kann jedes Gericht selbständig vornehmen[585] und sie unterliegt in vollem Umfang der Rechtskontrolle[586]. Auszulegen ist grundsätzlich danach, welchen Sinn die prozessuale Erklärung aus objektiver Sicht hat[587]. Hierzu sind die Begleitumstände, die Interessenlage und der Inhalt des mit der Klage verfolgten materiellen Anspruchs zu berücksichtigen[588]. Bei der Auslegung **194**

---

[569] → § 253 Rn. 151.
[570] → § 253 Rn. 135.
[571] → § 253 Rn. 120 ff.
[572] → § 253 Rn. 120 ff.
[573] → § 253 Rn. 65 ff.
[574] → § 253 Rn. 107 f.
[575] → § 253 Rn. 101.
[576] → § 253 Rn. 127 f.
[577] → § 253 Rn. 142.
[578] → § 253 Rn. 118.
[579] → § 253 Rn. 119.
[580] → § 253 Rn. 101 f.
[581] BGH ZfBR 2018, 775 Rn. 16 mwN.
[582] BGH NJW 2003, 668 (669) – P-Vermerk; BeckOK ZPO/*Bacher* § 253 Rn. 57.
[583] BGH GRUR 2008, 84 Rn. 11 – Versandkosten; BeckOK ZPO/*Bacher* § 253 Rn. 58.
[584] BGH GRUR 2014, 1211 Rn. 16 – Runes of Magic II; BGH GRUR 2015, 485 Rn. 23 – Kinderhochstühle im Internet III; BGH GRUR 2016, 395 Rn. 18 – Smartphone-Werbung; BGH GRUR 2016, 1076 Rn. 14 – LGA tested; BeckOK ZPO/*Bacher* § 253 Rn. 58.
[585] BGH GRUR 2017, 1281 Rn. 18 – Großhandelszuschläge.
[586] BGH GRUR 2017, 918 Rn. 28 – Wettbewerbsbezug; BGH GRUR 2019, 1053 Rn. 17 – ORTLIEB II; BGH GRUR 2020, 311 Rn. 24 – Vorwerk.
[587] BeckOK ZPO/*Bacher* § 253 Rn. 58.
[588] BeckOK ZPO/*Bacher* § 253 Rn. 58.

des Antrags ist nicht am buchstäblichen Sinn zu haften, sondern der **wirkliche Wille der Partei** ist zu erforschen[589]. Außerdem geht es darum, die betroffenen Interessen zutreffend zu verstehen. So ist zu beachten, dass im Zweifel dasjenige gewollt ist, was nach den Maßstäben der Rechtsordnung vernünftig ist und der wohlverstandenen Interessenlage entspricht[590]. In der **Literatur** wird kritisiert, das Erfordernis eines bestimmten Antrags verliere seine Stringenz, wenn der BGH zunehmend von der Antragsauslegung Gebrauch mache[591]. Das mag **nach der hier vertretenen Auffassung** zutreffen, hat aber keine größere Bedeutung, weil bereits bei der Bestimmung des Streitgegenstands das Klagebegehren und nicht der formulierte Antrag maßgeblich ist sowie der Antrag ggf. nach Hinweisen des Gerichts anzupassen sein dürfte[592]. Außerdem dient das Prozessrecht dazu, das materielle Recht zu verwirklichen (Anspruch des Klägers auf effektiven Rechtsschutz und rechtliches Gehör) und es soll nicht dessen Durchsetzung verhindern[593]. Dass ein Vortrag bei gebotener Auslegung als hinreichend bestimmt angesehen werden kann, bedeutet aber selbstverständlich nicht, dass er auch schlüssig ist[594].

195 Nachdem die alternative Klagehäufung unzulässig ist, muss der Kläger, wenn er **mehrere** prozessuale Ansprüche (Streitgegenstände) gerichtlich geltend macht und nicht sämtliche Streitgegenstände gleichzeitig der gerichtlichen Prüfung unterworfen werden sollen, eine **Reihenfolge** angeben, in der er seine prozessualen Ansprüche vom Gericht geprüft haben will[595]. Er darf die Auswahl nicht dem Gericht überlassen, auf welche prozessualen Ansprüche er seinen Antrag stützt. Eine Reihenfolge zu bestimmen ist selbstverständlich nicht erforderlich, wenn lediglich ein Streitgegenstand gegeben ist[596]. Ist sie dennoch vorhanden, handelt es sich in der Regel um eine unschädliche Überbestimmung, aus der nicht geschlossen werden kann, dass der Kläger mehrere (kleinteilige) Streitgegenstände einführen wollte. Die Angabe der Reihenfolge ist **nicht nur beim Unterlassungsantrag,** sondern auch bei anderen Anträgen, zB beim Schadensersatzanspruch, erforderlich[597].

II. Unterlassungsantrag

196 **1. Grundlegendes.** Nach § 253 Abs. 2 Nr. 2 darf ein **Verbotsantrag** – und nach § 313 Abs. 1 Nr. 4[598] eine darauf beruhende Verurteilung[599] – nicht derart undeutlich gefasst sein, dass der Streitgegenstand und der Umfang der Prüfungs- und Entscheidungsbefugnis des Gerichts nicht mehr klar umrissen sind, der Beklagte sich deshalb nicht erschöpfend verteidigen kann und im Ergebnis dem Vollstreckungsgericht die Entscheidung darüber überlassen bleibt, was dem Beklagten verboten ist[600]. Dazu gehört besonders, dass der Gegenstand und die Handlungen, die untersagt werden sollen, in den Antrag aufgenommen werden. Wann ein Unterlassungsantrag hinreichend bestimmt ist, lässt sich abstrakt und losgelöst vom Fall oder von entsprechend gebildeten Fallgruppen nur schwer beurteilen. Die Bestimmtheit ist selbst ein unbestimmter Rechtsbegriff, dessen Inhalt normativ, vor allem anhand von Sinn und Zweck, zu erschließen ist. Einerseits sind im Wesentlichen die Rechte des Beklagten betroffen, der wissen soll, was der Kläger mit seinem Antrag begehrt und wogegen er sich verteidigen muss. Zudem sollte eine gerichtliche Sachprüfung (in diesem Stadium des Verfahrens) vermieden werden, in dem unklar ist, was Streitgegenstand sein soll. Andererseits ist das Recht des Klägers betroffen, gerichtliche Hilfe in Anspruch nehmen zu dürfen, auch wenn eine unbestimmte Antragsformulierung unvermeidbar ist. Dem Kläger in diesen Fällen den gerichtlichen Rechtsschutz mit der Begründung zu verweigern, der Antrag sei unbestimmt, dürfte im Rahmen der Interessenabwägung als nicht geboten erscheinen. Weder ist daher nur ein eindeutiger und unmittelbar klarer Antrag hinreichend bestimmt, noch sind vermeidbare Unklarheiten einfach so hinzunehmen. Vielmehr muss der

---

[589] BGH GRUR 2016, 395 Rn. 40 – Smartphone-Werbung; BGH GRUR 2016, 1093 Rn. 11 – grit-lehmann.de; OLG Stuttgart GRUR-RS 2019, 48391 Rn. 83 ff. – Studienplatzvermittlung.
[590] BGH GRUR 2016, 395 Rn. 40 – Smartphone-Werbung; BGH GRUR 2016, 1093 Rn. 11 – grit-lehmann.de.
[591] Teplitzky/*Schwippert* Kap. 51 Rn. 10.
[592] → § 253 Rn. 59 ff.
[593] BGH NZM 2018, 444 Rn. 32.
[594] → § 253 Rn. 42.
[595] BGH GRUR 2011, 521 Rn. 10 und 11 – TÜV I; BGH GRUR 2013, 833 Rn. 21 – Culinaria/Villa Culinaria; BGH GRUR 2014, 201 Rn. 12 – Peek & Cloppenburg IV; BGH GRUR 2017, 397 Rn. 28 – World of Warcraft II; BGH GRUR 2020, 1311 Rn. 20 – Vorwerk; BGH BeckRS 2020, 26047 Rn. 15 und → § 253 Rn. 50.
[596] BGH GRUR 2013, 1052 Rn. 11 – Einkaufswagen III.
[597] BGH NJW 2016, 2317 Rn. 31.
[598] → § 313 Rn. 4 ff.
[599] Falls ein unbestimmter Tenor in Rechtskraft erwachsen sein sollte, kann das Vollstreckungsgericht diesen im Wege der Auslegung unter Orientierung an der konkreten Verletzungshandlung, die beim Erlass des Titels geführt hat, auf einen vollstreckungsfähigen Inhalt beschränken: OLG Frankfurt a. M. GRUR-RR 2014, 48 – Champagnerflaschen (Ls.) = BeckRS 2013, 15310 (Volltext).
[600] BGH GRUR 2011, 539 Rn. 11 – Rechtsberatung durch Lebensmittelchemiker; BGH GRUR 2012, 407 Rn. 15 – Delan; BGH GRUR-RR 2012, 475 Rn. 16 – Matratzen; BGH GRUR 2016, 705 Rn. 11 – ConText; BGH GRUR 2016, 702 Rn. 14 – Eligard; BGH GRUR 2016, 1076 Rn. 11 – LGA tested; BGH GRUR 2017, 537 Rn. 12 – Konsumgetreide; BeckOK ZPO/*Bacher* § 253 Rn. 57.

Antrag so bestimmt wie möglich und darf lediglich dann weniger bestimmt sein, wenn es sich nicht vermeiden lässt. Damit einhergehende Ungenauigkeiten sind dann hinzunehmen.

Für die Zulässigkeit von Klagen nach § 1 UKlaG muss der Klageantrag gemäß § 8 Abs. 1 Nr. 1 **197** UKlaG die beanstandeten Bestimmungen der Allgemeinen Geschäftsbedingungen im konkreten Wortlaut enthalten und muss unter Angabe des zugrundeliegenden Lebenssachverhalts die Verwendung dieser behauptet werden[601].

Die erstinstanzliche Erfahrung zeigt, dass selbst unter Berücksichtigung von Antrag, Klagebegrün- **198** dung, Begleitumständen und Interessen sich häufig kein klares, sondern durchaus ein widersprüchliches Bild vom klägerischen Begehren ergeben kann. Denn einerseits möchte der Kläger einen zulässigen und bestimmten Antrag stellen. Andererseits möchte er aber auch ein Verbot erreichen, das so weit wie möglich reicht. In solchen Fällen sind frühzeitige **Hinweise des Gerichts nach § 139** das Mittel der Wahl, damit der Kläger sein Begehren klarstellen und das Gericht ggf. weitere Hinweise zur Sachdienlichkeit der Anträge geben kann[602]. Es bleibt indes Aufgabe des Klägers, mit Blick auf den tatsächlichen Lebensvorgang und unter Berücksichtigung seines Begehrens, einen bestimmten Klageantrag zu formulieren und diesen zum Gegenstand des gerichtlichen Verfahrens zu machen. Weist das Gericht indes – ohne zuvor einen Hinweis auf seine geänderte Auffassung zu geben – einen Antrag überraschend mit der Begründung ab, er sei unklar und könne auch nicht in ausreichend klarer Form gestellt werden, verletzt das Gericht den Anspruch der Partei auf rechtliches Gehör, weil sie Gelegenheit erhalten muss, ihren Klageantrag zu ändern und die Bedenken des Gerichts auszuräumen[603]. Andererseits ist es nicht Aufgabe des Gerichts, einem Kläger bei der Formulierung eines Unterlassungsantrags durch wiederholte Hinweise behilflich zu sein[604].

Vor allem bei Unterlassungsanträgen kann eine Auslegung[605] geboten sein. **199**

2. Konkrete Verletzung und Verallgemeinerungen. Es ist das Bestreben des Klägers, ein **200** möglichst weit gefasstes Verbot der beanstandeten Handlungen des Beklagten zu erlangen, das alle Möglichkeiten des ihm zustehenden Anspruchs ausschöpft. Um dies zu erreichen, wird er in der Regel einen möglichst weit gefassten Antrag stellen. In dieser Hinsicht stehen ihm bekanntlich zwei grundsätzliche Möglichkeiten zur Verfügung. Er kann sich entweder gegen die **konkrete Verletzung**[606] des Beklagten wenden und diese (ggf. – stillschweigend – ergänzt um kerngleiche Verstöße[607]) zum Gegenstand des Streits machen, oder er kann sich von dem konkreten Umfeld der Handlung des Beklagten lösen und ein über die konkrete Beanstandung hinausgehendes abstraktes Verbot **(Schlechthinverbot)** begehren[608]. Darüber hinaus ist es jedenfalls im Wettbewerbsrecht anerkannt, dass der Kläger von diesen zwei Hauptvarianten jeweils zwei Untervarianten beantragen kann, indem er entweder **pauschal** ein Verbot beantragt, bei dem er es dem Gericht überlässt, auf welche (alternative) Begründung es das Verbot stützt, **oder** er sich gezielt einen **gesonderten Gesichtspunkt** herausgreift, den das Gericht (allein) zu prüfen hat[609].

Eine hinreichende Bestimmtheit ist in der Regel gegeben, wenn der Antrag auf die konkrete **201** Verletzungshandlung oder die konkret angegriffene Verletzungsform Bezug nimmt[610]. Begehrt der Kläger das Verbot einer konkreten Verletzungsform (gleich ob pauschal oder unter einem gesonderten Aspekt), sind die Klageanträge **inhaltlich möglichst genau an die angegriffene Verletzungsform anzupassen**. Das saubere Herausarbeiten der konkreten Verletzungsform bereitet regelmäßig Schwierigkeiten[611], ist aber für die Bestimmtheit des Antrags von großer Bedeutung, weil häufig die Frage der Wettbewerbswidrigkeit oder Schutzrechtsverletzung davon abhängt. Zur Bestimmung der konkreten

---

[601] BGH NJW 2017, 3222 Rn. 18 mwN.
[602] Zur Hinweispflicht: BGH GRUR 2008, 84 Rn. 23 – Versandkosten.
[603] BGH NZV 2017, 226 Rn. 6 f.
[604] OLG Köln GRUR-RR 2021, 282 Rn. 53; vgl. *Meinhardt*, WRP 2022, 9, 10.
[605] → § 253 Rn. 194 zur Auslegung und → § 253 Rn. 60 zum Unterlassungsbegehren.
[606] → § 253 Rn. 67 ff. zum auf die Verletzungsform gerichteten Begehren und → § 253 Rn. 120 ff. zur Klagegrund der konkreten Verletzungsform.
[607] → § 253 Rn. 78 ff.
[608] → § 253 Rn. 63 ff., 70 ff.
[609] → § 253 Rn. 65 ff.
[610] BGH GRUR 2004, 151 – Farbmarkenverletzung I; BGH GRUR 2009, 1075 Rn. 10 – Betriebsbeobachtung; BGH GRUR 2012, 405 Rn. 11 – Kreditkontrolle; BGH GRUR 2013, 1052 Rn. 12 – Einkaufswagen; BGH GRUR 2018, 1246 Rn. 28 – Kraftfahrzeugfelgen II; BGH GRUR 2018, 1271 Rn. 10 – Applikationsarzneimittel; BGH GRUR 2019, 627 Rn. 15 – Deutschland-Kombi; OLG München GRUR 2017, 630 Rn. 11 – gewinne-ein-iphone.de; KG GRUR-RR 2018, 106 Rn. 9 – Produktschlüssel; OLG Stuttgart BeckRS 2018, 36668 Rn. 73 – Ocean Bottle; OLG München GRUR-RR 2019, 31 Rn. 34 – Verfügbarkeitsankündigung; OLG München BeckRS 2018, 33170 Rn. 22 – Bye-bye Hüftgold (nicht abgedruckt in GRUR-RR 2019, 80); OLG Frankfurt a. M. GRUR-RR 2019, 267 Rn. 12 – rechtzeitige Versandkosteninformation; OLG Frankfurt a. M. GRUR-RR 2019, 316 Rn. 13 – optimierte Matratzen; OLG Köln GRUR-RR 2020, 32 Rn. 37 – Sicherheitslücken; OLG Frankfurt a. M. GRUR-RR 2020, 74 Rn. 12 – World's Lightest; OLG Frankfurt a. M. GRUR-RR 2020, 122 Rn. 13 – Rotations-Ausrichtungssystem.
[611] *Köhler*/Bornkamm/*Feddersen* UWG § 12 Rn. 1.23k.

202 Um diesem Erfordernis zu entsprechen und auf die konkrete Verletzungsform Bezug zu nehmen, bedient sich der Kläger in der Regel des Vergleichspartikels (**"wie geschehen"**) oder des Konditionalsatzes (**"wenn dies geschieht wie"**)[613]. Diese Antragsvariante wird in der Praxis zum Teil auch Kopierantrag genannt, weil die konkrete Verletzungsform in den Antrag hineinkopiert wird. Ebenso kann die konkrete Verletzungsform im Klageantrag zB dadurch hinreichend konkret beschrieben werden, dass nach der beanstandeten Werbeaussage (kennzeichnende) Standbilder aus dem angegriffenen Werbevideo und ein Drehbuch des Videos eingeblendet werden[614]. An der Bestimmtheit fehlt es grundsätzlich nicht, wenn der Kläger mit einem **"und/oder"-Antrag**[615] zwei Gegenstände jeweils für sich als auch in ihrer Kombination angreift[616]. Wird **statt der Verletzungsform das Original** des Klägers in den Antrag aufgenommen, sind an das Bestimmtheitserfordernis keine besonderen Anforderungen zu stellen. Allein die Begründetheit erscheint zweifelhaft, wenn Original und Nachahmung nicht identisch sind[617]. Werden **fremdsprachige** Bezeichnungen oder Aussagen einer konkreten Verletzungsform angegriffen, brauchen diese trotz § 184 GVG in aller Regel nicht ins Deutsche übersetzt in den Antrag aufgenommen zu werden[618]. Eine **verbale Beschreibung** (zB der vom nachgeahmten Produkt übernommenen Merkmale oder als wörtliches Zitat die konkrete Bezeichnung, die Grundlage und Anknüpfungspunkt für den Verstoß ist) kann grundsätzlich angebracht sein, um darzulegen, in welchen Merkmalen des angegriffenen Erzeugnisses die Grundlage und der Anknüpfungspunkt des Verstoßes oder der Verletzung und damit des begehrten Unterlassungsgebots liegen sollen[619]. Eine wörtliche Umschreibung ist aber dann **nicht erforderlich,** wenn sich das begehrte Verbot gegen eine ganz konkrete Verletzungsform richtet und eine bildliche Darstellung unter Heranziehung der Klagegründe eindeutig ergibt, welche Merkmale der angegriffenen Verletzungsform die Grundlage und den Anknüpfungspunkt des Rechtsverstoßes und damit des begehrten (oder ausgesprochenen) Unterlassungsgebots bilden sollen[620]. Nicht mehr zu erkennen sind die relevanten Merkmale, wenn die **Qualität** der eingefügten Kopien zu schlecht ist[621]. Gelangt die relevante Abbildung indes in hinreichender Qualität mittels Schriftsatzes ins Verfahren und damit zur Gegenseite sowie in die Gerichtsakte, kann der Antrag trotzdem hinreichend bestimmt sein, weil hiermit für die Parteien die tatsächliche Gestaltung dessen, was sich aus der Abbildung ergeben soll, in aller Regel klar ist. Gleichfalls fehlt aus entsprechenden Gründen einem Urteil nicht die Bestimmtheit, wenn der Tenor die Abbildung in geringerer (zB nicht lesbarer) Qualität wiedergibt, die Abbildung indes in hinreichender Qualität Verfahrensbestandteil und Gegenstand des gerichtlichen Streits der Parteien gewesen ist[622]. Entsprechendes gilt für Anlagen[623]. Der begehrte Verbotsantrag ist unverständlich und damit unbestimmt, wenn er sich auf eine konkrete Verletzungsform richtet und eine Abbildung dieser in Bezug nimmt, aus der sich die angegriffene Rechtsverletzung (soweit erkennbar) indes gar nicht ergibt[624]. Eine Grenze kann der Bestimmtheitsgrundsatz dort finden, wo der Kläger trotz berechtigter **Geheimhaltungsinteressen** Betriebs- oder Geschäftsgeheimnisse offenbaren müsste[625].

203 Zielt ein Unterlassungsantrag durch Formulierungen wie „wie nachfolgend abgebildet" auf das Verbot der konkreten Verletzungsform, stellen weitere (anschließende) in den Antrag aufgenommene, die konkrete Verletzungsform beschreibende Merkmale grundsätzlich eine für die Bestimmtheit des Antrags **unschädliche Überbestimmung** dar[626]. Doch kann dieser Zusatz deutlich machen, in welchem (wohl meist geringeren) Umfang der Kläger weitere Verletzungshandlungen als im Kern gleichartig ansieht[627]. Wird neben dem Verweis auf die konkrete Verletzungsform im Antrag auch auf

---

[612] So für das Wettbewerbsrecht *Köhler/Bornkamm/Feddersen* UWG § 12 Rn. 1.23k.
[613] BGH GRUR 2011, 742 Rn. 17 – Leistungspakete im Preisvergleich; BGH GRUR 2021, 1400 Rn. 20 – Influencer I.
[614] BGH GRUR 2018, 1258 Rn. 17 – YouTube-Werbekanal II.
[615] → § 253 Rn. 31 zum Rechtsschutzbedürfnis und → § 253 Rn. 202.
[616] OLG Frankfurt a. M. GRUR-RR 2020, 122 Rn. 15 – Rotations-Ausrichtungssystem; im Einzelfall unbestimmt OLG Frankfurt a. M. GRUR-RR 2020, 30 Rn. 17 – Sperrandrohung.
[617] BGH GRUR 2003, 786 (787) – Innungsprogramm.
[618] OLG Düsseldorf GRUR 2020, 204 Rn. 31 – unbleached paper rolls.
[619] BGH GRUR 2021, 746 Rn. 18 – Dr. Z.
[620] BGH GRUR 2002, 86 (88) – Laubhefter; BGH GRUR 2013, 951 Rn. 11 – Regalsystem; BGH GRUR 2013, 1052 Rn. 12 – Einkaufswagen III; BGH GRUR 2016, 730 Rn. 14 – Herrnhuter Stern; BGH GRUR 2018, 1161 Rn. 19 – Hohlfasermembranspinnanlage II.
[621] BGH GRUR 2013, 1235 Rn. 15 – Restwertbörse II. Im entschiedenen Fall war die Qualität sogar so schlecht, dass die Kopien als „nebelhaft" bezeichnet wurden.
[622] OLG München GRUR-RR 2018, 381 Rn. 24 – NEUSCHWANSTEINER.
[623] → § 253 Rn. 204.
[624] OLG München GRUR-RS 2020, 32517 Rn. 22 – Borgward.
[625] BGH GRUR 2018, 1161 Rn. 19 – Hohlfasermembranspinnanlage II.
[626] BGH GRUR 2011, 340 Rn. 21 – Irische Butter.
[627] BGH GRUR 2011, 340 Rn. 21 – Irische Butter.

unionsrechtliche Bestimmungen Bezug genommen, handelt es sich hierbei um eine im Verhältnis zur beanstandeten konkreten Verletzungsform unschädliche Überbestimmung, die nicht dem Bestimmtheitsgebot unterfällt[628].

Äußerlich muss ein Urteil so festgelegt werden, dass auch nach seiner Verkündung der Tenor (ggf. im Zusammenhang mit seiner Begründung) bestimmbar bleibt, um nach der Rechtskraft der Entscheidung (besonders bei der Zwangsvollstreckung) Unsicherheiten zu vermeiden. Daher muss der Tenor in aller Regel aus sich heraus oder zusammen mit der Begründung bestimmbar sein, weshalb das Urteil grundsätzlich in einer **einheitlichen Urkunde** festzulegen ist. Bezieht sich der Unterlassungsantrag auf **Anlagen** müssen sich diese (in hinreichend guter Qualität[629]) bei den Gerichtsakten befinden[630] und nach der hier vertretenen Auffassung mit dem Urteil zu einer einheitlichen Urkunde verbunden werden (können), damit der entsprechende Antrag oder (spätere) Tenor inhaltlich bestimmt ist[631]. Betreffen die in Bezug genommenen Anlagen hingegen körperliche Gegenstände (zB Datenträger oder einen Gegenstand der Verletzungsform), scheidet eine Verbindung dieser mit dem begehrten Urteil grundsätzlich aus und es können Zweifel an der Bestimmtheit des Antrags bestehen[632]. In diesen Fällen empfiehlt es sich grundsätzlich, den Inhalt des Datenträgers (zB bei Werbevideos die relevante Bildfolge[633]) auszudrucken oder die angegriffene Verletzungsform (qualitativ hochwertig) abzulichten und diese Bilder in den Antrag einzublenden. Nur **in besonders gelagerten Ausnahmefällen** kann hiervon abgesehen werden, wenn ein wirksamer Rechtsschutz nicht anders gewährt werden kann oder ein unangemessener Aufwand entstehen würde, der nach Abwägung aller beteiligten Interessen vermieden werden kann[634]. Ein solcher Ausnahmefall kann nach der Rechtsprechung des Bundesgerichtshofs bestehen, wenn es wegen Schattierungen einer glänzenden Folie auf die exakten Farbtöne des angegriffenen Gegenstands bei verschiedenen Lichtverhältnissen ankommt[635]. Diese recht großzügige Annahme eines besonders gelagerten Ausnahmefalls erscheint **nach der hier vertretenen Auffassung** jedoch bedenklich, wenn (wie im Streitfall) zwischen den Parteien die tatsächliche Ausgestaltung des Gegenstands nicht im Streit steht[636] und ein Farbton grundsätzlich durch farbechte Ablichtungen sowie durch die Bezeichnung aus einem anerkannten Farbkatalog[637] hinreichend exakt bestimmt werden könnte, was keinen unangemessenen Aufwand verursachen dürfte. Allerdings spricht grundsätzlich nichts dagegen und vieles dafür, in geeigneten Fällen mindestens ein Original der angegriffenen Gegenstände (Datenträger oder Verletzungsform) zur Akte zu reichen. Bedenklich erscheint allein, körperliche Gegenstände als solche zum Gegenstand des Antrags (oder Tenors) zu machen. Aus den eingangs genannten Gründen dürfte hierbei Zurückhaltung geboten sein, auch wenn dem Prozessgericht die Vollstreckung des Unterlassungstitels obliegt und es hierbei auf die Akten samt Anlagen zurückgreifen kann[638]. Denn die Anlagen (Asservate) können verloren- oder kaputtgehen oder an die Parteien zurückgegeben werden, so dass sie bei der Vollstreckung nicht (mehr) sicher zur Verfügung stehen. Der Gefahr eines späteren Verlusts sollte daher bereits mit Stellung des entsprechenden Antrags begegnet werden.

Bei der Fassung eines Unterlassungsantrags, der sich gegen eine konkrete Verletzungsform oder angegriffene Ausführung richtet, sind wegen der Kerntheorie gewisse **Verallgemeinerungen** zulässig, sofern auch darin das Charakteristische der jeweiligen Verletzungsform zum Ausdruck kommt[639]. Es können insofern auslegungsbedürftige Begriffe verwendet werden, ohne dass die Bestimmtheit des Antrags zwingend fehlen muss[640]. Die **Grenze** der zulässigen Verallgemeinerung bildet jedoch die Begehungsgefahr[641]. Insofern ist der auf den Erlass einer sog. **„anti-anti-suit injunction"** gerichtete

---

[628] BGH GRUR 2017, 288 Rn. 13 – Energieverbrauchskennzeichnung.
[629] → § 253 Rn. 202.
[630] BGH NJW 2016, 2747 Rn. 23; GRUR 2017, 288 Rn. 12 – Energieverbrauchskennzeichnung; BGH NZG 2020, 1149 Rn. 11; BeckRS 2020, 29010 Rn. 11.
[631] Anders: KG BeckRS 2017, 123063 Rn. 19 – Das Immunsystem stärken: Verbindung mit dem Urteil ist nur zweckmäßig, aber nicht erforderlich, wenn die betroffene Anlage den Parteien bekannt und Aktenbestandteil ist.
[632] Vgl. LG München I BeckRS 2019, 25007 Rn. 38 – Lindt-Goldton; anders OLG Stuttgart BeckRS 2018, 36668 – Ocean Bottle (im Tenor wird eine Verbindung des Urteils mit dem als Datenträger vorgelegten Werbevideo angeordnet).
[633] → § 253 Rn. 201.
[634] BGH GRUR 2015, 672 Rn. 36 – Videospiel-Konsolen II.
[635] BGH GRUR 2021, 1199 Rn. 14 – Goldhase III; OLG München GRUR-RS 2020, 18954 Rn. 26 – Lindt-Goldton (entgegen LG München I BeckRS 2019, 25007).
[636] Vgl. BGH GRUR 2015, 1237 Rn. 13 – Erfolgsprämie für die Kundengewinnung; BGH GRUR 2017, 422 Rn. 18 – ARD-Buffet: BGH GRUR 2017, 537 Rn. 12 – Konsumgetreide; BGH GRUR 2020, 755 Rn. 39 – WarnWetter-App; vgl. auch → § 253 Rn. 210.
[637] → § 253 Rn. 236.
[638] → BGH GRUR 2021, 1199 Rn. 14 – Goldhase III.
[639] BGH GRUR 2005, 443 (446) – Ansprechen in der Öffentlichkeit; BGH GRUR 2006, 504 Rn. 36 mwN – Parfümtestkäufe; BGH GRUR 2010, 454 Rn. 12 – Klassenlotterie.
[640] → § 253 Rn. 212 f.
[641] BGH GRUR 2005, 443 (446) – Ansprechen in der Öffentlichkeit II.

Verbotsantrag, der sich gegen eine „anti-suit injunction oder gleichwertigen Maßnahme wie eine temporary retaining order" richtet, hinreichend bestimmt[642].

206 **Ausnahmetatbestände oder Erlaubnistatbestände** brauchen nicht in den Klageantrag aufgenommen zu werden, wenn dieser die konkrete Verletzungsform beschreibt[643]. Insofern handelt es sich bei Angriffen gegen die konkrete Verletzungsform um eine **unschädliche Überbestimmung**[644]. Denn bei einer Antragsfassung bezogen auf die konkrete Verletzungsform ist es nicht Sache des Klägers, den Beklagten darauf hinzuweisen, was ihm erlaubt ist oder wäre[645]. Insoweit steht bereits fest, was dem Beklagten verboten ist. Entsprechend braucht ein auf die konkrete Verletzungsform abstellender Unterlassungsantrag nicht unter die Bedingung gestellt zu werden, dass die beanstandeten Anzeigen keinen oder keinen ausreichenden Hinweis auf die eingeschränkte Verfügbarkeit der beworbenen Waren enthalten. Dass die wettbewerbsrechtlich relevante Irreführung des Verkehrs durch **aufklärende Hinweise** ausgeschlossen werden kann, ist eine Selbstverständlichkeit, die keiner Erwähnung bedarf[646]. Geht der Antrag indes über die konkrete Verletzungsform hinaus und ist abstrakt gefasst, dann müssen mögliche Einschränkungen des erstrebten Verbots in den Antrag aufgenommen werden, um erlaubte Verhaltensweisen vom Verbot auszunehmen[647]. Die Umstände, die für das Vorliegen der Ausnahmetatbestände sprechen, müssen dabei so bestimmt beschrieben werden, dass im Vollstreckungsverfahren erkennbar ist, welche Verhaltensweisen erlaubt sind[648].

207 Beschreibt der Klageantrag die konkrete Verletzungsform nicht hinreichend oder verfehlt er sie gar, ist dies zunächst ein Problem der **Begründetheit** der Klage. Solche Konstellationen treten auf, weil das Charakteristische der angegriffenen Handlungsweise im Antrag nicht zum Ausdruck kommt und dieser damit zu weit reicht[649] oder wenn durch eine unbedachte „und/oder"-Formulierung[650] auch das Verbot in einer „Oder"-Variante beantragt wird, obwohl lediglich die angegriffene Verhaltensweise verbotswidrig ist, wenn beide Voraussetzungen erfüllt sind[651]. In diesen Fällen können mögliche Einschränkungen aufgrund von gesetzlichen Ausnahmetatbeständen in den Unterlassungsanspruch aufzunehmen sein, damit das begehrte Verbot auf das gerichtet ist, was materiell-rechtlich begründet ist. **Erlaubte Verhaltensweisen** sollten daher vom Verbot ausgenommen werden[652]. Dies geschieht in der Regel durch die Aufnahme von **einschränkenden Zusätzen** wie „wenn nicht …" oder „es sei denn …". Da das **Bestimmtheitsgebot** des § 253 Abs. 2 Nr. 2 allerdings auch für diese Zusätze gilt, aus denen sich die Erfüllung des jeweiligen Ausnahmetatbestands ergibt, müssen diese Zusätze und Umstände so beschrieben werden, dass im Vollstreckungsverfahren erkennbar ist, welche konkreten Handlungen vom Verbot ausgenommen sind[653]. Anderenfalls ist der Antrag insgesamt unbestimmt und deswegen **unzulässig**. Um die Bestimmtheitsanforderungen einzuhalten genügt es in der Regel nicht, auf die einschlägigen gesetzlichen Bestimmungen zu verweisen[654]. Es gelten jedoch die für gesetzeswiederholende Anträge aufgestellten Voraussetzungen und Ausnahmen entsprechend[655].

208 **3. Schlechthinverbot.** Darüber hinaus kann sich der Kläger von der konkreten Verletzungsform lösen und ein umfassendes Verbot (Schlechthinverbot) beantragen[656]. Ob tatsächlich so ein universales Verbot begehrt wird, ist zu erforschen, weil es häufiger (zumindest dem Anschein nach) beantragt wird, als es wirklich gewollt ist[657]. Da Schlechthinverbote in der Sache weiter gehen als Verbote der konkreten Verletzungsform, ist es für den Kläger nicht nur schwieriger, einen bestimmten Antrag zu stellen und die Gefahr von Bestimmtheitsbedenken regelmäßig groß[658], sondern auch das Gericht von der Begründetheit dieses Antrags zu überzeugen. Zwar bedarf es nicht der Aufnahme von Ausnahme-

---

[642] OLG München GRUR 2020, 379 Rn. 48 – Anti-Suit Injunction.
[643] BGH GRUR 2011, 539 Rn. 15 – Rechtsberatung durch Lebensmittelchemiker; KG BeckRS 2018, 33829 Rn. 18 – HCG C 30 Globuli; OLG München BeckRS 2019, 12089 Rn. 3 – Widerrufene Werbeeinwilligung.
[644] BGH GRUR 2015, 1019 Rn. 12 – Mobiler Buchhaltungsservice.
[645] Vgl. BGH GRUR 2011, 749 Rn. 25 – Erinnerungswerbung im Internet; BGH GRUR 2011, 742 Rn. 15 – Rechtsberatung durch Lebensmittelchemiker; BGH GRUR 2018, 1246 Rn. 28 – Kraftfahrzeugfelgen II.
[646] BGH GRUR 2011, 340 Rn. 24 – Irische Butter.
[647] Vgl. BGH GRUR 2010, 749 Rn. 26 – Erinnerungswerbung im Internet; GRUR 2012, 945 Rn. 25 – Tribenuronmethyl; GRUR 2017, 418 Rn. 35 – Optiker-Qualität; GRUR 2021, 758 Rn. 20 – Rechtsberatung durch Architektin.
[648] Vgl. BGH GRUR 2010, 749 Rn. 26 – Erinnerungswerbung im Internet; GRUR 2012, 945 Rn. 25 – Tribenuronmethyl; GRUR 2021, 758 Rn. 20 – Rechtsberatung durch Architektin.
[649] BGH GRUR 2016, 213 Rn. 18 – Zuweisung von Verschreibungen.
[650] → § 253 Rn. 31 zum Rechtsschutzbedürfnis bei „und/oder"-Anträgen und → § 253 Rn. 202.
[651] BGH GRUR 2013, 1229 Rn. 20 – Kinderhochstühle im Internet II; Teplitzky/*Schwippert* Kap. 51 Rn. 18.
[652] BGH GRUR 2016, 213 Rn. 26 – Zuweisung von Verschreibungen.
[653] BGH GRUR 2016, 213 Rn. 26 – Zuweisung von Verschreibungen.
[654] BGH GRUR 2016, 213 Rn. 26 – Zuweisung von Verschreibungen.
[655] → § 253 Rn. 209 ff.
[656] BGH GRUR 2013, 401 Rn. 26 – Biomineralwasser; BGH GRUR 2014, 393 Rn. 24 – wetteronline.de.
[657] → § 253 Rn. 73 ff.
[658] BGH GRUR 2013, 401 Rn. 55 f. – Biomineralwasser (sowohl das Verbot einer hervorgehobenen Bezeichnung als Biomineralwasser als auch das Verbot einer Verkehrsbezeichnung Biomineralwasser ist nicht hinreichend bestimmt); *Meinhardt* WRP 2020, 273 (275); vgl. KG MMR 2018, 474 Rn. 4 – Werbeschreiben per E-Mail.

4. Gesetzeswiederholende Anträge und auslegungsbedürftige Begriffe. Ein weiterer Fall der 209
Verallgemeinerung in Unterlassungsanträgen liegt vor, wenn diese lediglich den Wortlaut eines Gesetzes wiederholen. Dies genügt in der Regel nicht den an die Bestimmtheit eines Antrags zu stellenden Anforderungen. Ein solcher Antrag ist grundsätzlich als unbestimmt einzuordnen und damit als unzulässig anzusehen[660].

Ausnahmsweise sind solche Anträge aber zulässig, wenn der gesetzliche **Verbotstatbestand** 210
bereits selbst entsprechend **eindeutig und konkret** ist[661], der Anwendungsbereich der abgeschriebenen Rechtsnorm durch eine **gefestigte Auslegung** geklärt ist **oder** wenn der Kläger hinreichend deutlich macht, dass er nicht ein Verbot im Umfang des Gesetzeswortlauts beansprucht, sondern sich mit seinem Unterlassungsbegehren an der **konkreten Verletzungshandlung** orientiert[662]. Die Bestimmtheit ist in den genannten Fällen gegeben, wenn zwischen den Parteien kein Streit darüber besteht, dass das beanstandete Verhalten das fragliche Tatbestandsmerkmal erfüllt[663]. Gleiches gilt, wenn die tatsächliche (Aus-) Gestaltung der Verletzungsform zwischen den Parteien nicht infrage steht, sondern sich der Streit der Parteien ausschließlich auf die rechtliche Qualifizierung der angegriffenen Verhaltensweise beschränkt[664]. Eine auslegungsbedürftige Antragsformulierung kann im Übrigen hinzunehmen sein, wenn dies **zur Gewährleistung effektiven Rechtsschutzes unumgänglich** erscheint[665]. Davon kann im Einzelfall ausgehen sein, wenn der Kläger sich mit der Formulierung des **Ausnahme- oder Erlaubnistatbestands**[666] nicht an der konkreten Verletzungsform orientieren kann[667].

Besonders bei Verhaltensweisen, die nach § 3a UWG (**Rechtsbruch**) beanstandet werden, wird 211
häufig der jeweilige Gesetzeswortlaut der Norm wiedergegeben, gegen die verstoßen worden sein soll. Anhand der zuvor beschriebenen Grundsätze kann dies für die Bestimmtheit des Verbotsantrags genügen, insbesondere wenn sich das geltend gemachte Unterlassungsbegehren an der konkreten Verletzung orientiert[668]. Ist indes für die Beurteilung, ob der Verstoß vorliegt, eine komplexe Würdigung notwendig, muss diese grundsätzlich im Erkenntnisverfahren durchgeführt werden und darf nicht ins Vollstreckungsverfahren verlagert werden[669]. Die Wiedergabe des Gesetzeswortlauts im Antrag reicht in diesen Fällen nicht aus, um den Anforderungen des Bestimmtheitsgebots gerecht zu werden.

Werden im Klageantrag **auslegungsbedürftige Begriffe** verwendet, ist dieser Antrag in der Regel 212
unzulässig, weil er unbestimmt ist. Es gelten die zu gesetzeswiederholenden Anträgen aufgestellten Ausnahmen entsprechend[670]. Vor allem wenn die Parteien über die Bedeutung eines Begriffs streiten, ist und bleibt der Antrag einerseits unbestimmt und damit unzulässig[671]. Andererseits kann die Verwendung auslegungsbedürftiger Begriffe im Klageantrag zur Bezeichnung der zu untersagenden Handlung hinnehmbar oder im Interesse einer effektiven Rechtsverfolgung zweckmäßig oder sogar geboten sein, wenn über den Sinngehalt der verwendeten Begriffe kein Zweifel besteht, so dass die Reichweite von Antrag und Urteil feststeht. Davon ist im Regelfall auszugehen, wenn über die Bedeutung des an sich auslegungsbedürftigen Begriffs zwischen den Parteien kein Streit besteht und objektive Maßstäbe

---

[659] BGH GRUR 2013, 409 Rn. 22 – Steuerbüro; GRUR 2014, 393 Rn. 47 – wetteronline.de; GRUR 2021, 758 Rn. 19 – Rechtsberatung durch Architektin.
[660] BGH GRUR 2012, 407 Rn. 15 – Delan; BGH GRUR 2017, 422 Rn. 18 – ARD-Buffet; BGH GRUR 2019, 82 Rn. 18 – Jogginghosen.
[661] Ein Beispiel dafür ist § 10 Abs. 1 und Abs. 8 AMG, BGH GRUR 2016, 702 Rn. 15 – Eligard.
[662] BGH GRUR 2012, 407 Rn. 15 – Delan; BGH GRUR 2012, 945 Rn. 16 – Tribenuronmethyl; BGH GRUR 2014, 799 Rn. 13 – Teil-Berufsausübungsgemeinschaft; BGH GRUR 2015, 1237 Rn. 13 – Erfolgsprämie für die Kundengewinnung; BGH GRUR 2017, 288 Rn. 11 – Energieverbrauchskennzeichnung; BGH GRUR 2017, 292 – Energieverbrauchskennzeichnung im Internet; KG BeckRS 2017, 133145 Rn. 8 f. – Produktschlüssel; OLG München GRUR 2017, 630 Rn. 11 – gewinne-ein-iphone.de; OLG München BeckRS 2019, 6577 Rn. 43 – Stromanbieterwerbeanruf I (nicht abgedruckt in GRUR 2019, 654).
[663] BGH GRUR 2012, 407 Rn. 15 – Delan; BGH GRUR 2017, 422 Rn. 18 – ARD-Buffet.
[664] BGH GRUR 2015, 1237 Rn. 13 – Erfolgsprämie für die Kundengewinnung; BGH GRUR 2017, 422 Rn. 18 – ARD-Buffet; BGH GRUR 2017, 537 Rn. 12 – Konsumgetreide; BGH GRUR 2020, 755 Rn. 39 – WarnWetter-App; OLG München WRP 2019, 791 Rn. 77 – VORWIESN.
[665] BGH GRUR 2011, 433 Rn. 10 – Verbotsantrag bei Telefonwerbung; BGH GRUR 2012, 407 Rn. 15 – Delan; BGH GRUR 2017, 422 Rn. 18 – ARD-Buffet; BGH GRUR 2021, 1534 Rn. 34 – Rundfunkhaftung; kritisch Teplitzky/*Schwippert* Kap. 51 Rn. 8a.
[666] → § 253 Rn. 206.
[667] OLG Frankfurt a. M. GRUR-RR 2020, 30 Rn. 18 – Sperrandrohung.
[668] BGH GRUR 2017, 537 Rn. 14 – Konsumgetreide; OLG Frankfurt a. M. GRUR-RR 2020, 30 Rn. 18 – Sperrandrohung.
[669] BGH GRUR 2016, 88 Rn. 13 – Deltamethrin.
[670] → § 253 Rn. 209 ff.
[671] BGH GRUR 2014, 398 Rn. 15 – Online-Versicherungsvermittlung; BGH GRUR 2015, 1228 Rn. 26 – Tagesschau-App; OLG München ZUM-RD 2019, 594 (600) – Die unendliche Geschichte (zum Begriff „Merchandisingrechte").

zur Abgrenzung vorliegen.[672] Eine **Ausnahme** von der grundsätzlichen Unbestimmtheit des Antrags kann insbesondere vorliegen, wenn sich der auslegungsbedürftige Begriff in einem solchen Teil des Antrags befindet, der nicht den Inhalt des Verbots betrifft, sondern lediglich eine Erläuterung darstellt und daher trotz der Aufnahme in den Antragstext eigentlich Teil der Klagebegründung ist[673]. Auch kann es darauf ankommen, ob sich der benutzte (unscharfe) Begriff auf den Kern der mit dem begehrten Verbot zu treffenden Regelung bezieht oder nur auf mehr oder weniger (theoretische) Randfragen[674].

213 Bei einer ausländischen oder primär auf das Ausland ausgerichteten Webseite (sowie nach der hier vertretenen Auffassung abstrahierend bei sonstigen **Handlungen im Ausland**) kann die örtliche Beschränkung auf das relevante Gebiet (in der Europäischen Union oder Bundesrepublik Deutschland) im Einzelfall noch hinreichend bestimmt sein, wenn sich aus dem Sachvortrag des Klägers (durch Umschreibung und ggf. Unterlegung mit Beispielen) objektive Maßstäbe dafür ergeben, wann ein wirtschaftlich relevanter räumlicher Bezug (Inlandsbezug oder Unionsbezug) besteht, und damit dem Gebot genüge getan wird, die Diskussion um Reichweite und Grenzen des Verbots im Erkenntnisverfahren zu führen und nicht ins Vollstreckungsverfahren zu verlagern[675]. Im Gegensatz zu **patentrechtlichen Verletzungshandlungen** im Inland (→ § 253 Rn. 85) werden im **Ausland** begangene Handlungen zusätzlich durch die konkreten Anhaltspunkte bestimmt, aus denen sich eine Überprüfungs- oder Überwachungspflicht des Beklagten (also zB die Schutzpflicht des Lieferanten) ergibt[676]. Verallgemeinerungen sind nur insoweit zulässig, als darin die charakteristischen Umstände zum Ausdruck kommen, die die Rechtswidrigkeit des Anbietens oder Lieferns an einen bestimmten Abnehmer begründen[677]. Diese Umstände dürfen nicht allein damit beschrieben werden, dass besondere Anhaltspunkte für Lieferungen oder Angebote in Deutschland erkennbar waren, weil sonst der Streit, ob bestimmte Angebote oder Lieferungen von einem Titel umfasst sind, in das Vollstreckungsverfahren verlagert würde. Vielmehr muss zumindest aus dem klägerischen Vorbringen und den Entscheidungsgründen hervorgehen, welche charakteristischen Elemente des Lebenssachverhalts eine Überprüfungs- oder Überwachungspflicht begründen und daher den Kern des verbotenen Handelns darstellen[678]. Deshalb sind die Formulierungen im Verbotsantrag „an Dritte zu liefern" oder „an Dritte, hinsichtlich derer die Beklagte konkrete Anhaltspunkte hat, dass diese nach Deutschland liefern" mangels Wiedergabe der charakteristischen Umstände zu pauschal und damit unbestimmt[679].

214 **5. Insbesondere-Antrag.** Der sog. Insbesondere-Antrag spielt im Wettbewerbs- und Immaterialgüterrecht nach wie vor eine große Rolle. Er wird trotz der bestehenden Bedenken in der Praxis immer noch oft geltend gemacht, was nach der hier vertretenen Auffassung zu bedauern ist. Denn der Gegenstand des Antrags und des Begehrten ist selten klar und gibt mitunter Rätsel auf. Jedenfalls ist er stets auslegungsbedürftig. Der Insbesondere-Antrag besteht aus zwei Teilen: Dem **Hauptteil** und dem **Insbesondere-Teil.** Inhalt dieses Antrags ist in der Regel, dass sich der Kläger zunächst im Hauptteil durch eine verallgemeinernde, abstrahierende Formulierung von der konkreten Verletzungsform löst und sich dann erst im Insbesondere-Teil auf die konkrete Verletzungsform oder eine eingeschränkte Fassung bezieht[680]. Für das Klageverfahren bedeutet das **drei Varianten:** Erstens soll (wegen des Insbesondere-Teils) kein umfassendes, abstrakt formuliertes Verbot erreicht werden[681]. Es soll aber verdeutlicht werden, was jedenfalls auch gefordert werden kann und notfalls auch allein zugesprochen werden kann[682]. Zweitens kann der Insbesondere-Teil als Auslegungshilfe und Erläuterung des in erster Linie beantragten abstrakten Verbots dienen, indem er zur Beispiel verdeutlicht, was unter der im abstrakten Antragsteil genannten Form zu verstehen ist[683]. Drittens kann der Antrag (und die entsprechende Verurteilung) so zu verstehen sein, dass, falls der Hauptteil zu weit geht, jedenfalls

---

[672] BGH GRUR 2014, 398 Rn. 14 f. – Online-Versicherungsvermittlung; BGH GRUR 2017, 79 Rn. 20 – Segmentstruktur; OLG München GRUR-RR 2017, 381 Rn. 19 – TORK (zum Begriff „System-Handtuchspender"); OLG Brandenburg GRUR-RR 2018, 466 Rn. 34 – Stadtrundfahrten (zum Begriff „Touristinformation").
[673] Teplitzky/*Schwippert* Kap. 51 Rn. 8.
[674] Teplitzky/*Schwippert* Kap. 51 Rn. 8c.
[675] Vgl. zum Markenrecht: BGH GRUR 2018, 417 Rn. 27 ff. – Resistograph; OLG Frankfurt a. M. GRUR-RR 2017, 229 Rn. 20 ff. – ICANN (vorbeugender Unterlassungsanspruch); OLG Düsseldorf GRUR-RS 2019, 47728 Rn. 13 ff. – Top-Level-Domain (ebenfalls bei Erstbegehungsgefahr; zu den Anforderungen bei Erstbegehungsgefahr → § 253 Rn. 219 f.
[676] BGH GRUR 2021, 1167 Rn. 47 – Ultraschallwandler.
[677] BGH GRUR 2021, 1167 Rn. 47 – Ultraschallwandler.
[678] BGH GRUR 2021, 1167 Rn. 48 – Ultraschallwandler.
[679] BGH GRUR 2021, 1167 Rn. 52 f. – Ultraschallwandler.
[680] → § 253 Rn. 216.
[681] BGH GRUR 2012, 945 Rn. 22 – Tribenuronmethyl mwN.
[682] Teplitzky/*Schwippert* Kap. 51 Rn. 38.
[683] BGH GRUR 2016, 705 Rn. 13 – ConText; BGH GRUR 2012, 945 Rn. 22 – Tribenuronmethyl mwN; BGH GRUR 2017, 266 Rn. 32 – World of Warcraft I; BGH GRUR 2018, 417 Rn. 28 – Resistograph; BGH GRUR 2019, 82 Rn. 21 – Jogginghosen; BGH GRUR 2019, 746 Rn. 34 – Energieeffizienzklasse III.

(hilfsweise) das Verbot wie im Antrag formuliert (also nicht nur wie im Hauptteil) ausgesprochen wird[684]. Das betrifft vor allem die Fälle, in denen der Kläger im Anschluss an die Formulierung „insbesondere wenn dies geschieht wie folgt" eine konkrete Verletzungsform einbettet, wobei sinnvoller Weise in einem entsprechenden Verbotstenor das Wort „insbesondere" gestrichen wird, um den Tenor aufgrund der gewollten Bezugnahme auf die konkrete Verletzungsform hinreichend bestimmt[685] zu machen[686]. Häufig ergibt die Auslegung des Verletzungsklagebegehrens im **Patent- und Gebrauchsmusterrecht,** dass der Insbesondere-Teil, wenn er Unteransprüche des im Hauptteil genannten Anspruchs enthält, als „versteckter" Hilfsantrag zum Hauptantrag gemeint ist.

Der Insbesondere-Antrag erscheint vor allem durch die Verwendung des Worts „insbesondere" problematisch, weil durch diese Formulierung verschiedene Lesarten des Antragsgegenstands möglich werden, was im Grunde aber durch das Bestimmtheitsgebot verhindert werden soll. Kern dessen ist zum einen, dass mit „insbesondere" grundsätzlich nicht abschließende Regelbeispiele gemeint sind. Das führt dazu, dass für den unbefangenen Leser der Gegenstand des Antrags jedenfalls insoweit unklar bleibt und vage erscheint, als er über das (die) angeführte(n) Beispiel(e) hinausgeht. Zum anderen wählt der Kläger diese Formulierung in der Regel bewusst, um einen möglichst umfassenden Schutz zu erlangen. Nach der **hier vertretenen Auffassung** besteht jedoch grundsätzlich kein Bedürfnis für einen solchen Insbesondere-Antrag. Dem entsprechenden Klagebegehren lässt sich auf anderem Weg genügen[687]. Im Antragstext könnte dann eine hinreichend bestimmte Formulierung gewählt werden (zB statt „insbesondere" das Wort „namentlich") und der Antrag könnte auf die konkrete Verletzungsform zugeschnitten werden. Denn bei sachgerechter Anwendung des Insbesondere-Antrags sollten Haupt- und Insbesondere-Teil **denselben Streitgegenstand** betreffen[688]. In den Fällen, in denen der Kläger jedoch meint, es bedürfe unbedingt eines Insbesondere-Antrags, sollte er besonders besonnen vorgehen und sein Klagebegehren zumindest in der Klagebegründung so deutlich machen, dass der Antragsgegenstand durch die Auslegung klar wird und mögliche Bestimmtheitsbedenken dadurch ausgeräumt werden.

Sowohl Hauptteil als auch Insbesondere-Teil unterliegen den allgemeinen Regeln und müssen jeweils dem **Bestimmtheitsgebot** entsprechen. Insofern gelten die allgemeinen Anforderungen an die Bestimmtheit für jeden einzelnen Teilantrag gesondert[689]. Der **Insbesondere-Teil** betrifft in der Regel lediglich einen Unterfall für das im Hauptteil geforderte Verbot, ohne dass der Hauptteil durch ihn bereits hinreichend konkretisiert wäre[690]. Der **Hauptteil** des Insbesondere-Antrags ist daher nicht bereits deshalb hinreichend bestimmt und zulässig verallgemeinert, weil im Insbesondere-Teil eine konkrete Verletzungsform angegeben wird[691]. Diese ist in der Regel lediglich ein Beispiel für das im Hauptteil begehrte (umfassendere) Verbot[692]. **215**

Ergeben sich im Antrag (zB zwischen Hauptteil und Insbesondere-Teil oder zwischen Verbotsteil und Ausnahme- oder Erlaubnistatbestand[693]) **Widersprüche** hinsichtlich der Reichweite des begehrten Verbots, ist zunächst **durch Auslegung** zu versuchen, diese **Widersprüche aufzulösen.** Auflösen lässt sich der Widerspruch bei einem **Insbesondere-Antrag,** wenn der Insbesondere-Teil eine deutliche Bezugnahme auf die konkrete Verletzungsform enthält, weil dann im Zweifel davon ausgegangen werden kann, dass diese den Streitgegenstand bildet[694]. Dem Insbesondere-Teil kommt insofern die (innerhalb dieses Antrags) maßgebliche Funktion zu, den Streitgegenstand zu verdeutlichen[695]. Trotz des (vermeintlich gegebenen) Widerspruchs ist der Antrag dann bestimmt und die Klage kann nicht deswegen als unzulässig abgewiesen werden. Lässt sich der Widerspruch zwischen beiden Teilen hingegen nicht auflösen, ist der Antrag unbestimmt und als unzulässig abzuweisen[696]. Ein solcher **unauflösbarer Widerspruch** liegt zB vor, wenn der Kläger im Hauptteil eine Verallgemeinerungsform wählt, deren abstrakter Inhalt vom Insbesondere-Teil nicht (mehr) erfasst wird[697]. **216**

---

[684] BGH GRUR 2008, 84 Rn. 21 – Versandkosten; BGH GRUR 2016, 705 Rn. 13 – ConText; BGH GRUR 2012, 945 Rn. 22 – Tribenuronmethyl mwN.
[685] → § 253 Rn. 201.
[686] BGH GRUR 2019, 82 Rn. 22 – Jogginghosen; OLG Frankfurt a. M. GRUR-RR 2020, 74 Rn. 12 – World`s Lightest; OLG BeckRS 2019, 6577 Rn. 44 – Stromanbieterwerbeanruf I (nicht abgedruckt in GRUR 2019, 654).
[687] → § 253 Rn. 179 zu den Konsequenzen für die Stellung eines Unterlassungsantrags.
[688] Teplitzky/*Schwippert* Kap. 51 Rn. 38.
[689] BGH GRUR 2016, 705 Rn. 13 – ConText; BGH NJW 2017, 3777 Rn. 65; NJW-RR 2018, 490 Rn. 56 f.
[690] BGH GRUR 2008, 84 Rn. 12 – Versandkosten.
[691] BGH GRUR 2008, 84 Rn. 12 – Versandkosten; BGH GRUR 2019, 82 Rn. 21 f. – Jogginghosen.
[692] BGH GRUR 2006, 164 Rn. 14 – Aktivierungskosten II.
[693] Siehe Teplitzky/*Schwippert* Kap. 51 Rn. 9.
[694] BGH GRUR 2011, 742 Rn. 17 f. – Leistungspakte im Preisvergleich; aA OLG Frankfurt a. M. GRUR 2013, 446 (447) – Combiotik®.
[695] Teplitzky/*Schwippert* Kap. 51 Rn. 40a.
[696] Vgl. BGH GRUR 2016, 705 Rn. 12 ff. – ConText. Hier betraf der Hauptteil ein Alleinstellungsverbot und der Insbesondere-Teil das Verbot der tatsächlich verwendeten Bezeichnung mit allen Zusätzen.
[697] BGH GRUR 2016, 705 Rn. 13 f. – ConText; Teplitzky/*Schwippert* Kap. 51 Rn. 40.

217 **6. Täter- oder Störerhaftung.** Möchte der Kläger den Beklagten als Täter oder als Störer in Anspruch nehmen, unterscheiden sich in der Regel die jeweiligen Anträge in ihrem Wortlaut[698]. Wird der Beklagte als Störer in Anspruch genommen, geschieht dies häufig mit der gegenüber der Täterhaftung zusätzlichen Formulierung **„Dritten zu ermöglichen, dass..."**[699]. Diese (auslegungsbedürftige) Wendung ist nach der **Rechtsprechung** des I. Zivilsenats des BGH zur Klarstellung der geltend gemachten Störerhaftung zulässig[700]. Indes kann auch die übliche Formulierung eines Unterlassungsantrags verwendet werden, wenn der Beklagte lediglich als Störer in Anspruch genommen wird[701]. Da **nach der hier vertretenen Auffassung** die Täter- und Störerhaftung einen einheitlichen Streitgegenstand bilden, ist dieser Rechtsprechung des BGH vollauf zuzustimmen, wonach der Kläger den Antrag nicht zwingend anzupassen braucht, wenn er die Verurteilung des Beklagten entweder als Täter oder als Störer begehrt. Gelangt das **Gericht allerdings** zu der Erkenntnis, dass der Beklagte nicht als Täter, sondern als Störer haftet, ist es in der Regel geboten, den Urteilstenor entsprechend den Usancen bei der Störerhaftung zu formulieren.

218 Einzelne Handlungs- oder Prüfpflichten brauchen nicht in den Antrag (oder in den Tenor) aufgenommen zu werden, wenn sich aus der Klagebegründung (oder den Entscheidungsgründen) ergibt, um welche es sich handelt[702]. Auch lassen sich solche Anträge unter Beachtung der Grenzen des Zumutbaren häufig nicht präziser fassen, ohne den durchsetzbaren Rechtsschutz zu opfern und eine Verlagerung des Streits hinsichtlich des Umfangs einzelner Pflichten in das Vollstreckungsverfahren ist insoweit hinzunehmen[703].

219 **7. Erstbegehungsgefahr.** Für einen Kläger, der einen Anspruch wegen Erstbegehungsgefahr geltend macht, fehlt es in der Regel an einer konkreten Verletzungsform, es sei denn, vergleichbare Handlungen wurden bereits im Ausland begangen und drohen nun auch in Deutschland aufgenommen zu werden[704]. Das Fehlen einer konkreten Verletzungsform ist besonders zu berücksichtigen, wenn es darum geht, ob der Kläger in der Lage ist, den Antrag (noch weiter) zu konkretisieren[705].

220 Trotzdem sind an die Bestimmtheit des Antrags grundsätzlich **keine anderen Anforderungen** als bei Anträgen wegen Wiederholungsgefahr zu stellen[706]. Der Kläger muss die drohenden Handlungsformen hinreichend deutlich umschreiben und ggf. durch Beispiele verdeutlichen, was konkret verboten sein soll[707]. So kann der Kläger auf eine frühere, nicht im konkreten Verfahren angegriffene, Verletzungsform Bezug nehmen, wenn er schriftsätzlich vorbringt, was das Charakteristische der konkret angegriffenen Verletzung sein soll[708]. Wenn zwischen den Parteien das Verständnis eines (abstrakten) **gesetzlichen Begriffs** unstreitig ist und die Grenzen des Verbots damit klar umrissen sind, kann der Kläger stattdessen auf diesen Begriff zurückgreifen. Sollte auch das nicht aus den Formulierungsschwierigkeiten heraushelfen, bleibt dem Kläger noch übrig, geltend zu machen, dass er von der Konkretisierungslast entbunden werden muss, weil diese zu erfüllen für ihn unzumutbar (unmöglich) ist und die **Gewährleistung eines angemessenen Rechtsschutzes** ansonsten ausgeschlossen wäre.

221 **8. Antragsumformulierung.** Im Laufe des Verfahrens kann es angebracht sein, dass der **Kläger** seinen Antrag umformuliert oder das Gericht bei der Formulierung des Tenors vom gestellten Antrag abweicht.

222 Handelt es sich allein um **redaktionelle** Änderungen, mit denen dasselbe Klageziel (Klagebegehren[709]) lediglich mit anderen Worten klarstellend umschrieben wird, ist gegen solche Änderungen nichts einzuwenden[710]. Gleiches gilt, wenn eine wörtliche Beschreibung der Verletzungsform aufgegeben wird und diese stattdessen bildlich in den Antrag aufgenommen wird[711]. Solche Änderungen

---

[698] BGH GRUR 2010, 633 Rn. 37 – Sommer unseres Lebens; BGH GRUR 2013, 370 Rn. 43 – Alone in the Dark; BGH BeckRS 2013, 15388 Rn. 20 – Prüfpflichten.
[699] Teplitzky/*Schwippert* Kap. 51 Rn. 37.
[700] BGH GRUR 2019, 813 Rn. 26 ff. – Cordoba II.
[701] BGH GRUR 2016, 936 Rn. 15 – Angebotsmanipulation bei Amazon.
[702] BGH GRUR 2013, 1229 Rn. 25 – Kinderhochstühle im Internet II; BGH BeckRS 2013, 15388 Rn. 21 – Prüfpflichten; BGH GRUR 2016, 268 Rn. 14 – Störerhaftung des Access-Providers; OLG Hamburg BeckRS 2017, 135144 Rn. 13 – Verbotstenor; OLG München GRUR 2018, 1050 Rn. 21 – kinox.to.
[703] BGH BeckRS 2013, 15388 Rn. 21 – Prüfpflichten.
[704] BGH GRUR 2015, 1201 Rn. 44 – Sparkassen-Rot/Santander-Rot.
[705] Vgl. OLG Köln GRUR-RR 2019, 18 Rn. 39 – Sonnenlogo.
[706] BGH GRUR 2015, 1201 Rn. 42 – Sparkassen-Rot/Santander-Rot; OLG Frankfurt a. M. GRUR-RR 2017, 229 Rn. 20 – ICANN.
[707] BGH GRUR 2015, 1201 Rn. 42 – Sparkassen-Rot/Santander-Rot; OLG Frankfurt a. M. GRUR-RR 2017, 229 Rn. 20 – ICANN.
[708] BGH GRUR 2019, 189 Rn. 13 – Crailsheimer Stadtblatt II (Einblendungen einer früheren Ausgabe des Stadtblatts können genügen).
[709] → § 253 Rn. 59 ff.
[710] Vgl. OLG Frankfurt a. M. BeckRS 2018, 27854 Rn. 7.
[711] OLG Hamburg GRUR-RR 2013, 138 (139 f.) – Totenkopfflasche.

erscheinen oft geboten, insbesondere wenn mit der geänderten Formulierung dem Umstand Rechnung getragen wird, dass der bisherige Antrag die beanstandete Verhaltensweise unzutreffend erfasst[712]. Die neue Formulierung darf **keine sachliche Erweiterung** des Verbotsumfangs zur Folge haben[713]. Allerdings kann sich der Kläger konkretisierend beschränken, indem er einzelne Merkmale hervorhebt, die als *minus* bereits im breiteren Antrag enthalten waren. Hauptbeispiel dafür ist der Rückgriff auf die konkrete Verletzungsform, nachdem zunächst versucht wurde, diese verallgemeinernd zu beschreiben[714]. Gleiches gilt, wenn nachträglich der auf die erweiterte Form gerichtete Antrag (der aber kein Schlechthinverbot darstellen darf) dahingehend neu gefasst wird, dass nunmehr „insbesondere" auch die konkrete Verletzungsform verboten sein soll[715].

Werden diese Anforderungen eingehalten, kann auch das **Gericht** den Tenor von sich aus anpassen 223 und insofern vom Antrag abweichen[716]. Änderungen am Antrag, die seine **Zulässigkeit** betreffen, sind dem Gericht generell verwehrt. So darf das Gericht aus einem unbestimmten Antrag keinen bestimmten Verbotstenor bilden, weil die Klage unzulässig und deswegen bereits abzuweisen ist[717]. Ist nicht die Zulässigkeit des Antrags betroffen, sondern dessen **Begründetheit,** zB weil der Antrag materiell zu weit geht, dann gilt im Wesentlichen Folgendes: Das Gericht hat zunächst auch insoweit (§ 139) auf eine sachgerechte Antragstellung hinzuwirken[718]. Dazu kann gehören, den Kläger darauf hinzuweisen, dass sein Antrag materiell zu weit geht. Allerdings darf das Gericht den Streitgegenstand nicht ändern oder im Rahmen des Hinweises grundsätzlich nicht auf seine Änderungsbedürftigkeit hinweisen[719]. Die Hinweispflicht erlaubt es weder, neue Streitgegenstände einzuführen, noch einen Kläger auf die Einführung solcher aufmerksam zu machen[720]. Stellt der Kläger den Antrag dennoch nicht um, ist das Gericht nach § 308 Abs. 1[721] grundsätzlich nicht gehindert, im Rahmen der ihm gegebenen Dispositionsbefugnis, aus dem zu breit gefassten Antrag nur einen (insoweit begründeten) Teil (ein *minus*) zuzusprechen und den Rest abzuweisen[722]. Das Gericht darf aber keinesfalls vom Klageantrag losgelöst den Tenor selbst formulieren[723]. Wenn die Verallgemeinerung zu weit geht, sich die konkrete Verletzungsform aber ohne Weiteres aus dem gestellten Klageantrag entnehmen lässt, kann eine Verurteilung beschränkt auf diese gestützt werden und die Klage im Übrigen abgewiesen werden[724].

Nach der **hier vertretenen Ansicht** darf das Gericht den Verbotstenor unter diesen Vorausset- 224 zungen nur dann nicht abweichend vom Antrag formulieren, wenn der Kläger allein eine ganz konkrete Fassung des Antrags begehrt und dadurch jedes *minus* (kategorisch) ausschließt. Insoweit hat er den Streitgegenstand des Verfahrens auf diesen einen Antrag beschränkt. Wegen der erforderlichen Klarheit für alle Verfahrensbeteiligten und wegen des Kostenrisikos für den Kläger, muss sich sein so verstandener Verzicht auf andere gewährbare Fassungen eindeutig und ausdrücklich aus einem Schriftsatz oder dem Verhandlungsprotokoll ergeben[725].

9. Abmahnung und einstweiliger Rechtsschutz. Diese oben genannten Grundsätze finden 225 gleichfalls im einstweiligen Rechtsschutz **entsprechende Anwendung.** Hierbei ist aber zu berücksichtigen, dass das Gericht zwar den Inhalt der einstweiligen Verfügung nach freiem Ermessen bestimmen kann, § 938 Abs. 1[726], zugleich aber auch an § 308 Abs. 1 S. 1[727] gebunden ist. Dagegen unterliegt die **Verwarnung/Abmahnung** als vorprozessuale Handlung nicht dem strengen Bestimmtheitsgrundsatz des § 253 Abs. 2 Nr. 2. Insoweit reicht es aus, dass sie dem Schuldner einen Weg weist, wie er sich verhalten soll, um einen Prozess zu vermeiden[728].

---

[712] BGH GRUR 2015, 1108 Rn. 28 – Green-IT.
[713] BGH GRUR 2015, 1108 Rn. 28 – Green-IT.
[714] BGH GRUR 1993, 556 (557) – TRIANGEL; Teplitzky/*Schwippert* Kap. 46 Rn. 20; vgl. auch BGH GRUR 2008, 702 Rn. 36 – Internet-Versteigerung III.
[715] BGH GRUR 1991, 772 (773) – Anzeigenrubrik I.
[716] Harte/Henning/*Brüning* UWG Vor § 12 Rn. 83.
[717] Vgl. MüKoZPO/*Musielak* ZPO § 308 Rn. 10.
[718] BGH GRUR 2002, 187 (188) – Lieferstörung; BGH GRUR 2005, 569 (570) – Blasfolienherstellung.
[719] BGH GRUR 2008, 614 Rn. 16 – ACERBON.
[720] BeckOK/*Voß* PatG Vor § 139 Rn. 36 mwN.
[721] → § 308 Rn. 3.
[722] MüKoZPO/*Musielak* ZPO § 308 Rn. 8; ausdrücklich zum Patentrecht: Benkard/*Grabinski/Zülch* PatG § 139 Rn. 32; Haedicke/Timmann PatR-HdB/*Zigann* § 15 Rn. 129; anders wohl, wonach eine Verurteilung zu einem Minus ausscheidet, wenn der Kläger ausdrücklich auf die Verallgemeinerung besteht.
[723] *Büscher* GRUR 2016, 113 (127).
[724] *Büscher* GRUR 2016, 113 (127).
[725] Vgl. Harte/Henning/*Brüning* UWG Vor § 12 Rn. 104; *Keukenschrijver* GRUR 2014, 127 (128) zum Patentnichtigkeitsverfahren.
[726] → § 938 Rn. 1 ff.; vgl. OLG Frankfurt a. M. GRUR-RR 2018, 361 Rn. 6 – 3 Jahre Garantie.
[727] → § 308 Rn. 1.
[728] BGH GRUR-RS 2021, 6265 Rn. 26 – Berechtigte Gegenabmahnung.

226 **10. Besonderheiten bei wettbewerbsrechtlichen Unterlassungsanträgen. Unbestimmt**[729] sind in der Regel Formulierungen[730] wie „eindeutig"[731], „unübersehbar"[732], „unmissverständlich"[733], „deutlich hervorgehoben"[734], „angemessen"[735] und „blickfangmäßig"[736]. Gleiches trifft auf die Wendungen „ohne den eindeutig zuzuordnenden und leicht erkennbaren Hinweis"[737] sowie „klarstellenden, deutlich hervorgehobenen Hinweis"[738] zu. Ebenfalls unbestimmt sind grundsätzlich die Formulierungen „unterhalb des marktgerechten Preises"[739] und „offensichtlich abwegige Begründung"[740].

227 **Bestimmt**[741] sind trotz Verwendung eines auslegungsbedürftigen Begriffs aufgrund der konkreten Umstände des Einzelfalls folgende Anträge:

228 Werden mit der Wendung „**im geschäftlichen Verkehr zu Zwecken des Wettbewerbs**" auslegungsbedürftige Begriffe angegriffen, kann ihr Gebrauch hinnehmbar oder im Interesse einer sachgerechten Titulierung zweckmäßig oder geboten sein, wenn im Einzelfall über den Sinngehalt der verwendeten Begriffe kein Zweifel besteht[742].

229 Die Fassung „**in unmittelbarem räumlichen Zusammenhang mit**" kann unter Berücksichtigung des Klagevorbringens hinreichend bestimmt sein, wenn sich durch Auslegung ergibt, dass ein solcher räumlicher Zusammenhang nur dann besteht, wenn die Angabe auf derselben Internetseite erfolgt wie die konkret dargestellte (preisbezogene) Werbung[743]. Die Bezeichnung „**auf dem deutschen Markt**" lässt bei verständiger Würdigung ein geografisch klar umgrenztes Gebiet, namentlich das der Bundesrepublik Deutschland, erkennen, jedenfalls wenn der Vortrag des Klägers in diese Richtung weist und es nicht auf das Verbreitungsgebiet der deutschen Sprache ankommt[744]. Im gleichen Sinne kann die Formulierung „**im Wesentlichen: räumlicher Bereich von Baden-Württemberg**" bestimmt sein, wenn sich das entsprechende Gebiet im Wesentlichen tatsächlich auf Baden-Württemberg erstreckt, aber mit den Landesgrenzen nicht ganz genau übereinstimmt[745]. Ausschlaggebend waren die konkreten Umstände des Einzelfalls. Der Kläger wollte dem Umstand Rechnung tragen, dass die Leitungen des Beklagten und damit die Abnahmemöglichkeit für dessen Produkte nicht an der Landesgrenze endeten, zugleich aber verdeutlichen, dass die Werbung im gesamten Bundesland Baden-Württemberg nicht beanstandet wird[746]. Die Wendung „türkische Lebensmittel" kann hinreichend bestimmt sein, wenn sich aus der Begründung des Antrags ergibt, um welche Gegenstände es sich konkret handeln soll[747]. Die Formulierung „**für einen angemessenen Zeitraum**" kann durch die Bezugnahme auf eine konkrete Verletzungsform hinreichend bestimmt sein[748].

230 Enthält der Antrag subjektive Elemente, die auf die Verwirklichung eines subjektiven Tatbestands (Absicht, Vorsatz etc) zielen, führen diese grundsätzlich zur Unbestimmtheit des Antrags. Die Wendung „**um … zurückzuführen**" betraf hingegen bei verständiger Würdigung und Auslegung des Klageantrags im Einzelfall nicht eine unbestimmte Absicht, sondern die objektiv feststellbare Eigenschaft der Rückführbarkeit[749].

231 Der Zusatz „**falls nicht jeweils deutlich gemacht wird, dass** der Krankenkasse auf den Apothekenabgabepreis ein Rabatt von 5 % zu gewähren ist", erfüllt die Bestimmtheitsanforderungen, wenn sich aus der Klagebegründung und den darin in Bezug genommenen Anlagen ergibt, welche konkrete Konstellation (Fehlen eines jeden Hinweises auf den Rabatt) umschrieben werden soll[750]. Insofern ist die Formulierung so zu verstehen, „falls nicht darauf hingewiesen wird, dass …"[751].

---

[729] Weitere Beispiele bei Teplitzky/*Schwippert* Kap. 51 Rn. 8e.
[730] Eine Darstellung von Einzelfällen findet man zB bei Harte/Henning/*Brüning* UWG Vor § 12 Rn. 91 ff.
[731] BGH GRUR 2005, 692 (693 f.) – „statt"-Preis.
[732] BGH GRUR 2005, 692 (693 f.) – „statt"-Preis.
[733] BGH GRUR 2000, 619 (620) – Orient-Teppichmuster.
[734] BGH GRUR 2000, 619 (620) – Orient-Teppichmuster.
[735] BGH GRUR 2000, 619 (620) – Orient-Teppichmuster.
[736] BGH GRUR 2000, 619 (620) – Orient-Teppichmuster.
[737] BGH GRUR 2008, 84 Rn. 15 – Versandkosten.
[738] BGH GRUR 2018, 320 Rn. 13 – Festzins Plus.
[739] OLG Hamburg GRUR-RS 2017, 121105 Rn. 78 ff. – Deutschland-Kombi.
[740] OLG Frankfurt a. M. GRUR-RR 2020, 30 Rn. 16 – Sperrandrohung.
[741] Weitere Beispiele bei Teplitzky/*Schwippert* Kap. 51 Rn. 8g.
[742] BGH GRUR 2011, 433 Rn. 11 – Verbotsantrag bei Telefonwerbung; vgl. OLG Hamburg GRUR-RS 2018, 30866 Rn. 20 – Presseausweis (hier ist der Inhalt der Formulierung „geschäftlich handelnd" zwischen den Parteien umstritten gewesen).
[743] BGH GRUR 2016, 954 – Energieeffizienzklasse.
[744] KG BeckRS 2017, 123063 Rn. 16 f. – Das Immunsystem stärken.
[745] BGH GRUR 2016, 1073 Rn. 14 – Geo-Targeting.
[746] BGH GRUR 2016, 1073 Rn. 14 – Geo-Targeting.
[747] OLG Köln GRUR-RR 2019, 18 Rn. 39 – Sonnenlogo.
[748] OLG München WRP 2019, 791 Rn. 77 – VORWIESN; vgl. auch OLG München GRUR-RR 2019, 31 Rn. 32 ff. – Verfügbarkeitsankündigung (für die Formulierung „Termin bis zu dem die Bekl. die Ware liefern muss").
[749] BGH GRUR 2017, 79 Rn. 27 – Segmentstruktur.
[750] BGH GRUR 2016, 1070 Rn. 13 – Apothekenabgabepreis.
[751] BGH GRUR 2016, 1070 Rn. 13 – Apothekenabgabepreis.

Die Formulierung **„für die Zuweisung von Patienten ein Entgelt versprechen oder gewäh-** 232
ren" ist hinreichend bestimmt, wenn die tatsächlichen Umstände des angegriffenen Geschäftsmodells zwischen den Parteien nicht in Streit stehen, sondern es nur um die Beurteilung geht, ob eine Prämie nach den berufsrechtlichen Bestimmungen eine unzulässige Vergütung für die Zuweisung von Patienten ist[752].

11. Besonderheiten bei marken- und kennzeichenrechtlichen Unterlassungsanträgen. Ent- 233
sprechendes gilt im Marken- und Kennzeichenrecht für das Merkmal **„Handeln im geschäftlichen Verkehr".** Dies muss aber hinreichend konkret umschrieben und ggf. mit Beispielen verdeutlicht werden, wenn zwischen den Parteien streitig ist, wann es erfüllt ist und wann nicht[753].

Der Begriff **„kennzeichen- bzw. markenmäßige Benutzung"** ist grundsätzlich auslegungs- 234
bedürftig. Streiten die Parteien nicht über dessen Auslegung und Grenzen, ist seine Aufnahme im Antrag unproblematisch und steht dem Bestimmtheitserfordernis nicht entgegen[754]. Streiten indes die Parteien, wo die Grenzen zwischen einer verletzenden kennzeichenmäßigen Handlung und einer rechtmäßigen nicht kennzeichenmäßigen (zB dekorativen) Benutzung liegen und ist im Einzelfall die Abgrenzung schwierig und komplex, muss der Streit über die Bedeutung dieses Begriffs im Erkenntnisverfahren geführt und darf nicht ins Vollstreckungsverfahren verlagert werden[755]. Es bleibt dann Aufgabe des Klägers, das Merkmal „kennzeichenmäßige Benutzung" hinreichend deutlich zu umschreiben und ggf. mit Beispielen zu verdeutlichen[756]. Die **Nennung der Klagemarke** und das Anführen ihrer (etwaigen) **Bekanntheit** im Antrag oder entsprechenden Tenor kann eine unschädliche Überbestimmung des auf die konkrete Verletzungsform bezogenen Klagebegehrens sein[757].

Begehrt der Kläger den angegriffenen Begriff **„als Titel"** eines Internetportals zu verbieten und 235
stützt sich (hilfsweise auch) auf eine **Markenverletzung,** kann die Auslegung des Begehrens ergeben, dass trotz des so formulierten Antrags keine Beschränkung auf werktitelmäßige Benutzungen gewollt war, sondern auch „markenmäßige" Verletzungen erfasst werden sollten, wenn zudem im Klageantrag auf die konkrete Verletzungsform samt ihrer tatsächlichen Ausgestaltung Bezug genommen wird und sich aus der Klagebegründung ergibt, dass sich der Kläger mit seinem Begehren nicht auf werktitelmäßige Verwendungsformen beschränkt[758].

Bestimmtheit fehlt, wenn der Antrag offenlässt, welche Formen der Verwendung der angegriffenen 236
Farbe dem Verbot der markenmäßigen Benutzung unterfallen sollen[759]. Der Farbton ist ebenfalls konkret zu bestimmen. Zum Beispiel könnte daher ein solcher Antrag folgende Passage enthalten: „die Farbe ... (Pantone ...; CMYK: ...; RGB: ...; RAL: ...)"[760].

12. Besonderheiten bei patent-, gebrauchsmuster- und sortenschutzrechtlichen Unterlas- 237
sungsanträgen. Bei **technischen Schutzrechten** sind folgende Besonderheiten zu beachten:

Da Unterlassungsanträge nach höchstrichterlicher Rechtsprechung nicht unzulässig sind, wenn die 238
Patentansprüche bei einer **wortsinngemäßen** Patentverletzung wortwörtlich abgeschrieben worden sind[761], steht im Rahmen der Zulässigkeit solcher Anträge § 253 Abs. 2 Nr. 2 nicht entgegen. Ob dem Kläger jedoch im Rahmen der Begründetheit solche Ansprüche auch zugesprochen werden können[762], hängt (unter anderem) davon ab, ob er dartun kann, dass ihm diese umfassenden Ansprüche zustehen, weil der Beklagte derartige umfassenden Handlungen begangen hat oder deren Begehung zumindest droht[763]. Im Regelfall wird der Kläger jedoch eine konkrete Ausführungsform angreifen wollen. In diesem Fall reicht die bloße Wiedergabe der Schutzansprüche zur Bezeichnung der angegriffenen Ausführung im Rahmen der Begründetheit der Klage nicht aus, sondern der Kläger muss die Mittel so konkret in den Klageanträgen angeben, derer sich die angegriffene Ausführungsform bedient, dass eine dem Klageantrag entsprechende Urteilsformel die Grundlage für die Zwangsvollstreckung bilden kann[764]. Das gilt unabhängig von der Frage einer wortsinngemäßen oder äquivalenten Verletzung. In beiden Fällen ist im Klageantrag und in einem diesem entsprechenden Urteilsausspruch zum Ausdruck zu bringen, **durch welche Ausgestaltung** die angegriffene Ausführung die erfindungsgemäße Lehre verwirklicht, wobei nicht der Gegenstand des Klagepatents, sondern die angegriffene Ausführung zu

---

[752] BGH GRUR 2015, 1237 Rn. 13 – Erfolgsprämie für die Kundengewinnung.
[753] BGH GRUR 2007, 708 Rn. 50 – Internet-Versteigerung II.
[754] BGH GRUR 2014, 382 – REAL-Chips.
[755] BGH GRUR 2015, 1201 Rn. 42 – Sparkassen-Rot/Santander-Rot.
[756] BGH GRUR 2015, 1201 Rn. 42 – Sparkassen-Rot/Santander-Rot.
[757] BGH GRUR-RS 2019, 37287 Rn. 14 – ÖKO-Test III.
[758] BGH GRUR 2016, 1300 Rn. 29 – Kinderstube.
[759] BGH GRUR 2015, 1201 Rn. 39 – Sparkassen-Rot/Santander-Rot.
[760] BGH GRUR 2015, 1201 (1202) – Sparkassen-Rot/Santander-Rot.
[761] BGH GRUR 2005, 569 (570) – Blasfolienherstellung.
[762] → § 313 Rn. 6.
[763] BGH GRUR 2012, 485 Rn. 22 – Rohrreinigungsdüse II.
[764] BGH GRUR 2016, 1031 Rn. 54 – Wärmetauscher.

bezeichnen ist[765]. Allerdings ist auch bei Anträgen, die diesen Vorgaben aus *Blasfolienherstellung*[766] nicht entsprechen und den Wortlaut der Patentansprüche wortwörtlich wiedergeben, im Regelfall mangels abweichender Anhaltspunkte davon auszugehen, dass der Kläger Ansprüche lediglich wegen solcher Handlungen des Beklagten geltend machen will, die sich auf eine Ausführungsform beziehen, für die der Kläger vorträgt, dass sie auf Grund ihrer tatsächlichen Ausgestaltung sämtliche Merkmale des Patentanspruchs aufweist und vom Beklagten entgegen § 9 PatG benutzt wird oder benutzt zu werden droht[767].

239 Nach der Auffassung des **OLG Düsseldorf** reicht es hingegen aus, wenn bei einer wortsinngemäßen Verletzung im Klageantrag der Wortlaut des Patentanspruchs abgeschrieben ist[768]. Er braucht nicht angepasst zu werden. Das gilt auch dann, wenn der nach dem Wortlaut des geltend gemachten Patentanspruchs formulierte Antrag alternative Merkmale enthält[769]. In der Zwangsvollstreckung kann der Tenor anhand der Entscheidungsgründe ausgelegt werden. Das **OLG München** besteht indes grundsätzlich auf eine konkrete, an die angegriffene Ausführungsform angepasste Antragsfassung[770]. Gleiches haben mitunter bereits das **OLG Karlsruhe**[771] und das **OLG Hamburg**[772] verlangt. Im Hinblick auf die ausführliche Schilderung der angegriffenen Ausführungsform in den Entscheidungsgründen kann im Einzelfall jedoch davon abgesehen werden, den Tenor entsprechend zu konkretisieren[773].

240 Bei Geltendmachung einer **äquivalenten** Patentverletzung durch eine angegriffene Ausführungsform genügt das bloße Abschreiben des Patentanspruchs nicht, weil eine vom Wortsinn abweichende Ausführung angegriffen wird. Daher muss der Kläger seinen Antrag so fassen, dass sich aus ihm ergibt, in welcher tatsächlichen Gestaltung die Abweichung von den Vorgaben des Patentanspruchs verkörpern soll[774]. Um dieses Gebot zu erfüllen, wird in der Praxis üblicherweise der Patentanspruch abgeschrieben, aber die konkrete Ausgestaltung des Merkmals, welches äquivalent verwirklicht sein soll, anhand der angegriffenen Ausführungsform konkret in den Antrag aufgenommen[775]. Ob insofern diesen Anforderungen Genüge getan ist, wenn auf die Skizze eines gerichtlichen Sachverständigen Bezug genommen wird, hängt maßgeblich von den Umständen des Einzelfalls ab[776].

241 Bei einer **mittelbaren** Patentverletzung ist die Eignung des Mittels in den Antrag aufzunehmen[777].

242 Für **sortenschutzrechtliche Ansprüche** gelten die oben dargelegten Kriterien mit der Maßgabe entsprechend, dass die Sortenbeschreibung an die Stelle der Schutzansprüche tritt[778]. Wird im Verbotsantrag das angegriffene Verhalten weitgehend mit dem Wortlaut der gesetzlichen Definition des „Inverkehrbringens zu gewerblichen Zwecken" in § 2 Abs. 1 Nr. 12 SaatG beschrieben, kann der (den Wortlaut des Gesetzes wiederholende) Antrag[779] im Einzelfall hinreichend bestimmt sein[780].

243 **13. Besonderheiten bei urheberrechtlichen Unterlassungsanträgen.** Nimmt der Verbotsantrag mit den Wendungen **„vervielfältigen"** und **„öffentlich zugänglich machen"** (etc) auf den Wortlaut des entsprechenden Eingriffstatbestands im UrhG Bezug, gelten die für gesetzeswiederholende Anträge[781] und auslegungsbedürftige Anträge[782] aufgestellten Grundsätze[783]. Die Formulierung **„Spiele der Klägerin"** kann hinreichend bestimmt sein. Es werden in der Regel die von der Klägerin hergestellten Spiele gemeint sein, an denen sie die ausschließlichen urheberrechtlichen Nutzungsrechte besitzt. Dieses Verständnis des Antrags spiegelt sich im Klagegrund wider, wenn die Klägerin als Inhaberin urheberrechtlicher Schutzrechte an den von ihr entwickelten und vertriebenen Spielen geltend macht[784].

244 Ebenso ist ein Antrag dann hinreichend bestimmt, wenn zwar nicht eindeutig feststeht, welches Computerprogramm mit einer bestimmten Bezeichnung gemeint ist, aber der Inhalt dieses Computerprogramms auf andere Weise so beschrieben wird, dass Verwechslungen mit anderen Computerpro-

---

[765] BGH GRUR 2016, 1031 Rn. 54 – Wärmetauscher.
[766] BGH GRUR 2005, 569 (570) – Blasfolienherstellung.
[767] BGH GRUR 2012, 485 Rn. 23 – Rohrreinigungsdüse II.
[768] OLG Düsseldorf BeckRS 2016, 14360; 2017, 162300 Rn. 41 f.; *Kühnen* GRUR 2006, 180 ff.
[769] OLG Düsseldorf BeckRS 2017, 162300 Rn. 44.
[770] OLG München BeckRS 2014, 14360.
[771] OLG Karlsruhe GRUR-RR 2010, 120; LG Mannheim BeckRS 2016, 07993.
[772] OLG Hamburg BeckRS 2013, 11573.
[773] Vgl. LG München I BeckRS 2018, 33489 Rn. 96 – Niederspannungshüllkurvenverfolger.
[774] BGH GRUR 2010, 314 Rn. 31 – Kettenradanordnung II.
[775] BeckOK/*Voß* PatG Vor §§ 139 ff. Rn. 20.
[776] OLG Hamburg BeckRS 2016, 15015.
[777] BeckOK/*Voß* PatG Vor §§ 139 ff. Rn. 21.
[778] BGH GRUR 2009, 750 Rn. 10 – Lemon Symphony.
[779] → § 253 Rn. 209 ff.
[780] BGH GRUR 2017, 537 Rn. 13 f. – Konsumgetreide.
[781] → § 253 Rn. 209 ff.
[782] → § 253 Rn. 212 f.
[783] BGH GRUR 2019, 813 Rn. 25 – Cordoba II.
[784] BGH GRUR 2015, 672 Rn. 35 – Videospiel-Konsolen II.

grammen soweit wie möglich ausgeschlossen sind[785]. Dabei kann die gebotene Individualisierung des Computerprogramms durch Bezugnahme auf Programmausdrucke oder Programmträger erfolgen[786].

245 Ungeklärt ist nach wie vor, ob es für den Verletzten im Erkenntnisverfahren möglich ist, bei massenhaften gleichartigen Verletzungen **Repertoirelisten** einzureichen, um diese zum Gegenstand des Erkenntnisverfahrens zu machen[787]. Eine noch weitergehende Erleichterung gilt jedenfalls für die GEMA. Sie braucht keine Repertoirelisten vorzulegen, sondern für die inhaltliche Bezugnahme auf die betroffenen Werke reicht es nach der gängigen Praxis der Rechtsprechung in der Regel aus, wenn diese Werke mit „**GEMA-Musik**" angegeben werden und erläutert wird, dass dies solche Titel sind, an denen die GEMA die Verwertungsrechte besitzt.

246 **14. Besonderheiten bei designrechtlichen Unterlassungsanträgen.** Der Streitgegenstand wird im Designrecht in der Regel durch eine Abbildung des beanstandeten Erzeugnisses festgelegt[788].

247 Ein abstrahierender Verbalantrag mit einer Ergänzung „**wie geschehen in** …" ist im Designrecht in der Regel **unbestimmt**[789]. Die Verletzungsform kann indes dadurch konkretisiert werden, dass auf die Gesamtwirkung von im Einzelnen verbal aufgeführten Merkmalen abgestellt und eine Abbildung hinzugefügt wird[790]. Eine Aufzählung von Kombinationsmerkmalen neben einer Einblendung einer Abbildung in einem Klageantrag stellt daher in der Regel gegenüber einer Antragsfassung ohne diese ausformulierten Merkmale keinen anderen Streitgegenstand dar, wenn dieselbe Verletzungsform angegriffen werden soll[791]. Für die Bestimmtheit des Antrags ist eine Merkmalsgliederung nicht erforderlich[792]. Sie kann aber zur Erläuterung des in den Abbildungen Sichtbaren dienen[793].

III. Beseitigungsantrag

248 Auch Anträge auf Beseitigung einer eingetretenen Störung müssen möglichst exakt angeben[794], welchen **Zustand** der Beklagte herstellen soll[795]. Es genügt nicht, wenn pauschal beantragt wird, dass der Zustand vor Eintritt der Störung hergestellt werden soll, weil dieser Zustand aus Bestimmtheitsgründen konkret zu beschreiben ist[796].

249 Da aber *grundsätzlich* dem Beklagten nach materiellem Recht die **Auswahl der zu ergreifenden Maßnahmen** zusteht, braucht nicht in den Antrag aufgenommen werden, welche bestimmten Maßnahmen der Beklagte zur Erreichung dieses Ziels durchführen muss[797]. Sind mehrere gleichwertige Beseitigungsmöglichkeiten gegeben, ist ein Alternativantrag „**nach Wahl des Beklagten**" zu stellen, nicht aber ein Haupt- und Hilfsantrag, weil dadurch die Wahlmöglichkeit des Schuldners beeinträchtigt würde[798]. Ein entsprechender Alternativantrag verstößt nicht gegen den **Bestimmtheitsgrundsatz**, weil nur so der materiellen Rechtslage entsprochen werden kann[799]. Gibt es *ausnahmsweise* jedoch erkennbar nur eine Möglichkeit der Störungsbeseitigung, so darf und muss der Kläger sie wegen des Bestimmtheitsgebots im Antrag bezeichnen[800].

250 Die **Kerntheorie** gilt beim Beseitigungsantrag nicht: Weder sind Erstbegehungs- oder Wiederholungsgefahr Voraussetzungen für die Begründetheit des materiellen Anspruchs. Noch greifen die prozessualen Wirkungen der Kerntheorie ein, weil der Beseitigungsantrag allein die Beseitigung einer konkreten Verletzung zum Gegenstand hat[801].

IV. Vernichtungsantrag

251 Da der Vernichtungsantrag dem Wesen nach ein Beseitigungsantrag ist, gelten die für den Beseitigungsantrag zuvor genannten Grundsätze *mutatis mutandis*. Für den Fall, dass eine Vernichtung nicht durch den Schuldner selbst, sondern durch den Gerichtsvollzieher beantragt und gewährt wird, ist umso mehr zu beachten, dass allein aus dem Tenor eindeutig hervorgeht, welche Gegenstände der

---

[785] BGH GRUR 2008, 357 Rn. 24 – Planfreigabesystem.
[786] BGH GRUR 2008, 357 Rn. 24 – Planfreigabesystem.
[787] *Czychowski/Nordemann* NJW 2015, 747 (752).
[788] *Eichmann/Jestaedt/Fink/Meiser* DesignG GGV § 42 Rn. 99.
[789] *Eichmann/Jestaedt/Fink/Meiser* DesignG GGV § 42 Rn. 98.
[790] *Eichmann/Jestaedt/Fink/Meiser* DesignG GGV § 42 Rn. 99.
[791] OLG Hamburg GRUR-RR 2013, 138 (139 f.) – Totenkopfflasche.
[792] LG Düsseldorf GRUR-RR 2011, 361 (364) – Tablet-PC II.
[793] LG Düsseldorf GRUR-RR 2011, 361 (364) – Tablet-PC II.
[794] Ein Formulierungsbeispiel findet sich zB bei *Köhler*/Bornkamm/*Feddersen* UWG § 12 Rn. 1.54.
[795] BeckOK ZPO/*Bacher* § 253 Rn. 64.
[796] BeckOK ZPO/*Bacher* § 253 Rn. 64.
[797] BGH NJOZ 2018, 1612 Rn. 11; BeckOK ZPO/*Bacher* § 253 Rn. 64; OLG Frankfurt a. M. GRUR-RR 2017, 231 Rn. 15 – Schnittstelle zum Ersatzteildatenaustausch.
[798] *Köhler*/Bornkamm/*Feddersen* UWG § 12 Rn. 1.52; aA Teplitzky/*Kessen* Kap. 24 Rn. 8.
[799] Teplitzky/*Schwippert* Kap. 52 Rn. 3.
[800] BGH NJOZ 2018, 1612 Rn. 11; *Köhler*/Bornkamm/*Feddersen* UWG § 12 Rn. 1.52 mit Verweis auf BGH GRUR 1964, 82 (87) – Lesering.
[801] Harte/Henning/*Brüning* UWG Vor § 12 Rn. 138.

Vernichtung unterliegen, weil dem Gerichtsvollzieher nicht zuzumuten ist, die vielseitigen Urteilsgründe in Kombination mit der Akte und den eingereichten Anlagen zu studieren und auszulegen.

V. Antrag auf Auskunft und Rechnungslegung

252 Auch die Anträge[802] auf Auskunft und Rechnungslegung müssen hinreichend bestimmt sein. Dies gilt in zwei Richtungen: Zum einen muss bestimmt werden, worüber Auskunft zu erteilen und wofür Rechnung zu legen ist. Hierfür gelten hinsichtlich der Bestimmtheit der Verletzungsform sowie ihrer Verallgemeinerung dieselben Maßstäbe wie beim Unterlassungsantrag[803]. Zum anderen müssen der Zeitraum, die Art und der Umfang der Auskunftserteilung sowie der Zeitraum und der Umfang der Rechnungslegung konkret beschrieben werden, damit der Beklagte im Falle seiner Verurteilung weiß, was er konkret zu tun hat, um dem gerichtlichen Handlungsgebot nachzukommen[804]. Es muss sich klar ergeben, unter welchen Voraussetzungen die jeweils konkret benannten Informationen verlangt werden[805]. Entscheidend ist, was der Antrag und spätere Tenor (ggf. nach Auslegung[806]) zum Inhalt und Umfang der Auskunfts- und Rechnungslegung vorgeben. Auskünfte über Handlungen oder über andere Umstände, welche nicht beantragt und nicht ausgeurteilt sind, können später in der Zwangsvollstreckung nicht erzwungen werden[807].

253 Wird Auskunft über den Zeitraum der letzten mündlichen Verhandlung hinaus begehrt, so ist nicht abschließend geklärt, ob es sich insoweit um einen künftigen Anspruch handelt und die Voraussetzungen von § 259 ZPO erfüllt sein müssen. Nach herrschender Meinung kommt es darauf aber nicht an, weil es sich bereits um einen entstandenen Anspruch handelt, der aufgrund einer in der Vergangenheit liegenden Verletzungshandlung begründet worden war[808].

VI. Feststellungsantrag

254 Auch für einen Feststellungsantrag gilt das Bestimmtheitsgebot. Es verlangt, dass das festzustellende Rechtsverhältnis genau bezeichnet wird. Hierzu genügt es grundsätzlich, wenn der Kläger die rechtsbegründenden Tatsachen genau benennt. In der Regel kommen im gewerblichen Rechtsschutz[809] **positive** Feststellungsklagen als Schadensersatzfeststellungsklagen vor. Insofern ist der **Klagegrund**[810] (ggf. unter Bezugnahme auf die konkrete Verletzungsform[811]) anzugeben, aus dem der Schaden abgeleitet wird. Der Antrag kann auch auf einen Teil des Schadens zielen, der dem Kläger nicht bereits nach dem Zahlungsantrag zu ersetzen ist oder diesen übersteigt[812]. Im Einzelfall kann der Feststellungsantrag auch als Hilfsantrag zum Zahlungsanspruch gemeint sein, wenn der begehrte Schaden ganz oder teilweise noch nicht festgestellt werden kann[813]. Gegen den Antrag, wonach festgestellt werden solle, dass der Beklagte dem Kläger den bereits entstandenen und künftig noch entstehenden Schaden zu ersetzen habe, bestehen unter Bestimmtheitsgesichtspunkten keine Bedenken[814], wenn die konkrete Verletzungshandlung wie beim Unterlassungsantrag – bei Klagehäufung mittels Bezugnahme – konkret beschrieben wird[815]. Bedenken können aber bestehen, wenn die (nicht vom Zahlungsantrag erfassten) weiteren Schäden weder inhaltlich konkretisiert noch zeitlich eingegrenzt sind[816].

255 Bei der **negativen** Feststellungsklage gelten dieselben Anforderungen an die Bestimmtheit wie bei einer positiven Feststellungsklage[817]. Zur Individualisierung des Anspruchs muss der Anspruchsgrund bereits im Antrag so konkret benannt werden, dass der Umfang der Rechtshängigkeit und der Umfang der Rechtskraft feststehen[818].

---

[802] Ein Formulierungsbeispiel findet sich zB bei *Köhler*/Bornkamm/*Feddersen* UWG § 12 Rn. 1.64.
[803] BGH GRUR 2007, 871 Rn. 21 – Wagenfeld-Leuchte; BGH GRUR 2008, 357 Rn. 21 – Planfreigabesystem; BGH GRUR 2017, 716 Rn. 15 – PC mit Festplatte II.
[804] *Köhler*/Bornkamm/*Feddersen* UWG § 12 Rn. 1.61; BeckOK/*Voß* PatG Vor §§ 139 ff. Rn. 24.
[805] OLG Düsseldorf BeckRS 2017, 109831 Rn. 36 – Tropfenabscheidung in Rauchgasentwicklungsanlagen.
[806] → § 253 Rn. 194.
[807] OLG Düsseldorf GRUR-RR 2020, 417 Rn. 66 – Schnellspannvorrichtung mwN.
[808] Teplitzky/*Schwippert* Kap. 52 Rn. 5 mwN.
[809] Vgl. zum Kartellschadensersatz *Pohlmann* NZKart 2020, 55 ff.
[810] → § 253 Rn. 90 ff.
[811] → § 253 Rn. 120 ff., → Rn. 200 ff.
[812] Vgl. BGH NJW-RR 2018, 1304 Rn. 19.
[813] BGH NJW-RR 2018, 1304 Rn. 19.
[814] BGH GRUR 2008, 933 Rn. 14 – Schmiermittel.
[815] *Köhler*/Bornkamm/*Feddersen* UWG § 12 Rn. 1.58.
[816] BGH BeckRS 2018, 1197 Rn. 14 (in BGH NJW 2018, 2414 nicht abgedruckt); OLG Hamburg GRUR-RS 2019, 48391 Rn. 86 f. – Studienplatzvermittlung.
[817] Wird die Feststellung begehrt, dass ein Schadensersatzanspruch nicht über ein vom Gericht festzusetzenden Zahlungsanspruch hinausgeht, ist dieser Antrag unbestimmt, weil der Kläger den Betrag beziffern muss: OLG Düsseldorf BeckRS 2011, 21121.
[818] BeckOK ZPO/*Bacher* § 253 Rn. 72 mit Verweis auf BGH NJW 1983, 2247 (2250).

VII. Zahlungs- und Freistellungsantrag

Zur erforderlichen Bestimmtheit bei Zahlungs- und Freistellungsanträgen gehört es grundsätzlich, **256** diese zu **beziffern**. Unbestimmt ist eine Zahlungsklage zum Beispiel, wenn zwar pro Verletzungsfall eine Vertragsstrafe von 25 EUR gefordert, aber die Gesamtsumme offen gelassen wird[819]. Fordert der Kläger einen summenmäßig bezifferten **Mindestschaden** und stellt es ins Ermessen des Gerichts, einen etwaigen darüberhinausgehenden Betrag festzusetzen, so ist dieser Antrag hinreichend bestimmt[820]. Im Einzelfall kann eine sog. **Saldoklage** zulässig sein[821]: Es kann auf eine konkrete Bezifferung (Aufschlüsselung) der im Fall einer Klagehäufung nach Abzug geleisteter Zahlungen geforderten Einzelbeträge verzichtet werden, wenn diese zur Abgrenzung des Streitgegenstands nicht erforderlich sind, also weder für den Entscheidungsumfang des Gerichts noch für den Ausgang des Rechtsstreits und auch nicht zur Ermittlung der Rechtskraft einer späteren gerichtlichen Entscheidung oder für eine Zwangsvollstreckung von Bedeutung sind[822]. Bei einem **Freistellungsantrag** müssen Grund und Höhe der Schuld angegeben werden, von der freigestellt werden soll[823]. Bei fehlender Bezifferung kann eine **Umdeutung** in einen (zulässigen) Antrag auf Feststellung der Schadensersatz- oder (je nach dem) Freistellungspflicht in Betracht kommen[824].

Eine **unbezifferte Zahlungsklage** kann jedoch zulässig sein, wenn es dem Gericht nach billigem **257** Ermessen überlassen ist, die Höhe des Zahlbetrags zu bestimmen[825] und der Kläger zumindest die Größenordnung der Zahlung oder einen Mindestbetrag angegeben hat[826].

Eine Sonderregelung findet sich in **§ 38 ArbEG,** der es dem auf eine angemessene Vergütung **258** klagenden Arbeitnehmererfinder gestattet, einen unbezifferten Klageantrag zu stellen.

Wird das Zahlungsbegehren in Eventualklagehäufung auf **mehrere Streitgegenstände** gestützt, **259** muss der Kläger eine **Reihenfolge** angeben, in der er seine prozessualen Ansprüche vom Gericht geprüft haben will[827].

Werden mit einer **Teilklage** mehrere prozessual selbständige Zahlungsansprüche (Streitgegenstände) **260** geltend gemacht, (indem zB das Zahlungsverlangen auf eine Schadensersatzpflicht und auf eine Verwirkung einer Vertragsstrafe gestützt wird,) deren Summe jeweils den geltend gemachten Teilbetrag übersteigt, genügt diese dem Bestimmtheitserfordernis nur, wenn der Kläger angibt, wie sich der eingeklagte Betrag auf die einzelnen Ansprüche verteilen soll und in welcher Reihenfolge das Gericht diese Ansprüche prüfen soll[828]. Wird dies nicht vorgegeben und kann auch nicht im Wege der Auslegung eine Aufteilung (zB gleichmäßige Verteilung auf alle Rechtsverletzungen und Zuwiderhandlungen) abgeleitet werden, weil eine solche Verteilung unter der Prämisse des jeweils geltend gemachten Einzelbetrags rechnerisch nicht die Summe ergibt, ist der Antrag unbestimmt und deswegen unzulässig[829]. Anderenfalls käme es zu unüberwindlichen Schwierigkeiten bei der Bestimmung des Streitgegenstands und damit der materiellen Rechtskraft[830].

VIII. Gestaltungsantrag

Im Nichtigkeits- und Löschungsverfahren gilt § 253 Abs. 2 Nr. 2. Beim **markenrechtlichen** **261** **Löschungsverfahren** sind insofern keine Besonderheiten ersichtlich. Ausreichend ist sogar, lediglich mitzuteilen, **„die Marke ist entgegen § 8 MarkenG eingetragen worden"**, weil darin ein hinreichend bestimmter Antrag zu sehen ist, der den Streitgegenstand klar umreißt[831].

Im **Patentnichtigkeitsverfahren** ist die Stellung eines bestimmten Antrags eine **Sollvorschrift** **262** und damit nicht notwendiger Inhalt der Nichtigkeitsklage[832]. Gleichwohl sollte aber angegeben werden, ob die Vernichtung im Ganzen oder nur zum Teil angestrebt wird[833]. Das Verfahren auf Erteilung einer **patentrechtlichen Zwangslizenz** betrifft ebenfalls einen Gestaltungsantrag[834], dessen

---

[819] OLG Düsseldorf BeckRS 2013, 11783.
[820] BGH GRUR 2006, 219 Rn. 11 – Detektionseinrichtung II; BGH NZKart 2020, 539 Rn. 17 – Schienenkartell IV.
[821] Vgl. zur Anwendung außerhalb des Mietrechts: *Drasdo* NJW-Spezial 2018, 609.
[822] BGH NZM 2013, 422 Rn. 14 f.; 2018, 444 Rn. 16; 2018, 454; 2019, 171; 2019, 206.
[823] BGH NJOZ 2018, 1612 Rn. 34.
[824] Zöller/*Greger* ZPO § 256 Rn. 15c.
[825] BGH GRUR 1993, 55 (56) – Tchibo/Rolex II.
[826] Köhler/Bornkamm/*Feddersen* UWG § 12 Rn. 1.57.
[827] BGH GRUR 2011, 521 Rn. 10 und 11 – TÜV I; BGH GRUR 2014, 201 Rn. 12 – Peek & Cloppenburg IV und → § 253 Rn. 50.
[828] BGH GRUR 2015, 258 Rn. 21 – CT-Paradies.
[829] BGH GRUR 2015, 258 Rn. 25 – CT-Paradies.
[830] BGH GRUR 2015, 258 Rn. 21 – CT-Paradies.
[831] BGH GRUR 2016, 500 Rn. 11 – Fünf-Streifen-Schuh.
[832] *Keukenschrijver,* Patentnichtigkeitsverfahren, Rn. 112.
[833] Vgl. *Keukenschrijver,* Patentnichtigkeitsverfahren, Rn. 112.
[834] Benkard/*Rogge/Kober-Dehm* § 24 Rn. 28 mwN; Busse/Keukenschrijver/*McGuire* § 24 Rn. 63; aA BeckOK/*Wilhelmi* § 24 Rn. 48.

Bestimmtheit (§ 99 Abs. 1 PatG) zweifelhaft sein kann, wenn offengelassen wird, wie die Beschränkung der beantragten Benutzungsgestattung auf bestimmte Patientengruppen beim Vertrieb des betroffenen Medikaments verwirklicht werden soll[835].

§ 254 Stufenklage

Wird mit der Klage auf Rechnungslegung oder auf Vorlegung eines Vermögensverzeichnisses oder auf Abgabe einer eidesstattlichen Versicherung die Klage auf Herausgabe desjenigen verbunden, was der Beklagte aus dem zugrunde liegenden Rechtsverhältnis schuldet, so kann die bestimmte Angabe der Leistungen, die der Kläger beansprucht, vorbehalten werden, bis die Rechnung mitgeteilt, das Vermögensverzeichnis vorgelegt oder die eidesstattliche Versicherung abgegeben ist.

A. Regelungsgehalt

1   Im gewerblichen Rechtsschutz und Urheberrecht sieht sich der Rechteinhaber regelmäßig mit der Situation konfrontiert, dass er zwar gegen den Verletzer einen Schadensersatzanspruch hat, diesen vor Auskunftserteilung und Rechnungslegung aber nicht beziffern kann. Ferner kann die gerichtliche Durchsetzung von Ansprüchen auf Auskunftserteilung und Rechnungslegung mit erstinstanzlichem Erkenntnisverfahren, Rechtsmittelverfahren und Zwangsvollstreckungsverfahren geraume Zeit in Anspruch nehmen, während derer der Eintritt der Verjährung der Schadensersatzansprüche droht[1].

2   Hier kann § 254 Abhilfe schaffen. Während § 253 Abs. 2 Nr. 2[2] die sofortige Stellung eines bestimmten Antrags fordert, gestattet es § 254 dem Kläger, ausnahmsweise einen zunächst noch **unbestimmten (unbezifferten) Antrag** zu stellen[3] und die Bestimmung (Bezifferung) erst nach Rechnungslegung, Vorlegung eines Vermögensverzeichnisses oder Abgabe einer eidesstattlichen Versicherung vorzunehmen. Damit wird der noch unbestimmte Leistungsantrag sofort rechtshängig[4], so dass unter anderem der Zinslauf für die Prozesszinsen nach § 291 BGB betreffend den noch nicht bezifferten Betrag bereits beginnt sowie der Lauf der Verjährung gehemmt wird[5], weil Leistungsklage iSd § 204 Abs. 1 Nr. 1 BGB auch eine Stufenklage ist. Allerdings hemmt die Stufenklage den zunächst unbestimmt geltend gemachten Schadensersatzanspruch lediglich in dem Umfang, in dem er nach erteilter Auskunft auch tatsächlich beziffert wird[6].

3   Eine Stufenklage durchbricht das für Teilurteile geltende Verbot der Vermeidung widersprechender Entscheidungen[7]. Sie ist nur **zulässig,** wenn ihre gesetzlichen Voraussetzungen erfüllt sind und besonders die inhaltliche Verbindung zwischen den einzelnen Ansprüchen besteht. Diese Verbindung liegt vor, wenn die in der ersten Stufe begehrte **Auskunft dazu dient,** den Leistungsanspruch in der späteren Stufe zu beziffern. Denn die Stufenklage soll dem Kläger die Prozessführung nicht allgemein erleichtern, vielmehr muss sein Unvermögen zur konkreten Antragstellung der von ihm beanspruchten Leistung auf Umständen beruhen, über die er auf der ersten Stufe Auskunft begehrt bzw. das Auskunftsbegehren muss gerade der Vorbereitung der auf der letzten Stufe noch nachzuholenden bestimmten Angabe dienen[8]. **Unzulässig** ist die Stufenklage, wenn die begehrte Auskunft nicht der Bestimmung des Leistungsanspruchs[9] dient, sondern dem Kläger sonstige Informationen über seine Rechtsverfolgung verschaffen soll[10]. Das bedeutet aber nicht, dass eine Stufenklage nach § 254 nur dann zulässig ist, wenn durch die in der ersten Stufe geltend gemachte Auskunft sogleich alle Informationen zu erlangen sind, die für die Bezifferung des in einer weiteren Stufe verfolgten Leistungsanspruchs notwendig sind[11].

4   Eine **Besichtigung** des Quellcodes einer Software kann zum Beispiel nicht zusammen mit Ansprüchen aufgrund von Herstellung und Vertrieb dieser Software im Rahmen einer Stufenklage verfolgt werden, weil die Besichtigung nicht der Bezifferung derartiger Ansprüche dient, sondern der Feststellung, ob derartige Ansprüche überhaupt bestehen[12].

5   Ferner müssen sich das Auskunfts- und das Leistungsbegehren **gegen denselben Beklagten** richten. Es ist deshalb unzulässig, die Bezifferung des Zahlungsanspruchs gegen einen Beklagten von

---

[835] BGH GRUR 2019, 1038 Rn. 60 – Alirocumab.
[1] Zur Verjährungsproblematik anschaulich: BGH NJW 2019, 1219 Rn. 25.
[2] → § 253 Rn. 18, 193 f.
[3] BGH NJW 2003, 2748.
[4] BGH NJW-RR 1995, 513; Zöller/*Greger* ZPO § 254 Rn. 1; BeckOK ZPO/*Bacher* § 254 Rn. 14 f.
[5] BGH NJW 1999, 1101 (1102); BeckOK ZPO/*Bacher* § 254 Rn. 15.
[6] BGH NJW 1992, 2563 (2563 f.).
[7] BGH NJW 2011, 1815 Rn. 17; 2017, 156 Rn. 13.
[8] BGH NJW 2011, 1815 Rn. 8; 2017, 156 Rn. 15.
[9] BGH NKW 1994, 3102 (3103); BeckOK ZPO/*Bacher* § 254 Rn. 5.
[10] BGH NJW 2002, 2952 (2953); BeckOK ZPO/*Bacher* § 254 Rn. 4 ff.
[11] BGH NJW 2017, 156 Rn. 16.
[12] OLG Düsseldorf BeckRS 2013, 10850.

einer Auskunft abhängig zu machen, die nicht er, sondern ein anderer Beklagter erteilen soll, auch wenn die beiden Beklagten als Gesamtschuldner auf Zahlung in Anspruch genommen werden[13]. Fehlt es an diesen Zusammenhängen kommt unter Umständen eine **Umdeutung** in eine von der Stufung unabhängige objektive Klagehäufung in Betracht, sofern anzunehmen ist, dass das Auskunftsbegehren auch unabhängig von der Stufung verfolgt werden soll[14]. In diesem Fall hat der Kläger seinen Zahlungsantrag im Allgemeinen unabhängig von der Erteilung der Auskunft zu beziffern. Tut er das nicht, ist der Antrag als unzulässig abzuweisen[15].

In **Sonderkonstellationen** kann es aber trotz der Gefahr widersprechender Entscheidungen in Betracht kommen, zunächst im Wege des Teilurteils über den Auskunftsanspruch zu entscheiden, nämlich dann, wenn dieser den Zweck hat, dem Kläger die Prüfung zu ermöglichen, ob ihm überhaupt ein Zahlungsanspruch zusteht[16]. Ferner kann es in Betracht kommen, die Entscheidung über materiell-rechtlich eng miteinander verwobene außerhalb der Stufenklage geltend gemachte Streitgegenstände dem Schlussurteil vorzubehalten[17]. **6**

Nachteilig an einem Vorgehen mittels Stufenklage ist, dass die einzelnen Stufen erst durch Teilurteile[18] und gegebenenfalls Zwangsvollstreckungsverfahren abgearbeitet werden müssen, ehe im Rahmen des Schlussurteils eine vollstreckbare Kostenentscheidung ergehen kann[19]. Die prozessuale Selbständigkeit der im Wege der Stufenklage geltend gemachten Ansprüche bedingt, dass über jeden in der vorgegebenen Reihenfolge im Wege der abgesonderten Antragstellung durch Teilurteil oder durch Schlussurteil zu befinden ist, weil das frühere Teilurteil für die spätere Entscheidung vorgreiflich ist[20]. Nach rechtskräftigem Erlass eines Auskunftsurteils kann das Verfahren nur auf Parteiantrag fortgesetzt werden, keinesfalls wird es von Amts wegen fortgesetzt[21]. Auch entfalten Feststellungen früherer Stufen keine Bindungswirkung für spätere Stufen[22]. Folglich ist es dem Beklagten auch gestattet, den Verletzungsvorwurf erstmals in der Höhestufe zu bestreiten[23]. **7**

Alternativ zu einer Stufenklage erlaubt es die **Feststellungsklage** nach § 256 dem Kläger, die Verpflichtung des Beklagten zur Leistung von Schadenersatz für die begangene Verletzung gewerblicher Schutzrechte zunächst dem Grunde nach feststellen zu lassen und die genaue Bezifferung des zu leistenden Betrages einer außergerichtlichen Einigung oder einem zweiten Zivilprozess vorzubehalten[24]. Bei Feststellungsklagen im gewerblichen Rechtsschutz und Urheberrecht entfällt das Feststellungsinteresse nicht schon dann, wenn der Kläger im Wege einer Stufenklage auf Leistung klagen könnte[25]. Begründet wird dies mit den Besonderheiten der Schadensentstehung in diesen Rechtsgebieten, der Prozessökonomie und mit Blick auf die Verjährungsfrage[26]. **8**

B. Stufenklage oder Zweiklagen-Lösung

Im Falle einer Schutzrechtsverletzung stehen dem verletzten Rechteinhaber regelmäßig neben dem Unterlassungsanspruch auch weitere Ansprüche auf Auskunft und Rechnungslegung sowie Schadensersatz zu. Diese weiteren Ansprüche kann er entweder im Rahmen einer Stufenklage oder im Wege von zwei Klagen verfolgen. **9**

Unter einer **dreiteiligen Stufenklage** versteht man die schrittweise Geltendmachung von Ansprüchen auf Auskunft und Rechnungslegung, eidesstattlicher Versicherung der Richtigkeit der Auskunft und Rechnungslegung sowie Zahlung des sich aus der Auskunft und Rechnungslegung ergebenden Schadensersatzbetrages. Das Gericht arbeitet die einzelnen Stufen durch Teilurteile (§ 301[27]) ab. Nachteilig ist unter anderem, dass eine vollstreckbare Kostenentscheidung erst mit der letzten Stufe, dem sogenannten Schlussurteil, ergehen darf. Gerade das kann sich aber hinziehen, insbesondere wenn zahlreiche Details der Schadensberechnung zu klären sind. Für den Gebührenstreitwert gilt § 44 GKG. Eine **Sonderkonstellation** ist die Stufenklage zur Vorbereitung einer Beseitigungsklage, die aber voraussetzt, dass der in § 254 verwendete Begriff der Herausgabe auf den Beseitigungsanspruch **10**

---

[13] BGH NJW 1994, 3102 (3103); BeckOK ZPO/*Bacher* § 254 Rn. 5.
[14] BGH NJW 2002, 2952 (2953); BeckOK ZPO/*Bacher* § 254 Rn. 6.
[15] BeckOK/*Bacher* ZPO § 254 Rn. 6.
[16] BGH NJW 2011, 1815 Rn. 8 f.; BeckOK/*Bacher* ZPO § 254 Rn. 6.1.
[17] OLG Düsseldorf ZVertriebsR 2020, 263 Rn. 19.
[18] BeckOK ZPO/*Bacher* § 254 Rn. 17.
[19] Zöller/*Greger* ZPO § 254 Rn. 5; BeckOK ZPO/*Bacher* § 254 Rn. 24, 33.
[20] BGH NJW-RR 2015, 188 Rn. 13.
[21] BGH NJW 2012, 2180 Rn. 28,
[22] BGH NJW-RR 2011, 189 Rn. 24; BeckOK ZPO/*Bacher* § 254 Rn. 22.
[23] Kühnen Patentverletzung-HdB Kap. D Rn. 667.
[24] § 256 Rn. 1 ff.; BGH GRUR 2001, 1177 (1178) – Feststellungsinteresse II; BGH GRUR 2003, 900 (901) – Feststellungsinteresse III.
[25] BGH GRUR 2001, 1177 (1177 f.) – Feststellungsinteresse II; BGH GRUR 2003, 900 (901) – Feststellungsinteresse III; BGH GRUR 2008, 258 Rn. 16 – INTERCONNECT/T-InterConnect.
[26] BGH GRUR 2003, 900 (901) – Feststellungsinteresse III; BGH GRUR 2008, 258 Rn. 16 – INTERCONNECT/T-InterConnect.
[27] → § 301 Rn. 1.

Anwendung findet und der Auskunftsanspruch der Aufklärung, Erweiterung und Präzisierung des Beseitigungsanspruchs dient und nicht nur seine Durchsetzung erleichtert[28].

11 In der Praxis hat sich die **Zweiklagen-Lösung** durchgesetzt[29]. Hierbei erstrebt der Kläger in einer ersten Klage zunächst nur Unterlassung, Auskunft und Rechnungslegung sowie Feststellung einer Schadensersatzpflicht. Im Erfolgsfall erlangt er dadurch bereits mit dem ersten Urteil eine vorläufig vollstreckbare Kostenentscheidung. Die Geltendmachung eines konkret berechneten Schadensersatzbetrages bleibt dann einem zweiten Verfahren, dem Höheverfahren, vorbehalten, in dem die Frage der grundsätzlichen Schadensersatzpflicht bereits aufgrund des ersten Urteils feststeht. Hierzu kommt es allerdings in der Mehrzahl der Fälle nicht mehr, weil sich die Parteien auf der Grundlage des ersten Urteils sowie der erteilten Auskünfte bereits außergerichtlich geeinigt haben[30].

C. Rechtskraft

→ § 322 Rn. 16.

§ 255 Fristbestimmung im Urteil

(1) Hat der Kläger für den Fall, dass der Beklagte nicht vor dem Ablauf einer ihm zu bestimmenden Frist den erhobenen Anspruch befriedigt, das Recht, Schadensersatz wegen Nichterfüllung zu fordern oder die Aufhebung eines Vertrages herbeizuführen, so kann er verlangen, dass die Frist im Urteil bestimmt wird.

(2) Das Gleiche gilt, wenn dem Kläger das Recht, die Anordnung einer Verwaltung zu verlangen, für den Fall zusteht, dass der Beklagte nicht vor dem Ablauf einer ihm zu bestimmenden Frist die beanspruchte Sicherheit leistet, sowie im Falle des § 2193 Abs. 2 des Bürgerlichen Gesetzbuchs für die Bestimmung einer Frist zur Vollziehung der Auflage.

§ 256 Feststellungsklage

(1) Auf Feststellung des Bestehens oder Nichtbestehens eines Rechtsverhältnisses, auf Anerkennung einer Urkunde oder auf Feststellung ihrer Unechtheit kann Klage erhoben werden, wenn der Kläger ein rechtliches Interesse daran hat, dass das Rechtsverhältnis oder die Echtheit oder Unechtheit der Urkunde durch richterliche Entscheidung alsbald festgestellt werde.

(2) Bis zum Schluss derjenigen mündlichen Verhandlung, auf die das Urteil ergeht, kann der Kläger durch Erweiterung des Klageantrags, der Beklagte durch Erhebung einer Widerklage beantragen, dass ein im Laufe des Prozesses streitig gewordenes Rechtsverhältnis, von dessen Bestehen oder Nichtbestehen die Entscheidung des Rechtsstreits ganz oder zum Teil abhängt, durch richterliche Entscheidung festgestellt werde.

Literatur: Adam, Der Vorrang der Leistungsklage in der aktuellen Rechtsprechung des BGH, ZIP 2018, 2402; *ders., Arnold,* SEPs, FRAND and Mandatory Global Arbitration, GRUR 2021, 123; Die Abschichtung von Prozessstoff im Zivilprozess, ZIP 2020, 701; *Arz,* Die Klage auf Feststellung der Schadensersatzpflicht dem Grunde nach, NJW 2020, 3364; *von der Groeben,* Schadensersatzfeststellung im Grundprozess unter Einschluss der Berechnungsfaktoren des Höheprozesses, GRUR 2012, 864; *Gröning,* Zum Rechtsschutzbedürfnis für die Patentnichtigkeitsklage nach Erlöschen des Schutzrechts, FS Bornkamm, 2014, 667; *Gruber,* Das Verhältnis der negativen Feststellungsklage zu den anderen Klagearten im deutschen Zivilprozess – Plädoyer für eine Neubewertung, ZZP 2004 Bd. 117, 133; *Habscheid,* Die materielle Rechtskraft des die negative Feststellungsklage aus Beweislastgründen abweisenden Urteils, NJW 1988, 2641; *Hackbarth,* Strategien im Verletzungsverfahren – nationale Marke oder Gemeinschaftsmarke?, GRUR 2015, 634; *Hoene,* Negative Feststellungsklage, WRP 2008, 44; *Kaiser,* Prozesstaktisch sinnvolle Feststellungsanträge NJW 2015, 1286; *Kappe,* Kaninchen aus dem Zylinder? – Zum Scheinproblem der materiellen Rechtskraft des abweisenden Urteils bei der negativen Feststellungsklage, MDR 1988, 710; *Keller,* Negative Feststellungsklage, gegenläufige Leistungsklage und Verzicht auf deren Rücknahme, NJW 2000, 908; *Lepp,* Zwang zum Fehlurteil?, NJW 1988, 806; *Menke,* Die negative Feststellungsklage in der wettbewerbsrechtlichen Praxis, WRP 2012, 55; *Schröder,* Negative Feststellungsklage vs. Leistungsklage – Die nächste Runde, WRP 2012, 183; *Steinbeck,* Ist die negative Feststellungsklage Hauptsache i. S. von § 937 I ZPO?, NJW 2007, 1783; *Tiedtke,* Zur Rechtskraft eines die negative Feststellungsklage abweisenden Urteils, NJW 1983, 2011; *ders.,* Rechtskraftwirkungen eines die negative Feststellungsklage abweisenden Urteils, JZ 1986, 1031; *ders.,* Zur Rechtskraft eines die negative Feststellungsklage abweisenden Urteils, NJW 1990, 1697; *Thole,* Aktuelle Entwicklungen bei der negativen Feststellungsklage, NJW 2013, 1192; *Zapfe,* Fortsetzung der BGH-Rechtsprechung Parallelverfahren I und II, WRP 2011, 1122.

Übersicht

	Rn.
A. Allgemeine Feststellungsklage	1
I. Regelungsgehalt	1
II. Positive Feststellungsklage	4
1. Schadensersatzfeststellungsklage	5
2. Besondere Fallgestaltungen	9

---

[28] BGH GRUR 1972, 558 – Teerspritzmaschine; Teplitzky/*Schwippert* Kap. 52 Rn. 4.
[29] BeckOK/*Voß* PatG Vor §§ 139 ff. Rn. 5; Haedicke/Timmann PatR-HdB/*Zigann* § 15 Rn. 82.
[30] BeckOK/*Voß* PatG Vor §§ 139 ff. Rn. 5.

	Rn.
III. Negative Feststellungsklage	16
1. Allgemeines	16
2. Vorrang der Leistungsklage	25
IV. Rechtskraft	32
B. Zwischenfeststellungs(wider)klage	33

A. Allgemeine Feststellungsklage

I. Regelungsgehalt

Die Feststellungsklage ist auf die positive oder negative Feststellung eines gegenwärtigen Rechts- **1** verhältnisses oder die Anerkennung einer Urkunde oder Feststellung ihrer Unechtheit zwischen den Parteien gerichtet.

Ein **feststellungsfähiges Rechtsverhältnis** folgt aus der gegenwärtigen[1] Beziehung der Parteien **2** untereinander[2], die subjektive Rechte enthält oder der solche Rechte entspringen können[3]. Eine Feststellungsklage muss auf die Feststellung des Bestehens oder Nichtbestehens eines solchen Rechtsverhältnisses gerichtet sein. Dieses ist genau und zweifelsfrei zu bezeichnen, weil andernfalls gerade keine Rechtssicherheit über das Bestehen oder Nichtbestehen eines Rechtsverhältnisses erzielt werden kann[4]. Hierzu können auch einzelne Rechte und Pflichten gehören, die sich aus einem Rechtsverhältnis ergeben. So bezieht sich die Feststellung des Bestehens eines zeitlich unbegrenzte Nutzungsrechtsverhältnis an allen Patenten einer bestimmten Patentfamilie auf ein gegenwärtiges Rechtsverhältnis[5]. Dagegen können bloße Elemente oder Vorfragen eines Rechtsverhältnisses, reine Tatsachen oder etwa die Wirksamkeit von Willenserklärungen oder die Rechtswidrigkeit eines Verhaltens nicht Gegenstand einer Feststellungsklage sein[6]. Bloße Aussichten, einen Anspruch demnächst zu erwerben, begründet kein gegenwärtiges Rechtsverhältnis[7].

Der Kläger muss ein besonderes rechtliches Interesse an der alsbaldigen Feststellung des Rechts- **3** verhältnisses vorbringen können **(Feststellungsinteresse).** Das prozessuale Erfordernis des rechtlichen Interesses an der begehrten Feststellung ist lediglich die besondere Ausgestaltung des bei jeder Rechtsverfolgung erforderlichen Rechtsschutzbedürfnisses[8]. Es ist regelmäßig gegeben, wenn dem Recht des Klägers eine gegenwärtige Gefahr[9] oder Unsicherheit[10] droht, was in der Regel schon dann anzunehmen ist, wenn der Beklagte das Recht des Klägers ernstlich bestreitet und das erstrebte Urteil geeignet ist, diese Gefahr zu beseitigen[11]. Zur Beseitigung dieser im Verhältnis des Klägers zu dem Beklagten bestehenden Gefahr ist grundsätzlich ein zwischen diesen Parteien wirkendes Urteil geeignet; eine Einbeziehung Dritter, die an dem im Streit stehenden Rechtsverhältnis beteiligt sind, ist unter dem Gesichtspunkt des Feststellungsinteresses nicht geboten[12]. Das erforderliche Feststellungsinteresse besteht auch dann, wenn ein Vollstreckungstitel zwar vorliegt, die Beteiligten aber über die Reichweite der Urteilsformel streiten[13]. Könnte der Kläger sofort auf Leistung klagen, fehlt ihm in der Regel das Feststellungsinteresse (sog. **Vorrang der Leistungsklage**)[14], weil er im Sinne einer besseren Rechtsschutzmöglichkeit den Streitstoff in einem Prozess klären kann[15].

II. Positive Feststellungsklage

Die häufigste Form einer positiven Feststellungsklage auf dem Gebiet des gewerblichen Rechts- **4** schutzes und Urheberrechts stellt die Schadensersatzfeststellungsklage dar. Darüber hinaus kommen auch noch sonstige Formen einer positiven Feststellungsklage vor.

---

[1] Zöller/*Greger* ZPO § 256 Rn. 3a; BeckOK ZPO/*Bacher* § 256 Rn. 6.
[2] Zöller/*Greger* ZPO § 256 Rn. 3b.
[3] Zöller/*Greger* ZPO § 256 Rn. 3, 4; BeckOK ZPO/*Bacher* § 256 Rn. 3 ff.
[4] OLG München ZUM-RD 2019, 594 (600) mwN. Im konkreten Fall wurde die Bezeichnung „Merchandisingrechte" als unbestimmt und der darauf gerichtete Feststellungsantrag als unzulässig beurteilt.
[5] LG München I GRUR-RS 2021, 2591 Rn. 34 – Vergleichsverhandlungen.
[6] BGH NJW-RR 2015, 915 Rn. 7; NJW 2018, 3441 Rn. 13.
[7] BGH BeckRS 2021, 1440.
[8] BGH GRUR 2002, 795 (796) – Titelexklusivität.
[9] BGH GRUR 2002, 795 (796) – Titelexklusivität.
[10] BGH NJW-RR 2017, 1317 Rn. 16 f.
[11] BGH GRUR 2011, 995 Rn. 14 – Besonderer Mechanismus; BGH GRUR 2016, 93 Rn. 15 – Abschlagspflicht; BeckOK ZPO/*Bacher* § 256 Rn. 20 f.
[12] BGH NJW-RR 2017, 1317 Rn. 16 f.
[13] BGH GRUR 2018, 219 Rn. 31 – Rechtskraft des Zwangsmittelbeschlusses.
[14] Zöller/*Greger* ZPO § 256 Rn. 7a; BeckOK ZPO/*Bacher* § 256 Rn. 26 ff.
[15] BGH NJW 2018, 227 Rn. 12.

5 1. Schadensersatzfeststellungsklage. Fehlen dem Kläger Anhaltspunkte für die Bezifferung seines Schadensersatzanspruchs, weil zB die Schadensentwicklung zwar angelegt, aber noch nicht abgeschlossen ist und daher nicht abzusehen ist, welche Schäden eingetreten sind und noch eintreten werden[16] oder weil die Bezifferung von einer Auskunft und Rechnungslegung abhängt, erlaubt es § 256 Abs. 1 dem Kläger, der sonst nur einen unbestimmten oder nicht alles umfassenden Antrag stellen könnte, alternativ zu einer Stufenklage[17], die Verpflichtung des Beklagten zur Leistung von Schadenersatz für die begangene Verletzung gewerblicher Schutzrechte zunächst dem Grunde nach feststellen zu lassen und die genaue Bezifferung des zu leistenden Betrages einer außergerichtlichen Einigung oder einem zweiten Zivilprozess vorzubehalten. Die Schadensersatzpflicht aufgrund einer Verletzung gewerblicher Schutzrechte und Urheberrechte oder die Verneinung derselben zählen als **feststellungsfähiges Rechtsverhältnis**[18].

Ob diese Grundsätze entsprechend auf **weitere Zahlungsansprüche** im gewerblichen Rechtsschutz und Urheberrecht (zB auf Gewinnabschöpfungsansprüche nach § 10 UWG) übertragen werden können, erscheint nicht unproblematisch, wenn eine **Stufenklage** zu vergleichbaren Ergebnissen führen kann[19].

6 Die Rechtsprechung ist auf dem Gebiet des gewerblichen Rechtsschutzes und Urheberrechts insofern bei der Bejahung des **Feststellungsinteresses** einer Schadensersatzfeststellungsklage traditionell sehr großzügig[20]. Ein Interesse an einer alsbaldigen Feststellung wird angenommen, wenn Verjährung droht und der Ablauf der Verjährungsfrist durch Klageerhebung gehemmt werden muss[21]. Es kann auch noch auf Feststellung geklagt werden, wenn bereits ein Teil des Schadens bezifferbar[22] oder ein Vorgehen im Rahmen einer Stufenklage[23] möglich wäre[24]. Selbst wenn der Schaden während des Prozesses (teilweise) bezifferbar werden sollte, ist der Kläger in der Regel nicht gezwungen, vom Feststellungsantrag auf einen Leistungsantrag umzustellen[25]. Eine Ausnahme soll gelten, wenn sich das Verfahren in der ersten Instanz befindet, der Beklagte den Übergang in die Leistungsklage anregt und durch diese Klageänderung keine Verzögerung eintritt[26].

7 Ein in die **Zukunft** gerichteter Feststellungsantrag, der eine Zahlungspflicht betrifft, ist nur zulässig, wenn § 259 ZPO beachtet wird[27]. Denn die im gewerblichen Rechtsschutz und im Urheberrecht eröffnete Möglichkeit, statt der Stufenklage eine Feststellungsklage zu erheben, darf nicht dazu führen, dass der Kläger mit der Feststellungsklage mehr erreicht, als er mit der Leistungsklage hätte erreichen können[28].

8 Die **Zulässigkeit** einer auf den Ausgleich eines reinen Vermögensschadens gerichteten Feststellungsklage setzt die Darlegung von Tatsachen vor, aus denen sich die Wahrscheinlichkeit eines auf die Verletzungshandlung zurückzuführenden Schadens ergeben kann[29]. Dazu muss nicht dargelegt werden, dass zu einem bestimmten Zeitpunkt tatsächlich eine Vermögensdifferenz besteht. Wäre eine rechnerische Gegenüberstellung der hypothetischen und der tatsächlichen Gesamtvermögenslage erforderlich, führte dies dazu, dass es keinen Unterschied zwischen der Darlegung einer Schadenswahrscheinlichkeit und der Berechnung des vollen Schadens gäbe, obwohl die Feststellungsklage die gerichtliche Vorklärung der Ansprüche gerade dann ermöglichen soll, wenn der Schaden ganz oder teilweise noch nicht berechnet werden kann[30]. Hingegen gehört die Frage, ob das behauptete Rechtsverhältnis besteht, vor allem, ob eine Wahrscheinlichkeit der Schadensentstehung tatsächlich gegeben ist, zur **Begründetheit** der Klage. Ein auf Feststellung der Schadensersatzpflicht gerichteter Klageantrag ist, sofern eine Schutzrechtsverletzung vorliegt, schon dann begründet, wenn eine gewisse Wahrscheinlichkeit für den Eintritt eines Schadens besteht. Diese braucht nicht hoch zu sein. Ob und was für ein Schaden entstanden ist, bedarf keiner Klärung, wenn nach der Erfahrung des täglichen Lebens der Eintritt eines Schadens mit einiger Sicherheit zu erwarten ist. Hierfür genügt es in der Regel, wenn

---

[16] BGH NJW 2020, 1514 Rn. 13 f.
[17] BGH GRUR 2001, 1177 (1178) – Feststellungsinteresse II; BGH GRUR 2003, 900 (901) – Feststellungsinteresse III.
[18] Zöller/*Greger* ZPO § 256 Rn. 4.
[19] Teplitzky/*Schaub* Kap. 37 Rn. 26 f.
[20] BGH NJW 2003, 3274.
[21] Zöller/*Greger* ZPO § 256 Rn. 9; Ohly/*Sosnitza* UWG § 12 Rn. 80.
[22] BGH NJW-RR 2016, 759 Rn. 6; Zöller/*Greger* ZPO § 256 Rn. 8.
[23] BGH GRUR 2001, 1177 (1178) – Feststellungsinteresse II; BGH GRUR 2003, 900 (901) – Feststellungsinteresse III.
[24] BeckOK ZPO/*Bacher* § 256 Rn. 27.
[25] BGH GRUR 1987, 524 (525) – Chanel No. 5 II.
[26] Teplitzky/*Schwippert* Kap. 52 Rn. 18; Fezer/*Büscher*/Obergfell UWG § 12 Rn. 269.
[27] BGH GRUR 2008, 993 Rn. 13 – Kopierstationen; BGH GRUR 2009 Rn. 11 – PC I; BGH GRUR 2010, 57 Rn. 17 – Scannertarif.
[28] BGH GRUR 2008, 993 Rn. 13 – Kopierstationen; BGH GRUR 2009 Rn. 11 – PC I; BGH GRUR 2010, 57 Rn. 17 – Scannertarif.
[29] BGH BeckRS 2018, 18684 Rn. 20 mwN.
[30] BGH NJW-RR 2018, 1301 Rn. 23; BeckOK ZPO/*Bacher* § 256 Rn. 27.

zumindest eine rechtswidrig und schuldhaft begangene Verletzungshandlung vorliegt[31]. Insoweit trägt der Kläger einer positiven Feststellungsklage in der Regel die Darlegungs- und Beweislast[32].

2. Besondere Fallgestaltungen. Gegen die Zulässigkeit einer positiven Feststellungsklage bestehen (auch auf dem Gebiet des gewerblichen Rechtsschutzes und Urheberrechts) keine Bedenken und das erforderliche, von Amts wegen zu prüfende Feststellungsinteresse liegt vor, wenn zu erwarten ist, dass eine Feststellungsklage **zur endgültigen Klärung** des Rechtsstreits führt, etwa weil von der Bereitschaft des Beklagten zur Leistung (Unterlassung) schon nach einem rechtskräftigen Feststellungsurteil auszugehen ist[33]. Diese hinreichende Gewähr kann zB bei einer Sparkasse als Anstalt des öffentlichen Rechts anzunehmen sein[34]. Eine Leistungsklage (Unterlassungsklage) ist in solchen Fällen weder notwendig noch vorrangig[35]. 9

Eine zweite Form der zulässigen positiven Feststellungsklage ergibt sich aus der **einseitigen Erledigungserklärung** und der dann relevanten Frage, ob die ursprüngliche Klage zulässig und begründet war. Die günstige Kostenfolge kann in den Fällen der einseitig gebliebenen Erledigungserklärung ein solches Feststellungsinteresse begründen[36]. Insofern bestehen in den Verletzungsverfahren im gewerblichen Rechtsschutz und Urheberrecht keine Besonderheiten. 10

Im **Patentnichtigkeitsverfahren** dürfte in Anlehnung an die Rechtsprechung im verwaltungsgerichtlichen Verfahren eine Besonderheit gelten: Eine einseitige Erledigungserklärung des Klägers dürfte lediglich zu einer Prüfung des erledigenden Ereignisses und nicht zu einer Prüfung der ursprünglichen Zulässigkeit und Begründetheit der Patentnichtigkeitsklage führen[37].

Eine andere Besonderheit ist hingegen unzulässig. Das ist die mit folgendem Inhalt **neben der Unterlassungsklage hilfsweise** geltend gemachte Feststellungsklage, wonach der Unterlassungsantrag zumindest bis zum Eintritt eines erledigenden Ereignisses (Unterwerfung) zulässig und begründet gewesen war. Nach älterer Rechtsprechung war ein solcher Antrag zulässig[38]. Mittlerweile gilt er als unzulässig, weil es am rechtlichen Interesse fehlt. Eine günstige Kostenfolge vermag in solchen Fällen das Feststellungsinteresse nicht zu begründen, weil im Rahmen der Kostenentscheidung zu berücksichtigen wäre, dass die Klage im Hauptantrag abgewiesen worden ist[39]. Zudem erscheint es unbillig, das Kostenrisiko für einen derartigen Hilfsantrag auf einen Beklagten zu verlagern, der die Rechtslage zutreffend einschätzt, sich rechtstreu verhält und die Unterlassungserklärung abgibt, während ein uneinsichtiger Beklagter, der zur Unterlassung verurteilt wird, lediglich die Kosten für den Unterlassungsantrag zu tragen hätte[40]. 11

Eine **weitere Form** der positiven Feststellungsklage betrifft die Situation, dass sich die Parteien eines Unterlassungsklageverfahrens einig sind, der Streitfall bedürfe höchstrichterlicher Klärung und der Beklagte ist bereit, bis dahin die beanstandete Handlung zu unterlassen[41]. Gibt der Beklagte die Unterlassungserklärung unter der auflösenden Bedingung einer nachträglichen höchstrichterlichen Beurteilung seiner Handlung als rechtmäßig ab und erklärt der Kläger den Rechtsstreit für erledigt, können Kläger und Beklagter in der Regel ihr Vorhaben nicht umsetzen und eine Klärung durch den BGH herbeiführen[42], unabhängig davon, ob der Beklagte der Erledigung zustimmt oder nicht. In solchen Fällen soll nach umstrittener Meinung eine positive Feststellungsklage zulässig sein[43]. 12

Ein Feststellungsinteresse dürfte nach der **hier vertretenen Meinung** nicht verneint werden, weil es weder rechtlich noch faktisch sicher ist, dass der Beklagte auf anderem Wege den Eintritt seiner Bedingung überprüfen lassen kann und weil dieses Vorgehen dem gemeinsamen Interesse und Begehren beider Parteien entspricht. Soweit vorgeschlagen wird, dass der Kläger nach Abgabe einer solchen Unterlassungserklärung den Rechtsstreit nur für die Zukunft für erledigt erklären sollte, ist zwar eine weitere Möglichkeit für die Parteien gegeben, Klärung durch den BGH herbeizuführen. Doch hat dieses Verfahren keinen Vorrang vor der Feststellungsklage, weil es selbst als Feststellungsklage fortzusetzen ist, in dem geprüft wird, ob das Unterlassungsbegehren bis zum Eintritt des erledigenden Ereignisses zulässig und begründet war[44].

---

[31] BGH GRUR 1972, 180 (182) – Cheri; BGH GRUR 1992, 559 – Mikrofilmanlage; BGH GRUR 2013, 713 Rn. 21 – Fräsverfahren; BeckOK ZPO/*Bacher* § 256 Rn. 34 f.
[32] BeckOK ZPO/*Bacher* § 256 Rn. 33.
[33] BGH GRUR 2007, 805 Rn. 6 – Irreführender Kontoauszug; GRUR 2021, 1511 Rn. 19 – Deutsche Digitale Bibliothek II
[34] BGH GRUR 2007, 805 Rn. 6 – Irreführender Kontoauszug.
[35] BGH GRUR 2007, 805 Rn. 6 – Irreführender Kontoauszug.
[36] BGH GRUR 2006, 879 Rn. 20 – Flüssiggastank.
[37] *Gröning* FS Bornkamm, 2014, 667 (675 f.).
[38] BGH GRUR 1998, 1045 (1046) – Brennwertkessel; BGH GRUR 2003, 890 (892) – Buchclub-Kopplungsangebot.
[39] BGH GRUR 2006, 879 Rn. 20 – Flüssiggastank.
[40] Teplitzky/*Schwippert* Kap. 52 Rn. 10.
[41] Teplitzky/*Schwippert* Kap. 52 Rn. 11.
[42] Teplitzky/*Schwippert* Kap. 52 Rn. 11a.
[43] Vgl. Teplitzky/*Schwippert* Kap. 52 Rn. 11, der aber aA ist.
[44] Teplitzky/*Schwippert* Kap. 52 Rn. 11a und Kap. 46 Rn. 43b.

13 Unzulässig ist eine Feststellungsklage **zur Ergänzung einer einstweiligen Unterlassungsverfügung.** Hat ein Antragsteller eine Unterlassungsverfügung erwirkt, ist sein Verfügungsanspruch aber wieder weggefallen, mag er ein Interesse an der Feststellung der ursprünglichen Berechtigung seines Verfügungsanspruchs haben. Nach zutreffender Ansicht fehlt es jedoch am Feststellungsinteresse[45]. Dieses besteht auch nicht mit Blick auf § 926 Abs. 1. Dieser Antrag dürfte in aller Regel unzulässig sein, weil von der einstweiligen Verfügung für den Schuldner keine Gefahr mehr ausgehen kann[46]. Ein anderer Fall ist es aber, wenn sich der Schuldner eines Schadensersatzanspruchs gemäß § 945 berühmt. Dann kann der Gläubiger selbstverständlich auf Feststellung klagen, dass ein solcher Anspruch nicht besteht. Das Feststellungsinteresse kann dann nicht verneint werden.

14 Begehrt der Kläger festzustellen, dass er als Vertragspartner **Inhaber einer bestimmten Domain** ist und nicht der Beklagte, begründet der Streit der Parteien um die Rechtsstellung als Vertragspartner ein Rechtsverhältnis, das Gegenstand einer Feststellungsklage sein kann[47]. Dem Feststellungsinteresse steht nicht entgegen, dass der Kläger die begehrte Eintragung als Inhaber der Domain möglicherweise auch im Wege einer Leistungsklage gegen die Domainvergabestelle erreichen könnte oder erreichen möchte, weil die Feststellung der eigenen Berechtigung und der fehlenden Berechtigung des anderen geeignet ist, die Ungewissheit über die streitige Vertragsstellung auszuräumen[48]. Zudem sind beide Verfahren gleichwertig, wenn die Domainvergabestelle erklärtermaßen bereit ist, die Inhaberschaft entsprechend dem Ergebnis der Feststellungsklage anzupassen[49].

15 Einer positiven Feststellungsklage, mit der festgestellt werden soll, dass in der **Patentschrift** des Beklagten **wettbewerbswidrige oder deliktsrechtlich relevante Äußerungen** enthalten sind, fehlt das Feststellungsinteresse, weil die von der patentrechtlichen Verfahrensordnung bereitgehaltenen Rechtsbehelfe Änderungen an der Patentschrift abschließend regeln[50].

15a Der neu geschaffene **Anspruch auf Ausgleich in Geld nach § 139 Abs. 1 S. 4 PatG-E**[51] als Ersatz für den vollständigen oder teilweisen Ausschluss des Unterlassungsanspruchs sollte zur Vermeidung von Rechtsunsicherheiten und Verzögerungen bereits mit der Klage – hilfsweise – in Form eines Feststellungsantrages geltend gemacht werden. Dem sollte ein bezifferter Antrag betreffend die Entschädigung als weiterer Hilfsantrag folgen.

III. Negative Feststellungsklage

16 **1. Allgemeines.** Die negative Feststellungsklage dient in der Regel der Abwehr, wenn sich der Gegner eines Anspruchs wegen Schutzrechtsverletzung oder Verstoßes gegen das Lauterkeitsrecht **berühmt.** Das ist ihr Hauptanwendungsfall. Besonders wenn der Gegner seinem vorprozessualen Verhalten (Abmahnung) keine Klage folgen lässt, der Betroffene indes eine gerichtliche Klärung der eingetretenen rechtlichen Unsicherheit bewirken möchte, kann er dies mit einer negativen Feststellungsklage erreichen. In solchen Fällen ist in der Regel das erforderliche **Feststellungsinteresse** gegeben, wenn er feststellen lassen möchte, dass die Berühmung zu Unrecht erfolgt ist und der behauptete Anspruch nicht besteht[52]. Da es sich bei der Frage der Berühmung um eine doppelrelevante Tatsache handelt, genügt es für die Darlegung der Zulässigkeit, wenn der Kläger zunächst substantiiert behauptet, aus einer bestimmten Handlung des Beklagten ergebe sich ein Berühmen in Bezug auf bestimmte Ansprüche. Ob sich der Beklagte tatsächlich dieser Ansprüche berühmt hat und, ob dies zu Recht oder zu Unrecht geschehen ist, ist dann eine Frage der Begründetheit[53], wobei der Feststellungskläger die Berühmung und der Beklagte das Bestehen der Ansprüche darlegen und ggf. beweisen muss[54]. **Wahlweise** kann der Kläger auch eine **positive Feststellungsklage** mit dem Ziel erheben, er sei berechtigt, die beanstandete Handlung vorzunehmen[55]. Die Erhebung einer derartigen Klage begründet regelmäßig **keine Erstbegehungsgefahr** für das im Feststellungsantrag bezeichnete Verhalten[56].

---

[45] Fezer/*Büscher*/Obergfell UWG § 12 Rn. 140; Teplitzky/*Schwippert* Kap. 52 Rn. 24 f. mit Nachweisen für die Gegenansicht.
[46] Vgl. → § 926 Rn. 9.
[47] BGH GRUR 2012, 417 Rn. 49 – gewinn.de.
[48] BGH GRUR 2012, 417 Rn. 53 – gewinn.de.
[49] BGH GRUR 2012, 417 Rn. 54 f. – gewinn.de.
[50] BGH GRUR 2010, 253 Rn. 25 – Fischdosendeckel.
[51] Entwurf eines Zweiten Gesetzes zur Vereinfachung und Modernisierung des Patentrechts vom 28.10.2020.
[52] BGH GRUR 2001, 1036 (1037) – Classe E; BGH GRUR 2008, 360 Rn. 25 f. – EURO und Schwarzgeld; BGH GRUR 2009, 1162 Rn. 23 – DAX; BGH GRUR 2011, 995 Rn. 15 – Besonderer Mechanismus; BGH GRUR 2011, 1117 Rn. 15 – ICE; BGH GRUR 2012, 1273 Rn. 12 – Stadtwerke Wolfsburg; BGH GRUR-RR 2013, 228 Rn. 18 – Trägermaterial für Kartenformulare; BGH GRUR 2016, 93 Rn. 15 – Abschlagspflicht; OLG Düsseldorf NJOZ 2020, 562 Rn. 23; Fezer/*Büscher*/Obergfell UWG § 12 Rn. 271; BGH NJW 1986, 2508 (2509); BeckOK ZPO/*Bacher* § 256 Rn. 22.
[53] LG München I BeckRS 2021, 51382 Rn. 29.
[54] MK/*Becker-Eberhard* § 256 Rn. 73.
[55] Teplitzky/*Bacher* Kap. 41 Rn. 68.
[56] BGH GRUR 2019, 947 Rn. 33 ff. – Bring mich nach Hause.

Für das Vorliegen einer **Berühmung** reicht es aus, wenn der Beklagte der negativen Feststellungs- 17
klage geltend gemacht hat, aus einem bestehenden Rechtsverhältnis könne sich unter bestimmten
Voraussetzungen, deren Eintritt noch ungewiss sei, ein Anspruch gegen den Kläger ergeben[57]. In einer
förmlichen **Abmahnung** ist meistens eine Berühmung enthalten, weil der Abmahnende vorbringt,
ihm stehe ein konkretes Recht gegen den Abgemahnten zu. Um eine Berühmung anzunehmen, ist
indes eine formelle Abmahnung nicht zwingend erforderlich[58]. Allerdings bildet in der Regel ein
bloßer Schutzrechtshinweis[59] oder die bloße Ankündigung, unter bestimmten Voraussetzungen in
eine Prüfung einzutreten, ob ein Anspruch gegen den Betroffenen besteht – zum Beispiel durch eine
bloße Berechtigungsanfrage[60] –, noch keinen ernsthaften und hinreichend bestimmten Eingriff in
dessen Rechtssphäre, der Interesse an einer alsbaldigen gerichtlichen Klärung eines Rechtsverhältnisses
der Parteien zu begründen vermag[61]. Wird die **Durchführung eines selbständigen Beweisverfahrens** (Vorlage- und Besichtigungsverfahrens) beantragt und werden in diesem Verfahren Verletzungs-
behauptungen aufgestellt, ist dies keine hinreichende Berühmung und führt nicht zum Vorliegen des
erforderlichen Feststellungsinteresses[62]. Eine Berühmung in diesem Sinne liegt jedoch grundsätzlich
dann vor, wenn ein Antragsteller **nach Abschluss des selbstständigen Beweisverfahrens** weiterhin
geltend macht, ihm stünden Ansprüche gegen den Antragsgegner zu. Dies gilt auch dann, wenn diese
Äußerung zum Zwecke der hilfsweisen Rechtsverteidigung gegen eine bereits erhobene negative
Feststellungsklage erfolgt, die in erster Linie als unzulässig beanstandet wird[63].

Das **Feststellungsinteresse** liegt zudem vor, wenn sich der Schuldner bereits unterworfen hat oder 18
gegen ihn ein entsprechender Titel ergangen ist und sich der Gläubiger berühmt, dass weitere Handlungen gegen die getroffene Vereinbarung oder gegen den erstrittenen Titel verstießen[64]. Der Schuldner braucht in diesen Fällen nicht abzuwarten, ob der Gläubiger die Vertragsstrafe fordert oder
Ordnungsmittel beantragt[65]. Genauso wenig braucht der Schuldner die vom Gläubiger gesetzte
Abmahnfrist abzuwarten, bevor er eine negative Feststellungsklage erheben kann. Auch vor Ablauf
dieser Frist bestehen Feststellungsinteresse und Rechtsschutzbedürfnis[66].

Will sich der Schuldner einer einstweiligen Unterlassungsverfügung gegen diese wenden, ist er **nicht** 19
auf die Rechtsbehelfe des Verfügungsverfahrens beschränkt, sondern kann stattdessen eine
negative Feststellungsklage erheben, wenn sich die Verfügung noch gegenwärtig oder künftig für ihn
auswirkt und die Wirkung nicht auf die Kosten beschränkt ist, weil dann lediglich der Kostenwiderspruch zur Verfügung steht[67]. Mit dem Zugang der **Abschlusserklärung** entfällt aber das Feststellungsinteresse des Schuldners für eine gegen den Verfügungsanspruch gerichtete negative Feststellungsklage[68].

Die schlichte **Aufgabe der Berühmung** lässt das Feststellungsinteresse nur dann entfallen, wenn 20
der Gegner – etwa durch einen Verzicht – endgültig gesichert ist[69].

Außerhalb einer **Sonderbeziehung** besteht keine Antwortpflicht des Angeschriebenen und deswe- 21
gen begründet die bloße außergerichtliche Weigerung des Rechtsinhabers, auf Anfrage des Wettbewerbers Auskunft darüber zu geben, ob er eine bestimmte Ausführungsform als schutzrechtsverletzend ansieht, kein Feststellungsinteresse[70]. Selbst wenn eine Abmahnung ausgesprochen wurde,
begründet die Befürchtung, der Abmahnende werde auch Abwandlungen beanstanden, kein Feststellungsinteresse in Bezug auf diese Abwandlungen[71]. Eine das Feststellungsinteresse in Bezug auf
solche Abwandlungen begründende Sonderbeziehung ist aber in einem **Unterlassungsvertrag** zu
sehen. Wenn der Schuldner den Gläubiger aufgefordert hat, sich dazu zu erklären, ob ein bestimmtes
Verhalten unter die Unterwerfungserklärung fällt, so besteht nach zuzustimmender Ansicht ein Feststellungsinteresse, wenn der Gläubiger nicht oder negativ reagiert[72].

Der beklagte Rechtsinhaber sollte allerdings beachten, dass weder durch die Erhebung einer 22
negativen Feststellungsklage noch durch die Verteidigung hiergegen der Lauf der **Verjährung des
streitgegenständlichen Anspruchs** gehemmt wird[73]. Hierzu ist vielmehr die Erhebung einer positi-

---

[57] BGH GRUR 2016, 93 Rn. 15 – Abschlagspflicht; BeckRS 2017, 118064 – Verhandlungspflicht.
[58] BGH GRUR 2011, 995 Rn. 16 ff. – Besonderer Mechanismus; BGH NJW 1992, 436 (437).
[59] *Pitz* Rn. 200.
[60] Kühnen Patentverletzung-HdB Kap. G Rn. 14.
[61] BGH GRUR 2011, 995 Rn. 15 – Besonderer Mechanismus; BGH NJW 1992, 436 (437).
[62] BGH GRUR 2019, 110 Rn. 16 ff. – Schneckenköder.
[63] BGH GRUR 2019, 110 Rn. 36 – Schneckenköder.
[64] Fezer/*Büscher*/Obergfell UWG § 12 Rn. 272.
[65] BGH GRUR 2008, 360 Rn. 26 – EURO und Schwarzgeld.
[66] Teplitzky/*Bacher* Kap. 41 Rn. 69.
[67] BGH GRUR 1985, 571 (572) – Feststellungsinteresse I; Teplitzky/*Schwippert* Kap. 52 Rn. 28.
[68] Teplitzky/*Bacher* Kap. 43 Rn. 11.
[69] Zöller/*Greger* ZPO § 256 Rn. 7c; BeckOK ZPO/*Bacher* § 256 Rn. 32.
[70] BGH GRUR 2008, 360 – EURO und Schwarzgeld; BeckOK/*Voß* PatG Vor §§ 139 ff. Rn. 10; *Pitz* Rn. 200.
[71] BGH GRUR 2020, 755 Rn. 98 – WarnWetter-App; *Meinhardt,* WRP 2021, 978, 980 Rn. 11.
[72] OLG Düsseldorf GRUR 1988, 789 – Unterlassungsvertrag; Harte/Henning/*Brüning* UWG Vorb. zu § 12 Rn. 123; aA OLG München MD VSW 2002, 324 (328).
[73] NJW 1978, 1975, 1976; offen gelassen in BGH NJW-RR 2010, 640 Rn. 13 f.; NJW 2012, 3633 Rn. 27.

ven Leistungs(wider)klage oder einer positiven Feststellungs(wider)klage erforderlich. Werden diese nicht rechtzeitig erhoben, kann die negative Feststellungsklage allein wegen des Eintritts der Verjährung begründet werden. Soweit der Gläubiger vom Schuldner bereits auf negative Feststellung in Anspruch genommen worden ist, aber noch keine Leistungsklage erheben und so die Verjährung seines Leistungsanspruchs (jedenfalls hierdurch) nicht hemmen kann, dürfte der Erhebung einer positiven Feststellungsklage die Rechtshängigkeit der negativen Feststellungsklage entgegenstehen. Nach der hier vertretenen Auffassung besteht **kein Vorrang der positiven vor der negativen Feststellungsklage.** Denn beide betreffen in der Regel denselben Streitgegenstand, indem sie jeweils das kontradiktorische Gegenteil zum Gegenstand haben[74]. Soweit argumentiert wird, dass die Verjährungshemmung nur durch die Erhebung einer positiven Feststellungsklage und nicht durch die Verteidigung gegen eine negative Feststellungsklage eintritt[75], ist dies richtig[76]. Unnötig ist aber, die nachträgliche Erhebung der positiven Feststellungsklage trotz früherer Anhängigkeit der negativen Feststellungsklage mit der Folge zuzulassen[77], dass die negative Feststellungsklage nachträglich unzulässig wird oder die Gefahr sich widersprechender Urteile über denselben Streitgegenstand bei Zulässigkeit beider Feststellungsklagen entsteht. Denn zum einen kann eine unzulässige positive Feststellungsklage ebenfalls die Verjährung hemmen[78]. Zum anderen kann eine drohende und sonst nicht hemmbare Verjährung zwar die Annahme eines Feststellungsinteresses rechtfertigen[79], die Rechtshängigkeitssperre aber trotzdem nicht überwinden.

23 Obwohl die Parteirollen vertauscht sind, gelten für die **Darlegungs- und Beweislast** dieselben Grundsätze wie für die positive Feststellungsklage, dh der beklagte Schutzrechtsinhaber oder Mitbewerber ist berufen, darzulegen und zu beweisen, dass seine Berühmung zu Recht erfolgt ist[80]. Der klagende Mitbewerber braucht zunächst nur den Umstand der Berühmung zu beweisen[81].

24 Auch **Streitbeilegungsverfahren vor dem National Arbitration Forum (NAF) nach der „Uniform Domain Name Dispute Resolution Policy"** (UDRP) können vor, während und nach Vorliegen einer Entscheidung dieses Gremiums Anlass in Form eines Feststellungsinteresses für eine negative Feststellungklagen vor einem staatlichen Gericht geben. Denn gemäß § 4 lit. k UDRP werden Entscheidungen des Administrative Panels (auf Umschreibung einer Domain) vollzogen, wenn nicht spätestens innerhalb einer 10-Tage-Frist Klage vor einem ordentlichen staatlichen Gericht (auf Feststellung, dass der anderen Partei ein Anspruch auf Umschreibung der Domain nicht zusteht) erhoben wird. Soweit die Umschreibung aufgrund der UDRP-Entscheidung schon vollzogen ist, kommt nur noch eine Leistungsklage nach § 812 BGB in Betracht.

25 **2. Vorrang der Leistungsklage.** Grundsätzlich lässt eine Leistungsklage, mit der ein konkreter Anspruch durchgesetzt werden soll, das **Feststellungsinteresse** einer bereits anhängigen negativen Feststellungsklage (wieder) **entfallen,** wenn die **Leistungsklage nicht mehr einseitig zurückgenommen** werden kann[82]. Sinn des grundsätzlichen Vorrangs der Leistungsklage ist, widerstreitende Entscheidungen der Gerichte und mehrere parallele Verfahren über denselben Streitgegenstand zu vermeiden[83]. Eine einseitige Rücknahme ist in der Regel mit Antragstellung zu Beginn der mündlichen Verhandlung ausgeschlossen, § 269 Abs. 1 oder wenn der Kläger auf sein Recht, die Klage zurückzunehmen, zuvor bereits verzichtet hat[84]. Erst dann steht hinreichend sicher fest, dass die Rechtslage, wie vom Abgemahnten begehrt, auch tatsächlich vom Gericht geklärt wird[85]. Um in diesem Fall einer Klageabweisung als unzulässig zu entgehen, sollte der Feststellungskläger seinen Feststellungsantrag für erledigt erklären.

26 Im Falle einer unberechtigten Abmahnung lässt die Möglichkeit der Erhebung einer – unter bestimmten Voraussetzungen zulässigen und begründeten – **Leistungsklage auf Unterlassung weiterer unberechtigter Abmahnungen** das Feststellungsinteresse nicht entfallen, weil sich die Streitgegenstände insofern nicht zwingend decken[86].

---

[74] MüKo/ZPO/*Becker-Eberhardt* § 261 Rn. 66; ders. § 256 Rn. 76.
[75] BeckOK ZPO/*Bacher* § 256 Rn. 13.
[76] NJW 1978, 1975, 1976; offen gelassen in BGH NJW-RR 2010, 640 Rn. 13 f.; NJW 2012, 3633 Rn. 27.
[77] NJW 1978, 1975, 1976; offen gelassen in BGH NJW-RR 2010, 640 Rn. 13 f.; BeckOK ZPO/*Bacher* § 256 Rn. 13.; kritisch MK/*Becker-Eberhard* § 256 Rn. 72 mwN.
[78] BGH NJW 2011, 2193 Rn. 13 f. mwN.
[79] MüKo/*Becker-Eberhard* § 256 Rn. 44 mwN.
[80] Zöller/*Greger* ZPO § 256 Rn. 18; BeckOK ZPO/*Bacher* § 256 Rn. 33.
[81] BGH NJW 1993, 1716 (1717); Zöller/*Greger* ZPO § 256 Rn. 14a.
[82] BGH GRUR 1985, 41 (44) – REHAB; BGH GRUR 1987, 402 – Parallelverfahren I; BGH GRUR 1994, 846 (847 ff.) – Parallelverfahren II; BGH GRUR 2006, 217 Rn. 12 – Detektionseinrichtung I; Zöller/*Greger* ZPO § 256 Rn. 7d; BeckOK ZPO/*Bacher* § 256 Rn. 11.
[83] BGH GRUR 1987, 402 (403) – Parallelverfahren I; BGH GRUR 2006, 217 Rn. 12 – Detektionseinrichtung I.
[84] BGH GRUR-RR 2010, 496 – Verzicht auf Klagerücknahme (Ls.) = BeckRS 2010, 20743 (Volltext).
[85] Teplitzky/*Schwippert* Kap. 52 Rn. 20.
[86] BGH GRUR 1985, 571 (573) – Feststellungsinteresse I; OLG Köln GRUR-RR 2015, 7; OLG Düsseldorf NJOZ 2020, 562 Rn. 24; *Köhler*/Bornkamm/Feddersen UWG § 12 Rn. 2.20; Keller WRP 2000, 908 (909).

Anerkannte **Ausnahmen** vom Vorrang der Leistungsklage liegen vor, wenn der Feststellungsstreit 27 entscheidungsreif oder im Wesentlichen zur Entscheidungsreife fortgeschritten und die Leistungsklage noch nicht entscheidungsreif ist[87]. Dass Feststellungsklage und Leistungsklage gleichzeitig entscheidungsreif sind, reicht indes nicht aus[88]. Gleiches gilt auch, wenn die negative Feststellungsklage zeitlich weiter gefördert ist als die Leistungsklage oder bereits eine Entscheidung über die negative Feststellungsklage ergangen ist, diese aber noch angefochten werden kann[89]. Ob der Vorrang der Leistungsklage auch in dem Fall gelten soll, in dem der Beklagte des Feststellungsverfahrens (also der Gläubiger und Kläger des Leistungsverfahrens) die Entscheidungsreife im negativen Feststellungsverfahren allein durch eine Flucht in die Säumnis verhindern konnte, ist zumindest nicht unumstritten[90]. In bestimmten Situationen könnte sich dies nach der **hier vertretenen Auffassung** als rechtsmissbräuchlich erweisen, wenn sich aus den konkreten Umständen des Einzelfalls entsprechende Anhaltspunkte für einen Verstoß gegen Treu und Glauben ergeben[91].

Der **Leistungsklage** kommt auch kein Vorrang zu, wenn sie **unzulässig** ist. Dann bleibt das 28 Feststellungsinteresse für die negative Feststellungsklage mit umgekehrten Parteirollen bestehen[92]. Unzulässig wird die Leistungsklage nicht bereits dadurch, dass der Gläubiger sie nicht vor demselben Gericht geltend macht, vor dem der Schuldner die Feststellungsklage erhoben hat. In Ausnahmefällen soll jedoch eine evident verspätete Leistungsklage aus Gründen von Treu und Glauben oder wegen Rechtsmissbrauchs abgewiesen werden können, wenn sie nicht im Gerichtsstand der Widerklage erhoben wird[93].

Ist das **Feststellungsinteresse** für die negative Feststellungsklage **einmal entfallen,** lebt es nicht 29 wieder dadurch auf, dass die entgegen diesen Grundsätzen fortgesetzte Feststellungsklage vor dem parallel geführten Leistungsprozess entscheidungsreif wird[94].

Anders ist dies bei einem **Verfahren vor der Einigungsstelle** (§ 15 UWG). Eine negative Fest- 30 stellungsklage des Antragsgegners ist zwar gemäß § 15 Abs. 10 S. 4 UWG unzulässig, wenn sie erhoben wird, nachdem die Einigungsstelle angerufen wurde, wobei es zeitlich nur auf den Eingang bei der Einigungsstelle ankommt[95]. Sie wird aber wieder zulässig, wenn das Verfahren bei der Einigungsstelle beendet ist[96].

Im Anwendungsbereich der EuGVVO verhält es sich mit dem Vorrang der Leistungsklage indes 31 abweichend. Nach **Art. 29 Abs. 1 EuGVVO** setzt, wenn bei Gerichten verschiedener Mitgliedstaaten Klagen wegen desselben Anspruchs zwischen denselben Parteien anhängig gemacht werden, das später angerufene Gericht das Verfahren von Amts wegen aus, bis die Zuständigkeit des zuerst angerufenen Gerichts feststeht, wobei nach der Rechtsprechung des Gerichtshofs der Europäischen Union Identität zwischen einer positiven Leistungsklage und einer negativen Feststellungsklage besteht[97]. Aufgrund der wortgleichen Vorschrift in **Art. 27 LugÜ** gilt im Anwendungsbereich des Lugano Übereinkommens nichts anderes[98]. Somit ergibt sich die – insbesondere im Patentrecht praktizierte – Möglichkeit der sog. **"Torpedoklage",** also einer negativen Feststellungsklage des Schutzrechtsverletzers vor einem bekanntermaßen langsam arbeitenden Gericht eines Mitgliedstaates, mit dem Ziel, die (begründete) positive Leistungsklage des Schutzrechtsinhabers vor dem Gericht eines anderen Mitgliedsstaates so lange wie möglich zu blockieren[99]. Eine Pflicht zur Aussetzung greift dann nicht, wenn das später angerufene Gericht ausschließlich zuständig ist und zu erwarten ist, dass eine Sachentscheidung des zuerst angerufenen Gerichts nach Art. 35 Abs. 1 EuGVVO wegen Verletzung der in Art. 22 Nr. 1 EuGVVO vorgesehenen ausschließlichen Zuständigkeit in den übrigen Mitgliedsstaaten nicht anerkannt und nicht vollstreckt werden würde[100].

IV. Rechtskraft

Eigentlich unzulässige Feststellungsklagen können der materiellen Rechtskraft zugänglich sein, weil 32 trotz Fehlens des Feststellungsinteresses die Klage in der Sache abgewiesen werden kann, wenn die

---

[87] BGH GRUR 2006, 217 Rn. 12 – Detektionseinrichtung I.
[88] BGH GRUR 1994, 846 (848) – Parallelverfahren II; BGH NJW 1999, 1544 (1546); GRUR 2006, 217 Rn. 12 – Detektionseinrichtung I.
[89] BGH GRUR 2006, 217 Rn. 12 – Detektionseinrichtung I; Fezer/*Büscher*/Obergfell UWG § 12 Rn. 273.
[90] Bejahend BGH GRUR 2006, 217 Rn. 12 – Detektionseinrichtung I; zweifelnd: Fezer/*Büscher*/Obergfell UWG § 12 Rn. 273.
[91] Ähnlich Teplitzky/*Schwippert* Kap. 52 Rn. 20b.
[92] Fezer/*Büscher*/Obergfell UWG § 12 Rn. 274 mwN.
[93] Fezer/*Büscher*/Obergfell UWG § 12 Rn. 274; Teplitzky/*Schwippert* Kap. 52 Rn. 20b.
[94] BGH GRUR 1987, 402 (403) – Parallelverfahren I.
[95] Teplitzky/*Bacher* Kap. 42 Rn. 36; Harte/Henning/*Retzer* § 15 Rn. 44.
[96] Teplitzky/*Bacher* Kap. 42 Rn. 36; Harte/Henning/*Retzer* § 15 Rn. 44.
[97] EuGH NJW 1989, 665 – Gubisch; BeckOK ZPO/*Bacher* § 256 Rn. 12; BeckOK/*Voß* PatG Vor §§ 139 ff. Rn. 84.
[98] BeckOK ZPO/*Bacher* § 256 Rn. 12.
[99] Vgl. Haedicke/Timmann PatR-HdB/*Chakraborty*/*Haedicke* § 15 Rn. 948 ff.
[100] EuGH NJW 2014, 1871 Rn. 55 ff. – Weber/Weber.

Unbegründetheit bereits feststeht[101]. Insofern besteht eine Ausnahme vom Grundsatz, dass Sachurteilsvoraussetzungen vorrangig vor der materiellen Rechtslage zu prüfen sind. Im Übrigen wird auf die Kommentierung bei → § 322 Rn. 11 ff., 25 ff. verwiesen.

B. Zwischenfeststellungs(wider)klage

33 Im Falle der Leistungsklage erwächst die Frage, ob das zur Leistung verpflichtende Rechtsverhältnis besteht oder ganz oder teilweise nicht besteht, als bloße **Vorfrage** nicht in Rechtskraft[102]. Um dies dennoch zu erreichen, kann der Kläger durch eine dahingehende Erweiterung seines Klageantrags, der Beklagte durch Erhebung einer Widerklage, beantragen, dass ein im Laufe des Prozesses streitig gewordenes (und darüber hinaus auch ein bereits vorgerichtlich streitiges)[103] Rechtsverhältnis, von dessen Bestehen oder Nichtbestehen die Entscheidung des Rechtsstreits ganz oder zum Teil abhängt[104], durch richterliche Entscheidung festgestellt werde. Der Antrag muss bis zum Schluss derjenigen mündlichen Verhandlung, auf die das Urteil ergeht, gestellt werden[105]. Auch die Zwischenfeststellungs(wider)klage kann nur auf die Feststellung eines im Laufe des Prozesses streitig gewordenen Rechtsverhältnisses gerichtet werden, nicht dagegen auf die Feststellung der Rechtswidrigkeit bzw. Unzulässigkeit eines Verhaltens[106].

34 Ein besonderes Feststellungsinteresse ist nicht erforderlich[107]. Da das Rechtsverhältnis **vorgreiflich** sein muss, kommt es auf das Feststellungsinteresse nicht an[108]. Die Feststellung des Rechtsverhältnisses ist für die Entscheidung des Rechtsstreits vorgreiflich, wenn ohnehin darüber befunden werden muss, ob das streitige Rechtsverhältnis besteht[109]. Wird dagegen über die Hauptsache unabhängig von dem Bestand des streitigen Rechtsverhältnisses entschieden, ist mangels Vorgreiflichkeit für eine Zwischenfeststellung kein Raum[110]. Da zB Unterlassungsansprüche, Auskunfts- und Schadensersatzansprüche sowie Ansprüche auf Abmahnkostenersatz unterschiedliche Streitgegenstände sind und sich nicht gegenseitig präjudizieren, hängen sie nicht in der Weise voneinander ab, wie sie für eine Zwischenfeststellungsklage Voraussetzung ist[111].

35 Das **allgemeine Rechtsschutzbedürfnis** muss aber gegeben sein. Dies kann dann angenommen werden, wenn zumindest die Möglichkeit besteht, dass die angestrebte Zwischenfeststellung für die Rechtsbeziehungen der Parteien über den Hauptantrag hinaus Bedeutung hat oder gewinnen kann[112]. Die begehrte Feststellung muss sich daher auf einen Gegenstand beziehen, der über den der Rechtskraft fähigen Gegenstand des Rechtsstreits hinausgeht. Die Erhebung einer Zwischenfeststellungsklage ist daher nach ständiger Rechtsprechung in der Regel unzulässig, wenn die zu klärenden Rechtsbeziehungen bereits durch die Entscheidung in der Hauptsache erschöpfend geregelt werden[113]. Soweit allerding mehrere selbstständige Ansprüche verfolgt werden, für die das streitige Rechtsverhältnis vorgreiflich ist, und im Fall des Erfolges der auf dieses Rechtsverhältnis gerichteten Zwischenfeststellung(wider)klage Teilurteile ergehen könnten, ist diese ausnahmsweise zulässig[114].

36 Über die Zwischenfeststellungs(wider)klage kann auch durch **Teilurteil** entschieden werden[115].

37 Das Rechtsverhältnis kann sich auf einen Einwand (Einwendung oder Einrede) beziehen[116], und zwar selbst dann, wenn dieser bereits vor Klageerhebung bekannt und streitig war[117]. Somit kann grundsätzlich auch der **kartellrechtliche Zwangslizenzeinwand** tauglicher Gegenstand einer Feststellung oder Zwischenfeststellung sein. Voraussetzung ist neben den oben dargestellten Gesichtspunkten vor allem, dass Antrag und Klagebegehren darauf gerichtet sind festzustellen, dass ein Rechtsverhältnis besteht und nicht nur darauf festzustellen, dass ein Verhalten, zum Beispiel das vorgerichtliche Herantreten oder das Verhalten während der Verhandlungen, rechtswidrig oder unzulässig war oder ist[118]. In Betracht kommen insbesondere die Fragen, ob der Patentinhaber kartellrechtlich verpflichtet ist, dem Beklagten oder dessen Zulieferer eine Lizenz an dem Klageschutzrecht oder dem

---

[101] BGH GRUR 1999, 1119 (1120) – RUMMS!; BGH GRUR 2013, 850 Rn. 10 – Grundpreisangabe im Supermarkt.
[102] Anschaulich hierzu: BGH NJW 2019, 2308 Rn. 29.
[103] BGH NJW 1990, 318 (320); BeckOK ZPO/*Bacher* § 256 Rn. 46a.
[104] BGH NJW 2008, 69 Rn. 17; Zöller/*Greger* ZPO § 256 Rn. 25; BeckOK ZPO/*Bacher* § 256 Rn. 43.
[105] BGH BeckRS 2017, 133092 Rn. 6.
[106] BGH NJW 2018, 3441 Rn. 13.
[107] BGH NZG 2013, 713 Rn. 29; BeckOK ZPO/*Bacher* § 256 Rn. 39.
[108] Zöller/*Greger* ZPO § 256 Rn. 25.
[109] BGH BeckRS 2017, 118021 Rn. 33 – Teststreifen zur Blutzuckerkontrolle II.
[110] BGH NJW 2008, 69 Rn. 17.
[111] BGH BeckRS 2017, 118021 Rn. 33 – Teststreifen zur Blutzuckerkontrolle II.
[112] BGH NJW 1994, 655 (656); Zöller/*Greger* ZPO § 256 Rn. 26; BeckOK ZPO/*Bacher* § 256 Rn. 44.
[113] BGH NZBau 2020, 467 Rn. 16 mwN.
[114] BGH NZBau 2020, 467 Rn. 18 mwN.
[115] BGH NJW 2006, 915 Rn. 7; Zöller/*Greger* ZPO § 256 Rn. 29; BeckOK ZPO/*Bacher* § 256 Rn. 47.
[116] BGH MDR 2008, 158; Zöller/*Greger* ZPO § 256 Rn. 25.
[117] Vgl. → Rn. 32.
[118] Vgl. → Rn. 32.

Portfolio, in dem dieses enthalten ist, zu erteilen (licence to all), oder ob er insoweit nur einen Zugang zu der patentierten Technologie gewähren muss (access to all). Weiter ist eine Feststellung dahingehend denkbar, ob der Patentinhaber durch die Ablehnung eines bestimmten Angebots des Patentbenutzers gegen seine kartellrechtlichen Verpflichtungen verstoßen hat. Wegen des Vorrangs der Leistungsklage[119] und des ansonsten fehlenden Rechtsschutzbedürfnisses wird der Lizenzsucher allerdings regelmäßig gehalten sein, direkt auf Abschluss eines Lizenzvertrages, zum Beispiel als Teil eines kartellrechtlich geschuldeten Anspruchs auf Unterlassung oder Schadensersatz vor dem Zivilgericht[120], zu klagen. Somit kann regelmäßig nur der Patentinhaber derartige Feststellungsanträge zulässig geltend machen. Ab dem Zeitpunkt der Rechtshängigkeit kann er dadurch etwaige spätere **ausländische Torpedoklagen des Patentbenutzers**[121] blockieren (§ 261 Abs. 3 Nr. 1[122]). Da derartige ausländische Torpedoklagen regelmäßig Grundlage für den Antrag auf Erlass von Prozessführungsverboten **(Anti-Suit Injunctions)** zu deren Schutz sind[123], besteht durch die frühzeitige[124] Erhebung einer (Zwischen) Feststellungsklage auch die Chance, diese indirekt zu verhindern oder wenigstens einzudämmen.

§ 257 Klage auf künftige Zahlung oder Räumung
Ist die Geltendmachung einer nicht von einer Gegenleistung abhängigen Geldforderung oder die Geltendmachung des Anspruchs auf Räumung eines Grundstücks oder eines Raumes, der anderen als Wohnzwecken dient, an den Eintritt eines Kalendertages geknüpft, so kann Klage auf künftige Zahlung oder Räumung erhoben werden.

§ 258 Klage auf wiederkehrende Leistungen
Bei wiederkehrenden Leistungen kann auch wegen der erst nach Erlass des Urteils fällig werdenden Leistungen Klage auf künftige Entrichtung erhoben werden.

§ 259 Klage wegen Besorgnis nicht rechtzeitiger Leistung
Klage auf künftige Leistung kann außer den Fällen der §§ 257, 258 erhoben werden, wenn den Umständen nach die Besorgnis gerechtfertigt ist, dass der Schuldner sich der rechtzeitigen Leistung entziehen werde.

§ 260 Anspruchshäufung

Mehrere Ansprüche des Klägers gegen denselben Beklagten können, auch wenn sie auf verschiedenen Gründen beruhen, in einer Klage verbunden werden, wenn für sämtliche Ansprüche das Prozessgericht zuständig und dieselbe Prozessart zulässig ist.

Literatur: *Bergmann*, Zur alternativen und kumulativen Begründung des Unterlassungsantrags im Wettbewerbsrecht, GRUR 2009, 224; *Büscher*, Klagehäufung im gewerblichen Rechtsschutz – alternativ, kumulativ, eventuell?, GRUR 2012, 16; *Labesius*, Streitwertbemessung bei der hilfsweisen Geltendmachung unterschiedlicher gewerblicher Schutzrecht – Zugleich Anmerkung zu OLG Frankfurt a. M., Urt. V. 4.6.2012 – 6 W 60/12 – Streitwertaddition, GRUR-RR 2012, 317; *Stieper*, Klagehäufung im gewerblichen Rechtsschutz – Alternativ, kumulativ, eventuell?, GRUR 2012, 5; *Ungern-Sternberg*, Grundfragen des Streitgegenstandes bei wettbewerbsrechtlichen Unterlassungsklagen (Teil 1), GRUR 2009, 901; *Witte*, Hilfsanträge im deutschen und europäischen Patenterteilungs- und Beschwerdeverfahren, Mitt. 1997, 293.

A. Regelungsgehalt

Die Regelung betrifft die **objektive** Anspruchshäufung, also die Geltendmachung mehrerer verschiedener Streitgegenstände durch denselben Kläger[1] gegen denselben Beklagten. Bei Personenverschiedenheit liegt eine **subjektive** Anspruchshäufung vor, die in den §§ 59 ff.[2] geregelt ist[3]. Für diese gilt § 260 entsprechend.

B. Objektive Anspruchshäufung

Die objektive Anspruchshäufung kann – auch nachträglich im Wege einer klageerweiternden Klageänderung[4] – **kumulativ** oder in einem **Hilfsverhältnis** (eventuell) geltend gemacht werden. Voraussetzungen sind, dass für sämtliche Ansprüche das Prozessgericht (und innerhalb des Prozess-

---

[119] Vgl. → Rn. 24.
[120] Haedicke/Timmann PatR-HdB/*Chakraborty/Haedicke* § 15 Rn. 908.
[121] Haedicke/Timmann PatR-HdB/*Chakraborty/Haedicke* § 15 Rn. 948 ff.
[122] → § 261 Rn. 8 ff.
[123] *Arnold* GRUR 2021, 123 (125).
[124] Wegen Möglichkeiten der direkten Verhinderung eines drohenden Antrags auf Erlass einer Anti-Suit Injunction vgl. LG München I GRUR-RS 2021, 3995 – FRAND-Lizenzwilligkeit; OLG München GRUR 2020, 379 – Anti-Suit Injunction.
[1] Zöller/*Greger* ZPO § 260 Rn. 2; BeckOK ZPO/*Bacher* § 260 Rn. 15.
[2] → § 60 Rn. 1.
[3] Zöller/*Greger* ZPO § 260 Rn. 1 f.; BeckOK ZPO/*Bacher* § 260 Rn. 1.
[4] BGH NJW 2007, 2414 Rn. 8; BeckRS 2016, 482; NJW 2019, 2308 Rn. 33; Zöller/*Greger* ZPO § 260 Rn. 3; BeckOK ZPO/*Bacher* § 260 Rn. 20.

gerichts einheitlich die Zivilkammer oder die Handelskammer)[5] zuständig[6] und dieselbe Prozessart[7] gegeben ist. Eine Kombination von einstweiligem Verfügungsverfahren, Urkundenprozess und normalem Verfahren wäre zB unzulässig.

3 Die **alternative** Anspruchshäufung[8] ist seit dem Jahr 2011 in der Regel[9] unzulässig[10].

I. Kumulative Anspruchshäufung

4 Bei der kumulativen Anspruchshäufung erstrebt der Kläger eine gerichtliche Entscheidung über **alle geltend gemachten Ansprüche,** so zum Beispiel über die von ihm geltend gemachten Ansprüche auf Unterlassung, Auskunft, Rechnungslegung, Schadensersatzfeststellung, Rückruf und Vernichtung. Dem Kläger ist es grundsätzlich freigestellt, welche Ansprüche er wie geltend macht. Er kann in einem Prozess sämtliche Ansprüche zusammenfassen oder sie auch – in den Grenzen des Rechtsmissbrauchs – getrennt verfolgen.

5 Nur im Patentrecht ist es dem Kläger nach **§ 145 PatG** verboten, wegen derselben oder einer gleichartigen Handlung auf Grund eines anderen[11] Patents[12] eine weitere Klage[13] zu erheben, wenn er auch dieses Patent in einem früheren Rechtsstreit hätte geltend machen können (sog. **Konzentrationsmaxime**). Dies wird auf Rüge durch den Beklagten geprüft[14]. Der Patentinhaber wird so zur Anspruchshäufung gezwungen. Aus praktischen Gründen wird das Gericht das Verfahren in den meisten Fällen in die einzelnen Schutzrechtskomplexe aufteilen, indem es diese abtrennt (§ 145[15])[16].

6 Sollen markenrechtliche Ansprüche und darauf bezogene Ansprüche nach dem UWG zusammen geltend gemacht werden, so überwindet **§ 141 MarkenG** eine möglicherweise nach **§ 14 UWG** entgegenstehende anderweitige örtliche Zuständigkeit.

II. Hilfsweise Anspruchshäufung

7 Bei der hilfsweisen Anspruchshäufung erstrebt der Kläger zunächst nur eine gerichtliche Entscheidung über den Hauptantrag verbunden mit der – **zulässigen innerprozessualen – Bedingung**[17], auch die Hilfsanträge zu prüfen, soweit das Gericht den Hauptantrag abweisen (oder bei einer positiven Bedingung ihm stattgeben[18]) möchte[19]. Wichtig ist, dass die gewünschte Reihenfolge der Prüfung und die Umstände des Bedingungseintritts klar formuliert sind[20].

III. Alternative Anspruchshäufung

8 Einen Mittelweg zwischen diesen beiden Möglichkeiten hat bis zum Jahre 2011 die alternative Anspruchshäufung[21] geboten. Hierunter verstand man ein Angebot an das Gericht, sich von verschiedenen vorgetragenen Klagegründen denjenigen herauszusuchen, der zum (schnellsten) Erfolg der einheitlich gestellten Anträge führte. So könnte man auch daran denken, einen auf das Verbot des Vertriebs eines konkret beschriebenen Produktes gerichteten Unterlassungsantrag alternativ mit der Verletzung zwei verschiedener Klagepatente zu begründen, um dem Gericht die Möglichkeit zu geben, dasjenige Klagepatent zu wählen, dessen Verletzung es am schnellsten festzustellen vermag. Ein solches Vorgehen wird vom I. Senat des BGH allerdings seit der markenrechtlichen Entscheidung mit dem Stichwort

---

[5] Vgl. BeckOK ZPO/*Bacher* § 260 Rn. 19.1.
[6] Zöller/*Greger* ZPO § 260 Rn. 1a; BeckOK ZPO/*Bacher* § 260 Rn. 19.
[7] Zöller/*Greger* ZPO § 260 Rn. 2a; BeckOK ZPO/*Bacher* § 260 Rn. 16 ff.
[8] Zöller/*Greger* ZPO § 260 Rn. 5; BeckOK ZPO/*Bacher* § 260 Rn. 11 ff.
[9] Vgl. BeckOK ZPO/*Bacher* § 260 Rn. 13 f.
[10] BGH GRUR 2011, 521 – TÜV I; vgl. auch BGH GRUR 2011, 1043 – TÜV II (zur Möglichkeit, bei Altfällen in der Revisionsinstanz von der alternativen zu einer eventuellen Klagehäufung überzugehen).
[11] § 145 PatG ist auf die Geltendmachung von Ansprüchen aus demselben Patent in unterschiedlichen Prozessen nicht anwendbar: BGH GRUR 2021, 462 – Fensterflügel; Kühnen Patentverletzung-HdB Kap. E Rn. 68.
[12] § 145 PatG ist nach der hier vertretenen Auffassung nicht im Verhältnis einer Klage, gestützt auf ein Patent, zu einer anderen Klage, gestützt auf ein Gebrauchsmuster, anwendbar (OLG Düsseldorf GRUR 1959, 538 – Lerchenrad; OLG München GRUR-RR 2020, 237; Kühnen Patentverletzung-HdB Kap. E Rn. 65; aA LG München I 17.10.2018 – 21 O 18824/17).
[13] Da nur Klagen angesprochen sind, findet die Vorschrift auf das Verhältnis Hauptsacheverfahren zu einstweiligem Verfügungsverfahren keine Anwendung (Kühnen Patentverletzung-HdB Kap. E Rn. 62).
[14] Schramm/*Donle/Kaess* Kap. 9 Rn. 240 ff.; Haedicke/Timmann PatR-HdB/*Zigann* § 15 Rn. 458.
[15] → § 145 Rn. 2.
[16] Kühnen Patentverletzung-HdB Kap. E Rn. 72; Haedicke/Timmann PatR-HdB/*Zigann* § 15 Rn. 177.
[17] BGH NJW 2003, 3202; 2001, 1285; WM 1995, 701; Zöller/*Greger* ZPO § 260 Rn. 4; BeckOK ZPO/*Bacher* § 260 Rn. 5 ff.
[18] BGH NJW 2001, 1285 (1286); BAG NZA 1988, 741; BeckOK ZPO/*Bacher* § 260 Rn. 6.
[19] Zöller/*Greger* ZPO § 260 Rn. 6a f.
[20] BeckOK ZPO/*Bacher* § 260 Rn. 29.
[21] Zöller/*Greger* ZPO § 260 Rn. 5; BeckOK ZPO/*Bacher* § 260 Rn. 11 ff.

„TÜV I"[22] wegen Verstoß gegen das Gebot des § 253 Abs. 2 Nr. 2[23], den Klagegrund bestimmt zu bezeichnen, als **unzulässig** erachtet. Diese richtungsweisende Kehrtwende des I. Senats des BGH, beansprucht Gültigkeit für Leistungsklagen im gesamten gewerblichen Rechtsschutz und im Urheberrecht. Allerdings dürfte im patentrechtlichen Nichtigkeitsberufungsverfahren die alternative Klagehäufung derzeit (noch) zur anerkannten Praxis gehören[24].

Zu den Auswirkungen dieser Entscheidung auf die **Bestimmung des Streitgegenstandes** wird auf die Kommentierung bei → § 253 Rn. 50 ff. verwiesen.

IV. Teilklage

Das Gegenteil der Anspruchshäufung ist die Teilklage, die offen oder verdeckt erhoben werden kann.

1. Offene Teilklage. Bei der offenen Teilklage[25] macht der Kläger **für das Gericht und den Beklagten erkennbar** nur einen bestimmten Teil eines umfassenderen Anspruchs geltend. So kann eine Klage auf Leistung von Schadensersatz und damit auch das Prozessrisiko auf bestimmte, individualisierbare Verletzungshandlungen, zum Beispiel auf Handlungen in einem bestimmten Kalenderjahr, beschränkt werden.

Hinsichtlich der Wahl zwischen den im gewerblichen Rechtsschutz anerkannten **drei Methoden zur Berechnung des Schadensersatzes** (eigener Schaden, Herausgabe des Verletzergewinns und Lizenzanalogie) besteht die Besonderheit, dass diese dem Kläger nur bis zu demjenigen Zeitpunkt offen steht, in dem ein Urteil, das auf einer von ihm (zunächst) gewählten Berechnungsmethode beruht, für ihn unanfechtbar geworden ist[26]. Dies gilt auch dann, wenn der Verletzer, nicht aber der Rechteinhaber, gegen dieses Urteil ein Rechtsmittel eingelegt hat. Hierdurch kann sich die in erster Instanz zugesprochene Gewinnherausgabe im Rechtsmittel des Verletzers als wertlos erweisen, weil nunmehr mehr oder betragsmäßig höhere Abzugsposten anerkannt werden. Eine Rückkehr zur allemal lukrativeren Berechnungsmethode nach der Lizenzanalogie ist dem Rechteinhaber, der selbst kein Rechtsmittel eingelegt hat, jedoch verwehrt. Um in einer solchen Situation Nachteile zu vermeiden, kann es geboten sein, rechtzeitig ein Anschlussrechtsmittel[27] einzulegen.

2. Verdeckte Teilklage. Bei der verdeckten Teilklage[28] ist die Auswahlentscheidung **für das Gericht und den Beklagten nicht erkennbar.** Eine verdeckte Teilklage birgt stets das Risiko, dass im Falle einer Klageabweisung im ersten Prozess einer Nachforderung in einem zweiten Prozess wahlweise die Rechtskraft des klageabweisenden Ersturteils, Verzicht, Erlass oder Verwirkung entgegengehalten werden können. Da die Einzelheiten hierzu umstritten sind[29], empfiehlt es sich, stets die offene Teilklage zu wählen.

V. Kosten und Gebühren

Nach § 45 Abs. 1 S. 1 GKG werden die mit **Klage und Widerklage** geltend gemachten Ansprüche zusammengerechnet, bei **Hilfsanträgen** jedoch nur, wenn auch eine Entscheidung über sie ergeht (§ 45 Abs. 1 S. 2 GKG). Die Zusammenrechnung hat aber dann zu unterbleiben, wenn die Ansprüche – wirtschaftlich betrachtet – denselben Gegenstand betreffen. Dann zählt nur der höhere Anspruch (§ 45 Abs. 1 S. 3 GKG).

Mehrere prozessuale Ansprüche betreffen gebührenrechtlich **denselben Gegenstand,** wenn der eine Anspruch nur dann zugesprochen werden kann, wenn der andere Anspruch zugleich abgewiesen wird. Können die Ansprüche hingegen parallel zugesprochen werden, liegt grundsätzlich keine Nämlichkeit vor[30].

Macht der Kläger allerdings kumulativ oder hilfsweise Ansprüche aus **mehreren Streitgegenständen** (zB mehreren Schutzrechten) geltend[31] oder erstrebt er ein Verbot auf der Grundlage mehrerer selbständiger wettbewerbsrechtlicher oder markenrechtlicher Begründungen aufgrund desselben tatsächlichen Vorfalls[32], so liegen zwar mehrere Gegenstände vor, es ist aber aufgrund einer wertenden Betrachtung eine Abstaffelung vorzunehmen[33]. Gleiches gilt für den Fall, dass der Kläger

---

[22] BGH GRUR 2011, 521 – TÜV I; vgl. auch BGH GRUR 2011, 1043 – TÜV II (zur Möglichkeit, bei Altfällen in der Revisionsinstanz von der alternativen zu einer eventuellen Klagehäufung überzugehen).
[23] → § 253 Rn. 18.
[24] → § 253 Rn. 162.
[25] Vgl. Zöller/*Vollkommer* ZPO Vor § 322 Rn. 47.
[26] BGH GRUR 2008, 93 – Zerkleinerungsvorrichtung.
[27] Anschlussberufung nach § 524 ZPO oder Anschlussrevision nach § 554 ZPO.
[28] Zöller/*Vollkommer* ZPO Vor § 322 Rn. 48.
[29] Vgl. Zöller/*Vollkommer* ZPO Vor § 322 Rn. 48 ff.
[30] Vgl. *Dörndorfer* in Binz/Dörndorfer/Petzold/Zimmermann GKG § 45 Rn. 7 ff.
[31] *Labesius* GRUR-RR 2012, 317 (318).
[32] *Büscher* GRUR 2012, 16 (22).
[33] BGH BeckRS 2013, 20392; aA OLG Frankfurt a. M. GRUR-RR 2012, 367 – Streitwertaddition.

aus demselben Schutzrecht gegen dieselbe konkrete Verletzungsform jedoch mit **unterschiedlichen technischen Begründungen** vorgeht.

17 Können nicht alle Streitgegenstände zugesprochen werden und muss deshalb eine Teilabweisung ausgesprochen werden, hat dieses teilweise Unterliegen für den Kläger nachteilige Folgen bei der **Kostenverteilung**. Dies gilt unmittelbar bei der kumulativen Klagehäufung, trifft aber natürlich auch bei der Eventualklage zu. Hat in diesem Fall die Klage aufgrund eines Hilfsantrags Erfolg, bemisst sich die Aufteilung der Kosten im Rahmen des § 92 Abs. 1 regelmäßig nach dem Verhältnis der Anzahl der erfolgreichen oder erfolglosen Streitgegenstände zum Gesamtstreitwert. Wird der Hauptantrag abgewiesen, der Hilfsantrag aber zugesprochen, sind die Kosten des Rechtsstreits gegeneinander aufzuheben oder hälftig zu teilen[34]. Liegen einem einheitlichen Unterlassungsantrag mehrere Ansprüche iSv § 45 Abs. 1 S. 2 GKG zugrunde, die zusammenzurechnen sind, darf keine schematische **Erhöhung des Streitwerts** erfolgen[35]. Vielmehr ist der Streitwert für den Hauptanspruch festzusetzen und für die hilfsweise geltend gemachten Ansprüche ist der Streitwert angemessen zu erhöhen. Dabei ist bei einem einheitlichen Unterlassungsantrag zu berücksichtigen, dass der Angriffsfaktor im Regelfall unverändert bleibt und deshalb eine Vervielfachung des Streitwerts des Hauptanspruchs grundsätzlich nicht gerechtfertigt ist[36].

§ 261 Rechtshängigkeit

(1) **Durch die Erhebung der Klage wird die Rechtshängigkeit der Streitsache begründet.**

(2) **Die Rechtshängigkeit eines erst im Laufe des Prozesses erhobenen Anspruchs tritt mit dem Zeitpunkt ein, in dem der Anspruch in der mündlichen Verhandlung geltend gemacht oder ein den Erfordernissen des § 253 Abs. 2 Nr. 2 entsprechender Schriftsatz zugestellt wird.**

(3) **Die Rechtshängigkeit hat folgende Wirkungen:**
1. **während der Dauer der Rechtshängigkeit kann die Streitsache von keiner Partei anderweitig anhängig gemacht werden;**
2. **die Zuständigkeit des Prozessgerichts wird durch eine Veränderung der sie begründenden Umstände nicht berührt.**

Literatur: *Gröning*, Nebenintervention sowie angemessene Erfolgserwartung im Patentnichtigkeitsverfahren, GRUR 2020, 1170; *Steinbeck*, Ist die negative Feststellungsklage Hauptsache i. S. von § 937 I ZPO?, NJW 2007, 1783; *Pitz*, Torpedos unter Beschuss, GRUR-Int 2001, 32.

A. Bedeutung der Rechtshängigkeit

1 Rechtshängigkeit bedeutet, dass ein behaupteter prozessualer Anspruch (Streitgegenstand) Gegenstand eines streitigen gerichtlichen Verfahrens ist. Für die im Einzelfall durchaus schwierige Bestimmung des Streitgegenstands wird auf → § 253 Rn. 46 ff. verwiesen.

Vor Rechtshängigkeit darf über den Streitgegenstand keine Entscheidung ergehen, nach Rechtshängigkeit muss über ihn eine Entscheidung ergehen[1]. Wird ein rechtshängiger prozessualer Anspruch übersehen, kann Urteilsergänzung (§ 321[2]) beantragt werden[3]. Während der Dauer der Rechtshängigkeit darf derselbe Streitgegenstand von keiner Partei anderweitig anhängig gemacht werden. Ferner wird die einmal bestehende Zuständigkeit perpetuiert.

2 § 261 Abs. 3 Nr. 2 ist im **Beschwerde- oder Nichtigkeitsverfahren** vor dem BPatG entsprechend anzuwenden[4].

B. Eintritt und Ende der Rechtshängigkeit

I. Eintritt der Rechtshängigkeit

3 Der Eintritt der Rechtshängigkeit erfolgt grundsätzlich erst mit Erhebung der Klage (§ 253 Abs. 1[5]), also mit deren **Zustellung an den Beklagten** und nicht bereits mit Einreichung der Klage bei Gericht (nur Anhängigkeit)[6]. Bei einer **Stufenklage** ist zu beachten, dass alle Anträge der Stufen mit der

---

[34] BGH GRUR 2016, 1300 Rn. 30 – Kinderstube.
[35] Andere Auffassung OLG Frankfurt a. M. GRUR-RR 2012, 367 (367) – Streitwertaddition.
[36] BGH BeckRS 2013, 20393 Rn. 9; GRUR 2016, 1300 Rn. 73 – Kinderstube.
[1] Zöller/*Greger* ZPO § 261 Rn. 1.
[2] → § 321 Rn. 4.
[3] Zöller/*Greger* ZPO § 261 Rn. 1.
[4] Schulte/*Püschel* PatG § 99 Rn. 6 mwN.
[5] → § 253 Rn. 12 ff.
[6] Zöller/*Greger* ZPO § 261 Rn. 2; BeckOK ZPO/*Bacher* § 261 Rn. 5.

Zustellung an den Beklagen gleichzeitig rechtshängig werden, also auch der zunächst unbezifferte Zahlungsantrag[7]. Dieser steht einer später erhobenen gesonderten Zahlungsklage daher entgegen.

Allerdings kann sich der Kläger davon **abweichende Vorschriften der Verwaltungs-, Sozial-, Finanz- und Strafgerichtsbarkeit** zu Nutze machen. Denn dort tritt die Rechtshängigkeit bereits vor Zustellung an den Gegner mit der Einreichung der Klage ein (vgl. §§ 81 Abs. 1, 90 Abs. 1 VwGO; §§ 90, 94 Abs. 1 SGG; § 64 Abs. 1, 66 Abs. 1 FGG; § 404 Abs. 2 StPO)[8]. Die Rechtswegunzuständigkeit hindert den Eintritt der Rechtshängigkeit nicht[9]. In der Regel ist dieses Vorgehen auch nicht rechtsmissbräuchlich[10]. Ist demnach der vorgezogene Eintritt der Rechtshängigkeit gewünscht, etwa weil die Verjährung gehemmt werden soll (§ 262[11]) oder weil beim Europäischen Patentamt nach Regel 13 der Ausführungsverordnung zum Übereinkommen eine Aussetzung des Prüfungsverfahrens wegen widerrechtlicher Entnahme beantragt werden soll[12], so kann die – nach § 17 Abs. 2 S. 2 GVG kostenpflichtige – Einreichung bei einem offensichtlich unzuständigen Gericht Vorteile bringen; besonders dann, wenn der Beklagte zum Beispiel seinen Sitz im Ausland hat. Denn die Wirkungen der Rechtshängigkeit bleiben auch nach der – sogleich zu beantragenden – Verweisung an das zuständige Zivilgericht bestehen (§ 17b Abs. 1 S. 2 GVG).

4

Wird ein Anspruch erst später, dh nach Rechtshängigkeit der zunächst geltend gemachten Ansprüche, im Wege der **Klageerweiterung oder Klageänderung** geltend gemacht, tritt die Rechtshängigkeit erst mit Antragstellung in der mündlichen Verhandlung (§ 297[13]) oder mit Zustellung eines entsprechenden Schriftsatzes an den Gegner ein, wobei eine Zustellung von Anwalt zu Anwalt nach § 195[14] genügt[15]. Dies gilt auch für den Fall einer späteren auf den vollen Betrag **erweiterten Teilklage** oder einer Klageerweiterung. Hier tritt die Rechtshängigkeit und damit die Verjährungshemmung zunächst nur in Höhe des ursprünglich eingeklagten Betrages ein. Anderes gilt nur dann, wenn ein Gesamtanspruch geltend gemacht wird, der im Laufe des Prozesses aufgrund einer veränderten tatsächlichen oder wirtschaftlichen Lage erhöht wird[16].

5

Die **Geltendmachung einer Aufrechnung** begründet hingegen keine Rechtshängigkeit[17].

6

II. Ende der Rechtshängigkeit

Die Rechtshängigkeit endet mit der formell rechtskräftigen[18] Entscheidung (§ 705[19]), der Zulassung der Klageänderung (§ 263[20]), der Klagerücknahme (§ 269[21]), der beidseitigen Erledigterklärung (§ 91a[22]), dem Ablauf der Frist des § 321[23] hinsichtlich des übergangenen Anspruchs, mit Wegfall der Bedingung eines Hilfsantrages oder mit Abschluss eines Prozessvergleichs[24].

7

C. Wirkungen der Rechtshängigkeit

Nach Eintritt der Rechtshängigkeit sind weitere Klagen wegen desselben Streitgegenstandes gehemmt. Ferner haben nachträgliche Veränderungen keine Auswirkungen auf die Zuständigkeit des angerufenen Gerichts.

8

I. Klagehemmung

Während der Dauer der Rechtshängigkeit ist eine weitere Klage **zwischen denselben Parteien** unabhängig von der Parteirolle – **wegen desselben Streitgegenstandes**[25] unzulässig. Daher kann der Erhebung einer positiven Feststellungsklage die Rechtshängigkeit der zuvor erhobenen negativen Feststellungsklage entgegenstehen. Denn beide betreffen in der Regel denselben Streitgegenstand, indem sie jeweils das kontradiktorische Gegenteil zum Gegenstand haben. Nach der hier vertretenen

9

---

[7] BGH NJW-RR 1995, 513; BeckOK ZPO/*Bacher* § 254 Rn. 14.
[8] Zöller/*Greger* ZPO § 261 Rn. 3a.
[9] Zöller/*Greger* ZPO § 261 Rn. 3a; BeckOK ZPO/*Bacher* § 261 Rn. 7.
[10] LG München BeckRS 2016, 126816; *Hoppe* GRUR-RR 2016, 385 (393).
[11] → § 262 Rn. 2.
[12] Vgl. Haedicke/Timmann PatR-HdB/*Zigann* § 15 Rn. 621.
[13] → § 297 Rn. 7.
[14] → § 195 Rn. 3.
[15] BGH NJW 1992, 2235 (2236); 1955, 1030; Zöller/*Stöber* ZPO § 195 Rn. 5; BeckOK ZPO/*Bacher* § 261 Rn. 10.
[16] LG München I GRUR-RS 2019, 36034 Rn. 31 mwN.
[17] BGH NJW 1972, 450; Zöller/*Greger* ZPO § 145 Rn. 18; → § 261 Rn. 4.
[18] BGH NJW 1992, 2296.
[19] → § 705 Rn. 3 f.
[20] → § 263 Rn. 6.
[21] → § 269 Rn. 1.
[22] → § 91a Rn. 15.
[23] → § 321 Rn. 9.
[24] Vgl. Zöller/*Greger* ZPO § 261 Rn. 7; BeckOK ZPO/*Bacher* § 261 Rn. 11.
[25] → § 253 Rn. 46 ff.; Zöller/*Greger* ZPO § 261 Rn. 8 f.; BeckOK ZPO/*Bacher* § 261 Rn. 2.

Auffassung besteht **kein Vorrang der positiven vor der negativen Feststellungsklage** → § 256 Rn. 22.

10   Dies ist **von Amts wegen** zu beachten[26].

11   Die Rechtshängigkeit **vor einem ausländischen Gericht** ist nach den Bestimmungen der EuGVVO und des LugÜ immer und außerhalb des Geltungsbereichs dieser Vorschriften dann zu beachten, wenn das Urteil im Inland anzuerkennen ist[27]. Eine bei einem deutschen Gericht erhobene Klage ist demnach von Anfang an unzulässig, wenn wegen desselben Anspruchs zwischen denselben Parteien bereits eine Klage bei einem international zuständigen Gericht eines anderen Mitgliedstaats der Europäischen Union anhängig ist[28]. Wird ein vor einem deutschen Gericht anhängiges Verfahren wegen einer in einem anderen Mitgliedstaat der Europäischen Union wegen desselben Anspruchs zwischen denselben Parteien bereits anhängigen Klage ausgesetzt, bewirkt die Feststellung der Zuständigkeit des ausländischen Gerichts im inländischen Verfahren nicht die Erledigung der Hauptsache[29].

12   Eine **Ausnahme** von dem Erfordernis, dass dieselben Parteien betroffen sein müssen, bildet die Gewährung einer **ausschließlichen Lizenz** nach Rechtshängigkeit einer Klage des Lizenzgebers. Hat nämlich der Patentinhaber, nachdem er Ansprüche gegen einen Patentverletzer rechtshängig gemacht hat, einem Dritten eine ausschließliche Lizenz an dem Klagepatent eingeräumt, ist der Dritte als (Teil-)Rechtsnachfolger des Patentinhabers an der Erhebung einer eigenen Klage gegen den Patentverletzer gehindert, solange die Klage des Patentinhabers rechtshängig ist. Das rechtskräftige Urteil über die Klage des Patentinhabers wirkt unter den genannten Voraussetzungen auch für und gegen den Dritten[30].

13   Eine **Ausnahme** vom Erfordernis des Vorliegens desselben Streitgegenstandes bildet eine **spätere positive Leistungsklage** im Verhältnis zu einer früheren negativen Feststellungsklage innerhalb des Anwendungsbereiches des EuGVVO oder des LugÜ[31].

14   Weitere **Ausnahmevorschriften** enthalten die **Art. 109 UMV** und **Art. 95 GGV** für die Anhängigkeit von Verletzungsklagen zwischen denselben Parteien wegen derselben Handlungen vor unterschiedlichen Gerichten der Mitgliedstaaten aus nationalen Marken und Designs einerseits und einer Gemeinschaftsmarke oder einem Gemeinschaftsgeschmacksmuster andererseits.

II. Perpetuierung der Zuständigkeit

15   Ferner wird während der Dauer der Rechtshängigkeit die **Zuständigkeit** des Prozessgerichts durch eine Veränderung der sie begründenden Umstände nicht berührt, vorausgesetzt, der Streitgegenstand bleibt unverändert[32]. Wenn der Beklagte etwa nach Klagezustellung aus dem Bezirk verzieht, hat dies auf die Zuständigkeit nach § 12 keinen Einfluss.

16   Aufgrund der Formulierung kann aber das **zunächst unzuständige** Prozessgericht durch spätere Veränderungen zuständig werden[33], etwa weil der Beklagte in dessen Bezirk zieht und dort nunmehr seinen allgemeinen Gerichtsstand nach § 12 hat.

§ 262 Sonstige Wirkungen der Rechtshängigkeit

¹Die Vorschriften des bürgerlichen Rechts über die sonstigen Wirkungen der Rechtshängigkeit bleiben unberührt. ²Diese Wirkungen sowie alle Wirkungen, die durch die Vorschriften des bürgerlichen Rechts an die Anstellung, Mitteilung oder gerichtliche Anmeldung der Klage, an die Ladung oder Einlassung des Beklagten geknüpft werden, treten unbeschadet der Vorschrift des § 167 mit der Erhebung der Klage ein.

1   § 262 ZPO betrifft die materiellrechtlichen Wirkungen der Rechtshängigkeit.[1]

2   In Verfahren des gewerblichen Rechtsschutzes ist hier insbesondere die Verjährungshemmung, die gem. § 204 Abs. 1 Nr. 1 BGB durch die Klageerhebung eintritt, relevant.[2]

3   Die Wirkung der Rechtshängigkeit tritt mit Erhebung der Klage ein, also grundsätzlich mit Zustellung der Klage, wobei im Fall der Verjährungshemmung gemäß § 167 ZPO die Wirkung bereits

---

[26] BGH NJW 1989, 2064 (2065); Zöller/*Greger* ZPO § 261 Rn. 11; BeckOK ZPO/*Bacher* § 261 Rn. 13.
[27] EuGH EuZW 1995, 309 Rn. 40ff. – Tatry; BGH NJW-RR 2008, 1169 Rn. 17; Zöller/*Greger* ZPO § 261 Rn. 12; BeckOK ZPO/*Bacher* § 261 Rn. 14.1.
[28] BGH BeckRS 2018, 3818 Rn. 13.
[29] BGH BeckRS 2018, 3818 Rn. 16.
[30] BGH GRUR 2013, 1269 – Wundverband.
[31] → § 256 Rn. 30.
[32] BGH NJW 2001, 2477 (2478); Zöller/*Greger* ZPO § 261 Rn. 12; BeckOK ZPO/*Bacher* § 261 Rn. 21.
[33] BGH NJW 1976, 626; 2011, 2515 Rn. 13; Zöller/*Greger* ZPO § 261 Rn. 12; BeckOK ZPO/*Bacher* § 261 Rn. 18.
[1] Zu den relevanten materiellrechtlichen Vorschriften vgl. Musielak/Voit/*Foerste* ZPO § 262 Rn. 1.
[2] Hierzu Zöller/*Greger* ZPO § 262 Rn. 2f.

mit Eingang des Antrags oder der Erklärung eintritt, wenn die Zustellung demnächst erfolgt (→ § 167 Rn. 7 f.).

§ 263 Klageänderung

Nach dem Eintritt der Rechtshängigkeit ist eine Änderung der Klage zulässig, wenn der Beklagte einwilligt oder das Gericht sie für sachdienlich erachtet.

Literatur: *Bölling*, Unterlassungsantrag und Streitgegenstand im Falle der Störerhaftung, GRUR 2013, 1092; *Crummenerl*, Die Parteierweiterung im Patentverletzungsprozess, GRUR 2009, 245; *Jüngst/Stjerna*, § 145 PatG und die Sachdienlichkeit einer Klageänderung in der Berufungsinstanz, Mitt. 2006, 393; *v. Ungern-Sternberg*, Grundfragen des Streitgegenstandes bei wettbewerbsrechtlichen Unterlassungsklagen (Teil 1), GRUR 2009, 901; *ders.*, Grundfragen des Streitgegenstandes bei wettbewerbsrechtlichen Unterlassungsklagen (Teil 2), GRUR 2009, 1009; *ders.*, Grundfragen des Klageantrags bei urheber- und wettbewerbsrechtlichen Unterlassungsklagen – Teil II, GRUR 2011, 486; *Wendelstein*, Die Klageänderung im Zivilprozess, Jura 2020, 442.

Übersicht

	Rn.
A. Allgemeines	1
I. Einwilligung des Beklagten	3
II. Sachdienlichkeit	4
III. Rechtsfolgen	6
B. Klageänderung	7
I. Objektive Klageänderung	9
II. Subjektive Klageänderung	15
1. Parteiwechsel auf der Beklagtenseite	19
2. Parteiwechsel auf der Klägerseite	20
3. Parteierweiterung auf der Beklagtenseite	21
4. Parteierweiterung auf der Klägerseite	22

A. Allgemeines

Eine Änderung der Klage nach Eintritt der Rechtshängigkeit wird zum Schutze des Beklagten und aus prozesswirtschaftlichen Gründen durch § 263 erschwert[1]. Sie ist nur dann zulässig, wenn entweder der Beklagte einwilligt oder das Gericht sie für sachdienlich erachtet. Vor Rechtshängigkeit ist eine Klageänderung hingegen ohne weiteres zulässig[2]. Nach Enden der Rechtshängigkeit ist eine Klageänderung nicht mehr möglich. Dass nach einer Klagerücknahme oder einer übereinstimmenden Erledigterklärung noch über die Kosten zu entscheiden ist, reicht nicht[3]. Eine zulässige Klageänderung führt dazu, dass ein neuer Anspruch geltend gemacht wird. Sie ist in der ersten Instanz daher kein Angriffs- oder Verteidigungsmittel und die Präklusion gemäß § 296 gilt nicht[4]. 1

Die Vorschrift ist wegen der ergänzenden Anwendbarkeit der Regelungen des Erkenntnisverfahrens im **einstweiligen Verfügungsverfahren**[5] und im **patentrechtlichen Beschwerde- oder Nichtigkeitsverfahren**[6] sowie im **markenrechtlichen Löschungs- oder Beschwerdeverfahren**[7] vor dem DPMA bzw. dem BPatG entsprechend anzuwenden. § 116 Abs. 2 PatG enthält für das patentrechtliche Nichtigkeitsberufungsverfahren eine Sondervorschrift. 2

I. Einwilligung des Beklagten

Die Einwilligung des Beklagten ist nach § 267[8] zu vermuten, wenn er sich ohne Widerspruch in der mündlichen Verhandlung auf die geänderte Klage eingelassen hat. Willigt der Beklagte ein oder ist seine Einwilligung zu vermuten, so ist die Klageänderung zulässig, ohne dass es noch auf ihre Sachdienlichkeit ankommt. 3

II. Sachdienlichkeit

Die Sachdienlichkeit der Klageänderung ist vom Gericht im Falle des rechtzeitigen Widerspruchs des Beklagten unter Ausübung pflichtgebundenen Ermessens zu prüfen, wobei die bejahende Ent- 4

---

[1] Zöller/*Greger* ZPO § 263 Rn. 1.
[2] BeckOK ZPO/*Bacher* § 263 Rn. 7.
[3] → § 33 Rn. 21.
[4] Teplitzky/*Schwippert* Kap. 46 Rn. 29.
[5] Teplitzky/*Schwippert* Kap. 46 Rn. 13.
[6] Schulte/*Püschel* PatG § 99 Rn. 6 mwN.
[7] BGH GRUR 2018, 404 Rn. 23 – Quadratische Tafelschokoladenverpackung I; BGH GRUR 2020, 1089 Rn. 12 ff. – Quadratische Tafelschokoladenverpackung II.
[8] → § 267 Rn. 1.

scheidung nach § 268[9] keiner Überprüfung und die verneinende Entscheidung nur einer beschränkten Überprüfung auf Ermessensfehler[10] unterliegt. Für die Sachdienlichkeit spricht in der Regel, wenn mit der geänderten Klage noch bestehende Streitpunkte miterledigt werden können und dadurch ein neuer Prozess vermieden wird[11]. Unerheblich ist hingegen, ob die Zulassung zu Verfahrensverzögerungen führt oder eine Beweisaufnahme erforderlich macht[12]. Gegen die Sachdienlichkeit spricht aber in der Regel, wenn mit dem neuen Antrag ein völlig neuer Streitstoff eingeführt wird, bei dessen Beurteilung die bisherigen Prozessergebnisse nicht verwertet werden können[13], wenn dem Kläger Prozessverschleppung vorgeworfen werden kann[14] oder wenn der geänderte Antrag unzulässig ist[15].

5   Die folgenden Grundsätze zur Sachdienlichkeit von Hilfsanträgen im Nichtigkeitsberufungsverfahren gelten entsprechend für das **patentgerichtliche Verfahren**: So ist die erstmals in der Berufungsinstanz geltend gemachte Verteidigung eines Patents in geänderter Fassung in der Regel gemäß § 116 Abs. 2 PatG **sachdienlich** und zulässig, wenn der Beklagte mit der Änderung einer von der erstinstanzlichen Beurteilung abweichenden Rechtsauffassung des BGH Rechnung trägt und den Gegenstand des Patents auf dasjenige einschränkt, was sich nach Auffassung des Patentgerichts schon aus der erteilten Fassung ergibt[16]. Gleiches gilt für den Fall, dass das Patentgericht in dem nach § 83 Abs. 1 PatG erteilten Hinweis nur einzelne Angriffsmittel des Klägers aufgreift und der Beklagte daher keinen Anlass hat, zusätzlich zu Hilfsanträgen, die dem erteilten Hinweis Rechnung tragen, vorsorglich weitere Hilfsanträge im Hinblick auf Angriffsmittel zu stellen, auf die das Patentgericht in seinem Hinweis nicht eingegangen ist oder die es als nicht aussichtsreich eingeschätzt hat[17]. Als in der Regel **nicht sachdienlich** im Sinne von § 116 Abs. 2 Nr. 1 PatG ist indes die hilfsweise Verteidigung des Streitpatents mit geänderten Ansprüchen in der Berufungsinstanz anzusehen, wenn zu dieser der Beklagte bereits wegen seiner Prozessförderungspflicht in erster Instanz Veranlassung hatte[18].

Die hilfsweise Verteidigung des Streitpatents mit geänderten Ansprüchen in der Berufungsinstanz kann hingegen als **sachdienlich** angesehen werden, wenn das BPatG den beklagten Patentinhaber erst in der mündlichen Verhandlung davon in Kenntnis gesetzt hat, dass es an seiner im Hinweis nach § 83 Abs. 1 PatG geäußerten, dem Beklagten günstigen Einschätzung nicht festhält[19]. In diesem Fall brauchte der Beklagte nicht auf den Hinweis des BPatG zu reagieren und vor dem Hintergrund der Ausführungen des Klägers vorsorglich (weitere) Hilfsanträge zu stellen. Auch verstößt der Beklagte nicht gegen seine Prozessförderungspflicht, wenn er in der mündlichen Verhandlung keine entsprechenden (Hilfs-)Anträge vorlegen kann, weil dazu in der Regel komplexe Überlegungen anzustellen sind, die nicht ohne Weiteres vorgenommen werden können[20].

III. Rechtsfolgen

6   Durch die **zulässige Klageänderung** beginnt die Rechtshängigkeit des neuen Streitgegenstandes und es endet die Rechtshängigkeit des bisherigen Streitgegenstandes, ohne dass der Kläger insoweit der Kostenfolge aus § 269 Abs. 3 S. 2[21] ausgesetzt wäre[22]. Das Gericht darf über den bisherigen Streitgegenstand nicht mehr entscheiden (§ 308 Abs. 1[23]). Die bisherigen Prozessergebnisse bleiben aber verwertbar[24]. Soweit sich der Streitwert erhöht hat, ist nach § 12 Abs. 1 S. 2 GKG zu verfahren. Ist die **Klageänderung unzulässig,** so verliert der neue Streitgegenstand im Zeitpunkt der Rechtskraft der Entscheidung rückwirkend[25] seine Rechtshängigkeit. Er kann dann in einer separaten Klage weiterverfolgt werden.

---

[9] → § 268 Rn. 1.
[10] BGH NJW 1985, 1841 (1842).
[11] BGH NJW 2000, 800 (803).
[12] BGH NJW 2011, 2796 Rn. 41; BeckOK ZPO/*Bacher* § 263 Rn. 10.
[13] BGH NJW 1985, 1841 (1842); BeckOK ZPO/*Bacher* § 263 Rn. 13.
[14] Zöller/*Greger* ZPO § 263 Rn. 13.
[15] Zöller/*Greger* ZPO § 263 Rn. 13; nach BGH NJW-RR 2002, 929 (930) kann eine Klageänderung ausnahmsweise auch dann zulässig sein, wenn die geänderte Klage zwar als unzulässig abzuweisen sein wird, aber zu erwarten ist, dass durch die Begründung der Abweisung (vorliegend Verneinung des Vorliegens einer Maßnahme der Dienstaufsicht) der Streit zwischen den Parteien sein Ende findet.
[16] BGH GRUR 2013, 912 Rn. 57 – Walzstraße.
[17] BGH GRUR 2014, 1026 Rn. 31 – Analog-Digital-Wandler.
[18] BGH GRUR 2016, 365 Rn. 26 – Telekommunikationsverbindung.
[19] BGH GRUR 2016, 1038 Rn. 40 ff. – Fahrzeugscheibe II.
[20] BGH GRUR 2016, 1038 Rn. 43 – Fahrzeugscheibe II.
[21] → § 269 Rn. 4.
[22] Vgl. BeckOK ZPO/*Bacher* § 263 Rn. 36.
[23] → § 308 Rn. 2.
[24] Zöller/*Greger* ZPO § 263 Rn. 16.
[25] Zöller/*Greger* ZPO § 263 Rn. 16.

B. Klageänderung

Die Klageänderung liegt nur dann vor, wenn **dieselbe Verfahrensart** betroffen ist, weswegen der Übergang von einem Antrag auf Erlass einer Unterlassungsverfügung zu einer Unterlassungsklage im Hauptsacheverfahren keine Klageänderung darstellt und unzulässig ist[26]. 7

Wann vom Vorliegen einer Klageänderung auszugehen ist, wird im Gesetz ebenso wenig definiert wie der Begriff des Streitgegenstandes. **Klageänderung und Streitgegenstand** stehen im Zusammenhang. So ist jede Klageänderung eine Änderung des Streitgegenstands, aber nicht jede Änderung des Streitgegenstands bedingt wegen § 264 Nr. 2 und Nr. 3 eine Klageänderung[27]. § 264 deklariert lediglich, teilweise im Wege der gesetzlichen Fiktion, was alles nicht als Klageänderung iSd § 263 gelten soll[28]. 8

I. Objektive Klageänderung

Der klassische Fall einer Klageänderung ist die objektive Klageänderung. Sie liegt vor, wenn der Kläger den **Streitgegenstand ändert,** also in der Regel einen neuen Klageantrag mit geändertem Klagebegehren (bei geändertem oder gleichbleibendem Klagegrund) stellt oder bei gleichbleibendem Klageantrag/Klagebegehren den Klagegrund austauscht, soweit dieser zur Bestimmung des Streitgegenstandes erforderlich ist[29]. Wann eine Änderung des Klageantrags/Klagebegehrens oder des Klagegrunds vorliegt, bestimmt sich nach denselben Kriterien wie bei der Definition des Streitgegenstands. Da bei der Klageänderung derselbe Streitgegenstandsbegriff gilt, kann auf die Kommentierung zum Streitgegenstand bei → § 253 Rn. 46 ff. verwiesen werden. 9

Bei einer Änderung des Klageantrags/Klagebegehrens bei gleichzeitiger Änderung des Klagegrunds liegt in aller Regel eine Klageänderung vor. 10

Auch eine **Änderung des Klagegrunds** bei gleichbleibendem Klageantrag führt zu einer Klageänderung. Dies ergibt sich bereits als Umkehrschluss zum Einleitungssatz bei § 264. Zur Änderung des Klagegrunds wird auf die Kommentierung bei → § 253 Rn. 90 ff. verwiesen. 11

Auch die **Änderung des Klageantrags** bei gleichbleibendem Klagegrund kann eine Klageänderung darstellen. Zu prüfen sein wird zunächst, ob lediglich eine Umformulierung des Antrags gegeben ist, bei der weiterhin dasselbe Begehren (zB mit anderen Worten) geltend gemacht wird[30]. Eine Antragsänderung ist gegeben, wenn zum Beispiel statt eines Unterlassungsantrags ein Antrag auf Widerruf gestellt wird[31]. Wird aber bei gleichbleibendem Klagegrund der Antrag lediglich erweitert oder beschränkt, so liegt keine Klageänderung vor (§ 264 Nr. 2). 12

Eine nachträgliche objektive Klagehäufung liegt hingegen dann vor, wenn der Kläger neben Ansprüchen aus dem bereits eingeführten Streitgegenstand auch **kumulativ** Ansprüche aus einem weiteren (neuen) Streitgegenstand geltend macht, zum Beispiel indem er ein weiteres Schutzrecht in den Prozess einführt. Die Zulässigkeit dieses Vorgehens beurteilt sich nach den Regeln der objektiven Klageänderung[32]. In Patent- oder Gebrauchsmusterverletzungsstreitigkeiten ist die Sachdienlichkeit im Allgemeinen zu bejahen, wenn aus demselben Schutzrecht zusätzlich eine **bisher unbekannte abgewandelte Ausführungsform** angegriffen wird und es bei der Beurteilung der Unterschiede zwischen beiden Ausführungsformen im Wesentlichen darum geht, aus der Ermittlung des Sinngehalts der Anspruchsmerkmale im Hinblick auf die angewandte Ausführungsform die gebotenen Schlussfolgerungen zu ziehen[33]. Dies gilt auch dann, wenn mit der Klageerweiterung ein **neues Schutzrecht** geltend gemacht wird, das dieselbe Erfindung betrifft, mit ihm dieselbe Ausführungsform wie mit dem ursprünglichen Klageschutzrecht angegriffen wird und der Kläger im Falle einer gesonderten erstinstanzlichen Klage ernsthaft damit rechnen muss, dass ihm mit gewichtigen Argumenten der Zwang der Klagekonzentration nach § 145 PatG erfolgreich entgegen gehalten wird[34]. 13

Geht der Kläger von einer (unzulässigen) alternativen Klagehäufung zu einer (zulässigen) kumulativen Klagehäufung über, so handelt es sich um eine Klageänderung in Form einer nachträglichen objektiven Klagehäufung, die **nur in den Tatsacheninstanzen** zulässig ist[35]. 14

---

[26] Teplitzky/*Schwippert* Kap. 46 Rn. 14.
[27] Teplitzky/*Schwippert* Kap. 46 Rn. 16.
[28] → § 264 Rn. 3.
[29] Zöller/*Greger* ZPO § 263 Rn. 2.
[30] → § 253 Rn. 60 f., 199.
[31] BGH MDR 1994, 1143.
[32] BGH NJW 1985, 1841 (1842).
[33] OLG Düsseldorf BeckRS 2018, 9235 Rn. 86.
[34] OLG Düsseldorf BeckRS 2018, 11286 Rn. 125; GRUR-RR 2021, 150 Rn. 21 ff. (für den Fall der Klageerweiterung in der Berufungsinstanz).
[35] BGH GRUR 2011, 1043 Rn. 32 – TÜV II; BGH GRUR 2012, 1145 Rn. 21 – Pelikan.

II. Subjektive Klageänderung

15 In Abgrenzung von der objektiven Klageänderung ist mit der subjektiven die gewillkürte **Parteiänderung** gemeint. Tritt ein neuer Kläger oder Beklagter an die Stelle der bisherigen Partei, so spricht man vom **Parteiwechsel**. Tritt der neue Kläger oder Beklagte neben die bisherige Partei spricht man hingegen von **Parteierweiterung**.

16 Soweit diese Änderungen **gesetzlich geregelt** sind (zum Beispiel §§ 239[36], 240[37], 265 Abs. 2 S. 2[38], 266[39], 75 ff.[40]) gelten die dort getroffenen besonderen Bestimmungen. Beruht die Änderung hingegen allein auf dem **Willen des Klägers**, so spricht man von einer gewillkürten subjektiven Parteiänderung, die die Rechtsprechung mit einigen Modifikationen grundsätzlich als Klageänderung behandelt[41].

17 Von der Parteiänderung zu unterscheiden ist die **Berichtigung einer Parteibezeichnung** (und damit die bloße Rubrumsberichtigung), die stets zulässig ist[42].

18 Im Rahmen der gewillkürten subjektiven Parteiänderung können folgende Konstellationen unterschieden werden:

19 **1. Parteiwechsel auf der Beklagtenseite.** Möchte der Kläger den bisherigen Beklagten durch einen neuen Beklagten ersetzen, so ist wie bei einer Klagerücknahme (§ 269[43]) zu verfahren[44]. Soweit schon mündlich verhandelt worden ist, bedarf der Parteiwechsel auf Beklagtenseite der Zustimmung des bisherigen Beklagten, die auch nicht durch Sachdienlichkeit ersetzt werden kann[45]. Die Zustimmung des neuen Beklagten ist in der ersten Instanz (wohl aber in der zweiten Instanz)[46] nicht erforderlich[47]. Ausnahmsweise entbehrlich ist die Zustimmung des alten wie des neuen Beklagten in zweiter Instanz dann, wenn sie rechtsmissbräuchlich verweigert wird[48]. Der ausscheidende bisherige Beklagte kann wegen seiner außergerichtlichen Kosten einen Beschluss analog § 269 Abs. 3 S. 2[49] beantragen[50].

20 **2. Parteiwechsel auf der Klägerseite.** Für einen Klägerwechsel ist die Zustimmung des bisherigen Klägers[51] sowie die Zustimmung des Beklagten notwendig. Letztere kann aber durch das Gericht bei Sachdienlichkeit ersetzt werden[52]. Der Beklagte kann gegen den ausscheidenden Kläger einen Kostenbeschluss analog § 269 Abs. 3 S. 2[53] wegen der bis zu dessen Ausscheiden entstandenen zusätzlichen Kosten beantragen[54]. Diese Grundsätze gelten über § 99 PatG auch im Patentnichtigkeitsverfahren[55].

21 **3. Parteierweiterung auf der Beklagtenseite.** Für die Parteierweiterung auf der Beklagtenseite gelten dieselben Grundsätze wie für den Beklagtenwechsel[56]. Ferner müssen die besonderen Voraussetzungen der Streitgenossenschaft (§§ 59 f.[57]) vorliegen[58].

22 **4. Parteierweiterung auf der Klägerseite.** Die Parteierweiterung auf der Klägerseite ist nach denselben Grundsätzen wie ein Klägerwechsel zu beurteilen[59]. Ferner müssen die besonderen Voraus-

---

[36] Vgl. Zöller/*Greger* ZPO § 239 Rn. 1 ff.; BeckOK ZPO/*Jaspersen* § 239 Rn. 1 ff.
[37] → § 240 Rn. 46.
[38] → § 265 Rn. 4.
[39] Vgl. Zöller/*Greger* ZPO § 266 Rn. 1 ff.; BeckOK ZPO/*Bacher* § 266 Rn. 1 ff.
[40] Vgl. Zöller/*Vollkommer* ZPO § 75 Rn. 1 ff.; BeckOK ZPO/*Dressler* § 75 Rn. 1 ff.
[41] BGH NJW 1976, 239 (240); kritisch Zöller/*Greger* ZPO § 263 Rn. 3; BeckOK ZPO/*Bacher* § 263 Rn. 17.
[42] BGH NJW-RR 2008, 582 Rn. 6; BeckOK ZPO/*Bacher* § 263 Rn. 19.
[43] → § 269 Rn. 2.
[44] Zöller/*Greger* ZPO § 263 Rn. 23.
[45] BGH NJW 1981, 989; 2006, 1351 (1354), BeckRS 2016, 15771 Rn. 9; BeckOK ZPO/*Bacher* § 263 Rn. 25.
[46] BGH NJW 1987, 1946; 1999, 62 f.; BeckOK ZPO/*Bacher* § 263 Rn. 26.
[47] Zöller/*Greger* ZPO § 263 Rn. 24.
[48] BGH NJW 1997, 2885 (2886); 1987, 1946; BeckOK ZPO/*Bacher* § 263 Rn. 26.
[49] → § 269 Rn. 5.
[50] BGH NJW 2007, 769 Rn. 7; 2006, 1351 (1352); OLG München NJW-RR 2018, 575 Rn. 10; BeckOK/*Bacher* ZPO § 263 Rn. 38.
[51] OLG München NJW-RR 1998, 788.
[52] BGH GRUR 2015, 159 Rn. 10 – Zugriffsrechte; BGH GRUR 1996, 865 (866) – Parteiwechsel; OLG München NJW-RR 1998, 788; OLG Düsseldorf BeckRS 2018, 17546 Rn. 50; BeckOK/*Bacher* ZPO § 263 Rn. 23; aA Zöller/*Greger* § 263 Rn. 30. An der in der Vorauflage geäußerten Auffassung wird nicht mehr festgehalten.
[53] → § 269 Rn. 5.
[54] BGH GRUR 2015, 159 Rn. 120 ff. – Zugriffsrecht; BGH NJW 2007, 769 Rn. 7 ff.; 2006, 1351 Rn. 24; BeckOK/*Bacher* ZPO § 263 Rn. 38.
[55] BGH GRUR 2015, 159 Rn. 10 – Zugriffsrechte.
[56] BGH NJW-RR 1986, 356; BeckOK/*Bacher* ZPO § 263 Rn. 27.
[57] → §§ 59 und 60 Rn. 6.
[58] Zöller/*Greger* ZPO § 263 Rn. 20.
[59] BGH NJW 1976, 239 (240); BeckOK/*Bacher* ZPO § 263 Rn. 24.

setzungen der Streitgenossenschaft (§§ 59 f.[60]) vorliegen. Diese Grundsätze sind im Patentnichtigkeitsverfahren über § 99 PatG entsprechend anzuwenden[61].

§ 264 Keine Klageänderung

Als eine Änderung der Klage ist es nicht anzusehen, wenn ohne Änderung des Klagegrundes
1. die tatsächlichen oder rechtlichen Anführungen ergänzt oder berichtigt werden;
2. der Klageantrag in der Hauptsache oder in Bezug auf Nebenforderungen erweitert oder beschränkt wird;
3. statt des ursprünglich geforderten Gegenstandes wegen einer später eingetretenen Veränderung ein anderer Gegenstand oder das Interesse gefordert wird.

Literatur: *Bergmann,* Zur alternativen und kumulativen Begründung des Unterlassungsantrags im Wettbewerbsrecht, GRUR 2009, 224.

A. Allgemeines

§ 264 bestimmt, teilweise im Wege der gesetzlichen Fiktion, was alles nicht als Klageänderung iSd 1
§ 263 gelten soll. Allgemeine Voraussetzung für § 264 ist aber, dass sich der **Klagegrund nicht ändert.** Er muss für die Anwendung dieser Vorschrift gleichbleiben.

Eine Klageänderung liegt nach § 264 dann nicht vor, wenn die Klage ganz zurückgenommen oder 2
teilweise beschränkt wird, wenn bei gleichbleibendem Klagegrund lediglich eine quantitative oder qualitative Erweiterung des Klageantrages vorgenommen wird oder wenn statt des ursprünglich geforderten Gegenstandes wegen einer später eingetretenen Veränderung ein anderer Gegenstand oder das Interesse gefordert wird.

Ferner liegt nach dem Gesetz keine Klageänderung vor, wenn die tatsächlichen oder rechtlichen 3
Ausführungen bei gleichbleibendem Klagegrund ergänzt oder berichtigt werden und nach der Rechtsprechung[1], wenn bei gleicher Tatsachengrundlage lediglich ein anderer rechtlicher Gesichtspunkt geltend gemacht wird. Hierbei handelt es sich teilweise um eine **gesetzliche Fiktion,** die keinen Einfluss auf die Entscheidung hat, ob weiterhin ein Streitgegenstand oder mehrere Streitgegenstände vorliegen.

§ 264 ist im **einstweiligen Verfügungsverfahren** und im **Beschwerde- oder Nichtigkeitsver-** 4
fahren vor dem BPatG entsprechend anzuwenden[2].

B. Erweiterung oder Beschränkung

Die Regelung in § 264 Nr. 2 betrifft Erweiterungen oder Beschränkungen des Klageantrags bei 5
gleichbleibendem Klagegrund, wobei sowohl quantitative als auch nach der Rechtsprechung qualitative Änderungen erfasst werden[3].

Eine **quantitative Erweiterung** des Klageantrags ohne Änderung des Klagegrunds gemäß § 264 6
Nr. 2 ist zum Beispiel im Übergang von einer offenen Teilklage auf eine Klage auf den Gesamtbetrag zu sehen[4]. Eine Erweiterung liegt stets nur dann vor, wenn das bisherige Begehren als inhaltsgleiches *minus* des neuen Begehrens angesehen werden kann[5]. Hieran kann es fehlen, wenn die nunmehr angegriffenen Gegenstände zwar technisch nicht aber lizenzrechtlich identisch mit den bisher angegriffenen Ausführungsformen sind[6]. Auch die Einbeziehung von Auslandslieferungen stellt eine quantitative Erweiterung bei Änderung des Klagegrundes dar[7]. In der ersten Instanz übergangene Streitgegenstände können vom erstinstanzlich obsiegenden Kläger in der Berufungsinstanz nur bis zum Abschluss der Anschlussberufungsfrist klageerweiternd – und nicht gem. § 264 – geltend gemacht werden[8].

Qualitative Änderungen des Klageantrags ohne Änderung des Klagegrunds gemäß § 264 Nr. 2 7
stellen zum Beispiel der Wechsel von Leistung zu Feststellung[9] und umgekehrt[10] dar[11]. Erfasst sind auch die Fälle der einseitigen Erledigungserklärung und der nach § 264 Nr. 2 privilegierte Wechsel in die

---

[60] → §§ 59 und 60 Rn. 6.
[61] BGH GRUR 2015, 159 Rn. 10 – Zugriffsrechte; BPatG BeckRS 2017, 130027 Rn. 18.
[1] BGH NJW 1954, 640.
[2] Schulte/*Püschel* PatG § 99 Rn. 6 mwN.
[3] Teplitzky/*Schwippert* Kap. 46 Rn. 22.
[4] Zöller/*Greger* ZPO § 264 Rn. 3a.
[5] BeckOK/*Bacher* ZPO § 264 Rn. 5.
[6] OLG Düsseldorf BeckRS 2018, 11286 Rn. 150.
[7] OLG Düsseldorf GRUR-RR 2020, 417 Rn. 72 – Schnellspannvorrichtung.
[8] OLG Düsseldorf GRUR-RR 2020, 417 Rn. 69 f. – Schnellspannvorrichtung,
[9] BAG NJW 2011, 1988.
[10] BGH NJW 1992, 2296.
[11] Zöller/*Greger* ZPO § 264 Rn. 3b; BeckOK/*Bacher* ZPO § 264 Rn. 5.

Feststellungsklage[12]. Gleiches gilt für den Übergang von der Auskunfts- und Rechnungslegung zur Zahlung oder Feststellung, weil der Kläger auf derselben rechtlichen Grundlage in Verfolgung desselben Rechts nun unmittelbar den Zweck erstrebt, dessen Erreichung er durch die zunächst verlangte Rechnungslegung oder Auskunft mittelbar verfolgte und auch der umgekehrte Fall soll unter § 264 Nr. 2 fallen[13]. Ähnlich ist dies beim Wechsel von Zahlung zur Schuldbefreiung und umgekehrt[14]. Voraussetzung ist aber stets, dass das neue Begehren im Vergleich zum bisherigen nicht als *aliud* einzustufen ist[15]. Das ist in der Regel[16] der Fall für den Wechsel zwischen Beseitigung und Unterlassung, zwischen Unterlassung und Schadensersatz sowie zwischen Feststellung und Unterlassung[17], jeweils auch *vice versa*[18]. Diese Änderungen sind nicht privilegiert.

8   Eine **Beschränkung** gemäß § 264 Nr. 2 liegt nur dann vor, wenn das geänderte Klagebegehren vom bisherigen Begehren als inhaltsgleiches *minus* mit umfasst war und deshalb ohne Verstoß gegen § 308 Abs. 1[19] auch ohne ausdrückliche Änderung des Antrags hätte zugesprochen werden können. In der Klagebeschränkung dürfte zugleich auch eine **Teilklagerücknahme** zu sehen sein, deren Zulässigkeit und Kostenfolge sich zusätzlich nach § 269[20] beurteilt[21]. So stellt zum Beispiel der Übergang von einem **Insbesondere-Antrag zu einem „und zwar"-Antrag** in der Regel[22] eine kostenpflichtige teilweise Klagerücknahme dar, soweit keine Anhaltspunkte dafür vorliegen, dass der durch „insbesondere" eingeleitete Bestandteil des Antrags entgegen dem allgemeinen Sprachgebrauch nicht einen besonderen Unterfall kennzeichnen soll, der von dem Obersatz bereits umfasst ist[23]. Oder anders ausgedrückt: Es handelt sich nur dann nicht um eine kostenpflichtige teilweise Klagerücknahme, wenn der bisherige Hauptantrag eine zulässige Verallgemeinerung der Verletzungsform enthalten hat[24], die angegriffene Ausführungsform damit dieselbe geblieben ist und der Kläger sein von Anfang an begehrtes Ziel erreicht hat[25]. Die Anpassung des Antrags auf eine zwischenzeitlich im Rechtsbestandsverfahren erfolgte **beschränkte Aufrechterhaltung des Patentanspruchs** stellt keine Antragsänderung im Sinne von § 263, sondern allenfalls eine Beschränkung des Verfügungsantrags nach § 264 Nr. 2 dar[26]. Ebenso stellen abweichende Erklärungen über die Zuordnung erbrachter Zahlungen und erteilter Gutschriften, soweit sich an dem zugrundeliegenden Lebenssachverhalt nichts ändert, keine Klageänderung dar[27]. Die Umstellung eines Leistungsantrages auf einen Zug-um-Zug-Antrag ist nicht als Klageänderung anzusehen[28].

C. Forderung des Surrogats

9   Wenn sich der Anlass dafür, dass der Kläger nunmehr anstelle des ursprünglichen Gegenstandes ein Surrogat oder das Interesse fordert, erst nach dem Eintritt der Rechtshängigkeit ergeben hat, liegt gemäß § 264 Nr. 3 keine Klageänderung vor. Gleichgültig ist, ob die Veränderung tatsächlich erst nach Rechtshängigkeit eingetreten ist, oder ob der Kläger hiervon (aufgrund von Fahrlässigkeit) erst nach Rechtshängigkeit erfahren hat[29]. Hiervon erfasst ist zum Beispiel die Forderung auf Rückzahlung der Bürgenleistung statt der ursprünglich geforderten Herausgabe der Bürgschaftsurkunde[30]. Hier sind keine Besonderheiten für den gewerblichen Rechtsschutz und das Urheberrecht zu beachten; so ist zum Beispiel die Forderung nach einem Ausgleich in Geld statt Schadensersatz privilegiert, soweit der Beklagte nach Klageerhebung Mitberechtigter an dem Streitpatent geworden ist[31]. Ebenso ist die Umstellung des Klagebegehrens auf Feststellung der geltend gemachten Forderung, zum Beispiel des

---

[12] BGH GRUR 2002, 287 (288) – Widerruf der Erledigungserklärung; BGH GRUR 2016, 1187 Rn. 12 – Stirnlampen.
[13] Teplitzky/*Schwippert* Kap. 46 Rn. 23.
[14] BGH NJW 1994, 944.
[15] BeckOK/*Bacher* ZPO § 264 Rn. 5.
[16] Zur Ausnahme vgl. OLG München ZUM-RD 2019, 594 (599).
[17] OLG München ZUM-RD 2019, 594 (599).
[18] Teplitzky/*Schwippert* Kap. 46 Rn. 23.
[19] → § 308 Rn. 3.
[20] → § 269 Rn. 1 ff.
[21] Zöller/*Greger* ZPO § 264 Rn. 4a; aA BeckOK/*Bacher* ZPO § 264 Rn. 4, der den Beklagte auf die Erhebung einer negative Feststellungswiderklage verweist. Der BGH hat diese Frage noch nicht beantwortet, sondern offen gelassen (BGH NJW 1990, 2682).
[22] AA BeckOK/*Voß* PatG Vor §§ 139 ff. Rn. 46 mwN.
[23] OLG Hamburg GRUR-RR 2002, 363 (364) – Schlankheitstropfen.
[24] OLG München Mitt. 1995, 73.
[25] BeckOK/*Voß* PatG Vor §§ 139 ff. Rn. 46 mwN.
[26] OLG Düsseldorf GRUR-RS 2019, 44914 Rn. 26; BeckRS 2019, 31339 Rn. 6; 2018, 34555 Rn. 34; OLG München BeckRS 2014, 7881.
[27] BGH BeckRS 2018, 6447 Rn. 64.
[28] BGH DStR 2021, 2808 Rn. 10.
[29] Zöller/*Greger* ZPO § 264 Rn. 5; BeckOK/*Bacher* ZPO § 264 Rn. 7.
[30] BGH NJW 1996, 2869, weitere Beispiele bei BeckOK/*Bacher* ZPO § 264 Rn. 8.1.
[31] BGB GRUR 2020, 986 Rn. 57 f. – Penetrometer.

Schadensersatzanspruchs, zur Insolvenztabelle wegen einer „später eingetretenen Veränderung" gemäß § 264 Nr. 3 zulässig und deshalb auch noch im Revisionsverfahren möglich[32].

D. Ergänzung oder Berichtigung

Werden die tatsächlichen oder rechtlichen Ausführungen, zum Beispiel aufgrund eines gerichtlichen Hinweises nach § 139 Abs. 1, ergänzt oder berichtigt, so liegt dann keine Klageänderung vor, wenn der Klagegrund hierdurch nicht verändert worden ist. Dies ist zum Beispiel dann anzunehmen, wenn der geltend gemachte Anspruch **weiter substantiiert** wird[33]. Dazu gehören Ergänzungen des Sachvortrags oder der Beweisanträge zu Verletzungshandlungen, die bereits vom geltend gemachten Klagegrund umfasst sind[34]. 10

Im **einstweiligen Verfügungsverfahren** ist jedoch zu beachten, dass das Nachschieben einer zunächst nicht vorgetragenen Fehlvorstellung auch bei Vorliegen eines auf die konkrete Verletzungsform beschränken Klageantrages und damit eines Streitgegenstandes als dringlichkeitsschädlich angesehen werden kann[35]. 11

E. Geltendmachung eines anderen rechtlichen Gesichtspunkts

Darüberhinausgehend verneint die Rechtsprechung[36] das Vorliegen einer Klageänderung aber auch dann, wenn bei gleicher Tatsachengrundlage im Rahmen desselben Streitgegenstands lediglich ein **anderer rechtlicher Gesichtspunkt** geltend gemacht wird, so zum Beispiel ein deliktischer Anspruch statt Gefährdungshaftung[37]. Auch der Übergang vom Vorwurf einer wortsinngemäßen Patentverletzung zum Vorwurf einer **äquivalenten Patentverletzung** ist, weil es sich um einen einheitlichen Streitgegenstand handelt[38], nach § 264 Nr. 2 zu beurteilen[39]. 12

F. Übergang von einer alternativen zu einer eventuellen Klagehäufung

Der Kläger darf selbst noch in der Revisionsinstanz – nach einem auch bei einer gänzlich unbegründeten Klage[40] gebotenen[41] und aktenkundig zu machenden[42] richterlichen Hinweis nach § 139 – von einer (unzulässigen) alternativen Klagehäufung zu einer (zulässigen) eventuellen Klagehäufung übergehen, in dem er eine **Reihenfolge angibt,** in der er die Rechte aus den verschiedenen Klagegründen geltend macht[43]. Nimmt der Kläger die Bestimmung erst in der Revisionsinstanz vor, kann aber der auch im Prozessrecht geltende Grundsatz von Treu und Glauben den Kläger in der **Wahl der Reihenfolge** in der Weise beschränken, dass er zunächst die vom Berufungsgericht behandelten Streitgegenstände zur Entscheidung des Revisionsgerichts stellen muss[44]. 13

§ 265 Veräußerung oder Abtretung der Streitsache

(1) **Die Rechtshängigkeit schließt das Recht der einen oder der anderen Partei nicht aus, die in Streit befangene Sache zu veräußern oder den geltend gemachten Anspruch abzutreten.**

(2) [1]**Die Veräußerung oder Abtretung hat auf den Prozess keinen Einfluss.** [2]**Der Rechtsnachfolger ist nicht berechtigt, ohne Zustimmung des Gegners den Prozess als Hauptpartei an Stelle des Rechtsvorgängers zu übernehmen oder eine Hauptintervention zu erheben.** [3]**Tritt der Rechtsnachfolger als Nebenintervenient auf, so ist § 69 nicht anzuwenden.**

(3) **Hat der Kläger veräußert oder abgetreten, so kann ihm, sofern das Urteil nach § 325 gegen den Rechtsnachfolger nicht wirksam sein würde, der Einwand entgegengesetzt werden, dass er zur Geltendmachung des Anspruchs nicht mehr befugt sei.**

Literatur: *Hövelmann,* Der Wechsel des Einsprechenden – leicht gemacht, Mitt. 2009, 481; *Nieder,* Vergabe einer ausschließlichen Patentlizenz – ein Fall des §§ 265, 325?, GRUR 2013, 1195; *Pitz,* Aktivlegitimation in Patentstreit-

---
[32] BGH NJW-RR 2021, 1568 Rn. 22.
[33] Zöller/*Greger* ZPO § 264 Rn. 2; BeckOK/*Bacher* ZPO § 264 Rn. 3.
[34] Teplitzky/*Schwippert* Kap. 46 Rn. 17.
[35] OLG Hamburg BeckRS 2012, 22219.
[36] Zur Kritik hieran vgl. Zöller/*Greger* ZPO § 263 Rn. 8.
[37] BGH NJW 1954, 640.
[38] → § 253 Rn. 117.
[39] OLG Düsseldorf BeckRS 2017, 147919 Rn. 29.
[40] BGH GRUR 2012, 1145 Rn. 25 – Pelikan.
[41] BGH GRUR 2012, 1145 Rn. 23 – Pelikan.
[42] BGH GRUR 2012, 1145 Rn. 24 – Pelikan.
[43] BGH GRUR 2011, 521 – TÜV I; BGH GRUR 2012, 1145 Rn. 23 – Pelikan; BGH GRUR 2013, 614 Rn. 9 – Metall auf Metall II.
[44] BGH GRUR 2011, 521 Rn. 13 – TÜV I.

verfahren, GRUR 2010, 688; *Rinken*, Der Wegfall von Besitz und Eigentum an patentierten Erzeugnissen nach Rechtshängigkeit – kein Fall des § 265 II 1 ZPO.

A. Allgemeines

1 Durch die Rechtshängigkeit verlieren die Parteien ihre Dispositionsbefugnis über die in Streit befangene Sache oder das in Streit befangene Recht nicht. Der Prozess wird nach § 265 gleichwohl zwischen den bisherigen Parteien weitergeführt. Dies soll verhindern, dass sich eine Partei zum Nachteil der anderen Partei durch Veräußerung der in Streit befangenen Sache **nach Rechtshängigkeit** dem Prozess entzieht[1]. Gleichzeitig soll der Prozessgegner des Veräußerers vor der Gefahr eines neuen Prozesses geschützt werden[2]. Diese Norm dient der Prozessökonomie[3]. Die Vorschrift geht zwar davon aus, dass der Kläger in dem Rechtsstreit, in dessen Verlauf die in Streit befangene Sache veräußert oder der geltend gemachte Anspruch abgetreten wird, der Eigentümer der Sache bzw. der Gläubiger des Anspruchs ist. Die Vorschrift ist aber auch anzuwenden, wenn die Ansprüche aus dem Eigentum an der in Streit befangenen Sache aufgrund einer Ermächtigung durch den Rechtsinhaber von einem Dritten im Wege der gewillkürten Prozessstandschaft geltend gemacht werden[4]. Abgerundet wird die Regelung durch § 325[5], wonach sich die Rechtskraft auch auf den Rechtsnachfolger erstreckt sowie durch § 727[6], der es ermöglichen, den Vollstreckungstitel auf den Rechtsnachfolger umschreiben zu lassen. Zu beachten ist, dass die Rechtskraftwirkung eines Urteils nach §§ 265, 325 Abs. 1 nicht weiter reichen kann als die materielle Rechtskraft nach § 322 Abs. 1[7].

2 Eine Veräußerung iSd § 265 ist besonders dann gegeben, wenn ein Rechtsübergang stattfindet, der einen Wechsel in der Sachlegitimation begründet[8]. § 265 erfasst nur die **Einzelrechtsnachfolge**. Für die **Gesamtrechtsnachfolge** enthalten § 239[9] und § 242[10] besondere Regelungen.

3 Im Fall der Veräußerung oder Abtretung **durch den Beklagten** ist der Prozess daher nicht etwa wegen Verlust der Passivlegitimation abzuweisen, sondern grundsätzlich zwischen den ursprünglichen Parteien fortzuführen. Der Rechtsnachfolger kann aber mit Zustimmung des Gegners (die nicht durch Sachdienlichkeit aber durch rügelose Einlassung ersetzt werden kann[11]) den Prozess fortführen oder eine Hauptintervention erheben. Wird die Zustimmung nicht erteilt, verbleibt dem Erwerber zur Einflussnahme auf den weiteren Prozess nur der Weg der einfachen Nebenintervention (neben der bisherigen Partei)[12].

4 Hat hingegen **der Kläger** veräußert oder abgetreten, so ist zu unterscheiden: Soweit das Urteil nach § 325[13] gegen seinen Rechtsnachfolger Wirksamkeit entfalten würde, bleibt der Kläger als gesetzlicher Prozessstandschafter klagebefugt. Allerdings muss er seinen Antrag auf Leistung an den Rechtsnachfolger umstellen[14], soweit ihm der neue Gläubiger nicht eine entsprechende Einziehungsermächtigung erteilt hat[15]. Entfaltet das Urteil gegen den Rechtsnachfolger des Klägers hingegen ausnahmsweise keine Wirkung, etwa weil er die streitbefangene Sache in gutem Glauben bezüglich der Rechtshängigkeit vom Kläger erworben hat[16], und macht der Beklagte diesen Umstand einredeweise geltend, so verliert der Kläger seine Aktivlegitimation. In einem solchen Fall hilft nur noch, klageändernd die Partei auf Klägerseite zu wechseln, oder zu einer Klage in gewillkürter Prozessstandschaft überzugehen[17]. Ausnahmsweise kann ein **wettbewerbsrechtlicher Unterlassungsanspruch** von einem Unternehmen auf ein anderes im Wege der Einzelrechtsübertragung oder der Ausgliederung im Sinne von § 123 Abs. 3 UmwG übertragen werden, wenn das aufnehmende Unternehmen im Wettbewerb die Stellung des übertragenden Rechtsträgers in vollem Umfang übernommen hat. Erfolgt dies während eines vom übertragenden Rechtsträger begonnenen Aktivprozesses, tritt der übertragende Rechtsträger in gesetzlicher Prozessstandschaft für den aufnehmenden Rechtsträger auf. Er muss den Antrag auf Leistung an den übernehmenden oder neuen Rechtsträger umstellen[18].

---

[1] BGH NJW 1973, 1700 (1701); NJW-RR 2012, 224 Rn. 17; GRUR 2013, 1269 Rn. 11 – Wundverband; BeckOK/*Bacher* ZPO § 265 Rn. 1.
[2] BGH GRUR 2013, 1269 Rn. 11 – Wundverband.
[3] BGH NJW-RR 2001, 181 (182); BeckOK/*Bacher* ZPO § 265 Rn. 1.
[4] BGH NJW-RR 2018, 719 Rn. 35.
[5] → § 325 Rn. 4.
[6] → § 727 Rn. 1 ff.
[7] BGH NJW 2019, 2308 Rn. 28.
[8] BGH GRUR 2013, 1269 Rn. 11 – Wundverband.
[9] Zöller/*Greger* ZPO § 239 Rn. 1 ff.; BeckOK/*Jaspersen* ZPO § 239 Rn. 1 ff.
[10] Zöller/*Greger* ZPO § 242 Rn. 1 ff.; BeckOK/*Jaspersen* ZPO § 242 Rn. 1 ff.
[11] BeckOK/*Bacher* ZPO § 265 Rn. 18.
[12] BeckOK/*Bacher* ZPO § 265 Rn. 20 f.
[13] → § 325 Rn. 4.
[14] BGH NJW 2012, 3642 Rn. 8; 1990, 2755, BeckOK/*Bacher* ZPO § 265 Rn. 15.
[15] BGH BeckRS 1982, 30404792; BeckOK/*Bacher* ZPO § 265 Rn. 15.
[16] Zöller/*Greger* ZPO § 265 Rn. 9; BeckOK/*Bacher* ZPO § 265 Rn. 22.
[17] Zöller/*Greger* ZPO § 265 Rn. 9.
[18] BGH GRUR 2019, 970 Rn. 13 ff. – Erfolgshonorar für Versicherungsberater.

Die Vorschrift ist im patentrechtlichen **Beschwerde- oder Nichtigkeitsverfahren**[19] sowie im **markenrechtlichen Löschungsverfahren**[20] vor dem BPatG entsprechend anzuwenden.

B. Besonderheiten
I. Veräußerung des Schutzrechts

Wird das Klageschutzrecht nach Rechtshängigkeit veräußert, bleibt der bisherige Inhaber gemäß § 265 Abs. 2 S. 1 grundsätzlich klagebefugt. Die Ansprüche auf Auskunft und Rechnungslegung, Entschädigung und Schadensersatz muss er dann bloß auf den neuen Inhaber umstellen. Das gilt auch im Markenrecht für die Veräußerung der Klagemarke[21].

Im **Patent- und Gebrauchsmusterrecht** besteht indes eine Besonderheit. Wegen § 30 Abs. 3 S. 2 PatG und § 8 Abs. 4 S. 2 GebrMG bleibt trotz Übertragung des Schutzrechts weiterhin allein der bisherige, formell eingetragene Inhaber berechtigt, Verletzungsansprüche geltend zu machen, solange die Übertragung des technischen Schutzrechts nicht im Patentregister eingetragen wurde. Insofern fallen für den Zeitraum zwischen Rechtsübergang und Eintragung materielle Berechtigung und Verfahrensbeteiligung auseinander[22]. Nach Eintragung des neuen Inhabers greift § 265 Abs. 2 S. 1 und der bisherige Inhaber kann den Prozess fortsetzen[23]. Allerdings muss er ebenfalls die entsprechenden Anträge auf Leistung an den neuen Inhaber umstellen[24].

Ein nur **teilweiser Übergang** der Rechtsstellung reicht ebenfalls aus, wenn er dazu führt, dass neben dem neuen auch der bisherige Rechteinhaber zur Geltendmachung der eingeklagten Rechte befugt bleibt, so zum Beispiel bei der Einräumung einer ausschließlichen Lizenz oder einer Mitberechtigung an einem Schutzrecht. In diesem Fall wird der Rechtsstreit mit dem bisherigen Rechteinhaber fortgesetzt. Eine daneben erhobene Klage des neuen Rechteinhabers ist gemäß § 261 Abs. 3 Nr. 1[25] unzulässig[26].

II. Veräußerung der angegriffenen Gegenstände

Überträgt der Beklagte eines Vernichtungsanspruchs Besitz und Eigentum an sämtlichen Erzeugnissen, die als patentverletzend angegriffen werden, greift nach zustimmungswürdiger Auffassung § 265 Abs. 2 S. 1 nicht (auch nicht analog), weil die jeweiligen Produkte nicht unmittelbarer Klagegegenstand und somit nicht streitbefangene Sache sind[27]. Gleiches soll für die Übertragung der Verfügungsgewalt über die zu besichtigende Sache beim Besichtigungsanspruch gelten[28].

Nach der hier vertretenen Auffassung erscheint es nicht unvertretbar, diese patentrechtliche Besonderheit auf vergleichbare Klagen aus den anderen Schutzrechten im gewerblichen Rechtsschutz und Urheberrecht zu übertragen, bei denen nicht eine konkrete Sache oder ganz konkrete Produkte unmittelbarer Klagegegenstand sind, sondern eine konkrete Verletzungsform angegriffen wird.

§ 266 Veräußerung eines Grundstücks *(nicht abgedruckt)*

§ 267 Vermutete Einwilligung in die Klageänderung

Die Einwilligung des Beklagten in die Änderung der Klage ist anzunehmen, wenn er, ohne der Änderung zu widersprechen, sich in einer mündlichen Verhandlung auf die abgeänderte Klage eingelassen hat.

Eine Einwilligung in die Klageänderung ist nach § 267 ZPO dann anzunehmen, wenn der Beklagte der Klageänderung nicht widerspricht, sondern sich auf die geänderte Klage einlässt, indem er zum neuen Klagevorbringen verhandelt.[1]

---

[19] BGH GRUR 1992, 430 (430) – Tauchcomputer; BPatG BeckRS 2010, 23149 – Dichtungssystem für Pkw-Dächer; BGH GRUR 2012, 149 Rn. 98 ff. – Sensoranordnung; BPatG BeckRS 2016, 03292 – Notfall-Abschaltventil; Schulte/*Püschel* PatG § 99 Rn. 6 mwN.
[20] BPatG BeckRS 2009, 03541 – Y6LLBOO/YELLO; BPatG BeckRS 2009, 11254 – Prima-Boy/WebBoy; BPatG BeckRS 2014, 04237 – G M Röslein.
[21] OLG Dresden BeckRS 9998, 00839 – cyberspace.de; OLG München BeckRS 2011, 00967 – WENiCE; OLG Köln BeckRS 2012, 02569 – AIDA/AIDU; OLG Frankfurt a. M. GRUR-RR 2015, 204 Rn. 13 – SAM CREME; KG BeckRS 2016, 04520 Rn. 25 – CONVERSE; zweifelnd OLG Hamburg BeckRS 2011, 16329 – Klageverzicht als Prozesshandlung.
[22] BGH GRUR 2013, 713 Rn. 53 – Fräsverfahren.
[23] BGH GRUR 2011, 313 Rn. 13 – Crimpwerkzeug IV; BGH GRUR 2013, 713 Rn. 49 – Fräsverfahren.
[24] BGH GRUR 2013, 713 Rn. 56 – Fräsverfahren.
[25] → § 261 Rn. 8.
[26] BGH GRUR 2013, 1269 Rn. 11 ff. – Wundverband; BeckOK/*Bacher* ZPO § 265 Rn. 9a.
[27] *Rinken* GRUR 2015, 745 (749 f.); → § 253 Rn. 127.
[28] *Rinken* GRUR 2015, 745 (751 f.).
[1] Musielak/Voit/*Foerste* ZPO § 267 Rn. 2; vgl. etwa LG Düsseldorf BeckRS 2012, 01844.

2 In Verfahren vor dem BPatG findet diese Vorschrift grundsätzlich Anwendung.[2]
3 Anders als in Verfahren vor den ordentlichen Gerichten[3] soll dabei nach der Rechtsprechung des BPatG[4] auch im Fall der Säumnis eine vermutete Einwilligung nach § 267 ZPO zu einem Beteiligtenwechsel möglich sein. Das Nichterscheinen im Einspruchsverfahren soll daher dazu führen, dass der nicht erschienene Beteiligte so zu behandeln ist, als hätte er sich in der mündlichen Verhandlung rügelos auf die Sache eingelassen, weshalb die notwendige Einwilligung zum Beteiligtenwechsel gemäß § 267 ZPO vermutet wird.[5]

§ 268 Unanfechtbarkeit der Entscheidung

Eine Anfechtung der Entscheidung, dass eine Änderung der Klage nicht vorliege oder dass die Änderung zuzulassen sei, findet nicht statt.

Literatur: *Crummenerl,* Die Parteierweiterung im Patentverletzungsprozess, GRUR 2009, 245.

1 Nach § 268 ZPO besteht gegen die Entscheidung über die Zulassung einer Klageänderung keine Anfechtungsmöglichkeit. Auf diese Weise soll sichergestellt werden, dass die getroffene Sachentscheidung und die ihr zu Grunde liegende Verhandlung nicht allein deshalb im Nachhinein entwertet werden, weil die Änderung vom Berufungsgericht z. B. wegen abweichender Beurteilung der Sachdienlichkeit als unzulässig angesehen wird.[1]
2 Auf die Parteiänderung im Berufungsverfahren findet § 268 ZPO keine Anwendung, da der Beklagte im Fall der Zulassung der Parteierweiterung eine Tatsacheninstanz verliert.[2*] Umstritten ist, ob dies auch für die Parteiänderung im erstinstanzlichen Verfahren gilt.[3*]
3 Die Nichtzulassung einer Klageänderung kann mit der Endentscheidung angegriffen werden.[4*]

§ 269 Klagerücknahme

(1) **Die Klage kann ohne Einwilligung des Beklagten nur bis zum Beginn der mündlichen Verhandlung des Beklagten zur Hauptsache zurückgenommen werden.**

(2) ¹**Die Zurücknahme der Klage und, soweit sie zur Wirksamkeit der Zurücknahme erforderlich ist, auch die Einwilligung des Beklagten sind dem Gericht gegenüber zu erklären.** ²**Die Zurücknahme der Klage erfolgt, wenn sie nicht bei der mündlichen Verhandlung erklärt wird, durch Einreichung eines Schriftsatzes.** ³**Der Schriftsatz ist dem Beklagten zuzustellen, wenn seine Einwilligung zur Wirksamkeit der Zurücknahme der Klage erforderlich ist.** ⁴**Widerspricht der Beklagte der Zurücknahme der Klage nicht innerhalb einer Notfrist von zwei Wochen seit der Zustellung des Schriftsatzes, so gilt seine Einwilligung als erteilt, wenn der Beklagte zuvor auf diese Folge hingewiesen worden ist.**

(3) ¹**Wird die Klage zurückgenommen, so ist der Rechtsstreit als nicht anhängig geworden anzusehen; ein bereits ergangenes, noch nicht rechtskräftiges Urteil wird wirkungslos, ohne dass es seiner ausdrücklichen Aufhebung bedarf.** ²**Der Kläger ist verpflichtet, die Kosten des Rechtsstreits zu tragen, soweit nicht bereits rechtskräftig über sie erkannt ist oder sie dem Beklagten aus einem anderen Grund aufzuerlegen sind.** ³**Ist der Anlass zur Einreichung der Klage vor Rechtshängigkeit weggefallen und wird die Klage daraufhin zurückgenommen, so bestimmt sich die Kostentragungspflicht unter Berücksichtigung des bisherigen Sach- und Streitstandes nach billigem Ermessen; dies gilt auch, wenn die Klage nicht zugestellt wurde.**

(4) ¹**Das Gericht entscheidet auf Antrag über die nach Absatz 3 eintretenden Wirkungen durch Beschluss.** ²**Ist einem Beklagten Prozesskostenhilfe bewilligt worden, hat das Gericht über die Kosten von Amts wegen zu entscheiden.**

(5) ¹**Gegen den Beschluss findet die sofortige Beschwerde statt, wenn der Streitwert der Hauptsache den in § 511 genannten Betrag übersteigt.** ²**Die Beschwerde ist unzulässig, wenn gegen die Entscheidung über den Festsetzungsantrag (§ 104) ein Rechtsmittel nicht mehr zulässig ist.**

---

[2] BPatG BeckRS 2011, 27636 (Einlassung auf einen weiteren Nichtigkeitsgrund) BPatG BeckRS 1999, 15314 (Einlassung auf Beteiligtenwechsel).
[3] Zöller/*Greger* ZPO § 267 Rn. 1.
[4] GRUR-RR 2012, 449 (450) – Maßstabträger.
[5] BPatG GRUR-RR 2012, 449 (450) – Maßstabträger.
[1] *Crummenerl* GRUR 2009, 245 (248); Musielak/Voit/*Foerste* ZPO § 268 Rn. 1.
[2*] BGH NJW 1981, 989; zustimmend *Crummenerl* GRUR 2009, 245 (248).
[3*] Für eine grundsätzliche Unanwendbarkeit auf die Parteiänderung Zöller/*Greger* ZPO § 268 Rn. 2; Musielak/Voit/*Foerste* ZPO § 268 Rn. 1; kritisch *Crummenerl* GRUR 2009, 245 (248).
[4*] Zöller/Greger ZPO § 268 Rn. 3.

(6) Wird die Klage von neuem angestellt, so kann der Beklagte die Einlassung verweigern, bis die Kosten erstattet sind.

Literatur: *Foerste,* Kostenentscheidung nach Klagerücknahme wegen Insolvenz des Beklagten, ZInsO 2020, 2634; *Heiß/Heiß,* Die Erledigung der Hauptsache im Zivilprozess – Einseitige Erledigungserklärung und privilegierte Klagerücknahme nach § 269 III 3 ZPO, JA 2019, 15; *Hövelmann,* Patentverzicht und Erledigung – Überlegungen zur Beendigung des Einspruchsverfahrens, GRUR 2007, 283; *Röß,* Das vorprozessuale Schweigen bei Urheberrechtsverletzungen, NJW 2019, 1983; *Schneider,* Gerichtskostenermäßigung bei Klagerücknahme, NJW-Spezial 2018, 539; *Teplitzky,* Rücknahme und Neueinreichung des Verfügungsantrags – Eine Erwiderung, WRP 2013, 839; *Walther,* Klageänderung und Klagerücknahme, NJW 1994, 423; *Zecher,* Kostenlast bei Benutzungsnachweis erst nach Löschungsklage, GRUR 2010, 201.

A. Allgemeines

Durch die Rücknahme der Klage **endet die Rechtshängigkeit** *ex tunc.* Das Gericht darf nicht mehr in der Sache selbst, sondern nur noch über die Kosten entscheiden. Ein bereits ergangenes aber noch nicht rechtskräftiges Urteil wird wirkungslos. Klageänderungen[1] oder die Erhebung einer Widerklage[2] sind nicht mehr möglich.

Auf die **materielle Berechtigung** des Klägers hat die Klagerücknahme hingegen grundsätzlich keinerlei Einfluss. Der Kläger ist daher nicht gehindert, denselben materiell-rechtlichen Anspruch erneut gerichtlich geltend zu machen. Daher bedarf die Klagerücknahme nach Beginn der mündlichen Verhandlung des Beklagten zur Hauptsache dessen Einwilligung und deswegen kann der Beklagte bei einer etwaigen neuen Klage betreffend denselben (oder einheitlichen[3]) Streitgegenstand die Einlassung so lange verweigern, bis der Kläger die Kosten aus dem vorangegangenen Prozess erstattet hat. Zur erfolgreichen Erhebung dieser Einrede sind die zu erstattenden Kosten vom Beklagten zu beziffern und gegebenenfalls zu beweisen[4]. Soweit die Kosten des ersten Verfahrens noch nicht endgültig feststehen, kann der Kläger nach der hier vertretenen Auffassung den Fortgang des zweiten Verfahrens dadurch beschleunigen, dass er den Beklagten mit einem in jedem Fall ausreichenden Betrag unter dem Vorbehalt der Rückforderung desjenigen Anteils befriedigt, der zu viel bezahlt ist.

Eine notwendige **Einwilligung des Beklagten** wird fingiert, wenn der über die Folgen seines Schweigens belehrte Beklagte nicht innerhalb von zwei Wochen nach Zustellung der Klagerücknahme dieser widerspricht.

Nach einer wirksamen Klagerücknahme hat grundsätzlich der Kläger alle **Kosten des Rechtsstreits** zu tragen. Ausnahmen bilden hiervon abweichende rechtskräftige Entscheidungen, Parteivereinbarungen[5], zum Beispiel im Rahmen eines außergerichtlichen Vergleichs, sowie der Wegfall des Klageanlasses vor Eintritt der Rechtshängigkeit. In letzterem Fall hat das Gericht die Kosten nach billigem Ermessen zu verteilen, wobei es den bisherigen Sach- und Streitstand zu berücksichtigen hat. Wegen Einzelheiten kann auf die Kommentierung zu § 91a verwiesen werden[6]. Der Antragsteller hat in entsprechender Anwendung des § 269 Abs. 3 S. 2 grundsätzlich die Kosten des selbstständigen Beweisverfahrens zu tragen, wenn er den angeforderten Auslagenvorschuss, von dessen Einzahlung das Gericht die Beweiserhebung abhängig gemacht hat, trotz Erinnerung seitens des Gerichts nicht einzahlt und eine Beweiserhebung deshalb unterbleibt[7]. Ist kein Hauptsacheverfahren anhängig, in dem diese Kostenfolge ausgesprochen wird, und haben die Parteien sich über die Kosten nicht geeinigt, ergeht eine solche Kostenentscheidung auf Antrag im selbstständigen Beweisverfahren[8]. Für eine Kostenentscheidung entsprechend § 269 Abs. 3 S. 3[9] oder entsprechend § 91a[10] ist im selbstständigen Beweisverfahren dagegen kein Raum.

Eine **gerichtliche Entscheidung** über die Kosten ergeht generell nur auf Antrag, es sei denn, einem der Beklagten wurde Prozesskostenhilfe bewilligt oder die Klagerücknahme betrifft nicht den gesamten Streitgegenstand, weil dann nämlich eine einheitliche Entscheidung über die Gerichtskosten im Urteil zu treffen ist[11]. Diese Entscheidung ist mit den aus Absatz 5 ersichtlichen Beschränkungen beschwerdefähig. Stellt nur eine Partei einen Kostenantrag, darf das Gericht keine Kostenentscheidung zu Lasten des Antragstellers treffen[12]. Der Antrag unterliegt dem Anwaltszwang nach § 78 ZPO[13].

---

[1] → § 263 Rn. 1.
[2] → § 33 Rn. 21.
[3] → § 253 Rn. 53.
[4] OLG Düsseldorf BeckRS 2002, 30247734; BeckOK/*Bacher* ZPO § 269 Rn. 33.
[5] BGH BeckRS 2022, 2941 Rn. 10 mwN.
[6] → § 91a Rn. 23.
[7] BGH NJW 2017, 1399 Rn. 27.
[8] BGH NJW 2017, 1399 Rn. 16.
[9] BGH BeckRS 2020, 30872 Rn. 9 mwN.
[10] BGH NJW 2018, 402 Rn. 14.
[11] BGH NJW-RR 1999, 1741; GRUR 2020, 599 Rn. 69 – Rotierendes Menü.
[12] OLG München BeckRS 2004, 02827; BeckOK/*Bacher* ZPO § 269 Rn. 22.
[13] BeckOK/*Bacher* ZPO § 269 Rn. 23.

Dem Gegner ist Gelegenheit zur Stellungnahme einzuräumen. Die Stellungnahme unterliegt jedoch analog § 91a Abs. 1 nicht dem Anwaltszwang[14].

6 Die zeitliche Beschränkung des § 269 Abs. 1, nach der eine Klage ohne Einwilligung des Beklagten nur bis zum Beginn der mündlichen Verhandlung zur Hauptsache zurückgenommen werden kann, ist nicht entsprechend auf die Rücknahme eines Löschungsantrags im **markenrechtlichen**[15] **oder gebrauchsmusterrechtlichen**[16] **(Beschwerde-)Verfahren** oder die Rücknahme einer **Patentnichtigkeitsklage**[17] anwendbar. Die Rücknahme ist daher während des laufenden Verfahrens jederzeit ohne Zustimmung der Gegenseite zulässig. Die Kostenregelung des § 269 Abs. 3 S. 2 ist im gebrauchsmusterrechtlichen und patentrechtlichen Verfahren gem. § 99 PatG entsprechend anzuwenden[18], im markenrechtlichen Verfahren gilt die Sonderregelung des § 71 MarkenG[19].

B. Besonderheiten

7 Im gewerblichen Rechtsschutz und Urheberrecht gelten Besonderheiten:

8 Der Übergang von einem **Insbesondere-Antrag zu einem „und zwar"-Antrag** stellt eine kostenpflichtige teilweise Klagerücknahme dar, soweit keine Anhaltspunkte dafür vorliegen, dass der durch „insbesondere" eingeleitete Bestandteil des Antrags entgegen dem allgemeinen Sprachgebrauch nicht einen besonderen Unterfall kennzeichnen soll, der von dem Obersatz umfasst ist[20]. Denn durch diese Antragsänderung gibt der Kläger sein ursprünglich durch den Obersatz abstrakter gefasstes Klagebegehren auf.

9 Wird das **Klageschutzrecht** nach Rechtshängigkeit ganz oder teilweise **vernichtet,** so ist der Kläger gezwungen, seine Klage ganz oder teilweise zurückzunehmen. Verweigert der Beklagte seine Zustimmung, so kann der Kläger einen (Teil-)Verzicht (§ 306[21]) erklären oder gegen sich ein klageabweisendes (Teil-)Versäumnisurteil ergehen lassen[22].

10 Hauptanwendungsfall von § 269 Abs. 3 S. 3 dürfte im gewerblichen Rechtsschutz die **verspätete Abgabe der geforderten strafbewehrten Unterlassungserklärung** sein. Wird diese erst nach Ablauf der hierfür vom Rechteinhaber in der Abmahnung gesetzten Frist und demnach nach Anhängigkeit, aber noch vor Rechtshängigkeit, abgegeben, so kann der Kläger der Abweisung seiner Klage auf Unterlassung mangels Wiederholungsgefahr nur dadurch entgehen, dass er die Klage zurücknimmt und um eine gerichtliche Kostenentscheidung bittet. Dieser Antrag kann allerdings nicht zu Gunsten des Klägers ausgehen, wenn die Klage weder im Zeitpunkt der Einreichung noch an irgendeinem Zeitpunkt davor zulässig und begründet war[23].

§ 270 Zustellung; formlose Mitteilung

¹Mit Ausnahme der Klageschrift und solcher Schriftsätze, die Sachanträge enthalten, sind Schriftsätze und sonstige Erklärungen der Parteien, sofern nicht das Gericht die Zustellung anordnet, ohne besondere Form mitzuteilen. ²Bei Übersendung durch die Post gilt die Mitteilung, wenn die Wohnung der Partei im Bereich des Ortsbestellverkehrs liegt, an dem folgenden, im Übrigen an dem zweiten Werktag nach der Aufgabe zur Post als bewirkt, sofern nicht die Partei glaubhaft macht, dass ihr die Mitteilung nicht oder erst in einem späteren Zeitpunkt zugegangen ist.

Übersicht

	Rn.
A. Allgemeines	1
B. Mitteilungspflicht des Gerichts	3
I. Schriftsätze und sonstige Erklärungen	3
II. Inhaltliche Grenzen	4
C. Förmliche Zustellung	7
I. Zustellungsvorschriften in der ZPO	7
II. Zustellung nach § 270	9
1. Sachanträge	9

---

[14] BeckOK/*Bacher* ZPO § 269 Rn. 24.
[15] BPatG BeckRS 2019, 26091 Rn. 21 – Farbmarke Blau.
[16] BPatG BeckRS 2009, 17020.
[17] BGH GRUR 2014, 911 – Sitzgelenk; BGH GRUR GRUR 1993, 895 – Hartschaumplatte; BPatG BeckRS 2009, 17020.
[18] BPatG BeckRS 2009, 17020.
[19] BPatG BeckRS 2019, 26091 Rn. 32 – Farbmarke Blau.
[20] OLG Hamburg BeckRS 2002, 30241699 (Volltext).
[21] → § 306 Rn. 1 ff.
[22] Haedicke/Timmann PatR-HdB/*Zigann* § 15 Rn. 262.
[23] BGH BeckRS 2020, 41138.

	Rn.
2. Verteidigungsanträge	13
3. Prozessanträge	14
4. Unschädlichkeit der förmlichen Zustellung	15
III. Formlose Mitteilung	17
D. Besonderheiten im einstweiligen Verfügungsverfahren	19
I. (Kein) Zustellungserfordernis	20
II. Behandlung der Schutzschrift	23
E. Zugangsvermutung	24

A. Allgemeines

§ 270 ZPO postuliert den Grundsatz, dass das Gericht **sämtliche eingehende Schriftsätze** und auch sämtliche **sonstige Erklärungen** der Parteien, der Gegenseite mitteilen muss. Sie dient damit der Verwirklichung des Anspruchs auf rechtliches Gehör aus Art. 103 Abs. 1 GG und des Gebots des fairen Verfahrens.[1] Satz 2 enthält eine widerlegliche Zugangsvermutung. 1

Mit Satz 1 inhaltsgleiche Regelungen für das Beschwerdeverfahren vor dem **PatG** finden sich in § 73 Abs. 2 S. 2. und 3 PatG und § 66 Abs. 4 S. 2 und 3 MarkenG. Für das Widerspruchsverfahren vor dem DPMA folgt die (förmliche[2]) Mitteilungspflicht an den Markeninhaber aus § 53 Abs. 2 MarkenG sowie allgemein aus dem Grundsatz des rechtlichen Gehörs nach § 59 Abs. 2 MarkenG.[3] Im Übrigen wird dies in § 17 Abs. 2 DPMAV vorausgesetzt. Die Pflicht zur Übermittlung der Einspruchsschrift an den Patentsucher folgt ausdrücklich aus § 43 Abs. 3 S. 2 PatG. 2

B. Mitteilungspflicht des Gerichts

I. Schriftsätze und sonstige Erklärungen

Dem Zweck der umfassenden Gewährung rechtlichen Gehörs zu den Erklärungen der Gegenseite entsprechend sind nach § 270 S. 1 **allen Prozessbeteiligten** (dh auch Streithelfern[4]) sämtliche eingehenden Schriftsätze, ob mit Sachanträgen oder ohne, und sämtliche sonstige Erklärungen der Parteien weiterzuleiten. Satz 1 regelt ferner, welche Schriftsätze und sonstige Erklärungen der Parteien **förmlich zugestellt** werden müssen (dh nach den §§ 166 ff.) und wann die lediglich formlose Mitteilung genügt. Unter **sonstige Erklärungen** fallen auch (fern-)mündliche Erklärungen einer Partei gegenüber dem Gericht; auch diese sind den anderen Streitbeteiligten mitzuteilen, sei es ihrerseits (fern-)mündlich oder in Form eines Vermerks. 3

II. Inhaltliche Grenzen

Aufgrund der Mitteilungspflicht ist dem Gericht **jede Selektion** der Unterlagen untersagt.[5] Eine Beschränkung der Mitteilungspflicht lässt sich im patentrechtlichen Schadensersatzprozess auch nicht aus § 139 Abs. 3 S. 2 PatG ableiten.[6] Dort wo **Geheimhaltungsinteressen** berührt sind, hat die vortragende Partei ihre Schriftsätze bereits so abzufassen, dass der von ihr begehrte Geheimnisschutz auch dann gewahrt bleibt, wenn der Schriftsatz prozessordnungsgemäß dem Gegner zugestellt wird.[7] 4

Die Mitteilungspflicht findet ihre Grenze jedoch im **Beibringungsgrundsatz.** Aufgrund des Beibringungsgrundsatzes kann sich das Gericht nämlich nicht über **Sperrvermerke** der einreichenden Partei hinwegsetzen (zu deren Beachtung bei Akteneinsichtsgesuchen → § 299 Rn. 24).[8] Reicht eine Partei eine Anlage nur für das Gericht ein und widerspricht, etwa wegen darin enthaltener Geschäftsgeheimnisse, ausdrücklich deren Weitergabe an den Prozessgegner, ist der Inhalt dieser Anlage für das Gericht **nicht verwertbar.**[9] Davon zu unterscheiden ist der im gewerblichen Rechtsschutz für Auskunftsverpflichtungen anerkannte **Wirtschaftsprüfervorbehalt,** der nicht eine Einschränkung der Parteiöffentlichkeit im Erkenntnisverfahren betrifft, sondern lediglich die Art und Weise der Erfüllung einer vom Gericht – unter Wahrung der Parteiöffentlichkeit – ausgeurteilten Verpflichtung.[10] Von 5

---

[1] BVerfG GRUR 2018, 1288 Rn. 15 – Die F. Tonbänder; BGH NJW 2013, 387 (389); OLG Düsseldorf BeckRS 2009, 09220, Zöller/*Greger* ZPO § 270 Rn. 1.
[2] *Ingerl/Rohnke* MarkenG § 53 Rn. 6.
[3] *Ingerl/Rohnke* MarkenG § 42 Rn. 66.
[4] Zöller/*Greger* ZPO § 270 Rn. 1.
[5] OLG Düsseldorf BeckRS 2009, 09220; Musielak/Voit/*Foerste* ZPO § 270 Rn. 3; MüKoZPO/*Becker-Eberhard* ZPO § 270 Rn. 7.
[6] OLG Düsseldorf BeckRS 2009, 09220.
[7] OLG Düsseldorf BeckRS 2009, 09220; BeckOK PatR/Voß § 139 Rn. 142.
[8] OLG Naumburg BeckRS 2012, 05937; BeckOK PatR/Voß § 139 Rn. 142.
[9] OLG Naumburg BeckRS 2012, 05937; BGH GRUR 1991, 191 (194) betreffend die Verwertbarkeit eines darauf beruhenden Sachverständigengutachtens.
[10] OLG München GRUR-RR 2005, 175 (176).

einem Wirtschaftsprüfervorbehalt kann im patentrechtlichen Schadensersatzprozess nach § 139 Abs. 3 S. 2 PatG auch bei der Beweiserhebung Gebrauch gemacht werden.[11]

6 Die in § 270 verankerte Informationspflicht des Gerichts kann nicht durch den Verweis auf die Möglichkeit der **Akteneinsicht** (§ 299) umgangen werden.[12]

C. Förmliche Zustellung

I. Zustellungsvorschriften in der ZPO

7 Zahlreiche Vorschriften der ZPO sehen bereits die Zustellung von Schriftsätzen vor. Die förmliche Zustellung gewährleistet neben der **Sicherung des Nachweises** von Zeit und Art der Übergabe eines Schriftstücks, dass der Zustellungsempfänger verlässlich von dem Inhalt eines Schriftstücks Kenntnis nehmen kann.[13] Nach einzelnen Vorschriften der ZPO sind Schriftsätze zuzustellen, die Parteihandlungen oder Parteierklärungen enthalten, so die **Klageschrift** (§ 271 zum Umfang → § 271 Rn. 5) und **Klagerweiterung** (§ 261 Abs. 2). Nur durch die förmliche Zustellung wird deren Rechtshängigkeit begründet, §§ 253 Abs. 1, 261 Abs. 2. **Weitere Zustellungsvorschriften** gibt es für die **Klagrücknahme** (sofern sie nach § 269 Abs. 3 S. 2 zustimmungspflichtig ist), die **Nebenintervention** und die **Streitverkündung** (§§ 70 Abs. 1 S. 2, 73 S. 2), den **Einspruch** gegen ein Versäumnisurteil (§ 340a) und die **Rechtsmittel-** und Rechtsmittelbegründungsschriften (§§ 521 Abs. 1, 550 Abs. 2, 551 Abs. 4, 575 Abs. 4 S. 2). Insofern hat § 270 S. 1 letztlich die Funktion einer **Auffangvorschrift**.[14] Aus ihr kann nach der hM aber auch die eigenständige Verpflichtung der förmlichen Zustellung der Klageschrift sowie allgemein für solche Schriftsätze, die einen Sachantrag enthalten, abgeleitet werden.

8 Zum Zustellungserfordernis für die Anerkennungs- und Vollstreckungsfähigkeit nach EuGVVO/LugÜ → § 271 Rn. 11, 41.

II. Zustellung nach § 270

9 **1. Sachanträge.** Zustellungsbedürftig sind nach § 270 neben der Klage nur Sachanträge. **Sachanträge** sind solche, die Inhalt und Wirkung der erbetenen Sachentscheidung betreffen (→ § 297 Rn. 3).[15] Sie müssen verlesen oder zumindest zu Protokoll erklärt werden (§ 297) und sind die äußere Grenze des Streitgegenstandes (§ 308). Ein *verspäteter* Schriftsatz ist dagegen nur **formlos zu übermitteln**, auch für den Fall, dass er (verspätete) Anträge enthält (→ § 296a Rn. 9).[16] Vom Sachantrag ist der **Prozessantrag** zu unterscheiden (→ Rn. 14), was auch kostenmäßige Bedeutung nach Nr. 3101, 3201 VV Anlage 1 zum RVG hat.[17]

10 Neben den genannten Sachanträgen sind **zustellungspflichtige Sachanträge** auch **Widerklage-** und **Zwischenfeststellungsanträge, Zurücknahme der Klage oder eines Rechtsmittels**, Anträge zur **vorläufigen Vollstreckbarkeit** (§ 714) oder auf **Urteilsergänzung** (§§ 716, 321).[18] Grundsätzlich sind auch Anträge auf Erlass einer **einstweiligen Verfügung** oder eines Arrestes zustellungspflichtig, nämlich bei mündlicher Verhandlung (→ Rn. 19), ferner die Widerspruchsschrift (§ 924), Antrag auf Klagerhebung (§ 926) und der Aufhebungsantrag (§ 927).[19]

11 Anträge auf Erlass von **Versäumnis- oder Verzichtsurteilen** werden als teils Sach- und teils Prozessanträge angesehen[20] und sind daher ebenfalls zustellungspflichtig. Für den Erlass eines Anerkenntnisurteils bedarf es keines Antrages, § 307 S. 1, was die Zustellung eines diesbezüglichen Antragsschriftsatzes entbehrlich macht. Der Antrag auf Durchführung des **selbständigen Beweisverfahrens** wird, anders als von der bislang hM, vom BGH wegen seiner besonderen Bedeutung zu Recht wie ein Sachantrag behandelt und ist deshalb zuzustellen.[21] Eine förmliche Zustellung ist empfehlenswert bei **einseitiger Erledigungserklärung** des Klägers, um die Zustimmungsfiktion nach § 91a Abs. 1 S. 2 auslösen zu können, die aber einen entsprechende Belehrung des Gegners erfordert, was entsprechenden Hinweis voraussetzt.

12 Die in einer vorsorglich eingereichten **Schutzschrift** enthaltenen Anträge sind keine Sachanträge; sie erstarken auch nicht zu einem Sachantrag, wenn später ein Antrag auf Erlass einer einstweiligen

---

[11] Schulte/*Kühnen* PatG § 139 Rn. 290.
[12] OLG München GRUR-RR 2005, 175 (176).
[13] BGH NJW 2013, 387 (389).
[14] MüKoZPO/*Becker-Eberhard* ZPO § 270 Rn. 3.
[15] Musielak/Voit/*Foerste* ZPO § 270 Rn. 2.
[16] OLG Schleswig BeckRS 2013, 06555; OLG Hamburg BeckRS 1994, 10914 = MDR 1995, 526; Zöller/*Greger* ZPO § 296a Rn. 2a.
[17] MüKoZPO/*Becker-Eberhard* ZPO § 270 Rn. 4.
[18] MüKoZPO/*Becker-Eberhard* ZPO § 270 Rn. 5.
[19] MüKoZPO/*Becker-Eberhard* ZPO § 270 Rn. 5.
[20] MüKoZPO/*Becker-Eberhard* ZPO § 270 Rn. 5 mwN.
[21] BGH NJW 2011, 1965 (1968) mAnm *Grothe*.

Zustellung; formlose Mitteilung **13–18 § 270 ZPO**

Verfügung gestellt wird.[22] Ein Antrag kann in diesem Stadium des Verfahrens nur eine Anregung des Antragsgegners an das Gericht sein, in einer bestimmten Weise zu verfahren oder zu entscheiden (→ Rn. 23).[23]

2. Verteidigungsanträge. Der **Klagabweisungsantrag** ebenso wie Schriftsätze, die lediglich **Verteidigungsanträge** enthalten (Verteidigungsanzeige, Zurückweisung eines Rechtsmittels) werden von der hM nicht als Sachanträge angesehen (str.).[24] Zwar sind sie für den Prozessgang bedeutsam (vgl. § 331 Abs. 3). Gleichwohl sind sie **nur sachbezogen,** da sie den Streitgegenstand nicht zu bestimmen vermögen, so dass weder ihre Bedeutung noch die Notwendigkeit ihrer Verlesung (§ 297) eine förmliche Zustellung nötig machen.[25] Da über die Einrede der **Prozesskostensicherheit** (§ 110) jedoch im Streitfall durch Zwischenurteil zu entscheiden ist (§ 280 Abs. 2 S. 1), ist der darauf gerichtete Schriftsatz nach § 270 S. 1 zuzustellen. **13**

3. Prozessanträge. Prozessanträge beziehen sich auf das zu beobachtende Verfahren. Sie gelten daher nicht der Endentscheidung, sondern nur dem dahin führenden Verfahren, weshalb auch diese **keiner förmlichen Zustellung** bedürfen[26]. Prozessanträge in diesem Sinne sind alle sonstigen Anträge und Erklärungen, die den Verfahrensablauf betreffen wie zB Anträge auf Verbindung, Trennung, Aussetzung und Ruhen des Verfahrens, auf Terminsanberaumung, auf Abkürzung oder Verlängerung von Fristen, sowie auf Verweisung, ferner alle Beweisanträge.[27] **14**

4. Unschädlichkeit der förmlichen Zustellung. Stets unschädlich ist die förmliche Zustellung, auch wenn nach dem oben Gesagten nur die formlose Mitteilung erforderlich war. Satz 1 gewährt dem Gericht (auch dem Vorsitzenden alleine) eine diesbezügliche Anordnungskompetenz. Das gelegentlich angebrachte Gegenargument der Kostenschonung[28] dürfte jedenfalls im Anwaltsprozess bei Zustellung gegen Empfangsbekenntnis (§ 174) überholt sein (die Zustellungspauschale nach KV 9002 wird nur erhoben, wenn mehr als 10 Zustellungen pro Instanz anfallen) **mit Ausnahme der Auslandszustellung,** deren unnötiger Weise verursachte Mehrkosten niederzuschlagen wären. Das Gericht sollte von seiner Anordnungskompetenz für die förmliche Zustellung Gebrauch machen, etwa bei der **gleichzeitigen Anordnung von Erklärungsfristen** oder bei neuem Tatsachenvorbringen im Hinblick auf die Präklusionsvorschriften.[29] **15**

Wird dagegen ein zustellungspflichtiger Schriftsatz lediglich formlos übermittelt, so kommt es auf das Vorliegen eines **Heilungstatbestandes** nach § 189 an; anderenfalls gilt die Zustellung als nicht bewirkt, so dass auch die daran geknüpften Rechtsfolgen nicht eintreten können (→ § 189 Rn. 7).[30] **16**

III. Formlose Mitteilung

Schriftsätze, die keine Sachanträge enthalten, bedürfen lediglich der formlosen Übersendung. Dies gilt stets auch für alle sonstigen Erklärungen und **(fern-)mündliche Mitteilungen** einer Partei. Auch diese der jeweils anderen Partei zur Kenntnis zu geben, ist ebenfalls Teil der Mitteilungs- und Informationspflichten des Gerichts aus § 270 S. 1 zur Gewährung rechtlichen Gehörs. **17**

Nicht angesprochen werden von der Norm Anordnungen oder **Verfügungen des Gerichts;** für sie gilt § 329. Soweit an diese von Gesetzes wegen Folgen geknüpft werden, bedürfen sie einer förmlichen Zustellung (→ § 329 Rn. 4). Ausreichend ist die formlose Mitteilung für einfache Mitteilungen des Gerichts und bestimmte Verfügungen, wie der Anordnung persönlichen Erscheinens (§ 141 Abs. 2) und vor Entscheidung nach Lage der Akten (§ 251a Abs. 2 S. 3).[31] Auch Verfügungen, wie die Aufforderung zur Anspruchsbegründung nach § 697 Abs. 1 S. 2 müssen nicht förmlich zugestellt werden.[32] **Telefonische Hinweise (§ 139 ZPO)** des Gerichts an eine Prozesspartei sind stets der anderen Partei ebenfalls mitzuteilen. Zur Problematik im einstweiligen Verfügungsverfahren → § 271 Rn. 35. **18**

---

[22] BGH GRUR 2003, 456 (456) – Kosten einer Schutzschrift; KG NJWE-WettbR 2000, 24 (25); LG Hamburg 28.6.2013 – 327 O 309/13.
[23] BGH GRUR 2003, 456 (456) – Kosten einer Schutzschrift; LG Hamburg 28.6.2013 – 327 O 309/13.
[24] BGH NJW 1970, 99 (100); Zöller/*Greger* ZPO § 297 Rn. 2; Musielak/Voit/*Foerste* ZPO § 270 Rn. 2; aA MüKoZPO/*Becker-Eberhard* ZPO § 270 Rn. 6.
[25] BGH NJW 1970, 99 (100); Zöller/*Greger* ZPO § 297 Rn. 2; Musielak/Voit/*Foerste* ZPO § 270 Rn. 2; aA MüKoZPO/*Becker-Eberhard* ZPO § 270 Rn. 6.
[26] Musielak/Voit/*Foerste* ZPO § 270 Rn. 2.
[27] MüKoZPO/*Becker-Eberhard* ZPO § 270 Rn. 5; Zöller/*Greger* ZPO § 270 Rn. 3.
[28] Zöller/*Greger* ZPO § 270 Rn. 1.
[29] MüKoZPO/*Becker-Eberhard* ZPO § 270 Rn. 5.
[30] Zöller/*Greger* ZPO § 270 Rn. 1.
[31] Musielak/Voit/*Foerste* ZPO § 270 Rn. 3.
[32] BGH BeckRS 2020, 6261 Rn. 7.

D. Besonderheiten im einstweiligen Verfügungsverfahren

19 Das einstweilige Verfügungsverfahren und das Arrestverfahren sind **summarische Erkenntnisverfahren**, so dass die allgemeinen Vorschriften des Erkenntnisverfahrens *ebenfalls* anwendbar sind, sofern die Vorschriften der §§ 916 ff. und die Besonderheiten des einstweiligen Rechtsschutzes nicht ein anderes bedingen.[33] Dies hat das BVerfG zuletzt in mehreren Entscheidungen betont. Der Grundsatz der prozessualen Waffengleichheit als Ausprägung der Rechtsstaatlichkeit und des allgemeine Gleichheitssatz im Zivilprozess gebieten grundsätzlich die Anhörung des Gegners auch im Verfügungsverfahren.[34] Zum Zustellungserfordernis für die Anerkennungs- und Vollstreckungsfähigkeit nach EuGVVO/LugÜ → § 271 Rn. 40.

I. (Kein) Zustellungserfordernis

20 Im Stadium des (noch einseitigen) Erlassverfahrens war die Anwendung der Vorschriften der §§ 270, 271 bislang nur sehr eingeschränkt gehandhabt worden. Bei der Wahl eines einseitigen Erlassverfahrens erfolgte häufig einstweilen keine Zustellung der Antragsschrift von Amts wegen nach § 271 (→ § 271 Rn. 35) und auch keine Übersendung sonstiger Schriftsätze nach § 270. Auch nach Erlass einer einstweiligen Verfügung im einseitigen Verfahren änderte sich daran zunächst nichts. Zur schon bis dato bestehenden Problematik einseitiger telefonischer Hinweise und deren Mitteilung an den Antragsgegner → § 271 Rn. 35.

20a Dem hat das **BVerfG** jedoch zuletzt enge Grenzen gezogen. Die **prozessuale Waffengleichheit** steht dabei im Zusammenhang mit dem Gehörsgrundsatz aus Art. 103 Abs. 1 GG, der eine besondere Ausprägung der Waffengleichheit ist. Als prozessuales „Urrecht" gebietet dieser, in einem gerichtlichen Verfahren der Gegenseite grundsätzlich vor einer Entscheidung Gehör und damit die Gelegenheit zu gewähren, auf eine bevorstehende gerichtliche Entscheidung Einfluss zu nehmen. Entbehrlich ist eine vorherige Anhörung nur in Ausnahmefällen.[35] In den besonderen Verfahrenslagen des einstweiligen Rechtsschutzes ist eine vorherige Anhörung verzichtbar, wenn sie den Zweck des Verfahrens **vereiteln** würde, wie im ZPO-Arrestverfahren.[36] Auch Fälle (eilbedürftiger) **Sequestration** wird man dazu zählen können.

20b Von einer Zustellung der Antragsschrift kann indes weiterhin abgesehen werden, wenn – wie schon bisher weitgehend üblich – der Antragsgegner vom Antragsteller vorprozessual **abgemahnt** worden ist (sog. **kleines rechtliches Gehör**).[37] Auf diese Weise wird dem Antragsgegner ermöglicht, sich zu dem Verfügungsantrag zu äußern, solange sichergestellt ist, dass solche Äußerungen vollständig dem Gericht vorliegen. Dies gilt mit Rücksicht darauf, dass der Gesetzgeber mit den Vorschriften der §§ 945a, 945b ZPO die Möglichkeit geschaffen hat, vorbeugende Verteidigungsschriften gegen erwartete Anträge auf Arrest oder einstweilige Verfügungen (Schutzschriften) zum Gegenstand des einstweiligen Verfügungsverfahrens zu machen, und hierfür ein zentrales, länderübergreifendes elektronisches Register eingeführt hat, ist gewährleistet, dass eine Schutzschrift dem letztlich entscheidenden Gericht zur Kenntnis gelangt (vgl. § 945a Abs. 2 S. 1 ZPO).[38] Demgegenüber ist dem Antragsgegner stets Gehör zu gewähren, wenn er nicht in der gehörigen Form abgemahnt wurde oder der Antrag vor Gericht in anderer Weise oder mit ergänzendem Vortrag begründet wird als in der Abmahnung.[39] Insoweit dürfte es auf **keinen Wortlautvergleich** zwischen Abmahnung und EV-Antrag ankommen, sondern darauf, ob die eine gerichtliche Eilentscheidung tragenden Sachverhaltsumstände und Klagegründe in der Abmahnung enthalten waren. Macht der Antragsteller indes von der Gelegenheit Gebrauch, in der Antragsschrift auf die Argumente des Antragsgegners, mit denen er auf die Abmahnung erwidert hat, einzugehen und seine Argumentation auszubauen, sollte der Antragsgegner Gelegenheit haben, sich auch hierzu zu äußern.[40]

20c Gehör ist stets zu gewähren, wenn das Gericht dem Antragsteller Hinweise nach § 139 ZPO erteilt, von denen die Gegenseite sonst nicht oder erst nach Erlass einer für sie nachteiligen Entscheidung erfährt.[41]

---

[33] Zöller/*Vollkommer* ZPO Vor § 916 Rn. 3.

[34] BVerfG GRUR 2020, 773 Rn. 16 – Personalratswahlen bei der Bundespolizei; BVerfG GRUR 2018, 1288 Rn. 14 – Die F.-Tonbänder; BVerfG GRUR 2018, 1291 Rn. 27 – Steuersparmodell eines Fernsehmoderators.

[35] St. Rspr. des BVerfG, zuletzt GRUR 2022, 429 Rn. 26 – Mann über Bord, vgl. Fn. 34.

[36] BVerfG GRUR 2018, 1288 Rn. 15 – Die F.-Tonbänder; BVerfG GRUR 2018, 1291 Rn. 28 – Steuersparmodell eines Fernsehmoderators.

[37] Zöller/*Vollkommer* ZPO Vor § 916 Rn. 1a; krit. *Bornkamm* GRUR 2020, 715 (724); großzügiger Dissmann GRUR 2020, 1152 (1160).

[38] BVerfG GRUR 2020, 773 Rn. 16 – Personalratswahlen bei der Bundespolizei; BVerfG GRUR 2018, 1288 Rn. 22 – Die F.-Tonbänder; BVerfG GRUR 2018, 1291 Rn. 34 – Steuersparmodell eines Fernsehmoderators.

[39] BVerfG GRUR 2018, 1288 Rn. 24 – Die F.-Tonbänder.

[40] *Bornkamm* GRUR 2020, 715 (724); BVerfG GRUR 2020, 773 Rn. 21 – Personalratswahlen bei der Bundespolizei.

[41] BVerfG GRUR 2018, 1288 Rn. 24 – Die F.-Tonbänder.

Wie nach Maßgabe der obigen Grundsätze der Weg des einseitigen Erlassverfahrens eingeschlagen, **21**
gilt umgekehrt allerdings auch für eine etwaig hinterlegte **Schutzschrift** des Antragsgegners, dass sie
der gegnerischen Partei entgegen § 270 zunächst nicht übermittelt wird, es sei denn der Antragsteller
willigt seinerseits in die Übersendung der Antragsschrift ein. Das Gebot des rechtlichen Gehörs,
das auch dem Antragsteller zusteht, macht jedoch einen Austausch von Antragsschrift und Schutzschrift
(mit ggf. nachfolgender Entscheidung im schriftlichen Verfahren oder Verhandlungstermin), dann
erforderlich, wenn eine Zurückweisung des Antrages aufgrund des Vorbringens in der Schutzschrift
beabsichtigt ist (→ § 271 Rn. 36).[42]

Zuzustellen ist allerdings die **Widerspruchsschrift** (§ 924).[43] **22**

II. Behandlung der Schutzschrift

Die in einer vorsorglich eingereichten **Schutzschrift** enthaltenen Anträge sind **keine Sachanträ-** **23**
ge; sie erstarken auch nicht zu einem Sachantrag, wenn später ein Antrag auf Erlass einer einstweiligen
Verfügung gestellt wird.[44] Ein Antrag kann in diesem Stadium des Verfahrens nur eine Anregung des
Antragsgegners an das Gericht sein, in einer bestimmten Weise zu verfahren oder zu entscheiden
(→ § 937 Rn. 29).[45] Dies gilt entsprechend für in einer Schutzschrift enthaltene Verweisungsanträge.[46]

E. Zugangsvermutung

Satz 2 enthält eine widerlegliche **Zugangsvermutung** bei Übersendung durch die Post, wonach **24**
die Mitteilung am folgenden Werktag nach der Aufgabe zur Post als zugegangen gilt (wenn die
Wohnung der Partei im Bereich des Ortsbestellverkehrs liegt) bzw. am zweiten Werktag (in den
anderen Fällen). Diese Vermutung greift ihrer Natur nach nur für den **inländischen Postverkehr**. Sie
gilt im Übrigen auch nur für den Zivilprozess und begründet keine Zugangsvermutung für den
Zugang von Willenserklärungen nach dem materiellen Recht (str.).[47] Sie gilt jedoch bei gerichtlichen
Anforderungen entsprechend, wie bei der Anforderung eines Auslagenvorschusses.[48] Der Adressat hat
die Möglichkeit, die Zugangsvermutung zu entkräften, in dem er glaubhaft macht (§ 294), dass ihm
die Mitteilung nicht oder erst in einem späteren Zeitpunkt zugegangen ist. Das Nichtzugehen steht
fest, wenn die Sendung als unzustellbar zurückgekommen ist.[49]

Die Vermutung für Tatsache und Zeitpunkt des Zugangs einer formlosen Mitteilung erleichtert den **25**
Erlass eines Versäumnisurteils, vor allem die Prüfung der Mitteilung gegnerischen Vorbringens (§ 335
Abs. 1 Nr. 3) und ggf. die Prüfung ordnungsgemäßer Ladung außerhalb des Anwaltsprozesses (§§ 335
Abs. 1 Nr. 2, 497 Abs. 1 S. 2).[50]

§ 271 Zustellung der Klageschrift

(1) **Die Klageschrift ist unverzüglich zuzustellen.**

(2) **Mit der Zustellung ist der Beklagte aufzufordern, einen Rechtsanwalt zu bestellen,
wenn er eine Verteidigung gegen die Klage beabsichtigt.**

Literatur: *v. Schönfeld*, Die Immunität ausländischer Staaten vor deutschen Gerichten, NJW 1986, 2980; *Teplitzky*,
Verfahrensgrundrechte im Recht der einstweiligen Verfügung, WRP 2016, 1181; *Wehlau/Kalbfus*, Beschlussverfügung und rechtliches Gehör – zur Notwendigkeit einer europaweiten Anerkennung der Schutzschrift, GRUR Int.
2011, 396

Übersicht

	Rn.
A. Allgemeines	1
B. Unverzügliche Zustellung (Abs. 1)	4
I. Förmliche Zustellung	4
1. Allgemeines	4
2. Gegenstand der Zustellung	5

---

[42] *Teplitzky* Kap. 55 Rn. 52 mwN.
[43] MüKoZPO/*Becker-Eberhard* ZPO § 270 Rn. 5.
[44] BGH GRUR 2003, 456 (456) – Kosten einer Schutzschrift; KG NJWE-WettbR 2000, 24 (25); LG Hamburg 28.6.2013 – 327 O 309/13; krit. *Teplitzky* Kap. 55 Rn. 52.
[45] BGH GRUR 2003, 456 (456) – Kosten einer Schutzschrift; LG Hamburg 28.6.2013 – 327 O 309/13; krit. *Teplitzky* Kap. 55 Rn. 52.
[46] LG Hamburg 28.6.2013 – 327 O 309/13.
[47] Dagegen LG Dortmund NJW-RR 2011, 769 (770); dafür OLG Frankfurt a.M. VersR 2009, 1394 (1395); OLG Hamburg MDR 1988, 518 (betreffend Schreiben an ein Gericht in einer Strafsache).
[48] BGH NJW 2019, 2162 Rn. 40.
[49] MüKoZPO/*Becker-Eberhard* ZPO § 270 Rn. 8.
[50] Musielak/Voit/*Foerste* ZPO § 270 Rn. 4.

	Rn.
3. Zustellungsadressat	7
4. Auslandszustellung	9
II. Unverzüglichkeit	12
1. Entrichtung des Gerichtskostenvorschusses	13
2. Festsetzung des Gebührenstreitwertes	16
3. Mitteilungspflichten	18
C. Zurückstellen oder Absehen von der Zustellung	19
I. Einstweilige Zurückstellung der Zustellung	20
II. Endgültige Verweigerung der Zustellung	24
1. Allgemeines	24
2. Fehlende Zuständigkeit	27
3. Exterritorialität	28
III. Entscheidung über die Zustellung	29
D. Aufforderung zur Anwaltsbestellung, Abs. 2	31
E. Besonderheiten im einstweiligen Verfügungsverfahren	33
I. Keine Vorschusspflicht	34
II. Einseitiges Erlassverfahren	35
III. Zweiseitiges Erlassverfahren	39
IV. Vollstreckung im Ausland nach EuGVVO/LugÜ	40
F. Verfahren nach dem PatG und MarkenG	43

A. Allgemeines

1 Die Zustellung der Klageschrift ist essentiell für ein rechtsstaatliches Verfahren. Durch die Zustellung wird (im Klagverfahren) die **Rechtshängigkeit** begründet (§ 261) und rechtliches Gehör gewährt. Sie ist auch die Grundlage einer Vollstreckungsfähigkeit im Ausland, **Art. 45 Abs. 1 lit. b) Brüssel-Ia-VO**, wobei anders als unter Geltung des EuGVÜ die versäumte Möglichkeit eines Rechtsbehelfs den Zustellungsmangel heilt.[1] (→ Rn. 11, zur weiterhin davon abweichenden Lage für Arrest und einstweilige Verfügung → Rn. 40).

2 Absatz 1 ordnet an, dass nach Eingang der Klageschrift (§ 253) diese von Amts wegen unverzüglich (förmlich) zuzustellen ist. Das Gebot der *unverzüglichen* Zustellung dient der **Prozessbeschleunigung** und der Wahrung der materiellen Rechte des Klägers.[2] Es korrespondiert mit der Rückwirkung der Zustellung nach § 167. Insbesondere aus dem GKG ergeben sich allerdings Bedingungen, die erfüllt sein müssen, bevor im Klagverfahren eine Zustellung erfolgen kann (→ Rn. 13).

3 Nach Absatz 2 ist der Beklagte mit der Klagzustellung aufzufordern, einen Rechtsanwalt zu bestellen. Diese **Aufforderung zur Anwaltsbestellung** (Abs. 2) im Anwaltsprozess (§§ 78, 78b) soll dafür sorgen, dass der Beklagte sich frühzeitig verteidigt, rechtzeitig seine Verteidigungsmittel vorbringt (§ 296) und nicht von einem Versäumnisurteil wegen fehlender anwaltlicher Vertretung überrascht wird.[3] Ohne Belehrung über den Anwaltszwang darf ein Versäumnisurteil nicht ergehen, §§ 215 Abs. 2, 335 Abs. 1 Nr. 2; die **Wirksamkeit der Zustellung** der Klageschrift bleibt davon allerdings unberührt.[4]

B. Unverzügliche Zustellung (Abs. 1)

I. Förmliche Zustellung

4 **1. Allgemeines.** § 271 Abs. 1 verpflichtet das Gericht zur unverzüglichen (förmlichen) Zustellung der Klage (zu den sich aus dem GKG ergebenden Bedingungen → Rn. 13). Die Zustellung, auch die Auslandszustellung, erfolgt in Eigenregie des Gerichts, ohne dass es eines Antrages bedarf.[5] Sie hat stets förmlich zu erfolgen, dh nach Maßgabe der §§ 166 ff. (→ § 270 Rn. 7). Zuständig ist der Urkundsbeamte, § 168.

5 **2. Gegenstand der Zustellung.** Zuzustellen ist eine **beglaubigte Abschrift** der Klage, die bei deren Fehlen vom Rechtsanwalt angefordert (§ 253 Abs. 5) oder vom Urkundsbeamten der Geschäftsstelle erstellt wird. Auch die **Anlagen,** auf die in der Klagschrift Bezug genommen wird, sind selbstverständlich mit zuzustellen.[6] Unterbleibt deren Zustellung ist (auch innerhalb der Senate des BGH[7]) streitig, ob gleichwohl von einer ordnungsgemäßen Klagzustellung (Folge: Rechtshängigkeit) ausgegangen werden kann. Die Befürworter stellen darauf ab, dass das Fehlen von Anlagen nicht zur

---

[1] Vgl. EuGH BeckRS 2009, 70441; BGH NJW-RR 2010, 1001 (1002); Musielak/Voit/*Stadler* ZPO EuGVVO Art. 45 Rn. 10.
[2] Musielak/Voit/*Foerste* ZPO § 271 Rn. 1.
[3] Musielak/Voit/*Foerste* ZPO § 271 Rn. 1.
[4] Zöller/*Greger* ZPO § 271 Rn. 9.
[5] BGH NJW 2003, 2830 (2831).
[6] Zöller/*Greger* ZPO § 271 Rn. 4.
[7] Dafür BGH (VIII. Zs) NJW 2013, 387 (389); dagegen BGH (VII. Zs) NJW 2007, 775 (776).

Unwirksamkeit der Zustellung selbst führt und ein Prozessrechtsverhältnis davon unabhängig wirksam begründet wird.[8] Insbesondere im **Wettbewerbsprozess** sollte differenziert werden, ob die betreffende Anlage für die Bestimmung des Streitgegenstandes unverzichtbar war – insbesondere wenn sie den **konkreten Verletzungsfall** im Wettbewerbsprozess abbildete – oder ob sie lediglich ein Beweismittel oder ein sonstiges Mittel der (nachholbaren) Substantiierung darstellte.[9] Nur im letzteren Fall dürfte es interessengerecht sein, Rechtshängigkeit zu bejahen und dem Gegner angemessene Erklärungsfristen im Anschluss an die nachgeholte Anlagenübermittlung zu gewähren. Bedeutsam ist dies insbesondere vor dem Hintergrund der kurzen Verjährung des **§ 11 UWG**.

Die Zustellung der Klageschrift ist zu verbinden mit eventuell zugleich **zuzustellenden Verfügungen des Gerichts** (§§ 274 Abs. 2, 276 Abs. 1).[10] So *soll* nach § 272 Abs. 2 die Zustellung der Klage verbunden werden entweder mit der Ladung zum frühen ersten Termin, § 274 Abs. 2, nebst Aufforderung zur Klageerwiderung, § 275, oder mit der Aufforderung zur Anzeige der Verteidigungsbereitschaft und zur Klageerwiderung im schriftlichen Vorverfahren nebst zugehöriger Belehrung, § 276 Abs. 1 und 2.[11]   6

3. **Zustellungsadressat.** Ist bereits ein **Prozessbevollmächtigter** für den Beklagten bestellt, ist zwingend an diesen zuzustellen (§ 172); anderenfalls ist die Zustellung als nicht bewirkt anzusehen. Ein Verstoß hiergegen ist jedoch nach § 189 heilbar[12]. Zuzustellen ist an jeden Beklagten einzeln, sofern nicht bereits ein Prozessbevollmächtigter für mehrere Beklagte nebeneinander bestellt ist.   7

Vor Zustellung der Klage hat der Anspruchsgegner, der zufällig von der Klageeinreichung Kenntnis erlangt, in der Regel keine Veranlassung, einen Rechtsanwalt zu beauftragen. Führt die Rücknahme der eingereichten Klage vor deren Zustellung zu einer Kostenentscheidung nach § 269, besagt das nicht, dass die dem Anspruchsgegner entstandenen Kosten erstattungsfähiger Prozessaufwand sind.[13]   8

4. **Auslandszustellung.** Eine Zustellung im Ausland erfolgt nach dem deutschen Zivilprozessrecht und damit nach den Vorgaben des § 183, des Unionsrechts (EuGVVO und EuZVO) und der völkerrechtlichen Abkommen und Verträge (HZÜ), ohne dass es eines Antrages diesbezüglich bedarf. Das deutsche Recht bestimmt autonom, unter welchen tatsächlichen Umständen die Auslandszustellung notwendig ist oder ob die Inlandszustellung genügt; dies gilt grundsätzlich auch für die Zustellung von den Prozess einleitenden Schriftstücken.[14] Sofern dem Gericht für die Zustellung im Ausland weitere Mitwirkungshandlungen des Klägers fehlen, ist dieser darauf hinzuweisen.[15] Die Zustellung kann nach § 185 Abs. 3 Nr. 2 ZPO durch öffentliche Bekanntmachung (öffentliche Zustellung) erfolgen, wenn eine Zustellung im Ausland nicht möglich ist oder keinen Erfolg verspricht. Teilweise wird angenommen, dass eine Zustellung im Ausland insbesondere auch dann nicht erfolgversprechend sei, wenn ihre Durchführung einen derart langen Zeitraum in Anspruch nähme, dass ein Zuwarten der die Zustellung betreibenden Partei nicht zugemutet werden kann.[16] Diese Ansicht dürfte indes wegen der besonderen Bedeutung der Zustellung für die Gewährung rechtlichen Gehörs im Erkenntnisverfahren bedenklich sein. Richtigerweise sind an die Feststellungen, dass die Voraussetzungen der öffentlichen Zustellung vorliegen, eher hohe Anforderungen zu stellen.[17] Die pauschale Feststellung, dass die Zustellung im Ausland nicht möglich sei und eine Zustellung im Ausland keinen Erfolg verspreche, genügt daher nicht.[18]   9

Dem Kläger steht es frei, die **Zustellung im Inland** zu beantragen, etwa wenn er gesicherte Erkenntnisse über eine alsbald stattfindende Anwesenheit des Beklagten im Inland hat, da nach § 177 der Person, der zugestellt werden soll, an jedem Ort, an dem sie angetroffen wird, zugestellt werden kann; ein Vorrang der Zustellung am Wohnsitz besteht nach deutschem Recht nicht. Dies kann etwa ein **Messestand** sein, der für die Dauer der Messe als Geschäftsraum iSv § 178 Abs. 1 Nr. 2 anzusehen ist.[19] Eine solche Zustellung kann vom angerufenen Gericht im Übrigen auch im Wege der **Rechtshilfe** an jedem anderen inländischen Gerichtsort angeordnet werden. Ein weiterer Vorteil liegt darin, dass eine Inlandszustellung grundsätzlich auch eine Übersetzung der Klageschrift nebst Anlagen entbehrlich macht.[20]   10

---

[8] BGH (VIII. Zs) NJW 2013, 387 (389); anders BGH (VII. Zs) NJW 2007, 775 (776); LG Düsseldorf BeckRS 2012, 10346.
[9] Vgl. Musielak/Voit/*Foerste* ZPO § 253 Rn. 15; Zöller/*Greger* ZPO § 253 Rn. 26.
[10] Zöller/*Greger* ZPO § 271 Rn. 4.
[11] Zurückhaltend Zöller/*Greger* ZPO § 274 Rn. 2.
[12] Zöller/*Greger* ZPO § 271 Rn. 4.
[13] OLG Koblenz BeckRS 2013, 01164.
[14] BGH NJW-RR 2011, 417 (418).
[15] BGH NJW 2003, 2830 (2831).
[16] LG München I BeckRS 2021, 3995 Rn. 86 (betr. VR China).
[17] OLG Hamburg BeckRS 2019, 9106 Rn. 67 (betr. VR China); BGH BeckRS 2017, 101486 Rn. 4.
[18] OLG Hamburg BeckRS 2019, 9106 Rn. 67 (betr. VR China).
[19] BGH GRUR 2008, 1030 – Zustellungsbevollmächtigter.
[20] Vgl. *Kühnen* Rn. 782.

11 Die Zustellung des verfahrenseinleitenden Schriftstückes ist die Grundlage einer Vollstreckungsfähigkeit im Ausland, **Art. 45 Abs. 1 lit. b) Brüssel-Ia-VO**. Allerdings darf – anders als unter Geltung des EuGVÜ – die Anerkennung einer in Abwesenheit ergangenen Entscheidung nicht nach dieser Vorschrift versagt werden, wenn der Bekl. gegen die in Abwesenheit ergangene Entscheidung einen Rechtsbehelf einlegen konnte, mit dem er geltend machen konnte, dass ihm das **verfahrenseinleitende Schriftstück** oder das gleichwertige Schriftstück nicht so rechtzeitig und in einer Weise zugestellt worden sei, dass er sich habe verteidigen können[21] (zur davon abweichenden Lage für Arrest und einstweilige Verfügung (→ Rn. 41). Der Schuldner muss damit auch dann einen **Rechtsbehelf** gegen die Entscheidung im Ursprungsstaat einlegen, wenn er von dem Titel erst im Rahmen des Exequaturverfahrens Kenntnis erlangt, wie etwa Widerspruch gegen einen Mahnbeschied oder Antrag auf Wiedereinsetzung.[22] Die **versäumte Rechtsbehelfsmöglichkeit heilt** also gleichsam den **Zustellungsmangel**.[23]

II. Unverzüglichkeit

12 Unverzüglich bedeutet wie in § 216 Abs. 2 – und anders als in § 121 Abs. 1 S. 1 BGB – ohne prozesswidriges Verzögern.[24] Unerhebliche Verzögerungen, also solche von wenigen Tagen, bleiben deshalb außer Betracht. Die Anordnung von Maßnahmen, die zur Terminsvorbereitung zweckmäßig oder erforderlich sind (§§ 272, 273), rechtfertigen eine Verzögerung bei der Klagezustellung nicht.[25] Aus dem GKG ergeben sich Bedingungen, die erfüllt sein müssen, bevor die Zustellung einer Hauptsacheklage erfolgen kann.

13 **1. Entrichtung des Gerichtskostenvorschusses.** Klagen (und auch jede nachträgliche Klagerweiterung) werden erst nach Zahlung der **Gebühr für das Verfahren** zugestellt, § 12 Abs. 1 S. 1 GKG (zum einstweiligen Verfügungsverfahren → Rn. 34). Hiervon ausgenommen sind für den Bereich des gewerblichen Rechtsschutzes lediglich Rechtsstreitigkeiten über Erfindungen eines Arbeitnehmers, soweit nach § 39 des Gesetzes über **Arbeitnehmererfindungen** die für Patentstreitsachen zuständigen Gerichte ausschließlich zuständig sind, § 12 Abs. 2 Nr. 3 GKG.

14 Sofern nicht lediglich ein beziffertet Zahlbetrag eingeklagt wird, bedarf es einer **vorläufigen Wertfestsetzung** des Gerichts, damit zu diesem Gebührenwert Gerichtskosten eingefordert werden können, § 63 Abs. 1 GKG. Dies gilt mithin in allen Klagen des gewerblichen Rechtsschutzes, die Unterlassungs-, Auskunfts- Herausgabe-, Vernichtungs-, Löschungs- oder Schadensersatzfeststellungsanträge enthalten.

15 Der Kläger ist zur **Mitwirkung an der Zustellung** weder berechtigt noch verpflichtet. Er kann allerdings die mit der vorläufigen Wertfestsetzung und Anforderung des Gerichtskostenvorschusses verbundenen Bearbeitungsgänge vermeiden helfen, indem er einen vorläufigen Gebührenwert angibt *und* den daraus errechneten Gerichtskostenvorschuss vorab mit entrichtet (Gebührenstempler oder Scheck); verpflichtet ist er dazu nicht.[26]

16 **2. Festsetzung des Gebührenstreitwertes.** Aus Absatz 1 zusammen mit den Regelungen des GKG ergeben sich entsprechende Pflichten des Gerichts, um die unverzügliche Zustellung der Klageschrift zu ermöglichen. Das Gericht hat den vorläufigen Gebührenstreitwert zu bestimmen, damit zu diesem Gebührenwert Gerichtskosten eingefordert werden können, § 63 Abs. 1 GKG. Der (vorläufige) **Gebührenstreitwertbeschluss** erfolgt ohne vorherige Anhörung der Parteien durch die vollbesetzte Kammer[27], sofern die Sache nach § 348 dem originären Einzelrichter zufällt, durch diesen – wofür im gewerblichen Rechtsschutz wegen § 348 Abs. 1 S. 2 lit. k nur wenig Raum sein dürfte. Bei einer KfH erfolgt dies durch den Vorsitzenden, § 349 Abs. 2 Nr. 11. Die Entscheidung ist nach den allgemeinen Vorschriften beschwerdefähig, §§ 63 Abs. 1 S. 2, 67, 68 GKG. Dies gilt auch für die nach § 12 Abs. 1 S. 2 GKG erforderlichen ergänzenden (vorläufigen) Wertfestzungen bei nachträglichen Klagerweiterungen.

17 Die Anforderung des Vorschusses erfolgt durch den Kostenbeamten, § 22 Abs. 2 KostVfG. Auch diese Entscheidung ist beschwerdefähig, § 67 Abs. 1 S. 1 GKG. Solange dieser Vorschuss nicht eingezahlt ist, wird keine weitere Sachbearbeitung veranlasst und die Akte nach 6 Monaten weggelegt, § 7 AktO.[28]

18 **3. Mitteilungspflichten.** Soweit für Verfahren des gewerblichen Rechtsschutzes relevant, können sich Mitteilungspflichten des Gerichts (an das **Bundeskartellamt**) aus §§ 87, 90 Abs. 1 und §§ 30, 90 Abs. 4 GWB sowie aus § 104 Abs. 1 S. 1 EnWG (an die **Bundesnetzagentur**) ergeben.

---

[21] EuGH BeckRS 2009, 70441; BGH NJW-RR 2010, 1001 (1002).
[22] BGH NJW-RR 2010, 1001 (1002).
[23] Musielak/*Stadler* ZPO EuGVVO Art. 34 Rn. 10.
[24] MüKoZPO/*Becker-Eberhard* ZPO § 271 Rn. 7.
[25] MüKoZPO/*Becker-Eberhard* ZPO § 271 Rn. 7.
[26] OLG Koblenz BeckRS 2011, 00277.
[27] Zöller/*Greger* ZPO § 271 Rn. 1.
[28] Binz/Dörndorfer/*Zimmermann* GKG § 12 Rn. 4.

C. Zurückstellen oder Absehen von der Zustellung

Der Vorsitzende muss prüfen, ob die Zustellung zu erfolgen hat oder ob ihr ausnahmsweise Gründe entgegenstehen, die entweder zu ihrer einstweiligen Zurückstellung oder endgültigen Ablehnung führen.[29] Jede Form der Verweigerung der Zustellung (Zurückstellung oder Absehen) darf **nur in absoluten Ausnahmefällen** erfolgen, um den Justizgewährleistungsanspruch nicht zu verletzen. 19

I. Einstweilige Zurückstellung der Zustellung

Eine einstweilige Zurückstellung der Klagzustellung kommt bei **Fehlen der Bedingungen** für die Klagerhebung und bei **behebbaren Mängeln** der Klageschrift in Betracht. Solange es an der Entrichtung des Gerichtskostenvorschusses (§ 12 GKG) oder der erforderlichen Abschriften (§ 253 Abs. 5) fehlt, ist die Zustellung einstweilen zurück zu stellen.[30] Beides ist nachholbar, die Abschriften können im Übrigen auch von der Geschäftsstelle erstellt werden, § 169 Abs. 2 (gebührenpflichtig, vgl. Anlage 1 zum GKG, Nr. 9000). 20

Eine (hinweispflichtige) Zurückstellung der Zustellung kommt auch bei **erheblichen, aber heilbaren Mängeln** der Klageschrift in Betracht, etwa wenn die Klageschrift nicht unterschrieben ist (oder von einer offenkundig nicht postulationsfähigen Person unterzeichnet ist).[31] Heilbare Mängel dieser Art lösen sinnvollerweise zunächst Hinweispflichten des Gerichts aus, etwa durch die Nachfrage, ob es sich nur um einen Klagentwurf gehandelt habe.[32] 21

§ 271 steht der Praxis nicht entgegen, bei **offensichtlich fehlender Zuständigkeit** des angerufenen Gerichts, sei es örtlicher, sachlicher oder internationaler, den Kläger zunächst vor Zustellung kurzfristig auf diesen Umstand hinzuweisen, sofern dadurch die Fristwahrungsfiktion des § 167 nicht erkennbar gefährdet wird (→ Rn. 23). Dies erscheint insbesondere bei der Missachtung eines ausschließlichen Gerichtsstandes, wie etwa **§ 14 UWG** oder **Art. 97 GMV**, sachgerecht. Kommt der Kläger dem Hinweis nicht nach, ist umgehend zuzustellen, sofern der Kläger keine anderen Vorgaben macht. 22

Fehlt es lediglich an der **funktionellen Zuständigkeit** (→ § 1 Rn. 6; KfH statt Zivilkammer; Klage an OLG statt an LG), erscheint es sachgerecht, die Sache ohne Zustellung sogleich formlos intern abzugeben (str.). Entsprechendes dürfte bei einer fehlenden sachlichen Zuständigkeit (Klage an AG statt LG) gelten, sofern derselbe Gerichtsbezirk betroffen ist. Dabei ist allerdings nicht unumstritten, ob vor der Abgabe gleichwohl noch die Zustellung durch die funktionell unzuständige Kammer erfolgen[33] oder die Zustellung im Gegenteil sogar (förmlich) abzulehnen sein soll.[34] Die erste Ansicht stellt darauf ab, dass durch eine Nichtzustellung die Fristwahrung nach § 167 und auch eine Klageabweisung als unzulässig gefährdet werden könnte, auf die der Kläger wegen § 204 Abs. 2 BGB aber uU angewiesen sein könnte.[35] Pragmatisch und interessengerecht dürfte jedenfalls bei erforderlicher Abgabe innerhalb desselben Gerichtsbezirks sein, ohne zuzustellen zu tun, so dass sich Gefährdungslagen im Hinblick auf § 167 und § 204 BGB gar nicht erst ergeben dürften. Verweisungen an Gerichte eines anderen Gerichtsbezirks, (ohnehin nur) im Falle der Missachtung **ausschließlicher Gerichtsstände** erforderlich, sind ohne Anhörung des Klägers ausgeschlossen. Diese sollte zweckmäßiger Weise mit der Anfrage verbunden werden, ob gleichwohl zunächst zugestellt werden solle, falls sich eine Gefährdung der Fristwahrungsfiktion des § 167 abzeichnet. 23

II. Endgültige Verweigerung der Zustellung

1. Allgemeines. Für eine endgültige Verweigerung der Klagzustellung ist **nur im Ausnahmefall** und auch nur bei unbehebbaren Mängeln Raum. Das Fehlen von Prozessvoraussetzungen stellt grundsätzlich **kein Zustellhindernis** dar, zumal an die Zustellung die materiell-rechtliche Wirkung einer Verjährungshemmung nach § 204 Abs. 1 Nr. 1 BGB geknüpft ist.[36] Auch bei **Prozessunfähigkeit** ist zuzustellen, um zumindest dem gesetzlichen Vertreter Gelegenheit zur Genehmigung zu geben.[37] 24

Auch **unzulässige oder unschlüssige Klagen** (mag dies auch noch so evident sein) sind vielmehr zuzustellen und wegen Abweisungsreife umgehend zu terminieren; denn eine klagabweisende Entscheidung kann nur nach mündlicher Verhandlung erfolgen. Wird eine Klage zugestellt, obwohl sie 25

---

[29] MüKoZPO/*Becker-Eberhard* ZPO § 271 Rn. 8.
[30] MüKoZPO/*Becker-Eberhard* ZPO § 271 Rn. 16.
[31] Vgl. Musielak/Voit/*Foerste* ZPO § 271 Rn. 2; BeckOK ZPO/*Bacher* § 271 Rn. 5.
[32] Zöller/*Greger* ZPO § 253 Rn. 22.
[33] So Musielak/Voit/*Foerste* ZPO § 271 Rn. 3.
[34] Wohl hM, vgl. MüKoZPO/*Becker-Eberhard* ZPO § 271 Rn. 13.
[35] Musielak/Voit/*Foerste* ZPO § 271 Rn. 3.
[36] OLG Köln NJOZ 2003, 172.
[37] Musielak/Voit/*Foerste* ZPO § 271 Rn. 2.

die Voraussetzungen des § 253 nicht erfüllte, wird hierdurch gleichwohl wirksam ein Prozessrechtsverhältnis begründet,[38] so dass ein klagabweisendes Prozessurteil ergehen kann.

26 Bei **querulatorischen, ehrverletzenden** oder das Gericht beschimpfenden Eingaben ist das Gericht befugt, solche Schriftsätze aus dem regelmäßigen Prozessablauf herauszunehmen und sie – nach einem entsprechenden Hinweis – als gegenstandslos zu betrachten.[39] Daher können auch gravierende Ehrverletzungen und rechtswidrige Behauptungen in der Klageschrift die Zustellung ausschließen, aber nur, wenn das Rechtsschutzbegehren hinter ihnen zurücktritt.[40] Ein Schreiben, welches sich ausschließlich in Beleidigungen des Prozessgegners, des Gerichts oder eines Dritten erschöpft und damit ein sachliches Begehren nicht enthält, ist eine **sog. Nichtklage** und bedarf keiner Beachtung.[41]

27 **2. Fehlende Zuständigkeit.** Die **fehlende Zuständigkeit** des angerufenen Gerichts rechtfertigt eine endgültige Verweigerung der Klagzustellung nicht (str., → Rn. 22)[42] auch nicht im Falle der fehlenden internationalen Zuständigkeit. Spätestens nach Hinweis ist zuzustellen (→ Rn. 22). Damit ist durch die Zustellung die Möglichkeit eines klagabweisenden Prozessurteils zu eröffnen oder aber auch einer Zuständigkeitsbegründung durch rügelose Einlassung, § 39 S. 1, Art. 26 Abs. 1 Brüssel-Ia-VO[43], sofern nicht ein ausschließlicher Gerichtsstand entgegensteht.

28 **3. Exterritorialität.** In Fälle der echten **Exterritorialität des Beklagten** (§ 20 Abs. 2 GVG), also wenn dieser der deutschen Gerichtsbarkeit nicht unterliegt und sich ihr mit großer Wahrscheinlichkeit auch nicht unterwerfen werde, wird die Zustellung der Klage **abzulehnen** sein.[44] Für eine Terminierung der Sache, um eine Klagabweisung zu ermöglichen, ist in diesen Fällen kein Raum.[45] Die deutsche Gerichtsbarkeit erstreckt sich nach § 20 Abs. 2 GVG nicht auf Personen, die gemäß den allgemeinen Regeln des Völkerrechts, aufgrund völkerrechtlicher Vereinbarungen oder sonstiger Rechtsvorschriften von ihr befreit sind. Dabei darf aber nicht verkannt werden, dass nach dem allgemeinem Völkergewohnheitsrecht, das nach Artikel 25 GG den Stand (einfachen) Bundesrechts hat, Staaten der Gerichtsbarkeit anderer Staaten (nur insoweit) nicht unterworfen sind, soweit ihre hoheitliche Tätigkeit *(acta iure imperii)* von einem Rechtsstreit betroffen ist.[46] Ob ein solcher Akt hoheitlicher Tätigkeit betroffen ist oder lediglich die nicht-hoheitliche Tätigkeit ausländischer Staates *(acta iure gestionis)* ist daher vor der Zustellung zu prüfen. Sofern dies, wie häufig, gerade die Streitfrage ist, ist zuzustellen, ebenso in Zweifelsfällen.

III. Entscheidung über die Zustellung

29 Während die Anordnung der Klagezustellung durch den Vorsitzenden (oder ein Kammermitglied) erfolgen kann, bedarf die endgültige **Ablehnung der Zustellung** einer Entscheidung der vollbesetzten Kammer.[47] Sie berührt den Justizgewährleistungsanspruch des Klägers, hemmt den Eintritt der Rechtshängigkeit und darf daher nur nach richterlichem Hinweis versagt werden.[48]

30 Nach Maßgabe der §§ 185, 186 ist auch die **öffentliche Zustellung** der Klageschrift auf Antrag des Klägers möglich. Dieser Antrag kann auch bereits mit der Klageschrift gestellt werden.

D. Aufforderung zur Anwaltsbestellung, Abs. 2

31 Die Aufforderung zur Anwaltsbestellung im Anwaltsprozess (§§ 78, 78b) erfolgt durch den Vorsitzenden und zwar **unabhängig von einer Verteidigungsabsicht** des Beklagten.[49] Die Aufforderung zur Anwaltsbestellung (Abs. 2) soll dafür sorgen, dass der Beklagte sich frühzeitig verteidigt, rechtzeitig seine Verteidigungsmittel vorbringt (§ 296) und nicht von einem Versäumnisurteil wegen fehlender anwaltlicher Vertretung überrascht wird.[50] Die Wirksamkeit der Zustellung der Klageschrift bleibt davon unberührt.[51]

32 Gleichzeitig mit der Klagzustellung soll das Gericht über den Verfahrensweise bestimmen (§ 272 Abs. 2).[52] Hinweispflichten auf die Folgen einer unterbliebenen Anwaltsbestellung ergeben sich zwar

---

[38] BGH NJW 2013, 387 (389) mwN.
[39] LG Stuttgart NJW 1994, 1077; Zöller/*Greger* ZPO § 253 Rn. 21a.
[40] Musielak/Voit/*Foerste* ZPO § 271 Rn. 2; Zöller/*Greger* ZPO § 253 Rn. 22.
[41] BFH NJW 1993, 1352 mwN.
[42] Dagegen im Falle der funktionalen Unzuständigkeit MüKoZPO/*Becker-Eberhard* ZPO § 271 Rn. 13.
[43] OLG Köln NJOZ 2003, 172 (zu Art. 24 EuGVVO).
[44] Musielak/Voit/*Foerste* ZPO § 271 Rn. 2.
[45] Vgl. OLG Köln NJOZ 2003, 172 mwN.
[46] BGH NJW 1979, 1101; *v. Schönfeld* NJW 1986, 2980.
[47] (Str.) wie hier Musielak/Voit/*Foerste* ZPO § 271 Rn. 4; MüKoZPO/*Becker-Eberhard* ZPO § 271 Rn. 18; Zöller/*Greger* ZPO § 253 Rn. 21a.
[48] Zöller/*Greger* ZPO § 253 Rn. 21a.
[49] Musielak/Voit/*Foerste* ZPO § 271 Rn. 4.
[50] Musielak/Voit/*Foerste* ZPO § 271 Rn. 1.
[51] Zöller/*Greger* ZPO § 271 Rn. 9; MüKoZPO/*Becker-Eberhard* ZPO § 271 Rn. 27.
[52] Zurückhaltend Zöller/*Greger* ZPO § 274 Rn. 2.

nicht aus § 271, aber bei der Anordnung des schriftlichen Vorverfahrens aus § 276 Abs. 2 und bei der Bestimmung eines frühen ersten Termins aus § 215 Abs. 2[53] (gilt auch für alle sonstigen Terminsbestimmungen).

E. Besonderheiten im einstweiligen Verfügungsverfahren

Das einstweilige Verfügungsverfahren und das Arrestverfahren sind **summarische Erkenntnisverfahren**, so dass die allgemeinen Vorschriften des Erkenntnisverfahrens *ebenfalls* anwendbar sind, sofern die Vorschriften der §§ 916 ff. und die Besonderheiten des einstweiligen Rechtsschutzes nicht ein anderes bedingen.[54] Dies hat das BVerfG zuletzt in mehreren Entscheidungen betont. Der Grundsatz der prozessualen Waffengleichheit als Ausprägung der Rechtsstaatlichkeit und der allgemeine Gleichheitssatz im Zivilprozess gebieten grundsätzlich die Anhörung des Gegners auch im Verfügungsverfahren (→ § 270 Rn. 20 ff.).[55] **33**

I. Keine Vorschusspflicht

Anders als im Klagverfahren ist in Verfahren des einstweiligen Rechtsschutzes die Sachbehandlung durch das Gericht von der Einzahlung eines **Vorschusses unabhängig**, § 14 Nr. 3 lit. b GKG. Es bedarf daher auch **keiner vorläufigen Wertfestsetzung**. Dies gilt im Übrigen auch dann, wenn das Gericht wählt, bereits das Erlassverfahren zweiseitig auszugestalten. **34**

II. Einseitiges Erlassverfahren

Da die ZPO grundsätzlich auch ein **einseitiges Erlassverfahren** vorsieht (vgl. §§ 937 Abs. 2, 944) und diese Wahlmöglichkeit ins Ermessen des Gerichts stellt[56] bedingt die Natur der Verfahren des einstweiligen Rechtsschutzes, dass im Stadium des Erlassverfahrens die Anwendung der Vorschriften der §§ 270, 271 eingeschränkt werden kann (→ § 270 Rn. 20). Insbesondere unterbleibt bei der Wahl eines einseitigen Erlassverfahrens die **Zustellung der Antragsschrift** von Amts wegen nach § 271 einstweilen. Damit wird dem Antragsgegner – trotz der bereits durch die Einreichung der Antragsschrift erfolgten Begründung eines Prozessrechtsverhältnisses (str.)[57] – rechtliches Gehör durch das Gericht erst im Rahmen des Widerspruchsverfahrens gewährt.[58] Dies ist zwar seit Langem im Interesse eines **effektiven Eilrechtsschutzes** (international) anerkannt (vgl. Art. 50 Abs. 2 TRIPS-Übereinkommen)[59] und mittlerweile europarechtlich verankert in Art. 9 Abs. 4 S. 1 der **Durchsetzungsrichtlinie 2004/48/EG**. Dem hat das **BVerfG** jedoch zuletzt enge Grenzen gezogen. Die **prozessuale Waffengleichheit** gebietet, in einem gerichtlichen Verfahren der Gegenseite grundsätzlich vor einer Entscheidung Gehör und damit die Gelegenheit zu gewähren, auf eine bevorstehende gerichtliche Entscheidung Einfluss zu nehmen. Entbehrlich ist eine vorherige Anhörung nur in Ausnahmefällen. In den besonderen Verfahrenslagen des einstweiligen Rechtsschutzes ist eine vorherige Anhörung verzichtbar, wenn sie den Zweck des Verfahrens **vereiteln** würde, wie im ZPO-Arrestverfahren.[60] Auch Fälle (eilbedürftiger) **Sequestration** wird man dazu zählen können (→ § 270 Rn. 20a). Von einer Zustellung der Antragsschrift kann indes verzichtet werden, wenn – wie schon bisher weitgehend üblich – der Antragsgegner vom Antragsteller vorprozessual **abgemahnt** worden ist (sog. **kleines rechtliches Gehör**; zu den Einzelheiten → § 270 Rn. 20b).[61] Das **BVerfG** hat schon im Jahr 2017 die Praxis, dem Antragsteller **telefonische Hinweise (§ 139 ZPO)** vor Erlass der einstweiligen Verfügung zu erteilen, als problematisch im Hinblick auf den Grundsatz der Waffengleichheit und des fairen Verfahrens angesehen[62] Außer Frage stand schon bisher, dass telefonische Hinweise **aktenkundig** und spätestens bei Eintritt ins zweiseitige Verfahren der anderen Seite zumindest formlos **bekannt zu machen** sind.[63] Zur Möglichkeit der **Akteneinsicht im Erlassverfahren** → § 299 Rn. 16. Eine solche Grundrechtsverletzung in Form des bei Erlass der Verfügungen **35**

---

[53] MüKoZPO/*Becker-Eberhard* ZPO § 271 Rn. 26.
[54] Zöller/*Vollkommer* ZPO Vor § 916 Rn. 3; Musielak/Voit/*Huber* ZPO § 916 Rn. 9.
[55] BVerfG GRUR 2020, 773 Rn. 7 – Personalratswahlen bei der Bundespolizei; BVerfG GRUR 2018, 1288 Rn. 14 – Die F.-Tonbänder; BVerfG GRUR 2018, 1291 Rn. 27 – Steuersparmodell eines Fernsehmoderators.
[56] Zöller/*Vollkommer* ZPO Vor § 916 Rn. 1a, mwN.
[57] OLG Hamm BeckRS 2011, 05145; OLG Hamburg NJOZ 2002, 19; OLG Köln GRUR 2001, 424 (425); KG GRUR 1985, 325; OLG Düsseldorf NJW 1981, 2824; OLG Hamburg WRP 1977, 495; OLG Nürnberg BeckRS 1977, 02095; *Teplitzky* Kap. 55 Rn. 1 mwN; MüKoZPO/*Drescher* ZPO Vor § 916 Rn. 15; offengelassen Musielak/Voit/*Huber* ZPO § 299 Rn. 2; differenzierend Zöller/*Greger* ZPO § 299 Rn. 2; BeckOK ZPO/*Bacher* § 299 Rn. 17.2; OLG Rostock NJW-RR 2011, 571 (572).
[58] BVerfG BeckRS 2017, 118119 Rn. 7.
[59] *Wehla/Kalbfus* GRUR-Int 2011, 396 (397).
[60] BVerfG GRUR 2018, 1288 Rn. 15 – Die F.-Tonbänder; BVerfG GRUR 2018, 1291 Rn. 28 – Steuersparmodell eines Fernsehmoderators.
[61] krit. *Bornkamm* GRUR 2020, 715 (724); großzügiger Dissmann GRUR 2020, 1152 (1160).
[62] BVerfG BeckRS 2017, 118119 Rn. 10.
[63] BGH GRUR 2012, 89 Rn. 17 – Stahlschluessel; BGH GRUR 2013, 1276 Rn. 23 – MetroLinien.

36 Auch nach Erlass einer einstweiligen Verfügung im einseitigen Verfahren unterbleibt eine gerichtliche Zustellung der Antragsschrift nach § 271 (und sonstiger Schriftsätze nach § 270), da die Zustellung der einstweiligen Verfügung im Parteibetrieb erfolgt (§§ 922 Abs. 2, 929 Abs. 2, 936). Dies gilt auch für den Fall der Vollziehung im Ausland (→ Rn. 40). Ob nach Gewährung rechtlichen Gehörs durch das Gericht eine Beschlussverfügung gleichwohl noch einseitig ergeht oder von Amts wegen auch dem Antragsgegner zugeleitet wird, wird gegenwärtig noch uneinheitlich gehandhabt. Umgekehrt gilt im Übrigen auch für eine etwaig hinterlegte **Schutzschrift** des Antragsgegners (→ § 937 Rn. 31), dass sie bei einem – nur noch ausnahmsweise möglichen – einseitigen Erlassverfahren der gegnerischen Partei entgegen § 270 zunächst nicht übermittelt wird, es sei denn der Antragsteller willigt in die Übersendung der Antragsschrift ein. Denn aus Gründen des **fairen Verfahrens** muss, wenn die Schutzschrift dem Antragsteller ausgehändigt wird, gleichzeitig auch dem Antragsgegner die Antragsschrift übermittelt werden. Selbiges gilt bereits, wenn dem Antragsteller Vorhaltungen zu Tatsachenvortrag aus der Schutzschrift gemacht werden sollen; auch dies ist im Grunde nur durch schriftlichen Austausch von Antragsschrift und Schutzschrift möglich oder durch Terminsanberaumung.[67]

37 Ob der **Antragsteller** dann bei der Vollziehung einer Beschlussverfügung nach § 929 Abs. 2 gehalten ist, auch die Antragsschrift dem Antragsgegner zuzustellen, ist im Einzelfall streitig, dürfte aber zu verneinen sein.[68] Der Zweck des § 929 Abs. 2, nämlich die Manifestation des Vollziehungswillens des Gläubigers, dürfte davon unabhängig erreicht werden.

38 Die **gerichtliche Zustellung** der Antragsschrift (nebst sonstiger Schriftsätze, Mitteilungen und Vermerke) erfolgt erst im Widerspruchsverfahren. Auf die Erhebung des Widerspruchs ist umgehend zu terminieren und die vorgenannten Schriftstücke sind zuzustellen.[69]

III. Zweiseitiges Erlassverfahren

39 Dem Gericht steht es im Rahmen des richterlichen Ermessens frei, auch bereits das **Erlassverfahren zweiseitig** auszugestalten, sei es durch (förmliche) Zustellung der Antragsschrift zur kurzfristigen Stellungnahme (und ggf. Übersendung der Schutzschrift an den Antragsteller), sei es durch Anberaumung eines Verhandlungstermins, was nach **§ 274 Abs. 2** die gleichzeitige Zustellung der Antragsschrift erforderlich macht. Die Zustellung der Antragsschrift ist zudem stets angezeigt in allen sonstigen Fällen, in denen ein Erlass im einseitigen Verfahren im Einzelfall unverhältnismäßig erscheint.

IV. Vollstreckung im Ausland nach EuGVVO/LugÜ

40 Die Durchführung eines zweiseitigen Erlassverfahrens war im Hinblick auf **Art. 34 Nr. 2 EuGVVO/LugÜ** zwingend erforderlich, wenn eine Vollstreckung der einstweiligen Verfügung im Ausland erfolgen soll. Denn anders als bei (Versäumnis-)Urteilen oder Mahnbescheiden ist die **Anerkennung und Vollstreckung** von Arrest und einstweiliger Verfügung auf der Basis der EuGVVO weiterhin nicht möglich, wenn dem Antragsgegner das **verfahrenseinleitende Schriftstück nicht zugestellt** worden ist.[70] Das ist mit der Brüssel-Ia-VO lokalisiert worden.

41 Während bei Urteilen die Anerkennung einer in Abwesenheit ergangenen Entscheidung nicht nach Art. 34 Nr. 2 EuGVVO versagt werden darf, wenn der Beklagte gegen die in Abwesenheit ergangene Entscheidung einen Rechtsbehelf einlegen konnte,[71] galt diese Begünstigung des Klägers **nicht im Arrest- und einstweiligen Verfügungsverfahren**. Der Unterschied wurde damit begründet, dass der EuGH in der Entscheidung *Denilauler*[72] statuiert hat, dass gerichtliche Entscheidungen, durch die einstweilige oder auf eine Sicherung gerichtete Maßnahmen angeordnet werden und die ohne Ladung der Gegenpartei ergangen sind oder ohne vorherige Zustellung vollstreckt werden sollen, nicht nach

---

[64] BVerfG BeckRS 2017, 118119 Rn. 11.
[65] BVerfG BeckRS 2017, 118119 Rn. 11.
[66] Differenzierend Teplitzky WRP 2016, 1181 Rn. 25/26.
[67] Vgl. auch *Teplitzky* Kap. 55 Rn. 52 mwN.
[68] Str., zum Meinungsstand Zöller/*Vollkommer* ZPO § 929 Rn. 13.
[69] Zur Streitfrage, ob auch im einseitigen Erlassverfahren gerichtliche Hinweise der Gegenseite übermittelt werden sollen, vgl. *Teplitzky* Kap. 55 Rn. 1b.
[70] BGH GRUR 2007, 813 (814); bestätigt in BGH IPRspr 2009, Nr. 242, 625.
[71] EuGH BeckRS 2009, 70441; BGH NJW-RR 2010, 1001 (1002) betr. italienischen Mahnbescheid.
[72] EuGH Slg. 1980, I-1553 (1565) = GRUR-Int 1980, 512.

Titel III des EuGVÜ anerkannt und vollstreckt werden können.[73] Für die Anerkennungs- und Vollstreckungsfähigkeit einstweilige Maßnahmen im Sinne von Art. 31 EuGVVO nach Art. 32 EuGVVO ist nach der Rechtsprechung des EuGH (zum EuGVÜ) Voraussetzung, dass dem Gegner rechtliches Gehör gewährt wurde bzw. er geladen wurde.[74] Voraussetzung ist also stets die **Durchführung eines kontradiktorischen Verfahrens**. Der BGH hat trotz kritischer Stimmen[75] dennoch die alte Rechtsprechung erneut bestätigt und von einer Vorlage an den EuGH abgesehen.[76] Die Reform der EuGVVO hat mit Art. 45 Abs. 1 lit. b) Brüssel-Ia-VO eine Gleichstellung mit dem Klagverfahren schaffen können.

Die Zustellung einer einstweiligen Verfügung nach dem **Haager Zustellungsübereinkommen (HZÜ)** ist auch trotz des Widerspruchs der Bundesrepublik zu Art. 10 HZÜ in den USA möglich.[77]

F. Verfahren nach dem PatG und MarkenG

Für das markenrechtliche **Widerspruchsverfahren** vor dem DPMA folgt die (förmliche)[78] Mitteilungspflicht an den jeweiligen Markeninhaber aus §§ 53 Abs. 2, 28 Abs. 3 sowie allgemein aus dem Grundsatz des rechtlichen Gehörs nach § 59 Abs. 2 MarkenG.[79] Im Übrigen wird dies in § 17 Abs. 2 DPMAV vorausgesetzt. Bei mehreren Inhabern ist an alle zuzustellen, soweit nicht eine zweifelsfreie, aktuell wirksame Zustellungsbevollmächtigung besteht.[80] Diese Zustellungen erfolgen nach dem VwVZG, § 94 Abs. 1 MarkenG.

Die Pflicht zur Übermittlung der Einspruchsschrift an den Patentsucher folgt ausdrücklich aus § 43 Abs. 3 S. 2 PatG. Im patentrechtlichen **Einspruchsverfahren** folgt die Mitteilungspflicht an den Patentinhaber aus seiner notwendigen Beteiligung.[81]

Das Zustellungserfordernis vor dem BPatG im patentrechtlichen **Beschwerdeverfahren** für die Beschwerde und alle Schriftsätze, die Sachanträge oder die Erklärung der Zurücknahme der Beschwerde oder eines Antrags enthalten, folgt aus § 73 Abs. 2 S. 2. und 3 PatG, im markenrechtlichen Beschwerdeverfahren aus §§ 66 Abs. 4 S. 2 und 3, 94 MarkenG. Diese Zustellungen erfolgen nach der ZPO, § 94 Abs. 2 MarkenG.

§ 272 Bestimmung der Verfahrensweise

(1) **Der Rechtsstreit ist in der Regel in einem umfassend vorbereiteten Termin zur mündlichen Verhandlung (Haupttermin) zu erledigen.**

(2) **Der Vorsitzende bestimmt entweder einen frühen ersten Termin zur mündlichen Verhandlung (§ 275) oder veranlasst ein schriftliches Vorverfahren (§ 276).**

(3) **Die Güteverhandlung und die mündliche Verhandlung sollen so früh wie möglich stattfinden.**

(4) **Räumungssachen sind vorrangig und beschleunigt durchzuführen.**

A. Allgemeines

Die Vorschrift dient der **Beschleunigung des Prozesses** und seiner **effizienten Vorbereitung**.[1] Ziel der Verfahrensgestaltung auf der Basis des § 272 ist es, den Rechtsstreit als Regelfall möglichst in einem **Haupttermin** zu erledigen (Abs. 1), der das Kernstück des Prozesses bildet.[2] Hierfür eröffnet Absatz 2 (dem Vorsitzenden) im Verfahren erster Instanz die Wahl zwischen zwei alternativen Vorbereitungsmöglichkeiten, nämlich des frühen ersten Termins (§ 275) oder des schriftlichen Vorverfahrens (§ 276). Durch beide soll nach richterlichem Ermessen eine dem Beschleunigungszweck am meisten Rechnung tragende Verfahrensvorbereitung erreicht werden.[3]

Beide Verfahrensformen werden ergänzt durch die Befugnis des Gerichts, rechtzeitig alle erforderlichen **vorbereitenden Maßnahmen** zu treffen (§§ 273 Abs. 1, 275 Abs. 2), insbesondere im Parteiprozess die Parteien zur Vorbereitung der Verhandlung durch Schriftsätze anzuhalten (§ 129 Abs. 2),

---

[73] BGH GRUR 2007, 813 (814) – Ausländischer Arrestbeschluss; Musielak/Voit/*Stadler* ZPO EuGVVO Art. 31 Rn. 4 mwN.
[74] EuGH Slg. 1980, I-1553 (1565).
[75] Musielak/Voit/*Stadler* ZPO EuGVVO Art. 31 Rn. 4 mwN.
[76] BGH GRUR 2007, 813 (814); bestätigt in BGH IPRspr 2009, Nr. 242, 625.
[77] LG Hamburg GRUR-RR 2013, 230 (231).
[78] *Ingerl/Rohnke* MarkenG § 53 Rn. 6.
[79] *Ingerl/Rohnke* MarkenG § 42 Rn. 66.
[80] *Ingerl/Rohnke* MarkenG § 53 Rn. 6.
[81] Vgl. Busse/*Engels* PatG § 59 Rn. 275.
[1] Musielak/Voit/*Foerste* ZPO § 272 Rn. 1.
[2] MüKoZPO/*Prütting* ZPO § 271 Rn. 1.
[3] MüKoZPO/*Prütting* ZPO § 271 Rn. 1.

deren Ergänzung oder Erläuterung aufzugeben, behördliche Auskünfte einzuholen und auch vorbereitend Zeugen und Sachverständige zu laden (§ 273 Abs. 2) oder einen Beweisbeschluss zu erlassen (§ 358a).[4] Aber auch die Parteien haben das Verfahren zu fördern (§§ 129 Abs. 1, 277 Abs. 1, 282 Abs. 2, 3).[5] Die Güteverhandlung und die mündliche Verhandlung sollen ihrerseits so früh wie möglich stattfinden (Abs. 3).

3   In der **Berufungsinstanz** und in dem Revisionsverfahren gilt die Wahlmöglichkeit des § 272 Abs. 2 nicht; hier wird gemäß § 523 Abs. 1 S. 2 bzw. § 553 sofort ein mündlicher Verhandlungstermin anberaumt.[6] Trotz des insoweit nicht eindeutigen Wortlautes besteht die Wahlmöglichkeit zwischen den beiden Vorbereitungsarten auch nach Einlegung des Widerspruchs gegen einen Mahnbescheid gemäß § 697 Abs. 2 und 3, sowie nach Erhebung des Einspruchs gegen einen Vollstreckungsbescheid gemäß § 700 Abs. 4.[7]

4   Die Vorschrift hat für das **marken- oder patentrechtliche (Beschwerde-)Verfahren** keine Bedeutung.[8]

B. Die Konzentration auf einen Haupttermin (Abs. 1)

5   Das Gesetz verfolgt das Ziel der Prozessökonomie durch die Vorgabe, den Rechtsstreit in *nur einem*, umfassend vorbereiteten Termin zu erledigen, wenn auch nur *„in der Regel"*.[9] Absatz 1 nennt als Zielvorgabe die Erledigung in einem einzigen Termin, der als **Haupttermin** bezeichnet wird.[10] Sowohl die Komplexität des Rechtsstreits, notwendige Beweiserhebungen oder Säumnis einer Partei können selbstverständlich ebenso mehrere Termine nötig machen,[11] wie mehrfache Güteversuche.

C. Wahl des Verfahrens (Abs. 2)

6   Zur Vorbereitung des Haupttermins kann nach Absatz 2 ein früher erster Termin oder ein schriftliches Vorverfahren angeordnet werden. Diese beiden von der ZPO vorgesehenen, vorbereitenden Verfahren dienen dem Zweck, den Prozessstoff so aufzubereiten, dass der Rechtsstreit in möglichst einem einzigen Verhandlungstermin erledigt werden kann.[12] Daher ist stets die frühzeitige Einarbeitung in den Streitstoff geboten,[13] bei Einreichung der Klageschrift bedeutet dies insbesondere die Durchführung einer Schlüssigkeitsprüfung und Prüfung der Antragsfassung, bei Eingang der Klagerwiderung die Prüfung der Erheblichkeit und hinreichende Substantiierung und ggf. mit entsprechenden Hinweisen darauf zu reagieren.

7   Die Wahl der Verfahrensart trifft der Vorsitzende. Die Entscheidung liegt im freien, nicht nachprüfbaren richterlichen Ermessen.[14] Dem **Amtsrichter** sind in Verfahren mit einem Streitwert unterhalb von 600 EUR weitere Gestaltungsfreiräume in § 495a ZPO eingeräumt. Die in der Geschichte der Bundesrepublik beispiellosen Beschränkungen sozialer, selbst familiärer Kontakte im Zuge der Corona-Pandemie sind naturgemäß auch im Rahmen des § 272 ZPO zu berücksichtigen.[15]

8   **1. Früher erster Termin.** Ein **früher erster Termin** empfiehlt sich im **gewerblichen Rechtsschutz** in der Regel **in einfach gelagerten Fällen**, etwa bei isolierter Klage auf Zahlung von Abmahnkosten oder wenn lediglich bereits hinreichend obergerichtlich geklärte Rechtsfragen den Streitgegenstand bilden.[16] Ein früher erster Termin bietet sich auch in einem Hauptsacheverfahren nach vorangegangenem einstweiligen Verfügungsverfahren an, insbesondere wenn dort eine kontradiktorische Entscheidung ergangen war.

9   Ein früher erster Termin ist **hilfreich,** wenn beispielsweise die Aufklärung des Sachverhalts eine (zeitnahe) Anhörung der Partei nach § 141 erforderlich macht. Für den Fall, dass im **Patentverletzungsprozess** ein früher erster Termin zur Klärung organisatorischer Fragen angesetzt wird, handelt es sich dann gleichwohl um einen vollwertigen Verhandlungstermin mit der Folge, dass auch die Kosten der Teilnahme eines Patentanwaltes erstattungsfähig sind.[17] **Zweckmäßig** ist ein früher erster Termin regelmäßig bei Aussicht auf **Vergleichsbereitschaft** (obligatorische Güteverhandlung, § 278 Abs. 2), etwa wenn die Parteien bereits vorprozessual miteinander verhandelt hatten, ebenso bei Aussicht auf

---

[4] Musielak/Voit/*Foerste* ZPO § 272 Rn. 1; MüKoZPO/*Prütting* ZPO § 271 Rn. 1.
[5] Musielak/Voit/*Foerste* ZPO § 272 Rn. 1.
[6] MüKoZPO/*Prütting* ZPO § 271 Rn. 2.
[7] MüKoZPO/*Prütting* ZPO § 271 Rn. 3.
[8] Vgl. Busse/*Schuster* PatG § 99 Rn. 13.
[9] Musielak/Voit/*Foerste* ZPO § 272 Rn. 2.
[10] BeckOK ZPO/*Bacher* § 272 Rn. 2.
[11] Musielak/Voit/*Foerste* ZPO § 272 Rn. 2.
[12] Zöller/*Greger* ZPO § 272 Rn. 1.
[13] Zöller/*Greger* ZPO § 272 Rn. 1.
[14] BGH NJW 1983, 575 (576); Zöller/*Greger* ZPO § 272 Rn. 2.
[15] LG Berlin DGVZ 2020, 128 Rn. 7 und 10.
[16] Vgl. auch MüKoZPO/*Prütting* ZPO § 272 Rn. 6.
[17] LG Düsseldorf BeckRS 2013, 13283.

ein (partielles) Anerkenntnis, Klagerücknahme oder eine Erledigungserklärung.[18] Das Gericht kann im Übrigen auch in diesen Fällen Fristen zur schriftlichen Klagerwiderung und Replik setzen, § 275 Abs. 1 S. 1, Abs. 4 oder durch Maßnahmen gemäß § 273 den frühen ersten Termin so vorbereiten, dass er zur Erledigung führen kann, § 275 Abs. 2 (→ § 275 Rn. 4). Reine „Durchlauftermine" dürften damit hinfällig geworden sein.

2. Schriftliches Vorverfahren. Ein **schriftliches Vorverfahren** empfiehlt sich im gewerblichen 10 Rechtsschutz in der Regel in sachverhaltlich oder rechtlich komplexer gelagerten Fällen. Es bietet sich auch an, wenn mit dem Erlass eines Versäumnisurteils im schriftlichen Verfahren zu rechnen ist. In einfach gelagerten Fällen, zB bei isolierten Klagen auf Zahlung von Abmahnkosten, kommt auch in Betracht, die Parteien nach § 128 Abs. 2 anschließend zur Zustimmung zur Entscheidung im schriftlichen Verfahren zu bitten.

3. Entscheidung über die Verfahrenswahl. Nach dem Gesetz ist die Entscheidung über die 11 Verfahrenswahl mit Klagzustellung zu treffen. Dies ergibt sich aus § 274 Abs. 2 (früher erster Termin) bzw. aus § 276 Abs. 1. Die Ausgestaltung als Soll-Vorschrift ermöglicht auch ggf. einen **Aufschub dieser Entscheidung,** was teilweise in der Literatur als zweckmäßig empfohlen wird,[19] aber auch im Prozess des gewerblichen Rechtsschutzes nur selten vorkommen dürfte.

Ein **nachträglicher Wechsel** aus der einmal getroffenen Verfahrenswahl heraus ist gesetzlich nicht 12 vorgesehen,[20] im Grunde aber aufgrund der Flexibilität der Terminsvorbereitung, die § 273 bietet, auch nicht ernstlich von Nöten.[21] Sofern bei Anberaumung eines frühen ersten Termins beispielsweise durch Einreichung einer Widerklage nach Bestimmung eines frühen Termins ein Bedürfnis für eine schriftsätzliche Erörterung entsteht, besteht stets die Möglichkeit, nach § 273 Abs. 2 Nr. 1 schriftliche Stellungnahmen einzufordern und/oder den Termin zu verlegen, § 227 Abs. 1.[22]

Teilweise wird vertreten, dass das einmal angeordnete schriftliche Vorverfahren nur im Einverneh- 13 men mit den Parteien **vorzeitig abgebrochen** werden könne.[23] Von Relevanz dürfte hier allerdings nur sein, dass dem Kläger dadurch kein Anrecht auf ein Versäumnisurteil nach § 331 Abs. 3 entzogen werden darf.[24]

D. Frühzeitiger Termin (Abs. 3)

Auch die Vorschrift des Abs. 3 gilt der Beschleunigung des Verfahrens, indem sie anordnet, dass 14 jedweder Termin, sowohl die Güteverhandlung (§ 278) als auch der frühe erste Termin (§ 275) und der Haupttermin (§ 275 Abs. 2), so früh wie möglich stattfinden soll. Dies entspricht auch der Regelung in § 216 Abs. 2 und stellt im Übrigen eine Selbstverständlichkeit dar.[25] Ausschlaggebend für die Terminswahl wird der zur Vorbereitung für Gericht und Parteien **erforderliche Zeitaufwand,** insbesondere die angemessenen Fristen zur Einreichung vorbereitender Schriftsätze und die Terminierungslage.[26] **Einstweilige Verfügungsverfahren,** ob im Erlass- oder Widerspruchsverfahren sind naturgemäß besonders bevorzugt zu terminieren. In den Fällen, in denen eine sofortige Terminierung möglich ist, sind die Einlassungsfristen nach § 274 Abs. 3 (Klagverfahren) und Ladungsfristen nach §§ 217, 226 zu beachten.[27]

E. Besonderheiten im einstweiligen Verfügungsverfahren

Das einstweilige Verfügungsverfahren und das Arrestverfahren sind **summarische Erkenntnisver-** 15 **fahren,** so dass die allgemeinen Vorschriften des Erkenntnisverfahrens ebenfalls anwendbar sind, sofern die Vorschriften der §§ 916 ff. und die Besonderheiten des einstweiligen Rechtsschutzes nicht ein anderes bedingen (→ § 271 Rn. 33).[28] Zwar ist § 272 auch in einstweiligen Verfügungsverfahren anwendbar.[29] Aus §§ 937 Abs. 2, 922 Abs. 1 ergeben sich jedoch unmittelbar Besonderheiten, nämlich aus der Möglichkeit, in dringenden Fällen eine sofortige Entscheidung durch Beschluss zu treffen. Ebenso folgt aus der Natur des Eilverfahrens, dass nach einseitigem Erlassverfahren auf den Eingang des Widerspruchs umgehend Termin anzuberaumen ist. Zusätzlich zu den Möglichkeiten des § 272

---

[18] Vgl. Musielak/Voit/*Foerste* ZPO § 272 Rn. 4.
[19] Zöller/*Greger* ZPO § 272 Rn. 3; MüKoZPO/*Prütting* ZPO § 272 Rn. 11.
[20] Zöller/*Greger* ZPO § 272 Rn. 3.
[21] Zöller/*Greger* ZPO § 272 Rn. 3; aA Musielak/Voit/*Foerste* ZPO § 272 Rn. 7.
[22] Zöller/*Greger* ZPO § 272 Rn. 3.
[23] So Zöller/*Greger* ZPO § 272 Rn. 3; differenzierend MüKoZPO/*Prütting* ZPO § 272 Rn. 13 ff.
[24] Musielak/Voit/*Foerste* ZPO § 272 Rn. 7.
[25] MüKoZPO/*Prütting* ZPO § 272 Rn. 1.
[26] BeckOK ZPO/*Bacher* ZPO § 272 Rn. 8.
[27] MüKoZPO/*Prütting* ZPO § 272 Rn. 28.
[28] Zöller/*Vollkommer* ZPO Vor § 916 Rn. 3; Musielak/Voit/*Huber* ZPO § 916 Rn. 9.
[29] OLG Düsseldorf BeckRS 2009, 09664.

eröffnet die ZPO durch § 937 Abs. 2, 944 ferner, bereits das Erlassverfahren **einseitig oder zweiseitig** auszugestalten (→ § 937 Rn. 13).[30]

F. Rechtsschutzmöglichkeiten

16 Die Entscheidung des Gerichts, welcher Verfahrensweg des § 272 eingeschlagen wird, ist, wie alle prozessleitenden Anordnungen, grundsätzlich **unanfechtbar**.[31] Allerdings wird vertreten, dass eine Terminsbestimmung nach § 272 Abs. 3 und insbesondere das Unterlassen einer solchen nicht unter den Regelungsbereich des § 227 Abs. 4 S. 3 falle und daher grundsätzlich anfechtbar sei.[32] Die Anfechtung soll in diesem Fall auf § 252 (analog) gestützt werden können, da die unterbliebene Terminsanordnung praktisch einer Verfahrensaussetzung gleichkomme; zumindest sei die sofortige Beschwerde nach § 567 Abs. 2 eröffnet.[33] Mit der Einführung der Verzögerungsrüge nach § 198 Abs. 3 S. 1 GVG dürfte dieser Ansicht der Boden entzogen sein.[34]

§ 273 Vorbereitung des Termins

(1) Das Gericht hat erforderliche vorbereitende Maßnahmen rechtzeitig zu veranlassen.

(2) Zur Vorbereitung jedes Termins kann der Vorsitzende oder ein von ihm bestimmtes Mitglied des Prozessgerichts insbesondere
1. den Parteien die Ergänzung oder Erläuterung ihrer vorbereitenden Schriftsätze aufgeben, insbesondere eine Frist zur Erklärung über bestimmte klärungsbedürftige Punkte setzen;
2. Behörden oder Träger eines öffentlichen Amtes um Mitteilung von Urkunden oder um Erteilung amtlicher Auskünfte ersuchen;
3. das persönliche Erscheinen der Parteien anordnen;
4. Zeugen, auf die sich eine Partei bezogen hat, und Sachverständige zur mündlichen Verhandlung laden sowie eine Anordnung nach § 378 treffen;
5. Anordnungen nach den §§ 142, 144 treffen.

(3) [1]Anordnungen nach Absatz 2 Nr. 4 und, soweit die Anordnungen nicht gegenüber einer Partei zu treffen sind, 5 sollen nur ergehen, wenn der Beklagte dem Klageanspruch bereits widersprochen hat. [2]Für die Anordnungen nach Absatz 2 Nr. 4 gilt § 379 entsprechend.

(4) [1]Die Parteien sind von jeder Anordnung zu benachrichtigen. [2]Wird das persönliche Erscheinen der Parteien angeordnet, so gelten die Vorschriften des § 141 Abs. 2, 3.

Übersicht

	Rn.
A. Allgemeines	1
B. Vorbereitende Anordnungen	3
1. Verfahren	3
2. Grenzen	6
C. Die einzelnen Maßnahmen	7
1. Erklärungsfrist (Abs. 2 Nr. 1)	7
2. Einholung amtlicher Auskünfte und Urkunden (Abs. 2 Nr. 2)	8
a) Adressatenkreis	8
b) Begrenzung durch Beibringungsgrundsatz	9
c) Beweismittel im Besitz einer Behörde	10
d) Amtliche Auskunft zur Tatbestandswirkung eines Verwaltungsaktes	11
e) Begrenzung auf vorbereitenden Charakter	12
3. Anordnung des persönlichen Erscheinens (Abs. 2 Nr. 3)	13
4. Ladung von Zeugen und Sachverständigen (Abs. 2 Nr. 4)	14
5. Vorlage von Urkunden; Sachverständigengutachten; Augenschein (Abs. 2 Nr. 5)	17
6. Weitere Anordnungsmöglichkeiten	22
D. Benachrichtigung der Parteien, Abs. 4	23

A. Allgemeines

1 Die Vorschrift dient dem Beschleunigungsgebot und gibt dem Gericht eine (nicht abschließende) Liste an Mitteln zur Hand, um der Pflicht zur umfassenden Terminvorbereitung nach § 272 Abs. 1

---

[30] Zöller/*Vollkommer* ZPO § 922 Rn. 1.
[31] Zöller/*Greger* ZPO § 272 Rn. 3; BeckOK ZPO/*Bacher* § 272 Rn. 7.
[32] MüKoZPO/*Prütting* ZPO § 272 Rn. 29.
[33] Zum Meinungsstand: MüKoZPO/*Prütting* ZPO § 272 Rn. 29.
[34] OLG München BeckRS 2016, 17641.

und zur **materiellen Prozessleitung** (§ 139) gerecht werden zu können.[1] Ähnliche Maßnahmen sehen die §§ 141–144 vor, auf die teilweise verwiesen wird (Absatz 2 Nr. 5). Anders als nach diesen Vorschriften weist § 273 Abs. 2 die Befugnis zur Anordnung solcher Maßnahmen nicht dem Gericht, sondern dem Vorsitzenden bzw. einem einzelnen Mitglied des Prozessgerichts zu.[2]

Die Vorschrift ist über § 87 Abs. 2 S. 2 PatG[3] und § 82 Abs. 1 S. 1 MarkenG[4] auch im **marken- und patentrechtlichen Verfahren** vor dem BPatG entsprechend anwendbar.

B. Vorbereitende Anordnungen

1. Verfahren. Vorbereitende Anordnungen nach § 273 können grundsätzlich **zu jedem Zeitpunkt** außerhalb der mündlichen Verhandlung vorgenommen werden[5] und auch zu jedem Verhandlungstermin.

In der mündlichen Verhandlung entscheidet das Gericht durch Beschluss.[6] Ansonsten gestattet Absatz 2, dass die Anordnung durch Verfügung des zuständigen Richters, im Kollegialspruchkörper des Vorsitzenden oder eines von diesem bestimmten Richters (in der Regel der Berichterstatter) erfolgen kann.[7] Die Anordnung bedarf der vollständigen Unterschrift; eine Paraphe genügt nicht.[8] Den Parteien ist eine Ausfertigung oder beglaubigte Abschrift zu übermitteln, aus der hervorgeht, welcher Richter die Anordnung getroffen hat.[9] Im Falle einer Fristsetzung muss die Abschrift gemäß § 329 Abs. 2 S. 2 zugestellt werden,[10] nur dann kann im Falle der Fristversäumnis eine Zurückweisung nach § 296 erfolgen[11]. Gleichwohl sind Anordnungen nach § 273, wie alle verfahrensleitenden Maßnahmen, **nicht isoliert anfechtbar** (§ 567).[12]

Anordnungen nach Absatz 2 lösen **keine Kosten** nach dem GKG aus.[13]

2. Grenzen. Die Vorbereitung des Prozesses nach § 273 durch das Gericht unterliegt systematischen Schranken.[14] Die Vornahme vorbereitender Maßnahmen (insbesondere nach Absatz 2 Nr. 2 und 5) darf nicht zu einer Amtsermittlung führen.[15] **Beibringungsgrundsatz** und **Parteimaxime** müssen unangetastet bleiben. Zulässig sind daher grundsätzlich nur solche **vorbereitenden Maßnahmen**, die im Vorbringen der Parteien ihre Grundlage finden und die Vorschriften über die Beweiserhebung beachtet bleiben.[16] Erst recht dürfen vorbereitende Maßnahmen die Anordnung und Durchführung der Beweiserhebung nicht vorwegnehmen.[17] Während die vorbereitenden Anordnungen vom Vorsitzenden allein getroffen werden, bleibt es dem Spruchkörper vorbehalten, über Beweislast und Beweisbedürftigkeit zu entscheiden.[18]

C. Die einzelnen Maßnahmen

1. Erklärungsfrist (Abs. 2 Nr. 1). Nach Absatz 2 Nr. 1 kann das Gericht den Parteien aufgeben, zu ergänzungs- oder erläuterungsbedürftigen Streitpunkten **schriftlich Stellung** zu nehmen und ihnen hierzu eine Frist setzen. Dies korrespondiert unmittelbar mit der (Pflicht zur) materiellen Prozessleitung des Gerichts nach § 139 Abs. 1.[19] Ziel ist hier insbesondere die Sachverhaltsaufklärung und die Schaffung einer brauchbaren Entscheidungsgrundlage. Insoweit bedarf es zuweilen selbst bei vollständigem Vortrag („Erläuterung der vorbereitenden Schriftsätze") beispielsweise noch der **Ordnung unübersichtlichen Sachvortrages**, ggf. seiner Vervollständigung, der Anfertigung von Zusammenstellungen, Übersichten oder Skizzen oder der Vorlage (nachvollziehbarer) Schadensberechnungen.[20] Durch die idR gebotene Fristsetzung kann eine Zurückweisung verspäteten Vorbringens nach § 296 Abs. 1 ermöglicht werden (→ § 296 Rn. 22).[21] Die Verfügung ist wegen der mit der

---

[1] Zöller/*Greger* ZPO § 273 Rn. 1; BeckOK ZPO/*Bacher* § 272 Rn. 1.
[2] BeckOK ZPO/*Bacher* § 272 Rn. 1.
[3] Busse/*Schuster* PatG § 99 Rn. 9.
[4] BPatG BeckRS 2002, 15872.
[5] BeckOK ZPO/*Bacher* § 272 Rn. 2.
[6] MüKoZPO/*Prütting* ZPO § 273 Rn. 15; Zöller/*Greger* ZPO § 273 Rn. 5.
[7] BeckOK ZPO/*Bacher* § 272 Rn. 3.
[8] BeckOK ZPO/*Bacher* § 272 Rn. 3.
[9] BeckOK ZPO/*Bacher* § 272 Rn. 3 mwN.
[10] BeckOK ZPO/*Bacher* § 272 Rn. 3.
[11] BGH NJW 1980, 1167 (1168).
[12] OLG Köln BeckRS 2008, 07130; MüKoZPO/*Prütting* ZPO § 273 Rn. 29.
[13] MüKoZPO/*Prütting* ZPO § 273 Rn. 30.
[14] allg. M; Musielak/Voit/*Foerste* ZPO § 273 Rn. 3.
[15] Zöller/*Greger* ZPO § 273 Rn. 3.
[16] Zöller/*Greger* ZPO § 273 Rn. 3.
[17] Musielak/Voit/*Foerste* ZPO § 273 Rn. 3.
[18] Musielak/Voit/*Foerste* ZPO § 273 Rn. 3.
[19] BeckOK ZPO/*Bacher* § 272 Rn. 5.
[20] Vgl. Zöller/*Greger* ZPO § 273 Rn. 6; Musielak/Voit/*Foerste* ZPO § 273 Rn. 10.
[21] BeckOK ZPO/*Bacher* § 272 Rn. 5.

Fristversäumnis verbundenen Folgen **zuzustellen,** § 329 Abs. 2 S. 2.[22] Die Frist ist nach § 224 Abs. 2 verlängerbar. Für das Nachreichen von Ladungsdaten eines Zeugen enthält § 356 eine abschließende Spezialvorschrift.[23] Soweit die **Vorlage von Parteiurkunden** angeordnet wird, kann im Weigerungsfall auf die Beweisfiktion des § 427 zurückgegriffen werden.[24]

8   **2. Einholung amtlicher Auskünfte und Urkunden (Abs. 2 Nr. 2). a) Adressatenkreis.** Der **Adressatenkreis** des Absatz 2 Nr. 2 ist weit zu fassen und erstreckt sich neben Behörden iSd § 1 Abs. 2 VwVfG (Alt. 1) auch auf jeden Träger eines öffentlichen Amtes (Alt. 2), worunter auch Organe mittelbarer Staatsverwaltung, Beliehene oder kirchliche Einrichtungen fallen.[25] Ob eine Auskunftspflicht besteht, ergibt sich aus den einschlägigen (meist öffentlich-rechtlichen) Vorschriften.[26] Zulässig ist – soweit erfolgversprechend – auch die Einholung von Auskünften bei **ausländischen Behörden** im Wege der Rechtshilfe.[27]

9   **b) Begrenzung durch Beibringungsgrundsatz.** Absatz 2 Nr. 2 ermöglicht dem Gericht die Einholung behördlicher Urkunden, Akten oder amtlicher Auskünfte. Von dieser Befugnis ist allerdings nur sehr zurückhaltend Gebrauch zu machen, denn auch § 273 gestattet dem Gericht **keine Amtsermittlung** und keine Beweiserhebung von Amts wegen.[28] Vielmehr sind die speziellen Verfahrensregelungen der Beweisaufnahme zu beachten (§ 358)[29] und substantiierter Vortrag erforderlich. Im Zweifel ist nach § 358a vorzugehen, der die Beweisaufnahme auch schon vor der mündlichen Verhandlung durch einen entsprechenden Gerichtsbeschluss des Kollegialorgans gestattet. Die Grenze zwischen Beweisvorbereitung iSd § 273 und Beweiserhebung iSd §§ 358, 358a dürfte regelmäßig bereits dann überschritten sein, wenn amtliche Auskünfte, die ein Gutachten einschließen, herangezogen werden oder die andernfalls später zu erfolgende Vernehmung des zuständigen Sachbearbeiters der Behörde ersetzen würden.[30] Eine Beschwerde gegen Anordnungen der Beiziehung von behördlichen Akten sieht das Gesetz nicht vor.[31]

10   **c) Beweismittel im Besitz einer Behörde.** Im **gewerblichen Rechtsschutz** dürfte ein Bedürfnis für die Vorlage von amtlichen Auskünften oder Aktenauszügen beispielsweise dann bestehen, wenn sich **Beweismittel** zur Schutzrechtsverletzung beim Zoll **(Grenzbeschlagnahme)** oder den Ermittlungsbehörden befinden. Problematisch ist jedoch ein Hinblick auf den Beibringungsgrundsatz, wenn beispielsweise der Schutzrechtsinhaber von der Existenz einer Urkunde (zB **Ladepapiere des vermutlichen Verletzers**) Kenntnis hat, aber nicht von dem Inhalt *und* der Inhalt aber für die Schlüssigkeit der Schutzrechtsverletzung entscheidend ist. Dies kann etwa entscheidend sein für den Verletzungstatbestand, nämlich ob die Verbringung der Ware ins patentgeschützte Inland oder das **patentfreie Ausland** beabsichtigt war oder möglicherweise in das seinerseits patentgeschützte Ausland. Da bei einem Vorgehen nach § 273 die Einholung dieser Auskünfte nur einer das Parteivorbringenden **ergänzenden Stoffsammlung** dienen,[32] mithin nicht die Schlüssigkeit der behaupteten Schutzrechtsverletzung herbeiführen dürfen, bestehen hier enge Grenzen. Im Zweifel wird der Schutzrechtsinhaber auf sein eigenes Auskunftsrecht gegenüber den Behörden zu verweisen sein.

11   **d) Amtliche Auskunft zur Tatbestandswirkung eines Verwaltungsaktes.** Im **Wettbewerbsprozess** kann es auf das **Bestehen einer Zulassung** und/oder ihren Umfang ankommen. Dies kann zum einen Fälle der Verkehrsfähigkeit betreffen, beispielsweise von streng regulierten Gütern oder Inhaltsstoffen, wie etwa Pflanzenschutzmittel.[33] Gerade im **HWG-Prozess** kann es für die Frage der **Tatbestandswirkung** eines Verwaltungsaktes, zB für die Zulassungspflicht eines Arzneimittels[34] oder für die Reichweite einer Zulassung parallelimportierter Umverpackungen von Arzneimitteln nach § 10 Abs. 8 S. 3 AMG auf eine amtliche Auskunft ankommen, beispielsweise die des **BfArM**.[35] Deren Einholung nach § 273 setzt aber das substantiierte Berufen einer Partei voraus, bevor die amtliche Auskunft eingeholt werden kann; ist das Bestehen der Zulassung oder ihre Reichweite streitig, kann Beweisbeschluss ergehen.

---

[22] BGH NJW 1980, 1167 (1168).
[23] BeckOK ZPO/*Bacher* § 272 Rn. 5 mwN.
[24] Zöller/*Greger* ZPO § 273 Rn. 6.
[25] Zöller/*Greger* ZPO § 273 Rn. 7; BeckOK ZPO/*Bacher* § 273 Rn. 6; Musielak/Voit/*Foerste* ZPO § 273 Rn. 12 mwN.
[26] Zöller/*Greger* ZPO § 273 Rn. 7; BeckOK ZPO/*Bacher* § 273 Rn. 8.
[27] BeckOK ZPO/*Bacher* § 273 Rn. 6.
[28] BVerfG NJW 2014, 1581 Rn. 22; Zöller/*Greger* ZPO § 273 Rn. 7.
[29] Zöller/*Greger* ZPO § 273 Rn. 7.
[30] MüKoZPO/*Prütting* ZPO § 273 Rn. 22.
[31] OLG Koblenz BeckRS 2018, 49909 Rn. 3.
[32] Zöller/*Greger* ZPO § 273 Rn. 7.
[33] BGH GRUR 2010, 160 – Quizalofop.
[34] BGH NJW 2005, 2705 – Atemtest.
[35] LG Hamburg GRUR-RS 2014, 07931 (vgl. im Nachgang BGH GRUR 2016, 702 – Eligard).

e) Begrenzung auf vorbereitenden Charakter. Anordnungen nach § 273 haben (anders als echte **12** Beweisbeschlüsse) nur vorbereitenden Charakter. Die **Verwertung** der beigezogenen Beweismittel durch das Gericht ist nur zulässig, wenn ein entsprechendes Beweisangebot vorliegt und wenn die Parteien Gelegenheit zur Stellungnahme hatten.[36] Eine Verwertung der angeforderten Unterlagen oder Auskünfte ist zudem im Kollegialgericht dem Spruchkörper insgesamt vorbehalten.[37]

3. Anordnung des persönlichen Erscheinens (Abs. 2 Nr. 3). Die Anordnung des persönlichen **13** Erscheinens ist stets zur Sachaufklärung nach Maßgabe des § 141 möglich, aber auch für einen Güteversuch nach § 278 Abs. 3 (str.)[38] und zur Beweisaufnahme durch Parteivernehmung (§ 447).[39] Der jeweilige Grund ist der Partei mitzuteilen, da die gesetzlichen Folgen des Nichterscheinens in den vorgenannten Fällen verschieden sind (vgl. § 141 Abs. 3 S. 2; § 278 Abs. 3 S. 2).[40] Entsprechend § 141 Abs. 1 S. 2 hat die Ladung zu unterbleiben, wenn der Partei die Wahrnehmung des Termins nicht zumutbar ist.[41] Die Partei trägt das Risiko für den Fall, dass sich der Vertreter, insbesondere der Prozessbevollmächtigte, als nicht genügend unterrichtet erweist und die Partei als unentschuldigt ausgeblieben gilt.[42]

4. Ladung von Zeugen und Sachverständigen (Abs. 2 Nr. 4). Absatz 2 Nr. 4 eröffnet die Mög- **14** lichkeit, Zeugen und Sachverständige auch **ohne vorherigen Beweisbeschluss** zum Termin zu laden. Wird dem Zeugen das Beweisthema vorab nicht mitgeteilt, kann sein Fernbleiben allerdings nicht mit Ordnungsmittel sanktioniert werden.[43] Eine Ladung von Zeugen oder Sachverständigen ist naturgemäß **nur bei streitigem Vortrag,** Absatz 3 S. 1 angezeigt,[44] wobei die Ausgestaltung als **Soll**-Vorschrift hier im Grunde mehr Raum als nötig eröffnet. Sinnvoll dürfte sein, ggf. dem Gegner eine Frist zur Erklärung gemäß Absatz 2 Nr. 1 zu setzen, ob er Tatsachen bestreitet.[45] Die Einholung einer **schriftlichen Zeugenaussage nach § 377 Abs.** 3 ist bereits die Durchführung einer Beweisaufnahme und daher von § 273 nicht gedeckt.[46] Es liegt auf der Hand, dass für die Ladung von Zeugen die Mindestvoraussetzung gilt, dass sie von einer Partei benannt worden ist („auf die sich eine Partei bezogen hat"),[47] alles andere wäre reine Amtsermittlung. Da die besonderen Vorschriften der §§ 377 ff. anwendbar sind, kann dem Zeugen auch gemäß § 378 aufgegeben werden, Unterlagen einzusehen und zu dem Termin mitzubringen.[48]

Macht das Gericht von der Möglichkeit der vorsorglichen Zeugenladung keinen Gebrauch, kann **15** das Erfordernis eines gesonderten Beweisaufnahmetermins nicht wegen zu besorgender Verzögerung des Rechtsstreits abgelehnt werden.[49]

Die Ladung eines Sachverständigen ist bereits aus Kostengründen nur dort angezeigt, wo klar ist, **16** dass es auf sein Gutachten ankommen wird.[50] Anders als die Zeugenladung ist die Ladung von Sachverständigen nach Absatz 2 Nr. 4 **auch ohne Benennung** durch eine Partei zulässig.[51] Dies korrespondiert mit § 144 Abs. 1, der auch die Einholung eines Gutachtens nicht von einem entsprechenden Beweisangebot abhängig macht.[52]

5. Vorlage von Urkunden; Sachverständigengutachten; Augenschein (Abs. 2 Nr. 5). Ab- **17** satz 2 Nr. 5 verweist generell auf die §§ 142, 144. Dadurch ist grundsätzlich nicht nur die Anordnung der Urkundenvorlegung (§ 142), sondern auch bereits die Einnahme eines Augenscheins und die **vorbereitende Einholung** eines Sachverständigengutachtens (§ 144) eröffnet (str.)[53] Richtigerweise wird hier jedoch **zu differenzieren** sein:

Die Anordnung der **Urkundenvorlegung** kann nach § 142 erfolgen und auch gegenüber Dritten **18** ergehen. Die Vorschrift des § 142 enthält insoweit keine eigenen verfahrensrechtlichen Vorgaben, so dass auch die Anordnung nach § 273 keinen weiteren Formalien zu genügen braucht.[54] Soll die Anordnung gegenüber einem Dritten ergehen, ist gemäß § 273 Abs. 3 S. 1 Voraussetzung, dass der Beklagte dem Klageanspruch widersprochen hat, so dass der Sachverhalt streitig ist, die Erfüllung dem

---

[36] BeckOK ZPO/*Bacher* § 273 Rn. 10.
[37] BeckOK ZPO/*Bacher* § 273 Rn. 9; Musielak/Voit/*Foerste* ZPO § 273 Rn. 11.
[38] Dagegen Musielak/Voit/*Foerste* ZPO § 273 Rn. 13.
[39] Zöller/*Greger* ZPO § 273 Rn. 9; MüKoZPO/*Prütting* ZPO § 273 Rn. 23.
[40] Zöller/*Greger* ZPO § 273 Rn. 9; vgl. auch BGH NJW-RR 2011, 1363 (1364).
[41] BeckOK ZPO/*Bacher* § 273 Rn. 10.
[42] OLG Stuttgart NJW-RR 2014, 447.
[43] Zöller/*Greger* ZPO § 273 Rn. 10.
[44] Zöller/*Greger* ZPO § 273 Rn. 10.
[45] MüKoZPO/*Prütting* ZPO § 273 Rn. 24.
[46] Zöller/*Greger* ZPO § 273 Rn. 10.
[47] BeckOK ZPO/*Bacher* § 273 Rn. 12.
[48] Vgl. BeckOK ZPO/*Bacher* § 273 Rn. 12.
[49] Vgl. zu § 528 Abs. 2 aF: BGH GRUR 1980, 875 (875).
[50] Zöller/*Greger* ZPO § 273 Rn. 11.
[51] BeckOK ZPO/*Bacher* § 273 Rn. 14.
[52] BeckOK ZPO/*Bacher* § 273 Rn. 14.
[53] Str., dafür BeckOK ZPO/*Bacher* § 273 Rn. 14; Musielak/Voit/*Foerste* ZPO § 273 Rn. 15; MüKoZPO/*Prütting* ZPO § 273 Rn. 26; dagegen Zöller/*Greger* ZPO § 273 Rn. 14.
[54] Zöller/*Greger* ZPO § 142 Rn. 3.

Dritten nicht unzumutbar ist und kein Zeugnisverweigerungsrecht besteht, §§ 142 Abs. 2, 144 Abs. 2.[55] Gleichwohl erscheint hier Zurückhaltung geboten, um sich nicht in die Gefahr der Amtsermittlung zu begeben. Im Verfahren vor dem BPatG kann die Vorlage von Urkunden oder sonstigen Unterlagen, wie Schriftwechseln oder Konstruktionszeichnungen, nach § 99 Abs. 1 PatG, § 273 Abs. 2 Nr. 5 ZPO insbesondere bedeutsam sein für die Klärung des Gegenstands und des Zeitpunkts einer offenkundigen Vorbenutzung oder des Zeitpunkts der öffentlichen Zugänglichkeit einer Entgegenhaltung.[56] Die verfahrensleitende Anforderung von öffentlich beglaubigten **Übersetzungen**, – aber auch einer anderweitigen (privatschriftliche) Übersetzung – steht nach § 273 ZPO im Ermessen des Gerichts.[57]

19 Unproblematisch sind nach dem Normzweck auch Anordnungen zur **Vorbereitung der Augenscheinseinnahme** oder eines Gutachtens (§ 144 Abs. 1 S. 2 und Abs. 2).[58] Im gewerblichen Rechtsschutz wird insbesondere die **Vorlage von Verletzungsobjekten** häufig unvermeidlicher Gegenstand einer Augenscheinseinnahme sein, die zur sinnvollen Terminsvorbereitung auch über § 273 vorab angeordnet werden kann;[59] den Parteien ist allerdings dann ebenfalls Gelegenheit zur Einsichtnahme (ggf. auf der Geschäftsstelle) zu gewähren. Die vorbereitende gerichtliche Einnahme des Augenscheins, obgleich ihrerseits bereits eine erste Beweisaufnahme, ist insoweit allerdings tatsächlich lediglich vorbereitend zur Schaffung einer vernünftigen Entscheidungsgrundlage, die eigentliche Beweisverwertung hat dann durch das Kollegialorgan zu erfolgen und ist im Termin zu erörtern. Die Anordnung nach Absatz 2 Nr. 5 setzt jedoch die **Schlüssigkeit der behaupteten Schutzrechtsverletzung** voraus. Wenn es daran fehlt, ist der Schutzrechtsinhaber auf seine materiell-rechtlichen Besichtigungsansprüche zB aus § 19a MarkenG, § 140c PatG oder §§ 809, 810 BGB zu verweisen. Eine Anwendung von §§ 142, 144, 273 Abs. 2 Nr. 5 darf nicht zu einer Ausforschung führen,[60] wofür aufgrund der materiell-rechtlichen Besichtigungsansprüche des Schutzrechtsinhabers auch kein Bedürfnis bestünde.

20 Dagegen ist bei einer auf Absatz 2 Nr. 5 gestützten vorbereitenden **Einholung eines Sachverständigengutachtens** (§ 144) ein Beweisbeschluss erforderlich (str.).[61] Dies ergibt sich bereits aus § 144 Abs. 3, der seinerseits für die Einholung eines Sachverständigengutachtens die Beachtung der Vorschriften der Beweisaufnahme verlangt.[62] Es ist daher ein Beweisbeschluss des Kollegialorgans nach § 358a erforderlich. Auch der Umstand, dass die Regelung des § 144 selbst eine Durchbrechung des Beibringungsgrundsatzes darstellt,[63] dürfte auf die Wahl des richtigen Anordnungsverfahrens keinen Einfluss haben. So bedarf daher ein Sachverständigengutachten, das der Klärung der (streitigen) Verletzungsfrage dient, richtigerweise eines Beweisbeschlusses. Allerdings kann bei Vorgehen nach § 273 die Einzahlung eines Kostenvorschusses für diese Form der Beweisaufnahme nicht zur Bedingung gemacht werden.[64]

21 Die Anordnung zur Vorlage von Urkunden (§ 142) oder Gegenständen (§ 144) kann auch gegen nicht am Prozess beteiligte **Dritte** ergehen. Ergänzende Voraussetzung ist lediglich, dass der Beklagte dem Klageanspruch widersprochen hat, so dass der Sachverhalt streitig ist (Abs. 3 S. 1) und die Erfüllung dem Dritten auch nicht unzumutbar ist und kein Zeugnisverweigerungsrecht besteht (§§ 142 Abs. 2, 144 Abs. 2).[65]

22 **6. Weitere Anordnungsmöglichkeiten.** Die Liste des § 273 Abs. 2 ist **nicht abschließend**. Dem Gericht (Vorsitzenden) stehen auch weitere, nicht genannte Maßnahmen im Interesse einer effektiven Verfahrensvorbereitung offen. Denkbar ist vor allem die Möglichkeit, von den Parteien Nachweise über fremdes Recht im Rahmen des § 293, soweit zB bei der Verletzung eines ausländischen Schutzrechts von Belang, anzufordern, die Übersetzung von Urkunden zu verlangen oder die Anforderung von Akten anderer Gerichte.[66] Dabei sind die o. g. Grenzen jedoch zu beachten.

D. Benachrichtigung der Parteien, Abs. 4

23 Die Vorgabe der Benachrichtigung der Parteien von der Anordnung nach Absatz 4 entspricht dem Gebot auf rechtliches Gehör.[67] Wird dagegen verstoßen, ist die Verwertung unzulässig, wobei der Verstoß durch rügelose Einlassung geheilt werden kann.[68]

---

[55] Musielak/Voit/*Foerste* ZPO § 273 Rn. 15.
[56] Schulte/*Kühnen* PatG § 88 Rn. 10.
[57] BPatG GRUR-RS 2020, 34426 Rn. 82.
[58] BeckOK ZPO/*Bacher* § 273 Rn. 14; Zöller/*Greger* ZPO § 273 Rn. 13.
[59] Im Ergebnis so wohl auch Zöller/*Greger* ZPO § 273 Rn. 13.
[60] MüKoZPO/*Prütting* ZPO § 273 Rn. 26 unter Hinweis auf das amerikanische discovery-Verfahren.
[61] Wie hier Zöller/*Greger* ZPO § 144 Rn. 4; anders BeckOK ZPO/*Bacher* § 273 Rn. 14; MüKoZPO/*Prütting* ZPO § 273 Rn. 26.
[62] Zöller/*Greger* ZPO § 144 Rn. 4.
[63] Vgl. BGH NJW 2000, 743 (744).
[64] BGH NJW 2000, 743 (744).
[65] Musielak/Voit/*Foerste* ZPO § 273 Rn. 15.
[66] MüKoZPO/*Prütting* ZPO § 273 Rn. 26 mwN.
[67] Zöller/*Greger* ZPO § 273 Rn. 14 mwN.
[68] MüKoZPO/*Prütting* ZPO § 273 Rn. 28; Musielak/Voit/*Foerste* ZPO § 273 Rn. 7.

§ 274 Ladung der Parteien; Einlassungsfrist

(1) **Nach der Bestimmung des Termins zur mündlichen Verhandlung ist die Ladung der Parteien durch die Geschäftsstelle zu veranlassen.**

(2) **Die Ladung ist dem Beklagten mit der Klageschrift zuzustellen, wenn das Gericht einen frühen ersten Verhandlungstermin bestimmt.**

(3) ¹**Zwischen der Zustellung der Klageschrift und dem Termin zur mündlichen Verhandlung muss ein Zeitraum von mindestens zwei Wochen liegen (Einlassungsfrist).** ²**Ist die Zustellung im Ausland vorzunehmen, so beträgt die Einlassungsfrist einen Monat.** ³**Der Vorsitzende kann auch eine längere Frist bestimmen.**

Literatur: *Schote/Lührig*, Prozessuale Besonderheiten der einstweiligen Verfügung, WRP 2008, 1281.

A. Terminsladung, Abs. 1

Absätze 1 und 2 regeln **Formalien** einer ordnungsgemäßen Terminsladung, nämlich Ladung und Zustellung der Klage. Absatz 3 regelt die Einlassungsfrist. **1**

Ladung ist die Aufforderung, zu dem angesetzten Termin zu erscheinen.[1] Ist dieser bestimmt, hat die Ladung der Parteien zwingend und vAw bei Terminsbestimmung zu erfolgen, §§ 214, 216, 166 Abs. 2. Die Zustellung selbst wird von der Geschäftsstelle nach §§ 166 ff. veranlasst. Soweit eine Partei bereits einen Rechtsanwalt bestellt hat, ist die Ladung an diesen zuzustellen, § 172 Abs. 1. Daneben ist die Ladung der Partei selbst nur erforderlich, wenn sie persönlich geladen wird (zB nach § 141 Abs. 2 S. 2 bzw. § 273 Abs. 2 Nr. 3, §§ 279 Abs. 3, 445 ff.).[2] Zu laden sind auch **Streitgenossen** (§ 63 Hs. 2) und **Nebenintervenienten** (§ 71 Abs. 3).[3] Eine Ladung der Parteien ist unter den Voraussetzungen des § 218 (Termin zur Verkündung einer Entscheidung) nicht notwendig.[4] Eine Erleichterung bietet im amtsgerichtlichen Verfahren § 497 Abs. 1. **2**

B. Gemeinsame Zustellung von Ladung und Klageschrift, Abs. 2

Die gemeinsame Zustellung von Ladung und Klageschrift ist nach Absatz 2 zwingend bei der Verfahrenswahl des frühen ersten Termins, §§ 272 Abs. 2, 275. Sie dient der Beschleunigung des Prozesses.[5] Zur Entscheidung über die Verfahrenswahl → § 272 Rn. 11. **3**

C. Einlassungsfrist des Beklagten, Abs. 3

Absatz 3 sieht zum Schutz des Beklagten eine Einlassungsfrist von **mindestens zwei Wochen** zwischen der Zustellung der Klageschrift und dem ersten Termin vor. **4**

I. Anwendungsbereich

Die Einlassungsfrist des Beklagten nach Abs. 3 gilt (nur) für den Zeitraum zwischen Zustellung der Klage (oder Rechtsmittelschrift) und dem darauf folgenden **ersten Termin** zur (streitigen) mündlichen Verhandlung nach Einleitung des Rechtsstreits.[6] Die Einlassungsfrist gilt auch zugunsten eines Streithelfers.[7] Abs. 3 gilt entsprechend bei Zustellung der Anspruchsbegründung nach Mahnverfahren, für die Einlassung auf Berufung bzw. Revision (§§ 523 Abs. 2, 553 Abs. 2).[8] Zu unterscheiden von der Einlassungsfrist ist **Ladungsfrist** nach § 217, die kürzer ist und für beide Parteien gilt. **5**

Die Einlassungsfrist des Abs. 3 **gilt nicht** für alle **späteren Termine**; hier gilt nur die allgemeine Erklärungsfrist des § 132.[9] Die Einlassungsfrist Abs. 3 gilt auch nicht mehr im Falle einer späteren **Klageänderung** oder -erweiterung oder einer Widerklage.[10] Sind die allgemeinen Fristen in diesen Fällen eindeutig unzureichend, kann **Anlass zur Terminsverlegung** bestehen, § 227 Abs. 1,[11] im Übrigen ist der Beklagte auf die Beantragung eines **Schriftsatznachlasses** beschränkt[12]. Abs. 3 gilt **6**

---

[1] Musielak/Voit/*Foerste* ZPO § 274 Rn. 1; MüKoZPO/*Prütting* § 274 Rn. 2.
[2] Musielak/Voit/*Foerste* ZPO § 274 Rn. 1; Zöller/*Greger* ZPO § 274 Rn. 1.
[3] Musielak/Voit/*Foerste* ZPO § 274 Rn. 1; Zöller/*Greger* ZPO § 274 Rn. 1.
[4] MüKoZPO/*Prütting* § 274 Rn. 4.
[5] Musielak/Voit/*Foerste* ZPO § 274 Rn. 2.
[6] OLG Hamburg NJOZ 2002, 2 (3); Zöller/*Greger* ZPO § 274 Rn. 4.
[7] Vgl. OLG Frankfurt a. M. BeckRS 2009, 25528.
[8] Musielak/Voit/*Foerste* ZPO § 274 Rn. 3.
[9] Musielak/Voit/*Foerste* ZPO § 274 Rn. 3.
[10] LG Hamburg BeckRS 2006, 00280; OLG Düsseldorf NJW-RR 1999, 859 (860); Zöller/*Greger* ZPO § 274 Rn. 4; BeckOK ZPO/*Bacher* § 274 Rn. 4.
[11] Musielak/Voit/*Foerste* ZPO § 274 Rn. 3.
[12] OLG Düsseldorf NJW-RR 1999, 859 (860).

ferner nicht für **Gütetermine** nach § 278 (dort ist nur die allgemeine Ladungsfrist und nicht die Einlassungsfrist zu beachten).[13]

7 § 274 Abs. 3 **schützt nicht den Kläger,** so dass in einem entgegen Absatz 3 angesetzten Termin ein Versäumnisurteil gegen den Kläger ergehen kann.[14]

II. Fristbestimmung

8 **1. Mindestfrist von zwei Wochen.** Die Frist, die als **Überlegungs- und Schutzfrist** für den Beklagten gedacht ist,[15] muss nach Abs. 3 **mindestens zwei Wochen** betragen. Die Einlassungsfrist ist eine **gesetzliche Frist** iSd § 224 Abs. 2 (keine Notfrist).[16] Sie darf grundsätzlich nicht unterschritten werden,[17] kann aber nach § 226 abgekürzt werden. Eine Verlängerung ist gesetzlich nicht vorgesehen, § 224 Abs. 2,[18] kann aber **faktisch durch Terminsverlegung** erreicht werden. Ihre Versäumnis ist kein Fall der Präklusion nach § 296 (→ § 296 Rn. 22; vgl. aber → § 275 Rn. 10). In komplexen Fällen kann sogleich die Anordnung einer längeren Klagerwiderungsfrist angemessen sein.[19] Bei der Verfahrenswahl eines schriftlichen Vorverfahrens ersetzt die **Klagerwiderungsfrist** des § 276 Abs. 1 S. 2 die Einlassungsfrist des § 274 Abs. 3.[20] In den Fällen der **öffentlichen Zustellung** der Klage ist bei der Terminsbestimmung zu beachten, dass die Zustellung erst nach Ablauf der Monatsfrist des § 188 als bewirkt anzusehen ist, die Einlassungsfrist mithin erst anschließend zu laufen beginnen kann.[21]

9 **2. Auslandsfälle.** Bei **Zustellung der Klageschrift im Ausland** beträgt die Einlassungsfrist der Neufassung des Abs. 3 S. 2 mindestens einen Monat. Ggf. sind **längere Einlassungsfristen** im ausländischen Staat zu beachten[22].

III. Missachtung der Einlassungsfrist

10 Missachtet das Gericht die gesetzliche Einlassungsfrist für den Beklagten, darf der Beklagte die **Einlassung verweigern.** Zwar ist die Gültigkeit der Klageerhebung davon unberührt, es darf dann aber kein Versäumnisurteil gegen den Beklagten ergehen, § 335 Abs. 1 Nr. 3.[23] Welche Folgen eine Missachtung der Einlassungsfrist im Falle der **Vollstreckung im Ausland** hat, entscheidet das Recht des jeweiligen Vollstreckungsstaates.[24] Nach **Art. 27 Nr. 2 EuGVÜ** war eine ausländische Entscheidung **nicht anerkennungs- und vollstreckungsfähig,** bei der keine Einlassungsfrist von zwei Wochen zwischen der Zustellung der Klagschrift und dem Termin zur mündlichen Verhandlung gewährt wurde und auch objektiv die verbleibende Zeit nach den konkreten Umständen nicht ausreichte, für eine Verteidigung vor dem Gericht des Urteilsstaates Sorge zu tragen.[25] Diese, insbesondere für Versäumnisurteile und einstweiligen Verfügungen bedeutsame, Problematik ist durch **Art. 34 Nr. 2 EuGVVO** und Art. 45 Abs. 1 lit. b) Brüssel-Ia-VO insoweit **entschärft worden,** als dass die Anerkennung auch dann noch möglich ist, wenn der Beklagte gegen die Entscheidung **keinen Rechtsbehelf** eingelegt hat, obwohl er die Möglichkeit dazu hatte. Zu den Besonderheiten im einstweiligen Verfügungsverfahren → § 271 Rn. 40.

11 Verhandelt der Beklagte rügelos zur Sache, wird der Mangel nach **§ 295 ZPO** geheilt.[26]

D. Besonderheiten im einstweiligen Verfügungsverfahren

12 Im einstweiligen Verfügungs- und Arrestverfahren besteht die Einlassungsfrist des § 274 Abs. 3 nicht und zwar weder im (dann zweiseitigen) **Erlassverfahren** nach Terminsbestimmung, noch im **Widerspruchsverfahren.**[27] In Verfahren des einstweiligen Rechtsschutzes gilt i. ü. auch nicht die Erklärungsfrist des § 132.[28] Dem Antragsgegner ist es daher unbenommen, entscheidungserheblichen Sach-

---

[13] Zöller/*Greger* ZPO § 278 Rn. 10.
[14] Musielak/Voit/*Foerste* ZPO § 274 Rn. 3.
[15] MüKoZPO/*Prütting* § 274 Rn. 9.
[16] Zöller/*Greger* ZPO § 274 Rn. 4.
[17] BGH NJW 1986, 2197; OLG Hamburg NJOZ 2002, 2 (3).
[18] Zöller/*Greger* ZPO § 274 Rn. 4.
[19] OLG Düsseldorf BeckRS 2011, 27232.
[20] Zöller/*Greger* ZPO § 274 Rn. 4.
[21] Zöller/*Greger* ZPO § 274 Rn. 6.
[22] OLG Köln BeckRS 1999, 04244.
[23] MüKoZPO/*Prütting* § 274 Rn. 16; Zöller/*Herget* ZPO § 335 Rn. 4.
[24] OLG Köln BeckRS 1999, 04244.
[25] BGH NJW 1986, 2197; OLG Hamburg NJOZ 2002, 2 (3); aA OLG Düsseldorf BeckRS 2002, 03007.
[26] LG Karlsruhe BeckRS 2010, 04677; Zöller/*Greger* ZPO § 274 Rn. 6; BeckOK ZPO/*Bacher* § 274 Rn. 5.
[27] LG München I GRUR-RS 2019, 47056 Rn. 16; LG Hamburg BeckRS 2006, 00280; *Teplitzky/Feddersen* Kap. 55 Rn. 19; *Köhler/Bornkamm/Köhler* UWG § 12 Rn. 3.25; MüKoZPO/*Prütting* § 274 Rn. 12; Zöller/*Greger* ZPO § 274 Rn. 5; BeckOK ZPO/*Bacher* § 274 Rn. 4.
[28] LG Hamburg BeckRS 2006, 00280.

Früher erster Termin **§ 275 ZPO**

vortrag (Einlassung) nebst Beweismitteln erst im (Erlass- oder Widerspruchs-)Termin vorzubringen und den Antragsteller damit aufgrund der Regelung des § 294 Abs. 2 unter Zugzwang zu setzen.

Auch die **Präklusionsvorschriften** des allgemeinen Teils finden nach hM keine Anwendung (str., → § 296 Rn. 14).[29] Auch das bewusste (und damit schuldhafte) **Zurückhalten von neuen Glaubhaftmachungsmitteln** zur Verteidigung ist im Rahmen des Eilverfahrens hinzunehmen (str.)[30] und kann daher nicht nach § 296 zurückgewiesen werden (→ § 937 Rn. 15). Soweit teilweise für eine Begrenzung neuen Sachvortrages durch den **Rechtsmissbrauchseinwand** plädiert wird,[31] ist dies im Hinblick auf die Unanwendbarkeit des § 296 nicht überzeugend. Das Gericht hat dann allerdings ggf. kurzfristig zu unterbrechen und zu einer späteren Terminsstunde desselben Tages fortzufahren, damit angemessen **rechtliches Gehör** gewährt werden kann (zu den Einzelheiten → § 296 Rn. 16).[32] 13

E. Verfahren nach dem PatG und MarkenG

§ 274 hat für das marken- oder patentrechtliche (Beschwerde-)Verfahren **keine Bedeutung**.[33] Im **patentrechtlichen Beschwerdeverfahren** vor dem BPatG gilt nach § 82 Abs. 1 PatG eine Einlassungsfrist **von einem Monat**; die Formalien der Ladung sind in § 89 PatG geregelt. 14

Die **Prozessförderungspflichten** mit strenger **Präklusionsfolge** aus §§ 282 Abs. 2, 296 Abs. 2 finden im marken- und patentrechtlichen Beschwerdeverfahren grundsätzlich keine Anwendung,[34] es sei denn den ist Parteien durch richterliche Anordnung aufgegeben worden, die mündliche Verhandlung durch Schriftsätze oder zu Protokoll der Geschäftsstelle abzugebende Erklärungen gem. § 129 Abs. 2 vorzubereiten[35] oder die Sache unterliegt dem Beibringungsgrundsatz. Ein Patentinhaber ist deshalb im Einspruchsverfahren weder hinsichtlich der Zahl seiner Hilfsanträge noch hinsichtlich des Zeitpunkts der Antragsstellung eingeschränkt.[36] Eine Anwendung der **allgemeinen Prozessförderungspflicht aus § 282 Abs. 1** ist im patentrechtlichen Beschwerdeverfahren allerdings möglich.[37] Für das Verfahren in Patentnichtigkeitssachen ist eine Belehrung entsprechend § 277 ZPO nicht vorgesehen. Gem. § 110 Abs. 8 PatG sind zwar einzelne Regelungen aus § 521 ZPO entsprechend anwendbar. Dies gilt aber nur für Abs. 1 und für Abs. 2 S. 1 der genannten Vorschrift, nicht aber für Abs. 2 S. 2 mit der Verweisung auf § 277 ZPO.[38] 15

Für den **markenrechtlichen Löschungsantrag** vor dem DPMA gilt nach § 53 Abs. 2 MarkenG eine **faktische Einlassungsfrist** dergestalt, dass, wenn der Inhaber der eingetragenen Marke der Löschung nicht **innerhalb von zwei Monaten** nach Zustellung der Mitteilung widerspricht, die Eintragung gelöscht wird. Im markenrechtlichen Beschwerdeverfahren gibt es keine vorgeschriebene Einlassungsfrist, vgl. § 66 Abs. 4 MarkenG; die Formalien der Ladung sind in § 75 MarkenG geregelt. 16

Im Hinblick auf die **Einrede mangelnder Benutzung** nach § 43 Abs. 1 MarkenG oder die Frage der Benutzung ist die Anwendung der Verspätungsvorschriften der ZPO im Beschwerdeverfahren vor dem BPatG nicht ausgeschlossen, weil insoweit der Beibringungsgrundsatz gilt.[39] Der Markenanmelder hat die Einrede der Nichtbenutzung der Widerspruchsmarke damit spätestens im Termin vorzubringen, worauf sich der Widersprechende nach der neueren Rechtsprechung des BPatG vorzubereiten hat.[40] 17

§ 275 Früher erster Termin

(1) ¹ Zur Vorbereitung des frühen ersten Termins zur mündlichen Verhandlung kann der Vorsitzende oder ein von ihm bestimmtes Mitglied des Prozessgerichts dem Beklagten eine Frist zur schriftlichen Klageerwiderung setzen. ² Andernfalls ist der Beklagte aufzufordern, etwa vorzubringende Verteidigungsmittel unverzüglich durch den zu bestellenden Rechtsanwalt in einem Schriftsatz dem Gericht mitzuteilen; § 277 Abs. 1 Satz 2 gilt entsprechend.

---

[29] LG Hamburg GRUR-RR 2014, 137 (138) – Koronarstent; OLG Frankfurt a. M. GRUR-RR 2005, 299 (301); *Teplitzky/Feddersen* Kap. 55 Rn. 19; einschränkend Zöller/*Vollkommer* ZPO § 922 Rn. 15 mwN.
[30] LG Hamburg GRUR-RR 2014, 137 (138) – Koronarstent; OLG Hamburg GRUR-RR 2009, 365 (367); aA *Teplitzky/Feddersen* Kap. 55 Rn. 19; Köhler/Bornkamm/*Köhler* UWG § 12 Rn. 3.26; Zöller/*Vollkommer* ZPO § 922 Rn. 15; für die Gewährung von Schriftsatznachlass: *Schote/Lührig* WRP 2008, 1281.
[31] Dagegen wohl OLG Hamburg GRUR-RR 2009, 365 (367); dafür *Teplitzky* Kap. 55 Rn. 19; Köhler/Bornkamm/*Köhler* UWG § 12 Rn. 3.26; Zöller/*Vollkommer* ZPO § 922 Rn. 15; für die Gewährung von Schriftsatznachlass: *Schote/Lührig* WRP 2008, 1281.
[32] LG Hamburg GRUR-RR 2014, 137 (138) – Koronarstent; *Teplitzky/Feddersen* Kap. 55 Rn. 19.
[33] Busse/*Schuster* PatG § 99 Rn. 13.
[34] Busse/*Schuster* PatG § 99 Rn. 13.
[35] BGH GRUR 2010, 859 (861) – Malteserkreuz III.
[36] BPatG BeckRS 2016, 13346.
[37] BGH GRUR 2010, 859 (861) – Malteserkreuz III.
[38] BPatG GRUR 2020, 1291 Rn. 13 – Energieversorgungssystem.
[39] BGH GRUR 2010, 859 (860) – Malteserkreuz III; BPatG BeckRS 2016, 17721 – Fructa – Frutta Pur; BPatG GRUR 2005, 58 (60) – BRELAN/Rilan.
[40] Vgl. BPatG BeckRS 2010, 00418; dagegen noch strenger BPatG BeckRS 2004, 17342; 2009, 14241.

(2) Wird das Verfahren in dem frühen ersten Termin zur mündlichen Verhandlung nicht abgeschlossen, so trifft das Gericht alle Anordnungen, die zur Vorbereitung des Haupttermins noch erforderlich sind.

(3) Das Gericht setzt in dem Termin eine Frist zur schriftlichen Klageerwiderung, wenn der Beklagte noch nicht oder nicht ausreichend auf die Klage erwidert hat und ihm noch keine Frist nach Absatz 1 Satz 1 gesetzt war.

(4) ¹Das Gericht kann dem Kläger in dem Termin oder nach Eingang der Klageerwiderung eine Frist zur schriftlichen Stellungnahme auf die Klageerwiderung setzen. ²Außerhalb der mündlichen Verhandlung kann der Vorsitzende die Frist setzen.

A. Allgemeines

1   Die Norm regelt die **Vorbereitung und Durchführung** des frühen ersten Termins (nach § 272 Abs. 2). Von dem **frühen ersten Termin** nach § 275 Abs. 1, 272 Abs. 2 ist der (sich erst daran anschließende) **Haupttermin** zu unterscheiden (§ 272 Abs. 1)[1]. Anlass für einen solchen Haupttermin besteht, nur, wenn das Verfahren im frühen ersten Termin nicht abgeschlossen werden kann und die Prozesslage des Streitfalles eine weitere mündliche Verhandlung erforderlich macht.[2]

2   Ziel der Vorschrift insgesamt ist es, die Parteien bis zum frühen ersten Termin (eigentlich schon zur Güteverhandlung), jedenfalls aber bis zum Haupttermin zur erschöpfenden Darlegung des relevanten Streitstoffes zu veranlassen. Dies erfolgt durch die Aufforderung des Beklagten zur Einreichung einer **materiellen Klageerwiderung** (§ 277 Abs. 1–3) und des Klägers zur **Replik** hierauf (§ 277 Abs. 4). Über § 296 Abs. 1 kann auch im frühen ersten Termin verspätetes Vorbringen zurückgewiesen werden, nämlich wenn die richterliche Frist zur Klageerwiderung versäumt worden war (→ Rn. 10). Das Gericht ist frei, weitere Anordnungen zur Aufklärung nach § 273 Abs. 2 zu erlassen oder eine Beweisaufnahme vor der Durchführung des frühen ersten Termins nach § 358a anzuordnen.

3   Die Vorschrift hat für das **marken- oder patentrechtliche (Beschwerde-)Verfahren** keine Bedeutung.[3]

B. Vorbereitung des frühen ersten Termins, Abs. 1

I. Aufforderung zur Klagerwiderung

4   Der Beklagte ist zur Erklärung über sein Verteidigungsvorbringen aufzufordern. Das Gericht *kann* ihm hierzu eine Frist zur **schriftlichen Klageerwiderung** setzen; dabei ist auf einen Anwaltszwang (vgl. § 271 Abs. 2) und die Folgen einer Fristversäumnis (§ 296 Abs. 1) hinzuweisen (§ 277 Abs. 2). Wird keine Frist gesetzt, so *ist* der Beklagte zur **unverzüglichen Mitteilung** etwaiger Verteidigungsmittel durch den ggf. zu bestellenden Anwalt (§ 271 Abs. 2) aufzufordern. Diese Obliegenheit des Beklagten folgt daneben besteht bereits aus §§ 129 Abs. 1, 282 Abs. 2.[4] Der (obligatorische) gerichtliche Hinweis ist erforderlich, um den Beklagten vor anderenfalls **drohender Präklusion** bei unzulänglicher Prozessförderung nach § 296 Abs. 2 iVm § 282 Abs. 2 zu warnen.

5   Der Inhalt der Klagerwiderung ist in § 277 Abs. 1 geregelt. Zudem müssen **Zulässigkeitsrügen** nach § 282 Abs. 3 ebenfalls innerhalb dieser Frist vorgebracht werden (→ § 282 Rn. 21 ff.).

6   Die (verlängerbare) Frist zur Klagerwiderung beträgt – korrespondierend mit der Einlassungsfrist des Beklagten nach § 274 Abs. 3 – nach § 277 Abs. 3 mindestens zwei Wochen. Das Versäumen der Klagerwiderungsfrist kann nicht zum Gegenstand eines Wiedereinsetzungsantrages gemacht werden, da es sich nicht um eine Notfrist handelt.[5]

7   Die Verfügung erlässt der Vorsitzende oder ein von ihm bestimmtes Mitglied des Prozessgerichts; sie ist (unterschrieben und beglaubigt, § 317 Abs. 2, 3) im Falle des Abs. 1 S. 1 wegen der mit der Fristversäumnis verbundenen Folgen **zuzustellen**, § 329 Abs. 2 S. 2.[6] Bei Zustellungsmängeln kann weder auch Beklagten- noch auf Klägerseite Präklusion eintreten, da **Fristsetzungen keiner Heilung** zugänglich sind.[7] Die nach Abs. 1 S. 2 erforderliche Aufforderung, Verteidigungsmittel unverzüglich, dh ohne schuldhaftes Zögern, dem Gericht mitzuteilen, betont dagegen nur die ohnehin bestehende Prozessförderungspflicht des Beklagten braucht dem Beklagten nur formlos mitgeteilt zu werden, da sie keine Frist in Lauf setzt.[8]

---

[1] Zum Begriff OLG Düsseldorf NJW-RR 1996, 638.
[2] Musielak/Voit/*Foerste* ZPO § 275 Rn. 1.
[3] Busse/*Schuster* PatG § 99 Rn. 13.
[4] Musielak/Voit/*Foerste* ZPO § 275 Rn. 4.
[5] OLG Koblenz NJOZ 2011, 725.
[6] BGH NJW 1980, 1167 (1168); OLG Düsseldorf NJW-RR 1986, 799 (800).
[7] BGH NJW 1980, 1167 (1168); OLG Düsseldorf NJW-RR 1986, 799 (800).
[8] MüKoZPO/*Prütting* § 275 Rn. 10.

II. Replik des Klägers, Abs. 4

Zur weiteren Erörterung kann dem Kläger eine Replikfrist zur Stellungnahme auf die Klageerwiderung gesetzt werden und zwar sowohl in dem Termin als auch noch vor diesem. Dabei kann die Replikfrist dem Kläger selbstverständlich erst nach Eingang der Klagerwiderung des Beklagten gesetzt werden.[9] Auch diese Frist hat **mindestens zwei Wochen** zu betragen (§ 277 Abs. 3, 4). Auf die Folgen einer Fristversäumung (§ 296 Abs. 1) ist im Parteiprozess im Zweifel hinzuweisen.[10] Zuständig für die Fristsetzung ist im Termin das Gericht, außerhalb der mündlichen Verhandlung der Vorsitzende (Abs. 4 S. 2 nF[11]).

C. Durchführung des Termins

Die Durchführung des Termins ist nicht näher geregelt. Auch ihm hat nach § 278 Abs. 2 regelmäßig eine **Güteverhandlung** voraus zu gehen, an die sich das streitige Verfahren anschließt (§ 279 Abs. 1). Die Verhandlung folgt den gleichen Regeln wie im Haupttermin (→ § 279 Rn. 2). Der frühe erste Termin wird faktisch zum Haupttermin iSd § 272 Abs. 1, wenn nämlich die Sache sogleich erledigt werden kann, etwa durch Säumnis, Anerkenntnis, Erledigungserklärung (§ 91a) oder Klagerücknahme.[12] Ein **kostenbefreiendes Anerkenntnis** kann nach der Einführung des § 307 S. 2 aber nur innerhalb der Klagerwiderungsfrist abgegeben werden.[13]

D. Präklusion im frühen ersten Termin

Eine Zurückweisung unentschuldigten verspäteten Vorbringens ist auch im frühen ersten Termin **möglich**,[14] allerdings nur im Falle einer fruchtlos verstrichenen **Fristsetzung zur Klagerwiderung** (§ 296 Abs. 1).[15] Im Übrigen kann ein Vorbringen im ersten Termin zur mündlichen Verhandlung nach der Rechtsprechung des BGH *niemals* nach § 282 Abs. 1 verspätet sein (→ § 296 Rn. 35).[16] Sofern zum Termin allerdings noch keine Klagerwiderung des Beklagten vorlag, ist für eine Nachholung dessen nebst Fristsetzung nach Abs. 3 nur bei unverschuldeter Untätigkeit Raum.[17] Die Bestimmung erfolgt in diesem Fall nicht durch den Vorsitzenden, sondern durch das Gericht.

Ferner darf Vorbringen im frühen ersten Termin dann **nicht zurückgewiesen** werden, wenn nach der Sach- und Rechtslage eine Streitbeendigung in diesem Termin von vornherein ausscheidet, etwa weil es sich erkennbar um einen Durchlauftermin handelt oder es sich um einen offensichtlich schwierigen Prozess handelt.[18] Auch darf nach Maßgabe des § 282 Abs. 1 und 2 sehr wohl gestaffelt vorgetragen werden (→ § 282 Rn. 15). Die Zurückweisung von Vorbringen als verspätet verstößt gegen den Anspruch des Prozessbeteiligten auf rechtliches Gehör aus Art. 103 GG, wenn sich ohne weitere Erwägungen aufdrängt, dass die Verzögerung auch bei rechtzeitigem Vorbringen eingetreten wäre, weil die Präklusionsvorschriften der ZPO nicht dazu benutzt werden dürfen, verspätetes Vorbringen auszuschließen, wenn ohne jeden Aufwand erkennbar ist, dass die Pflichtwidrigkeit – die Verspätung allein – nicht kausal für die Verzögerung ist.[19]

E. Besonderheiten im einstweiligen Verfügungsverfahren

Im einstweiligen Verfügungs- und Arrestverfahren besteht bereits **keine Einlassungsfrist** nach § 274 Abs. 3, weil ohne mündliche Verhandlung und damit ohne Einlassung des Antragsgegners entschieden werden kann.[20] In Verfahren des einstweiligen Rechtsschutzes gilt i. ü. auch nicht die Erklärungsfrist des § 132.[21] Die Einlassung kann auch erst im Termin erfolgen (zu den Folgen → § 274 Rn. 12). Da auch die **Präklusionsvorschriften** nach hiesiger Auffassung keine Anwendung finden (str. → § 296 Rn. 14), ist für eine sanktionsgebundene Fristsetzung nach § 275 Abs. 1 S. 1 kein Raum, was nicht bedeutet, dass das Gericht nicht gleichwohl bei der Wahl eines zweiseitigen Erlassverfahrens

---

[9] BGH NJW 1980, 1167 (1168).
[10] vgl., OLG München BeckRS 2020, 31266 Rn. 16; Musielak/Voit/*Foerste* ZPO § 275 Rn. 5.
[11] Insoweit überholt OLG Köln NJW-RR 2000, 1086.
[12] Musielak/Voit/*Foerste* ZPO § 275 Rn. 6.
[13] BGH NJW 2006, 2491 (2492); Zöller/*Herget* ZPO § 93 Rn. 4; aA OLG Zweibrücken MDR 2008, 354; ebenfalls anders noch zur vorherigen Rechtslage: OLG Düsseldorf BeckRS 1999, 05619; OLG Köln BeckRS 1998, 16399.
[14] BGH NJW-RR 2005, 1296 (1297); OLG Hamm NJW-RR 1995, 958; BeckOK ZPO/*Bacher* § 275 Rn. 3; Zöller/*Greger* ZPO § 275 Rn. 6.
[15] BeckOK ZPO/*Bacher* § 275 Rn. 3; strenger Zöller/*Greger* ZPO § 275 Rn. 6.
[16] BGH BeckRS 2013, 16136.
[17] Zöller/*Greger* ZPO § 275 Rn. 6.
[18] BGH NJW-RR 2005, 1296 (1297).
[19] BGH NJW-RR 2005, 1296 (1297); BVerfG NJW 1995, 1417.
[20] Vgl. LG Hamburg BeckRS 2006, 00280; Zöller/*Greger* ZPO § 274 Rn. 5.
[21] LG Hamburg BeckRS 2006, 00280.

oder bei Anberaumung eines Widerspruchstermins zur vorbereitenden schriftsätzlichen Stellungnahme auffordern kann.

§ 276 Schriftliches Vorverfahren

(1) ¹Bestimmt der Vorsitzende keinen frühen ersten Termin zur mündlichen Verhandlung, so fordert er den Beklagten mit der Zustellung der Klage auf, wenn er sich gegen die Klage verteidigen wolle, dies binnen einer Notfrist von zwei Wochen nach Zustellung der Klageschrift dem Gericht schriftlich anzuzeigen; der Kläger ist von der Aufforderung zu unterrichten. ²Zugleich ist dem Beklagten eine Frist von mindestens zwei weiteren Wochen zur schriftlichen Klageerwiderung zu setzen. ³Ist die Zustellung der Klage im Ausland vorzunehmen, so beträgt die Frist nach Satz 1 einen Monat. ⁴Der Vorsitzende kann in diesem Fall auch eine längere Frist bestimmen.

(2) ¹Mit der Aufforderung ist der Beklagte über die Folgen einer Versäumung der ihm nach Absatz 1 Satz 1 gesetzten Frist sowie darüber zu belehren, dass er die Erklärung, der Klage entgegentreten zu wollen, nur durch den zu bestellenden Rechtsanwalt abgeben kann. ²Die Belehrung über die Möglichkeit des Erlasses eines Versäumnisurteils nach § 331 Abs. 3 hat die Rechtsfolgen aus den §§ 91 und 708 Nr. 2 zu umfassen.

(3) Der Vorsitzende kann dem Kläger eine Frist zur schriftlichen Stellungnahme auf die Klageerwiderung setzen.

Übersicht

	Rn.
A. Allgemeines	1
B. Einleitung des schriftlichen Vorverfahrens	4
I. Anzeige der Verteidigungsabsicht	5
1. Fristsetzung	5
2. Belehrungen	7
3. Zustellung	8
4. Anordnungsbefugnis	9
5. Versäumnisurteil bei fehlender Verteidigungsanzeige	10
6. Anerkenntnis	14
II. Aufforderung zur Klageerwiderung	15
1. Fristsetzung	15
2. Belehrung	17
3. Zustellung	19
III. Replik des Klägers, Abs. 3	20
C. Anberaumung des Haupttermins	21
D. Besonderheiten im einstweiligen Verfügungsverfahren	23

A. Allgemeines

1 Die Norm regelt die **Vorbereitung und Durchführung** des schriftlichen Vorverfahrens (nach § 272 Abs. 2). Es zielt noch stärker als beim Verfahren des frühen ersten Termins nach § 275 darauf ab, die Parteien zur erschöpfenden Darlegung des relevanten Streitstoffes zu veranlassen. Dies erfolgt durch die Aufforderung des Beklagten zur Einreichung einer **materiellen Klageerwiderung** (§§ 276 Abs. 1 S. 2, 277 Abs. 1–3) und des Klägers zur **Replik** hierauf (§§ 276 Abs. 3, 277 Abs. 4). Das Vorverfahren nach § 276 ist kein schriftliches Verfahren iSd § 128 Abs. 2 und 3. Gleichwohl haben die während dessen eingereichten Schriftsätze nicht nur vorbereitenden Charakter; darin enthaltene Behauptungen des Klägers und (prozessbeendende) Anträge, wie auf den Erlass eines Versäumnisurteils, werden sofort wirksam.[1]

2 Für Beschleunigung (und Ausscheiden der unstreitigen Fälle) sorgt die Verpflichtung des Beklagten zur **Anzeige der Verteidigungsabsicht** innerhalb der Notfrist des Abs. 1 S. 1; wird sie versäumt, kann gemäß § 331 Abs. 3 ein Versäumnisurteil ergehen. Für besonderen Nachdruck im Rahmen der materiellen Klageerwiderung und Replik sorgt, dass bei verspätetem Vortrag jeder Partei, der eine Frist gesetzt war, die strenge Präklusion nach § 296 Abs. 1 S. 1 droht. Damit dient auch § 276 der Beschleunigung. Die zahlreichen Hinweispflichten (Abs. 1 S. 2 iVm 277 Abs. 2; Abs. 2; Abs. 3 iVm § 277 Abs. 4) haben dasselbe Ziel; sie sollen die Parteien aber auch davor schützen, durch das Beschleunigungsprinzip geschädigt zu werden.[2] Das Gericht ist frei, vor der Durchführung des Haupttermins weitere Anordnungen zur Aufklärung nach § 273 Abs. 2 zu erlassen.

---

[1] Zöller/*Greger* ZPO § 276 Rn. 16; MüKoZPO/*Prütting* ZPO § 276 Rn. 5; Musielak/Voit/*Foerste* ZPO § 276 Rn. 13.
[2] Musielak/Voit/*Foerste* ZPO § 276 Rn. 1.

Die Vorschrift hat für das **marken- oder patentrechtliche (Beschwerde-)Verfahren** keine Bedeutung.³

B. Einleitung des schriftlichen Vorverfahrens

Das schriftliche Vorverfahren wird dadurch eingeleitet, dass der Beklagte mit der Klagezustellung (§ 271 Abs. 1) zur Anzeige seiner Verteidigungsabsicht und zur materiellen Klagerwiderung binnen zweier gestufter Fristen aufgefordert und entsprechend (zweifach) belehrt wird.

I. Anzeige der Verteidigungsabsicht

1. Fristsetzung. Die erste zu setzende Frist enthält nach Abs. 1 S. 1 die Aufforderung an den Beklagten, seine **Verteidigungsabsicht** binnen einer Notfrist (§§ 223 Abs. 2, 233) von zwei Wochen nach Klagezustellung schriftlich anzuzeigen. Die Frist ist eine Notfrist, so dass weder eine ihre Abkürzung noch ihre Verlängerung in Betracht kommt (→ § 224 Rn. 6). Gegen die Versäumung dieser Frist kann die Wiedereinsetzung in den vorigen Stand nach § 233 gewährt werden.⁴ Werden nachfolgend die Klageanträge geändert, ist nicht erneut zur Verteidigungsanzeige aufzufordern.⁵

Bei **Zustellung im Ausland** beträgt nach der Neufassung des Abs. 1 S. 3 die Mindestfrist einen Monat (BGBl. 2017 I S. 1607). Zur Bestellung eines Zustellungsbevollmächtigten kann ebenfalls eine Frist bestimmt werden nach § 184 Abs. 1, wobei diese Vorschrift allerdings im **Geltungsbereich der EuZVO** nicht mehr anwendbar ist.⁶ Zur Auslandszustellung → § 271 Rn. 9.

2. Belehrungen. Mit der Fristsetzung ist der Beklagte darüber zu belehren, dass im Prozess des gewerblichen Rechtsschutzes (vor dem Landgericht, mithin im Anwaltsprozess) die Erklärung seiner Verteidigungsabsicht (Abs. 2) und die Klageerwiderung (§ 277 Abs. 2) nur durch einen **Rechtsanwalt** erfolgen können (→ § 271 Rn. 31) und dass bei Versäumung der Notfrist ein Versäumnisurteil (§ 331 Abs. 3) samt Kostenlast und erleichterter Vollstreckbarkeit droht (Abs. 2 S. 2). Ohne diese Belehrung ist der Erlass eines Versäumnisurteils unstatthaft (§ 335 Abs. 1 Nr. 4) und es kann auch keine Präklusion nach § 296 Abs. 1 eintreten.

3. Zustellung. Die Verfügung ist (unterschrieben und beglaubigt, § 317 Abs. 2, 3) dem Beklagten wegen der mit der Fristversäumnis verbundenen Folgen **zuzustellen,** § 329 Abs. 2 S. 2.⁷ Dem Kläger ist hierbei gemäß § 276 Abs. 1 S. 1 Hs. 2 formlos Mitteilung zu machen, damit dieser erfährt, dass das schriftliche Vorverfahren in Gang gesetzt wurde, Abs. 1 S. 2 iVm § 329 Abs. 2. Bei Zustellungsmängeln kann weder auch Beklagten- noch auf Klägerseite Präklusion eintreten, da Fristsetzungen keiner Heilung zugänglich sind.⁸ Mängel der Zustellung sind allerdings nach § 189 **heilbar.**⁹

4. Anordnungsbefugnis. Fristsetzung und Belehrung sind nach dem Wortlaut der Norm vom Vorsitzenden zu erlassen. Soweit vertreten wird, dass die Norm eine **ausschließliche Zuständigkeit des Vorsitzenden** begründe,¹⁰ ist ein derart enges Verständnis weder zwingend noch sachgerecht (str.). Die Sach- und Interessenlage unterscheidet sich nicht von der im Verfahren des frühen ersten Termins nicht, was zumindest eine **analoge Anwendung des § 275 Abs. 1 S. 1** gebietet,¹¹ würde doch anderenfalls die wortgetreue Auslegung zum Stillstand der Rechtspflege während jedweder Abwesenheit des Vorsitzenden führen. Es liegt auf der Hand, dass der Vorsitzende nicht nur durch den stellvertretenden Vorsitzenden jederzeit vertreten werden kann (und wird), sondern auch durch den Berichterstatter.¹²

5. Versäumnisurteil bei fehlender Verteidigungsanzeige. Wird die Notfrist zur Verteidigungsanzeige versäumt, kann – auf Antrag des Klägers – Versäumnisurteil erlassen werden nach § 331 Abs. 3. Der Antrag des Klägers kann schon in der Klageschrift gestellt werden, § 331 Abs. 3 S. 2. Wird der Antrag später gestellt, ist er zwar als teilweiser Sach- und Prozessantrag als solcher **zustellungspflichtig** (→ § 270 Rn. 11); einer Zustellung an den Gegner *vor* Erlass des Versäumnisurteils bedarf es aufgrund der schon vom Gericht erteilten Warnung jedoch nicht.¹³ Es genügt vielmehr die **gleichzeitige Zuleitung** des Antrages. Wird kein Versäumnisurteil beantragt, so ist Haupttermin anzusetzen.

---

³ Busse/*Schuster* PatG § 99 Rn. 13.
⁴ MüKoZPO/*Prütting* ZPO § 276 Rn. 21; zur Unanwendbarkeit im Verfahren nach Erlass eines Vollstreckungsbescheides: OLG Koblenz NJOZ 2011, 725.
⁵ OLG Koblenz BeckRS 2012, 10816.
⁶ BGH NJW 2011, 1885 (1886); BeckRS 2012, 21862.
⁷ BGH NJW 1980, 1167 (1168); OLG Düsseldorf NJW-RR 1986, 799 (800).
⁸ BGH NJW 1980, 1167 (1168); OLG Düsseldorf NJW-RR 1986, 799 (800).
⁹ Musielak/Voit/*Foerste* ZPO § 276 Rn. 2a.
¹⁰ BGH NJW 1991, 2774 (2775); MüKoZPO/*Prütting* ZPO § 276 Rn. 16; Zöller/*Greger* ZPO § 276 Rn. 4; aA Musielak/Voit/*Foerste* ZPO § 277 Rn. 4.
¹¹ Ebenso Musielak/Voit/*Foerste* ZPO § 276 Rn. 4.
¹² Offengelassen BGH NJW 1991, 2774 (2775).
¹³ KG NJW-RR 1994, 1344; aA OLG München MDR 1980, 235.

11 Die Anzeige der Verteidigungsbereitschaft ist jedenfalls bis zur Einreichung einer Klagewiderung **widerruflich**,[14] so dass der Beklagte auch danach noch den Weg für ein kostengünstiges Versäumnisurteil frei machen kann. Insoweit besteht die gleiche Interessenlage, wie beim kostenbefreienden Anerkenntnis[15] nach Verteidigungsanzeige. Im Mahnverfahren gilt Abs. 1 S. 1 nach Abgabe an das Prozessgericht und nach Eingang der Anspruchsbegründung.[16]

12 Für den Beklagten ist das Versäumnisurteil **abwendbar**, wenn seine Erklärung, sich (doch) verteidigen zu wollen, noch eingeht, bevor der Geschäftsstelle – der befassten Abteilung[17] – das unterschriebene Urteil übermittelt wird (§ 331 Abs. 3 S. 1 Hs. 2). Nach Übergabe an die Geschäftsstelle ist die Frist versäumt. Ist das darauf ergehende Urteil zugestellt (§ 310 Abs. 3), so bleibt dem Beklagten der Einspruch (§ 338). Dieser kann mit einem Antrag auf einstweilige Einstellung der Zwangsvollstreckung verbunden werden, § 719. Auch ein Antrag auf Wiedereinsetzung kann gestellt werden, da es sich um eine Notfrist handelt, wäre aber nur in der kurzen Phase bis zur Zustellung zielführend.[18] Ist die Verteidigungsanzeige wegen Umständen in der Sphäre des Gerichts nicht rechtzeitig vorgelegt worden, ist das Versäumnisurteil nicht in rechtmäßiger Weise ergangen,[19] einem Antrag auf **einstweilige Einstellung** der Zwangsvollstreckung wäre zu entsprechen.

13 Wird kein Versäumnisurteil beantragt, so ist der **Haupttermin** anzuberaumen. Auch ein unechtes Versäumnisurteil gegen den Kläger setzt mündliche Verhandlung voraus.

14 **6. Anerkenntnis.** Ein Anerkenntnis kann vom Beklagten **in jedem Stadium** des Verfahrens abgegeben werden. Kostenbefreiend wirkt das Anerkenntnis nach der Einführung des § 307 S. 2 allerdings nur dann, wenn es *innerhalb* der Klagewiderungsfrist abgegeben wird.[20] Die Anzeige der Verteidigungsbereitschaft steht einem kostenbefreienden Anerkenntnis nicht entgegen, sofern die Verteidigungserklärung keinen Sachantrag ankündigt oder das Klagevorbringen bestreitet.[21] Es ist nach Erhebung einer Stufenklage nicht auf jeder Stufe zu prüfen, ob der Beklagte iSd § 93 ZPO Veranlassung zur Erhebung der jeweils nächsten Stufe gegeben hat.[22]

II. Aufforderung zur Klagewiderung

15 **1. Fristsetzung.** Die zweite zu setzende Frist enthält nach Abs. 1 S. 2 die Aufforderung an den Beklagten, eine materielle Klageerwiderung einzureichen. Ihre Dauer hat **mindestens zwei Wochen** zu betragen. Sie ist keine Notfrist und daher **verlängerbar**, § 224 Abs. 2[23]. Die Frist des Abs. 1 S. 2 beginnt mit dem Ende der Notfrist ("weiteren Wochen"), im Mahnverfahren nach Wahl des Vorsitzenden auch schon mit Zustellung der Anspruchsbegründung (§ 697 Abs. 2 S. 2).[24] Ist die Frist im Einzelfall nicht ausreichend bemessen worden, darf die Überschreitung dieser Frist nicht zur Zurückweisung nach § 296 Abs. 1 führen (→ § 296 Rn. 23).[25]

16 Die Aufforderung zur Klagewiderung ist **bei** jeder **Klageänderung,** die den Streitgegenstand auswechselt oder erweitert, erneut zu erteilen,[26] auch wenn hierfür § 274 Abs. 3 (Einlassungsfrist) nicht einschlägig ist.

17 **2. Belehrung.** Mit der Fristsetzung ist der Beklagte darüber zu belehren, dass bei Versäumung der Klageerwiderungsfrist die Verspätungspräklusion eintreten kann. Der (obligatorische) gerichtliche Hinweis ist erforderlich, um den Beklagten vor anderenfalls **drohender Präklusion** bei unzulänglicher Prozessförderung nach § 296 Abs. 2 iVm § 282 Abs. 2 zu warnen. Die Belehrung darf sich inhaltlich nicht in einer formularmäßigen Wiedergabe des § 296 Abs. 1 erschöpfen, sondern muss der Partei in aller Deutlichkeit klar machen, dass sie sich gegen die Klage grundsätzlich nur innerhalb der gesetzten Frist verteidigen kann und dass bei deren Versäumung grundsätzlich jegliche Verteidigung abgeschnitten wird und sie den Prozess vollständig verlieren kann.[27] Genügt die Belehrung diesen Anforderungen nicht, ist sie unwirksam.[28] Ohne Belehrung ist eine Zurückweisung nach § 296 Abs. 1 nicht möglich.[29]

---

[14] Sogar für die Widerruflichkeit bis zum Ende des schriftlichen Vorverfahrens: Zöller/*Greger* ZPO § 276 Rn. 10.
[15] Vgl. BGH NJW 2006, 2490 (2492).
[16] Musielak/Voit/*Foerste* ZPO § 276 Rn. 2a.
[17] KG MDR 1989, 1003.
[18] Zöller/*Greger* ZPO § 276 Rn. 10a; Musielak/Voit/*Foerste* ZPO § 276 Rn. 9.
[19] Zöller/*Greger* ZPO § 276 Rn. 9.
[20] BGH NJW 2006, 2490 (2492); OLG Schleswig BeckRS 2010, 28244; KG NJW-RR 2006, 1078; OLG Hamburg NJOZ 2002, 1740; Zöller/*Herget* ZPO § 93 Rn. 4; MüKoZPO/*Prütting* ZPO § 276 Rn. 13.
[21] BGH NJW 2019, 1525 Rn. 7; 2006, 2490 (2492).
[22] OLG Bamberg ZEV 2020, 765 Rn. 1992.
[23] KG NJW-RR 2006, 1078.
[24] Musielak/Voit/*Foerste* ZPO § 276 Rn. 3.
[25] BGH NJW 1994, 736 (737); OLG Düsseldorf BeckRS 2011, 27232 mwN.
[26] Musielak/Voit/*Foerste* ZPO § 276 Rn. 3.
[27] BGH NJW 1986, 133; Zöller/*Greger* ZPO § 277 Rn. 2; Musielak/Voit/*Foerste* ZPO § 277 Rn. 6.
[28] OLG Frankfurt a. M. BeckRS 2011, 02252; OLG Hamburg NJOZ 2005, 3551 (3552); OLG Düsseldorf NJW-RR 1986, 799 (800); BGH NJW 1980, 1167 (1168).
[29] OLG Hamburg NJOZ 2005, 3551 (3552).

Fristsetzung und Belehrung können nach hiesiger Auffassung analog § 275 Abs. 1 S. 1 sowohl durch **18** den Vorsitzenden, als auch den stellvertretenden Vorsitzenden oder durch den Berichterstatter wirksam gesetzt werden (str. → Rn. 9).[30] Auch diese Verfügung ist (unterschrieben und beglaubigt, § 317 Abs. 2, 3) wegen der mit der Fristversäumnis verbundenen Folgen **zuzustellen,** § 329 Abs. 2 S. 2.[31] Bei Zustellungsmängeln kann keine Präklusion eintreten, da Fristsetzungen keiner Heilung zugänglich sind.[32]

3. Zustellung. Auch diese Verfügung ist dem Beklagten förmlich zuzustellen, § 329 Abs. 2 S. 2. **19** Bei **im Ausland** vorzunehmenden Zustellungen ist nach der Neufassung des Abs. 1 S. 3 auch die Einlassungsfrist auf mindestens einen Monat festzusetzen (vgl. auch § 274 Abs. 3 S. 2).

III. Replik des Klägers, Abs. 3

Zur weiteren Erörterung *kann* dem Kläger eine **Replikfrist** zur Stellungnahme auf die Klage- **20** widerung gesetzt werden und zwar sowohl in dem Termin als auch noch vor diesem. Dabei kann die Replikfrist dem Kläger selbstverständlich erst nach Eingang der Klageerwiderung des Beklagten gesetzt werden.[33] Auch diese Frist (sie ist keine Notfrist)[34] hat **mindestens zwei Wochen** zu betragen (§ 277 Abs. 3, 4). Auf die Folgen einer Fristversäumung (§ 296 Abs. 1) ist im Parteiprozess im Zweifel hinzuweisen.[35] Um eine wirksame Fristsetzung zu begründen, bedarf es einer **Zustellung** der Verfügung wegen § 329 Abs. 2, was in der Praxis allerdings häufig unterbleibt.

C. Anberaumung des Haupttermins

Das schriftliche Vorverfahren **endet** mit der Anberaumung des Haupttermins.[36] Er ist regulär **21** spätestens nach Eingang der Replik des Klägers anzuberaumen. Geht schon keine Verteidigungsanzeige des Beklagten ein und wird kein Versäumnisurteil beantragt, so ist sogleich **Haupttermin** anzuberaumen. Bleibt die Klageerwiderung aus, ist ebenfalls unverzüglich der Haupttermin zu bestimmen (§§ 216 Abs. 2, 272 Abs. 3). Bei verzögerter Erwiderung droht zudem die Zurückweisung als verspätet, § 296 Abs. 1. Das gilt selbst dann, wenn auch die Verteidigungserklärung erst nach Ablauf der Erwiderungsfrist eingeht und dies wegen § 331 Abs. 3 S. 1 Hs. 2 ohne Folgen bleibt.[37]

Ein **Abbruch** des schriftlichen Vorverfahrens ist zulässig, wenn beide Parteien dies beantragen oder **22** wenn nicht damit etwaig bereits erreichte verfahrensrechtliche Positionen der Parteien, etwa das Recht auf ein Versäumnisurteil nach den §§ 276 Abs. 1 S. 1, 331 Abs. 3 S. 1, beeinträchtigt werden.[38]

D. Besonderheiten im einstweiligen Verfügungsverfahren

Die Anordnung eines schriftlichen Vorverfahrens im einstweiligen Verfügungs- und Arrestverfahren **23** widerspricht dem Eilcharakter dieser Verfahrensarten.[39] Möglich bleibt aber die Ausgestaltung des Eilverfahrens als zweiseitiges Verfahren durch Zustellung der Antragsschrift (ggf. im Gegenzug mit Zustellung der Schutzschrift) zur Stellungnahme binnen einer kurzen Frist (→ § 271 Rn. 39).

§ 277 Klageerwiderung; Replik

(1) ¹**In der Klageerwiderung hat der Beklagte seine Verteidigungsmittel vorzubringen, soweit es nach der Prozesslage einer sorgfältigen und auf Förderung des Verfahrens bedachten Prozessführung entspricht.** ²**Die Klageerwiderung soll ferner eine Äußerung dazu enthalten, ob einer Entscheidung der Sache durch den Einzelrichter Gründe entgegenstehen.**

(2) **Der Beklagte ist darüber, dass die Klageerwiderung durch den zu bestellenden Rechtsanwalt bei Gericht einzureichen ist, und über die Folgen einer Fristversäumung zu belehren.**

(3) **Die Frist zur schriftlichen Klageerwiderung nach § 275 Abs. 1 Satz 1, Abs. 3 beträgt mindestens zwei Wochen.**

(4) **Für die schriftliche Stellungnahme auf die Klageerwiderung gelten Absatz 1 Satz 1 und Absätze 2 und 3 entsprechend.**

---

[30] IE ebenso Musielak/Voit/*Foerste* ZPO § 276 Rn. 4; offengelassen BGH NJW 1991, 2774 (2775).
[31] BGH NJW 1980, 1167 (1168); OLG Düsseldorf NJW-RR 1986, 799 (800).
[32] BGH NJW 1980, 1167 (1168); OLG Düsseldorf NJW-RR 1986, 799 (800).
[33] BGH NJW 1980, 1167 (1168).
[34] MüKoZPO/*Prütting* ZPO § 276 Rn. 38.
[35] Musielak/Voit/*Foerste* ZPO § 275 Rn. 5.
[36] Zöller/*Greger* ZPO § 276 Rn. 18.
[37] Musielak/Voit/*Foerste* ZPO § 276 Rn. 11.
[38] MüKoZPO/*Prütting* ZPO § 276 Rn. 41.
[39] MüKoZPO/*Prütting* ZPO § 276 Rn. 7.

A. Allgemeines

1 Die Vorschrift ergänzt §§ 275, 276. Soweit ein schriftliches Vorverfahren bestimmt oder dem Beklagten im Verfahren des frühen ersten Termins eine Frist zur **Klagerwiderung** gesetzt wird, bestimmt Abs. 1 deren Inhalt. Sie präzisiert im Übrigen die **allgemeine Prozessförderungspflicht** des Beklagten. Entsprechendes gilt für die Replik des Klägers, Abs. 4. Versäumnisse dieser Frist können zur Präklusion nach § 296 führen. Ziel der Vorschrift insgesamt ist es, die Parteien bis zum frühen ersten Termin (eigentlich schon zur Güteverhandlung) bzw. dem Abschluss des schriftlichen Vorverfahrens, jedenfalls aber bis zum Haupttermin zur erschöpfenden Darlegung des relevanten Streitstoffes zu veranlassen. Das Gericht ist frei, weitere Anordnungen zur Aufklärung nach § 273 Abs. 2 zu erlassen oder eine Beweisaufnahme vor der Durchführung des frühen ersten Termins nach § 358a anzuordnen.

2 Zu den Einlassungsfristen im **marken- und patentrechtlichen Verfahren** vor BPatG → § 274 Rn. 14. Im Übrigen hat die Vorschrift hat für das marken- oder patentrechtliche Verfahren vor dem BPatG keine Bedeutung.[1]

B. Klagerwiderung, Abs. 1–3

I. Inhalt

3 Nach § 282 Abs. 1 hat jede Partei *in* **der mündlichen Verhandlung** alle zur Abwehr des Sachantrags beabsichtigten tatsächlichen Behauptungen, Bestreiten, Einwendungen, Einreden und Beweismittel vorzutragen. Nach § 277 Abs. 1 hat der Beklagte bereits in der Klageerwiderung seine **Verteidigungsmittel** vorzubringen. Beide Vorschriften stellen aber einschränkend darauf ab, dass dies nur gilt, soweit es **nach der Prozesslage** einer sorgfältigen und auf Förderung des Verfahrens bedachten Prozessführung entspricht, Abs. 1 (→ § 282 Rn. 12). Damit ist klargestellt, dass nicht jeder irgendwie mit der Sache zusammenhängende Gesichtspunkte oder gar alles auch nur eventuell im Prozessverlauf erheblich Werdende von vornherein in das Verfahren eingeführt werden muss.[2] Es ist daher zulässig und sachgerecht, nicht sogleich den gesamten auch nur möglicherweise entscheidungserheblichen Sachvortrag zu leisten, sondern sich auf das **nach der Prozesslage Notwendige** zu beschränken.[3] Dabei wird die Prozesslage durch das jeweilige Vorbringen des Klägers bestimmt, aber auch durch (erteilte oder noch ausstehende) **Hinweise des Gerichts**.[4] Dies ist entscheidend für die Möglichkeit der Zurückweisung späteren Sachvortrages als präkludiert (→ § 296 Rn. 30). Hiervon ist daher abhängig, ob tatsächlich bereits eine **Verjährung** oder **Aufrechnung** mit der Klageerwiderung geltend gemacht und auch substantiiert werden muss.[5] Zu den Einzelheiten kann auf die allgemeine Kommentarliteratur verwiesen werden.

4 Rügen, die die **Zulässigkeit der Klage** betreffen, § 282 Abs. 3 S. 2, und Prozesshindernisse müssen jedoch zwingend innerhalb der Klagerwiderungsfrist vorgebracht werden (→ § 282 Rn. 21 ff.). Ein **kostenbefreiendes Anerkenntnis** kann nach der Einführung des § 307 S. 2 ebenfalls nur noch innerhalb der Klagerwiderungsfrist abgegeben werden,[6] ohne die Kostenwohltat des § 93 dagegen auch noch nach Schluss der mündlichen Verhandlung.[7]

5 Die Klagerwiderung soll ferner eine Äußerung dazu enthalten, ob einer Entscheidung der Sache durch den **Einzelrichter** Gründe entgegenstehen. Bei den Verfahren des gewerblichen Rechtsschutzes handelt es sich jedoch – mit Ausnahme der Urhebersachen am Amtsgericht – um **geborene Kammersachen**, §§ 348 Abs. 1 S. 2 lit. f iVm 95 Abs. 1 Nr. 4 lit. c und Nr. 5 GVG bzw. §§ 348 Abs. 1 S. 2 lit. k iVm 143 PatG; §§ 125e, 140 MarkenG; § 52 GeschmMG; § 24b GebrMG; § 37b SortenschutzG; § 13 Abs. 1 S. 1 UWG.

6 Zum Anfallen der **Verfahrensgebühr,** wenn eine Klagerwiderung verfasst und eingereicht wurde, obwohl die Klage zwischenzeitlich zurückgenommen war: OLG Celle NJOZ 2012, 2421.

II. Belehrungen

7 Der Beklagte ist auf einen **Anwaltszwang** (vgl. § 271 Abs. 2) und die **Folgen einer Fristversäumnis** (§ 296 Abs. 1) hinzuweisen (§ 277 Abs. 2). Im Falle des schriftlichen Vorverfahrens muss die

---

[1] BGH GRUR 2020, 1291 Rn. 13 – Energieversorgungssystem; Busse/*Schuster* PatG § 99 Rn. 13.
[2] BVerfG NJW 1980, 1737 (1738).
[3] Zöller/*Greger* ZPO § 277 Rn. 1; MüKoZPO/*Prütting* ZPO § 277 Rn. 4; strenger Musielak/Voit/*Foerste* ZPO § 277 Rn. 2.
[4] Zöller/*Greger* ZPO § 277 Rn. 1; zu Möglichkeiten und Grenzen im Berufungsverfahren vgl. BGH NJW-RR 2012, 341 (342).
[5] Vgl. Musielak/Voit/*Foerste* ZPO § 277 Rn. 2.
[6] BGH NJW 2006, 2491 (2492); Zöller/*Herget* ZPO § 93 Rn. 4; aA zum Verfahren nach § 275: OLG Zweibrücken MDR 2008, 354; ebenfalls anders noch zur vorherigen Rechtslage: OLG Düsseldorf BeckRS 1999, 05619; OLG Köln BeckRS 1998, 16399.
[7] Vgl. Musielak/Voit/*Huber* ZPO § 296a Rn. 3.

Belehrung nach §§ 276 Abs. 2, 331 Abs. 3 hinzukommen.[8] Die Belehrung darf sich inhaltlich nicht in einer formularmäßigen Wiedergabe des § 296 Abs. 1 erschöpfen.[9] Genügt die Belehrung diesen Anforderungen nicht, ist sie unwirksam.[10] Auf die Unwirksamkeit der Fristsetzung ist es ohne Einfluss, ob die Partei alsbald einen Rechtsanwalt als ihren Prozessvertreter beauftragt.[11]

Die Verfügung ist (vollständig unterschrieben und beglaubigt, § 317 Abs. 2, 3) im Falle des Abs. 1 **8** S. 1 wegen der mit der Fristversäumnis verbundenen Folgen **zuzustellen**, § 329 Abs. 2 S. 2.[12] Bei Zustellungsmängeln kann weder auf Beklagten- noch auf Klägerseite Präklusion eintreten, da **Fristsetzungen keiner Heilung** zugänglich sind.[13]

III. Frist

Abs. 3 bestimmt für den Fall des frühen ersten Termins die Frist für die Klagerwiderung auf **9** **mindestens zwei Wochen**. Für das schriftliche Vorverfahren gilt hingegen die Fristenregelung des § 276 Abs. 1. Die (verlängerbare) Frist zur Klagerwiderung korrespondiert mit der Einlassungsfrist des Beklagten nach § 274 Abs. 3. Das Versäumen der Klagerwiderungsfrist kann nicht zum Gegenstand eines Wiedereinsetzungsantrages gemacht werden, da es sich nicht um eine Notfrist handelt.[14]

C. Replik des Klägers, Abs. 4

Zur weiteren Erörterung kann dem Kläger eine **Replikfrist** zur Stellungnahme auf die Klager- **10** widerung gesetzt werden. An diese sind dieselben inhaltlichen Anforderungen wie an die Klagerwiderung zustellen, § 277 Abs. 3, 4. Auch diese Frist hat **mindestens zwei Wochen** zu betragen. Dabei kann die Replikfrist dem Kläger selbstverständlich erst nach Eingang der Klagerwiderung des Beklagten gesetzt werden.[15] Auf die Folgen einer Fristversäumung (§ 296 Abs. 1) ist im Parteiprozess im Zweifel hinzuweisen.[16]

D. Besonderheiten im einstweiligen Verfügungsverfahren

Im einstweiligen Verfügungs- und Arrestverfahren besteht bereits die **Einlassungsfrist** des § 274 **11** Abs. 3 **nicht,** dh im zweiseitigen Erlassverfahren, bei der ein (früher erster) Termin bestimmt wurde, können auch über § 277 Abs. 1 keine wirksamen Fristen zur Antragserwiderung gesetzt werden.[17] In Verfahren des einstweiligen Rechtsschutzes gilt i. ü. auch nicht die Erklärungsfrist des § 132.[18] Die Einlassung kann auch erst im Termin erfolgen (→ § 296 Rn. 14).

§ 278 Gütliche Streitbeilegung, Güteverhandlung, Vergleich

(1) **Das Gericht soll in jeder Lage des Verfahrens auf eine gütliche Beilegung des Rechtsstreits oder einzelner Streitpunkte bedacht sein.**

(2) ¹**Der mündlichen Verhandlung geht zum Zwecke der gütlichen Beilegung des Rechtsstreits eine Güteverhandlung voraus, es sei denn, es hat bereits ein Einigungsversuch vor einer außergerichtlichen Gütestelle stattgefunden oder die Güteverhandlung erscheint erkennbar aussichtslos.** ²**Das Gericht hat in der Güteverhandlung den Sach- und Streitstand mit den Parteien unter freier Würdigung aller Umstände zu erörtern und, soweit erforderlich, Fragen zu stellen.** ³**Die erschienenen Parteien sollen hierzu persönlich gehört werden.** ⁴**§ 128a Absatz 1 und 3 gilt entsprechend.**

(3) ¹**Für die Güteverhandlung sowie für weitere Güteversuche soll das persönliche Erscheinen der Parteien angeordnet werden.** ² **§ 141 Abs. 1 Satz 2, Abs. 2 und 3 gilt entsprechend.**

(4) **Erscheinen beide Parteien in der Güteverhandlung nicht, ist das Ruhen des Verfahrens anzuordnen.**

---

[8] Musielak/Voit/*Foerste* ZPO § 277 Rn. 5.
[9] BGH NJW 1986, 133; Zöller/*Greger* ZPO § 277 Rn. 2; Musielak/Voit/*Foerste* ZPO § 277 Rn. 6.
[10] OLG Frankfurt a. M. BeckRS 2011, 02252; OLG Hamburg NJOZ 2005, 3551 (3552); OLG Düsseldorf NJW-RR 1986, 799 (800); BGH NJW 1980, 1167 (1168).
[11] BGH NJW 1986, 133.
[12] BGH NJW 1980, 1167 (1168); OLG Frankfurt a. M. BeckRS 2011, 02252; OLG Düsseldorf NJW-RR 1986, 799 (800).
[13] OLG Frankfurt a. M. BeckRS 2011, 02252; OLG Hamburg NJOZ 2005, 3551 (3552); OLG Düsseldorf NJW-RR 1986, 799 (800); BGH NJW 1980, 1167 (1168).
[14] OLG Koblenz NJOZ 2011, 725.
[15] BGH NJW 1980, 1167 (1168).
[16] Musielak/Voit/*Foerste* ZPO § 277 Rn. 7.
[17] Vgl. LG Hamburg BeckRS 2006, 00280; Zöller/*Greger* ZPO § 274 Rn. 5.
[18] LG Hamburg BeckRS 2006, 00280.

(5) ¹Das Gericht kann die Parteien für die Güteverhandlung sowie für weitere Güteversuche vor einen hierfür bestimmten und nicht entscheidungsbefugten Richter (Güterichter) verweisen. ²Der Güterichter kann alle Methoden der Konfliktbeilegung einschließlich der Mediation einsetzen.

(6) ¹Ein gerichtlicher Vergleich kann auch dadurch geschlossen werden, dass die Parteien dem Gericht einen schriftlichen Vergleichsvorschlag unterbreiten oder einen schriftlichen oder zu Protokoll der mündlichen Verhandlung erklärten Vergleichsvorschlag des Gerichts durch Schriftsatz oder durch Erklärung zu Protokoll der mündlichen Verhandlung gegenüber dem Gericht annehmen. ²Das Gericht stellt das Zustandekommen und den Inhalt eines nach Satz 1 geschlossenen Vergleichs durch Beschluss fest. ³ § 164 gilt entsprechend.

Übersicht

	Rn.
A. Allgemeines (Abs. 1)	1
B. Die obligatorische Güteverhandlung (Abs. 2)	4
I. Anwendungsbereich	4
II. Durchführung	6
III. Absehen von der Güteverhandlung	11
C. Anordnung des persönlichen Erscheinens (Abs. 3)	12
D. Nichterscheinen beider Parteien (Abs. 4)	13
E. Verweisung an den Güterichter (Abs. 5)	14
F. Prozessvergleich (Abs. 6)	15
I. Der schriftliche Vergleich	15
II. Beschlussfassung über das Zustandekommen	19
III. Kostenfolgen	22

A. Allgemeines (Abs. 1)

1 Die durch die ZPO-Reform von 2002 neu gestaltete Vorschrift hebt noch deutlicher als das frühere Recht den Auftrag an die Zivilgerichte hervor, auf eine einvernehmliche Bereinigung des zwischen den Parteien bestehenden Konflikts hinzuwirken.¹ Dies gilt ohne Abstriche auch für die Verfahren des **gewerblichen Rechtsschutzes.** Auch hier kann und sollte **in jeder Lage des Verfahrens** darauf hingewirkt werden, ob nun für den Rechtsstreit insgesamt oder nur für einzelne Streitgegenstände oder Streitpunkte, Abs. 1.

2 Um dieses Ziel zu erreichen, sieht die Vorschrift **drei Wege** vor: Nach Abs. 2 hat eine **Güteverhandlung** vor der ersten mündlichen Verhandlung zu erfolgen. Nach der Neuordnung der Vorschrift ist auch die *Einführung in den Sach- und Streitstand,* die Erteilung von *Hinweisen* und die *Anhörung der Parteien* in diese Güteverhandlung integriert worden. Das Gericht kann alternativ – oder anschließend – die Sache an einen **Güterichter** verweisen, Abs. 5 Schließlich eröffnet Abs. 6 ist die Möglichkeit auch *außerhalb* der mündlichen Verhandlung einen **Prozessvergleich** herbeizuführen.

3 Abs. 1, 2 und 6 der Vorschrift sind auch im Verfahren vor dem BPatG **entsprechend anwendbar.**²

B. Die obligatorische Güteverhandlung (Abs. 2)

I. Anwendungsbereich

4 Die Durchführung einer Güteverhandlung ist nach Abs. 2 **vorgeschrieben.** Dies gilt auch für das **einstweilige Verfügungsverfahren,**³ sofern es hier im Erlass- oder Widerspruchsverfahren zu einer mündlichen Verhandlung kommt (→ § 279 Rn. 13). Gerade im Verfügungsverfahren dürfte eine frühzeitige Streitbeilegung sinnvoll sein, zumal die Möglichkeiten des Beweisantritts eingeschränkt (§ 294 Abs. 2) sind und eine Vertagung regelmäßig untunlich ist (vgl. aber → § 296 Rn. 16; → § 937 Rn. 15).

5 Für **Berufungs- und Revisionsgerichte** gilt Abs. 1 ebenfalls; eine Güteverhandlung steht ihnen allerdings frei, §§ 525 S. 1, 555 Abs. 1 S. 1.⁴

II. Durchführung

6 Nach der Neuordnung der Vorschrift ist die Einführung in den Sach- und Streitstand, die Erteilung von Hinweisen (§ 139) und die Anhörung der Parteien **in die Güteverhandlung integriert** worden. Diese Elemente sind folglich nicht Teil der mündlichen Verhandlung. Der Zweck einer Güteverhand-

---

¹ Zöller/*Greger* ZPO § 278 Rn. 1; zur Kritik ausführlich MüKoZPO/*Prütting* ZPO § 278 Rn. 30 ff.
² BPatG GRUR-RR 2012, 130 (131) – Doppelvertretungskosten im Nichtigkeitsverfahren VII; Busse/*Schuster* PatG § 99 Rn. 9.
³ Dafür Zöller/*Greger* ZPO § 278 Rn. 8; Musielak/Voit/*Huber* ZPO § 921 Rn. 5; MüKoZPO/*Prütting* ZPO § 278 Rn. 13; offengelassen: OLG Jena GRUR-RR 2008, 108 (109) – Fortsetzungstermin.
⁴ Musielak/Voit/*Foerste* ZPO § 278 Rn. 13.

lung erschöpft sich daher nicht in einer sofortigen Prozessbeendigung durch Vergleich, sondern bezweckt auch die Erörterung des Sach- und Streitstandes und ggf. die Abschichtung und **Begrenzung des Streitstoffes**.[5] Die obligatorische Güteverhandlung dient damit auch dem Zweck einer *Sondierungsverhandlung,* die den Rechtsstreit erheblich entlasten und verkürzen kann.[6] Die Güteverhandlung findet grundsätzlich vor der gesamten **Spruchkörper** statt, nicht vor dem Vorsitzenden allein.[7] Schon sie unterliegt dem **Anwaltszwang,** da in ihr der Streitstoff erörtert wird.[8]

Gerade im Prozess des **gewerblichen Rechtsschutzes** sind bereits hier die mitunter komplexen Fragen der richtigen **Antragsfassung** und des **Streitgegenstandes** zu klären. Der **gerichtlichen Hinweispflicht** nach § 139 ZPO ist in diesem Stadium nachzukommen. Dazu gehören auch Hinweise auf eine etwaige Aussichtslosigkeit oder Beweis- und Kostenrisiken.[9] Eine **Begrenzung des Streitstoffes** kann erreicht werden, zB indem bestimmte Punkte unstreitig gestellt, (Teil-)Unterlassungsverpflichtungserklärungen angeregt (und abgegeben) werden oder Antragsbeschränkungen vorgenommen werden. Ferner können **Annexansprüche** beispielsweise durch eine (Teil-)Auskunft ganz oder teilweise erledigt werden. 7

Sowohl die Güteverhandlung als auch die mündliche Verhandlung sollen so früh wie möglich stattfinden (→ § 272 Rn. 14). Die Güteverhandlung ist **Verhandlung** iSv § 169 S. 1 GVG und deshalb **öffentlich,** wenn sie vor dem erkennenden Gericht stattfindet.[10] Das Ergebnis der Güteverhandlung ist im **Protokoll** festzuhalten, § 160 Abs. 3 Nr. 10. **Prozesshandlungen** der Parteien können in der Güteverhandlung wirksam vorgenommen werden, sofern das Gesetz nicht eine Erklärung in der mündlichen Verhandlung verlangt, wie für das Stellen der **Sachanträge**[11] oder eines **Klagverzichts** (str.).[12] Wirksam sind – entsprechend dem Zweck der Güteverhandlung – alle Erklärungen, die auf die Beilegung des Streits gerichtet sind, wie zB **Klagerücknahme** (auch ohne Einwilligung des Beklagten, § 269 Abs. 1), **Vergleich** (§ 160 Abs. 3 Nr. 1), **Protokollierungen** gemäß §§ 160 Abs. 3 Nr. 8, 162 Abs. 1), übereinstimmende **Erledigungserklärung, Verweisungsantrag** nach § 281 oder **Anerkenntnis**.[13] Das Gericht kann dann aufgrund der Erklärungen in der Güteverhandlung alle Entscheidungen erlassen, die *ohne mündliche Verhandlung* ergehen können, wie **Anerkenntnisurteil, Kostenentscheidungen** nach § 269 Abs. 3 und 4 oder § 91a oder eine **Verweisung** gemäß § 281. 8

Das Parteivorbringen kann bei streitiger Verhandlung vom Gegner genutzt werden oder auch in spätere Beweiswürdigung einfließen.[14] Allerdings kann wegen des klaren Wortlauts des § 288 Abs. 1 ein **Geständnis** nur im Rahmen der streitigen mündlichen Verhandlung abgegeben (und von Gegner und Gericht) verwendet werden.[15] Eine **formale Beweisaufnahme** kann nicht mehr Teil der Güteverhandlung sein[16] (und auch nicht der mündlichen Verhandlung). 9

Die sich anschließende mündliche Verhandlung beginnt erst, sobald die Güteverhandlung gescheitert ist (§ 279 Abs. 1 S. 1), klassischer Weise mit der **Antragstellung** durch die Parteien gemäß §§ 137 Abs. 1, 297 (→ § 279 Rn. 5)[17]. Diese Aufteilung hat entscheidende Konsequenzen, da die aktive Teilnahme an der Güteverhandlung *nicht* zum **Verlust von Zuständigkeitsrügen** nach § 39 oder von Angriffs- und Verteidigungsmitteln nach §§ 282, 296 führt.[18] Auch ein **Verweisungsantrag an die KfH** nach § 101 Abs. 1 S. 1 GVG kann sowohl im frühen ersten Termin als auch im Widerspruchsverfahren gegen eine einstweilige Verfügung noch bis zu diesem Zeitpunkt gestellt werden (→ § 279 Rn. 5).[19] 10

III. Absehen von der Güteverhandlung

Keine Güteverhandlung ist nach Abs. 2 S. 1 vorzunehmen, wenn bereits ein Einigungsversuch vor einer außergerichtlichen Gütestelle stattgefunden hat oder die Güteverhandlung erkennbar aussichtslos erscheint. **Erkennbar aussichtslos** ist die Güteverhandlung, wenn Anhalt dafür besteht, dass selbst der Versuch, auf eine gütliche Beilegung hinzuwirken, sinnlos wäre.[20] Die Erörterung des Sach- und 11

---

[5] Zöller/*Greger* ZPO § 278 Rn. 7; Musielak/Voit/*Foerste* ZPO § 278 Rn. 10.
[6] Zöller/*Greger* ZPO § 278 Rn. 7.
[7] Zöller/*Greger* ZPO § 278 Rn. 11.
[8] OLG Zweibrücken NJW-RR 2003, 1653 (1654); MüKoZPO/*Prütting* ZPO § 278 Rn. 15; Musielak/Voit/*Foerste* ZPO § 278 Rn. 3.
[9] Musielak/Voit/*Foerste* ZPO § 278 Rn. 12.
[10] BeckOK/*Bacher* § 278 Rn. 10.
[11] Zöller/*Greger* ZPO § 278 Rn. 13.
[12] Zöller/*Greger* ZPO § 278 Rn. 13; aA BeckOK ZPO/*Bacher* § 278 Rn. 13.
[13] BeckOK/*Bacher* § 278 Rn. 13; Musielak/Voit/*Foerste* ZPO § 278 Rn. 13.
[14] Musielak/Voit/*Foerste* ZPO § 278 Rn. 12.
[15] Musielak/Voit/*Foerste* ZPO § 278 Rn. 12; Zöller/*Greger* ZPO § 278 Rn. 13.
[16] Vgl. auch Zöller/*Greger* ZPO § 278 Rn. 15.
[17] Ausführlich zum Ablauf: MüKoZPO/*Prütting* ZPO § 279 Rn. 7 f.
[18] Zöller/*Greger* ZPO § 278 Rn. 6; BeckOK ZPO/*Bacher* § 278 Rn. 14.
[19] OLG Hamburg NJW-RR 2012, 634 (636).
[20] Musielak/Voit/*Foerste* ZPO § 278 Rn. 3.

Streitstandes und die Erteilung von Hinweisen wird dann wieder Teil der mündlichen Verhandlung. Allerdings kann auch bei scheinbar heillos zerstrittenen Parteien ein gerichtlicher Güteversuch erfolgversprechend sein.[21] Dem Gericht steht es frei, die Aussichten eines Güteversuchs zu **antizipieren** und bereits mit der Ladung zur sich anschließenden mündlichen Verhandlung Maßnahmen nach § 273 Abs. 2 für den Fall ihres Scheiterns zu treffen. Die Entscheidung über die Durchführung einer Güteverhandlung trifft das Gericht; sie ist weder zu begründen noch anfechtbar (vgl. § 567).[22] Nach Einspruch gegen ein **Versäumnisurteil** oder einen Vollstreckungsbescheid ist hingegen wegen § 341a sogleich mündliche Verhandlung anzuberaumen;[23] ein Güteversuch nach Abs. 1 bleibt jedoch möglich.[24]

C. Anordnung des persönlichen Erscheinens (Abs. 3)

12 Nach Abs. 3 soll für die Güteverhandlung das **persönliche Erscheinen** (§ 141) angeordnet werden. Im Prozess des gewerblichen Rechtsschutzes wird hiervon regelmäßig abgesehen, es sei denn es zeichnet sich ab, dass eine denkbare gütliche Einigung die Anwesenheit von **Entscheidungsträgern** erforderlich macht. Allerdings kann sich auch ein *Geschäftsführer* dieser Ladung entziehen und einen verhandlungs- und vergleichsbefugten Vertreter entsenden, §§ 141 Abs. 3 S. 2, 278 Abs. 3 S. 2. Die Durchführung einer Güteverhandlung ist von der persönlichen Anwesenheit der Parteien natürlich nicht abhängig, zumal auch die Güteverhandlung selbst dem **Anwaltszwang** unterliegt.[25]

D. Nichterscheinen beider Parteien (Abs. 4)

13 Erscheint eine Partei in der Güteverhandlung nicht, schließt sich die mündliche Verhandlung dem unmittelbar an, § 279 Abs. 1 S. 1. Zu den Folgen siehe § 141. Erscheinen beide Parteien nicht, ist nach Abs. 4 das Ruhen des Verfahrens anzuordnen. Allerdings meint diese Regelung nicht das persönliche Erscheinen, sondern die **Säumnis beider Seiten.**[26] Insoweit gilt nichts anderes als nach §§ 251, 251a.

E. Verweisung an den Güterichter (Abs. 5)

14 Mittlerweile ermächtigt Abs. 5 nF das Gericht, die Parteien für die Güteverhandlung und für weitere Güteversuche vor einen **Güterichter** zu verweisen. Die in der früheren Fassung von Abs. 5 S. 1 vorgesehene Möglichkeit der Güteverhandlung vor einem beauftragten oder ersuchten Richter – auch aus dem Kreise des *Spruchkörpers* – besteht bedauerlicherweise seit der am 26.7.2012 in Kraft getretenen Neuregelung nicht mehr.[27] Der Güterichter gehört stets demselben Gericht an, darf aber nicht entscheidungsbefugt sein.[28] Mangels Entscheidungsbefugnis sind *Güteverhandlungen nach Abs. 5* **keine Verhandlung** iSv § 169 S. 1 GVG daher **nicht öffentlich.**[29] Über eine Verweisung entscheidet der gesamte Spruchkörper.[30] Zu den weiteren Einzelheiten kann auf die allgemeine Kommentarliteratur verwiesen werden.

F. Prozessvergleich (Abs. 6)

I. Der schriftliche Vergleich

15 Abs. 6 ist eine sinnvolle Ergänzung des Programmsatzes aus Abs. 1, dass das Gericht jederzeit auf eine gütliche Einigung hinwirken soll. Um Parteien und Gericht zu entlasten, lässt Abs. 6 S. 1 daher einen Vergleichsschluss auch **außerhalb der mündlichen Verhandlung** zu.[31] Die Vorschrift ergänzt die ohnehin bestehende Möglichkeit des Gerichts, in der mündlichen Verhandlung einen Vergleich vorzuschlagen und zu protokollieren (**§§ 160 Abs. 3 Nr. 1, 162**). Er hat dieselbe Wirkung, wie ein in der mündlichen Verhandlung geschlossener Vergleich.[32] Auch er verfügt daher über die rechtliche **Doppelnatur,** einerseits Prozesshandlung zu sein, deren Wirksamkeit sich nach den Grundsätzen des

---

[21] Vgl. auch Zöller/*Greger* ZPO § 278 Rn. 29; BeckOK ZPO/*Bacher* § 278 Rn. 5.
[22] Musielak/Voit/*Foerste* ZPO § 278 Rn. 4.
[23] Zöller/*Greger* ZPO § 278 Rn. 8; aA BeckOK ZPO/*Bacher* § 278 Rn. 5.2.
[24] Zöller/*Greger* ZPO § 278 Rn. 8.
[25] OLG Zweibrücken NJW-RR 2003, 1653 (1654); MüKoZPO/*Prütting* ZPO § 278 Rn. 15; Musielak/Voit/*Foerste* ZPO § 278 Rn. 3.
[26] MüKoZPO/*Prütting* ZPO § 278 Rn. 16.
[27] BeckOK ZPO/*Bacher* § 278 Rn. 9 und 24.
[28] Musielak/Voit/*Foerste* ZPO § 278 Rn. 14.
[29] BeckOK ZPO/*Bacher* § 278 Rn. 26.
[30] Musielak/Voit/*Foerste* ZPO § 278 Rn. 14.
[31] OLG München NJW-RR 2003, 788 (789); Musielak/Voit/*Foerste* ZPO § 278 Rn. 17.
[32] OLG München NJW-RR 2003, 788 (789).

Verfahrensrechts bestimmt, und andererseits privates Rechtsgeschäft, für das die Regeln des materiellen Rechts gelten.³³

Ein schriftlicher (gerichtlicher) Vergleichsvorschlag nach Abs. 6 S. 1 sollte mit einer *Annahmefrist* **16** versehen werden. Anderenfalls gilt die Annahmefrist des § 147 Abs. 2 BGB.³⁴ Für die Annahmeerklärungen gelten die **allgemeinen Regeln für Willenserklärungen**. Die Annahme ist daher bedingungsfeindlich, § 150 Abs. 2 BGB. Geht eine Zustimmungserklärung erst nach Ablauf der gesetzten (oder nach § 147 Abs. 2 BGB zu erwartenden) Annahmefrist ein, gilt dies als neues Angebot, § 150 Abs. 1 BGB, mit der Folge, dass auch bei bereits vorliegender Annahmeerklärung der anderen Partei deren Einverständnis *erneut eingeholt* werden muss (ggf. fernmündlich).

Ebenso wie der Prozessvergleich in der mündlichen Verhandlung schafft der Vergleich nach § 278 **17** einen **Vollstreckungstitel**, § 794 Abs. 1 Nr. 1. Es besteht **Anwaltszwang** auch hinsichtlich der Annahmeerklärung. Ein schriftlicher Vergleichsvorschlag nach § 278 Abs. 6 – auch wenn er in das Sitzungsprotokoll aufgenommen wurde –, bedarf der **Annahme durch Schriftsatz**; telefonische Annahme oder zu Protokoll ist *nicht* ausreichend.³⁵

Ein **Anspruch auf Protokollierung** eines gerichtlichen Vergleichs besteht allerdings lediglich **18** insoweit, als die Prozessparteien den *Streitgegenstand* des *Verfahrens* teilweise oder abschließend regeln; denn nur soweit reicht der Rechtsgewährungsanspruch der Parteien gegenüber dem Gericht.³⁶ Soweit die Einigung der Parteien noch in einem inneren Zusammenhang mit dem Streitgegenstand steht, inhaltlich aber darüber hinausgeht, steht es im pflichtgemäßen Ermessen des Gerichts, ob und in welchem Umfang es die Einigung als gerichtlichen Vergleich iSv § 127a BGB protokolliert.³⁷ Hier sind sowohl mögliche Belehrungs- und Mitteilungspflichten zu berücksichtigen, als auch etwaiger Haftungsrisiken des Dienstherren, auch wenn der gerichtliche Vergleich nach der Rechtsprechung des BGH wohl als **Spruchrichtertätigkeit** unter das zum Schutz der richterlichen Unabhängigkeit geltende Richterprivileg fallen dürfte.³⁸

II. Beschlussfassung über das Zustandekommen

Der schriftliche Vergleich nach § 278 Abs. 6 S. 1 bedarf lediglich noch der gerichtlichen Feststellung **19** seines Zustandekommens und Wiedergabe seines Inhalt, Abs. 6 S. 2. Diese ersetzt gemäß Abs. 6 S. 3 die gerichtliche Protokollierung.³⁹ Dieser Beschluss ist **zuzustellen** (str.), da ein *verfahrensbeendender Vollstreckungstitel* geschaffen wird, § 329 Abs. 3.⁴⁰ Die Zustimmungserklärung ist **nicht widerruflich**. Der Beschluss ist unanfechtbar.

Da der Beschluss nach Abs. 6 S. 2 gemäß Abs. 6 S. 3 die gerichtliche Protokollierung ersetzt **20** (→ § 162 Rn. 15), kann der Beschluss des Gerichts auch nur wie das Verhandlungsprotokoll nach **§ 164 berichtigt werden** und ist auch nicht mit der sofortigen Beschwerde anfechtbar.⁴¹ Sein Inhalt ist insbesondere **keiner Berichtigung** nach § 319 analog zugänglich.⁴² Vielmehr beschränkt sich dessen inhaltliche Überprüfung auf Verstöße gegen **§§ 134, 138 BGB**.⁴³ Wird der Beschluss gemäß § 164 berichtigt, so ist auch hiergegen kein **sofortige Beschwerde** statthaft,⁴⁴ wohl aber gegen die Ablehnung eines solchen Berichtigungsantrags.⁴⁵

Macht eine Partei die **Unwirksamkeit** eines gerichtlichen Vergleichs geltend, so ist auf ihren **21** Antrag das bisherige (Ausgangs-)Verfahren durch Terminsanberaumung fortzusetzen. Bei Fortführung des Rechtsstreits geht der Streit zunächst nur um die Frage, ob der Rechtsstreit durch den Vergleich (vollständig) erledigt wurde.⁴⁶ Wird die Erledigung verneint, so kann hierüber **Zwischenurteil** ergehen.⁴⁷ Wird der Vergleich als wirksam angesehen, so ist die Klage nicht abzuweisen, sondern Endurteil zu erlassen, des Inhalts, dass der Rechtsstreit durch den Vergleich erledigt ist.⁴⁸

---

³³ BGH NJW 2015, 2965.
³⁴ Zöller/*Greger* ZPO § 278 Rn. 30.
³⁵ BGH NJW 2015, 2965 (zur Begrenzung des Berufens auf den Formmangel nach § 242 BGB); OLG Hamm NJW-RR 2012, 882.
³⁶ BGH NJW 2011, 3451 (3452).
³⁷ BGH NJW 2011, 3451 (3452).
³⁸ Vgl. BGH NJW 2011, 3451 (3453); Musielak/Voit/*Foerste* ZPO § 278 Rn. 16.
³⁹ OLG München NJW-RR 2003, 788 (789).
⁴⁰ Zöller/*Greger* ZPO § 278 Rn. 30; aA Musielak/Voit/*Foerste* ZPO § 278 Rn. 18; BeckOK/*Bacher* § 278 Rn. 38.
⁴¹ OLG München NJW-RR 2003, 788 (789); OLG Naumburg BeckRS 2004, 30346499; Zöller/*Greger* ZPO § 278 Rn. 31; BeckOK/*Bacher* § 278 Rn. 39.
⁴² Vgl. auch BGH NJW-RR 2005, 214.
⁴³ Musielak/Voit/*Foerste* ZPO § 278 Rn. 18.
⁴⁴ BGH NJW-RR 2005, 214.
⁴⁵ Musielak/Voit/*Foerste* ZPO § 278 Rn. 18; offengelassen BGH NJW-RR 2005, 214.
⁴⁶ OLG Hamm NJW-RR 2012, 882.
⁴⁷ OLG Hamm NJW-RR 2012, 882.
⁴⁸ OLG Hamm NJW-RR 2012, 882.

III. Kostenfolgen

22 Die Erledigung des Rechtsstreits durch einen Vergleich führt zu einer **Ermäßigung** der Gerichtsgebühren gemäß KV 1211 GKG (in erster Instanz von 3,0 auf 1,0), KV 1222 GKG (in der Berufungsinstanz von 4,0 auf 2,0), KV 1232 GKG (in der Revisionsinstanz von 5,0 auf 3,0) und KV 1411 GKG (im Arrest- und Verfügungsverfahren von 1,5 auf 1,0). Für die Anwälte fällt beim Abschluss eines Vergleichs gemäß VV 1003 RVG eine **Einigungsgebühr**. Stets fällt beim Abschluss eines Vergleichs auch die **Terminsgebühr** nach VV 3104 RVG an.[49] Dies gilt unabhängig davon, ob eine Güteverhandlung durchgeführt wird, der Vergleich im schriftlichen Wege nach § 278 Abs. 6 (auch außerhalb von § 128 Abs. 2) geschlossen wird;[50] auch nicht erforderlich ist, dass der Vergleich protokolliert oder sein Zustandekommen gem. § 278 Abs. 6 ZPO seitens des Gerichts festgestellt wird.[51] Sie fällt auch, wenn der Vergleich in einem einstweiligen Verfügungsverfahren nach §§ 935 ff. ZPO geschlossen wird.[52]

§ 278a Mediation, außergerichtliche Konfliktbeilegung

(1) **Das Gericht kann den Parteien eine Mediation oder ein anderes Verfahren der außergerichtlichen Konfliktbeilegung vorschlagen.**

(2) **Entscheiden sich die Parteien zur Durchführung einer Mediation oder eines anderen Verfahrens der außergerichtlichen Konfliktbeilegung, ordnet das Gericht das Ruhen des Verfahrens an.**

A. Allgemeines

1 § 278a – eingefügt mit Wirkung zum 26.7.2012 – nimmt Bezug auf die Möglichkeiten der **außergerichtlichen Mediation** und anderer Verfahren der außergerichtlichen Konfliktbeilegung. Sie ergänzt damit die schon bestehenden Möglichkeiten der einvernehmlichen Streitbeilegung außerhalb des streitigen Verfahrens (obligatorische Güteverhandlung, § 278 Abs. 1 und 2, beauftrager oder ersuchter Güterichter, § 278 Abs. 5, sog. **gerichtsinterne Mediation**).[1]

2 Die von § 278a erfasste außergerichtliche Mediation wird durch das gleichzeitig in Kraft getretene *Mediationsgesetz*[2] ergänzt, das sich mit der Qualifikation und den Rahmenbedingungen der Mediation beschäftigt.[3] Die Möglichkeiten der (gerichtlichen oder außergerichtlichen) Mediation sind auch in Prozessen des **gewerblichen Rechtsschutzes,** namentlich bei kleinteiligen Schadensersatzklagen oder (noch andauernden) persönlichen oder geschäftlichen Verbindungen der Parteien zueinander nicht zu unterschätzen.

B. Verfahren

3 Das Gericht kann nach Abs. 1 den Parteien **jederzeit** ein Verfahren der außergerichtlichen Konfliktbeilegung vorschlagen. Zur Durchführung der Mediation bedarf es der Zustimmung der Parteien, die entweder das Gericht vorab einholen oder deren Einholung dem Mediator überlassen kann.

4 Wählen die Parteien einen Mediationsversuch zu unternehmen, ist nach Abs. 2 das **Ruhen des Verfahrens (§ 251)** anzuordnen. Nach Scheitern der einvernehmlichen Streitbeilegung ist das streitige Verfahren wieder aufzunehmen (vgl. § 279 Abs. 1 S. 1). Eine Vernehmung des Mediators als Zeuge zu den im Mediationsverfahren getätigten Aussagen und Einlassungen der Parteien verbietet sich aufgrund seiner Rolle.

5 Hinsichtlich der weiteren Einzelheiten kann auf die allgemeine Kommentarliteratur verwiesen werden.[4]

§ 279 Mündliche Verhandlung

(1) ¹**Erscheint eine Partei in der Güteverhandlung nicht oder ist die Güteverhandlung erfolglos, soll sich die mündliche Verhandlung (früher erster Termin oder Haupttermin)**

---

[49] BGH NJW 2006, 157 (158); OLG Köln NJOZ 2016, 1629.
[50] BGH NJW 2006, 157 (158).
[51] BGH NJW 2020, 2474 Rn. 7.
[52] BGH NJW 2020, 2474 Rn. 11.
[1] BeckOK ZPO/*Bacher* § 278a Rn. 1; MüKoZPO/*Ulrici* ZPO § 278a Rn. 1.
[2] BGBl. 2012 I S. 1577.
[3] Musielak/Voit/*Foerste* ZPO § 278a Rn. 1.
[4] Vgl. Musielak/Voit/*Foerste* ZPO § 278a Rn. 2 f.; BeckOK ZPO/*Bacher* § 278a Rn. 2 f.; MüKoZPO/*Prütting* ZPO § 282 Rn. 4 ff.

unmittelbar anschließen. ²Andernfalls ist unverzüglich Termin zur mündlichen Verhandlung zu bestimmen.

(2) Im Haupttermin soll der streitigen Verhandlung die Beweisaufnahme unmittelbar folgen.

(3) Im Anschluss an die Beweisaufnahme hat das Gericht erneut den Sach- und Streitstand und, soweit bereits möglich, das Ergebnis der Beweisaufnahme mit den Parteien zu erörtern.

A. Allgemeines

Die ZPO-Reform von 2001 hat das Verhältnis von Güteverhandlung (§ 278) und streitiger Verhandlung neu justiert. Die Einführung in den Sach- und Streitstand und eine persönliche Anhörung der erschienenen Parteien sind nach der nF in die Güteverhandlung vorverlagert worden.[1] § 279 regelt die Überleitung der Güteverhandlung (§ 278) in die streitige Verhandlung, indem sie sich unmittelbar anschließt (Abs. 1 S. 1).[2] **1**

Die Vorschrift gilt für **alle Formen der mündlichen Verhandlung,** also sowohl für den frühen ersten Termin (§ 275) als auch für den Termin nach schriftlichem Vorverfahren (§ 276) als auch für den Haupttermin.[3] Abs. 2 und 3 erläutern, wie sich das Gesetz einen **Haupttermin** *vorstellt*, nämlich als die umfassende (streitige) mündliche Verhandlung nebst Beweisaufnahme, die zur Entscheidungsreife des Rechtsstreits führen soll.[4] Im Haupttermin soll sich an die streitige Verhandlung die Beweisaufnahme unmittelbar anschließen (Abs. 2) und im Anschluss daran nochmals der Sach- und Streitstand erörtert und „soweit bereits möglich" das Ergebnis der Beweisaufnahme erörtert werden (Abs. 3). **2**

Abs. 1 ist auch im **patentrechtlichen** Nichtigkeits- und Löschungsverfahren Verfahren anwendbar, nicht aber im Beschwerdeverfahren.[5] **3**

B. Güteverhandlung und anschließende streitige Verhandlung (Abs. 1)

Die vorherige Güteverhandlung ist obligatorisch (→ § 278 Rn. 4). Scheitert sie, soll sich die streitige Verhandlung möglichst unmittelbar anschließen (S. 1). Das setzt voraus, dass nicht nur zur Güteverhandlung, sondern vorsorglich (in Wahrheit: standardmäßig) auch zur mündlichen Verhandlung geladen wurde.[6] Dem Gericht steht es frei, die Aussichten eines Gütesuchs zu antizipieren und bereits mit der Ladung Maßnahmen nach § 273 Abs. 2 für den Fall ihres Scheiterns zu treffen. Im **Prozess des gewerblichen Rechtsschutzes** wird dies insbesondere die Herbeischaffung der streitgegenständlichen **Verletzungsobjekte** oder die Ladung von Zeugen zum Gegenstand haben (→ § 273 Rn. 7 ff.). **4**

C. Haupttermin und Beweisaufnahme (Abs. 2)

Abs. 2 und 3 erläutern, wie sich das Gesetz einen **Haupttermin** vorstellt, für den Ablauf kann auf die allgemeinen Regeln in §§ 136 ff. ZPO verwiesen werden.[7] Nach den einen Teil der Güteverhandlung darstellenden einleitenden Maßnahmen (Einführung in den Sach- und Streitstand) beginnt der eigentliche Termin zur mündlichen Verhandlung erst, sobald die Güteverhandlung gescheitert ist (§ 279 Abs. 1 S. 1),[8] klassischer Weise mit der Antragstellung durch die Parteien (§§ 137 Abs. 1, 297).[9] Die Neujustierung des Verhältnisses von Güteverhandlung (§ 278) und streitiger Verhandlung hat *erhebliche Konsequenzen* für Fragen einer erfolgreichen **Flucht in die Säumnis** oder der **Präklusion von Zulässigkeitsrügen** (§ 296 Abs. 3). Da die mündliche Verhandlung auf die Güteverhandlung folgt (§ 279 Abs. 1 S. 1), führt das **Verhandeln in der Güteverhandlung** nicht zum Verlust von Zuständigkeitsrügen oder von Angriffs- und Verteidigungsmitteln.[10] Auch ein **Verweisungsantrag an die KfH** nach § 101 Abs. 1 S. 1 GVG kann sowohl im frühen ersten Termin als auch im Widerspruchsverfahren gegen eine einstweilige Verfügung noch bis zu diesem Zeitpunkt gestellt werden. Da die mündliche Verhandlung beginnt, sobald die Güteverhandlung gescheitert ist (§ 279 Abs. 1 S. 1), kann ein Verweisungsantrag nicht mehr gestellt werden, wenn der Antragsgegner nach gescheiterter Güteverhandlung seinen Widerspruch teilweise zurückgenommen und die einstweilige Verfügung insoweit als endgültige Regelung anerkannt hat.[11] **5**

---

[1] Statt aller: MüKoZPO/*Prütting* ZPO § 279 Rn. 7.
[2] Zöller/*Greger* ZPO § 279 Rn. 1.
[3] Musielak/Voit/*Foerste* ZPO § 279 Rn. 2; MüKoZPO/*Prütting* ZPO § 279 Rn. 4.
[4] Zöller/*Greger* ZPO § 279 Rn. 1.
[5] Vgl. Busse/*Schuster* PatG § 99 Rn. 9.
[6] Musielak/Voit/*Foerste* ZPO § 279 Rn. 3.
[7] Zöller/*Greger* ZPO § 279 Rn. 2; BeckOK ZPO/*Bacher* § 279 Rn. 6.
[8] Zur zeitlichen Grenze: OLG Hamburg NJW-RR 2012, 634 (635).
[9] Ausführlich zum Ablauf: MüKoZPO/*Prütting* ZPO § 279 Rn. 7 f.
[10] OLG Hamburg NJW-RR 2012, 634 (636).
[11] OLG Hamburg NJW-RR 2012, 634 (636).

6 Die **Beweisaufnahme** soll in der Regel keinen gesonderten Termin erfordern, sondern sich unmittelbar an den Haupttermin anschließen. Dies entspricht (für das Klagverfahren) nicht der Praxis im **Prozess des gewerblichen Rechtsschutzes**. Auch nach schriftlichem Vorverfahren erschöpfen sich unmittelbar anschließende Beweisaufnahmen regelmäßig in der **Augenscheinseinnahme der Verletzungsobjekte,** deren Vorlage ggf. durch Verfügung nach § 273 Abs. 2 im Vorwege anzuordnen ist. Die Entscheidung des Gerichts, die Beweisaufnahme nicht unmittelbar im Anschluss, sondern in einem neuen Termin vorzunehmen, ist nicht revisibel.[12] Die Beweisaufnahme kann im Übrigen auch nach § 358a vorab stattfinden, beispielsweise wenn es allein auf eine sachverständige Frage ankommt und der Sachverhalt im Übrigen unstreitig ist.

7 Die Parteien können der Beweisaufnahme beiwohnen (Parteiöffentlichkeit, § 357), müssen es aber nicht (§ 367), so dass nach Beweisaufnahme **Versäumnisurteil** ergehen kann. Auch präsente Zeugen können sogleich vernommen werden, sofern der Gegner dem nicht widerspricht und sein Fragerecht (§ 397 Abs. 2) nicht tangiert wird.[13]

D. Anschließende Erörterung (Abs. 3)

I. Abschlusserörterung

8 **1. Zum Sach- und Streitstand.** Die sog. **Abschlusserörterung** zum Sach- und Streitstand hat im Anschluss an die Beweisaufnahme zu erfolgen. Die Abschlusserörterung bietet erneute Möglichkeit zur gütlichen Einigung (Vergleich) oder anderweitigen Beendigung des Prozesses (Anerkenntnis, Klagrücknahme bei Zustimmung des Beklagten). Das Unterbleiben der Abschlusserörterung stellt einen erheblichen **Verfahrensfehler** dar.[14] Dass Gelegenheit zur Erörterung gegeben wurde, ist **im Protokoll festzuhalten** (§ 165).[15] Die Abschlusserörterung selbst ist zwar verzichtbar, nicht aber ihr Angebot durch das Gericht. Ggf. ist sie im Verfahren nach § 321a nachzuholen.

9 **2. Zum Ergebnis der Beweisaufnahme.** Die Erörterung erstreckt sich nach nF auch auf das **Ergebnis der Beweisaufnahme,** dh auf deren Bewertung durch das Gericht.[16] Das Gericht soll sich dazu äußern, ob es die unter Beweis gestellte Behauptung (vorläufig) für bewiesen hält oder nicht.[17] Nach der neueren Rechtsprechung des BGH gilt das Gericht nach § 279 Abs. 3 ZPO aber grundsätzlich nicht verpflichtet, im Anschluss an die Beweisaufnahme seine vorläufige Beweiswürdigung mitzuteilen, um den Parteien damit Gelegenheit zu geben, weitere Beweismittel anzubieten. Gegen eine allgemeine Hinweispflicht nach § 139 Abs. 1 ZPO spricht schon der Wortlaut der Norm, nach der das Gericht im Anschluss an die Beweisaufnahme das Beweisergebnis „soweit möglich" mit den Parteien erörtern soll.[18] Musste die Partei nach dem Verlauf der Beweisaufnahme aber nicht damit rechnen, dass das Gericht den Beweis als nicht geführt ansehen wird, darf ihr nicht die Möglichkeit abgeschnitten werden, durch neue Beweisanträge oder Richtigstellungen auf das Ergebnis der Beweisaufnahme noch Einfluss zu nehmen.[19] Zweckmäßigerweise ist für die Mitteilung einer Tendenz ggf. die Verhandlung zur Zwischenberatung kurz zu unterbrechen, notfalls ein neuer Termin anzuberaumen oder ein schriftlicher Hinweis zu erteilen. Um sich nicht dem Vorwurf der Voreingenommenheit aussetzen, kann es sich hierbei jedoch stets nur um eine **vorläufige Einschätzung** handeln.[20] Im Protokoll ist das Ergebnis der Einschätzung des Gerichts festzuhalten (nicht notwendigerweise deren Begründungselemente), um dies nach **§ 139 Abs. 4** aktenkundig zu machen.[21]

10 Der zu unterliegen drohenden Partei wird durch die gerichtliche Erörterung **rechtliches Gehör** gewährt und ggf. die Möglichkeit zum (vorsorglich) ergänzenden Beweisantritt, soweit letzterem nicht die Prozessförderungspflicht entgegensteht (§ 282).[22] Sofern der **neue Beweisantrag** sich zugleich als Reaktion auf das Ergebnis der durchgeführten Beweisaufnahme darstellt, ist dieser stets zulässig (§§ 279 Abs. 3, 285).[23] Das sukzessive Nachschieben weiterer Beweismittel ist aber dagegen regelmäßig sorgfaltswidrig.[24] Ein **neuer Termin** kann auch zur Gewährung rechtlichen Gehörs bei umfangreicher Beweisaufnahme oder sehr schwierigem Streitstoff erforderlich sein.[25]

---

[12] MüKoZPO/*Prütting* ZPO § 279 Rn. 19.
[13] Zöller/*Greger* ZPO § 279 Rn. 4.
[14] Zöller/*Greger* ZPO § 279 Rn. 6.
[15] BGH NJW 1990, 121 (122); Zöller/*Greger* ZPO § 279 Rn. 8; BeckOK ZPO/*Bacher* § 279 Rn. 10.
[16] Musielak/Voit/*Foerste* ZPO § 279 Rn. 7.
[17] Zöller/*Greger* ZPO § 279 Rn. 5; vermittelnd KG BeckRS 2013, 01487.
[18] BGH NJW 2016, 3100 Rn. 33.
[19] BGH NJW 2016, 3100 Rn. 32.
[20] Vgl. BGH GRUR 2011, 851 (852) – Werkstück.
[21] Zöller/*Greger* ZPO § 279 Rn. 8; BeckOK ZPO/*Bacher* § 279 Rn. 10.
[22] Musielak/Voit/*Foerste* ZPO § 279 Rn. 7.
[23] BGH BeckRS 2012, 04075.
[24] Vgl. BGH BeckRS 2012, 04075; BeckOK ZPO/*Bacher* § 279 Rn. 9.1.
[25] Musielak/Voit/*Foerste* ZPO § 279 Rn. 7.

Von seiner vorläufigen Bewertung kann das Gericht **wieder abweichen**.²⁶ Dies setzt jedoch voraus, dass dies für die Verfahrensbeteiligten – sei es durch den Verlauf der mündlichen Verhandlung, sei es durch einen ausdrücklichen weiteren Hinweis des Gerichts – erkennbar wird und zwar, dass sich entweder die Grundlage verändert hat, auf der das Gericht den ursprünglichen Hinweis erteilt hat, oder dass das Gericht bei unveränderter Entscheidungsgrundlage nunmehr eine andere rechtliche Beurteilung in Erwägung zieht, als den Beteiligten angekündigt.²⁷ Wenn sich eine Partei allerdings bereits nach einer **vorläufig geäußerten Rechtsansicht** des Gerichts – im Nachhinein zu Unrecht – erfolgreich wähnt und es unterlässt, zum Ergebnis einer Beweisaufnahme Ausführungen zu machen, ist ihr weder das rechtliche Gehör abgeschnitten noch liegt nach der Rechtsprechung des BGH ein Verstoß gegen das faire Verfahren durch eine Überraschungsentscheidung vor.²⁸ 11

II. Verhandlung der Parteien

Gemäß § 285 Abs. 1 haben die Parteien ferner **über das Ergebnis** der Beweisaufnahme **zu verhandeln**.²⁹ Wird über das Ergebnis der Beweisaufnahme verhandelt, sind spätere Rügen wegen Verfahrensfehlern abgeschnitten **(§ 295)**. Die Verhandlung der Parteien über die Beweisaufnahme ist in das Protokoll aufzunehmen; denn aus der Nichtprotokollierung ist nach § 165 ZPO zu schließen, dass die Parteien keine Gelegenheit zur abschließenden Stellungnahme hatten.³⁰ Darin liegt zugleich eine Verletzung des Verfahrensgrundrechts auf **rechtliches Gehör aus Art. 103 Abs. 1 GG**, der den Parteien ein Recht darauf gewährt, dass sie Gelegenheit erhalten, im Verfahren zu Wort zu kommen, und dass das Gericht nur solche Tatsachen und Beweisergebnisse verwerten darf, zu denen die Parteien Stellung nehmen konnten.³¹ Ein Anspruch auf eine schriftliche Stellungnahme besteht grundsätzlich nicht, sofern keine besonderen Umstände dergestalt vorliegen, dass eine umfassende sofortige Stellungnahme nicht erwartet werden kann, weil eine Partei verständiger Weise Zeit braucht, um – in Kenntnis der Sitzungsniederschrift – angemessen vorzutragen.³² 12

E. Besonderheiten im einstweiligen Verfügungsverfahren

Eine Güteverhandlung ist auch im einstweiligen Verfügungs- und Arrestverfahren durchzuführen. Widerspruchstermine sind klassische Haupttermine, die dem von § 279 vorgesehenen Ablauf folgen. Denn nach **§ 294 Abs. 2** erfolgt eine jede Beweisaufnahme im Verfügungsverfahren unmittelbar (§ 279 Abs. 2). Dem schließt sich die Abschlusserörterung nach § 279 Abs. 3 ebenfalls unmittelbar an, da eine Vertagung regelmäßig ausgeschlossen ist (→ § 296 Rn. 16). 13

§ 280 Abgesonderte Verhandlung über Zulässigkeit der Klage

(1) Das Gericht kann anordnen, dass über die Zulässigkeit der Klage abgesondert verhandelt wird.

(2) ¹Ergeht ein Zwischenurteil, so ist es in Betreff der Rechtsmittel als Endurteil anzusehen. ²Das Gericht kann jedoch auf Antrag anordnen, dass zur Hauptsache zu verhandeln ist.

Literatur: *Rohnke,* Gemeinschaftsmarken oder nationale Marken? – Strategische Überlegungen zur Rechtsdurchsetzung, GRUR Int 2002, 979.

A. Allgemeines

§ 280 ermöglicht im Interesse der Prozessökonomie eine abgesonderte Verhandlung und (Zwischen-) Entscheidung **über die Zulässigkeit insgesamt**, bevor eine umfangreiche – wohlmöglich im Nachhinein nutzlose – Verhandlung oder Beweisaufnahme über die Begründetheit durchgeführt wird.¹ Gegenstand der abgesonderten Verhandlung nach § 280 kann **jede Prozessvoraussetzung** sein, ohne die Differenzierung zwischen verzichtbaren und unverzichtbaren Zulässigkeitsrügen.² Erweist sich die Klage als zulässig, so *kann* das Gericht dies nach Abs. 2 S. 1 durch **Zwischenurteil** feststellen. Diese Zwischenentscheidung ist mit dem auch für das Endurteil vorgesehenen Rechtsmitteln **anfechtbar** und der Rechtskraft fähig. 1

---

²⁶ BGH GRUR 2011, 851 (852) – Werkstück.
²⁷ BGH GRUR 2011, 851 (852) – Werkstück.
²⁸ BGH NJW-RR 2012, 1009.
²⁹ BeckOK ZPO/*Bacher* § 279 Rn. 8.
³⁰ BGH NJW 2012, 2354; 1990, 121 (122); zur Möglichkeit der Feststellung der Gehörsgewährung in den Urteilsgründen: OLG Frankfurt a. M. BeckRS 2019, 3217 Rn. 29.
³¹ BGH NJW 2012, 2354; BVerfG NJW 1994, 1210 (1211).
³² OLG Frankfurt a. M. BeckRS 2019, 3217 Rn. 30.
¹ Zöller/*Greger* ZPO § 280 Rn. 1; BeckOK ZPO/*Bacher* § 280 Rn. 1.
² Zöller/*Greger* ZPO § 280 Rn. 2; BeckOK ZPO/*Bacher* § 280 Rn. 4.

2 Die Vorschrift ist im **marken- und patentrechtlichen Verfahren** vor dem BPatG entsprechend anwendbar. Über die Zulässigkeit eines Einspruchs kann daher auch durch selbständig anfechtbaren Zwischenbeschluss entschieden werden.[3]

B. Abgesonderte Verhandlung (Abs. 1)

3 Schon § 146 gestattet es, bei Bedarf zunächst abgesondert über einzelne selbständige Angriffs- und Verteidigungsmittel *zu verhandeln*.[4] § 280 ermöglicht im Interesse der Prozessökonomie eine abgesonderte Verhandlung und (Zwischen-)Entscheidung **über die Zulässigkeit** insgesamt. Dies setzt zunächst die Anordnung der abgesonderten Verhandlung nach Abs. 1 voraus, letztere kann – mit Zustimmung der Parteien – auch im schriftlichen Verfahren nach § 128 Abs. 2 erfolgen.[5] Ein Zwischenurteil darf allerdings **auch ohne Anordnung** der abgesonderten *Verhandlung* ergehen.[6]

4 Die Anordnung nach Abs. 1 ergeht durch **Beschluss** des Gerichts,[7] der sich aber auch aus den Umständen, wie einer Ladung ausschließlich „zur Erörterung der Zulässigkeit" ergeben kann. Der Beschluss kann **jederzeit revidiert** werden.[8] In der Kammer für Handelssachen ist wegen § 349 Abs. 2 Nr. 2 ZPO der Vorsitzende zuständig.[9]

5 Die Anordnung nach Abs. 1 steht im nicht überprüfbaren **Ermessen** des Gerichts und ist noch im Berufungs- und Revisionsverfahren zulässig.[10] Die abgesonderte *Verhandlung* zu zulässigkeitsrelevanten Teilfragen kann sich zur Entschlackung des Prozesses häufiger anbieten (vgl. § 146), als deren tatsächliche *Bescheidung* durch Zwischenurteil. Denn hält das Gericht die Klage für **unzulässig**, beispielsweise wegen fehlenden Feststellungsbedürfnisses, hat es die Klage bereits **durch Endurteil** abzuweisen.[11] Die abgesonderte Verhandlung kann (ebenso wie ein darauf beruhendes Zwischenurteil) auf bestimmte Zulässigkeitsvoraussetzungen **beschränkt** sein.[12]

6 Für die Verhandlung und das weitere Verfahren gelten die **allgemeinen Grundsätze.** Kommt das Gericht nach der abgesonderten Verhandlung zu dem Ergebnis, dass die Klage zulässig ist, kann es (und auch nur dann) eine Zwischenentscheidung nach Abs. 2 S. 1 treffen, ist dazu aber nicht verpflichtet.[13] Für eine Verhandlung über die Begründetheit bedarf es aber einer erneuten Ladung,[14] sofern nicht das Einverständnis der Parteien *(Verzicht auf Ladungsfristen)*[15] erteilt wird.

C. Zwischenurteil (Abs. 2)

I. Abgrenzung zum Endurteil

7 Ein nach Abs. 2 S. 1 anfechtbares **Zwischenurteil** kann nur ergehen, wenn das Gericht die Klage **für zulässig** erachtet. Anderenfalls, also wenn das Gericht die Klage für unzulässig hält, hat es die Klage bereits **durch Endurteil** abzuweisen.[16] Bei (örtlicher) **Unzuständigkeit** ist auf Antrag gemäß § 281 ZPO an das zuständige Gericht zu verweisen,[17] sonst ebenfalls durch Endurteil abzuweisen. Eine Verweisung an ein **ausländisches Gericht** ist grundsätzlich nicht möglich,[18] wird aber im Rahmen des Anwendungsbereichs der U-MV teilweise für möglich gehalten.[19] Der Verweisungsbeschluss unterliegt dagegen nach § 281 Abs. 2 S. 2 ZPO grundsätzlich nicht der Anfechtung (→ § 281 Rn. 19). Für die Zulässigkeit des **Rechtswegs** gilt § 17a GVG.[20]

II. Gegenstände des Zwischenurteils

8 Ein (die Zulässigkeit bejahendes) **Zwischenurteil** ist insbesondere in Zweifelsfällen der **internationalen Zuständigkeit** sinnvoll, da die Frage der internationalen Zuständigkeit nach der Recht-

---

[3] BPatG GRUR 1986, 50.
[4] Musielak/Voit/*Foerste* ZPO § 280 Rn. 1.
[5] Vgl. MüKoZPO/*Prütting* ZPO § 280 Rn. 2.
[6] OLG Karlsruhe NJW-RR 2013, 437 (438); MüKoZPO/*Prütting* ZPO § 280 Rn. 8.
[7] Zöller/*Greger* ZPO § 280 Rn. 3; BeckOK ZPO/*Bacher* § 280 Rn. 3.
[8] Zöller/*Greger* ZPO § 280 Rn. 3.
[9] BGH NJW-RR 2001, 930.
[10] Vgl. BGH BeckRS 2012, 10473; 1991, 06808; OLG Frankfurt a. M. MDR 1985, 149; Musielak/Voit/*Foerste* ZPO § 280 Rn. 3; Zöller/*Greger* ZPO § 280 Rn. 3; MüKoZPO/*Prütting* ZPO § 280 Rn. 2.
[11] Vgl. LG Mannheim BeckRS 2007, 18399 zur negativen patentrechtlichen Feststellungsklage; Ingerl/Rohnke MarkenG § 140 Rn. 37.
[12] Musielak/Voit/*Foerste* ZPO § 280 Rn. 3.
[13] BeckOK ZPO/*Bacher* § 280 Rn. 5.
[14] BeckOK ZPO/*Bacher* § 280 Rn. 5.
[15] BPatG GRUR 1982, 293 (294).
[16] BGH MDR 1988, 298.
[17] BeckOK ZPO/*Bacher* § 280 Rn. 6; Musielak/Voit/*Foerste* ZPO § 280 Rn. 6.
[18] Zöller/*Greger* ZPO EuGVVO Art. 26 Rn. 3.
[19] Dafür: *Eisenführ* GMV Art. 100 Rn. 20; dagegen *Rohnke* GRUR-Int 2002, 979 (989), vgl. → § 281 Rn. 6.
[20] Musielak/Voit/*Foerste* ZPO § 280 Rn. 2.

sprechung des BGH entgegen § 513 Abs. 2 **stets revisibel** ist.[21] Bei Doppelprozessen im Rahmen des **Anwendungsbereichs der EuGVVO** hat das später angerufene Gericht den Rechtsstreit zunächst auszusetzen, vgl. Art. 17 EuGVVO.

Ein Zwischenurteil kann zu einzelnen prozessualen Einreden ergehen,[22] dh neben der Zuständigkeit **9** insbesondere über die Einrede der **Prozesskostensicherheit** (§ 110)[23] oder die Einrede des **Schiedsvertrages** (§ 1032),[24] aber auch bei Streit über die Zulässigkeit eines **Parteiwechsels**,[25] entgegenstehende **Rechtskraft** oder über die Rechts- und **Parteifähigkeit** des Klägers,[26] einschließlich von Exterritorialität oder **Immunität** (§ 20 GVG)[27] Auch die Feststellung der Unterbrechung des Verfahrens wegen **Insolvenz** (§ 240) kann durch Zwischenurteil geschehen.[28]

Über die Frage der **örtlichen Zuständigkeit** bedarf es keines Zwischenurteils,[29] da sie gemäß § 513 **10** Abs. 2 ohnehin **nicht revisibel** ist,[30] auch nicht im Falle einer ausschließlichen Zuständigkeit (vgl. § 14 UWG, § 140 Abs. 2 MarkenG, § 143 Abs. 2 PatG, § 27 GebrMG, § 52 DesignG, § 38 SortSchG, Art. 95 U-MV, Art. 81 GGV).[31] Ist die örtliche Zuständigkeit *nicht gegeben,* ist die Klage ohnehin durch *Endurteil* abzuweisen, sofern kein Verweisungsantrag gestellt wird (§ 281). Auch ein Bedürfnis für die positive Feststellung der **funktionalen oder gerichtsinternen Zuständigkeit** kann es vor diesem Hintergrund nicht geben (str.),[32] denn wegen § 513 Abs. 2 ist auch hier kein Rechtsmittel statthaft.[33] Allerdings wird von den meisten Obergerichten eine **Willkürkontrolle** (bei die Zuständigkeit verneinenden Entscheidungen) ermöglicht,[34] was sich mit der Rechtsprechung des BGH zur fehlenden Bindungswirkung willkürlicher Verweisungsbeschlüsse[35] (→ § 281 Rn. 16) auch gut begründen lässt.

Bei **Säumnislage im Termin** zur abgesonderten Verhandlung, darf ein Versäumnisurteil nur über **11** die Frage der Zulässigkeit ergehen (§ 347 Abs. 2 ZPO).[36] Beim Fehlen unverzichtbarer Prozessvoraussetzungen ergeht unechtes Versäumnisurteil gegen den Kläger, sonst echtes Versäumnisurteil gegen den Beklagten, der die verzichtbaren Mängel geltend machte.[37]

Nicht von Abs. 2 S. 1 erfasst ist eine Entscheidung, mit der nicht nur über die Zulässigkeit der **12** Klage, sondern zugleich über einen Teil des **materiellen Streitgegenstandes** zu Gunsten des Klägers befunden wird.[38] Es handelt sich dann vielmehr um ein ganz reguläres (mithin vollumfänglich anfechtbares) Endurteil, dessen „prozessuales Wesen" nicht mit der ihm gegebenen Bezeichnung übereinstimmt.[39] Auch das Bestehen von (patentrechtlichen) **Vorbenutzungs- oder Weiterbenutzungsrechten** kann nicht Gegenstand eines Zwischenurteils nach § 280 sein.[40]

III. Wirkungen

Ergeht ein (die Zulässigkeit bejahendes) **Zwischenurteil,** tritt bis zu dessen formeller Rechtskraft **13** **Verfahrensstillstand** ein,[41] hinsichtlich des sachlichen Streitstandes bereits durch die Anordnung nach Abs. 1,[42] denn die Parteien brauchen zur Sache einstweilen nichts vorzutragen. Ein Verhandeln über die Hauptsache währenddessen kann aber auf Antrag stattfinden (→ Rn. 17). Zusätzliche Kosten fallen in erster Instanz nicht an, aber in den Rechtsmittelinstanzen. Eine Ermäßigung gemäß KV Nr. 1211 scheidet nach einem Zwischenurteil aus. Wird das Zwischenurteil rechtskräftig entfaltet es Bindungswirkung (§ 318).

---

[21] BGH GRUR 2013, 285 (286); NJW 2011, 2515; GRUR 2008, 275 (276) – Versandhandel mit Arzneimitteln; BGH NJW 2003, 426; OLG Braunschweig BeckRS 2011, 07541; Zöller/*Heßler* ZPO § 513 Rn. 8.
[22] Vgl. BGH NJW-RR 1986, 61 (62).
[23] LG Mannheim BeckRS 2012, 10142.
[24] BGH NJW-RR 1986, 61 (62); OLG Köln BeckRS 2013, 05833; vgl. auch BGH NJW 2001, 3787 zu § 1059 ZPO.
[25] BGH NJW-RR 2006, 913.
[26] BGH BeckRS 1991, 06808.
[27] BGH BeckRS 2009, 21141.
[28] BGH NJW 2005, 290 (291).
[29] AA wohl OLG Karlsruhe NJW-RR 2013, 437 (438).
[30] BGH NJW 1998, 1230; OLG Naumburg BeckRS 2008, 18867; OLG Dresden NJOZ 2001, 1619 (1620).
[31] BGH NJW 2005, 1660 (1661); *Köhler/Bornkamm* UWG § 14 Rn. 2.
[32] AA OLG Karlsruhe NJW-RR 2013, 437 (438).
[33] Zöller/*Heßler* ZPO § 513 Rn. 7 mwN.
[34] OLG Hamburg NJW-RR 2012, 634 (635) zur Verweisung an die KfH entgegen § 101 GVG; OLG Karlsruhe NJW-RR 2013, 437 (438); OLG Oldenburg NJW-RR 1999, 865; abl. Zöller/*Heßler* ZPO § 513 Rn. 10.
[35] BGH NJW 1993, 1273; 1984, 740.
[36] BeckOK ZPO/*Bacher* § 280 Rn. 5; Zöller/*Greger* ZPO § 280 Rn. 6.
[37] Zöller/*Greger* ZPO § 280 Rn. 5a; Musielak/Voit/*Foerste* ZPO § 280 Rn. 5.
[38] BeckOK ZPO/*Bacher* § 280 Rn. 14.
[39] BGH NJW-RR 2006, 565.
[40] BGH GRUR 1996, 370 (372) – Dauerwellen II; vgl. auch BGH GRUR 1982, 411 (412) – Verankerungsteil.
[41] Zöller/*Greger* ZPO § 280 Rn. 7.
[42] Musielak/Voit/*Foerste* ZPO § 280 Rn. 8.

IV. Rechtsmittel

14 Das Zwischenurteil nach § 280 ist mit dem auch für das Endurteil vorgesehenen Rechtsmitteln **anfechtbar** und der Rechtskraft fähig. Ein Zwischenurteil nach Abs. 2 S. 1 ist auch dann zulässig und mit den regulären Rechtsmitteln anfechtbar, wenn über die Zulässigkeit nicht abgesondert verhandelt worden ist.[43] Die Überprüfung in der Rechtsmittelinstanz ist auf die im Zwischenurteil thematisierten Fragen beschränkt.[44]

15 **Nicht rechtsmittelfähig** sind allerdings Urteile, die dem Antrag auf Festsetzung einer **Prozesskostensicherheit** stattgeben, sei es auch nur in anderer Höhe als beantragt.[45] Insoweit ist nur das Urteil, dass die Festsetzung einer Sicherheit **zurückweist**, anfechtbar.[46] Auch kein Rechtsmittel ist – entgegen Abs. 2 S. 1 – eröffnet, wenn das Gericht (überflüssiger Weise) ein Zwischenurteil über die **örtliche Zuständigkeit** erlassen hat. Denn das Zwischenurteil ist in betreff der Rechtsmittel als *Endurteil* anzusehen, inwieweit ein Rechtsmittel jedoch zulässig ist, bestimmt sich nach den Vorschriften des Dritten Buches der ZPO und nicht nach § 280.[47] Eine **Willkürkontrolle** findet gleichwohl statt.[48]

16 Wird **kein Rechtsmittel** eingelegt oder bleibt ein eingelegtes Rechtsmittel erfolglos, steht bindend fest, dass die Klage zulässig ist.[49] Wenn das Rechtsmittelgericht zu dem Ergebnis gelangt, dass die Klage unzulässig ist, hat es aus Gründen der Prozessökonomie und unter Kostengesichtspunkten die Klage (anstelle des erstinstanzlichen Gerichts) insgesamt abzuweisen.[50]

D. Anordnung vorzeitiger Verhandlung (Abs. 2 S. 2)

17 Ein Verhandeln über die Hauptsache kann nach der Anordnung nach Abs. 1 gleichwohl auf Antrag stattfinden (Abs. 2 S. 2). Das Gericht entscheidet durch Beschluss, und zwar nach **pflichtgemäßem Ermessen**, dh mit Rücksicht auf die Eilbedürftigkeit der Hauptsache, eine möglicherweise geringe Erfolgsaussicht des Rechtsmittels im Zwischenstreit und den Normzweck von Abs. 1.[51] Gegen die Verweigerung der Anordnung ist analog § 252 die **sofortige Beschwerde** zuzulassen (str.)[52], die aber auf die Überprüfung auf Ermessensfehler beschränkt ist.

18 Im Einvernehmen mit den Parteien kann **auch im selben Termin** über die Hauptsache verhandelt werden (Verzicht auf Ladungsfristen).[53]

§ 281 Verweisung bei Unzuständigkeit

(1) ¹Ist auf Grund der Vorschriften über die örtliche oder sachliche Zuständigkeit der Gerichte die Unzuständigkeit des Gerichts auszusprechen, so hat das angegangene Gericht, sofern das zuständige Gericht bestimmt werden kann, auf Antrag des Klägers durch Beschluss sich für unzuständig zu erklären und den Rechtsstreit an das zuständige Gericht zu verweisen. ²Sind mehrere Gerichte zuständig, so erfolgt die Verweisung an das vom Kläger gewählte Gericht.

(2) ¹Anträge und Erklärungen zur Zuständigkeit des Gerichts können vor dem Urkundsbeamten der Geschäftsstelle abgegeben werden. ²Der Beschluss ist unanfechtbar. ³Der Rechtsstreit wird bei dem im Beschluss bezeichneten Gericht mit Eingang der Akten anhängig. ⁴Der Beschluss ist für dieses Gericht bindend.

(3) ¹Die im Verfahren vor dem angegangenen Gericht erwachsenen Kosten werden als Teil der Kosten behandelt, die bei dem im Beschluss bezeichneten Gericht erwachsen. ²Dem Kläger sind die entstandenen Mehrkosten auch dann aufzuerlegen, wenn er in der Hauptsache obsiegt.

Literatur: *Fischer*, Aktuelle Entwicklungen und Entscheidungen zur Willkür von Verweisungen im Rahmen des § 281 ZPO, MDR 2013, 573.

---

[43] OLG Karlsruhe NJW-RR 2013, 437 (438); BeckOK ZPO/*Bacher* § 280 Rn. 7.
[44] BGH BeckRS 2012, 10474; NJW-RR 1986, 61 (62).
[45] BGH MDR 1988, 298; OLG Jena BeckRS 2008, 10258; Zöller/*Herget* ZPO § 110 Rn. 5; MüKoZPO/*Prütting* ZPO § 280 Rn. 6.
[46] Zöller/*Herget* ZPO § 110 Rn. 5.
[47] BGH NJW 1998, 1230; OLG Köln BeckRS 2013, 05833.
[48] OLG Hamburg NJW-RR 2012, 634 (635) zur Verweisung an die KfH entgegen § 101 GVG; OLG Karlsruhe NJW-RR 2013, 437 (438); OLG Oldenburg NJW-RR 1999, 865; abl. Zöller/*Heßler* ZPO § 513 Rn. 10.
[49] BeckOK ZPO/*Bacher* § 280 Rn. 15a.
[50] BGH NJW 2008, 373 (375) – Zerkleinerungsvorrichtung.
[51] Musielak/Voit/*Foerste* ZPO § 280 Rn. 9.
[52] Musielak/Voit/*Foerste* ZPO § 280 Rn. 9; Zöller/*Greger* ZPO § 280 Rn. 9; aA MüKoZPO/*Prütting* ZPO § 280 Rn. 12.
[53] BPatG GRUR 1982, 293 (294).

Übersicht

	Rn.
A. Allgemeines	1
B. Voraussetzungen	4
I. Rechtshängigkeit	4
II. Örtliche oder sachliche Unzuständigkeit	6
1. Nur örtliche oder sachliche Unzuständigkeit	6
2. Verweisung in der Rechtsmittelinstanz	9
C. Verfahren und Entscheidung	10
I. Antrag	10
II. Verfahren	11
III. Wirkungen	13
1. Fortwirkung der Prozesshandlungen	13
2. Bindungswirkung	14
a) Grundsatz	14
b) Ausnahme von der Bindungswirkung	16
c) Berichtigungsfähigkeit	18
3. Unanfechtbarkeit des Verweisungsbeschlusses	19
a) Ablehnender Beschluss	20
b) Ausnahmsweise Anfechtbarkeit	21
4. Kosten	22

A. Allgemeines

1 Ist das angerufene Gericht örtlich oder sachlich unzuständig, wäre die Klage als unzulässig abzuweisen. § 281 ermöglicht im Interesse der **Prozessökonomie** alternativ, dass – auf Antrag des Klägers – die bindende Verweisung des Rechtsstreits und dessen Fortführung vor dem als zuständig bestimmten Gericht angeordnet werden kann. Die Vorschrift ist **in allen Verfahren,** die der ZPO unterliegen, anwendbar[1] auch im **selbständigen Beweisverfahren,** wenn dem Antragsgegner der Antrag auf Durchführung des selbständigen Beweisverfahrens zuvor zugestellt oder übersandt worden ist,[2] und im Verfahren nach Mahn- oder Vollstreckungsbescheiden, sobald das Verfahren abgegeben ist und im Aufhebungsverfahren nach § 927 ZPO bei anderweitiger Anhängigkeit der Hauptsache (§ 927 Abs. 2).[3] Der Verweisungsantrag kann **in jeder Instanz** gestellt werden.[4] Die in Abs. 2 S. 4 angeordnete Bindungswirkung bewahrt beide Parteien zudem vor langwierigen Streitigkeiten über die Zuständigkeit.[5]

2 Auch im **einstweiligen Verfügungsverfahren** wird die Vorschrift zu Recht für anwendbar gehalten,[6] teilweise wird jedoch für eine Begrenzung auf das Stadium **bis zum Erlass** einer einstweiligen Verfügung plädiert.[7] Auch die Gegenansicht hält jedoch eine Verweisung nach Erlass einer einstweiligen Verfügung für vertretbar, sofern gleichzeitig die *vorläufige Einstellung der Zwangsvollstreckung* angeordnet wird.[8] Eine *Einstellungsanordnung* mag im Einzelfall angebracht sein, tatsächliche Beschränkungen der Verweisungsfähigkeit im Verfügungsverfahren lassen sich bei Lichte betrachtet aus dem Gesetz jedoch nicht entnehmen.

3 Die Vorschrift hat im **marken- und patentrechtlichen Verfahren** vor dem BPatG grundsätzlich keine Bedeutung.[9] Allerdings kann sich im Falle einer *Teilung einer Patentanmeldung* im Beschwerdeverfahren das Bedürfnis zur Abgabe an das DPMA ergeben.[10]

B. Voraussetzungen

I. Rechtshängigkeit

4 Der Rechtsstreit muss bei dem angegangenen Gericht rechtshängig sein, eine Verweisung nach § 281 ist also erst nach der erfolgreichen **Zustellung der Klageschrift** möglich.[11] Vor Zustellung der Klage kann nur die **formlose Abgabe** der Sache verlangt werden; die für das *aufnehmende Gericht* nicht bindend ist.[12] In den Fällen der geschäftsplanmäßigen oder **funktionalen Unzuständigkeit** (→ § 1

---

[1] MüKoZPO/*Prütting* ZPO § 281 Rn. 6.
[2] BGH NJW-RR 2010, 891 (892).
[3] Musielak/Voit/*Foerste* ZPO § 281 Rn. 2.
[4] OLG Koblenz BeckRS 2012, 07804; OLG Hamburg BeckRS 2008, 07219.
[5] BeckOK ZPO/*Bacher* § 281 Rn. 1.
[6] Zöller/*Greger* ZPO § 281 Rn. 2; MüKoZPO/*Prütting* ZPO § 281 Rn. 6.
[7] *Teplitzky* Kap. 55 Rn. 20.
[8] *Teplitzky* Kap. 55 Rn. 20 Fn. 117.
[9] Busse/*Schuster* PatG § 99 Rn. 13.
[10] BPatG GRUR 2011, 949 (950); krit. Busse/*Keukenschrijver* PatG § 39 Rn. 27.
[11] BGH NJW-RR 1997, 1161; 1994, 1282.
[12] BGH NJW 1984, 1559 (1560); Musielak/Voit/*Foerste* ZPO § 281 Rn. 5; BeckOK ZPO/*Bacher* § 281 Rn. 4.

Rn. 15) erfolgt ebenfalls lediglich eine formlose gerichtsinterne Abgabe, dh ohne Bindungswirkung.[13] Anders verhält es sich hingegen bei der **Abgabe an eine KfH,** die im Beschlusswege auf Antrag des Beklagten/Antragsgegners nach Maßgabe des § 101 GVG erfolgt.

5   Ist die Rechtshängigkeit der Hauptsache beendet worden, etwa durch **übereinstimmende Erledigterklärung,** kann nicht mehr verwiesen werden, da es dann an einem der Verweisung fähigen Prozessgegenstand fehlt.[14] Für die verbleibende Kostenentscheidung **bleibt** das angerufene Gericht stets **zuständig.**[15] Hierbei ist auf den voraussichtlichen Ausgang des Verfahrens *nach* Verweisung an das zuständige Gericht abzustellen, wobei etwaige Mehrkosten iSd § 281 Abs. 3 S. 2 – so denn angefallen – ausgesondert werden können.[16] Eine **einseitige Erledigterklärung** beendet dagegen nur die Rechtshängigkeit des Altantrags, so dass wegen des *noch anhängigen Feststellungsantrags* auf Antrag sehr wohl noch verwiesen werden kann (str.).[17]

II. Örtliche oder sachliche Unzuständigkeit

6   **1. Nur örtliche oder sachliche Unzuständigkeit.** § 281 gilt nur für die Fälle der örtlichen und/oder sachlichen Unzuständigkeit. Die Norm greift nicht ein, wenn es an der **internationalen Zuständigkeit** fehlt, da eine Verweisung an ein **ausländisches Gericht** grundsätzlich nicht möglich ist.[18] Zwar wird dies teilweise im Rahmen des Anwendungsbereichs der **U-MV** für möglich gehalten.[19] Die Argumentation erscheint aber mangels konkreter Regelungen in der U-MV nicht überzeugend. Auch eine Verweisung an ein **Schiedsgericht** kommt nicht in Betracht, weil es sich nicht um ein Gericht handelt.[20] § 281 gilt auch nicht wegen anderer Zulässigkeitsmängel und korrespondiert daher inhaltlich *nicht* mit § 280.[21]

7   Sind noch weitere Gerichte zuständig, was im gewerblichen Rechtsschutz wegen des **fliegenden Gerichtsstands** (§ 32) – mit Ausnahme des Urheberrechts – häufig der Fall ist, kann der Kläger die ihm nach § 35 ZPO zustehende und durch Klageerhebung ausgeübte Wahl **nicht nachträglich ändern.**[22] Eine dennoch ausgesprochene Verweisung gilt nach der Rechtsprechung des BGH als willkürlich und ist daher nicht bindend (→ Rn. 17).[23] Auch eine *nach* Rechtshängigkeit getroffene Gerichtstandvereinbarung führt nach § 261 Abs. 3 Nr. 2 nicht zum Wegfall der Zuständigkeit des zuerst angerufenen Gerichts und eröffnet daher keine Verweisung nach § 281.

8   Nach Rechtshängigkeit kann Unzuständigkeit sowohl eintreten als auch entfallen, insbesondere durch **rügelose Einlassung** (§ 39). Partielle Unzuständigkeit berechtigt zur Verweisung jedenfalls dann, wenn sie für einen abtrennbaren (§ 145) prozessualen Anspruch besteht, beispielsweise für eine **Widerklage.**[24] § 33 bietet insoweit nur einen weiteren **örtlichen Gerichtsstand;**[25] fehlt es an dem erforderlichen inneren Zusammenhang oder an der notwendigen sachlichen Zuständigkeit, ist die Widerklage abzutrennen und auf Antrag zu verweisen (→ § 33 Rn. 10). Wenn bei einem von mehreren Beklagten die örtliche Zuständigkeit des angegangenen Gerichts nicht gegeben ist, kann das Verfahren gegen ihn zwecks Verweisung abgetrennt werden.[26]

9   **2. Verweisung in der Rechtsmittelinstanz.** Der Verweisungsantrag kann **in jeder Instanz** gestellt werden.[27] Wird er erstmals in der Rechtsmittelinstanz gestellt, hat die Verweisung durch Urteil und **unter gleichzeitiger Aufhebung** des Urteils der Vorinstanz zu erfolgen.[28] Das gilt aber nur dann, wenn das Erstgericht auf die Zuständigkeitsrüge des Beklagten hin die Klage wegen Unzuständigkeit als unzulässig abgewiesen hat und der Kläger den Verweisungsantrag erstmals (auch hilfsweise) vor dem Berufungsgericht stellt.[29] Denn hat das erstinstanzliche Gericht seine Zuständigkeit (zu Unrecht) bejaht, ist das Berufungsgericht durch **§ 513 Abs. 2** daran gehindert, die Entscheidung

---

[13] MüKoZPO/*Prütting* ZPO § 281 Rn. 9.
[14] OLG Köln BeckRS 2009, 23421.
[15] BGH GRUR 2010, 1037 – Unzuständigkeitsrüge; OLG Köln BeckRS 2009, 23421; Musielak/Voit/*Foerste* ZPO § 281 Rn. 5; BeckOK ZPO/*Bacher* § 281 Rn. 4; MüKoZPO/*Prütting* ZPO § 281 Rn. 24.
[16] BGH GRUR 2010, 1037 – Unzuständigkeitsrüge; OLG Hamburg GRUR 1984, 82.
[17] Musielak/Voit/*Foerste* ZPO § 281 Rn. 5; BeckOK ZPO/*Bacher* § 281 Rn. 4; aA OLG München OLGZ 1986, 67 (69).
[18] Zöller/*Greger* ZPO EuGVVO Art. 26 Rn. 3; MüKoZPO/*Prütting* ZPO § 281 Rn. 5.
[19] Dafür: Eisenführ GMV Art. 100 Rn. 20; dagegen *Rohnke* GRUR-Int 2002, 979 (989).
[20] MüKoZPO/*Prütting* ZPO § 281 Rn. 11.
[21] Vgl. BeckOK ZPO/*Bacher* § 281 Rn. 6.
[22] BGH NJW 2002, 3634 (3635); BeckOK ZPO/*Bacher* § 281 Rn. 6.1.
[23] BGH NJW 2002, 3634 (3635).
[24] Musielak/Voit/*Foerste* ZPO § 281 Rn. 7; BeckOK ZPO/*Bacher* § 281 Rn. 15.
[25] MüKoZPO/*Patzina* ZPO § 33 Rn. 2.
[26] OLG Hamburg BeckRS 2013, 21774.
[27] OLG Koblenz BeckRS 2012, 07804; OLG Hamburg BeckRS 2008, 07219.
[28] BGH NJW-RR 1988, 1405; OLG Hamburg BeckRS 2008, 07219; KG BeckRS 2011, 20703.
[29] OLG Hamburg BeckRS 2008, 07219; KG BeckRS 2011, 20703.

wegen örtlicher oder sachlicher Unzuständigkeit der ersten Instanz an ein anderes Gericht zu verweisen (→ § 1 Rn. 21).[30]

C. Verfahren und Entscheidung

I. Antrag

Die Verweisung erfolgt im Prozess des gewerblichen Rechtsschutzes **nur auf Antrag** des Klägers. **10** Eine Verweisung auf Antrag des Beklagten (mit Ausnahme der KfH-Verweisung) oder von Amts wegen ist ausgeschlossen.[31] Stellt der Kläger trotz (erforderlichen) Hinweises nach § 139 Abs. 1 keinen Antrag, ist die Klage als unzulässig abzuweisen. Sind mehrere Gerichte anstelle des angerufenen örtlich zuständig, *muss* der Kläger gemäß Abs. 1 S. 2 wegen des ihm zustehenden **Wahlrechts nach § 35** angeben, an welches der Rechtsstreit verwiesen werden soll.[32]

II. Verfahren

Die Entscheidung ergeht nach Anhörung des Beklagten (rechtliches Gehör) in der Regel schriftlich. **11** **Mündliche Verhandlung** ist, wie stets, möglich, § 128 Abs. 4. Dem Gericht steht es auch frei, nach § 280 im Interesse der Prozessökonomie eine abgesonderte Verhandlung durchzuführen. Geboten ist eine mündliche Verhandlung im Rechtsmittelverfahren, da dort stets auch über den Bestand des angegriffenen Urteils entschieden wird. Einer **Beweisaufnahme** bedarf es für die Bescheidung eines Verweisungsantrages nicht,[33] da für die Zulässigkeitsprüfung (und einen Verweisungsantrag des Klägers) allein auf den Klägervortrag abzustellen ist (→ § 1 Rn. 18). Von der Klagepartei schlüssig behauptete sog. **doppelrelevante Tatsachen** werden im Rahmen der Zuständigkeitsprüfung als gegeben unterstellt; ob sie tatsächlich gegeben sind, ist eine Frage der Begründetheit.[34] Ein anderes gilt jedoch dann, wenn es – bei unstreitiger Verletzungsfrage – für die Annahme des Gerichtstand auf das Vorliegen eines **Handlungs- oder Erfolgsortes** ankommt. Denn ob eine solche unstreitige Rechtsverletzung (auch) im Bezirk des angerufenen Gerichts gegeben war, muss dann der Kläger im Bestreitensfall bereits im Rahmen der Zuständigkeitsprüfung beweisen (→ § 32 Rn. 39).[35]

Eine stattgebende Entscheidung bestimmt das zuständige bzw. das in zulässiger Weise gewählte **12** Gericht und spricht die Verweisung durch Beschluss aus. Der Beschluss ist zu begründen, enthält aber keine Kostenentscheidung.[36] In der Kammer für Handelssachen ist gemäß § 349 Abs. 2 Nr. 1 ZPO der Vorsitzende zuständig.

III. Wirkungen

1. Fortwirkung der Prozesshandlungen. Der Wechsel unterbricht die *Rechtshängigkeit* nicht. **13** Dadurch bleibt die **Verfahrenseinheit** gewahrt, die bisherigen Prozesshandlungen wirken fort.[37] Nach Abs. 2 S. 3 wird der Rechtsstreit auf Grund des auf Antrag erlassenen Verweisungsbeschlusses (erst) mit Eingang der Akten bei dem darin bezeichneten Gericht anhängig.[38] Über **Rechtsmittel** gegen Entscheidungen, die das *abgebende* Gericht zur Verweisung fällte, entscheidet nur das Gericht, das dem *aufnehmenden* Gericht übergeordnet ist.[39] Daher wird auch eine Ausschlussfrist gewahrt, falls die Klage vor Fristablauf bei einem örtlich oder sachlich unzuständigen Gericht erhoben und auf Antrag des Klägers an das (ggf. auch ausschließlich) zuständige Gericht verwiesen wird.[40]

2. Bindungswirkung. a) Grundsatz. Nach Abs. 2 S. 4 ist das Gericht, an das der Rechtsstreit **14** verwiesen wurde, an die Verweisung gebunden. Damit ist den Parteien der Einwand verwehrt, die Verweisung sei zu Unrecht erfolgt. Die Bindungswirkung tritt daher **auch bei fehlerhaften** Verweisungsbeschlüssen ein.[41]

Wurde jedoch nur die *örtliche* Zuständigkeit des aufnehmenden Gerichts festgestellt, so kann dieses **15** wegen *sachlicher* Unzuständigkeit **weiterverweisen**.[42]

---

[30] BGH NJW-RR 2005, 501 (504); KG BeckRS 2011, 20703.
[31] MüKoZPO/*Prütting* ZPO § 281 Rn. 31.
[32] BeckOK ZPO/*Bacher* § 281 Rn. 16.
[33] *Kühnen* Rn. 759; aA scheinbar Musielak/Voit/*Foerste* ZPO § 281 Rn. 9; BeckOK ZPO/*Bacher* § 281 Rn. 21.
[34] BGH NJW-RR 2010, 1554.
[35] *Kühnen* Rn. 759; Harte/Henning/*Retzer* UWG § 14 Rn. 14.
[36] MüKoZPO/*Prütting* ZPO § 281 Rn. 38.
[37] BGH NJW-RR 2006, 1113 (1114).
[38] BGH NJW-RR 2006, 1113 (1114).
[39] Musielak/Voit/*Foerste* ZPO § 281 Rn. 12.
[40] BGH NJW-RR 2006, 1113 (1114).
[41] BGH NJW-RR 2008, 1309; MüKoZPO/*Prütting* ZPO § 281 Rn. 55.
[42] Musielak/Voit/*Foerste* ZPO § 281 Rn. 15; MüKoZPO/*Prütting* ZPO § 281 Rn. 45.

16 **b) Ausnahme von der Bindungswirkung.** Nach der Rechtsprechung des BGH tritt ausnahmsweise **keine Bindungswirkung** des Verweisungsbeschlusses ein, wenn er schlechterdings nicht als im Rahmen des § 281 ergangen anzusehen ist, etwa weil er auf einer **Verletzung rechtlichen Gehörs** beruht, nicht durch den gesetzlichen Richter erlassen wurde oder jeder gesetzlichen Grundlage entbehrt und deshalb als **willkürlich** betrachtet werden muss.[43] Diese Einschränkung der Bindungswirkung trägt dem Umstand Rechnung, dass die Parteien einen Verweisungsbeschluss nach § 281 Abs. 2 S. 2 anfechten können.[44] Hierfür genügt es aber nicht, dass der Verweisungsbeschluss inhaltlich unrichtig oder fehlerhaft ist. Willkür liegt nur vor, wenn dem Verweisungsbeschluss jede rechtliche Grundlage fehlt und er bei verständiger Würdigung der das Grundgesetz beherrschenden Gedanken nicht mehr verständlich erscheint und offensichtlich unhaltbar ist.[45]

17 Die *Abgrenzung* zwischen bloß *Fehlerhaftigkeit* und *Willkür* ist eine Sache des Einzelfalls und naturgemäß nicht ohne Probleme. Keine Bindungswirkung wird beispielsweise zu Recht angenommen, wenn der Beschluss **ohne rechtliches Gehör** ergangen ist,[46] wenn es infolge übereinstimmender Erledigungserklärungen an einem der Verweisung fähigen Prozessgegenstand fehlte,[47] wenn die **Verweisung an die KfH** entgegen § 101 Abs. 1 S. 1 GVG erfolgte[48] oder eine bereits vor längerer Zeit vorgenommene **Gesetzesänderung** nicht zur Kenntnis genommen worden ist und der Verweisungsbeschluss als nicht mehr verständlich und offensichtlich unhaltbar zu beurteilen ist.[49] Auch wenn der Kläger bereits das ihm nach **§ 35 ZPO** zustehende und durch Klageerhebung ausgeübte Wahlrecht **nachträglich zu ändern** sucht und eine (unzulässige) Verweisung bewirkt, ist eine solche willkürlich und daher nicht bindend.[50] Nicht ganz unproblematisch erscheint dagegen die Auffassung, Willkür auch dann anzunehmen, wenn lediglich der gemäß § 281 Abs. 1 S. 1 erforderliche **Antrag fehlte** oder die Entscheidung von dem gestellten Antrag **nicht gedeckt** ist[51] oder der **Zuständigkeitsstreitwert** ungewöhnlich niedrig angesetzt wurde.[52] Auch vermag die Auffassung, die Grenze zur Willkür sei schon überschritten, wenn das verweisende Gericht eine Zuständigkeitsnorm in den Gründen des Verweisungsbeschlusses nicht erörtert hat, die seine Zuständigkeit begründet hätte,[53] jedenfalls in ihrer Allgemeinheit nicht zu überzeugen; der Beschluss dürfte *lediglich fehlerhaft* sein. Hinsichtlich der weiteren Einzelfälle wird auf die allgemeine Kommentarliteratur verwiesen.

18 **c) Berichtigungsfähigkeit.** Enthält dagegen lediglich die Angabe des aufnehmenden Gerichts einen offensichtlichen Fehler, ist dies im Wege der **Berichtigung nach § 319** korrigierbar.[54]

19 **3. Unanfechtbarkeit des Verweisungsbeschlusses.** Verweisungsbeschlüsse nach § 281 Abs. 2 S. 2 sind **grundsätzlich unanfechtbar** und gemäß Abs. 2 S. 4 für das Gericht, an das verwiesen wird, **bindend**.[55] Dies dient dem Interesse der Prozessökonomie sowie zur Vermeidung von Zuständigkeitsstreitigkeiten und dadurch bewirkter Verzögerungen und Verteuerungen in der Gewährung effektiven Rechtsschutzes.[56] Dies entzieht auch einen sachlich zu Unrecht erlassenen Verweisungsbeschluss grundsätzlich jeder Nachprüfung. Ausnahmsweise beschwerdefähig sind jedoch Verweisungsbeschlüsse, die keine Bindungswirkung entfalten (→ Rn. 16).

20 **a) Ablehnender Beschluss.** Keine Abweichung von diesem Grundsatz gibt es im Falle der **Ablehnung des Verweisungsantrages**. Dieser Beschluss ist stets unanfechtbar,[57] da die zu Unrecht bejahte örtliche/sachliche Zuständigkeit gemäß § 513 Abs. 2 **nicht revisibel** ist,[58] auch nicht im Falle einer ausschließlichen Zuständigkeit (vgl. § 14 UWG, § 140 Abs. 2 MarkenG, § 143 Abs. 2 PatG, § 27 GebrMG, § 52 DesignG, § 38 SortSchG, Art. 95 U-MV iVm § 125e MarkenG, Art. 81 GGV iVm § 63 Abs. 2 DesignG).[59] Keine Rolle spielt die entgegen § 513 Abs. 2 bestehende Revisibilität der internationalen Zuständigkeit, da insoweit ohnehin keine Verweisungsmöglichkeit besteht.

21 **b) Ausnahmsweise Anfechtbarkeit.** Auch eine **Stattgabe des Verweisungsantrages** ist grundsätzlich unanfechtbar, Abs. 2 S. 2. Fehlt es ausnahmsweise an der Bindungswirkung des Verweisungs-

---

[43] BGH NJW-RR 2011, 1364 (1365); 2010, 891 (892); 2008, 1309; NJW 1993, 1273; 1984, 740.
[44] BeckOK ZPO/*Bacher* § 281 Rn. 30.1.
[45] BGH NJW-RR 2008, 1309; NJW 2003, 3201 (3202).
[46] BGH NJW 1995, 1224; OLG Stuttgart NJW-RR 2010, 792; OLG München NJW-RR 1995, 957; MüKoZPO/*Prütting* ZPO § 281 Rn. 57.
[47] OLG Köln BeckRS 2009, 23421.
[48] OLG Hamburg NJW-RR 2012, 634 (635).
[49] BGH NJW-RR 2011, 1364 (1365); NJW 1993, 1273.
[50] BGH NJW 2002, 3634 (3635).
[51] OLG Köln GRUR 2002, 104 – Zuständigkeitskonzentration; krit. MüKoZPO/*Prütting* ZPO § 281 Rn. 56.
[52] OLG Hamm BeckRS 2016, 17600.
[53] KG NJOZ 2008, 1159 (1161).
[54] BeckOK ZPO/*Bacher* § 281 Rn. 33.
[55] BGH NJR-RR 2008, 1309.
[56] BGH NJR-RR 2008, 1309.
[57] Musielak/Voit/*Foerste* ZPO § 281 Rn. 11.
[58] BGH NJW 1998, 1230; OLG Naumburg BeckRS 2008, 18867; OLG Dresden NJOZ 2001, 1619 (1620).
[59] BGH NJW 2005, 1660 (1661); Köhler/Bornkamm/*Köhler* UWG § 14 Rn. 2.

beschlusses, wird jedoch von der **überwiegenden hM** und nach Auffassung vieler **Obergerichte** der Beschluss für mit der *sofortigen* Beschwerde **anfechtbar** gehalten.[60] Die Gegenansicht will es bei der (vom Empfangsgericht zu prüfenden) fehlenden Bindungswirkung belassen.[61] Die Gegenansicht vermag nicht zu überzeugen. Die Parteien müssen sich gegen willkürliche oder ohne rechtliches Gehör ergangene Entscheidungen stets zur Wehr setzen dürfen (vgl. § 321a) und zwar gerade auch gegenüber dem Gericht, dem sie die fehlerhafte Entscheidung vorwerfen. Es dient unzweifelhaft der Prozessökonomie (der § 281 gerade dienen will), dass das abgebende Gericht damit im **Abhilfeverfahren** die Gelegenheit erhalten muss, seine Entscheidung selbst zu überprüfen.

4. Kosten. Die bis zur Verweisung entstandenen Kosten gelten nach Abs. 3 S. 1 als *Teil der Kosten*, **22** die bei dem aufnehmenden Gericht entstehen. Dieses entscheidet also auch über die Mehrkosten durch Anrufung des unzuständigen Gerichts.[62] Die notwendigen Mehrkosten sind nach Abs. 3 S. 2 stets dem Kläger aufzuerlegen,[63] es sei denn, es handelt sich um Gerichtskosten, die auf Fehler des Gerichts zurückgehen.[64] Wenn bei einem von mehreren Beklagten die örtliche Zuständigkeit des angegangenen Gerichts nicht gegeben ist und das Verfahren gegen ihn zwecks Verweisung abgetrennt wird, entstehen mehrere für die Zukunft in jeder Beziehung selbstständige Verfahren, für die auch die Gerichtskosten neu anfallen.[65] Hinsichtlich der weiteren Einzelheiten kann auf die allgemeine Kommentarliteratur verwiesen werden.

§ 282 Rechtzeitigkeit des Vorbringens

(1) Jede Partei hat in der mündlichen Verhandlung ihre Angriffs- und Verteidigungsmittel, insbesondere Behauptungen, Bestreiten, Einwendungen, Einreden, Beweismittel und Beweiseinreden, so zeitig vorzubringen, wie es nach der Prozesslage einer sorgfältigen und auf Förderung des Verfahrens bedachten Prozessführung entspricht.

(2) Anträge sowie Angriffs- und Verteidigungsmittel, auf die der Gegner voraussichtlich ohne vorhergehende Erkundigung keine Erklärung abgeben kann, sind vor der mündlichen Verhandlung durch vorbereitenden Schriftsatz so zeitig mitzuteilen, dass der Gegner die erforderliche Erkundigung noch einzuziehen vermag.

(3) ¹Rügen, die die Zulässigkeit der Klage betreffen, hat der Beklagte gleichzeitig und vor seiner Verhandlung zur Hauptsache vorzubringen. ²Ist ihm vor der mündlichen Verhandlung eine Frist zur Klageerwiderung gesetzt, so hat er die Rügen schon innerhalb der Frist geltend zu machen.

Literatur: *Schote/Lührig*, Prozessuale Besonderheiten der Einstweiligen Verfügung, WRP 2008, 1281; *Feddersen*, Wissenschaftliche Absicherung von Wirkungsangaben im Heilmittelwerbeprozess, GRUR 2013, 127.

Übersicht

	Rn.
A. Allgemeines	1
B. Allgemeine Prozessförderungspflicht (Abs. 1)	4
I. Angriffs- und Verteidigungsmittel	4
1. Essentialia des Klägervortrags	7
2. Essentialia des Beklagtenvorbringens	10
II. Rechtzeitigkeit	12
1. Prozesslage als Maßstab	12
2. Gewerblicher Rechtsschutz	15
3. Gerichtliche Hinweispflicht	17
C. Schriftsätzliche Terminsvorbereitung (Abs. 2)	19
D. Zulässigkeitsrügen (Abs. 3)	21
E. Folgen des Verstoßes	24
F. Besonderheiten im einstweiligen Verfügungsverfahren	26

---

[60] OLG Hamburg NJW-RR 2012, 634 (635) betr. Verweisung an die KfH entgegen § 101 GVG; OLG Karlsruhe NJW-RR 2013, 437 (438); OLG Frankfurt a. M. BeckRS 2013, 15958; OLG Stuttgart NJW-RR 2010, 792; OLG Köln BeckRS 2009, 23421; OLG Oldenburg FamRZ 2003, 1853; NJW-RR 1999, 865; OLG München NJW-RR 1995, 957; MüKoZPO/*Prütting* ZPO § 281 Rn. 41; BeckOK ZPO/*Bacher* § 280 Rn. 25; aA Zöller/*Greger* ZPO § 281 Rn. 14; Musielak/Voit/*Foerste* ZPO § 281 Rn. 11.
[61] OLG Koblenz BeckRS 2012, 09112.
[62] Musielak/Voit/*Foerste* ZPO § 281 Rn. 18.
[63] OLG Hamburg BeckRS 2013, 21774.
[64] Musielak/Voit/*Foerste* ZPO § 281 Rn. 18.
[65] OLG Hamburg BeckRS 2013, 21774.

A. Allgemeines

1 § 282 Abs. 1 und 2 erlegt den Parteien **Prozessförderungspflichten** auf und hält sie damit zu konzentrierter Verfahrensführung an. Vorbringen soll grundsätzlich nicht aus prozesstaktischen Erwägungen zurückgehalten werden.[1] In Abs. 1 werden Mindestanforderungen an das Vorbringen *in der* mündlichen Verhandlung aufgestellt. Nach Absatz 2 besteht die Obliegenheit der Parteien, **Anträge sowie Angriffs- und Verteidigungsmittel,** die den Gegner voraussichtlich zu Erkundigungen zwingen, entsprechend frühzeitig mitzuteilen *(allgemeine Prozessförderungspflicht).*[2]

2 Verspätetes Vorbringen unterliegt in den Fällen der Absätze 1 und 2 nach Maßgabe von § 296 Abs. 2 der **Präklusion.**[3] Im Übrigen bleiben Unzulänglichkeiten schriftsätzlicher Vorbereitung ungeahndet.[4] Nach Abs. 3 sind **Zulässigkeitsrügen** zwingend frühzeitig zu erheben und zwar vor der Verhandlung zur Sache.

3 Die Vorschrift findet im **marken- und patentrechtlichen** Beschwerdeverfahren grundsätzlich keine Anwendung,[5] es sei denn, den Parteien ist durch richterliche Anordnung aufgegeben worden, die mündliche Verhandlung durch Schriftsätze oder zu Protokoll der Geschäftsstelle abzugebende Erklärungen gem. § 129 Abs. 2 vorzubereiten.[6] Eine Anwendung der allgemeinen Prozessförderungspflicht aus Abs. 1 ist allerdings möglich.[7] Zu den Einlassungsfristen im marken- und patentrechtlichen (Beschwerde-)Verfahren → § 274 Rn. 14, zur Präklusionswirkung → § 296 Rn. 18.

B. Allgemeine Prozessförderungspflicht (Abs. 1)

I. Angriffs- und Verteidigungsmittel

4 Nach Abs. 1 haben die Partei *in der mündlichen Verhandlung* ihre Angriffs- und Verteidigungsmittel rechtzeitig vorzubringen. Terminologisch ist der Begriff der Angriffs- und Verteidigungsmittel *sehr weit.*[8] Damit hat jede Partei grundsätzlich alles vorzubringen, wofür sie **darlegungs- und/oder beweisbelastet** ist. Die Vorschrift gilt nach § 525 auch im Berufungsverfahren.[9]

5 Der **Angriff** selbst ist kein *Angriffsmittel,*[10] also fallen **neue Sachanträge** (Klageänderungen, -erweiterungen, Widerklagen) nebst der dafür nötigen Begründung[11] nicht unter Absatz 1 (aber Absatz 2). Selbiges gilt für **Verteidigungsanträge;** auch sie werden von Absatz 1 nicht als erfasst angesehen. Da ein **Anerkenntnis** kein Verteidigungsmittel ist, sondern eine Unterwerfung, unterliegt es ebenfalls nicht der Vorschrift; es kann auch noch nach Schluss der mündlichen Verhandlung erklärt werden, § 307 S. 2,[12] dann aber ohne die kostenmäßige Begünstigung des § 93.

6 Nicht unter den Begriff der Angriffs- und Verteidigungsmittel gehören **Rechtsausführungen**[13], da Rechtsausführungen ohnehin keiner Präklusion unterliegen können *(iura novit curia).*[14] Will sich das Gericht aber eine später vorgetragenen Rechtsauffassung zu Eigen machen, ist rechtliches Gehör zu gewähren, § 139 Abs. 2.[15]

7 **1. Essentialia des Klägervortrags.** Auf Klägerseite gehören zu den rechtzeitig vorzubringenden Angriffsmitteln alle zur Begründung des Sachantrags vorgebrachten **tatsächlichen Behauptungen** und **erforderlichen Beweismittel.**[16] Im Prozess des gewerblichen Rechtsschutzes erfordert dies beispielsweise die Vorlage des **Schutzrechts,** auf welches die Ansprüche gestützt werden *(Patentschrift, Gebrauchsmusterschrift, Markenregisterauszug* etc) nebst Nachweis der **Inhaberschaft** und die Darlegung seiner **Verletzung.** Stützt sich der Kläger auf *verschiedene Schutzrechte,* hat er diese Anspruchsgrundlagen nach der Aufgabe der **alternativen Klagehäufung** durch den BGH **in eine Reihenfolge** zu bringen (→ § 5 Rn. 11).[17]

---

[1] BGH NJW 2003, 200 (202).
[2] BeckOK ZPO/*Bacher* § 282 Rn. 1.
[3] BeckOK ZPO/*Bacher* § 282 Rn. 1.
[4] Musielak/Voit/*Foerste* ZPO § 282 Rn. 1.
[5] Busse/*Schuster* PatG § 99 Rn. 13.
[6] BGH GRUR 2010, 859 (861) – Malteserkreuz III.
[7] BGH GRUR 2010, 859 (861) – Malteserkreuz III.
[8] MüKoZPO/*Prütting* ZPO § 282 Rn. 6.
[9] Zöller/*Heßler* ZPO § 531 Rn. 3.
[10] BGH BeckRS 2016, 17765; NJW-RR 2009, 853 (854); NJW 2000, 2512 (2513); NJW-RR 1992, 1085.
[11] Musielak/Voit/*Foerste* ZPO § 282 Rn. 2.
[12] Vgl. Musielak/Voit/*Huber* ZPO § 296a Rn. 3.
[13] BPatG GRUR 2004, 950 (952 f.).
[14] Zöller/*Greger* ZPO § 282 Rn. 2b; MüKoZPO/*Prütting* ZPO § 282 Rn. 7.
[15] Zöller/*Greger* ZPO § 282 Rn. 2b; Musielak/Voit/*Foerste* ZPO § 283 Rn. 3; BeckOK ZPO/*Bacher* § 296a Rn. 10; MüKoZPO/*Prütting* ZPO § 296a Rn. 8; vgl. so im Ergebnis auch BGH NJW-RR 2011, 1009.
[16] Vgl. BGH NJW 2003, 200 (202); Musielak/Voit/*Foerste* ZPO § 282 Rn. 2.
[17] BGH GRUR 2011, 521 (522) – TÜV I.

Auch etwaige **Beweismittel,** wie **Testkäufe,** Nachweise des Up- oder Downloads einer urheber- 8
rechtlich geschützten Datei, sachkundige Untersuchungen (insbesondere bei Stoffpatenten) und dergleichen sind vorzutragen, **Verletzungsobjekte** einzureichen oder deren Einreichung anzubieten. Beim patentgeschützten **Vorrichtungsanspruch** gehört dazu auch die Darlegung der Eignung der angegriffenen Ausführungsform zur Erfüllung der im Anspruch beschriebenen Wirkungen oder Funktionen.[18] Hat der **Anschlussinhaber** im Urheberprozess seine Täterschaft bestritten, ist zur Identität des Täters unter Beweisantritt vorzutragen.[19]

Im **Wettbewerbsprozess** gehört in den Fällen der *Irreführung* auch Vortrag zum **Verkehrsver-** 9
ständnis und zur Fehlvorstellung zum erforderlichen Klagevortrag.[20] Denn nach der Rechtsprechung setzt sich der maßgebliche Lebenssachverhalt bei einer auf Irreführung gestützten Klage – ungeachtet seiner rechtlichen Würdigung, die dem Gericht obliegt – aus der beanstandeten Werbemaßnahme und der vom Kläger zu behauptenden, dadurch erzeugten Fehlvorstellung der angesprochenen Verkehrskreise zusammen.[21] Dies gilt auch ungeachtet dessen, dass, wenn die konkreten Verletzungsform zum Gegenstand eines Unterlassungsantrags gemacht wird, nur ein Streitgegenstand vorliegt.[22] Wird eine *gesundheitsbezogene Werbeaussage* wegen fehlenden **wissenschaftlichen Nachweises** angegriffen, gehört zum zwingenden Klägervortrag auch die substantiierte Behauptung, dass die werbliche Behauptung zumindest wissenschaftlich umstritten ist.[23]

2. Essentialia des Beklagtenvorbringens. Auf der Passivseite gehören zum Sachvortrag der 10
Abwehr insbesondere Bestreiten, **Einwendungen** (Klageleugnen und Einreden), **Einreden** (Tatbestand einer Gegennorm zur anspruchsbegründenden Norm) und Repliken.[24] Ferner gehören dazu **Beweismittel** und Beweiseinreden.[25] Im Prozess des **gewerblichen Rechtsschutzes** gehört zum Verteidigungsvorbringen nicht nur das substantiierte Bestreiten der behaupteten Schutzrechtsverletzung, sondern vorrangig auch etwaiger Vortrag zu einer fehlenden **Aktiv- oder Passivlegitimation** (→ Rn. 15). In der Klagerwiderung ist auch die Einrede der **Erschöpfung nach § 24 MarkenG** (Art. 13 GMV) zu erheben, denn der Beklagte ist hierfür darlegungs- und beweispflichtig.[26] Auch die Modifikation der Beweislast in den Fällen des ausschließlichen Vertriebssystems des Markeninhabers entlastet den Beklagten nicht vom substantiierten Vorbringen, dass eine tatsächliche Gefahr der Abschottung der nationalen Märkte besteht.[27] Auch die **Einrede der Nichtbenutzung nach § 25 MarkenG** (Art. 15 GMV) zu erheben, gehört zu den Angriffs- und Verteidigungsmitteln des Abs. 1, auch wenn die Darlegungs- und Beweislast hierzu beim Markeninhaber liegt.[28] Bei **Verfallsklagen** nach § 49 MarkenG hat die Beklagte (erst) im Rahmen ihrer sekundären Darlegungslast zur rechtserhaltenden Benutzung vorzutragen.[29]

Bei **Zahlungsklagen** ist auch eine *eventuelle Aufrechnungslage* rechtzeitig darzulegen oder die Einrede 11
der Verjährung zu erheben.[30]

II. Rechtzeitigkeit

1. Prozesslage als Maßstab. Absatz 1 setzt den Parteien für das Vorbringen ihrer Angriffs- und 12
Verteidigungsmittel **keine starre zeitliche Grenze,** sondern stellt einschränkend darauf ab, soweit es *nach der Prozesslage* einer sorgfältigen und auf Förderung des Verfahrens bedachten Prozessführung entspricht.[31] Damit ist klargestellt, dass nicht jeder irgendwie mit der Sache zusammenhängende Gesichtspunkte oder gar alles auch nur eventuell im Prozessverlauf erheblich Werdende von vornherein in das Verfahren eingeführt werden muss (Eventualmaxime).[32] Es ist daher zulässig und sachgerecht, nicht sogleich den gesamten auch nur möglicherweise entscheidungserheblichen Sachvortrag zu leisten,

---

[18] LG Mannheim NJOZ 2007, 4369 (4375).
[19] AG Hamburg BeckRS 2015, 46683.
[20] OLG Hamburg NJOZ 2013, 1290 (1291) insbesondere zu den Konsequenzen für die Dringlichkeit im einstweiligen Verfügungsverfahren; vgl. auch BGH GRUR 2012, 184 (185) – Branchenbuch Berg.
[21] OLG Hamburg NJOZ 2013, 1290 (1291).
[22] OLG Hamburg NJOZ 2013, 1290 (1291).
[23] *Feddersen* GRUR 2013, 127 (130).
[24] BGH NJW 2003, 200 (202); Musielak/Voit/*Foerste* ZPO § 282 Rn. 2.
[25] BGH NJW 2003, 200 (202); Musielak/Voit/*Foerste* ZPO § 282 Rn. 2.
[26] BGH GRUR 2012, 626 (629) – Converse I; OLG Frankfurt a. M. BeckRS 2016, 11672(zur drohenden Zurückweisung im Berufungsverfahren wegen Präklusion).
[27] BGH GRUR 2012, 626 (629) – Converse I.
[28] Vgl. OLG Hamburg GRUR-RR 2020, 259 Rn. 29 (zu § 531 Abs. 2); OLG Stuttgart GRUR-RR 2002, 381 (384) – Hot Chili; *Ingerl/Rohnke* MarkenG § 25 Rn. 19.
[29] LG Hamburg MD 2016, 284 – Ipuri; vgl. zur primären Darlegungslast des Verfallsklägers OLG Hamm GRUR-RR 2015, 526 Rn. 35.
[30] Musielak/Voit/*Foerste* ZPO § 282 Rn. 2.
[31] Musielak/Voit/*Foerste* ZPO § 282 Rn. 3.
[32] BVerfG NJW 1980, 1737 (1738).

sondern sich auf das nach der Prozesslage Notwendige zu beschränken.[33] **Vorbringen im ersten Verhandlungstermin** ist zudem nie nach Abs. 1 verspätet.[34] Diesbezüglich kann auf die allgemeine Kommentarliteratur verwiesen werden.

13 Die **Prozesslage des Beklagten** wird durch das jeweilige Vorbringen des Klägers bestimmt.[35] Der Beklagte braucht sich *nicht vorsorglich* mit Angriffsmitteln auseinanderzusetzen, die der Kläger möglicherweise vortragen *könnte* (zB Äquivalenzverletzung des Patents), aber nicht vorgetragen hat.[36]

14 Eine Verpflichtung, tatsächliche Umstände, die der Partei nicht bekannt sind, erst zu ermitteln, ist aus der Norm grundsätzlich nicht abzuleiten, sondern kann nur durch besondere Umstände begründet werden.[37] Diesbezüglich kann auf die allgemeine Kommentarliteratur verwiesen werden.

15 **2. Gewerblicher Rechtsschutz.** Im Prozess des **gewerblichen Rechtsschutzes** lässt sich differenzieren zwischen *generellem* Verteidigungsvorbringen, das den Anspruch insgesamt zu Fall bringen könnte, und *spezifischem* Vorbringen gegenüber der Tatbestandsverwirklichung. Zu dem generellem Verteidigungsvorbringen, das geeignet wäre, den Anspruch insgesamt zu Fall zu bringen, ohne in eine weitere Sachprüfung der Tatbestandsverwirklichung eintreten zu müssen, ließe sich zählen die **Infragestellen der Aktivlegitimation** (Marken- oder Patentinhaberschaft, Lizenzkette) oder die Rüge der **fehlenden Passivlegitimation** (etwa nach § 8 Abs. 2 UWG,[38] Richtigkeit des **Testkaufs**[39], fehlende Täterschaft des **Anschlussinhabers**[40]), ebenso die Einrede der **Erschöpfung nach § 24 MarkenG** (Art. 13 U-MV)[41] oder die **Einrede der Nichtbenutzung nach § 25 MarkenG** (Art. 15 U-MV)[42]. Während kein Anlass bestehen dürfte, generelles Verteidigungsvorbringen zur fehlenden Aktiv- oder Passivlegitimation oder zur Erschöpfung oder Nichtbenutzung zurückzuhalten,[43] dürfte es prozessökonomisch in der Regel nicht zu beanstanden sein, wenn sich der Beklagte zunächst auf die Rüge der fehlenden Aktiv- oder Passivlegitimation beschränkt und erst auf gerichtlichen Hinweis zur Tatbestandsverwirklichung im Übrigen vorträgt (→ Rn. 7 und 10).

16 Auch **Geheimhaltungsinteressen** einer Partei können die ihr obliegende Substantiierungslast mindern.[44] Ein aus diesem Grunde zurückhaltend vortragender Beklagter darf daher einen richterlichen Hinweis zur Notwendigkeit weiterer Substantiierung erwarten.[45] Kann sich eine Partei auf **Beweiserleichterungen** berufen, etwa im Wettbewerbsprozess bei Allein- oder Spitzenstellungsberühmungen,[46] betriebsinternen Vorgängen[47] oder in der Gesundheitswerbung[48], führt dies zwar nicht zu einer Reduzierung der Darlegungs-, aber der *Substantiierungslast,* denn damit ist im Ergebnis eine Beweislastumkehr verbunden.[49]

17 **3. Gerichtliche Hinweispflicht.** Die Prozesslage wird maßgeblich auch durch Hinweise des Gerichts bestimmt.[50] Stets ist die zu unterliegen drohende Partei auf ihr **unzureichendes Vorbringen** hinzuweisen.[51] Ihr ist daher zwingend **Gelegenheit zur Nachholung** ausstehenden Vortrages zu geben, § 139 Abs. 2 (→ § 139 Rn. 9 → § 296 Rn. 30).[52] Gleichwohl unterliegt die Nachholung

---

[33] Zöller/*Greger* ZPO § 277 Rn. 1; MüKoZPO/*Prütting* ZPO § 277 Rn. 4; strenger Musielak/Voit/*Foerste* ZPO § 277 Rn. 2.
[34] BGH NJW 2012, 3787 (3788); GRUR 2010, 859 (861) zum patentrechtlichen Beschwerdeverfahren; BGH NJW-RR 2005, 1007.
[35] Zöller/*Greger* ZPO § 277 Rn. 1; zu Möglichkeiten und Grenzen im Berufungsverfahren vgl. BGH NJW-RR 2012, 341 (342).
[36] BeckOK ZPO/*Bacher* § 282 Rn. 3.
[37] BGH NJW 2003, 200 (202).
[38] zur Glaubhaftigkeit des Bestreitens der Verantwortlichkeit erst nach 4 Monaten LG Koblenz WRP 2005, 133.
[39] OLG München BeckRS 2012, 24098 – Speed Cat; nachfolgend BGH NJOZ 2013, 861 – Speed Cat II.
[40] AG Hamburg BeckRS 2015, 46683; AG Düsseldorf GRUR-RS 2015, 02395.
[41] Zur Beweislast BGH GRUR 2012, 626 (629) – Converse I; OLG Hamburg GRUR-RR 2002, 328; zur drohenden Zurückweisung im Berufungsverfahren wegen Präklusion: OLG Frankfurt a. M. BeckRS 2016, 11672.
[42] vgl. OLG Hamburg GRUR 2020, 259 Rn. 29 – Candecor/CANEACOR.
[43] Zur Rechtzeitigkeit des Bestreitens des Testkaufs BGH NJOZ 2013, 861 – Speed Cat II.
[44] OLG Düsseldorf BeckRS 2009, 09220; OLG Stuttgart NJW-RR 1987, 677.
[45] BGH BeckRS 2014, 15333; OLG Düsseldorf BeckRS 2009, 09220.
[46] Köhler/*Bornkamm* UWG § 5 Rn. 2.155.
[47] BGH GRUR 2004, 246 (247) – Mondpreise; Köhler/*Bornkamm* UWG § 5 Rn. 3.24.
[48] BGH GRUR 2013, 649 (653) – Basisinsulin mit Gewichtsvorteil; BGH GRUR 2010, 359 (361) – Vorbeugen mit Coffein!; OLG Hamburg GRUR-RR 2004, 88 (89) – Chitosan; OLG Hamburg GRUR-RR 2002, 173 (174) – pur.
[49] LG Hamburg BeckRS 2013, 17532.
[50] Zöller/*Greger* ZPO § 277 Rn. 1; zu Möglichkeiten und Grenzen im Berufungsverfahren vgl. BGH NJW-RR 2012, 341 (342).
[51] BGH GRUR 2011, 1140 (1141) – Schaumstoff Lübke.
[52] BGH NJW 1989, 717 (718); MüKoZPO/*Prütting* ZPO § 296 Rn. 171; strenger dagegen OLG Köln BeckRS 2013, 16185 für den Fall, dass der Gegner bereits auf die Verspätung hingewiesen hatte; offengelassen insoweit Zöller/*Greger* ZPO § 296 Rn. 32.

Rechtzeitigkeit des Vorbringens　　　　　　　　　　　　　　　　18–23　§ 282 ZPO

Grenzen, weil das Gericht nicht zwingend hierfür einen Schriftsatznachlass nach §§ 139 Abs. 5, 283 gewähren muss, sondern die Möglichkeit der Reaktion im Termin ausreichen lassen kann (→ § 283 Rn. 9).

Im Prozess des gewerblichen Rechtsschutzes sind **Antragsänderungen** (zB firmenmäßige statt **18** markenmäßige Benutzung, Beschränkung auf die konkrete Verletzungsform) oder den Erfordernissen der **hinreichenden Bestimmtheit** (§ 253 Abs. 2 Nr. 2) Rechnung tragenden Umstellungen der Anspruchsbegründung und des Streitgegenstandes[53] häufig und notwendiger Gegenstand gerichtlicher Hinweise, **§ 139 Abs. 1**.[54] Das Gericht hat stets auf erforderliche Antragsänderungen hinzuweisen und dies aktenkundig zu machen.[55] Die betreffende Partei (ggf. sind das beide) darf dazu Stellung nehmen. Regelmäßig dürften Antragsänderungen jedoch sofort iSd § 139 Abs. 5, dh im Termin vom Rechtsanwalt bewerkstelligt werden können, so dass es regelmäßig keines Schriftsatznachlasses nach § 139 Abs. 5 bedürfen wird.

C. Schriftsätzliche Terminsvorbereitung (Abs. 2)

Nach Absatz 2 besteht die Obliegenheit der Parteien, Anträge sowie Angriffs- und Verteidigungs- **19** mittel, die den Gegner **voraussichtlich zu Erkundigungen zwingen,** entsprechend frühzeitig mitzuteilen. Dies stellt einen Schutz des Gegners dar (nicht des Gerichts).[56] Das gilt auch für Beweisanträge, die dem Gegner absehbar Anlass geben, die Glaubwürdigkeit eines Zeugen zu erkunden oder Gegenbeweis anzutreten.[57] Davon ist die besondere Prozessförderungspflicht kraft richterlicher Anordnung zu unterscheiden (§ 273 Abs. 2 Nr. 1; § 275 Abs. 1, 3 u. 4; § 276 Abs. 1 S. 2, Abs. 3; § 277). Absatz 2 verlangt nicht, dass neues Vorbringen so rechtzeitig schriftsätzlich anzukündigen ist, dass das Gericht noch vorbereitende Maßnahmen nach § 273 treffen könnte.[58]

Rechtzeitig ist ein Schriftsatz, der dem Gegner angemessene **Zeit zur Erkundigung** und auch zu **20** der etwa nötigen Stellungnahme belässt.[59] Dieser Zeitraum ist je nach Prozess und Sachfrage individuell zu bemessen; § 132 Abs. 1 und § 277 Abs. 3 geben hier nur unverbindliche Richtwerte.[60] **Verspätung** bewirkt, dass der Gegner die Einlassung verweigern darf, dann aber Schriftsatznachlass beantragen muss, um nicht Gefahr zu laufen, dass das Vorbringen der Partei nach § 138 Abs. 2 und 3 als zugestanden gewertet wird. Das Gericht hat dann die Wahl zwischen Vertagung und Schriftsatznachlass (→ § 283 Rn. 7).

D. Zulässigkeitsrügen (Abs. 3)

Rügen, die die **Zulässigkeit der Klage** betreffen und solche betreffend etwaige Prozesshindernisse **21** müssen vom Beklagten gleichzeitig und vor seiner Verhandlung zur Hauptsache erhoben werden; sofern eine **Klagerwiderungsfrist** (§§ 275 Abs. 1, 276 Abs. 1 S. 2, 277 Abs. 3) gesetzt worden ist, innerhalb dieser.[61] Zulässigkeitsrügen im Sinne von Abs. 3 sind alle Einwendungen, mit denen das Fehlen einer Prozessvoraussetzung beanstandet wird. Dies gilt für zu *erhebende Rügen,* wie die **Einrede der Prozesskostensicherheit** (§ 110)[62], ebenso wie für vAw zu beachtende Umstände, insbesondere **anderweitige Rechtshängigkeit** oder Rechtskraft.[63] Hinsichtlich der von Amts wegen zu prüfenden Prozessvoraussetzungen bleibt ein Verstoß gegen Abs. 3 allerdings folgenlos, während verzichtbare Rügen im Fall der Verspätung nach Maßgabe von **§ 296 Abs. 3** zurückzuweisen sind[64] Anders verhält es sich bei der Rüge der **ordnungsgemäßen Vertretung** des Gegners, da diese nach § 88 Abs. 1 *in jeder Lage* des Rechtsstreits gerügt werden kann. Für die Rüge der fehlenden örtlichen oder internationalen **Zuständigkeit** gilt Abs. 3 im Hinblick auf die Sonderregelung in § 39 nach überwiegender Auffassung nicht (→ § 296 Rn. 41).

Die Güteverhandlung (§ 278 Abs. 2) ist noch nicht Teil der mündlichen Verhandlung, diese folgt **22** der Güteverhandlung vielmehr nach (§ 279 Abs. 1 S. 1). Dementsprechend führt das **Verhandeln in der Güteverhandlung** auch nicht zum Verlust von Zuständigkeitsrügen.[65]

Bei den Verfahren des gewerblichen Rechtsschutzes handelt es sich – mit Ausnahme der Urhebersa- **23** chen am Amtsgericht – um **geborene Kammersachen,** §§ 348 Abs. 1 S. 2 Nr. 2 lit. a und f iVm 95

---

[53] Vgl. BGH GRUR 2013, 401 (402) – Biomineralwasser; BGH GRUR 2011, 521 (522) – TÜV I.
[54] Vgl. BGH GRUR 2011, 1140 (1142) – Schaumstoff Lübke.
[55] BGH GRUR 2011, 1140 (1142) – Schaumstoff Lübke zur Abgrenzung von firmenmäßigen und markenrechtlichen Verbotsantrages; BGH GRUR 2002, 187 (188) zur zu weit gehenden Verallgemeinerung des Verbotsantrages.
[56] Zöller/*Greger* ZPO § 282 Rn. 4.
[57] Musielak/Voit/*Foerste* ZPO § 282 Rn. 8.
[58] BGH NJW 1989, 716 (717).
[59] Musielak/Voit/*Foerste* ZPO § 282 Rn. 9.
[60] Vgl. BGH NJW 1989, 716 (717).
[61] Zöller/*Greger* ZPO § 282 Rn. 6; Musielak/Voit/*Foerste* ZPO § 277 Rn. 2.
[62] OLG Düsseldorf BeckRS 2016, 14962.
[63] Zöller/*Greger* ZPO § 282 Rn. 5.
[64] Zöller/*Greger* ZPO § 282 Rn. 8; BeckOK ZPO/*Bacher* § 282 Rn. 8.
[65] OLG Hamburg NJW-RR 2012, 634 (636).

Abs. 1 Nr. 4 lit. c und Nr. 5 GVG bzw. §§ 348 Abs. 1 S. 2 Nr. 2 lit. k iVm 143 PatG; §§ 125e, 140 MarkenG; § 52 DesignG; § 24b GebrMG; § 37b SortenschutzG; § 13 Abs. 1 S. 1 UWG. Soll vom Beklagten die **Verweisung an die KfH** beantragt werden, ist dies nach § 101 Abs. 1 S. 1 GVG nur vor der Verhandlung möglich bzw. *innerhalb der Klagerwiderungsfrist*, § 101 Abs. 1 S. 2 GVG.[66] Eine KfH-Verweisung kommt in **Urheber-, Patent- und Sortenschutzsachen** allerdings nicht in Betracht, da es sich bei diesen **nicht um Handelssachen** iSd § 95 GVG handelt.

E. Folgen des Verstoßes

24 Angriffs- und Verteidigungsmittel, die entgegen Abs. 1 oder Abs. 2 nicht rechtzeitig vorgebracht worden sind, können nach Maßgabe von **§ 296 Abs. 2** zurückgewiesen werden. Neben der Vorfrage, ob **tatsächlich Verspätung** vorlag,[67] ist zudem erforderlich, dass die Verspätung verschuldet war oder auf **grober Nachlässigkeit** beruht.[68] Zudem setzt eine Zurückweisung wegen Präklusion stets wegen § 138 Abs. 3 das Bestreiten des Gegners voraus (→ § 296 Rn. 38).[69] Bei einem Verstoß gegen Abs. 2 ist dem Gegner vorab gemäß § 283 ZPO ein Schriftsatzrecht einzuräumen oder zu vertagen.[70] Aufgrund der umfassenden Hinweispflichten des Gerichts nach § 139 dürften Fälle der tatsächlichen Verzögerung des Rechtsstreits jedoch selten sein, da ohnehin nach § 139 Abs. 5 – auf Antrag[71] – Gelegenheit zur schriftsätzlichen Erwiderung zu gewähren ist, allerdings auch nur sofern dies der Partei nicht sofort im Termin möglich ist.

25 **Verzichtbare Zulässigkeitsrügen,** die entgegen Abs. 3 verspätet erhoben werden, sind nach § 296 Abs. 3 ZPO nur zuzulassen, wenn der Beklagte die Verspätung genügend entschuldigt (→ § 296 Rn. 41). Die Zurückweisung von verspäteten Rügen in der **Berufungsinstanz** richtet sich nach § 532 ZPO.[72]

F. Besonderheiten im einstweiligen Verfügungsverfahren

26 In Verfahren des einstweiligen Rechtsschutzes gilt schon die Erklärungsfrist des § 132 nicht, so dass die **Einlassung kann auch erst im Termin** erfolgen kann.[73] Auch § 282 ist nicht anwendbar. Vielmehr hat jede Prozesspartei sich nicht nur darauf einzurichten, unmittelbar in der mündlichen Verhandlung alle erforderlichen Angriffs-, Verteidigungs- und Glaubhaftmachungsmittel vorzulegen, sondern sich insbesondere auch auf neuen bzw. ergänzenden Sachvortrag der Gegenpartei einzustellen und **Vorsorge dafür zu treffen,** hierauf auf der Stelle angemessen reagieren zu können (zu den Folgen → § 274 Rn. 12, → § 296 Rn. 14).[74]

27 Auch das bewusste (und damit schuldhafte) **Zurückhalten von neuen Glaubhaftmachungsmitteln** zur Verteidigung ist im Rahmen des Eilverfahrens hinzunehmen (str.).[75] Das Gericht hat dann allerdings ggf. kurzfristig zu unterbrechen und zu einer späteren Terminsstunde desselben Tages fortzufahren, damit angemessen **rechtliches Gehör** gewährt werden kann (→ § 296 Rn. 15).[76] **Im gegenseitigen Einvernehmen** kann auch im Verfügungsverfahren vertagt werden.

28 Ein Antrag des Antragsgegners auf **Verweisung an die KfH** kann nur bis zum Beginn der streitigen mündlichen Verhandlung gestellt werden, die beginnt, sobald die Güteverhandlung gescheitert ist (§ 279 Abs. 1 S. 1).[77] Ein Verweisungsantrag kann nicht mehr gestellt werden, wenn der Antragsgegner nach gescheiterter Güteverhandlung seinen Widerspruch teilweise zurückgenommen und die einstweilige Verfügung insoweit als endgültige Regelung anerkannt hat.[78] Ein **sofortiges Anerkenntnis** iSd § 93 ZPO kann noch bei der ersten prozessual dafür in Betracht kommenden Gelegenheit abgegeben werden, nämlich dem nicht fristgebundenen Widerspruch gegen die Beschlussverfügung.[79]

---

[66] Zur zeitlichen Grenze im Verfügungsverfahren: OLG Hamburg NJW-RR 2012, 634 (635).
[67] BGH NJOZ 2013, 861 (862) – Speed Cat II.
[68] BeckOK ZPO/*Bacher* § 282 Rn. 15.
[69] BPatG GRUR 1999, 350 (352); BeckOK ZPO/*Bacher* § 282 Rn. 15.
[70] BeckOK ZPO/*Bacher* § 282 Rn. 15; zur Prozessförderungspflicht des Gerichts bei dieser Wahlentscheidung: OLG Düsseldorf NJW-RR 1999, 859.
[71] BGH GRUR 2003, 901 (902).
[72] BeckOK ZPO/*Bacher* § 282 Rn. 17.
[73] OLG Hamburg NJW-RR 1987, 36; LG Hamburg BeckRS 2006, 00280; *Teplitzky* Kap. 55 Rn. 19.
[74] OLG Hamburg GRUR-RR 2009, 365 (367); aA ausdrücklich MüKoZPO/*Prütting* ZPO § 283 Rn. 8.
[75] Dagegen: OLG Hamburg GRUR-RR 2009, 365 (367); dafür: *Teplitzky/Feddersen* Kap. 55 Rn. 19; Köhler/Bornkamm UWG § 12 Rn. 3.26, Zöller/*Vollkommer* ZPO § 922 Rn. 15; für die Gewährung von Schriftsatznachlass: Schote/Lührig WRP 2008, 1281.
[76] *Teplitzky/Feddersen* Kap. 55 Rn. 19.
[77] Zur zeitlichen Grenze: OLG Hamburg NJW-RR 2012, 634 (635).
[78] OLG Hamburg NJW-RR 2012, 634 (636).
[79] LG Hamburg GRUR-RR 2010, 88.

§ 283 Schriftsatzfrist für Erklärungen zum Vorbringen des Gegners

¹Kann sich eine Partei in der mündlichen Verhandlung auf ein Vorbringen des Gegners nicht erklären, weil es ihr nicht rechtzeitig vor dem Termin mitgeteilt worden ist, so kann auf ihren Antrag das Gericht eine Frist bestimmen, in der sie die Erklärung in einem Schriftsatz nachbringen kann; gleichzeitig wird ein Termin zur Verkündung einer Entscheidung anberaumt. ²Eine fristgemäß eingereichte Erklärung muss, eine verspätet eingereichte Erklärung kann das Gericht bei der Entscheidung berücksichtigen.

Literatur: *Schote/Lührig*, Prozessuale Besonderheiten der Einstweiligen Verfügung, WRP 2008, 1281.

Übersicht

	Rn.
A. Allgemeines	1
B. Voraussetzungen des Schriftsatznachlasses	3
I. Neues Vorbringen des Gegners	3
1. Neuer Tatsachenvortrag	3
2. Kurzfristiges Vorbringen	7
3. Erklärungsnot der Partei	9
4. Antrag	12
II. Entscheidung des Gerichts	13
III. Der nachgelassene Schriftsatz	17
1. Fristgerechte Erklärung	17
a) Umfang der Berücksichtigung	17
b) Wiedereröffnung (§ 156)	21
2. Verspätete Erklärungen	23
C. Besonderheiten im einstweiligen Verfügungsverfahren	25

A. Allgemeines

Durch die Einräumung einer Schriftsatzfrist wird für die betroffene Partei der Schluss der mündlichen Verhandlung hinsichtlich des zulässigen Erwiderungsvorbringens bis zum Ablauf der Frist verlängert.[1] Voraussetzung für § 283 ist, dass sich eine Partei in der mündlichen Verhandlung auf ein *Vorbringen des Gegners* **nicht erklären kann,** weil es ihr nicht rechtzeitig vor dem Termin mitgeteilt wurde. Ist demzufolge ergänzender Vortrag der Partei erforderlich, müsste die Verhandlung an sich vertagt werden.[2] § 283 sichert dagegen das rechtliche Gehör (Art. 103 Abs. 1 GG) auch gegenüber kurzfristigem Vorbringen des Gegners, indem es *nur der einen Partei* ein **einseitiges Nachschubrecht** gewährt. Dem Gegner wird dagegen nach Satz 1 die Möglichkeit einer (weiteren) Erwiderung entzogen. Satz 1 dient damit gleichzeitig der Beschleunigung des Verfahrens, da eine anderenfalls nach Art. 103 Abs. 1 GG gebotene Vertagung dadurch vermieden werden kann, sofern das Gericht sie nicht für unumgänglich erachtet.[3] Das Recht auf einen Schriftsatznachlass zu gerichtlichen Hinweisen folgt dagegen aus **§ 139 Abs. 5**.[4] Für **nicht nachgelassene Schriftsätze** gilt allein § 296a; sie sind unbeachtlich, falls sie nicht Anlass zur Wiedereröffnung geben (§ 156).[5]

Die Vorschrift ist auch im **marken- und patentrechtlichen Verfahren** vor dem BPatG anwendbar.[6] Zu den Einlassungsfristen im marken- und patentrechtlichen (Beschwerde-)Verfahren → § 274 Rn. 14.

1

2

B. Voraussetzungen des Schriftsatznachlasses

I. Neues Vorbringen des Gegners

1. Neuer Tatsachenvortrag. Erklärungsbedürftiges Vorbringen des Gegners iSd § 283 liegt nur vor, wenn **neue Angriffs- und Verteidigungsmittel** vorgebracht werden, also neuer Tatsachenvortrag geliefert wird.[7] Wird nur bereits bekanntes Vorbringen wiederholt, bedarf es keines ergänzen-

3

---

[1] BGH BeckRS 2021, 9648 Rn. 10; NJW-RR 2015, 893 Rn. 12.
[2] MüKoZPO/*Prütting* ZPO § 283 Rn. 2.
[3] Musielak/Voit/*Foerste* ZPO § 283 Rn. 1.
[4] BGH NJW-RR 2020, 284 Rn. 14.
[5] MüKoZPO/*Prütting* ZPO § 283 Rn. 2; Musielak/Voit/*Foerste* ZPO § 283 Rn. 2.
[6] BGH GRUR 2003, 901 (902); BPatG BeckRS 2013, 06184; 2013, 05071; 2008, 25961; GRUR 2008, 77 (78); Busse/*Schuster* PatG § 99 Rn. 9.
[7] Zöller/*Greger* ZPO § 283 Rn. 2a; weiter: Musielak/Voit/*Foerste* ZPO § 283 Rn. 3; BeckOK ZPO/*Bacher* § 283 Rn. 2.

den Vortrages;⁸ zudem wäre insoweit das Bestehen einer Erklärungsnot der Partei (→ Rn. 9) zu verneinen. Eine Schriftsatzfrist kann nicht zu Ergänzungen eigenen Vorbringens gewährt werden.⁹

4 Beschränkt sich das neue gegnerische Vorbringen auf **Rechtsausführungen,** bedarf es zu Recht *keines* Schriftsatznachlasses (str.),¹⁰ da Rechtsausführungen ohnehin keiner Präklusion unterliegen können. Will sich das Gericht diese später vorgetragene Rechtsauffassung allerdings zu Eigen machen, folgt die Hinweispflicht aus **§ 139 Abs. 2** und die Berechtigung zum *Schriftsatznachlass aus § 139 Abs. 5*.¹¹

5 Eines Schriftsatznachlasses bedarf es zwar im Grunde **nur für entscheidungserhebliches** neues Vorbringen;¹² da dies jedoch nicht stets vorab erkennbar ist (und von der nächsten Instanz uU anders beurteilt werden kann), sollte hier von § 283 großzügig Gebrauch gemacht werden. Dann ist der Gegenstand der Erwiderung aber sinnvoller Weise vom Gericht **einzugrenzen,** idR auf den Inhalt des neuen gegnerischen Vorbringens.¹³

6 **Nicht anwendbar** ist § 283 auf **neue Sachanträge des Gegners,** weil hierüber stets mündlich zu verhandeln ist (str.).¹⁴ Allerdings kann es im **Prozess des gewerblichen Rechtsschutzes,** wo Antragskonkretisierungen oder den Erfordernissen der hinreichenden Bestimmtheit (§ 253 Abs. 2 Nr. 2) Rechnung tragenden Umstellungen häufig sind, sinnvoll sein, im Einvernehmen mit den Parteien von § 283 auch dann Gebrauch zu machen, wenn der Angriff im Kern nicht wesentlich verändert wird; alternativ bietet sich der einvernehmliche Wechsel ins *schriftliche Verfahren nach § 128 Abs. 2* an.

7 **2. Kurzfristiges Vorbringen.** Schriftsatznachlass ist zu gewähren, wenn das neue Vorbringen des Gegners **nicht rechtzeitig vor dem Termin** mitgeteilt worden ist. Nicht rechtzeitig ist stets ein Vorbringen bei Unterschreitung der **Wochenfrist des § 132 Abs. 1** vor dem Termin.¹⁵ Hierbei handelt es sich aber auch nur um eine **Mindestfrist,** so dass auch bei Einhaltung der Wochenfrist Vorbringen des Gegners als nicht rechtzeitig eingestuft werden *kann*, vgl. §§ 277 Abs. 1, 282 Abs. 2.¹⁶ Entscheidendes Kriterium ist hierbei, ob von der Partei im Termin eine (erschöpfende) Erklärung zu dem neuen Vorbringen vernünftigerweise erwartet werden kann.

8 Die Regelung des Satz 1 gilt im Übrigen auch für Vorbringen, das gegen § 282 Abs. 2 verstößt; die **Präklusionswirkung** zu Lasten des Gegners wird durch den Schriftsatznachlass **wieder aufgehoben,** sofern nicht im Termin die Zurückweisung wegen Präklusion beantragt worden war.¹⁷

9 **3. Erklärungsnot der Partei.** Die Gewährung eines Schriftsatznachlasses setzt voraus, dass die Partei zu einer sofortigen **(erschöpfenden) Erklärung** nachvollziehbarer Weise außer Stande ist, sei es wegen des Umfangs des neuen Vorbringens, der Schwierigkeit der Materie, der Notwendigkeit näherer Überprüfung oder Erkundigung (Erklärungsnot).¹⁸ Dies ist eine Frage, die im (pflichtgemäßem) Ermessen des Gerichts liegt. Ist die Partei selbst anwesend, wird sie sich in der Regel zu erklären haben.¹⁹ Auch eine Unterbrechung des Termins ist möglich, um die Erklärungsnot zu beseitigen.²⁰ Ggf. kann ein **vorläufiges Erklärungsrecht** zugestanden werden, dessen Umfang später korrigierbar ist, falls im Termin nicht sogleich feststellbar ist, ob tatsächlich Erklärungsnot besteht.²¹

10 Ein Schriftsatznachlass kann abgelehnt werden, wenn in der mündlichen Verhandlung eine Erklärungsmöglichkeit gewährt wird, der Prozessbevollmächtigte aber keine Erklärung abgeben kann, obwohl er bei **ordnungsgemäßer Vorbereitung** des Termins diese Frage mit dem Mandant hätte erörtert haben müssen.²² Dies dürfte im gewerblichen Rechtsschutz für alle Fragen rund um die **Inhaberschaft** des *eigenen Geschäftsbetriebes* oder der *eigenen Schutzrechte* einschlägig sein; selbiges dürfte gelten, wenn die eigene **Passivlegitimation** betroffen ist. Dagegen sprechen Sachverhalte, die sich nur durch gewissen Rechercheaufwand (und sei es in den eigenen Firmenunterlagen) oder das

---

⁸ LG Mannheim GRUR-RS 2015, 15001 Rn. 55; Zöller/*Greger* ZPO § 283 Rn. 2a.
⁹ BPatG BeckRS 2015, 15337.
¹⁰ Gegen die Anwendbarkeit des § 283: BPatG BeckRS 2013, 06184; Zöller/*Greger* ZPO § 283 Rn. 2a; dafür: Musielak/Voit/*Foerste* ZPO § 283 Rn. 3.
¹¹ Zöller/*Greger* ZPO § 283 Rn. 2a; Musielak/Voit/*Foerste* ZPO § 283 Rn. 3; vgl. so im Ergebnis auch BGH NJW-RR 2011, 1009.
¹² Zöller/*Greger* ZPO § 283 Rn. 2a; MüKoZPO/*Prütting* ZPO § 283 Rn. 9.
¹³ vgl. OLG Hamburg GRUR-RR 2020, 259 Rn. 29 – Candecor/CANEACOR.
¹⁴ Zöller/*Greger* ZPO § 283 Rn. 2a; Musielak/Voit/*Foerste* ZPO § 283 Rn. 3; aA BeckOK ZPO/*Bacher* § 283 Rn. 2.1; MüKoZPO/*Prütting* ZPO § 283 Rn. 9.
¹⁵ Zöller/*Greger* ZPO § 283 Rn. 2b.
¹⁶ Zöller/*Greger* ZPO § 283 Rn. 2b; BeckOK ZPO/*Bacher* § 283 Rn. 4.
¹⁷ Vgl. Musielak/Voit/*Foerste* ZPO § 283 Rn. 4.
¹⁸ Zöller/*Greger* ZPO § 283 Rn. 2c; Musielak/Voit/*Foerste* ZPO § 283 Rn. 5; zur Erklärungsnot auf gerichtliche Hinweise: OLG Hamm GRUR 1989, 931 (932).
¹⁹ Vgl. auch BeckOK ZPO/*Bacher* § 283 Rn. 5.
²⁰ BPatG BeckRS 2008, 25961.
²¹ Musielak/Voit/*Foerste* ZPO § 283 Rn. 5.
²² Offengelassen BVerfG NJW 1992, 2144; für die Ablehnung Zöller/*Greger* ZPO § 283 Rn. 2c; Musielak/Voit/*Foerste* ZPO § 283 Rn. 9; MüKoZPO/*Prütting* ZPO § 283 Rn. 11.

Einholen sachkundiger Erklärungen aufklären lassen, für die Annahme einer Erklärungsnot. Erklärt sich der Prozessbevollmächtigte allerdings im Termin **vorbehaltlos** zu dem Vorbringen, zeigt er regelmäßig, dass *keine* Erklärungsnot besteht.

Eines Schriftsatznachlasses bedarf es bei **unerheblichem Vorbringen** zwar nicht, da dies im Hinblick auf den Instanzenzug aber nicht immer verlässlich festgestellt werden kann, sollte er (beantragt und) gewährt werden. 11

4. Antrag. Schriftsatznachlass wird **nur auf Antrag** gewährt, nicht vAw.[23] Wird kein Antrag gestellt, ist Verkündungstermin ohne Vorbehalt zu bestimmen, auch wenn die Partei die Einlassung auf das Vorbringen des Gegners verweigert.[24] Auch vertagt werden muss nicht, selbst bei Vertagungsantrag; die überraschte Partei hat nämlich keinen Anspruch darauf, die **Art und Weise der Gewährung** ihres rechtlichen Gehörs selbst festzulegen[25] oder das Gericht zur Zurückweisung wegen Verspätung zu zwingen.[26] Wird das neue Vorbringen nicht (substantiiert) bestritten, gilt es als zugestanden (§ 138 Abs. 2 und 3),[27] so dass ebenfalls kein Anlass für einen neuen Termin besteht. Somit ist der Antrag nach § 283 das einzige Mittel, um rechtliches Gehör vor Schluss der mündlichen Verhandlung **zu erzwingen**. Das Gericht hat allerdings die Partei zu einer Erklärung aufzufordern und gegebenenfalls die Stellung eines Antrags nach § 283 ZPO **anzuregen, § 139 Abs. 1**.[28] Im Falle der gleichzeitigen Anordnung zum ergänzenden Vortrag nach § 273 Abs. 2 Nr. 1 dürfte sich der Weg über § 283 erübrigen.[29] 12

II. Entscheidung des Gerichts

Liegen die Voraussetzungen des § 283 vor und hat die Partei die Gewährung eines Schriftsatznachlasses beantragt, steht die Entscheidung im **pflichtgemäßen Ermessen** des Gerichts. Das Gericht kann zwischen *Schriftsatznachlass und Vertagung* (§ 227) **wählen**.[30] Im Hinblick auf das zu gewährende rechtliche Gehör nach Art. 103 Abs. 1 GG muss auf jeden Fall einer der beiden Wege beschritten werden.[31] Die Gewährung eines Schriftsatznachlasses genügt, wenn das Gericht nicht eine weitere Erwiderung des Gegners zur Herbeiführung von Entscheidungsreife für erforderlich oder geboten hält. Im Einvernehmen mit den Parteien kann in diesen Fällen aber auch ins **schriftliche Verfahren** gewechselt werden (§ 128 Abs. 2). 13

Das Gericht ist **nicht befugt,** den Antrag nach § 283 durch eine Zurückweisung des verspäteten Vorbringens des Gegners nach § 296 zu erledigen.[32] Zwar kann der Rechtsstreit schon dadurch verzögert werden, dass der Ablauf einer Frist nach § 283 abzuwarten ist (und sei es auch nur zur Feststellung, ob eine weitere Verzögerung entsteht), dies rechtfertigt aber nicht, der Partei das ihr zustehende rechtliche Gehör zu versagen (zur Notwendigkeit der gleichzeitigen Verzögerungsrüge → Rn. 8).[33] 14

Die Fristsetzung erfolgt **durch Beschluss,** wobei die Frist entsprechend §§ 275, 277 Abs. 3 angemessen sein muss.[34] Über die Folgen einer Fristversäumung braucht **nicht belehrt** zu werden.[35] Nach Satz 1 ist zugleich Verkündungstermin anzuberaumen, wobei die Schriftsatzfrist bei seiner Bestimmung berücksichtigt werden darf, § 310 Abs. 1 S. 2. Der Gegenstand der Erwiderung ist in dem Beschluss sinnvoller Weise **vom Gericht einzugrenzen,**[36] idR auf den Inhalt des gegnerischen Schriftsatzes (und ggf. auf vom Gericht erteilte Hinweise, § 139 Abs. 1). 15

Die Gewährung eines Schriftsatznachlasses und die Fristsetzung sind ebenso wie die Zurückweisung des Antrages **nicht anfechtbar,** können aber als Verletzung rechtlichen Gehörs mit dem **Rechtsmittel** gegen das Endurteil geltend gemacht werden, § 538 Abs. 2 S. 1 Nr. 1 bzw. nach § 321a.[37] Der Antrag auf Schriftsatznachlass ist der Gegenseite bekannt zu machen, sonst liegt ein Verstoß gegen Art. 103 Abs. 1 GG vor.[38] Durch die Einräumung einer Schriftsatzfrist nach § 283 wird für die betroffene Partei der Schluss der mündlichen Verhandlung hinsichtlich des zulässigen Erwiderungs- 16

---

[23] BPatG GRUR 2008, 77 (78); LG Düsseldorf BeckRS 2013, 13296; Zöller/*Greger* ZPO § 283 Rn. 3.
[24] Zöller/*Greger* ZPO § 283 Rn. 3.
[25] Musielak/Voit/*Foerste* ZPO § 283 Rn. 7; Zöller/*Greger* ZPO § 283 Rn. 3 mwN.
[26] BGH NJW 1985, 1539 (1543); LG Düsseldorf BeckRS 2013, 13296.
[27] BGH NJW 1985, 1539 (1543).
[28] BGH NJW 1985, 1539 (1543); BVerfG NJW 1987, 2733 (2734); OLG Karlsruhe NJOZ 2004, 298 (299).
[29] Vgl. MüKoZPO/*Prütting* ZPO § 283 Rn. 12.
[30] Musielak/Voit/*Foerste* ZPO § 283 Rn. 8; MüKoZPO/*Prütting* ZPO § 283 Rn. 14.
[31] MüKoZPO/*Prütting* ZPO § 283 Rn. 14.
[32] Musielak/Voit/*Foerste* ZPO § 283 Rn. 10.
[33] Vgl. BGH NJW 1985, 1539 (1543).
[34] Zöller/*Greger* ZPO § 283 Rn. 4.
[35] BVerfG NJW 1987, 2733 (2734).
[36] OLG Hamburg GRUR-RR 2020, 259 Rn. 29 – Candecor/CANEACOR; vgl. auch OLG Stuttgart BeckRS 2013, 12075.
[37] BGH NJW 2008, 3361 (3362); Zöller/*Greger* ZPO § 283 Rn. 4b; Musielak/Voit/*Foerste* ZPO § 283 Rn. 16; nur für § 321a: MüKoZPO/*Prütting* ZPO § 283 Rn. 26.
[38] BVerfG BeckRS 2016, 40541.

vorbringens bis zum Ablauf der Frist verlängert; **Besetzungsänderungen** müssen daher zwingend die Wiedereröffnung nach sich ziehen.[39]

III. Der nachgelassene Schriftsatz

17 **1. Fristgerechte Erklärung. a) Umfang der Berücksichtigung.** Nach Satz 2 **muss** eine fristgemäß eingereichte Erklärung berücksichtigt werden. Dies gilt auch dann, wenn der Schriftsatznachlass gar nicht berechtigt war (dann wäre dem Gegner allerdings wiederum rechtliches Gehör zu gewähren). Die Erklärung kann, wenn der verspätete Vortrag des Gegners (substantiiert) bestritten wird, zur Zurückweisung dessen Vorbringens als verspätet führen, § 296.[40] Allerdings ist der Inhalt des nachgelassenen Schriftsatzes nur insoweit berücksichtigungsfähig, soweit er sich an das zugebilligte **Erklärungsthema** hält, dh soweit er mit dem Vorbringen in dem verspäteten Schriftsatz des Gegners in Zusammenhang steht, durch diesen veranlasst ist und sich als Erwiderung darauf darstellt,[41] mithin mit dessen Richtigkeit oder diesbezüglichen Einreden. Entscheidend ist folglich der sachliche Zusammenhang mit dem verspäteten Vorbringen, mit dem sich die Erwiderung befassen muss.[42]

18 Er ist dem Gegner **formlos mitzuteilen,** § 270 S. 1; ein Zugang vor dem Verkündungstermin ist nicht erforderlich, da keine Erwiderungsmöglichkeit besteht, § 296a.[43]

19 **Weitergehende Erklärungen** oder Anträge (zB Widerklage[44]) der Partei haben außer Acht zu bleiben, da sie nicht Teil des nachgelassenen Vorbringens sind und damit als nach Schluss der mündlichen Verhandlung vorgebracht gelten, § 296a.[45] Denn nur die Erwiderung auf den verspäteten Sachvortrag des Gegners darf berücksichtigt werden, nicht jedoch neuer Sachvortrag, der über eine Replik hinausgeht.[46] Eine **nachgeschobene Widerklage,** die erst nach dem Schluss der mündlichen Verhandlung eingegangen ist, ist unzulässig, wenn das Gericht eine Wiedereröffnung der mündlichen Verhandlung ablehnt und deshalb über die Widerklage nicht mehr mündlich verhandelt werden konnte.[47] Daher bedürfen auch verspätete Schriftsätze mit Sachanträgen **keiner Zustellung.**

20 Will das Gericht das in einem nach § 283 nachgelassenen Schriftsatz enthaltene Vorbringen einer Partei als verspätet zurückweisen, etwa weil es nach **§ 282 Abs. 1** schon deutlich früher in den Rechtsstreit hätte eingeführt werden müssen, hat es die mündliche Verhandlung wieder zu eröffnen und auf die **beabsichtigte Präklusion hinweisen,** um der Partei Gelegenheit zur Stellungnahme und ggf. zur *Entschuldigung der Verspätung* zu geben.[48]

21 **b) Wiedereröffnung (§ 156).** Enthält der nachgelassene Schriftsatz eine **Änderung des Klageantrages** oder des Klagegrundes – etwa die Erweiterung um eine weitere Klagemarke – ist deren Berücksichtigung nur bei **Wiedereröffnung der mündlichen Verhandlung** möglich.[49] Ob der weitergehende Erklärungsinhalt eine Wiedereröffnung der Verhandlung gebietet, liegt jedoch im Ermessen des Gerichts (§ 156).[50] Die Wiedereröffnung der mündlichen Verhandlung aufgrund neuen, nicht gemäß § 283 ZPO nachgelassenen Vorbringens ist nur dann geboten, wenn dieses Vorbringen ergibt, dass es aufgrund eines nicht prozessordnungsmäßigen Verhaltens des Gerichts, insbesondere einer Verletzung der richterlichen Aufklärungspflicht oder des Anspruchs auf rechtliches Gehör nicht rechtzeitig in den Rechtsstreit eingeführt worden ist.[51] Eine Wiedereröffnung hat ferner dann zu erfolgen, wenn sich aus dem neuen Vorbringen ergibt, dass die bisherige Verhandlung lückenhaft war und in der letzten mündlichen Verhandlung bei sachgemäßem Vorgehen Veranlassung zur Ausübung des Fragerechts bestanden hätte.[52]

22 Enthält die nachgelassene Erklärung **veranlassten neuen Tatsachenvortrag,** der das Erklärungsthema betrifft, ist wieder zu eröffnen, da dem Gegner hierzu *seinerseits rechtliches Gehör* zu gewähren ist.[53] Ansonsten hat der Gegner kein Erwiderungsrecht, § 296a.[54] Auch dürfte es sachgerecht sein, auf **neue Sachanträge** die Wiedereröffnung zu beschließen, wenn sie gerade durch das verspätete Vorbringen provoziert wurden.

---

[39] BGH NJW-RR 2015, 893 Rn. 12.
[40] Zöller/*Greger* ZPO § 283 Rn. 6.
[41] OLG Stuttgart BeckRS 2013, 12075; Musielak/Voit/*Foerste* ZPO § 283 Rn. 12.
[42] OLG Stuttgart BeckRS 2013, 12075.
[43] MüKoZPO/*Prütting* ZPO § 283 Rn. 23; vgl. auch OLG Stuttgart BeckRS 2013, 12075.
[44] BGH NJW 2000, 2512 (2513).
[45] BPatG BeckRS 2013, 05071; BGH NJW-RR 2009, 853 (854); NJW 1993, 134; 1992, 1446 (1448); OLG Hamburg BeckRS 1994, 10914 = MDR 1995, 526; Musielak/Voit/*Heinrich* ZPO § 33 Rn. 6.
[46] BGH NJW 1992, 1446 (1448).
[47] BGH NJW-RR 1992, 1085; offengelassen BGH NJW 2000, 2512 (2513).
[48] BGH BeckRS 2012, 04075.
[49] BGH NJW-RR 2020, 284 Rn. 12; NJW 2004, 3102 (3102) – Internet-Versteigerung.
[50] BGH NJW 2004, 3102 (3103) – Internet-Versteigerung; BGH NJW 2000, 142 (143); BPatG GRUR 2004, 950 (953); OLG Düsseldorf NJOZ 2004, 3356 (3359).
[51] BGH NJW 2000, 142 (143).
[52] BGH NJW 1993, 134; OLG Düsseldorf NJOZ 2004, 3356 (3359).
[53] Musielak/Voit/*Foerste* ZPO § 283 Rn. 13; MüKoZPO/*Prütting* ZPO § 283 Rn. 22.
[54] Zöller/*Greger* ZPO § 283 Rn. 6.

2. Verspätete Erklärungen. Eine nicht fristgemäß eingereichte Erklärung **kann** nach Satz 2 23
berücksichtigt werden. Im Interesse der *Verfahrensbeschleunigung* ist das Gericht bei dieser Ermessensentscheidung frei, sofern nicht eine Pflicht zur Wiedereröffnung besteht (→ Rn. 21).[55] Für eine
Berücksichtigung kann im Rahmen des Ermessens sprechen, dass der Schriftsatz die Frist nur geringfügig überschritten hat oder das Gericht mit der Vorbereitung der Entscheidung noch nicht begonnen
hat.[56]

Wird der nachgereichte Schriftsatz im Urteil nicht berücksichtigt, ist dies in den Entscheidungs- 24
gründen zu erläutern.[57]

C. Besonderheiten im einstweiligen Verfügungsverfahren

Im einstweiligen Verfügungs- und Arrestverfahren kommt die Gewährung eines Schriftsatznachlasses 25
im Hinblick auf die Eilbedürftigkeit grundsätzlich **nicht in Betracht** (str.).[58] In Verfahren des einstweiligen Rechtsschutzes gilt auch schon die Erklärungsfrist des § 132 nicht, so dass die Einlassung auch
erst im Termin erfolgen kann (→ § 274 Rn. 12).[59] Dem Antragsgegner ist es daher unbenommen,
entscheidungserheblichen Sachvortrag (Einlassung) nebst Beweismitteln erst im (Erlass- oder Widerspruchs-)Termin vorzubringen und den Antragsteller damit aufgrund der Regelung des § 294 Abs. 2
unter Zugzwang zu setzen.

Da auch die **Präklusionsvorschriften** des allgemeinen Teils nach hM keine Anwendung finden 26
(str., → § 296 Rn. 14),[60] kann auch im Fall des bewussten **Zurückhalten von neuen Glaubhaftmachungsmitteln** zur Verteidigung kein Schriftsatznachlass gewährt werden (str., → § 937 Rn. 15).[61]
Das Gericht hat dann allerdings ggf. kurzfristig zu unterbrechen und zu einer späteren Terminsstunde
desselben Tages fortzufahren oder im Einzelfall auch zu vertagen, damit angemessen **rechtliches
Gehör** gewährt werden kann (zu den Einzelheiten → § 296 Rn. 16).

§ 283a Sicherungsanordnung

(1) ¹Wird eine Räumungsklage mit einer Zahlungsklage aus demselben Rechtsverhältnis verbunden, ordnet das Prozessgericht auf Antrag des Klägers an, dass der Beklagte wegen der Geldforderungen, die nach Rechtshängigkeit der Klage
fällig geworden sind, Sicherheit zu leisten hat, soweit
1. die Klage auf diese Forderungen hohe Aussicht auf Erfolg hat und
2. die Anordnung nach Abwägung der beiderseitigen Interessen zur Abwendung besonderer Nachteile für den Kläger
gerechtfertigt ist. Hinsichtlich der abzuwägenden Interessen genügt deren Glaubhaftmachung.
² Streiten die Parteien um das Recht des Klägers, die Geldforderung zu erhöhen, erfasst die Sicherungsanordnung den
Erhöhungsbetrag nicht. ³ Gegen die Entscheidung über die Sicherungsanordnung findet die sofortige Beschwerde statt.
(2) Der Beklagte hat die Sicherheitsleistung binnen einer vom Gericht zu bestimmenden Frist nachzuweisen.
(3) Soweit der Kläger obsiegt, ist in einem Endurteil oder einer anderweitigen den Rechtsstreit beendenden Regelung
auszusprechen, dass er berechtigt ist, sich aus der Sicherheit zu befriedigen.
(4) ¹Soweit dem Kläger nach dem Endurteil oder nach der anderweitigen Regelung ein Anspruch in Höhe der Sicherheitsleistung nicht zusteht, hat er den Schaden zu ersetzen, der dem Beklagten durch die Sicherheitsleistung entstanden ist.
² § 717 Absatz 2 Satz 2 gilt entsprechend.

§ 284 Beweisaufnahme

¹Die Beweisaufnahme und die Anordnung eines besonderen Beweisaufnahmeverfahrens
durch Beweisbeschluss wird durch die Vorschriften des fünften bis elften Titels bestimmt.
²Mit Einverständnis der Parteien kann das Gericht die Beweise in der ihm geeignet erscheinenden Art aufnehmen. ³Das Einverständnis kann auf einzelne Beweiserhebungen beschränkt werden. ⁴Es kann nur bei einer wesentlichen Änderung der Prozesslage vor Beginn
der Beweiserhebung, auf die es sich bezieht, widerrufen werden.

Literatur: *Ahrens*, Wettbewerbsverfahrensrecht; *Ahrens*, Besonderheiten der Beweiserhebung im EPG-Verfahren,
GRUR 2017, 323; *Baumgärtel/Ulrich*, Handbuch der Beweislast im Privatrecht, 1987, Bd 3, UWG; *Beutel*, Möglichkeit und Grenzen von Erfahrungssätzen, WRP 2017, 513; *Blankenburg*, Neues zur vergleichenden Werbung, zur
Verwechslungsgefahr und zur markenmäßigen Benutzung? Anmerkung zu EuGH, Urteil vom 12.6.2008, C-533/06,
WRP 2008, 1294; *Bornkamm*, Die Feststellung der Verkehrsauffassung im Wettbewerbsprozess, WRP 2000, 830;

---

[55] Zöller/*Greger* ZPO § 283 Rn. 7.
[56] MüKoZPO/*Prütting* ZPO § 283 Rn. 20.
[57] Zöller/*Greger* ZPO § 283 Rn. 8.
[58] Dagegen LG Hamburg GRUR-RR 2014, 137 (139) – Koronarstent; OLG Hamburg GRUR-RR 2009, 365
(367); OLG München GRUR 1979, 172 BeckOK ZPO/*Bacher* § 283 Rn. 7; dafür MüKoZPO/*Prütting* ZPO § 283
Rn. 8; Musielak/Voit/*Foerste* ZPO § 283 Rn. 2; offengelassen OLG Stuttgart GRUR-RR 2009, 343 (347).
[59] LG Hamburg GRUR-RR 2014, 137 (139) – Koronarstent; LG Hamburg BeckRS 2006, 00280.
[60] LG Hamburg GRUR-RR 2014, 137 (139) – Koronarstent; OLG Frankfurt a. M. GRUR-RR 2005, 299 (301);
Teplitzky Kap. 55 Rn. 19; einschränkend Zöller/*Vollkommer* ZPO § 922 Rn. 15 mwN.
[61] So OLG Hamburg GRUR-RR 2009, 365 (367); aA *Teplitzky* Kap. 55 Rn. 19; Köhler/Bornkamm/*Köhler*
UWG § 12 Rn. 3.26; Zöller/*Vollkommer* ZPO § 922 Rn. 15; für die Gewährung von Schriftsatznachlass: *Schote/
Lührig* WRP 2008, 1281.

Dölling, Die Voraussetzungen der Beweiserhebung im Zivilprozess, NJW 2013, 3121; *Fritze,* Die Umkehr der Beweislast, GRUR 1975, 61; *Gloy,* Verkehrsauffassung – Rechts- oder Tatfrage, Festschrift für W. Erdmann, 2002, 811; *Gruber,* Die tatsächliche Vermutung der Wiederholungsgefahr als Beweiserleichterung, WRP 1991, 368; *Grunwald,* Die Reichweite der Registervermutung bei nicht beurkundeten Zwischenerwerben im Patentrecht, GRUR 2016, 1126; *Hagenkötter,* Die Unlauterkeit von Testfotos, WRP 2008, 39; *Harmsen,* § 3 UWG und das Problem der Beweislast, GRUR 1969, 251; *Helm,* Der Abschied vom verständigen Verbraucher, WRP 2005, 931; *Heinzke,* Richtlinie zum Schutz von Geschäftsgeheimnissen, CCZ 2016, 179; *Hesse,* Die Beweislast im Patentverletzungsprozess, GRUR 1972, 675; *Hille,* Zulässigkeit und Grenzen der Anordnung und Begutachtung von Amts wegen, DS 2015, 181; *Jäckel,* Das Beweisrecht der ZPO, 2009; *Kather,* Das Beweismaß in nationalen Verfahren und in Verfahren vor dem DPMA, FS für Eisenführ, 2003, 177; *Kaiser,* Vom Mithörzeugen zur Dashcam – Aktuelle Beweisverwertungsfragen im Zivilprozess, NJW 2016, 2790; *Kemper,* Beweisprobleme im Wettbewerbsrecht, 1992; *Kochendörfer,* Die Einheitlichkeit der Unionsmarke im Verletzungsfall, GRUR 2016, 778; *Krieger,* Durchsetzung gewerblicher Schutzrechte in Deutschland und TRIPS-Standards, GRUR Int. 1997, 421; *Kur,* Beweislast und Beweisführung im Wettbewerbsprozess, 1981; *dies.,* Irreführende Werbung und Umkehr der Beweislast, GRUR 1982, 663; *Kühnen,* Patentregister und Inhaberwechsel, GRUR 2014, 137; *Lindacher,* Beweisrisiko und Aufklärungslast der nicht risikobelasteten Partei in Wettbewerbssachen, WRP 2000, 950; *Mes,* Si tacuisses – Zur Darlegung und Beweislast im Prozess des gewerblichen Rechtsschutzes, GRUR 2000, 934; *Ohly,* Wirkung und Reichweite der Registervermutung im Patentrecht, GRUR 2016, 1120; *Roßnagel,* Beweiswirkung elektronischer Vertrauensdienste, MMR 2016, 447; *Schoene,* Gattungsbezeichnung im Verfahren der VO 1151/2012 – Beweislast, Beweisanforderungen und Gutachterkosten, GRUR 2014, 641; *Reißmann,* Zulässigkeit und Grenzen des Freibeweisverfahrens im Zivilprozess, JR 2012, 182; *Schultz,* Substanziierungsanforderungen an den Parteivortrag in der BGH-Rechtsprechung, NJW 2017, 16; *Tilmann/Schreibauer,* Beweissicherung vor und im Patentverletzungsprozess in FS W. Erdmann (2002), S. 901; *Ulbrich,* Der BGH auf dem Weg zum normativen Verbraucherleitbild, WRP 2005, 940; *Ulrich,* Die Beweislast im Verfahren des Arrestes und der einstweiligen Verfügung, GRUR 1985, 201; *ders.,* Beweislast und Beweisführung im Wettbewerbsprozess, WRP 1986, 584. **Literaturangaben zu § 286.**

Übersicht

	Rn.
A. Regelungsgehalt	1
B. Anwendungsbereich der §§ 284–293 im gewerblichen Rechtsschutz	2
I. Patentrecht	4
1. Nationale Verfahren	4
2. Verfahren vor dem EPA	8
II. Gebrauchsmusterrecht	9
III. Markenrecht	10
1. Nationale Verfahren	10
2. Verfahren vor dem HABM bzw. Klagen gegen das HABM	13
IV. Designrecht	15
1. Nationale Verfahren	15
2. Verfahren vor dem EUIPO	16
C. Grundzüge des Beweisverfahrens nach der ZPO	17
D. Beweisgegenstand	20
I. Allgemeines	20
II. Besonderheiten im gewerblichen Rechtsschutz	22
1. Wettbewerbsrecht	22
2. Patentrecht	32
3. Markenrecht	35
a) Verkehrsgeltung	35
b) Zeichen- sowie Waren-/Dienstleistungsidentität	36
c) Verwechslungsgefahr	37
d) Ausnutzung und Beeinträchtigung bekannter Marken	43
e) „Mangelnde Benutzung" (§ 26 MarkenG)	44
4. Designrecht	45
E. Beweislast	47
I. Prozessuale Bedeutung	47
II. Arten der Beweislast/Terminologie	49
1. Subjektive Beweislast	49
2. Objektive Beweislast	50
III. Quellen der Beweislastverteilung	51
1. Allgemeines	51
2. Einzelheiten zur Darlegungs- und Beweislast auf dem Gebiet des gewerblichen Rechtsschutzes	57
a) Wettbewerbsrecht	57
b) Patentrecht/Gebrauchsmusterrecht	65
c) Markenrecht	69
d) Designrecht	73
e) Urheberrecht	77
3. Beweislastumkehr	78
a) Wettbewerbsrecht	80

	Rn.
b) Beweislastumkehr bzgl. Erschöpfungsvoraussetzungen bei drohender Marktabschottung	84
c) § 5 S. 1 DesignG	86
4. Beweisverträge/Beweislastverträge	88
F. Beweisarten	92
I. Beweisverfahren	93
II. Zweck des Beweises	98
III. Beweisziel	100
IV. Art der Beweisführung	101
G. Beweismittel	115
H. Beweisverbote	119
I. Beweiserhebungsverbote	120
II. Beweisverwertungsverbote	121
I. Überblick zum Beweiserhebungsverfahren	124

A. Regelungsgehalt

Die §§ 284–294 enthalten den ersten Abschnitt des Beweisrechts der ZPO, wobei einige grundlegende Prinzipien zur Beweiswürdigung, zum Beweismaß und zur Beweisbedürftigkeit geregelt sind. Die Vorschrift des § 284 S. 1 erschöpft sich insoweit in einem bloßen Verweis auf die §§ 355–484 und ist daher ohne eigenen Regelungsgehalt. Aufgrund der **S. 2–4**, die durch das 1. JuMOG v. 24.8.2004, BGBl. I S. 2198, hinzugefügt wurden, kann das Gericht im Einvernehmen mit den Parteien vom Grundsatz des Strengbeweises abweichen. Dadurch sollen die Verfahrensabläufe vereinfacht und der Prozess beschleunigt werden.[1] 1

B. Anwendungsbereich der §§ 284–293 im gewerblichen Rechtsschutz

Die §§ 284–293 finden direkte Anwendung auf **alle Streitigkeiten** im Bereich des Wettbewerbs-, Patent-, Gebrauchsmuster-, Marken-, Design- und Urheberrechts, die im Rahmen eines Zivilprozesses vor den **ordentlichen Gerichten** ausgetragen werden. Für Klagen aus dem UKlaG ergibt sich die Anwendbarkeit der §§ 284 ff. aus **§ 5 UKlaG**. 2

Nachfolgend werden im **Überblick** vergleichbare Regelungen in **sonstigen Verfahren auf dem Gebiet des gewerblichen Rechtsschutzes** dargestellt, wobei wegen der Einzelheiten auf die jeweilige Spezialliteratur verwiesen werden muss. 3

I. Patentrecht

1. Nationale Verfahren. Im **Anmeldeverfahren** eines Patents vor dem DPMA bestimmt sich das Beweisverfahren nach § 46 PatG. Es gilt der **Untersuchungsgrundsatz**.[2] 4

Die Beweiserhebung im **Beschwerdeverfahren** sowie im **Nichtigkeits- und Zwangslizenzverfahren** vor dem **BPatG** ist jeweils in **§ 88 PatG**, der mit §§ 96, 97 VwGO übereinstimmt, geregelt. Auch das dortige Beweisverfahren ist vom **Untersuchungsgrundsatz** beherrscht.[3] Es gilt gem. **§ 93 PatG** der Grundsatz der freien Beweiswürdigung (vgl. für den Zivilprozess § 286). 5

Im **Rechtsbeschwerdeverfahren nach §§ 100 ff. PatG** ist der BGH an die tatsächlichen Feststellungen des BPatG gebunden, so dass er selbst keine Beweisaufnahme durchführt und die Würdigung einer Beweisaufnahme durch das BPatG nicht durch eine eigene ersetzen kann.[4] 6

Im **Nichtigkeitsberufungsverfahren vor dem BGH** war nach früherem Recht praktisch uneingeschränkt und jederzeit neuer Tatsachenvortrag möglich.[5] Nach der Regelung in § 117 S. 1 PatG iVm § 529 Abs. 1 Nr. 1 Hs. 1 ZPO sind in der Regel die vom BPatG festgestellten Tatsachen auch die maßgebliche Grundlage für das Berufungsverfahren.[6] Sind weitere Feststellungen im Wege einer Beweisaufnahme notwendig, wird der BGH diese nur dann selbst durchführen, wenn deren Umfang verhältnismäßig gering ist (vgl. § 119 Abs. 5 PatG).[7] 7

2. Verfahren vor dem EPA. In Verfahren vor dem EPA bestimmen sich die zulässigen Beweismittel und die Beweisaufnahme nach **Art. 117 EPÜ** iVm den internen Richtlinien.[8] 8

---

[1] Vgl. dazu *Knauer/Wolf* NJW 2004, 2857 (2862).
[2] S. zu Einzelheiten die Kommentierung bei Fitzner/Lutz/Bodewig/*Stortnik* PatG § 46 Rn. 5 ff.; Schulte/*Rudloff-Schäffer* § 46 PatG.
[3] S. zu Einzelheiten die Kommentierung bei Fitzner/Lutz/Bodewig/*Schnurr* § 87 PatG; Schulte/*Püschel* § 88 PatG.
[4] BGH GRUR 1972, 642 (644) – Lactame; BGH GRUR 1965, 416 (419) – Schweißelektrode.
[5] Vgl. *Meier-Beck* FS Mes, 2009, 273 (282).
[6] *Bacher* GRUR 2013, 902.
[7] BGH GRUR 2012, 1124 – Polymerschaum; vgl. BGH GRUR 2015, 1095 – Bitratenreduktion; vgl. *Meier-Beck* FS Mes, 2009, 273 (285).
[8] S. zu Einzelheiten Benkard/*Schäfers* Art. 117 EPÜ.

II. Gebrauchsmusterrecht

9 Im **Löschungsverfahren** vor dem DPMA richtet sich die Beweisaufnahme nach **§ 17 S. 2–S. 4 GebrMG.** Für das **Beschwerdeverfahren** vor dem BPatG (§ 18 GebrMG) gilt ebenfalls der Amtsermittlungsgrundsatz.[9] Für das Verfahren der **Rechtsbeschwerde vor dem BGH** gelten nach § 18 Abs. 4 GebrMG die §§ 101–109 PatG entsprechend, so dass auf die Ausführungen unter → Rn. 6 verwiesen werden kann.

III. Markenrecht

10 **1. Nationale Verfahren.** Für Verfahren vor dem DPMA bestimmt **§ 59 Abs. 1 MarkenG,** dass das DPMA den Sachverhalt **v. A. w.** ermittelt und an das Vorbringen und die Beweisanträge der Beteiligten nicht gebunden ist.[10]

11 Eine entsprechende Regelung enthält **§ 73 Abs. 1 MarkenG** für das Verfahren vor dem BPatG. Ferner gelten dort **§ 74** (Beweiserhebung) und **§ 78** (Beweiswürdigung) des MarkenG.[11]

12 Das **Rechtsbeschwerdeverfahren vor dem BGH** hat revisionsrechtlichen Charakter.[12] Der BGH ist insbesondere gem. § 89 Abs. 2 MarkenG grundsätzlich an die tatsächlichen Feststellungen der Vorinstanz gebunden.

13 **2. Verfahren vor dem HABM bzw. Klagen gegen das HABM.** Im Verfahren vor dem HABM ist der Sachverhalt gemäß **Art. 76 Abs. 1 GMV**[13] (iVm Regeln 57 bis 60 der DVO zur GMVO) v. A. w. zu ermitteln; beachte aber Art. 76 Abs. 1 S. 3 GMV.

14 Im Rahmen einer Klage gegen das EUIPO nach **Art. 72 UMV** umfasst die Rechtmäßigkeitskontrolle keine Überprüfung von Tatsachen, die die Instanzen des EUIPO beurteilt haben; daher sind grds. auch **keine neuen Tatsachen** zu berücksichtigen.[14]

IV. Designrecht

15 **1. Nationale Verfahren.** Für Beschwerden vor dem BPatG gelten über **§ 23 Abs. 4 S. 3 DesignG** die §§ 88 und 93 PatG entsprechend (→ Rn. 5). Im Rechtsbeschwerdeverfahren vor dem BGH finden über **§ 23 Abs. 5 S. 2 DesignG** die §§ 101–109 entsprechende Anwendung (→ Rn. 6).

16 **2. Verfahren vor dem EUIPO.** In Verfahren vor dem EUIPO gelten die Art. 63, 65 GGV.[15]

C. Grundzüge des Beweisverfahrens nach der ZPO

17 Damit das Gericht den konkreten Sachverhalt unter die jeweiligen Rechtsnormen subsumieren kann, müssen zunächst die maßgeblichen Tatsachen zu seiner Überzeugung feststehen. Insoweit ist zu beachten, dass im Zivilprozess der **Beibringungsgrundsatz** gilt, dh die Parteien haben dem Gericht, welches nicht selbst v. A. w. ermittelt, die entscheidungserheblichen Tatsachen zu unterbreiten (→ § 138 Rn. 1). Ziel der Beweisführung ist es, das Gericht von der Wahrheit einer tatsächlichen Behauptung zu überzeugen (vgl. § 286).

18 In der Praxis hat sich als effektive und prozessökonomische Ermittlung des relevanten Sachverhaltes die sog. **Relationsmethode** etabliert. In der sog. Klägerstation wird die **Schlüssigkeit** des zunächst als wahr unterstellten[16] Klägervortrages geprüft; sie ist (bereits dann) zu bejahen, wenn der Kläger **Tatsachen** vorträgt, die in Verbindung mit einem **Rechtssatz** das geltend gemachte Recht als in seiner Person entstanden erscheinen lassen.[17] Zu **Substantiierungs**-Anforderungen → § 138 Rn. 22. Bejahendenfalls prüft das Gericht alsdann in der sog. Beklagtenstation die **Erheblichkeit** des Beklagtenvorbringens. Ist das Beklagtenvorbringen erheblich, muss in einer sog. Beweisstation geklärt werden, welche der unterschiedlichen Tatsachenbehauptungen der Entscheidung zugrunde zu legen sind. Die Beweisstation unterteilt sich in die eigentliche Beweisaufnahme (vgl. § 284 und §§ 355 ff.), die Verhandlung über das Beweisergebnis (vgl. § 285) und in die eigentliche Beweiswürdigung (vgl. § 286). Die **Beweisbedürftigkeit** entfällt im Falle eines Geständnisses (§ 288), einer Offenkundigkeit (§ 291) oder einer gesetzlichen Vermutung (§ 292). Falls nicht geklärt werden kann, welcher Tatsachenvortrag

---

[9] Vgl. zum eingeschränkten Umfang allerdings BGH GRUR 1999, 920 (922) – Flächenschleifmaschine.
[10] S. zu Einzelheiten *Ingerl/Rohnke* § 59 MarkenG.
[11] S. zu Einzelheiten die jeweilige Kommentierung bei *Ingerl/Rohnke* MarkenG.
[12] BGHZ 88, 191 – Ziegelsteinformling.
[13] Vgl. dazu EuGH GRUR-Int 2013, 933 – FISHBONE; *v. Kapf* GRUR-Prax 2013, 731.
[14] BeckOK MarkenR/v. Bomhard VO (EG) 2017/1001 Art. 72 Rn. 54 ff.
[15] Vgl. zum Verfahren vor dem EUIPO näher Stürmann/Guzdek GRUR 2019, 589.
[16] Ist der Vortrag unerheblich, kommt es auf seine Wahrheit nicht mehr an: vgl. BGH BeckRS 2016, 16241 Rn. 12.
[17] Vgl. BGH NJW 2005, 2710 (2711); BeckRS 2013, 10649 Rn. 40; NZG 2016, 1028 Rn. 18.

zutrifft, muss eine **Beweislastentscheidung** (→ Rn. 47) gefällt werden. Hingegen darf die Beweisaufnahme nicht deshalb unterbleiben, weil der unter Beweis gestellte Vortrag in einem **Widerspruch zu früherem Vorbringen** der Partei steht[18] (Folgen für die Beweiswürdigung → § 286 Rn. 6), in Detailfragen **in sich selbst widersprüchlich**[19] oder **unwahrscheinlich**[20] ist.

Ebenso wie die Möglichkeit, subjektive Rechte gerichtlich durchzusetzen, verfassungsrechtlich 19 geschützt ist (Justizgewährungsanspruch; Recht auf effektiven Rechtsschutz), gibt es mit Blick auf den Anspruch auf ein faires Verfahren auch ein verfassungsrechtlich geschütztes **„Recht auf Beweis"**[21]. Deshalb müssen alle verfahrensmäßigen Einschränkungen einer Beweisführung besonders legitimiert sein.

D. Beweisgegenstand

I. Allgemeines

Gegenstand des Beweises sind in den Prozess eingeführte **tatsächliche Behauptungen,** die erheb- 20 lich und bestritten sind. **Tatsachen** sind neben realen Ereignissen der Außenwelt (sog. äußere Tatsachen) auch Vorgänge des menschlichen Gefühls- und Seelenlebens (sog. innere Tatsachen), Prognosen, Schlussfolgerungen über die Vergangenheit (hypothetische Tatsachen), Tatsachenzusammenfassungen, sog. **negative** Tatsachen und sog. **unmögliche** Tatsachen.[22] Bezüglich sog. **juristischer Tatsachen** ist darauf zu achten, dass zwischen dem Tatsachenkern und einer darauf beruhenden juristischen Wertung unterschieden wird.[23] Auch **Hilfstatsachen des Beweises** (→ Rn. 94) sind Tatsachen. **Rechtssätze** sind keine Tatsachen (zu ausländischem Recht: → § 293 Rn. 2).

Erfahrungssätze[24], **Verkehrssitten und Handelsbräuche** können Gegenstand eines Beweisver- 21 fahrens sein; sie sind grundsätzlich wie die in § 293 geregelte Materie zu behandeln. Sie bedürfen keiner Behauptung, sind **nicht geständnisfähig**, unterliegen nicht der objektiven Beweislast und ein Beweisverfahren ist nicht zwingend durchzuführen.[25] Das Gericht kann eigene Erkenntnisse verwerten oder interne Ermittlungen betreiben, wobei der Anspruch der Parteien auf **rechtliches Gehör** es gebietet, dass ihnen die Erfahrungssätze mitgeteilt und dabei die Quellen im Einzelnen genannt werden.[26] Die Verwendung von Erfahrungssätzen als Urteilsgrundlage und der so zugrunde gelegte Inhalt der Erfahrungssätze ist durch das Revisionsgericht überprüfbar[27], während die richterliche Würdigung im Übrigen grundsätzlich irreversibel ist.[28] Regelmäßig kommt **Sachverständigenbeweis** in Betracht, wenn das Gericht über keine anderweitige zuverlässige Kenntnis über einschlägige Erfahrungssätze verfügt.

II. Besonderheiten im gewerblichen Rechtsschutz

1. Wettbewerbsrecht. Im **Wettbewerbsrecht** ist die rechtliche Einordnung einer **Verkehrsauf-** 22 **fassung** von besonderem Interesse.

Für die Ermittlung des Verkehrsverständnisses ist die Anschauung eines **durchschnittlich infor-** 23 **mierten, situationsadäquat aufmerksamen und verständigen Verbrauchers oder sonstigen Marktteilnehmers** maßgeblich.[29] Dabei kommt es entgegen früherer Rechtsprechung[30] nicht mehr auf die Vorstellungen eines nicht unerheblichen Teils der Verkehrskreise an, sondern wie ein erheblicher (überwiegender) Teil der angesprochenen Verkehrskreise die Aussage versteht.[31] Abweichendes kann im Zusammenhang mit einer eindeutig identifizierbaren Gruppe von Verbrauchern gelten, die **besonders schutzbedürftig** ist, wenn voraussichtlich und vorhersehbar allein das geschäftliche Verhalten dieser Gruppe wesentlich beeinflusst wird.[32] Obwohl dieser Maßstab ein **normatives Element** beinhaltet, ordnet der **BGH die Verkehrsauffassung als Tatsache** ein, die einerseits dem Beweis zugänglich ist, andererseits jedoch aufgrund eigener Sachkunde und Lebenserfahrung des Richters

---

[18] BGH NJW 2005, 2710 (2711); ZfBR 2015, 139 Rn. 18.
[19] BGH NJW-RR 2015, 910 Rn. 18.
[20] BGH GRUR 2012, 534 Rn. 38 – Landgut Borsig.
[21] BVerfG NJW 2001, 2245 (2246).
[22] Vgl. Musielak/Voit/*Foerste* § 284 Rn. 2.
[23] MüKoZPO/*Prütting* § 284 Rn. 41.
[24] Eingehend dazu *Beutel* WRP 2017, 513 ff.
[25] MüKoZPO/*Prütting* § 284 Rn. 44.
[26] BGHZ 66, 69; BGH JZ 1970, 375.
[27] BGH NJW-RR 1993, 653.
[28] Vgl. BGH NJW 1973, 411.
[29] BGH WRP 2003, 1224 (1225) – Sparvorwahl; BGH GRUR 2004, 244 (245) – Marktführerschaft; BGH WRP 2012, 75 Rn. 14 – Zertifizierter Testamentsvollstrecker; BGH WRP 2014, 1184 Rn. 33 – Original Bach-Blüten.
[30] BGH GRUR 2002, 550 (552) – Elternbriefe.
[31] BGH GRUR 2004, 162 (163) – Mindestverzinsung.
[32] BGH WRP 2014, 1184 Rn. 33 – Original Bach-Blüten.

festgestellt werden kann.[33] Demzufolge stellt die Ermittlung des Verkehrsverständnisses **keine Tatsachenfeststellung**, sondern die **Anwendung eines speziellen Erfahrungswissens** dar.[34] Insoweit entscheidet das Gericht in eigener Verantwortung, ob es die Verkehrsauffassung kraft eigener richterlicher Sachkunde und Lebenserfahrung feststellen will oder eine Beweisaufnahme durchzuführen ist[35] (→ § 286 Rn. 17).

24 Die Frage der Notwendigkeit einer Beweisaufnahme (durch Verkehrsbefragung) beantwortet sich im Einzelfall allein nach dem **nationalen Prozessrecht**. Auch wenn der **EuGH** betont hat, dass von einer Ermittlung der Verkehrsauffassung durch Verkehrsbefragung nur sehr zurückhaltend Gebrauch zu machen ist, und er selbst das Verkehrsverständnis in dem einen oder anderen Mitgliedstaat stets eigenständig beurteilt hat,[36] darf der nationale Richter dies nicht zum Anlass nehmen, eigene Sachkunde selbst bei objektiv unzureichender Basis zu bejahen.[37] Dies gilt umso mehr, als der EuGH es nicht für ausgeschlossen hält, „dass ein nationales Gericht zumindest bei Vorliegen besonderer Umstände nach seinem nationalen Recht ein **Sachverständigengutachten** einholen oder eine **Verbraucherbefragung** in Auftrag geben kann, um beurteilen zu können, ob eine Werbeaussage irreführen kann".[38]

25 Anerkanntermaßen kann das Gericht die Verkehrsauffassung zumindest dann aufgrund **eigenen Erfahrungswissens** feststellen, wenn die Tatrichter selbst von der betreffenden Werbung angesprochen werden.[39]

26 Während das hinsichtlich des Anbietens von **Gegenständen des allgemeinen Bedarfs** regelmäßig der Fall ist,[40] kann dies bei **speziellen Sachverhalten** in aller Regel nicht angenommen werden.[41]

27 Hinsichtlich Begriffen, die in der **Werbung** verwendet werden, muss hinzukommen, dass das Verständnis in einem bestimmten Sinne einfach und naheliegend ist sowie keine Gründe vorliegen, die Zweifel an dem vom Richter angenommenen Verkehrsverständnis wecken können.[42]

28 Wird keiner der zur Entscheidung berufenen Richter von der Werbung angesprochen[43], kommt die Einholung eines Sachverständigengutachtens oder einer amtlichen Auskunft in Betracht. Andererseits kann ein Gericht grundsätzlich auch in einem solchen Falle das erforderliche Erfahrungswissen haben.[44] Beispielsweise muss der Richter einen **Konsumartikel** nicht notwendig selbst kaufen, um über die Frage einer irreführenden Preisangabe urteilen zu können.[45]

29 Die erforderliche Sachkunde, insbesondere zu einem bestimmten **Verständnis in Fachkreisen,** kann sich auch aus der **besonderen Erfahrung der Richter in Wettbewerbssachen** ergeben;[46] Entsprechendes gilt für die Frage, wie **Kinder** eine bestimmte Aussage verstehen.[47]

30 Das Gericht kann entgegen früherer Rechtsprechung[48] angesichts der nunmehr geltenden Maßgeblichkeit der Sicht des durchschnittlichen Verbrauchers eine bestimmte **Verkehrsauffassung** auch dann **bejahen**, wenn eine abweichende Verkehrsauffassung unter Beweis gestellt ist.[49] Vorstehendes

---

[33] Vgl. BGH GRUR 2002, 182 (184) – Das Beste jeden Morgen; BGH GRUR 2002, 550 (552) – Elternbriefe; BGH GRUR 2016, 1070 Rn. 18 – Apothekenabgabepreis mwN z stRspr.
[34] BGH GRUR 2007, 1079 Rn. 36 – Bundesdruckerei; BGH GRUR 2010, 1125 Rn. 50 – Femur-Teil.
[35] BGH GRUR 2013, 1254 – Factory Outlet.
[36] Vgl. EuGH Slg. 1998, I-4657 Rn. 35 = GRUR-Int 1998, 795 – Gut Springenheide.
[37] *Bornkamm/Feddersen* in Köhler/Bornkamm/Feddersen UWG § 5 Rn. 1.234.
[38] EuGH Slg. 1998, I-4657 Rn. 35 = GRUR-Int 1998, 795 – Gut Springenheide; vgl. auch EuGH Slg. 2000, I-117 Rn. 31 = GRUR-Int 2000, 354 – Estée Lauder/Lancaster; vgl. EuGH GRUR 2012, 1269 Rn. 53 – Purely Creative.
[39] BGH GRUR 1985, 140 (141) – Größtes Teppichhaus der Welt; BGH GRUR 1990, 532 (533) – Notarieller Festpreis; BGH GRUR 1992, 406 (407) – Beschädigte Verpackung; BGH GRUR 1999, 594 (597) – Holsteiner Pferd; BGH GRUR 2000, 239 (240) – Last-Minute-Reise; BGH GRUR 2013, 1254 (1256) – Matratzen Factory Outlet; BGH GRUR 2019, 631 (634) – Das beste Netz; BGH GRUR 2020, 1226 (1228) – LTE-Geschwindigkeit.
[40] BGH GRUR 1992, 406 (407) – Beschädigte Verpackung; BGH GRUR 1996, 800 (801) – EDV-Geräte; BGH GRUR 2000, 239 (240) – Last-Minute-Reise; OLG Düsseldorf BeckRS 2016, 11379 – Falttasche.
[41] BGH GRUR 1990, 1035 (1037) – Urselters II; BGH GRUR 1999, 594 (597) – Holsteiner Pferd; BGH GRUR 2010, 1125 Rn. 50 – Femur-Teil.
[42] Vgl. BGH GRUR 1982, 491 (492) – Möbel-Haus; BGH GRUR 1984, 467 (468) – Das unmögliche Möbelhaus; BGH GRUR 1995, 354 (357) – Rügenwalder Teewurst II; BGH GRUR 2000, 239 (240) – Last-Minute-Reise; BGH GRUR 2001, 73 (75) – Stich den Buben.
[43] BGH GRUR 2013, 401 Rn. 32 – Biomineralwasser; BGH WRP 2014, 1184 Rn. 33 – Original Bachblüten.
[44] BGH GRUR 2007, 1079 Rn. 36 – Bundesdruckerei; BGH GRUR 2014, 682 Rn. 29 – Nordjob-Messe.
[45] OLG Düsseldorf BeckRS 2016, 11379 – Falttasche; Köhler/Bornkamm/*Köhler* § 12 Rn. 2.71.
[46] Vgl. BGH GRUR 2002, 77 (79) – Rechenzentrum; BGH GRUR 2004, 244 (245) – Marktführerschaft; BGH WRP 2004, 1024 (1027) – Sportlernahrung II; BGH GRUR 2014, 682 Rn. 29 – Nordjob-Messe; OLG Hamburg GRUR-RR 2010, 67 (70 f.); OLG Düsseldorf BeckRS 2016, 06557 – Diamant-Trennscheiben; *Bornkamm* WRP 2000, 830 (833).
[47] BGH WRP 2014, 1447 Rn. 20 – Runes of Magic II.
[48] S. die Nachweise bei *Bornmann/Feddersen* in Köhler/Bornkamm/Feddersen § 12 Rn. 1.233.
[49] BGH GRUR 1992, 406 (407) – Beschädigte Verpackung; BGH GRUR 1993, 677 (678) – Bedingte Unterwerfung; BGH GRUR 2004, 244 (245) – Marktführerschaft.

gilt entgegen der früheren sog. **Bärenfang-Doktrin**[50] entsprechend, wenn das Gericht eine **Irreführungsgefahr verneinen** möchte, weil nach der neueren Rechtsprechung – wie oben ausgeführt – auf die Sichtweise des durchschnittlichen Verbrauchers abzustellen ist, so dass es auf abweichende Auffassungen einer Minderheit nicht ankommt.[51]

Liegen jedoch Umstände vor, die eine bestimmte Auffassung des Gerichts, das eine Irreführung 31 bejahen möchte, als **bedenklich erscheinen** lassen, ist eine Beweiserhebung angezeigt.[52] Dann sind alle Beweismittel auszuschöpfen.[53]

2. Patentrecht. Beweisbedürftige Tatsachen können insbesondere sein:[54] die Konstruktion der 32 angegriffenen Ausführungsform; Fragen des Standes der Technik, das allgemeine Fachwissen im Prioritätszeitpunkt; die tatsächlichen Grundlagen der Äquivalenz, soweit es um die objektive Gleichwirkung und das Naheliegen des Austauschmittels geht[55], nicht aber die Frage der Gleichwertigkeit des Austauschmittels[56]; Frage nach der Wahrung der Identität des bearbeiteten Gegenstands beim Austausch von Teilen in Abgrenzung zur Neuherstellung.[57]

Da Patentansprüche Rechtsnormcharakter haben, handelt es sich um eine **originäre richterliche** 33 **Aufgabe,** den objektiven technischen Sinngehalt der geschützten Lehre selbständig mittels **Auslegung** der Ansprüche gemäß den Grundsätzen des § 14 PatG bzw. des Art. 69 Abs. 1 EPÜ zu ermitteln.[58] Selbst übereinstimmender Sachvortrag der Parteien vermag nicht die dem Gericht vorbehaltene rechtliche Bewertung zu ersetzen.[59] Eine Ausnahme wird dann für möglich gehalten, wenn es um die Frage nach einer **wortlautgemäßen Verwirklichung einfacher technischer Merkmale** geht.[60] Jedenfalls darf das Gericht von einer Überprüfung im Einzelnen absehen, wenn sachkundige Parteien ohne ersichtliche Fehleinschätzung übereinstimmend die Benutzung einzelner oder aller Merkmale des Klagepatents bejahen.[61]

Die Fragen nach einem erfinderischen Schritt bzw. nach der Erfindungshöhe sind rechtlicher 34 Natur.[62]

3. Markenrecht. Feststellungen zur Verkehrsauffassung liegen im Wesentlichen auf tatsächlichem Gebiet.[63]

a) Verkehrsgeltung. Die Beantwortung der Frage, ob die Voraussetzungen der **Verkehrsgeltung** 35 gem. § 4 Nr. 2 MarkenG vorliegen, ist zwar **rechtlicher Natur,** allerdings beantwortet sich diese Rechtsfrage anhand einer wertenden Entscheidung des Gerichts, die ihrerseits auf Tatsachen beruht, darunter vor allem der jeweiligen Verkehrsauffassung.[64]

b) Zeichen- sowie Waren-/Dienstleistungsidentität. Ob eine Zeichen- sowie Waren-/Dienst- 36 leistungsidentität besteht, (§§ 9 Abs. 1 Nr. 1, 14 Abs. 2 Nr. 1 MarkenG), ist eine **Rechtsfrage,** die nicht zugestanden oder als solches unstreitig gestellt werden kann.[65] Allerdings hängt ihre Klärung weitgehend von der tatsächlichen **Vorfrage des Verkehrsverständnisses** ab, das sich nach dem Verständnis des Durchschnittsverbrauchers richtet[66] und einer **tatrichterlichen Feststellung** bedarf.[67]

---

[50] BGH GRUR 1963, 270 (273) – Bärenfang; BGH GRUR 1992, 406 – Beschädigte Verpackung I; zu Recht aufgegeben in BGH GRUR 2004, 244 – Marktführerschaft.
[51] BGH GRUR 2002, 550 (552) – Elternbriefe; BGH GRUR 2003, 247 (248) – THERMAL BAD; BGH GRUR 2004, 244 (245) – Marktführerschaft; vgl. *Bornkamm* WRP 2000, 830 (832 f.).
[52] BGH GRUR 2002, 550 (552) – Elternbriefe; BGH GRUR 2004, 244 (245) – Marktführerschaft.
[53] BGH GRUR 1983, 245 (246) – naturrot; BGH GRUR 1983, 32 (33 f.) – Stangenglas I; BGH GRUR 1984, 467 (468) – Das unmögliche Möbelhaus.
[54] Vgl. BGH GRUR 2010, 410 Rn. 40 – Insassenschutzsystemsteuereinheit.
[55] Vgl. BGH GRUR 2006, 313 – Stapeltrockner; BGH GRUR 2007, 959 – Pumpeneinrichtung; BGH GRUR 2011, 313 Rn. 36 – Crimpwerkzeug IV.
[56] BGH GRUR 2006, 313 – Stapeltrockner.
[57] BGH GRUR 2012, 1118 Rn. 26 – Palettenbehälter II.
[58] BGH GRUR 1999, 977 – Räumschild; BGH GRUR 2004, 1023 – Bodenseitige Vereinzelungsvorrichtung; BGH GRUR 2008, 779 (782) – Mehrgangnabe; BGH GRUR 2010, 314 (317) – Kettenradanordnung II; BGH GRUR 2011, 313 Rn. 15 – Crimpwerkzeug IV; BGH GRUR 2015, 868 – Polymerschaum II.
[59] Vgl. BGH GRUR 1991, 138 – Flacon.
[60] Benkard/*Grabinski*/*Zülch* PatG § 139 Rn. 116a.
[61] BGH GRUR 1964, 673 (674); Benkard/*Grabinski*/*Zülch* § 139 Rn. 116a; *Ullmann* GRUR 1985, 809 ff.
[62] BGH GRUR 2006, 842 Rn. 11 – Demonstrationsschrank; BGH GRUR 2012, 378 Rn. 16 – Installiereinrichtung II.
[63] BGH GRUR 2017, 186 Rn. 15 – Stadtwerke Bremen.
[64] *Ingerl*/*Rohnke* MarkenG § 4 Rn. 28.
[65] OLG Düsseldorf GRUR-RR 2009, 100 (101) – Bierbeisser.
[66] S. näher *Ingerl*/*Rohnke* MarkenG § 14 Rn. 138 ff.
[67] BGH GRUR 2003, 332 (334) – Abschlussstück; BGH GRUR 2005, 583 (584) – Lila-Postkarte; BGH GRUR 2008, 505 – TUC-Salzcracker.

37   **c) Verwechslungsgefahr.** Die Beurteilung der **Verwechslungsgefahr** (§§ 9 Abs. 1 Nr. 2 MarkenG, 14 Abs. 2 Nr. 2 MarkenG) stellt nach **deutsche**r **Rechtsprechung** eine **Rechtsfrage** dar, die als solche keiner Beweiserhebung zugänglich ist.[68] Zu weit geht es jedoch, wenn aus dieser Rechtsnatur der Verwechslungsgefahr gefolgert wird, „Verwechslungsgefahr im Rechtssinne (habe) nicht viel mit der Frage zu tun, ob zwei Zeichen im Verkehr tatsächlich einer Verwechslung unterliegen", und daher allein noch abstrakte Betrachtungen über den von der älteren Marke abzuhaltenden Abstand vorgenommen werden.[69]

38   Die Qualifizierung der Verwechslungsgefahr als Rechtsfrage schließt es selbstverständlich nicht aus, dass die rechtliche Beurteilung vielfach **an Tatsachen anzuknüpfen** hat, wie bspw. Bekanntheitsgrad, Verkehrsgeltung, Sprachgebrauch, Fremdsprachenkenntnisse, branchentypische Kennzeichnungspraxis, Marktverhältnisse pp. Derartig **vorgelagerte Feststellungen** beziehen sich auf Tatsachen[70], die nach den allgemeinen zivilprozessualen Regeln zu treffen sind. Insbesondere enthält der 11. Erwägungsgrund zur **MRRL** ausdrücklich keine Vorgaben für das Verfahren.[71] Die einzelnen **Tatbestandsmerkmale der Verwechslungsgefahr** (scil.: Kennzeichnungskraft[72], Waren/Dienstleistungsähnlichkeit[73] und Zeichenähnlichkeit[74]) stellen ebenso wie die Verwechslungsgefahr selbst nach der deutschen Rechtsprechung insgesamt Rechtsfragen dar.[75]

39   Demgegenüber versteht der **EuGH** die Beurteilung solcher Faktoren und deren Gewichtung in der Gesamtschau in **GMV**-Verfahren als **Tatsachenfeststellung**.[76] Dies führt zu erheblichen Einschränkungen der Prüfungskompetenz des EuGH.[77] Mangels Harmonisierung des Verfahrensrechts (s. den 11. Erwägungsgrund der MRRL) muss die Rechtsprechung des EuGH indes nicht ins deutsche Recht übernommen werden.[78]

40   Hinsichtlich eingetragener Marken, die von der **MRRL** erfasst werden, unterliegt die Auslegung der Verwechslungstatbestände der Überprüfung durch den EuGH in Vorlageverfahren nach Art. 267 AEUV, wobei es Sache des nationalen Gerichts bleibt, die Vorschriften in der Auslegung durch den EuGH auf den konkreten Fall anzuwenden und zu beurteilen, ob Verwechslungsgefahr vorliegt.[79] Daher sollte eine Vorlage erst nach Feststellung aller maßgeblichen Tatsachen erfolgen.[80]

41   In Verfahren nach der **GMV** kann der EuGH nur im Falle der sog. **Entstellung von Tatsachen** die Tatsachenfeststellungen des Gerichts erster Instanz überprüfen (s. Art. 58 EuGH-Satzung). Letzteres hat angesichts der Einstufung der Prüfung der Faktoren der Verwechslungsgefahr durch den EuGH als Tatsachenfeststellung große praktische Konsequenzen: Vor allem kann die möglicherweise fehlerhafte Feststellung der maßgeblichen Verkehrskreise[81] oder des Verständnisses des informierten Verbrauchers von Zeichen grundsätzlich keine Entstellung der Tatsachen darstellen.[82]

42   Die Beurteilung des **Gesamteindruck**s, ua ob einem Element eine **das Gesamtzeichen prägende Bedeutung** zukommt, liegt nach der **BGH**-Rechtsprechung im Wesentlichen auf **tatrichterlichem Gebiet**.[83] Auch der **EuGH** ordnet die Beurteilung des Gesamteindrucks und einer Prägung im Rahmen der gemeinschaftsmarkenrechtlichen Zeichenähnlichkeit als für ihn nur sehr eingeschränkt überprüfbare Tatsachenfeststellung ein.[84] Vorstehendes gilt entsprechend für die ebenfalls tatrichterliche **Feststellung einer selbständig kennzeichnenden Stellung**.[85]

---

[68] BGH GRUR 1992, 48 (52) – frei öl; BGH GRUR 1992, 110 (111) – dipa/dib; BGH GRUR 1993, 118 (119) – Corvotan/Corvasal; BGH GRUR 1993, 972 (974) – Sana/Schosana; BGH GRUR 1994, 156 – Garant-Möbel (§ 16 aF UWG); BGH GRUR 1995, 808 (810) – P3-plastoclin; BGH GRUR 1995, 216 (219) – Oxygenol II; BGH GRUR 1997, 661 – B. Z./Berliner Zeitung; BGH GRUR 1998, 830 (834) – Les-Paul-Gitarren; BGH GRUR 2000, 506 (509) – ATTACHE/TISSERAND; BGH GRUR 2005, 61 (62) – Compunet/ComNet II; BGH GRUR 2006, 594 – SmartKey; BGH GRUR 2009, 1055 – airdsl; vgl. zum Ganzen auch *Seibt* GRUR 2002, 469.
[69] *Ingerl/Rohnke* MarkenG § 14 Rn. 406 entgegen BPatG GRUR-RR 2009, 96 (100) – Flowparty/flow.
[70] BGH GRUR 2009, 1055 Rn. 62 – airdsl.
[71] *Ingerl/Rohnke* MarkenG § 14 Rn. 407.
[72] Vgl. BGH GRUR 2008, 1002 – Schuhpark.
[73] BGH GRUR 1999, 158 (159) – GARIBALDI.
[74] BGH GRUR 2005, 61 (62) – CompuNet/ComNet II; BGH GRUR 2006, 594 – SmartKey.
[75] *Ingerl/Rohnke* MarkenG § 14 Rn. 407 mwN.
[76] EuGH GRUR-Int 1994, 614 (615) – Ideal Standard; EuGH MarkenR 2008, 261 – Ferrero Deutschland; EuGH BeckEuRS 2009, 500992 – Japan Tobacco; EuGH BeckRS 2011, 87183 – Apple Computer; EuGH 22.1.2010 – C-23/09 – ecoblue; s. dazu näher *Bender* MarkenR 2007, 95.
[77] Kritisch dazu *Rohnke* MarkenR 2006, 484 und 486; *Bender* MarkenR 2007, 95; *Hertz-Eichenrode* WRP 2007, 1072 f.
[78] *Ingerl/Rohnke* MarkenG § 14 Rn. 407.
[79] EuGH GRUR-Int 1999, 734 Rn. 11 – Lloyd.
[80] Vgl. BGH GRUR 1994, 519 (521) – Grand Marnier.
[81] EuGH beckRS 2011, 87154 – Alcon.
[82] EuGH BeckEuRS 2009, 495382 – Sunplus Technology.
[83] BGH GRUR 2009, 484 – *METROBUS*; BGH GRUR 2009, 1055 – airdsl.
[84] EuGH GRUR-Int 2004, 843 – Matratzen Concord; EuGH BeckEuRS 2008, 488244 – Gateway.
[85] BGH GRUR 2009, 672 – OSTSEE-POST.

d) Ausnutzung und Beeinträchtigung bekannter Marken. Die Prüfung, ob eine relevante 43
Ausnutzung und Beeinträchtigung einer bekannten Marke (§§ 9 Abs. 1 Nr. 3, 14 Abs. 2 Nr. 3
MarkenG) vorliegt, und die Prüfung der Bekanntheit in den maßgeblichen Verkehrskreisen stellen
sowohl nach der Rechtsprechung des EuGH[86] als auch nach derjenigen des BGH[87] eine vom
nationalen Gericht zu entscheidende **Tatsachenfrage** dar.

e) „Mangelnde Benutzung" (§ 26 MarkenG). Die „mangelnde Benutzung" einer Marke iSd 44
§ 26 MarkenG, Art. 10 Abs. 1 MRRL, Art. 15 GMV ist nach deutscher Rechtsprechung eine
revisible **Rechtsfrage**;[88] ihre Beantwortung hängt allerdings von **vorgelagerten Tatsachenfeststellungen** ab (va von der Verkehrsauffassung).[89] Die wohl abweichende Auffassung des EuGH (scil.:
Tatfrage)[90] muss mangels Harmonisierung des Verfahrensrechts nicht ins Deutsche Recht übernommen werden.[91]

4. Designrecht. Sowohl die Beurteilung der **Schutzfähigkeit** als auch des **Eingriffs in den** 45
Schutzumfang eines Geschmacksmusters stellen Rechtsfragen dar (Konsequenzen für die tatrichterliche Feststellung → § 286 Rn. 48).

Die Feststellung, ob das angegriffene und das geschützte Muster einen **übereinstimmenden** 46
Gesamteindruck vermitteln, liegt im Wesentlichen auf tatrichterlichem Gebiet.[92]

E. Beweislast

I. Prozessuale Bedeutung

Die Beweislast gewinnt insbesondere dann Bedeutung, wenn die Beweiswürdigung nach ordnungs- 47
gemäß durchgeführter Beweisaufnahme ergibt, dass keine gesicherte Überzeugung von den erhobenen
Tatsachenbehauptungen gewonnen werden kann (sog. **non liquet**),[93] Bsp. aus dem Lauterkeitsrecht:
Verbot einer Wirksamkeitswerbung bei Nichtbeweisbarkeit der Werbeaussage.[94] Auch in diesem Falle
muss das erkennende Gericht nämlich ein Urteil in der Sache fällen,[95] und zwar unter Beachtung der
Beweislastgrundsätze.

Zu beachten ist, dass sich die Beweislast nur auf **Tatsachen**, nicht hingegen auf Rechtsfragen 48
bezieht.[96] Bei Zweifeln über den **Sinngehalt eines Patentanspruchs** bzw. eines zu ihm gehörenden
Merkmals kommt in Anbetracht des Rechtsnormcharakters eines erteilten Anspruchs daher kein „non
liquet" in Betracht.[97]

II. Arten der Beweislast/Terminologie

1. Subjektive Beweislast. Die sog. **subjektive Beweislast** gewinnt zu Beginn und im weiteren 49
Verlauf des Prozesses Bedeutung, und zwar unter dem Blickwinkel, welche Partei die tatsächlichen
Anforderungen eines konkreten Tatbestandsmerkmals zu beweisen hat. Es obliegt der beweisbelasteten
Partei, durch **eigenes Tätigwerden** (insbesondere Stellung von Beweisanträgen) den drohenden
Prozessverlust zu verhindern.[98] Bietet (ggf. trotz gerichtlichen Hinweises nach § 139 an die beweisbelastete Partei) allein der Beweisgegner Beweis an, darf dieser „Gegenbeweis" nicht erhoben werden.[99]

2. Objektive Beweislast. Am Ende der mündlichen Verhandlung stellt sich aus gerichtlicher 50
Perspektive die Frage, zu Lasten welcher Partei sich ein etwaiges **non liquet** (→ Rn. 47) auswirkt.
Diese objektive Beweislast wird bisweilen auch als **Feststellungslast** bzw. materielle Beweislast
bezeichnet.[100] Sie gewinnt auch schon vorher (mittelbare) Bedeutung, und zwar im Rahmen der sog.
Behauptungslast (→ § 138 Rn. 1). Auch wird in aller Regel nur derjenige ein selbständiges Beweisverfahren (§§ 485 ff.) einleiten, den im potentiellen späteren Prozess die objektive Beweislast treffen
wird.[101]

---

[86] EuGH GRUR 2007, 318 – Adam Opel; EuGH GRUR 2009, 1158 – PAGO Internacional.
[87] BGH GRUR 2002, 340 (341) – Fabergé; vgl. BGH GRUR 2009, 772 – Augsburger Puppenkiste.
[88] BGH GRUR 2000, 886 (887) – Bayer/BeiChem.
[89] *Ingerl/Rohnke* MarkenG § 26 Rn. 15.
[90] EuGH GRUR 2006, 582 – Sunrider.
[91] *Ingerl/Rohnke* MarkenG § 26 Rn. 15.
[92] BGH GRUR 2012, 512 Rn. 45 – Kinderwagen I; BGH GRUR 2013, 285 – Kinderwagen II; ebenso EuGH GRUR 2013, 178 – Neuman und Banea Grupo/HABM; EuGH GRUR 2014, 368 Rn. 30 – Gartenpavillon.
[93] Vgl. zum Patentrecht OLG Düsseldorf BeckRS 2012, 08564; 2016, 11301– Trommeleinheit.
[94] OLG Frankfurt a. M. GRUR-RR 2014, 77.
[95] *MüKoZPO/Prütting* § 286 Rn. 93.
[96] BGH NJW 1984, 721.
[97] BGH GRUR 2009, 653 – Straßenbaumaschine.
[98] *Musielak/Foerste* § 286 Rn. 33.
[99] *Stein/Jonas/Thole* § 286 Rn. 99.
[100] *MüKoZPO/Prütting* § 286 Rn. 100.
[101] *MüKoZPO/Prütting* § 286 Rn. 101.

III. Quellen der Beweislastverteilung

51 **1. Allgemeines.** Bisweilen wird die Beweislast **ausdrücklich gesetzlich** normiert (zB: Anhang gem. § 3 Abs. 3 UWG: Nr. 5 S. 2). Auch durch **gesetzliche Vermutungen** wird die Beweislast ausdrücklich verteilt (§ 292).

52 Im Übrigen gilt folgende **Grundregel:**[102] Der **Anspruchsteller** hat die rechts**begründenden** Tatbestandsmerkmale zu beweisen. Der **Anspruchsgegner** trägt die Beweislast für die rechts**hindernden**, rechts**vernichtenden** und rechts**hemmenden** Merkmale. Bisweilen findet sich auch die inhaltlich gleichbedeutende Formel, wonach jede Partei, die den Eintritt einer Rechtsfolge geltend macht, die Voraussetzungen des ihr günstigen Rechtssatzes zu beweisen hat.[103]

53 Auch aus der **sprachlichen** und/oder **satzbaumäßigen Formulierung einer Norm** kann sich die Beweislastverteilung ergeben (zB durch Wendungen wie „es sei denn" (zB Anh. zu § 3 Abs. 3 UWG, Nr. 2b Hs. 2), „sofern nicht").[104] In Zweifelsfällen sind bei der Ermittlung der Beweislastverteilung folgende **sachliche Gründe** zu berücksichtigen:[105] Beweisnähe, Durchsetzung und Schutz von Grundrechten, Angreiferstellung, Prozessverhütung, Waffengleichheit, allgemeiner Verkehrsschutz.

54 Ob das Gesetz den Eintritt einer Rechtsfolge an die Existenz „positiver Tatsachen" oder an die Nichtexistenz „**negativer Tatsachen**" knüpft, ist für die Verteilung der Beweislast unerheblich.[106]

55 Die **prozessuale Parteirolle** als solche ist bedeutungslos für die Beweislastverteilung: Namentlich tritt keine Änderung der Beweislastverteilung dadurch ein, dass der Anspruchsteller im Rahmen einer **negativen Feststellungsklage** zum Beklagten wird.[107] Demgemäß hat der im Rahmen einer negativen Feststellungsklage **beklagte Patentinhaber** darzulegen/zu beweisen, dass das Produkt des Klägers von der technischen Lehre seines Patents Gebrauch macht, während der Kläger lediglich darzutun/zu beweisen hat, dass der Beklagte sich eines Anspruchs wegen Patentverletzung berühmt hat.[108] Entsprechendes gilt für den Fall, dass der Beklagte als Anspruchsteller gegen den Klageanspruch **aufrechnet**[109], und für die **Vollstreckungsabwehrklage**.[110]

56 Ebenso wenig ändert sich die Beweislastverteilung in Abhängigkeit von der **Verfahrensart** (Hauptsacheverfahren, Urkundenprozess, einstweiliger Rechtsschutz). Umfang der glaubhaft zu machenden Tatsachen bei einer **Beschlussverfügung** → § 920 Rn. 23.

57 **2. Einzelheiten zur Darlegungs- und Beweislast auf dem Gebiet des gewerblichen Rechtsschutzes. a) Wettbewerbsrecht.** Das **UWG** enthält keine eigenständige Regelung für die (allgemeine) Verteilung der Darlegungs- und Beweislast, weshalb regelmäßig auch im Wettbewerbsrecht der oben (→ Rn. 51) erläuterte **allgemeine Grundsatz** Geltung beansprucht.[111]

58 Letzteres gilt auch für Fälle im Zusammenhang mit irreführender Werbung: Zwar gibt es in **§ 5 Abs. 4 UWG** (→ § 292 Rn. 18) eine Sonderregelung für die Werbung mit eigenen früheren Preisen, jedoch setzt diese ihrerseits den allgemeinen Grundsatz voraus.[112]

59 Vorstehendes steht grundsätzlich auch im Einklang mit **Art. 7 RL 2006/114/EG** über irreführende und vergleichende Werbung, wonach die zur Entscheidung berufenen Gerichte befugt sein müssen (s. Art. 7a der RL), „vom Werbenden Beweise für die Richtigkeit von in der Werbung enthaltenen Tatsachenbehauptungen zu verlangen, wenn ein solches Verlangen unter Berücksichtigung der berechtigten Interessen des Werbenden und anderer Verfahrensbeteiligter im Hinblick auf die Umstände des Einzelfalls angemessen erscheint". Zwar sieht das deutsche Wettbewerbsrecht grundsätzlich **bloße Beweiserleichterungen** vor[113], jedoch sind diese regelmäßig sehr weitreichend und stehen der Sache nach einer „formellen" **Beweislastumkehr** gleich (näher zur Beweislastumkehr → Rn. 75).[114] Im Übrigen ist notfalls ein unmittelbarer Rückgriff auf Art. 7 RL 2006/114/EG geboten.[115]

---

[102] Vgl. BGH NJW 1999, 352 (353); 2013, 1299 Rn. 28; NJW-RR 2014, 1172 Rn. 19.
[103] BGH NJW-RR 2010, 1378 Rn. 12; vgl. BGH NJW 2016, 1441 Rn. 24; 2017, 386 Rn. 18; BeckOK ZPO/ Bacher § 284 Rn. 72.
[104] Musielak/*Foerste* § 286 Rn. 35 f. m. Bsp. aus dem allgemeinen Zivilrecht.
[105] MüKoZPO/*Prütting* § 286 Rn. 117.
[106] Vgl. BGH NJW-RR 2007, 488 Rn. 9 zu „ohne rechtlichen Grund" iSv § 812 BGB.
[107] BGH NJW 1993, 1716 (1717); 2016, 1441 Rn. 25.
[108] OLG Düsseldorf BeckRS 2014, 1193.
[109] Musielak/*Foerste* § 286 Rn. 35.
[110] BGH NJW 2001, 2196 (2198); BeckOK ZPO/*Bacher* § 284 Rn. 71.
[111] Vgl. BGH GRUR 1997, 229 (230) – Beratungskompetenz; BGH GRUR 2004, 246 (247) – Mondpreise?; BGH GRUR 2015, 286 – Spezialist für Familienrecht; BGH GRUR 2016, 860 – Deltamethrin II.
[112] *Bornkamm/Feddersen* in Köhler/Bornkamm/Feddersen UWG § 5 Rn. 1.240.
[113] Vgl. etwa BGH GRUR 2013, 1058 Rn. 23 – Kostenvergleich bei Honorarfactoring.
[114] BGH GRUR 2013, 1058 – Kostenvergleich bei Honorarfactoring; *Bornkamm* in Köhler/Bornkamm UWG § 5 Rn. 3.20. Vgl. zu Art. 6a Irreführungsrichtlinie 84/450/EWG auch BT-Drs. 14/2969, 9 sowie OLG Hamburg GRUR-RR 2002, 362.
[115] *Bornkamm/Feddersen* in Köhler/Bornkamm/Feddersen UWG § 5 Rn. 1.244.

Der **Anspruchsteller** muss insbesondere beweisen: grundsätzlich das Vorliegen einer **wett-** **60** **bewerbswidrigen Werbung** (Ausnahme in § 5 Abs. 4 UWG: → § 292 Rn. 18) bei Inanspruchnahme aus § 3 iVm § 5 UWG wegen unlauterer, insbesondere **irreführender Werbung**;[116] **vergleichende Werbung** iSv § 6 Abs. 1 und deren Unzulässigkeit, also mindestens ein Verbotskriterium,[117] es sei denn, dass er es nur mit größten Schwierigkeiten dartun/beweisen kann, während dem Anspruchsgegner dies möglich und zumutbar ist;[118] **fehlende Räumungszwangslage** bei Räumungsverkauf wegen Brandschadens;[119] Unrichtigkeit von in einer Fachzeitschrift veröffentlichten **„Mediadaten"**, die neben der aktuellen Preisliste auch Daten zu ihrer Auflage und ihrer Verbreitung enthalten, wenn Zuordnung der einzelnen Daten für Anspruchsgegner mit zumutbarem Aufwand nicht möglich ist und zudem geheimhaltungsbedürftige Angaben erforderlich wären;[120] behaupteten **Warenfehlbestand** in Fällen der **Irreführung wegen unzureichender Bevorratung**,[121] wobei allerdings mit Blick auf den **Zeitraum der Bevorratung** die **Beweislastregel** gemäß **§ 5 Nr. 5 S. 2 UWG** zu beachten ist; grds. das Vorliegen aller Tatbestandsvoraussetzungen des § 3 iVm § 4 Nr. 9 aF = § 4 Nr. 3 nF UWG;[122] Verschulden.[123]

Der **Anspruchsgegner** muss insbesondere beweisen: Richtigkeit seiner **Alleinstellungswerbung**, **61** wobei er substantiiert die **Marktlage** unter den potentiellen Wettbewerbern unter Berücksichtigung des Vortrages des Anspruchstellers darzulegen hat;[124] grds.[125] Tatsachen, die einer **Spitzenstellungsbehauptung** zugrunde liegen;[126] fehlende Irreführung der angesprochenen Verkehrskreise bei **Werbeangaben in Vermögensanlageprojekten mit Prognosecharakter**;[127] erforderliche **Sachkunde und überdurchschnittliche Befähigung** in bestimmtem Fachgebiet bei eigener Bezeichnung als „Sachverständiger";[128] wissenschaftliche Absicherung einer **gesundheitsbezogenen Werbeaussage**, wenn Anspruchsteller über die tatsächlichen Wirkungen beworbener Arzneimittel das Fehlen einer wissenschaftlichen Grundlage substantiiert vorgetragen hat;[129] Verzichtbarkeit von Informationen gemäß Artikel 10 Abs. 2 VO (EG) Nr. 1924/2006 im Einzelfall;[130] Richtigkeit einer **fachlich umstrittenen Behauptung**, die ohne Erwähnung der Gegenansicht aufgestellt wurde;[131] **Pressepriviley**[132]; grundsätzlich die tatsächlichen Anforderungen für einen **Missbrauch iSv § 8 Abs. 4 UWG**[133]; grundsätzlich die Voraussetzungen einer Kostenentscheidung nach **§ 93 ZPO** (zur **Abmahnung** → § 93 Rn. 21).[134]

Wendet sich ein Unternehmer dagegen, dass ein von ihm an einen bestimmten Kunden gerichtetes **62** Angebot für einen **Preisvergleich** verwendet wird, trägt er jedenfalls im Bereich standardisierter Dienstleistungen (zB: **Factoring ärztlicher Honorarforderungen**) grundsätzlich die Darlegungs- und Beweislast dafür, dass der für ihn im Preisvergleich genannte Preis nicht sein in entsprechenden Fällen regelmäßig verlangter Preis ist.[135]

Streiten der Hersteller eines im Inland zugelassenen Pflanzenschutzmittels A und ein Dritter, der für **63** das von ihm importierte Pflanzenschutzmittel B die für das Produkt A bestehende Zulassung in

---

[116] BGH GRUR 1985, 140 (142) – Größtes Teppichhaus der Welt; BGH GRUR 1991, 848 (849) – Rheumalind II; BGH GRUR 2004, 246 (247) – Mondpreise?: Werbung mit Herstellerpreisempfehlung.
[117] OLG Hamburg GRUR-RR 2002, 362; *Bornkamm/Feddersen* in Köhler/Bornkamm/Feddersen UWG § 2 Rn. 1241 f., dort auch zur Vereinbarkeit mit Art. 6 lit. a der RL über irreführende und vergleichende Werbung; aA: *Lindacher* WRP 2000, 950 (953 f.).
[118] BGH GRUR 1997, 229 (230) – Beratungskompetenz.
[119] OLG Stuttgart WRP 1997, 605 (rkr., vgl. BGH 26.11.1997 – I ZR 58/97).
[120] OLG Köln NJWE-WettbR 2000, 301.
[121] BGH GRUR 2002, 187 (189) – Lieferstörung.
[122] S. zu Detailfragen *Köhler* in Köhler/Bornkamm/Feddersen UWG Anhang zu § 3 Abs. 3 Rn. 5.2 ff.
[123] BGH GRUR 1963, 270 (271) – Bärenfang; zu Beweiserleichterungen bis hin zum Anscheinsbeweis s. *Köhler* in Köhler/Bornkamm/Feddersen UWG § 12 Rn. 5.8.
[124] OLG Karlsruhe GRUR 1994, 134.
[125] S. zu einer Ausnahme (wegen Möglichkeit eines Testkaufs/einer Anfrage beim Beklagten) etwa BGH GRUR 2015, 186 – Wir zahlen Höchstpreise.
[126] BGH GRUR 2015, 286 mwN – Spezialist für Familienrecht; OLG Düsseldorf BeckRS 2017, 163748.
[127] KG NJW-RR 1997, 993; vgl. OLG München NJWE-WettbR 1997, 152.
[128] LG Saarbrücken WRP 2002, 1463; zu Recht anders im Falle, dass der Anspruchsteller den Anspruchsgegner über Jahre im eigenen Betrieb als „Kfz-Sachverständigen" beschäftigt hat: OLG Düsseldorf 5.11.2013 – I-20 U 168/12.
[129] Vgl. BGH GRUR 2016, 418 – Feuchtigkeitsspendendes Gel-Reservoir; OLG Frankfurt a. M. GRUR-RR 2003, 295 (rkr., s. BGH 18.12.2003 – I ZR 159/03).
[130] BGH GRUR 2015, 403 – Monsterbacke II.
[131] BGH GRUR 1958, 485 (486) – Odol; BGH GRUR 1991, 848 (849) – Rheumalind II; BGH GRUR 2013, 649 – Basisinsulin mit Gewichtsvorteil; BGH BeckRS 2013, 08444 – Elektromagnetisches Wechselfeld.
[132] Köhler/Bornkamm/*Köhler* UWG § 9 Rn. 2.17.
[133] BGH GRUR 2001, 178 – Impfstoffversand an Ärzte; BGH GRUR 2006, 243 Rn. 21 – MEGA SALE; KG WRP 2008, 511; OLG Jena GRUR-RR 2011, 327.
[134] BGH GRUR 2007, 629 – Zugang des Abmahnschreibens.
[135] BGH GRUR 2013, 1058 – Beweislast bei Preisvergleich standardisierter Dienstleistungen.

Anspruch nimmt, über die chemische Identität der beiden Mittel, liegt die Darlegungs- und Beweislast hierfür auch nach Inkrafttreten des **§ 16c PflSchG** bei dem Dritten.[136]

64 Nach **Art. 20 Abs. 1 Kosmetik-VO** liegt die Darlegungs- und Beweislast dafür, dass einem kosmetischen Mittel **Merkmale oder Funktionen** fehlen, über die es nach seiner Aufmachung oder nach der dafür betriebenen **Werbung** verfügen soll, grundsätzlich bei demjenigen, der dies geltend macht. Abweichendes gilt, wenn der mit der Werbung angesprochene Durchschnittsverbraucher die Werbung dahin versteht, dass die Wirksamkeit des Mittels **wissenschaftlich abgesichert** ist.[137]

65 **b) Patentrecht/Gebrauchsmusterrecht.** Auch im Patent – und Gebrauchsmusterrecht gelten grundsätzlich die allgemeinen zivilprozessualen Regeln zur Darlegungs- und Beweislast.[138]

66 Der **Anspruchsteller** muss alle anspruchsbegründenden Tatsachen beweisen[139], dh insbesondere[140]: Inhaberschaft am Patent; Aktivlegitimation; Tatsachen für die Bestimmung des Schutzbereichs; Tatsachen, auf die eine Äquivalenz zu gründen ist; Passivlegitimation; tatsächliche Voraussetzungen einer Erst- oder Wiederholungsgefahr (→ § 292 Rn. 40); Verschulden beim Schadensersatzanspruch, das allerdings durch Rechtswidrigkeit der Verletzung indiziert wird[141]; Wahrscheinlichkeit eines Schadeneintritts sowie die Schadenshöhe (→ § 287 Rn. 4 ff.); Besitz bzw. Eigentum an Vorrichtungen (§ 140a PatG); Erforderlichkeit einer Auskunft (§ 140b PatG; §§ 242, 259 BGB); Unrichtigkeit einer erteilten Auskunft (§ 140b PatG); hinreichende Wahrscheinlichkeit einer Patentverletzung (§ 140c PatG); Erforderlichkeit einer Urkundenvorlage (§§ 140c und d PatG); gewerbliches Ausmaß (§§ 140c und d PatG); berechtigtes Interesse an Urteilsveröffentlichung (§ 140e PatG); Nichtigkeitsgründe;[142] Erschöpfung.[143]

67 Der **Anspruchsgegner** hat insbesondere zu beweisen:[144] zur Einschränkung des Schutzbereichs des Patents führenden vorbekannten Stand der Technik;[145] fehlende Schutzfähigkeit eines Gebrauchsmusters;[146] eine den Schutzbereich beeinflussende Prioritätsverschiebung, die sich aus der Patentschrift selbst nicht ergibt,[147] wobei das Gericht die Erteilungsakte nicht v. A.w. auf solche Umstände überprüfen muss;[148] Ausschluss der Widerrechtlichkeit,[149] zB aufgrund eines Vorbenutzungsrechts nach § 12 PatG,[150] eines Weiterbenutzungsrechts oder aufgrund eines Einverständnisses des Patentinhabers;[151] eine Erschöpfung des Patentrechts (→ Rn. 69 zum Markenrecht); Voraussetzungen des Kartellrechtseinwandes;[152] Beseitigung der Erstbegehungs- oder Wiederholungsgefahr; Formstein-Einwand; mangelndes Verschulden; Verzicht; Verwirkung; Verjährung; Unverhältnismäßigkeit von Rechtsfolgen (§§ 140a, b, c oder d PatG); → § 292 Rn. 22 ff. zu § 139 Abs. 3 S. 1 PatG; grds. Voraussetzungen des Art. 102 AEUV.[153]

68 Soweit ein technischer **Standard** ein bestimmtes Vorgehen, das dem **Patent** entspricht, **obligatorisch** vorgibt, kann der Patentinhaber den Benutzungsnachweis auch dadurch erbringen, dass er die Verwirklichung des Standards durch den Gegner belegt und alsdann substantiiert auf den Standard (dh unter einer Quellenangabe für jedwedes Anspruchsmerkmal) verweist.[154]

69 **c) Markenrecht.** Die allgemeinen Regeln der Beweislastverteilung (→ Rn. 51) finden grundsätzlich auch im MarkenR Anwendung.[155]

---

[136] BGH GRUR 2012, 945 – Tribenuronmethyl.
[137] BGH GRUR 2016, 418 – Feuchtigkeitsspendendes Gel-Reservoir.
[138] BGH GRUR 1965, 411 – Lachtränkeeinrichtung; BGH GRUR 1976, 579 – Tylosin; BGH GRUR 1985, 512 – Druckbalken; vgl. *Mes* GRUR 2000, 934.
[139] BGH GRUR 2004, 268 (269) – Blasenfreie Gummibahn II.
[140] Vgl. zu weiteren Einzelheiten auch die Auflistung bei Fitzner/Lutz/Bodewig/*Voß* PatG vor § 139 Rn. 126.
[141] BGH GRUR 1959, 478 – Laux-Kupplung I; BGH GRUR 1976, 581 – Tylosin; BGH GRUR 1993, 460 – Wandabstreifer.
[142] BGH BeckRS 2016, 17575 – lichtemittierende Diode.
[143] OLG Düsseldorf GRUR 2017, 1219 (1220 f.) – Mobiles Kommunikationssystem.
[144] Vgl. die Auflistung bei Fitzner/Lutz/Bodewig/*Voß* PatG vor § 139 Rn. 127.
[145] BGH 16.1.1990 – X ZR 57/88.
[146] Benkard/*Grabinski* GebrMG § 24 Rn. 18; *Meier-Beck* GRUR 1988, 861 (864); aA *Kaess* GRUR 2009, 276 (280) mwN.
[147] Benkard/*Grabinski/Zülch* PatG § 139 Rn. 114.
[148] BGH GRUR 1974, 715 (717) – Spreizdübel.
[149] BGH GRUR 1965, 411 – Lachtränkeeinrichtung; BGH GRUR 1976, 581 – Tylosin.
[150] RG GRUR 1942, 207 (208 f.); BGH GRUR 1965, 411 (414 f.).
[151] BGH GRUR 1976, 579 (581) – Tylosin.
[152] Vgl. zum Diskriminierungsverbot BGH GRUR 2009, 694 – Orange-Book-Standard.
[153] OLG Düsseldorf BeckRS 2016, 11301– Trommeleinheit; OLG Düsseldorf GRUR 2017, 1219 (1222) – Mobiles Kommunikationssystem.
[154] BGH GRUR 2009, 1142 – MP3-Player-Import; OLG Düsseldorf GRUR-RS 2016, 1679.
[155] Vgl. BGH GRUR 2009, 502 Rn. 17 – pcb; vgl. BGH BeckRS 2011, 18676 Rn. 18 – Markenbeeinträchtigung durch „Weiß-auf-Weiß" Schlüsselwort.

Der **Anspruchsteller** (Markeninhaber) trägt insbesondere die Beweislast für: Handlung des Gegners 70 „im geschäftlichen Verkehr";[156] (auf das Inland bezogene) Benutzungshandlung des Anspruchsgegners;[157] Stärkungen der Kennzeichnungskraft; tatsächliche Grundlagen der Waren/Dienstleistungsähnlichkeit;[158] Ausnutzung und Beeinträchtigung einer bekannten Marke;[159] Haftung des Betriebsinhabers;[160] Unlauterbarkeit als Schranken-Schranke in § 23 MarkenG;[161] Benutzung nach §§ 25 Abs. 2, 26 MarkenG,[162] was mit Art. 10 Abs. 3 MRRL konform ist;[163] Zustimmung zur Benutzung durch Dritte (§ 26 Abs. 2 MarkenG, Art. 10 Abs. 3 MRRL; Art. 15 Abs. 3 GMV), wobei etwaige Konzernverbindungen eine großzügige Handhabung erlauben;[164] Rechtfertigungsgründe für Nichtbenutzung nach § 26 Abs. 1 aE: MarkenG;[165] Verwendung eines Keywords.[166]

Der **Anspruchsgegner** trägt insbesondere die Beweislast für: Gegenteil der gesetzlichen Vermutung 71 des § 28 Abs. 1 MarkenG (→ § 292 Rn. 28); Schwächungen der Kennzeichnungskraft;[167] Voraussetzungen der Ausnahmeregelung des § 23 MarkenG;[168] eine die Widerrechtlichkeit ausschließende Zustimmung,[169] und zwar einschließlich der Eigenschaft als Originalmarkenware[170]; Erschöpfung, und zwar auch dann, wenn Markeninhaber Vorliegen einer gefälschten Ware behauptet[171] (zur ausnahmsweisen Beweislastumkehr bei Gefahr einer Marktabschottung → Rn. 80); Verjährung; Verwirkung[172].

Wer behauptet, eine **Domainregistrierung** im Auftrag des Inhabers vorgenommen zu haben, trägt 72 hierfür die Darlegungs- und Beweislast; für einen Anscheinsbeweis (→ § 286 Rn. 57 ff.) gibt es keine Grundlage.[173]

d) Designrecht. Die oben (→ Rn. 52) erwähnte allgemeine Grundregel zur Beweislastverteilung 73 hat auch im Designrecht Gültigkeit.[174]

Auf Vorlage des BGH[175] hat der **EuGH**[176] entschieden: Art. 19 Abs. 2 GGMV ist dahin auszulegen, 74 dass der Inhaber eines geschützten Gemeinschaftsgeschmacksmusters nachzuweisen hat, dass die angefochtene Benutzung das Ergebnis einer Nachahmung dieses Musters ist. Wenn jedoch das Gemeinschaftsgeschmacksmustergericht feststellt, dass der Umstand, dass die Beweislast den Inhaber dieses Geschmacksmusters trifft, geeignet ist, die **Beweisführung praktisch unmöglich** zu machen oder **übermäßig zu erschweren**, muss es, um die Einhaltung des **Effektivitätsgrundsatzes** sicherzustellen, alle ihm nach dem **nationalen Recht** zu Gebote stehenden Verfahrensmaßnahmen ausschöpfen, um diese Schwierigkeit zu beheben, einschließlich gegebenenfalls der Vorschriften des nationalen Rechts, die eine **Anpassung oder Erleichterung der Beweislast** vorsehen.

Der **Anspruchsteller** hat insbesondere zu beweisen: Bestand des älteren SchutzR und den Kollisi- 75 onstatbestand iSv § 34 DesignG;[177] fehlende unabhängige Entwicklung beim Anspruchsgegner (§ 41 DesignG);[178] im Rahmen von § 34 DesignG den Bestand des älteren SchutzR und den Kollisionstatbestand;[179] → § 292 Rn. 32 f. zu Besonderheiten in Bezug auf die Rechtsinhaberschaft.

---

[156] BGH GRUR 2008, 703 – Internet-Versteigerung III; es greift keine Vermutung: *Ingerl/Rohnke* MarkenG § 14 Rn. 77 f. m. Bsp.
[157] Vgl. BGH GRUR 2007, 876 – Diesel II zur Frage der Unterbrechung einer Durchfuhr; BGH GRUR 2009, 502 Rn. 17 – pcb; BGH BeckRS 2011, 18676 Rn. 18 – Markenbeeinträchtigung durch „Weiß-auf-Weiß" Schlüsselwort.
[158] Vgl. zum WZG BGH GRUR 1968, 550 (551) – Poropan.
[159] Vgl. EuGH GRUR 2009, 56 – Intel.
[160] OLG München GRUR-RR 2007, 345 – Beweislastverteilung.
[161] *Ingerl/Rohnke* MarkenG § 23 Rn. 127.
[162] OLG Stuttgart GRUR-RR 2002, 381 (384) – Hot Chili; *Kochendörfer* WRP 2007, 261; differenzierend *Ressler* GRUR 1995, 532 f.; s. zum Nachweis im Widerspruchsverfahren EuGH GRUR-Prax 2013, 731 – FISHBONE.
[163] *Ingerl/Rohnke* MarkenG § 25 Rn. 19; Ströbele/Hacker/*Thiering* MarkenG § 25 Rn. 30; aA *Kunz-Hallstein* GRUR 2001, 644.
[164] EuGH GRUR 2006, 852 – Sunrider; OLG Braunschweig MarkenR 2009, 118 (121) – ROUNDER.
[165] *Ingerl/Rohnke* MarkenG § 26 Rn. 264.
[166] BGH GRUR-RR 2011, 343 (Ls.) = BeckRS 2011, 18676 – Impuls.
[167] Grundlegend: BGH GRUR 1955, 579 (582) – Sunpearl I; BGH GRUR 1958, 604 (605) – Wella-Perla; vgl. zu OLG Köln NJWE-WettbR 2000, 214 (216) – Blitzrezepte.
[168] Vgl. BGH GRUR 2004, 156 (157 f.) – stüssy II.
[169] BGH GRUR 2000, 879 (880) – stüssy I; BGH GRUR 2012, 626 – Converse I.
[170] OLG Düsseldorf GRUR-RR 2013, 156 – Polohemden.
[171] BGH GRUR 2012, 626 – Converse I; BGH GRUR 2012, 630 – Converse II; BGH BeckRS 2012, 17733; vgl. BGH GRUR 2015, 772 – UsedSoft III; OLG Düsseldorf GRUR-RR 2013, 156 – Polohemden; OLG Düsseldorf GRUR-RR 2014, 256 – HIV-Präparat (bzgl. Parteien eines Kaufvertrages); OLG Frankfurt a. M. GRUR-RR 2013, 325 – Converse Inc.
[172] BGH GRUR 2008, 1104 – Haus & Grund II; BGH GRUR 2012, 928 – Honda-Grauimport.
[173] OLG Karlsruhe MMR 2013, 517.
[174] Vgl. *Eichmann/Jestaedt*/Fink/Meiser DesignG § 42 Rn. 87.
[175] GRUR 2012, 1253 – Gartenpavillon.
[176] GRUR 2014, 368 – Gautzsch Großhandel/MBM Joseph Duna [Gartenpavillon] mAnm Hartwig.
[177] *Eichmann/Jestaedt*Fink/Meiser DesignG § 34 Rn. 10.
[178] *Eichmann/Jestaedt*Fink/Meiser DesignG § 41 Rn. 26; GGM Art. 22 Rn. 29.
[179] *Eichmann/Jestaedt*Fink/Meiser DesignG § 34 Rn. 10.

76 Der **Anspruchsgegner** hat zu beweisen: Widerlegung der Gültigkeitsvermutung des § 39 DesignG (→ § 292 Rn. 32); Beweis des Gegenteils gegenüber Vermutung aus § 1 Nr. 5 DesignG (→ § 292 Rn. 33); allgemein alle Einreden und Einwendungen sowie gesetzliche Ausnahmevorbehalte;[180] für die Selbständigkeit einer Entwurfstätigkeit hat er zumindest eine (sekundäre) Darlegungslast;[181] Unverhältnismäßigkeit einer Drittauskunft,[182] Unrichtigkeit der Rechnungslegung[183] sowie höheren Schaden als denjenigen, welcher sich aus der Rechnungslegung ergibt;[184] Erschöpfung (§ 48 DesignG; Art. 21 GGV; Art. 15 GRL)[185] (→ Rn. 69).

77 e) **Urheberrecht.** Auch im Urheberrecht gilt grds. die oben (→ Rn. 51) erwähnte allgemeine Verteilung der Darlegungs- und Beweislast. Anspruchsteller hat im Prozess nach allgemeinen Grundsätzen seine **fehlende Zustimmung zur erstmaligen öffentlichen Zugänglichmachung** seines Werks darzulegen und zu beweisen, wenn der Gegner diese substantiiert bestreitet.[186]

78 3. **Beweislastumkehr.** Unter einer **Beweislastumkehr** versteht man den Fall, dass das Gericht die Beweislast abweichend von der gesetzlichen Ausgangslage verteilt. Da es sich letztlich um eine Abweichung vom Gesetz infolge **richterlicher Rechtsfortbildung** handelt, kommt sie nur ausnahmsweise in Betracht, wobei es sich um eine **generelle Regelbildung** handeln muss und nicht etwa um Gerechtigkeits- und Billigkeitserwägungen im Einzelfall.[187] Der BGH hat insbesondere die frühere allgemeine Formel, wonach einer in **Beweisnot** befindlichen Partei in bestimmten Situationen verschiedenartige „Beweiserleichterungen bis hin zur Beweislastumkehr" zugutekommen könnten, inzwischen zu Recht aufgegeben.[188] Von besonderer Bedeutung ist indes das **Institut der sog. sekundären Behauptungslast** der nicht beweisbelasteten Partei (→ § 138 Rn. 19, 30).

79 Kann einer Partei der Vorwurf gemacht werden, sie habe den vom Prozessgegner zu führenden Beweis vereitelt → § 286 Rn. 80), kann ggf. eine Beweislastumkehr in Betracht gezogen werden.[189]

80 a) **Wettbewerbsrecht.** Die Frage nach Beweiserleichterungen stellt sich im **Wettbewerbsrecht** insbesondere hinsichtlich **Werbebehauptungen,** bei denen der außerhalb des Geschehensablaufs stehende Anspruchsteller oft keine genaue Kenntnis der maßgeblichen Tatumstände hat, während dem Anspruchsgegner die notwendige Aufklärung ohne weiteres möglich ist. Bei Zumutbarkeit muss der Anspruchsgegner daher nach dem auch im Prozessrecht geltenden Grundsatz von Treu und Glauben (§ 242 BGB) die notwendige Aufklärung leisten, wenn der Anspruchsteller über bloße Verdachtsmomente hinausgehend die für eine Wettbewerbswidrigkeit sprechenden Tatsachen dargetan und unter Beweis gestellt hat.[190] Anderenfalls kann das Gericht bei der Entscheidung nach § 138 Abs. 3 von einer unrichtigen bzw. irreführenden Werbebehauptung ausgehen[191] bzw. im Wege der freien Beweiswürdigung (§ 286) darauf schließen, dass die angegriffene Werbung unrichtig oder jedenfalls irreführend ist.[192] Auf Geheimhaltungsinteressen kann sich der Anspruchsgegner jedenfalls dann nicht mit Erfolg berufen, wenn er entsprechende Werbebehauptungen in der Öffentlichkeit preisgegeben hat.[193] Ist im Rahmen der Beweisaufnahme ein **Betriebsversuch** beim Beklagten erforderlich und widerspricht der Beklagte zum **Schutz von Betriebsgeheimnissen** der Anwesenheit des Klägers, so kann sich dieser beim Betriebsversuch durch einen öffentlich bestellten und vereidigten **Sachverständigen** vertreten lassen, der vom Gericht ausdrücklich zur Verschwiegenheit auch gegenüber der eigenen Partei verpflichtet worden ist.[194]

---

[180] *Eichmann/Jestaedt*Fink/Meiser DesignG § 42 Rn. 87.
[181] LG Mannheim BeckRS 2009, 88824; *Bulling* Mitt. 2002, 170 (175); *Rahlf/E. Gottschalk* GRUR-Int 2004, 821 (823).
[182] Vgl. BGH GRUR 1995, 338 (342) – Kleiderbügel.
[183] BGH GRUR 1993, 897 (899) – Mogul-Anlage.
[184] OLG Düsseldorf GRUR-RR 2007, 378.
[185] *Eichmann/Jestaedt*/Fink/Meiser DesignG § 48 Rn. 35.
[186] OLG München GRUR-Prax 2016, 484 Rn. 30 ff. – Die Realität III.
[187] MüKoZPO/*Prütting* § 286 Rn. 123 ff. mit Fallgruppen.
[188] BGH NJW 2004, 2011 (2012 ff.); zuvor bereits abgelehnt von *Laumen* NJW 2002, 3739.
[189] BGH GRUR 2016, 88 – Deltamethrin.
[190] BGH GRUR 1961, 356 (359) – Pressedienst; BGH GRUR 1963, 270 (271) – Bärenfang; BGH GRUR 1969, 461 (463) – Euro-Spirituosen; BGH GRUR 1975, 78 (79) – Preisgegenüberstellung; BGH GRUR 1985, 140 (142) – Größtes Teppichhaus der Welt; BGH GRUR 1992, 42 – Luftfrachtsendungen; BGH GRUR 1993, 980 (983) – Tariflohnunterschreitung; BGH GRUR 1997, 229 (230) – Beratungskompetenz; BGH GRUR 2004, 246 (247) – Mondpreise?; BGH GRUR 2007, 251 Rn. 31 – Regenwaldprojekt II; BGH GRUR 2014, 578 – Umweltengel für Tragetasche.
[191] BGH GRUR 1961, 85 (90) – Pfiffikus-Dose; BGH GRUR 1978, 249 (250) – Kreditvermittlung.
[192] BGH GRUR 1970, 461 (463) – Euro-Spirituosen; BGH GRUR 1978, 249 (250) – Kreditvermittlung.
[193] *Bornkamm/Feddersen* in Köhler/Bornkamm/Feddersen § 5 Rn. 1.245.
[194] BGH GRUR 2014, 578 – Umweltengel für Tragetasche.

81 Wichtige Anwendungsbereiche sind: **innerbetriebliche Vorgänge;**[195] **Alleinstellungs- und Spitzengruppenwerbung,**[196] soweit der Anspruchsgegner auf die Beweiserleichterung angewiesen ist (→ Rn. 60).[197] Die beiden vorgenannten Fallgruppen stellen keine eigentliche Umkehr der Beweislast dar.[198]

82 Im Falle **fachlich umstrittener Behauptungen** ohne Erwähnung der Gegenansicht übernimmt der Anspruchsgegner die Verantwortung für die objektive Richtigkeit und muss diese daher notfalls beweisen (= **echte Umkehr der Beweislast**).[199] Dies gilt insbesondere bei Werbeangaben mit Bezug auf das **Gesundheitswesen,** bei denen vom Anspruchsgegner zu erwarten ist, dass *er* über entsprechende wissenschaftliche Erkenntnisse verfügt.[200]

83 Eine **echte Beweislastumkehr** ist auch anzunehmen, wenn ein Vermittler von Kapitalanlagen in seiner Werbung eine jährliche **Rendite** von 860 % verspricht: Er ist in diesem Falle für die Richtigkeit einer solchen Traumrendite auch als Beklagter in vollem Umfang beweispflichtig.[201]

84 **b) Beweislastumkehr bzgl. Erschöpfungsvoraussetzungen bei drohender Marktabschottung.** Die Voraussetzungen der Erschöpfung trägt grundsätzlich derjenige, welcher wegen einer Schutzrechtsverletzung in Anspruch genommen wird (→ Rn. 69). Im Interesse des **Schutzes des freien Warenverkehrs** nach Art. 34 AEUV und Art. 36 AEUV ist allerdings eine **Modifikation dieser Beweisregel** geboten, wenn sie es dem Schutzrechtsinhaber ermöglichen könnte, die nationalen Märkte abzuschotten und so Preisunterschiede zwischen den Mitgliedstaaten zu bewahren.[202]

85 Deshalb obliegt dem Schutzrechtsinhaber insbesondere im Falle des Warenvertriebes im Europäischen Wirtschaftsraum im Wege eines ausschließlichen Vertriebssystems der Nachweis, dass die Waren ursprünglich von ihm selbst oder mit seiner Zustimmung **außerhalb des Europäischen Wirtschaftsraums** in Verkehr gebracht worden sind, wenn der wegen Schutzrechtsverletzung in Anspruch genommene Dritte nachweisen kann, dass eine tatsächliche Gefahr der Abschottung der nationalen Märkte besteht. Insoweit genügt für eine **Umkehr der Beweislast** nicht allein ein Vertriebssystem des Markeninhabers, das ihm die Möglichkeit eröffnet, die Märkte der Mitgliedstaaten abzuschotten, sondern es muss die **tatsächliche Gefahr einer Abschottung der nationalen Märkte** hinzukommen, wenn der in Anspruch genommene Dritte den Nachweis führen muss, dass die Voraussetzungen der Erschöpfung vorliegen. Die tatsächliche Gefahr der Marktabschottung besteht schon dann, wenn der als Verletzer in Anspruch Genommene durch die Offenbarung seiner Bezugsquelle nachweisen müsste, dass er die in Rede stehende Ware innerhalb des Europäischen Wirtschaftsraums von einem Vertragshändler des Markeninhabers erworben hat und dem Vertragshändler der Weiterverkauf an Zwischenhändler außerhalb des Vertriebssystems untersagt ist. Denn dann spricht bereits die allgemeine Lebenserfahrung dafür, dass der Markeninhaber – schon um sein Vertriebssystem aufrechtzuerhalten – auf seinen Vertragshändler einwirken wird, derartige Lieferungen künftig zu unterlassen.[203] Die tatsächliche Gefahr einer Marktabschottung kann indes ausgeschlossen sein, wenn der in der Lieferkette zwischen Markeninhaber und Drittem stehende Zwischenhändler aus dem Vertriebssystem des Markeninhabers ausgeschieden ist.

---

[195] BGH GRUR 1961, 356 (359) – Pressedienst; BGH GRUR 1963, 270 (271) – Bärenfang; BGH GRUR 1970, 461 (463) – Euro-Spirituosen; BGH GRUR 1971, 164 (167) – Discountgeschäft; BGH GRUR 1975, 78 (79) – Preisgegenüberstellung; BGH GRUR 1983, 650 (651) – Kamera; BGH GRUR 2005, 1059 (1061) – Quersubventionierung von Laborgemeinschaften (dort auch zur Einschaltung eines zur Verschwiegenheit verpflichteten Sachverständigen bei überwiegendem Geheimhaltungsinteresse).

[196] BGH GRUR 1973, 594 (596) – Ski-Sicherheitsbindung; BGH GRUR 1978, 249 (250) – Kreditvermittlung; BGH GRUR 1983, 779 (781) – Schuhmarkt; BGH GRUR 2010, 352 Rn. 22 – Hier spiegelt sich Erfahrung; vgl. OLG Frankfurt a. M. GRUR-RR 2016, 419 - 100 Mbit/s LTE Netz; OLG Köln BeckRS 2016, 16576; OLG Düsseldorf BeckRS 2017, 163748.

[197] BGH GRUR 2010, 352 Rn. 22 – Hier spiegelt sich Erfahrung; BGH GRUR 2015, 286 – Spezialist für Familienrecht.

[198] Vgl. BGH GRUR 1971, 164 (167) – Discount-Geschäft; unklar BGH GRUR 1978, 54 (55) – Preisauskunft; BGH GRUR 1997, 758 (760) – Selbsternannter Sachverständiger; BGH WRP 2000, 724 (727) – Space Fidelity Peep-Show; BGH GRUR 2009, 967 Rn. 27 – Ohrclips; *Bornkamm/Feddersen* in Köhler/Bornkamm/Feddersen § 5 Rn. 1.157; *Teplitzky* Kap. 47 Rn. 32; aA bzgl. Allein- und Spitzenstellungswerbung *Lindacher* WRP 2000, 950 (953).

[199] BGH GRUR 1958, 485 (486) – Odol; BGH GRUR 1965, 368 (372 f.) – Kaffee C; BGH GRUR 1991, 848 (849) – Rheumalind II; BGH GRUR 2013, 649 Rn. 32 – Basisinsulin mit Gewichtsvorteil; OLG Karlsruhe NJWE-WettbR 1997, 174 (175); zur Nichtbeweisbarkeit einer Wirksamkeitswerbung: OLG Frankfurt a. M. GRUR-RR 2014, 77 – Mauerentfeuchtung.

[200] BGH GRUR 1971, 153 (155) – Tampax.

[201] OLG München NJWE-WettbR 1997, 152.

[202] S. zum Folgenden: BGH GRUR 2012, 630 – CONVERSE II; OLG Frankfurt a. M. GRUR-RR 2013, 325 – Converse Inc; OLG Frankfurt a. M. GRUR-Prax 2016, 350; OLG Düsseldorf GRUR-RS 2016, 11301; 2017, 110549.

[203] BGH GRUR 2012, 630 – CONVERSE II.

86 **c) § 5 S. 1 DesignG.** Nach den allgemeinen Grundsätzen zur Beweislastverteilung ist die in § 5 S. 1 DesignG mit den Worten „es sei denn" eingeleitete Passage als Ausnahmeregelung zu verstehen, die die Beweislast umkehrt.[204]

87 Siehe zu **weiteren Fällen** im gewerblichen Rechtsschutz die Kommentierung zu → § 292 Rn. 17 ff.

88 **4. Beweisverträge/Beweislastverträge.** Da die **Beweisbedürftigkeit** einer Tatsachenbehauptung angesichts des § 288 ohnehin der **Parteidisposition** unterliegt, sind auch entsprechende **Parteivereinbarungen** zulässig, darunter beispielsweise auch im Wege materiell-rechtlicher Feststellungsverträge oder bindender Wirkung von Schiedsgutachten.

89 Auch die vereinbarte **Beschränkung auf bestimmte Beweismittel** ist möglich **(Beweismittelverträge)**, vermag allerdings das Gericht insoweit nicht zu binden, als eine Beweisaufnahme v. A. w. grundsätzlich möglich bleibt (§§ 142 Abs. 1, 144 Abs. 1, 448).[205]

90 Schließlich sind **Beweislastverträge** jedenfalls zulässig, soweit sie (dispositive) materiell-rechtliche Tatbestandsmerkmale betreffen.[206] Hinsichtlich **AGB** sind ggf. §§ 308 Nr. 5, Nr. 5b, Nr. 6, 309 Nr. 12, Nr. 12a, Nr. 12b BGB zu beachten.

91 Nichtig sind hingegen Vereinbarungen, die dem Gericht ein **bestimmtes Beweiswürdigungsergebnis** vorschreiben sollen, weil diese nicht mit dem Grundsatz der freien Beweiswürdigung (§ 286) kompatibel sind.[207]

F. Beweisarten

92 Die **Arten des Beweises** lassen sich unter **vier verschiedenen** Aspekten unterscheiden:

I. Beweisverfahren

93 Unter einem **Strengbeweis** versteht man, dass ein Beweis nach dem im Gesetz geregelten Verfahren mit den dort vorgesehenen Beweismitteln nach §§ 355 ff. geführt wird.[208] Demgegenüber stehen im **Freibeweis**verfahren (§ 284 S. 2–4), für das dasselbe Beweismaß Geltung beansprucht[209], die herangezogenen Beweismittel und das Verfahren im Ermessen des Gerichts. Wie § 284 S. 2 inzwischen klarstellt, ist das Freibeweisverfahren mit Zustimmung beider Parteien auch hinsichtlich Fragen der **Begründetheit der Klage** zulässig.

94 Das Freibeweisverfahren ist zulässig bezüglich Tatsachen, die für die **Zulässigkeit eines Antrags, einer Klage oder eines Rechtsmittels**[210] von Relevanz sind. Die **Form** der Beweisaufnahme steht grds. im Ermessen des Gerichts (zB telefonische Beweisaufnahme oder auf elektronischem Wege); wegen des Anspruchs der Parteien auf **rechtliches Gehör** muss das Gericht sie allerdings über die bei der Beweisaufnahme gewonnenen Erkenntnisse informieren und ihnen Gelegenheit zur Stellungnahme geben.[211] In Bezug auf Vorgänge innerhalb eines mit dem Rechtsstreit befassten Gerichts kommen als Beweismittel auch **dienstliche Erklärungen** der zuständigen Richter oder sonstigen Gerichtsbediensteten in Betracht.[212] Die **Rechtsprechung**[213] wendet das Freibeweisverfahren insbesondere bezüglich **Prozessvoraussetzungen** an, was in der Literatur[214] unter Hinweis auf die Grundsätze der Unmittelbarkeit (§ 355) und der Parteiöffentlichkeit (§ 357) auf Kritik stößt. Der Gesetzgeber hat diese bekannte Problematik in § 284 S. 2–4 nicht aufgegriffen, was darauf hindeutet, dass er die prozessökonomische Verfahrensweise der Praxis billigt. Einen praktisch bedeutsamen Fall des Freibeweises stellt die **Einholung amtlicher Auskünfte** dar (vgl. §§ 273 Abs. 2 Nr. 2, 358a S. 2 Nr. 2). Zulässig ist das Freibeweisverfahren auch im Verfahren über die Bewilligung von **Prozesskostenhilfe**. Auf die **Ermittlung von Erfahrungssätzen** darf das Freibeweisverfahren nicht angewandt werden.[215]

95 Beim Freibeweis sind bloß die Anforderungen an die **Förmlichkeiten der Beweisaufnahme** reduziert, nicht jedoch die Anforderungen an das **Beweismaß**.[216]

---

[204] OLG Frankfurt a. M. GRUR-RR 2004, 320 (321) – Kanton-Messe; Kur GRUR 2002, 661 (665); Krüger/v. Gamm GRUR 2004, 978 (981); aA: Eichmann/JestaedtFink/Meiser DesignG § 5 Rn. 37, wonach den Anspruchsgegner unverändert die Beweislast treffen soll, dass ein Muster zum vorbekannten Formenschatz gehöre.
[205] MüKoZPO/Prütting § 286 Rn. 167 mwN.
[206] Musielak/Foerste § 286 Rn. 61.
[207] BeckOK ZPO/Bacher § 286 Rn. 20.
[208] MüKoZPO/Prütting § 284 Rn. 26.
[209] Vgl. BGH NJW 1997, 3319.
[210] BGH NJW-RR 2012, 509 Rn. 9; OLG Düsseldorf BeckRS 2016, 11379 Rn. 23 – Falttasche; OLG Düsseldorf BeckRS 2017, 120339 Rn. 12, bzgl. § 937 Abs. 2 ZPO.
[211] BGH BeckRS 2017, 111053 Rn. 11; BeckOK ZPO/Bacher § 284 Rn. 17 f.
[212] BGH BeckRS 2009, 8694 Rn. 8; OLG Düsseldorf BeckRS 2017, 120339 Rn. 9.
[213] BGH NJW 1951, 441; 1997, 3319; 2020, 1225 OLG Düsseldorf BeckRS 2017, 120339 Rn. 3 ff.
[214] Zöller/Althammer § 56 Rn. 2 mwN.
[215] MüKoZPO/Prütting § 284 Rn. 36 mwN.
[216] BGH NJW 2003, 1123 (1124); OLG Düsseldorf BeckRS 2017, 120339 Rn. 13.

Neben den auch im Strengbeweisverfahren statthaften Beweismitteln ist im Freibeweisverfahren **96** insbesondere die **Versicherung an Eides Statt** bzw. die **anwaltliche Versicherung** zulässig.[217] Wegen ihres **reduzierten Beweiswertes** sind diese indes zB zum Beweis der rechtzeitigen Einlegung eines Rechtsmittels regelmäßig nicht genügend.[218] Gelangt das Berufungsgericht deshalb zu dem Ergebnis, dass die anwaltliche und eidesstattliche Versicherung des Prozessbevollmächtigten einer Partei keinen vollen Beweis für die fristgerechte Einreichung der Berufungsbegründung erbringt, hat es die Partei allerdings darauf hinzuweisen und ihr Gelegenheit zu geben, Zeugenbeweis anzutreten oder auf andere Beweismittel zurückzugreifen.[219] **Wiedereinsetzungsgründe** können mit ihnen dann nicht glaubhaft gemacht werden, wenn konkrete Anhaltspunkte gegen die überwiegende Wahrscheinlichkeit des behaupteten Sachverhaltes sprechen.[220] Reicht ihr Beweiswert nicht aus, sind die benannten **Beweispersonen als Zeugen** zu vernehmen; die Vorlage der Versicherung enthält idR zugleich den **konkludenten Antrag** auf Zeugenvernehmung.[221]

Im **Patentverletzungsprozess** wird das Freibeweisverfahren im Rahmen der zu treffenden Er- **97** messensentscheidung, ob der Rechtsstreit wegen eines parallelen Einspruchs- oder Nichtigkeitsverfahrens nach § 148 PatG **auszusetzen** ist, für zulässig gehalten.[222]

II. Zweck des Beweises

Je nach dem **Zweck des zu erbringenden Beweises** unterscheidet man zwischen Haupt- und **98** Gegenbeweis. Die Führung des **Hauptbeweis**es obliegt der beweisbelasteten Partei, die den Richter vom Vorliegen einer Tatsache überzeugen muss. Er ist erst dann gelungen, wenn das Gericht je nach den im Einzelfall geltenden Beweisanforderungen positiv davon überzeugt ist, dass es die behauptete Tatsache seiner Entscheidung als wahr zugrunde legen kann.[223] Eine Form des Hauptbeweises ist auch der sog. **Beweis des Gegenteils** gem. § 292 ZPO (→ § 292 Rn. 15).

Der **Gegenbeweis** obliegt der nicht beweisbelasteten Partei, die mit ihm erreichen möchte, dass für das **99** Gericht die Richtigkeit der Behauptung der beweisbelasteten Partei zweifelhaft bleibt. Die mit dem von der beweisbelasteten Partei erbrachten Hauptbeweis zunächst erlangte Überzeugung des Gerichts soll also wieder erschüttert werden.[224] Werden mehrere Hilfstatsachen vorgetragen, die jeweils für sich betrachtet keine sicheren Rückschlüsse zulassen, ist vom Tatrichter unter dem Aspekt des Gegenbeweises auch zu prüfen, ob die Hilfstatsachen in einer Gesamtschau, gegebenenfalls im Zusammenhang mit dem übrigen Prozessstoff, geeignet sind, ihn von der Überzeugung der Wahrheit der Haupttatsache abzuhalten.[225]

III. Beweisziel

Mit Blick auf das **Beweisziel** sind **Vollbeweis** und **Glaubhaftmachung** zu unterscheiden, die sich **100** im Beweismaß unterscheiden: An die Beweisstärke des regelmäßig notwendigen Vollbeweises werden sehr hohe Anforderungen gestellt (→ § 286 Rn. 55), während für eine Glaubhaftmachung nach § 294 eine deutlich geringere Wahrscheinlichkeit ausreicht (→ § 294 Rn. 19).

IV. Art der Beweisführung

Hinsichtlich der **Art der Beweisführung** differenziert man zwischen dem **unmittelbaren** (direk- **101** ten) **Beweis** und dem **Indizienbeweis** (mittelbarer, indirekter Beweis). Der auf den Nachweis unmittelbar auf ein Tatbestandsmerkmal einer Norm abzielende unmittelbare Beweis kann ein Haupt- oder Gegenbeweis sowie Vollbeweis oder Glaubhaftmachung sein. Demgegenüber bezieht sich der Indizienbeweis auf den **Nachweis tatbestandsfremder Behauptungen**, die den Schluss des Gerichts auf das (Nicht-)Vorliegen des bestrittenen Tatbestandsmerkmals tragen sollen.[226] Zu ihnen zählen auch sog. **Hilfstatsachen des Beweises,** die für die Zulässigkeit oder Beweiskraft eines Beweismittels von Bedeutung sind. Ein Indizienbeweis ist erfolgreich, wenn die der Schlussfolgerung zugrundeliegenden tatbestandsfremden Tatsachen bzw. Hilfstatsachen des Beweises zur Überzeugung des Gerichts feststehen und andere Schlussfolgerungen nicht ernstlich in Betracht kommen.[227] Der Indizienbeweis darf nicht mit dem Anscheinsbeweis (→ § 286 Rn. 57 ff.) verwechselt werden.

---

[217] BGH NJW 1992, 627 (628).
[218] BGH NJW 2003, 2460.
[219] BGH NJW 2007, 1467; NJW 2007, 3069; NJW 2020, 1225.
[220] BGH NJW 2015, 349 Rn. 14.
[221] BGH NJW-RR 2010, 217 Rn. 9; 2012, 509 Rn. 12.
[222] Mes § 139 Rn. 322; Haedicke/Timmann PatR-HdB/Zigann § 15 Rn. 479.
[223] Musielak/Foerste § 284 Rn. 5.
[224] OLG Köln GRUR-RR 2014, 281 – Walk this way; MüKoZPO/Prütting § 284 Rn. 21.
[225] BGH BeckRS 2016, 11738– Wandbauelemente (bzgl. § 12 PatG).
[226] MüKoZPO/Prütting § 284 Rn. 44.
[227] BGH NJW-RR 2013, 743; BAG NJW 2015, 651 Rn. 43; BGH BeckRS 2016, 11738 – Wandbauelement (zu § 12 PatG); BGH BeckRS 2016, 21258 Rn. 15; GRUR 2019, 713 (717) – Cer-Zirkonium-Mischoxid I; BGH GRUR 2019, 718 (723) – Cer-Zirkonium-Mischoxid II.

102 **Beispiele für eine Indizienbeweisführung** im gewerblichen Rechtsschutz:

• **Wettbewerbsrecht:**

103 Neuheit, Gestaltungshöhe, Verkehrsbekanntheit und Absatzzahlen können ein Indiz für **wettbewerbliche Eigenart** sein.[228]

104 Mögliche Indizien für eine **Preisunterbietung in Verdrängungsabsicht** sind: Dauer und Intensität der Preisunterbietung, Abstand vom Selbstkostenpreis, fehlende betriebswirtschaftliche Gründe, sofortige Reaktion auf das Erscheinen von Konkurrenzprodukten verbunden mit örtlichen Preisdifferenzierungen oder Hinweise in der Werbung auf bestimmte Mitbewerber.[229]

105 Im Rahmen der Ermittlung des **Verkehrsverständnisses** können objektive Umstände herangezogen werden, die als Indizien logische Rückschlüsse auf selbiges zulassen.[230]

• **Patentrecht:**

106 Der **Eintragung im Patentregister** kommt für die Beurteilung der Frage, wer materiell-rechtlicher Inhaber des Patents ist, jedenfalls eine erhebliche **Indizwirkung** zu.[231] Soweit § 30 Abs. 3 S. 2 PatG teilweise als gesetzliche Vermutung iSv § 292 verstanden und daher von einer *generellen* **echten Beweislastumkehr** ausgegangen wird, ist dies abzulehnen: → § 292 Rn. 106.

107 Der Patentinhaber kann seinen Verletzungsvorwurf auf **Werbeaussagen** des Anspruchsgegners stützen, die die patentgemäße Ausgestaltung der angegriffenen Ausführungsform indizieren können.

108 Die **Benennung als Erfinder** hat Indizwirkung.[232]

109 **Hilfskriterien** bzw. „Beweisanzeichen" können im Einzelfall Anlass geben, bekannte Lösungen besonders kritisch darauf zu überprüfen, ob sie angesichts des allgemeinen Fachwissens hinreichende Anhaltspunkte für ein Naheliegen der Erfindung bieten und nicht erst aus ex-post-Sicht eine zur Erfindung führende Anregung enthalten.[233]

• **Markenrecht**

110 Bereits die bloße **Eintragung einer größeren Zahl ähnlicher Zeichen** soll eine beschränkte Indizwirkung für eine originäre Kennzeichnungsschwäche haben.[234]

111 Zum **Benutzungsnachweis** iSv § 26 MarkenG können auch außerhalb des maßgeblichen Fünf-Jahres-Zeitraums liegende Tatsachen vorgebracht werden, wie etwa **frühere oder spätere Benutzungshandlungen** als Indizien für die erforderliche Ernsthaftigkeit.[235]

• **Designrecht**

112 Ein Indiz für die erforderliche Eigenart kann es sein, dass ein Möbelmuster **Anerkennung auf einer internationalen Möbelmesse** in Fachkreisen gefunden hat.[236]

113 Wenn die **technische Möglichkeit** zur mustergemäßen Gestaltung schon seit Jahrzehnten gegeben war, aber nicht genutzt wurde, indiziert das die Eigentümlichkeit des Musters.[237]

• **Urheberrecht**

114 Ist ein **Tonträgerhersteller** als Lieferant eines Musikalbums in einer einschlägigen **Katalogdatenbank** eingetragen, stellt dies auch außerhalb des Anwendungsbereichs des § 10 UrhG ein erhebliches Indiz für die Inhaberschaft von Tonträgerherstellerrechten an den auf dem Album enthaltenen **Musikaufnahmen** dar, das nur durch den Vortrag konkreter Anhaltspunkte entkräftet werden kann, die gegen die Richtigkeit der in der Datenbank zu findenden Angaben sprechen.[238]

G. Beweismittel

115 Der ZPO sind **fünf Beweismittel des Strengbeweises** (→ Rn. 88) bekannt: Zeugen (§§ 373 ff.), Sachverständige (§§ 402 ff.), Urkunden (§§ 415 ff.), Augenschein (§§ 371 ff.) und Parteivernehmung (§§ 445 ff.).

116 Daneben können aber auch bestimmte gesetzlich ausdrücklich vorgesehene **Auskünfte** im Rahmen des Strengbeweisverfahrens Beweismittel sein (zB §§ 118 Abs. 2 S. 2 und 4, 437 Abs. 2; vgl. auch

---

[228] BGH GRUR 2007, 339 Rn. 32 – Stufenleitern; Nemeczek WRP 2012, 1025 (1026).
[229] BGH GRUR 1990, 685 (686) – Anzeigenpreis; OLG Stuttgart NJWE-WettbR 1999, 200 (201).
[230] Vgl. BGH GRUR 2012, 1159 – Preisverzeichnis bei Mietwagengebot; OLG Düsseldorf BeckRS 2016, 11303 – Trommeleinheit (PatR).
[231] BGH GRUR 2013, 713 – Fräsverfahren; kritisch Kühnen GRUR 2014, 137 ff.; näher z. Ganzen Grunwald GRUR 2016, 1126 mwN.
[232] Vgl. BGH GRUR 2006, 754 – Hafetikett.
[233] BGH GRUR 2010, 44 – Dreinachtschlauchfolienbeutel.
[234] BGH GRUR 1999, 241 (243) – Lions.
[235] EuGH BeckRS 2004, 75764 – La Mer Technology; vgl. zum WZG: BGH GRUR 1985, 926 (927) – topfitz/topfit; BGH GRUR 1980, 289 (290) – Trend.
[236] BGH GRUR 1975, 383 (386) – Möbelprogramm.
[237] BGH GRUR 2008, 153 Rn. 34 – Dacheindeckungsplatten.
[238] BGH GRUR 2016, 176 Rn. 17 ff. – Tauschbörse I; BGH BeckRS 2016, 18340 Rn. 22 ff. – Internettauschbörse; BGH GRUR 2016, 1280 (1282) – Everytime we touch.

§§ 273 Abs. 2 Nr. 2, 358a S. 2 Nr. 2). Im Rahmen des Freibeweisverfahrens (→ Rn. 88) kommen zusätzlich vor allem sonstige Auskünfte und Zeugnisse von Behörden oder eidesstattliche Versicherungen in Betracht. Das **Geständnis** ist kein Beweismittel: Als gerichtliches Geständnis (§ 288) ist es Prozesshandlung und hindert bereits die Beweisbedürftigkeit; ein außergerichtliches Geständnis ist als Indiz im Rahmen der mittelbaren Beweisführung selbst Beweisgegenstand.[239]

Ein Beweismittel ist aufgrund eines **Beweisantritts** (§§ 371; 373; 403; 420, 421, 432; 445) durch die beweisbelastete Partei vom Gericht heranzuziehen, wenn die betreffende Tatsache erheblich für die Entscheidung des Rechtsstreits ist (zu vorrangig zu prüfenden Substantiierungsanforderungen an Tatsachenbehauptungen → § 138 Rn. 21). Mit Ausnahme des Zeugenbeweises können alle Beweismittel auch **v. A. w.** herangezogen werden (§§ 142 Abs. 1, 144 Abs. 1[240], 448 ZPO).

Die Parteien haben grundsätzlich die **freie Auswahl** aus dem Kanon der Beweismittel des Strengbeweisverfahrens, dh es muss weder eine bestimmte Reihenfolge noch eine Auswahl nach der Nähe zum Beweisgegenstand erfolgen.[241] Insofern ist also **keine materielle Unmittelbarkeit des Beweises** vonnöten (wohl aber formelle Unmittelbarkeit, vgl. § 355);[242] wichtige Beispiele sind der **Zeuge vom Hörensagen**[243], die Verwertung von Vernehmungsprotokollen aus anderen Verfahren,[244] sowie die Zulässigkeit eines Urkundenbeweises statt des (unmittelbaren) Zeugenbeweises.[245] Die Zurückweisung einer beantragten Zeugenvernehmung wegen einer Ungeeignetheit des Beweismittels kommt daher nur ausnahmsweise in Betracht, wenn völlig ausgeschlossen erscheint, dass diese Vernehmung sachdienliche Erkenntnisse erbringen kann.[246] Abweichendes gilt nur hinsichtlich der Parteivernehmung (§§ 445 Abs. 1, 448).[247] Ausnahmsweise kommen auch eine dienstliche Äußerung (vgl. § 44 Abs. 3) und ein behördliches Zeugnis (vgl. §§ 417, 432) als eigene Beweismittel in Betracht.[248] Durch den im Sitzungsprotokoll enthaltenen Hinweis allein, **beigezogene Akten** hätten vorgelegen und seien Gegenstand der mündlichen Verhandlung gewesen, wird nicht deutlich, dass das Gericht in diesen Akten enthaltene **protokollierte Angaben eines Zeugen zum Zwecke des Urkundenbeweises** verwerten will.[249]

H. Beweisverbote

Nicht jede mögliche Beweisführung ist auch rechtlich zulässig. Folgende Beweishindernisse kommen in Betracht:

I. Beweiserhebungsverbote

Wichtige gesetzliche Beweismittelausschlüsse enthalten § 80 Abs. 1, § 165 S. 1, § 314 S. 2 und §§ 383, 384, 727 Abs. 1; spezielle Erhebungsverbote im Urkundenprozess: §§ 595 Abs. 2, 605 Abs. 1, 605a.

II. Beweisverwertungsverbote

Über die rechtlichen Konsequenzen **rechtswidrig erlangter Beweismittel** enthält die ZPO – ebenso wenig wie die EMRK[250] – keine ausdrückliche Regelung. Nach der Rechtsprechung und herrschenden Lehre gibt es keine schematische Lösung in dem Sinne, dass stets Verwertbarkeit bzw. Nichtverwertbarkeit anzunehmen sei.[251] Die **Europäische Menschenrechtskonvention** begründet kein absolutes Verbot für Beweismittel, die in das Privatleben des Betroffenen eingreifen; es obliegt den Gerichten, ein gerechtes Gleichgewicht zwischen den einander widersprechenden öffentlichen und privaten Interessen herzustellen.[252]

Es wird vielmehr nach **Fallgruppen** unterschieden:[253] Die Verwertung **heimlicher Tonbildaufnahmen** ist grds. unzulässig (§ 201 StGB), es sei denn, dass ein wesentlich höherrangiges Interesse auf

---

[239] MüKoZPO/*Prütting* § 284 Rn. 58.
[240] Einholung eines Gutachtens zur Feststellung einer Verkehrsbefragung v. A. w. ist jedoch ultima ratio: *Köhler* in Köhler/Bornkamm/Feddersen § 12 Rn. 1.76; *Ullmann* GRUR 1991, 789 (795).
[241] BVerfG NJW 1994, 2347 f.; Musielak/*Foerste* § 284 Rn. 22 mwN z. hM.
[242] Vgl. *Weth* JuS 1991, 35.
[243] BGH BeckRS 2011, 17254; NJW 2017, 386 Rn. 27.
[244] BGH NJOZ 2014, 572.
[245] Musielak/*Foerste* § 284 Rn. 22; MüKoZPO/*Prütting* § 284 Rn. 52.
[246] BGH NJ 2019, 118.
[247] Vgl. *Greger* MDR 2014, 313.
[248] MüKoZPO/*Prütting* § 284 Rn. 61.
[249] BGH NJW-RR 2016, 957.
[250] EGMR NJW 1989, 654 f.
[251] Vgl. BGH NJW 2013, 2668 (2669 f.); BAG NZA 2014, 143; S. eingehend zum Streitstand MüKoZPO/*Prütting* § 284 Rn. 64 ff.; Zöller/*Greger* § 286 Rn. 15a jeweils mwN.
[252] EGMR NJW 2015, 1079 Rn. 34.
[253] S. zu Einzelheiten MüKoZPO/*Prütting* § 284 Rn. 68 ff.

Seiten des Beweisführers im Raum steht und dieses nicht anderweitig geschützt werden kann.[254] Letzteres gilt auch hinsichtlich der Vernehmung eines vom Beweisführer zur Belauschung eines **heimlichen Telefonats** beauftragten Zeugen.[255] Die Verwertung der Aussage eines Zeugen, der ein Telefonat über eine **Mithöreinrichtung** verfolgt hat, hängt von der Einwilligung des Gesprächspartners in das Mithören ab.[256] Bei einer Urheberrechtsverletzung durch Filesharing unterliegt die dem Rechtsinhaber erteilte Auskunft des von dem Netzbetreiber verschiedenen Endkundenanbieters im Prozess gegen den Anschlussinhaber auch dann keinem Beweisverwertungsverbot, wenn lediglich für die Auskunft des Netzbetreibers, nicht aber für die Auskunft des Endkundenanbieters eine **richterliche Gestattung** nach § 109 UrhG gegeben ist.[257]

123 **Testkäufe**[258], ohne die vielfach ein Nachweis rechtswidriger Handlungen gar nicht möglich wäre[259], sind grundsätzlich **zulässig**, was für den gesamten gewerblichen Rechtsschutz anerkannt ist, insbesondere für das **Wettbewerbsrecht**[260] und das **Patentrecht**.[261] Dies gilt auch für Testkäufe, die im Rahmen von **allgemeinen Überwachungsmaßnahmen** durchgeführt werden. **Ausnahmsweise** sind Testkäufe **sittenwidrig**,[262] zB: wenn bei völlig fehlenden Anhaltspunkten für begangene oder drohende Rechtsverletzungen ein Mitbewerber **absichtlich „hereingelegt"** werden soll[263], oder wenn zwecks Herbeiführung eines unzulässigen Geschäfts **verwerfliche Mittel** eingesetzt werden.[264] Verwerflich sind insbesondere **verbotene** oder gar **strafbare Handlungen**, weil das Interesse an der Verfolgung von Verletzungen nicht die Begehung von Straftaten pp. bei deren Aufklärung rechtfertigen kann.[265] Verwerflich können auch Mittel sein, die dem Mitbewerber den Rechtsverstoß besonders leicht machen.[266] **Beweismittel**, welche anlässlich von sittenwidrigen Testkäufen erhalten wurden, sind jedenfalls nicht per se unverwertbar:[267] Je nach den **Umständen des Einzelfalles** kommt es stattdessen auch in Betracht, die Zuerkennung von Unterlassungs-[268], Schadensersatz-[269] oder Vertragsstrafenansprüchen[270], die mit den so gewonnenen Erkenntnissen begründet werden, und/oder die begehrte Erstattung von Abmahnkosten[271] zu versagen.

I. Überblick zum Beweiserhebungsverfahren

124 Das Beweiserhebungsverfahren vollzieht sich in **vier Schritten**:

125 • 1. Schritt: **Beweisantrag**

126 Zunächst bedarf es eines (rechtzeitigen, vgl. §§ 282, 296 f.) **Beweisantrag**es, und zwar entweder in einem vorbereitenden Schriftsatz (§ 130 Nr. 5) oder in der mündlichen Verhandlung (ggf. durch Bezugnahme nach § 137 Abs. 3). Im **Berufungsverfahren** genügt eine pauschale Bezugnahme auf erstinstanzliche Beweisanträge; im Zweifel trifft das Berufungsgericht eine Hinweispflicht nach § 139 ZPO.[272]

127 Im Beweisantrag muss insbesondere das **Beweisthema** angegeben werden. Im Rahmen des Indizienbeweises gehören dazu auch die konkreten Indiztatsachen.[273] Ferner muss ein **Beweismittel** angegeben werden (→ Rn. 106 ff.). Eine **Beweisaufnahme v. A. w.** sehen die §§ 142 Abs. 1, 144

---

[254] BGH NJW 1982, 277 (278).
[255] BGH NJW 1991, 1180.
[256] BVerfG NJW 2002, 3619 (3623).
[257] BGH GRUR 2018, 189.
[258] Eingehend zu diversen Rechtsfragen im Zusammenhang mit Testkäufen *Mes* GRUR 2013, 767; zu Testfotos: *Hagenkötter* WRP 2008, 39.
[259] Haedicke/Timmann PatR-HdB/*Zigann* § 15 Rn. 45.
[260] BGH GRUR 1965, 612 (615) – Warnschild; BGH GRUR 1989, 113 (114) – Mietwagen-Testfahrt; vgl. BGH GRUR 2015, 1021 – Kopfhörer-Kennzeichnung, in Köhler/Bornkamm/Feddersen § 11 Rn. 2.41; Ahrens Wettbewerbsprozess-HdB/*Bähr* Kap. 27 Rn. 26; *Teplitzky* Kap. 47 Rn. 29.
[261] OLG Düsseldorf NJOZ 2010, 1781 (1786 f.) – interframe dropping; LG Düsseldorf InstGE 10, 193 (197) – Geogitter.
[262] Umfassend dazu Ahrens Wettbewerbsprozess-HdB/*Bär* Kap. 27 Rn. 30 ff.
[263] Vgl. BGH GRUR 1965, 612 (614) – Warnschild; BGH GRUR 1999, 1017 (1018) – Kontrollnummernbeseitigung; OLG Düsseldorf BeckRS 2016, 03719 – Rechtsmissbräuchliche Verfolgung eines Verstoßes gegen DiätVO; OLG Düsseldorf GRUR-RR 2016, 354 Rn. 22 ff. – Migränemittel vom Apotheker; vgl. OLG Frankfurt a. M. GRUR-RR 2016, 358 – vorgeschobene Marktbereinigung.
[264] BGH GRUR 1992, 612 (614) – Nicola.
[265] BGH GRUR 1992, 612 (614) – Nicola mwN.
[266] Vgl. zum Patentrecht Kühnen Patentverletzung-HdB Kap. B. Rn. 314.
[267] Vgl. BGH GRUR 1991, 843 – Testfotos mwN; Ahrens Wettbewerbsprozess-HdB/*Bär* Kap. 27 Rn. 36 ff.
[268] BGH GRUR 1985, 447 (450) – Provisionsweitergabe eines Lebensversicherungsmaklers.
[269] *Bornkamm* in Köhler/Bornkamm/Feddersen § 11 Rn. 2.41.
[270] *Bornkamm* in Köhler/Bornkamm/Feddersen § 11 Rn. 2.41.
[271] OLG München GRUR 1994, 226 – Penicillin V-ratiopharm.
[272] BVerfG NJW 1982, 1637.
[273] MüKoZPO/*Prütting* § 284 Rn. 84.

Abs. 1[274], 448 ZPO vor. In **Patentverletzungsstreitigkeit**en kann die Einholung eines Sachverständigengutachtens **v. A. w.** geboten sein, wenn die Kenntnis der unstreitigen Tatsachen im Einzelfall für sich nicht ausreicht, um auf die Sicht des Durchschnittsfachmanns zu schließen bzw. die technischen Zusammenhänge zuverlässig einzuordnen.[275] Entsprechendes gilt auch für die Frage des **Naheliegen**s **im Rahmen der Äquivalenzprüfung**.[276] Sieht das Gericht im Bereich des wettbewerbsrechtlichen **Nachahmungsschutzes** ein Gestaltungsmerkmal als technisch notwendig und deshalb nicht als zur Begründung **wettbewerblicher Eigenart** geeignet an, hat es seine eigene Sachkunde hierzu darzulegen, wenn es ohne die Einholung eines Sachverständigengutachtens entscheidet.[277]

Unzulässig ist der sog. **Ausforschungsbeweis**, der einen bloßen **Beweisermittlungsantrag** darstellt.[278] Darunter versteht man einen völlig vagen und unsubstantiierten Beweisantrag.[279] Eine unzulässige Ausforschung ist dann nicht gegeben, wenn die Partei **mangels genauerer Kenntnis naturwissenschaftlicher bzw. technischer Vorgänge** nur bestimmte Vermutungen vortragen kann.[280] An die Substantiierung dürfen keine überzogenen Anforderungen gestellt werden.[281]

128

Die Parteien dürfen grundsätzlich **Vermutungen** anstellen und unter Beweis stellen. Die **prozessuale Wahrheitspflicht** (→ § 138 Rn. 6 ff.) verbietet bloß bewusst unwahre Tatsachenbehauptungen. Ein unzulässiger[282] „**ins Blaue hinein**" gestellter Beweisantrag ist daher nur dann zu bejahen, wenn ihm **erkennbar willkürliche Tatsachenbehauptungen** zugrunde liegen, so dass es der Sache nach nicht um eine Beweisführung, sondern um die Erlangung von Hinweisen für spätere Behauptungen geht, also dann, wenn die betreffende Behauptung erkennbar „aus der Luft gegriffen" ist.[283] Die Annahme einer schädlichen rein willkürlichen Behauptung kann regelmäßig nur beim Fehlen jeglicher tatsächlicher Anhaltspunkte gerechtfertigt sein.[284] Im Falle sog. **innerer Tatsachen** (→ Rn. 24) ist der Vortrag hinreichend, die Person, um deren Wille oder Vorstellungen es geht, habe sich in bestimmter Weise gegenüber dem Zeugen über die betreffenden Fragen geäußert.[285]

129

Art. 103 GG verpflichtet die Gerichte in Verbindung mit den Grundsätzen der ZPO, erheblichen Beweisanträgen nachzugehen.[286] Lediglich **völlig ungeeignete** Beweismittel dürfen unberücksichtigt bleiben. Dies ist selten und darf nur angenommen werden, wenn jedwede Möglichkeit ausgeschlossen ist, dass der übergangene Beweisantrag etwas Sachdienliches ergeben könnte.[287]

130

Wird im **Markenverletzungsprozess** die **Verkehrsdurchsetzung** nur pauschal mit dem Beweisangebot, ein **demoskopisches Gutachten** einzuholen, geltend gemacht, muss diesem Beweisantritt nicht nachgegangen werden.[288]

131

Zur Behauptung der **neuheitsschädlichen** Vorwegnahme eines **Geschmacksmuster**s durch ein vorbekanntes Muster bzw. zur Behauptung einer **offenkundigen Vorbenutzung** ist eine angebotene Zeugenvernehmung nur dann anzuordnen, wenn substantiiert dargetan ist, dass die Verbreitungshandlung den maßgeblichen Fachkreisen bekannt sein konnte.[289] Die **Substantiierung** erfordert konkrete Angaben über die näheren Umstände (Art, Zeit und Ort der Verbreitungshandlung) sowie zur Möglichkeit der Kenntnisnahme durch die maßgeblichen Fachkreise.[290] Die Bekundung eines **Zeugen** (insbesondere eines Laien), wonach vor dem Anmeldetag ähnliche Erzeugnisse von Dritten verbreitet worden seien, rechtfertigt nicht die Feststellung fehlender Neuheit, wenn nicht **einzelne Erscheinungsmerkmale** dargetan sind.[291] Ebenso wenig veranlassen ungenaue und bruchstückhafte Beschreibungen des als vorbekannt behaupteten Erzeugnisses eine Beweisaufnahme zur Behauptung einer neuheitsschädlichen Vorwegnahme des Geschmacksmusters.[292] Vorstehendes gilt entsprechend für die Behauptung, ein Erzeugnis gehöre zu dem für die Ermittlung der Eigenart maßgeblichen **Formen**-

132

---

[274] BGH GRUR 2004, 244 (245) – Marktführerschaft; OLG Frankfurt a. M. WRP 2007, 1372 (1376); Ahrens Wettbewerbsprozess-HdB/*Bähr* Kap. 27 Rn. 13; *Bornkamm* WRP 2000, 830 (834).
[275] BGH GRUR 2010, 314 (317) – Kettenradanordnung II.
[276] BGH GRUR 2006, 314 (316) – Stapeltrockner.
[277] BGH GRUR 2017, 734 (741) – Bodendübel.
[278] BGH NJW 1974, 1710; 1986, 246 (247); vgl. BGH GRUR 1975, 254 (256) – Ladewagen; OLG München BeckRS 2010, 10620.
[279] BGH GRUR 1992, 559 (560) – Mikrofilmanlage; BGH WRP 2002, 1077 (1081) – Vergleichsverhandlungen. MüKoZPO/*Prütting* § 284 Rn. 79.
[280] BGH NJW 1986, 246 (247); BGH NJW 1995, 1160 und BGH NJW 1995, 2111; *Kiethe* MDR 2003, 1325.
[281] BGH GRUR 2012, 534 (537) – Landgut Borsig; BGH NJW-RR 2015, 829 Rn. 13.
[282] Haedicke/Timmann PatR-HdB/*Zigann* § 15 Rn. 191.
[283] Vgl. BGH GRUR 1975, 254 ff. – Ladegerät; BGH GRUR 1992, 559 (560) – Mikrofilmanlage; vgl. BGH NJW-RR 2015, 829 Rn. 13; *Mes* GRUR 2000, 934; MüKoZPO/*Prütting* § 284 Rn. 79.
[284] BGH NJW-RR 2015, 829 Rn. 13.
[285] BGH BeckRS 2015, 10923 Rn. 21.
[286] BGH NJOZ 2015, 1106; 2016, 641.
[287] BGH NJW-RR 2015, 158 Rn. 17.
[288] BGH GRUR 2013, 68 (71) – Castell/VIN CASTEL; BGH GRUR 2012, 304 – Basler Haar-Kosmetik.
[289] BGH GRUR 1963, 311 (312) – Stapelpresse.
[290] BGH GRUR 1963, 311 (312) – Stapelpresse.
[291] BGH GRUR 1966, 681 (683) – Laternenflasche; BGH GRUR 1967, 375 (378) – Kronleuchter.
[292] OLG Düsseldorf GRUR 1985, 546.

schatz.[293] Für die Aufklärung der Frage, ob für eine Vorverbreitung des Anspruchsgegners ein Einzelstück zu Prozesszwecken angefertigt und eine technische Zeichnung vordatiert worden sei, kann eine Beweiserhebung unter Einbeziehung aller Umstände des Einzelfalles erforderlich sein.[294]. Vermeintlich vorbekannte Gestaltungen bedürfen einer **Veranschaulichung**.[295] Die **Selbständigkeit eines Entwurfs** ist unter Benennung der einzelnen Merkmale der Gestaltung, deren unbeeinflusstes Entstehen behauptet wird, vorzutragen (Vorlage von Entwürfen, Skizzen pp.).[296] Unzulässig ist die pauschale Benennung von Zeugen für die Vorbekanntheit einer Gestaltung.[297]

133 Der **Antrag auf Einholung einer Verkehrsbefragung** ist kein bloßer Beweisermittlungsantrag.[298] Die beweisbelastete Partei hat allerdings alle Tatsachen vorzutragen, die erforderlich sind, um die Beweisfrage zu beantworten und entsprechende Feststellungen zu ermöglichen.[299]

134 • 2. Schritt: **Beweisbeschluss**

135 Im Falle eines ordnungsgemäßen Beweisantritts ordnet das Gericht bei Notwendigkeit und Zulässigkeit des angebotenen Beweises die Beweisaufnahme durch formellen **Beweisbeschluss** (§§ 358, 358a, 359) oder nach § 278 Abs. 2 S. 1 an.

136 Wegen des verfassungsrechtlich geschützten Rechts auf den Beweis (→ Rn. 19) sind angebotene **Beweismittel grundsätzlich auszuschöpfen.** Die förmliche oder konkludente **Ablehnung von Beweisanträgen** ist ausnahmsweise aus **folgenden Gründen** berechtigt: Unerheblichkeit des Beweisthemas[300], fehlende Beweisbedürftigkeit (→ Rn. 18), Unzulässigkeit der Beweiserhebung (Beweiserhebungs- bzw. verwertungsverbot, unzulässiger Ausforschungsbeweis: → Rn. 119), Nichtverfügbarkeit des Beweismittels (→ § 356 Rn. 6), Präklusion (§§ 296, 530, 531), Rechtskraft bzw. Interventionswirkung nach § 68; **bereits erwiesene Tatsache**,[301] wobei der Gegenbeweis indes mit Ausnahme von § 445 Abs. 2 stets zulässig bleibt;[301] eine **Wahrunterstellung** ist hinsichtlich unerheblicher Behauptung erlaubt; Verstoß gegen zwingende Beweisnormen (der ZPO fremdes Beweismittel; nicht präsente Beweismittel zwecks Glaubhaftmachung, vgl. § 294 Abs. 2).

137 Ausnahmsweise steht die Beweiserhebung im **Ermessen** des Gerichts, zB aufgrund eigener, im Einzelnen zu erläuternder Sachkunde von der Einholung eines Sachverständigengutachtens abzusehen, sowie im Anwendungsbereich des § 287.

138 Hinsichtlich der Ablehnung eines Beweisangebotes wegen **Ungeeignetheit des Beweismittels** ist Zurückhaltung geboten: Sie ist nur dann legitim, wenn im Einzelfall völlig ausgeschlossen ist, dass die begehrte Beweisaufnahme irgendetwas Sachdienliches ergeben könnte.[302] Im Übrigen verbietet sich – abgesehen von **Prozesskostenhilfeverfahren**[303] – jegliche **Beweisantizipation**.[304]

139 • 3. Schritt: **Beweisaufnahme**

140 Die anschließende **Beweisaufnahme** muss grundsätzlich vor dem erkennenden Gericht stattfinden (§ 355). Es gilt der Grundsatz der Parteiöffentlichkeit (§ 357).

141 • 4. Schritt: **Beweiswürdigung**

142 Am Ende des Beweiserhebungsverfahrens steht schließlich nach der Verhandlung über das Beweisergebnis (§ 285) die **Beweiswürdigung** durch das erkennende Gericht (→ § 286 Rn. 3 ff.).

§ 285 Verhandlung nach Beweisaufnahme

(1) **Über das Ergebnis der Beweisaufnahme haben die Parteien unter Darlegung des Streitverhältnisses zu verhandeln.**

(2) **Ist die Beweisaufnahme nicht vor dem Prozessgericht erfolgt, so haben die Parteien ihr Ergebnis auf Grund der Beweisverhandlungen vorzutragen.**

Literatur: *Ann*, EU-Richtlinie zum Schutz vertraulichen Know-hows – Wann kommt das neue deutsche Recht, wie sieht es aus, was ist noch offen?, GRUR-Prax 2016, 465; *Augenstein*, Analoge Anwendung von Geheimhaltungsvorschriften im Hauptsacheverfahren, FS 80 Jahre Patentgerichtsbarkeit in Düsseldorf, 2016, 25; *Bahner*, Geheimnisschutz im Zivilprozess, 2013, 234; *Bornkamm*, Der Schutz vertraulicher Informationen im Gesetz zur Durchsetzung von Rechten des geistigen Eigentums – In-camera-Verfahren im Zivilprozess, FS für Ullmann 2006, 893; *Czernik*,

---

[293] *Eichmann/Jestaedt/Fink/Meiser* DesignG § 42 Rn. 88.
[294] BGH GRUR 2004, 939 (941) – Klemmhebel.
[295] Vgl. OLG München GRUR 1974, 485.
[296] BGH GRUR 1967, 375 (378) – Kronleuchter.
[297] *Eichmann/Jestaedt/Fink/Meiser* DesignG § 42 Rn. 88 mwN.
[298] *Köhler* in Köhler/Bornkamm/Feddersen § 12 Rn. 1.67.
[299] BGH GRUR 1993, 488 (490) – Verschenktexte II.
[300] Vgl. BGH NJW 1992, 2489.
[301] BGH GRUR 2004, 532 (535) – Naßreinigung; BGH GRUR 2006, 223 f. – autohomologe Immuntherapie.
[302] BGH NJW 1951, 481; 1956, 1480; BeckRS 2016, 21258 Rn. 11; NJW-RR 2019, 380; GRUR-RS 2020, 32886.
[303] BVerfG NJW 2010, 288; 2020, 534.
[304] BGHZ 53, 245 (260); BGH NJW 2000, 3718; MDR 2005, 164; NJW-RR 2015, 1151.

Der (Rechts-)Schutz gegenüber dem Verrat von Vertriebsgeheimnissen, ZVertriebsR 2015, 231; *Deichfuß,* Rechtsdurchsetzung unter Wahrung der Vertraulichkeit von Geschäftsgeheimnissen, GRUR 2015, 436; *Gärtner,* Zum Richtlinienentwurf über den Schutz von Geschäftsgeheimnissen NZG 2014, 650; *Gaugenrieder,* Einheitliche Grundlage für den Schutz von Geschäftsgeheimnissen in Europa – Zukunftstraum oder Alptraum, BB 2014, 1987; *Götz,* Der Schutz von Betriebs- und Geschäftsgeheimnissen im Zivilverfahren, 2014; *Greger,* Zwischen Beweisaufnahme und Beweiswürdigung – (k)ein prozessuales Niemandsland, MDR 2016, 1057; *Haedicke,* Zweckbindung und Geheimnisschutz bei Auskunfts- und Rechnungslegungsansprüchen, GRUR 2020, 785; *Hauck,* Geheimnisschutz im Zivilprozess – was bringt die neue EU-Richtlinie für das deutsche Recht?, NJW 2016, 2218; *Hauck,* Besichtigungsanspruch und Geheimnisschutz im Patentrecht und (Software-)Urheberrecht nach Inkrafttreten des GeschGehG, GRUR 2020, 817; *Kalbfus/Harte-Bavendamm,* Protokoll der Sitzung des Fachausschusses für Wettbewerbs- und Markenrecht zum Richtlinienvorschlag über den Schutz von Geschäftsgeheimnissen, GRUR 2014, 453; *Kalbfus,* Die EU-Geschäftsgeheimnis-Richtlinie, GRUR 2016, 1009; *Kürchner,* Parteiöffentlichkeit, NJW 1992, 1804; *Leppin,* Besichtigungsanspruch und Betriebsgeheimnis (Teil II) – Ein Beitrag zum eingeschränkten Besichtigungsanspruch gemäß §§ 809, 242 BGB und zur Möglichkeit eines Geheimverfahrens im Zivilprozess unter besonderer Berücksichtigung der Patentverletzung, GRUR 1984, 695; *McGuire,* Know-how: Stiefkind, Störenfried oder Sorgenkind?, GRUR 2015, 424; *Müller-Stoy,* Durchsetzung des Besichtigungsanspruchs. Kritische Überlegungen zu OLG München – Laser-Hybrid-Schweißverfahren, GRUR-RR 2009, 161; *Prütting,* Geheimnisschutz, NJW 1993, 576; *Redeker/Pres/Gittinger,* Einheitlicher Geheimnisschutz in Europa (Teil 2), WRP 2015, 812; *Reimann,* Quod est in actis, est in mundo?, FS Mes (2009), S. 293; *Rojahn,* Das geheime Know-how: Wie geheim darf/muss das Zivilverfahren sein?, FS für Loewenheim, 2009, S. 251; *Spindler/Weber,* Der Geheimnisschutz nach Art. 7 der Enforcement-Richtlinie, MMR 2006, 711; *Stadler,* Der Schutz von Unternehmensgeheimnissen im Zivilprozess, NJW 1989, 1202; *Stürner,* Die gewerbliche Geheimsphäre im Zivilprozess, JZ 1985, 453; *Wrede,* Das Geheimverfahren im Zivilprozess, 2014; *Zhu/Popp,* Zivilprozessualer Geheimnisschutz im Patentstreitverfahren, GRUR 2020, 338.

Übersicht

	Rn.
A. Regelungsgehalt	1
B. Verhandlung über das Ergebnis der Beweisaufnahme (§ 285 Abs. 1)	3
C. Vortrag des Beweisergebnisses (§ 285 Abs. 2)	8
D. Unzulässigkeit beweisrechtlicher Geheimverfahren	12
I. Geltendes nationales Recht	12
II. Geheimnisschutz nach dem Gesetz zum Schutz von Geschäftsgeheimnissen	23

A. Regelungsgehalt

Die Regelung des § 285 ist in engem Kontext zu dem in § 355 normierten **Grundsatz der** **1** **Unmittelbarkeit** zu sehen:[1] Wie auch §§ 279 Abs. 2, 370 dient er dazu, eine enge Verknüpfung zwischen streitiger mündlicher Verhandlung und der Beweisaufnahme sicherzustellen.[2] Daneben sichert § 285 den Parteien die Möglichkeit, (möglichst zeitnah) im Anschluss an die Beweiserhebung über das Ergebnis der Beweisaufnahme zu verhandeln.

Gerade im gewerblichen Rechtsschutz erlangt § 285 unter dem Aspekt des grundsätzlich unzulässigen **„beweisrechtlichen Geheimverfahrens"** Bedeutung. **2**

B. Verhandlung über das Ergebnis der Beweisaufnahme (§ 285 Abs. 1)

Die Parteien dürfen gem. § 285 Abs. 1 ihre Ansicht über das Beweisergebnis darlegen; insbesondere **3** müssen sie zumindest die – protokollierungsbedürftige[3] – **Gelegenheit**[4] haben, Beweiseinreden und weitere Beweisangebote unmittelbar vorzubringen. Alternative **schriftliche** Abgabe der Stellungnahmen ist möglich.[5] Ein Anspruch auf Einräumung einer hierfür erforderlichen Stellungnahmefrist besteht allerdings nur dann, wenn eine umfassende sofortige Stellungnahme nicht erwartet werden kann, weil eine Partei verständigerweise Zeit braucht, um in Kenntnis der Sitzungsniederschrift angemessen vorzutragen.[6] Gewährt das Gericht einen solchen Schriftsatznachlass, bringt es zum Ausdruck, dass aus seiner Sicht eine Stellungnahme im Termin nicht erwartet und fristgemäß erfolgter Vortrag zum Beweisergebnis Berücksichtigung finden wird. Hieran ist es dann gebunden.[7]

Verstöße gegen § 285 Abs. 1 stellen Verfahrensfehler dar[8] und sind **nicht heilbar** nach § 295.[9] Das **4** Recht auf die Verhandlung über das Beweisaufnahmeergebnis ist allerdings **verzichtbar**.[10] Eine auf die Verletzung von § 285 Abs. 1 ZPO gestützte **Berufungsbegründung** muss darlegen, was die

---

[1] MüKoZPO/*Prütting* § 285 Rn. 1.
[2] Vgl. BGH NJW 2012, 2354.
[3] BGH NJW 1990, 121; MDR 2001, 830 mkritAnm *E. Schneider;* OLG Oldenburg DS 2020, 294 (296).
[4] BGH NJW 2004, 1732.
[5] BGH VersR 1960, 321.
[6] OLG Frankfurt a. M. BeckRS 2019, 3217 Rn. 30.
[7] BGH NJW 2019, 2477 (2479).
[8] OLG Oldenburg DS 2020, 294 (296).
[9] BGH ZZP 65 (1962), 267; MüKoZPO/*Prütting* § 285 Rn. 6 mwN z. Streitstand.
[10] BGH NJW 1974, 2322.

berufungsführende Partei im Rahmen einer Verhandlung zum Ergebnis der Beweisaufnahme vorgetragen hätte und dass nicht auszuschließen ist, dass dieser Vortrag zu einer anderen Beweiswürdigung des erstinstanzlichen Gerichts geführt hätte.[11]

5 Üblicherweise (vgl. § 370 Abs. 1) schließt sich die Verhandlung über das Beweisergebnis nach § 285 Abs. 1 unmittelbar an die Beweisaufnahme an (§ 279 Abs. 2 S. 2). Die Stellung von Anträgen bzw. die Wiederholung oder früher bereits gestellter Anträge ist nicht erforderlich. Ggf. muss den Parteien unter dem **Aspekt des rechtlichen Gehörs** auch noch später die Möglichkeit zur Stellungnahme eingeräumt werden,[12] so etwa im Falle der Beweisaufnahme vor einem beauftragten oder ersuchten Richter (§ 370 Abs. 2). Zum Inhalt der Pflicht des Gerichts, mit den Parteien das **Ergebnis der Beweisaufnahme** zu **erörtern**[13] näher → § 279 Rn. 9.

6 Besondere Bedeutung kann der Verhandlung der Parteien über das Beweisergebnis dadurch zukommen, dass diese sich bestimmte in der Beweisaufnahme zu Tage getretene **neue Tatsachen (konkludent) zu Eigen** machen.[14] Umgekehrt können selbstverständlich auch bislang streitige Tatsachen vor dem Hintergrund der Beweisaufnahme unstreitig gestellt werden. Zur Säumigkeit einer oder beider Parteien → § 331 Rn. 7 und → § 331 Rn. 367.

7 In der **Rechtsmittelinstanz** kann die Verletzung von § 285 Abs. 1 nur dann mit Erfolg gerügt werden, wenn dargetan wird, was der Rechtsmittelführer ergänzend vorgetragen hätte, wenn in der Vorinstanz über das Beweisergebnis der Beweisaufnahme verhandelt worden wäre.[15]

C. Vortrag des Beweisergebnisses (§ 285 Abs. 2)

8 Hat die Beweisaufnahme ausnahmsweise nicht vor dem Prozessgericht stattgefunden, sind die Parteien verpflichtet, das Beweisergebnis vor dem Prozessgericht vorzutragen, wodurch die Durchbrechung des Grundsatzes der Unmittelbarkeit der Beweisaufnahme abgemildert werden soll. **Anwendungsfälle** sind: Beweisaufnahme vor dem beauftragten oder dem ersuchten Richter; Beweisaufnahme im Ausland; Beweisergebnis aus einem selbständigen Beweisverfahren gemäß §§ 485 ff.; analoge Anwendung bei Richterwechsel.[16]

9 Die Regelung des § 285 Abs. 2 gilt nicht, wenn die durchgeführte Beweisaufnahme ausnahmsweise **v. A. w.** angeordnet war (vgl. §§ 56, 142, 293, 448) oder eine v. A. w. zu berücksichtigende Frage betraf.[17]

10 Die Parteien genügen ihrer aus § 285 Abs. 2 folgenden Verpflichtung auch durch eine **Bezugnahme** auf das Protokoll (vgl. § 137 Abs. 3), auf ein schriftliches Gutachten (§ 411) oder auf schriftliche Auskünfte (vgl. §§ 273, 358a, 377 Abs. 3).

11 Verstöße gegen § 285 Abs. 2 sind ebenfalls nicht nach § 295 heilbar (vgl. → Rn. 4).

D. Unzulässigkeit beweisrechtlicher Geheimverfahren

I. Geltendes nationales Recht

12 Aus § 285 ist abzuleiten, dass **beweisrechtliche Geheimverfahren** im Zivilprozess unzulässig sind.[18]

13 Gerade im Rahmen von Prozessen auf dem Gebiet des gewerblichen Rechtsschutzes kann sich allerdings die Frage stellen, ob und wie **Betriebs- und Geschäftsgeheimnisse** zu schützen sind. Von Relevanz sind insoweit jedenfalls solche – verfassungsrechtlich durch Art. 12 Abs. 1 und ggf. Art. 14 Abs. 1 GG geschützte – Geheimnisse, die Gegenstand des Straftatbestands nach § 203 StGB sind.[19] Dazu zählt sämtliches betriebsbezogenes technisches und/oder kaufmännisches Wissen im weitesten Sinne, das allenfalls einem begrenzten Personenkreis bekannt ist und von dem sich ein größerer Personenkreis nur unter Schwierigkeiten Kenntnis verschaffen kann, an dessen Geheimhaltung der Unternehmer ein berechtigtes (wirtschaftliches) Interesse hat und in Bezug auf das sein Geheimhaltungswille nach außen erkennbar ist.[20] In der Praxis kann dahinstehen, ob im Einzelfall ein Betriebs- oder ein Geschäftsgeheimnis tangiert ist, weil beide gleichermaßen geschützt sind.[21] Beispiele: Umsätze, Ertragslage, Geschäftsbücher, Kundenlisten, Bezugsquellen, Marktstrategien, Unterlagen zur Kre-

---

[11] BGH NJW 2016, 2890 – Verhandlung nach Beweisaufnahme.
[12] BGH NJW 1974, 2322; 2004, 1732; NJW-RR 2011, 428 f.
[13] BGH NJW 2014, 550 Rn. 25; 2016, 3100.
[14] BGH NJW 2006, 63 (65); BeckOK ZPO/*Bacher* § 285 Rn. 2.
[15] BGH NJW 2016, 2890 Rn. 18.
[16] MüKoZPO/*Prütting* § 285 Rn. 8.
[17] MüKoZPO/*Prütting* § 285 Rn. 7.
[18] MüKoZPO/*Prütting* § 285 Rn. 2.
[19] BGH GRUR 2010, 318 – Lichtbogenschnürung.
[20] Vgl. BVerfG BeckRS 2006, 134696; BGH GRUR 2010, 318 – Lichtbogenschnürung (z. Besichtigungsverfahren nach § 140c Abs. 3 S. 2 PatG).
[21] *Voß* in Fitzner/Lutz/Bodewig Vor § 139 ff. Rn. 140.

ditwürdigkeit, Kalkulationsunterlagen, Patentanmeldungen, Entwicklungs- und Forschungsprojekte, geheimes Know-How.²²

Während Zeugen im Zivilprozess durch ein **Zeugnisverweigerungsrecht** von der Verpflichtung **14** entbunden sind, eigene oder fremde Unternehmensgeheimnisse offenlegen (§ 384 Nr. 3) oder gegen berufliche bzw. amtsbezogene Verschwiegenheitspflichten verstoßen zu müssen (§ 383 Nr. 6, 385 Abs. 2), fehlt es für den Parteivortrag an vergleichbaren Regelungen.

Zwar besteht die Möglichkeit eines **Ausschlusses der Öffentlichkeit** von der mündlichen Ver- **15** handlung durch einen Beschluss gem. § 172 Nr. 3 GVG, soweit ein Geschäfts- oder Betriebsgeheimnis Gegenstand der mündlichen Verhandlung ist und dessen öffentliche Erörterung überwiegende schutzwürdige Interessen des Geheimnisträgers verletzen würde; flankierend kann allen Anwesenden gem. § 174 Abs. 3 S. 1 GVG auch ein gem. § 353d Nr. 1, 2 StGB strafbewehrtes Geheimhaltungsgebot auferlegt werden²³ Es mag ferner prozessual zulässig sein, geheimhaltungsbedürftigen Vortrag nur in einem gesonderten Schriftsatz, der in einem gesonderten Termin zur mündlichen Verhandlung als Anlage zu Protokoll überreicht wird (§ 160 Abs. 4 und Abs. 5), vorzubringen.²⁴

Abgesehen davon, dass der Schutz des § 172 Nr. 3 GVG zu spät einsetzt und zudem inhaltlich **16** lückenhaft ist²⁵, ändert all dies zumindest nichts daran, dass die andere Partei das **Recht zur persönlichen Teilnahme an der mündlichen Verhandlung** (§ 128)²⁶ **einschließlich der Beweisaufnahme** (§ 357)²⁷ sowie ein **Akteneinsichtsrecht** nach § 299 Abs. 1 hat, so dass sie umfassende Kenntnis der geheimhaltungsbedürftigen Tatsachen erlangen kann.²⁸ Die spätere Weitergabe des so erlangten Wissens an Dritte wäre wohl nicht einmal nach §§ 17 f. UWG strafbar.²⁹ Erschwerend kommt hinzu, dass zB auch etwaigen **Nebenintervenient**en auf Seiten der Gegenpartei ein Recht auf Akteneinsicht zusteht (§§ 67, 299 Abs. 1).³⁰ Zu den dem Akteneinsichtsrecht unterliegenden Prozessakten im Sinne von § 299 Abs. 1 gehören grundsätzlich alle Schriftsätze und Unterlagen, die bei dem Gericht zu dem Rechtsstreit geführt werden. Eine Ausnahme hiervon gilt allerdings dann, wenn das Gericht mit Rücksicht auf einen bei der Einreichung der Unterlagen erklärten Vorbehalt einer Partei von einer Weitergabe der Unterlagen an die Gegenpartei abgesehen hat³¹, was dann allerdings auch die Verwertbarkeit dieser Unterlagen bei der Entscheidungsfindung ausschließt.

Soweit es zum Teil für möglich gehalten wird, eine Partei gegen ihren Willen von der mündlichen **17** Verhandlung auszuschließen und flankierend dazu eine **getrennte Urteilsbegründung** betreffend geheimhaltungsbedürftige Tatsachen vorzusehen,³² ist dies mit dem Recht auf rechtliches Gehör (Art. 103 Abs. 1 GG) sowie § 285 nicht in Einklang zu bringen und deshalb abzulehnen.³³ Das BVerfG lässt sog. „**in camera**"-**Verfahren** als möglichen Ausgleich widerstreitender Grundrechtspositionen (effektiver Rechtsschutz, rechtliches Gehör und Geheimnisschutz) nur zu, wenn eine **entsprechende einfachgesetzliche Grundlage** besteht und damit **ausschließlich eine Verbesserung des Rechtsschutzes** einhergeht.³⁴ Dass eine Partei bloß auf ihrem Recht auf Anwesenheit beharrt, rechtfertigt keine Herabsenkung der Anforderungen an die Substantiierung des Vortrages der Gegenpartei.³⁵

Namentlich können die in den jeweiligen Gesetzen zum Schutze des geistigen Eigentums enthal- **18** tenen Regelungen zum **Vorlage- und Besichtigungsanspruch** (§ 140c Abs. 3 S. 2 PatG; § 24c GebrMG; § 19b MarkenG; § 46a DesignG; § 37c SortSG, § 101a UrhG), die ausdrücklich Geheimhaltungsinteressen des Anspruchsgegners und ggf. Dritter³⁶ Rechnung tragen, nicht für die hier interessierenden Fragen im Zusammenhang mit dem Geheimnisschutz für Parteivortrag fruchtbar gemacht werden (→ § 492 Rn. 20 ff.).³⁷ Sie betreffen allein Besichtigungsansprüche. Im Übrigen lassen

---

²² *Voß* in Fitzner/Lutz/Bodewig Vor § 139 ff. Rn. 140.
²³ *Mes* GRUR 2000, 934 (939 f.); *Voß* in Fitzner/Lutz/Bodewig § 139 Rn. 140.
²⁴ *Mes* GRUR 2000, 934 (939 f.); vgl. *Müller-Stoy* Rn. 203–205.
²⁵ McGuire GRUR 2015, 424 (428).
²⁶ Vgl. McGuire GRUR 2015, 424 (428).
²⁷ Vgl. aber BGH GRUR 2014, 578 – Umweltengel für Tragetasche.
²⁸ OLG Düsseldorf GRUR-RS 2020, 20223 – Akteneinsichtsrecht des Streithelfers; *Reimann* FS Mes, 2009, 293 (299 f.); Haedicke/Timmann PatR-HdB/*Zigann* § 15 Rn. 501.
²⁹ Vgl. *Mes* GRUR 2000, 934 (940); Haedicke/Timmann PatR-HdB/*Zigann* § 15 Rn. 501.
³⁰ OLG Düsseldorf GRUR-RS 2020, 20223 – Akteneinsichtsrecht des Streithelfers; *Reimann* FS Mes, 2009, 293 (299 f.).
³¹ BGH NJW-RR 2020, 146 – Akteneinsichtsrecht XXIV.
³² *Pagenberg* CR 1991, 65 (71); *Müller-Stoy* Rn. 205 und Rn. 211; Musielak/*Stadler* § 357 Rn. 4 mwN.
³³ Musielak/*Foerste* § 284 Rn. 25 mwN; *Reimann* FS Mes, 2009, 293 (297 f.); Haedicke/Timmann PatR-HdB/ *Zigann* § 15 Rn. 501.
³⁴ BVerfG NJW 2000, 1175 (1178); WM 2006, 880 (884); BGH GRUR 1996, 217 (218) – Anonymisierte Mitgliederliste; eingehend dazu *McGuire* GRUR 2015, 424 (430 ff.) mwN.
³⁵ Vgl. OLG Düsseldorf InstGE 10, 122 – Geheimverfahren; Haedicke/Timmann PatR-HdB/*Zigann* § 15 Rn. 502.
³⁶ OLG Düsseldorf BeckRS 2016, 1066.
³⁷ Zu § 140c Abs. 3 S. 2 PatG: Haedicke/Timmann PatR-HdB/*Zigann* § 15 Rn. 501. Für die entsprechenden Regelungen in sonstigen Gesetzen zum Schutze des geistigen Eigentums gilt das gleiche.

auch diese Bestimmungen offen, welche konkreten Maßnahmen das Gericht zum Schutz der Vertraulichkeit zu treffen hat. Allerdings darf aus dem Umstand, dass für den Parteivortrag im Verletzungsprozess keine entsprechenden nationalen Regelungen für den deutschen Zivilprozess vorhanden sind, nicht geschlossen werden, berechtigte Geheimhaltungsinteressen hätten vollkommen unberücksichtigt zu bleiben. Dies wäre mit Art. 12 GG[38], Art. 43 TRIPS[39] und Art. 3 Abs. 2 der Enforcement-Richtlinie unvereinbar.[40]

19   Im **Patentverletzungsprozess** hilft letztlich auch nicht die **Spezialregelung in § 139 Abs. 3 S. 2 PatG** weiter (zur gesetzlichen Vermutung gem. § 139 Abs. 3 S. 1 PatG auch → § 292 Rn. 22 ff.). Erstens gilt sie nur für bestimmte Verfahrensansprüche. Zweitens sind mit ihr keine weitergehenden Möglichkeiten verbunden, als sie auch ansonsten zum Schutz von Betriebs- und Geschäftsgeheimnissen bestehen. Namentlich legitimiert auch § 139 Abs. 3 S. 2 PatG nicht etwa zu einem Geheimverfahren.[41]

20   Wenn die Offenlegung von Betriebsgeheimnissen gegenüber einem Wettbewerber im Raum steht[42], kann dies allerdings im Zusammenhang mit den Fragen, welche Anforderungen an ein **substantiiertes Bestreiten** zu stellen sind[43] und wie weit eine **sekundäre Darlegungslast** reicht, beachtlich sein. Grundsätzlich verhält es sich jedoch so, dass die Parteien im Zivilprozess nicht die Möglichkeit haben, die prozessuale Mitwirkung unter Hinweis auf Geheimnisse zu verweigern, wenn sie nicht im Gegenzuge dafür prozessuale Nachteile in Kauf nehmen möchten.[44] Wer bspw. als **Kläger** sein Recht am Unternehmensgeheimnis gerichtlich durchzusetzen sucht, muss das in Rede stehende Geheimnis im Klageantrag und/oder im Rahmen der Darlegung/Beweisführung zur Verletzung notwendigerweise offenlegen.[45] In Entsprechung dazu obliegt es dem **Beklagten,** im Interesse der Rechtsverteidigung ggf. Geheimnisse offen zu legen.[46]

21   Weil im Rahmen einer gerichtlichen Entscheidung grundsätzlich nur solche Tatsachen verwertet werden dürfen, hinsichtlich derer alle Beteiligten Gelegenheit zur Stellungnahme hatten, ist es auch nicht zulässig[47], ein Geheimnis allein einem gerichtlichen **Sachverständigen** anzuvertrauen und diesem gleichsam „blind" zu vertrauen.[48]

22   Demnach bleiben einer Partei, deren Geschäfts- und Betriebsgeheimnisse involviert sind, de lege lata nur **drei Möglichkeiten:**[49] Erstens kann sie ggf. mit Erfolg einwenden, der Gegner habe nur „ins Blaue hinein" vorgetragen bzw. er glaube selbst nicht an die Richtigkeit seiner Behauptung[50] (vgl. dazu näher → § 284 Rn. 129); zweitens kann sie auf eine einvernehmliche Regelung zur Ausgestaltung der Beweisaufnahme mit dem Gegner setzen, worauf auch das Gericht hinzuwirken hat[51]; schließlich kann sie sich um den Preis des Verlustes des Rechtsstreits für die Bewahrung ihres Geheimnisses entschließen[52].

II. Geheimnisschutz nach dem Gesetz zum Schutz von Geschäftsgeheimnissen

23   Am 5.7.2016 ist die **Richtlinie 2016/943/EU** des Europäischen Parlamentes und des Rates vom 8.6.2016 über den Schutz vertraulichen Know-hows und vertraulicher Geschäftsinformationen (Geschäftsgeheimnisse) vor rechtswidrigem Erwerb sowie rechtswidriger Nutzung in Kraft getreten.[53] Diese wurde zwischenzeitlich in der Bundesrepublik Deutschland durch das **Gesetz zum Schutz von Geschäftsgeheimnissen (GeschGehG)** in nationales Recht umgesetzt, das am 26.4.2019 in Kraft getreten ist.

24   Nach der in § 2 GeschGehG zu findenden **Legaldefinition** ist ein **Geschäftsgeheimnis** eine Information, die weder insgesamt noch in der genauen Anordnung oder Zusammensetzung ihrer Bestandteile den Personen in den Kreisen die üblicherweise mit dieser Art von Informationen umgehen, allgemein bekannt oder ohne Weiteres zugänglich und daher von wirtschaftlichen Wert ist

---

[38] BVerfG WM 2006, 880 (881).
[39] Vgl. zur Anwendbarkeit im deutschen Recht: EuGH GRUR 2001, 235 – Dior; EuGH GRUR-Int 1998, 697 – Hermés.
[40] Haedicke/Timmann PatR-HdB/*Zigann* § 15 Rn. 499.
[41] OLG Düsseldorf InstGE 10, 122 – Geheimverfahren.
[42] Vgl. BGH GRUR 1992, 191 (193 f.) – Amtsanzeiger.
[43] Vgl. Haedicke/Timmann PatR-HdB/*Zigann* § 15 Rn. 499.
[44] Vgl. *Stadler* NJW 1989, 1202 (1203); vgl. McGuire GRUR 2015, 424 (429).
[45] *Doepner* FS Tilmann, 2003, 105 (109); *Ohly* in Ohly/Sosnitza § 17 Rn. 57.
[46] *Ohly* in Ohly/Sosnitza § 17 Rn. 57.
[47] So aber OLG Nürnberg CR 1986, 197; vgl. auch *Stadler* NJW 1989, 1202 (1203); *Stürner* JZ 1985, 453 (455 ff.).
[48] Vgl. zur grds. Unzulässigkeit eines solchen „blackbox-Verfahrens" *McGuire* GRUR 2015, 424 (430 f.).
[49] Haedicke/Timmann PatR-HdB/*Zigann* § 15 Rn. 506 mwN.
[50] BGH GRUR 1975, 254 (256) – Ladegerät II.
[51] Benkard/*Grabinski*/Zülch PatG § 139 Rn. 123.
[52] Vgl. *Rojahn* FS Loewenheim, 2009, 251 (255); vgl. *McGuire* GRUR 2015, 424 (427 f.).
[53] ABl. 2016 L 157, S. 1; abzurufen unter: http://eur-lex.europa.eu/legal-content/DE/TXT/?uri =OJ:L:2016:157:TOC.

(§ 2 Nr. 1 lit. a GeschGehG) und die Gegenstand von den Umständen nach angemessenen Geheimhaltungsmaßnahmen durch ihren rechtmäßigen Inhaber ist (§ 2 Nr. 1 lit. b GeschGehG) und bei der ein berechtigtes Interesse an der Geheimhaltung besteht (§ 2 Nr. 1 lit. c GeschGehG).

Bedeutung erlangt das GeschGehG im Gewerblichen Rechtschutz zukünftig vor allem über **§ 145a PatG**, der die §§ 16–20 GeschGehG in Patentsachen sowie in Zwangslizenzverfahren für anwendbar erklärt. Ausdrücklich ausgenommen sind lediglich selbstständige Beweisverfahren in Patentsachen.[54] Bei diesen kann auch nicht auf die in § 2 Nr. 1 GeschGehG zu findende Definition des Geschäftsgeheimnisses zurückgegriffen werden.[55] Ein vergleichbarer Verweis auf die Bestimmungen des GeschGehG soll auch in das Gebrauchsmuster- und das Halbleiterschutzgesetz aufgenommen werden.[56] Dadurch wird das Gericht der Hauptsache in die Lage versetzt, auf **Antrag einer Partei** ab **Anhängigkeit**[57] des Rechtsstreits streitgegenständliche Informationen ganz oder teilweise als **geheimhaltungsbedürftig** einzustufen, wenn diese ein Geschäftsgeheimnis im vorgenannten Sinne sein können (§ 16 Abs. 1 GeschGehG). Gericht der Hauptsache ist dabei das Gericht des ersten Rechtszuges oder das Berufungsgericht, wenn die Hauptsache in der Berufungsinstanz anhängig ist.[58] Dass es sich bei den betreffenden Informationen um ein Geschäftsgeheimnis handelt, bedarf der **Glaubhaftmachung.**[59] Werden mit dem Antrag zugleich Schriftstücke oder sonstige Unterlagen eingereicht oder vorgelegt, muss die antragstellende Partei diejenigen Ausführungen kennzeichnen, die nach ihrem Vorbringen Geschäftsgeheimnisse umfassen.[60]

Ergeht eine Geheimhaltungsanordnung, hinsichtlich derer der anderen Partei spätestens nach ihrem Erlass **rechtliches Gehör** zu gewähren ist[61], müssen insbesondere die Parteien, ihre Prozessvertreter sowie Sachverständige die als geheimhaltungsbedürftig eingestuften Informationen gemäß § 16 Abs. 2 GeschGehG **vertraulich behandeln** und dürfen diese **nicht außerhalb eines gerichtlichen Verfahrens nutzen oder offenlegen,** soweit sie von diesen nicht außerhalb des Verfahrens Kenntnis erlangt haben. Diese Verpflichtungen bestehen gemäß § 18 GeschGehG auch **nach Abschluss des gerichtlichen Verfahrens** fort, es sei denn, das Gericht der Hauptsache hat das Vorliegen eines Geschäftsgeheimnisses durch rechtskräftiges Urteil verneint oder der streitgegenständlichen Informationen werden für Personen in den Kreisen, die üblicherweise mit solchen Informationen umgehen, bekannt oder ohne Weiteres zugänglich. Ergänzend ist das **Akteneinsichtsrecht Dritter** gemäß § 16 Abs. 3 GeschGehG zukünftig auf den außerhalb einer solchen Geheimhaltungsanordnung liegenden Bereich beschränkt.

Damit die Geschäftsgeheimnisse nicht nur hinsichtlich des Akteninhalts, sondern auch im Bereich der **mündlichen Verhandlung** geschützt sind, ermöglicht es § 19 Abs. 1 S. 1 Nr. 2 GeschGehG dem Gericht der Hauptsache ergänzend, den Zugang zur mündlichen Verhandlung, bei der die Geschäftsgeheimnisse offengelegt werden könnten, und zu der Aufzeichnung oder dem Protokoll der mündlichen Verhandlung ganz oder teilweise auf eine bestimmte Anzahl von zuverlässigen Personen zu beschränken. Gleiches gilt gemäß § 19 Abs. 1 S. 1 Nr. 1 GeschGehG in Bezug auf den Zugang zu den **von den Parteien oder Dritten eingereichten oder vorgelegten Dokumenten.** Zu derartigen Anordnungen ist das Gericht der Hauptsache allerdings nicht schrankenlos allein aufgrund der Einordnung bestimmter Informationen als Geschäftsgeheimnis berechtigt. Vielmehr fordert § 19 Abs. 1 S. 2 GeschGehG stets eine **Abwägung aller Umstände**. Nur, wenn danach das Geheimhaltungsinteresse das Recht der Beteiligten auf rechtliches Gehör auch unter Beachtung ihres Rechts auf effektiven Rechtsschutz und ein faires Verfahren übersteigt, kann eine entsprechende Anordnung ergehen, wobei in jedem Fall jeweils mindestens einer natürlichen Person jeder Partei und ihren Prozessvertretern oder sonstigen Vertretern Zugang zu gewähren ist. Trifft das Gericht entsprechende Anordnungen nach § 19 Abs. 1 S. 1 GeschGehG, kann auf Antrag auch die **Öffentlichkeit von der mündlichen Verhandlung ausgeschlossen** werden, § 19 Abs. 3 GeschGehG.

Die vorstehend angesprochenen Anordnungen können nicht nur im Erkenntnis-, sondern ebenso im Zwangsvollstreckungsverfahren ergehen bzw. falls erforderlich auch dort verlängert werden, § 19 Abs. 3 GeschGehG. Das bedeutet allerdings nicht, dass sich der Schuldner eines Auskunfts- oder Rechnungslegungsanspruch seiner Verpflichtung unter Verweis auf vermeintlich offenzulegende Geschäftsgeheimnisse entziehen könnte. Es handelt sich bei der Verpflichtung zur Auskunftserteilung und Rechnungslegung um die gesetzlich vorgesehene Folge der vorangegangenen Schutzrechtsverletzung, die der Verletzer im Interesse eines effektiven Patentschutzes vollumfänglich zu erfüllen hat.[62]

---

[54] Vgl. BR-Drs. 683/20.
[55] OLG Düsseldorf GRUR 2022, 75 (76) – Gutachtenherausgabe.
[56] Vgl. Gesetzesbegründung, BR-Drs. 83/20, 31.
[57] § 20 Abs. 1 GeschGehG.
[58] § 29 Abs. 6 GeschGehG.
[59] § 20 Abs. 3 GeschGehG.
[60] § 20 Abs. 4 GeschGehG.
[61] § 20 Abs. 2 GeschGehG.
[62] Kühnen Patentverletzung-HdB Kap. D Rn. 118; wohl aA: Haedicke GRUR 2020, 785 (792).

29 Gemäß § 20 Abs. 5 GeschGehG entscheidet das Gericht über den Antrag durch **Beschluss**. Während die Einstufung als geheimhaltungsbedürftig (§ 16 Abs. 1 GeschGehG) und die Anordnung der Beschränkung (§ 19 Abs. 1 GeschGehG) nur gemeinsam mit der Hauptsache angefochten werden können, findet im Übrigen die **sofortige Beschwerde** statt.

§ 286 Freie Beweiswürdigung

(1) ¹Das Gericht hat unter Berücksichtigung des gesamten Inhalts der Verhandlungen und des Ergebnisses einer etwaigen Beweisaufnahme nach freier Überzeugung zu entscheiden, ob eine tatsächliche Behauptung für wahr oder für nicht wahr zu erachten sei. ²In dem Urteil sind die Gründe anzugeben, die für die richterliche Überzeugung leitend gewesen sind.

(2) **An gesetzliche Beweisregeln ist das Gericht nur in den durch dieses Gesetz bezeichneten Fällen gebunden.**

Literatur: *Allner,* Die tatsächliche Vermutung mit besonderer Berücksichtigung der GEMA-Vermutung, 1993; *Baumgärtel,* Die Bedeutung der sog. tatsächlichen Vermutung im Zivilprozeß, FS Schwab, 1990, S. 43; *ders.,* Beweislastpraxis im Privatrecht, 1996, S. 221; *Beutel,* Möglichkeiten und Grenzen von Erfahrungssätzen, WRP 2017, 513; *Böhm,* Die Beweiswürdigung demoskopischer Gutachten im Rahmen von § 3 UWG, GRUR 1986, 290; *Chronopoulos,* Zulässigkeit von Meinungsumfragen als Beweismittel im englischen Marken- und Lauterkeitsrecht, GRUR-Prax 2016, 95; *Dobel,* Verkehrsauffassung und demoskopische Gutachten im Marken- und Wettbewerbsrecht, 2014, 106 ff.; *Eichmann,* Gegenwart und Zukunft der Rechtsdemoskopie, GRUR 1999, 939; *ders.,* Rechtsdemoskopie, in: Münchener Anwaltshandbuch Gewerblicher Rechtsschutz, 4. Aufl. 2012, § 9; *Fallert,* Definitionskompetenz – Wer entscheidet, was als Kunst gilt?, GRUR 2014, 719; *dies.,* Der Beurteilungsmaßstab der urheberrechtlichen Schutzfähigkeit, GRUR 2016, 248; *Grabrucker,* Demoskopische Umfragen zur Verkehrsdurchsetzung in der deutschen Rechtsprechung, GRUR-Prax 2016, 93; *Niedermann,* Empirische Erkenntnisse zur Verkehrsbefragung, GRUR 2006, 367; *Hornung/Hofmann,* Die Zulässigkeit der Markt- und Meinungsforschung nach Datenschutz- und Wettbewerbsrecht (Teil 1), WRP 2014, 776; (Teil 2) WRP 2014, 910; *Sir Robin Jacob,* Anforderungen an Meinungsumfragen: Empfehlungen aus britischer Praxis, GRUR-Prax 2016, 97; *Lerach,* Demoskopie im Markenrecht, GRUR-Prax 2017, 137; *Omsels,* Kritische Anmerkungen zur Bestimmung der Irreführungsgefahr, GRUR 2005, 548; *Pflüger,* Rechtsforschung in der Praxis: Der demoskopische Nachweis von Verkehrsgeltung und Verkehrsdurchsetzung – Teil 1, GRUR 2004, 652; *dies.,* Fragen über Fragen: Aktuelles aus der Rechtsdemoskopie, GRUR-Prax 2011, 51; *dies.,* Aktuelle rechtsdemoskopische Entwicklungen im Marken- und Wettbewerbsrecht, GRUR 2014, 423; *Schoene,* Gattungsbezeichnung in der Verordnung 1151/2012 – Beweislast, Beweisanforderungen und Gutachterkosten, GRUR 2014, 641; *Teplitzky,* Zu Anforderungen an Meinungsforschungsgutachten, WRP 1990, 145; *Tilmann,* Die Verkehrsauffassung im Wettbewerbs- und Warenzeichenrecht, GRUR 1984, 716. **Literaturangaben zu § 284.**

Übersicht

	Rn.
A. Regelungsgehalt	1
B. Gerichtliche Beweiswürdigung (§ 286 Abs. 1 S. 1)	3
I. Gegenstand	4
II. Freie Überzeugung der zur Entscheidung berufenen Richter	8
C. Darstellung der leitenden Gründe für die Überzeugungsbildung im Urteil (§ 286 Abs. 1 S. 2)	17
D. Wichtige Anwendungsfälle im gewerblichen Rechtsschutz	19
I. Wettbewerbsrecht	19
II. Patent-/Gebrauchsmusterrecht	24
III. Markenrecht	35
IV. Designrecht	54
V. Urheberrecht	60
E. Gesetzliche Beweisregeln (§ 286 Abs. 2)	61
F. Das Beweismaß	62
G. Der Anscheinsbeweis	66
I. Allgemeines	66
II. Wichtige Fallgruppen (im gewerblichen Rechtsschutz)	70
H. Beweisvereitelung	81

A. Regelungsgehalt

1 Die Regelung des § 286 Abs. 1 S. 1 normiert mit dem **„Grundsatz der freien Beweiswürdigung"** das **zentrale Prinzip** des gesamten Beweisrechts der ZPO: Das Gericht unterliegt keinem Zwang, wie es Beweise zu würdigen und zu bewerten hat. Damit korrespondierend ist die Beweiswürdigung Sache des Tatgerichts und damit nur beschränkt revisibel. Sie kann vom **Revisionsgericht** nur daraufhin überprüft werden, ob das Tatgericht einen zutreffenden rechtlichen Maßstab zugrunde legt, nicht gegen Erfahrungssätze oder Denkgesetze verstoßen und keine wesentlichen Umstände unberück-

Freie Beweiswürdigung   2–8 § 286 ZPO

sichtigt gelassen hat.[1] Dem Grundsatz freier Beweiswürdigung immanent ist das **Prinzip der Gleichwertigkeit aller Beweismittel und -arten,** die prozessordnungsgemäß herangezogen und verwertet werden.[2] Darüber hinaus stellt § 286 Abs. 1 S. 1 klar, dass sich die „freie Beweiswürdigung" nicht bloß auf das Ergebnis der eigentlichen Beweisaufnahme bezieht, sondern der **gesamte Inhalt der mündlichen Verhandlung** maßgebend ist. § 286 Abs. 2 entbindet das Gericht von bindenden **Beweisregeln,** es sei denn solche sind gesetzlich vorgeschrieben.

Andererseits kommt in § 286 Abs. 1 S. 2 zum Ausdruck, dass „freie Beweiswürdigung" selbstverständlich **keine Beliebigkeit** meinen kann, weshalb das Gericht die tragenden Gründe seiner Überzeugungsbildung in den Entscheidungsgründen zu erläutern hat. 2

B. Gerichtliche Beweiswürdigung (§ 286 Abs. 1 S. 1)

Unter der Beweiswürdigung versteht man das Verfahren zur gerichtlichen Entscheidung darüber, ob 3 ein zu erbringender Beweis erfolgreich geführt ist.[3] Das ist dann der Fall, wenn das Gericht die betreffende tatsächliche Behauptung **für wahr hält.** Dies erfordert **keine persönliche Gewissheit;** bei Kollegialgerichten genügt eine **Mehrheitsentscheidung.**[4] Ausreichend ist die prozessordnungsgemäß gewonnene Erkenntnis[5], dass die vorhandenen Eigen- und Fremdwahrnehmungen (Zeugen pp.) sowie Schlüsse die Bejahung der Erfüllung des vom Gesetz vorgesehenen Beweismaßes erlauben.[6]

I. Gegenstand

Aus § 286 Abs. 1 S. 1 folgt, dass das Gericht seiner Würdigung nicht nur das unmittelbare Ergebnis 4 einer Beweisaufnahme, sondern alle Informationen zugrunde zu legen hat, von denen das Gericht ordnungsgemäß Kenntnis erhalten hat.[7] **Privates Wissen** eines Richters darf allerdings nicht in die Beweiswürdigung einfließen.[8]

Das Gericht muss den **gesamten** Inhalt der Verhandlungen einschließlich des Akteninhalts in 5 seine Überlegungen einbeziehen: Erfasst sind davon neben dem Ergebnis der eigentlichen Beweisaufnahme das gesamte Parteivorbringen, alle Handlungen bzw. Unterlassungen der Parteien, der persönliche Eindruck der Parteien und ihrer Vertreter; insbesondere können auch das Schweigen und die Nichtbefreiung von Schweigepflichten oder das Vorenthalten von Beweismitteln Bedeutung für die Beweiswürdigung gewinnen.[9] In die Würdigung hat auch einzufließen, wie die **Änderung des Sachvortrages** einer Partei im Verlaufe des Rechtsstreits zu bewerten ist.[10] Allerdings darf Tatsachenvortrag nicht allein deshalb unberücksichtigt bleiben, weil er zu früherem Vorbringen in Widerspruch steht.[11] Änderungen, Präzisierungen, Ergänzungen oder Berichtigungen des Vorbringens sind jedoch im Rahmen der Beweiswürdigung zu berücksichtigen.[12]

Fehlt es hinsichtlich einer behaupteten Tatsache an der **inneren Wahrscheinlichkeit**[13], muss sich 6 die Beweiswürdigung damit auseinandersetzen.[14] Das Gericht muss darauf hinwirken, dass **Widersprüche** betreffend Äußerungen von Parteien, Zeugen oder Sachverständigen aufgeklärt werden.[15] Die Auseinandersetzung mit der **Glaubwürdigkeit** von Zeugen und anderer Aussagepersonen bedarf besonderer Aufmerksamkeit.[16]

Die Beweiswürdigung hat auch relevante **Erfahrungssätze** (→ § 284 Rn. 21) einzubeziehen.[17] 7

II. Freie Überzeugung der zur Entscheidung berufenen Richter

Maßgeblich für die Überzeugungsbildung ist die **subjektive Einschätzung** des bzw. der **zur** 8 **Entscheidung berufenen Richter,** die insoweit auf ihre Berufs- und Lebenserfahrung und wissen-

---

[1] BGH GRUR 2018, 441 (443) – Rimowa; BGH GRUR 2019, 648 (651) – Olympiareif; BGH GRUR 2020, 322 (325) – Chickenwings.
[2] MüKoZPO/*Prütting* § 286 Rn. 1.
[3] Vgl. Musielak/*Foerste* § 286 Rn. 2.
[4] MüKoZPO/*Prütting* § 286 Rn. 18.
[5] S. zur Frage des international anwendbaren Beweisrechts MüKoZPO/*Prütting* § 286 Rn. 20 mwN.
[6] MüKoZPO/*Prütting* § 286 Rn. 19.
[7] BGH NJW 2002, 1276.
[8] Stein/Jonas/*Leipold* § 286 Rn. 13 mwN.
[9] BGH NJW 1993, 935 (937); NJW-RR 2004, 425; MüKoZPO/*Prütting* § 286 Rn. 7.
[10] BGH GRUR 2016, 705 (708) – ConText; OLG Düsseldorf BeckRS 2016, 03307 – Schwangerschaftstest.
[11] BGH GRUR 1995, 700 – Sesamstraße-Aufnäher; BGH GRUR 1997, 360 – Profilkrümmer; BGH GRUR 2000, 866 – Programmfehlerbeseitigung; BGH NJW 2002, 1276 – Durchstanzanker.
[12] BGH WRP 2016, 869 Rn. 41 f. – ConText.
[13] Vgl. dazu BGH GRUR 1975, 434.
[14] BGH NJW 1995, 966; *Meyke* NJW 2000, 2230.
[15] BGH NJW 1991, 3285; 1994, 2419; 1996, 1597.
[16] BGH NJW 1991, 3284; 1995, 955.
[17] BGH GRUR 2006, 401 Rn. 21 – Zylinderrohr; BGH GRUR 2012, 930 Rn. 45 – Bogner B/Barbie B.

schaftliche Erkenntnisse, darunter insbesondere die Vernehmungslehre und die Aussagepsychologie, zurückgreifen.[18] Wie der Tatrichter seine Überzeugung im Rahmen der beweisrechtlichen Vorschriften gewinnt, kann ihm nicht vorgeschrieben werden.[19] Die Subjektivität der Überzeugungsbildung wird allerdings **objektiv** durch die **Denkgesetze, zwingende Erfahrungssätze**[20] und die **Naturgesetze** eingeschränkt.[21] Im Übrigen besteht ein **Beurteilungsspielraum**.[22] Insgesamt wird die freie Beweiswürdigung also sowohl durch subjektive als auch durch objektive Faktoren bestimmt.[23]

9   Das Gericht darf nur das in die Beweiswürdigung einfließen lassen, was Gegenstand der Wahrnehmung aller zur Entscheidung berufenen Richter war bzw. aktenkundig ist und wozu sich die Parteien erklären konnten.[24] **Beweisrechtliche Geheimverfahren** sind unzulässig (→ § 285 Rn. 11 ff.).

10 Bei der Beurteilung von **Zeugenaussagen** ist zwischen der **Glaubhaftigkeit** der Aussage und der **Glaubwürdigkeit** des Zeugen zu differenzieren.[25] Die Würdigung der Glaubwürdigkeit muss auf einem **unmittelbaren persönlichen Eindruck** oder einer **hinreichenden aktenkundigen Beurteilung** des vernehmenden Richters bestehen.[26]

11 „**Freiheit**" der Beweiswürdigung meint, dass das Gericht grundsätzlich nicht an gesetzliche Beweisregeln gebunden ist. Insbesondere besteht Freiheit insoweit, als das Gericht zwanglos entscheidet, welche Beweismittel v. A. w. herangezogen werden, in welcher Relation es Beweismittel berücksichtigt und welchen Beweiswert es ihnen zukommen lässt.[27]

12 Einen Verstoß gegen die Freiheit der Beweiswürdigung stellt es indes dar, wenn **einem Beweismittel generell mehr Beweiswert** als einem anderen Beweismittel zuerkannt wird[28], ggf. auch im Verhältnis der Zeugenaussage zur Parteivernehmung.[29]

13 Ein Beweisangebot darf keineswegs mit der Begründung zurückgewiesen werden, das **Gegenteil** stehe bereits fest.[30]

14 Hat eine Partei für den Ablauf eines **Vier-Augen-Gespräch**es im Gegensatz zum Gegner keinen Zeugen, darf sie den Prozess nicht schon deshalb verlieren, weil sie selbst als Partei mit der Beweisführung ausgeschlossen ist.[31] Auf der Basis des Beweisrechts der Zivilprozessordnung kann dem dadurch Rechnung getragen werden, dass die Gegenpartei gem. **§ 137 Abs. 4** das Wort erhält[32], nach § 141 **angehört** wird oder gem. § 448 als Partei **vernommen** wird.[33]

15 Das Gericht muss ein **Sachverständigengutachten** sorgfältig und kritisch prüfen, insbesondere nicht die Meinung des Sachverständigen ungeprüft übernehmen. Das bedingt die Offenlegung der wesentlichen tatsächlichen Grundlagen durch den Sachverständigen, was sich auch aus dem Anspruch auf **rechtliches Gehör** der Gegenpartei ergibt.[34] Vorstehende Grundsätze werden nicht dadurch in Frage gestellt, dass es um **Geschäftsgeheimnisse** (→ § 285 Rn. 11 ff.) einer Partei geht.[35]

16 Das Berufungsgericht darf eine Zeugenaussage (insbesondere die Glaubwürdigkeit des Zeugen) nur dann abweichend vom erstinstanzlichen Urteil würdigen, wenn es den Zeugen erneut vernommen hat; Entsprechendes gilt für eine Parteivernehmung bzw. -anhörung[36] und einen Augenschein.[37]

C. Darstellung der leitenden Gründe für die Überzeugungsbildung im Urteil (§ 286 Abs. 1 S. 2)

17 Die Begründungspflicht nach § 286 Abs. 1 S. 2 dient neben der **Selbstkontrolle** durch das Gericht dazu, die Entscheidung für die Parteien und das Rechtsmittelgericht **überprüfbar** zu machen.[38] Bloße

---

[18] LG Frankfurt a. M. GRUR-RR 2019, 208; MüKoZPO/*Prütting* § 286 Rn. 10.
[19] BGH GRUR 2006, 575 – Melanie.
[20] Eingehend dazu, *Beutel* WRP 2017, 513.
[21] MüKoZPO/*Prütting* § 286 Rn. 10.
[22] *Scherzberg* ZZP 117 (2004), 163 (182 f.).
[23] MüKoZPO/*Prütting* § 286 Rn. 11; Stein/Jonas/*Thole* § 286 Rn. 3.
[24] BGH NJW 1970, 946; 1991, 1302.
[25] BGH NJW 2014, 2797 Rn. 16.
[26] BGH NJW 1991, 3284 f.; 2000, 1420.
[27] MüKoZPO/*Prütting* § 286 Rn. 13.
[28] Vgl. BGH NJW 1988, 566.
[29] OLG Karlsruhe NJW-RR 1998, 789.
[30] BGH GRUR 1996, 747 – Lichtbogen-Plasma-Beschichtungssystem; vgl. BGH GRUR 1981, 185 – Pökelvorrichtung.
[31] Vgl. EGMR 1995, 1413 – Dombo Beheer B. V. v. Niederlande.
[32] BGH GRUR 2016, 1291 Rn. 36 – Geburtstagskarawane mwN.
[33] BVerfG NJW 2008, 2170; BGH NJW-RR 2003, 1002; 2006, 61.
[34] BGH GRUR 1992, 191 (194) – Amtsanzeiger.
[35] BGH GRUR 1992, 191 (194) – Amtsanzeiger.
[36] BGH NJW 2015, 74 Rn. 21 ff.; 2015, 3368 Rn. 26.
[37] BGH NJW 2015, 2027 Rn. 22.
[38] MüKoZPO/*Prütting* § 286 Rn. 21.

Leerformeln erfüllen die Begründungspflicht nicht.[39] Insbesondere muss das Gericht Fragen der **Glaubwürdigkeit von Aussagepersonen**[40] sowie unter **Darlegung der eigenen Sachkunde** die Gründe, weshalb es einem **Sachverständigengutachten** folgt oder nicht, sorgfältig ausführen.[41] Einer eingehenden Begründung bedarf es vor allem, wenn zwei gerichtliche Sachverständige oder ein gerichtlicher Sachverständiger und ein Privatgutachter **unterschiedliche Beurteilungen** präsentieren[42] und/oder wenn das Gericht **eigene Sachkunde** in Anspruch nimmt.[43]

Insgesamt muss die Begründung so gestaltet sein, dass ihr eine **vernünftige, sachentsprechende Gesamtwürdigung und Beurteilung** zugrunde liegt.[44] Das Gericht muss sich mit gegenteiligem Parteivortrag auseinandersetzen.[45] Dabei braucht es nicht etwa alle vorgetragenen Schlussfolgerungen erschöpfend abzuhandeln, wenn es diese für unerheblich hält.[46] Die Beweiswürdigung ist zB **unvollständig**, wenn sie sich nicht in der gebotenen Weise mit Widersprüchen im Aussageverhalten eines für glaubwürdig angesehenen Zeugen oder mit möglichen Widersprüchen in der Würdigung zweier in inhaltlichem Zusammenhang stehenden Behauptungen befasst.[47]

Wird die richterliche Überzeugung auf Indizien (→ § 286 Rn. 101) gestützt, darf sich die Begründung nicht auf die Beweiskraft einzelner Indizien einer **Indizienkette** beschränken, sondern muss auch die erforderliche zusammenfassende Würdigung und Gesamtschau erkennen lassen.[48] **18**

D. Wichtige Anwendungsfälle im gewerblichen Rechtsschutz

I. Wettbewerbsrecht

Verfügt das Gericht nicht über die notwendige **eigene Sachkunde** für die Beurteilung eines **19** bestimmten **Verkehrsverständnis**ses, muss es Beweis erheben und insoweit ggf. sachverständige Hilfe in Anspruch nehmen (→ § 284 Rn. 23).[49] Die eigene Sachkunde muss dargelegt werden, wenn sie nicht selbstverständlich ist.[50] Eine Beweisaufnahme ist trotz eigener Sachkunde erforderlich bei verbleibenden Zweifeln.[51] Eine solche Sachlage kann sich auch daraus ergeben, dass die **Berufungsinstanz** eine Werbung anders würdigen möchte als das Erstgericht,[52] wobei eine Verkehrsbefragung auch dann keine automatische Folge ist, und zwar selbst dann, wenn erstinstanzlich eine **Kammer für Handelssachen** entschieden hat.[53]

Hinreichende **eigene Sachkunde** kann insbesondere in **folgende**n **Fälle**n gegeben sein: 1. wenn **20** es keiner besonderen Erfahrung bedarf, weil auch die Fachkreise im Einzelfall über keine besonderen Kenntnisse und Erfahrungen verfügen[54]; aufgrund ständiger Befassung der Kammer bzw. des Senats mit Wettbewerbssachen, insbesondere im Falle der häufigen Beschäftigung mit Verkehrsbefragungen;[55] aufgrund vorgelegter Privatgutachten, die als substantiierter Parteivortrag die gerichtliche Sachkunde derart erhöhen können, dass dem Gericht eine eigene Urteilsbildung möglich ist.[56]

Das Gericht darf insbesondere die Ergebnisse eines **Meinungsforschungsgutachtens**[57] nicht **21** „blind" übernehmen, sondern es muss eine eigene Bewertung und Gewichtung vornehmen.[58] Die Fragestellung und die Umfrageergebnisse müssen insbesondere an der allgemeinen Lebenserfahrung gemessen werden.[59] Selbst die Zustimmung beider Parteien entbindet das Gericht nicht von der Verpflichtung, selbständig zu würdigen, ob Ergebnisse eines (Meinungsforschungs-)Gutachtens dem Urteil zugrunde gelegt werden.[60] Von den in einer Verkehrsbefragung ermittelten Prozentsätzen sind – insbesondere bei „gestützten" Fragen und Mehrdeutigkeit der Antworten – ggf. Abzüge vorzuneh-

---

[39] BGH NJW 1995, 966; 1998, 2969.
[40] MüKoZPO/*Prütting* § 286 Rn. 22.
[41] Vgl. BGH NJW 2001, 2791; 2003, 1325.
[42] BGH NJW 2015, 411 Rn. 15.
[43] BGH NJW 2015, 1311 Rn. 5.
[44] BGH NJW 1991, 384.
[45] BGH GRUR 1991, 215 – Emilio Adani I.
[46] MüKoZPO/*Prütting* § 286 Rn. 22.
[47] BGH NJW-RR 2014, 11 Rn. 14 ff.
[48] BGH NJW-RR 2007, 312 Rn. 11; näher *Kopp/Schmidt* JR 2015, 51.
[49] Vgl. *Bornkamm* WRP 2000, 830 (833); Harte-Bavendamm/Henning-Bodewig/*Brüning* UWG Vorb. zu § 12 Rn. 182 ff.
[50] BGH GRUR 1983, 32 – Stangenglas I; BGH GRUR 2004, 244 (245) – Marktführerschaft.
[51] BGH GRUR 2002, 550 (552) – *Elternbriefe;* BGH GRUR 2004, 244 (245) – Marktführerschaft.
[52] *Köhler* in Köhler/Bornkamm/Feddersen § 5 Rn. 1.234.
[53] OLG Hamburg WRP 2006, 771.
[54] BGH GRUR 2002, 77 (79) – Rechenzentrum; BGH GRUR 2004, 244 (245) – Marktführerschaft.
[55] BGH GRUR 2004, 244 (245) – Marktführerschaft.
[56] BGH GRUR 2007, 1079 Rn. 31 – Bundesdruckerei.
[57] Umfassend dazu Ahrens Wettbewerbsprozess-HdB/*Spätgens* Kap. 28.
[58] *Köhler* in Köhler/Bornkamm/Feddersen § 12 Rn. 1.87.
[59] BGH GRUR 1987, 171 – Schlussverkaufswerbung I; BGH GRUR 1989, 440 (443) – Dresdner Stollen II; BGH GRUR 1991, 852 (855) – Aquavit; 1992, 70 (72) – 40% weniger Fett.
[60] BGH GRUR 1987, 171 (172) – Schlussverkaufswerbung; BGH GRUR 1987, 534 (538) – Wodka „Woronoff".

men.⁶¹ Liegt der Prüfung der Verkehrsdurchsetzung nach § 8 Abs. 3 MarkenG ein Meinungsforschungsgutachten zu Grunde, ist bei einer statistisch ausreichend großen **Stichprobe** vom ermittelten Durchschnittswert ohne Berücksichtigung der **Fehlertoleranz** auszugehen.⁶²

22   Ergebnisse einer durch eine Partei durchgeführten Meinungsumfrage sind in die Beweiswürdigung einzubeziehen und bei Abweichungen ist die gewählte Methodik der Verkehrsbefragung besonders sorgfältig zu prüfen.⁶³ Entsprechendes gilt im Falle abweichender Gerichtsentscheidungen.⁶⁴ **Auskünfte** haben regelmäßig nur einen **geringen Beweiswert**.⁶⁵

23   Kommt ein Sachverständiger in Bezug auf eine Umfrage zu einem bestimmten tatsächlichen Ergebnis, so muss das Gericht seine davon ggf. **abweichende Auffassung** überzeugend begründen sowie erkennen lassen, dass seine Beurteilung auf der erforderlichen Sachkunde beruht.⁶⁶ Insoweit ist zu beachten, dass die Richter sich selbst in die Materie der **Demoskopie** einarbeiten müssen; das Gericht trägt letztlich die Verantwortung.⁶⁷

II. Patent-/Gebrauchsmusterrecht

24   Es ist die **originäre, selbständige Aufgabe des Gerichts**, ein **Patent auszulegen**, weshalb es dies nicht dem **Sachverständige**n überlassen und dessen Ergebnisse nicht einfach unbesehen übernehmen darf.⁶⁸

25   Insofern muss das Urteil erkennen lassen, dass sich das Gericht in Eigenverantwortung mit der Auslegung des Sachverständigen auseinandergesetzt hat.⁶⁹ Gleichwohl ist zu beachten, dass der Tatrichter sich erforderlichenfalls **sachverständiger Hilfe** zu bedienen hat, um das **fachmännische Verständnis** des Klagepatents – unter Berücksichtigung der objektiven technischen Gegebenheiten, des Vorverständnisses auf dem jeweiligen technischen Gebiet, der Kenntnisse, Fähigkeiten und Erfahrungen der Fachleute sowie deren methodischer Herangehensweise – zu ermitteln.⁷⁰

26   Selbst bei **schwierige**n **technische**n **Sachverhalte**n darf von der Einholung eines Sachverständigengutachtens abgesehen werden, wenn die Parteien den Streitstoff hinreichend aufbereitet haben, das Gericht aufgrund jahrelanger Erfahrung selbst über den notwendigen Sachverstand verfügt⁷¹ und dies – soweit nicht selbsterklärend – im **Urteil** dargelegt wird⁷², was auch konkludent im Wege einer plausiblen und detaillierten Auseinandersetzung mit den jeweiligen technischen Details erfolgen kann.⁷³ Ein solches Vorgehen verletzt nicht das **rechtliche Gehör,** weil dieses Verfahrensgrundrecht nicht die Erhebung von Beweisen garantiert, die aus formellen oder materiellen Gründen nicht zu erheben sind.⁷⁴

27   Auch **Privatgutachten** können – obwohl sie nur **substantiierter Parteivortrag** sind – die notwendige Sachkunde vermitteln.⁷⁵ Kann der Tatrichter nach den Gegebenheiten des jeweiligen Einzelfalles nicht alle – insbesondere in Form von sich **widersprechende**n **Privatgutachten**⁷⁶ – von den Parteien vorgebrachten Argumente ohne sachverständige Hilfe abschließend beurteilen, muss er einen Sachverständigen hinzuziehen.⁷⁷

28   Ein **Beweisantrag** schließt die Ablehnung der Zuziehung eines Sachverständigen im Falle eigener Sachkunde des Gerichts (auch wenn es um patentrechtliche Äquivalenz geht) nicht aus.⁷⁸ Allein aus

---

⁶¹ BGH GRUR 1992, 66 (69) – Königl.-Bayerische Weisse; BGH GRUR 1992, 70 (71) – 40% weniger Fett; BGH GRUR 1993, 920 (922) – Emilio Adani II.
⁶² BGH GRUR 2014, 483 – test.
⁶³ BGH GRUR 1987, 171 – Schlussverkaufswerbung I; BGH GRUR 1989, 440 (443) – Dresdner Stollen I; BGH GRUR 1992, 70 (72) – 40% weniger Fett; *Teplitzky* Kap. 47 Rn. 23.
⁶⁴ BGH GRUR 1987, 171 – Schlussverkaufswerbung I.
⁶⁵ Vgl. *Bornkamm* in Köhler/Bornkamm/Feddersen UWG § 5 Rn. 1.238.
⁶⁶ Vgl. *Teplitzky* GRUR 1990, 393 (397).
⁶⁷ Vgl. BGH GRUR 1987, 535 (538) – Wodka Woronoff.
⁶⁸ BGH GRUR 2006, 131 (133) – Seitenspiegel; BGH GRUR 2007, 410 – Kettenradanordnung I.
⁶⁹ BGH GRUR 2001, 770 (772) – Kabeldurchführung II; BGH GRUR 2006, 131 (133) – Seitenspiegel; BGH GRUR 2007, 410 – Kettenradanordnung I.
⁷⁰ BGH GRUR 2006, 131 (133) – Seitenspiegel; BGH GRUR 2010, 314 – Kettenradanordnung II; BGH GRUR 2011, 610 – Webseitenanzeige; *Meier-Beck* Mitt. 2005, 529 (532); *Melullis* FS E. Ullmann, 2000, 503 (513).
⁷¹ BGH GRUR 1988, 444 (446) – Betonstahlmattenbänder; BGH GRUR 1991, 436 (440) – Befestigungsvorrichtung II; BGH GRUR 1995, 578 (579) – Steuereinrichtung II; BGH GRUR 2002, 957 – Zahnstruktur; BGH GRUR 2003, 789 (791) – Abwasserbehandlung; BGH GRUR 2004, 413 – Geflügelkörperhalterung.
⁷² BGH GRUR 2005, 569 (571) – Blasfolienherstellung.
⁷³ BGH GRUR 2000, 138 (140) – Knopflochnähmaschinen.
⁷⁴ BGH GRUR 2002, 957 – Zahnstruktur.
⁷⁵ Vgl. BGH GRUR 1998, 366 (368 f.) – Ladewagen; BGH GRUR 2001, 770 (772) – Kabeldurchführung II; OLG Karlsruhe NJW 1990, 192.
⁷⁶ BGH NJW 1998, 2735.
⁷⁷ BGH GRUR 1975, 425 – Metronidazol; BGH Mitt. 1999, 365 – Sammelförderer; vgl. BGH GRUR 2000, 138 – Knopflochnähmaschinen; vgl. BGH GRUR 2000, 1005 – Bratgeschirr; BGH GRUR 2004, 413 – Geflügelkörperhalterung.
⁷⁸ BGH GRUR 1969, 534 – Skistiefelverschluß; BGH GRUR 1991, 436 – Befestigungsvorrichtung II; BGH GRUR 1991, 744 – Trockenlegungsverfahren; Busse/*Kaess* Vor § 143 Rn. 130 ff. mwN.

§ 286 ergibt sich keine Pflicht des Gerichts, im Patentverletzungsprozess gem. §§ 142 ff. die Begutachtung eines Gegenstands anzuordnen, der sich in der Verfügungsgewalt der nicht beweisbelasteten Partei oder eines Dritten befindet.[79] Allein der Umstand, dass **theoretisch** durch eine entsprechende Konfiguration eines elektronischen Bauteils die gleiche Funktionalität erfüllt werden kann, genügt nicht für die Annahme einer „hinreichenden Wahrscheinlichkeit" iSv § 142 ZPO; dies gilt erst recht, wenn die beweisbelastete Partei ihrerseits bloß darlegt, *„es sei nicht ausgeschlossen"*, dass es zu einer klagepatentgemäßem Konfigurierung gekommen sei.[80]

Ein einmal **eingeholtes Gutachten** darf das Gericht auch bei eigener Sachkunde nicht ignorieren.[81]

Ausnahmsweise kann die Einholung eines Sachverständigengutachtens **v. A. w.** geboten sein (→ § 284 Rn. 118; → Rn. 26).

Eine **Zeugenaussage** zu technischen Details, deren Wahrnehmung lange Zeit zurückliegt, ist regelmäßig nur dann von brauchbarem Beweiswert, wenn diese durch Vorlage schriftlicher Unterlagen (Prospekte, Zeichnungen pp.) belegt werden oder zumindest plausibel gemacht werden kann.[82] Je nach Lage des Einzelfalles kann aber auch die reine Erinnerung des Zeugen für eine Überzeugungsbildung iSv § 286 ZPO genügen.

Die zum Nachweis eines eingewandten **Vorbenutzungsrecht**s (§ 12 PatG) erhobenen Beweise bedürfen besonders **kritischer Würdigung**.[83] Denn es ist nicht selten zu beobachten, dass nach der Offenbarung brauchbarer Erfindungen von Dritten behauptet wird, bereits Ähnliches gekannt und vorbenutzt zu haben.[84] Im Allgemeinen kann ein entsprechendes Modell den Erfindungsbesitz der darin verkörperten Erfindung belegen.[85] Der Erfindungsbesitz kann aber auch durch die Lieferung einer Form durch Dritte nachgewiesen werden, wenn es um eine einfache technische Erkenntnis geht, die man durch Inaugenscheinnahme der Form unschwer gewinnen konnte.[86]

Die Beweiskraft von **Augenscheinobjekte**n reicht nicht über dasjenige hinaus, was durch Betrachten oder Analysieren festgestellt werden kann. ZB kann die Vorlage des im Rahmen eines **Testkaufs** erworbenen, vermeintlich patentverletzenden Produkts für sich allein keinen Nachweis für Ort und Zeitpunkt des Erwerbs liefern.[87] Zu beachten ist auch, dass sie ihre Eigenschaft zum Nachweis patentverletzender Eigenschaften bei begrenzter Lagerfähigkeit mit der Zeit einbüßen können (zB Druckertinten mit sich verflüchtigendem Wassergehalt).[88]

Das Gericht muss nicht auf alle Beweismittel eingehen und jedwede Erwägung abhandeln, die für seine Überzeugungsbildung maßgebend waren, jedoch genügt – gerade bei komplexen technischen Sachverhalten – nicht etwa die **formelhafte Wendung**, das Gericht sei von einer bestimmten Tatsache (nicht) überzeugt.[89] Das Gericht hat in den Entscheidungsgründen seine **wesentlichen Überlegungen** unter Einbeziehung der konkreten Fallumstände nachvollziehbar darzulegen.[90]

III. Markenrecht

Der Abschluss eines Lizenz-/Gestattungsvertrages kann regelmäßig nur durch Vorlage eines schriftlichen Dokuments nachgewiesen werden.[91] Die **Bindung des Verletzungsrichters an die Eintragung** bezieht sich allein auf die Tatsache der Eintragung und die dieser zu Grunde liegenden Feststellungen zu den Eintragungsvoraussetzungen und -hindernissen. Sie hat also lediglich zur Folge, dass der Marke nicht jeglicher Schutz versagt, insbesondere auch nicht jegliche Unterscheidungskraft abgesprochen werden darf.[92] Insbesondere wird **kein bestimmter Grad der Kennzeichnungskraft vorgegeben,** und zwar auch nicht bei Eintragung aufgrund Verkehrsdurchsetzung.[93] Selbst bei Verwendung einer mit dem eingetragenen Zeichen identischen Bezeichnung oder Gestaltung hindert die Bindung an die Eintragung den Verletzungsrichter grundsätzlich nicht an der Verneinung einer **markenmäßigen Benutzung.**[94]

---

[79] BGH GRUR 2013, 316 – Rohrmuffe.
[80] OLG Düsseldorf BeckRS 2015, 16355– Interfaceschaltung.
[81] BGH GRUR 1975, 593 (595) – Mischmaschine III.
[82] Haedicke/Timmann PatR-HdB/*Zigann* § 15 Rn. 208.
[83] Vgl. BGH BeckRS 2016, 11738; Benkard/*Scharen* PatG § 12 Rn. 27 mwN.
[84] BGH GRUR 1963, 311 (312) – Stapelpresse.
[85] RG GRUR 1937, 621 (623).
[86] BGH GRUR 1964, 673 (674) – Kasten für Fußabtrittsroste.
[87] Haedicke/Timmann PatR-HdB/*Zigann* § 15 Rn. 216 f.
[88] Haedicke/Timmann PatR-HdB/*Zigann* § 15 Rn. 218.
[89] Haedicke/Timmann PatR-HdB/*Zigann* § 15 Rn. 323.
[90] BGH GRUR 2003, 507 (508) – Enalapril.
[91] BGH GRUR 2016, 201 Rn. 31 – ECOsoil.
[92] BGH GRUR 2005, 414 (416) – Russisches Schaumgebäck; BGH GRUR 2008, 905 – Pantohexal; BGH GRUR 2008, 909 – Pantogast.
[93] BGH GRUR 2007, 780 – Pralinenform; BGH GRUR 2008, 714 – idw Informationsdienst Wissenschaft.
[94] BGH GRUR 2005, 414 (416) – Russisches Schaumgebäck; BGH GRUR 2007, 780 – Pralinenform; OLG Düsseldorf GRUR-RR 2007, 147 (148) – professional-nails.de.

36 Die Beurteilung, ob die Feststellung der Bekanntheit kraft **eigener richterlicher Sachkunde** möglich ist oder eine Beweisaufnahme durch Sachverständigengutachten erfordert, ist ihrerseits vorrangig tatrichterlicher Natur und daher in der Revisionsinstanz nur daraufhin zu überprüfen, ob der Tatrichter den Prozessstoff verfahrensfehlerfrei ausgeschöpft und seine Beurteilung frei von Widersprüchen zu Denkgesetzen oder Erfahrungssätzen vorgenommen hat.[95]

37 Auch bei Beurteilung kraft **eigener Sachkunde** müssen die vom Tatrichter zugrunde gelegten Tatsachen konkret benannt werden.[96] Reicht die eigene Sachkunde nicht aus, sollen sogar bei nicht eingetragenen Marken schon hinreichende Anknüpfungstatsachen für die Einholung eines beantragten Umfragegutachtens genügen.[97] Die Verkehrsbefragung darf nicht mit der Begründung unterbleiben, der Bekanntheitsgrad könne nicht auf den maßgeblichen Kollisionszeitpunkt rückbezogen werden.[98]

38 Wenn der **Tatrichter selbst den maßgeblichen Verkehrskreisen angehört**, so kann er die Publikumsauffassung aufgrund eigener Sachkunde feststellen[99], es sei denn, dass besondere Anhaltspunkte bestehen, welche die eigene Auffassung als bedenklich erscheinen lassen.[100] Eigene Sachkunde kann auch in Bezug auf **Geschenkartikel** bestehen.[101] Sie kann sich im Einzelfall auch aus der beruflichen Tätigkeit des Richters als Mitglied eines für den gewerblichen Rechtsschutz zuständigen Spezialspruchkörpers ergeben.[102] Bei der im Rahmen der Rechtsanwendung erforderlichen analytischen Herangehensweise muss darauf geachtet werden, dass im Vergleich zur normalen Publikumsperspektive nicht zu früh eine Verwechslungsgefahr bejaht wird.[103]

39 Zwecks Ermittlung der **Verkehrsgeltung** wird das Gericht **mangels eigener Sachkunde** regelmäßig Feststellungen anhand von Indizien (→ § 286 Rn. 101) zu treffen haben, so etwa anhand der Auswertung von Werbeaufwendungen, Medienberichten pp.[104]

40 Im Einzelfall kann sich auch die Einholung eines **Umfragegutachten**s als notwendig erweisen, wenn ansonsten keine hinreichenden Anknüpfungstatsachen gegeben sind.[105] Trägt der Kläger selbst nichts zu relevanten Marktanteilen vor, muss das Gericht kein Umfragegutachten einholen.[106] Wenn das eigene Erfahrungswissen des Tatrichters zur Feststellung der Publikumsauffassung nicht genügt[107], kommt außer der Einholung von **Auskünften** von Fachverbänden pp. vor allem die Einholung eines demoskopischen Sachverständigengutachtens der anerkannten Umfrageinstitute in Betracht (etwa zur Verkehrsgeltung, Verkehrsdurchsetzung, gesteigerten Kennzeichnungskraft und Bekanntheit eines Kennzeichens).

41 Bei der Beweiserhebung durch **Verkehrsbefragung** muss besonders sorgfältig auf die richtige Auswahl und Anzahl[108] der Befragten, die Fragestellung, die Vorgabe vollständiger Antwortalternativen bei geschlossener Fragestellung und die Ergebnisbewertung geachtet werden.[109] Das Gericht muss auffällige **Abweichungen** eines gerichtlich eingeholten demoskopischen Sachverständigengutachtens im Vergleich **zu einem ordnungsgemäß zustande gekommenen Parteigutachten** beachten und würdigen.[110]

42 Im Rahmen einer Befragung zur Erstellung eines **demoskopischen Gutachtens** zur Verkehrsdurchsetzung ist mit der **Eingangsfrage** zu ermitteln, ob der Befragte das in Rede stehende Zeichen im Zusammenhang mit den beanspruchten Waren und Dienstleistungen schon einmal wahrgenommen hat. Erst im Anschluss daran kann bei dem Personenkreis, der das Zeichen kennt, nachgefragt werden, ob er es als Hinweis auf ein ganz bestimmtes Unternehmen sieht. Dabei darf die Eingangsfrage den **herkunftshinweisenden Charakter** des Zeichens nicht bereits **suggerieren**.[111] Steht fest, dass mehrere Dienstleistungen unterschiedlicher Art typischerweise von einem einzigen Unternehmen erbracht werden (zB Bankdienstleistungen für Privatkunden) und der angesprochene Verkehr erwartet, wenn er die wichtigste dieser Dienstleistungen in Anspruch nimmt (zB Führung eines Girokontos), dass das Unternehmen auf Anfrage weitere Dienstleistungen (zB Ausgabe von Debit- und Kreditkarten, Kredite, Geldanlagen usw) anbietet, kann dieses **Dienstleistungsbündel** Gegenstand einer einzigen

---

[95] BGH GRUR 2006, 937 – Ichthyol II.
[96] BGH GRUR 1999, 161 (163) – MAC Dog.
[97] BGH GRUR 2008, 917 – EROS.
[98] BGH GRUR 2003, 880 (881) – City Plus.
[99] S. zB BGH GRUR 2009, 669 – POST II.
[100] OLG Hamburg MarkenR 2009, 220 (223) – Schokostäbchen.
[101] OLG Hamburg MarkenR 2005, 332 (335) – Junge Pioniere.
[102] BGH GRUR 1976, 698 (699) – MAHAG; OLG Hamburg BeckRS 2007, 14907 – Metro Ethernet.
[103] Vgl. *Kur* GRUR 1989, 246; vgl. *Ingerl/Rohnke* MarkenG § 14 Rn. 493.
[104] *Ingerl/Rohnke* MarkenG § 4 Rn. 28.
[105] Vgl. BGH GRUR 2008, 917 Rn. 43 – EROS.
[106] OLG Köln MD 2001, 1001 – Krimskoye (Ls.).
[107] Vgl. zB BGH GRUR 2004, 239 – DONLINE (Umfrage zu Sprechgewohnheiten).
[108] Vgl. dazu im Zusammenhang mit der Verkehrsdurchsetzung BGH GRUR 2009, 954 – Kinder III.
[109] Eingehend *Eichmann*, Rechtsdemoskopie in Münchener Anwalts Handbuch Gewerblicher Rechtsschutz, § 9, 4. Aufl., 2012.
[110] BGH GRUR 1992, 48 (51) – frei öl.
[111] BGH GRUR 2016, 1167 = BeckRS 2016, 17192 – Sparkassen-Rot.

Befragung zur Verkehrsdurchsetzung eines Zeichens sein, das hierfür Geltung beansprucht.[112] Ein demoskopisches Gutachten kann den Nachweis der Verkehrsdurchsetzung erbringen, wenn es **keine grundlegenden methodischen Mängel** aufweist und nach Abschlägen einen **Kennzeichnungsgrad von über 50 %** ergibt.[113] Ebenso wie größere Zeiträume zwischen Anmeldetag und Zeitpunkt der Erstattung eines demoskopischen Gutachtens regelmäßig die Annahme ausschließen, das Gutachtenergebnis könne auf den **Anmeldetag zurückbezogen** werden, stehen größere Zeiträume zwischen der Erstattung eines demoskopischen Gutachtens und der Entscheidung über den Löschungsantrag im Regelfall dessen Verwertung im Rahmen der Prüfung einer Verkehrsdurchsetzung im **Entscheidungszeitpunkt** entgegen.[114]

Im Verletzungsprozess gelten insbesondere folgende **Grundregeln für Verkehrsbefragungen:**[115]   **43**

- Die **Kennzeichnungskraft** ermittelt sich allein danach, welcher **Anteil der Befragten** in dem   **44**
Zeichen einen Hinweis auf ein bestimmtes Unternehmen sieht und nicht danach, ob das Unternehmen auch richtig benannt wird: Entscheidend ist, ob die Angaben der Befragten als hinreichende Bezugnahme auf ein bestimmtes Unternehmen verstanden werden können oder ob sie die gegenteilige Annahme nahelegen.[116] Abzuziehen sind demzufolge nur solche Befragten, die das Zeichen einem anderen, benannten Unternehmen zuordnen.[117] oder überhaupt keinen Herkunftshinweis erkennen.[118] Als Nachweis für die besondere Bekanntheit eines **bundesweit** verwendeten Zeichens dürfen auch nur für einen Teil des Bundesgebiets geltende Zahlen herangezogen werden;[119] jedenfalls reicht eine **Umrechenbarkeit** auf den maßgeblichen gesamten Verkehrskreis.[120] Umgekehrt gilt: Ist der für den größeren Verkehrskreis festgestellte Prozentsatz so niedrig, dass er auch bei Umrechnung auf einen engeren Verkehrskreis ungenügend wäre, so ist die Feststellung des genauen Anteils der wegen Irrelevanz auszunehmenden Verkehrskreise entbehrlich.[121]

- Die zuverlässige **Ausgrenzung nicht maßgeblicher Teile** der an sich angesprochenen Gesamt-   **45**
bevölkerung erfordert eine entsprechend enge Eingangsfrage.[122] Bei der Feststellung der Kennzeichnungskraft kommt es nur auf das ältere Zeichen für sich und nicht etwa bereits auf den Vergleich mit der angegriffenen Kennzeichnung an.[123] Anderseits kann ein Vergleich der Ergebnisse aus Umfragen mit und ohne bestimmte weitere Ausstattungsmerkmale einen Rückschluss auf deren Bedeutung im Gesamtzeichen zulassen.[124]

- Es muss bei **Warenformmarken** differenziert werden zwischen der Bekanntheit des Produkts und   **46**
der Bekanntheit seiner **Form als Herkunftshinweis**.[125] Wenn die Warenform jedoch **durchgesetzt** ist, ist es unerheblich, dass die Ware nur verpackt vertrieben wird.[126] Vorstehendes gilt entsprechend für **Farbmarken**.[127]

- Die **in früheren Verfahren getroffenen Feststellungen** können ohne erneute Beweiserhebung   **47**
herangezogen werden, wenn nur die Fortdauer der damals festgestellten Kennzeichnungskraft streitig ist und diese aufgrund ununterbrochener Weiterbenutzung der Marke ohne neue Schwächungseinflüsse naheliegt.[128] **Zwischen anderen Parteien** gilt das jedoch nur für die allernächste Folgezeit.[129] Frühere Erkenntnisse dürfen generell nicht einfach ignoriert werden; vielmehr ist das Vorbringen zu der seitherigen Verwendung und Werbung sorgfältig darauf zu prüfen, ob nicht eindeutige Hinweise auf eine fortdauernde gesteigerte Kennzeichnungskraft bestehen.[130] Anderes gilt, wenn der verstrichene Zeitraum im Einzelfall zu lang ist.[131]

Die **Wechselbeziehungslehre** muss korrekt angewandt werden, insbesondere müssen Kennzeich-   **48**
nungskraft und Warenähnlichkeit „in den erforderlichen Zusammenhang mit der Markenähnlichkeit

---

[112] BGH GRUR 2016, 1167 = BeckRS 2016, 17192 – Sparkassen-Rot.
[113] BGH GRUR 2016, 1167 = BeckRS 2016, 17192 – Sparkassen-Rot.
[114] BGH GRUR 2016, 1167 = BeckRS 2016, 17192 – Sparkassen-Rot.
[115] S. zur Standardmethodik zur Feststellung einer Verkehrsdurchsetzung *Pflüger* GRUR 2004, 652.
[116] BGH GRUR 2007, 235 – Goldhase; BGH GRUR 2007, 1066 – Kinderzeit; BGH GRUR 2007, 1071 – Kinder II; BGH GRUR 2008, 505 – TUC-Salzcracker.
[117] BGH GRUR 2007, 1066 – Kinderzeit; BGH GRUR 2007, 1071 – Kinder II.
[118] Vgl. BGH GRUR 2010, 138 – ROCHER-Kugel.
[119] BGH GRUR 2005, 513 (514) – MEY/Ella May.
[120] BGH GRUR 2004, 331 (332) – Westie-Kopf.
[121] BGH GRUR 2006, 760 – LOTTO.
[122] BGH GRUR 2007, 1066 – Kinderzeit; Notwendigkeit des Abzugs offengelassen von BGH GRUR 2009, 954 – Kinder III.
[123] Vgl. BGH GRUR 2007, 235 – Goldhase.
[124] BGH GRUR 2007, 235 – Goldhase.
[125] Vgl. BGH GRUR 2007, 780 – Pralinenform; vgl. Würtenberger GRUR 2007, 238 (239 f.).
[126] BGH GRUR 2008, 510 – Milchschnitte.
[127] OLG Hamburg WRP 2009, 638 (643) – NIVEA-Blau.
[128] BGH GRUR 1966, 259 (262) – Napoleon.
[129] BGH GRUR 1989, 510 (512) – Teekanne II.
[130] BGH GRUR 2003, 880 (881) – City Plus.
[131] BGH GRUR 2009, 766 – Stofffähnchen.

gebracht" werden.[132] Jedoch sind Feststellungen zum genaueren Grad der Kennzeichnungskraft bei unzweifelhaftem Fehlen der Waren/Dienstleistungsähnlichkeit bzw. Zeichenähnlichkeit entbehrlich.[133]

49 An **Beweisangebote zum Schwächungseinwand** sind sehr hohe Anforderungen zu stellen: Bloß pauschal angebotene Beweise brauchen nicht erhoben zu werden.[134]

50 Bei der Verwertung von **Befragungen durch die Industrie- und Handelskammern** oder andere Branchen- oder Berufsverbände muss – trotz der ausdrücklichen Erwähnung durch den EuGH[135] – beachtet werden, dass deren Aussagekraft mit Blick auf die Beteiligung von Wettbewerbern oftmals eingeschränkt ist, im Falle eines geringem Rücklaufs der repräsentative Charakter fehlt und die oftmals einfacher strukturierte Fragestellung problembehaftet sein kann.[136] **Auskünfte** haben regelmäßig nur einen **geringen Beweiswert**.[137]

51 Es stellt einen **methodischen Mangel** eines demoskopischen Gutachtens über die Verkehrsdurchsetzung einer abstrakten einfarbigen **Farbmarke** dar, wenn den Befragten eine **Farbkarte** vorgelegt wird, auf der die Farbfläche in einer anderen Farbe umrandet ist, und nicht ausgeschlossen werden kann, dass durch die **Farbkombination** das Ergebnis des Gutachtens beeinflusst worden ist.[138]

52 Liegt ein **aktuelles Gutachten** vor, kommt grundsätzlich auch eine **Rückrechnung** auf einen in der Vergangenheit liegenden Zeitpunkt in Betracht (→ Rn. 42).[139]

53 Das Ergebnis einer Verbraucherbefragung darf nach jüngster Rechtsprechung des **EuGH** nicht den allein **maßgeblichen Gesichtspunkt** für die Beurteilung einer Verkehrsdurchsetzung einer Marke iSv § 8 Abs. 3 MarkenG darstellen.[140]

IV. Designrecht

54 Da die Prüfung der **Schutzfähigkeit**[141] und des **Eingriffs in den Schutzumfang**[142] **Rechtsfragen** betreffen, bedarf es grundsätzlich nicht der Einholung eines Sachverständigengutachtens.[143]

55 Die notwendige **Sachkunde des Gerichts** kann auch aus einer regelmäßigen Befassung mit Fragen des Design-Schutzes resultieren.[144]

56 Im Gegensatz zur Frage nach der Eigentümlichkeit (Maßgeblichkeit der Auffassung der für geschmackliche Fragen aufgeschlossenen und mit ihnen einigermaßen vertrauten Durchschnittsbetrachter)[145] kommt es für die Beurteilung der **Eigenart** durch den informierten Benutzer auf die Vertrautheit mit der jeweiligen Branche an, weshalb ein Sachverständigengutachten notwendig sein kann, wenn die Tatrichter dem betreffenden Personenkreis nicht angehören; Gleiches gilt, wenn es um die Bewertung von nur noch kleinen Entwicklungsschritten geht, was in dicht besetzten Designgebieten[146] häufig der Fall ist.[147] **Sachverständigenbeweis** ist demnach geboten, wenn Parteivortrag (insbesondere Privatgutachten[148]) und Sachkenntnis des Gerichts keine ausreichende Bewertungsgrundlage liefern[149], oder wenn Besonderheiten des Einzelfalles eine eigenständige gerichtliche Beurteilung erschweren.[150]

---

[132] BGH GRUR 2002, 65 (67) – Ichthyol I.
[133] Vgl. etwa BGH GRUR 2002, 342 (343).
[134] BGH GRUR 2008, 1104 – Haus & Grund II; BGH GRUR 2009, 685 – ahd.de; OLG Düsseldorf GRUR-RR 2003, 8 (9) – START; OLG München GRUR-RR 2008, 6 – B. T. I./BPI.
[135] EuGH GRUR-Int 1999, 734 – Lloyd.
[136] Vgl. indes BGH GRUR 1966, 495 (497 f.) – UNIPLAST (ergänzende Verwertbarkeit).
[137] Vgl. *Bornkamm* in Köhler/Bornkamm/Feddersen UWG § 5 Rn. 1.238.
[138] BGH GRUR 2015, 1012 – Nivea-Blau.
[139] BGH GRUR 2015, 581 Rn. 60 – Langenscheidt-Gelb.
[140] EuGH GRUR 2014, 776 Rn. 42 – Oberbank; für eine Übertragung auf die Verkehrsgeltung als *Entstehungsvoraussetzung* für Benutzermarken: BeckOK MarkenR/Weiler MarkenG § 4 Rn. 92; von einer erneuten Vorlage an den EuGH wurde (einstweilen) abgesehen in BGH GRUR 2015, 1012 Rn. 40 – Nivea-Blau.
[141] BGH GRUR 1983, 377 (383) – Brombeer-Muster.
[142] BGH GRUR 1965, 198 (200) – Küchenmaschine; BGH GRUR 1972, 38 (39) – Vasenleuchter; BGH GRUR 1980, 235 (237) – Play family; BGH GRUR 1996, 767 (770) – Holzstühle; *Kur* GRUR 2002, 661 (668).
[143] BGH GRUR 2001, 503 (505) – Sitz-Liegemöbel; vgl. BGH GRUR 2016, 803 mwN – Armbanduhr.
[144] BGH GRUR 2006, 79 Rn. 27 – Jeans I.
[145] BGH GRUR 1977, 547 (550) – Kettenkerze; BGH GRUR 1981, 273 (274) – Leuchtenglas; BGH GRUR 2009, 153 Rn. 27 – Dacheindeckungsplatten.
[146] Bspe., in denen Gutachten eingeholt wurden: bzgl. PKW-Teilen wie Felgenmuster (OLG Saarbrücken BeckRS 2005, 08060) oder Frontklappe (OLG München NJOZ 2005, 3327); auf dem Gebiet der Schriften: BGH GRUR 1957, 291 (293) – Europapost; BGH GRUR 1958, 562 (563) – Candida-Schrift; auf dem Gebiet der Schmuckwaren: BGH GRUR 1960, 245 oder der Glaswaren: BGH GRUR 1972, 38 – Vasenleuchter; auf dem Gebiet der Modeerzeugnisse: OLG München WRP 1991, 517; GRUR WRP 1994, 276.
[147] *Eichmann/Jestaedt*/Fink/Meiser DesignG § 42 Rn. 91 mwN auch zu abweichenden Ansichten.
[148] BGH GRUR 1980, 235 (237) – Play-family; BGH NJW 1986, 1928 (1930); GRUR 2000, 138 (140) – Knopflochnähmaschinen; BGH GRUR 2001, 770 (772) – Kabeldurchführung.
[149] BGH GRUR 1987, 903 (905) – Le Corbusier-Möbel; BGH GRUR 1996, 767 (770) – Holzstühle.
[150] BGH GRUR 1959, 289 (290) – Rosenthal-Vase; BGH GRUR 1983, 377 (378) – Brombeer-Muster.

Die Frage der ausschließlich **technischen Bedingtheit** von Erscheinungsmerkmalen kann oftmals 57 nur von einem Sachverständigen beantwortet werden, so etwa bzgl. Leuchtdioden auf Systemkomponenten für den industriellen Bedarf und der Form der zugehörigen Lichtaustrittsflächen.[151] Ggf. muss ein **Ergänzungsgutachten** eingeholt werden, wenn das Gutachten unvollständig oder unklar ist.[152] Da das Gericht durch ein Sachverständigengutachten nicht von der Pflicht zur eigenständigen Prüfung entbunden ist,[153] kann es von der Bewertung durch den Sachverständigen abweichen.[154] **Neue Erkenntnisse,** die der Sachverständige mit seinem Gutachten erstmals in das Verfahren einführt, sind zu berücksichtigen[155], weil sich die dadurch begünstigte Partei selbige im Zweifel (konkludent) zu Eigen machen wird.

Will das Gericht **von einem Sachverständigengutachten abweichen,** sind die entsprechenden 58 Gründe in Abgrenzung zur Auffassung des Sachverständigen zu erläutern[156], erst recht wenn es sich um ein gerichtlich angeordnetes Gutachten handelt.[157]

Für den **Zeugenbeweis** betreffend Tatsachen, aus denen ein **Vorbenutzungsrecht** abgeleitet 59 werden soll, kann es darauf ankommen, ob die Zeugenaussagen durch Urkunden pp. gestützt werden.[158] Art und Zeitpunkt der behaupteten Vorbenutzung dürfen nicht im Unklaren bleiben.[159]

V. Urheberrecht

Für die Beurteilung der **schöpferischen Eigentümlichkeit eines Musikstücks** und die insoweit 60 maßgebliche Abgrenzung von nicht dem Urheberrechtsschutz zugänglichem rein handwerklichen Schaffen unter Verwendung formaler Gestaltungselemente, die auf den Lehren von Harmonik, Rhythmik und Melodik beruhen oder die sonst zum musikalischen Allgemeingut gehören, reicht das bloße Anhören eines Tonträgers durch die Tatrichter grundsätzlich nicht aus; es wird vielmehr im Regelfall die Hilfe eines **Sachverständigen unerlässlich** sein.[160]

E. Gesetzliche Beweisregeln (§ 286 Abs. 2)

Der **Grundsatz der freien Beweiswürdigung** wird ausnahmsweise durch das Gericht bindende 61 gesetzliche Beweisregeln **durchbrochen,** und zwar in der ZPO selbst aufgrund folgender Normen: §§ 165 (Beweiskraft des Protokolls), 183 Abs. 2 (Nachweis der Auslandszustellung), 314 (Beweiskraft des Tatbestandes), 415–418, 435, 438 Abs. 2 (Beweiskraft von Urkunden).

Trotz der Formulierung „in den durch dieses Gesetz bezeichneten Fällen" sind auch bindende **gesetzliche Beweisregeln außerhalb der ZPO** denkbar, zB § 190 StGB[161].

F. Das Beweismaß

Das Beweismaß gibt vor, **wann** das Gericht von einer Tatsache überzeugt sein darf („Grad der 62 Gewissheit").[162] Es handelt sich um eine Frage, die auf der Basis genereller und abstrakter Wertungen grundsätzlich vom Gesetzgeber je nach dem betroffenen Rechtsgebiet zu beantworten ist.[163]

In § 286 Abs. 1 ZPO wird das sog. **Regelbeweismaß** bestimmt. Für den danach erforderlichen 63 Vollbeweis („für wahr zu erachten sei") genügt – was auch ein Vergleich mit § 287 belegt – keine bloß überwiegende Wahrscheinlichkeit.[164] Andererseits ist **keine von allen Zweifeln freie Überzeugung** erforderlich,[165] vielmehr „darf und muss sich der Richter in tatsächlich zweifelhaften Fällen mit einem für das praktische Leben brauchbaren Grad von Gewissheit begnügen, der den Zweifeln Schweigen gebietet, ohne sie völlig auszuschließen."[166]

Abweichungen vom Regelbeweismaß des § 286 Abs. 1 ZPO bedürfen grundsätzlich einer 64 gesetzlichen Grundlage, und zwar sowohl für Beweismaßsenkungen (zB bloße Glaubhaftmachung;

---

[151] BGH GRUR 2008, 790 Rn. 22 – Baugruppe.
[152] BGH GRUR 1974, 669 (671) – Tierfiguren; BGH GRUR 1974, 740 (741) – Sessel.
[153] BGH GRUR 1958, 509 (510) – Schlafzimmermodell; BGH GRUR 2001, 770 (772) – Kabeldurchführung II.
[154] BGH GRUR 1957, 291 (294) – Europapost; BGH GRUR 1958, 562 (563) – Candida-Schrift; BGH GRUR 1977, 602 (605) – Trockenrasierer.
[155] Vgl. *Eichmann/von Falckenstein/Kühne* § 42 Rn. 43.
[156] BGH GRUR 1965, 200; 1993, 34 (36) – Bedienungsanleitung.
[157] BGH GRUR 1977, 605.
[158] BGH GRUR 2003, 507 (508) – Enalapril.
[159] *Eichmann/Jestaedt/Fink/Meiser* DesignG § 41 Rn. 26; vgl. *Beyerlein* WRP 2004, 676 (679).
[160] BGH GRUR 2015, 1189 (Ls. 3) – Goldrapper.
[161] Weitere Bspe. bei MüKoZPO/*Prütting* § 286 Rn. 25 und 27.
[162] BGH NJW 1970, 946.
[163] MüKoZPO/*Prütting* § 286 Rn. 28.
[164] BeckOK ZPO/*Bacher* § 286 Rn. 2.
[165] BGH NJW-RR 1994, 567; NJW 1998, 2969.
[166] BGH NJW 1970, 946; 2013, 790 Rn. 17; 2015, 2111 Rn. 11; BeckRS 2016, 18340 – Internettauschbörse; Kopp/Schmidt JR 2015, 51 (52 f.); vgl. MüKoZPO/*Prütting* § 286 Rn. 32 ff. mwN auch zu abw. Literaturmeinungen.

§ 252 S. 2 BGB), als auch für Beweismaßerhöhungen (zB § 319 Abs. 1 BGB). Daneben kommen in engen Ausnahmefällen Beweismaßsenkungen im Wege **richterlicher Rechtsfortbildung** in Betracht (etwa bei Prognoseentscheidungen und Kausalitätsfragen).[167] Aufgrund **materiell-rechtlicher Aspekte** können bisweilen besonders hohe Anforderungen an die Überzeugungsbildung zu stellen sein: ZB ist ein **Rechtsverzicht** iSv § 397 BGB durch schlüssiges Verhalten nur dann anzunehmen, wenn jede andere den Umständen nach einigermaßen verständliche Deutung dieses Verhaltens ausscheidet.[168]

65 Im **Ordnungsmittelverfahren** ist ein Vollbeweis selbst dann erforderlich, wenn der zu vollstreckende Titel im Verfügungsverfahren ergangen ist. Eine Glaubhaftmachung reicht nicht aus[169]. Der Nachweis des Abschlusses eines **Lizenz- oder Gestattungsvertrags über Kennzeichenrechte** ist i.d.R nur dann erbracht, wenn der Vertragsschluss **schriftlich** dokumentiert ist.[170] Die Belegbarkeit von **Werbeaussagen** über **kosmetische Mittel** erfordert im Hinblick auf die in Nr. 3 des Anhangs der Verordnung (EU) Nr. 655/2013 enthaltenen Regelungen nicht, dass die Aussagen als wissenschaftlich gesichert anzusehen sind.[171]

G. Der Anscheinsbeweis

I. Allgemeines

66 Die Anwendung des große praktische Bedeutung aufweisenden **Anscheinsbeweis**es („prima-facie-Beweis") setzt einen **typischen Geschehensablauf** im Sinne eines sich aus der Lebenserfahrung bestätigenden gleichförmigen Vorgangs voraus, der es zulässt, auf den Nachweis der tatsächlichen Einzelumstände eines historischen Vorgangs zu verzichten.[172] Er kommt insbesondere für den Nachweis jeglichen **Verschulden**s in Betracht, selbst wenn die Rechtsfolge der betreffenden Norm, wie etwa § 890, strafähnlichen Charakter hat.[173]

67 Zum Nachweis **individueller Willensentschlüsse** und einer **arglistigen Täuschung** ist der Anscheinsbeweis regelmäßig ungeeignet, da bei diesen von individuellen menschlichen Willen abhängigen Geschehensabläufen grundsätzlich keine Typizität angenommen werden kann.[174]

68 Auch im Anwendungsbereich des Anscheinsbeweises, der **prozessrechtlicher Natur**[175] ist, muss richtiger Ansicht nach **volle Überzeugung** des Gerichts herbeigeführt werden, wenn nicht aus anderen, kumulativ verwirklichten Gründen eine Beweismaßsenkung geboten ist.[176] Daher reicht auch hier keine überwiegende Wahrscheinlichkeit für eine von mehreren Möglichkeiten aus.[177]

69 Der Anscheinsbeweis lässt insbesondere die **Beweislast** unberührt.[178] Wichtige Konsequenz dessen ist, dass es für den jeweiligen Beweisgegner ausreicht, die richterliche Überzeugung, die zunächst aufgrund der Regeln des Anscheinsbeweises besteht, zu **erschüttern**, mithin einen bloßen **Gegenbeweis** (→ § 284 Rn. 92) und keinen vollen Beweis des Gegenteils führen zu müssen.[179] Im Anwendungsbereich des **Anscheinsbeweises** ist der Gegenbeweis (→ Rn. 66 ff.) dann erfolgreich geführt, wenn der Beweisgegner Tatsachen darlegt und notfalls ihrerseits beweist, die die **ernsthafte Möglichkeit eines abweichenden Geschehensablaufs im Einzelfall** (sog. **atypischer Sachverhalt**) ergeben.[180]

II. Wichtige Fallgruppen (im gewerblichen Rechtsschutz)

70 Die Praxis bedient sich im Wesentlichen der Bildung von **Fallgruppen,** von denen (auch) in Prozessen bzw. Rechtsstreitigkeiten auf dem Gebiet des gewerblichen Rechtsschutzes insbesondere folgende von Bedeutung sein können.[181] → § 292 Rn. 55 ff. zur **Verantwortlichkeit kraft Zuordnung einer IP-Adresse.**

---

[167] S. zu Einzelheiten MüKoZPO/*Prütting* § 286 Rn. 42–43.
[168] BGH BeckRS 2016, 02862 Rn. 8.
[169] OLG München GRUR-RR 2016, 136 – Nachweismaß.
[170] BGH GRUR 2016, 201 Rn. 31 – Ecosoil.
[171] BGH GRUR 2016, 418 Rn. 20 ff. – Feuchtigkeitsspendendes Gel-Reservoir.
[172] BGH NJW 1987, 1944; 2010, 1072 Rn. 8; GRUR 2013, 1170 – Telefonwerbung für DSL-Produkte.
[173] Vgl. BVerfG NJW 1991, 3139.
[174] Vgl. BGH NJW 1968, 2139; 2006, 783.
[175] Vgl. BGH NJW 1998, 79 (81).
[176] BGH NJW 1998, 79 (81); OLG Düsseldorf NJW-RR 1995, 1086; MüKoZPO/*Prütting* § 286 Rn. 52 mwN z. Streitstand.
[177] BGHZ 24, 313 = NJW 1957, 1230.
[178] BGH WM 1993, 265 (267) mwN z. Streitstand.
[179] BGH NJW 2013, 1092 Rn. 8.
[180] BGH NJW 1991, 230 (231); 2013, 1092 Rn. 8; GRUR 2013, 1170 – Telefonwerbung für DSL-Produkte.
[181] S. im Übrigen die Übersicht zur Kasuistik bei Musielak/*Foerste* § 286 Rn. 26 ff.

Es gibt keinen Beweis des ersten Anscheins dafür, dass ein **abgesandter Brief**[182], ein „**Übergabe- 71 Einschreiben**"[183] oder ein „**Einwurf-Einschreiben**"[184] auch zugegangen sind. Gleiches gilt für den **Zeitpunkt des Zugangs** einer Postsendung.[185]

Auch der Nachweis der Absendung eines **Telefax**es (Sendebericht mit „**OK-Vermerk**") beweist 72 nicht den Zugang nach Anscheinsbeweisgrundsätzen.[186] Ebenso wenig kann mit dem Ausdruck einer **E-Mail** der Anscheinsbeweis für deren Zugang geführt werden.[187]

Wer als natürliche Person innerhalb von mehr als zwei Jahren eine Vielzahl von **ebay-Verkäufen** 73 tätigt und als „**power-seller**" auftritt, ist dem ersten Anschein nach **Unternehmer** iSv § 14 BGB.[188]

Wurden – was der Anspruchsteller notfalls beweisen muss[189] – **Verkehrssicherungspflichten** 74 verletzt, sind nach dem Beweis des ersten Anscheins gerade diejenigen Schäden eingetreten, welche deren Beachtung vermeiden sollte.[190]

Fällt das Handeln eines Unternehmers äußerlich in seinen gewerblichen Tätigkeitsbereich, besteht 75 eine widerlegliche Vermutung dafür, dass er insoweit „**im geschäftlichen Verkehr**" handelt.[191]

Bei **Wettbewerbsverstöße**n ist prima facie von einem **Schadenseintritt** auszugehen.[192] Im Rah- 76 men der **Gewinnabschöpfung iSv § 10 UWG** kann ein Anscheinsbeweis zur Anwendung gelangen.[193] Sind in **Schadenspauschalen** für Mahnung und Rücklastschrift nicht ersatzfähige Bestandteile eingepreist, spricht ein Beweis des ersten Anscheins dafür, dass der Verwender zu Lasten einer Vielzahl von Abnehmern einen Gewinn erzielt.[194]

In **Patentverletzungsprozessen** kann der Anscheinsbeweis für die Fragen der Patentbenutzung, 77 der Wiederholungsgefahr (→ § 292 Rn. 40 ff.) und des Verschuldens in Betracht kommen.[195]

Im **Urheberrecht** trägt derjenige, der sich auf **§ 59 UrhG** beruft, die Darlegungs- und Beweislast 78 dafür, dass die Fotografie des Werkes an öffentlichen Wegen, Straßen oder Plätzen aus gemacht wurde. Zeigt die Fotografie eine Ansicht des Werkes, wie sie sich dem allgemeinen Publikum von einem öffentlichen Ort aus bietet, spricht eine tatsächliche Vermutung dafür, dass die Fotografie von einem solchen Ort aus gemacht worden ist. Es ist dann Sache des Inhabers der Rechte an diesem Werk, diese Vermutung durch den Vortrag konkreter Umstände zu erschüttern. Derjenige, der sich auf § 59 UrhG beruft, hat dann seine Behauptung zu beweisen.[196] Im Fall einer **kostenlosen Nutzungsberechtigung** ist bei Einhaltung bestimmter Bedingungen ein pauschaler Schadenersatz wegen fehlender Verlinkung und fehlender Urheberbenennung zu schätzen. Diese Schadensschätzung beruht auf der Annahme, dass nach der Lebenswahrscheinlichkeit eine Vermutung dafür besteht, dass zumindest eine Verletzung mit dem Ziel der kommerziellen Nutzung zu einem Schaden geführt hat.[197]

Wesentliche Übereinstimmungen zwischen dem Gegenstand des **Design-Schutz**es und einer 79 beanstandeten Gestaltung begründen den Beweis des ersten Anscheins für eine nachbildende Nachahmung.[198] Dann obliegt dem Anspruchsgegner der Gegenbeweis, das geschützte Muster nicht nachgebildet zu haben.[199] Für eine **unabhängige Gestaltungstätigkeit** kann sprechen, dass im Zeitpunkt der Entwurfstätigkeit das zu schützende Muster weder auf dem Markt erhältlich war, noch der Entwerfer anderweitig Kenntnis von diesem haben konnte.[200] Beweisantritten, wonach der Entwerfer nach eigenen Gesichtspunkten[201] oder nach früheren Arbeiten[202] vorgegangen sei, ist nicht nachzugehen, da eine unbewusste Aufnahme des Musters in das Formengedächtnis des Entwerfers genügt.[203]

Gegen den im Designrecht seltenen Fall einer **Parallelerschöpfung** spricht ein Beweis des ersten 80 Anscheins.[204] Aus diesem Grunde trifft im Rahmen des § 9 DesignG den Anmelder die Darlegungs-

---

[182] BGH NJW 2009, 2197 Rn. 11.
[183] BGHZ 24, 308.
[184] Differenzierend MüKoZPO/*Prütting* § 286 Rn. 73 mwN.
[185] BGH NJW 1964, 1176.
[186] BGH NJW 1995, 665; NJW-RR 2016, 816 Rn. 7.
[187] AG Bonn NJW-RR 2002, 1363; MüKoZPO/Prütting § 286 Rn. 73.
[188] OLG Frankfurt a. M. BeckRS 2008, 00188.
[189] BGH VersR 1965, 520.
[190] BGH NJW 1994, 945.
[191] BGH GRUR 1993, 761 (762) – Makler-Privatangebot.
[192] BGH GRUR 1993, 55 (57) – Tchibo/Rolex II; *Köhler* in Köhler/Bornkamm/Feddersen § 12 Rn. 1.55.
[193] *Köhler* in Köhler/Bornkamm/Feddersen § 10 Rn. 14.
[194] OLG Köln GRUR-RR 2018, 431 – Schadenspauschale für Mahnung.
[195] Vgl. zB RG GRUR 1936, 100 (103); 1937, 534 (537); Benkard/*Grabinski/Zülch* § 139 Rn. 116.
[196] BGH GRUR 2017, 798 (802) – Aida-Kussmund.
[197] OLG Köln GRUR-RR 2018, 280 (281) – Speicherstadt.
[198] OLG Düsseldorf GRUR-RR 2019, 358 (362) – Badeschuh; *Eichmann/Jestaedt/Fink/Meiser* Gemeinschaftsgeschmacksmuster Rn. 42; *Ralf/E. Gottschalk* GRUR-Int 2004, 823; *Ortner* WRP 2006, 189 (192).
[199] BGH GRUR 1961, 635 (639) – Stahlrohrstuhl I; LG Düsseldorf DesignE 3, 360 – Stoffdesign.
[200] BGH GRUR 2008, 1115 Rn. 28 – ICON.
[201] BGH GRUR 1958, 509 (511) – Schlafzimmermodell.
[202] BGH GRUR 1981, 269 (272) – Haushaltsschneidemaschine II.
[203] BGH GRUR 1981, 273 (276) – Leuchtenglas.
[204] KG GRUR-RR 2002, 49 (50).

und Beweislast, wenn der Berechtigte ihm vor der Anmeldung den Gegenstand des Schutzrechts offenbart hat.[205] Andernfalls bedarf es der Prüfung, ob die Nichtberechtigung als beweisbedürftige Tatsache aus der Gesamtheit und dem Zusammenwirken der Umstände des Einzelfalls folgt.[206]

H. Beweisvereitelung

81   Unter einer Beweisvereitelung versteht man ein **zumindest fahrlässig**es, **inner- oder außerprozessual**es Verhalten (ggf. auch ein Unterlassen) des Gegners der beweisbelasteten Partei, mit dem ein an sich möglicher **Hauptbeweis** verhindert oder jedenfalls erschwert[207] wird, so dass die betreffende Beweisführung scheitert.[208] Bspe.: **Vernichtung**[209] von Urkunden oder Augenscheinsobjekten[210]; **fehlende Namhaftmachung** eines nur dem Beweisgegner (namentlich) bekannten **Zeuge**n, ohne dass ein triftiger Grund dafür besteht[211]; Erschwerung der Widerlegung des Fälschungseinwandes durch **häufig variierende Unterschriften.**[212] Kein Fall der Beweisvereitelung liegt in der Regel dann vor, wenn es der beweisbelasteten Partei möglich gewesen wäre, den Beweis, etwa im Wege eines selbständigen Beweisverfahrens, zu sichern.[213]

82   Nur ein vorwerfbares, missbilligenswertes Verhalten kann den mit beweisrechtlichen Nachteilen verbundenen Vorwurf der Beweisvereitelung tragen. In **subjektiv**er Hinsicht muss daher ein **doppelter Schuldvorwurf** gerechtfertigt sein: Neben dem schuldhaften Vorenthalten des Beweismittels muss die **Beweisfunktion** des betreffenden Beweismittels beseitigt werden.[214] Am Verschulden kann es mangeln, wenn der Gegner nach erstmaliger Geltendmachung seines Anspruchs ausreichend Gelegenheit hatte, die Beweise zu sichern, zB im Wege der Einleitung eines selbständigen Beweisverfahrens.[215]

83   Welche **Rechtsfolgen** eine Beweisvereitelung nach sich zieht, ist eine Frage der im tatrichterlichen Ermessen liegenden Überzeugungsbildung.[216] Sogar eine **Umkehr der Beweislast** (→ § 284 Rn. 78 ff.) ist denkbar, es bedarf insoweit allerdings einer Abwägung aller für den Einzelfall relevanten Umstände durch den Tatrichter.[217] Solches kommt etwa in Betracht, wenn eine Partei eine gesetzlich begründete, dem Schutz der Gegenseite dienende **Dokumentationspflicht** verletzt hat.[218] Einem Beweisantritt zur Frage, dass die von einer Partei vorgenommenen Veränderungen zu keiner Beweisvereitelung geführt haben, muss nachgegangen werden.[219] Eine Entscheidung über die Folgen einer Beweisvereitelung darf erst getroffen werden, wenn alle entscheidungserheblichen **Beweisangebote ausgeschöpft** sind und die beweisbelastete Partei danach beweisfällig bleibt.[220]

84   Selbst wenn das in Rede stehende Verhalten nicht missbilligenswert ist, kann eine Partei nach **Treu und Glauben** gehindert sein, aus ihrer Handlung resultierende Beweisschwierigkeiten auf den Gegner abzuwälzen.[221]

§ 287 Schadensermittlung; Höhe der Forderung

(1) ¹Ist unter den Parteien streitig, ob ein Schaden entstanden sei und wie hoch sich der Schaden oder ein zu ersetzendes Interesse belaufe, so entscheidet hierüber das Gericht unter Würdigung aller Umstände nach freier Überzeugung. ²Ob und inwieweit eine beantragte Beweisaufnahme oder von Amts wegen die Begutachtung durch Sachverständige anzuordnen sei, bleibt dem Ermessen des Gerichts überlassen. ³Das Gericht kann den Beweisführer über den Schaden oder das Interesse vernehmen; die Vorschriften des § 452 Abs. 1 Satz 1, Abs. 2 bis 4 gelten entsprechend.

(2) Die Vorschriften des Absatzes 1 Satz 1, 2 sind bei vermögensrechtlichen Streitigkeiten auch in anderen Fällen entsprechend anzuwenden, soweit unter den Parteien die Höhe einer

---

[205] BGH GRUR 2001, 823 (825) – Schleppfahrzeug.
[206] BGH GRUR 2004, 936 (937) – Barbara.
[207] BGH NJW 1983, 2937.
[208] BGH NJW 2006, 434 Rn. 23; GRUR 2016, 88 Rn. 2 – Deltamethrin; OLG Düsseldorf BeckRS 2019, 15285 Rn. 90 – Biegevorrichtung.
[209] BGH GRUR 2016, 88 – Deltamethrin.
[210] BGH NJW 2006, 434 Rn. 23.
[211] BGH NJW 2008, 982 (984).
[212] BGH NJW 2004, 222.
[213] BGH GRUR 2016, 88 – Deltamethrin.
[214] BGH NJW 2004, 222; GRUR 2016, 88 Rn. 2 – Deltamethrin; OLG Düsseldorf BeckRS 2019, 15285 Rn. 90 – Biegevorrichtung.
[215] BGH GRUR 2016, 88 Rn. 44 – Deltamethrin.
[216] BGH NJW-RR 2005, 1051 (1052); s. zum Meinungsbild MüKoZPO/*Prütting* § 286 Rn. 83 ff.
[217] BGH NJW 2008, 982 Rn. 23; OLG Düsseldorf BeckRS 2019, 15285 Rn. 90 – Biegevorrichtung.
[218] BGH NJW 2015, 1026 Rn. 18.
[219] BGH NJW-RR 2011, 1525 Rn. 8.
[220] BGH GRUR 2016, 88 Rn. 49 – Deltamethrin; OLG Düsseldorf BeckRS 2019, 25285 Rn. 91 – Biegevorrichtung.
[221] BGH NJW-RR 2000, 1471 (1472).

Schadensermittlung; Höhe der Forderung   **§ 287 ZPO**

Forderung streitig ist und die vollständige Aufklärung aller hierfür maßgebenden Umstände mit Schwierigkeiten verbunden ist, die zu der Bedeutung des streitigen Teiles der Forderung in keinem Verhältnis stehen.

Literatur: *Alexander,* Schadensersatz und Abschöpfung im Lauterkeits- und Kartellrecht, 2010; *Beuthien/Wasmann,* Zur Herausgabe des Verletzergewinns bei Verstößen gegen das Markengesetz – Zugleich Kritik an der sogenannten dreifachen Schadensberechnung, GRUR 1997, 255; *Binder,* Die Zukunftsfähigkeit der markenrechtlichen Lizenzanalogie, GRUR 2012, 1186; *Bodewig/Wandtke,* Doppelte Lizenzgebühr als Berechnungsmethode im Lichte der Durchsetzungsrichtlinie, GRUR 2008, 220; *Fezer,* Schadensersatz und subjektives Recht im Wettbewerbsrecht, WRP 1993, 565; *Forch,* Unberechtigte Fotonutzung im Internet: Höhe des angemessenen Schadensersatzes, GRUR-Prax 2016, 142; *Forch,* Beweisführung im Filesharing-Prozess unter Berücksichtigung der BGH-Urteile „Tauschbörse I-III", GRUR-Prax 2016, 1; *Goldmann,* Die Berechnung des Schadensersatzanspruchs vor und nach Umsetzung der Durchsetzungsrichtlinie, WRP 2011, 950; *Götz,* Schaden und Bereicherung in der Verletzerkette, GRUR 2001, 295; *Grabinski,* Gewinnherausgabe nach Patentverletzung – Zur gerichtlichen Praxis acht Jahre nach dem „Gemeinkostenanteil"-Urteil des BGH, GRUR 2009, 260 ff.; *Grüger,* „Catwalk" – Synonym für eine höhere Schadensliquidation, GRUR 2006, 536; *Haedicke,* Die Gewinnhaftung des Patentverletzers, GRUR 2005, 529; *Heil/Roos,* Zur dreifachen Schadensberechnung bei Übernahme sonderrechtlich nicht geschützter Leistungen, GRUR 1994, 26; *Heim,* Schadensberechnung auf Grundlage der üblichen Lizenzgebühr: Berücksichtigung lizenzerhöhender Umstände?, GRUR-Prax 2015, 102; *Henning-Bodewig,* Die Gewinnabschöpfung nach § 10 UWG – ein Flop?, GRUR 2015, 731; *Kleinheyer/Hartwig,* Kausalitätsabschlag und Kontrollüberlegung beim Verletzergewinn, GRUR 2013, 683; *Klein,* Immaterieller Schadensersatz nach der Durchsetzungsrichtlinie, GRUR-Prax 2017, 157; *Körner,* Schadensausgleich bei Verletzung gewerblicher Schutzrechte und ergänzendem Leistungsschutz, FS Steindorff, 1990, 877; *Leisse/Traub,* Schadensschätzung im unlauteren Wettbewerb, GRUR 1980, 1; *Loschelder,* Rechtsfortbildung der Schadensberechnungsmethode „Herausgabe des Verletzergewinns", NJW 2007, 1503; *Maute,* Dreifache Schadens(ersatz)berechnung, 2016; *Meier-Beck,* Herausgabe des Verletzergewinns – Strafschadensersatz nach deutschem Recht?, GRUR 2005, 617; *ders,* Schadenskompensation bei der Verletzung gewerblicher Schutzrechte im Lichte der Durchsetzungsrichtlinie, FS Loschelder, 2010, 221; *ders,* Schadenskompensation bei der Verletzung gewerblicher Schutzrechte nach dem Durchsetzungsgesetz, WRP 2012, 503; *Melullis,* Zur Schadensberechnung im Wege der Lizenzanalogie bei zusammengesetzten Vorrichtungen, FS Traub, 1994, 287; *ders.,* Zur Ermittlung und zum Ausgleich des Schadens bei Patentverletzung, GRUR Int. 2008, 679; *Nestler,* „Übliche Markenlizenzraten" – die Suche nach belastbaren Quellen für einen angemessenen Wert, BB 2015, 811; *Ohly,* Schadensersatzansprüche wegen Rufschädigung und Verwässerung im Marken- und Lauterkeitsrecht, GRUR 2007, 926; *v. d. Osten,* Zum Anspruch auf Herausgabe des Verletzergewinnes im Patentrecht, GRUR 1998, 284; *Peifer,* Die dreifache Schadensberechnung im Lichte zivilrechtlicher Dogmatik, WRP 2008, 48; *Pross,* Verletzergewinn und Gemeinkosten, FS Tilmann, 2003, 881; *Rinnert/Tilmann,* Schadensberechnung ohne Gemeinkosten, FS Helm, 2002, 337; *Rojahn,* Praktische Probleme bei der Abwicklung der Rechtsfolgen einer Patentverletzung, GRUR 2005, 623; *Runkel,* Der Abzug von Kosten nach der „Gemeinkostenanteil"-Entscheidung des BGH, WRP 2005, 968; *Schaffert,* Die Ansprüche auf Drittauskunft und Schadensersatz im Fall der Beeinträchtigung schutzwürdiger Kontrollnummernsysteme durch Entfernen oder Unkenntlichmachen der Kontrollnummern, FS Erdmann, 2002, 719; *ders,* Der durch § 4 Nr. 11 UWG bewirkte Schutz der Mitbewerber, FS Ullmann, 2006, 845; *Schaub,* Schadensersatz und Gewinnabschöpfung im Lauterkeits- und Immaterialgüterrecht, GRUR 2005, 918; *Schramm,* Der Marktverwirrungsschaden, GRUR 1974, 617; *Schickert,* Einzelfragen zu Rechtsfolgen des markenrechtswidrigen Arzneimittel-Parallelimports; *Schramm,* Der Marktverwirrungsschaden, GRUR 1974, 617; *Stieper,* Dreifache Schadensberechnung nach der Durchsetzungsrichtlinie 2004/48/EG im Immaterialgüter- und im Wettbewerbsrecht, WRP 2010, 624; *Teplitzky,* Grenzen des Verbots der Verquickung unterschiedlicher Schadensberechnungsmethoden, FS Traub, 1994, 401; *ders,* Die Durchsetzung des Schadensersatzzahlungsanspruchs im Wettbewerbsrecht, GRUR 1987, 215; *ders,* Die jüngste Rechtsprechung des BGH zum wettbewerbsrechtlichen Anspruchs- und Verfahrensrecht, GRUR 2003, 272; *Tetzner,* Der Verletzerzuschlag bei der Lizenzanalogie, GRUR 2003, 6; *Tilmann,* Gewinnherausgabe im gewerblichen Rechtsschutz und Urheberrecht, GRUR 2003, 647; *v. Ungern-Sternberg,* Die Rechtsprechung des Bundesgerichtshofs zum Urheberrecht und zu den verwandten Schutzrechten in den Jahren 2006 und 2007, Teil II, GRUR 2008, 291; *ders,* Einwirkung der Durchsetzungsrichtlinie auf das deutsche Schadensersatzrecht, GRUR 2009, 460; *ders,* Schadensersatz in Höhe des Verletzergewinns nach Umsetzung der Durchsetzungsrichtlinie, FS Loewenheim, 2009, 351; *Zahn,* Die Herausgabe des Verletzergewinnes, 2005.

Übersicht

	Rn.
A. Regelungsgehalt	1
B. Schadensermittlung nach § 287 Abs. 1	4
I. Anwendungsfälle	4
II. Entstehung des Schadens	5
III. Höhe des Schadens	8
IV. Beweismaßreduzierung	10
C. Sonstige vermögensrechtliche Streitigkeit (§ 287 Abs. 2)	11
D. Verfahrensrechtliche Besonderheiten bei der Anwendung des § 287	15
I. Klageantrag	16
II. Anforderungen an die Substantiierung des Parteivortrages	17
III. Beweislast	18
IV. Ermessen bzgl. Beweisaufnahme (§ 287 Abs. 1 S. 2)	20
V. Parteivernehmung (§ 287 Abs. 1 S. 3)	21
VI. Versäumnisverfahren	22
VII. Urteil	23

	Rn.
E. Wichtige Anwendungsfälle des § 287 im gewerblichen Rechtsschutz	24
I. Sog. dreifache Schadensberechnung	25
1. Verletzung gewerblicher Schutzrechte	25
2. Wettbewerbsrecht	29
3. Einzelne Schadensausgleichsmethoden	30
a) Entgangener Gewinn	31
b) Lizenzanalogie	38
c) Verletzergewinn	57
4. Sortenschutzrecht	82
II. Marktverwirrungs-/Diskreditierungsschaden	86
III. Schadensersatz bei mittelbarer Patentverletzung	89
IV. Berechnung der Zwangslizenzgebühr	90

A. Regelungsgehalt

1 § 287, der in engem systematischen Zusammenhang mit § 286 zu sehen ist, **ermäßigt** die üblichen **Darlegungs- und Beweisanforderungen**,[1] und zwar in Fällen, in denen die Entstehung und Höhe eines Schadens (§ 287 Abs. 1) oder die Höhe bestimmter anderweitiger Forderungen (§ 287 Abs. 2) festzustellen ist. Der **gerechte Ausgleich** für den Geschädigten bzw. sonstigen Gläubiger soll nicht an überzogenen **prozessualen Anforderungen** scheitern.[2] Das Gericht darf es in Kauf nehmen, dass die wirkliche (ggf. rein fiktive) Schadenshöhe nicht mit der von ihm geschätzten Höhe kongruent ist.[3] Der Anwendungsbereich für eine Schätzung nach § 287 ist mit Blick auf den Normzweck dann nicht eröffnet, wenn dem Gericht eine genaue Schadensberechnung bzw. Ermittlung der Forderungshöhe nach den allgemeinen Grundsätzen des § 286 problemlos möglich ist.[4]

2 § 287 will **Erleichterungen hinsichtlich des Beweismaßes und des Beweisverfahrens** zur Verfügung stellen. Er darf keinesfalls als Instrument zur Gewährung von Schadensersatzansprüchen **aus bloßer Billigkeit ohne materiell-rechtliche Grundlage** missbraucht werden.[5]

3 Von den dem Richter teilweise nach materiellem Recht eingeräumten Möglichkeiten, eine bestimmte Summe nach Billigkeit festzusetzen (zB §§ 315 Abs. 3 S. 2, 319 Abs. 1 S. 2, 343 BGB) unterscheidet sich § 287 dadurch, dass es hier um **Beweiswürdigung** und nicht etwa materielle Rechtsgestaltung geht.[6]

B. Schadensermittlung nach § 287 Abs. 1

I. Anwendungsfälle

4 § 287 Abs. 1 bezieht sich auf alle Schadensersatzbegehren, ohne dass es auf die Rechtsnatur der Anspruchsgrundlage (Vertrag, unerlaubte Handlung etc) ankommt.[7] Auch **Entschädigungsansprüche**[8] und **Bereicherungsansprüche**[9] werden erfasst, nicht hingegen Ansprüche auf Zahlung einer **Vertragsstrafe**.[10]

II. Entstehung des Schadens

5 Trotz des Wortlautes „Entstehung des Schadens" erfasst § 287 Abs. 1 nicht alle haftungsbegründenden Anspruchsvoraussetzungen. Die **Rechtswidrigkeit** des Handelns bzw. Unterlassens und – soweit erforderlich – das **Verschulden** unterliegen dem Vollbeweiserfordernis nach § 286.[11] Die Voraussetzungen eines **Mitverschulden**s sind als Teil des Haftungsgrundes ebenfalls nach § 286 festzustellen.[12]

6 Hinsichtlich der **Kausalität** ist nach hM zu differenzieren: Für die sog. **haftungsbegründende Kausalität** gilt § 286; bei Deliktsansprüchen ist daher für den Nachbeweis des Kausalzusammenhanges zwischen dem Verhalten des Schädigers und der ersten Rechtsgutsverletzung Vollbeweis notwendig.[13]

---

[1] BeckOK ZPO/*Bacher* § 287 Rn. 1.
[2] MüKoZPO/*Prütting* § 287 Rn. 1.
[3] Vgl. BGH NJW 1964, 589.
[4] MüKoZPO/*Prütting* § 287 Rn. 1.
[5] MüKoZPO/*Prütting* § 287 Rn. 3.
[6] MüKoZPO/*Prütting* § 287 Rn. 4.
[7] Musielak/*Foerste* § 287 Rn. 2.
[8] Musielak/*Foerste* § 287 Rn. 2.
[9] BGH NJW 2002, 3317 (3320).
[10] MüKoZPO/*Prütting* § 287 Rn. 6.
[11] MüKoZPO/*Prütting* § 287 Rn. 8.
[12] Vgl. BGH MDR 1968, 492.
[13] BGH NJW 2004, 777; vgl. BGH NJW 2016, 3532 Rn. 42; OLG Hamburg GRUR-RR 2020, 18 (23) – Emissionshaus; MüKoZPO/*Prütting* § 287 Rn. 10 mwN.

Im Zusammenhang mit der Verletzung eines Rechtsguts zählt der sogenannte **Primärschaden** zur haftungsbegründenden Kausalität.[14] Bei der Feststellung der notwendigen haftungsausfüllenden Kausalität (kausaler Zusammenhang zwischen dem nach § 286 zu beweisenden Haftungsgrund und dem entstandenen Vermögensschaden einschließlich der Verursachung aller Folgeschäden) ist § 287 Abs. 1 hingegen anwendbar.[15] Letzteres gilt auch hinsichtlich der Frage nach der Beachtlichkeit von **Reserveursachen** oder eines **rechtmäßigen Alternativverhaltens**.[16]

Eine Schätzung hat immer dann auszuscheiden, wenn die betreffenden **Anknüpfungstatsachen** 7 für die richterliche Ermessensausübung nicht schlüssig vorgetragen sind.[17] Die Schätzung darf nicht „aus der Luft gegriffen sein".[18] Hinsichtlich der Darlegung von **wettbewerblichen Schäden** stellt die Rechtsprechung mit Blick auf die damit generell verbundenen Beweisschwierigkeiten keine hohen Anforderungen; es muss zumindest bei Feststehen von Haftungsgrund und Schadenseintritt jedenfalls ein **Mindestschaden** geschätzt werden.[19] Zur Schätzung anhand einer **Internetrecherche:** → § 291 Rn. 6. Wird ein Schaden wegen entgangenen Gewinns geltend gemacht, muss gem. § 252 BGB iVm § 287 Abs. 1 eine Prognose zum gewöhnlichen Verlauf der Dinge angestellt werden, wobei keine allzu hohen Anforderungen an konkrete Anhaltspunkte gestellt werden dürfen.[20] Ein **Minimum an Konkretisierung** ist aber auch insoweit vonnöten.[21] Sind die **Anknüpfungstatsachen** für die Schätzung streitig, so muss der Geschädigte insoweit Beweis iSv § 286 erbringen.[22]

III. Höhe des Schadens

Unter die „Höhe des Schadens" iSv § 287 Abs. 1 fallen zum einen der zu ersetzende Geldwert und 8 der Betrag des entgangenen Gewinns oder die sonstige billige Entschädigung.[23] Zum anderen werden richtiger Ansicht nach auch die im Einzelfall für die Wertberechnung maßgeblichen **Tatsachen** erfasst.[24] Hingegen steht die Beantwortung der Frage, nach welcher **Berechnungsmethode** zu verfahren ist, nicht im durch § 287 Abs. 1 eingeräumten Ermessen, da es insoweit um die Anwendung materiellen Rechts geht.[25]

Ist Schadensersatz für die **vorübergehende Nichtbenutzbarkeit einer Marke** zu leisten, kann der 9 Verletzte als Schaden den **Wertverlust** geltend machen, den die Marke während dieser Zeit erlitten hat: Zur Ermittlung dieses Schadens ist vom Wert der Marke zu Beginn dieses Zeitraums der Wert am Ende dieses Zeitraums abzuziehen.[26]

IV. Beweismaßreduzierung

Der Unterschied des § 287 zu § 286 liegt hinsichtlich der vom Gericht zu treffenden Entscheidung 10 darin begründet, dass nicht zu entscheiden ist, ob die behauptete Tatsache wahr oder unwahr ist. Daraus ergibt sich eine Reduzierung des Beweismaßes auf das Erfordernis einer **überwiegenden Wahrscheinlichkeit**.[27]

C. Sonstige vermögensrechtliche Streitigkeit (§ 287 Abs. 2)

Die Regelung des § 287 Abs. 2 erfasst jeden auf die **Zahlung von Geld** oder die Leistung vertret- 11 barer Sachen gerichteten Anspruch, dessen Höhe streitig ist und deren vollständige Aufklärung mit solchen Schwierigkeiten verbunden wäre, dass sie im Vergleich zur Bedeutung des streitigen Teiles der Forderung unverhältnismäßig wäre.[28]

Die Verweisung des § 287 Abs. 2 nimmt die besondere Regelung zur **Parteivernehmung** in § 287 12 Abs. 1 S. 3 aus.

---

[14] BGH NJW 2013, 3094 Rn. 15; NJW 2015, 2111 Rn. 10.
[15] BGH NJW 2008, 1381 Rn. 9.
[16] BGH NJW 2006, 2767 Rn. 25; 2012, 2024.
[17] Vgl. BGH NJW 1988, 3016.
[18] Vgl. BGHZ 91, 256; BGH NJW 1995, 1023; 2013, 525 Rn. 23.
[19] BGH NJW 1992, 2753; zur Möglichkeit, neben einem den Mindestschaden zusprechenden Teilurteil ein Gutachten zum ggf. überschießenden Teil einzuholen s. BGH NJW 1996, 1478; 2013, 2584 Rn. 20; 2015, 867 Rn. 73.
[20] BGH NJW 1998, 1633.
[21] BGH GRUR 2016, 860 Rn. 16 – Deltamethrin II.
[22] BGH NJW 2000, 2272 (2275); GRUR 2016, 860 – Deltamethrin II.
[23] BeckOK ZPO/*Bacher* § 287 Rn. 8.
[24] MüKoZPO/*Prütting* § 287 Rn. 16.
[25] MüKoZPO/*Prütting* § 287 Rn. 16.
[26] BGH WRP 2015, 1249 – Fachmesse.
[27] BGH NJW 1992, 2694 (2695); 1993, 734; 2015, 934 Rn. 45; GRUR 2016, 860 – Deltamethrin II.
[28] Vgl. BGH JR 1961, 500.

13 Für die Ermittlung der **Höhe der Erfindervergütung** für einen Geschäftsführer kann jedenfalls dann auf § 287 Abs. 2 ZPO zurückgegriffen werden, wenn die vollständige Aufklärung aller Umstände zur Erfindungsgeschichte nur unter Schwierigkeiten möglich ist, die zur Bedeutung des streitigen Teils der Forderung in keinem Verhältnis stehen.[29]

14 Für die indizielle Heranziehung von Vergütungsregelungen im Rahmen der gemäß **§ 32 UrhG** vorzunehmenden **Einzelfallabwägung** reicht eine vergleichbare Interessenlage aus; eventuell für die Frage der Angemessenheitsprüfung bestehenden erheblichen Unterschieden ist im Einzelfall durch eine modifizierte Anwendung dieser Vergütungsregelungen Rechnung zu tragen.[30]

D. Verfahrensrechtliche Besonderheiten bei der Anwendung des § 287

15 Bei der Anwendung des § 287 ergeben sich verfahrensmäßige Besonderheiten, wobei allerdings der **Beibringungsgrundsatz** und das Recht auf **rechtliches Gehör** unangetastet bleiben.[31]

I. Klageantrag

16 Bei in Betracht kommender Schätzung der Schadenshöhe nach § 287 bedarf es keines bezifferten Antrages, sondern lediglich der **Angabe einer Größenordnung**.[32]

II. Anforderungen an die Substantiierung des Parteivortrages

17 Mit der gerichtlichen Möglichkeit einer Schadensschätzung korrespondiert das Recht der Parteien, die von § 287 erfassten Angaben nur in einem eingeschränkten Maße substantiieren zu müssen, wobei allerdings zumindest die tatsächlichen Momente, die als **Grundlage der Schätzung** dienen können, darzulegen sind[33] und die Parteien sich je nach **Zumutbarkeit** um eine genaue Substantiierung zu bemühen haben.[34] In jedem Falle besteht die Behauptungslast, dass **ein bestimmter Schaden in einer ungefähr anzugebenden Höhe** entstanden sei.[35] Das Gericht darf von einer Schätzung nur dann absehen und entsprechend der im Einzelfall geltenden Beweislastverteilung entscheiden, wenn die Ausübung des richterlichen Ermessens andernfalls „völlig in der Luft schweben" würde.[36]

III. Beweislast

18 Die **objektive Beweislast** (→ § 284 Rn. 49) bleibt von § 287 **unbeeinfluss**t, so dass im Falle eines trotz Anwendung der durch § 287 eingeräumten Beweiserleichterungen[37] bestehenden non liquets eine Beweislastentscheidung zu treffen ist. Das dürfte allerdings selten notwendig sein.

19 Aus § 287 selbst folgt insbesondere **keine Umkehr der Beweislast** (dazu → § 284 Rn. 75 ff.).[38]

IV. Ermessen bzgl. Beweisaufnahme (§ 287 Abs. 1 S. 2)

20 Indem § 287 Abs. 1 S. 2 die Anordnung einer Beweisaufnahme in das richterliche Ermessen stellt, schränkt er das allgemeine **Gebot der Erschöpfung von Beweisanträgen** ein.[39] Insbesondere darf das Gericht beispielsweise der Auffassung eines Sachverständigen folgen, ohne noch ein **Gegengutachten** einzuholen.[40] Von der zum Zwecke des **Gegenbeweises** beantragten Einholung eines Gutachtens darf es insbesondere absehen, wenn die Partei die vom Gericht zugrunde gelegten **Anknüpfungstatsachen nicht substantiiert angegriffen** worden sind.[41] Bedarf es allerdings speziellen **Fachwissens,** genügt auch im Bereich des § 287 nicht der bloße Eindruck einer Person in der mündlichen Verhandlung.[42]

---

[29] OLG München GRUR-RR 2008, 332 – Schleppkeillösung; vgl. zum Arbeitnehmererfinder OLG Düsseldorf BeckRS 2014, 21940, wo allerdings auf § 287 *Abs. 1* ZPO abgestellt wird.
[30] BGH GRUR 2016, 62 – GVR Tageszeitungen I.
[31] MüKoZPO/*Prütting* § 287 Rn. 22.
[32] BGH NJW 1983, 332.
[33] BGHZ 77, 19; BGH NJW 1992, 2694 (2695 f.); GRUR 2016, 860 – Deltamethrin II.
[34] BGH NJW 1981, 1454.
[35] MüKoZPO/*Prütting* § 287 Rn. 29.
[36] BGH NJW 1984, 2216; 1987, 909.
[37] BGH MDR 2006, 1392 (1393).
[38] BGH NJW 2007, 2485 Rn. 36.
[39] BGH NJW 1991, 1412; 1996, 2501 (2502).
[40] Vgl. BGH NJW 1996, 2501.
[41] BGH BeckRS 2015, 18142 Rn. 100; NJW 2018, 1718 Rn. 97.
[42] BGH NJW 1995, 1619.

V. Parteivernehmung (§ 287 Abs. 1 S. 3)

§ 287 Abs. 1 S. 3 ist ein **Spezialfall der Parteivernehmung** gem. § 448, indem ua die Abgabe 21
einer Schadensschätzung der ggf. nach § 452 zu beeidigenden, betroffenen Partei selbst vorgesehen ist.
In der Würdigung einer solchen Aussage ist das Gericht indes frei iSv § 286.[43]

VI. Versäumnisverfahren

Ist der Kläger säumig, ist eine Anwendung des § 287 zu seinen Gunsten ausgeschlossen. Bei Säumnis 22
des Beklagten gelten die Grundsätze des § 331 zumindest bezüglich aller die Schadensentstehung
betreffenden Tatsachen.[44]

VII. Urteil

Das Gericht muss in den Entscheidungsgründen **konkrete Angaben zu den tatsächlichen** 23
Grundlagen der Schätzung und ihrer Bewertung machen, wobei aber nicht zwingend Ausführungen
zu tatsächlichen **Einzelheiten der Schadensberechnung** erforderlich sind.[45]

E. Wichtige Anwendungsfälle des § 287 im gewerblichen Rechtsschutz

Die Regelung des § 287 Abs. 1 ZPO erfährt in Prozessen auf dem Gebiet des gewerblichen Rechts- 24
schutzes erhebliche praktische Bedeutung.

I. Sog. dreifache Schadensberechnung

1. Verletzung gewerblicher Schutzrechte. Der durch die Verletzung eines gewerblichen Schutz- 25
rechts zu kompensierende **Schaden** ist nach hM bereits in der Beeinträchtigung des absoluten Rechts
und der mit diesem verbundenen, **allein dem Inhaber zugewiesenen Nutzungsmöglichkeiten** zu
sehen: Der Schaden besteht mithin darin, dass der Verletzer die von dem immateriellen Schutzgut
vermittelten konkreten Marktchancen für sich nutzt und sie damit zugleich der Nutzung durch den
Schutzrechtsinhaber entzieht.[46]

Durch das Gesetz zur Verbesserung der Durchsetzung von Rechten des geistigen Eigentums vom 26
7.7.2008, welches der Umsetzung der **Durchsetzungsrichtlinie 2004/48/EG v. 29.4.2004** diente,
ist die sog. dreifache Schadensberechnung einheitlich geregelt worden.[47] Die Regelungen in § 139
Abs. 2 S. 2 und S. 3 **PatG**, § 24 Abs. 2 S. 2 und S. 3 **GebrMG**, § 37 Abs. 2 S. 2 und S. 3 **SortenSchG**, § 14 Abs. 6 S. 2 und S. 3 (bei geschäftlichen Bezeichnungen iVm § 15 Abs. 5 S. 2)
MarkenG, § 42 Abs. 2 S. 2 und S. 3 **DesignG** sowie § 97 Abs. 2 S. 2 und S. 3 **UrhG** geben dem
Verletzten drei verschiedene Methoden für die Ermittlung des ihm entstandenen Schadens an die
Hand, die gleichberechtigt nebeneinander stehen, so dass der Verletzte also die ihm am günstigsten
erscheinende Methode wählen kann. Das **Wahlrecht** erlischt mit **Erfüllung** des nach einer bestimmten Methode ermittelten Schadensersatzanspruchs bzw. mit **rechtskräftiger Entscheidung** über einen
mittels einer bestimmten Methode bezifferten Schadensersatzanspruch.[48] Allerdings ist zu beachten,
dass **keine Vermengung** der Methoden für einen **abgrenzbaren Schadensfall** erfolgen darf.[49] Ziel
der einzelnen Methoden ist jeweils die Ermittlung desjenigen Betrags, der zum **Ausgleich des
erlittenen Schadens** erforderlich und angemessen ist.[50]

Weil die verschiedenen Methoden zur Bemessung des zu leistenden Schadensersatzes der Kompen- 27
sation ein und desselben, vom Schutzrechtsinhaber durch die rechtsverletzende Handlung erlittenen
Schadens dienen, sollen sie für den Regelfall nach ihrem grundsätzlichen Ansatz **zu im Wesentlichen
ähnlichen Ergebnissen** führen, auch wenn tatsächlich aufgrund der jeweils der Berechnung zu
Grunde liegenden unterschiedlichen Parameter **Abweichungen** nicht ausbleiben können.[51] **Vergleichende Kontrollüberlegungen** sind indes grundsätzlich möglich; der Tatrichter ist allerdings nicht
gehalten, im Zuge solcher Kontrollüberlegungen zB entsprechendem streitigem Parteivortrag zu
Voraussetzungen der Lizenzanalogie nachzugehen, wenn er zuvor auf der Grundlage der (vom Kläger

---

[43] MüKoZPO/*Prütting* § 287 Rn. 25.
[44] MüKoZPO/*Prütting* § 287 Rn. 30.
[45] Vgl. BGHZ 6, 63.
[46] BGH GRUR 2008, 93 – Zerkleinerungsvorrichtung; BGH GRUR 2009, 856 – Tripp-Trapp-Stuhl; BGH GRUR 2009, 864 – CAD-Software; BGH GRUR 2010, 239 – BTK; BGH GRUR 2012, 1226 – Flaschenträger; *Meier-Beck* WRP 2012, 503 (504); dagegen mit beachtlicher Kritik *Maute* S. 154 f.
[47] Vgl. BGH GRUR 2010, 1091 – Werbung eines Nachrichtensenders; *Dörre/Maaßen* GRUR-RR 2008, 217; *v. Ungern-Sternberg* GRUR 2009, 460; *Goldmann* WRP 2011, 950; *Meier-Beck* WRP 2012, 503.
[48] BGH GRUR 1993, 55 (57) – Tchibo/Rolex; BGH GRUR 2008, 93 – Zerkleinerungsvorrichtung.
[49] BGH GRUR 1980, 841 – Tolbutamid.
[50] BGH GRUR 2012, 1226 (1227) – Flaschenträger.
[51] *Melullis* GRUR-Int 2008, 679 (684). Zu Recht kritisch zur „Konvergenzidee" *Maute* S. 157 ff.

gewählten) Methode der Herausgabe des Verletzergewinns den erforderlichen und angemessenen Betrag zur Kompensation der Schutzrechtsverletzung ermittelt hat.[52]

28 Art. 13 Abs. 1 der Richtlinie 2004/48/EG des Europäischen Parlaments und des Rates vom 29.4.2004 zur Durchsetzung der Rechte des geistigen Eigentums (**Durchsetzungs-Richtlinie**) ist dahin auszulegen, dass der durch die Verletzung seines Rechts des geistigen Eigentums Geschädigte, der den Ersatz seines materiellen Schadens verlangt, der auf der Grundlage des Betrags der Gebühr oder Vergütung berechnet wird, die der Verletzer hätte entrichten müssen, wenn er seine Erlaubnis für die Nutzung des betreffenden geistigen Eigentums eingeholt hätte, zusätzlich den Ersatz seines immateriellen Schadens verlangen kann.[53]

Weil die Durchsetzungs-RL den Mitgliedstaaten nur einen **Mindeststandard** für die Durchsetzung der Rechte des geistigen Eigentums vorschreibt, können die Mitgliedstaaten ua für die Bestimmung des Schadensersatzes Rechtsvorschriften erlassen, die für die Rechtsinhaber günstiger sind.[54] Namentlich kann das nationale Recht vorsehen, dass der Verletzte, ohne seinen tatsächlichen Schaden nachweisen zu müssen, als Schadensausgleich einen Betrag verlangen kann, der dem **Doppelten der angemessenen Vergütung** entspricht, die bei einer Lizenzerteilung zu entrichten gewesen wäre.[55] Es ist nicht einmal ausgeschlossen, dass der Verletzte durch den Schadensersatz besser gestellt wird, als er ohne die Rechtsverletzung stünde. Grenze ist insoweit jedoch der nach Art. 3 Abs. 2 Durchsetzungs-RL verbotene **Rechtsmissbrauch**.[56] Der EuGH hat nunmehr zwar offen gelassen, ob Art. 13 Durchsetzungs-RL die Einführung eines **Strafschadensersatzes** verbietet, jedoch klargestellt: Zumindest könne ein **Schadensersatz in Höhe des Doppelten der hypothetischen Lizenzgebühr** grundsätzlich dem Ausgleich von Schäden dienen und vor diesem Hintergrund gar nicht als Strafschadensersatz anzusehen sein.[57] Soweit der EuGH unter Berücksichtigung von Wortlaut, Zusammenhang und Ziel des Art. 13 Abs. 1 der Durchsetzungs-RL befunden hat, dass stets auch der **Ersatz immaterieller Schäden** möglich sein müsse, um den tatsächlich erlittenen Schaden auszugleichen,[58] ergeben sich daraus voraussichtlich keine wesentlichen Änderungen für die deutsche Rechtspraxis.[59] Zwar sieht lediglich § 97 Abs. 2 S. 4 UrhG den Ersatz immaterieller Schäden[60] vor, jedoch war schon bislang in der deutschen Rechtspraxis anerkannt, dass im Falle der Verletzung eines gewerblichen Schutzrechts eine Geldentschädigung für immaterielle Schäden zu zahlen ist, wenn zugleich andere Rechtsgüter verletzt sind.

29 2. **Wettbewerbsrecht.** Für den Bereich des **Wettbewerbsrechts** fehlt es zwar an einer entsprechenden Kodifizierung. Jedoch ist die dreifache Schadensberechnung in der Rechtsprechung jedenfalls in folgenden Fällen anerkannt: §§ 3 Abs. 1, 4 Nr. 3;[61] §§ 17 ff. UWG.[62] Im Übrigen kommt die dreifache Schadensberechnung hier jedoch **mangels eingriffsfähiger Rechtspositionen** nicht in Betracht, und zwar auch nicht hinsichtlich der Tatbestände der Herabsetzung von Mitbewerbern.[63]

30 3. **Einzelne Schadensausgleichsmethoden.**[64] Nachstehende Ausführungen gelten grundsätzlich für sämtliche soeben genannten Anwendungsbereiche; etwaige Spezifika einzelner Rechtsgebiete werden gesondert erläutert. Wegen der Einzelheiten auf materiell-rechtlichem Gebiet wird auf die betreffende Spezialliteratur verwiesen.

31 a) **Entgangener Gewinn.** Der **entgangene Gewinn**, der rechtmäßig erzielbar gewesen wäre, ist gem. § 252 BGB neben dem positiven Schaden zu ersetzen.[65] Der Nachweis eines Gewinnentgangs ist regelmäßig schwer zu führen (Ausnahme: erfolgreicher Boykottaufruf).[66]

32 Zwar gilt im Rahmen der Schadensschätzung nach §§ 252 S. 2 BGB, 287 ZPO, dass **unlauterer Wettbewerb** nach der Lebenserfahrung die Mitbewerber schädigt[67] und dem Verletzten dadurch

---

[52] BGH GRUR 2012, 1226 (1230) – Flaschenträger.
[53] EuGH EuZW 2016, 460 – Liffers/Producciones Mandarina.
[54] Vgl. EuGH GRUR 2017, 264 – OTK/SFG.
[55] Vgl. EuGH GRUR 2017, 264 – OTK/SFG.
[56] Vgl. EuGH GRUR 2017, 264 – OTK/SFG.
[57] Vgl. EuGH GRUR 2017, 264 – OTK/SFG; dezidiert ablehnend in Bezug auf einen Strafschadensersatz allerdings noch, EuGH GRUR 2011, 1043 – Hansson/Jungpflanzen.
[58] EuGH GRUR 2016, 485 – Liffers.
[59] Näher dazu, *Klein* GRUR 2017, 157 (158 f.) mwN; vgl. auch *Ewert* EuZW 2016, 460 (462).
[60] Zu den Voraussetzungen BGH NJW 2017, 806 Rn. 43 – auf Fett getrimmt.
[61] BGH GRUR 1977, 539 (541) – Prozessrechner; BGH GRUR 1993, 55 (57) – Tchibo/Rolex II; BGH GRUR 2007, 431 – Steckverbindergehäuse; vgl. BGH GRUR 2016, 725 – Pippi-Langstrumpf-Kostüm II; kritisch *Köhler* GRUR 2007, 548 (554) mwN.
[62] BGH GRUR 1977, 539 (541) – Prozessrechner; BGH WRP 2008, 938; KG GRUR 1988, 702 (703) – Corporate Identity.
[63] Köhler/Bornkamm/*Köhler* § 9 Rn. 1.36b; Harte-Bavendamm/Henning-Bodewig/*Goldmann* UWG § 9 Rn. 149; aA *Ohly* GRUR 2007, 926 (927).
[64] Vgl. zur Terminologie *Meier-Beck* WRP 2012, 503.
[65] BGH GRUR 1964, 392 (396) – Weizenkeimöl; BGH GRUR 2005, 519 (520) – Vitamin-Zell Komplex.
[66] *Köhler* in Köhler/Bornkamm/Feddersen UWG § 9 Rn. 1.35.
[67] BGH GRUR 1993, 55 (57) – Tchibo/Rolex II.

eigene Geschäfte und damit Gewinnmöglichkeiten entgangen sind.[68] Jedoch reichen diese Annahmen nicht für den Nachweis eines in konkreter Höhe entgangenen Gewinns. Selbst im Falle „mitbewerberbezogener" Wettbewerbsverstöße bzw. Schutzrechtsverletzungen besteht kein Erfahrungssatz des Inhaltes, dass der entgangene Gewinn dem Verletzergewinn entspreche oder der Umsatz des Verletzers dem Verletzten zu Gute gekommen wäre.[69] Die **Umsatzentwicklung beim Verletzer** kann nicht als Berechnungsgrundlage dienen, sondern allenfalls einen Anhaltspunkt für eine Schätzung geben.[70]

Vorstehendes gilt entsprechend für die **Verletzung gewerblicher Schutzrechte**, bei denen der Schaden bereits in der Beeinträchtigung des absoluten Rechts selbst liegt (→ Rn. 23).

33 Demzufolge hat der Anspruchsteller Tatsachen vorzubringen, welche das Gericht zumindest in die Lage versetzen, eine **wenigstens grobe Schätzung** des Gewinnentgangs vorzunehmen.[71] Es bedarf daher eines **Mindestmaßes an Konkretisierung.**[72] Nicht erforderlich ist der Vortrag, ob und welche Kunden zum Verletzer gewechselt sind.[73] Der Verletzte kann sich auf eine gewisse Vermutung stützen, bestimmte Geschäfte gemacht zu haben, wenn es nicht zur Verletzung gekommen wäre.[74]

34 Eine **Umsatzeinbuße** beim Verletzten gibt zwar einen Anhaltspunkt für einen Ersatzanspruch, stellt aber **keine notwendige Bedingung** für die Zuerkennung entgangenen Gewinns dar, da es auf die allgemeinen und besonderen Marktverhältnisse ankommt.[75] Regelmäßig kann der Nachweis von Umsatzeinbußen infolge des Umsatzes des Verletzers nur in sehr überschaubaren Märkten gelingen (Bsp.: Oligopol; Unterliegen in einem Ausschreibungsverfahren).[76] Allgemein sind an den Vortrag zu den Mindestvoraussetzungen für eine Schätzung jedoch **keine allzu hohen Anforderungen** zu stellen.[77]

35 Im Falle nachgewiesener Umsatzeinbußen muss der Verletzte zudem seine **Gewinnkalkulation** für das betroffene Produkt vollständig darlegen und ggf. durch eine Buchprüfung unter Beweis stellen.[78]

36 Ein entgangener Gewinn kann auch darauf zurückzuführen sein, dass ein **Preisverfall** infolge des Markteintritts des Verletzers eintritt.[79]

37 Das Gericht hat einen **Mindestschaden** gem. § 287 Abs. 1 zu schätzen, wenn ein Schaden (etwa nach der Lebenserfahrung) feststeht und nicht jegliche Anhaltspunkte für eine Schätzung fehlen.[80] Das Gericht braucht das Ergebnis seiner Schätzung nicht unter Angabe sämtlicher maßgeblicher Tatsachen zu begründen, jedoch müssen angeführte Tatsachen **ordnungsgemäß tatrichterlich festgestellt** werden.[81]

38 **b) Lizenzanalogie.** Bei der Schadensberechnungsmethode nach der sog. **Lizenzanalogie** ist zwecks Ermittlung der Gebührenhöhe auf den **objektiven Wert der Benutzungsberechtigung** abzustellen, welcher in der **angemessenen und üblichen Lizenzgebühr** besteht.[82]

39 Dazu müssen der **maßgebliche Lizenzsatz** und die **relevante Bezugsgröße** ermittelt werden. Die als Schadensersatz zu zahlende Lizenzgebühr ermittelt sich aus der **Multiplikation** des angemessenen Lizenzsatzes mit der Bezugsgröße, die beide nach § 287 Abs. 1 unter **Würdigung aller Umstände des Falles nach freier Überzeugung des Tatrichters** zu bestimmen sind[83]. Entscheidend ist allein, dass das verletzte Recht seiner Art nach durch Einräumung von Nutzungsrechten genutzt werden kann; auf die Entstehung eines (konkreten) Schadens und eine Gewinnerzielung durch den Verletzer kommt es also nicht an.[84]

40 **Maßgeblicher Zeitpunkt** ist der Schluss der mündlichen Verhandlung.[85] Die Angemessenheit bestimmt sich regelmäßig durch eine **wertende Entscheidung** unter Berücksichtigung aller Umstände des Einzelfalls nach § 287 Abs. 1.[86]

---

[68] BGH GRUR 1993, 757 (758 f.) – Kollektion „Holiday"; BGH GRUR 1995, 349 (351) – Objektive Schadensberechnung.
[69] BGH GRUR 1993, 757 (758 f.) – Kollektion „Holiday"; BGH GRUR 2008, 933 – Schmiermittel.
[70] BGH GRUR 1982, 489 (490) – Korrekturflüssigkeit; BGH NJW 2008, 933 – Schmiermittel.
[71] BGHZ 77, 16 (19) – Tolbutamid; BGH GRUR 1993, 757 (758 f.) – Kollektion „Holiday".
[72] BGH GRUR 2016, 860 Rn. 16 – Deltamethrin II.
[73] BGH GRUR 1990, 687 (689) – Anzeigenpreis II.
[74] BGH GRUR 1979, 869 (870) – Oberarmschwimmringe.
[75] *Köhler* in Köhler/Bornkamm/Feddersen § 9 Rn. 1.35.
[76] Haedicke/Timmann PatR-HdB/*Zigann* § 14 Rn. 151.
[77] BGH NJW 2008, 2716 Rn. 19 – Schmiermittel.
[78] BGH GRUR 1980, 841 (842 f.) – Tolbutamid; vgl. OLG Köln GRUR-RR 2014, 329 – Converse Allstar.
[79] Haedicke/Timmann PatR-HdB/*Zigann* § 10 Rn. 85.
[80] BGH GRUR 1993, 55 (59) – Tchibo Rolex II; BGH NJW 2008, 933 – Schmiermittel; BGH NJW 2013, 2584 Rn. 20.
[81] BGH GRUR 1982, 489 (490) – Korrekturflüssigkeit.
[82] BGH GRUR 2006, 136 Rn. 23 – Pressefotos; BGH GRUR 2009, 660 Rn. 13 – Resellervertrag; BGH WRP 2010, 927 Rn. 33 – Restwertbörse.
[83] BGH GRUR 2009, 407 – Whistling for a train.
[84] BGH GRUR 2010, 239 (242) – BTK.
[85] BGH GRUR 1993, 55 (58) – Tchibo/Rolex II.
[86] BGH WRP 2000, 766 (768) – Formunwirksamer Lizenzvertrag; BGH GRUR 2006, 136 Rn. 24 – Pressefotos; BGH GRUR 2006, 143 (145 f.) – Catwalk; näher *Grüger* GRUR 2006, 536.

41 Liegen einschlägige **konkrete Lizenzverträge mit Dritten** vor, können die betreffenden Parameter auch für die Ermittlung des Schadensersatzes herangezogen werden, soweit es sich nicht um Sonderkonstellationen handelt.[87]

42 Ansonsten sind für die Bestimmung der fiktiven Lizenzgebühr[88] branchenübliche, im fraglichen Zeitraum bestehende **Vergütungssätze** und **Tarife** als Maßstab heranzuziehen.[89] Maßgeblich ist eine Betrachtung **ex post**.[90] Regelmäßig ist eine **angemessene Erhöhung** der normalerweise üblichen Lizenz vorzunehmen, um dem Risiko der Minderung des Prestigewerts des nachgeahmten Erzeugnisses Rechnung zu tragen.[91] Meistens ist von einer **Stücklizenz**[92], ausnahmsweise von einer Pauschallizenz[93] oder sogar von einer Kombination aus beiden[94] auszugehen.

43 Existiert kein marktüblicher Lizenzsatz, so sind die **Umstände des Einzelfalles**, insbesondere der wirtschaftliche Wert des verletzten Immaterialguts und die Art sowie Intensität der Verletzung maßgeblich.[95]

44 Im Einzelfall können **lizenzerhöhende oder lizenzmindernde Faktoren** zu Abweichungen vom marktüblichen Lizenzsatz führen (vgl. auch → Rn. 45).[96] Etwaige **Ersatzleistungen,** die der Verletzer seinen Vertragspartnern wegen deren Inanspruchnahme durch den Verletzten erbringt, sind nicht abzugsfähig.[97] Auch sonstige **Nachteile des Verletzers** sind nicht lizenzmindernd zu berücksichtigen.[98]

45 Ein **allgemeiner Verletzerzuschlag** aus Gründen der **Prävention** ist abzulehnen[99]; er ist insbesondere nicht aufgrund Art. 3 Abs. 2, 13 Abs. 1 S. 2b) der Durchsetzungsrichtlinie geboten.[100] Zum „Strafschadensersatz" aber auch → Rn. 28.

46 aa) **Patent- und Gebrauchsmusterrecht.** Für die maßgebliche **Bezugsgröße** gilt: Ist das **Gesamtprodukt** Gegenstand des verletzten Patentanspruchs, bezieht sich die geschuldete Lizenzgebühr regelmäßig auch auf den mit dem Produkt als Ganzem erzielten **Umsatz**[101], und zwar ohne Umsatzsteuer.[102] Vorstehendes gilt auch dann, wenn für die **Einzelteile** kein Preis am Markt bestimmbar ist.[103] Bei der Bestimmung der Lizenzgebühr ist dann zu fragen, inwieweit die Erfindung für den Produktwert bestimmend ist. Bezieht sich die Erfindung bloß auf (eine) Einzelkomponente(n) eines komplexen Gesamtprodukts, so ist zu prüfen, welche Komponenten erfindungswesentlich sind, um für diese eine Lizenzgebühr festzulegen, die dem wirtschaftlichen Vorteil aus der Patentbenutzung entspricht.[104]

47 Bei der Bestimmung des auf die ermittelte Bezugsgröße anzuwendenden **Lizenzsatz**es sind alle **lizenzerhöhenden bzw. -mindernden Faktoren** zu berücksichtigen, die bei der Preisfindung im Markt maßgeblich sind,[105] zB wirtschaftlich vernünftige Alternativen für den Verletzer, Monopolstellung aufgrund des Schutzrechts, Mitbenutzung anderer Schutzrechte, Abhängigkeit des verletzten Schutzrechts, verbesserte Wettbewerbsstellung, Bestehen eines Vorbenutzungsrechts, Höhe etwaiger frei vereinbarter Lizenzen.

48 Verwertet der Patentinhaber ein **standardessentielles Patent** durch Lizenzvergaben unter **Verwendung eines standardisierten Vertragswerks,** kann bei der Ermittlung der Schadensersatzlizenz nach § 287 Abs. 2 von den dortigen Konditionen ausgegangen werden, ohne dass es der Prüfung der

---

[87] OLG Karlsruhe GRUR-RR 2014, 55 – Schadensberechnung; Haedicke/Timmann PatR-HdB/*Zigann* § 14 Rn. 167.
[88] Benkard/*Grabinski/Zülch* § 139 Rn. 64.
[89] BGH GRUR 2006, 136 Rn. 27 – Pressefotos; BGH GRUR 2009, 407 Rn. 29 – Whistling for a train; BGH WRP 2010, 927 Rn. 36 – Restwertbörse; BGH GRUR 2016, 184 – Tauschbörse II.
[90] BGH GRUR 1993, 897 (899) – Mogul-Anlage; BGH GRUR 2000, 685 – Formunwirksamer Lizenzvertrag.
[91] BGH GRUR 2006, 143 (146) – Catwalk; vgl. zum Marktverwirrungsschaden auch BGH WRP 2010, 384 Rn. 29 – BTK.
[92] BGH GRUR 1993, 55 (56) – Tchibo/Rolex II; OLG Düsseldorf GRUR-RR 2003, 209 (210).
[93] BGH GRUR 1990, 353 (355) – Raubkopien; GRUR 1993, 899 (901) – Dia-Duplikate.
[94] Vgl. BGH GRUR 2006, 143 (146) – Catwalk.
[95] Vgl. BGH GRUR 44, 372 (391) – Messmer Tee II; BGH GRUR 1962, 401 (404 f.) – Kreuzbodenventilsäcke III; 1975, 85 (87) – Clarissa; BGH WRP 2009, 1143 Rn. 39 – CAD-Software; *Teplitzky* Kap. 34 Rn. 31.
[96] S. die Auflistung bei *Kühnen* Patentverletzung-HdB Kap. I. Rn. 85 ff.
[97] BGH GRUR 2009, 660 Rn. 39 – Resellervertrag.
[98] Vgl. BGH GRUR 1993, 899 (901) – Diaduplikate im Unterricht; Haedicke/Timmann PatR-HdB/*Zigann* § 10 Rn. 109.
[99] BGHZ 77, 16 (26) – Tolbutamid; BGHZ 82, 310 (316 f.) – Fersenabstützvorrichtung.
[100] OLG Düsseldorf BeckRS 2013, 11915– Kabelschloss (rkr.; s. BGH BeckRS 2013, 18175 – Kabelschloss); vgl. *Goldmann* WRP 2011, 950 (967); *Köhler* in Köhler/Bornkamm/Feddersen UWG § 9 Rn. 1.44; *v. Ungern-Sternberg* GRUR 2009, 460 (464); aA *Bodewig/Wandtke* GRUR 2008, 220; *Meier-Beck* WRP 2012, 503 (507); *Teplitzky* Kap. 34 Rn. 30a mwN.
[101] *Kühnen* Patentverletzung-HdB Kap. I. Rn. 108 f.
[102] BGH GRUR 2009, 660 – Resellervertrag.
[103] Benkard/*Grabinski/Zülch* § 139 Rn. 69.
[104] *Kühnen* Patentverletzung-HdB Kap. I. Rn. 109.
[105] *Kühnen* Patentverletzung-HdB Kap. I. Rn. 116 ff.

allgemeinen Üblichkeit und Angemessenheit dieser Konditionen ankommt. Der Patentinhaber muss in einem solchen Falle grundsätzlich nur eine **Liste mit den Vertragspartnern des Standardvertrages** vorlegen sowie deren Kontaktdaten mitteilen.[106] Regelmäßig ist eine **angemessene Erhöhung** der Standard-Lizenz gerechtfertigt, um Vorteile des Verletzers im Vergleich zu vertraglichen Lizenznehmern auszugleichen.[107]

bb) Markenrecht.[108] Bemessungsfaktoren für die Bestimmung der **Lizenzgebühr**, die im Markenrecht regelmäßig niedriger ausfällt als auf anderen Gebieten des gewerblichen Rechtsschutzes[109], sind insbesondere: Bekanntheitsgrad und Ruf der Marke[110]; Alter der Marke[111]; Ausmaß der Verwechslungsgefahr[112]; Bandbreite marktüblicher Lizenzen[113]; vom Verletzten am Markt durchgesetzte Lizenzsätze[114]; Zeitraum der Verletzungshandlungen.[115]

cc) Urheberrecht.[116] Die sog. **Durchsetzungs-Richtlinie** hat an der Möglichkeit der dreifachen Schadensberechnung (→ Rn. 25 ff.) nichts geändert.[117] Dazu auch → Rn. 28.

In vielen Bereichen existieren **Tarifwerke** der Verwertungsgesellschaften und Verbände, die bei der Bestimmung der angemessenen Lizenzgebühr (§ 97 Abs. 2 S. 3 UrhG) als Richtlinien herangezogen werden können, grundsätzlich jedoch nicht bindend sind.[118] Gibt es **keine branchenüblichen Vergütungssätze** und **Tarife**, ist die Höhe der als Schadensersatz zu zahlenden Lizenzgebühr vom Tatrichter gem. § 287 unter Würdigung aller Umstände des Einzelfalls nach seiner freien Überzeugung zu bemessen, wobei an Art und Umfang der vom Geschädigten beizubringenden Schätzgrundlagen nur geringe Anforderungen zu stellen sind; dem Tatrichter kommt zudem in den Grenzen eines **freien Ermessens** ein großer Spielraum zu[119], wobei im Rahmen der Schätzung der Höhe des Schadensersatzanspruchs die Intensität und das Ausmaß der unerlaubten Nutzung zu berücksichtigen sind.[120] Bei Urheberrechtsverletzungen durch Filesharing können etwa **verkehrsübliche Entgeltsätze für legale Downloadangebote** im Internet und **Rahmenvereinbarungen der Tonträger-Branche** für die Schätzung herangezogen werden.[121] Das Gericht kann bei der Schadensschätzung die Höhe der fiktiven Lizenzgebühr, die zum Ausgleich dieses Schadens geschuldet ist (§ 97 Abs. 2 S. 3 UrhG), in Form eines **Zuschlags** auf die (fiktive) Lizenzgebühr bemessen, die für die Nutzung des Schutzgegenstands zu zahlen ist.[122] Beim **Filesharing von Computerspielen** können die nach der „Faktorrechtsprechung" für das Filesharing von Musiktiteln aufgestellten Grundsätze[123] sinngemäß für den im Wege der Lizenzanalogie zu ermittelnden Schadensersatz angewandt werden[124]. Für die nach Maßgabe von § 287 Abs. 1 ZPO vorzunehmende Schadensschätzung spielen dabei neben dem Verkaufspreis des Computerspiels im Verletzungszeitpunkt auch die Aktualität und Attraktivität des Programms ebenso wie die Anzahl und Dauer der ermittelten Verletzungshandlungen eine erhebliche Rolle.[125]

Im Falle der unbefugten öffentlichen Zugänglichmachung von **Lichtbildern** kann im Rahmen der Schadensschätzung maßgeblich auf den wirtschaftlichen Wert der durch einen elektronischen Verweis bewirkten Werbung für die Internetseite des Rechtsinhabers abgestellt werden, wenn letzterer für den Fall eines elektronischen Verweises auf seine Internetseite eine kostenlose Lizenz für die Nutzung der Fotografien angeboten hatte.[126]

---

[106] LG Mannheim InstGE 12, 160 – Orange-Book-Lizenz.
[107] LG Mannheim InstGE 12, 160 – Orange-Book-Lizenz; LG München I NJOZ 2011, 1318; *Meier-Beck* WRP 2012, 503 (507).
[108] S. zu materiell-rechtlichen Einzelheiten *Fezer* MarkenG § 14 Rn. 1027 ff.
[109] *Ströbele/Hacker/Thiering* MarkenG § 14 Rn. 699 ff. mwN und zahlreichen Bsp.
[110] BGH GRUR 2010, 239 (241) – BTK.
[111] *Michaeli/Kettler* MarkenR 2010, 413 (418 f.).
[112] BGH GRUR 2010, 239 (241) – BTK.
[113] BGH GRUR 2010, 239 (241) – BTK.
[114] BGH GRUR 2009, 407 (409) – Whistling for a train; BGH GRUR 2009, 660 (663) – Resellervertrag.
[115] Vgl. BGH GRUR 2009, 407 (409) – Whistling for a train; OLG Düsseldorf GRUR 2003, 209 (210) – Meißner Dekor.
[116] *v. Wolff* in Wandtke/Bullinger UrhG § 97 Rn. 74 ff.
[117] BGH GRUR 2016, 176 Rn. 55 – Tauschbörse I.
[118] BGH GRUR 1966, 570 (572 ff.) – Eisrevue III; BGH GRUR 1974, 35 (37 ff.) – Musikautomat; BGH GRUR 1983, 565 (566) – Tarifüberprüfung II; BGHZ 97, 37 (41) – Filmmusik; BGH GRUR 1984, 52 – Tarifüberprüfung I; BGH GRUR-RR 2013, 360 – Begleitmusik zu Computerspiel; BGH GRUR 2016, 184 – Tauschbörse II.
[119] BGH GRUR 2016, 191 Rn. 51 mwN – Tauschbörse III; BGH GRUR 2019, 292 (294) – Foto eines Sportwagens; BGH GRUR 2020, 990 (993) – Nachlizenzierung; OLG München GRUR 2019, 828 (830) – Lizenzanalogie bei Stadtplänen.
[120] OLG Jena GRUR-RR 2020, 518 – Babybilder.
[121] BGH GRUR 2016, 191 Rn. 52 – Tauschbörse III.
[122] Vgl. BGH GRUR 2015, 780 Rn. 39 – Motorradteile.
[123] BGH GRUR 2016, 176 – Tauschbörse I.
[124] OLG Celle GRUR-RR 2019, 420 – Schadensschätzung; OLG Celle GRUR-RR 2020, 146 – Saints Row IV.
[125] OLG Frankfurt a. M. GRUR-RR 2020, 346 – Saints Row IV.
[126] BGH GRUR 2015, 258 Rn. 75 – CT-Paradies; BGH GRUR 2016, 1280 Rn. 56 – Every Time we Touch; s. zu Einzelfallentscheidungen die Zitate bei *Nordemann* GRUR-RR 2017, 169 (170).

53 Die angemessene Lizenzgebühr für **professionelle Fotos** kann sich im Falle einer **Folgelizenzierung** an Vertriebspartner des Auftraggebers sowie zur Ermittlung eines Aufschlags für einen unterlassenen Urhebervermerk an der Vergütung orientieren, die die eigentlichen Vertragsparteien für die Verwendung der Fotografien (Homepage, Hauskatalog, Poster, Pressearbeit) veranschlagt hatten.[127] In der obergerichtlichen Rechtsprechung wird uneinheitlich beurteilt, ob die **Preise der MFM bei Zweitverwertung von Auftragsfotografien** uneingeschränkt als angemessene Lizenzgebühr anwendbar sind.[128]

54 Sind Eltern gemäß § 832 BGB unter dem Gesichtspunkt der **Verletzung ihrer Aufsichtspflicht** für eine durch die zu beaufsichtigende Person widerrechtlich herbeigeführte Urheberrechtsverletzung verantwortlich, kann der zu ersetzende Schaden nach den Grundsätzen der Lizenzanalogie berechnet werden.[129]

55 Bei der Bestimmung einer weiteren angemessenen Beteiligung im Sinne von **§ 32a UrhG** geht es schließlich ebenso wie bei der Anwendung von § 32 Abs. 2 S. 2 UrhG darum, dass das Tatgericht im Rahmen seines weit gefassten Ermessens gemäß § 287 Abs. 2 ZPO im Einzelfall die nach den Umständen sachgerechteste Bewertungsart auswählt und anwendet und der vom Gesetzgeber lediglich generalklauselartig und unspezifisch gefassten Aufgabe gerecht wird, eine angemessene Beteiligung des Urhebers an den Vorteilen der Auswertung des von ihm (mit)geschaffenen Werkes sicherzustellen.[130]

56 dd) **Designrecht.** Ein erheblicher Aufschlag im Vergleich zur üblichen Lizenzhöhe kann gerechtfertigt sein, wenn die rechtsverletzenden Erzeugnisse nicht dem **Qualitätsniveau** von mustergemäßen Erzeugnissen entsprechen.[131]

57 c) **Verletzergewinn.** Die Ermittlung des Schadens anhand der Methode „**Verletzergewinn**" ist gewohnheitsrechtlich anerkannt und inzwischen kodifiziert (→ Rn. 24). Eines Rückgriffs auf den Gedanken einer Geschäftsführung ohne Auftrag bedarf es demnach nicht (mehr).[132]

58 Es wird im Rahmen dieser Methodik **fingiert,** dass der Verletzte den herausverlangten Gewinn selbst hätte erzielen können, wobei es sich dogmatisch um einen Anspruch auf „Entschädigung" für schuldhafte Schutzrechtsverletzung handelt.[133] Ziel der Schadensermittlung ist die **Abschöpfung des Verletzergewinns,** womit das schädigende Verhalten **sanktioniert** werden soll.[134]

59 Der erzielte Gewinn ist nur insoweit herauszugeben, als er auf der Rechtsverletzung **beruht.**[135] Im Falle der Verletzung von **gewerblichen Schutzrechten** und im Falle der wettbewerbswidrigen Leistungsübernahme (§ 4 Nr. 9 UWG) ist der Verletzergewinn regelmäßig nicht ausschließlich, oft nicht einmal überwiegend auf die Verletzungshandlung zurückzuführen.[136] Im Falle der Verletzung von **Betriebsgeheimnissen** ist demgegenüber grundsätzlich der gesamte unter Einsatz des geheimen Knowhows erzielte Gewinn herauszugeben.[137] **Darlegungs- und beweisbelastet** für die die Kausalität begründenden Umstände ist der Anspruchsteller.[138]

60 Je größer die **Ähnlichkeit** des rechtsverletzenden Erzeugnisses zur geschützten Vorlage ist, desto höher ist der Verletzergewinn anzusetzen.[139]

61 Der **herauszugebende Gewinnanteil** unterliegt der Schätzung nach § 287,[140] es sei denn, dass jeglicher Anhaltspunkt für eine Schätzung fehlt.[141] Die Basis der Schätzung liegt in der Frage, inwieweit die rechtswidrige Handlung **ursächlich für den Kaufentschluss** war. Dabei kommt es darauf an, von welchen Gesichtspunkten sich ein durchschnittlich informierter, aufmerksamer und verständiger Kunde bei seiner Kaufentscheidung leiten lässt. Dabei handelt es sich um eine **Wertung,**

---

[127] OLG Hamm MMR 2016, 549.
[128] Überzeugend verneint von OLG Hamm GRUR-RR 2016, 188 – Beachfashion, weil die Erstvergütung auch die Arbeitsleistung des Fotografen abdecke; vgl. auch KG ZUM 2016, 657; vgl. OLG Frankfurt a.M. GRUR-RS 2016, 12035 – Modefotografie; aA OLG Celle GRUR-RS 2015, 19367 – Schul-Homepage.
[129] BGH GRUR 2016, 184 – Tauschbörse II.
[130] BGH GRUR 2020, 611 – Das Boot II.
[131] *Eichmann/Jestaedt/Fink*/Meiser DesignG § 42 Rn. 62.
[132] Vgl. *Meier-Beck* WRP 2012, 503 (505).
[133] Vgl. BGH GRUR 1962, 509 – Dia-Rähmchen II; BGH GRUR 2001, 329 – Gemeinkostenanteil; *Meier-Beck* GRUR 2005, 617.
[134] BGH GRUR 2001, 329 (331) – Gemeinkostenanteil.
[135] BGH GRUR 2007, 431 Rn. 37 – Steckverbindergehäuse; BGH WRP 2008, 938 Rn. 7 – entwendete Datensätze mit Konstruktionszeichnungen; BGH WRP 2009, 1129 Rn. 41 – Tripp-Trapp-Stuhl; BGH GRUR 2010, 390 Rn. 20 – Zoladex; BGH GRUR 2015, 269 Rn. 17 ff. – K-Theory.
[136] BGH GRUR 2006, 419 Rn. 15 – Noblesse; BGH WRP 2008, 938 Rn. 8 – entwendete Datensätze mit Konstruktionszeichnungen; *Köhler* in Köhler/Bornkamm/Feddersen UWG § 9 Rn. 1.87.
[137] BGH GRUR 1985, 294 (296) – Füllanlage; BGH WRP 2008, 938 Rn. 9 – entwendete Datensätze mit Konstruktionszeichnungen.
[138] OLG Düsseldorf BeckRS 2015, 13605 – Funkarmbanduhr.
[139] OLG Hamburg GRUR-RR 09, 136 (138) – Gipürespitze II zu § 1 UWG aF.
[140] BGH GRUR 2006, 419 Rn. 16 – Noblesse; BGH GRUR 2007, 431 Rn. 38 – Steckverbindergehäuse.
[141] BGH WRP 2009, 1129 Rn. 42 – Tripp-Trapp-Stuhl.

die mit der Würdigung eines Mitverschuldens vergleichbar ist.[142] Entscheidend sind die **Umstände des Einzelfalles**.[143]

Bei **hochpreisigen Anlagegütern**, die in relativ geringen Stückzahlen vertrieben wurden, kann **62** sich zwecks tatrichterlicher Feststellung eine stichprobenartige Befragung der zur relevanten Zeit für den Einkauf zuständigen Mitarbeiter derjenigen Unternehmen anbieten, die die Verletzungsprodukte bezogen.[144] Bei **Masseartikeln** werden die Tatrichter vielfach zu den angesprochenen Verkehrskreisen gehören und so aus eigener Anschauung die dem Kaufentschluss zugrunde liegenden Überlegungen eigenständig beurteilen können.[145]

Ein etwaiger **besonderer Einsatz des Verletzers** im Rahmen der Vermarktung wirkt sich nicht **63** gewinnmindernd aus.[146] Entsprechendes gilt für den Fall, dass der Verletzergewinn die angemessene Lizenzgebühr beträchtlich übersteigt.[147] Der **Verschuldensgrad** der Verletzungshandlung ist bedeutungslos für den Kausalanteil.[148]

Vom so ermittelten Verletzergewinn ist grundsätzlich kein Gemeinkostenanteil abzuziehen, es sei **64** denn, dass ausnahmsweise die Gemeinkosten den rechtsverletzenden Gegenständen **unmittelbar zugerechnet** werden können.[149] Letzteres hat der Verletzer darzutun/zu beweisen.[150] Denn der Verletzte ist so zu stellen, als hätte er ohne die Rechtsverletzung in gleicher Weise wie der Verletzer einen Gewinn erzielt. Dann hätte der Verletzte einen **Deckungsbeitrag** zu seinen eigenen Gemeinkosten erwirtschaften können.[151]

Anlässlich der Unterscheidung von abzugsfähigen und nicht abzugsfähigen Kosten ist eine gewisse **65** **Typisierung** geboten, die sowohl der gebotenen Praktikabilität als auch dem Zweck dieser Methodik der Schadensermittlung Rechnung trägt.[152] Dabei ist zu unterstellen, dass der Verletzte einen entsprechenden Betrieb unterhält, der dieselben Produktions- und Vertriebsleistungen wie der Betrieb des Verletzers hätte erbringen können.[153] Eine unmittelbare Zuordnung kann ua dann zu bejahen sein, wenn der Verletzer ohne die Verletzungshandlungen aus wirtschaftlich Gründen (jenseits von üblichen Nachfrageschwankungen) **kapazitätsreduzierende Maßnahmen** getroffen hätte.[154]

Zwei Kriterien sind dabei entscheidend:[155] Erstens die Frage, ob es sich um vom Verletzungsprodukt **66** unabhängige „**sowieso**"-**Kosten** handelt; zweitens die Frage, ob die Kosten auch **im fingierten Herstellungsbetrieb des Verletzten** angefallen wären.

Abzugsfähig sind demnach insbesondere:[156] Kosten für Produktion, Material und Vertrieb; Kosten **67** für Personaleinsatz bei Herstellung und Vertrieb; Kosten für Maschinen und Räumlichkeiten (anteilig bezogen auf die Lebensdauer), die nur für die Herstellung und den Vertrieb der Nachahmungen eingesetzt werden;[157] Kosten für freiwillige **Retouren** mangelfreier Ware (wie im Versandhandel üblich).[158]

Nicht abzugsfähig sind hingegen ua:[159] Kosten, die unabhängig vom Umfang der Produktion und **68** des Vertriebs durch die Unterhaltung des Betriebs entstanden sind. Dazu gehören: allgemeine Marketingkosten; Geschäftsführergehälter; Gehälter für Mitarbeiter, die mit anderen Produkten beschäftigt sind;[160] Verwaltungskosten und Kosten für Anlagevermögen, das nicht konkret der Rechtsverletzung zurechenbar ist; ferner Anlauf- und Entwicklungskosten und Kosten für unverkäuflich gewordene Produkte;[161] Transportkosten, soweit es sich nicht um „Sonderfahrten" pp. exklusiv für das konkrete Verletzungsprodukt handelt.[162]

aa) Wettbewerbsrecht. Bei der **wettbewerbswidrigen Leistungsübernahme** sind insbesondere **69** folgende Gesichtspunkte zu berücksichtigen: Bekanntheit des nachgeahmten Produkts und der Grad

---

[142] BGH GRUR 2007, 431 Rn. 37 – Steckverbindergehäuse.
[143] BGH GRUR 2007, 431 Rn. 39 – Steckverbindergehäuse; OLG Hamburg GRUR-RR 2009, 136 (139) – Gipürespitze II.
[144] Kühnen Patentverletzung-HdB Kap. I. Rn. 198.
[145] Kühnen Patentverletzung-HdB Kap. I. Rn. 198.
[146] BGH GRUR 2001, 329 (332) – Gemeinkostenanteil.
[147] OLG Düsseldorf GRUR 2004, 53; OLG Hamburg GRUR-RR 2009, 136 (139) – Gipürespitze II.
[148] OLG Düsseldorf BeckRS 2015, 13605 – Funkarmbanduhr.
[149] BGH GRUR 2007, 431 Rn. 25 ff. – Steckverbindergehäuse; im Einzelnen sehr streitig: S. zum Meinungsstand Grabinski GRUR 2009, 260; *Meier-Beck* WRP 2012, 503.
[150] BGH GRUR 2001, 329 – Gemeinkostenanteil.
[151] BGH GRUR 2001, 329 (331) – Gemeinkostenanteil.
[152] BGH GRUR 2007, 431 Rn. 30 – Steckverbindergehäuse.
[153] BGH GRUR 2007, 431 Rn. 31 – Steckverbindergehäuse.
[154] OLG Düsseldorf InstGE 13, 199 – Schräg-Raffstore.
[155] BGH GRUR 2007, 431 – Steckverbindergehäuse; kritisch kritisch unter Hinweis auf die Neufassung des § 139 Abs. 2 PatG pp. durch die Enforcement-RL: *Meier-Beck* WRP 2012, 503.
[156] Weitere Einzelheiten bei Kühnen Patentverletzung-HdB Kap. I Rn. 170 ff.
[157] BGH GRUR 2007, 431 Rn. 31 – Steckverbindergehäuse.
[158] OLG Düsseldorf BeckRS 2015, 13605 – Funkarmbanduhr.
[159] Weitere Einzelheiten bei Kühnen Patentverletzung-HdB Kap. I. Rn. 181 ff.
[160] AA OLG Köln GRUR-RR 2013, 398 – Bigfoot II.
[161] BGH GRUR 2007, 431 Rn. 32 – Steckverbindergehäuse.
[162] OLG Köln GRUR-RR 2013, 398 – Bigfoot II.

der Nachahmung, uU soll auch der günstigere Preis des nachgeahmten Produkts von Bedeutung sein;[163] das Bestreben, sich mehrere Bezugsquellen zu eröffnen[164].

70 Bei **technischen Erzeugnissen** kann selbst im Falle der identischen Nachahmung neben der Gestaltung auch die technische Funktionalität eine Rolle für die Kaufentscheidung spielen.[165] Das Gericht muss wenigstens einen **Mindestschaden** schätzen, es sei denn, dass ausnahmsweise selbst dafür jeglicher Anhaltspunkt fehlt.[166] Wenn kein unverhältnismäßiger Aufwand zu erwarten ist, kommt in einem solchen Falle auch die Einschaltung eines Sachverständigen in Betracht.[167]

71 bb) **Patent- und Gebrauchsmusterrecht.** Die Grundsätze der BGH-Entscheidung „Gemeinkostenanteil"[168] betreffend ein Geschmacksmuster finden auch auf das Patentrecht Anwendung.[169]

72 Wird zwar die technische Lehre des Patents benutzt, werden dessen **Vorteile** jedoch nicht erzielt, kann die Benutzung eine allenfalls vernachlässigungswerte Entscheidung für das Kaufverhalten haben.[170]

73 Bei der Bestimmung des herauszugebenden Anteils des Verletzergewinns, der durch die Benutzung der erfindungsgemäßen Lehre vermittelt worden ist, ist regelmäßig auch zu berücksichtigen, ob und inwieweit die erfindungsgemäße Ausgestaltung oder die damit unmittelbar oder mittelbar verbundenen technischen oder wirtschaftlichen Vorteile **für die Abnehmer des Patentverletzers erkennbar** waren oder ihnen gegenüber **werblich herausgestellt** wurden.[171] Selbstverständlich kann es jedoch – gerade bei an private Abnehmer veräußerten Erzeugnissen – nicht allein auf die Wahrnehmbarkeit der patentgemäßen Details ankommen.[172]

74 Dass der Verletzer das Produkt zu deutlich **niedrigeren Preisen** anbieten konnte, darf grundsätzlich nicht zu seinen Gunsten bei der Schätzung des Kausalanteils berücksichtigt werden.[173] Der Einwand des Verletzers, er hätte den Gewinn auch bei einem nicht das Schutzrecht verletzenden Verhalten erzielen können, ist unbeachtlich, insbesondere wenn eine nichtverletzende Produktgestaltung im Verletzungszeitraum gar nicht zur Verfügung stand.[174]

75 Der Kausalanteil des verletzten Patents wird maßgeblich durch den Abstand gegenüber dem im Verletzungszeitpunkt marktrelevanten **Stand der Technik** bestimmt, indem bestimmte Nachteile vermieden oder bestimmte Vorteile erzielt werden.[175] War eine denkbare **technische Alternative** ebenfalls zugunsten des Anspruchstellers geschützt, kommt keine Minderung des Kausalanteils in Betracht.[176]

76 Vermittelt das verletzte Patent eine **bloße Detailverbesserung** im Vergleich zum Stand der Technik, kann **ausnahmsweise** die besondere **Vertriebsstruktur des Verletzers** ein Kausalfaktor sein, der für einen hohen Umsatz/Gewinn ursächlich und daher zugunsten des Verletzers berücksichtigungsfähig ist.[177]

77 Benutzte der Verletzer zugleich **weitere Schutzrechte,** schmälert dies den herauszugebenden Verletzergewinn gemäß dem Verhältnis der Wertigkeit des Klagepatents zu den anderen Schutzrechten, soweit eine Haftung wegen weiterer Schutzrechte nicht im Einzelfall ausgeschlossen ist (wegen Verjährung, Verwirkung etc).[178] **Eigene Schutzrechte des Verletzers** sind nur von Bedeutung, wenn sie den Kaufentschluss der Abnehmer tatsächlich beeinflusst haben können.[179] Entsprechendes gilt für eine **Lizenznahme fremder Schutzrechte.**[180]

78 cc) **Markenrecht.** Wäre die Ware ohne die rechtsverletzende Kennzeichnung **praktisch unverkäuflich** gewesen, ist der Verletzergewinn vollständig herauszugeben.[181] Gleiches kommt bei der **Verletzung dreidimensionaler Warenformmarken** in Betracht.[182] Auch beim Vertrieb von **Arz-**

---

[163] BGH WRP 2008, 938 Rn. 8 – Entwendete Datensätze mit Konstruktionszeichnungen.
[164] *Köhler* in Köhler/Bornkamm/Feddersen UWG § 9 Rn. 1.48.
[165] BGH GRUR 2007, 431 Rn. 40 – Steckverbindergehäuse.
[166] BGH GRUR 1993, 55 (59) – Tchibo/Rolex II.
[167] BGH GRUR 1993, 757 (760) – Kollektion „Holiday".
[168] GRUR 2001, 329 – Gemeinkostenanteil.
[169] OLG Düsseldorf BeckRS 2013, 11915 – Kabelschloss mwN (rkr.: s. BGH GRUR 2013, 1212 – Kabelschloss).
[170] OLG Düsseldorf BeckRS 2010, 16645.
[171] BGH GRUR 2013, 1212 – Kabelschloss.
[172] BGH GRUR 2013, 1212 – Kabelschloss; OLG Düsseldorf BeckRS 2015, 13605 – Funkarmbanduhr.
[173] OLG Düsseldorf BeckRS 2013, 11915 – Kabelschloss (rkr.: s. BGH BeckRS 2013, 18175 – Kabelschloss).
[174] BGH GRUR 2012, 1226 – Flaschenträger.
[175] OLG Düsseldorf BeckRS 2015, 13605 – Funkarmbanduhr.
[176] OLG Düsseldorf BeckRS 2015, 13605 – Funkarmbanduhr.
[177] OLG Düsseldorf BeckRS 2015, 13605 – Funkarmbanduhr.
[178] OLG Düsseldorf BeckRS 2015, 13605 – Funkarmbanduhr.
[179] OLG Düsseldorf BeckRS 2015, 13605 – Funkarmbanduhr.
[180] OLG Düsseldorf BeckRS 2015, 13605 – Funkarmbanduhr.
[181] Vgl. BGH GRUR 2006, 419 (420) – Noblesse; OLG Hamburg GRUR-RR 2005, 258 (260) – Ahoi-Brause.
[182] BGH GRUR 2006, 419 (420) – Noblesse.

neimitteln, die ohne die Verwendung der Marke des Verletzten nicht verkehrsfähig gewesen wären, ist der volle Gewinn herauszugeben.[183]

Im Übrigen gilt jedoch: Weil eine Marke (jedenfalls abgesehen von o. g. Warenformmarken) **kein** **produktbezogenes Schutzrecht** darstellt, sondern nur die Kennzeichnung von Produkten unter Schutz stellt, ist hier besonders sorgfältig zu prüfen, inwieweit der Verletzergewinn auf der Schutzrechtsverletzung beruht.[184]

dd) Designrecht. Auch bei der Verletzung eines Designs kommt grundsätzlich die Berücksichtigung anderer Umstände als bestimmende Faktoren für die Kaufentscheidung in Betracht.[185] Jedoch kann der Verletzer sich nicht mit Erfolg darauf berufen, von Dritten würden ähnliche Erzeugnisse vertrieben und es bestehe keine Identität zwischen der Verletzungsform und dem verletzten Design, wenn aufgrund der **Übereinstimmungen im Gesamteindruck** die gleichen Kundenkreise angesprochen werden.[186]

ee) Urheberrecht. Der Verletzergewinn, bei dessen Ermittlung die Höhe der abzugsfähigen Kosten der gerichtlichen Schätzung nach § 287 ZPO unterliegt[187], ist nach einer Verletzung urheberrechtlicher Nutzungsrechte nur insoweit herauszugeben, als er auf der Rechtsverletzung beruht.[188] Beim urheberrechtsverletzenden Verkauf einer unfreien Bearbeitung kommt es insoweit maßgeblich darauf an, inwieweit der Entschluss der Käufer zum Erwerb der angegriffenen Ausführung gerade darauf zurückzuführen ist, dass diese die Züge erkennen lässt, auf denen der Urheberrechtsschutz des benutzten Werkes beruht. Jedenfalls dann, wenn es um die Verletzung des Urheberrechts an einem Werk der angewandten Kunst geht, kann nicht ohne Weiteres davon ausgegangen werden, dass der Verletzergewinn im Falle einer identischen Nachahmung vollständig auf der Verletzung beruht. Vielmehr sind in einem solchen Fall regelmäßig auch andere Faktoren für die Kaufentscheidung maßgeblich.

4. Sortenschutzrecht. Für den **Umfang des Schadensersatzanspruchs** wegen Verletzung eines **Sortenschutzrechts** gilt nach **EuGH** Folgendes (zu neueren Entwicklungen in der Rspr. des EuGH auch → Rn. 28):

Art. 94 der VO (EG) Nr. 2100/94 des Rates vom 27.7.1994 über den gemeinschaftlichen Sortenschutz (Sortenschutz-VO) ist dahin auszulegen, dass der Schadensersatzanspruch, der dem Inhaber einer geschützten Pflanzensorte aus deren Verletzung nach dieser Vorschrift zusteht, den **gesamten ihm entstandenen Schaden** umfasst, ohne dass auf der Grundlage dieses Artikels ein **pauschaler Verletzerzuschlag** angesetzt oder speziell die Herausgabe der Gewinne und Vorteile angeordnet werden kann, in deren Genuss der Verletzer gelangt ist.[189]

Der in Art. 94 der Sortenschutz-VO enthaltene Begriff „angemessene Vergütung" ist dahin auszulegen, dass er **außer der üblichen Gebühr**, die für die Erzeugung in Lizenz zu zahlen wäre, alle Schäden erfasst, die **eng damit zusammenhängen**, dass diese Gebühr nicht gezahlt wurde, wozu insbesondere die Zahlung von Verzugszinsen gehören kann. Es ist Sache des vorlegenden Gerichts festzustellen, welche Umstände eine Erhöhung dieser Gebühr verlangen, wobei **kein Umstand mehr als einmal** für die Bemessung der angemessenen Vergütung in Ansatz gebracht werden darf.[190]

Art. 94 der Sortenschutz-VO ist dahin auszulegen, dass die Höhe des in dieser Bestimmung genannten Schadens **anhand konkreter Gesichtspunkte,** die der Inhaber der verletzten Sorte insoweit vorträgt, festzulegen ist, **nötigenfalls pauschaliert,** wenn die Gesichtspunkte nicht quantifizierbar sind. Es läuft dieser Bestimmung weder zuwider, dass die Kosten eines erfolglosen Verfahrens des vorläufigen Rechtsschutzes nicht in die Bemessung dieses Schadens einfließen, noch dass im Rahmen des Ausgangsverfahrens entstandene **außergerichtliche Kosten** keine Berücksichtigung finden. Eine Nichtberücksichtigung dieser Kosten setzt jedoch voraus, dass die Höhe der von dem durch die Verletzung Geschädigten möglicherweise zu tragenden Prozesskosten nicht dazu geeignet ist, ihn in Anbetracht der von ihm als außergerichtliche Kosten zu tragenden Beträge und ihres Nutzens für die Schadensersatzklage davon abzuhalten, seine Rechte gerichtlich geltend zu machen.[191]

II. Marktverwirrungs-/Diskreditierungsschaden

Marktverwirrungs- oder Diskreditierungsschäden sind solche Schäden, die durch einen Imageverlust des vom Berechtigten schutzrechtsgemäß hergestellten Produkts infolge der Verletzungshandlungen

---

[183] BGH WRP 2010, 390 Rn. 20 – Zoladex; BGH BeckRS 2010, 28285 – Acerbon.
[184] Vgl. Ströbele/Hacker/*Thiering* MarkenG § 14 Rn. 685.
[185] *Eichmann/Jestaedt*/Fink/Meiser DesignG § 42 Rn. 53 mwN.
[186] LG München I Mitt. 2009, 43 – Carrybag; *Eichmann/Jestaedt*/Fink/Meiser DesignG § 42 Rn. 53.
[187] BGH GRUR 2007, 431 – Steckverbindergehäuse; OLG Frankfurt a. M. GRUR-RR 2020, 298 (301) – Modefotograf.
[188] BGH GRUR 2009, 856 (861) – Tripp-Trapp-Stuhl.
[189] EuGH GRUR 2016, 1043 – Jørn Hansson/Jungpflanzen Grünewald GmbH mkritAnm v. *Trauernicht*.
[190] EuGH GRUR 2016, 1043 – Jørn Hansson/Jungpflanzen Grünewald GmbH mkritAnm v. *Trauernicht*.
[191] EuGH GRUR 2016, 1043 – Jørn Hansson/Jungpflanzen Grünewald GmbH mkritAnm v. *Trauernicht*.

eintreten (zB wegen Mängeln des Verletzungsprodukts, die der Kunde auf das Original projiziert; Preisverfall).[192]

87 Wenn ein **Marktverwirrungsschaden** ausnahmsweise nicht im Wege der Naturalrestitution – also durch eine Marktentwirrung – behoben werden kann oder dies zur Entschädigung nicht genügt, hat der Verletzer den Verletzten nach § 251 Abs. 1 BGB in Geld zu entschädigen.[193] Die **Schadensschätzung** gem. § 287 hat sich dabei an **Art, Inhalt, Zeitpunkt, Dauer** sowie **Intensität der Verletzungshandlung,** nicht jedoch an den Kosten der Werbung zu orientieren.[194]

88 Die bloße **Abbildung eines Plagiats in einem Katalog** mit vielen vergleichbaren Artikeln verursacht regelmäßig keinen Marktverwirrungsschaden.[195] Weil der Marktverwirrungsschaden nicht gleichbedeutend mit dem entgangenen Gewinn ist, kann im Falle der Minderung des Ansehens des nachgeahmten Produkts die Entschädigung zusätzlich zum entgangenen Gewinn (oder zur fiktiven Lizenzgebühr bzw. zum Verletzergewinn) verlangt werden, soweit er bei der dortigen Schadensermittlung nicht bereits eingeflossen ist.[196]

III. Schadensersatz bei mittelbarer Patentverletzung

89 Bei der Bemessung des Schadens wegen mittelbarer Patentverletzung kommt es auf den tatsächlichen **Umfang der Patentbenutzung durch die Abnehmer** an, weil sich die Schadenshöhe nach dem Umfang der tatsächlichen Nutzung bestimmt.[197] Kann der Gläubiger im **Höheprozess** die tatsächliche Nutzung durch die Abnehmer nicht im Einzelnen nachweisen (etwa nach Durchführung einer Besichtigung nach § 140c PatG oder durch Zeugenbeweis, der ggf. nach § 377 Abs. 3 schriftlich erhoben werden kann[198] ist diese nach § 287 Abs. 1 zu schätzen, wenn es sich (wie zB bei Masseartikeln) um eine unüberschaubare Anzahl von Abnehmern handelt.[199]

IV. Berechnung der Zwangslizenzgebühr

90 Die Festsetzung der Höhe der Lizenzgebühr für eine Zwangslizenz kann im Wege der Schätzung (§ 287 Abs. 1 und 2 ZPO iVm § 99 Abs. 1 PatG) unter Berücksichtigung der zur Bemessung der Lizenzhöhe entwickelten Grundsätze und der von den Parteien vorgetragenen Anhaltspunkte erfolgen.[200]

§ 288 Gerichtliches Geständnis

(1) **Die von einer Partei behaupteten Tatsachen bedürfen insoweit keines Beweises, als sie im Laufe des Rechtsstreits von dem Gegner bei einer mündlichen Verhandlung oder zum Protokoll eines beauftragten oder ersuchten Richters zugestanden sind.**

(2) **Zur Wirksamkeit des gerichtlichen Geständnisses ist dessen Annahme nicht erforderlich.**

Literatur: *Gehrlein,* Reichweite eines Geständnisses im Zivilprozess, MDR 2016,1; *Orfanides,* Probleme des gerichtlichen Geständnisses, NJW 1990, 3174; *Pawlowski,* Keine Bindung an Geständnisse im Zivilprozeß?, MDR 1997, 7; *E. Schneider,* Das Geständnis im Zivilprozess, MDR 1991, 297.

Übersicht

	Rn.
A. Regelungsgehalt	1
B. Begriff und Abgrenzung	2
C. Voraussetzungen	5
I. Ungünstige Tatsache	5
II. Erklärung in der mündlichen Verhandlung	16
D. Rechtsfolgen	24

A. Regelungsgehalt

1 Die Möglichkeit, dass eine Partei nach §§ 288 ff. vor Gericht bindende Erklärungen darüber abgibt, dass eine vom Prozessgegner behauptete und für sie (den Geständigen) ungünstige Tatsache wahr sei,

---

[192] BGH GRUR 1975, 85 (87) – Clarissa; eingehend *Schramm* GRUR 1974, 617.
[193] *Köhler* in Köhler/Bornkamm/Feddersen UWG § 9 Rn. 1.34.
[194] BGH GRUR 1987, 364 (365) – Vier-Streifen-Schuh.
[195] OLG Frankfurt a. M. GRUR-RR 2003, 204 (205).
[196] BGH GRUR 1982, 489 (490) – Korrekturflüssigkeit; BGH GRUR 2010, 239 Rn. 29 – BTK.
[197] BGH GRUR 2007, 773 (777) – Rohrschweißverfahren; BGH GRUR 2013, 713 (714) – Fräsverfahren.
[198] Vgl. LG Düsseldorf InstGE 13, 97 – Oberflächenvorbehandlung.
[199] *Kühnen* Patentverletzung-HdB Kap. D. Rn. 649; Haedicke/Timmann PatR-HdB/*Zigann* § 14 Rn. 235.
[200] BPatG GRUR 2018, 803 (806 f.) – Isentress II.

erklärt sich vor dem Hintergrund des die ZPO beherrschenden **Beibringungsgrundsatzes** (→ § 138 Rn. 1). Die Parteien disponieren grundsätzlich über die Tatsachengrundlagen des Prozesses. Liegt ein Geständnis vor, so entfällt hinsichtlich der betreffenden Tatsache die **Beweisbedürftigkeit.** Insofern deckt sich das gerichtliche Geständnis in seiner Wirkung mit den Regelungen in §§ 138 Abs. 3, 331 Abs. 1, 291 und 292. In Verfahren, die dem Amtsermittlungsgrundsatz unterliegen (etwa das gebrauchsmusterrechtliche Löschungs- und Feststellungsverfahren) ist daher für ein Geständnis kein Raum.[1] Das Gericht ist in derartigen Verfahren, zu denen etwa selbst an einen übereinstimmenden Vortrag der Parteien nicht gebunden.

B. Begriff und Abgrenzung

Ein gerichtliches Geständnis gem. § 288 liegt vor, wenn eine Partei eine ihr ungünstige gegnerische Tatsachenbehauptung in einer mündlichen Verhandlung oder anlässlich einer dieser gleichgestellten Gelegenheit zugesteht.[2] Das gerichtliche Geständnis ist eine **Prozesshandlung,** so dass seine Wirksamkeit vom Vorliegen der allgemeinen Voraussetzungen für Prozesshandlungen abhängt.[3] In **Berufungsinstanz** gilt § 535 ZPO.

Das Geständnis bezieht sich auf **Tatsachen,** während das **Anerkenntnis gem. § 307** die Erklärung enthält, dass der geltend gemachte **prozessuale Anspruch** bestehe und die zugrunde liegende **Rechtsbehauptung** zutreffe.[4] Der Tatsachenbezug des Geständnisses unterscheidet es zugleich vom **Verzicht nach § 306,** der als Gegenstück zum Anerkenntnis ebenfalls den prozessualen Anspruch betrifft; ferner kann der Verzicht notwendig nur durch den Kläger erfolgen, während Urheber des Geständnisses nach § 288 ZPO ohne Rücksicht auf die Parteirollen der Gegner der beweisbelasteten Partei ist (also je nach Beweislastverteilung auch der Beklagte).

Das Geständnis muss von der nach **§ 138 Abs. 3** fingierten Geständniswirkung unterschieden werden (im Einzelnen → § 138 Rn. 26).[5] Im Gegensatz zu dieser muss das Geständnis grundsätzlich **ausdrücklich** erfolgen. Ferner kann die Geständniswirkung nach § 138 Abs. 3 grundsätzlich bis zum Schluss der mündlichen Verhandlung durch Nachholen eines substantiierten Bestreitens vermieden werden, während das einmal erfolgte Geständnis grundsätzlich **bindet** und nur unter den strengen Voraussetzungen nach § 290 widerrufen werden kann.

C. Voraussetzungen

I. Ungünstige Tatsache

Das Geständnis muss sich auf **Tatsachen** beziehen (näher zum Begriff → § 284 Rn. 20). Tatsachen, die einer Prüfung **v. A. w.** unterliegen (insbesondere Prozessvoraussetzungen), sind nicht geständnisfähig.[6]

Nur Tatsachen, die der **Gegner** vorgetragen hat, können zugestanden werden.[7] Ein „**antizipiertes Geständnis**" durch eigenen Vortrag setzt voraus, dass der Gegner sich diesen (hilfsweise) zu Eigen macht, was auch konkludent erfolgen kann.[8] Erklärt der wegen rechtsverletzender Teilnahme an einer **Internettauschbörse** in Anspruch genommene Inhaber eines Internetanschlusses lediglich, er **vertraue** darauf, dass keiner seiner Angehörigen die Rechtsverletzung begangen habe, so kann der Verletzte im Hinblick auf diese Äußerung der **subjektiven Überzeugung** des Anschlussinhabers nicht zugestehen oder unstreitig stellen, dass tatsächlich niemand anderer aus dessen häuslicher Sphäre für die Rechtsverletzung verantwortlich sei.[9]

Ausländisches Recht ist keine Tatsache und damit weder eines Geständnisses gem. § 288 fähig, noch kann es nach § 138 Abs. 3 als unstreitig behandelt werden.[10]

Unter § 288 fallen auch zugestandene **innere Tatsachen.**[11]

Auch **juristische Tatsachen** können zugestanden werden,[12] und zwar selbst dann, wenn einzelne Tatsachenkomplexe in ihrer Gesamtheit ein **Rechtsverhältnis** ausmachen.[13] Selbst **präjudizielle**

---

[1] BPatG BeckRS 2018, 28398.
[2] BGH NJW 1962, 1390 (1391).
[3] Musielak/*Huber* § 288 Rn. 6.
[4] Musielak/*Huber* § 288 Rn. 2.
[5] BeckOK ZPO/*Bacher* Vor § 288 Rn. 1.
[6] BeckOK ZPO/*Bacher* § 288 Rn. 2.
[7] BGH NJW 2016, 1171 Rn. 50; VuR 2017, 318.
[8] BGH NJW-RR 1994, 1405.
[9] OLG Köln GRUR-RR 2014, 281 – Walk this way.
[10] Zöller/*Geimer* § 293 Rn. 18.
[11] BGH NJW 1981, 1562 (1563).
[12] BGH NJW-RR 2003, 1578 (1579); 2006, 281 (282); NJW 2013, 2111 Rn. 28; MüKoZPO/*Prütting* § 288 Rn. 18; Baumbach/Lauterbach/Hartmann/Anders/Gehle/*Hartmann* § 288 Rn. 3; Stein/Jonas/*Thole* § 288 Rn. 13.
[13] BGH NJW 1984, 1865 (1866); JZ 1987, 150; Zöller/*Greger* § 288 Rn. 1a.

Rechtsverhältnisse sind tauglicher Gegenstand eines Geständnisses[14], auch wenn das Geständnis unmittelbar auf eine Rechtsfolge gerichtete Parteivereinbarungen betrifft.[15]

10   Keine Tatsachen iSv § 288 sind **Werturteile**.[16]

11   **Erfahrungssätze** sind ebenso wenig geständnisfähig wie **Einzelelemente der Beweiswürdigung**.[17]

12   **Ungünstig** ist eine Tatsache, die die andere Partei zu beweisen hätte.[18] Behauptet allein die nicht beweisbelastete Partei eine ihr selbst ungünstige Tatsache, ist das kein Fall des § 288, jedoch steht diese Erklärung der freien Beweiswürdigung nach § 286 offen.[19] Wenn die beweisbelastete Partei sich die betreffende Ausführung des Beweisgegners jedoch hernach zu Eigen macht, sind §§ 288, 290 anwendbar (**vorweggenommenes Geständnis**).[20]

13   Wird die tatsächliche Beschaffenheit einer im **Patentverletzungsprozess** angegriffenen Ausführungsform zugestanden, ist damit (anders als im Falle eines Anerkenntnisses nach § 307, → Rn. 3) nicht zugleich die **Rechtsfrage der Patentbenutzung** geklärt.[21] Eines Geständnisses gem. § 288 fähig sind nämlich grundsätzlich nur die vom Kläger darzulegenden tatsächlichen Umstände (einschließlich der Kenntnisse des Durchschnittsfachmanns im maßgeblichen Zeitpunkt), von denen die Schutzbereichsbestimmung abhängt.[22] Eine Ausnahme wird dann für möglich gehalten, wenn es sich um die Frage nach einer wortlautgemäßen Verwirklichung einfacher technischer Merkmale geht.[23] Jedenfalls darf das Gericht von einer Überprüfung im Einzelnen absehen, wenn sachkundige Parteien ohne ersichtliche Fehleinschätzung übereinstimmend die Benutzung einzelner oder aller Merkmale des Klagepatents bejahen.[24] Geständnisfähig ist auch nicht die Frage nach erfinderischer Tätigkeit bzw. nach einem erfinderischen Schritt.[25]

14   Ob eine **Zeichenverwendung** als herkunftshinweisend angesehen werden kann, ist eine Rechtsfrage, die als solche nicht unstreitig gestellt werden und erst recht nicht tauglicher Gegenstand eines gerichtlichen Geständnisses sein kann.[26] Gleichwohl hängt die Beantwortung dieser Rechtsfrage weitgehend von der tatsächlichen **Vorfrage des Verkehrsverständnisses** ab, welches entsprechender tatrichterlicher Feststellungen bedarf (→ § 284 Rn. 22 ff., 36). Insofern können die dafür maßgeblichen Anschlusstatsachen durchaus nach den allgemeinen Regeln zugestanden werden.

15   Wird unter Hinweis auf eine Vollmacht die Zustellung der für einen Beklagten bestimmten Abschrift der Klageschrift an die Prozessbevollmächtigten beantragt, liegt darin ein Geständnis des Bestehens dieser Vollmacht, wenn auf dieser Grundlage mündlich verhandelt wird.[27]

II. Erklärung in der mündlichen Verhandlung

16   Das Geständnis muss mittels Erklärung des Beweisgegners bei einer mündlichen Verhandlung – in irgendeinem Termin bis zum Schluss der mündlichen Verhandlung – oder zu Protokoll eines beauftragten (§ 361) oder ersuchten (§ 362) Richters erfolgen. Die betreffende Erklärung ist **nicht annahmebedürftig** (§ 288 Abs. 2) und erfordert wegen ihrer **Einseitigkeit** nicht die Anwesenheit des Gegners.[28]

17   Da das Geständnis in der **mündlich**en Verhandlung zu erklären ist, kann es **schriftlich** nur im Verfahren nach § 128 oder im Falle einer **Entscheidung nach Lage der Akten** erfolgen.[29] Ausreichend ist eine **Bezugnahme nach § 137 Abs. 3** auf ein Geständnis, das in einem vorbereitenden Schriftsatz erklärt worden ist, wobei auch eine **konkludente** Bezugnahme ausreicht.[30] **Schriftliches**

---

[14] BGH MDR 2003, 1433.
[15] Baumbach/Lauterbach/Hartmann/Anders/Gehle/*Hartmann* § 288 Rn. 3; Stein/Jonas/*Thole* § 288 Rn. 16.
[16] BGH ZIP 1995, 819 (825).
[17] MüKoZPO/*Prütting* § 288 Rn. 19.
[18] Stein/Jonas/*Thole* § 288 Rn. 21.
[19] BGH MDR 1990, 324; NJW-RR 1994, 1405.
[20] BGH NJW-RR 1994, 1405.
[21] RG GRUR 1937, 37 (39); vgl. BGH GRUR 1992, 594 – mechanische Betätigungsvorrichtung; vgl. BGH GRUR 2003, 1031 (1033) – Kupplung für optische Geräte; vgl. BGH NJW 2002, 1276 – Durchstanzanker; OLG Düsseldorf BeckRS 2013, 18737– Analysesystem; Benkard/*Grabinski/Zülch* § 139 Rn. 116a; Busse/*Keukenschrijver* § 143 Rn. 202; Haedicke/Timmann PatR-HdB/*Zigann* § 15 Rn. 495.
[22] BGH GRUR 1974, 515 – Spreizdübel; BGH GRUR 2010, 314 – Kettenradanordnung II.
[23] Vgl. BGH GRUR 2003, 1031 (1033) – Kupplung für optische Geräte; Benkard/*Grabinski/Zülch* § 139 Rn. 116a.
[24] BGH GRUR 1964, 673 (674); Benkard/*Grabinski/Zülch* § 139 Rn. 116a; *Ullmann* GRUR 1985, 809 ff.
[25] BGH GRUR 2001, 770 (773) – Kabeldurchführung II.
[26] OLG Düsseldorf GRUR-RR 2009, 100 (101) – Bierbeisser.
[27] OLG Düsseldorf BeckRS 2012, 16693.
[28] Stein/Jonas/*Thole* § 288 Rn. 31.
[29] Zöller/*Greger* § 288 Rn. 5.
[30] BGH NJW-RR 1994, 1405.

Gerichtliches Geständnis 18–26 § 288 ZPO

Vorbringen bleibt bis zum Termin zur mündlichen Verhandlung **widerruflich**.[31] Die Bezugnahme auf ein **Geständnis in einem anderen Rechtsstreit** ist nicht ausreichend.[32]

Das Geständnis kann – und zwar auch im Anwaltsprozess und sogar selbst im Widerspruch zum Vortrag des anwesenden **Prozessbevollmächtigten** (vgl. § 137 Abs. 4) – von der **Partei** selbst wirksam erklärt werden.[33] Gem. § 85 Abs. 1 S. 2 besteht eine eingeschränkte Wirkung eines Geständnisses des Prozessbevollmächtigten. Vgl. zum Geständnis durch einen **Streitgenossen** oder **Nebenintervenienten** → § 61 Rn. 7. Besteht **gemeinschaftliche Vertretung** einer prozessunfähigen Partei, müssen alle Vertreter gestehen, damit die Wirkungen des § 288 eintreten können. 18

Das Geständnis muss **nicht ausdrücklich** erfolgen,[34] wobei bloßes **Schweigen** indes nicht ausreicht.[35] Ausreichend ist ein zumindest konkludent erklärter Geständniswille, der sich in Auslegung unter Beachtung der Gesamtumstände ergibt.[36] Wer die Abweisung der Klage lediglich mit Blick auf eine **Primäraufrechnung** begehrt, gesteht das Bestehen der geltend gemachten Klageforderung zu. Ebenso ist ein konkludentes Geständnis der Tatsachen, aus denen sich eine Patentbenutzung ergibt, darin zu sehen, dass der Beklagte sich **ausschließlich** mit einem **privaten Vorbenutzungsrecht nach § 12 PatG** verteidigt.[37] 19

Wer sich in seinem Parteivortrag erkennbar über die subjektiven **Voraussetzungen** der Verjährung **irrt** und deswegen zur Kenntnis oder grob fahrlässigen Unkenntnis vom Anspruch und vom Anspruchsgegner nicht vorträgt, gesteht diese **übersehene Tatbestandsvoraussetzung** nicht zu.[38] 20

Erklärungen im Rahmen der **Parteivernehmung** enthalten kein Geständnis.[39] Entsprechendes gilt für Vorbringen im Rahmen einer **Anhörung nach § 137 Abs. 4 oder § 141**.[40] 21

Ein außergerichtliches Geständnis (Abgabe **außerhalb mündlicher Verhandlung**, ggf. in parallelem Rechtsstreit; Abgabe in mündlicher Verhandlung durch **prozess- oder postulationsunfähige Partei**) führt nicht zu den Rechtsfolgen des § 288.[41] Es kann aber im Rahmen der Beweiswürdigung als **Indiz** für die Wahrheit der behaupteten Tatsache gewertet werden.[42] Führt der Gestehende es jedoch in den Prozess ein, wird es zum gerichtlichen Geständnis.[43] 22

Das seiner Rechtsnatur nach eine (grds. **bedingungsfeindliche**) **Prozesshandlung**[44] darstellende Geständnis ist im **Protokoll** festzustellen (§ 160 Abs. 3 Nr. 3); vor beauftragtem oder ersuchtem Richter ist die Protokollierung Wirksamkeitsvoraussetzung.[45] 23

D. Rechtsfolgen

Ein wirksames Geständnis entbindet das Gericht von der Wahrheitsprüfung[46] und schränkt so dessen Recht auf freie Beweiswürdigung (§ 286) ein.[47] 24

Die geständige Partei kann sich nur unter den Voraussetzungen des § 290 wieder von ihrem Geständnis lösen, wenn nicht der Gegner die von ihm vorgetragene Tatsache seinerseits zurücknimmt. Auch ein Streithelfer ist an das Geständnis der Hauptpartei gebunden.[48] 25

Die Wirkungen des Geständnisses beziehen sich auf alle Instanzen des laufenden Prozesses (vgl. § 535).[49] Mit **Änderung des Streitgegenstandes** sollen die Geständniswirkungen entfallen.[50] Diese mit der Wertung des § 290 kaum zu vereinbarende Konsequenz, die von der herrschenden Meinung damit begründet wird, dass vom voluntativen Akt des Geständnisses eine spätere Klageänderung nicht mitumfasst sei, ist jedenfalls in den Fällen zweifelhaft, in denen sich – was nach dem zweigliedrigen Streitgegenstandsbegriff (dazu → § 1 Rn. 19) genügt – nur der Klageantrag, nicht aber der zur Entscheidung unterbreitete Lebenssachverhalt ändert. 26

---

[31] BGH NJW 2015, 1239.
[32] Stein/Jonas/*Thole* § 288 Rn. 27.
[33] Zöller/*Greger* § 288 Rn. 5; BayObLG MDR 1976, 234.
[34] BGH NJW 2000, 276 (277); 2001, 2550 (2551).
[35] BGH NJW 1999, 579 (580).
[36] BGH NJW 2015, 1239.
[37] LG Düsseldorf BeckRS 2008, 4699 – Verbrennungsmotor-Auslassventil.
[38] BGH NJW-RR 2015, 1321 – Grenzen eines gerichtlichen Geständnisses.
[39] BGH NJW 1995, 1432 (1433).
[40] BGH GRUR-RR 2009, 398 (399) – Steuerberater- und Wirtschaftsprüfer-Jahrbuch.
[41] BGH NJW-RR 2005, 1297 (1298).
[42] BGH NJW-RR 2004, 1001; nach BGH NJW 2009, 580 Rn. 9 uU zur Beweislastumkehr führend.
[43] BGH NJW-RR 2005, 1297.
[44] BGH NJW-RR 2003, 1145 (1146) (Ausnahme: innerprozessuale Bedingungen).
[45] BGH NJW-RR 2003, 1578 (1579).
[46] Vgl. OLG Düsseldorf BeckRS 2008, 4599 – Kettenrad für Gelenkketten.
[47] Vgl. Musielak/*Huber* § 288 Rn. 9.
[48] BGH NJW 1976, 292 (293).
[49] Vgl. Musielak/*Huber* § 288 Rn. 9.
[50] Vorsichtig BGH NJW 1962, 1390 (1391); MüKoZPO/*Prütting* § 284 Rn. 34; Zöller/*Greger* § 288 Rn. 6.

27 Bewusst unwahre Geständnisse sind nur dann unwirksam, wenn sie in kollusivem Zusammenwirken mit dem Gegner erfolgen[51], zB zum Nachteil eines Streithelfers.[52] Hingegen ist die Behauptung unmöglicher Tatsachen und offenkundig unwahrer Tatsachen generell nicht geständnisfähig.[53] Für Offenkundigkeit idS reicht es nicht, dass das Gericht aufgrund der Würdigung weiterer, vor Abgabe des Geständnisses erhobener Beweise von der Unwahrheit der betreffenden Tatsache überzeugt ist.[54]

§ 289 Zusätze beim Geständnis

(1) **Die Wirksamkeit des gerichtlichen Geständnisses wird dadurch nicht beeinträchtigt, dass ihm eine Behauptung hinzugefügt wird, die ein selbständiges Angriffs- oder Verteidigungsmittel enthält.**

(2) **Inwiefern eine vor Gericht erfolgte einräumende Erklärung ungeachtet anderer zusätzlicher oder einschränkender Behauptungen als ein Geständnis anzusehen sei, bestimmt sich nach der Beschaffenheit des einzelnen Falles.**

Literatur: Angaben zu § 288.

A. Regelungsgehalt

1 § 289 widmet sich dem sog. **modifizierten Geständnis**. Aus § 289 ergibt sich, dass ein Geständnis **teilbar** sein kann.[1]

B. Voraussetzungen und Rechtsfolgen

2 Selbständig sind Angriffs- und Verteidigungsmittel, die einen Tatbestand ausfüllen, der für sich allein rechtsbegründend, rechtsvernichtend, rechtshindernd oder rechtserhaltend wäre.[2] Setzt sich eine Erklärung aus einem **gestehenden Teil** und zusätzlich aus **einem neuen Behaupten/Bestreiten** zusammen, sind gem. Abs. 1 beide Bestandteile **getrennt verwertbar**.[3] Nur der zugestandene Teil unterliegt der Wirkung nach § 288.[4]

3 Wird bezüglich ein- und desselben Tatbestandes etwas eingeräumt, zugleich aber mit einschränkenden Behauptungen verknüpft, muss nach Abs. 2 **ausgelegt** werden, ob und inwieweit ein wirksames Geständnis mit den Folgen der §§ 288, 290 vorliegt.[5]

4 Sind die einschränkenden/hinzugefügten Tatsachen von der geständigen Partei zu beweisen, spricht man von einem **qualifizierten Geständnis**.[6] Werden Tatsachen, die der Gegner der geständigen Partei zu beweisen hat, zugestanden, liegt ein sog. **motiviertes Leugnen** vor.[7] Beide vorgenannten Fälle lassen hinsichtlich der Einschränkungen/Zusätze die Beweislastverteilung nach allgemeinen Regeln unberührt.[8]

§ 290 Widerruf des Geständnisses

[1] **Der Widerruf hat auf die Wirksamkeit des gerichtlichen Geständnisses nur dann Einfluss, wenn die widerrufende Partei beweist, dass das Geständnis der Wahrheit nicht entspreche und durch einen Irrtum veranlasst sei.** [2] **In diesem Fall verliert das Geständnis seine Wirksamkeit.**

Literatur: Angaben zu § 288.

A. Regelungsgehalt

1 § 290 stellt klar, dass die Bindungswirkung eines gerichtlichen Geständnisses gem. § 288 nur unter **engen Voraussetzungen** durch einen **Widerruf** wieder beseitigt werden kann. Allerdings kann wegen § 85 Abs. 1 S. 2 ein Geständnis des Prozessbevollmächtigten oder wegen § 90 Abs. 2 ein

---

[51] BGHZ 57, 156.
[52] OLG Schleswig NJW-RR 2000, 356.
[53] BGH NJW 1979, 2089.
[54] MüKoZPO/*Prütting* § 288 Rn. 36.
[1] MüKoZPO/*Prütting* § 289 Rn. 1.
[2] Vgl. BGH GRUR 2010, 950 Rn. 8 – Walzenformgebungsmaschine.
[3] Stein/Jonas/*Thole* § 289 Rn. 1.
[4] Zöller/*Greger* § 289 Rn. 3.
[5] Stein/Jonas/*Thole* § 289 Rn. 3.
[6] Musielak/*Huber* § 289 Rn. 3.
[7] Zöller/*Greger* § 289 Rn. 3.
[8] Stein/Jonas/*Thole* § 289 Rn. 4.

solches des Beistandes von der im Termin anwesenden Partei ohne Beachtung der Voraussetzungen des § 290 sofort widerrufen werden.[1]

B. Voraussetzungen und Rechtsfolgen

Zunächst ist der **volle Beweis** der (objektiven) **Unwahrheit** derjenigen Tatsache, die Gegenstand des Geständnisses war, erforderlich. Insoweit trifft § 290 eine Beweislastregelung, die der an sich im Einzelfall maßgeblichen Verteilung der Beweislast vorgeht.[2] Hat sich der Beklagte in einem **Patentverletzungsprozess ausschließlich** (also nicht etwa bloß hilfsweise) mit einem **privaten Vorbenutzungsrecht** (§ 12 PatG) verteidigt und will er später doch noch die Benutzung des Klagepatents in Abrede stellen, setzt ein wirksamer Widerruf des darin enthaltenen stillschweigenden Geständnisses der Tatsachen, aus denen sich eine Patentbenutzung ergibt,[3] daher ua Folgendes voraus: Der Beklagte muss diejenigen **Tatsachen dartun/beweisen,** aus denen sich die objektive Unwahrheit des Geständnisses ergibt, dh es ist Merkmal für Merkmal darzutun/zu beweisen, dass und aufgrund welcher abweichenden Tatsachen es in Wahrheit an einer Patentbenutzung fehle.[4] 2

Ferner muss die widerrufende Partei nachweisen, dass ihr Geständnis **irrtümlich**, dh in **unbewusster Unkenntnis des wirklichen Sachverhalts,** erfolge.[5] Es kann sich um einen Tatsachenoder Rechtsirrtum handeln; unerheblich ist, ob der Irrtum schuldhafter Natur war oder nicht.[6] Unbeachtlich ist allerdings ein bloßer **Motivirrtum.**[7] 3

Ein **bewusst unwahres Geständnis** ist unwiderruflich[8], worin sich ein **Sanktionscharakter** des § 290 zeigt.[9] Wer im Bewusstsein, den tatsächlichen Inhalt einer Urkunde nicht zu kennen, ein diesbezügliches Geständnis abgibt, kann dieses daher nicht mehr widerrufen.[10] Gem. § 166 BGB analog muss der **Irrtum in Person des Erklärenden** vorliegen. Irrtümer eines Vertreters sind aber nur in Bezug auf die zugestandene Tatsache als solche und nicht in Bezug auf die Informationen des Vertretenen relevant.[11] 4

Der Widerruf kann auch noch in der **Berufungsinstanz** erfolgen.[12] 5

Mit einem erfolgreichen Widerruf verliert das Geständnis seine Wirksamkeit mit Wirkung **ex tunc.**[13] Die betreffende Tatsache ist dann wieder nach den allgemeinen Regeln beweisbedürftig. 6

Weil das Geständnis eine **Prozesshandlung** darstellt, ist eine **Anfechtung** nach materiellem Recht nicht statthaft.[14] Zulässig ist allerdings eine Rücknahme des Geständnisses, wenn die andere Partei **zustimmt.**[15] 7

Ein **außergerichtlich**es Geständnis kann unabhängig von den Voraussetzungen des § 290 widerrufen werden. Das Gericht muss sich allerdings im Rahmen der freien Beweiswürdigung (§ 286) damit auseinandersetzen, welche Bedeutung es diesem Umstand zukommen lässt. 8

§ 291 Offenkundige Tatsachen

Tatsachen, die bei dem Gericht offenkundig sind, bedürfen keines Beweises.

Literatur: *Dötsch,* Internet und Offenkundigkeit, MDR 2011, 1017; *Kochendörfer,* Die Einheitlichkeit der Unionsmarke im Verletzungsfall, GRUR 2016, 778; *Laumen,* Die sog. tatsächliche Vermutung, MDR 2015, 1; *Lipp,* Das private Wissen des Richters, 1995; *Oberheim,* Beweiserleichterungen im Zivilprozeß, JuS 1996, 636; *Pantle,* Beweiserhebung über offenkundige Tatsachen?, MDR 1993, 1166; *Stackmann,* Terra incognita – was ist gerichtsbekannt?, NJW 2010, 1409; *Zosel,* Im Namen des Volkes: Gerichte zitieren Wikipedia, FS Käfer (2009), S. 491 ff.

A. Regelungsgehalt

§ 291 entbindet von der **Beweisbedürftigkeit** offenkundiger Tatsachen und weist in Bezug auf diese Rechtsfolge eine Parallele zu § 138 Abs. 3, § 288 und § 292 auf. Nicht ausdrücklich geregelt 1

---

[1] MüKoZPO/*Prütting* § 290 Rn. 3.
[2] Vgl. OLG Frankfurt a. M. MDR 1982, 329.
[3] → § 288 Rn. 17.
[4] LG Düsseldorf BeckRS 2012, 215261 – Verbrennungsmotor-Auslassventil.
[5] Zöller/*Greger* § 290 Rn. 2.
[6] BGH NJW 1962, 1395; Stein/Jonas/*Thole* § 290 Rn. 9.
[7] BGH NJW 1962, 395.
[8] Musielak/*Huber* § 290 Rn. 2.
[9] BGHZ 37, 154 (155).
[10] BGH NJW 2011, 2794.
[11] RGZ 146, 353; Zöller/Greger § 290 Rn. 2.
[12] OLG Hamm NJW 1955, 873; MüKoZPO/*Prütting* § 290 Rn. 8.
[13] MüKoZPO/*Prütting* § 290 Rn. 9.
[14] Zöller/*Greger* § 290 Rn. 4.
[15] Zöller/*Greger* § 290 Rn. 4.

sind die Fragen, ob eine **Behauptungslast** der Parteien besteht und **auf welche Weise** offenkundige Tatsachen **in den Prozess einzuführen** sind.

B. Voraussetzungen

2   § 291 ist zunächst nur auf **Tatsachen** (näher → § 284 Rn. 20) anwendbar, nicht auf Erfahrungs- und Rechtssätze.[1] In Bezug auf die Frage, ob eine **Marke bekannt** iSv § 14 Abs. 2 Nr. 3 MarkenG ist, kann § 291 für die **Vorfrage** anwendbar sein, ob die Marke während eines längeren Zeitraums in weitem Umfang auf dem Markt erscheint und jedermann gegenübertritt.[2]

3   Die weiterhin geforderte „**Offenkundigkeit**" (Notorietät) einer Tatsache kann sich unter folgenden Aspekten ergeben:

I. Allgemeinkundigkeit

4   Von einer **allgemeinkundigen** Tatsache ist auszugehen, wenn sie generell oder in einem bestimmten Bereich einer beliebig großen Zahl von Personen, nicht notwendig jedermann, bekannt ist oder zumindest wahrnehmbar ist: Ausreichend ist eine **allgemein zugängliche und zuverlässige Quelle,** anhand welcher sich **jedermann** ohne besondere Fachkenntnis ein sicheres Bild machen kann.[3] In Betracht kommende Quellen sind etwa jedermann zugängliche wissenschaftliche Nachschlagewerke, Zeitungen, Rundfunk, Fernsehen, Kalender pp.[4]

5   Das **Markenregister** des Deutschen Patent- und Markenamts ist eine allgemein zugängliche Quelle im vorgenannten Sinne, so dass dortige Eintragungen allgemeinkundige Tatsachen sind.[5] Anders als im Rahmen von § 726 ist hier nicht vorausgesetzt, dass der Registerinhalt in öffentlich beglaubigter Form vorgelegt wird: Das Gericht darf daher über das **Internet** auf solche öffentlichen Register zugreifen, ist dazu allerdings nicht verpflichtet.[6]

6   **Internetrecherchen** und die **Verwertung von Webinhalten** durch das Gericht können bei Beachtung des rechtlichen Gehörs der Parteien zulässig sein.[7] Der **Schätzung eines Mindestschadens** können zB als Schätzgrundlage auch Tatsachen zugrundegelegt werden, die als Ergebnis einer Internetrecherche des Gerichts ermittelt wurden.[8] Im Falle des Rückgriffs auf **Wikipedia** oder ähnliche Quellen sollte allerdings auch die Versionsgeschichte des betreffenden Artikels im Blick gehalten werden.[9]

7   Von der Bejahung einer allgemeinkundigen Tatsache ist nur mit **großer** Zurückhaltung Gebrauch zu machen. Dass für die Richtigkeit einer Tatsachenbehauptung eine sehr hohe Wahrscheinlichkeit spricht (wie etwa für den Zugang eines als Einschreiben aufgegebenen Briefes), reicht keineswegs aus.[10]

II. Gerichtskundigkeit

8   Eine **gerichtskundige Tatsache** liegt vor, wenn das erkennende Gericht diese **in amtlicher Eigenschaft** und nicht bloß privat[11] selbst wahrgenommen hat. Amüsantes Beispiel aus der Judikatur: Die privat erfolgte Beobachtung der Tatrichter in einem Wettbewerbsprozess, dass in einem bestimmten Biergarten der Beklagten die ausgeschenkte Maß regelmäßig weniger als einen Liter Bier enthalten habe, darf nicht etwa als „gerichtskundig" verwertet werden.[12] Es genügt, dass die gerichtskundige Tatsache im Wege einer Nachprüfung in den Akten wieder bekannt gemacht werden kann.[13] Hingegen reicht eine bloß **aktenkundige Tatsache,** welche das Gericht **erstmalig** feststellen muss, zutreffender Ansicht nach nicht aus.[14] Es genügt nicht, dass die Kenntnisse im Wege eines Rückgriffs auf die **Akten eines anderen Verfahrens** erlangt werden können.[15]

---

[1] BGH NJW 2004, 1163 f.
[2] BGH GRUR 2014, 378 Rn. 27 – OTTO CAP; BGH GRUR 2015, 1114 Rn. 10 – Springender Pudel; BGH GRUR 2015, 1214 Rn. 22 – Goldbären; OLG München GRUR-RR 2016, 336 – BioWeb-Formstreifen.
[3] MüKoZPO/*Prütting* § 291 Rn. 5.
[4] OLG Köln NJOZ 2016, 1410; Musielak/*Foerste* § 291 Rn. 1.
[5] OLG Düsseldorf BeckRS 2014, 20381 Rn. 16 – Markenregister.
[6] BeckOK ZPO/*Bacher* § 291 Rn. 5.
[7] *Dötsch* MDR 2011, 1071 f.; vgl. BeckOK ZPO/*Bacher* § 291 Rn. 5.
[8] OLG Köln BeckRS 2016, 10378.
[9] Vgl. *Zosel* FS Käfer, 2009, 491 ff.; BeckOK ZPO/*Bacher* § 291 Rn. 5.
[10] MüKoZPO/*Prütting* § 291 Rn. 8.
[11] Vgl. BGH MDR 1990, 899; Stackmann NJW 2010, 1409.
[12] BGH NJW 1987, 1021 – Ausschank unter Eichstrich II.
[13] MüKoZPO/*Prütting* § 291 Rn. 5.
[14] MüKoZPO/*Prütting* § 291 Rn. 9 mwN z. Streitstand.
[15] BVerwG BeckRS 2014, 54533 Rn. 7; Musielak/Huber § 291 Rn. 2.

Offenkundige Tatsachen **9–15 § 291 ZPO**

Beispiele sind richterliche Kenntnisse aus früherer amtlicher (ggf. auch in einer anderen Gerichts- 9
barkeit[16]) Tätigkeit;[17] aus früheren dienstlichen Mitteilungen von Dritten[18]; aus früheren Prozessen[19];
aus der Kenntnis öffentlicher Register[20]. Bei alledem darf nicht der **Grundsatz der Unmittelbarkeit**
(§ 355) umgangen werden, zB kann eine **Zeugenaussage in einem früheren Verfahren** nicht
einfach in einen anderen Prozess übertragen werden[21]; in Betracht kommt hier aber eine Verwertung
als Urkundenbeweis.[22]

Das vom Gericht aufgrund eigener Sachkunde und Lebenserfahrung ermittelte **Verkehrsverständ-** 10
nis ist keine offenkundige Tatsache iSd § 291 ZPO (vgl. aber → Rn. 6 zu **Internetrecherchen**).[23]
Denn der Richter hat oder erlangt die Kenntnis nicht in seiner amtlichen, sondern in seiner privaten
Eigenschaft als Angehöriger eines Verkehrskreises (regelmäßig: Verbraucher) in Form von Erfahrungswissen.[24] Diese Sichtweise korrespondiert mit der UGP-RL, nach deren Erwägungsgrund 18 S. 6 die
nationalen Gerichte sich insoweit auf ihre eigene Urteilsfähigkeit unter Berücksichtigung der Rechtsprechung des EuGH[25] verlassen dürfen.

Im **Markenrecht** ist **allerdings** seit langem anerkannt, dass im Falle allgemein- bzw. gerichts- 11
kundiger Verkehrsgeltung, die bei **berühmten** und **sehr bekannten Marken** anzunehmen ist, § 291
Anwendung findet.[26] Damit korrespondiert, dass auch nach dem EuGH[27] bei einer Bekanntheit der
Marke in der allgemeinen Bevölkerung grundsätzlich auch von der Bekanntheit in **Fachkreisen**
auszugehen ist. Die zugrunde gelegten Tatsachen müssen konkret vom Gericht benannt werden.[28]
Dem Beklagten bleibt es grundsätzlich möglich, den Nachweis der Unrichtigkeit durch ein Umfragegutachten zu führen.[29]

Eine Offenkundigkeit iSv § 291 ergibt sich nicht daraus, dass Tatsachen in **technischen Büchern** 12
abgedruckt sind.[30]

C. Verfahrensfragen

Noch nicht geklärt ist die Frage, ob § 291 nicht nur die Beweisbedürftigkeit entfallen lässt, sondern 13
schon – vorgelagert – auch von der **Behauptungslast** entbindet. Aus folgenden Gründen ist die Frage
zu bejahen:[31] Eine unterschiedliche Behandlung von Behauptungs- und Beweislast sollte nur dort
erfolgen, wo der Gesetzgeber beide Bereiche getrennt angesprochen und geregelt hat. Ansonsten
bestünde die Gefahr, dass der richterlichen Urteilsbildung offenkundige Tatsachen gänzlich entzogen
sein könnten, was trotz der grundsätzlich bestehenden Dispositionsfreiheit der Parteien verfehlt erscheint. Auch entspricht es im Bereich des gerichtlichen Geständnisses der herrschenden Meinung, dass
unmögliche oder offenkundig „falsche" Tatsachen einem abweichenden Geständnis entgegenstehen
(→ § 288 Rn. 24).

Selbstverständlich müssen auch offenkundige Tatsachen – gerade solche, die nicht Gegenstand des 14
Parteivortrages waren – unter dem Aspekt des Verfahrensgrundrechts auf **rechtliches Gehör** (Art. 103
Abs. 1 GG) zum Gegenstand der mündlichen Verhandlung gemacht werden (vgl. § 139 Abs. 2), damit
es nicht zu **Überraschungsentscheidung**en kommt.[32]

Ist ein **Kollegialgericht** zur Entscheidung des Rechtsstreits berufen, bedarf es zumindest eines 15
Mehrheitsbeschlusses zur Frage der Offenkundigkeit einer Tatsache, dh die Kenntnis einer Minderheit genügt nicht.[33]

---

[16] Stein/Jonas/*Thole* § 291 Rn. 9.
[17] Vgl. BGH NJW-RR 1988, 173.
[18] MüKoZPO/*Prütting* § 291 Rn. 10.
[19] BGH NJW 1998, 3498 (3499).
[20] MüKoZPO/*Prütting* § 291 Rn. 10.
[21] BGH MDR 2011, 562.
[22] MüKoZPO/*Prütting* § 291 Rn. 10.
[23] BGH GRUR 2004, 244 (245) – Marktführerschaft; anders noch die frühere Rechtsprechung: BGH GRUR 1990, 607 (608) – Meister-Kaffee; mit Einschränkungen: BGH GRUR 1992, 406 (407) – Beschädigte Verpackung I; BGH GRUR 1993, 677 (678) – Bedingte Unterwerfung.
[24] Köhler/Bornkamm/*Köhler* § 12 Rn. 1.71.
[25] Vgl. EuGH Slg. 1998, I-4657 Rn. 32 = GRUR-Int 1998, 795 – Gut Springenheide.
[26] BGH GRUR 1960, 126 (128) – Sternbild; BGH GRUR 2011, 1043 (1046) – TÜV II; BGH GRUR 2014, 378 – OTTO CAP; aus der Rechtsprechung der Instanzgerichte s. zB: OLG Köln InstGE 6, 225 (228) – Mehrfarbige Streifen; OLG Hamburg GRUR-RR 2005, 258 – Ahoj-Brause; OLG Hamburg GRUR-RR 2007, 35 (36) – Portionsflasche; OLG Hamburg MarkenR 2009, 114 (116) – All-in-one; vgl. OLG Stuttgart GRUR-RR 2007, 313 (314 f.) – CARRERA; OLG München GRUR-RR 2016, 336–BioWeb-Formstreifen.
[27] EuGH GRUR-Int 2012, 630 – BOTOLIST und BOTOCYL/BOTOX.
[28] BGH GRUR 1999, 161 (163) – MAC Dog.
[29] Vgl. BGH GRUR 1990, 607 (608) – Meister-Kaffee; OLG Karlsruhe GRUR 1992, 460 (461) – McChinese.
[30] RG MuW 1933, 571 (572); Benkard/*Grabinski/Zülch* § 139 Rn. 116a.
[31] S. im Einzelnen MüKoZPO/*Prütting* § 291 Rn. 10 mwN z. Streitstand.
[32] BGH NJW-RR 1993, 1122.
[33] BGH VersR 1960, 511; vgl. BGH NJW-RR 2016, 957; Rosenberg/Schwab/Gottwald § 112 Rn. 29.

16 Die Frage der Offenkundigkeit ist für die erste und zweite **Instanz** jeweils gesondert zu beantworten.[34]

D. Rechtsfolgen

17 Da § 291 die Beweisbedürftigkeit entfallen lässt, findet grds. **kein Beweisverfahren**, insbesondere keine Beweiswürdigung statt. Um von einem **bekannten Titel** iSd **§ 15 Abs. 3 MarkenG** auszugehen, ist das Erreichen einer bestimmten Quote nicht erforderlich, so dass es auch nicht notwendig ist, exakte Zahlen mittels **Demoskopie** zu ermitteln und anzugeben: Die Tatsachen, aus denen sich die Bekanntheit des Titels ergibt, können allgemein geläufig und deshalb offenkundig iSd § 291 ZPO sein.[35] Ein Geständnis (des Gegenteils) der betreffenden Tatsache ist ausgeschlossen. Eine Säumnis des Beklagten steht der Verwertung der betreffenden Tatsache nicht entgegen. Zur **Behauptungslast** → Rn. 12.

18 Die Offenkundigkeit einer Tatsache lässt anders als eine gesetzliche Vermutung (§ 292) die **Beweislast** unberührt. Dies ist insbesondere für den Fall von Bedeutung, dass ein **Beweis des Gegenteils** in dem Sinne angetreten wird, dass die Bejahung bzw. Verneinung der Offenkundigkeit durch das Gericht verfehlt sei.[36] Wird für die Unrichtigkeit einer vom Gericht angenommenen Offenkundigkeit ein **Gegenbeweis** angetreten, muss das Gericht dem nachgehen.[37]

§ 292 Gesetzliche Vermutungen

¹ Stellt das Gesetz für das Vorhandensein einer Tatsache eine Vermutung auf, so ist der Beweis des Gegenteils zulässig, sofern nicht das Gesetz ein anderes vorschreibt. ² Dieser Beweis kann auch durch den Antrag auf Parteivernehmung nach § 445 geführt werden.

Literatur: *Allner*, Die tatsächliche Vermutung mit besonderer Berücksichtigung der GEMA-Vermutung, 1993; *Baumgärtel*, Die Bedeutung der sog. tatsächlichen Vermutung im Zivilprozeß, FS Schwab, 1990, S. 43; *ders.*, Beweislastpraxis im Privatrecht, 1996, S. 221; *Forch*, Leitlinien für Praktiker aus sechs BGH-Entscheidungen zum Filesharing, GRUR-Prax 2017, 4; *Gruber*, Die tatsächliche Vermutung der Wiederholungsgefahr als Beweiserleichterung, WRP 1991, 368; *Grunwald*, Die Reichweite der Registervermutung bei nicht beurkundeten Zwischenerwerben im Patentrecht, GRUR 2016, 1126; *Hesse*, Die Beweislast im Patentverletzungsprozess, GRUR 1972, 775; *Kappl*, Vom Geschmacksmuster zum eingetragenen Design, GRUR 2014, 326; *Kochendörfer*, Der Nachweis der frühzeitigen Kenntnis vom Wettbewerbsverstoß – Beweiserleichterungen für die Widerlegung der Dringlichkeitsvermutung, WRP 2005, 1459; *U. Krieger* Durchsetzung gewerblicher Schutzrechte in Deutschland und die TRIPS-Standards, GRUR Int 1997, 421; *Kühnen*, Patentregister und Inhaberwechsel, GRUR 2014, 137; *Laumen*, Die sog. tatsächliche Vermutung, MDR 2015, 1; *Mes*, Si tacuisses – Zur Darlegungs- und Beweislast im Prozess des gewerblichen Rechtsschutzes, GRUR 2000, 934; *Meyer-Dulheuer*, Beweislastumkehr und Europäisches Patent, GRUR Int 1973, 533; *Nordemann*, Nach TMG-Reform und EuGH „McFadden", GRUR 2016, 1097; *Obergfell*, Internettauschbörsen als Haftungsfalle für private WLAN-Anschlussinhaber, NJW 2016, 910; *Ohly*, Wirkung und Reichweite der Registervermutung im Patentrecht, GRUR 2016, 1120; *Schaub*, Haftung des Inhabers eines privaten Internetanschlusses für Rechtsverletzungen im Rahmen von Online-Musiktausch-Börsen, GRUR 2016, 152; *Sesing*, Täterschaftliche Verantwortlichkeit von Anschlussinhabern – Haftungsbegründung in Filesharing-Fällen – „Tauschbörse I–III", MMR 2016, 82; *Schweickhardt*, Die Beweislast bei Verletzung von Schutzrechten auf Verfahren und Vorrichtungen, deren Verwendung am fertigen Erzeugnis nicht zu erkennen ist, GRUR 1961, 116; *Specht*, Die Haftung bei Teilnahme an Internettauschbörsen, GRUR 2017, 42; *Spindler*, Die neue Providerhaftung für WLANs – Deutsche Störerhaftung adé?, NJW 2016, 2449; *Spindler*, Das neue Telemediengesetz – WLAN-Störerhaftung adé?, NJW 2017, 2305; *Spindler*, Fortentwicklung der Haftung für Internetanschlüsse, GRUR 2018, 16.

Übersicht

	Rn.
A. Regelungsgehalt	1
B. Gesetzliche Vermutungen	2
I. Begriff	2
II. Abgrenzung zu anderen rechtlichen Instituten	5
1. Unwiderlegbare gesetzliche Vermutungen	5
2. Tatsächliche Vermutungen	7
3. Vertraglich vereinbarte Vermutungen	8
4. Fiktionen	9
5. Auslegungsregeln	11
III. Die Vermutungsbasis	12
IV. Die Vermutungsfolge	14

---

[34] MüKoZPO/*Prütting* § 291 Rn. 16 f.
[35] OLG Köln GRUR-RR 2015, 292 – „Ich bin dann mal weg."
[36] MüKoZPO/*Prütting* § 291 Rn. 19.
[37] BGH GRUR 1990, 607 (608) – Meister-Kaffee; BGH GRUR 1992, 406 (407) – Beschädigte Verpackung; BGH GRUR 1993, 677 (678) – Bedingte Unterwerfung; BGH NJW 2004, 1163 (1164); aA Zöller/*Greger* § 291 Rn. 4.

	Rn.
V. Der Beweis des Gegenteils	15
VI. Wichtige Beispiele für gesetzliche Vermutungen im gewerblichen Rechtsschutz	17
1. § 5 Abs. 4 UWG	18
2. § 139 Abs. 3 S. 1 PatG	22
3. §§ 28 Abs. 1, 31, 107 Abs. 1 MarkenG (Vermutung der Rechtsinhaberschaft an nationalen Marken)	28
4. Art. 99 Abs. 1 GMV (Vermutung der Rechtsgültigkeit eingetragener Gemeinschaftsmarken)	32
5. § 39 DesignG (Vermutung der Rechtsgültigkeit eines nationalen Designs) und § 1 Nr. 5 DesignG (Vermutung der Rechtsinhaberschaft)	33
6. Art. 85 Abs. 1 S. 1, Abs. 2 S. 1 GGV (Vermutung der Rechtsgültigkeit von Gemeinschaftsgeschmacksmustern)	35
7. § 10 Abs. 1 UrhG	38
8. § 30 Abs. 3 S. 2 PatG	39
C. Tatsächliche Vermutungen	40
I. Allgemeines	40
II. Wichtige Anwendungsfälle im gewerblichen Rechtsschutz	42
1. Tatsächliche Vermutung der Wiederholungsgefahr	42
2. Vermutung der Dringlichkeit gem. § 12 Abs. 2 UWG	52
3. Werbeanrufe	54
4. Verantwortlichkeit infolge der Zuordnung einer IP-Adresse	55
5. Verantwortlichkeit beim Betrieb eines WLANs	57
6. Eintragung als Rechtsinhaber im Patentregister	58

A. Regelungsgehalt

Die Vorschrift betrifft die sog. **gesetzlichen Vermutungen** und normiert – vorbehaltlich einer speziellen Regelung – deren grundsätzliche Widerlegbarkeit im Wege eines **Beweises des Gegenteils**. De facto führen gesetzliche Vermutungen, welche die Beweislast umkehren[1], dazu, dass – wie auch in den Fällen nicht bestrittener Behauptungen (§ 138 Abs. 3), des gerichtlichen Geständnisses (§ 288) und der offenkundigen Tatsachen (§ 291) – die Beweisbedürftigkeit zugunsten der an sich beweisbelasteten Partei entfällt, während dem Gegner der Beweis des Gegenteils aufgebürdet wird.[2] Die gesetzlichen Vermutungen müssen insbesondere strikt von den sog. **tatsächliche**n **Vermutungen** unterschieden werden, da für letztere § 292 gerade nicht gilt. 1

B. Gesetzliche Vermutungen

I. Begriff

Gesetzliche Vermutungen sind – wie ihre Bezeichnung unschwer erkennen lässt – solche Vermutungen, die **im Gesetz** (nicht notwendig in der ZPO) aufgestellt werden, wobei § 292 nur die **widerlegbaren** gesetzlichen Vermutungen erfasst. 2

Die gesetzlichen Vermutungen sind durch **zwei Kennzeichen** charakterisiert, nämlich erstens durch die **mangelnde Beweisbedürftigkeit der gesetzlich normierten Vermutungsfolge** und zweitens in der **Widerlegbarkeit der zugrunde liegenden Vermutungsbasis**.[3] 3

Man unterscheidet innerhalb der gesetzlichen Vermutungen zwischen – nicht mit den tatsächlichen Vermutungen zu verwechselnden – **gesetzlichen Tatsachenvermutungen** (zB § 363 BGB[4]) und **gesetzlichen Rechtsvermutungen** (zB §§ 437 Abs. 1, 440 Abs. 2). Beide Typen sind nach ihrer Struktur und ihrer Wirkung gleichartig, insbesondere unterfallen beide der Regelung des § 292 S. 1.[5] 4

II. Abgrenzung zu anderen rechtlichen Instituten

1. Unwiderlegbare gesetzliche Vermutungen. Unwiderlegbaren gesetzliche Vermutungen (zB § 1566 Abs. 1 und 2 BGB) kommt weder Beweis- noch Beweislastwirkung zu, sondern diese zeitigen **rein materielle Rechtsfolgen**. Wird deren Vermutungsbasis bewiesen, so tritt die Vermutungsfolge ohne jegliche Widerlegbarkeit ein.[6] 5

Ein Beispiel auf dem Gebiet des gewerblichen Rechtsschutzes stellt **§ 4 Abs. 2 S. 2 UKlaG** dar, wonach unwiderleglich vermutet wird, dass Verbraucherzentralen und Verbraucherverbände, die mit öffentlichen Mitteln gefördert werden, die Anforderungen an **qualifizierte Einrichtungen** iSv § 4 Abs. 2 S. 1 UKlaG erfüllen. 6

---

[1] MüKoZPO/*Prütting* ZPO § 292 Rn. 26.
[2] Musielak/*Huber* § 292 Rn. 4.
[3] MüKoZPO/*Prütting* ZPO § 292 Rn. 5.
[4] Weitere Bspe.: MüKoZPO/*Prütting* ZPO § 292 Rn. 13.
[5] Musielak/*Huber* § 292 Rn. 2 f.
[6] MüKoZPO/*Prütting* ZPO § 292 Rn. 4.

7 2. **Tatsächliche Vermutungen.** Auf **tatsächliche Vermutungen,** die auch „unechte Vermutungen" genannt werden, ist § 292 unanwendbar. → Rn. 38 ff.

8 3. **Vertraglich vereinbarte Vermutungen.** § 292 gilt nicht für Vermutungswirkungen, die die Parteien in **Individualverträgen** oder in **Allgemeinen Geschäftsbedingungen** vereinbaren. Auf diese sind vielmehr die Grundsätze zu vertraglichen Beweislastvereinbarungen anzuwenden (→ § 284 Rn. 83). Hinsichtlich Vermutungsvereinbarungen in Allgemeinen Geschäftsbedingungen ist ferner § 309 Nr. 12 BGB zu berücksichtigen.

9 4. **Fiktionen.** Fiktionen (zB § 177 Abs. 2 S. 2 BGB; § 812 Abs. 2 BGB; **§ 26 Abs. 3 MarkenG**[7]) sind unwiderlegbar und insoweit der Sache nach materiell-rechtliche Rechtssätze, für die § 292 nicht gilt. Die Besonderheit der Fiktion gegenüber den unwiderlegbaren gesetzlichen Vermutungen besteht darin, dass dem Gesetzgeber bewusst ist, dass die Vermutungsfolge nicht dem wahren Lebenssachverhalt entspricht.[8]

10 In der Regel wird eine Fiktion daran erkennbar, dass der Gesetzgeber das Wort „gilt" bzw. „gelten" verwendet. **Trotz der Wortwahl „gilt"** sind jedoch folgende Fälle als **unwiderlegbare gesetzliche Vermutungen** einzuordnen, weil sie auch dem wahren Lebenssachverhalt entsprechen: **§ 5a Abs. 4 UWG** im Zusammenhang mit einer Irreführung durch Unterlassen im Wege des Vorenthaltens wesentlicher Informationen;[9] **§ 7 Abs. 1 S. 2 UWG** betreffend erkennbar unerwünschte Werbung als unzumutbare Belästigung; **§ 26 Abs. 4 MarkenG** im Zusammenhang mit der Benutzung der Marke durch den Inhaber (im Inland)[10].

11 5. **Auslegungsregeln.** Gesetzliche Regelungen, wonach **„im Zweifel"** ein bestimmter Umstand gelten soll, stellen Rechtsregeln dar, die einen bestimmten gesetzlichen Inhalt klarstellen. Sie sind also nicht auf Tatsachen bezogen und betreffen schon deshalb nicht den Anwendungsbereich des § 292.[11]

III. Die Vermutungsbasis

12 Damit die gesetzlich angeordnete Vermutung Geltung beanspruchen kann, bedarf es regelmäßig einer sog. **Vermutungsbasis,** also Tatsachen im Sinne eines Vermutungstatbestandes:[12] Wer eine bestimmte Tatsache nach allgemeinen Grundsätzen zu beweisen hat und sich diesbezüglich einer gesetzlichen Vermutung bedienen möchte, muss daher zunächst die tatsächlichen Voraussetzungen der Vermutungsbasis behaupten sowie im Falle des Bestreitens der Vermutungsbasis durch die gegnerische Partei diese nach den allgemeinen Regeln beweisen. Erst dann kann die **Vermutungsfolge** überhaupt eingreifen und ist die gegnerische Partei gehalten, den Beweis des Gegenteils zu führen.

13 Die gegnerische Partei kann den Eintritt der Vermutungsfolge also auf **zweierlei Wegen** vermeiden: Sie kann zunächst **in Bezug auf die Vermutungsbasis den Gegenbeweis** führen, wofür es bereits ausreicht, dass die Überzeugung des Richters vom Vorliegen der Vermutungsbasis erschüttert wird. Gelingt der beweisbelasteten Partei in Bezug auf die Vermutungsbasis der Hauptbeweis, bleibt der gegnerischen Partei immer noch hinsichtlich der Vermutungsfolge die Möglichkeit des **Beweises des Gegenteils.**

IV. Die Vermutungsfolge

14 Steht die Vermutungsbasis fest, tritt vorbehaltlich des Beweises des Gegenteils durch die gegnerische Partei die im Gesetz vorgesehene Vermutungsfolge ein. Zutreffender Ansicht nach gibt es in Bezug auf die Vermutungsfolge insbesondere **keine Behauptungslast,** dh der Beweisführer muss nur die Vermutungsbasis dartun/beweisen.[13] Dies gilt jedenfalls in Bezug auf gesetzliche Rechtsvermutungen.[14]

V. Der Beweis des Gegenteils

15 Liegt die Vermutungsbasis vor, führt dies zwar dazu, dass für den Beweisführer die Beweisbedürftigkeit entfällt. Jedoch bleibt dem Gegner die Möglichkeit, den Beweis des Gegenteils zu führen[15]. Das verlangt den **vollen Beweis** dafür, dass die **vermutete Tatsache nicht der Wahrheit entspricht,** so dass der Beweis des Gegenteils kein Gegenbeweis, sondern ein **Hauptbeweis** ist (→ § 284 Rn. 91)

---

[7] *Fezer* MarkenG § 26 Rn. 168.
[8] MüKoZPO/*Prütting* ZPO § 292 Rn. 8.
[9] S. dazu BGH GRUR 2010, 852 Rn. 21 – Gallardo Spyder; BGH GRUR 2010, 1142 Rn. 24 – Holzhocker; BGH GRUR 2011, 82 Rn. 13 – Preiswerbung ohne Umsatzsteuer; BGH GRUR 2012, 842 Rn. 25 – Neue Personenkraftwagen; *Bornkamm* WRP 2012, 1 (5).
[10] Vgl. *Ingerl/Rohnke* MarkenG § 26 Rn. 202: „deklaratorischer Natur".
[11] MüKoZPO/*Prütting* ZPO § 292 Rn. 10.
[12] Musielak/*Huber* § 292 Rn. 4.
[13] MüKoZPO/*Prütting* ZPO § 292 Rn. 22 f.
[14] BGH NJW 2010, 363 (364).
[15] OLG Frankfurt a. M. GRUR-RS 2019, 44422 Rn. 31.

und daher volle Überzeugung des Richters vom Gegenteil der vermuteten Tatsache erforderlich ist. Der Beweis des Gegenteils ist erst dann geführt, wenn dargetan/bewiesen ist, dass all jene Tatsachen, aus denen sich die Vermutungsfolge ergibt, nicht vorliegen.[16] Es sind also **strengere Anforderungen an den Beweis des Gegenteils zu stellen**.[17]

Der Beweis des Gegenteils ist nach den allgemeinen Regeln zu erbringen. Wie § 292 S. 2 deklaratorisch klarstellt, ist insoweit auch das Beweismittel der **Parteivernehmung** statthaft, wobei § 445 Abs. 2 hier nicht gilt. **16**

VI. Wichtige Beispiele für gesetzliche Vermutungen im gewerblichen Rechtsschutz

Wichtige Beispiele für gesetzliche Vermutungen im gewerblichen Rechtsschutz sind: **17**

1. § 5 Abs. 4 UWG. Nach der Vorschrift des § 5 Abs. 4 S. 1 UWG wird vermutet, dass es **18** irreführend ist, mit der **Herabsetzung eines Preises** zu werben, sofern der Preis nur für eine unangemessen kurze Zeit gefordert worden ist. Ist streitig, ob und in welchem Zeitraum der Preis gefordert worden ist, so trifft nach § 5 Abs. 4 S. 2 UWG die Beweislast denjenigen, der mit der Preisherabsetzung geworben hat.

Die Regelung des § 5 Abs. 4 S. 1 UWG hat folgenden **Hintergrund:** Missbräuchliche Werbungen **19** mit Preisherabsetzungen können insbesondere in der Weise erfolgen, dass kurzfristig ein sog. Mondpreis[18] verlangt wird, um alsdann mit einer Preisherabsetzung werben zu können. So soll dem Kunden der neue Preis besonders günstig erscheinen. Einer solchen irreführenden Preisherabsetzung soll deshalb durch eine widerlegliche gesetzliche Vermutung begegnet werden.[19]

Die **Vermutungsbasis** des § 5 Abs. 4 S. 1 UWG setzt neben der Werbung mit einer Preisherab- **20** setzung voraus, dass der frühere (höhere) Preis nur für eine unangemessen kurze Zeit[20] gefordert wurde. Steht fest, dass der frühere (höhere) Preis nur für eine unangemessen kurze Zeit verlangt wurde, wird eine Irreführung gemäß § 5 Abs. 4 S. 1 UWG widerleglich vermutet.[21] Dh der werbende Unternehmer muss die Vermutung durch einen **Beweis des Gegenteils** entkräften, indem er dartut/ ggf. beweist, dass im konkreten Einzelfall keine Irreführung eingetreten sei.[22] Das erfordert regelmäßig, dass der Unternehmer bereits in seiner Werbung die Zeitspanne angegeben hat, in der der frühere Preis gegolten hat.[23] Demgegenüber reicht der Vortrag, ohne **Täuschungsabsicht** gehandelt zu haben, nicht zur Entkräftung der Vermutung aus (zB fehlerhafte Kalkulation; Reaktion auf Preise von Wettbewerbern).[24] Der Beweis des Gegenteils kann auch nicht mit Erfolg durch den Hinweis darauf geführt werden, der Referenzpreis habe lange, wenn auch nicht bis unmittelbar vor der Aktion gegolten.[25]

Die Regelung in **§ 5 Abs. 4 S. 2 UWG** führt im Vergleich zum Normalfall einer gesetzlichen **21** Vermutung gem. § 292 zu der **Besonderheit,** dass bereits auf der Ebene des Vermutungstatbestandes des § 5 Abs. 4 S. 1 UWG eine **zusätzliche Beweislastumkehr** normiert ist, welche den Nachweis eines Teils der (an sich vom Anspruchsteller zu beweisenden) Vermutungstatbestandes betrifft. Dahinter steht folgende gesetzgeberische Erwägung: Mitbewerber und Verbände wären im Streitfall nur selten in der Lage, den Beweis für die Zeitdauer, in der der frühere Preis gefordert wurde, zu erbringen, weshalb entsprechende Klagen fast nie Erfolg haben könnten.[26] Deshalb trifft die Beweislast für die Behauptung, dass und wie lange der frühere Preis gegolten habe, im Streitfall denjenigen, der mit der Preisherabsetzung geworben hat. Darüber hinaus ist § 5 Abs. 4 S. 2 UWG entgegen seinem Wortlaut so zu verstehen, dass **zugleich auch die Darlegungslast umgekehrt** ist: Weil der Anspruchsteller im Zeitpunkt der Klageerhebung meist nur über einen bloßen Verdacht verfügt, würde aufgrund des damit stets verbundenen Prozessrisikos die Wirkung dieser Regelung ansonsten weitgehend leer laufen.[27]

---

[16] MüKoZPO/*Prütting* ZPO § 292 Rn. 25.
[17] BGH NJW-RR 2015, 819 (zur Vermutung nach § 440 Abs. 2 ZPO).
[18] Vgl. dazu BGHZ 45, 115 – Richtpreiswerbung I; BGH GRUR 1981, 137 – Tapetenpreisempfehlung.
[19] Begr. RegE zu § 5 Abs. 4 BT-Drs. 15/1487, 20.
[20] S. zur Auslegung dieses Tatbestandsmerkmals *Bornkamm/Feddersen* in Köhler/Bornkamm/Feddersen § 5 Rn. 3.120 f.
[21] Vgl. zur Rechtslage vor Einführung des § 5 Abs. 4 UWG 2004 bereits BGH GRUR 1975, 78 (79) – Preisgegenüberstellung I; vgl. *Bornkamm/Feddersen* in Köhler/Bornkamm/Feddersen § 5 Rn. 3.120.
[22] *Bornkamm/Feddersen* in Köhler/Bornkamm/Feddersen § 5 Rn. 3.121.
[23] *Bornkamm/Feddersen* in Köhler/Bornkamm/Feddersen § 5 Rn. 3.121 m. Bsp.; vgl. *Trube* WRP 2003, 1301 (1313).
[24] *Bornkamm/Feddersen* in Köhler/Bornkamm/Feddersen § 5 Rn. 3.121; aA *Trube* WRP 2003, 1301 (1313).
[25] BGH GRUR 2009, 788 Rn. 15, 17 – 20 % auf alles.
[26] *Bornkamm/Fedderen* in Köhler/Bornkamm/Feddersen § 5 Rn. 3.114; kritisch zu dieser Regelung *Trube* WRP 2003, 1301 ff.
[27] *Bornkamm/Feddersen* in Köhler/Bornkamm/Feddersen § 5 Rn. 3.119 unter Hinweis auf Begr. RegE zu § 5 Abs. 4 BT-Drs. 15/1487, 20.

22 **2. § 139 Abs. 3 S. 1 PatG.** Gem. § 139 Abs. 3 S. 1 PatG wird bei Erfindungen, die ein Verfahren zur Herstellung[28] eines neuen Erzeugnisses zum Gegenstand haben, vermutet, dass jedes Erzeugnis von gleicher Beschaffenheit nach dem patentierten Verfahren hergestellt worden ist. Eine entsprechende Regelung enthält Art. 34 TRIPS-Übereinkommen.

23 Die **ratio legis** besteht darin, den ansonsten auf bloße Vermutungen angewiesenen Inhabern von Verfahrenspatenten zur Herstellung neuer Erzeugnisse einen wirksamen Schutz gegen Patentverletzer zu gewähren.[29]

24 Die durch § 139 Abs. 3 S. 1 PatG normierte **Umkehr der Beweislast**[30] besteht darin, dass nach den allgemeinen Regeln an sich nicht der Anspruchsteller den Einsatz des patentierten Verfahrens darzutun/zu beweisen hätte. Denn grundsätzlich muss auch der Inhaber eines Verfahrenspatents die Benutzung des geschützten Verfahrens beweisen.

25 Die Beweislastumkehr kommt nur dann zur Geltung, wenn der vom Anspruchsteller darzulegende/zu beweisende Vermutungstatbestand zur vollen Überzeugung des Gerichts feststeht. Die **Vermutungsbasis** umfasst folgende Tatbestandsmerkmale: 1. Verfahren zur Herstellung eines **neuen** Erzeugnisses[31]; 2. **Gleichheit** des angegriffenen Erzeugnisses[32]. Der Anspruchsgegner ist also in seinen Verteidigungsmöglichkeiten nicht etwa darauf beschränkt, den Vollbeweis zu führen, dass patentierte Herstellungsverfahren sei gar nicht benutzt worden. Vielmehr kann er schon – vorgelagert – die Basis der Vermutungsfolge angreifen. Letzteres hat schon dann Erfolg, wenn ihm in Bezug auf die Tatbestandsmerkmale des Vermutungstatbestandes der **Gegenbeweis** gelingt, so dass es also ausreicht, vernünftige Zweifel des Gerichts am Vermutungstatbestand zu schüren. Hingegen ist es in diesem Zusammenhang noch nicht notwendig (aber selbstverständlich hinreichend), dass der Beklagte den Vollbeweis für fehlende Neuheit und/oder Gleichheit des angegriffenen Erzeugnisses erbringt → Rn. 26.[33]

26 Steht der Vermutungstatbestand zur vollen Überzeugung des Gerichts fest, begründet § 139 Abs. 3 S. 1 PatG eine **volle Umkehr der Beweislast**, wobei eine **widerlegliche Vermutung** dafür besteht, dass das angegriffene Erzeugnis mittels des geschützten Verfahrens hergestellt wurde. Es obliegt dann dem Anspruchsgegner, den vollen **Beweis des Gegenteils** nach § 292 dafür zu erbringen, dass das streitgegenständliche Erzeugnis mit einem anderen als dem patentierten Verfahren hergestellt wurde.[34] Insoweit reichen bloß berechtigte Zweifel an der Benutzung des patentierten Herstellungsverfahrens nicht aus.[35]

27 Legt der Beklagte zwecks Führung des Beweises des Gegenteils schriftsätzlich sein abweichendes Herstellungsverfahren dar, so kann er trotz der Regelung des § 139 Abs. 3 S. 2 PatG nicht verlangen, dass dem Kläger sein Vorbringen vorenthalten wird.[36] Zu Fragen des Schutzes von Geschäfts- und Betriebsgeheimnissen § 285.

28 **3. §§ 28 Abs. 1, 31, 107 Abs. 1 MarkenG (Vermutung der Rechtsinhaberschaft an nationalen Marken).** Die Regelung in **§ 28 Abs. 1 MarkenG** enthält eine **widerlegliche gesetzliche Vermutung.**[37] Ihr zufolge braucht nicht der im Register **eingetragene Anspruchsteller** seine Rechtsstellung als Markeninhaber zu beweisen, sondern er gilt bis zum Nachweis des Gegenteils (§ 292) als alleiniger materiell berechtigter Inhaber.[38] Gelingt dem Anspruchsgegner der Beweis des Gegenteils, so hat der Anspruchsteller seine Inhaberschaft durch eine lückenlose Erwerbskette darzulegen und zu beweisen, etwa mittels Vorlage eines Markenübertragungsvertrages.[39]

29 Gem. **§ 31 MarkenG** gilt dieselbe Vermutung für den als **Anmelder** in den Anmeldeakten vermerkten. Über **§ 107 Abs. 1 MarkenG** gilt die gesetzliche Vermutung des § 28 Abs. 1 MarkenG auch für Eintragungen im **internationalen Register.**[40]

---

[28] S. dazu OLG Düsseldorf InstGE 12, 213 – Blut-/Gehirnschranke.
[29] BGH GRUR 1977, 103 – Alkylendiamine II.
[30] LG Düsseldorf BeckRS 2017, 110472; Benkard/*Grabinski/Zülch* PatG § 139 Rn. 119; Busse/*Keukenschrijver* PatG § 139 Rn. 209.
[31] OLG Düsseldorf GRUR-RS 2018, 11286 Rn. 105 – Polysiliziumschicht.
[32] S. zu den materiell-rechtlichen Anforderungen etwa Benkard/*Grabinski/Zülch* § 139 Rn. 121 f.
[33] Zu weitgehend deshalb BeckOK Patentrecht/*Pitz* PatG § 139 Rn. 257, der meint, der Beklagte müsse „nachweisen", dass die Voraussetzungen der Vermutungsbasis nicht vorliegen.
[34] Vgl. BGH GRUR 2003, 507 – Enalapril; vgl. OLG Düsseldorf BeckRS 2015, 16361 Rn. 47 – Konfekt-Einzelriegel (wo es indes terminologisch verfehlt „Gegenbeweis" statt „Beweis des Gegenteils" heißt); Benkard/*Grabinski/Zülch* § 139 Rn. 119; Busse/*Keukenschrijver* PatG § 139 Rn. 216.
[35] Busse/*Keukenschrijver* PatG § 139 Rn. 216.
[36] OLG Düsseldorf InstGE 10, 122 – Geheimverfahren.
[37] BGH GRUR 1998, 699 (701) – SAM; BGH GRUR 1999, 498 (499) – Achterdiek; BGH GRUR 2002, 190 (191) – DIE PROFIS; BGH GRUR 2002, 967 (968) – Hotel Adlon.
[38] BGH GRUR 2002, 190 (191) – DIE PROFIS; BGH GRUR 2018, 297 (298) – media control; BPatG GRUR-RS 2019, 35224 Rn. 20 – JOKER Speed Shop/FENDT Joker; BPatG GRUR-RS 2019, 33402 Rn. 18 – Devil; OLG Hamburg BeckRS 2016, 13894 Rn. 64 – La Sepia.
[39] BeckOK MarkenR/*Taxhet* § 28 Rn. 13.
[40] *Ingerl/Rohnke* MarkenG § 28 Rn. 4.

Gesetzliche Vermutungen 30–36 § 292 ZPO

Derjenige, welcher die Berechtigung in Abrede stellen will, kann sich nicht auf ein bloßes Bestreiten 30 beschränken, sondern er hat den **vollen Beweis des Gegenteils** zu führen.[41] Er kann die gesetzliche Vermutung etwa durch den Vortrag entkräften, es habe eine anderweite Übertragung stattgefunden oder der geltend gemachte Rechtserwerb sei unwirksam gewesen.[42]

Für das **DPMA** ist die Vermutung allerdings schon dann widerlegt, wenn ihm amtlich das Gegenteil 31 bekannt ist (zB: Zugang eines Umschreibungsantrages nach § 28 Abs. 2 MarkenG).[43]

4. Art. 99 Abs. 1 GMV (Vermutung der Rechtsgültigkeit eingetragener Gemeinschafts- 32 **marken).** Eine **eingetragene Gemeinschaftsmarke** begründet die Vermutung der Rechtsgültigkeit (Art. 99 Abs. 1 GMV). Das Verletzungsgericht ist vorbehaltlich einer erfolgreichen **Widerklage** auf Erklärung des Verfalls oder der Nichtigkeit an die betreffende Eintragung gebunden.[44] Ua die Rechtsfrage, ob die **Rechtskraft der Entscheidung über die Widerklage** abzuwarten ist, liegt dem EuGH zur Entscheidung vor.[45]

5. § 39 DesignG (Vermutung der Rechtsgültigkeit eines nationalen Designs) und § 1 Nr. 5 33 **DesignG (Vermutung der Rechtsinhaberschaft).** Gem. § 39 DesignG, der sowohl für den Verletzungsrechtsstreit als auch für das Nichtigkeitsverfahren gilt[46], besteht zugunsten des **als Design-Inhaber Eingetragenen** eine **widerlegliche gesetzliche Vermutung** dafür, dass das Design alle materiell-rechtlichen Schutzanforderungen erfüllt.[47] Das Gericht kann deshalb von der Rechtsgültigkeit des Geschmacksmusters ausgehen, solange die entsprechende Vermutung nicht nach § 292 widerlegt ist.[48] Der **Nichtigkeitseinwand** ist gemäß den neuen Regelungen in **§§ 52a, b DesignG** nur beachtlich, wenn er entweder in einem Verfahren vor dem DPMA (§ 34 DesignG) oder per **Widerklage** im Verletzungsprozess geltend gemacht wird (Wahlrecht des Anspruchsgegners).[49] Jedenfalls mit Wirkung seit dem **1.7.2016** ist § 52a DesignG in **einstweiligen Verfügungsverfahren** nicht mehr anzuwenden (§ 52a S. 2 nF DesignG[50]).

Da die Vermutung zugunsten des Rechtsinhabers wirkt, muss auch seine **Rechtsinhaberschaft** 34 nachgewiesen sein. Hierfür ergibt sich wiederum eine Vermutung aus **§ 1 Nr. 5 DesignG**. Die Regelung in § 1 Nr. 5 DesignG ist zwar als Fiktion (→ Rn. 9) formuliert, wobei in den Gesetzesmaterialien nicht dogmatisch sauber zwischen Fiktion und Vermutung differenziert wird.[51] Da allerdings in der Gesetzesbegründung die materielle Rechtslage als letztlich maßgeblich ausgewiesen ist, sollte § 1 Nr. 5 DesignG als widerlegliche gesetzliche Vermutung verstanden werden, die den Beweis des Gegenteils nach § 292 zulässt.[52] § 1 Nr. 5 DesignG normiert also eine **widerlegliche gesetzliche Vermutung** der Rechtsinhaberschaft für den als Inhaber im Register Eingetragenen.

6. Art. 85 Abs. 1 S. 1, Abs. 2 S. 1 GGV (Vermutung der Rechtsgültigkeit von Gemein- 35 **schaftsgeschmacksmustern).** Für die **Rechtsgültigkeit eines eingetragenen Gemeinschaftsgeschmacksmusters** spricht eine gesetzliche Vermutung (Art. 85 Abs. 1 S. 1 GGV). Diese Vermutung kann grds. nur mittels einer erfolgreichen **Widerklage** entkräftet werden (Art. 85 Abs. 1 S. 2, 3 GGV).

Erbringt der Rechtsinhaber Beweis für die tatsächlichen Voraussetzungen des Art. 11 GGV und gibt 36 er an, welche Eigenart das Gemeinschaftsgeschmacksmuster aufweist, wird die **Rechtsgültigkeit eines nicht eingetragenen Gemeinschaftsgeschmacksmuster**s gem. Art. 85 Abs. 2 S. 1 GGV vermutet.[53] Die zur Vermutungsbasis gehörende **Eigenart** muss anhand der konkreten Erscheinungsmerkmale im Einzelnen dargetan werden;[54] zusätzlich ist der **vorbekannte Formenschatz** zu erläu-

---

[41] BGH GRUR 2002, 190 (191) – DIE PROFIS; *Ingerl/Rohnke* MarkenG § 28 Rn. 4; zu geringe Anforderungen stellt Ströbele/*Hacker* MarkenG § 28 Rn. 4, wonach eine „ernsthafte Erschütterung" bereits ausreichen soll.
[42] BGH GRUR 1998, 699 (701) – SAM.
[43] *Ingerl/Rohnke* MarkenG § 28 Rn. 4.
[44] OLG Frankfurt a. M. BeckRS 2013, 14313; vgl. OLG Bremen GRUR-Prax 2016, 11 – Gitterstruktur-Puzzle; Eisenführ/Schennen/*Eisenführ* GMV Art. 99 Rn. 2.
[45] OGH (Österreich) GRUR-Int 2016, 1042 – Baucherlwärmer.
[46] *Eichmann/Jestaedt*/Fink/Meiser DesignG § 39 Rn. 1.
[47] BGH GRUR 11, 242 Rn. 9 – Untersetzer; GRUR 12, 512 Rn. 20 – Kinderwagen I; GRUR 12, 1139 Rn. 10 – Weinkaraffe; OLG Frankfurt a. M. GRUR 2015, 890 – Möbelgriff; vgl. KG GRUR-RR 2016, 145 – Bettendesign.
[48] *Eichmann/Jestaedt*/Fink/Meiser DesignG § 39 Rn. 4.
[49] Vgl. *Kappl* GRUR 2014, 326 (329 f.); *Eichmann/Jestaedt*/Fink/Meiser DesignG § 52a Rn. 5 f.
[50] § 52a S. 2 angef. mWv 1.7.2016 durch G v. 4.4.2016 (BGBl. I S. 558); vgl. zum früheren Recht Kappl GRUR 2014, 326 (329 f.); KG GRUR-RR 2016, 145 – Bettendesign.
[51] Vgl. *Eichmann/Jestaedt*/Fink/Meise DesignG § 1 Rn. 41.
[52] *Eichmann/Jestaedt*/Fink/Meise DesignG § 1 Rn. 40; differenzierend *Beyerlein* WRP 2004, 676 (681); aA: *Kazemi* MarkenR 2007, 149 (153).
[53] EuGH GRUR 2014, 774 (775) – Karen Millen Fashions Ltd./Dunnes Stores ua.
[54] OLG Hamburg Mitt. 2010, 35.

tern,⁵⁵ wobei substantiiert darzulegen ist, welche Erscheinungsmerkmale sich wie von den nächstkommenden vorbekannten Erzeugnissen unterscheiden.⁵⁶ Der Beklagte kann gem. Art. 85 Abs. 2 S. 2 GGV Widerklage auf Nichtigerklärung des nicht eingetragenen Gemeinschaftsgeschmacksmusters erheben; allerdings ist entgegen dem missverständlichen deutschen Wortlaut alternativ auch die **bloße Einrede der Nichtigkeit** gegenüber der Verletzungsklage möglich.⁵⁷

37 Die Partei, die Rechte aus einem nicht eingetragenen Gemeinschaftsgeschmacksmuster ableitet, trägt die **Darlegungs- und Beweislast** dafür, dass sie **Inhaberin des Rechts** nach Art. 14 Abs. 1, Abs. 3 GGV ist. Zu ihren Gunsten streitet keine Vermutung für die Inhaberschaft, wenn sie das nicht eingetragene Gemeinschaftsgeschmacksmuster erstmalig der Öffentlichkeit innerhalb der Union iSd Art. GGV zugänglich gemacht hat.⁵⁸

38 7. **§ 10 Abs. 1 UrhG.**⁵⁹ Aufgrund der gesetzlichen Vermutung gem. § 10 Abs. 1 UrhG ist die **Inhaberschaft** originärer Rechte infolge der sich auf den Vervielfältigungsstücken oder auf dem Original eines der Werke der bildenden Künste befindlichen Bezeichnungen als feststehend zu behandeln, solange nicht der Beweis des Gegenteils geführt ist.⁶⁰ In Verbindung mit § 87 Abs. 4 UrhG ist Inhalt der Vermutung, dass die im Rahmen der Sendung, etwa durch Einblendung eines Senderlogos, benannte Person Inhaber der Leistungsschutzrechte nach § 87 UrhG ist⁶¹. Werden Personen nur im Abspann eines Films genannt, fehlt es demgegenüber an einer dahingehenden Vermutung, dass sämtliche im Abspann genannten Personen als Filmurheber gelten⁶².

39 8. **§ 30 Abs. 3 S. 2 PatG.** Diese Vorschrift begründet **keine gesetzliche Vermutung** iSv § 292.⁶³ Allerdings kommt der Eintragung im Patentregister durchaus beweisrechtliche Bedeutung zu → § 284 Rn. 98.

C. Tatsächliche Vermutungen

I. Allgemeines

40 Wie bereits ausgeführt, ist § 292 auf die von den gesetzlichen Vermutungen strikt zu trennenden sog. **tatsächlichen Vermutungen unanwendbar.** Tatsächliche Vermutungen werden vielfach in der Rechtspraxis im Interesse einer **Beweiserleichterung** entwickelt, zB mit Blick auf die **Verantwortlichkeit** für die Zugänglichmachung eines geschützten Werks von einer **IP-Adresse**, die zum fraglichen Zeitpunkt einer bestimmten Person zugeordnet war.⁶⁴ Näher → Rn. 55 ff.

41 Die Beweiserleichterung kann dabei unter ganz unterschiedlichen Aspekten erfolgen. Regelmäßig handelt es sich der Sache nach um einen **Anscheinsbeweis** (→ § 286 Rn. 57 ff.) oder eine Beweisführung unter Verwendung von **Indizien**. Soweit nicht die vorgenannten Kategorien der Beweisführung eingreifen, reicht es meist aus, wenn der betreffende Vermutungsinhalt im Rahmen der richterlichen Beweiswürdigung unter dem Gesichtspunkt der Lebenserfahrung berücksichtigt wird.⁶⁵

II. Wichtige Anwendungsfälle im gewerblichen Rechtsschutz

42 1. **Tatsächliche Vermutung der Wiederholungsgefahr.** Große praktische Bedeutung kommt der **tatsächlichen Vermutung** der **Wiederholungsgefahr** im **Wettbewerbsrecht** zu. Ist es zu einem **Wettbewerbsverstoß** gekommen, besteht eine tatsächliche Vermutung für die Wiederholungsgefahr,⁶⁶ und zwar nicht nur in Bezug auf die identische Verletzungsform, sondern auch hinsichtlich

---

⁵⁵ OLG Hamburg BeckRS 2009, 08346; OLG Frankfurt a. M. BeckRS 2012, 10682.
⁵⁶ *Eichmann/Jestaedt*/Fink/Meise DesignG § 39 Rn. 3.
⁵⁷ *Schönbohm* GRUR 2004, 41; *E. Gottschalk/S. Gottschalk* GRUR-Int. 2006, 461 (464 f.); *Eichmann/Jestaedt*/Fink/Meise DesignG § 39 Rn. 3.
⁵⁸ BGH GRUR 2013, 830 – Bolerojäckchen.
⁵⁹ S. zu den weiteren Vermutungen gem. § 10 Abs. 2, 3 UrhG: Wandtke/Bullinger/*Thum* UWG § 10 Rn. 79 ff.
⁶⁰ BGH GRUR 2009, 1046 (1049) – Kranhäuser; BGH GRUR 2015, 258 Rn. 32 ff. – CT-Paradies; OLG Hamburg BeckRS 2015, 14370 Rn. 196 = GRUR-Prax 2016, 44 – YouTube; LG Hamburg GRUR-RS 2020, 34610 Rn. 77.
⁶¹ OLG Köln BeckRS 2018, 10683 Rn. 84 – TV Pannenshow.
⁶² OLG München BeckRS 2017, 144766 Rn. 116 – Das Boot III.
⁶³ Vgl. Grunwald GRUR 2016, 1126 (1128 f.); aA *Ohly* GRUR 2016, 1120, der hilfsweise von einer jedenfalls richterrechtlichen Beweislastumkehr ausgeht, die selbst in Fällen nicht registrierter Zwischenerwerbe zum Tragen kommen soll.
⁶⁴ BGH GRUR 2013, 511 – Morpheus; OLG Köln GRUR-RR 2014, 281 (282 f.) – Walk this way.
⁶⁵ MüKoZPO/*Prütting* ZPO § 292 Rn. 29 mwN.
⁶⁶ BGH GRUR 1997, 379 (380) – Wegfall der Wiederholungsgefahr II; BGH GRUR 1997, 929 (930) – Herstellergarantie; BGH GRUR 2001, 453 (455) – TCM-Zentrum; BGH GRUR 2002, 717 (719) – Vertretung der Anwalts-GmbH; BGH GRUR 2007, 890 (891) – Jugendgefährdende Medien bei ebay; BGH GRUR 2018, 1258 (1262) – You-Tube-Werbekanal II; BGH GRUR 2020, 755 (763) – WarnWetter-App; OLG Düsseldorf GRUR 2020, 204 (208) – unbleached paper rolls; kritisch zum Ganzen *Gruber* WRP 1991, 368.

Gesetzliche Vermutungen   43–46 § 292 ZPO

aller **kerngleichen Verletzungsformen**.[67] Auch das wettbewerbswidrige Handeln einer am privaten Geschäftsverkehr teilnehmenden **Körperschaft des öffentlichen Rechts** begründet die tatsächliche Vermutung der Wiederholungsgefahr.[68] **Rechtsirrtümer** des Schuldners stehen der Begründung der Wiederholungsgefahr nicht entgegen.[69] Auch **unverschuldete Verstöße** begründen eine Wiederholungsgefahr, weil der Unterlassungsanspruch grundsätzlich verschuldensunabhängig ist.[70] Die Wiederholungsgefahr muss im **Zeitpunkt der letzten mündlichen Tatsachenverhandlung** (noch) vorliegen[71], wobei die Wiederholungsgefahr durch die bloße Beendigung des wettbewerbswidrigen Verhaltens nicht entfällt.[72] Auch die **notarielle Unterwerfungserklärung** beseitigt für sich genommen nicht die Wiederholungsgefahr; zusätzlich bedarf es der Zustellung eines **Androhungsbeschlusses** nach § 890 Abs. 2 ZPO.[73]

43 Es findet keine **Rechtsnachfolge** in die Wiederholungsgefahr statt.[74]

44 Die **Berührung** im Rahmen der Rechtsverteidigung in einem laufenden Prozess kann keine Wiederholungsgefahr, wohl aber eine Erstbegehungsgefahr begründen, wenn der betreffende Vortrag nicht **ausschließlich zum Zwecke der Rechtsverteidigung** erfolgt.[75] Einer entsprechenden Klarstellung bedarf es nur dann, wenn der Schuldner zuvor Anlass zur Annahme gegeben hat, sein Vortrag gehe über die reine Rechtsverteidigung hinaus.[76] Eine durch Berührung begründete Erstbegehungsgefahr kann durch eine einfache Abstandnahmeerklärung, die insbesondere nicht strafbewehrt sein muss, beseitigt werden.[77]

45 An der Wiederholungsgefahr fehlt es a priori, wenn das betreffende Verhalten **im Zeitpunkt der Begehung** noch nicht verboten war.[78] Entsprechendes gilt, wenn im Zeitpunkt des Verstoßes die Rechtslage zweifelhaft war und später die betreffende Handlung per Gesetzesänderung verboten wird.[79] Ein Unterlassungsanspruch besteht ebenfalls nicht, wenn das betreffende Verhalten zwar im Zeitpunkt der Begehung verboten war, das Verbot aber inzwischen nicht mehr besteht.[80]

46 Anerkanntermaßen fällt die einmal begründete Wiederholungsgefahr nur unter **strengen Voraussetzungen** wieder weg.[81] Die dem Anspruchsgegner obliegende **Widerlegung** der Wiederholungsgefahr[82] setzt nämlich regelmäßig eine bedingungslose, unwiderrufliche und **strafbewehrte Unterlassungsverpflichtungserklärung** für jeden Fall der Zuwiderhandlung (sog. **Unterwerfungserklärung**) voraus.[83] Die Unterlassungserklärung muss den gesetzlichen Unterlassungsanspruch nach Inhalt und Umfang **vollständig abdecken**[84] und dementsprechend uneingeschränkt, unwiderruflich, unbe-

---

[67] Vgl. BGH GRUR 1996, 290 (291) – Wegfall der Wiederholungsgefahr I; BGH GRUR 1996, 800 (802) – EDV-Geräte; BGH GRUR 1997, 931 (932) – Sekundenschnell; BGH GRUR 1999, 1017 (1018) – Kontrollnummernbeseitigung I; BGH GRUR 2005, 443 (446) – Ansprechen in der Öffentlichkeit II; BGH GRUR 2006, 421 Rn. 39 – Markenparfümverkäufe; BGH GRUR 2008, 702 Rn. 55 – Internet-Versteigerung III; BGH BeckRS 2013, 19376; s. auch die Nachweise bei *Köhler* in Köhler/Bornkamm/Feddersen § 8 Rn. 1.43 f., der selbst allerdings hinsichtlich im Kern gleicher Verletzungsformen nur eine Erstbegehungsgefahr annehmen möchte.
[68] BGH GRUR 1991, 769 (771) – Honoraranfrage; BGH GRUR 1994, 516 – Auskunft über Notdienst.
[69] *Teplitzky* Kap. 7 Rn. 4; vgl. Piper/Ohly/Sosnitza § 8 Rn. 19; *Bornkamm* in Köhler/Bornkamm/Feddersen § 8 Rn. 1.53 mit berechtigter Kritik an folgenden vereinzelt gebliebenen Abweichungen von diesem Grundsatz in der BGH-Rechtsprechung: BGH GRUR 1994, 443 (445) – Versicherungsvermittlung im öffentlichen Dienst; BGH GRUR 1988, 382 (383) – Schelmenmarkt; BGH GRUR 1994, 222 (224) – Flaschenpfand I.
[70] Piper/Ohly/Sosnitza UWG § 8 Rn. 1 mwN.
[71] BGH GRUR 1955, 390 (392) – Schraubenmutterpresse; BGH GRUR 1993, 53 (55) – ausländischer Inserent.
[72] BGH GRUR 2020, 303 (306) – Pflichten des Batterieherstellers.
[73] BGH GRUR 2016, 1316 – Notarielle Unterlassungserklärung.
[74] BGH GRUR 2007, 995 – Schuldnachfolge; BGH GRUR 2019, 746 (750) – Energieeffizienzklasse III; kritisch *Mels/Franzen* GRUR 2008, 968.
[75] BGH GRUR 2001, 2174 (2175) – Berührungsaufgabe; *Bornkamm* in Köhler/Bornkamm/Feddersen § 8 Rn. 1.19 ff. mwN.
[76] *Bornkamm* in Köhler/Bornkamm/Feddersen § 8 Rn. 1.20 mwN.
[77] Vgl. BGH GRUR 2011, 1038 (1041) – Stiftparfüm.
[78] BGH GRUR 2005, 442 – Direkt ab Werk; BGH GRUR 2008, 186 Rn. 17 – Telefonaktion; BGH GRUR 2009, 79 Rn. 25 – Gebäckpresse; BGH GRUR 2009, 845 Rn. 38 – Internet-Videorecorder; BGH GRUR 2009, 875 Rn. 8 – Jeder 100. Einkauf gratis; BGH GRUR 2009, 977 Rn. 11 – Brillenversorgung; BGH GRUR 2009, 886 Rn. 13 – Die clevere Alternative.
[79] BGH GRUR 2002, 717 (719) – Vertretung der Anwalts-GmbH; BGH GRUR 1997, 665 – Schwerpunktgebiete; BGH GRUR 1998, 591 (592 f.) – Monopräparate.
[80] BGH GRUR 2002, 717 (719) – Vertretung der Anwalts-GmbH; BGH GRUR 1999, 923 – Tele-Info-CD; BGH WRP 2000, 759 (760) – Zahnersatz aus Manila; BGH GRUR 2001, 348 (349) – Beratungsstelle im Nahbereich; BGH GRUR 2009, 79 Rn. 25 – Gebäckpresse; BGH GRUR 2009, 845 Rn. 38 – Internet-Videorecorder.
[81] BGHZ 14, 163 – Constance; BGH GRUR 1959, 368 (374) – Ernst Abbe; BGH GRUR 1965, 198 (202) – Küchenmaschinen; BGH GRUR 1970, 558 (559) – Sanatorium; BGH GRUR 1972, 550 – Spezialsalz II; BGH GRUR 1998, 483 (485) – Der M.-Markt packt aus; BGH GRUR 2002, 180 – Weit-Vor-Winterschluss-Verkauf.
[82] BGH GRUR 1993, 579 (581) – Römer GmbH.
[83] BGH GRUR 1984, 214 (216) – Copy-Charge; BGH GRUR 1984, 593 (595) – adidas-Sportartikel; BGH GRUR 1985, 155 (156) – Vertragsstrafe bis zu ... I; BGH GRUR 2016, 946 – Freunde finden.
[84] BGH GRUR 2016, 395 – Smartphone-Werbung.

dingt und grundsätzlich auch ohne Angabe eines Endtermins sei.[85] Die **Verweigerung einer Unterwerfungserklärung** belegt das Fortbestehen der Wiederholungsgefahr.[86]

47 Richtiger Ansicht nach beseitigt auch eine **rechtskräftige Verurteilung** des Schuldners zur Unterlassung jedenfalls grundsätzlich die Wiederholungsgefahr.[87] Insbesondere ist nicht die Annahme gerechtfertigt, dass derjenige, welcher sich verurteilen lässt, notwendigerweise eher zu einem erneuten Verstoß neigen werde, als der sich Unterwerfende. Auch eine Unterwerfungserklärung wird meist vor allem zwecks Vermeidung drohender Prozesskosten abgegeben; ferner spricht eine rechtskräftige gerichtliche Klärung für eine höhere Akzeptanz des Verbots.[88] Die Wiederholungsgefahr entfällt ebenfalls im Falle eines (nicht mehr widerruflichen) Vergleichsabschlusses, in dessen Rahmen sich der Schuldner strafbewehrt zur Unterlassung verpflichtet.[89] Solange auch nur der Gläubiger noch das Recht zum Widerruf hat, besteht noch Wiederholungsgefahr.[90]

48 **Folgende Umstände genügen allein nicht für eine Widerlegung der Wiederholungsgefahr:** der **bloße Wegfall der Störung** oder die **bloße Zusage des Verletzers,** künftig von entsprechenden Handlungen abzusehen;[91]) bloße Erwirkung einer gleich lautenden einstweiligen Verfügung durch den Gläubiger ohne eine entsprechende Abschlusserklärung des Schuldners;[92]. **Entlassung** des fraglichen Mitarbeiters in Fällen des § 8 Abs. 2 UWG[93], da es insoweit auf das Verhalten des Mitarbeiters und des Unternehmers ankommt;[94] **Aufgabe der Geschäftsbetätigung,** ohne dass erneute Aufnahme dieses oder eines ähnlichen Geschäftsbetriebes ausgeschlossen ist;[95] letzteres gilt auch dann, wenn das Unternehmen nach einem mangels Masse nicht eröffneten Insolvenzverfahren aufgelöst wurde; allgemein die **bloße Änderung der tatsächlichen Verhältnisse** (Einstellung der Produktion eines (veralteten) Produkts);[96] Einstellung einer beanstandeten Werbung,[97] solange nicht auch jegliche Wahrscheinlichkeit für ein erneutes unzulässiges Verhalten beseitigt ist;[98] regelmäßig die „einzigartigen Umstände des Einzelfalls";[99] Zugang einer vom Schuldner abgegebenen **notariellen Unterlassungserklärung.**[100]

49 Eine einmal entfallene Wiederholungsgefahr lebt nicht mehr auf; ein **erneuter Verstoß** begründet eine neue, selbständige Wiederholungsgefahr.[101] Macht der Schuldner auf andere Weise deutlich, dass er eine Unterwerfungserklärung oder einen Unterlassungstitel nicht beachten wird, kommt ein auf einer Erstbegehungsgefahr basierender vorbeugender Unterlassungsanspruch in Betracht.[102]

50 Die vorstehend für das Wettbewerbsrecht erläuterten Grundsätze beanspruchen **im gesamten gewerblichen Rechtsschutz** Geltung, ua im **Patentrecht**[103], **Markenrecht**[104], **Designrecht**[105] und **Urheberrecht.**[106]

51 Eine **Erstbegehungsgefahr** für eine Benutzungsabsicht ist auf Grund der **Anmeldung eines Zeichens als Marke** im Regelfall zu vermuten, wenn keine konkreten Umstände vorliegen, die dagegen sprechen.[107] Diese entfällt nicht schon dadurch, dass die Benutzung der Marke nach Zu-

---

[85] BGH GRUR 2018, 1258 (1262) – You-Tube-Werbekanal II.
[86] BGH GRUR 1959, 367 (374) – Ernst Abbe; BGHZ 115, 105 (115) – Anwaltswerbung I; BGH GRUR 1998, 1045 (1046) – Brennwertkessel.
[87] Vgl. BGH GRUR 2003, 450 – Begrenzte Preissenkung; OLG Hamburg GRUR 1984, 889 (890); OLG Karlsruhe GRUR 1991, 619 (621); 1995, 510 (513); 1997, 72 (73); Piper/*Ohly*/Sosnitza § 8 Rn. 21; *Bornkamm* FS Tilmann, 2003, 769 (771 ff.); *Melullis* Rn. 588; *Bacher* S. 254 f.; aA: OLG Hamm GRUR 1991, 706 (707); *Traub* WRP 1987, 256 f.
[88] Eingehend *Bornkamm* in Köhler/Bornkamm/Feddersen § 8 Rn. 1.57 ff.
[89] Vgl. OLG Celle VuR 2007, 65.
[90] *Bornkamm* in Köhler/Bornkamm/Feddersen § 8 Rn. 1.62; aA: OLG Celle VuR 2007, 65.
[91] BGHZ 1, 241 (248) – Piek-fein; BGH GRUR 1955, 342 (345) – Holländische Obstbäume.
[92] BGH GRUR 1964, 274 (275) – Möbelrabatt.
[93] Köhler/Bornkamm/Feddersen § 8 Rn. 1.49; weniger streng OLG Stuttgart WRP 1993, 780.
[94] BGH GRUR 1964, 263 (266) – Unterkunde; BGH GRUR 1965, 155 – Werbefahrer; BGH GRUR 1973, 208 (209) – Neues aus der Medizin.
[95] BGH GRUR 1959, 367 (374) – Ernst Abbe; BGH GRUR 1972, 550 (551) – Spezialsalz II; BGH GRUR 1976, 579 (583) – Tylosin; BGH GRUR 1992, 318 (320) – Jubiläumsverkauf; BGH GRUR 1998, 824 (828) – Testpreis-Angebot; BGH GRUR 2001, 453 – TCM-Zentrum; aA: OLG Koblenz GRUR 1988, 43 (45).
[96] BGH GRUR 1998, 1045 (1046) – Brennwertkessel; vgl. BGH GRUR 1961, 356 (360) – Pressedienst; BGH GRUR 1965, 198 (202) – Küchenmaschine.
[97] BGH GRUR 1974, 225 (227) – Lager-Hinweiswerbung.
[98] BGH GRUR 1961, 288 (290) – Zahnbürsten; BGH GRUR 1988, 38 (39) – Leichenaufbewahrung.
[99] Vgl. BGH GRUR 1961, 288 (290) – Zahnbürsten; vgl. BGH GRUR 1988, 38 (39) – Leichenaufbewahrung; *Bornkamm* in Köhler/Bornkamm/Feddersen § 8 Rn. 1.52 mit überzeugender Kritik an BGH GRUR 1992, 318 (319) – Jubiläumsverkauf.
[100] BGH BeckRS 2016, 17573 – notarielle Unterlassungserklärung.
[101] BGHZ 130, 288 (292) – Kurze Verjährungsfrist; BGH GRUR 1998, 1043 (1044) – GS-Zeichen.
[102] *Bornkamm* in Köhler/Bornkamm/Feddersen § 8 Rn. 1.56.
[103] BGH GRUR 1976, 579 (582 f.) – Tylosin; vgl. BGH GRUR 2016, 257 – Glasfasern II.
[104] BGH GRUR 2000, 605 (607) – comtes/ComTel; BGH GRUR 2001, 422 (424) – ZOCOR; BGH GRUR 2009, 1162 (1166) – DAX.
[105] BGH GRUR 1974, 737 (739) – Stehlampe; *Eichmann*/*Jestaedt*/Fink/Meiser DesignG § 42 Rn. 28.
[106] BGHZ 136, 380 (390) – Spielbankaffaire; BGH GRUR 2009, 845 (849) – Internet-Videorekorder.
[107] BGH GRUR 2016, 83 – Amplidect/amplitec.

stellung einer einstweiligen Verfügung eingestellt und die Produkte alsdann unter anderer Bezeichnung vertrieben werden: Vielmehr erfordert der Wegfall der durch eine Markenanmeldung entstandenen Erstbegehungsgefahr ein auf den Fortfall der rechtlichen Wirkungen der Anmeldung gerichtetes eindeutiges Verhalten (zB Rücknahme der Markenanmeldung oder Verzicht auf die Eintragung der Marke) voraus.[108]

2. Vermutung der Dringlichkeit gem. § 12 Abs. 2 UWG. Die Regelung des § 12 Abs. 2 UWG begründet in ihrem Anwendungsbereich eine widerlegliche **tatsächliche Vermutung der Dringlichkeit.**[109] Die Darlegung und Glaubhaftmachung der für die Widerlegung der Dringlichkeitsvermutung erforderlichen Umstände obliegt also grundsätzlich dem Antragsgegner.[110] Da § 12 Abs. 2 UWG **keine gesetzliche Vermutung iSv § 292** darstellt, ist insoweit kein voller Beweis des Gegenteils erforderlich. → § 940 Rn. 67 ff.; → § 920 Rn. 27 zu weiteren Einzelheiten.

Ist die Vermutung der Dringlichkeit **erschüttert** (zB aufgrund zögerlichen Verhaltens des Antragstellers selbst[111]), obliegt es nunmehr dem Antragsteller, die Dringlichkeit darzulegen und glaubhaft zu machen. Ggf. muss das Gericht dann im Wege einer Interessenabwägung über die Dringlichkeit entscheiden.[112] → § 940 Rn. 69 und → Rn. 97 zu weiteren Einzelheiten.

3. Werbeanrufe. Es besteht **keine tatsächliche Vermutung** dafür, dass die für die Zulässigkeit eines Werbeanrufs erforderliche ausdrückliche **Einwilligung des Angerufenen** vorlag; dem Anrufer kommt auch **keine Beweiserleichterung** in Gestalt einer sekundären Darlegungslast zu.[113]

4. Verantwortlichkeit infolge der Zuordnung einer IP-Adresse.[114] Im Fall der Verletzung von Immaterialgüterrechten über einen **Internet-Anschluss** spricht eine tatsächliche Vermutung für eine Täterschaft des Anschlussinhabers, wenn zum Zeitpunkt der Rechtsverletzung keine anderen Personen den betreffenden Internetanschluss nutzen konnten.[115] Diese **tatsächliche Vermutung** der Täterschaft des Anschlussinhabers kommt auch dann in Betracht, wenn der Internetanschluss – wie bei einem Familienanschluss – regelmäßig von mehreren Personen genutzt wird.[116] Eine die tatsächliche Vermutung ausschließende Nutzungsmöglichkeit Dritter ist anzunehmen, wenn der Internetanschluss nicht hinreichend gesichert war oder bewusst anderen Personen zur Nutzung überlassen wurde. In solchen Fällen trifft den Inhaber des Internetanschlusses jedoch eine **sekundäre Darlegungslast.** Diese führt weder zu einer Umkehr der Beweislast noch zu einer über die prozessuale Wahrheitspflicht und Erklärungslast hinausgehenden Verpflichtung des Anschlussinhabers, dem Anspruchsteller alle für seinen Prozesserfolg benötigten Informationen zu verschaffen. Der Anschlussinhaber genügt seiner sekundären Darlegungslast vielmehr dadurch, dass er dazu vorträgt, ob andere Personen und gegebenenfalls welche anderen Personen selbstständigen Zugang zu seinem Internetanschluss hatten und als Täter der Rechtsverletzung in Betracht kommen. In diesem Umfang ist der Anschlussinhaber im Rahmen des Zumutbaren zu **Nachforschungen** sowie zur Mitteilung verpflichtet, welche Kenntnisse er dabei über die Umstände einer eventuellen Verletzungshandlung gewonnen hat, wobei die Nachforschungspflicht des Anschlussinhabers nicht bereits mit Erhalt der Abmahnung, sondern erst innerhalb des gerichtlichen Verfahrens entsteht.[117] Die pauschale Behauptung der bloß theoretischen Möglichkeit des Zugriffs von im Haushalt lebenden Dritten auf den Internetanschluss genügt hierbei nicht. Der Inhaber eines Internetanschlusses hat nachvollziehbar vorzutragen, welche Personen mit Rücksicht auf Nutzerverhalten, Kenntnisse und Fähigkeiten sowie in zeitlicher Hinsicht Gelegenheit hatten, die fragliche Verletzungshandlung ohne Wissen und Zutun des Anschlussinhabers zu begehen. Ohne konkrete Anhaltspunkte für eine bereits begangene oder bevorstehende Urheberrechtsverletzung ist der Inhaber eines Internetanschlusses grundsätzlich allerdings nicht verpflichtet, **volljährige Mitglieder seiner Wohngemeinschaft** oder seine **volljährigen Besucher und Gäste**, denen er das **Passwort** für seinen Internetanschluss zur Verfügung stellt, über die Rechtswidrigkeit einer Teilnahme an Tauschbörsen aufzuklären und ihnen die rechtswidrige Nutzung entsprechender Programme zu untersagen.[118] Handelt es sich bei den Personen, die einen Anschluss mitgenutzt haben, um den

---

[108] BGH GRUR 2016, 83 – Amplidect/ampliteq.
[109] BGH GRUR 2000, 151 (152) – Späte Urteilsbegründung; *Teplitzky* Kap. 54 Rn. 18; kritisch *Holzapfel* GRUR 2003, 287 (292), der für eine stets vorzunehmende Interessenabwägung plädiert.
[110] OLG München WRP 2008, 972 (976).
[111] Vgl. zB OLG Stuttgart GRUR-RR 2009, 343 (345), dort auch zum Umfang der Darlegungslast des Antragsgegners betreffend den Zeitpunkt der Kenntnisnahme des Antragstellers vom beanstandeten Verhalten; OLG Frankfurt a. M. GRUR-RR 2014, 82 – Qualitätssprung; OLG Düsseldorf BeckRS 2015, 6773; OLG Köln GRUR-RR 2014, 127 – Haarverstärker.
[112] *Retzer* GRUR 2009, 329 (333).
[113] BGH GRUR-RR 2014, 117 – Werbeanruf.
[114] Näher *Schaub* GRUR 2016, 152.
[115] BGH GRUR 2014, 657 – BearShare; GRUR 2016, 191 – Tauschbörse III; LG Düsseldorf GRUR-RS 2020, 27936 – Fünf Freunde III.
[116] BGH GRUR 2016, 191 (194) – Tauschbörse III; NJW 2017, 78 (80) – Everytime we touch.
[117] LG Düsseldorf GRUR-RS 2020, 27936 – Fünf Freunde III.
[118] BGH GRUR 2016, 1289 – Silver Linings Playbook.

Ehegatten oder Familienangehörige, so ist nach aktueller Rechtsprechung des BGH zugunsten des Anschlussinhabers zudem der **grundrechtliche Schutz von Ehe und Familie** zu beachten. Dem Inhaber eines privaten Internetanschlusses ist es daher regelmäßig nicht zumutbar, die Internetnutzung seines Ehegatten einer **Dokumentation** zu unterwerfen, um im gerichtlichen Verfahren seine täterschaftliche Haftung abwenden zu können; ebenfalls unzumutbar ist es regelmäßig, dem Anschlussinhaber die **Untersuchung des Computers** seines Ehegatten im Hinblick auf die Existenz von Filesharing-Software abzuverlangen.[119] Nichtsdestotrotz reicht es für die Erfüllung der sekundären Darlegungslast nicht aus, dass der Anschlussinhaber ein **Familienmitglied** benennt, das **möglicherweise Zugriff** auf den streitgegenständlichen Internetanschluss hatte, ohne nähere Einzelheiten zu Zeitpunkt und Art der Nutzung durch dieses Familienmitglied mitzuteilen.[120] Ist den einen WLAN-Router betreibenden Eheleuten allerdings gekannt, welches ihrer drei volljährigen Kinder eine Rechtsverletzung begangen hat, weigern sie sich jedoch gleichwohl, die Identität des Verletzers preiszugeben, stehen die Eltern vor der Wahl: Entweder, sie haften als Täter aufgrund einer nicht erfüllten sekundären Darlegungslast oder sie geben den Namen ihres rechtsverletzenden Kindes preis.[121] Zur Verletzung der **Aufsichtspflicht nach § 832 BGB** → § 287 Rn. 53. Entspricht der Beklagte seiner sekundären Darlegungslast, ist es wieder Sache des Klägers als Anspruchsteller, die für eine Haftung des Beklagten als Täter einer Urheberrechtsverletzung sprechenden Umstände darzulegen und nachzuweisen.[122]

56 Der Beweis, dass unter einer IP-Adresse während eines bestimmten Zeitraums Musikdateien öffentlich zugänglich gemacht worden sind, kann dadurch geführt werden, dass ein durch **Screenshots** dokumentierter Ermittlungsvorgang des vom klagenden Tonträgerhersteller beauftragten Unternehmens vorgelegt und der regelmäßige Ablauf des Ermittlungsvorgangs durch einen Mitarbeiter des Unternehmens erläutert wird.[123] Der Beweis, dass eine durch das mit den Nachforschungen beauftragte Unternehmen ermittelte IP-Adresse zum Tatzeitpunkt einem konkreten Internetanschluss zugeordnet war, kann regelmäßig durch die vom **Internetprovider** im Rahmen **staatsanwaltschaftlicher Ermittlungen** zur Aufklärung von Urheberrechtsverletzungen im Wege des Filesharing durchgeführte Zuordnung geführt werden. Fehlt es an konkreten Anhaltspunkten für eine **Fehlzuordnung**, ist es nicht erforderlich, dass ein Tonträgerhersteller nachweist, dass die durch den Internetprovider vorgenommenen Zuordnungen stets absolut fehlerfrei sind.[124]

57 **5. Verantwortlichkeit beim Betrieb eines WLANs.** Ein **kommerzielles WLAN** darf nicht ohne jede **Sicherung** (zB ein Passwort) betrieben werden, weil anderenfalls absolute Schutzlücken zu Lasten des Rechtsinhabers entstehen.[125] Dieser Gedanke ist auch auf **private WLANs** zu übertragen, so dass die oben (→ Rn. 55 f.) erläuterte **Störerhaftung** gemäß der BGH-Rechtsprechung auch im privaten Bereich fortgilt.[126] Der Betreiber eines privat betriebenen WLAN-Zugangs haftet für über diesen Anschluss von Dritten begangene Rechtsverletzungen, wenn das WLAN ohne die im privaten Gebrauch verkehrsüblichen und zumutbaren Zugangssicherungen betrieben wird.[127] Dabei besteht die dem privaten WLAN-Anschlussinhaber obliegende Verhaltenspflicht nicht erst, nachdem es durch die unbefugte Nutzung seines Anschlusses zu einer ersten Rechtsverletzung durch Dritte gekommen und diese ihm bekannt geworden ist. Sie entsteht vielmehr bereits mit Inbetriebnahme des Anschlusses.[128] Der (private) Inhaber eines Internetanschlusses mit WLAN-Funktion ist daher nach den Grundsätzen der Störerhaftung **zur Prüfung verpflichtet,** ob der verwendete Router über die im Zeitpunkt seines Kaufs im (privaten) Bereich marktüblichen privaten Sicherungen verfügt.[129] Hierzu zählen der im Kaufzeitpunkt **aktuelle Verschlüsselungsstandard** sowie die Verwendung eines individuellen, ausreichend langen und sicheren **Passworts:** Ein aus einer zufälligen 16-stelligen Ziffernfolge bestehendes, werkseitig für das Gerät **individuell voreingestelltes Passwort** genügt bereits den Anforderungen an die Passwortsicherheit; jedenfalls sofern keine Anhaltspunkte dafür bestehen, dass das Gerät schon im Kaufzeitpunkt eine Sicherheitslücke aufwies, liegt in der Beibehaltung eines solchen werkseitig eingestellten Passworts kein Verstoß gegen die den Anschlussinhaber treffende Prüfungspflicht.[130] Dem vom Urheberrechtsinhaber gerichtlich in Anspruch genommenen Anschlussinhaber obliegt eine sekundäre Darlegungslast zu den von ihm bei Inbetriebnahme des Routers getroffenen Sicherheitsvorkehrungen,

---

[119] BGH GRUR 2017, 386 – Afterlife; bestätigt in BGH BeckRS 2017, 122070 – Ego-Shooter-Spiel.
[120] EuGH GRUR 2018, 1234 – Bastei Lübbe/Strotzer.
[121] BGH GRUR 2017, 1233 Rn. 26 f. – Loud; Spindler GRUR 2018, 16 (17).
[122] BGH NJW 2016, 953 (955) – Tauschbörse III; NJW 2017, 78 (80) – Everytime we touch; NJW 2017, 1961 – Afterlife.
[123] BGH GRUR 2016, 176 – Tauschbörse I.
[124] BGH GRUR 2016, 176 – Tauschbörse I.
[125] EuGH GRUR 2016, 1146 – McFadden/Sony Music; BGH GRUR 2018, 1044 (1046) – Dead Island.
[126] BGH GRUR 2018, 1044 (1046) f. – Dead Island; Vgl. auch *Nordemann* GRUR 2016, 1097 (1101 f.); s. auch *Spindler* NJW 2016, 2449.
[127] BGH GRUR 2017, 617 – WLAN-Schlüssel; GRUR 2018, 1044 (1046) – Dead Island.
[128] BGH GRUR 2017, 1044 (1046) – Dead Island.
[129] BGH GRUR 2016, 1289 (1290) – Silver Linings Playbook; GRUR 2017, 617 – WLAN-Schlüssel.
[130] BGH GRUR 2017, 617 – WLAN-Schlüssel.

der er durch Angabe des Routertyps und des Passworts genügt. Für die Behauptung, es habe sich um eine Vielzahl von Geräten voreingestelltes Passwort gehandelt, ist der Kläger darlegungs- und beweispflichtig.[131]

6. Eintragung als Rechtsinhaber im Patentregister. Vgl. → Rn. 39 und → § 284 Rn. 98. 58

§ 292a (weggefallen)

§ 293 Fremdes Recht; Gewohnheitsrecht; Statuten

[1] Das in einem anderen Staat geltende Recht, die Gewohnheitsrechte und Statuten bedürfen des Beweises nur insofern, als sie dem Gericht unbekannt sind. [2] Bei Ermittlung dieser Rechtsnormen ist das Gericht auf die von den Parteien beigebrachten Nachweise nicht beschränkt; es ist befugt, auch andere Erkenntnisquellen zu benutzen und zum Zwecke einer solchen Benutzung das Erforderliche anzuordnen.

Literatur: *Adolphsen,* Europäisches und internationales Zivilprozessrecht in Patentsachen, 2. Auflage, 2009; *Arens,* Prozessuale Probleme bei der Anwendung ausländischen Rechts im deutschen Zivilprozeß, FS Zajtay, 1982, S. 7; *Baums,* Rechtsnorm und richterliche Entscheidung im Wettbewerbsrecht, GRUR Int 1992, 1; *Brannekämper,* Wettbewerbsstreitigkeiten mit Auslandsbeziehung in Verfahren der einstweiligen Verfügung, WRP 1994, 661; *Hess/ Hübner,* Die Revisibilität ausländischen Rechts nach der Neufassung des § 545 ZPO, NJW 2009, 3132; *Hölder,* Grenzüberschreitende Durchsetzung europäischer Patente, 2004; *Jansen/Michaels,* Auslegung und Fortbildung ausländischen Rechts, ZZP 116 (2003), 3; *Köhler/Bornkamm,* UWG, 4. Kap.: Wettbewerbsrecht im Ausland; 35. Auflage, 2017; *Lange,* Internationales Handbuch des Marken- und Kennzeichenrechts, 1. Auflage, 2009; *Schall,* Deutsches Case Law? – zur Anwendung englischen Rechts unter § 293 ZPO, ZZP Bd. 122, 293; *Mes/Verhauwen,* PatentG, 4. Auflage 2015, Anhang zu § 14: Praxis in den einzelnen Vertragsstaaten des EPÜ, Rn. 147 ff.; *Schauwecker,* Extraterritoriale Patentverletzungsjurisdiktion, 2009; *Seibl,* Iura novit curia, Justizgewährungsanspruch und die Frage der Kostentragung für gerichtlich erholte Gutachten zum Inhalt ausländischen Rechts, ZZP 2015 Bd. 128, 431; *Sommerlad/Schrey,* Die Ermittlung ausländischen Rechts im Zivilprozess und die Folgen der Nichtermittlung, NJW 1991, 1377; *Thole,* Anwendung und Revisibilität ausländischen Gesellschaftsrechts in Verfahren vor deutschen Gerichten, ZHR Bd. 176, 15.

A. Regelungsgehalt

Die Besonderheit des § 293 liegt darin begründet, dass in Abweichung zum Grundsatz, wonach 1 Rechtsfragen weder beweisfähig noch -bedürftig sind, ein Teilaspekt der **rechtlichen Urteilsbasis** dem Beweisrecht unterzogen wird. Die Regelung des § 293 stellt für bestimmte Rechtsarten eine **Ausnahme** zu dem das deutsche Prozessrecht beherrschenden Grundsatz „iura novit curia" dar.[1]

Ungeachtet dessen sind die nach § 293 ermittelten ausländischen Rechtsnormen für den Richter 2 **Rechtssätze und nicht etwa Tatsachen.**[2] Das Gericht hat daher auch im Bereich des § 293 das anzuwendende Recht **v. A. w.** zu ermitteln.[3]

Die ratio legis besteht darin, dem Richter dort Hilfestellungen an die Hand zu geben, wo eigene 3 Rechtskenntnis von ihm nicht mehr zu erwarten ist und auch keine eigenständige Ermittlungsmöglichkeit mehr besteht.[4] Es reicht hierfür nicht aus, dass es sich um **entlegenes inländisches Recht** handelt.[5]

Die Regelung des § 293 gilt für das **gesamte zivilprozessuale Verfahren,** mithin auch im 4 Schiedsverfahren und im Urkundenprozess.[6] Gleiches gilt für die **Schiedsgerichtsbarkeit.**[7]

B. Ermittlungsumfang

Nur **unbekanntes Recht** der in § 293 genannten Art ist zu ermitteln, dh (ausnahmsweise) dem 5 Gericht geläufiges ausländisches Recht pp. hat es ohne Ermittlungen heranzuziehen. **Ermessen** besteht nur in Bezug auf die Art und die Mittel, wie das Gericht das ausländische Recht aufklären will.[8]

Unter **ausländischem Recht,** das in der Praxis den Hauptanwendungsfall des § 293 darstellt, 6 versteht man alle Rechtssätze, die bei formeller Betrachtung im Geltungsbereich des GG kein geltendes Recht darstellen.[9] Das **Recht der Europäischen Union** einschließlich völkerrechtlicher Verträge

---

[131] BGH GRUR 2017, 617 – WLAN-Schlüssel.
[1] Zöller/*Geimer* ZPO § 291 Rn. 1.
[2] *Schilken* FS Schumann, 2002, 373 (374 ff.); *Spickhoff* ZZP 112 (1999), 265 (286 ff.).
[3] BGH NJW 1980, 2022; NZG 2017, 546 Rn. 7.
[4] MüKoZPO/*Prütting* ZPO § 293 Rn. 13.
[5] Musielak/*Huber* ZPO § 293 Rn. 3.
[6] BGH NJW-RR 1997, 1154.
[7] Vgl. *Aden* RIW 1984, 934.
[8] BGH NJW-RR 2002, 1359 (1360).
[9] BGH NJW 1959, 1873.

zwischen den Mitgliedstaaten und Verordnungen wie die **EuGVVO** und das **Völkerrecht** fallen nicht darunter.[10] Das **Internationale Privatrecht** und das **Internationale Prozessrecht** stellen deutsches Recht dar.[11]

7   **Gewohnheitsrecht** sind diejenigen Rechtsregeln, die „nicht durch förmliche Setzung, sondern durch längere tatsächliche Übung entstanden sind, die eine dauernde und ständige, gleichmäßige und allgemeine sein muss und von den beteiligten Rechtsgenossen als verbindliche Rechtsnorm anerkannt wird".[12]

8   **Statuten** sind autonome Satzungen der öffentlich-rechtlichen Körperschaften, Anstalten, Stiftungen, und zwar in- wie auch ausländische.[13] Beispiele: Ortsvorschriften über Streupflicht, Tarifverträge, nicht: AGBs oder Vereinssatzungen.[14]

9   **Erfahrungssätze, Verkehrssitten** und **Handelsbräuche** fallen nicht unter § 293, können aber in entsprechender Weise gehandhabt werden (→ § 284 Rn. 21).

C. Verfahren der Ermittlung

10   Das Gericht muss einschlägiges ausländisches Recht selbst dann anwenden, wenn keine der Parteien sich auf dessen Anwendbarkeit beruft.[15] Es hat das ausländische Recht also **v. A. w.** zu ermitteln.[16] Es gibt in Bezug auf den Inhalt des ausländischen Rechts weder eine **Darlegungs-** noch eine **Beweislast** der Parteien,[17] wohl aber bezüglich der zugrundeliegenden Tatsachen, die nicht v. A. w. ermittelt werden. Was die **Art und Weise der Ermittlung** anbelangt, ist das Gericht im Rahmen seines Ermessens nicht auf bestimmte Regeln festgelegt. Es muss sich **aller ihm zugänglichen Erkenntnisquellen** bedienen, um sichere Erkenntnisse über das ausländische Recht zu erhalten. Das Gericht hat sein Ermessen allerdings unter Berücksichtigung der von den Parteien vorgenommenen Beiträge im Rahmen der ihnen obliegenden Unterstützung des Gerichts[18] auszuüben.[19] Dabei hat es auch die Aspekte der Verfahrensbeschleunigung und Kostenminimierung zu berücksichtigen.[20] Die Erklärung der Parteien, es bestehe kein Auslandsbezug, entbindet das Gericht nicht von weiterer Aufklärung, wenn sich mit Blick auf den vorgetragenen Sachverhalt die Anwendbarkeit ausländischer Rechtsnormen aufdrängt.[21]

11   Auskünfte und Gutachten von **Personen oder Institutionen im Ausland** sind gemäß § 40 ZRHO im Wege der Rechtshilfe einzuholen; im Verkehr mit Gerichten in der Europäischen Union ist nach Maßgabe der Verordnung (EG) Nr. 1206/2001 ein direkter Verkehr zwischen den Gerichten zulässig.[22] Einen kostengünstigen[23] Weg zur formalisierten Einholung von Auskünften über ausländisches Zivil- und Handelsrecht ebnet das *Europäische Übereinkommen* vom 7.6.1968 („Londoner Übereinkommen").[24] Das jeweilige Ersuchen ist gemäß § 48 Abs. 1 ZRHO der jeweiligen Landesjustizverwaltung vorzulegen bzw. im Falle von Bundesgerichten gemäß § 9 Abs. 2 AuRAG dem Bundesministerium der Justiz.

12   Das Gericht darf **angebotene Beweise der Parteien** wegen bereits vorhandener Kenntnis bzw. sonstiger Informationsquellen ablehnen.[25] Allerdings ist die Ermittlungspflicht umso höher, je komplexer und je fremder das anzuwendende im Vergleich zum deutschen Recht ist.[26] Tragen ausländische Parteien, die **beide dem Staat angehören,** dessen Recht anzuwenden ist, übereinstimmend zur Rechtslage vor, so ist es grundsätzlich nicht ermessensfehlerhaft, wenn das Gericht von der Erhebung weiterer Beweise absieht.[27] Im Übrigen gilt: Sprechen konkrete Indizien dafür, dass die von den Parteien vertretene Auffassung zum ausländischen Recht unzutreffend ist, muss das Gericht die gebotene Aufklärung von sich aus betreiben.[28] Gehen beide Parteien von der Anwendbarkeit deutschen Rechts aus, darf das Gericht seiner Entscheidung nicht ohne vorherigen **Hinweis** ausländisches

---

[10] Musielak/*Huber* ZPO § 293 Rn. 2.
[11] Musielak/*Huber* ZPO § 293 Rn. 2.
[12] BVerfGE 22, 11; BGH NJW 2014, 387 Rn. 16; s. zur Observanz (örtliches Gewohnheitsrecht) BGH NJW-RR 2009, 311 Rn. 12.
[13] Zöller/*Geimer* ZPO § 293 Rn. 4.
[14] Zöller/*Geimer* ZPO § 293 Rn. 4.
[15] MüKoZPO/*Prütting* § 293 Rn. 47.
[16] BGH NJW 1980, 2022; vgl. BGH BeckRS 2016, 16911 Rn. 10.
[17] BGH NJW 1993, 1073.
[18] BGH NJW 1975, 1583; kritisch insoweit MüKoZPO/*Prütting* § 293 Rn. 51 f. mwN.
[19] BGH NJW 1992, 2026 (2029); GRUR-RR 2012, 135 – Ergänzende Rechtsauskunft (Ls.).
[20] Zöller/*Geimer* ZPO § 293 Rn. 15.
[21] BGH NJW 2009, 916 Rn. 9.
[22] Vgl. näher http://www.justiz.nrw.de/bibliothek/ir_online.db/ir_htm/vo_1206_weitere_informationen.htm.
[23] Vgl. OLG München BeckRS 2008, 02168.
[24] BGBl. 1974 II S. 938 – S. http://www.datenbanken.justiz.nrw.de/ir_htm/frame-eurak68.htm.
[25] MüKoZPO/*Prütting* § 293 Rn. 50.
[26] Vgl. BGH NJW 2006, 762 (764); Zöller/*Geimer* ZPO § 293 Rn. 15.
[27] Vgl. BGH BeckRS 2015, 08847; Zöller/*Geimer* § 293 Rn. 17 mwN.
[28] BVerwG NJW 2012, 3461 Rn. 15.

Recht zugrunde legen.²⁹ Hat ein Gericht seiner Entscheidung auch ausländisches Recht zugrunde zu legen (etwa: Vertretungsregelungen in einer Limited Company nach englischem Recht), so gehört zum **Umfang der Hinweispflicht** des Gerichts auch, die Streitparteien auf das anzuwendende Recht hinzuweisen und insbesondere dann, wenn es sich um Recht handelt, das den Streitparteien nicht geläufig ist, auch konkret auf für die Rechtsverfolgung oder -verteidigung notwendigen Vortrag hinzuweisen.³⁰

Zulässig ist insbesondere auch eine **gerichtsinterne Ermittlung,** zB ein entsprechendes Literaturstudium oder eine Recherche zum ausländischen Recht,³¹ insbesondere dann, wenn die ausländischen Vorschriften die Umsetzung von dem Zwecke der **Vollharmonisation** dienenden Vorgaben aus einer Richtlinie der Europäischen Union betreffen.³² Zu beachten ist aber, dass je nach der Lage des Einzelfalles die Ablehnung eines beantragten Rechtsgutachtens durch das nicht mit Spezialkenntnissen ausgestattete Gericht ermessensfehlerhaft sein kann.³³ Vor diesem Hintergrund sind zu **schwierigen, komplexen Fragen** „echte" Sachverständigengutachten einzuholen. Ist die **Aktivlegitimation** im Rahmen einer Patentverletzungsklage streitig, sind hinsichtlich der Frage, ob ein Sachverständigengutachten zu ausländischem Recht einzuholen ist, auch die Grundsätze der Entscheidung „Fräsverfahren"³⁴ betreffend die Bedeutung einer **Eintragung in die Patentrolle** in die Ermessensentscheidung einzubeziehen.³⁵   **13**

Das Gericht kann ferner in einem **formlosen Verfahren** Erkenntnisquellen aller Art heranziehen (Auskünfte von Privatpersonen, Behörden, universitären Instituten, Max-Planck-Instituten pp.), vgl. insbesondere das Europäische Einkommen betreffend Auskünfte über das ausländische Recht v. 7.6.1968.³⁶ Genauso wie bei der gerichtsinternen Ermittlung kann die Ablehnung eines beantragten (förmlichen) Rechtsgutachtens ermessensfehlerhaft sein. Das Gericht darf auf ein vorgelegtes **Privatgutachten,** eine aus anderem Anlass erteilte **Rechtsauskunft** eines wissenschaftlichen Instituts oder ähnliche Erkenntnisquellen grds. zurückgreifen; ergänzende Beweiserhebung ist aber geboten, wenn die Ausführungen in den vorgelegten Unterlagen von einer abweichenden Fallgestaltung ausgehen oder eine im Streitfall gegebene Besonderheit des Sachverhalts nicht berücksichtigen.³⁷ Eine **Internetrecherche** genügt nicht, wenn die Zuverlässigkeit und die Verbindlichkeit der dort erhältlichen Informationen nicht hinreichend beurteilt werden können.³⁸   **14**

Selbstverständlich steht es dem Gericht frei, ein **förmliches Beweisverfahren** durchzuführen, also in erster Linie ein Sachverständigengutachten nach den Regeln der §§ 402 ff.³⁹ einzuholen. In der Regel wird hierzu ein rechtswissenschaftliches Universitäts-Institut oder ein Max-Planck-Institut beauftragt, es sei denn, es kommt entscheidend auf die ausländische Rechtspraxis an und der Gutachter verfügt nicht über entsprechende Spezialkenntnisse.⁴⁰ Das einschlägige ausländische Recht muss als Ganzes erforscht werden, die bloße Ermittlung der maßgeblichen **Rechtsquellen** genügt nicht.⁴¹ Es reicht daher nicht, wenn das Gericht oder der gerichtliche Sachverständige die einschlägigen Gesetzestexte ermitteln und nach ihrem eigenen Verständnis auslegen.⁴²   **15**

Die Pflicht zur Ermittlung ausländischen Rechts besteht auch im **einstweiligen Rechtsschutz,** wobei die besondere Eilbedürftigkeit bei der Entscheidung beachtet werden muss und das Gericht sich daher auf präsente bzw. kurzfristig erreichbare Erkenntnisquellen beschränken muss.⁴³ Der Antrag darf jedenfalls nicht wegen fehlender Glaubhaftmachung ausländischen Rechts zurückgewiesen werden, weil es insoweit keine Glaubhaftmachungslast des Antragstellers gibt.⁴⁴ Wenn es selbst für eine summarische Prüfung an hinreichenden Erkenntnissen mangelt, ist die Rechtslage nach **deutschem Recht** zu beurteilen.⁴⁵ → § 920 Rn. 17.   **16**

---

²⁹ BGH NJW 1976, 474.
³⁰ OLG Düsseldorf BeckRS 2015, 06774.
³¹ Vgl. BGH NJW 1992, 2026 (2029).
³² KG WRP 2012, 102 Rn. 54; OLG Köln MMR 2016, 387 (388).
³³ Vgl. BGHZ 78, 335; BGH NJW 1984, 2764.
³⁴ BGH GRUR 2013, 713 – Fräsverfahren.
³⁵ OLG Düsseldorf GRUR-RS 2015, 16405 – Heizkessel.
³⁶ Text abgedruckt und erläutert bei MüKoZPO/*Prütting* § 293 Rn. 33 ff.
³⁷ BGH BeckRS 2012, 01018 Rn. 13.
³⁸ OLG München NJW 2017, 338 Rn. 17.
³⁹ BGH NJW 1975, 2142; 1994, 2959. Ein Teil der Literatur verneint eine strenge Bindung des Gerichts an die §§ 402 ff.: vgl. MüKoZPO/*Prütting* § 293 Rn. 31 f. mwN.
⁴⁰ BGH NJW-RR 1991, 1211; vgl. OLG München BeckRS 2012, 24840 im Zusammenhang mit Art. 4 des russischen Wettbewerbsgesetzes.
⁴¹ BGH NJW 2014, 1244 Rn. 15; NZI 2016, 93 Rn. 15.
⁴² BGH NJW 2003, 2685 (2686).
⁴³ Musielak/*Huber* § 293 Rn. 12.
⁴⁴ *Sommerschlad/Schrey* NJW 1991, 1378 (1381); MüKoZPO/*Prütting* § 293 Rn. 56; aA: OLG Frankfurt a. M. NJW 1969, 991.
⁴⁵ Vgl. OLG Düsseldorf GRUR 2020, 204 – unbleached paper rolls; OLG Köln GRUR-RR 2002, 309 (311); BeckOK ZPO/*Bacher* ZPO § 293 Rn. 24; aA wohl Zöller/*Geimer* ZPO § 293 Rn. 20; OLG Frankfurt a. M. GRUR-RR 2020, 493 (495) – MBST-System.

17 Im **Versäumnisverfahren** unterfällt ausländisches Recht nicht der Geständnisfiktion des § 331 Abs. 1, da diese Norm nur für Tatsachenbehauptungen gilt.[46]

18 Eine Verletzung der **Ermittlungspflicht** ist ein **Verfahrensfehler**[47]; strikt zu trennen davon ist die (materiell-rechtlich) **fehlerhafte Anwendung** ausländischen Rechts. Nicht jede verfahrensfehlerhafte Anwendung des § 293 ist auch eine Verletzung des Art. 103 Abs. 1 GG.[48] Zur Frage der jeweiligen **Revisibilität** → § 545 Rn. 10.

D. Anwendung fremden Rechts

19 Deutsche Gerichte müssen ausländisches Recht grundsätzlich unter voller Berücksichtigung der **ausländischen Lehre und vor allem Rechtsprechung** auslegen und anwenden.[49] Fehlt ausnahmsweise eine ausländische Rechtspraxis, müssen die deutschen Gerichte selbständig auslegen und ggf. sogar **Rechtsfortbildung** betreiben.[50]

20 Lässt sich das ausländische Recht letztlich **nicht ermitteln,** ist mangels Unklarheit von Tatsachen keine Beweislastentscheidung möglich, sondern es ist auf die **lex fori** zurückzugreifen und daher deutsches Recht anzuwenden.[51]

§ 294 Glaubhaftmachung

(1) **Wer eine tatsächliche Behauptung glaubhaft zu machen hat, kann sich aller Beweismittel bedienen, auch zur Versicherung an Eides statt zugelassen werden.**

(2) **Eine Beweisaufnahme, die nicht sofort erfolgen kann, ist unstatthaft.**

Literatur: *Bornkamm,* Die Feststellung der Verkaufsauffassung im Wettbewerbsprozess, WRP 2000, 830; *Hirtz,* Darlegungs- und Glaubhaftmachungslast im einstweiligen Rechtsschutz, NJW 1986, 110; *Jäckel,* Das Beweisrecht der ZPO, 2009; *Koch,* Die Glaubhaftmachung beim Antrag auf Wiedereinsetzung, NJW 2016, 2994; *Krüger,* Das Privatgutachten im Verfahren der einstweiligen Verfügung, WRP 1991, 68; *Wehlau/Kalbfus,* Die Versicherung an Eides Statt als Mittel der Glaubhaftmachung, Mitt. 2011, 165; *Scherer,* Das Beweismaß bei der Glaubhaftmachung, 1996.

Übersicht

	Rn.
A. Regelungsgehalt	1
B. Anwendungsbereich	2
I. Wichtige Anwendungsfälle im gewerblichen Rechtsschutz	2
II. Arrestverfahren und einstweiliges Verfügungsverfahren	4
C. Mittel der Glaubhaftmachung	8
I. Augenscheinsobjekte/Urkunden	12
II. Zeugen/Sachverständige	14
III. Parteivernehmung	16
IV. Eidesstattliche Versicherung	17
D. Beweismaß und Beweiswürdigung	20

A. Regelungsgehalt

1 § 294 betrifft eine **besondere Form der Beweisführung** sowohl in Bezug auf das Verfahren der Beweisaufnahme als auch in Bezug auf das maßgebliche Beweismaß.[1] Systematisch betrachtet gehört § 294 in den Kontext der §§ 286, 287, da er insbesondere den **Grad der Wahrscheinlichkeit** betrifft, der für die Glaubhaftmachung notwendig ist. Anhand § 294 wird ferner deutlich, dass es im deutschen Zivilprozessrecht kein absolutes, immer gleiches Beweismaß gibt.

B. Anwendungsbereich

I. Wichtige Anwendungsfälle im gewerblichen Rechtsschutz

2 Eine Glaubhaftmachung nach § 294 ist nur dann zulässig, wenn eine **gesetzliche Regelung** sie **ausdrücklich** vorschreibt bzw. zulässt; für eine Analogie zu den gesetzlich normierten Fällen ist kein

---

[46] MüKoZPO/*Prütting* § 293 Rn. 56.
[47] BGH NJW-RR 2002, 1359 (1360).
[48] BGH BeckRS 2017, 101999.
[49] BGH NJW-RR 2002, 1359 (1360); MDR 2003, 1128; BeckRS 2013, 09698 = WM 2013, 1225 = NJW 2014, 1244; MüKoZPO/*Prütting* § 293 Rn. 57.
[50] BGH ZIP 2001, 675.
[51] BGH NJW 1978, 496; 1982, 1215; OLG Köln GRUR 1994, 446 – Georgisches Telekommunikationssystem; S. zum Streitstand eingehend MüKoZPO/*Prütting* § 293 Rn. 59 ff.
[1] Musielak/Voit/*Huber* § 294 Rn. 1.

Raum.² Bereits in der **ZPO** selbst finden sich eine ganze Reihe von Anwendungsfällen.³ Davon sind auch im gewerblichen Rechtsschutz vor allem von Interesse: §§ 44 Abs. 2 (Ablehnungsgesuch); 104 Abs. 2 (Kostenfestsetzungsverfahren); 236 Abs. 2 (Wiedereinsetzungsgesuch); 296 Abs. 4 (Entschuldigungsgrund für verspätetes Vorbringen); 487 Nr. 4 (selbständiges Beweisverfahren); 511 Abs. 3, 531 Abs. 2 (neues Berufungsvorbringen); 707 Abs. 1 S. 2 (Einstellung der Zwangsvollstreckung ohne Sicherheitsleistung), 719 Abs. 1 S. 2 (Einstellung der Zwangsvollstreckung aus Versäumnisurteil).

Der Nachweis einer Zuwiderhandlung im **Ordnungsmittelverfahren** (§ 890) ist im Wege des Vollbeweises zu führen; die bloße Glaubhaftmachung genügt auch dann nicht, wenn der Unterlassungstitel im Eilverfahren erlassen worden ist.⁴   3

II. Arrestverfahren und einstweiliges Verfügungsverfahren

Von besonderer Bedeutung gerade im **gewerblichen Rechtsschutz** ist die Regelung in § 920 Abs. 2 (iVm § 936), wonach der Antragsteller einen Arrestanspruch/-grund bzw. Verfügungsanspruch/-grund glaubhaft zu machen hat (näher → § 920 Rn. 12 ff., 25 ff. und → § 940 Rn. 66). Der Umfang der glaubhaft zu machenden Tatsachen hängt hier davon ab, ob es sich um eine Beschluss- oder um eine Urteilsverfügung handelt⁵ (dazu näher → § 920 Rn. 23, → § 936 Rn. 18). Die Glaubhaftmachung muss schon bei Antragstellung erfolgen.⁶   4

Im **Ordnungsmittelverfahren** ist der Vollbeweis auch dann erforderlich, wenn der zu vollstreckende Titel im Verfügungsverfahren ergangen ist; die Glaubhaftmachung reicht dann nicht aus.⁷   5

Einer Glaubhaftmachung bedarf es nicht hinsichtlich **offenkundiger Tatsachen** iSv § 291 sowie in Fällen, in denen eine **Vermutung** zugunsten des Antragstellers streitet.⁸ Das gilt auch für zugestandene und unstreitige Tatsachen, wobei die Anwendung des **§ 138 Abs. 3** und des **§ 288** erst in Betracht kommt, wenn der Antragsgegner am Verfahren beteiligt ist.⁹   6

Eine Glaubhaftmachung ist ferner entbehrlich, soweit es um die Behauptung der Irreführung von solchen Verkehrskreisen geht, zu denen auch die zur Entscheidung berufenen Richter gehören.¹⁰   7

C. Mittel der Glaubhaftmachung

Neben den auch hier selbstverständlich zugelassenen **Beweismitteln des Strengbeweises** (im Einzelnen → § 284 Rn. 106) erlaubt **§ 294 Abs. 1** zusätzlich ausdrücklich die **Versicherung an Eides statt** (→ Rn. 16). Im **einstweiligen Verfügungsverfahren** besteht keine Bindung an die in einem Hauptverfahren geltenden Förmlichkeiten, weshalb auch **Zeugenaussagen aus anderen Prozessen** oder der Ausdruck einer **E-Mail** Beweiswert haben können.¹¹ Ebenfalls als Mittel der Glaubhaftmachung zulässig sind anwaltliche Versicherungen.¹²   8

Da nach **§ 294 Abs. 2** eine Beweisaufnahme, die nicht sofort erfolgen kann, unstatthaft ist, dürfen nur sog. **präsente Beweismittel** Gegenstand der Beweisaufnahme und -würdigung sein. Namentlich ist eine **Vertagung** des Gerichts unzulässig und es darf kein **ersuchter Richter** für eine Zeugenvernehmung eingeschaltet werden.¹³ Es müssen im Termin schriftliche Zeugenaussagen, eidesstattliche Versicherungen, Behördenauskünfte¹⁴, sonstige Urkunden und Augenscheinsobjekte vorgelegt, Zeugen und Sachverständige mitgebracht werden oder auf Ladung nach § 273 Abs. 2 Nr. 4 erschienen sein; nur eine anwesende Partei (§§ 445, 447, 448) kann vernommen werden.¹⁵ Die unter Verstoß gegen § 294 Abs. 2 erhobenen Beweise sind jedoch verwertbar.¹⁶ § 294 Abs. 2 steht nicht zur Disposition der Parteien, dh es ist kein Verzicht möglich. Das Gericht ist hier nicht verpflichtet, Zeugen nach § 273 oder einen Sachverständigen zu laden.¹⁷ Sieht das Gesetz allerdings bloß vor, dass eine   9

---

² BGH VersR 1973, 186 f.; Musielak/Voit/*Huber* § 294 Rn. 2; MüKoZPO/*Prütting* § 294 Rn. 4; Zöller/*Greger* § 294 Rn. 1.
³ Zu weiteren Anwendungsfällen s. Zöller/*Greger* § 294 Rn. 1.
⁴ OLG Frankfurt a. M. BeckRS 2013, 15310; OLG München GRUR-RR 2016, 136.
⁵ Ahrens Wettbewerbsprozess-HdB/*Scharen* Kap. 50 Rn. 19; *Spätgens* in Gloy/Loschelder/Erdmann § 100 Rn. 75–80.
⁶ Berneke/*Schüttpelz* Rn. 225.
⁷ OLG München GRUR-RS 2015, 05083 – Nachweismaß.
⁸ OLG Karlsruhe WRP 1983, 170 (171); Berneke/*Schüttpelz* Rn. 227 f.
⁹ Ahrens Wettbewerbsprozess-HdB/*Scharen* Kap. 50 Rn. 18; Berneke/*Schüttpelz* Rn. 232.
¹⁰ OLG Bremen GRUR 1974, 783; *Spätgens* in Gloy/Loschelder/Erdmann § 100 Rn. 75–80 mwN.
¹¹ OLG Brandenburg WRP 2012, 747; Ahrens Wettbewerbsprozess-HdB/*Scharen* Kap. 50 Rn. 29.
¹² BGH FamRZ 1989, 373 (374); NJOZ 2011, 1809; 2015, 1340 (1341); NJW-RR 2017, 1266; BeckRS 2019, 8511 Rn. 19; NJW-RR 2020, 501.
¹³ Musielak/*Huber* § 294 Rn. 5.
¹⁴ BGH NJW 1958, 712.
¹⁵ OLG Düsseldorf BeckRS 2016, 139402; Musielak/*Huber* § 294 Rn. 5.
¹⁶ BGH FamRZ 1989, 373.
¹⁷ Ahrens Wettbewerbsprozess-HdB/*Scharen* Kap. 50 Rn. 35 ff.

Glaubhaftmachung „genügt" (also nicht zwingend vorgeschrieben ist), steht es den Parteien frei, auch nicht präsente Beweismittel anzubieten.[18]

10   Ist für die eine Partei Glaubhaftmachung gesetzlich zugelassen, darf sich auch der Gegner auf diese Art der Beweisführung beschränken. Er darf also den Inhalt seines (qualifizierten) Bestreitens nach § 294 glaubhaft machen, wobei auch er sich zusätzlich der eidesstattlichen Versicherung bedienen darf und auf präsente Beweismittel beschränkt ist.

11   Hinsichtlich der einzelnen Glaubhaftmachungsmittel sind folgende **Besonderheiten** im Blick zu behalten:

I. Augenscheinsobjekte/Urkunden

12   Die Gegenstände der **Inaugenscheinnahme und Urkunden** müssen bereits mit der **Antragsschrift** bzw. spätestens im – oftmals nur fakultativ vorgesehenen (vgl. für den Erlass einer einstweiligen Verfügung §§ 922 Abs. 1 S. 1, 935, 936) – etwaigen **Termin** vorgelegt werden. Ein Beweisantritt durch **Vorlageantrag** nach §§ 421, 428 ist im Verfahren der Glaubhaftmachung unstatthaft.[19]

13   Die vorstehenden Grundsätze gelten auch für **beizuziehende Akten,** soweit es sich nicht um solche desselben Gerichts handelt, deren unverzügliche Beiziehung möglich ist.[20]

II. Zeugen/Sachverständige

14   Es besteht keine Bindung an die sonst für eine Beweisaufnahme geltenden Formvorschriften, so dass beispielsweise eine **schriftliche Zeugenaussage** grundsätzlich ein geeignetes Glaubhaftmachungsmittel ist.[21] Die Vernehmung von **Zeugen und Sachverständigen** kann im **Termin** nur erfolgen, wenn diese vom Beweisführer **gestellt** werden[22]; letztere werden dadurch nicht etwa zu gerichtlichen Sachverständigen.[23] Ist ein Zeuge im Berufungsverfahren über eine einstweilige Verfügung nicht präsent und steht er deshalb als Beweismittel nicht zur Verfügung, so führt das nicht dazu, dass das **Berufungsgericht** an die nicht bindenden Tatsachenfeststellungen des Erstgerichts entgegen § 529 Abs. 1 Nr. 1 ZPO ausnahmsweise doch gebunden wäre. Vielmehr kann dann das Berufungsgericht die Neufeststellungen nur auf die ihm im Übrigen vorliegenden Erkenntnisquellen, insbesondere die Niederschrift der Vernehmung des Zeugen im ersten Rechtszug, stützen und muss diese in eigener Verantwortung darauf überprüfen, ob sie ihm den erforderlichen Grad der Gewissheit, ob die entsprechende Tatsachenbehauptung sei richtig, vermitteln können.[24] Die **im Hauptsacheverfahren protokollierten Zeugenaussagen** können im Verfahren der einstweiligen Verfügung als Glaubhaftmachungsmittel im Wege des Urkundenbeweises unter Beachtung ihres eingeschränkten Beweiswertes eingeführt werden.[25] Die **Beeidigung** eines vernommenen Zeugen oder Sachverständigen ist auch im Verfahren der Glaubhaftmachung möglich.[26]

15   Von den Parteien vorgelegte **Privatgutachten** stellen Parteivortrag dar, deren Beweiswert als Urkunde genau zu prüfen ist.[27] Von Gutachten renommierter Meinungsforschungsinstitute ist regelmäßig dann anzunehmen, dass sie den anerkannten Methoden genügen, wenn sie für eine Partei erstattet werden.[28] Das Privatgutachten der einen Partei kann durch ein solches der anderen entkräftet werden.[29] Ist ein Zeuge im **Berufungsverfahren** über eine einstweilige Verfügung nicht präsent und steht er deshalb als Beweismittel nicht zur Verfügung, so führt das nicht dazu, dass das Berufungsgericht an die nicht bindenden Tatsachenfeststellungen des Erstgerichts entgegen § 529 Abs. 1 Nr. 1 ZPO ausnahmsweise doch gebunden wäre; vielmehr kann dann das Berufungsgericht die Neufeststellungen nur auf die ihm im Übrigen vorliegenden Erkenntnisquellen, insbesondere die **Niederschrift** der Vernehmung des Zeugen **im ersten Rechtszug,** stützen und muss diese in eigener Verantwortung darauf überprüfen, ob sie ihm den erforderlichen Grad der Gewissheit, die entsprechende Tatsachenbehauptung sei richtig, zu vermitteln vermögen.[30]

---

[18] BeckOK ZPO/*Bacher* § 294 Rn. 15 m. Bsp.
[19] OLG Frankfurt a. M. BeckRS 2009, 23844.
[20] MüKoZPO/*Prütting* § 294 Rn. 16.
[21] MüKoZPO/*Prütting* § 294 Rn. 15.
[22] OLG München GRUR 2017, 630 (631) – gewinne-ein-iphone.de.
[23] Berneke/*Schüttpelz* Rn. 234.
[24] OLG München GRUR 2017, 630 (631) – gewinne-ein-iphone.de.
[25] OLG Brandenburg BeckRS 2012, 04113 – Wettbewerbswidrige Akquise von Pre-Selection-Verträgen.
[26] MüKoZPO/*Prütting* § 294 Rn. 15.
[27] OLG Frankfurt a. M. GRUR 1980, 179; OLG Saarbrücken OLGR 2002, 14; *Krüger* WRP 1991, 68; Ahrens Wettbewerbsprozess-HdB/*Scharen* Kap. 50 Rn. 38, 40.
[28] Ahrens Wettbewerbsprozess-HdB/*Scharen* Kap. 50 Rn. 43.
[29] Vgl. OLG Bremen GRUR 1974, 783; Ahrens Wettbewerbsprozess-HdB/*Scharen* Kap. 50 Rn. 42 f. mwN.
[30] OLG München GRUR 2017, 630 – gewinne-ein-iphone.de.

III. Parteivernehmung

Vernehmung der gegnerischen **Partei** nach § 445 Abs. 1 ist nur dann ein geeignetes Glaubhaftma- 16
chungsmittel, wenn diese **im Termin erschienen** ist. Verweigert die gegnerische Partei die Aussage, gelten die allgemeinen Grundsätze (§ 445). Auch die Vernehmung der beweisbelasteten anwesenden Partei ist unter den Voraussetzungen der §§ 447, 448 möglich.

IV. Eidesstattliche Versicherung

Als besonderes Glaubhaftmachungsmittel sieht § 294 die **eidesstattliche Versicherung** vor, wo- 17
runter man eine mündliche oder schriftliche Erklärung versteht, die sich sowohl auf eigene Handlungen und Wahrnehmungen als auch auf andere Tatsachen beziehen kann. Da sie den bei der Parteivernehmung möglichen Eid ersetzt, muss die betreffende Partei **eidesfähig** sein.[31] Im **Hauptsacheverfahren** darf eine notwendige Zeugenvernehmung nicht durch die Würdigung einer eidesstattlichen Versicherung ersetzt werden.[32] Hält das Gericht eine eidesstattliche Versicherung für unzureichend, kommt eine „Umdeutung" in einen Antrag auf Vernehmung des Versichernden als präsenter Zeuge in Betracht.[33]

An eine eidesstattliche Versicherung, die keiner besonderen Form bedarf,[34] sind **hohe inhaltliche** 18
Anforderungen zu stellen. Eine als **Tele- oder Computerfax** vorgelegte eidesstattliche Versicherung ist zwar keine Urkunde, jedoch als **sonstige Unterlage** ein taugliches Glaubhaftmachungsmittel, wenn keine Zweifel bestehen, dass das **Original** vom Versichernden unterschrieben wurde und mit dessen **Wissen und Wollen** dem Gericht übermittelt wurde.[35] Es ist stets sorgfältig zu prüfen, ob der eidesstattlichen Versicherung einer Partei Glauben geschenkt werden kann, insbesondere in Fällen schriftlicher eidesstattlicher Versicherungen. Vor allem Versicherungen mit **formularmäßigem Text**, der den streitigen Sachverhalt kaum individualisiert oder inhaltlich unbestimmt ist, haben nur geringen Beweiswert.[36] Namentlich reicht auch nicht die **bloße Bezugnahme auf anwaltliche Schriftsätze**, deren Richtigkeit die Partei an Eides statt versichert, aus; das gilt vor allem dann, wenn das in Bezug genommene Dokument ua Wahrnehmungen anderer Personen oder rechtliche Bewertungen enthält und deshalb unklar ist, worauf sich die Versicherung an Eides Statt bezieht.[37] Ebenso reicht für sich genommen für eine Glaubhaftmachung eine anwaltliche Versicherung des Prozessvertreters des Antragstellers über das Vorliegen einer eidesstattlichen Versicherung eines anonymen Hinweisgebers[38] nicht. Notwendig ist daher eine **eigene Sachdarstellung der Partei**, die der Strafandrohung der falschen eidesstattlichen Versicherung nach § 156 StGB unterliegt.[39] Die bloße eidesstattliche Versicherung in einer der Partei bzw. dem Zeugen nicht geläufigen Sprache ist ohne Beweiswert.[40] Es sollte feststellbar sein, dass die eidesstattliche Versicherung nicht etwa nur gegenüber dem Rechtsanwalt, sondern gegenüber dem **Gericht** abgegeben wird.[41] Eine eidesstattliche Versicherung ist ohne Wert, wenn auch Wahrnehmungen anderer Personen oder rechtliche Bewertungen enthalten sind und daher ungewiss ist, worauf sich die Versicherung an Eides Statt bezieht.[42]

Statthaftes Mittel der Glaubhaftmachung ist auch die sog. **anwaltliche Versicherung**, weil § 294 19
in Anbetracht seines Wortlautes nicht als abschließend zu betrachten ist und das Gericht daher alle Erkenntnismöglichkeiten für die Beurteilung der Glaubhaftmachung verwerten kann.[43] Die anwaltliche Versicherung ist die Versicherung der Richtigkeit einer Tatsache unter Berufung auf die **standesrechtlichen** Pflichten des Rechtsanwalts.[44] In aller Regel kann sie sich nur auf **kanzleiinterne Vorgänge** beziehen, die der betreffende Rechtsanwalt gerade in Ausübung seiner Tätigkeit als Prozessbevollmächtigter wahrgenommen hat. Einen speziellen Anwendungsfall regelt § 104 Abs. 2 S. 2. Konkrete Anhaltspunkte im Einzelfall können es ausschließen, den anwaltlich versicherten Tatsachenvortrag als überwiegend wahrscheinlich zu bewerten.[45]

---

[31] MüKoZPO/*Prütting* § 294 Rn. 18.
[32] BGH NJW 2015, 2324 Rn. 25.
[33] Vgl. *Greger* FS Gottwald, 2014, 207 (211).
[34] BGH GRUR 2002, 915 (916); *Wehlau/Kalbfus* Mitt. 2011, 165 (167) mit Einzelheiten zur Abfassung.
[35] OLG Düsseldorf BeckRS 2014, 127306; Ahrens Wettbewerbsprozess-HdB/*Scharen* Kap. 50 Rn. 30.
[36] Berneke/*Schüttpelz* Rn. 239.
[37] BGH NJW 1988, 2045 f.; 1996, 1682.
[38] OLG Braunschweig GRUR-RR 2020, 3 – Besichtigungsanspruch.
[39] BeckOK ZPO/*Bacher* § 294 Rn. 11.
[40] *Wehlau/Kalbfuss* Mitt. 2011, 165 (169).
[41] *Wehlau/Kalbfus* Mitt. 2011, 165 (166 f.).
[42] BGH NJW 2015, 349 Rn. 20.
[43] Vgl. BGH NJW 2006, 1205 Rn. 10; eingehend OLG Köln GRUR 1986, 196; vgl. OLG Zweibrücken GRUR-RR 2012, 45.
[44] Vgl. BGH NJOZ 2011, 1809, wonach entsprechende Bezugnahme des RA in seiner Erklärung zwingend notwendig sei; zu Recht kritisch Zöller/*Greger* § 294 Rn. 5: „sinnleere Floskel".
[45] BGH NJOZ 2017, 849.

D. Beweismaß und Beweiswürdigung

20   Während der Nachweis der Richtigkeit einer Tatsachenbehauptung nach § 286 grundsätzlich die volle richterliche Überzeugungsbildung voraussetzt, führt die gesetzlich zugelassene Glaubhaftmachung zu einer **Abstufung** in der Weise, dass ein geringerer Grad an Wahrscheinlichkeit ausreicht: Es genügt hier nämlich eine **überwiegende Wahrscheinlichkeit**, die dann gegeben ist, wenn etwas mehr für das Vorliegen der glaubhaft zu machenden Tatsache spricht als dagegen,[46] was auch für eine Glaubhaftmachung mittels Indizien gilt.[47] Diese Abstufung gilt auch in Fällen, in denen das Gesetz die Glaubhaftmachung nicht vorschreibt, aber zulässt.[48] Eine offensichtliche Rechtsverletzung iSv **§ 140b Abs. 3 PatG** darf aber auch hier nur angenommen werden, wenn die Rechtsverletzung in einem solchen Maße gesichert ist, dass keine praktisch vernünftigen Zweifel bleiben, so dass eine andere Entscheidung in einem späteren Hauptsacheverfahren praktisch nicht möglich ist.[49]

21   Das Gericht hat analog zu den Kriterien nach § 286 anhand der ordnungsgemäß eingeführten Glaubhaftmachungsmittel die überwiegende Wahrscheinlichkeit in **freier Beweiswürdigung** festzustellen.[50] Insbesondere kann es frei über die Echtheit und den **Beweiswert** eidesstattlicher Versicherungen bzw. anderer schriftlicher Aussagen/Urkunden entscheiden.[51] Macht eine Partei bewusst nicht von der Möglichkeit Gebrauch, einen Zeugen zu stellen, obwohl sich diese Notwendigkeit aufdrängt, so kann das Gericht dies zum Nachteil der betreffenden Partei in die Beweiswürdigung einfließen lassen.[52] Von dem anwaltlich als richtig oder an Eides Statt versicherten Vorbringen in einem **Wiedereinsetzungsantrag** darf ausgegangen werden, es sei denn, dass konkrete Anhaltspunkte es ausschließen, den geschilderten Sachverhalt mit überwiegender Wahrscheinlichkeit als zutreffend zu erachten.[53]

22   Auch wenn es keine dem § 286 Abs. 1 S. 2 entsprechende Regelung in § 294 gibt, muss das Gericht mit Blick auf den Anspruch der Parteien auf effektiven Rechtsschutz im Urteil die **Gründe** anführen, weshalb es eine Tatsache als (nicht) glaubhaft gemacht ansieht; nur dann ist ihnen die Begründung eines Rechtsmittels möglich.[54]

23   Für den Antragsteller ist es im **einstweiligen Verfügungsverfahren** auf dem Gebiet des **Wettbewerbsrecht**s regelmäßig schwierig, ein abweichendes Verständnis der angesprochenen Verkehrskreise glaubhaft zu machen.[55] Bestreitet der Antragsgegner hingegen in einstweiligen Verfügungsverfahren auf dem Gebiet des **Kennzeichenrecht**s substantiiert die Verkehrsbekanntheit, so ist diese für das Gericht kaum selbst feststellbar.[56]

24   Eine Pflicht zu einem erneuten **richterlichen Hinweis** auf die unzureichende Glaubhaftmachung einer schuldlosen Fristversäumung kann bestehen, wenn der um Wiedereinsetzung Nachsuchende einer gerichtlichen **Auflage nachgekommen** ist und das Gericht **sodann höhere Anforderunge**n an die Glaubhaftmachung stellt, als zunächst in seinem mit der Auflage verbundenen Hinweis zum Ausdruck gebracht hat.[57]

25   Glaubhaftmachung **ausländischen Rechts** → § 293 Rn. 16.

Titel 2. Verfahren bei Zustellungen

Untertitel 1. Zustellungen von Amts wegen

§ 295 Verfahrensrügen

(1) **Die Verletzung einer das Verfahren und insbesondere die Form einer Prozesshandlung betreffenden Vorschrift kann nicht mehr gerügt werden, wenn die Partei auf die Befolgung der Vorschrift verzichtet, oder wenn sie bei der nächsten mündlichen Verhandlung, die auf Grund des betreffenden Verfahrens stattgefunden hat oder in der darauf Bezug genommen ist, den Mangel nicht gerügt hat, obgleich sie erschienen und ihr der Mangel bekannt war oder bekannt sein musste.**

---

[46] BGH NJW 2003, 3558; NJW-RR 2011, 136 Rn. 7; 2016, 952; OLG Köln WRP 1985, 108 (109); OLG Düsseldorf InstGE 13, 244; Ahrens Wettbewerbsprozess-HdB/*Scharen* Kap. 50 Rn. 25 f.
[47] BGH NJW 1998, 1870.
[48] MüKoZPO/*Prütting* § 294 Rn. 24.
[49] OLG Hamburg InstGE 8, 11 (13 f.) – Transglutaminase.
[50] BGH NJW-RR 2007, 776 Rn. 12; OLG Düsseldorf BeckRS 2016, 139402.
[51] OLG Düsseldorf BeckRS 2016, 139402.
[52] OLG Düsseldorf BeckRS 2016, 139402.
[53] BGH BeckRS 2015, 13676; NJOZ 2017, 849.
[54] MüKoZPO/*Prütting* § 294 Rn. 27.
[55] Vgl. BGH GRUR 2000, 862 (863) – Spannvorrichtung; vgl. LG Düsseldorf GRUR 1991, 241.
[56] Berneke/*Schüttpelz* Rn. 231.
[57] BGH BeckRS 2016, 09883.

(2) **Die vorstehende Bestimmung ist nicht anzuwenden, wenn Vorschriften verletzt sind, auf deren Befolgung eine Partei wirksam nicht verzichten kann.**

A. Allgemeines

Die Verfahrensvorschriften der ZPO dienen der Herbeiführung einer rechtsstaatlichen Sachentscheidung.[1] Schon ihre Verletzung allein kann ein erfolgreiches Rechtsmittel begründen. Im Interesse der Verfahrensökonomie und des Rechtsfriedens kann nach Abs. 1 eine Partei formale Mängel jedoch nicht mehr rügen, wenn sie entweder auf die Beachtung der Formvorschrift **verzichtet** hat oder aber die Rüge **nicht rechtzeitig erhoben** hat. Diese – verfassungskonforme[2] – Regelung beruht auf dem Gedanken, dass eine allzu große Formstrenge den Prozessverlauf meist eher behindert als fördert.[3] Die einmal eingetretene Heilung wirkt nach §§ 534, 556 in den Rechtsmittelinstanzen fort. Nach Abs. 2 gilt die Heilungswirkung **nicht für unverzichtbare Rügen.** Erfasst werden damit von Abs. 1 Verstöße gegen Verfahrensvorschriften, zB über Form, Voraussetzungen und Umstände (Zeit und Ort) der Vornahme von Prozesshandlungen des Gerichts oder der Parteien. 1

Die Vorschrift ist im **marken- und patentrechtlichen Verfahren** vor dem BPatG entsprechend anwendbar.[4] 2

B. Anwendungsbereich

Die Regelung des § 295 ZPO betrifft das gerichtliche Verfahren, also Handlungen im Prozess.[5] Die Vorschrift differenziert zwischen **verzichtbaren** Verfahrensvorschriften, deren Verletzung gemäß Abs. 1 einer Heilung zugänglich ist, und **unverzichtbaren** Verfahrensvorschriften, deren Verletzung nach Abs. 2 keiner Heilung zugänglich ist. Verschulden ist in beiden Fällen ohne Belang.[6] **Verfahrensvorschriften** sind Normen, die den äußeren Ablauf des Rechtsstreits regeln,[7] also Vorschriften um die Klageinreichung, Zustellung, Ladung, Fristen, Gang des Verfahrens, einschließlich der Formalien der Beweisaufnahme.[8] Dazu gehören, wie Abs. 1 ausdrücklich klarstellt, auch Vorschriften über die Form einer Prozesshandlung. Nicht erfasst sind Normen, die den sachlichen Inhalt einer Prozesshandlung (etwa §§ 128, 139) oder einer gerichtlichen Entscheidung (etwa § 308) betreffen.[9] 3

I. Verzichtbarkeit

1. Allgemeines. Ob die Einhaltung einer Verfahrensvorschrift **verzichtbar** ist, ergibt sich nur in Ausnahmefällen schon aus dem Wortlaut der betreffenden Regelung, sondern ist **anhand von Sinn und Zweck** der Regelung zu ermitteln.[10] Dient die Vorschrift allein dem Interesse einer Partei, kann (nur) diese auf die Befolgung verzichten; dient sie auch oder ausschließlich öffentlichen Interessen, ist ein Verzicht ausgeschlossen.[11] Beispielsweise stellt die Einrede der Schiedsvereinbarung gemäß § 1032 Abs. 1 ZPO einschließlich ihrer Fristgebundenheit ihrer Erhebung eine verzichtbare Verfahrensvorschrift dar[12] Unverzichtbare Verfahrensvorschriften sind alle von Amts wegen zu beachtenden Prozessvoraussetzungen, einschließlich des Rechts auf den gesetzlichen Richter und die Zuständigkeit, sofern das Gesetz nicht seinerseits Ausnahmen vorsieht. Besondere Bedeutung erlangt § 295 im Wesentlichen in **Beweisaufnahmen.** Hinsichtlich der Kasuistik kann auf die allgemeine Kommentarliteratur verwiesen werden.[13] 4

2. Zuständigkeitsbegründung durch rügelose Einlassung. Kein Fall des § 295 ist die Zuständigkeitsbegründung durch **rügelose Einlassung.** Hierfür gelten die §§ 39–40 abschließend. Sie ist möglich, sofern **keine ausschließliche Zuständigkeit** entgegen steht (vgl. § 14 UWG, § 140 Abs. 2 MarkenG, § 143 Abs. 2 PatG, § 27 GebrMG, § 52 DesignG, § 38 SortSchG, Art. 95 UMV, Art. 81 GGV; vgl. auch Art. 22 EuGVVO und **Art. 26 Abs. 1 Brüssel-Ia-VO**).[14] 5

---

[1] Vgl. Zöller/*Greger* ZPO § 295 Rn. 1.
[2] BVerfG NJW 2010, 2118 (Ls.).
[3] Musielak/Voit/*Huber* ZPO § 295 Rn. 1.
[4] BPatG BeckRS 2016, 12113; Busse/*Schuster* PatG § 99 Rn. 9.
[5] OLG Schleswig NJOZ 2020, 312 Rn. 23.
[6] Musielak/Voit/*Huber* ZPO § 295 Rn. 1.
[7] BeckOK ZPO/*Bacher* § 295 Rn. 2; Zöller/*Greger* ZPO § 295 Rn. 2.
[8] Vgl. MüKoZPO/*Prütting* ZPO § 282 Rn. 2.
[9] BeckOK ZPO/*Bacher* § 295 Rn. 2; Zöller/*Greger* ZPO § 295 Rn. 2; MüKoZPO/*Prütting* ZPO § 282 Rn. 2.
[10] BeckOK ZPO/*Bacher* § 295 Rn. 5.
[11] BeckOK ZPO/*Bacher* § 295 Rn. 5; Zöller/*Greger* ZPO § 295 Rn. 3; MüKoZPO/*Prütting* ZPO § 282 Rn. 6.
[12] BGH BeckRS 2021, 8031 Rn. 30.
[13] BeckOK ZPO/*Bacher* § 295 Rn. 5; Musielak/Voit/*Huber* ZPO § 295 Rn. 4 ff.; MüKoZPO/*Prütting* ZPO § 282 Rn. 6 ff.
[14] BGH NJW 2005, 1661 (1662) zu § 87 Abs. 1 GWB.

6 **3. Beweisaufnahme.** Klassischer Fall der Anwendung des § 295 sind hingegen Formverstöße im Rahmen von Beweisaufnahmen. Gemäß § 285 Abs. 1 haben die Parteien über das Ergebnis der Beweisaufnahme **zu verhandeln**.[15] Wird über das Ergebnis der Beweisaufnahme verhandelt, sind spätere Rügen wegen Verfahrensfehlern nach § 295 abgeschnitten. Zu beachten ist allerdings, dass für die Heilungswirkung die Verhandlung der Parteien über die Beweisaufnahme in das **Protokoll aufzunehmen** ist. Denn aus der Nichtprotokollierung ist nach § 165 ZPO zu schließen, dass die Parteien keine Gelegenheit zur abschließenden Stellungnahme hatten.[16] Darin liegt zugleich eine Verletzung des Verfahrensgrundrechts auf rechtliches Gehör aus Art. 103 Abs. 1 GG, der den Parteien ein Recht darauf gewährt, dass sie Gelegenheit erhalten, im Verfahren zu Wort zu kommen, und dass das Gericht nur solche Tatsachen und Beweisergebnisse verwerten darf, zu denen die Parteien Stellung nehmen konnten.[17]

II. Verzicht oder rügeloses Verhandeln

7 Eine Partei kann die Verletzung einer verzichtbaren Verfahrensvorschrift nicht mehr beanstanden, wenn sie auf die Rüge verzichtet hat oder rügelos verhandelt hat. Der **Verzicht** ist eine einseitige Prozesshandlung, die gegenüber dem Gericht – nach dem Verfahrensverstoß – in der mündlichen Verhandlung zu erklären ist (im schriftlichen Verfahren nach § 128 Abs. 2 schriftlich).[18] Er ist als Prozesshandlung **unwiderruflich und unanfechtbar**.[19] Das Rügerecht geht auch dann verloren, wenn es nicht in der nächsten mündlichen Verhandlung ausgeübt wird. Dahinter steht der Rechtsgedanke, dass eine Partei eine Verfahrensrüge nicht mehr erheben kann, wenn sie die ihr nach Erkenntnis des Verstoßes verbliebene Möglichkeit zu einer Äußerung nicht genutzt hat.[20] Damit hat das **rügelose Verhandeln** die gleiche Wirkung wie ein Verzicht. Lässt sich eine Partei auf einen neuen **Hilfsantrag** ein, indem sie zu ihm verhandelt, kommt eine Zurückweisung nach § 282 Abs. 2 nicht mehr in Betracht.[21]

III. Zeitpunkt

8 Eine Partei hat eine verzichtbare Rüge **in der nächsten mündlichen Verhandlung** zu erheben, dh im nächsten Termin oder – etwa bei Formfehlern im Rahmen einer Beweisaufnahme – in der sich daran anschließenden (streitigen) mündlichen Verhandlung. Unterbleibt die Rüge, so tritt **mit dem Schluss der mündlichen Verhandlung** der Verlust des Rügerechts ein.[22]

9 Streitig ist, ob im Falle der **Säumnis**, also wenn die zur Rüge berechtigte Partei in dem maßgeblichen Termin nicht erscheint oder nicht verhandelt, ebenfalls ein Verlust der Rüge eintritt oder nicht. Da verzichtbare Rügen erhoben werden müssen und zumindest bei verspäteten Zulässigkeitsrügen (§ 296 Abs. 3) eine Flucht in die Säumnis untauglich ist, da es dabei auf eine Verzögerung des Rechtsstreits nicht ankommt, dürfte die Säumnis nach Maßgabe des § 295 ebenfalls zum Rügeverlust führen (str.).[23]

10 In den Fällen des **schriftlichen Verfahrens** gemäß § 128 Abs. 2 und 3 ZPO tritt das schriftsätzliche Vorbringen an die Stelle des Vortrags in der mündlichen Verhandlung. Unterlässt es die Partei trotz Kenntnis oder in schuldhafter Unkenntnis des Mangels, ihn schriftsätzlich zu rügen, verliert sie mit der Einreichung des nächsten Schriftsatzes das Rügerecht; läuft für eine Partei keine Schriftsatzfrist oder äußert sie sich nicht, so geht das Rügerecht mit der nächsten Entscheidung verloren.[24] Der Schriftsatz muss spätestens bis zum Ablauf der Frist eingereicht und die Rüge erhoben werden, innerhalb der Schriftsätze eingereicht werden können (§ 128 Abs. 2 ZPO).[25] Wird die Rüge verspätet erhoben, ist darzulegen, dass dies nicht auf einem Verschulden der Partei beruht.[26] Dass die Rüge erhoben wurde, kann sich ggf. auch aus einer konkludenten Erklärung[27] oder der Stellung bestimmter Anträge (etwa Antrag auf Klagabweisung als unzulässig[28]) ableiten lassen.

---

[15] BeckOK ZPO/*Bacher* § 279 Rn. 8.
[16] BGH NJW 2012, 2354; 1990, 121 (122).
[17] BGH NJW 2012, 2354; BVerfG NJW 1994, 1210 (1211).
[18] MüKoZPO/*Prütting* ZPO § 282 Rn. 34.
[19] Zur Unanfechtbarkeit von Prozesserklärungen BGH NJW 2013, 2686.
[20] BGH NJW 2020, 1740 Rn. 15; BeckRS 2019, 30308 Rn. 16; 2011, 05008, jeweils zur Gehörsrüge.
[21] BPatG BeckRS 2016, 12113.
[22] Zöller/*Greger* ZPO § 295 Rn. 8; MüKoZPO/*Prütting* ZPO § 282 Rn. 38.
[23] Vgl. OLG München NJW-RR 1995, 127; Zöller/*Greger* ZPO § 296 Rn. 40; aA BAG NZA-RR 2014, 32 Rn. 39; MüKoZPO/*Prütting* ZPO § 282 Rn. 39.
[24] BGH BeckRS 2021, 8031 Rn. 29.
[25] BGH GRUR-RR 2012, 496 (Ls.); BeckOK ZPO/*Bacher* § 295 Rn. 8.2.
[26] BGH NJW-RR 1999, 1251 (1252).
[27] OLG Koblenz BeckRS 2001, 17597.
[28] BGH NJW 2013, 386 (387).

Das Rügerecht entfällt nur dann endgültig, wenn die betreffende Partei von dem Verfahrensfehler **11 Kenntnis** hatte oder ihn hatte kennen müssen.[29] Damit ist Fahrlässigkeit iSd § 276 BGB schädlich.[30] Gerichtsinterne Vorgänge von denen die Partei keine Kenntnis hatte, muss sich die Partei nicht vorhalten lassen.[31] Das Gericht muss nicht auf die Wirkung der rügelosen Einlassung gem. § 295 Abs. 1 ZPO hinweisen.[32] Auch mit **Erledigung des Rechtsstreits** entfällt das Rügerecht nach § 295 ZPO.[33]

C. Folgen

Die Wirkung von Verzicht oder Rügeverlust ist **die rückwirkende Heilung** der Verletzung der **12** Verfahrensvorschrift.[34] Die einmal eingetretene Heilung wirkt nach §§ 534, 556 in den Rechtsmittelinstanzen fort. Werden unverzichtbare Verfahrensmängel durch erneute fehlerfreie Nachholung behoben, tritt Heilung nur ex-nunc ein.[35]

§ 296 Zurückweisung verspäteten Vorbringens

(1) **Angriffs- und Verteidigungsmittel**, die erst nach Ablauf einer hierfür gesetzten Frist (§ 273 Abs. 2 Nr. 1 und, soweit die Fristsetzung gegenüber einer Partei ergeht, 5, § 275 Abs. 1 Satz 1, Abs. 3, 4, § 276 Abs. 1 Satz 2, Abs. 3, § 277) vorgebracht werden, sind nur zuzulassen, wenn nach der freien Überzeugung des Gerichts ihre Zulassung die Erledigung des Rechtsstreits nicht verzögern würde oder wenn die Partei die Verspätung genügend entschuldigt.

(2) **Angriffs- und Verteidigungsmittel**, die entgegen § 282 Abs. 1 nicht rechtzeitig vorgebracht oder entgegen § 282 Abs. 2 nicht rechtzeitig mitgeteilt werden, können zurückgewiesen werden, wenn ihre Zulassung nach der freien Überzeugung des Gerichts die Erledigung des Rechtsstreits verzögern würde und die Verspätung auf grober Nachlässigkeit beruht.

(3) **Verspätete Rügen**, die die Zulässigkeit der Klage betreffen und auf die der Beklagte verzichten kann, sind nur zuzulassen, wenn der Beklagte die Verspätung genügend entschuldigt.

(4) **In den Fällen der Absätze 1 und 3** ist der Entschuldigungsgrund auf Verlangen des Gerichts glaubhaft zu machen.

Literatur: *Klute*, Strategische Prozessführung im Verfügungsverfahren, GRUR 2003, 34; *Lenz*, Die verfassungsrechtliche Perspektive der Präklusionsvorschriften, NJW 2013, 2551; *Schote/Lührig*, Prozessuale Besonderheiten der Einstweiligen Verfügung, WRP 2008, 1281.

Übersicht

	Rn.
A. Allgemeines	1
B. Anwendungsbereich	5
I. Angriffs- und Verteidigungsmittel (Abs. 1 und 2)	6
II. Zulässigkeitsrügen (Abs. 3)	12
III. Einstweiliges Verfügungsverfahren und Arrest	14
IV. Marken- und patentrechtliches (Beschwerde-)Verfahren	18
C. Zurückweisung nach Abs. 1	20
I. Versäumnis richterlicher Erwiderungsfristen	22
II. Verzögerung des Rechtsstreits aufgrund der Verspätung	24
1. Begriff (Absoluter Verzögerungsbegriff)	24
2. Vorliegen von Verzögerung	25
a) Zeitpunkt des Vortrags im Prozess des gewerblichen Rechtsschutzes	25
b) Erforderlichkeit einer Beweisaufnahme	27
c) Erforderlichkeit von Erklärungsfristen	29
d) Fehlende Entscheidungsreife	30
3. Kausalität	31
4. Keine genügende Entschuldigung	32
D. Zurückweisung nach Abs. 2	34

---

[29] BGH NJW-RR 1999, 1251 (1252); Zöller/*Greger* ZPO § 295 Rn. 7; BeckOK ZPO/*Bacher* § 295 Rn. 9; MüKoZPO/*Prütting* ZPO § 282 Rn. 40.
[30] MüKoZPO/*Prütting* ZPO § 282 Rn. 40.
[31] Zöller/*Greger* ZPO § 295 Rn. 9; MüKoZPO/*Prütting* ZPO § 282 Rn. 40.
[32] OLG Köln NJOZ 2020, 1367 Rn. 56, sofern nicht eine rechtsunkundige Partei durch die gem. § 295 ZPO eintretende Rechtsfolge unzumutbar überrascht würde.
[33] vgl. OLG Frankfurt a. M. GRUR-RS 2019, 15325 Rn. 14.
[34] Zöller/*Greger* ZPO § 295 Rn. 10; MüKoZPO/*Prütting* ZPO § 282 Rn. 44.
[35] Zöller/*Greger* ZPO § 295 Rn. 10.

	Rn.
I. Verstoß gegen Prozessförderungspflichten des § 282	35
1. Verstoß gegen Prozessförderungspflicht (§ 282 Abs. 1)	35
2. Verstoß gegen Terminsvorbereitungspflicht (§ 282 Abs. 2)	36
3. Verzögerung des Rechtsstreits	37
4. Grobe Nachlässigkeit	38
E. Zulässigkeitsrügen nach Abs. 3	39
F. Verfahren	43
G. Flucht in die Säumnis	47

A. Allgemeines

1   Die Vorschrift ist Zentralnorm für die Behandlung verspäteten Vorbringens.[1] Sie regelt im Einzelnen die Zurückweisung verspätet vorgebrachter **Angriffs- und Verteidigungsmittel** (Abs. 1 und 2) und verspätet vorgebrachter verzichtbarer **Zulässigkeitsrügen** (Abs. 3). Liegen die Voraussetzungen für eine Zurückweisung nach Abs. 1 oder Abs. 3 vor, **muss** das Gericht den verspäteten Vortrag unberücksichtigt lassen (allgM). In den Fällen des Abs. 2 **kann** das Gericht zurückweisen (hM).[2]

2   Abs. 1 betrifft die Verspätung wegen des Versäumens bestimmter, abschließend aufgezählter **richterlicher Erwiderungsfristen,** nämlich nach § 273 Abs. 1 Nr. 1 und der Klagerwiderungsfrist (§ 277) im Verfahren des frühen ersten Termins (§ 275) oder des schriftlichen Vorverfahrens (§ 276). Abs. 2 behandelt dagegen Verstöße gegen die **allgemeine Prozessförderungspflicht** in der mündlichen Verhandlung nach § 282 Abs. 1 und der Obliegenheit der Parteien, Anträge sowie Angriffs- und Verteidigungsmittel, **die den Gegner voraussichtlich zu Erkundigungen zwingen,** entsprechend frühzeitig mitzuteilen (§ 282 Abs. 2).

3   Eine Zurückweisung nach § 296 Abs. 1 und 2 setzt stets nicht nur die Verspätung, sondern auch die **dadurch drohende Verzögerung des Rechtsstreits** voraus bzw. (im Falle des Abs. 1) die fehlende nachvollziehbare (= genügende) Entschuldigung der Verspätung. Der Zurückweisung unterliegen **nur streitige** (und damit beweisbedürftige) **Tatsachenbehauptungen.**[3] Unstreitiges neues Vorbringen ist dagegen stets zu beachten, auch wenn es verspätet ist.[4]

4   Die Vorschrift dient der Beschleunigung des Verfahrens, steht aber in einem Spannungsverhältnis zum Anspruch der Parteien auf rechtliches Gehör und dem Bestreben nach einer materiell richtigen Entscheidung **(Verbot der Überbeschleunigung).**[5] Präklusionsvorschriften haben strengen **Ausnahmecharakter,** weil sie das Grundrecht auf rechtliches Gehör einschränken und sich zwangsläufig nachteilig auf das Bemühen um eine materiell richtige Entscheidung auswirken.[6] Bei ihrer Anwendung ist daher Zurückhaltung geboten. Im ersten Rechtszug nicht zurückgewiesenes Vorbringen wird ohne Weiteres Prozessstoff der zweiten Instanz, eines erneuten Vorbringens bedarf es insoweit grundsätzlich nicht.[7]

B. Anwendungsbereich

5   Abs. 1 und 2 regeln die Zurückweisung verspätet vorgebrachter **Angriffs- und Verteidigungsmittel,** Abs. 3 verspätet vorgebrachter (verzichtbarer) **Zulässigkeitsrügen.** Die Zurückweisung von verspätetem Vorbringen ist **in jedem Verfahren** möglich, grundsätzlich auch im Verfahren des frühen ersten Termins (§ 275) oder im schriftlichen Verfahren nach § 128 Abs. 2.[8] Ausnahmen bestehen allerdings für das **einstweilige Verfügungsverfahren** (→ Rn. 14 ff.) und das **marken- und patentrechtliche Beschwerdeverfahren** (→ Rn. 18).

I. Angriffs- und Verteidigungsmittel (Abs. 1 und 2)

6   Der Zurückweisung nach Abs. 1 unterliegen nur (verspätet vorgebrachte) **Angriffs- und Verteidigungsmittel** und auch das nur, wenn ihre Verspätung zu einer Verzögerung des Rechtsstreits führt. Der Zurückweisung nach Abs. 2 können auch Anträge nach Maßgabe des § 282 Abs. 2 unterliegen, wenn die Partei gegen die Obliegenheit verstoßen hat, **Anträge** oder Angriffs- und Verteidigungsmittel, die den Gegner voraussichtlich zu Erkundigungen zwingen, entsprechend frühzeitig mitzuteilen.

---

[1] BeckOK ZPO/*Bacher* § 296 Rn. 1.
[2] BGH BeckRS 2013, 16136; Zöller/*Greger* ZPO § 296 Rn. 8b; BeckOK ZPO/*Bacher* § 296 Rn. 61; aA für eine zwingende Zurückweisung: MüKoZPO/*Prütting* ZPO § 296 Rn. 180/181.
[3] BGH NJW 2005, 291 (293) zu § 531 Abs. 2 ZPO; BGH NJW 1985, 1556 (1558); 1985, 1539 (1543); BeckOK ZPO/*Bacher* § 296 Rn. 1.
[4] BGH NJW 2005, 291 (293) zu § 531 Abs. 2 ZPO.
[5] Zöller/*Greger* ZPO § 296 Rn. 2 mwN; BeckOK ZPO/*Bacher* § 296 Rn. 1.
[6] BGH NJW-RR 2001, 1431 (1432).
[7] BGH NJW-RR 2020, 1454 Rn. 7.
[8] Zöller/*Greger* ZPO § 296 Rn. 5; BeckOK ZPO/*Bacher* § 296 Rn. 2.

Terminologisch ist der Begriff der Angriffs- und Verteidigungsmittel sehr weit[9] und erfasst damit im Grunde jeden Sachvortrag, für den eine Partei **darlegungs- und/oder beweisbelastet** ist (→ § 282 Rn. 4 ff.). **Verzögerungstaktiken sonstiger Art** (etwa Verzögerungen vor Beweisaufnahmen, §§ 356, 379) fallen nicht unter § 296,[10] ebenso wenig wie mutwillige Terminsverlegungsanträge. 7

Nicht unter den Begriff der Angriffs- und Verteidigungsmittel gehören **Rechtsausführungen**.[11] Die Ermittlung und Anwendung des Rechts ist ohnehin Aufgabe des Gerichts (iura novit curia). Das gilt auch für Rechtsausführungen zum uU anwendbaren **ausländischen Recht** (§ 293). Sie können nicht verspätet sein, da bezüglich des Inhalts des ausländischen Rechts sowie für den Inhalt von Gewohnheitsrecht und Statuten der **Untersuchungsgrundsatz** gilt.[12] 8

Auch der **Angriff selbst** wird nicht als Angriffsmittel verstanden,[13] wie auch die Differenzierung in § 282 Abs. 2 zeigt. Also fallen **neue Sachanträge** (Klageänderungen, -erweiterungen, Widerklagen) nebst der dafür nötigen Begründung[14] nicht unter die Präklusionsvorschriften. Selbiges gilt für **Verteidigungsanträge** oder Anträge auf Vollstreckungsschutz (§ 712). Auch Prozessanträge fallen grundsätzlich nicht unter den Begriff der Angriffs- und Verteidigungsmittel, mit Ausnahme von **Beweisangeboten** (sofern überhaupt als „Anträge" aufzufassen), denn sie sind klassisches Angriffs- und Verteidigungsmittel und können daher als verspätet zurückgewiesen werden.[15] 9

Da ein **Anerkenntnis** kein Verteidigungsmittel ist, sondern eine Unterwerfung, unterliegt es ebenfalls nicht der Vorschrift (dann aber ggf. ohne die kostenmäßige Begünstigung im Falle des § 93); es kann auch noch nach Schluss der mündlichen Verhandlung erklärt werden, § 307 S. 2.[16] Die **Aufrechnung** ist demgegenüber ein Verteidigungsmittel und unterliegt deshalb der Zurückweisung nach § 296.[17] Wegen der Einzelheiten kann auf die allgemeine Kommentarliteratur verwiesen werden.[18] 10

Der **Antrag auf Aussetzung** einer Patentstreitsache (§ 148) aufgrund zwischenzeitlich erhobener Nichtigkeitsklage ist ein klassisches Verteidigungsmittel des Beklagten in einem Verletzungsprozess und unterliegt daher der Präklusion nach § 296[19] bzw. in der Berufungsinstanz nach § 531 Abs. 2[20]. 11

II. Zulässigkeitsrügen (Abs. 3)

Abs. 3 enthält eine Spezialregelung für verzichtbare Rügen zur Zulässigkeit der Klage. Diese müssen nach § 282 Abs. 3 vom Beklagten gleichzeitig und vor seiner Verhandlung zur Hauptsache erhoben werden; sofern eine **Klageerwiderungsfrist** (§§ 275 Abs. 1, 276 Abs. 1 S. 2, 277 Abs. 3) gesetzt worden ist, innerhalb dieser (→ § 282 Rn. 17).[21] Die Zurückweisung nach Abs. 3 ist zwingend. Allerdings kann die Zurückweisung wie bei Abs. 1 **abgewendet** werden, wenn die Partei die Verspätung ihres Vorbringens genügend entschuldigen kann. 12

Auch wenn § 282 Abs. 3 sämtliche Zulässigkeitsrügen erfasst, unterliegen der Zurückweisung nach § 296 Abs. 3 naturgemäß nur die **verzichtbaren Rügen**, wie die Einrede der Prozesskostensicherheit oder die Einrede des Schiedsvertrages (→ Rn. 41). 13

III. Einstweiliges Verfügungsverfahren und Arrest

§ 296 ist in Verfahren des einstweiligen Rechtsschutzes nach wohl hM **nicht anwendbar (str.)**.[22] Ob das für die Parallelvorschrift des § 531 Abs. 2 ebenso gilt, ist str. (→ § 530 Rn. 17 f.).[23] Denn in 14

---

[9] MüKoZPO/*Prütting* ZPO § 282 Rn. 6.
[10] Zöller/*Greger* ZPO § 296 Rn. 4.
[11] BPatG GRUR 2004, 950 (952 f.); Zöller/*Greger* ZPO § 282 Rn. 2b; MüKoZPO/*Prütting* ZPO § 282 Rn. 7; BeckOK ZPO/*Bacher* § 296 Rn. 12.
[12] MüKoZPO/*Prütting* ZPO § 296 Rn. 46.
[13] BGH NJW-RR 2009, 853 (854); NJW 2000, 2512 (2513); NJW-RR 1992, 1085; BPatG BeckRS 2007, 07828.
[14] Musielak/Voit/*Foerste* ZPO § 282 Rn. 2.
[15] MüKoZPO/*Prütting* ZPO § 296 Rn. 43.
[16] Vgl. zB Musielak/Voit/*Huber* ZPO § 296a Rn. 3.
[17] BGH NJW 1984, 1964 (1967); BeckOK ZPO/*Bacher* § 296 Rn. 14.
[18] Vgl. BeckOK ZPO/*Bacher* § 296 Rn. 10 ff.; Zöller/*Greger* ZPO § 296 Rn. 5 ff.
[19] LG München I BeckRS 2012, 03038, wobei die Zurückweisung richtigerweise auf § 296a ZPO hätte gestützt werden müssen.
[20] Kühnen Patentverletzung-HdB Rn. 1577.
[21] Zöller/*Greger* ZPO § 282 Rn. 6; Musielak/Voit/*Foerste* ZPO § 277 Rn. 2.
[22] LG Hamburg GRUR-RR 2014, 137 (139) – Koronarstent; OLG Hamburg GRUR-RR 2009, 365 (367); OLG Frankfurt a. M. GRUR-RR 2005, 299 (301); OLG Hamburg GRUR-RR 1987, 36; OLG Koblenz NJW-RR 1987, 509 (510); LG Hamburg BeckRS 2006, 00280; *Teplitzky* Kap. 55 Rn. 19; BeckOK ZPO/*Bacher* § 296 Rn. 7; einschränkend Zöller/*Vollkommer* ZPO § 922 Rn. 15 mwN; aA MüKoZPO/*Prütting* ZPO § 296 Rn. 7; Zöller/*Greger* ZPO § 296 Rn. 7; LG Aachen NJW-RR 1997, 380; iE ebenso Klute GRUR 2003, 34 (37); offengelassen noch in OLG Hamburg NJW-RR 1987, 36.
[23] Dafür OLG Hamburg GRUR-RR 2003, 135 (136) (zur Rechtskette im UrhR); OLG Frankfurt a. M. GRUR-RR 2005, 299 (301); aA Zöller/*Heßler* ZPO § 531 Rn. 1; differenzierend *Teplitzky/Feddersen* Kap. 55 Rn. 36a.

Verfahren über Arrest und einstweilige Verfügung gilt weder die Erklärungsfrist des § 132, noch die Prozessförderungspflichten aus § 282 Abs. 2, so dass jede Einlassung, mithin das **Vorbringen von Angriffs- und Verteidigungsmitteln auch erst im Termin** erfolgen kann (→ § 937 Rn. 15).[24] Jede Prozesspartei hat sich nicht nur darauf einzurichten, unmittelbar in der mündlichen Verhandlung alle erforderlichen Angriffs-, Verteidigungs- und Glaubhaftmachungsmittel vorzulegen, sondern sich insbesondere auch auf neuen bzw. ergänzenden Sachvortrag der Gegenpartei einzustellen und **Vorsorge dafür zu treffen**, hierauf auf der Stelle angemessen reagieren zu können.[25] Einen **instruierten Vertreter** in die Verhandlung zu schicken, ist hier regelmäßig ein probates Mittel.[26] Eine notwendig werdende Beweiserhebung kann in der Regel ohnehin nicht zu einer relevanten Verzögerung führen, weil gemäß § 920 Abs. 2 und § 294 Abs. 2 nur präsente Beweismittel zulässig sind.[27] Die Gewährung von Schriftsatznachlass nach § 283 ist grundsätzlich ausgeschlossen.[28] Auch für eine Wiedereröffnung (§ 156) ist regelmäßig kein Raum.[29]

15   Auch das bewusste (und damit schuldhafte) **Zurückhalten von neuen Glaubhaftmachungsmitteln** zur Verteidigung ist im Rahmen des Eilverfahrens hinzunehmen (str.)[30] und kann daher nicht nach § 296 zurückgewiesen werden (→ § 937 Rn. 15). Soweit teilweise für eine Begrenzung neuen Sachvortrages durch den **Rechtsmissbrauchseinwand** plädiert wird,[31] ist dies im Hinblick auf die Unanwendbarkeit des § 296 nicht zu berücksichtigen. Richtigerweise wird jegliches neues Vorbringen zu berücksichtigen, Art und Maß des rechtlichen Gehörs aber entsprechend anzupassen sein.[32] Denn stets hat das Gericht dem jeweiligen Gegner kurzfristigen neuen Sachvortrages rechtliches Gehör zu gewähren.[33]

16   Allerdings steht die gebotene Form, in der das rechtliche Gehör zu gewähren ist, im einstweiligen Verfügungsverfahren **im freien Ermessen** des Gerichts.[34] Dies ist stets eine Frage des Einzelfalls, wobei es in der Regel durch eine **Unterbrechung der Verhandlung** für kurze Zeit und der Fortsetzung zu einer späteren Terminsstunde gewährleistet werden kann. Für darüber hinausgehende Maßnahmen des Gerichts der Gehörsgewährung ist abzuwägen zwischen dem Eilcharakter des Verfügungsverfahrens und dem Grundsatz des fairen Verfahrens. Entscheidend ist hier insbesondere der Umfang des neuen Sachvortrages und seiner Art (etwa im Falle von Sachverständigengutachten), die überwiegende Wahrscheinlichkeit von Rechtsverletzung und Rechtsbestand sowie die fortbestehende Sicherung des Antragstellers durch eine einstweilige Verfügung. Auch kann berücksichtigt werden, wenn eine im Ausland ansässige Partei nicht in gleicher Weise wie eine Inländische in der Lage ist, sofortige Erklärungen im Termin abzugeben und glaubhaft zu machen. **Im gegenseitigen Einvernehmen** kann im Übrigen auch im Verfügungsverfahren stets vertagt werden.

17   Allerdings unterliegt ein Antrag des Antragsgegners auf **Verweisung an die KfH** nach § 101 GVG der zeitlichen Begrenzung, dass er nur bis zum Beginn der streitigen mündlichen Verhandlung gestellt werden kann.[35]

IV. Marken- und patentrechtliches (Beschwerde-)Verfahren

18   Die Vorschrift findet im **marken- und patentrechtlichen Verfahren** vor dem BPatG wegen des Untersuchungsgrundsatzes grundsätzlich keine[36] bzw. nur eingeschränkte Anwendung. Die **Prozessförderungspflichten** mit strenger **Präklusionsfolge** aus §§ 282 Abs. 2, 296 Abs. 2 finden dann Anwendung, wenn den Parteien durch richterliche Anordnung aufgegeben worden ist, die mündliche Verhandlung durch Schriftsätze oder zu Protokoll der Geschäftsstelle abzugebende Erklärungen gem.

---

[24] OLG Hamburg NJW-RR 1987, 36; LG Hamburg GRUR-RR 2014, 137 (139) – Koronarstent; LG Hamburg BeckRS 2006, 00280; *Teplitzky* Kap. 55 Rn. 19.
[25] OLG Hamburg GRUR-RR 2009, 365 (367); aA ausdrücklich MüKoZPO/*Prütting* ZPO § 283 Rn. 8.
[26] Vgl. *Klute* GRUR 2003, 34 (36).
[27] BeckOK ZPO/*Bacher* § 296 Rn. 7.
[28] LG Hamburg GRUR-RR 2014, 137 (139) – Koronarstent; OLG Hamburg GRUR-RR 2009, 365 (367); aA OLG Koblenz NJW-RR 1987, 509 (511).
[29] OLG Hamburg GRUR-RR 2009, 365 (367); LG Düsseldorf BeckRS 2012, 19542; 2012, 03517; LG Köln BeckRS 2011, 21494.
[30] So OLG Hamburg GRUR-RR 2009, 365 (367); aA *Teplitzky* Kap. 55 Rn. 19; Köhler/*Bornkamm* UWG § 12 Rn. 3.26, Zöller/*Vollkommer* ZPO § 922 Rn. 15; Hoeren/Sieber/Holznagel/*Lampmann* MMR-HdB Teil 23 Rn. 261; für die Gewährung von Schriftsatznachlass: *Schote/Lührig* WRP 2008, 1281.
[31] Dagegen wohl OLG Hamburg GRUR-RR 2009, 365 (367); dafür *Teplitzky* Kap. 55 Rn. 19; Köhler/*Bornkamm* UWG § 12 Rn. 3.26, Zöller/*Vollkommer* ZPO § 922 Rn. 15; Hoeren/Sieber/Holznagel/*Lampmann* MMR-HdB Teil 23 Rn. 261; für die Gewährung von Schriftsatznachlass: *Schote/Lührig* WRP 2008, 1281.
[32] So im Ergebnis auch *Teplitzky* Kap. 55 Rn. 19.
[33] LG Hamburg GRUR-RR 2014, 137 (139) – Koronarstent; OLG Koblenz NJW-RR 1987, 509 (510); *Teplitzky* Kap. 55 Rn. 19.
[34] LG Hamburg GRUR-RR 2014, 137 (139) – Koronarstent; vgl. auch OLG Koblenz NJW-RR 1987, 509 (511).
[35] Zur zeitlichen Grenze: OLG Hamburg NJW-RR 2012, 634 (635).
[36] Busse/*Schuster* PatG § 99 Rn. 13; BPatG BeckRS 2007, 07828.

§ 129 Abs. 2 vorzubereiten.[37] Eine Anwendung der **allgemeinen Prozessförderungspflicht aus § 282 Abs. 1** und damit ihre Sanktionierung über § 296 Abs. 2 ist damit auch dann im patentrechtlichen Beschwerdeverfahren möglich.[38] Ohne Weiteres anwendbar sind die Präklusionsvorschriften der ZPO überall dort, wo der Untersuchungsgrundsatz (§ 73 Abs. 1 MarkenG) durch den **Beibringungsgrundsatz** verdrängt wird, wie bei **Fragen des Benutzungszwangs**.[39] Sowohl die Nichtbenutzungseinrede als auch Vortrag zur rechtserhaltenden Benutzung kann daher grundsätzlich der Präklusion unterliegen. Die Rechtsprechung des BPatG erweist sich hier aber ausgesprochen **großzügig**; regelmäßig wird eine mit der Verspätung verbundene Verzögerung des Verfahrens verneint.[40]

Zu den **Einlassungsfristen** im marken- und patentrechtlichen (Beschwerde-)Verfahren → § 274 **19** Rn. 14.

C. Zurückweisung nach Abs. 1

Abs. 1 betrifft eine Verspätung wegen des Versäumens bestimmter, abschließend aufgezählter **20** **richterlicher Erwiderungsfristen.** Liegen die Voraussetzungen für eine Zurückweisung vor, ist das Gericht **gebunden** und muss zurückweisen.[41]

Eine Zurückweisung nach Abs. 1 (und auch nach Abs. 2 – anders als nach Abs. 3) setzt voraus, dass **21** die Berücksichtigung verspätet vorgebrachter Angriffs- oder Verteidigungsmittel die Erledigung des Rechtsstreits **verzögern** würde. Die setzt naturgemäß voraus, dass die **neu vorgetragenen Tatsachen streitig** (und damit beweisbedürftig) sind.[42] Unstreitiges neues Vorbringen ist dagegen stets zu beachten, auch wenn es verspätet ist.[43] Die Zurückweisung setzt weiter voraus, dass der Rechtsstreit ohne das verspätete Vorbringen insgesamt **entscheidungsreif** ist.[44]

I. Versäumnis richterlicher Erwiderungsfristen

Abs. 1 betrifft eine Verspätung wegen des Versäumens bestimmter, abschließend aufgezählter **22** **richterlicher Erwiderungsfristen,** nämlich der Erläuterungsfrist nach § 273 Abs. 1 Nr. 1 und der Klagerwiderungsfrist (§ 277) im Verfahren des frühen ersten Termins (§ 275) oder des schriftlichen Vorverfahrens (§ 276).

Nur **formell ordnungsgemäße** Fristsetzungen (zu den einzelnen Voraussetzungen → § 276 Rn. 5, **23** 15) können die Wirkung des § 296 Abs. 1 ZPO auslösen.[45] Ist die Frist im Einzelfall nicht ausreichend bemessen worden, darf die Überschreitung dieser Frist nicht zur Zurückweisung nach § 296 Abs. 1 führen.[46] Eine unangemessen kurze Klageerwiderungsfrist bringt den Beklagten nach der Rechtsprechung des BGH in prozessordnungswidriger Weise in Zeitdruck und behindert ihn damit in seiner Verteidigung, auch wenn die Möglichkeit einer Verlängerung der Frist nach § 224 Abs. 2 besteht, da diese im Ermessen des Gerichts liegt.[47] Eine **analoge Anwendung** auf andere Fristen ist wegen des allen Präklusionsvorschriften zukommenden Ausnahmecharakters unzulässig.[48] Wegen der Einzelheiten kann auf die allgemeine Kommentarliteratur verwiesen werden.

II. Verzögerung des Rechtsstreits aufgrund der Verspätung

1. Begriff (Absoluter Verzögerungsbegriff). Eine Zurückweisung nach Abs. 1 (und auch nach **24** Abs. 2 – anders als nach Abs. 3) setzt voraus, dass die Berücksichtigung der verspätet vorgebrachten Angriffs- oder Verteidigungsmittel die Erledigung des Rechtsstreits verzögern würde („ihre Zulassung die Erledigung des Rechtsstreits nicht verzögern würde"). Hierbei ist auf den sog. **absoluten Verzögerungsbegriff** abzustellen.[49] Nach der Rechtsprechung des BGH kommt es für die Feststellung einer Verzögerung des Rechtsstreits allein darauf an, ob der Prozess bei Zulassung des verspäteten Vorbringens **länger dauern würde** als bei dessen Zurückweisung.[50] Verspäteter Sachvortrag einer Partei verzögert den Rechtsstreit in diesem Sinne nicht, wenn dieser unabhängig von der Zulassung

---

[37] BGH GRUR 2010, 859 (861) – Malteserkreuz III; BPatG BeckRS 2016, 07104.
[38] BGH GRUR 2010, 859 (861) – Malteserkreuz III.
[39] BPatG BeckRS 2016, 17721; 2014, 04250; 2009, 86092; GRUR 1999, 350 (351) – Ruoc/ROC.
[40] BPatG BeckRS 2016, 17721(verneint trotz Vorlage brauchbarer Benutzungsnachweise durch den Widersprechenden erst im Beschwerdeverfahren); BPatG GRUR 2016, 286 – Yosaja/YOSOI (verneint bei Nichtbenutzungseinrede erst nach Scheitern von Vergleichsverhandlungen); anders bei Versäumnis gesetzter Schriftsatzfristen: BPatG BeckRS 2016, 07104.
[41] BVerfG NJW 1987, 2733 (2734); Zöller/Greger ZPO § 296 Rn. 8; vgl. auch BGH BeckRS 2013, 16136.
[42] BGH NJW 1985, 1556 (1558); 1985, 1539 (1543); BeckOK ZPO/Bacher § 296 Rn. 1.
[43] BGH NJW 2005, 291 (293) zu § 531 Abs. 2 ZPO.
[44] BGH NJW 2007, 60 (62); NJW-RR 1999, 787.
[45] Zöller/Greger ZPO § 296 Rn. 9.
[46] BGH NJW 1994, 736 (737); OLG Düsseldorf BeckRS 2011, 27232 mwN.
[47] BGH NJW 1994, 736 (737).
[48] BVerfG NJW 1987, 2733 (2734); 1985, 1150 (1151).
[49] BeckOK ZPO/Bacher § 296 Rn. 19.
[50] BGH NJW 2012, 2808 (2809).

oder Zurückweisung des neuen Vorbringens **noch nicht entscheidungsreif** gewesen wäre.[51] Zudem gilt das **Verbot der „Überbeschleunigung"**, wonach ein verspätetes Vorbringen nicht ausgeschlossen werden darf, wenn offenkundig ist, dass dieselbe Verzögerung auch bei rechtzeitigem Vortrag eingetreten wäre.[52]

25 **2. Vorliegen von Verzögerung. a) Zeitpunkt des Vortrags im Prozess des gewerblichen Rechtsschutzes.** Im Prozess des gewerblichen Rechtsschutzes lässt sich differenzieren, wann welche Angriffs- und Verteidigungsmittel vorzubringen sind. Es lässt sich differenzieren zwischen **generellem** Verteidigungsvorbringen, das den Anspruch insgesamt zu Fall bringen könnte, und **spezifischem** Vorbringen gegenüber der Tatbestandsverwirklichung. Zu dem generellem Verteidigungsvorbringen, das geeignet wäre, den Anspruch insgesamt zu Fall zu bringen, ohne in eine weitere Sachprüfung der Tatbestandsverwirklichung eintreten zu müssen, ließe sich zählen das **Infragestellen der Aktivlegitimation** (Marken- oder Patentinhaberschaft, Lizenzkette, aber wohl nicht der Klagebefugnis nach § 8 Abs. 3 Nr. 2 UWG[53]) oder die Rüge der **fehlenden Passivlegitimation** (etwa nach § 8 Abs. 2 UWG[54], Richtigkeit des **Testkaufs**[55], fehlende Täterschaft des **Anschlussinhabers**[56] ebenso die Einrede der **Erschöpfung nach § 24 MarkenG** (Art. 13 U-MV)[57] oder die **Einrede der Nichtbenutzung nach § 25 MarkenG** (Art. 15 U-MV). Während kein Anlass bestehen dürfte, generelles Verteidigungsvorbringen zur fehlenden Aktiv- oder Passivlegitimation oder zur Erschöpfung oder Nichtbenutzung zurückzuhalten,[58] dürfte es prozessökonomisch in der Regel nicht zu beanstanden sein, wenn sich der Beklagte zunächst auf die Rüge der fehlenden Aktiv- oder Passivlegitimation beschränkt und erst auf gerichtlichen Hinweis zur Tatbestandsverwirklichung im Übrigen vorträgt (→ § 282 Rn. 10 und 15).

26 Auch **Geheimhaltungsinteressen** einer Partei können die ihr obliegende Substantiierungslast mindern.[59] Ein aus diesem Grunde zurückhaltend vortragender Beklagter darf daher einen richterlichen Hinweis zur Notwendigkeit weiterer Substantiierung erwarten.[60] Kann sich eine Partei auf Beweiserleichterungen berufen, etwa im Wettbewerbsprozess bei **Allein- oder Spitzenstellungsberühmungen, betriebsinternen Vorgängen**[61] oder **Gesundheitswerbung**[62], führt dies nicht zu einer Reduzierung der Darlegungslast, auch wenn damit im Ergebnis eine Beweislastumkehr verbunden ist.[63]

27 **b) Erforderlichkeit einer Beweisaufnahme.** Eine relevante Verzögerung liegt grundsätzlich nicht vor, wenn die Beweisaufnahme noch im gleichen Termin erfolgen kann, etwa **bei präsenten Zeugen** oder Beweismitteln.[64] Macht der verspätete (bestrittene) Vortrag eine Beweisaufnahme erforderlich, ist regelmäßig von einer drohenden Verzögerung auszugehen. Sofern der **neue Beweisantrag** sich zugleich als Reaktion auf das Ergebnis der durchgeführten Beweisaufnahme darstellt, ist dieser stets zulässig (§§ 279 Abs. 3, 285).[65]

28 Gerade in Fällen, in denen ein **Sachverständigengutachten** (etwa bei streitiger und mit bloßem Auge nicht sichtbarer Verwirklichung komplexer Merkmale eines Patentanspruchs) eingeholt werden müsste, stellt sich jedoch die Frage, ob dieselbe Verzögerung – offenkundig – nicht auch bei rechtzeitigem Vorbringen eingetreten wäre und einer Zurückweisung des neuen Vorbringens das verfassungsmäßige Verbot einer Überbeschleunigung entgegensteht.[66]

29 **c) Erforderlichkeit von Erklärungsfristen.** Die Notwendigkeit der Einräumung einer Erklärungsfrist nach § 283 ZPO bedeutet noch keine Verzögerung des Rechtsstreits iSv § 296.[67] Wenn dem Gegner zur Erwiderung auf das verspätete Vorbringen gemäß § 283 ZPO eine **Schriftsatzfrist** eingeräumt werden muss, weil er im Verhandlungstermin aufgrund Erklärungsnot noch keine Stellung

---

[51] BGH NJW-RR 1999, 787; 1989, 786.
[52] BGH NJW 2012, 2808 (2809).
[53] OLG Hamburg GRUR-RS 2016, 10353 Rn. 4, da es keine verzichtbare Rüge betrifft.
[54] Zur Glaubhaftigkeit des Bestreitens der Verantwortlichkeit erst nach 4 Monaten LG Koblenz WRP 2005, 133.
[55] OLG München BeckRS 2012, 20498– Speed Cat; nachfolgend BGH NJOZ 2013, 861 – Speed Cat II.
[56] AG Hamburg BeckRS 2015, 46683; AG Düsseldorf GRUR-RS 2015, 02395.
[57] Zur Beweislast OLG Hamburg GRUR-RR 2002, 328; zur drohenden Zurückweisung im Berufungsverfahren wegen Präklusion: OLG Frankfurt a. M. BeckRS 2016, 11672.
[58] Zur Rechtzeitigkeit des Bestreitens des Testkaufs BGH NJOZ 2013, 861 – Speed Cat II.
[59] OLG Düsseldorf BeckRS 2009, 09220; OLG Stuttgart NJW-RR 1987, 677.
[60] OLG Düsseldorf BeckRS 2009, 09220.
[61] BGH GRUR 2004, 246 (247) – Mondpreise; Köhler/Bornkamm UWG § 5 Rn. 3.24.
[62] BGH GRUR 2013, 649 (653) – Basisinsulin mit Gewichtsvorteil; BGH GRUR 2010, 359 (361) – Vorbeugen mit Coffein!; OLG Hamburg GRUR-RR 2004, 88 (89) – Chitosan; OLG Hamburg GRUR-RR 2002, 173 (174) – pur.
[63] LG Hamburg BeckRS 2013, 17532.
[64] BeckOK ZPO/*Bacher* § 296 Rn. 22; Zöller/*Greger* ZPO § 296 Rn. 13.
[65] BGH BeckRS 2012, 04375.
[66] Vgl. BGH NJW 2012, 2808 (2809) zum Arzthaftungsprozess.
[67] BGH NJW 1985, 1556 (1558); BPatG GRUR 1999, 350 (352) – Ruoc/ROC; BPatG GRUR 1997, 534 (535) – ETOP/Itrop.

dazu nehmen kann, dient diese nachgeholte Erklärung erst der Vorbereitung der vom Gericht zu treffenden Entscheidung, ob der Rechtsstreit durch Berücksichtigung des verspäteten Vorbringens verzögert würde.[68] Das wäre nämlich nicht der Fall, wenn der Gegner den Vortrag **nicht bestreiten wollte (§ 138 Abs. 3)**, so dass er zur Grundlage der Sachentscheidung gemacht werden könnte.[69] Wird das Vorbringen in dem nachgelassenen Schriftsatz **bestritten,** würde eine deshalb erforderliche Beweisaufnahme zu einer Verzögerung führen, sofern der Rechtsstreit anderenfalls entscheidungsreif war.[70]

d) Fehlende Entscheidungsreife. Eine relevante Verzögerung liegt nicht vor, wenn das Gericht zu einem anderen Punkt Beweis erheben muss und der Rechtsstreit aus diesem Grund **noch nicht entscheidungsreif** ist.[71] Dasselbe gilt, wenn der Rechtsstreit aus anderen Gründen, wie noch ausstehenden richterlichen **Hinweisen nach § 139** oder der darauf abzuwartenden (fristgerechten) Reaktion der Partei noch nicht entscheidungsreif war (→ § 282 Rn. 17).[72] Die Parteien dürfen dementsprechend darauf vertrauen, dass das Gericht sie auf eine etwaige fehlende Substantiierung ihres Vorbringens nach **§ 139 Abs. 1 hinweist** und danach hinreichend Zeit und Gelegenheit **zur Ergänzung ihres Vorbringens** gewährt (§ 139 Abs. 5).[73] Damit wird durch die richterliche Hinweispflicht die Möglichkeit einer Zurückweisung wegen Verspätung erheblich eingeschränkt. Die für den Umfang des Parteivortrags relevante Prozesslage wird maßgeblich auch durch **Hinweise des Gerichts** bestimmt.[74] 30

3. Kausalität. Eine tatsächlich drohende Verzögerung darf schließlich nur dann berücksichtigt werden, wenn sie der Partei **zuzurechnen** ist.[75] Hieran fehlt es, wenn gerichtsinterne Vorgänge die Verzögerung mitverursacht haben[76] oder das Gericht eine Verzögerung durch zumutbare Maßnahmen zur Terminvorbereitung[77] hätte verhindern können. Auch Verzögerungen, die auf das Verhalten Dritter (beispielsweise Zeugen) zurückzuführen sind, haben außer Betracht zu bleiben.[78] Wegen der Einzelheiten kann auf die allgemeine Kommentarliteratur verwiesen werden. 31

4. Keine genügende Entschuldigung. Keine Präklusion nach Abs. 1 tritt ein, wenn die Partei die Verspätung ihres Vorbringens genügend entschuldigen kann. Die Partei hat deshalb Tatsachen vorzutragen, aus denen sich ergibt, dass sie an der Verspätung kein Verschulden trifft und zwar spätestens in der nächsten mündlichen Verhandlung.[79] Die Tatsachen sind sie gemäß Abs. 4 auf Verlangen des Gerichts **glaubhaft zu machen.** Grundsätzlich gebietet es die prozessuale Sorgfaltspflicht nicht, tatsächliche Umstände, die der Partei nicht bekannt sind, erst zu ermitteln. Nur ausnahmsweise können Ermittlungen geboten sein, wenn besondere Umstände dies rechtfertigen.[80] 32

Für die Frage des **Verschuldens** kann auf **§ 276 BGB** zurückgegriffen werden, so dass einfache Fahrlässigkeit – anders als bei Abs. 2 – genügt.[81] Es gilt letztlich derselbe Maßstab, wie im Rahmen des § 531 Abs. 2 S. 1 Nr. 3 ZPO (→ § 531 Rn. 30 f.).[82] Entsprechend den allgemeinen Regeln hat die Partei auch für ein Verschulden ihres gesetzlichen Vertreters (§ 51 Abs. 2 ZPO) und ihres Prozessbevollmächtigten (§ 85 Abs. 2 ZPO) einzustehen.[83] 33

D. Zurückweisung nach Abs. 2

Abs. 2 betrifft die Zurückweisung, wenn die Partei gegen die **allgemeine Prozessförderungspflicht** in der mündlichen Verhandlung nach § 282 Abs. 1 verstoßen hat oder gegen die Obliegenheit, **Anträge** sowie Angriffs- und Verteidigungsmittel, **die den Gegner voraussichtlich zu Erkundigungen zwingen,** entsprechend frühzeitig mitzuteilen gemäß § 282 Abs. 2 (→ § 282 Rn. 19). Anders 34

---

[68] BGH NJW 1985, 1556 (1558); BPatG GRUR 1999, 350 (352) – Ruoc/ROC; BPatG GRUR 1997, 534 (535) – ETOP/Itrop.
[69] BGH NJW 1985, 1556 (1558); 1985, 1539 (1543).
[70] BGH NJW 2007, 60 (62); NJW-RR 1999, 787; NJW 1985, 1556 (1558).
[71] BGH NJW 2007, 60 (62); NJW-RR 1999, 787; NJW 1985, 1556 (1558).
[72] Vgl. BGH NJW-RR 2007, 1612 (1613).
[73] BGH NJW-RR 2013, 655; NJW 1999, 1264; 1981, 1378 (1379); krit. Lenz NJW 2013, 2551 (2552).
[74] Zöller/*Greger* ZPO § 277 Rn. 1; zu Möglichkeiten und Grenzen im Berufungsverfahren vgl. BGH NJW-RR 2012, 341 (342).
[75] BVerfG NJW 1998, 2044 (2045); BeckOK ZPO/*Bacher* § 296 Rn. 26.
[76] BVerfG NJW 1998, 2044 (2045).
[77] BGH NJW 2002, 290 (291); 1991, 2759 (2760); LG Düsseldorf BeckRS 2013, 10875; vgl. ausführlich MüKoZPO/*Prütting* ZPO § 296 Rn. 120 ff.
[78] BeckOK ZPO/*Bacher* § 296 Rn. 28; Zöller/*Greger* ZPO § 296 Rn. 25.
[79] BeckOK ZPO/*Bacher* § 296 Rn. 49; MüKoZPO/*Prütting* ZPO § 296 Rn. 169.
[80] BGH NJW-RR 2021, 56 Rn. 15.
[81] BeckOK ZPO/*Bacher* § 296 Rn. 51; Zöller/*Greger* ZPO § 296 Rn. 23; MüKoZPO/*Prütting* ZPO § 296 Rn. 133.
[82] BGH NJW-RR 2021, 56 Rn. 11.
[83] BeckOK ZPO/*Bacher* § 296 Rn. 51; MüKoZPO/*Prütting* ZPO § 296 Rn. 134; vgl. auch BGH BeckRS 2013, 16136.

als in den Fällen des Abs. 1 liegt die Zurückweisung nach Abs. 2 **im Ermessen** des Gerichts (ganz hM).[84]

Auch eine Zurückweisung nach Abs. 2 setzt – ebenso wie im Rahmen des Abs. 1 – eine **kausale Verzögerung** durch die Verspätung voraus.[85] Eine Zurückweisung nach Abs. 2 ist schon nach dem Wortlaut der Norm nur möglich, wenn die Verspätung auf *grober* Nachlässigkeit beruht.

I. Verstoß gegen Prozessförderungspflichten des § 282

35   **1. Verstoß gegen Prozessförderungspflicht (§ 282 Abs. 1).** § 282 Abs. 1 setzt den Parteien für das Vorbringen ihrer Angriffs- und Verteidigungsmittel keine starre zeitliche Grenze, sondern stellt einschränkend darauf ab, soweit es **nach der Prozesslage** einer sorgfältigen und auf Förderung des Verfahrens bedachten Prozessführung entspricht (→ § 282 Rn. 4 und 12 ff.).[86] Die Vorschrift ist nur dann einschlägig, wenn innerhalb einer Instanz mehrere Verhandlungstermine stattfinden; ein **Vorbringen im ersten Termin** zur mündlichen Verhandlung kann **niemals** nach § 282 Abs. 1 **verspätet** sein.[87] Wegen der Einzelheiten kann auf die allgemeine Kommentarliteratur verwiesen werden.[88]

36   **2. Verstoß gegen Terminsvorbereitungspflicht (§ 282 Abs. 2).** Nach § 282 Abs. 2 besteht die Obliegenheit der Parteien, **Anträge sowie Angriffs- und Verteidigungsmittel,** die den Gegner voraussichtlich zu Erkundigungen zwingen, entsprechend frühzeitig mitzuteilen. Dies stellt einen Schutz des Gegners dar (→ § 282 Rn. 15).[89]

37   **3. Verzögerung des Rechtsstreits.** Auch eine Zurückweisung nach Abs. 2 setzt – ebenso wie im Rahmen des Abs. 1 – eine **kausale Verzögerung** durch die Verspätung voraus.[90] Insoweit gelten die obigen Grundsätze.

38   **4. Grobe Nachlässigkeit.** Weiteres Kriterium für die Zurückweisung nach Abs. 2 ist, dass die Verspätung des Vortrages auf **grober Nachlässigkeit** beruht. Dieser Maßstab ist strenger als der des § 276 BGB (→ Rn. 32). Die Verspätung ist für sich genommen nicht gleichzusetzen mit grober Nachlässigkeit.[91] Grob nachlässig handelt die Partei nur dann, wenn sie ihre Prozessförderungspflicht **in besonders hohem Maße** vernachlässigt, also dasjenige unterlässt, was jeder Partei nach dem Stand des Verfahrens als notwendig hätte einleuchten müssen.[92] Die nicht fristgerechte Zahlung des **Auslagenvorschusses** indiziert noch keine grobe Fahrlässigkeit.[93]

E. Zulässigkeitsrügen nach Abs. 3

39   Abs. 3 betrifft die unter Verstoß gegen § 282 Abs. 3 verspätet vorgebrachten Rügen der Zulässigkeit. Diese müssen nach § 282 Abs. 3 vom Beklagten gleichzeitig und **vor seiner Verhandlung** zur Hauptsache erhoben werden. Da die mündliche Verhandlung auf die Güteverhandlung folgt (§ 279 Abs. 1 S. 1), führt das **Verhandeln in der Güteverhandlung** nicht zum Verlust von Zuständigkeitsrügen oder von Angriffs- und Verteidigungsmitteln (→ § 279 Rn. 5).[94] Auch ein **Verweisungsantrag an die KfH** nach § 101 Abs. 1 S. 1 GVG kann sowohl im frühen ersten Termin als auch im Widerspruchsverfahren gegen eine einstweilige Verfügung noch bis zu diesem Zeitpunkt gestellt werden. Die mündliche Verhandlung beginnt erst, sobald die Güteverhandlung gescheitert ist (§ 279 Abs. 1 S. 1); ab diesem Zeitpunkt greift die Präklusion nach § 296 Abs. 3 und des § 101 Abs. 1 S. 1 GVG.[95]

40   Sofern eine **Klagewiderungsfrist** (§§ 275 Abs. 1, 276 Abs. 1 S. 2, 277 Abs. 3) gesetzt worden ist, wird der Zeitpunkt vorverlagert, da Zulässigkeitsrügen innerhalb dieser Frist erhoben werden müssen (→ § 282 Rn. 21).[96]

41   Betroffen sind von Abs. 3 nur die **verzichtbaren** Rügen. Ob hierunter auch die Rüge der (örtlichen und funktionalen) **Zuständigkeit** fallen, ist angesichts der Sonderregelung in § 39 streitig

---

[84] BGH BeckRS 2013, 16136; aA für eine zwingende Zurückweisung: MüKoZPO/*Prütting* ZPO § 296 Rn. 180/181.
[85] Zöller/*Greger* ZPO § 296 Rn. 28.
[86] Musielak/Voit/*Foerste* ZPO § 282 Rn. 3.
[87] BGH BeckRS 2014, 15333; 2013, 16136.
[88] Siehe beispielsweise ausführlich MüKoZPO/*Prütting* ZPO § 282 Rn. 11 ff.
[89] Zöller/*Greger* ZPO § 282 Rn. 4.
[90] Zöller/*Greger* ZPO § 296 Rn. 28.
[91] BAG NZA 2020, 1261 Rn. 3.
[92] BGH BeckRS 2013, 16136; NJW 1997, 2244 (2245); 1987, 501 (502); OLG Köln BeckRS 2013, 16185.
[93] BGH BeckRS 2016, 10411.
[94] OLG Hamburg NJW-RR 2012, 634 (636).
[95] OLG Hamburg NJW-RR 2012, 634 (636).
[96] Zöller/*Greger* ZPO § 282 Rn. 6; Musielak/Voit/*Foerste* ZPO § 277 Rn. 2; BeckOK ZPO/*Bacher* § 296 Rn. 64.

und wird überwiegend verneint.⁹⁷ Diese Streitfrage ist aber im gewerblichen Rechtsschutz ohne Belang, da die Zuständigkeitsregelungen hier ausschließliche sind (vgl. § 14 UWG, § 140 Abs. 2 MarkenG, § 143 Abs. 2 PatG, § 27 GebrMG, § 52 DesignG, § 38 SortSchG, Art. 95 U-MV, Art. 81 GGV, § 104a UrhG; → § 1 Rn. 16). Zu den verzichtbaren Rügen gehören die Einrede der Prozesskostensicherheit (§ 110) und die Einrede des Schiedsvertrages (§ 1032)⁹⁸. Auch die Rüge der **internationalen Zuständigkeit** ist eine verzichtbare Zulässigkeitsrüge (Art. 24, 26 EuGVVO), sofern eine rügelose Einlassung zuständigkeitsbegründend ist (vgl. Art. 22 EuGVVO).⁹⁹ Im Übrigen ist die internationale Zuständigkeit in jeder Lage des Verfahrens **von Amts wegen** zu prüfen, auch noch in der Revisionsinstanz.¹⁰⁰ Ein Antrag auf **Verweisung an die KfH** unterliegt nach § 101 Abs. 1 S. 3 GVG der zeitlichen Begrenzung. Anders verhält es sich bei der Rüge der **ordnungsgemäßen Vertretung** des Gegners, da diese nach § 88 Abs. 1 in jeder Lage des Rechtsstreits gerügt werden kann.

Die Zurückweisung nach Abs. 3 ist **zwingend.** Auf eine Verzögerung des Rechtsstreits kommt es 42 im Rahmen des Abs. 3 nicht an.¹⁰¹ Allerdings kann die Zurückweisung wie bei Abs. 1 **abgewendet** werden, wenn die Partei die Verspätung ihres Vorbringens genügend entschuldigen kann. Wegen der Einzelheiten kann auf die allgemeine Kommentarliteratur verwiesen werden.

F. Verfahren

Liegen die Voraussetzungen für eine Zurückweisung nach Abs. 1 oder Abs. 3 vor, **muss** das Gericht 43 den verspäteten Vortrag unberücksichtigt lassen. In den Fällen des Abs. 2 **kann** das Gericht zurückweisen.

Vor einer Zurückweisung wegen Verspätung muss das Gericht in jedem Fall die betroffene Partei 44 hierauf hinweisen und ihr **rechtliches Gehör** gewähren, § 139.¹⁰² Dies gilt auch für den Fall, dass verspäteter Vortrag in einem nach § 283 nachgelassenem Schriftsatz erfolgt.¹⁰³ Ihr muss auch Gelegenheit gegeben werden, Umstände vorzutragen, die einer Zurückweisung entgegenstehen können (vgl. § 296 Abs. 4).¹⁰⁴ Auch im Interesse der bezweckten Prozessbeschleunigung ist eine Zurückweisung wegen grober Nachlässigkeit allein deshalb, weil sich die Partei gegenüber solchen indiziellen äußeren Umständen nicht entlastet hat, nur zu rechtfertigen, wenn ihr das Gericht zuvor die Möglichkeit eingeräumt hat, sich zu den seines Erachtens für eine grobe Nachlässigkeit iSv § 296 Abs. 2 sprechenden Tatsachen zu äußern.¹⁰⁵ Liegen die Voraussetzungen für eine Zurückweisung nach § 296 vor, kann (End-)Urteil ergehen, das das verspätete streitige Vorbringen unberücksichtigt lässt. In den Entscheidungsgründen ist die Grundlage der Zurückweisung zu erläutern.¹⁰⁶ Dies setzt voraus, dass konkrete Feststellung dazu getroffen werden, warum nach der freien Überzeugung des Gerichts die Zulassung des Vortrags die Erledigung des Rechtsstreits verzögert hätte.¹⁰⁷

Die Zurückweisung verspäteten Vorbringens ist zusammen mit dem Urteil **anfechtbar.** Ist gegen 45 das Urteil kein Rechtsmittel vorgesehen, kann ein Verstoß gegen § 296 mit der Anhörungsrüge (§ 321a) angefochten werden, sofern mit der Zurückweisung zugleich der Anspruch auf rechtliches Gehör (Art. 103 Abs. 1 GG) verletzt worden ist.¹⁰⁸ Bei Auslegung und Anwendung der Präklusionsvorschriften sind die Gerichte einer strengeren verfassungsrechtlichen Kontrolle unterworfen als dies üblicherweise bei der Anwendung einfachen Rechts geschieht. Die Überprüfung geht insoweit über eine bloße Willkürkontrolle hinaus. Das Gebot aus Art. 103 Abs. 1 GG, rechtliches Gehör zu gewähren, ist daher bereits dann verletzt, wenn das Gericht neues Vorbringen unter offensichtlich fehlerhafter Anwendung der Präklusionsvorschriften unberücksichtigt lässt.¹⁰⁹

Dagegen unter liegt **nicht der Anfechtung,** wenn das Gericht gleichwohl verspätetes Vorbringen 46 berücksichtigt,¹¹⁰ es gilt das Gebot der materiellen Gerechtigkeit. Das Berufungsgericht kann dann auch **weder** eine von der Vorinstanz unterlassene Zurückweisung **nachholen**¹¹¹ noch die Zurück-

---

⁹⁷ BGH NJW 1997, 397 (zur internationalen Zuständigkeit); LG Mannheim BeckRS 2016, 04996 mwN; BeckOK ZPO/*Bacher* § 296 Rn. 68, Zöller/*Greger* ZPO § 296 Rn. 8a; Musielak/Voit/*Huber* ZPO § 296 Rn. 34.
⁹⁸ OLG München NJW-RR 1995, 127.
⁹⁹ MüKoZPO/*Prütting* ZPO § 296 Rn. 157.
¹⁰⁰ BGH GRUR 2013, 285 (286) – Kinderwagen II; BGH GRUR 2008, 275 (276) – Versandhandel mit Arzneimitteln.
¹⁰¹ OLG München NJW-RR 1995, 127.
¹⁰² BGH NJW 1989, 717 (718); MüKoZPO/*Prütting* ZPO § 296 Rn. 171; strenger dagegen OLG Köln BeckRS 2013, 16185 für den Fall, dass der Gegner bereits auf die Verspätung hingewiesen hatte; offengelassen insoweit Zöller/*Greger* ZPO § 296 Rn. 32.
¹⁰³ BGH BeckRS 2012, 04075.
¹⁰⁴ BVerfG NJW 1987, 485; BeckOK ZPO/*Bacher* § 296 Rn. 29.
¹⁰⁵ BAG NZA 2020, 1261 Rn. 35.
¹⁰⁶ BeckOK ZPO/*Bacher* § 296 Rn. 31.
¹⁰⁷ BGH BeckRS 2013, 11218.
¹⁰⁸ BeckOK ZPO/*Bacher* § 296 Rn. 74.
¹⁰⁹ BGH NJW-RR 2021, 56 Rn. 19 (zu § 531 Abs. 2 ZPO).
¹¹⁰ MüKoZPO/*Prütting* ZPO § 296 Rn. 183; BeckOK ZPO/*Bacher* § 296 Rn. 55.
¹¹¹ BGH BeckRS 2014, 15566.

weisung auf eine andere als die von der Vorinstanz angewandte Vorschrift stützen.[112] Hinsichtlich der Einzelheiten kann auf die allgemeine Kommentarliteratur verwiesen werden.

G. Flucht in die Säumnis

47 § 296 Abs. 1 und 2 eröffnet Möglichkeiten, einer drohenden Zurückweisung verspäteten Vorbringens durch **prozesstaktisches** Verhalten zu entgehen, insbesondere durch die so genannte Flucht in die Säumnis (→ § 331 Rn. 2).

48 Hat der Beklagte seine (Klage-)erwiderung trotz Fristsetzung so spät eingereicht, dass eine drohende Verzögerung auch durch Maßnahmen der Terminvorbereitung nicht mehr zu verhindern ist, kann er eine Zurückweisung des Vorbringens verhindern, indem er Versäumnisurteil gegen sich ergehen lässt und dagegen fristgerecht Einspruch einlegt.[113] Damit erreicht er, dass das Gericht einen neuen Termin zur mündlichen Verhandlung bestimmen (§ 341a) und diesen durch geeignete Maßnahmen vorbereiten muss. Durch den zulässigen Einspruch wird der Prozess **in die Lage zurückversetzt,** in der er sich vor Eintritt der Säumnis in der mündlichen Verhandlung befand, § 342. Das einmal verspätete Vorbringen bleibt damit zwar weiterhin verspätet, jedoch fehlt es an der nach § 296 Abs. 2 für eine Zurückweisung erforderlichen Verzögerung der Erledigung des Rechtsstreits, wenn in dem auf den Einspruch anzuberaumenden Termin zur mündlichen Verhandlung – § 341a – die verspätet vorgebrachten Verteidigungsmittel berücksichtigt werden können.[114] Allerdings riskiert die säumige Partei, dass eine volle Berücksichtigung der angebotenen Beweise an Art und Umfang des gegnerischen Vorbringens und der Kürze der bis zum Einspruchstermin verbleibenden Zeit scheitert.[115]

49 Die Neujustierung des Verhältnisses von Güteverhandlung (§ 278) und streitiger Verhandlung hat erhebliche Konsequenzen für Fragen einer erfolgreichen **Flucht in die Säumnis** oder der **Präklusion von Zulässigkeitsrügen** (§ 296 Abs. 3). Da die mündliche Verhandlung auf die Güteverhandlung folgt (§ 279 Abs. 1 S. 1), führt das **Verhandeln in der Güteverhandlung** nicht zum Verlust von Zuständigkeitsrügen oder von Angriffs- und Verteidigungsmitteln[116] und auch nicht dazu, von einem Verhandeln zur Sache auszugehen, weshalb die Flucht in die Säumnis solange eröffnet bleibt (→ § 279 Rn. 5). Dem Kläger ist im einstweiligen Verfügungsverfahren die Flucht in die Säumnis untersagt, da er damit zeigt, dass ihm die (Vorbereitung der) Sache **nicht dringlich** war.[117]

50 Untauglich ist die Flucht in die Säumnis bei verspäteten Zulässigkeitsrügen (Abs. 3), da es dabei auf eine Verzögerung des Rechtsstreits nicht ankommt.[118]

51 Hinsichtlich der weiteren Einzelheiten kann auf die allgemeine Kommentarliteratur verwiesen werden.

§ 296a Vorbringen nach Schluss der mündlichen Verhandlung

¹Nach Schluss der mündlichen Verhandlung, auf die das Urteil ergeht, können Angriffs- und Verteidigungsmittel nicht mehr vorgebracht werden. ² § 139 Abs. 5, §§ 156, 283 bleiben unberührt.

A. Allgemeines

1 § 296a sichert, dass bei der Urteilsfindung nur berücksichtigt wird, worüber dem Gegner **rechtliches Gehör** (Art. 103 Abs. 1 GG) gewährt worden war.[1] Deshalb verbietet Satz 1 das Vorbringen von **Angriffs- und Verteidigungsmitteln** nach Schluss der mündlichen Verhandlung und deren Berücksichtigung (nicht aber deren Kenntnisnahme durch das Gericht). Auf Grund der Verweisung in Satz 2 gelten Ausnahmen für **nachgelassene Schriftsätze (§§ 139 Abs. 5, 283)** und die Wiedereröffnung der Verhandlung. Für nicht nachgelassene Schriftsätze folgt aus § 296a, dass sie für die Urteilsfindung unbeachtlich sind, falls sie nicht Anlass zur Wiedereröffnung (§ 156) geben.[2] Daneben dient § 296a, **verfassungsrechtlich unbedenklich,** der Verfahrensbeschleunigung.[3]

2 Die Vorschrift ist auch im **marken- und patentrechtlichen** Beschwerdeverfahren anwendbar.[4] Zu den Einlassungsfristen im marken- und patentrechtlichen (Beschwerde-)Verfahren → § 274 Rn. 14.

---

[112] BGH BeckRS 2014, 15566; NJW-RR 2013, 655.
[113] BeckOK ZPO/*Bacher* § 296 Rn. 35.
[114] BGH NJW 2002, 290 (291).
[115] BGH NJW 1981, 286; Zöller/*Greger* ZPO § 296 Rn. 40.
[116] OLG Hamburg NJW-RR 2012, 634 (636).
[117] OLG Celle OLGR 2009, 217; OLG Hamm GRUR 2007, 173 (174); OLG Frankfurt a. M. WRP 1995, 502.
[118] OLG München NJW-RR 1995, 127; Zöller/*Greger* ZPO § 296 Rn. 40.
[1] Musielak/Voit/*Huber* ZPO § 296a Rn. 1.
[2] BGH BeckRS 2014, 05629; MüKoZPO/*Prütting* ZPO § 283 Rn. 2; Musielak/Voit/*Foerste* ZPO § 283 Rn. 2.
[3] BVerfG NJW 1985, 3005.
[4] BPatG BeckRS 2013, 05071; GRUR 2001, 166 (167); Busse/*Schuster* PatG § 99 Rn. 9.

B. Anwendungsbereich

I. Verfahren mit mündlicher Verhandlung

Die Vorschrift ist in allen Verfahren mit **obligatorischer mündlicher Verhandlung** anwendbar, 3 aber auch im schriftlichen Verfahren, bei denen ein dem Schluss der mündlichen Verhandlung (§ 136 Abs. 4) entsprechender Zeitpunkt bestimmt wird (§ 128 Abs. 2 S. 2).[5] Auch wenn eine Entscheidung nach Lage der Akten erfolgt (§ 251a Abs. 2 S. 4), greift § 296a ein.[6] Wenn die Entscheidung **ohne mündliche Verhandlung** ergehen kann, mithin Beschlüsse, dürfen Angriffs- und Verteidigungsmittel im Rahmen der Präklusionsvorschriften dagegen bis zum Erlass der gerichtlichen Entscheidung vorgebracht werden.[7]

II. Neues tatsächliches Vorbringen

Satz 1 **verbietet das Vorbringen** von Angriffs- und Verteidigungsmitteln nach Schluss der mündlichen Verhandlung. Die Vorschrift erfasst damit **neues tatsächliches Vorbringen** nach Schluss der mündlichen Verhandlung bzw. den ihr gleichstehenden Zeitpunkten.[8] Die mündliche Verhandlung ist geschlossen, wenn das Gericht zu erkennen gibt, dass es keine weiteren mündlichen Erörterungen für erforderlich hält; idR indem Termin zur Verkündung einer Entscheidung bestimmt wird.[9]

Wird nur bereits bekanntes Vorbringen wiederholt, bedarf es keines Rückgriffs auf § 296a. Be- 5 schränkt sich das Vorbringen auf **neue Rechtsausführungen**, greift § 296a ebenfalls nicht ein,[10] da Rechtsausführungen ohnehin keiner Präklusion unterliegen können (iura novit curia). Will sich aber das Gericht diese erst damit vorgebrachte Rechtsauffassung zu Eigen machen, ist **wiederzueröffnen, § 139 Abs. 2 und 5**.[11]

Der Angriff selbst ist kein Angriffsmittel, weshalb **neue Sachanträge** (Klage oder Widerklage) von 6 § 296a **nicht erfasst** werden.[12] Wird nicht wiedereröffnet, sind neue Sachanträge aber nicht zu ignorieren, sondern formlos zu übersenden (→ Rn. 9) und nach **§§ 256 Abs. 2, 261 Abs. 2, 297 zurückzuweisen**, weil sie nur bis zum Schluss der mündlichen Verhandlung zulässig sind.[13] Dies erfolgt in den Entscheidungsgründen des (nicht auf diesen nachgeschobenen Anträgen beruhenden) Urteils. Ihre sachliche Berücksichtigung kann nur im Falle der Wiedereröffnung erfolgen[14] (→ § 283 Rn. 21; → § 156 Rn. 12). Eine nach Schluss der mündlichen Verhandlung eingereichte **Klageerweiterung** wird ohne Wiedereröffnung daher **nicht rechtshängig**,[15] sie erhöht auch den Streitwert nicht.[16]

Auch **Verteidigungsanträge** werden nicht von § 296a erfasst. Eine nach Schluss der mündlichen 7 Verhandlung erhobene (oder erweiterte) **Widerklage** ist jedoch ebenfalls wegen **§§ 256 Abs. 2, 261 Abs. 2, 297** nur formlos zu übersenden und als unzulässig zurückzuweisen,[17] auch wenn sie in einem nachgelassenen Schriftsatz enthalten ist (→ § 283 Rn. 19).[18] Auch sie wird ohne Wiedereröffnung nicht rechtshängig.[19] Da ein **Anerkenntnis** kein Verteidigungsmittel ist, sondern eine Unterwerfung, ist sie dagegen auch nach Schluss der mündlichen Verhandlung möglich ist, § 307 S. 2.[20]

---

[5] Musielak/Voit/*Huber* ZPO § 296a Rn. 2; BeckOK ZPO/*Bacher* § 296a Rn. 3; MüKoZPO/*Prütting* ZPO § 296a Rn. 3.
[6] Musielak/Voit/*Huber* ZPO § 296a Rn. 2.
[7] Vgl. BGH NJW-RR 2012, 1533 (1534); offengelassen BGH BeckRS 2011, 21381; BeckOK ZPO/*Bacher* § 296a Rn. 4; aA Musielak/Voit/*Huber* ZPO § 296a Rn. 2; differenzierend danach, ob eine mündliche Verhandlung stattgefunden hat: MüKoZPO/*Prütting* ZPO § 296a Rn. 3.
[8] Musielak/Voit/*Huber* ZPO § 296a Rn. 3.
[9] BeckOK ZPO/*Bacher* § 296a Rn. 5; MüKoZPO/*Prütting* ZPO § 296a Rn. 3.
[10] Musielak/Voit/*Huber* ZPO § 296a Rn. 4; Zöller/*Greger* ZPO § 296a Rn. 2; BeckOK ZPO/*Bacher* § 296a Rn. 10; MüKoZPO/*Prütting* ZPO § 296a Rn. 8.
[11] Zöller/*Greger* ZPO § 296a Rn. 2; Musielak/Voit/*Foerste* ZPO § 283 Rn. 3; BeckOK ZPO/*Bacher* § 296a Rn. 10; MüKoZPO/*Prütting* ZPO § 296a Rn. 8; vgl. so im Ergebnis auch BGH NJW-RR 2011, 1009.
[12] BGH NJW-RR 2009, 853 (854); NJW 2000, 2512 (2513); NJW-RR 1992, 1085; Zöller/*Greger* ZPO § 296a Rn. 2a; MüKoZPO/*Prütting* ZPO § 296a Rn. 7.
[13] BGH NJW-RR 2009, 853 (854); 1992, 1085; OLG Schleswig BeckRS 2013, 06555; Musielak/Voit/*Huber* ZPO § 296a Rn. 3.
[14] OLG Schleswig NJOZ 2013, 1942 (1943).
[15] BGH NJW-RR 1997, 1486; OLG Düsseldorf NJOZ 2001, 639 (640); OLG Hamburg BeckRS 1994, 10914 = MDR 1995, 526.
[16] OLG Düsseldorf NJOZ 2001, 639 (641).
[17] BGH NJW 2000, 2512 (2513); NJW-RR 1992, 1085; OLG Düsseldorf NJOZ 2001, 639 (640); aA LG Mannheim BeckRS 2010, 10683.
[18] BPatG BeckRS 2013, 05071; BGH NJW-RR 2009, 853 (854); NJW 1993, 134; 1992, 1446 (1448); OLG Hamburg BeckRS 1994, 10914 = MDR 1995, 526.
[19] BGH NJW-RR 1997, 1486; OLG Düsseldorf NJOZ 2001, 639 (640); OLG Hamburg BeckRS 1994, 10914 = MDR 1995, 526.
[20] Vgl. Musielak/Voit/*Huber* ZPO § 296a Rn. 3.

8 Möglich ist dagegen eine **Klagrücknahme** auch noch nach Schluss der mündlichen Verhandlung; sie bedarf dann aber gemäß § 269 Abs. 1 ZPO der Zustimmung des Beklagten.[21] Im einstweiligen Verfügungsverfahren ist dementsprechend auch die **Rücknahme des Widerspruchs** noch nach Schluss der mündlichen Verhandlung möglich; einer Zustimmung des Antragstellers bedarf es dafür nicht.

C. Behandlung verspäteten Vorbringens

9 Ein verspäteter Schriftsatz ist nach § 270 stets **formlos zu übermitteln,** auch für den Fall, dass er (verspätete) Anträge enthält;[22] ein Zugang vor dem Verkündungstermin ist nicht erforderlich. Verspätetes Vorbringen darf bei der Urteilsfindung nicht berücksichtigt werden.[23] Allerdings hat das Gericht das Vorbringen **gleichwohl zur Kenntnis** zu nehmen. Denn zum einen sind darin enthaltene Rechtsausführungen beachtlich, weil keiner Präklusion zugänglich, zum anderen muss das Gericht stets selbständig prüfen, ob der verspätete Vortrag **Anlass zur Wiedereröffnung (§ 156)** bietet, § 296a S. 2.[24] Dies gilt auch dann, wenn ein Urteil bereits abgefasst, aber noch nicht verkündet ist.[25] Auf das Vorliegen von grober Nachlässigkeit kommt es im Rahmen der §§ 296a, 156 Abs. 1 ZPO nicht an.[26]

10 In Betracht kommt eine Wiedereröffnung aus Gründen der Prozessökonomie regelmäßig bei Nachschieben **weiterer Verletzungsfälle,** nicht aber bei dessen Auswechslung oder bei Nachschieben eines vermeintlich anspruchsbegründenden **weiteren Schutzrechts.** Mit Satz 2 wird klargestellt, dass die Präklusion **nicht für Vorbringen** in einem nachgelassenen Schriftsatz gemäß **§ 283** oder auf nachgelassenes Vorbringen nach gerichtlichem Hinweis **nach § 139 Abs. 5** gilt und auch nicht für die Fälle der Wiedereröffnung (§ 156).

11 Enthält der Vortrag nach § 139 Abs. 5 (veranlassten) **neuen Tatsachenvortrag,** ist wieder zu eröffnen, da dem Gegner hierzu seinerseits rechtliches Gehör zu gewähren ist.[27] Die Vereinbarung eines **Widerrufsrechts** in einem Vergleich (und dessen Ausübung) berechtigt nicht zu ergänzendem Vortrag.[28]

12 Verspätetes und deswegen unberücksichtigt gebliebenes Vorbringen ist im **Tatbestand nicht zu erwähnen,** sondern nur der Hinweis auf den Grund der Nichtberücksichtigung.[29] Bei Vorbringen, welches in erster Instanz nach § 296a ZPO unberücksichtigt bleibt, kommt eine Anwendung des § 531 Abs. 1 ZPO von vornherein nicht in Betracht. Dies ergibt sich daraus, dass ein Vorbringen nach Schluss der mündlichen Verhandlung gemäß § 296a S. 1 ZPO als in erster Instanz nicht vorgebracht gilt. Stützt die Partei ihr zweitinstanzliches Vorbringen weiterhin hierauf, so handelt es sich um neues Vorbringen, das anhand von § 531 Abs. 2 ZPO zu beurteilen ist (→ § 531 Rn. 10).[30] Wird entgegen § 296a verspätetes Vorbringen in erster Instanz berücksichtigt, begründet dies – anders als iRd § 296 – wegen der Verletzung rechtlichen Gehörs des Gegners einen wesentlichen **Verfahrensmangel** iSd § 538 Abs. 2 Nr. 1 und kann mit der Berufung angegriffen werden.[31]

§ 297 Form der Antragstellung

(1) ¹Die Anträge sind aus den vorbereitenden Schriftsätzen zu verlesen. ²Soweit sie darin nicht enthalten sind, müssen sie aus einer dem Protokoll als Anlage beizufügenden Schrift verlesen werden. ³Der Vorsitzende kann auch gestatten, dass die Anträge zu Protokoll erklärt werden.

(2) **Die Verlesung kann dadurch ersetzt werden, dass die Parteien auf die Schriftsätze Bezug nehmen, die die Anträge enthalten.**

A. Allgemeines

1 Die Vorschrift dient gerade der im Prozess des gewerblichen Rechtsschutzes bedeutsamen verlässlichen **Bestimmung des Streitgegenstandes.**[1] Auch für die Sachentscheidungsbefugnis nach § 308

---

[21] BeckOK ZPO/*Bacher* § 296a Rn. 12.
[22] OLG Schleswig BeckRS 2013, 06555; OLG Hamburg BeckRS 1994, 10914 = MDR 1995, 526; Zöller/*Greger* ZPO § 296a Rn. 2a.
[23] BGH BeckRS 2014, 05629.
[24] BGH NJW 2002, 1426 (1427); OLG Düsseldorf BeckRS 2013, 11915; LG Mannheim BeckRS 2010, 10683; Musielak/Voit/*Huber* ZPO § 296a Rn. 4; Zöller/*Greger* ZPO § 296a Rn. 3; MüKoZPO/*Prütting* ZPO § 296a Rn. 6.
[25] BGH NJW 2002, 1426 (1427).
[26] OLG Koblenz NJOZ 2019, 853 Rn. 188.
[27] Zöller/*Greger* ZPO § 296a Rn. 4.
[28] OLG Hamm BeckRS 2004, 11592; BeckOK ZPO/*Bacher* § 296a Rn. 7.1.
[29] Musielak/Voit/*Huber* ZPO § 296a Rn. 5.
[30] BGH BeckRS 2020, 25901 Rn. 7.
[31] Musielak/Voit/*Huber* ZPO § 296a Rn. 5; MüKoZPO/*Prütting* ZPO § 296a Rn. 10.
[1] MüKoZPO/*Prütting* ZPO § 297 Rn. 1.

Abs. 1 sind die tatsächlich gestellten Anträge maßgeblich.[2] § 297 stellt dazu förmliche Voraussetzungen auf, die bei der Antragstellung zu beachten sind. Erkennbar geht die Vorschrift von der Erforderlichkeit einer Antragstellung im Prozess aus, so dass eine Entscheidung des Gerichts ohne gestellte Parteianträge nicht ergehen darf.

Die Vorschrift ist auch im **marken- und patentrechtlichen** Verfahren vor dem BPatG anwendbar.[3]

B. Anwendungsbereich

Die Vorschrift erfasst **Sachanträge**, also Anträge, die Inhalt, Gegenstand und Wirkung der erbetenen Entscheidung betreffen (→ § 270 Rn. 9).[4] Hierzu gehören: **Klageantrag** des Klägers, einschließlich von **Klageänderung** und **Klageerweiterung**, auch die **Klagerücknahme**, wenn sie in der mündlichen Verhandlung erfolgt (§ 269 Abs. 2 S. 2 Alt. 1), **Widerklageantrag, Erledigungserklärung** (da Klageänderung im weiteren Sinn)[5], Anträge des Rechtsmittelklägers[6] und Erweiterung der Anschlussberufung, Anträge zur **vorläufigen Vollstreckbarkeit** (§ 714)[7], Anträge auf Erlass eines Arrestes oder einer **einstweiligen Verfügung** bei mündlicher Verhandlung.[8]

Anders als iRd § 270 sind in der mündlichen Verhandlung nach § 297 auch der **Abweisungsantrag** des Beklagten oder der Antrag auf Verwerfung eines Rechtsmittels – obwohl nicht als Sachanträge anzusehen (str.).[9] – **zu protokollieren**, allein schon um Zweifelsfragen des Verhandelns (§ 333) zu vermeiden,[10] wobei sich ein Verhandeln auch aus den Umständen ergeben kann[11]. Letztlich wird sich deren Protokollierungspflicht aus § 160 Abs. 2 ergeben.[12] Einzig im Falle der mit unbehebbaren Mängeln behaftete Klage oder eines Rechtsmittels oder bei fehlender Schlüssigkeit der Klage bedarf es keines protokollierten Abweisungsantrages.[13] Der Abweisungsantrag sollte gerade auch im Falle des **Klagverzichts** (§ 306) protokolliert werden, da sonst nach Lage der Akten entschieden werden kann (§ 251a) oder das Ruhen des Verfahrens (§ 251) anzuordnen wäre.[14]

Nicht erfasst werden von der Vorschrift **Prozessanträge**, da sie nur das zu beobachtende Verfahren betreffen. Sie bedürfen weder einer förmlichen Zustellung[15] noch einer Protokollierung, die aber häufig gleichwohl ratsam ist (→ § 160 Rn. 12). Prozessanträge in diesem Sinne sind alle sonstigen Anträge und Erklärungen, die den Verfahrensablauf betreffen wie zB Anträge auf **Verbindung, Trennung, Aussetzung** und **Ruhen des Verfahrens**, auf Terminsanberaumung oder Vertagung, sowie auf **Verweisung**, ferner alle Beweisanträge, einschließlich des Verlesens einer Urkunde.[16]

C. Verfahren

1. Mündliche Verhandlung. In der mündlichen Verhandlung erfolgt die Stellung der Sachanträge gemäß Abs. 1 S. 1 grundsätzlich durch Verlesung aus den vorbereitenden Schriftsätzen (§ 130 Nr. 2), gegebenenfalls auch aus einer dem Protokoll als Anlage (§ 160 Abs. 5) hinzugefügten Schrift (Abs. 1 S. 2). Der Vorsitzende kann gestatten, dass die Anträge zu Protokoll erklärt werden (Abs. 1 S. 3), was im gewerblichen Rechtsschutz gerade bei der Formulierung von Unterlassungsbegehren richterliche Hilfestellung im Rahmen des § 139 ermöglicht. Die Verlesung kann gemäß Abs. 2 dadurch ersetzt werden, dass die Parteien auf nach Datum und Blattzahl der Gerichtsakte bezeichnete Schriftsätze Bezug nehmen, die die Anträge enthalten.[17] Einer Gestattung durch das Gericht bedarf es hierfür nicht.[18] Die Bezugnahme muss eindeutig sein, also ausdrücklich einen konkreten schriftlichen Antrag betreffen;[19] Nimmt eine Partei ausdrücklich auf die Klageschrift Bezug, sind sämtliche darin angekündigten Anträge gemäß § 297 Abs. 2 gestellt. Etwas anderes gilt nur dann, wenn sich aus dem Protokoll

---

[2] MüKoZPO/*Prütting* ZPO § 297 Rn. 1; Zöller/*Greger* ZPO § 297 Rn. 1.
[3] Vgl. Busse/*Schuster* PatG § 99 Rn. 9.
[4] Musielak/Voit/*Huber* ZPO § 297 Rn. 1; Zöller/*Greger* ZPO § 297 Rn. 1; MüKoZPO/*Prütting* ZPO § 297 Rn. 2.
[5] Zöller/*Greger* ZPO § 297 Rn. 1.
[6] BGH BeckRS 2013, 14150.
[7] BGH GRUR 2018, 1295 Rn. 4 – Werkzeuggriff; BGH BeckRS 2013, 14150.
[8] Musielak/Voit/*Huber* ZPO § 297 Rn. 1.
[9] BGH NJW 1970, 99 (100); Zöller/*Greger* ZPO § 297 Rn. 2; Musielak/Voit/*Foerste* ZPO § 270 Rn. 2; aA MüKoZPO/*Becker-Eberhard* ZPO § 270 Rn. 6; MüKoZPO/*Prütting* ZPO § 297 Rn. 6.
[10] Zöller/*Greger* ZPO § 297 Rn. 2; MüKoZPO/*Prütting* ZPO § 297 Rn. 6.
[11] OLG Saarbrücken BeckRS 2001, 17693.
[12] Ebenso Musielak/Voit/*Stadler* ZPO § 160 Rn. 6.
[13] Musielak/Voit/*Huber* ZPO § 297 Rn. 1.
[14] Zöller/*Greger* ZPO § 251a Rn. 1; differenzierend Musielak/Voit/*Musielak* ZPO § 306 Rn. 4.
[15] Musielak/Voit/*Foerste* ZPO § 270 Rn. 2.
[16] MüKoZPO/*Becker-Eberhard* ZPO § 270 Rn. 5; Zöller/*Greger* ZPO § 270 Rn. 3; Musielak/Voit/*Foerste* ZPO § 297 Rn. 2.
[17] BGH GRUR 2007, 631.
[18] BGH NJW 2019, 1950 Rn. 13.
[19] Musielak/Voit/*Huber* ZPO § 297 Rn. 3; Zöller/*Greger* ZPO § 297 Rn. 5.

unmissverständlich ergibt, dass die Partei nur auf einen Teil der angekündigten Anträge Bezug genommen hat.[20] Eine Bezugnahme auf einen **in einem anderen Verfahren** eingereichten Schriftsatz ist keine zulässige Form der Antragstellung, auch nicht, wenn es beim selben Gericht anhängig ist oder beispielsweise ein vorangegangenes Verfahren der einstweiligen Verfügung betrifft. Denn eine solche Möglichkeit sieht die ZPO nicht vor. Andere Akten können auch andere Schicksale nehmen und zu anderen Zeitpunkten vernichtet werden. Lässt sich der Gegner aber darauf ein und beantragt beispielsweise Klagabweisung, ohne die Form der Antragstellung zu rügen, komm eine Heilung des Verfahrensfehlers nach § 295 ZPO in Betracht, sofern der Gegner bis zum Schluss der nächsten mündlichen Verhandlung keine Rüge erhebt (→ Rn. 8).

7   Die Antragstellung selbst ist in das **Protokoll** aufzunehmen, dh sowohl die Tatsache, dass (und welche) Anträge gestellt wurden, einschließlich der Art ihrer Stellung (§§ 160 Abs. 3 Nr. 2, 162 Abs. 1).[21] Dies ist Voraussetzung, dass dem Gericht die endgültige Sachentscheidungsbefugnis zusteht[22] und auch in welchem Umfang (Streitgegenstand). Nicht Teil des Antrages, sondern nur der Antragsbegründung ist der Fall, wenn sich der Kläger auf verschiedene Schutzrechte stützt, die er **nach der Aufgabe der** Zulassung einer **alternativen Klagehäufung**[23] durch den BGH **in eine Reihenfolge** zu bringen hat. Fehlt es an einer solchen Bestimmung der Reihenfolge in den Schriftsätzen, ist darauf hinzuweisen (§ 139 Abs. 1) und die (angeregte) Bestimmung durch den Kläger zu protokollieren, da anderenfalls die Klage als unzulässig abzuweisen wäre.

8   Eine **fehlende Antragstellung** ist nicht heilbar,[24] nur nachholbar. Sind die Formalien des § 297 nicht eingehalten, wie die unterbliebene Verlesung oder Protokollierung eines tatsächlich gestellten Antrages, so ist dies dagegen heilbar.[25] Die Beweiskraft des Tatbestandes nach § 314 S. 1 erstreckt sich auch auf die Stellung der Anträge, was aber bei (unzweideutigen) Widersprüchen durch die Feststellungen im Protokoll entkräftet werden kann, § 314 S. 1.[26]

9   Einmal gestellte Anträge müssen in späteren Terminen **nicht wiederholt** werden (Einheitlichkeit der mündlichen Verhandlung).[27] In der Antragstellung liegt regelmäßig ein Verzicht auf Verfahrensrügen (→ § 295 Rn. 8).[28] Nach dem Stellen der Anträge ist eine Flucht in die Säumnis ausgeschlossen.

10   Nach **Schluss der mündlichen Verhandlung** eingereichte Anträge können nur im Falle der Wiedereröffnung der mündlichen Verhandlung (§ 156) wirksam gestellt werden (→ § 296a Rn. 6).[29]

11   **2. Schriftliches Verfahren.** Im **schriftlichen Verfahren** nach § 128 Abs. 2 genügt die Antragstellung im Schriftsatz;[30] entsprechendes gilt bei freigestellter und nicht durchgeführter mündlicher Verhandlung.[31] Wird im Berufungsverfahren ein Hinweises auf die beabsichtigte Berufungszurückweisung durch Beschluss nach § 522 Abs. 2 ZPO erteilt, müssen sich die Parteien darauf einstellen, dass sie voraussichtlich keine Gelegenheit haben würden, etwaige weitere Anträge (zB Vollstreckungsschutzanträge) in einer mündlichen Verhandlung zu stellen und haben diese schriftsätzlich zu stellen.[32]

§ 298 Aktenausdruck

(1) ¹**Werden die Akten in Papierform geführt, ist von einem elektronischen Dokument ein Ausdruck für die Akten zu fertigen.** ²**Kann dies bei Anlagen zu vorbereitenden Schriftsätzen nicht oder nur mit unverhältnismäßigem Aufwand erfolgen, so kann ein Ausdruck unterbleiben.** ³**Die Daten sind in diesem Fall dauerhaft zu speichern; der Speicherort ist aktenkundig zu machen.**

(2) **Wird das elektronische Dokument auf einem sicheren Übermittlungsweg eingereicht, so ist dies aktenkundig zu machen.**

(3) **Ist das elektronische Dokument mit einer qualifizierten elektronischen Signatur versehen und nicht auf einem sicheren Übermittlungsweg eingereicht, muss der Ausdruck einen Vermerk darüber enthalten,**

1. welches Ergebnis die Integritätsprüfung des Dokumentes ausweist,

---

[20] BGH NJW 2019, 1950 Rn. 14.
[21] Zöller/*Greger* ZPO § 297 Rn. 7.
[22] Zöller/*Greger* ZPO § 297 Rn. 7.
[23] BGH GRUR 2011, 521 (522) – TÜV I.
[24] Musielak/Voit/*Huber* ZPO § 297 Rn. 4.
[25] Musielak/Voit/Huber ZPO § 297 Rn. 4; Zöller/*Greger* ZPO § 297 Rn. 7; MüKoZPO/*Prütting* ZPO § 297 Rn. 16.
[26] BGH BeckRS 2013, 13523.
[27] Zöller/*Greger* ZPO § 297 Rn. 8; MüKoZPO/*Prütting* ZPO § 297 Rn. 8.
[28] Zöller/*Greger* ZPO § 297 Rn. 8.
[29] OLG Schleswig BeckRS 2013, 06555; OLG München BeckRS 2009, 00371.
[30] BGH BeckRS 2013, 14150; NJW 2012, 1292 (1293).
[31] Musielak/Voit/*Huber* ZPO § 297 Rn. 3; MüKoZPO/*Prütting* ZPO § 297 Rn. 13.
[32] BGH BeckRS 2013, 14150; NJW 2012, 1292 (1293).

2. wen die Signaturprüfung als Inhaber der Signatur ausweist,
3. welchen Zeitpunkt die Signaturprüfung für die Anbringung der Signatur ausweist.

(4) **Ein eingereichtes elektronisches Dokument kann nach Ablauf von sechs Monaten gelöscht werden.**

A. Anwendungsbereich

§ 298 ist neu gefasst worden mit Wirkung vom 1.1.2018 durch Gesetz vom 10.10.2013 (BGBl. I **1** S. 3786). Die Vorschrift regelt den **justizinternen Medientransfer** eines elektronischen Dokuments iSd §§ 130a, 130b in die Papierform als Ausdruck für die Akten.[1] Dagegen regelt § 298a den umgekehrten Medientransfer von der Papierform in ein elektronisches Dokument.[2] Die Vorschrift erfasst sowohl elektronische Dokumente, die von den Parteien oder sonstigen Verfahrensbeteiligten eingereicht wurden (§ 130a ZPO) als auch elektronische Dokumente, die von Bediensteten des Gerichts erstellt worden sind (§ 130b ZPO).[3]

Die Vorschrift hat für das marken- oder patentrechtliche (Beschwerde-)Verfahren keine Bedeutung. **2**

B. Aktenausdruck

Abs. 1 betrifft die – im Grunde selbstverständliche – **Zulässigkeit eines Aktenausdrucks**. So kann **3** die Papierakte jederzeit vollständig bleiben, gerade auch für die nächste Instanz[4], weshalb von der Regelung stets Gebrauch gemacht werden sollte, sofern die Akte nicht elektronisch geführt wird nach § 298a.[5] Der Ausdruck dient zudem der Zustellung an Prozessbeteiligte, die nicht über einen elektronischen Zugang verfügen oder wenn die Akte nicht nach § 298a elektronisch geführt wird, um die Kenntnisnahme der Parteien zu ermöglichen.[6] Eine Ausnahme gilt nach Satz 2 für umfangreiche Anlagen zu vorbereitenden Schriftsätzen, bei denen ein Ausdruck unterbleiben kann. Die Daten sind in diesem Fall dauerhaft zu speichern; der Speicherort ist aktenkundig zu machen. Für das als elektronisches Dokument bestehende Urteil folgt die Zulässigkeit des Medientransfer auch aus § 317 Abs. 3.[7]

Wird das elektronische Dokument auf einem sicheren Übertragungsweg eingereicht, ist das nach **4** Abs. 2 in der Papierakte zu dokumentieren.[8] Dagegen enthält Abs. 3 Formerfordernisse für den Medientransfer aus dem elektronischen Dokument in den physischen Aktenausdruck. Der hergestellte Ausdruck muss einen obligatorischen Transfervermerk mit Dokumentation der dreifachen Sorgfaltsprüfung enthalten,[9] nämlich der Integritätsprüfung (Nr. 1) anhand der qualifizierten Signatur, der Signaturprüfung (Nr. 2) als Feststellung des Inhabers des Signaturschlüssels und dem Ausweis des Zeitpunkts der Signaturprüfung (Nr. 3). Die Herstellung des Transfervermerks erfolgt aus wirtschaftlichen Gründen automatisiert, weshalb das Gesetz keine handschriftliche Unterzeichnung verlangt.[10] Eine Person, die den Ausdruck herstellt, gibt es nicht mehr.[11] Nach Abs. 4 besteht die Pflicht zur Speicherung des elektronischen Originals jetzt die verkürzte Dauer von sechs Monaten nach Übertragung, anschließend können eingereichte elektronische Dokumente gelöscht werden.

Die Rechtsfolgen eines **mangelhaften Transfervermerks** sind nicht geregelt, dürften sich aber (so **5** auch die Intention des Gesetzgebers[12]) an der Rechtsprechung zu § 317 orientieren nach den Folgen einer eines mangelhaften Ausfertigungsvermerks oder einer unrichtigen Ausfertigung.[13]

C. Speicherung

Das elektronische Dokument ist zur Beweissicherung mindestens bis zum rechtskräftigen Abschluss **6** des Verfahrens **zu speichern** (zur Aufbewahrung des physischen Dokuments → § 298a Rn. 8).

---

[1] BT-Drs. 15/4067, 32.
[2] Musielak/Voit/*Huber* ZPO § 298 Rn. 1.
[3] BeckOK ZPO/Bacher § 298 Rn. 5.
[4] OLG Düsseldorf BeckRS 2013, 10978; OLG Köln FGPrax 2010, 56 (58).
[5] BeckOK ZPO/Bacher § 298 Rn. 3.
[6] Zöller/*Greger* ZPO § 298 Rn. 1; Musielak/*Huber* ZPO § 298 Rn. 2.
[7] Musielak/Voit/*Huber* ZPO § 298 Rn. 2.
[8] Musielak/Voit/*Huber* ZPO § 298 Rn. 3.
[9] Musielak/Voit/*Huber* ZPO § 298 Rn. 3.
[10] Musielak/Voit/*Huber* ZPO § 298 Rn. 4; BT-Drs. 15/4067, 32.
[11] BT-Drs. 15/4067, 32.
[12] BT-Drs. 15/4067, 32.
[13] Musielak/Voit/*Huber* ZPO § 298 Rn. 4.

§ 298a Elektronische Akte; Verordnungsermächtigung

(1) ¹Die Prozessakten können elektronisch geführt werden. ²Die Bundesregierung und die Landesregierungen bestimmen für ihren Bereich durch Rechtsverordnung den Zeitpunkt, von dem an elektronische Akten geführt werden sowie die hierfür geltenden organisatorisch-technischen Rahmenbedingungen für die Bildung, Führung und Aufbewahrung der elektronischen Akten. ³Die Landesregierungen können die Ermächtigung durch Rechtsverordnung auf die Landesjustizverwaltungen übertragen. ⁴Die Zulassung der elektronischen Akte kann auf einzelne Gerichte oder Verfahren beschränkt werden; wird von dieser Möglichkeit Gebrauch gemacht, kann in der Rechtsverordnung bestimmt werden, dass durch Verwaltungsvorschrift, die öffentlich bekanntzumachen ist, geregelt wird, in welchen Verfahren die Akten elektronisch zu führen sind.

(1a) ¹Die Prozessakten werden ab dem 1. Januar 2026 elektronisch geführt. ²Die Bundesregierung und die Landesregierungen bestimmen jeweils für ihren Bereich durch Rechtsverordnung die organisatorischen und dem Stand der Technik entsprechenden technischen Rahmenbedingungen für die Bildung, Führung und Aufbewahrung der elektronischen Akten einschließlich der einzuhaltenden Anforderungen der Barrierefreiheit. ³Die Bundesregierung und die Landesregierungen können jeweils für ihren Bereich durch Rechtsverordnung bestimmen, dass Akten, die in Papierform angelegt wurden, in Papierform weitergeführt werden. ⁴Die Landesregierungen können die Ermächtigungen nach den Sätzen 2 und 3 durch Rechtsverordnung auf die für die Zivilgerichtsbarkeit zuständigen obersten Landesbehörden übertragen. ⁵Die Rechtsverordnungen der Bundesregierung bedürfen nicht der Zustimmung des Bundesrates.

(2) ¹Werden die Prozessakten elektronisch geführt, sind in Papierform vorliegende Schriftstücke und sonstige Unterlagen nach dem Stand der Technik zur Ersetzung der Urschrift in ein elektronisches Dokument zu übertragen. ²Es ist sicherzustellen, dass das elektronische Dokument mit den vorliegenden Schriftstücken und sonstigen Unterlagen bildlich und inhaltlich übereinstimmt. ³Das elektronische Dokument ist mit einem Übertragungsnachweis zu versehen, der das bei der Übertragung angewandte Verfahren und die bildliche und inhaltliche Übereinstimmung dokumentiert. ⁴Wird ein von den verantwortenden Personen handschriftlich unterzeichnetes gerichtliches Schriftstück übertragen, ist der Übertragungsnachweis mit einer qualifizierten elektronischen Signatur des Urkundsbeamten der Geschäftsstelle zu versehen. ⁵Die in Papierform vorliegenden Schriftstücke und sonstigen Unterlagen können sechs Monate nach der Übertragung vernichtet werden, sofern sie nicht rückgabepflichtig sind.

A. Allgemeines

1   Die Vorschrift hat mit Wirkung seit 1.1.2018 eine Neufassung bekommen, ohne dass damit wesentliche Unterschiede verbunden wären. Hinsichtlich der Einzelheiten sei insoweit auf die allgemeine Kommentarliteratur verwiesen. Die Vorschrift schafft die **gesetzliche Grundlage** für die Führung einer elektronischen Prozessakte (sog. justizieller workflow, Abs. 1 und 1a). Abs. 2 regelt den sog. Medientransfer von Papier in elektronische Dokumente (umgekehrter Fall zu § 298) und die Aufbewahrungspflicht der Papierdokumente sowie den obligatorischen Transfervermerk (ehemals Abs. 3). Die Regelung enthält bewusst keine technischen Vorgaben, da diese nicht Teil der Verfahrensordnung sind. Der Gesetzgeber rechnet mit Investitionskosten für die Digitalisierung der Aktenführung im Zivil- und Strafprozess von insgesamt rund 320 Mio. EUR.[1]

2   Die Vorschrift erfasst die Führung der elektronischen Akte und den dafür erforderlichen Medientransfer **in einem laufenden Verfahren**.[2] Für die elektronische Archivierung abgeschlossener Verfahren gilt § 299a (→ § 299a Rn. 1).

3   Nach § 125a Abs. 1 PatG, § 95a MarkenG, § 21 Abs. 1 GebrMG, § 25 Abs. 1 DesignG ist das elektronische Verfahren vor dem **DPMA** beschränkt auf Anmeldungen, Anträge oder sonstige Handlungen vorgesehen; das übrige Verfahren ist nicht elektronisch gestaltet.[3] § 298a ist aber nach § 2 der Verordnung über die elektronische Aktenführung im Verfahren vor dem **DPMA** insgesamt **entsprechend anwendbar**.[4] Gemäß § 125a Abs. 2 S. 2 PatG, § 95a Abs. 2 S. 2 MarkenG, § 21 Abs. 1 GebrMG, § 25 Abs. 2 S. 2 DesignG ist die Vorschrift ferner auch im marken- und patentrechtlichen Beschwerde- und Berufungsverfahren vor dem **BPatG** und dem **BGH** entsprechend anwendbar.

---

[1] Vgl. Regierungsentwurf zum Entwurf eines Gesetzes zur Förderung der elektronischen Akte im Strafsachen und zur weiteren Förderung des elektronischen Rechtsverkehrs, BT-Drs. 18/9416, 38.
[2] Musielak/*Huber* ZPO § 298a Rn. 1.
[3] *Mes* PatG § 125a Rn. 4.
[4] VO vom 10.2.2010, BGBl. I S. 83; zu den Einzelheiten: *Ingerl/Rohnke* MarkenG § 95a Rn. 5 f.

B. Elektronische Aktenführung (Abs. 1 und 1a)

Es handelt sich um die Ermächtigungsnorm zur Einführung einer elektronischen Prozessakte, deren **4** Einzelheiten Rechtsverordnungen von Bund und Ländern regeln sollen.[5] Regelungen für den elektronischen Rechtsverkehr in Zivilsachen gibt es bislang am **DPMA, BPatG und BGH**.[6] Rechtsverordnungen der Länder existieren bislang nur in Hamburg[7], Hessen,[8] Sachsen-Anhalt[9] und Schleswig-Holstein[10], im Übrigen stehen sie noch aus.[11] Derzeit können, ab dem 1.1.2026 müssen die Prozessakten elektronisch geführt werden.[12]

C. Medientransfer und Aufbewahrungspflicht (Abs. 2)

Abs. 2 sieht vor, dass sämtliche eingereichten Schriftstücke in einem laufenden Verfahren in ein **5** elektronisches Dokument übertragen werden sollen (**Transferpflicht**). Diese Übertragung soll die Urschrift ersetzen. Abs. 2 S. 1 trägt damit dem Umstand Rechnung, dass auch nach einer Umstellung auf die elektronische Aktenführung noch für einen unabsehbaren Zeitraum mit Eingängen in Papierform gerechnet werden muss, die in die elektronische Akte integriert werden müssen.[13]

Für den Verletzungsprozess des **gewerblichen Rechtsschutzes** ist relevant, dass nicht nur Schrift- **6** stücke, sondern auch sonstige Unterlagen in elektronische Form übertragen werden sollen, mithin auch Pläne und Zeichnungen, Abbildungen und Fotografien von Verletzungsobjekten oder Screenshots von Homepages und Filmdateien. Nach Auffassung des Gesetzgebers kann von einem Medientransfer in ein elektronisches Dokument abgesehen werden, wenn die eingereichten Unterlagen von besonderem Umfang sind,[14] was dem Ziel der elektronischen Aktenführung aber zuwiderliefe. **Physische Verletzungsobjekte** sind allerdings keine Unterlagen iSd Abs. 2, so dass ihre elektronische Speicherung (etwa im Wege der Foto- oder Videoaufnahme durch das Gericht) unterbleibt.

Das Gesetz enthält **keine Zuständigkeitsregelung**; der Medientransfer wird daher von der Ge- **7** schäftsstelle in Eigenregie vorzunehmen sein.[15]

Nach Abs. 2 S. 2 sind die papierenen Unterlagen, sofern sie weiter benötigt werden, mindestens bis **8** zum rechtskräftigen Abschluss des Verfahrens **aufzubewahren**. Dies wird insbesondere in den Fällen anzunehmen sein, in denen die Qualität der elektronischen Datei nicht dem des Originals gleichwertig ist oder gerade das Papier selbst das Beweismittel darstellen soll, beispielsweise für die Echtheit einer Unterschrift. Hiervon sollte im Zweifelsfall großzügig Gebrauch gemacht werden, da die Echtheit einer Urkunde auch im späteren Prozessstadium noch eine Rolle spielen kann.[16]

D. Transfervermerk (Abs. 2 S. 3)

Abs. 2 S. 3 erfordert spiegelbildlich zum Transfervermerk nach § 298 einen Vermerk über die **9** Person, welche die Unterlagen von der Papierform in ein elektronisches Dokument übertragen hat, und den Zeitpunkt der Übertragung. Anders als im Rahmen des § 298 ist allerdings eine Dokumentation der dreifachen Sorgfaltsprüfung nicht gefordert (→ § 298 Rn. 14), da hier die Geschäftsstelle tätig wird.

§ 299 Akteneinsicht; Abschriften

(1) **Die Parteien können die Prozessakten einsehen und sich aus ihnen durch die Geschäftsstelle Ausfertigungen, Auszüge und Abschriften erteilen lassen.**

(2) **Dritten Personen kann der Vorstand des Gerichts ohne Einwilligung der Parteien die Einsicht der Akten nur gestatten, wenn ein rechtliches Interesse glaubhaft gemacht wird.**

(3) [1]**Werden die Prozessakten elektronisch geführt, gewährt die Geschäftsstelle Akteneinsicht durch Bereitstellung des Inhalts der Akten zum Abruf oder durch Übermittlung des Inhalts der Akten auf einem sicheren Übermittlungsweg.** [2]**Auf besonderen Antrag wird Akteneinsicht durch Einsichtnahme in die Akten in Diensträumen gewährt.** [3]**Ein Akten-**

---

[5] Musielak/*Huber* ZPO § 298a Rn. 2; BT-Drs. 15/4067, 32.
[6] VO vom 10.2.2010, BGBl. I S. 83.
[7] VO vom 1.8.2006, Hamburgisches GVBl. S. 455.
[8] VO vom 23.11.2007, Hessisches GVBl. S. 827.
[9] VO vom 2.9.2009, GVBl. S. 44.
[10] VO vom 19.8.2014, GVBl. S. 220.
[11] Nachweise bei Musielak/*Huber* ZPO § 298a Rn. 4.
[12] Vgl. Art. 11 des Gesetzes zur Einführung der elektronischen Akte in der Justiz, BGBl. 2017 I S. 2208.
[13] BT-Drs. 15/4067, 33.
[14] BT-Drs. 15/4067, 33.
[15] Musielak/*Huber* ZPO § 298a Rn. 6.
[16] Musielak/*Huber* ZPO § 298a Rn. 8.

ausdruck oder ein Datenträger mit dem Inhalt der Akte wird auf besonders zu begründenden Antrag nur übermittelt, wenn der Antragsteller hieran ein berechtigtes Interesse darlegt. ⁴Stehen der Akteneinsicht in der nach Satz 1 vorgesehenen Form wichtige Gründe entgegen, kann die Akteneinsicht in der nach den Sätzen 2 und 3 vorgesehenen Form auch ohne Antrag gewährt werden. ⁵Eine Entscheidung über einen Antrag nach Satz 3 ist nicht anfechtbar.

(4) **Die Entwürfe zu Urteilen, Beschlüssen und Verfügungen, die zu ihrer Vorbereitung gelieferten Arbeiten sowie die Dokumente, die Abstimmungen betreffen, werden weder vorgelegt noch abschriftlich mitgeteilt.**

Literatur: *Kühnen*, Die Besichtigung im Patentrecht – Eine Bestandsaufnahme zwei Jahre nach „Faxkarte", GRUR 2005, 185.

Übersicht

	Rn.
A. Allgemeines	1
B. Abgrenzung zu Sonderregelungen	5
I. Datenschutz- und Informationsfreiheitsgesetze	6
II. Patentverfahren (PatG)	7
III. Gebrauchsmusterverfahren	9
IV. Markenverfahren	10
V. Designverfahren	12
VI. Urheberschiedsverfahren	13
C. Einsichtsrecht der Parteien (Abs. 1)	14
I. Parteistellung	14
1. Klageverfahren	14
2. Einstweiliges Verfügungsverfahren	17
II. Voraussetzungen	19
III. Umfang	20
1. Gesamtheit der Prozessakten	20
2. Originalurkunden, Beweisstücke und beigezogene Akten	23
3. Geschäfts- oder Betriebsgeheimnisse	25
IV. Art der Einsichtnahme	29
V. Verfahren	33
D. Einsichtsrecht Dritter (Abs. 2)	36
I. Voraussetzungen	36
II. Verfahren	41

A. Allgemeines

1 **Akteneinsicht** ist jedes Auskunftsbegehren in Hinsicht auf den Akteninhalt, auch wenn nur eine Einzelinformation gewünscht ist.[1] § 299 regelt diesbezüglich das **Informationsrecht** der Parteien (Abs. 1) und Dritter (Abs. 2), soweit der Inhalt der Prozessakten betroffen ist. Das Akteneinsichtsrecht der Prozessparteien ist voraussetzungslos.[2] Es geht damit (zumindest auch) um die Möglichkeit des **rechtlichen Gehörs**.[3] Allerdings gibt es Sonderregelungen für Beweisurkunden (im Original) und Beweisstücke.

2 **Einsichtsgesuche Dritter** sind nur mit Einwilligung der Parteien zulässig oder, sofern diese widersprechen, wenn ein hinreichendes rechtliches Interesse besteht (Abs. 2). Die Akteneinsicht kann in diesen Fällen häufig auf einzelne Gegenstände begrenzt werden.

3 Auskünfte, die nicht darauf gerichtet sind, Einzelerkenntnisse aus einem anhängigen Verfahren zu gewinnen, sondern sich auf die Existenz eines Verfahrens beziehen (sog. **Verfahrensauskunft**), unterfallen nicht § 299.[4] Ebenfalls nicht als Akteneinsicht anzusehen ist die Bitte um Übermittlung einer anonymisierten Beschlussabschrift.[5] Sie ist formlos gegen Erstattung der Schreibauslagen möglich. Die **Veröffentlichung von Gerichtsentscheidungen** ist eine öffentliche Aufgabe der Gerichte, die nicht unter § 299 fällt.[6]

4 Abs. 3, der neu gefasst worden ist mit Wirkung vom 1.1.2018 durch Gesetz vom 5.7.2017 (BGBl. I S. 2208), regelt die Einzelheiten der Einsichtnahme in **elektronisch geführte Akten**. Nach Abs. 4 werden **vorbereitende gerichtsinterne Dokumente** von jeder Akteneinsicht ausgenommen, um die interne Meinungsbildung (Beratungsgeheimnis) des Gerichts nicht zu beeinträchtigen.

---

[1] *Ingerl/Rohnke* MarkenG § 62 Rn. 2.
[2] OLG Schleswig BeckRS 2009, 12558.
[3] Vgl. BVerfG NJW 1993, 229 (2230) betreffend dienstliche Äußerung bei Befangenheitsantrag.
[4] OLG Brandenburg BeckRS 2005, 06507.
[5] *Ingerl/Rohnke* MarkenG § 62 Rn. 2.
[6] BVerwG NJW 1997, 2694, mit entsprechenden Gleichbehandlungspflichten; OLG Bremen BeckRS 1987, 06868.

B. Abgrenzung zu Sonderregelungen

§ 299 regelt die Akteneinsicht in **Prozessakten abschließend und als lex specialis** zu anderen 5
Informationsgesetzen. Sie ist auch im **marken- und patentrechtlichen Verfahren** vor dem BPatG
grundsätzlich entsprechend anwendbar.[7] Allerdings enthalten sowohl **PatG, GebrMG, MarkenG** als
auch **DesignG** ausdifferenzierte Sonderregelungen, die insbesondere die Einsichtnahme in die geführten öffentlichen Register regeln.

I. Datenschutz- und Informationsfreiheitsgesetze

§ 299 verdrängt als Sonderregelung die allgemeinen Bestimmungen der **Bundes- oder Landes-** 6
datenschutzgesetze.[8] Auch im Verhältnis zu den Bestimmungen des **Informationsfreiheitsgesetzes (IFG)** ist § 299 eine Sonderregelung, die gemäß § 1 Abs. 3 IFG Vorrang hat.[9] Die Informationsfreiheitsgesetze sind demgegenüber anwendbar, wenn es nicht um Akteneinsicht iSd § 299 geht, sondern um eine Verfahrensauskunft.[10]

II. Patentverfahren (PatG)

Anders als im Zivilprozess wird das Ergebnis eines Patentverfahrens in öffentlichen Registern 7
verzeichnet. Bei Patenten steht nach § 31 Abs. 1 S. 2 PatG die Einsicht in das Register **jedermann**
einschränkungslos frei; in die Akten des DPMA sowie in die zu den Akten gehörenden Modelle und
Probestücke, wenn und soweit ein berechtigtes Interesse daran besteht (S. 1). Die Einsicht in die
Akten von Patentanmeldungen steht nach § 31 Abs. 2 PatG dann (jedermann) frei, wenn der
Anmelder einverstanden ist (Nr. 1) oder wenn seit der Anmeldung achtzehn Monate verstrichen sind
(Nr. 2). Nach der Neufassung des § 31 Abs. 3b PatG ist die Einsichtnahme jedoch ausgeschlossen,
soweit eine Rechtsvorschrift entgegensteht oder soweit das schutzwürdige Interesse des Betroffenen
iSd § 3 Abs. 1 BDSG offensichtlich überwiegt.[11] Die Entscheidung über das Einsichtsgesuch obliegt
gemäß § 99 Abs. 3 S. 2 PatG dem Gericht, bei dem das Verfahren anhängig ist.

Zu den einsichtsnahmefähigen Unterlagen gehören gemäß § 99 Abs. 3 S. 1 PatG auch die Akten 8
eines **Beschwerde- oder Rechtsbeschwerdeverfahrens**[12] sowie eines **Nichtigkeitsverfahrens**.[13]
Nach § 99 Abs. 3 S. 1 PatG gilt für die Akteneinsicht durch andere als die Parteien des Nichtigkeitsverfahrens die Regelung des § 31 PatG entsprechend. Nach § 99 Abs. 3 S. 2 PatG wird die Einsichtnahme in Akten des Nichtigkeitsverfahrens nicht gewährt, wenn und soweit der Patentinhaber ein
entgegenstehendes **schutzwürdiges Interesse** dartut. Dies ändert jedoch nichts daran, dass es in der
Regel weder der Geltendmachung eines eigenen berechtigten Interesses seitens des die Akteneinsicht
Begehrenden bedarf noch der Darlegung, für wen um Akteneinsicht nachgesucht wird.[14] Nur wenn
ein entgegenstehendes schutzwürdiges Interesse dargetan ist, bedarf es einer Abwägung der beteiligten
Interessen.[15]

III. Gebrauchsmusterverfahren

Ist ein **Gebrauchsmuster** eingetragen, so steht nach § 8 Abs. 5 S. 1 GebrMG ebenfalls jedermann 9
die Einsicht in das Register sowie in die Akten einschließlich der Akten des Löschungsverfahrens frei.[16]
Handelt es sich dagegen um eine **Gebrauchsmusteranmeldung** (anhängig, zurückgenommen oder
zurückgewiesen), so besteht die Möglichkeit der Akteneinsicht, wenn und soweit der Beantragende
ein berechtigtes Interesse glaubhaft macht, § 8 Abs. 5 S. 2 GebrMG.[17] Nach der Einführung von § 8
Abs. 7 GebrMG ist die Einsichtnahme wie im Patentrecht ua ausgeschlossen, soweit das schutzwürdige
Interesse des Betroffenen iSd § 3 Abs. 1 BDSG offensichtlich überwiegt.[18]

---

[7] Busse/*Schuster* PatG § 99 Rn. 25; vgl. auch BPatG BeckRS 2012, 13982.
[8] BeckOK ZPO/*Bacher* § 299 Rn. 2; Zöller/*Greger* ZPO § 299 Rn. 1.
[9] BGH GRUR 2012, 317 zur Akteneinsicht in Markenangelegenheiten; BeckOK ZPO/*Bacher* § 299 Rn. 2; MünchKommZPO/*Prütting* ZPO § 299 Rn. 32.
[10] OLG Brandenburg BeckRS 2005, 06507.
[11] Gesetz zur Novellierung patentrechtlicher Vorschriften und anderer Gesetze des gewerblichen Rechtsschutzes vom 19.10.2013, BGBl. 2013 I Nr. 63.
[12] BGH NJW 1983, 2448; vgl. zum GebrMG BGH GRUR 2005, 270 – Akteneinsicht XVI.
[13] BGH GRUR 2008, 633 (634) – Akteneinsicht XIX; BPatG BeckRS 2012, 13982.
[14] BGH GRUR 2008, 633 (634) – Akteneinsicht XIX.
[15] BGH GRUR 2001, 143.
[16] *Mes* PatG GebrMG § 8 Rn. 21.
[17] *Mes* PatG GebrMG § 8 Rn. 22.
[18] Gesetz zur Novellierung patentrechtlicher Vorschriften und anderer Gesetze des gewerblichen Rechtsschutzes vom 19.10.2013, BGBl. 2013 I Nr. 63.

IV. Markenverfahren

10 Die **Akten- und Registereinsicht** beim DPMA richtet sich nach § 62 MarkenG. *Nach* der Eintragung der Marke steht die Einsichtnahme jedermann frei, § 62 Abs. 2 und 5 MarkenG; ein berechtigtes Interesse braucht nicht glaubhaft gemacht zu werden.[19] Dagegen wird die Einsicht in die Akten von noch anhängigen **Markenanmeldungen** nach § 62 Abs. 1 MarkenG nur gewährt, wenn von dem Antragsteller ein **berechtigtes Interesse** glaubhaft gemacht wird.[20] Allerdings ist nach der Neufassung des § 62 Abs. 4 MarkenG die Einsichtnahme ua ausgeschlossen, soweit das schutzwürdige Interesse des Betroffenen iSd § 3 Abs. 1 BDSG offensichtlich überwiegt.[21] § 62 MarkenG ist nach § 82 Abs. 3 MarkenG im Beschwerdeverfahren vor dem BPatG entsprechend anwendbar; sie gilt auch im Rechtsbeschwerdeverfahren.[22]

11 Die Akteneinsicht in die **Akten des HABM** ist in Art. 88 U-MV geregelt. Nach Art. 90 U-MV haben das HABM und die nationalen Gerichte sich auf Verlangen wechselseitig Auskunft zu erteilen oder Akteneinsicht zu gewähren, soweit nicht Vorschriften der U-MV oder des nationalen Rechts dem entgegenstehen.

V. Designverfahren

12 Die **Akten- und Registereinsicht** beim DPMA richtet sich nach § 22 DesignG. Auch sie ist weitgehend frei für jedermann, allerdings an die Bedingung geknüpft, dass die Wiedergabe bekannt gemacht ist, der Anmelder eingewilligt hat oder ein berechtigtes Interesse besteht. Ferner ist – wie auch im Patent- und Markenrecht – nach der Neufassung des § 22 Abs. 3 DesignG die Einsichtnahme ua ausgeschlossen, soweit das schutzwürdige Interesse des Betroffenen iSd § 3 Abs. 1 BDSG offensichtlich überwiegt.[23]

VI. Urheberschiedsverfahren

13 Die **Akteneinsicht** im Rahmen des Urheberschiedsverfahrens wird vom DPMA analog § 299 gewährt.[24] Das DPMA sieht keinen Hinderungsgrund in der Regelung des § 6 Abs. 2 S. 1 UrhSchiedsV, wonach die Verhandlung vor der Schiedsstelle nicht öffentlich ist.[25] Damit ist auch eine Einsichtnahme in die für die Tarifermittlung entscheidenden **empirischen Untersuchungen** gem. § 14 Abs. 5a UrhWG verbunden, da es der gesetzgeberischen Intention entspricht, diese allgemein zugänglich zu machen.[26]

C. Einsichtsrecht der Parteien (Abs. 1)

I. Parteistellung

14 **1. Klageverfahren.** Den Parteien steht nach § 299 Abs. 1 ein voraussetzungsloses Akteneinsichtsrecht zu.[27] Wer Partei des Rechtsstreits ist, richtet sich nach dem **formellen Parteibegriff**[28] und umfasst auch den in gesetzlicher oder gewillkürter **Prozessstandschaft** auftretenden, den **Streithelfer**[29] und den **Nebenintervenienten**. Gemäß § 71 Abs. 3 ZPO wird der Nebenintervenient im Hauptverfahren zugezogen, solange die Unzulässigkeit der Intervention nicht rechtskräftig ausgesprochen ist. Bis zu diesem Zeitpunkt kann der Nebenintervenient wirksam alle prozessualen Befugnisse ausüben, die einem Nebenintervenienten zustehen.[30] Auch die Gläubiger in einem Insolvenzverfahren sind Partei in diesem Sinne.[31] Nicht dazu gehören **Streitverkündete** vor ihrem Beitritt, für die nur Abs. 2 gilt.[32] Die Berechtigung erstreckt sich naturgemäß auch auf den **Prozessbevollmächtigten** der jeweiligen Partei.[33]

---

[19] BGH GRUR 2012, 317.
[20] BGH GRUR 2012, 317; vgl. auch BPatG BeckRS 2011, 26204.
[21] Gesetz zur Novellierung patentrechtlicher Vorschriften und anderer Gesetze des gewerblichen Rechtsschutzes vom 19.10.2013, BGBl. 2013 I Nr. 63.
[22] BGH GRUR 2012, 317.
[23] Gesetz zur Novellierung patentrechtlicher Vorschriften und anderer Gesetze des gewerblichen Rechtsschutzes vom 19.10.2013, BGBl. 2013 I Nr. 63.
[24] DPMA BeckRS 2016, 05295.
[25] DPMA BeckRS 2016, 05295.
[26] DPMA BeckRS 2016, 05295 unter Verweis auf die Begründung des Gesetzesentwurfs der Bundesregierung vom 15.6.2006, BT-Drs. 16/1828, 29.
[27] OLG Schleswig BeckRS 2009, 12558.
[28] Zum Begriff Zöller/*Vollkommer* ZPO Vor § 50 Rn. 3.
[29] OLG Düsseldorf GRUR-RS 2020, 20223 Rn. 2.
[30] OLG Düsseldorf GRUR-RS 2020, 20223 Rn. 10.
[31] BGH NZI 2020, 731 Rn. 6; nicht aber die Kommanditisten vgl. BGH NJW-RR 2021, 48 Rn. 11.
[32] MüKoZPO/*Prütting* ZPO § 299 Rn. 9/10; Zöller/*Greger* ZPO § 299 Rn. 2; BeckOK ZPO/*Bacher* § 299 Rn. 1.
[33] Zöller/*Greger* ZPO § 299 Rn. 2.

Akteneinsicht; Abschriften　　　　　　　　　　　　　　　　　15–20　§ 299 ZPO

Das Einsichtsrecht der Parteien nach Abs. 1 **endet nicht** mit der **Beendigung des Verfahrens** 15 (str.).[34] Insbesondere werden die Prozessparteien nicht nachträglich zu Dritten iSd § 299 Abs. 2.[35] Im Gegenteil, wird doch auch nach Beendigung des Verfahrens bei Einsichtsgesuchen (echter) Dritter, die Zustimmung der Prozessparteien nach Abs. 2 einzuholen sein.

Die Parteistellung setzt die Begründung eines **Prozessrechtsverhältnisses** voraus, mithin im Klag- 16 verfahren die **Zustellung der Klage** an den Beklagten.[36]

2. Einstweiliges Verfügungsverfahren. Im **einstweiligen Verfügungsverfahren** fallen nach 17 allgemeiner Meinung Anhängigkeit und Rechtshängigkeit zusammen.[37] Streitig ist allerdings, ob damit auch schon ein Prozessrechtsverhältnis zwischen Parteien begründet wird. Teilweise wird vertreten, dass erst mit der **tatsächlichen Beteiligung** des Antragsgegners oder der **Hinterlegung einer Schutzschrift** ein Prozessrechtsverhältnis mit ihm begründet würde, mit der Folge, dass ihm daher erst ab diesem Zeitpunkt ein Recht auf Akteneinsicht zustünde.[38] Dieser Auffassung kann nicht zugestimmt werden. Rechtshängigkeit kann im Zivilprozess der ZPO nur *zwischen Parteien* bestehen und nicht bezogen auf eine Partei alleine oder gar zwischen einer Partei und dem Gericht. Eine Aufspaltung in eine Rechtshängigkeit nur auf Seiten des Antragstellers und eine spätere dann auch im Verhältnis zum Antragsgegner ist systemwidrig. Mit der Einreichung eines Verfügungsantrages wird An- und Rechtshängigkeit und damit auch ein **Prozessrechtsverhältnis** begründet; alle prozessualen Wirkungen der Rechtshängigkeit treten bereits zu diesem Zeitpunkt ein.[39] Zudem kann unstreitig auch der formal unbeteiligte Antragsgegner die Kosten einer etwaigen Schutzschrift ersetzt verlangen,[40] was das Bestehen eines Prozessrechtsverhältnisses voraussetzt. Dem Antragsgegner steht daher bereits **ab Einreichung des Verfügungsantrages** ein Recht auf Akteneinsicht zu.[41] Das Verfügungsverfahren ist – auch wenn zunächst einseitig – **kein Geheimverfahren.** Regelmäßig wird der Antragsgegner ohnehin erst durch seine tatsächliche Beteiligung (Zustellung/Ladung) Kenntnis von der Existenz des Verfahrens haben und faktisch sein Einsichtsrecht erst ab diesem Zeitpunkt geltend machen können. Begehrt der Antragsgegner Akteneinsicht, braucht gleichwohl seine dann möglicherweise folgende Stellungnahme vor Erlass nicht abgewartet zu werden.

Umgekehrt entsteht ein Prozessrechtsverhältnis nicht bereits mit der vorbeugenden Einreichung 18 einer **Schutzschrift,** sondern erst mit der Einreichung eines korrespondierenden Verfügungsantrages (→ § 937 Rn. 31).[42] Ein **vorprozessuales Einsichtsrecht** einer erst zukünftig (möglicherweise) Antrag stellenden Partei in eine Schutzschrift kann aus § 299 nicht abgeleitet werden und würde die Chancen- und Waffengleichheit im Hinblick auf ein mögliches späteres Verfahren verletzen.[43]

II. Voraussetzungen

Das Einsichtsrecht der Parteien nach § 299 ist an **keine weiteren Voraussetzungen** geknüpft (mit 19 Ausnahme der inhaltlichen Begrenzungen, s. u.). Dies gilt auch im Anwaltsprozess.[44] Eine zeitliche Begrenzung oder Beschränkung der Häufigkeit in Abs. 1 nicht vorgesehen.[45] Das Recht der Parteien auf Erteilung von Ausfertigungen, Auszügen und Abschriften ist ebenfalls nicht an besondere Voraussetzungen geknüpft und unbeschränkt.[46]

III. Umfang

1. Gesamtheit der Prozessakten. Das Recht auf Akteneinsicht erstreckt sich grundsätzlich auf die 20 **Gesamtheit der Prozessakten.** Prozessakten im Sinne von § 299 ZPO sind alle Schriftsätze und

---

[34] Wie hier OLG Schleswig NJOZ 2012, 2170 (2171); OLG Hamburg NJOZ 2002, 19 (20); MüKoZPO/*Prütting* ZPO § 299 Rn. 9; BeckOK ZPO/*Bacher* § 299 Rn. 21; aA OLG München BeckRS 2009, 23299; Zöller/*Greger* ZPO § 299 Rn. 6c; Musielak/*Huber* ZPO § 299 Rn. 2.
[35] OLG Schleswig NJOZ 2012, 2170 (2171); MüKoZPO/*Prütting* ZPO § 299 Rn. 9.
[36] Zöller/*Greger* ZPO § 299 Rn. 2; OLG Rostock NJW-RR 2011, 571 (572).
[37] AllgM vgl. nur Teplitzky Kap. 55 Rn. 1.
[38] Zöller/*Greger* ZPO § 299 Rn. 2; auf die Sicherung des Überraschungseffekt abstellend OLG Rostock NJW-RR 2011, 571 (572); dem zust. BeckOK ZPO/*Bacher* § 299 Rn. 17.2; OLG Düsseldorf NJWE-WettbR 1996, 42 (43).
[39] OLG Hamm BeckRS 2011, 05145; OLG Hamburg NJOZ 2002, 19; OLG Köln GRUR 2001, 424 (425); KG GRUR 1985, 325; OLG Düsseldorf NJW 1981, 2824; OLG Hamburg WRP 1977, 495; OLG Nürnberg BeckRS 1977, 02095; *Teplitzky* Kap. 55 Rn. 1 mwN; MüKoZPO/*Drescher* ZPO Vor § 916 Rn. 15; offengelassen Musielak/*Huber* ZPO § 299 Rn. 2.
[40] BGH GRUR 2008, 640 – Kosten der Schutzschrift III; BGH GRUR 2007, 727 – Kosten der Schutzschrift II; BGH GRUR 2003, 456 – Kosten der Schutzschrift I.
[41] OLG Hamm BeckRS 2011, 05145; OLG Hamburg NJOZ 2002, 19 (20).
[42] BeckOK ZPO/*Bacher* § 299 Rn. 15; MüKoZPO/*Prütting* ZPO § 299 Rn. 29.
[43] MüKoZPO/*Prütting* ZPO § 299 Rn. 29.
[44] BeckOK ZPO/*Bacher* § 299 Rn. 19.
[45] BeckOK ZPO/*Bacher* § 299 Rn. 21.
[46] MüKoZPO/*Prütting* ZPO § 299 Rn. 13; BeckOK ZPO/*Bacher* § 299 Rn. 22.

Unterlagen, die beim Gericht zu dem Rechtsstreit geführt werden,[47] wohl auch einschließlich von „Überstücken", die separat von den übrigen Aktenbänden auf der Geschäftsstelle gelagert werden.[48] Allerdings erstreckt sich das Akteneinsichtsrecht nach § 299 Abs. 1 lediglich auf Akten, die nach der **Aktenordnung** beim Prozessgericht geführt werden.[49] Bestandteile der Prozessakten sind die bei Gericht eingereichten Schriftsätze und deren Anlagen (§ 133 Abs. 1), die gerichtlichen Protokolle (§§ 159, 160), einschließlich der vorläufigen Aufzeichnung des Protokolls (§ 160a Abs. 1 ZPO)[50], die Urschriften der Beschlüsse und Urteile, ebenso die Urschriften der Verfügungen, die Urkunden über die Zustellungen und amtlichen Schriftstücke.[51] Zu den Besonderheiten im Revisionsverfahren siehe § 541.

21 Nach Abs. 4 werden vorbereitende **gerichtsinterne Dokumente** von jeder Akteneinsicht ausgenommen, um die interne Meinungsbildung **(Beratungsgeheimnis)** des Gerichts nicht zu beeinträchtigen, dh also beispielsweise Voten oder Entscheidungsentwürfe. Dagegen sind **dienstliche Erklärungen** (etwa im Zusammenhang mit einer Richterablehnung)[52] notwendiger Aktenbestandteil und daher Gegenstand der Akteneinsicht.[53]

22 Die vorbeugend zur Abwehr einer einstweiligen Verfügung eingereichte **Schutzschrift** ist zunächst einmal ihre eigene „Akte"; ein Prozessrechtsverhältnis entsteht erst mit der Einreichung eines Verfügungsantrages.[54] Wird ein solcher eingereicht, steht dem Antragsteller zwar ein Anspruch auf Einsichtnahme zu. Allerdings kann diese, ebenso wie im Rahmen des § 270, dem Antragsteller aus dem Grundsatz der Waffengleichheit nur gewährt werden, wenn er seinerseits in die Übersendung der Antragsschrift einwilligt (→ § 270 Rn. 21; → § 937 Rn. 31).

23 **2. Originalurkunden, Beweisstücke und beigezogene Akten.** Nicht zu den Prozessakten iSd § 299 gehören **Beweisurkunden** (im Original), wie Vertragsurkunden oder Handelsbücher, die nach §§ 142, 134 oder § 420 vorgelegt worden sind.[55] Dies gilt auch, wenn sie zum Zwecke der Verwahrung zu den Akten genommen werden, da diese wieder an die Partei zurückzugeben sind.[56] In diese kann Einsicht nur nach Maßgabe des § 134 genommen werden. Ebenfalls nicht zur Akte iSd § 299 gehören sonstige **Beweisstücke,** die zur Einnahme eines Augenscheins oder zur Begutachtung eingereicht oder von einem Sachverständigen beigezogen worden sind.[57] Auch insoweit hat der Gegner jedoch nach § 134 ein **Einsichtsrecht**.

24 **Beigezogene Akten** aus anderen gerichtlichen oder behördlichen Verfahren werden – ähnlich wie die von den Parteien vorgelegten Urkunden – ebenfalls nicht Bestandteil der Prozessakten.[58] § 299 vermittelt daher kein Einsichtnahmerecht. Sollen diese Akten jedoch bei der Entscheidung Verwertung finden, steht den Parteien ein Einsichtsrecht unmittelbar **aus Art. 103 Abs. 1 GG** zu.[59] Das Recht zur Kenntnisnahme besteht allerdings nur dann, wenn die Ursprungsbehörde oder das dritte Gericht mit der Akteneinsicht einverstanden ist. Fehlt das Einverständnis der überlassenden Stelle, so ist **weder die Einsichtnahme** durch die Parteien, **noch die Verwertung** dieser Akten durch das Gericht möglich.[60] Hat das Zivilgericht **Ermittlungsakten** der StA beigezogen, so hat es abzuwägen, welche der darin enthaltenen Teile verwertet werden sollen und inwieweit – ggf. begrenzt – Akteneinsicht gewähren darf.[61]

25 **3. Geschäfts- oder Betriebsgeheimnisse.** Eine Vorenthaltung des Einsichtsrechts, etwa zur Wahrung von **Geschäfts- oder Betriebsgeheimnissen,** ist nach § 299 Abs. 1 nicht vorgesehen.[62] Wie schon im Rahmen des § 270 ist dem Gericht auch bei der Akteneinsicht jede Selektion der Unterlagen untersagt (→ § 270 Rn. 5).[63] Insoweit tritt das Akteneinsichtsrecht des § 299 Abs. 1 kumulativ neben

---

[47] BeckOK ZPO/*Bacher* § 299 Rn. 6.
[48] AA OLG Schleswig BeckRS 2009, 12558.
[49] OLG Hamburg BeckRS 2011, 17275.
[50] als „Abhörrecht" auf der Geschäftsstelle OLG Stuttgart NJW-RR 2021, 640 Rn. 5; aA OLG Frankurt NJW-RR 2017, 547 Rn. 31.
[51] MüKoZPO/*Prütting* ZPO § 299 Rn. 4.
[52] BVerfG NJW 1993, 2229.
[53] BeckOK ZPO/*Bacher* § 299 Rn. 7.1; Zöller/*Greger* ZPO § 299 Rn. 4; MüKoZPO/*Prütting* ZPO § 299 Rn. 7.
[54] BeckOK ZPO/*Bacher* § 299 Rn. 15; MüKoZPO/*Prütting* ZPO § 299 Rn. 29.
[55] OLG Karlsruhe NJW-RR 2013, 312; OLG Hamburg BeckRS 2011, 17275.
[56] OLG Karlsruhe NJW-RR 2013, 312; OLG Hamburg BeckRS 2011, 17275; OLG Schleswig BeckRS 2007, 15810; OLG Hamm BeckRS 2007, 05080; BeckOK ZPO/*Bacher* § 299 Rn. 8.
[57] OLG Schleswig BeckRS 2007, 15810; BeckOK ZPO/*Bacher* § 299 Rn. 9.
[58] OLG Frankfurt a. M. BeckRS 2019, 35110 Rn. 45; BGH NJW 1952, 305 (306); MüKoZPO/*Prütting* ZPO § 299 Rn. 6; BeckOK ZPO/*Bacher* § 299 Rn. 11; Zöller/*Greger* ZPO § 299 Rn. 3.
[59] MüKoZPO/*Prütting* ZPO § 299 Rn. 6.
[60] OLG Frankfurt a. M. BeckRS 2019, 35110 Rn. 49; BGH NJW 1952, 305 (306).
[61] BVerfG NJW 2014, 1581 (1582).
[62] OLG Düsseldorf GRUR-RS 2020, 20223 Rn. 3; MüKoZPO/*Prütting* ZPO § 299 Rn. 8; ausführlich zur Sicherung der Geheimhaltung von Geschäfts- und Betriebsgeheimnissen im verwaltungsgerichtlichen Verfahren: BVerfG MMR 2006, 375.
[63] OLG Düsseldorf BeckRS 2009, 09220; Musielak/*Foerste* ZPO § 270 Rn. 3; MüKoZPO/*Becker-Eberhard* ZPO § 270 Rn. 7.

die gemäß § 270 zwingend vom Gericht zu veranlassende Mitteilung von Schriftsätzen oder sonstigen Parteierklärungen an den Gegner.[64] Dort wo **Geheimhaltungsinteressen** berührt sind, hat die vortragende Partei daher ihre Schriftsätze bereits so abzufassen, dass der von ihr begehrte Geheimnisschutz auch dann gewahrt bleibt, wenn der Schriftsatz prozessordnungsgemäß dem Gegner zugestellt[65] bzw. Akteneinsicht gewährt wird.

Allerdings, dies ist Ausfluss des **Beibringungsgrundsatzes,** kann sich das Gericht nicht über **Sperrvermerke** der einreichenden Partei hinwegsetzen (→ § 270 Rn. 5).[66] Reicht eine Partei eine Anlage „nur für das Gericht" ein und widerspricht, etwa wegen darin enthaltener Geschäftsgeheimnisse, ausdrücklich deren Weitergabe an den Prozessgegner, ist es daran gebunden; der Inhalt dieser Anlage ist damit jedoch für das Gericht **nicht verwertbar**.[67] Denn verwertbar ist nur das, was Gegenstand des rechtlichen Gehörs geworden ist. **26**

Davon zu unterscheiden ist der im gewerblichen Rechtsschutz für Auskunftsverpflichtungen anerkannte **Wirtschaftsprüfervorbehalt,** der nicht eine Einschränkung der Parteiöffentlichkeit im Erkenntnisverfahren betrifft, sondern lediglich die Art und Weise der Erfüllung einer vom Gericht – unter Wahrung der Parteiöffentlichkeit – ausgeurteilten Verpflichtung.[68] Von einem Wirtschaftsprüfervorbehalt kann im patentrechtlichen Schadensersatzprozess nach § 139 Abs. 3 S. 2 PatG auch bei der Beweiserhebung Gebrauch gemacht werden.[69] **27**

Selbiges gilt im **selbständigen Beweisverfahren.** Ist über den Vorwurf der **Patentverletzung** im selbständigen Beweisverfahren ein Sachverständigengutachten erstellt worden, können möglicherweise berührte Geheimhaltungsinteressen des vermeintlichen Verletzers in aller Regel durch eine **Verschwiegenheitsauflage** gewahrt werden.[70] Die Aushändigung eines solchen Gutachtens an die rechts- oder patentanwaltlichen Vertreter des Schutzrechtsinhabers kann daher mit der Maßgabe, Verschwiegenheit auch gegenüber der von ihnen vertretenen Partei zu bewahren, erfolgen.[71] **28**

IV. Art der Einsichtnahme

Die Einsicht hat grundsätzlich in den Räumen des Gerichts zu erfolgen. Die Parteien haben Anspruch auf die **Erteilung von Ausfertigungen,** Auszügen und Abschriften aus den Akten. Damit ist gewährleistet, dass sie den gesamten Akteninhalt erhalten und ungestört (etwa in den Kanzlei- oder Privaträumen) zur Kenntnis nehmen können.[72] Die Akteneinsicht kann aus diesem Grund **zeitlich begrenzt** werden. Das Akteneinsichtsrecht wird nicht durch die einmalige Einsichtnahme verbraucht, sondern kann **wiederholt** beantragt werden.[73] Dies bedeutet indes nicht, dass das Verfahren immer dann, wenn der Beklagte erklärt, die Akten abermals einsehen zu wollen, dadurch zum Nachteil aller übrigen Beteiligten in Stillstand geraten müsste, bis er neuerlich Akteneinsicht genommen hat.[74] **29**

Auf **Übersendung an einen anderen Ort** besteht zwar kein Anspruch; die Vorschrift sieht eine Übersendung der Prozessakten nicht ausdrücklich vor.[75] Es steht jedoch **im pflichtgemäßen Ermessen** des Vorsitzenden anzuordnen, dass die Akten zur Einsichtnahme an einen anderen Ort versandt werden.[76] Dabei ist abzuwägen zwischen den arbeitsorganisatorischen Belangen des Gerichts sowie der nie völlig auszuschließenden Verlustgefahr bei der Übersendung von Akten und den berechtigten Belangen, insbesondere nicht am Gerichtsort ansässiger Parteien und ihrer Rechtsanwälte.[77] Regelmäßig kommt daher auch eine kostenpflichtige Übersendung an das Amtsgericht am Sitz des Einsichtsuchenden oder in eine Rechtsanwaltskanzlei in Betracht, wenn die **Akten entbehrlich** sind und der **Empfänger vertrauenswürdig** ist, mithin eine verzögerte Rückgabe nicht zu besorgen ist.[78] Je nach Zeitpunkt und Empfänger kann diese Entscheidung daher unterschiedlich ausfallen.[79] **30**

Die Übersendung an einen Ort gilt im Prozess des gewerblichen Rechtsschutzes naturgemäß nur für die Papierakte, nicht aber für **physische Verletzungsobjekte;** bei Letzteren ist eine Einsichtnahme **31**

---

[64] OLG München NJW 2005, 1130 (1131).
[65] BGH NJW-RR 2020, 246 Rn. 19 – Akteneinsicht XXIV, mwN.
[66] OLG Naumburg BeckRS 2012, 05937; zust. VG Düsseldorf BeckRS 2013, 51879.
[67] BGH NJW-RR 2020, 246 Rn. 20 – Akteneinsicht XXIV; OLG Naumburg BeckRS 2012, 05937; OLG Köln NJW-RR 1996, 1277; BGH GRUR 1991, 191 (194) betreffend die Verwertbarkeit eines darauf beruhenden Sachverständigengutachtens.
[68] OLG München GRUR-RR 2005, 175 (176).
[69] Schulte/*Kühnen* PatG § 139 Rn. 290.
[70] BGH GRUR 2010, 318 (320) – Lichtbogenschnürung.
[71] BGH GRUR 2010, 318 (320) – Lichtbogenschnürung; zum Ganzen: *Kühnen* GRUR 2005, 185.
[72] BGH BeckRS 2012, 07175.
[73] OLG Köln BeckRS 2009, 16418.
[74] OLG Köln BeckRS 2009, 16418.
[75] BGH NJW 1961, 559; OLG Karlsruhe NJW-RR 2013, 312 (313).
[76] BGH NJW 1961, 559; OLG Karlsruhe NJW-RR 2013, 312 (313).
[77] BGH BeckRS 2012, 07175; NJW 1961, 559 (560); OLG Karlsruhe NJW-RR 2013, 312 (313).
[78] BGH BeckRS 2012, 07175; NJW 1961, 559 (560); OLG Karlsruhe NJW-RR 2013, 312 (313).
[79] OLG Düsseldorf BeckRS 2008, 13577.

nur auf der Geschäftsstelle möglich, § 134. Ein Anspruch beispielsweise auf Abfotographieren durch die Geschäftsstelle besteht nicht.

32 Die Einsichtnahme in eine **elektronisch geführte Akte** ist in Abs. 3 geregelt. Nach der Neufassung des Abs. 3 zum 1.1.2018 wird die Bereitstellung einer elektronisch geführten Akte zum Abruf die Regel. Hinsichtlich der Einzelheiten kann auf die allgemeine Kommentarliteratur verwiesen werden.

V. Verfahren

33 Ein förmlicher Antrag der Parteien ist nicht erforderlich.[80] Zuständig für die Erteilung von Ausfertigungen, Auszügen und Abschriften sowie für die Gewährung von Akteneinsicht in den Räumen des Gerichts ist die **Geschäftsstelle des Gerichts,** bei dem der Rechtsstreit anhängig ist.[81] Die Versendung der Akten an einen anderen Ort erfordert eine Anordnung des **Vorsitzenden.**

34 Gegen die Ablehnung eines Antrags durch die Geschäftsstelle ist gemäß § 573 Abs. 1 ZPO die **Erinnerung** statthaft, über die das Gericht entscheidet. Gegen die Entscheidung eines erstinstanzlichen Gerichts – auch des Vorsitzenden[82] – kann gemäß § 573 Abs. 2 ZPO **sofortige Beschwerde** eingelegt werden.[83] Im Falle der Ablehnung empfiehlt sich eine Beschlussfassung des gesamten Spruchkörpers. Bei einem Verstoß gegen § 299 besteht auch die Möglichkeit, die Anfechtung der Endentscheidung auf diesen Verstoß unter dem Gesichtspunkt der Verletzung des rechtlichen Gehörs zu stützen.[84]

35 Für die Einsicht in die Akten – egal ob in Papierform oder elektronisch – fallen keine Gebühren an. Die Übersendung von Akten ist dagegen **gebührenpflichtig** nach KV 9003 GKG und § 5 Abs. 1 S. 1 JVKostO (derzeit 12 EUR, bei elektronisch geführter Akte 5 Euro).[85] Hinsichtlich der weiteren Einzelheiten kann auf die allgemeine Kommentarliteratur verwiesen werden.

D. Einsichtsrecht Dritter (Abs. 2)

I. Voraussetzungen

36 Dritte, also Personen, die nicht Partei sind, haben **keinen Anspruch** auf Akteneinsicht.[86] Ihnen darf gemäß Abs. 2 Akteneinsicht nur gewährt werden, wenn **alle Parteien zustimmen** oder wenn sie ein **rechtliches Interesse** glaubhaft machen.

37 Das rechtliche Interesse setzt voraus, dass **persönliche Rechte des Einsichtsuchenden** berührt werden.[87] Dabei muss sich das rechtliche Interesse aus der Rechtsordnung selbst ergeben und verlangt als Mindestbedingung ein auf Rechtsnormen beruhendes oder durch solche geregeltes gegenwärtiges Verhältnis einer Person zu einer anderen Person oder zu einer Sache.[88] Die Tatsachen, aus denen sich das rechtliche Interesse ergibt, sind gemäß Abs. 2 glaubhaft zu machen (§ 294 ZPO).[89]

38 Bei **rein wirtschaftlichen Gründen** fehlt es nach allgemeiner Meinung an einem rechtlichen Interesse.[90] Die Grenzziehung ist eine **Frage des Einzelfalls.** Wenn sich aufgrund der Einsichtnahme Anhaltspunkte für eigene Ansprüche ermitteln lassen sollen, wird teilweise dies als wirtschaftlich orientierte unzulässige Ausforschung eingestuft[91] und teilweise als nachvollziehbares rechtliches Interesse, jedenfalls sofern ein Bezug zu dem Streitstoff besteht.[92] Diese insbesondere im Insolvenzrecht aufkommenden Fallgestaltungen sind im gewerblichen Rechtsschutz selten. Der Umstand, selber Beklagter in einem (vermeintlich) ähnlich gelagerten Fall zu sein, zB beim Vorwurf der **Produktpiraterie,** genügt idR nicht, auch nicht bei Identität der Klagepartei (→ Rn. 40). Ein rechtliches Interesse ist naturgemäß dann zu bejahen, wenn dem Antragsteller von einem der am Rechtsstreit Beteiligten der **Streit verkündet** worden ist und die Akteneinsicht begehrt wird, um über einen Beitritt zum

---

[80] MüKoZPO/*Prütting* ZPO § 299 Rn. 1.
[81] BeckOK ZPO/*Bacher* § 299 Rn. 23.
[82] OLG Celle BeckRS 2012, 03555.
[83] OLG Brandenburg NJW-RR 2000, 1454; Zöller/*Greger* ZPO § 299 Rn. 5; MüKoZPO/*Prütting* ZPO § 299 Rn. 15/16.
[84] MüKoZPO/*Prütting* ZPO § 299 Rn. 17.
[85] BeckOK ZPO/*Bacher* § 299 Rn. 55.
[86] Zöller/*Greger* ZPO § 299 Rn. 6; MüKoZPO/*Prütting* ZPO § 299 Rn. 23.
[87] Ausführlich dazu OLG Hamburg BeckRS 2020, 46165 Rn. 15; vgl. auch BGH NZG 2006, 595; OLG Hamburg NJW-RR 2002, 408 jeweils zum Insolvenzrecht.
[88] BGH NZG 2006, 595; OLG Hamburg NJW-RR 2002, 408 jeweils zum Insolvenzrecht; OLG Frankfurt a. M. BeckRS 2011, 24405.
[89] BeckOK ZPO/*Bacher* § 299 Rn. 30.
[90] Vgl. nur Musielak/*Huber* ZPO § 299 Rn. 3c.
[91] Siehe beispielsweise OLG Köln BeckRS 2007, 19546 zum Insolvenzverfahren; Musielak/*Huber* ZPO § 299 Rn. 3c.
[92] für den Rechtsschutzversicherer: OLG Frankfurt a. M. BeckRS 2020, 45069 Rn. 97, mwN; LG Dortmund BeckRS 2014, 00402; OLG Nürnberg BeckRS 2014, 07135; OLG Frankfurt a. M. BeckRS 2011, 24405; OLG Hamburg NJW-RR 2002, 139; OLG Celle NZI 2006, 475 (476) zum Insolvenzverfahren; zust. MüKoZPO/*Prütting* ZPO § 299 Rn. 21; differenzierend Zöller/*Greger* ZPO § 299 Rn. 6a; aA Musielak/*Huber* ZPO § 299 Rn. 3c.

Datenträgerarchiv **§ 299a ZPO**

Rechtsstreit zu entscheiden.[93] Im Falle eines Arrestbeschlusses hat der **Drittschuldner** idR ein rechtliches Interesse, wenn er die Einsichtnahme für die genaue Zuordnung der Forderung benötigt.

Die Einsichtnahme für ein **wissenschaftliches Forschungsvorhaben** erhält zwar durch Art. 5 Abs. 3 GG besonderes Gewicht,[94] verfassungsunmittelbarer Anspruch auf Akteneinsicht wird dadurch jedoch nicht gewährt.[95] Regelmäßig wird die Übermittlung einer **anonymisierten Urteils- oder Beschlussabschrift** genügen, was ohnehin nicht als Akteneinsicht iSd § 299 zu qualifizieren ist.[96] Selbiges dürfte gelten für einen Dritten der Einsicht in eine gerichtliche Entscheidung nehmen will, der mit der Bearbeitung eines ähnlichen Falles betraut oder davon betroffen ist.[97] Die **Veröffentlichung von Gerichtsentscheidungen** ist ohnehin öffentliche Aufgabe der Gerichte.[98] 39

Nach der überwiegenden hM werden **andere Gerichte oder Behörden** nicht als *Dritte* im Sinne von Abs. 2 angesehen.[99] Auf die Ersuchen anderer Behörden ist § 299 Abs. 2 nicht anwendbar. Diese können nämlich mit Blick auf **Art. 35 GG,** wonach alle Behörden des Bundes und der Länder sich gegenseitig Rechts- und Amtshilfe leisten, grundsätzlich **ohne die Beschränkungen** des § 299 Abs. 2 ZPO Akten zur Einsicht anfordern, soweit die Voraussetzungen einer Amtshilfepflicht vorliegen.[100] Selbiges gilt für die wechselseitige Information und Akteneinsicht zwischen **HABM** und **Unionsmarkengerichten** nach **Art. 90 U-MV.** 40

II. Verfahren

Zuständig für Einsichtsgesuche Dritter ist grundsätzlich der **Gerichtsvorstand.**[101] Regelmäßig ist die Aufgabe auf die jeweilige Kammer delegiert worden. Die Entscheidung über Ob, Art und Umfang der Gewährung der Einsicht liegt im **Ermessen.**[102] Hierbei ist das Geheimhaltungsbedürfnis der Parteien gegen das Informationsbedürfnis des Dritten abzuwägen[103]. Weiter ist zu berücksichtigen, ob eine vollständige Akteneinsicht erforderlich ist oder ob es für das Begehren ausreichend ist, nur Einsicht in einzelne **Teile der Akte** zu gewähren,[104] beispielsweise nur in das Sitzungsprotokoll, wenn sich das rechtliche Interesse darin erschöpft, einen ähnlichen Rechtsstreit vor einer anderen Kammer zu führen.[105] Das Recht der Dritten umfasst nach Abs. 2 zudem nur die Einsicht in die Prozessakten, nicht aber die weitergehenden Rechte auf Anfertigung von Ausfertigungen oder auf Aktenübersendung durch die Geschäftsstelle.[106] 41

Aus Abs. 2 ergibt sich zwingend, dass den Parteien vorher **rechtliches Gehör** zu gewähren ist, damit sie gegebenenfalls ihr Interesse an einer Geheimhaltung darlegen können.[107] Sind schutzwürdige Belange der Prozessparteien weder vorgetragen noch ersichtlich, ist das Ermessen des Gerichtsvorstands bzw. des von diesem benannten Spruchkörpers **auf Null reduziert** und die begehrte Akteneinsicht zu gewähren.[108] 42

Da es sich bei der Gewährung von Akteneinsicht für einen am Prozess nicht beteiligten Dritten gemäß § 299 Abs. 2 nicht um einen Akt der Rechtsprechung, sondern um eine Maßnahme im Rahmen der Justizverwaltung handelt, stellt die Entscheidung einen **Justizverwaltungsakt iSd § 23 EGGVG** dar.[109] **Beschwert** ist bei einer den Antrag zurückweisenden Entscheidung der Antragsteller und im Falle einer stattgebenden Entscheidung jede Partei, die der Einsichtnahme nicht zugestimmt hatte.[110] 43

§ 299a Datenträgerarchiv

[1] **Sind die Prozessakten nach ordnungsgemäßen Grundsätzen zur Ersetzung der Urschrift auf einen Bild- oder anderen Datenträger übertragen worden und liegt der schriftliche**

---

[93] BeckOK ZPO/*Bacher* § 299 Rn. 29; Zöller/*Greger* ZPO § 299 Rn. 6a; Musielak/*Huber* ZPO § 299 Rn. 3a.
[94] Zöller/*Greger* ZPO § 299 Rn. 6a.
[95] BVerwG NJW 1986, 1277 (1278).
[96] BGH NZI 2021, 598 Rn. 13.
[97] OLG München OLGZ 1984, 477 (479); MüKoZPO/*Prütting* ZPO § 299 Rn. 22.
[98] BGH NZI 2021, 598 Rn. 14; BVerwG NJW 1997, 2694, mit entsprechenden Gleichbehandlungspflichten.
[99] Vgl. OLG Düsseldorf BeckRS 2008, 09037; BeckOK ZPO/*Bacher* § 299 Rn. 37; Musielak/*Huber* ZPO § 299 Rn. 3; MüKoZPO/*Prütting* ZPO § 299 Rn. 20.
[100] OLG Düsseldorf BeckRS 2008, 09037.
[101] OLG Frankfurt a. M. BeckRS 2014, 11852.
[102] BeckOK ZPO/*Bacher* § 299 Rn. 32.
[103] MüKoZPO/*Prütting* ZPO § 299 Rn. 25.
[104] BeckOK ZPO/*Bacher* § 299 Rn. 32; MüKoZPO/*Prütting* ZPO § 299 Rn. 25; vgl. zu § 99 PatG: BGH GRUR 2007, 815 – Akteneinsicht XVIII.
[105] LG Hamburg 20.6.2013 – 327 O 108/13; s. aber auch OLG Nürnberg BeckRS 2014, 07135 (zum Anlegerregress).
[106] MüKoZPO/*Prütting* ZPO § 299 Rn. 26.
[107] Musielak/*Huber* ZPO § 299 Rn. 5.
[108] OLG Schleswig BeckRS 2011, 17632.
[109] AllgM; vgl. nur OLG Hamburg BeckRS 2009, 07033; KG NJW 2008, 1748.
[110] BeckOK ZPO/*Bacher* § 299 Rn. 36.

Nachweis darüber vor, dass die Wiedergabe mit der Urschrift übereinstimmt, so können **Ausfertigungen, Auszüge und Abschriften von dem Bild- oder dem Datenträger erteilt werden.** ²**Auf der Urschrift anzubringende Vermerke werden in diesem Fall bei dem Nachweis angebracht.**

1   Die Vorschrift bezieht sich auf **bereits archivierte Prozessakten,** die die Urschrift ersetzen (Ersatzverfilmung). Sie setzt den Einsatz elektronischer Speichermedien zur Speicherung der Prozessakten nach Abschluss des Verfahrens voraus.¹ Die elektronische Aktenführung eines laufenden Prozesses selbst ist in § 298a geregelt (→ § 298a Rn. 2), die Akteneinsicht in elektronische Dokumente in § 299 Abs. 3. § 299a enthält demgegenüber **keine eigene Ermächtigung** zur elektronischen Archivierung (str.).² Deren Einzelheiten sind vielmehr durch gesonderte Bundes- und Landesgesetze und den darauf basierenden Verordnungen und Verwaltungsvorschriften geregelt.³ Der Regelungsgehalt des § 299a erschöpft sich damit im Wesentlichen darin, dass nach der Übertragung der Akten auf einen Bild- oder Datenträger **das Speichermedium** für die Erteilung von Aktenauszügen **an die Stelle des Originals** tritt, sofern dessen Übereinstimmung mit der Urschrift schriftlich nachgewiesen ist.⁴ Eine solche Archivierung nach § 299a ist erst zulässig, wenn das Verfahren abgeschlossen und die Prozessakten gemäß § 7 AktO weggelegt sind.⁵ Sie setzt einen dauerhaften körperlichen (schriftlichen) Nachweis über die Übereinstimmung mit der Urschrift voraus **(Übereinstimmungsnachweis).**⁶

2   § 299a erhält **keine Anspruchsgrundlage** für die Akteneinsicht; diese ergibt sich allein aus § 299.⁷ Die Einsicht in die Mikroverfilmung erfolgt durch ein Lesegerät auf der Geschäftsstelle. Die auf richterliche Anordnung von Parteien oder Behörden vorgelegten (§§ 142 Abs. 1, 273 Abs. 2 Nr. 1, 2, 5) oder durch Urkundenbeweis beschafften (§§ 430, 432) oder sonst verwahrten (§ 443) Urkunden werden vor der Vernichtung der Papierakte zurückzugeben.⁸ Für den Prozess im Gewerblichen Rechtsschutz interessante Originalbeweismittel, insbesondere **Verletzungsobjekte,** werden damit nicht Teil des Datenträgerarchivs, anders als etwa als Anlagen eingereichte Fotokopien der Verletzungsobjekte. Die grundsätzliche Möglichkeit der Erteilung von Ausfertigungen und Abschriften von Mikrofilmen besteht im Übrigen nur dann, wenn keine Sicherheitsverfilmung, sondern eine Ersatzverfilmung vorgenommen wurde.⁹ Anderenfalls können nur Ausfertigungen und Abschriften von den Originalakten verlangt werden.¹⁰

3   **Vermerke,** die auf der Urschrift anzubringen wären, sind nach Satz 2 stattdessen auf dem Übereinstimmungsnachweis anzubringen, wie etwa der Vermerk über die Erteilung einer vollstreckbaren Ausfertigung (§ 734 S. 1 ZPO) oder auch etwaige Berichtigungen von Protokoll oder Urteil.¹¹

4   § 125a Abs. 2 S. 1 PatG bestimmt umfassend, dass die Prozessakten des **Patentgerichts** und des BGH elektronisch geführt werden können.¹² § 299a ist daher auch im Verfahren vor dem BPatG **entsprechend anwendbar.**¹³

§ 300 Endurteil

(1) **Ist der Rechtsstreit zur Endentscheidung reif, so hat das Gericht sie durch Endurteil zu erlassen.**

(2) **Das Gleiche gilt, wenn von mehreren zum Zwecke gleichzeitiger Verhandlung und Entscheidung verbundenen Prozessen nur der eine zur Endentscheidung reif ist.**

A. Allgemeines zu §§ 300 ff. ZPO

I. Entscheidungsformen

1   Die ZPO unterscheidet zwischen verschiedenen Entscheidungsformen. In den §§ 300–304 ff. ZPO werden verschiedene **Urteilsarten** beschrieben. Neben dem Endurteil sieht das Gesetz Teil- (§ 301 ZPO), Vorbehalts- (§ 302 ZPO), und Zwischenurteile (§§ 303, 304 ZPO) vor. All diesen Entschei-

---

[1] Zöller/*Greger* ZPO § 299a Rn. 1; BeckOK ZPO/*Bacher* § 299a Rn. 2.
[2] MüKoZPO/*Prütting* ZPO § 299a Rn. 2; Zöller/*Greger* ZPO § 299a Rn. 1; aA Musielak/*Huber* ZPO § 299a Rn. 1.
[3] Zöller/*Greger* ZPO § 299a Rn. 1.
[4] Zöller/*Greger* ZPO § 299a Rn. 1.
[5] BeckOK/*Bacher* § 299a Rn. 2.
[6] MüKoZPO/*Prütting* ZPO § 299a Rn. 6.
[7] Musielak/*Huber* ZPO § 299a Rn. 2; MüKoZPO/*Prütting* ZPO § 299a Rn. 10.
[8] Musielak/*Huber* ZPO § 299a Rn. 2.
[9] MüKoZPO/*Prütting* ZPO § 299a Rn. 10.
[10] MüKoZPO/*Prütting* ZPO § 299a Rn. 10.
[11] MüKoZPO/*Prütting* ZPO § 299a Rn. 6.
[12] *Mes* PatG § 125a Rn. 9.
[13] Busse/*Schuster* PatG § 99 Rn. 9.

dungsformen ist gemein, dass eine Entscheidung grundsätzlich erst nach **mündlicher Verhandlung** ergeht. Nur in bestimmten gesetzlich geregelten Fällen, wie der Entscheidung nach Lage der Akten (§ 251a ZPO) oder im schriftlichen Verfahren (§§ 128 Abs. 2, 3; 307 S. 2; 331 Abs. 3 ZPO) kann ein Urteil ohne mündliche Verhandlung ergehen.

Abzugrenzen ist das Urteil von den Entscheidungsformen des **Beschlusses** und von gerichtlichen **Verfügungen,** für die eine mündliche Verhandlung grundsätzlich nicht vorgesehen ist (→ § 329 Rn. 3). Bei letzteren handelt es sich um prozessleitende Anordnungen des Gerichts, die ebenso wie der Beschluss den Prozessstoff weder ganz noch teilweise in der Hauptsache erledigen.[1]   2

Die §§ 300 ff. ZPO finden grundsätzlich auch in **Verfahren vor dem BPatG und dem DPMA** Anwendung, wobei jedoch einige Besonderheiten zu beachten sind.[2] Wegen der Einzelheiten wird auf die entsprechenden Ausführungen in den Kommentierungen der §§ 300 ff. ZPO verwiesen (→ § 301 Rn. 9; → § 304 Rn. 5).   3

II. Urteilsarten

Urteile lassen sich in verschiedener Hinsicht unterscheiden: 4

Je nachdem, **ob und in welchem Umfang der Rechtsstreit entschieden wird,** ist zwischen End- (§ 300 ZPO), Teil- (§ 301 ZPO), Vorbehalts- (§ 302 ZPO) und Zwischenurteilen (§§ 303, 304 ZPO) zu unterscheiden.

Hinsichtlich des **sachlichen Inhalts** eines Urteils ist zwischen Leistungs-, Feststellung- und Gestaltungsurteilen zu unterscheiden.[3]   5

Ferner wird begrifflich danach unterschieden, ob eine Entscheidung über prozessuale Fragen ergeht **(Prozessurteil)** oder ob über den Streitgegenstand entschieden wird **(Sachurteil).**   6

Zu unterscheiden ist ferner zwischen **kontradiktorischen,** aufgrund einer streitigen mündlichen Verhandlung ergehenden Urteilen und nichtstreitigen Urteilen. Ein nichtstreitiges Urteil ist das **Versäumnisurteil,** das dann ergeht, wenn eine der Parteien trotz ordnungsgemäßer Ladung nicht in der mündlichen Verhandlung erscheint oder nicht verhandelt (§§ 330 ff. ZPO).[4]   7

B. Endscheidung durch Endurteil

Das Gericht entscheidet durch Endurteil, wenn die Sache **entscheidungsreif** ist. Dies ist dann der Fall, wenn der Sachverhalt vollständig geklärt ist und die angebotenen Beweise erschöpft sind bzw. eine Berücksichtigung noch nicht geklärter Angriffs- oder Verteidigungsmittel gemäß §§ 296, 296a, 527 ff. ZPO ausscheidet.[5]   8

Ist die Sache entscheidungsreif **muss** das Gericht durch Endurteil entscheiden und darf nicht länger warten.[6] Es ist dann nicht mehr möglich über einzelne Vorfragen im Wege des Zwischenurteils nach § 303 ZPO zu entscheiden. Allerdings kann ein Endurteil unter den Voraussetzungen des § 301 ZPO auch als **Teilurteil** ergehen.   9

§ 301 Teilurteil

(1) ¹Ist von mehreren in einer Klage geltend gemachten Ansprüchen nur der eine oder ist nur ein Teil eines Anspruchs oder bei erhobener Widerklage nur die Klage oder die Widerklage zur Endentscheidung reif, so hat das Gericht sie durch Endurteil (Teilurteil) zu erlassen. ²Über einen Teil eines einheitlichen Anspruchs, der nach Grund und Höhe streitig ist, kann durch Teilurteil nur entschieden werden, wenn zugleich ein Grundurteil über den restlichen Teil des Anspruchs ergeht.

(2) **Der Erlass eines Teilurteils kann unterbleiben, wenn es das Gericht nach Lage der Sache nicht für angemessen erachtet.**

Literatur: *Hövelmann,* Der nicht beschiedene Hilfsantrag Oder: die Teilentscheidung über die Patentanmeldung in der Fassung des Hauptantrags, GRUR 2009, 718.

Übersicht

	Rn.
A. Allgemeine Grundlagen	1
B. Zulässigkeit des Teilurteils	4
I. Entscheidungsreife	4

---

[1] Zöller/*Vollkommer* ZPO Vor § 300 Rn. 2 f.
[2] Vgl. zB BeckOK PatR/*Schnekenbühl* PatG § 84 Rn. 3.
[3] Hierzu eingehend Zöller/*Vollkommer* ZPO Vor § 300 Rn. 7 ff.
[4] Zöller/*Vollkommer* ZPO Vor § 300 Rn. 6.
[5] Zöller/*Vollkommer* ZPO Vor § 300 Rn. 2.
[6] Musielak/Voit/*Musielak* ZPO § 300 Rn. 10.

	Rn.
II. Teilbarkeit	5
III. Teil- und Grundurteil (§ 301 Abs. 1 S. 2 ZPO)	14
C. Entscheidung des Gerichts	16

A. Allgemeine Grundlagen

1 § 301 ZPO eröffnet dem Gericht die Möglichkeit das Verfahren dadurch zu vereinfachen und beschleunigen, dass über einen **Teil des Streitgegenstandes durch Endurteil** entschieden wird. Über den verbleibenden Rest des Streitgegenstandes ergeht sodann gesondert ein die Instanz abschließendes sog. **Schlussurteil**.

2 Auf **Beschlüsse** findet § 301 ZPO entsprechende Anwendung.[1] Hier wird durch Teilbeschluss und Schlussbeschluss entschieden.

3 In **Verfahren vor dem BPatG** findet § 301 ZPO Anwendung[2] (→ Rn. 9).

B. Zulässigkeit des Teilurteils

I. Entscheidungsreife

4 Das Gericht erlässt ein Teilurteil wenn von mehreren in einer Klage geltend gemachten Ansprüchen nur ein Anspruch oder nur ein Teil eines Anspruchs **entscheidungsreif** ist. Gleiches gilt nach § 301 Abs. 1 S. 1 ZPO wenn bei einer Widerklage nur die Klage oder die Widerklage zur Endentscheidung reif ist.[3] Ist Entscheidungsreife hinsichtlich des gesamten Rechtsstreits gegeben, ist ein Teilurteil nicht zulässig.[4]

II. Teilbarkeit

5 Ein Teilurteil kommt nur dann in Betracht, wenn der Gegenstand des Verfahrens **teilbar** ist, was beispielsweise der Fall ist, wenn mehrere selbständige prozessuale Ansprüche im Wege objektiver oder bei **einfacher Streitgenossen** im Wege subjektiver Klagehäufung geltend gemacht werden. Bei notwendigen Streitgenossen ist Teilbarkeit hingegen grundsätzlich ausgeschlossen.[5]

6 Teilbarkeit setzt voraus, dass über einen aussonderbaren, einer selbstständigen Entscheidung zugänglichen Teil des Verfahrensgegenstands entschieden wird und der Ausspruch über diesen Teil unabhängig von demjenigen über den restlichen Verfahrensgegenstand getroffen werden kann, so dass die **Gefahr einander widersprechender Entscheidungen** ausgeschlossen ist.[6] Es gilt daher ein **Teilurteilsverbot** in den Fällen, in denen die Gefahr widersprechender Entscheidungen – auch infolge abweichender Beurteilung durch das Rechtsmittelgericht[7] – droht, weil das Gericht über eine Frage entscheidet, die sich im weiteren Verfahren über die anderen Ansprüche noch einmal stellt.[8] Die Gefahr widersprüchlicher Entscheidungen besteht immer dann, wenn zwischen prozessual selbstständigen Ansprüchen eine materiell-rechtliche Verzahnung besteht oder die Ansprüche prozessual in ein Abhängigkeitsverhältnis gestellt sind.[9] Dazu reicht die Möglichkeit einer unterschiedlichen Beurteilung von bloßen Urteilselementen aus, die weder in Rechtskraft erwachsen noch das Gericht nach § 318 ZPO für das weitere Verfahren binden.[10]

7 Das Teilurteilsverbot gilt ausnahmsweise dann nicht, wenn über das Vermögen eines einfachen Streitgenossen das Insolvenzverfahren eröffnet wurde und das Verfahren daher insoweit gemäß § 240 ZPO unterbrochen ist (→ § 240 Rn. 37).[11] Es ist hier nicht mit dem Anspruch der anderen Parteien auf effektiven Rechtsschutz zu vereinbaren, wenn der Fortgang des Verfahrens aufgrund der Unterbrechung hinsichtlich eines insolventen Streitgenossen auf unbestimmte Zeit verzögert wird. Die Unterbrechung führt daher zu einer faktischen Trennung des Verfahrens.[12] Dies gilt auch dann, wenn der Kläger mehrere Ansprüche geltend macht, von denen einer durch die Unterbrechung nach § 240 ZPO nicht betroffen ist.[13]

---

[1] BGH NJW 1994, 2235.
[2] BPatG GRUR 1991, 828 (829 f.) – Synchroton.
[3] BGH GRUR 2017, 520 (521) – MICRO COTTON.
[4] Musielak/Voit/*Musielak* ZPO § 301 Rn. 8.
[5] Musielak/Voit/*Musielak* ZPO § 301 Rn. 3b.
[6] BGH GRUR 2015, 1201 (1204) – Sparkassen-Rot/Santander-Rot; BGH NJW 2012, 844.
[7] BGH NJW 2013, 1009.
[8] BGH GRUR 2015, 1201 (1204) – Sparkassen-Rot/Santander-Rot; BGH GRUR 2001, 54 (55) – Subway/Subwear.
[9] BGH NJW 2013, 1009; 2011, 2736 (2737).
[10] BGH GRUR 2015, 1201 (1204) – Sparkassen-Rot/Santander-Rot.
[11] BGH GRUR 2015, 1201 (1204) – Sparkassen-Rot/Santander-Rot; BGH GRUR 2010, 343 (345) – Oracle; OLG Düsseldorf BeckRS 2015, 13306; LG Düsseldorf BeckRS 2004, 21365.
[12] OLG Düsseldorf BeckRS 2015, 13306.
[13] OLG Düsseldorf BeckRS 2015, 13306.

Keine Ausnahme vom Teilurteilsverbot greift hingegen bei einer Aussetzung des Verfahrens auf **8** übereinstimmenden Antrag der Parteien.[14] Es fehlt hier an einer mit einer Verfahrensunterbrechung auf Grund von Insolvenz oder Tod eines Streitgenossen vergleichbaren Situation. Die Unterbrechung des Rechtsstreits durch Tod oder Insolvenz einer Partei müssen die Beteiligten hinnehmen, während sie die Aussetzungsentscheidung des Gerichts mit Rechtsmitteln anfechten können. Ein Teilurteil verstößt daher in einer solchen Konstellation nicht gegen den Anspruch auf effektiven Rechtsschutz.

Teilbarkeit ist beispielsweise dann gegeben, wenn eine **Verletzungsklage** auf mehrere Schutzrechte **9** gestützt wird.[15] Allerdings wird hier in der Praxis eine Prozesstrennung nach § 145 ZPO vorgenommen, um die verschiedenen Schutzrechte in eigenen Verfahren behandeln zu können (→ § 145 Rn. 2).

Keine Teilbarkeit liegt vor, wenn im Verletzungsverfahren die **Verletzung eines Schutzrechts** **10** **durch verschiedene Ausführungsformen** geltend gemacht wird.[16] Hier ist es nicht möglich hinsichtlich einer Ausführungsform durch Teilurteil zu entscheiden und das Verfahren bezüglich einer anderen streitgegenständlichen Ausführungsform auszusetzen, da es für alle Ausführungsformen auf die Rechtsbeständigkeit des Schutzrechts ankommt (→ § 148 Rn. 881). Auch eine Entscheidung über einzelne der im Wege der objektiven Klagehäufung geltend gemachten Ansprüche auf Unterlassung, Schadensersatzfeststellung, Rechnungslegung oder Vernichtung ist in aller Regel wegen ihrer materiell-rechtlichen Verzahnung nicht möglich.[17] Anders ist dies dann, wenn die Ansprüche im Wege der Stufenklage geltend gemacht werden.[18]

Das Teilurteilsverbot greift auch dann ein, wenn hinsichtlich einzelner Ansprüche im Patentverlet- **11** zungsverfahren die Inhaberschaftslage aufzuklären ist. Es kann dann kein Teilurteil über die Ansprüche ergehen, die keine Aufklärung erfordern.[19]

Im **Rechtsbestandsverfahren** greift § 301 ZPO, wenn mit einer Klage mehrere Schutzrechte **12** angegriffen werden und zunächst nur über den Rechtsbestand eines der Schutzrechte entschieden werden soll.[20] Auch hier wird jedoch in aller Regel eine Prozesstrennung nach § 145 ZPO vorgenommen (→ § 145 Rn. 4). Die Entscheidung über **einzelne Nichtigkeitsgründe** kann ebenfalls im Wege des Teilurteils ergehen.[21]

Auch im **Erteilungsverfahren** kann Teilbarkeit vorliegen, wenn die Erteilung mehrerer Patente **13** oder eines Patentes mit mehreren, im Haupt- und Hilfsverhältnis stehenden Anträgen begehrt wird.[22]

III. Teil- und Grundurteil (§ 301 Abs. 1 S. 2 ZPO)

Bei einem **mengenmäßig bezifferten Anspruch** kann über einen Teil des Anspruchs nur dann **14** entschieden werden, wenn **zugleich ein Grundurteil** iSv § 304 ZPO über den restlichen Teil des Anspruchs ergeht.[23] Auf diese Weise wird Klarheit über das Bestehen der Anspruchsgrundlage geschaffen, da im Schlussurteil nur noch über die Höhe des restlichen lediglich entschieden werden muss (→ § 304 Rn. 1). So kann das Gericht beispielsweise dem Grunde nach über das Bestehen eines Anspruchs auf Zahlung eines Ausgleichsanspruchs für die Patentbenutzung durch Grund- und Teilurteil entscheiden, wenn die Höhe der Ausgleichsansprüche noch nicht absehbar ist.[24]

Ein Teil- und Grundurteil kommt entgegen anderslautender Ansicht nicht zur Durchsetzung eines **15** **Besichtigungsanspruchs** im Hauptsacheverfahren in Betracht.[25] Die Entscheidung über die Duldung der Zwangsvollstreckung soll hier als Teilurteil ergehen, das zur Vermeidung von Widersprüchen mit der später zu treffenden Entscheidung über die Aushändigung des Gutachtens mit einem Grundurteil über das Bestehen des Besichtigungsanspruchs zu verbinden sei.[26] Gegen diesen prozessualen Ansatz spricht, dass Teil- und Grundurteil nach § 301 Abs. 1 S. 2 ZPO einen bezifferbaren Anspruch, dh einen Anspruch auf Zahlung von Geld oder auf Leistung vertretbarer Sachen voraussetzt, was beim Besichtigungsverfahren nicht der Fall ist. Ein Teil- und Grundurteil ist hier auch inhaltlich nicht erforderlich, da die Zulässigkeit des Besichtigungsverfahrens bereits Gegenstand des Teilurteils ist, mit

---

[14] BGH GRUR 2015, 1201 (1205) – Sparkassen-Rot/Santander-Rot.
[15] BeckOK PatR/*Kircher* PatG § 145 Rn. 26.
[16] OLG Düsseldorf BeckRS 2013, 02726.
[17] *Kühnen* GRUR 2014, 137 (140); vgl. OLG Frankfurt a. M. BeckRS 1988, 05209 zur Teilbarkeit des Rechnungslegungsanspruchs bei einem UWG-Verstoß.
[18] Vgl. BGH NJW 2011, 1815 (1816).
[19] *Kühnen* GRUR 2014, 137 (140); *Seiler* GRUR-Prax 2015, 164 (165).
[20] Schulte/*Voit* PatG § 84 Rn. 4.
[21] *Keukenschrijver* Rn. 290.
[22] Hierzu BGH GRUR 2006, 748 (749) – Mikroprozessor; BPatG GRUR 1991, 828 (830) – Synchroton; vgl. auch *Hövelmann* GRUR 2009, 718 ff.
[23] BGH NJW 1992, 511 f.
[24] OLG Düsseldorf GRUR 2014, 1190 (1191) – Sektionalantrieb.
[25] LG Düsseldorf InstGE 8, 103 (107) – Etikettiermaschine.
[26] LG Düsseldorf InstGE 8, 103 (107) – Etikettiermaschine.

dem über die Duldung der Zwangsvollstreckung entschieden wird, so dass sich diese Frage bei der Entscheidung über die Herausgabe des Gutachtens nicht mehr stellt (eingehend hierzu auch → Vor § 485 Rn. 41).

C. Entscheidung des Gerichts

16 Der Erlass eines Teilurteils steht im **Ermessen des Gerichts,** auch wenn der Wortlaut des § 301 Abs. 1 S. 1 ZPO davon ausgeht, dass ein Teilurteil zu ergehen „hat".[27] Dies ergibt sich aus § 301 Abs. 2 ZPO, wonach das Gericht auf den Erlass eines Teilurteils verzichten kann, wenn es dies nach Lage der Sache für unangemessen erachtet. Hierauf soll sich das Gericht nach Ansicht des OLG München auch bei nachträglicher subjektiver Klageerweiterung berufen können und die Verfahren trennen, wenn ein Teilurteil ergehen könnte.[28]

17 Ein Teilurteil liegt nur dann vor, wenn das Gericht erkennbar nur über den abgrenzbaren Teil entscheiden wollte, was in der Entscheidung oder jedenfalls in den Begleitumständen hinreichend zum Ausdruck kommen muss.[29] Wird in dem Urteil ein nach dem Tatbestand erhobener Anspruch übergangen, ist ggf. eine Urteilsergänzung nach § 321 ZPO zu beantragen.[30]

18 Durch das Teilurteil wird das Verfahren in selbständige Verfahren geteilt.[31] Das Teilurteil und das Schlussurteil sind daher **hinsichtlich ihrer formellen und materiellen Rechtskraft unabhängig** voneinander zu bewerten.[32] Die Entscheidung im Teilurteil ist gemäß § 318 ZPO bei Erlass des Schlussurteils zu beachten.

19 Das Teilurteil und das Schlussurteil sind jeweils **mit den allgemeinen Rechtsmitteln anfechtbar.** Da es sich um unabhängige Entscheidungen handelt, müssen die Voraussetzungen für eine Berufung oder Revision jeweils selbständig gegeben sein.[33]

20 Der **Erlass eines unzulässigen Teilurteils** stellt einen wesentlichen Verfahrensmangel dar, der in der Berufungs-[34] und der Revisionsinstanz[35] von Amts wegen zu berücksichtigen ist. Wird ein das Gebot der Widerspruchsfreiheit von Teil- und Schlussurteil verletzendes Teilurteil **nur teilweise angefochten,** steht einer auf diesen Verfahrensfehler gestützten Aufhebung des gesamten Teilurteils das Verbot der reformatio in peius entgegen.[36]

21 Das Berufungsgericht darf die Sache unter den Voraussetzungen des § 538 Abs. 2 Nr. ZPO unter Aufhebung des Urteils an das Gericht des ersten Rechtszuges zur weiteren Verhandlung zurückverweisen.[37] Ist Gegenstand der Revision ein vom Berufungsgericht zu Unrecht bestätigtes unzulässiges Teilurteil erster Instanz, so muss das Revisionsgericht an das Berufungsgericht zurückverweisen.[38]

§ 302 Vorbehaltsurteil

(1) Hat der Beklagte die Aufrechnung einer Gegenforderung geltend gemacht, so kann, wenn nur die Verhandlung über die Forderung zur Entscheidung reif ist, diese unter Vorbehalt der Entscheidung über die Aufrechnung ergehen.

(2) Enthält das Urteil keinen Vorbehalt, so kann die Ergänzung des Urteils nach Vorschrift des § 321 beantragt werden.

(3) Das Urteil, das unter Vorbehalt der Entscheidung über die Aufrechnung ergeht, ist in Betreff der Rechtsmittel und der Zwangsvollstreckung als Endurteil anzusehen.

(4) ¹In Betreff der Aufrechnung, über welche die Entscheidung vorbehalten ist, bleibt der Rechtsstreit anhängig. ²Soweit sich in dem weiteren Verfahren ergibt, dass der Anspruch des Klägers unbegründet war, ist das frühere Urteil aufzuheben, der Kläger mit dem Anspruch abzuweisen und über die Kosten anderweit zu entscheiden. ³Der Kläger ist zum Ersatz des Schadens verpflichtet, der dem Beklagten durch die Vollstreckung des Urteils oder durch eine zur Abwendung der Vollstreckung gemachte Leistung entstanden ist. ⁴Der Beklagte kann den Anspruch auf Schadensersatz in dem anhängigen Rechtsstreit geltend machen; wird der Anspruch geltend gemacht, so ist er als zur Zeit der Zahlung oder Leistung rechtshängig geworden anzusehen.

§ 303 Zwischenurteil

Ist ein Zwischenstreit zur Entscheidung reif, so kann die Entscheidung durch Zwischenurteil ergehen.

---

[27] Zöller/*Vollkommer* ZPO § 301 Rn. 10.
[28] OLG München InstGE 9, 58 (63) – Streitgegenstand bei Teilvindikation.
[29] OLG Düsseldorf BeckRS 2014, 14415.
[30] OLG Düsseldorf BeckRS 2014, 14415.
[31] Vgl. etwa OLG München InstGE 9, 58 (63) – Streitgegenstand bei Teilvindikation.
[32] Musielak/Voit/*Musielak* ZPO § 301 Rn. 21.
[33] Zöller/*Vollkommer* ZPO § 301 Rn. 12.
[34] BGH GRUR 2001, 54 (55) – Subway/Subwear.
[35] BGH GRUR 2015, 1201 (1204) – Sparkassen-Rot/Santander-Rot; BGH NJW 2011, 2736 (2737).
[36] BGH NJW 2013, 1009 f.
[37] BGH GRUR 2015, 1201 (1204) – Sparkassen-Rot/Santander-Rot; OLG Düsseldorf BeckRS 2014, 21706.
[38] BGH NJW 2001, 78 (79).

A. Allgemeine Grundlagen

Ein Zwischenurteil nach § 303 ZPO kann nur über **prozessuale Vorfragen** ergehen die nicht selbst den Streitgegenstand betreffen.[1] Auch über die Zulässigkeit der Klage wird gemäß § 280 Abs. 2 ZPO durch Zwischenurteil entschieden (→ § 280 Rn. 7 ff.). Über die Zulässigkeit der Berufung kann ebenfalls durch Zwischenurteil entschieden werden.[2]

Im Gewerblichen Rechtsschutz findet § 303 ZPO beispielsweise bei der Entscheidung über die Zulässigkeit einer **Nebenintervention**[3] (→ § 71 Rn. 3), über die Zulassung einer **Klageänderung**[4] und die Zulässigkeit eines Einspruchs gegen ein Versäumnisurteils (→ § 341 Rn. 2) oder eines Antrages auf Wiedereinsetzung in den vorherigen Stand (→ § 238 Rn. 7) Anwendung.[5] Auch bei Streit über die Höhe der **Prozesskostensicherheit**[6] (→ § 113 Rn. 4) oder eine Verfahrensunterbrechung wegen Eröffnung eines Insolvenzverfahrens[7] (→ § 240 Rn. 35, 45) ist durch Zwischenurteil zu entscheiden.

Auch in Verfahren vor dem **BPatG** findet § 303 ZPO bei einem den Fortgang des Verfahrens betreffenden Zwischenstreit Anwendung.[8] Im Patentnichtigkeitsverfahren ergibt sich dies für die Frage der **Zulässigkeit der Patentnichtigkeitsklage** unmittelbar aus § 84 Abs. 1 Satz 2 PatG.[9] In patentgerichtlichen **Beschwerdeverfahren** findet § 303 ZPO entsprechende Anwendung.[10] Die Entscheidung ergeht dabei durch **Zwischenbeschluss,** wenn das patentgerichtliche Verfahren als Beschlussverfahren ausgestaltet ist.[11] Auch über die Zulässigkeit einer Beschwerde gegen eine Entscheidung des DPMA kann das BPatG entsprechend § 303 ZPO vorab entscheiden.[12]

In Verfahren vor dem **DPMA** soll eine Vorabentscheidung ebenfalls in entsprechender Anwendung des § 303 ZPO möglich sein.[13]

B. Verfahren

Das Gericht entscheidet nach **freiem Ermessen,** ob es ein Zwischenurteil erlässt oder über die prozessuale Frage erst im Endurteil entscheidet. Ein Antrag einer Partei ist nicht erforderlich. Ist der Rechtsstreit bereits entscheidungsreif, muss gemäß § 300 ZPO ein Endurteil ergehen.[14]

Das Zwischenurteil setzt mit Ausnahme des schriftlichen Verfahrens grundsätzlich die Durchführung einer **mündlichen Verhandlung** über die Streitfrage voraus.[15] Bei Entscheidungen durch **Zwischenbeschluss** ist eine mündliche Verhandlung nicht erforderlich.[16]

Durch das Zwischenurteil wird das Gericht **nach § 318 ZPO gebunden.** Eine erneute Prüfung der durch das Zwischenurteil entschiedenen Frage ist daher ausgeschlossen.

Gegen das Zwischenurteil besteht grundsätzlich **keine selbstständige Anfechtungsmöglichkeit.** Die Entscheidung kann nur im Rahmen des Rechtsmittelverfahrens gegen das Endurteil angegriffen werden. Für die **Zulässigkeit der Klage** enthält § 280 Abs. 2 ZPO eine besondere Regelung dergestalt, dass das Zwischenurteil bzgl. der Rechtsmittel als Endurteil anzusehen ist (→ § 280 Rn. 14 ff.). Das Zwischenurteil über die **Nebenintervention** kann gemäß § 71 Abs. 2 ZPO mit der sofortigen Beschwerde angefochten werden.

Entscheidet das BPatG entsprechend § 303 ZPO durch **Zwischenbeschluss** (→ Rn. 3), so ist dieser selbständig anfechtbar, sofern dies nicht ausdrücklich ausgeschlossen ist (vgl. etwa §§ 46 Abs. 1 Satz 5; 123 Abs. 4 PatG).[17]

---

[1] Musielak/Voit/*Musielak* ZPO § 303 Rn. 2.
[2] BGH GRUR 1991, 442 – Schneidwerkzeug.
[3] *Kühnen* Kap. G Rn. 327.
[4] Vgl. etwa BGH GRUR 2008, 87 (88) – Patentinhaberwechsel im Einspruchsverfahren; BPatG BeckRS 2010, 21509 (Parteiwechsel im Nichtigkeitsverfahren).
[5] Zu weiteren Anwendungsfällen vgl. Zöller/*Vollkommer* ZPO § 303 Rn. 6.
[6] *Kühnen* Kap. E Rn. 52.
[7] BGH BeckRS 2009, 29126.
[8] Grundlegend BGH GRUR 1967, 477 (478) – UHF-Empfänger II; Schulte/*Schulte* PatG Einleitung Rn. 467 ff.; Ingerl/Rohnke MarkenG § 70 Rn. 3.
[9] Vgl. etwa BGH GRUR 1990, 667 – Einbettungsmasse.
[10] BGH GRUR 1967, 477 (478) – UHF-Empfänger II; BGH GRUR 2008, 87 (88) – Patentinhaberwechsel im Einspruchsverfahren; BPatG GRUR 2001, 371 – Pressform.
[11] BPatG GRUR 2001, 371 – Pressform.
[12] Bühring/*Bühring* GebrMG § 18 Rn. 82; Schulte/*Schulte* PatG Einleitung Rn. 476.
[13] Schulte/*Schulte* PatG Einleitung Rn. 474 unter Verweis auf verschiedene Anwendungsfälle im Patentrecht.
[14] Musielak/*Musielak* ZPO § 303 Rn. 5.
[15] Musielak/*Musielak* ZPO § 303 Rn. 5.
[16] BGH GRUR 1967, 477 (478) – UHF-Empfänger II.
[17] Schulte/*Schulte* PatG Einleitung Rn. 475.

§ 304 Zwischenurteil über den Grund

(1) Ist ein Anspruch nach Grund und Betrag streitig, so kann das Gericht über den Grund vorab entscheiden.

(2) Das Urteil ist in Betreff der Rechtsmittel als Endurteil anzusehen; das Gericht kann jedoch, wenn der Anspruch für begründet erklärt ist, auf Antrag anordnen, dass über den Betrag zu verhandeln sei.

1   Anders als bei Zwischenurteilen gemäß § 303 ZPO wird in dem Zwischenurteil über den Grund nach § 304 ZPO nicht über prozessuale Vorfragen, sondern über den Anspruch dem Grunde nach entschieden. Es ergeht in diesem **Grundverfahren** keine die Instanz beendende (teilweise) Entscheidung über den Streitgegenstand, sondern nur eine Vorabentscheidung über das Bestehen eines mengenmäßig bezifferten Anspruchs. Über den Betrag, d.h. die Menge wird sodann in einem **Betragsverfahren** gesondert verhandelt. Das Grundurteil kann bei einem einheitlichen und teilbaren Anspruch gemäß § 301 Abs. 1 Satz 2 ZPO auch mit einem Teilurteil verbunden werden (→ § 301 Rn. 111).

2   § 304 ist Ausdruck der **Prozessökonomie**. Durch das Zwischenurteil wird das Verfahren gegliedert und so die Konzentration der Verhandlung auf die jeweiligen Streitpunkte ermöglicht.[1] Allerdings ist die Trennung des Rechtsstreits auch mit **erheblichen Nachteilen** verbunden. Sie führt zu einer Verlängerung der Verfahrensdauer, und kann auch zu einer wesentlichen Erhöhung der Prozesskosten für den Beklagten führen, wenn sich erst im Betragsverfahren herausstellt, dass die Klageforderung nur teilweise begründet ist, für das Grundverfahren aber zunächst ein höherer Streitwert angenommen wurde.

3   Eine Entscheidung nach § 304 ZPO kommt nur dann in Betracht, wenn Streitgegenstand des Verfahrens ein **Anspruch auf Zahlung von Geld oder auf Leistung vertretbarer Sachen** (§ 91 BGB) ist, weil nur dann eine Aufteilung nach Grund und Betrag möglich ist.[2]

4   Ein Grundurteil im Sinne des § 304 ZPO darf ergehen, wenn ein Anspruch nach Grund und Höhe streitig ist, alle Fragen, die zum Grund des Anspruches gehören, erledigt sind und nach dem Sach- und Streitstand zumindest wahrscheinlich ist, dass der Anspruch in irgendeiner Höhe besteht.[3] Über einen unbezifferten Anspruch kann nicht durch Grundurteil entschieden werden.[4]

5   Im **Gewerblichen Rechtsschutz** ist der Anwendungsbereich des § 304 ZPO begrenzt: In Verfahren vor dem **BPatG und dem DPMA** findet § 304 ZPO keine Anwendung,[5] da dort keine Verfahren geführt werden, bei denen eine Aufteilung des Streitgegenstandes nach Grund und Betrag möglich ist.

6   In **Zivilverfahren** kommt ein Zwischenurteil über den Grund beispielsweise dann in Betracht, wenn Ansprüche wegen Zahlungen von bezifferbaren **Lizenzgebühren** geltend gemacht werden. Dies gilt auch für Ansprüche auf Zahlung einer **Arbeitnehmererfindervergütung**, die nach § 38 ArbEG nicht beziffert werden müssen und auf einen angemessenen Betrag gerichtet werden können.[6] In anderen Fällen in denen Zahlungsansprüche, etwa **Schadensersatzansprüche** wegen Verletzung eines Schutzrechts, geltend gemacht werden, wird einem Grundurteil nach § 304 ZPO regelmäßig entgegenstehen, dass der Anspruch erst nach Auskunft- und Rechnungslegung durch den Verletzer beziffert werden kann und daher im Verletzungsverfahren zunächst als Feststellungsanspruch oder ggf. auch im Wege der Stufenklage geltend gemacht wird.

7   Ein Grundurteil kommt entgegen anderslautender Ansicht nicht bei Durchsetzung eines **Besichtigungsverfahrens** im Hauptsacheverfahren in Betracht, da hier kein Anspruch auf Zahlung von Geld oder auf Leistung vertretbarer Sachen in Streit steht (→ § 301 Rn. 12).[7]

§ 305 Urteil unter Vorbehalt erbrechtlich beschränkter Haftung

(1) Durch die Geltendmachung der dem Erben nach den §§ 2014, 2015 des Bürgerlichen Gesetzbuchs zustehenden Einreden wird eine unter dem Vorbehalt der beschränkten Haftung ergehende Verurteilung des Erben nicht ausgeschlossen.

(2) Das Gleiche gilt für die Geltendmachung der Einreden, die im Falle der fortgesetzten Gütergemeinschaft dem überlebenden Ehegatten oder Lebenspartner nach dem § 1489 Abs. 2 und den §§ 2014, 2015 des Bürgerlichen Gesetzbuchs zustehen.

§ 305a Urteil unter Vorbehalt seerechtlich beschränkter Haftung

(1) [1]Unterliegt der in der Klage geltend gemachte Anspruch der Haftungsbeschränkung nach § 611 Absatz 1 oder 3, §§ 612 bis 616 des Handelsgesetzbuchs und macht der Beklagte geltend, dass

---

[1] Musielak/Voit/*Musielak* ZPO § 304 Rn. 1.
[2] Musielak/Voit/*Musielak* ZPO § 304 Rn. 4.
[3] BGH NJW 2001, 224 (225).
[4] Zöller/*Vollkommer* ZPO § 304 Rn. 3.
[5] Busse/*Schuster* PatG § 99 Rn. 13; a. A. BeckOK PatR/*Rauch/Schnurr* PatG § 99 Rn. 9.
[6] Hierzu Bartenbach/*Volz* ArbEG § 38 Rn. 3.
[7] LG Düsseldorf InstGE 8, 103 (107) – Etikettiermaschine; *Kühnen* Kap. B Rn. 82.

1. aus demselben Ereignis weitere Ansprüche, für die er die Haftung beschränken kann, entstanden sind und
2. die Summe der Ansprüche die Haftungshöchstbeträge übersteigt, die für diese Ansprüche in Artikel 6 oder 7 des Haftungsbeschränkungsübereinkommens (§ 611 Absatz 1 Satz 1 des Handelsgesetzbuchs) oder in den §§ 612, 613 oder 615 des Handelsgesetzbuchs bestimmt sind,

so kann das Gericht das Recht auf Beschränkung der Haftung bei der Entscheidung unberücksichtigt lassen, wenn die Erledigung des Rechtsstreits wegen Ungewissheit über Grund oder Betrag der weiteren Ansprüche nach der freien Überzeugung des Gerichts nicht unwesentlich erschwert wäre. ²Das Gleiche gilt, wenn der in der Klage geltend gemachte Anspruch der Haftungsbeschränkung nach den §§ 4 bis 5n des Binnenschifffahrtsgesetzes unterliegt und der Beklagte geltend macht, dass aus demselben Ereignis weitere Ansprüche entstanden sind, für die er die Haftung beschränken kann und die in ihrer Summe die für sie in den §§ 5e bis 5k des Binnenschifffahrtsgesetzes bestimmten Haftungshöchstbeträge übersteigen.

(2) Lässt das Gericht das Recht auf Beschränkung der Haftung unberücksichtigt, so ergeht das Urteil
1. im Falle des Absatzes 1 Satz 1 unter dem Vorbehalt, dass der Beklagte das Recht auf Beschränkung der Haftung geltend machen kann, wenn ein Fonds nach dem Haftungsbeschränkungsübereinkommen errichtet worden ist oder bei Geltendmachung des Rechts auf Beschränkung der Haftung errichtet wird,
2. im Falle des Absatzes 1 Satz 2 unter dem Vorbehalt, dass der Beklagte das Recht auf Beschränkung der Haftung geltend machen kann, wenn ein Fonds nach § 5d des Binnenschifffahrtsgesetzes errichtet worden ist oder bei Geltendmachung des Rechts auf Beschränkung der Haftung errichtet wird.

§ 306 Verzicht

Verzichtet der Kläger bei der mündlichen Verhandlung auf den geltend gemachten Anspruch, so ist er auf Grund des Verzichts mit dem Anspruch abzuweisen, wenn der Beklagte die Abweisung beantragt.

A. Allgemeine Grundlagen

Nach § 306 ZPO ergeht auf Antrag des Beklagten ein Verzichtsurteil, wenn der Kläger bei der mündlichen Verhandlung auf die geltend gemachten Ansprüche verzichtet. Der Verzicht kann auch auf selbständige und abtrennbare Teile des Streitgegenstandes beschränkt werden.[1]

Im Gewerblichen Rechtsschutz findet § 306 ZPO insbesondere in den Fällen Anwendung, in denen das **Klageschutzrecht vernichtet**[2] oder in einer Weise beschränkt wird, dass die angegriffene Ausführungsform nicht mehr erfasst wird.[3] Kommt hier eine Klagerücknahme mangels Zustimmung des Beklagten nicht mehr in Betracht, kann der Kläger auf die geltend gemachten Ansprüche verzichten, um die Prozesskosten möglichst gering zu halten (→ Rn. 8).

In Verfahren vor dem **BPatG** und dem **DPMA** findet § 306 ZPO keine Anwendung.[4] Im Rechtsbestandsverfahren steht einer Anwendung entgegen, dass der Verzicht des Klägers nicht mit dem in diesen Verfahren geltenden **Untersuchungsgrundsatz** zu vereinbaren ist.[5]

B. Verfahren

Ein Verzicht ist **bedingungsfeindlich** und kann nur wirksam erklärt werden, wenn alle **Prozesshandlungsvoraussetzungen** vorliegen.[6] In Verfahren des Gewerblichen Rechtsschutzes muss der Verzicht also durch einen beim Prozessgericht zugelassenen Anwalt erklärt werden.[7] Anders als bei der Klagerücknahme kann ein Verzicht gegenüber dem BGH nicht durch den zweitinstanzlichen Prozessbevollmächtigten erklärt werden, wenn noch kein beim BGH zugelassener Rechtsanwalt bestellt ist.[8]

Ein Verzichtsurteil ergeht nach dem Wortlaut von § 306 ZPO nur dann, wenn der Beklagte einen entsprechenden **Antrag** stellt. Aber auch ohne entsprechenden Antrag kann ein Verzichtsurteil ergehen, wenn der Beklagte auf den Verzicht hin weiter die Klageabweisung beantragt.[9] Wird allerdings auch kein Klageabweisungsantrag gestellt, kann ein Verzichtsurteil nicht ergehen. Das Gericht kann dann nach Lage der Akten (§ 251a Abs. 2 ZPO) entscheiden oder das Verfahren nach § 251a Abs. 3 ZPO zum Ruhen bringen.[10]

Der Verzicht kann nach § 306 ZPO nur „bei der mündlichen Verhandlung" erklärt werden. Damit setzt ein Verzichtsurteil grundsätzlich eine **mündliche Verhandlung** voraus. Dies soll dann nicht gelten, wenn der Klageverzicht im Nichtzulassungsbeschwerdeverfahren erklärt wird.[11] Ein vor der

---

[1] Musielak/Voit/*Musielak* ZPO § 306 Rn. 1.
[2] Vgl. etwa BGH GRUR 1980, 220 (221) – Magnetbohrständer II.
[3] Kühnen Patentverletzung-HdB Kap. G Rn. 372.
[4] Busse/*Schuster* PatG § 99 Rn. 13; Ströbele/Hacker/*Knoll* MarkenG § 82 Rn. 86.
[5] Ströbele/Hacker/*Knoll* MarkenG § 82 Rn. 86.
[6] Musielak/Voit/*Musielak* ZPO § 306 Rn. 3.
[7] BGH BeckRS 2010, 27057.
[8] BGH BeckRS 2010, 27057.
[9] BGH NJW 1968, 503 f.
[10] Musielak/Voit/*Musielak* ZPO § 306 Rn. 4.
[11] BGH GRUR 2022, 511 – Verzichtsurteil.

mündlichen Verhandlung erklärter Verzicht hat daher keine prozessuale Wirkung. Allerdings kann diese Erklärung zur Folge haben, dass für die Wahrnehmung des Verhandlungstermins durch den Patentanwalt keine Notwendigkeit mehr besteht, so dass dessen Kosten nicht erstattungsfähig sind.[12]

C. Wirkung des Verzichts

7 Der Verzicht führt zu einem klageabweisenden **Sachurteil**, das mit normalen Rechtsmitteln angefochten werden kann. Das Urteil kann nach § 313b ZPO in erleichterter Form ergehen.
8 Fehlen die Prozess- oder Rechtsmittelvoraussetzungen, ist die Klage als unzulässig abzuweisen bzw. das Rechtsmittel als unzulässig zu verwerfen.[13]
9 Bei einem Teilverzicht muss entgegen § 301 Abs. 2 ZPO **Teilurteil** ergehen.[14]
10 Weitere Folge des Verzichts ist, dass sich die **Gerichtskosten** reduzieren (→ § 91 Rn. 16). Bei **sofortigem Klageverzicht** soll darüber hinaus § 93 ZPO nicht analog anwendbar sein (→ § 93 Rn. 4).[15]

§ 307 Anerkenntnis

¹**Erkennt eine Partei den gegen sie geltend gemachten Anspruch ganz oder zum Teil an, so ist sie dem Anerkenntnis gemäß zu verurteilen.** ²**Einer mündlichen Verhandlung bedarf es insoweit nicht.**

Literatur: *Schmieder,* Der Patentverzicht im Nichtigkeitsverfahren- Verfahrensfragen und Kostenfolgen, GRUR 1980, 74.

A. Allgemeine Grundlagen

1 Als Gegenstück zum Verzicht nach § 306 ZPO erfasst § 307 ZPO die Fälle, in denen eine Partei den geltend gemachten Anspruch durch eine **einseitige Prozesshandlung** anerkennt. Besondere Bedeutung gewinnt § 307 ZPO dadurch, dass bei sofortigem Anerkenntnis der Klageansprüche gemäß **§ 93 ZPO** die **Kostenbefreiung** erreicht werden kann (→ § 93 Rn. 11 ff.).
2 Die geltend gemachten Ansprüche können **ganz oder teilweise** anerkannt werden. So ist es etwa möglich, dass das Anerkenntnis hinsichtlich verschiedener patentverletzender und patentfreier Benutzungshandlungen differenziert.
3 Nach überwiegender Auffassung findet § 307 ZPO in **Verfahren vor dem BPatG** keine Anwendung.[2] Einer Anwendung im Rechtsbestandsverfahren steht entgegen, dass der Verzicht des Klägers nicht mit dem in diesen Verfahren geltenden **Amtsermittlungsgrundsatz** zu vereinbaren ist.[3] Im patentrechtlichen **Zwangslizenzverfahren** soll ein Anerkenntnisurteil hingegen möglich sein.[4] Auch die Anerkennung der Erklärung der Erledigung des Patentnichtigkeitsverfahrens, die im Hinblick auf die Vernichtung des Patents in einem Parallelverfahren erfolgt, soll gemäß § 99 Abs. 1 PatG iVm § 307 Abs. 1 ZPO möglich sein.[5]
4 Für das **Patentnichtigkeitsverfahren** hat der BGH[6] entschieden, dass ein das Gericht bindendes Anerkenntnisurteil im zivilprozessualen Sinne nicht in Betracht kommt. Das „Anerkenntnis" des Nichtigkeitsbeklagten bedeute nicht mehr als die positive Erklärung, der Klage im Umfang des Anerkenntnisses nicht widersprechen zu wollen.[7] Diese Erklärung **entbinde das Gericht nicht von einer Sachprüfung,** ob der klägerische Antrag begründet ist.[8] Der Antrag im Nichtigkeitsverfahren, das beschränkt aufrecht zu erhalten und auf darüber hinausgehenden Schutz zu verzichten, stellt daher weder ein wirksames prozessuales Anerkenntnis gemäß § 307 ZPO noch eine wirksame materiell-

---

[12] OLG Düsseldorf GRUR-RR 2012. 308 (310 f.) – Fahrbare Betonpumpen.
[13] Zöller/*Vollkommer* ZPO § 306 Rn. 6.
[14] Zöller/*Vollkommer* ZPO § 306 Rn. 8.
[15] OLG Düsseldorf GRUR-RR 2020, 414 (416) – Messsensoren II; aA OLG Frankfurt a. M. GRUR 1993, 931.
[1] OLG Düsseldorf BeckRS 2014, 07760.
[2] Für das Patentnichtigkeitsverfahren; BPatG Mitt. 2017, 174 (175) – Intrakardiale Pumpvorrichtung; BPatG BeckRS 2014, 17095; 2010, 21598; für das markenrechtliche Löschungsverfahren BPatG GRUR 2007, 507 (508) – FUSSBALL WM 2006 II; vgl. auch Busse/Schuster PatG § 99 Rn. 13; Ströbele/Hacker/*Knoll* MarkenG § 82 Rn. 86.
[3] BPatG GRUR 2007, 507 (508) – FUSSBALL WM 2006 II (markenrechtliches Löschungsverfahren); BPatG GRUR 2003, 726 (727) – Luftverteiler (Patentnichtigkeitsverfahren); Ströbele/Hacker/*Knoll* MarkenG § 82 Rn. 86.
[4] BPatG BeckRS 2010, 21598.
[5] BPatG BeckRS 2014, 17095.
[6] GRUR 1995, 577 – Drahtelektrode; GRUR 2004, 138 (141) – Dynamisches Mikrofon; so auch BPatG GRUR-RR 2009, 325 – Verzichtsaufforderung; BPatG BeckRS 2014, 17095.
[7] BGH GRUR 1995, 577 – Drahtelektrode.
[8] BGH GRUR 1995, 577 – Drahtelektrode.

rechtliche Verzichtserklärung nach § 20 Abs. 1 Nr. 1 PatG dar.[9] Soweit das Patent aufgrund einer zulässigen Beschränkung gemäß § 64 PatG im nicht verteidigten Umfang ohne Sachprüfung für nichtig erklärt wird, beruht dies nicht auf einem prozessualen Anerkenntnis, sondern auf der materiellrechtlichen Dispositionsbefugnis des Patentinhabers, sein Patent zu beschränken. Im Ergebnis mag die Selbstbeschränkung einem Anerkenntnis iSv § 307 ZPO gleichkommen. Die nicht § 64 PatG erklärte Selbstbeschränkung ist aber nur ein auf Erlass eines entsprechenden Gestaltungsurteils gerichteter Sachantrag, die ohne unmittelbare Wirkung bleibt und bis zum Abschluss des jeweiligen Verfahrens jederzeit zurückgenommen werden kann.[10]

Für die im Zusammenhang mit dem Anerkenntnis maßgebliche Frage der Kostenfolge hat die Frage, ob ein Anerkenntnisurteil iSd § 307 ZPO ergeht keine praktische Bedeutung, da auch der BGH von einer **Anwendbarkeit des § 93 ZPO** zu Gunsten des Nichtigkeitsbeklagten ausgeht. Dies soll dann möglich sein, wenn der Nichtigkeitsbeklagte keine Veranlassung zur Klage gegeben hat, das Schutzrecht nur in eingeschränkter Fassung verteidigt und auf den darüber hinausgehenden Schutz für die Vergangenheit und Zukunft verzichtet oder wenn er insoweit einen zulässigen Beschränkungsantrag stellt und auf das Recht auf Rücknahme dieses Antrags verzichtet.[11] Darüber hinaus spricht auch einiges dafür, dass in derartigen Sachverhalten entgegen der Ansicht des BGH das Nichtigkeitsurteil ohne vorherige Sachprüfung ergehen kann[12], da der ausdrückliche Verzicht des Patentinhabers auf eine Verteidigung des Patents Ausdruck der dem Patentinhaber zustehenden Dispositionsbefugnis ist.[13] Auch sind keine öffentlichen Interessen erkennbar, die einer Entscheidung ohne Sachprüfung entgegenstehen.[14]

B. Verfahren

Das Anerkenntnis ist **gegenüber dem Prozessgericht** zu erklären. Die Erklärung ist jederzeit, dh 5 auch im Rahmen der Güteverhandlung prozessual zulässig.[15] Sie muss nicht ausdrücklich erfolgen, vielmehr ist ausreichend, wenn sie **konkludent** erfolgt, solange der Wille den vom Kläger erhobenen Anspruch als begründet zu erklären und sich diesem Anspruch zu unterwerfen eindeutig erkennbar wird.[16]

Das Anerkenntnis muss grundsätzlich **unbedingt** erklärt werden.[17] Der Beklagte kann das Anerkenntnis später **nicht widerrufen**.[18] 6

Eine **mündliche Verhandlung** ist für den Erlass eines Anerkenntnisurteils nicht erforderlich (§ 307 7 S. 2 ZPO). Ein Anerkenntnis ist demnach auch im schriftlichen Vorverfahren möglich.

C. Wirkung des Anerkenntnisses

Erkennt der Beklagte die Ansprüche an, erlässt das Gericht ein Anerkenntnisurteil. Ein besonderer 8 **Verfahrensantrag** durch den Kläger ist hierfür nicht erforderlich.

Das Gericht prüft nur das Vorliegen der **Prozessführungsvoraussetzungen** und die Wirksamkeit 9 des Anerkenntnisses.[19] Ein Anerkenntnisurteil ergeht dann nicht, wenn der Anspruch nicht der Dispositionsbefugnis des Beklagten unterliegt oder mit zwingendem Recht unvereinbar ist.[20]

Eine **Sachprüfung**, dh die Begründetheit der Klage erfolgt nicht. Dass das Gericht keine eigene 10 Begründetheitsprüfung vornimmt ist es nicht möglich im Rahmen eines nachfolgenden Vollstreckungsverfahrens den anerkannten Unterlassungsanspruch auf andere Ausführungsformen zu erstrecken.[21] Nach Ansicht des LG Düsseldorf[22] kann daher im Patentverletzungsverfahren gegen **abgewandelte Ausführungsformen** auf Grundlage eines Anerkenntnisurteils nur dann vorgegangen werden, wenn lediglich Änderungen außerhalb der Erfindungsmerkmale vorgenommen wurden.

Das Urteil kann nach **§ 313b ZPO** in vereinfachter Form ergehen. 11

Hat der Beklagte durch sein Verhalten keine Veranlassung zur Erhebung der Klage gegeben und 12 wird das Anerkenntnis „sofort", dh bei der ersten sich bietenden prozessualen Möglichkeit erklärt, hat

---

[9] BPatG Mitt. 2017, 174 (175) – Intrakardiale Pumpvorrichtung.
[10] BPatG Mitt. 2017, 174 (175) – Intrakardiale Pumpvorrichtung.
[11] BGH GRUR 2013, 1282 (1285) – Druckdatenübertragungsverfahren; BGH GRUR 1984, 272 (276) – Isolierglasscheibenrandfugenfüllvorrichtung; BGH GRUR 2004, 138 (141) – Dynamisches Mikrofon; BPatG BeckRS 2010, 21598; GRUR-RR 2009, 325 – Verzichtsaufforderung.
[12] Benkard/*Hall/Nobbe* PatG § 82 Rn. 42.
[13] So überzeugend BPatG GRUR 2009, 145 (149) – Fetanylpflaster.
[14] So überzeugend BPatG GRUR 2009, 145 (149) – Fetanylpflaster.
[15] OLG Jena GRUR-RR 2008, 108 (109) – Fortsetzungstermin.
[16] Musielak/Voit/*Musielak* ZPO § 307 Rn. 8.
[17] Zu Ausnahmen vgl. Musielak/Voit/*Musielak* ZPO § 307 Rn. 8 mwN.
[18] Zu Ausnahmen vgl. Zöller/*Vollkommer* ZPO § 307 Rn. 11.
[19] Vgl. etwa LG Düsseldorf InstGE 6, 30 (33) – Rotordüse.
[20] Zöller/*Vollkommer* ZPO § 307 Rn. 4.
[21] LG Düsseldorf InstGE 6, 30 (33) – Rotordüse.
[22] InstGE 6, 30 (33) – Rotordüse.

der Kläger die gesamten **Prozesskosten** zu tragen (→ § 93 Rn. 11 ff.). Auch ein Teilanerkenntnis ist im Rahmen von § 93 ZPO zu beachten, etwa dann, wenn das Anerkenntnis zwischen patentverletzenden und patentfreien Handlungen differenziert.[23] In allen anderen Fällen gilt § 91 ZPO, wobei sich beim Anerkenntnisurteil die Gerichtskosten verringern.

13 Gegen das Anerkenntnis bestehen die allgemein gegen Urteile gegebenen **Rechtsmittel.** Eine Berufung kann insbesondere dann in Betracht kommen, wenn der Beklagte im Weg des Anerkenntnisurteils auch hinsichtlich eines mit dem Klageantrag geltend gemachten, vom Beklagten aber nicht anerkannten Teilanspruchs verurteilt wird.[24]

§ 308 Bindung an die Parteianträge

(1) ¹Das Gericht ist nicht befugt, einer Partei etwas zuzusprechen, was nicht beantragt ist. ²Dies gilt insbesondere von Früchten, Zinsen und anderen Nebenforderungen.

(2) Über die Verpflichtung, die Prozesskosten zu tragen, hat das Gericht auch ohne Antrag zu erkennen.

Literatur: *Bergmann,* Zur alternativen und kumulativen Begründung des Unterlassungsantrags im Wettbewerbsrecht, GRUR 2009, 224; *Götz,* Die Neuvermessung des Lebenssachverhalts. Der Streitgegenstand im Unterlassungsprozess, GRUR 2008, 401; *Harlfinger,* Bindungswirkung eines auf Teilwiderruf des Patents gerichteten Antrags des Einsprechenden, GRUR 2009, 466; *Keukenschrijver,* Zur Bindung an die Anträge des Patentinhabers und zum Streitgegenstand im Patentnichtigkeitsverfahren, GRUR 2014, 127; *Meyer,* Der Streitgegenstand bei wettbewerbsrechtlichen Unterlassungsklagen, NJW 2003, 2887; *Ungern-Sternberg,* Grundfragen des Streitgegenstandes bei wettbewerbsrechtlichen Unterlassungsklagen (Teil 1), GRUR 2009, 901; *ders.,* Grundfragen des Klageantrags bei urheber- und wettbewerbsrechtlichen Unterlassungsklagen – Teil I, GRUR 2011, 375.

A. Allgemeines

1 § 308 Abs. 1 S. 1 ist Ausdruck der Dispositionsmaxime und bedeutet, dass der vom Kläger vorzugebende Streitgegenstand eines Verfahrens die **Entscheidungsbefugnis** des Gerichts **beschränkt**[1]. Eine Sachprüfung ist dem Gericht nur im Rahmen der ihm eingeräumten Dispositionsbefugnis erlaubt. Diese Norm gilt nicht nur im erstinstanzlichen Hauptsacheverfahren, sondern auch im Rechtsmittelverfahren, im Beschwerdeverfahren und beim einstweiligen Verfügungsverfahren[2].

2 Das Gericht darf nur über Begehren bzw. Anträge entscheiden, die zur Entscheidung gestellt sind[3]. Wird der Antrag nur **hilfsweise gestellt,** darf vor Eintritt der Bedingung (meist Erfolglosigkeit des Hauptantrags) keine Entscheidung über den Hilfsantrag ergehen[4]. Das Gericht darf auch nicht über einen Antrag entscheiden, der **nicht mehr gestellt** ist oder als nicht mehr gestellt zu behandeln ist, weil er zB aufgrund der Prozesslage überholt ist[5]. Das kann zB der Fall sein, wenn über den Hilfsantrag entschieden wird, obwohl dieser für den Fall des Unterliegens des Hauptantrags gestellt wurde und der Hauptantrag (zumindest zum Teil) erfolgreich war[6].

3 Folge der beschränkten Entscheidungsbefugnis des Gerichts ist, dass das Gericht in einem Verfahren nichts zusprechen darf, was nicht Streitgegenstand des Verfahrens geworden ist. Das gilt in quantitativer Hinsicht (**kein *plus***) und in qualitativer Hinsicht (**kein *aliud***)[7]. Zugesprochen werden kann nur das, was begehrt wurde oder ein *minus*[8] davon ist[9]. Spricht das Gericht dem Kläger entgegen § 308 Abs. 1 S. 1 jedoch mehr als von diesem beantragt zu, so liegt darin regelmäßig auch eine Gehörsverletzung zulasten des Beklagten[10]. Dies gilt auch für die Höhe von zugesprochenen Zinsen, auch bei der gerichtlichen Festsetzung eines Gesamtvertrags[11]. Die Verurteilung zu einer höheren Zahlung als

---

[23] OLG Düsseldorf BeckRS 2014, 07760.
[24] S. hierzu OLG Karlsruhe GRUR-RS 2020, 45531 – patentiertes Klärschlammtrocknungssystem.
[1] MüKoZPO/*Musielak* ZPO § 308 Rn. 1.
[2] MüKoZPO/*Musielak* ZPO § 308 Rn. 2; Zöller/*Vollkommer* ZPO § 308 Rn. 1.
[3] Zöller/*Vollkommer* ZPO § 308 Rn. 2.
[4] MüKoZPO/*Musielak* ZPO § 308 Rn. 17.
[5] Zöller/*Vollkommer* ZPO § 308 Rn. 2.
[6] BGH FD-ZVR 2016, 381987 Rn. 14.
[7] Zöller/*Vollkommer* ZPO § 308 Rn. 2.
[8] Beschränkt der Kläger jedoch den Streitgegenstand eindeutig derart, dass nur über eine ganz konkrete Antragsfassung entschieden werden soll und er auf die Gewährung anderer, eingeschränkter Fassungen verzichtet, ist die Entscheidungsbefugnis des Gerichts auf dieses Begehren beschränkt und ein *minus* nicht zuzusprechen (→ § 253 Rn. 65 ff.).
[9] Zum antragsumformulierenden Tenor → § 253 Rn. 48 ff.; zur Antragsbindung im Patentnichtigkeitsverfahren vgl. *Keukenschrijver* GRUR 2014, 127 ff.
[10] BGH BeckRS 2017, 114665 Rn. 11.
[11] BGH GRUR 2016, 792 Rn. 97 = – Gesamtvertrag Unterhaltungselektronik; BGH GRUR 2021, 1181 Rn. 56 – Gesamtvertrag USB-Sticks und Speicherkarten.

beantragt stellt aber dann keinen Revisionszulassungsgrund dar, wenn es sich um einen offenbaren Rechnungsfehler iSd § 319 handelt, der im Wege der Berichtigung ausgeräumt werden kann[12].

B. Klageantrag und Streitgegenstand

Auch im gewerblichen Rechtsschutz und Urheberrecht liegt ein Verstoß gegen § 308 Abs. 1 vor, wenn das Gericht ein *aliud* zuspricht. Daher darf es einen unbegründeten Anspruch nicht durch einen anderen ersetzen, den es für begründet hält, der aber einen anderen Streitgegenstand betrifft und deswegen nicht Gegenstand der Klage ist[13]. Was Gegenstand und Ziel der Klage ist, bestimmt der Kläger mit der Klageschrift. Im Klageantrag und der Klagebegründung konkretisiert sich die von ihm begehrte Rechtsfolge. Kommt das Klagebegehren im Klageantrag nicht hinreichend zum Ausdruck, hat das Gericht gemäß § 139 Abs. 1[14] auf eine sachdienliche Antragsfassung hinzuwirken[15].   4

Besonders bei der Unterlassungsklage kommt es zur Bestimmung des Streitgegenstands nicht auf den Wortlaut des formulierten Antrags an, sondern nach der **hier vertretenen Auffassung** ist das (sich ggf. durch Auslegung) ergebende **Klagebegehren** entscheidend[16].   5

Zur Bestimmung des Streitgegenstands wird auf die Kommentierung zu → § 253 Rn. 46 ff. verwiesen.   6

§ 308 Abs. 1 S. 1 ist im patentrechtlichen **Beschwerde- oder Nichtigkeitsverfahren** vor dem BPatG entsprechend anzuwenden[17]. Wird lediglich eine Teilvernichtung beantragt und ist der Streitgegenstand insofern auf einen abgrenzbaren Teil beschränkt, darf das BPatG das Patent nicht darüber hinaus für nichtig erklären[18].   7

Die umstrittene Frage, ob § 308 Abs. 1 auch für die **Anträge des beklagten Patentinhabers** gelten soll, dürfte mittlerweile geklärt und zu bejahen sein[19]. Verteidigt der Patentinhaber sein Schutzrecht mit konkreten Anspruchssätzen, ist sein Begehren in der Regel so zu verstehen, dass er sich auf deren Inhalt und Reihenfolge festgelegt hat. Entweder erweist sich dann der komplette Anspruchssatz wie im Hauptantrag formuliert als patentfähig oder der nächste komplette Anspruchssatz soll gemäß dem ersten Hilfsantrag zu prüfen sein. Es ist allein Sache des Patentinhabers, den erteilten Patentanspruch in einer von ihm formulierten eingeschränkten Fassung zu verteidigen, wenn er dessen vollständige Nichtigerklärung vermeiden will[20]. So besteht auch grundsätzlich kein Anlass, von Amts wegen zu prüfen, ob in dem insgesamt nicht schutzfähigen Patentanspruch eine Lehre enthalten ist, mit der das Patent weiterhin Bestand haben könnte[21]. Dass der Anspruchssatz nicht als Einheit verteidigt wird, kann aber aus den Umständen des Einzelfalls folgen, wenn der beklagte Patentinhaber zum Beispiel geltend macht, dass jedenfalls ein im Hauptantrag enthaltener Unteranspruch patentfähig sei. Dann kann die Auslegung des Begehrens ergeben, dass sich das Gewollte nicht im Wortlaut des Antrags widerspiegelt und er ggf. auch den Unteranspruch losgelöst vom Anspruchssatz verteidigt. Ist unklar, was vom Patentinhaber gewollt ist und wie dieser vom Wortlaut abweichende Antrag mit den übrigen (zum Beispiel hinsichtlich Reihenfolge und Inhalt) im Zusammenhang steht, sollte das Gericht dies durch Nachfrage klären, § 139 Abs. 1.

§ 308a Entscheidung ohne Antrag in Mietsachen

(1) [1] Erachtet das Gericht in einer Streitigkeit zwischen dem Vermieter und dem Mieter oder dem Mieter und dem Untermieter wegen Räumung von Wohnraum den Räumungsanspruch für unbegründet, weil der Mieter nach den §§ 574 bis 574b des Bürgerlichen Gesetzbuchs eine Fortsetzung des Mietverhältnisses verlangen kann, so hat es in dem Urteil auch ohne Antrag auszusprechen, für welche Dauer und unter welchen Änderungen der Vertragsbedingungen das Mietverhältnis fortgesetzt wird. [2] Vor dem Ausspruch sind die Parteien zu hören.

(2) Der Ausspruch ist selbständig anfechtbar.

§ 309 Erkennende Richter

Das Urteil kann nur von denjenigen Richtern gefällt werden, welche der dem Urteil zugrunde liegenden Verhandlung beigewohnt haben.

---

[12] BGH BeckRS 2021, 40557.
[13] BGH GRUR 2003, 716 (717) – Reinigungsarbeiten.
[14] → § 253 Rn. 14.
[15] BGH GRUR 2012, 485 Rn. 23 – Rohrreinigungsdüse II; BGH GRUR 2008, 84 Rn. 23 – Versandkosten; Harte/Henning/*Brüning* UWG Vor § 12 Rn. 29; Ohly/*Sosnitza* UWG § 12 Rn. 57 aE.
[16] → § 253 Rn. 59 ff.
[17] Schulte/*Püschel* PatG § 99 Rn. 6 mwN.
[18] BGH GRUR 2013, 363 Rn. 23 – Polymerzusammensetzung.
[19] BGH GRUR 2016, 365 Rn. 28 – Telekommunikationsverbindung; BGH GRUR 2017, 57 Rn. 27 f. – Datengenerator; aA Busse/*Keukenschrijver* § 82 Rn. 78.
[20] BGH GRUR 2007, 309 Rn. 41 – Schussfädentransport.
[21] BGH GRUR 2007, 309 Rn. 41 – Schussfädentransport.

1   Die Vorschrift stellt eine Ausprägung der **Grundsätze der Mündlichkeit und der Unmittelbarkeit** des Verfahrens dar und konkretisiert als Regelung der vorschriftsmäßigen Besetzung des Gerichts die grundgesetzlich verankerte **Garantie des gesetzlichen Richters**.[1]

2   Nach § 329 Abs. 1 S. 2 ZPO ist § 309 ZPO auf **Beschlüsse**, die auf Grund mündlicher Verhandlung ergehen, entsprechend anzuwenden. Keine Anwendung findet die Norm auf Verfügungen sowie Urteile, die gemäß § 128 Abs. 2 ZPO im schriftlichen Verfahren[2] oder aber gemäß §§ 251a, 331a ZPO nach Aktenlage[3] ergehen.

3   Eine Änderung der Besetzung **vor der letzten mündlichen Verhandlung** führt nicht zu Konsequenzen nach § 309 ZPO. Verhandlung in diesem Sinne ist die letzte mündliche Verhandlung vor Erlass des Urteils **(Schlussverhandlung)**. Nur dieser haben die die Entscheidung mittragenden Richter zwingend beizuwohnen, dh ununterbrochen an ihr teilzunehmen.[4] Eine aus einem Richterwechsel oder der Verhinderung eines Richters resultierende Abwesenheit an vorhergehenden Verhandlungsterminen, zB im Rahmen einer Beweisaufnahme, ist hingegen im Rahmen von § 309 ZPO unschädlich.[5]

4   Problematisch sind die Fälle, in denen die Besetzungsänderung **nach der Schlussverhandlung, aber vor Fällen des Urteils** erfolgt. Hier ist die mündliche Verhandlung nach § 156 Abs. 2 Nr. 3 ZPO zwingend wiederzueröffnen, um den Anforderungen des § 309 ZPO an eine ordnungsgemäße Besetzung zu genügen.[6] Die Entscheidung über die Wiedereröffnung ist entsprechend § 320 Abs. 4 S. 2, 3 ZPO in der Besetzung der Schlussverhandlung zu treffen.[7] Bindende Prozesslagen wie etwa rügelose Einlassung, Verzicht, Anerkenntnis sowie das bisherige Parteivorbringen und die Nichtgeltendmachung von prozesshindernden Einreden bleiben wirksam.

5   Ein Urteil ist **„gefällt"**, wenn die Entscheidung getroffen ist. Bei einem Kollegialgericht ist dies der Fall, wenn das Urteil unter Beachtung der §§ 192 ff. GVG abschließend beraten und durch die dazu berufenen Richter verbindlich über die Entscheidung abgestimmt wurde.[8] Der Einzelrichter fällt das Urteil durch einen entsprechenden inneren Entschluss.[9] An eine **Änderung** dieser nur gerichtsinternen Entscheidung und die sodann notwendige erneute Beschlussfassung sind die gleichen Anforderungen zu stellen, wie an die ursprüngliche Entscheidung. Entsprechend müssen auch dieselben Richter, die die zu revidierende Entscheidung getroffen haben, an deren Korrektur mitwirken. Im Falle eines zwischenzeitlichen Wechsels oder der Verhinderung eines beteiligten Richters bedarf es daher auch in diesem Fall einer **erneuten mündlichen Verhandlung**.[10]

6   Eine Besetzungsänderung **nach Fällen, aber vor der Verkündung** des unveränderten Urteils ist im Rahmen des § 309 ZPO unschädlich. Der formale Akt der Verkündung selbst kann in geänderter Besetzung erfolgen. Die Rechtsfolgen eines Wechsels oder einer Verhinderung nach der Verkündung des Urteils, aber vor dessen Unterzeichnung richten sich nicht nach § 309 ZPO, sondern nach § 315 ZPO.

7   Ein unter Verstoß gegen § 309 gefälltes Urteil ist **wirksam, aber anfechtbar**.[11] Die Verletzung der Vorschrift stellt einen wesentlichen Verfahrensmangel iSd § 538 Abs. 2 S. 1 Nr. 1 ZPO und einen absoluten Revisions- und Nichtigkeitsgrund (§§ 547 Nr. 1, 579 Abs. 1 Nr. 1 ZPO) dar.[12] Zu beachten ist eine erstinstanzliche Verletzung des § 309 ZPO vom Revisionsgericht jedoch nur dann, wenn auch das Urteil der zweiten Instanz davon beeinflusst sein kann.[13]

8   Für das **Verfahren vor dem BPatG** existieren mit § 93 Abs. 3 PatG sowie § 78 Abs. 3 MarkenG an § 309 ZPO angelehnte und weitestgehend identische Sondervorschriften. Die Normen eröffnen allerdings abweichend zu § 309 ZPO bei einem Richterwechsel nach der Schlussverhandlung und Zustimmung aller Beteiligten die Möglichkeit zur Beschlussfassung in geänderter Besetzung ohne Wiedereröffnung der mündlichen Verhandlung.[14]

§ 310 Termin der Urteilsverkündung

(1) [1]Das Urteil wird in dem Termin, in dem die mündliche Verhandlung geschlossen wird, oder in einem sofort anzuberaumenden Termin verkündet. [2]Dieser wird nur dann

---

[1] Zöller/*Vollkommer* ZPO § 309 Rn. 1.
[2] BGH GRUR 1992, 627 (628) – Pajero.
[3] Zöller/*Vollkommer* ZPO § 309 Rn. 6; MüKoZPO/*Musielak* ZPO § 309 Rn. 6; offen gelassen in BGH NJW 1954, 266 (267).
[4] Eine Unterbrechung liegt nach BAG NJW 1958, 924 auch bei nur sehr kurzfristiger Abwesenheit vor.
[5] Musielak/Voit/*Musielak* ZPO § 309 Rn. 2; aA *Kirchner* GRUR 1971, 503 (zu § 41h Abs. 3 PatG aF).
[6] BGH NJW-RR 2012, 508 (509) mwN.
[7] BeckOK ZPO/*Elzer* § 309 Rn. 12.
[8] BGH NJW-RR 2012, 508 (509).
[9] *Vollkommer* NJW 1968, 1309 (1311).
[10] BGH NJW 1974, 143 (144); 2002, 1426 (1427); Musielak/Voit/*Musielak* ZPO § 309 Rn. 3.
[11] MüKoZPO/*Musielak* ZPO § 309 Rn. 14.
[12] BGH NJW 2011, 508 (509); BeckRS 2009, 01953.
[13] Vgl. BGH FamRZ 1986, 898.
[14] Vgl. dazu BGH GRUR 1974, 294 – Richterwechsel II (zu § 41h Abs. 3 PatG aF); BGH GRUR 1987, 515 – Richterwechsel III; BGH GRUR 1991, 521 – La Perla.

über drei Wochen hinaus angesetzt, wenn wichtige Gründe, insbesondere der Umfang oder die Schwierigkeit der Sache, dies erfordern.

(2) **Wird das Urteil nicht in dem Termin, in dem die mündliche Verhandlung geschlossen wird, verkündet, so muss es bei der Verkündung in vollständiger Form abgefasst sein.**

(3) ¹**Bei einem Anerkenntnisurteil und einem Versäumnisurteil, die nach §§ 307, 331 Abs. 3 ohne mündliche Verhandlung ergehen, wird die Verkündung durch die Zustellung des Urteils ersetzt.** ²**Dasselbe gilt bei einem Urteil, das den Einspruch gegen ein Versäumnisurteil verwirft (§ 341 Abs. 2).**

Erst durch die – gemäß § 173 GVG stets öffentliche – förmliche Verlautbarung durch Verkündung oder Zustellung wird das Urteil **erlassen** und entfaltet **rechtliche Wirkung**. 1

Hinsichtlich des **Zeitpunkts der Verlautbarung durch Verkündung** steht es im pflichtgemäßen Ermessen des Vorsitzenden, entweder entsprechend dem gesetzgeberischen Idealfall das Urteil unmittelbar nach Schluss der mündlichen Verhandlung (sog. **Stuhlurteil**) zu verkünden oder aber einen besonderen **Verkündungstermin** anzuberaumen.¹ § 310 ZPO erfasst auch Urteile die im schriftlichen Verfahren nach §§ 128 Abs. 2, 3 ZPO sowie nach Lage der Akten (§§ 251a, 331a ZPO) ergehen. Nach § 329 ZPO müssen zudem auch Beschlüsse nach mündlicher Verhandlung verkündet werden (→ § 329 Rn. 3). 2

Im praktisch relevanteren Fall der Verkündung in einem besonderen Termin hat die Anberaumung zwingend „**sofort**", dh noch in dem Termin, in dem die mündliche Verhandlung geschlossen wird, zu erfolgen. Darüber hinaus muss das Urteil nach Abs. 2 bei der späteren Verkündung in „**vollständiger Form**" einschließlich Tatbestand und Entscheidungsgründen sowie den Unterschriften der zuständigen Richter (§ 315 Abs. 1 ZPO) abgefasst sein, während im Falle eines Stuhlurteils lediglich die Urteilsformel schriftlich vorliegen muss.² 3

Nach der Ordnungsvorschrift³ des **Abs. 1 S. 2** darf der Verkündungstermin nur dann über drei Wochen hinaus angesetzt werden, wenn dies durch „**wichtige Gründe**" gerechtfertigt ist. Neben Umfang und Schwierigkeit der Sache kommt auch die Überlastung des Gerichts als ein solcher Grund in Betracht.⁴ Im **Patentverletzungsverfahren** ist ein wichtiger Grund beispielsweise dann anzunehmen, wenn der **Ausgang im parallelen Rechtsbestandsverfahren** abgewartet werden soll, um die Entscheidung über die Schutzfähigkeit des Klagepatents bei der Entscheidung im Verletzungsverfahren zu berücksichtigen⁵ (→ § 148 Rn. 143). 4

Auch im Fall der Verkündung „**am Schluss der Sitzung**", also nach Wiederaufruf gegen Ende des Sitzungstages und nicht zugleich im Anschluss an die mündliche Verhandlung der Sache, handelt es sich um eine Verkündung in gesondertem Termin, die dementsprechend den dargestellten Anforderungen hinsichtlich Terminierung und Form genügen muss.⁶ 5

In den Fällen des Abs. 3 wird die **Verlautbarung anstelle der Verkündung durch Zustellung** gem. §§ 166 ff. ZPO an beide Parteien bewirkt. Das Urteil wird dann im Zeitpunkt der letzten von Amts wegen zu bewirkenden Zustellung, in der Regel also der Zustellung an die zweite Partei, existent.⁷ Dieser Zeitpunkt ist auch für den Beginn der Rechtsmittel- und Einspruchsfristen maßgeblich.⁸ 6

Die nach Abs. 3 zuzustellenden **Anerkenntnis- und Versäumnisurteile** müssen vollständig abgefasst werden, allerdings genügt die abgekürzte Form des § 313b ZPO. 7

Fehler bei der Verlautbarung, sei es im Rahmen der Verkündung oder der Zustellung nach Abs. 3, führen nach der Rechtsprechung des BGH nur dann zu einem **wirkungslosen Nichturteil**, wenn Formvorschriften verletzt worden sind, die als **unerlässliche Mindestanforderung** einer Verlautbarung angesehen werden müssen.⁹ Zu den elementaren Anforderungen gehört auch, dass am Gericht überhaupt eine Verlautbarung beabsichtigt war und von den Parteien entsprechend verstanden werden durfte und diese über Erlass und Inhalt der Entscheidung förmlich unterrichtet wurden.¹⁰ 8

Trotz seiner rechtlichen Wirkungslosigkeit ist das Urteil aufgrund der von ihm ausgehenden **Rechtsscheinwirkung** mit denselben Rechtsmitteln anfechtbar wie im Falle der Wirksamkeit.¹¹ 9

Minder schwere Verfahrensmängel hindern das Entstehen eines wirksamen Urteils nicht, sondern führen lediglich zur **Anfechtbarkeit** der Entscheidung innerhalb der verlängerten Rechtsmittel- 10

---

¹ LG Köln GRUR-RS 2019, 38680 – Aroma für E-Zigaretten.
² BGH NJW 1999, 794.
³ BGH NJW 1999, 143 (144); 1989, 1156 (1157).
⁴ BVerfG NJW-RR 1993, 253.
⁵ OLG Düsseldorf BeckRS 2013, 03821.
⁶ Vgl. zu § 540 Abs. 1 S. 2, BGH NJW 2004, 1666 f.; Zöller/*Vollkommer* ZPO § 310 Rn. 3.
⁷ Ganz h.M, vgl. auch BGH NJW 2012, 1591 (1592); 1994, 3359 (3360) mwN.
⁸ Musielak/Voit/*Musielak* ZPO § 310 Rn. 7.
⁹ BGH GRUR 2014, 407 – Abmahnkosten; BGH NJW 2004, 2019 (2020) mwN; BGH NJW 1964, 1523 (1524).
¹⁰ BGH GRUR 2014, 407 – Abmahnkosten; BGH Mitt. 2012, 291 – förmliche Verlautbarung (Ls.); BPatG BeckRS 2012, 14498.
¹¹ BGH NJW 1996, 1969 (1970).

frist nach §§ 517, 548, 569 Abs. 1 ZPO.[12] Es besteht zudem die Möglichkeit der **Heilung** durch fehlerfreie Nachholung der Verlautbarung.[13]

11 Als minder schwer gelten auch Verstöße gegen die Vorgaben des Abs. 1 S. 2[14] und Abs. 2.[15] Gleiches gilt im Falle der Verlautbarung des Urteils im Wege der Zustellung anstelle einer eigentlich vorzunehmenden Verkündung[16] sowie in der umgekehrten Konstellation, in der ein nach Abs. 3 zuzustellendes Urteil irrtümlich verkündet wird.[17] Weicht die zugestellte Urteilsausfertigung von der Originalfassung der Entscheidung ab, beginnt die fünfmonatige Ausschlussfrist des § 517 ZPO mit dem Zeitpunkt der Verkündung.[18]

12 Für die Verfahren vor dem BPatG regeln **§ 94 Abs. 1 PatG** sowie **§ 79 Abs. 1 MarkenG** die Verkündung.[19] Analog zu § 310 ZPO eröffnen beide Vorschriften für alle **Endentscheidungen**, die **auf Grund einer mündlichen Verhandlung** ergehen, die Möglichkeit der Verkündung im Termin der mündlichen Verhandlung oder in einem besonderen Termin, der auch hier nur bei Vorliegen wichtiger Gründe über drei Wochen hinaus angesetzt werden soll.[20]

13 In der Praxis des BPatG wird in der Regel auf die Anberaumung eines Verkündungstermins verzichtet und das Urteil nach § 79 Abs. 1 S. 1 MarkenG, § 94 Abs. 1 S. 1 PatG noch in der mündlichen Verhandlung verkündet.[21]

14 Abweichend zu § 310 ZPO besteht im PatG und MarkenG auch nach durchgeführter mündlicher Verhandlung gemäß § 94 Abs. 1 S. 4 PatG bzw. § 79 Abs. 1 S. 3 MarkenG die Möglichkeit einer Zustellung an Verkündungs statt.

§ 311 Form der Urteilsverkündung

(1) **Das Urteil ergeht im Namen des Volkes.**

(2) ¹**Das Urteil wird durch Vorlesung der Urteilsformel verkündet.** ²Die Vorlesung der Urteilsformel kann durch eine Bezugnahme auf die Urteilsformel ersetzt werden, wenn bei der Verkündung von den Parteien niemand erschienen ist. ³Versäumnisurteile, Urteile, die auf Grund eines Anerkenntnisses erlassen werden, sowie Urteile, welche die Folge der Zurücknahme der Klage oder des Verzichts auf den Klageanspruch aussprechen, können verkündet werden, auch wenn die Urteilsformel noch nicht schriftlich abgefasst ist.

(3) **Die Entscheidungsgründe werden**, wenn es für angemessen erachtet wird, durch Vorlesung der Gründe oder durch mündliche Mitteilung des wesentlichen Inhalts verkündet.

(4) **Wird das Urteil nicht in dem Termin verkündet, in dem die mündliche Verhandlung geschlossen wird, so kann es der Vorsitzende in Abwesenheit der anderen Mitglieder des Prozessgerichts verkünden.**

1 § 311 ZPO gibt die Form vor, in der das Urteil zu verkünden ist. Die Regelung findet auch in **Verfahren vor dem BPatG** Anwendung.[1]

2 Das Urteil wird gemäß § 311 Abs. 2 S. 1 ZPO grundsätzlich durch öffentliches (§ 173 Abs. 1 GVG) **Vorlesen der schriftlich abgefassten Urteilsformel** verkündet. Eine Bezugnahme auf die Urteilsformel reicht gemäß Abs. 2 Satz 2, wenn keine der Parteien im Verkündungstermin erschienen ist.

3 Die Urteilsformel muss bei Verkündung **schriftlich** vorliegen. Dies gilt nach § 311 Abs. 2 S. 3 ZPO nicht bei Versäumnis-, Verzichts- und Anerkenntnisurteilen und Urteilen, die die Folgen der Klagerücknahme aussprechen. Die Regelung wird auf Entscheidungen, die nach Rücknahme des Einspruchs (§ 346 ZPO) oder eines Rechtsmittels (§§ 516 Abs. 3, 565 ZPO) ergehen, entsprechend angewendet.[2]

4 Eine **Verlesung der Entscheidungsgründe** ist nach Abs. 3 nicht erforderlich; sie steht im Ermessen des Vorsitzenden. Bei Anwesenheit der Parteien sollte ihnen jedoch zumindest der wesentliche Inhalt der Entscheidungsgründe bekannt gegeben werden.[3]

---

[12] BGH NJW 2004, 2019 (2020) mwN.
[13] OLG Frankfurt a. M. NJW-RR 1995, 511.
[14] BGH NJW 1989, 1156 (1157).
[15] BGH NJW 2011, 1741 (1742).
[16] BGH NJW 2004, 2019 (2020); aA OLG Koblenz GRUR 1989, 75 – Urteil im schriftlichen Verfahren.
[17] MüKoZPO/*Musielak* ZPO § 310 Rn. 12 f. mwN.
[18] BGH NJW-RR 2004, 1651 (1652).
[19] Allgemein hierzu *Fezer* MarkenG § 79 Rn. 3 ff.
[20] Vgl. die Beispiele bei Schulte/*Püschel* PatG § 94 Rn. 8.
[21] Busse/*Schuster* PatG § 94 Rn. 7.
[1] *Fezer* MarkenG § 79 Rn. 3; BeckOK PatR/*Rauch/Schnurr* PatG § 99 Rn. 9; Schulte/*Püschel* PatG § 94 Rn. 6; vgl. auch BPatG BeckRS 1999, 15326.
[2] Musielak/Voit/*Musielak* ZPO § 311 Rn. 3.
[3] Musielak/Voit/*Musielak* ZPO § 311 Rn. 6.

Wird das Urteil nicht in der Form des § 311 Abs. 2 ZPO verkündet, wird es nicht existent; es liegt dann nur ein Urteilsentwurf vor.[4]

§ 312 Anwesenheit der Parteien

(1) ¹Die Wirksamkeit der Verkündung eines Urteils ist von der Anwesenheit der Parteien nicht abhängig. ²Die Verkündung gilt auch derjenigen Partei gegenüber als bewirkt, die den Termin versäumt hat.

(2) Die Befugnis einer Partei, auf Grund eines verkündeten Urteils das Verfahren fortzusetzen oder von dem Urteil in anderer Weise Gebrauch zu machen, ist von der Zustellung an den Gegner nicht abhängig, soweit nicht dieses Gesetz ein anderes bestimmt.

Nach § 312 Abs. 1 ZPO spielt es für die Wirksamkeit der Urteilsverkündung keine Rolle, ob die Parteien anwesend sind.

§ 312 Abs. 2 ZPO stellt klar, dass das Urteil bereits mit Verkündung existent ist und es insoweit nicht auf die Zustellung ankommt.

§ 313 Form und Inhalt des Urteils

(1) Das Urteil enthält:
1. die Bezeichnung der Parteien, ihrer gesetzlichen Vertreter und der Prozessbevollmächtigten;
2. die Bezeichnung des Gerichts und die Namen der Richter, die bei der Entscheidung mitgewirkt haben;
3. den Tag, an dem die mündliche Verhandlung geschlossen worden ist;
4. die Urteilsformel;
5. den Tatbestand;
6. die Entscheidungsgründe.

(2) ¹Im Tatbestand sollen die erhobenen Ansprüche und die dazu vorgebrachten Angriffs- und Verteidigungsmittel unter Hervorhebung der gestellten Anträge nur ihrem wesentlichen Inhalt nach knapp dargestellt werden. ²Wegen der Einzelheiten des Sach- und Streitstandes soll auf Schriftsätze, Protokolle und andere Unterlagen verwiesen werden.

(3) Die Entscheidungsgründe enthalten eine kurze Zusammenfassung der Erwägungen, auf denen die Entscheidung in tatsächlicher und rechtlicher Hinsicht beruht.

A. Regelungsgehalt

Das Urteil, bei Entscheidungsreife Endurteil genannt (§ 300[1]), enthält im Wesentlichen das Rubrum, die Urteilsformel, den Tenor, den Tatbestand und die Entscheidungsgründe. Wegen der weiteren Einzelheiten kann auf die allgemeinen Kommentare zur Zivilprozessordnung verwiesen werden[2].

Die Vorschrift ist im **Beschwerde- oder Nichtigkeitsverfahren** vor dem BPatG entsprechend anzuwenden[3].

B. Rubrum

Das Rubrum ist der Kopf des Urteils und enthält die zur Identifizierung des Rechtsstreits erforderlichen Angaben, § 313 Abs. 1 Nr. 1–3. Neben der Bezeichnung der Parteien[4*], des Gerichts und der Angabe des Tages, an dem die mündliche Verhandlung geschlossen wurde, gehört auch das Aktenzeichen des Verfahrens zum Rubrum. Werden die Namen der mitwirkenden Richter nicht im Rubrum genannt, besteht aber kein Zweifel, dass es diejenigen sind, die die Entscheidung unterschrieben haben, wird die fehlende Angabe im Rubrum durch die Unterschriften ersetzt und es ist von einer stillschweigenden Verweisung auf die Unterschriften auszugehen[5]. Die Angabe der Parteien kann auch nicht durch eine Anweisung des Richters an die Schreibkraft, die Parteibezeichnung einer bezeichne-

---
[4] BGH GRUR 2014, 407 – Abmahnkosten.
[1] → § 300 Rn. 4.
[2] Zöller/*Vollkommer* ZPO § 313 Rn. 1 ff.; BeckOK/*Elzer* ZPO § 313 Rn. 1 ff.
[3] Schulte/*Püschel* PatG § 99 Rn. 6 mwN.
[4*] Hier kann und sollte das Gericht bei Bedarf klarstellend tätig werden: OLG Karlsruhe GRUR-RS 2018, 1935 Rn. 32.
[5] BGH NJW 2016, 2042 Rn. 14.

ten Aktenstelle zu entnehmen, ersetzt werden. Eine derartige Entscheidung ist zwar rechtswirksam, aber fehlerhaft[6]. Fehlt aber selbst eine derartige Anweisung, ist die Entscheidung nichtig[7].

C. Tenor

4 Für die Urteilsformel bei Verfahren im gewerblichen Rechtsschutz und Urheberrecht gelten die obigen Ausführungen zur Antragsfassung in gleicher Weise[8]. Zusätzlich kann die Überlegung helfen, ob das ausführende Vollstreckungsorgan in der Lage sein wird, Gegenstand und Umfang der Vollstreckung **allein anhand von Rubrum und Tenor** zu ermitteln[9].

5 Nur **im Ausnahmefall** kann auch auf die Entscheidungsgründe und den Sachvortrag der Parteien zurückgegriffen werden[10], wobei dies bei einer Vollstreckung durch den Gerichtsvollzieher, so zum Beispiel bei einer Ingewahrsamnahme zur Sicherung des Vernichtungsanspruchs, der absolute Ausnahmefall bleiben sollte[11]. Dies gilt auch und insbesondere für einen **Unterlassungstenor**. Dieser muss gemäß §§ 890[12], 253 Abs. 2 Nr. 2[13] den Gegenstand des Verbots deutlich bezeichnen, um eine geeignete Grundlage für das Vollstreckungsverfahren bilden zu können[14]. Es kann aber zum Beispiel ausreichen klarzustellen, dass die Bezugnahme auf die bei den Anlagen befindliche konkrete Verletzungsform auch, aber nicht nur, zur Festlegung der angegriffenen Goldtöne erfolgt, wenn sich aus dem Klagevortrag ergibt, dass der Kläger die Rechtsverletzung in der großflächigen Benutzung der Goldtöne bei den angegriffenen Produkten (in goldener Folie verpackte Schokoladen-Osterhasen) sieht, weil so erkennbar ist, in welchen Merkmalen der angegriffenen Produkte das Gericht die Grundlage und den Anknüpfungspunkt des Rechtsverstoßes sieht[15].

6 Im **Patent- und Gebrauchsmusterrecht** ist daher das Gericht im Falle von (zulässigen) Anträgen, die lediglich den Anspruchswortlaut wiedergeben, gezwungen, selbständig einen Tenor zu formulieren, der diejenigen konkreten technischen Mittel benennt, durch die die angegriffene Ausführungsform die abstrakte technische Lehre des Anspruchs verwirklicht, jedenfalls soweit bei der wortsinngemäßen Patentverletzung die Verwirklichung zwischen den Parteien in Streit steht[16]. Sieht sich das Gericht hierzu ohne die Hilfe der Parteien nicht in der Lage, dürfte jedenfalls ein Tenor, der die konkret angegriffenen Produkte (bildlich) wiedergibt (sog. „Kopier"-Tenor[17]) diesen Erfordernissen genügen[18]. Der Vollstreckungsschutzbereich eines solchen Tenors wird aber möglicherweise hinter demjenigen zurückbleiben, was der Kläger mit einem entsprechend angepassten Klageantrag hätte erreichen können.

7 Die so beliebten **„Insbesondere"-Anträge**[19] sind nicht in den Tenor zu übernehmen[20]. Ob einem **„und/oder"** Antrag stattgegeben werden kann, ist regelmäßig keine Frage der Zulässigkeit, sondern der Begründetheit[21].

8 Elemente der Begründung brauchen im Tenor grundsätzlich nicht angegeben zu werden[22].

9 Hiervon sind aber folgende **Ausnahmen** zu machen:

10 Aus Klageantrag und Tenor muss sich eindeutig ergeben, ob der Beklagte **als Täter oder als Störer** haftet, auch wenn es sich hierbei um einen einheitlichen Streitgegenstand[23] handelt. Denn ein auf eine Täterhaftung abstellender Antrag oder Tenor verfehlt bei einer Haftung nur als Störer die konkrete Verletzungsform[24].

11 Soweit ein Unterlassungstenor im Rahmen der Störerhaftung auf die **Verletzung von Prüfpflichten** gestützt ist, reicht es aus, wenn sich der Umfang der Pflichtverletzung aus der Klage- bzw. Urteilsbegründung ergibt. In den Antrag oder Tenor braucht diese nicht mit aufgenommen zu werden[25]. Im Falle der Verurteilung eines im Ausland ansässigen Herstellers für Verhalten Dritter sind

---

[6] BGH NJW 2003, 3136.
[7] OLG Düsseldorf BeckRS 2019, 30363 Rn. 2.
[8] Haedicke/Timmann PatR-HdB/*Zigann* § 15 Rn. 219.
[9] BeckOK/*Elzer* § 313 Rn. 41; Haedicke/Timmann PatR-HdB/*Zigann* § 15 Rn. 121 mwN.
[10] BGH BeckRS 2012, 18285; GRUR-RS 2020, 14332 Rn. 22 – Cookie-Einwilligung II.
[11] Haedicke/Timmann PatR-HdB/*Zigann* § 15 Rn. 168.
[12] → § 890 Rn. 23.
[13] → § 253 Rn. 196.
[14] BGH NJW 2011, 3098 (3101); 1992, 1691 (1692); 1991, 296; 1991, 1114; BeckOK/*Elzer* ZPO § 313 Rn. 46.
[15] BGH GRUR-RS 2021, 22342 Rn. 13 – Goldhase III; OLG München GRUR-RS 2020, 18954 Rn. 27.
[16] BGH GRUR 2005, 569 – Blasfolienherstellung; BGH GRUR 2012, 485 – Rohreinigungsdüse II; Haedicke/Timmann PatR-HdB/*Zigann* § 15 Rn. 129.
[17] Vgl. Haedicke/Timmann PatR-HdB/*Zigann* § 15 Rn. 123 f.
[18] Vgl. die wettbewerbsrechtliche Entscheidung BGH GRUR 2013, 1052 Rn. 12 – Einkaufswagen III; Haedicke/Timmann PatR-HdB/*Zigann* § 15 Rn. 115 ff., Formulierungsbeispiele Rn. 123 ff.
[19] Zur Zulässigkeit derartig gefasster Anträge: BGH GRUR 2020, 405 Rn. 15 – ÖKO-TEST II.
[20] Schramm/*Donle/Kaess* Kap. 9. Rn. 334 f. mwN.
[21] BGH GRUR 2019, 813 Rn. 32 – Cordoba II.
[22] Zöller/*Vollkommer* ZPO § 313 Rn. 8.
[23] → § 253 Rn. 136 ff., 217 f.
[24] BGH GRUR 2010, 633 Rn. 35 – Sommer unseres Lebens.
[25] BGH GRUR 2013, 1229 Rn. 25 – Kinderhochstühle im Internet II; GRUR 2019, 813 Rn. 27 – Cordoba II.

aber diejenigen charakteristischen Umstände, die zur Bejahung der Haftung geführt haben, im Klageantrag oder in der Klagebegründung sowie in einem der Klage stattgebenden Urteil oder dessen Gründen konkret zu umschreiben[26].

Die **Verschuldensform** braucht nicht zwingend in den Tenor mit aufgenommen zu werden. Allerdings kann dies zweckmäßig sein. Fehlt sowohl im Tenor als auch in den Entscheidungsgründen die Feststellung **„aus einer vorsätzlich begangenen unerlaubten Handlung"**, kann dies für den Gläubiger Nachteile im Falle einer Insolvenz des Schuldner nach sich ziehen (vgl. §§ 850f Abs. 2, 174 Abs. 2, 302 Nr. 1 InsO)[27]. **12**

Stets anzugeben sind aber eine Haftung als **Gesamtschuldner** oder als **Bürge**[28]. **13**

D. Tatbestand

Wie schon dem Gesetz entnommen werden kann, sollen im Tatbestand die erhobenen Ansprüche und die dazu vorgebrachten Angriffs- und Verteidigungsmittel unter Hervorhebung der gestellten Anträge nur ihrem wesentlichen Inhalt nach **knapp** dargestellt werden. Wegen der Einzelheiten des Sach- und Streitstandes soll auf Schriftsätze, Protokolle und andere Unterlagen verwiesen werden. Der Tatbestand dient also nicht dazu, den schriftsätzlichen Vortrag der Parteien wortwörtlich und vollständig wiederzugeben[29]. Die gebotene zusammengefasste Darstellung im Tatbestand begründet daher keinen mit § 320 durchsetzbaren Anspruch auf eine „berichtigende" Aufnahme ausführlicher Darstellungen oder die Ergänzung nebensächlicher Punkte[30]. **14**

Im gewerblichen Rechtsschutz und Urheberrecht essentiell ist jedoch, dass die **unterschiedlichen Standpunkte der Parteien** prägnant herausgearbeitet werden, wozu neben einer Schilderung der Verletzungsform oder angegriffenen Ausführungsform sowie Benutzungshandlungen auch eine zusammengefasste Wiedergabe der jeweiligen Argumentation gehört[31]. **15**

Wichtig ist ferner, dass die **Verletzungsform oder angegriffene Ausführungsform** – soweit möglich – so exakt beschrieben wird, dass im Zwangsvollstreckungsverfahren ein Rückgriff auf andere Unterlagen, die wegen der unterschiedlichen Aufbewahrungsfristen dann möglicherweise nicht mehr zur Verfügung stehen, nicht nötig ist. Gegebenenfalls sollten Kopien von Abbildungen und Zeichnungen in das Urteil aufgenommen werden[32]. **16**

E. Entscheidungsgründe

Hat der Kläger alles richtig gemacht, so wird er in den zusprechenden Entscheidungsgründen im Wesentlichen eine **kurze Zusammenfassung** seiner Ausführungen aus der Klagebegründung wiederfinden. Falls Tatsachen streitig waren und Beweis erhoben wurde, finden sich auch Ausführungen zur Beweiswürdigung. Das Urteil schließt mit Ausführungen zu den Kosten sowie zur vorläufigen Vollstreckbarkeit. **17**

Das Urteil ist **nicht (ausreichend) begründet,** wenn aus ihm nicht zu erkennen ist, welche tatsächlichen Feststellungen und welche rechtlichen Erwägungen für die getroffene Entscheidung maßgebend waren; hierfür reicht es aus, dass zwar Gründe vorhanden, diese aber ganz unverständlich und verworren sind, so dass sie nicht erkennen lassen, welche Überlegungen für die Entscheidung maßgeblich waren, oder wenn die Gründe sachlich inhaltslos sind und sich auf leere Redensarten oder einfach auf die Wiedergabe des Gesetzestexts beschränken[33]. Dem Fehlen der Gründe steht es gleich, wenn auf einzelne Ansprüche im Sinn der §§ 145[34], 322[35] oder auf einzelne selbständige Angriffs- und Verteidigungsmittel im Sinn der §§ 146[36], 282 Abs. 1[37], sofern sie rechtlich erheblich sein können, überhaupt nicht eingegangen wird[38]. Als solche Angriffs- und Verteidigungsmittel in Betracht kommen Tatbestände, die für sich allein rechtsbegründend, rechtsvernichtend, rechtshindernd oder rechtserhaltend wären[39], also zum Beispiel die Einrede der Verjährung. **18**

---

[26] BGH GRUR 2021, 1167 Rn. 50 – Ultraschallwandler.
[27] Zöller/*Vollkommer* ZPO § 313 Rn. 8.
[28] Zöller/*Vollkommer* ZPO § 313 Rn. 8.
[29] Haedicke/Timmann PatR-HdB/*Zigann* § 15 Rn. 219.
[30] OLG Düsseldorf BeckRS 2018, 21739 Rn. 1 mwN.
[31] Haedicke/Timmann PatR-HdB/*Zigann* § 15 Rn. 219.
[32] Haedicke/Timmann PatR-HdB/*Zigann* § 15 Rn. 219.
[33] BGH GRUR 1963, 645 – Warmpressen; BGH GRUR 2011, 1055 – Formkörper mit Durchtrittsöffnungen.
[34] → § 145 Rn. 1 ff.
[35] → § 322 Rn. 19.
[36] → § 146 Rn. 1.
[37] → § 282 Rn. 4.
[38] BGH GRUR 2007, 862 – Informationsübermittlungsverfahren II; BGH GRUR 2011, 1055 – Formkörper mit Durchtrittsöffnungen.
[39] BGH GRUR 1990, 33 (34) – Schüsselmühle; BGH GRUR 2011, 1055 – Formkörper mit Durchtrittsöffnungen.

F. Abbildungen, Zeichnungen, Konvolute und Datenträger

19 Soweit der Gegenstand, auf das sich der Urteilsausspruch bezieht, nicht hinreichend mit Worten beschrieben werden kann und damit zu den Akten gereichte Abbildungen, Zeichnungen, Konvolute oder Datenträger zum Verständnis des Urteils oder zur Bestimmung der Reichweite des Tenors unerlässlich sind, sollten sie vorzugsweise in das Urteil mit **aufgenommen oder** mit diesem **fest verbunden** werden[40].

20 Ist dies im Ausnahmefall nicht möglich, so kann auf eine solche Anlage **verwiesen** werden. Allerdings besteht dann die Gefahr, dass die Anlage, auf die Bezug genommen worden ist, wegen kürzerer Aufbewahrungsfristen oder Verlust im weiteren Instanzenzug[41] oder im Vollstreckungsverfahren nicht mehr zur Verfügung steht. Diese Gefahr rechtfertigt es aber im Regelfall nicht, in solch einem Fall gerichtlichen Rechtsschutz zu verweigern[42]. Zur Not ist im Antrag und im Tenor auf Gegenstände (zB Testkaufobjekte) Bezug zu nehmen[43]. Ist auch das nicht möglich, so kann auch eine unkonkrete Tenorierung zulässig sein, wenn dies im Ausnahmefall zur Gewährung effektiven Rechtsschutzes erforderlich ist[44].

§ 313a Weglassen von Tatbestand und Entscheidungsgründen

(1) ¹Des Tatbestandes bedarf es nicht, wenn ein Rechtsmittel gegen das Urteil unzweifelhaft nicht zulässig ist. ²In diesem Fall bedarf es auch keiner Entscheidungsgründe, wenn die Parteien auf sie verzichten oder wenn ihr wesentlicher Inhalt in das Protokoll aufgenommen worden ist.

(2) ¹Wird das Urteil in dem Termin, in dem die mündliche Verhandlung geschlossen worden ist, verkündet, so bedarf es des Tatbestandes und der Entscheidungsgründe nicht, wenn beide Parteien auf Rechtsmittel gegen das Urteil verzichten. ²Ist das Urteil nur für eine Partei anfechtbar, so genügt es, wenn diese verzichtet.

(3) Der Verzicht nach Absatz 1 oder 2 kann bereits vor der Verkündung des Urteils erfolgen; er muss spätestens binnen einer Woche nach dem Schluss der mündlichen Verhandlung gegenüber dem Gericht erklärt sein.

(4) Die Absätze 1 bis 3 sind nicht anzuwenden im Fall der Verurteilung zu künftig fällig werdenden wiederkehrenden Leistungen oder wenn zu erwarten ist, dass das Urteil im Ausland geltend gemacht werden wird.

(5) Soll ein ohne Tatbestand und Entscheidungsgründe hergestelltes Urteil im Ausland geltend gemacht werden, so gelten die Vorschriften über die Vervollständigung von Versäumnis- und Anerkenntnisurteilen entsprechend.

1 § 313a Abs. 1 S. 1 ZPO sieht zur Entlastung des Gerichts vor, dass ein Urteil dann **ohne Tatbestand** erlassen werden kann, wenn es unzweifelhaft **unanfechtbar** ist.

2 Darüber hinaus bedarf es nach § 313a Abs. 1 S. 2 ZPO auch **keiner Entscheidungsgründe,** wenn die Parteien hierauf einvernehmlich **verzichten** oder sich die Entscheidungsgründe aus dem Protokoll der Verhandlung ergeben. Dies gilt nach § 313a Abs. 2 ZPO bei einem Stuhlurteil auch dann, wenn jede beschwerdeberechtigte Partei auf Rechtsmittel gegen das Urteil verzichtet. Der Verzicht kann gemäß § 313a Abs. 3 ZPO bereits vor der Verkündung des Urteils erfolgen und muss spätestens eine Woche nach dem Schluss der mündlichen Verhandlung gegenüber dem Gericht erklärt sein.

3 Tatbestand und Entscheidungsgründe können dann nicht wegfallen, wenn zu erwarten ist, dass das Urteil **im Ausland** geltend gemacht werden wird (§ 313a Abs. 4 ZPO). Dies ist beispielsweise dann der Fall, wenn das Urteil im Ausland vollstreckt werden soll[1]. Ergibt sich erst später, dass ein ohne Tatbestand und Entscheidungsgründe erlassenes Urteil im Ausland geltend gemacht werden soll, ist es gemäß § 313a Abs. 5 ZPO iVm §§ 30, 31 AVAG zu vervollständigen[2].

4 Der praktische Anwendungsbereich dieser Vorschrift im gewerblichen Rechtsschutz und Urheberrecht sehr beschränkt, weil eine offensichtliche Unanfechtbarkeit in aller Regel nur dann vorliegen wird, wenn der Beschwerdewert nicht erreicht wird, was nur ausnahmsweise der Fall sein wird.

5 In **Verfahren vor dem BPatG** findet § 313a ZPO keine Anwendung[3].

---

[40] BGH NJW 2006, 695 (697); 1986, 1440; BeckOK/*Elzer* ZPO § 313 Rn. 47.
[41] Vgl. OLG München GRUR-RS 2020, 18954 Rn. 26.
[42] BGH GRUR 2000, 228 – Musical-Gala mwN; OLG Hamburg MD 2014, 30 (34 f.) mwN.
[43] BGH GRUR-RS 2021, 22342 Rn. 13 – Goldhase III; OLG München GRUR-RS 2020, 18954 Rn. 24 ff.
[44] BGH GRUR 2013, 401 Rn. 55 – Biomineralwasser; BGH GRUR 2033, 228 – P-Vermerk, in Bezug auf die Formulierung „an denen die Beklagte Eigentum hat".
[1] Zöller/*Vollkommer* ZPO § 313b Rn. 5.
[2] Zöller/*Vollkommer* ZPO § 313b Rn. 5.
[3] Schulte/*Püschel* PatG § 94 Rn. 20.

Wird ein Urteil ohne Tatbestand oder Entscheidungsgründe erlassen, ohne dass die Voraussetzungen des § 313a ZPO vorliegen, ist das Urteil **anfechtbar**.[4]

§ 313b Versäumnis-, Anerkenntnis- und Verzichtsurteil

(1) ¹Wird durch Versäumnisurteil, Anerkenntnisurteil oder Verzichtsurteil erkannt, so bedarf es nicht des Tatbestandes und der Entscheidungsgründe. ²Das Urteil ist als Versäumnis-, Anerkenntnis- oder Verzichtsurteil zu bezeichnen.

(2) ¹Das Urteil kann in abgekürzter Form nach Absatz 1 auf die bei den Akten befindliche Urschrift oder Abschrift der Klage oder auf ein damit zu verbindendes Blatt gesetzt werden. ²Die Namen der Richter braucht das Urteil nicht zu enthalten. ³Die Bezeichnung der Parteien, ihrer gesetzlichen Vertreter und der Prozessbevollmächtigten sind in das Urteil nur aufzunehmen, soweit von den Angaben der Klageschrift abgewichen wird. ⁴Wird nach dem Antrag des Klägers erkannt, so kann in der Urteilsformel auf die Klageschrift Bezug genommen werden. ⁵Wird das Urteil auf ein Blatt gesetzt, das mit der Klageschrift verbunden wird, so soll die Verbindungsstelle mit dem Gerichtssiegel versehen oder die Verbindung mit Schnur und Siegel bewirkt werden.

(3) Absatz 1 ist nicht anzuwenden, wenn zu erwarten ist, dass das Versäumnisurteil oder das Anerkenntnisurteil im Ausland geltend gemacht werden soll.

(4) Absatz 2 ist nicht anzuwenden, wenn die Prozessakten elektronisch geführt werden.

Ein Versäumnis-, Anerkenntnis- oder Verzichtsurteil muss gemäß § 313b Abs. 1 ZPO als solches bezeichnet werden, bedarf aber nicht notwendigerweise eines Tatbestandes und der Entscheidungsgründe. Es steht mit Ausnahme der in Abs. 3 genannten Fällen im **Ermessen** des Gerichts, ob es das Urteil mit oder ohne Tatbestand und Entscheidungsgründe erlässt.[1] Dies gilt für alle Instanzen.[2]

§ 313b ZPO gilt nur für **echte Versäumnisurteile**, die aufgrund der Säumnis einer der Parteien gemäß §§ 330 ff. ZPO ergehen, nicht aber für kontradiktorische Urteile gegen eine Partei (zur Unterscheidung → § 300 Rn. 7).

Weitere Vereinfachungen sieht § 313b Abs. 2 vor, wonach beispielsweise in der Urteilsformel auf die Klageschrift Bezug genommen werden kann. Dies gilt allerdings gemäß Abs. 4 dann nicht, wenn die Prozessakten elektronisch geführt werden.

Auf Tatbestand und Entscheidungsgründe darf nach § 313b Abs. 3 ZPO dann nicht verzichtet werden, wenn ein Versäumnis- oder Anerkenntnisurteil **im Ausland** geltend gemacht werden soll, da es dann im Ausland nicht anerkennungsfähig ist. Die Regelung entspricht § 313a Abs. 4 ZPO, auf dessen Kommentierung verwiesen wird (→ § 313a Rn. 3).

Wird ein Urteil ohne Tatbestand oder Entscheidungsgründe erlassen, ohne dass die Voraussetzungen des § 313b ZPO vorliegen, ist das Urteil **anfechtbar**. Die Zustellung eines entgegen § 313b ZPO nicht mit Tatbestand und Entscheidungsgründen versehenen unechten Versäumnisurteils setzt die Berufungsfrist nicht in Lauf.[3]

§ 314 Beweiskraft des Tatbestandes

¹Der Tatbestand des Urteils liefert Beweis für das mündliche Parteivorbringen. ²Der Beweis kann nur durch das Sitzungsprotokoll entkräftet werden.

Nach § 314 ZPO kommt dem Tatbestand des Urteils **besondere Beweiskraft** zu, die über die §§ 415, 417, 418 ZPO hinausgeht.

Die Vorschrift gilt auch in **Verfahren vor dem BPatG**.[1*]

Tatbestand iSd § 314 ZPO sind nicht nur die im Urteil als solche bezeichnete Passagen, sondern auch **Tatbestandsfeststellungen in den Entscheidungsgründen**.[2*] Erfasst werden auch die im Tatbestand enthaltenen Verweisungen auf Schriftsätze, Protokolle und andere Unterlagen im Sinne von § 313 Abs. 2 S. 2 ZPO.[3*]

Die Beweiskraft des Tatbestandes bezieht sich nur auf das **mündliche Vorbringen der Parteien**. Er gilt also als Beweis für den dort erwähnten mündlichen Parteivortrag. Dem Urteilstatbestand kommt

---

[4] BGH BeckRS 2017, 130746 Rn. 6.
[1] Musielak/Voit/*Musielak* ZPO § 313b Rn. 3.
[2] Musielak/Voit/*Musielak* ZPO § 313b Rn. 2.
[3] BGH NJW-RR 1991, 255.
[1*] BeckOK PatR/*Rauch/Schnurr* PatG § 99 Rn. 9; BPatG BeckRS 2012, 03639.
[2*] BGH NJW 1993, 55; GRUR 2016, 1093 (1095) – grit-lehmann.de.
[3*] Musielak/Voit/*Musielak* ZPO § 314 Rn. 2.

aber **keine negative Beweiskraft** hinsichtlich des mündlichen Parteivorbringens zu.[4] Der Tatbestand liefert also keinen Beweis dafür, dass von den Parteien etwas nicht behauptet worden ist, was nicht aus dem Tatbestand ersichtlich ist.

5   Die Beweiswirkung des § 314 ZPO bezieht sich allein auf **Parteivorbringen tatsächlicher Art**, nicht hingegen auf Rechtsfragen, auch wenn der Beurteilung tatsächliche Feststellungen zu Grunde liegen.[5] Sie bezieht sich daher zB nicht auf die Beantwortung der Frage, ob ein nachgeahmtes Produkt über wettbewerbliche Eigenart verfügt.[6]

6   Der Tatbestand des Urteils liefert dann keinen Beweis für das Parteivorbringen, wenn er **widersprüchlich** ist.[7] Ein Widerspruch kann sich beispielsweise aus Unterschieden zwischen den tatbestandlichen Feststellungen und einem konkret in Bezug genommenen schriftsätzlichen Vorbringen einer Partei ergeben.[8] Widersprüche sind von Amts wegen zu berücksichtigen.[9]

7   Der **Gegenbeweis** ist erschwert, da die Beweiskraft des Tatbestandes gemäß § 314 S. 2 ZPO nur durch das **Sitzungsprotokoll** entkräftet werden kann. Das Sitzungsprotokoll geht also dem Tatbestand bei Widersprüchen in der Darstellung des mündlichen Vorbringens einer Partei vor.[10]

8   Ist der Tatbestand fehlerhaft und enthält auch das Sitzungsprotokoll keine Angaben über bestimmte im Tatbestand beschriebene Vorgänge, kann die Unrichtigkeit des Tatbestandes nur im Wege der **Tatbestandsberichtigung** nach § 320 ZPO behoben werden.[11]

§ 315 Unterschrift der Richter

(1) ¹**Das Urteil ist von den Richtern, die bei der Entscheidung mitgewirkt haben, zu unterschreiben.** ²Ist ein Richter verhindert, seine Unterschrift beizufügen, so wird dies unter Angabe des Verhinderungsgrundes von dem Vorsitzenden und bei dessen Verhinderung von dem ältesten beisitzenden Richter unter dem Urteil vermerkt.

(2) ¹Ein Urteil, das in dem Termin, in dem die mündliche Verhandlung geschlossen wird, verkündet wird, ist vor Ablauf von drei Wochen, vom Tage der Verkündung an gerechnet, vollständig abgefasst der Geschäftsstelle zu übermitteln. ²Kann dies ausnahmsweise nicht geschehen, so ist innerhalb dieser Frist das von den Richtern unterschriebene Urteil ohne Tatbestand und Entscheidungsgründe der Geschäftsstelle zu übermitteln. ³In diesem Fall sind Tatbestand und Entscheidungsgründe alsbald nachträglich anzufertigen, von den Richtern besonders zu unterschreiben und der Geschäftsstelle zu übermitteln.

(3) ¹Der Urkundsbeamte der Geschäftsstelle hat auf dem Urteil den Tag der Verkündung oder der Zustellung nach § 310 Abs. 3 zu vermerken und diesen Vermerk zu unterschreiben. ²Werden die Prozessakten elektronisch geführt, hat der Urkundsbeamte der Geschäftsstelle den Vermerk in einem gesonderten Dokument festzuhalten. ³Das Dokument ist mit dem Urteil untrennbar zu verbinden.

1   Alle Richter, die bei der Entscheidung mitgewirkt haben, müssen die **Urschrift** des Urteils eigenhändig handschriftlich unterschreiben.[1]

2   In **Verfahren vor dem BPatG** wird § 315 Abs. 1 ZPO entsprechend angewendet.[2] Auch Beschlüsse des **DPMA**, beispielsweise im Prüfungsverfahren sind zu unterschreiben[3] und zwar von allen an der Entscheidung mitwirkenden Mitgliedern der Patentabteilung.[4*]

3   § 315 Abs. 1 ZPO wird auf **Beschlüsse** ergänzend herangezogen (→ § 329 Rn. 5). Der Beschluss muss die Namen sämtlicher mitwirkender Richter erkennen lassen, es reicht aber aus, wenn nur der in der Sache entscheidende Richter den Beschluss unterzeichnet hat. Abweichend hiervon hält das **BPatG** bei markenrechtlichen Löschungsbeschlüssen die Unterschrift aller an der Entscheidung beteiligten Mitglieder der Markenabteilung für eine Wirksamkeit des Beschlusses für erforderlich.[5*]

---

[4] BGH NJW 2004, 1876 (1879); 2004, 2152 (2155).
[5] BGH GRUR 2013, 951 (953) – Regalsystem.
[6] BGH GRUR 2013, 951 (953) – Regalsystem.
[7] BGH GRUR 2016, 88 (91) – Deltamethrin; BGH GRUR 2016, 1093 (1095) – grit-lehmann.de.
[8] BGH GRUR 2016, 1093 (1095) – grit-lehmann.de.
[9] BGH GRUR 2016, 1093 (1095) – grit-lehmann.de.
[10] BGH NJW 1993, 3067; GRUR 2016, 1093 (1095) – grit-lehmann.de; GRUR 2021, 1544 (1546) – Kaffeebereiter.
[11] BGH GRUR 2011, 459 (460) – Satan der Rache; BGH GRUR 2016, 88 (91) – Deltamethrin; BGH GRUR 2016, 1093 (1095) – grit-lehmann.de.
[1] Vgl. BGH GRUR 2012, 945 (946) – Tribenuronmethyl; eingehend zu den an die Unterschrift zu stellenden Anforderungen Musielak/Voit/*Musielak* ZPO § 315 Rn. 3 f.; Zöller/*Vollkommer* ZPO § 315 Rn. 1.
[2] Busse/*Schuster* PatG § 99 Rn. 9.
[3] BPatG BeckRS 2013, 18952.
[4*] BPatG GRUR 2014, 913 (916) – Elektrischer Winkelstecker II.
[5*] BPatG BeckRS 2012, 03143; 2011, 11885.

Ist ein Richter an seiner Unterschrift **verhindert**[6], wird dies gemäß § 315 Abs. 1 S. 2 ZPO vom Vorsitzenden und bei dessen Verhinderung von dem ältesten beisitzenden Richter unter dem Urteil vermerkt. Dies soll in analoger Anwendung von § 315 Abs. 1 S. 2 ZPO auch dann gelten, wenn ein Mitglied der Patentabteilung verhindert ist, den das **Einspruchsverfahren abschließenden Beschluss** zu unterschreiben.[7] Der Grund für die Verhinderung ist zu benennen. Der Verhinderungsgrund ist dabei nur allgemein anzugeben und muss lediglich auf einen Umstand hinweisen, welcher einen Verhinderungsgrund darstellen kann.[8] Eine Nachprüfung, ob eine Verhinderung tatsächlich vorlag, findet aber grundsätzlich nicht statt.[9]

Ein **Stuhlurteil**, also ein Urteil, das in der mündlichen Verhandlung verkündet wird (§ 310 Abs. 1 S. 1 ZPO), ist gemäß § 315 Abs. 2 ZPO innerhalb von drei Wochen nach Verkündung vollständig abgefasst der Geschäftsstelle zu übermitteln. Alle anderen Urteile, die nicht bereits in der mündlichen Verhandlung verkündet wurden, müssen gemäß § 310 Abs. 2 ZPO im Verkündungstermin in vollständiger Form abgefasst sein.

Nach § 315 Abs. 3 ZPO vermerkt der Urkundsbeamte der Geschäftsstelle auf dem Urteil den Tag der Verkündung oder den Tag der die Verkündung ersetzenden Zustellung (§ 310 Abs. 3 ZPO) und unterschreibt diesen Vermerk.

Eine fehlende richterliche Unterschrift oder ein fehlender Verhinderungsvermerk kann mit Wirkung für die Zukunft **nachgeholt werden**[10], allerdings nur bis zum Ablauf der für die Einlegung eines Rechtsmittels maximalen 5-Monatsfrist (§§ 517, 548 ZPO).[11]

Kann die Unterschrift oder der sie ersetzende Verhinderungsvermerk auf dem Urteil nicht mehr nachgeholt werden, liegt ein **wesentlicher Verfahrensmangel** iSv § 538 Abs. 1 S. 1 Nr. 1 ZPO und ein absoluten Revisionsgrund iSv § 547 Nr. 6 vor.[12]

§ 316 (weggefallen)

§ 317 Urteilszustellung und -ausfertigung

(1) ¹Die Urteile werden den Parteien, verkündete Versäumnisurteile nur der unterliegenden Partei in Abschrift zugestellt. ²Eine Zustellung nach § 310 Abs. 3 genügt. ³Auf übereinstimmenden Antrag der Parteien kann der Vorsitzende die Zustellung verkündeter Urteile bis zum Ablauf von fünf Monaten nach der Verkündung hinausschieben.

(2) ¹Ausfertigungen werden nur auf Antrag und nur in Papierform erteilt. ²Solange das Urteil nicht verkündet und nicht unterschrieben ist, dürfen von ihm Ausfertigungen, Auszüge und Abschriften nicht erteilt werden. ³Die von einer Partei beantragte Ausfertigung eines Urteils erfolgt ohne Tatbestand und Entscheidungsgründe; dies gilt nicht, wenn die Partei eine vollständige Ausfertigung beantragt.

(3) Ausfertigungen, Auszüge und Abschriften eines als elektronisches Dokument (§ 130b) vorliegenden Urteils können von einem Urteilsausdruck erteilt werden.

(4) Die Ausfertigung und Auszüge der Urteile sind von dem Urkundsbeamten der Geschäftsstelle zu unterschreiben und mit dem Gerichtssiegel zu versehen.

(5) ¹Ist das Urteil nach § 313b Abs. 2 in abgekürzter Form hergestellt, so erfolgt die Ausfertigung in gleicher Weise unter Benutzung einer beglaubigten Abschrift der Klageschrift oder in der Weise, dass das Urteil durch Aufnahme der in § 313 Abs. 1 Nr. 1 bis 4 bezeichneten Angaben vervollständigt wird. ²Die Abschrift der Klageschrift kann durch den Urkundsbeamten der Geschäftsstelle oder durch den Rechtsanwalt des Klägers beglaubigt werden.

Gemäß § 317 ZPO sind Urteile **den Parteien** zuzustellen; im Anwaltsprozess dem die Partei vertretenden Anwalt. Verkündete **Versäumnisurteile** sind nur der unterliegenden Partei zuzustellen. Bei **Streitgenossenschaft** ist an jeden der Streitgenossen zuzustellen.[1] Beim Streithelfer reicht eine formlose Mitteilung.[2]

Anwendung findet § 317 ZPO auf **Verfügungsurteile**, allerdings stellt die Amtszustellung nach § 317 ZPO kein Vollziehungsmittel dar[3] (→ § 166 Rn. 5).

---

[6] Siehe zum Begriff der „Verhinderung" Musielak/Voit/*Musielak* ZPO § 315 Rn. 5 ff.
[7] BGH GRUR 1994, 724 (725 f.) – Spinnmaschine; BPatG GRUR 2014, 913 (917) – Elektrischer Winkelstecker II; vgl. auch BPatG BeckRS 2012, 12946; zur Ersetzung der Unterschrift in einem markenrechtlichen Löschungsverfahren vgl. BPatG BeckRS 2011, 11885.
[8] BGH GRUR 2016, 860 (861) – Deltamethrin II.
[9] BGH GRUR 2016, 860 (861) – Deltamethrin II.
[10] BGH NJW 1998, 609 (610).
[11] BGH NJW 2006, 1881 (1882).
[12] BGH GRUR 2016, 860 (861) – Deltamethrin II; Musielak/Voit/*Musielak* ZPO § 315 Rn. 11.
[1] Musielak/Voit/*Musielak* ZPO § 317 Rn. 5.
[2] Zöller/*Feskorn* ZPO § 317 Rn. 1.
[3] OLG Köln GRUR 1999, 89 (90); OLG Düsseldorf NJW-RR 2003, 354.

3   Für **patentgerichtliche Verfahren** enthalten § 94 PatG, § 79 MarkenG spezialgesetzliche Regelungen für die Zustellung von Urteilen des BPatG.[4]
4   Die Zustellung erfolgt **von Amts wegen** (§ 166 Abs. 2 ZPO). Zuzustellen ist eine von der Geschäftsstelle **beglaubigte Abschrift des Urteils**.[5] Ausfertigungen (→ § 166 Rn. 10) werden nunmehr nur noch auf besonderen Antrag hin durch den Urkundsbeamten der Geschäftsstelle (§ 317 Abs. 4 ZPO) erteilt, wobei für Versäumnisurteile die Besonderheiten des § 317 Abs. 5 ZPO zu beachten sind. Eine Versendung einer Ausfertigung des Urteils von Amts wegen findet seit dem 1.7.2014 nicht mehr statt.
5   Auf **übereinstimmenden Antrag** der Parteien kann der Vorsitzende die Zustellung verkündeter Urteile bis zum Ablauf von fünf Monaten nach der Verkündung hinausschieben (§ 317 Abs. 1 S. 3 ZPO), etwa um die Berufungs- bzw. Revisionsfrist zu verlängern.
6   Die Zustellung **setzt den Lauf der Rechtsmittel- und Einspruchsfristen in Gang**.[6] Dies gilt auch für Anerkenntnis- und Versäumnisurteile, die ohne mündliche Verhandlung ergangen sind und bei denen die Zustellung gemäß § 310 Abs. 3 ZPO die Verkündung ersetzt.[7]
7   Erfolgt die Zustellung des Urteils entgegen § 317 Abs. 1 ZPO nicht von Amts wegen ist sie unwirksam und kann die Rechtsmittel- und Einspruchsfristen nicht in Gang setzen. Auch bei Abweichungen zwischen der Urschrift und der Abschrift des Urteils liegt ggf. keine den Beginn der Rechtsmittelfrist auslösende Zustellung vor. Allerdings machen hier nur **schwerwiegende Mängel** der Ausfertigung bzw. Abschrift, wie etwa Abweichungen zwischen Urschrift und Ausfertigung in wesentlichen Punkten die Zustellung unwirksam.[8]

§ 318 Bindung des Gerichts

Das Gericht ist an die Entscheidung, die in den von ihm erlassenen End- und Zwischenurteilen enthalten ist, gebunden.

A. Anwendungsbereich

1   Das Gericht ist an seine Entscheidungen, die in von ihm erlassenen End- und Zwischenurteilen enthalten sind, gebunden.
2   Die Vorschrift findet über § 82 MarkenG, § 99 PatG auch in **Verfahren vor dem BPatG** Anwendung.[1]
3   In **Verfahren vor dem DPMA** gilt § 318 ZPO nicht[2], da keine Entscheidung eines Gerichts vorliegt. Allerdings wird auch für justizförmig ausgestaltete Verfahren vor dem DPMA eine § 318 ZPO vergleichbare Bindung an erlassene Beschlüsse angenommen.[3] Hat das DPMA durch Beschluss über ein Schutzersuchen entschieden, ist es mit dem Wirksamwerden des Beschlusses analog § 318 ZPO an ihn gebunden und kann den Beschluss nicht mehr aufheben oder abändern.[4*]

B. Umfang der Bindungswirkung

4   Gebunden wird „das Gericht", also der **Spruchkörper**, der das Urteil in der Entscheidung gefällt hat.[5*] Es handelt sich insoweit um eine Selbstbindung des Gerichts, das von einer einmal getroffenen Entscheidung nicht mehr selbst abweichen darf. Diese Bindung bedeutet innerhalb der Instanz damit dasselbe, was die materielle Rechtskraft für den Richter eines zweiten Prozesses bedeutet[6*] (→ § 322 Rn. 4 ff.).
5   Die Bindung erfasst den im Tenor enthaltenen Ausspruch des Gerichts.[7*] Sie geht dahin, dass das Gericht die von ihm getroffene Entscheidung nicht formell aufheben oder abändern darf (sog. **Abänderungsverbot**), und darüber hinaus positiv auch dahin, dass das Gericht den in der Entscheidung gezogenen Schluss auf die darin ausgesprochene Rechtsfolge dem weiteren Verfahren zugrunde legen

---

[4] Busse/Keukenschrijver/*Schuster* PatG § 99 Rn. 9.
[5] Bis zum 1.7.2014 war eine vollständige Ausfertigung des Urteils zuzustellen. Dies wurde durch das *Gesetz zur Förderung des elektronischen Rechtsverkehrs mit den Gerichten* geändert.
[6] Zöller/*Feskorn* ZPO § 317 Rn. 1.
[7] Hierzu Musielak/Voit/*Musielak* ZPO § 317 Rn. 2.
[8] BGH NJW 2001, 1353 (1354); Musielak/Voit/*Musielak* ZPO § 317 Rn. 10 ff. mwN.
[1] BPatG BeckRS 2013, 00376; Ströbele/Hacker/Thiering/*Knoll* MarkenG § 70 Rn. 20; Ingerl/Rohnke MarkenG § 70 Rn. 21; Schulte/*Püschel* PatG § 79 Rn. 44.
[2] Anders Schulte/*Schulte* PatG Einleitung Rn. 474; für eine analoge Anwendung BPatG BeckRS 2013, 00376.
[3] Ströbele/Hacker/Thiering/*Miosga* MarkenG § 61 Rn. 12; vgl. BPatG GRUR 1979, 434 (435) – Differenzbetrag.
[4*] BPatG BeckRS 2019, 15599 – Marke für Fischkonserven.
[5*] MüKoZPO/*Musielak* ZPO § 318 Rn. 10.
[6*] BGH GRUR 1969, 433 (436) – Waschmittel.
[7*] Musielak/Voit/*Musielak* ZPO § 318 Rn. 3.

muss und daher neues Parteivorbringen zu dem entschiedenen Punkt nicht mehr zulassen oder berücksichtigen darf (sog. **Abweichungsverbot**).[8]

Die Bindungswirkung erfasst gemäß § 318 ZPO Entscheidungen in End- und Zwischen**urteilen**. Das Gericht muss mithin die von ihm getroffenen Entscheidungen in **Zwischen- und Teilurteilen** berücksichtigen.[9] **Beschlüsse und Verfügungen** binden das Gericht grundsätzlich nicht.[10] Etwas anderes gilt für Beschlüsse, die auf eine sofortige Beschwerde ergehen und der Rechtsbeschwerde unterliegen und für urteilsähnliche und verfahrensgestaltende Beschlüsse.[11]

Keine Bindungswirkung entfalten **Versäumnisurteile**, gegen die nach § 343 ZPO Einspruch eingelegt werden kann.[12] Für **Arrest und einstweilige Verfügung** besteht in Ausnahme zu § 318 ZPO die Möglichkeit einer Aufhebung und Änderung der Entscheidung wegen geänderter Umstände nach §§ 926, 927 ZPO.

Die nach §§ 319, 320 ZPO vorgesehene Möglichkeit der **Urteils- bzw. Tatbestandsberichtigung** steht nicht in Widerspruch zu § 318 ZPO, da hier nur offensichtliche Unrichtigkeiten des Urteils bzw. des Tatbestands korrigiert werden. Auch die **Urteilsergänzung** nach § 321 ZPO führt nicht zu einer inhaltlichen Änderung der Entscheidung des Gerichts, sondern dient nur der Vervollständigung eines unvollständigen Urteils.

Die Bindungswirkung tritt nicht erst mit Rechtskraft der Entscheidung ein, sondern **beginnt** bereits mit Verkündung oder in den Fällen des § 310 Abs. 3 ZPO mit Zustellung des Urteils an eine der Parteien[13] (hierzu → § 310 Rn. 1). Sie **endet** im Falle der Aufhebung des Urteils durch ein übergeordnetes Gericht.[14]

§ 319 Berichtigung des Urteils

(1) **Schreibfehler, Rechnungsfehler und ähnliche offenbare Unrichtigkeiten, die in dem Urteil vorkommen, sind jederzeit von dem Gericht auch von Amts wegen zu berichtigen.**

(2) ¹**Der Beschluss, der eine Berichtigung ausspricht, wird auf dem Urteil und den Ausfertigungen vermerkt.** ²**Erfolgt der Berichtigungsbeschluss in der Form des § 130b, ist er in einem gesonderten elektronischen Dokument festzuhalten.** ³**Das Dokument ist mit dem Urteil untrennbar zu verbinden.**

(3) **Gegen den Beschluss, durch den der Antrag auf Berichtigung zurückgewiesen wird, findet kein Rechtsmittel, gegen den Beschluss, der eine Berichtigung ausspricht, findet sofortige Beschwerde statt.**

A. Allgemeine Grundlagen

Die Urteilsberichtigung nach § 319 ZPO dient der schnellen und einfachen Beseitigung offenbarer Unrichtigkeiten in einer Entscheidung.[1] Über seinen Wortlaut hinaus ist § 319 ZPO nicht nur auf Urteile, sondern auch auf andere gerichtliche Entscheidungen, zB Beschlüsse oder Prozessvergleiche entsprechend anwendbar.[2]

Liegt eine offensichtliche Unrichtigkeit vor, die gemäß § 319 ZPO korrigiert werden kann, ist ein Rechtsmittel im Hinblick auf diese Unrichtigkeit unzulässig, da die Urteilsberichtigung nach § 319 ZPO den einfacheren, rascheren und billigeren Weg darstellt, um zum Rechtsschutzziel zu gelangen. Es fehlt daher in diesen Fällen an dem notwendigen Rechtsschutzbedürfnis für ein Rechtsmittel.[3]

In Verfahren vor dem **BPatG** ergibt sich die Möglichkeit einer Korrektur offensichtlicher Unrichtigkeiten nicht aus § 319 ZPO, sondern aus **§ 95 Abs. 1 PatG bzw. § 80 Abs. 1 MarkenG**.[4] Die Vorschriften sind jedoch in ihrem wesentlichen Inhalt identisch, so dass sich hier keine Besonderheiten ergeben.[5] Auch in Verfahren vor dem BPatG können demnach Schreibfehler, Rechenfehler und ähnliche offenbare Unrichtigkeiten jederzeit berichtigt werden.

Nach der Rechtsprechung des BPatG enthalten §§ 95 Abs. 1 PatG, 80 Abs. 1 MarkenG und 319 ZPO einen allgemeinen Verfahrensgrundsatz, der auch in **Verfahren vor dem DPMA** zu berück-

---

[8] BGH GRUR 1969, 433 (436) – Waschmittel; hierzu Zöller/*Feskorn* ZPO § 318 Rn. 10 f.
[9] Musielak/Voit/*Musielak* ZPO § 318 Rn. 4 ff. mwN.
[10] Zöller/*Feskorn* ZPO § 318 Rn. 8.
[11] Vgl. die Beispiele bei Zöller/*Feskorn* ZPO § 318 Rn. 9.
[12] Zöller/*Feskorn* ZPO § 318 Rn. 2; vgl. zu weiteren Ausnahmen auch Musielak/*Musielak* ZPO § 318 Rn. 8 f.
[13] Musielak/Voit/*Musielak* ZPO § 318 Rn. 7.
[14] BGH NJW 1989, 1486 (1487).
[1] Musielak/Voit/*Musielak* ZPO § 319 Rn. 1.
[2] Musielak/Voit/*Musielak* ZPO § 319 Rn. 2 mwN.
[3] OLG Düsseldorf BeckRS 2015, 18289.
[4] Vgl. BPatG BeckRS 2012, 03743.
[5] Vgl. BGH BeckRS 2001, 08855.

B. Offenbare Unrichtigkeit

5   Die Vorschrift erfasst neben Schreib- und Rechenfehlern auch ähnliche „offenbare Unrichtigkeiten". Gemeint sind hier offensichtliche Abweichungen zwischen dem vom Gericht Erklärten, also einer nach außen verlautbarten Entscheidung[8], und dem eigentlich erkennbar Gewollten.[9] Eine **offensichtliche Unrichtigkeit** kann zB bei fehlerhaftem oder unvollständigem Rubrum, fehlerhafter Tenorierung, fehlender Unterschrift, fehlerhafter oder unterbliebener Rechtsmittelzulassung[10], fehlender oder fehlerhafter Kostenentscheidung[11] vorliegen.[12] Ein solcher berichtigungsfähiger offensichtlicher Fehler kann sich etwa aus einem Vergleich zwischen Tenor, Entscheidungsgründen und Protokoll ergeben.[13]

6   Eine fehlerhafte Tenorierung liegt im **Gewerblichen Rechtsschutz** beispielsweise dann vor, wenn der Patentanspruch fehlerhaft wiedergegeben wurde[14], dem Tenor eine unbedingte Beschränkung des Patentanspruchs nicht zu entnehmen ist[15], oder der Ausspruch zur Teillöschung eines Gebrauchsmusters[16] oder dem Entfallen bestimmter Patentansprüche fehlt[17]. Im Markenrecht kann die versehentliche Darstellung einer anderen als der angegriffenen Marke eine offenbare Unrichtigkeit darstellen.[18] Auch die Angabe eines falschen Altenzeichens soll nach § 319 ZPO berichtigt werden können.[19]

C. Verfahren

7   Das Gericht kann über die Berichtigung **von Amts wegen** ohne mündliche Verhandlung (§ 128 Abs. 4 ZPO) entscheiden. In der Praxis wird es dies zumeist nach einem entsprechenden Hinweis einer der Parteien tun. **Zuständig** ist das Gericht, das das zu korrigierende Urteil erlassen hat.[20]

8   Das Gericht vermerkt den Beschluss, der eine Berichtigung ausspricht, gemäß § 319 Abs. 2 ZPO **auf dem Urteil und den Ausfertigungen.**[21] Die berichtigte Fassung des Urteils tritt dann mit Erlass des Berichtigungsbeschlusses an die Stelle der bisherigen Urteilsfassung.[22] Die Zulässigkeit eines Rechtsmittels richtet sich dann allein nach der neuen Urteilsfassung.[23]

9   Nur gegen den eine Berichtigung aussprechenden Beschluss kann gemäß § 319 Abs. 3 ZPO **sofortige Beschwerde** (§ 576 ZPO) eingelegt werden. Der Beschluss den Antrag auf Berichtigung zurückzuweisen ist nicht anfechtbar.

§ 320 Berichtigung des Tatbestandes

(1) **Enthält der Tatbestand des Urteils Unrichtigkeiten, die nicht unter die Vorschriften des vorstehenden Paragraphen fallen, Auslassungen, Dunkelheiten oder Widersprüche, so kann die Berichtigung binnen einer zweiwöchigen Frist durch Einreichung eines Schriftsatzes beantragt werden.**

(2) [1]**Die Frist beginnt mit der Zustellung des in vollständiger Form abgefassten Urteils.** [2]**Der Antrag kann schon vor dem Beginn der Frist gestellt werden.** [3]**Die Berichtigung des Tatbestandes ist ausgeschlossen, wenn sie nicht binnen drei Monaten seit der Verkündung des Urteils beantragt wird.**

---

[6] BGH GRUR 1977, 780 (781) – Metalloxyd; BPatG BeckRS 2008, 25736.
[7] Zur Anwendung bei Berichtigung des Patentregisters vgl. BPatG BeckRS 2008, 25736; Busse/*Keukenschrijver* PatG § 30 Rn. 43.
[8] BGH BeckRS 2011, 05638; GRUR 1981, 80 (82) – Das Medizin-Syndikat IV.
[9] Zur Abgrenzung im Einzelnen vgl. Zöller/*Feskorn* ZPO § 319 Rn. 5 ff.
[10] BGH GRUR 1981, 80 (82) – Das Medizin-Syndikat IV.
[11] BGH BeckRS 2001, 08855.
[12] Vgl. zu Einzelheiten etwa Zöller/*Feskorn* ZPO § 319 Rn. 6 ff.; Musielak/Voit/*Musielak* ZPO § 319 Rn. 4 ff.
[13] BPatG BeckRS 2011, 28156.
[14] OLG Düsseldorf BeckRS 2010, 21514; BPatG GRUR 2013, 655 (656) – Kosten bei Teilnichtigkeit.
[15] BPatG BeckRS 2011, 28156.
[16] BPatG BeckRS 2013, 19042.
[17] BPatG BeckRS 2013, 21021.
[18] BPatG BeckRS 2012, 03743.
[19] BPatG BeckRS 2005, 33076.
[20] Musielak/Voit/*Musielak* ZPO § 319 Rn. 13.
[21] Vgl. etwa OLG Düsseldorf BeckRS 2010, 21514.
[22] Musielak/Voit/*Musielak* ZPO § 319 Rn. 16 mwN.
[23] BGH NJW 1993, 1399 (1400) zur Unzulässigkeit eines zunächst zulässigen Rechtsmittels aufgrund der Berichtigung.

(3) ¹Das Gericht entscheidet ohne Beweisaufnahme. ²Bei der Entscheidung wirken nur diejenigen Richter mit, die bei dem Urteil mitgewirkt haben. ³Ist ein Richter verhindert, so gibt bei Stimmengleichheit die Stimme des Vorsitzenden und bei dessen Verhinderung die Stimme des ältesten Richters den Ausschlag. ⁴Eine Anfechtung des Beschlusses findet nicht statt. ⁵Der Beschluss, der eine Berichtigung ausspricht, wird auf dem Urteil und den Ausfertigungen vermerkt. ⁶Erfolgt der Berichtigungsbeschluss in der Form des § 130b, ist er in einem gesonderten elektronischen Dokument festzuhalten. ⁷Das Dokument ist mit dem Urteil untrennbar zu verbinden.

(4) Die Berichtigung des Tatbestandes hat eine Änderung des übrigen Teils des Urteils nicht zur Folge.

A. Allgemeine Grundlagen

Nach § 320 ZPO kann die Berichtigung des Tatbestandes eines Urteils beantragt werden, wenn dieser Unrichtigkeiten, Auslassungen, Dunkelheiten oder Widersprüche enthält. Da das Rechtsmittelgericht seiner Entscheidung nach §§ 529, 559 ZPO grundsätzlich die von der Vorinstanz festgestellten Tatsachen zugrunde zu legen hat, kann nur durch eine Tatbestandsberichtigung verhindert werden, dass das Rechtsmittelgericht wegen der **Beweiskraft des Tatbestands** (→ § 314 Rn. 6f.) von der Richtigkeit des dort wiedergegebenen, falschen Tatsachenvortrags ausgeht und diesen seiner Entscheidung zugrunde legt.¹ Wirkt der Kläger nicht auf eine Ergänzung des Tatbestands hin, entfällt die Rechtshängigkeit des erstinstanzlich nicht berücksichtigten Streitgegenstandes, der deshalb auch nicht in die Berufungsinstanz gelangt.² Greift der Kläger diesen Streitgegenstand im Berufungsverfahren wieder auf, liegt darin eine Klageerweiterung, mit der ein neuer Streitgegenstand (Lebenssachverhalt) in das Verfahren eingeführt wird.³ Eine solche Klageerweiterung ist für den erstinstanzlich obsiegenden Kläger nur bis zum Ablauf der Anschlussberufungsfrist zulässig. 1

Eine Berichtigung des Tatbestandes eines **Berufungsurteils** ist möglich⁴, nicht aber die eines **Revisionsurteils**, weil die in ihm enthaltene, verkürzte Wiedergabe des Parteivorbringens keine urkundliche Beweiskraft besitzt.⁵ 2

In **Verfahren vor dem DPMA und dem BPatG** findet § 320 ZPO keine Anwendung, da hier mit § 96 PatG und § 80 Abs. 2 MarkenG spezielle Regelungen vorliegen.⁶ Im Patentnichtigkeitsverfahren erfolgt die Tatbestandsberichtigung eines **Berufungsurteils des BGH** ebenfalls nach § 96 Abs. 1 PatG und nicht nach § 320 ZPO.⁷ 3

B. Anwendungsbereich des § 320 ZPO

Eine Berichtigung ist möglich, wenn der Tatbestand des Urteils Unrichtigkeiten, Auslassungen, Dunkelheiten oder Widersprüche enthält. Erfasst werden auch **Tatbestandsfeststellungen in den Urteilsgründen**.⁸ § 320 ZPO gilt entsprechend für solche **Beschlüsse**, bei denen eine Sachverhaltsdarstellung geboten ist, da hier die Beweisregel des § 314 ZPO entsprechende Anwendung findet.⁹ 4

Zu berücksichtigen ist, dass nach § 313 Abs. 2 ZPO die erhobenen Ansprüche und die dazu vorgebrachten Angriffs- und Verteidigungsmittel nur „ihrem Wesentlichen Inhalt nach knapp dargestellt werden", wegen der Einzelheiten des Sach- und Streitstandes ansonsten aber auf Schriftsätze, Protokolle und andere Unterlagen verwiesen werden kann. Nicht jede unvollständige Wiedergabe des Parteivorbringens im Tatbestand stellt daher eine Auslassung iSd § 320 ZPO dar.¹⁰ 5

Für **offensichtliche Unrichtigkeiten** ist eine Tatbestandsberichtigung nicht erforderlich, da diese das Gericht gemäß **§ 319 ZPO** jederzeit von Amts wegen berichtigen kann. 6

Umstritten ist, ob § 320 ZPO auch dann anwendbar ist, wenn die betreffenden Angaben im Tatbestand **nicht der Beweisregel des § 314 S. 1 ZPO unterfallen,** beispielsweise bei im Tatbestand wiedergegebenen, nicht protokollierten Zeugenaussagen oder Bekundungen eines Sachverständigen.¹¹ 7

---

¹ BGH GRUR 2011, 459 (460) – Satan der Rache; OLG Karlsruhe NJW-RR 2003, 891 (892); Musielak/Voit/Musielak ZPO § 320 Rn. 1; vgl. auch OLG Düsseldorf BeckRS 2010, 15818.
² OLG Düsseldorf GRUR-RR 2020, 417 (418) – Schnellspannvorrichtung.
³ OLG Düsseldorf GRUR-RR 2020, 417 (418) – Schnellspannvorrichtung.
⁴ OLG Düsseldorf BeckRS 2010, 15813.
⁵ BGH GRUR 2004, 271 – Tatbestandsberichtigung.
⁶ Busse/Schuster PatG § 99 Rn. 13; vgl. auch BPatG BeckRS 2012, 03743.
⁷ BGH GRUR 1997, 119f. – Schwimmrahmen-Bremse.
⁸ BGH NJW-RR 2007, 1434 (1435); OLG Düsseldorf BeckRS 2010, 15813.
⁹ Musielak/Voit/Musielak ZPO § 329 Rn. 20.
¹⁰ OLG Düsseldorf BeckRS 2010, 15813.
¹¹ Vgl. zum Streitstand Musielak/Musielak ZPO § 320 Rn. 2f. mwN.

C. Verfahren und Entscheidung

8   Die Tatbestandsberichtigung ist binnen einer **zweiwöchigen Frist nach Zustellung** des in vollständiger Form abgefassten Urteils **schriftlich** zu beantragen (§ 320 Abs. 1, Abs. 2 S. 1 ZPO). Der Antrag kann schon vor dem Beginn der Frist gestellt werden (§ 320 Abs. 2 S. 2 ZPO). Er ist gemäß § 320 Abs. 2 S. 3 ZPO spätestens innerhalb einer 3-monatigen Ausschlussfrist seit der Verkündung des Urteils zu beantragen.

9   Der Antrag sollte die angeblich unrichtige Stelle im Tatbestand des Urteils **genau zitieren**, Gründe für die Unrichtigkeit benennen und einen **alternativen Textvorschlag** unterbreiten.[12]

10 Über den Antrag ist gemäß § 320 Abs. 3 ZPO **mündlich zu verhandeln**, wenn eine der Parteien dies beantragt. Die Verwerfung eines unzulässigen Tatbestandsberichtigungsantrags ist ohne mündliche Verhandlung möglich.[13]

§ 321 Ergänzung des Urteils

(1) **Wenn ein nach dem ursprünglich festgestellten oder nachträglich berichtigten Tatbestand von einer Partei geltend gemachter Haupt- oder Nebenanspruch oder wenn der Kostenpunkt bei der Endentscheidung ganz oder teilweise übergangen ist, so ist auf Antrag das Urteil durch nachträgliche Entscheidung zu ergänzen.**

(2) **Die nachträgliche Entscheidung muss binnen einer zweiwöchigen Frist, die mit der Zustellung des Urteils beginnt, durch Einreichung eines Schriftsatzes beantragt werden.**

(3) ¹**Auf einen Antrag, der die Ergänzung des Urteils um einen Hauptanspruch zum Gegenstand hat, ist ein Termin zur mündlichen Verhandlung anzuberaumen.** ²**Dem Gegner des Antragstellers ist mit der Ladung zu diesem Termin der den Antrag enthaltende Schriftsatz zuzustellen.** ³**Über einen Antrag, der die Ergänzung des Urteils um einen Nebenanspruch oder den Kostenpunkt zum Gegenstand hat, kann ohne mündliche Verhandlung entschieden werden, wenn die Bedeutung der Sache keine mündliche Verhandlung erfordert; § 128 Absatz 2 Satz 2 gilt entsprechend.**

(4) **Eine mündliche Verhandlung hat nur den nicht erledigten Teil des Rechtsstreits zum Gegenstand.**

A. Allgemeine Grundlagen

1   Nach § 321 ZPO kann das Gericht das Urteil ergänzen, wenn es versehentlich über einen von einer der Parteien geltend gemachten Ansprüche nicht entschieden hat. Das Verfahren nach § 321 ZPO dient dazu eine solche **Entscheidungslücke zu schließen,** nicht aber dazu, eine falsche Entscheidung zu korrigieren.

2   § 321 ZPO findet auf **Beschlüsse** entsprechende Anwendung.[1]

3   Auch in Verfahren vor dem **BPatG**[2] und dem **DPMA**[3] findet § 321 ZPO entsprechende Anwendung. Eine Beschluss-Ergänzung scheidet aus, soweit es sich um die **Zulassung der Rechtsbeschwerde** handelt, da hierüber **von Amts wegen** zu befinden ist und den Parteien kein förmliches Antragsrecht zusteht. Die nachträgliche Zulassung würde sich daher nicht als Ergänzung einer unvollständigen Entscheidung, sondern als unzulässige Abänderung des erlassenen Beschlusses darstellen.[4]

B. Anwendungsbereich des § 321 ZPO

4   Ein von einer Partei geltend gemachter Haupt- oder Nebenanspruch ist übergangen, wenn das Gericht über einen **in den Prozess eingeführten Anspruch im prozessualen Sinn,** über den es von Amts wegen oder wegen des gestellten Antrags einer Entscheidung bedurfte, **versehentlich** nicht entschieden hat.[5] Es ist hier nicht möglich, diesen Mangel im Wege der Protokollberichtigung nach § 164 ZPO zu beheben.[6]

5   Der übergangene Anspruch muss sich gemäß § 321 Abs. 1 ZPO „aus dem ursprünglich festgestellten oder nachträglich berichtigten Tatbestand" ergeben. Ggf. ist daher **zunächst die Tatbestandsberich-**

---

[12] Haedicke/Timmann PatR-HdB/*Zigann* § 15 Rn. 227.
[13] BGH GRUR 2004, 271 – Tatbestandsberichtigung.
[1] Musielak/Voit/*Musielak* ZPO § 321 Rn. 2; für Beschlüsse des BPatG vgl. BPatG GRUR 2007, 156 – Anhörungsrüge.
[2] BPatG GRUR 2007, 156 – Anhörungsrüge; BPatG BeckRS 2012, 04512; Busse/*Schuster* PatG § 99 Rn. 9.
[3] BPatG BeckRS 2012, 06404.
[4] BPatG GRUR 2007, 156 – Anhörungsrüge mwN.
[5] BPatG BeckRS 2012, 04512.
[6] BGH GRUR 2014, 407 (408) – Abmahnkosten.

tigung zu beantragen, bevor eine Urteilsergänzung möglich ist.[7] Tatbestandsberichtigung und Urteilsergänzung können in einem Antrag geltend gemacht werden.[8]

Hat das Gericht über einen Anspruch **willentlich** oder rechtsirrtümlich nicht entschieden, ist der Anwendungsbereich des § 321 ZPO nicht eröffnet.[9] Es liegt dann eine inhaltlich falsche Entscheidung vor, die im Rechtsmittelverfahren geltend zu machen ist. **6**

Erfasst werden nach dem Wortlaut von § 321 Abs. 1 ZPO zunächst die Fälle, in denen im Urteil eine Entscheidung über einen von einer Partei geltend gemachten **Haupt- oder Nebenanspruch** oder die **Kostenentscheidung**[10] fehlt. Dies gilt auch für die Festsetzung von Teilsicherheiten hinsichtlich der Kosten.[11] Anwendbar ist § 321 ZPO auch dann, wenn das Urteil keine Entscheidung über die **vorläufige Vollstreckbarkeit** enthält.[12] **7**

Die Entscheidung über eine **Rechtsmittelzulassung** fällt nach Ansicht des BGH[13] nicht unter § 321 ZPO, weil ein Anspruch über die Rechtsmittelzulassung nicht vorgeschrieben ist. Wurde eine beschlossene Zulassung versehentlich nicht in die Entscheidung aufgenommen, kann es sich um eine offenbare Unrichtigkeit iSd § 319 ZPO handeln.[14] **8**

Vom Gericht übersehene **Einwendungen einer Partei** werden von § 321 ZPO nicht erfasst. § 321 ZPO bezieht nämlich das Übergehen tatsächlicher oder rechtlicher Ausführungen einer Partei (Angriffsmittel oder Verteidigungsmittel) nicht ein. Sie dient ausschließlich der Ergänzung eines lückenhaften Urteils bzw. Beschlusses und nicht der Richtigstellung einer falschen Entscheidung.[15] Es bleibt hier nur die Möglichkeit diesen Umstand im Rechtsmittelverfahren geltend zu machen.[16] **9**

C. Verfahren und Entscheidung

Die Urteilsergänzung muss gemäß § 321 Abs. 2 ZPO spätestens **zwei Wochen nach Zustellung des Urteils** schriftlich beantragt werden.[17] Setzt die Ergänzung eines Urteils die vorherige Berichtigung des Tatbestands voraus, so beginnt die Frist für den Antrag auf Urteilsergänzung erst mit der **Zustellung des Berichtigungsbeschlusses** und nicht bereits mit der Zustellung des Urteils.[18] **10**

Wird der Antrag auf Urteilsergänzung nicht fristgerecht gestellt, so **entfällt die Rechtshängigkeit** des übergangenen Anspruchs.[19] Ein in erster Instanz übergangener Antrag kann in der zweiten Instanz durch Klageerweiterung, ggf. im Wege der Anschlussberufung wieder in den Prozess eingeführt werden, wenn der Rechtsstreit wegen anderer Teile des Prozessstoffs noch im Berufungsverfahren anhängig ist.[20] **11**

Gemäß § 321 Abs. 3 S. 1 ZPO ist auf Antrag hier eine mündliche Verhandlung anzuberaumen, die neben der Frage der Zulässigkeit des Antrags auf den nicht erledigten Teil des Rechtsstreits zu beschränken ist (§ 321 Abs. 4 ZPO).[21] **12**

Ein Ergänzungsurteil iSd § 321 ZPO ist eine eigenständige Entscheidung und als solche **selbstständig anfechtbar**.[22] Die **Revision** ist nur statthaft, wenn sie zugelassen worden ist oder die nach § 546 Abs. 1 ZPO erforderliche Beschwer durch das Ergänzungsurteil selbst gegeben ist.[23] **13**

§ 321a Abhilfe bei Verletzung des Anspruchs auf rechtliches Gehör

(1) ¹**Auf die Rüge der durch die Entscheidung beschwerten Partei ist das Verfahren fortzuführen, wenn**
1. ein Rechtsmittel oder ein anderer Rechtsbehelf gegen die Entscheidung nicht gegeben ist und

---

[7] BGH NJW-RR 2005, 790 (791).
[8] BGH NJW-RR 2005, 790 (791); vgl. hierzu auch Musielak/Voit/*Musielak* ZPO § 321 Rn. 6.
[9] BGH NJW 2002, 1500 (1501); OLG Düsseldorf BeckRS 2014, 14415; 2015, 01828.
[10] Vgl. zB BGH BeckRS 2010, 05565 (Kosten der Streithelferin); LG Düsseldorf BeckRS 2011, 45925 (Kosten der Nebenintervention); vgl. auch BPatG BeckRS 2012, 06404 (Kosten des Gebrauchsmusterlöschungsverfahrens); allg. hierzu Musielak/Voit/*Musielak* ZPO § 321 Rn. 7.
[11] LG Düsseldorf GRUR-RS 2022, 2808 – Waffenverschlusssystem II.
[12] Musielak/Voit/*Musielak* ZPO § 321 Rn. 2.
[13] NJW-RR 2009, 1349 (1350).
[14] BGH NJW-RR 2009, 1349 (1350); BPatG GRUR 2007, 156 – Anhörungsrüge; kritisch Musielak/Voit/ *Musielak* ZPO § 321 Rn. 7a.
[15] BGH NJW 1980, 840 (841); 2000, 3008; BPatG BeckRS 2012, 04512.
[16] Musielak/Voit/*Musielak* ZPO § 321 Rn. 4.
[17] Hierzu Musielak/Voit/*Musielak* ZPO § 321 Rn. 9 mwN.
[18] BGH NJW 1982, 1821 (1822); BPatG BeckRS 2012, 04512; LG Düsseldorf BeckRS 2011, 45845.
[19] OLG Düsseldorf BeckRS 2014, 14415; 2015, 01828.
[20] OLG Düsseldorf BeckRS 2014, 14415; 2015, 01828.
[21] Vgl. hierzu BGH GRUR 2014, 407 (408) – Abmahnkosten.
[22] Musielak/Voit/*Musielak* ZPO § 321 Rn. 12.
[23] BGH NJW 2000, 3008.

2. das Gericht den Anspruch dieser Partei auf rechtliches Gehör in entscheidungserheblicher Weise verletzt hat.
²Gegen eine der Endentscheidung vorausgehende Entscheidung findet die Rüge nicht statt.

(2) ¹Die Rüge ist innerhalb einer Notfrist von zwei Wochen nach Kenntnis von der Verletzung des rechtlichen Gehörs zu erheben; der Zeitpunkt der Kenntniserlangung ist glaubhaft zu machen. ²Nach Ablauf eines Jahres seit Bekanntgabe der angegriffenen Entscheidung kann die Rüge nicht mehr erhoben werden. ³Formlos mitgeteilte Entscheidungen gelten mit dem dritten Tage nach Aufgabe zur Post als bekannt gegeben. ⁴Die Rüge ist schriftlich bei dem Gericht zu erheben, dessen Entscheidung angegriffen wird. ⁵Die Rüge muss die angegriffene Entscheidung bezeichnen und das Vorliegen der in Absatz 1 Satz 1 Nr. 2 genannten Voraussetzungen darlegen.

(3) Dem Gegner ist, soweit erforderlich, Gelegenheit zur Stellungnahme zu geben.

(4) ¹Das Gericht hat von Amts wegen zu prüfen, ob die Rüge an sich statthaft und ob sie in der gesetzlichen Form und Frist erhoben ist. ²Mangelt es an einem dieser Erfordernisse, so ist die Rüge als unzulässig zu verwerfen. ³Ist die Rüge unbegründet, weist das Gericht sie zurück. ⁴Die Entscheidung ergeht durch unanfechtbaren Beschluss. ⁵Der Beschluss soll kurz begründet werden.

(5) ¹Ist die Rüge begründet, so hilft ihr das Gericht ab, indem es das Verfahren fortführt, soweit dies auf Grund der Rüge geboten ist. ²Das Verfahren wird in die Lage zurückversetzt, in der es sich vor dem Schluss der mündlichen Verhandlung befand. ³§ 343 gilt entsprechend. ⁴In schriftlichen Verfahren tritt an die Stelle des Schlusses der mündlichen Verhandlung der Zeitpunkt, bis zu dem Schriftsätze eingereicht werden können.

Übersicht

	Rn.
A. Allgemeine Grundlagen	1
B. Zulässigkeit der Anhörungsrüge	3
C. Verfahren	9
D. Begründetheit der Anhörungsrüge	12
E. Entscheidung des Gerichts	20

A. Allgemeine Grundlagen

1   Bei § 321a ZPO handelt es sich um einen **Rechtsbehelf eigener Art** wegen Verletzung des Anspruchs auf rechtliches Gehör. Er greift dann, wenn gegen eine Entscheidung des Gerichts keine Rechtsmittel oder andere Rechtsbehelfe gegeben sind. Ist die Gehörsrüge erfolgreich, wird das Ausgangsgericht ausnahmsweise von der Bindungswirkung des § 318 ZPO und der formellen und materiellen Rechtskraft freigestellt[1] und setzt das Verfahren fort.

2   In **patentgerichtlichen Verfahren** vor dem **BPatG** findet § 321a ZPO bei unanfechtbaren Entscheidungen über § 99 Abs. 1 S. 1 PatG, § 82 Abs. 1 S. 1 MarkenG Anwendung.[2] Die Anhörungsrüge ist statthaft gegen Beschwerdeentscheidungen gegen die eine Rechtsbeschwerde ausgeschlossen ist oder bei unanfechtbaren erstinstanzlichen Beschlüssen des BPatG (→ Rn. 5).[3] Keine unmittelbare Anwendung findet § 321a ZPO hingegen in patent- und markenrechtlichen Verfahren vor dem **BGH**, da hier mit § 89a MarkenG und § 122a PatG jeweils spezialgesetzliche Vorschriften bestehen, die allerdings eine entsprechende Anwendung von § 321a Abs. 2–5 ZPO vorsehen.

B. Zulässigkeit der Anhörungsrüge

3   Der Anwendungsbereich von § 321a ZPO ist eröffnet, wenn eine **unanfechtbare Entscheidung** vorliegt, dh wenn die Verletzung des Anspruchs auf rechtliches Gehör nicht mehr mit einem Rechtsmittel oder Rechtsbehelf geltend gemacht werden kann.[4] Ist nur eine der Parteien berechtigt Rechtsmittel einzulegen, muss die andere Seite die Gehörsrüge im Wege der Anschließung erheben.[5]

4   Eine Anhörungsrüge findet gemäß § 321a Abs. 1 S. 2 ZPO nicht gegen die einer **Endentscheidung vorausgehende unanfechtbare Entscheidungen** statt. Dies gilt allerdings nur, wenn die

---
[1] BGH NJW-RR 2011, 427 (428).
[2] BPatG GRUR 2007, 156 – Anhörungsrüge.
[3] Busse/*Keukenschrijver* PatG § 122a Rn. 3; Ströbele/Hacker/Thiering/*Knoll* MarkenG § 82 Rn. 17 ff.
[4] Amtl. Begr. zum Anhörungsrügengesetz (BT-Drs. 15/3706, 13); vgl. die Nachweise bei Musielak/Voit/*Musielak* ZPO § 321a Rn. 4 f.
[5] Zöller/*Vollkommer* ZPO § 321a Rn. 4; aA Musielak/Voit/*Musielak* ZPO § 321a Rn. 5, der sich für ein Wahlrecht zwischen Anschließung und Gehörsrüge ausspricht.

mögliche Verletzung rechtlichen Gehörs im Verlauf des weiteren Verfahrens überprüft und korrigiert werden kann.[6]

Unanfechtbar ist die Entscheidung erst dann, wenn auch von der Möglichkeit der Nichtzulassungs- 5 beschwerde Gebrauch gemacht und diese zurückgewiesen wurde. Auch in Verfahren vor dem **BPatG** ist wegen der **Subsidiaritätsklausel** im Beschwerdeverfahren vor dem BPatG für eine Anhörungsrüge kein Raum, solange die **zulassungsfreie Rechtsbeschwerde** nach § 83 Abs. 3 Nr. 3 MarkenG[7] bzw. § 100 Abs. 3 Nr. 3 PatG[8] als lex specialis eröffnet ist.

Entscheidungen iSd § 321a ZPO sind nicht nur **Urteile**, sondern auch **Beschlüsse**[9], etwa der 6 Beschluss der Berufung[10] oder die Nichtzulassungsbeschwerde[11] zurückzuweisen.

In negativer Hinsicht setzt die Anhörungsrüge voraus, dass der Fehler des Gerichts nicht über die 7 Urteils- oder Tatbestandsberichtigung (§§ 319–321) korrigiert werden kann.[12]

Die Partei muss durch die Entscheidung, die den Anspruch auf rechtliches Gehör verletzt, beschwert 8 sein. Eine **Beschwer** ist gegeben, wenn die Entscheidung nachteilig für die Partei ist. Dabei muss sich die Anhörungsrüge gegen eine **neue und eigenständige Verletzung des Art. 103 Abs. 1 GG** richten, andernfalls ist sie unzulässig.[13] Es ist also beispielsweise nicht ausreichend in einer Anhörungsrüge gegen einen Nichtzulassungsbeschwerdebeschluss nur eine bereits in der Berufungsinstanz erfolge Gehörsverletzung zu rügen.[14] Eine Gehörsrüge gegen die Entscheidung über eine Nichtzulassungsbeschwerde kann auch nicht mit dem Ziel eingelegt werden, eine Ergänzung der Begründung herbeizuführen.[15]

C. Verfahren

Das **Verfahren** der Anhörungsrüge ist in Abs. 2 und 3 geregelt: 9
Nach Abs. 2 Satz 1 ist die Anhörungsrüge innerhalb einer **Notfrist von zwei Wochen** nach Kenntnis von der Verletzung zu erheben. Ein bloßes Kennenmüssen der Verletzung des Anspruchs auf rechtliches Gehör genügt nicht.[16]

Die Anhörungsrüge ist gemäß Abs. 2 Satz 4 **schriftlich** bei dem Gericht zu erheben, dessen 10 Entscheidung angegriffen wird. Für die Anhörungsrüge besteht Anwaltszwang.[17] Die Rügeschrift muss das Vorliegen einer entscheidungserheblichen Verletzung des Anspruchs auf rechtliches Gehör substantiiert darlegen.[18] Erforderlich ist eine **eigenständige Auseinandersetzung** mit der durch die Gehörsrüge angegriffenen Entscheidung unter Berücksichtigung der darin zitierten Rechtsprechung und eine kritische Prüfung der bisherigen Argumentation der Rügenden.[19] Eine bloße Wiederholung und Vertiefung der bisherigen Argumentation erfüllt diese Anforderungen nicht.[20] Richtet sich die Anhörungsrüge gegen ein Urteil des Revisionsgerichts mit Bezug auf den Tatsachenvortrag der Parteien, so muss sie darlegen, dass die übergangenen Tatsachen nach § 559 ZPO berücksichtigungsfähig waren.[21]

Eine unzureichende Begründung führt, ebenso wie die Begründung mit unzutreffendem Vortrag,[22] 11 zur **Unzulässigkeit** der Gehörsrüge.[23]

D. Begründetheit der Anhörungsrüge

Die Anhörungsrüge ist begründet, wenn die Entscheidung des Gerichts den **Anspruch auf recht-** 12 **liches Gehör in entscheidungserheblicher Weise verletzt hat.** Der Begriff des rechtlichen Gehörs

---

[6] Musielak/Voit/*Musielak* ZPO § 321a Rn. 3; vgl. für die Besichtigungsanordnung LG Düsseldorf InstGE 5, 236 (237) – Anhörungsrüge.
[7] BPatG GRUR 2007, 156 – Anhörungsrüge; BPatG BeckRS 2009, 15481; 2012, 03242.
[8] BPatG BeckRS 2013, 02286.
[9] Musielak/Voit/*Musielak* ZPO § 321a Rn. 3; Zöller/*Vollkommer* ZPO § 321a Rn. 3; anders noch LG Düsseldorf InstGE 5, 236 (237) – Anhörungsrüge.
[10] OLG Koblenz NJOZ 2007, 5371.
[11] BGH GRUR 2008, 932 (933) – Gehörsrügenbegründung; BGH NJW 2009, 1609.
[12] BGH BeckRS 2011, 05638.
[13] BGH GRUR-RR 2010, 456 – Anhörungsrüge (Ls.) = BeckRS 2010, 13456 (Volltext); BGH GRUR-RR 2012, 184 – Rechtsbeschwerdevorbringen (Ls.) = BeckRS 2012, 02659 (Volltext).
[14] BGH GRUR 2008, 932 (933) – Gehörsrügenbegründung.
[15] BGH BeckRS 2016, 12094.
[16] BVerfG NJW 2007, 2242 (2244).
[17] BGH BeckRS 2015, 01815.
[18] BGH GRUR-RR 2011, 391 – Unzulässige Anhörungsrüge (Ls.) = BeckRS 2011, 21740 (Volltext).
[19] BGH BeckRS 2012, 20452.
[20] BGH GRUR 2011, 852 (853) – Modularer Fernseher II.
[21] BGH GRUR-RR 2011, 391 – Unzulässige Anhörungsrüge (Ls.) = BeckRS 2011, 21740 (Volltext).
[22] BGH BeckRS 2006, 03434.
[23] BGH NJW 2008, 378 (379).

wird weit ausgelegt.[24] § 321a wird aber nicht analog auf Fälle anderer Grundrechtsverletzungen angewendet.[25]

13 In der Praxis hat die Gehörsrüge nur selten Aussicht auf Erfolg. Dies liegt insbesondere daran, dass das Gericht **nicht alle Einzelpunkte des Parteivorbringens in den Gründen der Entscheidung ausdrücklich bescheiden muss**.[26] Aus dem Umstand, dass eine Entscheidung einen bestimmten Vortrag einer der Parteien unberücksichtigt lässt, kann also noch nicht geschlossen werden, dass das Gericht diesen Vortrag unter Verstoß gegen Art. 103 GG übergangen hat.

14 Auch aus der Pflicht der Gerichte, **patentrechtliche Entscheidungen, die die Instanzen des EPA oder Gerichte anderer Vertragsstaaten des EPÜ** getroffen haben, zu beachten und sich mit den Gründen auseinanderzusetzen, wenn sie eine im Wesentlichen gleiche Fragestellung betreffen, folgt nicht notwendigerweise, dass eine dezidierte Auseinandersetzung mit einer abweichenden Parallelentscheidung erfolgen muss.[27] Vielmehr reicht es aus, wenn das Gericht bei der Begründung seiner eigenen Entscheidung auf die Erwägungen eingeht, auf denen die abweichende Beurteilung beruht. Setzt sich das Gericht mit der Entscheidung eines anderen Gerichts gar nicht auseinander, kann hierin jedoch eine Verletzung des rechtlichen Gehörs liegen.[28]

15 Auch wenn das Gericht bei der **Befragung eines Sachverständigen** bestimmte Sachverhaltsbereiche nicht aufgegriffen hat, bedeutet dies nicht notwendigerweise, dass das Gericht diese Inhalte für unerheblich hält, sondern zunächst nur, dass das Gericht insoweit keinen weiteren Aufklärungsbedarf sieht.[29]

16 Auch ein **unterbliebener Hinweis** (§ 139) stellt nicht notwendigerweise eine Verletzung rechtlichen Gehörs dar.[30] Der Anspruch auf rechtliches Gehör geht grundsätzlich nicht so weit, dass das Gericht den Beteiligten mitteilen muss, wie es den die Grundlage seiner Entscheidung bildenden Sachverhalt voraussichtlich rechtlich würdigen wird, es geht dahin, dass die Sach- und Rechtslage erörtert und den Beteiligten dadurch aufgezeigt wird, welche Gesichtspunkte für die Entscheidung voraussichtlich von Bedeutung sein werden.[31] Eine Verletzung kann nur dann angenommen werden, wenn das Gericht ohne vorherigen Hinweis Anforderungen an den Sachvortrag stellt, mit denen ein gewissenhafter und kundiger Verfahrensbeteiligter – selbst unter Berücksichtigung der Vielzahl vertretbarer Rechtsauffassungen – nach dem bisherigen Verfahrensverlauf nicht zu rechnen brauchte.[32] Diese Voraussetzung kann etwa gegeben sein, wenn das Gericht in der Endentscheidung von einer zuvor in dem Hinweis geäußerten Rechtsauffassung abweichen will.[33] Das Gericht muss in diesem Fall den Verfahrensbeteiligten Gelegenheit zur Stellungnahme geben und ggf. die mündliche Verhandlung gemäß § 156 ZPO wiedereröffnen.[34] Dies gilt auch dann, wenn in der mündlichen Verhandlung die **Zulassung der Rechtsbeschwerde in Aussicht gestellt wird** und die Verfahrensbeteiligten hierdurch von weiterem Vortrag oder Erklärungen abgehalten wurden.[35]

17 Auch in der **Begrenzung der Redezeit** in der mündlichen Verhandlung ist nicht notwendigerweise eine Verletzung rechtlichen Gehörs zu sehen.[36]

18 **Verneint** wurde eine Verletzung des Anspruchs auf rechtliches Gehör beispielsweise in folgenden Fällen:
- kein gerichtlicher Hinweis auf die mangelnde Substantiierung eines Parteivorbringens, wenn die Gegenpartei hierauf bereits hingewiesen hat;[37]
- Nichteinholung eines technischen Sachverständigengutachtens durch das BPatG, wenn das Gericht über die zur Beurteilung der entscheidungserheblichen Fragen über eigene technische Sachkunde verfügt;[38]
- unterlassene Vorlage an den EuGH nach Art. 267 Abs. 2, 3 AEUV;[39]

---

[24] Musielak/Voit/*Musielak* ZPO § 321a Rn. 6b mwN; zu den verschiedenen Fallgruppen vgl. Zöller/*Vollkommer* ZPO § 321a Rn. 8 ff.
[25] BGH GRUR 2008, 932 (933) – Gehörsrügenbegründung; BGH GRUR-RS 2021, 27509 – Unzulässigkeit einer Anhörungsrüge.
[26] BGH GRUR-RR 2010, 456 – Anhörungsrüge (Ls.) = BeckRS 2010, 13456 (Volltext); BGH BeckRS 2013, 20398.
[27] BGH GRUR 2015, 199 – Sitzplatznummerierungseinrichtung.
[28] BGH GRUR 2015, 199 (200) – Sitzplatznummerierungseinrichtung.
[29] BGH GRUR 2011, 461 (462) – Formkörper.
[30] BGH GRUR-RR, 2010, 456 – Rechtliches Gehör (Ls.) = BeckRS 2010, 20762 (Volltext); vgl. auch BGH GRUR 2011, 852 (853) – Modularer Fernseher II; BGH BeckRS 2013, 20398.
[31] BGH GRUR 2014, 1235 (1237) – Kommunikationsrouter.
[32] BGH GRUR-RR, 2010, 456 – Rechtliches Gehör (Ls.) = BeckRS 2010, 20762 (Volltext).
[33] BGH GRUR 2014, 1235 (1237) – Kommunikationsrouter.
[34] BGH GRUR 2003, 901 (902) – MAZ.
[35] BGH GRUR 2014, 1232 (1234) – S-Bahn (für die Rechtsbeschwerde nach § 83 MarkenG).
[36] Busse/*Keukenschrijver* PatG § 100 Rn. 53.
[37] BGH GRUR-RR, 2010, 456 – Rechtliches Gehör (Ls.) = BeckRS 2010, 20762 (Volltext).
[38] BGH GRUR 2014, 1235 (1236) – Kommunikationsrouter.
[39] BGH GRUR 2006, 346 (347) – Jeans II zur unterbliebenen Vorlage nach der Vorgängervorschrift Art. 234 EG.

- Nichtanrufung des Großen Senats für Zivilsachen des BGH nach § 132 GVG;[40]
- wenn der zum Termin verhinderte Sachverständige von den Parteien nicht befragt werden konnte, seine gutachterlichen Ausführungen zum maßgeblichen Patentmerkmal aber klar und widerspruchsfrei sind;[41]
- wenn kein richterlicher Hinweis vor der Zurückweisung einer Nichtzulassungsbeschwerde erfolgt, obwohl der Partei zuvor Prozesskostenhilfe gewährt wurde;[42]
- Nichteinholung eines Meinungsforschungsgutachtens;[43]
- Nichterörterung von Unteransprüchen in der mündlichen Verhandlung.[44]

Die Verletzung muss **entscheidungserheblich** sein.[45] Eine Verletzung des Anspruchs auf rechtliches Gehör ist immer dann entscheidungserheblich, wenn nicht ausgeschlossen werden kann, dass das Gericht ohne die Verletzung zu einer anderen Entscheidung gekommen wäre.[46]   19

E. Entscheidung des Gerichts

Ist die Rüge begründet, so hilft ihr das Gericht ab, indem es das **Verfahren fortführt**, soweit dies   20
auf Grund der Rüge geboten ist. Das Verfahren wird in die Lage zurückversetzt, in der es sich vor dem Schluss der mündlichen Verhandlung befand. Im schriftlichen Verfahren tritt an die Stelle des Schlusses der mündlichen Verhandlung der Zeitpunkt, bis zu dem Schriftsätze eingereicht werden können.

Ist die Gehörsrüge unbegründet, wird sie durch einen **unanfechtbaren Beschluss** zurückgewiesen.[47]   21

§ 322 Materielle Rechtskraft

(1) **Urteile sind der Rechtskraft nur insoweit fähig, als über den durch die Klage oder durch die Widerklage erhobenen Anspruch entschieden ist.**

(2) **Hat der Beklagte die Aufrechnung einer Gegenforderung geltend gemacht, so ist die Entscheidung, dass die Gegenforderung nicht besteht, bis zur Höhe des Betrages, für den die Aufrechnung geltend gemacht worden ist, der Rechtskraft fähig.**

Literatur: *Eicker*, Die materielle Rechtskraft im Zivilprozess – Teil I, JA 2019, 52; Teil II, JA 2019, 132; *Gaul*, Irrungen und Wirrungen zur Geschichte und zum heutigen Stand der Rechtskraftlehre, JZ 2018, 1013; *Habscheid*, Die materielle Rechtskraft des die negative Feststellungsklage aus Beweislastgründen abweisenden Urteils, NJW 1988, 2641; *Heiderhoff*, Der entschiedene Lebenssachverhalt und die Rechtskraftsperre bei klageabweisenden Urteilen, ZZP 2005 Bd. 118, 185; *Kappe*, Kaninchen aus dem Zylinder? – Zum Scheinproblem der materiellen Rechtskraft des abweisenden Urteils bei der negativen Feststellungsklage, MDR 1988, 710; *Keukenschrijver*, Zur Rechtskraft eines die klageabweisenden Urteils im Patentnichtigkeitsverfahren, GRUR 2009, 281; *Lepp*, Zwang zum Fehlurteil?, NJW 1988, 806; *Magnus*, Rechtskraft und Tatsachenpräklusion, ZfPW 2019, 283; *Moniotis*, Subjektive Grenzen der Rechtskraft, Chancengleichheitssatz und rechtliches Gehör, ZZP 2020, 151; *Musielak*, Der rechtskräftig entschiedene Lebenssachverhalt – Versuch einer Abgrenzung, NJW 2000, 3593; *Roth*, Materielle Rechtskraft und rechtliche Qualifikation, ZZP 2011 Bd. 124, 3; *Tiedtke*, Zur Rechtskraft eines die negative Feststellungsklage abweisenden Urteils, NJW 1983, 2011; *ders.*; Rechtskraftwirkungen eines die negative Feststellungsklage abweisenden Urteils, JZ 1986, 1031; *ders.*, Zur Rechtskraft eines die negative Feststellungsklage abweisenden Urteils, NJW 1990, 1697; *Thomale*, Materielle Rechtskraft – Eine kurze Ideen- und Kodifikationsgeschichte, JZ 2018, 430; *ders.*, Bis in idem: Ergänzende Bemerkungen zur materiellen Rechtskraft, JZ 2018, 1125; *Ungern-Sternberg*, Grundfragen des Streitgegenstands bei wettbewerbsrechtlichen Unterlassungsklagen (Teil 1), GRUR 2009, 901; *van Venrooy*, Rechtskraftwirkung des klageabweisenden Urteils im Patentnichtigkeitsverfahren, GRUR 1991, 92; *Walter*, Die objektive Rechtskraft des Urteils im Patentnichtigkeitsprozess, GRUR 2001, 1032.

Übersicht

	Rn.
A. Allgemeines	1
B. Materielle Rechtskraft	4
I. Stattgebendes Urteil	8
1. Unterlassungsurteil	9
2. Feststellungsurteil	11
3. Leistungsurteil	14
4. Stufenklage	16
5. Gestaltungsurteil	18

---

[40] BGH GRUR-RS 2021, 27509 – Unzulässigkeit einer Anhörungsrüge.
[41] BGH BeckRS 2006, 10323.
[42] BGH GRUR 2012, 317 (318) – Levitationsanlage.
[43] BGH BeckRS 2013, 20398.
[44] BGH GRUR 2007, 997 (998) – Wellnessgerät.
[45] BGH GRUR 2011, 461 (462) – Formkörper; BGH BeckRS 2013, 20398.
[46] BGH NJW 2005, 2624 (2625).
[47] Musielak/Voit/*Musielak* ZPO § 321a Rn. 12.

	Rn.
II. Abweisendes Urteil	19
1. Allgemeines	19
2. Prozessurteil	21
3. Unterlassungsurteil	23
4. Feststellungsurteil	25
5. Leistungsurteil	28
6. Stufenklage	30
7. Gestaltungsurteil	31
III. Teilklage	32
IV. Grenzen	38
1. Subjektive Grenzen	38
2. Zeitliche Grenzen	40
3. Geänderte Umstände	41
4. Durchbrechung der Rechtskraft	44
5. Kollision mehrerer rechtskräftiger Entscheidungen	47
V. Präklusion	50
1. Rechtskraftergänzende Präklusion	50
2. Rechtskraftfremde Präklusion	56

A. Allgemeines

1 Materielle Rechtskraft eines Urteils setzt dessen formelle Rechtskraft voraus[1].

2 Als **Urteile** kommen alle deutschen Zivilurteile in Betracht, soweit sie eine Rechtslage feststellen (vor allem Leistungs- oder Feststellungsurteile sowie Klageabweisungen)[2]. Eine eventuell bestehende Rechtskraft ist von Amts wegen in jeder Lage des Prozesses zu beachten[3].

3 Bei **einstweiligen Verfügungen** ist die materielle Rechtskraft wegen § 927[4] eingeschränkt[5].

B. Materielle Rechtskraft

4 § 322 behandelt den Umfang der Wirkungen eines rechtskräftigen Urteils[6]. Was in materielle Rechtskraft erwächst, wird durch den **Streitgegenstand** vorgegeben[7]. Der Streitgegenstand bildet die Grundlage, zugleich aber in sachlicher Hinsicht auch die **objektive Grenze** der materiellen Rechtskraft. Zur Bestimmung des Streitgegenstands wird auf die Kommentierung bei → § 253 Rn. 46 ff. verwiesen. Urteile sind der Rechtskraft nach § 322 Abs. 1 nur insoweit fähig, als über den durch Klage oder Widerklage erhobenen Anspruch entschieden worden ist. Die Urteilselemente, die bedingenden Rechte und Gegenrechte werden von der Rechtskraft nicht erfasst. Die Rechtskraft ist vielmehr auf den unmittelbaren Gegenstand des Urteils, das heißt auf die Rechtsfolge, die aufgrund einer Klage oder Widerklage beim Schluss der mündlichen Verhandlung den Gegenstand der Entscheidung bildet, beschränkt. Die tatsächlichen Feststellungen als solche erwachsen nicht in Rechtskraft[8]. Für diesen Zweck kommt (je nach dem) eine Zwischenfeststellungs-[9] oder Feststellungsklage[10] in Betracht. Nicht Gegenstand der Rechtskraft sind Fragen der Vollstreckbarkeit. Die Rechtskraft besteht auch unabhängig davon, ob der Schuldner die Leistung, zu der er verurteilt wurde, bereits erbracht hat oder nicht.

5 Die materielle Rechtskraft kann im Hinblick auf spätere Prozesse im Wesentlichen zwei **Wirkungen** erzeugen:

6 Zum einem führt sie bei Identität des Streitgegenstands zur **Unzulässigkeit** einer späteren Klage[11]. Die materielle Rechtskraft einer gerichtlichen Entscheidung verbietet eine neue Verhandlung und eine neue Sachentscheidung über denselben (oder über einen einheitlichen[12]) Streitgegenstand[13]. Zentral ist daher die Bestimmung des Streitgegenstands eines Verfahrens[14]. Liegen jedoch unterschiedliche Streitgegenstände vor, steht der neuen Klage – auch wenn das Klageziel äußerlich unverändert bleibt – die materielle Rechtskraft des früheren Urteils nicht entgegen[15]. Daher wird die erstmalige Geltendma-

---

[1] Zöller/*Vollkommer* ZPO § 322 Rn. 1.
[2] Zöller/*Vollkommer* ZPO Vor § 322 Rn. 8.
[3] Zöller/*Vollkommer* ZPO Vor § 322 Rn. 20.
[4] → § 927 Rn. 1 ff.
[5] Harte/Henning/*Retzer* UWG § 12 Rn. 407.
[6] Zöller/*Vollkommer* ZPO § 325 Rn. 1.
[7] StRspr BGH GRUR 2011, 742 Rn. 13 – Leistungspakete im Preisvergleich.
[8] BGH NJW 2017, 893 Rn. 13.
[9] → § 256 Rn. 32 ff.
[10] → § 256 Rn. 1 ff.
[11] Köhler/Bornkamm/*Köhler* UWG § 12 Rn. 2.113; Ohly/*Sosnitza* UWG § 12 Rn. 94; Zöller/*Vollkommer* ZPO Vor § 322 Rn. 21.
[12] → § 253 Rn. 53.
[13] BGH GRUR 1993, 157 (158) – Dauernd billig.
[14] Köhler/Bornkamm/*Köhler* UWG § 12 Rn. 2.113.
[15] BGH GRUR 1993, 157 (158) – Dauernd billig.

chung von selbstständigen Ansprüchen des Beklagten aus demselben Sachverhalt durch die rechtskräftige Entscheidung über die Ansprüche des Klägers im Vorprozess nicht ohne weiteres präkludiert. Denn über solche Ansprüche wird durch das Urteil des Vorprozesses nur dann rechtskräftig entschieden, wenn eine Widerklage oder Aufrechnung vorliegt[16].

Zum anderen erzeugt die materielle Rechtskraft eines Urteils Bindungen, die das nachfolgende **7** Gericht an einer abweichenden Entscheidung hindern. Ein Verstoß gegen diese Bindungswirkung führt nicht zur Unzulässigkeit, sondern (ggf.) zur **Unbegründetheit** der späteren Klage[17].

I. Stattgebendes Urteil

Ein stattgebendes Urteil stellt fest, dass die begehrte Rechtsfolge mit allen in Betracht kommenden **8** Gegennormen vereinbar ist[18]. Gleichgültig ist, ob das Gericht alle Gegennormen tatsächlich geprüft hat oder nicht[19]. Welche Rechtsfolge in Rechtskraft erwächst, wird durch den Streitgegenstand[20] eines Verfahrens bestimmt. Der Streitgegenstand wird auch als prozessualer Anspruch bezeichnet. Er ist grundsätzlich vom materiell-rechtlichen Anspruch zu unterscheiden[21], auch wenn er mit ihm zusammenfallen kann[22]. Beim zusprechenden Urteil stimmen in der Regel Urteilsgegenstand und Streitgegenstand überein[23].

1. Unterlassungsurteil. So weit wie der Streitgegenstand des Unterlassungsurteils[24] reicht, so weit **9** geht auch seine Rechtskraft und die mit ihr einhergehenden Wirkungen.

Von der Wirkung eines stattgebenden Unterlassungsurteils sind auch zur konkreten Verletzungsform **10** oder angegriffenen Ausführungsform **kerngleiche Verletzungen**[25] erfasst, weil diese Streitgegenstand des Verfahrens und somit Gegenstand des Urteils geworden sind[26], selbst wenn sie vom Kläger weder beantragt, noch in der Klagebegründung erwähnt, noch vom Gericht geprüft worden sind, weil das Verbot kerngleicher Verletzungen (auch unausgesprochen) Teil des Klagebegehrens und des erlassenen Verbots ist[27].

2. Feststellungsurteil. Die Rechtskraftwirkungen eines stattgebenden **positiven Feststellungs-** **11** **urteils** sind darin zu sehen, dass das Recht oder das Rechtsverhältnis besteht. Diese Wirkung ist unabhängig davon, ob das Gericht alle einschlägigen Aspekte gesehen und zutreffend gewürdigt hat[28].

Ein **zusprechendes Schadensersatzfeststellungsurteil** besagt bindend, dass dem Kläger der **12** Schadensersatzanspruch dem Grunde nach zusteht[29]. Die Bindungswirkung reicht so weit, wie das Feststellungsurteil über den durch die Feststellungsklage erhobenen Anspruch entschieden hat. Der Inhalt des Urteils und damit der Umfang der Rechtskraft sind in erster Linie der Urteilsformel zu entnehmen. Nur wenn die Urteilsformel allein nicht ausreicht, um den Rechtskraftgehalt der Entscheidung zu erfassen, sind Tatbestand und Entscheidungsgründe, erforderlichenfalls auch das Parteivorbringen, ergänzend heranzuziehen[30].

Rechtskraftwirkung einer erfolgreichen **negativen Feststellungsklage** ist, dass das Recht oder das **13** Rechtsverhältnis nicht besteht[31]. Welches Recht oder Rechtsverhältnis betroffen ist, ergibt sich aus der Auslegung des Tenors und der Entscheidungsgründe des Urteils.

3. Leistungsurteil. Da Schadensersatzantrag und Unterlassungsantrag unterschiedliche Streitgegen- **14** stände bilden[32], ergibt sich aus einem zugesprochenen Schadensersatzanspruch keine entgegenstehende Rechtskraft für eine Unterlassungsklage[33].

Auch ein rechtskräftiges zusprechendes Urteil auf Auskunft und/oder Rechnungslegung erzeugt **15** keine entgegenstehende Rechtskraft für eine Schadensersatzklage, weil insofern unterschiedliche Streitgegenstände vorliegen[34].

---

[16] BGH NJW 2017, 3488 Rn. 8 f.
[17] Zöller/*Vollkommer* ZPO Vor § 322 Rn. 22.
[18] Zöller/*Vollkommer* ZPO Vor § 322 Rn. 40.
[19] BGH GRUR 2002, 915 (916 f.) – Wettbewerbsverbot in Realteilungsvertrag.
[20] → § 253 Rn. 46 ff.
[21] BGH GRUR 1960, 327 (328) – Gliedermaßstäbe.
[22] Dies kann besonders bei einer positiven Feststellungsklage der Fall sein: Zöller/*Vollkommer* ZPO § 322 Rn. 6.
[23] Zöller/*Vollkommer* ZPO Vor § 322 Rn. 39.
[24] → § 253 Rn. 39 ff., 90 ff.
[25] → § 253 Rn. 78 ff.
[26] *Teplitzky* GRUR 2011, 1091 (1095); Ohly/*Sosnitza* UWG § 12 Rn. 94; BGH GRUR 2006, 421 Rn. 27 – Markenparfümverkäufe.
[27] BGH GRUR 2010, 749 Rn. 42 – Erinnerungswerbung im Internet.
[28] Zöller/*Vollkommer* ZPO § 322 Rn. 6.
[29] Ohly/*Sosnitza* UWG § 12 Rn. 96.
[30] BGH GRUR 2008, 933 Rn. 13 – Schmiermittel.
[31] Zöller/*Vollkommer* ZPO § 322 Rn. 12.
[32] → § 253 Rn. 142.
[33] Vgl. BGH GRUR 2002, 1046 (1048) – Faxkarte.
[34] Ohly/*Sosnitza* UWG § 12 Rn. 97; → § 253 Rn. 142.

16 **4. Stufenklage.** Wird der Auskunftsstufe stattgegeben, ergibt sich daraus keine Rechtskraft für den Grund des Leistungsanspruchs[35], (in der Regel des Schadensersatzanspruchs), weil dieser (noch) nicht Streitgegenstand war[36].

17 Das gilt auch entsprechend für die Drittauskunft und für das Auskunftsbegehren, das akzessorisch zum Leistungsanspruch besteht, weil die Anträge auf Auskunft und Leistung unterschiedliche Streitgegenstände betreffen[37].

18 **5. Gestaltungsurteil.** Ein zusprechendes Gestaltungsurteil bewirkt, dass die Gestaltungswirkung von jedermann zu beachten ist[38]. Zugleich erwächst die Feststellung in materielle Rechtskraft, dass das Gestaltungsrecht des Klägers im Zeitpunkt der letzten mündlichen Verhandlung bestand und die Gestaltungswirkung daher zu Recht eingetreten ist[39]. Wenn das angegriffene Schutzrecht widerrufen, für nichtig erklärt oder gelöscht wird, gelten die Wirkungen des jeweiligen Rechts grundsätzlich als von Anfang an nicht eingetreten, §§ 22 Abs. 2, 21 Abs. 3 S. 1 PatG, § 33 Abs. 4 DesignG, § 52 Abs. 2 MarkenG (anders bei Löschung wegen Verfalls, § 52 Abs. 1 MarkenG). Diese Wirkung ist nicht auf die jeweiligen Parteien beschränkt. Allerdings ist zwischen den Parteien materiell rechtskräftig festgestellt, dass das auf Gestaltung zielende Begehren des Klägers zulässig und begründet war[40].

II. Abweisendes Urteil

19 **1. Allgemeines.** Die materielle Rechtskraft eines abweisenden Urteils besteht in der Regel darin, dass die begehrte Rechtsfolge unter keinem denkbaren rechtlichen Gesichtspunkt aus diesem Streitgegenstand hergeleitet werden kann, auch wenn das Gericht die rechtlichen Gesichtspunkte nicht vollständig geprüft oder welche übersehen hat[41]. Dabei ist es nach der hier vertretenen Auffassung ohne Bedeutung, ob der Klage und dem abweisenden Urteil eine **Erstbegehungsgefahr oder eine Wiederholungsgefahr** zugrunde gelegen hat, soweit dies für die Abweisung nicht entscheidend war.[42] Denn ist über einen Streitgegenstand rechtskräftig entschieden worden, ermöglicht eine nachträglich eingetretene Tatsache eine neue abweichende Entscheidung nur dann, wenn sie denjenigen Sachverhalt verändert hat, der in dem früheren Urteil als für die ausgesprochene Rechtsfolge maßgebend angesehen worden ist.[43]

20 In der **Kommentarliteratur** findet sich der Hinweis, dass etwas anderes gelte, wenn das Gericht in seiner abweisenden Entscheidung ausdrücklich angegeben habe, dass es einen oder mehrere rechtliche Gesichtspunkte bewusst nicht geprüft habe, zB weil der Kläger unzulässiger- oder zulässigerweise lediglich diese begrenzte Prüfung verlangt habe[44]. Nach der **neueren Rechtsprechung des BGH** zum Streitgegenstand[45] gilt diese Einschränkung jedoch nur, wenn der Streitgegenstand des Verfahrens in der Tat so eng war, dass tatsächlich einzelne Aspekte des einheitlichen Streitgegenstands der gerichtlichen Entscheidungsbefugnis entzogen waren (gesonderter Angriff auf einzelne Gesichtspunkte[46]). Da im Regelfall der Streitgegenstand alle rechtlichen Gesichtspunkte umfasst, erwächst das Urteil bezüglich des eingebrachten Streitgegenstands in vollem Umfang in Rechtskraft[47], auch wenn das Gericht einzelne Gesichtspunkte (unrichtigerweise übersehen und daher) nicht geprüft hat.

21 **2. Prozessurteil.** Die Rechtskraft eines Prozessurteils besagt nicht nur, dass die Klage unzulässig war, sondern dass die Klage unter den damals gegebenen prozessualen Umständen und mit dem damals geltend gemachten Streitgegenstand mindestens aus dem in den Entscheidungsgründen genannten Grund unzulässig war[48]. Da **keine Sachentscheidung** ergangen ist, kann diese auch nicht in Rechtskraft erwachsen.

22 Eine neue Klage, die denselben oder einen – nach der Rechtsprechung des Bundesgerichtshofs – einheitlichen Streitgegenstand betrifft, ist aber nur dann zulässig, wenn sich die prozessualen **Umstände** in dem fraglichen Punkt **geändert** haben[49].

---

[35] Zöller/*Vollkommer* ZPO § 322 Rn. 13.
[36] → § 253 Rn. 142.
[37] → § 253 Rn. 142.
[38] Zöller/*Vollkommer* ZPO § 322 Rn. 3.
[39] BGH NJW-RR 2018, 522.
[40] Zöller/*Vollkommer* ZPO § 322 Rn. 4.
[41] Zöller/*Vollkommer* ZPO Vor § 322 Rn. 41.
[42] → § 253 Rn. 134.
[43] BGH BeckRS 2020, 42305 Rn. 27.
[44] Zöller/*Vollkommer* ZPO Vor § 322 Rn. 42.
[45] BGH GRUR 2013, 401 Rn. 18 ff. – Biomineralwasser.
[46] → § 253 Rn. 65 ff.
[47] BGH GRUR 2013, 401 Rn. 24 – Biomineralwasser.
[48] Zöller/*Vollkommer* ZPO § 322 Rn. 1a.
[49] Zöller/*Vollkommer* ZPO § 322 Rn. 1a.

3. Unterlassungsurteil. So weit wie der Streitgegenstand[50] des Erstprozesses reicht, genauso weit reicht auch die Rechtskraft einer abweisenden Entscheidung[51] und die mit der Rechtskraft einhergehenden Wirkungen.

Eine Besonderheit kann auftreten, wenn es sich zwar um unterschiedliche Streitgegenstände handelt, diese sich aber hinsichtlich des Lebenssachverhalts und hinsichtlich des Klagebegehrens (teilweise) überschneiden. Um sich möglicherweise widersprechende Entscheidungen zu verhindern, bewirkt je nach Fall entweder die entgegenstehende Rechtskraft oder das fehlende Rechtsschutzbedürfnis die Unzulässigkeit der zweiten Klage, es sei denn, die zweite Klage kann im Einzelfall den Gegenstand aussparen, der durch das Ersturteil rechtskräftig entschieden worden ist.

4. Feststellungsurteil. Bei **Abweisung einer positiven Feststellungsklage** erwächst in materielle Rechtskraft, dass das (den Gründen zu entnehmende) Recht oder Rechtsverhältnis nicht besteht[52]. Die Rechtskraftwirkungen sind insoweit dieselben wie bei einem einer negativen Feststellungsklage stattgebenden Urteil[53].

Ein **abweisendes Schadensersatzfeststellungsurteil** besagt grundsätzlich bindend, dass dem Kläger der Schadensersatzanspruch dem Grunde nach nicht zusteht[54]. Wird nun dennoch auf Leistung von Schadensersatz geklagt, ist diese Klage zwar nicht unzulässig, weil ein anderer Streitgegenstand gegeben ist, aber in der Regel unbegründet, weil die Rechtskraft des Feststellungsurteils entgegensteht[55]. Beschränkte das Gericht seine Prüfung nur auf einzelne Gesichtspunkte aus dem Streitgegenstand, erwächst das Urteil dennoch hinsichtlich des gesamten Streitgegenstands mit der Folge in Rechtskraft, dass dem Kläger der geltend gemachte Schadensersatzanspruch unter keinen Umständen zusteht[56]. Etwas anderes kann allerdings dann gelten, wenn das Gericht absichtlich und ersichtlich keine abschließende Entscheidung zum Schadensersatzanspruch getroffen hat[57].

Da die **Abweisung einer negativen Feststellungsklage** das Bestehen eines Rechts oder Rechtsverhältnisses bestätigt, muss das Urteil dieses auch bezeichnen[58]. Die Rechtskraftwirkungen sind dann dieselben wie beim Zusprechen einer positiven Feststellungsklage[59].

5. Leistungsurteil. Da Schadensersatzantrag und Unterlassungsantrag unterschiedliche Streitgegenstände sind[60], ergibt sich aus einem abgewiesenen gesetzlichen Schadensersatzanspruch keine entgegenstehende Rechtskraft für eine Unterlassungsklage[61].

Ein rechtskräftiges abweisendes Urteil auf eine Klage auf Auskunft und/oder Rechnungslegung erzeugt keine entgegenstehende Rechtskraft hinsichtlich Unterlassung und Schadensersatz, weil insoweit unterschiedliche Streitgegenstände vorliegen[62].

6. Stufenklage. Wird die Auskunftsstufe abgewiesen, ergibt sich daraus keine Rechtskraft für den Grund des Leistungsanspruchs, weil dieser nicht Streitgegenstand war.

7. Gestaltungsurteil. Bei einer rechtskräftig abgewiesenen Gestaltungsklage steht zunächst im Allgemeinen rechtskräftig fest, dass der Kläger zur Zeit der letzten mündlichen Verhandlung die im Rahmen des geltend gemachten Streitgegenstands begehrte Gestaltung nicht verlangen konnte[63].

Ferner entfaltet die Klageabweisung nach herrschender Meinung zwischen den Parteien insoweit Rechtskraft, als derselbe Kläger denselben Streitgegenstand (Nichtigkeits- oder Löschungsgrund) nicht noch einmal im Wege einer zweiten Klage, auch nicht mit neuem Material[64], geltend machen kann, diese ist dann unzulässig[65]. Betrifft die zweite Klage hingegen einen anderen Streitgegenstand, steht ihr nichts entgegen, sofern sie jedenfalls den rechtskräftig entschiedenen Teil ausspart.

---

[50] → § 253 Rn. 46 ff.
[51] Ohly/*Sosnitza* UWG § 12 Rn. 94.
[52] Zöller/*Vollkommer* ZPO § 322 Rn. 12.
[53] → § 322 Rn. 13 und für den umgekehrten Fall → § 322 Rn. 12.
[54] Ohly/*Sosnitza* UWG § 12 Rn. 98.
[55] BGH GRUR 1990, 70 (71) – Rechtskraft der Feststellung.
[56] → § 322 Rn. 19.
[57] Köhler/Bornkamm/*Köhler* UWG § 12 Rn. 2.115 und Ohly/*Sosnitza* UWG § 12 Rn. 98 mit Verweis auf BGH GRUR 1990, 70 (71) – Rechtskraft der Feststellung.
[58] Zöller/*Vollkommer* ZPO § 322 Rn. 11.
[59] → § 322 Rn. 11.
[60] → § 253 Rn. 142.
[61] Vgl. BGH GRUR 2002, 1046 (1048) – Faxkarte.
[62] Ohly/*Sosnitza* UWG § 12 Rn. 97; → § 253 Rn. 142.
[63] Zöller/*Vollkommer* ZPO § 322 Rn. 5.
[64] Kritisch Busse/*Keukenschrijver* § 84 Rn. 50; *Keukenschrijver* GRUR 2009, 281 (281): Beschränkung auf das tatsächlich geltend gemachte Material.
[65] Vgl. Busse/*Keukenschrijver* § 84 Rn. 50; *Keukenschrijver* GRUR 2009, 281 (281).

III. Teilklage

32 Mittels einer Teilklage kann ein Kläger nur einen Teil seines prozessualen Anspruchs geltend machen und einer gerichtlichen Sachprüfung unterwerfen. Auch insoweit bestimmt der Kläger den Streitgegenstand.

33 Wenn das Gericht rechtskräftig darüber entscheidet, erwächst dieser Streitgegenstand in Rechtskraft. Dabei ist es ohne Bedeutung, ob das Gericht entgegen § 308 Abs. 1 S. 1[66] zu viel zugesprochen hat[67] oder hinter dem Streitgegenstand zurückgeblieben ist[68]. In beiden Fällen liegen zwar Verfahrensverstöße vor, aber die Rechtskraft der Entscheidung bleibt davon unberührt. Um zu verhindern, dass Fehlentscheidungen in Rechtskraft erwachsen, ist in der Regel das geeignete Rechtsmittel einzulegen[69].

34 Die materielle Rechtskraft eines Urteils, das aufgrund einer Teilklage ergangen ist, hat folgende **Wirkungen,** wobei es nach der Rechtsprechung des BGH keinen Unterschied (mehr) macht, ob eine offene oder verdeckte Teilklage vorliegt[70]:

35 Bei einem **stattgebenden Urteil** ist der siegreiche Kläger nicht gehindert, weitere Ansprüche (Mehr- und Nebenforderungen) der gleichen Art aus demselben Streitgegenstand zu erheben, sofern dieser Teil nicht bereits geltend gemacht wurde und Streitgegenstand des Erstprozesses war[71]. Das Ersturteil bindet nämlich nicht, sofern es nicht in Rechtskraft erwachsen ist.

36 **Fehlt** jedoch die **Teilbarkeit des Anspruchs,** weil zB ein einheitlicher Gesamtanspruch besteht oder Ansprüche auf wiederkehrende Leistungen gegeben sind, scheidet eine Teilklage aus und der Streitgegenstand erwächst in vollem Umfang mit der Folge in Rechtskraft, dass die spätere Geltendmachung von Mehr- und Nebenforderungen ausgeschlossen ist[72].

37 Bei einem **abweisenden Urteil** beschränkt sich die Rechtskraft dementsprechend auch nur auf den geltend gemachten und zum Streitgegenstand des Erstprozesses erhobenen Anspruchsteil[73].

IV. Grenzen

38 **1. Subjektive Grenzen.** Grundsätzlich erwächst ein Urteil lediglich zwischen den Parteien des Prozesses in Rechtskraft. Ausnahmsweise können jedoch auch Dritte betroffen sein.

39 Zu den Einzelheiten wird auf die Kommentierung zu → § 325 Rn. 1 ff. verwiesen.

40 **2. Zeitliche Grenzen.** Die Rechtskraft eines Urteils ist grundsätzlich – bis zum Eintritt der Vollstreckungsverjährung – zeitlich unbefristet. Eine Ausnahme liegt nur dann vor, wenn bei einer Verurteilung zu einer Unterlassung eine zeitliche Beschränkung des Verbots ausgesprochen wurde[74].

41 **3. Geänderte Umstände. Gesetzesänderungen** oder **Änderungen der Rechtsprechung** lassen rechtskräftige Urteile grundsätzlich unberührt[75].

42 Geht der im Erstprozess festgestellte Anspruch unter, zB weil:
– das **Schutzrecht** (zB Patent oder Marke) **erlischt,** indem es – je nach dem was es für ein Schutzrecht ist – vernichtet, gelöscht oder widerrufen wird oder seine Schutzdauer abgelaufen ist oder der Inhaber auf das Schutzrecht verzichtet,
– das **Schutzrecht beschränkt** wird und eine erneute Prüfung veranlasst ist, ob tatsächlich noch eine Verletzung gegeben ist,
– ein **Doppelschutzverbot** eingreift (Art. II § 8 IntPatÜG),
– dem Beklagten eine einfache oder ausschließliche **Lizenz** eingeräumt wird
– aufgrund späterer **kartellrechtlicher Entscheidungen** die Geltendmachung des klägerischen Rechts nicht mehr zulässig oder unbegründet ist,

berühren auch diese Umstände die Rechtskraft des Urteils per se nicht.

43 Diese Änderungen können aber ggf. mit einer Vollstreckungsabwehrklage gemäß § 767[76] geltend gemacht werden[77]. In Betracht kommen auch eine Restitutionsklage nach § 580[78] oder eine Klage auf

---

[66] → § 308 Rn. 1 ff.
[67] BGH GRUR 2002, 915 (916) – Wettbewerbsverbot in Realteilungsvertrag.
[68] Anders Zöller/*Vollkommer* ZPO Vor § 322 Rn. 44, der zwischen wiederholbaren und unwiederholbaren Rechtsfolgen unterscheidet.
[69] BGH GRUR 2002, 915 (916) – Wettbewerbsverbot in Realteilungsvertrag.
[70] BGH GRUR 2008, 93 Rn. 15 – Zerkleinerungsvorrichtung.
[71] Zöller/*Vollkommer* ZPO Vor § 322 Rn. 47.
[72] Zöller/*Vollkommer* ZPO Vor § 322 Rn. 48.
[73] Zöller/*Vollkommer* ZPO Vor § 322 Rn. 47.
[74] Köhler/Bornkamm/*Köhler* UWG § 12 Rn. 2.108: Ein Unterlassungsgebot ist nur dann zeitlich zu begrenzen, wenn sein Ende bereits zum Zeitpunkt der letzten mündlichen Verhandlung feststeht.
[75] Zöller/*Vollkommer* ZPO Vor § 322 Rn. 53.
[76] → § 767 Rn. 1 ff.
[77] BGH GRUR 2009, 1096 Rn. 23 – Mescher weis; *Kühnen* Patentverletzung-HdB Kap. G Rn. 310 f.
[78] → § 580 Rn. 1 ff.

Herausgabe des Titels sowie bei einstweiligen Verfügungen ein Vorgehen nach § 927[79], aufgrund derer das Gericht erneut über den Streitgegenstand des Ersturteils entscheiden muss[80]. Für die Zulässigkeit der neuen Klage genügen nicht allein neue Tatsachen, sondern diese müssen auch geeignet sein, die in der rechtskräftigen Entscheidung festgelegte Rechtsfolge zu beeinflussen[81].

4. Durchbrechung der Rechtskraft. Durchbrechungen der Rechtskraft sind die Ausnahme, weil es Sinn und Zweck der Rechtskraft ist, dass die Frage der Richtigkeit einer Entscheidung nicht noch einmal aufgeworfen wird. Dies folgt aus dem Gebot der Rechtsstaatlichkeit des Verfahrens sowie aus den allgemeinen Grundsätzen der Rechtssicherheit, des Vertrauensschutzes und des Rechtsfriedens[82]. Ist die Verpflichtung zum Ersatz künftig eintretender Schäden rechtskräftig festgestellt, so steht die Sperrwirkung der materiellen Rechtskraft (ne bis in idem) der Zulässigkeit einer erneuten Feststellungsklage in unverjährter Zeit mit gleichem Streitgegenstand allerdings dann nicht entgegen, wenn Schäden noch nach Ablauf der 30-jährigen Verjährungsfrist eintreten können[83]. Auch fehlerhafte Urteile erwachsen in Rechtskraft, wobei gleichgültig ist, ob sie aus prozessualen oder materiell-rechtlichen Gründen fehlerhaft sind[84]. Die Rechtskraft fehlerhafter Urteile kann nur vermieden werden, wenn die unterlegene Partei vor Eintritt der formellen Rechtskraft das Urteil mit Rechtsmitteln angreift[85]. 44

Ausnahmsweise können aber dieselben Gründe, die grundsätzlich den Erhalt der Rechtskraft rechtfertigen, auch für deren Durchbrechung sprechen. So muss die Rechtskraft zurücktreten, wenn es mit dem Gerechtigkeitsgedanken **schlechthin unvereinbar** wäre, dass der Titelgläubiger seine formelle Rechtsstellung unter Missachtung der materiellen Rechtslage zulasten des Schuldners ausnutzt[86]. Insofern kommt eine Anwendung von **§ 826 BGB** in Betracht. Die Anwendung dieser Norm ist gegenüber der Restitutionsklage nicht subsidiär[87]. Wenn auch die Restitution im gewerblichen Rechtsschutz (insbesondere im Patentrecht) die praktisch häufigere Variante ist. 45

Weder § 323 noch § 767 sind spezifische Behelfe zur Durchbrechung der Rechtskraft. Die Vollstreckungsabwehrklage richtet sich lediglich gegen die Vollstreckbarkeit (aufgrund nachträglich entstandener Tatsachen)[88]. 46

5. Kollision mehrerer rechtskräftiger Entscheidungen. Ist **derselbe oder ein einheitlicher Streitgegenstand**[89] gegeben und widersprechen sich die Entscheidungen, so gilt die erste Entscheidung, wenn das zweite Urteil unter Missachtung der entgegenstehenden Rechtskraft der ersten Entscheidung ergangen ist[90]. Das zweite Urteil ist dann nicht der Rechtskraft fähig[91]. 47

Betreffen die Urteile hingegen **unterschiedliche Streitgegenstände**, die sich nicht überschneiden, so gelten beide Urteile[92]. Etwas anderes kann gelten, wenn sich die Streitgegenstände überschneiden und das zweite Urteil entgegen der Rechtskraft des ersten Urteils ergangen ist. Dann gilt das erste Urteil und das zweite Urteil entfaltet nur hinsichtlich dieses sich überschneidenden Gesichtspunkts keine Rechtskraft. 48

Haben beide Entscheidungen zwar unterschiedliche Streitgegenstände, dabei jedoch **dieselbe Rechtsfrage** zum Gegenstand (zB Auslegung desselben Patents), so kann eine Verletzung des Rechts auf rechtliches Gehör vorliegen, wenn das Gericht die erste Entscheidung nicht berücksichtigt hat, obwohl sie von einer Partei vorgelegt wurde[93]. 49

V. Präklusion

1. Rechtskraftergänzende Präklusion. Die Präklusion von Tatsachen ist eine Folge der materiellen Rechtskraft (sog. **rechtskraftergänzende Präklusion**). Sie steht nicht neben der Rechtskraft, sondern ergänzt sie in ihrer Wirkung[94], sie weist dieselben Grenzen auf und bezieht sich ebenfalls auf 50

---

[79] → § 927 Rn. 1 ff.
[80] Zöller/*Vollkommer* ZPO Vor § 322 Rn. 60.
[81] Zöller/*Vollkommer* ZPO Vor § 322 Rn. 61.
[82] Zöller/*Vollkommer* ZPO Vor § 322 Rn. 71.
[83] BGH NJW 2018, 2056 Rn. 16.
[84] Zöller/*Vollkommer* ZPO § 322 Rn. 14.
[85] BGH GRUR 2002, 915 (916) – Wettbewerbsverbot in Realteilungsvertrag.
[86] BGH NJW 1987, 3256 (3257).
[87] Zöller/*Vollkommer* ZPO Vor § 322 Rn. 73.
[88] Zöller/*Vollkommer* ZPO Vor § 322 Rn. 73.
[89] → § 253 Rn. 53.
[90] BGH NJW 1981, 1517 (1518) (mit Verweis auf § 580 Nr. 7a ZPO); Zöller/*Vollkommer* ZPO Vor § 322 Rn. 77 (mit Hinweis auf andere Auffassungen).
[91] Zöller/*Vollkommer* ZPO Vor § 322 Rn. 77.
[92] Anders Zöller/*Vollkommer* ZPO Vor § 322 Rn. 77, wonach nicht beide Urteile, sondern nur die zuletzt ergangene, dem gegenwärtigen Erkenntnisstand zeitnähere Entscheidung bindende Geltung für weitere Verfahren entfaltet (*lex posterior* Regel).
[93] BGH GRUR 2010, 950 – Walzenformgebungsmaschine.
[94] Zur rechtskraftfremden Präklusion → § 322 Rn. 56.

den Streitgegenstand des Erstprozesses[95]. Eine aus der Rechtskraft abgeleitete Tatsachenpräklusion erfasst nur Vortrag, der zu dem rechtskräftig Festgestellten in Widerspruch steht[96]. Die Bestimmung der Streitgegenstände von Ersturteil und Zweitprozess sind daher auch hier von zentraler Bedeutung[97].

51 Präkludiert sind nicht nur die im ersten Prozess **vorgetragenen Tatsachen,** die zu einer Abweichung von der rechtskräftig festgestellten Rechtsfolge führen sollen, sondern auch die **nicht vorgetragenen Tatsachen,** sofern sie nicht erst nach Schluss der mündlichen Verhandlung im ersten Prozess entstanden sind[98] (sog. Tatsachenpräklusion). In einem Zweitprozess sind daher alle Tatsachen ausgeschlossen, die bei einer natürlichen, vom Standpunkt der Parteien ausgehenden Betrachtung zu dem durch ihren Sachvortrag zur Entscheidung gestellten Tatsachenkomplex gehört hätten[99]. Die Präklusion tritt ohne Rücksicht auf die subjektive Kenntnis des Betroffenen von der Tatsache ein[100]. Sie ist von einem Verschulden (Kennenmüssen) oder der Erkennbarkeit der Tatsache unabhängig; anderes gilt freilich, wenn die subjektive Kenntnis einer Tatsache Anspruchsvoraussetzung ist[101].

52 Ob und wann eine Tatsachenpräklusion im Zweitprozess gegeben ist, lässt sich folgender Übersicht entnehmen:

53 Betrifft der Zweitprozess **denselben oder einen einheitlichen Streitgegenstand** wie das Ersturteil, sind die bereits abgeurteilten Tatsachen präkludiert[102]. Gleiches gilt auch für neue Tatsachen, die (noch) zum Klagegrund des Erstprozesses gehören, über den bereits rechtskräftig entschieden wurde[103]. Ein **Beispiel** hierfür ist, dass die Abtretung bereits vor dem Schluss der mündlichen Verhandlung im Erstverfahren durchgeführt wurde. Die Abtretung gehört dann noch zum Streitgegenstand des Erstprozesses und dieser Streitgegenstand ist bereits in Rechtskraft erwachsen[104]. Die Abtretung ist daher in einem Zweitprozess wegen Präklusion nicht mehr zu berücksichtigen.

54 Zum Gegenstand eines Zweitprozesses mit demselben Klageziel können aber neue Tatsachen gemacht werden, die die abgewiesene Klage begründet werden lassen, wenn das Ersturteil (nur) als zurzeit unbegründet abgewiesen wurde[105].

55 Betrifft der Zweitprozess aber einen **anderen Streitgegenstand** wie der Erstprozess und werden im Zweitprozess neue Tatsachen geltend gemacht, so kommt trotz der Rechtskraft des Ersturteils keine Präklusion der neuen Tatsachen in Betracht[106]. Gleiches gilt, wenn dieselbe, bereits im Erstprozess vorgetragene Tatsache für die Beurteilung eines anderen Streitgegenstands entscheidungserheblich ist. Ein **Beispiel** ist, wenn im Erstprozess aus abgetretenem Recht geklagt wurde, die Abtretung aber nicht wirksam war und deswegen das Ersturteil wegen fehlender Aktivlegitimation abgewiesen wurde. In dem Fall kann sich der Kläger im Zweitprozess auf eine wirksame Abtretung berufen, wenn sie nach dem Schluss der letzten mündlichen Verhandlung durchgeführt wurde[107]. Auch ein Zweitprozess gestützt auf die Geltendmachung eigener (und nicht abgeleiteter) Rechte ist dann zulässig[108], weil ein anderer Streitgegenstand gegeben ist[109].

56 **2. Rechtskraftfremde Präklusion.** Neben der rechtskraftergänzenden Präklusion gibt es eine Präklusion, die (unabhängig von der Rechtskraft eines Urteils) aufgrund eines Gesetzes angeordnet ist (sog. rechtskraftfremde Präklusion). Dazu gehört der Zwang zur Klagekonzentration gemäß **§ 145 PatG**. Dieser Zwang ist als Einrede ausgestaltet.[110]

§ 323 Abänderung von Urteilen

(1) ¹Enthält ein Urteil eine Verpflichtung zu künftig fällig werdenden wiederkehrenden Leistungen, kann jeder Teil die Abänderung beantragen. ²Die Klage ist nur zulässig, wenn der Kläger Tatsachen vorträgt, aus denen sich eine wesentliche Veränderung der der Entscheidung zugrunde liegenden tatsächlichen oder rechtlichen Verhältnisse ergibt.

(2) Die Klage kann nur auf Gründe gestützt werden, die nach Schluss der Tatsachenverhandlung des vorausgegangenen Verfahrens entstanden sind und deren Geltendmachung durch Einspruch nicht möglich ist oder war.

(3) Die Abänderung ist zulässig für die Zeit ab Rechtshängigkeit der Klage.

(4) Liegt eine wesentliche Veränderung der tatsächlichen oder rechtlichen Verhältnisse vor, ist die Entscheidung unter Wahrung ihrer Grundlagen anzupassen.

---

[95] BGH NJW 2017, 893 Rn. 18; Zöller/*Vollkommer* ZPO Vor § 322 Rn. 65, 68.
[96] BGH NJW 2017, 893 Rn. 20; kritisch: *Magnus* ZfPW 2019, 283.
[97] → § 253 Rn. 46 ff.
[98] BGH NJW 1993, 2684 (2685).
[99] BGH NJW 1993, 2684 (2685); 2017, 893 Rn. 17.
[100] BGH NJW 1993, 3204 (3205).
[101] Zöller/*Vollkommer* ZPO Vor § 322 Rn. 70.
[102] Zöller/*Vollkommer* ZPO Vor § 322 Rn. 70.
[103] Zöller/*Vollkommer* ZPO Vor § 322 Rn. 55.
[104] Zöller/*Vollkommer* ZPO Vor § 322 Rn. 57.
[105] Zöller/*Vollkommer* ZPO Vor § 322 Rn. 57.
[106] Zöller/*Vollkommer* ZPO Vor § 322 Rn. 54.
[107] Zöller/*Vollkommer* ZPO Vor § 322 Rn. 57.
[108] Zöller/*Vollkommer* ZPO Vor § 322 Rn. 57.
[109] → § 253 Rn. 141.
[110] Busse/*Keukenschrijver* PatG § 145 Rn. 17.

§ 323a Abänderung von Vergleichen und Urkunden

(1) ¹Enthält ein Vergleich nach § 794 Abs. 1 Nr. 1 oder eine vollstreckbare Urkunde eine Verpflichtung zu künftig fällig werdenden wiederkehrenden Leistungen, kann jeder Teil auf Abänderung des Titels klagen. ²Die Klage ist nur zulässig, wenn der Kläger Tatsachen vorträgt, die die Abänderung rechtfertigen.

(2) Die weiteren Voraussetzungen und der Umfang der Abänderung richten sich nach den Vorschriften des bürgerlichen Rechts.

§ 323b Verschärfte Haftung

Die Rechtshängigkeit einer auf Herabsetzung gerichteten Abänderungsklage steht bei der Anwendung des § 818 Abs. 4 des Bürgerlichen Gesetzbuchs der Rechtshängigkeit einer Klage auf Rückzahlung der geleisteten Beträge gleich.

§ 324 Nachforderungsklage zur Sicherheitsleistung

Ist bei einer nach den §§ 843 bis 845 oder §§ 1569 bis 1586b des Bürgerlichen Gesetzbuchs erfolgten Verurteilung zur Entrichtung einer Geldrente nicht auf Sicherheitsleistung erkannt, so kann der Berechtigte gleichwohl Sicherheitsleistung verlangen, wenn sich die Vermögensverhältnisse des Verpflichteten erheblich verschlechtert haben; unter der gleichen Voraussetzung kann er eine Erhöhung der in dem Urteil bestimmten Sicherheit verlangen.

§ 325 Subjektive Rechtskraftwirkung

(1) Das rechtskräftige Urteil wirkt für und gegen die Parteien und die Personen, die nach dem Eintritt der Rechtshängigkeit Rechtsnachfolger der Parteien geworden sind oder den Besitz der in Streit befangenen Sache in solcher Weise erlangt haben, dass eine der Parteien oder ihr Rechtsnachfolger mittelbarer Besitzer geworden ist.

(2) Die Vorschriften des bürgerlichen Rechts zugunsten derjenigen, die Rechte von einem Nichtberechtigten herleiten, gelten entsprechend.

(3) ¹Betrifft das Urteil einen Anspruch aus einer eingetragenen Reallast, Hypothek, Grundschuld oder Rentenschuld, so wirkt es im Falle einer Veräußerung des belasteten Grundstücks in Ansehung des Grundstücks gegen den Rechtsnachfolger auch dann, wenn dieser die Rechtshängigkeit nicht gekannt hat. ²Gegen den Ersteher eines im Wege der Zwangsversteigerung veräußerten Grundstücks wirkt das Urteil nur dann, wenn die Rechtshängigkeit spätestens im Versteigerungstermin vor der Aufforderung zur Abgabe von Geboten angemeldet worden ist.

(4) Betrifft das Urteil einen Anspruch aus einer eingetragenen Schiffshypothek, so gilt Absatz 3 Satz 1 entsprechend.

Literatur: *Althammer,* Die Bindung des Rechtsnachfolgers an den vom Rechtsvorgänger abgeschlossenen Prozessvergleich, JZ 2019, 286; *Leitmeier,* Die schwache Position des Rechtsnachfolgers nach Veräußerung der streitbefangenen Sache durch den Rechtsvorgänger, ZZP 2020, 359; *Makowsky,* Bindung des Rechtsnachfolgers an einen zwischen dem Veräußerer und dem Prozessgegner geschlossenen gerichtliche Vergleich, JR 2020, 1; *Moniotis,* Subjektive Grenzen der Rechtskraft, Chancengleichheitssatz und rechtliches Gehör, ZZP 2020, 151; *Nieder,* Vergabe einer ausschließlichen Patentlizenz im Fall des §§ 265?, GRUR 2013, 1195; *Picht,* Rechtskrafterstreckung bei gesetzlicher Prozessstandschaft: Korrekturbedarf einer etablierten Rechtslage, ZZP 2018, 93; *Rieländer,* Subjektive Grenzen der Rechtskraft bei Prozessführung über belastet und belastende Rechte, ZZP 2020, 163; *Stamm,* Das Mysterium der gesetzlichen Prozessstandschaft bei Abtretung oder Veräußerung der streitbefangenen Sache, ZZP 2018, 143; *ders.,* Zum Leerlauf von § 325 II ZPO im Spagat zwischen Verfahrensrecht und materiellem Recht, ZZP 2017, 185.

A. Allgemeines

Neben der objektiven Grenze (Streitgegenstand in sachlicher Hinsicht) besitzt die Rechtskraft auch subjektive Grenzen. § 325 regelt die Frage, für wen und gegen wen das rechtskräftige Urteil wirkt. Diese Vorschrift ergänzt § 265[1] und bestimmt zugleich den Umfang der Zwangsvollstreckung (vgl. § 750 Abs. 1[2])[3]. **1**

Grundsätzlich erwächst ein Urteil allein zwischen den **Parteien des Prozesses** in Rechtskraft. Dies ist sachgerecht, weil in der Regel nur die Parteien (und nicht Dritte) Herr über den Gegenstand des Verfahrens sind[4]. Anhand der ggf. auszulegenden Klageschrift[5] ist zu bestimmen, wer formell Partei geworden ist (formeller Parteibegriff)[6]. So entfaltet bei einfachen **Streitgenossen** die titulierte Fest- **2**

---
[1] → § 265 Rn. 1 ff.
[2] → § 750 Rn. 1 ff.
[3] Zöller/*Vollkommer* ZPO § 325 Rn. 1: Denn auch wenn ein Urteil für oder gegen einen Dritten wirkt, kann daraus nicht sofort vollstreckt werden, weil die Klausel entweder erst noch auf Dritten oder gegen den Dritten umgestellt werden muss, § 727 ZPO.
[4] MüKoZPO/*Gottwald* ZPO § 325 Rn. 1.
[5] Zöller/*Vollkommer* ZPO § 325 Rn. 3.
[6] MüKoZPO/*Gottwald* ZPO § 325 Rn. 12.

stellung ihre Rechtskraftwirkung allein im Verhältnis zwischen den einander gegenüberstehenden Parteien des Rechtsstreits und bindet die einfachen Streitgenossen untereinander nicht[7].

3 **Weitere Gläubiger** sind nicht gehindert, wegen derselben wettbewerbswidrigen Zuwiderhandlung auf Unterlassung zu klagen, wenn bereits ein anderer Gläubiger ein rechtskräftiges Unterlassungsurteil erwirkt hat[8].

B. Rechtskrafterstreckung auf Rechtsnachfolger

4 § 325 Abs. 1 erstreckt die Wirkungen der materielle Rechtskraft nach § 322 Abs. 1, nicht mehr und nicht weniger[9], auch auf die Rechtsnachfolger der Parteien, wenn sie dies **nach Rechtshängigkeit** geworden sind oder auf Personen, die den Besitz der streitbefangenen Sache erlangt haben, und zwar unabhängig davon, ob diesen beim Rechteerwerb oder bei der Besitzerlangung die Rechtshängigkeit bekannt war oder bekannt sein musste[10]. Die Rechtskrafterstreckung setzt aber die **Wirksamkeit der Übertragung bzw. Abtretung** voraus. Sie tritt nicht ein, wenn die Abtretung von vornherein nichtig war oder auf Grund einer späteren Anfechtung durch den Zedenten rückwirkend unwirksam wird[11]. Bei der Rechtsnachfolge kommen sowohl eine Gesamtrechtsnachfolge als auch eine Einzelrechtsnachfolge in Betracht[12]. Dies gilt auch für den Fall, dass der Veräußerer und der Prozessgegner einen **gerichtlichen Vergleich** geschlossen haben, soweit der Inhalt des Vergleichs auch das Ergebnis eines Urteils in dem anhängigen Prozess hätte sein können und sich die Rechtskraft eines solchen Urteils auch auf den Rechtsnachfolger erstreckt hätte[13].

5 Erteilt der Schutzrechtsinhaber **nach Klageabweisung** seines Schutzrechts (oder bereits nach Schluss der letzten mündlichen Verhandlung) eine **ausschließliche Lizenz** und geht nun der Lizenzinhaber aus der Lizenz gegen den damaligen Beklagten vor, so ist dessen Klage unzulässig, weil bereits rechtskräftig über das Nichtbestehen des Vollrechts entschieden worden ist[14]. Selbiges gilt für den Fall, dass die ausschließliche Lizenz **während des Prozesses** vergeben worden ist[15].

6 Etwas anderes gilt, wenn die **ausschließliche Lizenz vor dem Erstprozess** vergeben wurde. Dann hindern sich die Prozesse des Schutzrechtsinhabers und des Lizenznehmers nicht[16], weil unterschiedliche Streitgegenstände gegeben sind[17].

C. Rechtskrafterstreckung auf Dritte

7 Ausnahmsweise kann sich die Rechtskraft auch auf Dritte erstrecken, wenn hierfür ein besonderer Rechtfertigungsgrund vorliegt[18], der vom Gesetz vorgesehen ist[19]. Eine Rechtskrafterstreckung kann sich in den Fällen der gesetzlichen Prozessstandschaft ergeben. Ein solcher Fall ist bei § 10 Abs. 2 UrhG gegeben[20]. Danach sind der Herausgeber (§ 10 Abs. 2 S. 1 UrhG) und hilfsweise der Verleger (§ 10 Abs. 2 S. 2 UrhG) ermächtigt, Rechte eines nicht bezeichneten (anonymen) Urhebers im Wege der Prozessstandschaft geltend zu machen, wobei der Urheber dann an die Entscheidung gebunden ist[21].

8 **Keine** Rechtskrafterstreckung auf Dritte (andere Verbände oder Verbandsmitglieder) ist bei wettbewerbsrechtlichen Verbandsklagen nach **§ 8 Abs. 3 Nr. 2–4 UWG** gegeben[22].

9 Eine GmbH muss sich die Rechtskraft einer früheren (erfolglosen) **Nichtigkeitsklage** ihres Alleingesellschafters grundsätzlich nicht entgegenhalten lassen. Ausnahmen sind nur dann denkbar, wenn der Gesellschafter seinerzeit als **Strohmann**[23] für die GmbH aufgetreten ist, was voraussetzen würde, dass der Gesellschafter damals ausschließlich im Auftrag und Interesse der GmbH sowie auf deren Weisung und Kosten ohne jedes eigene ins Gewicht fallende gewerbliche Interesse an der Vernichtung des

---

[7] BGH BeckRS 2017, 112671 Rn. 10.
[8] BGH GRUR 1960, 379 (380) – Zentrale; Köhler/Bornkamm/*Köhler* UWG § 12 Rn. 2.114 und Ohly/*Sosnitza* UWG § 12 Rn. 93 zu Problemen im Rahmen von § 8 Abs. 4 UWG und wegen des Wegfalls der Wiederholungsgefahr.
[9] BGH NJW 2019, 2308 Rn. 28; 2019, 1751 Rn. 12; NJW-RR 2018, 719 Rn. 9 ff.
[10] BGH NJW 2019, 310 Rn. 31 ff.
[11] BGH NJW 2019, 1610 Rn. 22.
[12] Siehe dazu MüKoZPO/*Gottwald* ZPO § 325 Rn. 18 ff.
[13] BGH NJW 2019, 310 Rn. 17 ff. mwN.
[14] BGH GRUR 2013, 1269 Rn. 13 ff. – Wundverband; *Kühnen* Patentverletzung-HdB Kap. D Rn. 271.
[15] *Kühnen* Patentverletzung-HdB Kap. D Rn. 272.
[16] *Kühnen* Patentverletzung-HdB Kap. D Rn. 273.
[17] → § 253 Rn. 141.
[18] MüKoZPO/*Gottwald* ZPO § 325 Rn. 2.
[19] MüKoZPO/*Gottwald* ZPO § 325 Rn. 3 f.
[20] Wandtke/Bullinger/*Thum* UrhG § 10 Rn. 45.
[21] MüKoZPO/*Gottwald* ZPO § 325 Rn. 55; BeckOK/*Gruber* ZPO § 322 Rn. 39.
[22] BGH GRUR 1960, 379 (380) – Zentrale; MüKoZPO/*Gottwald* ZPO § 325a Rn. 18.
[23] → § 253 Rn. 36.

Patents vorgegangen ist[24]. Insoweit muss sich die GmbH auch nicht die in der Person ihres Alleingesellschafters begründeten Einwendungen (zB Nichtangriffsabrede) entgegenhalten lassen[25].

D. Rechtskrafterstreckung kraft Vereinbarung

Die Rechtskraft eines Urteils kann vertraglich nicht auf Dritte erstreckt werden, weil die Rechtskraft der Disposition der Parteien entzogen ist[26]. Nicht ausgeschlossen ist es allerdings, dass sich ein Dritter den Wirkungen des Urteils schuldrechtlich unterwirft[27]. **10**

§ 325a Feststellungswirkung des Musterentscheids

Für die weitergehenden Wirkungen des Musterentscheids gelten die Vorschriften des Kapitalanleger-Musterverfahrensgesetzes.

§ 326 Rechtskraft bei Nacherbfolge

(1) Ein Urteil, das zwischen einem Vorerben und einem Dritten über einen gegen den Vorerben als Erben gerichteten Anspruch oder über einen der Nacherbfolge unterliegenden Gegenstand ergeht, wirkt, sofern es vor dem Eintritt der Nacherbfolge rechtskräftig wird, für den Nacherben.

(2) Ein Urteil, das zwischen einem Vorerben und einem Dritten über einen der Nacherbfolge unterliegenden Gegenstand ergeht, wirkt auch gegen den Nacherben, sofern der Vorerbe befugt ist, ohne Zustimmung des Nacherben über den Gegenstand zu verfügen.

§ 327 Rechtskraft bei Testamentsvollstreckung

(1) Ein Urteil, das zwischen einem Testamentsvollstrecker und einem Dritten über ein der Verwaltung des Testamentsvollstreckers unterliegendes Recht ergeht, wirkt für und gegen den Erben.

(2) Das Gleiche gilt von einem Urteil, das zwischen einem Testamentsvollstrecker und einem Dritten über einen gegen den Nachlass gerichteten Anspruch ergeht, wenn der Testamentsvollstrecker zur Führung des Rechtsstreits berechtigt ist.

§ 328 Anerkennung ausländischer Urteile

(1) Die Anerkennung des Urteils eines ausländischen Gerichts ist ausgeschlossen:
1. wenn die Gerichte des Staates, dem das ausländische Gericht angehört, nach den deutschen Gesetzen nicht zuständig sind;
2. wenn dem Beklagten, der sich auf das Verfahren nicht eingelassen hat und sich hierauf beruft, das verfahrenseinleitende Dokument nicht ordnungsmäßig oder nicht so rechtzeitig zugestellt worden ist, dass er sich verteidigen konnte;
3. wenn das Urteil mit einem hier erlassenen oder einem anzuerkennenden früheren ausländischen Urteil oder wenn das ihm zugrunde liegende Verfahren mit einem hier früher rechtshängig gewordenen Verfahren unvereinbar ist;
4. wenn die Anerkennung des Urteils zu einem Ergebnis führt, das mit wesentlichen Grundsätzen des deutschen Rechts offensichtlich unvereinbar ist, insbesondere wenn die Anerkennung mit den Grundrechten unvereinbar ist;
5. wenn die Gegenseitigkeit nicht verbürgt ist.

(2) Die Vorschrift der Nummer 5 steht der Anerkennung des Urteils nicht entgegen, wenn das Urteil einen nichtvermögensrechtlichen Anspruch betrifft und nach den deutschen Gesetzen ein Gerichtsstand im Inland nicht begründet war.

§ 329 Beschlüsse und Verfügungen

(1) ¹Die auf Grund einer mündlichen Verhandlung ergehenden Beschlüsse des Gerichts müssen verkündet werden. ²Die Vorschriften der §§ 309, 310 Abs. 1 und des § 311 Abs. 4 sind auf Beschlüsse des Gerichts, die Vorschriften des § 312 und des § 317 Abs. 2 Satz 1, 2, Absatz 3 und 4 auf Beschlüsse des Gerichts und auf Verfügungen des Vorsitzenden sowie eines beauftragten oder ersuchten Richters entsprechend anzuwenden.

(2) ¹Nicht verkündete Beschlüsse des Gerichts und nicht verkündete Verfügungen des Vorsitzenden oder eines beauftragten oder ersuchten Richters sind den Parteien formlos mitzuteilen. ²Enthält die Entscheidung eine Terminsbestimmung oder setzt sie eine Frist in Lauf, so ist sie zuzustellen.

(3) Entscheidungen, die einen Vollstreckungstitel bilden oder die der sofortigen Beschwerde oder der Erinnerung nach § 573 Abs. 1 unterliegen, sind zuzustellen.

A. Allgemeine Grundlagen

§ 329 ZPO regelt die **Verkündung und Zustellung** von Beschlüssen und Verfügungen (→ § 300 **1** Rn. 2).

---

[24] BGH GRUR 2012, 540 – Rohrreinigungsdüse I; BPatG BeckRS 2016, 15478.
[25] BPatG BeckRS 2016, 15478.
[26] MüKoZPO/*Gottwald* ZPO § 325 Rn. 92.
[27] Zöller/*Vollkommer* ZPO § 325 Rn. 43a.

2   Die Vorschrift findet auch in Verfahren vor dem **BPatG** Anwendung.[1] Auch in kontradiktorischen Verfahren vor dem **DPMA** wird § 329 ZPO herangezogen,[2] wobei hier für die Zustellung das VwZG maßgeblich ist, da es sich um ein Amtsverfahren handelt (→ § 166 Rn. 4).

B. Beschlüsse

3   § 329 ZPO unterscheidet zwischen Beschlüssen, die mit und solchen, die ohne mündliche Verhandlung ergangen sind. Ergeht ein Beschluss nach **mündlicher Verhandlung**, ist er gemäß § 329 Abs. 1 S. 1 ZPO zu **verkünden**. Beschlüsse die ohne vorherige mündliche Verhandlung ergehen sind den Parteien **formlos mitzuteilen** (§ 329 Abs. 2 S. 1 ZPO).

4   Beschlüsse sind nur in den von § 329 Abs. 2 S. 2, Abs. 3 ZPO genannten Fällen zuzustellen. Eine **Zustellung** ist danach dann erforderlich, wenn der Beschluss einen Vollstreckungstitel bildet, der der sofortigen Beschwerde[3] (§ 567 ZPO) oder Erinnerung (§ 573 ZPO) unterliegt, eine Terminsbestimmung enthält oder eine Frist in Gang setzt. Hinsichtlich der an eine wirksame Zustellung zu stellenden Anforderungen wird auf die Ausführungen bei § 166 verwiesen.

5   § 329 Abs. 1 S. 2 ZPO erklärt die §§ 309, 310 Abs. 1, § 311 Abs. 4, 312, § 317 Abs. 2 S. 1, Abs. 3 –5 ZPO für auf Beschlüsse anwendbar. Neben diesen Vorschriften werden §§ 313,[4] 313a,[5] 313b[6] ZPO für **entsprechend anwendbar** gehalten.[7] Auch wenn § 329 ZPO keine Vorgaben hinsichtlich der äußeren Gestaltung eines Beschlusses vorsieht, ist der Beschluss formal **an den Vorgaben des § 313 ZPO zu orientieren** und gemäß § 315 Abs. 1 ZPO zu unterzeichnen.[8] In Verfahren vor dem **DPMA** sind für Beschlüsse die formalen Vorgaben des § 47 PatG bzw. 61 Abs. 1 MarkenG zu beachten.[9] Andere Urteilsvorschriften gelten dort nicht (§ 314 ZPO) oder wie § 315 ZPO nur eingeschränkt[10] (→ § 315 Rn. 3).

C. Verfügungen

6   Das Gericht erlässt Verfügungen zur **Prozessleitung**, beispielsweise zur Bestimmung von Schriftsatzfristen oder Terminierung (→ § 300 Rn. 2).

7   Für Verfügungen gelten dieselben Voraussetzungen wie für Beschlüsse.[11]

Titel 3. Versäumnisurteil

§ 330 Versäumnisurteil gegen den Kläger

> Erscheint der Kläger im Termin zur mündlichen Verhandlung nicht, so ist auf Antrag das Versäumnisurteil dahin zu erlassen, dass der Kläger mit der Klage abzuweisen sei.

A. Anwendungsbereich der §§ 330 ff. ZPO

1   Die §§ 330 ff. ZPO regeln die Folgen des Nichterscheinens einer Partei im Verhandlungstermin und der Versäumung der Frist zur Anzeige der Verteidigungsbereitschaft im schriftlichen Vorverfahren. Das Gericht hat in diesen Fällen die Möglichkeit **auf Antrag** der anderen Partei ein Versäumnisurteil zu erlassen.

2   Ein Versäumnisurteil kann **im Hauptsache- und im Verfügungsverfahren** ergehen. Keine Anwendung finden §§ 330 ff. ZPO im Rahmen des **Ordnungsmittelverfahrens** nach § 890 ZPO und zwar auch dann nicht, wenn das Gericht eine mündliche Verhandlung angeordnet hat, in der eine der Parteien nicht erschienen ist.[1*]

---

[1] BPatG BeckRS 2012, 02621; Busse/*Schuster* PatG § 99 Rn. 9.
[2] BPatG BeckRS 2012, 02621; GRUR-RR 2011, 434 (435) – Unterschriftsmangel II; BPatG GRUR 2014, 913 (919) – Elektrischer Winkelstecker II.
[3] Vgl. etwa OLG Köln GRUR 2003, 1066 – Wayanfiguren.
[4] BGH GRUR 2004, 975 (976) – Urschrift der Beschlussverfügung; BPatG BeckRS 2013, 11941; Zöller/*Vollkommer* ZPO § 329 Rn. 34.
[5] OLG Hamm GRUR 1999, 361 – Rigorose Preisreduzierungen.
[6] OLG Hamm GRUR 1999, 361 – Rigorose Preisreduzierungen.
[7] Eine umfangreiche Darstellung findet sich bei Zöller/*Feskorn* ZPO § 329 Rn. 32 ff.; Musielak/Voit/*Musielak* ZPO § 329 Rn. 18 ff. jeweils mwN.
[8] BPatG BeckRS 2012, 02621; vgl. für Beschlüsse des DPMA BPatG BeckRS 2013, 18952 und für das schriftliche Verfahren BPatG GRUR-RR 2011, 434 (435) – Unterschriftsmangel II.
[9] Vgl. hierzu BPatG BeckRS 2013, 11941.
[10] BPatG BeckRS 2012, 02621; 2013, 18952.
[11] Zöller/*Feskorn* ZPO § 329 Rn. 52.
[1*] Ahrens Wettbewerbsprozess-HdB/*Spätgens* Kap. 67 Rn. 22.

Versäumnisurteil gegen den Beklagten **§ 331 ZPO**

Ein Versäumnisurteil kann grundsätzlich **in jeder Instanz** ergehen. Für das Berufungsverfahren gilt 3
§ 539 ZPO. Im Revisionsverfahren sind §§ 330, 331 ZPO unmittelbar anzuwenden.[2]
In Verfahren **vor dem DPMA und dem BPatG** sind die §§ 330 ff. ZPO **nicht anzuwenden**.[3] 4
Einer Anwendung dieser Vorschriften steht der Untersuchungsgrundsatz entgegen. Das BPatG ermittelt den Sachverhalt von Amts wegen und ist an Beweisanträge der Parteien nicht gebunden (§ 59 Abs. 4 iVm § 46 PatG; § 87 Abs. 1 PatG; § 73 Abs. 1 MarkenG) und kann bei Nichterscheinen einer geladenen Partei in der mündlichen Verhandlung, ohne diese verhandeln und durch streitiges Endurteil entscheiden (§§ 89 Abs. 2, 118 Abs. 2 PatG, § 75 Abs. 2 MarkenG). Für eine entsprechende Anwendung der §§ 330 ff. ZPO besteht daher kein Raum.[4]

Da im Versäumnisverfahren gegen den Beklagten **§ 37 Abs. 3 ArbErfG** keine Anwendung findet, wonach die Parteien durch rügeloses Einlassen auf die Durchführung eines Schiedsverfahrens vor der Schiedsstelle des DPMA verzichten können, kann gegen den Beklagten in **arbeitnehmererfinderrechtlichen Streitigkeiten** ein Versäumnisurteil nur ergehen, wenn das Schiedsstellenverfahren durchgeführt wurde oder einer der Ausnahmetatbestände des § 37 Abs. 2 ArbErfG vorliegt.[5] Bei Säumnis des Klägers findet § 37 Abs. 3 ArbErfG hingegen Anwendung, wenn der Beklagte rügelos zur Sache verhandelt, indem er einen Antrag auf Erlass eines Versäumnisurteils stellt.[6]

B. Säumnis des Klägers (§ 330 ZPO)

Nach § 330 ZPO ist ein Versäumnisurteil gegen den Kläger zu erlassen, wenn dieser im Termin zur 5
mündlichen Verhandlung „nicht erscheint" oder nicht durch einen nach § 78 ZPO postulationsfähigen Anwalt vertreten wird.[7] Wegen der Voraussetzungen für das Vorliegen der Säumnis wird auf → § 331 Rn. 4 ff. verwiesen. Zur Flucht in die Säumnis → § 331 Rn. 2.

Kläger iSd § 330 ZPO ist **auch der Widerkläger**. Hat der säumige Beklagte Widerklage erhoben, 6
etwa auf Patentvindikation, kann dieser Anspruch gem. § 330 ZPO durch Versäumnisurteil abgewiesen werden.

In der Praxis des gewerblichen Rechtsschutzes hat § 330 ZPO nur eine geringe Bedeutung. Der 7
Kläger kann beispielsweise ein Versäumnisurteil gegen sich ergehen lassen, um die Gerichtskosten für das Verfahren zu reduzieren, etwa wenn ein **Schutzrecht** im Verlauf des Verfahrens **widerrufen wird**.[8]

C. Entscheidung

Erscheint der Kläger im Termin zur mündlichen Verhandlung nicht, so ergeht auf Antrag ein die 8
Klage abweisendes vorläufig vollstreckbares (§ 708 Nr. 2 ZPO) Versäumnisurteil. Alternativ kann der Beklagte, wenn er ein streitiges Sachurteil gegen den Kläger erreichen möchte, unter den Voraussetzungen des § 331a ZPO eine Entscheidung nach Lage der Akten beantragen.

Das Versäumnisurteil muss gemäß § 313b Abs. 1 ZPO **keinen Tatbestand und keine Entschei-** 9
dungsgründe enthalten. Dies gilt § 313b Abs. 3 ZPO allerdings nicht bei Auslandssachverhalten.

Auch ohne Tatbestand und Entscheidungsgründe ist das klageabweisende Versäumnisurteil **der** 10
materiellen Rechtskraft fähig.[9] An die Stelle des Tatbestands und der Entscheidungsgründe ist dann zur Bestimmung der Reichweite der Rechtskraft auf das Parteivorbringen zurückzugreifen.[10] In Schutzrechtsverletzungsverfahren ist für die Frage der Zulässigkeit des Folgeprozesses dann unter Berücksichtigung des Parteivorbringens in dem durch Versäumnisurteil abgewiesenen Klageverfahren zu ermitteln, ob die Verletzungshandlung bereits in diesem Verfahren streitgegenständlich war.[11]

Gegen das Versäumnisurteil kann der Kläger gemäß § 338 ZPO **Einspruch** einlegen. Eine Beru- 11
fung ist wegen § 514 ZPO hingegen nicht möglich.

§ 331 Versäumnisurteil gegen den Beklagten

(1) ¹Beantragt der Kläger gegen den im Termin zur mündlichen Verhandlung nicht erschienenen Beklagten das Versäumnisurteil, so ist das tatsächliche mündliche Vorbringen

---

[2] MüKoZPO/*Prütting* ZPO § 330 Rn. 6.
[3] BGH BeckRS 2005, 09054; BGH Mitt. 2004, 171 (172) – Kerzenleuchter; BGH GRUR 1996, 757 – Tracheotomiegerät; BPatG Mitt. 2013, 131 – Maßstabträger; BPatG BeckRS 2015, 10384; 2009, 15810; 2007, 11840; GRUR 1979, 696 (697) – Notwendige Streitgenossen.
[4] So auch BeckOK PatR/*Schnurr* PatG § 99 Rn. 6; Ströbele/Hacker/*Knoll* MarkenG § 82 Rn. 13.
[5] Boemke/Kursawe/*Boemke* ArbErfG § 37 Rn. 83.
[6] Boemke/Kursawe/*Boemke* ArbErfG § 37 Rn. 83.
[7] LG Düsseldorf BeckRS 2009, 07659; 2012, 05454.
[8] Haedicke/Timmann PatR-HdB/*Zigann* § 11 Rn. 227.
[9] BGH GRUR 2012, 485 (486) – Rohrreinigungsdüse II.
[10] BGH GRUR 2012, 485 (486) – Rohrreinigungsdüse II.
[11] Vgl. BGH GRUR 2012, 485 (488) – Rohrreinigungsdüse II.

des Klägers als zugestanden anzunehmen. ²Dies gilt nicht für Vorbringen zur Zuständigkeit des Gerichts nach § 29 Abs. 2, § 38.

(2) Soweit es den Klageantrag rechtfertigt, ist nach dem Antrag zu erkennen; soweit dies nicht der Fall ist, ist die Klage abzuweisen.

(3) ¹Hat der Beklagte entgegen § 276 Abs. 1 Satz 1, Abs. 2 nicht rechtzeitig angezeigt, dass er sich gegen die Klage verteidigen wolle, so trifft auf Antrag des Klägers das Gericht die Entscheidung ohne mündliche Verhandlung; dies gilt nicht, wenn die Erklärung des Beklagten noch eingeht, bevor das von den Richtern unterschriebene Urteil der Geschäftsstelle übermittelt ist. ²Der Antrag kann schon in der Klageschrift gestellt werden. ³Eine Entscheidung ohne mündliche Verhandlung ist auch insoweit zulässig, als das Vorbringen des Klägers den Klageantrag in einer Nebenforderung nicht rechtfertigt, sofern der Kläger vor der Entscheidung auf diese Möglichkeit hingewiesen worden ist.

A. Allgemeine Grundlagen

1 § 331 ZPO regelt den im Gewerblichen Rechtsschutz praktisch relevanten Fall der **Säumnis des Beklagten** (zum allgemeinen Anwendungsbereich der §§ 330 ff. ZPO → § 330 Rn. 1 ff.). Erscheint der Beklagte trotz ordnungsgemäßer Ladung nicht in der mündlichen Verhandlung oder zeigt er im schriftlichen Vorverfahren nicht rechtzeitig die Verteidigungsbereitschaft an (→ Rn. 6), so kann das Gericht **auf Antrag des Klägers** ein Versäumnisurteil erlassen, wenn sein schlüssiger Vortrag den Klageantrag rechtfertigt und die allgemeinen Sachurteilsvoraussetzungen vorliegen. Der Antrag auf Erlass des Versäumnisurteils kann schon in der Klageschrift gestellt werden.

2 Praktisch relevant sind die Fälle der sog. **„Flucht in die Säumnis"**, bei der das Versäumnisurteil von der erschienenen Partei bewusst herbeigeführt wird, indem der Verhandlungstermin nicht wahrgenommen oder in der mündlichen Verhandlung nicht verhandelt wird. Dies kann dann sinnvoll sein, wenn die Gefahr der Zurückweisung verspäteten Vorbringens besteht (→ § 296 Rn. 47 ff.). Gegen das ergehende Versäumnisurteil kann die säumige Partei dann Einspruch einlegen, in dem dann die Angriffs- und Verteidigungsmittel vorgebracht werden können. Eine Flucht in die Säumnis kann bei Schutzrechtsverletzungsverfahren auch dann sinnvoll sein, wenn ein Beweismittel, etwa ein privates Sachverständigengutachten im Patentverletzungsverfahren noch nicht verfügbar ist oder mit einer Vernichtung des Klagepatents noch vor der Verhandlung über den Einspruch gegen das Versäumnisurteil zu rechnen ist.[1] Auch wenn die Eintragung der Inhaberschaft des Klägers als materieller Patentinhaber im Patentregister noch nicht erfolgt ist, die nach § 30 Abs. 3 S. 2 PatG für die Aktivlegitimation maßgeblich ist und spätestens im Verhandlungstermin gegeben und vom Kläger nachzuweisen ist,[2] kann eine „Flucht in die Säumnis" in Betracht kommen. Zu beachten ist bei einer „Flucht in die Säumnis" neben der Kostenfolge des § 344 ZPO jedoch, dass das dann ergehende Versäumnisurteil gem. § 708 Nr. 2 ZPO ohne Sicherheitsleistung vorläufig vollstreckbar ist. Ferner wird ein Nichtverhandeln in einem Verfügungsverfahren in aller Regel zu einer Widerlegung der Dringlichkeit führen.[3]

3 Nach einer „Flucht in die Säumnis" ist der Anwalt grundsätzlich auch ohne ausdrückliche Weisung seines Mandanten verpflichtet, **Einspruch (§ 338 ZPO)** gegen das Versäumnisurteil einzulegen.[4]

B. Säumnis des Beklagten

4 Voraussetzung für den Erlass des Versäumnisurteils ist die Säumnis des Beklagten, also das Nichterscheinen im Verhandlungstermin trotz ordnungsgemäßer Ladung. Als nicht erschienen ist gemäß § 333 ZPO auch eine Partei anzusehen, die in dem Termin erscheint, aber nicht verhandelt (→ § 333 Rn. 3 ff.). Keine Anwendung finden die §§ 330 ff. ZPO hingegen gemäß § 334 ZPO, wenn eine Partei in dem Termin verhandelt, sich jedoch über Tatsachen, Urkunden oder Anträge auf Parteivernehmung nicht erklärt (→ § 334 Rn. 1).

5 Keine Säumnis liegt ausnahmsweise dann vor, wenn das Gericht die von dem Vorsitzenden bestimmte Einlassungs- oder Ladungsfrist zu kurz bemessen hat oder die Partei ohne ihr Verschulden am Erscheinen verhindert ist. In diesen Fällen vertagt das Gericht die Verhandlung gemäß § 337 ZPO von Amts wegen (→ § 337 Rn. 3).

6 Nach § 331 Abs. 3 ZPO kann auch im **schriftlichen Vorverfahren** ein Versäumnisurteil ergehen, wenn der Beklagte trotz entsprechender Belehrung durch das Gericht nicht innerhalb der Frist des § 276 Abs. 1 ZPO seine Verteidigungsbereitschaft erklärt. Ist im schriftlichen Vorverfahren ein Versäumnisurteil ergangen, ist ein sofortiges Anerkenntnis trotz § 342 ZPO nicht mehr möglich, wenn eine angemessene Frist zur Klageerwiderung gesetzt wurde und diese verstrichen ist.[5]

---

[1] Haedicke/Timmann PatR-HdB/*Zigann* § 15 Rn. 443.
[2] Kühnen Patentverletzung-HdB Kap. D Rn. 235.
[3] OLG Hamm GRUR 2007, 173 (174) – interoptik.de.
[4] BGH Mitt. 2002, 333 – Flucht in die Säumnis (Ls.).
[5] LG Mannheim BeckRS 2009, 15735.

C. Schlüssigkeit des Vortrags

Nach § 331 Abs. 1 ZPO ist das tatsächliche mündliche Vorbringen des Klägers **als zugestanden anzunehmen**. Ist dieser Vortrag schlüssig, wird auf einen entsprechenden Antrag hin ein Versäumnisurteil erlassen, andernfalls wird die Klage abgewiesen (§ 331 Abs. 2 ZPO).[6] Im **schriftlichen Vorverfahren** ergeht auf Antrag des Klägers ein Versäumnisurteil, wenn das tatsächliche Vorbringen in der Klageschrift die geltend gemachten Klageanträge rechtfertigt.[7]

Es erfolgt von Amts wegen eine **begrenzte Sachprüfung** der geltend gemachten Ansprüche auf Grundlage des Klägervortrags. Dabei wird das Vorbringen des Klägers als wahr unterstellt, **soweit es dem Beklagten rechtzeitig mitgeteilt worden ist** (vgl. § 335 Abs. 1 Nr. 3 ZPO).[8] Vortrag, der erstmals in der vom Beklagten versäumten Verhandlung vom Kläger vorgebracht wird, darf einem Versäumnisurteil nicht zu Grunde gelegt werden.[9] Das schriftsätzliche Vorbringen des Beklagten und die Ergebnisse einer vorherigen Beweisaufnahme sind nicht zu berücksichtigen.[10]

D. Entscheidung des Gerichts

Rechtfertigt das tatsächliche Vorbringen des Klägers den Klageantrag ist gemäß § 331 Abs. 2 ZPO auf Antrag des Klägers ein Versäumnisurteil gegen den Beklagten zu erlassen. Ist die Klage hingegen unschlüssig, ergeht ein die Klage abweisendes Urteil (sog. **unechtes Versäumnisurteil**).

Im **Revisionsverfahren** ergeht kein Versäumnisurteil gegen die im Verhandlungstermin vor dem BGH nicht erschienene Partei, wenn sich die Klage auf der Grundlage des vom Berufungsgericht festgestellten Sachverhalts als unbegründet erweist. Es ist dann nicht durch Versäumnisurteil, sondern durch ein streitiges Urteil (unechtes Versäumnisurteil) zu entscheiden.[11]

Im **schriftlichen Vorverfahren** ist über den Antrag des Klägers auf Erlass des Versäumnisurteils ohne mündliche Verhandlung zu entscheiden. Ein Versäumnisurteil darf nach § 331 Abs. 3 S. 1 ZPO dann nicht ergehen, wenn die Erklärung des Beklagten noch eingeht, bevor das von den Richtern unterschriebene Urteil der Geschäftsstelle übermittelt ist.

Das Versäumnisurteil muss gemäß § 313b Abs. 1 ZPO **keinen Tatbestand und keine Entscheidungsgründe** enthalten. Dies gilt § 313b Abs. 3 ZPO allerdings nicht bei Auslandssachverhalten.[12]

Das Versäumnisurteil ist **an beide Parteien zuzustellen**. Diese Zustellung ersetzt gemäß § 310 Abs. 3 ZPO die Verkündung des Urteils.

§ 331a Entscheidung nach Aktenlage

[1] Beim Ausbleiben einer Partei im Termin zur mündlichen Verhandlung kann der Gegner statt eines Versäumnisurteils eine Entscheidung nach Lage der Akten beantragen; dem Antrag ist zu entsprechen, wenn der Sachverhalt für eine derartige Entscheidung hinreichend geklärt erscheint. [2] § 251a Abs. 2 gilt entsprechend.

Nach § 331a ZPO kann anstelle eines Versäumnisurteils eine Entscheidung in der Sache ergehen. Wie sich aus dem Verweis auf § 251 Abs. 2 ZPO ergibt, setzt dies voraus, dass bereits in einem früheren Termin mündlich verhandelt wurde (→ § 333 Rn. 3 ff.).

Der Vorteil einer Entscheidung nach Lage der Akten liegt darin, dass der Beklagte nur **eingeschränkte Verteidigungsmöglichkeiten** hat.[1] Ein Einspruch nach § 338 ZPO, der das Verfahren in die Lage vor der Säumnis zurückversetzt ist nicht möglich. Vielmehr ergeht ein die Instanz beendendes kontradiktorisches Urteil, wenn die säumige Partei nicht rechtzeitig vor dem Verkündungstermin einen neuen Verhandlungstermin beantragt (→ Rn. 4). Alternativ kann das Gericht auch einen Beweis- oder Kostenbeschluss erlassen oder die Verhandlung vertagen.[2]

Die Entscheidung ergeht nach bisheriger Aktenlage ohne mündliche Verhandlung. Schriftsätzliches Vorbringen ist zu berücksichtigen, wenn es der Gegenseite rechtzeitig im Sinne von § 335 Abs. 1 Nr. 3 ZPO mitgeteilt wurde. Das Gericht kann einen zum Termin geladenen Sachverständigen

---

[6] Vgl. OLG Düsseldorf BeckRS 2011, 08590.
[7] Vgl. etwa LG Düsseldorf BeckRS 2011, 03329.
[8] Musielak/Voit/*Stadler* ZPO § 331 Rn. 8.
[9] Musielak/Voit/*Stadler* ZPO § 331 Rn. 8.
[10] Musielak/Voit/*Stadler* ZPO § 331 Rn. 9.
[11] BGH BeckRS 2013, 09695; GRUR 2013, 176 (177) – Ferienluxuswohnung; BGH GRUR 2012, 914 – Take Five.
[12] Zu den Folgen für die Einbeziehung einer abgewandelten Ausführungsform im Ordnungsmittelverfahren vgl. Kühnen Patentverletzung-HdB Kap. H Rn. 144.
[1] Hierzu Kühnen Patentverletzung-HdB Kap. E Rn. 8.
[2] Musielak/Voit/*Stadler* ZPO § 331a Rn. 7.

mündlich anhören und das Ergebnis dieser Beweisaufnahme bei der Entscheidung nach Lage der Akten berücksichtigen.[3]

4   Für die Verkündung der Entscheidung nach Lage der Akten gilt § 251 Abs. 2 ZPO (→ § 251 Rn. 4). Die Entscheidung darf mithin frühestens nach zwei Wochen verkündet werden. Der Verkündungstermin ist der nicht erschienenen Partei formlos mitzuteilen. Es wird ein neuer Verhandlungstermin bestimmt, wenn die säumige Partei dies spätestens am siebenten Tag vor dem Verkündungstermin beantragt und glaubhaft macht, dass sie ohne ihr Verschulden säumig war und die Terminsverlegung nicht rechtzeitig beantragen konnte.

§ 332 Begriff des Verhandlungstermins

Als Verhandlungstermine im Sinne der vorstehenden Paragraphen sind auch diejenigen Termine anzusehen, auf welche die mündliche Verhandlung vertagt ist oder die zu ihrer Fortsetzung vor oder nach dem Erlass eines Beweisbeschlusses bestimmt sind.

A. Allgemeine Grundlagen

1   Verhandlungstermin im Sinne der §§ 330 ff. ZPO sind nicht nur der frühe erste Termin und der Hauptverhandlungstermin, sondern auch **alle weiteren mündlichen Termine**.

2   Erscheint eine Partei in einem solchen Termin nicht oder verhandelt sie nicht, kann ein Versäumnisurteil oder unter den Voraussetzungen des § 251a ZPO eine Entscheidung nach Lage der Akten ergehen. Das **Vorbringen der säumigen Partei in einer vorherigen mündlichen Verhandlung wird bei der Entscheidung nicht berücksichtigt, sondern** bleibt unbeachtlich,[1] es sei denn es war bereits Gegenstand eines bereits ergangenen End- oder Zwischenurteils oder eines Vorbehaltsurteils.[2] Auch die **Ergebnisse einer vorangegangenen Beweisaufnahme** werden nicht berücksichtigt.

B. Verhandlungstermin

3   Verhandlungstermin iSd § 332 ist jeder mündliche Termin, also auch diejenigen Termine, auf welche die mündliche Verhandlung vertagt ist oder die zu ihrer Fortsetzung vor oder nach dem Erlass eines Beweisbeschlusses bestimmt sind.

4   Bei einer **Beweisaufnahme** beginnt der mündliche Termin erst nachdem die Beweisaufnahme beendet ist und in die mündliche Verhandlung übergegangen wurde. Dies gilt auch im Fall der **Güteverhandlung,** der sich eine mündliche Verhandlung unmittelbar anschließt (§ 279 Abs. 1 S. 1 ZPO). Hier darf ein Versäumnisurteil jeweils erst nach Übergang in die mündliche Verhandlung ergehen.[3*]

§ 333 Nichtverhandeln der erschienenen Partei

Als nicht erschienen ist auch die Partei anzusehen, die in dem Termin zwar erscheint, aber nicht verhandelt.

A. Allgemeine Grundlagen

1   § 333 ZPO stellt die Fälle des Nichtverhandelns einem Nichterscheinen im Termin zur mündlichen Verhandeln gleich. Verhandelt die Partei nicht **bis zum Schluss des Termins** wird die Säumnis dieser Partei fingiert (§ 220 Abs. 2 ZPO) und es kann auf Antrag ein Versäumnisurteil ergehen.[1*]

2   Praktisch relevant sind hier insbesondere die Fälle der sog. **„Flucht in die Säumnis",** bei der das Versäumnisurteil von der erschienenen Partei bewusst herbeigeführt wird, indem sie in der mündlichen Verhandlung keinen Antrag stellt (→ § 331 Rn. 2). Zu beachten ist hier, dass das dann ergehende Versäumnisurteil gem. § 708 Nr. 2 ZPO ohne Sicherheitsleistung vorläufig vollstreckbar ist. Ferner wird ein Nichtverhandeln in einem Verfügungsverfahren in aller Regel zu einer Widerlegung der Dringlichkeit führen.[2*]

---

[3] BGH Mitt. 2002, 333 – Beweisaufnahme bei Säumnis.
[1] Musielak/Voit/*Stadler* ZPO § 332 Rn. 1.
[2] MüKoZPO/*Prütting* ZPO § 332 Rn. 3.
[3*] Musielak/Voit/*Stadler* ZPO § 332 Rn. 2.
[1*] BGH NJW 1993, 861.
[2*] OLG Hamm GRUR 2007, 173 (174) – interoptik.de.

B. „Nichtverhandeln"

Ein Verhandeln liegt nach zutreffender Auffassung grundsätzlich nur dann vor, wenn die Partei 3 einen **Sachantrag** stellt[3], was sich daraus ergibt, dass nach der Ordnungsvorschrift des § 137 Abs. 1 ZPO die mündliche Verhandlung durch Stellung der Anträge eingeleitet wird. Dabei ist die Form der Antragstellung nach § 297 ZPO zu beachten (→ § 297 Rn. 6 ff.). Allerdings kann sich ein Antrag, insbesondere auf Klageabweisung auch aufgrund schlüssigen Verhaltens ergeben.[4]

Ein **Prozessantrag** stellt nur dann ein Verhandeln im Sinne der §§ 330 ff. ZPO dar, wenn mit dem 4 Antrag eine Klageabweisung erreicht werden soll. Anträge auf Aussetzung des Verletzungsverfahrens oder auf Trennung oder Verbindung des Verfahrens sind daher noch kein Verhandeln.[5]

Bei nur **teilweisem Verhandeln** zu einem teilurteilsfähigen Verfahrensteil kann bezüglich des 5 anderen Teils ein Teil-Versäumnisurteil ergehen.[6] Denkbar ist dies beispielsweise in Fällen, in denen nur zu einem von mehreren in einem Verfahren streitgegenständlichen Schutzrechten, die alle einen eigenen Streitgegenstand bilden, verhandelt wird. Zu unterscheiden ist das teilweise Verhandeln vom unvollständigen Verhandeln nach § 334 ZPO zu, bei dem keine Säumnis vorliegt.

Wurde ein Sachantrag oder ein auf Klageabweisung gerichteter Prozessantrag gestellt und damit 6 zunächst verhandelt, kann dieses Verhandeln anschließend **nicht „zurückgenommen", „widerrufen" oder „korrigiert" werden**[7] und sich auch nicht aus der Weigerung ableiten, weitere Erklärungen abzugeben.[8]

Ein Nichtverhandeln liegt auch dann vor, wenn eine Partei wegen des nach § 78 ZPO bestehenden 7 Anwaltszwangs selbst **nicht postulationsfähig** ist[9] oder keine wirksame Bevollmächtigung des in der Verhandlung auftretenden Rechtsanwalts vorliegt.

§ 334 Unvollständiges Verhandeln

Wenn eine Partei in dem Termin verhandelt, sich jedoch über Tatsachen, Urkunden oder Anträge auf Parteivernehmung nicht erklärt, so sind die Vorschriften dieses Titels nicht anzuwenden.

§ 334 ZPO erfasst Fälle in denen eine Partei nur unvollständig verhandelt, dh einen Sachantrag 1 gestellt hat, sich über bestimmte Streitpunkte aber nicht erklärt hat. In diesen Fällen kommt der Erlass eines Versäumnisurteils nicht in Betracht.

Abzugrenzen ist das unvollständige Verhandeln vom teilweisen Verhandeln über einen teilurteils- 2 fähigen Teil des Verfahrens (→ § 333 Rn. 5).

§ 335 Unzulässigkeit einer Versäumnisentscheidung

(1) **Der Antrag auf Erlass eines Versäumnisurteils oder einer Entscheidung nach Lage der Akten ist zurückzuweisen:**
1. **wenn die erschienene Partei die vom Gericht wegen eines von Amts wegen zu berücksichtigenden Umstandes erforderte Nachweisung nicht zu beschaffen vermag;**
2. **wenn die nicht erschienene Partei nicht ordnungsmäßig, insbesondere nicht rechtzeitig geladen war;**
3. **wenn der nicht erschienenen Partei ein tatsächliches mündliches Vorbringen oder ein Antrag nicht rechtzeitig mittels Schriftsatzes mitgeteilt war;**
4. **wenn im Falle des § 331 Abs. 3 dem Beklagten die Frist des § 276 Abs. 1 Satz 1 nicht mitgeteilt oder er nicht gemäß § 276 Abs. 2 belehrt worden ist;**
5. **wenn in den Fällen des § 79 Abs. 3 die Zurückweisung des Bevollmächtigten oder die Untersagung der weiteren Vertretung erst in dem Termin erfolgt oder der nicht erschienenen Partei nicht rechtzeitig mitgeteilt worden ist.**

(2) **Wird die Verhandlung vertagt, so ist die nicht erschienene Partei zu dem neuen Termin zu laden.**

In den in § 335 ZPO genannten Fällen ist der Erlass eines Versäumnisurteils oder eine Entscheidung 1 nach Lage der Akten unzulässig. Die Aufzählung in § 335 ZPO ist **nicht abschließend**. Die

---

[3] OLG Saarbrücken BeckRS 2001, 17693; OLG Frankfurt a. M. NJW-RR 1998, 280.
[4] OLG Bamberg NJW-RR 1996, 317 (318).
[5] MüKoZPO/*Prütting* ZPO § 333 Rn. 8.
[6] BGH NJW 2002, 145.
[7] OLG München BeckRS 2001, 27718.
[8] OLG Saarbrücken BeckRS 2001, 17693.
[9] LG Düsseldorf BeckRS 2009, 07659; 2012, 05054.

Unzulässigkeit einer Versäumnisentscheidung kann sich auch in anderen Fällen ergeben, in denen ein behebbarer Verfahrensmangel vorliegt.[1]

2   Ein Versäumnisurteil kommt nicht in Betracht, wenn ein Mangel vorliegt, der **von Amts wegen zu berücksichtigen** ist und dieser Mangel noch behebbar ist (Nr. 1). Dies betrifft alle Prozessvoraussetzungen im engeren Sinn, die Prozesshandlungsvoraussetzungen und alle Sachurteilsvoraussetzungen, mit Ausnahme der nur auf Einrede zu berücksichtigenden Rügen (§§ 113, 269 Abs. 6, 1032 ZPO).[2] Es ist umstritten, ob dies anders zu bewerten ist, wenn diese Einrede zuvor bereits erhoben wurde.[3] Ist der Mangel nicht behebbar, greift § 335 Abs. 1 Nr. 1 ZPO nicht; es ergeht dann ein streitiges Endurteil.

3   Ein Versäumnisurteil darf auch dann nicht ergehen, wenn die nicht erschienene Partei nicht ordnungsmäßig, insbesondere nicht rechtzeitig **geladen** war (Nr. 2). Maßgeblich sind insoweit die §§ 214 ff. ZPO auf deren Kommentierung verwiesen wird.

4   Auch wenn der nicht erschienenen beklagten Partei ein **tatsächliches mündliches Vorbringen oder ein Antrag nicht rechtzeitig mittels Schriftsatzes mitgeteilt war,** darf ein Versäumnisurteil gemäß § 335 Abs. 1 Nr. 3 ZPO nicht ergehen. Maßgeblich sind hier die Fristen der §§ 132, 226, 274 Abs. 3 ZPO.[4]

5   Wurde dem Beklagten **im schriftlichen Vorverfahren** die Notfrist des § 276 Abs. 1 S. 1 nicht mitgeteilt oder fehlt die Belehrung gemäß § 276 Abs. 2 ZPO, darf nach § 335 Abs. 1 Nr. 4 ZPO ebenfalls kein Versäumnisurteil ergehen.

6   Wenn der Erlass eines Versäumnisurteils wegen § 335 ZPO nicht in Betracht kommt, ist die Verhandlung **zu vertagen.** Zu dem neuen Termin ist gemäß § 335 Abs. 2 ZPO auch die nicht erschienene Partei zu laden.

§ 336 Rechtsmittel bei Zurückweisung

(1) [1]Gegen den Beschluss, durch den der Antrag auf Erlass des Versäumnisurteils zurückgewiesen wird, findet sofortige Beschwerde statt. [2]Wird der Beschluss aufgehoben, so ist die nicht erschienene Partei zu dem neuen Termin nicht zu laden.

(2) Die Ablehnung eines Antrages auf Entscheidung nach Lage der Akten ist unanfechtbar.

A. Allgemeine Grundlagen

1   Der Beschluss des Gerichts, den Antrag auf Erlass des Versäumnisurteils zurückzuweisen, kann mit der sofortigen Beschwerde angefochten werden. Erfolgte die Ablehnung in einem Urteil sind Berufung bzw. Revision das statthafte Rechtsmittel.

2   Hinsichtlich des Beschwerdeverfahrens gelten die §§ 576 ff. ZPO. Die säumige Partei ist im Beschwerdeverfahren nicht zu hören.[1*]

3   Die sofortige Beschwerde ist auch statthaft, wenn die Verhandlung nach § 337 ZPO **von Amts wegen vertagt wurde,** da hierin eine konkludente Zurückweisung des Antrags auf Erlass eines Versäumnisurteils liegt.[2*]

4   Nicht anfechtbar ist gemäß § 336 Abs. 2 ZPO die Ablehnung eines Antrags auf Entscheidung nach Lage der Akten. Auch die Entscheidung des Gerichts den Erlass eines **Teilversäumnisurteils** abzulehnen ist nicht beschwerdefähig.[3*]

B. Rechtsfolgen

5   Ist die Beschwerde erfolgreich, wird der Beschluss aufgehoben. Es ist dann **ein neuer Verhandlungstermin** zu bestimmen, zu dem die säumige Partei gemäß § 336 Abs. 1 S. 2 ZPO nicht zu laden ist. Auf diese Weise soll der Prozess in die Lage zurückversetzt werden, in der er sich vor der Zurückweisung befand. Erscheint die zuvor säumige Partei auch ohne Ladung in dem Folgetermin, darf sie in der Sache verhandeln, ein Versäumnisurteil ergeht dann nicht.[4*]

---

[1] Musielak/Voit/*Stadler* ZPO § 335 Rn. 1.
[2] MüKoZPO/*Prütting* ZPO § 335 Rn. 3.
[3] Zum Streitstand Musielak/Voit/*Stadler* ZPO § 335 Rn. 2.
[4] Musielak/Voit/*Stadler* ZPO § 335 Rn. 4.
[1*] MusielakVoit//*Stadler* ZPO § 336 Rn. 1.
[2*] Musielak/Voit/*Stadler* ZPO § 337 Rn. 7.
[3*] Musielak/Voit/*Stadler* ZPO § 336 Rn. 1.
[4*] Musielak/Voit/*Stadler* ZPO § 336 Rn. 2.

§ 337 Vertagung von Amts wegen

¹Das Gericht vertagt die Verhandlung über den Antrag auf Erlass des Versäumnisurteils oder einer Entscheidung nach Lage der Akten, wenn es dafür hält, dass die von dem Vorsitzenden bestimmte Einlassungs- oder Ladungsfrist zu kurz bemessen oder dass die Partei ohne ihr Verschulden am Erscheinen verhindert ist. ²Die nicht erschienene Partei ist zu dem neuen Termin zu laden.

A. Allgemeine Grundlagen

Ein Versäumnisurteil oder eine Entscheidung nach Lage der Akten ergeht **trotz Nichterscheinens einer Partei in der mündlichen Verhandlung** nach § 337 ZPO ausnahmsweise dann nicht, wenn die Partei das Nichterscheinen in der mündlichen Verhandlung nicht verschuldet hat. 1

In der Praxis spielt § 337 ZPO eine **geringe Rolle,** da dem Gericht die Gründe für die Säumnis zumeist nicht bekannt sind und es daher zum Entscheidungszeitpunkt nicht bewerten kann, ob das Nichterscheinen verschuldet ist oder nicht. Wird in diesen Fällen trotz Vorliegens der Voraussetzungen des § 337 ZPO ein Versäumnisurteil erlassen, ist dieses Urteil wirksam und muss mit dem Einspruch angefochten werden.¹ 2

B. Voraussetzungen

Eine Vertagung kommt nach § 337 ZPO dann in Betracht, wenn die vom Gericht bestimmte **Einlassungs- oder Ladungsfrist zu kurz bemessen** war oder die nicht erschienene Partei ohne ihr Verschulden säumig war. 3

Fristen iSd § 337 ZPO sind nur **durch das Gericht gesetzte Fristen,** wie etwa die Fristen nach §§ 226, 239 Abs. 3, 274 Abs. 3 S. 3, 523 Abs. 2, 553 Abs. 2 ZPO.² Gesetzliche Fristen werden nicht erfasst. 4

Bei Nichterscheinen einer Partei kommt eine Vertagung nur in Betracht, wenn die Partei **ohne ihr Verschulden** säumig ist. Es gilt insoweit derselbe Verschuldensmaßstab wie in § 233 ZPO (→ § 233 Rn. 12 ff.). Die Säumnis ist in der Regel dann verschuldet, wenn die Partei bzw. ihr Prozessbevollmächtigter nicht **alles Mögliche und Zumutbare getan hat,** um das Gericht rechtzeitig über die Verhinderung zu informieren.³ Dies umfasst die Pflicht das Gericht so früh wie möglich von einer kurzfristigen Erkrankung oder einer unvorhersehbare Verkehrsbehinderung zu unterrichten und nicht erst wenige Minuten vor dem angesetzten Verhandlungstermin.⁴ 5

§ 338 Einspruch

Der Partei, gegen die ein Versäumnisurteil erlassen ist, steht gegen das Urteil der Einspruch zu.

Die säumige Partei kann gegen ein Versäumnisurteil Einspruch einlegen. Der Einspruch ist ein **Rechtsbehelf,** der nicht zu einer Überprüfung des Urteils durch die nächsthöhere Instanz führt, sondern nur die Säumnis beseitigt. Er hat **Suspensiveffekt.**¹* Ein anderer Rechtsbehelf gegen das Versäumnisurteil besteht nicht. 1

Der Einspruch ist nur gegen ein **echtes erstes Versäumnisurteil** möglich, nicht gegen ein unechtes Versäumnisurteil oder eine Entscheidung nach Lage der Akten. Gegen ein technisch zweites Versäumnisurteil ist der Einspruch gem. § 345 ZPO ebenso ausdrücklich ausgeschlossen, wie gegen ein Versäumnisurteil im Wiedereinsetzungsverfahren (§ 238 Abs. 2 S. 2 ZPO). 2

Über die Einspruchsmöglichkeit ist die Partei gem. § 338 S. 2 ZPO mit der Zustellung des Urteils schriftlich zu **belehren,** wobei das zuständige Gericht zu bezeichnen und die einzuhaltende Frist und Form mitzuteilen ist. Auf den Lauf der Einspruchsfrist hat ein Verstoß gegen diese Hinweispflicht allerdings keinen Einfluss.²* Es besteht bei versäumter Frist jedoch die Möglichkeit der Wiedereinsetzung.³* 3

---

¹ MüKoZPO/*Prütting* ZPO § 337 Rn. 26.
² Musielak/Voit/*Stadler* ZPO § 337 Rn. 2.
³ BGH GRUR 2006, 260 (261) – Schuldhafte Säumnis.
⁴ BGH GRUR 2006, 260 (261) – Schuldhafte Säumnis; zu weiteren Einzelfällen vgl. Musielak/Voit/*Stadler* ZPO § 337 Rn. 5 f.
1* Musielak/Voit/*Stadler* ZPO § 338 Rn. 1.
2* BGH NJW 2011, 522 (524).
3* BGH NJW 2011, 522 (524).

§ 339 Einspruchsfrist

(1) **Die Einspruchsfrist beträgt zwei Wochen; sie ist eine Notfrist und beginnt mit der Zustellung des Versäumnisurteils.**

(2) ¹**Muss die Zustellung im Ausland erfolgen, so beträgt die Einspruchsfrist einen Monat.** ²Das Gericht kann im Versäumnisurteil auch eine längere Frist bestimmen.

(3) **Muss die Zustellung durch öffentliche Bekanntmachung erfolgen, so hat das Gericht die Einspruchsfrist im Versäumnisurteil oder nachträglich durch besonderen Beschluss zu bestimmen.**

1 Die Einspruchsfrist ist eine **Notfrist** und beträgt grundsätzlich **zwei Wochen**. Eine Ausnahme gilt nach Abs. 2 dann, wenn das Versäumnisurteil **im Ausland** oder durch öffentliche Bekanntmachung zuzustellen ist. In diesen Fällen gilt nicht die gesetzliche Zweiwochenfrist, sondern eine vom Gericht zu bestimmende Einspruchsfrist, die mehr als zwei Wochen betragen kann. Auch die vom Gericht bestimmte Einspruchsfrist ist eine Notfrist.[1]
2 Die Einspruchsfrist **beginnt mit der Zustellung des Versäumnisurteils an die unterlegene Partei** (§ 317 Abs. 1 S. 1 ZPO). Wurde ein Versäumnisurteil im schriftlichen Vorverfahren erlassen, beginnt die Einspruchsfrist mit der zuletzt erfolgten Zustellung.[2] Fehler bei der Zustellung verhindern den Fristablauf, allerdings ist eine **Heilung** der Zustellung nach § 189 ZPO möglich (§ 189).
3 Eine Einlegung des Einspruchs **vor Fristbeginn** ist zulässig.[3]

§ 340 Einspruchsschrift

(1) **Der Einspruch wird durch Einreichung der Einspruchsschrift bei dem Prozessgericht eingelegt.**

(2) ¹**Die Einspruchsschrift muss enthalten:**
1. die Bezeichnung des Urteils, gegen das der Einspruch gerichtet wird;
2. die Erklärung, dass gegen dieses Urteil Einspruch eingelegt werde.

²Soll das Urteil nur zum Teil angefochten werden, so ist der Umfang der Anfechtung zu bezeichnen.

(3) ¹In der Einspruchsschrift hat die Partei ihre Angriffs- und Verteidigungsmittel, soweit es nach der Prozesslage einer sorgfältigen und auf Förderung des Verfahrens bedachten Prozessführung entspricht, sowie Rügen, die die Zulässigkeit der Klage betreffen, vorzubringen. ²Auf Antrag kann der Vorsitzende für die Begründung die Frist verlängern, wenn nach seiner freien Überzeugung der Rechtsstreit durch die Verlängerung nicht verzögert wird oder wenn die Partei erhebliche Gründe darlegt. ³§ 296 Abs. 1, 3, 4 ist entsprechend anzuwenden. ⁴Auf die Folgen einer Fristversäumung ist bei der Zustellung des Versäumnisurteils hinzuweisen.

1 Der Einspruch ist **bei dem Gericht einzulegen, das das Versäumnisurteil erlassen hat.** Dabei ist die 2-Wochen-Frist des § 339 ZPO zu beachten
2 Der Mindestinhalt der Einspruchsschrift wird durch § 340 Abs. 2 ZPO vorgegeben. Danach muss in der Einspruchsschrift das Urteil bezeichnet werden, gegen das der Einspruch gerichtet wird (Nr. 1). Hier sind erkennendes **Gericht, Datum und Aktenzeichen** des Versäumnisurteils zu benennen.[1*]
3 Ferner muss die Einspruchsschrift die Erklärung enthalten, dass gegen dieses Urteil Einspruch eingelegt wird. Die **Erklärung ist auslegungsfähig,** eine Umdeutung eines Rechtsbehelfs in einen Einspruch ist denkbar, setzt aber voraus, dass dieser beim Prozessgericht eingelegt wurde.[2*] Soll das Urteil nur zum Teil angefochten werden, so ist der Umfang der Anfechtung zu bezeichnen.
4 Eine **Begründung des Einspruchs** ist nach dem Wortlaut des § 340 ZPO keine Zulässigkeitsvoraussetzung, sollte aber erfolgen, schon um die Wirkung des § 296 ZPO zu verhindern, die nach § 340 Abs. 3 ZPO eintreten kann, wenn die Partei nicht ihrer **Prozessförderungspflicht** nachkommt, bereits in der Einspruchsschrift ihre **Angriffs- und Verteidigungsmittel,** sowie Rügen, die die Zulässigkeit der Klage betreffen, vorzubringen.
5 Bei einem Verstoß gegen § 340 Abs. 2 ZPO, ist der Einspruch unter den Voraussetzungen des § 341 Abs. 1 S. 2 ZPO **als unzulässig zu verwerfen.**

---

[1] Musielak/Voit/*Stadler* ZPO § 339 Rn. 3.
[2] OLG Köln BeckRS 2008, 09080.
[3] Musielak/Voit/*Stadler* ZPO § 339 Rn. 1.
[1*] Musielak/Voit/*Stadler* ZPO § 340 Rn. 2.
[2*] Hierzu Musielak/Voit/*Stadler* ZPO § 340 Rn. 3.

§ 340a Zustellung der Einspruchsschrift

¹Die Einspruchsschrift ist der Gegenpartei zuzustellen. ²Dabei ist mitzuteilen, wann das Versäumnisurteil zugestellt und Einspruch eingelegt worden ist. ³Die erforderliche Zahl von Abschriften soll die Partei mit der Einspruchsschrift einreichen. ⁴Dies gilt nicht, wenn die Einspruchsschrift als elektronisches Dokument übermittelt wird.

Die Einspruchsschrift ist der nicht säumigen Partei von Amts wegen (§§ 166 Abs. 2, 209, 211 ZPO) zuzustellen. Da das Versäumnisurteil nach § 317 Abs. 1 ZPO nur der säumigen Partei zugestellt wird, wird die nicht säumige Partei mit der Zustellung der Einspruchsschrift über die Zustellung des Versäumnisurteils und die Einlegung des Einspruchs benachrichtigt. **1**

Unterbleibt die Zustellung, kann im Einspruchstermin ein Versäumnisurteil gegen die betroffene Partei nicht ergehen (§ 335 Abs. 1 Nr. 2). **2**

§ 341 Einspruchsprüfung

(1) ¹Das Gericht hat von Amts wegen zu prüfen, ob der Einspruch an sich statthaft und ob er in der gesetzlichen Form und Frist eingelegt ist. ²Fehlt es an einem dieser Erfordernisse, so ist der Einspruch als unzulässig zu verwerfen.

(2) Das Urteil kann ohne mündliche Verhandlung ergehen.

Das Gericht **prüft die Zulässigkeit des Einspruchs von Amts wegen.** Dies umfasst die Prüfung, ob der Einspruch statthaft iSd § 338 ZPO ist und ob er in der Form und Frist der §§ 339, 340 ZPO eingelegt wurde. **1**

Hält das Gericht den Einspruch für **zulässig**, ist nach § 341a ZPO Termin zur mündlichen Verhandlung über den Einspruch und die Hauptsache zu bestimmen. Die Zulässigkeit ist dann entweder in einem Zwischenurteil oder den Gründen des Endurteils festzustellen.¹ **2**

Wird der Einspruch hingegen für **unzulässig** gehalten, ist er zu verwerfen. Die Entscheidung erfolgt durch **kontradiktorisches Endurteil,** das gemäß § 341 Abs. 2 ZPO ohne mündliche Verhandlung ergehen kann. Gegen ein Urteil, durch das nach § 341 Abs. 2 ZPO der Einspruch gegen ein Versäumnisurteil verworfen wird, sind die **allgemeinen Rechtsmittel** eröffnet.² **3**

§ 341a Einspruchstermin

Wird der Einspruch nicht als unzulässig verworfen, so ist der Termin zur mündlichen Verhandlung über den Einspruch und die Hauptsache zu bestimmen und den Parteien bekannt zu machen.

Über den Einspruch ist mündlich zu verhandeln, wenn das Gericht den Einspruch nicht als unzulässig verwirft. In der Verhandlung ist nach dem Wortlaut von § 341a ZPO über den Einspruch und die Hauptsache zu verhandeln. **1**

Der Verhandlungstermin ist allen Parteien bekannt zu machen, wobei die **Ladungsfrist** des § 217 ZPO zu beachten ist.¹* Spätestens mit der Ladung ist der Einspruchsschriftsatz zuzustellen. **2**

§ 342 Wirkung des zulässigen Einspruchs

Ist der Einspruch zulässig, so wird der Prozess, soweit der Einspruch reicht, in die Lage zurückversetzt, in der er sich vor Eintritt der Versäumnis befand.

Nach § 342 ZPO hat der **zulässige Einspruch** gegen ein Versäumnisurteil zur Folge, dass der Prozess in die Lage zurückversetzt wird, in der sich das Verfahren vor dem Eintritt der Säumnis befand. Diese Wirkung tritt bei einem zulässigen Einspruch **kraft Gesetzes** ein; eine Überprüfung des Versäumnisurteils findet nicht statt.¹** **1**

Der Prozess wird nach der Rechtsprechung auf den **Zeitpunkt des Aufrufs der Sache** in der mündlichen Verhandlung zurückversetzt.²* Bei einem Versäumnisurteil im **schriftlichen Vorverfahren** (§ 331 Abs. 3 ZPO) wird der Prozess ab dem Ablauf der Frist nach § 276 Abs. 1 S. 2 ZPO fortgesetzt. **2**

---

¹ Musielak/Voit/*Stadler* ZPO § 341 Rn. 3.
² BGH BeckRS 2011, 23100.
¹* Musielak/Voit/*Stadler* ZPO § 341a Rn. 2.
¹** MüKoZPO/*Prütting* ZPO § 342 Rn. 1.
²* BGH NJW 1993, 861 (862).

3   Die Zurückversetzung des Prozesses in die Lage vor Eintritt der Versäumnis hat zur Folge, dass alle der Säumnis vorangegangenen Prozesshandlungen der Parteien und des Gerichts (zB Anerkenntnis, Verzicht, Geständnis, Beweisbeschluss) wieder erheblich werden, auch wenn sie aufgrund der Säumnis zunächst ihre Bedeutung verloren haben.[3]

4   Prozesshandlungen im Säumnistermin verlieren nach zulässigem Einspruch hingegen ihre Wirkung.[4]

5   Soweit bereits vor Eintritt der Säumnis die Frist für eine Prozesshandlung abgelaufen ist, besteht trotz der Rückwirkung nach § 342 ZPO keine Möglichkeit einer Nachholung der Prozesshandlung. Ein **sofortiges Anerkenntnis** ist daher beispielsweise nicht mehr möglich, wenn der Beklagte eine angemessene Klageerwiderungsfrist im **schriftlichen Vorverfahren** hat verstreichen lassen und sodann ein Versäumnisurteil nach § 331 Abs. 3 ZPO ergangen ist.[5] Dies dürfte entgegen einer mitunter vertretenen Auffassung auch dann gelten, wenn das Versäumnisurteil in einem frühen ersten Termin ergangen ist.[6]

§ 343 Entscheidung nach Einspruch

[1] **Insoweit die Entscheidung, die auf Grund der neuen Verhandlung zu erlassen ist, mit der in dem Versäumnisurteil enthaltenen Entscheidung übereinstimmt, ist auszusprechen, dass diese Entscheidung aufrechtzuerhalten sei.** [2] **Insoweit diese Voraussetzung nicht zutrifft, wird das Versäumnisurteil in dem neuen Urteil aufgehoben.**

1   Bei **zulässigem Einspruch** ergeht eine Entscheidung über den streitgegenständlichen Anspruch. Das Versäumnisurteil ist dann nach § 343 ZPO entweder aufrechtzuerhalten oder aufzuheben, je nachdem, ob der geltend gemachte Anspruch besteht oder nicht. Bei unzulässigem Einspruch ist dieser gem. § 341 Abs. 1 S. 2 ZPO als unzulässig zu verwerfen, § 343 ZPO greift dann nicht (→ § 341 Rn. 3).

2   Ist das Versäumnisurteil inhaltlich richtig, wird es **aufrechterhalten** und zwar auch dann, wenn die der Bewertung zu Grunde liegenden Erwägungen voneinander abweichen.[1] Der Tenor des Versäumnisurteils kann bei Unklarheiten ausnahmsweise geändert werden, wobei zugleich aus vollstreckungsrechtlichen Gründen deutlich zu machen ist, dass das ursprüngliche Versäumnisurteil fortbesteht.[2] So kann bei einem klageabweisenden Versäumnisurteil hinzugefügt werden, dass die Klage „als unzulässig" abgewiesen wird.[3*]

3   Kommt das Gericht auf Grund der neuen Verhandlung zu einem vom Inhalt des Versäumnisurteils abweichenden Ergebnis, etwa weil der ausgeurteilte Anspruch doch nicht besteht, hat es das Versäumnisurteil in einem neuen Urteil **aufzuheben und anderweitig zu entscheiden.** Die Aufhebung beendet gem. § 717 Abs. 1 ZPO die vorläufige Vollstreckbarkeit des Versäumnisurteils.

4   Ein solcher Fall liegt im Patentrecht auch dann vor, wenn das Verfahren über eine **negative Feststellungsklage**, in dem ein die Nichtverletzung des Patents feststellendes Versäumnisurteil ergangen ist, gegen das ein zulässiger Einspruch eingelegt wurde, infolge des Wegfalls des Feststellungsinteresses unzulässig wird, weil vor einer Entscheidung nach § 343 ZPO bereits eine Entscheidung über die anhängige parallele Verletzungsklage ergangen ist.[4*]

5   Das Gericht kann das Versäumnisurteil auch **teilweise aufheben und ansonsten aufrechterhalten,** wenn es das Versäumnisurteil auf Grund der neuen Einspruchsverhandlung nur noch teilweise für inhaltlich richtig hält. Aus vollstreckungsrechtlichen Gründen ist es in diesen Fällen nicht möglich, das Versäumnisurteil ganz aufzuheben und insgesamt neu zu entscheiden.[5*]

6   Neben den in § 343 ZPO genannten Entscheidungsmöglichkeiten kommt unter den Voraussetzungen des § 345 ZPO ein **zweites Versäumnisurteil** in Betracht, wenn die einsprechende Partei im Einspruchstermin erneut säumig ist.

§ 344 Versäumniskosten

Ist das Versäumnisurteil in gesetzlicher Weise ergangen, so sind die durch die Versäumnis veranlassten Kosten, soweit sie nicht durch einen unbegründeten Widerspruch des Gegners entstanden sind, der säumigen Partei auch dann aufzuerlegen, wenn infolge des Einspruchs eine abändernde Entscheidung erlassen wird.

---

[3] MüKoZPO/*Prütting* ZPO § 342 Rn. 4.
[4] BGH NJW 1993, 861 (862); kritisch MüKoZPO/*Prütting* ZPO § 342 Rn. 4.
[5] LG Mannheim BeckRS 2009, 15735.
[6] Zum Streitstand LG Mannheim BeckRS 2009, 15735.
[1] Musielak/Voit/*Stadler* ZPO § 343 Rn. 2.
[2] MüKoZPO/*Prütting* ZPO § 343 Rn. 12.
[3*] Vgl. LG Düsseldorf BeckRS 2012, 04697.
[4*] BGH GRUR 2006, 217 (218) – Detektionseinrichtung I.
[5*] Vgl. MüKoZPO/*Prütting* ZPO § 343 Rn. 14 mwN.

Verzicht und Zurücknahme des Einspruchs **1 § 346 ZPO**

Abweichend vom Unterliegensprinzip des § 91 ZPO bestimmt § 344 ZPO, dass die säumige Partei die Kosten zu tragen hat, die aufgrund der Säumnis entstanden sind. Damit entspricht § 344 ZPO der Wertung des § 95 ZPO. **1**

Kosten in diesem Sinne sind alle Kosten, die durch die Säumnis veranlasst wurden, wie etwa Reisekosten zum Einspruchstermin oder Kosten, die im Zusammenhang mit einer erneuten Ladung von Zeugen entstehen (→ § 95 Rn. 8 ff.). **2**

Die Regelung des § 344 ZPO greift nur dann, wenn das Versäumnisurteil infolge eines **zulässigen Einspruchs** gemäß § 343 S. 2 ZPO aufgehoben wurde. § 344 ZPO ist nicht anzuwenden, wenn der Einspruch unzulässig war oder wenn das Versäumnisurteil aufrechterhalten wird. Es bleibt in diesen Fällen bei der Kostenentscheidung nach § 91 ZPO. **3**

Das Versäumnisurteil muss „in gesetzlicher Weise" ergangen sind. Dies ist der Fall, wenn die Voraussetzungen für den Erlass eines Versäumnisurteils nach §§ 330, 331 ZPO vorlagen und **kein Verstoß gegen §§ 335, 337** gegeben war,[1] was von Amts wegen zu prüfen ist.[2] **4**

Der Beklagte, gegen den in gesetzlicher Weise ein Versäumnisurteil ergangen ist, trägt die durch die Versäumnis veranlassten Kosten in entsprechender Anwendung von § 344 ZPO **auch dann, wenn der Kläger die Klage oder das Rechtsmittel zurücknimmt**.[3] § 269 ZPO tritt insoweit hinter § 344 ZPO zurück. **5**

§ 345 Zweites Versäumnisurteil

Einer Partei, die den Einspruch eingelegt hat, aber in der zur mündlichen Verhandlung bestimmten Sitzung oder in derjenigen Sitzung, auf welche die Verhandlung vertagt ist, nicht erscheint oder nicht zur Hauptsache verhandelt, steht gegen das Versäumnisurteil, durch das der Einspruch verworfen wird, ein weiterer Einspruch nicht zu.

Ein zweites Versäumnisurteil ergeht, wenn **die bereits im ersten Termin säumige Partei** im nach zulässigem Einspruch bestimmten Einspruchstermin **erneut** säumig ist. Ist in dem Einspruchstermin hingegen eine andere Partei säumig, ergeht ein erstes Versäumnisurteil. Ein zweites Versäumnisurteil ergeht auch dann nicht, wenn dieselbe Partei nicht im Einspruchstermin, sondern später in einem anderen Termin in der gleichen Instanz erneut säumig ist. **1**

Säumig ist die Partei, wenn sie **nicht im Termin erscheint oder nicht zur Hauptsache verhandelt** (→ § 331 Rn. 4 ff.). Nicht ausreichend ist es, wenn nur über den Einspruch verhandelt wird.[1*] **2**

Die **Gesetzmäßigkeit des ersten Versäumnisurteils** ist keine Voraussetzung für den Erlass eines zweiten Versäumnisurteils.[2*] **3**

Ein zweites Versäumnisurteil ergeht **nur insoweit, wie die Streitgegenstände des ersten und zweiten Versäumnisurteils übereinstimmen**.[3*] Wurde etwa nach dem ersten Versäumnisurteil die Klage auf ein weiteres Schutzrecht erweitert, kann nur über das bereits streitgegenständliche Schutzrecht ein zweites Versäumnisurteil ergehen. Für das nachträgliche eingeführte Schutzrecht kommt nur ein technisch erstes Versäumnisurteil in Betracht. **4**

Gegen das zweite Versäumnisurteil besteht nur eingeschränkt unter den Voraussetzungen der §§ 514 Abs. 2, 565 ZPO die Möglichkeit einer **Berufung oder Revision**. Ein weiterer Einspruch ist nach dem ausdrücklichen Wortlaut des § 345 ZPO nicht möglich. **5**

§ 346 Verzicht und Zurücknahme des Einspruchs

Für den Verzicht auf den Einspruch und seine Zurücknahme gelten die Vorschriften über den Verzicht auf die Berufung und über ihre Zurücknahme entsprechend.

I. Verzicht

Nach § 346 ZPO kann auf den Einspruch **entsprechend § 515 ZPO** verzichtet werden. Vor Erlass des Versäumnisurteils ist ein einseitiger Verzicht nach überwiegender Ansicht nicht zulässig, vielmehr ist hier nur ein beidseitiger vertraglicher Verzicht möglich.[1**] Nach Erlass des Versäumnisurteils kann dann auch einseitig auf den Einspruch verzichtet werden. Durch den Verzicht erwächst das Versäumnisurteil in Rechtskraft. **1**

---

[1] Musielak/Voit/*Stadler* ZPO § 344 Rn. 2.
[2] MüKoZPO/*Prütting* ZPO § 344 Rn. 15.
[3] BGH NJW 2004, 2309 f.
[1*] MüKoZPO/*Prütting* ZPO § 345 Rn. 7.
[2*] BGH NJW 1999, 2599 (2600).
[3*] Musielak/Voit/Stadler ZPO § 345 Rn. 5.
[1**] MüKoZPO/*Prütting* ZPO § 346 Rn. 4 mwN; Musielak/Voit/*Stadler* ZPO § 346 Rn. 1 mwN.

II. Rücknahme

2 Eine Rücknahme des Einspruchs ist **entsprechend § 516 ZPO** bis zur Entscheidung über den Einspruch möglich. Die Rücknahme ist schriftsätzlich oder mündlich im Verhandlungstermin zu erklären, wobei nach Beginn der mündlichen Verhandlung die Einwilligung des Gegners erforderlich ist.

3 Nach der Rücknahme kann der Einspruch innerhalb der Einspruchsfrist wiederholt werden.[2]

§ 347 Verfahren bei Widerklage und Zwischenstreit

(1) Die Vorschriften dieses Titels gelten für das Verfahren, das eine Widerklage oder die Bestimmung des Betrages eines dem Grunde nach bereits festgestellten Anspruchs zum Gegenstand hat, entsprechend.

(2) [1] War ein Termin lediglich zur Verhandlung über einen Zwischenstreit bestimmt, so beschränkt sich das Versäumnisverfahren und das Versäumnisurteil auf die Erledigung dieses Zwischenstreits. [2] Die Vorschriften dieses Titels gelten entsprechend.

Titel 4. Verfahren vor dem Einzelrichter

§ 348 Originärer Einzelrichter

(1) [1] Die Zivilkammer entscheidet durch eines ihrer Mitglieder als Einzelrichter. [2] Dies gilt nicht, wenn
1. das Mitglied Richter auf Probe ist und noch nicht über einen Zeitraum von einem Jahr geschäftsverteilungsplanmäßig Rechtsprechungsaufgaben in bürgerlichen Rechtsstreitigkeiten wahrzunehmen hatte oder
2. die Zuständigkeit der Kammer nach § 72a Absatz 1 und 2 des Gerichtsverfassungsgesetzes oder nach dem Geschäftsverteilungsplan des Gerichts wegen der Zuordnung des Rechtsstreits zu den nachfolgenden Sachgebieten begründet ist:
    a) Streitigkeiten über Ansprüche aus Veröffentlichungen durch Druckerzeugnisse, Bild- und Tonträger jeder Art, insbesondere in Presse, Rundfunk, Film und Fernsehen;
    b) Streitigkeiten aus Bank- und Finanzgeschäften;
    c) Streitigkeiten aus Bau- und Architektenverträgen sowie aus Ingenieurverträgen, soweit sie im Zusammenhang mit Bauleistungen stehen;
    d) Streitigkeiten aus der Berufstätigkeit der Rechtsanwälte, Patentanwälte, Notare, Steuerberater, Steuerbevollmächtigten, Wirtschaftsprüfer und vereidigten Buchprüfer;
    e) Streitigkeiten über Ansprüche aus Heilbehandlungen;
    f) Streitigkeiten aus Handelssachen im Sinne des § 95 des Gerichtsverfassungsgesetzes;
    g) Streitigkeiten über Ansprüche aus Fracht-, Speditions- und Lagergeschäften;
    h) Streitigkeiten aus Versicherungsvertragsverhältnissen;
    i) Streitigkeiten aus den Bereichen des Urheber- und Verlagsrechts;
    j) Streitigkeiten aus den Bereichen der Kommunikations- und Informationstechnologie;
    k) Streitigkeiten, die dem Landgericht ohne Rücksicht auf den Streitwert zugewiesen sind.

(2) Bei Zweifeln über das Vorliegen der Voraussetzungen des Absatzes 1 entscheidet die Kammer durch unanfechtbaren Beschluss.

(3) [1] Der Einzelrichter legt den Rechtsstreit der Zivilkammer zur Entscheidung über eine Übernahme vor, wenn
1. die Sache besondere Schwierigkeiten tatsächlicher oder rechtlicher Art aufweist,
2. die Rechtssache grundsätzliche Bedeutung hat oder
3. die Parteien dies übereinstimmend beantragen.

[2] Die Kammer übernimmt den Rechtsstreit, wenn die Voraussetzungen nach Satz 1 Nr. 1 oder 2 vorliegen. [3] Sie entscheidet hierüber durch Beschluss. [4] Eine Zurückübertragung auf den Einzelrichter ist ausgeschlossen.

(4) Auf eine erfolgte oder unterlassene Vorlage oder Übernahme kann ein Rechtsmittel nicht gestützt werden.

§ 348a Obligatorischer Einzelrichter

(1) Ist eine originäre Einzelrichterzuständigkeit nach § 348 Abs. 1 nicht begründet, überträgt die Zivilkammer die Sache durch Beschluss einem ihrer Mitglieder als Einzelrichter zur Entscheidung, wenn
1. die Sache keine besonderen Schwierigkeiten tatsächlicher oder rechtlicher Art aufweist,
2. die Rechtssache keine grundsätzliche Bedeutung hat und
3. nicht bereits im Haupttermin vor der Zivilkammer zur Hauptsache verhandelt worden ist, es sei denn, dass inzwischen ein Vorbehalts-, Teil- oder Zwischenurteil ergangen ist.

(2) [1] Der Einzelrichter legt den Rechtsstreit der Zivilkammer zur Entscheidung über eine Übernahme vor, wenn
1. sich aus einer wesentlichen Änderung der Prozesslage besondere tatsächliche oder rechtliche Schwierigkeiten der Sache oder die grundsätzliche Bedeutung der Rechtssache ergeben oder
2. die Parteien dies übereinstimmend beantragen.

[2] Die Kammer übernimmt den Rechtsstreit, wenn die Voraussetzungen nach Satz 1 Nr. 1 vorliegen. [3] Sie entscheidet hierüber nach Anhörung der Parteien durch Beschluss. [4] Eine erneute Übertragung auf den Einzelrichter ist ausgeschlossen.

(3) Auf eine erfolgte oder unterlassene Übertragung, Vorlage oder Übernahme kann ein Rechtsmittel nicht gestützt werden.

§ 349 Vorsitzender der Kammer für Handelssachen

(1) [1] In der Kammer für Handelssachen hat der Vorsitzende die Sache so weit zu fördern, dass sie in einer mündlichen Verhandlung vor der Kammer erledigt werden kann. [2] Beweise darf er nur insoweit erheben, als anzunehmen ist, dass es für die Beweiserhebung auf die besondere Sachkunde der ehrenamtlichen Richter nicht ankommt und die Kammer das Beweisergebnis auch ohne unmittelbaren Eindruck von dem Verlauf der Beweisaufnahme sachgemäß zu würdigen vermag.

---

[2] Musielak/Voit/*Stadler* ZPO § 346 Rn. 1.

(2) Der Vorsitzende entscheidet
1. über die Verweisung des Rechtsstreits;
2. über Rügen, die die Zulässigkeit der Klage betreffen, soweit über sie abgesondert verhandelt wird;
3. über die Aussetzung des Verfahrens;
4. bei Zurücknahme der Klage, Verzicht auf den geltend gemachten Anspruch oder Anerkenntnis des Anspruchs;
5. bei Säumnis einer Partei oder beider Parteien;
6. über die Kosten des Rechtsstreits nach § 91a;
7. im Verfahren über die Bewilligung der Prozesskostenhilfe;
8. in Wechsel- und Scheckprozessen;
9. über die Art einer angeordneten Sicherheitsleistung;
10. über die einstweilige Einstellung der Zwangsvollstreckung;
11. über den Wert des Streitgegenstandes;
12. über Kosten, Gebühren und Auslagen.

(3) Im Einverständnis der Parteien kann der Vorsitzende auch im Übrigen an Stelle der Kammer entscheiden.

(4) Die §§ 348 und 348a sind nicht anzuwenden.

§ 350 Rechtsmittel

Für die Anfechtung der Entscheidungen des Einzelrichters (§§ 348, 348a) und des Vorsitzenden der Kammer für Handelssachen (§ 349) gelten dieselben Vorschriften wie für die Anfechtung entsprechender Entscheidungen der Kammer.

§§ 351 bis 354 (weggefallen)

Titel 5. Allgemeine Vorschriften über die Beweisaufnahme

§ 355 Unmittelbarkeit der Beweisaufnahme

(1) ¹Die Beweisaufnahme erfolgt vor dem Prozessgericht. ²Sie ist nur in den durch dieses Gesetz bestimmten Fällen einem Mitglied des Prozessgerichts oder einem anderen Gericht zu übertragen.

(2) Eine Anfechtung des Beschlusses, durch den die eine oder die andere Art der Beweisaufnahme angeordnet wird, findet nicht statt.

Übersicht

	Rn.
A. Anwendungsbereich	1
B. Die Unmittelbarkeit der Beweisaufnahme	5
I. Beweis durch Augenschein	7
II. Zeugenbeweis	9
III. Beweis durch Sachverständigen	12
IV. Urkundenbeweis	19
C. Rechtsfolgen	20

A. Anwendungsbereich

In den **europäischen Verfahren** vor dem EUIPO, dem EuG und dem EPA findet die ZPO keine Anwendung, Art. 95, 97, 107 UMV und Art. 63, 65 GGV, Art. 117 EPÜ. Bei der Frage der Anwendbarkeit der §§ 355–370 ZPO in **deutschen Prozessen** ist zwischen den Verfahren vor den ordentlichen Zivilgerichten, also den Landgerichten, Oberlandesgerichten und BGH[1], und den patentamtlichen Verfahren vor dem DPMA, dem BPatG und nachfolgend dem BGH zu unterscheiden.[2] Vor den ordentlichen Gerichten findet die ZPO unmittelbare Anwendung.[3] Im patentamtlichen Verfahren kommen die Regelungen der ZPO zur Anwendung, sofern nicht **spezialgesetzliche Regelungen vorgehen oder Besonderheiten des Amtsverfahrens dies nicht ausschließen**.[4] 1

Diese Besonderheiten des Amtsverfahrens ergeben sich insbesondere durch den **Amtsermittlungsgrundsatz** (§ 59 MarkenG, § 73 MarkenG, § 87 PatG, § 23 DesignG iVm § 87 PatG). Zudem finden sich in §§ 60, 69, 73, 74, 78, 83 MarkenG, §§ 88, 115 PatG, § 23 DesignG iVm PatG, spezialgesetzlich ausgestaltete **Regelungen zur Beweisaufnahme**, die den Regelungen der ZPO zunächst vorgehen. Diese Normen regeln Fragen der Beweisaufnahme allerdings nur rudimentär. Inwieweit die dezidier- 2

---

[1] Zuständig für Verletzungsklagen und Feststellungsklagen im Gewerblichen Rechtsschutz sind erstinstanzlich die Landgerichte (Handelskammern und Zivilkammern), in der Berufungsinstanz die Oberlandesgerichte (Zivilsenate) und in der Revisionsinstanz der BGH (I. oder X. Zivilsenat).
[2] Das patentamtliche Verfahren findet Anwendung in Eintragungsverfahren, Löschungsklagen und Nichtigkeitsklagen.
[3] In Bezug auf das UklaG ergibt sich die Anwendbarkeit ausdrücklich aus § 5 UklaG.
[4] Dies ist ausdrücklich geregelt in § 82 Abs. 1 MarkenG, § 99 Abs. 1 PatG, § 23 Abs. 2 S. 2 DesignG regelt die Anwendbarkeit des § 99 PatG und einer Vielzahl von weiteren Verfahrensvorschriften des PatG für den patentamtlichen Designprozess.

ten Regelungen der ZPO hierbei ergänzend heranzuziehen sind oder die Regelungen im MarkenG bzw. PatG infolge der Besonderheiten des Amtsverfahrens als abschließend zu erachten sind, ist schwerlich erkennbar.[5] Bei der Frage der nachfolgenden ZPO-Vorschriften ist daher in jedem Einzelfall zu prüfen, ob diese Vorschrift dem Wesen des patentamtlichen Verfahrens entspricht und damit anwendbar ist oder die Besonderheiten des patentamtlichen Verfahrens diese ausschließen.[6] Hierbei kommt erschwerend hinzu, dass die oben benannten Regelungen auch nicht durchweg für die Verfahren vor dem DPMA, dem BPatG und dem BGH Anwendung finden.[7] Relevant sind sie nur in Verfahren vor dem BPatG, da das DPMA in der Praxis keine Beweisaufnahmen durchgeführt und der BGH als reine Revisionsinstanz keine Tatsachenermittlung betreibt.

3 Sofern der Amtsermittlungsgrundsatz oder spezialgesetzlichen Regelungen Auswirkungen auf die Anwendbarkeit der Normen dieses Abschnitts haben, wird dies im Rahmen der jeweiligen Vorschrift erläutert.

4 Zu § 355 ZPO gibt es in den patentamtlichen Vorschriften keine spezialgesetzliche Regelung. Auch der Amtsermittlungsgrundsatz steht dem Bedürfnis nach einem unmittelbaren Eindruck des Ergebnisses der Beweisaufnahme durch das Prozessgericht nicht entgegen, sodass die Vorschrift unmittelbare Anwendung finden sollte. Dies ergibt sich auch aus den spezialgesetzlich normierten Ausnahmen vom Unmittelbarkeitserfordernis in den § 74 Abs. 2 MarkenG und § 88 Abs. 2 PatG, wonach nur unter den genannten Voraussetzungen eine Beweisaufnahme auch durch ein Mitglied der Kammer oder durch ein ersuchtes Gericht erfolgen kann.

B. Die Unmittelbarkeit der Beweisaufnahme

5 § 355 ZPO setzt voraus, dass die Beweisaufnahme **vor dem Prozessgericht** stattfindet.[8] Hierbei handelt es sich um die sog. formelle Unmittelbarkeit der Beweisaufnahme. Die Regelung soll sicherstellen, dass das Gericht seine Entscheidung auf Grundlage unmittelbarer Eindrücke gewinnt.[9] Hierbei soll die Inaugenscheinnahme des Beweismittels durch die entscheidenden Richter selbst vorgenommen werden. Daher sind solche Beweisangebote unbeachtlich, die die Inaugenscheinnahme des Beweises nicht ermöglichen. Eine materielle Beweisunmittelbarkeit ist hingegen nicht gefordert (→ § 284 Rn. 118). Es besteht kein Anspruch auf das sachnächste Beweismittel. Insoweit ist das Gericht auch in der Beweisführung grundsätzlich frei. Sofern beispielsweise eine glaubhafte Zeugenaussage zu dem Ergebnis führt, dass ein Treppenlift eine bestimmte technische Vorrichtung aufgewiesen hat, begründet ein Bestreiten ins Blaue hinein keine Pflicht des Gerichts zur weiteren Sachaufklärung.[10]

6 Das Unmittelbarkeitserfordernis wird durch einzelne **gesetzliche Ausnahmen** teilweise durchbrochen. So ist die **Beweisaufnahme durch den beauftragten oder ersuchten Richter** in den Fällen der §§ 372 Abs. 2, 375, 402, 434, 451 ZPO zulässig. Voraussetzung dieser gesetzlichen Ausnahme ist die **Entbehrlichkeit des unmittelbaren Eindrucks** durch die erkennenden Richter (§§ 375 Abs. 1, 1a, 572 Abs. 2). Auch ist die Möglichkeit der audiovisuellen Übertragung nach § 128a ZPO zu beachten, die nach dem Willen des Gesetzgebers dem Erfordernis der Unmittelbarkeit genügt. Zudem sind nach § 273 Abs. 2 Nr. 2 ZPO behördliche Auskünfte möglich, ohne dass die verantwortliche Person vernommen werden müsste. Zur Ausnahme der schriftlichen Zeugenaussage nach § 377 Abs. 3, die nur in engen Grenzen zuzulassen ist (§ 377). Zur **Beweisaufnahme im Ausland** (§ 363 und § 1072).

I. Beweis durch Augenschein

7 Die Beweisaufnahme durch Augenscheinnahme muss grundsätzlich nicht nur **vor dem Prozessgericht**, sondern auch in dem Verfahren erfolgen, in dem das Gericht über den Fall urteilt, jedenfalls dann, wenn die Beklagte an dem Verfahren der Inaugenscheinnahme gar nicht beteiligt war.[11]

Die Darlegung des Schutzumfangs des geistigen Eigentums anhand der Kriterien der Kennzeichnungskraft im **Markenrecht**, der Originalität im **Designrecht** bzw. im ergänzenden Leistungsschutz des **UWG** oder des Grades der Schöpfungshöhe im **Urheberrecht** müssen daher im konkreten Verfahren erfolgen, auch wenn der Kammer die Rechtsinhaberin und ihre Produkte bereits bekannt sind. Auch sollten Rechtsinhaber Originalprodukte und Verletzerprodukte in jedem Verfahren vorlegen, wenn ihnen neben dem bildlichen Vergleich der unmittelbare Eindruck beim Vergleich sachdienlich erscheint.

8 Ferner ist der **Benutzungsnachweis im Markenrecht** in dem Verfahren zu führen, in dem die Benutzung bestritten wird. Eine Verweisung auf Benutzungsunterlagen wie Kataloge, Broschüren, etc,

---

[5] Ströbele/Hacker/*Knoll* MarkenG § 82 Rn. 5.
[6] Ströbele/Hacker/*Knoll* MarkenG § 82 Rn. 6.
[7] Ströbele/Hacker/*Knoll* MarkenG § 82 Rn. 4 mit Beispielen.
[8] MüKoZPO/*Heinrich* ZPO § 355 Rn. 5.
[9] MüKoZPO/*Heinrich* ZPO § 355 Rn. 1.
[10] OLG Düsseldorf BeckRS 2010, 15818.
[11] BGH GRUR-RR 2012, 496 – Speed Cat (Ls.) = BeckRS 2012, 18381 (Volltext).

oder Beweisantritte in anderen Verfahren ist grundsätzlich ausgeschlossen. Für den Nachweis im Falle des Bestreitens gilt das Strengbeweisverfahren nach den §§ 355 ff. ZPO.[12] (zur Gerichtskundigkeit → § 291 Rn. 8 ff.).

II. Zeugenbeweis

Auch die Zeugenvernahme muss nach der Rechtsprechung im Verfahren **vor dem erkennenden Richter** stattfinden. Selbst die Zeugenvernahme durch die gleichen Richter kurz zuvor in einem Parallelverfahren stellt einen Verstoß gegen den Grundsatz der Unmittelbarkeit dar.[13] Der Wechsel der Richterbesetzung zwischen Beweisaufnahme und Urteilsverkündung muss hingegen nicht zu einem Verstoß des Unmittelbarkeitsgrundsatzes führen. Frühere Zeugenaussagen können im Wege des Urkundenbeweises durch Auswertung des Vernehmungsprotokolls verwertet werden. Das Gericht darf bei der Beweiswürdigung allerdings nur berücksichtigen, was auf der Wahrnehmung aller an der Entscheidung beteiligten Richter beruht oder aktenkundig ist und wozu die Parteien sich erklären konnten.[14] Zieht das Gericht hingegen die Glaubwürdigkeit eines Zeugen heran, ohne dass alle erkennenden Richter an dessen Vernehmung teilgenommen haben oder auf eine aktenkundige und der Stellungnahme durch die Parteien zugängliche Beurteilung zurückgreifen können, stellt dies einen Verstoß gegen das Gebot der Unmittelbarkeit der Beweisaufnahme dar, der zur Wiederholung der Beweisaufnahme zwingt.[15] 9

Dies gilt jedenfalls dann nicht, wenn die Glaubwürdigkeit der Zeugenaussage nicht in Zweifel gezogen wird.[16]

Die Voraussetzung der Unmittelbarkeit setzt nicht zwingend voraus, dass eine **Zeugenvernahme in der nächsten Instanz** wiederholt wird. Eine Zeugenvernahme kann durch das Rechtsmittelgericht im Wege der Inaugenscheinnahme des Protokolls als Urkundsbeweis erfolgen.[17] Eindrücke von einem Zeugen und seiner Glaubwürdigkeit im Berufungsverfahren sind allerdings nur dann verwertbar, wenn sie hinreichend aktenkundig gemacht wurden. Ferner ist nach dem BGH eine von der Vorinstanz abweichende Wertung des Zeugenbeweises allein auf Grundlage des Beweisaufnahmeprotokolls nur in engen Grenzen zulässig. Sofern die nächste Instanz beabsichtigt, eine protokollierte Zeugenaussage abweichend von der Vorinstanz zu werten, ist in der Regel eine erneute Vernehmung der Zeugen vor der zweiten Instanz erforderlich.[18] Nur so ist es dem Spruchkörper möglich, einen eigenen Eindruck von dem Sinngehalt der Aussagen und der Glaubwürdigkeit der Zeugen zu gewinnen. Eine Ausnahme ist folglich nur zuzulassen, wenn das Zweitgericht die abweichende Beurteilung ausschließlich auf solche Umstände stützt, die weder die Urteilsfähigkeit, das Erinnerungsvermögen, die Wahrheitsliebe des Zeugen noch die Vollständigkeit oder Widerspruchsfreiheit der Zeugenaussage betrifft.[19] 10

Im Zusammenhang mit der in Revisionsurteilen zu erörternden Notwendigkeit einer erneuten Zeugenvernehmung in der Berufungsinstanz hat der I. Zivilsenat klargestellt, dass eine bloß informatorische Anhörung des Zeugen durch das Berufungsgericht diesen Anforderungen nicht gerecht wird.[20] 11

III. Beweis durch Sachverständigen

Der Unmittelbarkeitsgrundsatz erfordert im Hinblick auf Sachverständigengutachten, dass der zu begutachtende Sachverhalt **vom Prozessgericht** ermittelt wird. Nur wenn die Ermittlung bereits besondere Sachkunde erfordert[21] oder die Parteien mit einer Ermittlung durch den Sachverständigen einverstanden sind[22], kann der Sachverständige allein ermitteln. Spezielle Sachkunde kann das Gericht auch als Folge seiner Befassung mit solchen Fragen in anderen Prozessen erworben haben, womit die Tatfragen „offenkundig" iSd § 291 ZPO (also nicht beweisbedürftig) sein können.[23] Ferner muss ein Sachverständigengutachten auch die Tatsachen offenlegen, auf denen es basiert.[24] 12

Im **Wettbewerbsrecht** richtet sich die **Verkehrsauffassung** nach den Anschauungen des durchschnittlich informierten, situationsbedingt aufmerksamen und verständigen Verbrauchers oder sons- 13

---

[12] Ströbele/Hacker/*Ströbele* MarkenG § 43 Rn. 56 mit Verweis auf BPatGE 17, 147 (150); Ingerl/Rohnke MarkenG § 43 Rn. 23; BPatG GRUR-Prax 2019, 12; Hacker GRUR 2010, 99 (101).
[13] BGH NJW 2011, 568.
[14] OLG Düsseldorf BeckRS 2018, 17622 Rn. 64; BGH NJW 2018, 1261; 2017, 1313; GRUR 2012, 895 – Desmopressin.
[15] OLG Düsseldorf BeckRS 2018, 17622 Rn. 64; BGH NJW 2018, 1261; GRUR 2012, 895 – Desmopressin; BGH NJW 1997, 1586.
[16] BGH BeckRS 2012, 15086 Rn. 31.
[17] BVerfG NJW 2003, 2524.
[18] BGH GRUR 1991, 401 (402) – Erneute Vernehmung.
[19] BGH BeckRS 2011, 19284.
[20] BGH NJW-RR 1998, 1601.
[21] BGH NZM 2011, 786.
[22] BGH NJW 1957, 906 (907).
[23] BGH GRUR 1998, 1052 (1053) – Vitaminmangel.
[24] BGH GRUR 1992, 191 (194) – Amtsanzeiger.

tigen Marktteilnehmers.²⁵ Es handelt sich um eine Tatsache, die allerdings zur Ermittlung eigene Sachkunde und Lebenserfahrung im maßgeblichen Segment erfordert.²⁶ Insoweit hat das Gericht zu entscheiden, ob es sich zum angesprochenen Verkehr zählt und die Verkehrsauffassung aus eigener Sachkunde und Erfahrung ermitteln kann. Wenn sich das Gericht grundsätzlich zum Verkehrskreis zählt, die Frage der Verkehrsauffassung aber durch ein Sachverständigengutachten ermitteln lässt, kommt ein Verstoß gegen das Unmittelbarkeitserfordernis in Betracht. Für die Einholung eines Sachverständigengutachtens in Form eines **Meinungsforschungsgutachtens** bedarf es nach der Rechtsprechung ebenfalls besonderer Schwierigkeiten bei der Beurteilung der Verkehrsauffassung.²⁷ Liegt ein solches Sachverständigengutachten vor, muss das Gericht dieses Gutachten nach § 286 selbständig würdigen, ob es als Grundlage einer Entscheidung dienen kann.²⁸ Die reine Übernahme der Auffassung des Ergebnisses des Sachverständigengutachtens wäre demnach ebenfalls ein Verstoß gegen das Unmittelbarkeitserfordernis. Ebenfalls verfahrensfehlerhaft ist die Beurteilung der Verkehrsauffassung durch das Gericht, wenn die Beurteilung keine Stütze im Parteivortrag findet und das Gericht nicht darlegt, dass es in einem speziellen Bereich über Erfahrungswissen verfügt.²⁹

14 Im **Markenrecht** wird die Frage der Verwechslungsgefahr anhand des **Verkehrsverständnisses** des Publikums geprüft. Maßgeblich hierfür sind die Durchschnittsauffassungen der aktuellen und potentiellen Abnehmer der maßgeblichen Waren bzw. Dienstleistungen, sowie absatzrelevanter Zwischenpersonen.³⁰ Es ist ebenfalls eine Mischung aus vorgelagerten tatsächlichen Fragen der maßgeblichen Verkehrskreise, des Aufmerksamkeitsgrades und des Zeichenverständnisses dieses Verkehrskreises und aus der Anwendung von Erfahrungswissen im maßgeblichen Bereich.³¹ Insoweit kann zum Erfordernis der Unmittelbarkeit der Sachaufklärung auf die obigen Ausführungen zur wettbewerbsrechtlichen Verkehrsauffassung verwiesen werden. Der Tatrichter muss die maßgeblichen Tatumstände der maßgeblichen Verkehrskreise, des Aufmerksamkeitsgrades und des Zeichenverständnisses selbst prüfen und auch selbst beurteilen, ob er über das notwendige Erfahrungswissen verfügt. Diese Entscheidung ist daraufhin überprüfbar, ob der Tatrichter den Prozessstoff verfahrensfehlerfrei ermittelt und ausgeschöpft hat und seine Beurteilung frei von Widersprüchen zu Denk- und Erfahrungssätzen ist.³²

15 Im **Patentrecht** stellt sich insbesondere die tatsächliche Frage der **Auslegung des Patents**. Auch diese Frage muss das Gericht selbst beantworten. Es darf sich lediglich Sachverständigenrat zum Verständnis des Patents einholen. Die Auslegung muss das Gericht jedoch selbst vornehmen.³³

16 Im **Designrecht** wird der **informierte Benutzer** als normierte Figur auf Grundlage einer typisierten Betrachtung ermittelt.³⁴ Diese Figur bedarf tatsächlicher Informationen zum relevanten Erzeugnis, allgemeiner Kenntnisse zum Formenschatz und rechtlicher Hintergründe.³⁵ Die Frage, ob Designs keinen anderen Gesamteindruck aufweisen ist hiernach Rechtsfrage.³⁶ Damit stellt sich die Frage, ob das Gericht die notwendigen Informationen erhält und sich somit zum Kreis der **informierten Benutzer** zählen bzw. diese Rolle übernehmen kann. In Deutschland wird dies nach stetiger Rechtsprechung so praktiziert. Die Gerichte sind in der Regel infolge der Vorträge der Parteien im Verfahren zum Produktsegment und zum Formenschatz hinreichend informiert.³⁷ Daher entscheidet das Gericht in der Regel unmittelbar über die Frage des Gesamteindrucks anhand des ermittelten Verständnisses für die Produkte und des zu Grunde zu legenden Formenschatzes. Die Heranziehung eines Sachverständigen zu Vorfragen wie technischer Vorgaben zur Bestimmung der Gestaltungsfreiheit kommt hierneben in Betracht.

17 Im **Urheberrecht** erfordert die Ermittlung des relevanten Sachverhalts oftmals besondere Sachkunde. So erfordert die Ermittlung zu Computerprogrammverletzungen in der Regel einen Quellcodevergleich, der durch einen Sachverständigen durchgeführt wird.³⁸ Die Frage, ob bestimmte übernommene Programmteile Ausdruck geistiger Schöpfung sind, erfordert ebenfalls besondere Sachkunde

---

²⁵ BGH GRUR 2002, 550 (552) – Elternbriefe; BGH GRUR 2004, 244 (245) – Marktführerschaft.
²⁶ BGH GRUR 2002, 182 (184) – Das Beste jeden Morgen; BGH GRUR 2010, 1125 (1129) – Femur-Teil; ausführlich Köhler/Bornkamm/*Köhler* UWG § 12 Rn. 2.71 ff.
²⁷ EuGH GRUR-Int 1998, 848 (851) – Gut Springheide; EuGH WRP 2000, 289 (292) – Lifting Creme.
²⁸ BGH GRUR 1987, 171 (172) – Schlussverkaufswerbung.
²⁹ BGH GRUR 2010, 1125 (1129) – Femur-Teil.
³⁰ *Ingerl/Rohnke* MarkenG § 14 Rn. 441 mit Verweis auf EuGH GRUR-Int 2007, 718 Rn. 57–61 – Alcon.
³¹ *Ingerl/Rohnke* MarkenG § 14 Rn. 490 mit Verweis auf EuGH GRUR 1999, 723 Rn. 53 – Chiemsee.
³² BGH GRUR 2006, 937 Rn. 27 – Ichthyol.
³³ *Meier-Beck* GRUR 2011, 857 (859) mit Verweis auf die maßgeblichen BGH-Entscheidungen BGH GRUR 2004, 411 (413) – Diabehältnis; BGH GRUR 2006, 663 – Vorausbezahlte Telefongespräche; BGH GRUR 2006, 842 – Demonstrationsschrank.
³⁴ *Ruhl* GGV Art. 6 Rn. 24.
³⁵ *Ruhl* GGV Art. 6 Rn. 26, 27.
³⁶ *Ruhl* GGV Art. 6 Rn. 133; *Becker* GRUR-Int 2013, 214.
³⁷ *Ruhl* GGV Art. 6 Rn. 133 mit Verweisen auf die Rspr. in Fn. 163; aA *Eichmann*/von Falckenstein GeschMG § 42 Rn. 42, der für die Einholung von Sachverständigengutachten plädiert, sofern die Richter nicht dem „maßgeblichen Personenkreis" angehören.
³⁸ BGH GRUR 2013, 509 (511) – UniBasic-IDOS; *Dreier*/Schulze UrhG § 69c Rn. 16.

Beibringungsfrist   1–3 § 356 ZPO

und ist daher in der Regel im Wege eines Sachverständigengutachtens zu beantworten.³⁹ Das Sachverständigengutachten enthält die maßgeblichen Tatsachen sowie die wichtigen wissenschaftlichen Erfahrungssätze und die vom Gutachter aus Tatsachen und Erfahrungssätzen gezogenen Schlüsse.⁴⁰ Liegt das Sachverständigengutachten vor, muss es vom Gericht gewürdigt werden.

Ferner stellt sich im Urheberrechtsstreit die Frage, ob ein Einigungsvorschlag einer Schiedsstelle **18** nach den §§ 36, 36a UrhG als Sachverständigengutachten in das Verfahren eingebracht werden kann.⁴¹ Das Erfordernis der Beweisunmittelbarkeit erfordert jedoch, dass das Gericht das Ergebnis nicht einfach übernimmt, sondern eigens eine Prüfung der Angemessenheit vornimmt.

IV. Urkundenbeweis

Bei der Frage der Unmittelbarkeit eines Urkundenbeweises ist die Abgrenzung zwischen schriftli- **19** chen Erklärungen und **Privaturkunden** zu beachten (§ 416). Schriftliche Stellungnahmen von Firmen zur Frage, ob die Beklagte Lieferantin von bestimmten Produkten war, stellen keine Privaturkunden dar, da sie reine Auskünfte sind. Solche schriftlichen Auskünfte können die Zeugenvernehmung der zuständigen Mitarbeiter nicht ersetzen.⁴² Die Vorlage eines Lizenzvertrages als Privaturkunde ist ein zulässiger Beweisantritt, während eine schriftliche Bestätigung einer Lizenzgewährung nicht die Zeugenvernehmung des Ausstellers ersetzen kann.⁴³

C. Rechtsfolgen

Die Verletzung des Unmittelbarkeitsgrundsatzes stellt eine **Verletzung des rechtlichen Gehörs** **20** nach Art. 103 GG und damit einen Revisionsgrund dar.⁴⁴

Allerdings kommt eine **Heilung dieses Verfahrensfehlers** in Betracht. Denn das rechtliche Gehör **21** stellt einen verzichtbaren Verfahrensfehler dar, der bei rügelosem Einlassen entsprechend den Voraussetzungen des § 295 Abs. 1 ZPO geheilt ist.⁴⁵ Hierzu hat der I. Zivilsenat entschieden, dass ein in der Anordnung einer Parteivernehmung liegender Verfahrensfehler auch dann noch in der Berufungsbegründung gerügt werden kann, wenn nach der Vernehmung rügelos verhandelt worden ist. Dies wurde damit begründet, dass im Zeitpunkt der Verhandlung für die Partei nicht erkennbar gewesen sei, wie das Landgericht das Vernehmungsergebnis würdigen werde.⁴⁶

Nach § 355 Abs. 2 ZPO kommt keine separate Anfechtung eines Beweisbeschlusses in Betracht. **22** Auch eine separate Anfechtung der Sachverständigenauswahl durch das Gericht ist nicht möglich.⁴⁷

§ 356 Beibringungsfrist

Steht der Aufnahme des Beweises ein Hindernis von ungewisser Dauer entgegen, so ist durch Beschluss eine Frist zu bestimmen, nach deren fruchtlosem Ablauf das Beweismittel nur benutzt werden kann, wenn nach der freien Überzeugung des Gerichts dadurch das Verfahren nicht verzögert wird.

A. Anwendungsbereich

§ 356 ZPO kommt sowohl in zivilgerichtlichen Verfahren als auch in patentamtlichen Verfahren **1** zur Anwendung. Spezialgesetzliche Regelungen gibt es hierzu nicht und auch patentamtliche Besonderheiten stehen der Anwendbarkeit nicht entgegen (→ § 355 Rn. 1, 2).

B. Die Voraussetzungen der Beibringungsfrist

§ 356 ZPO setzt voraus, dass ein **Beweisangebot** vorliegt und der Beweisaufnahme ein **Hindernis** **2** **von unbestimmter Dauer** entgegensteht. In diesem Fall ist eine Fristsetzung zur Beweiserbringung zu setzen.

Die Vorschrift impliziert, dass die beweisbelastete Partei ein entsprechendes **Beweisangebot** **3** gemacht hat. Dieses Beweisangebot muss das Beweisthema bezeichnen und geeignet, zulässig und grundsätzlich erreichbar sein. Beinhaltet das Beweisangebot formelle Mängel, kommt eine Anwendung des § 356 ZPO dann nicht in Betracht, wenn der Mangel auch für den Beweisführer auf der Hand

---

³⁹ Dreier/Schulze UrhG § 69c Rn. 17.
⁴⁰ Kilian/Heussen/*Redeker*, Computerrecht, Rn. 225.
⁴¹ Flechsig/Hendricks, Konsensorientierte Streitschlichtung im Urheberrecht, ZUM 2002, 423 (431).
⁴² OLG Düsseldorf BeckRS 2010, 16693.
⁴³ OLG Düsseldorf BeckRS 2010, 16693.
⁴⁴ BGH WM 2011, 1533.
⁴⁵ BGH BeckRS 2012, 18381.
⁴⁶ BGH NJW 1999, 363 – Vieraugengespräch.
⁴⁷ KG BeckRS 2005, 04955; OLG Frankfurt a. M. BeckRS 2001, 30229362.

liegt. So ist die Benennung eines Zeugen mit „Mitarbeiter der S." offensichtlich nicht dazu geeignet, einen Beweis zu erbringen, da das angebotene Beweismittel nicht hinreichend persönliche Merkmale enthält und damit nicht individualisierbar ist.[1] Fehlt hingegen lediglich die Adresse einer hinreichend individualisierbaren Person, kommt § 356 ZPO zur Anwendung. Erfolgt dieses Beweisangebot verspätet, kommt eine Ablehnung in Betracht, wenn die Beweisaufnahme das Verfahren verzögert (→ § 296 Rn. 24).[2] Insoweit ist einem Beweisangebot auch nur nach § 356 nachzugehen, wenn die beweisbelastete Partei nachvollziehbare Gründe vorweisen kann, warum das vollständige Beweisangebot noch nicht erfolgen konnte.[3]

4 Ein **Hindernis** ist ein Mangel von ungewisser Dauer, der **behebbar** ist und in der Sphäre der beweisbelasteten Partei liegt. Steht nicht fest, wann das Hindernis beseitigt sein wird, kommt es darauf an, ob dem Gegner ein Abwarten zugemutet werden kann. Erscheint es sehr unwahrscheinlich, dass in angemessener Frist das Hindernis beseitigt sein wird, kann das Gericht von einer Fristsetzung absehen und dies im Urteil entsprechend begründen.[4]

5 Die Bestimmung der Frist durch das Gericht erfolgt durch Beschluss. Die Frist muss hierbei angemessen sein.

C. Rechtsfolgen

6 Liegt ein Hindernis nach § 356 ZPO vor, ist das Hindernis innerhalb der Frist von der beweisbelasteten Partei zu beseitigen. So ist beispielsweise eine ladungsfähige Anschrift eines Zeugen innerhalb der Frist beizubringen oder der Zeuge hat als präsentes Beweismittel zum Verhandlungstermin zu erscheinen.[5] Andernfalls bleibt die Partei beweisfällig.

7 Eine Übergehung des Beweisangebots wegen eines entsprechenden Hindernisses stellt eine **Verletzung des rechtlichen Gehörs** nach Art. 103 GG dar.[6] Ferner kommt ein Verstoß gegen die richterliche Hinweispflicht in Betracht, wenn auf die Entscheidungserheblichkeit des Beweisangebots nicht hinreichend hingewiesen wurde (§ 139 ZPO). Im Falle einer Verletzung des § 139 ZPO muss die benachteiligte Partei diesen Verstoß im Wege einer Rüge geltend machen und ferner den Mangel beheben.[7] Im Falle formell nicht vollständiger Beweisangebote bedeutet dies, dass das Beweisangebot mit vollständigem Vortrag im Rahmen der Rüge erbracht werden muss.[8] Zur möglichen Heilung des Verfahrensmangels (→ § 295 Rn. 7, 12).

§ 357 Parteiöffentlichkeit

(1) **Den Parteien ist gestattet, der Beweisaufnahme beizuwohnen.**

(2) [1]**Wird die Beweisaufnahme einem Mitglied des Prozessgerichts oder einem anderen Gericht übertragen, so ist die Terminsbestimmung den Parteien ohne besondere Form mitzuteilen, sofern nicht das Gericht die Zustellung anordnet.** [2]Bei Übersendung durch die Post gilt die Mitteilung, wenn die Wohnung der Partei im Bereich des Ortsbestellverkehrs liegt, an dem folgenden, im Übrigen an dem zweiten Werktage nach der Aufgabe zur Post als bewirkt, sofern nicht die Partei glaubhaft macht, dass ihr die Mitteilung nicht oder erst in einem späteren Zeitpunkt zugegangen ist.

A. Anwendungsbereich

1 § 357 findet in Prozessen vor den ordentlichen Gerichten Anwendung. Für patentamtliche Verfahren finden sich hingegen in den § 74 Abs. 3 S. 1 MarkenG und § 88 Abs. 3 S. 1 PatG spezialgesetzliche Regelungen zur Parteiöffentlichkeit, die dem § 355 ähnlich sind. Ferner verweist § 23 Abs. 2 DesignG auf die Anwendbarkeit der Vorschrift § 88 PatG.

B. Die Parteiöffentlichkeit

2 Der Grundsatz der Parteiöffentlichkeit gründet auf dem Grundrecht auf rechtliches Gehör nach Art. 103 Abs. 1 GG und gewährleistet den Parteien auch im Rahmen der Beweisaufnahme die Möglichkeit, bei jedweder Maßnahme anwesend zu sein.[1*] Insoweit haben die Parteien das Recht, bei Verhandlungsterminen, Beweisaufnahmen vor dem beauftragten oder ersuchten Richter, Sachverstän-

---

[1] BGH GRUR 2012, 630 (633) – Converse II.
[2] Zöller/*Greger* ZPO § 356 Rn. 1.
[3] BGH ZIP 1983, 685; ausführlich hierzu *Gottschalk* NJW 2004, 2939.
[4] MüKoZPO/*Heinrich* ZPO § 356 Rn. 3.
[5] OLG Düsseldorf BeckRS 2008, 05802.
[6] Zöller/*Greger* ZPO § 356 Rn. 1.
[7] BGH NJW-RR 1988, 208 (209); 1998, 1268 (1270).
[8] BGH GRUR 2012, 630 (633) – Converse II.
[1*] MüKoZPO/*Heinrich* ZPO § 357 Rn. 1 mwN.

digenterminen und Ortsterminen teilzunehmen. Sofern bei dem Termin besondere technische der betriebswirtschaftliche Kenntnisse erforderlich sind, kann die Partei auch eine sachkundige Person zum Termin hinzuziehen.[2] Im Anwaltsprozess hat der Prozessbevollmächtigte neben der Partei anwesend zu sein, um die Ausübung der Parteirechte gewährleisten zu können.[3]

C. Einschränkungen der Parteiöffentlichkeit

Einschränkungen der Parteiöffentlichkeit stehen zur Disposition der Parteien, sodass diese ausdrücklich oder konkludent auf eine Anwesenheit verzichten können. **3**

Ferner sind Einschränkungen der Parteiöffentlichkeit insbesondere im Spannungsfeld mit Geheimhaltungsinteressen der Gegenpartei denkbar. So kommt bei entsprechender Geltendmachung von Geheimhaltungsinteressen nicht nur der Ausschluss der Öffentlichkeit, sondern auch der Ausschluss der anderen Prozesspartei in Betracht. Gleiches gilt für den Fall, dass der Untersuchungszweck durch eine Beteiligung einer Partei gefährdet wäre (→ Rn. 9, 12). **4**

D. Anwendungsfälle im Gewerblichen Rechtsschutz

Im gewerblichen Rechtsschutz ist die Frage der Parteiöffentlichkeit einer Beweisaufnahme insbesondere in folgenden Fällen relevant: **5**

I. Ortstermin – Inaugenscheinnahme

Der Sachverständige, der einen Ortstermin beim Streithelfer durchführt und hiervon die übrigen Prozessbeteiligten nicht informiert, verstößt gegen den Grundsatz der Parteiöffentlichkeit und damit das rechtliche Gehör.[4] Dies gilt aber nur dann, wenn das Ergebnis der Beweisaufnahme aufgrund der Beteiligung der Partei erkennbar anders ausgefallen wäre und sich auf das Ergebnis des Rechtsstreits ausgewirkt haben könnte.[5] Dies ist im Einzelfall zu prüfen. In dem Fall, in dem ein Sachverständiger zur Vorbereitung seines Gutachtens eine Orts- und Sachbesichtigung in Anwesenheit nur einer der Parteien durchführt, ohne der anderen die Gelegenheit zur Teilnahme gegeben zu haben, nimmt der BGH jedenfalls eine Befangenheit an.[6] Dies rechtfertige sich aus dem Verstoß gegen das Gebot der Waffengleichheit, weil sich der Sachverständige der einseitigen Einflussnahme einer Partei aussetzt. Eine verständige Partei darf in der Folge mutmaßen, dass hierbei auch ein – für sie nach Inhalt und Umfang nicht zu überblickender – Informations- und Meinungsaustausch über das streitige Rechtsverhältnis stattgefunden hat. Dies ist aus Sicht eines unbefangenen Dritten geeignet, Zweifel an der Unvoreingenommenheit des Sachverständigen zu begründen.[7] Solche Indizien sprechen auch dafür, dass das Ergebnis der Beweisaufnahme bei Beteiligung aller Parteien anders ausgegangen wäre. **6**

Auch wird vertreten, dass die nicht hinreichend rechtzeitige Ankündigung eines präsenten Beweismittels einen Verstoß der Parteiöffentlichkeit darstellen kann.[8] **7**

Grundsätzlich begründet der Umstand, dass eine Partei von einem Ortstermin durch die andere Partei oder durch Dritte abgehalten wird, einen Verstoß gegen die Parteiöffentlichkeit. Die Beweisaufnahme muss jedenfalls dann unterbleiben, wenn nicht durch die Zulassung eines Vertreters Abhilfe geschafft werden kann. **8**

Eine **Einschränkung des rechtlichen Gehörs** kommt in Betracht, wenn der Untersuchungszweck der Beweisaufnahme durch die Parteiladung gefährdet würde. Dies wird beispielsweise für den Fall von erforderlichen verdeckten Immissionsmessungen bejaht.[9] Ferner kommen Konstellationen in Betracht, in denen eine Partei die Beweisaufnahme durch entsprechende Maßnahmen am zu untersuchenden Gegenstand manipulieren könnte. **9**

II. Fragerecht zu Zeugen und präsenten Beweismitteln

Der Umstand, dass die Beklagten den Zeugen nicht mehr hinreichend befragen können, stellt einen Verstoß gegen die Parteiöffentlichkeit dar.[10] **10**

---

[2] MüKoZPO/*Heinrich* ZPO § 375 Rn. 12 mit Verweis auf OLG Düsseldorf MDR 1979, 409; OLG München NJW-RR 1998, 1534 (1535).
[3] MüKoZPO/*Heinrich* ZPO § 357 Rn. 6.
[4] Zöller/*Greger* ZPO § 357 Rn. 1, 6; zweifelnd hingegen: OLG Dresden NJW-RR 1997, 1354 ff.
[5] OLG Düsseldorf PharmR 2013, 177 unter Verweis auf BGH BeckRS 1991, 31064032.
[6] BGH NJW 1975, 1363; so auch OLG Karlsruhe MDR 2010, 1148; OLG Saarbrücken MDR 2007, 1279; OLG Bremen OLGR 2009, 700; OLG Frankfurt a. M. OLGR 2009, 573.
[7] OLG Saarbrücken BeckRS 2005, 00420; 2007, 09954.
[8] Zöller/*Greger* ZPO § 357 Rn. 5.
[9] Zöller/*Greger* ZPO § 357 Rn. 5 unter Verweis auf LG Saarbrücken MDR 1998, 492; LG Koblenz VersR 2012, 922.
[10] OLG Düsseldorf BeckRS 2012, 08125.

III. Zugang zu vertraulichen Unterlagen

11 Der Zugang zu Unterlagen muss gewährleistet sein, sofern diese Unterlagen im Rahmen eines Sachverständigengutachtens oder anderweitiger Beweiswürdigung durch das Gericht verwertet werden.[11] Allerdings stellt sich die Frage, ob Geheimhaltungsinteressen der beweisbelasteten Partei Einschränkungen der Parteiöffentlichkeit rechtfertigen.[12]

12 So stellt sich insbesondere im **Patentrecht** und im **Wettbewerbsrecht** die Frage, ob durch die Offenlegung von Maschinen, Verfahrensabläufen oder Geschäftsunterlagen vertrauliches Know-How an den Wettbewerber gegeben würde, weil dieser sich eingehend mit den Geschäftsgeheimnissen der Partei auseinandersetzen kann. So kommt im **Besichtigungsverfahren** wegen möglicher Patentverletzungen der Ausschluss der Gegenpartei in Betracht, die lediglich durch ihren Rechtsanwalt vertreten sein darf (→ § 485 Rn. 43 ff.).[13] In solchen Fällen wird lediglich der Rechtsanwalt des Gläubigers zugelassen, der überdies zur Verschwiegenheit zu verpflichten ist. Auch kommt die **Übergabe des Sachverständigengutachtens** an die Gegenpartei erst nach Veröffentlichung der Patentanmeldung als schützende Maßnahme in Betracht.[14] Gleiches gilt im **Urheberrecht**. Sofern die Besichtigung sich auf vertrauliche Dokumentationen, wie beispielsweise den Quellcode von Software, bezieht, wird in der Regel nur der Prozessbevollmächtigte unter Verpflichtung zur Geheimhaltung zur Besichtigung zuzulassen sein (→ § 487 Rn. 22 ff.).

13 Ein weiterer Interessenkonflikt besteht ferner insbesondere im **Markenrecht** bezüglich der Frage der Darlegung einer **Erschöpfung**. Der Schuldner ist bei der Verwendung des Schutzrechts grundsätzlich dazu gehalten, die Erschöpfung zu beweisen, § 24 Abs. 1 MarkenG. Hierbei will der Schuldner aber nicht die Lieferanten preisgeben, die ihn mit erschöpfter Ware aus europäischen Nachbarländern beliefert haben, um eine Marktabschottung durch den Markeninhaber zu verhindern.[15] Gleichzeitig hat der Rechtsinhaber regelmäßig ein Interesse daran, keine Details zu Produktkodierungen oder zu Lieferwegen und Vertragspartnern preiszugeben, die zwar die fehlende Erschöpfung darlegen, aber weitere Informationen zu einer möglichen Umgehung des Vertriebssystems aufzeigen können. Insoweit haben die Parteien gegebenenfalls ein Interesse, die andere Partei von der Einsichtnahme fernzuhalten und den Anwaltsvertreter zur Verschwiegenheit zu verpflichten. Das Gericht hat diese Entscheidung im Rahmen der Abwägung von Geheimhaltungsinteressen einerseits und Interessen an der Parteiöffentlichkeit und entsprechend möglicher Würdigung der Beweise zu treffen.[16]

14 Auch bei der Frage der **Schadensberechnung durch entgangenen Gewinn** stellt sich die Frage, ob der Gläubiger alle Geschäftsunterlagen offen legen muss, um die Überprüfung der Berechnung des entgangenen Gewinns durch den Schuldner zu ermöglichen. Hier besteht das bedeutende Interesse des Schuldners, die Angaben detailliert prüfen zu können. Insoweit ist zu prüfen, ob geheimhaltungsbedürftige Informationen im Sachverständigengutachten geschwärzt werden können, ohne das Gutachten zu entstellen.[17] Auch kommt hier eine Übergabe allein an den Anwaltsvertreter in Betracht, sofern dies eine umfassende Überprüfung der Angaben bereits ermöglicht. Der Unmittelbarkeitsgrundsatz erfordert allerdings grundsätzlich, dass auch die Tatsachen eines Gutachtens mitgeteilt werden, um diese überprüfen zu können.

E. Rechtsfolge

15 Der Verstoß gegen die Parteiöffentlichkeit stellt eine Verletzung des rechtlichen Gehörs dar und macht die Beweisaufnahme regelmäßig unverwertbar.[18] Die Partei bleibt beweisfällig. Ferner stellt diese Verletzung einen Revisionsgrund dar, sofern das Urteil hierauf beruht. Dies gilt folglich nur, wenn das Ergebnis der Beweisaufnahme aufgrund der Beteiligung der Partei erkennbar anders ausgefallen wäre oder dies sich auf das Ergebnis des Rechtsstreits auswirken kann.[19] Ferner tritt auch hier jeweils eine Heilung des Verstoßes gegen die Parteiöffentlichkeit nach § 295 ZPO ein, wenn die Verletzung des rechtlichen Gehörs nicht hinreichend gerügt worden ist (→ § 295 Rn. 7).

§ 357a (weggefallen)

---

[11] Zöller/*Greger* ZPO § 357 Rn. 4.
[12] Vgl. hierzu die Interessenabwägung im Rahmen des patentrechtlichen Besichtigungsverfahrens: *Kühnen* Rn. 360 ff.
[13] Vgl. hierzu *Kühnen* Rn. 391 ff.
[14] *Kühnen* Rn. 408.
[15] Hierzu ausführlich: *Ingerl/Rohnke* MarkenG § 24 Rn. 88 ff.
[16] BGH GRUR 2012, 626 – Converse I, wonach im konkreten Fall bei sekundärer Beweislast die Preisgabe der firmeneigenen Codierung auf Schuhen durch den Markeninhaber als nicht erforderlich beurteilt wurde, weil Geheimhaltungsinteressen betroffen waren.
[17] *Kühnen* Rn. 404 und 405.
[18] BVerwG NJW 2006, 2058 (zu § 97 VwGO).
[19] OLG Düsseldorf PharmR 2013, 177 unter Verweis auf BGH BeckRS 1991, 31064032.

§ 358 Notwendigkeit eines Beweisbeschlusses

Erfordert die Beweisaufnahme ein besonderes Verfahren, so ist es durch Beweisbeschluss anzuordnen.

A. Anwendungsbereich

Die Regelung ist in Prozessen vor den ordentlichen Zivilgerichten anwendbar (→ § 355 Rn. 1). **1** Spezialgesetzliche Regelungen für patentamtliche Verfahren gibt es hierzu nicht. Insoweit stellt sich die Frage, ob der Amtsermittlungsgrundsatz und der hiermit verbundene Grundsatz des Freibeweises das Gericht von dieser Vorschrift entbindet. § 358 soll auch der sorgfältigen Prüfung der Notwendigkeit des Beweisverfahrens dienen.[1] Insoweit sollte die Vorschrift auch im patentamtlichen Verfahren Anwendung finden, wenn die Beweismittel des Strengbeweises betroffen sind. Allerdings sind die Verfahren vor dem **DPMA** und teils auch vor dem **BPatG** schriftliche Verfahren, bei denen selten eine Beweisaufnahme stattfindet. Insofern hat die Vorschrift außerhalb der Verfahren vor den ordentlichen Gerichten weniger praktische Relevanz.

B. Notwendigkeit eines Beweisbeschlusses

Ein **förmlicher Beweisbeschluss** ist nur im Ausnahmefall zu erlassen, wenn ein „besonderes **2** Verfahren" erforderlich ist. Ein „besonderes Verfahren" ist grundsätzlich dann anzunehmen, wenn der angeordnete Beweis nicht sofort im selben Termin erhoben werden kann.[2] So ist bei der Anforderung eines schriftlichen Sachverständigengutachtens oder der Beweisaufnahme durch den beauftragten oder ersuchten Richter nach §§ 361, 362 ZPO ein solcher Beschluss vorzunehmen. Auch bei der Parteivernehmung (§ 450 ZPO), der vorterminlichen Beweisaufnahme (§ 358a ZPO) und der Beweisaufnahme im Rahmen eines besonderen Verfahrens nach den §§ 358, 284 ZPO ist ein Beweisbeschuss vorgesehen.

Das Gericht ist allerdings nicht gehindert, nach § 141 ZPO **ohne einen förmlichen Beschluss** die **3** Partei anzuhören.[3] Das Gericht kann im Rahmen der Würdigung des gesamten Inhalts der Verhandlungen und des Ergebnisses der Beweisaufnahme einer Parteierklärung, auch wenn sie außerhalb einer förmlichen Parteivernehmung erfolgt ist, den Vorzug vor den Bekundungen eines Zeugen geben.[4] Dies folgt aus dem Grundsatz der freien Beweiswürdigung nach § 286 Abs. 1 S. 1 ZPO (→ § 286 Rn. 1). Ein Antrag auf Parteivernehmung ist folglich auch dann nicht zu berücksichtigen, wenn das Gericht vom Gegenteil der zu bekundenden Tatsache bereits überzeugt ist.[5]

C. Rechtsfolgen und Rechtsmittel

Liegt trotz Notwendigkeit kein förmlicher Beweisbeschluss vor, kann dies im Rahmen des Rechts- **4** mittels zum Urteil gerügt werden.[6] Ein ergangener förmlicher Beschluss ist nicht selbständig anfechtbar, § 355 Abs. 2 ZPO. Es kommt lediglich die Verfassungsbeschwerde in Betracht, wenn die angeordnete Beweisaufnahme Grundrechte des Beschwerten gefährdet.[7] Eine solche Beschwerde wird aber nur dann zugelassen, wenn durch die Zwischenentscheidung bereits ein bleibender rechtlicher Nachteil droht, der sich im weiteren Verfahren nicht mehr beheben lässt.[8] Der ungerechtfertigte Beweisbeschluss kann ansonsten durch die Verfahrensrüge geltend gemacht werden.[9] Bei faktischer Aussetzung durch einen Beweisbeschluss kommt zudem eine sofortige Beschwerde in entsprechender Anwendung des § 252 ZPO in Betracht (§ 252).

§ 358a Beweisbeschluss und Beweisaufnahme vor mündlicher Verhandlung

¹**Das Gericht kann schon vor der mündlichen Verhandlung einen Beweisbeschluss erlassen.** ²**Der Beschluss kann vor der mündlichen Verhandlung ausgeführt werden, soweit er anordnet**
1. **eine Beweisaufnahme vor dem beauftragten oder ersuchten Richter,**
2. **die Einholung amtlicher Auskünfte,**

---

[1] MüKoZPO/*Heinreich* ZPO § 358 Rn. 1, Rn. 2.
[2] MüKoZPO/*Heinreich* ZPO § 358 Rn. 2.
[3] BGH NJW-RR 2006, 61.
[4] BGH GRUR 1990, 669 (672) – Bibelreproduktion.
[5] BGH NJW 1999, 363 (365).
[6] Zöller/*Greger* ZPO § 358 Rn. 3.
[7] BVerfG NWwZ 2005, 681.
[8] BGH GRUR 2009, 519 – Hohlfasermembranspinnanlage.
[9] BGH NJW-RR 1998, 1601 – Vieraugengespräch.

3. eine schriftliche Beantwortung der Beweisfrage nach § 377 Abs. 3,
4. die Begutachtung durch Sachverständige,
5. die Einnahme eines Augenscheins.

A. Anwendungsbereich

1   Die Vorschrift findet im gewerblichen Rechtsschutz bei Verfahren vor den ordentlichen Gerichten Anwendung. In patentamtlichen Verfahren vor dem DPMA kommen vorterminliche Beweisaufnahmen praktisch nicht vor, da weder eine Beweisaufnahme stattfindet noch eine mündliche Verhandlung anberaumt wird. Für die Verfahren vor dem BPatG gibt es spezialgesetzliche Regelungen in den § 74 Abs. 2 MarkenG, § 88 Abs. 2 PatG. Hiernach kann eine Beweiserhebung vor der mündlichen Verhandlung bereits durch einen beauftragten Richter erfolgen oder ein anderes Gericht hierzu beauftragt werden. Fraglich ist, ob neben diesen Vorschriften § 358a ZPO insoweit Anwendung findet, als dass ein förmlicher Beweisbeschluss ergehen muss. Für Beweismittel des strengen Beweisverfahrens ist dies zu bejahen (→ § 358 Rn. 1). In diesen Verfahren ist wegen des geltenden Amtsermittlungsgrundsatzes allerdings die formale Beweisaufnahme von (nicht formalen) vorbereitenden Maßnahmen des Gerichts abzugrenzen, die auch in der Einholung von Auskünften bestehen können (→ § 273 Rn. 11, 12). Hierzu bedarf es keines Beschlusses nach § 358a ZPO.

B. Beweisbeschluss vor mündlicher Verhandlung

2   Ein **förmlicher Beweisbeschluss** durch das Gericht ist für alle Beweisaufnahmen vor der mündlichen Verhandlung erforderlich.

3   Das **Gericht** ist gemäß dieser Vorschrift der gesamte Spruchkörper, also die Zivil- oder Handelskammer, sofern die Sache nicht dem Einzelrichter zugewiesen ist.[1] Im Gegensatz zu § 272 Abs. 2 kann der Vorsitzende grundsätzlich nicht allein Beweisbeschlüsse nach dieser Vorschrift erlassen.

4   **Vor der mündlichen Verhandlung** bedeutet, dass noch kein erster Termin festgelegt ist. Umstritten ist, ob diese Vorschrift auch zwischen zwei mündlichen Terminen Anwendung findet.[2] Da eine solche Beweisaufnahme zwischen Terminen in bestimmten Fällen sinnvoll sein kann, sollte die Anwendbarkeit zwischen den Terminen nicht ausgeschlossen werden. Die Zivilprozessordnung ist zweckgerichtet und soll der Prozessökonomie und der sorgfältigen Vorbereitung des Termins unter Beteiligung der Parteien dienen. Insoweit kann das Gericht im eigenen Ermessen entscheiden, ob ein solches Vorgehen sinnvoll erscheint.

C. Rechtsmittel

5   Das Fehlen eines förmlichen Beweisbeschluss kann im Rahmen des Rechtsmittels zum Urteil gerügt werden.[3] Auch hier ist zu beachten, dass ein rügeloses Verhandeln im Nachgang an den Termin eine Heilung mit sich bringen kann. Ein ergangener förmlicher Beschluss ist nicht selbständig anfechtbar, § 355 Abs. 2 ZPO.

§ 359 Inhalt des Beweisbeschlusses

Der Beweisbeschluss enthält:
1. die Bezeichnung der streitigen Tatsachen, über die der Beweis zu erheben ist;
2. die Bezeichnung der Beweismittel unter Benennung der zu vernehmenden Zeugen und Sachverständigen oder der zu vernehmenden Partei;
3. die Bezeichnung der Partei, die sich auf das Beweismittel berufen hat.

A. Anwendungsbereich

1   Die Regelung des § 359 ist in Prozessen vor den ordentlichen Zivilgerichten und in patentamtlichen Verfahren anwendbar, da es hierzu keine spezialgesetzlichen Regelungen für patentamtliche Verfahren gibt und der Amtsermittlungsgrundsatz einer Anwendung nicht entgegensteht (→ § 355 Rn. 1).

---

[1] BGH NJW 1983, 1793; MüKoZPO/*Heinrich* ZPO § 358a Rn. 2; Prütting/Gehrlein/*Lindner* ZPO § 358a Rn. 3.
[2] Ablehnend MüKoZPO/*Heinrich* ZPO § 358a Rn. 4; Musielak/*Heinrich* ZPO § 358a Rn. 2; zustimmend: Stein/Jonas/*Berger* ZPO § 358a Rn. 7; Thomas/Putzo/*Reichold* ZPO § 358a Rn. 1.
[3] Zöller/*Greger* ZPO § 358 Rn. 3.

Änderung des Beweisbeschlusses   1–4 § 360 ZPO

B. Inhalt des Beweisbeschlusses

Der Erlass eines Beweisbeschlusses dient der Klarstellung, welche Tatsachen das Gericht für erheb- 2
lich und beweisbedürftig erachtet und in welcher Weise hierzu Beweis erhoben werden soll.[1] Der
Inhalt des Beweisbeschlusses ist für das Prozessgericht nicht bindend. Es kann folglich den Beweisbeschluss jederzeit aufheben oder der Beweiserhebung nicht nachkommen.[2] Der Inhalt des Beweisbeschlusses ist allerdings bindend für den beauftragten und ersuchten Richter (§§ 361, 362).

Das **Beweisthema** (Nr. 1) ist die zu beweisende Parteibehauptung.[3] Hierin darf das Prozessgericht 3
nicht abstrakt einen Hergang zum Beweisthema machen, sondern muss die entscheidungserhebliche
Tatsache konkret benennen.[4]

Die **Beweismittel** (Nr. 2) werden durch die Beweisangebote der Partei vorgegeben, sofern keine 4
Beweiserhebung von Amts wegen erfolgt (§§ 144, 448). Sie sind im Beweisbeschluss hinreichend zu
bestimmen. So sind Zeugen und Sachverständige mit ladungsfähiger Anschrift zu bezeichnen, sofern
nicht die Auswahl nach §§ 372 Abs. 2, 405 dem beauftragten oder ersuchten Richter überlassen wird.

Die **beweisführende Partei** (Nr. 3) ist zu benennen, da ihr das Verzichtsrecht zusteht und sie ggf. 5
Auslagenvorschuss leisten muss (§ 399).

C. Rechtsfolgen

Der Beweisbeschluss ist als prozessleitende Verfügung nicht separat anfechtbar (→ § 355 Rn. 22).[5] 6
Der ersuchte Richter kann das Rechtshilfegesuch nur bei einem unzulässigen Beweisbeschluss nach 7
§ 158 GVG zurückweisen. Über die Rechtmäßigkeit der Zurückweisung entscheidet nach § 159
GVG das Oberlandesgericht (→ § 362 Rn. 4).

§ 360 Änderung des Beweisbeschlusses

¹Vor der Erledigung des Beweisbeschlusses kann keine Partei dessen Änderung auf Grund
der früheren Verhandlungen verlangen. ²Das Gericht kann jedoch auf Antrag einer Partei
oder von Amts wegen den Beweisbeschluss auch ohne erneute mündliche Verhandlung
insoweit ändern, als der Gegner zustimmt oder es sich nur um die Berichtigung oder
Ergänzung der im Beschluss angegebenen Beweistatsachen oder um die Vernehmung
anderer als der im Beschluss angegebenen Zeugen oder Sachverständigen handelt. ³Die
gleiche Befugnis hat der beauftragte oder ersuchte Richter. ⁴Die Parteien sind tunlichst
vorher zu hören und in jedem Fall von der Änderung unverzüglich zu benachrichtigen.

A. Anwendungsbereich

Die Vorschrift findet sowohl in Verfahren vor den ordentlichen Zivilgerichten als auch in patent- 1
amtlichen Verfahren Anwendung, da spezialgesetzliche Regelungen zur Änderung eines Beweisbeschlusses fehlen (→ § 355 Rn. 1).

B. Änderung des Beweisbeschlusses

Das Prozessgericht ist nicht an den Beweisbeschluss gebunden (→ § 359 Rn. 2). Insoweit kann es 2
unter Gewährung rechtlichen Gehörs jederzeit den eigenen Beweisbeschluss ändern oder ganz oder
teilweise von der Erledigung absehen.[1*]

Vor der mündlichen Verhandlung findet die Vorschrift keine Anwendung und es ist damit jede 3
Änderung zulässig.[2*] **Auf Grund einer mündlichen Verhandlung** ist ebenfalls jede Änderung des
Beweisbeschlusses zulässig.[3*]

Ohne erneute mündliche Verhandlung sind die Befugnisse des Gerichts hingegen eingeschränkt. 4
In diesem Fall darf das Gericht nur mit Zustimmung der Parteien den Beweisbeschluss auf neue
Beweisthemen erstrecken oder das Beweisthema gegen ein anderes austauschen. Zulässig bleibt es
hingegen, das Beweisthema zu ergänzen, Zeugen oder Sachverständige auszutauschen oder bei Vor-

---

[1] MüKoZPO/*Heinrich* § 359 Rn. 1.
[2] Zöller/*Greger* ZPO § 359 Rn. 1.
[3] Zöller/*Greger* ZPO § 359 Rn. 3; Beispiel eines Beweisbeschlusses für ein Sachverständigengutachten im Patentrecht: OLG Düsseldorf BeckRS 2012, 10313.
[4] Zöller/*Greger* ZPO § 359 Rn. 3; das Erfordernis der Benennung der konkreten Tatsache verneinend: OLG
Frankfurt a. M. NJW 1995, 637.
[5] MüKoZPO/*Heinrich* § 359 Rn. 9.
[1*] Zöller/*Greger* ZPO § 360 Rn. 1.
[2*] MüKoZPO/*Heinrich* § 360 Rn. 2, 11.
[3*] Zöller/*Greger* ZPO § 360 Rn. 3.

ZPO § 362

Buch 2. Verfahren im ersten Rechtszug

liegen der weiteren gesetzlichen Voraussetzungen die Beweisaufnahme einem beauftragten oder ersuchten Richter zu überlassen.

5   Im **Beweistermin** kann das Beweisthema auch ohne formalen Beschluss nach § 360 über das Beweisthema ausgedehnt werden, wenn dies sachlich geboten ist.[4] Hierbei sind allerdings die Mitwirkungsrechte der Parteien (§§ 357, 367 Abs. 2, 397) und das Verbot des Amtsermittlungsgrundsatzes (→ § 284 Rn. 17) zu beachten.

C. Rechtsfolge

6   Der Änderungsbeschluss des Prozessgerichts ist als prozessleitende Verfügung nach § 355 Abs. 2 nicht separat anfechtbar (→ § 355 Rn. 22).[5] Allerdings kommt ein Verstoß gegen die Mitwirkungsrechte der Parteien, gegen den Unmittelbarkeitsgrundsatz (→ § 355 Rn. 5) und gegen den Amtsermittlungsgrundsatz in Betracht, die im Rahmen der Verfahrensrüge geltend gemacht werden können. Zur Heilbarkeit von Verfahrensfehlern bei fehlender Rüge (→ § 295 Rn. 7, 12).

§ 361 Beweisaufnahme durch beauftragten Richter

(1) **Soll die Beweisaufnahme durch ein Mitglied des Prozessgerichts erfolgen, so wird bei der Verkündung des Beweisbeschlusses durch den Vorsitzenden der beauftragte Richter bezeichnet und der Termin zur Beweisaufnahme bestimmt.**

(2) **Ist die Terminsbestimmung unterblieben, so erfolgt sie durch den beauftragten Richter, wird er verhindert, den Auftrag zu vollziehen, so ernennt der Vorsitzende ein anderes Mitglied.**

A. Anwendungsbereich

1   Die Vorschrift findet Anwendung in Verfahren vor den ordentlichen Zivilgerichten. Für patentamtliche Verfahren ist die Beweisaufnahme durch den beauftragten Richter in den § 74 Abs. 2 MarkenG, § 88 Abs. 2 PatG, § 23 Abs. 2 DesignG iVm § 88 Abs. 2 PatG **in geeigneten Fällen** möglich. Hierbei ist allerdings nicht geregelt, welche Fälle geeignet erscheinen. Insoweit sind die Regelungen des § 361 und des § 375 ZPO ergänzend heranzuziehen.[1]

B. Die Beweisaufnahme durch den beauftragten Richter

2   Die Beweisaufnahme durch den beauftragten Richter stellt eine gesetzliche Ausnahme des Unmittelbarkeitsgrundsatzes dar (→ § 355 Rn. 6). Folglich ist die Beweisaufnahme durch den beauftragten Richter nur im Ausnahmefall des § 375 zulässig (→ § 375 Rn. 4). Der **beauftragte Richter** ist Mitglied des Prozessgerichts, der mit der Beweisaufnahme betraut wird, ohne das Prozessgericht zu repräsentieren.[2] Folglich hat der beauftragte Richter nach § 366 keine Entscheidungsbefugnis und es herrscht kein Anwaltszwang (§ 78); auch ist keine Öffentlichkeit nach GVG erforderlich, da der beauftragte Richter nicht das erkennende Gericht iSd § 169 GVG ist. Der Grundsatz der Parteiöffentlichkeit findet hingegen Anwendung (§ 357). Sofern die Sache nach § 348 einem Einzelrichter übertragen ist, kann dieser (nur) ein anderes Mitglied der Kammer beauftragen, da ansonsten eine Umgehung des Anwaltszwangs und der Öffentlichkeit möglich wäre.[3]

C. Rechtsfolge

3   Liegen die Voraussetzungen des § 375 nicht vor, ist die Beweisaufnahme durch den beauftragten Richter ein Verstoß gegen den Unmittelbarkeitsgrundsatz, der die Beweisaufnahme regelmäßig unverwertbar macht (→ § 355 Rn. 20). Soll eine Änderung einer Entscheidung des beauftragten Richters durch diesen oder das Prozessgericht erwirkt werden, ist der Rechtsbehelf der Erinnerung nach § 573 statthaft (§ 573).

§ 362 Beweisaufnahme durch ersuchten Richter

(1) **Soll die Beweisaufnahme durch ein anderes Gericht erfolgen, so ist das Ersuchungsschreiben von dem Vorsitzenden zu erlassen.**

---

[4] Zöller/*Greger* ZPO § 360 Rn. 6.
[5] OLG Brandenburg LSK 2003, 190429.
[1] So auch Ströbele/Hacker/*Knoll* MarkenG § 74 Rn. 2; *Ingerl/Rohnke* MarkenG § 74 Rn. 1.
[2] Zöller/*Greger* ZPO § 361 Rn. 1.
[3] So auch Zöller/*Greger* ZPO § 361 Rn. 2; aA LG Hamburg MDR 50, 292; LG Koblenz NJW 1971, 1043 (1045).

(2) **Die auf die Beweisaufnahme sich beziehenden Verhandlungen übermittelt der ersuchte Richter der Geschäftsstelle des Prozessgerichts in Urschrift; die Geschäftsstelle benachrichtigt die Parteien von dem Eingang.**

A. Anwendungsbereich

Die Vorschrift findet in Verfahren des gewerblichen Rechtsschutzes vor den ordentlichen Gerichten Anwendung. In patentamtlichen Verfahren ist gemäß § 74 Abs. 3 S. 1 MarkenG, § 88 Abs. 3 S. 1 PatG, § 23 Abs. 2 DesignG iVm § 88 Abs. 2 PatG eine Beweisaufnahme durch den ersuchten Richter **in geeigneten Fällen** möglich. Nicht geregelt ist in den spezialgesetzlichen Normen hingegen, welche Fälle geeignet erscheinen. Insoweit sind die Regelungen des §§ 355, 362 ergänzend heranzuziehen, womit die Beweisaufnahme durch den ersuchten Richter auch in patentamtlichen Verfahren nur in den gesetzlichen Ausnahmefällen zulässig sein dürfte.[1]

B. Die Beweisaufnahme durch den ersuchten Richter

Die Beweisaufnahme durch den ersuchten Richter stellt eine gesetzliche Ausnahme vom Grundsatz der Unmittelbarkeit dar (→ § 355 Rn. 5). Folglich ist diese Ausnahme nur in den gesondert geregelten Ausnahmefällen (§§ 372 Abs. 2, 375, 402, 434, 451) zulässig.[2] Der **ersuchte Richter** ist der vom Gericht im Wege der Rechtshilfe nach §§ 156–164 GVG mit der Beweisaufnahme betraute Richter eines anderen Gerichts.[3] Dieser darf das Gesuch gemäß § 158 GVG nicht ablehnen, sofern es nicht unzulässig ist. Dies wird beispielsweise angenommen, wenn die streitige Tatsache nach § 359 Nr. 1 nicht hinreichend bestimmt ist[4] oder das Rechtshilfeersuchen wegen ermessensfehlerhafter Rechtsanwendung durch das Prozessgericht eklatant unrichtig ist.[5]

Die **Beweisanordnung** erfolgt durch das Prozessgericht, an dessen Beweisthema der ersuchte Richter gebunden ist (→ § 359 Rn. 2), wobei eine Beweisbeschlussänderung durch den ersuchten Richter möglich ist (§ 360 S. 3). Die Befugnisse des ersuchten Richters im Rahmen der Beweisaufnahme ergeben sich aus § 400. Vor dem ersuchten Richter herrscht gemäß § 78 Abs. 3 kein Anwaltszwang; zur Frage der Rechtsbehelfsbelehrung (→ § 232 Rn. 2). Gemäß § 169 GVG ist keine öffentliche Verhandlung notwendig, da der ersuchte Richter nicht das erkennende Gericht ist. Der Grundsatz der Parteiöffentlichkeit nach § 357 findet hingegen Anwendung.

C. Rechtsfolge

Die Frage der Zulässigkeit einer Ablehnung eines Rechtshilfegesuchs durch den ersuchten Richter unterliegt nach § 159 GVG der Überprüfung des Oberlandesgerichts. Gegen anderweitige Entscheidungen des ersuchten Richters ist der Rechtsbehelf der Erinnerung nach § 573 statthaft (→ § 573 Rn. 1).

Sofern die gesetzlichen Voraussetzungen der Beweisaufnahme durch den ersuchten Richter nicht vorliegen, liegt zudem ein Verstoß gegen den Unmittelbarkeitsgrundsatz vor (→ § 355 Rn. 5).

§ 363 Beweisaufnahme im Ausland

(1) **Soll die Beweisaufnahme im Ausland erfolgen, so hat der Vorsitzende die zuständige Behörde um Aufnahme des Beweises zu ersuchen.**

(2) **Kann die Beweisaufnahme durch einen Konsularbeamten erfolgen, so ist das Ersuchen an diesen zu richten.**

(3) [1]**Die Vorschriften der Verordnung (EG) Nr. 1206/2001 des Rates vom 28. Mai 2001 über die Zusammenarbeit zwischen den Gerichten der Mitgliedstaaten auf dem Gebiet der Beweisaufnahme in Zivil- oder Handelssachen bleiben unberührt.** [2]**Für die Durchführung gelten die §§ 1072 und 1073.**

Literatur: *Musielak*, Beweiserhebung bei auslandsbelegenen Beweismitteln, FS Geimer, 2002, S. 761.

---

[1] So auch Ströbele/Hacker/*Knoll* MarkenG § 74 Rn. 2; *Ingerl/Rohnke* MarkenG § 74 Rn. 1. Diese Frage hat kaum eine praktische Relevanz, da Beweisaufnahmen in patentlichen Verfahren nur selten durchgeführt werden.

[2] Zöller/*Geimer* ZPO § 362 Rn. 1.

[3] Zöller/*Geimer* ZPO § 362 Rn. 1.

[4] MüKoZPO/*Heinrich* ZPO § 362 Rn. 5 mit Verweis auf OLG Köln OLGZ 1966, 40 (41); OLG Düsseldorf OLGZ 1973, 492 (493); OLG Koblenz NJW 1975, 1036; OLG Frankfurt a. M. JurBüro 1982, 1576 (1577); eine weite Auslegung erfolgt durch das OLG Frankfurt a. M. in NJW 1995, 637.

[5] OLG Jena BeckRS 2000, 11214: Das OLG Jena nahm eine Unzulässigkeit an, da die Voraussetzungen des § 375 Abs. 1 ZPO für die Beweisaufnahme durch den ersuchten Richter offensichtlich nicht vorlagen und das Prozessgericht daher ermessensfehlerhaft handelte.

A. Anwendbarkeit

1 § 363 gilt sowohl in Prozessen vor den **ordentlichen Gerichten** als auch in **patentamtlichen Verfahren.** Denn für die Einzelheiten einer Beweisaufnahme gelten die Vorschriften §§ 355 ZPO ff.[1] (→ § 355 Rn. 1), sofern der Amtsermittlungsgrundsatz dem nicht entgegensteht. Dies gilt grundsätzlich auch für § 363. Hierbei ist allerdings zu berücksichtigen, dass eine Beweisaufnahme vor dem **DPMA** grundsätzlich nicht stattfindet – erst recht nicht eine Beweisaufnahme im Ausland. Insoweit wäre auch fraglich, ob dem DPMA eine Beweisaufnahme über § 363 Abs. 3 iVm der EuBVO (EG 1206/2001) möglich wäre, da die EuBVO von Beweisaufnahmen in gerichtlichen Verfahren spricht (→ § 1072 Rn. 1).

B. Voraussetzungen der Beweisaufnahme im Ausland

2 § 363 ZPO betrifft alleine die Beweisaufnahme **im Ausland.** Die Beweiserhebung stellt eine hoheitliche Tätigkeit dar, welche die Gebietshoheit eines anderen Staates verletzt, wenn die Beweiserhebung durch ein deutsches Gericht oder eine deutsche Behörde im Ausland erfolgt.[2] Von der Beweisaufnahme im Ausland abzugrenzen sind inländische Beweisaufnahmen, auch wenn sie einen gewissen Bezug zum Ausland aufweisen mögen. Entscheidend ist, wo der Beweis erhoben wird.[3]

3 Befindet sich ein **Zeuge** im Ausland, so handelt es sich gleichwohl um eine Beweiserhebung im Inland, wenn der Zeuge durch einfachen Brief und ohne die Androhung von Zwangsmitteln geladen wird oder formlos auf postalischem Weg und unter Verzicht auf Zwangsandrohung die schriftliche Beantwortung der Beweisfragen nach § 377 Abs. 3 ZPO angeordnet wird.[4]

4 Bei der Einschaltung eines **Sachverständigen** ist zwischen dem Tätigwerden eines Sachverständigen im Ausland, der Beauftragung eines im Ausland ansässigen Sachverständigen und der Erläuterung des Gutachtens durch den im Ausland ansässigen Sachverständigen zu unterscheiden.

Nach hM stellt das Tätigwerden eines Sachverständigen im Ausland grundsätzlich keine Beweiserhebung im Ausland im Sinne von § 363 ZPO dar.[5] Vielmehr dient die Feststellung der Befundtatsachen im Ausland allein der Vorbereitung der Beweisaufnahme durch das inländische Gericht. Die formlose Bitte ohne Zwangsandrohung eines im Ausland ansässigen Sachverständigen um Gutachtenerstellung stellt keine Beweiserhebung im Ausland dar. Gleichwohl sieht § 63 ZRHO vor, dass ausländische Stellen oder Privatpersonen nur im Wege der Rechtshilfe um Erstattung eines Gutachtens ersucht werden dürfen. Als bloße Verwaltungsvorschrift vermag die ZRHO jedoch die richterliche Unabhängigkeit nicht zu beschränken, bindet den Richter also nicht.[6] Auch die Bitte um mündliche oder schriftliche Erläuterung des Gutachtens durch den im Ausland ansässigen Gutachter stellt keine Beweiserhebung im Ausland dar. Lehnt der Gutachter die Erläuterung ab oder erscheint er nicht, so hat die Erläuterung im Wege der Rechtshilfe nach § 363 Abs. 1 zu erfolgen.[7]

5 Eine **Inaugenscheinnahme** im Ausland stellt eine Beweiserhebung im Ausland dar.[8] Dies gilt auch, wenn die Inaugenscheinnahme an Stelle des Gerichts oder der Behörde durch einen Augenscheinsmittler vorgenommen wird. Die Inaugenscheinnahme durch den Dritten ist anders als die Sammlung von Befundtatsachen zur Vorbereitung der Gutachtenerstattung durch einen Sachverständigen bereits Teil der Beweiserhebung.[9]

6 Die Beschaffung von **Urkunden** ist unabhängig von ihrem Belegenheitsort grundsätzlich Aufgabe der beweisbelasteten Prozesspartei.[10] Eine Vorlageanordnung nach § 142 Abs. 1 ZPO an eine Prozesspartei oder einen Dritten ist auch bei im Ausland belegenen Urkunden zulässig. Eine Anordnung an einen auslandsansässigen Dritten darf jedoch nur mittels eines einfachen Briefes ohne Zwangsandrohung erfolgen. Andernfalls ist der Weg der Rechtshilfe zu beschreiten.

C. Durchführung der Beweisaufnahme im Ausland

7 Die Beweiserhebung im Ausland kann auf drei Arten erfolgen, nämlich durch Beweisaufnahme durch einen Bundeskonsul (Abs. 2), durch das ersuchende Gericht unmittelbar im Ausland oder durch das ersuchte Gericht.

---

[1] Vgl. Fezer/*Fezer* MarkenG § 60 Rn. 1; *Mes* PatG GebrMG § 17 Rn. 11.
[2] Musielak/*Stadler* ZPO § 363 Rn. 1.
[3] MüKoZPO/*Heinrich* ZPO § 363 Rn. 2.
[4] EuGH NJW 2012, 3771; MüKoZPO/*Heinrich* ZPO § 363 Rn. 3; *Musielak* FS Geimer, 2002, 768.
[5] EuGH EuZW 2013, 313; MüKoZPO/*Heinrich* ZPO § 363 Rn. 4; Zöller/*Geimer* ZPO § 363 Rn. 7.
[6] *Musielak* FS Geimer, 2002, 768.
[7] MüKoZPO/*Zimmermann* ZPO § 411 Rn. 14.
[8] MüKoZPO/*Heinrich* ZPO § 363 Rn. 6.
[9] MüKoZPO/*Heinrich* ZPO § 363 Rn. 6; *Musielak* FS Geimer, 2002, 775.
[10] MüKoZPO/*Heinrich* ZPO § 363 Rn. 5; *Musielak* FS Geimer, 2002, 773.

Handelt es sich um eine Beweisaufnahme im Ausland im Sinne der Vorschrift, so ist diese gem. **8** § 363 Abs. 2 ZPO vorranging im Wege der **konsularischen Beweisaufnahme** durchzuführen.[11] Dieser tritt an die Stelle des Richters und ist an deutsches Verfahrensrecht gebunden, §§ 15, 19 KonsularG.

Die **Beweisaufnahme durch das inländische Gericht im Ausland und durch das ausländische Gericht** oder die Behörde ist gemäß § 363 Abs. 1 ZPO demgegenüber nachrangig. § 363 Abs. 1 ZPO macht selbst keine Vorgaben, wie die Beweiserhebung im Ausland zu erfolgen hat. Dies ist in einer Vielzahl von staatsvertraglichen Vereinbarungen geregelt.[12] § 363 Abs. 3 ZPO verweist für Beweisaufnahmen in Mitgliedsstaaten der Europäischen Union auf die §§ 1072, 1073 iVm der EuBVO (→ § 1072 Rn. 2).[13] Ferner relevant ist das HBÜ.[14] Gemäß Art. 21 Abs. 1 EuBVO ist die EuBVO in ihrem Anwendungsbereich vorrangig gegenüber dem HBÜ und anderen staatsvertraglichen Vereinbarungen. **9**

Die Beweisaufnahme im Ausland durch einen **Konsul** bedarf der Zustimmung des betroffenen **10** Staates[15]. Im Geltungsbereich des HBÜ ist die Vernehmung eigener Staatsangehöriger in Zivil- oder Handelssachen durch einen Konsul ohne Anwendung von Zwang gem. Art. 15 HBÜ zulässig. Einzelne Staaten erlauben auch die Vernehmung fremder Staatsangehöriger, da Art. 15 HBÜ nur einen Mindeststandard gewährleistet. Auch außerhalb des Geltungsbereichs des HBÜ ist eine Vernehmung durch einen Konsul oftmals aufgrund verschiedener bi- oder multilateraler Abkommen zulässig.

§ 364 Parteimitwirkung bei Beweisaufnahme im Ausland

(1) Wird eine ausländische Behörde ersucht, den Beweis aufzunehmen, so kann das Gericht anordnen, dass der Beweisführer das Ersuchungsschreiben zu besorgen und die Erledigung des Ersuchens zu betreiben habe.

(2) Das Gericht kann sich auf die Anordnung beschränken, dass der Beweisführer eine den Gesetzen des fremden Staates entsprechende öffentliche Urkunde über die Beweisaufnahme beizubringen habe.

(3) ¹In beiden Fällen ist in dem Beweisbeschluss eine Frist zu bestimmen, binnen der von dem Beweisführer die Urkunde auf der Geschäftsstelle niederzulegen ist. ²Nach fruchtlosem Ablauf dieser Frist kann die Urkunde nur benutzt werden, wenn dadurch das Verfahren nicht verzögert wird.

(4) ¹Der Beweisführer hat den Gegner, wenn möglich, von dem Ort und der Zeit der Beweisaufnahme so zeitig in Kenntnis zu setzen, dass dieser seine Rechte in geeigneter Weise wahrzunehmen vermag. ²Ist die Benachrichtigung unterblieben, so hat das Gericht zu ermessen, ob und inwieweit der Beweisführer zur Benutzung der Beweisverhandlung berechtigt ist.

A. Anwendungsbereich

Die Vorschrift findet Anwendung für Verfahren vor den ordentlichen Zivilgerichten sowie für **1** patentamtliche Verfahren, da es insoweit keine spezialgesetzlichen Regelungen gibt (→ § 355 Rn. 1).

B. Die Beweisaufnahme im Ausland

Die Beweisaufnahme hat dem Grundsatz nach vor dem Prozessgericht zu erfolgen (→ § 355 Rn. 5). **2** Ist es dem Gericht nicht möglich, aufgrund des Auslandsbezugs die Beweisaufnahme selbst durchzuführen, hat es um Rechtshilfe zu ersuchen.[1] Vorrangig hat in diesem Fall die Beweisaufnahme nach § 366 Abs. 2 mittels der Vernehmung durch deutsche Konsularbeamte zu erfolgen (→ § 363 Rn. 8). Ist dies nicht möglich kann das Gericht entscheiden, ob es nach § 363 Abs. 1 verfährt oder dem Beweisführer aufgibt, die Erledigung des Rechtshilfeersuchens zu betreiben.[2] Hierbei muss das Ersuchen für die Beweisaufnahme im Anwendungsbereich des HBÜ nach Art. 1 Abs. 1 HBÜ vom Gericht ausgehen. Einige Staaten lehnen daher das Rechtshilfeersuchen ab, wenn es die Partei über-

---

[11] Vgl. Zöller/*Geimer* ZPO § 363 Rn. 29.
[12] Vgl. ZRHO – Länderteil.
[13] Verordnung EG Nr. 1206/2001 des Rates über die Zusammenarbeit zwischen den Gerichten der Mitgliedsstaaten auf dem Gebiet der Beweisaufnahme in Zivil- und Handelssachen vom 28.1.2001.
[14] Haager Übereinkommen über die Beweisaufnahme im Ausland in Zivil- und Handelssachen vom 18.3.1970.
[15] Musielak/*Stadler* ZPO § 363 Rn. 2.
[1] MüKoZPO/*Heinrich* § 364 Rn. 1.
[2] Zöller/*Geimer* ZPO § 364 Rn. 1.

mittelt.³ Insoweit wird vorgeschlagen, eine Bestätigung vom Gericht einzuholen, dass eine solche Beweisaufnahme im Ausland für den Prozess hilfreich erscheint.⁴

3   Die Beweisaufnahme im Ausland hat **von Amts wegen** zu erfolgen. Eine parteiliche Vernehmung entspricht nicht den Anforderungen des § 364, wobei aber eine schriftliche Aussage als Urkundsbeweis in den Prozess eingebracht werden kann.⁵

4   Die Fristsetzung muss es dem Beweisführer ermöglichen die Urkunde beizubringen. Auf die Fristsetzung nach Absatz 3 findet § 356 entsprechende Anwendung.⁶

C. Rechtsfolgen

5   Gegen einen etwaigen Ermessensfehlgebrauch des Gerichts ist kein selbständiger Rechtsbehelf statthaft.⁷ Eine etwaige Nichtberücksichtigung einer ordnungsgemäßen Beweisaufnahme im Ausland stellt gegebenenfalls einen Verfahrensverstoß dar, der einen Revisionsgrund darstellt (→ § 355 Rn. 18).

§ 365 Abgabe durch beauftragten oder ersuchten Richter

¹**Der beauftragte oder ersuchte Richter ist ermächtigt, falls sich später Gründe ergeben, welche die Beweisaufnahme durch ein anderes Gericht sachgemäß erscheinen lassen, dieses Gericht um die Aufnahme des Beweises zu ersuchen.** ²**Die Parteien sind von dieser Verfügung in Kenntnis zu setzen.**

A. Anwendungsbereich

1   Die Vorschrift findet Anwendung für Verfahren vor den ordentlichen Zivilgerichten sowie für patentamtliche Verfahren, da es insoweit keine spezialgesetzlichen Regelungen gibt (→ § 355 Rn. 1).

B. Abgabe durch den ersuchten Richter

2   Die Vorschrift soll verhindern, dass bei behebbaren Mängeln bezüglich der Beweisaufnahme eine Entscheidung des Prozessgerichts abgewartet werden muss. Insoweit kann der beauftragte oder ersuchte Richter die Beweisaufnahme direkt an das zuständige Gericht weitergeben, wenn dies sachgemäß erscheint. Die Weitergabe an ein ausländisches Gericht steht hingegen ausschließlich dem Prozessgericht zu.¹

C. Rechtsfolgen

3   Die Verfügung ist als prozessleitende Maßnahme nach hM nicht anfechtbar.² § 573 ist nicht statthaft. Allerdings spricht eine vergleichbare Interessenlage für eine Anfechtbarkeit nach §§ 158, 159 GVG, wenn die Verweisung an ein anderes Gericht offensichtlich unzulässig ist (→ § 362 Rn. 4).

§ 366 Zwischenstreit

(1) Erhebt sich bei der Beweisaufnahme vor einem beauftragten oder ersuchten Richter ein Streit, von dessen Erledigung die Fortsetzung der Beweisaufnahme abhängig und zu dessen Entscheidung der Richter nicht berechtigt ist, so erfolgt die Erledigung durch das Prozessgericht.

(2) Der Termin zur mündlichen Verhandlung über den Zwischenstreit ist von Amts wegen zu bestimmen und den Parteien bekannt zu machen.

A. Anwendungsbereich

1   Die Vorschrift findet Anwendung für Verfahren vor den ordentlichen Zivilgerichten sowie für patentamtliche Verfahren, da es insoweit keine spezialgesetzlichen Regelungen gibt (→ § 355 Rn. 1).

---

³ Zöller/*Geimer* ZPO § 364 Rn. 2.
⁴ Zöller/*Geimer* ZPO § 364 Rn. 2.
⁵ Zöller/*Geimer* ZPO § 364 Rn. 1.
⁶ Zöller/*Geimer* ZPO § 364 Rn. 3.
⁷ Zöller/*Geimer* ZPO § 364 Rn. 4.
¹ Zöller/*Greger* ZPO § 365 Rn. 1.
² Zöller/*Greger* ZPO § 365 Rn. 1.

B. Zwischenstreit

Die Vorschrift bestätigt die grundsätzliche Entscheidungsbefugnis des Prozessgerichts.[1] Der beauftragte oder ersuchte Richter soll allein in seinem Wirkungskreis entsprechend der folgenden Vorschriften Maßnahmen ergreifen: § 229 (Termine und Fristen), § 360 (Änderung des Beweisbeschlusses), § 361 Abs. 2 (Terminsbestimmung) § 365 (Weitergabe an ein anderes Gericht), § 400 (Verfügung bei Nichterscheinen oder Zeugnisverweigerung sowie über zulässige Fragen), § 401 (Zeugenentschädigung), § 406 Abs. 4 (Ablehnungsantrag zu Sachverständigen) und §§ 176 GVG (Sitzungsrecht).[2] Entsteht über solche Fragen ein Streit zwischen den Parteien, Zeugen, Sachverständigen oder dem beauftragten oder ersuchten Richter verbleibt die Entscheidung hierüber dem Prozessgericht; es entscheidet insbesondere über die Frage der Zulässigkeit der Zeugnisverweigerung nach §§ 387, 389, zu Fragerechten der Parteien nach §§ 397 Abs. 2, 398 Abs. 2, die Beantwortung schriftlicher Fragen nach § 377 und die Beeidigung von Zeugen nach § 391.[3]

C. Rechtsfolgen

Die Entscheidung ergeht durch Zwischenurteil nach § 303. Diese ist nicht selbständig anfechtbar.[4] 3

§ 367 Ausbleiben der Partei

(1) Erscheint eine Partei oder erscheinen beide Parteien in dem Termin zur Beweisaufnahme nicht, so ist die Beweisaufnahme gleichwohl insoweit zu bewirken, als dies nach Lage der Sache geschehen kann.

(2) Eine nachträgliche Beweisaufnahme oder eine Vervollständigung der Beweisaufnahme ist bis zum Schluss derjenigen mündlichen Verhandlung, auf die das Urteil ergeht, auf Antrag anzuordnen, wenn das Verfahren dadurch nicht verzögert wird oder wenn die Partei glaubhaft macht, dass sie ohne ihr Verschulden außerstande gewesen sei, in dem früheren Termin zu erscheinen, und im Falle des Antrags auf Vervollständigung, dass durch ihr Nichterscheinen eine wesentliche Unvollständigkeit der Beweisaufnahme veranlasst sei.

A. Anwendungsbereich

Die Vorschrift findet Anwendung für Verfahren vor den ordentlichen Zivilgerichten sowie für 1
patentamtliche Verfahren, da es insoweit keine spezialgesetzlichen Regelungen gibt (→ § 355 Rn. 1).[1*]

B. Ausbleiben der Partei

Die Durchführung der Beweisaufnahme ist bei Beweiserheblichkeit **auch bei einem Ausbleiben** 2
einer oder beider Parteien durchzuführen. Erforderlich ist hierbei lediglich eine ordnungsgemäße Ladung. Bringt die beweisbelastete Beweispartei das Beweisangebot nicht vor oder ist sie insgesamt säumig, ist sie vorbehaltlich des Absatzes 2 mit diesem Beweis ausgeschlossen. Fehlt die nicht beweisbelastete Partei erfolgt die freie Würdigung der Säumnis. Zu beachten ist die Sondervorschrift § 454 im Falle der Parteivernehmung sowie die mögliche Wiederholung einer Zeugenvernehmung aus anderen Gründen nach § 398.

Eine **nachträgliche Beweisaufnahme** oder **Vervollständigung der Beweisaufnahme** ist zu- 3
lässig, wenn die nichterschienene Partei fehlendes Verschulden für das Nichterscheinen glaubhaft machen kann sowie das Verfahren hierdurch nicht verzögert wird (§ 296). Ferner ist glaubhaft zu machen, dass die Beweisaufnahme unvollständig war.[2*]

§ 368 Neuer Beweistermin

Wird ein neuer Termin zur Beweisaufnahme oder zu ihrer Fortsetzung erforderlich, so ist dieser Termin, auch wenn der Beweisführer oder beide Parteien in dem früheren Termin nicht erschienen waren, von Amts wegen zu bestimmen.

---

[1] MüKoZPO/*Heinrich* § 366 Rn. 1.
[2] Zöller/*Greger* ZPO § 366 Rn. 1.
[3] Letztere Zuständigkeit ist umstritten, aber wegen der grundsätzlichen Zuständigkeit des Prozessgerichts und einer fehlenden Zuständigkeitsregelung für den beauftragten oder ersuchten Richter zu bejahen; zustimmend MüKoZPO/ *Heinrich* § 366 Rn. 2.
[4] Zöller/*Greger* ZPO § 303 Rn. 11.
[1*] Ströbele/Hacker/*Knoll* MarkenG § 82 Rn. 85.
[2*] Zöller/*Greger* ZPO § 367 Rn. 4.

A. Anwendungsbereich

1   Die Vorschrift findet im gewerblichen Rechtsschutz sowohl in Verfahren vor den ordentlichen Zivilgerichten als auch in patentamtlichen Verfahren Anwendung, da es insoweit keine spezialgesetzlichen Regelungen gibt (→ § 355 Rn. 1).

B. Neuer Termin zur Beweisaufnahme

2   Die Vorschrift dient der **Parteiöffentlichkeit** und ergänzt § 367.[1] Es steht im Ermessen des Gerichts, darüber zu befinden, ob ein Beweistermin sachgemäß erledigt ist oder ein weiterer Termin notwendig erscheint.[2] Zwar soll die Vornahme des Beweistermins auch bei Ausbleiben der Parteien von Amts wegen erfolgen (→ § 367 Rn. 2). Dies schließt die Anberaumung eines neuen Termins unter Anwendung des § 368 auch im Falle der Parteiäumnis nicht aus, wobei die Voraussetzungen des § 367 Abs. 2 nicht unterlaufen werden sollten.[3]

3   Eine **Ladung** der säumigen Parteien ist nicht zwingend erforderlich. Auch kommt eine Verkündung des neuen Beweistermins in Betracht, wenn die Parteien hierzu ordnungsgemäß geladen waren.[4]

§ 369 Ausländische Beweisaufnahme

Entspricht die von einer ausländischen Behörde vorgenommene Beweisaufnahme den für das Prozessgericht geltenden Gesetzen, so kann daraus, dass sie nach den ausländischen Gesetzen mangelhaft ist, kein Einwand entnommen werden.

A. Anwendungsbereich

1   Die Vorschrift findet im gewerblichen Rechtsschutz sowohl in Verfahren vor den ordentlichen Zivilgerichten als auch in patentamtlichen Verfahren Anwendung, da es insoweit keine spezialgesetzlichen Regelungen gibt (→ § 355 Rn. 1).

B. Ausländische Beweisaufnahme

2   § 369 regelt die Verwertbarkeit im Ausland gewonnener Beweisergebnisse, sofern sich diese Beweisaufnahme nach ausländischem Recht der ersuchten Behörde richtet. Hiervon sind Beweisaufnahmen nach deutschem Zivilprozessrecht abzugrenzen, die ebenfalls Auslandsbezug haben können (→ § 363 Rn. 2).

3   Die Vorschrift besagt, dass mindestens deutsche Standards bei der Beweisaufnahme einzuhalten sind und somit die Verletzung hierüber hinausgehender ausländischer Vorschriften nicht geltend gemacht werden können. Ergibt sich ein Mangel bei der Beweisaufnahme im Ausland, muss das Gericht jedoch zunächst versuchen, diesen Mangel zu beseitigen.[1*] Ist auch deutschem Zivilprozessrecht nicht genügt, ist dies ferner rechtzeitig zu rügen (→ § 295 Rn. 6).

§ 370 Fortsetzung der mündlichen Verhandlung

(1) Erfolgt die Beweisaufnahme vor dem Prozessgericht, so ist der Termin, in dem die Beweisaufnahme stattfindet, zugleich zur Fortsetzung der mündlichen Verhandlung bestimmt.

(2) [1]In dem Beweisbeschluss, der anordnet, dass die Beweisaufnahme vor einem beauftragten oder ersuchten Richter erfolgen solle, kann zugleich der Termin zur Fortsetzung der mündlichen Verhandlung vor dem Prozessgericht bestimmt werden. [2]Ist dies nicht geschehen, so wird nach Beendigung der Beweisaufnahme dieser Termin von Amts wegen bestimmt und den Parteien bekannt gemacht.

A. Anwendungsbereich

1   Die Vorschrift findet sowohl in Verfahren vor den ordentlichen Zivilgerichten als auch in patentamtlichen Verfahren Anwendung, da es keine spezialgesetzlichen Regelungen hierzu gibt (→ § 355 Rn. 1).

---

[1] MüKoZPO/*Heinrich* § 368 Rn. 1.
[2] MüKoZPO/*Heinrich* § 368 Rn. 1.
[3] MüKoZPO/*Heinrich* § 368 Rn. 1.
[4] Musielak/*Stadler* ZPO § 368 Rn. 2.
[1*] MüKoZPO/*Heinrich* § 369 Rn. 2; OLG Celle NJW-RR 1994, 830.

B. Fortsetzung der mündlichen Verhandlung

Die Vorschrift soll nach der Beweisaufnahme beim Prozessgericht die Fortführung der mündlichen Verhandlung und insbesondere die hierin zu erfolgende Beweiserörterung sicherstellen. Sie soll damit die **unmittelbare Verwertung des zuvor gewonnenen Beweisergebnisses** gewährleisten und ergänzt damit die Vorschrift zur Unmittelbarkeit der Beweisaufnahme vor dem Prozessgericht (→ § 355 Rn. 5).[1] Die Fortführung der mündlichen Verhandlung nach der Beweisaufnahme erfolgt kraft Gesetzes, sodass ein reiner Beweistermin nur bei ausdrücklicher Bestimmung erfolgt.[2] Eine Vertagung ist nur bei drohender Verletzung des rechtlichen Gehörs zu gewähren.[3]

Bei Ausbleiben der beklagten Partei kommt ein Versäumnisurteil (§ 331 Abs. 1) oder ein Urteil nach Lage der Akten (§ 331a) in Betracht. Fraglich ist, inwieweit bei der Beantragung eines **Versäumnisurteils** durch die Klägerpartei das Ergebnis des durchzuführenden Beweistermins vom Gericht im Urteil zu verwerten ist. Denn es findet grundsätzlich die Geständnisfiktion des § 331 Abs. 1 Anwendung mit der Folge, dass der Vortrag des Klägers als wahr und nicht mehr beweisbedürftig unterstellt wird und dieser bei Schlüssigkeit zur Verurteilung führt (§ 331). Nach einer Meinung greift die Geständnisfiktion des § 331 Abs. 1 auch bei gegenteiligem Ergebnis der Beweisaufnahme nach § 367 durch.[4] Lediglich bei vorsätzlich unwahrem Tatsachenvortrag sei die Anwendung des § 331 Abs. 1 abzulehnen.[5] Dies trifft jedenfalls dann auf Bedenken, wenn die Klagepartei bereits im Beweistermin eingestehen muss, dass der ursprüngliche Vortrag, ob vorsätzlich vorgebracht oder nicht, unwahr war. In der nachfolgenden mündlichen Verhandlung müsste die Klagepartei wider besseres Wissen an ihrem falschen Vortrag festhalten. Insoweit sollte die Beweisaufnahme dann berücksichtigt werden, wenn sich klagebegründender Vortrag des Klägers als eindeutig unwahr herausgestellt hat.

Bei der Entscheidung nach Aktenlage findet die Beweiserhebung Berücksichtigung, wobei die Säumnis gegebenenfalls hinsichtlich des Beweisergebnisses nach § 331 Abs. 1 ZPO zu würdigen ist (→ § 367 Rn. 2).

Titel 6. Beweis durch Augenschein

§ 371 Beweis durch Augenschein

(1) ¹Der Beweis durch Augenschein wird durch Bezeichnung des Gegenstandes des Augenscheins und durch die Angabe der zu beweisenden Tatsachen angetreten. ²Ist ein elektronisches Dokument Gegenstand des Beweises, wird der Beweis durch Vorlegung oder Übermittlung der Datei angetreten.

(2) ¹Befindet sich der Gegenstand nach der Behauptung des Beweisführers nicht in seinem Besitz, so wird der Beweis außerdem durch den Antrag angetreten, zur Herbeischaffung des Gegenstandes eine Frist zu setzen oder eine Anordnung nach § 144 zu erlassen. ²Die §§ 422 bis 432 gelten entsprechend.

(3) Vereitelt eine Partei die ihr zumutbare Einnahme des Augenscheins, so können die Behauptungen des Gegners über die Beschaffenheit des Gegenstandes als bewiesen angesehen werden.

A. Anwendungsbereich

Die Vorschrift findet in Verfahren des gewerblichen Rechtsschutzes vor den ordentlichen Zivilgerichten Anwendung. In patentamtlichen Verfahren wird in den Vorschriften § 74 MarkenG, § 23 Abs. 4 DesignG iVm § 88 PatG auf das Beweismittel des Augenscheins Bezug genommen. Die Regelungen zur Beweisaufnahme beschränken sich in diesen Spezialgesetzen jedoch darauf, dass nach diesen Vorschriften die Beweisaufnahme mittels Augenschein grundsätzlich in der mündlichen Verhandlung stattfindet und dass den Parteien ein Anwesenheitsrecht und Fragerecht zusteht. Die weiterführenden Vorschriften der ZPO zum Augenschein finden daher ergänzend Anwendung, da es insoweit keine spezialgesetzlichen Regelungen gibt (→ § 355 Rn. 1).[1*]

---

[1] MüKoZPO/*Heinrich* § 370 Rn. 1.
[2] Zöller/*Greger* ZPO § 370 Rn. 1.
[3] BGH MDR 78, 46.
[4] MüKoZPO/*Heinrich* § 370 Rn. 5, Baumbach/Lauterbach/Hartmann ZPO § 370 Rn. 6; Thomas/Putzo/*Reichold* ZPO § 370 Rn. 3; aA Stein/Jonas/*Berger* ZPO § 370 Rn. 6.
[5] MüKoZPO/*Heinrich* § 370 Rn. 5 mwN.
[1*] Ströbele/Hacker/*Knoll* MarkenG § 74 Rn. 1; Ströbele/Hacker/*Knoll* MarkenG § 82 Rn. 85.

B. Beweismittel des Augenscheins

2 Der Augenschein ist die Wahrnehmung beweiserheblicher Tatsachen vor Gericht im Wege jedweder Sinneswahrnehmung.[2] Die Wahrnehmung kann unmittelbar, beispielsweise durch die **Inaugenscheinnahme von Verletzerprodukten**, also auch mittelbar anhand von Fotografien erfolgen.[3] Die Beweisführung anhand von **Fotografien** mit dann Aussicht auf Erfolg, wenn alle relevanten Merkmale aus den Fotografien heraus erkennbar, dh positiv feststellbar, sind.[4]

I. Abgrenzung

3 Das Beweismittel des Augenscheins ist von der **Besichtigung zu Informationszwecken** nach § 144 abzugrenzen. Sofern der Augenschein als Beweis angeboten und hierüber Beweis erhoben wird, finden die formellen Vorschriften der §§ 355 ff. Anwendung, während die Besichtigung durch das Gericht nach § 144 formlos von Amts wegen erfolgt und formlos abgelehnt werden kann.[5]

4 Beim **Urkundsbeweis** geht es in Abgrenzung zum Augenschein um die Ermittlung des durch die Urkunde vermittelten Gedankeninhalts (§§ 415, 416). Augenscheinobjekte sind hiernach mangels Verkörperung elektronischer Dokumente, Computerbänder, Mikrofiche und Videobänder. Auch die Datei mit dem gespeicherten Quellcode ist ein elektronisches Dokument iSd § 371 Abs. 1 S. 2.[6] Ein Screenshot ist nur dann ein elektronisches Dokument, wenn er als Datei eingereicht wird, ansonsten ein Augenscheinobjekt.[7] Eine Ausnahme regelt § 416a ZPO für öffentliche elektronische Dokumente. Augenscheinobjekte sind ferner aufgrund fehlender Schriftlichkeit Filme, Fotos, Pläne sowie Tonband- und Videoaufzeichnungen. § 371 Abs. 1 S. 2 stellt ferner in Bezug auf elektronische Dokumente klar, dass sich die Beweisaufnahme bei Vorlage von **nur elektronisch lesbaren Dokumenten** nach den Vorschriften des Augenscheins richten, da diesen Dokumenten die Verkörperung auf einem unmittelbar, ohne technische Hilfsmittel lesbaren Schriftträger fehlt.[8]

5 Bei der **Zeugenvernehmung** geht es um die Wahrnehmung bestimmter vergangener Tatsachen durch den Zeugen (→ § 373 Rn. 3). Beim Urkundsbeweis und beim Zeugenbeweis kann jedoch auch im Wege des Augenscheins Beweis erhoben werden, wenn es um präsente äußere Merkmale der Urkunde oder des Zeugen geht.[9]

6 Wird zum Augenschein ein **Sachverständiger** hinzugezogen, bleibt die Beweisaufnahme eine Inaugenscheinnahme nach § 371. Übernimmt der Sachverständige hingegen die Inaugenscheinnahme allein, handelt es sich um eine Beweisaufnahme nach den Regeln des Sachverständigenbeweises.[10] Hierbei hat das Gericht allerdings den Unmittelbarkeitsgrundsatz zu wahren (→ § 355 Rn. 5).

II. Augenscheinbeweis im Gewerblichen Rechtsschutz

7 Die Beweisaufnahme durch Augenschein hat **im gewerblichen Rechtsschutz** in folgenden Fällen Relevanz:

8 Die Frage der **Priorität** eines Schutzrechts ist im Allgemeinen ein zurückliegendes Ereignis, sodass der Beweis durch Augenschein nur im Ausnahmefall, wie bei Tonbandaufnahmen, von Bedeutung sein kann.[11] Die Bezugnahme auf Fotografien zur Darlegung des **vorbekannten Formenschatzes** ist in der Regel nur rechtserheblich, wenn der frühere Zeitpunkt der Offenbarung und damit die Vorbekanntheit nachzuweisen ist. Hier kommt neben der Vorlage des Formenschatzes durch Fotografien ein Zeugnis desjenigen in Betracht, der die Fotografien offenbart hat.[12] Auch zur Glaubhaftmachung der hinreichenden **Benutzung einer Marke** bedarf es der Vorlage von Katalogen, Verpackungen, Etiketten, Rechnungen, etc als präsente Beweismittel, wobei der Zeitpunkt der Benutzung ggf. durch Zeugenbeweis erfolgen kann.[13]

9 Einfache **Internetausdrucke** haben keinen hinreichenden Beweiswert bezüglich der Herkunft und des Datums.[14] Auch insoweit bietet es sich an, die tatsächliche Abrufbarkeit mittels zusätzlicher Zeugenaussagen zu belegen. **Digitalfotografien** unterliegen hinsichtlich des Beweiswerts der freien

---

[2] MüKoZPO/*Zimmermann* § 372 Rn. 2.
[3] MüKoZPO/*Zimmermann* § 371 Rn. 2.
[4] OLG Bamberg BeckRS 2011, 18643.
[5] BGH NJW 1976, 715.
[6] OLG Hamburg GRUR-RS 2020, 31460 Rn. 70.
[7] OLG Jena GRUR-RR 2019, 238 Rn. 23.
[8] Musielak/*Huber* ZPO § 371 Rn. 11.
[9] Musielak/*Huber* ZPO § 371 Rn. 5.
[10] Musielak/*Huber* ZPO § 370 Rn. 5.
[11] BGH GRUR 1958, 615 – Tonbandaufnahmen.
[12] *Eichmann*/von Falckenstein GeschMG § 42 Rn. 41.
[13] Vgl. BPatG BeckRS 2009, 15390.
[14] Vgl. LG Hamburg BeckRS 2012, 06778.

Würdigung durch das Gericht, wobei die theoretische Möglichkeit der Manipulation ein Gericht nicht daran hindert, die Tatsache als erwiesen anzusehen.[15]

III. Beweisverwertungsverbot

Die **Verwertbarkeit der Beweisaufnahme** hängt auch davon ab, ob der in Augenschein zu nehmende Gegenstand in zulässiger Weise erlangt wurde (→ § 284 Rn. 112). Die Verwertbarkeit eines Testkaufs für den Prozess wird angenommen, selbst wenn der Testkauf unter Vornahme eigener Wettbewerbsverstöße vorgenommen wurde.[16] Auch ist bei Testkäufen grundsätzlich keine Erschöpfung anzunehmen, weil der Testkauf lediglich zu Beweiszwecken erfolgt und dieser Wille nicht der Zustimmung zur Benutzung des geistigen Eigentums entspricht.[17] Das unbefugte Erstellen von **Fotografien oder Videos** eines Verletzerprodukts kann gegebenenfalls einen Eingriff in die Persönlichkeitsrechte und Hausrechte des Verletzers oder Dritter darstellen. Ein **Beweisverwertungsverbot** ist diesbezüglich anzunehmen, wenn nach Abwägung der Interessen ein rechtswidriger Eingriff in geschützte Rechtspositionen vorliegt.[18] Der Eingriff in die Rechte der Gegenpartei soll aber bereits dann im Rahmen einer Gesamtabwägung als gerechtfertigt angesehen werden, wenn es dem Rechtsinhaber auf anderem Wege nicht möglich wäre, den Verletzernachweis zu führen.[19] Auch führt die Beweiserlangung unter Verstoß gegen Datenschutzrecht nicht zu einem Beweisverwertungsverbot, wenn diese Ermittlung zur Rechtsverfolgung erforderlich war.[20]

10

IV. Beweisschwierigkeiten

Beweisschwierigkeiten bei einer Messeausstellung wegen der Fotografie des vermeintlichen Verletzerprodukts führen grundsätzlich nicht zu einer Beweislastumkehr. Selbst der widersprüchliche Sachvortrag des vermeintlichen Verletzers lässt keine positive Feststellung dahingehend zu, dass ein bestimmtes Merkmal eines Patentanspruchs verwirklicht ist.[21] Insoweit ist der Patentinhaber bei Beweisschwierigkeiten dazu angehalten, eine Beweissicherung durchzuführen oder darzulegen, dass eine Beweisvorlage durch den Gegner vereitelt wurde (Absatz 3). Ist von einer Beweisvereitelung auszugehen, ist dies im Rahmen der Beweiswürdigung durch das Gericht zum Nachteil des Prozessgegners zu würdigen. Hierbei können Beweiserleichterungen in Betracht kommen einschließlich der Umkehr der Beweislast.[22]

11

C. Herbeischaffung und Vereitelung

Hat der Beweisführer keinen Zugriff auf den Gegenstand zwecks Augenscheinvorlage beim Gericht hat er zwei Möglichkeiten. Er kann das Gericht um eine **Frist zur Herbeischaffung des Augescheinobjekts** ersuchen, in der das Beweismittel zur Vorlage beim Gericht nach den Vorschriften der §§ 429–432 zu beschaffen ist (Absatz 2 Alt. 1). Hierfür bedarf es nach § 429 eines Anspruchs auf Herausgabe gegenüber dem Dritten.[23] Ferner kann der Beweisführer eine **Vorlegungsanordnung** durch das Gericht nach § 144 beantragen, wenn dem Dritten die Vorlage zumutbar ist und kein Zeugnisverweigerungsrecht besteht (Absatz 2 Alt. 2 iVm § 144).[24] Hierzu bedarf es keines Herausgabeanspruchs. Das Gericht hat dem Gesuch zu entsprechen, wenn es davon überzeugt ist, dass der Dritte den Gegenstand besitzt und die Inaugenscheinnahme dieses Gegenstands zur Beweisführung bezüglich des erheblichen Tatsachenvortrags geeignet erscheint (→ § 144 Rn. 7).[25]

12

Nach Abs. 3 wird die **Vereitelung der Beweisvorlage** durch die Gegenpartei als Zugeständnis der zu beweisenden Tatsachen gewertet, wenn die Beweisvorlage zumutbar war. Diese Regelung gilt entsprechend, wenn Dritte im Einvernehmen mit der Gegenpartei die Beweisvorlage vereiteln.[26]

13

---

[15] *Knopp* ZRP 2008, 156 (158) mit ausführlicher Erörterung zum Beweiswert digitaler Fotos.
[16] BGH GRUR 1991, 843 – Testfotos; Köhler/Bornkamm/*Köhler* UWG § 12 Rn. 2.70.
[17] BGH GRUR 2007, 882 – Parfümtester; allerdings machte der BGH hierzu eine Ausnahme wegen Erschöpfung in der Konstellation, in der der Schutzinhaber über eine Testkäuferin einen Datenträger mitsamt einem patentgeschützten Verfahren an die Beklagte lieferte, die mithilfe dieses Datenträgers DVDs erstellte und hierdurch die geschützte Erfindung weiter benutzte, BGH GRUR 2012, 1230 – MPEG-2 Videosignalcodierung.
[18] BGH NJW 1982, 277 (278); GRUR 2007, 802 (805) – Testfotos III; OLG Köln NJW 2007, 2997 (2999).
[19] BGH GRUR 2007, 802 (805) – Testfotos III; Piper/*Ohly*/Sosnitza UWG § 4 Rn. 10.21b.
[20] OLG Hamburg MMR 2011, 281; BGH GRUR 2010, 633 (635) – Sommer unseres Lebens.
[21] LG Düsseldorf 4b O 311/08.
[22] OLG Düsseldorf GRUR-RS 2019, 25285 Rn. 89 – Biegevorrichtung; BGH GRUR 2016, 88 Rn. 48 – Deltamethrin.
[23] Musielak/*Huber* ZPO § 371 Rn. 14.
[24] Musielak/*Huber* ZPO § 371 Rn. 14.
[25] Musielak/*Huber* ZPO § 371 Rn. 14 mit Verweis auf BT-Drs. 14/4987, 90.
[26] Zöller/*Greger* ZPO § 371 Rn. 6.

§ 371a Beweiskraft elektronischer Dokumente

(1) ¹Auf private elektronische Dokumente, die mit einer qualifizierten elektronischen Signatur versehen sind, finden die Vorschriften über die Beweiskraft privater Urkunden entsprechende Anwendung. ²Der Anschein der Echtheit einer in elektronischer Form vorliegenden Erklärung, der sich auf Grund der Prüfung nach dem Signaturgesetz ergibt, kann nur durch Tatsachen erschüttert werden, die ernstliche Zweifel daran begründen, dass die Erklärung vom Signaturschlüssel-Inhaber abgegeben worden ist.

(2) Hat sich eine natürliche Person bei einem ihr allein zugeordneten De-Mail-Konto sicher angemeldet (§ 4 Absatz 1 Satz 2 des De-Mail-Gesetzes), so kann für eine von diesem De-Mail-Konto versandte elektronische Nachricht der Anschein der Echtheit, der sich aus der Überprüfung der Absenderbestätigung gemäß § 5 Absatz 5 des De-Mail-Gesetzes ergibt, nur durch Tatsachen erschüttert werden, die ernstliche Zweifel daran begründen, dass die Nachricht von dieser Person mit diesem Inhalt versandt wurde.

(3) ¹Auf elektronische Dokumente, die von einer öffentlichen Behörde innerhalb der Grenzen ihrer Amtsbefugnisse oder von einer mit öffentlichem Glauben versehenen Person innerhalb des ihr zugewiesenen Geschäftskreises in der vorgeschriebenen Form erstellt worden sind (öffentliche elektronische Dokumente), finden die Vorschriften über die Beweiskraft öffentlicher Urkunden entsprechende Anwendung. ²Ist das Dokument von der erstellenden öffentlichen Behörde oder von der mit öffentlichem Glauben versehenen Person mit einer qualifizierten elektronischen Signatur versehen, gilt § 437 entsprechend. ³Das Gleiche gilt, wenn das Dokument im Auftrag der erstellenden öffentlichen Behörde oder der mit öffentlichem Glauben versehenen Person durch einen akkreditierten Diensteanbieter mit seiner qualifizierten elektronischen Signatur gemäß § 5 Absatz 5 des De-Mail-Gesetzes versehen ist und die Absenderbestätigung die erstellende öffentliche Behörde oder die mit öffentlichem Glauben versehene Person als Nutzer des De-Mail-Kontos ausweist.

A. Anwendungsbereich im Gewerblichen Rechtsschutz

1   Die Vorschrift gilt in dieser Fassung seit dem 1.7.2014.[1] Sie ist im gewerblichen Rechtsschutz uneingeschränkt anwendbar (→ § 355 Rn. 1).[2]

B. Beweiskraft elektronischer Dokumente

2   Bei der Beweiskraft von elektronischen Dokumenten ist zwischen privaten Urkunden (Abs. 1) und öffentlichen Urkunden (Abs. 2) zu unterscheiden. **Private elektronische Dokumente** haben unter Voraussetzung einer qualifizierten elektronischen Signatur kraft Gesetz die Beweiskraft des Anscheins der Echtheit, folglich dass die abgegebenen Erklärungen vom Inhaber der Signatur stammen.[3] Dieser Anschein kann durch Indizien von der Gegenseite erschüttert werden.

3   Absatz 2 enthält eine entsprechende Regel zu besonders gesicherten De-Mail-Konten, die von entsprechend akkreditierten Instituten angeboten werden können. De-Mail Konten sollen nach dem Willen des Gesetzgebers mit entsprechenden Verschlüsselungstechnologien die Vorteile der E-Mail Kommunikation mit Vertraulichkeit und der Verlässlichkeit kombinieren.[4] Auch E-Mails von solchen Konten begründen unter den Voraussetzungen des § 4 De-MailG den Anschein der Echtheit. Allerdings bedarf es hierfür einer beweissicheren Zuordnung des Accounts zum Erklärenden.[5]

4   **Öffentliche elektronische Dokumente** haben unter den Voraussetzungen des Abs. 2 S. 1 auch ohne qualifizierte elektronische Signatur Beweiskraft im Sinne einer öffentlichen Urkunde nach den §§ 415, 417 ff., wodurch ebenfalls die Gegenseite den Anschein der Echtheit erschüttern muss. Bei Vorliegen einer qualifizierten elektronischen Signatur auf öffentlichen elektronischen Dokumenten gilt die Vermutung der Echtheit nach § 437 Abs. 2 S. 2, die nur durch den Beweis des Gegenteils widerlegt werden kann.[6]

---

[1] Die Vorschrift wurde in Abs. 2 und Abs. 3 S. 2 und 3 neu gefasst durch Gesetz vom 10.10.2013 (BGBl. I S. 3786).
[2] Ströbele/Hacker ZPO § 82 Rn. 6, 85.
[3] Zöller/Greger ZPO § 371a Rn. 2.
[4] Gesetzesbegründung zum De-MailG, Einl. BT-Drs. 13/3630.
[5] Zöller/Greger ZPO § 371a Rn. 3 verweist auf mögliche Zuordnungsprobleme bei Mitarbeitern von Unternehmen, die durch eine persönliche Identifizierung des Mitarbeiters und eine direkte Verbindung zwischen Endgerät und De-Mail Provider gelöst werden können.
[6] Zöller/Greger ZPO § 371a Rn. 5.

§ 371b Beweiskraft gescannter öffentlicher Urkunden

¹Wird eine öffentliche Urkunde nach dem Stand der Technik von einer öffentlichen Behörde oder von einer mit öffentlichem Glauben versehenen Person in ein elektronisches Dokument übertragen und liegt die Bestätigung vor, dass das elektronische Dokument mit der Urschrift bildlich und inhaltlich übereinstimmt, finden auf das elektronische Dokument die Vorschriften über die Beweiskraft öffentlicher Urkunden entsprechende Anwendung. ²Sind das Dokument und die Bestätigung mit einer qualifizierten elektronischen Signatur versehen, gilt § 437 entsprechend.

A. Anwendungsbereich

Die Vorschrift findet Anwendung für Verfahren vor den ordentlichen Zivilgerichten sowie für patentamtliche Verfahren, da es insoweit keine spezialgesetzlichen Regelungen gibt (→ § 355 Rn. 1). **1**

B. Gescannte öffentliche Urkunden

Die Vorschrift erstreckt die Beweiskraft öffentlicher Urkunden auf solche Dokumente, die von öffentlichen Behörden **nach dem Stand der Technik eingescannt** werden.[1] Hierzu bedarf es ferner einer **Bestätigung der Identität** zwischen Urschrift und gescanntem Dokument durch die öffentliche Behörde. In diesem Fall wird entsprechend den §§ 415, 417, 418 der Anschein der Echtheit erweckt, der nur durch das Beibringen von Tatsachen erschüttert werden kann, die ernstliche Zweifel an der Echtheit begründen.[2] **2**

Sofern die Bestätigung der Identität und das gescannte Dokument selbst mit einer **qualifizierten elektronischen Signatur** versehen sind, gilt die Echtheitsvermutung für Urkunden nach § 437 ZPO.

§ 372 Beweisaufnahme

(1) **Das Prozessgericht kann anordnen, dass bei der Einnahme des Augenscheins ein oder mehrere Sachverständige zuzuziehen seien.**

(2) **Es kann einem Mitglied des Prozessgerichts oder einem anderen Gericht die Einnahme des Augenscheins übertragen, auch die Ernennung der zuzuziehenden Sachverständigen zu überlassen.**

A. Anwendungsbereich im Gewerblichen Rechtsschutz

Die Vorschrift findet in Verfahren des gewerblichen Rechtsschutzes vor den ordentlichen Zivilgerichten Anwendung. In patentamtlichen Verfahren sind die Ämter und die Gerichte nicht auf die Heranziehung der strengen Beweismittel beschränkt. Soweit der Augenscheinsbeweis jedoch als formales Beweismittel herangezogen wird, finden sowohl die nachfolgenden als auch die §§ 355 ff. grundsätzlich Anwendung, da es keine spezialgesetzlichen Regelungen hierzu gibt (→ § 355 Rn. 1).[1*] **1**

B. Hinzuziehung des Sachverständigen

Die Beweisaufnahme durch Augenschein erfolgt grundsätzlich durch das **Prozessgericht**. Dies erfordert der Unmittelbarkeitsgrundsatz (→ § 355 Rn. 5). Die **Hinzuziehung des Sachverständigen** ist hierbei Ermessenssache und geboten, wenn das Ergebnis des Augenscheins Grundlage eines Sachverständigengutachtens sein soll.[2*] **2**

Eine **gänzliche Übertragung des Augenscheins auf den Sachverständigen** verstößt in der Regel gegen den Unmittelbarkeitsgrundsatz, da das Gericht selbst die Tatsachen feststellen muss (→ § 355 Rn. 5). Eine Ausnahme hiervon ist zuzulassen, wenn es bereits besonderer Sachkunde bedarf, den Gegenstand in Augenschein zu nehmen.[3] Dies ist bei einem Quellcodevergleich wegen Urheberrechtsverletzung oder bei einer Untersuchung von Herstellungsverfahren wegen Patentverletzung regelmäßig anzunehmen.[4] Ist die Augenscheinnahme einmal durch den Sachverständigen gemacht und **3**

---

[1] Leitlinien gibt diesbezüglich die Technische Richtlinie für rechtssicheres Scannen (TR-Resiscan).
[2] Zöller/*Greger* ZPO § 371b Rn. 1.
[1*] Ströbele/Hacker/*Knoll* MarkenG § 82 Rn. 6, 85.
[2*] Zöller/*Greger* ZPO § 372 Rn. 1.
[3] BGH NJW 1994, 1710.
[4] OLG Hamburg GRUR-RS 2020, 31460 Rn. 73; OLG Düsseldorf GRUR-RS 2019, 25285 Rn. 94 ff. – Biegevorrichtung.

nicht wiederholbar, kommt eine Ablehnung des Sachverständigen wegen Befangenheit nach § 406 nicht mehr in Betracht.⁵

4 Dem **beauftragten oder ersuchten Richter** kann die Beweisaufnahme mittels Augenschein ohne die Einschränkung des § 375 übertragen werden.⁶ Sofern das Prozessgericht keine Hinzuziehung eines Sachverständigen angeordnet hat, steht es im Ermessen des beauftragten oder ersuchten Richters, dies anzuordnen.

C. Rechtsfolgen

5 Eine Übertragung der Augscheinnahme über die Grenzen des § 372 hinaus stellt einen Verstoß gegen den Unmittelbarkeitsgrundsatz dar, der bei entsprechender Rüge als Revisionsgrund geltend gemacht werden kann (→ § 355 Rn. 18).⁷

§ 372a Untersuchungen zur Feststellung der Abstammung

(1) Soweit es zur Feststellung der Abstammung erforderlich ist, hat jede Person Untersuchungen, insbesondere die Entnahme von Blutproben, zu dulden, es sei denn, dass die Untersuchung dem zu Untersuchenden nicht zugemutet werden kann.

(2) ¹Die §§ 386 bis 390 gelten entsprechend. ²Bei wiederholter unberechtigter Verweigerung der Untersuchung kann auch unmittelbarer Zwang angewendet werden, insbesondere die zwangsweise Vorführung zur Untersuchung angeordnet werden.

Titel 7. Zeugenbeweis

§ 373 Beweisantritt

Der Zeugenbeweis wird durch die Benennung der Zeugen und die Bezeichnung der Tatsachen, über welche die Vernehmung der Zeugen stattfinden soll, angetreten.

Übersicht

	Rn.
A. Anwendungsbereich der Normen des Titels 7	1
B. Person des Zeugen	4
C. Gegenstand des Zeugenbeweises	7
I. Eigene Wahrnehmung über Tatsachen	7
II. Beispiele	9
D. Beweisantrag	15
I. Benennung des Zeugen	17
II. Bestimmtheit des Antrags	20

A. Anwendungsbereich der Normen des Titels 7

1 Der Zeugenbeweis ist gemäß § 74 Abs. 1 S. 2 MarkenG, § 88 Abs. 1 S. 2 PatG (der auch im Designrecht¹ und im Sortenschutzrecht² gilt) auch in Verfahren vor dem BPatG sowie im Gebrauchsmuster-Löschungsverfahren gemäß § 17 Abs. 2 S. 2, 3 GebrMG ein zulässiges Beweismittel.

2 Die einschlägigen Vorschriften der ZPO zum Zeugenbeweis sind in Verfahren vor dem BPatG ergänzend heranzuziehen, wenn die Besonderheiten des patentgerichtlichen Verfahrens, insbesondere der für das BPatG geltende Untersuchungsgrundsatz (gegenüber dem im Zivilprozess geltenden Beibringungs- bzw. Verhandlungsgrundsatz) dies nicht ausschließen, § 83 Abs. 1 S. 1 MarkenG, § 99 Abs. 1 PatG (der auch im Designrecht,³ im Gebrauchsmusterrecht⁴ und im Sortenschutzrecht⁵* gilt).

3 Anwendbar sind im patentgerichtlichen Verfahren die §§ 373–378; 380–396, 398; 400, 401.⁶*

B. Person des Zeugen

4 **Zeugen** sind Auskunftspersonen, die **nicht** selbst als **Partei** oder **gesetzlicher Vertreter** einer Partei unmittelbar am Verfahren beteiligt sind und die auf Antrag einer Partei durch Aussage über Tatsachen und tatsächliche Vorgänge Beweis erbringen sollen. Auch ein **Prokurist** iSd §§ 48 ff. HGB

---

⁵ BGH MDR 1974, 382.
⁶ BGH MDR 1991, 33 (34); MüKoZPO/*Zimmermann* § 372 Rn. 4 unter Heranziehung des Beispiels einer Untersuchung eines Schiffwracks unter Wasser.
⁷ Nach BGH NJW 1957, 906 ist bei Einverständnis der Partei die Verfahrensrüge durch diese ausgeschlossen.
¹ § 23 Abs. 2 S. 3 DesignG.
² § 36 SortSchG.
³ § 23 Abs. 2 S. 3 DesignG.
⁴ § 18 Abs. 2 S. 1 GebrMG.
⁵* § 36 SortSchG.
⁶* Vgl. BPatG GRUR 1978, 358; s. auch Keukenschrijver/Busse/*Schuster* PatG § 99 Rn. 10.

kann als Zeuge vernommen werden. Er ist nicht etwa gesetzlicher Vertreter der juristischen Person, sondern nur aufgrund rechtsgeschäftlicher Vollmacht zur Vornahme von Rechtshandlungen ermächtigt.[7]

Angebotener Zeugenbeweis kann nicht etwa wegen des Alters oder Zweifeln an der Geschäftsfähigkeit oder dem Geisteszustand des Zeugen abgelehnt werden. Die Fähigkeit, Zeugnis zu erbringen, erfordert vielmehr lediglich die Verstandesreife, Wahrnehmungen zu machen, diese im Gedächtnis zu behalten und wiederzugeben, was der Beweiswürdigung des Gerichts überlassen bleibt.[8]

Auch der **sachverständige Zeuge** (§ 414) ist echter Zeuge, der gegenüber dem gewöhnlichen Zeugen lediglich über eine bessere Sachkunde zur Wahrnehmung der zu beweisenden Tatsache verfügt. Auch auf ihn kommen daher die Vorschriften über den Zeugenbeweis zur Anwendung.[9]

C. Gegenstand des Zeugenbeweises

I. Eigene Wahrnehmung über Tatsachen

Gegenstand des Zeugenbeweises sind alle vergangene – ausnahmsweise auch gegenwärtige – Tatsachen oder Zustände.[10] Der Zeuge berichtet über seine eigenen konkreten Wahrnehmungen zu tatsächlichen Vorgängen oder Zuständen (auch tatsächliche oder hypothetische innere Vorgänge), die er ohne Auftrag des Gerichts gemacht hat.[11]

Der Zeuge hat seine eigene Wahrnehmung wiederzugeben und keine gutachterlichen Äußerungen vorzunehmen, die einem Sachverständigen vorbehalten sind.[12] Er hat auch keine sachkundigen Wertungen oder gar die rechtliche Beurteilung von Tatsachen vorzunehmen. Es ist nicht Aufgabe eines Zeugen, auf Grund von Erfahrungssätzen oder besonderen Fachkenntnissen Schlussfolgerungen aus einem feststehenden Sachverhalt zu ziehen oder dem Gericht allgemeine Erfahrungssätze oder besondere Kenntnisse in einem jeweiligen Wissensgebiet zu vermitteln.[13]

II. Beispiele

In der **Praxis des Immaterialgüterrechtsprozesses**[14] kann Gegenstand des Zeugenbeweises beispielsweise die Existenz der geltend gemachten Rechtsverletzung sein (etwa die Frage, aus welchen Merkmalen des vermeintlichen Verletzerproduktes sich ergibt, dass es sich nicht um ein Originalprodukt handelt[15]), die Rechteinhaberschaft und Aktivlegitimation des Anspruchsstellers (etwa im Falle von Lizenzierungen[16]), die Frage, wo ein angeblich rechtsverletzendes Produkt erstmalig in den Verkehr gebracht worden ist,[17] oder aber wann erstmalige Kenntnis einer Verletzungshandlung eingetreten ist. Zeugenbeweis kann auch angeboten werden für eine behauptete Vorbenutzung aus eigener Anschauung des Zeugen,[18] die neuheitsschädliche Vorwegnahme des Klagedesigns durch ein vorbekanntes Design,[19] oder aber für abzugsfähige und nicht abzugsfähige Kosten im Rahmen der Berechnung des Schadensersatzes.[20]

Speziell im **markenrechtlichen Beschwerdeverfahren** spielt der Zeugenbeweis bislang eine untergeordnete Rolle, da das registerrechtliche Verfahren auf eine rasche Erledigung einer Vielzahl von Markenverfahren ausgerichtet ist, nicht ungebührlich verzögert werden darf und insofern in der Regel keinen Raum für Zeugenbeweis lässt.[21] An dieser Praxis scheint sich bislang – soweit ersichtlich – auch durch die Erweiterung der Widerspruchsgründe für alle ab 1.10.2009 eingereichten Markenanmeldungen (§ 42 Abs. 2 MarkenG) nichts geändert zu haben. Relevanz kann dem Zeugenbeweis allerdings im patentgerichtlichen Löschungsverfahren (§ 50 MarkenG) für die Frage der Bösgläubigkeit (§ 8 Abs. 2 Nr. 10 MarkenG) zukommen.[22]

---

[7] OLG Hamburg BeckRS 2011, 15973.
[8] Vgl. MüKoZPO/*Damrau* § 373 Rn. 8 mwN.
[9] BGH MDR 1974, 382.
[10] Vgl. BGH GRUR 2013, 912 Rn. 78 – Walzstraße; BPatG BeckRS 2018, 26766 – Antriebseinrichtung für eine Tür.
[11] Vgl. MüKoZPO/*Damrau* § 373 Rn. 3 mwN.
[12] BGH NJOZ 2013, 861 Rn. 26 – Speed Cat II.
[13] BGH NJW 2007, 2122 Rn. 21.
[14] vgl. mit zahlreichen Beispielen zum Design: Eichmann/Jestaedt/Fink/Meiser DesignG § 42 Rn. 88.
[15] BGH NJOZ 2013, 861 Rn. 26 – Speed Cat II.
[16] Vgl. BGH GRUR 2008, 917 Rn. 49 – EROS; LG Düsseldorf BeckRS 2013, 12986.
[17] Vgl. OLG München BeckRS 2013, 22876.
[18] BGH GRUR 2013, 912 Rn. 78 – Walzstraße.
[19] Eichmann/Jestaedt/Fink/Meiser/*Eichmann/Jestaedt*, 6. Aufl. 2019, DesignG § 42 Rn. 88.
[20] OLG Düsseldorf GRUR-RS 2015, 13605 Rn. 143 ff. – Berechnung des Verletzergewinns im Patentverletzungsprozess.
[21] Vgl. Ströbele/Hacker/Thiering/*Knoll* § 74 Rn. 1.
[22] Vgl. BGH BeckRS 2011, 26161 Rn. 9–11 – Gelbe Seiten; BPatG BeckRS 2012, 15586; 2011, 00178 – Sachsendampf.

11 Keinem Zeugenbeweis zugänglich ist die Feststellung der **Verkehrsauffassung**,[23] wie sie etwa für eine Reihe von Tatbestandsmerkmalen im gewerblichen Rechtsschutz erforderlich ist (zB Markenrecht: Bestimmung des Gesamteindrucks der sich gegenüberstehenden Marken oder des kennzeichenmäßigen Gebrauchs von Marken). Die Feststellung der Verkehrsauffassung stützt sich auf Erfahrungswissen, das nicht durch Zeugenbeweis sondern, gegebenenfalls mit Hilfe eines Sachverständigen zu ermitteln ist, wobei sich der Sachverständige das erforderliche Fachwissen durch eine Meinungsumfrage oder Auskünfte bestimmter sachverständiger Gremien verschafft.[24] Gleiches gilt daher auch für die **Bekanntheit** einer Marke. Die Feststellung, ob der Verkehr ein Zeichen für die in Rede stehenden Waren oder Dienstleistungen als Hinweis auf ein bestimmtes Unternehmen auffasst, stützt sich auf Erfahrungswissen, das nicht durch Zeugenbeweis, sondern gegebenenfalls mit Hilfe eines Sachverständigen zu ermitteln ist.[25] Daher ist die Vernehmung von Zeugen im Regelfall auch nicht ausreichend, um im Markenrecht den Nachweis einer **Verkehrsgeltung** zu erbringen.[26]

12 Keinem Zeugenbeweis zugänglich ist auch die Frage der **Ersichtlichkeit** des Vorliegens bestimmter absoluter Schutzhindernisse iSd § 37 Abs. 3 MarkenG, die sich ebenfalls auf Erfahrungswissen stützt.[27]

13 In Verletzungsverfahren über **technische Schutzrechte** und Sortenschutzrechte ist oft der sachverständige Zeuge (§ 414) oder aber der Sachverständigenbeweis (§§ 402 ff.) gegenüber der Aufnahme eines Zeugenbeweises zielführender. Insbesondere wird der Beweis einer Patentverletzung durch Zeugenbeweis problematisch sein, da der Zeuge die Verletzung sämtlicher Merkmale der geltend gemachten Patentansprüche bestätigen müsste, was allenfalls bei einfachsten Gegenständen realistisch erscheint.[28] Die Behauptung einer **offenkundigen Vorbenutzung** ist dem Zeugenbeweis zugänglich.[29]

14 Der Immaterialgüterrechtsprozess wird in der Praxis oftmals durch einen Testkauf bzw. eine Testbestellung vorbereitet, wobei die **Testperson** sodann **als Zeuge** angeboten wird.[30] Der Testkauf bzw. die Testbestellung dient hierbei nicht nur dem Nachweis der Rechtsverletzung, etwa der Übereinstimmung eines im Verfahren vorgelegten Verletzerprodukts mit dem durch Testkauf erworbenen Produkt,[31] sondern darüber hinaus oftmals auch der Begründung eines (internationalen und örtlichen) Gerichtsstands.[32] Der BGH bewertet Testkäufe als weithin unentbehrliches Mittel zur Überprüfung des Wettbewerbsverhaltens von Mitbewerbern das grundsätzlich zulässig ist, es sei denn, der Testkauf ist wegen besonderer Umstände als sittenwidrig anzusehen, insbesondere, wenn mit dem Testkauf lediglich die Absicht verfolgt wird, den Mitbewerber „hineinzulegen", oder wenn besondere Mittel angewendet werden, um ein unzulässiges Geschäft herbeizuführen. Hierunter fallen insbesondere die in den Bereich der Strafbarkeit reichenden oder anderweitig verwerflichen Mittel, unter anderem auch die Anwendung besonderer Verführungskünste.[33] Für ihren Erfolg ist es unvermeidlich, den Zweck zu verbergen.[34] Bei seiner **Zeugenaussage** darf sich die Testperson auf seine Unterlagen zum Testkauf, zB Testkaufprotokoll und Verkaufsunterlagen, Quittung usw beziehen. Es empfiehlt sich, diese Urkunden flankierend als Beweismittel anzubieten, da sie die inhaltliche Richtigkeit des angebotenen Zeugenbeweises und damit seine Glaubwürdigkeit stützen können.[35]

D. Beweisantrag

15 Der Antritt des Zeugenbeweises erfordert einen entsprechenden **Beweisantrag** unter vollständiger Benennung des Zeugen und seiner ladungsfähigen Anschrift sowie der genauen Angabe des Beweisthemas, dh der genauen Bezeichnung der Tatsachen, die der Zeuge bekunden soll.[36] Mehr ist grundsätzlich nicht erforderlich.[37]

Die Parteien können auf den angetretenen Zeugenbeweis und die Vernehmung des Zeugens **verzichten**.[38]

---

[23] BGH GRUR 2004, 244 (245) – Marktführerschaft; BGH NJW 2007, 2122 Rn. 21.
[24] BGH GRUR 2004, 244 (245 f.) – Marktführerschaft.
[25] BGH GRUR 2011, 1043 Rn. 49 – TÜV II.
[26] BGH GRUR 2012, 534 Rn. 40 – Landgut Borsig, allerdings die Zurückweisung der Vernehmung von Zeugen zu deren Wahrnehmung des allgemein üblichen Sprachgebrauchs an einem bestimmten Ort und dessen näherer Umgebung durch das BerGer rügend.
[27] BPatG GRUR-RR 2013, 59 – St. Petersburger Staatsballett.
[28] Hasselblatt/*Schoenen* § 38 Rn. 172.
[29] BGH GRUR 1963, 311 (312) – Stapelpresse.
[30] Hierzu und zum Folgenden: Ahrens Wettbewerbsprozess-HdB/*Bähr* Kap. 27 Rn. 26–28; *Teplitzky* Kap. 47 Rn. 29; Hasselblatt/*Rojahn/Rektorschek* § 10 Rn. 31.
[31] Vgl. BGH GRUR 2006, 504 Rn. 60 – Parfümtestkäufe; OLG Köln BeckRS 2000, 02532.
[32] Eingehend zum Testkauf: *Mes* GRUR 2013, 767 ff.
[33] BGH GRUR 1989, 113 (114).
[34] BGH GRUR 1999, 1017 (1019) – Kontrollnummernbeseitigung.
[35] Vgl. LG Düsseldorf BeckRS 2013, 12986.
[36] BPatG GRUR-RS 2013, 05069.
[37] OLG Düsseldorf BeckRS 2018, 23964 Rn. 95.
[38] OLG Düsseldorf BeckRS 2018, 23964 Rn. 96; OLG Hamm NJW-RR 2002, 1653.

Der Beweisantritt kann auch **hilfsweise** erfolgen.[39] Die bloße Ankündigung, es werde nach einem **16** Hinweis des Gerichts „hilfsweise ein weiterer Beweis angeboten, zum Beispiel eine Zeugeneinvernahme von Herrn H…", reicht hingegen nicht aus. Einerseits lässt sie bereits offen, ob überhaupt ein Beweisantrag gestellt werden und welchen Inhalt dieser haben wird. Andererseits wird ein Hinweis des Gerichts vorausgesetzt, auf den der Antragsteller keinen Anspruch hat. Das ergibt sich aus den Grenzen der gerichtlichen Aufklärungspflicht, § 139 ZPO.[40]

I. Benennung des Zeugen

Für die vollständige **Benennung eines Zeugen** genügt die Angabe einer Unternehmensbezeich- **17** nung oder der Firma eines eingetragenen Kaufmanns nicht. Vielmehr ist für den Beweisantritt anhand des Handelsregisters der bürgerliche Name des Kaufmanns zu ermitteln.[41]

Fehlt die vollständige **Namensnennung** des Zeugen, darf allerdings die Beweiserhebung nicht **18** schon deswegen generell unterbleiben. Hat der Beweisführer einen Zeugen benannt, der anhand bestimmter Merkmale – wie Funktion oder Tätigkeit in einem bestimmten Unternehmen – individualisiert werden kann, ist nach § 356 ZPO eine Frist zu bestimmen, innerhalb deren die Partei den bislang fehlenden Namen des Zeugen anzugeben hat, um durch die vollständige Namensnennung die Ladung des Zeugen zur Beweisaufnahme zu ermöglichen. Die Bezeichnung „Mitarbeiter der S."[42] lässt die erforderliche Individualisierung ebenso wenig zu, wie die Berufung auf das Zeugnis eines „instruierten Vertreters der GEMA"[43], denn diese Angaben enthalten keine besonderen persönlichen Merkmale.

Die **Weigerung** der nicht beweispflichtigen Partei, Namen und Anschrift eines nur ihr bekannten **19** Zeugen mitzuteilen, kann als Beweisvereitelung im Rahmen des § 286 ZPO gewürdigt werden.[44]

II. Bestimmtheit des Antrags

Bestimmtheit. Das Beweisthema muss bestimmt sein. Das bedeutet, dass die **konkreten Tatsa- 20 chen**, die der Zeuge bekunden soll, genau zu bezeichnen sind.[45] Ein pauschales Benennen von Zeugen, etwa zur Vorbekanntheit eines Designs, ist unzureichend und würde zu einem Ausforschungsbeweis führen.[46] Allerdings erfordert es die Substantiierung des angebotenen Zeugenbeweises nicht, dass zunächst anderweitig gewisse Anhaltspunkte oder gar Belege für die behaupteten und unter Zeugenbeweis gestellten Tatsachen vorgelegt werden.[47]

Zulässig ist ein Zeugenbeweisangebot auch für ein Geschehen, an das die Partei sich nicht mehr **21 erinnert:** Vermag sich eine Partei an ein Geschehen nicht zu erinnern, kann sie dazu gleichwohl eine ihr günstige Behauptung unter Zeugenbeweis stellen, wenn sie hinreichende Anhaltspunkte dafür vorträgt, dass der Zeuge – anders als sie selbst – das notwendige Wissen hat.[48]

Die **Ablehnung** einer Beweiserhebung unter dem Gesichtspunkt **mangelnder Substantiierung 22** für eine möglicherweise beweiserhebliche Tatsache ist nur dann zulässig, wenn die unter Beweis gestellte Tatsache so ungenau bezeichnet ist, dass ihre Erheblichkeit nicht beurteilt werden kann, oder wenn sie zwar in das Gewand einer bestimmt aufgestellten Behauptung gekleidet, aber willkürlich aufs Geradewohl gemacht, gleichsam **„ins Blaue"** aufgestellt, mit anderen Worten aus der Luft gegriffen ist und sich deshalb als **Rechtsmissbrauch** darstellt. Bei der Annahme von Willkür in diesem Sinn ist jedoch Zurückhaltung geboten; in der Regel wird sie nur das Fehlen jeglicher tatsächlicher Anhaltspunkte rechtfertigen können.[49]

Von einem untauglichen Zeugenbeweisangebot kann nur dann ausgegangen werden, wenn es vollkommen ausgeschlossen erscheint, dass die Zeugenvernehmung irgendetwas **Sachdienliches** ergeben könnte.[50]

Grundsätzlich haben die Parteien nach §§ 355, 373 ZPO einen **Anspruch** auf eine mit den Garan- **23** tien des Zeugenbeweises ausgestatte **Vernehmung.**[51] Daher ist es unzulässig an Stelle der Verneh-

---

[39] BPatG GRUR-RS 2013, 05069.
[40] BPatG BeckRS 2013, 05069.
[41] OLG Jena NJOZ 2010, 533 (535).
[42] BGH GRUR 2012, 630 Rn. 42 f. – CONVERSE II.
[43] LG Mannheim ZUM 2005, 915 (919).
[44] BGH BeckRS 2008, 01716 Rn. 18.
[45] BPatG BeckRS 2013, 05069; 2012, 15586; 2018, 26766 – Antriebseinrichtung für eine Tür.
[46] OLG Zweibrücken GRUR-RR 2005, 241 (242) – Kristalllampen-Sockel; vgl. OLG Düsseldorf GRUR-RS 2015, 01826 Rn. 78 – Steroidbeladene Körner II.
[47] BPatG BeckRS 2018, 26766 – Antriebseinrichtung für eine Tür; BGH GRUR 1975, 254 – Ladegerät II.
[48] BGH NJW-RR 2004, 337.
[49] BPatG BeckRS 2018, 26766 – Antriebseinrichtung für eine Tür; vgl. BGH X ZR 31/91 – Erzeugung eines Wärmestaus; BGH NJW 1995, 2111, Leitsatz.
[50] OLG Düsseldorf BeckRS 2018, 23964 Rn. 95; BGH NJW-RR 2013, 9.
[51] OLG Düsseldorf BeckRS 2018, 23964 Rn. 94; BGH NJOZ 2014, 572; BeckRS 2005, 14899.

mung von Zeugen, die eine Partei zum Zwecke des unmittelbaren Beweises beantragt hat, deren schriftlichen Angaben im Wege des Urkundenbeweises zu verwerten.[52]

24 Dem Angebot eines Zeugenbeweises über **nicht entscheidungserhebliche Tatsachen** ist selbstverständlich nicht nachzugehen.[53]

25 Es sind die **Grenzen des Ausforschungsbeweises** zu beachten (→ § 284 Rn. 119).[54]

§ 374 (weggefallen)

§ 375 Beweisaufnahme durch beauftragten oder ersuchten Richter

(1) Die Aufnahme des Zeugenbeweises darf einem Mitglied des Prozessgerichts oder einem anderen Gericht nur übertragen werden, wenn von vornherein anzunehmen ist, dass das Prozessgericht das Beweisergebnis auch ohne unmittelbaren Eindruck von dem Verlauf der Beweisaufnahme sachgemäß zu würdigen vermag, und
1. wenn zur Ausmittlung der Wahrheit die Vernehmung des Zeugen an Ort und Stelle dienlich erscheint oder nach gesetzlicher Vorschrift der Zeuge nicht an der Gerichtsstelle, sondern an einem anderen Ort zu vernehmen ist;
2. wenn der Zeuge verhindert ist, vor dem Prozessgericht zu erscheinen und eine Zeugenvernehmung nach § 128a Abs. 2 nicht stattfindet;
3. wenn dem Zeugen das Erscheinen vor dem Prozessgericht wegen großer Entfernung unter Berücksichtigung der Bedeutung seiner Aussage nicht zugemutet werden kann und eine Zeugenvernehmung nach § 128a Abs. 2 nicht stattfindet.

(1a) Einem Mitglied des Prozessgerichts darf die Aufnahme des Zeugenbeweises auch dann übertragen werden, wenn dies zur Vereinfachung der Verhandlung vor dem Prozessgericht zweckmäßig erscheint und wenn von vornherein anzunehmen ist, dass das Prozessgericht das Beweisergebnis auch ohne unmittelbaren Eindruck von dem Verlauf der Beweisaufnahme sachgemäß zu würdigen vermag.

(2) Der Bundespräsident ist in seiner Wohnung zu vernehmen.

A. Spezialgesetzliche Regelungen

1 Für das patentgerichtliche Verfahren treffen die Spezialgesetze des gewerblichen Rechtsschutzes gesonderte Regelungen zur kommissarischen Beweiserhebung, einschließlich der Vernehmung von Zeugen. So bestimmen die § 74 Abs. 2 MarkenG und § 88 Abs. 2 PatG (der auch im Designrecht[1] und im Sortenschutzrecht[2] gilt), dass das BPatG in geeigneten Fällen vorgezogen, dh schon vor der mündlichen Verhandlung, Beweis erheben kann, und zwar entweder indem es eines seiner Mitglieder beauftragt (beauftragter Richter) oder ein anderes Gericht um die Beweisaufnahme ersucht (ersuchter Richter). Diese spezialgesetzlichen Normen lassen wegen ihrer allgemeiner gehaltenen Fassung somit mehr Möglichkeiten für die Inanspruchnahme des beauftragten oder ersuchten Richters zu, als dies gemäß § 375 für das zivilgerichtliche Verfahren der Fall ist[3].

B. Regelungsinhalt

2 Es gilt der **Grundsatz der Unmittelbarkeit der Beweisaufnahme** (§ 355), wonach das erkennende Gericht den Zeugen grundsätzlich selbst zu vernehmen hat, gegebenenfalls per Videokonferenz, unter den Voraussetzungen des § 128a. Ein **Verstoß** gegen den Grundsatz der Unmittelbarkeit bzw. eine Beweiswürdigung durch das erstinstanzliche Gericht gegen das Gebot der Unmittelbarkeit der Beweisaufnahme ist ein Verfahrensfehler und macht eine **erneute Zeugenvernehmung** durch das Berufungsgericht notwendig[4].

3 Ordnet das Gericht die kommissarische Vernehmung des Zeugen an, ist diese Anordnung mit der Verfahrensrüge in der nächsten mündlichen Verhandlung unter den Voraussetzungen des § 295 **anfechtbar**.

4 Die Vernehmung durch einen kommissarischen Richter ist **nur in Ausnahmefällen** zulässig. So darf die Zeugenvernehmung nur auf den beauftragten oder ersuchten Richter übertragen werden, wenn die Voraussetzungen des § 375 Abs. 1 Nr. 1–3 erfüllt sind, die kommissarische Vernehmung nach pflichtgemäßem Ermessen des Gerichts also **sachdienlich** oder gesetzlich **vorgeschrieben** (Nr. 1), der Zeuge **dauerhaft verhindert** ist (Nr. 2) oder dem Zeugen die Vernehmung vor dem

---

[52] OLG Düsseldorf BeckRS 2018, 23964 Rn. 94.
[53] BGH GRUR 2017, 1233 Rn. 30 ff. – Loud.
[54] OLG Zweibrücken GRUR-RR 2005, 241 (242) – Kristalllampen-Sockel.
[1] § 23 Abs. 2 S. 3 DesignG.
[2] § 36 SortSchG.
[3] Vgl. BeckOK PatR/*Schnurr*, 20. Ed. 15.4.2021, PatG § 88 Rn. 3.
[4] BGH GRUR 2012, 895 Rn. 28 – Desmopressin.

Prozessgericht aufgrund großer Entfernung **unzumutbar** ist (Nr. 3). Zusätzlich ist bei den Ausnahmen des § 375 Abs. 1 Nr. 2 und Nr. 3 eine Zeugenvernehmung per Videokonferenz gemäß § 128a der kommissarischen Vernehmung vorrangig.

Dem **beauftragten Richter** darf die Zeugenvernehmung über die Ausnahmefälle des § 375 Abs. 1 hinaus unter den Voraussetzungen des § 375 Abs. 1a übertragen werden. 5

Einzelheiten der Vernehmung durch den beauftragten Richter regelt § 361.

In der **Praxis** des Immaterialgüterprozesses, etwa bei Schutzrechtsverletzungen im Zusammenhang mit Verkaufsgesprächen, Testkäufen, Messeauftritten usw., steht oftmals Aussage gegen Aussage, so dass die Glaubwürdigkeit des Zeugen und damit der unmittelbare Eindruck, den der Zeuge bei der Beweisaufnahme hinterlässt, für die Beweiswürdigung entscheidend ist. Es ist daher vorab sorgfältig abzuwägen, ob der unmittelbare Eindruck vom Verlauf der Zeugenvernehmung für das erkennende Richterkollegium tatsächlich entbehrlich erscheint und so eine Übertragung auf den kommissarischen Richter zulässig ist. 6

Zeugen, die **im Ausland** ansässig sind, können zwar zulässig geladen werden (vgl. § 183), allerdings kommen sie in der Praxis nur dann als Beweismittel in Betracht, wenn sie freiwillig an den Gerichtsort anreisen, denn ihr Erscheinen ist nicht gemäß § 380 erzwingbar[5]. Alternativ kann das Gericht den Zeugen auch im Rechtshilfeweg vernehmen. 7

§ 376 Vernehmung bei Amtsverschwiegenheit

(1) **Für die Vernehmung von Richtern, Beamten und anderen Personen des öffentlichen Dienstes als Zeugen über Umstände, auf die sich ihre Pflicht zur Amtsverschwiegenheit bezieht, und für die Genehmigung zur Aussage gelten die besonderen beamtenrechtlichen Vorschriften.**[1]

(2) **Für die Mitglieder des Bundestages, eines Landtages, der Bundes- oder einer Landesregierung sowie für die Angestellten einer Fraktion des Bundestages oder eines Landtages gelten die für sie maßgebenden besonderen Vorschriften.**

(3) **Eine Genehmigung in den Fällen der Absätze 1, 2 ist durch das Prozessgericht einzuholen und dem Zeugen bekannt zu machen.**

(4) **Der Bundespräsident kann das Zeugnis verweigern, wenn die Ablegung des Zeugnisses dem Wohl des Bundes oder eines deutschen Landes Nachteile bereiten würde.**

(5) **Diese Vorschriften gelten auch, wenn die vorgenannten Personen nicht mehr im öffentlichen Dienst oder Angestellte einer Fraktion sind oder ihre Mandate beendet sind, soweit es sich um Tatsachen handelt, die sich während ihrer Dienst-, Beschäftigungs- oder Mandatszeit ereignet haben oder ihnen während ihrer Dienst-, Beschäftigungs- oder Mandatszeit zur Kenntnis gelangt sind.**

§ 376 trägt der **Konfliktsituation** zwischen objektiver Wahrheitsfindung und dem öffentlichen Interesse an der Geheimhaltung der dem Gemeinwohl dienenden Geheimnisse Rechnung[2]. § 376 löst diesen Konflikt zugunsten der Verschwiegenheit[3], indem er Sondervorschriften für die Vernehmung von Personen im öffentlichen Dienst bzw. Personen, die in einem entsprechenden Amtsverhältnis stehen, aufstellt (§ 376 Abs. 1 und Abs. 2). 1

Die genannten Personen haben grundsätzlich über Angelegenheiten, die ihnen in Ausübung ihrer amtlichen Tätigkeit bekannt geworden sind, zu schweigen. Der (letzte) Dienstherr entscheidet darüber, ob er eine **Aufhebung der Verschwiegenheitspflicht** genehmigt. 2

Das Prozessgericht hat die erforderliche **Genehmigung** des Dienstherrn schon vor der Ladung des Amtsträgers einzuholen und dem Zeugen sodann bekannt zu machen (§ 376 Abs. 3)[4]. 3

§ 377 Zeugenladung

(1) ¹**Die Ladung der Zeugen ist von der Geschäftsstelle unter Bezugnahme auf den Beweisbeschluss auszufertigen und von Amts wegen mitzuteilen.** ²Sie wird, sofern nicht das Gericht die Zustellung anordnet, formlos übermittelt.

(2) **Die Ladung muss enthalten:**
1. die Bezeichnung der Parteien;
2. den Gegenstand der Vernehmung;

---

[5] Zöller/*Greger* ZPO § 377 Rn. 1a; *Schramm* Kap. 10 Rn. 113.
[1] Vgl. §§ 67–69 BundesbeamtenG und die entsprechenden Vorschriften der Beamtengesetze der Länder.
[2] Zöller/*Greger* ZPO § 376 Rn. 1.
[3] Zöller/*Greger* ZPO § 376 Rn. 1.
[4] Zöller/*Greger* ZPO § 376 Rn. 8.

3. die Anweisung, zur Ablegung des Zeugnisses bei Vermeidung der durch das Gesetz angedrohten Ordnungsmittel in dem nach Zeit und Ort zu bezeichnenden Termin zu erscheinen.

(3) ¹Das Gericht kann eine schriftliche Beantwortung der Beweisfrage anordnen, wenn es dies im Hinblick auf den Inhalt der Beweisfrage und die Person des Zeugen für ausreichend erachtet. ²Der Zeuge ist darauf hinzuweisen, dass er zur Vernehmung geladen werden kann. ³Das Gericht ordnet die Ladung des Zeugen an, wenn es dies zur weiteren Klärung der Beweisfrage für notwendig erachtet.

1   Zeugen sind durch die Geschäftsstelle **von Amts wegen** und unter Bezugnahme auf den Beweisbeschluss schriftlich (§ 377 Abs. 1 S. 1) aber in der Regel formlos (§ 377 Abs. 1 S. 2) zu laden.

2   Durch die **zwingenden Angaben** (§ 377 Abs. 2, Nr. 1, 2) in der Ladung soll sichergestellt werden, dass der Zeuge rechtzeitig darüber informiert wird, zu welchem Thema er Zeugnis ablegen soll, so dass er sich entsprechend vorbereiten und aussageerleichternde Unterlagen zum Termin mitbringen kann (§ 378).

3   Der Hinweis auf die **Säumnisfolgen** (§ 377 Abs. 2, Nr. 3) soll dem Zeugen die Konsequenzen eines Nichterscheinens verdeutlichen, nämlich Ordnungsmittel und Kostenfolge (§ 380).

4   § 377 Abs. 3 räumt dem Gericht die Möglichkeit ein, von einer Beweiserhebung durch Zeugenvernehmung in der mündlichen Verhandlung abzusehen, wenn es dies im Hinblick auf den Inhalt der Beweisfrage und der Person des Zeugen für ausreichend hält. In diesem Fall kann das Gericht vielmehr die **schriftliche Beantwortung** der Beweisfrage anordnen, wobei auch die schriftliche Beantwortung der Fragen Zeugenbeweis und nicht Urkundsbeweis ist¹.

5   Werden die Beweisfragen nur unvollständig beantwortet obliegt es dem Gericht, entweder von sich aus die **schriftliche Ergänzung** der Aussagen anzuordnen, gem. § 139 Abs. 1 ZPO einen Hinweis zum insoweit (vermeintlich) fehlenden Vortrag bzw. zur nicht ausreichenden Beantwortung der Beweisfrage zu erteilen oder aber gem. § 377 Abs. 3 S. 3 ZPO die Ladung der Zeugen zur weiteren Klärung zu veranlassen²:

6   Das Gericht ordnet die Ladung des Zeugen an, wenn es dies zur weiteren Klärung der Beweisfrage für notwendig erachtet. Eine solche **persönliche Ladung** von Zeugen steht grundsätzlich im **Ermessen** des Gerichts³. Dies kann insbesondere dann erforderlich sein, wenn die schriftlichen Angaben in **Widerspruch** zu anderen Beweismitteln stehen, etwa den Aussagen anderer Zeugen. Dann bedarf es möglicherweise der Gegenüberstellung dieser Zeugen, um eine umfassende Beurteilung der Glaubhaftigkeit der Aussagen und auch der einzelnen Zeugen⁴.

§ 378 Aussageerleichternde Unterlagen

(1) ¹Soweit es die Aussage über seine Wahrnehmungen erleichtert, hat der Zeuge Aufzeichnungen und andere Unterlagen einzusehen und zu dem Termin mitzubringen, wenn ihm dies gestattet und zumutbar ist. ²Die §§ 142 und 429 bleiben unberührt.

(2) Kommt der Zeuge auf eine bestimmte Anordnung des Gerichts der Verpflichtung nach Absatz 1 nicht nach, so kann das Gericht die in § 390 bezeichneten Maßnahmen treffen; hierauf ist der Zeuge vorher hinzuweisen.

1   Im Interesse einer raschen Erledigung des Prozesses hat der Zeuge die Pflicht, sich auf seine Vernehmung vorzubereiten. Er hat daher gemäß § 378 Abs. 1 Aufzeichnungen und andere Unterlagen **einzusehen** und zum Termin **mitzubringen,** wenn ihm dies gestattet und zumutbar ist.

2   Zumutbar ist es dem Zeugen insbesondere, sein Wissen vor seiner Vernehmung anhand von ihm zugänglichen oder in seinem Besitz befindlichen Aufzeichnungen aufzufrischen¹*.

3   Das Gericht kann gemäß § 378 Abs. 2 **bestimmte Anordnungen** treffen, mit denen es dem Zeugen aufgibt, Aufzeichnungen und andere Unterlagen einzusehen und zum Termin mitzubringen. Eine pauschale Aufforderung, vorhandene Unterlagen zu verwerten, genügt dem nicht, vielmehr müssen die Unterlagen so genau bezeichnet sein, dass kein Zweifel daran besteht, um welche es sich handelt²*.

4   Kommt der Zeuge der bestimmten Anordnung gemäß § 378 Abs. 2 nicht nach, kann das Gericht zur Durchsetzung derselben die **Zwangsmaßnahmen** ergreifen, die für die Folgen der Zeugnisverweigerung (§ 390) gelten.

---

[1] Zöller/*Greger* ZPO § 377 Rn. 6.
[2] OLG Düsseldorf BeckRS 2018, 23964 Rn. 88.
[3] OLG Hamm NJW 2014, 78.
[4] OLG Düsseldorf BeckRS 2018, 23964 Rn. 82.
[1*] Zöller/*Greger* ZPO § 378 Rn. 1.
[2*] Thomas/Putzo/*Reichold* ZPO § 378 Rn. 4.

Selbstverständlich kann es einem Zeugen nicht verwehrt werden, sich bei der Vernehmung auf seine 5
Unterlagen zu beziehen. Dies gilt auch für eine **Testperson** (zB einem Testkäufer) als Zeugen, der
sich auf seine Unterlagen bezieht, in denen er das Testergebnis festgehalten hat und der ggf. an den in
Rede stehenden Testfall keine konkrete Erinnerung mehr hat, wie dies in der Praxis bei berufsmäßigen
Testpersonen häufig vorkommt[3]. Etwaige Erinnerungsschwächen hat der Richter im Rahmen der
freien Beweiswürdigung (§ 286) zu würdigen.

§ 379 Auslagenvorschuss

¹**Das Gericht kann die Ladung des Zeugen davon abhängig machen, dass der Beweisführer einen hinreichenden Vorschuss zur Deckung der Auslagen zahlt, die der Staatskasse durch die Vernehmung des Zeugen erwachsen.** ²**Wird der Vorschuss nicht innerhalb der bestimmten Frist gezahlt, so unterbleibt die Ladung, wenn die Zahlung nicht so zeitig nachgeholt wird, dass die Vernehmung durchgeführt werden kann, ohne dass dadurch nach der freien Überzeugung des Gerichts das Verfahren verzögert wird.**

§ 379 S. 1 stellt es in das Ermessen des Gerichts, die Ladung des Zeugen von der **Zahlung eines** 1
Vorschusses zur Deckung der Auslagen abhängig zu machen, die der Staatskasse durch die Zeugenvernehmung erwachsen. Die Anordnung der Vorschusszahlung kann bereits im Beweisbeschluss oder aber nachträglich erfolgen. Die Höhe des Vorschusses ist zu beziffern und richtet sich nach der voraussichtlichen Höhe der Zeugenentschädigung. Auch die Frist ist zu bestimmen; sie muss angemessen sein.
 Vorschusspflichtig ist der Beweisführer (§ 359 Nr. 3), dh diejenige Partei, die den Beweis 2
angeboten hat[1].
 Nur wenn die Zeugenvernehmung **von beiden Parteien** beantragt wird, bestimmt die materielle 3
Beweislast den Vorschussschuldner[2].
 Wird eine Beweisaufnahme **von Amts wegen angeordnet**, ist die materiell beweisbelastete Partei 4
nicht Beweisführer iSd § 379 S. 1. Die Durchführung der Beweisaufnahme darf in diesem Fall daher nicht davon abhängig gemacht werden, dass die beweisbelastete Partei einen Auslagenvorschuss zahlt[3*].
 Zahlt die vorschusspflichtige Partei den Vorschuss nicht fristgemäß, unterbleibt die Ladung wenn die 5
Zahlung nicht so zeitig nachgeholt wird, dass die Vernehmung durchgeführt werden kann, ohne dass dadurch nach der freien Überzeugung des Gerichts das Verfahren verzögert wird. Diese Rechtsfolge ergibt sich unmittelbar aus dem Gesetz, § 379 S. 2.

§ 380 Folgen des Ausbleibens des Zeugen

(1) ¹Einem ordnungsgemäß geladenen Zeugen, der nicht erscheint, werden, ohne dass es eines Antrages bedarf, die durch das Ausbleiben verursachten Kosten auferlegt. ²Zugleich wird gegen ihn ein Ordnungsgeld und für den Fall, dass dieses nicht beigetrieben werden kann, Ordnungshaft festgesetzt.
(2) Im Falle wiederholten Ausbleibens wird das Ordnungsmittel noch einmal festgesetzt; auch kann die zwangsweise Vorführung des Zeugen angeordnet werden.
(3) Gegen diese Beschlüsse findet die sofortige Beschwerde statt.

A. Spezialgesetzliche Regelungen

Für das **patentamtliche Verfahren** treffen die Spezialgesetze des gewerblichen Rechtsschutzes 1
gesonderte Regelungen für die Festsetzung von Zwangs- und Ordnungsmitteln gegen säumige Zeugen (und Sachverständige). So kann das DPMA gemäß § 95 Abs. 2 MarkenG und § 128 Abs. 2, 3 PatG (der auch im Designrecht[1*] gilt) das BPatG ersuchen, für Verfahren vor dem DPMA Zwangs- und Ordnungsmittel gegen säumige Zeugen (und Sachverständige) festzusetzen. Grund für die innerstaatliche Rechtshilfepflicht des BPatG gegenüber dem DPMA ist, dass das Amt als Verwaltungsbehörde keine Festsetzungsbefugnis hat[2*].

---

[3] Ahrens Kap. 27 Rn. 28.
[1] BGH GRUR 2010, 365 Rn. 18 – Quersubventionierung von Laborgemeinschaften II.
[2] BGH GRUR 2010, 365 Rn. 18 – Quersubventionierung von Laborgemeinschaften II; vgl. BGH NJW 2000, 743 mwN.
[3*] BGH GRUR 2010, 365 Rn. 18 – Quersubventionierung von Laborgemeinschaften II.
[1*] § 23 Abs. 2 S. 3 DesignG.
[2*] BeckOK PatR/*Hofmeister*, 20. Ed. 15.4.2021, PatG § 128 Rn. 3.

B. Regelungsinhalt

2   Der ordnungsgemäß geladene Zeuge ist **verpflichtet,** zum Termin zu erscheinen, es sei denn, es greift eine der gesetzlich bestimmten Ausnahmen (insbesondere § 377 Abs. 3, § 386 Abs. 3 sowie die weniger praxisrelevanten § 382 und § 375 Abs. 2).

3   Erscheint der ordnungsgemäß geladene (§ 377) Zeuge nicht und entschuldigt er sein Ausbleiben auch nicht rechtzeitig (§ 381), so kann das Gericht das Erscheinen des Zeugens durch die Verhängung von **Ordnungsmitteln** (§ 380 Abs. 1 S. 2) erzwingen.

4   Gleichzeitig werden ihm, ohne dass es eines Antrags bedarf, von Amts wegen die durch das Ausbleiben verursachten **Kosten** auferlegt (§ 380 Abs. 1 S. 2).

5   Bei **wiederholtem Ausbleiben** ist die wiederholte Festsetzung des Ordnungsmittels und die zwangsweise Vorführung des Zeugen zulässig (§ 380 Abs. 2).

6   Rechtsmittel ist die sofortige Beschwerde (§ 380 Abs. 3).

§ 381 Genügende Entschuldigung des Ausbleibens

(1) ¹Die Auferlegung der Kosten und die Festsetzung eines Ordnungsmittels unterbleiben, wenn das Ausbleiben des Zeugen rechtzeitig genügend entschuldigt wird. ²Erfolgt die Entschuldigung nach Satz 1 nicht rechtzeitig, so unterbleiben die Auferlegung der Kosten und die Festsetzung eines Ordnungsmittels nur dann, wenn glaubhaft gemacht wird, dass den Zeugen an der Verspätung der Entschuldigung kein Verschulden trifft. ³Erfolgt die genügende Entschuldigung oder die Glaubhaftmachung nachträglich, so werden die getroffenen Anordnungen unter den Voraussetzungen des Satzes 2 aufgehoben.

(2) Die Anzeigen und Gesuche des Zeugen können schriftlich oder zum Protokoll der Geschäftsstelle oder mündlich in dem zur Vernehmung bestimmten neuen Termin angebracht werden.

1   Gegen den Zeugen, der sein Ausbleiben zum Vernehmungstermin **rechtzeitig und genügend entschuldigt,** sind keine Sanktionen zu verhängen, § 381 Abs. 1 S. 1. Die genügende Entschuldigung erfordert, dass der Zeuge Tatsachen vorträgt und glaubhaft macht, die sein Ausbleiben rechtfertigen[1].

2   Erfolgt die Entschuldigung **nicht rechtzeitig,** so kann der Zeuge die Auferlegung der Kosten und die Festsetzung eines Ordnungsmittels nur verhindern, wenn er glaubhaft macht, dass ihn an der Verspätung der Entschuldigung kein Verschulden trifft, § 381 Abs. 1 S. 2. Mit nachträglicher Glaubhaftmachung aller Erfordernisse nach § 381 Abs. 1 S. 1 und S. 2 kann der Zeuge die Aufhebung der Sanktionen beantragen (§ 381 Abs. 1 S. 3).

§ 382 Vernehmung an bestimmten Orten

(1) **Die Mitglieder der Bundesregierung oder einer Landesregierung sind an ihrem Amtssitz oder, wenn sie sich außerhalb ihres Amtssitzes aufhalten, an ihrem Aufenthaltsort zu vernehmen.**

(2) **Die Mitglieder des Bundestages, des Bundesrates, eines Landtages oder einer zweiten Kammer sind während ihres Aufenthaltes am Sitz der Versammlung dort zu vernehmen.**

(3) Zu einer Abweichung von den vorstehenden Vorschriften bedarf es:
für die Mitglieder der Bundesregierung der Genehmigung der Bundesregierung,
für die Mitglieder einer Landesregierung der Genehmigung der Landesregierung,
für die Mitglieder einer der im Absatz 2 genannten Versammlungen der Genehmigung dieser Versammlung.

1   Gemäß § 382 Abs. 1 sind Mitglieder der Bundesregierung und der Landesregierungen an der für ihren Amtssitz zuständigen Gerichtsstelle (§ 219) oder, wenn sie sich nicht an ihrem Amtssitz aufhalten, an ihrem Aufenthaltsort zu vernehmen[1*].

2   Gemäß § 382 Abs. 2 sind Abgeordnete und Mitglieder des Bundesrates oder einer zweiten Kammer während ihres Aufenthaltes am Versammlungsort an der für den Sitz der Versammlung zuständigen Gerichtsstelle (§ 219) zu vernehmen.

3   Abweichungen von § 382 Abs. 1 und Abs. 2 bedürfen der **Genehmigung** durch die in § 382 Abs. 3 näher bestimmten jeweiligen Stellen. Die Genehmigung ist durch das Prozessgericht einzuholen.

---

[1] Zöller/*Greger* ZPO § 381 Rn. 2.
[1*] Zöller/*Greger* ZPO § 382 Rn. 1.

§ 383 Zeugnisverweigerung aus persönlichen Gründen

(1) Zur Verweigerung des Zeugnisses sind berechtigt:
1. der Verlobte einer Partei;
2. der Ehegatte einer Partei, auch wenn die Ehe nicht mehr besteht;
2a. der Lebenspartner einer Partei, auch wenn die Lebenspartnerschaft nicht mehr besteht;
3. diejenigen, die mit einer Partei in gerader Linie verwandt oder verschwägert, in der Seitenlinie bis zum dritten Grad verwandt oder bis zum zweiten Grad verschwägert sind oder waren;
4. Geistliche in Ansehung desjenigen, was ihnen bei der Ausübung der Seelsorge anvertraut ist;
5. Personen, die bei der Vorbereitung, Herstellung oder Verbreitung von periodischen Druckwerken oder Rundfunksendungen berufsmäßig mitwirken oder mitgewirkt haben, über die Person des Verfassers, Einsenders oder Gewährsmanns von Beiträgen und Unterlagen sowie über die ihnen im Hinblick auf ihre Tätigkeit gemachten Mitteilungen, soweit es sich um Beiträge, Unterlagen und Mitteilungen für den redaktionellen Teil handelt;
6. Personen, denen kraft ihres Amtes, Standes oder Gewerbes Tatsachen anvertraut sind, deren Geheimhaltung durch ihre Natur oder durch gesetzliche Vorschrift geboten ist, in Betreff der Tatsachen, auf welche die Verpflichtung zur Verschwiegenheit sich bezieht.

(2) Die unter Nummern 1 bis 3 bezeichneten Personen sind vor der Vernehmung über ihr Recht zur Verweigerung des Zeugnisses zu belehren.

(3) Die Vernehmung der unter Nummern 4 bis 6 bezeichneten Personen ist, auch wenn das Zeugnis nicht verweigert wird, auf Tatsachen nicht zu richten, in Ansehung welcher erhellt, dass ohne Verletzung der Verpflichtung zur Verschwiegenheit ein Zeugnis nicht abgelegt werden kann.

A. Regelungsinhalt

§ 383 gewährt dem Zeugen das Recht, das Zeugnis aus persönlichen Gründen im Ganzen zu verweigern. Insofern unterscheidet sich die Rechtsfolge von derjenigen des § 384, der dem Zeugen das Recht einräumt, aus sachlichen Gründen einzelne Fragen nicht zu beantworten.

Der Zeuge kann von seinem Zeugnisverweigerungsrecht jederzeit, auch nach früherem Verzicht, Gebrauch machen[1]. Macht er jedoch von seinem Zeugnisverweigerungsrecht **keinen Gebrauch** (§ 386 Abs. 3), so ist er grundsätzlich zu vernehmen[2] und ist seine Aussage zu verwerten (§ 286)[3].

Die unter Nr. 1–3 bezeichneten Personen sind vor der Vernehmung über ihr Recht zur Verweigerung des Zeugnisses zu belehren (Abs. 2).

Gemäß **Abs. 3** soll das Gericht selbst dann, wenn ein nach Nr. 4–6 zeugnisverweigerungsberechtigter Zeuge zur Aussage bereit ist, nur solche Fragen stellen bzw. zulassen, durch deren Beantwortung der Zeuge nicht erkennbar gegen Verschwiegenheitspflichten verstößt. Regelmäßig beschränkt Abs. 3 mithin allein den Kreis der im Rahmen einer Vernehmung zulässigen Fragen, macht aber die Vernehmung des angebotenen Zeugen als solche weder unzulässig noch entbehrlich[4]. Ausnahmsweise kann ggf. etwas anderes gelten, wenn von vornherein offensichtlich ist, dass der Zeuge mit jeder Aussage zum Beweisthema gegen seine Schweigepflicht verstieße[5].

I. Nahe Angehörige (Nr. 1–3)

Gemäß § 383 Abs. 1 Nr. 1–3 haben Verlobte, Ehegatten, Lebenspartner und andere nahe Angehörige unter Berücksichtigung der Beschränkung des § 385 Abs. 1 ein Zeugnisverweigerungsrecht schlechthin[6].

Die Angehörigen iSd § 383 Abs. 1 Nr. 1–3 sind zu **belehren** (§ 383 Abs. 2). Ihre Belehrung kann in der Ladung oder im Termin erfolgen.

II. Pressemitarbeiter (Nr. 5)

Pressevertreter dürfen im Interesse einer eigenständigen, funktionsfähigen freien Presse[7] wegen des durch Art. 5 GG geschützten Vertrauensverhältnisses zu ihren Informanten das Zeugnis verweigern, Nr. 5.

---

[1] Thomas/Putzo/*Reichold* ZPO § 383 Rn. 1.
[2] BGH NJW-RR 2016, 683 Rn. 20.
[3] Zöller/*Greger* ZPO § 383 Rn. 1.
[4] BGH NJW-RR 2016, 683 Rn. 21.
[5] Ausdrücklich offengelassen in BGH NJW-RR 2016, 683 Rn. 21.
[6] Thomas/Putzo/*Reichold* ZPO § 383 Rn. 3.
[7] Thomas/Putzo/*Reichold* ZPO § 383 Rn. 9.

Hat ein Pressevertreter als Zeuge in Kenntnis seines Zeugnisverweigerungsrechts in einem Rechtsstreit in öffentlicher Sitzung umfassend zur Person eines Informanten und zu den mit diesem geführten Gesprächen ausgesagt, ohne sich auf sein Zeugnisverweigerungsrecht gemäß § 383 Abs. 1 Nr. 5 ZPO zu berufen, darf er regelmäßig in einem nachfolgenden Zivilrechtsstreit die Zeugenaussage zu den gleichen Beweisfragen nicht unter Berufung auf ein solches Zeugnisverweigerungsrecht verweigern[8].

III. Personen in besonderer Vertrauensstellung (Nr. 4 und Nr. 6)

8   **Geistliche** (Nr. 4) sind Personen, die in einer anerkannten Religionsgemeinschaft seelsorgerisch tätig sind, also auch Laien, die keine kirchliche Weihe erhalten haben, jedoch im Auftrag der Kirche selbständig seelsorgerische Aufgaben wahrnehmen[9].

9   **Geheimnisträger** (Nr. 6): Nach § 383 Abs. 1 Nr. 6 ist jede Person, der kraft ihres Gewerbes Tatsachen anvertraut sind, deren Geheimhaltung durch ihre Natur oder durch gesetzliche Vorschrift geboten ist, im Hinblick auf diese Tatsachen zur Verweigerung des Zeugnisses berechtigt. Häufig ist neben § 383 Abs. 1 Nr. 6 auch § 384 Nr. 3 (Kunst- oder Gewerbegeheimnis) anwendbar. Geheimnisträger sind neben Rechtsanwälten insbesondere auch **Patentanwälte**[10] und **Syndikusanwälte**[11], **Wirtschaftsprüfer**[12] sowie die weiteren in § 203 Abs. 1 und 2 StGB bestimmten Personen.

10 Das Gericht ist nicht verpflichtet, die in Nr. 4 und Nr. 6 benannten Geheimnisträger zu belehren (Umkehrschluss aus § 383 Abs. 2), jedoch hat es das Zeugnisverweigerungsrecht insofern zu beachten, als es diese Personen von vornherein nicht über Tatsachen befragen darf, die **offensichtlich** unter deren Verschwiegenheitspflicht fallen, § 383 Abs. 3.

11 Die unter Nr. 4 und Nr. 6 fallenden Personen können von ihrer Verschwiegenheitspflicht **entbunden** werden und dürfen das Zeugnis dann gemäß § 385 Abs. 2 nicht verweigern[13], wobei das Gericht darauf achten soll, dass Fragen nur insoweit gestellt bzw. zugelassen werden, als sie von der Aussageermächtigung gedeckt sind[14].

12 Besondere Relevanz hat in der **Praxis des Immaterialgüterrechtsprozesses** die Frage, ob auch ein **Bankinstitut**, das *„kraft seines Gewerbes"* (vgl. § 383 Abs. 1 Nr. 6) zur Verschwiegenheit verpflichtet ist und das nach den spezialgesetzlichen Bestimmungen als Nichtverletzer auf Auskunft in Anspruch genommen wird, unter Berufung auf das Bankgeheimnis und ein hierauf gestütztes Zeugnisverweigerungsrecht gemäß § 383 Abs. 1 Nr. 6 die Angabe von Namen und Anschrift des Inhabers eines Kontos verweigern darf, über das die Zahlung des Kaufpreises für offensichtlich immaterialgüterrechtsverletzende Ware abgewickelt worden ist. Die hierzu ergangene, jüngere Rechtsprechung betraf § 19 Abs. 2 S. 1 Hs. 2 MarkenG, wobei sich diese Frage in gleicher Weise im Rahmen der wortgleichen Auskunftsansprüche gemäß § 140b Abs. 2 S. 1 Hs. 2 PatG, § 46 Abs. 2 S. 1 Hs. 2 DesignG, § 101 Abs. 2 S. 1 Hs. 2 UrhG stellt.

13 In der Tat wird die in Art. 8 Abs. 1 und 2 der Richtlinie 2004/48/EG des europäischen Parlamentes und des Rates vom 29.4.2004 zur Durchsetzung von Rechten des geistigen Eigentums (*Enforcement*-Richtlinie) vorgesehene Auskunftspflicht, deren Umsetzung die genannten spezialgesetzlichen Auskunftsansprüche dienen, insbesondere durch Art. 8 Abs. 3 lit. e der *Enforcement*-Richtlinie eingeschränkt. Danach ist die Auskunftspflicht nur unbeschadet anderer gesetzlicher Vorschriften vorgesehen, etwa derer, die den Schutz der Vertraulichkeit von Informationsquellen oder die Verarbeitung personenbezogener Daten regeln.

14 Hierzu hat der **EuGH**[15] auf Vorlage des BGH[16] klargestellt, dass Art. 8 Abs. 3 lit. e der *Enforcement*-Richtlinie einer nationalen Rechtsvorschrift entgegensteht, die es einem Bankinstitut unbegrenzt und bedingungslos gestattet, eine Auskunft nach Art. 8 Abs. 1 lit. c dieser Richtlinie über Namen und Anschrift eines Kontoinhabers unter Berufung auf das Bankgeheimnis zu verweigern. Bereits in seinem Vorlagebeschluss neigte der BGH dazu, den zivilrechtlichen Auskunftsanspruch auch gegen Banken anzuerkennen[17]. Nun hat der **BGH** die uneingeschränkte Verweisung des § 19 Abs. 2 S. 1 Hs. 2 MarkenG auf § 383 Abs. 1 Nr. 6 ZPO richtlinienkonform teleologisch reduziert. Demnach darf ein Bankinstitut **nicht** gemäß § 383 Abs. 1 Nr. 6 die **Auskunft über Namen und Anschrift** eines Kontoinhabers unter Berufung auf das Bankgeheimnis **verweigern**, wenn das Konto für den Zahlungsverkehr im Zusammenhang mit einer offensichtlichen Markenverletzung genutzt wurde[18]. Laut

---

[8] BGH NJW-RR 2013, 159 Rn. 6.
[9] BeckOK ZPO/*Scheuch*, 40. Ed. 1.3.2021, ZPO § 383 Rn. 19; BGH NJW 2007, 307 Rn. 9; vgl. aber auch BGH NStZ 2010, 646 zu § 53 Abs. 1 S. 1 Nr. 1 StPO.
[10] Zöller/*Greger* ZPO § 383 Rn. 19.
[11] Bejahend: *Roxin*, Das Zeugnisverweigerungsrecht des Syndikusanwalts, NJW 1992, 1129; LG München I AnwBl 1082, 197 f.
[12] BGH NJW-RR 2016, 683.
[13] Mes PatG GebrMG § 140b Rn. 29.
[14] Zöller/*Greger* ZPO § 383 Rn. 22.
[15] EuGH GRUR 2015, 894 Rn. 41 – Coty Germany/Sparkasse Magdeburg; krit. *Ahrens* GRUR 2015, 1083.
[16] BGH GRUR 2013, 1237 – Davidoff Hot Water.
[17] BGH GRUR 2013, 1237 Rn. 26 – Davidoff Hot Water.
[18] BGH GRUR 2016, 497 Rn. 24, 35 – Davidoff Hot Water II.

BGH ist daher eine nationale Vorschrift, die eine unbegrenzte und bedingungslose Berufung auf das Bankgeheimnis und die damit geschützten persönlichen Daten erlaubt (wie etwa § 19 Abs. 2 S. 1 Hs. 2 MarkenG iVm § 383 Abs. 1 Nr. 6 ZPO), nicht mit den Interessen der Rechteinhaber am Schutz ihres geistigen Eigentums (Art. 17 Abs. 2 Charta der Grundrechte der Europäischen Union, nachfolgend: *EU-Grundrechtscharta*) und an einem wirksamen Rechtsbehelf (Art. 47 EU-Grundrechtscharta) vereinbar[19]. Insbesondere dürfen die Rechteinhaber nicht auf die Möglichkeit verwiesen werden, eine Strafanzeige (ggf. gegen Unbekannt) zu erstatten, um sodann im Rahmen eines etwaigen **strafrechtlichen Ermittlungsverfahrens** zu versuchen, durch **Akteneinsicht** den Namen und die Anschrift des mutmaßlichen Rechtsverletzers zu erfahren[20].

Auch ein **Bezahldienst** (PayPal) soll nicht gemäß § 383 Abs. 1 Nr. 6 die Auskunft über Namen und Anschrift eines Kontoinhabers unter Berufung auf das Bankgeheimnis verweigern dürfen, und zwar selbst dann nicht, wenn er seinen Sitz im Ausland hat[21]. Gleiches soll auch für **Kreditkarteninstitute** gelten[22]. **15**

Mit der oben geschilderten (→ Rn. 14) neuen BGH-Rechtsprechung ist die ältere oberlandesgerichtliche Rechtsprechung **überholt**, die ein Zeugnisverweigerungsrecht gemäß § 383 Abs. 1 Nr. 6 **bejahte**, weil Kontodaten generell besonders schützenswert seien[23], und welche die Verschwiegenheitspflicht eines Bankinstituts nicht nur auf Angaben über Kontostände, Anlageformen oder -verhalten erstreckte, sondern auch auf die Eingehung einer Geschäftsbeziehung überhaupt[24]. **16**

B. Ausschluss spezialgesetzlicher Auskunftsansprüche bei Zeugnisverweigerungsrecht

Gemäß § 140b Abs. 2 S. 1 Hs. 2 PatG, § 19 Abs. 2 S. 1 Hs. 2 MarkenG, § 46 Abs. 2 S. 1 Hs. 2 DesignG, § 101 Abs. 2 S. 1 Hs. 2 UrhG wird der Auskunftsanspruch des Rechteinhabers gegen Dritte in Fällen offensichtlicher Rechtsverletzung erheblich **beschränkt**. Nach diesen spezialgesetzlichen Bestimmungen ist dieser Anspruch nämlich ausgeschlossen, wenn dem Anspruchsgegner, der grundsätzlich zur Auskunftserteilung verpflichtet wäre, im Prozess gegen den Verletzer ein Zeugnisverweigerungsrecht aus persönlichen Gründen gemäß § 383 ZPO zustehen würde (oder er nach den §§ 384, 385 ZPO zur Zeugnisverweigerung berechtigt wäre). Der zur Auskunft Verpflichtete soll in seiner Rolle als Adressat der genannten spezialgesetzlichen Normen nicht schlechter gestellt werden, als wenn er im Rahmen eines Gerichtsverfahrens gegen den Verletzer wegen desselben Sachverhalts als Zeuge benannt wäre[25]. **17**

§ 384 Zeugnisverweigerung aus sachlichen Gründen

Das Zeugnis kann verweigert werden:
1. über Fragen, deren Beantwortung dem Zeugen oder einer Person, zu der er in einem der im § 383 Nr. 1 bis 3 bezeichneten Verhältnisse steht, einen unmittelbaren vermögensrechtlichen Schaden verursachen würde;
2. über Fragen, deren Beantwortung dem Zeugen oder einem seiner im § 383 Nr. 1 bis 3 bezeichneten Angehörigen zur Unehre gereichen oder die Gefahr zuziehen würde, wegen einer Straftat oder einer Ordnungswidrigkeit verfolgt zu werden;
3. über Fragen, die der Zeuge nicht würde beantworten können, ohne ein Kunst- oder Gewerbegeheimnis zu offenbaren.

A. Regelungsinhalt

§ 384 gewährt dem Zeugen das Recht, **einzelne Fragen** nicht zu beantworten, wenn ihn eine bestimmte Frage, die ihm gestellt wurden, in eine der in § 384 Nr. 1–3 genannten Konfliktlagen bringt. Zweck des § 384 ZPO ist es, den Zeugen vor nachteiligen Folgen seiner eigenen wahrheitsgemäßen Aussage zu schützen[1]. Niemand soll aus seiner Zeugnispflicht zu selbstschädigenden Handlungen gezwungen werden[2]. Das Recht, im Zivilprozess wegen der **familiären Beziehung** zu einer **1**

---

[19] BGH GRUR 2016, 497 Rn. 23 – Davidoff Hot Water II; EuGH GRUR 2015, 894 Rn. 41 – Coty Germany/Sparkasse Magdeburg.
[20] BGH GRUR 2016, 497 Rn. 29 ff. – Davidoff Hot Water II.
[21] BeckOK PatR/*Voß* PatG § 140b Rn. 18 unter Hinweis auf LG Hamburg ZD-Aktuell 2016, 05234.
[22] BeckOK PatR/*Voß* PatG § 140b Rn. 18 unter Hinweis auf *Wreesmann* MarkenR 2016, 281.
[23] OLG Naumburg GRUR-RR 2012, 388, aufgehoben durch BGH GRUR 2016, 497 – Davidoff Hot Water II.
[24] OLG Stuttgart GRUR-RR 2012, 73.
[25] OLG Stuttgart GRUR-RR 2012, 73.
[1] BGH NJW 2007, 155 Rn. 7.
[2] BVerfG BeckRS 1992, 08026; BeckOK PatR/*Voß* PatG § 140b Rn. 18.

Partei Angaben zu verweigern, steht gemäß § 383 Abs. 1 Nr. 1–3 und § 384 Nr. 1 und 2 ZPO allein dem Zeugen, **nicht** aber einer **Prozesspartei** zu[3].

2 Eine Pflicht des Gerichts, den Zeugen über sein Zeugnisverweigerungsrecht gemäß § 384 zu **belehren**, besteht nicht, ist aber zweckmäßig[4].

I. Drohender unmittelbarer Vermögensschaden (Nr. 1)

3 Der Zeuge kann gemäß § 384 Nr. 1 das Zeugnis zu Fragen verweigern, bei deren Beantwortung ein **unmittelbarer Vermögensschaden** für ihn oder seine Angehörigen (iSd § 383 Abs. 1 Nr. 1–3) **droht**. Für die Annahme einer solchen, die Zeugnisverweigerung rechtfertigende Vermögensgefährdung es, dass die Durchsetzung einer bereits bestehenden Schuldverpflichtung auf diesem Wege auch nur erleichtert werden könnte[5].

4 Ohne Rücksicht auf einen drohenden unmittelbaren Vermögensschaden ist ein Zeugnisverweigerungsrecht gemäß § 384 Nr. 1 unter Berücksichtigung der Beschränkung des § 385 Abs. 1 **ausgeschlossen**.

II. Unehre oder Strafverfolgung (Nr. 2)

5 Weiterhin kann der Zeuge gemäß § 384 Nr. 2 das Zeugnis zu Fragen verweigern, bei deren Beantwortung **Unehre** oder **Strafverfolgung** für ihn oder seine Angehörigen (iSd § 383 Abs. 1 Nr. 1–3) **drohen**.

III. Kunst- oder Gewerbegeheimnis (Nr. 3)

6 Schließlich steht dem Zeugen gemäß § 384 Nr. 3 ein Zeugnisverweigerungsrecht aus sachlichen Gründen zu, wenn er die gestellte Frage nicht beantworten könnte, ohne ein **Kunst- oder Gewerbegeheimnis zu offenbaren**. Neben § 384 Nr. 3 sind häufig auch § 383 Abs. 1 Nr. 5 (Redaktionsgeheimnisse) und Nr. 6 (Zeugnisverweigerung kraft Amtes, Standes, Gewerbes) anwendbar.

7 In der **Praxis des Immaterialgüterrechtsprozesses** kann das Zeugnisverweigerungsrecht zum Schutze des Gewerbegeheimnisses eine Rolle spielen, denn neben dem Zeugen selbst kann auch ein Dritter, dem der Zeuge gesetzlich oder vertraglich zur Geheimhaltung verpflichtet ist, Schutzberechtigter und damit Geheimnisträger sein, es sei denn, dieser Dritte ist Partei des Rechtsstreits[6]. Damit können etwa angestellte Ingenieure, Techniker, Entwickler, Designer usw., die arbeitsvertraglich verpflichtet sind, über Gewerbegeheimnisse ihres Arbeitgebers, der nicht Partei des Rechtsstreits ist, zu schweigen, das Zeugnis über derartige Gewerbegeheimnisse verweigern.

B. Ausschluss spezialgesetzlicher Auskunftsansprüche bei Zeugnisverweigerungsrecht

8 Gemäß § 140b Abs. 2 S. 1 Hs. 2 PatG, § 19 Abs. 2 S. 1 Hs. 2 MarkenG, § 46 Abs. 2 S. 1 Hs. 2 DesignG, § 101 Abs. 2 S. 1 Hs. 2 UrhG wird der Auskunftsanspruch des Rechteinhabers gegen Dritte in Fällen offensichtlicher Rechtsverletzung erheblich **beschränkt.** Nach diesen spezialgesetzlichen Bestimmungen ist dieser Anspruch nämlich ausgeschlossen, wenn dem Anspruchsgegner, der grundsätzlich zur Auskunftserteilung verpflichtet wäre, im Prozess gegen den Verletzer ein Zeugnisverweigerungsrecht aus sachlichen Gründen gemäß § 384 ZPO zustehen würde (oder er nach den §§ 383, 385 ZPO zur Zeugnisverweigerung berechtigt wäre). Der zur Auskunft Verpflichtete soll in seiner Rolle als Adressat der genannten spezialgesetzlichen Normen nicht schlechter gestellt werden, als wenn er im Rahmen eines Gerichtsverfahrens gegen den Verletzer wegen desselben Sachverhalts als Zeuge benannt wäre[7].

9 Bereits die Erleichterung der Anspruchsdurchsetzung berechtigt zur Zeugnisverweigerung wegen drohendem Vermögensschaden. Im **Immaterialgüterrechtsprozess** kann somit derjenige, der gemäß den genannten spezialgesetzlichen Normen grundsätzlich zur Auskunft verpflichtet wäre, die Auskunft unter Berufung auf einen drohenden Vermögensschaden iSd Nr. 1 verweigern, wenn durch sein Zeugnis die Erleichterung der Anspruchsdurchsetzung droht (→ Rn. 3).

10 Soweit sich der Zeuge auf § 384 Nr. 3 beruft, ist zu beachten, dass mit dem in Rede stehenden Kunst- oder Gewerbegeheimnis sinnvollerweise nur **Geschäftsgeheimnisse** gemeint sein können, die sich gerade nicht auf den Verletzungsvorwurf und damit im Zusammenhang stehende Umstände beziehen, als zB nicht die Bezugsquellen der Verletzungsgegenstände betreffen[8].

---

[3] BGH GRUR 2017, 1233 Rn. 27 – Loud.
[4] Zöller/*Greger* ZPO § 384 Rn. 1a.
[5] BGH NJW 2007, 155 Rn. 7 mwN.
[6] Hierzu und zum Nachfolgenden Zöller/*Greger* ZPO § 384 Rn. 7 mwN.
[7] OLG Stuttgart GRUR-RR 2012, 73.
[8] *Ingerl/Rohnke* MarkenG § 19 Rn. 26; BeckOK MarkenR/Eckhartt, 25. Ed. 1.4.2021, MarkenG § 19 Rn. 22.

§ 385 Ausnahmen vom Zeugnisverweigerungsrecht

(1) In den Fällen des § 383 Nr. 1 bis 3 und des § 384 Nr. 1 darf der Zeuge das Zeugnis nicht verweigern:
1. über die Errichtung und den Inhalt eines Rechtsgeschäfts, bei dessen Errichtung er als Zeuge zugezogen war;
2. über Geburten, Verheiratungen oder Sterbefälle von Familienmitgliedern;
3. über Tatsachen, welche die durch das Familienverhältnis bedingten Vermögensangelegenheiten betreffen;
4. über die auf das streitige Rechtsverhältnis sich beziehenden Handlungen, die von ihm selbst als Rechtsvorgänger oder Vertreter einer Partei vorgenommen sein sollen.

(2) Die im § 383 Nr. 4, 6 bezeichneten Personen dürfen das Zeugnis nicht verweigern, wenn sie von der Verpflichtung zur Verschwiegenheit entbunden sind.

A. Regelungsinhalt

§ 385 beschränkt die Rechte des Zeugen, das Zeugnis aus persönlichen (§ 383) oder aus sachlichen Gründen (§ 384) zu verweigern. 1

Nahe Angehörige iSd § 383 Abs. 1 Nr. 1–3 (→ § 383 Rn. 5) und der Zeuge, dem ein unmittelbarer Vermögensschaden iSd § 384 Nr. 1 droht (→ § 384 Rn. 3), dürfen das Zeugnis über die in § 385 Nr. 1–4 genannten Umstände nicht verweigern. 2

Personen in besonderer Vertrauensstellung (§ 383 Abs. 1 Nr. 4 und Nr. 6) dürfen das Zeugnis ebenfalls nicht verweigern, wenn der geschützte Dritte auf den Schutz verzichtet und den Zeugen von der Schweigepflicht entbindet, § 385 Abs. 2 (→ § 383 Rn. 11). 3

B. Ausschluss spezialgesetzlicher Auskunftsansprüche bei Zeugnisverweigerungsrecht

Gemäß § 140b Abs. 2 S. 1 Hs. 2 PatG, § 19 Abs. 2 S. 1 Hs. 2 MarkenG, § 46 Abs. 2 S. 1 Hs. 2 DesignG, § 101 Abs. 2 S. 1 Hs. 2 UrhG ist der Auskunftsanspruch des Rechteinhabers gegen Dritte in Fällen offensichtlicher Rechtsverletzung ausgeschlossen, wenn der Anspruchsgegner, der grundsätzlich zur Auskunftserteilung verpflichtet wäre, im Prozess gegen den Verletzer nach den §§ 383–385 ZPO zur Zeugnisverweigerung berechtigt wäre (→ § 383 Rn. 12 und → § 384 Rn. 8–10). 4

§ 386 Erklärung der Zeugnisverweigerung

(1) Der Zeuge, der das Zeugnis verweigert, hat vor dem zu seiner Vernehmung bestimmten Termin schriftlich oder zum Protokoll der Geschäftsstelle oder in diesem Termin die Tatsachen, auf die er die Weigerung gründet, anzugeben und glaubhaft zu machen.

(2) Zur Glaubhaftmachung genügt in den Fällen des § 383 Nr. 4, 6 die mit Berufung auf einen geleisteten Diensteid abgegebene Versicherung.

(3) Hat der Zeuge seine Weigerung schriftlich oder zum Protokoll der Geschäftsstelle erklärt, so ist er nicht verpflichtet, in dem zu seiner Vernehmung bestimmten Termin zu erscheinen.

(4) Von dem Eingang einer Erklärung des Zeugen oder von der Aufnahme einer solchen zum Protokoll hat die Geschäftsstelle die Parteien zu benachrichtigen.

Ein Zeugnisverweigerungsrecht wird nicht von Amts wegen berücksichtigt. Gemäß § 386 Abs. 1 muss der Zeuge vielmehr vor dem Vernehmungstermin **erklären**, dass er das Zeugnis verweigert und die Tatsachen, auf welche er die Weigerung gründet, angeben und **glaubhaft machen** (§ 294). 1

Bei Berufung auf ein Zeugnisverweigerungsrecht gemäß § 383 Nr. 4 und Nr. 6 genügt zur Glaubhaftmachung die mit Berufung auf einen geleisteten Diensteid abgegebene Versicherung (§ 386 Abs. 2). 2

Der Zeuge wird vom **Erscheinen** zum Termin gemäß § 386 Abs. 3 befreit, wenn er die Weigerung ordnungsgemäß erklärt hat (§ 386 Abs. 1) und das Verweigerungsrecht das gesamte Beweisthema erfasst (§ 377 Abs. 2 Nr. 2). Ob die Zeugnisverweigerung rechtmäßig ist, ist hierfür unerheblich und erforderlichenfalls im Wege des Zwischenstreits zu entscheiden (§ 387)[1]. 3

Die Geschäftsstelle hat die Parteien durch einfachen Brief von der Erklärung eines Zeugnisverweigerungsrechts zu **informieren,** so dass der Beweisführer prüfen kann, ob ein Zwischenstreit (§ 387) geboten ist (§ 386 Abs. 4)[2]. 4

---

[1] Zöller/*Greger* ZPO § 386 Rn. 2.
[2] Zöller/*Greger* ZPO § 386 Rn. 3.

5   Macht der Zeuge von seinem Zeugnisverweigerungsrecht **keinen Gebrauch,** ist er grundsätzlich zu vernehmen[3].

§ 387 Zwischenstreit über Zeugnisverweigerung

(1) Über die Rechtmäßigkeit der Weigerung wird von dem Prozessgericht nach Anhörung der Parteien entschieden.
(2) Der Zeuge ist nicht verpflichtet, sich durch einen Anwalt vertreten zu lassen.
(3) Gegen das Zwischenurteil findet sofortige Beschwerde statt.

1   Zu einem Zwischenstreit kommt es, wenn der Zeuge oder der Sachverständige (§ 402) die Aussageverweigerung ordnungsgemäß erklärt und begründet hat (§ 386) und der Beweisführer das Zeugnisverweigerungsrecht verneint, ohne zuvor rügelos zur Sache verhandelt zu haben[1]. Für die Praxis des Immaterialgüterrechtsprozesses bestehen insoweit keine Besonderheiten.
2   Der Zwischenstreit ist zu **beantragen,** wobei die Rüge der Unzulässigkeit der Aussageverweigerung gleichbedeutend mit dem Antrag ist[2].
3   Für den Zeugen besteht im Zwischenstreit über die Zeugnisverweigerung **kein Anwaltszwang** (§ 386 Abs. 2) anders als für die Parteien des Hauptprozesses im Anwaltsprozess[3*]. Eine mündliche Verhandlung ist notwendig; das Gericht kann eine Entscheidung nur dann im schriftlichen Verfahren treffen, wenn neben den Parteien (§ 128 Abs. 2) auch der Zeuge einer Entscheidung ohne mündliche Verhandlung zustimmt.
4   Die Entscheidung über den Zwischenstreit ergeht durch **Zwischenurteil.** Rechtsmittel ist die **sofortige Beschwerde** (§ 567), § 387 Abs. 3.

§ 388 Zwischenstreit über schriftliche Zeugnisverweigerung

Hat der Zeuge seine Weigerung schriftlich oder zum Protokoll der Geschäftsstelle erklärt und ist er in dem Termin nicht erschienen, so hat auf Grund seiner Erklärungen ein Mitglied des Prozessgerichts Bericht zu erstatten.

1   Hat der Zeuge seine Weigerung ordnungsgemäß erklärt (§ 386), ist er nicht verpflichtet, zum Termin zur Entscheidung über den Zwischenstreit zu erscheinen, so dass auch kein Versäumnisurteil gegen ihn ergehen kann[1*]. Erscheint der Zeuge im Termin nicht, hat der Berichterstatter den Weigerungsgrund vorzutragen (§ 388), über den das Gericht sodann entscheidet.

§ 389 Zeugnisverweigerung vor beauftragtem oder ersuchtem Richter

(1) Erfolgt die Weigerung vor einem beauftragten oder ersuchten Richter, so sind die Erklärungen des Zeugen, wenn sie nicht schriftlich oder zum Protokoll der Geschäftsstelle abgegeben sind, nebst den Erklärungen der Parteien in das Protokoll aufzunehmen.
(2) Zur mündlichen Verhandlung vor dem Prozessgericht werden der Zeuge und die Parteien von Amts wegen geladen.
(3) ¹Auf Grund der von dem Zeugen und den Parteien abgegebenen Erklärungen hat ein Mitglied des Prozessgerichts Bericht zu erstatten. ²Nach dem Vortrag des Berichterstatters können der Zeuge und die Parteien zur Begründung ihrer Anträge das Wort nehmen; neue Tatsachen oder Beweismittel dürfen nicht geltend gemacht werden.

1   Ein Zwischenstreit über die Zeugnisverweigerung (§ 387) kann auch vor dem kommissarischen Richter entstehen. Das Prozessgericht entscheidet über diesen Zwischenstreit, auch wenn die Weigerung vor dem kommissarischen Richter stattgefunden hat. Für das Verfahren vor dem Prozessgericht und seine Entscheidung gelten Abs. 3 und § 387[1**]. Für die Praxis des Immaterialgüterrechtsprozesses bestehen insoweit keine Besonderheiten.

---

[3] BGH NJW-RR 2016, 683 Rn. 20.
[1] Zöller/*Greger* ZPO § 387 Rn. 2 mwN.
[2] BGH NJW-RR 1987, 445.
[3*] Hierzu und zum Nachfolgenden: Zöller/*Greger* ZPO § 387 Rn. 3.
[1*] Zöller/*Greger* ZPO § 388 Rn. 1.
[1**] Thomas/Putzo/*Reichold* ZPO § 389 Rn. 1.

§ 390 Folgen der Zeugnisverweigerung

(1) ¹Wird das Zeugnis oder die Eidesleistung ohne Angabe eines Grundes oder aus einem rechtskräftig für unerheblich erklärten Grund verweigert, so werden dem Zeugen, ohne dass es eines Antrages bedarf, die durch die Weigerung verursachten Kosten auferlegt. ²Zugleich wird gegen ihn ein Ordnungsgeld und für den Fall, dass dieses nicht beigetrieben werden kann, Ordnungshaft festgesetzt.

(2) ¹Im Falle wiederholter Weigerung ist auf Antrag zur Erzwingung des Zeugnisses die Haft anzuordnen, jedoch nicht über den Zeitpunkt der Beendigung des Prozesses in dem Rechtszug hinaus. ²Die Vorschriften über die Haft im Zwangsvollstreckungsverfahren gelten entsprechend.

(3) Gegen die Beschlüsse findet die sofortige Beschwerde statt.

Verweigert der Zeuge vor oder im Termin unbefugt das Zeugnis oder den Eid, werden ihm, ohne dass es eines Antrags bedarf, von Amts wegen die durch die Weigerung verursachten Kosten auferlegt. Zugleich wird gegen ihn, ebenfalls von Amts wegen, ein Ordnungsmittel, bzw. uU Ordnungshaft festgesetzt, § 390 Abs. 1. Voraussetzung für die Festsetzung von Ordnungsmitteln ist das Fehlen einer Begründung für die Weigerung oder die Verwerfung der Aussageverweigerung durch rechtskräftiges Zwischenurteil¹. 1

Weigert sich der Zeuge **wiederholt**, wird anders als bei § 380 Abs. 2 kein mehrfaches Ordnungsgeld festgesetzt, sondern auf Antrag die Beugehaft angeordnet, § 390 Abs. 2. 2

Rechtsmittel ist die sofortige Beschwerde, § 390 Abs. 3. 3

Für die Praxis des Immaterialgüterrechtsprozesses bestehen keine Besonderheiten. 4

§ 391 Zeugenbeeidigung

Ein Zeuge ist, vorbehaltlich der sich aus § 393 ergebenden Ausnahmen, zu beeidigen, wenn das Gericht dies mit Rücksicht auf die Bedeutung der Aussage oder zur Herbeiführung einer wahrheitsgemäßen Aussage für geboten erachtet und die Parteien auf die Beeidigung nicht verzichten.

Die Zeugenbeeidigung steht im pflichtgemäßen **Ermessen** des Gerichts[1*], es sei denn, es besteht ein Eidesverbot gemäß § 393. Eine Ermessensentscheidung kann lediglich darauf hin nachgeprüft werden, ob die Grundlagen für die Anwendung des Ermessens richtig erkannt wurden und ob der Ermessensspielraum eingehalten worden ist. Von beidem ist vorliegend auszugehen[2]. Für die Ausübung des dem Gericht damit eingeräumten Ermessens stellt das Gesetz auf die Bedeutung der Aussage für den Rechtsstreit ab. Auch in der **Praxis** des Immaterialgüterrechtsprozesses werden Zeugen regelmäßig uneidlich vernommen. 1

Eine Beeidigung des Zeugen findet gemäß § 391 ZPO **ausnahmsweise** nur dann statt, wenn das Gericht die Beeidigung mit Rücksicht auf die Bedeutung der Aussage oder zur Herbeiführung einer wahrheitsgemäßen Aussage für geboten erachtet und die Parteien auf die Beeidigung nicht verzichten. 2

Das Prozessgericht ordnet die Beeidigung nach der Vernehmung durch Beschluss an. Die Beeidigung kann auf einen Teil der Aussage beschränkt werden. 3

§ 392 Nacheid; Eidesnorm

¹Die Beeidigung erfolgt nach der Vernehmung. ²Mehrere Zeugen können gleichzeitig beeidigt werden. ³Die Eidesnorm geht dahin, dass der Zeuge nach bestem Wissen die reine Wahrheit gesagt und nichts verschwiegen habe.

Die Vorschrift weist für den Immaterialgüterrechtsprozess keine Besonderheiten auf. Der Eid ist **nach** Abschluss der Zeugenvernehmung zu leisten („Nacheid"). Für die Eidabnahme gelten die §§ 478–484. 1

§ 393 Uneidliche Vernehmung

Personen, die zur Zeit der Vernehmung das 16. Lebensjahr noch nicht vollendet oder wegen mangelnder Verstandesreife oder wegen Verstandesschwäche von dem Wesen und

---

[1] Zöller/*Greger* ZPO § 390 Rn. 2.
[1*] OLG Düsseldorf BeckRS 2018, 23964 Rn. 58.
[2] OLG Düsseldorf BeckRS 2018, 23964 Rn. 58.

der Bedeutung des Eides keine genügende Vorstellung haben, sind unbeeidigt zu vernehmen.

1   **Eidesunmündige** Personen sind unbeeidigt zu vernehmen. Die Vorschrift weist für den Immaterialgüterrechtsprozess keine Besonderheiten auf.

§ 394 Einzelvernehmung

(1) **Jeder Zeuge ist einzeln und in Abwesenheit der später abzuhörenden Zeugen zu vernehmen.**

(2) **Zeugen, deren Aussagen sich widersprechen, können einander gegenübergestellt werden.**

1   Die Vorschrift weist für den Immaterialgüterrechtsprozess keine Besonderheiten auf. Das Zeugnis wird grundsätzlich durch **Einzelvernehmung** des Zeugen in der mündlichen Verhandlung erhoben. Das Gericht kann (grundsätzlich nicht nachprüfbares Ermessen[1]) Zeugen, deren Aussagen sich widersprechen, einander gegenüberstellen.

§ 395 Wahrheitsermahnung; Vernehmung zur Person

(1) **Vor der Vernehmung wird der Zeuge zur Wahrheit ermahnt und darauf hingewiesen, dass er in den vom Gesetz vorgesehenen Fällen unter Umständen seine Aussage zu beeidigen habe.**

(2) [1]**Die Vernehmung beginnt damit, dass der Zeuge über Vornamen und Zunamen, Alter, Stand oder Gewerbe und Wohnort befragt wird.** [2]**Erforderlichenfalls sind ihm Fragen über solche Umstände, die seine Glaubwürdigkeit in der vorliegenden Sache betreffen, insbesondere über seine Beziehungen zu den Parteien vorzulegen.**

1   Die Vorschrift weist für den Immaterialgüterrechtsprozess keine Besonderheiten auf. Das Gericht hat den Zeugen vor seiner Vernehmung zur Wahrheit zu ermahnen, auf die Möglichkeit der Beeidigung hinzuweisen sowie über die strafrechtlichen Folgen einer falschen eidlichen oder uneidlichen Aussage zu belehren (§ 395 Abs. 1)[1*].
2   Sodann ist der Zeuge zur Person zu vernehmen (§ 395 Abs. 2 S. 1) und es sind ihm auch Fragen, die für seine Glaubwürdigkeit erheblich sein können, zu stellen (§ 395 Abs. 2 S. 2).

§ 396 Vernehmung zur Sache

(1) **Der Zeuge ist zu veranlassen, dasjenige, was ihm von dem Gegenstand seiner Vernehmung bekannt ist, im Zusammenhang anzugeben.**

(2) **Zur Aufklärung und zur Vervollständigung der Aussage sowie zur Erforschung des Grundes, auf dem die Wissenschaft des Zeugen beruht, sind nötigenfalls weitere Fragen zu stellen.**

(3) **Der Vorsitzende hat jedem Mitglied des Gerichts auf Verlangen zu gestatten, Fragen zu stellen.**

1   Die Vorschrift weist für den Immaterialgüterrechtsprozess keine Besonderheiten auf. Nach der Vernehmung zur Person (§ 395) hat das Gericht den Zeugen zur Sache zu vernehmen.
2   Die Vernehmung ist wie folgt zu gestalten: Zunächst ist der Zeuge zu veranlassen, mit eigenen Worten im Zusammenhang anzugeben, was ihm über das Beweisthema bekannt ist (§ 396 Abs. 1)[1**]. Hierbei soll er auch den Grund nennen, auf dem **seine Kenntnisse** beruhen. Damit soll namentlich festgestellt werden, ob seine Kenntnisse auf eigener zuverlässiger Wahrnehmung, auf fremder Mitteilung oder gar auf Phantasie beruhen[2].
3   Sodann hat das Gericht zur Aufklärung weitere Fragen zu stellen (§ 396 Abs. 2), wobei neben dem Vorsitzenden auch die anderen Mitglieder des Gerichts ein Fragerecht haben (§ 396 Abs. 3).

---

[1] Zöller/*Greger* ZPO § 394 Rn. 2.
[1*] BPatG GRUR 1978, 358 (359) – Druckbehälter.
[1**] Thomas/Putzo/*Reichold* ZPO § 396 Rn. 1.
[2] BPatG GRUR 1978, 358 (359) – Druckbehälter.

§ 397 Fragerecht der Parteien

(1) Die Parteien sind berechtigt, dem Zeugen diejenigen Fragen vorlegen zu lassen, die sie zur Aufklärung der Sache oder der Verhältnisse des Zeugen für dienlich erachten.

(2) Der Vorsitzende kann den Parteien gestatten und hat ihren Anwälten auf Verlangen zu gestatten, an den Zeugen unmittelbar Fragen zu richten.

(3) Zweifel über die Zulässigkeit einer Frage entscheidet das Gericht.

A. Regelungsinhalt

Grundsätzlich hat der Richter die Fragen der Parteien an den Zeugen zu **vermitteln**, § 397 Abs. 1. 1

Gemäß § 397 Abs. 2 ist das **unmittelbare** Fragerecht der Partei von einer Ermessensentscheidung 2
des Vorsitzenden abhängig. Der Rechtsanwalt hat Anspruch darauf, an den Zeugen unmittelbar Fragen zu richten.

Über die Zulässigkeit einer Frage entscheidet das Gericht, § 397 Abs. 3. 3

B. Besonderheiten des patentgerichtlichen Verfahrens

Für Verfahren vor dem BPatG wird das Frage- und Teilnahmerecht der Beteiligten **spezialgesetz-** 4
lich normiert, § 88 Abs. 3 S. 2 PatG; § 74 Abs. 3 S. 2 MarkenG.

Abweichend von § 397 Abs. 1 und 2 haben die Parteien im patentgerichtlichen Verfahren das 5
Recht, die Zeugen unmittelbar zu befragen, dh **ohne die Vermittlung des Richters**, § 88 Abs. 3
S. 2 PatG; § 74 Abs. 3 S. 2 MarkenG. Das unmittelbare Fragerecht der Parteien ist nicht von einer Ermessensentscheidung des Vorsitzenden abhängig.

Im patentgerichtlichen Verfahren entscheidet der Senat über **unzulässige Fragen**, § 88 Abs. 3 S. 3 6
PatG; § 74 Abs. 3 S. 2 MarkenG.

§ 398 Wiederholte und nachträgliche Vernehmung

(1) Das Prozessgericht kann nach seinem Ermessen die wiederholte Vernehmung eines Zeugen anordnen.

(2) Hat ein beauftragter oder ersuchter Richter bei der Vernehmung die Stellung der von einer Partei angeregten Frage verweigert, so kann das Prozessgericht die nachträgliche Vernehmung des Zeugen über diese Frage anordnen.

(3) Bei der wiederholten oder der nachträglichen Vernehmung kann der Richter statt der nochmaligen Beeidigung den Zeugen die Richtigkeit seiner Aussage unter Berufung auf den früher geleisteten Eid versichern lassen.

Die Vorschrift weist für den Immaterialgüterrechtsprozess keine Besonderheiten auf. Die **wieder-** 1
holte Vernehmung (§ 398 Abs. 1) desselben Zeugen über denselben Gegenstand, zu dem er bereits früher ausgesagt hat, steht im Ermessen des Gerichts[1]. Hierbei ist das Berufungsgericht zur erneuten Vernehmung eines Zeugen verpflichtet, wenn es dessen Aussage anders verstehen will als die Vorinstanz[2].

Hat der kommissarische Richter eine Frage einer Partei abgelehnt (§ 397), kann nur das Prozess- 2
gericht die **nachträgliche** Vernehmung des Zeugen über diese Frage anordnen, § 398 Abs. 2. Statt der nochmaligen Beeidigung (§ 391) kann sich das Gericht die Richtigkeit der Aussage von dem Zeugen unter Berufung auf seinen früher geleisteten **Eid** versichern lassen.

§ 399 Verzicht auf Zeugen

Die Partei kann auf einen Zeugen, den sie vorgeschlagen hat, verzichten; der Gegner kann aber verlangen, dass der erschienene Zeuge vernommen und, wenn die Vernehmung bereits begonnen hat, dass sie fortgesetzt werde.

Die Vorschrift weist für den Immaterialgüterrechtsprozess keine Besonderheiten auf. Der Beweis- 1
führer kann auf den von ihm benannten Zeugen verzichten (§ 399 Hs. 1), solange dieser noch nicht ausgesagt hat. Der Gegner des Beweisführers kann die Vernehmung des erschienenen Zeugen bzw. deren Fortsetzung durch entsprechenden Antrag erzwingen (§ 399 Hs. 2)[1*].

---

[1] Thomas/Putzo/*Reichold* ZPO § 398 Rn. 1.
[2] BGH NJW-RR 2012, 704 Rn. 12.
[1*] Thomas/Putzo/*Reichold* ZPO § 399 Rn. 1.

§ 400 Befugnisse des mit der Beweisaufnahme betrauten Richters

Der mit der Beweisaufnahme betraute Richter ist ermächtigt, im Falle des Nichterscheinens oder der Zeugnisverweigerung die gesetzlichen Verfügungen zu treffen, auch sie, soweit dies überhaupt zulässig ist, selbst nach Erledigung des Auftrages wieder aufzuheben, über die Zulässigkeit einer dem Zeugen vorgelegten Frage vorläufig zu entscheiden und die nochmalige Vernehmung eines Zeugen vorzunehmen.

1 Die Vorschrift zählt die Befugnisse des kommissarischen Richters nicht abschließend auf[1], sondern stellt dessen Befugnisse in einigen besonderen Fällen[2] klar, nämlich bei Nichterscheinen des Zeugen (§ 380), bei Zeugnis- oder Eidesverweigerung (§ 390), über die vorläufige Zulässigkeit von Fragen (§§ 397, 398 Abs. 2) und über die nochmalige Vernehmung eines Zeugen (§ 398 Abs. 1).

§ 401 Zeugenentschädigung

Der Zeuge wird nach dem Justizvergütungs- und -entschädigungsgesetz entschädigt.

1 Die Vorschrift weist für den Immaterialgüterrechtsprozess keine Besonderheiten auf. Sie entspricht im **patentgerichtlichen** Verfahren den § 128a PatG und § 93a MarkenG.

Titel 8. Beweis durch Sachverständige

§ 402 Anwendbarkeit der Vorschriften für Zeugen

Für den Beweis durch Sachverständige gelten die Vorschriften über den Beweis von Zeugen entsprechend, insoweit nicht in den nachfolgenden Paragraphen abweichende Vorschriften enthalten sind.

Literatur: *Gramm,* Der gerichtliche Sachverständige als Helfer des Richters im Nichtigkeitsberufungsverfahren und im Patentverletzungsprozess, FS für Preu, 141; *Meier-Beck,* Was denkt der Durchschnittsfachmann?, Mitt. 2005, 529; *Omsels,* Kritische Anmerkungen zur Bestimmung der Irreführungsgefahr, GRUR 2005, 548; *Schreiber,* Der gerichtliche Sachverständige im Patentverletzungsprozess, Mitt. 2009, 309; *Pflüger,* Rechtsdemoskopische Gutachten- Fallstricke bei der Verkehrsbefragung, GRUR 2017, 992; *Schweizer,* Die „normative Verkehrsauffassung" – ein doppeltes Missverständnis – Konsequenzen für das Leitbild des „durchschnittlich informierten, verständigen und aufmerksamen Durchschnittsverbrauchers", GRUR 2000, 923; *Seibt,* Das europäische Verbraucherleitbild – ein Abschied von der Verwechslungsgefahr als Rechtsfrage?, GRUR 2002, 465; *Asendorf,* Zu den Aufgaben des gerichtlichen Sachverständigen in Patentnichtigkeitsverfahren, GRUR 2009, 209.

Übersicht

	Rn.
A. Privatgutachten	5
B. Abgrenzung zwischen Tat- und Rechtsfrage	8
C. Sachverständigengutachten im Patentrecht	15
D. Demoskopische Gutachten	25
E. Umfragen bei Industrie- und Handelskammern	30
F. Sachverständigengutachten im Urheberrecht	31

1 Der 8. Titel des ersten Abschnitts behandelt den Beweis durch Sachverständige. Er bezieht sich ausschließlich auf den vom Gericht bestellten Sachverständigen. Er ist Hilfsperson des Gerichts und soll dem Gericht die nötige Sachkunde vermitteln.

2 Er erstattet ein Gutachten, was zur besseren Nachvollziehbarkeit grundsätzlich schriftlich abzufassen ist. Ein mündliches Gutachten ist jedoch nicht ausgeschlossen, im Bereich des gewerblichen Rechtsschutzes aber vollkommen unüblich.

3 Die Vorschriften über den Beweis durch Sachverständige sind zudem gemäß § 99 Abs. 1 PatG entsprechend für Verfahren vor dem BPatG anwendbar[1*].

4 Für den Bereich des gewerblichen Rechtsschutzes ergeben sich im Hinblick auf die parallele Anwendung der Vorschriften über Zeugen (7. Abschnitt) keine Besonderheiten[2*].

---

[1] Thomas/Putzo/*Reichold* ZPO § 400 Rn. 1.
[2] Zöller/*Greger* ZPO § 400 Rn. 1.
[1*] BPatG BeckRS 2012, 06700 – Traglaschenkette; *Püschel* PatG § 99 Rn. 6.
[2*] Zur entsprechenden Anwendbarkeit der Vorschriften überzeugen allgemein bspw. MüKoZPO/*Zimmermann* § 402 Rn. 3–6.

A. Privatgutachten

Hiervon zu trennen sind Privatgutachten einer Partei. Sie sind in der **ZPO nicht geregelt.** Äußerungen eines von der Partei gestellten Sachverständigen sind daher als Parteivortrag zu werten[3]. Die Qualifikation als Parteivortrag bedeutet hingegen nicht, dass der Beweiswert eines solchen Privatgutachtens generell geringer wäre als dasjenige eines gerichtlich bestellten Sachverständigen. Das Gericht ist in seiner Würdigung der Beweismittel nach § 286 ZPO frei und kann daher durchaus einem Privatgutachten mehr Glauben schenken als dem Gutachten des gerichtlich bestellten Sachverständigen. Außerdem muss ein Gericht ein Privatgutachten dann würdigen, wenn es zu einem gegenüber dem gerichtlich bestellten Gutachten widersprüchlichen Ergebnis kommt[4].

Im **einstweiligen Verfügungsverfahren** ist ein Privatgutachten überhaupt nur die einzige Möglichkeit, technisch schwierige Fragen einzubringen, da aufgrund der Eilbedürftigkeit die Einholung eines gerichtlich bestellten Sachverständigengutachtens ausscheidet[5].

Hinsichtlich der **Form des Privatgutachtens** empfiehlt es sich, sich an den entsprechenden gerichtlichen Gutachten zu orientieren[6]. Daneben sollte ein Privatgutachten Angaben zur Person des Gutachters enthalten, da weder Gericht noch Gegenpartei etwas zu seiner Qualifikation wissen können. Solche Angaben umfassen regelmäßig einen tabellarischen Kurzlebenslauf, aus dem sich die entsprechende Qualifikation für das Sachthema ergeben sollte. Um die Objektivität und damit den Wert des Gutachtens zu steigern, ist es darüber hinaus ratsam, dass der Sachverständige seine grundsätzliche Unabhängigkeit gegenüber seinem Auftraggeber aber auch der gegnerischen Partei erklärt. Dies kann beispielsweise dadurch geschehen, dass er erklärt, bis auf den vorliegenden Gutachtenauftrag in der Vergangenheit nicht in geschäftlichen oder sonstigen Beziehungen zu einer der Parteien des Rechtsstreits gestanden zu haben.

B. Abgrenzung zwischen Tat- und Rechtsfrage

Das Sachverständigengutachten dient ausschließlich dazu, dem Gericht tatsächliche Zusammenhänge zu erläutern. Da mitunter die Abgrenzung zwischen Tat- und Rechtsfragen im gewerblichen Rechtsschutz schwierig ist, sind die Fragen und Aufgaben des gerichtlichen Sachverständigen genauso sorgfältig von der Beantwortung von Rechtsfragen abzugrenzen. So ist beispielsweise die Frage nach der Verwechslungsgefahr bei Marken eine reine Rechtsfrage, die das Gericht nicht auf einen Sachverständigen abwälzen dürfte.

Im Marken- und Wettbewerbsrecht kommen insbesondere demoskopische Gutachten vor. Sie können beispielsweise die Verkehrsbekanntheit einer Marke bestimmen. Die Frage, wie bekannt eine bestimmte Bezeichnung ist, ist eine Tatfrage.

Im Urheberrecht ist es beispielsweise nicht Aufgabe des Sachverständigen abschließend zu entscheiden, ob eine Software urheberrechtlich geschützt ist. Der Sachverständige soll die Befundtatsachen feststellen, abstrakte Erfahrungssätze auf diese Tatsachen anwenden und Schlüsse ziehen[7].

Schwieriger erscheint die Differenzierung zwischen Tat- und Rechtsfrage im Patentrecht. So sind weder die Bestimmung des Schutzbereichs noch die Feststellung erfinderischer Tätigkeit Tatsachenfeststellungen. Vielmehr handelt es sich um eine Rechtsfrage, die das zuständige Gericht wertend entscheiden muss[8]. Patentansprüche haben nach der Rechtsprechung des Bundesgerichtshofs Rechtsnormcharakter[9]. Die Aufgabe des Sachverständigengutachtens erschöpft sich darin, dem Gericht die erforderlichen technischen Zusammenhänge zu erläutern sowie die typischen Kenntnisse, Fertigkeiten und Erfahrungen einschließlich der methodischen Herangehensweisen der einschlägigen Fachwelt zu vermitteln[10].

Deswegen darf sich ein Gericht nicht darauf beschränken, ein Ergebnis des Sachverständigen, wie entweder der Bejahung oder Verneinung einer Patentverletzung, zu übernehmen. Es muss sich seine eigene Meinung bilden, weil ein gerichtliches Sachverständigengutachten reine Rechtsfragen nicht klären kann[11]. Vielmehr **muss das Gericht sein eigenes Verständnis der Verletzungsfrage bzw. der Frage der Rechtsbeständigkeit finden**[12]. Die Qualität der Auslegung des Patentanspruchs als

---

[3] Allgemeiner Grundsatz vgl. zuletzt BGH NJW-RR 2011, 419 Rn. 12 sowie BPatG BeckRS 2019, 3214.
[4] BGH NJW-RR 2011, 609.
[5] Vgl. bspw. LG Düsseldorf BeckRS 2012, 03510 – Wasserquellbares Hybridmaterial, wobei aufgrund den strengeren Anforderungen des Oberlandesgerichts Düsseldorf aus der Entscheidung Harnkatheterset heute eine einstweilige Verfügung auf ein Gebrauchsmuster nahezu ausgeschlossen erscheint.
[6] → Rn. 15 ff.
[7] Kilian/Heussen/*Redeker* ComputerR Rn. 172.
[8] BGH GRUR 2010, 410 Rn. 40 – Insassenschutzsystemsteuereinheit.
[9] BGH GRUR 2009, 653 – Straßenbaumaschine.
[10] BGH GRUR 2010, 314 Rn. 26 – Kettenradanordnung II.
[11] BGH NJW-RR 2010, 233 Rn. 10 – zur Zulässigkeit eines selbstständigen Beweisverfahrens wg. Baumängeln.
[12] Grundlegend BGH GRUR 2006, 131 – Seitenspiegel; so auch entschieden für das UWG BGH GRUR 1987, 535 – Wodka Woronoff.

13 Bei zeitlich begrenzten Schutzrechten, wie beispielsweise dem Patent, wirkt die Einholung eines Sachverständigengutachtens ähnlich einer Aussetzung des Rechtsstreits nach § 148 ZPO, da die Zeitdauer zur Einholung des Gutachtens die **Dauer des Schutzes faktisch verkürzt**[15]. Ist daher die Einholung eines Gutachtens zur Bewertung der Patentverletzung notwendig, besteht für die Aussetzung kein Anlass, da das Verletzungsgericht die Frage der Verletzung parallel zur Frage der Nichtigkeit weiter prüfen kann, zumal die Beklagte durch die Fortsetzung des Verletzungsverfahrens kein zusätzliches Kostenrisiko trägt[16], wobei das Gericht allerdings von einer Beweisaufnahme absehen kann, wenn diese besonders aufwändig, umfangreich oder kostspielig wäre und dazu das Klagepatent mit hinreichender Sicherheit keinen Bestand haben wird[17].

14 Die Einholung von Sachverständigengutachten ist im **Patentverletzungsprozess regelmäßig nicht notwendig.** Der Gesetzgeber hat durch die Möglichkeit der Bildung von Patentstreitkammern diesem Konflikt vorgebeugt. Mittlerweile haben alle Bundesländer von dieser Möglichkeit Gebrauch gemacht[18]. Die Spezialkammern für Patentstreitsachen verfügen daher regelmäßig über die notwendige Expertise, ein Patentverletzungsverfahren ohne sachverständige Hilfe entscheiden zu können.

C. Sachverständigengutachten im Patentrecht

15 Im Patentrecht kommen typischerweise zwei Fallgestaltungen vor, in denen Gerichte Sachverständigengutachten einholen. Dies ist einmal ein Gutachten entweder zum technischen Verständnis bei der Auslegung eines Patents oder zur Erläuterung der Funktionsweise einer angegriffenen Ausführungsform.

16 Ausgangspunkt für die Auslegung im Patentrecht ist die **Sichtweise des Fachmanns.** Dabei handelt es sich nicht um eine konkrete Person, sondern um eine **Fiktion zur Prüfung der Patentverletzungsfrage.** So kennt der Fachmann beispielsweise sämtliche relevante Patentliteratur, was in der Realität niemand leisten könnte[19]. Natürlich bildet sich ein solches Wissen nicht losgelöst von der Realität, so dass selbst spezialisierte Kammern der Verletzungsgerichte nicht durchweg zuverlässig die Kenntnisse eines solchen fiktiven Durchschnittsfachmanns bestimmen können.

17 Zunächst ist es jedoch die **Aufgabe der Parteien,** dem Gericht zu erläutern, welche Kenntnisse in einem bestimmten Fachgebiet vorhanden sind und wie sie sich auf die Auslegung des Patentanspruchs auswirken. Zur Bestimmung des fiktiven Durchschnittsfachmanns kann das Gericht daher regelmäßig erwarten, dass die Parteien erklären, auf welchem technischen Gebiet eine Erfindung liegt, welche Unternehmen auf diesem technischen Gebiet tätig sind und wie geschult und erfahren das Personal in den jeweiligen Entwicklungsabteilungen dieser Unternehmen ist[20].

18 Erst wenn es auch nach diesen Angaben einer Partei dem Gericht unmöglich ist, die Kenntnisse und das Verständnis des fiktiven Durchschnittsfachmanns zu bestimmen, muss es zur Erläuterung auf einen Sachverständigen zurückgreifen.

19 Die Erläuterung kann sich dabei sowohl auf die generellen Kenntnisse des Durchschnittsfachmanns beziehen. Abhängig davon, ob es sich bei diesem Durchschnittfachmann beispielsweise um einen Facharbeiter oder einen Diplomingenieur mit Universitätsabschluss handeln wird, kann das Verständnis eines Patentanspruchs variieren. Aus diesem Grunde verlangen die Patentverletzungsgerichte regelmäßig von jedem Sachverständigen eine Erläuterung, wer der fiktive Durchschnittsfachmann ist und welche Kenntnisse er hat.

20 Aufbauend auf diesem Verständnis kann ein typisches Sachverständigengutachten in einem Patentverletzungsstreitverfahren entweder dazu dienen, dem Gericht das Verständnis eines bestimmten Begriffs oder Merkmals aus dem Patentanspruch näher zu bringen, um es in die Lage zu versetzen, den Umfang des Schutzbereichs zu bestimmen.

21 Darüber hinaus mag das Patent ohne sachverständige Hilfe auszulegen sein, jedoch die genaue Funktionsweise des potentiellen Verletzungsgegenstandes nicht hinreichend deutlich sein. Dann benötigt das Verletzungsgericht sachverständige Hilfe, um die technische Funktion des potentiellen Verletzungsgegenstandes beurteilen zu können.

---

[13] BGH GRUR 2009, 653 (654) – Straßenbaumaschine.
[14] Baumbach/Lauterbach/Hartmann/Anders/Gehle/*Gehle* ZPO Übersicht § 402 Rn. 5.
[15] Nach den Erfahrungen des Autors verlängert die Einholung eines Sachverständigengutachtens einen Verletzungsstreit um mindestens 12 Monate. Die faktische Verkürzung bei einer Aussetzung ist der tragende Grund für die hohen Anforderungen an die Erfolgswahrscheinlichkeit eines Rechtsbestandsverfahrens.
[16] LG Düsseldorf InStGE 8, 112 – Aussetzung bei aufklärungsbedürftiger Verletzungslage.
[17] Kühnen Patentverletzung-HdB Kap. E Rn. 787.
[18] Vgl. → § 1 Rn. 37.
[19] BGH GRUR 1995, 330 – Elektrische Steckverbindung.
[20] BGH GRUR 2010, 314 Rn. 27 – Kettenradanordnung II.

In beiden Fällen bleibt es jedoch die Hauptaufgabe des Verletzungsgerichts, zunächst den Schutz- 22
bereich des Patents selbstständig und aufgrund eigener Wertungen zu bestimmen, um anschließend
prüfen zu können, ob die angegriffene Ausführungsform mit seinen konkreten technischen Merkmalen
in den zuvor bestimmten Schutzbereich des Patentes fällt.

Das **Bundespatentgericht** ist mit technischen Richtern besetzt, um grundsätzlich die **eigene** 23
Sachkunde des Gerichts zu gewährleisten[21]. Es muss daher keinen Sachverständigen einsetzen und
kann entsprechende Anträge mit der Begründung der eigenen Sachkunde ablehnen[22]. Sofern der
jeweilige Senat im Einzelfall allerdings auf Sachverständige zurückgreifen möchte, kann er dies im
Einzelfall tun. § 88 PatG eröffnet diese Möglichkeit.

Bis zur Reform des Berufungsverfahren über die **Rechtsbeständigkeit** hat der Bundesgerichtshof 24
regelmäßig Sachverständige bestellt. Mit der Reform hat der Gesetzgeber insbesondere eine Verkürzung der Verfahren beabsichtigt. Der Bundesgerichtshof ist daher dazu übergegangen, nicht mehr
regelmäßig, sondern nur noch in notwendigen Fällen ein gerichtliches Sachverständigengutachten zur
Frage der Erfindungshöhe einzuholen[23].

D. Demoskopische Gutachten

Die aktuelle Bedeutung demoskopischer Gutachten im Marken- und Wettbewerbsrecht lässt sich 25
nur exakt verstehen, wenn man die historische Entwicklung betrachtet. Erstmals urteilte das Reichs-
gericht 1941, dass die Verkehrskreise den Begriff „Alpenmilch" nicht als Beschaffenheits- sondern als
Herkunftsangabe verstünden auf der Basis einer Untersuchung für Wirtschaftsbeobachtung der Deutschen Fertigware Nürnberg[24].

Damit war klar, dass ein demoskopisches Gutachten die Einschätzung der Verkehrsauffassung des 26
Gerichts widerlegen konnte. Später ging der Bundesgerichtshof noch einen Schritt weiter und legte in
der Bärenfang-Entscheidung fest, dass die Mitglieder des jeweiligen Gerichts zwar als Mitglieder der
beteiligten Verkehrskreise eine Irreführung positiv feststellen, nicht aber verneinen konnten[25].
Hintergrund dieser, später **Bärenfangdoktrin** genannten Überlegung ist, dass wenn ein Richter
meint, irregeführt zu sein, dies den Schluss rechtfertigt, dass ein nicht ganz unbeträchtlicher Teil der
Verkehrskreise ebenso getäuscht wird. Meint dagegen ein Richter, nicht irregeführt zu sein, kann er
noch nicht ausschließen, dass nicht ein zwar kleiner, aber eben noch hinreichender Teil des Verkehrs
doch irregeführt wird[26]. Der EuGH hat mehrfach und in verschiedenen Konstellationen Fragen der
Irreführung im wettbewerbsrechtlichen Zusammenhang entschieden[27]. Da er allein für Fragen der
Auslegung des Rechts zuständig ist, hat dies das Bundesverwaltungsgericht Ende der 90er Jahre
aufgeschreckt und dazu veranlasst, den EuGH anzurufen um festzustellen, ob die Frage der Irreführung
allein ein objektiv rechtlicher Maßstab zugrunde zu legen sei, so dass es auf das tatsächliche Verständnis
der angesprochenen Verbraucher überhaupt nicht ankomme[28]. In der Beantwortung verwies der
EuGH auf zahlreiche Fälle, in denen er selbstständig den irreführenden Charakter einer Bezeichnung,
einer Marke oder einer Werbeaussage geprüft und entschieden hat. Dementsprechend hat er die Frage
der Eignung zur Irreführung als Rechtsfrage verstanden. Andererseits schließt der EuGH nicht aus,
„dass ein nationales Gericht zumindest bei Vorliegen besonderer Umstände nach seinem nationalen
Recht ein Sachverständigengutachten einholen oder eine Verbraucherbefragung in Auftrag geben
kann, um beurteilen zu können, ob eine Werbeaussage irreführen kann"[29].

Dementsprechend nutzen auch deutsche Gerichte nach wie vor die Möglichkeit, die Verkehrs- 27
auffassung durch demoskopische Gutachten zu ermitteln. Die sogenannte Bärenfangdoktrin hat der
BGH in der Elternbrief-Entscheidung aus dem Jahr 2001 wieder rückgängig gemacht[30]. Seither kann
ein Gericht die Frage der Irreführung auch negativ entscheiden, ohne auf ein demoskopisches Gutachten zurückgreifen zu müssen. Entscheidend ist dabei, ob das Gericht auf eigene Sachkunde zurückgreifen durfte.

Grundsätzlich geht der Bundesgerichtshof in seinen neuen Entscheidungen davon aus, dass die Frage 28
der **Eignung zur Irreführung** im Vordergrund steht. Deswegen kommt es nicht darauf an, wie eine
bestimmte Anzahl von Verbrauchern eine bestimmte Aussage tatsächlich versteht, was eine Tatsache
wäre und somit dem Sachverständigenbeweis zugänglich ist. Vielmehr muss das Gericht eine Prognoseentscheidung treffen, wie der Verkehr eine bestimmte Aussage verstehen wird. Bei einer solchen
Prognoseentscheidung handelt es sich um ein spezielles Erfahrungswissen, das sich ein Sachverständiger

---

[21] Kraßer/Ann § 9 Rn. 28.
[22] BPatG BeckRS 2014, 17886 Rn. 84; 2014, 17167.
[23] Keukenschrijver, Patentnichtigkeitsverfahren, Rn. 514.
[24] RG GRUR 1941, 328 (330) – Alpenmilch.
[25] BGH GRUR 1963, 270 (273) – Bärenfang.
[26] Köhler/*Bornkamm* UWG § 5 Rn. 3.6 mwN aus der höchstrichterlichen Rechtsprechung.
[27] S. hierzu Nachw. bei Köhler/*Bornkamm*/*Feddersen* UWG § 5 Rn. 3.2 aE.
[28] BVerwG BeckRS 1996, 31225654.
[29] EuGH Slg. 1998, I-4657 Rn. 35 = GRUR-Int 1998, 795 – Gut-Springenheide.
[30] BGH GRUR 2002, 550 (552) – Elternbriefe.

durch eine Verkehrsbefragung verschafft und dem Gericht weitergibt[31]. Verfügt jedoch das Gericht beispielsweise aufgrund einer Vielzahl von ähnlichen Fällen in der Vergangenheit über ein entsprechendes Erfahrungswissen, kann es zur Feststellung der Verkehrsauffassung und zur Eignung der Irreführung auf sein eigenes Spezialwissen zurückgreifen. Demoskopische Gutachten sind mit hohen Kosten verbunden. Dies mag ein Grund dafür sein, warum Gerichte und Parteien relativ selten auf sie zurückgreifen[32].

29 Geht es um den Nachweis der **Bekanntheit oder Verkehrsdurchsetzung einer Marke**, sind und waren demoskopische Gutachten grundsätzlich das Mittel der Wahl. Nur ganz vereinzelt war es möglich, die Verkehrsbekanntheit auch ohne ein solches Gutachten nachzuweisen[33]. Solche Fälle sind selten und ein Vorgehen ohne demoskopisches Gutachten ist daher nicht generell erfolgversprechend.

E. Umfragen bei Industrie- und Handelskammern

30 Kostengünstiger sind Umfragen bei Industrie- und Handelskammern, bei denen die Industrie- und Handelskammern ihre Mitglieder nach einem bestimmten Verständnis eines Begriffs befragen. Dabei schreiben die Industrie- und Handelskammern ihre Mitglieder postalisch an. Die Rücklaufquoten solcher Umfragen sind sehr unterschiedlich, weswegen die Ergebnisse solcher Befragungen nicht repräsentativ und damit nicht allgemeinverbindlich sind. Bestenfalls kann man damit ein „Stimmungsbild" abfragen. Vor allem bieten diese Umfragen keine Gewähr dafür, dass der richtige Adressat den Erhebungsbogen ausfüllt und sich der Ausfüllende objektiv verhält, also sich nicht zusätzliche Informationen verschafft, um die Frage „richtig" beantworten zu können. Er würde dann den Fragebogen eben nicht mehr als unbefangenes Mitglied des Verkehrskreises beantworten[34]. Gerichte billigen solchen Umfragen daher nicht den gleichen Stellenwert zu, so dass solche Umfragen demoskopische Gutachten generell nicht ersetzen können.

F. Sachverständigengutachten im Urheberrecht

31 Im Urheberrecht haben Sachverständigengutachten insbesondere im Bereich der Musik[35], der angewandten Kunst[36] und der Computerprogramme[37] ihre Bedeutung. Es obliegt dem Kläger detailliert vorzutragen. Das bloße Angebot eines Sachverständigenbeweises, ohne zuvor zu konkretisieren was schutzfähig sein soll, kann als unzulässiger Ausforschungsbeweis abgelehnt werden[38].

32 Der BGH geht davon aus, dass der Maßstab zur Beurteilung urheberrechtlicher Werke die Auffassung der mit literarischen und künstlerischen Werken einigermaßen vertrauten und hierfür aufgeschlossenen Verkehrskreise ist[39]. Oft wird nur ein Sachverständiger die vorbekannten und üblichen Formen hinreichend überblicken und damit feststellen können, ob das Werk die notwendige Schöpfungshöhe aufweist. Dies entbindet das Gericht jedoch nicht von seiner Aufgabe, das gefundene Ergebnis zu der gestalterischen Eigenheit des Werkes selbstständig am Maßstab der mit Kunst vertrauten Beurteiler zu messen[40].

33 Insbesondere im Softwareverletzungsprozess ist der Sachverständige meist unverzichtbar. Dies liegt auch an der geringen Anschaulichkeit des Codes von Computerprogrammen. So kann meist nur der Sachverständige feststellen, ob eine Übernahme von Programmcode oder eine Nachahmung vorliegt.[41]

§ 403 Beweisantritt

Der Beweis wird durch die Bezeichnung der zu begutachtenden Punkte angetreten.

1 Anders als bei der Benennung eines Zeugen gemäß § 373 ZPO handelt es sich beim Beweisantritt gemäß § 403 ZPO um nicht mehr als eine **Hilfestellung für die Partei**[1]. Den Beweis durch einen Sachverständigen muss das Gericht nach seinem pflichtgemäßen Ermessen treffen, wenn seine eigene Sachkunde nicht zur Bewertung ausreicht. Die spezialisierten Kammern im Bereich des gewerblichen

---

[31] BGH GRUR 2004, 244 (245) – Marktführerschaft.
[32] Gloy/Loschelder/Erdmann/*Pflüger* § 42 Rn. 5.
[33] BPatG BeckRS 2012, 25479.
[34] Gloy/Loschelder/Erdmann/*Pflüger* § 42 Rn. 7.
[35] BGH GRUR 1981, 267 (268) – Dirlada.
[36] BGH GRUR 1972, 38 (39) – Vasenleuchter.
[37] OLG Karlsruhe NJW-RR 1988, 433 (435).
[38] LG München I ZUM 2002, 748 (753) – Carmina Burana; Dreier/*Schulze* UrhG § 2 Rn. 59, 72.
[39] BGH GRUR 1972, 143 (144) – Biografie: Ein Spiel; BGH GRUR 1981, 267 (268) – Dirlada.
[40] BGH GRUR 1959, 289 (20) – Rosenthal-Vase; BGH GRUR 1981, 267 (268) – Dirlada.
[41] Wandtke/Bullinger/*Grützmacher* PraxKomm UrhG Vor §§ 69a ff. Rn. 23 f.
[1] MüKoZPO/*Zimmermann* § 403 Rn. 2.

Rechtsschutzes können daher meist selbst entscheiden, ohne auf die Beurteilung durch Sachverständige angewiesen zu sein[2].

Für den Beweisantritt reicht es daher aus, wenn der Beweisführer **summarisch auf die zu begutachtenden Punkte Bezug** nimmt. Er muss daher nicht die zu begutachtenden Beweisfragen wie in einem späteren Beweisbeschluss formulieren. Demnach ist es weder notwendig, die technischen Fragen bei einer Patentverletzung noch den Umfang eines demoskopischen Gutachtens in einem Schriftsatz zu definieren. Der Beweisführer ist auch nicht verpflichtet, eine bestimmte Person als Sachverständigen zu benennen. Diese Auswahl trifft das Prozessgericht (§ 404 ZPO). 2

Wenn das Gericht allerdings ein Sachverständigengutachten für sinnvoll und geboten erachtet, muss es darauf hinwirken, dass die Parteien einen entsprechenden Beweisantritt stellen. Eine entsprechende **Hinweispflicht** hat der Bundesgerichtshof gerade auch für aufwändige demoskopische Gutachten festgestellt[3]. Eine solche Erörterung mit den Parteien erscheint sinnvoll. Angesichts der erheblichen Kosten, die beispielsweise ein demoskopisches Gutachten auslöst, sollten die Parteien die Prozesskosten in jedem Verfahrensstadium abschätzen können, selbst wenn für ein von Amts wegen eingeholtes Sachverständigengutachten die beweisbelastete Partei keinen Auslagenvorschuss einzahlen muss[4]. 3

§ 404 Sachverständigenauswahl

(1) ¹**Die Auswahl der zuzuziehenden Sachverständigen und die Bestimmung ihrer Anzahl erfolgt durch das Prozessgericht.** ²**Es kann sich auf die Ernennung eines einzigen Sachverständigen beschränken.** ³**An Stelle der zuerst ernannten Sachverständigen kann es andere ernennen.**

(2) **Vor der Ernennung können die Parteien zur Person des Sachverständigen gehört werden.**

(3) **Sind für gewisse Arten von Gutachten Sachverständige öffentlich bestellt, so sollen andere Personen nur dann gewählt werden, wenn besondere Umstände es erfordern.**

(4) **Das Gericht kann die Parteien auffordern, Personen zu bezeichnen, die geeignet sind, als Sachverständige vernommen zu werden.**

(5) **Einigen sich die Parteien über bestimmte Personen als Sachverständige, so hat das Gericht dieser Einigung Folge zu geben; das Gericht kann jedoch die Wahl der Parteien auf eine bestimmte Anzahl beschränken.**

Literatur: *Kolle,* Das Europäische Patentamt als Sachverständiger im Patentprozess, GRUR-Int 1987, 476; *Asendorf,* Zu den Aufgaben des gerichtlichen Sachverständigen in Patentnichtigkeitsverfahren, GRUR 2009, 209.

Die Auswahl des Sachverständigen steht grundsätzlich im **Ermessen** des Gerichts. Wird ein Sachverständiger aus einer falschen Fachrichtung gewählt, überschreitet das Gericht sein Ermessen, sodass Ermessensfehlgebrauch vorliegt[1]. Wie dem Wortlaut des § 404 ZPO zu entnehmen ist, kann das Gericht auch **mehrere Sachverständige** beauftragen, wenn die Entscheidung des Rechtsstreits von der Expertise verschiedener Fachrichtungen abhängt oder aus anderen Gründen mehrere Sachverständige, beispielsweise wegen der räumlichen Distanz verschiedener zu begutachtender Objekte, sinnvoll erscheint. Ein fehlerhaftes ausgeübtes Ermessen kann zur Unverwertbarkeit des Gutachtens führen[2*]. 1

Grundsätzlich ist dringend zu empfehlen, die **Parteien** am Auswahlverfahren zu **beteiligen,** schon um mögliche Fehler bei der Ermessensausübung möglichst zu vermeiden[3*]. Hinzu kommt, dass bei der Beteiligung der Parteien diese sich auf einen bestimmten Sachverständigen einigen können. Nachdem in der zivilgerichtlichen Praxis die Parteien schon regelmäßig zu dem, vom Gericht vorgeschlagenen, Gutachter gehört werden, ist die Anhörung der Parteien nun auch gesetzlich nach § 404 Abs. 2 ZPO vorgesehen. So können die Parteien insbesondere vortragen, welche besonderen Fachkenntnisse aus ihrer Sicht beim Sachverständigen vorliegen müssen[4*]. Die Anhörung vor Ernennung des Sachverständigen steht im pflichtgemäßen Ermessen des Gerichts, sodass das Gesetz ihm zusätzliche Flexibilität bei der Berücksichtigung der Umstände im Einzelfall einräumt[5]. Das Gericht ist dabei nicht an die Einschätzung der Parteien gebunden. Es kann auch einen Sachverständigen benennen, den eine Partei für ungeeignet hält. Auch an der Unanfechtbarkeit des Beweisbeschlusses ändert das Anhörungsrecht der Parteien nichts[6]. Trotzdem dürfte die Beteiligung der Parteien einen verfahrensfördernden Effekt haben. 2

---

[2] Siehe zur Frage der Notwendigkeit eines Sachverständigengutachtens → § 402 Rn. 2.
[3] BGH GRUR 1990, 1053 – versäumte Meinungsumfrage.
[4] BGH GRUR 2010, 365 – Quersubventionierung von Laborgemeinschaften II.
[1] MüKoZPO/*Zimmermann* § 404 Rn. 5.
[2*] Baumbach/Lauterbach/Hartmann/Anders/Gehle/*Gehle* ZPO § 404 Rn. 5.
[3*] Musielak/Voit/*Huber* ZPO § 404 Rn. 5.
[4*] BT-Drs. 18/6985, 13.
[5] BT-Drs. 18/9092, 14.
[6] BT-Drs. 18/6985, 14.

3 Nach Abs. 5 ist das Gericht an eine Einigung der Parteien über den Sachverständigen gebunden. Hierbei handelt es sich im Gegensatz zu § 404 Abs. 2 ZPO um einen Sachverständigen, den die Parteien vorgeschlagen haben. Dies fördert das Verfahren, da bei Einigkeit über die Person des Sachverständigen das Gericht damit rechnen kann, dass die Parteien die Ergebnisse des Sachverständigengutachtens eher als richtig akzeptieren. Dabei bleibt die Anzahl der zu befragenden Sachverständigen allerdings im Ermessen des Gerichts, sodass darüber hinaus noch weitere Gutachter vom Gericht ernannt werden können[7].

3a Zu beachten ist auch, dass sich im Hinblick auf die Auswahl eines Sachverständigen im **Ausland** weitreichende Probleme ergeben können. Insbesondere sind in diesem Zusammenhang die Handlungsmöglichkeiten des Gerichts bei potenziellen Pflichtverstößen des Sachverständigen sehr eingeschränkt. Dies gilt beispielsweise dann, wenn ein Sachverständiger sein Gutachten über einen längeren Zeitraum nicht erstellt und zur Gutachtenerstellung bewegt werden soll oder das Gericht die zugrundeliegenden Akten zurückbeschaffen will. Zwangsmaßnahmen sind im Ergebnis gegenüber einem Sachverständigen im Ausland nicht möglich. Es besteht insbesondere keine Möglichkeit, den Sachverständigen dazu zu zwingen, vor dem Prozessgericht zu erscheinen.[8]

A. Patentrechtliches Besichtigungsverfahren

4 Bei **patentrechtlichen Besichtigungsverfahren** sind einige Ausnahmen zu beachten. Das patentrechtliche Besichtigungsverfahren dient dazu, Unsicherheiten über die tatsächliche Ausgestaltung einer angegriffenen Ausführungsform zu beseitigen. Um Manipulationen an dem Gegenstand zu vermeiden, trifft das Gericht die Anordnung in der Regel einseitig, das heißt ohne vorherige Anhörung des potenziellen Verletzers[9]. Bis zum Eintreffen des Sachverständigen in Begleitung der Parteivertreter erfährt der potenzielle Verletzer regelmäßig nichts über das Verfahren. Das bedeutet zugleich, dass das Gericht den potenziellen Verletzer nicht zur Frage der Geeignetheit des Sachverständigen anhören kann. Da es für Fragen der Patentverletzung und bestimmte technische Gebiete keine öffentlich bestellten Sachverständigen gibt, folgt das Gericht meist dem Vorschlag des Patentinhabers. Dem steht auch nicht § 404 Abs. 2 ZPO entgegen. Das Gericht kann von der Anhörung der Parteien absehen, wenn dies auf Grund der besonderen Umstände des jeweiligen Einzelfalles und unter Berücksichtigung der jeweiligen Verfahrensart geboten ist[10]. Gerade beim patentrechtlichen Besichtigungsverfahren ist nach den oben genannten Gründen von der Anhörung nach Abs. 2 abzusehen.

5 Als Sachverständige in patentrechtlichen Besichtigungsverfahren kommen meist **Patentanwälte** in Betracht. Sie kennen sich in der rechtlichen Beurteilung technischer Sachverhalte aus und haben zugleich den technischen Hintergrund, die besichtigten Gegenstände im Hinblick auf Merkmale eines Patentanspruchs dem Gericht zu erläutern. Grundsätzlich geeignet sind auch **Hochschulprofessoren** der bestimmten Fachrichtung. Da es beim patentrechtlichen Besichtigungsverfahren in erster Linie um die Ausgestaltung der angegriffenen Ausführungsform geht und weniger um wissenschaftliche Fragestellungen mögen Patentanwälte für diese Aufgaben geeigneter sein. Dass im Patentrecht **spezialisierte Rechtsanwälte** als Sachverständige eingesetzt werden, kommt in der Praxis nicht vor, obwohl die Beurteilung von Verletzungssachverhalten zu ihrer täglichen Arbeit gehört. Gerade die Frage, ob ein bestimmtes Produkt oder Verfahren von der technischen Lehre eines Patents Gebrauch macht, gehört im Gegensatz zu Fragen der Rechtsbeständigkeit regelmäßig zu ihren Kernaufgaben.

B. Sonstige patentrechtliche Gutachten

6 Für patentrechtliche Sachverständigengutachten außerhalb des Besichtigungsverfahrens werden hingegen regelmäßiger **Hochschulprofessoren** bestellt[11]. Dort geht es meist um sehr spezielle Fragen der Auslegung eines Patents oder der technischen Wirkungsweise einer angegriffenen Ausführungsform. Unsicherheiten im tatsächlichen Sachverhalt spielen eine weniger große Rolle, so dass es gerechtfertigt erscheint, hier der fachliche Expertise der Hochschulprofessoren stärker zu gewichten. In einem solchen zweiseitigen Verfahren kann das Gericht auch offener kommunizieren und den Sachverständigen gezielter steuern als bei einer einmaligen Besichtigung. **Patentanwälte** können bei entsprechender Erfahrung und technischer Expertise aber genauso gut als Gutachter tätig werden[12].

7 In der Praxis nicht durchgesetzt hat sich die Beauftragung von **Patentämtern**. Für das Europäische Patentamt ermöglicht Art. 25 EPÜ den Prüfungsabteilungen Gutachten in Verletzungs- oder Nichtigkeitsverfahren zu erstatten. § 29 PatG verpflichtet das DPMA auf Ersuchen von Gerichten oder einer Staatsanwaltschaft Obergutachten abzugeben, wenn es mehrere voneinander abweichende Gutachten

---

[7] HK-ZPO/*Siebert* ZPO § 404 Rn. 4; Zöller/*Greger* ZPO § 404 Rn. 4.
[8] MüKoZPO/*Zimmermann* § 403 Rn. 12; MüKoZPO/*Zimmermann* § 411 Rn. 14.
[9] S. z. patentrechtlichen Beweisverfahren §§ 485 ff. ZPO.
[10] BT-Drs. 18/6985, 13.
[11] *Kühnen* Patentverletzung-HdB Kap. J Rn. 10.
[12] BGH GRUR 1998, 366 – Ladungen.

C. Demoskopische Gutachten

Die Auswahl des Sachverständigen bei demoskopischen Gutachten ist durch die **geringe Anzahl** 8
der Institute in Deutschland geprägt, die überhaupt in der Lage sind, ein fachmännisches demoskopisches Gutachten zu erstellen[13]. Bei der Auswahl eines dieser Institute ist zu beachten, dass ein Sachverständiger nur eine natürliche Person sein kann[14], was sich schon aus der Tatsache ergibt, dass ein Sachverständiger in der Lage sein muss, einen Eid zu leisten, § 410 ZPO. Bei demoskopischen Gutachten ist es faktisch unmöglich, denn eine einzelne natürliche Person wird nicht in der Lage sein, innerhalb eines vertretbaren Zeitraums eine repräsentative Stichprobe der bundesdeutschen Bevölkerung zu befragen. Hierzu bedarf es einer Vielzahl geschulter Interviewer, die gerade sicherstellen, dass die Fragen unvoreingenommen gestellt werden. Diese Personen werden dann als Hilfspersonen tätig[15].

§ 404a Leitung der Tätigkeit des Sachverständigen

(1) **Das Gericht hat die Tätigkeit des Sachverständigen zu leiten und kann ihm für Art und Umfang seiner Tätigkeit Weisungen erteilen.**

(2) **Soweit es die Besonderheit des Falles erfordert, soll das Gericht den Sachverständigen vor Abfassung der Beweisfrage hören, ihn in seine Aufgabe einweisen und ihm auf Verlangen den Auftrag erläutern.**

(3) **Bei streitigem Sachverhalt bestimmt das Gericht, welche Tatsachen der Sachverständige der Begutachtung zugrunde legen soll.**

(4) **Soweit es erforderlich ist, bestimmt das Gericht, in welchem Umfang der Sachverständige zur Aufklärung der Beweisfrage befugt ist, inwieweit er mit den Parteien in Verbindung treten darf und wann er ihnen die Teilnahme an seinen Ermittlungen zu gestatten hat.**

(5) ¹**Weisungen an den Sachverständigen sind den Parteien mitzuteilen.** ²**Findet ein besonderer Termin zur Einweisung des Sachverständigen statt, so ist den Parteien die Teilnahme zu gestatten.**

Literatur: *Jacob/Heinz/Décieux*, Umfrage – Einführung in die Methoden der Umfrageforschung, 3. Auflage; *Porst*, Fragebogen, 3. Auflage; *Niedermann*, Empirische Erkenntnisse zur Verkehrsdurchsetzung, GRUR 2006, 367; *Pflüger*, Demoskopie im Markenrecht – Normative Anforderungen an den demoskopischen Nachweis der Verkehrsdurchsetzung, Mitt. 2007, 259; *dies.* Fragen über Fragen: Aktuelles aus der Rechtsdemoskopie, GRUR-Prax 2011, 51; *Prüfer*, Verkehrsdurchsetzung durch staatliches Monopol? Zugleich eine Besprechung der BPatG-Entscheidung „POST", GRUR 2008, 103; *Grabrucker*, Demoskopische Umfragen zur Verkehrsdurchsetzung in der deutschen Rechtsprechung, GRUR-Prax 2016, 93.

Übersicht

	Rn.
A. Demoskopische Gutachten	2
I. Stichprobe	3
II. Inhalt des Fragebogens	8
III. Insbesondere: demoskopische Gutachten zur Bekanntheit von Marken	12
1. Umfang der Verkehrsbefragung zur Verkehrsdurchsetzung	13
2. Inhalt des Gutachtens zur Verkehrsdurchsetzung	16
a) Bestimmung des Verkehrskreises	17
b) Bekanntheit	18
c) Kennzeichnungskraft	19
d) Zuordnung	21
B. Patentrechtliches Gutachten	25
C. Gemeinsames Entwickeln der Fragen	28
D. Schutz von Betriebsgeheimnissen	30

§ 404a ZPO manifestiert den Grundsatz, dass das Gericht Herr des Verfahrens bleibt und den 1
gerichtlichen Sachverständigen führt. Der Sachverständige ist weisungsgebundener Gehilfe des Gerichts, weswegen das Gericht verpflichtet ist, den Sachverständigen in den Grundinhalt und Zweck des Gutachtenauftrages vollständig und unmissverständlich einzuweisen[1].

---

[13] Aufzählung der Institute Übersicht bei Gloy/Loschelder/Erdmann/*Pflüger* § 42 Rn. 90.
[14] Fitzner/Bodewig/Lutz/*Voß* PatG Vor §§ 139 ff. Rn. 150.
[15] Zur Tätigkeit von Hilfspersonen s. u. die Kommentierung zu § 407a ZPO.
[1] Zöller/*Greger* ZPO § 404a Rn. 1.

A. Demoskopische Gutachten

2   Für demoskopische Gutachten ergeben sich hieraus zahlreiche Schwierigkeiten. So muss das Gericht gerade auch hier den Sachverständigen anleiten, wie er das demoskopische Gutachten zu erstellen hat. Es muss dabei auf ein sinnvolles, später verwertbares Gutachten hinwirken. Wegen der Komplexität des Sachverhalts sollte es bereits während der Erarbeitung der einzelnen Fragen sowie der Struktur des Gutachtens auf den Sachverstand des Sachverständigen zurückgreifen. Dies ist gerade bei demoskopischen Gutachten schwierig, da die Expertise des Sachverständigen gerade darin besteht, wie eine solche Befragung durchzuführen ist. Hier sollen nur im Überblick die zentralen Fragen und häufigsten Fehlerquellen angesprochen werden.

I. Stichprobe

3   Da sich bei demoskopischen Gutachten in den seltensten Fällen alle betroffenen Personen befragen lassen, muss eine Stichprobe der zu befragenden Personen gebildet werden. Diese Stichprobe muss möglichst ein **verkleinertes Abbild der Grundgesamtheit** darstellen, die den betroffenen Verkehrskreis bildet. Nur dann ist sie repräsentativ. Um für die gesamtdeutsche Bevölkerung verlässliche Ergebnisse erhalten zu können, benötigt man derzeit ca. 2.000 Antworten bei einer schriftlichen Befragung. Angesichts aktueller Ausfallquoten sollte eine Umfrage daher insgesamt 3.500 Personen ansprechen[2].

4   Für die Bildung der Stichprobe stehen verschiedene **Methoden** zur Verfügung. Als zulässige Methoden der Stichprobenziehung haben sich die **Zufallsauswahl und das Quotenverfahren** entwickelt.

5   Der grundsätzliche Unterschied besteht darin, dass bei Zufallsauswahlen **jedes Element die gleiche oder eine berechenbare Chance** hat, in die Stichprobe zu gelangen, was wiederum voraussetzt, dass die Grundgesamtheit bekannt und definiert ist. Eine solche Berechenbarkeit ist bei Quotenverfahren ausgeschlossen, da dort die Elemente aufgrund anderer, nämlich qualitativer Kriterien in die Stichprobe gelangen[3]. Dementsprechend kann bei der Zufallsauswahl die Fehlertoleranz berechnet werden. Die **Fehlertoleranz** gibt an, wie groß die Fehlersteuerung eines Ergebnisses ist, sowohl abhängig von der Stichprobe als auch in der Größenordnung des Ergebnisses. Hierbei gilt, dass je eindeutiger ein Ergebnis innerhalb einer Stichprobe, je geringer ist die Fehlertoleranz. Des Weiteren nimmt die Fehlertoleranz ebenso mit der Größe der Stichprobe ab. Jedoch ist beispielsweise die Fehlertoleranz bei 2.000 Befragten und einem Ergebnis von 45 % zu 55 % höher als bei einem Ergebnis von 10 % zu 90 % bei der Befragung von lediglich 1.000 Personen[4].

6   In der Praxis durchgesetzt haben sich sogenannte **mehrstufige Auswahlverfahren,** bei denen mehrere Zufallsauswahlen hintereinander geschaltet sind. Die zu befragende Zielperson würde dann auf der letzten Stufe ermittelt. Dabei ist die jeweils ermittelte Zufallsstichprobe Ausgangsgrundlage für die nächste Auswahl. Ein solches Verfahren hat in Deutschland der Arbeitskreis Deutscher Marktforschungsinstitute (ADM) unter der Bezeichnung „ADM-Mastersample" oder „ADM-Design" entwickelt. Sie wird seit 1978 in nahezu allen repräsentativen allgemeinen Bevölkerungsumfragen verwendet[5]. Nach dem **ADM-Design** werden zunächst Stimmbezirke für die Wahl zum Deutschen Bundestag bestimmt, in denen Personen befragt werden sollen. Auf der zweiten Stufe werden dann die Haushalte ab einer Startadresse per „Random-Route-Verfahren" oder als „Random-Walk" ausgewählt, um schließlich Zielpersonen im Haushalt durch weitere Verfahren zu bestimmen[6]. Der große Aufwand bei Umfragen nach dem ADM-Design und insbesondere die Manipulationsmöglichkeiten des Interviewers bei der Auswahl der Zielpersonen haben dazu geführt, dass seit dem Jahre 1994 die Allgemeine Bevölkerungsumfrage der Sozialwissenschaften (ALLBUS) nicht mehr auf das ADM-Design zurückgreift, sondern zunächst bestimmte Gemeinden ausgewählt hat und auf der zweiten Stufe per einfacher Zufallsauswahl Personen aus den Melderegistern dieser Gemeinden befragt wurden[7].

7   Anders arbeitet das **Quotenverfahren.** Auf der Basis statistisch verfügbarer Daten wie Anteil von Männern und Frauen, Verteilung der Bevölkerung auf Ortsklassen und ähnliches, ergeben sich bestimmte Vorgaben, gezielt bestimmte Personen zu befragen und auf diese Weise eine repräsentative Stichprobe zu erhalten. Für die Auswahl der Befragten erhalten die Interviewer allein formale Kriterien. Die Interviewer müssen dann selbst Personen identifizieren, die die Merkmale der jeweiligen Personen in der Stichprobe aufweisen. Der Vorteil dieses Verfahrens besteht darin, dass die nötigen Daten relativ rasch und kostengünstig zu erhalten sind. Nachteile bestehen darin, dass unvermeidbarer

---
[2] *Jacob/Heinz/Décieux,* Umfrage, S. 68, mit weiteren Werten für Umfragen mit bestimmter Zielrichtung und kleinerer Zielgruppe.
[3] *Jacob/Heinz/Décieux,* Umfrage, S. 69.
[4] Vgl. die Tabelle in Gloy/Loschelder/Erdmann/*Pflüger* § 42 Rn. 29.
[5] *Jacob/Heinz/Décieux,* Umfrage, S. 74.
[6] *Jacob/Heinz/Décieux,* Umfrage, S. 75 f. – zu den Einzelheiten der Bestimmung der Zielperson im ADM-Design.
[7] *Jacob/Heinz/Décieux,* Umfrage, S. 78.

Weise die Auswahl im Ermessen des Interviewers steht, so dass Personen aus dem Verwandten- und Bekanntenkreis oder solche, von denen der Interviewer annimmt, sie seien leichter zu erreichen und einer Umfrage zugänglicher, eine höhere Chance haben, befragt zu werden[8].

II. Inhalt des Fragebogens

Auf die Ausarbeitung des Fragebogens, der den Interviewer zur Hand gegeben wird, ist größte Sorgfalt zu verwenden. Zunächst gilt die Grundregel, dass die **Fragen einfach** und für jeden verständlich formuliert sind. Dies bedeutet beispielsweise, dass der Fragesteller möglichst auf Fremdworte verzichten sollte[9].

Weitere Verzerrungen des Ergebnisses können sich durch die **Position einer bestimmten Antwort im Fragebogen** ergeben. So besteht eine gewisse Tendenz, bei schriftlichen Fragebögen die erste Antwortalternative zu bevorzugen, der sogenannte „primacy-effect". Demgegenüber führen insbesondere bei Telefoninterviews mehrere Antwortalternativen dazu, dass sich der Befragte eher an die letzte Antwortalternative erinnert und diese bevorzugt auswählt, sogenannter „recency-effect"[10]. Diese Effekte lassen sich recht einfach dadurch vermeiden, dass man den Befragten die Antwortalternativen in unterschiedlichen Reihenfolgen vorlegt, indem die verschiedenen **Antwortalternativen statistisch gleichmäßig verteilt** sind[11]. Gerade angesichts der Tatsache, dass Interviewer heute nahezu ausschließlich mit tragbaren Computern Befragungen durchführen bzw. Telefoninterviews computergeführt sind, lässt sich die statistische Verteilung der Antwortmöglichkeiten leicht über den Computer realisieren.

Selbstverständlich sollten die Fragen **neutral formuliert** sein und keine bestimmte Antwort nahelegen. Dabei darf man jedoch nicht vergessen, dass eine solche Suggestion auch subtiler geschehen kann. So ordnet der Befragte unwillkürlich **jede Frage in einen bestimmten Kontext** ein. Sein gegenwärtiger Gemütszustand und die ihm gegenwärtig verfügbaren Informationen bestimmen seine Antwort. Er soll bei demoskopischen Gutachten im Idealfall ja sogar spontan antworten und nicht etwa lange nach einer „richtigen" Antwort suchen oder gar recherchieren. Inwieweit eine sogar neutrale Vorfrage das Ergebnis beeinflussen kann, zeigt das folgende Beispiel: So haben Sozialwissenschaftler nachgewiesen, dass die Beurteilung der politischen Partei CDU danach variieren kann, ob die Person Richard von Weizsäcker mit einer Vorläuferfrage in Erinnerung gerufen wurde. Auf einer Elf-Punkte-Skala (1 = negative Bewertung, 11 = positive Bewertung) schnitt die CDU mit 6,5 am besten ab, wenn Wissenschaftler die Befragten zuvor nach der Parteimitgliedschaft von Richard von Weizsäcker befragt haben. Ohne Vorläuferfrage betrug die Zustimmung im Durchschnitt nur 5,2, während nach einer Frage, welches Amt Richard von Weizsäcker ausübt, er war zum Zeitpunkt des Experimentes Bundespräsident, die Beurteilung der CDU signifikant auf 3,4 sank[12]. Erklären lassen sich diese Diskrepanzen wohl damit, dass die Mitgliedschaft Richard von Weizsäckers das Ansehen der Partei, in der er Mitglied ist, hob, während als Kontrast die Zustimmung zu seiner Partei sank, wenn man auf seine überparteiliche und wohl populäre Stellung als Bundespräsident abhob.

Auch die **soziale Situation** des Interviews kann Auswirkungen auf die Ergebnisse haben. So haben Sozialwissenschaftler auch nachgewiesen, dass amerikanische Jugendliche aus der Mittelschicht andere Antworten über ihre Erfahrungen mit Drogen geben, die von einem ebenfalls jugendlichen Interviewer befragt wurden, im Gegensatz zu einem älteren Interviewer[13]. Dem kann man bestenfalls dadurch begegnen, neutrale Interviewer einzusetzen, die in Bezug auf die zu befragende Gruppe keine besondere Nähe haben. Solche Effekte sind durchaus auch im gewerblichen Rechtsschutz denkbar. So kann die Kenntnis bestimmter Marken oder Verhaltensweisen in den verschiedenen Generationen unterschiedlich sein. Bei Befragungen können sich Zugehörige derselben sozialen Gruppe wie der Interviewer genötigt fühlen, Kenntnisse vorzugeben, die sie tatsächlich nicht haben. Daher erscheint es notwendig, die Umstände des Einsatzes der Interviewer sowie die sozialen Daten der Interviewer in einem demoskopischen Gutachten transparent zu machen, um hier Messfehler ausschließen zu können[14].

III. Insbesondere: demoskopische Gutachten zur Bekanntheit von Marken

Zum Nachweis der Verkehrsdurchsetzung einer Marke bietet das DPMA ein Mustergutachten an. Es folgt grundsätzlich einem dreistufigen Aufbau, wobei Fragen zur Zugehörigkeit der befragten

---

[8] Gloy/Loschelder/Erdmann/*Pflüger* § 42 Rn. 34.
[9] *Porst*, Fragebogen, S. 96 f. – s. z. dem Bsp., das Wort „Konjunktur" durch „wirtschaftliche Lage" trotz einer gewissen Unschärfe zu ersetzen.
[10] *Jacob/Heinz/Décieux*, Umfrage, S. 102.
[11] Gloy/Loschelder/Erdmann/*Pflüger* § 42 Rn. 68.
[12] *Schwarz, N./Bless, H.*: Instructing reality and its alternatives: assimilation and contrast effects in social judgment, in: Martin, L. L., Tesser, A. (Herausgeber): the construction of social judgment, 1992a, S. 217–245, zit. bei *Jacob/Heinz/Décieux*, Umfrage, S. 44.
[13] *Jacob/Heinz/Décieux*, Umfrage, S. 47.
[14] Zur Notwendigkeit der Identifikation von Interviewern als Hilfspersonen des Sachverständigen → § 407a Rn. 9.

Person zum betreffenden Verkehrskreis vorgeschaltet sein können[15]. Mit diesen drei Stufen wird nacheinander zunächst die Bekanntheit der Marke als solche, also die Kenntnis des Zeichens, abgefragt, in der zweiten Stufe die Kennzeichnungskraft, also der Hinweis auf ein bestimmtes oder mehrere bestimmte Unternehmen und im dritten Teil die namentliche Zuordnung zu einem bestimmten Unternehmen[16]. Diesen dreistufigen Aufbau übernehmen auch das Eidgenössische Institut für Geistiges Eigentum in der Schweiz[17] und das Österreichische Patentamt[18].

13 **1. Umfang der Verkehrsbefragung zur Verkehrsdurchsetzung.** Da es sich bei einem demoskopischen Gutachten zur Verkehrsbekanntheit um eine Befragung der deutschen Bevölkerung zu einer konkreten Frage handelt, reicht unter statistischen Gesichtspunkten die Auswertung von **1.000 befragten Personen** aus[19]. Aufgrund geringerer Rücklaufquoten müssten demnach ca. 1.500 bis 2.000 Personen angesprochen werden.

14 Bei **Farb- oder Formmarken** kann das Problem auftauchen, dass die entsprechende Farbe oder Form nicht allein, sondern im Verkehr stets nur zusammen mit anderen Kennzeichen auftritt. Gegenstand einer demoskopischen Untersuchung muss dann allein die angemeldete Marke und **nicht ihre tatsächliche Benutzungsform** sein[20]. In der Tat besteht dabei das Problem, dass der Verkehr die Bekanntheit und die Zuordnung von etwas beurteilen soll, was er nicht kennen kann, da es ihm in dieser Form nicht begegnet[21]. Dies durch zusätzliche Fragen zu kompensieren ist schwierig, da solche Fragen sehr schnell einen suggestiven Charakter bekommen[22].

15 Zumindest für Farbmarken besteht dieses Problem allerdings nur vordergründig. Bei ihnen wird grundsätzlich eine konturlose Fläche, nämlich die Verwendung der Farbe für bestimmte Waren- und Dienstleistungen allgemein, geschützt. Die Farbe muss dem Verkehr aber immer in einer bestimmten Kontur begegnen, so dass der Verkehr zumindest bei einer Farbmarke immer nur verschiedene Verwendungen der Farbmarke kennen kann. Hier müssen die befragten Personen notgedrungen abstrahieren und aufgrund der Vorlage einer bestimmten Farbe eine Zuordnung treffen, unabhängig davon, in welcher konkreten Form die Farbe im Verkehr auftritt.

16 **2. Inhalt des Gutachtens zur Verkehrsdurchsetzung.** Gemäß dem dreigliedrigen Aufbau enthält das Gutachten Angaben zur Bekanntheit, zum Kennzeichnungsgrad und zum Zuordnungsgrad. Um von einer Durchsetzung der Marke auszugehen, müssen in der Regel mehr als 50 % der Mitglieder des angesprochenen Verkehrskreises die Marke richtig zugeordnet haben[23]. Für glatt beschreibende Marken ging der BGH von deutlich höheren Werten für eine Verkehrsdurchsetzung aus[24]. Welche Antworten als richtige Zuordnung gelten, entscheiden die Gerichte anhand der nachfolgenden Kriterien.

17 **a) Bestimmung des Verkehrskreises.** Insbesondere bei Waren des täglichen Bedarfs muss die Gesamtheit der Bevölkerung als Basis dienen. Das bedeutet, dass mehr als 50 % aller Befragten die Marke richtig zuordnen müssen. Als Waren des täglichen Bedarfs sind insbesondere Nahrungsmittel angesehen worden[25]. Auch bei Glücksspielen nahm der Bundesgerichtshof die Gesamtbevölkerung als angesprochenen Verkehrskreis an, da sich die Werbung hierfür an die gesamte Bevölkerung richtet und auch diejenigen erfasst werden müssten, die nur gelegentlich Lotto spielten[26]. Demgegenüber hat das Oberlandesgericht Köln beispielsweise für zweisprachige Wörterbücher entschieden, dass sich die Marke nur an die Verwender solcher Bücher richtet. Nur diese bildeten den angesprochenen Verkehrskreis. Die Quote von 50 % musste daher nur bei derjenigen erfüllt sein, welche für sich den Erwerb und die Nutzung zweisprachiger Wörterbücher in Betracht gezogen haben[27]. In einem solchen Fall wird dann nur die Teilmenge der tatsächlichen Nutzer betrachtet, welche dann die Basis von 100 % bilden, an dem sich alle anderen Prozentzahlen ausrichten.

18 **b) Bekanntheit.** Mit der Frage nach der Bekanntheit wird geprüft, ob die befragte Person die Marke überhaupt kennt. Ist dem Befragten die Marke unbekannt, kann er sie nicht zuordnen.

---

[15] RL für die Prüfung von Markenanmeldungen v. 1.8.2018 in der überarbeiteten Fassung v. 1.9.2020, S. 62.
[16] *Pflüger* Mitt. 2007, 259 (262).
[17] IGE, RL in Markensachen vom 1.1.2021, S. 221 ff.
[18] *Pflüger* GRUR-Prax 2011, 51.
[19] BGH GRUR 2009, 954 Rn. 31 – Kinder III.; *Niedermann* GRUR 2006, 367 (373); *Ströbele* in Ströbele/Hacker/Thiering MarkenG § 8 Rn. 856.
[20] BGH GRUR 2009, 766 Rn. 40; BGH GRUR 2014, 1101 (1105) – Gelbe Wörterbücher; BGH GRUR 2015, 1012 (1016 f.) – Nivea-Blau; BGH GRUR 2015, 581 (585) – Langenscheidt-Gelb.
[21] *Ströbele* in Ströbele/Hacker/Thiering MarkenG § 8 Rn. 691.
[22] S. bspw. in BGH GRUR 2009, 766 Rn. 41 – Stofffähnchen.
[23] BGH GRUR 2001, 1042 (1043) – Reich und Schön.
[24] BGH GRUR 2006, 760 (762) – Lotto; BGH GRUR 2007, 1071 Rn. 28 – Kinder II.
[25] BPatG GRUR 2007, 593 – Tiefkühlpizza, dagegen will *Pflüger* Mitt. 2007, 259 (264), bei Gegenständen des täglichen Bedarfs nicht stets von der Gesamtbevölkerung ausgehen.
[26] BGH GRUR 2006, 760 Rn. 22 – Lotto.
[27] OLG Köln GRUR-RR 2013, 213 (214) – Wörterbuch-Gelb.

Personen, die angeben, die Marke nicht zu kennen, zählen daher zu Lasten des Markeninhabers. Sie sprechen gegen eine Durchsetzung.

c) Kennzeichnungskraft. Bei diesem Frageblock müssen die Befragten angeben, ob sie die betreffende Marke einem oder mehreren bestimmten Unternehmen zuordnen können. Der BGH verlangt hier insbesondere, dass die Verkehrsdurchsetzung durch eine **Benutzung der Marke** „als Marke" erreicht wird. So kann beispielsweise der Verkehr eine bestimmte Form kennen, jedoch als allgemein üblich ansehen und in ihr gerade keinen Herkunftshinweis erblicken. Die Fragestellung in einem demoskopischen Gutachten muss dementsprechend berücksichtigen, dass zwischen der Bekanntheit des Produkts und der Herkunftsfunktion der Formmarke zu unterscheiden ist[28]. Diesem Problem begegnet der Fragebogen durch die Antwortmöglichkeit, dass der Befragte als weitere Antwortalternative angeben kann, dass das Zeichen überhaupt kein Hinweis auf irgendein Unternehmen sei. Solche Befragungsergebnisse sind für den Markeninhaber ebenfalls negativ zu werten[29]. 19

Die Rechtsprechung sah darüber hinaus auch Probleme bei der Herkunftsfunktion eines Zeichens, das von einem **Monopolunternehmen** benutzt wurde. Zwar gesteht der BGH grundsätzlich auch einem ehemaligen Monopolunternehmen zu, sich auf die Verkehrsdurchsetzung einer Marke zu berufen. Verfügt ein Unternehmen nach wie vor über ein Monopol für eine bestimmte Ware oder Dienstleistung, läge es allerdings nahe, dass der Verkehr den Gattungsbegriff mit diesem Unternehmen in Verbindung bringe, ohne hierin einen Herkunftshinweis zu erkennen[30]. Die befragten Personen könnten daher die Marke dem Unternehmen nur wegen seiner Monopolstellung zuordnen, die beim Verbraucher die Vorstellung erzeugt, nur ein bestimmtes Unternehmen biete überhaupt diese Waren- oder Dienstleistungen an. Ob dem so ist, müsse gegebenenfalls durch zusätzliche Fragen im Fragebogen herausgefunden werden[31]. 20

d) Zuordnung. Im letzten Schritt geben die befragten Personen an, welchem Unternehmen sie eine bestimmte Marke zuordnen. Auch hier zählen wiederum nur die richtigen Zuordnungen zum Markeninhaber[32]. Hierzu zählen einmal die Antworten, die den **Markeninhaber** richtig erkannt haben. Des Weiteren zählen als positive Antworten diejenigen, die das Unternehmen **anhand des Markennamens** identifiziert, also nicht zwischen Firma und Marke differenziert haben („Persil kommt von Persil"). Schließlich zählen für den Markeninhaber diejenigen Antworten der Befragten, denen der **Unternehmensname nicht bekannt** war[33]. 21

Lange war umstritten, ob dem Zuordnungsgrad noch die **Fehlertoleranz** abzuziehen ist, die bei einer Stichprobe nach der Zufallsauswahl berechnet werden kann[34]. Nunmehr hat der BGH entschieden, dass die **Fehlertoleranz** grundsätzlich weder im Eintragungsverfahren noch im Löschungsverfahren zu berücksichtigen ist, sofern eine ausreichend große Stichprobe (mindestens 1.000 Befragte) dem Gutachten zu Grunde liegt[35]. 22

Bei der Frage der Verkehrsdurchsetzung solle der **tatsächlich richtige Wert ohne Fehlertoleranz** zählen. Dieser „wahre" Wert sei mit einer höheren Wahrscheinlichkeit der gemessene Wert, als derjenige abzüglich der Fehlertoleranz[36]. Es handele sich damit bei dem demoskopisch ermittelten Durchschnittswert um den statistisch wahrscheinlichsten Wert[37]. Eine Berücksichtigung der Fehlertoleranz zu Gunsten des Markeninhabers im Löschungsverfahren, führe zu einer unzumutbaren Erschwerung der Beweisführung für den Antragsteller. Ebenso führe die Berücksichtigung zu Lasten des Markeninhabers, sofern der ermittelte Wert in einem Grenzbereich liege, zur unberechtigten Löschung der Marke. Schließlich sei den Vorschriften über Eintragungs- und Löschungsverfahren nicht zu entnehmen, dass für diese, unterschiedliche Voraussetzungen gelten sollten, sodass die Fehlertoleranz auch im Eintragungsverfahren keine Berücksichtigung finden kann[38]. 23

Allerdings ist die Fehlertoleranz eine statistische Gegebenheit. Die statistische Methodenlehre hat diesen Begriff entwickelt, um bessere Ergebnisse zu ermöglichen. Sie zu negieren, bedeutet Regeln der Statistik nicht anzuwenden. Das Argument des BGH, dass die Beweisführung erschwert wäre, scheint eher rechtspolitisch motiviert zu sein. Gerade wenn ein Monopolrecht für einen eigentlich freiheitsbedürftigen Begriff begründet werden soll, erschiene es gerechtfertigt, es nur dann zu gewähren, wenn sich mit hoher Sicherheit der Begriff im Verkehr durchgesetzt hat. Erreicht eine Marke 24

---

[28] BGH GRUR 2007, 780 Rn. 37 – Pralinenform.
[29] *Ströbele* in Ströbele/Hacker/Thiering MarkenG § 8 Rn. 842.
[30] BGH GRUR 2006, 760 Rn. 18 – Lotto; BGH GRUR 2009, 669 Rn. 21 – POST II.
[31] *Ströbele* in Ströbele/Hacker/Thiering MarkenG § 8 Rn. 844.
[32] *Pflüger* GRUR-Prax 2011, 51 (53) – z. Kritik an überspannten Anforderungen, den Hersteller eines bestimmten Produkts richtig zu identifizieren.
[33] BPatG GRUR 2007, 593 (596) – Tiefkühlpizza.
[34] Zum Begriff s. § 404a Rn. 5 f.; Für die Anwendung noch: BPatG GRUR 2007, 593 (596) – Tiefkühlpizza; BPatG GRUR 2007, 324 – Kinder.
[35] BGH GRUR 2014, 483 (486) – test.
[36] *Pflüger* GRUR-Prax 2011, 51 (54).
[37] BGH GRUR 2014, 483 (486) – test; *Pflüger* GRUR-Prax 2011, 51 (54).
[38] BGH GRUR 2014, 483 (486 f.).

einen Wert, der nur ohne Abzug der Fehlertoleranz über 50 % liegt, können berechtigte Zweifel an ihrer Verkehrsdurchsetzung bestehen.

B. Patentrechtliches Gutachten

25 Bei patentrechtlichen Verletzungsgutachten sollte das Gericht den Sachverständigen ebenso auf die entscheidungserheblichen Punkte hinführen. Hierzu bietet es sich meistens an, dass der Sachverständige zunächst den Fachmann bestimmt, an den sich eine bestimmte Patentschrift richtet und dessen Verständnishorizont für die Auslegung maßgeblich sein soll[39].

26 Um die Diskussion des Sachverständigen bereits in die richtige Bahn zu lenken, erscheint es außerdem sinnvoll, wenn das **Gericht bereits die verschiedenen Interpretationsmöglichkeiten** eines Begriffs aus patentrechtlicher Sicht **vorgibt**. Dies hilft erfahrungsgemäß dabei, die Sichtweise eines Sachverständigen, der nicht zwingend mit patentrechtlichen Sachverhalten vertraut sein muss, auf die Auslegung des Begriffs nach dem Patent zu konzentrieren und weniger auf das allgemeine Verständnis eines bestimmten Begriffs zurückzugreifen.

27 Weiter sollte sich der Sachverständige auch zu den technischen Grundlagen bei **Fragen der Äquivalenz** bei einer Patentverletzung äußern. Dabei wird der Sachverständige insbesondere seine Expertise zum Naheliegen einer bestimmten technischen Lösung einbringen können. Ähnliche Prüfungen wird der Sachverständige beim Naheliegen zur Bewertung erfinderischer Tätigkeit anstellen müssen. Dabei ist jedoch zu beachten, dass es sich sowohl bei der Äquivalenz als auch beim Begriff der erfinderischen Tätigkeit, um wertende Rechtsbegriffe handelt. Daher muss sich das Gericht im Rahmen einer wertenden Betrachtungsweise eine eigene Meinung bilden und darf nicht blindlings einer Bewertung des Sachverständigen folgen[40].

C. Gemeinsames Entwickeln der Fragen

28 Abs. 2 der Vorschrift ermöglicht es dem Gericht, die jeweiligen Fragen mit dem Sachverständigen zusammen zu entwickeln. Dies erscheint insbesondere bei demoskopischen Gutachten angezeigt, da bereits die Erstellung des Fragebogens und die weitere Systematik der Gutachtendurchführung das Ergebnis beeinflussen kann. Um spätere Angriffspunkte gegen das Gutachten von vorne herein auszuschließen, erscheint die Erörterung und Festlegung des Fragebogens nicht nur durch das Gericht, sondern auch in Anwesenheit der Parteien und ihrer Vertreter, sinnvoll.

29 Auch bei komplexen patentrechtlichen Fragestellungen kann eine frühzeitige Einbeziehung des Sachverständigen und der Parteien die spätere Verwertung des Gutachtens erleichtern. Zu denken ist hier beispielsweise an Messmethoden, um das Vorliegen bestimmter Merkmale wie insbesondere Werte im Patentanspruch festzustellen. Dabei wird es sich jedoch eher um Ausnahmen handeln, da § 404a Abs. 2 ZPO davon ausgeht, dass ein solch gesonderter Termin im Normalfall nicht notwendig sein wird, sondern nur dann, wenn dies die Besonderheit des Falles erfordert. Aus Abs. 5 der Vorschrift ergibt sich außerdem, dass die Parteien und ihre Vertreter an einem solchen Termin teilnehmen dürfen.

D. Schutz von Betriebsgeheimnissen

30 Abs. 4 dieser Vorschrift gewährt dem Gericht ein **Ermessen**, in welchem Umfang es dem Sachverständigen den **Kontakt mit den Parteien** erlaubt. Bei dieser Vorschrift wäre auch zu diskutieren, ob sie das Gericht außerdem ermächtigt, einer Partei oder ihren Vertretern **Geheimhaltungspflichten aufzuerlegen**. Beim **patentrechtlichen Besichtigungsverfahren**[41] ermächtigt § 140c Abs. 1 S. 3 das Gericht ausdrücklich, die erforderlichen Maßnahmen zu ergreifen, um den Schutz von Betriebsgeheimnissen beim Besichtigungsschuldner zu gewährleisten. Eine entsprechende Vorschrift für das Urheberrecht findet sich in § 101a Abs. 3 S. 2 UrhG. Bei Verfahren über den Schutz von Computerprogrammen wird der Quellcode regelmäßig ein Betriebsgeheimnis sein[42]. Eine solche Ermächtigungsnorm zum Schutz von Betriebsgeheimnissen fehlt in der ZPO. Allerdings kann eine Partei eines Verletzungsverfahrens ein **identisches Schutzbedürfnis** haben, wenn der Sachverständige zusammen mit Vertretern der Gegenpartei einen angeblich verletzenden Gegenstand besichtigt. Auch in diesem Fall sehen der Sachverständige und die Vertreter der Gegenpartei eventuelle Betriebsgeheimnisse, die sie ohne den Gutachtenauftrag des Gerichts nicht gesehen hätten. Die im Rahmen des grundsätzlich öffentlichen Gerichtsverfahrens gewonnenen Erkenntnisse unterliegen zunächst keinerlei Beschränkungen. Auch allein gegenüber dem Sachverständigen mitgeteilte Erkenntnisse wären nicht mehr geheim. Daher besteht die Gefahr, dass allein durch die in Augenscheinnahme und

---

[39] S. z. Qualität des *Fachmanns* als Kunstbegriff → § 402 Rn. 16.
[40] S. z. Qualität der Äquivalenz und erfinderischen Tätigkeit als Rechtsfrage → § 402 Rn. 12.
[41] → § 485 Rn. 54 ff.
[42] BGH MMR 2013, 526 (528) – UniBasic-IDOS.

Prüfung eines angeblich verletzenden Gegenstandes durch den Sachverständigen Betriebsgeheimnisse öffentlich werden, so dass sie ihre Qualität als Betriebsgeheimnisse verlören.

Auch wenn der **Bundesgerichtshof** anerkennt, dass einmal offenbarte Geschäfts- und Betriebs- 31 geheimnisse öffentlich bleiben, so dass ihre Aufdeckung nicht revisibel ist, hält er die **Anordnung von Geheimhaltungspflichten** nach § 404a ZPO **nicht für zwingend erforderlich**. Er verneint insoweit eine Ausnahme der isolierten Anfechtbarkeit eines Beweisbeschlusses, weil der potenzielle Patentverletzer auf der Basis seines **Hausrechts den Zutritt** sowohl des Sachverständigen als auch von Vertretern der Gegenpartei **verweigern** könne. Ob sich der potenzielle Verletzer zu Recht geweigert hat, weil Betriebsgeheimnisse auf dem Spiel stünden, könne dann das Berufungsgericht zusammen mit der Hauptentscheidung überprüfen[43].

Zunächst ist festzuhalten, dass diese Systematik des BGH versagt, wenn **das Hausrecht ein am** 32 **Verfahren nicht beteiligter Dritter** ausübt. Dies kann beispielsweise dann der Fall sein, wenn die zu besichtigende Spezialmaschine bei einem Kunden des Beklagten steht und der Sachverständige sie dort in Augenschein nehmen und prüfen soll[44].

Durch Verweis auf eine Überprüfung der Weigerung zwingt der Bundesgerichtshof den potenziellen 33 Verletzer in ein **Dilemma**, das er im Ergebnis nur dadurch auflösen kann, dass er die Besichtigung gestattet und damit die Preisgabe seiner Betriebsgeheimnisse in Kauf nimmt. Zum einen wird der potenzielle Verletzer in den Gerichtsverfahren seine Betriebsgeheimnisse in irgendeiner Form substantiieren müssen, um das Gericht davon zu überzeugen, dass er die Besichtigung zu Recht verweigert hat. Diese Gerichtsverfahren sind jedoch auf jeden Fall parteiöffentlich[45], so dass die Gegenpartei, meist ein Wettbewerber, aufgrund dieser Substantiierungs- und Darlegungslast die Betriebsgeheimnisse ohnehin erfahren würde. Zum anderen riskiert er, den Prozess allein aufgrund seiner Weigerung zu verlieren. Denn kommt das Gericht zur Überzeugung, dass keine Betriebsgeheimnisse vorlagen bzw. dass diese nicht hinreichend substantiiert vorgetragen wurden, wird es den Vortrag des Patentinhabers als zugestanden qualifizieren. Der potenzielle Verletzer riskiert daher, dass seine womöglich sehr guten Nichtverletzungsargumente weder das Landgericht noch das Oberlandesgericht hört.

Hinzu kommt, dass auch die Patentverletzungskammern und Senate durchaus eine **eigene Kom-** 34 **petenz** beanspruchen, um **Betriebsgeheimnisse** als solche **zu qualifizieren.** Sie nehmen die Wertung eines Unternehmens nicht hin, sondern beurteilen bestimmte Tatsachen als nicht geheim, obwohl der Unternehmer eventuell anderer Ansicht ist[46].

Es ist nicht recht einzusehen, warum man den potenziellen Verletzer dieses Risiko allein tragen lässt, 35 obwohl aus § 140c Abs. 1 S. 3 PatG in patentrechtlichen Besichtigungsverfahren gerade solche Maßnahmen zulässig und erprobt sind[47]. Gleiches ermöglicht für das Urheberrecht ausdrücklich der § 101a Abs. 3 S. 2 UrhG. Die übliche **Verpflichtung der Vertreter einer Partei zur Verschwiegenheit,** ermöglicht auch in Hauptsacheverfahren einen sachgerechten Ausgleich der widerstreitenden Interessen. Ergibt sich aus dem Gutachten mit einer hinreichenden Wahrscheinlichkeit, dass eine Patentverletzung vorliegt, kann es veröffentlicht werden. Das Interesse des potenziellen Verletzers an der Geheimhaltung seiner Betriebsgeheimnisse muss dann zurücktreten. Auf der anderen Seite muss ein potenzieller Verletzer aber auch vor unberechtigten Angriffen geschützt werden. Es ist nicht ersichtlich, warum er zur Offenbarung von Betriebsgeheimnissen gezwungen wird, wenn das Gericht feststellt, dass er das Patent nicht verletzt hat.

§ 405 Auswahl durch den mit der Beweisaufnahme betrauten Richter

[1] **Das Prozessgericht kann den mit der Beweisaufnahme betrauten Richter zur Ernennung der Sachverständigen ermächtigen.** [2] **Er hat in diesem Falle die Befugnisse und Pflichten des Prozessgerichts nach den §§ 404, 404a.**

Die Vorschrift des § 405 ZPO ergänzt die Vorschriften der §§ 361, 362 ZPO, welche eine Beweis- 1 aufnahme durch einen beauftragten Richter bzw. durch den ersuchten Richter ermöglichen. Dabei muss jedoch der Spruchkörper insgesamt die Beweisaufnahme angeordnet haben. Dem beauftragten oder ersuchten Richter obliegt dann **lediglich die Auswahl des Sachverständigen** selbst[1]. In der Praxis des gewerblichen Rechtsschutzes sind Übertragungen an den Einzelrichter eher selten. Meist entscheidet die Kammer insgesamt, so in der Regel auch bei der Auswahl des Sachverständigen. In der Praxis spielt die Vorschrift daher eine untergeordnete Rolle.

---

[43] BGH GRUR 2009, 519 (520 f.) – Hohlfasermembranschwinganlage.
[44] LG Düsseldorf 28.6.2013 – 4b O 143/11.
[45] § 172 Nr. 2 GVG erlaubt bestenfalls den Ausschluss der Öffentlichkeit, nicht eines Vertreters der gegnerischen Partei.
[46] Vgl. beispielsweise OLG Düsseldorf BeckRS 2013, 09674.
[47] BGH GRUR 2010, 318 – Lichtbogenschnürung.
[1] Zöller/*Greger* ZPO § 405 Rn. 1 f.

2   Interessant ist die Auswahl des Sachverständigen durch den ersuchten, insbesondere ausländischen Richter oder gar Konsul. Der ersuchte Richter bzw. die ersuchte Stelle kann eigenständig über die Auswahl des Sachverständigen entscheiden[2].

§ 406 Ablehnung eines Sachverständigen

(1) [1]Ein Sachverständiger kann aus denselben Gründen, die zur Ablehnung eines Richters berechtigen, abgelehnt werden. [2]Ein Ablehnungsgrund kann jedoch nicht daraus entnommen werden, dass der Sachverständige als Zeuge vernommen worden ist.

(2) [1]Der Ablehnungsantrag ist bei dem Gericht oder Richter, von dem der Sachverständige ernannt ist, vor seiner Vernehmung zu stellen, spätestens jedoch binnen zwei Wochen nach Verkündung oder Zustellung des Beschlusses über die Ernennung. [2]Zu einem späteren Zeitpunkt ist die Ablehnung nur zulässig, wenn der Antragsteller glaubhaft macht, dass er ohne sein Verschulden verhindert war, den Ablehnungsgrund früher geltend zu machen. [3]Der Antrag kann vor der Geschäftsstelle zu Protokoll erklärt werden.

(3) Der Ablehnungsgrund ist glaubhaft zu machen; zur Versicherung an Eides statt darf die Partei nicht zugelassen werden.

(4) Die Entscheidung ergeht von dem im zweiten Absatz bezeichneten Gericht oder Richter durch Beschluss.

(5) Gegen den Beschluss, durch den die Ablehnung für begründet erklärt wird, findet kein Rechtsmittel, gegen den Beschluss, durch den sie für unbegründet erklärt wird, findet sofortige Beschwerde statt.

Literatur: Dorothea Prietzel-Funk, die Ablehnung des Sachverständigen in Patentnichtigkeitsverfahren Grundsätze und Einzelfälle, GRUR 2009, 322; Walter, Der Ablehnungsantrag gegen den Sachverständigen im Zivilprozess – Grundlagen und aktuelle Rechtsprechung, DS 2008, 133; Pleines, Ablehnung des gerichtlich bestellten Sachverständigen wegen Befangenheit und dessen Folgen wegen Befangenheit, DS 2006, 298.

A. Besondere Befangenheitsgründe

1   Generell kann ein Sachverständiger abgelehnt werden, wenn hinreichende Gründe vorliegen, die in den Augen einer vernünftigen Partei Zweifel an seiner Unparteilichkeit wecken. Es kommt aber nicht darauf an, ob der Sachverständige tatsächlich parteiisch ist. Es reicht vielmehr aus, wenn der **Anschein nicht vollständiger Unvoreingenommenheit** besteht[1]. Aufgrund dieses objektiven Maßstabes ist es auch unerheblich, ob sich der Sachverständige selbst für befangen hält. Eine solche Erklärung führt nicht zwangsläufig zu seiner Ablehnung wegen Besorgnis der Befangenheit[2*].

I. Patentrechtliches Besichtigungsverfahren

2   Besonderheiten bei einer eventuellen Befangenheit ergeben sich aus der Sondersituation beim **patentrechtlichen Besichtigungsverfahren**. In aller Regel ordnet das Gericht die Besichtigung und die Bestellung des Sachverständigen ohne vorherige Anhörung des Besichtigungsschuldners an. Es entspricht dem elementaren Interesse des Patentinhabers, die Besichtigung gerade ohne Vorwarnung durchzuführen[3]. Der potenzielle Patentverletzer hat daher im Vorfeld keine Möglichkeit, eventuelle Bedenken gegen die Wahl des Sachverständigen zu äußern. Hinzu kommt, dass durch den einseitigen Vorschlag des Antragstellers, dem das Gericht regelmäßig folgt, der Sachverständige aus Sicht des potenziellen Verletzers eher dem Lager des Patentinhabers zugerechnet wird als dem unabhängigen Gericht[4]. Ein „näheres" Verhältnis des Sachverständigen zum Patentinhaber mag der potenzielle Verletzer daher eher empfinden. Umso mehr gilt für die Vertreter des Patentinhabers, vorsichtig zu handeln.

3   Gefahren bestehen dabei insbesondere in Form einer **unzulässigen Kontaktaufnahme**[5]. Um dem Gericht geeignete Gutachter vorschlagen zu können, wird man dem Patentinhaber und seinen Vertretern gestatten müssen, potenzielle Sachverständige vorher ansprechen zu dürfen. Dabei muss sich die Kontaktaufnahme jedoch auf die Frage beschränken, ob der Sachverständige abstrakt in der Lage ist, ein solches Gutachten zu erstellen. Hierher gehört zum einen die Frage, ob er zuvor schon einmal für eine der am Verfahren beteiligten Parteien tätig geworden ist, um eine Befangenheit auszuschließen. Zum anderen gehört hierher die Frage nach der technischen Expertise. Allerdings muss sich hier die Anfrage auf das allgemeine technische Gebiet beschränken. Keinesfalls darf die Partei oder ein Vertreter

---

[2] BGH BeckRS 1966, 31400660.
[1] BGH GRUR 2008, 191 – Sachverständigenablehnung II.
[2*] OLG München DS 2007, 150.
[3] *Kühnen* GRUR 2005, 185 (190).
[4] → § 403 Rn. 2.
[5] Vgl. zu dieser Fallgruppe Baumbach/Lauterbach/Albers/Hartmann/*Gehle* § 406 Rn. 12.

das Patent oder gar technische Fragen des Patents vorab erörtern. Selbst die Mitteilung der Patentnummer erscheint kritisch. Sie ist aber auch nicht notwendig, da der Sachverständige die Gerichtsakte zur Vorbereitung der Besichtigung ohnehin zur Verfügung hat und er sich anhand dieser Dokumente hinreichend auf die Besichtigung vorbereiten kann.

Findet die Besichtigung an einem Ort statt, der weit vom Wohn- oder Büroort der Parteivertreter 4 und des Gutachters entfernt liegt, stellen sich zusätzliche organisatorische Fragen beispielsweise der Anreise und/oder Übernachtung.

Nach Ansicht des Landgerichts Düsseldorf soll eine **gemeinsame Anreise** von Sachverständigen 5 und Parteivertretern die Besorgnis der Befangenheit nicht begründen. Anders verhält es sich nach Ansicht des Landgerichts Düsseldorf jedoch, wenn Sachverständiger und Parteivertreter gemeinsam nach der Besichtigung abreisen. Nach Ansicht des Landgerichts Düsseldorf soll aus der Sicht einer vernünftig denkenden Partei aufgrund der **Vier-Augen-Situation auf der Rückfahrt** eine Unterhaltung über die Besichtigung wahrscheinlich sein. Eine solche Unterhaltung sei insbesondere dann wahrscheinlich, wenn die Beteiligten noch unter dem konkreten Eindruck der Besichtigung stünden[6]. Aus Gründen anwaltlicher Vorsicht ist jedoch zu empfehlen, dass Parteivertreter und Sachverständiger getrennt anreisen. Da der Sachverständige ohnehin getrennt abreisen muss, muss er für einen unabhängigen Transport sorgen. Um aber von vorne herein Diskussionen über eine mögliche Befangenheit wegen einer gemeinsamen Anreise zu vermeiden, erscheint es ohnehin sinnvoll, dies so zu organisieren. Konsequenterweise müssen dann die Kosten der getrennten An- und Abreise gemäß § 91 ZPO oder notwendige Kosten erstattungsfähig sein.

II. Näheverhältnis allgemein

Da der Bundesgerichtshof nach den früheren Nichtigkeitsverfahren regelmäßig Sachverständige 6 beauftragt hatte, konnte er in einer Vielzahl von Entscheidungen die Grenzen zum üblichen Miteinander einer bestimmten Branche einerseits und einem, man möchte sagen parteispezifischem, **Näheverhältnis** andererseits differenzieren. So würde es **nicht ausreichen**, wenn ein Sachverständiger als Erfinder von Patenten eines Konkurrenten des Patentinhabers benannt ist. Sein möglicherweise bestehendes Interesse, den Markt von Patenten zu „bereinigen", ist nicht hinreichend. Im Gegenteil betont der BGH, dass gerade bei Streitigkeiten in Patentsachen ein geeigneter Sachverständiger selbst forschend und entwickelnd tätig ist, so dass Kontakte zu Wettbewerbern und Patenten entstehen können[7]. Auch der Umstand, dass ein Sachverständiger selbst auf dem betreffenden technischen Gebiet gewerblich tätig sei, genügt nicht[8]. Ganz allgemein kann eine zurückliegende Tätigkeit für einen Konkurrenten die Unbefangenheit eines Sachverständigen nicht in Frage stellen[9]. Eine solche Beschäftigung bei einem Konkurrenten soll auch dann unschädlich sein, wenn dessen ehemaliger Arbeitgeber ein mit der angegriffenen Ausführungsform identisches Produkt anbiete[10]. Abgelehnt hat der BGH eine Befangenheit für den Fall, dass der Sachverständige Jahre zurück eigene Erfindungen von Prozessbevollmächtigten einer Partei betreuen ließ[11]. Ganz generell behandelt der Bundesgerichtshof **Kooperationen** relativ großzügig. So soll auch der Umstand, dass eine Prozesspartei eine Niederlassung auf dem Campus der Hochschule unterhält, an der der Sachverständige lehrt, kein besonderes Näheverhältnis begründen. Vielmehr verlangt der Bundesgerichtshof auch hier konkrete Kontakte zwischen dem Sachverständigen und einer Partei[12]. Ein Beratungsauftrag eines Dritten, der wiederum mit einer Partei des Rechtsstreits zusammenarbeitete, reicht regelmäßig nicht aus, insbesondere wenn es sich nur um eine punktuelle Beratung handelte[13]. Allgemeine finanzielle Förderung der Hochschule durch ein Unternehmen, das zur gleichen Gruppe von Unternehmen wie eine Partei gehört, soll nicht ausreichen, soweit sich dies im üblichen Rahmen bewegt, da eine solche Finanzierung über Drittmittel inzwischen üblich sei[14].

Demgegenüber hat der Bundesgerichtshof einen Sachverständigen **abgelehnt,** wenn aktuell ein 7 Mandatsverhältnis zwischen einem Parteivertreter und dem Sachverständigen bestand, etwa wenn der Patentanwalt einer Partei Schutzrechte des Sachverständigen betreute[15]. In einem anderen Fall hat der Bundesgerichtshof die Befangenheit des Sachverständigen deshalb festgestellt, weil dieser von dem mitwirkenden Patentanwalt bereits seit mehreren Jahren patentrechtlich beraten wurde und das Mandatsverhältnis noch andauerte, selbst wenn die Beratung des Sachverständigen außerhalb der beruf-

---

[6] LG Düsseldorf 20.4.2012 – 4b O 179/11.
[7] BGH GRUR 2002, 369 – Sachverständigenablehnung.
[8] BGH BeckRS 2003, 10190.
[9] BGH GRUR 1987, 350 – Werkzeughalterung; BGH BeckRS 1998, 30038509.
[10] BGH DS 2008, 146.
[11] BGH DS 2007, 384.
[12] BGH GRUR 2008, 191 (192) – Sachverständigenablehnung II.
[13] BGH GRUR 2013, 100 (101) – Sachverständigenablehnung VI.
[14] OLG Karlsruhe MPR 2012, 119 (122).
[15] BGH GRUR 1987, 350 – Werkzeughalterung.

lichen Sphäre erfolgte[16]. Der BGH hat einen Sachverständigen auch deswegen abgelehnt, weil dessen Institut durch ein verbundenes Unternehmen einer Partei gefördert wurde, da der Sachverständige Leiter des geförderten Projekts war und er durch diese Mittel wissenschaftliche Geräte für sein Institut angeschafft hat, auch wenn Vertragspartner die Universität und nicht das Institut war[17]. In einem neueren Fall hat der Bundesgerichtshof einen Sachverständigen abgelehnt, weil auf der Internetseite die Kooperation seines Instituts mit einer Partei veröffentlicht war, obwohl unstreitig feststand, dass der Sachverständige eine organisatorisch und inhaltlich getrennte Abteilung des Instituts betreut hat und ausschließlich ein anderer Professor einer anderen Abteilung mit der Partei kooperierte[18]. Der objektive Eindruck aus der Veröffentlichung war daher stärker als die unstreitigen Tatsachen der organisatorischen Trennung einzelner Abteilungen innerhalb eines Instituts. Als befangen hat das Oberlandesgericht Karlsruhe ebenso einen Sachverständigen angesehen, der unentgeltlich ein verbundenes Unternehmen einer Partei beraten hat[19].

III. Weitere Gründe

8   Eine **Überschreitung des Gutachtenauftrages** wird regelmäßig nicht die Besorgnis der Befangenheit begründen[20]. Eine solche Überschreitung ist im Besichtigungsverfahren beispielsweise dadurch denkbar, dass der Gutachter die Verletzung von Unteransprüchen prüft, obwohl deren Prüfung nicht beantragt war[21]. Erst wenn weitere Umstände hinzutreten, beispielsweise, wenn sich der Gutachter selbstständig den aus seiner Sicht richtigen Weg sucht und verfolgt, kann eine Ablehnung gerechtfertigt sein[22]. Ebenso reichen **sonstige inhaltliche Mängel** ohne besondere Umstände regelmäßig nicht aus, um die Besorgnis der Befangenheit zu rechtfertigen. Selbst die Qualifikation eines Patentanspruchs als „banal" oder „selbstverständlich" reicht nicht aus, sondern ist als kritische Würdigung des Sachverhalts hinzunehmen[23]. Soweit ein Sachverständiger entgegen § 407a Abs. 2 ZPO den Auftrag **an Mitarbeiter weitergibt,** soll kein Befangenheitsgrund vorliegen. So sollen Zweifel an der Eignung dieser Mitarbeiter als Sachverständige beide Parteien gleichermaßen benachteiligen und nicht das Misstrauen lediglich einer Partei befördern. Etwas Anderes solle erst dann gelten, wenn in der hinzugezogenen Hilfsperson selbst Ausschluss- oder Ablehnungsgründe gemäß § 406 Abs. 1 ZPO vorlägen[24]. Gestattet ein Sachverständiger einer Partei die **Anwesenheit während einer Besichtigung,** von der die andere Partei mangels Mitteilung nichts wusste, kann er abgelehnt werden[25].

B. Frist zur Geltendmachung

9   Generell müssen Ablehnungsgründe innerhalb von zwei Wochen nach Ernennung des Sachverständigen geltend gemacht werden, § 406 Abs. 2 S. 1 ZPO. Zu einem späteren Zeitpunkt ist die Ablehnung nur zulässig, wenn die Partei ohne ihr Verschulden verhindert war, den Ablehnungsgrund früher geltend zu machen, § 406 Abs. 2 S. 2 ZPO. Wichtig ist außerdem, dass die Tatsachen, aus denen sich das fehlende Verschulden ergibt, glaubhaft gemacht sind.

10 Allgemein gesprochen soll diese Vorschrift dazu dienen, die Einholung des Sachverständigengutachtens nicht unnötig zu verzögern. Insbesondere wenn das Gutachten bereits erstellt ist, führt die Ablehnung des Sachverständigen regelmäßig zu einer erheblichen Verzögerung des Rechtsstreits. Auch wenn ohne konkrete Anhaltspunkte grundsätzlich keine Partei von sich aus Ablehnungsgründe prüfen muss[26], ergeben sich im gewerblichen Rechtsschutz relativ häufig Ausnahmesituationen, in denen eine Partei solche **Nachforschungen** anstellen muss. Namentlich die **geringe Anzahl geeigneter Sachverständiger** kann nach der Rechtsprechung des Bundesgerichtshofs zu solchen Erkundigungspflichten führen. Für die Erstellung demoskopischer Gutachten existieren ohnehin nur wenige Sachverständige[27]. Für Verfahren im Patentrecht hat der Bundesgerichtshof eine Obliegenheitsverletzung einer Partei angenommen, wenn bereits vor Ernennung des Sachverständigen Recherchen im Ausland notwendig waren und Sachverständige üblicherweise in einer bestimmten Branche weit verzweigte Kontakte zur Wirtschaft haben und eine Partei erst wenige Tage vor der

---

[16] BGH DS 2007, 384.
[17] BGH BeckRS 1998, 30038509.
[18] BGH DS 2006, 151 (152).
[19] OLG Karlsruhe MPR 2012, 119 (122).
[20] OLG Stuttgart DS 2012, 397; vgl. auch OLG Dresden BeckRS 2020, 14083.
[21] Vgl. zu dieser Konstellation LG Düsseldorf 3.2.2011 – 4b O 27/09, sowie Kühnen Patentverletzung-HdB Kap. B Rn. 109.
[22] OLG Koblenz DS 2013, 110 (113), im dortigen Fall insbesondere die Gestaltung der Homepage des Sachverständigen; vgl. auch OLG Brandenburg 7.3.2019 – 12 W 3/19.
[23] BGH DS 2006, 318 (319).
[24] OLG Jena DS 2006, 324 (325).
[25] OLG Frankfurt a. M. DS 2009, 317; OLG Karlsruhe BeckRS 2019, 2026.
[26] MüKoZPO/*Zimmermann* § 406 Rn. 7.
[27] → § 402 Rn. 8.

mündlichen Verhandlung eine Recherche beginnt. Sie verletzt ihre Obliegenheit weiter, wenn sie die dabei gewonnenen Erkenntnisse zusätzlich bis zum Verhandlungstermin zurückhält[28]. Nach dem Bundesgerichtshof soll eine Person schuldhaft iSd § 406 Abs. 2 ZPO handeln, wenn sie einem der unbekannten Sachverständigen, ohne einfache und ohne weitere mögliche Erkundigungen, wie etwa durch eine Internetrecherche, zustimmt[29] und erst nach Erstattung des schriftlichen Gutachtens eine Internetrecherche durchführt.

Das Oberlandesgericht Düsseldorf geht **generell** davon aus, dass innerhalb der Frist des § 406 Abs. 2 S. 1 ZPO die Parteien **verpflichtet sind, eigene Nachforschungen** darüber anzustellen, ob Umstände vorliegen, die es rechtfertigen, die Unvoreingenommenheit des Sachverständigen in Frage zu stellen[30]. Treten erst während des laufenden Verfahrens Anhaltspunkte für eine Befangenheit auf, muss die betroffene Partei ebenso zügig handeln. Anderenfalls hätte sie es in der Hand das Verfahren zu verschleppen, obwohl ihr bereits konkrete Anhaltspunkte für eine mögliche Befangenheit vorgelegen haben[31].

Es ist daher generell nicht ratsam, Erkundigungen „bedarfsweise" je nach Ergebnis des Sachverständigengutachtens einzuholen. Vielmehr sollte jede Partei innerhalb der ihr gesetzten Frist zur Stellungnahme einfach zugängliche öffentliche Quellen recherchieren sowie bei, während dem Verfahren auftretenden Anhaltspunkten, unverzüglich weitere Recherchen anstellen, um den Ablehnungsgrund geltend zu machen. Ein anderes „taktisches" Verhalten schätzen die Gerichte nicht.

§ 407 Pflicht zur Erstattung des Gutachtens

(1) **Der zum Sachverständigen Ernannte hat der Ernennung Folge zu leisten, wenn er zur Erstattung von Gutachten der erforderten Art öffentlich bestellt ist oder wenn er die Wissenschaft, die Kunst oder das Gewerbe, deren Kenntnis Voraussetzung der Begutachtung ist, öffentlich zum Erwerb ausübt oder wenn er zur Ausübung derselben öffentlich bestellt oder ermächtigt ist.**

(2) **Zur Erstattung des Gutachtens ist auch derjenige verpflichtet, der sich hierzu vor Gericht bereit erklärt hat.**

§ 407 ZPO betrifft öffentlich bestellte Sachverständige oder Gewerbetreibende, welche die relevanten Kenntnisse öffentlich zum Erwerb ausüben.

Für den Bereich des gewerblichen Rechtsschutzes gibt es **keine öffentlich bestellten** Sachverständigen. Hierzu bedürfte es einer Bestellung durch öffentliche Behörden wie eine Handels- oder Handwerkskammer.

Das Oberlandesgericht Düsseldorf hat einen **Patentanwalt** als nach § 407 Abs. 1 ZPO verpflichtet gesehen, da er „zur Ausübung eines Gewerbes **öffentlich ermächtigt,** dessen Kenntnis Voraussetzung der Begutachtung ist" und deswegen seiner Ernennung Folge zu leisten habe. Im konkreten Fall wollte der Patentanwalt eine höhere als die gesetzliche Vergütung und weigerte sich bis zur Bestätigung der höheren Vergütung das Gutachten abzusetzen. Mit Verweis auf § 407 Abs. 1 ZPO urteile das Oberlandesgericht, dass der Patentanwalt seiner Pflicht zur Erstattung des Gutachtens auch nach den gesetzlichen Tarifen nachkommen muss[1].

Für die Erstellung **demoskopischer Gutachten** können die in Deutschland tätigen demoskopischen Institute als Gewerbetreibende mit entsprechenden Kenntnissen qualifiziert werden. Hier besteht jedoch die Schwierigkeit, dass nicht das Institut, sondern immer die natürliche Person, also deren Leiter als Sachverständiger zu ernennen ist. Inwieweit dieser dann zur Erstellung des Gutachtens verpflichtet ist, bleibt unklar. Die praktischen Auswirkungen der Vorschrift sind jedoch gering, da die Verantwortlichen in den jeweiligen Instituten einen Gutachtenauftrag meist annehmen werden, sofern keine Hinderungsgründe wie etwa Besorgnis der Befangenheit oder ähnliches dagegen sprechen. Sie wären dann ohnehin dazu berechtigt, den Gutachtenauftrag abzulehnen (siehe § 408 ZPO).

In der **Praxis** verfahren die Gerichte **nach Absatz 2** und fragen zunächst an, ob der Gutachter bereit ist, ein Gutachten zu erstatten. Erklärt er sich bereit, ist er nach § 407 Abs. 2 ZPO genauso wie nach Absatz 1 verpflichtet. Dieses Vorgehen erscheint sinnvoll, da nach einer positiven Erklärung des Sachverständigen regelmäßig mit einer zügigeren und effizienteren Erstellung des Gutachtens zu rechnen ist, als wenn ein Gutachter ohne vorherige Anfrage unter Berufung auf § 407 Abs. 1 ZPO gezwungen würde, ein Gutachten zu erstatten.

---

[28] BGH GRUR 2009, 92 (93) – Sachverständigenablehnung III.
[29] BGH GRUR 2012, 855 (856) – Sachverständigenablehnung V.
[30] OLG Düsseldorf GRUR 2007, 83 (84) – Verfahren zur Stretchfolienumhüllung.
[31] LG Düsseldorf 15.10.2012 – 4b O 5/12 S. 3.
[1] OLG Düsseldorf BeckRS 2012, 04012.

§ 407a Weitere Pflichten des Sachverständigen

(1) ¹Der Sachverständige hat unverzüglich zu prüfen, ob der Auftrag in sein Fachgebiet fällt und ohne die Hinzuziehung weiterer Sachverständiger sowie innerhalb der vom Gericht gesetzten Frist erledigt werden kann. ²Ist das nicht der Fall, so hat der Sachverständige das Gericht unverzüglich zu verständigen.

(2) ¹Der Sachverständige hat unverzüglich zu prüfen, ob ein Grund vorliegt, der geeignet ist, Misstrauen gegen seine Unparteilichkeit zu rechtfertigen. ²Der Sachverständige hat dem Gericht solche Gründe unverzüglich mitzuteilen. ³Unterlässt er dies, kann gegen ihn ein Ordnungsgeld festgesetzt werden.

(3) ¹Der Sachverständige ist nicht befugt, den Auftrag auf einen anderen zu übertragen. ²Soweit er sich der Mitarbeit einer anderen Person bedient, hat er diese namhaft zu machen und den Umfang ihrer Tätigkeit anzugeben, falls es sich nicht um Hilfsdienste von untergeordneter Bedeutung handelt.

(4) ¹Hat der Sachverständige Zweifel an Inhalt und Umfang des Auftrages, so hat er unverzüglich eine Klärung durch das Gericht herbeizuführen. ²Erwachsen voraussichtlich Kosten, die erkennbar außer Verhältnis zum Wert des Streitgegenstandes stehen oder einen angeforderten Kostenvorschuss erheblich übersteigen, so hat der Sachverständige rechtzeitig hierauf hinzuweisen.

(5) ¹Der Sachverständige hat auf Verlangen des Gerichts die Akten und sonstige für die Begutachtung beigezogene Unterlagen sowie Untersuchungsergebnisse unverzüglich herauszugeben oder mitzuteilen. ²Kommt er dieser Pflicht nicht nach, so ordnet das Gericht die Herausgabe an.

(6) Das Gericht soll den Sachverständigen auf seine Pflichten hinweisen.

Literatur: *Bleutge*, die Hilfskräfte des Sachverständigen – Mitarbeiter ohne Verantwortung? NJW 1985, 1185, *derselbe*, Der Aufwendungsersatz für Hilfskräfte nach dem ZuSEG, JurBüro 1998, 340.

1 § 407a ZPO legt spiegelbildlich zur Leitung des Sachverständigen durch das Gericht, § 404a ZPO, im Interesse einer raschen und sachdienlichen Durchführung der Beweisaufnahme **Pflichten des Sachverständigen** fest[1]. Die Vorschrift verlangt vom Sachverständigen, zu prüfen, ob die notwendige Fachkenntnis besitzt, das Gutachten innerhalb der gesetzten Frist zu erstellen und widrigenfalls das Gericht sofort zu verständigen (Abs. 1), Gründe die zu einem Misstrauen gegen seine Unparteilichkeit führen können, sofort mitzuteilen (Abs. 2), das Gutachten persönlich zu erstellen (Abs. 3), Zweifel aufzuklären und über unerwartet hohe Kosten zu informieren (Abs. 4) und Unterlagen auf das Verlangen des Gerichts herauszugeben (Abs. 5). Abs. 6 formuliert die Ordnungsvorschrift, dass das Gericht den Sachverständigen hierüber informieren soll.

1a Weitergehende Probleme können sich auch im Kontext von verschiedenen Nebenpflichtverstößen des Sachverständigen im Sinne einer fehlenden Kooperation ergeben. Grundsätzlich ist der Sachverständige als Hilfsperson des Gerichts dazu angehalten, seinen Pflichten gewissenhaft nachzukommen. Hierzu gehört auch, dass er seine Leistung etwa nicht unter der Bedingung einer weiteren Vergütung stellen darf und das Gutachten auch nicht zurückhalten kann.

2 Wenn der Sachverständige Zweifel an seiner Fachkunde für die betreffende Aufgabe hat, muss er das Gericht **unverzüglich** iSd § 121 Abs. 1 S. 1 BGB informieren. Dies verlangt auch, dass der Sachverständige sich unmittelbar mit der Fragestellung auseinandersetzt und Zweifel mitteilt. Wegen dem Erfordernis einer zügigen Verfahrensfortführung ist es ihm nicht gestattet, sich erst umfangreich mit dem Akteninhalt vertraut zu machen, um dann erst seine mangelnde Fachkunde erkennen zu können[2]. Zudem hat er nun auch das Gericht darüber zu informieren, ob er die Begutachtung innerhalb der nach § 411 Abs. 1 ZPO gesetzten Frist durchführen kann. Der Gutachter soll durch die, nun zwingend zu setzende, Frist in die Lage versetzt werden, die Auslastungssituation richtig einzuschätzen[3]. Auch dies dient der Beschleunigung des Sachverständigenbeweises[4]. Der Sachverständige soll frühzeitig eine Überlastungssituation erkennen und anzeigen[5]. Das Gericht kann auf eine entsprechende Anzeige reagieren, indem es eine längere Frist setzt oder den Sachverständigen nach § 408 Abs. 1 S. 2 entpflichtet[6]. Kommt der Sachverständige seiner Mitteilungspflicht nicht nach, so steht ihm nach § 8a Abs. 2 S. 1 Nr. 1 JVEG die Vergütung nur in dem Maße zu, in welchem die Leistung bestimmungsgemäß verwertbar ist.

3 Der neue Abs. 2 verpflichtet den Sachverständigen sich frühzeitig von seiner Unparteilichkeit zu überzeugen. Die Überprüfung auf Interessenkonflikte obliegt im Zivilprozess nicht nur dem Gericht, sondern nach dem Beibringungsgrundsatz auch den Parteien. Diese könnten nach § 406 ZPO einen

---

[1] Musielak/Voit/*Huber* ZPO § 407a Rn. 1.
[2] Baumbach/Lauterbach/Hartmann/Anders/Gehle/ *Gehle* § 407a Rn. 3.
[3] BT-Drs. 18/6985, 14.
[4] BT-Drs. 18/6985, 14.
[5] BT-Drs. 18/6985, 14.
[6] BT-Drs. 18/6985, 14; HK-ZPO/*Siebert* ZPO § 407a Rn. 2.

Sachverständigen ablehnen, was ihnen jedoch nur möglich ist, wenn sie alle, die Befangenheit begründenden Umstände kennen, der Sachverständige also alle möglichen Interessenkonflikte offengelegt hat[7]. Es soll insbesondere das Vertrauen der Parteien in die Unabhängigkeit und Neutralität des Sachverständigen gefördert werden[8].

Im gewerblichen Rechtsschutz sind insbesondere die Einbeziehung von Hilfspersonen sowie die Ermittlung des meist technischen Sachverhaltes von Interesse. **4**

A. Hilfspersonen

Gerade auch bei Gutachten im gewerblichen Rechtsschutz greifen Sachverständige auf Hilfspersonen zurück. Bei demoskopischen Gutachten ist die Erstellung ohne die Mitwirkung von Hilfskräften nahezu undenkbar. Hier sind die Grenzen zu beachten, die § 407a Abs. 3 ZPO setzt, der nämlich vom Sachverständigen verlangt, den Auftrag selbst zu erfüllen und nicht einem anderen zu übertragen. Er darf also den Auftrag jedenfalls **nicht vollständig einer anderen Person** anvertrauen. Insbesondere darf er auch nicht einem anderen Mitarbeiter, selbst wenn es sich um den Geschäftsführer seines Arbeitgebers handelt, die relevanten Informationen mitteilen. Vor der Einschaltung von etwaigen Hilfspersonen muss der Sachverständige sich beim Gericht absichern, bevor er sensible Informationen teilt, damit das Gericht nach Prüfung der Notwendigkeit Geheimhaltungspflichten auch auf die Hilfsperson erstrecken kann. Andernfalls könnte es sogar strafrechtliche Folgen für ihn haben. Satz 2 verlangt, dass die Hilfsperson identifiziert und der Umfang ihrer Tätigkeit anzugeben ist, sofern es sich nicht um Hilfsdienste von untergeordneter Bedeutung handelt. Daraus folgt zunächst auch, dass der Sachverständige grundsätzlich Hilfspersonen einschalten kann. Er muss jedoch die volle Verantwortung für das Sachverständigengutachten behalten, was unter anderem aus § 410 ZPO folgt, wonach der Sachverständige zu vereidigen ist. Überträgt daher der Sachverständige die Erstellung des Gutachtens auf eine Hilfsperson (beispielsweise ein Klinikleiter auf den Oberarzt) ist das Gutachten prozessual unverwertbar[9], sofern eine Rüge des Klägers vorliegt[10]. Dies gilt selbst dann, wenn der ursprünglich ernannte Sachverständige es nachträglich genehmigt[11]. Um seiner Verantwortung gerecht zu werden, muss der Sachverständige die Hilfskräfte selbst auswählen und ihre Tätigkeit leiten. Er hat die Weisungsbefugnis. Ergeben sich Zweifel, inwieweit Dritte an der Erstellung des Gutachtens mitgewirkt haben, soll das Gericht durch eine Anhörung des Sachverständigen nach § 411 Abs. 3 ZPO aufklären[12]. Insgesamt wird bei der Einschaltung von Hilfspersonen daher zu prüfen sein, inwieweit das **Gutachten noch verwertbar** ist, weil es noch als persönliche Leistung des Sachverständigen anzusehen ist oder ob der Sachverständige gegen seine Pflicht zur persönlichen Gutachtenerstellung verstoßen hat. Im Sinne der Prozessökonomie soll hier ein großzügiger Maßstab gelten[13]. Wegen der Anforderung, die Mitwirkung und Identität der Hilfspersonen offen zu legen, wird man jedoch die Identität und den Umfang der Tätigkeiten von Hilfspersonen nicht verschweigen dürfen. **5**

Bei der Erstellung **patentrechtlicher** Gutachten kommt die Einbeziehung von Hilfspersonen insbesondere für die **Durchführung von Messungen oder Analysen** in Betracht. So kann beispielsweise die Untersuchung einer Maschine den Einsatz von Hilfspersonen notwendig machen, um überhaupt eine Untersuchung durchzuführen. Muss beispielsweise die Maschine in Betrieb gesetzt werden, um Merkmale eines Patentanspruchs prüfen zu können, kann es notwendig sein, dass eine Person im Führerstand die Maschine bedient, während der Sachverständige die Funktionsweise beobachtet. Auch können Analysen eines Labors oder beispielsweise das Auslesen von Software durch Hilfspersonen notwendig sein. Wichtig ist in diesem Zusammenhang, dass diese Hilfspersonen **keinesfalls Merkmale eines Patentanspruchs diskutieren** oder aus ihren Daten Schlussfolgerungen zur Erfüllung solcher Merkmale ziehen. Eine solche Diskussion wäre ein starkes Indiz für eine fehlende Eigenverantwortlichkeit des Sachverständigen bei der Beurteilung patentrechtlicher Fragen. **6**

Aus der Notwendigkeit, dass ein Sachverständiger nur eine natürliche Person sein kann, ergibt sich fast zwangsläufig, dass ein **Sachverständiger für ein demoskopisches Gutachten Hilfspersonen einschalten muss.** Insbesondere zur Durchführung zahlreicher Interviews wird eine einzelne Person rein faktisch nicht in der Lage sein, zumal als relevantes Gebiet oftmals das Territorium der Bundesrepublik Deutschland anzusehen ist und zugleich das Ergebnis für einen spezifischen Zeitpunkt vorliegen soll und daher nicht über einen längeren Zeitraum gemessen werden darf. **7**

Ein Leiter eines demoskopischen Instituts muss daher für die **Feldarbeit** auf eine Vielzahl von Interviewern zurückgreifen. Bei der Durchführung der Interviews dürfte es sich kaum um Hilfsdienste von untergeordneter Bedeutung handeln, da die Feldarbeit **für die Richtigkeit** eines demoskopischen Gutachtens **wesentlich** ist. Abweichungen sind in vielerlei Hinsicht möglich. Sie können von der **8**

---

[7] BT-Drs. 18/6985, 14; BT-Drs. 18/9092, 14.
[8] BT-Drs. 18/9092, 14.
[9] BGH NJW 1985, 1399 (1400).
[10] OLG Zweibr. NJW-RR 1999, 1368.
[11] OLG Koblenz BeckRS 2012, 23506.
[12] Zöller/*Greger* ZPO § 407a Rn. 2.
[13] Baumbach/Lauterbach/Hartmann/Anders/Gehle/*Hartmann* ZPO § 407a Rn. 6.

Befragung einer anderen Person, über die Umformulierung oder Verkürzung der Fragen bis hin zur kompletten Fälschung reichen, bei welcher der Interviewer den Fragebogen allein bei sich zu Hause ausfüllt und sich Antworten schlicht ausdenkt. Aus diesen Gründen kontrollieren kommerzielle Institute pro Befragung zwischen 5% und 10% der eingesetzten Interviewer[14]. Auch kann beispielsweise die Tatsache, dass ein Interviewer im Vergleich zu seinen Kollegen sehr viele Interviews durchführt, auf eine Fälschung hindeuten. So ergab die Interviewkontrolle beim Allbus 1994 (Allgemeine Bevölkerungsumfrage der Sozialwissenschaften (ALLBUS)), Erhebung von aktuellen Daten über Einstellungen, Verhaltensweisen und Sozialstruktur der Bevölkerung, dass nur sechs Interviewer alle 45 Totalfälschungen begangen haben. Sie führten im Durchschnitt auch 13,7 und damit deutlich mehr Interviews als andere Interviewer durch[15]. Es steht außer Frage, dass eine zufällige Häufung von gefälschten Interviews gerade bei einem knappen Nachweis einer Verkehrsdurchsetzung relevant sein kann.

9 Aufgrund der Anforderung von § 407 Abs. 2 ZPO muss der Sachverständige daher nicht nur eine **Liste mit den Interviewern** erstellen, schon um den Parteien zu ermöglichen, die Befangenheit von Interviewern zu prüfen, sondern auch den **Umfang** ihrer Tätigkeit darstellen. Viele demoskopische Gutachten genügen dieser Anforderung nicht. Offenbar wird die Tätigkeit der Interviewer als Hilfsdienst von untergeordneter Bedeutung verstanden. Angesichts der vielfältigen Möglichkeiten der Einflussnahme und Fälschungen von Interviewdaten, ist diese Einordnung kaum zu rechtfertigen.

B. Erklärung des Sachverhalts

10 Soweit der Sachverständige Tatsachen zur Beurteilung ermitteln will und hierzu beispielsweise für ein patentrechtliches Gutachten einen Gegenstand besichtigen möchte, ist die Hinzuziehung der Parteien auf jeden Fall zulässig, wenn nicht im Sinne der Waffengleichheit und des Anspruchs auf rechtliches Gehör geboten. Bei einer Besichtigung muss der Beweisführer grundsätzlich die Zustimmung des Inhabers eines Hausrechts einholen[16]. Ein Verstoß führt dazu, dass die Besichtigung bzw. Beweisaufnahme noch einmal durchzuführen ist[17]. Verweigert eine Partei den Zutritt des Sachverständigen, kann das Gericht diese Tatsache frei würdigen, insbesondere unterstellen, dass der Vortrag des Beweisführers richtig ist, weil sich der Hausherr zu Unrecht geweigert hat. Diese rechtliche Würdigung ist in der Berufungsinstanz überprüfbar[18].

§ 408 Gutachtenverweigerungsrecht

(1) ¹Dieselben Gründe, die einen Zeugen berechtigen, das Zeugnis zu verweigern, berechtigen einen Sachverständigen zur Verweigerung des Gutachtens. ²Das Gericht kann auch aus anderen Gründen einen Sachverständigen von der Verpflichtung zur Erstattung des Gutachtens entbinden.

(2) ¹Für die Vernehmung eines Richters, Beamten oder einer anderen Person des öffentlichen Dienstes als Sachverständigen gelten die besonderen beamtenrechtlichen Vorschriften. ²Für die Mitglieder der Bundes- oder einer Landesregierung gelten die für sie maßgebenden besonderen Vorschriften.

(3) Wer bei einer richterlichen Entscheidung mitgewirkt hat, soll über Fragen, die den Gegenstand der Entscheidung gebildet haben, nicht als Sachverständiger vernommen werden.

1 § 408 ZPO betrifft ausschließlich solche Sachverständige, welche **nach § 407 ZPO verpflichtet** sind, Gutachten zu erstatten. Für Patentanwälte hat das Oberlandesgericht Düsseldorf dies angenommen, da sie zur Ausübung des Gewerbes öffentlich ermächtigt sind, dessen Kenntnis Voraussetzung für die Begutachtung ist[1]. Genauso kann für die demoskopischen Institute argumentiert werden[2].

2 Sofern die Pflicht nach § 407 ZPO besteht, kann der Sachverständige aus den gleichen Gründen ablehnen, aus denen auch ein Zeuge sein Zeugnis verweigern darf, §§ 383, 384 ZPO. Allerdings **muss** der Sachverständige von seinem Zeugnisverweigerungsrecht **keinen Gebrauch** machen. Das Sachverständigengutachten bleibt trotzdem verwertbar[3]. Schließlich räumt § 408 Abs. 1 S. 2 ZPO dem Gericht die Möglichkeit ein, einen Sachverständigen aus anderen Gründen von seiner Pflicht zu

---

[14] *Jacob/Heinz/Décieux*, Umfrage – Einführung in die Methoden der Umfrageforschung, 3. Aufl., S. 200.
[15] *Koch*, Gefälschte Interviews: Ergebnisse der Interviewkontrolle bei Allbus 1994 in ZUMA – Nachrichten, 36, 1995, Tabelle auf S. 99.
[16] Baumbach/Lauterbach/Hartmann/Anders/Gehle/*Becker* ZPO § 219 Rn. 7.
[17] BVerwG NJW 2006, 2058.
[18] BGH GRUR 2009, 519 – Hohlfasermembranspinnanlage, zur Kritik an dieser Entscheidung → § 404a Rn. 30 ff.
[1] OLG Düsseldorf BeckRS 2012, 04012.
[2] → § 407 Rn. 4.
[3] BGH FGPrax 2011, 202 Rn. 11.

befreien. Die Entscheidung ergeht nach dem pflichtgemäßen Ermessen durch einen Beschluss nach § 329 ZPO. Gründe zur Feststellung können in etwa sein die Überlastung des Sachverständigen, berufliche Nachteile oder die Gefahr einer Ablehnung nach § 406 ZPO[4].

In der **Praxis** fragen die Spezialkammern für Angelegenheiten des gewerblichen Rechtsschutzes regelmäßig Sachverständige **vorher** an, ob sie in der Lage sind, entsprechende Gutachten zu erstellen, insbesondere, wenn bestimmte technische Kenntnisse gefragt sind. Die Vorschrift spielt daher in der Praxis nur eine untergeordnete Rolle. **3**

§ 409 Folgen des Ausbleibens oder der Gutachtenverweigerung

(1) ¹**Wenn ein Sachverständiger nicht erscheint oder sich weigert, ein Gutachten zu erstatten, obgleich er dazu verpflichtet ist, oder wenn er Akten oder sonstige Unterlagen zurückbehält, werden ihm die dadurch verursachten Kosten auferlegt.** ²**Zugleich wird gegen ihn ein Ordnungsgeld festgesetzt.** ³**Im Falle wiederholten Ungehorsams kann das Ordnungsgeld noch einmal festgesetzt werden.**

(2) **Gegen den Beschluss findet sofortige Beschwerde statt.**

Wie beim Zeugen muss für den Sachverständigen eine Möglichkeit existieren, die geschuldete Tätigkeit zu erzwingen. Bei einer Weigerung hat das Gericht nach dem Wortlaut der Vorschrift kein Ermessen, sondern **muss ein Ordnungsgeld** festsetzen[1]. Allerdings kann es mangels gesetzlicher Grundlage keine Haft oder zwangsweise Vorführung des Sachverständigen anordnen[2]. **1**

Bloße **Verzögerungen** bei der Gutachtenerstellung sind nach § 411 ZPO zu ahnden. Eine zu lange Verzögerung kann jedoch eine Verweigerung darstellen[3]. **2**

Darüber hinaus kann das Gerichts wiederholte Ordnungsgelder für den Fall der Fristversäumnis gem. § 411 Abs. 2 ZPO verhängen. In Betracht könnte auch die Entziehung des Gutachterauftrags.[4*] Als weitere Handlungsmöglichkeit kommt eine **Untätigkeitsbeschwerde** in Betracht kommen. Diese ist jedoch nur in eng umrissenen Grenzen statthaft[5].

Allerdings kann ein Sachverständiger nicht nur die Erstellung des Gutachtens verweigern, sondern auch gegen **Nebenpflichten** verstoßen. Solche Nebenpflichten umfassen beispielsweise den ordnungsgemäßen Umgang mit den Gerichtsakten oder ihm überlassenen Mustern oder anderer Beweisstücke. Hierfür bietet § 409 leider keine Handhabe, da sich seine Sanktionsmöglichkeit auf das Ausbleiben des Gutachtens beschränkt.

Bei einen ausländischen Gutachter wird die zwangsweise Durchsetzung von Ordnungsgeldern faktisch unmöglich sein.[6]

Bei einer Verweigerung des Sachverständigen nach § 409 ZPO legt das Gericht dem Gutachter die entstandenen Kosten auf. Gleichzeitig muss es einen neuen Gutachter beauftragen. Der bisherige Gutachter verliert seinen Auftrag und erhält selbst für bisher geleistete Tätigkeiten keine Vergütung[7]. **3**

§ 410 Sachverständigenbeeidigung

(1) ¹**Der Sachverständige wird vor oder nach Erstattung des Gutachtens beeidigt.** ²**Die Eidesnorm geht dahin, dass der Sachverständige das von ihm erforderte Gutachten unparteiisch und nach bestem Wissen und Gewissen erstatten werde oder erstattet habe.**

(2) **Ist der Sachverständige für die Erstattung von Gutachten der betreffenden Art im Allgemeinen beeidigt, so genügt die Berufung auf den geleisteten Eid; sie kann auch in einem schriftlichen Gutachten erklärt werden.**

Ob ein Sachverständiger zu beeiden ist, steht im **Ermessen** des Tatrichters. Ob die Notwendigkeit einer Beeidigung besteht, beurteilt sich beim Sachverständigen wegen § 402 ZPO nach § 391 ZPO. Er ist daher zu beeiden, wenn das Gericht dies wegen der Bedeutung der Aussage oder zur Herbeiführung einer wahrheitsgemäßen Aussage für geboten erachtet, es sei denn die Parteien verzichten hierauf[1*]. § 410 ZPO begründet daher **keine Pflicht** zur Beeidigung, sondern regelt nur die Art und Weise. **1**

---

[4] Baumbach/Lauterbach/Hartmann/Anders/Gehle/*Gehle* ZPO § 408 Rn. 5.
[1] Baumbach/Lauterbach/Hartmann/Anders/Gehle/*Gehle* ZPO § 409 Rn. 4.
[2] Zöller/*Greger* ZPO § 409 Rn. 3.
[3] Baumbach/Lauterbach/Hartmann/Anders/Gehle/*Gehle* ZPO § 409 Rn. 5.
[4*] MüKoZPO/*Zimmermann* § 408 Rn. 3.
[5] OLG Frankfurt a. M. BeckRS 2011, 16993.
[6] Vgl. hierzu → § 404 Rn. 3a.
[7] OLG Brandenburg DS 2005, 346.
[1*] BGH NJW 1998, 3355 (3356).

2 Erachtet das Gericht die Vereidigung als notwendig, gilt es zu beachten, dass anders als beim Zeugen, der Sachverständige sich bei kontroversen wissenschaftlichen Themen eventuell für eine Seite entscheidet. Es geht dann nicht um eine „wahre" oder „falsche" Aussage, sondern darum, dem Gericht das Verständnis der technischen bzw. wissenschaftlichen Zusammenhänge zu erläutern. Die wissenschaftliche oder technische „Wahrheit" lässt sich oft gerade nicht ermitteln. Hier bietet sich in **Zweifelsfällen eher** die Einholung eines **weiteren Gutachtens** gemäß § 412 ZPO an, als den Sachverständigen unter Druck zu setzen[2].

3 Anstelle der Eidesleistung für das individuelle Gutachten steht gemäß Abs. 2 die Möglichkeit offen, dass sich der Gutachter auf einen **bereits geleisteten Eid** beruft. Dabei ist allerdings zu beachten, dass sich der Eid gerade auch auf Gutachten der betreffenden Art erstreckt. So reicht eine Berufung auf den Dolmetschereid nach § 189 Abs. 2 GVG beispielsweise nicht[3].

§ 411 Schriftliches Gutachten

(1) **Wird schriftliche Begutachtung angeordnet, setzt das Gericht dem Sachverständigen eine Frist, innerhalb derer er das von ihm unterschriebene Gutachten zu übermitteln hat.**

(2) [1]**Versäumt ein zur Erstattung des Gutachtens verpflichteter Sachverständiger die Frist, so soll gegen ihn ein Ordnungsgeld festgesetzt werden.** [2]**Das Ordnungsgeld muss vorher unter Setzung einer Nachfrist angedroht werden.** [3]**Im Falle wiederholter Fristversäumnis kann das Ordnungsgeld in der gleichen Weise noch einmal festgesetzt werden.** [4]**Das einzelne Ordnungsgeld darf 3 000 Euro nicht übersteigen.** [5]**§ 409 Abs. 2 gilt entsprechend.**

(3) [1]**Das Gericht kann das Erscheinen des Sachverständigen anordnen, damit er das schriftliche Gutachten erläutere.** [2]**Das Gericht kann auch eine schriftliche Erläuterung oder Ergänzung des Gutachtens anordnen.**

(4) [1]**Die Parteien haben dem Gericht innerhalb eines angemessenen Zeitraums ihre Einwendungen gegen das Gutachten, die Begutachtung betreffende Anträge und Ergänzungsfragen zu dem schriftlichen Gutachten mitzuteilen.** [2]**Das Gericht kann ihnen hierfür eine Frist setzen; § 296 Abs. 1, 4 gilt entsprechend.**

Literatur: *Bleutge,* Achtung Auftrag – was schuldet ein Sachverständiger? NJW 2010, NJW Aktuell Nr. 12, 43.

1 Die ZPO geht von einem mündlichen Gutachten aus. Das Gericht kann jedoch die Erstellung eines **schriftlichen Gutachtens anordnen.** Mit diesem Fall beschäftigt sich § 411 ZPO. Die Anordnung eines schriftlichen Gutachtens ergeht durch Beweisbeschluss des Gerichts.

2 Im gewerblichen Rechtsschutz sind mündliche Gutachten völlig unüblich. Angesichts der meist komplexen Materie erscheint dies auch nicht ratsam. Gerade technische Zusammenhänge lassen sich schriftlich besser und zielgerichteter erläutern. Für demoskopische Gutachten ist ohnehin nur die schriftliche Begutachtung sinnvoll, da die Interviewer die Ergebnisse ihrer Befragungen dokumentieren müssen.

3 Der Sachverständigenbeweis ist eine häufige Ursache für **überlange Verfahrensdauer.** Das Gericht sollte daher auf die Mitwirkungspflichten der Parteien hinwirken[1].

4 Um eine zügige Erstellung des Gutachtens zu gewährleisten, hat das Gericht gemäß § 411 Abs. 1 ZPO dem Sachverständigen eine Frist zu setzen, bei deren Nichteinhaltung gemäß Abs. 2 nach dem Ablauf einer Nachfrist das Gericht ein **Ordnungsgeld** festsetzen kann. Bisher war gemäß Art. 6 Abs. 1 S. 1 EGStGB nur ein Ordnungsgeld in maximaler Höhe von 1.000 Euro möglich. In Anbetracht der Bedeutung des Sachverständigenbeweises und der möglichen Folgen bei ausbleibenden Gutachten, wurde das Ordnungsgeld auf maximal 3.000 Euro erhöht[2*]. Führt auch die Nachfrist mit Ordnungsgeld nicht zum Erfolg, kann das Gericht eine weitere Nachfrist setzen. Wenn der Gutachter auch diese Nachfrist verstreichen lässt, kann man von einer Verweigerung des Gutachtens ausgehen, so dass dann Maßnahmen nach § 409 ZPO zur Verfügung stehen[3*]. Nach der Versäumung einer zweiten Nachfrist, soll eine weitere Nachfrist nicht möglich sein. Es ist vielmehr ohne weitere Nachfrist ein weiteres Ordnungsgeld in gleicher Weise zu verhängen, was nicht notwendigerweise in gleicher Höhe bedeuten muss[4].

5 Die Pflicht zur Fristsetzung dient der Beschleunigung des Verfahrens, der Herstellung von Rechtssicherheit und ermöglicht es dem Sachverständigen seiner Pflicht aus § 407a Abs. 1 S. 1 ZPO nachzukommen[5]. Dabei muss das Gericht spätestens bei der Bestellung über den voraussichtlichen Zeitaufwand des Sachverständigen entscheiden. Das Gericht hat diese Entscheidung an dem Gebot der

---

[2] Zöller/*Greger* ZPO § 410 Rn. 1.
[3] Baumbach/Lauterbach/Hartmann/Anders/Gehle/*Gehle* ZPO § 410 Rn. 7.
[1] Zöller/*Greger* ZPO § 411 Rn. 7.
[2*] BT-Drs. 18/6985, 16.
[3*] Zöller/*Greger* ZPO § 411 Rn. 8.
[4] Baumbach/Lauterbach/Hartmann/Anders/Gehle/*Gehle* ZPO § 411 Rn. 6.
[5] BT-Drs. 18/6985, 15.

beschleunigten Verfahrensführung, dem voraussichtlichen Zeitaufwand einer fachgerechten Begutachtung, der erforderlichen Tatsachenfeststellungen und der Komplexität des Sachverhaltes auszurichten[6].

Nach Abs. 2 S. 1 soll das Gericht zudem künftig im Regelfall ein Ordnungsgeld aussprechen, soweit die gesetzte Frist und eine Nachfrist abgelaufen sind und der Sachverständige nicht entschuldigt ist. Damit soll eine effektivere Einhaltung der gerichtlichen Fristen gewährleitet werden und der Sachverständige wird dazu angehalten eventuelle Überlastungen unverzüglich mitzuteilen[7].

A. Schriftliche Stellungnahmen

Üblicherweise werden den Parteien im gewerblichen Rechtsschutz Fristen zur Kommentierung des Gutachtens gesetzt. Während dieser Fristen kann und müssen die Parteien ihre Einwendungen und Kommentare zum Sachverständigengutachten vorbringen. Dies ergibt sich aus dem Hinweis auf § 296 ZPO am Ende von Absatz 4, wobei das Gericht die Frist unmissverständlich als Ausschlussfrist kennzeichnen muss[8].

Abs. 3 S. 2 gibt dem Gericht die Möglichkeit, eine schriftliche Erläuterung oder Ergänzung des Gutachtens anzuordnen. Eine solche Anordnung kann zu einer Beschleunigung des Verfahrens führen und, soweit ein mündlicher Erläuterungstermin deshalb entbehrlich wird, eine Zeitsparnis für die Parteien bedeuten[9].

B. Mündliche Erläuterung des schriftlichen Gutachtens

Das Gericht kann anordnen, dass der Sachverständige ein schriftliches Gutachten mündlich erläutert (§ 411 Abs. 3 ZPO). Beantragt eine der Parteien die Vernehmung, reduziert sich das Ermessen des Gerichts und es muss den Sachverständigen zu einer mündlichen Verhandlung laden[10]. In einer schriftlichen Stellungnahme muss eine Partei noch nicht konkrete Fragen formulieren oder den Erklärungsbedarf definieren[11]. Erläutert der Sachverständige auf einen Antrag zur mündlichen Anhörung sein Gutachten schriftlich, soll sich der Anhörungsantrag erledigen. Will die Partei danach immer noch eine mündliche Anhörung, muss sie nach einer Ansicht den Antrag erneut stellen[12]. Nach anderer Ansicht bleibt der Antrag in Kraft, das Gericht soll lediglich aufklären, ob die Partei auch nach der schriftlichen Anhörung noch an der Anhörung festhält[13]. Bei einem entgegenstehenden Privatgutachten kann auch eine Ergänzung des Gutachtens oder die Anhörung des Gutachtens gem. § 411 Abs. 3 ZPO erforderlich sein.[14]

C. Schriftliche Stellungnahme nach mündlicher Erläuterung

Nach der mündlichen Anhörung wird den Parteien **üblicherweise** noch einmal die Gelegenheit gegeben, **schriftlich** auf die mündlichen Erläuterungen einzugehen. Kommen in der mündlichen Verhandlung neue Gesichtspunkte auf, verlangt der Anspruch auf rechtliches Gehör sogar, den Parteien noch einmal schriftlich Gelegenheit zur Stellungnahme zu geben[15]. Nach Ansicht von *Kühnen* soll eine schriftliche Stellungnahme im Patentrecht regelmäßig ausscheiden, da den Parteien angesichts ihrer technischen Sachkunde und der Vertretung durch Patentanwälte **regelmäßig eine sofortige Äußerung zumutbar** sei[16]. Nichtsdestotrotz sollte den Parteien genügend Zeit gegeben werden, um ihre Ausführungen abstimmen zu können, schon um vorzubeugen, dass die Parteivertreter nach eventuell stundenlangen Anhörungen in der Eile nicht einen wichtigen Aspekt vergessen. Zu bedenken ist auch, dass die Fähigkeit, Neues aufzunehmen, nach einer langen Anhörung eines Sachverständigen signifikant nachlässt. Angesichts der ohnehin schon eingetretenen Verzögerung des Rechtsstreits durch die Erstellung des Sachverständigengutachtens erscheint eine **kurze Frist** von wenigen Wochen **vertretbar** und angemessen, während eine Zusammenfassung, Bewertung und Gliederung der Ergebnisse unmittelbar im Anschluss an eine Anhörung den Vertretern nahezu übermenschliche Fähigkeiten abverlangt.

---

[6] BT-Drs. 18/6985, 15; HK-ZPO/*Siebert* ZPO § 411 Rn. 2.
[7] BT-Drs. 18/6985, 15.
[8] Zöller/*Greger* ZPO § 411 Rn. 7f.
[9] BT-Drs. 18/6985, 16; HK-ZPO/*Siebert* ZPO § 411 Rn. 5.
[10] BVerfG NJW 2012, 1347 Rn. 14.
[11] BGH NJW-RR 2011, 704 (705).
[12] *Kühnen* Patentverletzung-HdB Kap. J Rn. 45.
[13] Musielak/Voit/*Huber* ZPO § 411 Rn. 7.
[14] BGH BeckRS 2020, 3532.
[15] Baumbach/Lauterbach/Hartmann/Anders/Gehle/*Gehle* ZPO § 411 Rn. 16.
[16] *Kühnen* Patentverletzung-HdB Kap. J Rn. 47.

§ 411a Verwertung von Sachverständigengutachten aus anderen Verfahren

Die schriftliche Begutachtung kann durch die Verwertung eines gerichtlich oder staatsanwaltschaftlich eingeholten Sachverständigengutachtens aus einem anderen Verfahren ersetzt werden.

1 Ob ein älteres Sachverständigengutachten verwertet werden kann, ist eine Frage der Abwägung zwischen Prozesswirtschaftlichkeit und Unmittelbarkeit der Beweiserhebung. Im gewerblichen Rechtsschutz ist die Aussagekraft älterer Gutachten mit einer gewissen Vorsicht zu beurteilen. Die Vorschrift soll es dem Gericht ermöglichen, ein vorhandenes Gutachten zu einem Beweisthema verwenden zu können, damit es nicht zum gleichen Beweisthema ein weiteres Gutachten erstellen lassen muss.

2 Im **Patentrecht** ist ein Rückgriff auf ältere Gutachten meist nicht möglich, da sich die **aktuell angegriffene Ausführungsform von früheren regelmäßig unterscheidet**, so dass ältere Gutachten regelmäßig nicht verwertet werden können. Sie betreffen ein anderes Beweisthema. Auch sind in der Praxis Fälle aufgetreten, in denen die Herausgabe eines früheren **Gutachtens für ein anderes Patent** beantragt wurde. Dies ist gleichermaßen ein anderes Beweisthema, so dass das vorherige Gutachten grundsätzlich unergiebig ist.

3 Für ein Hauptsacheverfahren kann ein Gutachten aus einem **Besichtigungsverfahren** natürlich verwendet werden. Dafür wurde es schließlich erstellt. Aus diesem Grund bedarf es der Erweiterung der Verwertungsmöglichkeit nach § 411a ZPO gerade nicht.

4 Bei **demoskopischen Gutachten** können ältere Gutachten ein gewisses **Indiz** sein. Jedoch ändern sich Verkehrsauffassung und Bekanntheit von Marken im Laufe der Zeit. Da für die Feststellung der Kennzeichnungskraft auf den Zeitpunkt der letzten mündlichen Verhandlung in der Tatsacheninstanz abzustellen ist[1], sind ältere demoskopische Gutachten meist nicht verlässlich genug, so dass die Beurteilung allein auf ältere Gutachten nicht mehr sicher genug erscheint. Um eine Entwicklung darzustellen oder die zu beweisenden Tatsachen zusätzlich zu unterfüttern, mag ihre Vorlage trotzdem sinnvoll sein.

§ 412 Neues Gutachten

(1) **Das Gericht kann eine neue Begutachtung durch dieselben oder durch andere Sachverständige anordnen, wenn es das Gutachten für ungenügend erachtet.**

(2) **Das Gericht kann die Begutachtung durch einen anderen Sachverständigen anordnen, wenn ein Sachverständiger nach Erstattung des Gutachtens mit Erfolg abgelehnt ist.**

1 Die Einholung eines weiteren Gutachtens oder gar eines Obergutachtens steht im Ermessen des Gerichts. Trifft es die Entscheidung, ein weiteres Gutachten einzuholen, ist diese **Entscheidung nicht überprüfbar**, § 355 Abs. 2 ZPO.

2 Das Gericht kann insbesondere dann von einer Beauftragung eines weiteren Gutachters **absehen, wenn dieser, patentrechtliche Zusammenhänge falsch wertet**. Für die letztlich aufgrund einer wertenden Betrachtungsweise zu beantwortenden Fragen der Erfindungshöhe oder des Schutzbereichs eines Patents, kommt dem Sachverständigen nur die Aufgabe zu, technische Zusammenhänge zu erläutern. Verkennt der Sachverständige einzelne patentrechtliche Fragen, kann sein Gutachten dennoch diese technischen Zusammenhänge richtig und sinnvoll erläutern, so dass patentrechtliche Fehlbewertung unbeachtlich bleibt[1*].

3 Soweit eine Partei die **Anhörung** eines Sachverständigen gemäß § 411 Abs. 3 ZPO verlangt, beschränkt sich dieses Recht auf den nach § 412 ZPO **neu eingesetzten Gutachter**. Ein Recht zur Anhörung des vorherigen Gutachters besteht nicht[2].

4 Bei der Ablehnung eines Sachverständigen wegen **Besorgnis der Befangenheit** nach § 406 ZPO muss das Gericht nach § 412 Abs. 2 ZPO einen neuen Sachverständigen beauftragen, wenn die Beweisfrage noch offen ist. Es kann den Beweisführer nicht mit der Zufälligkeit eines Ablehnungsgrundes belasten[3].

§ 413 Sachverständigenvergütung

Der Sachverständige erhält eine Vergütung nach dem Justizvergütungs- und -entschädigungsgesetz.

---

[1] BGH GRUR 2009, 766 Rn. 40 – Stofffähnchen; BGH GRUR 2008, 505 Rn. 27 – Tuc-Salzcracker.
[1*] BGH GRUR 2010, 410 Rn. 40 – Insassenschutzsystemsteuereinheit.
[2] BGH NJW 2011, 865 Rn. 30.
[3] Baumbach/Lauterbach/Hartmann/Anders/Gehle/*Gehle* ZPO § 412 Rn. 8.

A. Der Sachverständige

Die Vergütung der Sachverständigen und ihrer Hilfspersonen richtet sich nach dem **JVEG**. Mit der Änderung des JVEG zum 1.1.2021 haben sich die Sätze für die Gutachtertätigkeiten erhöht. Nach dem neuen § 9 JVEG kann für ein Sachgebiet, dass nicht in Anlage 1 zu § 9 JVEG aufgelistet ist, kann das Gericht nach billigem Ermessen einen anderen Stundensatz festlegen, der allerdings den Höchststundensatz von 155,00 EUR nicht überschreiben darf. Vergleicht man selbst den Höchstsatz mit den bei Patent- und Rechtsanwälten üblichen Stundensätzen, muss man konstatieren, dass diese erheblich unter dem durchschnittlichen Stundensatz für Patent- und Rechtsanwälte liegen[1]. Auch Hochschulprofessoren erzielen für ihre Gutachtertätigkeit regelmäßig höhere Stundensätze, so dass die Angemessenheit der Vergütungsregelungen des JVEG kritisch zu hinterfragen ist.

Die Parteien können eine **höhere Vergütung vereinbaren,** § 13 Abs. 1 JVEG. Gemäß § 13 Abs. 2 JVEG reicht auch die Erklärung einer Partei oder eines anderen Beteiligten aus, wenn das Gericht zustimmt. Vor einer solchen Entscheidung hat das Gericht die andere Partei oder den anderen Beteiligten zwingend zu hören, § 13 Abs. 2 S. 3 JVEG. Bei Pflichtverletzungen kann nach § 8a JVEG der Honoraranspruch entfallen.[2]

Aus diesem Grund **scheidet** eine höhere Vergütung **im Besichtigungsverfahren regelmäßig aus,** da die andere Partei auch nicht über den Umweg der Frage der Vergütung des Sachverständigen vorab vom Besichtigungstermin erfahren soll[3]. Der Patentanwalt als Gutachter muss sich daher auf jeden Fall mit den Stundensätzen des JVEG zufriedengeben.

Im Besichtigungsverfahren kommt hinzu, dass der Sachverständige nur dann eine Vergütung erhält, wenn seine Leistung verwertbar ist, § 8a Abs. 2 ZVEG. Da der Besichtigungstermin nicht vorbereitet werden kann, steht auch nicht fest, ob der zu begutachtende Gegenstand überhaupt vorhanden ist bzw. ein zu begutachtendes Verfahren gerade ausgeführt werden kann. **Kann** daher der **Sachverständige keine Feststellungen treffen** und kann deswegen kein Gutachten erstellen, **bekommt er keine Vergütung.** Ohne Erstellung des Gutachtens bekommt ein Sachverständiger nur Fahrtkosten und ein Tagegeld gemäß § 6 Abs. 1 ZVEG. Ganz generell bekommt ein Sachverständiger ohnehin nur die zur Gutachtenerstellung notwendigen Kosten, so dass ein, vielleicht sogar tatsächlich entstandener, aber ungerechtfertigter Aufwand nicht vergütungspflichtig ist.

Weiterhin stellt sich die Frage, ob der Sachverständige die Gutachtenerstellung von einer seiner Ansicht nach angemessenen Vergütung abhängig machen darf. Hiergegen spricht, dass er als Hilfsperson des Gerichts stets verpflichtet ist, seine Pflichten zu erfüllen. Deshalb steht die angemessene Vergütung auch nicht in seinem Belieben, sodass er seine Leistung nicht zurückhalten oder von einer weiteren Zahlung abhängig machen darf. Außerdem muss der Sachverständige auch prüfen, ob er das Gutachten im Rahmen des Kostenvorschusses fertigstellen kann, was ebenfalls dafür spricht, ihm hier keinen Entscheidungsspielraum zuzusprechen.[4]

B. Hilfskräfte

Die notwendigen Aufwendungen für Hilfskräfte sind ebenso erstattungsfähig, § 12 Abs. 1 Nr. 1 JVEG. Die auf sie entfallen Gemeinkosten werden durch einen Zuschlag von 15 % auf diese Aufwendungen abgegolten. Die Vergütung kann sich auf der Basis einer Vereinbarung zwischen Sachverständigen und Hilfskraft ergeben, so dass theoretisch auch höhere Sätze als nach dem JVEG zu bezahlen wären. Jedoch dürfte die Vergütung für die Hilfskräfte nicht wesentlich höher sein als diejenige des Sachverständigen selbst[5]. Für die Erstattungsfähigkeit von Kosten ist es daher ebenso notwendig, dass der Umfang der Tätigkeit und die Vergütung von Hilfskräften im Gutachten offengelegt sind[6].

C. Kosten eines demoskopischen Gutachtens

Demoskopische Gutachten sind generell **sehr teuer.** Selbst beim Einschleusen eines Fragebogens in eine ohnehin stattfindende Befragung betragen die Kosten ca. 15.000,00 EUR und können sonst schnell 50.000,00 EUR[7], bei Spezialfragen sogar bis zu 300.000,00 EUR[8] betragen. Diese hohen Kosten kann nicht jede Partei tragen. Nach vereinzelnden Stimmen soll daher die Anordnung eines

---

[1] Nach einer Studie des Soldan-Instituts aus dem Jahre 2009 liegt der durchschnittliche Stundensatz eines Rechtsanwalts in einer überörtlichen Sozietät bei 210,00 EUR, bei einem Einzelanwalt immer noch bei 166,00 EUR; *Hommerich/Kilian*, Vergütungsbarometer 2009, S. 83. Seit 2009 dürften sich die Honorare wesentlich erhöht haben.
[2] *Huber/Musielak/Voit* ZPO § 413 Rn. 2.
[3] Hierzu → § 404 Rn. 4.
[4] *MüKoZPO/Zimmermann* § 407a Rn. 5.
[5] Hartmann, Kostengesetze, JVEG § 12 Rn. 9.
[6] → § 407a Rn. 5 ff.
[7] Gloy/Loschelder/Erdmann/*Pflüger* § 42 Rn. 6.
[8] Baumbach/Lauterbach/Hartmann/Anders/Gehle/*Hartmann* ZPO Übersicht von § 402 Rn. 9.

demoskopischen Gutachtens bedenklich sein, wenn absehbar wäre, dass eine Partei kein Gegengutachten finanzieren kann[9]. Nach der Konzeption der ZPO überzeugt dieses Argument nicht. Muss ein Sachverhalt aufgeklärt werden und ist hierzu ein Gutachten notwendig, muss es das Gericht einholen. Nach der Systematik der ZPO kann eine Partei, die solche Kosten nicht tragen kann, Prozesskostenhilfe beantragen. Sind einer beweisbelasteten Partei die Kosten zu hoch, kann sie durch Nichtzahlung des Vorschusses das Gutachten verhindern, muss dann allerdings damit rechnen, den Prozess zu verlieren. Das Argument ist aber insbesondere deswegen verfehlt, weil das gerichtlich angeordnete Sachverständigengutachten dem Gericht mangelnde Sachkunde vermitteln soll. Es ist nach der Vorstellung des Gesetzgebers objektiv. Es kann daher nicht davon ausgegangen werden, dass ein derart objektives Gutachten eines Gegengutachtens bedürfe oder gar das rechtliche Gehör oder das faire Verfahren den Angriff auf ein objektives Gutachten erlauben müssten.

§ 414 Sachverständige Zeugen

Insoweit zum Beweis vergangener Tatsachen oder Zustände, zu deren Wahrnehmung eine besondere Sachkunde erforderlich war, sachkundige Personen zu vernehmen sind, kommen die Vorschriften über den Zeugenbeweis zur Anwendung.

1   Der sachverständige Zeuge unterscheidet sich vom normalen Zeugen dadurch, dass er seine Wahrnehmung gerade deswegen machen konnte, weil er sachkundig ist. Bestimmte Beobachtungen lassen sich nur machen, wenn man das Gesehene richtig einordnen kann[1]. Dementsprechend gilt grundsätzlich, dass ein sachverständiger Zeuge von bestimmten Wahrnehmungen berichtet, während der Sachverständige dem Gericht feststehende Tatsachen erläutert und Zusammenhänge schildert. In dieser Funktion ist er, anders als ein Zeuge, der bestimmte Wahrnehmungen gemacht hat, grundsätzlich austauschbar[2].

2   Im gewerblichen Rechtsschutz ist diese Vorschrift vor allem für einstweilige Verfügungsverfahren von Bedeutung. Da im einstweiligen Verfügungsverfahren das Beweismittel des Sachverständigengutachtens nicht zur Verfügung steht, kann ein Privatgutachter sein Gutachten in einer mündlichen Verhandlung als sachverständiger Zeuge erläutern.

3   Außerdem kann ein wegen Besorgnis der Befangenheit abgelehnter Sachverständiger immer noch sachverständiger Zeuge nach § 414 ZPO sein[3]. Ein sachverständiger Zeuge ist zunächst nur ein Zeuge. Wandelt sich im Laufe seines Verfahrens seine Tätigkeit und wird er zum Sachverständigen, empfiehlt es sich, dies festzuhalten, beispielsweise in einem Protokoll oder einer Verfügung, da hiervon beispielsweise Fragen der Vergütung abhängen.

Titel 9. Beweis durch Urkunden

§ 415 Beweiskraft öffentlicher Urkunden über Erklärungen

(1) **Urkunden, die von einer öffentlichen Behörde innerhalb der Grenzen ihrer Amtsbefugnisse oder von einer mit öffentlichem Glauben versehenen Person innerhalb des ihr zugewiesenen Geschäftskreises in der vorgeschriebenen Form aufgenommen sind (öffentliche Urkunden), begründen, wenn sie über eine vor der Behörde oder der Urkundsperson abgegebene Erklärung errichtet sind, vollen Beweis des durch die Behörde oder die Urkundsperson beurkundeten Vorganges.**

(2) **Der Beweis, dass der Vorgang unrichtig beurkundet sei, ist zulässig.**

A. Urkunden

1   Die §§ 415 ff. ZPO differenzieren zwischen öffentlichen Urkunden, für die die Vorschriften der §§ 415, 417 und 418 ZPO gelten, Privaturkunden, § 416 ZPO und Ausdrucke aus einem öffentlichen elektronischen Register, § 416a ZPO[1*]. Die Vorschriften entziehen Urkunden teilweise der freien Beweiswürdigung nach § 286 ZPO. Sie schreiben dem Gericht vor, wie es Urkunden zu würdigen hat. Der **Zweck** besteht darin, die Beweiswürdigung durch das Gericht für die Parteien schon bei der Errichtung einer Urkunde vorhersehbar zu machen[2*].

---

[9] Baumbach/Lauterbach/Hartmann/Anders/Gehle/*Hartmann* ZPO Übersicht von § 402 Rn. 9.
[1] MüKoZPO/*Zimmermann* ZPO § 414 Rn. 2.
[2] BVerwG NJW 2011, 1983.
[3] Baumbach/Lauterbach/Hartmann/Anders/Gehle/*Gehle* ZPO § 412 Rn. 8.
[1*] Daneben existiert noch die Vorschrift des § 371a ZPO, der qualifizierte elektronische Dokumente behandelt.
[2*] Musielak/Voit/*Huber* ZPO § 415 Rn. 2.

Beweiskraft von Privaturkunden   **1   § 416 ZPO**

Die Vorschriften über den Beweis durch Urkunden sind ebenfalls gemäß § 99 Abs. 1 PatG für das   2
Verfahren vor dem BPatG entsprechend anwendbar[3].

I. Begriff der Urkunde

Urkunden sind durch Niederschrift verkörperte Gedankenerklärungen, die allgemein bekannt oder   3
dem Gericht verständlich gemacht werden können. Es kommt folglich auf die Schriftlichkeit und
Lesbarkeit an, nicht auf die Art der Herstellung oder das verwendete Material[4]. **Keine** Urkunden sind
Zeichnungen, Tonaufnahmen, Datenträger für Software und Fotografien. Sie sind Gegenstände des
Augenscheins[5].

II. Beweiskraft von Urkunden

Echte Urkunden, die keine Mängel aufweisen (siehe § 419 ZPO), erbringen vollständigen Beweis   4
über die in der Urkunde bezeugte Abgabe einer Erklärung, den dort beurkundeten Vorgang oder die
dort beurkundete Tatsache (sogenannte **formelle Beweiskraft**). Streitigen Vortrag über diese Vorgänge kann der Richter dann nicht mehr nach § 286 ZPO frei würdigen, siehe § 286 Abs. 2 ZPO.

Die Beweisregeln betreffen nicht die inhaltliche **(materielle) Richtigkeit** der beurkundeten   5
Erklärung. Ob die Erklärung inhaltlich richtig ist, muss der Richter nach § 286 ZPO frei würdigen.

III. Öffentliche Urkunden nach § 415 ZPO

§ 415 ZPO betrifft Erklärungen, die eine Person **vor** einer Behörde oder einer mit öffentlichem   6
Glauben versehenen Person abgegeben hat, wie zB ein Angebot, Annahme, vergleichsweise Vereinbarung, Auflassungen oder ähnliches. Für Urkunden über einer Behörde über eigene Anordnungen,
Verfügungen oder Entscheidungen gilt § 417 ZPO und für Urkunden über Vorgänge § 418 ZPO[6].

Darüber hinaus muss die Behörde bzw. die mit öffentlichem Glauben versehene Person innerhalb   7
ihrer sachlichen Zuständigkeit und in der vorgeschriebenen Form gehandelt haben, zB gemäß den
§§ 159 ff. ZPO für gerichtliche Protokolle.

IV. Beweis der unrichtigen Beurkundung

Der **Gegenbeweis** ist zulässig, soweit die Beweisregel des § 415 Abs. 1 ZPO reicht, also innerhalb   8
der formellen Beweiskraft. Geht es lediglich um die inhaltliche Richtigkeit der Erklärung, beispielsweise ob die vor dem Notar abgegebene Erklärung, einen Geldbetrag erhalten zu haben tatsächlich
stimmt, ist ohnehin nach der freien Beweiswürdigung nach § 286 ZPO zu entscheiden[7].

Für den Gegenbeweis nach § 415 Abs. 2 ZPO reicht **nicht** schon die **bloße Möglichkeit** oder   9
Wahrscheinlichkeit. Das Gericht muss voll überzeugt sein, dass die Urkunde falsch ist[8]. Bei **Sitzungsprotokollen** ist zu beachten, dass die formelle Beweiskraft nur für das jeweilige Verfahren gilt, nicht
jedoch für den Beweis der Vornahme und Unterlassung einer bestimmten Handlung in einem anderen
Verfahren[9].

§ 416 Beweiskraft von Privaturkunden

**Privaturkunden begründen, sofern sie von den Ausstellern unterschrieben oder mittels
notariell beglaubigten Handzeichens unterzeichnet sind, vollen Beweis dafür, dass die in
ihnen enthaltenen Erklärungen von den Ausstellern abgegeben sind.**

A. Verwendung von Kopien

In der Regel werden Prozesse mit **Kopien** von Privaturkunden geführt. Für solche Kopien gilt die   1
Beweisregel des § 416 ZPO gerade nicht. Da jedoch in den seltensten Fällen eine Partei wahrheitsgemäß bestreiten kann, dass die Kopie mit dem Original der Urkunde übereinstimmt, wird die von
§ 416 ZPO als bewiesen geltende Tatsache, nämlich, dass der Aussteller diese Erklärung abgegeben
hat, zwischen den Parteien des Prozesses unstreitig.

---

[3] Schulte/*Püschel* PatG § 99 Rn. 6.
[4] Musielak/Voit/*Huber* ZPO § 415 Rn. 4.
[5] Zöller/*Geimer* ZPO vor § 415 Rn. 2a.
[6] Musielak/Voit/*Huber* ZPO § 415 Rn. 9.
[7] Musielak/Voit/*Huber* ZPO § 415 Rn. 13.
[8] Musielak/Voit/*Huber* ZPO § 415 Rn. 12; Zöller/*Geimer* ZPO § 415 Rn. 7.
[9] BGH NJW 1963, 1060 (1062).

B. Nachweis der Aktivlegitimation

2   In Prozessen des gewerblichen Rechtsschutzes sind solche Dokumente insbesondere beim Nachweis der **Aktivlegitimation** gebräuchlich, wenn das Klageschutzrecht nicht mehr seinem ursprünglichen Anmelder gehört oder sonst eine andere Person im Register eingetragen ist. Gerade bei Übertragungen der Rechte bei ausländischen Gesellschaften steckt der Teufel im Detail. Jeder Rechtsanwalt tut daher gut daran, sich bereits im Vorfeld eines Prozesses Dokumente zum Nachweis dieser Übertragungen zeigen zu lassen, um deren Plausibilität und Beweiswert im späteren Prozess prüfen und einschätzen zu können.

3   Erfahrungsgemäß ist der Nachweis der **Aktivlegitimation im Urheberrecht** besonders schwierig, da nach deutschem Recht die Urheberschaft originär immer bei einer natürlichen Person liegt, ein Gedanke, der nicht nur US-amerikanischen Unternehmen fremd ist, jedoch wegen des Schutzlandprinzips bei der Verfolgung von Urheberrechtsverstößen in Deutschland relevant ist[1]. Zum Nachweis der Aktivlegitimation eines US-amerikanischen Unternehmens wegen Urheberrechtsverstößen in Deutschland sind daher Dokumente notwendig, welche eine Rechteeinräumung von der natürlichen Person auf das klagende Unternehmen belegen können.

C. Anwaltliches Empfangsbekenntnis

4   Im gewerblichen Rechtsschutz sind Verfahren des einstweiligen Rechtsschutzes sehr häufig. Dabei werden einstweilige Verfügungen, sofern Anwälte auf beiden Seiten beteiligt sind, im Parteibetrieb gemäß § 195 ZPO zugestellt. Es stellt sich daher die Frage, welche Bedeutung ein anwaltliches Empfangsbekenntnis hat.

5   § 195 ZPO verweist für Zustellungen im Parteibetrieb im Wesentlichen auf die Vorschriften über die Zustellung von Amts wegen der Gerichte. Die Möglichkeit der Zustellung an Anwälte ist in § 174 ZPO ausdrücklich erwähnt. Die vereinfachte Zustellung rechtfertigt sich aus der hohen Zuverlässigkeit dieser Berufsgruppe. Nach der Gesetzesbegründung sollte die gerichtliche Praxis entscheiden, ob nicht nur Rechtsanwälte, sondern auch andere Berufsgruppen wie Patentanwälte, öffentlich bestellte Sachverständige, Wirtschaftsprüfer hierzu ermächtigt wären[2]. In der Parteizustellung nach § 195 ZPO ist der Adressatenkreis jedoch ausdrücklich auf Anwälte beschränkt. Das heißt, die Zustellung an andere Personen hat nicht die nötige Wirkung.

6   Das Empfangsbekenntnis selbst ist **keine öffentliche Urkunde,** sondern eine Privaturkunde[3]. Sie begründet **jedoch vollen Beweis** sowohl über die Tatsache der Entgegennahme des Schriftstückes, also der Zustellung selbst, als auch den Zeitpunkt der Zustellung[4]. Die Rechtsprechung geht dabei davon aus, dass die Beweiskraft derjenigen **einer öffentlichen Urkunde entspricht**[5]. Der Gegenbeweis ist grundsätzlich möglich, es gelten jedoch sehr strenge Anforderungen. Es ist nicht ausreichend, dass die Richtigkeit der Angabe lediglich erschüttert ist, das heißt lediglich Zweifel an der Richtigkeit bestehen[6]. Vielmehr muss die Beweiswirkung vollständig entkräftet werden und damit jede Möglichkeit ausgeschlossen sein, dass die Angaben im Empfangsbekenntnis richtig sind[7].

6a   Darüber hinaus ist auch gem. § 130a Abs. 4 Nr. 2 ZPO das **besondere elektronische Anwaltspostfach (beA)** als Zustellungsmöglichkeit zu beachten. Das beA soll gewährleisten, dass Rechtsanwälte und Gerichte sicher auf elektronischem Wege miteinander kommunizieren können.

§ 416a Beweiskraft des Ausdrucks eines öffentlichen elektronischen Dokuments

Der mit einem Beglaubigungsvermerk versehene Ausdruck eines öffentlichen elektronischen Dokuments gemäß § 371a Absatz 3, den eine öffentliche Behörde innerhalb der Grenzen ihrer Amtsbefugnisse oder eine mit öffentlichem Glauben versehene Person innerhalb des ihr zugewiesenen Geschäftskreises in der vorgeschriebenen Form erstellt hat, sowie der Ausdruck eines gerichtlichen elektronischen Dokuments, der einen Vermerk des zuständigen Gerichts gemäß § 298 Absatz 3 enthält, stehen einer öffentlichen Urkunde in beglaubigter Abschrift gleich.

1   Wegen der Notwendigkeit eines Beglaubigungsvermerks fallen Internetausdrucke aus den Registern der Patent- und Markenämter nicht unter diese Vorschrift.

---

[1] Schricker/Loewenheim/*Katzenberger*/*Metzger* UrhG Vor §§ 120 ff. Rn. 121.
[2] Vgl. BT-Drs. 14/4554.
[3] BGH NJW 1990, 2125.
[4] Ständige Rechtsprechung bspw. BGH NJW 1990, 2125; 1996, 2514; 2001, 2722 und BGH NJW 2002, 3027.
[5] Musielak/Voit/*Huber* ZPO § 418 Rn. 6, MüKoZPO/*Häublein*/*Müller* § 174 Rn. 14; in BGH NJW 2007, 600 (601) bezeichnet der BGH ein anwaltliches Empfangsbekenntnis sogar unmittelbar als „öffentliche Urkunde". Dagegen plädiert Zöller/*Schultzky* § 174 Rn. 21 für die Beweiskraft nach § 416 ZPO.
[6] BVerfG NJW 2001, 1563.
[7] Ständige Rechtsprechung BGH NJW 1990, 2125; 1996, 2514; 2001, 2722.

§ 417 Beweiskraft öffentlicher Urkunden über amtliche Anordnung, Verfügung oder Entscheidung

Die von einer Behörde ausgestellten, eine amtliche Anordnung, Verfügung oder Entscheidung enthaltenden öffentlichen Urkunden begründen vollen Beweis ihres Inhalts.

§ 417 ZPO bezeugt einen Vorgang **von** einer Behörde, also eine eigene Willenserklärung der Behörde selbst. Hierzu gehören beispielsweise Gerichtsentscheidungen, Beschlüsse, Verfügungen oder Verwaltungsakte. Daher fallen auch die Entscheidungen der zuständigen Ämter über die **Erteilung von gewerblichen Schutzrechten** unter die Vorschrift des § 417 ZPO. 1

Bei **Farbmarken** muss die Behörde die Erteilungsurkunde farbig ausstellen. Genau diese Eintragung definiert die Marke und damit ihren Schutzbereich[1]. Selbst hochwertige Farbkopierer sind nicht vollständig farbecht, so dass sich auch in Verletzungsverfahren empfiehlt, die Originalurkunde vorzulegen, um den geschützten Farbton unzweideutig nachzuweisen. 2

Die Beweisregel des § 417 ZPO betrifft nur die **formelle Beweiskraft**[2]. Mit der Vorlage der Urkunde ist daher nur bewiesen, dass die Behörde eine entsprechende Erklärung abgegeben hat, beispielsweise das Schutzrecht erteilt hat. Ob die Behörde das Schutzrecht zu Recht erteilt hat, sprich ob die Erteilungsvoraussetzungen vorgelegen haben, ist Gegenstand der materiellen Beweiskraft und nach § 417 ZPO gerade noch nicht bewiesen. Für die materiellen Voraussetzungen der Erteilung eines Schutzrechts gilt daher die allgemeine Beweisregel des § 286 ZPO. 3

§ 418 Beweiskraft öffentlicher Urkunden mit anderem Inhalt

(1) Öffentliche Urkunden, die einen anderen als den in den §§ 415, 417 bezeichneten Inhalt haben, begründen vollen Beweis der darin bezeugten Tatsachen.

(2) Der Beweis der Unrichtigkeit der bezeugten Tatsachen ist zulässig, sofern nicht die Landesgesetze diesen Beweis ausschließen oder beschränken.

(3) Beruht das Zeugnis nicht auf eigener Wahrnehmung der Behörde oder der Urkundsperson, so ist die Vorschrift des ersten Absatzes nur dann anzuwenden, wenn sich aus den Landesgesetzen ergibt, dass die Beweiskraft des Zeugnisses von der eigenen Wahrnehmung unabhängig ist.

§ 418 ZPO betrifft öffentliche Urkunden über **Wahrnehmungen oder Handlungen einer Behörde** oder einer betrauten Person. Er betrifft daher weder Erklärungen Dritter, welche eine Behörde beurkundet (§ 415 ZPO), noch Erklärungen der Behörde selbst (§ 417 ZPO). Eine Urkunde muss dabei nicht einheitlich nach einer dieser Vorschriften zu beurteilen sein. Eine Urkunde kann teilweise nach § 418 ZPO, teilweise nach den §§ 415, 417 ZPO einzuordnen sein[1*]. 1

Die Urkunde beweist alle in der Urkunde bezeugten Tatsachen, soweit diese auf eigenen Handlungen oder eigenen Wahrnehmungen der Urkundsperson beruhen. Daher ergibt sich aus einer **Zustellungsurkunde** beispielsweise nicht nach § 418 ZPO, ob es sich bei der Person, welche die Urkunde empfangen hat, tatsächlich um einen Bediensteten des Adressaten handelt[2*]. Dementsprechend erbringt die Zustellungsurkunde nur den Beweis über die Übergabe des Schriftstückes an eine Person X in den Räumen Y bzw. über den Einwurf in den Postkasten am jeweiligen Ort. Schon der Umstand, ob es sich um eine Wohnung, ein Geschäftslokal oder eine Niederlassung handelt, ist nach § 418 ZPO nicht bewiesen, sondern frei nach § 286 ZPO zu würdigen[3]. 2

Soweit die formelle Beweiskraft der Urkunde reicht, muss gemäß § 418 Abs. 2 ZPO der Vollbeweis über die Unrichtigkeit erbracht werden, das heißt **Zweifel reichen nicht;** vielmehr muss das Gericht vollständig von der Unrichtigkeit überzeugt sein[4]. 3

§ 419 Beweiskraft mangelbehafteter Urkunden

Inwiefern Durchstreichungen, Radierungen, Einschaltungen oder sonstige äußere Mängel die Beweiskraft einer Urkunde ganz oder teilweise aufheben oder mindern, entscheidet das Gericht nach freier Überzeugung.

---

[1] Kirschneck in Ströbele/Hacker MarkenG § 41 Rn. 2.
[2] → § 415 Rn. 4.
[1*] Baumbach/Lauterbach/Hartmann/Anders/Gehle/*Gehle* ZPO § 418 Rn. 4.
[2*] BGH NJW 2004, 2386 (2387), wobei die Urkunde jedoch ein wesentliches Indiz für die Eigenschaft sein kann.
[3] Zöller/*Schultzky* ZPO § 182 Rn. 14.
[4] Vgl. Musielak/Voit/*Huber* ZPO § 418 Rn. 5 zu den Beweisanforderungen zur Erschütterung der Richtigkeit eines Eingangsstempels bei Gericht.

1   Die formelle Beweiskraft der §§ 415–418 ZPO gilt dann nicht, wenn aufgrund der äußeren Erscheinung der Urkunde **Zweifel an der Authentizität** entstehen. Treten solche äußeren Mängel auf, ist eben nicht mehr hinreichend gewährleistet, dass der Aussteller der Urkunde tatsächlich eine entsprechende Erklärung abgegeben hat. Als solche weiteren äußeren Mängel kommen beispielsweise in Betracht Risse, Verschiedenheit der Tinte, Auffälligkeiten im Schriftbild und dessen Anordnung auf dem Papier sowie der Verdacht nachträglicher Durchstreichungen oder Zahlenänderungen[1].

2   Die **Rechtsfolge** solcher äußeren Mängel ist, dass das Gericht bei der Frage, ob eine entsprechende Erklärung abgegeben wurde, **nicht mehr** die Beweisregeln der **§§ 415–418 ZPO** anwendet, sondern **frei** nach § 286 ZPO **würdigt**. Daher kann ein Gericht trotz solcher äußeren Mängel entscheiden, dass der erkennbare Aussteller die in der Urkunde verkörperte Erklärung abgegeben hat.

§ 420 Vorlegung durch Beweisführer; Beweisantritt

Der Beweis wird durch die Vorlegung der Urkunde angetreten.

1   Die Vorlage einer Kopie reicht nicht. Für den Urkundsbeweis muss das **Original** vorliegen. Eine Überreichung in der mündlichen Verhandlung dürfte regelmäßig zu spät sein, da dem Beweisgegner die rechtzeitige Möglichkeit der Prüfung eingeräumt werden muss.

2   Allerdings ist in der Mehrzahl der Fälle der Nachweis der Echtheit überflüssig, da die Echtheit der Urkunde zwischen den Parteien meist bei der Vorlage von Kopien unstreitig wird[1*].

3   Das Vorlageverfahren von Urkunden spielt im gewerblichen Rechtsschutz keine besondere Rolle, zumal die Gerichte bei Beweisnot über die §§ 142, 143 ZPO die Vorlage von Urkunden verlangen können[2]. Daher **verzichtet** die folgende Darstellung auf eine Kommentierung der **§§ 421–431 ZPO**.

§ 421 Vorlegung durch den Gegner; Beweisantritt

Befindet sich die Urkunde nach der Behauptung des Beweisführers in den Händen des Gegners, so wird der Beweis durch den Antrag angetreten, dem Gegner die Vorlegung der Urkunde aufzugeben.

§ 422 Vorlegungspflicht des Gegners nach bürgerlichem Recht

Der Gegner ist zur Vorlegung der Urkunde verpflichtet, wenn der Beweisführer nach den Vorschriften des bürgerlichen Rechts die Herausgabe oder die Vorlegung der Urkunde verlangen kann.

§ 423 Vorlegungspflicht des Gegners bei Bezugnahme

Der Gegner ist auch zur Vorlegung der in seinen Händen befindlichen Urkunden verpflichtet, auf die er im Prozess zur Beweisführung Bezug genommen hat, selbst wenn es nur in einem vorbereitenden Schriftsatz geschehen ist.

§ 424 Antrag bei Vorlegung durch Gegner

Der Antrag soll enthalten:
1. die Bezeichnung der Urkunde;
2. die Bezeichnung der Tatsachen, die durch die Urkunde bewiesen werden sollen;
3. die möglichst vollständige Bezeichnung des Inhalts der Urkunde;
4. die Angabe der Umstände, auf welche die Behauptung sich stützt, dass die Urkunde sich in dem Besitz des Gegners befindet;
5. die Bezeichnung des Grundes, der die Verpflichtung zur Vorlegung der Urkunde ergibt. Der Grund ist glaubhaft zu machen.

§ 425 Anordnung der Vorlegung durch Gegner

Erachtet das Gericht die Tatsache, die durch die Urkunde bewiesen werden soll, für erheblich und den Antrag für begründet, so ordnet es, wenn der Gegner zugesteht, dass die Urkunde sich in seinen Händen befinde, oder wenn der Gegner sich über den Antrag nicht erklärt, die Vorlegung der Urkunde an.

§ 426 Vernehmung des Gegners über den Verbleib

[1] Bestreitet der Gegner, dass die Urkunde sich in seinem Besitz befinde, so ist er über ihren Verbleib zu vernehmen. [2] In der Ladung zum Vernehmungstermin ist ihm aufzugeben, nach dem Verbleib der Urkunde sorgfältig zu forschen. [3] Im Übrigen gelten die Vorschriften der §§ 449 bis 454 entsprechend. [4] Gelangt das Gericht zu der Überzeugung, dass sich die Urkunde im Besitz des Gegners befinden, so ordnet es die Vorlegung an.

§ 427 Folgen der Nichtvorlegung durch Gegner

[1] Kommt der Gegner der Anordnung, die Urkunde vorzulegen, nicht nach oder gelangt das Gericht im Falle des § 426 zu der Überzeugung, dass er nach dem Verbleib der Urkunde nicht sorgfältig geforscht habe, so kann eine vom Beweisführer beigebrachte Abschrift der Urkunde als richtig angesehen werden. [2] Ist eine Abschrift der Urkunde nicht beigebracht, so können die Behauptungen des Beweisführers über die Beschaffenheit und den Inhalt der Urkunde als bewiesen angenommen werden.

---

[1] Zöller/*Feskorn* ZPO § 419 Rn. 2.
[1*] Vgl. bspw. Baumbach/Lauterbach/Hartmann/Anders/Gehle/*Gehle* ZPO § 420 Rn. 4 sowie die Ausführungen § 416 ZPO.
[2] Ein Hinweis auf die Vorlagepflicht findet sich bspw. bei *Bacher/Nagel* GRUR 2001, 873 (874).

(weggefallen) **§ 432 ZPO**

§ 428 Vorlegung durch Dritte; Beweisantritt
Befindet sich die Urkunde nach der Behauptung des Beweisführers im Besitz eines Dritten, so wird der Beweis durch den Antrag angetreten, zur Herbeischaffung der Urkunde eine Frist zu bestimmen oder eine Anordnung nach § 142 zu erlassen.

§ 429 Vorlegungspflicht Dritter
¹ Der Dritte ist aus denselben Gründen wie der Gegner des Beweisführers zur Vorlegung einer Urkunde verpflichtet; er kann zur Vorlegung nur im Wege der Klage genötigt werden. ² § 142 bleibt unberührt.

§ 430 Antrag bei Vorlegung durch Dritte
Zur Begründung des nach § 428 zu stellenden Antrages hat der Beweisführer den Erfordernissen des § 424 Nr. 1 bis 3, 5 zu genügen und außerdem glaubhaft zu machen, dass die Urkunde sich in den Händen des Dritten befinde.

§ 431 Vorlegungsfrist bei Vorlegung durch Dritte
(1) Ist die Tatsache, die durch die Urkunde bewiesen werden soll, erheblich und entspricht der Antrag den Vorschriften des vorstehenden Paragraphen, so hat das Gericht durch Beschluss eine Frist zur Vorlegung der Urkunde zu bestimmen.
(2) Der Gegner kann die Fortsetzung des Verfahrens vor dem Ablauf der Frist beantragen, wenn die Klage gegen den Dritten erledigt ist oder wenn der Beweisführer die Erhebung der Klage oder die Betreibung des Prozesses oder der Zwangsvollstreckung verzögert.

§ 432 Vorlegung durch Behörden oder Beamte; Beweisantritt

(1) **Befindet sich die Urkunde nach der Behauptung des Beweisführers in den Händen einer öffentlichen Behörde oder eines öffentlichen Beamten, so wird der Beweis durch den Antrag angetreten, die Behörde oder den Beamten um die Mitteilung der Urkunde zu ersuchen.**

(2) **Diese Vorschrift ist auf Urkunden, welche die Parteien nach den gesetzlichen Vorschriften ohne Mitwirkung des Gerichts zu beschaffen imstande sind, nicht anzuwenden.**

(3) **Verweigert die Behörde oder der Beamte die Mitteilung der Urkunde in Fällen, in denen eine Verpflichtung zur Vorlegung auf § 422 gestützt wird, so gelten die Vorschriften der §§ 428 bis 431.**

Diese Vorschrift könnte für den Fall relevant werden, dass **Vorgänge aus dem Erteilungsverfahren** für die Entscheidung des Gerichts relevant wären. Für Patentverletzungsverfahren gilt nach wie vor der Grundsatz, dass die Erteilungsakten nicht zur Bestimmung des Schutzbereichs heranzuziehen sind[1], selbst wenn diese bei Veränderungen der Anspruchsfassung während des Erteilungsverfahrens möglicherweise relevant sein können[2], halten die Instanzgerichte jedenfalls nach wie vor an diesem Grundsatz fest[3]. 1

Nach Absatz 2 gilt die Vorschrift nicht für Dokumente, die sich der Beweisführer selbst beschaffen kann. Diese müsste er nach § 420 ZPO vorlegen und kann nicht das Gericht für sich arbeiten lassen. 2

Allerdings gilt die Ausnahme des Absatzes 2 wiederum nur, soweit eine Partei tatsächlich einen Anspruch hat. Besteht kein Anspruch auf die Erteilung von Abschriften oder Ablichtungen, sondern steht dies im Ermessen der Behörde, liegt keine Ausnahme des Absatzes 2 vor. Die Möglichkeit der Einsichtnahme in Patenterteilungsakten ist daher kein Fall des Absatzes 2, so dass ein Verletzungsgericht über Absatz 1 erforderlichenfalls Erteilungsakten beim Patentamt anfordern könnte[4]. 3

Die Vorschrift bindet gemäß dem Anwendungsbereich der ZPO nur deutsche Behörden. Schreiben an ausländische oder supranationale Behörden, wie das Europäische Patentamt, wären daher höchstens als Bitte zu qualifizieren. 4

A. Bestimmtheit der Urkunde

Ganz allgemein muss der Beweisführer eine Urkunde hinreichend genau bezeichnen, um generell eine Ausforschung zu vermeiden[5]. Auch bei der Bezugnahme auf behördliche Akten muss der Beweisführer die entsprechende Stelle in dem Dokument bereits bei Antragstellung kennzeichnen. Es ist nicht Aufgabe des Gerichts, sich aus den Akten die entscheidenden Ausführungen selbstständig herauszusuchen[6]. 5

§ 433 (weggefallen)

---
[1] BGH GRUR 2002, 511 (513) – Kunststoffrohrteil.
[2] BGH GRUR 2011, 701 (704) – Okklusionsvorrichtung; vgl. auch BGH GRUR 2021, 942 – Anhängerkupplung II.
[3] Vgl. bspw. LG Düsseldorf BeckRS 2013, 14811.
[4] Baumbach/Lauterbach/Hartmann/Anders/Gehle/*Gehle* ZPO § 432 Rn. 6.
[5] Zöller/*Greger* ZPO § 142 Rn. 6.
[6] Zöller/*Feskorn* ZPO § 432 Rn. 2.

§ 434 Vorlegung vor beauftragtem oder ersuchtem Richter

Wenn eine Urkunde bei der mündlichen Verhandlung wegen erheblicher Hindernisse nicht vorgelegt werden kann oder wenn es bedenklich erscheint, sie wegen ihrer Wichtigkeit und der Besorgnis ihres Verlustes oder ihrer Beschädigung vorzulegen, so kann das Prozessgericht anordnen, dass sie vor einem seiner Mitglieder oder vor einem anderen Gericht vorgelegt werde.

1 Die Vorschrift **durchbricht** den Grundsatz der **Beweisunmittelbarkeit** nach § 355 ZPO. Unter den Voraussetzungen der Vorschrift kann ein beauftragter oder ersuchter Richter die Urkunde an Ort und Stelle einsehen, sofern das Prozessgericht nicht selbst tätig wird. Dies kann unter Umständen sinnvoll sein, wenn sich eine Urkunde im Ausland befindet. In solchen Fällen kann das Gericht auch eines seiner Mitglieder beauftragen, die Urkunde im Ausland einzusehen[1].

2 Üblicherweise wird das Gericht jedoch den ausländischen Staat um **Rechtshilfe** ersuchen[2]. Die Anordnung ergeht durch Beweisbeschluss.

§ 435 Vorlegung öffentlicher Urkunden in Urschrift oder beglaubigter Abschrift

[1]Eine öffentliche Urkunde kann in Urschrift oder in einer beglaubigten Abschrift, die hinsichtlich der Beglaubigung die Erfordernisse einer öffentlichen Urkunde an sich trägt, vorgelegt werden; das Gericht kann jedoch anordnen, dass der Beweisführer die Urschrift vorlege oder die Tatsachen angebe und glaubhaft mache, die ihn an der Vorlegung der Urschrift verhindern. [2]Bleibt die Anordnung erfolglos, so entscheidet das Gericht nach freier Überzeugung, welche Beweiskraft der beglaubigten Abschrift beizulegen sei.

1 Für öffentliche Urkunden lässt § 435 ZPO die Wirkungen der §§ 415, 417 und 418 ZPO auch dann eintreten, wenn die Urkunde nicht im Original, sondern lediglich in einer beglaubigten Abschrift vorgelegt wird. Hintergrund ist, dass das **Original** der öffentlichen Urkunde regelmäßig **amtlich verwahrt** ist[1*]. Nach pflichtgemäßem Ermessen kann das Gericht anordnen, dass der Beweisführer die Urschrift vorlegt oder die Tatsachen glaubhaft macht, welche die Vorlage der Urschrift verhindern. Routinemäßig die Vorlage des Originals zu verlangen, ist ermessensmissbräuchlich und daher unzulässig[2*]. Kommt der Beweisführer einer Anordnung des Gerichts nach Satz 2 nicht nach, würdigt es das Dokument frei nach § 286 ZPO.

2 Für Privaturkunden gilt § 435 ZPO nicht. Sie müssen stets im Original vorgelegt werden[3].

§ 436 Verzicht nach Vorlegung

Der Beweisführer kann nach der Vorlegung einer Urkunde nur mit Zustimmung des Gegners auf dieses Beweismittel verzichten.

§ 437 Echtheit inländischer öffentlicher Urkunden

(1) Urkunden, die nach Form und Inhalt als von einer öffentlichen Behörde oder von einer mit öffentlichem Glauben versehenen Person errichtet sich darstellen, haben die Vermutung der Echtheit für sich.

(2) Das Gericht kann, wenn es die Echtheit für zweifelhaft hält, auch von Amts wegen die Behörde oder die Person, von der die Urkunde errichtet sein soll, zu einer Erklärung über die Echtheit veranlassen.

§ 438 Echtheit ausländischer öffentlicher Urkunden

(1) Ob eine Urkunde, die als von einer ausländischen Behörde oder von einer mit öffentlichem Glauben versehenen Person des Auslandes errichtet sich darstellt, ohne näheren Nachweis als echt anzusehen sei, hat das Gericht nach den Umständen des Falles zu ermessen.

(2) Zum Beweis der Echtheit einer solchen Urkunde genügt die Legalisation durch einen Konsul oder Gesandten des Bundes.

§ 439 Erklärung über Echtheit von Privaturkunden

(1) Über die Echtheit einer Privaturkunde hat sich der Gegner des Beweisführers nach der Vorschrift des § 138 zu erklären.

(2) Befindet sich unter der Urkunde eine Namensunterschrift, so ist die Erklärung auf die Echtheit der Unterschrift zu richten.

(3) Wird die Erklärung nicht abgegeben, so ist die Urkunde als anerkannt anzusehen, wenn nicht die Absicht, die Echtheit bestreiten zu wollen, aus den übrigen Erklärungen der Partei hervorgeht.

---

[1] Dabei muss allerdings das Zustimmungserfordernis der Bundesregierung einholt werden, vgl. Art. 32 Abs. 1 GG.
[2] Zöller/*Greger/Feskorn* ZPO vor § 415 Rn. 12.
[1*] Baumbach/Lauterbach/Hartmann/Anders/Gehle/*Gehle* ZPO § 435 Rn. 1.
[2*] Zöller/*Feskorn* ZPO § 435 Rn. 2.
[3] Musielak/Voit/*Huber* ZPO § 435 Rn. 2.

§ 440 Beweis der Echtheit von Privaturkunden

(1) Die Echtheit einer nicht anerkannten Privaturkunde ist zu beweisen.

(2) Steht die Echtheit der Namensunterschrift fest oder ist das unter einer Urkunde befindliche Handzeichen notariell beglaubigt, so hat die über der Unterschrift oder dem Handzeichen stehende Schrift die Vermutung der Echtheit für sich.

§ 441 Schriftvergleichung

(1) Der Beweis der Echtheit oder Unechtheit einer Urkunde kann auch durch Schriftvergleichung geführt werden.

(2) In diesem Fall hat der Beweisführer zur Vergleichung geeignete Schriften vorzulegen oder ihre Mitteilung nach der Vorschrift des § 432 zu beantragen und erforderlichenfalls den Beweis ihrer Echtheit anzutreten.

(3) ¹Befinden sich zur Vergleichung geeignete Schriften in den Händen des Gegners, so ist dieser auf Antrag des Beweisführers zur Vorlegung verpflichtet. ²Die Vorschriften der §§ 421 bis 426 gelten entsprechend. ³Kommt der Gegner der Anordnung, die zur Vergleichung geeigneten Schriften vorzulegen, nicht nach oder gelangt das Gericht im Falle des § 426 zu der Überzeugung, dass der Gegner nach dem Verbleib der Schriften nicht sorgfältig geforscht habe, so kann die Urkunde als echt angesehen werden.

(4) Macht der Beweisführer glaubhaft, dass in den Händen eines Dritten geeignete Vergleichungsschriften sich befinden, deren Vorlegung er im Wege der Klage zu erwirken imstande sei, so gelten die Vorschriften des § 431 entsprechend.

§ 442 Würdigung der Schriftvergleichung

Über das Ergebnis der Schriftvergleichung hat das Gericht nach freier Überzeugung, geeignetenfalls nach Anhörung von Sachverständigen, zu entscheiden.

§ 443 Verwahrung verdächtiger Urkunden

Urkunden, deren Echtheit bestritten ist oder deren Inhalt verändert sein soll, werden bis zur Erledigung des Rechtsstreits auf der Geschäftsstelle verwahrt, sofern nicht ihre Auslieferung an eine andere Behörde im Interesse der öffentlichen Ordnung erforderlich ist.

§ 444 Folgen der Beseitigung einer Urkunde

Ist eine Urkunde von einer Partei in der Absicht, ihre Benutzung dem Gegner zu entziehen, beseitigt oder zur Benutzung untauglich gemacht, so können die Behauptungen des Gegners über die Beschaffenheit und den Inhalt der Urkunde als bewiesen angesehen werden.

Titel 10. Beweis durch Parteivernehmung

§ 445 Vernehmung des Gegners; Beweisantritt

(1) Eine Partei, die den ihr obliegenden Beweis mit anderen Beweismitteln nicht vollständig geführt oder andere Beweismittel nicht vorgebracht hat, kann den Beweis dadurch antreten, dass sie beantragt, den Gegner über die zu beweisenden Tatsachen zu vernehmen.

(2) Der Antrag ist nicht zu berücksichtigen, wenn er Tatsachen betrifft, deren Gegenteil das Gericht für erwiesen erachtet.

§ 446 Weigerung des Gegners

Lehnt der Gegner ab, sich vernehmen zu lassen, oder gibt er auf Verlangen des Gerichts keine Erklärung ab, so hat das Gericht unter Berücksichtigung der gesamten Sachlage, insbesondere der für die Weigerung vorgebrachten Gründe, nach freier Überzeugung zu entscheiden, ob es die behauptete Tatsache als erwiesen ansehen will.

§ 447 Vernehmung der beweispflichtigen Partei auf Antrag

Das Gericht kann über eine streitige Tatsache auch die beweispflichtige Partei vernehmen, wenn eine Partei es beantragt und die andere damit einverstanden ist.

§ 448 Vernehmung von Amts wegen

Auch ohne Antrag einer Partei und ohne Rücksicht auf die Beweislast kann das Gericht, wenn das Ergebnis der Verhandlungen und einer etwaigen Beweisaufnahme nicht ausreicht, um seine Überzeugung von der Wahrheit oder Unwahrheit einer zu erweisenden Tatsache zu begründen, die Vernehmung einer Partei oder beider Parteien über die Tatsache anordnen.

§ 449 Vernehmung von Streitgenossen

Besteht die zu vernehmende Partei aus mehreren Streitgenossen, so bestimmt das Gericht nach Lage des Falles, ob alle oder nur einzelne Streitgenossen zu vernehmen sind.

§ 450 Beweisbeschluss

(1) ¹Die Vernehmung einer Partei wird durch Beweisbeschluss angeordnet. ²Die Partei ist, wenn sie bei der Verkündung des Beschlusses nicht persönlich anwesend ist, zu der Vernehmung unter Mitteilung des Beweisbeschlusses von Amts wegen zu laden. ³Die Ladung ist der Partei selbst mitzuteilen, auch wenn sie einen Prozessbevollmächtigten bestellt hat; der Zustellung bedarf die Ladung nicht.

(2) ¹Die Ausführung des Beschlusses kann ausgesetzt werden, wenn nach seinem Erlass über die zu beweisende Tatsache neue Beweismittel vorgebracht werden. ²Nach Erhebung der neuen Beweise ist von der Parteivernehmung abzusehen, wenn das Gericht die Beweisfrage für geklärt erachtet.

§ 451 Ausführung der Vernehmung

Für die Vernehmung einer Partei gelten die Vorschriften der §§ 375, 376, 395 Abs. 1, Abs. 2 Satz 1 und der §§ 396, 397, 398 entsprechend.

§ 452 Beeidigung der Partei

(1) [1] Reicht das Ergebnis der unbeeidigten Aussage einer Partei nicht aus, um das Gericht von der Wahrheit oder Unwahrheit der zu erweisenden Tatsache zu überzeugen, so kann es anordnen, dass die Partei ihre Aussage zu beeidigen habe. [2] Waren beide Parteien vernommen, so kann die Beeidigung der Aussage über dieselben Tatsachen nur von einer Partei gefordert werden.

(2) Die Eidesnorm geht dahin, dass die Partei nach bestem Wissen die reine Wahrheit gesagt und nichts verschwiegen habe.

(3) Der Gegner kann auf die Beeidigung verzichten.

(4) Die Beeidigung einer Partei, die wegen wissentlicher Verletzung der Eidespflicht rechtskräftig verurteilt ist, ist unzulässig.

§ 453 Beweiswürdigung bei Parteivernehmung

(1) Das Gericht hat die Aussage der Partei nach § 286 frei zu würdigen.

(2) Verweigert die Partei die Aussage oder den Eid, so gilt § 446 entsprechend.

§ 454 Ausbleiben der Partei

(1) Bleibt die Partei in dem zu ihrer Vernehmung oder Beeidigung bestimmten Termin aus, so entscheidet das Gericht unter Berücksichtigung aller Umstände, insbesondere auch etwaiger von der Partei für ihr Ausbleiben angegebener Gründe, nach freiem Ermessen, ob die Aussage als verweigert anzusehen ist.

(2) War der Termin zur Vernehmung oder Beeidigung der Partei vor dem Prozessgericht bestimmt, so ist im Falle ihres Ausbleibens, wenn nicht das Gericht die Anberaumung eines neuen Vernehmungstermins für geboten erachtet, zur Hauptsache zu verhandeln.

§ 455 Prozessunfähige

(1) [1] Ist eine Partei nicht prozessfähig, so ist vorbehaltlich der Vorschrift im Absatz 2 ihr gesetzlicher Vertreter zu vernehmen. [2] Sind mehrere gesetzliche Vertreter vorhanden, so gilt § 449 entsprechend.

(2) [1] Minderjährige, die das 16. Lebensjahr vollendet haben, können über Tatsachen, die in ihren eigenen Handlungen bestehen oder Gegenstand ihrer Wahrnehmung gewesen sind, vernommen und auch nach § 452 beeidigt werden, wenn das Gericht dies nach den Umständen des Falles für angemessen erachtet. [2] Das Gleiche gilt von einer prozessfähigen Person, die in dem Rechtsstreit durch einen Betreuer oder Pfleger vertreten wird.

§§ 456 bis 477 (weggefallen)

Titel 11. Abnahme von Eiden und Bekräftigungen

§ 478 Eidesleistung in Person

Der Eid muss von dem Schwurpflichtigen in Person geleistet werden.

§ 479 Eidesleistung vor beauftragtem oder ersuchtem Richter

(1) Das Prozessgericht kann anordnen, dass der Eid vor einem seiner Mitglieder oder vor einem anderen Gericht geleistet werde, wenn der Schwurpflichtige am Erscheinen vor dem Prozessgericht verhindert ist oder sich in großer Entfernung von dessen Sitz aufhält und die Leistung des Eides nach § 128a Abs. 2 nicht stattfindet.

(2) Der Bundespräsident leistet den Eid in seiner Wohnung vor einem Mitglied des Prozessgerichts oder vor einem anderen Gericht.

§ 480 Eidesbelehrung

Vor der Leistung des Eides hat der Richter den Schwurpflichtigen in angemessener Weise über die Bedeutung des Eides sowie darüber zu belehren, dass er den Eid mit religiöser oder ohne religiöse Beteuerung leisten kann.

§ 481 Eidesleistung; Eidesformel

(1) Der Eid mit religiöser Beteuerung wird in der Weise geleistet, dass der Richter die Eidesnorm mit der Eingangsformel:

„Sie schwören bei Gott dem Allmächtigen und Allwissenden" vorspricht und der Schwurpflichtige darauf die Worte spricht (Eidesformel):

„Ich schwöre es, so wahr mir Gott helfe."

(2) Der Eid ohne religiöse Beteuerung wird in der Weise geleistet, dass der Richter die Eidesnorm mit der Eingangsformel:

„Sie schwören" vorspricht und der Schwurpflichtige darauf die Worte spricht (Eidesformel):

„Ich schwöre es."

(3) Gibt der Schwurpflichtige an, dass er als Mitglied einer Religions- oder Bekenntnisgemeinschaft eine Beteuerungsformel dieser Gemeinschaft verwenden wolle, so kann er diese dem Eid anfügen.

(4) Der Schwörende soll bei der Eidesleistung die rechte Hand erheben.

(5) Sollen mehrere Personen gleichzeitig einen Eid leisten, so wird die Eidesformel von jedem Schwurpflichtigen einzeln gesprochen.

Zulässigkeit § 485 ZPO

§ 482 (weggefallen)

§ 483 Eidesleistung sprach- oder hörbehinderter Personen

(1) ¹Eine hör- oder sprachbehinderte Person leistet den Eid nach ihrer Wahl mittels Nachsprechens der Eidesformel, mittels Abschreibens und Unterschreibens der Eidesformel oder mit Hilfe einer die Verständigung ermöglichenden Person, die vom Gericht hinzuzuziehen ist. ²Das Gericht hat die geeigneten technischen Hilfsmittel bereitzustellen. ³Die hör- oder sprachbehinderte Person ist auf ihr Wahlrecht hinzuweisen.

(2) Das Gericht kann eine schriftliche Eidesleistung verlangen oder die Hinzuziehung einer die Verständigung ermöglichenden Person anordnen, wenn die hör- oder sprachbehinderte Person von ihrem Wahlrecht nach Absatz 1 keinen Gebrauch gemacht hat oder eine Eidesleistung in der nach Absatz 1 gewählten Form nicht oder nur mit unverhältnismäßigem Aufwand möglich ist.

§ 484 Eidesgleiche Bekräftigung

(1) ¹Gibt der Schwurpflichtige an, dass er aus Glaubens- oder Gewissensgründen keinen Eid leisten wolle, so hat er eine Bekräftigung abzugeben. ²Diese Bekräftigung steht dem Eid gleich; hierauf ist der Verpflichtete hinzuweisen.

(2) Die Bekräftigung wird in der Weise abgegeben, dass der Richter die Eidesnorm als Bekräftigungsnorm mit der Eingangsformel:
„Sie bekräftigen im Bewusstsein Ihrer Verantwortung vor Gericht" vorspricht und der Verpflichtete darauf spricht: „Ja".

(3) § 481 Abs. 3, 5, § 483 gelten entsprechend.

Titel 12. Selbständiges Beweisverfahren

§ 485 Zulässigkeit

(1) Während oder außerhalb eines Streitverfahrens kann auf Antrag einer Partei die Einnahme des Augenscheins, die Vernehmung von Zeugen oder die Begutachtung durch einen Sachverständigen angeordnet werden, wenn der Gegner zustimmt oder zu besorgen ist, dass das Beweismittel verloren geht oder seine Benutzung erschwert wird.

(2) ¹Ist ein Rechtsstreit noch nicht anhängig, kann eine Partei die schriftliche Begutachtung durch einen Sachverständigen beantragen, wenn sie ein rechtliches Interesse daran hat, dass
1. der Zustand einer Person oder der Zustand oder Wert einer Sache,
2. die Ursache eines Personenschadens, Sachschadens oder Sachmangels,
3. der Aufwand für die Beseitigung eines Personenschadens, Sachschadens oder Sachmangels

festgestellt wird. ²Ein rechtliches Interesse ist anzunehmen, wenn die Feststellung der Vermeidung eines Rechtsstreits dienen kann.

(3) Soweit eine Begutachtung bereits gerichtlich angeordnet worden ist, findet eine neue Begutachtung nur statt, wenn die Voraussetzungen des § 412 erfüllt sind.

Literatur: *Ahrens*, Gesetzgebungsvorschlag zur Beweisermittlung bei Verletzung von Rechten des geistigen Eigentums, GRUR 2005, 837; *Becker*, Die Pflicht zur Urkundenvorlage nach § 142 Abs. 1 ZPO und das Weigerungsrecht der Parteien, MDR 2008, 1309; *Bork*, Effiziente Beweissicherung für den Urheberrechtsverletzungsprozeß – dargestellt am Beispiel raubkopierter Computerprogramme, NJW 1997, 1665; *Boval*, Sicherungs- und einstweilige Maßnahmen im Zusammenhang mit Patentverletzungsklagen in Frankreich, GRUR Int 1993, 377; *Casucci*, The Enforcement of Patent Rights in Italy, IIC 2000, 692; *Cepl*, Zur Durchsetzung von product-by-process Ansprüchen im Patentverletzungsverfahren, Mitt. 2013, 62; *Czychowski/Nordemann*, Die Entwicklungen der unter- und obergerichtlichen Rechtsprechung zum Urheberrecht im Jahr 2020, GRUR 2021, 193; *Deichfuß*, Rechtsdurchsetzung unter Wahrung der Vertraulichkeit von Geschäftsgeheimnissen, GRUR 2015 436; *Dombrowski*, Discovery- auch in deutschen Gerichtsverfahren?, GRUR-Prax 2016, 319; *Dörre/Maaßen*, Das Gesetz zur Verbesserung der Durchsetzung von Rechten des geistigen Eigentums – Teil I: Änderungen im Patent-, Gebrauchsmuster-, Marken- und Geschmacksmusterrecht, GRUR-RR 2008, 217; *Eck/Dombrowski*, Rechtsschutz gegen Besichtigungsverfügungen im Patentrecht – De lege lata und de lege ferenda, GRUR 2008, 387; *Eck/Dombrowski*, Wenn der Sachverständige zwei Mal klingelt – Probleme der wiederholten Besichtigung in Verfügungsverfahren am Beispiel des Patentrechts, FS 50 Jahre Bundespatentgericht 2011, 169; *Ess/Keßler*, Aktuelle patentrechtliche Rechtsprechung zu Medizinprodukten, MPR 2015, 139; *Fitzner/Kather*, Der Gutachter steht vor der Tür? Was tun?, VPP-Rundbrief Nr. 2/2009, 58; *Grabinski*, Die Zwangsvollstreckung der Duldungsverfügung in patentrechtlichen Besichtigungsverfügungen, FS Mes 2009, 129; *Hoppe/Donle*, Die Rechtsprechung der deutschen Instanzgerichte zum Patent- und Gebrauchsmusterrecht seit dem Jahr 2017, GRUR-RR 2018, 393; *Hoppe/Donle*, Die Rechtsprechung der deutschen Instanzgerichte zum Patent- und Gebrauchsmusterrecht seit dem Jahr 2019, GRUR-RR 2020, 465; *Kather/Fitzner*, Der Patentinhaber, der Besichtigte, der Gutachter und sein Gutachten, Mitt. 2010, 325; *Kau*, Beschränkte Vorlage im selbständigen Beweisverfahren, GRUR-Prax 2014, 184; *Köklü/Müller-Stoy*, Zum Dringlichkeitserfordernis in Besichtigungsverfahren, Mitt. 2011, 109; *Kreye*, Der Besichtigungsanspruch nach § 140c PatG im Spannungsfeld von Informations- und Geheimhaltungsinteressen, FS v. Meibom 2010, 241; *Kühnen*, Update zum Düsseldorfer Besichtigungsverfahren, Mitt. 2009, 211; *Kühnen*, Die Besichtigung im Patentrecht – Eine Bestandsaufnahme zwei Jahre nach „Faxkarte", GRUR 2005, 185; *Melullis*, Zum Besichtigungsanspruch im Vorfeld der Feststellung einer Verletzung von Schutzrechten, FS Tilmann 2003, 843; *Mes*, Si tacuisses. – Zur Darlegungs- und Beweislast im Prozeß des gewerblichen

Rechtsschutzes, GRUR 2000, 934; *Müller-Stoy*, Der Besichtigungsanspruch gemäß § 140c PatG in der Praxis – Teil 1: Voraussetzungen und Reichweite des Anspruchs, Mitt. 2009, 361; *Müller-Stoy*, Durchsetzung des Besichtigungsanspruchs – Kritische Überlegungen zu OLG München, GRUR-RR 2009, 191 – Laser-Hybrid-Schweißverfahren; *Nieder*, Vernichtungsanspruch und Veräußerung des streitbefangenen Verletzungsgegenstands im Patentprozess, GRUR 2013, 264; *Nordemann/Czychowski*, Die Entwicklungen der unter- und obergerichtlichen Rechtsprechung zum Urheberrecht im Jahr 2018, GRUR-RR 2019, 193; *Peukert/Kur*, Stellungnahme des Max-Planck-Instituts für Geistiges Eigentum, Wettbewerbs- und Steuerrecht zur Umsetzung der Richtlinie 2004/48/EG zur Durchsetzung der Rechte des geistigen Eigentums in deutsches Recht, GRUR-Int. 2006, 292; *Ringer/Wiedemann*, Die Durchsetzung des Besichtigungsanspruchs nach § 19a MarkenG im einstweiligen Verfügungsverfahren, GRUR 2014, 229; *Rinken*, Der Wegfall von Besitz und Eigentum an patentierten Erzeugnissen, GRUR 2015, 745; *Rojahn*, Wie geheim darf/muss das Zivilverfahren sein?, FS Loewenheim 2009, 251; *Schönknecht*, Beweisbeschaffung in den USA zur Verwendung in deutschen Verfahren, GRUR-Int. 2011, 1000; *Spindler/Weber*, Die Umsetzung der Enforcement-Richtlinie nach dem Regierungsentwurf für ein Gesetz zur Verbesserung der Durchsetzung von Rechten des geistigen Eigentums, ZUM 2007, 257; *Stjerna*, Das Dringlichkeitserfordernis im Besichtigungsverfahren, Mitt. 2011, 271; *Tilmann*, Beweissicherung nach Art. 7 der Richtlinie zur Durchsetzung der Rechte des geistigen Eigentums, GRUR 2005, 737; *Véron*, Sasie-Contrefaçon, 3. Aufl. 2012; *Zöllner*, Der Vorlage- und Besichtigungsanspruch im gewerblichen Rechtsschutz – Ausgewählte Probleme, insbesondere im Eilverfahren, GRUR-Prax 2010, 74.

Übersicht

	Rn.
A. Bedeutung von § 485 im gewerblichen Rechtsschutz	1
I. Beweisnot im gewerblichen Rechtsschutz	6
1. Verteilung der Darlegungslast	8
2. Typische Situationen der Beweisnot	13
II. Allgemeine Mittel der Beweisbeschaffung	20
1. Testkäufe	21
2. Vorlageanordnung gemäß §§ 142, 144	24
3. Strafrechtliche Ermittlungsverfahren	27
4. Grenzbeschlagnahme	28
5. Beweisbeschaffung im Ausland	32
III. Besichtigungsansprüche nach deutschem Recht	35
1. Das selbständige Beweisverfahren nach §§ 485 ff.	35
2. Materiell-rechtliche Besichtigungsansprüche	39
3. Prozessuale Durchsetzung	41
IV. Besichtigungsverfahren nach dem Düsseldorfer Modell	43
1. Allgemeines	43
2. Regelungsinhalt	47
a) Durchführung der Besichtigung	48
b) Herausgabe des Gutachtens	57
3. Rechtsnatur	63
B. Tatbestandvoraussetzungen	69
I. Selbständiges Beweisverfahren	70
1. Abs. 1: drohender Beweismittelverlust	72
2. Abs. 2: rechtliches Interesse	73
3. Taugliche Beweismittel	75
4. Fortsetzung im Insolvenzfall	79
5. Erneute Begutachtung	80
II. Voraussetzungen der Duldungsverfügung	81
1. Verfügungsanspruch	82
a) Anspruchsgrundlagen	82
b) Verpflichteter	87
c) Berechtigter	90
d) Nebenintervention	91
e) Verfügungsgewalt	92
f) Notwendige Wahrscheinlichkeit einer Schutzrechtsverletzung	97
g) Erforderlichkeit	108
h) Verhältnismäßigkeit	116
i) Besichtigungsmaßnahmen	120
j) Erfüllung des Besichtigungsanspruchs	145
2. Verfügungsgrund	150
a) Dringlichkeit	150
b) Insbesondere: Zeitliche Dringlichkeit	151
3. Durchsuchungsanordnung nach § 758a	158

A. Bedeutung von § 485 im gewerblichen Rechtsschutz

1 Die **§§ 485 ff.** normieren das **selbständige Beweisverfahren**. Sie dienen der Beweissicherung, setzen aber nicht zwingend einen drohenden Beweismittelverlust voraus (§ 485 Abs. 2). Neben der Inaugenscheinnahme und Zeugenvernehmung sieht das selbständige Beweisverfahren insbesondere die

Zulässigkeit 2–7 § 485 ZPO

Begutachtung einer Sache durch einen gerichtlich bestellten Sachverständigen vor (§ 485 Abs. 2 Nr. 1).[1] Die Entscheidung über die Anordnung des Beweisverfahrens erfolgt durch Beschluss (§ 490 Abs. 1).

Neben dieser prozessualen Grundlage sieht das deutsche Recht in den **§§ 809, 810 BGB** auch einen allgemeinen **materiell-rechtlichen Anspruch** auf Besichtigung vor.[2] Für den Bereich des gewerblichen Rechtsschutzes bestehen – eingeführt in Umsetzung der Richtlinie 2004/48/EG des Europäischen Parlaments und des Rates vom 29.4.2004 zur Durchsetzung der Rechte des Geistigen Eigentum[3] („Durchsetzungsrichtlinie") durch das Gesetz zur Verbesserung der Durchsetzung von Rechten des Geistigen Eigentums vom 7.7.2008[4] – daneben die **spezialgesetzlichen materiell-rechtlichen Besichtigungsansprüche** der § 140c PatG, § 24c GebrMG, § 46a DesignG, § 19a MarkenG, § 37c SortenSchG, § 9 HalbleiterSchG iVm § 24c GebrMG sowie § 101a UrhG.[5]

Nicht geregelt in den §§ 809, 810 BGB bzw. den spezialgesetzlichen Regelungen ist die **prozessuale Durchsetzung** der Besichtigungsansprüche. Hierzu bedarf es, sofern es sich nicht um einen öffentlich zugänglichen Besichtigungsgegenstand handelt, insbesondere der **Duldung durch den Besichtigungsschuldner.** Diese kann entweder im Rahmen eines Hauptsacheverfahrens oder aber – deutlich effektiver, weil *ex parte* ohne vorherige Anhörung des Besichtigungsschuldners möglich – durch einstweilige Verfügung erzwungen werden.

Das sog. **Besichtigungsverfahren nach dem Düsseldorfer Modell** kombiniert diese verschiedenen materiell-rechtlichen und prozessualen Möglichkeiten und dabei insbesondere die Vorteile des selbständigen Beweisverfahrens nach §§ 485 ff. (hoher Beweiswert des gerichtlichen Sachverständigengutachtens) mit denen der effektiven prozessualen Durchsetzung des materiell-rechtlichen Besichtigungsanspruchs der §§ 809, 810 BGB bzw. der spezialgesetzlichen Vorschriften mittels einstweiligem Verfügungsverfahren ohne vorherige Anhörung des Gegners. Gleichzeitig bietet es eine Handhabe zum effektiven Schutz möglicher berechtigter Geheimhaltungsinteressen des Besichtigungsschuldners.[6]

Die **Kombination** von selbständigem Beweisverfahren und Durchsetzung materiell-rechtlicher Besichtigungsanspruch ist indes **nicht zwingend**. Auch im gewerblichen Rechtsschutz bleibt eine separate Anwendung von entweder selbständigem Beweisverfahren oder materiell-rechtlichem Besichtigungsanspruch möglich. Eine – im Wege des einstweiligen Verfügungsverfahrens erfolgende – Durchsetzung allein eines materiell-rechtlichen Besichtigungsanspruchs kann etwa sinnvoll sein, wenn die notwendige Information nicht in der Beschaffenheit einer Sache liegt, sondern sich, allgemein verständlich, aus dem Inhalt einer bestimmten Urkunde ergibt und ein gerichtliches Sachverständigengutachten daher keinen Mehrwert mit sich bringen würde. Denkbar ist dies nicht nur im Hinblick auf die Ermittlung der Schadenshöhe anhand Lieferunterlagen etc, sondern auch im Hinblick auf eine Schutzrechtsverletzung anhand von Produktunterlagen etc.[7] Die Durchführung allein des selbständigen Beweisverfahrens wiederum kann in Fällen, in denen der zu begutachtende Gegenstand frei zugänglich ist (zB während einer Messe), sinnvoll sein. In strategischer Hinsicht ist zu berücksichtigen, dass nach hM[8] die **§§ 142, 144** wegen des Erfordernisses der freien Zugänglichkeit **im selbständigen Beweisverfahren weder unmittelbar noch analog anwendbar** sind. Ist die Zugänglichkeit nicht gegeben, bedarf es zwingend einer Duldungsverfügung.[9]

I. Beweisnot im gewerblichen Rechtsschutz

Sowohl selbständiges Beweisverfahren als auch die materiell-rechtlichen Besichtigungsansprüche sowie deren Kombination im Rahmen des Besichtigungsverfahrens dienen dazu, dem Schutzrechtsinhaber in Situationen der Beweisnot ein effektives Mittel an die Hand zu geben, um eine bislang nur vermutete Schutzrechtsverletzung auch hinreichend darlegen und ggf. beweisen zu können, und ihm auf diese Weise ein erfolgreiches Vorgehen gegen die Schutzrechtsverletzung zu ermöglichen.

Vor diesem Hintergrund ist es sinnvoll, sich zunächst die prozessualen **Anforderungen an Darlegung und Beweis** einer Schutzrechtsverletzung im gewerblichen Rechtsschutz vor Augen zu führen (1.), und **exemplarisch Situationen** aufzuzeigen, in denen der Schutzrechtsinhaber typischerweise nicht in der Lage sein wird, diese Anforderungen zu erfüllen (2.) und in denen die **außerhalb des**

---

[1] Im Einzelnen → Rn. 70 ff.
[2] → Rn. 85.
[3] ABl. 2008 L 195, S. 16.
[4] BGBl. 2008 I S. 1191.
[5] → Rn. 83 f.
[6] → Rn. 54 ff.
[7] Zu einer solchen Konstellation etwa LG Düsseldorf 6.11.2013 – 4b O 104/13.
[8] Siehe stellvertretend OLG Karlsruhe 12.8.2013 – 6W 56/13; Benkard/*Grabinski/Zülch* § 140c Rn. 2; *Kühnen* B. Fn. 83; aA OLG Düsseldorf MDR 2014, 926.
[9] Dies gilt auch, wenn die zu begutachtenden Unterlagen sich aufgrund einer zuvor vom Schutzrechtsinhaber beantragten Sicherungsanordnung bei Gericht verwahrt werden, vgl. OLG Karlsruhe 12.8.2013 – 6W 56/13, mit ausführlicher Begründung. Bei einem solchen Antrag ist daher darauf zu achten, dass auch die Duldung der Begutachtung beantragt wird. Zur Entscheidung auch *Kau* GRUR-Prax 2014, 184.

Besichtigungsverfahrens zur Verfügung stehenden Mittel zur Beweisbeschaffung nicht ausreichend sind (3.).

8 **1. Verteilung der Darlegungslast.**[10] Will ein Schutzrechtsinhaber mit Erfolg einen Verletzungsprozess führen, muss er die behauptete **Schutzrechtsverletzung darlegen** und ggf. auch beweisen. Den Maßstab für die Darlegung des Verletzungstatbestandes setzen § 138 Abs. 1 sowie, bei Bestreiten durch den Beklagten, § 138 Abs. 2–4.[11]

9 Im gewerblichen Rechtsschutz reicht hierzu auf Seiten des Klägers zunächst das **einfache Behaupten** einer Schutzrechtsverletzung. Eines detaillierten Vortrags oder eines Nachweises der Verletzung bedarf es zu diesem Zeitpunkt (noch) nicht. Der Beklagte muss sich vielmehr gemäß § 138 Abs. 2 erklären. Erst wenn der Beklagte die behauptete Verletzung bestreitet, ist der Kläger berufen, weiteren Tatsachenvortrag und ggf. Beweise zu erbringen. Allerdings richtet sich der Umfang der Erklärungspflicht des Beklagten grundsätzlich nach dem Tatsachenvortrag des Klägers, dh beschränkt sich dieser auf ein einfaches Behaupten, reicht auf Seiten des Beklagten spiegelbildlich **einfaches Bestreiten**.[12] Erst wenn der Kläger den Verletzungsvorwurf weiter substantiiert, obliegt es dem Beklagten im Rahmen des § 138 Abs. 2, ebenfalls substantiiert zur Ausgestaltung des angegriffenen Produkts bzw. zur angegriffenen Handlung Stellung zu nehmen.[13] Dies wiederum löst auf Seiten des Klägers die **Pflicht zu weiterem substantiiertem Vortrag** dahingehend aus, auf welcher Grundlage er die Verletzung für gegeben erachtet.[14] Hier bedarf es dann etwa der Darlegung mittels konkreter Beschreibung des Produkts/der Handlung, ggf. anhand von Untersuchungsberichten, Gutachten etc. Der Umfang des Tatsachenvortrags der jeweiligen Partei richtet sich mithin nach dem Vortrag der anderen Partei.[15] Man kann dies, etwas salopp formuliert, auch als „prozessuales Ping-Pong" beschreiben.

10 Die Grenze der Wahrheitspflicht des § 138 Abs. 1 überschreitet der Kläger erst dann, wenn er entweder etwas behauptet, von dem er weiß, dass es unwahr ist, oder aber bei der sog. **Behauptung ins Blaue hinein.** Diese stellt eine, weil die Darlegungslast beseitigende, unzulässige Form des Ausforschungsbeweises dar.[16] Eine solche Ausforschung liegt vor, wenn erst die Erklärung des Gegners die Grundlage für den eigenen Vortrag bilden soll.[17]

11 Wo die **Grenzen** zwischen Tatsachenvortrag und Behauptung ins Blaue hinein verlaufen, ist sowohl allgemein als auch im Rahmen des gewerblichen Rechtsschutzes vom Einzelfall abhängig und im Übrigen strittig.[18] Zwar wird von einer Behauptung ins Blaue hinein häufig erst dann gesprochen, wenn es sich um eine Behauptung handelt, „an die die Partei im Grunde selbst gar nicht glaubt".[19] Ferner wird grundsätzlich davon ausgegangen, dass die Anforderungen an den Vortrag des Klägers nicht überspannt werden dürfen.[20] Dennoch kann für den Kläger im gewerblichen Rechtsschutz das Problem verbleiben, dass er lediglich **Vermutungen** über den Verletzungstatbestand anstellen kann, ohne sich hierbei auf eine hinreichende Tatsachengrundlage zumindest in Form von Indizien stützen zu können. Zwar kann der Beklagte nach den **Grundsätzen der sekundären Darlegungslast** gehalten sein, dem Kläger Informationen zur Erleichterung der Darlegung und Beweisführung zur Verfügung zu stellen, soweit (1) diese dem beweisbelasteten Kläger nicht oder nur unter unverhältnismäßigen Bemühungen zugänglich sind und (2) die Offenlegung dem Beklagten auch ohne weiteres möglich sowie (3) zumutbar sind.[21]

12 In der **Praxis bestehen dennoch weiterhin folgende Probleme:** Auch diese Grundsätze befreien den Kläger nicht von zumindest einfachem Tatsachenvortrag, sondern erhöhen allenfalls die Anforderungen an den Detaillierungsgrad der Erwiderung des Beklagten.[22] Darüber hinaus wird sich der Beklagte häufig auf Geschäfts- oder Betriebsgeheimnisse berufen, um die Zumutbarkeit der Anwendung der Grundsätze der sekundären Beweislast zu verneinen. Schließlich wird der Kläger, der es in

---

[10] Für das Patentrecht instruktiv Fitzner/Lutz/Bodewig/*Voß* Vor §§ 139 ff. Rn. 1185 ff.
[11] Zu den Einzelheiten → § 138 Rn. 6 ff.; vgl. a. Benkard/*Rogge/Grabinski* § 139 Rn. 114 ff.
[12] BGH NJW 1995, 3311.
[13] *Kühnen* E. Rn. 147 ff.
[14] Vgl. allgemein BGH NJW 1991, 2908; speziell für den gewerblichen Rechtsschutz (Patentrecht) *Kühnen* E. Rn. 147 ff. Einzelheiten → § 138 Rn. 20 ff.
[15] BGH NJW 1999, 1404; *Baumbach/Lauterbach/Albers/Hartmann* ZPO § 138 Rn. 30; Zöller/*Greger* § 142 Rn. 9; für das Patentrecht im Detail Fitzner/Lutz/Bodewig/*Voß* Vor §§ 139 ff. Rn. 1123 ff.
[16] *Baumbach/Lauterbach/Albers/Hartmann* ZPO § 138 Rn. 17 u. 22.
[17] BGH MDR 1991, 689; *Baumbach/Lauterbach/Albers/Hartmann* ZPO § 138 Rn. 22; *Mes* GRUR 2000, 934 (938).
[18] Zum Meinungsstand allgemein vgl. *Baumbach/Lauterbach/Albers/Hartmann* ZPO § 138 Rn. 17 u. 21; Einf. § 284 Rn. 27 ff. Für den gewerblichen Rechtsschutz vgl. *Mes* GRUR 2000, 934 (938 ff.); i. ü. → § 138 Rn. 8.
[19] BGH NJW 1996, 1827; *Baumbach/Lauterbach/Albers/Hartmann* ZPO § 138 Rn. 17; vgl. a. *Mes* GRUR 2000, 934 (938 ff.).
[20] *Baumbach/Lauterbach/Albers/Hartmann* ZPO § 138 Rn. 17; *Mes* GRUR 2000, 934 (938 f.).
[21] BGH GRUR 2004, 268 – Blasenfreie Gummibahn II; BGH GRUR 1995, 693 – Indizienkette. Für das Patentrecht instruktiv Fitzner/Lutz/Bodewig/*Voß* Vor §§ 139 ff. Rn. 124 f.
[22] BGH GRUR 2004, 258 – Blasenfreie Gummibahn II, Ls. Instruktiv hierzu LG Düsseldorf GRUR-RS 2019, 6887 Rn. 142, wo ein Bestreiten mit Nichtwissen des dortigen Klägers gemäß § 138 Abs. 4 ZPO unter explizitem Verweis ua auf dessen Möglichkeit zur Durchführung eines Besichtigungsverfahrens als unzulässig verworfen wurde.

Zulässigkeit 13–19 § 485 ZPO

der Klage noch schafft, auf Grundlage von Indizien zumindest einfachen Tatsachenvortrag zur Schutzrechtsverletzung vorzubringen, häufig nach der Klageerwiderung mit dem Problem konfrontiert sein, dass er das Bestreiten des Beklagten nicht widerlegen kann oder weitere Tatsachen zur Begründung der Verletzung nicht zur Verfügung hat.

2. Typische Situationen der Beweisnot.[23] Da der Schutzrechtsinhaber für eine erfolgreiche 13 Klage die behauptete Verletzung gemäß den vorstehend geschilderten Grundsätzen hinreichend substantiiert darlegen und im Falle des Bestreitens auch beweisen muss, sieht er sich insbesondere in Fällen, in denen der Verletzer den Verletzungsgegenstand **lediglich innerhalb seines Betriebes** nutzt, mit **Nachweisschwierigkeiten** konfrontiert.[24] Da § 531 die Möglichkeit, neuen Sachverhalt in der Berufungsinstanz vorzutragen, erheblich einschränkt, muss der Sachverhalt aber bereits vor Klageerhebung umfassend aufgeklärt werden.

Nachweisschwierigkeiten treten zuvorderst im **Patentrecht** auf, und dort insbesondere bei Ver- 14 fahrenspatenten, wenn die entsprechende Vorrichtung zur Durchführung des Verfahrens sich auf dem nicht öffentlich zugänglichen Betriebsgelände des Verletzers befindet. Bei **Herstellungsverfahren** steht dem Patentinhaber zwar grundsätzlich die **Beweiserleichterung gemäß § 139 Abs. 3 PatG** zur Seite. Diese entbindet bei Herstellungsverfahren von der Notwendigkeit nachzuweisen, dass ein bestimmtes Erzeugnis nach dem geschützten Verfahren hergestellt worden ist und vermutet dies bis zum Beweis des Gegenteils.[25] Voraussetzung der Anwendbarkeit ist jedoch, dass es sich um ein *neues* Erzeugnis handelt, was im Wesentlichen Neuartigkeit iSd § 3 PatG erfordert.[26] Bei **Anwendungsverfahren** fehlt es insgesamt an einer Beweiserleichterung.

Auch im **Markenrecht** sind Konstellationen, bei denen die Verletzungshandlung von außen nicht 15 oder nicht vollständig wahrgenommen werden kann, denkbar, wenn auch deutlich seltener, da die Marke ja gerade dem Zweck dient, eine bestimmte Ware oder Dienstleistung zu kennzeichnen. Insbesondere wenn Testkäufe nicht ohne weiteres möglich sind, etwa bei **Großhändlern und Importeuren**, oder wenn der Verdacht besteht, dass neben mit Berechtigung gekennzeichneter Ware auch **Plagiate oder nicht erschöpfte Originalware** angeboten werden, besteht jedoch auch im Markenrecht Beweisnot.[27] Auch kann der – nicht nachweisbare – Verdacht bestehen, dass neben mittels Testkäufen nachweisbaren Markenverletzungen auch noch weitere Marken des Rechteinhabers verletzt werden, so in **Fällen des Parallelhandels**.[28] Überwiegend wird es im Markenrecht jedoch darum gehen, den Umfang der Rechtsverletzung (in der Regel mittels Vorlage von Bank-, Finanz und Handelsunterlagen) festzustellen.

Auch im **Designrecht** ist es denkbar, dass **Testkäufe nicht** oder nur unter unverhältnismäßigen 16 **Kosten möglich sind.** Ferner kann das durch das Design geschützte Produkt lediglich ein Teil eines Gesamtproduktes und als solches **nicht ohne weiteres zugänglich** sein, sodass eine Inaugenscheinnahme durch den Antragsteller nicht ohne Besichtigung beim Antragsgegner möglich ist.[29]

Ganz erhebliche Beweisschwierigkeiten bestehen im **Urheberrecht** im Zusammenhang mit Urhe- 17 berrechtsverletzungen bei kopierten **Computerprogrammen** und insbes. bei urheberrechtlich geschütztem **Quellcode**.[30] Daneben sind auch hier Fälle von allein bei internen Betriebsabläufen genutzten Urheberrechten denkbar. Auch die Frage, ob bestimmte urheberrechtlich geschützte Inhalte wie Musiktitel, Videos etc **auf eigenen Servern** des Antragsgegners **vorgehalten** werden, kann erhebliche Beweisschwierigkeiten mit sich bringen.[31]

Im **Wettbewerbsrecht** stößt man am ehesten bei der Verletzung von **Geschäfts- und/oder** 18 **Betriebsgeheimnissen** auf Beweisschwierigkeiten.[32] Auch im Rahmen der Frage nach der Unwahrheit einer **Aussage** bzw. ob eine Aussage überhaupt getroffen wurde, sind Beweisschwierigkeiten des Klägers denkbar.

Gewisse Beweisschwierigkeiten können auch bei nicht ohne weiteres am Markt verfügbaren Pro- 19 dukten im Rahmen von auf den **ergänzenden wettbewerbsrechtlichen Leistungsschutz** gestützten Ansprüchen auftreten, etwa wenn das Produkt bisher nur anhand von nicht vollständig aufschlussreichen Bildern im Internet, in Prospekten etc beworben wird. Da der bloße Besitz oder das Herstellen

---

[23] Vgl. a. zur Erforderlichkeit → Rn. 108–115.
[24] Vgl. Fitzner/Lutz/Bodewig/*Pitz* Rn. 38.
[25] Einzelheiten: Benkard/*Grabinski*/*Zülch* § 139 Rn. 118 ff.
[26] Str., aA etwa Schulte/Voß/*Kühnen* § 139 Rn. 299; vgl. zum Meinungsstand Benkard/*Grabinski*/*Zülch* § 139 Rn. 118 ff.
[27] Vgl. Ingerl/Rohnke § 19a Rn. 2.
[28] *Ingerl/Rohnke* § 19a Rn. 2; vgl. zu dieser Fallkonstellation auch BGH GRUR 2006, 421 (424) – Markenparfümverkäufe.
[29] Etwa im Fall eines Designschutzes für Drahtgittermatten, die als Bewehrungsmittel in Stahlbetonbauten verwendet werden und im Endprodukt nicht sichtbar sind (hierzu HABM Entscheidung v. 16.2.2007, ICD 3218), vgl. hierzu Eichmann/Jestaedt/Fink/Meiser § 46a Rn. 2.
[30] *Schricker/Loewenheim* § 101a Rn. 1; vgl. hierzu a. Bork NJW 1997, 1665.
[31] Beispiel bei *Zöllner* GRUR-Prax 2010, 74.
[32] Beispiel bei *Zöllner* GRUR-Prax 2010, 74.

nicht Gegenstand des wettbewerblichen Unterlassungsanspruchs ist, wird man einen Besichtigungsanspruch in diesen Fällen im Ergebnis dennoch verneinen müssen.

II. Allgemeine Mittel der Beweisbeschaffung

20 Auch im Falle eines nicht ohne weiteres am Markt verfügbaren Verletzungsgegenstands stehen dem Schutzrechtsinhaber zunächst eine Reihe von Wegen offen, den notwendigen Verletzungsnachweis zu beschaffen. Am naheliegendsten ist zunächst die Heranziehung von Prospekten, Fotos, weiteren Werbematerialien oder Bedienungsanleitungen.

21 **1. Testkäufe.** Sind keinerlei oder lediglich unzureichende Beweismittel verfügbar, bietet es sich an, einen Testkauf durchzuführen. Ist dieser erfolgreich, kann die Verletzung ohne die mit einem Nachweis allein anhand von Unterlagen verbundenen Unsicherheiten unmittelbar mit der angegriffenen Ausführungsform selbst dargelegt werden. Ferner ist dem Verletzer der Weg des einfachen Bestreitens verwehrt. Er muss dem Verletzungsvortrag mit einem substantiierten Vortrag entgegentreten.

22 Die **Zulässigkeit** von Testkäufen im Bereich des gewerblichen Rechtsschutzes richtet sich nach den von der Rechtsprechung für das Wettbewerbsrecht entwickelten **allgemeinen Grundsätzen.**[33] Danach sind Testkäufe **grundsätzlich zulässig.**[34] Sie sind unentbehrliches Mittel zur Überprüfung des Wettbewerbsverhaltens von Mitbewerbern.[35] Testkäufe können auch vom anwaltlichen Vertreter des Wettbewerbers oder einem sonstigen Dritten durchgeführt werden.[36]

23 Lediglich in Ausnahmekonstellationen können Testkäufe rechtsmissbräuchlich, weil sittenwidrig sein. **Sittenwidrigkeit** kann nach der Rechtsprechung des BGH dann vorliegen, wenn mit ihnen lediglich die Absicht verfolgt wird, den Mitbewerber „hereinzulegen"[37], dh überhaupt erst einen Schutzrechtsverstoß zu begründen, oder wenn „verwerfliche Mittel" angewandt werden, um ein unzulässiges Geschäft herbeizuführen.[38] Hierunter fallen insbesondere die in den Bereich der Strafbarkeit reichenden Mittel wie Anstiftung zu einer Straftat oder Ordnungswidrigkeit oder anderweitig verwerflicher Mittel, ua die Anwendung besonderer Verführungskunst.[39] Verwerfliche Mittel sind auch rechtswidrige Handlungen, auch unterhalb der Strafbarkeitsschwelle, und zwar nicht nur Straftaten, sondern auch sonstige von der Rechtsordnung verbotene Handlungen, weil Rechtsverletzungen nicht deshalb hingenommen werden können, damit konkurrierende Unternehmen ihre wettbewerblichen Interessen besser verfolgen können.[40]

24 **2. Vorlageanordnung gemäß §§ 142, 144.** Im Rahmen eines bereits anhängigen Verfahrens bieten die §§ 142, 144 dem Schutzrechtsinhaber die Möglichkeit, den Gegner dergestalt zur Mitwirkung zu zwingen, dass dieser – oder seit der ZPO-Reform sogar ein nicht verfahrensbeteiligter Dritter[41] – **Urkunden vorlegen** (§ 142) und die **Inaugenscheinnahme bzw. Begutachtung** durch einen Sachverständigen eines Gegenstands dulden (§ 144) muss.[42] Die Vorlageanordnung setzt eine **gewisse Wahrscheinlichkeit** der Rechtsverletzung voraus, die über die Schwelle des ersten Anscheins hinausgeht. Ferner muss die Vorlageanordnung zur Aufklärung des Sachverhalts **geeignet und erforderlich,** weiter verhältnismäßig und angemessen, dh dem zur Vorlage Verpflichteten bei Berücksichtigung seiner rechtlich geschützten Interessen **zumutbar** sein.[43] Im Rahmen der Zumutbarkeit ist insbesondere auf den Geheimnisschutz des zur Herausgabe Verpflichteten zu achten.[44]

25 Für den Schutzrechtsinhaber bieten die §§ 142, 144 aus mehreren Gründen nur beschränkt Unterstützung. Erstens sind sie nur im Rahmen eines **bereits anhängigen Verfahrens** anwendbar. Gerade in der Situation, in der der Schutzrechtsinhaber noch vor der Entscheidung über die Rechtsverfolgung steht, weil ihm die für die Beurteilung der Erfolgsaussichten notwendigen Tatsachen hinsichtlich der Schutzrechtsverletzung fehlen, stehen die §§ 142, 144 mithin nicht zur Verfügung. Zweitens handelt es sich bei der gerichtlichen Anordnung nach den §§ 142, 144 um Maßnahmen der

---

[33] Für das Patentrecht etwa OLG Düsseldorf BeckRS 2010, 15661. Für das Sortenschutzrecht BGH GRUR 1992, 612 (614) – Nicola.
[34] Vgl. BGH GRUR 1965, 612 (615) – Warnschild; BGH GRUR 1965, 607 (609) – Funkmietwagen; BGH GRUR 1981, 827 (828) – Vertragswidriger Testkauf; BGH GRUR 1989, 113 (114) – Mietwagen-Testfahrt; BGH GRUR 1992, 612 (614) – Nicola; LG Düsseldorf InstGE 10, 193 (197) – Geogitter.
[35] BGH GRUR 1999, 1017 (1018) – Kontrollnummernbeseitigung.
[36] BGH GRUR 1999, 1017 (1018) – Kontrollnummernbeseitigung.
[37] Vgl. BGH GRUR 1965, 612 (614) – Warnschild; BGH GRUR 1989, 113 (114) – Mietwagen-Testfahrt; BGH GRUR 1999, 1017 (1018) – Kontrollnummernbeseitigung.
[38] Vgl. BGH GRUR 1965, 607 (609) – Funkmietwagen; BGH GRUR 1989, 113 (114) – Mietwagen-Testfahrt; BGH GRUR 1992, 612 (614) – Nicola.
[39] BGH GRUR 1989, 11 (114) – Mietwagen-Testfahrt.
[40] Vgl. BGH GRUR 1989, 11 (114) – Mietwagen-Testfahrt; BGH GRUR 1992, 612 (614) – Nicola.
[41] Hierzu *Baumbach/Lauterbach/Albers/Hartmann* ZPO § 142 Rn. 4; Zöller/*Greger* § 142 Rn. 11.
[42] Vgl. für den gewerblichen Rechtsschutz *König* Mitt. 2002, 153.
[43] BGH GRUR 2006, 962 (966 f.) – Restschadstoffentfernung; OLG Düsseldorf BeckRS 2015, 16355.
[44] BGH GRUR 2006, 962 (968) – Restschadstoffentfernung; Im Einzelnen → § 142 Rn. 22.

materiellen Prozessleitung.[45] Die Vorlageanordnung, welche die Grenzen der Parteiherrschaft und des Beibringungsgrundsatzes durchbricht, steht daher im **Ermessen des Gerichts**[46], dh es besteht **kein Rechtsanspruch** auf eine solche prozessleitende Verfügung.[47] Lediglich wenn das Gericht bei Vorliegen der Voraussetzungen des § 142 bzw. § 144 eine entsprechende Anordnung überhaupt nicht in Betracht zieht, stellt dies einen Ermessensfehler dar.[48] Drittens setzt eine Vorlage von Urkunden gemäß § 142 Abs. 1 S. 1 voraus, dass sich eine der Parteien, wenn schon nicht ausdrücklich, zumindest stillschweigend **auf diese berufen** hat.[49] Dies wird dem Schutzrechtsinhaber regelmäßig nicht möglich sein, da er ja überhaupt erst auf der Suche nach tauglichem Material zum Nachweis der Schutzrechtsverletzung ist und dieses weder in Existenz noch Inhalt kennen wird. Schließlich bedarf es auch für die Vorlageanordnung im gewerblichen Rechtsschutz eines **gewissen Grads an Wahrscheinlichkeit** für eine Schutzrechtsverletzung, und die Vorlage muss neben Geeignetheit und Erforderlichkeit dem Vorlageverpflichteten zumutbar sein.[50] Das **Zumutbarkeitserfordernis** ergibt sich gegenüber dem Prozessgegner, anders als bei Dritten, zwar nicht ausdrücklich aus dem Wortlaut der §§ 142, 144, aber ist unmittelbar aus verfassungsrechtlichen Vorgaben, wie beispielsweise Art. 12 Abs. 1 GG[51], abzuleiten.[52] Insgesamt sind die Instanzgerichte daher bei der Anwendung der §§ 142, 144 deutlich restriktiv.

Bezüglich der weiteren Einzelheiten wird auf die Kommentierung der §§ 142, 144 verwiesen. **26**

3. Strafrechtliche Ermittlungsverfahren. Zur Sachverhaltsaufklärung und Beweisgewinnung **27** kommt auch der Weg über das strafrechtliche Ermittlungsverfahren in Betracht. Vorsätzliche Schutzrechtsverletzungen sind strafbar und eröffnen daher den Weg zu strafrechtlichen Ermittlungsverfahren. Auch sind in vielen Bundesländern Schwerpunktstaatsanwaltschaften gegründet worden, die sich ua mit der Verletzung gewerblicher Schutzrechte beschäftigen.[53] In der Praxis werden Ermittlungsverfahren, auch wenn die Staatsanwaltschaft die Ermittlungen theoretisch auf Staatskosten übernimmt, allerdings zumeist eingestellt. Denn als Privatklagedelikte werden Schutzrechtsverletzungen nicht verfolgt, soweit die Staatsanwaltschaft kein öffentliches Verfolgungsinteresse feststellen kann (§ 376 StPO).[54] Praxisrelevant sind lediglich Messen etc, bei denen kurzfristig eine Durchsuchung und Beschlagnahme von Gegenständen begehrt wird. Hier ist eine Strafanzeige in Betracht zu ziehen, da die Staatsanwaltschaften hier durchaus tätig werden und auf diese Weise Dokumentationen von möglicherweise schutzrechtsverletzenden Produkten erlangt werden können. Über § 273 Abs. 2 Nr. 2 können diese sogar zum Gegenstand eines Verletzungsverfahrens gemacht werden.[55]

4. Grenzbeschlagnahme. Eine weitere Möglichkeit zur Sachverhaltsaufklärung und Beweisgewinnung **28** stellt die **Grenzbeschlagnahme durch die Zollbehörden** dar. Dabei ist zu unterscheiden zwischen einem (vorrangigen) gemeinschaftsrechtlichen Tätigwerden nach der VO (EG) Nr. 1383/2003[56] (in Verbindung mit der Durchführungsverordnung der EG-Kommission Nr. 1891/2004[57], geändert durch die Verordnung (EG) Nr. 1172/2007[58]), sowie einem Tätigwerden nach nationalen Vorschriften.[59] Mit *Kühnen* können zusammenfassend **drei Voraussetzungen** festgehalten werden, die für eine Grenzbeschlagnahme erfüllt sein müssen[60]: Erstens muss der Schutzrechtsinhaber einen Grenzbeschlagnahmeantrag gestellt haben, zweitens müssen Anhaltspunkte für eine Schutzrechtsverletzung bestehen und drittens muss sich die zu beschlagnahmende Ware in einer Beschlagnahmesituation befinden, die ein zollbehördliches Verfahren gestattet.

Ein Verfahren **nach der VO (EG) Nr. 1383/2003** kommt in erster Linie bei der Einfuhr bzw. **29** Durchfuhr von Waren in das Gemeinschaftsgebiet bzw. aus dem Gemeinschaftsgebiet heraus in Betracht (vgl. Art. 1 Abs. 1 VO 1383/2003). Allerdings können Grundlage von Maßnahmen nach der VO 1383/2003 nur die in Art. 2 VO 1383/2003 abschließend aufgelisteten Schutzrechte sein, dh Patente, ergänzende Schutzzertifikate, Sortenschutzrechte, Marken und geographische Herkunfts-

---

[45] Vgl. *Becker* MDR 2008, 1309 ff.
[46] Vgl. *Baumbach/Lauterbach/Albers/Hartmann* ZPO § 142 Rn. 5; *Zöller/Greger* ZPO § 142 Rn. 1; vgl. insges. a. *König* Mitt. 2002, 153.
[47] *Fitzner/Kather* VPP-Rundbrief Nr. 2/2009, 58; *König* Mitt. 2002, 153 (154).
[48] BGH NJW 2007, 2989 (2992).
[49] Allgemein: *Baumbach/Lauterbach/Albers/Hartmann* ZPO § 142 Rn. 6; für den gewerblichen Rechtsschutz *König* Mitt. 2002, 153 (154).
[50] BGH GRUR 2006, 962 (966 f.) – Restschadstoffentfernung; im konkreten Fall ging es um einen Patentverletzungsprozess.
[51] Vgl. BVerfG NVwZ 2006, 1041 = WM 2006, 880.
[52] BGH GRUR 2006, 962 (966 f.) – Restschadstoffentfernung.
[53] ZB in NRW bei der Staatsanwaltschaft Bochum.
[54] Vgl. ferner *Bork* NJW 1997, 1665 (1667).
[55] *Kühnen* B. Rn. 209.
[56] ABl. 2003 L 196, S. 7–14.
[57] ABl. 2004 L 328, S. 16–49.
[58] ABl. 2007 L 261, S. 12.
[59] Beispielsweise nach § 142a PatG.
[60] Vgl. *Kühnen* B. Rn. 230 ff.

bezeichnungen. Bei einem Tätigwerden der Zollbehörde wird die im Zollverfahren befindliche Ware vorübergehend zurückgehalten bzw. ihre Überlassung ausgesetzt (Art. 9 Abs. 1 VO 1383/2003) oder ein Verfahren zur Feststellung einer Schutzrechtsverletzung (Art. 10 Abs. 1 VO 1383/2003) eingeleitet. Gemäß Art. 9 Abs. 3 VO 1383/2003 erhält der Antragsteller zum Zweck der Feststellung der Schutzrechtsverletzung sodann die Möglichkeit, die Waren zu inspizieren. Ferner kann die Zollstelle bei der Prüfung der Waren Proben oder Muster entnehmen und sie auf ausdrücklichen Antrag des Schutzrechtsinhabers diesem zu dem Zweck, das weitere Verfahren zu erleichtern, und zum Zweck der Analyse übergeben oder übermitteln.[61]

30 Ein Tätigwerden der Zollbehörden **nach nationalen Vorschriften** kommt lediglich außerhalb des Anwendungsgebiets der VO 1383/2003 in Betracht, dh insbesondere in Fällen von innergemeinschaftlichem Warenverkehr, Parallel- bzw. Grauimporten und Gebrauchsmuster- oder Halbleiterschutzverletzungen.[62]

31 Insgesamt kommt eine Beschlagnahme mithin allein bei **grenzüberschreitendem Warenverkehr** in Betracht. Ferner kann der Antrag **nicht produkt- oder gegnerspezifisch** gestellt werden. Bei der Grenzbeschlagnahme handelt es sich um ein gegen jegliche verletzende Ware gerichtetes Verfahren im öffentlichen Interesse. Zwar kann man über die Erstellung von sog. *White Lists* de facto bestimmte Waren (etwa lizenzierte Ware etc) von der Grenzbeschlagnahme ausnehmen. Man riskiert aber immer, dass auch Waren von Unternehmen gestoppt werden, deren Lieferungen man nicht beeinträchtigen möchte.

32 **5. Beweisbeschaffung im Ausland.** Schließlich verbleibt die Möglichkeit der Beweisbeschaffung im Ausland. Zunächst ist daran zu denken, wenn eine Markteinführung eines Produkts in Deutschland noch bevorsteht, es im Ausland aber bereits vertrieben wird und erhältlich ist.

33 Darüber hinaus besteht die Möglichkeit, sich auch ausländischen Recht verfügbare Möglichkeiten der Beweisbeschaffung und Beweissicherung zunutze zu machen. Zu denken ist hier insbesondere an eine **Saisie-Contrefaçon** nach französischem und belgischem Recht[63], eine **search-order** (fr. Anton-Piller-Order) in England und Wales[64], eine **descrizione** in Italien[65] oder an eine **Discovery** in den USA nach 28 U.S.C. § 1782[66], der sogar eigens dazu dient, Rechtsstreite in anderen Rechtsordnungen vorzubereiten. Insbesondere ein Vorgehen gemäß 28 U.S.C. § 1782 hat in der Praxis in den vergangenen Jahren an Bedeutung gewonnen[67], da die deutschen Gerichte eine Verwertung von im Rahmen dieses Verfahrens erlangten Beweisen lediglich in Ausnahmefällen verweigern können.[68]

34 In solchen Verfahren ausgesprochene **Geheimhaltungsanordnungen** oder protective orders, die den dortigen Parteien auferlegt werden, hindern das deutsche Gericht grundsätzlich nicht an der Verwertung der dort gewonnenen Erkenntnisse, sollten diese – ggf. auch entgegen einer ausgesprochenen Geheimhaltungsanordnung – in das deutsche Verfahren eingeführt werden.[69]

III. Besichtigungsansprüche nach deutschem Recht

35 **1. Das selbständige Beweisverfahren nach §§ 485 ff.** Zunächst sieht das Gesetz in §§ 485 ff. einen **eigenen verfahrensrechtlichen Besichtigungsanspruch** im Rahmen eines selbständigen Beweisverfahrens vor. Dieser besteht nicht nur im Rahmen eines bereits anhängigen Verfahrens (§ 485 Abs. 1), sondern unter der – im gewerblichen Rechtsschutz regelmäßig zu bejahenden[70] – Voraussetzung eines rechtlichen Interesses an der Feststellung auch im Vorfeld zu einem Rechtsstreit.

36 Der Charme des selbständigen Beweisverfahrens im gewerblichen Rechtsschutz besteht insbesondere in solchen Fällen, in denen die Feststellung der Verletzung der Begutachtung eines Gegenstandes oder von Unterlagen durch einen Sachverständigen bedarf. Der Antragsteller erhält mittels des selbständigen Beweisverfahrens einen prozessual äußerst wertvollen Verletzungsnachweis. Denn bei dem zu erstellenden Sachverständigengutachten handelt es sich um das eines **gerichtlich bestellten Sachverständigen.** Es wird daher in einem nachfolgenden Verletzungsverfahren gemäß § 493 Abs. 1 einer **Beweisaufnahme vor dem Prozessgericht gleichgestellt** und hat damit denselben Wert, wie ein gerichtlich angeordnetes Sachverständigengutachten im Verletzungsprozess.[71]

---

[61] Zu den weiteren Einzelheiten *Kühnen* B. Rn. 235 ff.
[62] § 142a PatG, § 25a GebrMG, § 40a SortG, § 9 Abs. 2 HlSchG, §§ 146 ff. MarkenG, § 111b UrhG, §§ 55 ff. DesignG. Einzelheiten bei *Kühnen* B. Rn. 303 ff.
[63] Im Überblick *Boval* GRUR-Int 1993, 377; im Detail: *Véron*, Sasie-Contrefaçon.
[64] *Enchelmaier* GRUR-Int 2012, 503.
[65] Vgl. *Casucci* IIC 2000, 692.
[66] Vgl. *Schönknecht* GRUR-Int 2011, 1000.
[67] 2010 wurden 54 Entscheidungen veröffentlicht, Tendenz steigend, vgl. *Schönknecht* GRUR-Int 2011, 1000.
[68] Schulte/*Rinken/Kühnen* § 140c Rn. 96 sowie weiterführend *Schönknecht* GRUR-Int 2011, 1000.
[69] Einzelheiten bei *Kühnen* B. Rn. 198 ff.
[70] → Rn. 73.
[71] → § 493 Rn. 2 ff.

Aufgrund der Limitierung des dem Verletzungsverfahren vorschaltbaren selbständigen Beweisverfahrens gemäß § 485 Abs. 2 auf die schriftliche Begutachtung durch einen Sachverständigen[72] ist das selbständige Beweisverfahren insbesondere bei den technischen Schutzrechten sowie bei Urheberrechtsverletzungen durch kopierten Quellcode von Interesse.[73] Aber auch in den übrigen Gebieten des gewerblichen Rechtsschutzes kann eine **Begutachtung durch einen Sachverständigen notwendig oder zumindest sinnvoll** sein[74], im Markenrecht etwa zur Begutachtung der Frage, ob es sich bei gekennzeichneter Ware um Plagiate oder erschöpfte Originalware handelt, im Designrecht insbesondere, wenn auch die Frage technisch notwendiger Gestaltungsmerkmale von Relevanz ist, und im Wettbewerbsrecht bei der Verletzung von Geschäfts- und/oder Betriebsgeheimnissen, wenn hierfür eine sachverständige Begutachtung notwendig oder zumindest förderlich ist.[75] 37

Eine effektive Maßnahme zur Beweissicherung stellt das (isolierte) selbständige Beweisverfahren indes nur in solchen Fällen dar, in denen der Besichtigungsgegenstand **öffentlich bzw. frei zugänglich** ist (zB bei Ausstellung auf einer Messe) oder die berechtigte – allerdings in der Praxis sehr seltene – Erwartung besteht, dass der Besichtigungsschuldner dem Sachverständigen Zutritt gewähren wird.[76] Der Regelfall ist es indes, dass der zu besichtigende Gegenstand nicht zugänglich ist. Dort tritt für den Besichtigungsgläubiger das **Problem** auf, dass die §§ 485 ff. für das Gericht **keine Möglichkeit** vorsehen, dem Antragsgegner die **Duldung** einer Inaugenscheinnahme durch den gerichtlich bestellten Sachverständigen **aufzugeben**.[77] Aus diesem Grund bedarf es einer **anderweitigen Grundlage** für eine das selbständige Beweisverfahren flankierende **Duldungsverfügung**. 38

2. Materiell-rechtliche Besichtigungsansprüche. Hierfür kommen sowohl der allgemeine materiell-rechtliche Besichtigungsanspruch nach **§§ 809, 810 BGB** bzw. seit ihrer Kodifizierung 2008 die **spezialgesetzlichen Besichtigungsansprüche** des gewerblichen Rechtsschutzes in Betracht.[78] 39

Diese Ansprüche sind indes an **eigenständige Voraussetzungen** geknüpft, die teilweise über die Voraussetzungen des selbständigen Beweisverfahrens hinausgehen. Sie müssen auch im Falle der für die Durchführung des selbständigen Beweisverfahrens notwendigen Duldungsverfügung erfüllt sein, weil es sonst auch insoweit an einem Verfügungsanspruch fehlt. Auch wenn im Gegensatz zur früheren restriktiven Rechtslage, als der BGH in seiner „Druckbalken"[79]-Entscheidung noch eine erhebliche Wahrscheinlichkeit einer Schutzrechtsverletzung verlangte[80], die Voraussetzungen seit der BGH-Entscheidung „Faxkarte"[81] weit weniger streng sind, muss zumindest ein **hinreichender Grad an Wahrscheinlichkeit** für das Bestehen des Anspruchs dargetan werden.[82] Ferner muss die Besichtigung **erforderlich** und insbesondere **verhältnismäßig** sein.[83] Letzteres erfordert ua den wirksamen **Schutz von berechtigten Geheimhaltungsinteressen** des Besichtigungsschuldners, und zwar sowohl im Hinblick auf die Begutachtung durch den Sachverständigen als auch bei der Besichtigung selbst.[84] Insgesamt ist die Frage nach dem Ob und dem Umfang des Besichtigungsanspruchs in jedem Einzelfall anhand einer umfassenden **Interessenabwägung** zu beantworten, bei der Grad der Wahrscheinlichkeit, Erforderlichkeit, Verhältnismäßigkeit und berechtigte Geheimhaltungsinteressen des Besichtigungsschuldners sowie Bestehen und Ergreifen von Möglichkeiten zu deren Schutz in einem **Wechselverhältnis** stehen.[85] 40

3. Prozessuale Durchsetzung. Die für die Besichtigung notwendige Duldungsverfügung kann grundsätzlich auf zwei unterschiedlichen prozessualen Wegen erzielt werden. Zum einen steht die **Durchführung eines Hauptsacheverfahrens** offen. Hier muss zunächst die **Duldung** der Besichti- 41

---

[72] Zur Frage der Herausgabe von Urkunden sowie der strengeren Anforderung des drohenden Beweismittelverlusts gemäß § 485 Abs. 1 → Rn. 77 ff.
[73] Vgl. bereits → Rn. 14, 17.
[74] Auch → Rn. 15 f., 18.
[75] Denkbar ist die Durchführung eines selbständigen Beweisverfahrens in diesem Zusammenhang auch, wenn der Verletzungsnachweis zwar bereits mittels Zeugenbeweis geführt werden kann, man den Verletzungsnachweis aber auf vom Zeugen unabhängige Füße stellen möchte, etwa wenn es sich bei dem Zeugen um einen Mitarbeiter des Besichtigungsschuldners handelt oder der Zeuge aus anderen Gründen nicht als verlässlich eingestuft werden kann; vgl. hierzu *Kühnen* B. Rn. 91.
[76] Etwa weil der Besichtigungsschuldner vergleichbare Besichtigungen bereits geduldet hat.
[77] Allgemein: OLG Karlsruhe NJW-RR 2002, 951; OLG Celle NJW-RR 2000, 1100 (1102); im Detail Stein/Jonas/*Leipold* § 492 Rn. 11. Für den gewerblichen Rechtsschutz: Benkard/*Grabinski*/*Zülch* § 140c Rn. 22; Eck/*Dombrowski* GRUR 2008, 387 (390); *Kühnen* GRUR 2005, 185 (190).
[78] Zum Verhältnis der Ansprüche zueinander → Rn. 85.
[79] BGH GRUR 1985, 512 – Druckbalken.
[80] Vgl. Fitzner/Lutz/Bodewig/*Pitz* Rn. 7; *König* Mitt. 2002, 153 (157 f.); *Tilmann*/*Schreibauer* GRUR 2002, 1015.
[81] BGH GRUR 2002, 1046 – Faxkarte.
[82] BGH GRUR 2004, 420 – Kontrollbesuch; vgl. auch *Tilmann*/*Schreibauer* GRUR 2002, 1015 (1018). Einzelheiten → Rn. 97 ff.
[83] Einzelheiten → Rn. 108 ff. u. 116 ff.
[84] Zu den üblicherweise dem Geheimnisschutz dienenden Maßnahmen im Überblick sogleich → Rn. 58 ff., sowie im Detail → § 487 Rn. 22 ff. und → § 492 Rn. 10 ff.
[85] Vgl. *Melullis* FS Tilmann, 2003, 843 ff.

gung durch den Beklagten und – bei Beantragung einer Begutachtung durch einen gerichtlichen Sachverständigen gemäß der §§ 485 ff. – die **Aushändigung des erstellten Sachverständigengutachtens** beantragt werden. Gleichzeitig können bereits Ansprüche wegen Schutzrechtsverletzung geltend gemacht werden. Dies kann jedoch nur im Wege der objektiven Klagehäufung, nicht jedoch im Wege der Stufenklage nach § 254 erfolgen. Denn die für die Stufenklage notwendige Verknüpfung von unbestimmtem Leistungsanspruch und vorbereitendem Auskunftsanspruch[86] fehlt bei der Besichtigung, da diese nicht den Zweck einer Bestimmbarkeit des Leistungsanspruchs dient, sondern dem Besichtigungsgläubiger überhaupt erst Kenntnis über eine mögliche Schutzrechtsverletzung liefern soll.[87] Sofern der Besichtigungsanspruch begründet ist, ordnet das Gericht zunächst durch **Teilurteil** isd § 301 Abs. 1 S. 1 Var. 2 an, dass der Beklagte die Besichtigung zu dulden hat. Die Entscheidung über die Herausgabe des Gutachtens erfolgt sodann in einem zweiten Schritt unter Berücksichtigung des Besichtigungsergebnisses und eventueller Geheimhaltungsinteressen des Beklagten durch **Schlussurteil**.[88] Ein Teilurteil ist deshalb möglich, weil es sich bei der Frage des Anspruchs auf Duldung der Besichtigung um einen von der Frage nach dem Anspruch auf Herausgabe des Gutachtens abgrenzbaren und eindeutig individualisierbaren quantitativen Teil des Besichtigungsanspruchs handelt.[89] Soweit in der Entscheidung „Ettiketiermaschine" des Landgerichts Düsseldorf ferner ausgesprochen wurde, dass das Teilurteil der ersten Stufe, dh über das „ob" des Besichtigungsanspruchs, als **Grundurteil** gemäß § 301 Abs. 1 S. 2 zu erlassen ist, um die Gefahr von Widersprüchen mit dem Schlussurteil auf der zweiten Ebene, dh über die Herausgabe des Gutachtens zu vermeiden[90], erscheint dies nicht notwendig. Schon der Erlass des Teilurteils entfaltet Bindungswirkung gemäß § 318 und ferner Rechtskraftwirkung.[91] Der Einwand der unzulässigen Besichtigung ist dem Besichtigungsschuldner daher im Rahmen der Entscheidung über die Herausgabe des Gutachtens bereits durch das Teilurteil entzogen. Er kann diesen mithin nur im Rahmen einer Berufung gegen das Teilurteil geltend machen, das als Endurteil im übrigen selbständig rechtsmittelfähig ist. Unabhängig davon wären auch die Tatbestandsvoraussetzungen des § 301 Abs. 1 S. 2 iVm § 304 Abs. 1 nicht erfüllt, da keine zwei Teile eines dem Grund und der Höhe nach streitigen Anspruchs vorliegen.[92]

42 In aller Regel ist anstelle des Hauptsacheverfahrens indes der Weg des **einstweiligen Verfügungsverfahrens** zur Erlangung der für die Besichtigung notwendigen Duldungsverfügung zu wählen. Mit dem Hauptsacheverfahren ist nicht nur erheblicher Zeitverlust verbunden, sondern insbesondere geht jeglicher **Überraschungseffekt** verloren, so dass die Gefahr der Beweisvereitelung besteht.[93] Zwar tritt mit der Besichtigung Erledigung ein, weshalb daran gedacht werden könnte, dass ein solches Vorgehen unter dem Gesichtspunkt der Vorwegnahme der Hauptsache unzulässig sei. Allerdings ist in den jeweiligen Absätzen 3 der spezialgesetzlichen Besichtigungsansprüche nunmehr ausdrücklich vorgesehen, dass dieser Anspruch auch im Wege des vorläufigen Rechtsschutzes durchgesetzt werden kann. Die schon bei §§ 809, 810 BGB herrschende Praxis der Duldungsverfügung[94] ist damit normiert worden.[95]

IV. Besichtigungsverfahren nach dem Düsseldorfer Modell

43 **1. Allgemeines.** Insbesondere in Anlehnung an ausländische Besichtigungsverfahren[96] hat das Landgericht Düsseldorf bereits vor Einführung der spezialgesetzlichen Besichtigungsansprüche das **selbständige Beweisverfahren nach §§ 485 ff.** mit einem **auf den materiell-rechtlichen Besichtigungsanspruch** des § 809 BGB **gestützten einstweiligen Verfügungsverfahren kombiniert.** Auf diese Weise hat es dem Schutzrechteinhaber bereits auf Grundlage des damaligen materiellen und Prozessrechts eine effektive Möglichkeit an die Hand gegeben, dem begründeten Verdacht einer Schutzrechtsverletzung nachzugehen und etwaige notwendige Beweise zu sichern.[97] Dieses aus selbständigem Beweisverfahren und im Wesentlichen auf Duldung gerichtetem einstweiligen Verfügungsverfahren kombinierte Besichtigungsverfahren ist daher auch als „**Düsseldorfer Modell**" oder „**Düsseldorfer Praxis**" geläufig.[98]

---

[86] Vgl. hierzu BGH NJW 2000, 1645 (1646).
[87] OLG Düsseldorf BeckRS 2013, 10850; *Kühnen* B. Rn. 85 f.
[88] Bzw. im Falle der Stufenklage hinsichtlich der Schutzrechtsverletzung durch Teil-Schlussurteil. Vgl. insges. LG Düsseldorf InstGE 8, 103 – Etikettiermaschine; *Kühnen* B. Rn. 84 f.
[89] LG Düsseldorf InstGE 8, 103 – Etikettiermaschine.
[90] LG Düsseldorf InstGE 8, 103 – Etikettiermaschine.
[91] Vgl. Zöller/*Vollkommer* ZPO § 301 Rn. 22 mwN zur Rechtsprechung.
[92] Einzelheiten → § 301 Rn. 5 ff.
[93] Vgl. *Zöllner* GRUR-Prax 2010, 74 (76); Busse/*Keukenschrijver*/*Kaess* PatG § 140c Rn. 24.
[94] Vgl. BGH GRUR-RR 2003, 327 – Raumkühlgerät; *Tilmann*/*Schreibauer* GRUR 2002, 1015 (1016).
[95] Vgl. BT-Drs. 16/5048, 28.
[96] → Rn. 32 f.
[97] Vgl. schon LG Düsseldorf 4 O 202/81; *Kühnen* GRUR 2005, 185 (187).
[98] Vgl. Busse/*Keukenschrijver*/*Kaess* PatG § 140c Rn. 24; Dörre/*Maaßen* GRUR-RR 2008, 217 (221); Eck/*Dombrowski* FS BPatG, 2011, 169; *Kreye* FS v. Meibom, 2010, 241 (244); *Zöllner* GRUR-Prax 2010, 74 (77f.); OLG Karlsruhe BeckRS 2013, 19312; OLG Hamm GRUR-RR 2013, 306 – vorbereitender Besichtigungsanspruch.

Zulässigkeit   44–50 § 485 ZPO

Der entscheidende Wegbereiter für diese Praxis war die BGH-Entscheidung „**Faxkarte**"[99] im Jahr 44
2001. Damit löste sich der BGH von seiner bisherigen Rechtsprechung, wonach für einen auf §§ 809,
810 BGB gestützten Besichtigungsanspruch ein „erheblicher Grad an Wahrscheinlichkeit" einer
Schutzrechtsverletzung notwendig war.[100] Dieser Nachweis gelang in der Praxis nur selten. Stattdessen
ist seither eine **gewisse Verletzungswahrscheinlichkeit ausreichend.**[101] Dieser deutlich geringere
Maßstab gilt auch nach Einführung der spezialgesetzlichen Besichtigungsansprüche fort, da die für den
Erlass einer Besichtigungsverfügung nach dem Düsseldorfer Modell erforderlichen Voraussetzungen im
Wesentlichen gleich geblieben sind und insbesondere lediglich eine „hinreichende Wahrscheinlichkeit"
einer Schutzrechtsverletzung gefordert wird.[102] Auch frühere, noch auf die §§ 809, 810 gestützte
Entscheidungen zu Besichtigungsverfügungen bleiben daher weiterhin von Bedeutung.[103]

Im Rahmen dieses Besichtigungsverfahrens wird in den Gerichtsbeschlüssen nicht nur die Vorlage 45
einer Urkunde oder Besichtigung einer Sache angeordnet, sondern das gesamte Verfahren von der
Besichtigung durch den Sachverständigen über die Erstellung des Sachverständigengutachtens bis hin
zur Aushändigung des Gutachtens an den Besichtigungsgläubiger geregelt.[104] Auf diese Weise werden
die **Vorteile beider Systeme** (hohe Beweiskraft des gerichtlichen Sachverständigen und prozessuale
Durchsetzbarkeit) miteinander **kombiniert.**

Diese Praxis wurde **auch von anderen Landgerichten übernommen,** beispielsweise von den 46
Landgerichten und Oberlandesgerichten München[105], Hamburg[106], Frankfurt[107], den Oberlandesgerichten Karlsruhe[108] und Hamm[109] sowie den Landgerichten Mannheim[110] und Kassel[111].

2. Regelungsinhalt.[112] In der Praxis hat sich entsprechend der Übung des LG und OLG Düsseldorf 47
ein aus beiden Regelungsinhalte des Besichtigungsverfahrens widersprechender, im Wesentlichen zweistufiger Aufbau einer Besichtigungsanordnung herausgebildet.[113] Der erste Teil betrifft die Anordnung
eines selbständigen Beweisverfahrens, der zweite Teil insbesondere die Duldung der Besichtigung
anordnende einstweilige Verfügung. Darüber hinaus ist das Verfahren auch in zeitlicher Hinsicht in
zwei Abschnitte unterteilt: Die Durchführung der Besichtigung selbst sowie die nachgelagerte Frage
der Herausgabe des Gutachtens.[114]

a) Durchführung der Besichtigung. aa) Anordnung des selbständigen Beweisverfahrens.
Der das selbständige Beweisverfahren anordnende erste Teil entspricht gemäß § 490 Abs. 2 im Grund- 48
satz zunächst der üblichen Anordnung eines Sachverständigengutachtens. Die **Beweisfrage** betrifft
regelmäßig die **Feststellung** der für die Verletzung des betreffenden (gewerblichen) Schutzrechts
relevanten **Tatsachen** sowie deren sachverständige Würdigung.[115] Daneben ist das **Beweismittel** zu
benennen, dh für das Besichtigungsverfahren ist der **Sachverständige zu benennen.**

Die Anordnung erfolgt im Regelfall **ohne vorherige Ladung und Anhörung** des Besichtigungs- 49
schuldners. Dies ist gemäß § 490 Abs. 1 iVm § 128 Abs. 4, § 491 Abs. 1 für das selbständige Beweisverfahren und im Übrigen gemäß den spezialgesetzlichen Regelungen des Besichtigungsanspruchs[116]
grundsätzlich möglich.[117]

Als Ausgleich hierfür und insbesondere im Falle der Anwesenheit von Patent- und Rechtsanwalt des 50
Besichtigungsgläubigers[118] wird dem Besichtigungsschuldner üblicherweise auf Verlangen zugebilligt,
die **Besichtigung um eine gewisse Zeit zurückzustellen,** um ihm, auch im Sinne der Waffen-

---

[99] BGH GRUR 2002, 1046 – Faxkarte.
[100] BGH GRUR 1985, 512 – Druckbalken; s. auch Tilmann/Schreibauer GRUR 2002, 1015.
[101] BGH GRUR 2002, 1046 – Faxkarte; vgl. hierzu etwa Tilmann/Schreibauer GRUR 2002, 1015 (1016 ff.); Kühnen GRUR 2005, 185.
[102] Zur notwendigen Wahrscheinlichkeit einer Schutzrechtsverletzung im Einzelnen → § 485 Rn. 26 ff.
[103] BT-Drs. 16/5048, 40 f.; vgl. auch Fitzner/Kather VPP-Rundbrief Nr. 2/2009, 58 (59).
[104] Eck/Dombrowski FS 50 Jahre BPatG, 2011, 169.
[105] LG München I CR 1987, 761; OLG München GRUR-RR 2009, 191 – Laser-Hybrid-Schweißverfahren.
[106] LG Hamburg InstGE 4, 293 – Fußbodenpaneele; OLG Hamburg BeckRS 2009, 09886.
[107] LG Frankfurt a. M. 2/3 O 258/05; OLG Frankfurt a. M. GRUR-RR 2006, 295; OLG Frankfurt a. M. InstGE 13, 254 – Komplexes Herstellungsverfahren; OLG Frankfurt a. M. GRUR-RS 2019, 47064.
[108] OLG Karlsruhe BeckRS 2011, 18386; 2013, 19312.
[109] OLG Hamm GRUR-RR 2013, 306 – vorbereitender Besichtigungsanspruch.
[110] LG Mannheim 20.2.2006 – 2 O 27/06.
[111] LG Kassel 1 O 527/09.
[112] Zu den Einzelheiten § 487. Dort ist auch das Muster eines Antrags auf Durchführung eines Besichtigungsverfahrens abgedruckt.
[113] Muster bei Kühnen B. Rn. 114 ff. sowie Schulte/Rinken/Kühnen § 140c Rn. 66.
[114] Benkard/Grabinski/Zülch § 140c Rn. 22.
[115] Im Falle eines technischen Schutzrechts also die Frage, ob der Besichtigungsgegenstand die Merkmale des geltend gemachten Patent- oder Gebrauchsmusteranspruchs verwirklicht; im Falle urheberrechtlichen Schutzes die Sichtung der Konstruktionszeichnungen, des Quellcodes etc, bezüglich derer eine Vervielfältigung vermutet wird.
[116] § 140c Abs. 3 S. 3 PatG, § 24c Abs. 3 S. 3 GebrMG, § 19a Abs. 3 S. 3 MarkenG, § 46a Abs. 3 S. 3 DesignG, § 101a Abs. 3 S. 3 UrhG, § 37c Abs. 3 S. 3 SortenSchG, § 9 Abs. 2 HalbleiterSchG.
[117] Einzelheiten §§ 490, 491.
[118] → § 487 Rn. 19 f.; Schulte/Rinken/Kühnen § 140c Rn. 64; Grabinski FS Mes, 2009, 129 (131).

gleichheit, die Anwesenheit auch seiner **anwaltlichen Vertreter** zu ermöglichen.[119] Aufgrund der Gewichtigkeit des rechtlichen Gehörs sowie § 491 sollte dieses selbst dann gewährt werden, wenn die Anwesenheit der anwaltlichen Vertreter des Besichtigungsgläubigers nicht gewährt wird.[120] Um hier eine Ladung des Besichtigungsschuldners durch das Gericht bzw. eine Zurückweisung des Antrags auszuschließen, sollte daher in jedem Fall auch das Recht des Besichtigungsschuldners zur Zurückstellung in den Antrag mit aufgenommen werden.

51   bb) Einstweilige Verfügung. Der wesentliche Bestandteil des **einstweiligen Verfügungsteils** der Besichtigungsanordnung ist die **Duldungsverfügung,** mittels derer dem Besichtigungsschuldner aufgegeben wird, dem **Sachverständigen** die Anwesenheit am Besichtigungsort zu gestatten. Ist der Besichtigungsgegenstand öffentlich zugänglich, bedarf es der Duldungsverfügung ggf. nicht. Daneben kann die Duldungsverfügung auch die Anwesenheit von **Patent- und Rechtsanwalt des Besichtigungsgläubigers** umfassen. Das empfiehlt sich insbesondere bei einem komplexen technischen Sachverhalt, mit dem die anwaltlichen Vertreter bereits vertraut sind, oder wenn mit Widerstand des Besichtigungsgegners gerechnet werden kann.[121]

52   Neben der **Duldung** der reinen Anwesenheit sollte die Duldungsverfügung ferner die **einzelnen Maßnahmen** beinhalten, die für die Besichtigung erforderlich sind und deren Durchführung durch den Sachverständigen der Besichtigungsschuldner daher zu dulden hat. Dies sind neben der bloßen Inaugenscheinnahme etwa die Verwendung technischer Hilfsmittel, die Anfertigung von Fotos, Kopien, Screenshots etc, ggf. Substanzeingriffe bis hin zur Mitnahme des Besichtigungsgegenstandes.[122]

53   Daneben ergeht meist ein **unter Androhung von Ordnungsgeld stehendes Veränderungsverbot** hinsichtlich des Besichtigungsgegenstands an den Besichtigungsschuldner, um eigenmächtige Veränderungen zwischen Zustellung des Besichtigungsbeschlusses und tatsächlicher Durchführung der Besichtigung – etwa im Falle der Zurückstellung der Besichtigung zu verhindern.

54   cc) Maßnahmen zur Gewährleistung des Geheimnisschutzes. Als Ausgleich für die auch ohne vorherige Anhörung des Antragstellers erfolgenden einschneidenden Maßnahmen beinhaltet der Besichtigungsbeschluss ferner diverse Maßnahmen zur **Sicherung möglicher Geheimhaltungsinteressen** des Besichtigungsschuldners während der Besichtigung. Hierzu ist das Gericht nicht nur aufgrund verfassungsrechtlicher Vorgaben, sondern nunmehr auch ausdrücklich aufgrund der spezialgesetzlichen Regelungen des Besichtigungsanspruchs[123] gehalten. Die einzelnen zu ergreifenden Maßnahmen stehen im Ermessen des Gerichts.[124] Folgende Maßnahmen haben sich in der Praxis jedoch herauskristallisiert:

55   Im Rahmen der **Anordnung des selbständigen Beweisverfahrens** erfolgt die Besichtigung nicht durch den Besichtigungsgläubiger selbst, sondern durch einen **gerichtlich bestellten Sachverständigen.** Ferner enthält die Anordnung eine (gemäß § 203 Abs. 1 Nr. 3 StGB strafbewehrte) **Verpflichtung des Sachverständigen zur Verschwiegenheit** gegenüber dem Besichtigungsgläubiger und auch Dritten. Der Sachverständige hat entweder über Gericht oder die anwaltlichen Vertreter des Besichtigungsgläubigers zu kommunizieren.

56   Ist mit der Duldungsverfügung, wie im Regelfall, auch den **anwaltlichen Vertretern des Besichtigungsgläubigers** die Teilnahme an der Besichtigung gestattet worden, wird für diese eine **vergleichbare Verschwiegenheitsverpflichtung** aufgenommen, und zwar sowohl gegenüber Dritten als auch gegenüber dem Besichtigungsgläubiger und seinen Mitarbeitern selbst.[125]

57   b) Herausgabe des Gutachtens. aa) Separater Beschluss. Über die Herausgabe des Sachverständigengutachtens bzw. über ihre Modalitäten wird erst in einem zweiten Schritt, dh nach Gutachtenerstellung im sog. **„Freigabeverfahren"**[126] entschieden. Die Besichtigungsanordnung verhält sich daher hierzu noch nicht. Es ist ein separater, weiterer Beschluss des Gerichts erforderlich.

58   bb) Maßnahmen zur Gewährleistung des Geheimnisschutzes.[127] Auch im Rahmen der Herausgabe des Gutachtens sind mögliche **Geheimhaltungsinteressen des Besichtigungsschuldners zu berücksichtigen.**[128] Hierzu wird das Gutachten nach Fertigstellung zunächst noch nicht an den

---

[119] In der Praxis hat sich eine Zeit von zwei Stunden eingebürgert, vgl. *Kühnen* B. Rn. 115.
[120] Hierzu → § 487 Rn. 20 und → § 491 Rn. 14.
[121] *Grabinski* FS Mes, 2009, 129 (131). Ferner § 487. Der an das englische Verfahren angelehnte Vorschlag von *Rojahn* FS Loewenheim, 2009, 251 (261 f.) zu Bestellung eines neutralen Anwalts, der die Ordnungsmäßigkeit der Durchführung der Besichtigung überwacht, hat sich bisher nicht durchgesetzt.
[122] Einzelheiten → Rn. 120 ff.
[123] Jeweils Abs. 3 S. 2 der § 140c PatG, § 24c GebrMG, § 19a MarkenG, § 46a DesignG, § 101a UrhG, § 37c SortenSchG bzw. § 9 Abs. 2 HalbleiterSchG.
[124] Vgl. a. Gesetzesentwurf der Bundesregierung BT-Drs. 16/5048, 41.
[125] Zur hiergegen geäußerten Kritik → § 487 Rn. 37 ff.; vgl. a. → § 492 Rn. 23 ff.
[126] *Kreye* FS v. Meibom, 2010, 241 (249); *Müller-Stoy* GRUR-RR 2009, 161.
[127] Die nachfolgenden Schilderungen dienen lediglich dem Überblick. Für Einzelheiten → § 492 Rn. 10 ff.
[128] Jeweils Abs. 1 S. 3 der § 140c PatG, § 24c GebrMG, § 19a MarkenG, § 46a DesignG, § 101a UrhG, § 37c SortenSchG bzw. § 9 Abs. 2 HalbleiterSchG.

Zulässigkeit 59–65 § 485 ZPO

Besichtigungsgläubiger herausgegeben. Vielmehr erhält der **Besichtigungsschuldner vorab Gelegenheit zur Stellungnahme** bezüglich etwaiger Geheimhaltungsinteressen.

Für das Bestehen solcher Geheimhaltungsinteressen ist der Besichtigungsschuldner **darlegungs- 59 und beweisbelastet**.[129] Werden diese überhaupt nicht oder nicht hinreichend substantiiert vorgebracht, wird das Gutachten an den Besichtigungsgläubiger ausgehändigt.

Werden sie substantiiert vorgebracht, verbietet sich zunächst die Herausgabe an den Besichtigungs- 60 gläubiger. Allerdings erhalten seine **Prozessvertreter Gelegenheit zur Stellungnahme**.[130] Ihre Verpflichtung zur Geheimhaltung aus der Duldungsverfügung besteht zunächst fort[131] bzw. sollte vom Gericht im Rahmen des Herausgabebeschlusses nochmals explizit ausgesprochen werden.[132]

Kann den Geheimhaltungsinteressen durch **Schwärzung bestimmter Passagen** des Gutachtens 61 Rechnung getragen werden, beschließt das Gericht die Herausgabe des Gutachtens an den Besichtigungsgläubiger in geschwärzter Fassung.[133] Da bei positivem Beschluss über die Herausgabe an den Besichtigungsschuldner auch das Bedürfnis für die in der Duldungsverfügung bzw. per separatem Beschluss[134] ausgesprochene Verschwiegenheitsverpflichtung der anwaltlichen Vertreter des Besichtigungsgläubigers gegenüber diesem entfällt, ordnet das Gericht mit der Herausgabe üblicherweise *insoweit*[135] **auch die Entbindung von der Schweigepflicht** an.[136]

Kann den Geheimhaltungsinteressen durch Schwärzung nicht oder nicht ausreichend[137] Rechnung 62 getragen werden, wird die Frage der **Herausgabe** an den Besichtigungsgläubiger **vom Ergebnis des Gutachtens** abhängig gemacht. Die Geheimhaltungsinteressen des Besichtigungsschuldners haben in der Regel zurückzutreten, wenn als Ergebnis der Besichtigung eine **Schutzrechtsverletzung zu bejahen** ist. Die Herausgabe wird dann trotz Geheimhaltungsinteressen angeordnet. Sie wird indes in der Regel versagt, wenn eine Schutzrechtsverletzung nach der Besichtigung zu verneinen ist.[138]

3. Rechtsnatur. Wie dargelegt setzt sich das Besichtigungsverfahren aus **zwei unterschiedlichen** 63 **prozessualen Teilen** zusammen, dem selbständigen Beweisverfahren sowie der begleitenden einstweiligen (Duldungs-)Verfügung. In der gerichtlichen Praxis werden diese prozessualen Teile jedoch **jedenfalls teilweise miteinander verwoben**. So werden dem Besichtigungsschuldner die Duldung der Anwesenheit sowohl des Sachverständigen als auch im Regelfach der anwaltlichen Vertreter des Besichtigungsgläubigers aufgegeben, letzteren Verschwiegenheitspflichten im Hinblick auf die Durchführung des selbständigen Beweisverfahrens auferlegt und im übrigen konkrete Besichtigungsmaßnahmen genannt, die der Besichtigungsschuldner zu dulden hat. Ferner hat die **Duldungsverfügung dienenden Charakter;** sie dient der Durchsetzung des selbständigen Beweisverfahrens, dessen Anordnung selbst nicht vollstreckbar ist.

Vor diesem Hintergrund haben insbesondere *Eck/Dombrowski*[139] vertreten, dass es sich bei der 64 Besichtigungsanordnung in ihrer Gesamtheit dogmatisch um eine **einheitliche,** im Beschlusswege erlassene **einstweilige Verfügung** handele. Die einzelnen Elemente der Verfügung seien keine selbständigen Teile des Beschlusses, sondern nur unselbständige Teile derselben einstweiligen Verfügung. Deren Regelungsinhalte seien so eng miteinander verknüpft, dass ein Regelungselement ohne das andere nicht denkbar sei.

Diese Ansicht hat sich in der Rechtsprechung nicht durchgesetzt. Nach Ansicht der Rechtspre- 65 chung[140] ist trotz der engen Verbindung prozessual **streng zwischen den verschiedenen Regelungsinhalten zu unterscheiden**. Dies entspricht auch der herrschenden Meinung in der Literatur.[141]

---

[129] BGH GRUR 2010, 318 (322) – Lichtbogenschnürung.
[130] BGH GRUR 2010, 318 (320 ff.) – Lichtbogenschnürung. Anders noch die Vorinstanz unter Verweis auf die Unverzichtbarkeit des Anspruchs auf rechtliches Gehör: OLG München GRUR-RR 2009, 191.
[131] *Grabinski* FS Mes, 2009, 129 (132); *Kühnen* B. Rn. 151.
[132] BGH GRUR 2010, 318 (320) – Lichtbogenschnürung; Schulte/*Rinken/Kühnen* § 140c Rn. 67.
[133] LG Düsseldorf InstGE 6, 189 (190) – Walzen-Formgebungsmaschine; OLG Düsseldorf InstGE 10, 198 (199) – zeitversetztes Fernsehen.
[134] → Rn. 56.
[135] Hinsichtlich der geschwärzten Passagen des Gutachtens bleibt die Schweigepflicht bestehen.
[136] Siehe zB OLG München BeckRS 2014, 20365.
[137] Etwa weil das Gutachten durch die Schwärzungen sinnentstellt oder nicht aussagekräftig würde.
[138] LG Düsseldorf InstGE 6, 189 (190) – Walzen-Formgebungsmaschine; OLG Düsseldorf InstGE 10, 198 (199) – zeitversetztes Fernsehen. Vgl. ferner ausführlich *Kühnen* GRUR 2005, 185 (192 f.); *Kreye* FS v. Meibom, 2010, 241 (249–256); *Fitzner/Kather* VPP-Rundbrief Nr. 2/2009, 58 (61); Busse/*Keukenschrijver/Kaess* PatG § 140c Rn. 36.
[139] *Eck/Dombrowski* GRUR 2008, 387 (389 f.).
[140] BGH GRUR 2010, 318 (319) – Lichtbogenschnürung; OLG München InstGE 12, 186 – Presseur; OLG Frankfurt a. M. GRUR-RS 2012, 10149; LG Hamburg 7.7.2008 – 315 O 71/08. Im Ergebnis ebenfalls, weil eine isolierte Anfechtung des Anordnungsbeschlusses hinsichtlich des selbständigen Beweisverfahrens ablehnend, LG Düsseldorf InstGE 5, 236 – Anhörungsrüge.
[141] Fitzner/Lutz/Bodewig/*Pitz* § 140c Rn. 38; *Kühnen* GRUR 2005, 185 (187, Fn. 17); *Zöllner* GRUR-Prax 2010, 74 (78).

66 Die Frage nach der Rechtsnatur des Besichtigungsbeschlusses ist keinesfalls rein akademischer Natur. Sie ist insbesondere mit Blick auf den **Streitwert**[142], die **Kostenentscheidung**[143] und, aufgrund § 490 Abs. 2, vor allem für die Frage des **Rechtsschutzes** gegen eine zu Unrecht erlassene Anordnung zur Durchführung des selbständigen Beweisverfahrens[144] von **erheblicher praktischer Bedeutung.**[145]

67 Auch wenn sich bei getrennter prozessualer Behandlung aufgrund der fehlenden Anfechtbarkeit der Anordnung des selbständigen Beweisverfahrens gemäß § 490 Abs. 2 S. 2 **erhebliche Bedenken hinsichtlich des nach Art. 19 Abs. 4 GG zu gewährleistenden effektiven Rechtsschutzes** stellen[146], ist *de lege lata* eine Qualifizierung des Besichtigungsbeschlusses als einheitliche einstweilige Verfügung nur schwer möglich. Das Besichtigungsverfahren nach dem Düsseldorfer Modell kombiniert **zwei unterschiedliche prozessuale Maßnahmen** miteinander. An der unterschiedlichen Regelung der jeweiligen Teilkomplexe ändert sich durch ihre Kombination nichts. Auch der **Gesetzgeber** hat die Einführung der spezialgesetzlichen Besichtigungsansprüche durch das Gesetz zur Verbesserung der Durchsetzung von Rechten des Geistigen Eigentums[147] nicht zum Anlass genommen, die bisherige getrennte prozessuale Handhabung aufzuheben und ein neues einheitliches Verfahren zu schaffen.[148] Die spezialgesetzlichen Regelungen beziehen sich allein auf den materiell-rechtlichen Besichtigungsanspruch und sehen lediglich *insoweit* eine Durchsetzung mittels einstweiliger Verfügung vor. Auch das weiter vorgetragene Argument, die Versagung eines Rechtsbehelfes gegen die Anordnung des selbständigen Beweisverfahrens liefe *de facto* auf eine unzulässige Vorwegnahme der Hauptsache hinaus[149], kann angesichts der ausdrücklichen gesetzgeberischen Anordnung dieses Verfahrens in den spezialgesetzlichen Regelungen[150] keinen Bestand haben.[151] Schließlich entstünden bei einheitlicher Betrachtung **unnötige Kosten** für den Besichtigungsschuldner, da die Anfechtung der Besichtigungsverfügung selbst dann zum vollen Streitwert erfolgen müsste, wenn sich das Anfechtungsinteresse des Antragsgegners nur (noch) gegen einzelne Teile der Besichtigungsverfügung richtet.[152]

68 Es spricht daher viel dafür, die unbestritten vorhandenen Bedenken im Hinblick auf einen effektiven Rechtsschutz nicht durch eine einheitliche prozessuale Betrachtung, sondern im Rahmen einer **verfassungskonformen Auslegung** der entsprechenden Vorschriften Rechnung zu tragen.[153] Das Ergebnis muss aber in jedem Fall die Gewährleistung effektiven Rechtsschutzes sein und darf nicht dahinter zurück bleiben.[154]

B. Tatbestandvoraussetzungen

69 § 485 ZPO betrifft allein die **Zulässigkeitsanforderungen des selbständigen Beweisverfahrens.** Für das Besichtigungsverfahren nach der „Düsseldorfer Praxis" sind daneben jedoch auch die **materiellen Anspruchsvoraussetzungen einer Besichtigung** von entscheidender praktischer Bedeutung. Die nachfolgende Kommentierung ist daher zweigeteilt. In einem ersten Teil (I.) werden die Zulässigkeitsvoraussetzungen des ersten Bestandteils des Besichtigungsverfahrens, dh des selbständigen Beweisverfahrens iSd § 485 kommentiert. Der zweite Teil der Kommentierung (II.) betrifft den zweiten Bestandteil, dh die **Duldungsverfügung** und dabei insbesondere den Verfügungsanspruch, dh **die besonderen materiellen Anspruchsvoraussetzungen** (II.1.) sowie die **prozessualen Voraussetzungen** (Verfügungsgrund und ggf. Notwendigkeit einer Durchsuchungsanordnung nach § 758a), letzteres soweit sich dabei im Rahmen des Besichtigungsverfahrens Besonderheiten gegenüber einem einstweiligen Verfügungsverfahren ergeben (II.1.).

---

[142] → § 494a Rn. 21, 37.
[143] → § 494a Rn. 9 ff., 22 ff.
[144] → § 490 Rn. 6 ff.
[145] Die Auffassung von *Eck/Dombrowski* ist ebenfalls von der Gewährleistung effektiven Rechtsschutzes motiviert, *Eck/Dombrowski* GRUR 2008, 387 (388).
[146] Hierzu → § 490 Rn. 24.
[147] BGBl. 2008 I S. 1191.
[148] Der Gesetzesentwurf der Bundesregierung, BT-Drs. 16/5048, 27 f. geht ebenfalls davon aus, dass die §§ 485 einen neben den Spezialvorschriften bestehenden gesonderten Regelungskomplex darstellen.
[149] *Eck/Dombrowski* GRUR 2008, 387 (389).
[150] § 140c Abs. 3 PatG, § 24c Abs. 7 GebrMG, § 19a Abs. 3 MarkenG, § 46a Abs. 3 DesignG, § 37c SortenSchG, § 9 HalbleiterSchG. § 101a Abs. 1 UrhG; vgl. hierzu auch BT-Drs. 16/5048, 28.
[151] So *Zöllner* GRUR-Prax 2010, 74 (78).
[152] *Zöllner* GRUR-Prax 2010, 74 (78).
[153] Etwas anderes mag gelten, wenn entgegen des Düsseldorfer Modells die Regelungsinhalte nicht streng nach Verfahren getrennt werden, sondern sämtliche Regelungen im Rahmen einer einheitlichen Besichtigungsverfügung erlassen hat (dies für möglich erachtend wohl *Dörre/Maaßen* GRUR-RR 2008, 217 (221) sowie *Zöllner* GRUR-Prax 2010, 74 (78). Auf welcher gesetzlichen Grundlage dies erfolgen soll, ist jedoch nicht ersichtlich. Ist das Ziel ein gerichtliches Sachverständigengutachten, bleibt nur die Inanspruchnahme des selbständigen Beweisverfahrens. Anders verhält es sich bei einem allein auf den materiell-rechtlichen Besichtigungsanspruch gerichteten Verfahren. Damit kann jedoch nur die Besichtigung durch den Antragsteller selbst bzw. einen Parteigutachter erreicht werden.
[154] Im Einzelnen → § 490 Rn. 11 ff.

I. Selbständiges Beweisverfahren

§ 485 Abs. 1 betrifft das einvernehmliche sowie das sichernde Beweisverfahren, § 485 Abs. 2 das **70** streitschlichtende Beweisverfahren.[155] In Fällen, in denen der zu begutachtende Gegenstand **frei zugänglich** ist (zB während einer Messe), kann eine Beweissicherung im gewerblichen Rechtsschutz allein mittels selbständigem Beweisverfahren angeordnet werden. Befindet sich der Gegenstand indes an einem nicht zugänglichem Ort (zB Betriebsgelände), bedarf es einer ergänzenden einstweiligen Verfügung, mit der dem Besichtigungsschuldner aufgegeben wird, die Besichtigung zu dulden.

Der Vorteil eines isolierten selbständigen Beweisverfahrens gegenüber dem Besichtigungsverfahren **71** liegt darin, dass lediglich **geringe Tatbestandsvoraussetzungen** erfüllt sein müssen.

1. Abs. 1: drohender Beweismittelverlust. Gemäß § 485 Abs. 1 kann während oder außerhalb **72** eines bereits nach § 261 **anhängigen Hauptsacheprozesses** auf Antrag einer Partei die Anordnung der Beweiserhebung durch die im Gesetzestext genannten Beweismittel erfolgen. Voraussetzung ist, dass der Gegner zustimmt oder zu besorgen ist, dass das Beweismittel verloren geht oder seine Benutzung erschwert wird (zB weil der fragliche Gegenstand demnächst umgebaut oder ins Ausland verbracht wird).[156]

2. Abs. 2: rechtliches Interesse. Ist ein **Rechtsstreit noch nicht anhängig**[157], kann eine Partei **73** gemäß § 485 Abs. 2 die Anordnung der Beweiserhebung beantragen, wenn sie ein rechtliches Interesse an den in Nr. 1–3 des Gesetzestextes genannten Feststellungen hat. Ein Beweismittelverlust muss, anders als bei Abs. 1, nicht drohen.[158] Für den gewerblichen Rechtsschutz und insbesondere das Patentrecht ist dabei die Feststellung des Zustands einer Sache, dh ihrer konkreten technischen Ausgestaltung von Interesse. Ein **rechtliches Interesse** ist gemäß § 485 Abs. 2 S. 2 bereits dann anzunehmen, wenn „die Feststellung der Vermeidung eines Rechtsstreits dienen kann". Angesichts des Wortlauts wird von einer weiten Auslegung ausgegangen.[159] Das rechtliche Interesse wird schon dann bejaht, wenn ein Rechtsverhältnis und ein möglicher Anspruchsgegner ersichtlich sind und das Gutachten objektiv geeignet ist, die Chancen einer einvernehmlichen Streitbeilegung zu fördern.[160] Ist Gegenstand des Gutachtens die Feststellung der Verletzung eines gewerblichen Schutzrechts, ist dies regelmäßig anzunehmen.[161] Anders als bei § 140c PatG, § 24c GebrMG, § 19a MarkenG, § 46a DesignG, § 101a UrhG, § 37c SortenSchG, § 9 HalbleiterSchG ist eine hinreichende Wahrscheinlichkeit der Verletzung nicht erforderlich.[162] Mit Ausnahme des seltenen Falles der öffentlichen Zugänglichkeit des verletzenden Gegenstands muss im Besichtigungsverfahren die hinreichende Wahrscheinlichkeit jedoch dennoch bestehen, da andernfalls die notwendige Duldungsverfügung nicht erlassen wird.[163]

Grundsätzlich ist es dem Gericht verwehrt, bereits im Rahmen des selbständigen Beweisverfahrens **74** eine **Schlüssigkeits- oder Erheblichkeitsprüfung** vorzunehmen. Ausnahmsweise fehlt es allerdings an einem rechtlichen Interesse, wenn klar auf der Hand liegt, dass der Anspruch, dessen der Antragsteller sich berühmt, nicht bestehen kann, etwa aus Rechtsgründen. In einem derartigen Fall steht fest, dass das Ergebnis des Beweisverfahrens in einem sich etwa anschließenden Prozess keine Bedeutung hat und damit die Beweiserhebung unnütz wäre.[164]

3. Taugliche Beweismittel. Im Verfahren nach **§ 485 Abs. 1** kommen als Beweismittel nur **75** **Augenschein** (§ 371), **Zeugenbeweis** (§ 373) und (schriftliches oder mündliches) **Sachverständigengutachten** (§§ 402, 411) in Betracht. Andere Beweismittel wie Urkundenbeweis (§§ 415 ff.) oder Parteivernehmung (§ 445) sind in Rahmen unzulässig.[165]

Für **§ 485 Abs. 2** ist als Beweismittel **ausschließlich das schriftliche Sachverständigengut- 76 achten** zulässig. Mit dieser Einschränkung bezweckt das Gesetz, die Durchbrechung des Grundsatzes der Beweisunmittelbarkeit (§ 355) auf das hiervon am wenigsten betroffene Beweismittel zu beschränken.[166]

---

[155] Vgl. *Baumbach/Lauterbach/Albers/Hartmann* ZPO § 485 Rn. 2; Musielak/*Huber* § 485 Rn. 2.
[156] Vgl. *Baumbach/Lauterbach/Albers/Hartmann* ZPO § 485 Rn. 6 f.
[157] Vgl. OLG Düsseldorf NJW-RR 1996, 510.
[158] Vgl. *Baumbach/Lauterbach/Albers/Hartmann* ZPO § 485 Rn. 8; Zöller/*Herget* § 485 Rn. 6.
[159] BGH NJW-RR 2006, 1454; *Baumbach/Lauterbach/Albers/Hartmann* ZPO § 485 Rn. 8.
[160] Vgl. *Baumbach/Lauterbach/Albers/Hartmann* ZPO § 485 Rn. 8; Thomas/Putzo/*Reichold* § 485 Rn. 7.
[161] So für das Patentrecht *Kühnen* B. Rn. 86.
[162] Mit Blick auf das Besichtigungsverfahren und die sog. „Düsseldorfer Praxis" gelten die Voraussetzungen des § 140c PatG de facto letztlich doch, da ansonsten eine Duldungsverfügung nicht erteilt wird.
[163] Hierzu → Rn. 97 ff.
[164] Vgl. BGH NJW 2004, 3488 f.; OLG Nürnberg MDR 2011, 749.
[165] Vgl. OLG Saarbrücken OLG-Report 2008, 26; OLG Hamm MDR 1994, 307; *Baumbach/Lauterbach/Albers/ Hartmann* ZPO § 485 Rn. 3; Zöller/*Herget* Vor § 485 Rn. 5.
[166] *Baumbach/Lauterbach/Albers/Hartmann* ZPO § 485 Rn. 3; Zöller/*Herget* § 485 Rn. 8.

77 Daher hat das OLG Düsseldorf[167] einen – als Bestandteil eines beantragten Besichtigungsverfahrens gestellten – Antrag auf Durchführung eines selbständigen Beweisverfahrens als unzulässig erachtet, bei dem letztlich die **Herausgabe von Urkunden** begehrt wurde. Konkret hatte der dortige Antragsteller die Herausgabe von Urkunden aus einem arzneimittelrechtlichen Zulassungsverfahren bezweckt, aus denen sich bestimmte, für die Frage der Patentverletzung relevante Testergebnisse ergeben sollten. Es ging mithin nicht um sachverständige Schlussfolgerungen aus den in den betreffenden Urkunden niedergelegten Informationen, sondern um die Erlangung der Urkunden selbst. Eine Anordnung gemäß **§ 485 Abs. 1 wegen drohendem Beweisverlust** hatte das OLG Düsseldorf ebenfalls abgelehnt, da hierfür keine ausreichenden Anhaltspunkte vorlagen. Eine allgemeine Vermutung dergestalt, dass ein Verlust von Unterlagen stets zu besorgen sei, weil sich kein Unternehmen davon abhalten lasse, ihm nachteilige Beweisunterlagen zu beseitigen, hat das OLG Düsseldorf entgegen dem LG München[168] verneint. Dem wird man, ohne Vorliegen konkreter Anhaltspunkte für eine Beseitigungsgefahr, folgen müssen.[169]

78 Die Herausgabe der begehrten Urkunden im Besichtigungsverfahren kann auch nicht damit gerechtfertigt werden, dass dem Schutzrechtsinhaber zwar nicht gemäß § 485 Abs. 2, aber gemäß § 140c Abs. 1 und 3 PatG im Wege der einstweiligen Verfügung durchsetzbarer Anspruch auf Vorlage von Urkunden zusteht.[170] Denn mit dem selbständigen Beweisverfahren wird nicht der materiell-rechtliche Anspruch nach § 140c PatG durchgesetzt, sondern auf eigenständiger verfahrensrechtlicher Grundlage unter den in §§ 485 ff. vorgesehenen Voraussetzungen eine sachverständige Besichtigung angeordnet. Wenn ein Antragsteller im Wege der einstweiligen Verfügung die Vorlage der begehrten Unterlagen durch den Antragsgegner erreichen will, muss er dies außerhalb des selbständigen Beweisverfahrens tun.[171] Das LG München hat diese dogmatische Trennung zwischen selbständigem Beweisverfahren und Duldungsverfügung auf Grundlage des § 140c PatG als nicht sachgerecht erachtet und den materiell-rechtlichen Vorlageanspruch aufgrund des engen sachlichen Zusammenhangs zwischen selbständigem Beweisverfahren und Verfügungsverfahren als ausreichende Grundlage für das begehrte selbständige Beweisverfahren erachtet.[172] Dies ist sicherlich wünschenswert. Angesichts der auch durch die zwischenzeitlich geschaffenen Sonderregelungen der § 140c PatG, § 24c GebrMG, § 19a MarkenG, § 46a DesignG, § 101a UrhG, § 37c SortenSchG, § 9 HalbleiterSchG nicht aufgehobenen prozessualen Trennung zwischen selbständigem Beweisverfahren und Verfügungsverfahren scheint dies *de lege lata* indes nicht möglich. Dem Antragsteller ist daher zu raten, die Vorlage von Urkunden durch einen auf § 140c PatG gestützten Antrag auf Erlass einer einstweiligen Verfügung zu erwirken.

79 **4. Fortsetzung im Insolvenzfall.** Ein **selbständiges Beweisverfahren,** dessen Beweisaufnahme noch nicht beendet ist, wird durch die Eröffnung des Insolvenzverfahrens über das Vermögen einer der Parteien trotz Vorliegens der tatbestandlichen Voraussetzungen des § 240 nach Ansicht des BGH nicht unterbrochen. Begründet wird dies mit dem Ziel des selbständigen Beweisverfahrens, eine schnelle Beweissicherung und insbesondere eine rasche und kostensparende Einigung der Parteien zu erreichen. Eine Unterbrechung nach § 240 sieht der BGH als hiermit nicht vereinbar an.[173] Zwar unterbricht die Eröffnung des Insolvenzverfahrens grundsätzlich ein einstweiliges Verfügungsverfahren (→ § 240 Rn. 6), eine Unterbrechung des **Besichtigungsverfahrens** kommt jedoch auch unter Berücksichtigung der Duldungsverfügung nicht in Betracht. Denn die Duldungsverfügung hat sich mit der Besichtigung vor Ort und damit bei Eintritt des Insolvenzverfahrens regelmäßig bereits erledigt (→ § 492 Rn. 13, 36 und Fn. 42). Im Übrigen gilt auch für das Besichtigungsverfahren die Ratio des BGH zum selbständigen Beweisverfahren.

80 **5. Erneute Begutachtung.** Eine erneute Begutachtung[174] kommt grundsätzlich nur unter den Voraussetzungen des § 412, dh bei ungenügendem Erstgutachten oder erfolgreicher Ablehnung des Erstgutachters in Betracht und steht im Ermessen des Gerichts. Der Zessionar einer Forderung, zu deren anspruchsbegründenden Tatsachen vor der **Abtretung** bereits der Zedent ein selbständiges

---

[167] OLG Düsseldorf BeckRS 2012, 4014.
[168] LG München InstGE 13, 181 (185 f.) – Arzneimittelherstellung.
[169] Vgl. zu weiteren Aspekten: OLG Düsseldorf BeckRS 2012, 4014 Rn. 4. Eine Besichtigung arzneimittelrechtlicher Zulassungsunterlagen bleibt grundsätzlich dennoch nach § 485 Abs. 2 möglich (insoweit missverständlich Ess/Keßler MPR 2015, 139 (141)). Dieser Antrag darf dann allerdings nicht, wie von der Antragstellerin des Verfahrens vor dem OLG Düsseldorf, auf Herausgabe der Unterlagen gerichtet sein, sondern muss die sachverständige Feststellung einer bisher nicht hinreichend sicheren Schutzrechtsverletzung zum Gegenstand haben, zu deren Prüfung Einsicht in die Zulassungsunterlagen notwendig ist. Dies kann insbes. bei Verfahrensansprüchen oder bei auf Zwischenprodukte gerichteten Vorrichtungsansprüchen der Fall sein, die anhand des Endprodukts nicht mehr detektierbar sind. So auch LG München PharmR 2018, 568.
[170] Hierzu → Rn. 139 ff.
[171] OLG Düsseldorf BeckRS 2012, 4014.
[172] LG München InstGE 13, 181 – Arzneimittelherstellung.
[173] BGH BauR 2004, 531 = NZBau 2004, 156 = ZfBR 2004, 268; zu weiteren Einzelheiten → § 240 Rn. 7.
[174] Zur Frage der, der Begutachtung vorgelagerten, erneuten Besichtigung → Rn. 145 ff.

Beweisverfahren eingeleitet hatte, ist ebenfalls gehindert, zu den gleichen Tatsachen ein weiteres selbständiges Beweisverfahren gegen denselben Antragsgegner einzuleiten. Das ergibt sich aus einer entsprechenden Anwendung der §§ 265, 325 iVm § 485 Abs. 3.[175]

II. Voraussetzungen der Duldungsverfügung

Zu den allgemeinen Voraussetzungen der einstweiligen Verfügung im gewerblichen Rechtsschutz → § 940 Rn. 17 ff. Die nachfolgende Kommentierung betrifft allein die Besonderheiten des Besichtigungsverfahrens hinsichtlich Verfügungsanspruch und Verfügungsgrund. **81**

1. Verfügungsanspruch. a) Anspruchsgrundlagen. Im Patent- und Gebrauchsmusterrecht ist jedes (europäische oder deutsche) Sach-, Verfahrens- oder Verwendungspatent bzw. Gebrauchsmuster eine geeignete Grundlage für ein Vorlage- und Besichtigungsverlangen, einschließlich ergänzender Schutzzertifikate[176]; im Markenrecht sowohl deutsche als auch Gemeinschaftsmarken[177]; im Designrecht deutsche und Gemeinschaftsdesigns[178]. **82**

aa) Spezialvorschriften. Der Vorlage- und Besichtigungsanspruch hat in zahlreichen Gesetzen eine **spezialgesetzliche Kodifizierung** erfahren: § 140c PatG, § 24c GebrMG, § 19a MarkenG, § 46a DesignG, § 37c SortenSchG, § 9 HalbleiterSchG, § 101a UrhG. Im Wettbewerbsrecht bleibt mangels spezialgesetzlicher Regelung nur der Rückgriff auf die §§ 809, 810 BGB. **83**

Die Durchsetzbarkeit der spezialgesetzlichen Besichtigungsansprüche im Wege des **einstweiligen Verfügungsverfahrens** ist in § 140c Abs. 3 PatG, § 24c Abs. 7 GebrMG, § 19a Abs. 3 MarkenG, § 46a Abs. 3 DesignG, § 37c SortenSchG, § 9 HalbleiterSchG, § 101a Abs. 3 UrhG ausdrücklich bestimmt. Dies galt vor Schaffung der Spezialvorschriften auch schon für §§ 809, 810 BGB. Das grundsätzliche Verbot der Vorwegnahme der Hauptsache ist daher nicht einschlägig (hierzu → § 940 Rn. 4). **84**

bb) §§ 809, 810 BGB. Die Anwendbarkeit der allgemeinen Vorschriften der **§§ 809, 810 BGB**, welche dem Anspruchsteller einen allgemeinen zivilrechtlichen Besichtigungsanspruch an die Hand geben, **bleiben** durch die spezialgesetzlichen Anspruchsgrundlagen **unberührt**.[179] Während § 809 BGB die Besichtigung einer Sache ermöglicht, gewährt § 810 BGB unter gewissen Voraussetzungen die Einsicht in Urkunden. Diese Regelungen sind insbesondere in Fällen von Bedeutung, in denen die Voraussetzungen der spezialgesetzlichen Regelungen, etwa im Fall des § 140c PatG eine Benutzung **„entgegen den §§ 9 bis 13"**, nicht erfüllt sind, beispielsweise im Zusammenhang mit der Aufklärung von Entschädigungsansprüchen auf Grund rechtmäßiger Patentbenutzung[180] bzw. für **„Altfälle"**, auf die die spezialgesetzlichen Regelungen noch nicht anwendbar sind; ferner für das Wettbewerbsrecht. **85**

cc) Zeitliche Anwendbarkeit. Die Richtlinie 2004/48/EG des Europäischen Parlaments und des Rates vom 29.4.2004 zur Durchsetzung der Rechte des Geistigen Eigentums[181] ist durch das Gesetz zur Verbesserung der Durchsetzung von Rechten des Geistigen Eigentums vom 7.7.2008[182] in das deutsche Recht umgesetzt worden. Allerdings enthält das Durchsetzungsgesetz **keine Übergangsbestimmungen**. Entscheidend für die Anwendbarkeit der spezialgesetzlichen Regelungen ist daher der in Art. 170 EGBGB über das Anwendungsgebiet des Einführungsgesetzes zum BGB hinausgehende allgemein anerkannte Grundsatz, dass (vertragliche und gesetzliche) Schuldverhältnisse wegen ihres Inhalts und ihrer Wirkung dem Recht unterstehen, das zur Zeit der Verwirklichung des Entstehungstatbestands gegolten hat.[183] Die Frage, ob dem Anspruchsteller Vorlage- und Besichtigungsansprüche zustehen, richtet sich daher danach nach dem zur Zeit der beanstandeten Handlung geltenden Recht. Folglich gelten die spezialgesetzlichen Regelungen nur für solche Handlungen, die **nach Inkrafttreten der spezialgesetzlichen Regelungen verwirklicht** worden sind. Praktische Relevanz besitzt die Frage der zeitlichen Anwendbarkeit daher lediglich noch für Besichtigungsverfahren, die (zumindest auch) zur Feststellung des Umfangs der Verletzung und damit der Höhe des Schadensersatzes dienen. Dauert die vermutete Verletzung weiterhin an, sind jedenfalls insoweit die spezialgesetzlichen Vorschriften anwendbar. **86**

b) Verpflichteter. Als Verpflichteter kommt jeder mutmaßliche Schuldner eines Anspruchs wegen Verletzung eines gewerblichen Schutzrechts oder Urheberrechts in Betracht, wozu neben **den delik-** **87**

---

[175] BGH MDR 2012, 48.
[176] Schulte/*Rinken/Kühnen* PatG § 140c Rn. 7.
[177] Art. 101 Abs. 2 GMV iVm § 125b Nr. 2 MarkenG.
[178] Art. 90 Abs. 1 GGV iVm § 46a DesignG.
[179] Offenlassend für § 101a UrhG: LG Braunschweig GRUR-RS 2019, 27017. Zur Anwendbarkeit für Ansprüche aus §§ 22 ff. KUG: BGH GRUR 2018, 1280.
[180] Vgl. *Kühnen* Mitt. 2009, 211.
[181] ABl. 2004 L 195, S. 16.
[182] BGBl. 2008 I S. 1191.
[183] BGH GRUR 2009, 515 (517) – Motorradreiniger.

tisch Verantwortlichen (Alleintäter, mittelbarer Täter, Mittäter, Nebentäter[184], Anstifter, Gehilfe) auch der **Störer** zählt.[185] Mit Blick auf § 140c Abs. 5 PatG (bzw. die jeweiligen Parallelvorschriften), der eine lediglich drohende Verletzung verlangt, muss eine Benutzungshandlung noch nicht stattgefunden haben. Es reicht also **Erstbegehungsgefahr**.[186]

88   Das Ziel der Besichtigung muss kein Vorgehen gegen den Besichtigungsschuldner selbst, sondern kann auch die Rechtsverfolgung **gegen einen Dritten**, beispielsweise den Hersteller, sein, solange jedenfalls auch hinsichtlich des Besichtigungsschuldners die Wahrscheinlichkeit eines Anspruchs wegen Patentverletzung besteht.[187]

89   Ein **unbeteiligter Dritter** kann zur Sachverhaltsaufklärung und Beweissicherung nur in einem laufenden Prozess mittels einer Vorlegungsanordnung nach §§ 142 oder 144 verpflichtet werden.[188]

90   **c) Berechtigter.** Wer zur Geltendmachung des Besichtigungsanspruchs berechtigt ist, regeln die spezialgesetzlichen Regelungen nicht einheitlich. **§ 140c PatG, § 24c GebrMG, § 46a DesignG, § 37c SortenSchG und § 9 HalbleiterSchG iVm § 24c GebrMG** sprechen die Berechtigung dem „**Rechtsinhaber**" oder einem „**anderen Berechtigten**" zu. Mit Blick auf Art. 4 Durchsetzungsrichtlinie und die Gesetzesbegründung[189] ist mit „Rechtsinhaber" der Inhaber des gewerblichen Schutzrechtes gemeint und mit „anderer Berechtigter" ein ausschließlicher Lizenznehmer, ein mit den erforderlichen Ermächtigungen bzw. Rechtsübertragungen ausgerüsteter einfacher Lizenznehmer, ein Pfandgläubiger, ein Nießbraucher und ein Zessionar. Da die spezialgesetzlichen Regelungen der Durchsetzung der jeweils bestehenden materiell-rechtlichen Ansprüche dienen[190], läuft die Berechtigung im Ergebnis parallel zur Aktivlegitimation. Daher spricht **§ 19a MarkenG** die Berechtigung **allein dem Markeninhaber** zu. Der Lizenznehmer an einer Marke ist nach Rechtsprechung des BGH nicht aus eigenem Recht aktivlegitimiert.[191] Es bedarf daher der Zustimmung des Markeninhabers.[192] Anderes muss jedoch aufgrund der Aktivlegitimation im Sonderfall des Art. 22 Abs. 3 S. 2 GMV[193] für den ausschließlichen Markenlizenznehmer einer **Gemeinschaftsmarke** gelten.

91   **d) Nebenintervention.** Weiterer Verfahrensbeteiligter kann gemäß § 66 Abs. 1 ZPO analog der Nebenintervenient sein[194], auch wenn es an einem „Obsiegen" im engeren Sinne fehlt. Erforderlich ist jedoch auch im Besichtigungsverfahren ein rechtliches und nicht bloß tatsächliches Interesse am Ausgang des Verfahrens. Ein Beitritt des Abnehmers des zu besichtigenden Gegenstands auf Grundlage von etwaigen Gewährleistungsansprüchen gegen den Besichtigungsschuldner kann daher nicht damit begründet werden, dass das Sachverständigengutachten gemäß § 411a ZPO in einem Folgeverfahren Relevanz entfalten könnte.[195]

92   **e) Verfügungsgewalt.** Die vorzulegende Urkunde oder die zu besichtigende Sache müssen sich in der Verfügungsgewalt des Antragsgegners befinden, dh dieser muss die **tatsächliche Sachherrschaft** besitzen. Sinn des Tatbestandsmerkmals ist, dass die Vorlage bzw. Überlassung zur Besichtigung möglich sein muss.[196] Anderes gilt daher gemäß § 140c PatG für den Fall **eines patentierten Verfahrens** in den Fällen, in denen eine mutmaßliche patentgemäße Verfahrensdurchführung nicht durch die Vorlage einer erforderlichen Urkunde oder die Besichtigung einer Sache geklärt werden kann. Die dann erforderliche Besichtigung des **Verfahrens** selbst hat der Gesetzgeber nicht unter das Erfordernis der Verfügungsgewalt gestellt.[197]

93   Als Form der Verfügungsgewalt kommt zunächst der **unmittelbare Allein- oder Mitbesitz** in Betracht. Aber auch der **mittelbare Besitz** ist ausreichend, sofern gegen den unmittelbaren Besitzer ein

---

[184] Vgl. hierzu BGH GRUR 2009, 1142 – MP3-Player-Import.
[185] Fitzner/Lutz/Bodewig/*Pitz* § 140c Rn. 5; aA für das Patentrecht Benkard/*Grabinski/Zülch* § 140c Rn. 6 mit Verweis auf BGH GRUR 2009, 1142 – MP3-Player-Import, wonach eine bloß adäquat-kausale Mitverursachung für eine patentrechtliche Passivlegitimation nicht ausreicht und daher auch im Besichtigungsverfahren nicht ausreichen kann.
[186] Vgl. *Kühnen* B. Rn. 24.
[187] Vgl. Benkard/*Grabinski/Zülch* § 140c Rn. 14; *Kühnen* B. Rn. 24.
[188] Vgl. BGH GRUR 2006, 962 (966 f.) – Restschadstoffentfernung.
[189] Vgl. Begr. RegE, S. 95 ff. und Begr. RefE, S. 84 ff.
[190] Vgl. *Müller-Stoy* Mitt. 2009, 361 (362).
[191] BGH GRUR 2007, 877 – Windsor Estate; aA *Fezer* § 30 Rn. 35.
[192] *Ingerl/Rohnke* MarkenG Vor §§ 14–19d Rn. 14.
[193] So LG Hamburg BeckRS 2009, 24023 – Palazzo; offen gelassen: BGH GRUR 2008, 254 – THE HOME STORE; hierzu *Ingerl/Rohnke* MarkenG Vor §§ 14–19d Rn. 14.
[194] Beispielhaft OLG München GRUR-RS 2019, 41077 – Aufgabenverteilung im Besichtigungsverfahren.
[195] BGH MDR 2016, 230; *Kühnen* B. Rn. 117; zur Nebenintervention im selbständigen Beweisverfahren ferner → § 66 Rn. 3.
[196] So wohl auch *Rinken* GRUR 2015, 745 (751).
[197] *Kühnen* B. Rn. 35. Im Ergebnis vergleichbar Benkard/*Grabinski/Zülch* § 140c Rn. 13, die auf die tatsächliche Gewalt des Besichtigungsschuldners zur Ermöglichung der Besichtigung abstellen (etwa Zugang zu den Räumlichkeiten, Maschinen etc.).

Herausgabeanspruch besteht.[198] Befindet sich der zu besichtigende Gegenstand in einem **gemieteten Raum** auf dem Betriebsgelände eines Dritten, so folgt daraus lediglich der mittelbare Besitz des Dritten an der vermieteten Räumlichkeit, nicht jedoch an der vom Mieter in den Raum eingebrachten Sache.[199] Sind im Rahmen eines Ermittlungsverfahrens wegen des Verrats von Betriebs- und Geschäftsgeheimnissen von der Staatsanwaltschaft Unterlagen in den Geschäftsträumen des Beschuldigten **beschlagnahmt** worden, bleibt der Beschuldigte mittelbarer Besitzer der Unterlagen, so dass gegen ihn weiterhin ein Besichtigungsanspruch gerichtet werden kann.[200] Die **Rechtmäßigkeit** der Besitzposition ist in keinem der genannten Fälle von Relevanz, da allein die tatsächliche Sachherrschaft Tatbestandsvoraussetzung ist.[201]

Die Verfügungsgewalt muss im **Zeitpunkt** der Entscheidung über den Besichtigungsantrag gegeben sein, spätestens jedoch in sicher absehbarer Weise bis zur Durchführung der Besichtigung.[202] Es bedarf der Verfügungsgewalt im **Inland**.[203] Beides ist durch den Antragsteller konkret darzulegen und glaubhaft zu machen.[204] **94**

Entfällt die Verfügungsgewalt nach Einreichung des Besichtigungsantrags, etwa weil der bisherige Besitzer seinen Besitz vollständig auf einen Dritten übertragen oder die zu besichtigende Sache ins Ausland verschafft hat, sodass er zwar weiterhin tatsächliche Sachherrschaft besitzt, dies aber nicht mehr im Inland, kommt nach richtiger Ansicht eine Fortsetzung des Besichtigungsverfahrens nach § 265 Abs. 1 u. 2 S. 1 gegen den bisherigen Besitzer **nicht in Betracht**.[205] Zwar ist die Besitzübertragung als Form der Veräußerung einer in Streit befangenen Sache allgemein anerkannt.[206] An einer solchen fehlt es indes im Falle der bloßen Verschaffung des Besichtigungsgegenstandes in das Ausland, ohne dass der Besitzer wechseln würde. Aber auch bei Besitzübertragung auf einen Dritten kommt eine gesetzliche Prozessstandschaft des bisherigen Besitzers nach § 265 Abs. 1 u. 2 S. 1 nicht in Betracht. Es fehlt insoweit an der notwendigen **Streitbefangenheit** des Besichtigungsgegenstandes. Erforderlich hierfür ist nach allgemeinen Grundsätzen, dass die Sachlegitimation des Rechtsvorgängers auf der rechtlichen Beziehung zu der Sache beruht und diese den unmittelbaren Gegenstand des Rechtsstreits bildet.[207] Hierfür kommen neben dinglichen Ansprüchen zwar grundsätzlich auch auf Besitz gestützte Ansprüche in Betracht.[208] Voraussetzung hierfür ist aber, dass diese hinreichend „verdinglicht" sind.[209] Hieran fehlt es nach zutreffender Ansicht[210] beim Besichtigungsanspruch. Denn die bloße Verfügungsgewalt reicht zur Begründung des Anspruchs nicht aus. Hinzukommen muss die hinreichende Wahrscheinlichkeit einer Schutzrechtsverletzung. Hierfür bedarf es mehr als des bloßen Besitzes eines patentverletzenden Gegenstandes. Der Besitz als solcher begründet noch keine Verletzungshandlung, hinzutreten muss ein finales Element, dh der Besitz zum Zwecke der Verletzung.[211] Darüber hinaus ist die Verfügungsgewalt selbst nicht „unmittelbarer Gegenstand des Rechtsstreits", denn im Besichtigungsverfahren wird kein dauerhafter Herausgabeanspruch durchgesetzt, sondern die Besichtigung dient allein dazu, dem Schutzrechtsinhaber Kenntnis über das Vorliegen einer zunächst nur wahrscheinlichen Schutzrechtsverletzung zu verschaffen. **95**

Die **praktische Relevanz** der Frage der Anwendbarkeit von § 265 auf den Besichtigungsanspruch ist indes beschränkt. Diese wird regelmäßig nur bei der Durchsetzung im Hauptsacheverfahren **96**

---

[198] LG Düsseldorf 3.7.2012 – 4b O 89/12; LG Nürnberg-Fürth InstGE 5, 153 – Betriebsspionage; *Müller-Stoy* Mitt. 2009, 361 (362), Fn. 18 mwN, der die bloße Besitzdienerschaft ausreichen lassen möchte.
[199] LG Düsseldorf InstGE 8, 103 – Etikettiermaschine.
[200] LG Nürnberg-Fürth InstGE 5, 153, noch zu § 809 BGB. Da die spezialgesetzlichen Regelungen den Anwendungsbereich des Besichtigungsanspruchs nicht reduzieren, sondern tendenziell erweitern sollen, muss dies auch für diese gelten, so auch *Müller-Stoy* Mitt. 2009, 361 (362).
[201] *Rinken* GRUR 2015, 745 (751); Fitzner/Lutz/Bodewig/*Pitz* § 140c Rn. 13.
[202] LG Düsseldorf 3.7.2012 – 4b O 89/12; *Rinken* GRUR 2015, 745 (751).
[203] LG Düsseldorf 3.7.2012 – 4b O 89/12; OLG Düsseldorf BeckRS 2012, 2133468. Theoretisch wäre damit eine Besichtigung einer im Ausland belegenen Sache zwar nicht ausgeschlossen, vgl. *Dombrowski* GRUR-Prax 2016, 319, etwa im Falle des mittelbaren Besitzes eines in Deutschland ansässigen Unternehmens über einen in einem ausländischen Lager befindlichen Gegenstand. Neben den praktischen Probleme einer Vollstreckung eines hierauf gerichteten Besichtigungsanspruchs im Ausland, auf die auch *Dombrowski* verweist, wäre in einem solchen Fall jedoch regelmäßig die (Wahrscheinlichkeit einer) Schutzrechtsverletzung im Inland zu verneinen; anders allenfalls bei einer Erstbegehungsgefahr durch baldige Verbringung nach Deutschland.
[204] OLG Düsseldorf 4.9.2012 – I-2 W 19/12.
[205] Zutreffend *Rinken* GRUR 2015, 745 f., mit ausführlicher Begründung und Nachweisen zum Meinungsstand.
[206] BGH NJW 1981, 1517 (1518).
[207] BGH NJW 2014, 782 (784); Zöller/*Greger* § 265 Rn. 3.
[208] BGH WM 2014, 474 (477); NJW 2014, 782 (784); Zöller/*Greger* § 265 Rn. 3.
[209] So plakativ *Rinken* GRUR 2015, 745 (749).
[210] Siehe *Rinken* GRUR 2015, 745 (749 f.) mit detaillierter und überzeugender Begründung; AA wohl *Nieder* GRUR 2013, 264 (266), der sich allerdings explizit nur mit dem Vernichtungsanspruch und nicht mit dem Besichtigungsanspruch auseinandersetzt.
[211] Für das Patentrecht *Rinken* GRUR 2015, 745 (749 f.) unter Verweis auf § 9 S. 2 Nr. 1 PatG: Besitz „zu den genannten Zwecken". Dies gilt im Ergebnis auch für die weiteren gewerblichen Schutzrechte sowie für das Urheberrecht, vgl. § 14 Abs. 4 Nr. 2 MarkenG, § 38 Abs. 1 S. 2 DesignG, § 10 SortenSchG (jeweils ebenfalls „zu den genannten Zwecken"). Gemäß § 6 HalbleiterSchG ist der Besitz einer Topographie insgesamt keine schutzrechtsverletzende Handlung. Gleiches gilt im Urheberrecht, vgl. §§ 15–24 UrhG.

gegeben sein. Im einstweiligen Verfügungsverfahren ergeht der Besichtigungsbeschluss meist ohne vorherige Anhörung.[212] Zwar kann der Einwand fehlender Passivlegitimation mangels Besitzes auch im Widerspruchsverfahren gemäß § 924 gegen eine einstweilige Verfügung und somit gegen die Beschlussverfügung geltend gemacht werden.[213] Mangels aufschiebender Wirkung wird die Besichtigung jedoch regelmäßig schon stattgefunden haben, mit der Folge, dass Erledigung eintritt.[214] In der Sache ergeht dann nur noch eine Entscheidung über die Kosten[215].

97 **f) Notwendige Wahrscheinlichkeit einer Schutzrechtsverletzung. aa) Grundsatz.** Der Vorlage- und Besichtigungsanspruch dient der Sachverhaltsaufklärung und Beweisgewinnung und greift bereits zu einem Zeitpunkt ein, in dem der Verletzungssachverhalt noch nicht feststeht. Da der Rechtsinhaber mit dem vorprozessualen Besichtigungsverfahren seine Informations- und Beweisnot erst überwinden will, hängt der praktische Nutzen des patentrechtlichen Besichtigungsanspruchs wesentlich von den Anforderungen an den Tatsachenvortrag hinsichtlich der Wahrscheinlichkeit der Patentverletzung ab.

98 Vor Schaffung der Spezialregelungen der §§ 140c PatG etc hatte der BGH, noch im Rahmen der §§ 809, 810 BGB, in seiner Druckbalken[216]-Entscheidung zunächst einen „erheblichen Grad an Wahrscheinlichkeit" gefordert. Mit der Faxkarte[217]-Entscheidung wurde dieser Maßstab gelockert und durch das Erfordernis einer **gewissen Verletzungswahrscheinlichkeit** ersetzt.[218] Aus Art. 7 der Durchsetzungsrichtlinie ergibt sich nichts Zwingendes. Dort wird lediglich ausgeführt, dass „alle vernünftigerweise verfügbaren Beweismittel zur Begründung der Ansprüche" vorgelegt werden müssen. Der Begründungsmaßstab bleibt offen. Die §§ 140c PatG etc verlangen nunmehr eine **„hinreichende Wahrscheinlichkeit"**. Wie sich aus den Gesetzesmaterialien ergibt, strebte der Gesetzgeber damit eine Übertragung der Grundsätze der Faxkarte-Entscheidung auf das Patentrecht an.[219]

99 Wann die Schwelle der „hinreichenden Wahrscheinlichkeit" erreicht ist, ist eine Frage des Einzelfalls; denn ob die Wahrscheinlichkeit im Einzelfall „hinreichend" ist, steht in Wechselwirkung sowohl zum Grad der Erforderlichkeit der Besichtigungsmaßnahme als auch zu den möglichen Geheimhaltungsinteressen des Antragsgegners und der Möglichkeit ihrer Sicherung durch geeignete Maßnahmen.[220] Allgemein ist die Schwelle jedoch **nicht allzu hoch** anzusetzen[221], da das Besichtigungsverfahren dem Schutzrechtsinhaber gerade über die typische und unverschuldete Informations- und Beweisnot hinweghelfen soll. Die Schutzrechtsverletzung darf daher noch ungewiss sein. Die untere Grenze bilden **Behauptungen „ins Blaue hinein"**, die jegliche Tatsachengrundlage vermissen lassen. Notwendig für die Darlegung einer hinreichenden Wahrscheinlichkeit ist daher, dass der Antrag **konkrete Anhaltspunkte** aufzeigt, die die Möglichkeit einer Patentverletzung mit einer gewissen Wahrscheinlichkeit nahe legen.[222] **Anknüpfungstatsachen** können zB Äußerungen des Anspruchsgegners in der Öffentlichkeit, in Prospekten, in der Werbung oder in der Korrespondenz mit dem Berechtigten oder Dritten sein, gleichsam Schutzrechtsanmeldungen, aus denen sich ergibt, dass dort das Produkt des Antragsgegners beschrieben wird.[223] Auch Informationen von früheren Mitarbeitern oder Augenzeugen auf Messen sowie die Beschaffenheit von im Ausland vertriebenen Parallelprodukten können herangezogen werden, ferner Industriestandards oder die Vermutungswirkung des § 139 Abs. 3 PatG[224], ggf. auch Presseartikel über Werksbesuche, aus denen der Fachmann gewisse Rückschlüsse auf Produkteigenschaften ziehen kann.[225] Grundsätzlich kann auch auf Privatgutachten (als qualifizierter Parteivortrag) zurückgegriffen werden, vorausgesetzt, dass dort auch Ausführungen zu den entsprechenden Tatsachengrundlagen enthalten sind, auf die sich das Ergebnis des Gutachtens stützt[226]. Ausreichend soll es gemäß dem LG München[227] sein, wenn der Besichtigungsantrag auf mehrere Patente gestützt ist und der Besichtigungsgläubiger vorträgt, dass zwar nicht festgestellt werden

---

[212] Zum Rechtsschutz im Einzelnen → § 490 Rn. 6 ff.
[213] Zum Rechtsschutz im Besichtigungsverfahren insges. → § 490 Rn. 11 ff.
[214] Zur Frage der Erledigung → § 490 Rn. 19.
[215] Im Falle der beidseitigen Erledigungserklärung gemäß § 91a, bei einseitiger Erledigungserklärung nach § 91.
[216] BGH GRUR 1985, 512 – Druckbalken.
[217] BGH GRUR 2002, 1046 – Faxkarte.
[218] Vgl. hierzu auch OLG Hamburg InstGE 5, 294 – Fußbodenpaneele II; OLG Frankfurt a. M. 10.6.2010 – 15 U 192/09, BeckRS 2011, 18385; *Kühnen* GRUR 2005, 185 ff.; *Melullis* FS Tilmann, 2003, 843 ff.
[219] Vgl. BT-Drs. 16/5048, 27 li. Sp. und 40 re. Sp.
[220] OLG Düsseldorf BeckRS 2016, 01094; Schulte/*Kühnen* § 140c Rn. 13; vgl. auch *Melullis* FS Tilmann, 2003, 843 (848).
[221] OLG Düsseldorf BeckRS 2016, 01094; LG Braunschweig BeckRS 2016, 14981; vgl. a. *Kather/Fitzner* Mitt. 2010, 325 (326); *Kreye* FS v. Meibom, 2010, 241 (258 f.).
[222] So *Kühnen* Mitt. 2009, 211 (212).
[223] Vgl. *Müller-Stoy* Mitt. 2009, 361 (363).
[224] Vgl. *Kühnen* B. Rn. 27 ff.; *Müller-Stoy* Mitt. 2009, 361 (363).
[225] OLG Düsseldorf BeckRS 2016, 01094. Nicht ausreichend ist die Feststellung, dass die Benutzung der patentgemäßen Lehre wirtschaftliche Vorteile mit sich bringt, weil dies das Tatbestandsmerkmal der hinreichenden Wahrscheinlicht nivellieren würde, vgl. OLG Frankfurt a. M. GRUR-RS 2019, 47064; hierzu auch *Hoppe/Donle* GRUR-RR 2020, 465 (469).
[226] Andernfalls ist es als bloßes Werturteil zu qualifizieren: LG München GRUR-RS 2018, 1259.
[227] LG München GRUR-RS 2018, 1259; hierzu auch *Hoppe/Donle* GRUR-RR 2018, 393 (397).

könne, welches der Patente verletzt wird, auf alle Fälle aber die Verletzung eines der Patente wahrscheinlich ist[228]. Als nicht ausreichend ist eine anwaltliche Versicherung des vertretenden Rechtsanwalts angesehen worden, mit der dieser versichert hatte, dass ein Hinweisgeber, dem Anonymität zugesichert worden sei, Angaben gemacht und eidesstattlich versichert habe, welche darauf schließen ließen, dass eine (dort urheberrechtswidrige) Nutzung vorliege.[229]

Die vorstehenden Erleichterungen gelten jedoch lediglich im Hinblick auf die **Anspruchsvoraussetzungen, die durch die Besichtigung erst noch geklärt werden sollen,** also etwa der Nachweis der Schutzrechtsverletzung selbst. Die übrigen Anspruchsvoraussetzungen wie die Anspruchsberechtigung, die Erforderlichkeit der Besichtigung und das Bestehen des Schutzrechtes[230] sind voll nachzuweisen. In anderen Worten: Die Anspruchsvoraussetzungen müssen bereits so weit feststehen, dass nur noch die Besichtigung erforderlich ist, um über das Bestehen des Anspruchs zu entscheiden.[231] Die Wahrscheinlichkeit hinsichtlich der noch zu klärenden Merkmale kann sich dann aber aus dem funktionalen Zusammenwirken mit den nachgewiesenen Merkmalen ergeben, wobei auch etwaig bestehende Alternativmöglichkeiten in Betracht zu ziehen sind.[232] Besteht auch nach erfolgter Besichtigung noch die Möglichkeit, dass weitere Tatbestandsmerkmale aufgeklärt werden müssen, ist die beantragte Besichtigung zurückzuweisen.[233] **100**

Im Vortrag zur Verletzungswahrscheinlichkeit im Rahmen des Besichtigungsverfahrens liegt **keine Berührung** einer Patentverletzung. Die Durchführung eines Besichtigungsverfahrens begründet daher nicht das für eine **negative Feststellungsklage** des Besichtigungsschuldners nach § 256 notwendige Feststellungsinteresse.[234] Dies ergibt sich schon daraus, dass im Besichtigungsverfahren lediglich die Wahrscheinlichkeit einer Patentverletzung vorzutragen ist und bei bereits ausreichender Darlegung einer Verletzung der Besichtigungsantrag mangels Erforderlichkeit der Besichtigung[235] abzuweisen wäre. Auch wenn der Vortrag im Besichtigungsantrag (nur) dem Wortlaut nach eine Verletzungsbehauptung darstellen sollte, kann hieraus keine Berührung hergeleitet werden. Die bei Prozessvortrag heranzuziehende Auslegung dahingehend, wonach Vortrag vernünftig und interessengerecht auszulegen ist, gebietet auch in einem solchen Fall eine Auslegung im Sinne der Behauptung einer bloßen Verletzungswahrscheinlichkeit.[236] Anders ist die Sachlage nach Abschluss des Besichtigungsverfahrens zu beurteilen, wenn der Antragsteller, etwa im Rahmen einer durch den Antragsgegner angestrengten negativen Feststellungsklage, an seinem Verletzungsstandpunkt festhält.[237] **101**

bb) (Technisch) komplexer Sachverhalt. Insbesondere im Patentrecht ist diskutiert worden, ob die hinreichende Wahrscheinlichkeit allein deshalb verneint werden kann, weil es sich um einen komplexen (technischen) Sachverhalt handelt und das angerufene Gericht **keine eigene Expertise** auf dem konkreten (technischen) Gebiet besitzt. Das OLG Frankfurt a. M. hat diese Frage für einen komplexen chemischen Sachverhalt bejaht und darauf hingewiesen, dass die Durchsetzung eines Besichtigungsanspruch durch eine ex parte einstweilige Verfügung ausreichende Anknüpfungspunkte für die Verletzung erfordere, damit das Gericht die Wahrscheinlichkeit aus eigener Sachkunde beurteilen und insbesondere den Sachvortrag des Antragstellers hierzu auf seine Plausibilität hin überprüfen könne. Die Unsicherheit in der technischen Beurteilung könne (im konkreten Fall) auch durch den umfangreichen Sachvortrag der Antragstellerin zu diesem Punkt nicht ausgeräumt werden, da das Gericht diesen Vortrag ohne ausreichende eigene Sachkunde nicht einschätzen und auf seine Plausibi- **102**

---

[228] Abhängig von der Antragsstellung kann die Verneinung der Wahrscheinlichkeit der Verletzung – jedenfalls eines Patents – allerdings Auswirkungen auf die Kostenverteilung haben, LG München GRUR-RS 2018, 1259.
[229] OLG Braunschweig GRUR-RS 2019, 27016 – Anwältliche Versicherung im Verfügungsverfahren (= BeckRS 2019, 27016; hierzu auch *Czychowski/Nordemann* GRUR 2021, 193(199). Begründet wurde die Zurückweisung mit dem grundsätzlich auch im Besichtigungsverfahren geltenden Erfordernis der Glaubhaftmachung. Dem wurde die eidesstattliche Versicherung des Rechtsanwalts nicht gerecht, da sie lediglich glaubhaft machen konnte, dass ein Dritter die Behauptung einer Schutzrechtsverletzung aufgestellt hatte, ohne dass dies nachzuvollziehen gewesen wäre. AA OLG Zweibrücken 14.4.2014 – 4 W 24/14 für eine unmittelbar vorgelegte anonyme Mitteilung eines Mitarbeiters der Antragsgegnerin unter Verweis auf dessen nachvollziehbares Interesse an der Anonymität; vgl. a. OLG Frankfurt a. M. 4.5.2012 – 11 W 15/12.
[230] Jedenfalls bei nicht eingetragenen Schutzrechten, vgl. OLG Frankfurt a. M. BeckRS 2011, 18385. Im Übrigen → Rn. 106 f.
[231] OLG Köln GRUR-RR 2018, 326.
[232] Benkard/*Grabinski/Zülch* § 140c Rn. 9.
[233] OLG Hamburg InstGE 5, 294 – Fußbodenpaneele II; OLG Frankfurt a. M. BeckRS 2011, 18385.
[234] BGH GRUR 2019, 110 (111) – Schneckenköder (= BeckRS 2018, 30073). Zum Feststellungsinteresse allgemein → § 256 Rn. 6 ff.
[235] Hierzu sogleich → Rn. 108 ff.
[236] BGH GRUR 2019, 110 (111) = BeckRS 2018, 30073 sowie OLG Dresden Mitt. 2016, 390 (391 f.) – Nacktschneckenköder (Vorinstanz), mit weiterem Verweis darauf, dass die Auslegung eines Besichtigungsantrags als Berührung dem Zweck der Enforcement-Richtlinie sowie ihrer Umsetzung, die Rechte des Schutzrechtsinhabers zu stärken, zuwiderliefe, da Schutzrechtsinhaber von diesem Instrumentarium dann nur noch unter Eingehen des Risikos einer negativen Feststellungsklage Gebrauch machen könnten.
[237] BGH GRUR 2019, 110 (112) = BeckRS 2018, 30073; anders noch die Vorinstanz OLG Dresden Mitt. 2016, 390 (391 f.) – Schneckenköder.

lität hin überprüfen könne. Insofern bedürfe es zumindest einer **vorherigen Anhörung des Antragsgegners.**[238] Dem ist in seiner Absolutheit zu widersprechen.[239] Grundsätzlich ist eine Besichtigung auch ohne Gewährung rechtlichen Gehörs anzuordnen, wenn das Gericht auf Grund des Vortrags des Antragstellers zu der Einschätzung kommt, dass eine Patentverletzung zumindest in Betracht kommen und die Gefahr einer Beweisvereitelung bei vorheriger Anhörung nicht ausgeschlossen werden kann. Jedenfalls ein grundsätzliches Verlangen nach vorheriger Anhörung in technisch komplexen Fällen ist mit den Zielsetzungen des Besichtigungsverfahrens nicht vereinbar. Das Gericht kann seiner technischen Unsicherheit etwa dadurch Rechnung tragen, dass die Besichtigung ohne Beteiligung der Rechtsanwälte des Antragstellers allein durch den Sachverständigen erfolgt, der im Zweifel von einem Mitglied des Gerichts begleitet werden kann.[240] Im Übrigen ist der technischen Komplexität im Rahmen der Interessenabwägung Rechnung zu tragen, was durchaus dazu führen kann, dass ein höherer Grad an Verletzungswahrscheinlichkeit gefordert werden kann.

103 Aus **Praxissicht** ist dem Antragsteller bei komplexen (technischen) Sachverhalten daher zu raten, die Verletzungswahrscheinlichkeit lückenlos und ausreichend verständlich – gegebenenfalls unter Heranziehung privater Sachverständigengutachten unter gleichzeitiger verständlicher Erläuterung im Antrag – zu dokumentieren und glaubhaft zu machen.

104 cc) **Unsicherheiten in der rechtlichen Beurteilung.** Neben Unsicherheiten im Tatsächlichen können bei der Beurteilung des Vorliegens einer Patentverletzung auch Unsicherheiten im Rechtlichen auftreten. Hier wird man zwei Fälle unterscheiden müssen. Zweifel im Rahmen der rechtlichen Beurteilung des vermuteten Benutzungssachverhalts, zB im Patentrecht bei der **Äquivalenz** und der Frage, ob ein bestimmtes Verhalten, welches der Antragsteller beim Antragsgegner vermutet – bei Unterstellung der Richtigkeit dieser Vermutung –, überhaupt einen wortsinngemäßen oder äquivalenten Eingriff in den Schutzbereich des Antragspatents darstellt, führen nicht zur Ablehnung des Besichtigungsantrags. Bedarf es etwa zur abschließenden Beurteilung der Gleichwirkung, des Naheliegens oder der Gleichwirkung eines Sachverständigengutachtens, führt dies nicht per se zur Verneinung der hinreichenden Verletzungswahrscheinlichkeit.[241] Der Sache nach handelt es sich hierbei um tatsächliche Voraussetzungen der rechtlichen Beurteilung.

105 Ist die **rechtliche Beurteilung** indes **unabhängig von** möglicherweise noch nicht vollständig geklärten **Tatsachen,** hat das Gericht auch bei rechtlich offenen Fragen eine Entscheidung zu treffen und die beantragte Besichtigung nur bei für den Antragsteller positiver Beurteilung zu erlassen. Hier hilft ein Verweis auf die hinreichende Wahrscheinlichkeit einer Verletzung nicht. Zwar ist für die Beurteilung der Verletzung auch die rechtliche Beurteilung notwendig. Das Risiko einer rechtlich nachteiligen Beurteilung durch das Gericht bei unklarer Rechtslage trägt jedoch grundsätzlich der Antragsteller[242]. Dem Antragsteller steht insoweit die Möglichkeit der sofortige Beschwerde gemäß § 567 Abs. 1 Nr. 2 offen.

106 dd) **Rechtsbestand des Schutzrechts.** Grundsätzlich gelten hinsichtlich des Rechtsbestands des Schutzrechts die Anforderungen, die auch im Hauptsacheverfahren zu erfüllen wären. Bei geprüften Schutzrechten wie dem Patent oder der (eingetragenen) Marke ist daher **regelmäßig vom Rechtsbestand auszugehen** und ein Vorlage- und Besichtigungsanspruch nur dann zu verneinen, wenn das Schutzrecht mit überwiegender Wahrscheinlichkeit nicht schutzfähig und ein entsprechender Angriff auf das Schutzrecht anhängig ist.[243]

107 Eine andere Beurteilung ergibt sich auch nicht aus der Durchsetzung des Besichtigungsanspruchs im Wege des **einstweiligen Verfügungsverfahrens.** Zwar wird dort für das Patentrecht grundsätzlich vom Patentinhaber gefordert, den Rechtsbestand des Schutzrechts glaubhaft zu machen, wenn dieses in seinem Rechtsbestand tatsächlich angegriffen wird.[244] Für das Besichtigungsverfahren gilt

---

[238] OLG Frankfurt a. M. InstGE 13, 254 – Komplexes Herstellungsverfahren.
[239] So auch *Kühnen* B. Rn. 32.
[240] *Kühnen* B. Rn. 32.
[241] OLG Düsseldorf InstGE 11, 298 – Weißmacher.
[242] Mit etwas anderer Gewichtung wohl *Kühnen* B. Rn. 33, der zugunsten des Antragstellers ausreichen lässt, dass die Rechtsfrage nicht eindeutig negativ zu seinen Gunsten ausfällt, da ansonsten das erstinstanzliche Gericht eine endgültige Entscheidung über die Rechtsfrage treffen würde, wenn es die Besichtigung ablehnt (strenger: Benkard/Grabinski/Zülch § 140c Rn. 10, die die ernsthafte Möglichkeit einer Schutzrechtsverletzung verlangen). Nach Auffassung *Kühnens* könnte der rechtlichen Unsicherheit aber dadurch Rechnung getragen werden, dass zum Schutz des Besichtigungsgläubigers hinsichtlich seiner Betriebsgeheimnisse die Besichtigung nur durch einen Sachverständigen, dh unter Ausschluss von Rechts- und Patentanwalt des Besichtigungsgläubigers durchgeführt wird. Unklar bleibt allerdings, ob diese Grundsätze nur dann Anwendung finden sollen, wenn die Unsicherheit sowohl auf tatsächlichen als auch rechtlichen Gründen beruht, denn *Kühnen* spricht von einer „in doppelter Hinsicht gegebenen Unsicherheit". AA, dh Besichtigung auch bei zweifelhaften Rechtsfragen wohl LG Braunschweig BeckRS 2016, 14981; *Deichfuß* GRUR 2015, 436 (438).
[243] Für das Patentrecht: Benkard/Grabinski/Zülch § 140c Rn. 8; für das Markenrecht vgl. etwa OLG Düsseldorf GRUR-RR 2012, 146 – E-Sky; OLG Hamburg GRUR 2008, 293 – Rotkoffer.
[244] OLG Düsseldorf InstGE 12, 114 – Harnkatheterset; LG Mannheim InstGE 11, 159 – VA-LCD-Fernseher II; → § 935 Rn. 124 ff.

dieser Grundsatz indes nicht. Angesichts des gegenüber der Unterlassung deutlich geringeren Eingriffs gibt das Gesetz vor, dass bereits die hinreichende Wahrscheinlichkeit einer Verletzung ausreichend für eine Besichtigung ist. Da es bei fehlendem Rechtsbestand an einer Verletzung fehlt, gilt dieser Maßstab auch hinsichtlich des Rechtsbestands. Die hinreichende Wahrscheinlichkeit des Rechtsbestands wiederum ergibt sich in der Regel schon aus dem Erteilungsakt. Insgesamt besteht indes auch hier eine Wechselwirkung mit der Erforderlichkeit der Besichtigungsmaßnahme sowie den Geheimhaltungsinteressen des Antragsgegners (→ Rn. 117). Allerdings ist vom Antragsteller zu verlangen, dass er bei bereits **anhängigen Rechtsbestandsandgriffen** diese **nicht verschweigt** und im eigenen Interesse[245] sich auch mit dem dortigen Stand der Technik auseinandersetzt. Eine Aussetzung des Besichtigungsverfahrens kommt aus den vorstehenden Gründen ebenfalls regelmäßig nicht in Betracht.[246]

g) Erforderlichkeit. Des Weiteren muss die Vorlage der Urkunde bzw. die Besichtigung erforderlich sein, um einen Patentverletzungsanspruch aufzuklären oder Beweise für einen solchen zu sichern. Diese Voraussetzung soll gewährleisten, dass der Vorlage- und Besichtigungsanspruch nicht zur allgemeinen Ausforschung des Gegners missbraucht wird.[247] Die Erforderlichkeit ist daher zu verneinen, wenn der Antragsteller zur selben Zeit **einfachere Möglichkeiten** zur Sachaufklärung und Beweissicherung zur Hand hat, die objektiv gleichermaßen geeignet und dem Antragsteller zumutbar sind.[248] Das Besichtigungsverfahren dient nicht dazu, dem Antragsteller eine möglichst sichere Ausgangslage für einen Verletzungsprozess zu schaffen.[249] **108**

Einfachere Möglichkeiten bestehen vor allem dann, wenn der Verletzungsgegenstand auf dem Markt beworben und vertrieben wird. In einem solchen Fall kann der möglicherweise patentverletzende Gegenstand im Rahmen eines Testkaufs erworben werden.[250] Ferner können Prospekte, Fotos, Filme und Bedienungsanleitungen mit technischen Ausführungen als Beweismittel herangezogen werden. Darüber hinaus können Nachforschungen im Internet bzw. bei Abnehmern des möglicherweise patentverletzenden Gegenstands vorgenommen werden.[251] Verwendet der Verletzer den Verletzungsgegenstand hingegen lediglich betriebsintern, stehen dem Antragsteller solche einfacheren Möglichkeiten nicht zur Verfügung. Es sind insoweit allerdings Fälle denkbar, in denen dem Antragsteller die Produktausgestaltung aus einem parallelen ausländischen Verfahren bereits bekannt ist und daher die Erforderlichkeit entfällt.[252] Ebenso kann er sich nicht auf fehlende Kenntnis berufen, wenn die Schutzrechtsverletzung unter Mitarbeitern ein „offenes Geheimnis" ist, sodass der Antragsteller durch entsprechende Nachforschungen auch anderweitig zum Verletzungsnachweis hätte gelangen können.[253] In jedem Fall muss der Antragsteller seine bisherigen nicht erfolgreichen Versuche zum Verletzungsnachweis **darlegen**.[254] **109**

Die Erforderlichkeit der Besichtigung kann nicht damit begründet werden, dass der Antragsteller über den **Umfang der Benutzungshandlungen** bzw. darüber, welche Benutzungshandlungen der Antragsgegner im Einzelnen verwirklicht, im Unklaren ist, soweit der Antragsteller zumindest hinsichtlich einer Benutzungshandlung verlässliche Kenntnis einer Schutzrechtsverletzung durch den Antragsgegner hat. Es fehlt in solchen Fällen an der erforderlichen Beweisnot, da der Antragsteller bei Kenntnis mindestens einer Benutzungshandlung bereits in der Lage ist, einen Verletzungsprozess zu führen. Der Umfang der Benutzungshandlungen kann dann im Rahmen des Auskunftsanspruchs und seiner Vollstreckung festgestellt werden.[255] Umgekehrt entfällt die Erforderlichkeit bei der Besichtigung von **110**

---

[245] → § 492 Rn. 43.
[246] OLG Düsseldorf InstGE 7, 256 – Klinkerriemchen; iE wohl auch LG Braunschweig BeckRS 2016, 14981.
[247] BT-Drs. 16/5048, 41; anschaulich auch LG Braunschweig BeckRS 2016, 14981.
[248] Vgl. *Müller-Stoy* Mitt. 2009, 361 (363); *Kühnen* Mitt. 2009, 211 (212) und iÜ zu den Anknüpfungstatsachen → Rn. 24.
[249] LG Braunschweig GRUR-RS 2019, 27017.
[250] Vgl. *Eck/Dombrowski* FS 50 Jahre BPatG, 2011, 169 (170), Fn. 11. Dabei sind auch die finanziellen Möglichkeiten zu berücksichtigen Benkard/*Grabinski/Zülch* § 140c Rn. 14.
[251] Vgl. *Zöllner* GRUR-Prax 2010, 74 (Punkt I.1.b)); *Müller-Stoy* Mitt. 2009, 361.
[252] LG Düsseldorf 3.7.2012 – 4b O 89/12.
[253] LG Braunschweig GRUR-RS 2019, 27017.
[254] LG Braunschweig BeckRS 2016, 14981.
[255] So LG Mannheim 27.7.2022 – 7 O 136/21 und LG Braunschweig BeckRS 2016, 14981, das zudem auf einen Wertungswiderspruch hinweist, da selbst im Falle eines Auskunftsanspruchs bei nachgewiesener Schutzrechtsverletzung eine Durchsuchung zur Beschaffung der gewünschten Informationen zum Verletzungsumfang lediglich die Möglichkeit eines Zwangsgeldes bzw. einer eidesstattlichen Versicherung besteht, nicht jedoch einer „Selbstbeschaffung" mittels Durchsuchung. Diese, so das LG Braunschweig, dürfe dann bei bloß wahrscheinlicher Verletzung im Rahmen des Besichtigungsverfahrens erst Recht nicht erfolgen. Soweit das LG Braunschweig darüber hinaus darauf verweist, dass nach § 140d PatG zur Vorlage von Bank-, Finanz- oder Handelsunterlagen eine positive Feststellung der Patentverletzung vorliegen muss, geht der darauf gestützte weitere Wertungswiderspruch fehl, da die Vorlage dieser Unterlagen im Wege des Besichtigungsverfahrens bereits in § 140c Abs. 1 S. 2 PatG vorgesehen ist und hierfür die hinreichende Wahrscheinlichkeit der Schutzrechtsverletzung ausreichend ist (allerdings unter der Voraussetzung einer Schutzrechtsverletzung gewerblichen Ausmaßes) s. → Rn. 141 ff.

Bank-, Finanz- oder Handelsunterlagen, die auch im Rahmen der Auskunfts- und Rechnungslegung zu erlangen sind, nicht *per se* aufgrund des Bestehens eines solchen materiell-rechtlichen Auskunfts- und Rechnungslegungsanspruchs.[256]

111 Im **Patentrecht** treten Fallgestaltungen insbesondere bei Verfahrenspatenten und dort insbesondere bei **Herstellungsverfahren** auf, da die entsprechende Vorrichtung zur Durchführung des Verfahrens häufig auf dem nicht öffentlich zugänglichen Betriebsgelände des Antragsgegners stehen wird. Einen besonderen Fall bilden **product-by-process-Ansprüche**. Hier kann der Verletzungsnachweis nach herrschender Auffassung neben der Darlegung der tatsächlichen Nutzung des zur Herstellung beschriebenen Verfahrens auch dadurch geführt werden, dass am geschützten Produkt diejenigen räumlich-körperlichen Merkmale nachgewiesen werden, die aus der Verwendung des beschriebenen Verfahrens resultieren. Der Schutzbereich ist mithin (regelmäßig) nicht auf Produkte beschränkt, die nach dem beschriebenen Verfahren hergestellt wurden.[257] Vor diesem Hintergrund ließe sich argumentieren, dass überall dort, wo das Produkt frei verfügbar ist, eine Analyse zur Herausarbeitung der lediglich mittelbar durch das Verfahren beschriebenen räumlich-körperlichen Merkmale ausreichend und eine Besichtigung des Herstellungsverfahrens daher nicht erforderlich ist.[258] Da die Erforderlichkeit jedoch bereits dann gegeben ist, wenn zwar anderweitige Möglichkeiten zur Feststellung der Verletzung vorhanden sind, diese aber nicht objektiv gleichermaßen geeignet und dem Antragsteller zumutbar sind, wird man die Erforderlichkeit der Feststellung der Verwendung eines konkreten im product-by-process Anspruch genannten Herstellungsverfahrens bejahen können, zumal die Bestimmung der mittelbar durch das Herstellungsverfahren beschriebenen räumlich-körperlichen Merkmale regelmäßig erhebliche Schwierigkeiten aufwirft.[259]

112 Im **Markenrecht** sind Konstellationen, bei denen die Verletzungshandlung von außen nicht oder nicht vollständig wahrgenommen werden kann, deutlich seltener. Denkbar sind sie jedoch, wenn Testkäufe, insbesondere bei Großhändlern und Importeuren, nicht ohne weiteres möglich sind oder der Verdacht besteht, dass neben mit Berechtigung gekennzeichneter Ware auch **Plagiate** oder nicht erschöpfte Originalware angeboten werden.[260] Die Erforderlichkeit kann sich schließlich auch daraus ergeben, dass der – nicht nachweisbare – Verdacht besteht, dass neben mittels Testkäufen nachweisbaren Markenverletzungen auch noch weitere Marken des Rechteinhabers verletzt werden, so etwa bei Fällen des **Parallelhandels**.[261] Überwiegend wird es im Markenrecht jedoch darum gehen, den **Umfang der Rechtsverletzung** (in der Regel mittels Vorlage von Bank-, Finanz und Handelsunterlagen) festzustellen.

113 Auch im **Designrecht** kann sich die Konstellation ergeben, dass Testkäufe nicht möglich bzw. nur unter unverhältnismäßigen Kosten möglich sind. Darüber hinaus sind Fälle denkbar, in denen das durch das Design geschützte Produkt nicht ohne weiteres zugänglich ist und daher eine Inaugenscheinnahme durch den Antragsteller nicht ohne Besichtigung beim Antragsgegner möglich ist.[262]

114 Im **Urheberrecht** hat das Besichtigungsverfahren seinen Hauptanwendungsfall bei der Herausgabe von urheberrechtlich geschütztem **Quellcode**[263], ist daneben aber auch denkbar bei Urheberrechtsverletzungen, die allein bei internen Betriebsabläufen erfolgen.[264]

---

[256] Für das Verhältnis von § 101 und § 101a UrhG: LG Hamburg GRUR-RS 2018, 24388 – Masterkopie; hierzu auch *Nordemann/Czychowski* GRUR-RR 2019, 193 (204); anders in der Berufungsinstanz OLG Hamburg ZUM-RD 2021, 133. Nach § 101 UrhG kann freilich keine umfassende Auskunft oder Rechnungslegung erlangt werden, da die gemäß § 101a UrhG vorzulegenden Urkunden hinreichend bestimmt werden müssen. Es gilt das Verbot des Ausforschungsbeweises, vgl. OLG Hamburg ZUM-RD 2021, 133; diesbezüglich zu großzügig die Vorinstanz, LG Hamburg GRUR-RS 2018, 24388 – Masterkopie.

[257] BGH GRUR 2001, 1129 – Zipfelfreies Stahlband; BGH GRUR 1993, 651 – Tetraploide Kamille; BGH GRUR 1972, 80 – Trioxan; jeweils unter Verweis auf die Eigenschaft von product-by-process Ansprüchen als Sachansprüche; umfassend zum Sach- und Streitstand *Cepl* Mitt. 2013, 62.

[258] So *Cepl* Mitt. 2013, 62 (69).

[259] *Benkard/Grabinski/Zülch* § 140c Rn. 11; *Kühnen* B. Rn. 43. *Deichfuß* GRUR 2015, 436 (438). Gerade in der Schwierigkeit der Beschreibung der räumlich-körperlichen Merkmale liegt die Rechtfertigung für die Zulässigkeit der Aufnahme der Verfahrensmerkmale in den (Sach-)Anspruch: OLG Karlsruhe BeckRS 2013, 19312, mit dem zusätzlichen Hinweis auf die rechtlichen Unsicherheiten bei der Bestimmung des Schutzbereichs von product-by-process Ansprüchen, die bei der Bestimmung der Erforderlichkeit richtigerweise aber nicht zu berücksichtigen sind → Rn. 104 f.

[260] *Ingerl/Rohnke* § 19a Rn. 2.

[261] *Ingerl/Rohnke* § 19a Rn. 2; vgl. zu dieser Fallkonstellation auch BGH GRUR 2006, 421 (424).

[262] Etwa im Fall eines Designschutzes für Drahtgittermatten, die als Bewehrungsmittel in Stahlbetonbauten verwendet werden und im Endprodukt nicht sichtbar sind (hierzu HABM Entscheidung v. 16.2.2007, ICD 3218), vgl. hierzu *Eichmann/Jestaedt/Fink/Meiser* § 46a Rn. 2. Dies gilt jedoch nur, wenn das Stahlbetonbauteil nicht ohne weiteres am Markt verfügbar ist oder das geschützte Produkt (Drahtgittermatte) bei Herauslösung aus dem Gesamtprodukt (Stahlbetonbauteil) so zerstört oder beschädigt würde, dass eine Verletzung nicht mehr festgestellt werden kann.

[263] *Schricker/Loewenheim* § 101a Rn. 1.

[264] Ein Fall aus dem Urheberrecht war schließlich auch die „Geburtsstunde" des Besichtigungsverfahrens: BGH GRUR 2002, 1046 – Faxkarte.

Zulässigkeit   115–121 § 485 ZPO

Im **Wettbewerbsrecht** kann das Besichtigungsverfahren zur Feststellung einer Rechtsverletzung 115
etwa dann Bedeutung erlangen, wenn der Verdacht besteht, dass eine Sache unter Verletzung von
Geschäfts- und/oder Betriebsgeheimnissen hergestellt wurde.[265]

h) Verhältnismäßigkeit. Gemäß den sondergesetzlichen Spezialregelungen ist der Vorlage- und 116
Besichtigungsanspruch – ganz oder hinsichtlich einzelner Maßnahmen zur Sachverhaltsaufklärung oder
Beweissicherung – ausgeschlossen, wenn die Inanspruchnahme im Einzelfall unverhältnismäßig ist,
§ 140c Abs. 2 PatG, § 24c Abs. 2 GebrMG, § 19a Abs. 2 MarkenG, § 46a Abs. 2 DesignG, § 37c
Abs. 2 SortenSchG, § 9 HalbleiterSchG iVm § 24c Abs. 2 GebrMG, § 101a Abs. 2 UrhG. Da es sich
gemäß diesen Regelungen um einen **Ausnahmetatbestand** handelt, ist bei der Bejahung einer
Unverhältnismäßigkeit nach Abwägung der Interessen des Antragstellers einerseits und des Antragsgegners andererseits jedoch **Zurückhaltung** angezeigt.[266] Aus der Formulierung als Ausnahmetatbestand ergibt sich ferner, dass grundsätzlich der Besichtigungsschuldner die Darlegungslast für eine
Unverhältnismäßigkeit trägt. Allerdings ist der Antragsteller bei Erlass der Besichtigung ohne vorherige
Anhörung gehalten, sich zu möglichen Unverhältnismäßigkeitseinwänden zu äußern, selbstverständlich
aber nur, soweit er dazu in der Lage ist. Die Anforderungen hieran sind daher in der Praxis eher niedrig
anzusetzen.[267]

Unverhältnismäßigkeit kann daher lediglich dann angenommen werden, wenn die Nachteile des 117
Antragsgegners das Rechtsverfolgungsinteresse des Antragstellers derart überwiegen, dass eine Vorlage
bzw. Besichtigung im Einzelfall **missbräuchlich** erscheint.[268] Im Übrigen ist den Interessen des
Antragsgegners bei der konkreten Ausgestaltung der Besichtigung, insbesondere durch **Maßnahmen
des Geheimnisschutzes,** Rechnung zu tragen.[269] Mögliche verbleibende Missbrauchsszenarien können etwa sein, wenn bei geringfügigen Verletzungen umfangreiche Vorlage- und Besichtigungsansprüche geltend gemacht werden oder wenn das Geheimhaltungsinteresse des angeblichen Verletzers das
Interesse des Rechtsinhabers an der Vorlage oder Besichtigung bei Weitem überwiegt und das
Geheimhaltungsinteresse auch nicht durch Maßnahmen zum Geheimnisschutz angemessen berücksichtigt werden kann.[270]

Bei der Interessenabwägung sind auf Seiten des **Antragsgegners** insbesondere der Grad des Ver- 118
schuldens sowie die Schwere des Besichtigungseingriffs (ggf. Betriebsunterbrechungen mit hohem
Schadenspotential, Umfang möglicher Substanzzerstörungen) zu berücksichtigen. Ferner können der
erhebliche Umfang des vorzulegenden Materials und das mangels geeigneter Schutzanordnungen nicht
sicherbaren wertvollen Betriebsgeheimnisse eine Rolle spielen.[271]

Wesentliche Gesichtspunkte auf Seiten des **Antragstellers** sind etwa die geringe Wahrscheinlichkeit 119
einer Schutzrechtsverletzung oder erhebliche Zweifel an der Rechtsbeständigkeit des Antragsschutz-
rechts. Ferner besteht auch hier eine Wechselwirkung mit der Erforderlichkeit der Besichtigung sowie
der Wahrscheinlichkeit einer Verletzung. So sind auch der tatsächliche Wert der beantragten Vorlage-
oder Besichtigungsmaßnahmen für die Rechtsdurchsetzung sowie eine geringe Benutzungsintensität
zu berücksichtigen.[272] Ferner von Relevanz ist, ob die Besichtigung allein der Durchsetzung von
Schadensersatzansprüchen oder auch eines Unterlassungsanspruchs dient.

i) Besichtigungsmaßnahmen. Die Durchsetzungsrichtlinie hat zu einer deutlichen Verbesserung 120
der Besichtigungsbefugnisse des Schutzrechtsinhabers geführt. Die Besichtigung umfasst **alle Maßnahmen und Schritte, die notwendig sind,** um die Verwirklichung der (tatsächlichen) Voraussetzungen eines Anspruchs zu ermitteln.[273] Konkret nennen die spezialgesetzlichen Regelungen einen
Anspruch auf **Besichtigung einer Sache oder eines Verfahrens** oder auf **Vorlage einer Urkunde,**
ggf. auch auf die Vorlage von **Bank-, Finanz- oder Handelsunterlagen.**

aa) Besichtigung von Sachen oder Verfahren. Gemäß § 90 BGB fallen unter den Sachbegriff 121
alle körperlichen Gegenstände. Im Falle des § 140c PatG sind dies mithin solche, die durch einen
Sachanspruch geschützt werden können. Hierunter fallen zum einen alle **gegenständlich verkörperten Erzeugnisse** iSd § 9 S. 2 Nr. 1 PatG und gegenständlich verkörperte Mittel iSd § 10 Abs. 1
PatG; ferner gegenständlich verkörperte Erzeugnisse eines geschützten Verfahrens iSd § 9 S. 2 Nr. 3
PatG. Nach neuerer Rechtsprechung des BGH können zum anderen auch **unkörperliche Signalfolgen,** losgelöst von einem körperlichen Substrat wie einem Datenträger, Sachschutz beanspruchen.[274] Ein patentgeschütztes **Verfahren** iSd § 9 S. 2 Nr. 2 PatG wiederum ist keine Sache, sondern

---

[265] Köhler/Bornkamm/*Köhler* § 9 Rn. 4.43.
[266] IE auch *Kühnen* B. Rn. 60.
[267] *Deichfuß* GRUR 2015, 436 (438); Benkard/*Grabinski/Zülch* § 140c Rn. 15.
[268] *Kühnen* B. Rn. 60.
[269] Zu den Maßnahmen des Geheimnisschutzes im Einzelnen → § 487 Rn. 22 ff. sowie → § 492 Rn. 10 ff.
[270] BT-Drs. 16/5048, 41.
[271] *Kühnen* Mitt. 2009, 211 (213).
[272] *Kühnen* Mitt. 2009, 211 (213).
[273] *Eck/Dombrowski* FS 50 Jahre BPatG, 2011, 169 (177); *Fitzner/Kather* VPP-Rundbrief Nr. 2/2009, 58 (60).
[274] BGH GRUR 2012, 1230 – MPEG-2-Videosignalcodierung; GRUR 2004, 495 – Signalfolge.

eine Kombination einzelner Verfahrensschritte, wie sich auch aus der gesonderten Erwähnung in § 140c Abs. 1 S. 1 PatG zeigt. Rechtlich bedeutsam ist die Unterscheidung zwischen Sache und Verfahren, weil die Besichtigung des Verfahrens nicht von der Verfügungsgewalt des Besichtigten abhängig ist.[275]

122   **Inaugenscheinnahme.** Als Besichtigung kommt zunächst – aber nicht ausschließlich – die Einnahme des Augenscheins in Betracht. Über die bloße visuelle Wahrnehmung hinaus ist auch eine **nähere Untersuchung** des Anspruchsgegenstands von der Inaugenscheinnahme umfasst, beispielsweise dessen Betasten, Vermessen oder Wiegen.

123   Bei der Besichtigung eines **Verfahrens** ist auch dessen Durch- bzw. Vorführung umfasst, was die Inbetriebnahme und Untersuchung im laufenden Betrieb mit einschließt.[276]

124   Ferner ist sowohl bei Vorrichtung als auch Verfahren die Verwendung **technischer Hilfsmittel** möglich.[277] So können beispielsweise mit Hilfe eines Mikroskops Merkmale einer Sache oder eines Verfahrens wahrnehmbar gemacht werden, die mit bloßem Auge nicht oder nicht ausreichend wahrnehmbar sind.[278]

125   **Fixierung des Besichtigungsergebnisses.** Auch die Fixierung des Besichtigungsergebnisses ist umfasst. Daher ist insbesondere die Anfertigung von **Fotos** und – bei Computerprogrammen wichtig – **Screenshots** zu gestatten.[279] Gleiches gilt für Videoaufnahmen, wobei zu berücksichtigen ist, dass häufig vieles ins Bild geraten kann, was nicht der Prüfung der Schutzrechtsverletzung dient. Dem ist durch entsprechende Geheimhaltungsanordnungen Rechnung zu tragen.[280] Auch die **Kopie und Speicherung von Daten und Software** kann zu diesem Zweck verlangt werden.[281] Die Herausgabe des hinter einer Software stehenden **Quellcodes** kann, soweit für den Verletzungsnachweis erforderlich, ebenfalls beansprucht werden. Dies ist jedenfalls beim urheberrechtlichen Werkschutz regelmäßig der Fall, da ohne die Besichtigung eine Werkverletzung in der Regel nicht nachgewiesen werden kann.[282] Im Ergebnis wird man dies auch bei den technischen Schutzrechten annehmen können, wobei dort angesichts der Sensibilität der Herausgabe des Quellcodes besonderes Augenmerk auf die Erforderlichkeit zu legen ist.

126   **Mitnahme des Besichtigungsgegenstands.** Über die bloße Fixierung des Besichtigungsergebnisses gehen Maßnahmen hinaus, die den Charakter einer Beschlagnahme haben, da der Gegenstand nicht vervielfältigt, sondern ersatzlos entfernt wird. Art. 7 Abs. 1 S. 2 Durchsetzungsrichtlinie nennt insoweit als weitere Beweissicherungsmaßnahmen ausdrücklich die **Einbehaltung von Mustern und die dingliche Beschlagnahme.** Dies erscheint auf den ersten Blick problematisch, weil beide Maßnahmen sich nicht in der Besichtigung erschöpfen, wie dies die gesetzlichen Spezialvorschriften fordern.[283] Dennoch wird man grundsätzlich sowohl die Mitnahme von Mustern als auch sonstige Maßnahmen, die für die nachfolgende Begutachtung durch den gerichtlichen Sachverständigen erforderlich sind, noch als von der Besichtigung umfasst ansehen müssen. Andernfalls liefe das Besichtigungsverfahren in diesen Fällen leer. Soweit der Sachverständige bei der Besichtigung beispielsweise Konstruktionsunterlagen, Bedienungsanleitungen oder ähnliche Dokumente vorfindet und deren **Mitnahme zur Anfertigung von Kopien** für erforderlich hält, muss der Antragsgegner dies dulden.[284] Ferner kann die Herausgabe und vorübergehende Mitnahme einer bestimmten Sache, zB einer chemischen Substanz oder von Mustern, verlangt werden, sollte dies für **eine nicht vor Ort durchführbare Analyse** durch den Sachverständigen, etwa in einem Labor, notwendig sein.[285] Dies ergibt sich sowohl aus einer teleologischen als auch richtlinienkonformen Auslegung des gesetzlichen Begriffs der Besichtigung.[286]

127   Umfasst sind insgesamt jedoch nur Maßnahmen, die die Besichtigung des wahrscheinlich verletzenden Gegenstands bzw. des Verfahrens zum Inhalt haben. Ein Anspruch auf Feststellung sämtlicher für die Beurteilung der Verletzung relevanten Tatsachen besteht angesichts des Wortlauts der Vorschriften, der lediglich von der Besichtigung spricht, nicht.[287]

---

[275] → Rn. 925.
[276] LG Düsseldorf 4a O 129/08.
[277] *Fitzner/Kather* VPP-Rundbrief 2/2009, 58 (60).
[278] BGH GRUR 1985, 512 (516) – Druckbalken.
[279] *Eck/Dombrowski* FS 50 Jahre BPatG, 2011, 169 (177).
[280] Benkard/*Grabinski/Zülch* § 140c Rn. 28.
[281] *Zöllner* GRUR-Prax 2010, 74 (75).
[282] BGH GRUR 2013, 509 – UniBasic-IDOS; BGH GRUR 2002, 1046 – Faxkarte. Der urheberrechtliche Anspruch kann allerdings nicht auf die Spezialvorschrift des § 101 UrhG gestützt werden, sondern folgt aus §§ 809, 810 BGB.
[283] Vgl. hierzu *Müller-Stoy* Mitt. 2009, 361 (365 f.).
[284] Vgl. *Fitzner/Kather* VPP-Rundbrief Nr. 2/2009, 58 (60).
[285] Vgl. *Grabinski* FS Mes, 2009, 129 (132).
[286] So auch *Rinken* GRUR 2015, 745 (751).
[287] *Eck/Dombrowski* FS 50 Jahre BPatG, 2011, 169 (178).

Substanzeingriffe. Im Gegensatz zur früheren Druckbalken-Rechtsprechung des BGH[288] umfasst **128** der Umfang der Besichtigung nunmehr im Rahmen der Verhältnismäßigkeit auch **Substanzeingriffe**[289], wie etwa den Ein- oder Ausbau von Teilen.[290] Ferner erlaubt die Besichtigung die Entnahme und Analyse von Proben. Selbst eine **Substanzzerstörung** ist möglich, wenn dies zur Feststellung der Verletzung notwendig ist. Denkbar ist dies etwa bei einer Chemikalie, wenn bei der Analyse ein substanzzerstörender Verbrauch stattfindet.[291] Anderes kann sich im Rahmen der gebotenen Interessenabwägung ergeben, wenn die vorgenannten Substanzeingriffe bzw. -zerstörungen zu **bleibenden und unzumutbaren Schäden** beim Anspruchsgegner führen würden. Sind die Schäden finanziell kompensierbar, wird die Unzumutbarkeit jedoch regelmäßig zu verneinen sein, weil der Anspruchsgegner insoweit meist ausreichend über eine **Sicherheitsleistung** für etwaige Schäden oder Kosten abgesichert werden kann, wie dies in den gesetzlichen Spezialvorschriften (vgl. etwa § 140c Abs. 4 PatG iVm § 811 Abs. 2 BGB) ausdrücklich vorsehen.[292]

Mitwirkungspflichten des Besichtigungsschuldners. Grundsätzlich kann vom Besichtigungs- **129** schuldner **lediglich** eine **Duldung** und kein aktives Tun verlangt werden. Die Frage, ob und in welchem Umfang der Antragsgegner dennoch zur Kooperation verpflichtet ist, ist bislang nicht abschließend geklärt.

Im Zwangsvollstreckungsrecht entspricht es höchstrichterlicher Rechtsprechung, dass die Verpflich- **130** tung zur Duldung gemäß § 890 ZPO **im Einzelfall** auch die Obliegenheit des Schuldners zu einem **positiven Tun** beinhalten kann. Dies soll jedenfalls dann der Fall sein, wenn die zu duldende Handlung nicht ohne positive Handlungen des Schuldners erfolgen kann. In einem solchen Fall sei die Handlungspflicht in der Duldungspflicht bereits enthalten.[293]

Für das Besichtigungsverfahren hat zumindest das Landgericht Düsseldorf ebenfalls bestimmte **131** Kooperationspflichten des Besichtigungsschuldners angenommen, da diese zur Feststellung der Verwirklichung oder Nichtverwirklichung von Merkmalen des Anspruchs im konkreten Fall erforderlich waren.[294] Konkret wurde dem Besichtigungsschuldner aufgegeben, die zu besichtigende **Maschine in Betrieb zu nehmen.** Vergleichbares wird man annehmen müssen, wenn bei einem Computerprogramm einzelne Teile, die für den Verletzungsnachweis zwingend erforderlich sind, durch ein Passwort geschützt sind. Sind Inbetriebnahme und Passwortangabe durch den Sachverständigen möglich, sind die Verpflichtungen jedoch auf Instruktion oder Herausgabe an den Sachverständigen zu beschränken.[295] Insgesamt wird man dem Besichtigungsschuldner aufgeben können, sämtliche solcher **„Zugangshindernisse"**[296] zu beseitigen. Eine allgemeine Verpflichtung, dem Sachverständigen, „notwendige Auskünfte" für die In- und Außerbetriebnahme der Vorrichtung zu erteilen, hat das LG Düsseldorf indes mit dem Verweis auf die bloße Duldungspflicht jedoch verneint.[297]

Über den **engen Ausnahmefall** hinaus, dass die Duldung und damit die Besichtigung ohne **132** Mitwirkung des Besichtigungsschuldners überhaupt nicht erfolgen kann, wird man weitere wünschenswerte, aber nicht erforderliche Mitwirkungspflichten allerdings verneinen müssen. Materiellrechtlich geschuldet ist lediglich die Besichtigung, nicht die aktive Teilnahme hieran. Prozessual ist ebenfalls nur die Duldung der Besichtigung, nicht aber deren Durchführung durch den Schuldner selbst durchsetzbar.

Antragstellung. In der Praxis ist es angesichts der vielen denkbaren Formen der Besichtigung von **133** entscheidender Bedeutung, bereits bei Antragstellung die vermutlich notwendigen Besichtigungsmaßnahmen sowie ggf. die Mitwirkungspflichten des Besichtigungsschuldners **möglichst präzise zu erfassen** und **vollständig in den Antrag aufzunehmen.**[298] Zum einen gibt dies das allgemeine Bestimmtheitsgebot des § 253 Abs. 2 Nr. 2 vor.[299] Dies erfordert, wenn auch nicht die konkrete Bezeichnung der betreffenden Unterlagen oder Gegenstände, zumindest die Definierung solcher abstrakter Kriterien, die diese bei der Besichtigung zweifelsfrei identifizierbar machen.[300] Ferner ist der Antrag auf das zu beschränken, was für die Verletzungsprüfung von Bedeutung ist.[301] Zum anderen bestimmt und begrenzt die gerichtliche Beweisanordnung den Besichtigungsumfang. Bei Unklarheiten

---

[288] BGH GRUR 1985, 512 – Druckbalken.
[289] BT-Drs. 16/5048, 41.
[290] *Fitzner/Kather* VPP-Rundbrief Nr. 2/2009, 58 (60).
[291] *Kather/Fitzner* Mitt. 2010, 325 (326); *Kühnen* Mitt. 2009, 211 (213 f.).
[292] *Benkard/Grabinski/Zülch* § 140c Rn. 15; *Müller-Stoy* Mitt. 2009, 361 (365).
[293] BGH WuM 2007, 209; vgl. auch *Kühnen* Mitt. 2009, 211 (214).
[294] LG Düsseldorf 27.5.2008 – 4a O 129/08; vgl. hierzu *Fitzner/Kather* VPP-Rundbrief 2/2009, 58 (60).
[295] *Kühnen* B. Rn. 115, Fn. 121.
[296] *Benkard/Grabinski/Zülch* § 140c Rn. 28.
[297] LG Düsseldorf 14.10.2020 – 4a O 85/20. Interessanterweise hat das LG Düsseldorf dort gleichzeitig festgehalten, dass man durchaus – allerdings nur wahlweise als Alternative zur Duldung – eine Demontage durch den Antragsteller selbst beantragen könne, sollte dieser andernfalls etwa Beschädigungen fürchten.
[298] Instruktiv: OLG Karlsruhe BeckRS 2011, 18386; vgl. a. *Fitzner/Kather* VPP-Rundbrief 2/2009, 58 (60).
[299] OLG Hamm GRUR-RR 2013, 306 – Vorbereitender Besichtigungsanspruch.
[300] *Kühnen* B. Rn. 75.
[301] *Deichfuß* GRUR 2015, 436 (438).

riskiert der Antragsteller eine Verweigerung der Herausgabe bzw. Mitwirkung durch den Besichtigungsschuldner, mit der Folge, dass eine Nachbesichtigung erforderlich ist. Der Überraschungseffekt ist dann insoweit verpufft und es besteht die Gefahr der Beweisvereitelung.[302] In **Vorbereitung** der Antragstellung sollte daher mit dem Mandanten und ggf. weiteren technischen Experten durchgesprochen werden, was im Einzelnen für eine erfolgreiche Begutachtung erforderlich ist. Ferner sollte die **Auswahl des Sachverständigen** sorgfältig erfolgen, sodass gewährleistet ist, dass dieser über die notwendigen praktischen Kenntnisse verfügt, die Besichtigung bei Verweigerung jeglicher Mitwirkungen auch ohne Mithilfe des Besichtigungsschuldners durchzuführen, er also Kenntnis über die entsprechenden Maschinen etc hat.

134   Bei Zweifeln hinsichtlich des Umfangs von Mitwirkungspflichten kann es sich im Einzelfall empfehlen, anstelle der Besichtigung die **Mitnahme der betreffenden Vorrichtung** zu beantragen. Ist dies nicht erfolgt, bleibt dem Antragsteller bei Verweigerung der Mitwirkung durch den Besichtigungsschuldner lediglich die Möglichkeit, den im materiell-rechtlichen Besichtigungsanspruch verankerten Mitnahme- bzw. Herausgabeanspruch gemäß § 883 ZPO durch Wegnahme der betroffenen Vorrichtung durch den Gerichtsvollzieher zu vollstrecken.[303] Dies bewegt den Besichtigungsschuldner ggf. doch noch zur freiwilligen und aktiven Mitwirkung. In jedem Fall ist dem Besichtigungsschuldner die Abwendung der Mitnahme durch eigene Inbetriebnahme etc zu gestatten.[304] Ist der Besichtigungsgegenstand bei der Besichtigung nicht vorhanden, kann der Besichtigungsschuldner ferner gemäß § 883 Abs. 2 zur eidesstattlichen Versicherung gezwungen werden, dass er keinen Besitz hieran hat und den Aufenthaltsort nicht kennt.[305]

135   **Standortbenennung.** Der Besichtigungsanspruch ist auf die Besichtigung einer Sache oder einer Gesamtheit konkreter Sachen gerichtet. Aus ihm lässt sich **kein Nachforschungs- und Durchsuchungsanspruch** ableiten. Denn der durch die spezialgesetzlichen Vorschriften begründete Anspruch setzt voraus, dass der Anspruchsgegner **Besitzer** der zu besichtigenden Sache ist. Der Anspruch zielt daher, im Unterschied etwa zur französischen *saisie contrefaçon*, nicht auf Ermittlungs- und Kontrollmaßnahmen, mit denen der Anspruchsteller erst ermitteln will, ob der Anspruchsgegner im Besitz der betreffenden Sache ist.[306]

136   Offen ist, ob der Besichtigungsanspruch zumindest die Verpflichtung zur **Benennung des Standorts** umfassen kann, an dem der mutmaßlich patentverletzende Gegenstand sich befindet. Hier wird man zwei Konstellationen auseinander zu halten haben.

137   Zum einen mag es sein, dass der zu besichtigende Gegenstand sich **nicht (mehr) im Besitz des Besichtigungsschuldners** befindet. Für diese Konstellation hat das OLG Düsseldorf es zumindest nicht für ausgeschlossen gehalten, dass – dort aus § 809 BGB – ein Anspruch auf Nennung des Standorts bestehen kann, jedenfalls soweit für den Antragsteller keine anderen zumutbaren Möglichkeiten zum Nachweis der Rechtsverletzung bestehen.[307] Auf Grundlage der spezialgesetzlichen Vorschriften, die Besitz des Besichtigungsgläubigers verlangen, scheidet dies angesichts des Besitzerfordernisses jedoch wohl aus.[308] Auch § 809 BGB richtet sich lediglich gegen den Besitzer einer Sache.

138   Befindet sich der Gegenstand hingegen im Besitz des Besichtigungsschuldners, sind die spezialgesetzlichen Vorschriften sowie § 809 BGB grundsätzlich einschlägig. Die Benennung des Standorts des zu besichtigenden Gegenstandes ist gleichwohl Aufgabe des Antragstellers und von diesem darzulegen und glaubhaft zu machen (→ Rn. 94). Benennt er ein bestimmtes Betriebsgelände oÄ, sollten die Anforderungen hieran jedoch nicht zu hoch geschraubt werden, es sei denn, die Anwesenheit des Besichtigungsgegenstandes wird durch den Besichtigungsschuldner bestritten.

---

[302] Für ein Formulierungsbeispiel vgl. *Kühnen* B. Rn. 125.
[303] Vgl. hierzu *Fitzner/Kather* VPP-Rundbrief 2/2009, 58 (60); *Fitzner/Lutz/Bodewig/Voß* § 140c Rn. 61; ferner OLG Düsseldorf 17.1.2014 – I-2 W 43/13, und *Kühnen* B. Rn. 81, die sich für eine analoge Anwendung von § 883 aussprechen. Hierfür spricht, dass es sich beim auf den Besichtigungsanspruch gestützten Herausgabeanspruch nicht um einen dauerhaften, sondern lediglich um einen auf vorübergehende Überlassung gerichteten Anspruch handelt, siehe OLG Düsseldorf und *Kühnen* B. Rn. 81, die insoweit von einer „kleinen" Wegnahme sprechen. Dies gilt indes nur, soweit die Besichtigungsanordnung auf einem materiell-rechtlichen Besichtigungsanspruch (§ 809 BGB oder die spezialgesetzlichen Vorschriften im gewerblichen Rechtsschutz) beruhen. Ein reines selbständiges Beweisverfahren kennt keine Zwangsmaßnahmen, vgl. OLG Düsseldorf sowie *Kühnen* B. Rn. 81. Die dort in Fn. 18 aufgeworfene Frage nach der Vollstreckung bezieht sich (wohl) nur auf den Fall, dass eine Mitnahme nicht ausdrücklich beantragt und durch das Gericht ausgesprochen wurde, sondern der materiell-rechtliche Besichtigungsanspruch allein auf Vorlage des Besichtigungsgegenstands gerichtet ist. Auch wenn dieser Anspruch auf derselben Anspruchsgrundlage (§ 809 BGB oder die spezialgesetzlichen Vorschriften) fußt wie der (vorübergehende) Herausgabeanspruch, fehlt für eine (analoge) Anwendung von § 883 hier die Grundlage. Die Vollstreckung richtet sich in diesem Fall daher nach § 890, wobei wegen der Vereitelungsgefahr bei vorheriger Anhörung § 892 Anwendung finden sollte → Rn. 161.
[304] So auch *Kühnen* B. Rn. 115, Fn. 121.
[305] OLG Düsseldorf 17.1.2014 – I-2 W 43/13; *Kühnen* B. Rn. 81.
[306] Vgl. BGH GRUR 2004, 420 (421) – Kontrollbesuch.
[307] Vgl. OLG Düsseldorf GRUR-RR 2003, 327 – Raumkühlgerät.
[308] So auch *Rinken* GRUR 2015, 745 (752); offener wohl *Kühnen* B. Rn. 72.

bb) Vorlage von Urkunden.
Neben der Besichtigung einer Sache gewähren die spezialgesetzlichen Sondervorschriften ferner einen, ebenfalls mittels einstweiliger Verfügung durchsetzbaren, Anspruch auf Vorlage einer Urkunde.

Begriff der Urkunde. Eine **Urkunde** im Sinne der Spezialvorschriften ist jede durch Niederschrift verkörperte Gedankenerklärung, die geeignet ist, aufgrund ihres Inhalts eine Schutzrechtsverletzung in tatsächlicher Hinsicht aufzuklären oder zu beweisen. Dies gilt zunächst für den Fall, dass die Urkunde Aussagen über die **technische Ausgestaltung** eines wahrscheinlich schutzrechtsverletzenden Gegenstandes beinhaltet. Insoweit kommen ua Bedienungsanleitungen, Angebotsunterlagen oder Werbematerial in Betracht.[309] Eine Urkunde besitzt ferner Eignung zur Aufklärung einer Schutzrechtsverletzung, wenn sich ihr Inhalt auf das Vorliegen einzelner Verletzungshandlungen, also etwa **Angebots-, Liefer- oder Herstellungsakten** bezieht. Auch insoweit kommen Angebotsunterlagen, Werbematerial etc, jedoch auch Lieferscheine, Rechnungen etc, die selbst keine technischen Einzelheiten über den Besichtigungsgegenstand enthalten, in Betracht. Ferner erstreckt sich der Anspruch auf technische Aufzeichnungen, Konstruktionszeichnungen, Begleitdokumente technischen Inhalts, Bedienungsanleitungen, Fotodokumentationen und vergleichbare Gegenstände.

Bank-, Finanz- und Handelsunterlagen. Daneben besteht bei hinreichender Wahrscheinlichkeit einer in gewerblichem Ausmaß begangenen Rechtsverletzung Anspruch auf Unterlagen, die nicht zwingend im Zusammenhang mit der Verletzung stehen müssen, sondern ggf. (nur) im Hinblick auf den damit verursachten Schaden relevant sind, nämlich **Bank-, Finanz- oder Handelsunterlagen**. Unabhängig von der äußeren Form (Papierform oder elektronisch gespeichert) sind Bank-, Finanz- und Handelsunterlagen beispielsweise Buchungsbelege, Bilanzen, Kontoauszüge, Buchführungsunterlagen, Jahres- und Einzelabschlüsse, Kreditverträge, Kosten- und Gewinnkalkulationen. Bei elektronischer Speicherung bedeutet der Vorlageanspruch, dass die Daten auf einen Träger gespeichert werden und dieser ausgehändigt wird.[310]

Hinsichtlich des für die Vorlage von Bank-, Finanz- oder Handelsunterlagen notwendigen **gewerblichen Ausmaßes** sieht die Durchsetzungsrichtlinie, auf deren Art. 6 Abs. 2 der Vorlageanspruch zurückzuführen ist, in Erwägungsgrund (14) vor, dass dies stets dann der Fall ist, wenn die Rechtsverletzung „zwecks Erlangung eines unmittelbaren oder mittelbaren wirtschaftlichen oder kommerziellen Vorteils vorgenommen wird". Ferner ist dem Erwägungsgrund zu entnehmen, dass das gewerbliche Ausmaß (daher) regelmäßig nur bei in gutem Glauben handelnden Endverbrauchern fehlt. Vor diesem Hintergrund wird man bei richtlinienkonformer Auslegung ein gewerbliches Ausmaß regelmäßig nur dann verneinen können, wenn die Handlung innerhalb des privilegierten Bereichs des § 11 Nr. 1 PatG[311], bzw. außerhalb des Patentrechts in einem vergleichbaren nicht-gewerblichen Rahmen vorgenommen wird. Die damit regelmäßig bereits mit der Schutzrechtsverletzung einhergehende Bejahung dieses nach der Gesetzessystematik eigentlich unter zusätzlichen Voraussetzungen stehenden Tatbestandes wird man dabei hinnehmen müssen.[312]

Gewissermaßen als Ausgleich ist so angezeigt, die **Erforderlichkeit** und **Verhältnismäßigkeit** der Vorlage von Bank-, Finanz- und Handelsunterlagen sorgfältig zu prüfen. Regelmäßig werden diese Unterlagen zur Frage der Rechtsverletzung keinen Beitrag leisten. Soweit mit ihrer Hilfe lediglich die Höhe eines möglichen Anspruchs beziffert werden soll, ist es, insbesondere angesichts der üblicherweise bestehenden besonderen Vertraulichkeit dieser Unterlagen, angezeigt, eine Vorlage erst dann anzuordnen, wenn über den Anspruchsgrund bereits Gewissheit, zumindest aber eine sehr hohe Wahrscheinlichkeit hierfür besteht.[313] Aus Gründen der besonderen Vertraulichkeit sollte im Regelfall auch eine Vorlage an den Gläubiger ausgeschlossen sein. Stattdessen bietet sich die Anordnung der Verwahrung der Geschäftsunterlagen durch einen **neutralen Dritten** (zB Gerichtsvollzieher) an.[314]

Vorlage. Gemäß den gesetzlichen Spezialvorschriften kann die Vorlage von Urkunden verlangt werden. Dies setzt voraus, dass **von ihrem Inhalt Kenntnis genommen werden kann**. Umfasst wird daher auch die Verwendung technischer Hilfsmittel zur Wahrnehmung des Urkundeninhalts. Aus dem Telos ergibt sich ferner, dass der Begriff der Vorlage auch die **vorübergehende Aushändigung** an den Gläubiger bzw. im Regelfall an den Sachverständigen als einen neutralen Dritten umfasst, damit hiervon – bei entsprechender gerichtlicher Gestattung, an die im Antrag gedacht werden sollte – auf Kosten des Gläubigers Kopien erstellt werden können.[315] Eine dauerhafte Aushändigung an den Gläubiger wird indes in der Regel ausgeschlossen sein, da der Besichtigungsschuldner am fortbestehen-

---

[309] Vgl. *Kühnen* B. Rn. 74 ff.; *Kühnen* Mitt. 2009, 211 (214). Str. hinsichtlich Konstruktionszeichnungen, vgl. *Kühnen* B. Rn. 74 einerseits (keine Urkunden, sondern Sachen) sowie *Müller-Stoy* Mitt. 2009, 361 (364) andererseits.
[310] *Kühnen* Mitt. 2009, 211 (214).
[311] *Kühnen* B. Rn. 77.
[312] So auch Benkard/*Grabinski*/*Zülch* § 140c Rn. 19.
[313] Ähnlich *Kühnen* B. Rn. 76.
[314] *Kühnen* B. Rn. 79.
[315] *Kühnen* B. Rn. 73.

den Besitz seiner Unterlagen ein berechtigtes Interesse haben wird, was der Verhältnismäßigkeit einer dauerhaften Übergabe meist entgegen stehen wird.

145 **j) Erfüllung des Besichtigungsanspruchs.** Verläuft die Besichtigung nicht erfolgreich, stellt sich die Frage, inwieweit – auf Grundlage der bereits erlassenen Duldungsverfügung – die **Besichtigung wiederholt** werden kann oder ob es des Erlasses eines neuen Titels und damit der Prüfung bedarf, ob der Besichtigungsanspruch fortbesteht. Ausschlaggebend ist dabei, ob durch die erste Besichtigung bereits **gemäß § 362 Abs. 1 BGB Erfüllung** hinsichtlich des materiellen Besichtigungsanspruchs eingetreten ist.[316] Diese Frage hat hohe praktische Bedeutung, da bei Verneinung der Erfüllung der Besichtigungsgläubiger auf Grundlage eines einmal erlangten Titels mehrfach und wiederholt besichtigen könnte, bis er das gewünschte Ergebnis erlangt hat, damit aber erheblich und wiederholt in den Betriebsablauf des Besichtigungsschuldners eingreift. Dennoch ist sie sowohl in Rechtsprechung als auch Literatur bisher kaum behandelt worden.[317]

146 Eine pauschale Beantwortung verbietet sich. Vielmehr ist im **Einzelfall** zu fragen, ob der **Leistungserfolg** der Besichtigung bereits eingetreten ist oder nicht.[318] Dieser liegt in der Besichtigung des betroffenen Besichtigungsgegenstands. Hieran fehlt es, wenn der zu besichtigende Gegenstand sich gar **nicht am Besichtigungsort** befunden hat. Die bisherige Besichtigungsverfügung kann daher Grundlage für eine erneute Besichtigung sein[319]; sie ist de facto keine „erste" Besichtigung.[320] Gleiches gilt, wenn der **Besichtigungsgegenstand nicht vollständig vorlag,** also die Besichtigung nur teilweise durchgeführt werden konnte, etwa weil bestimmte Teile des Besichtigungsgegenstandes entfernt wurden.[321] Hierunter wird man auch den Fall subsumieren können, bei dem der Besichtigungsgegenstand zwar formal vollständig vorhanden, aber **nicht zusammengebaut oder betriebsfähig ist**[322] – soweit dies für die Besichtigung erforderlich ist und nicht durch den Sachverständigen selbst erfolgen kann. Kann dies zwar grundsätzlich, aber nicht vor Ort durch den Sachverständigen erfolgen, sollte von vornherein anstelle der Besichtigung die **Mitnahme der betreffenden Vorrichtung** beantragt werden.[323]

147 *Eck/Dombrowski*[324] unterscheiden hiervon die ähnliche Fallgruppe des sog. nicht funktionierenden Besichtigungsgegenstands, worunter eine zwar vollständig vorhandene, aber **nicht funktionsfähige Vorrichtung** verstanden wird, etwa wenn die für den Betrieb notwendig Software nicht vorhanden ist. Streng genommen handelt es sich hierbei um eine Sonderform des nicht betriebsfähigen Besichtigungsgegenstands. Es sind daher dieselben Wertungen maßgeblich. Ist die Funktionsfähigkeit entscheidend für den Besichtigungserfolg, dh kommt es auf den Betriebszustand an[325], ist der Leistungserfolg noch nicht eingetreten. Insoweit ist auch die Wertung des § 485 Abs. 3 iVm § 412 Abs. 1 zu berücksichtigen, der eine erneute Begutachtung im Rahmen des selbständigen Beweisverfahrens nur zulässt, wenn – nach abgeschlossener erster Begutachtung – feststeht, dass das Gutachten ungenügend ist.[326] Auch eine Wiederholung der Begutachtung nach § 485 setzt daher eine erneute gerichtliche Entscheidung voraus, die wiederum davon abhängig ist, dass zunächst die erste Begutachtung bis zum Abschluss des Sachverständigengutachtens zu Ende geführt worden ist.[327]

148 War der Besichtigungsgegenstand indes **vollständig vorhanden** und konnte dieser auch hinsichtlich sämtlichen für die Begutachtung der Schutzrechtsverletzung relevanten Tatsachen besichtigt werden, ist dies aber tatsächlich nicht bzw. nur unvollständig geschehen, ist der Leistungserfolg der Besichtigung dennoch eingetreten. In diesen Fällen der **„defizitären Besichtigung"**[328] hat der Besichtigungsschuldner alles von ihm Geforderte geleistet. Es tritt daher Erfüllung ein. Gleiches gilt, wenn bestimmte Tatsachen objektiv nicht feststellbar waren.

149 Angesichts bisher lediglich spärlicher Rechtsprechung tritt in der **Praxis** für den **Antragsteller** die Schwierigkeit auf, welcher Weg bei einer (teilweise) fehlgeschlagenen ersten Besichtigung einzuschlagen ist. Bei Beantragung einer neuen Besichtigungsverfügung riskiert man die Abweisung des Antrags wegen fehlenden Rechtsschutzinteresses, sollte das Gericht der Auffassung sein, die bisherige Besichtigungsverfügung sei taugliche Grundlage auch für eine erneute Besichtigung.[329] Ferner besteht die

---

[316] *Eck/Dombrowski* FS 50 Jahre BPatG, 2011, 169 (174).
[317] Soweit ersichtlich lediglich OLG Karlsruhe BeckRS 2011, 18386 sowie *Eck/Dombrowski* FS 50 Jahre BPatG, 2011, 169 (172 ff.).
[318] Palandt/*Grüneberg* § 362 Rn. 2.
[319] So wohl auch OLG Karlsruhe BeckRS 2011, 18386, das bereits bei lediglich unvollständig vorliegendem Besichtigungsgegenstand eine erneute Besichtigung auf Grundlage des bisherigen Titels bejaht.
[320] *Eck/Dombrowski* FS 50 Jahre BPatG, 2011, 169 (181).
[321] OLG Karlsruhe BeckRS 2011, 18386.
[322] *Eck/Dombrowski* FS 50 Jahre BPatG, 2011, 169 (181).
[323] → Rn. 52 f.
[324] Vgl. *Eck/Dombrowski* FS 50 Jahre BPatG, 2011, 169 (182).
[325] Etwa bei einem Verfahrenspatent oder der Frage nach der Eignung eines bestimmten Mittels iSd § 10 PatG.
[326] → Rn. 80.
[327] *Eck/Dombrowski* FS 50 Jahre BPatG, 2011, 169 (183).
[328] *Eck/Dombrowski* FS 50 Jahre BPatG, 2011, 169 (184).
[329] OLG Karlsruhe BeckRS 2011, 18386.

Gefahr, dass bei zu langem Zuwarten die zeitliche Dringlichkeit verneint werden könnte.[330] Umgekehrt riskiert man bei erneuter Besichtigung auf Grundlage der ersten Besichtigungsverfügung eine Weigerung bzw. das Einlegen von Rechtsbehelfen des Besichtigungsschuldners gegen die Besichtigungsverfügung.[331] Je nach Notwendigkeit und Wichtigkeit einer weiteren Besichtigung wird man daher ggf. erwägen müssen, beide Wege parallel zu bestreiten, um zum Erfolg zu gelangen. Auf Seiten des **Antragsgegners** wiederum kann es sich empfehlen, den Antragsteller nach erfolgter erster Besichtigung dazu aufzufordern, die Erfüllung der Besichtigung zu erklären und die Herausgabe der Besichtigungsverfügung zu verlangen.[332]

2. Verfügungsgrund. a) Dringlichkeit. Der Erlass einer einstweiligen Verfügung bedarf neben einem Verfügungsanspruch nach §§ 935, 940 grundsätzlich auch eines Verfügungsgrundes.[333] Eine vorläufige Regelung des Sachverhalts muss zur Abwendung einer Gefährdung der Gläubigerinteressen notwendig sein, weil der Anspruch ohne sofortige Gewährung vereitelt oder wesentlich erschwert werden könnte.[334] Daraus wird das Erfordernis **Dringlichkeit** abgeleitet, das sich wiederum aus der Dringlichkeit im zeitlichen Sinne sowie einer Interessenabwägung zusammensetzt. 150

b) Insbesondere: Zeitliche Dringlichkeit. Besonderheiten ergeben sich im Besichtigungsverfahren im Zusammenhang mit der **zeitlichen Dringlichkeit.** Dieses Erfordernis ist in der Regel nur dann erfüllt, wenn der Gläubiger mit der Einreichung seines Verfügungsantrags nach Kenntnis aller maßgeblichen Umstände nicht zu lange zugewartet hat[335] und auch in einem bereits laufenden Verfahren hinreichend zügig handelt, weil er sonst demonstriert, dass ihm die Angelegenheit nicht dringlich ist und er damit auch auf das Hauptsacheverfahren verwiesen werden kann.[336] 151

An der Anwendung dieser Grundsätze im Besichtigungsverfahren bestehen erhebliche Zweifel. Entsprechend **umstritten** sind sowohl Grundsatz als auch Einzelheiten.[337] An **höchstrichterlicher Rechtsprechung fehlt es** bisher.[338] 152

In der **Instanzrechtsprechung** stehen sich maßgeblich das OLG Köln und das OLG Karlsruhe auf der einen, und das OLG Düsseldorf sowie das OLG Frankfurt a. M. auf der anderen Seite gegenüber. Rechtlicher Aufhänger der Diskussion ist Art. 7 Abs. 1 S. 1 der Durchsetzungsrichtlinie[339] und die Frage, ob das dort verankerte Gebot schneller und wirksamer einstweiliger Maßnahmen zur Sicherung rechtserheblicher Beweismittel dem Erfordernis einer zeitlichen Dringlichkeit entgegensteht. 153

Das **OLG Köln**[340] befürwortet gemeinsam mit dem LG[341] und OLG Braunschweig[342] sowie dem KG[343] trotz Art. 7 Abs. 1 S. 1 der Durchsetzungsrichtlinie das **Erfordernis der zeitlichen Dringlichkeit.** Wartet der Antragsteller nach Kenntnisnahme der verdachtsbegründenden Umstände zu lange mit dem Antrag auf Durchführung eines Besichtigungsverfahrens, sei dieser wegen Fehlens eines Verfügungsgrundes zurückzuweisen.[344] Begründet wird dies – unter Berufung auf die Begrün- 154

---

[330] → Rn. 150 ff.
[331] Zu den einzelnen möglichen Rechtsbehelfen vgl. *Eck/Dombrowski* FS 50 Jahre BPatG, 2011, 169 (187 ff.).
[332] *Eck/Dombrowski* FS 50 Jahre BPatG, 2011, 169 (187).
[333] Zur Rechtsnatur des Verfügungsgrundes als Prozess- oder Sachurteilsvoraussetzung: → § 940 Rn. 65.
[334] Vgl. *Baumbach/Lauterbach/Albers/Hartmann* ZPO § 935 Rn. 16; *Thomas/Putzo/Reichold* § 935 Rn. 6. Das Erfordernis der Dringlichkeit hat auch in Ansehung der Durchsetzungsrichtlinie im gewerblichen Rechtsschutz nicht an Bedeutung verloren: → § 935 Rn. 62.
[335] *Baumbach/Lauterbach/Albers/Hartmann* ZPO § 940 Rn. 5.
[336] Zur zeitlichen Dringlichkeit im gewerblichen Rechtsschutz im Einzelnen: → § 935 Rn. 76 ff.
[337] Vgl. hierzu *Kreye* FS v. Meibom, 2010, 241 (245–247); *Köklü/Müller-Stoy* Mitt. 2011, 109 ff.; *Kühnen* GRUR 2005, 185 (194); *Tilmann* GRUR 2005, 737 (738).
[338] Ua weil die Rechtsbeschwerde im einstweiligen Verfügungsverfahren wegen § 542 Abs. 2 S. 1 zumindest durch den I. Zivilsenat (BGH GRUR 2003, 548) für unstatthaft erachtet wird; so auch OLG Nürnberg GRUR-RR 2016, 108 (109) – Dringlichkeitserfordernis bei Besichtigungsverfügungen, aA wohl der X. Zivilsenat, BGH GRUR 2010, 318 (319) – Lichtbogenschnürung. Eine im dortigen Verfahren angeregte Vorlage der Rechtsfrage beim EuGH hat also OLG Nürnberg GRUR-RR 2016, 108 (109) ebenfalls verneint. Dies erfolgte unter Verweis auf die Entscheidung des EuGH NJW 1983, 2751, die eine Ausnahme von der Vorlagepflicht für „summarische und eilbedürftige Verfahren" vorsieht. Der EuGH hat eine solche Ausnahme in der vom OLG Nürnberg zitierten Entscheidung allerdings nicht grundsätzlich vorgesehen, sondern lediglich in Fällen, in denen eine Überprüfung der Rechtsfrage in einem späteren Hauptsacheverfahren noch möglich ist. Hieran fehlt es im Besichtigungsverfahren hinsichtlich der Dringlichkeit jedoch gerade.
[339] Richtlinie 2004/48/EG.
[340] OLG Köln OLG-Report 2009, 258 = GRUR-RR 2009, 325 (nur Leitsatz); entschieden für eine Besichtigungsverfügung basierend auf § 101a Abs. 3 UrhG.
[341] LG Braunschweig GRUR-RS 2019, 27017 – Dringlichkeit im urheberrechtlichen Besichtigungsverfahren.
[342] OLG Braunschweig GRUR-RS 2019, 27018 – Anwaltliche Versicherung im einstweiligen Verfügungsverfahren.
[343] KG 17.8.2017 – 16 O 306/17.
[344] Im konkreten Fall hatte der Besichtigungsgläubiger den Besichtigungsantrag allerdings erst ca. zweieinhalb Jahre nach Kenntnis derjenigen Umstände gestellt, die eine mutmaßliche Verletzung seiner Urheberrechte begründeten.

dung des Entwurfs des Durchsetzungsgesetzes der Bundesregierung[345] – mit dem Verweis auf den auch in Art. 3 Abs. 2 der Durchsetzungsrichtlinie verankerten Verhältnismäßigkeitsgrundsatz.[346] Dem hat sich auch das **OLG Nürnberg** angeschlossen.[347] Vor diesem Hintergrund könne, so auch das **OLG Karlsruhe**, auch nicht davon ausgegangen werden, dass der Verweis der Spezialvorschriften wie etwa § 140c Abs. 3 PatG[348] auf das einstweilige Verfügungsverfahren die erforderliche Dringlichkeit fingiere bzw. entbehrlich mache. Vielmehr folge aus der Tatsache, dass der Besichtigungsanspruch grundsätzlich auch im Hauptsacheverfahren durchgesetzt werden kann, dass eine Geltendmachung im Verfügungsverfahren die Erfüllung sämtlicher Voraussetzungen für den Erlass einer einstweiligen Verfügung erfordere.[349] Allerdings, so das OLG Karlsruhe weiter, dürften mit Blick auf Art. 7 der Durchsetzungsrichtlinie und der immanenten Gefahr eines Beweismittelverlustes die Anforderungen an die Dringlichkeit nicht überspannt werden. Ein Zuwarten mit der Einreichung des Besichtigungsantrags sei großzügiger zu behandeln als im Fall von Anträgen, die auf die Erlangung einer Unterlassungsverfügung gerichtet sind. **Im Regelfall** sei daher **von einer Dringlichkeit auszugehen.** Im konkret entschiedenen Fall wurde dies bei einem Zeitraum von 6 Wochen zwischen Kenntniserlangung über die den Verletzungsverdacht begründenden Umstände und der Antragstellung bejaht.[350]

155 Demgegenüber halten der **20. Zivilsenat des OLG Düsseldorf**[351] für das Urheberrecht sowie der **2. Zivilsenat des OLG Düsseldorf**[352] für das Patentrecht das Vorliegen einer zeitlichen Dringlichkeit für entbehrlich und die Besichtigungsverfügung bei Vorliegen der übrigen materiellen Tatbestandsvoraussetzungen für gewährbar.[353] Die Verweise der spezialgesetzlichen Vorschriften wie § 140c Abs. 3 PatG und § 101a Abs. 3 UrhG hätten nicht nur die Funktion, im Verfahren auf Erlass einer einstweiligen Verfügung eine Vorwegnahme der Hauptsache in Gestalt der endgültigen Erfüllung des Besichtigungsanspruchs zuzulassen, sondern **fingierten** auch die ansonsten näher festzustellende **Dringlichkeit**.[354] Das Gesetz selbst bestimme nirgendwo, dass ein Verfügungsgrund stets zu verneinen sei, wenn mit der Beantragung der einstweiligen Verfügung zu lange gewartet wird.[355] Soweit dies in der Praxis vor allem für Unterlassungsverfügungen regelmäßig angenommen werde, sei dies der begehrten Rechtsfolge, dh dem schnellen Erlangen eines vollstreckbaren Titels geschuldet. Im Falle der Besichtigung liege das besondere Interesse des Antragstellers jedoch darin, den Antragsgegner nicht durch eine Beteiligung am Verfahren in die Lage zu versetzen, die zu sichernden Beweismittel zu vernichten. Würde der Antragsteller auf den Klageweg verwiesen, wäre der Besichtigungsschuldner **vorgewarnt** und es bestünde die Gefahr, dass der Antragsteller seinen Anspruch überhaupt nicht mehr durchsetzen könne. Die Ablehnung des Verfügungsgrundes wegen längeren Zuwartens würde damit zur **endgültigen Verweigerung des Besichtigungsanspruchs** führen.[356] Ein Verfügungsgrund sei daher auch unabhängig von zeitlicher Dringlichkeit gegeben. Lediglich in Ausnahmefällen, bei denen feststehe, dass eine Beseitigung von Beweismitteln ausgeschlossen ist, könne eine Zurückweisung wegen zu langem Zuwarten daher in Betracht kommen.[357] Das **OLG Frankfurt a. M.** hat sich dem ursprünglich angeschlossen[358], die Rechtsfrage jedoch zuletzt[359] wieder offengelassen und ist ähnlich dem OLG Karlsruhe von einer bloß tatsächlichen, also widerlegbaren Vermutung ausgegangen.

156 Letztlich geht es bei der Diskussion mithin gar nicht so sehr um die Frage, ob die gesetzlichen Spezialvorschriften oder Art. 7 der Durchsetzungsrichtlinie dem Erfordernis der zeitlichen Dringlichkeit kategorisch entgegenstehen oder nicht. Wie das OLG Düsseldorf zutreffend ausführt[360], ist ja auch in den §§ 935, 940 das Erfordernis der zeitlichen Dringlichkeit nicht explizit erwähnt. Entscheidend ist

---

[345] BT-Drs. 16/5048, 28.
[346] So auch *Eck/Dombrowski* GRUR 2008, 387 (392 f.); *Zöllner* GRUR-Prax 2010, 74 (76); iE auch *Peukert/Kur* GRUR-Int 2006, 292 (300).
[347] OLG Nürnberg GRUR-RR 2016, 108 (109) – Dringlichkeitserfordernis bei Besichtigungsverfügungen.
[348] Der konkrete Fall basierte auf § 140c PatG.
[349] OLG Karlsruhe BeckRS 2011, 18386.
[350] OLG Karlsruhe BeckRS 2011, 18386.
[351] OLG Düsseldorf GRUR-RR 2011, 289 – Später Besichtigungsantrag.
[352] OLG Düsseldorf InstGE 12, 105 (106) = BeckRS 2010, 18850 – Zuwarten mit Besichtigungsanspruch.
[353] OLG Düsseldorf InstGE 12, 105 (106) = BeckRS 2010, 18850 – Zuwarten mit Besichtigungsanspruch; im konkret entschiedenen Fall hatte der Besichtigungsgläubiger mit der Einreichung seines Besichtigungsantrags ca. 8 Monate zugewartet; der 20. Zivilsenat führt in seiner Begründung in erster Linie die Funktion der Duldungsverfügung im Rahmen eines Besichtigungsverfahrens an.
[354] OLG Düsseldorf GRUR-RR 2011, 289 f. – Später Besichtigungsantrag.
[355] OLG Düsseldorf InstGE 12, 105 (106) = BeckRS 2010, 18850 – Zuwarten mit Besichtigungsanspruch.
[356] OLG Düsseldorf GRUR-RR 2011, 289 f. – Später Besichtigungsantrag; OLG Frankfurt a. M. BeckRS 2011, 18385. So auch LG Kassel 1 O 527/09 unter Verweis darauf, dass sich der Verfügungsgrund im Besichtigungsverfahren bereits aus der Beweisvereitelungsgefahr ergebe.
[357] OLG Düsseldorf InstGE 12, 105 (106) = BeckRS 2010, 18850 – Zuwarten mit Besichtigungsanspruch.
[358] OLG Frankfurt a. M. BeckRS 2011, 18385; basierend auf § 809 BGB.
[359] OLG Frankfurt a. M. GRUR-RS 2019, 47064.
[360] OLG Düsseldorf InstGE 12, 105 (106) = BeckRS 2010, 18850 – Zuwarten mit Besichtigungsanspruch.

daher hier wie dort die innerhalb des Verfügungsgrundes geforderte Interessenabwägung. Hierbei kommt der zeitlichen Komponente aufgrund der vom OLG Düsseldorf und OLG Frankfurt a. M. angeführten Gründe im Besichtigungsverfahren jedoch nicht derselbe Wert wie bei einer Unterlassungsverfügung zu. Daher wird man die Dringlichkeit im Besichtigungsverfahren **regelmäßig vermuten** können und müssen.[361] Lediglich in Ausnahmefällen, etwa wenn eine **Beseitigung oder Veränderung des betroffenen Beweismittels ausgeschlossen** ist, kann diese Vermutung im Einzelfall einmal widerlegt sein.[362] An einen solchen Fall ist zB bei einem Sachverhalt zu denken, wie er der Entscheidung des **OLG Köln** zu Grunde lag.[363] Dort lagen zum einen über zwei Jahre zwischen Abmahnung durch den Antragsteller und Besichtigungsantrag und zum anderen hatte zwischenzeitlich der Antragsgegner negative Feststellungsklage erhoben, sodass davon ausgegangen werden konnte, dass dieser zum Nachweis der Nichtverletzung selbst entsprechende Beweismittel gesichert und vorgelegt hatte.[364] Ähnlich ist der Fall eines zweiten Antrags auf Erlass einer Besichtigungsverfügung zu beurteilen, wenn die erste Besichtigung nicht erfolgreich war und eine erneute Besichtigung auf Grundlage der ersten Besichtigungsverfügung ausscheidet.[365] In diesem Fall hat der Besichtigungsschuldner aufgrund der ersten Besichtigung bereits Kenntnis von dem Besichtigungsbegehren und daher schon die Gelegenheit, den Besichtigungsgegenstand beiseite zu schaffen oder zu verändern.[366] Wartet der Besichtigungsgläubiger mit seinem zweiten Antrag unangemessen lang, fehlt es auch für das Besichtigungsverfahren an der zeitlichen Dringlichkeit.[367]

Im **Wettbewerbsrecht** hat die vorstehende Diskussion um die zeitliche Dringlichkeit aufgrund 157 ihrer tatsächlichen **Vermutung nach § 12 Abs. 2 UWG**[368] grundsätzlich keine Relevanz. Für die Widerlegung der Vermutung sind die obigen Gesichtspunkte jedoch entsprechend heranzuziehen.

3. Durchsuchungsanordnung nach § 758a. In der Praxis kommt es immer wieder vor, dass sich 158 der Schuldner einer gerichtlich angeordneten Besichtigung widersetzt, dh dem Sachverständigen bzw. den teilnahmeberechtigten Anwälten des Antragstellers den **Zutritt** zu seinen Geschäftsräumen oder die **Herausgabe** des zu besichtigenden Gegenstands **verweigert**. Es stellt sich dann die Frage, ob eine Vollstreckung des Besichtigungsbeschlusses ausreichend ist oder es daneben einer Durchsuchungsanordnung gemäß § 758a ZPO bedarf.

Aufgrund des **Durchsuchungscharakters** der Besichtigung wird im Falle der **Zutrittsverweige-** 159 **rung** regelmäßig eine Durchsuchungsanordnung gemäß § 758a erforderlich werden, es sei denn, sie ist wegen Gefahr in Verzug im Einzelfall entbehrlich (§ 758a Abs. 1 S. 2) oder der Antragsgegner willigt vor Ort doch noch in die Besichtigung ein (§ 758 Abs. 3 S. 1). Die Besichtigung erschöpft sich nicht im bloßen Betreten der Geschäftsräume, die vom verfassungsrechtlichen Wohnungsbegriff umfasst sind.[369] Das Betreten erfolgt vielmehr zum Zweck der ziel- und zweckgerichteten Suche nach dem Besichtigungsgegenstand zur Ermittlung eines nicht bereits nach § 291 ZPO offenkundigen Sachverhalts[370] und stellt daher eine „Durchsuchung" dar.[371] Dem Schuldner geht es bei der Weigerung gerade darum, die angeblich schutzrechtsverletzende Sache vor dem Gläubiger zu verbergen.[372] Soll die Vollstreckung des Besichtigungsbeschlusses zum Erfolg führen, bedarf es mithin daneben einer Durchsuchungsanordnung. Dies ist unbefriedigend, insbesondere in Fällen der Produktpiraterie im Marken- und Designrecht, wo ausreichend kriminelle Energie unterstellt werden kann, dass der durch die notwendige Durchsuchungsanordnung erlangte Zeitgewinn zur Beiseiteschaffung der schutzrechtsverletzenden Ware genutzt wird. De lege lata führt an § 758 jedoch kein Weg vorbei. Soweit dem entgegengehalten wird, dass der materiell-rechtliche Besichtigungsanspruch bereits das Recht zum Betreten des Belegenheitsort umfasse[373], kann dem nicht gefolgt werden. Der Gesetzgeber hat sich für

---

[361] So iE auch OLG Karlsruhe BeckRS 2001, 18386; Benkard/*Grabinski*/*Zülch* § 140c Rn. 21; vgl. a. LG München InstGE 13, 182 – Arzneimittelherstellung.

[362] Vgl. a. OLG Düsseldorf InstGE 12, 105 (106) = BeckRS 2010, 18850 – Zuwarten mit Besichtigungsanspruch; *Köklü*/*Müller-Stoy* Mitt. 2011, 109 ff.

[363] OLG Köln OLG-Report 2009, 258 = GRUR-RR 2009, 325 (nur Leitsatz); entschieden für eine Besichtigungsverfügung basierend auf § 101a Abs. 3 UrhG.

[364] Soweit das OLG Nürnberg GRUR-RR 2016, 108 – Dringlichkeit für Besichtigungsverfügungen, die Dringlichkeit schon bei knapp zwei Monaten zwischen Kenntnis möglicher Verletzungshandlungen und Antragstellung vereint hat, ist dies als zu streng abzulehnen.

[365] → Rn. 145 ff.

[366] *Eck*/*Dombrowski* FS BPatG, 2011 169 (186).

[367] *Eck*/*Dombrowski* FS BPatG, 2011 169 (186), die in diesem Fall auch an die Dringlichkeit die allgemeinen Anforderungen eines Verfügungsverfahrens stellen und den Antragsteller ansonsten wohl auf das Hauptsacheverfahren verweisen wollen.

[368] Hierzu → § 935 Rn. 70; zur Frage der analogen Anwendbarkeit im Markenrecht → § 935 Rn. 74.

[369] BVerfG NJW 2000, 943 (944); 1987, 2499.

[370] BVerfG NJW 1979, 1539; 1987, 2500 (2501); 2000, 943 (944); vgl. auch *Baumbach*/*Lauterbach*/*Albers*/*Hartmann* ZPO § 758a Rn. 5.

[371] BVerfGE 75, 318; BGH WuM 2006, 632; *Grabinski* FS Mes, 2009, 129 (137); *Kühnen* Rn. 119; für das Kennzeichenrecht vgl. iE auch LG Hamburg GRUR-RR 2014, 47.

[372] *Grabinski* FS Mes, 2009, 129 (138).

[373] *Ringer*/*Wiedemann* GRUR 2014, 229.

das Besichtigungsverfahren bewusst dagegen entschieden.[374] Wünschenswert wäre es indes, wenn die Gerichte (und Gerichtsvollzieher) bei der Bejahung von **Gefahr im Verzug** iSd § 758a Abs. 1 S. 2 großzügiger wären. Zumindest die Fälle professioneller Fälscherringe und Produktpiraterie könnten hierunter durchaus gefasst werden.

160 Gleiches gilt für die Vollstreckung der **Herausgabe** des Besichtigungsgegenstands an den Sachverständigen. Hier dient das Betreten der Geschäftsräume erst recht dem ziel- und zweckgerichteten Suchen.[375]

161 Da der Schwerpunkt der Besichtigung auf der Duldung liegt und das Zugänglichmachen der Räumlichkeiten hierzu lediglich einen Annex bildet, erfolgt die **Vollstreckung der Duldungsverfügung nach § 890** und nicht nach § 888.[376] Dabei sollte an § 892 und die Anwendung unmittelbaren Zwangs gedacht werden, wofür sich der Gerichtsvollzieher der Amtshilfe durch die Polizei bedienen kann. Ansonsten droht aufgrund der nach § 890 notwendigen Anhörung des Schuldners eine Beweisvereitelung.[377]

162 Für die Praxis wäre es wünschenswert, bereits vor Durchführung der Besichtigung eine **vorsorgliche Durchsuchungsanordnung** für den Fall zu beantragen, dass der Schuldner den Zutritt zu seinen Räumlichkeiten verweigert. Ein Rechtsschutzbedürfnis hierfür besteht jedoch erst dann, wenn der Zugang zuvor tatsächlich verweigert worden ist.[378] Daher sollte vor dem Beginn der Besichtigung ein entsprechender **Durchsuchungsantrag vorbereitet** werden, der erforderlichenfalls beim zuständigen Amtsgericht gestellt werden kann. Hierfür sollte ebenfalls bereits vor dem Beginn der Besichtigung Kontakt mit dem zuständigen Amtsrichter aufgenommen werden, um dessen Erreichbarkeit sicherzustellen und unnötigen Zeitverlust zu vermeiden. Wenn der Schuldner die Besichtigung vereitelt, kommt eine Anwendung der Grundsätze zur **Beweisvereitelung** nach § 371 Abs. 3 in Betracht.[379] Das gilt auch, wenn der Schuldner die Besichtigung zwar ohne Duldungsanordnung zulässt, dem Sachverständigen aber nicht die tatsächliche Produktionsanlage vorgeführt hat, sondern eine abgewandelte.[380]

163 In diesem Zusammenhang gilt es zu beachten, dass die Durchsuchung der Wohnung des Schuldners in der Zwangsvollstreckung gem. § 758a Abs. 1 S. 1 einer **Anordnung des Richters** bei dem Amtsgericht bedarf, in dessen Bezirk die Durchsuchung erfolgen soll. Damit besteht für die Durchsuchungsanordnung gem. §§ 758a Abs. 1 S. 1, 802 eine von den Patentstreitgerichten abweichende ausschließliche Zuständigkeit. Einer amtsgerichtlichen Anordnung bedarf es nicht, wenn gem. § 758a Abs. 1 S. 2 die Einholung der Anordnung den **Erfolg der Durchsuchung gefährden** würde (Gefahr im Verzug) und in den für die patentrechtliche Besichtigung irrelevanten Fällen des § 758a Abs. 2. Im patentrechtlichen Besichtigungsverfahren ist eine solche Gefährdung immer dann anzunehmen, wenn Anzeichen dafür bestehen, dass der Schuldner die Zeit bis zur Erwirkung der Durchsuchungsanordnung durch den Gläubiger dazu nutzen könnte, die zu besichtigende oder herauszugebende Sache beiseite zu schaffen oder derart zu manipulieren, dass die beabsichtigte Beweiserhebung gefährdet werden könnte.[381]

§ 486 Zuständiges Gericht

(1) **Ist ein Rechtsstreit anhängig, so ist der Antrag bei dem Prozessgericht zu stellen.**

(2) ¹**Ist ein Rechtsstreit noch nicht anhängig, so ist der Antrag bei dem Gericht zu stellen, das nach dem Vortrag des Antragstellers zur Entscheidung in der Hauptsache berufen wäre.** ²**In dem nachfolgenden Streitverfahren kann sich der Antragsteller auf die Unzuständigkeit des Gerichts nicht berufen.**

(3) **In Fällen dringender Gefahr kann der Antrag auch bei dem Amtsgericht gestellt werden, in dessen Bezirk die zu vernehmende oder zu begutachtende Person sich aufhält oder die in Augenschein zu nehmende oder zu begutachtende Sache sich befindet.**

(4) **Der Antrag kann vor der Geschäftsstelle zu Protokoll erklärt werden.**

---

[374] worauf auch *Ringer/Wiedemann* GRUR 2014, 229 (230) hinweisen, vgl. bezüglich der Nachweise dort Fn. 16. Das kann auch nicht mit der versuchten Abgrenzung zwischen einerseits dem vom Besichtigungsbegriff vermeintlich umfassten Zutrittsrecht und andererseits der Durchsuchung überwunden werden. Denn für die Frage der hinter § 758a stehenden und durch Art. 13 Abs. 1 GG geschützten Unverletzlichkeit der Wohnung ist die Eingriffsintensität zunächst irrelevant. Für beide Fälle bedarf es einer ausdrücklichen Ermächtigung. IE auch Benkard/*Grabinski/Zülch* § 140c Rn. 31.
[375] *Grabinski* FS Mes, 2009, 129 (138 f.).
[376] BGH MDR 2020, 1276 = BeckRS 2020, 226. Zu den Einzelheiten *Grabinski* FS Mes, 2009, 129 (134 ff.); *Kühnen* B. Rn. 115 Fn. 117. Anders die Vollstreckung des Vorlageanspruchs.
[377] → § 890 Rn. 40.
[378] OLG Köln MDR 1995, 850; LG Düsseldorf DGVZ 1998, 157; *Kühnen* B. Rn. 120.
[379] *Kühnen* Mitt. 2009, 211 (215).
[380] OLG Düsseldorf 25.4.2019 – 2 U 50/17, GRUR-RS 2019, 25285.
[381] Vgl. BVerfG NJW 2001, 1121; *Grabinski* FS Mes, 2009, 129 (139).

die derogierende Wirkung einer Schiedsklausel für den vorläufigen Rechtsschutz verneint wurde[18], die Unterlassungsverfügung. Der dort herangezogene Gedanke des effektiven Rechtsschutzes muss jedoch zumindest auch dann für die Durchsetzung des materiell-rechtlichen Besichtigungs- und Vorlageanspruchs gelten, wenn **anderweitig eine Beweisbeschaffung nicht** oder nicht unter zumutbarem Aufwand **möglich** ist. Dies ist vom Antragsteller im Einzelnen darzulegen. Die Schwelle wird man nicht zu niedrig ansetzen dürfen, da man sich mit der Gewährung einstweiligen Rechtsschutzes über die Parteiautonomie hinweg setzt. Wesentliche Bedeutung wird dabei auch dem **konkreten Inhalt der Schiedsabrede** zukommen. Eine pauschale Betrachtungsweise verbietet sich.

c) Nachträgliche Veränderung zuständigkeitsbegründender Umstände. Die nachträgliche Veränderung zuständigkeitsbegründender Tatsachen hat keinen Einfluss auf die einmal begründete Zuständigkeit des angerufenen Gerichts. Daher lässt eine **nachfolgende Einreichung einer Hauptsacheklage** die Zuständigkeit im Besichtigungsverfahren **in entsprechender Anwendung des § 261 Abs. 3 Nr. 2** unberührt.[19] Zwar ist § 261 Abs. 3 Nr. 2 im selbständigen Beweisverfahren nicht unmittelbar anwendbar, weil eine Rechtshängigkeit der Streitsache nicht eintritt. Es ist jedoch sachgerecht, den in § 261 Abs. 3 Nr. 2 niedergelegten Grundsatz auch auf das selbständige Beweisverfahren anzuwenden, weil das selbständige Beweisverfahren vor allem die Vermeidung bzw. die zügige Erledigung von Rechtsstreitigkeiten fördern soll und damit der Prozesswirtschaftlichkeit dient.[20] 11

Aus gleichem Grund wird die einmal bestehende Zuständigkeit des angerufenen Gerichts auch durch eine **nachträgliche Gerichtsstandsvereinbarung** nicht berührt. Eine bei Antragstellung **bereits bestehende Gerichtsstandsvereinbarung** bestimmt indes wirksam das Gericht der Hauptsache und damit auch die Zuständigkeit für das selbständige Beweisverfahren.[21] 12

2. Abs. 2 S. 2: Bindung im nachfolgenden Hauptsacheprozess. Folgt einem selbständigen Beweisverfahren ein Hauptsacheverfahren vor demselben Gericht, kann sich der frühere **Antragsteller** nach § 486 Abs. 2 S. 2 nicht auf eine de facto bestehende örtliche oder sachliche Unzuständigkeit dieses Gerichts berufen.[22] Das Gesetz bindet ihn *insoweit* im Interesse einer fortbestehenden Beweisunmittelbarkeit an seine Wahl im selbständigen Beweisverfahren. Umgekehrt ist der Antragsteller bei der Wahl des Gerichts für ein nachfolgendes Hauptsacheverfahren jedoch frei. Die **Bindung** tritt mithin **nur passiv** ein.[23] Dies ergibt sich aus dem Gesetzeswortlaut („kann sich auf die Unzuständigkeit (...) nicht berufen"). 13

Für die **Praxis** bedeutet das, dass der Besichtigungsgläubiger bei **nicht erfolgreichem Besichtigungsverfahren** und zwischenzeitlich anderweitig erfolgreicher Beweiserlangung nicht zwingend vor dem Gericht Hauptsacheklage erheben muss, das seinen Besichtigungsantrag zurückgewiesen hat. Dies kann beispielsweise relevant werden, wenn sich aus der Begründung des Gerichts im Besichtigungsverfahren ergibt, dass unabhängig des Besichtigungsergebnisses eine Verletzung des Schutzrechts aus rechtlichen Gründen ausscheidet. Der Antragsteller hat mithin die Möglichkeit, die entsprechende Rechtsfrage (zB die Auslegung des betreffenden Patents) im Hauptsacheverfahren vor einem **anderen Gericht** erneut prüfen zu lassen. 14

Eine Bindung des **Antragsgegners** an das Gericht des Beweisverfahrens besteht nicht. Auch wenn er im selbständigen Beweisverfahren die Zuständigkeit des angerufenen Gerichts für dieses Verfahren nicht gerügt hat, tritt **keine Prorogation** ein.[24] Das selbständige Beweisverfahren ist kein Hauptsacheverfahren iSd § 39. 15

III. Folgen der Unzuständigkeit

Bei **Unzuständigkeit des angerufenen Gerichts** ist auf Antrag gemäß § 281 Abs. 1 S. 1 der Rechtsstreit an das zuständige Gericht zu verweisen.[25] Die **Verweisung ist in entsprechender Anwendung des § 281 Abs. 2 S. 4 bindend.** Zwar ist § 281 Abs. 2 S. 4 im selbständigen Beweisverfahren nicht unmittelbar anwendbar, weil es kein Rechtsstreit im Sinne dieser Regelung ist. Aber das formale Argument, das selbständige Beweisverfahren begründe nicht die in § 281 vorausgesetzte Rechtshängigkeit der Hauptsache[26], spricht nicht gegen eine entsprechende Anwendung. Vielmehr ist es nach zutreffender Ansicht des BGH sachgerecht, § 281 auch auf das selbständige Beweisverfahren entsprechend anzuwenden. Denn Sinn und Zweck der in § 281 Abs. 2 S. 4 normierten Bindungs- 16

---

[18] Fn. 13; aA OLG Nürnberg IPRax 2006, 468, das dem Parteiwillen den Vorrang einräumt.
[19] Für das selbständige Beweisverfahren Benkard/*Grabinski*/*Zülch* § 140c Rn. 24. Für das einstweilige Verfügungsverfahren → § 937 Rn. 10 mwN.
[20] BGH NJW-RR 2010, 891 (892); OLG Schleswig NJW-RR 2010, 533; vgl. auch OLG Celle NJOZ 2005, 4362; OLG Frankfurt a. M. NJW-RR 1998, 1610; *Baumbach*/*Lauterbach*/*Albers*/*Hartmann* ZPO § 261 Rn. 11.
[21] Harte-Bavendamm/Henning-Bodewig/*Retzer* UWG § 12 Rn. 361.
[22] OLG Celle OLGR 2005, 253; *Baumbach*/*Lauterbach*/*Albers*/*Hartmann* ZPO § 486 Rn. 8.
[23] OLG Celle NJW-RR 2000, 1737; Zöller/*Herget* ZPO § 486 Rn. 4.
[24] OLG Frankfurt a. M. NJW-RR 1998, 1610.
[25] BGH NJW-RR 2010, 891.
[26] So insbes. OLG Zweibrücken OLGR 1998, 181.

wirkung ist es, zur Vermeidung von Zuständigkeitsstreitigkeiten und daraus resultierenden Verzögerungen auch sachlich unrichtige Verweisungsbeschlüsse hinzunehmen. Dies gilt aber nicht nur für das Klageverfahren, sondern gleichermaßen auch für das selbständige Beweisverfahren, da letzteres gerade dazu dient, schnelle Feststellungen zur Vermeidung oder Vorbereitung eines Rechtsstreits zu ermöglichen. Eine **Ausnahme** von der Bindungswirkung ist allenfalls im Falle einer **willkürlichen Verweisung** zu machen, weil dem Verweisungsbeschluss dann jede rechtliche Grundlage fehlt.[27]

17 Eine zwar gegebene, aber im selbständigen Beweisverfahren nicht berücksichtigte Unzuständigkeit lässt die nachfolgende **Verwertbarkeit des Beweisergebnisses** unberührt.[28] Für das Besichtigungsverfahren ist jedoch zu berücksichtigen, dass das **selbständige Beweisverfahren** nicht bereits mit der Besichtigung oder der Erstellung des Sachverständigengutachtens **beendet** ist, sondern erst mit seiner Herausgabe an die Parteien[29] bzw., im Falle einer sich hieran anschließenden mündlichen Anhörung des Sachverständigen[30], erst damit. Wird also vor diesem Zeitpunkt die Unzuständigkeit bekannt, ist dies zu berücksichtigen. Für das Besichtigungsverfahren bedeutet das, dass eine Anordnung über die Freigabe des Gutachtens schon aus Zuständigkeitsgründen zu unterbleiben hat und das **Gutachten nicht ausgehändigt** werden darf.[31] Dies gilt auch bei einer der internationalen Zuständigkeit entgegenstehenden Schiedsabrede.[32]

IV. Abs. 3: Dringlichkeitszuständigkeit

18 Für Fälle **dringender Gefahr** bestimmt § 486 Abs. 3 eine Notzuständigkeit **des Amtsgerichts der Belegenheit** des gefährdeten Beweismittels. Die dringende Gefahr, die der Antragsteller darlegen und glaubhaft zu machen hat[33], muss das bereits in § 485 Abs. 1 Alt. 2 vorausgesetzte **allgemeine Verlust- oder Beeinträchtigungsrisiko übersteigen.** Angesichts der üblicherweise ohnehin äußerst schnellen Entscheidung über einen Antrag auf Durchführung eines Besichtigungsverfahrens wird die dringende Gefahr lediglich in besonderen Ausnahmekonstellationen zu bejahen sein.[34] Eine solche Ausnahme kann – analog den Überlegungen zum einstweiligen Verfügungsverfahren[35] – etwa vorliegen, wenn der zu besichtigende Gegenstand lediglich für kurze Zeit anlässlich einer Messe im Inland befindlich ist und anschließend wieder **in das Ausland verbracht** wird, oder eine Verbringung vom Betriebsgelände des Antragsgegners unmittelbar bevorsteht und es keine weiteren vergleichbaren Gegenstände gibt oder diese nicht bekannt sind.

19 In der **Praxis** ist freilich fraglich, ob das mit dem Besichtigungsverfahren regelmäßig nicht vertraute Amtsgericht die Entscheidung tatsächlich schneller herbeiführt als die Spezialkammern im Bereich des gewerblichen Rechtsschutzes. Es wird sich daher regelmäßig anbieten, den Antrag beim Gericht der Hauptsache zu stellen und im Antrag auf die besondere Dringlichkeit hinzuweisen. Der Antragsteller hat, soweit die Sonderzuständigkeit des Amtsgerichts gegeben ist, ein **Wahlrecht** zwischen dem (gegenwärtigen oder künftigen) Hauptsachegericht und dem zuständigen Amtsgericht.[36]

20 Sofern die **Hauptsache nachträglich anhängig** wird, bleibt die Zuständigkeit des Amtsgerichts zunächst bis zur Beweisverwertung im Hauptsacheprozess bestehen und endet erst mit Anordnung der Beiziehung der Beweissicherungsakten durch das Gericht der Hauptsache gemäß § 493.[37]

V. Abs. 4: Antrag

21 Für den Antrag auf Durchführung eines selbständigen Beweisverfahrens besteht gemäß § 78 Abs. 3 **kein Anwaltszwang.** Er kann daher zu Protokoll der Geschäftsstelle des Gerichts gestellt werden. Dabei kommt zum einen die Geschäftsstelle des nach § 486 Abs. 1–3 zuständigen Gerichts in Betracht, zum anderen gemäß § 129a auch die Geschäftsstelle eines jeden Amtsgerichts.[38] Die Freistellung vom Anwaltszwang betrifft freilich nur die Einleitung des Verfahrens, nicht aber dessen weiteren Betrieb. § 486 Abs. 4 ist dem Beweissicherungsinteresse des Antragstellers geschuldet. Dieses soll durch die mit der Beauftragung eines Anwalts verbundene etwaige Verzögerung nicht beeinträchtigt werden.[39] Für

---

[27] BGH NJW-RR 2010, 891 (892).
[28] Vgl. Zöller/*Herget* ZPO § 486 Rn. 2.
[29] OLG Frankfurt a. M. BeckRS 2011, 18385.
[30] Hierzu BGH VersR 2006, 95; → § 492 Rn. 7 ff.
[31] *Kühnen* Mitt. 2009, 211 (216); *Kühnen* B. Rn. 108.
[32] OLG Düsseldorf InstGE 9, 41 – Schaumstoffherstellung.
[33] Vgl. Zöller/*Herget* ZPO § 486 Rn. 5.
[34] Angesichts der heutigen Verkehrs- und Kommunikationsmöglichkeiten wird eine dringende Gefahr auch im Schrifttum allenfalls in Ausnahmefällen bejaht: *Baumbach/Lauterbach/Albers/Hartmann* ZPO § 486 Rn. 9; Zöller/*Herget* ZPO § 486 Rn. 5; vgl. a. OLG Celle NJW-RR 2000, 1738.
[35] → § 942 Rn. 1.
[36] Vgl. Zöller/*Herget* ZPO § 486 Rn. 6.
[37] BGH MDR 2005, 45; Zöller/*Herget* ZPO § 486 Rn. 7.
[38] *Baumbach/Lauterbach/Albers/Hartmann* ZPO § 486 Rn. 4; Zöller/*Herget* ZPO § 486 Rn. 1.
[39] OLG Koblenz BeckRS 2012, 16959.

das nachfolgende Verfahren besteht daher – mit Ausnahme der Notzuständigkeit der Amtsgerichte nach Abs. 3 – Anwaltszwang (§ 78 Abs. 1).
Für die Duldungsverfügung enthält § 920 Abs. 3 eine parallele Regelung.[40] **22**
Die Antragstellung selbst begründet – im Unterschied zum einstweiligen Verfügungsverfahren[41] – **23** noch keine Rechtshängigkeit iSd § 261, da der Antrag (noch) auf keine Sachentscheidung abzielt.[42]

C. Duldungsverfügung

Für den Erlass der flankierenden Duldungsverfügung ist gemäß § 937 Abs. 1, und damit parallel **24** zu § 486, ebenfalls das **Gericht der Hauptsache** zuständig. Abweichungen gibt es bei der Frage der internationalen Zuständigkeit im Falle einer Schiedsklausel[43] und dem Eintritt der Rechtshängigkeit.[44] Auch die Dringlichkeitszuständigkeit ist für die Duldungsverfügung in § 942 parallel zu § 486 Abs. 3 ausgestaltet. Im Ergebnis ergibt sich daher ein Gleichlauf der Zuständigkeiten, sodass die Kombination der beiden unterschiedlichen prozessualen Regelungskomplexe des selbständigen Beweisverfahrens und des einstweiligen Verfügungsverfahrens auf der Ebene der Zuständigkeit keine Widersprüche mit sich bringt.[45] Es wird daher auf die Kommentierung zu § 937 und § 943 verwiesen.

D. Durchsuchungsanordnung

Unterschiede in der Zuständigkeit bestehen indes, soweit zur Durchsetzung der angeordneten **25** Besichtigung eine Durchsuchungsanordnung gemäß § 758a notwendig wird.[46] Für diese Anordnung ist gemäß § 802 **ausschließlich das Amtsgericht zuständig,** in dessen Bezirk die Besichtigung stattfindet. Diese gesetzlich zwingende Sonderzuständigkeit kann **nicht durchbrochen werden.**[47] Hierfür kann auch nicht § 938 ZPO herangezogen werden.[48] Die Anordnung der ausschließlichen Zuständigkeit des Amtsgerichts ist eindeutig und damit dem richterlichen Ermessen entzogen. Sie ist ferner, auch unter Berücksichtigung von Art. 7 der Durchsetzungsrichtlinie[49], nicht geboten.[50] Dem Antragsteller bleibt die Möglichkeit, eine Durchsuchungsanordnung vorsorglich vorzubereiten und durch frühzeitige Kontaktaufnahme mit dem Amtsgericht einen Erlass noch am Tage der Besichtigung zu gewährleisten.[51] Ferner ist ggf. § 371 Abs. 3 ZPO anzuwenden. Eine Beantragung der Durchsuchungsanordnung auf Vorrat ist mangels Rechtsschutzinteresse nicht möglich. Dies setzt die tatsächliche Verweigerung des Zutritts voraus.[52]

Die Erforderlichkeit eines Durchsuchungsbeschlusses wird auch nicht durch **Gefahr im Verzug 26** ausgeschlossen, zumindest soweit die Besichtigungsanordnung gemäß dem „Düsseldorfer Modell" eine Veränderungssperre sowie die Androhung von Ordnungsmitteln für jeden Fall der Zuwiderhandlung enthält.

Auf Seiten des **Besichtigungsschuldners** kann es notwendig sein, den Gerichtsvollzieher darauf **27** hinzuweisen, dass es zur Durchsuchung einer gesonderten amtsgerichtlichen Anordnung bedarf. Zumindest bei unerfahrenen Gerichtsvollziehern sowie den Vollstreckungsgerichten bei den Amtsgerichten hat jedenfalls in der Anfangszeit teilweise die Ansicht vorgeherrscht, dass diese richterliche Anordnung bereits mit dem landgerichtlichen Besichtigungsbeschluss vorliege.[53] Auch der **Besichtigungsgläubiger** riskiert in einem solchen Fall, dass das Ergebnis der Besichtigung in Folge der Verletzung des Richtervorbehalts nicht verwertbar ist.

§ 487 Inhalt des Antrages

Der Antrag muss enthalten:
1. die Bezeichnung des Gegners;
2. die Bezeichnung der Tatsachen, über die Beweis erhoben werden soll;

---

[40] → § 920 Rn. 1 ff.
[41] → § 920 Rn. 9.
[42] Vgl. *Baumbach/Lauterbach/Albers/Hartmann* ZPO § 486 Rn. 4; *Zöller/Herget* ZPO § 486 Rn. 1.
[43] → Rn. 9, Fn. 13.
[44] → Rn. 6 f. sowie → § 937 Rn. 11.
[45] Ganz anders bei der Frage des Rechtsschutzes gegen ein Besichtigungsverfahren, → § 490 Rn. 11 ff.
[46] → § 485 Rn. 158 ff.
[47] OLG Hamm MDR 2015, 485; LG Hamburg GRUR-Prax 2013, 514 – Ausschließliche Zuständigkeit; OLG Hamburg CR 2015, 608; *Kühnen* B. Rn. 122. AA OLG Koblenz MDR 2009, 679.
[48] So aber OLG Hamburg NJWE-WettbR 2000, 19.
[49] Richtlinie 2004/48/EG.
[50] LG Hamburg GRUR-Prax 2013, 514; vgl. a. *Tilmann* GRUR 1995, 737 (739).
[51] → § 485 Rn. 162.
[52] Vgl. auch *Busse/Keukenschrijver/Kaess* PatG § 140c Rn. 27; *Fitzner/Lutz/Bodewig/Pitz* § 140c Rn. 60.
[53] Vgl. hierzu *Kather/Fitzner* Mitt. 2010, 325 (328); *Fitzner/Kather* VPP-Rundbrief Nr. 2/2009, 58 (62).

3. die Benennung der Zeugen oder die Bezeichnung der übrigen nach § 485 zulässigen Beweismittel;
4. die Glaubhaftmachung der Tatsachen, die die Zulässigkeit des selbständigen Beweisverfahrens und die Zuständigkeit des Gerichts begründen sollen.

Literatur: *Ahrens,* Gesetzgebungsvorschlag zur Beweisermittlung bei Verletzung von Rechten des geistigen Eigentums, GRUR 2005, 837; *Deichfuß,* Rechtsdurchsetzung und Wahrung der Vertraulichkeit von Geschäftsgeheimnissen, GRUR 2015, 436 (438); *Eck/Dombrowski,* Rechtsschutz gegen Besichtigungsverfügungen im Patentrecht – De lege lata und de lege ferenda, GRUR 2008, 387; *Grabinski,* Die Zwangsvollstreckung der Duldungsverfügung im patentrechtlichen Besichtigungsverfahren, FS Mes 2009, 129; *Kather/Fitzner,* Der Patentinhaber, der Besichtigte, der Gutachter und sein Gutachten, Mitt. 2010, 325; *Kühnen,* Die Besichtigung im Patentrecht – Eine Bestandsaufnahme zwei Jahre nach „Faxkarte", GRUR 2005, 185; *Melullis,* Zum Besichtigungsanspruch im Vorfeld der Feststellung einer Verletzung von Schutzrechten, FS Tilmann 2003, 843; *Müller-Stoy,* Der Besichtigungsanspruch gemäß § 140c PatG in der Praxis – Teil 2: Der Schutz der Interessen des Anspruchsgegners, Mitt. 2010, 267.

Übersicht

	Rn.
A. Allgemeines	1
I. Form	1
II. Inhalt	2
B. Anwendung im Besichtigungsverfahren	3
I. Selbständiges Beweisverfahren	7
1. Anforderungen des § 487	8
a) Antragsgegner	8
b) Beweistatsachen	9
c) Beweismittel	11
d) Glaubhaftmachung	15
2. Durchführung der Begutachtung ohne Ladung und Anhörung	17
3. Rechtliches Gehör	19
4. Geheimhaltung	22
II. Einstweiliges Verfügungsverfahren	26
1. Duldungsverfügung	26
a) Sachverständiger	27
b) Anwaltliche Vertreter des Besichtigungsgläubigers	29
c) Geheimnisschutz	34
d) Zu duldende Maßnahmen	40
2. Veränderungsverbot	41
III. Auslagenvorschuss und Sicherheitsleistung	43
C. Muster	45

A. Allgemeines

I. Form

1 Der Antrag auf Durchführung des selbständigen Beweisverfahrens ist, da verfahrenseinleitend, ein bestimmender Schriftsatz und bedarf daher der **Unterschrift** gemäß § 130 Nr. 6.[1] Eine besondere Form ist nicht vorgeschrieben und es besteht **kein Anwaltszwang.** Der Antrag kann auch zu Protokoll der Geschäftsstelle erklärt werden, vgl. § 486 Abs. 4.[2]

II. Inhalt

2 § 487 stellt in den Ziffern 1–4 **Minimalanforderungen** an den Antragsinhalt. Er dient insbesondere dem **Schutz vor übereilter Anordnung sowie vor bloßer Ausforschung.** Wesentliche Bedeutung kommt dabei dem Erfordernis der Glaubhaftmachung der die Zulässigkeit betreffenden Tatsachen zu.[3] Wie § 253 ist § 487 **Zulässigkeitsvoraussetzung.** Fehlt es an nur einem Erfordernis, ist der Antrag insgesamt zurückzuweisen, wobei das Gericht gemäß § 139 hierauf zuvor hinzuweisen und auf sachdienliche Anträge hinzuwirken hat.[4] Daneben gilt im Grundsatz auch das **Bestimmtheitserfordernis** des § 253 Abs. 2 Nr. 2 Hs. 2. Dabei ist allerdings den Besonderheiten des selbständigen Beweisverfahrens (insbes. Zeitdruck) durch moderate Anwendung Rechnung zu tragen.[5]

---

[1] *Baumbach/Lauterbach/Albers/Hartmann* ZPO § 487 Rn. 4; *Zöller/Greger* ZPO § 487 Rn. 1.
[2] → § 486 Rn. 21.
[3] *Baumbach/Lauterbach/Albers/Hartmann* ZPO § 487 Rn. 10.
[4] *Baumbach/Lauterbach/Albers/Hartmann* ZPO § 487 Rn. 1; *Zöller/Greger* ZPO § 487 Rn. 2.
[5] Wohl auch *Baumbach/Lauterbach/Albers/Hartmann* ZPO § 487 Rn. 2.

B. Anwendung im Besichtigungsverfahren

§ 487 bezieht sich nur auf den das selbständige Beweisverfahren betreffenden Teil des Besichtigungsverfahrens. Soweit dieses mittels **Klage** oder – im Regelfall – mittels **einstweiliger Verfügung** durchgesetzt wird, gelten insoweit die allgemeinen Anforderungen des § 253 bzw. §§ 936, 920.

Hinsichtlich der **Form** des Antrags gelten aufgrund der Parallelität der § 486 Abs. 4 und § 920 Abs. 3 freilich dieselben Anforderungen sowohl für selbständiges Beweisverfahren als auch einstweiligem Verfügungsverfahren. Für den **Inhalt** gelten im Ergebnis ebenfalls vergleichbare Anforderungen. Insbesondere ist in beiden Fällen die **Glaubhaftmachung der begründenden Tatsachen**, ausreichend, aber auch erforderlich, § 487 Nr. 4, § 920 Abs. 2. Für das selbständige Beweisverfahren sind dies die **Zulässigkeitsvoraussetzungen des § 485**, also der drohende Beweismittelverlust (§ 485 Abs. 1) bzw. das rechtliche Interesse (§ 485 Abs. 2). Da letzteres im Falle der Verletzung eines gewerblichen Schutzrechts regelmäßig zu bejahen ist[6], spielt die Glaubhaftmachung im Besichtigungsverfahren im Wesentlichen beim **Verfügungsanspruch**[7], und dort insbes. bei der notwendigen Wahrscheinlichkeit einer Schutzrechtsverletzung sowie der Erforderlichkeit eine Rolle. Darüber hinaus ist es für die Gewährleistung einer erfolgreichen Besichtigung von maßgeblicher Bedeutung, trotz der Lockerung des Bestimmtheitserfordernisses durch § 938 Abs. 1[8] die einzelnen zu duldenden Besichtigungsmaßnahmen sowie mögliche Mitwirkungspflichten des Besichtigungsschuldners möglichst präzise in den Antrag aufzunehmen.[9]

Insgesamt sollte der Antrag auf Durchführung des Besichtigungsverfahrens die **prozessuale Zweiteilung** in selbständiges Beweisverfahren und Verfügungsverfahren widerspiegeln. Der Schwerpunkt wird dabei regelmäßig auf der Darlegung des materiell-rechtlichen Besichtigungsanspruchs liegen. Diesbezüglich sollte der Antrag am **Aufbau einer Verletzungsklage** orientieren. Abweichungen ergeben im Rahmen der Verletzungsdiskussion, der Tatsache geschuldet sind, dass bezüglich eines oder mehrerer Aspekte (bei technischen Schutzrechten etwa einzelne Anspruchsmerkmale, bei Urheberrechtsverletzungen Teilmerkmale des Werks etc) der Verletzungsnachweis noch aussteht und durch das Besichtigungsverfahren erst beschafft werden soll. Diesbezüglich ist es von entscheidender Bedeutung, genau darzulegen, woraus sich die **hinreichende Wahrscheinlichkeit** einer Verletzung dieser Merkmale ergibt.

Die nachfolgende Kommentierung stellt die einzelnen möglichen Anträge entsprechend der prozessualen Zweiteilung separat dar, auch wenn – etwa im Hinblick auf den Geheimnisschutz und das rechtliche Gehör – gewisse inhaltliche Verknüpfungen bestehen. Da aber neben dem Besichtigungsverfahren nach Düsseldorfer Praxis auch reine Verfügungsverfahren bzw. reine selbständige Beweisverfahren denkbar sind[10] und die prozessuale Trennung auch durch die gesetzliche Normierung der spezialgesetzlichen Besichtigungsansprüche in den § 140c PatG, § 24c GebrMG, § 46a DesignG, § 19a MarkenG, § 37c SortenSchG, § 9 HalbleiterSchG iVm § 24c GebrMG, § 101a UrhG nicht aufgehoben, sondern beibehalten wurde[11], empfiehlt sich eine **separate Betrachtung.**

I. Selbständiges Beweisverfahren

Die **Mindestanforderungen** an den das selbständige Beweisverfahren betreffenden Teil des Besichtigungsverfahrens ergeben sich aus den **Ziffern 1–4 des § 487**. Weitere Bestandteile sind den **Besonderheiten des Besichtigungsverfahrens**, insbesondere dem Grundrecht auf rechtliches Gehör sowie dem notwendigen Schutz von möglichen Geheimhaltungsinteressen geschuldet.

1. Anforderungen des § 487. a) Antragsgegner. Gemäß § 487 Nr. 1 muss der Antragsgegner bezeichnet werden. Insoweit gelten zunächst dieselben Maßstäbe wie bei § 253 Abs. 2 Nr. 1[12], wobei eine Bezeichnung des Antragsgegners bei schuldloser Unkenntnis desselben gemäß § 494 entbehrlich sein kann. Für das Besichtigungsverfahren im Bereich des Gewerblichen Rechtsschutzes hat diese Ausnahme jedoch kaum Relevanz.[13]

b) Beweistatsachen. Nach § 487 Nr. 2 muss der Antrag ferner die Bezeichnung der **Tatsachen** enthalten, **über die Beweis erhoben werden soll**. Dabei ist aufgrund des Eilcharakters des selbständigen Beweisverfahrens eine Bezeichnung in groben Zügen ausreichend, wobei die Grenzen des Ausforschungsbeweises zu beachten sind. Es bedarf daher **bestimmter Behauptungen** über den

---

[6] → § 485 Rn. 73 f.
[7] → § 485 Rn. 82 ff.
[8] → § 920 Rn. 6.
[9] Vgl. zu den einzelnen Maßnahmen → § 485 Rn. 118 ff.
[10] → § 485 Rn. 1 ff.
[11] → § 485 Rn. 63 ff.
[12] → § 253 Rn. 4.
[13] → § 494 Rn. 2 ff.

Zustand der zu besichtigenden Sache.[14] Schon für das selbständige Beweisverfahren sind mithin Angaben über die festzustellenden Verletzungstatsachen notwendig, auch wenn die hinreichende Wahrscheinlichkeit erst Gegenstand der Prüfung des Anspruchsgrundes im Rahmen der Duldungsverfügung ist.

10 Neben den zu begutachtenden Verletzungstatsachen bedarf es der konkreten Angabe zum **Belegenheitsort** des Besichtigungsgegenstands. Fehlt es an einer Ortsangabe oder bleibt diese unklar, weil nicht hinreichend bestimmt, ist der Antrag unzulässig.[15]

11 c) **Beweismittel.** Des Weiteren muss der Antrag gemäß **§ 487 Nr. 3** die Benennung der Zeugen oder die Bezeichnung der übrigen nach § 485 zulässigen Beweismittel enthalten. Dies soll dem Gericht die Prüfung ermöglichen, ob das beantragte Beweismittel im selbständigen Beweisverfahren zulässig ist. Im Rahmen des Besichtigungsverfahrens kommt dabei in aller Regel nur der **Sachverständigenbeweis in Form der schriftlichen Begutachtung** nach § 485 Abs. 2 in Frage, es sei denn, im Einzelfall kann ein drohender Beweisverlust iSd § 485 Abs. 1 nachgewiesen werden. Der **Urkundenbeweis** ist auch nach § 485 Abs. 1 nicht zulässig, dh selbst bei § 485 Abs. 1 kommt nur die Inaugenscheinnahme der Urkunde in Betracht.[16] Es bleibt die Möglichkeit eines isolierten Verfügungsverfahrens gerichtet auf **Vorlage der Urkunde**, gestützt auf die materiell-rechtlichen Besichtigungsansprüche.[17] Auch danach ist jedoch nur die „Vorlage", **nicht** aber die **dauerhafte Herausgabe** einer Urkunde möglich.[18] Diese sind dann, soweit wie möglich, **zu spezifizieren**, etwa durch Angabe der Gattung (Lieferscheine, Rechnungen, im Rahmen eines arzneimittelrechtlichen Verfahrens eingereichte Unterlagen wie Studien, Tests etc), des erhofften Inhalts[19] oder bestimmter Zeiträume.[20] Andernfalls droht die Zurückweisung des Antrags wegen fehlender hinreichender Bestimmung des Besichtigungsantrags.[21]

12 Im typischen Fall des Sachverständigenbeweises hat der Besichtigungsgläubiger die Möglichkeit, aber nicht die Pflicht (§ 404), den **Sachverständigen zu benennen.** Benennt er einen Sachverständigen, ist streitig, ob das Gericht an diese Auswahl gebunden ist.[22] Für das Besichtigungsverfahren spielt diese Streitfrage keine Rolle. Hier ist es üblich, dass das Gericht den durch den Besichtigungsgläubiger benannten Sachverständigen ernennt, da dieser zum Zeitpunkt der Entscheidung über den Antrag die beste Übersicht über die **Tauglichkeit und Qualifikation** des Sachverständigen für die konkret zu begutachtende Frage und die Verfügbarkeit des Sachverständigen bereits im Vorfeld geklärt hat. Eine Ablehnung der Ernennung des durch den Besichtigungsgläubiger benannten Sachverständigen käme allenfalls bei erkennbar fehlender Qualifikation oder **Befangenheit** in Betracht. Im Übrigen sollte eine Würdigung erst im Rahmen der Herausgabeentscheidung im Freigabeverfahren bzw. ggf. bei der Verwertung des Sachverständigengutachtens im Hauptsacheprozess erfolgen.[23] Insgesamt bietet es sich dennoch an, im Antrag auch kurz die Qualifikation und Unbefangenheit des benannten Sachverständigen darzutun.

13 Bei der empfohlenen **vorherigen Kontaktaufnahme** mit dem Gutachter sollte neben dessen Unbefangenheit und zeitlicher Verfügbarkeit insbesondere die Problemstellung erörtert werden, um zu klären, ob er für die Begutachtung die richtige Person ist. Insbesondere ist dabei zu klären, ob er sich in der Lage sieht, die Begutachtung vor Ort notfalls auch ohne Mitwirkung des Besichtigungsgläubigers durchzuführen oder ob es hierzu der aktiven **Hilfestellung** durch diesen **bedarf.** Dies sollte dann in den Antrag auf Duldungsverfügung aufgenommen werden.[24] Insgesamt ist aber darauf zu achten, die Kontaktaufnahme auf die technisch notwendigen Informationen zu beschränken und Äußerungen zur Sache zu unterlassen, da ansonsten die Befangenheit des Gutachters droht.[25]

14 Gegebenenfalls ist in den Antrag zur Bestellung des Sachverständigen zusätzlich auch die **Hinzuziehung eines Mitarbeiters oder Gehilfen** aufzunehmen. Dies bietet sich insbesondere dann an, wenn die vor Ort durchzuführende Begutachtung nicht durch eine Person allein durchgeführt werden kann oder der Sachverständige es aufgrund der technischen Komplexität nicht für sämtliche, sondern

---

[14] OLG Düsseldorf JurBüro 1984, 280; MDR 1981, 324.
[15] LG Düsseldorf 3.7.2012 – 4b O 89/12.
[16] Vgl. hierzu → § 485 Rn. 77 f. sowie insbes. OLG Düsseldorf BeckRS 2012, 4014 (enge Auslegung) und LG München InstGE 13, 181 – Arzneimittelherstellung (großzügiger).
[17] Etwa Zulassungsunterlagen bei Arzneimitteln (hierzu OLG Düsseldorf BeckRS 2012, 4014; LG München InstGE 13, 181 – Arzneimittelherstellung; PharmR 2018, 268) oder Unterlagen hinsichtlich der CE-Kennzeichnung eines Produktes (hierzu LG Düsseldorf 6.11.2013 – 4b O 104/13).
[18] LG Düsseldorf 20.10.2013 – 4b O 104/13; → § 485 Rn. 144.
[19] Fitzner/Lutz/Bodewig/Pitz § 140c Rn. 28.
[20] LG Hamburg GRUR-RS 2018, 24338 – Masterkopie (auch anschaulich zu konkreten Möglichkeiten der Spezifizierung).
[21] LG Hamburg GRUR-RS 2018, 24338 – Masterkopie.
[22] Ablehnend Baumbach/Lauterbach/Albers/Hartmann ZPO § 487 Rn. 6; Zöller/Herget ZPO § 487 Rn. 5 mwN.
[23] Baumbach/Lauterbach/Albers/Hartmann ZPO § 487 Rn. 6 f.
[24] → Rn. 45.
[25] Ausführlich zur Rolle des Gutachters Kather/Fitzner Mitt. 2010, 325 (329); → § 406 Rn. 2 ff.

d) Glaubhaftmachung. Nach § 487 Nr. 4 muss der Antragsteller alle Tatsachen glaubhaft machen, 15 die die **Zulässigkeit** des selbständigen Beweisverfahrens sowie die **Zuständigkeit des Gerichts** begründen sollen. Es gelten die Glaubhaftmachungsmittel des § 294 und damit im Ergebnis dieselben Maßstäbe wie für die Duldungsverfügung. Zu den Anforderungen an die Zulässigkeit des selbständigen Beweisverfahrens vgl. bereits → § 485 Rn. 70 ff.; zur Zuständigkeit → § 486 Rn. 5 ff.

Über diese Minimalanforderungen des Antrags hinaus bedarf es im Rahmen des Besichtigungs- 16 verfahrens einer Reihe weiterer Anordnungen, die sowohl den Interessen des Besichtigungsgläubigers als auch des Besichtigungsschuldners dienen.

2. Durchführung der Begutachtung ohne Ladung und Anhörung. Zugunsten des Besichti- 17 gungsgläubigers ist wegen der besonderen Eilbedürftigkeit die Durchführung der Begutachtung **im Regelfall ohne vorherige Ladung und Anhörung des Besichtigungsschuldners** zu beantragen.[28] Die Möglichkeit des Verzichts auf eine vorherige Anhörung ergibt sich aus § 490 Abs. 1, wonach die Entscheidung durch Beschluss und damit ohne mündliche Verhandlung erfolgen kann.[29] Eine Ladung sieht § 491 zwar ausdrücklich vor. Auch diese ist jedoch für die Durchführung der Beweisaufnahme nicht zwingend, § 491 Abs. 2.[30] Dies gilt trotz § 493 Abs. 2 im Ergebnis auch für die Beweiswürdigung als vollwertiges gerichtliches Sachverständigengutachten nach § 493 Abs. 1, solange dem **rechtlichen Gehör** des Besichtigungsschuldners **anderweitig hinreichend Rechnung getragen** werden kann und wird.[31]

Der Verzicht auf Ladung und Anhörung ist indes **kein Automatismus,** sondern im Einzelfall zu 18 prüfen. Entscheidend ist, ob aus der objektivierten Antragstellersicht im Zeitpunkt der Antragstellung die Befürchtung berechtigt ist, dass es infolge der Anhörung zu **einer Beseitigung oder Veränderung des Besichtigungsgegenstands**[32] kommt und dadurch der Erfolg der Besichtigung gefährdet bzw. vereitelt wird.[32] Die **bloße Möglichkeit** einer solchen Gefahr ist ausreichend. Kann sie im Einzelfall aber ausgeschlossen werden, ist der Verzicht auf Ladung und Anhörung allerdings nicht berechtigt.[33] So kann der Fall insbesondere im Zusammenhang mit **öffentlichen Ausschreibungsverfahren** liegen, soweit sich der Besichtigungsantrag gegen eine öffentliche Behörde richtet. Maßgeblicher Gesichtspunkt ist dort die Bindung staatlicher Einrichtungen an das Rechtsstaatsprinzip, sodass eine Vereitelungsgefahr nicht ohne weiteres angenommen werden kann. Als Minus zu einer Besichtigung ohne vorherige Anhörung ist etwa die Beantragung eines Veränderungsverbots bis zur Entscheidung über den Besichtigungsantrag als ausreichend erachtet worden.[34]

3. Rechtliches Gehör. Zur Gewährleistung des verfassungsrechtlich gebotenen rechtlichen Gehörs 19 des Besichtigungsschuldners ist diesem das Recht einzuräumen, auf Verlangen die **Besichtigung** für einen beschränkten Zeitraum **zurückzustellen,** damit er Gelegenheit hat, noch vor Beginn der Besichtigung einen anwaltlichen Berater hinzuziehen. In der Praxis hat sich ein Zeitraum von **zwei Stunden** eingebürgert.[35] Die **Frist beginnt,** sobald der Sachverständige beim Antragsgegner erscheint und sein Besichtigungsbegehren offenlegt. In Fällen, in denen der Antragsteller einen **gerichtlichen Durchsuchungsbeschluss** iSd § 758a benötigt[36], **läuft die Frist weiter**[37], denn die Möglichkeit des Besichtigungsschuldners zur Heranziehung seiner Anwälte wird hierdurch nicht beeinträchtigt.

Soweit die Gelegenheit zur Heranziehung der Anwälte mit dem Gesichtspunkt der Waffengleichheit 20 bei **Anwesenheit der anwaltlichen Vertreter des Besichtigungsgläubigers** begründet wird,[38] ist dies richtig, greift aber zu kurz. Aufgrund der **Gewichtigkeit des rechtlichen Gehörs** sowie § 491 scheint es geboten, die Möglichkeit der Zurückstellung **in jedem Fall,** dh auch dann zu gewähren, wenn die Anwesenheit der anwaltlichen Vertreter des Besichtigungsgläubigers nicht Teil der Duldungsverfügung ist.[39]

Ferner zwingend erforderlich zur Gewährleistung des rechtlichen Gehörs, aber auch zur Wahrung 21 begründeter Geheimhaltungsinteressen des Besichtigungsschuldners, erscheint dessen **Möglichkeit zur Stellungnahme** zu dem auf Basis der durchgeführten Besichtigung erstellten Sachverständigen-

---

[26] *Kühnen* B. Rn. 115, Fn. 109.
[27] *Deichfuß* GRUR 2015, 436 (439).
[28] Vgl. *Kühnen* B. Rn. 115.
[29] → § 490 Rn. 1, 8.
[30] → § 491 Rn. 4 f.
[31] → § 491 Rn. 13 ff.
[32] *Kühnen* B. Rn. 121.
[33] Einzelheiten und Beispiele → § 491 Rn. 15 ff.
[34] LG Düsseldorf 5.11.2020 – 4a O 85/20.
[35] *Kühnen* B. Rn. 115, Fn. 110; *Kather/Fitzner* Mitt. 2010, 325 (329).
[36] → § 485 Rn. 158 ff.
[37] *Kühnen* B. Rn. 115, Fn. 110.
[38] *Grabinski* FS Mes, 2009, 129 (131), *Kühnen* Rn. 115 Fn. 111.
[39] → § 491 Rn. 14.

gutachten vor dessen Herausgabe.[40] Die Stellungnahmemöglichkeit sollte mithin entgegen der üblichen Tenorierung **nicht nur hinsichtlich etwaiger Geheimhaltungsinteressen** eingeräumt werden, sondern auch sonstige Einwendungen gegen die Herausgabe des Gutachtens umfassen.[41] Die gerichtliche Praxis lässt allerdings auch einen Antrag mit Stellungnahmemöglichkeit allein bezüglich etwaiger Geheimhaltungsinteressen zu.[42]

22   **4. Geheimhaltung.** Zur Gewährleistung etwaiger Geheimhaltungsinteressen im Rahmen des selbständigen Beweisverfahrens dient zunächst die vorstehend erwähnte Einräumung der Gelegenheit zur Stellungnahme, bevor das Gutachten an den Besichtigungsschuldner herausgegeben wird. Bezüglich der Einzelheiten und die für die Frage der Herausgabe relevanten Entscheidungskriterien → § 492 Rn. 10 ff.

23   Eine weitere zur Wahrung etwaiger Geheimhaltungsinteressen notwendige und daher in den Antrag aufzunehmende Maßnahme ist die **Besichtigung allein durch den neutralen gerichtlichen Sachverständigen** anstelle des Besichtigungsgläubigers selbst.[43] Gleichzeitig ist **der Sachverständige zur Verschwiegenheit zu verpflichten,** und zwar sowohl gegenüber Dritten als auch – meist praktisch noch wichtiger – gegenüber dem Besichtigungsgläubiger.[44] Sollte es sich beim Sachverständigen um einen öffentlich bestellten Sachverständigen handeln, ergibt sich dessen (strafbewehrte) Verschwiegenheitspflicht gegenüber Dritten bereits aus § 203 Abs. 2 Nr. 5 StGB. Diese sollen gemäß § 404 Abs. 2 durch das Gericht bevorzugt als Sachverständige eingesetzt werden, was aber den Besichtigungsschuldner bei seinem Antrag nicht bindet. Soweit über die Gruppe der öffentlich bestellten Sachverständigen hinaus § 203 Abs. 1 Nr. 3 zur Begründung einer allgemeinen strafbewehrten Verschwiegenheitspflicht gegenüber Dritten herangezogen wird[45], trifft dies trotz der Nennung der Berufsgruppe des Patentanwalts auch im Falle eines Patentanwalts als Sachverständiger nicht zu, da ihm die Betriebsgeheimnisse nicht in seiner Funktion als Patentanwalt, sondern als gerichtlich bestellter Sachverständiger zu Kenntnis gelangen. Auch die Verschwiegenheitspflichten in § 39a Abs. 1, 2 PAO § 2 BOPA[46] finden daher keine Anwendung. Die Verschwiegenheitspflicht **gegenüber Dritten** sollte daher, wie dies in der Praxis auch geschieht, explizit ausgesprochen werden. Hierfür bieten **§§ 174 Abs. 3 S. 1, 172 Nr. 2 GVG** die gesetzliche Grundlage. Dadurch wird die Verschwiegenheitspflicht gleichzeitig gemäß **§ 353d Nr. 2 StGB strafbewehrt.**[47]

24   In jedem Fall bedarf es der ausdrücklichen Anordnung der **Verschwiegenheit gegenüber dem Besichtigungsgläubiger** sowie begleitend der Anordnung, dass er mit diesem keinen unmittelbaren Kontakt aufnimmt, sondern die Korrespondenz ausschließlich über das Gericht bzw. mit den anwaltlichen Vertretern des Besichtigungsgläubigers führt. Letzteres ist etwa auf Grundlage von §§ 492 Abs. 2, 404 Abs. 4 möglich.

25   Entbehrlich sind diese Geheimhaltungsmaßnahmen für den Fall, dass die Besichtigung im öffentlichen Raum stattfindet bzw. die **zu besichtigenden Tatsachen für jedermann zugänglich** sind. In diesem Fall entfällt nicht nur die Notwendigkeit einer parallelen Duldungsverfügung, sondern auch Geheimhaltungsinteressen können nicht bestehen. Denn der Sachverständige besichtigt nur das, was der Besichtigungsschuldner ohnehin der Öffentlichkeit offenbart hat.[48] Dies kann beispielsweise bei Messeauftritten der Fall sein. Sind zur Feststellung der Beweistatsachen indes nähere Untersuchungen, Inbetriebnahme, Öffnung etc des Besichtigungsgegenstandes erforderlich, bedarf es trotz der grundsätzlich vorhandenen Möglichkeit der öffentlichen Wahrnehmung für diese Maßnahmen sowohl der Duldungsverfügung als auch des Geheimnisschutzes.

II. Einstweiliges Verfügungsverfahren

26   **1. Duldungsverfügung.** Aufgabe des das selbständige Beweisverfahren begleitenden einstweiligen Verfügungsverfahrens ist zuvorderst, die Duldung der Besichtigung durch den Besichtigungsgläubiger zu gewährleisten. Ist dies aufgrund öffentlicher Zugänglichkeit der für die Verletzung relevanten Tatsachen nicht notwendig, bedarf es auch der Duldungsverfügung nicht.

27   **a) Sachverständiger.** Im Regelfall der **nicht öffentlichen Zugänglichkeit** ist im Rahmen des auf die materiell-rechtlichen Besichtigungsansprüche des § 809 BGB bzw. der § 140c PatG, § 24c GebrMG, § 19a MarkenG, § 46a DesignG, § 101a UrhG, § 37c SortenSchG und §§ 935 ff. gestützten

---

[40] Hierzu im Einzelnen → § 492 Rn. 10 ff.
[41] → § 491 Rn. 17 sowie → § 492 Rn. 13.
[42] Vgl. nur die Muster bei *Kühnen* B. Rn. 115; Schulte/*Rinken*/*Kühnen* § 140c Rn. 66.
[43] *Kühnen* GRUR 2005, 185 (190 f.); *Müller-Stoy* Mitt. 2010, 267 (269); *Kather/Fitzner* Mitt. 2010, 325 (331); ferner schon BGH GRUR 2002, 1046 (1049) – Faxkarte.
[44] *Eck/Dombrowski* GRUR 2008, 387; *Müller-Stoy* Mitt. 2010, 267 (269).
[45] *Kühnen* GRUR 2005, 185 (191); *Müller-Stoy* Mitt. 2010, 267 (269).
[46] Hierzu *Kather/Fitzner* Mitt. 2010, 325 (331).
[47] *Ahrens* GRUR 2005, 837 (839).
[48] *Kühnen* GRUR 2005, 185 (188). AA für die Stellungnahmemöglichkeit vor Herausgabe des Gutachtens wohl Fitzner/Lutz/Bodewig/*Pitz* § 140c Rn. 46.

einstweiligen Verfügungsverfahrens jedoch die Duldung der Anwesenheit des **gerichtlichen Sachverständigen,** bzw. bei einem isolierten Vorgehen ohne selbständigem Beweisverfahren des Parteigutachters, zu beantragen.

Darüber hinaus wird erwogen, ob die Duldungsverfügung auch einen **Privatsachverständigen** 28 umfassen kann/soll, insbesondere bei komplexen (technischen) Sachverhalten.⁴⁹ Nach Auffassung des BGH⁵⁰ kann auch insoweit den Geheimhaltungsinteressen des Besichtigungsschuldners ausreichend Rechnung getragen werden, indem ein öffentlich bestellter und vereidigter Sachverständiger gewählt wird (der dann seinerseits durch das Gericht zur Verschwiegenheit verpflichtet wird). Losgelöst der Wahrung der Geheimhaltungsinteressen sollte hinsichtlich der Anwesenheit weiterer durch den Besichtigungsgläubiger benannter Personen jedoch Zurückhaltung geübt werden. Im Regelfall dürfte der Besichtigungsgläubiger bereits mit Rechts- und Patentanwalt ausreichend vertreten sein, um das Vorliegen einer Schutzrechtsverletzung zu evaluieren und dem gerichtlichen Sachverständigen zu assistieren. Ferner entspricht es der gerichtlichen Praxis, bei der Bestellung des gerichtlichen Sachverständigen dem Vorschlag des Besichtigungsgläubigers zu folgen.⁵¹ Der Besichtigungsgläubiger hat damit regelmäßig ausreichend Möglichkeiten, den für die Evaluierung notwendigen Sachverstand beizubringen; eines zusätzlichen privaten Sachverständigen wird es daher regelmäßig nicht bedürfen.

b) Anwaltliche Vertreter des Besichtigungsgläubigers. Im Falle des kombinierten Besichti- 29 gungsverfahrens nach Düsseldorfer Praxis wird es regelmäßig geboten sein, neben dem gerichtlichen Sachverständigen auch die Anwesenheit der – namentlich zu benennenden – Rechts- und/oder Patentanwälten des Besichtigungsgläubigers zu beantragen. Hierfür sprechen verschiedene Gründe:

Hinsichtlich der **Rechtsanwälte** ist die Anwesenheit insbesondere in solchen Fällen berechtigt, in 30 denen die Durchführung der Besichtigung zu Problemen führen kann, die anwaltliche Präsenz erforderlich machen, etwa weil der Besichtigungsschuldner dem Sachverständigen auch nach Ablauf der zweistündigen Wartezeit den Zutritt zu seinen Räumlichkeiten verweigert oder formale Beanstandungen gegen die Besichtigungsverfügung erhebt.⁵² Da dies vorab kaum ausgeschlossen werden kann, wird man die Anwesenheit des Rechtsanwalts **nur selten als ungerechtfertigt** erachten können. Die Anwesenheit muss ferner nicht nur bei Beginn der Besichtigung, sondern auch bei Durchführung durch den Sachverständigen gewährleistet sein. Denn nicht nur zu Beginn, dh bei der Frage der Gewährung des Zutritts, sondern insbesondere zur Frage der Berechtigung des Sachverständigen zur Durchführung einzelner Besichtigungsmaßnahmen kommt es häufig zu Auseinandersetzungen über die Reichweite des Beschlusses.

Unbedingt zu gewähren ist der Zutritt für den Rechtsanwalt schon aus Gründen der **Waffen-** 31 **gleichheit,** wenn auch **rechtliche Vertreter des Besichtigungsschuldners zugegen** sind. Die Durchführung der Besichtigung als rein einseitiges Verfahren begegnete ansonsten, da es sich hierbei um eine gerichtliche Beweiserhebung handelt, schweren verfassungsrechtlichen Bedenken, da im Nachhinein, dh nach Erstellung des Gutachtens, nicht sicher überprüft werden könnte, inwieweit eine Beeinflussung des Gutachters durch den Besichtigungsschuldner stattgefunden hat.⁵³ Darüber hinaus ist zu berücksichtigen, dass ein Gutachter, der lediglich eine Partei zur Besichtigung hinzuzieht, nach § 406 Abs. 1 wegen Besorgnis der Befangenheit abzulehnen wäre.⁵⁴

Hinsichtlich der **Patentanwälte** ergibt sich die Rechtfertigung der Anwesenheit regelmäßig daraus, 32 dass der Sachverständige während der Besichtigung de facto auf die Unterstützung der insbesondere mit dem Besichtigungsgegenstand üblicherweise bereits vertrauten Patentanwälte angewiesen sein wird, wenn es um dessen Identifizierung, Bedienung etc geht.⁵⁵ Im Übrigen gelten die vorstehenden Erwägungen zur Anwesenheit der Rechtsanwälte.

Die Anwesenheit der Rechts- und/oder Patentanwälte des Besichtigungsgläubigers kann vom 33 Gericht allerdings auch verweigert werden, etwa weil Widerstand des Besichtigungsschuldners nicht zu erwarten steht oder die Sache technisch überschaubar ist; ferner, wenn es im berechtigten Interesse des Antragsgegners liegt, dass die Besichtigung möglichst unauffällig durchgeführt wird, wie beispielsweise auf einer Messe.⁵⁶ Auch hier muss aber aus Gründen der Waffengleichheit gelten, dass bei Anwesenheit der anwaltlichen Vertreter des Besichtigungsschuldners die des Besichtigungsgläubigers ebenfalls anwesend sein dürfen. Da dies im Zeitpunkt der Antragstellung und Entscheidung über den Antrag nicht absehbar ist, bietet es sich an, die Anwesenheit auch in Fällen, in denen diese ausnahmsweise nicht gerechtfertigt ist, unter der Bedingung zu beantragen, dass die anwaltlichen Vertreter des Besichtigungsschuldners anwesend sind. Fälle aus der gerichtlichen Praxis sind hierzu jedoch nicht bekannt.

---

⁴⁹ *Kühnen* B. Rn. 115.
⁵⁰ BGH GRUR 2014, 578 (579) – Umweltengel für Tragetaschen.
⁵¹ → § 487 Rn. 12.
⁵² Vgl. *Grabinski* FS Mes, 2009, 129 (131).
⁵³ *Kühnen* GRUR 2005, 185 (191).
⁵⁴ BGH NJW 1975, 1363 – Schulterpolster; OLG Frankfurt a. M. FamRZ 1986, 1021; *Kühnen* GRUR 2005, 185 (191); *Zöller/Greger* ZPO § 406 Rn. 7.
⁵⁵ *Grabinski* FS Mes, 2009, 129 (131); *Müller-Stoy* Mitt. 2010, 267 (269).
⁵⁶ Vgl. *Kühnen* B. Rn. 115, Fn. 115; *Müller-Stoy* Mitt. 2010, 267 (270, Fn. 22).

34 **c) Geheimnisschutz.** Grundsätzlich steht es dem Besichtigungsgläubiger frei, die Duldung der Anwesenheit seiner anwaltlichen Vertreter **auch ohne gleichzeitige Verschwiegenheitsverpflichtung** dieser gegenüber ihm selbst zu stellen. Allerdings besteht dann die Gefahr, dass das Gericht im Rahmen der Ausübung seines pflichtgemäßen Ermessens bezüglich des Schutzes möglicher Geheimhaltungsinteressen des Besichtigungsschuldners den Erlass der **Duldungsverfügung ablehnt** oder aber die vorherige **Anhörung des Antragsgegners anordnet,** wodurch der anschließend angeordneten Besichtigung der Überraschungseffekt genommen wird.[57] Denn der jeweilige Abs. 3 S. 2 der spezialgesetzlichen Besichtigungsansprüche[58] sieht für deren Durchsetzung mittels einstweiliger Verfügung, insbesondere wenn diese ohne vorheriger Anhörung des Besichtigungsschuldners ergeht, vor, dass das Gericht die für den Schutz vertraulicher Informationen **„erforderlichen Maßnahmen"** ergreift. Auch wenn die konkret zu ergreifenden Maßnahmen im Ermessen des Gerichts stehen, ist es mithin zum Geheimnisschutz verpflichtet.

35 **aa) Besichtigungsverfahren nach Düsseldorfer Praxis.** Aus diesem Grund sollte man, möchte man die Zurückweisung des Antrags oder die Anhörung des Besichtigungsschuldners vermeiden, mit dem Antrag auf Duldung der Anwesenheit der anwaltlichen Vertreter des Besichtigungsgläubigers stets mitbeantragen, dass diese solche **Tatsachen, die den Geschäftsbetrieb des Besichtigungsschuldners betreffen**[59] und im Rahmen der Besichtigung zu ihrer Kenntnis gelangen, **geheim zu halten** haben, und zwar nicht nur **gegenüber Dritten,** sondern insbesondere **gegenüber dem Mandanten und seinen Mitarbeitern.** Diese Verschwiegenheitsverpflichtung ist nach **§ 203 Abs. 1 Nr. 3 StGB strafbewehrt,** da Rechts- und Patentanwalt die bei der Besichtigung zur Kenntnis genommenen Geschäftsgeheimnisse iSd § 203 Abs. 1 Alt. 2 StGB aufgrund der Verschwiegenheitsvereinbarung anvertraut worden sind.[60]

36 Die Anordnung der Verschwiegenheit auch gegenüber dem eigenen Mandanten entspricht der **gerichtlichen Praxis** im Besichtigungsverfahren.[61] Auch in der sonstigen Rechtsprechung des BGH, beispielsweise im Zusammenhang mit der Billigkeitskontrolle nach § 315 BGB, ist anerkannt, dass der Schutz von Betriebsgeheimnissen durch eine Verschwiegenheitsverpflichtung der anwaltlichen Vertreter des Verfahrensgegners sichergestellt werden kann.[62]

37 **bb) Gestufte Mehrfachbesichtigung.** Die Praxis ist insbesondere von *Mellulis* kritisiert worden. Allerdings geht es bei dieser Kritik (noch) nicht um die Frage des Verzichts auf rechtliches Gehör nach Art. 103 Abs. 1 GG, wie es im Rahmen der Beschränkung der Herausgabe des Gutachtens zunächst nur an die anwaltlichen Vertreter des Besichtigungsschuldners diskutiert wird.[63] Für die Wahrung rechtlichen Gehörs bedarf es nicht zwingend des Berichts der anwaltlichen Vertreter über den Verlauf und die Ergebnisse der Besichtigung, da dies nur eine Zwischenstufe des selbständigen Beweisverfahrens ist. Ausreichend wäre daher – falls überhaupt notwendig und zulässig[64] – eine umfassende Berichterstattung an den Besichtigungsschuldner im Rahmen der Entscheidung über die Herausgabe des Gutachtens. Eine Überprüfung der Argumente ist dennoch insoweit, als gegen die Verschwiegenheitsverpflichtung der Rechts- und Patentanwälte gegenüber dem eigenen Mandanten hier wie dort vorgebracht wurde, dass dies dem **hergebrachten Berufs- und Tätigkeitsbild** eines Rechts- bzw. Patentanwalts als Interessenvertreter des Mandanten widerspräche und jedenfalls aus formaler Sicht der **Informationsanspruch des Mandanten** gegen seinen Rechts- bzw. Patentanwalt unterlaufen würde.[65]

38 Anstelle der bereits anfänglichen Beteiligung der anwaltlichen Vertreter des Besichtigungsschuldners an der Besichtigung hat *Mellulis* daher eine **gestufte Mehrfachbesichtigung** vorgeschlagen.[66] Danach soll die **erste Besichtigung** vom Sachverständigen allein durchgeführt werden, dh ohne den Besichtigungsgläubiger und dessen Rechts- und/oder Patentanwalt. Sofern sich anhand der vom Sachverständigen erstellten Beschreibung hinreichende Anhaltspunkte für eine Patentverletzung ergeben und nachdem der Besichtigungsschuldner Gelegenheit erhalten hat, zu seinen Geheimhaltungsbelangen vorzutragen, soll im Rahmen einer **weiteren Besichtigung** die Möglichkeit bestehen, weitere

---

[57] Vgl. *Grabinski* FS Mes, 2009, 129 (132).
[58] § 140c PatG, § 24c GebrMG, § 19a MarkenG, § 46a DesignG, § 101a UrhG, § 37c SortenSchG, § 9 HalbleiterSchG. Vorher bereits BGH GRUR 2002, 1046 – Faxkarte.
[59] Eine darüber hinausgehende generelle Verschwiegenheitsverpflichtung für sämtliche Tatsachen ist nicht erforderlich, vgl. BGH GRUR 2009, 318 (320) – Lichtbogenschnürung.
[60] BGH GRUR 2010, 318 (320) – Lichtbogenschnürung; *Grabinski* FS Mes, 2009, 129 (132).
[61] Vgl. a. *Grabinski* FS Mes, 2009, 129 (132); s. auch *Ahrens* GRUR 2005, 837 (839); *Kühnen* GRUR 2005, 189 (191).
[62] Vgl. BGH WM 2009, 1957; 2007, 220.
[63] → § 492 Rn. 23.
[64] Hierzu → § 492 Rn. 21 ff.
[65] Für die auf die Durchführung der Besichtigung beschränkte Verschwiegenheitsverpflichtung *Melullis* FS Tilmann, 2003, 843 (853 f.); zur Verschwiegenheitsverpflichtung im Rahmen des Freigabeverfahrens vgl. OLG München GRUR-RR 2009, 191 – Laser-Hybrid-Schweißverfahren sowie im Einzelnen → § 492 Rn. 19 ff.
[66] *Melullis* FS Tilmann, 2003, 843 (855 f.).

Indizien für eine Patentverletzung aufzudecken. Bei dieser zweiten Besichtigung könnten dann auch der Besichtigungsgläubiger und dessen Rechts- und/oder Patentanwalt anwesend sein, weil die Geheimhaltungsinteressen des Besichtigungsschuldners aufgrund der durch den Sachverständigen bereits erfolgten, für eine Verletzung sprechenden Feststellungen dann hinter dem Interesse des Besichtigungsgläubigers zurückstehen könnten. Auch mehr als zwei Besichtigungen („**tastende Versuche**"[67]) sind dabei denkbar, wobei der Besichtigungsgläubiger und dessen Rechts- und/oder Patentanwalt in immer stärkerem Maße an der Besichtigung beteiligt werden können sollen.[68]

cc) Stellungnahme. Rechtlich scheinen beide Modelle gangbar. Der Gesetzgeber hat die Gerichte **39** lediglich in allgemeiner Form zur Wahrung möglicher Geheimhaltungsinteressen verpflichtet, die hierzu **konkret zu ergreifenden Maßnahmen** jedoch in deren **Ermessen** gestellt.[69] Auch ein Antrag auf gestufte Mehrfachbesichtigung ist daher denkbar. Aus Praxissicht ist dem Besichtigungsgläubiger jedoch zu einem **Antrag gemäß Düsseldorfer Praxis zu raten.** Denn da zumindest die erste Stufe einer Mehrfachbesichtigung ein rein einseitiges Verfahren ist, besteht zumindest die Gefahr einer Beeinflussung durch den Besichtigungsschuldner, ohne dass dies – abgesehen von Evidenzfällen – für den Besichtigungsgläubiger später ersichtlich wäre. Da die Anordnung einer weiteren Besichtigung, dann unter Beteiligung des Besichtigungsgläubigers, wiederum vom Ergebnis der ersten Besichtigung abhängig ist, käme es in einem solchen Fall gar nicht mehr zu einer solchen.[70] Darüber hinaus besteht zumindest in (technisch) komplexen Fällen die Gefahr, dass der Sachverständige trotz seiner Fachkunde relevante Eigenschaften der zu besichtigenden Sache übersieht.[71] Schließlich geht mit der ersten Besichtigung der Überraschungseffekt für die zweite Besichtigung verloren und gibt dem Besichtigungsschuldner, trotz Veränderungsverbot (→ Rn. 41 f.) und der bereits erfolgten Beweissicherung durch den Sachverständigen, zumindest die Möglichkeit, Maßnahmen zur Verschleierung des Verletzungstatbestands vorzunehmen.

d) Zu duldende Maßnahmen. Die Duldungsverfügung beinhaltet ferner die Pflicht, die Begut- **40** achtung durch den Sachverständigen zu dulden. Dies geht über die Duldung der bloßen Anwesenheit[72] hinaus. In Frage kommen dabei sämtliche von den materiell-rechtlichen Besichtigungsansprüchen umfasste Maßnahmen, dh insbesondere die Inaugenscheinnahme, aber auch darüber hinausgehende Maßnahmen wie die Anfertigung von Kopien, Fotos, Screenshots, ggf. Mitnahme zu diesen Zwecken, Substanzeingriffe und bestimmte Mitwirkungspflichten des Besichtigungsschuldners.[73] Zur Gewährleistung einer effektiven Besichtigung besteht in der Praxis die Kunst darin, antizipierend die notwendigen Besichtigungsmaßnahmen zu identifizieren und **möglichst präzise** und **vollständig in den Antrag aufzunehmen.**[74]

2. Veränderungsverbot. Da dem Besichtigungsschuldner die Möglichkeit zur Heranziehung an- **41** waltlichen Beistands zu gewähren ist, bevor der Sachverständige mit der Begutachtung beginnt[75], sollte der Antrag schließlich beinhalten, dass dem Antragsgegner – unter Androhung von Ordnungsmitteln – mit sofortiger Wirkung untersagt wird, für die Dauer der Besichtigung **eigenmächtig Veränderungen** an dem Besichtigungsgegenstand vorzunehmen. Diese können, müssen aber nicht näher **spezifiziert** werden. Wenn dies erfolgt, ist darauf zu achten, dass die Beispiele in Form eines „**insbesondere**"-Antrags genannt werden, um eine Ausschlusswirkung für andere, nicht genannte Formen der Veränderung zu vermeiden. Bei dem Veränderungsverbot handelt es sich, anders als bei der Duldungsverfügung selbst, die der Sache nach eine die Hauptsache vorwegnehmende Leistungsverfügung ist, um eine **Sicherungsverfügung** iSd § 935. Sie dient der Sicherung des materiell-rechtlichen Besichtigungsanspruchs.

Eine solche Sicherungsverfügung ist auch dann relevant, wenn der Beschluss über das selbständige **42** Beweisverfahren **von Amts wegen zugestellt** wird, da dann nicht sichergestellt werden kann, dass die Zustellung nicht vor dem Eintreffen des Sachverständigen erfolgt. Die Zustellung von Amts wegen ist jedoch aufgrund des regelmäßigen Verzichts auf Ladung nach § 491 und Anhörung[76] nicht zwingend. Die **formlose Mitteilung** ist in diesem Fall mangels Terminsbestimmung ausreichend (§ 329 Abs. 2

---

[67] Melullis FS Tilmann, 2003, 843 (856).
[68] Melullis geht es bei seinem Konzept der gestuften Mehrfachbesichtigung allerdings nicht ausschließlich um die Wahrung der Geheimhaltungsinteressen, sondern auch um den darüber hinausgehenden Schutz des Besichtigungsschuldners vor im Ergebnis auf unberechtigten Vermutungen beruhenden Besichtigungen: Melullis FS Tilmann, 2003, 843 (846 ff.).
[69] Vgl. a. BT-Drs. 16/5048, 40.
[70] Vgl. *Kühnen* GRUR 2005, 185 (191).
[71] *Müller-Stoy* Mitt. 2010, 267 (270 f.); *Kühnen* GRUR 2005, 185 (191), jeweils mit weiteren Argumenten.
[72] → Rn. 27.
[73] Einzelheiten → § 485 Rn. 120 ff.
[74] Vgl. → § 485 Rn. 133.
[75] Ferner weil der Besichtigungsschuldner den Zutritt trotz Duldungsverfügung verweigern kann und es dann zunächst einer Durchsuchungsanordnung nach § 758a bedarf. Hierzu → § 485 Rn. 158 ff.
[76] → § 490 Rn. 1, 8.

S. 1). Sie kann gemeinsam mit der Duldungsverfügung, die im Parteibetrieb nach den §§ 191 ff. zuzustellen ist (§§ 936, 922 Abs. 2)[77], erfolgen.[78]

III. Auslagenvorschuss und Sicherheitsleistung

43 Auch wenn nicht Teil des Antrags, sollte der Besichtigungsgläubiger darauf vorbereitet sein, dass das Gericht für das selbständige Beweisverfahren nach §§ 492 Abs. 1, 402, 379 die Verfahrensdurchführung von der Erbringung eines **Auslagenvorschusses** abhängig machen kann. § 379 ist auch auf den Sachverständigenbeweis im Allgemeinen[79] und insbesondere auch auf die schriftliche Begutachtung (§ 411)[80] anwendbar. Selbiges gilt für das selbständige Beweisverfahren[81], da es sich hier wie dort um eine durch die Partei beantragte und nicht von Amts wegen angeordnete Beweisaufnahme handelt. Die Anforderung ist daher **nicht** nach § 567 **anfechtbar**.[82]

44 Ferner hat der Besichtigungsgläubiger gemäß § 140c Abs. 4[83] iVm § 811 Abs. 2 S. 2 BGB die Möglichkeit, die Besichtigung so lange zu verweigern, bis der Besichtigungsschuldner möglicherweise entstehende **Kosten vorschießt** und für mögliche durch die Besichtigung entstehender Schäden **Sicherheit leistet**. Ersteres werden hauptsächlich Kopierkosten etc sein. Letzteres wird regelmäßig nur bei **Substanzverletzungen** in Frage kommen. Kein Schaden, für den Sicherheit zu leisten ist, ist ein etwaiger Schaden durch **Gebrauchsentziehung** des Besichtigungsgegenstands während der Besichtigung. Darüber hinaus bedarf es der konkreten Darlegung der Gefahr solcher Schäden und Kosten.[84] In der Praxis wird daher kaum Gefahr drohen, dass der Besichtigungsschuldner die Besichtigung durch Verlangen nach Kostenvorschuss oder Sicherheitsleistung verzögert oder blockiert.

C. Muster

45 Das nachfolgende Muster eines Antrags auf Anordnung des selbständigen Beweisverfahrens kombiniert mit einer einstweiligen Duldungsverfügung orientiert sich an dem Muster von *Kühnen*[85] und somit an der Praxis der Düsseldorfer Gerichte zum Patentrecht:

46 Es wird beantragt, wie folgt zu entscheiden:

I.

Auf Antrag des Antragstellers vom ... wird, da ein Rechtsstreit noch nicht anhängig ist und der Antragsteller ein rechtliches Interesse[86] daran hat, dass der Zustand einer Sache festgestellt wird, die Durchführung des selbständigen Beweisverfahrens gemäß §§ 485 ff. ZPO angeordnet.

II.

1. Es soll durch Einholung eines schriftlichen Sachverständigengutachtens Beweis darüber erhoben werden, ob die in der Betriebsstätte des Antragsgegners (...) befindlichen ... [Darstellung des Besichtigungsgegenstands sowie der Beweisfrage].[87]
2. Zum Sachverständigen wird ... bestellt.[88]
3. Dem Sachverständigen wird – im Interesse der Wahrung etwaiger Betriebsgeheimnisse des Antragsgegners, die bei der Begutachtung zutage treten könnten – aufgegeben, jeden unmittelbaren Kontakt mit dem Antragsteller zu vermeiden und notwendige Korrespondenz entweder über das Gericht oder mit den nachfolgend unter III. 1. bezeichneten anwaltlichen Vertretern des Antragstellers zu führen. Der Sachverständige hat darüber hinaus auch gegenüber Dritten Verschwiegenheit zu wahren.[89]
4. Auf Verlangen des Antragsgegners hat der Sachverständige die Begutachtung für die Dauer von maximal zwei Stunden zurückzustellen, um dem Antragsgegner Gelegenheit zu geben, seinerseits einen anwaltlichen Berater hinzuzuziehen. Der Sachverständige hat den Antragsgegner vor Beginn der Begutachtung auf dieses Antragsrecht hinzuweisen.[90]
5. Die Begutachtung soll – wegen der besonderen Eilbedürftigkeit – ohne vorherige Ladung und Anhörung des Antragsgegners erfolgen.[91]

---

[77] → § 922 Rn. 15.
[78] *Zöller/Herget* ZPO § 490 Rn. 1.
[79] BGH NJW 2006, 3419.
[80] BGH NJW 1964, 658.
[81] BGH WuM 2009, 317 (318).
[82] BGH WuM 2009, 317 (318).
[83] Bzw. den Parallelvorschriften, s. Fn. 51.
[84] *Palandt/Sprau* § 811 Rn. 2; *Haedicke/Timmann* PatR-HdB/*Chakraborty* § 11 Rn. 742.
[85] *Kühnen* B. Rn. 115; *Schulte/Rinken/Kühnen* § 140c Rn. 66; vgl. a. *Busse/Keukenschrijver/Kaess* Anh. zu § 140c (8. Aufl.).
[86] → § 485 Rn. 73 f.
[87] → Rn. 9 ff.
[88] → Rn. 12.
[89] → Rn. 23 ff.
[90] → Rn. 19 f.
[91] → Rn. 17 f.

III.
Im Wege der einstweiligen Verfügung werden darüber hinaus folgende weitere Anordnungen getroffen:
1. Neben dem Sachverständigen hat der Antragsgegner folgenden anwaltlichen Vertretern des Antragstellers (sowie ggf. seines öffentlich bestellten und vereidigten Privatsachverständigen[92]) die Anwesenheit während der Begutachtung zu gestatten[93]:
   – Patentanwalt ...,
   – Rechtsanwalt ...
   – ggf. ... als Privatsachverständiger
2. Patentanwalt ... und Rechtsanwalt ... (und ggf. Privatsachverständiger) werden verpflichtet, Tatsachen, die im Zuge des selbständigen Beweisverfahrens zu ihrer Kenntnis gelangen und den Geschäftsbetrieb des Antragsgegners betreffen, geheim zu halten, und zwar auch gegenüber dem Antragsteller und dessen Mitarbeitern.[94]
3. Dem Antragsgegner wird – mit sofortiger Wirkung und für die Dauer der Begutachtung – untersagt, eigenmächtig Veränderungen an den zu begutachtenden [Besichtigungsgegenstand] vorzunehmen, insbesondere [ggf. beispielhafte Spezifizierung der zu unterlassenden Veränderungen].[95]
4. Für jeden Fall der Zuwiderhandlung gegen das unter 3. bezeichnete Verbot werden dem Antragsgegner ein Ordnungsgeld bis zu 250.000 EUR – ersatzweise Ordnungshaft – oder eine Ordnungshaft bis zu 6 Monaten angedroht, wobei die Ordnungshaft an dem Geschäftsführer des Antragsgegners zu vollstrecken ist.[96]
5. Der Antragsgegner hat es zu dulden, dass der Sachverständige die zu begutachtenden Vorrichtungen in Augenschein nimmt und, sofern der Sachverständige dies für geboten hält, im laufenden Betrieb untersucht. Der Antragsgegner hat es ferner zu dulden, dass der Sachverständige zu Dokumentationszwecken Foto- oder Filmaufnahmen anfertigt, für seine Notizen ein Diktiergerät verwendet ... [präzise Darstellung der zu duldenden Maßnahmen des Sachverständigen einschließlich etwaig notwendiger Mitwirkungspflichten des Besichtigungsschuldners].[97]

IV.
Nach Vorlage des schriftlichen Gutachtens wird der Antragsgegner Gelegenheit erhalten, zu etwaigen Geheimhaltungsinteressen, die auf seiner Seite bestehen, Stellung zu nehmen. Die Kammer wird erst danach darüber entscheiden, ob dem Antragsteller das Gutachten zur Kenntnis gebracht wird.[98]

V.
Die Durchführung des selbständigen Beweisverfahrens ist davon abhängig, dass der Antragsteller vorab einen Auslagenvorschuss von 10.000 EUR bei der Gerichtskasse in ... einzahlt.[99]

VI.
Der Wert des Streitgegenstandes für das selbständige Beweisverfahren wird auf 250.000 EUR festgesetzt, derjenige für das einstweilige Verfügungsverfahren auf 25.000 EUR.[100]

VII.
Die Kosten des einstweiligen Verfügungsverfahrens trägt der Antragsgegner.

§§ 488 und 489 (weggefallen)

§ 490 Entscheidung über den Antrag

(1) Über den Antrag entscheidet das Gericht durch Beschluss.

(2) ¹**In dem Beschluss, durch welchen dem Antrag stattgegeben wird, sind die Tatsachen, über die der Beweis zu erheben ist, und die Beweismittel unter Benennung der zu vernehmenden Zeugen und Sachverständigen zu bezeichnen.** ²Der Beschluss ist nicht anfechtbar.

Literatur: *Eck/Dombrowski,* Rechtsschutz gegen Besichtigungsverfügungen im Patentrecht – De lege lata und de lege ferenda, GRUR 2008, 387; *Grabinski,* Die Zwangsvollstreckung der Duldungsverfügung im patentrechtlichen Besichtigungsverfahren, FS Mes 2009, 129; *Kühnen,* Update zum Düsseldorfer Besichtigungsverfahren, Mitt. 2009, 211; *Kühnen,* Die Besichtigung im Patentrecht – Eine Bestandsaufnahme zwei Jahre nach „Faxkarte", GRUR 2005, 185; *Kühnen,* Zivilprozessualer Geheimnisschutz in Patentstreitsachen, GRUR 2020, 576; *Künzel,* GRUR-Prax 2016, 159 – OLG Düsseldorf: Rechtmäßigkeit des „Düsseldorfer Besichtigungsverfahrens"; *Kunzmann,* Regierungsentwurf eines zweiten Gesetzes zur Vereinfachung und Modernisierung des Patentrechts, IP-kompakt 2020, 5;

---
[92] → Rn. 28.
[93] → Rn. 29 ff.
[94] → Rn. 34 ff.
[95] → Rn. 41 f.
[96] § 890.
[97] → Rn. 40 sowie → § 485 Rn. 120 ff.
[98] → § 492 Rn. 10 ff.
[99] → Rn. 43.
[100] → § 494a Rn. 21, 37.

Müller-Stoy, Der Besichtigungsanspruch gemäß § 140c PatG in der Praxis – Teil 1, Mitt. 2010, 267; *Nordemann/ Waiblinger*, Die Entwicklung der unter- und obergerichtlichen Rechtsprechung zum Urheberrecht im Jahr 2017, GRUR-RR 2018, 177; *Zhu/Popp*, Zivilprozessualer Geheimnisschutz in Patentstreitverfahren, GRUR 2020, 338; *Zöllner*, Der Vorlage- und Besichtigungsanspruch im gewerblichen Rechtsschutz – Ausgewählte Probleme, insbesondere im Eilverfahren, GRUR-Prax 2010, 74.

Übersicht

	Rn.
A. Allgemeines	1
B. Besonderheiten im Besichtigungsverfahren	5
I. Abs. 1: Entscheidung über den Antrag	8
II. Abs. 2: Rechtsschutz	11
1. Besichtigungsanordnung	12
a) Rechtsschutz gegen (teilweise) zurückweisenden Beschluss	12
b) Rechtsschutz gegen stattgebenden Beschluss	17
2. Freigabeverfahren	32
a) Herausgabebeschluss	33
b) Geheimhaltungsanordnung	36
III. Streitwert und Kostenentscheidung	38
IV. Zustellung	39

A. Allgemeines

1 Die Entscheidung über den Antrag auf Durchführung des selbständigen Beweisverfahrens ergeht gemäß **§ 490 Abs. 1** zwingend durch **Beschluss**. Damit geht § 490 Abs. 1 weiter als § 937 Abs. 2, wonach eine mündliche Verhandlung nur ausnahmsweise entbehrlich ist. Die Anordnung einer **mündlichen Verhandlung** ist für das selbständige Beweisverfahren **freigestellt, § 128 Abs. 4**.

2 § 490 Abs. 2 betrifft (nur) den **stattgebenden Beschluss**. S. 1 definiert die **inhaltlichen Anforderungen**, die denen eines Beweisbeschlusses iSd § 359 entsprechen. § 494 Abs. 2 S. 2 betrifft die **Frage des Rechtsschutzes** gegen den **stattgebenden Beschluss** und erklärt diesen für **unanfechtbar**. Es handelt sich dabei um eine **§ 355 Abs. 2 ergänzende Vorschrift**, wonach ein im Rahmen eines Hauptsacheverfahrens erlassener Beweisbeschluss als prozessleitende Verfügung nicht gesondert anfechtbar ist. § 355 Abs. 2 soll im Interesse der Prozessförderung[1] sicherstellen, dass keine unselbständige Zwischenentscheidung angefochten wird, sondern nur die auf dem Beweis beruhende Entscheidung. Da es sich bei dem selbständigen Beweisverfahren um ein dem Hauptsacheverfahren vorgelagertes (bei nicht anhängigem Rechtsstreit) oder aus diesem herausgelöstes (bei anhängigem Rechtsstreit) Beweisverfahren handelt und dieser über § 493 iE dieselben Wirkungen wie eine Beweiserhebung im Hauptsacheverfahren entfaltet, soll auch der dort ergehende vorgelagerte bzw. herausgelöste Beweisbeschluss nicht gesondert anfechtbar sein.[2] Allerdings ist der das selbständige Beweisverfahren anordnende Beschluss jederzeit, etwa auf Gegenvorstellung einer der Parteien, **von Amts wegen abänderbar, § 360**.[3]

3 Auch im selbständigen Beweisverfahren gilt die Bindung des Gerichts an die Anträge, **§ 308 („ne ultra petita partium")**,[4] die den Besichtigungsumfang sowohl hinsichtlich der Beweismittel (Inaugenschein, Inbetriebnahme etc) als auch hinsichtlich des Besichtigungsgegenstands begrenzt. Sofern es zu einem **antragsüberschreitenden Beweissicherungsbeschluss** kommt, kann der Verstoß gegen § 308 Abs. 1 jedoch durch **nachträgliche Genehmigung** des Besichtigungsgläubigers geheilt werden, indem er sich die entsprechenden Feststellungen (etwa des Sachverständigen) zu eigen macht (ggf. auch hilfsweise). Eine solche nachträgliche Genehmigung hat der BGH für eine Antragsüberschreitung im Hauptsacheverfahren angenommen.[5] Gründe, dies im selbständigen Beweisverfahren anders zu beurteilen, sind nicht ersichtlich.[6]

4 Geschieht dies nicht, dh bleibt es bei einem Verstoß gegen § 308, wird entgegen § 490 Abs. 2 S. 2 teilweise eine **gesonderte Anfechtbarkeit** des stattgebenden Beschlusses bejaht, da dieser aufgrund des Verstoßes **„greifbar gesetzwidrig"** sei.[7] Zwar bestehe in der Rechtsprechung Übereinstimmung, dass die Nichtbeachtung wesentlicher Verfahrensvorschriften, zu der im Allgemeinen auch ein Verstoß gegen die Bindung an Anträge gehört[8], allein nicht ausreiche, um die betroffene Entscheidung rechtsbehelfsfähig zu machen. Während im Hauptsacheverfahren eine Ausdehnung des Beweisthemas über die vom Kläger bezeichneten streitigen Tatsachen iSd § 359 Nr. 1 hinaus und deren Unanfechtbarkeit

---

[1] Vgl. *Baumbach/Lauterbach/Albers/Hartmann* ZPO § 355 Rn. 9.
[2] Vgl. a. *Eck/Dombrowski* GRUR 2008, 387 (391).
[3] Vgl. a. *Stein/Jonas/Leipold* § 490 Rn. 16.
[4] *Baumbach/Lauterbach/Albers/Hartmann* ZPO § 308 Rn. 2.
[5] Vgl. BGH MDR 1999, 314.
[6] So wohl auch *Kühnen* B. Rn. 110.
[7] OLG Frankfurt a. M. NJW-RR 1990, 1023 (1024).
[8] Vgl. OLG Köln NJW 1980, 1531.

hinnehmbar sei, weil bei der Endentscheidung auf die Beweislast abzustellen sei und durch die Erweiterung des Beweisthemas in der Regel kein sachlicher Nachteil eintrete, schließe das Beweissicherungsverfahren mit der Beweisaufnahme ab, ohne dass eine Korrektur in der Sache selbst möglich sei. Eine gerichtliche Anordnung, die eine derartige Möglichkeit eröffne, sei gesetzeswidrig und müsse daher anfechtbar sein.[9] Ob diese Überlegungen für eine gesonderte Anfechtbarkeit entgegen der gesetzlichen Regelung des § 490 Abs. 2 S. 2 ausreichen, ist indes zweifelhaft.[10] Aufgrund der Möglichkeit der nachträglichen Genehmigung wird es hierauf in der Praxis meist nicht ankommen.

B. Besonderheiten im Besichtigungsverfahren

§ 490 betrifft **nur das selbständige Beweisverfahren, nicht** dessen prozessuale Durchsetzung. **5** Für den Fall der Durchsetzung mittels im Rahmen des einstweiligen Verfügungsverfahrens zu erlassender **Duldungsverfügung** ist § 490 nicht anwendbar.

Die **wesentliche Bedeutung** des § 490 für das Besichtigungsverfahren nach Düsseldorfer Praxis **6** liegt in der Frage, inwieweit § 490 Abs. 2 S. 2 auch dort einer **gesonderten Anfechtbarkeit** des im Rahmen des selbständigen Beweisverfahrens ergangenen **Beweisbeschlusses** entgegensteht, wenn entweder die Voraussetzungen der §§ 485 ff. nicht vorgelegen haben oder aber die im Rahmen des einstweiligen Verfügungsverfahrens ergangene Duldungsverfügung zu Unrecht ergangen ist. Von wesentlicher Bedeutung ist dabei die Frage der **Rechtsnatur** des Besichtigungsverfahrens als entweder einheitliches einstweiliges Verfügungsverfahren oder gemäß der hM als aus zwei unterschiedlichen und voneinander zu trennenden Teilen bestehender Verfahrenskomplex.[11]

Die nachfolgende Kommentierung schildert im Interesse einer vollständigen Darstellung jedoch **7** neben den Besonderheiten bei § 490 Abs. 1 im Rahmen von § 490 Abs. 2 **insgesamt die Rechtsschutzmöglichkeiten** gegen die unterschiedlichen Bestandteile und Entscheidungen im Rahmen des Besichtigungsverfahrens.[12]

I. Abs. 1: Entscheidung über den Antrag

Die **Freistellung der mündlichen Verhandlung** nach § 490 Abs. 1 iVm § 128 Abs. 4 führt im **8** Besichtigungsverfahren regelmäßig dazu, dass der selbständige Beweisverfahrensteil ohne vorherige mündliche Verhandlung oder Anhörung[13] sowie Ladung[14] des Besichtigungsschuldners angeordnet und durchgeführt wird.[15] Für die begleitende Duldungsverfügung ergibt sich dies aus den § 140c Abs. 3 S. 3 PatG, § 24c Abs. 3 S. 3 GebrMG, § 19a Abs. 3 S. 3 MarkenG, § 46a Abs. 3 S. 3 DesignG, § 101a Abs. 3 S. 3 UrhG, § 37c Abs. 3 S. 3 SortenSchG, § 9 Abs. 2 HalbleiterSchG.

Die Frage eines **antragsüberschreitenden Beweissicherungsbeschlusses** kann sich sowohl hinsichtlich der konkreten Besichtigungsmaßnahmen[16] als auch des Beweisthemas stellen. Um eine solche Situation von vornherein zu vermeiden, ist bei der Antragsfassung große Sorgfalt erforderlich. Insbesondere bei möglicherweise unsicherem Rechtsbestand von Hauptansprüchen bei den technischen Schutzrechten empfiehlt sich die **Aufnahme von Unteransprüchen** in die Beweisanordnung, da es dem Sachverständigen ansonsten verwehrt ist, Merkmale der Unter- oder Nebenansprüche von sich aus in die Begutachtung einzubeziehen.[17]

Soweit die **nachträgliche Genehmigung** betroffen ist, kann beim Besichtigungsverfahren in dem **10** **Verlangen der Herausgabe des Gutachtens** im Rahmen des Freigabeverfahrens eine **konkludente Genehmigung** gesehen werden. Ein solches Herausgabeverlangen beinhaltet regelmäßig zugleich eine Antragserweiterung hinsichtlich der zunächst antragslosen Begutachtungsteile. Wenn auch bezüglich dieses antragsüberschreitenden Teils die Voraussetzungen für die Anordnung des selbständigen Beweisverfahrens vorgelegen hätten und weiterhin vorliegen – was im Einzelfall zu prüfen ist, aber regelmäßig der Fall sein wird[18] – wäre eine zu strenge Handhabung von § 308 weder prozessökonomisch noch würde sie den Interessen der Parteien dienen. Denn das Gericht müsste auf erweiterten Antrag des Besichtigungsgläubigers ohnehin eine erneute Besichtigung hinsichtlich des ursprünglich überschießenden Teils anordnen. Eine solche Nachbesichtigung ist weder im Interesse des Besichtigungsschuldners, der damit zwei Besichtigungen zu dulden hätte, noch im Interesse des Besichti-

---

[9] OLG Frankfurt a. M. NJW-RR 1990, 1023 (1024).
[10] Verneinend daher auch Stein/Jonas/*Leipold* § 490 Rn. 16 und *Baumbach/Lauterbach/Albers/Hartmann* ZPO § 490 Rn. 9 f.; § 567 Rn. 10.
[11] Zur Rechtsnatur → § 485 Rn. 63 ff.
[12] Zu den einzelnen Regelungsinhalten im Besichtigungsverfahren → Vor § 485 Rn. 47 ff.
[13] → § 487 Rn. 17.
[14] → § 491 Rn. 7 ff.; → § 493 Rn. 12.
[15] Vgl. a. LG Düsseldorf InstGE 5, 236 – Anhörungsrüge; *Kühnen* GRUR 2005, 185 (193), *Müller-Stoy* Mitt. 2010, 267 (269); Fitzner/Lutz/Bodewig/*Pitz* § 140c Rn. 47.
[16] Und zwar grundsätzlich sowohl bei der Frage der beantragten Beweismittel als auch bei den konkret beantragten Besichtigungsmaßnahmen.
[17] Vgl. LG Düsseldorf 3.2.2011 – 4b O 27/09; *Kühnen* B. Rn. 165.
[18] *Kühnen* B. Rn. 110.

gungsgläubigers, da der Besichtigungsschuldner nunmehr gewarnt wäre und daher die Gefahr einer Beweisvereitelung bestünde. Sollte es also seitens des Gerichts ausnahmsweise einmal zu einer den Antrag überschreitenden Anordnung der Besichtigung kommen, sollte das Herausgabeverlangen bei Fehlen entgegenstehender Anhaltspunkte als konkludent erklärte Genehmigung gewertet und damit auch der **gesamten Inhalt des Sachverständigengutachtens zum Gegenstand des weiteren Verfahrens** gemacht werden. Dies hat zur Folge, dass im Rahmen des sich anschließenden Freigabeverfahrens bei Vorliegen der Voraussetzungen **auch bezüglich des „überschießenden" Gutachtenteils eine Herausgabe** angeordnet werden kann und die betreffenden Passagen nicht *per se* zu schwärzen sind.[19]

II. Abs. 2: Rechtsschutz

11   Die nachfolgende Darstellung des Rechtsschutzes gliedert sich nach den unterschiedlichen Regelungsgehalten des Besichtigungsverfahrens, dh in zeitlicher Hinsicht in Anordnung der Besichtigung (1.) und Freigabeverfahren (2.), sowie in prozessualer Hinsicht auf der jeweiligen zeitlichen Stufe in selbständiges Beweisverfahren und einstweiliges Verfügungsverfahren.[20]

12   **1. Besichtigungsanordnung. a) Rechtsschutz gegen (teilweise) zurückweisenden Beschluss. aa) Verfügungsverfahren.** § 490 Abs. 2 findet auf das Verfügungsverfahren keine Anwendung. Die (teilweise)[21] Ablehnung des Erlasses der begleitenden Duldungsverfügung im Rahmen des Besichtigungsverfahrens nach dem Düsseldorfer Modell sowie einer isolierten Besichtigungsverfügung ohne selbständiges Beweisverfahren ist daher nach den allgemeinen prozessualen Regeln mit der **sofortigen Beschwerde nach § 567 Abs. 1 Nr. 2** anfechtbar. Zulässig ist die sofortige Beschwerde auch bei Ablehnung eines Antrags auf Erweiterung oder Ergänzung eines bereits erlassenen Beweisbeschlusses und gegen dessen nachträgliche Einschränkung oder Aufhebung.[22] Die Frage, ob das Beschwerdegericht dem Besichtigungsschuldner zuvor rechtliches Gehör gewähren muss, beantwortet sich nach denselben Maßstäben wie bei der erstinstanzlichen Entscheidung über den Antrag[23] und ist daher für das Besichtigungsverfahren regelmäßig zu verneinen.[24]

13   **bb) Selbständiges Beweisverfahren.** § 490 Abs. 2 betrifft ausweislich seines Wortlauts nur stattgebende, nicht jedoch einen Antrag auf Durchführung des selbständigen Beweisverfahrens zurückweisende Beschlüsse. Dem Besichtigungsgläubiger ist damit der Weg der sofortige Beschwerde gemäß § 567 Abs. 1 Nr. 2 eröffnet.[25] Dies gilt sowohl bei einer vollständigen Zurückweisung des Antrags als auch bei einem dem Antrag nur teilweise stattgebenden Beschluss.[26]

14   Die Frage, ob im selbständigen Beweisverfahren die Entscheidung, mit der ein **Antrag auf Einholung eines weiteren Gutachtens gemäß § 412 zurückgewiesen** worden ist, mit der **sofortigen Beschwerde gemäß § 567 anfechtbar** ist, wurde von einigen Oberlandesgerichten bejaht,[27] **überwiegend** jedoch **verneint**.[28] Der **BGH**[29] hat sich zu Recht der letztgenannten Auffassung **angeschlossen**. Weder liegen die Voraussetzungen des § 567 Abs. 1 Nr. 1 vor, da es an einer ausdrücklichen Bestimmung der Beschwerdefähigkeit fehlt, noch handelt es sich um eine von § 567 Abs. 1 Nr. 2 erfasste Entscheidung. Denn die Entscheidung nach § 412 ergeht von Amts wegen nach Ermessen des Gerichts im Wege der freien Beweiswürdigung und daher nicht auf Antrag der Par-

---

[19] So auch *Kühnen* B. Rn. 138 u. 165; aA LG Düsseldorf 3.2.2011 – 4b O 27/09.
[20] Zur Struktur und den Regelungsinhalten im Einzelnen → § 485 Rn. 47 ff.
[21] Etwa wenn dem oder den anwaltlichen Vertretern des Besichtigungsgläubigers die Anwesenheit versagt wird (→ § 487 Rn. 29 ff.), die Anordnung eines Veränderungsverbots nicht erlassen wird → § 487 Rn. 41 f.) oder – in der Praxis am ehesten relevant – einzelne beantragte Duldungspflichten nicht ausgesprochen werden (→ § 485 Rn. 47 ff.).
[22] OLG Düsseldorf InstGE 7, 256 – Klinkerriemchen I; OLG Düsseldorf InstGE 7, 191 – Brustbein-Öffner (insoweit nicht überholt durch OLG Düsseldorf InstGE 8, 186 – Klinkerriemchen II); vgl. auch OLG Hamburg OLGZ 1993, 320 = WuM 1993, 94; Zöller/*Herget* ZPO § 490 Rn. 4.
[23] Teplitzky/*Feddersen* Kap. 55 Rn. 7 mwN zum Streitstand bei der Unterlassungsverfügung im Wettbewerbsrecht.
[24] Für das Besichtigungsverfahren gilt aufgrund der nie auszuschließenden, zumindest abstrakten Gefahr eines Beseiteschaffens des Besichtigungsgegenstands auf der einen Seite und der gegenüber einer Unterlassungsverfügung milderen Rechtsfolge auf der anderen Seite, dass dort die Gewährung rechtlichen Gehörs regelmäßig aus denselben Gründen wie in der ersten Instanz verbieten wird.
[25] BGH VersR 2011, 1588 (1589) = MDR 2011, 1313; OLG Karlsruhe BeckRS 2010, 29509; Haedicke/Timmann PatR-HdB/*Chakraborty* § 15 Rn. 853; Schulte/*Rinken/Kühnen* § 140c Rn. 79.
[26] Etwa weil ein beantragtes Beweismittel nicht als statthaft angesehen wurde.
[27] OLG Stuttgart NJW-RR 2009, 497 f.; OLG Frankfurt a. M. MDR 2008, 585 f.
[28] OLG Hamm OLGR 2009, 844 f.; OLG Schleswig MDR 2009, 1304; OLG Düsseldorf MDR 2009, 588; OLG Zweibrücken IBR 2009, 186; OLG Rostock MDR 2008, 999 f.; OLG Koblenz MDR 2007, 736; OLG Jena IBR 2007, 350; OLG Schleswig OLGR 2003, 308; OLG Köln OLGR 2002, 128 (129); OLG Hamm OLGR 2001, 251 (252); OLG Düsseldorf NJW-RR 1998, 933; OLG Hamm OLGR 1996, 203 f.
[29] BGH MDR 2010, 767 = BauR 2010, 932 = VersR 2010, 1241.

Entscheidung über den Antrag 15–21 § 490 ZPO

teien.³⁰ Ferner folgt gemäß § 492 die Beweisaufnahme im selbständigen Beweisverfahren den Regeln des Hauptsacheverfahrens. Dort ist jedoch gegen die Ablehnung der Einholung eines neuen Gutachtens kein Rechtsbehelf gegeben. Würde der Partei im selbständigen Beweisverfahren dennoch ein Beschwerderecht eingeräumt, erhielte sie mithin einen Rechtsbehelf an die Hand, der ihr im Hauptsacheverfahren nicht zur Verfügung stünde.³¹

Aus den vorstehend genannten Gründen ist auch die **Anordnung eines Auslagenvorschusses**³² **15** nach §§ 492 Abs. 1, 402, 379 nicht beschwerdefähig.³³ Denn auch im Erkenntnisverfahren ist gegen die Anforderung eines Vorschusses nach § 379 grundsätzlich Rechtsmittel gegeben.³⁴

Selbständig anfechtbar ist indes die Zurückweisung eines **Antrags auf mündliche Erörterung des 16 Sachverständigengutachtens** nach § 411 Abs. 3. Denn anders als im Erkenntnisverfahren ist die Zurückweisung der mündlichen Erörterung im selbständigen Beweisverfahren weitgehend verfahrensabschließend und kann daher im Hauptsacheverfahren nicht mehr überprüft werden.³⁵

b) Rechtsschutz gegen stattgebenden Beschluss. aa) Verfügungsverfahren. Der stattgebende **17** Beschluss über die Duldung der Besichtigung ist für den Besichtigungsschuldner mangels Anwendbarkeit des § 490 Abs. 2 auf das Verfügungsverfahren grundsätzlich mit dem **Widerspruch nach § 924** anfechtbar. Der Widerspruch entfaltet jedoch **keine aufschiebende Wirkung**, § 924 Abs. 3 S. 1. Ein unmittelbar nach Zustellung des Besichtigungsbeschlusses erhobener Widerspruch hindert mithin nicht die Durchführung der Besichtigung.

Mit Durchführung der Besichtigung tritt ferner regelmäßig **Erledigung** hinsichtlich der Duldungs- **18** verfügung ein.³⁶ Dies liegt zwar nicht darin begründet, dass mit Durchführung der Besichtigung üblicherweise der Leistungserfolg und damit Erfüllung eintritt.³⁷ Denn die Erfüllung wird im Besichtigungsverfahren erst mit der Duldungsverfügung durchgesetzt und nicht freiwillig erbracht. Die Sachlage ist daher vergleichbar mit Erfüllungshandlungen, die unter dem Druck einer bereits eingeleiteten Zwangsvollstreckung erfolgen. Dort wird die Erfüllungswirkung aufgrund des Zwangs verneint.³⁸ Dennoch ist die Duldungsverfügung mit Durchführung der Besichtigung faktisch überholt und könnte auch bei erfolgreichem Widerspruch nicht mehr revidiert werden. Umgekehrt sind die **Anordnung der Duldung** und das Veränderungsverbot **mit der Durchführung gegenstandslos** geworden. Einzig die Verschwiegenheitsverpflichtung der anwaltlichen Vertreter des Besichtigungsgläubigers wirkt fort. Diese richtet sich jedoch nicht gegen den Besichtigungsgläubiger.³⁹ Außer im Falle einer ergänzenden Nachbesichtigung⁴⁰ tritt mithin Erledigung ein.

Daher empfiehlt sich häufig eine beidseitige **Erledigungserklärung** bzw., wenn sich der Besich- **19** tigungsschuldner nicht inhaltlich, aber gegen die Kostentragungspflicht verteidigen möchte, ein **Kostenwiderspruch**. Auch eine einseitig bleibende Erledigungserklärung des Besichtigungsgläubigers ist denkbar. Einzelheiten zu Widerspruch und Erledigungserklärung sowie insbesondere den kostenrechtlichen Folgen → § 494a Rn. 23 ff.

bb) Selbständiges Beweisverfahren. Der allein auf die Duldungsverfügung beschränkte **Wider- 20 spruch lässt** das im Rahmen des Besichtigungsverfahrens nach Düsseldorfer Praxis damit kombinierte selbständige Beweisverfahren unberührt. Selbst bei erfolgreichem Vorgehen auf Ebene des einstweiligen Verfügungsverfahrens bleibt mithin sowohl der im Rahmen des selbständigen Beweisverfahrens erlassene **Beweisbeschluss** als auch die sich anschließende Frage der **Herausgabe des Gutachtens** hiervon prozessual **unberührt**.

(1) Problemstellung. Dies kann zur Folge haben, dass im Rahmen des Widerspruchs festgestellt **21** wird, dass die **Duldungsverfügung zu Unrecht ergangen** ist – etwa weil von Beginn an keine hinreichende Wahrscheinlichkeit der Verletzung vorgelegen hat oder so starke Zweifel am Rechtsbestand bestehen⁴¹, dass die einstweilige Verfügung nicht hätte ergehen dürfen –, der für die mögli-

---

³⁰ Zöller/Greger § 412 Rn. 1; Baumbach/Lauterbach/Albers/Hartmann ZPO § 412 Rn. 4; aA wohl OLG Frankfurt a. M. MDR 2008, 585 f.
³¹ BGH MDR 2010, 767; vgl. auch Baumbach/Lauterbach/Albers/Hartmann ZPO § 412 Rn. 10; Zöller/Greger ZPO § 412 Rn. 4.
³² Zum Auslagenvorschuss im Besichtigungsverfahren allgemein → § 487 Rn. 43.
³³ BGH NJW-RR 2009, 1433 (1434); Kühnen B. Rn. 171.
³⁴ Vgl. Zöller/Greger ZPO § 397 Rn. 5.
³⁵ BGH VersR 2006, 95; OLG Düsseldorf NJW-RR 2001, 141.
³⁶ LG Düsseldorf InstGE 11, 35 (39) – Abmahnung bei Besichtigungsanspruch; Kühnen B. Rn. 174; Kühnen Mitt. 2009, 211 (217); Grabinski FS Mes, 2009, 129 (133); aA Eck/Dombrowski GRUR 2008, 387 (391 f.), die jedoch im Besichtigungsverfahren zu Unrecht von einem einheitlichen prozessualen Verfahren ausgehen und nicht zwischen selbständigem Beweisverfahren und Verfügungsverfahren trennen.
³⁷ Zur Erfüllung → § 485 Rn. 145 ff.
³⁸ BGH MDR 1985, 825 (826).
³⁹ Kühnen B. Rn. 174.
⁴⁰ Hierzu → § 485 Rn. 145 ff.
⁴¹ Die nach dem Vortrag des Besichtigungsgläubigers in seinem Besichtigungsantrag aber nicht beurteilbar waren. Zur Berücksichtigung des Rechtsbestands bei Erlass der Duldungsverfügung → § 485 Rn. 106 f.

Hahn

cherweise spätere Herausgabe im Rahmen des Freigabeverfahrens die Grundlage bildende Beweisbeschluss jedoch bestehen bleibt. Dies wirft die Frage auf, wie der Besichtigungsschuldner verhindern kann, dass das selbständige Beweisverfahren, das erst mit der Freigabeentscheidung endet, fortgeführt wird und es trotz Unbegründetheit des zugrunde liegenden materiell-rechtlichen Anspruchs noch zu einer Fertigstellung bzw. Herausgabe des Gutachtens kommt.

22 (2) **Anwendbarkeit des § 490 Abs. 2.** Nach **herrschender Auffassung**[42] ist **§ 490 Abs. 2** auch im Rahmen des Besichtigungsverfahrens auf den Besichtigungsbeschluss nach § 490 Abs. 1 **anwendbar** und dieser daher nicht anfechtbar. Es gibt jedoch auch Gegenstimmen.[43]

23 Aufhänger für die unterschiedlichen Auffassungen ist insbesondere die Frage der **Rechtsnatur des Besichtigungsverfahrens.**[44] Die herrschende Auffassung stellt bei Ihrer Begründung darauf ab, dass die Besichtigungsanordnung in ihrer prozessualen Handhabung **streng nach ihren verschiedenen Regelungsinhalten,** dh nach selbständigem Beweisverfahren und Duldungsverfügung **zu trennen** ist.[45] Daher gelte auch im Besichtigungsverfahren für den selbständigen Beweisverfahrensteil § 490 Abs. 2. Die hauptsächlich von *Eck/Dombrowski*[46] vertretene Gegenauffassung behandelt die beiden Teile der Besichtigungsanordnung als unselbständige Teile und die Besichtigungsanordnung selbst als **einheitliche einstweilige Verfügung.** § 490 Abs. 2 sei daher insgesamt nicht anwendbar und die Besichtigungsanordnung umfassend mit dem Widerspruch nach § 924 anfechtbar. Dem hat sich nunmehr, anders als die Patentsenate[47], zumindest im Ergebnis der 20. Zivilsenat des OLG Düsseldorf[48] angeschlossen.

24 **Inhaltlich** geht es im Wesentlichen um die Frage des **rechtlichen Gehörs des Besichtigungsschuldner**s (Art. 103 Abs. 1 GG), die Gewährleistung **effektiven Rechtsschutzes** (Art. 19 Abs. 4 GG) sowie den allgemeinen **Justizgewährungsanspruch** (Art. 20 Abs. 3 GG). Da der Besichtigungsschuldner regelmäßig nicht geladen oder vor der Besichtigung gehört wird, muss er diese zunächst ohne Möglichkeit zur Abwendung dulden. Dabei greift die Besichtigung in nicht unerheblicher Weise auch in seine Grundrechte ein (**Art. 14 Abs. 1 S. 1 GG:** Recht am eingerichteten und ausgeübten Gewerbebetrieb bzw. bei Substanzeingriffen auch das Recht auf Eigentum; ferner fallen auch Betriebs- und Geschäftsgeheimnisse in den Schutzbereich[49]; **Art. 13 Abs. 1 GG:** Unverletzlichkeit der Wohnung, wovon auch Arbeits-, Betriebs- und Geschäftsräume umfasst sind[50]; **Art. 12 Abs. 1 S. 2:** Berufsausübungsfreiheit, die die gesamte berufliche Tätigkeit sowie ebenfalls Betriebs- und Geschäftsgeheimnisse schützt[51]; **Art. 2 Abs. 1 GG:** allgemeines Persönlichkeitsrecht, das auch die wirtschaftliche Betätigung und die unternehmerische Handlungsfreiheit schützt[52]).[53]

25 In einem solchen Fall fordern Art. 20 Abs. 3 GG und Art. 103 Abs. 1 GG **zwingend,** dass dem durch die Entscheidung Betroffenen und insoweit zunächst vor vollendete Tatsachen Gestellten zumindest anschließend eine prozessuale Möglichkeit zur Verfügung steht, mit dem er die Überprüfung der grundrechtsrelevanten Entscheidung erwirken kann.[54] Selbst wenn gegen eine Entscheidung keine Rechtsmittel zulässig sind, muss die **Möglichkeit einer einmaligen Überprüfung** gewährleistet sein.[55]

26 Fraglich ist indes, ob man diesen Anforderungen dadurch gerecht werden kann, dass man § 490 Abs. 2 für unanwendbar erklärt und trotz der prozessual getrennten Regelungsinhalte des Besichtigungsverfahrens einen einheitlichen Widerspruch gemäß § 924 bejaht.[56] In der rechtlichen Begründung unklar ist insoweit die vorstehend zitierte Entscheidung des 20. Zivilsenats des OLG Düsseldorf[57]. Einerseits wird dort unter Verweis auf die inhaltliche Verknüpfung von selbständigem Beweisverfahren und Verfügungsverfahren ausgeführt, dass § 490 Abs. 2 hierauf nicht passe. Gleichzeitig spricht die

---

[42] BGH GRUR 2010, 318 (319) – Lichtbogenschnürung; OLG Düsseldorf BeckRS 2016, 01681; OLG München InstGE 12, 186 – Presseur; LG Hamburg 7.7.2008 – 315 O 71/08; LG Düsseldorf InstGE 5, 236 – Anhörungsrüge; Benkard/*Grabinski/Zülch* § 140c Rn. 35; *Kühnen* B. Rn. 170; Schulte/*Rinken/Kühnen* § 140c Rn. 79; Fitzner/Lutz/Bodewig/*Pitz* § 140c Rn. 55; Haedicke/*Timmann* PatR-HdB/*Chakraborty* § 15 Rn. 853; Busse/*Keukenschrijver/Kaess* § 140c Rn. 38; *Zöllner* GRUR-Prax 2010, 74 (78).

[43] *Eck/Dombrowski* GRUR 2008, 387. Im Ergebnis offen lassend, aber nunmehr mit selber Tendenz wohl OLG Düsseldorf GRUR-RR 2016, 224 (20. Zivilsenat).

[44] Ausführlich → § 485 Rn. 63 ff.

[45] → § 485 Rn. 65.

[46] *Eck/Dombrowski* GRUR 2008, 387 (389 f.); vgl. auch → Vor § 485 Rn. 63 ff.

[47] OLG Düsseldorf BeckRS 2016, 01681.

[48] OLG Düsseldorf GRUR-RR 2016, 224. Hierzu noch → Rn. 26.

[49] BVerfGE 77, 1 (46).

[50] BVerfGE 96, 44 (51).

[51] Vgl. *Jarass/Pieroth* Art. 12 Rn. 8 mwN.

[52] Vgl. *Jarass/Pieroth* Art. 2 Rn. 4a.

[53] Weitere grundrechtsrelevante Aspekte bei *Eck/Dombrowski* GRUR 2008, 387 (388).

[54] Vgl. BVerfG NJW 2003, 3687 (3688); 2002, 2456.

[55] *Jarass/Pieroth* Art. 20 Rn. 94. So im Ergebnis nunmehr auch für das Besichtigungsverfahren OLG Düsseldorf GRUR-RR 2016, 224.

[56] So *Eck/Dombrowski* GRUR 2008, 387 (392).

[57] OLG Düsseldorf GRUR-RR 2016, 224; hierzu instruktiv *Künzel* GRUR-Prax 2016, 159.

Entscheidung ausdrücklich vom Widerspruch durch den Besichtigungsschuldner, der allerdings in Abweichung von der grundsätzlichen Fristlosigkeit des Widerspruchs in Anlehnung an die Zwei-Wochenfrist des § 321a zeitnah zu erheben sei[58]. Andererseits betrifft die Entscheidung unmittelbar lediglich die Frage, inwieweit anderweitige Einwände als Geheimhaltungsinteressen im Rahmen der Herausgabeentscheidung erhoben werden können. Ersteres (einheitlicher Widerspruch) mag *de lege ferenda* wünschenswert sein. *De lege lata* ist es mit der derzeitigen prozessualen Ausgestaltung des Besichtigungsverfahrens, wie sie durch den Gesetzgeber durch die Neuregelung der spezialgesetzlichen materiell-rechtlichen Vorlage- und Besichtigungsansprüche jeweils in Abs. 3[59] auch bestätigt wurde, nicht vereinbar.[60] Letzteres (Zulässigkeit von über die Geheimhaltung hinausgehenden Einwänden im Rahmen der Freigabeentscheidung über das Gutachten) ist ein gangbarer und de lege lata zu bevorzugender – im Ergebnis zwingender – Weg.[61]

(3) Anhörungsrüge, § 321a. Aufgrund eines wegen § 490 Abs. 2 fehlenden Rechtsmittels bzw. Rechtsbehelfs könnte in Anbetracht der **regelmäßig fehlenden Anhörung** des Besichtigungsschuldners vor Erlass der Besichtigungsanordnung an die Anhörungsrüge nach § 321a gedacht werden. Auch die Anwendbarkeit des § 321a ist jedoch verneint worden.[62] Soweit dabei auf die Entscheidung durch Beschluss abgestellt worden ist, hat sich dies durch die Erweiterung des ursprünglich auf Urteile beschränkten § 321a auf „Entscheidungen" erübrigt. Es ergibt sich jedoch aus **§ 321a Abs. 1 S. 2**, wonach **Zwischenentscheidungen** – in Parallelität zu zB § 490 Abs. 2 und § 355 Abs. 2 – **der Anhörungsrüge entzogen** sind.[63] Dem liegt, wie bei § 490 Abs. 2 und § 355 Abs. 2, der Gedanke zugrunde, dass Einwände gegen Zwischenentscheidungen im Interesse der Prozessförderung erst im Rahmen der Endentscheidung geltend gemacht werden sollen.[64] Hieraus ergibt sich jedoch gleichzeitig, dass der Ausschluss nur dann gelten kann, wenn die mögliche Verletzung rechtlichen Gehörs im Verlauf des weiteren Verfahrens überprüfbar und korrigierbar ist.[65] Auch im Hinblick auf § 321a muss im Rahmen des Besichtigungsverfahrens mithin sichergestellt werden, dass dem Besichtigungsschuldner eine effektive Möglichkeit zusteht, die Fertigstellung oder ggf. Herausgabe des auf Grundlage einer zu Unrecht ergangenen Duldungsverfügung zustande gekommenen Sachverständigengutachtens zu verhindern. Entsprechend ist das OLG Düsseldorf der Auffassung, dass die Anhörungsrüge nur im Hinblick auf die **Besichtigungsanordnung** unstatthaft sei.[66] Nur hier greift auch die vorstehende, auf dem Zwischenentscheidungscharakter abstellende Begründung. Bezüglich der nach Durchführung der Besichtigung erfolgenden **Freigabeentscheidung** zur Herausgabe des Sachverständigengutachtens steht der Zulässigkeit der Anhörungsrüge § 321a Abs. 1 S. 2 nicht entgegen.[67] Anders als der 20. Zivilsenat bestätigt der für Patentrecht zuständige 2. Zivilsenat des OLG Düsseldorf jedoch seine Rechtsprechung, dass die Anhörungsrüge nicht mit anderen als Geheimhaltungsinteressen begründet werden kann, also insbes. nicht damit, dass die Besichtigungsanordnung (etwa mangels Wahrscheinlichkeit der Verletzung, Erforderlichkeit etc) zu Unrecht ergangen ist.[68]

(4) Gegenvorstellung und Aufhebung/Abänderung des Beweisbeschlusses. Als rechtliche Möglichkeit zur Geltendmachung eines solchen Einwands kommt zunächst die – form- und fristlose – Gegenvorstellung in Betracht, auf welche hin das Gericht seine möglicherweise gegen das Verfahrensgrundrecht des rechtlichen Gehörs nach Art. 103 Abs. 1 GG verstoßende Entscheidung selbst korrigieren kann.[69] Zu einer solchen **Selbstkorrektur** hat das Gericht im Hinblick auf den **Beweisbeschluss** jederzeit die Möglichkeit, da dieser von Amts wegen **abänderbar und aufhebbar** ist, vgl. § 360.[70]

---

[58] Jedenfalls ein Zuwarten von zweieinhalb Monaten zwischen Kenntniserlangung der Besichtigungsanordnung und Widerspruch führe zur Verfristung, was mit dem Hinweis auf die in der Durchsetzungsrichtlinie RL 2004/48/EG vorgesehene Beschleunigungsmaxime begründet wird. *Künzel* GRUR-Prax 2016, 159 führt allerdings zutreffend aus, dass diese rechtliche Begründung insoweit nicht trägt.
[59] Vgl. § 140c PatG, § 24c GebrMG, § 46a DesignG, § 19a MarkenG, § 37c SortenSchG, § 9 HalbleiterSchG iVm § 24c GebrMG sowie § 101a UrhG.
[60] Zur Rechtsnatur des Besichtigungsverfahrens ausführlich → § 485 Rn. 63 ff.
[61] Hierzu → § 492 Rn. 12 f.; aA OLG Düsseldorf BeckRS, 01094. Zur anderweitigen rechtlichen Lösungsmöglichkeit einer Ermessensreduzierung auf Null bei einer Entscheidung über die Aufhebung des Beweisbeschlusses nach Erhebung einer Gegenvorstellung sogleich → Rn. 28 ff.
[62] LG Düsseldorf InstGE 5, 236 – Anhörungsrüge; Schulte/*Rinken*/*Kühnen* § 140c Rn. 79; *Kühnen* B. Rn. 170; Busse/*Keukenschrijver*/*Kaess* § 140c Rn. 38; Fitzner/Lutz/Bodewig/*Pitz* § 140c Rn. 55.
[63] *Kühnen* B. Rn. 170, Fn. 199.
[64] → Rn. 2.
[65] → § 321a Rn. 4.
[66] OLG Düsseldorf BeckRS 2016, 01094.
[67] OLG Düsseldorf BeckRS 2016, 01094.
[68] Hierzu → § 492 Rn. 12 f.
[69] BVerfG 9.9.2008 – 1 BvR 2160/08; LG Düsseldorf InstGE 5, 236 (237) – Anhörungsrüge; Benkard/*Grabinski*/*Zülch* § 140c Rn. 35. Vgl. a. BGH GRUR 2004, 1061 – Kosmetisches Sonnenschutzmittel II zur Zulässigkeit einer Gegenvorstellung im Patentnichtigkeitsberufungsverfahren.
[70] → Rn. 2.

29 Im Rahmen des Besichtigungsverfahrens besteht dabei die Besonderheit, dass es durch die Fertigstellung und ggf. Aushändigung des Sachverständigengutachtens zu einer gewissen Perpetuierung der zu Unrecht ergangenen Besichtigungsverfügung kommt. Die Gewährleistung effektiven Rechtsschutzes sollte daher regelmäßig zur Folge haben, dass sich das **Ermessen des Gerichts** bei der Entscheidung über die Aufhebung des Beweisbeschlusses **auf Null reduziert.**[71] Diese Folge ist das Pendant dazu, dass die Besichtigungsanordnung zur Wahrung der Interessen des Besichtigungsgläubigers entgegen dem Grundsatz des § 491 Abs. 1 regelmäßig ohne Ladung und auch im übrigen ohne vorherige Anhörung ergeht, aber dennoch der Beweiswert des Gutachtens als vollwertiges gerichtliches Sachverständigengutachten nach § 493 Abs. 1 erhalten bleibt. Zwar ist dies nach den Vorschriften der §§ 485 ff. zulässig und im Rahmen des Besichtigungsverfahrens auch regelmäßig notwendig. Auch für diese Fälle sieht § 490 Abs. 2 den Ausschluss eines gesonderten Rechtsbehelfs vor. Dies liegt jedoch in den Besonderheiten des selbständigen Beweisverfahrens begründet und lässt sich nicht ohne weiteres auf das Besichtigungsverfahren übertragen. Denn das **Besichtigungsverfahren ist keine bloße Vorverlagerung der Beweisaufnahme,** sondern ein „Gemisch" aus selbständigem Beweissicherungsverfahren und einstweiliger Verfügung.[72] Der Anspruch auf rechtliches Gehör erfordert daher als Ausgleich jedenfalls **effektiven Rechtsschutz im Anschluss an die Besichtigung.** Auch **Art. 7 Abs. 1 der Enforcement-RL**[73] fordert ausdrücklich eine Rechtsschutzmöglichkeit gegen Maßnahmen zur Beweissicherung. Diese Rechtsschutzmöglichkeit bezieht sich auf das Besichtigungsverfahren als Ganzes, da der Richtlinie die Trennung zwischen Beweisanordnung und Duldungsverfügung fremd ist.

30 Auch dem **Besichtigungsgläubiger** drohen hierdurch **keine unzumutbaren Nachteile.** Die Beweissicherung ist durch die Besichtigung bereits erreicht worden, dh es droht kein Verlust der Beweismittel mehr. Ferner hat er die Möglichkeit der sofortigen Beschwerde gemäß § 567 Abs. 1 Nr. 2 gegen den die Beweisaufnahme aufhebenden Beschluss[74], dh eine erneute Überprüfung bleibt möglich.

31 Zwar bleibt dem Besichtigungsschuldner neben der Aufhebung des Beweisbeschlusses die Möglichkeit, seine Einwendungen im Rahmen der Freigabeentscheidung über die Aushändigung des Gutachtens an den Antragsteller geltend zu machen[75] bzw. **gegen die Anordnung der Herausgabe sofortige Beschwerde gemäß § 567 Abs. 1 Nr. 2** einzulegen.[76] Es spricht jedoch viel dafür, den Besichtigungsschuldner nicht allein auf diesen Weg zu verweisen. Denn zum einen liegt der Fokus im Rahmen des Freigabeverfahrens regelmäßig auf den Geheimhaltungsinteressen des Besichtigungsschuldners, an deren Darlegung recht hohe Anforderungen gestellt werden.[77] Zum anderen prüft das Gericht dort bei fehlenden oder nicht hinreichend dargelegten Geheimhaltungsinteressen lediglich die Frage, ob das Gutachten eine Schutzrechtsverletzung ergeben hat oder nicht. Ob die **Voraussetzungen für den ursprünglichen Erlass** der einstweiligen Verfügung vorgelegen haben, ist dann **nicht Prüfungsgegenstand.**[78] Unabhängig davon wird das Gutachten im Rahmen des Freigabeverfahrens in jedem Fall an die Rechts- und Patentanwälte des Besichtigungsgläubigers herausgegeben. Trotz ihrer umfangreichen Verschwiegenheitspflichten kann die **Gefahr der Kenntniserlangung** zumindest von Teilen des Besichtigungsergebnisses dabei nie vollständig ausgeschlossen werden. Hierfür besteht bei von Anfang an fehlender Rechtmäßigkeit der Besichtigung kein Grund. Daher sollte dem Besichtigungsschuldner unabhängig von der Möglichkeit der Stellungnahme im Rahmen des nachgelagerten Freigabeverfahrens die Möglichkeit offen stehen, schon zuvor eine Aufhebung des zugrunde liegenden Beweisbeschlusses zu erwirken.

32 **2. Freigabeverfahren.** Das Freigabeverfahren ist Bestandteil des selbständigen Beweisverfahrens. Die einstweilige Verfügung besitzt keine für das Freigabeverfahren relevanten Regelungen. Der Rechtsschutz gegen Entscheidungen im Freigabeverfahren beurteilt sich daher allein nach den für das selbständige Beweisverfahren bestehenden Regeln.

33 **a) Herausgabebeschluss.** Die Entscheidung über die Herausgabe bzw. Schwärzung des Gutachtens ist noch Teil des selbständigen Beweisverfahrens. Es endet erst mit der Herausgabe des Sachverständigengutachtens an die Parteien.[79] Daher sind hinsichtlich des Rechtsschutzes grundsätzlich dieselben Normen anwendbar wie auf Anordnung des selbständigen Beweisverfahrens[80], allerdings mit den folgenden, in der Praxis geltenden Besonderheiten:

---

[71] Offen lassend BVerfG 9.9.2008 – 1 BvR 2160/08.
[72] OLG Düsseldorf InstGE 8, 186 (190) – Klinkerriemchen II.
[73] Richtlinie 2004/48/EG des Europäischen Parlaments und des Rates vom 29.4.2004 zur Durchsetzung der Rechte des geistigen Eigentums.
[74] → Rn. 12.
[75] → Rn. 32 ff.
[76] Kühnen Mitt. 2009, 211 (217).
[77] Hierzu im Einzelnen → § 492 Rn. 30 ff.
[78] Hierzu sowie zur Kritik hieran → § 492 Rn. 10 ff.
[79] → Rn. 2.
[80] → Rn. 12 ff.

aa) Rechtsschutz gegen (teilweise) zurückweisenden Beschluss. Lehnt das Gericht die Herausgabe des Gutachtens an den Besichtigungsgläubiger persönlich (oder ausnahmsweise bereits an die anwaltlichen Vertreter) ab oder ordnet es Schwärzungen an, die der Besichtigungsgläubiger für ungerechtfertigt hält, steht ihm gegen diesen Beschluss die **sofortige Beschwerde nach § 567 Abs. 1 Nr. 2** offen. § 490 Abs. 2 ist bezüglich zurückweisender Beschlüsse nicht anwendbar. Auch – allerdings regelmäßig unbegründete[81] – Einwände gegen die Verschwiegenheitsverpflichtung der anwaltlichen Vertreter wären zum Gegenstand einer solchen sofortigen Beschwerde zu machen. 34

bb) Rechtsschutz gegen stattgebenden Beschluss. Da es sich bei der Anordnung der Herausgabe um einen stattgebenden Antrag handelt, haben die Gerichte in der Vergangenheit angenommen, dass die Anordnung vom Besichtigungsschuldner aufgrund **§ 490 Abs. 2 nicht mit der sofortigen Beschwerde** gemäß § 567 Abs. 1 Nr. 2 angefochten werden könne.[82] Diese Rechtsprechung ist **mittlerweile aufgegeben** worden.[83] Begründet wird dies zum einen damit, dass die Herausgabeentscheidung im Rahmen des Freigabeverfahrens nicht mehr Teil der unanfechtbaren Beweisanordnung sei, sondern Teil eines **selbständigen Verfahrensabschnitts**, der den allgemeinen Regeln, dh auch § 567 Abs. 1 Nr. 2, unterliege.[84] Ferner wird hier – im Unterschied zur Frage der Anfechtbarkeit des Besichtigung anordnenden Beweisbeschlusses – maßgeblich darauf abgestellt, dass das Besichtigungsverfahren, im Unterschied zum „bloßen" selbständigen Beweisverfahren, wesentlich durch die Kombination von Beweisbeschluss und einstweiliger Verfügung zur Sicherung des Besichtigungsanspruchs geprägt sei. Es gehe, anders als bei den §§ 485 ff. üblich, um nicht frei zugängliche Beweise, die die Kombination mit einer Duldungsverfügung erfordern. Diese Besonderheiten einer **„Gemischt"-Entscheidung** werden hier als ausreichend erachtet, § 490 Abs. 2 nicht anzuwenden.[85] Diese Auffassung ist zutreffend, sollte aber auch auf den Rechtsschutz gegen den Beweisbeschluss als solchen ausgedehnt werden.[86] 35

b) Geheimhaltungsanordnung. Gemäß § 567 Abs. 1 Abs. 1 Nr. 2 anfechtbar sind auch **Entscheidungen über die Reichweite oder Aufhebung der Geheimhaltungsanordnung.** Sie bilden einen Annex zur Herausgabeentscheidung.[87] Ob die Feststellung der Reichweite oder die (ggf. teilweise) Aufhebung der Geheimhaltungsanordnung zu beantragen ist[88], hängt davon ab, ob die konkrete streitgegenständliche Information von der erlassenen Geheimhaltungsanordnung erfasst ist oder nicht. Ein Feststellungsinteresse[89] inwieweit Feststellungsinteresse besteht. Begehrt der Prozessvertreter des Besichtigungsgläubigers die Weitergabe von Informationen an den Besichtigungsgläubiger selbst, die nicht Gegenstand der Besichtigung bzw. des Sachverständigengutachtens waren, sondern vom Besichtigungsschuldner schriftsätzlich im Rahmen der Diskussion über die Herausgabe des Gutachtens vorgetragen wurden, sind auch diese nach Ansicht des OLG Düsseldorf[90] von der mit der Duldungsverfügung erlassenen Verschwiegenheitsverpflichtung umfasst.[91] Die Entscheidung über die diesbezüg- 36

---

[81] → § 492 Rn. 23 ff.
[82] OLG Düsseldorf InstGE 7, 256 – Klinkerriemchen I; OLG Düsseldorf InstGE 7, 191 – Brustbein-Öffner.
[83] OLG Düsseldorf InstGE 9, 41 – Schaumstoffherstellung; InstGE 8, 186 – Klinkerriemchen II, unter Aufgabe der bisherigen Rechtsprechung in InstGE 7, 256 – Klinkerriemchen I und InstGE 7, 191 – Brustbein-Öffner; vgl. auch OLG München BeckRS 2014, 20805; InstGE 12, 192 – Lesevorrichtung für Reliefmarkierungen; vgl. a. Haedicke/Timmann PatR-HdB/*Chakraborty* § 15 Rn. 856; Busse/*Keukenschrijver/Kaess* § 140c Rn. 40; Schulte/*Rinken/Kühnen* § 140c Rn. 87.
[84] OLG Düsseldorf InstGE 9, 41 – Schaumstoffherstellung.
[85] OLG Düsseldorf InstGE 9, 41 – Schaumstoffherstellung.
[86] → Rn. 12 ff.
[87] OLG Düsseldorf GRUR-RR 2021, 97 – Servicemodul.
[88] Das Feststellungs- bzw. Rechtsschutzinteresse ergibt sich bereits aus dem Streit der Parteien über die Reichweite der Verschwiegenheit sowie über die strafrechtlichen Folgen eines Verstoßes gegen dieselbe (hierzu: OLG Düsseldorf 7.2.2011 – I-20 W 153/10).
[89] Bei Zweifeln empfiehlt sich die Staffelung des Feststellungsantrags als Haupt- und des Antrags auf (ggf. teilweiser) Aufhebung der Geheimhaltungsanordnung als Hilfsantrag.
[90] OLG Düsseldorf GRUR-RR 2021, 97 – Servicemodul.
[91] Zwar bedarf es nach der Rechtsprechung des BGH (GRUR 2010, 318 (320) – Lichtbogenschnürung) trotz des üblicherweise weiten Wortlauts der Verschwiegenheitserklärung der Duldungsverfügung „im Zuge des selbständigen Beweisverfahrens" (→ § 487 Rn. 46; Ziff. II. Nr. 2) für Tatsachen, die nicht im Rahmen der Besichtigung zur Kenntnis gelangen, einer gesonderten Verschwiegenheitsanordnung (→ § 492 Rn. 22). Auch wenn das OLG Düsseldorf (GRUR-RR 2021, 97 – Servicemodul) zur Begründung der Reichweite ua auf den üblichen Wortlaut der Verschwiegenheitsverpflichtung der Duldungsverfügung abstellt, ist die Reichweite jedoch in beiden Fällen nach denselben Maßstäben zu ermitteln. Das OLG Düsseldorf hat hierbei insbesondere auf die Verpflichtung des Gerichts gemäß § 140c Abs. 3 S. 2 PatG zur Ergreifung erforderlicher Maßnahmen zum Schutz vertraulicher Informationen sowie darauf verwiesen, dass dem Besichtigungsgläubiger andernfalls ein Berufen auf seinerseits vertrauliche Informationen im Rahmen der Geltendmachung von Geheimnisschutz bei der Herausgabe des Gutachtens verwehrt bliebe. § 140c Abs. 3 S. 2 PatG bezieht sich allerdings ausschließlich auf das Verfügungs-, nicht jedoch auf das selbständige Beweisverfahren, und auch der Verweis auf die Notwendigkeit eines Schutzes vertraulicher Informationen, die nicht aufgrund der Besichtigung zur Kenntnis gelangen, sondern die der Besichtigungsschuldner nach der Besichtigung freiwillig im Rahmen der Herausgabediskussion in das Verfahren einführt, ist nicht zwingend. Sachgerecht erscheint die Lösung dennoch.

liche Aufhebung der Verschwiegenheitsverpflichtung ist sodann wie üblich abhängig vom Ergebnis der Interessenabwägung, dh insbes. davon, ob eine Schutzrechtsverletzung festgestellt wurde oder nicht.[92] Zwar sind mit dem Gutachten grundsätzlich keine „überschießenden Informationen" herauszugeben, die außerhalb der Beweisanordnung liegen.[93] Führt der Besichtigungsgläubiger diese jedoch freiwillig selbst in das Besichtigungsverfahren ein und stellt so eine Verbindung zu diesem her und betreffen diese letztlich ebenfalls den Gegenstand des Besichtigungsverfahrens, rechtfertigt dies nach Ansicht des OLG Düsseldorf (bei Feststellung einer Verletzung) auch eine Aufhebung der Geheimhaltungsanordnung.[94]

37 Bezüglich des **Umfangs der** gegen die Herausgabe statthaften **Einwendungen** wird auf die Ausführungen zu § 492 verwiesen (→ § 492 Rn. 13 ff.). Beschwerdefähig sind nicht nur der Einwand überwiegender Geheimhaltungsinteressen, sondern auch anderweitige Einwendungen, wie etwa die fehlende Rechtmäßigkeit der Duldungsverfügung.[95]

III. Streitwert und Kostenentscheidung

38 Zu Streitwert und Kosten des Besichtigungsverfahrens § 494a sowie §§ 91 ff. Der **Streitwert des Beschwerdeverfahrens entspricht dem des selbständigen Beweisverfahrens.**[96] Bezüglich des Streitwerts der **Beschwerde über die Herausgabe des Sachverständigengutachtens** setzt das OLG München[97] die **Hälfte** des Streitwerts des selbständigen Beweisverfahrens an, das OLG Düsseldorf **1/4**, zumindest wenn ohne das Gutachten eine Rechtsverfolgung weitgehend unmöglich wäre.[98] Ist dies nicht der Fall, soll der Streitwert lediglich **1/10** des Streitwerts des selbständigen Beweisverfahrens betragen.[99]

IV. Zustellung

39 Zur Zustellung einer Besichtigungsanordnung nach Düsseldorfer Praxis → § 487 Rn. 41.

§ 491 Ladung des Gegners

(1) Der Gegner ist, sofern es nach den Umständen des Falles geschehen kann, unter Zustellung des Beschlusses und einer Abschrift des Antrags zu dem für die Beweisaufnahme bestimmten Termin so zeitig zu laden, dass er in diesem Termin seine Rechte wahrzunehmen vermag.

(2) Die Nichtbefolgung dieser Vorschrift steht der Beweisaufnahme nicht entgegen.

Literatur: *Ahrens,* Gesetzgebungsvorschlag zur Beweisermittlung bei Verletzung von Rechten des geistigen Eigentums, GRUR 2005, 837; *Bork,* Effiziente Beweissicherung für den Urheberrechtsverletzungsprozeß – dargestellt am Beispiel raubkopierter Computerprogramme, NJW 1997, 1665; *Deichfuß,* IZG Jahrestagung: Software- und IT-Recht – Beweisermittlung und Beweissicherung bei Softwareverletzungsprozessen, JurPC Web-Dok. 130/2010; *Eck/Dombrowski,* Rechtsschutz gegen Besichtigungsverfügungen im Patentrecht – De lege lata und de lege ferenda, GRUR 2008, 387; *Eck/Dombrowski,* Wenn der Sachverständige zwei Mal klingelt – Probleme der wiederholten Besichtigung in Verfügungsverfahren am Beispiel des Patentrechts, FS 50 Jahre Bundespatentgericht 2011, 169; *Fitzner/Kather,* Der Gutachter steht vor der Tür? Was tun?, VPP-Rundbrief Nr. 2/2009, 58; *Grabinski,* Die Zwangsvollstreckung der Duldungsverfügung im patentrechtlichen Besichtigungsverfahren, FS Mes 2009, 129; *Harte-Bavendamm,* Der Richtlinienvorschlag zur Durchsetzung der Rechte des geistigen Eigentums, FS Tilmann 2003, 793; *König,* Die Beweisnot des Klägers und der Besichtigungsanspruch nach § 809 BGB bei Patent- und Gebrauchsmusterverletzungen, Mitt. 2002, 153; *Kühnen,* Die Besichtigung im Patentrecht – Eine Bestandsaufnahme zwei Jahre nach „Faxkarte", GRUR 2005, 185; *Müller-Stoy,* Der Besichtigungsanspruch gemäß § 140c PatG in der Praxis – Teil 2: Der Schutz der Interessen des Anspruchsgegners, Mitt. 2010, 267; *Tilmann,* Beweissicherung nach Art. 7 der Richtlinie zur Durchsetzung der Rechte geistigen Eigentums, GRUR 2005, 737; *Tilmann/Schreibauer,* Die neueste BGH-

---

[92] → § 492 Rn. 39.
[93] → § 492 Rn. 36.
[94] OLG Düsseldorf GRUR-RR 2021, 97 – Servicemodul. Konkret ging es im dort entschiedenen Fall um Vortrag des Besichtigungsschuldners im Besichtigungsverfahren zu Geheimhaltungsvorkehrungen betreffend den Vertrieb seiner Produkte, während er sich im parallel anhängigen Hauptsacheverfahren umgekehrten Rubrums auf zwei offenkundige Vorbenutzungen berufen hatte, denen der Besichtigungsgläubiger im Besichtigungsverfahren vorgetragenen Geheimhaltungsmaßnahmen entgegen halten wollte. Gleichzeitig hatte der Besichtigungsschuldner keine konkreten Nachteile glaubhaft gemacht, die die fortwährende Geheimhaltung im Besichtigungsverfahren hätten begründen können (zu den allgemeinen Anforderungen an die erfolgreiche Geltendmachung von Geheimhaltungsinteressen → § 492 Rn. 14). Jedenfalls für einen solchen Fall ist die Herausgabe überschießender Informationen iE sachgerecht, wenn auch nicht dogmatisch zwingend.
[95] Vgl. a. schon → Rn. 12 ff.
[96] OLG Karlsruhe BeckRS 2011, 18386.
[97] OLG München InstGE 12, 192 (199) – Lesevorrichtung für Reliefmarkierungen I.
[98] OLG Düsseldorf InstGE 10, 198 (203) – Zeitversetztes Fernsehen.
[99] *Kühnen* B. Rn. 169.

Rechtsprechung zum Besichtigungsanspruch nach § 809 BGB – Anmerkungen zum Urteil des BGH „Faxkarte", GRUR 2002, 1015.

A. Allgemeines

I. Regelungszweck

§ 491 betrifft die Ladung des Gegners im selbständigen Beweisverfahren. Auf Grund der Besonderheiten des selbständigen Beweisverfahrens sieht § 491 diesbezüglich **Abweichungen der im Hauptsacheverfahren geltenden Ladungsvorschriften** vor. Dies gilt insbesondere im Hinblick auf die in § 217 vorgesehene Ladungsfrist sowie die nach § 274 Abs. 3 grundsätzlich einzuhaltende Einlassungsfrist. Aufgrund der Eilbedürftigkeit bei der Beweissicherung ist eine Einhaltung dieser Fristen entbehrlich. Stattdessen kann die Ladung mit der Zustellung des Beschlusses erfolgen, solange die Ladung so zeitig ist, dass der Gegner seine Rechte (§ 357 Abs. 1: Teilnahme; § 397: Fragerecht bei Zeugenvernehmung bzw. über § 402 bei Sachverständigenbegutachtung; § 399: Vernehmungsrecht bei Zeugenbeweis) noch wahrzunehmen vermag.[1] Damit dient § 491 Abs. 1 auch der **Sicherung des rechtlichen Gehörs** nach Art. 103 Abs. 1 GG. 1

Anwendbar bleiben die Vorschriften über das „Wie", dh insbesondere die **Form der Ladung**, also grundsätzlich Zustellung von Amts wegen, §§ 214, 166 Abs. 2, ggf. Ersatzzustellung, s. §§ 178 ff. Termin zur Beweisaufnahme ist Termin iSd § 214.[2] 2

II. Anwendungsbereich

Der Anwendungsbereich des § 491 ist auf die Ladung zu dem für die Beweisaufnahme bestimmten **Termin** beschränkt. Wird **kein Termin für eine Beweisaufnahme** bestimmt, beispielsweise weil (ggf. zunächst) nur ein **schriftliches Gutachten** nach § 411 Abs. 1 oder eine schriftliche Zeugenaussage nach § 377 Abs. 3 S. 1 eingeholt werden, ist § 491 **unanwendbar**. In diesem Fall kann das Gericht dem Antragsgegner die Entscheidung über den Antrag nach § 490 formlos mitteilen.[3] Dem Anspruch auf **rechtliches Gehör** ist in diesen Fällen **anderweitig Rechnung zu tragen,** im Falle des schriftlichen Sachverständigengutachtens etwa durch die in § 411 Abs. 4 vorgeschriebene Einräumung der Gelegenheit zur Stellungnahme.[4] 3

III. Ausnahmen

Ferner ergibt sich aus § 491 Abs. 2, dass die Ladung des Gegners **keine unabdingbare Voraussetzung** für die Beweisaufnahme ist. Diese findet auch bei einer Nichtbefolgung des § 491 Abs. 1 statt. Auch für das daraus resultierende Beweisergebnis folgt kein absolutes Verwertungsverbot, vgl. § 493 Abs. 2.[5] Darüber hinaus bestimmt **§ 490 Abs. 1,** dass die Entscheidung über den Antrag auf Durchführung des selbständigen Beweisverfahrens durch Beschluss ergeht, der nach § 128 Abs. 4 auch ohne mündliche Verhandlung ergehen kann. 4

Im Ergebnis ähneln die Abweichungen bezüglich der Ladung des Gegners denen des **§ 937 Abs. 2** beim einstweiligen Verfügungsverfahren, wo aus Gründen der besonderen Dringlichkeit und des Überraschungseffekts nicht nur gemäß § 128 Abs. 4 die mündliche Verhandlung unterbleibt, sondern häufig auch eine bloße Anhörung des Gegners.[6] Auf der einen Seite sind insbesondere im Fall einer Unterlassungsverfügung die Rechtswirkungen dort zwar einschneidender als beim selbständigen Beweisverfahren. Auf der anderen Seite können jedoch auch die Rechtswirkungen des selbständigen Beweisverfahrens auf Grund ihrer Irreversibilität als weitreichender betrachtet werden.[7] Es wird daher vertreten, dass beim Absehen von Ladung bzw. Anhörung im selbständigen Beweisverfahren (größere?) Zurückhaltung geboten ist.[8] Auch wenn die Ladung der gesetzliche Regelfall ist, wird man im Ergebnis davon abhängig machen, ob und wie im Einzelfall eine Ladung die **bezweckte Beweissicherung gefährdet** und dem **rechtlichen Gehör** des Gegners auch **noch nach der Durchführung der Beweisaufnahme** hinreichend Rechnung getragen werden kann. Das ergibt sich bereits aus der Nichtanwendbarkeit der Vorschrift bei Beweisaufnahmen ohne Termin, etwa § 411 Abs. 4. 5

---

[1] *Baumbach/Lauterbach/Albers/Hartmann* ZPO § 491 Rn. 4; Zöller/*Herget* ZPO § 491 Rn. 1.
[2] → § 214 Rn. 9.
[3] *Baumbach/Lauterbach/Albers/Hartmann* ZPO § 491 Rn. 1; Zöller/*Herget* ZPO § 491 Rn. 1. Allerdings ist eine förmliche Zustellung gemäß §§ 166 ff. auch in diesen Fällen aufgrund des damit verbundenen Zugangsbeweises durchaus ratsam, weil dies sowohl für § 493 Abs. 2 oder die Verjährungshemmung entscheidend sein kann.
[4] Vgl. → § 493 Rn. 11.
[5] → § 493 Rn. 10.
[6] *Baumbach/Lauterbach/Albers/Hartmann* ZPO § 491 Rn. 2. Im Detail → § 937 Rn. 19 ff.
[7] So *Baumbach/Lauterbach/Albers/Hartmann* ZPO § 491 Rn. 2.
[8] *Baumbach/Lauterbach/Albers/Hartmann* ZPO § 491 Rn. 2.

B. Anwendung im Besichtigungsverfahren

I. Duldungsverfügung

6   Für das Besichtigungsverfahren im gewerblichen Rechtsschutz ist der Gesetzgeber in den spezialgesetzlichen Regelungen des materiell-rechtlichen Besichtigungsanspruchs für den Erlass der das selbständige Beweisverfahren begleitenden Duldungsverfügung[9] ausdrücklich davon ausgegangen, dass diese sowohl ohne mündliche Verhandlung als auch ohne vorherige Anhörung erfolgen kann, vgl. § 140c Abs. 3 S. 3 PatG, § 24c Abs. 3 S. 3 GebrMG, § 19a Abs. 3 S. 3 MarkenG, § 46a Abs. 3 S. 3 DesignG, § 101a Abs. 3 S. 3 UrhG, § 37c Abs. 3 S. 3 SortenSchG, § 9 Abs. 2 HalbleiterSchG. Im Gegenzug wird dem Gericht aufgegeben, bei Erlass einer solchen Duldungsverfügung den Schutz vertraulicher Informationen des Besichtigten zu gewährleisten.

II. Selbständiges Beweisverfahren

7   **Unmittelbar anwendbar** sind die Spezialvorschriften nur auf die **Duldungsverfügung**. Das im Rahmen des Besichtigungsverfahrens damit üblicherweise kombinierte **selbständige Beweisverfahren** ist nicht Regelungsgegenstand dieser Vorschriften. Insoweit bleibt es zunächst bei der grundsätzlichen Anwendbarkeit von **§ 491** und damit auch im Falle des Erlasses der Besichtigungsanordnung ohne mündliche Verhandlung oder Anhörung beim Erfordernis der Ladung zum Besichtigungstermin.

8   Allerdings hat der **Gesetzgeber** die Kombination einer Duldungsverfügung basierend auf den von ihm geschaffenen spezialgesetzlichen Besichtigungsansprüchen und dem selbständigen Beweisverfahren, und insbesondere den **Einsatz einer solchen Duldungsverfügung zur Erzwingung des selbständigen Beweisverfahrens**, ausdrücklich anerkannt und bezweckt.[10] In diesem Zusammenhang wird ferner darauf verwiesen, dass in den Fällen, in denen der materiell-rechtliche Besichtigungsanspruch besteht (dh insbes. die Sicherung des Beweismittels erforderlich ist), aus der maßgeblichen objektivierten Sicht des Rechtsinhabers im Zeitpunkt des Besichtigungsverlangens die Befürchtung berechtigt sein wird, dass der Besichtigungsgegenstand beiseite geschafft oder verändert werden könnte.[11] Gerade deshalb hat der Gesetzgeber die Durchsetzung des materiell-rechtlichen Besichtigungsanspruchs – auch in Kombination mit einem selbständigen Beweisverfahren – durch einstweilige Verfügung zugelassen. Da es im **einstweiligen Verfügungsverfahren** für eine ohne mündliche Verhandlung erlassene Verfügung (§§ 936, 922 Abs. 1 S. 1 iVm § 128 Abs. 4) einer **Ladung** mangels „Termin" (vgl. § 214) **nicht bedarf**, wird man davon ausgehen müssen, dass es dem gesetzgeberischen Willen entspricht, mit der Schaffung der materiell-rechtlichen Besichtigungsansprüche auch für ein damit kombiniertes selbständiges Beweisverfahren eine Ladung gemäß § 491 für grundsätzlich abdingbar zu erachten.[12]

9   Ferner bedarf es der Ladung des Besichtigungsschuldners im Regelfall nicht, um seine Teilnahme an der Besichtigung (§ 357 Abs. 1) zu gewährleisten, denn die Besichtigungsmaßnahme findet meist auf seinem Betriebsgelände, Messestand etc statt. Auch die weiteren durch § 491 Abs. 1 abgesicherten Teilnahme- und Teilhaberechte (insbes. Fragerechte gegenüber dem Sachverständigen → Rn. 1) bestehen dann faktisch. Dem **Sinn und Zweck des § 491 Abs. 1** ist im Besichtigungsverfahren daher regelmäßig auch ohne Ladung im Wesentlichen Rechnung getragen.

10 Auch im Falle der **Besichtigung außerhalb des Betriebsgeländes des Besichtigungsschuldners**, wie zB im Falle des mittelbaren Besitzes (etwa wenn sich der Besichtigungsgegenstand zu Testzwecken vorrübergehend bei einem Kunden befindet oder in einem von einem Externen betriebenen Lager) kann im Ergebnis nichts anderes gelten. Zwar ist der mittelbare Besitzer bei einer dort durchgeführten Besichtigung kaum vor Ort. Die Besichtigungsmaßnahme richtet sich dann aber auch nicht gegen den mittelbaren, sondern gegen den unmittelbaren Besitzer, dh den Kunden, dem Lagerverwalter etc, der, auch wenn er dem mittelbaren Besitzer den Besitz nur mittelt, die Besichtigung auf seinem Betriebsgelände selbst dulden muss. Damit **entfällt** bei einer Besichtigung beim mittelbaren Besitzer **die Wirkung des § 493** für einen nachfolgenden, gegen den unmittelbaren Besitzer gerichteten Hauptsacheprozess, der Identität der Verfahrensbeteiligten voraussetzt.[13]

11 Das Ausbleiben der Ladung führt im Ergebnis „lediglich" dazu, dass dem Besichtigungsschuldner nur **wenig Zeit zur Vorbereitung** verbleibt. Dies wiederum liegt in der Natur des Besichtigungsverfahrens begründet und ist durch die berechtigten Interessen des Schutzrechtsinhabers an einer effektiven Verfolgung von Verletzungen seiner Schutzrechte, zu dessen Zweck das Besichtigungsver-

---

[9] Zur prozessualen Zusammensetzung des Besichtigungsverfahrens aus selbständigem Beweisverfahren und einstweiligem Verfügungsverfahren → § 485 Rn. 63 ff.
[10] Begründung des Gesetzesentwurfs der Bundesregierung zum Durchsetzungsgesetz, BT-Drs. 16/5048, 27 f.
[11] Begr. RegE, BT-Drs. 16/5048, 28 li. Sp. 1. Abs.
[12] LG Düsseldorf InstGE 5, 236 – Anhörungsrüge; *Kühnen* GRUR 2005, 185 (193); *Müller-Stoy* Mitt. 2010, 267 (269); Fitzner/Lutz/Bodewig/*Pitz* § 140c Rn. 47. Vgl. a. → Rn. 11, Fn. 122.
[13] → § 493 Rn. 4 ff.

fahren geschaffen wurde, gerechtfertigt.[14] Dieses mit den Interessen des Besichtigungsschuldners abzuwägende Interesse des Besichtigungsgläubigers führt bereits im Rahmen der Entscheidung über die Duldungsverfügung regelmäßig dazu, dass dort ohne mündliche Verhandlung (und Anhörung) und damit ohne Ladung entschieden wird. Die Interessenlage im Rahmen des sich auf das selbständige Beweisverfahren beziehenden zweiten Bestandteils ist nicht anders zu bewerten.

Im Übrigen ist zu berücksichtigen, dass die Heranziehung eines **neutralen Sachverständigen** im selbständigen Beweisverfahren der Wahrung der (insbes. Geheimhaltungs-)Interessen des Besichtigungsschuldners dient.[15] Droht dem Besichtigungsgläubiger bei einem aus selbständigem Beweisverfahren und auf den materiell-rechtlichen Besichtigungsanspruch gestützter Duldungsverfügung bestehenden Besichtigungsverfahren nach „Düsseldorfer Praxis"[16] eine vorherige „Warnung" des Besichtigungsschuldners durch Ladung, wird er sich anstelle des Besichtigungsverfahrens nach der Düsseldorfer Praxis einer **Besichtigung ohne selbständiges Beweisverfahren** bedienen.[17] Dies hat für den Besichtigungsgläubiger zwar die negative Folge, dass er den erhöhten Beweiswert des § 493 Abs. 1[18] verliert. Für den Besichtigungsschuldner hingegen bedeutet dies, dass anstelle eines neutralen Sachverständigen ein **Parteigutachter** die Besichtigung vornimmt.

Unter anderem aus diesem Grund entfällt im Rahmen des Besichtigungsverfahrens bei fehlender Ladung auch nicht die **Verwertung des Sachverständigengutachtens** als vollwertiges gerichtliches Gutachten gemäß § 493.[19]

Abgefedert wird der Verzicht auf eine Ladung im Rahmen des Besichtigungsverfahrens schließlich dadurch, dass dem Besichtigungsschuldner üblicherweise das Recht eingeräumt wird, die **Besichtigung um eine gewisse Zeit zurückzustellen,** damit er seine anwaltlichen Vertreter für die Besichtigung hinzuziehen kann.[20] Angesichts der Absicherung nicht nur der Waffengleichheit, sondern insbesondere auch des rechtlichen Gehörs des Besichtigungsschuldners, dem bei nicht erfolgender Ladung nochmals erhöhtes Gewicht zukommt, wird man fordern müssen, dass dieses Recht **auch dann** eingeräumt wird, **wenn** die Duldungsverfügung die **Präsenz der anwaltlichen Vertreter des Besichtigungsgläubigers nicht** umfasst[21] und der Aspekt der Waffengleichheit dies nicht zwingend erfordert.[22]

Im Ergebnis wird man daher trotz § 491 Abs. 1 auch für den sich auf das selbständige Beweisverfahren beziehenden Teil des Besichtigungsverfahrens im **Regelfall** auf eine Ladung des Besichtigungsschuldners verzichten können und müssen. Dies entspricht der Praxis.[23]

Anderes kann im Einzelfall gelten, wenn **ausnahmsweise** aus der objektivierten Sicht des Antragstellers im Zeitpunkt der Antragstellung die Gefahr einer Beseitigung oder Veränderung des Besichtigungsgegenstandes ausgeschlossen werden kann.[24] Erscheinen solche Maßnahmen zumindest möglich, wird die Vereitelungsgefahr jedoch zu bejahen sein. Trotz dieses niedrigen Maßstabs bleibt die Prüfung der Notwendigkeit einer Ladung (und auch der Anhörung) jedoch letztlich eine **Frage des Einzelfalls.**[25] Gedacht werden kann etwa an die Fälle einer wiederholten Besichtigung, weil der Besichtigungsschuldner bereits durch die erste Besichtigung Kenntnis des Besichtigungsbegehrens hatte.[26] Auch bei einer vorab erklärten Duldung der Besichtigung durch den Besichtigungsschuldner oder wenn dieser bereits negative Feststellungsklage erhoben hat, kann eine Ladung ggf. unterbleiben, im

---

[14] Ua um den Anforderungen von Art. 43, 50 TRIPS und Art. 7 der Durchsetzungsrichtlinie an „schnelle und wirksame einstweilige Maßnahmen zur Sicherung der rechtserheblichen Beweismittel" gerecht zu werden. Zu den Anforderungen der Durchsetzungsrichtlinie etwa *Ahrens* GRUR 2005, 837; *Tilmann* GRUR 2005, 737 (737 ff.); zu Art. 43, 50 TRIPS vgl. *König* Mitt. 2002, 153 (155 ff.); *Tilmann/Schreibauer* GRUR 2002, 1015 (1017 f.); allg. *Harte-Bavendamm* FS Tilmann, 2003, 793.
[15] → § 492 Rn. 1 ff.
[16] Hierzu im Einzelnen → § 485 Rn. 43 ff.
[17] Zu dieser Möglichkeit und Anwendungsfällen → § 485 Rn. 5.
[18] → § 493 Rn. 3 ff.
[19] → § 493 Rn. 12 ff. AA Fitzner/Lutz/Bodewig/*Pitz* § 140c Rn. 48.
[20] Hierzu bereits → Vor § 485 Rn. 50 sowie ergänzend → § 487 Rn. 19.
[21] Hierzu → § 487 Rn. 20.
[22] AA wohl *Kühnen* B. Rn. 115, Fn. 111 sowie *Grabinski* FS Mes, 2009, 129 (131), die dies regelmäßig nur dann für geboten zu erachten scheinen, wenn die anwaltlichen Vertreter des Besichtigungsgläubigers ebenfalls zur Besichtigung zugelassen sind.
[23] Dort wird das Thema meist im Zusammenhang mit der Notwendigkeit einer Anhörung nach § 490 Abs. 1 diskutiert, wobei ohne dass § 491 herangezogen wird, vgl. nur LG Düsseldorf InstGE 5, 236 – Anhörungsrüge; *Kühnen* GRUR 2005, 185 (193); *Kühnen* B. Rn. 115, Fn. 113; Muster einer selbständigen Beweisanordnung, Ziff. II.5.; Schulte/Rinken/*Kühnen* § 140c Rn. 66 Ziff. II.5; *Deichfuß* JurPC Web-Dok. 130/2010, Abs. 27 u. 30; *Müller-Stoy* Mitt. 2010, 267 (269); *Bork* NJW 1997, 1665 (1671). Ausdrücklich für § 491 Fitzner/Lutz/Bodewig/*Pitz* § 140c Rn. 47. Im Ergebnis gelten dieselben Überlegungen.
[24] Vgl. LG Düsseldorf InstGE 5, 236 – Anhörungsrüge, dass dies jedoch unter Hinweis auf die Gefahr von Manipulationen und der bevorstehenden Auslieferung der zu besichtigenden Maschine ins Ausland iE zurückgewiesen hat.
[25] *Kühnen* B. Rn. 115, Fn. 113.
[26] Bei längerem Zuwarten des Besichtigungsgläubigers mit dem zweiten Besichtigungsantrag ist freilich zu prüfen, ob es nicht bereits am Verfügungsgrund bzw. der zeitlichen Dringlichkeit fehlt, → § 485 Rn. 156.

letzteren Fall, weil davon auszugehen ist, dass er für den Nachweis der Nichtverletzung die notwendigen Beweise selbst bereithält. Allerdings ist in den letztgenannten beiden Fällen Zurückhaltung geboten, weil der Besichtigungsschuldner die Duldungserklärung jederzeit zurücknehmen bzw. im Fall der negativen Feststellungsklage ggf. ihm ungünstige Beweise zurückhalten könnte.

17 Bedingung für die Entbehrlichkeit der Ladung muss jedoch insgesamt die **Gelegenheit zur nachträglichen Stellungnahme** des Besichtigungsschuldners zum Sachverständigengutachten, dh vor seiner Herausgabe an den Besichtigungsgläubiger sein. In diesem Zusammenhang darf die Stellungnahme nicht allein auf die Geltendmachung von Geheimhaltungsinteressen beschränkt sein, sondern muss auch sonstige Einwendungen ermöglichen und ggf. auch die Ergänzung des Gutachtens umfassen. Dies ist auch bei der Frage des **effektiven Rechtsschutzes** gegen eine Besichtigungsanordnung nach Düsseldorfer Praxis zu berücksichtigen.[27]

18 Eine anderweitige Möglichkeit der Gewährung rechtlichen Gehörs ist die Berücksichtigung von **Schutzschriften**. Beabsichtigt der Besichtigungsschuldner, eine Schutzschrift gegen eine etwaige Besichtigung einzureichen, sollte er deutlich machen, dass diese sich nicht (nur) gegen ein etwaiges einstweiliges Verfügungsverfahren richtet, sondern auch für den Fall eines Besichtigungsantrags Berücksichtigung finden soll. Es entspricht allerdings der Praxis der Instanzgerichte, etwaige gegen ein einstweiliges Verfügungsverfahren gerichtete Schutzschriften bei der Entscheidung über einen Besichtigungsantrag zu berücksichtigen. Dennoch ist, wie auch im Falle eines einstweiligen Verfügungsverfahrens, bei der Entscheidung über die Einreichung einer Schutzschrift Vorsicht geboten, da eine schwache Schutzschrift einen eventuell nicht ausreichend schlüssigen Besichtigungsantrag ggf. erst schlüssig macht.[28] Darüber hinaus kann nicht ausgeschlossen werden, dass das angerufene Gericht dem Besichtigungsschuldner bei Eingang eines Besichtigungsantrags diesen zur Stellungnahme **zustellt** und somit der bezweckte Überraschungseffekt verloren geht.[29]

§ 492 Beweisaufnahme

(1) **Die Beweisaufnahme erfolgt nach den für die Aufnahme des betreffenden Beweismittels überhaupt geltenden Vorschriften.**

(2) **Das Protokoll über die Beweisaufnahme ist bei dem Gericht, das sie angeordnet hat, aufzubewahren.**

(3) **Das Gericht kann die Parteien zur mündlichen Erörterung laden, wenn eine Einigung zu erwarten ist; ein Vergleich ist zu gerichtlichem Protokoll zu nehmen.**

Literatur *Deichfuß*, Rechtsdurchsetzung unter Wahrung der Vertraulichkeit von Geschäftsgeheimnissen, GRUR 2015, 436; *Druschel/Jauch*, Der Schutz von Know-how im deutschen Zivilprozess, Teil 2: Der derzeitige und zukünftige Geheimnisschutz im vorgelagerten Besichtigungsverfahren, BB 2018, 1794; *Eck/Dombrowski*, Rechtsschutz gegen Besichtigungsverfügungen im Patentrecht – De lege lata und de lege ferenda, GRUR 2008, 387; *Grabinski*, Die Zwangsvollstreckung der Duldungsverfügung im patentrechtlichen Besichtigungsverfahren, FS Mes 2009, 129; Hauck, Besichtigungsanspruch und Geheimnisschutz im Patentrecht, GRUR 2020, 817; *Kreye*, Der Besichtigungsanspruch nach § 140c PatG im Spannungsfeld von Informations- und Geheimhaltungsinteressen, FS v. Meibom 2010, 241; *Kühnen*, Update zum Düsseldorfer Besichtigungsverfahren, Mitt. 2009, 211; *Kühnen*, Die Besichtigung im Patentrecht – Eine Bestandsaufnahme zwei Jahre nach „Faxkarte", GRUR 2005, 185; *Melullis*, Zum Besichtigungsanspruch im Vorfeld der Feststellung einer Verletzung von Schutzrechten, FS Tilmann 2003, 843; *Müller-Stoy*, Der Besichtigungsanspruch gemäß § 140c PatG in der Praxis – Teil 2, Mitt. 2010, 267; *Ohst*, Akteneinsicht des Antragsgegners im Verfahren auf Besichtigung einer Sache, GRUR-Prax 2017, 190; *Rojahn*, Wie geheim darf/muss das Zivilverfahren sein, FS Loewenheim 2009, 251.

Übersicht

	Rn.
A. Allgemeines	1
B. Anwendung im gewerblichen Rechtsschutz	6
I. Anhörung des Sachverständigen	7
II. Herausgabe des Gutachtens an den Besichtigungsgläubiger	10
1. Vorherige Stellungnahmemöglichkeit des Antragsgegners	10
a) Notwendigkeit	11

---

[27] → § 490 Rn. 11 ff.; → § 492 Rn. 10 ff.
[28] Zur Schutzschrift allgemein § 945a.
[29] So etwa LG Düsseldorf 4b O 89/12, dies allerdings auf Grundlage einer recht speziellen Sachverhaltskonstellation, in der sich bereits aus dem Besichtigungsantrag erhebliche Zweifel an der Notwendigkeit der Besichtigung ergaben, da die Antragstellerin aus einem englischen Parallelverfahren sowie einem Ausschreibungsverfahren bereits eine sehr detaillierte Produktbeschreibung besaß. Ferner bestanden erhebliche Zweifel an der Verfügungsgewalt. Die Zustellung des Besichtigungsantrags bei Vorliegen einer Schutzschrift sollte aufgrund des für das Besichtigungsverfahren essentiellen Überraschungsmoments eine auf solche oder ähnliche Sonderkonstellationen beschränkte Ausnahme bleiben.

	Rn.
b) Gegenstand der Stellungnahme	13
c) Anforderungen an die Stellungnahme	15
d) Definition des Geschäftsgeheimnisses/GeschGehG	16
2. Aushändigung des Sachverständigengutachtens	18
a) Beurteilungszeitpunkt	20
b) Herausgabe an rechtliche Vertreter des Besichtigungsgläubigers	21
c) Herausgabe an den Besichtigungsgläubiger persönlich	30
d) Einsicht in durch den Sachverständigen erhobene Beweismittel	44
e) Geschäftsgeheimnisse des Besichtigungsgläubigers	45

A. Allgemeines

§ 492 Abs. 1 verweist bezüglich der konkreten Durchführung der Beweisaufnahme im selbständigen Beweisverfahren auf die für die Aufnahme des betreffenden Beweismittels **allgemein geltenden Vorschriften der §§ 355 ff.** Die Durchführung des schriftlichen Sachverständigenbeweises iSd § 485 Abs. 2 richtet sich mithin nach §§ 402 ff., wobei insbesondere die für die schriftliche Begutachtung geltende Sondervorschrift des § 411 zu berücksichtigen ist.[1] Sollten auch die – strengeren – Voraussetzungen des § 485 Abs. 2 erfüllt sein, sind ferner Inaugenscheinnahme und Zeugenbeweis möglich, die sich nach den §§ 371 ff. bzw. §§ 373 ff. richten. Andere Beweismittel stehen im selbständigen Beweisverfahren nicht zur Verfügung.[2]

Beendet ist die Beweisaufnahme nicht bereits mit ihrer Durchführung, sondern erst mit der **Mitteilung des Ergebnisses**.[3] Im Falle des selbständigen Beweisverfahrens mittels Zeugenvernahme oder Sachverständigengutachtens erfolgt dies durch Verlesung der mündlichen Aussage im Termin[4], bzw. bei **schriftlichem Sachverständigengutachten** iSd § 411 durch **Zustellung des Gutachtens**, es sei denn, das Gericht ordnet eine **mündliche Erörterung nach § 411 Abs. 3** an.[5] Erfolgt eine mündliche Erörterung, beendet diese das selbständige Beweisverfahren.[6]

Gleiches gilt im Falle einer Stellungnahme nach **§ 411 Abs. 4**[7], wofür das Gericht eine Frist setzen kann, § 411 Abs. 4 S. 2. Sofern das Gericht eine solche Frist nicht setzt, stellt sich die Frage, wie lange die Parteien von sich aus Gelegenheit zur Stellungnahme nach § 411 Abs. 4 S. 1 haben, bevor das selbständige Beweisverfahren endet. Dies ist wesentlich für die Beendigung der Hemmungswirkung nach § 204 Nr. 7 BGB. Ebenso wie die Fristsetzung durch Gericht muss der Zeitraum nach Erhalt des Gutachtens angemessen sein.[8] Es bedarf insoweit eines **engen zeitlichen Zusammenhangs mit der Zustellung des Gutachtens**. Abhängig von Umfang und Komplexität des Gutachtens wird dies bei einem Zeitraum von einem bis zu sechs Monaten angenommen.[9] Zur Vermeidung von Unklarheiten und Streitigkeiten sollte das Gericht den Parteien bei schriftlichen Sachverständigengutachten gemäß § 411 Abs. 4 S. 2 von sich aus eine Frist setzen, bei deren Ablauf die Beendigung des Verfahrens dann feststeht.[10]

Im selbständigen Beweisverfahren ist die **mündliche Erörterung durch den Sachverständigen** gemäß dem Wortlaut des **§ 492 Abs. 3** durch das Gericht nur dann in Erwägung zu ziehen, wenn eine **gütliche Einigung zu erwarten** ist. Im Falle der schriftlichen Begutachtung, die bei § 485 Abs. 2 zwingend vorgesehen ist, können die Parteien jedoch nach § 411 Abs. 3 Antrag auf **Erläuterung des schriftlichen Gutachtens durch den Sachverständigen** stellen. Angesichts des Verweises von § 491 Abs. 1 auf §§ 402 ff. und damit auch auf § 411 Abs. 3 ist die mündliche Anhörung des Sachverständigen auch ohne Erwartung eines Vergleichs nicht nur zulässig, sondern – wie auch außerhalb des selbständigen Beweisverfahrens[11] – bei Vorliegen eines solchen Antrags geboten. Dies ergibt sich schon aus der Tatsache, dass § 411 Abs. 3 Ausdruck des rechtlichen Gehörs ist und den Parteien das Recht einzuräumen ist, den Sachverständigen (in den Grenzen von Verspätung und Rechtsmissbrauch) zumindest einmal persönlich zu hören. Da das im Rahmen des selbständigen Beweisverfahrens erhobene schriftliche Sachverständigengutachten nach § 493 Abs. 1 S. 2 ferner einer Beweisaufnahme vor dem Prozessgericht gleichsteht und ein neues Gutachten in einem sich anschließenden Rechtsstreit daher nur unter den engen Voraussetzungen des § 412 eingeholt werden kann, erfordern auch diese

---

[1] Allgemein zum Sachverständigenbeweis ausführlich *Baumbach/Lauterbach/Albers/Hartmann* ZPO Übers §§ 402 ff.; Zöller/*Greger* §§ 402 ff. ZPO.
[2] → § 485 Rn. 75 f.
[3] Vgl. OLG Hamm NJW-RR 2007, 600; *Baumbach/Lauterbach/Albers/Hartmann* ZPO § 492 Rn. 7.
[4] BGH-NJW RR 2009, 1243; Zöller/*Greger* ZPO § 492 Rn. 4.
[5] Zöller/*Greger* ZPO § 492 Rn. 4.
[6] BGH NJW 2002, 1640 (1641).
[7] BGH MDR 2011, 185.
[8] BGHZ 150, 55 unter II.1.b. der Gründe.
[9] OLG Frankfurt a. M. NJW 2007, 852.
[10] Vgl. hierzu ausführlicher Zöller/*Herget* ZPO § 492 Rn. 4.
[11] BVerfG NJW 2012, 1347; vgl. → § 411 Rn. 9.

präkludierenden Wirkungen zwingend die Wahrung des rechtlichen Gehörs durch Gelegenheit zur Stellungnahme vor Beendigung des Verfahrens.[12]

5   Auch § 411 Abs. 4 ist aufgrund der Verweisung des § 492 Abs. 1 im selbständigen Beweisverfahren anwendbar.

B. Anwendung im gewerblichen Rechtsschutz

6   § 492 gilt auch für selbständige Beweisverfahren im Bereich des gewerblichen Rechtsschutzes, und zwar sowohl für die Durchführung eines isolierten selbständigen Beweisverfahrens als auch im Grundsatz für dessen Kombination mit einem auf Duldung gerichteten einstweiligen Verfügungsverfahren gemäß der Düsseldorfer Praxis.[13] Es ergeben sich indes einige zusätzliche Besonderheiten.[14]

I. Anhörung des Sachverständigen

7   Losgelöst von der Durchsetzung der Besichtigung mittels Duldungsverfügung gelten **im gewerblichen Rechtsschutz** insbesondere Besonderheiten bei der Frage der Notwendigkeit der **Anhörung nach §§ 492 Abs. 1, 411 Abs. 3.** Diese ist jedenfalls dann **zwingend erforderlich,** wenn der durch das Sachverständigengutachten betroffene Bereich dem Gericht nicht geläufig ist und das **Gericht von der Einschätzung des fachkundigen Gerichtsgutachters abweichen möchte.**[15] Das ist vorwiegend im Bereich der technischen Schutzrechte denkbar. Im Grundsatz wird man dies jedoch auch auf andere Bereiche des gewerblichen Rechtsschutzes übertragen können, soweit dort im Einzelfall eine vergleichbare besondere Fachkunde zur Beurteilung des Sachverhalts erforderlich ist. Auch wenn das **Sachverständigengutachten** hinsichtlich der Verletzung des Schutzrechts unter Ausschöpfung der zur Verfügung stehenden Mittel zu **keinem eindeutigen Ergebnis** kommt, sollte die Anhörung des Sachverständigen in Betracht gezogen werden, bevor die Freigabeentscheidung über die Herausgabe an den Besichtigungsgläubiger erfolgt.[16] Insoweit ist auch denkbar, die Freigabeentscheidung erst nach **mündlicher Verhandlung** zu treffen, wobei der Besichtigungsgläubiger, parallel zu den Überlegungen zur Erörterung der Geheimhaltungsinteressen des Besichtigungsschuldners im schriftlichen Verfahren[17], von dieser auszuschließen ist.[18]

8   Der Anhörungsantrag nach §§ 491 Abs. 1, 411. Abs. 3 ist indes grundsätzlich nur dann gerechtfertigt, wenn er sich auf die erhobenen **Beweistatsachen und deren fachmännische technische Würdigung** bezieht. Dies ist insbesondere bei den technischen Schutzrechten zu differenzieren von dem Anspruchsverständnis des Sachverständigen, da die Auslegung des Patents eine Rechtsfrage ist, die durch das Gericht zu beantworten ist. **Reine Auslegungsfragen** sind daher bei der Entscheidung über eine Anhörung des Sachverständigen nicht zu berücksichtigen.[19] Erfolgt eine Anhörung, muss es dem Besichtigungsschuldner indes erlaubt sein, auch Einwendungen gegen die vom Sachverständigen zugrunde gelegte Auslegung vorzubringen. *Kühnen*[20] vertritt ferner die Ansicht, dass ein auf reine Auslegungsfragen gestützter Anhörungsantrag zumindest dann zu gewähren ist, wenn die Gefahr besteht, dass der Besichtigungsgläubiger das Sachverständigengutachten im Wettbewerb verwendet und dies für den Besichtigungsschuldner im Einzelfall nicht hinnehmbar ist. Aufgrund der engen Verbindung von Patentauslegung und Sachverhaltsermittlung sollte bei der Frage der Anordnung der Anhörung des Sachverständigen insgesamt nicht zu restriktiv vorgegangen werden. Andernfalls droht die gerade mit einem selbständigen Beweisverfahren nach § 485 Abs. 2 intendierte Befriedung der Parteien[21] nicht erreicht zu werden.

9   Unabhängig von der Anhörung des Sachverständigen bleibt dem Besichtigungsschuldner auch und gerade im gewerblichen Rechtsschutz die **Möglichkeit zur (nachträglichen) Stellungnahme nach §§ 492 Abs. 1, 411 Abs. 4.** Sollte das Gericht hierfür im Einzelfall keine Frist setzen, wird man bei der Bestimmung eines angemessenen Zeitraums jedenfalls bei den technischen Schutzrechten, und dort insbesondere bei technisch komplexen Sachverhalten großzügig sein müssen. In der Praxis wird es hierauf nur selten ankommen, da dem Besichtigungsschuldner ohnehin regelmäßig Gelegenheit zur Stellungnahme zu möglichen Geheimhaltungsinteressen eingeräumt wird[22] und dort dann auch zu

---

[12] Vgl. hierzu ausführlich BGH VersR 2006, 95.
[13] Zu den einzelnen prozessualen Kombinationsmöglichkeiten der Verfahren und Ansprüche im gewerblichen Rechtsschutz → § 485 Rn. 1 ff. und 43 ff.
[14] → Rn. 7 ff.
[15] Für den Fall eines technisch komplexen Bereichs im Patentrecht OLG Düsseldorf InstGE 10, 198 – zeitversetztes Fernsehen. Dies wird man auch auf andere Bereiche des gewerblichen Rechtsschutzes übertragen können, soweit dort ebenfalls eine vergleichbare besondere Fachkunde zur Beurteilung des Sachverhalts erforderlich ist.
[16] *Deichfuß* GRUR 2015, 436 (441).
[17] → Rn. 22 ff.
[18] *Deichfuß* GRUR 2015, 436 (441).
[19] *Kühnen* B. Rn. 167.
[20] *Kühnen* B. Rn. 167.
[21] → § 485 Rn. 73.
[22] → § 487 Rn. 45, Muster, Ziff. IV; hierzu → Rn. 10 ff.

Auslegungsfragen Stellung genommen werden kann. Sollte dies einmal nicht erfolgen, ist dem Besichtigungsschuldner ein entsprechender Antrag nach §§ 491 Abs. 1, 411 Abs. 4 zu empfehlen.

II. Herausgabe des Gutachtens an den Besichtigungsgläubiger

1. Vorherige Stellungnahmemöglichkeit des Antragsgegners. Im Rahmen eines mittels Duldungsverfügung durchgesetzten selbständigen Beweisverfahrens nach Düsseldorfer Praxis ist die nachträgliche Stellungnahmemöglichkeit nach §§ 492 Abs. 1, 411 Abs. 4 nicht ausreichend. Dem Besichtigungsschuldner muss vielmehr **zwingend vorab die Möglichkeit der Stellungnahme** eingeräumt werden. 10

a) Notwendigkeit. Diese ergibt sich primär daraus, dass bei einer mittels Duldungsverfügung durchgesetzten Beweisaufnahme nicht ausgeschlossen werden kann, dass das Sachverständigengutachten Tatsachen offenbart, an denen der Besichtigungsschuldner berechtigte **Geheimhaltungsinteressen** geltend machen kann[23], zumal es sich bei dem Besichtigungsgläubiger regelmäßig um einen Wettbewerber handelt. Das gilt auch bei der, im Falle einer Einwilligung des Besichtigungsschuldners, ohne Duldungsverfügung durchgeführten Begutachtung. Denn auch dann kann, trotz der grundsätzlichen Duldung der Begutachtung, nicht ausgeschlossen werden, dass in die Begutachtung auch Geschäfts- oder Betriebsgeheimnisse einfließen. Lediglich im Fall der **vollständigen öffentlichen Zugänglichkeit** der zu besichtigenden Tatsachen sind von vornherein keine Geheimhaltungsinteressen denkbar.[24] 11

Dennoch erscheint auch im letzteren Fall eine vorherige Anhörung jedenfalls für den Regelfall der Besichtigung ohne vorherige Ladung und Anhörung des Besichtigungsschuldners[25] zwingend. Das erfordert der **Grundsatz des rechtlichen Gehörs,** dem bei Verzicht auf vorherige Ladung und Anhörung andernfalls nicht hinreichend Rechnung getragen wäre, da eine lediglich nachträgliche Stellungnahme nach §§ 491 Abs. 1, 411 Abs. 4 das Schaffen von Fakten nicht verhindern würde. Denn neben geheimhaltungsbedürftigen Tatsachen sind eine Reihe **weiterer Einwendungen gegen die Herausgabe** an den Besichtigungsgläubiger denkbar, zu denen dem Besichtigungsschuldner vor Herausgabe rechtliches Gehör gewährt werden muss. 12

b) Gegenstand der Stellungnahme. In Konsequenz darf die Stellungnahmemöglichkeit entgegen der üblichen Tenorierung nicht auf die Geltendmachung von Geheimhaltungsinteressen beschränkt sein, sondern es müssen auch **sonstige Einwendungen** wie zB Einwendungen gegen die **Zuständigkeit** des Gerichts[26], die **Zulässigkeit** des selbständigen Beweisverfahrens, aber auch gegen die **Rechtmäßigkeit der Duldungsverfügung** geltend gemacht werden können.[27] Letzteres gilt um so mehr, als die Duldungsverfügung sich im Zeitpunkt der Entscheidung über die Herausgabe, nämlich mit ihrem Vollzug bereits erledigt hat, sodass hiergegen lediglich noch der Kostenwiderspruch zur Verfügung steht.[28] Hätte die Duldungsverfügung nie ergehen dürfen, muss dem Besichtigungsgläubiger zumindest die Möglichkeit offenstehen, dies im Rahmen der Entscheidung über die Herausgabe geltend zu machen.[29] Auch kann es vorkommen, dass **nicht zulässige**[30] oder **nicht beantragte**[31] **Beweise** erhoben wurden. Keine zulässige Einwendung ist jedoch die vermeintliche Mangelhaftigkeit des Gutachtens, etwa ob das Gutachten geeignet ist, eine Schutzrechtsverletzung zu belegen.[32] 13

Im Rahmen einer **isolierten Duldungsverfügung** und Besichtigung durch einen Privatsachverständigen, dh ohne gleichzeitige Kombination mit dem selbständigen Beweisverfahren, sind ebenfalls Konstellationen denkbar, in denen auch außerhalb von Geheimhaltungsinteressen Einwände gegen die Herausgabe des Besichtigungsergebnisses bestehen können. Dies ist etwa dann der Fall, wenn der 14

---

[23] BGH GRUR 2010, 318 (322) – Lichtbogenschnürung; *Kühnen* GRUR 2005, 185 (193); *Kühnen* B. Rn. 138 ff.
[24] → § 487 Rn. 25.
[25] Hierzu → § 491 Rn. 17 f.
[26] OLG Düsseldorf InstGE 9, 41 – Schaumstoffherstellung; *Busse/Keukenschrijver/Kaess* § 140c Rn. 34.
[27] So wohl auch *Eck/Dombrowski* GRUR 2008, 387 (388 f.). Entgegen der Patentsenate des OLG Düsseldorf (vgl. BeckRS 2016, 01681) nunmehr zutreffend und mit überzeugender Begründung auch der 20. Zivilsenat GRUR-RR 2016, 224; vgl. hierzu bereits → § 490 Rn. 26.
[28] → § 490 Rn. 19.
[29] Einzelheiten zum Rechtsschutz → § 490 Rn. 11 ff.
[30] Insbesondere bei dem üblicherweise vorliegenden selbständigen Beweisverfahren nach § 485 Abs. 2, bei dem lediglich der Sachverständigenbeweis, nicht jedoch Inaugenscheinnahme zulässig ist. Nicht zulässig ist in diesem Fall etwa die Herausgabe von Urkunden, soweit diese nicht Grundlage sachverständiger Schlussfolgerungen sind; hierzu → § 485 Rn. 77 f.
[31] Bei den technischen Schutzrechten etwa, wenn die Beweise sich ausschließlich auf einen nicht geltend gemachten Unteranspruch beziehen, vgl. OLG München InstGE 12, 186 (189) – Presseur; ferner, wenn das konkrete Beweismittel nicht benannt wurde, vgl. OLG München InstGE 13, 298 – ausgelagerter Server.
[32] OLG München GRUR-RS 2019, 41077 – Aufgabenverteilung im Besichtigungsverfahren. Beruht das Sachverständigengutachten auf einer unzutreffenden Auslegung des zugrunde liegenden Schutzrechts, ist das jedoch durch das Verletzungsgericht bei der Herausgabe des Gutachtens zu berücksichtigen, da Gegenstand des Sachverständigengutachtens lediglich Tatsachen sind. Zur Herausgabeentscheidung → Rn. 39 f.

besichtigte Gegenstand Informationen enthält, die für die Klärung der im Rahmen des Besichtigungsantrags vermuteten Rechtsschutzverletzung durch den Besichtigungsschuldner irrelevant sind, an deren Herausgabe der Besichtigungsgläubiger jedoch dennoch ein Interesse hat, weil sie möglicherweise eine Schutzrechtsverletzung durch Dritte belegen. Hier muss der Besichtigungsschuldner einwenden können, dass eine Herausgabe mangels Relevanz für die Beweisfrage nicht in Betracht kommt. Beispielsweise kann sich die Besichtigung auf Urkunden richten, die der Besichtigungsschuldner im Rahmen von Zulassungsverfahren für das betreffende Produkt (arzneimittelrechtliche Zulassung, CE-Kennzeichnung etc) vorhält. Diese Unterlagen enthalten regelmäßig auch Informationen über den Hersteller bzw. Lieferanten des Besichtigungsschuldners. An dieser Information kann der Besichtigungsgläubiger durchaus ein Interesse haben, um über ein Vorgehen auch gegen den Lieferanten zu entscheiden. Das gegen den Besichtigungsschuldner geführte Besichtigungsverfahren dient jedoch nur der Feststellung einer Schutzrechtsverletzung durch diesen, sodass die Herausgabe nicht mehr durch den Besichtigungszweck gedeckt ist. Eine Herausgabe würde ferner auf eine Durchsetzung des Auskunftsanspruchs mittels einstweiliger Verfügung hinauslaufen, die jedoch nur unter den strengen Voraussetzungen möglich ist (zB § 140b Abs. 3 PatG).[33]

15 **c) Anforderungen an die Stellungnahme.** Im Rahmen der Stellungnahme reicht die pauschale Geltendmachung von Geheimhaltungsinteressen (oder anderen gegen die Herausgabe sprechenden Gründen) nicht aus. Der Besichtigungsschuldner muss vielmehr **konkrete Tatsachen** vortragen, aus denen der Schluss gezogen werden kann, dass **Geschäfts- oder andere Privatgeheimnisse** bzw. gegebenenfalls sonstige schützenswerte (Geheim-)Interessen berührt sind. Ein etwaig bestehender **Urheberrechtsschutz** von Betriebsunterlagen, auf den dort hingewiesen wird, begründet für sich genommen noch kein Geheimhaltungsinteresse des Urhebers. Gleiches gilt für nur beschränkten Zugang zu einer Betriebsanlage aufgrund von Hygienevorschriften.[34] Der Besichtigungsschuldner kann sich grundsätzlich auch auf Geheimhaltungsinteressen **Dritter** berufen, soweit er diesen gegenüber, ausdrücklich oder stillschweigend, zur Geheimhaltung verpflichtet ist.[35] Neben dem Aufzeigen konkreter Tatsachen muss der Besichtigungsschuldner darlegen, welcher **Stellenwert** diesen Interessen im Wettbewerb zukommt und welche konkreten Nachteile aus der Offenbarung erwachsen könnten.[36] Denn die zur Wahrung des Geheimhaltungsinteresses in der Sache ggf. gebotenen Anordnungen sind auf Grund einer **einzelfallbezogenen, umfassend alle beidseitig möglicherweise beeinträchtigten Interessen berücksichtigenden Würdigung** zu treffen.[37] Dies schließt die Abwägung ein, ob das Interesse an der Wahrung des jeweiligen Geheimnisses gegenüber dem Offenlegungsinteresse des Antragstellers überwiegt oder umgekehrt. Hierfür muss auf Seiten des Besichtigungsschuldners eruiert werden, welche konkreten Nachteile seinem Unternehmen drohen, auf Seiten des Besichtigungsgläubigers der Umfang des aus der Offenlegung des Geheimnisses resultierende prozessuale Nutzen. Hierfür trägt der Besichtigungsschuldner die **Darlegungs- und Beweislast**.[38] Dem ist zB Genüge getan, wenn der Besichtigungsschuldner darlegen kann, dass eine allein ihm bekannte Verfahrensausgestaltung die Grundlage seiner betrieblichen Tätigkeit bildet, die Verfahrensausgestaltung gerade die Abgrenzung von seinem Wettbewerber beinhaltet und die Offenlegung gegenüber diesem daher zu einer Einbuße eines entscheidenden Wettbewerbsvorteils führen würde.[39] Dargelegt werden können etwa die durch den Besichtigungsschuldner getätigten Investitionen in ein Verfahren, die bei einer Nachahmung durch den Besichtigungsgläubiger entfallen würden und diesem die Möglichkeit gäbe, deutlich günstiger anzubieten; oder auch, dass der Besichtigungsschuldner auf den Geheimnisschutz etwa mangels eigenem Patentschutz zwingend angewiesen ist, um sich vor Wettbewerb zu schützen.[40] Nicht ausreichend ist, dass lediglich die Gefahr besteht, dass der Besichtigungsgläubiger das Gutachten dem Wettbewerb zur Verfügung stellen wird.[41] Insgesamt besteht hinsichtlich

---

[33] Vgl. hierzu LG Düsseldorf 23.6.2014 – 4b O 104/13, das Angaben über Lieferbeziehungen ebenfalls als schützenswerte Geheimhaltungsinteressen qualifiziert; ferner LG München InstGE 13, 187 Rn. 17, das ebenfalls einen Konnex zu den strengen Voraussetzungen des § 140b Abs. 3 PatG herstellt und eine Herausgabe nur dann bejaht, wenn die strengen Anforderungen für eine Durchsetzung des Auskunftsanspruchs mittels einstweiliger Verfügung vorliegen. In anderen Worten lässt das LG München die Herausgabe auch solcher, nicht vom Besichtigungsverfahren umfasster Unterlagen dann zu, wenn der Besichtigungsgläubiger hierauf ohnehin einen Anspruch hat; vgl. hierzu auch Haedicke/*Timmann/Chakraborty* § 11 Rn. 850; Busse/*Keukenschrijver/Kaess* § 140c Rn. 36.
[34] OLG München GRUR-RS 2019, 41077 – Aufgabenverteilung im Besichtigungsverfahren.
[35] OLG Düsseldorf BeckRS 2016, 01681; OLG München GRUR-RS 2019, 41077 – Aufgabenverteilung im Besichtigungsverfahren; Fitzner/Lutz/Bodewig/*Pitz* § 140c Rn. 29; *Kühnen* B. Rn. 138 f.; Schulte/*Rinken/Kühnen* § 140c Rn. 23.
[36] BGH GRUR 2010, 318 (322) – Lichtbogenschnürung; OLG München InstGE 13, 298 – ausgelagerter Server; *Kühnen* B. Rn. 138.
[37] BGH GRUR 2010, 318 (322) – Lichtbogenschnürung.
[38] BGH GRUR 2010, 318 (322) – Lichtbogenschnürung; OLG Düsseldorf BeckRS 2016, 01681; Haedicke/*Timmann/Chakraborty* § 15 Rn. 844.
[39] BGH GRUR 2013, 618 (619) – Internet-Videorecorder II.
[40] OLG Düsseldorf BeckRS 2016, 01681.
[41] OLG Düsseldorf 20.10.2014 – I-2 W 20/14; *Kühnen* B. Rn. 145.

der Gewährung von Geheimnisschutz und der Eindeutigkeit der Schutzrechtsverletzung eine **Wechselwirkung:** Je eindeutiger das Gutachten zu einer Nichtverletzung kommt, desto weiträumiger ist dem Besichtigungsschuldner Geheimnisschutz einzuräumen, ggf. auch durch Schwärzung solcher Passagen des Gutachtens, die unmittelbar keine Geheimnisse enthalten, die aber möglicherweise Rückschlüsse auf solche zulassen könnten.[42] Ist etwa ein Verfahren als solches geheim, kann der Geheimnisschutz auch sämtliche Einzelheiten des Verfahrens einschließlich der Reihenfolge der Verfahrensschritte, deren konkrete Ausgestaltung einschließlich der eingesetzten Hilfs- und Betriebsstoffe und deren Dosierung sowie die konkrete Ausgestaltung und Arbeitsweise der eingesetzten Vorrichtungsteile umfassen. Dies gilt auch für aus dem Stand der Technik bereits bekannte Einzelheiten. Dabei ist nicht erforderlich, dass der Besichtigungsschuldner für jeden dieser Teilaspekte die Geheimhaltungsbedürftigkeit im Detail darlegt, da dies die Gefahr mit sich brächte, dass der Besichtigungsgläubiger aus dieser näheren Beschreibung Rückschlüsse auf das geheime Verfahren insgesamt ziehen kann.[43]

d) Definition des Geschäftsgeheimnisses/GeschGehG. Als Geschäftsgeheimnis kommt nach **16** ständiger Rechtsprechung jedes betriebsbezogene, technische oder kaufmännische Wissen im weitesten Sinn in Betracht, soweit es allenfalls einem begrenzten Personenkreis bekannt ist und von dem sich ein darüber hinausgehender Personenkreis nur unter Schwierigkeiten Kenntnis verschaffen kann, an dessen Geheimhaltung der Besichtigungsschuldner ein berechtigtes Interesse hat und in Bezug auf das sein Geheimhaltungswille bekundet worden oder erkennbar ist.[44] Mit Einfügung des neuen § 145a PatG[45] durch das zweite Patentrechtsmodernisierungsgesetz und den dortigen Verweis stellt sich nunmehr die Frage, inwieweit der dortige Verweis auf die Regelungen der §§ 16–20 GeschGehG auch die Regelungen des Geschäftsgeheimnisschutzes im Besichtigungsverfahren beeinflussen wird.[46] Ausweislich des Gesetzeswortlauts ist das selbständige Beweisverfahren, und somit auch der Geheimnisschutz des Besichtigungsverfahrens durch das Prozedere der Kenntnisgabe des Sachverständigengutachtens an den Besichtigungsgläubiger, selbst erst nach Prüfung etwaiger Geheimhaltungsinteressen des Besichtigungsschuldners, ausdrücklich vom Verweis des § 145a PatG auf die §§ 16–20 GeschGehG ausgenommen. Der – zunächst – angeordnete Ausschluss des Besichtigungsgläubigers im Rahmen des Besichtigungsverfahrens bleibt mithin, entgegen der anderweitigen Regelungen des § 16 GeschGehG, weiterhin möglich.[47]

Unabhängig der grundsätzlichen Fortgeltung der Geheimnisschutzregeln ist offen, inwieweit die **17** Definition des Geschäftsgeheimnisses im Besichtigungsverfahren durch die Verweisung auf die §§ 16–20 GeschGehG beeinflusst ist. Relevanz besitzt dies, weil die Definition in § 2 Nr. 1 GeschGehG enger ist als die bisherige Definition im Besichtigungsverfahren. Insbesondere bedarf es dort zusätzlich der Feststellung eines wirtschaftlichen Wertes der zu schützenden Information (§ 2 Nr. 1 lit. a GeschGehG), während im Besichtigungsverfahren jedwedes schützenswertes Interesse an Geheimhaltung zu berücksichtigen ist. Ferner werden (objektiv feststellbare und taugliche) Geheimhaltungsmaßnahmen (§ 2 Nr. 1 lit. b GeschGehG) des Geheimnisträgers verlangt, damit die entsprechende Information Geheimnisschutz erfährt[48]; im Besichtigungsverfahren hingegen ist die bisheriger Prägung nach die faktische Schwierigkeit der Kenntnisverschaffung durch einen Dritten ausreichend. Es spricht viel dafür, dass diese zusätzlichen Voraussetzungen auch zukünftig nicht über § 145a PatG auf den Geheimnisschutz im Besichtigungsverfahren zu erstrecken sind. Erstens ist wie dargestellt das Besichtigungsverfahren vom Verweis in § 145a PatG explizit ausgenommen. Zweitens werden unterschiedliche Schutzzwecke verfolgt, dh beim GeschGehG der Schutz der Information selbst vor unerlaubter Erlangung, Nutzung und Offenlegung einschließlich der hiergegen im GeschGehG vorgesehenen Ansprüche wie etwa Beseitigung, Unterlassung und Vernichtung, während das Besichtigungsverfahren den effektiven Rechtsschutz des Besichtigungsgläubigers zum Gegenstand hat und hierbei im Rahmen der Interessensabwägung auch den Schutz vertraulicher Informationen des Besichtigungsschuldners berücksichtigt. Für eine Beschränkung dieses Schutzes vertraulicher Informationen aufgrund der Legaldefinition

---

[42] OLG Düsseldorf BeckRS 2016, 01681.
[43] OLG Düsseldorf BeckRS 2016, 01681.
[44] BGH GRUR 2010, 318 (319) – Lichtbogenschnürung; anschaulich dazu, wie dies in der Praxis dargelegt werden kann: OLG Düsseldorf BeckRS 2016, 01681.
[45] Bzw. § 26a GebrMG, § 11 Abs. 3 HalblSchG.
[46] Interessant wäre dies insbesondere für den von Hauck GRUR 2020, 817 (819 ff.) zu Recht angesprochenen Bedarf nach Schutz von Geschäftsgeheimnissen des Besichtigungsgläubigers → Rn. 45.
[47] So auch schon *Kunzmann* IP-kompakt 2020, 5 sowie *Druschel/Jauch* BB 2018, 1794 (1796) (allerdings noch ohne Berücksichtigung des § 145a PatG); ausdrücklich auch die Gesetzesbegründung BT-Drs. 19/25821, 57. Dem Besichtigungsverfahren liegt auch eine andere Ausgangskonstellation zugrunde, bei der der Besichtigungsgläubiger zunächst freiwillig auf sein Teilnahme- und Zugangsrecht betreffend geheimhaltungsbedürftige Informationen verzichtet, vgl. hierzu → Rn. 25 f. sowie *Kühnen* GRUR 2020, 576 (577 f.); angesichts des klaren Wortlauts des § 145a PatG in der verabschiedeten und in Kraft getretenen Fassung überholt: *Zhu/Popp* GRUR 2020, 338 (343 f.).
[48] Ferner ist das berechtigte Interesse gemäß § 2 Nr. 1 lit. c) GeschGehG bereits Gegenstand der Legaldefinition, während dies im Besichtigungsverfahren erst als Teil der Interessenabwägung zu prüfen ist. Zu den Tatbestandsvoraussetzungen des § 2 Nr. 1 GeschGehG allgemein *Kühnen* B. Rn. 125 ff.

des GeschGehG streitet wenig[49], zumal § 145a PatG lediglich auf die §§ 16–20 GeschGehG, nicht jedoch auf die Legaldefinition des § 2 Nr. 2 GeschGehG verweist. Auch die Gesetzesbegründung des § 145a PatG gibt hierfür nichts her.[50]

18   **2. Aushändigung des Sachverständigengutachtens.** Nach Erstellung des Sachverständigengutachtens kann der Besichtigungsgläubiger entweder (zunächst) die **Aushändigung an** seine weiterhin auch ihm gegenüber zur Verschwiegenheit verpflichteten **Anwälte** verlangen oder (weitergehend) die Aushändigung **an ihn selbst.**[51] Beantragt er letzteres, läuft er indes Gefahr, dass die Aushändigung abgelehnt wird, wenn der Besichtigungsschuldner hinreichend substantiiert Geheimhaltungsinteressen geltend macht. Denn der Besichtigungsgläubiger wird ohne Kenntnis vom Inhalt des Gutachtens kaum in der Lage sein, hierzu sinnvoll Stellung zu nehmen.[52] Ein solcher Antrag macht mithin nur dann Sinn, wenn Geheimhaltungsinteressen ausnahmsweise vollständig ausgeschlossen werden können. Der Besichtigungsgläubiger sollte daher seinen Antrag deutlich dahingehend formulieren, dass er die Aushändigung des Gutachtens an ihn persönlich erst nach Entscheidung über etwaige Geheimhaltungsinteressen des Besichtigungsschuldners begehrt.[53]

19   Macht der Besichtigungsschuldner hinreichend konkret **Geheimhaltungsinteressen** (oder andere gegen die Herausgabe sprechende Gründe) geltend, ist zu entscheiden, inwieweit diese der Herausgabe des Sachverständigengutachtens **insgesamt entgegenstehen oder ihnen anderweitig Rechnung getragen werden kann.** Werden keine Geheimhaltungsinteressen oder Gründe geltend gemacht oder erfolgt dies nicht hinreichend substantiiert, händigt das Gericht das Sachverständigengutachten an den Besichtigungsgläubiger aus.[54]

20   a) **Beurteilungszeitpunkt.** Zeitpunkt für die Beurteilung der Geheimhaltungsinteressen ist die **Entscheidung über die Freigabe.** Bestanden ursprünglich **Betriebsgeheimnisse,** sind diese jedoch bis zur Freigabeentscheidung **fortgefallen,** etwa weil der Besichtigungsgegenstand zwischenzeitlich auf den Markt gebracht wurde, ist die Herausgabe an den Besichtigungsgläubiger selbst anzuordnen, ohne dass es weiterer Schutzmaßnahmen bedarf.[55] Einer öffentlichen Zugänglichkeit bedarf es hierbei nicht. Ausreichend ist es, wenn es zwischenzeitlich jedenfalls dem Besichtigungsgläubiger möglich ist, den Besichtigungsgegenstand zu untersuchen.[56]

21   b) **Herausgabe an rechtliche Vertreter des Besichtigungsgläubigers.** Auch bei Bestehen und Substantiierung von Geheimhaltungsinteressen des Besichtigungsschuldners kann zunächst eine **Herausgabe an die anwaltlichen Vertreter des Besichtigungsgläubigers** erfolgen, da den Geheimhaltungsinteressen in Entsprechung mit den spezialgesetzlichen Vorschriften[57] durch Verschwiegenheitsverpflichtungen ausreichend Rechnung getragen werden kann.[58]

22   aa) **Gesonderte Verschwiegenheitsverpflichtung.** Eine solche **Verschwiegenheitsverpflichtung** wird bereits in der Duldungsverfügung ausgesprochen. Diese umfasst jedoch, da nur die Duldung der Besichtigung betreffend, lediglich die Tatsachen, die aufgrund der zu duldenden Anwesenheit während der Besichtigung zur Kenntnis gelangen und den Geschäftsbetrieb des Besichtigungsschuldners betreffen. Trotz des üblicherweise weiten Wortlauts der im Rahmen der Duldungsverfügung ausgesprochenen Verschwiegenheitsverpflichtung („im Zuge des selbständigen Beweisverfahrens") betrifft sie mithin nur Wahrnehmungen im Zusammenhang mit den Maßnahmen, die im Verfügungsverfahren angeordnet worden sind. Sie ist **keine verfahrensübergreifende Geheimhaltungs-**

---

[49] Zwar sind dann Fälle denkbar, in denen der Besichtigungsgläubiger die Information im Besichtigungsverfahren wegen berechtigter Geheimhaltungsinteressen nicht erfährt, der Besichtigungsschuldner deren Verwendung nach dem GeschGehG jedoch nicht verhindern könnte. Auch dies ist angesichts der unterschiedlichen Schutzzwecke jedoch hinnehmbar.
[50] BT-Drs. 19/25821, 57. Dort wird darauf verwiesen, dass „auch" in Patentstreitsachen und in Zwangslizenzverfahren „ein besonderer Bedarf nach prozessualem Schutz von Geschäftsgeheimnissen" besteht. Gemäß der Gesetzesbegründung soll mit dem Verweis auf § 145a PatG also ein in Patentstreitverfahren bisher noch nicht ausreichender Schutz erzielt, nicht ein bereits existierender Schutz eingeschränkt werden. Entsprechend verweist die Gesetzesbegründung zum Ausschluss des selbständigen Beweisverfahrens vom Anwendungsbereich des § 145a PatG ausdrücklich auf das „Düsseldorfer Verfahren", das seinerseits bereits die Geheimhaltungsinteressen des Besichtigungsschuldners berücksichtige und dessen „von der vorgeschlagenen Anwendung der genannten Bestimmungen zum Schutz von Geschäftsgeheimnissen in Patentstreitsachen unberührt" bleiben soll.
[51] BGH GRUR 2010, 318 (322) – Lichtbogenschnürung.
[52] *Kühnen* B. Rn. 137.
[53] So unter Verweis auf BGH GRUR 2010, 318 – Lichtbogenschnürung *Deichfuß* GRUR 2015, 436 (440).
[54] BGH GRUR 2010, 318 (322) – Lichtbogenschnürung; OLG München InstGE 13, 298 – ausgelagerter Server.
[55] OLG Düsseldorf InstGE 11, 296 – Kaffeemaschine.
[56] OLG Düsseldorf InstGE 11, 296 – Kaffeemaschine; Schulte/*Rinken/Kühnen* § 140c Rn. 70; Haedicke/*Timmann/Chakraborty* § 15 Rn. 848.
[57] Jeweils Abs. 3 S. 2 der § 140c PatG, § 24c GebrMG, § 19a MarkenG, § 46a DesignG, § 101a UrhG, § 37c SortenSchG bzw. § 9 Abs. 2 HalbleiterSchG.
[58] OLG Düsseldorf BeckRS 2013, 10885; Busse/*Keukenschrijver/Kaess* § 140c Rn. 36.

pflicht.[59] Für das hiervon prozessual zu trennende selbständige Beweisverfahren[60], zu dem auch die Herausgabe des Gutachtens gehört,[61] bedarf es mithin einer eigenständigen Anordnung der Verschwiegenheit.[62] Diese Anordnung geht auch inhaltlich über die Anordnung im Rahmen der Duldungsverfügung hinaus, als sie auf Verschwiegenheit über den gesamten Gutachteninhalt zielt, nicht nur selektiv auf Tatsachen, die den Geschäftsbetrieb des Besichtigungsschuldners betreffen.[63]

bb) (Verfassungsrechtliche) Bedenken. Gegen eine solche Verschwiegenheitsanordnung der Anwälte gegenüber ihrem Mandanten sind verschiedene Bedenken geltend gemacht worden. Am gewichtigsten ist der insbesondere durch das OLG München erhobene Einwand, eine solche Anordnung sei nicht mit dem Anspruch des Besichtigungsschuldners auf **rechtliches Gehör** (Art. 103 Abs. 1 GG) vereinbar und könne daher selbst bei Beantragung der Verschwiegenheitsanordnung durch den Besichtigungsgläubiger nicht ergehen.[64] Es sei schon fraglich, ob der Besichtigungsgläubiger auf das rechtliches Gehör verzichten könne, weil es nicht nur dem Schutz der Parteien diene, sondern darüber hinaus auch ein Grundpfeiler des (ordentlichen) Verfahrens sei. Darüber hinaus könnten die anwaltlichen Vertreter des Besichtigungsgläubigers ihrer **Rolle als Interessenvertreter** bei einer Verschwiegenheitsverpflichtung nicht ausreichend gerecht werden, weil ihnen ohne Unterrichtung des Besichtigungsgläubigers über den Inhalt eines Gutachtens eine ausreichende Stellungnahme zum Gutachten nicht vollständig ohne dessen Kontaktierung und Befragung möglich sei.[65] Ferner wurden Bedenken hinsichtlich der **Tauglichkeit zur effektiven Wahrung der Geheimhaltungsinteressen** des Besichtigungsschuldners geäußert, ua weil nicht ausgeschlossen werden könne, dass ein sachkundiger Besichtigungsgläubiger aus den Diskussionen mit seinen Anwälten Rückschlüsse auf geheimhaltungsbedürftige Tatsachen ziehen kann.[66]

Die **Düsseldorfer Praxis** hingegen geht seit jeher davon aus, dass der Antragsteller (teilweise) auf seinen Anspruch auf rechtliches Gehör gemäß Art. 103 Abs. 1 GG sowie sein Akteneinsichtsrecht gemäß § 299 und seine Informationsrechte gegenüber seinen Anwälten freiwillig, dh im Voraus und unwiderruflich **verzichten** kann.[67] Diese Praxis ist mittlerweile (im Revisionsverfahren zur Entscheidung des OLG München) vom **BGH bestätigt** und als **unbedenklich** erachtet worden.

Es ist allerdings nicht zu verkennen, dass ein **„in-camera"-Verfahren** (→ § 285 Rn. 17) bei welchem die Partei selbst von der Teilnahme ausgeschlossen ist und lediglich durch zur Verschwiegenheit verpflichtete Anwälte vertreten wird, einen Eingriff in das grundrechtsgleiche Recht auf rechtliches Gehör darstellt. Auch einfachgesetzlich widerspricht ein solches Verfahren dem Grundsatz der Parteiöffentlichkeit der Beweisaufnahme und dem Recht auf Stellungnahme zum Beweisergebnis (§§ 357 Abs. 1, 285 Abs. 1). Für ein solches Vorgehen bietet weder § 172 Nr. 2 GVG noch § 174 Abs. 3 GVG eine ausreichende gesetzliche Ermächtigungsgrundlage. Diese einfachgesetzlichen Regelungen erlauben es nicht, den Antragsteller auszuschließen, das Anwesenheitsrecht auf seine Anwälte zu beschränken und die Kommunikation zwischen dem Antragsteller und seinen Anwälten einzuschränken.[68] Allerdings sehen die im Rahmen der Umsetzung der Durchsetzungsrichtlinie in die einzelnen Schutzgesetze eingefügten Regelungen zum Vorlage- und Besichtigungsanspruch nunmehr eine **ausreichende verfassungsrechtliche und einfachgesetzliche Grundlage** für solche Geheimhaltungsmaßnahmen vor.[69]

Bestätigt wird die grundsätzliche verfassungsrechtliche Zulässigkeit durch die **Rechtsprechung des Bundesverfassungsgerichts** zu § 99 VwGO, wonach Art. 19 Abs. 4 GG und Art. 103 Abs. 1 GG „nicht in Gegensatz zueinander gerückt werden" dürfen.[70] Der Anspruch auf rechtliches Gehör, der dem Rechtsschutz des Einzelnen dient, kann der Zulässigkeit eines (teilweisen) Verzichts daher dann nicht entgegengehalten werden, wenn der begrenzte **Verzicht seinen Rechtsschutz ausnahmsweise verbessert.**[71] Eine solche Konstellation liegt auch im Besichtigungsverfahren vor. Wird dem

---

[59] BGH GRUR 2010, 318 (320) – Lichtbogenschnürung; aA OLG Düsseldorf GRUR-RR 2021, 97 – Servicemodul; *Kühnen* B. Rn. 391.
[60] Zur Rechtsnatur des Besichtigungsverfahrens → § 485 Rn. 63 ff.
[61] Die Duldungsverfügung hat sich zu diesem Zeitpunkt bereits erledigt.
[62] BGH GRUR 2010, 318 (320) – Lichtbogenschnürung.
[63] BGH GRUR 2010, 318 (320) – Lichtbogenschnürung.
[64] OLG München GRUR-RR 2009, 191 (192) – Laser-Hybrid-Schweißverfahren; dies allerdings zwischenzeitlich nicht mehr thematisierend und damit wohl zumindest tolerierend OLG München BeckRS 2014, 20365.
[65] OLG München GRUR-RR 2009, 191 (192) – Laser-Hybrid-Schweißverfahren. Vgl. hierzu auch die gegen die Verschwiegenheitsverpflichtung im Rahmen der Duldungsverfügung vorgebrachten Bedenken von *Melullis* FS Tilmann, 2003, 843 (853 ff.), → § 487 Rn. 37 f.
[66] Vgl. im Einzelnen OLG München GRUR-RR 2009, 191 (192) – Laser-Hybrid-Schweißverfahren.
[67] Vgl. hierzu *Kühnen* GRUR 2005, 185 (187, 191).
[68] Vgl. OLG München NJW 2005, 1130 (1131); *Kreye* FS v. Meibom, 2010, 241 (252).
[69] Jeweils Abs. 3 S. 2 der § 140c PatG, § 24c GebrMG, § 19a MarkenG, § 46a DesignG, § 101a UrhG, § 37c SortenSchG bzw. § 9 Abs. 2 HalbleiterSchG. Dies ist allerdings nicht unumstritten: vgl. hierzu *Kreye* FS v. Meibom, 2010, 241 (255 f.).
[70] Vgl. BVerfG NJW 2000, 1175 (1178).
[71] Vgl. BVerfG NJW 2000, 1175 (1178).

Besichtigungsgläubiger dort die Möglichkeit genommen, die Verschwiegenheit der eigenen Anwälte zu beantragen, wird er die notwendigen Informationen über den mutmaßlichen Verletzungsgegenstand regelmäßig gar nicht bzw. nur um den Preis der vorherigen Anhörung des Besichtigungsschuldners erlangen. Der – ebenfalls verfassungsrechtlich gebotene – **effektive Rechtsschutz** des Besichtigungsgläubigers iSd Art. 19 Abs. 4 GG kann in einer solchen Situation daher nur mittels teilweisen Verzichts auf sein rechtliches Gehör gewährleistet werden. Der Verzicht auf eine Rechtsposition zur Gewährleistung einer anderen Rechtsposition ist somit Ausdruck der Freiheit und Selbstbestimmung des Antragstellers.[72] Gezwungen ist er zur Beantragung der Verschwiegenheit indes nicht. Er kann auch weiterhin die Herausgabe des Gutachtens unmittelbar an sich selbst verlangen.[73] Er läuft dann jedoch Gefahr, dass bei hinreichend substantiierter Geltendmachung von Geheimhaltungsinteressen durch den Besichtigungsschuldner eine Herausgabe abgelehnt wird.[74]

27   Soweit die weiteren, nicht verfassungsrechtlichen Einwände betroffen sind, hat der BGH ferner überzeugend ausgeführt, dass die vom Besichtigungsschuldner beauftragten Rechts- oder Patentanwälte nicht nur Interessenvertreter, sondern gemäß § 1 BRAO bzw. §§ 1, 3 PAO auch **unabhängiges Organ der Rechtspflege** sind.[75] Dies rechtfertigt das Vertrauen darauf, dass sie ihre Verschwiegenheitsverpflichtung auch gegenüber der von ihnen vertretenen Partei nicht verletzen werden. Sie vertreten ferner keine widerstreitenden Interessen iSd § 43a BRAO, sondern nehmen weiterhin allein die Interessen ihres Mandanten wahr. Dies erfolgt unter den ihnen gerichtlich auferlegten Beschränkungen. Diese ergehen zwar auf Antrag der Partei,[76] sodass ein gewisses **Spannungsverhältnis** zwischen Verschwiegenheitsverpflichtung und den berufsständischen und vertraglichen Pflichten der anwaltlichen Vertreter nicht in Abrede gestellt werden und eine Weitergabe von Informationen oder zumindest Rückschlüsse des Besichtigungsgläubigers aus der Kommunikation mit diesen nie vollständig ausgeschlossen werden kann. Allerdings gilt es zu berücksichtigen, dass die Pflicht zur Verschwiegenheit gemäß § 203 Abs. 1 Nr. 3 StGB strafbewehrt ist, weil die im Rahmen des Gutachtens offenbarten Geschäftsgeheimnisse den anwaltlichen Vertretern iSd § 203 Abs. 1 Alt. 2 StGB „sonst anvertraut" worden sind.[77] Auch dies wird die anwaltlichen Vertreter zur höchsten Vorsicht veranlassen.

28   Allerdings muss es dem Besichtigungsschuldner im Einzelfall möglich sein, die Herausgabe an die benannten anwaltlichen Vertreter zu verhindern, wenn er aufgrund konkreter, substantiiert darzulegender Umstände aufzeigen kann, dass **tatsächlich Anlass zu der Befürchtung** besteht, dass die Verschwiegenheitsverpflichtung missachtet werden könnte.[78] Die Anforderungen an diesen Vortrag sollten indes hoch angesetzt werden. Dennoch sollte das Gericht den Sachverhalt stets sorgfältig prüfen.

29   cc) Umfang der Verschwiegenheitsverpflichtung. Die **Verschwiegenheitsverpflichtung** bezieht sich ausschließlich auf betriebsinterne **Tatsachen**. Daher wird die bloße Mitteilung des vom Sachverständigen gefundenen Verletzungsergebnisses nicht von der Pflicht zur Verschwiegenheit umfasst. Dies ist eine bloße **Wertung** des Besichtigungsergebnisses, die die Geheimnissphäre des Antragsgegners noch nicht berührt.[79] Eine Ausnahme mag allenfalls dann gelten, wenn es dem Besichtigungsgläubiger im Einzelfall möglich sein sollte, allein aus der Mitteilung des Besichtigungsergebnisses konkrete Rückschlüsse auf eine bestimmte konstruktive Ausgestaltung des Besichtigungsgegenstands zu ziehen.[80] Auf anwaltlicher Seite erfordert die Kommunikation bei bestehender Verschwiegenheitsverpflichtung daher einiges an **Umsicht und Vorsicht**. Sie müssen den die Geschäftsgeheimnisse betreffenden Teil des Gutachtens bei der Beratung vollständig ausblenden und auch vermeiden, dass entsprechende Rückschlüsse ausgeschlossen werden können.[81] Ist das nach Lage des Sachverhalts nicht möglich, bleibt dem Rechts- bzw. Patentanwalt nur übrig, zunächst darauf hinzuwirken, dass das Gutachten auch der Partei zugänglich gemacht werden darf und die Beratung darauf auszurichten.[82] *Deichfuß*[83] hat ferner angeregt, im Zweifelsfall das Gericht mit der Frage zu befassen, ob schon die Mitteilung der Wertung geheimhaltungsbedürftige Rückschlüsse zulässt. Insgesamt empfiehlt

---

[72] Vgl. *Kreye* FS v. Meibom, 2010, 241 (252 f.); *Kühnen* GRUR 2005, 185 (191).
[73] BGH GRUR 2010, 318 (321) – Lichtbogenschnürung.
[74] Vgl. a. *Müller-Stoy* Mitt. 2010, 267 (270 f.).
[75] BGH GRUR 2010, 318 (320) – Lichtbogenschnürung.
[76] BGH GRUR 2010, 318 (320 f.) – Lichtbogenschnürung.
[77] *Grabinski* FS Mes, 2009, 129 (132); BGH GRUR 2010, 318 (320) – Lichtbogenschnürung. Eine Rechtfertigungstatbestand der allgemeinen Wahrnehmung berechtigter Interessen oder gar eines rechtfertigenden Notstands gemäß § 34 StGB kommt ebenfalls nicht in Betracht, vgl. BGH GRUR 2010, 318 (321).
[78] BGH GRUR 2010, 318 (321) – Lichtbogenschnürung.
[79] OLG Düsseldorf InstGE 10, 198 – zeitversetztes Fernsehen; *Kühnen* Mitt. 2009, 211 (216); Schulte/*Rinken*/*Kühnen* § 140c Rn. 65.
[80] OLG Düsseldorf InstGE 10, 198 – zeitversetztes Fernsehen; *Kühnen* Mitt. 2009, 211 (216).
[81] BGH GRUR 2010, 318 (321) – Lichtbogenschnürung.
[82] BGH GRUR 2010, 318 (321) – Lichtbogenschnürung.
[83] *Deichfuß* GRUR 2015, 436 (439).

sich aufgrund des Spannungsverhältnisses, in dem sich der anwaltliche Vertreter befindet, eine **gesonderte Haftungsregelung** mit dem Mandanten.[84]

c) Herausgabe an den Besichtigungsgläubiger persönlich. Die Entscheidung über die Herausgabe des Gutachtens an den Besichtigungsgläubiger persönlich ist maßgeblich davon abhängig, ob der Besichtigungsschuldner **hinreichend substantiiert und berechtigterweise Geheimhaltungsinteressen geltend** machen und inwieweit diesen anderweitig als durch Verweigerung der Herausgabe **Rechnung getragen werden kann.** Ist letzteres zu verneinen, bedarf es einer **Abwägung** der Geheimhaltungsinteressen des Besichtigungsschuldners mit dem **Interesse des Besichtigungsgläubigers an einer effektiven Durchsetzung seiner gewerblichen Schutzrechte.** Um die Schaffung vollendeter Tatsachen zu verhindern, darf das Sachverständigengutachten erst ausgehändigt (und die anwaltlichen Vertreter von Ihrer Verschwiegenheitsverpflichtung entbunden) werden, wenn hierüber **rechtskräftig** entschieden worden ist.[85] 30

aa) Keine berechtigten Geheimhaltungsinteressen. Sofern keine berechtigten Geheimhaltungsinteressen bestehen, wird das Gutachten **an den Besichtigungsgläubiger herausgegeben.** Gleichzeitig werden seine **Anwälte** – im Umfang des Gutachtens – **von ihrer Verschwiegenheitspflicht entbunden.**[86] Für anderweitige Betriebsgeheimnisse, die den anwaltlichen Vertretern des Besichtigungsgläubigers im Rahmen der Besichtigung zur Kenntnis gelangt sind, besteht die Verschwiegenheitsverpflichtung fort.[87] 31

Dies gilt auch dann, wenn die Besichtigung ergeben hat, dass entgegen der ursprünglichen Vermutung des Besichtigungsgläubigers tatsächlich **keine Schutzrechtsverletzung** vorliegt.[88] Denn eine Interessenabwägung ist nur dann notwendig, wenn auf Seiten des Besichtigungsschuldners abwägungsrelevante Interessen vorliegen. Ferner besteht andernfalls die Gefahr, dass das selbständige Beweisverfahren seiner Befriedigungsfunktion nicht gerecht wird. 32

Hat der Besichtigungsschuldner Geheimhaltungsinteressen geltend gemacht, dabei aber nicht den recht hohen Anforderungen an die Substantiierung[89] entsprochen, sollte man indes differenzieren: Ist das Bestehen von Geheimhaltungsinteressen hinreichend substantiiert geltend gemacht worden, fehlt es aber an der ausreichenden Darlegung des Stellenwerts der Geheimhaltungsinteressen und der mit einer Herausgabe verbundenen konkreten Nachteile, sollte eine Herausgabe bei Nichtverletzung dennoch unterbleiben. Die **Anforderungen an die Darlegung** durch den Besichtigungsschuldner dürfen, wenn Geheimhaltungsinteressen zumindest grundsätzlich bestehen, bei Feststellung der Nichtverletzung **nicht überspannt** werden. Andernfalls kann herausgegeben werden. 33

Sofern der Antragsgegner keine Geheimhaltungsinteressen geltend macht, stattdessen aber vorträgt, dass der Antragsteller wegen einer außergerichtlich erfolgten **Klaglosstellung** durch strafbewehrte Unterlassungserklärung kein rechtliches Interesse mehr an der Einsichtnahme in das Gutachten habe, greift diese Argumentation nicht durch.[90] 34

bb) Berechtigte Geheimhaltungsinteressen. (1) Schutz ohne Verweigerung der Herausgabe möglich. Macht der Besichtigungsschuldner im Rahmen des Freigabeverfahrens beachtenswerte Geheimhaltungsinteressen geltend und bestehen diese fort, ist die Aushändigung des Sachverständigengutachtens an den Besichtigungsgläubiger zunächst davon abhängig, ob diesen **durch besondere Maßnahmen hinreichend Rechnung getragen** werden kann. In der Regel erfolgt dies durch **Schwärzung** der die geheimhaltungsbedürftigen Tatsachen betreffenden Passagen. Ist dies ohne Sinnentstellung möglich, kann dem Besichtigungsgläubiger anschließend die geschwärzte Fassung übersendet und seine Anwälte im Umfang des Sachverständigengutachtens im übrigen[91] entbunden werden.[92] **Nicht zulässig** ist es, dass das Gericht **Änderungen an Formulierungen, Begrifflichkeiten oder Zeichnungen des Gutachtens** vornimmt oder dies dem Sachverständigen aufgibt, selbst wenn 35

---

[84] *Müller-Stoy* Mitt. 2010, 267 (271), Fn. 35.
[85] Vgl. *Kühnen* Mitt. 2009, 211 (216).
[86] Vgl. OLG München InstGE 13, 298 – ausgelagerter Server.
[87] OLG Düsseldorf BeckRS 2009, 17532; *Kreye* FS v. Meibom, 2010, 241 (250); vgl. → Rn. 22.
[88] OLG Düsseldorf BeckRS 2016, 01681; *Kühnen* B. Rn. 145 unter Bezug auf OLG München InstGE 13, 298 – ausgelagerter Server, wo dies jedoch zumindest nicht ausdrücklich ausgesprochen wird, sondern lediglich ausgeführt wird, dass bei nicht dargetanen Geheimhaltungsinteressen das Gutachten „grundsätzlich" herauszugeben ist (→ Rn. 31). Ausdrücklich aber OLG München BeckRS 2011, 139370 sowie BeckRS 2014, 20365. Vgl. a. *Deichfuß* GRUR 2015, 436 (440, Fn. 40), der auf den Grundsatz des selbständigen Beweisverfahrens, wonach das Gutachten losgelöst des Ausgangs beiden Parteien zu übermitteln ist, verweist.
[89] → Rn. 28.
[90] LG München 13.9.2013 – 7 OH 10324/12 und 7 O 10325/12; bestätigt durch OLG München BeckRS 2014, 20365, wonach die Herausgabe selbst dann anzuordnen ist, wenn das Gutachten keine abschließende Feststellung zur Frage der Patentverletzung enthält.
[91] Zum Umfang der Entbindung von der Verschwiegenheitsverpflichtung → Rn. 31.
[92] OLG Düsseldorf BeckRS 2009, 17532.

dies zur Wahrung der Geheimhaltungsinteressen tauglich wäre. In die alleinige Verantwortlichkeit des Sachverständigen für das Gutachten darf nicht eingegriffen werden.[93]

36 Da die Anhörung des Besichtigungsschuldners neben Geheimhaltungsinteressen auch die Geltendmachung **anderweitiger, der Herausgabe entgegenstehender Gründe** umfassen kann[94], sollte hinsichtlich solcher Gründe – soweit möglich – vergleichbar verfahren werden. Sind etwa unzulässige Beweismittel erhoben worden, müssen diese von der Herausgabe ausgenommen bzw. die sich auf diese beziehenden Passagen des Gutachtens geschwärzt werden.[95] Gleiches gilt, wenn sich das Sachverständigengutachten auf Unterlagen wie Betriebsanleitungen oä stützt und diese in ihrer Gesamtheit dem Gutachten als Anlage beigefügt wurden, jedoch lediglich bestimmte Teile hiervon für die Begutachtung relevant sind. Diese sind genauso wenig auszuhändigen wie „überschießende Informationen" oder Teile des Gutachtens selbst, die über das Beweisthema hinaus gehen.[96] Bei anderen Einwendungen gegen die Herausgabe, etwa der Unzuständigkeit des Gerichts oder der Unrechtmäßigkeit der Duldungsverfügung[97], sind solche Maßnahmen kaum denkbar. Letzteres gilt umso mehr, als die Duldungsverfügung sich im Zeitpunkt der Entscheidung über die Herausgabe, nämlich mit ihrem Vollzug, bereits erledigt hat, sodass hiergegen lediglich der Kostenwiderspruch zur Verfügung steht.[98] Hätte die Duldungsverfügung nie ergehen dürfen, muss dem Besichtigungsgläubiger jedoch zumindest die Möglichkeit offenstehen, dies im Rahmen der Entscheidung über die Herausgabe geltend zu machen.[99] Auch kann es vorkommen, dass **nicht zulässige**[100] **oder nicht beantragte**[101] **Beweise** erhoben wurden.

37 Neben der Schwärzung sind im Einzelfall auch **andere Maßnahmen** denkbar, mittels derer dem Geheimnisschutz Rechnung getragen werden kann. *Kühnen*[102] nennt insoweit als Beispiel, dass auf die Ausgestaltung des Besichtigungsgegenstands ein **technisches Schutzrecht angemeldet** wurde, dessen Anmeldung im Zeitpunkt der Freigabeentscheidung noch nicht offengelegt ist. Hier kann ggf. **mit der Freigabeentscheidung** bis zur Offenlegung der Anmeldung **gewartet** werden. Ausscheiden wird dies wiederum, wenn die Laufzeit des Schutzrechts des Besichtigungsgläubigers nur noch kurz ist und ein Zuwarten mit der Besichtigung dazu führen würde, dass er seine Ansprüche, insbes. den Unterlassungsanspruch, (ggf. in einem nachgelagerten Hauptsacheverfahren) nicht mehr geltend machen könnte. Ferner mag im Einzelfall auch eine **Verschwiegenheitsverpflichtung des Besichtigungsgläubigers gegenüber Dritten** in Frage kommen.[103] Dies scheint aber allenfalls dann gerechtfertigt, wenn die Geheimhaltungsinteressen gegenüber dem Besichtigungsgläubiger nicht schwerwiegender Natur sind (etwa weil dieser kein Wettbewerber ist) und das eigentliche Interesse des Besichtigungsschuldners an einer Geheimhaltung gegenüber Dritten besteht. Schließlich sind auch Anordnungen an den Besichtigungsgläubiger denkbar, das Besichtigungsergebnis nur für das betroffene Verfahren und nicht anderweitig zu nutzen.[104]

38 Kann den Geheimhaltungsinteressen durch die vorstehenden Maßnahmen ausreichend Rechnung getragen werden, ist das Gutachten **auch bei Feststellung der Nichtverletzung** des betroffenen Schutzrechts **herauszugeben.**[105] Die Sachlage ist dabei vergleichbar der Situation, in der die Besichtigungsgläubiger keine Geheimhaltungsinteressen geltend macht.[106] Seine Rechtfertigung findet die Anordnung der Herausgabe allerdings nicht in der Tatsache, dass der Besichtigungsgläubiger das Gutachten beauftragt und auch bezahlt hat[107], sondern darin, dass eine Interessenabwägung auch in diesem Fall entfällt, weil den Geheimhaltungsinteressen bereits durch Schwärzungen etc Genüge getan ist.[108]

---

[93] LG Düsseldorf InstGE 6, 189 – Walzenformgebungsmaschine. Soweit *Kühnen* B. Rn. 127, Fn. 125 darauf hinweist, dass dieses Verbot es nicht ausschließe, dass der Sachverständige „auf Bitten des Gerichts" sein Gutachten selbst entsprechend abändert, ist Vorsicht geboten. Um den Eindruck einer Beeinflussung des Sachverständigen zu vermeiden, sollten solche Bitten nicht über allgemein gehaltene Hinweise hinausgehen.
[94] → Rn. 13 ff.
[95] Vgl. OLG München InstGE 13, 298 – ausgelagerter Server.
[96] OLG München GRUR-RS 2019, 41077 – Aufgabenverteilung im Besichtigungsverfahren; OLG Düsseldorf GRUR-RR 2021, 97 – Servicemodul.
[97] Zu den weiteren denkbaren Einwendungen und ihrer Berücksichtigungsfähigkeit → Rn. 13 f.
[98] → § 490 Rn. 19.
[99] Einzelheiten zum Rechtsschutz → § 490 Rn. 11 ff.
[100] Insbesondere bei dem üblicherweise vorliegenden selbständigen Beweisverfahren nach § 485 Abs. 2, bei dem lediglich der Sachverständigenbeweis, nicht jedoch Inaugenscheinnahme zulässig ist. Nicht zulässig ist in diesem Fall etwa die Herausgabe von Urkunden, soweit diese nicht Grundlage sachverständiger Schlussfolgerungen sind; hierzu → § 485 Rn. 77 f.
[101] Bei den technischen Schutzrechten etwa, wenn die Beweise sich ausschließlich auf einen nicht geltend gemachten Unteranspruch beziehen, vgl. OLG München InstGE 12, 186 (189) – Presseur; ferner, wenn das konkrete Beweismittel nicht benannt wurde, vgl. OLG München InstGE 13, 298 – ausgelagerter Server.
[102] *Kühnen* B. Rn. 159.
[103] *Kühnen* B. Rn. 159.
[104] Rojahn FS Loewenheim, 2009, 251 (265); *Müller-Stoy* Mitt. 2010, 267 (272).
[105] Vgl. OLG Düsseldorf BeckRS 2016, 1066.
[106] → Rn. 31 ff.
[107] So OLG Düsseldorf BeckRS 2016, 1066.
[108] → Rn. 35 ff.

(2) Schutz ohne Verweigerung der Herausgabe nicht möglich. Kommen Schwärzungen **39** **oder andere Maßnahmen nicht in Betracht,** etwa weil das Sachverständigengutachten durch die notwendigen Schwärzungen sinnentstellt würde[109], ist nach der Düsseldorfer Praxis entscheidend, ob unter Berücksichtigung des Gutachtenergebnisses nach vorläufiger Beurteilung eine Schutzrechtsverletzung zu bejahen ist oder nicht. Ist eine **Schutzrechtsverletzung** zu bejahen, hat der Geheimnisschutz des Verletzers hinter den Interessen des Schutzrechtsinhabers zurückzutreten. Bei Feststellung einer Schutzrechtsverletzung wird das Gutachten mithin auch bei nicht anderweitig sicherbaren Geheimhaltungsinteressen an den Besichtigungsgläubiger **ausgehändigt** und die Verschwiegenheitspflicht seiner Anwälte entsprechend aufgehoben.[110] Im Falle der **fehlenden Schutzrechtsverletzung** wiederum gebieten es die dann vorrangigen Geheimhaltungsbelange des Besichtigungsschuldners, das Gutachten **nicht** an den Besichtigungsgläubiger **herauszugeben** und die Schweigepflicht seiner Anwälte vollumfänglich aufrecht zu erhalten.[111]

Hängt die Beurteilung der Schutzrechtsverletzung nicht (allein) von den durch den Sachverständigen **40** festgestellten Tatsachen ab, sondern (auch) von einer bisher noch nicht höchstrichterlich geklärten Rechtsfrage, wird eine Herausgabe dann angeordnet, wenn unabhängig davon zumindest ernstzunehmende **Kommentarstimmen** oder, sofern die Rechtsfrage auch in der Literatur noch nicht erörtert wurde, **objektiv gewichtige Argumente** für die Rechtsauffassung sprechen, die unter Berücksichtigung der festgestellten Tatsachen zu einer Verletzung führen würde. Anderenfalls würde dem Antragsteller über die Vorenthaltung der Besichtigungsergebnisse von vornherein die Möglichkeit genommen, eine aussichtsreiche Rechtsverfolgung überhaupt in Angriff zu nehmen.[112] Denkbar ist zwar auch, dass das Gericht die noch nicht geklärte Rechtsfrage für den Besichtigungsgläubiger negativ beantwortet und daher eine Herausgabe verneint. Dies könnte jedoch nach sich ziehen, dass dem Besichtigungsgläubiger jedwede Rechtsschutzmöglichkeit verweigert wird, wenn die Gefahr besteht, dass bis zur Klärung der Rechtsfrage das Beweismittel nicht mehr zur Verfügung steht.

cc) Berücksichtigung des Rechtsbestands. Ist die Bejahung der Schutzrechtsverletzung für die **41** Herausgabeentscheidung wesentlich, stellt sich ferner die Frage, inwieweit Einwände gegen den Rechtsbestand des Schutzrechts relevant sind. Im Ergebnis sollten hier dieselben Maßstäbe wie auf der Ebene der Anordnung der Besichtigung gelten, dh die auch in einem Hauptsacheverfahren anwendbaren Anforderungen.[113] Bei geprüften Schutzrechten ist daher regelmäßig vom Rechtsbestand auszugehen. Etwas anderes kann sich in folgenden Situationen ergeben:

(1) Erstinstanzlicher Widerruf oder Nichtigerklärung. Ist das betreffende Schutzrecht bereits **42** **erstinstanzlich widerrufen oder für nichtig erklärt** worden, hat eine **Herausgabe** in der Regel so lange **zu unterbleiben,** bis endgültig über den Rechtsbestand entschieden ist.[114] Dies gilt schon für die Aussetzung im Hauptsacheverfahren.[115] Ein vom Besichtigungsgläubiger sich an die Besichtigung anschließendes Hauptsacheverfahren würde mithin ohnehin ausgesetzt. Für das Besichtigungsverfahren tritt hinzu, dass im Falle eines erfolglosen Rechtsmittels gegen die Widerrufs- oder Nichtigkeitsentscheidung für ein Verletzungsverfahren notwendigen Beweise bereits im Gutachten festgehalten und damit gesichert sind. Auch der Befriedungsfunktion würde eine Herausgabe nicht gerecht, da der Besichtigungsschuldner mit Blick auf die für ihn positive Rechtsbestandsentscheidung kaum zu einer außergerichtlichen Einigung bereit sein wird.[116]

(2) Nichtigkeitsklage anhängig. Ist **das Rechtsbestandsverfahren lediglich anhängig** aber **43** noch nicht entschieden, muss auch hier der **Maßstab** gelten, der im Rahmen eines anhängigen Hauptsacheverfahrens bei der **Aussetzungsentscheidung** anwendbar ist. Zwar geht es nach erfolgter Besichtigung nicht mehr um die Beweissicherung. Dennoch hat der Inhaber eines zeitlich befristeten Schutzrechts ein **zeitgebundenes Interesse** an der Durchsetzung seines Verbietungsrechts. Daher ist das Gutachten regelmäßig auszuhändigen, es sei denn, es bestehen so durchgreifende Zweifel am Rechtsbestand, die eine Aussetzung im Hauptsacheverfahren rechtfertigen würden.[117] Im Patentrecht ist daher eine Prognose notwendig, wonach die Nichtigkeitsklage mit sehr hoher Wahrscheinlichkeit

---

[109] ZB weil im Patentrecht der besichtigte Gegenstand eine abhängige Erfindung darstellt.
[110] OLG Düsseldorf InstGE 10, 198 (199 f.) – zeitversetztes Fernsehen; OLG München InstGE 13, 286 (291) – Lesevorrichtung für Reliefmarkierungen II; LG Düsseldorf InstGE 6, 189 (190 f.) – Walzen-Formgebungsmaschine I.
[111] OLG Düsseldorf InstGE 10, 198 (199 f.) – zeitversetztes Fernsehen; LG Düsseldorf InstGE 6, 189 (190 f.) – Walzen-Formgebungsmaschine I.
[112] OLG Düsseldorf InstGE 10, 198 (202 f.) – zeitversetztes Fernsehen.
[113] → § 485 Rn. 106.
[114] *Kühnen* B. Rn. 161; *Haedicke/Timmann/Chakraborty* § 15 Rn. 848; *Busse/Keukenschrijver/Kaess* § 140c Rn. 36.
[115] → § 148 Rn. 5 ff.
[116] *Kühnen* B. Rn. 161 verneint daher auch das rechtliche Interesse iSd § 485 Abs. 2.
[117] *Kühnen* B. Rn. 162.

zum Erfolg führt.[118] Das OLG München fordert daher **erhebliche Zweifel** am Rechtsbestand. Soweit hieraus eine Diskrepanz zur Anwendung des Aussetzungsmaßstabs im Hauptsacheverfahren hergeleitet wurde[119], scheint diese nicht vorzuliegen, da auch das OLG München explizit auf § 148 ZPO verweist. Allerdings ist bei zum Zeitpunkt des Besichtigungsantrags bereits anhängiger Nichtigkeitsklage zu berücksichtigen, dass es grundsätzlich Aufgabe des Besichtigungsgläubigers ist, hierzu bereits in der Antragsschrift vorzutragen[120]. Tut er dies nicht, kann dies ein gewichtiger gegen die Aushändigung des Gutachtens sprechender Grund sein.[121]

44 **d) Einsicht in durch den Sachverständigen erhobene Beweismittel.** Nach Auffassung des LG München[122] steht dem Antragsteller neben der Herausgabe des Gutachtens auch ein **Anspruch darauf zu, Einsicht in die in den Akten befindlichen und durch den Sachverständigen bei der Besichtigung erhobenen Beweismittel** zu nehmen. Ob es eines solchen über die Gutachtenherausgabe hinausgehenden Anspruchs bedarf, erscheint zweifelhaft, da das Sachverständigengutachten üblicherweise bereits sämtliche für die Evaluierung der Schutzrechtsverletzung relevanten Tatsachenfeststellungen enthält, sodass dem Antragsteller bereits mit der Herausgabe des Gutachtens ausreichend geholfen ist. Anderseits besteht kein zwingender Grund, einen solchen Akteneinsichtsantrag per se zurückzuweisen. Dies, so das OLG München[123] zutreffend, kann indes nur insoweit gelten, als sich die bei den Akten befindlichen Unterlagen tatsächlich auf den Gegenstand des jeweiligen Besichtigungsverfahrens beziehen. Einsichtnahme in Unterlagen, die keinen Bezug zu den Feststellungen des Gutachtens haben (etwa wirtschaftliche Informationen, produktbezogene, aber für die Verletzungsprüfung irrelevante Informationen etc) darf auf keinen Fall gewährt werden. Dies erfordert die ausdrückliche Feststellung der Relevanz der jeweiligen Unterlagen für den Gegenstand des Besichtigungsverfahrens, die durch das entscheidende Gericht zu treffen ist.[124] Gleichfalls muss sichergestellt sein, dass nicht über den Umweg der Akteneinsicht geheimhaltungsbedürftige Tatsachen zur Kenntnis des Besichtigungsgläubigers gelangen. Hierzu muss der Besichtigungsschuldner vor einer Entscheidung nicht nur Kenntnis der tatsächlich durch den Sachverständigen mitgenommenen bzw. erstellten Unterlagen erhalten.[125] Vielmehr muss ihm auch insoweit – nochmals – Gelegenheit zur Geltendmachung von Geheimhaltungsinteressen eingeräumt werden, zumindest soweit Tatsachen betroffen sind, die nicht im Sachverständigengutachten aufgegriffen wurden. All dies lässt es zweifelhaft erscheinen, ob ein über die Herausgabe des Gutachtens hinausgehender Akteneinsichtsanspruch sinnvoll ist.[126]

45 **e) Geschäftsgeheimnisse des Besichtigungsgläubigers.** Ist der Besichtigungsantrag ua auf Geschäftsgeheimnisse des Besichtigungs*gläubigers* gestützt[127], kann sich aufgrund eines auch diese Geschäftsgeheimnisse umfassenden Akteneinsichtsantrags des Besichtigungsschuldners nach § 229 Abs. 1 ZPO im Rahmen des Herausgabeverfahrens im Einzelfall auch die Frage stellen, ob eine Verschwiegenheitsverpflichtung der Prozessbevollmächtigten des Besichtigungs*schuldners* geboten sein kann, insbesondere wenn auch der Besichtigungsschuldner einem Wettbewerber des Besichtigungsgläubigers aufseiten des Besichtigungsschuldners beitritt.[128] Dies hat das OLG Köln[129], anders als die Vorinstanz[130] mit Verweis auf die Glaubhaftmachungspflicht des Besichtigungsgläubigers und das rechtliche Gehör des Besichtigungsschuldners verneint. Wünschenswert wäre ein den §§ 16–20 GeschGehG entsprechender Schutz.[131] Aufgrund der im verabschiedeten Gesetzestext des § 145a PatG enthaltenen ausdrücklichen Ausklammerung des Besichtigungsverfahrens[132] ist eine analoge Anwendung mangels Regelungslücke[133] de lege lata jedoch nur

---

[118] OLG München InstGE 13, 286 – Lesevorrichtung für Reliefmarkierungen II.
[119] *Kühnen* B. Rn. 162.
[120] → § 485 Rn. 107.
[121] Benkard/*Grabinski/Zülch* § 140c Rn. 32.
[122] LG München 13.8.2013 – 7 OH 10324/12 u. 10325/12.
[123] OLG München BeckRS 2014, 20365.
[124] OLG München BeckRS 2014, 20365.
[125] OLG München BeckRS 2014, 20365.
[126] Der Entscheidung des OLG München lag insoweit ein besonderer Sachverhalt zugrunde, bei dem (a) der Besichtigungsschuldner zu keinem Zeitpunkt Geheimhaltungsinteressen geltend gemacht und (b) eine strafbewehrte Unterlassungserklärung abgegeben hatte, sowie (c) das Sachverständigengutachten explizit hervorhob, dass es ua mangels vollständiger Auswertung der Unterlagen keine abschließende Stellungnahme zur Frage der Patentverletzung enthielt.
[127] Etwa Quellcode der Software des Besichtigungsgläubigers zum Nachweis der hinreichenden Wahrscheinlichkeit einer Urheberrechtsverletzung durch Software des Besichtigungsschuldners.
[128] Zur Nebenintervention im Besichtigungsverfahren → § 485 Rn. 91.
[129] OLG Köln GRUR-RS 2017, 104896; hierzu auch *Ohst* GRUR-Prax 2017, 190 sowie *Nordemann/Waiblinger* GRUR-RR 2018, 177 (186). Wie das OLG Köln auch LG Nürnberg-Fürth BeckRS 2018, 52125 und die Berufungsinstanz OLG Nürnberg 19.3.2018 – 3 W 824/18; hierzu auch *Hauck* GRUR 2020, 817 (819).
[130] LG Köln 8.7.2016 – 14 OH 3/15.
[131] So auch *Hauck* GRUR 2020, 817 (819 f.).
[132] → Rn. 16.
[133] So *Hauck* GRUR 2020, 817 (819 f.) noch zur ursprünglichen Fassung des § 145a PatG, die allgemein und ohne Ausnahmen auf die §§ 16–20 GeschGehG verwiesen hatte.

schwierig zu begründen.[134] Anders könnte dies grundsätzlich für das UrhR zu beurteilen sein, da es dort an einer dem § 145a PatG entsprechenden Norm fehlt und gerade in Quellcode-Fällen ein Bedürfnis für Gläubigerschutz entstehen kann. Ob angesichts der Entscheidung des Gesetzgebers, allein für die technischen Schutzrechte eine Verweisungsnorm auf die §§ 16–20 GeschGehG zu schaffen, eine systemwidrige Regelungslücke begründet werden kann, ist jedoch auch hier zumindest offen.

§ 493 Benutzung im Prozess

(1) **Beruft sich eine Partei im Prozess auf Tatsachen, über die selbständig Beweis erhoben worden ist, so steht die selbständige Beweiserhebung einer Beweisaufnahme vor dem Prozessgericht gleich.**

(2) **War der Gegner in einem Termin im selbständigen Beweisverfahren nicht erschienen, so kann das Ergebnis nur benutzt werden, wenn der Gegner rechtzeitig geladen war.**

Literatur: *Kreye*, FS v. Meibom S. 241; *Kühnen*, Die Besichtigung im Patentrecht – Eine Bestandsaufnahme zwei Jahre nach „Faxkarte", GRUR 2005, 185; *Müller-Stoy*, Der Besichtigungsanspruch gemäß § 140c PatG in der Praxis – Teil 2: Der Schutz der Interessen des Anspruchsgegners, Mitt. 2010, 267.

§ 493 betrifft nicht die Beweisaufnahme, sondern die Beweiswürdigung.[1] Die Vorschrift regelt die **1** Bedeutung des mittels selbständigen Beweisverfahrens erhobenen Beweises für den entweder bereits anhängigen Rechtsstreit (§ 485 Abs. 1) oder einen Folgeprozess (§ 485 Abs. 2). Abs. 1 betrifft einen unter Beteiligung des Gegners am selbständigen Beweisverfahren erhobenen Beweis. Abs. 2 regelt die Verwertung des Beweises bei Nichtbeteiligung des Gegners.

A. Abs. 1

I. Allgemeines

§ 493 Abs. 1 räumt dem Schutzrechtsinhaber die Möglichkeit ein, den im Rahmen des selbständi- **2** gen Beweisverfahrens erlangten Beweis auch in einem (meist nachfolgenden) Verletzungsprozess zu verwenden. § 493 Abs. 1 stellt das Beweisergebnis insoweit einer eigenständigen Beweiserhebung vor dem Hauptsachegericht gleich. Das Beweisergebnis in Form des Sachverständigengutachtens ist **wie ein vor dem Prozessgericht erhobener Beweis zu behandeln,** nicht etwa als bloßer Urkundenbeweis.[2]

II. Anwendung im Besichtigungsverfahren

Hierin besteht mit Blick auf das Besichtigungsverfahren der „Clou" der Kombination von selb- **3** ständigem Beweisverfahren und einstweiligem Verfügungsverfahren. Gegenüber einem reinen einstweiligen Verfügungsverfahren, welches einem vom Antragsteller beauftragten Partei-Sachverständigen die Durchführung einer Besichtigung erlaubt, bietet § 493 **statt eines Parteigutachtens ein vollwertiges gerichtliches Gutachten.**[3] Eine Bindung des Verletzungsgerichts an die Feststellungen des Besichtigungsgutachtens geht damit, wie auch beim gerichtlichen Sachverständigengutachten nach § 411 ZPO, gleichwohl nicht einher.[4]

Die Benutzung des Beweisergebnisses gemäß Abs. 1 setzt zum einen die **Identität der Verfahrens- 4 beteiligten** und zum anderen die **ordnungsgemäße Beteiligung des Gegners am selbständigen Beweisverfahren** voraus. Eine **Abtretung** der im Hauptsacheverfahren geltend gemachten Ansprü-

---

[134] Denkbar wäre eine Argumentation, dass der Gesetzgeber beim Ausschluss des Besichtigungsverfahrens wohl eher das etablierte Prozedere zum Schutze der Geheimhaltungsinteressen des Besichtigungsschuldners unbeeinträchtigt lassen wollte und an einen etwaig notwendigen Schutz des Besichtigungsgläubigers nicht gedacht hat. Allerdings hatte das BMJV im Rahmen der Begründung seines Diskussionsentwurfs vom 14.1.2020, abrufbar unter: https://www.bmjv.de/SharedDocs/Gesetzgebungsverfahren/Dokumente/DiskE_2_PatMoG.pdf?__blob=publicationFile&v=1, ausdrücklich auch auf das Interesse an einem Schutz von vertraulichen Informationen, die „zur Begründung eigener Rechtspositionen" verwendet werden können und allgemein auf „die Parteien" verwiesen. Hierzu auch *Hauck* GRUR 2020, 817 (820 f.).

[1] *Baumbach/Lauterbach/Albers/Hartmann* ZPO § 493 Rn. 1.
[2] BGH NJW 2008, 523 (524 f.).
[3] *Kreye* FS v. Meibom, 2010, 241 (245); *Kühnen* B. Rn. 89 ff.; *Schulte/Rinken/Kühnen* § 140c Rn. 57. Das gilt selbstverständlich nur, soweit das Beweisthema des Besichtigungsverfahrens betroffen ist. Macht der Antragsgegner im nachfolgenden Verfahren etwa ein privates Vorbenutzungsrecht nach § 12 PatG geltend, ist dieses durch das Verletzungsgericht vollumfänglich zu würdigen und hierüber ggf. Beweis zu erheben (LG Düsseldorf BeckRS 2018, 26083).
[4] Anschaulich: LG Düsseldorf BeckRS 2019, 5903; hier hatte sich im Hauptsacheverfahren nach dem Beklagtenvortrag herausgestellt, dass die technische Beschaffenheit des besichtigten Gegenstands eine andere als die durch den Gutachter festgestellte war, was von der Klägerin unstreitig gestellt wurde.

che steht der Parteienidentität nicht entgegen.[5] Gleiches muss für in **Prozessstandschaft** geltend gemachte Ansprüche gelten.

5   Im Falle **mehrerer Beklagter** im Hauptprozess gilt die Wirkung des § 493 lediglich im Hinblick des-/derjenigen Beklagten, die bereits am selbständigen Beweisverfahren beteiligt waren.[6] Dies kann bei der im gewerblichen Rechtsschutz in der Praxis häufig anzutreffenden Klage gegen mehrere Beklagte in Form von etwa Mutter- und Tochtergesellschaft oder Hersteller und Vertriebsgesellschaft misslich sein. Handelt es sich bei der besichtigten Sache um den ausschließlichen Verletzungsgegenstand (zB das vom Hersteller produzierte Produkt wird von der Vertriebsgesellschaft vertrieben), wird dies praktisch häufig keine Rolle spielen, weil zumindest de facto feststehen wird, dass eine erneute Beweisaufnahme durch das Verletzungsgericht zum selben Ergebnis führen würde. Dies kann und muss das Prozessgericht im Rahmen der **freien Beweiswürdigung nach § 286** berücksichtigen. Die Unverwertbarkeit nach § 493 berührt lediglich den Beweiswert als Sachverständigengutachten im Sinne eines durch das Prozessgericht erhobenen Formalbeweises, lässt einen Freibeweis nach § 286 jedoch unberührt. Ferner kommt die Vernehmung des Sachverständigen als **sachverständiger Zeuge** in Betracht.[7]

6   Eines gesonderten Verwertungs- bzw. Beweisantrags der Parteien bedarf es genauso wenig wie eines besonderen Verwertungs- bzw. Beweisbeschlusses iSd § 359 des Prozessgerichts. Vielmehr ist eine **ordnungsgemäße Protokollierung iSd § 160 Abs. 3** ausreichend. Sofern sich eine Partei auf Tatsachen beruft, über die selbständiger Beweis erhoben worden war, kommt es nach § 286 **von Amts wegen** zu einer Beweisverwertung im Prozess. Den Parteien ist es nicht freigestellt, das (eventuell für sie nachteilige) Ergebnis des selbständigen Beweisverfahrens in den Hauptsacheprozess einzuführen.[8] Auch dies ergibt sich daraus, dass die Beweiserhebung im Rahmen des selbständigen Beweisverfahrens der Beweiserhebung durch das Prozessgericht gleich steht.

7   Da das Prozessgericht im Regelfall das Gericht ist, das bereits über das Besichtigungsverfahren entschieden hat, ist diesem das Beweisergebnis bereits bekannt. Anderes gilt hier, wenn sich der Besichtigungsgläubiger dazu entscheidet, den Hauptsachestreit vor einem anderen Gericht anhängig zu machen[9] – etwa weil er meint, dass dort bestimmte für den Ausgang des Verfahrens wesentliche Gesichtspunkte für ihn günstiger sind.[10] Auch insoweit bedarf es **keines gesonderten Antrags** oder Hinweises auf Berücksichtigung des Sachverständigengutachtens. Da man in der **Praxis** jedoch regelmäßig mit dem Inhalt des Gutachtens arbeiten wird, empfiehlt sich eine **gesonderte Einführung des Gutachtens** dennoch.

8   Eine **Wiederholung oder Fortsetzung der Beweiserhebung** durch das Prozessgericht über dasselbe Beweisthema ist nur in Ausnahmefällen möglich. Es gilt hier aufgrund der Gleichstellung des Beweisergebnisses des selbständigen Beweisverfahrens mit einer Beweiserhebung durch das Prozessgericht insbesondere § 412 (vgl. § 485 Abs. 3).[11] Eine Wiederholung der Begutachtung setzt daher entweder ein **ungenügendes Erstgutachten**[12] oder eine **erfolgreiche Ablehnung des Erstgutachters**[13] voraus. **Verfahrensfehler** im selbständigen Beweisverfahren sind unbeachtlich, solange sie lediglich die Zulässigkeit dieses Verfahrens gemäß § 485 betreffen. Auf Beweiseinrede einer Partei (§ 295) sind jedoch solche Verfahrensfehler beachtlich, die die **Gesetzmäßigkeit** der Beweiserhebung betreffen. Letzteres gilt insbesondere mit Blick auf das Recht auf Beteiligung der Parteien.[14] Da im Rahmen des Besichtigungsverfahrens eine vorherige Anhörung des Besichtigungsschuldners im Regelfall nicht erforderlich ist[15], wird sich dies dort im Ergebnis auf die **Missachtung der Teilhaberechte im Rahmen des Freigabeverfahrens** beschränken.

B. Abs. 2

I. Allgemeines

9   Voraussetzung für die Gleichstellung des Ergebnisses eines selbständigen Beweisverfahrens mit einer entsprechenden Beweisaufnahme ist die Beteiligung des Gegners an der Besichtigung. Nimmt er hieran schuldhaft nicht teil, geht dies zu seinen Lasten. § 493 Abs. 2 entspricht insoweit § 367. Kriterium für

---

[5] BGH NJW-RR 2012, 224 unter Verweis auf § 265 Abs. 1 und § 325, wonach die Rechtshängigkeit die Abtretung nicht ausschließt und ein rechtskräftiges Urteil auch gegen Rechtsnachfolger gilt.
[6] BGH NJW 2003, 3057; *Baumbach/Lauterbach/Albers/Hartmann* ZPO § 493 Rn. 4.
[7] BGH NJW-RR 1991, 254; Zöller/*Herget* § 493 Rn. 2.
[8] *Baumbach/Lauterbach/Albers/Hartmann* ZPO § 493 Rn. 5; Zöller/*Herget* ZPO § 493 Rn. 1.
[9] Die Bindungswirkung des § 486 Abs. 2 S. 2 tritt nur passiv, dh für den Antragsgegner ein → § 486 Rn. 13.
[10] ZB Verfahrensdauer, Aussetzungspraxis im Hinblick auf den Rechtsbestand des Schutzrechts etc.
[11] Vgl. hierzu Zöller/*Herget* ZPO § 493 Rn. 2; *Baumbach/Lauterbach/Albers/Hartmann* ZPO § 493 Rn. 4.
[12] → § 412 Rn. 2.
[13] → § 412 Rn. 4.
[14] Dessen Verletzung eine Wiederholung oder Fortsetzung der Beweiserhebung vor dem Prozessgericht erforderlich macht. Vgl. hierzu Zöller/*Herget* ZPO § 493 Rn. 2 f.; *Baumbach/Lauterbach/Albers/Hartmann* ZPO § 493 Rn. 4.
[15] → § 491 Rn. 6, 11.

das Vertretenmüssen des Nichterscheinens ist gemäß § 493 Abs. 2 die **rechtzeitige** (§ 491 Abs. 1) **Ladung durch förmliche Zustellung** (§ 391 Abs. 1 iVm § 166).[16]

Allerdings ist die rechtzeitige Ladung gemäß § 491 Abs. 2 keine zwingende Voraussetzung für die Durchführung des selbständigen Beweisverfahrens.[17] Hieraus sowie aus der Tatsache, dass § 493 Abs. 2 nur das „Ergebnis" des selbständigen Beweisverfahrens betrifft, wird geschlossen, dass § 493 Abs. 2 **kein absolutes Beweisverwertungsverbot** enthält. Einer Einführung des Ergebnisses des selbständigen Beweisverfahrens in den Hauptsacheprozess als **Urkundenbeweis** steht die Vorschrift daher nicht entgegen. Das Gericht darf und muss die Verwertbarkeit des schriftlichen Gutachtens nach § 286 frei würdigen.[18] 10

Sofern es zu **keinem Termin** gekommen ist, beispielsweise weil der Sachverständige sein Gutachten gemäß § 411 nur schriftlich erstatten musste, ist § 493 Abs. 2 nicht anwendbar. Es sind dann aber die Mitwirkungsrechte gemäß § 411 Abs. 4 zu beachten. Dem Gegner ist also insbesondere Gelegenheit zur Stellungnahme einzuräumen.[19] 11

II. Anwendung im Besichtigungsverfahren

Aus der Natur des Besichtigungsverfahrens ergibt sich, dass die Regelung des § 493 Abs. 2 dort lediglich geringe Bedeutung hat. Denn eine **Ladung** des Besichtigungsschuldners zum Besichtigungstermin gemäß § 491 **unterbleibt dort regelmäßig** zur Wahrung des Überraschungseffektes.[20] Dies hat der Gesetzgeber in den spezialgesetzlichen Regelungen des Besichtigungsanspruchs ausdrücklich legitimiert.[21] Das rechtliche Gehör wird dem Besichtigungsschuldner dort daher erst im Rahmen des Freigabeverfahrens in Form der Stellungnahmegelegenheit zum Sachverständigengutachten und insbesondere zu möglichen Geheimhaltungsinteressen gewährt.[22] 12

Man wird § 493 Abs. 2 daher **auf die Beteiligung des Besichtigungsschuldners im Rahmen des Freigabeverfahrens analog** anwenden müssen. Erhält der Besichtigungsschuldner keine Gelegenheit zur Stellungnahme, bevor das Gutachten an den Besichtigungsschuldner herausgegeben wird, ist eine Benutzung des Sachverständigengutachtens im Verletzungsprozess daher auszuschließen. Die Situation ist insoweit der des **§ 411 Abs. 4 vergleichbar**. Im Besichtigungsverfahren wird kein Termin für die Besichtigung gesetzt, sondern dem Sachverständigen sowie im Regelfall den anwaltlichen Vertretern des Besichtigungsgläubigers ist zu jeder Zeit (innerhalb der Vollziehungsfrist) Zutritt für die Besichtigung zu gewähren. Daher wird der Besichtigungsschuldner auch nicht geladen oder vorher angehört wird. Es gelten daher auch hier die Überlegungen in → Rn. 11. 13

Wird den anwaltlichen Vertretern des Besichtigungsgläubigers die Anwesenheit bei der Besichtigung eingeräumt und ist dem Besichtigungsschuldner daher auf Verlangen unter Aufschub der Besichtigung **Gelegenheit zur Hinzuziehung seiner eigenen Rechts- und/oder Patentanwälte** gewährt worden, kann man auch insoweit eine analoge Anwendung des § 493 Abs. 2 in Erwägung ziehen. Allerdings dient die Gewährung des Aufschubs weniger dem rechtlichen Gehör des Besichtigungsschuldners, als vielmehr der Herstellung der Waffengleichheit.[23] Die Nichtverwendbarkeit des Sachverständigengutachtens **in analoger Anwendung des § 493 Abs.** 2 scheint in diesem Fall daher **nicht gerechtfertigt**. 14

§ 494 Unbekannter Gegner

(1) **Wird von dem Beweisführer ein Gegner nicht bezeichnet, so ist der Antrag nur dann zulässig, wenn der Beweisführer glaubhaft macht, dass er ohne sein Verschulden außerstande sei, den Gegner zu bezeichnen.**

(2) **Wird dem Antrag stattgegeben, so kann das Gericht dem unbekannten Gegner zur Wahrnehmung seiner Rechte bei der Beweisaufnahme einen Vertreter bestellen.**

Die Regelung des § 494 trägt dem Umstand Rechnung, dass auf der frühen Entwicklungsstufe des Besichtigungsverfahrens die Bezeichnung des Gegners mangels Kenntnis desselben mitunter noch nicht möglich ist und stellt insoweit eine **Ausnahme zu § 487 Nr. 1** dar. Der Beweisführer muss nach § 294 glaubhaft machen, dass er den Gegner ohne ein eigenes Verschulden nicht benennen kann. Da die Nichtbeteiligung des Gegners dessen Rechte nachhaltig beeinträchtigt, ist bei der Verschuldens- 1

---

[16] *Baumbach/Lauterbach/Albers/Hartmann* ZPO § 493 Rn. 4; *Zöller/Herget* ZPO § 493 Rn. 4.
[17] → § 491 Rn. 4.
[18] *Baumbach/Lauterbach/Albers/Hartmann* ZPO § 493 Rn. 4; *Zöller/Herget* ZPO § 493 Rn. 5.
[19] *Zöller/Herget* ZPO § 493 Rn. 4.
[20] LG Düsseldorf InstGE 5, 236 – Anhörungsrüge; *Kühnen* GRUR 2005, 185 (193); *Müller-Stoy* Mitt. 2010, 267 (269).
[21] § 140c Abs. 3 S. 3 PatG, § 24c Abs. 3 S. 3 GebrMG, § 19a Abs. 3 S. 3 MarkenG, § 46a Abs. 3 S. 3 DesignG, § 101a Abs. 3 S. 3 UrhG, § 37c Abs. 3 S. 3 SortenSchG, § 9 Abs. 2 HalbleiterSchG.
[22] → § 492 Rn. 10 ff.
[23] → § 485 Rn. 50.

prüfung ein strenger Maßstab anzulegen. Wird dem Beweisführer der Gegner später bekannt, fehlt es ab Erkennbarkeit der Verhältnisse an der weiteren Statthaftigkeit des Vorgehens nach § 494.[1]

2 Schon der allgemeine Anwendungsbereich der Vorschrift ist gering. Praktische Fälle sind nur bei Schadensfeststellungen bei noch unbekanntem Schädiger bekannt.[2]

3 **Im Besichtigungsverfahren** im Bereich des Gewerblichen Rechtsschutzes wird die Regelung des § 494 **kaum Relevanz** entfalten. Zwar ist auch hier eine Unkenntnis über den potentiellen Verletzer denkbar. Die **materiell-rechtlichen Besichtigungsansprüche,** derer es für die Durchsetzung mittels einstweiligem Verfügungsverfahren bedarf, **setzen** jedoch einen **Schuldner voraus.** Auch bezüglich der Beteiligung des Antragsgegners an einer Schutzrechtsverletzung reicht insoweit zwar zunächst eine hinreichende Wahrscheinlichkeit.[3] Dies setzt aber zumindest die Bezeichnung als Gegner voraus.

4 § 494 kann daher allenfalls bei Durchführung eines **isolierten Besichtigungsverfahrens** relevant werden, dh lediglich in den Fällen, in denen der Besichtigungsgegenstand öffentlich zugänglich, der Gegner aber nicht bekannt ist.[4]

§ 494a Frist zur Klageerhebung

(1) Ist ein Rechtsstreit nicht anhängig, hat das Gericht nach Beendigung der Beweiserhebung auf Antrag ohne mündliche Verhandlung anzuordnen, dass der Antragsteller binnen einer zu bestimmenden Frist Klage zu erheben hat.

(2) ¹Kommt der Antragsteller dieser Anordnung nicht nach, hat das Gericht auf Antrag durch Beschluss auszusprechen, dass er die dem Gegner entstandenen Kosten zu tragen hat. ²Die Entscheidung unterliegt der sofortigen Beschwerde.

Literatur: *Grabinski,* Die Zwangsvollstreckung der Duldungsverfügung im patentrechtlichen Besichtigungsverfahren, FS Mes 2009, 129; *Hansens,* Die wichtigsten Änderungen im Bereich der Zivilgerichtsbarkeit aufgrund des Rechtspflege-Vereinfachungsgesetzes, NJW 1991, 953; *Kühnen,* Update zum Düsseldorfer Besichtigungsverfahren, Mitt. 2009, 211; *Kühnen/Grunwald,* Vorbereitung und Durchführung eines Patentverletzungsverfahrens: Strategie und Haftungsrisiken (Teil 1); GRUR-Prax 2018, 513; *Lindacher,* Kostengrundentscheidung nach Erledigungsgrundsätzen im selbständigen Beweisverfahren, JR 1999, 278; *Schneider,* Der materielle Kostenerstattungsanspruch, MDR 1981, 353; *Schreiber,* Das selbständige Beweisverfahren, NJW 1991, 2600; *Stoll,* Erstattung von Zwangsvollstreckungskosten bei der Begutachtung, GRUR-Prax 2020, 526; *Zöllner,* Der Vorlage- und Besichtigungsanspruch im gewerblichen Rechtsschutz, GRUR-Prax, 2010, 74.

Übersicht

	Rn.
A. Allgemeines	1
B. Anwendung im Besichtigungsverfahren	2
I. Selbständiges Beweisverfahren	4
1. Abs. 1: Anordnung	4
2. Abs. 2: Kostenentscheidung	9
a) Anwendbarkeit	10
b) Erstattungsfähige Kosten	14
3. Erledigungserklärung und Klagerücknahme	17
4. Streitwert	21
II. Einstweiliges Verfügungsverfahren	22
1. Eigene Kostenentscheidung	22
2. Überprüfung der Kostenentscheidung	23
a) Widerspruch und Erledigungserklärung	23
b) Entscheidungserheblichkeit der Schutzrechtsverletzung	25
c) Kostenwiderspruch und sofortiges Anerkenntnis	31
3. Erstattungsfähige Kosten	35
4. Streitwert	37

A. Allgemeines

1 § 494a ZPO trägt der Tatsache Rechnung, dass das selbständige Beweisverfahren zwar gebührenrechtlich ein selbständiges Verfahren ist, ein **Kostenausgleich jedoch im Regelfall des § 485 Abs. 2,** dh bei noch nicht anhängigem Hauptsacheverfahren, **nicht stattfindet,** da es zu keiner Streitentscheidung kommt. Das selbständige Beweisverfahren kennt daher keine obsiegende und unterlegene Partei.[1*] Die Kosten des Besichtigungsverfahrens sind Kosten des – dann nicht anhängigen

---

[1] Einzelheiten bei *Baumbach/Lauterbach/Albers/Hartmann* ZPO § 494 Rn. 1 ff.; *Zöller/Herget* § 494 Rn. 1 ff.
[2] Vgl. BGH NJW 1980, 1458.
[3] → § 485 Rn. 87.
[4] Theoretisch denkbar bei herrenlosen Sachen.
[1*] *Zöller/Herget* ZPO § 494a Rn. 1.

Frist zur Klageerhebung   2–6 § 494a ZPO

– Hauptsacheverfahren.[2] Um diese Lücke zu schließen, gibt § 494a dem Besichtigungsschuldner die Möglichkeit, den Besichtigungsgläubiger – über das Gericht – zur Erhebung der für die Kostenerstattung notwendigen **Hauptsacheklage aufzufordern** und spricht ihm im Falle des Unterbleibens einer solchen einen **prozessualen Kostenerstattungsanspruch** zu.[3] Kommt es zur Klageerhebung, sind die Kosten dort zu liquidieren. Mittelbar reicht § 494a dem Besichtigungsschuldner damit auch ein Druckmittel gegen den Besichtigungsgläubiger an die Hand.[4]

B. Anwendung im Besichtigungsverfahren

Für das prozessual aus selbständigem Beweisverfahren und einstweiligem Verfügungsverfahren 2 bestehende Besichtigungsverfahren[5] ist § 494a für ersteren Teil anwendbar. Insoweit bestehen grundsätzlich keine Besonderheiten zu einem isolierten selbständigen Beweisverfahren. Für den einstweiligen Verfügungsteil gilt § 494a aufgrund des nach herrschender Auffassung **zweiteiligen prozessualen Charakters des Besichtigungsverfahrens** nicht. Auch hier hat der Besichtigungsschuldner indes nach §§ 936, 926 Abs. 1 die Möglichkeit, den Besichtigungsgläubiger zur Erhebung einer Hauptsacheklage aufzufordern.[6] § 926 Abs. 1 ist spiegelbildlich zu § 494a Abs. 1 ausgebildet. Unterschiedlich ist indes, aufgrund des divergierenden Normzwecks, die angeordnete Rechtsfolge: Während nach § 926 Abs. 2 die einstweilige Verfügung bei Nichterhebung der Hauptsacheklage aufzuheben ist, weil der Antragsgegner nicht dauerhaft einem nur aufgrund summarischer Prüfung ergangenen Titel ausgesetzt sein soll[7], ist § 494a Abs. 2 aufgrund des mangelnden Kostenausgleichs im selbständigen Beweisverfahren auf Kostenerstattung gerichtet. Die Kostenerstattung für den einstweiligen Verfügungsteil des selbständigen Beweisverfahrens richtet sich nach den allgemeinen Vorschriften der §§ 91 ff.

Aufgrund des **zweiteiligen prozessualen Charakters** kommt es im Besichtigungsverfahren nach 3 Düsseldorfer Praxis zu einer **Streitwertaufteilung** zwischen einstweiligem Verfügungsverfahren und dem selbständigem Beweisverfahren.[8] Eine Liquidierung der auf das selbständige Beweisverfahren entfallenden Kosten im einstweiligen Verfügungsverfahren findet aufgrund der prozessualen Trennung nicht statt. Darüber hinaus bleibt der auf die einstweilige Verfügung entfallende Teil aufgrund der bloß vorläufigen Regelung regelmäßig hinter dem eines Hauptsacheverfahrens, nach dem sich der Streitwert des selbständigen Beweisverfahrens bestimmt[9], zurück, sodass der Besichtigungsschuldner über die Kostenentscheidung im einstweiligen Verfügungsverfahren im Ergebnis nur einen Bruchteil an Kostenerstattung geltend machen kann.[10]

I. Selbständiges Beweisverfahren

1. Abs. 1: Anordnung. So lange ein Rechtsstreit nicht anhängig ist, kann das Gericht nach 4 Abschluss des selbständigen Beweisverfahrens – im Besichtigungsverfahren also regelmäßig nach der Freigabeentscheidung[11] – den Besichtigungsgläubiger unter Fristsetzung zur Erhebung der Hauptsacheklage, dh im Regelfall eines Verletzungsverfahrens[12] auffordern. Kommt es nicht zu einer Hauptsacheentscheidung, weil der Besichtigungsgläubiger nach Durchführung der Beweisaufnahme von der Einleitung des Hauptprozesses absieht, soll der Besichtigungsschuldner kostenrechtlich durch § 494a so gestellt werden, als habe er obsiegt. Dem Antragsgegner soll so eine Handhabe gegeben werden, einen Vollstreckungstitel für die eigenen Kosten des selbständigen Beweisverfahrens zu erlangen.

§ 494a setzt einen **noch nicht anhängigen Rechtsstreit** voraus. Bei einem selbständigen Beweis- 5 verfahren nach § 485 Abs. 1 bei bereits anhängigem Rechtsstreit scheidet eine Anwendung von § 494a daher aus.

Das Gericht bestimmt bei einem Antrag nach § 494a eine **angemessene Frist zur Klageer-** 6 **hebung.** Bei Bestimmung der Frist sind alle Umstände und Interessen des Einzelfalles abzuwägen. Solange keine außergewöhnlich hohen Kosten des Besichtigungsschuldners ersichtlich sind, sollte das Gericht bei der Bemessung der Frist **keinen allzu strengen Maßstab** anlegen, da es „nur" um Kostenfolgen nach Abs. 2 geht.[13] Insbesondere bei komplexen gerichtlichen Sachverständigengutachten, was etwa bei den technischen Schutzrechten auftreten kann, sollte das Gericht die Frist mit

---

[2] BGH BauR 2004, 1485.
[3] BGH NJW 2007, 3357; *Baumbach/Lauterbach/Albers/Hartmann* ZPO § 494a Rn. 2.
[4] *Baumbach/Lauterbach/Albers/Hartmann* ZPO § 494a Rn. 2.
[5] → § 485 Rn. 63 ff.
[6] → § 926 Rn. 5 ff.
[7] Zum Normzweck → § 926 Rn. 1 ff.
[8] OLG München InstGE 10, 186 – Presseur; Benkard/*Grabinski/Zülch* § 140c Rn. 28.
[9] BGH NJW 2004, 3488 (3489) f.
[10] BGH NJW 2004, 3488 (3489) f.
[11] Zum Beendigungszeitpunkt des selbständigen Beweisverfahrens → § 492 Rn. 2 f.
[12] Ggf. auch eines Schadenshöheprozesses.
[13] So auch *Baumbach/Lauterbach/Albers/Hartmann* ZPO § 494a Rn. 8.

Augenmaß bestimmen.[14] Ferner sollte die Frist erst **nach Rechtskraft der Freigabeentscheidung** enden, weil dem Besichtigungsgläubiger vorher eine Hauptsacheklage nicht zumutbar ist.[15] Die Fristberechnung richtet sich nach § 222, wobei die Klageerhebung vor einem unzuständigen Gericht die Frist wahrt, da eine Verweisung nach § 281 an das zuständige Gericht möglich ist. Die **Anordnung ist unanfechtbar.**[16] Notwendig zur Fristwahrung ist neben der Einreichung der Klageschrift auch die Zahlung des Kostenvorschusses.[17]

7   Wartet der Besichtigungsschuldner nach Abschluss eines selbständigen Beweisverfahrens mit seinem Antrag auf Erhebung der Klage über eine angemessene Überlegungsfrist hinaus so lange, bis der etwaige **Anspruch des Besichtigungsgläubigers verjährt** ist und die Klage deshalb keine Aussicht auf Erfolg mehr haben kann, handelt er **rechtsmissbräuchlich**, wenn es für ihn keine triftigen Gründe gab, den Antrag nicht früher zu stellen. Nicht entscheidend ist, ob eine Klage zu dem Zeitpunkt, in dem der Besichtigungsschuldner den Antrag auf Fristsetzung redlicherweise hätte stellen müssen, Aussicht auf Erfolg gehabt hätte.[18] Andernfalls wäre der Besichtigungsgläubiger auch ohne den Antrag des Besichtigungsschuldners faktisch gezwungen, vor Ablauf einer etwaigen Verjährungsfrist Klage zu erheben.[19]

8   Die Frage des **Anwaltszwangs** nach § 78 Abs. 1 wird für den Antrag nach § 494a unterschiedlich beantwortet.[20] Da § 494a eine dem § 486 Abs. 4 entsprechende Regelung fehlt, ist sie zu bejahen.

9   **2. Abs. 2: Kostenentscheidung.** Kommt der Besichtigungsgläubiger der Anordnung zur Klageerhebung innerhalb der gesetzten Frist nicht nach, wird seine Kostentragungspflicht für das selbständige Beweisverfahren durch Beschluss festgestellt, § 494a Abs. 2. Alternativ kann der Besichtigungsschuldner die Kosten des selbständigen Beweisverfahrens (nicht der Duldungsverfügung) im Wege des ihm nach § 193 Abs. 2 PatG zustehenden materiell-rechtlichen Schadensersatzanspruchs mittels Kostenklage geltend machen.[21]

10 a) **Anwendbarkeit.** Dies gilt jedoch nur, soweit kein Hauptsacheverfahren anhängig ist. Bei Anhängigkeit des Hauptsacheverfahrens ist § 494a ausweislich des Wortlauts nicht anwendbar. Stattdessen gilt dann der **Grundsatz der Einheitlichkeit der Kostenentscheidung**[22], denn die Kosten des selbständigen Beweisverfahrens gehören zu den Kosten des anschließenden Hauptsacheverfahrens und werden von der darin getroffenen Kostenentscheidung umfasst.[23] § 494a Abs. 2 stellt eine Durchbrechung dieses Grundsatzes dar.

11 Da eine Aufforderung obsolet ist, wenn ein Hauptsacheverfahren bereits anhängig ist, scheidet eine Kostenentscheidung nicht nur aus, wenn bereits zum Zeitpunkt des Antrags nach § 494a Abs. 1 ein Hauptsacheverfahren anhängig war, sondern auch wenn der Besichtigungsgläubiger zwar **verspätet, aber noch vor dem Kostenausspruch Hauptsacheklage erhebt.**[24] Dies gilt unabhängig davon, ob die Zustellung einer nicht fristgerecht erhobenen Klage noch „demnächst" iSd § 167 erfolgt. Vorrangig ist in jedem Fall die in Anwendung materiellen Rechts ergehende Kostenentscheidung. Andernfalls wäre das über das Hauptsacheverfahren entscheidende Gericht entgegen der materiellen Rechtslage an eine im selbständigen Beweisverfahren ergangene Entscheidung gebunden, die an die bloße Fristüberschreitung anknüpft.[25] Anderes gilt nach Ansicht des OLG Karlsruhe, wenn Klageerhebung erst nach erstinstanzlicher Entscheidung über die Kosten erfolgt.[26]

12 Voraussetzung für die Einbeziehung der Kosten des selbständigen Beweisverfahrens in das Hauptsacheverfahren ist **Identität** sowohl bezüglich der **Parteien** als auch des **Streitgegenstands.**[27] **Teilidentität** ist ausreichend, um die gesamten Kosten des selbständigen Beweisverfahrens im Hauptsache-

---

[14] *Kühnen* B. Rn. 173 nennt für das Patentrecht beispielhaft einen Zeitraum von drei Wochen. Vgl. → § 926 Rn. 13 für das einstweilige Verfügungsverfahren.
[15] *Kühnen* B. Rn. 173.
[16] BGH NJW-RR 2010, 1318.
[17] OLG Koblenz MDR 2015, 482; *Kühnen* B. Rn. 172.
[18] BGH NJW 2010, 1460 (1461).
[19] Vgl. a. BGH NJW 2010, 1460 (1461).
[20] Für Anwaltszwang etwa: OLG Zweibrücken NJW-RR 1996, 573; *Zöller/Herget* ZPO § 494a Rn. 6; aA OLG Jena MDR 2000, 783; OLG Düsseldorf NJW-RR 1999, 509; *Baumbach/Lauterbach/Albers/Hartmann* ZPO § 494a Rn. 5.
[21] *Kühnen/Grunwald* GRUR-Prax 2018, 513 (514). Dies gilt so lange, wie noch keine Hauptsache wegen Schutzrechtsverletzung anhängig ist und auch kein Antrag nach § 494a ZPO gestellt ist, vgl. BGH MDR 2018, 59; OLG Düsseldorf 24.4.2014 – I-2 W 9/14.
[22] → § 91 Rn. 60.
[23] BGH NJW-RR 2004, 1651; NJW 2004, 3121 = NZBau 2004, 507. Eine Geltendmachung der Kosten des selbständigen Beweisverfahrens (also insbes. der Kosten des Gutachtens) in einem Verfügungsverfahren scheidet aus: → § 91 Rn. 19 sowie OLG Düsseldorf BeckRS 2017, 137480.
[24] Vgl. BGH NJW 2007, 3357; OLG Düsseldorf NJW-RR 2002, 427; 1998, 359; *Baumbach/Lauterbach/Albers/Hartmann* ZPO § 494a Rn. 17; *Zöller/Herget* ZPO § 494a Rn. 4a.
[25] BGH NJW 2007, 3357.
[26] OLG Karlsruhe MDR 2008, 526 (527).
[27] BGH BauR 2004, 1487; NJW 2003, 1322.

verfahren geltend zu machen.²⁸ Teilidentität des Streitgegenstands liegt bereits vor, wenn nur Teile des Gegenstands eines selbständigen Beweisverfahrens zum Gegenstand der anschließenden Klage gemacht werden.²⁹ Parteiidentität ist auch gegeben, wenn das selbständige Beweisverfahren gegen zwei Besichtigungsschuldner geführt wird, das Hauptsacheverfahren sich aber nur gegen einen der beiden richtet.³⁰ Eine **Teilkostenentscheidung** ist **nicht möglich,** da sie die Gefahr widersprüchlicher Entscheidungen begründen würde.³¹ Dem Besichtigungsschuldner entsteht hierdurch kein Nachteil, da die ihm durch den überschießenden Teil des selbständigen Beweisverfahrens entstandenen Kosten dem Besichtigungsgläubiger in **entsprechender Anwendung von § 96** auferlegt werden können.³² Soweit die Hauptsache allerdings hinter dem Verfahrensgegenstand des selbständigen Beweisverfahrens zurückbleibt, etwa weil das selbständige Beweisverfahren mehrere vermutete Schutzrechtsverletzungen zum Gegenstand hatte, an denen der spätere Beklagte nur teilweise beteiligt war, besteht ein Erstattungsanspruch des Besichtigungsgläubigers nur **anteilig,** nämlich insoweit, wie der Gegenstand betroffen ist, an dem der verklagte Besichtigungsschuldner beteiligt war.³³

13 Der **Verzicht des Besichtigungsgläubigers auf die Hauptsacheklage** führt nicht dazu, dass er der Kostenpflicht entgeht, die sich aus der Abweisung der Klage in der Hauptsache ergäbe.³⁴ § 494a ist als Ausnahmevorschrift eng auszulegen.³⁵

14 b) **Erstattungsfähige Kosten.** Die **Kosten** des selbständigen Beweisverfahrens setzen sich zusammen aus einer **einfachen Gerichtsgebühr** (Nr. 1610 KV GKG)³⁶, einer **1,3 Verfahrensgebühr** (Nr. 3100 VV), bei einem Erörterungstermin nach § 492 Abs. 2, zusätzlich einer **1,2 Terminsgebühr** (Nr. 3104 VV) sowie ggf. einer **Einigungsgebühr** (Nr. 1000 VV).³⁷

15 Die **Kosten des Gerichtssachverständigen** sind als Auslagen Teil der Gerichtskosten. Ihre Höhe bestimmt sich grundsätzlich nach § 13 Abs. 2 S. 1 JVEG, wovon jedoch nach oben abgewichen werden kann.³⁸ Auch die Kosten eines **privaten Sachverständigengutachtens,** das der Besichtigungsschuldner während des selbständigen Beweisverfahrens in Auftrag gibt, können nach § 494a Abs. 2 ZPO erstattungsfähig sein, wenn dies notwendig war, um zu den Feststellungen des gerichtlichen Sachverständigen Stellung zu nehmen. Entscheidend ist eine ex ante Betrachtung.³⁹ Auch im Übrigen sind die **Grundsätze des § 91 Abs. 1 S. 1 anzuwenden,**⁴⁰ sodass sämtliche für eine zweckentsprechende Rechtsverfolgung notwendigen Kosten zu erstatten sind.⁴¹

16 Die Erstattungsfähigkeit der gerichtlichen Kosten des selbständigen Beweisverfahrens auf Grund des Kostenausspruchs im Hauptsacheurteil hängt nicht davon ab, ob das Beweisergebnis verwertet worden ist.⁴² Auch bei Nichtverwertung bleiben sie **gerichtliche Kosten.** Diese sind stets als **notwendig** zu erachten⁴³, wenn sie mit dem Kostenrecht übereinstimmen.⁴⁴

17 3. **Erledigungserklärung und Klagerücknahme.** Eine **übereinstimmende Erledigungserklärung analog § 91a** kommt im selbständigen Beweisverfahren nach Auffassung des BGH **nicht in Betracht.**⁴⁵ Der Gesetzgeber hat eine Kostenentscheidung im selbständigen Beweisverfahren nur unter den engen Voraussetzungen des § 494a zugelassen. Diese Regelung ist abschließend.⁴⁶

---

²⁸ Ständige Rechtsprechung des BGH: vgl. BGH NJW 2007, 1282; NJW-RR 2006, 810; NJW 2005, 294; 2004, 3121 = NZBau 2004, 507 = BauR 2004, 1485 (1486) mwN.
²⁹ Vgl. BGH NJW-RR 2006, 810 = NZBau 2006, 374 = BauR 2006, 865; BGH NJW 2005, 294 = BauR 2005, 429 = NZBau 2005, 43; BGH NJW 2004, 3121 = NZBau 2004, 507 = BauR 2004, 1485 (1486).
³⁰ BGH NJW 2004, 3121 = NZBau 2004, 507. Nicht ausreichend ist die Stellung als Streithelfer: BGH MDR 2013, 1433.
³¹ BGH NJW 2003, 1322 (1323). Zu weiteren Einzelheiten BGH NJW 2004, 3121.
³² BGH NJW 2004, 3121; NZBau 2003, 276 (278).
³³ Vgl. BGH NJW-RR 2004, 1651. Weitere Einzelheiten bei *Kühnen* B. Rn. 175 ff.
³⁴ BGH NJW-RR 2004, 1005; vgl. auch *Grabinski* FS Mes, 2009, 129 (133).
³⁵ BGH NJW 2007, 1279 = NZBau 2007, 246 = BauR 2007, 747; BGH NJW 2007, 1282 = NZBau 2007, 248.
³⁶ → § 91 Rn. 19.
³⁷ → § 91 Rn. 45; vgl. zu weiteren Einzelheiten Zöller/*Herget* ZPO § 490 Rn. 9; § 492 Rn. 8; § 494a Rn. 11.
³⁸ Zur Höhe vgl. BGH GRUR 2013, 863 – Sachverständigenentschädigung VI sowie → § 91 Rn. 9, Fn. 8.
³⁹ BGH NJW 2013, 1820 (1821). Zu den Kosten eines Parteigutachters des Besichtigungsgläubigers bei einer isolierten Besichtigung per einstweiligem Verfügungsverfahren auf Grundlage der materiell-rechtlichen Besichtigungsansprüche → Rn. 36.
⁴⁰ BGH NJW 2013, 1820 (1821).
⁴¹ Einzelheiten → § 91 Rn. 139.
⁴² BGH BauR 2004, 1487.
⁴³ Vgl. zur Notwendigkeit: → § 91 Rn. 139, 146.
⁴⁴ BGH BauR 2004, 1487 (1488); NZBau 2003, 500 = BauR 2003, 1255.
⁴⁵ BGH NJW 2007, 3721. So auch OLG Schleswig BauR 2006, 870; OLG Düsseldorf OLGR 2005, 453; KG NZBau 2002, 445; OLG Stuttgart BauR 2000, 445; OLG Hamburg MDR 1998, 242; Musielak/*Lackmann* ZPO § 91a Rn. 3. AA OLG Dresden BauR 2003, 1608; OLG München NJW-RR 2000, 1455; Zöller/*Herget* ZPO § 494a Rn. 5.
⁴⁶ Einzelheiten: BGH NJW 2007, 3721 (3722); vgl. a. BT-Drs. 11/8283, 47 f.

18 Aus vergleichbaren Gründen ist auch eine **einseitige Erledigungserklärung** im selbständigen Beweisverfahren **nicht zulässig**.[47] Allerdings kann die einseitige Erledigungserklärung **in eine Antragsrücknahme umgedeutet** werden, wenn sie zum Ausdruck bringt, dass der Besichtigungsgläubiger eine gerichtliche Beweiserhebung endgültig nicht mehr wünscht.[48]

19 Wird der Antrag auf Durchführung des selbständigen Beweisverfahrens erst **zurückgenommen, nachdem das Hauptsacheverfahren anhängig** ist, ist für eine „isolierte" Kostenentscheidung **analog § 269 Abs. 3 S. 2 kein Raum** mehr. Eine Entscheidung über dessen Kosten kommt dann nur noch im Rahmen der Kostenentscheidung im Hauptsacheverfahren in Betracht.[49]

20 Wird die ursprünglich erhobene **Hauptsacheklage** durch den Besichtigungsgläubiger **zurückgenommen**, bleiben die Kosten des selbständigen Beweisverfahrens Teil der Hauptsacheverfahrens. Sie werden daher von der Kostenentscheidung gemäß **§ 269 Abs. 3 S. 2** erfasst.[50] Denn nach Klageerhebung ist ausweislich des Wortlauts für eine Anwendung von § 494a kein Raum mehr. Für eine analoge Anwendung von § 494a Abs. 2 besteht angesichts § 269 Abs. 3 S. 2 ebenfalls kein Bedürfnis.[51] Auch ändert die Klagerücknahme an der einmal begründeten Zugehörigkeit der Kosten des selbständigen Beweisverfahrens zu den Kosten des Hauptsacheverfahrens nichts.

21 **4. Streitwert.** Der Streitwert des selbständigen Beweisverfahrens richtet sich nach dem **Streitwert der Hauptsache**, da das selbständige Beweisverfahren vorweggenommener Teil des späteren Hauptsacheverfahrens ist.[52] Auch wenn das selbständige Beweisverfahren noch nicht zu einem Titel führt, steht es in seiner Wirkung nach § 493 Abs. 1 einer Beweisaufnahme vor dem Prozessgericht gleich.

II. Einstweiliges Verfügungsverfahren

22 **1. Eigene Kostenentscheidung.** Die Anordnung der **Duldungsverfügung** sieht als einstweilige Verfügung eine (eigene) **Kostenentscheidung zu Lasten des Besichtigungsschuldners** vor. Die Kostenerstattung richtet sich für diesen Teil des Besichtigungsverfahrens nach den §§ 91 ff.

23 **2. Überprüfung der Kostenentscheidung. a) Widerspruch und Erledigungserklärung.** Dem Besichtigungsschuldner steht gegen die Duldungsverfügung und die darin enthaltene Kostenentscheidung grundsätzlich die Möglichkeit des **Widerspruchs nach § 924** offen, woraufhin von Amts wegen auch über die Kosten zu entscheiden ist. § 490 Abs. 2 steht dem auch bei einem aus selbständigem Beweis- und einstweiligem Verfügungsverfahren kombinierten Besichtigungsverfahren nach Düsseldorfer Praxis nicht entgegen.[53]

24 Allerdings hat sich die Duldungsverfügung mit Durchführung der Besichtigung regelmäßig aufgrund Erfüllung des Duldungsanspruchs **erledigt**.[54] In diesem Fall können die Parteien das Verfahren **übereinstimmend für in der Hauptsache erledigt** erklären. Das Gericht hat dann gemäß **§ 91a** über die Kosten unter Berücksichtigung des bisherigen Sach- und Streitstandes nach billigem Ermessen durch Beschluss zu entscheiden.[55] Schließt sich der Besichtigungsschuldner einer Erledigungserklärung des Besichtigungsgläubigers nicht an, bleibt die **Erledigungserklärung einseitig** und es ist von Amts wegen eine Kostenentscheidung gemäß **§ 91** zu treffen und darüber zu entscheiden, ob der Antrag zulässig und begründet war und sich die Sache erledigt hat.[56]

25 **b) Entscheidungserheblichkeit der Schutzrechtsverletzung.** In beiden Fällen hängt die Entscheidung davon ab, ob sich der **Verdacht einer Schutzrechtsverletzung** bestätigt hat oder **nicht**.[57] Entscheidend für die Evaluierung ist der durch den Antrag des Besichtigungsgläubigers festgelegte Streitgegenstand. Wird dieser bei der Begutachtung überschritten[58], rechtfertigen auch

---

[47] BGH NJW-RR 2004, 1005.
[48] BGH NJW 2011, 1292 (1293); BauR 2005, 133 = NZBau 2005, 42.
[49] BGH MDR 2015, 974; OLG Köln JMBl. NRW 2009, 284 (III. Zivilsenat); *Kühnen* B. Rn. 175. AA OLG Köln OLGR 2001, 355 (XI. Zivilsenat), das jedoch verkennt, dass es für die Berücksichtigung der Kosten des selbständigen Beweisverfahrens im Hauptsacheprozess nicht auf deren tatsächliche Verwertung ankommt, → Rn. 17.
[50] BGH NJW 2007, 1279 (1281); OLG Stuttgart Rpfleger 1988, 317; OLG Celle JurBüro 1984, 1581; Zöller/ *Herget* ZPO § 91 Rn. 13.87 („selbständiges Beweisverfahren"); Musielak/*Lackmann* ZPO § 91 Rn. 65; *Kühnen* B. Rn. 175, Fn. 400; *Schreiber* NJW 1991, 2600 (2602); *Hansens* NJW 1991, 953 (958). AA OLG Düsseldorf NJW-RR 2006, 1028; OLG Köln BauR 2003, 290; OLG Koblenz NJW 2003, 3281 (3282); OLG München NJW-RR 2000, 657.
[51] Vgl. hierzu auch BGH NJW 2007, 1279 (1280).
[52] BGH NJW 2004, 3488 (3489) f.; LG Braunschweig GRUR-RS 2019, 27017; BeckRS 2016, 14981; *Kühnen* B. Rn. 115, Fn. 124; → § 3 Rn. 35.
[53] *Kühnen* Mitt. 2009, 211 (217).
[54] Einzelheiten → § 490 Rn. 15 sowie → § 485 Rn. 145 ff.
[55] *Kühnen* Mitt. 2009, 211 (217); Benkard/*Grabinski*/Zülch § 140c Rn. 36.
[56] *Kühnen* Mitt. 2009, 211 (217); Benkard/*Grabinski*/Zülch § 140c Rn. 36.
[57] *Grabinski* FS Mes, 2009, 129 (133).
[58] Etwa weil die Verletzung eines nicht im Antrag geltend gemachten weiteren Schutzrechts, Patentanspruchs oÄ mituntersucht wurde.

Zufallsfunde, bezüglich derer – im Gegensatz zum geltend gemachten Schutzrecht/Anspruch – eine Verletzung festgestellt wird, keine Auferlegung der Kosten.[59]

Hat die Besichtigung ergeben, dass **keine Schutzrechtsverletzung** vorliegt, sind dem Besichtigungsgläubiger nach herrschender und zutreffender Auffassung auch dann die Kosten nach § 91a aufzuerlegen, wenn im **Zeitpunkt des Erlasses** der Verfügung eine **hinreichende Wahrscheinlichkeit der Verletzung** tatsächlich bestanden hat.[60] Zwar lagen dann die tatbestandlichen Voraussetzungen der Besichtigung im Zeitpunkt des Beschlusses ursprünglich vor. Man könnte daher aufgrund der Tatsache, dass § 91a den „bisherigen" Sach- und Streitstand, dh vor dem erledigenden Ereignis[61], als maßgeblich bestimmt, davon ausgehen, dass die Kostenerstattungspflicht des Besichtigungsschuldners unabhängig des Besichtigungsergebnisses besteht.[62] Hieraus lässt sich jedoch nicht der Grundsatz herleiten, dass auch im Rahmen der nach **billigem Ermessen** zu treffenden Kostenentscheidung nur zu prüfen wäre, ob die einstweilige Verfügung nach dem Sachstand ihres Erlasses sachlich gerechtfertigt war oder nicht.[63]

Für das Besichtigungsverfahren nach der Düsseldorfer Praxis würde dies unberücksichtigt lassen, dass die **Duldungsverfügung lediglich der Durchsetzung der** im Rahmen des selbständigen Beweisverfahrens getroffenen **Besichtigungsanordnung** dient. Dort sind jedoch die Beweissicherungskosten **Kosten des nachfolgenden Hauptverfahrens**. Der Besichtigungsgläubiger kann diese daher nur erstattet verlangen, wenn er in einem nachfolgenden Verletzungsverfahren auch obsiegt.[64]

Auch wenn es an dieser Komponente bei einem **isolierten**, allein auf einen materiell-rechtlichen Besichtigungsanspruch gestützten **Verfügungsverfahren** fehlt, gilt auch dort, dass die prozessuale Durchsetzung eines Besichtigungsanspruchs kein Selbstzweck ist, sondern es sich um einen **Hilfsanspruch** zur Ermöglichung der Durchsetzung von Ansprüchen wegen Schutzrechtsverletzung handelt.[65] Dies wird auch bei der Streitwertbemessung des Verfügungsteils gegenüber dem selbständigen Beweisverfahren berücksichtigt.[66] Insoweit kann die Berücksichtigung des Ergebnisses des Besichtigungsverfahrens nicht als sachwidrige Vermengung der Voraussetzungen des Besichtigungsverfahrens mit der Verletzungsfrage angesehen werden.[67] Anderes ergibt sich auch nicht aus den spezialgesetzlichen materiell-rechtlichen Besichtigungsansprüchen[68], da diese keine Kostenregelung treffen. Vielmehr belegen die dortigen, von der tatsächlichen Verletzung abhängigen verschuldensunabhängigen Schadensersatzansprüche[69], dass nicht allein auf den Zeitpunkt des Erlasses der Verfügung abgestellt werden kann.[70] Auch wenn es sich hierbei nicht um Kostenerstattungsansprüche handelt, wäre es widersprüchlich, würde man einen Schadensersatzanspruch des Besichtigungsschuldners bejahen, einen Kostenerstattungsanspruch aber gleichzeitig verneinen.

Die vorstehenden Überlegungen gelten auch dann, wenn nach der Besichtigung zwar nicht feststeht, dass keine **Schutzrechtsverletzung** vorliegt, aber hierüber **in tatsächlicher Hinsicht Unklarheit** herrscht. Auch insoweit hat der Besichtigungsgläubiger die Kosten des Verfahrens nach § 91a (übereinstimmende Erledigungserklärung) bzw. § 91 (einseitige Erledigungserklärung) zu tragen.[71] Eine Kostentragungspflicht kann der Besichtigungsschuldner nur dann erreichen, wenn er in einem nachfolgenden Verletzungsverfahren den Nachweis einer Schutzrechtsverletzung erbringen kann.[72]

Insgesamt ist daher mit der herrschenden Meinung eine Kostenhaftung für das **bloße Setzen eines Verletzungsverdachts** zu verneinen.

c) Kostenwiderspruch und sofortiges Anerkenntnis. Hat das Besichtigungsverfahren eine **Schutzrechtsverletzung** ergeben, sind nach den vorstehenden Maßstäben grundsätzlich dem Besich-

---

[59] OLG München InstGE 12, 186 (189 f.) – Presseur.
[60] OLG München InstGE 13, 290 (295) – erfolglose Besichtigung; InstGE 13, 190 (192) – Kein Verletzungsnachweis nach Besichtigung; InstGE 12, 186 (189) – Presseur; OLG Zweibrücken GRUR 2021, 995; Schulte/*Rinken*/ *Kühnen* § 140c Rn. 82; *Kühnen* Mitt. 2009, 211 (217).
[61] BGH WRP 2004, 350 – Pyrex.
[62] Hierauf stellt die Gegenauffassung maßgeblich ab: OLG Frankfurt a. M. GRUR-RR 2006, 295 (297); *Zöllner* GRUR-Prax 2010, 74; Fromm/Nordemann/*Czychowski* § 101a Rn. 36.
[63] OLG München InstGE 13, 190 (192) – Kein Verletzungsnachweis nach Besichtigung; Benkard/*Grabinski*/*Zülch* § 140c Rn. 36.
[64] OLG München InstGE 13, 190 (192) – Kein Verletzungsnachweis nach Besichtigung; InstGE 13, 290 (295) – erfolglose Besichtigung; Schulte/*Rinken*/*Kühnen* § 140c Rn. 84; *Kühnen* Mitt. 2009, 211 (217).
[65] Vgl. BGH GRUR 2002, 1046 (1047) – Faxkarte.
[66] → Rn. 38.
[67] OLG München InstGE 13, 190 (192) – Kein Verletzungsnachweis nach Besichtigung; InstGE 13, 290 (295) – erfolglose Besichtigung.
[68] § 140c PatG, § 24c GebrMG, § 46a DesignG, § 19a MarkenG, § 37c SortenSchG, § 9 HalbleiterSchG iVm § 24c GebrMG, § 101a UrhG.
[69] Jeweils Abs. 1.
[70] OLG München InstGE 12, 186 (189) – Presseur; InstGE 13, 190 (192) – Kein Verletzungsnachweis nach Besichtigung.
[71] OLG München InstGE 13, 190 (191 f.) – Kein Verletzungsnachweis nach Besichtigung; Schulte/*Rinken*/*Kühnen* § 140c Rn. 84; Benkard/*Grabinski*/*Zülch* § 140c Rn. 36.
[72] OLG München InstGE 13, 190 (192) – Kein Verletzungsnachweis nach Besichtigung.

tigungsschuldner die Kosten aufzuerlegen. Unter Umständen kann es in einer solchen Situation für den Besichtigungsschuldner sinnvoll sein, isolierten **Kostenwiderspruch** einzulegen, um eine **Kostenentscheidung nach § 93** zu erreichen. Er ist damit von der Notwendigkeit befreit, sich gegen die Zulässigkeit und/oder Begründetheit der einstweiligen Verfügung zu richten[73], sondern kann – trotz regelmäßig bereits eingetretener Erledigung – den Widerspruch auf den Kostenausspruch beschränken.[74]

32 Der Kostenwiderspruch ist **nicht fristgebunden** und auch nach Ablauf von zwei Jahren seit Durchführung der Besichtigung grundsätzlich **nicht verwirkt**.[75] Ihm steht auch nicht ein **gleichzeitiges Vorgehen nach § 494a** im Hinblick auf den selbständigen Beweisverfahrensteil des Besichtigungsverfahrens entgegen.[76] Das im Kostenwiderspruch enthaltene Anerkenntnis bezieht sich nur auf den Verfügungsteil des Besichtigungsverfahrens.

33 Auch bei Durchsetzung eines Besichtigungsanspruchs im einstweiligen Verfügungsverfahren hängt die Kostenentscheidung gemäß § 93 davon ab, **ob eine Abmahnung erforderlich war**. Die Erforderlichkeit wird man für das Besichtigungsverfahren trotz Eilbedürftigkeit und des regelmäßigen Verzichts auf die Erfordernisse von Ladung (→ § 493 Rn. 12 ff.) und vorheriger Anhörung (→ § 487 Rn. 17 f.) **nicht *per se* verneinen** können. Vielmehr bedarf es der **Darlegung konkreter Umstände** durch den insoweit **darlegungsbelasteten Besichtigungsgläubiger**[77], aus denen sich die Entbehrlichkeit der Abmahnung ergibt. Er muss daher – in Analogie zur Frage der Entbehrlichkeit der Abmahnung bei einem Sequestrationsanspruch – konkret darlegen, dass entweder die Gefahr bestand, dass der Antragsgegner auf Grund der Abmahnung eine Besichtigung des betreffenden Gegenstands durch Veränderung oder Beiseiteschaffen **vereiteln** würde, oder – ohne konkrete Anhaltspunkte für Manipulationsabsichten – die Abmahnung und die entsprechende Fristsetzung zumindest soviel Zeit in Anspruch genommen hätte, dass der Gegenstand **dem Besichtigungszugriff tatsächlich hätte entzogen werden können**.[78] Es mag dabei auf den ersten Blick befremdlich anmuten, dem Besichtigungsgläubiger die Darlegungs- und Beweislast aufzuerlegen, die regelmäßig nur schwer vorhersehen kann, ob eine Manipulation oder ein Beiseiteschaffen des Besichtigungsobjekts droht, während man gleichzeitig regelmäßig auf Ladung und vorherige Anhörung verzichtet. Allerdings weist die gesetzliche Regelung des § 93 das Beurteilungsrisiko dem Besichtigungsgläubiger zu. Es liegt im **Regelungszweck des § 93** begründet, dass der Antragsgegner als Ausgleich dafür, dass er keine Chance hatte, das Begehren des Antragstellers freiwillig zu erfüllen, sich der Kostenlast entledigen kann.[79] Das muss umso mehr für das einstweilige Verfügungsverfahren gelten[80], und damit erst Recht für das Besichtigungsverfahren –, wo dem Besichtigungsschuldner regelmäßig die Möglichkeit einer vorherigen Stellungnahme genommen wird. Soweit im Rahmen der durch die Rechtsprechung analog herangezogenen Sequestrationsansprüche eine Abmahnung für grundsätzlich entbehrlich und nur bei vorliegen konkreter Anhaltspunkte für eine nicht bestehende Beseitigungsgefahr gehalten wird[81], kann diese Verteilung der Darlegungslast nicht ohne weiteres auf das Besichtigungsverfahren übertragen werden, da der dortigen Rechtsprechung regelmäßig sog. „flüchtige" Ware zugrunde liegt. Hierum wird es sich beim Besichtigungsverfahren meist nicht handeln. Insgesamt sollten die **Anforderungen an die Darlegung** der Entbehrlichkeit der Abmahnung durch den Besichtigungsgläubiger jedoch auch **nicht zu hoch** angesetzt werden.[82] Ferner sind **sehr kurze Fristen** bei der Abmahnung denkbar.[83]

34 Die Regelung des **§ 93 ist analog** auch bei der Kostenentscheidung nach § 91a bei **übereinstimmender Erledigungserklärung** anzuwenden.[84]

---

[73] ZB bei offensichtlicher Zulässigkeit/Begründetheit.
[74] Vgl. mit eingehender Begründung LG Düsseldorf InstGE 11, 35 (38 f.) – Abmahnung bei Besichtigungsanspruch. Der Kostenwiderspruch ist mit der herrschenden Rechtsprechung und Literaturmeinung als Anerkenntnis der Begründetheit des Antrags auf Erlass einer einstweiligen Verfügung und zugleich als Antrag auf Belastung des Antragstellers mit den Verfahrenskosten entsprechend § 93 zu verstehen (BGH MDR 2003, 955 (956); OLG Hamm OLGR 2003, 232; OLG Hamburg NJW-RR 2000, 1238; LG Düsseldorf InstGE 11, 35 – Abmahnung bei Besichtigungsanspruch; Zöller/*Vollkommer* ZPO § 924 Rn. 5; *Baumbach/Lauterbach/Albers/Hartmann* ZPO § 924 Rn. 9; iE Ahrens Wettbewerbsprozess-HdB/*Scharen* Kap. 51 Rn. 56.
[75] LG Düsseldorf InstGE 11, 35 (37 f.) – Abmahnung bei Besichtigungsanspruch.
[76] LG Düsseldorf InstGE 11, 35 (37 f.) – Abmahnung bei Besichtigungsanspruch. → § 93 Rn. 14.
[77] Vgl. LG Düsseldorf InstGE 11, 35 (39 f.) – Abmahnung bei Besichtigungsanspruch; InstGE 6, 294 (296) – Walzen-Formgebungsmaschine II.
[78] Hierzu und zur einschlägigen Rechtsprechung → § 93 Rn. 29. Restriktiver wohl *Zöllner* GRUR-Prax 2010, 74. Zu Gesichtspunkten, die die Entbehrlichkeit einer Abmahnung nach diesen Grundsätzen begründen können vgl. LG Düsseldorf InstGE 6, 294 (297) – Walzen-Formgebungsmaschine II (Besichtigungsgegenstand war abtransportfähig gelagert, zeitliche Anforderungen des Abnehmers).
[79] LG Düsseldorf InstGE 11, 35 (40) – Abmahnung bei Besichtigungsanspruch.
[80] LG Düsseldorf InstGE 11, 35.
[81] → § 93 Rn. 37 f. mwN.
[82] Haedicke/Timmann PatR-HdB/*Chakraborty* § 15 Rn. 865, wobei die Schlussfolgerung, die Abmahnung sei im Besichtigungsverfahren daher regelmäßig entbehrlich, zu weitgehend scheint.
[83] LG Düsseldorf InstGE 6, 294 (297) – Walzen-Formgebungsmaschine II. Es sollten die auch im Rahmen des einstweiligen Verfügungsverfahrens geltenden Grundsätze Anwendung finden.
[84] → § 93 Rn. 4.

3. Erstattungsfähige Kosten. Für die Duldungsverfügung gelten hinsichtlich der erstattungsfähigen Kosten die **allgemeinen Regeln**. Zu den Gerichtskosten → § 91 Rn. 18, zu den Anwaltsgebühren → § 91 Rn. 44, zu den übrigen Kostenpositionen → § 91 Rn. 94 ff. Kosten für die Heranziehung eines Gerichtsvollziehers zum Begutachtungstermin sowie die Zustellung der Duldungsverfügung hingegen sind (notwendige) Kosten der Zwangsvollstreckung gemäß § 788 Abs. 1 ZPO, die unabhängig davon zu erstatten sind, ob es im Ergebnis der Hinzuziehung des Gerichtsvollziehers bedurfte oder der Antragsgegner freiwillig Zugang gewährt hat.[85] In der Praxis empfiehlt es sich daher, stets einen Gerichtsvollzieher hinzuzuziehen, wenn es Zweifel daran gibt, ob der Antragsgegner der Duldungsverfügung freiwillig nachkommen wird.[86] 35

Im Falle eines **isolierten einstweiligen Verfügungsverfahrens** auf Basis eines materiell-rechtlichen Besichtigungsanspruchs (etwa § 140c PatG) sind die **Kosten des – privaten – Sachverständigen** – anders als bei einem kombinierten Besichtigungsverfahren nach der Düsseldorfer Praxis – nicht Teil der Gerichtskosten. Ihre Erstattungsfähigkeit richtet sich daher nach **§ 91**. Die **Notwendigkeit** der Einschaltung eines Sachverständigen wird immer dort – und damit bei den technischen Schutzrechten regelmäßig – zu bejahen sein, wo es besonderer Sachkunde für die Besichtigung bedarf. Ob diese Sachkunde beim Besichtigungsgläubiger selbst vorhanden ist, spielt dabei – im Unterschied zur Rechtslage in einem Verletzungsprozess[87] – keine Rolle, da dieser von der Besichtigung ausgeschlossen ist. In der **Höhe** gelten die Beschränkungen des JVEG nicht.[88] Ist die Einschaltung von Freiberuflern erforderlich, können deutlich höhere Stundensätze erstattungsfähig sein.[89] Im Ergebnis wird man wohl die von der entsprechenden Person üblicherweise verlangten Stundensätze, soweit Ihre Einschaltung aufgrund Komplexität des Sachverhalts einerseits und Qualifikation des Freiberuflers andererseits ex ante betrachtet erforderlich war als erstattungsfähig ansehen können.[90] 36

4. Streitwert. Der Streitwert der Duldungsverfügung ist üblicherweise lediglich ein **Bruchteil des Streitwerts des selbständigen Beweisverfahrens**[91], da lediglich der prozessualen Durchsetzung des Besichtigungsanspruchs dient. In der Praxis üblich ist ein Anteil von $1/10$.[92] Für den Fall eines **isolierten einstweiligen Verfügungsverfahrens** ohne paralleles selbständiges Beweisverfahren kommt eine Ausrichtung am Streitwert desselben, der sich wiederum nach dem Streitwert der Hauptsache bemisst[93], nicht in Betracht. Man wird aber zu berücksichtigen haben, dass es sich bei den materiell-rechtlichen Besichtigungsansprüchen nur um vorbereitende Ansprüche handelt. Daher wird man ebenfalls nur einen Bruchteil des Streitwerts für ein möglicherweise nachfolgendes Hauptsacheverfahren anzusetzen haben. Im Ergebnis dürfte es deshalb kaum Unterschiede geben. 37

Abschnitt 2. Verfahren vor den Amtsgerichten

§ 495 Anzuwendende Vorschriften

(1) Für das Verfahren vor den Amtsgerichten gelten die Vorschriften über das Verfahren vor den Landgerichten, soweit nicht aus den allgemeinen Vorschriften des Buches 1, aus den nachfolgenden besonderen Bestimmungen und aus der Verfassung der Amtsgerichte sich Abweichungen ergeben.

§ 495a Verfahren nach billigem Ermessen

¹ Das Gericht kann sein Verfahren nach billigem Ermessen bestimmen, wenn der Streitwert 600 Euro nicht übersteigt.
² Auf Antrag muss mündlich verhandelt werden.

§ 496 Einreichung von Schriftsätzen; Erklärungen zu Protokoll

Die Klage, die Klageerwiderung sowie sonstige Anträge und Erklärungen einer Partei, die zugestellt werden sollen, sind bei dem Gericht schriftlich einzureichen oder mündlich zum Protokoll der Geschäftsstelle anzubringen.

---

[85] BGH MDR 2020, 1276 = BeckRS 2020, 22688, mit der Begründung, dass dem Antragsteller nicht zugemutet werden kann, dass der Erfolg der Begutachtung durch einen zunächst ohne Gerichtsvollzieher unternommenen erfolglosen Begutachtungsversuch gefährdet wird. Ob es tatsächlich zu Widerstand gekommen ist, ist für die Notwendigkeit nicht entscheidend. Anwaltskosten sind indes als Kosten der Hauptsache bzw. im Wege des materiell-rechtlichen Kostenerstattungsanspruchs zu liquidieren.
[86] Siehe hierzu auch *Stoll* GRUR-Prax 2020, 526.
[87] → § 91 Rn. 139 ff.
[88] → § 91 Rn. 146 unter Verweis auf BGH NJW 2013, 1820.
[89] ZB 300 Euro, vgl. LG München InstGE 13, 63 (64) – Sachverständigenvergütung.
[90] Vgl. a. LG München InstGE 13, 63 (64) – Sachverständigenvergütung.
[91] *Zöllner* GRUR-Prax 2010, 74.
[92] Vgl. nur Musterbeschlüsse bei *Kühnen* B. Rn. 114 ff.; Schulte/*Rinken/Kühnen* § 140c Rn. 66; Busse/*Keukenschrijver/Kaess* Anh. zu § 140c (8. Aufl.); Benkard/*Grabinski/Zülch* § 140c Rn. 31: „Richtwert".
[93] → Rn. 22.

§ 497 Ladungen

(1) ¹Die Ladung des Klägers zu dem auf die Klage bestimmten Termin ist, sofern nicht das Gericht die Zustellung anordnet, ohne besondere Form mitzuteilen. ²§ 270 Satz 2 gilt entsprechend.

(2) ¹Die Ladung einer Partei ist nicht erforderlich, wenn der Termin der Partei bei Einreichung oder Anbringung der Klage oder des Antrages, auf Grund dessen die Terminsbestimmung stattfindet, mitgeteilt worden ist. ²Die Mitteilung ist zu den Akten zu vermerken.

§ 498 Zustellung des Protokolls über die Klage

Ist die Klage zum Protokoll der Geschäftsstelle angebracht worden, so wird an Stelle der Klageschrift das Protokoll zugestellt.

§ 499 Belehrungen

(1) Mit der Zustellung der Klageschrift oder des Protokolls über die Klage ist der Beklagte darüber zu belehren, dass eine Vertretung durch einen Rechtsanwalt nicht vorgeschrieben ist.

(2) Mit der Aufforderung nach § 276 ist der Beklagte auch über die Folgen eines schriftlich abgegebenen Anerkenntnisses zu belehren.

§§ 499a bis 503 (weggefallen)

§ 504 Hinweis bei Unzuständigkeit des Amtsgerichts

Ist das Amtsgericht sachlich oder örtlich unzuständig, so hat es den Beklagten vor der Verhandlung zur Hauptsache darauf und auf die Folgen einer rügelosen Einlassung zur Hauptsache hinzuweisen.

§ 505 (weggefallen)

§ 506 Nachträgliche sachliche Unzuständigkeit

(1) Wird durch Widerklage oder durch Erweiterung des Klageantrages (§ 264 Nr. 2, 3) ein Anspruch erhoben, der zur Zuständigkeit der Landgerichte gehört, oder wird nach § 256 Abs. 2 die Feststellung eines Rechtsverhältnisses beantragt, für das die Landgerichte zuständig sind, so hat das Amtsgericht, sofern eine Partei vor weiterer Verhandlung zur Hauptsache darauf anträgt, durch Beschluss sich für unzuständig zu erklären und den Rechtsstreit an das Landgericht zu verweisen.

(2) Die Vorschriften des § 281 Abs. 2, Abs. 3 Satz 1 gelten entsprechend.

§§ 507 bis 509 (weggefallen)

§ 510 Erklärung über Urkunden

Wegen unterbliebener Erklärung ist eine Urkunde nur dann als anerkannt anzusehen, wenn die Partei durch das Gericht zur Erklärung über die Echtheit der Urkunde aufgefordert ist.

§ 510a Inhalt des Protokolls

Andere Erklärungen einer Partei als Geständnisse und Erklärungen über einen Antrag auf Parteivernehmung sind im Protokoll festzustellen, soweit das Gericht es für erforderlich hält.

§ 510b Urteil auf Vornahme einer Handlung

Erfolgt die Verurteilung zur Vornahme einer Handlung, so kann der Beklagte zugleich auf Antrag des Klägers für den Fall, dass die Handlung nicht binnen einer zu bestimmenden Frist vorgenommen ist, zur Zahlung einer Entschädigung verurteilt werden; das Gericht hat die Entschädigung nach freiem Ermessen festzusetzen.

§ 510c (weggefallen)

Buch 3. Rechtsmittel

Abschnitt 1. Berufung

§ 511 Statthaftigkeit der Berufung

(1) Die Berufung findet gegen die im ersten Rechtszug erlassenen Endurteile statt.

(2) Die Berufung ist nur zulässig, wenn
1. der Wert des Beschwerdegegenstandes 600 Euro übersteigt oder
2. das Gericht des ersten Rechtszuges die Berufung im Urteil zugelassen hat.

(3) Der Berufungskläger hat den Wert nach Absatz 2 Nr. 1 glaubhaft zu machen; zur Versicherung an Eides statt darf er nicht zugelassen werden.

(4) ¹Das Gericht des ersten Rechtszuges lässt die Berufung zu, wenn
1. die Rechtssache grundsätzliche Bedeutung hat oder die Fortbildung des Rechts oder die Sicherung einer einheitlichen Rechtsprechung eine Entscheidung des Berufungsgerichts erfordert und
2. die Partei durch das Urteil mit nicht mehr als 600 Euro beschwert ist.

²Das Berufungsgericht ist an die Zulassung gebunden.

Literatur: *Bölling,* Unterlassungsantrag und Streitgegenstand im Falle der Störerhaftung, GRUR 2013, 1092 ff.; *Haedicke/Kamlah,* Der Wechsel des Klagepatents in der Berufungsinstanz, FS Mes (2009), S. 153 ff.

Übersicht

	Rn.
A. Gegenstand der Berufung	1
I. Endurteile	1
1. Grundsatz	1
2. Ausnahme bei der isolierten Anfechtung von Kostenentscheidungen in Endurteilen	5
3. Scheinurteile	8
II. Im ersten Rechtszug	9
1. Grundsatz	9
2. Sonderfälle	11
B. Berufungsparteien	14
C. Zulässigkeitsvoraussetzungen	18
I. Beschwer	18
II. Weitere Zulässigkeitsvoraussetzungen	21
1. Berufung gegen ein zweites Versäumnisurteil	21
2. Wertberufung	22
a) Allgemeines zur Wertbestimmung	24
b) Divergierende Werte für Gläubiger und Schuldner eines Anspruchs	30
3. Zulassungsberufung	41
a) Zulassungsgründe	42
b) Zulassungsentscheidung	43

A. Gegenstand der Berufung

I. Endurteile

1. Grundsatz. Das Rechtsmittel der Berufung ist grundsätzlich nur gegen **Endurteile** eröffnet, also 1 Urteile, die einen Rechtsstreit ganz oder zum Teil abschließend entscheiden (§ 300). Dazu zählen auch Teil- (§ 301), Vorbehalts- (§ 302; § 599), Verzichts- (§ 306), Anerkenntnis- (§ 307) und Ergänzungsurteile (§ 321) sowie Urteile im Arrest- oder Verfügungsverfahren.

Soweit ein Urteil **Versäumnisurteil** ist, findet grundsätzlich nicht die Berufung statt (§ 514 Abs. 1), 2 sondern der Einspruch (§ 338). Nur wenn der Einspruch nicht statthaft ist – also bei einem zweiten Versäumnisurteil gem. § 345 (auch soweit sich der darin verworfene Einspruch gegen einen Vollstreckungsbescheid gerichtet hat, § 700 Abs. 1), einem Versäumnisurteil über einen Einspruch gegen ein Versäumniszwischenurteil (§ 347 Abs. 2 iVm § 345, falls ein entsprechendes streitiges Zwischenurteil berufungsfähig sein könnte¹ → Rn. 3) oder einem Versäumnisurteil über einen Wiedereinsetzungs-

---
¹ RGZ 13, 397 (398 f.); MüKoZPO/*Rimmelspacher* § 514 Rn. 14.

antrag (§ 238 Abs. 2 S. 2), ist die Berufung insoweit eröffnet, als sie darauf gestützt wird, dass ein Fall der schuldhaften Versäumung nicht vorgelegen habe (§ 514 Abs. 2).

3 Gegen **Zwischenurteile** (§ 303) findet die Berufung grundsätzlich nicht statt. Eine Ausnahme besteht insbesondere[2] für **Zwischenurteile über die Zulässigkeit** der Klage und über den Grund **(Grundurteile)**, die ausdrücklich den Endurteilen gleichgestellt (§ 280 Abs. 2 S. 1, § 304 Abs. 2 Hs. 1) und deshalb berufungsfähig sind.

4 Bei **Mischentscheidungen,** die sich teilweise als Endurteil und teilweise als nicht der Berufung zugängliche Entscheidung erweisen, bestimmt sich die Anfechtbarkeit für jeden Teil gesondert[3].

5 **2. Ausnahme bei der isolierten Anfechtung von Kostenentscheidungen in Endurteilen.** Soll bei einem **Anerkenntnisurteil** nur die **Kostenentscheidung** angegriffen werden, so findet gem. § 99 Abs. 2 die **sofortige Beschwerde** statt, nicht die Berufung. Das hat zur Folge, dass nicht die einmonatige Berufungsfrist des § 517, sondern die **zweiwöchige Beschwerdefrist** des § 569 zu beachten ist.

6 Die Vorschrift des § 99 Abs. 2 ist entsprechend auf die Anfechtung eines auf **Kostenwiderspruch** (→ § 925 Rn. 13) ergangenen Urteils **im Arrest- oder Verfügungsverfahren** anwendbar[4]. Eine deshalb unstatthafte Berufung kann allerdings – wenn sie innerhalb der Zwei-Wochen-Frist des § 569 eingelegt worden ist – in das statthafte Rechtsmittel der sofortigen Beschwerde umgedeutet werden[5].

7 Dagegen verbleibt es für die Rechtsmittel gegen **Mischurteile** – insbesondere wenn der vorangegangene Widerspruch nur hinsichtlich eines Teils der Streitgegenstände auf die Kosten beschränkt worden war und sich im Übrigen auch gegen die Sachentscheidung im Arrest- oder Verfügungsbeschluss gewandt hatte – bei der Statthaftigkeit der Berufung, die zur Überprüfung des gesamten Urteils führt[6]. Will der Rechtsmittelführer allerdings ausschließlich eine Überprüfung des Teils des Urteils, der auf dem Anerkenntnis oder dem Teilkostenwiderspruch beruht, so findet die sofortige Beschwerde statt[7].

8 **3. Scheinurteile.** Scheinurteile – etwa Urteilentwürfe, die nicht wirksam verkündet[8] oder versehentlich zugestellt wurden, oder Urteile, bei deren Verkündung gegen elementare, zum Wesen der Verlautbarung gehörende Formerfordernisse verstoßen wurde, so dass keine wirksame Verkündung vorliegt[9] – sind wegen ihrer bloßen Existenz geeignet, schutzwürdige Interessen der nach ihrem Inhalt beschwerten Partei zu beeinträchtigen, und können deshalb mit dem Rechtsmittel angegriffen werden, das gegen ein entsprechendes echtes Urteil gegeben wäre[10].

II. Im ersten Rechtszug

9 **1. Grundsatz.** Statthaft ist die Berufung nur gegen im ersten Rechtszug erlassene Urteile. Die Einordnung als erstinstanzliches Urteil hängt allein davon ab, ob das Gericht in einem bei ihm selbst eingeleiteten Rechtsstreit entschieden hat. Das Urteil eines im Instanzenzug übergeordneten Gerichts, das mit der Sache erst infolge eines Rechtsmittels befasst worden ist, kann auch nicht insoweit als im ersten Rechtszug erlassen angesehen werden, als darin über einen erstmals im Rechtsmittelzug durch Klageerweiterung, Klageänderung oder Widerklage anhängig gemachten Streitgegenstand entschieden worden ist[11].

10 Das gilt auch, soweit eine Parteierweiterung oder -änderung – auch im Wege der Drittwiderklage – erst im Berufungsverfahren erfolgt ist, das Urteil des Berufungsgerichts also auch eine am ersten Rechtszug nicht beteiligte Partei betrifft[12].

11 **2. Sonderfälle.** Eine Ausnahme von dem Grundsatz, dass gegen Urteile des ersten Rechtszugs die Berufung statthaft ist, gilt für gewisse Fälle nach dem **Verwertungsgesellschaftengesetz,** in denen zwar nach § 129 Abs. 1 VGG das Oberlandesgericht im ersten Rechtszug entscheidet, aber kraft

---

[2] Zu weiteren Ausnahmen BGH BeckRS 2009, 13343 Rn. 19 f.
[3] BGH NJW 2015, 2123 Rn. 12; 1999, 1718 (1719) jeweils mwN.
[4] Etwa OLG Hamburg NJW-RR 2012, 1210; KG Magazindienst 2011, 607; OLG München ZUM-RD 2002, 244; Harte-Bavendamm/Henning-Bodewig/*Retzer* § 12 Rn. 486; Thomas/Putzo/*Hüßtege* § 99 Rn. 10b; Teplitzky/*Feddersen* Kap. 55 Rn. 13; Ahrens Wettbewerbsprozess-HdB/*Singer* Kap. 54 Rn. 29; Berneke/*Schüttpelz* Rn. 427.
[5] Harte-Bavendamm/Henning-Bodewig/*Retzer* § 12 Rn. 486; Ahrens Wettbewerbsprozess-HdB/*Singer* Kap. 54 Rn. 29; Berneke/*Schüttpelz* Rn. 430 mwN; Teplitzky/*Feddersen* Kap. 55 Rn. 13.
[6] Harte-Bavendamm/Henning-Bodewig/*Retzer* § 12 Rn. 487; Ahrens Wettbewerbsprozess-HdB/*Bähr* Kap. 53 Rn. 1; Berneke/*Schüttpelz* Rn. 429.
[7] BGH NJW 1964, 660 (661); OLG Zweibrücken FamRZ 2002, 1130; Berneke/*Schüttpelz* Rn. 429; Zöller/*Herget* § 99 Rn. 7; MüKoZPO/*Schulz* § 99 Rn. 32.
[8] BGH GRUR 2007, 1059 Rn. 12 – Zerfallszeitmessgerät.
[9] BGH NJW 2012, 1591 Rn. 13; GRUR 2007, 1059 Rn. 12 – Zerfallszeitmessgerät; jeweils mwN.
[10] BGH NJW-RR 2021, 464 Rn. 11; 2013, 106 Rn. 4; NJW 1999, 1192; Zöller/*Heßler* § 511 Rn. 1.
[11] BGH NJW 1999, 62; NJW-RR 1994, 61.
[12] BGH NJW 1999, 62 f.

ausdrücklicher gesetzlicher Anordnung in § 129 Abs. 3 VGG gegen dessen Entscheidung nicht die Berufung, sondern die – zulassungsbedürftige[13] – Revision zum Bundesgerichtshof stattfindet.

Gleiches gilt für Klagen auf **Entschädigung wegen überlanger Verfahrensdauer** gem. § 198 ff. GVG gegen ein Land. Für solche Klagen ist gem. § 201 Abs. 1 S. 1 GVG das Oberlandesgericht im ersten Rechtszug zuständig; gleichwohl findet gem. § 201 Abs. 2 S. 3 GVG nicht die Berufung, sondern die Revision zum Bundesgerichtshof statt. Auch gegen Urteile in **Musterfeststellungsverfahren** (für die im ersten Rechtszug gem. § 119 Abs. 3 GVG das Oberlandesgericht oder Oberste Landesgericht zuständig ist) findet nach § 614 S. 1 die Revision statt[14].

Gegen die Urteile in Verfahren vor dem **Bundespatentgericht** wegen Erklärung der **Nichtigkeit eines Patents** (§ 84 PatG) findet ebenfalls die Berufung statt, über die der Bundesgerichtshof zu entscheiden hat (§ 110 Abs. 1 PatG). Die Vorschriften der Zivilprozessordnung zu Berufungsverfahren finden auf dieses Berufungsverfahren teilweise Anwendung (§ 110 Abs. 5 und 8, § 112 Abs. 4, § 114 Abs. 4 S. 1, § 115 Abs. 3 S. 2, § 117 S. 1, § 121 Abs. 2 S. 2 PatG).

B. Berufungsparteien

Zur Berufungsführung ist jeder befugt, gegen den sich das erstinstanzliche Urteil richtet[15]. Das kann nicht nur jede Partei des Rechtsstreits sein, sondern auch, wer im Urteil fälschlich als Partei genannt ist[16] oder der Nebenintervenient, dessen Beitritt entgegen § 71 in einem Endurteil zurückgewiesen worden ist[17].

Jeder **Streitgenosse** kann für sich Berufung einlegen; Wirkungen für die anderen Streitgenossen entfaltet das Rechtsmittel nur im Fall der notwendigen Streitgenossenschaft (→ § 62 Rn. 12).

Ein **Nebenintervenient** ist nicht befugt, die **Berufung** im eigenen Namen zu **führen**. Sein Rechtsmittel ist als für die von ihm unterstützte Hauptpartei eingelegt anzusehen[18] und nur zulässig, wenn die Hauptpartei nicht widerspricht (§ 67 Hs. 2), wobei der Widerspruch auch konkludent erklärt werden kann und nicht dem Anwaltszwang unterliegt[19]. Wird die Streithilfe während des Berufungsverfahrens in einem Verfahren gem. § 71 zurückgewiesen, so bleiben bis dahin vorgenommene Prozesshandlungen des Nebenintervenienten, insbesondere dessen Berufungseinlegung und -begründung, wirksam[20].

Berufungsgegner kann ebenfalls nur eine Partei des Rechtsstreits sein (zur Drittwiderklage im Berufungsverfahren → § 533 Rn. 21 f.). Eine **Berufung gegen** den **Nebenintervenienten** ist nicht zulässig[21].

C. Zulässigkeitsvoraussetzungen

I. Beschwer

Die Beschwer als Zulässigkeitsvoraussetzung muss **noch bei Schluss der mündlichen Verhandlung** über die Berufung gegeben sein; ihr Wegfall macht die Berufung unzulässig[22]. Eine Berufung wird daher unzulässig, wenn der im ersten Rechtszug erhobene Klageanspruch im Laufe des Berufungsverfahrens nicht mehr weiterverfolgt, sondern lediglich im Wege der Klageänderung ein neuer, bislang nicht geltend gemachter Anspruch zur Entscheidung gestellt wird. Die Änderung der Klage in zweiter Instanz kann nicht alleiniges Ziel des Rechtsmittels sein; vielmehr setzt ein derartiges Prozessziel eine zulässige Berufung voraus[23]. Daher führt eine Klageänderung, durch welche der Streitgegenstand vollständig ausgetauscht wird, zur Unzulässigkeit der Berufung[24]. Die Auffassung, eine erst nach Begründung der Berufung erfolgende **vollständige Klageänderung** tue der Zulässigkeit der Berufung keinen Abbruch[25], steht im Widerspruch zu dem Erfordernis der Beschwer noch zum Schluss der

---

[13] BGH GRUR 2013, 1173 – Zulassungsrevision bei Festsetzung von Gesamtverträgen zur früheren Regelung des § 16 Abs. 4 S. 6 WahrnG.
[14] Zur (wenig praxisrelevanten) Frage, ob die Revision der Zulassung bedarf: Musielak/Voit/*Stadler* § 614 Rn. 1 (bejahend); BeckOK ZPO/*Augenhofer*, § 614 Rn. 4; MüKoZPO/*Menges* § 614 Rn. 2; Zöller/*G. Vollkommer* § 614 Rn. 1 (verneinend).
[15] BGH NJW-RR 2006, 644 Rn. 6.
[16] BGH NJW-RR 1995, 764 (765).
[17] BGH NJW-RR 2006, 644 Rn. 6.
[18] BGH NJW-RR 2020, 942 Rn. 6; BeckRS 2016, 17023 Rn. 15 f.; NJW-RR 2012, 1042 Rn. 5.
[19] BGH BeckRS 2015, 14207 Rn. 8 mwN; vgl. auch BGH BeckRS 2016, 17023 Rn. 27 f.
[20] BGH NJW-RR 2020, 942 Rn. 11 mwN.
[21] Zöller/*Heßler* § 511 Rn. 7.
[22] BGH NJW-RR 2006, 442 Rn. 15 f.; 2004, 1365; allg. BGH NJW-RR 2018, 384 Rn. 8 mwN.
[23] BGH BeckRS 2020, 4913 Rn. 6; NJW 2019, 2166 Rn. 8; BeckRS 2015, 01265 Rn. 6; NJW 2011, 3653 Rn. 7; GRUR 2009, 856 Rn. 12 – Tripp-Trapp-Stuhl; GRUR 2008, 1121 Rn. 14 – Freundschaftswerbung im Internet; NJW-RR 2006, 442 Rn. 15.
[24] BGH NJW-RR 2012, 516 Rn. 17; GRUR 2008, 1121 Rn. 14 – Freundschaftswerbung im Internet, jeweils mwN; teilw. aA Stein/Jonas/*Althammer* vor § 511 Rn. 73.
[25] OLG Hamburg NJOZ 2001, 657 (658); Musielak/Voit/*Ball* Vorb. vor § 511 Rn. 26 gegen BGH NJW 2006, 442 Rn. 15 u. NJW-RR 2002, 1435 (1436).

mündlichen Verhandlung. Entsprechend führt auch die Kombination aus Erweiterung der Klage (etwa aus einem mittlerweile erteilten Patent) und späterer Rücknahme der ursprünglichen Klage (aus dem gleichlautenden Gebrauchsmuster) zur Unzulässigkeit der Berufung[26]. Wenn der im ersten Rechtszug unterlegene Kläger im Berufungsverfahren seine Klage gem. § 533 um einen neuen Streitgegenstand erweitert und diesen als Hauptantrag, den ursprünglichen Klageantrag dagegen nur noch hilfsweise verfolgt, ist die Berufung hinsichtlich des neuen Hauptantrags mangels Beschwer unzulässig[27].

19 Allerdings führt nicht jede Änderung des klägerischen Vorbringens zu einem Austausch des Streitgegenstands. Wird ein **einheitlicher Lebenssachverhalt** zunächst dahin gewürdigt, dass er eine **Wiederholungsgefahr** begründe, und später dahin, dass er (nur) eine **Erstbegehungsgefahr** begründe, so liegt darin **keine Änderung des Streitgegenstands**[28] (→ § 253 Rn. 132 ff.). Entsprechend kann auch der **Wechsel** von der **Täter- zur Störerhaftung** ohne Auswirkung auf den Streitgegenstand sein (→ § 253 Rn. 137), wenn der Antragswortlaut beide Haftungsvarianten umfasst[29] oder in der Berufung der Antragswortlaut neu gefasst wird, um die unverändert beanstandete Verhaltensweise zutreffend zu erfassen[30].

20 Tritt zwischen der Verurteilung im ersten Rechtszug und der Berufungsbegründung ein erledigendes Ereignis – insbesondere die Abgabe einer die Wiederholungsgefahr beseitigenden strafbewehrten Unterlassungserklärung – ein, so ändert sich die Beschwer nicht; vielmehr wird der Beklagte durch die – nunmehr materiell keinesfalls (mehr) gerechtfertigte – Verurteilung weiterhin beschwert[31].

II. Weitere Zulässigkeitsvoraussetzungen

21 **1. Berufung gegen ein zweites Versäumnisurteil.** Richtet sich eine Berufung gegen ein **Versäumnisurteil**, gegen das der Einspruch nicht statthaft ist – also gegen ein zweites Versäumnisurteil gem. § 345 (auch soweit sich der darin verworfene Einspruch gegen einen Vollstreckungsbescheid gerichtet hat, § 700 Abs. 1), ein Versäumnisurteil über einen Einspruch gegen ein Versäumniszwischenurteil (§ 347 Abs. 2 iVm § 345), falls ein entsprechendes streitiges Zwischenurteil berufungsfähig sein könnte [→ Rn. 3; § 514 Rn. 6]) oder ein Versäumnisurteil über einen Wiedereinsetzungsantrag (§ 238 Abs. 2 S. 2), so ist sie unabhängig vom Wert des Beschwerdegegenstands (→ Rn. 22 ff.) oder einer Zulassung durch das Gericht des ersten Rechtszugs (→ Rn. 41 ff.) gem. § 514 Abs. 2 statthaft, wenn sie darauf gestützt wird, dass **kein Fall der schuldhaften Versäumung** vorgelegen habe; andere Begründungen können die grundsätzliche Unstatthaftigkeit der Berufung gegen Versäumnisurteile nicht überwinden (→ § 514 Rn. 8 ff.).

22 **2. Wertberufung.** Die Berufung ist ohne weiteres zulässig, wenn der Wert des Beschwerdegegenstands 600 Euro übersteigt (§ 511 Abs. 2 Nr. 1).

23 Mit dem Wert des Beschwerdegegenstands ist der Wert gerade der Beschwer durch das Ersturteil gemeint, die das Berufungsgericht beseitigen soll. Er ist nicht zwangsläufig identisch mit demjenigen der vom Ersturteil ausgehenden Beschwer: greift der Berufungsführer ein Urteil nicht in dem vollen Umfang an, in dem es für ihn nachteilig ist, sondern nimmt es teilweise hin, so liegt der Wert des Beschwerdegegenstands unter dem der Beschwer[32]. Da ein zunächst beschränkter, die Berufungssumme unterschreitender Berufungsantrag bis zum Schluss der mündlichen Verhandlung erweitert werden kann, soweit die Erweiterung von der fristgerecht eingereichten Berufungsbegründung gedeckt ist (→ § 520 Rn. 21), kann regelmäßig erst zu diesem Zeitpunkt beurteilt werden, ob der Wert des Beschwerdegegenstands die Berufungssumme erreicht[33]. Dagegen können Streitgegenstände, die im Berufungsverfahren (im Wege der Klageerweiterung oder der Widerklage) neu eingeführt werden, den Wert des Beschwerdegegenstands nicht erhöhen.

24 **a) Allgemeines zur Wertbestimmung.** Gem. § 2 finden die Regelungen der §§ 3 ff. auch auf die Bestimmung des Werts des Beschwerdegegenstands Anwendung. Die meisten der im Gewerblichen Rechtsschutz auftretenden Streitgegenstände sind gem. § 3 zu bewerten. Bei der Ausübung seines Ermessens ist das Berufungsgericht nicht an den in ersten Rechtszug festgesetzten Streitwert gebunden[34].

24a Legen mehrere Streitgenossen Berufung ein, so sind für den Wert des Beschwerdegegenstands die auf die einzelnen Streitgenossen entfallenden Beschwerdewerte gem. § 5 zusammenzurechnen, sofern

---

[26] *Haedicke/Kamlah* FS Mes, 2009, 153 ff.; aA OLG München GRUR-RR 2006, 385 – Kassieranlage.
[27] BGH NJW 2003, 1244 (1245) mwN; Musielak/Voit/*Ball* Vorb. vor § 511 Rn. 26; Zöller/*Heßler* vor § 511 Rn. 10a; MüKoZPO/*Rimmelspacher* Vorb. zu § 511 Rn. 79.
[28] BGH GRUR 2016, 1187 Rn. 20 – Stirnlampen; GRUR 2016, 83 Rn. 40 – Amplidect/ampliteq.
[29] BGH GRUR 2018, 178 Rn. 73 – Vorschaubilder III; GRUR 2016, 936 Rn. 15 – Angebotsmanipulation bei Amazon.
[30] BGH GRUR 2015, 1108 Rn. 28 – Green-IT; aA *Bölling* GRUR 2013, 1092 (1095).
[31] OLG Düsseldorf NJW-RR 2011, 495 (496).
[32] BGH NJW-RR 2009, 853 Rn. 5.
[33] BGH BeckRS 2017, 102358 Rn. 9.
[34] BGH NJW 2015, 873 Rn. 14 mwN.

die verfolgten Ansprüche nicht – wie etwa bei Gesamtschuldnerschaft – wirtschaftlich identisch sind[35]. Die Zusammenrechnung findet nur hinsichtlich der berufungsführenden Streitgenossen statt, also nicht, wenn nur einer der Streitgenossen Berufung einlegt[36].

Bei einer unzulässigen Trennung (vgl. § 145) kommt eine Berechnung der Rechtsmittelbeschwer **24b** aus dem einheitlichen Wert des Verfahrens vor der Trennung nur in Betracht, wenn sämtliche durch die Verfahrenstrennung geschaffenen Einzelverfahren in die Rechtsmittelinstanz gelangt sind[37].

Übergeht das Erstgericht bei seinem Urteil einen Teil der Streitgegenstände, so bleibt der Wert **24c** dieses Teils bei der Bestimmung des Werts der Beschwer durch das (insoweit unvollständige) Urteil außer Betracht; über diesen Teil muss vielmehr – gegebenenfalls nach Tatbestandsberichtigung gem. § 320 – im Wege des Ergänzungsurteils gem. § 321 entschieden werden, das gesondert mit der Berufung anzugreifen ist[38] (→ § 518 Rn. 1); wegen der durch § 518 S. 2 zwingend angeordneten Verbindung der beiden Berufungsverfahren sind dann für den Wert der Beschwer einer Partei die Werte der beiden Berufungsverfahren zu addieren[39].

Hat sich der Rechtsstreit in der Hauptsache zum Teil erledigt und wird durch Urteil über den nicht **25** erledigten Teil der Hauptsache und zugleich über die Kosten des erledigten Teils entschieden, so ist die Berufung grundsätzlich nur zulässig, wenn der nicht erledigte Teil der Hauptsache die Berufungssumme erreicht. Die Kosten des erledigten Teils bleiben für die Beurteilung, ob die Berufungssumme erreicht ist, grundsätzlich außer Betracht[40]; anderes gilt nur, wenn sie als nunmehrige Hauptforderung weiterverfolgt werden (→ Rn. 28).

Verlangt der Kläger einen in das Ermessen des Gerichts gestellten Betrag, etwa ein angemessenes **26** Schmerzensgeld, so ist für seine Beschwer als Berufungsführer nicht der angemessene Betrag, sondern die von ihm geäußerte Größenvorstellung maßgebend. Gibt er einen Mindestbetrag an, was nicht im Klageantrag selbst geschehen muss, so ist für die Berechnung seiner Beschwer von diesem Mindestbetrag auszugehen. Eine Beschwer besteht nur, soweit dieser unterschritten wurde[41].

Maßgeblich für die Wertbestimmung ist der **Zeitpunkt der Berufungseinlegung** (§ 4 Abs. 1 **27** Hs. 1 iVm § 2)[42]. Spätere Änderungen des Werts des jeweiligen Streitgegenstands sind unbeachtlich. Davon zu unterscheiden ist, ob im Laufe des Berufungsverfahrens im Wege der Klageerweiterung (§ 533) neue Streitgegenstände hinzukommen (für deren Wertbestimmung es auf den Zeitpunkt der Einreichung der Klageerweiterung ankommt[43]) oder ein Teil der zunächst ins Berufungsverfahren gelangten Streitgegenstände wegfällt, etwa durch übereinstimmende Teilerledigterklärung oder Teilberufungsrücknahme. Hier schwankt nicht der Wert einzelner Gegenstände, sondern die Zahl der zu bewertenden Gegenstände; das ist bei der Wertbestimmung zu berücksichtigen. Entsprechendes gilt auch, wenn sich erst aus der Berufungsbegründung ergibt, dass das Ersturteil nicht vollständig angefochten wird: Maßgeblich ist der Wert, welchen der nach den Anträgen in der Berufungsbegründung ins Berufungsverfahren gelangte Streitgegenstand zum Zeitpunkt der Berufungseinlegung hatte[44].

Abmahnkosten erhöhen den Wert des Beschwerdegegenstands nach § 4 Abs. 1 Hs. 2 iVm § 2 **28** nicht, wenn sie neben dem Hauptanspruch als Nebenforderung geltend gemacht werden[45]. Soweit allerdings mit der Abmahnung ein Anspruch durchgesetzt werden sollte, der nicht (mehr) Gegenstand des Rechtsstreits ist (insbesondere die mit der Abmahnung verlangte Unterlassungserklärung abgegeben wurde und mit der Klage neben den Abmahnkosten nur noch Auskunft und Schadensersatzfeststellung verfolgt werden), erstarken die Abmahnkosten anteilig zu einer Streit- und Beschwerdewert erhöhenden Hauptforderung[46].

Nach § 511 Abs. 3 hat der Berufungsführer die für die Bestimmung des Werts des Beschwerde- **29** gegenstands (ggf. durch Schätzung) erforderlichen Tatsachen nicht nur vorzutragen[47], sondern auch **glaubhaft zu machen.** Dabei ist zwar seine eidesstattliche Versicherung unzulässig; bei entsprechender Überzeugungskraft kann aber seine bloße Parteierklärung zur Glaubhaftmachung ausreichen[48]. Liegt – wie in aller Regel – keine Glaubhaftmachung vor, so ist die Berufung nicht unzulässig, denn

---

[35] BGH NJW 2015, 3713 Rn. 6; 2015, 2816 Rn. 7 ff.
[36] BeckOK ZPO/*Wulf*, § 511 Rn. 18.25; Zöller/*Heßler* § 511 Rn. 25; Anders/Gehle/*Göertz* § 511 Rn. 17 „Streitgenossen"; vgl. auch BGH NJW 1965, 761; aA BGH NJW 2001, 230 (231); Musielak/Voit/*Ball* § 511 Rn. 19.
[37] BGH NJW-RR 2020, 1455 Rn. 3; BeckRS 2019, 8679 Rn. 6.
[38] BGH NJW-RR 2020, 1517 Rn. 12 f.
[39] BeckOK ZPO/*Wulf* § 518 Rn. 1; MüKoZPO/*Rimmelspacher* Vorb. zu § 511 Rn. 41.
[40] BGH BeckRS 2014, 02540 Rn. 4; s. auch BGH NJW-RR 2018, 384 Rn. 11 mwN.
[41] BGH BeckRS 2016, 06846 Rn. 6 mwN.
[42] BGH NJW-RR 2016, 433 Rn. 8 mwN.
[43] MüKoZPO/*Wöstmann* § 4 Rn. 5; Teplitzky/*Feddersen* Kap. 49 Rn. 8.
[44] MüKoZPO/*Rimmelspacher* § 511 Rn. 55; aA Prütting/Gehrlein/*Lemke* ZPO § 511 Rn. 40.
[45] BGH BeckRS 2019, 2408 Rn. 6; 2015, 20720 Rn. 10; GRUR-RR 2012, 271 (Ls.) – Matratzen-Test-Werbung = BeckRS 2012, 07783 (dort Rn. 5 mwN); vgl. auch BGH NJW-RR 2011, 1430 Rn. 5.
[46] BGH BeckRS 2019, 2408 Rn. 6; GRUR 2018, 400 Rn. 9 – Konferenz der Tiere; NJW 2014, 3100 Rn. 5; GRUR-RR 2013, 448 – Rezeptbild, allg. zur Berechnungsmethode BGH NJW 2020, 3174 mkritAnm *N. Schneider*.
[47] BGH BeckRS 2017, 130171 Rn. 11 mwN.
[48] BGH NJW 2015, 873 Rn. 20.

schon die Wertangabe selbst ist nicht zwingend (vgl. § 520 Abs. 4 Nr. 1: „soll")[49]; vielmehr hat das Berufungsgericht den Wert aufgrund eigener Lebenserfahrung und Sachkenntnis gem. § 3 iVm § 2 nach freiem Ermessen ohne Bindung an einen für den ersten Rechtszug festgesetzten Streitwert zu **schätzen**[50] und dazu die Akten von Amts wegen (vgl. § 522 Abs. 1 S. 1) auswerten[51]. Ob bei der Schätzung für die Einholung eines Sachverständigengutachtens von Amts wegen kein Raum ist[52], obwohl sie in dem gem. § 2 auch für die Festsetzung des Werts des Beschwerdegegenstands geltenden § 3 Hs. 2 ausdrücklich erwähnt ist, dürfte rein akademische Bedeutung haben, denn jedenfalls ist das Berufungsgericht angesichts seines freien Ermessens nicht zu einer solchen Beweisaufnahme verpflichtet.

30   **b) Divergierende Werte für Gläubiger und Schuldner eines Anspruchs.** Während es bei Zahlungsklagen, Klagen auf Herausgabe von Sachen oder Ähnlichem für beide Parteien eines Rechtsstreits auf den objektiven Verkehrswert des inmitten stehenden Gegenstands ankommt, können sich bei anderen, im Gewerblichen Rechtsschutz häufig geltend gemachten Ansprüchen die Bewertung aus der Sicht des Klägers und diejenige aus der Sicht des Beklagten unterscheiden. Das hat zur Folge, dass sich für die Beschwer des Klägers durch ein klageabweisendes Urteil und die Beschwer des Beklagten durch ein zusprechendes Urteil unterschiedliche Werte ergeben können.

31   **aa) Ansprüche auf Auskunft, Rechnungslegung, Einsichtsgewährung in Unterlagen, Abgabe einer eidesstattlichen Versicherung oder dergleichen.** Der Streitwert einer Auskunftsklage und die Beschwer des zur Auskunft verurteilten Beklagten fallen in aller Regel erheblich auseinander[53].

32   **(1) Wert bei der Berufung des Gläubigers.** Der Wert eines Auskunftsanspruchs für den Gläubiger richtet sich nach dessen gem. § 3 iVm § 2 zu schätzenden wirtschaftlichen Interesse an der Erteilung der Auskunft[54].

33   **(2) Wert bei der Berufung des Schuldners.** Dagegen richtet sich der Beschwerdewert für die Berufung der zur Auskunftserteilung verurteilten Partei nach deren Interesse, die Auskunft nicht erteilen zu müssen. Dabei ist im Wesentlichen darauf abzustellen, welchen **Aufwand an Zeit und Kosten** die Erteilung der Auskunft erfordert und ob die verurteilte Partei ein schützenswertes Interesse daran hat, bestimmte Tatsachen vor dem Gegner geheim zu halten[55]. Das etwa daneben bestehende Interesse des Verurteilten, die Durchsetzung des Hauptanspruchs zu verhindern, geht über den unmittelbaren Gegenstand der Entscheidung hinaus und hat deshalb außer Betracht zu bleiben[56]. Bereits vorprozessual erbrachter Zeit- und Kostenaufwand ist nicht zu berücksichtigen, weil das Ersturteil nur zu den darüber hinaus zur Erfüllung der Verpflichtung notwendigen Maßnahmen verpflichtet[57]. Auch die Einleitung der Zwangsvollstreckung aus einem vollstreckbaren erstgerichtlichen Auskunftstitel erhöht die Beschwer hinsichtlich der Auskunftsverpflichtung nicht[58].

34   Zu den berücksichtigungsfähigen Kosten gehören neben dem **Eigenaufwand** – der unter Heranziehung der Vorschriften des JVEG[59] und nicht danach zu bemessen ist, welche Stundensätze der Verpflichtete Dritten berechnet[60] – auch die **Ausgaben für die Inanspruchnahme fachkundiger Dritter,** auf deren Hilfe der Verpflichtete zur Vorbereitung einer nicht ohne weiteres zu leistenden Auskunft zurückgreifen darf[61].

34a Bei der Bemessung der Beschwer ist auch der zu erwartende Kostenaufwand zu berücksichtigen, der notwendig ist, um mit anwaltlicher Hilfe Vollstreckungsversuche aus der Verurteilung zu einer **unmöglichen Leistung** abzuwehren; dabei genügt es, wenn der Beklagte im Rahmen der Verurteilung zur Auskunft zu einer nach seinem Vortrag unmöglichen Leistung verurteilt worden ist[62].

---

[49] BGH NJW-RR 2018, 1421 Rn. 6 mwN.
[50] BGH NJW 2015, 873 Rn. 14 mwN.
[51] BGH NJW-RR 2018, 1421 Rn. 6.
[52] So BGH NJW-RR 1998, 573.
[53] BGH NJW-RR 2012, 633 Rn. 15 mwN.
[54] BGH NJW-RR 2018, 1265 Rn. 10; BeckRS 2015, 20930 Rn. 8.
[55] BGH NJW 2019, 1752 Rn. 5; GRUR-RR 2017, 185 Rn. 8 – Derrick; GRUR 2015, 615 Rn. 10 – Auskunftsverurteilung; NJW-RR 2012, 888 Rn. 5; NJW 2011, 2974 Rn. 3 mwN; GRUR 2010, 1035 Rn. 4 – Wert der Beschwer.
[56] BGH NJW-RR 2020, 189 Rn. 8; GSZ GRUR 1995, 701 (702) – Rechtsmittelbeschwerde gegen Auskunftsverurteilung mAnm *Jacobs;* BGH GRUR 2000, 1111 – Urteilsbeschwer bei Stufenklage; vgl. auch BGH NJW-RR 2015, 337 Rn. 5 mwN.
[57] BGH NJW-RR 2020, 189 Rn. 9.
[58] BGH NJW-RR 2016, 9 Rn. 20.
[59] BGH GRUR-RR 2017, 185 Rn. 13 f. – Derrick; GRUR 2015, 615 Rn. 16 – Auskunftserteilung; jeweils mwN.
[60] BGH NJW-RR 2010, 786 Rn. 6.
[61] BGH GRUR-RR 2017, 185 Rn. 13; GRUR 2010, 1035 Rn. 6 – Wert der Beschwer; jeweils mwN; vgl. auch BGH GRUR 2014, 908 Rn. 8 – Erweiterte Angaben zur Umsatzentwicklung.
[62] BGH NJW 2019, 1752 Rn. 5; BeckRS 2017, 130171 Rn. 16; jeweils mwN.

Zur Berücksichtigung eines **Geheimhaltungsinteresses** der zur Auskunft verurteilten Partei muss 35 diese substanziiert darlegen und erforderlichenfalls glaubhaft machen, dass ihr durch die Erteilung der Auskunft ein konkreter wirtschaftlicher Nachteil droht; das kommt etwa in Betracht, wenn in der Person des Auskunftsbegehrenden die Gefahr begründet ist, dieser werde von den ihm offenbarten Tatsachen über den Rechtsstreit hinaus in einer Weise Gebrauch machen, die schützenswerte wirtschaftliche Interessen des zur Auskunft Verpflichteten gefährden könnten[63]. Dagegen stellen Beeinträchtigungen von Drittbeziehungen keinen aus dem Urteil fließenden Nachteil dar und haben deshalb als reine Fernwirkung nicht nur für den Streitgegenstand und die daran zu orientierende Bemessung des Streitwerts, sondern gleichermaßen für die Beschwer außer Betracht zu bleiben[64]. So begründet ein für den Fall einer Inanspruchnahme aufgrund der Auskunftserteilung geltend gemachtes Haftungsinteresse gegenüber einem nicht am Verfahren beteiligten Dritten kein schützenswertes wirtschaftliches Interesse an einer Geheimhaltung gegenüber dem Kläger und erhöht die Beschwer im Auskunftsverfahren nicht[65].

Diese zur Auskunftserteilung entwickelten Grundsätze gelten auch für vergleichbare Ansprüche[66], 36 etwa auf **Rechnungslegung**[67], **Besichtigung**[68], **Einsichtsgewährung in Unterlagen**[69] und **Abgabe einer eidesstattlichen Versicherung**[70].

bb) Unterlassungsansprüche. (1) Wert bei der Berufung des Gläubigers. Der Wert eines 37 Unterlassungsanspruchs für den Gläubiger richtet sich nach dessen gem. § 3 iVm § 2 zu schätzenden Interesse an der Vermeidung der ihm aus dem zu unterlassenden Verhalten erwachsenden wirtschaftlichen Nachteile. Dieses Interesse ist pauschalierend und unter Berücksichtigung von Bedeutung, Größe und Umsatz des Verletzers, Art, Umfang und Richtung der Verletzungshandlung sowie subjektiven Umständen auf Seiten des Verletzers, wie etwa dem Verschuldensgrad, zu bewerten[71].

(2) Wert bei der Berufung des Schuldners. Die Beschwer des Beklagten richtet sich danach, wie 38 sich das ausgesprochene Verbot zu seinem **Nachteil** auswirkt[72]. Außer Betracht bleiben dabei die Nachteile, die nicht mit der Befolgung des Unterlassungsgebots, sondern mit einer Zuwiderhandlung – etwa durch die Festsetzung eines Ordnungsgeldes oder durch die Bestellung einer Sicherheit - verbunden sind[73].

Das Interesse des Beklagten an einer Beseitigung der Verurteilung zur Unterlassung **entspricht** zwar 39 nicht zwangsläufig, aber doch regelmäßig **dem Interesse des Klägers** an dieser Verurteilung[74].

Wendet sich dagegen der Beklagte nicht gegen die Unterlassungsverpflichtung als solche, sondern 40 verteidigt sich allein damit, er habe die ihm vorgeworfene Verletzungshandlung nicht begangen, so soll sich die Beschwer des Beklagten nach einer Auffassung (allenfalls) nach dem Aufwand und den Kosten richten, die ihm entstehen können, wenn er dem titulierten Unterlassungsanspruch nachkommt, und meist den Mindeststreitwert von 300 Euro nicht übersteigen[75]. Dieser Auffassung kann nicht zugestimmt werden. Die Rechtsmittelbeschwer des Beklagten richtet sich – anders als die Beschwer des Klägers – nicht formell nach dem Umfang seines Prozessverhaltens, sondern materiell danach, ob die Entscheidung seine Rechtsposition beeinträchtigt oder seinen Pflichtenkreis erweitert; es kommt nicht darauf an, in welcher Weise er zu dem Klagevorbringen Stellung genommen hat. Für die Frage der Beschwer ist mithin der Umfang des vom Schuldner zu erfüllenden Unterlassungsgebots, also die Einschränkung seiner wirtschaftlichen Betätigungsfreiheit, maßgebend. Die darin liegende Beschwer wird nicht dadurch geringer, dass der Beklagte nur einen für die Begehungsgefahr erforderlichen Verletzungsfall bestreitet, statt zusätzlich die Rechtsansicht zu vertreten, der vom Kläger behauptete Verletzungsfall erfülle nicht die Tatbestandsvoraussetzungen der in Rede stehenden Verbotsnorm[76].

---

[63] BGH NJW 2011, 2974 Rn. 8 mwN; zum Erfordernis substanziierten Vorbringens auch BGH BeckRS 2020, 42528 Rn. 8.
[64] BGH BeckRS 2017, 136043 Rn. 13; NJW 2011, 2974 Rn. 8; jeweils mwN.
[65] BGH NJOZ 2011, 455 Rn. 7; NJW-RR 2010, 786 Rn. 17; jeweils mwN.
[66] BGH GSZ GRUR 1995, 701 (702) – Rechtsmittelbeschwerde gegen Auskunftsverurteilung mAnm *Jacobs*.
[67] BGH BeckRS 2013, 09522; NJW/RR 2012, 888 Rn. 5, jeweils mwN.
[68] BGH GRUR-RR 2010, 407 = BeckRS 2010, 11845 (dort Rn. 4) – Vollautomatische Röntgenbildbearbeitung.
[69] BGH NJW 2011, 2974 Rn. 3 mwN.
[70] BGH NJW-RR 2018, 1265 Rn. 10; BeckRS 2017, 133094 Rn. 7; GRUR 2014, 908 Rn. 7 – Erweiterte Angaben zur Umsatzentwicklung; jeweils mwN.
[71] BGH GRUR-RS 2020, 18108 Rn. 7; GRUR 2018, 655 Rn. 9 mwN – Posterversandkosten.
[72] BGH GRUR 2013, 1067 Rn. 10 – Beschwer des Unterlassungsschuldners mwN.
[73] BGH GRUR 2015, 298 Rn. 8 – Wohnmobil-Anmietung; GRUR 2013, 1067 Rn. 10 – Beschwer des Unterlassungsschuldners.
[74] BGH GRUR-RS 2020, 18108 Rn. 7; GRUR 2018, 655 Rn. 9 – Posterversandkosten; MMR 2016, 413 Rn. 7; GRUR 2014, 206 Rn. 15 – Einkaufskühltasche; GRUR 2013, 1067 Rn. 12 mwN – Beschwer des Unterlassungsschuldners.
[75] OLG Celle BeckRS 2011, 11809; ähnlich KG BeckRS 2011, 21877.
[76] BGH GRUR 2013, 1271 Rn. 9 f.; 2013, 1067 Rn. 14 f. – Beschwer des Unterlassungsschuldners.

41 **3. Zulassungsberufung.** Ist der Beschwerdewert von 600 Euro nicht erreicht, so ist die Berufung nur zulässig, wenn sie vom Gericht des ersten Rechtszugs im Urteil zugelassen worden ist (§ 511 Abs. 2 Nr. 2). Sie ist – zwingend[77] – zuzulassen, wenn die Rechtssache grundsätzliche Bedeutung hat oder die Fortbildung des Rechts oder die Sicherung einer einheitlichen Rechtsprechung eine Entscheidung des Berufungsgerichts erfordert (§ 511 Abs. 4 Nr. 1).

42 **a) Zulassungsgründe.** Die Zulassungsgründe entsprechen den Gründen für die Zulassung der Revision in § 543 Abs. 2[78]. Insoweit wird auf die Kommentierung zu § 543 verwiesen (→ § 543 Rn. 5 ff.). Eine beschränkte Berufungszulassung ist unter denselben Voraussetzungen wie die beschränkte Revisionszulassung (→ § 543 Rn. 36 ff.) zulässig[79].

43 **b) Zulassungsentscheidung.** Die Entscheidung über die Zulassung der Berufung ist grundsätzlich dem Gericht des ersten Rechtszugs vorbehalten[80]. Der Einzelrichter gem. § 348 ist grundsätzlich nicht zur Zulassung befugt, weil die Berufungszulassungsgründe gleichzeitig einen Grund für die Vorlage an die Kammer gem. § 348 Abs. 3 Nr. 2 darstellen; nur wenn die Kammer die Übernahme abgelehnt hat, darf der Einzelrichter die Zulassung aussprechen[81]. Die Entscheidung muss nicht zwingend im Tenor des erstgerichtlichen Urteils ausgesprochen sein; es genügt, wenn sie lediglich in den Urteilsgründen enthalten ist[82].

44 Hat keine Partei die Zulassung beantragt, ist eine ausdrückliche Entscheidung entbehrlich; das **Schweigen** im Urteil **bedeutet** zumindest in diesem Fall **Nichtzulassung**[83].

45 Ist das Gericht des ersten Rechtszugs allerdings davon ausgegangen, dass die Beschwer der unterlegenen Partei 600 Euro übersteige, und hat es deswegen keine Prüfung der Zulassung der Berufung vorgenommen, so muss das Berufungsgericht grundsätzlich diese **Zulassungsprüfung nachzuholen;** in dieser Fallgestaltung kann dem Schweigen des erstinstanzlichen Urteils über die Zulassung des Rechtsmittels nicht entnommen werden, das Gericht habe die Berufung nicht zugelassen, denn es konnte – von seinem Standpunkt zum Streitwert aus folgerichtig – davon ausgehen, diese sei bereits gem. § 511 Abs. 2 Nr. 1 statthaft und somit eine Entscheidung über die Zulassung der Berufung entbehrlich[84]. Hat das Erstgericht eine Sicherheitsleistung gem. § 709 S. 1 angeordnet, so kann daraus geschlossen werden, dass die Berufung gegen sein Urteil für statthaft erachtet hat[85]. Ein **Antrag** auf Zulassung der Berufung ist **nicht erforderlich,** um die Prüfungskompetenz des Berufungsgerichts zu eröffnen[86]. Für die Zulässigkeit der Berufung unschädlich ist es, wenn auch das Berufungsgericht zu Unrecht keine Zulassungsentscheidung getroffen, aber die Revision zugelassen hat, denn wegen der Identität der Berufungs- und der Revisionszulassungsgründe ist davon auszugehen, dass das Berufungsgericht die Berufung als zugelassen behandelt hätte, wenn ihm die Notwendigkeit einer Entscheidung hierüber bewusst gewesen wäre[87].

46 Allerdings findet **keine Zulassungsnachholung durch das Berufungsgericht** statt, wenn das Gericht des ersten Rechtszugs den Beklagten ohne Entscheidung über die Berufungszulassung zur **Erteilung einer Auskunft** verurteilt und den Streitwert der Auskunftsklage auf mehr als 600 Euro festgesetzt hat. Denn der Streitwert der Auskunftsklage und die Beschwer des zur Auskunft verurteilten Beklagten fallen häufig so erheblich auseinander (→ Rn. 31 ff.), dass kein Raum für die Annahme ist, der erstinstanzliche Richter habe aufgrund seiner Streitwertfestsetzung keinen Anlass gehabt, über die Zulassung der Berufung zu befinden[88]; das gilt insbesondere dann, wenn das erstinstanzliche Gericht das Urteil ohne Sicherheitsleistung und ohne Anordnung der Abwendungsbefugnis für vorläufig vollstreckbar erklärt und damit zum Ausdruck gebracht hat, dass nach seiner Auffassung die Voraussetzungen, unter denen ein Rechtsmittel gegen das Urteil stattfindet, unzweifelhaft nicht vorliegen (§ 713)[89], oder wenn der Einzelrichter den Rechtsstreit entschieden hat, nicht nach § 348 Abs. 3 der Zivilkammer zur Entscheidung über eine Übernahme vorgelegt hat[90]. In diesen Fällen verbleibt es bei dem allgemeinen Grundsatz, dass das Schweigen im erstinstanzlichen Urteil Nichtzulassung der Berufung bedeutet.

---

[77] BVerfG BeckRS 2017, 117816 Rn. 31.
[78] BGH NJW 2011, 926 Rn. 13; Zöller/*Heßler* § 511 Rn. 36; BeckOK ZPO/*Wulf* § 511 Rn. 39 mwN.
[79] BGH NJW 2018, 937 Rn. 8; NJW-RR 2009, 1431 Rn. 10 mwN.
[80] BGH MMR 2013, 169 Rn. 8; NJW 2011, 926 Rn. 15; jeweils mwN.
[81] MüKoZPO/*Rimmelspacher* § 511 Rn. 81.
[82] BGH NJW 2016, 1179 Rn. 5 mwN.
[83] BGH MMR 2013, 169 Rn. 8; NJW 2011, 2974 Rn. 16; 2011, 926 Rn. 15; jeweils mwN.
[84] BGH BeckRS 2018, 22492 Rn. 13; BeckRS 2014, 10067 Rn. 7; MMR 2013, 169 Rn. 8; NJW 2011, 2974 Rn. 16; 2011, 926 Rn. 15; jeweils mwN.
[85] BGH BeckRS 2017, 130171 Rn. 30; aA BGH NJW-RR 2012, 633 Rn. 16 f.
[86] BGH BeckRS 2017, 130171 Rn. 24.
[87] BGH NJW 2008, 218 Rn. 13.
[88] BGH MMR 2013, 169 Rn. 8; NJW 2011, 2974 Rn. 16; 2011, 926 Rn. 17; jeweils mwN.
[89] BGH NJW 2011, 926 Rn. 18 mwN.
[90] BGH NJW 2011, 2974 Rn. 17 f. mwN.

Das Berufungsgericht ist an die Zulassung gebunden (§ 511 Abs. 4 S. 2). Damit ist indes keine Bindung an die Einschätzung des Erstgerichts verbunden, die zur Zulassung geführt hat. Das Berufungsgericht kann daher abweichend zu dem Ergebnis gelangen, dass weder die Rechtssache grundsätzliche Bedeutung hat (§ 522 Abs. 2 Nr. 2) noch die Fortbildung des Rechts oder die Sicherung einer einheitlichen Rechtsprechung (§ 522 Abs. 2 Nr. 3) ein Berufungsurteil erfordern, und die Berufung trotz Zulassung durch das Gericht des ersten Rechtszugs nach § 522 Abs. 2 durch Beschluss zurückweisen[91].

§ 512 Vorentscheidungen im ersten Rechtszug

Der Beurteilung des Berufungsgerichts unterliegen auch diejenigen Entscheidungen, die dem Endurteil vorausgegangen sind, sofern sie nicht nach den Vorschriften dieses Gesetzes unanfechtbar oder mit der sofortigen Beschwerde anfechtbar sind.

A. Grundsatz

Um dem Berufungsgericht die **möglichst umfassende Beurteilung** des Streitstoffs zu ermöglichen, unterliegen grundsätzlich auch die dem angegriffenen Urteil vorangegangenen Entscheidungen der Überprüfung im Berufungsverfahren. Einer ausdrücklichen Rüge bedarf es zur Eröffnung der Überprüfung grundsätzlich nicht[1]; für **Verfahrensmängel der Zwischenentscheidung** gilt allerdings § 529 Abs. 2 S. 1, wonach sich die berufungsgerichtliche Überprüfung nur auf solche nicht von Amts wegen zu berücksichtigende Verfahrensmängel erstreckt, die in der Berufungsbegründung geltend gemacht worden sind[2].

Da die Überprüfung von Zwischenentscheidungen nicht um ihrer selbst willen geschieht, sondern der umfassenden Prüfung der Richtigkeit des angegriffenen Urteils dienen soll, ist sie nur eröffnet, wenn das angegriffen Urteil darauf beruht[3].

Im Verfahren der Berufung im **Patentnichtigkeitsverfahren** sind Beschlüsse des Bundespatentgerichts nur zusammen mit den Urteilen anfechtbar (§ 110 Abs. 7 PatG).

B. Ausnahmen

I. Unanfechtbare Entscheidungen

Wird allerdings eine urteilsvorbereitende Entscheidung vom Gesetz ausdrücklich als unanfechtbar bezeichnet, so ist sie auch der Überprüfung im Berufungsverfahren entzogen.

Dazu zählen insbesondere

- Beschlüsse, mit denen ein Ablehnungsgesuch zurückgewiesen wird (§ 46 Abs. 2 Alt. 1)[4],
- Beschlüsse, mit denen ein Fristverlängerungsgesuch zurückgewiesen wird (§ 225 Abs. 3),
- Entscheidungen des Vorsitzenden über Terminsverlegungen oder -aufhebungen (§ 227 Abs. 4 S. 3),
- Beschlüsse, die Wiedereinsetzung gewähren (§ 238 Abs. 3),
- Beschlüsse, die eine Klageänderung zulassen (§ 268),
- Verweisungsbeschlüsse (§ 281)
- Beschlüsse über die Zuständigkeit des originären oder obligatorischen Einzelrichters oder der Kammer (§ 348 Abs. 2, 4; § 348a Abs. 3),
- Beschlüsse, die die Ablehnung eines Sachverständigen für begründet erklären (§ 406 Abs. 5).

II. Entscheidungen, die anderweitig überprüft werden können

Auch dort, wo eine vorbereitende Entscheidung bereits in einem anderen Verfahren zur Überprüfung gestellt werden kann, besteht grundsätzlich kein Bedürfnis, sie auch zum Gegenstand der Beurteilung im Berufungsverfahren über die Endentscheidung zu machen.

Das wird in § 512 nur für die Anfechtbarkeit mit der **sofortigen Beschwerde** ausdrücklich geregelt, gilt indes darüber hinaus auch für Zwischenentscheidungen, die selbständig mit der **Berufung** angefochten werden können[5].

Vom Berufungsgericht hinzunehmen sind daher neben den beschwerdefähigen Entscheidungen (→ § 567 Rn. 2 f.) insbesondere

---

[91] BT-Drs. 14/4722, 93.
[1] BGH GRUR 1952, 260 (261); Thomas/Putzo/*Seiler* § 512 Rn. 1; Musielak/Voit/*Ball* § 512 Rn. 2.
[2] MüKoZPO/*Rimmelspacher* § 512 Rn. 7.
[3] MüKoZPO/*Rimmelspacher* § 512 Rn. 5.
[4] Dazu auch BVerfG BeckRS 2017, 135906 Rn. 4.
[5] Thomas/Putzo/*Seiler* § 512 Rn. 2; Musielak/Voit/*Ball* § 512 Rn. 5; Anders/Gehle/*Göertz* § 512 Rn. 4; Wieczorek/Schütze/*Gerken* § 512 Rn. 13; Stein/Jonas/*Althammer* § 512 Rn. 6; MüKoZPO/*Rimmelspacher* § 512 Rn. 16.

- Urteile, die unter Vorbehalt der Entscheidung über die Aufrechnung (§ 302 Abs. 3) oder im Urkundenprozess unter Vorbehalt der Rechte des Beklagten (§ 599 Abs. 3) ergehen,
- Grundurteile (§ 304 Abs. 2) und
- Zwischenurteile, mit denen eine Wiedereinsetzung nicht gewährt wird[6].

9   Auch Zwischenurteile über die Zulässigkeit der Klage (§ 280 Abs. 2) entfalten grundsätzlich Bindungswirkung. Eine Ausnahme gilt jedoch für ein Zwischenurteil, das zu Unrecht die Befreiung einer Partei von der deutschen Gerichtsbarkeit verneint, weil die Gerichtsbarkeit über einen Verfahrensbeteiligten als selbständige Prozessvoraussetzung in jeder Lage des Verfahrens, also auch von den Rechtsmittelgerichten, von Amts wegen zu beachten ist[7].

§ 513 Berufungsgründe

(1) **Die Berufung kann nur darauf gestützt werden, dass die Entscheidung auf einer Rechtsverletzung (§ 546) beruht oder nach § 529 zugrunde zu legende Tatsachen eine andere Entscheidung rechtfertigen.**

(2) **Die Berufung kann nicht darauf gestützt werden, dass das Gericht des ersten Rechtszuges seine Zuständigkeit zu Unrecht angenommen hat.**

A. Allgemeines

1   Die Vorschrift beschränkt im Interesse der Verfahrensbeschleunigung und eines effektiven Einsatzes der knappen Ressourcen der Justiz die im Berufungsverfahren möglichen Rügen und bewirkt dadurch, dass die Berufung nicht (mehr) uneingeschränkt eine vollwertige zweite Tatsacheninstanz eröffnet, sondern in erster Linie der Überprüfung der erstinstanzlichen Urteile auf korrekte Rechtsanwendung sowie auf Richtigkeit und Vollständigkeit der getroffenen Feststellungen und Beseitigung etwaiger Fehler dient[1]. Denselben Zielen dient es, durch den Ausschluss der Rüge der Unzuständigkeit des Erstgerichts zu vermeiden, dass dessen Sacharbeit wegen fehlender Zuständigkeit hinfällig wird[2].

2   Der Regelung des § 513 Abs. 1 entspricht für die Berufung im **Patentnichtigkeitsverfahren** § 111 Abs. 1 PatG.

B. Regelungsgehalt

I. Keine Wiederholung unbedenklicher Tatsachenfeststellungen des Erstgerichts

3   Das Berufungsgericht soll von solchen Tatsachenfeststellungen entlastet werden, die bereits die erste Instanz vollständig und überzeugend getroffen hat, aber auch nur von solchen[3]. Zum **Aufgabenprogramm des Berufungsgerichts** gehören daher zum einen die **Überprüfung auf Rechtsverletzungen** (die auch im Verfahren der Tatsachenfeststellung oder als Subsumtionsfehler bei der Anwendung von Rechtsnormen auf den festgestellten Sachverhalt auftreten können) und zum anderen die **Tatsachenfeststellung**, wenn die Feststellungen des Erstgerichts unterhalb der Schwelle des Rechtsfehlers Bedenken begegnen oder nicht ausreichen, weil neues Vorbringen zu berücksichtigen ist.

4   **1. Rechtsverletzung. a) Begriff.** Der Begriff der Rechtsverletzung wird in § 513 Abs. 1 gem. ausdrücklicher Verweisung im selben Sinn verwendet wie in § 546. Insoweit wird auf die Kommentierung zu § 546 verwiesen (→ § 546 Rn. 3 ff.). Allerdings besteht im Berufungsverfahren – anders als im Revisionsverfahren (→ § 545 Rn. 9) – keine Veranlassung, die Verletzung ausländischen Rechts von der Überprüfung auszunehmen[4].

5   Die Prüfungskompetenz ist auch eröffnet, wenn das Berufungsgericht auf der Grundlage der nach § 529 berücksichtigungsfähigen Tatsachen die **Auslegung einer Willenserklärung** oder die **Ausübung von Ermessen** durch das Erstgericht zwar für vertretbar, letztlich aber bei Abwägung aller Gesichtspunkte nicht für sachlich überzeugend hält (→ § 529 Rn. 13).

6   **b) Beruhen.** Eine Rechtsverletzung kann nur gerügt werden, wenn die angegriffene Entscheidung auf ihr beruht. Das Ausmaß der Beruhensprüfung hängt vom Charakter der als verletzt gerügten Vorschrift ab: ist sie **materiell-rechtlicher Natur,** so beruht die Entscheidung nur auf der Verletzung, wenn sie bei richtiger Rechtsanwendung einen anderen Inhalt gehabt hätte; ist sie **verfahrensrecht-**

---

[6] BGH NJW 1967, 1566 (1567).
[7] BGH NJW 2009, 3164 Rn. 20.
[1] BGH NJW 2010, 376 Rn. 8.
[2] BT-Drs. 14/4722, 94.
[3] BT-Drs. 14/4722, 61; vgl. auch BGH NJW 2017, 736 Rn. 16.
[4] Zöller/*Heßler* § 513 Rn. 2; MüKoZPO/*Rimmelspacher* § 513 Rn. 9.

licher Natur, so genügt die Möglichkeit, dass das Erstgericht ohne die gerügte Verletzung zu einem anderen Ergebnis gelangt wäre[5].

2. Andere Tatsachengrundlage. Soweit **keine konkreten Zweifel** an der Richtigkeit und Vollständigkeit der Tatsachenfeststellungen des Erstgerichts bestehen, ist das Berufungsgericht gem. § 529 Abs. 1 Nr. 1 an diese Feststellungen **gebunden**. Gerügt werden kann dann nur, dass die so festgestellten Tatsachen eine andere Entscheidung rechtfertigten, also ein **Subsumtionsfehler** als Rechtsverletzung (→ § 546 Rn. 3 f.) vorliege. 7

Die entscheidungserheblichen Tatsachenfeststellungen des Erstgerichts können jedoch auch dann, wenn sie **rechtsfehlerfrei** getroffen worden sind, dem Berufungsgericht aufgrund konkreter Anhaltspunkte **zweifelhaft** erscheinen; in diesem Fall ist das Berufungsgericht gem. § 529 Abs. 1 Nr. 1 gehalten, eigene Feststellungen zu treffen (→ § 529 Rn. 15). Außerdem kann **neuer Tatsachenvortrag** gem. § 529 Abs. 1 Nr. 2 zulässig und für die Entscheidung des Berufungsgerichts erheblich sein. In diesen Fällen sind gem. § 529 andere Tatsachen zugrunde zu legen als vom Erstgericht, so dass die Rüge eröffnet ist, die nach § 529 zugrunde zu legenden Tatsachen rechtfertigten eine andere Entscheidung. 8

II. Keine Prüfung der vom Erstgericht angenommenen Zuständigkeit

Nach § 513 Abs. 2 kann die Berufung nicht darauf gestützt werden, dass das Erstgericht seine Zuständigkeit zu Unrecht angenommen habe. Der Prüfung durch das Berufungsgericht entzogen ist damit jede – ausdrückliche oder konkludente – Entscheidung des Erstgerichts, es sei **sachlich** (→ § 1 Rn. 2 f.), **örtlich** (→ § 1 Rn. 13) oder **funktionell** (→ § 1 Rn. 6 ff.) **zuständig**[6]. Die Rüge ist selbst dann ausgeschlossen, wenn sie zum Gegenstand hat, die Zuständigkeit eines anderen als des Erstgerichts sei eine **ausschließliche**[7]. 9

Die Gründe für den Rügeausschluss, insbes. die Nutzung der vom erstinstanzlichen Gericht geleistete Sacharbeit[8], gebieten, über den Wortlaut hinaus auch dem **Berufungsgegner** die Rüge der fehlerhaft angenommenen Zuständigkeit zu **verwehren**[9]. 10

Es gibt keinen Grund zu einer anderen Bewertung, wenn das Erstgericht die ausschließliche **Zuständigkeit** des **Gerichts der Hauptsache** gemäß § 937 Abs. 1 ZPO **verkannt** hat[10]. Die Gründe für den Rügeausschluss, insbes. die Nutzung der vom erstinstanzlichen Gericht geleistete Sacharbeit[11] liegen auch insoweit vor; dass dann entgegen dem Ziel des § 937 Abs. 1 ZPO im Verfügungs- und im Hauptsacheverfahren verschiedene Gerichte entscheiden, kommt keine durchgreifende Bedeutung zu, da das in den Fällen der zuerst gestellten Verfügungsantrags ohnehin geschehen kann und oft auch geschieht. Es wäre inkonsequent, (nur) hier den Grund für die Ausschließlichkeit der Zuständigkeit zu einem eigenständigen Zweck zu verselbständigen, dessen Verletzung gerügt werden könnte. 11

Lässt das Erstgericht die Frage dieser Zuständigkeiten offen und weist die Klage aus anderen Gründen ab, so fehlt es an der Voraussetzung, dass das Erstgericht seine Zuständigkeit angenommen habe, und das Berufungsgericht ist nicht gehindert, hierüber zu befinden[12]. 12

Geht das Erstgericht in dem angegriffenen Urteil davon aus, dass der **Rechtsweg** zu den ordentlichen Gerichten eröffnet sei, so ergibt sich die grundsätzliche Bindung des Berufungsgerichts an diese Entscheidung nicht aus § 513 Abs. 2, sondern aus § 17a Abs. 5 GVG[13]. Nur wenn das Erstgericht trotz entsprechender Rüge nicht gem. § 17a Abs. 3 GVG vorab, sondern erst im Urteil entschieden hat, kann die Prüfung des Rechtswegs im Rechtsmittelverfahren nachgeholt werden[14]. 13

Entgegen seinem weiten Wortlaut ist § 513 Abs. 2 nicht auch auf die Bejahung der **internationalen Zuständigkeit** durch das Erstgericht anwendbar[15]. Die darin liegende teleologische Reduktion findet ihre Rechtfertigung in dem ungleich höheren Gewicht, das der internationalen Zuständigkeit im Vergleich zur örtlichen, sachlichen oder funktionellen zukommt: Sie betrifft die Abgrenzung zu den Souveränitätsrechten anderer Staaten und entscheidet über das internationale Privatrecht – und damit 14

---

[5] BGH NJW 1995, 1841 (1842) zur Revision; Anders/Gehle/*Goertz* § 513 Rn. 4 aE; Zöller/*Heßler* § 513 Rn. 5; Musielak/Voit/*Ball* § 513 Rn. 5; Stein/Jonas/*Althammer* § 513 Rn. 9.
[6] Zöller/*Heßler* § 513 Rn. 7; Thomas/Putzo/*Seiler* § 513 Rn. 3; Musielak/Voit/*Ball* § 513 Rn. 7; Anders/Gehle/*Goertz* § 513 Rn. 3.
[7] BGH NJW 2005, 1660 (1661) – Bezugsbindung.
[8] BT-Drs. 14/4722, 94.
[9] MüKoZPO/*Rimmelspacher* § 513 Rn. 20; Prütting/Gehrlein/*Lemke* § 513 Rn. 15; Stein/Jonas/*Althammer* § 513 Rn. 14.
[10] AA OLG Hamm BeckRS 2012, 9702; OLG Hamburg BeckRS 1997, 15846 Rn. 20; MDR 1981, 1027 jeweils zum alten Recht; MüKoZPO/*Rimmelspacher* § 513 Rn. 23; Berneke/*Schüttpelz* Rn. 267; Zöller/*Heßler* § 513 Rn. 9.
[11] BT-Drs. 14/4722, 94.
[12] OLG Düsseldorf NJW-RR 2011, 572.
[13] BGH NJW 2008, 3572 Rn. 9 mwN.
[14] BGH NJW 2008, 3572 Rn. 12 mwN.
[15] BGH NJW 2005, 1660 (1662) – Bezugsbindung; NJW 2004, 1456 f.; OLG Düsseldorf GRUR-RR 2010, 368 (Ls.) = NJOZ 2010, 1781 (1782) – interframe dropping; Zöller/*Heßler* § 513 Rn. 8; Musielak/Voit/*Ball* § 513 Rn. 7; vgl. auch BGH GRUR 2021, 730 Rn. 16 mwN – Davidoff Hot Water IV für das Revisionsverfahren.

nicht selten mittelbar über das materielle Recht – sowie das Verfahrensrecht, das Anwendung findet; die Entscheidung über die internationale Zuständigkeit kann demgemäß im Gegensatz zu der Zuständigkeitsabgrenzung unter den deutschen Gerichten die sachliche Entscheidung des Prozesses vorwegnehmen[16]. Damit ginge ein Ausschluss der Rüge der fehlerhaften Annahme der internationalen Zuständigkeit über den Zweck der Vorschrift hinaus, die vom Erstgericht geleistete Sacharbeit zu erhalten[17].

15 Von der internationalen Zuständigkeit zu unterscheiden ist das Bestehen der **deutschen Gerichtsbarkeit,** das als selbständige Prozessvoraussetzung in jeder Lage des Verfahrens, also auch von den Rechtsmittelgerichten, von Amts wegen zu beachten ist[18], und dessen Annahme ebenfalls nicht der Überprüfung durch das Berufungsgericht entzogen ist.

16 Im Unterschied zur Regelung des § 545 Abs. 2, die auch die Entscheidung des Erstgerichts, es sei nicht zuständig, der Überprüfung durch das Revisionsgericht entzieht[19], schließt § 513 Abs. 2 im Berufungsverfahren die Rüge nicht aus, das Erstgericht habe seine **Zuständigkeit** zu Unrecht **verneint**[20].

§ 514 Versäumnisurteile

(1) **Ein Versäumnisurteil kann von der Partei, gegen die es erlassen ist, mit der Berufung oder Anschlussberufung nicht angefochten werden.**

(2) ¹**Ein Versäumnisurteil, gegen das der Einspruch an sich nicht statthaft ist, unterliegt der Berufung oder Anschlussberufung insoweit, als sie darauf gestützt wird, dass der Fall der schuldhaften Versäumung nicht vorgelegen habe.** ² § 511 Abs. 2 ist nicht anzuwenden.

A. Grundsatz

1 Gegen erste Versäumnisurteile (→ § 345 Rn. 1) sieht § 338 den innerhalb derselben Instanz stattfindenden Rechtbehelf des Einspruchs vor; damit korrespondierend schließt § 514 Abs. 1 das die nächste Instanz eröffnende Rechtsmittel der Berufung oder Anschlussberufung aus.

2 Von der Berufung ausgeschlossen werden durch § 514 Abs. 1 nur **echte Versäumnisurteile** (→ § 331 Rn. 9), die im ersten Rechtszug ergangen sind (für im Berufungsverfahren ergangene Versäumnisurteile trifft § 565 im Wege der Verweisung eine entsprechende Regelung, → § 565 Rn. 4 ff.).

3 Nicht erfasst werden **unechte** Versäumnisurteile (→ § 331 Rn. 9) und **Urteile nach Lage der Akten** gem. § 251a oder § 331a.

4 Bei **Mischentscheidungen,** die sich teilweise als erstes Versäumnisurteil und teilweise als andere Entscheidung (etwa als kontradiktorisches Endurteil oder als zweites Versäumnisurteil) erweisen, bestimmt sich die Anfechtbarkeit für jeden Teil gesondert[1]. Ergeht etwa ein Teilversäumnis- und Teilendurteil und legt der Kläger Berufung gegen das Urteil ein, soweit seine Klage abgewiesen worden ist, so kann der Beklagte nicht wegen des ihn aufgrund seiner Säumnis verurteilenden Teils Anschlussberufung einlegen, ihm steht nur der Einspruch zu Gebot.

5 Wird ein Versäumnisurteil entgegen § 514 Abs. 1 mit der Berufung angegriffen, so kommt eine **Umdeutung** in den statthaften Rechtbehelf des Einspruchs regelmäßig schon deshalb nicht in Betracht, weil die Berufung beim Berufungsgericht einzulegen ist (§ 519 Abs. 1) und der Einspruch beim Erstgericht (§ 340 Abs. 1)[2]. Zudem beträgt die Berufungsfrist einen Monat (§ 517), so dass die regelmäßig nur zwei Wochen betragende Einspruchsfrist (§ 339 Abs. 1) oftmals schon verstrichen ist, bis die Rechtsbehelfsschrift – gegebenenfalls nach Weiterleitung durch das Berufungsgericht – beim Erstgericht eingeht[3].

B. Ausnahmen

I. Anwendungsbereich der Ausnahme des § 514 Abs. 2

6 § 514 Abs. 2 nimmt Versäumnisurteile, gegen die der **Einspruch** an sich **nicht statthaft** ist, von der Unstatthaftigkeit der Berufung gemäß § 514 Abs. 1 aus. Mit der Berufung angegriffen werden können daher

---

[16] BGH NJW 2004, 1456 f.
[17] BT-Drs. 14/4722, 94.
[18] BGH NJW 2009, 3164 Rn. 20.
[19] BGH NJW-RR 2011, 72 mwN.
[20] OLG Düsseldorf GRUR-RR 2005, 33 – Möbel-Werbespot; Musielak/Voit/*Ball* § 513 Rn. 10; Zöller/*Heßler* § 513 Rn. 11; Wieczorek/Schütze/*Gerken* § 513 Rn. 13; Stein/Jonas/*Althammer* § 513 Rn. 18; MüKoZPO/*Rimmelspacher* § 513 Rn. 14.
¹ BGH NJW 1999, 1718 (1719) mwN; Zöller/*Heßler* § 514 Rn. 1; Musielak/Voit/*Ball* § 514 Rn. 4.
² BGH NJW 1994, 665 (666).
³ Musielak/Voit/*Ball* § 514 Rn. 4.

- **zweite Versäumnisurteile** gem. § 345, auch soweit sich der darin verworfene Einspruch gegen einen **Vollstreckungsbescheid** (§ 700 Abs. 1) oder gegen ein **Versäumniszwischenurteil** (§ 347 Abs. 2 iVm § 345) gerichtet hat; in letzterem Fall allerdings nur, wenn ein entsprechendes streitiges Zwischenurteil berufungsfähig sein könnte[4], da in den anderen Fällen die Überprüfung gem. § 512 erst im Berufungsverfahren über das Endurteil stattfindet (→ § 512 Rn. 1, 7 f.) und
- **Versäumnisurteile** über einen **Wiedereinsetzungsantrag** (§ 238 Abs. 2 S. 2).

Für diese Urteile, denen gemeinsam ist, dass sie zu Lasten einer Partei ergehen, die tatsächlich nicht **7** gehört worden ist und die deshalb die Gefahr eines Gehörsverstoßes in sich bergen, schließt § 514 Abs. 2 S. 2 die in § 511 Abs. 2 aufgestellten Zulässigkeitserfordernisse (insbesondere den Mindestbeschwerdewert von mehr als 600 Euro) aus.

II. Rügebeschränkung

Mit der Berufung kann grundsätzlich nur gerügt werden, dass **kein Fall der schuldhaften Ver-** **8** **säumung** vorgelegen habe. Denn wenn gar keine Versäumung vorlag oder diese nicht schuldhaft erfolgte, dann wurde der Berufungsführer nicht nur tatsächlich nicht gehört, sondern hatte gar keine Möglichkeit, sich Gehör zu verschaffen; das würde den Grundsatz des rechtlichen Gehörs verletzen. Lag dagegen eine schuldhafte Versäumung vor, so gebietet der Umstand, dass der Berufungsführer die ihm gebotene Möglichkeit zur Äußerung nicht ergriff, keine Veranlassung für eine Überprüfung der Entscheidung in der Sache.

Die Berufung gegen ein zweites Versäumnisurteil kann grundsätzlich nur die Zulässigkeit dieses **9** Versäumnisurteils betreffen; eine Erweiterung der Prüfungskompetenz des Berufungsgerichts kommt nicht in Betracht. Die Berufung gegen ein zweites Versäumnisurteil kann deshalb weder darauf gestützt werden, dass die Klage nicht schlüssig sei, noch darauf, dass bei Erlass des ersten Versäumnisurteils ein Fall der Säumnis nicht vorgelegen habe[5]. Auch das Fehlen eines Antrags auf Erlass des ersten Versäumnisurteils[6] oder die nicht ordnungsgemäße Besetzung des Erstgerichts[7] kann nicht gerügt werden.

Eine Ausnahme besteht nur in dem Fall, dass sich der Einspruch nicht gegen ein Versäumnisurteil, **10** sondern gegen einen **Vollstreckungsbescheid** richtete, der gem. § 700 Abs. 1 einem Versäumnisurteil gleichsteht; Grund hierfür ist jedoch, dass ein Vollstreckungsbescheid anders als ein (erstes) Versäumnisurteil nicht auf einer richterlichen Prüfung der Zulässigkeit und der Schlüssigkeit der Klage beruht. Das Gericht, das über den Einspruch befindet, hat bei Säumnis des Einspruchsführers gem. § 700 Abs. 6 die Voraussetzungen des § 331 Abs. 1, Abs. 2 Hs. 1 zu prüfen, bevor es den Einspruch gem. § 345 verwerfen kann. Auch hier gilt also, dass der Prüfungsumfang des Berufungsgerichts demjenigen des Einspruchsgerichts entspricht. Der Gegenstand des Rechtsstreits ändert sich nicht[8].

Die **Schlüssigkeit** des Sachvortrags dazu, dass keine schuldhafte Versäumung vorgelegen habe, ist **11** **Voraussetzung für die Zulässigkeit** der Berufung gegen ein zweites Versäumnisurteil; der Sachverhalt, der die Zulässigkeit rechtfertigen soll, muss vollständig und schlüssig in der Rechtsmittelbegründung vorgetragen werden[9].

Die **Verschuldensfrage** ist nach den gleichen Maßstäben zu beurteilen wie bei der Wiedereinset- **12** zung in den vorigen Stand[10]. Wegen der Einzelheiten wird auf die entsprechende Kommentierung zu § 337 (→ § 337 Rn. 5) verwiesen.

Die Beweislast dafür, dass die Säumnis unverschuldet war, liegt beim Berufungsführer[11]. **13**

III. Entscheidung

Ist der Sachvortrag dazu, dass eine schuldhafte Versäumung nicht vorgelegen habe, nicht schlüssig **14** (→ Rn. 11) oder ist die Berufung aus anderen Gründen unzulässig, so ist sie gem. § 522 Abs. 1 als unzulässig zu verwerfen.

Erweist sich die schlüssig vorgetragene Rüge, eine schuldhafte Versäumung habe nicht vorgelegen, **15** als nicht zutreffend, so ist die Berufung als unbegründet zurückzuweisen.

Erweist sich das Rügevorbringen nicht nur als schlüssig, sondern auch als zutreffend, so hat das **16** Berufungsgericht in der Sache selbst zu entscheiden (§ 538 Abs. 1) oder die Sache auf Antrag zur weiteren Verhandlung an das Erstgericht zurückzuverweisen (§ 538 Abs. 2 S. 1 Nr. 6).

---

[4] RGZ 13, 397 (398 f.); MüKoZPO/*Rimmelspacher* § 514 Rn. 14.
[5] BGH NJW-RR 2020, 575 Rn. 12; NJW 2016, 642 Rn. 5; NJW-RR 2011, 1692 Rn. 10; jeweils mwN.
[6] Musielak/Voit/*Ball* § 514 Rn. 9; MüKoZPO/*Rimmelspacher* § 514 Rn. 17.
[7] BGH NJW 2016, 642 Rn. 14.
[8] BGH NJW-RR 2011, 1692 Rn. 11 mwN; Zöller/*Heßler* § 514 Rn. 8a.
[9] BGH NJW-RR 2020, 575 Rn. 8; 2017, 638 Rn. 8; NJW 2016, 642 Rn. 5; 2011, 928 Rn. 9; 2010, 2440 Rn. 5 jeweils mwN; vgl. auch BGH NJW-RR 2016, 60 Rn. 5; kritisch BeckOK ZPO/*Wulf* § 514 Rn. 13.
[10] BGH NJW 2007, 2047 Rn. 6 mwN.
[11] BGH NJW 2007, 2047 Rn. 6 mwN.

§ 515 Verzicht auf Berufung

Die Wirksamkeit eines Verzichts auf das Recht der Berufung ist nicht davon abhängig, dass der Gegner die Verzichtsleistung angenommen hat.

Übersicht

	Rn.
A. Allgemeines	1
B. Verzicht	4
I. Rechtnatur und Wirksamkeitsvoraussetzungen	4
II. Inhalt	10
III. Zeitpunkt	15
IV. Wirkung	16
V. Widerruf und Anfechtung	20
C. Verpflichtung zum Verzicht	22

A. Allgemeines

1 Der unmittelbare Regelungsgehalt des § 515 beschränkt sich darauf, die Wirksamkeit des Berufungsverzichts nicht von der Mitwirkung des Gegners abhängig zu machen. Bedeutung kommt der Vorschrift vor allem zu, weil sie das Institut des Verzichts voraussetzt und damit – als Ausfluss der Dispositionsmaxime – anerkennt.

2 Vom Verzicht auf die Berufung zu unterscheiden sind die **Teilanfechtung** als bloße Nichtausschöpfung der Beschwer durch die Berufungsanträge (→ § 511 Rn. 23), die **Rücknahme** der Berufung (§ 516), die **Erledigterklärung** des Rechtsstreits (§ 91a) und der **Verzicht** auf die Klageansprüche (§ 306).

3 Die Vorschrift gilt kraft Verweisung in § 110 Abs. 8 PatG auch für die Berufung im **Patentnichtigkeitsverfahren**.

B. Verzicht

I. Rechtnatur und Wirksamkeitsvoraussetzungen

4 Der Berufungsverzicht ist eine **Prozesshandlung**, die sowohl gegenüber dem Gericht, bei dem der Rechtsstreit anhängig ist, erklärt werden kann als auch gegenüber dem Gegner. Im Anwaltsprozess unterliegt er daher jedenfalls dann dem **Anwaltszwang** (§ 78), wenn er **dem Gericht gegenüber** abgegeben wird[1]; allerdings gilt auch insoweit die Ausnahmeregelung des § 78 Abs. 3 für gegenüber dem beauftragten oder ersuchten Richter vorgenommene Erklärungen[2]. Eine in der mündlichen Verhandlung abgegebene Verzichtserklärung richtet sich selbst dann regelmäßig nur an das Gericht, wenn der Gegner anwesend ist, so dass sie grundsätzlich nicht – auch – als Erklärung gegenüber dem Gegner angesehen werden kann[3].

5 Obwohl auch der nicht dem Gericht, sondern **dem Prozessgegner gegenüber** erklärte Verzicht Prozesshandlung ist[4], geht der Bundesgerichtshof in ständiger, nicht mehr begründeter Rechtsprechung davon aus, dass für diesen Verzicht auch im Anwaltsprozess **kein Anwaltszwang** bestehe[5].

6 Außerdem soll diese Prozesshandlung auch wirksam unter eine (prozessfremde) **Bedingung** gestellt werden können[6]; richtiger dürfte es sein, in solchen Fällen von einem Vertrag über einen Berufungsverzicht (→ Rn. 22) auszugehen.

7 Anders als für die Berufungsrücknahme (§ 516 Abs. 2 S. 2) bestehen für den Berufungsverzicht **keine besonderen Formerfordernisse**. Der Verzicht kann daher auch außerhalb der mündlichen Verhandlung mündlich erklärt werden; allerdings ist insbesondere bei mündlichen Erklärungen gegenüber dem Gegner wegen der Unwiderruflichkeit und der Unanfechtbarkeit eines Verzichts (→ Rn. 20) ein **strenger Maßstab** bei der Prüfung anzulegen, ob die Erklärung tatsächlich von einem Verzichtswillen getragen ist[7].

---

[1] BGH NJW-RR 1994, 386 mwN; Zöller/*Heßler* § 515 Rn. 4; MüKoZPO/*Rimmelspacher* § 515 Rn. 14.
[2] BeckOK ZPO/*Wulf* § 515 Rn. 3; Musielak/Voit/*Ball* § 515 Rn. 10.
[3] BGH NJW 1952, 26; Musielak/Voit/*Ball* § 515 Rn. 14.
[4] BGH NJW-RR 1997, 1288 mwN; BeckOK ZPO/*Wulf* § 515 Rn. 11; zurückhaltend Musielak/Voit/*Ball* § 515 Rn. 14.
[5] BGH NJW-RR 1997, 1288; NJW 1985, 2335; 1974, 1248 (1249); 1952, 26; zustimmend Zöller/*Heßler* § 515 Rn. 10; BeckOK ZPO/*Wulf* § 515 Rn. 11; Musielak/Voit/*Ball* § 515 Rn. 14; Thomas/Putzo/*Seiler* § 515 Rn. 11; MüKoZPO/*Rimmelspacher* § 515 Rn. 10.
[6] BGH NJW-RR 1997, 1288 unter Bezugnahme auf die Entscheidung BGH NJW-RR 1989, 802, die allerdings nicht einen Berufungsverzicht, sondern eine Verpflichtung hierzu betraf.
[7] BGH NJW-RR 2018, 250 Rn. 12; NJW 2006, 3498 Rn. 8 jeweils mwN.

Verzicht auf Berufung 8–17 § 515 ZPO

Wird eine in der mündlichen Verhandlung abgegebene Verzichtserklärung entgegen § 162 Abs. 1 **8** iVm § 160 Abs. 2 Nr. 9 nicht vorgelesen und vom Erklärenden genehmigt, so führt das nicht zur Unwirksamkeit des Verzichts, sondern nimmt lediglich dem Protokoll die Beweiskraft als öffentliche Urkunde; ist die Verzichtserklärung unstreitig oder kann sie in anderer Weise als durch Protokollvorlage bewiesen werden, so ist von einem wirksamen Verzicht auszugehen[8].

Nach der Regelung des § 515 erfordert der Berufungsverzicht **keine Mitwirkung des Gegners.** **9** Das gilt – anders als nach der bis zum 31.12.2001 gültigen Regelung des § 514 aF – auch dann, wenn der Verzicht vor dem Erlass des Ersturteils erklärt wird. Die Zustimmung des Gegners ist auch nach dem Beginn der mündlichen Verhandlung über die Berufung nicht erforderlich[9]; die frühere Rechtsprechung, dass die Regelung des § 515 Abs. 1 aF zur Berufungsrücknahme entsprechend anzuwenden sei[10], ist mit dem Wegfall des Zustimmungserfordernisses zur Berufungsrücknahme (→ § 516 Rn. 8) obsolet geworden.

II. Inhalt

Ein Verzicht auf die Berufung liegt vor, wenn nicht nur von einer bereits eingelegten Berufung, **10** sondern **allgemein von dem Recht auf Überprüfung des Ersturteils** Abstand genommen wird. Anders als bei der Teilanfechtung oder der Berufungsrücknahme (→ § 516 Rn. 15) wird dadurch auch die Möglichkeit der Ausweitung oder Neueinlegung der Berufung – auch bei noch offener Berufungsfrist – ausgeschlossen.

Unabhängig von der Wortwahl ist ein Rechtsmittelverzicht nur dann anzunehmen, wenn in der **11** Erklärung klar und eindeutig der Wille zum Ausdruck gebracht wird, die Entscheidung des Erstgerichts endgültig hinzunehmen und nicht anfechten zu wollen[11]. Ist das der Fall, so kann der Verzicht auch konkludent erklärt werden; allerdings ist auch insoweit wegen der Unwiderruflichkeit und der Unanfechtbarkeit eines Verzichts (→ Rn. 20) ein **strenger Maßstab** anzulegen[12]. Allein dem Umstand, dass nur eine **Teilanfechtung** vorliegt, weil der Berufungsantrag hinter der Beschwer zurückbleibt, lässt sich noch kein teilweiser Rechtsmittelverzicht entnehmen[13]. Wird dagegen die Berufung **ausdrücklich beschränkt,** so stellt das einen **Berufungsverzicht im Übrigen** dar[14].

Ob eine Erklärung einen Berufungsverzicht darstellt, hat das Revisionsgericht selbst ohne Bindung **12** an die Erwägungen des Berufungsgerichts durch Auslegung festzustellen, da es um eine Prozesshandlung geht[15].

Sowohl der Antrag auf Zulassung der **Sprungrevision** als auch die Erklärung der Einwilligung des **13** Gegners in die Übergehung der Berufungsinstanz gelten als Verzicht auf das Rechtsmittel der Berufung (§ 566 Abs. 1 S. 2).

Soweit die Berufung auf die Überprüfung nur eines Teils des angegriffenen Urteils beschränkt **14** werden kann, ist auch der **Teilverzicht** darauf zulässig[16].

III. Zeitpunkt

Der Verzicht kann nicht erst nach der Verkündung des Ersturteils, sondern bereits vorher erfolgen, **15** wie sich aus § 313a Abs. 3 S. 1 iVm Abs. 2 unmittelbar ergibt[17].

IV. Wirkung

Der Verzicht begründet die **Unzulässigkeit** einer gleichwohl – vor oder nach der Verzichts- **16** erklärung – eingelegten Berufung, über die gemäß § 522 Abs. 1 S. 3 durch Beschluss entschieden werden kann[18], wenn der Berufungsführer sie nicht zurücknimmt, etwa weil er den Verzicht als nicht wirksam erachtet.

Dagegen berührt der Verzicht auf die Berufung nicht das **Recht zur Anschlussberufung** (§ 524 **17** Abs. 2 S. 1 Alt. 1); die Auslegung der Erklärung kann allerdings ergeben, dass auch auf das Recht der Anschlussberufung verzichtet wird[19].

---

[8] BGH NJW-RR 2007, 1451 Rn. 6 ff. mwN.
[9] BeckOK ZPO/*Wulf* § 515 Rn. 6; aA Prütting/Gehrlein/*Lemke* § 515 Rn. 20 unter Verkennung, dass die dort angeführte Entscheidung BGHZ 123, 305 zum alten Recht ergangen und obsolet ist.
[10] BGH NJW 1994, 737 ff.
[11] BGH NJW 2006, 3498 Rn. 8 mwN.
[12] BGH NJW-RR 2018, 250 Rn. 12; NJW 2006, 3498 Rn. 8 jeweils mwN.
[13] BGH NJW 2001, 146 mwN.
[14] BGH NJW 1990, 1118.
[15] BGH NJW 2006, 3498 Rn. 8; NJW-RR 1989, 1344 mwN.
[16] BGH NJW 1990, 1118 mwN.
[17] BGH NJW-RR 2018, 250 Rn. 14, 16 mwN.
[18] BGH BeckRS 1984, 31074223 und NJW 1958, 868, jeweils zur Revision; Zöller/*Heßler* § 515 Rn. 8; MüKoZPO/*Rimmelspacher* § 515 Rn. 16.
[19] Zöller/*Heßler* § 515 Rn. 15.

18 Erklären alle Parteien ihren Verzicht, so wird das Urteil sofort und nicht erst nach Ablauf der Berufungsfrist rechtskräftig[20].

19 Bei einem **dem Gericht gegenüber** erklärten Verzicht ist diese Wirkung **von Amts wegen** zu berücksichtigen[21], bei einem **dem Gegner gegenüber** erklärten Verzicht nur, wenn sich dieser im Wege der **Einrede** darauf beruft[22].

V. Widerruf und Anfechtung

20 Als Prozesshandlung kann der Verzicht grundsätzlich weder widerrufen noch angefochten werden[23]. Eine Ausnahme hiervon gilt aus prozessökonomischen Gründen lediglich, wenn ein Restitutionsgrund vorliegt[24].

21 Daran ändert es im Falle eines gegenüber dem Gericht erklärten Verzichts auch nichts, wenn der **Gegner** dem Widerruf des Verzichts **zustimmt**[25]. Bei einem dem Gegner gegenüber erklärten Verzicht ist dagegen zu berücksichtigen, dass dadurch lediglich eine Einrede begründet wird, auf deren Erhebung der Gegner seinerseits verzichten kann; stimmt er dem Widerruf zu, so begibt er sich damit dieser Einrede, so dass im Ergebnis der Verzicht nicht zu berücksichtigen ist[26].

C. Verpflichtung zum Verzicht

22 Neben der Möglichkeit, den Verzicht unmittelbar – sei es dem Gericht, sei es dem Gegner gegenüber – zu erklären, können sich die Parteien auch in einem **Vertrag zum Berufungsverzicht** verpflichten[27], der nicht dem Anwaltszwang unterliegt[28] und für den insbesondere hinsichtlich der Möglichkeiten zur Vereinbarung von Bedingungen, zum Widerruf und zur Anfechtung die bürgerlich-rechtlichen Vorschriften gelten[29].

23 Hält sich derjenige, der sich zum Berufungsverzicht verpflichtet hat, nicht an diese Verpflichtung, kann der Vertragspartner dies – wie im Fall des einseitig ihm gegenüber erklärten Verzichts – im Wege der **Einrede** geltend machen; denn zu seinem vorausgegangenen rechtsgeschäftlichen Verhalten darf sich prozessual niemand in Widerspruch setzen[30].

§ 516 Zurücknahme der Berufung

(1) **Der Berufungskläger kann die Berufung bis zur Verkündung des Berufungsurteils zurücknehmen.**

(2) ¹**Die Zurücknahme ist dem Gericht gegenüber zu erklären.** ²**Sie erfolgt, wenn sie nicht bei der mündlichen Verhandlung erklärt wird, durch Einreichung eines Schriftsatzes.**

(3) ¹**Die Zurücknahme hat den Verlust des eingelegten Rechtsmittels und die Verpflichtung zur Folge, die durch das Rechtsmittel entstandenen Kosten zu tragen.** ²**Diese Wirkungen sind durch Beschluss auszusprechen.**

Übersicht

	Rn.
A. Allgemeines	1
B. Rücknahme	3
I. Rechtsnatur und Wirksamkeitsvoraussetzungen	3
II. Inhalt	9
III. Zeitpunkt	12
IV. Rechtsfolgen	15
1. Verlust des Rechtsmittels	15

---

[20] BGH NJW-RR 2018, 250 Rn. 17 mwN; NJW 1952, 705; BeckOK ZPO/*Wulf* § 515 Rn. 5; Musielak/Voit/*Ball* § 515 Rn. 12; Thomas/Putzo/*Seiler* § 515 Rn. 15; MüKoZPO/*Rimmelspacher* § 515 Rn. 16; Prütting/Gehrlein/*Lemke* § 515 Rn. 12.

[21] BGH NJW 1985, 2334 mwN.

[22] BGH NJW 2002, 2108 (2109) mwN; Zöller/*Heßler* § 515 Rn. 9; BeckOK ZPO/*Wulf* § 515 Rn. 12; Musielak/Voit/*Ball* § 515 Rn. 16; aA MüKoZPO/*Rimmelspacher* § 515 Rn. 12.

[23] BGH NJW 2007, 1460 Rn. 13; NJW-RR 1986, 1327; jeweils mwN.

[24] BGH NJW 2007, 1460 Rn. 13; 1990, 1118 (1119).

[25] BGH NJW 1985, 2334; Musielak/Voit/*Ball* § 515 Rn. 11; aA obiter BGH NJW 1990, 1118 (1119); MüKoZPO/*Rimmelspacher* § 515 Rn. 30; Prütting/Gehrlein/*Lemke* § 515 Rn. 5.

[26] BGH NJW-RR 1989, 1344; NJW 1985, 2334; Zöller/*Heßler* § 515 Rn. 11; Musielak/Voit/*Ball* § 515 Rn. 15.

[27] BGH NJW 1990, 441 (443); 1986, 198.

[28] BGH NJW-RR 1989, 802; Zöller/*Heßler* § 515 Rn. 13; Musielak/Voit/*Ball* § 515 Rn. 7.

[29] BGH NJW-RR 1989, 802; NJW 1958; 1397; BeckOK ZPO/*Wulf* § 515 Rn. 11; MüKoZPO/*Rimmelspacher* § 515 Rn. 35.

[30] BGH NJW 2019, 2479 Rn. 8 mwN.

	Rn.
2. Kosten	20
3. Entscheidung	23
V. Widerruf und Anfechtung	25
C. Verpflichtung zur Berufungsrücknahme	27

A. Allgemeines

Das auf der Dispositionsmaxime beruhende Institut der Berufungsrücknahme hat in der Vorschrift 1 des § 516 – seiner größeren Bedeutung entsprechend – eine umfassendere Regelung gefunden als der auf derselben Maxime beruhende Berufungsverzicht (§ 515). Von der Berufungsrücknahme zu unterscheiden sind nicht nur der **Berufungsverzicht**, sondern auch die **Klagerücknahme** (§ 269), die **Erledigterklärung** (§ 91a), der **Verzicht** auf die Klageansprüche (§ 306) und **Konkretisierung des Berufungsumfangs** einer zunächst ohne weitere Angaben eingelegten Berufung in der Berufungsbegründung (→ § 520 Rn. 20).

Die Vorschrift gilt kraft Verweisung in § 110 Abs. 8 PatG auch für die Berufung im **Patentnichtig-** 2 **keitsverfahren**[1]. Da bei Patentnichtigkeitsklagen mehrere Kläger notwendige Streitgenossen gemäß § 62 sind[2], bleibt ein Nichtigkeitskläger in der Berufungsinstanz auch dann am Verfahren beteiligt, wenn ein zu Ungunsten der Klägerseite ergangenes Urteil nur von anderen Streitgenossen angefochten worden ist. Der Beklagte kann ein zu seinen Ungunsten ergangenes Urteil mit der Berufung nur einheitlich gegen alle notwendigen Streitgenossen angreifen; eine nur gegenüber einzelnen Klägern erklärte Berufung ist unzulässig[3]. Erklärt der Beklagte nach Einlegung seiner Berufung gegen alle Streitgenossen, sein Rechtsmittel nur gegen einen Teil der Streitgenossen zurückzunehmen, kann die Auslegung ergeben, dass die Berufung entgegen dem Wortlaut der Erklärung gegenüber allen Klägern weiterverfolgt wird[4].

B. Rücknahme

I. Rechtsnatur und Wirksamkeitsvoraussetzungen

Die Berufungsrücknahme ist eine **Prozesshandlung**, die nach der ausdrücklichen Regelung des 3 § 516 Abs. 2 S. 1 **nur gegenüber dem Gericht** erklärt werden kann. Eine Erklärung gegenüber dem Gegner kann der Auslegung als Verpflichtung zur Berufungsrücknahme zugänglich sein[5] (→ Rn. 27).

Die Berufungsrücknahme unterliegt im Anwaltsprozess grundsätzlich dem **Anwaltszwang** (§ 78). 4 Dass eine von einem nicht beim Berufungsgericht zugelassenen Anwalt eingelegte und deshalb unzulässige Berufung gleichwohl von diesem zurückgenommen werden kann[6], hat seit dem weitgehenden Wegfall der Beschränkungen der Postulationsfähigkeit an Bedeutung verloren. Allerdings gilt die dahinter stehende Erwägung, dass in diesem Fall der Zweck des Vertretungszwangs, zu einer möglichst sachgerechten Durchführung des Berufungsverfahrens beizutragen, keine Rolle spielt, für eine von der Partei selbst eingelegte Berufung in gleicher Weise, so dass auch deren Berufungsrücknahme als wirksam anzusehen ist[7].

Die Berufungsrücknahme ist **bedingungsfeindlich**; sie kann auch **nicht an eine innerprozessua-** 5 **le Bedingung** geknüpft werden, weil der Berufungsführer sonst seine Erklärung, die Berufung zurückzunehmen, in ein Hilfsverhältnis zu seinem Berufungsantrag stellen und auf diese Weise eine ihm nachteilige rechtskräftige Entscheidung von vornherein vermeiden könnte[8].

Die Berufungsrücknahme kann nur **in der mündlichen Verhandlung** oder **durch Einreichung** 6 **eines Schriftsatzes** erklärt werden (§ 516 Abs. 2 S. 2). Wird eine in der mündlichen Verhandlung abgegebene Berufungsrücknahme entgegen § 162 Abs. 1 iVm § 160 Abs. 2 Nr. 8 nicht vorgelesen und vom Erklärenden genehmigt, so führt das nicht zu ihrer Unwirksamkeit, sondern nimmt lediglich dem Protokoll die Beweiskraft als öffentliche Urkunde; ist die Rücknahmeerklärung unstreitig oder kann sie in anderer Weise als durch Protokollvorlage bewiesen werden, so ist von einer wirksamen Berufungsrücknahme auszugehen[9].

---

[1] BGH GRUR 2020, 1074 Rn. 6 – Signalübertragungssystem; GRUR 2014, 911 Rn. 6 – Sitzgelenk.
[2] BGH GRUR 2021, 1171 Rn. 8 mwN – Funkzellenzuteilung.
[3] BGH GRUR 2021, 1171 Rn. 9 mwN – Funkzellenzuteilung.
[4] BGH GRUR 2021, 1171 Rn. 11 f. mwN – Funkzellenzuteilung.
[5] Zöller/*Heßler* § 516 Rn. 14.
[6] BGH NJW-RR 1994, 759 mwN; vgl. für die Rechtsbeschwerde BGH BeckRS 2014, 09519.
[7] Musielak/Voit/*Ball* § 516 Rn. 10; Anders/Gehle/*Göertz* § 516 Rn. 11 „Anwaltszwang"; Zöller/*Heßler* § 516 Rn. 15; BeckOK ZPO/*Wulf* § 516 Rn. 3; vgl. auch BVerwG NVwZ 2009, 192 mwN.
[8] BGH NJW-RR 2008, 85 Rn. 15 mwN.
[9] OLG Stuttgart FamRZ 1984, 402; Anders/Gehle/*Göertz* § 516 Rn. 10; BeckOK ZPO/*Wulf* § 516 Rn. 5; MüKoZPO/*Rimmelspacher* § 516 Rn. 6; Prütting/Gehrlein/*Lemke* § 516 Rn. 3; vgl. auch BGH NJW-RR 2007, 1451 Rn. 6 ff. mwN zur Wirksamkeit eines Berufungsverzichts.

7 Die Berufungsrücknahme wird mit der Erklärung in der mündlichen Verhandlung oder dem Eingang des entsprechenden Schriftsatzes bei Gericht wirksam; die Übermittlung an den Gegner ist dazu nicht erforderlich[10].

8 Anders als nach der bis zum 31.12.2001 gültigen Regelung des § 515 Abs. 1 aF erfordert die Berufungsrücknahme auch nach dem Beginn der mündlichen Verhandlung über die Berufung **keine Mitwirkung des Gegners**. Dieser hat zwar im Falle einer unselbständigen Anschlussberufung ein Interesse, diese nach Beginn der mündlichen Verhandlung auch gegen den Willen des Berufungsführers durchführen zu können, das bei einer wirksamen Berufungsrücknahme beeinträchtigt wird, weil die Anschlussberufung gemäß § 524 Abs. 4 dadurch ihre Wirkung verliert; dieses Interesse hat der Gesetzgeber indes nicht als schützenswert angesehen[11].

II. Inhalt

9 Die Berufungsrücknahme ist die **Erklärung** des Berufungsführers, dass er das **Berufungsverfahren nicht mehr fortsetzen** und ohne Entscheidung des Berufungsgerichts beenden will[12].

10 Soweit die Berufung auf die Überprüfung nur eines Teils des angegriffenen Urteils beschränkt werden kann, ist auch die **teilweise Berufungsrücknahme** zulässig[13].

11 Ob eine Erklärung eine Berufungsrücknahme darstellt, hat das Revisionsgericht selbst ohne Bindung an die Erwägungen des Berufungsgerichts durch Auslegung festzustellen, da es um eine Prozesshandlung geht[14].

III. Zeitpunkt

12 Da sich die Rücknahme auf ein konkretes Berufungsverfahren bezieht, kann sie – anders als der Berufungsverzicht gemäß § 515 – erst erfolgen, wenn bereits Berufung eingelegt ist. Bei einer davor erklärten Rücknahme kommt die Auslegung als Berufungsverzicht (§ 515) in Betracht.

12a Erfolgt die **Rücknahme** noch **vor der Antragstellung**, so bestimmt sich der **Streitwert** nach der **Beschwer** (vgl. § 47 Abs. 1 S. 2 GKG). Das gilt entsprechend, wenn der Berufungsführer einen gegenüber seiner Beschwer im Wert **drastisch verringerten Antrag** stellt und sodann seine Berufung zurücknimmt, weil er dadurch zeigt, dass der Antrag von vornherein nicht auf die Durchführung des Berufungsverfahrens, sondern lediglich auf eine Reduzierung seiner Kosten über das durch das Kostenrecht vorgesehene Maß hinaus gerichtet war[15].

13 Die Möglichkeit zur Berufungsrücknahme endet mit dem Beginn der Verkündung des Berufungsurteils, also dem Beginn der Verlesung der Urteilsformel[16]. Diese Wirkung kommt nur einer die Instanz abschließenden Entscheidung zu, nicht Zwischenentscheidungen wie Versäumnisurteilen, wenn diese angefochten werden oder noch anfechtbar sind, oder Zwischenurteilen[17]. Ausgeschlossen ist eine Berufungsrücknahme auch, sobald das Berufungsverfahren anderweitig beendet worden ist – etwa durch einen Beschluss gemäß § 522 Abs. 1[18] oder § 522 Abs. 2 oder durch übereinstimmende Erledigterklärung der Parteien[19].

14 Wird ein Berufungsurteil aufgehoben, so lebt die Möglichkeit der Berufungsrücknahme wieder auf[20].

IV. Rechtsfolgen

15 **1. Verlust des Rechtsmittels.** Die Berufungsrücknahme führt gemäß § 516 Abs. 3 S. 1 lediglich zum **Verlust des konkret eingelegten Rechtsmittels**. Soweit die Möglichkeit besteht, daneben (erneut) Berufung einzulegen, wird diese von der Rücknahme nicht berührt, sofern nicht gleichzeitig ein Berufungsverzicht gemäß § 515 erklärt wird[21].

16 Da auch durch mehrfache Einlegung eines Rechtsmittels nur ein einziges Rechtsmittelverfahren anhängig werden kann[22], beendet eine Rücknahmeerklärung das Berufungsverfahren grundsätzlich

---

[10] BGH BeckRS 1991, 31061937.
[11] BT-Drs. 14/4722, 94; BGH NJW 2006, 2124 Rn. 6; kritisch zur gesetzgeberischen Wertung Musielak/Voit/Ball § 516 Rn. 11.
[12] BGH NJW-RR 2006, 862 Rn. 15 mwN.
[13] BGH NJW 1961, 775; Zöller/Heßler § 516 Rn. 6; BeckOK ZPO/*Wulf* § 516 Rn. 12; Musielak/Voit/Ball § 516 Rn. 26; MüKoZPO/*Rimmelspacher* § 516 Rn. 17.
[14] BGH NJW-RR 2006, 862 Rn. 13 mwN.
[15] BGH NJW-RR 1998, 355; NJW 1978, 1263.
[16] BGH NJW 2011, 2662 Rn. 8 mwN.
[17] BGH NJW 2006, 2124 Rn. 7.
[18] BGH NJW 2006, 2124 Rn. 8.
[19] BeckOK ZPO/*Wulf* § 516 Rn. 9; MüKoZPO/*Rimmelspacher* § 516 Rn. 11.
[20] Musielak/Voit/*Ball* § 516 Rn. 8.
[21] BGH NJW 2007, 3640 Rn. 18 mwN.
[22] BGH NJW 2021, 2121 Rn. 10; 2015, 3171 Rn. 10.

auch dann, wenn die Berufung mehrfach eingelegt wurde, es sei denn, der Erklärung ist eine Beschränkung auf bestimmte Einlegungshandlungen zu entnehmen[23].

Auch wenn ein Streithelfer als Streitgenosse einer Hauptpartei anzusehen ist – und deshalb grundsätzlich berechtigt wäre, ein Berufungsverfahren auch gegen deren Willen durchzuführen, kann er ein von der Hauptpartei eingeleitetes und dann zurückgenommenes Berufungsverfahren nicht fortsetzen, wenn er selbst nicht Berufung eingelegt hat, weil er dann nur eine vor der berufungsführenden Hauptpartei abhängige Stellung erlangt hat[24]. 17

Noch nicht rechtskräftige Entscheidungen des Berufungsgerichts – etwa Versäumnis- oder Zwischenurteile – werden mit der Berufungsrücknahme wirkungslos[25]. 18

Wird die Berufung nach Ablauf der Berufungsfrist zurückgenommen, so tritt die Rechtskraft des Ersturteils nicht rückwirkend ein, sondern erst im Zeitpunkt der Rücknahme[26]. 19

2. Kosten. Neben dem Verlust des Rechtsmittels hat die Berufungsrücknahme zur Folge, dass der Berufungsführer die durch die Berufung entstandenen Kosten zu tragen hat (§ 516 Abs. 3 S. 1)[27]. Selbst wenn der Berufungsgegner Veranlassung zur Berufungseinlegung gegeben hat, ist für eine reziproke Anwendung des § 93 ZPO im Rahmen des § 516 Abs. 3 ebenso wenig Raum wie im Rahmen des § 269 Abs. 3 S. 2[28]. 20

Der Berufungsführer hat grundsätzlich auch die **Kosten** einer zulässig erhobenen **Anschlussberufung** zu tragen, wenn dieses infolge der Berufungsrücknahme ihre Wirkung verliert, denn die Anschlussberufung stellt kein eigenes Rechtsmittel dar, sondern lediglich einen Angriff innerhalb des vom Gegner geführten Rechtsmittelverfahrens[29]. Anderes gilt nur dann, wenn die Anschlussberufung von vornherein unzulässig war oder der Berufungsgegner seine unselbständige Anschlussberufung trotz Rücknahme der Berufung eigenständig weiterführt, so dass darüber gesondert entschieden werden muss[30]. 21

Haben beide Parteien Berufung eingelegt, so sind die Kosten gemäß § 92 zu verteilen. Haben auch beide Parteien ihre Berufung zurückgenommen, so erfolgt der Kostenausspruch im Beschluss gemäß § 516 Abs. 3 S. 2, im Fall der Rücknahme durch nur eine Partei grundsätzlich erst in der Entscheidung über die andere Berufung[31]. 22

3. Entscheidung. Nach § 516 Abs. 3 S. 2 sind der Berufungsverlust und die Kostentragungspflicht von Amts wegen in einem Beschluss auszusprechen, dem lediglich deklaratorische Bedeutung zukommt. Bei einer Teilrücknahme kommt ein derartiger Beschluss nicht in Betracht; über die Kosten ist insgesamt in der Endentscheidung zu befinden. 23

Auch wenn die Wirksamkeit der Rücknahme im Streit steht, ist nach § 516 Abs. 3 S. 2 zu verfahren[32], nicht nach § 522 Abs. 1, denn wenn die Rücknahme wirksam ist, gibt es keine Berufung mehr, über deren Unzulässigkeit gem. § 522 Abs. 1 zu entscheiden wäre. Das hat zur Folge, dass gegen den Ausspruch des Berufungsverlusts die Rechtsbeschwerde – anders als bei § 522 Abs. 1 – nur stattfindet, wenn sie vom Berufungsgericht zugelassen worden ist (§ 574 Abs. 1 Nr. 2). 24

V. Widerruf und Anfechtung

Als Prozesshandlung kann der Verzicht grundsätzlich weder widerrufen noch angefochten werden[33]. Eine Ausnahme hiervon gilt lediglich aus prozessökonomischen Gründen, wenn ein Restitutionsgrund vorliegt[34]. 25

Jedoch kann eine Berufungsrücknahme ganz ausnahmsweise als unwirksam zu behandeln sein, wenn sie nämlich im Widerspruch zum wirklichen Willen des Rechtsmittelführers steht und ein Irrtum seines Prozessbevollmächtigten bei Abgabe der Rücknahmeerklärung für das Gericht und den Gegner ganz offensichtlich ist, so dass es diesem nach Treu und Glauben verwehrt ist, sich auf die Rücknahme zu berufen[35]. 26

---

[23] BGH NJW 2007, 3640 Rn. 25 mwN.
[24] BGH GRUR 2011, 359 Rn. 4 – Magnetowiderstandssensor.
[25] BGH NJW 2006, 2124 Rn. 9; BeckRS 2008, 14132 mwN; Musielak/Voit/*Ball* § 516 Rn. 13.
[26] BGH GRUR 2008, 93 Rn. 10 – Zerkleinerungsvorrichtung.
[27] Zum Umfang der Kosten bei der Bitte des Berufungsführers an den Prozessbevollmächtigten des Gegners, sich noch nicht zu bestellen BGH NJW 2013, 312 f.
[28] OLG Düsseldorf 21.6.2016 – I-15 W 10/16 (unveröffentlicht) zu § 269: OLG Dresden BeckRS 9998, 04468; Zöller/*Greger* § 269 Rn. 18 aE.
[29] BGH NJW 2013, 875 Rn. 16 mwN.
[30] BGH NJW-RR 2007, 786 Rn. 8.
[31] BGH 1993, 2944 (2945) mwN.
[32] BGH NJW 1995, 2229; Zöller/*Heßler* § 516 Rn. 24; BeckOK ZPO/*Wulf* § 516 Rn. 18 (unklar BeckOK ZPO/*Wulf*, § 522 Rn. 2); Musielak/Voit/*Ball* § 516 Rn. 22; Anders/Gehle/*Goertz* § 516 Rn. 25; Stein/Jonas/*Althammer* § 516 Rn. 25; aA MüKoZPO/*Rimmelspacher* § 516 Rn. 31.
[33] BGH NJW 2007, 1460 Rn. 13; NJW-RR 1986, 1327; jeweils mwN.
[34] BGH NJW 2007, 1460 Rn. 13.
[35] BGH NJW 2007, 3640 Rn. 36 mwN.

C. Verpflichtung zur Berufungsrücknahme

27 Die Parteien können formlos die Verpflichtung zur Berufungsrücknahme vertraglich vereinbaren; diese unterliegt nicht dem Prozessrecht (auch nicht dem Anwaltszwang[36]), sondern den materiell-rechtlichen Vorschriften, kann also etwa unter eine Bedingung gestellt werden[37].

28 Führt eine Partei ihr Berufungsverfahren entgegen ihrer Verpflichtung zur Rücknahme weiter, so ist die Berufung auf entsprechende Einrede des Gegners als unzulässig zu verwerfen[38], denn zu seinem vorausgegangenen rechtsgeschäftlichen Verhalten darf sich prozessual niemand in Widerspruch setzen[39].

§ 517 Berufungsfrist

Die Berufungsfrist beträgt einen Monat; sie ist eine Notfrist und beginnt mit der Zustellung des in vollständiger Form abgefassten Urteils, spätestens aber mit dem Ablauf von fünf Monaten nach der Verkündung.

Übersicht

	Rn.
A. Allgemeines	1
B. Fristbeginn	6
I. Bei wirksamer Zustellung des Urteils	6
1. Zustellungsmängel	7
2. Vollständigkeit des zugestellten Urteils	8
3. Zustellungsadressaten	12
II. Ohne ordnungsgemäße Zustellung des Urteils	14
C. Fristlauf	18
D. Fristwahrung	20

A. Allgemeines

1 Rechtsmittelfristen dienen dem Ausgleich der gegenläufigen Interessen einerseits des Obsiegenden am umgehenden Eintritt der Unanfechtbarkeit einer Entscheidung und andererseits des Unterlegenen an einer Überlegungsfrist dazu, ob er die Entscheidung anficht. Für das Berufungsverfahren geht § 517 davon aus, dass demjenigen, dem das Ersturteil vollständig vorliegt, eine **Überlegungsfrist von einem Monat** genügt. Kann dagegen wegen mangelhafter oder fehlender Urteilszustellung nicht davon ausgegangen werden, dass der Unterlegene eine hinreichende Grundlage für seine Erwägungen hat, so schiebt die Vorschrift den Eintritt der Unanfechtbarkeit hinaus; dem mit der Zeit zunehmenden Gewicht des Interesses des Obsiegenden wird dadurch Rechnung getragen, dass die Monatsfrist in diesem Fall unabhängig davon, ob der Unterlegene das vollständige Urteil kennt, fünf Monate nach Verlautbarung des Urteils – durch Verkündung oder Verkündungsersatz (§ 310 Abs. 3) – beginnt.

2 Bei **Scheinurteilen** (→ § 511 Rn. 8) besteht kein schutzwürdiges Interesse des – nur scheinbar – Obsiegenden, das dem Interesse des als unterlegen Bezeichneten an der Beseitigung des Scheins entgegenstehen könnte. Deshalb beginnt die Berufungsfrist bei Scheinurteilen weder mit deren vollständiger Zustellung[1] noch fünf Monate nach deren Verlautbarung[2]; die Berufung ist vielmehr grundsätzlich ohne zeitliche Beschränkung zulässig.

3 Funktion der Berufungsfrist ist lediglich, eine **zeitliche Obergrenze** zu bestimmen, **nach** deren Ablauf die Berufungseinlegung unzulässig wird; sie schließt daher eine Berufungseinlegung **vor** Fristbeginn nicht aus.

4 Bei **Mischentscheidungen** (→ § 511 Rn. 4) laufen die für die jeweiligen Rechtsbehelfe (etwa Einspruch und Berufung) geltenden Fristen unabhängig voneinander.

5 Der Regelung des § 517 entspricht für die Berufung im **Patentnichtigkeitsverfahren** § 110 Abs. 3 PatG.

---

[36] BGH NJW-RR 1989, 802 mwN.
[37] BGH NJW-RR 1997, 1288.
[38] BGH NJW-RR 1997, 1288; NJW 1985, 189.
[39] BGH NJW-RR 1989, 802 mwN.
[1] BGH BeckRS 1984, 30372490.
[2] BGH GRUR 2007, 1059 Rn. 13 – Zerfallszeitmessgerät; NJW 1985, 1782.

B. Fristbeginn

I. Bei wirksamer Zustellung des Urteils

Wird ein Urteil vollständig und fehlerfrei zugestellt, so beginnt damit die Berufungsfrist. Eine **6** weitere Zustellung setzt die Berufungsfrist nicht erneut in Lauf[3]. Der Zeitpunkt der Zustellung kann sich auch aus einer entsprechenden Angabe in der Berufungsschrift ergeben[4].

1. Zustellungsmängel. Zuzustellen ist seit der Neufassung des § 317 zum 1.7.2014 (BGBl. 2013 I **7** S. 3786) nicht mehr eine Ausfertigung, sondern nur eine **beglaubigte Abschrift** des Urteils[5]. Die Zustellung hat gem. § 317 Abs. 1 S. 1, § 166 Abs. 2 **von Amts wegen** zu erfolgen. Während der **Unterbrechung** eines Verfahrens sind Zustellungen seitens des Gerichts grundsätzlich unwirksam[6]. Zustellungsmängel stehen grundsätzlich dem Beginn der Berufungsfrist entgegen; tritt jedoch **Heilung** eines solchen Mangels gem. § 189 ein[7], so beginnt die Frist mit dem Zeitpunkt des tatsächlichen Zugangs.

2. Vollständigkeit des zugestellten Urteils. Nur die Zustellung des **vollständigen Urteils** setzt **8** die Berufungsfrist in Lauf. Fehlt der Abschrift auch nur eine Seite, so liegt grundsätzlich ein den Fristbeginn hindernder Mangel vor[8]. Dagegen schaden kleine Fehler nicht, wenn der Zustellungsempfänger aus der Ausfertigung den Inhalt der Urschrift und insbesondere den Umfang seiner Beschwer erkennen kann (etwa beim Fehlen jeweils nur eines Buchstabens in jeder Zeile)[9].

Die Berichtigung eines Urteils wegen **offenbarer Unrichtigkeit** gem. § 319 hat grundsätzlich **9** keinen Einfluss auf Beginn und Lauf der Berufungsfrist; den Parteien wird zugemutet, in ihren Entschließungen zur Einlegung eines Rechtsmittels die offenbare Unrichtigkeit der Entscheidung zu berücksichtigen, schon bevor diese vom Erstgericht richtig gestellt wird; nur **ausnahmsweise** beginnt eine **neue Berufungsfrist** mit Bekanntmachung des Berichtigungsbeschlusses oder mit Zustellung der berichtigten Ausfertigung zu laufen, wenn die zunächst zugestellte Entscheidung insgesamt – also einschließlich der Entscheidungsgründe – nicht klar genug war, um die Grundlage für die Entschließungen und das weitere Handeln der Parteien zu bilden[10].

Entsprechendes gilt für die **Tatbestandsberichtigung** gem. § 320[11]. **10**

Dagegen gilt für **Urteilsergänzungen** § 518. **11**

3. Zustellungsadressaten. Grundsätzlich beginnt die Rechtsmittelfrist für jede Partei gesondert **12** mit der an sie erfolgten Zustellung[12]. Nur in den Fällen des § 310 Abs. 3, in denen die Verlautbarung der Entscheidung statt durch Verkündung durch Zustellung erfolgt, beginnt die Rechtsmittelfrist einheitlich erst mit der Zustellung an alle Parteien[13].

Der unselbständige **Streithelfer** kann Berufung nur innerhalb der für die unterstützte Hauptpartei **13** laufenden Berufungsfrist einlegen[14]. Nur wenn der Nebenintervenient gem. § 69 als Streitgenosse der Hauptpartei gilt, beginnt die Frist für sein Rechtsmittel mit der Zustellung der Entscheidung an ihn und nicht bereits mit der früheren Zustellung an die Hauptpartei[15].

II. Ohne ordnungsgemäße Zustellung des Urteils

Wird ein verkündetes Urteil nicht wirksam zugestellt, so beginnt die Berufungsfrist grundsätzlich **14** fünf Monate nach der Verkündung.

Dem liegt der Gedanke zu Grunde, dass eine Partei, die vor Gericht streitig verhandelt hat, mit dem **15** Erlass einer Entscheidung rechnen muss und es ihr deshalb zugemutet werden kann, sich danach zu erkundigen, ob und mit welchem Inhalt eine Entscheidung ergangen. Eine Erkundigungspflicht scheidet jedoch aus, wenn die beschwerte Partei im anberaumten Termin nicht vertreten und auch

---

[3] BGH NJW 2019, 2397 Rn. 11; BeckRS 2013, 02582 Rn. 10 mwN; vgl. auch BGH NJW-RR 2021, 581 Rn. 9.
[4] BGH NJW-RR 2018, 60 Rn. 12 mwN.
[5] BGH BeckRS 2018, 2515 Rn. 4; NJW 2016, 1180 Rn. 16; anders zum früheren Recht BGH NJW 2013, 3451 Rn. 6; 2010, 2519 Rn. 12 ff.
[6] BGH NJW 2013, 2438 Rn. 14 mwN.
[7] BGH NJW-RR 2015, 953 Rn. 7 mwN.
[8] BGH GRUR 1998, 746 – Unzulängliche Zustellung.
[9] BGH BeckRS 2006, 15358 Rn. 5; NJW-RR 2000, 1665 (1666).
[10] BGH NJW-RR 2017, 55 Rn. 6; 2009, 1443 Rn. 8; jeweils mwN; zur verfassungsrechtlichen Unbedenklichkeit BVerfG BeckRS 2000, 22741.
[11] BGH NJW-RR 2004, 712 (713).
[12] BGH NJW 2012, 1591 Rn. 17 mwN.
[13] BGH NJW 2012, 1591 Rn. 17 mwN.
[14] BGH NJW 2001, 1355.
[15] BGH NJW 2001, 1355.

nicht ordnungsgemäß geladen worden war[16]; in diesen Fällen beginnt auch die Fünf-Monats-Frist nicht zu laufen.

16   Die Fünf-Monats-Frist beginnt gem. § 187 Abs. 1 BGB iVm § 222 Abs. 1 mit dem Tag nach der Urteilsverkündung. Ihr Ende bestimmt sich nach § 188 Abs. 2 BGB iVm § 222 Abs. 1. Sie ist keine Frist, innerhalb der eine Handlung vorgenommen werden müsste, sondern dient lediglich der Bestimmung des Beginns der Berufungsfrist. Deshalb ist auf ihr Ende § 222 Abs. 2 nicht anwendbar, so dass sie auch an einem Sonn- oder Feiertag enden kann[17]. Ihr Lauf wird deshalb auch nicht gem. § 249 durch Unterbrechung oder Aussetzung des Verfahrens beeinflusst (anders als die sich anschließende Berufungsfrist)[18].

17   Weder ist die Fünf-Monats-Frist eine Notfrist noch zählt sie zu den in § 233 gesondert genannten Fristen; eine Wiedereinsetzung kommt daher nicht in Betracht[19] (vgl. aber → Rn. 18 f.).

C. Fristlauf

18   Die Berufungsfrist beträgt einen Monat; das gilt auch, wenn sie mit dem Ablauf der Fünf-Monats-Frist beginnt und das vollständige Urteil erst danach zugestellt wird, so dass der Berufungsführer weniger als einen Monat Zeit hat, in Kenntnis der Urteilsgründe über die Berufungseinlegung zu entscheiden[20]. Das Ende der Berufungsfrist berechnet sich nach § 188 Abs. 2 und 3 BGB, § 222 Abs. 1. Fällt es auf einen Sonn- oder Feiertag oder einen Samstag, so verlängert sich die Frist bis zum Ablauf des nächsten Werktags (§ 222 Abs. 2); bei nicht bundeseinheitlichen Feiertagen sind die Verhältnisse am Sitz des Berufungsgerichts maßgeblich[21].

19   Die Berufungsfrist ist eine Notfrist und daher der Wiedereinsetzung zugänglich.

D. Fristwahrung

20   Die Parteien können die Berufungsfrist voll ausschöpfen. Die Berufung kann daher bis 24 Uhr des letzten Tags der Berufungsfrist eingelegt werden, sei es durch Einwurf in den Nachtbriefkasten des Gerichts, sei es durch elektronische Übermittlung wie Telefax oder Übertragung einer Textdatei mit eingescannter Unterschrift[22].

21   Die Darlegungs- und Beweislast für die Rechtzeitigkeit der Berufungseinlegung als Zulässigkeitsvoraussetzung trägt der Berufungsführer[23].

§ 518 Berufungsfrist bei Urteilsergänzung

[1]Wird innerhalb der Berufungsfrist ein Urteil durch eine nachträgliche Entscheidung ergänzt (§ 321), so beginnt mit der Zustellung der nachträglichen Entscheidung der Lauf der Berufungsfrist auch für die Berufung gegen das zuerst ergangene Urteil von neuem. [2]Wird gegen beide Urteile von derselben Partei Berufung eingelegt, so sind beide Berufungen miteinander zu verbinden.

A. Allgemeines

1   Wird ein Urteil gem. § 321 ergänzt, so sind das ergänzte Urteil (Haupturteil) und das Ergänzungsurteil grundsätzlich unabhängig voneinander anzufechten. Durch § 518 S. 1 soll den Parteien Gelegenheit gegeben werden, im Lichte des Ergänzungsurteils die **Entscheidung** darüber **neu zu treffen,** ob gegen das Haupturteil ein Rechtsmittel eingelegt wird[1].

2   § 518 S. 1 bewirkt eine Verlängerung der Frist, in der das Haupturteil angefochten werden kann, setzt also voraus, dass dieses **noch nicht rechtskräftig** ist. Ist dagegen die Frist für die Berufung gegen das Haupturteil bereits ungenutzt verstrichen, bevor das Ergänzungsurteil erlassen wird, so ist das Haupturteil mit Fristablauf rechtskräftig geworden; § 518 bezweckt **keine Durchbrechung der Rechtskraft** und ist deshalb in diesem Fall nicht anwendbar. Auch wenn fristgerecht Berufung gegen das Haupturteil eingelegt worden ist und das Ergänzungsurteil erst nach Ablauf der Berufungsfrist ergeht, bedarf es keiner Verlängerung der Berufungsbegründungsfrist wegen des Ergänzungsurteils: wer sich bereits in Unkenntnis der künftigen Ergänzung entschlossen hat, Berufung einzulegen, hat

---

[16] BGH NJW-RR 2011, 490 Rn. 9; 2011, 5 Rn. 14 mwN.
[17] BAG NJW 2000, 2835; OLG Frankfurt a. M. NJW 1972, 2313; Zöller/*Heßler* § 517 Rn. 18; Musielak/Voit/ *Ball* § 517 Rn. 9; BeckOK ZPO/*Wulf* § 517 Rn. 15; MüKoZPO/*Rimmelspacher* § 517 Rn. 20.
[18] BGH NJW 1990, 1854; Thomas/Putzo/*Seiler* § 517 Rn. 4; MüKoZPO/*Rimmelspacher* § 517 Rn. 20.
[19] BeckOK ZPO/*Wulf* § 517 Rn. 15; Wieczorek/Schütze/*Gerken* § 517 Rn. 5.
[20] BGH NJW-RR 2009, 1712 Rn. 12 f.
[21] BGH NJW-RR 2012, 254 Rn. 1 mwN.
[22] GmS-OGB NJW 2000, 2340 f.
[23] BGH NJW-RR 2012, 702 Rn. 12.
[1] BGH NJW 2009, 442 Rn. 6 mwN.

kein schützenswertes Interesse daran, dass ihm durch das Ergänzungsurteil eine Verlängerung der Begründungsfrist erwächst[2].

§ 518 S. 1 ist auch nicht auf den Fall, dass zunächst das Ergänzungsurteil und erst danach das Haupturteil zugestellt werden, dergestalt entsprechend anzuwenden, dass die Frist für die Berufung gegen das Ergänzungsurteil verlängert würde[3]. 3

Nicht anwendbar ist § 518 S. 1 auf Urteile, die einen Antrag auf Urteilsergänzung zurückweisen[4], selbst wenn diese Urteile ebenso wie Ergänzungsurteile selbständig anfechtbar sind[5]. 4

Auf Fälle der **Urteilsberichtigung** gem. § 319 oder der **Tatbestandsberichtigung** gem. § 320 findet die Vorschrift ebenfalls keine Anwendung[6]. 5

B. Fristverlängerung

Voraussetzung für die Verlängerung der Frist für die Berufung gegen das Haupturteil ist, dass das **Ergänzungsurteil** innerhalb dieser Berufungsfrist **erlassen** wird; wann es zugestellt wird, ist insoweit ohne Belang[7]. 6

Weitere Voraussetzungen bestehen nicht. Die Fristverlängerung tritt daher insbesondere auch ein, wenn das Ergänzungsurteil nicht anfechtbar ist oder nicht angefochten wird[8]. 7

Die noch offene Frist für die Berufung gegen das Haupturteil beginnt nach dem Gesetzeswortlaut mit der Zustellung des Ergänzungsurteils. Gemeint ist damit nur eine **wirksame Zustellung,** die auch die Berufungsfrist gegen das Ergänzungsurteil in Lauf setzt; fehlt es daran, so findet die Regelung des § 517 Hs. 2 Fall 2 (Beginn der Berufungsfrist **fünf Monate nach Verkündung**) nicht nur unmittelbar auf das Ergänzungsurteil, sondern auch auf das Haupturteil Anwendung[9]. 8

Zugleich mit der Verlängerung der Frist für die Berufung gegen das Haupturteil wird die **Berufungsbegründungsfrist** entsprechend verlängert[10]. Denn andernfalls käme es ohne sachliche Rechtfertigung zu einer Verkürzung des Zeitraums zwischen dem letzten Zeitpunkt, zu dem die Entscheidung über die Berufung gegen das Haupturteil getroffen werden muss, und demjenigen, zu dem die Berufung begründet werden muss; im schlimmsten Fall – wenn nämlich das Ergänzungsurteil nicht ordnungsgemäß zugestellt worden ist (→ Rn. 8) – würde die Berufungsbegründungsfrist hinsichtlich des Hauptteils sogar vor der entsprechenden Berufungsfrist ablaufen. 9

C. Verfahrensverbindung

§ 518 S. 2 ordnet aus Kostengründen und zur Verfahrensvereinfachung zwingend die Verbindung der beiden Berufungsverfahren an, wenn Haupt- und Ergänzungsurteil von derselben Partei angegriffen werden, und schließt damit das ansonsten dem Gericht durch § 147 eingeräumte Ermessen aus. 10

Das Verbindungsgebot erfasst nicht nur die Fälle, in denen gem. § 518 S. 1 eine Verlängerung der Frist für die Berufung gegen das Hauptteil erfolgt, sondern auch die Fälle, in denen das Ergänzungsurteil nach dem Ablauf der Berufungsfrist für das Hauptteil ergeht (→ Rn. 3)[11] oder einen Ergänzungsantrag zurückweist (→ Rn. 4). 11

Das Verbindungsgebot steht zwar einer späteren Verfahrenstrennung gem. § 145 entgegen, nicht jedoch einem mehrstufigen Abschluss des Berufungsverfahrens, etwa durch Teilurteile[12] oder Teilerledigungen[13]. 12

§ 519 Berufungsschrift

(1) **Die Berufung wird durch Einreichung der Berufungsschrift bei dem Berufungsgericht eingelegt.**

---

[2] BGH NJW 2009, 442 Rn. 6.
[3] BeckOK ZPO/*Wulf* § 518 Rn. 4; Musielak/Voit/*Ball* § 518 Rn. 3; Thomas/Putzo/*Seiler* § 518 Rn. 2; MüKoZPO/*Rimmelspacher* § 518 Rn. 4.
[4] RGZ 151, 304 (309); Zöller/*Heßler* § 518 Rn. 2; BeckOK ZPO/*Wulf* § 518 Rn. 2; Musielak/Voit/*Ball* § 518 Rn. 2; Thomas/Putzo/*Seiler* § 518 Rn. 2; MüKoZPO/*Rimmelspacher* § 518 Rn. 4; aA Prütting/Gehrlein/*Lemke* § 518 Rn. 2.
[5] BGH NJW-RR 2005, 326; Prütting/Gehrlein/*Lemke* § 518 Rn. 1.
[6] Musielak/Voit/*Ball* § 518 Rn. 2; BeckOK ZPO/*Wulf* § 518 Rn. 2; Thomas/Putzo/*Seiler* § 518 Rn. 2; MüKoZPO/*Rimmelspacher* § 518 Rn. 2; Prütting/Gehrlein/*Lemke* § 518 Rn. 5.
[7] BeckOK ZPO/*Wulf* § 518 Rn. 3.
[8] Musielak/Voit/*Ball* § 518 Rn. 4; Thomas/Putzo/*Seiler* § 518 Rn. 3; MüKoZPO/*Rimmelspacher* § 518 Rn. 3.
[9] Musielak/Voit/*Ball* § 518 Rn. 5; Musielak/Voit/*Ball* § 518 Rn. 3; MüKoZPO/*Rimmelspacher* § 518 Rn. 3.
[10] BGH NJW 2009, 442 Rn. 9.
[11] BeckOK ZPO/*Wulf* § 518 Rn. 6; MüKoZPO/*Rimmelspacher* § 518 Rn. 6; Stein/Jonas/*Althammer* § 518 Rn. 1 aE; aA Wieczorek/Schütze/*Gerken* § 518 Rn. 3.
[12] BeckOK ZPO/*Wulf* § 518 Rn. 6; Musielak/Voit/*Ball* § 515 Rn. 5; MüKoZPO/*Rimmelspacher* § 518 Rn. 7.
[13] MüKoZPO/*Rimmelspacher* § 518 Rn. 7.

(2) **Die Berufungsschrift muss enthalten:**
1. die Bezeichnung des Urteils, gegen das die Berufung gerichtet wird;
2. die Erklärung, dass gegen dieses Urteil Berufung eingelegt werde.

(3) Mit der Berufungsschrift soll eine Ausfertigung oder beglaubigte Abschrift des angefochtenen Urteils vorgelegt werden.

(4) **Die allgemeinen Vorschriften über die vorbereitenden Schriftsätze sind auch auf die Berufungsschrift anzuwenden.**

Übersicht

	Rn.
A. Form der Berufungsschrift	1
B. Inhalt der Berufungsschrift	2
I. Bezeichnung des angegriffenen Urteils	3
II. Berufungserklärung	6
III. Mängelheilung	11
IV. Exemplar des angegriffenen Urteils	13
C. Einlegung	15
I. Adressat	15
II. Einhaltung der Berufungsfrist	19
III. Darlegungs- und Beweislast	23

A. Form der Berufungsschrift

1 Die Vorschrift regelt die Anforderungen an die das Berufungsverfahren einleitende Prozesshandlung. Bei der dafür erforderlichen Berufungsschrift handelt es sich um einen bestimmenden Schriftsatz (→ § 129 Rn. 1)[1].

B. Inhalt der Berufungsschrift

2 § 519 Abs. 2 stellt **Mindestanforderungen** an die Berufungsschrift, steht aber darüber hinausgehenden Inhalten nicht entgegen. Insbesondere kann bereits die Berufungsschrift die **Berufungsbegründung** enthalten (§ 520 Abs. 3 S. 1).

I. Bezeichnung des angegriffenen Urteils

3 Die Vorschrift des § 519 Abs. 2 Nr. 1 verlangt die **Bezeichnung des Urteils,** gegen das die Berufung gerichtet wird, bestimmt aber nicht, auf welche Weise diese zu erfolgen hat. Sinn der Vorschrift ist, dem **Berufungsgericht** und dem Rechtsmittelgegner Gewissheit zu verschaffen, welches Urteil angefochten werden soll; notwendig ist demnach grundsätzlich die vollständige und eindeutige Bezeichnung des Urteils, die ihrerseits erfordert, dass die **Parteien,** das **Erstgericht,** dessen **Aktenzeichen** und der **Verkündungstermin** angegeben werden[2].

4 Zur Unzulässigkeit der Berufung führende Fehler liegen vor, wenn ein Schlussurteil angefochten werden soll und das Datum des vorangegangenen Teilurteils angegeben wird[3], wenn sich die Berufung gegen eines von mehreren am selben Tag verkündeten Urteilen desselben Gerichts richtet, welche dieselben Parteien betreffen, und ein unrichtiges Aktenzeichen angegeben wird[4] oder wenn ein falsches Erstgericht angegeben wird[5].

5 **Fehlerhafte** oder **unvollständige Angaben** schaden allerdings nicht, wenn aufgrund der sonstigen erkennbaren Umstände für Gericht und Prozessgegner nicht zweifelhaft bleibt, welches Urteil angefochten wird[6], insbesondere wenn die Sollvorschrift des § 519 Abs. 3 beachtet wird (→ Rn. 14). Es kann sich auch im Zusammenhang mit den Prozessakten für das Berufungsgericht zweifelsfrei ergeben, gegen welches Urteil sich die Berufung richtet[7]. Gleiches gilt, wenn bei zutreffenden Angaben im Übrigen ein falsches gerichtliches Aktenzeichen angegeben ist und keine Anhaltspunkte dafür ersichtlich sind, dass dasselbe Erstgericht am selben Tage ein weiteres Urteil in einem anderen Rechtsstreit derselben Parteien erlassen haben könnte[8].

---

[1] BGH NJW-RR 2021, 314 Rn. 9; NJW 2015, 3246 Rn. 8; 2013, 237 Rn. 9; jeweils mwN zu den sich daraus ergebenden Anforderungen an die Unterschrift.
[2] BGH BeckRS 2013, 09698 Rn. 18; NJW-RR 2007, 935 Rn. 6 mwN.
[3] BGH BeckRS 1977, 31121981.
[4] BGH BeckRS 1981, 30398535.
[5] BGH NJW-RR 1987, 319: Verwechslung der Landgerichte München I und München II.
[6] BGH BeckRS 2015, 10628 Rn. 18; 2006, 06702 Rn. 4 mwN; im Ergebnis fraglich BGH NJW 1989, 2395 (2396).
[7] BGH NJW-RR 2007, 935 Rn. 9.
[8] BGH NJW 2006, 1003 Rn. 11.

II. Berufungserklärung

Der Gebrauch des Wortes „Berufung" ist für eine wirksame Berufungseinlegung nicht wesentlich; **6** der Erklärung muss lediglich zweifelsfrei die Absicht erkennen lassen, das erstinstanzliche Urteil einer Überprüfung durch die höhere Instanz zu unterstellen[9]. Deshalb hindert auch eine unzutreffende Bezeichnung nicht die Annahme, eine Berufung sei wirksam eingelegt worden[10]; umgekehrt kann auch ein als „Berufung" bezeichnetes Schreiben dahin ausgelegt werden, dass (nur) Prozesskostenhilfe für das Berufungsverfahren beantragt werde[11].

Im Rahmen der Erklärung der Berufungseinlegung ist auch eindeutig anzugeben, wer **Berufungs-** **7** **führer** und wer **Berufungsgegner** ist[12], da ansonsten nicht klar wäre, zwischen welchen Parteien das Berufungsprozessrechtsverhältnis begründet werden soll. Die erforderliche Klarheit über die Berufungsparteien kann allerdings auch im Wege der Auslegung der Berufungsschrift und der etwa sonst bis zum Ablauf der Berufungsfrist vorliegenden Unterlagen gewonnen werden[13]. Jedenfalls wenn der in der Vorinstanz obsiegende Gegner aus mehreren Streitgenossen besteht, richtet sich das Rechtsmittel **im Zweifel** gegen die gesamte angefochtene Entscheidung und somit **gegen alle gegnerischen Streitgenossen,** es sei denn, die Rechtsmittelschrift lässt eine Beschränkung der Anfechtung erkennen[14]. Die Angabe der **ladungsfähigen Anschriften** der Berufungsparteien ist für die Zulässigkeit der Berufungseinlegung **nicht erforderlich**[15].

Die Berufungseinlegung ist **bedingungsfeindlich**[16]. Sie gehört zu den Prozesshandlungen, die **8** unmittelbare Rechtswirkungen erzeugen, denn sie eröffnet einen neuen Rechtszug und hemmt den Eintritt der Rechtskraft der angefochtenen Entscheidung; mit dem Aufbau eines geordneten Verfahrens und den Interessen des Prozessgegners wäre es unvereinbar, diese Prozesshandlung an Bedingungen zu knüpfen[17].

Insbesondere kann die Berufungseinlegung daher nicht davon abhängig gemacht werden, dass dem **9** Berufungsführer für das Berufungsverfahren **Prozesskostenhilfe** gewährt wird[18]. Sind allerdings die gesetzlichen Anforderungen an eine Berufungsschrift erfüllt, kann nur dann von einer unzulässigen bedingten Berufung oder Berufungsbegründung ausgegangen werden, wenn dies den Begleitumständen mit einer jeden vernünftigen Zweifel ausschließenden Deutlichkeit zu entnehmen ist[19]. Ist eine Berufung tatsächlich unzulässig unter der Bedingung eingelegt worden, dass einem Antrag auf Gewährung von Prozesskostenhilfe stattgegeben wird, so ist dem Antragsteller **Wiedereinsetzung** zu gewähren, wenn nach Ablauf der Berufungsfrist Prozesskostenhilfe bewilligt wird oder – im Falle ihrer Versagung – der Antragsteller vernünftigerweise nicht mit der Ablehnung seines Antrags mangels Bedürftigkeit rechnen musste und die versäumte Prozesshandlung – die Einlegung der Berufung – innerhalb der Wiedereinsetzungsfrist nachgeholt wurde[20].Entsprechendes gilt, wenn nur ein Prozesskostenhilfeantrag gestellt worden ist und nach dessen Zurückweisung die Berufung eingelegt wird[21].

Von der unzulässigen bedingten Berufungseinlegung zu unterscheiden ist der Fall, dass der Beru- **10** fungsführer die Berufung unbedingt einlegt, er aber die (weitere) Durchführung des (damit eingeleiteten) Berufungsverfahrens von der Gewährung von Prozesskostenhilfe[22] oder einer anderen Bedingung abhängig macht. Insbesondere ist ein Schriftsatz, der alle formellen Anforderungen erfüllt, regelmäßig als wirksam eingelegte Berufungserklärung zu behandeln; eine Deutung dahin, dass er gleichwohl nicht unbedingt als Berufung bestimmt ist, kommt nur in Betracht, wenn sich dies aus den Begleitumständen mit einer jeden vernünftigen Zweifel ausschließenden Deutlichkeit ergibt[23].

---

[9] BGH BeckRS 2008, 17807 Rn. 11; NJW 1987, 1204.
[10] BGH BeckRS 2008, 17807 Rn. 11.
[11] BGH NJW 2019, 3727 Rn. 9 f.
[12] BGH BeckRS 2021, 4029 Rn. 8; NJW-RR 2021, 506 Rn. 5; BeckRS 2018, 2667 Rn. 10; 2017, 121451 Rn. 14; NJW-RR 2013, 1278 Rn. 7; jeweils mwN.
[13] BGH BeckRS 2021, 4029 Rn. 9; 2018, 2667 Rn. 10; 2017, 121451 Rn. 14; NJW-RR 2013, 1278 Rn. 8; jeweils mwN.
[14] BGH NJW-RR 2019, 640 Rn. 9 mwN; anders, wenn mehrere Streitgenossen als Berufungsführer in Betracht kommen: BGH BeckRS 2020, 42302 Rn. 10.
[15] BGH NJW 2005, 3773; vgl. auch BGH BeckRS 2014, 23689 Rn. 5.
[16] BGH BeckRS 2018, 9386 Rn. 4 mwN; NJW 1999, 2823.
[17] BGH NJW 1952, 102.
[18] BGH BeckRS 2018, 9386 Rn. 4; NJW-RR 2013, 509 Rn. 11; 2000, 1590; NJW 1995, 2563 (2564); aA wohl MüKoZPO/*Rimmelspacher* § 519 Rn. 40.
[19] BGH NJW-RR 2019, 1081 Rn. 6; BeckRS 2018, 9386 Rn. 6; 2016, 12096 Rn. 5; jeweils mwN.
[20] BGH NJW-RR 2013, 509 Rn. 10 mwN.
[21] BGH NJW-RR 2019, 899 Rn. 10 zu einem Fall der Zurückweisung des Pkh-Antrags mangels Erfolgsaussichten; vgl. auch BGH NJW-RR 2018, 1270 Rn. 5 zu einem Fall, in dem mit der Ablehnung gerechnet werden musste.
[22] BGH NJW-RR 2007, 1565 Rn. 13 mwN.
[23] BGH BeckRS 2018, 9386 Rn. 6; NJW-RR 2011, 491 Rn. 6 mwN.

III. Mängelheilung

11 Mängel der Berufungsschrift können **nur vor Ablauf der Berufungsfrist** behoben werden[24]. Eine Berichtigung nach deren Ablauf kommt grundsätzlich nicht in Betracht. Denn die Berufungsschrift leitet als bestimmender Schriftsatz form- und fristgebunden einen neuen Verfahrensabschnitt ein und übt damit unmittelbaren Einfluss auf den Zeitpunkt der Rechtskraft des angefochtenen Urteils aus; das zwingt zu einer strengen Beachtung der formellen Voraussetzungen, so dass diese grundsätzlich bei Ablauf der Berufungsfrist voll erfüllt und etwaige Zweifel in diesem Zeitpunkt ausgeräumt sein müssen[25].

11a Wird allerdings eine Berufung durch einen **vollmachtlosen Vertreter** eingelegt und genehmigt der Berechtigte, wird dadurch der Verfahrensmangel der nicht ordnungsgemäßen Vertretung von Anfang an geheilt (§ 89 Abs. 2 ZPO), soweit noch nicht ein die Berufung als unzulässig verwerfendes Prozessurteil vorliegt[26]. Wegen ihrer Rückwirkung braucht die **Genehmigung nicht innerhalb der Frist** erklärt zu werden, die für die genehmigte Verfahrenshandlung gilt[27].

12 Wegen des Schriftformerfordernisses dürfen **mündliche** oder fernmündliche **Berichtigungserklärungen** der Parteien auch dann nicht berücksichtigt werden, wenn sie bei Gericht aktenkundig gemacht werden[28].

IV. Exemplar des angegriffenen Urteils

13 § 519 Abs. 3 verlangt, dass der Berufungsschrift eine Ausfertigung oder eine beglaubigte Abschrift des angegriffenen Urteils beigefügt wird. Es handelt sich dabei lediglich um eine **Sollvorschrift,** so dass eine Missachtung nicht zur Unzulässigkeit der Berufung führt.

14 Die Vorschrift dient der Erleichterung des Zugangs zu den Berufungsgerichten, weil sie den Berufungsführer dazu anhält, durch die Beifügung des angegriffenen Urteils mögliche Unklarheiten bei der Bezeichnung des angegriffenen Urteils auszuräumen, die für sich zur Unzulässigkeit der Berufung führen könnten[29]. Obwohl nur **Sollvorschrift,** liegt es daher im **eigenen Interesse** jedes Berufungsführers, sie zumindest insoweit zu beachten, als der Berufungsschrift eine Ablichtung des Urteils beigefügt wird.

C. Einlegung

I. Adressat

15 Der Berufung ist beim **Berufungsgericht** einzulegen. Der Eingang der Berufungsschrift bei einem anderen Gericht kann die Frist grundsätzlich nicht wahren[30]. Auswärtige Senate eines Oberlandesgerichts gehören zu diesem Gericht, so dass Berufungen beim Stammgericht eingelegt werden können, wenn ein auswärtiger Senat zuständig ist[31] und umgekehrt[32].

16 Allerdings kann die **Weiterleitung** der Berufungsschrift an das zuständige Gericht **im ordentlichen Geschäftsgang** geboten sein, wenn die Unzuständigkeit des angerufenen Gerichts ohne weiteres bzw. leicht und einwandfrei zu erkennen ist[33] oder die Berufungsschrift beim Erstgericht eingereicht wird, das eine nachwirkende Fürsorgepflicht trifft[34]. Erfolgt eine solche Weiterleitung nicht, so geht die nachfolgende Fristversäumnis nicht zu Lasten des Rechtsuchenden; das Verschulden des Prozessbevollmächtigten wirkt sich dann nicht mehr aus, so dass Wiedereinsetzung zu gewähren sein kann[35].

17 Wenn die für die Abgrenzung der Berufungszuständigkeit maßgebliche Anknüpfung keine zweifelsfreie Bestimmung des für das Rechtsmittel zuständigen Gerichts ermöglicht, kann eine **fristwahrende Berufungseinlegung bei** einem **funktionell unzuständigen Berufungsgericht** und die Möglichkeit einer Verweisung entsprechend § 281 zu bejahen sein[36]. Im **gewerblichen Rechtsschutz** dürfte dies im Wesentlichen Bedeutung erlangen, wenn die **Zuständigkeit des Kartellsenats** eines anderen

---

[24] BGH BeckRS 2017, 121451 Rn. 13; NJW-RR 2013, 699 Rn. 9 zur Bezeichnung der Berufungsparteien; BGH NJW-RR 2007, 935 Rn. 9 zur Bezeichnung des angegriffenen Urteils.
[25] BGH BeckRS 1977, 31121981; vgl. auch BGH NJW-RR 2021, 314 Rn. 17.
[26] BGH BeckRS 2017, 140257 Rn. 8 mwN.
[27] BGH NJW 2019, 3155 Rn. 28 mwN.
[28] BGH BeckRS 2017, 121451 Rn. 18; NJW-RR 2013, 699 Rn. 9; jeweils mwN.
[29] BGH BeckRS 2017, 121451 Rn. 16; NJW-RR 2007, 935 Rn. 8; jeweils mwN.
[30] BGH NJW-RR 2010, 1078 Rn. 9 mwN.
[31] BGH NJW 1967, 107; BeckOK ZPO/*Wulf* § 519 Rn. 18; Zöller/*Heßler* § 519 Rn. 7; Anders/Gehle/*Goertz* § 519 Rn. 7 „Auswärtiger Spruchkörper"; MüKoZPO/*Rimmelspacher* § 519 Rn. 24.
[32] OLG Karlsruhe GRUR 1984, 156 (157) – Schadensersatz nach aufgehobener Eilentscheidung; BeckOK ZPO/*Wulf* § 519 Rn. 18; Anders/Gehle/*Goertz* § 519 Rn. 7 „Auswärtiger Spruchkörper"; MüKoZPO/*Rimmelspacher* § 519 Rn. 24.
[33] BGH NJW 2019, 3727 Rn. 14; 2012, 78 Rn. 14 mwN.
[34] BVerfG NJW 2006, 1579 Rn. 8 f.; BGH NJW 2019, 3727 Rn. 14; 2011, 3240 Rn. 20 f.; jeweils mwN.
[35] BGH NJW 2011, 2053 Rn. 13 mwN.
[36] BGH NJW-RR 2021, 140 Rn. 5; NJW 2018, 3720 Rn. 14 f. – Pizzafoto; GRUR 2016, 636 Rn. 18 – Gestörter Musikvertrieb; NJW 2010, 1818 Rn. 10 f.; jeweils mwN; vgl. auch OLG Koblenz BeckRS 2001, 30190026.

Oberlandesgerichts als des allgemein zuständigen in Betracht kommt; in diesen Fällen kann die Berufung fristwahrend bei dem allgemein zuständigen Oberlandesgericht eingelegt werden, das die Sache dann auf Antrag entsprechend § 281 an den Kartellsenat zu verweisen hat[37] und umgekehrt beim Kartell-Oberlandesgericht, wenn tatsächlich keine Kartellsache vorliegt, das aber nicht mit hinreichender Sicherheit zu erkennen ist[38].

Ist in **Urheberrechtsstreitsachen** (§ 105 Abs. 1 UrhG) nach landesrechtlichen Vorschriften die Zuständigkeit des Berufungsgerichts bei einem Landgericht konzentriert, so lässt die gesetzliche Regelung wegen der weiten Auslegung des Begriffs der Urheberrechtsstreitsache[39] das zuständige Berufungsgericht dann nicht mit hinreichender Sicherheit erkennen, wenn die Rechtsmittelbelehrung des Erstgerichts unrichtig ist, weil sie die Zuständigkeitskonzentration nicht berücksichtigt, so dass die Berufung bei dem allgemein zuständigen Berufungsgericht eingelegt werden kann, das entsprechend § 281 ZPO zu verweisen hat[40]. **18**

II. Einhaltung der Berufungsfrist

Die Berufungsschrift muss bis zum Ablauf der Berufungsfrist (→ § 517 Rn. 20) in die **tatsächliche Verfügungsgewalt** des Berufungsgerichts gelangen[41]. Das setzt voraus, dass ihr Inhalt derart in den Machtbereich dieses Gerichts gelangt, dass es sich bei normaler Gestaltung seiner Verhältnisse in berechtigter Weise Kenntnis von dem Inhalt der Sendung verschaffen kann[42]. **19**

Daran fehlt es etwa, wenn die Berufungsschrift zwar in den Briefkasten des Berufungsgerichts eingeworfen wird, aber an ein anderes Gericht adressiert ist, denn dann ist die Sendung ungeöffnet an das benannte Gericht weiterzuleiten[43]. Wird die Berufungsschrift bei einer gemeinsamen Einlaufstelle mehrerer Gerichte eingereicht, so ist sie mit der Einreichung bei dem Gericht eingegangen, an das er adressiert ist; nur dieses Gericht erlangt mit dem Eingang des Schriftstücks die tatsächliche Verfügungsgewalt, so dass bei einer Falschadressierung der Eingang bei der gemeinsamen Einlaufstelle die Frist nicht wahrt[44]. Dies gilt auch dann, wenn die Berufungsschrift an das zuständige Gericht adressiert ist, aber versehentlich an ein anderes Gericht per Telefax übermittelt wird[45], es sei denn, dass nach einer justizinternen Regelung der benutzte Anschluss des unzuständigen Gerichts zugleich als Anschluss des Berufungsgerichts anzusehen ist[46]. **20**

Für die Rechtzeitigkeit des Eingangs einer per Telefax übersandten Berufungsschrift kommt allein darauf an, ob die gesendeten Signale noch vor Ablauf des letzten Tages der Frist vom Telefaxgerät des Gerichts vollständig empfangen (gespeichert) worden sind[47]. **21**

Liegt eine (Haupt-)Berufung des Gegners vor, so kann eine verspätet eingelegte Berufung in eine Anschlussberufung umgedeutet werden (→ § 524 Rn. 27). **22**

III. Darlegungs- und Beweislast

Die Umstände, aus denen sich die rechtzeitige Einlegung der Berufung ergibt, sind als Zulässigkeitsvoraussetzungen vom Berufungsführer darzulegen und zu beweisen[48]. Dabei darf aber dem Berufungsführer nicht abverlangt werden, zu ihm unbekannten Gerichtsinterna vorzutragen[49]. Für die Beweiserhebung gilt der Freibeweis[50]. **23**

§ 520 Berufungsbegründung

(1) **Der Berufungskläger muss die Berufung begründen.**

(2) ¹**Die Frist für die Berufungsbegründung beträgt zwei Monate und beginnt mit der Zustellung des in vollständiger Form abgefassten Urteils, spätestens aber mit Ablauf von**

---

[37] BGH NZKart 2018, 439 Rn. 20 f. – Berufungszuständigkeit; NJW 1978, 2096 (2097); *Bechtold* GWB § 91 Rn. 2; Langen/Bunte/*Bornkamm*, Kartellrecht, GWB § 91 Rn. 11.
[38] BGH GRUR 2020, 213 Rn. 26 – Berufungszuständigkeit II mkritAnm *J. Köhnen* NZKart 2020, 49.
[39] BGH GRUR 2016, 636 Rn. 13 – Gestörter Musikvertrieb.
[40] BGH GRUR-RR 2020, 95 Rn. 16 – Zuständigkeitskonzentration; GRUR 2018, 1294 Rn. 14 – Pizzafoto; GRUR 2016, 636 Rn. 19 – Gestörter Musikvertrieb; vgl. aber auch LG Mannheim BeckRS 2008, 24457 – Zuständigkeitskonzentration für den (unschwer als Urheberrechtsstreitsache erkennbaren) Streit um einen Lizenzvertrag; aA (§ 281 auf Verweisungen unter Rechtsmittelgerichten unanwendbar) BGH NJW 2021, 2121 Rn. 11.
[41] BGH NJW-RR 2012, 1461 Rn. 9 mwN.
[42] BGH NJW 1994, 1354 (1355).
[43] BGH NJW 1994, 1354 (1355).
[44] BGH NJW-RR 2012, 1461 Rn. 9 mwN.
[45] BGH NJW-RR 2012, 1461 Rn. 9 mwN.
[46] BVerfG NJW-RR 2008, 446 (447).
[47] BGH GRUR 2014, 707 Rn. 14 – Rechtsmittelbegründung mittels Telefax.
[48] BGH NJW-RR 2012, 702 Rn. 12.
[49] BGH NJW-RR 2012, 702 Rn. 14 mwN.
[50] BGH NJW-RR 2012, 702 Rn. 12.

fünf Monaten nach der Verkündung. ²Die Frist kann auf Antrag von dem Vorsitzenden verlängert werden, wenn der Gegner einwilligt. ³Ohne Einwilligung kann die Frist um bis zu einem Monat verlängert werden, wenn nach freier Überzeugung des Vorsitzenden der Rechtsstreit durch die Verlängerung nicht verzögert wird oder wenn der Berufungskläger erhebliche Gründe darlegt.

(3) ¹Die Berufungsbegründung ist, sofern sie nicht bereits in der Berufungsschrift enthalten ist, in einem Schriftsatz bei dem Berufungsgericht einzureichen. ²Die Berufungsbegründung muss enthalten:
1. die Erklärung, inwieweit das Urteil angefochten wird und welche Abänderungen des Urteils beantragt werden (Berufungsanträge);
2. die Bezeichnung der Umstände, aus denen sich die Rechtsverletzung und deren Erheblichkeit für die angefochtene Entscheidung ergibt;
3. die Bezeichnung konkreter Anhaltspunkte, die Zweifel an der Richtigkeit oder Vollständigkeit der Tatsachenfeststellungen im angefochtenen Urteil begründen und deshalb eine erneute Feststellung gebieten;
4. die Bezeichnung der neuen Angriffs- und Verteidigungsmittel sowie der Tatsachen, auf Grund derer die neuen Angriffs- und Verteidigungsmittel nach § 531 Abs. 2 zuzulassen sind.

(4) Die Berufungsbegründung soll ferner enthalten:
1. die Angabe des Wertes des nicht in einer bestimmten Geldsumme bestehenden Beschwerdegegenstandes, wenn von ihm die Zulässigkeit der Berufung abhängt;
2. eine Äußerung dazu, ob einer Entscheidung der Sache durch den Einzelrichter Gründe entgegenstehen.

(5) Die allgemeinen Vorschriften über die vorbereitenden Schriftsätze sind auch auf die Berufungsbegründung anzuwenden.

Literatur: *Bacher,* Das reformierte Patentnichtigkeitsverfahren in der Berufungsinstanz – erste Erfahrungen, GRUR 2013, 902 ff.

Übersicht

	Rn.
A. Allgemeines	1
B. Form der Berufungsbegründung	3
C. Berufungsbegründungsfrist	5
I. Fristbeginn	5
II. Fristlauf	8
1. Allgemeines	8
2. Fristverlängerung	9
III. Fristende	14
IV. Fristwahrung	15
D. Begründungsinhalt	18
I. Zwingender Inhalt	18
1. Berufungsanträge	18
2. Begründung in engeren Sinn	23
a) Allgemeine Grundsätze	23
b) Berufungsgründe	27
II. Sonstiger Inhalt	45
E. Allgemeine Grundsätze für vorbereitende Schriftsätze	48

A. Allgemeines

1 Das Erfordernis, die Berufung innerhalb einer bestimmten Frist zu begründen, dient der **Beschleunigung** und **Konzentration** des Verfahrens; es soll gewährleisten, dass der Rechtsstreit für die Berufungsinstanz ausreichend vorbereitet wird, indem es den Berufungsführer anhält, die Beurteilung des Streitfalls durch das Erstgericht zu überprüfen und darauf hinzuweisen, in welchen Punkten und mit welchen Gründen das angefochtene Urteil für unrichtig gehalten wird[1]. Allerdings wird diese Funktion dadurch aufgeweicht, dass das Berufungsgericht beim Vorliegen einer zulässigen Begründung seine Prüfung nur hinsichtlich solcher Verfahrensmängel, die nicht von Amts wegen zu berücksichtigen sind, auf die ordnungsgemäß vorgebrachten Rügen beschränken kann und im Übrigen gehalten ist, das angegriffene Urteil unter allen Gesichtspunkten zu prüfen (→ § 529 Rn. 23).

2 Der Regelung des § 520 entspricht für die Berufung im **Patentnichtigkeitsverfahren** § 112 PatG. Allerdings beträgt dort die Berufungsbegründungsfrist gem. § 112 Abs. 2 S. 1 PatG drei Monate.

---

[1] BVerfG NJW-RR 2002, 135 f.; BGH NJW-RR 2016, 396 Rn. 16.

B. Form der Berufungsbegründung

Bei der Berufungsbegründung handelt es sich um einen bestimmenden Schriftsatz (→ § 129 Rn. 1)[2]. **3**

Die Berufungsbegründung muss durch einen postulationsfähigen Rechtsanwalt unterzeichnet sein. **3a**
Das stellt keine bloße Formalität dar, sondern ist äußerer Ausdruck für die von dem Gesetz geforderte eigenverantwortliche Prüfung des Inhalts der Begründungsschrift durch den Anwalt. Ein Berufungsgericht hat allerdings in aller Regel keinen Anlass, den Inhalt einer anwaltlich unterschriebenen Berufungsbegründung darauf zu überprüfen, in welchem Umfang und wie gründlich der Anwalt den Prozessstoff tatsächlich selbst durchgearbeitet hat; Anderes gilt, wenn der Anwalt sich durch einen Zusatz von dem unterschriebenen Schriftsatz distanziert oder wenn nach den Umständen außer Zweifel steht, dass er den Schriftsatz ohne eigene Prüfung, also unbesehen, unterschrieben hat[3].

Nicht nur die Berufungseinlegung ist **bedingungsfeindlich** (→ § 519 Rn. 8 f.), sondern auch die **4**
Berufungsbegründung. Eine Berufung wird daher unzulässig, wenn innerhalb der Berufungsbegründungsfrist lediglich ein Schriftsatz eingeht, der nur bei Eintritt einer Bedingung – insbes. der Gewährung von Prozesskostenhilfe – als Berufungsbegründung gelten soll[4].

C. Berufungsbegründungsfrist

I. Fristbeginn

Die Berufung ist binnen **einer Frist von zwei Monaten** zu begründen; im **Patentnichtigkeits-** **5**
verfahren beträgt die Frist **drei Monate**[5] (§ 112 Abs. 2 S. 2 PatG). Für den **Fristbeginn** trifft Abs. 2 S. 1 dieselben Regelungen wie § 517 für den Beginn der Berufungsfrist. Insoweit wird auf die Darstellung zu § 517 (→ § 517 Rn. 6 ff.) Bezug genommen.

Ergeht ein **Ergänzungsurteil**, so erstreckt sich die durch § 518 angeordnete Fristanpassung auch **6**
auf den **Neubeginn der Berufungsbegründungsfrist** hinsichtlich des ergänzten Urteils, falls die Frist zur Berufung gegen letzteres neu beginnt[6] (→ § 518 Rn. 9), ohne dass das § 518 oder § 520 unmittelbar entnommen werden könnte.

Soweit die Berufungsfrist nicht beginnt (→ § 517 Rn. 2 und 15), kann auch die Berufungsbegründ- **7**
ungsfrist nicht beginnen. Ist jedoch in einem solchen Fall Berufung eingelegt worden, so ist es angemessen, dem Berufungsführer eine Frist von zwei Monaten zu deren Begründung einzuräumen; praktische Bedeutung scheint diese Frage noch nicht erlangt zu haben.

II. Fristlauf

1. Allgemeines. Die Berufungsbegründungsfrist läuft **unabhängig von der Berufungsfrist**. So **8**
wirken sich weder ein Wiedereinsetzungsantrag hinsichtlich der Berufungsfrist noch die Verwerfung der Berufung als unzulässig auf den Lauf der Berufungsbegründungsfrist aus[7]; wird später dem Wiedereinsetzungsantrag stattgegeben oder erweist sich die Berufungsverwerfung als unzutreffend, so kann der Zulässigkeit der Berufung gleichwohl die Versäumung der Berufungsbegründungsfrist entgegenstehen[8].

2. Fristverlängerung. Die Berufungsbegründungsfrist kann durch den Vorsitzenden verlängert **9**
werden, wenn der **Antrag** darauf **vor Fristablauf** gestellt wird; ein **danach** eingehender Antrag kann ebenso wenig wie eine daraufhin (zu Unrecht) ergangene Verlängerungsverfügung die inzwischen eingetretene Unzulässigkeit der Berufung wieder in Frage stellen[9].

Die Verlängerung setzt nicht voraus, dass die Berufung zulässig eingelegt worden ist, und erfordert **10**
deshalb auch keine Darlegungen des antragstellenden Berufungsführers hierzu[10].

---

[2] BGH BeckRS 2015, 15856 Rn. 8; NJW 2013, 2034 Rn. 7 mwN.
[3] BGH NJW-RR 2021, 56 Rn. 4 ff.
[4] BGH NJW-RR 2012, 755 Rn. 11; NJW 2006, 693 Rn. 12.
[5] Siehe dazu BGH GRUR 2011, 357 Rn. 9 – Geänderte Berufungsbegründungsfrist.
[6] BGH NJW 2009, 442 Rn. 6.
[7] BGH NJW-RR 2012, 308 Rn. 24 mwN.
[8] BGH BeckRS 2004, 08283.
[9] BGH NJW 2022, 400 Rn. 19; BeckRS 2015, 14067 Rn. 10; NJW-RR 2013, 692 Rn. 11; GRUR 2013, 638 Rn. 21 – Völkl; BGH NJW 1992, 842; aA MüKoZPO/*Rimmelspacher* § 520 Rn. 18, der allerdings zu Recht darauf hinweist, dass die in NJW 1992, 842 gegebene Begründung, mit Fristablauf sei Rechtskraft eingetreten, in Widerspruch zur Entscheidung des GemS-OGB NJW 1984, 1027 (1028) steht, wonach Rechtskraft erst mit der Verwerfungsentscheidung eintritt. Die Berufung wird indes bereits mit Ablauf der Begründungsfrist unzulässig, selbst wenn das angegriffene Urteil erst durch die Entscheidung des Berufungsgerichts darüber rechtskräftig wird; für eine unzulässige Berufung bedarf es keiner (verlängerten) Begründungsfrist mehr.
[10] BGH NJW-RR 2005, 792 (793).

11 Unabhängig davon, ob es sich um eine erste oder eine weitere Verlängerung handelt, stellt die **Einwilligung des Gegners** einen Grund für die Verlängerung dar[11]. Diese Einwilligung bedarf nicht der Schriftform[12]; es genügt vielmehr, wenn der Antragsteller sie in seinem Antrag mitteilt[13]; die bloße Erwähnung von Vergleichsverhandlungen stellt keine solche Mitteilung dar[14].

12 Eine **Verlängerung** um höchsten **einen Monat** kann auch **ohne Einwilligung des Gegners** gewährt werden, wenn entweder der **Rechtsstreit** durch die Verlängerung **nicht verzögert** wird oder der Antragsteller **erhebliche Gründe** darlegt. An die Darlegung eines erheblichen Grundes für die Notwendigkeit der Fristverlängerung sind bei einem ersten Antrag **keine hohen Anforderungen** zu stellen. Grundsätzlich **reicht** der **Hinweis** auf das Vorliegen eines solchen Grundes – etwa **Urlaubsabwesenheit, Arbeitsüberlastung** oder das **Erfordernis weiterer Abstimmung** zwischen Prozessbevollmächtigtem und Partei – aus, **ohne** dass es einer **weiteren Substantiierung** bedarf[15]; von diesem, durch den BGH aufgestellten Maßstab dürfen die unteren Instanzen aus Gründen der Rechtsstaatlichkeit nicht zum Nachteil der betroffenen Parteien abweichen[16]. Weitere erhebliche Gründe können **Krankheit** des Parteivertreters, **Vergleichsverhandlungen** oder das Ausstehen der Entscheidung über einen **Prozesskostenhilfeantrag** sein. Eine einen Monat überschreitende Verlängerung um einen erst ab Akteneinsicht des Berufungsführers laufenden Zeitraums bedarf der Zustimmung des Gegners; das Berufungsrecht kennt keine der Regelung in § 551 Abs. 2 S. 6 Hs. 2 entsprechende Vorschrift[17]. Ist die **Zustimmung** des Gegners **erforderlich,** so muss das Gericht darauf **nicht hinweisen**[18].

13 Wird einem Fristverlängerungsantrag nur **teilweise** entsprochen, so liegt darin in aller Regel zugleich die (stillschweigende) Ablehnung des weitergehenden Antrags und nicht ein Vorbehalt, insoweit erst noch entscheiden zu wollen[19]. Wird die Frist unter einer Bedingung (insbes. derjenigen, dass die Zustimmung des Gegners tatsächlich vorliege) verlängert, so ist die Bedingung unwirksam, die Fristverlängerung selbst dagegen als unbedingte grundsätzlich wirksam[20].

III. Fristende

14 Das Ende der Berufungsbegründungsfrist berechnet sich nach § 188 Abs. 2 und 3 BGB, § 222 Abs. 1. Fällt das Fristende auf einen Sonn- oder Feiertag oder einen Samstag, so verlängert sich die Frist bis zum Ablauf des nächsten Werktags (§ 222 Abs. 2); bei nicht bundeseinheitlichen Feiertagen sind die Verhältnisse am Sitz des Berufungsgerichts maßgeblich[21].

IV. Fristwahrung

15 Insoweit wird zunächst auf die Darstellung zu § 517 (→ § 517 Rn. 20 f.) Bezug genommen.

15a Nach Ablauf der Berufungsbegründungsfrist kann eine unzulängliche Berufungsbegründung nicht mehr geheilt werden[22].

16 Wenden sich mehrere **einfache Streitgenossen** gegen ein Urteil, so muss jeder seine Berufung gesondert begründen, wobei jedoch auf die Begründungen der anderen Bezug genommen werden kann[23]. Bei **notwendigen Streitgenossen** (§ 62) wahrt die Begründung eines Streitgenossen auch die für die anderen laufende Frist. Die Begründung durch einen **Nebenintervenienten** wahrt die Frist zur Begründung der von der Hauptpartei eingelegten Berufung[24].

17 Wird die Berufungsbegründungsfrist schuldlos versäumt, so kommt kraft ihrer ausdrücklichen Nennung in § 233 die **Wiedereinsetzung** in Betracht.

---

[11] BGH NJW 2009, 3100 Rn. 9 f.
[12] BGH NJW 2005, 72 (73); aA MüKoZPO/*Rimmelspacher* § 520 Rn. 8, der jedoch die von ihm postulierte Schriftform in der schriftlichen Fixierung im Verlängerungsantrag sehen will, die freilich nicht vom Einwilligenden vorgenommen wird.
[13] BGH NJW 2006, 2192 Rn. 9.
[14] BGH NJW-RR 2012, 1462 Rn. 15.
[15] BGH NJW 2022, 400 Rn. 23; NJW-RR 2019, 1392 Rn. 12; NJW 2017, 2041 Rn. 12 f. mwN; NJW-RR 2011, 285 Rn. 10.
[16] BGH BeckRS 2021, 28846 Rn. 12 f.
[17] BGH NJW 2018, 1022 Rn. 15.
[18] BGH NJW-RR 2021, 1582 Rn. 14.
[19] BGH NJW 2015, 1966 Rn. 12 mwN.
[20] BGH NJW-RR 2017, 1145 Rn. 10 ff.
[21] BGH NJW-RR 2012, 254 Rn. 1 mwN für die Berufungsfrist.
[22] BGH BeckRS 2021, 8556 Rn. 13; NJW-RR 2018, 386 Rn. 11; 2015, 511 Rn. 15 mwN.
[23] BGH NJW 2008, 1740 Rn. 14 mwN.
[24] BGH NJW 1999, 2046 (2047).

D. Begründungsinhalt

I. Zwingender Inhalt

1. Berufungsanträge. Die Berufungsbegründung muss gem. Abs. 3 S. 2 Nr. 1 die Berufungs- 18 anträge enthalten, mit denen erklärt wird, inwieweit das Ersturteil angefochten wird und welche Abänderungen des Urteils beantragt werden, wenn diese nicht bereits vorher, insbesondere in der Berufungsschrift, angekündigt worden sind. Die Erklärung muss nicht zwingend in einem bestimmt gefassten Antrag niedergelegt werden. Die Vorschrift verlangt lediglich, dass die Begründungsschrift ihrem gesamten Inhalt nach den **Umfang der Anfechtung** des Ersturteils **eindeutig** erkennen lässt[25]. Bei der Ermittlung des Anfechtungsumfangs sind auch **Floskeln** zu berücksichtigen, die den Anforderungen an den Inhalt einer Berufungsbegründung nicht genügen; insoweit dürfen die **Anforderungen bezüglich der Berufungsanträge** in Abs. 3 Satz 2 Nr. 1 **nicht** mit den **inhaltlichen Anforderungen an die Berufungsbegründung** nach Abs. 3 Satz 2 Nr. 2 **verknüpft** werden[26]. Im Grundsatz ist davon auszugehen, dass ein Rechtsmittel im Zweifel gegen die gesamte angefochtene Entscheidung gerichtet ist, diese also insoweit angreift, als der Rechtsmittelführer durch sie beschwert ist[27].

Die Berufungsanträge müssen in diesem Sinn hinreichend **bestimmt** sein[28]. Ergibt sich aus der 19 Berufungsbegründung zwar eindeutig, in welchem Umfang das Ersturteil angegriffen wird, bleibt aber – etwa wegen des Fehlens ausdrücklich formulierter Anträge – unklar, ob und gegebenenfalls inwieweit darüber hinaus zusätzliche Begehren verfolgt werden, so genügt das den Anforderungen des Abs. 3 S. 2 Nr. 1[29]. Da allerdings daneben für alle Anträge, mit denen eine Verurteilung verfolgt wird, das **Bestimmtheitserfordernis des § 253 Abs. 2 Nr. 2** (→ § 253 Rn. 193 ff.) gilt, kann ein derartig unklares Begehren unzulässig sein, soweit es über den Angriff auf das Ersturteil hinausgeht. Auch im Übrigen führt die Unbestimmtheit des weiterverfolgten Klageantrags nicht zur Unzulässigkeit der Berufung, wenn eindeutig ist, in welchem Umfang das Ersturteil angefochten wird[30].

Erst die Berufungsanträge legen den **Umfang des Berufungsangriffs** fest. Ergibt sich aus ihnen, 20 dass dieser hinter der Beschwer des Berufungsführers durch das Ersturteil zurückbleibt, so liegt darin **keine Teilrücknahme** einer mit der Berufungsschrift umfassend eingelegten Berufung. Werden dagegen im Lauf des Berufungsverfahrens neue und hinter den ursprünglichen Berufungsanträgen zurückbleibende Anträge gestellt, so wird dadurch die Berufung hinsichtlich des überschießenden Teils zurückgenommen[31].

Da in der Teilanfechtung des Ersturteils kein Berufungsverzicht im Übrigen liegt (→ § 515 Rn. 11), 21 kann der **Berufungsangriff** auf das Ersturteil nach Einreichung der Berufungsbegründung noch **ausgeweitet** werden. Die durch die beschränkte[32] oder unbeschränkte Berufungseinlegung eintretende Hemmung der Rechtskraft erstreckt sich grundsätzlich auch dann auf das gesamte Urteil, wenn die Berufungsbegründung einen beschränkten Antrag enthält. Der Berufungsführer kann daher die Berufung **auch nach Ablauf der Begründungsfrist** bis zum Schluss der Berufungsverhandlung erweitern, soweit die fristgerecht vorgetragenen Berufungsgründe die Antragserweiterung decken[33].

Von der **Erweiterung des Berufungsangriffs** auf das Ersturteil zu unterscheiden ist die **Erweite-** 22 **rung der Klage** im Berufungsverfahren, für die Abs. 3 nicht gilt[34].

2. Begründung in engeren Sinn. a) Allgemeine Grundsätze. Der Berufungsbegründungs- 23 pflicht ist nicht schon dadurch genügt, dass innerhalb der Begründungsfrist ein Schriftsatz des Berufungsklägers eingeht, der Berufungsrügen im Sinne von Abs. 3 S. 2 enthält; vielmehr ist erforderlich, dass der Schriftsatz auch zur Begründung bestimmt ist[35]. Diese Bestimmung muss nicht ausdrücklich erklärt werden, sondern kann sich auch aus den Umständen – etwa im Rahmen der Begründung eines PKH-Antrags – ergeben[36].

---

[25] BGH NJW-RR 2020, 1132 Rn. 11; 2019, 1293 Rn. 14; 2019, 1022 Rn. 9; 2015, 963 Rn. 10; GRUR 2012, 1248 Rn. 20 mwN – Fluch der Karibik.
[26] BGH NJW-RR 2020, 1188 Rn. 18; NJW 2006, 2705 Rn. 10; NJW-RR 1995, 1154 (1155).
[27] BGH NJW-RR 2020, 1188 Rn. 17; 2019, 1022 Rn. 9 mwN.
[28] BeckOK ZPO/*Wulf* § 520 Rn. 15; Musielak/Voit/*Ball* § 520 Rn. 21; MüKoZPO/*Rimmelspacher* § 520 Rn. 29.
[29] BGH NJW 1992, 698 f.; vgl. auch BGH NJW-RR 2015, 963 Rn. 12 mwN.
[30] BGH NJW-RR 2020, 1132 Rn. 15; 2017, 1341 Rn. 9.
[31] Musielak/Voit/*Ball* § 520 Rn. 24; MüKoZPO/*Rimmelspacher* § 520 Rn. 35.
[32] BGH NJW-RR 2005, 714 (715).
[33] BGH NJW-RR 2020, 1132 Rn. 15; BeckRS 2019, 3361 Rn. 2; NJW-RR 2017, 1341 Rn. 9 aE; BeckRS 2017, 102358 Rn. 9; NJW-RR 2013, 820 Rn. 10 jeweils mwN; vgl. auch BGH GRUR 2009, 856 Rn. 16 – Tripp-Trapp-Stuhl.
[34] BGH NJW 1994, 944 (945); Musielak/Voit/*Ball* § 520 Rn. 27; MüKoZPO/*Rimmelspacher* § 520 Rn. 40.
[35] BGH NJW-RR 2015, 1409 Rn. 17; 2005, 793.
[36] BGH NJW-RR 2018, 497 Rn. 16; BeckRS 2017, 114668 Rn. 14 f.; jeweils mwN.

24 Die Berufungsbegründung muss – ihre Richtigkeit unterstellt – geeignet sein, das gesamte Urteil in Frage zu stellen[37]. Sie muss auf den **konkreten Streitfall** zugeschnitten sein; es reicht nicht aus, die Auffassung des Erstgerichts mit formularmäßigen Sätzen oder allgemeinen Redewendungen zu rügen[38], lediglich auf das Vorbringen erster Instanz zu verweisen[39] oder Textbausteine aus Schriftsätzen zu anderen Prozessen vorzutragen[40]. Dagegen führt das Festhalten an einer im Ersturteil zurückgewiesenen **Rechtsansicht** auch dann nicht zur Unzulässigkeit der Berufung, wenn in der Berufungsbegründung lediglich bereits im ersten Rechtszug vorgetragene rechtliche Argumente wiederholt werden, denn Sinn der Berufung ist es gerade, dem Berufungsführer die Überprüfung der Rechtsansicht der ersten Instanz zu ermöglichen[41]. Entsprechend genügt zur Bezeichnung des Umstands, aus dem sich die Entscheidungserheblichkeit der Verletzung materiellen Rechts ergibt, regelmäßig die Darlegung einer Rechtsansicht, die dem Berufungskläger zufolge zu einem anderen Ergebnis als dem des angefochtenen Urteils führt[42]. Auch steht es der Zulässigkeit der Berufung nicht entgegen, wenn die – im Übrigen den Anforderungen genügende – Berufungsbegründung auch **überschießende Rügen** zu rechtlichen oder tatsächlichen Gesichtspunkten enthält, auf die das angefochtene Urteil gar nicht gestützt ist[43] und denen daher der Bezug zum konkreten Streitfall fehlt.

25 Wird ein Urteil nicht binnen fünf Monaten nach Verkündung schriftlich niedergelegt, so kann sich die – allerdings auch dann notwendige – Begründung einer Berufung auf den Hinweis beschränken, eine Begründung des Ersturteils liege nicht vor[44].

26 Werden Angriffs- und Verteidigungsmittel erst **nach Ablauf der Berufungsbegründungsfrist** vorgebracht, so kann das gem. § 530 iVm § 296 Abs. 1 zu deren **Präklusion** führen.

27 b) **Berufungsgründe.** In Umsetzung des durch § 513 Abs. 1 vorgegebenen Prüfprogramms handelt Abs. 3 S. 2 als mögliche Berufungsgründe **Rechtsverletzungen** (Nr. 2) und **unzulängliche Tatsachenfeststellungen** (Nr. 3 und 4) ab.

28 aa) **Rechtsverletzungen.** Rügt der Berufungsführer eine Rechtsverletzung durch das Ersturteil, so muss die Berufungsbegründung nach Abs. 3 S. 2 Nr. 2 die Bezeichnung der Umstände enthalten, aus denen sich nach Ansicht des Rechtsmittelführers die **Rechtsverletzung** und deren **Entscheidungserheblichkeit** ergeben. Diesen Anforderungen wird genügt, wenn die Berufungsbegründung erkennen lässt, aus welchen **tatsächlichen oder rechtlichen Gründen** der Berufungsführer das angefochtene Urteil für unrichtig hält und zur Darlegung der Fehlerhaftigkeit die Umstände mitteilt, die das Urteil aus seiner Sicht in Frage stellen. Besondere formale Anforderungen werden nicht gestellt[45]. Auch die **Bezeichnung der verletzten Rechtsnorm** ist entbehrlich, soweit aus den mitgeteilten Rechtsansichten deutlich wird, worin der Rechtsfehler gesehen wird[46].

29 Gerügt werden können sowohl Verletzungen des **materiellen Rechts** als auch solche des **Verfahrensrechts.** Für deren **Erheblichkeit** bestehen unterschiedliche Maßstäbe (→ § 513 Rn. 6): betrifft die behauptete Rechtsverletzung **materielles Recht,** so beruht die Entscheidung nur auf der Verletzung, wenn sie bei richtiger Rechtsanwendung einen anderen Inhalt gehabt hätte; betrifft sie das **Verfahrensrecht,** so genügt die Möglichkeit, dass das Erstgericht ohne die gerügte Verletzung zu einem anderen Ergebnis gelangt wäre[47]. Wird ein Verstoß des Erstgerichts gegen die **Hinweispflicht** des § 139 Abs. 1 gerügt, so muss dargetan werden, was auf einen entsprechenden Hinweis vorgetragen worden wäre[48]. Entsprechendes gilt, wenn ein **Gehörsverstoß** oder ein Verstoß gegen § 285 gerügt werden[49]. Ergibt sich die Entscheidungserheblichkeit der behaupteten Rechtsverstöße unmittelbar aus

---

[37] BGH NJW-RR 2016, 1267 Rn. 5; BeckRS 2016, 00920 Rn. 7 jeweils mwN. BGH BeckRS 2020, 19830 Rn. 10 zu dem seltenen Fall, dass eine Berufungsbegründung selbst nach dem gebotenen großzügigen Maßstab sprachlich unverständlich oder inhaltlich nicht nachvollziehbar ist; dann genügt es auch nicht, wenn sich aus dem insgesamt nicht verständlichen Schriftsatz mit Mühe einzelne Elemente herauslesen lassen, die als rechtlich bedenkenswert betrachtet werden könnten (BGH BeckRS 2020, 19830 Rn. 13).
[38] BGH NJW-RR 2020, 503 Rn. 5; 2015, 511 Rn. 7 jeweils mwN.
[39] BGH GRUR 2019, 499 Rn. 26 – Eierkarton zu § 112 PatG; NJW 2018, 2894 Rn. 5; NJW-RR 2016, 1125 Rn. 10; BeckRS 2016, 00920 Rn. 7; NJW 2015, 1684 Rn. 7; NJW-RR 2015, 511 Rn. 7; NJW 2013, 174 Rn. 10; jeweils mwN.
[40] BGH NJW-RR 2020, 1187 Rn. 11; 2008, 1308 Rn. 10.
[41] BGH NJW 2018, 2894 Rn. 10.
[42] BGH BeckRS 2020, 32874 Rn. 7 mwN.
[43] BGH NJW 2012, 440 Rn. 9.
[44] BGH GRUR 2011, 56 Rn. 17 mwN – Session-ID.
[45] BGH GRUR 2019, 499 Rn. 26 – Eierkarton zu § 112 PatG; NJW 2018, 2894 Rn. 5; NJW-RR 2016, 1267 Rn. 5; BeckRS 2016, 00920 Rn. 7; GRUR 2013, 950 – auch zugelassen am OLG Frankfurt Rn. 10; BGH GRUR 2013, 1279 Rn. 8 – Seitenwandmarkierungsleuchte zu § 112 Abs. 3 Nr. 2 lit. a PatG; jeweils mwN.
[46] BGH NJW 2006, 142 Rn. 12 mwN.
[47] BeckOK ZPO/*Wulf* § 520 Rn. 24; Zöller/*Heßler* § 513 Rn. 5; Musielak/Voit/*Ball* § 520 Rn. 33; MüKoZPO/*Rimmelspacher* § 520 Rn. 50.
[48] BGH GRUR 2018, 740 Rn. 13 – Gewohnt gute Qualität; BeckRS 2016, 14156 Rn. 11; jeweils mwN.
[49] BGH NJW 2016, 2890 Rn. 11 u. 18 mwN.

dem angefochtenen Urteil in Verbindung mit den Ausführungen in der Berufungsbegründung, so bedarf sie keiner gesonderten Darlegung[50].

Es kommt nicht darauf an, ob die Ausführungen zur Rechtsverletzung in sich **schlüssig** oder **30 rechtlich haltbar** sind[51]. Enthält die Berufungsbegründung zumindest **zu einem Streitpunkt** eine der Vorschrift des Abs. 3 S. 2 Nr. 2 genügende Begründung, ist die Berufung **insgesamt** zulässig, wenn die bezeichneten Umstände geeignet sind, der angegriffenen Entscheidung insgesamt die Grundlage zu entziehen[52].

Hat das Erstgericht die Abweisung der Klage hinsichtlich **eines prozessualen Anspruchs** auf **31 mehrere** voneinander **unabhängige**, selbständig tragende **rechtliche Erwägungen** gestützt, muss die Berufungsbegründung **jede tragende Erwägung angreifen; andernfalls** ist das Rechtsmittel **unzulässig**. Denn in derartigen Fällen jede trägt der gleichwertigen Begründungen des Erstgerichts dessen Entscheidung; selbst wenn die gegen einen Grund vorgebrachten Angriffe durchgreifen, ändert sich nichts daran, dass die Klage aus dem anderen Grund weiterhin abweisungsreif ist[53] und damit der vorgetragene Rechtsfehler nicht entscheidungserheblich war. Ist eine auf **mehrere Anspruchsgrundlagen** gestützte Klage **abgewiesen** worden, so genügt es für die Entscheidungserheblichkeit, wenn die auf **nur eine der Anspruchsgrundlagen gestützte Begründung** des Erstgerichts mit allen hierauf bezogenen, selbständig tragenden rechtlichen Erwägungen insgesamt vollständig angegriffen wird[54].

Bei einem **teilbaren Streitgegenstand** muss die Berufungsbegründung sich auf alle Teile des **32** Urteils erstrecken, hinsichtlich derer eine Änderung beantragt wird[55].

Auch wenn das Ersturteil **mehrere prozessuale Ansprüche** abweist, so ist für jeden Anspruch eine **33** den Anforderungen des Abs. 3 S. 2 Nr. 2 genügende Berufungsbegründung erforderlich[56]. Das bedeutet **im Bereich des gewerblichen Rechtsschutzes** insbesondere, dass bei der Berufung gegen die Abweisung einer auf **mehrere Schutzrechte gestützten Klage** die Berufungsbegründung Ausführungen **zu jedem Schutzrecht** enthalten muss. Decken sich die Voraussetzungen dieser Schutzrechte (etwa die Verwechslungsgefahr, wenn eine deutsche und eine Unionsmarke Schutz für identische Zeichen beanspruchen, oder zu die in einem Patent und in einem Gebrauchsmuster in den Ansprüchen aufgeführten identischen Merkmale) kann das einheitlich erfolgen[57]; bestehen jedoch Unterschiede zwischen den Schutzrechten (etwa bei einer deutschen Wort-/Bildmarke und einer Unionswortmarke oder bei – teilweise – unterschiedlichen Anspruchsmerkmalen technischer Schutzrechte), so gebietet Abs. 3 S. 2 Nr. 2 schutzrechtsspezifische Erörterungen. Auch wenn ansonsten die Entscheidung über eine Mehrheit von Ansprüchen auf einem einheitlichen, allen Ansprüchen gemeinsamen Grund beruht, genügt es, wenn die Berufungsbegründung diesen **einheitlichen Grund** insgesamt angreift[58].

Entsprechendes gilt im **Patentnichtigkeitsverfahren** hinsichtlich der einzelnen vor dem Bundes- **34** patentgericht als selbständige Klagegründe vorgebrachten Nichtigkeitsgründe[59].

In dem Sonderfall, dass eine Berufung sich gegen ein **zweites Versäumnisurteil** (oder eine einem **35** solchen gleichstehende Entscheidung, → § 514 Rn. 6) wendet, ist die Schlüssigkeit des Sachvortrags dazu, dass keine schuldhafte Versäumung vorgelegen habe, Voraussetzung für die Zulässigkeit der Berufung (→ § 514 Rn. 11).

Soweit Verfahrensfehler sich auf die Tatsachenfeststellung auswirken, greifen die Rügen der Rechts- **36** verletzung (Abs. 3 S. 2 Nr. 2) und der fehlerhaften Tatsachenfeststellung (Abs. 3 S. 2 Nr. 3) ineinander; so kommen für einen **Angriff auf die Beweiswürdigung** auf beide Rügen in Betracht[60].

bb) Unzulänglichkeit der Tatsachenfeststellungen. Die Tatsachengrundlage des Erstgerichts **37** kann im Berufungsverfahren in zweifacher Hinsicht in Frage gestellt werden. Zum einen kann sich die Berufung darauf stützen, dass die Tatsachen vom Erstgericht nicht vollständig oder richtig festgestellt

---

[50] BGH NJW 2015, 1458 Rn. 13 mwN.
[51] BGH NJW-RR 2020, 1132 Rn. 14; GRUR 2019, 499 Rn. 26 – Eierkarton zu § 112 PatG; NJW 2018, 2894 Rn. 5; GRUR 2017, 308 Rn. 11 – Die Anstalt; NJW-RR 2016, 1269 Rn. 7; NJW 2015, 1684 Rn. 7; GRUR 2013, 950 – auch zugelassen am OLG Frankfurt Rn. 10; jeweils mwN.
[52] BGH GRUR 2016, 171 Rn. 40 – Die Realität II; NJW 2015, 3040 Rn. 12; GRUR 2013, 950 – auch zugelassen am OLG Frankfurt Rn. 10 jeweils mwN.
[53] BGH NJW-RR 2021, 789 Rn. 5; 2020, 1132 Rn. 16; 2020, 503 Rn. 6; GRUR 2019, 499 Rn. 26 – Eierkarton zu § 112 PatG; NJW-RR 2019, 180 Rn. 11; 2016, 1269 Rn. 7; 2016, 1267 Rn. 9; NJW 2015, 3040 Rn. 12; NJW-RR 2015, 757 Rn. 6; 2015, 511 Rn. 8; jeweils mwN.
[54] BGH NJW-RR 2020, 1132 Rn. 16.
[55] BGH NJW-RR 2021, 189 Rn. 11; NJW 2015, 3040 Rn. 11; GRUR 2015, 772 Rn. 72 – UsedSoft III; NJW-RR 2014, 492 Rn. 56; jeweils mwN.
[56] BGH NJW 2015, 3040 Rn. 11; GRUR 2015, 772 Rn. 72 – UsedSoft III; NJW-RR 2014, 492 Rn. 56; GRUR 2006, 429 Rn. 22 – Schlank-Kapseln; jeweils mwN.
[57] BGH NJW-RR 2012, 1207 Rn. 10 mwN.
[58] BGH GRUR 2015, 772 Rn. 72 mwN – UsedSoft III.
[59] BGH BeckRS 2011, 18964 Rn. 7; GRUR 2010, 660 Rn. 14 – Glasflaschenanalysesystem.
[60] BGH NJW 2012, 3581 Rn. 7.

worden seien (Abs. 3 S. 2 Nr. 3), zum anderen darauf, dass neue Angriffs- oder Beweismittel zu berücksichtigen seien (Abs. 3 S. 2 Nr. 4).

38 **(1) Fehlerhafte Tatsachenfeststellung durch das Erstgericht.** Abs. 3 S. 2 Nr. 3 greift das in § 529 Abs. 1 Nr. 1 aufgestellte Kriterium konkreter Anhaltspunkte auf, die Zweifel an der Richtigkeit oder Vollständigkeit der Tatsachenfeststellungen im angefochtenen Urteil begründen und deshalb eine erneute Feststellung gebieten. Denn da das Berufungsgericht gem. § 529 Abs. 1 Nr. 1 grundsätzlich an die vom Erstgericht festgestellten Tatsachen gebunden ist, muss die Berufung, die den festgestellten Sachverhalt angreifen will, eine Begründung dafür enthalten, warum die Bindung an die festgestellten Tatsachen ausnahmsweise nicht bestehen soll[61].

39 Die Rüge unrichtiger oder unvollständiger Tatsachenfeststellung wird häufig mit der Rüge von Verfahrensfehlern bei der Feststellung einhergehen (→ Rn. 36). Sie kann aber auch davon unabhängig erhoben werden, etwa wenn das Erstgericht zwar die angebotenen Beweise vollständig erhoben hat und sich der Berufungsangriff allein gegen die **Beweiswürdigung** richtet.

40 Abs. 3 S. 2 Nr. 3 nennt die **Erheblichkeit** des angegriffenen Mangels – anders als Abs. 3 S. 2 Nr. 2 – nicht ausdrücklich. Daraus folgt indes nicht, dass auch die fehlerhafte Feststellung von Tatsachen, die für die Entscheidung ohne Belang sind, gerügt werden könnte[62]. Vielmehr ergibt sich aus der Regelung des § 529 Abs. 1 Nr. 1, auf die Abs. 3 S. 2 Nr. 3 ausgerichtet ist, unmittelbar, dass sich die Rüge auf entscheidungserhebliche Tatsachenfeststellungen beziehen muss.

41 **(2) Neue Angriffs- oder Beweismittel.** Abs. 3 S. 2 Nr. 4 steht im Zusammenhang mit den Regelungen des § 529 Abs. 1 Nr. 2, wonach neue Tatsachen der Berufungsentscheidung (nur) zugrunde zu legen sind, soweit ihre Berücksichtigung zulässig ist, und des § 531 Abs. 2 dazu, unter welchen Voraussetzungen neue Angriffs- oder Verteidigungsmittel zuzulassen sind. Wie auch sonst beim Angriff auf die erstgerichtlichen Tatsachenfeststellungen (→ Rn. 37) ist eine Darlegung erforderlich, weshalb vom Grundsatz der Bindung an die Tatsachenfeststellungen des Erstgerichts abgewichen werden soll[63].

42 Abs. 3 S. 2 Nr. 4 verlangt die Bezeichnung der neuen Angriffs- oder Beweismittel (zum Begriff → § 530 Rn. 3), auf welche die Berufung gestützt wird. Damit müssen sie so genau angegeben werden, dass das Berufungsgericht in die Lage versetzt wird, über deren Zulassung gem. § 531 Abs. 2 zu entscheiden.

43 Soweit die Berufung ausschließlich auf neue Angriffs- oder Verteidigungsmittel gestützt wird, bedarf es zwar keiner Auseinandersetzung mit den Gründen des Ersturteils[64], aber gleichwohl der Darlegung, weshalb das Urteil unrichtig sei[65].

44 Eine auf **neue Angriffs- oder Verteidigungsmittel** gestützte Berufung muss **auch** diejenigen **Tatsachen** bezeichnen, **die zu deren Zulassung** nach § 531 Abs. 2 **führen sollen**. Fehlt es daran bei einer ausschließlich auf neue Angriffs- oder Verteidigungsmittel gestützten Berufung, ist diese nach § 522 Abs. 1 S. 1 und 2 als **unzulässig** zu verwerfen[66]. Das Berufungsgericht kann die Verwerfung durch Beschluss vornehmen, ohne vorher zu klären, ob der Gegner das neue Vorbringen unstreitig stellen und dadurch berücksichtigungsfähig (→ § 529 Rn. 22) machen würde[67]. Nach der hier vertretenen Auffassung finden § 531 Abs. 2 im **Verfügungsverfahren** keine Anwendung (→ § 530 Rn. 18); dementsprechend bedarf es in Verfügungssachen keiner Darlegung der Tatsachen, aus denen sich die Zulässigkeit neuen Vorbringens im Berufungsverfahren ergeben soll.

II. Sonstiger Inhalt

45 Abs. 4 sieht **weitere Inhalte** der Berufungsbegründung vor, deren Fehlen jedoch die Zulässigkeit der Berufung nicht in Frage stellt.

46 Der **Wert des Beschwerdegegenstands** (Abs. 4 Nr. 1) ist im Falle der Wertberufung für die Zulässigkeit der Berufung von Bedeutung; seine Angabe kann auch nach dem Ablauf der Berufungsbegründungsfrist nachgeholt werden[68] und ist für das Berufungsgericht, das nach seinem freien Ermessen entscheidet (→ § 511 Rn. 24), nicht bindend.

47 Nach Abs. 4 Nr. 2 soll sich der Berufungsführer bereits in der Berufungsbegründung zur Übertragung des Rechtsstreits auf den **Einzelrichter** (§ 526 Abs. 1) äußern; nutzt er diese Gelegenheit nicht, so braucht ihm keine weitere Äußerungsfrist eingeräumt zu werden[69].

---

[61] BGH NJW 2012, 3581 Rn. 9 mwN.
[62] Musielak/Voit/*Ball* § 520 Rn. 35; MüKoZPO/*Rimmelspacher* § 520 Rn. 62.
[63] BGH NJW 2003, 2531 (2532).
[64] BGH NJW-RR 2007, 934 Rn. 8.
[65] Musielak/Voit/*Ball* § 520 Rn. 37; MüKoZPO/*Rimmelspacher* § 520 Rn. 69.
[66] BGH NJW-RR 2015, 465 Rn. 6 mwN.
[67] BGH NJW-RR 2015, 465 Rn. 8–10 mwN.
[68] BeckOK ZPO/*Wulf* § 520 Rn. 29; Musielak/Voit/*Ball* § 520 Rn. 46; MüKoZPO/*Rimmelspacher* § 520 Rn. 78.
[69] MüKoZPO/*Rimmelspacher* § 520 Rn. 78.

E. Allgemeine Grundsätze für vorbereitende Schriftsätze

Abs. 5 verweist auf die allgemeinen Vorschriften über die vorbereitenden Schriftsätze. **48**

§ 521 Zustellung der Berufungsschrift und -begründung

(1) Die Berufungsschrift und die Berufungsbegründung sind der Gegenpartei zuzustellen.

(2) ¹Der Vorsitzende oder das Berufungsgericht kann der Gegenpartei eine Frist zur schriftlichen Berufungserwiderung und dem Berufungskläger eine Frist zur schriftlichen Stellungnahme auf die Berufungserwiderung setzen. ²§ 277 gilt entsprechend.

A. Allgemeines

Die Vorschrift dient im Wesentlichen einerseits der **Unterrichtung** des Berufungsgegners und **1** andererseits der **Konzentration des Streitstoffs** und damit der Verfahrensbeschleunigung.

Sie gilt kraft Verweisung in § 110 Abs. 8 PatG auch für die Berufung im **Patentnichtigkeits- 2 verfahren**.

B. Zustellung nach Abs. 1

Nach Abs. 1 sind sowohl die Berufungsschrift als auch die Berufungsbegründung zuzustellen. Das **3** dient der Unterrichtung der am Berufungsverfahren Beteiligten. Dementsprechend hat die Zustellung an **alle Berufungsgegner** zu erfolgen und wegen der Wirkungen der Berufung auf **notwendige Streitgenossen des Berufungsführers** (→ § 62 Rn. 12) auch an diese[1]. Außerdem ist an alle **Nebenintervenienten** zuzustellen und im Falle der Berufung durch einen Nebenintervenienten auch an die **unterstützte Hauptpartei**[2].

Die Zustellung hat **von Amts wegen** zu erfolgen (§ 166 Abs. 2). Die Zulässigkeit der Berufung **4** hängt nicht davon ab, ob die – durch das Berufungsgericht und nicht durch den Berufungsführer zu veranlassende – Zustellung erfolgt[3].

Die Zustellung der Berufungsbegründung kann nicht nur mit derjenigen einer Fristsetzungsver- **5** fügung gem. Abs. 2 verbunden werden, sondern auch mit derjenigen einer Terminierungsverfügung gem. § 523 Abs. 1 S. 2 oder eines – nicht an die Zustellungsadressaten, sondern den Berufungsführer gerichteten – Hinweises gem. § 522 Abs. 2 S. 2.

C. Fristsetzungen nach Abs. 2

Abs. 2 betrifft **zwei** verschiedene **Fristen:** zum einen die dem Berufungsgegner zu setzende Frist **6** zur **Berufungserwiderung** und zum anderen die dem Berufungsführer zu setzende Frist zur Erwiderung darauf **(Replik)**. Die **Befugnis zur Fristsetzung** kommt in beiden Fällen sowohl dem Vorsitzenden des Berufungsspruchkörpers als auch diesem insgesamt zu.

Die **Fristen** müssen gem. Abs. 2 S. 2 iVm § 277 Abs. 3 jeweils **mindestens zwei Wochen 7** betragen. Auf Antrag (der vor Fristablauf eingehen muss[4]) kann gem. § 224 **Fristverlängerung** gewährt werden.

Die **Fristsetzungsverfügungen** sind **zuzustellen;** das ergibt sich nicht aus Abs. 2, sondern bereits **8** aus der allgemeinen Regelung des § 329 Abs. 2 S. 2. Wird die Verfügung nicht zugestellt, so liegt **keine wirksame Fristsetzung** vor[5]. Das gleiche gilt, wenn die nach Abs. 2 S. 2 iVm § 277 Abs. 2 erforderliche **Belehrung** über die Rechtsfolgen einer Fristversäumnis nicht erfolgt[6].

Versäumen der Berufungsgegner die Frist zur Berufungserwiderung oder der Berufungsführer **9** diejenige zur Replik, so kann das gem. § 530 iVm § 296 Abs. 1 zur **Präklusion** verspäteten Vorbringens führen.

Die Setzung einer **Frist zur Berufungserwiderung** dient wegen der damit verbundenen Präklusi- **10** onswirkungen (→ Rn. 9) der Verfahrenskonzentration und -beschleunigung. Auf sie kann daher verzichtet werden, wenn das Berufungsgericht eine Entscheidung ohne Stellungnahme des Berufungsgegners ins Auge fasst, weil es die Berufung als unzulässig erachtet (§ 522 Abs. 1) oder als offensichtlich unbegründet im Beschlussweg zurückweisen will (§ 522 Abs. 2).

---

[1] BeckOK ZPO/*Wulf* § 521 Rn. 2; MüKoZPO/*Rimmelspacher* § 521 Rn. 5.
[2] BeckOK ZPO/*Wulf* § 521 Rn. 2; Musielak/Voit/*Ball* § 521 Rn. 2; MüKoZPO/*Rimmelspacher* § 521 Rn. 5.
[3] BGH NJW-RR 1991, 510 (511) mwN.
[4] OLG Koblenz NJW 1989, 987; Zöller/*Heßler* § 521 Rn. 12; MüKoZPO/*Rimmelspacher* § 521 Rn. 9.
[5] BGH NJW 2009, 515 Rn. 5.
[6] BGH GRUR 2012, 180 Rn. 29 mwN – Werbegeschenke.

11 Ist die **Berufungserwiderungsfrist nicht wirksam** gesetzt worden (→ Rn. 8), so beginnt auch die **Anschlussberufungsfrist** des § 524 Abs. 2 S. 2 nicht zu laufen[7].

§ 522 Zulässigkeitsprüfung; Zurückweisungsbeschluss

(1) [1]Das Berufungsgericht hat von Amts wegen zu prüfen, ob die Berufung an sich statthaft und ob sie in der gesetzlichen Form und Frist eingelegt und begründet ist. [2]Mangelt es an einem dieser Erfordernisse, so ist die Berufung als unzulässig zu verwerfen. [3]Die Entscheidung kann durch Beschluss ergehen. [4]Gegen den Beschluss findet die Rechtsbeschwerde statt.

(2) [1]Das Berufungsgericht soll die Berufung durch Beschluss unverzüglich zurückweisen, wenn es einstimmig davon überzeugt ist, dass
1. die Berufung offensichtlich keine Aussicht auf Erfolg hat,
2. die Rechtssache keine grundsätzliche Bedeutung hat,
3. die Fortbildung des Rechts oder die Sicherung einer einheitlichen Rechtsprechung eine Entscheidung des Berufungsgerichts nicht erfordert und
4. eine mündliche Verhandlung nicht geboten ist.

[2]Das Berufungsgericht oder der Vorsitzende hat zuvor die Parteien auf die beabsichtigte Zurückweisung der Berufung und die Gründe hierfür hinzuweisen und dem Berufungsführer binnen einer zu bestimmenden Frist Gelegenheit zur Stellungnahme zu geben. [3]Der Beschluss nach Satz 1 ist zu begründen, soweit die Gründe für die Zurückweisung nicht bereits in dem Hinweis nach Satz 2 enthalten sind. [4]Ein anfechtbarer Beschluss hat darüber hinaus eine Bezugnahme auf die tatsächlichen Feststellungen im angefochtenen Urteil mit Darstellung etwaiger Änderungen oder Ergänzungen zu enthalten.

(3) Gegen den Beschluss nach Absatz 2 Satz 1 steht dem Berufungsführer das Rechtsmittel zu, das bei einer Entscheidung durch Urteil zulässig wäre.

Literatur: *Brückner/Guhling*, Berufungsentscheidungen aus revisionsrechtlicher Sicht, DRiZ 2021, 22 ff.; *Bub*, Zurückweisung der Berufung nach § 522 Abs. 2 ZPO bei Klageerweiterung und Widerklage, MDR 2011, 84 ff.; *Gehrlein*, Beschlusszurückweisung einer Berufung im Zivilprozess, NJW 2014, 3393 ff.; *Meller-Hannich*, Die Neufassung von § 522 ZPO – Unbestimmte Rechtsbegriffe, Ermessen und ein neuartiges Rechtsmittel, NJW 2011, 3393 ff.; *Trimbach*, Die Zurückweisung der Berufung durch Beschluss im Zivilprozess – notwendig und verfassungsgemäß, NJW 2009, 401.

Übersicht

	Rn.
A. Allgemeines	1
B. Prüfung der Zulässigkeit der Berufung	4
I. Prüfungsgegenstand	4
II. Verfahren	5
1. Prüfung von Amts wegen	5
2. Rechtliches Gehör	6
3. Entscheidungsgrundlagen	7
4. Entscheidungszeitpunkt	10
5. Entscheidung	14
a) Bei Unzulässigkeit der Berufung	14
b) Bei Zulässigkeit der Berufung	22
6. Rechtsmittel	24
a) Gegen Verwerfungsentscheidungen	24
b) Gegen die Zulässigkeit aussprechende Entscheidungen	26
C. Prüfung der offensichtlichen Unbegründetheit der Berufung	28
I. Voraussetzungen	29
1. Maßstab	30
a) Offensichtliche Aussichtslosigkeit der Berufung	30
b) Kein Revisionszulassungsgrund	35
c) Mündliche Verhandlung nicht geboten	37
2. Einstimmigkeit	38
3. Ermessen	40
II. Verfahren	41
1. Unverzüglichkeit	41
2. Hinweis	42
3. Entscheidung	44
4. Rechtsmittel	50

---

[7] BGH GRUR 2012, 180 Rn. 29 – Werbegeschenke für den Fall fehlender Belehrung; BGH NJW 2009, 515 Rn. 5 für den Fall fehlender Zustellung.

A. Allgemeines

Die Vorschrift zielt insgesamt darauf ab, ersichtlich erfolglose Berufungen in einem **vereinfachten** **1** **Verfahren** zu behandeln, indem sowohl bei unzulässigen als auch – unter bestimmten weiteren Voraussetzungen – bei offensichtlich unbegründeten Berufungen die Möglichkeit der Entscheidung ohne mündliche Verhandlung eröffnet wird.

Daneben kommt in Abs. 1 S. 2 der grundsätzliche **Vorrang der Zulässigkeitsprüfung** zum Ausdruck[1]: nur bei zulässigen Berufungen ist eine Sachprüfung erforderlich, unzulässige sind ohne weiteres zu verwerfen. Die Frage der **Zulässigkeit** kann allerdings **offen bleiben,** wenn die Berufung jedenfalls unbegründet ist; insbesondere ist die Rechtskraftwirkung – anders als bei Abweisung einer Klage – in beiden Fällen dieselbe, nämlich diejenige der Rechtskraft des bestätigten Ersturteils[2]. Auch der Unterschied der Anfechtungsmöglichkeiten (eine Verwerfungsentscheidung kann grundsätzlich ohne Wertbeschränkung angegriffen werden [→ Rn. 24 f.], eine Zurückweisungsentscheidung nur bei einem Wert des Beschwerdegegenstands von über 20.000 Euro [→ Rn. 50]) steht dem nicht entgegen[3], weil bei der Zurückweisung als jedenfalls unbegründet der Zugang zur materiellen Prüfung in der Rechtsmittelinstanz nicht verwehrt wird und daher der Grund für den weiten Rechtsschutz gegen Verwerfungsentscheidungen[4] nicht gegeben ist. **2**

Für das Verfahren der Berufung im **Patentnichtigkeitsverfahren** enthalten § 114 Abs. 1 und 2 PatG Regelungen, die denjenigen des Abs. 1 Sätze 1–3 für unzulässige Berufungen entsprechen. Dagegen gibt es keine Entsprechung zu den Regelungen in Abs. 2 für die Zurückweisung offensichtlich unbegründeter Berufungen; für eine Anfechtbarkeit der Zurückweisungsentscheidung des Berufungsgerichts entsprechend Abs. 3 ist im Patentnichtigkeitsverfahren ohnehin kein Raum, da hier der Bundesgerichtshof Berufungsgericht ist (§ 110 Abs. 1 PatG). **3**

B. Prüfung der Zulässigkeit der Berufung

I. Prüfungsgegenstand

Abs. 1 S. 1 nennt ausdrücklich lediglich Statthaftigkeit, Form und Frist der Berufung als zu prüfende Zulässigkeitserfordernisse. Da aber auch andere Umstände der Zulässigkeit entgegenstehen können – etwa das Fehlen einer Beschwer oder die Wirksamkeit eines Berufungsverzichts (→ § 515 Rn. 16) –, sind **alle Zulässigkeitsvoraussetzungen** zu prüfen[5]. Dagegen ist ein Streit über die Wirksamkeit einer **Berufungsrücknahme** nicht im Verfahren gem. Abs. 1 zu entscheiden, weil er nicht die Frage betrifft, ob die Berufung zulässig oder unzulässig ist, sondern die vorgelagerte Frage, ob überhaupt noch eine Berufung vorliegt; hierüber ist gem. § 516 Abs. 3 zu entscheiden[6] (→ § 516 Rn. 24). **4**

II. Verfahren

1. Prüfung von Amts wegen. Die Zulässigkeitsprüfung hat **von Amts wegen** zu erfolgen. Das bedeutet, dass das Parteivorbringen auch ohne Rüge des Berufungsgegners darauf zu prüfen ist, ob die Berufung zulässig ist; dadurch wird aber **keine Amtsermittlung** entsprechender Umstände angeordnet[7]. **5**

2. Rechtliches Gehör. Auch wenn die Unzulässigkeit der Berufung – wie regelmäßig – **ohne** **mündliche Verhandlung** ausgesprochen werden soll, ist dem Berufungsführer vor der Entscheidung **rechtliches Gehör** zu gewähren[8], nicht zuletzt, um ihm in dem häufigen Fall der Unzulässigkeit wegen Fristversäumung die Möglichkeit zu eröffnen, einen **Wiedereinsetzungsantrag** zu stellen[9]. **6**

3. Entscheidungsgrundlagen. Grundsätzlich trägt der **Berufungsführer** die **Beweislast** für das Vorliegen der Voraussetzungen der Zulässigkeit seines Rechtsmittels[10]. Allerdings dürfen wegen dessen Beweisnot hinsichtlich **gerichtsinterner Vorgänge** keine überspannten Anforderungen gestellt wer- **7**

---

[1] Musielak/Voit/*Ball* Vorb. § 511 Rn. 12; differenzierend MüKoZPO/*Rimmelspacher* Vorb. §§ 511 Rn. 11.
[2] BGH GRUR 2014, 494 Rn. 10 mwN – Diplomierte Trainerin; aA Anders/Gehle/*Göertz* vor § 511 Rn. 6.
[3] AA BeckOK ZPO/*Wulf* § 522 Rn. 13; Stein/Jonas/*Althammer* § 522 Rn. 49.
[4] BT-Drs. 15/1508, 22.
[5] Zöller/*Heßler* § 522 Rn. 2; BeckOK ZPO/*Wulf* § 522 Rn. 2; Musielak/Voit/*Ball* § 522 Rn. 3; MüKoZPO/*Rimmelspacher* § 522 Rn. 3; Stein/Jonas/*Althammer* § 522 Rn. 4.
[6] BGH NJW 1995, 2229; Zöller/*Heßler* § 516 Rn. 24; BeckOK ZPO/*Wulf* § 516 Rn. 18 (unklar BeckOK ZPO/*Wulf*, § 522 Rn. 2); Musielak/Voit/*Ball* § 516 Rn. 22; Stein/Jonas/*Althammer* § 516 Rn. 25; aA MüKoZPO/*Rimmelspacher* § 516 Rn. 31.
[7] BeckOK ZPO/*Wulf* § 522 Rn. 3; Musielak/Voit/*Ball* § 522 Rn. 5; Wieczorek/Schütze/*Gerken* § 522 Rn. 14; MüKoZPO/*Rimmelspacher* § 522 Rn. 4; Prütting/Gehrlein/*Lemke* § 522 Rn. 3.
[8] BGH NJW-RR 2014, 1531 Rn. 11; 2013, 255 Rn. 5; jeweils mwN.
[9] BGH NJW-RR 2013, 1281 Rn. 6; 2010, 1075 Ls.
[10] BGH NJW-RR 2012, 509 Rn. 9; BeckRS 2012, 07047 Rn. 10; BeckOK ZPO/*Wulf* § 520 Rn. 3; Musielak/Voit/*Ball* § 522 Rn. 7; MüKoZPO/*Rimmelspacher* § 522 Rn. 9.

den; insoweit ist es zunächst Sache des Gerichts, die zur Aufklärung nötigen Maßnahmen zu ergreifen[11].

8   Die erforderlichen Feststellungen trifft das Gericht im Wege des **Freibeweises;** es ist dabei nicht auf die gesetzlichen Beweismittel beschränkt[12]. Ob dadurch das Gericht von einem Beweisantritt der Parteien unabhängig wird[13], erscheint zumindest fraglich, weil das auf eine Amtsermittlung hinausliefe (→ Rn. 5).

9   Auch im Rahmen des Freibeweises bleibt es dabei, dass die Zulässigkeitsvoraussetzungen zur **vollen Überzeugung** des Gerichts iSd § 286 nachgewiesen werden müssen[14] (Ausnahme § 511 Abs. 3: der Wert des Beschwerdegegenstands muss nur glaubhaft gemacht werden [→ § 294 Rn. 19]). Zwar können im Rahmen des Freibeweises auch **eidesstattliche Versicherungen** berücksichtigt werden[15]; deren auf Glaubhaftmachung angelegter Beweiswert wird indes nicht immer zum vollen Nachweis der die Zulässigkeit begründenden Tatsache ausreichen. Es muss dann auf die Vernehmung der Beweisperson oder andere Beweismittel zurückgegriffen werden. In der Vorlage der eidesstattlichen Versicherung kann ein Angebot zur Vernehmung desjenigen, der die Versicherung abgegeben hat, als Zeuge gesehen werden; jedenfalls aber muss das Berufungsgericht auf die Unzulänglichkeit der eidesstattlichen Versicherung hinweisen und dem Berufungsführer Gelegenheit geben, einen tauglichen Beweis anzutreten[16].

10 4. **Entscheidungszeitpunkt.** Die Verwerfung der Berufung kommt erst in Betracht, wenn deren **Unzulässigkeit endgültig** feststeht.

11 Wenn eine Berufung der Gegenseite vorliegt oder zumindest noch eingelegt werden kann, besteht die Möglichkeit, ein als Hauptberufung unzulässiges Rechtsmittel in eine zulässige **Anschlussberufung umzudeuten** (→ § 524 Rn. 27); es darf dann nicht als unzulässig verworfen werden[17].

12 Ist ein Antrag auf **Verlängerung der Berufungsbegründungsfrist** gestellt worden, so kann eine Berufung wegen Versäumung dieser Frist nur verworfen werden, wenn der dafür zuständige Vorsitzende (§ 520 Abs. 2 S. 2) über den Verlängerungsantrag entschieden hat[18].

13 Auch wenn eine **Wiedereinsetzung** auf Antrag oder von Amts wegen in Betracht kommt – insbesondere wenn ein **Prozesskostenhilfeantrag** gestellt ist –, darf die Berufung nur verworfen werden, wenn zumindest zugleich die Wiedereinsetzung abgelehnt wird[19]. Über einen Wiedereinsetzungsantrag hat grundsätzlich das Berufungsgericht zu entscheiden; das gilt auch dann, wenn die Berufung schon aus anderen Gründen – ohne Auseinandersetzung mit der Fristversäumung – erfolglos geblieben und der Antrag nach Einlegung eines Rechtsmittels dagegen gestellt worden ist[20].

14 5. **Entscheidung. a) Bei Unzulässigkeit der Berufung.** Abs. 1 S. 3 eröffnet die im nicht nachprüfbaren Ermessen[21] des Berufungsgerichts stehende Möglichkeit, die Unzulässigkeit der Berufung ohne mündliche Verhandlung durch Beschluss auszusprechen.

14a Legt eine **anwaltlich nicht vertretene Partei** Berufung ein und verwirft das Berufungsgericht die Berufung deshalb als unzulässig, ist die Entscheidung nach dem Sinn der Regelung in § 232 Abs. 2 S. 2 mit einer **Rechtsmittelbelehrung** zu versehen[22].

15 Wird eine Berufung **ausschließlich** auf **neue Angriffs- oder Verteidigungsmittel** gestützt und fehlt die gem. § 520 Abs. 3 Nr. 4 erforderliche Bezeichnung der **Tatsachen, die die zu deren Zulassung** nach § 531 Abs. 2 **führen sollen,** kann sie das Berufungsgericht im Beschlussweg als **unzulässig** verwerfen, ohne vorher zu klären, ob der Gegner das neue Vorbringen unstreitig stellen und dadurch berücksichtigungsfähig (→ § 529 Rn. 22) machen würde[23].

16 Beschreitet das Berufungsgericht nicht den Weg der Verwerfung durch Beschluss, so ist die Berufung nach mündlicher Verhandlung durch Endurteil zu verwerfen.

17 Ist die Berufung nur hinsichtlich eines Teils unzulässig, so kann sich der Beschluss auf die **Teilverwerfung** beschränken[24]; erreicht der verbleibende Teil die Wertgrenze des § 511 Abs. 2 Nr. 1

---

[11] BGH NJW 2007, 3069 Rn. 12 mwN.
[12] BGH NJW-RR 2012, 509 Rn. 9 mwN; BeckOK ZPO/*Wulf* § 522 Rn. 3; Musielak/Voit/*Ball* § 522 Rn. 6; aA Zöller/*Greger* § 284 Rn. 1b; MüKoZPO/*Rimmelspacher* § 522 Rn. 8.
[13] So BGH NJW 2007, 1457 Rn. 8.
[14] BGH NJW-RR 2012, 509 Rn. 9 mwN.
[15] BGH NJW-RR 2012, 509 Rn. 9.
[16] BGH NJW-RR 2012, 509 Rn. 11 f. mwN.
[17] BGH NJW 2009, 442 Rn. 10 mwN.
[18] BGH NJW-RR 2010, 275 Rn. 8; 2001, 931.
[19] BGH NJW-RR 2014, 758 Rn. 3; 2013, 509 Rn. 10; jeweils mwN; vgl. auch BGH NJW-RR 2017, 691 Rn. 9 mwN.
[20] BGH NJW-RR 2013, 702 Rn. 2 f.
[21] BeckOK ZPO/*Wulf* § 522 Rn. 5; MüKoZPO/*Rimmelspacher* § 522 Rn. 5.
[22] BGH NJW 2016, 1827 Rn. 7.
[23] BGH NJW-RR 2015, 465 Rn. 8–10 mwN.
[24] Musielak/Voit/*Ball* § 522 Rn. 11; MüKoZPO/*Rimmelspacher* § 522 Rn. 12; Stein/Jonas/*Althammer* § 522 Rn. 14; vgl. auch Zöller/*Heßler* § 522 Rn. 4.

nicht (und kommt insoweit auch keine nachgeholte Zulassungsentscheidung [→ § 511 Rn. 44] in Betracht), so ist die Berufung insgesamt unzulässig[25].

Die **Verwerfung durch Beschluss** kann nur durch den Spruchkörper insgesamt, **nicht** durch den **Einzelrichter** erfolgen, da die Übertragung auf den Einzelrichter gem. § 523 Abs. 1 S. 1 nur dann erfolgt, wenn die Berufung nicht durch Beschluss verworfen wird[26]. 18

Soweit er der Rechtsbeschwerde unterliegt (→ Rn. 24), muss der Beschluss in seiner **Begründung** den Sachverhalt, über den entschieden wird, grundsätzlich wiedergeben sowie den Streitgegenstand und die Anträge in beiden Instanzen erkennen lassen[27], wofür neben der Wiedergabe der Berufungsanträge eine Bezugnahme auf die Darstellung im Ersturteil ausreichen kann; allerdings kann sich der Beschluss bei Verwerfung der Berufung wegen nicht gewahrter Berufungsfrist (§ 517) oder Begründungsfrist (§ 520 Abs. 2) auf die entscheidungserheblichen Umstände ohne Wiedergabe der Anträge beschränken[28]. Das Begründungserfordernis gilt auch dann, wenn die Berufung wegen Nichterreichens der Berufungssumme gem. § 511 Abs. 2 Nr. 1 verworfen wird[29]. Es findet auch Anwendung auf **Urteile**, mit denen eine Berufung als unzulässig verworfen wird, weil der Rechtsschutz gegen eine die Berufung verwerfende Entscheidung nicht von der Verfahrensweise des Gerichts und der jeweiligen Entscheidungsform abhängen darf[30]. 19

Die **Verwerfung durch Endurteil** bietet sich nicht nur an, wenn das Berufungsgericht die Unzulässigkeitsgründe in mündlicher Verhandlung erörtern will, sondern auch, wenn die Berufung nur hinsichtlich eines Teils unzulässig ist und wegen des zulässigen Teils ohnehin eine mündliche Verhandlung erforderlich ist. 20

Sie kann – anders als die Verwerfung im Beschlusswege – auch vom **Einzelrichter** ausgesprochen werden[31]. 21

b) Bei Zulässigkeit der Berufung. Erachtet das Berufungsgericht die Berufung als zulässig, so ergeht darüber in der Regel **keine gesonderte Entscheidung;** vielmehr wird die Zulässigkeit erst im Endurteil erörtert. Für eine gesonderte Entscheidung ohne mündliche Verhandlung durch **Beschluss** besteht **kein Bedürfnis**. 22

Erweist sich eine Berufung nach Durchführung einer gesonderten mündlichen Verhandlung als zulässig, so wird dies in einem **Zwischenurteil** festgestellt. 23

6. Rechtsmittel. a) Gegen Verwerfungsentscheidungen. Gegen den **Verwerfungsbeschluss** gem. Abs. 1 S. 3 eröffnet Abs. 1 S. 4 ausdrücklich die **Rechtsbeschwerde**, für deren Zulässigkeit **kein Mindestbeschwerdewert** besteht; das Gleiche gilt für Beschlüsse, die einer Verwerfung der Berufung als unzulässig gleichkommen, etwa weil sie fälschlich von einer wirkungslos gewordenen Anschlussberufung ausgehen[32] oder zu Unrecht auf Abs. 2 gestützt werden[33]. Allerdings ist die Rechtsbeschwerde in **Arrest- und Verfügungsverfahren** gem. § 574 Abs. 1 S. 2 iVm § 542 Abs. 2 ausgeschlossen. 24

Wird die Berufung durch **Endurteil** verworfen, so kann dieses nach den allgemeinen Vorschriften mit der **Revision** oder der **Nichtzulassungsbeschwerde** angegriffen werden. Auch hier besteht **kein Mindestbeschwerdewert**; die Beschränkung der Nichtzulassungsbeschwerde auf Fälle, in denen die Beschwer 20.000 Euro übersteigt (§ 544 Abs. 2 Nr. 1), gilt nicht für Urteile, mit denen die Berufung verworfen wird (§ 544 Abs. 2 Nr. 2); das gilt auch, soweit die Berufung nur teilweise als unzulässig verworfen wird[34]. 25

b) Gegen die Zulässigkeit aussprechende Entscheidungen. Ein die Zulässigkeit der Berufung feststellendes **Zwischenurteil** kann nicht selbständig angefochten werden[35]; es ist Endurteilen (gegen die allein Revision und Nichtzulassungsbeschwerde stattfinden) nicht gleichgestellt und unterscheidet sich deshalb von einem Zwischenurteil über die Zulässigkeit der Klage (§ 280 Abs. 2). Es kann nur zusammen mit dem Endurteil angefochten werden (§ 557 Abs. 2). 26

Gleiches gilt für einen – nicht erforderlichen (→ Rn. 22) – **Beschluss**, welcher die Zulässigkeit der Berufung ausspricht. 27

---

[25] BGH NJW-RR 2008, 584 Rn. 8; Musielak/Voit/*Ball* § 522 Rn. 11; Wieczorek/Schütze/*Gerken* § 522 Rn. 29; MüKoZPO/*Rimmelspacher* § 522 Rn. 12; Stein/Jonas/*Althammer* § 522 Rn. 14; Prütting/Gehrlein/*Lemke* ZPO § 522 Rn. 18.
[26] BGH NJW-RR 2013, 1033 Rn. 10 mwN.
[27] BGH NJW-RR 2021, 317 Rn. 4; BeckRS 2016, 02445 Rn. 6; 2014, 10060 Rn. 3; NJW-RR 2013, 1077 Rn. 4; jeweils mwN.
[28] BGH NJW-RR 2020, 877 Rn. 8; BeckRS 2016, 02445 Rn. 6.
[29] BGH NJW-RR 2021, 317 Rn. 4; BeckRS 2014, 10060 Rn. 3; NJW-RR 2013, 1077 Rn. 4 mwN.
[30] BGH NJW 2014, 3583 Rn. 9.
[31] BGH NJW-RR 2013, 1033 Rn. 10 mwN.
[32] BGH NJW 2011, 1455 Rn. 6 mwN.
[33] BGH NJW 2016, 3380 Rn. 6.
[34] BGH NJW 2017, 1180 Rn. 10.
[35] BGH NJW 2007, 1466 Rn. 4.

C. Prüfung der offensichtlichen Unbegründetheit der Berufung

28 Spricht das Berufungsgericht nicht die Unzulässigkeit der Berufung aus, so kommt eine Zurückweisung der Berufung als unbegründet im Beschlussweg gem. Abs. 2 in Betracht. Das gilt auch, wenn das Berufungsgericht die Frage der Zulässigkeit offen lassen will[36] (→ Rn. 2).

I. Voraussetzungen

29 Die Zurückweisung der Berufung im Beschlussweg erfordert, dass mehrere Voraussetzungen kumulativ gegeben sind.

30 **1. Maßstab. a) Offensichtliche Aussichtslosigkeit der Berufung. aa) Offensichtlichkeit.** Nach Abs. 2 S. 1 Nr. 1 muss das Berufungsgericht davon überzeugt sein, dass die Berufung offensichtlich keine Aussicht auf Erfolg habe. Offensichtliche Aussichtslosigkeit soll vorliegen, wenn für jeden Sachkundigen ohne längere Nachprüfung erkennbar sei, dass die vorgebrachten Berufungsgründe das angefochtene Urteil nicht zu Fall bringen könnten; das Berufungsgericht müsse also die durch die Berufung aufgeworfenen Tat- und Rechtsfragen nicht nur einstimmig, sondern auch zweifelsfrei beantworten können und sich von der Durchführung einer mündlichen Verhandlung keine neuen Erkenntnisse versprechen; Offensichtlichkeit setze aber nicht voraus, dass die Aussichtslosigkeit gewissermaßen auf der Hand liegt; sie könne auch das Ergebnis vorgängiger gründlicher Prüfung sein[37]. Klare Kriterien können dem nicht entnommen werden[38]; die Voraussetzung der Offensichtlichkeit hat vielmehr die Funktion eines **Appells,** die Berufung nur nach umfassender Prüfung der Sach- und Rechtslage zurückzuweisen[39].

31 Der Offensichtlichkeit der Erfolglosigkeit des Rechtsmittels steht nicht zwingend entgegen, dass das Berufungsgericht die angefochtene Entscheidung **anders begründet** als das Erstgericht[40].

32 **bb) Entscheidungsgrundlagen.** Maßgeblich sind die gem. § 529 zu berücksichtigenden Tatsachen[41]. Ob erstmals im Berufungsverfahren vorgebrachte, mithin **neue Tatsachenbehauptungen** berücksichtigt werden können, hängt – vorbehaltlich hinreichender Darlegungen gem. § 520 Abs. 3 Nr. 4 (→ Rn. 15) – davon ab, ob sie unstreitig bleiben (dann sind sie immer zu berücksichtigen, → § 529 Rn. 22) oder ob sie bestritten sind (dann können sie nur unter bestimmten Voraussetzungen berücksichtigt werden, → § 530 Rn. 20 ff., → § 531 Rn. 21 ff.). Ergibt sich nicht schon aus dem Vorbringen des Berufungsgegners im ersten Rechtszug, dass er – auch – der neuen Darstellung entgegentritt, kann es zur Klärung dieser Frage angezeigt sein, ihm vor der Entscheidung, ob die Berufung im Beschlussweg zurückzuweisen ist, **Gelegenheit zur Berufungserwiderung** zu geben[42].

33 Stützt ein Berufungsgericht in einem **Hinweis nach § 522 Abs. 2 S. 2** seine Rechtsauffassung auf einen **Gesichtspunkt,** den der Berufungsführer **erkennbar übersehen** oder für **unerheblich gehalten** hat, muss diesem Gelegenheit zur Äußerung gegeben werden, § 139 Abs. 2 S. 1. Die **hierdurch veranlassten neuen Angriffs- und Verteidigungsmittel** dürfen **nicht zurückgewiesen** werden[43]. Dasselbe gilt für hierdurch veranlasste Antragsänderungen[44].

34 Eine **mit der Berufung erhobene Widerklage** verliert in entsprechender Anwendung des § 524 Abs. 4 ihre Wirkung, wenn die Berufung im Übrigen durch Beschluss zurückgewiesen wird[45]; ihre Erfolgsaussichten sind daher in einem Zurückweisungsbeschluss nicht zu prüfen. Nichts anderes gilt für eine **erweiternde Klageänderung** (auch durch einen neuen **Hilfsantrag**)[46]. Dagegen lässt sich diese Rechtsprechung nicht auf den Fall einer zulässigen, weil von der fristgerecht eingereichten Berufungsbegründung gedeckten Erweiterung des Berufungsangriffs übertragen[47].

35 **b) Kein Revisionszulassungsgrund.** Die einer Beschlusszurückweisung entgegenstehenden Gründe gem. Abs. 2 S. 1 Nr. 2 und Nr. 3 entsprechen im Wesentlichen den Gründen für die Zulassung der Revision in § 543 Abs. 2[48]. Insoweit wird auf die Kommentierung zu § 543 verwiesen

---

[36] OLG Köln NJW 2008, 3649 (3650 f.).
[37] BT-Drs. 17/6406, 9.
[38] BeckOK ZPO/*Wulf* § 522 Rn. 15; Wieczorek/Schütze/*Gerken* § 522 Rn. 69; Stein/Jonas/*Althammer* § 522 Rn. 51.
[39] *Meller-Hannich* NJW 2011, 3393 (3394).
[40] Musielak/Voit/*Ball* § 522 Rn. 21a; MüKoZPO/*Rimmelspacher* § 522 Rn. 21; Stein/Jonas/*Althammer* § 522 Rn. 51.
[41] BGH NJW 2017, 736 Rn. 13; Musielak/Voit/*Ball* § 522 Rn. 21a.
[42] Zöller/*Heßler* § 522 Rn. 34.
[43] BGH NJW-RR 2014, 1431 Rn. 11.
[44] BGH NJW 2017, 2623 Rn. 11.
[45] BGH NJW 2017, 2623 Rn. 8; 2014, 151 Rn. 19 ff.; aA *Bub* MDR 2011, 84 ff.
[46] BGH BeckRS 2019, 3361 Rn. 4; 2017, 133092 Rn. 8; NJW 2017, 2623 Rn. 8; NJW-RR 2017, 56 Rn. 14 ff.
[47] BGH BeckRS 2019, 3361 Rn. 5.
[48] BeckOK ZPO/*Wulf* § 522 Rn. 17.

(→ § 543 Rn. 5 ff.). Abs. 2 S. 1 Nr. 3 meint eine Entscheidung des Berufungsgerichts in Urteilsform[49], in der die Revision zugelassen werden müsste.

Die – an denselben Kriterien ausgerichtete (→ § 511 Rn. 42) – **Zulassung der Berufung** durch **36** das Erstgericht bindet das Berufungsgericht nur hinsichtlich der Statthaftigkeit der Berufung, begründet jedoch **keine Bindung** für die Beurteilung der Voraussetzungen des Abs. 2[50].

c) Mündliche Verhandlung nicht geboten. Geboten sieht der Gesetzgeber eine mündliche Ver- **37** handlung, wenn ein **anerkennenswertes Interesse** des Berufungsführers besteht, mündlich zu verhandeln, auch wenn das Rechtsmittel aussichtslos und eine Revision mangels Grundsatzbedeutung nicht zuzulassen ist. Das kann insbesondere der Fall sein, wenn die Rechtsverfolgung für ihn **existenzielle Bedeutung** hat oder wenn das Urteil erster Instanz zwar im Ergebnis richtig, aber unzutreffend begründet ist[51]. Das Kriterium der unzutreffenden Begründung einer im Ergebnis richtigen Entscheidung entzieht sich allerdings der pauschalen Beurteilung; anerkennenswert ist das Interesse des Berufungsführers nur dann, wenn das **schriftliche Hinweisverfahren** für eine angemessene Erörterung **nicht geeignet** ist, etwa weil die vom Berufungsgericht als zutreffend angesehene Begründung auf einer umfassend neuen rechtlichen Würdigung beruht und im ersten Rechtszug noch nicht erörtert worden ist[52].

2. Einstimmigkeit. Das Erfordernis der Einstimmigkeit sollte ursprünglich die Unanfechtbarkeit **38** des Zurückweisungsbeschlusses legitimieren[53]. Es ist beibehalten worden, obwohl das Gesetz zur Änderung des § 522 ZPO vom 21.10.2011 (BGBl. I S. 2082) die Anfechtbarkeit des Beschlusses eingeführt hat, und kann nunmehr nur als Ausgleich dafür angesehen werden, dass keine mündliche Verhandlung stattfindet.

Ergibt sich beim Verwerfungsbeschluss gem. Abs. 1 die **ausschließliche Zuständigkeit** des **ge- 39 samten Spruchkörpers** und nicht des Einzelrichters nur aus § 523 Abs. 1 (→ Rn. 18), so folgt sie für den Zurückweisungsbeschluss auch aus dem Erfordernis der Einstimmigkeit.

3. Ermessen. Anders als in seinen bis zum 26.10.2011 geltenden Fassungen sieht Abs. 2 nunmehr **40** die Berufungszurückweisung durch Beschluss **nicht** mehr **zwingend** vor, sondern stellt sie in das Ermessen des Berufungsgerichts. Das **Ermessen** ist jedoch nicht frei, sondern **gebunden;** für den Regelfall räumt die Regelung dem Interesse des Berufungsgegners an einem zügigen Verfahrensabschluss den Vorrang ein[54]. Dementsprechend ist bei der Ermessensausübung zu berücksichtigen, ob eine **mündliche Verhandlung zeitnah** stattfinden kann[55]. Ein Grund, nicht durch Beschluss zu entscheiden, kann in der Aussicht liegen, den Rechtsstreit – und möglicherweise darüber hinausgehende Streitigkeiten, etwa bei der Berufung in einem Verfügungsverfahren auch das drohende Hauptsacheverfahren – in einer mündlichen Verhandlung **gütlich** beizulegen[56].

II. Verfahren

1. Unverzüglichkeit. Dem Tatbestandsmerkmal der Unverzüglichkeit kommt **keine eigenständi- 41 ge Bedeutung** zu. Es handelt sich um ein auf das allgemeine Beschleunigungsprinzip Bezug nehmendes und verstärkendes Adverb, aus dem Fristanforderungen an die Entscheidung nach Abs. 2 nicht hergeleitet werden können[57]. Diese Vorgabe dient vorrangig dem Interesse des in der ersten Instanz obsiegenden Berufungsgegner, so dass selbst dann, wenn sie verletzt würde, dem Berufungsführer in der Regel kein Nachteil daraus erwächst[58].

2. Hinweis. Dem Berufungsführer ist **rechtliches Gehör** zu gewähren, wenn das Berufungsgericht **42** die Berufungszurückweisung durch Beschluss beabsichtigt. Abs. 2 S. 2 sieht deshalb vor, dass der Vorsitzende oder der gesamte Spruchkörper einen Hinweis erteilt, in dem begründet wird, weshalb die Berufung keine Aussicht auf Erfolg hat und die weiteren Voraussetzungen gem. Abs. 2 S. 1 vorliegen. Dem Berufungsführer ist – sinnvollerweise unter Setzung einer angemessenen[59] Frist (dann ist gem. § 329 Abs. 2 S. 2 Zustellung geboten) – Gelegenheit zur Stellungnahme zu gewähren. Äußert sich der Berufungsführer innerhalb der – gegebenenfalls verlängerten – Frist nicht, so kann der Zurückweisungsbeschluss ergehen; Ein Zurückweisungsbeschluss vor Fristablauf verletzt den Anspruch des Beru-

---

[49] Musielak/Voit/*Ball* § 522 Rn. 23.
[50] BT-Drs. 14/4722, 97.
[51] BT-Drs. 17/5334, 7 f.; BT-Drs. 17/6406, 9.
[52] Zöller/*Heßler* § 522 Rn. 40; BeckOK ZPO/*Wulf* § 522 Rn. 19.
[53] BT-Drs. 14/4722, 97.
[54] MüKoZPO/*Rimmelspacher* § 522 Rn. 32.
[55] BT-Drs. 17/6406, 8.
[56] *Gehrlein* NJW 2014, 3393 (3397 f.).
[57] OLG Schleswig BeckRS 2018, 20861 Rn. 5; OLG Hamm BeckRS 2017, 119222 Rn. 80; OLG Brandenburg BeckRS 2017, 158376 Rn. 11; OLG Köln BeckRS 2015, 3515 Rn. 24; OLG Frankfurt a. M. BeckRS 2005, 07162; vgl. auch OLG Karlsruhe BeckRS 2020, 12808 Rn. 3; *Trimbach* NJW 2009, 401 (402).
[58] BVerfG NJW 2011, 3356 Rn. 17.
[59] BGH NJW 2018, 3316 Rn. 8 mwN.

fungsführers auf rechtliches Gehör auch dann, wenn eine vor Fristablauf eingegangene Stellungnahme als abschließend verstanden werden kann[60]. Geht eine Stellungnahme nach Fristablauf, aber vor der Beschlussfassung ein, so ist diese zu berücksichtigen[61]. Versäumt der Berufungsführer, eine im Hinweisbeschluss zu Tage tretende Gehörsverletzung mit seiner Stellungnahme zu rügen, so kann er nach dem in § 295 ZPO zum Ausdruck kommenden Subsidiaritätsgrundsatz darauf nicht die Nichtzulassungsbeschwerde stützen[62].

43   Trägt der Berufungsführer in seiner Stellungnahme **neue Angriffs- oder Verteidigungsmittel** vor, so bestimmt sich deren Zulassung nach § 530. Es kann dann angezeigt sein, dem Berufungsgegner eine Frist zur Berufungserwiderung zu setzen, um zu klären, ob ein neues Vorbringen bestritten wird und es deshalb gem. § 531 Abs. 2 nicht zu berücksichtigen ist. Ansonsten setzt das Verfahren nicht voraus, dass eine Berufungserwiderung eingegangen oder dem Berufungsbeklagten ergebnislos eine Frist zur Erwiderung gesetzt worden ist[63].

44   **3. Entscheidung.** Ist das Berufungsgericht unter Berücksichtigung der Stellungnahme des Berufungsführers zu dem Hinweis gem. Abs. 2 S. 2 weiterhin einstimmig der Auffassung, dass die Voraussetzungen des Abs. 2 S. 1 vorliegen und auch ansonsten kein überwiegender Grund für eine mündliche Verhandlung besteht, so weist es die Berufung durch Beschluss zurück. Ein **Wechsel in der Besetzung des Spruchkörpers** zwischen der im Hinweis dokumentierten ersten Würdigung und der Beschlussfassung ist **ohne Belang**; erforderlich ist lediglich, dass unter den am Beschluss mitwirkenden Mitgliedern Einstimmigkeit herrscht[64].

45   Eine **Teilzurückweisung** der Berufung durch Beschluss ist nach der Gesetzesbegründung nicht eröffnet[65]. Ob sie gleichwohl möglich ist, weil ihr Ausschluss im Gesetzeswortlaut keinen Ausdruck findet, hat der Bundesgerichtshof bisher offen gelassen[66]. tatsächlich besteht keine Veranlassung, sie gänzlich auszuschließen[67]. Insbesondere wenn sich die Berufung als teilweise unzulässig und im Übrigen unbegründet erweist, kann es sich anbieten, das Berufungsverfahren durch einen einzigen **Teilverwerfungs- und Teilzurückweisungsbeschluss** insgesamt abzuschließen[68]. Auch wenn über den nicht von der Beschlusszurückweisung erfassten Teil der Berufung mündlich verhandelt werden muss, mag in Einzelfällen das Interesse des Berufungsgegners daran, dass der Rechtsstreit zumindest teilweise umgehend abgeschlossen wird, eine solche Vorgehensweise nahe legen; meist wird es freilich schon wegen der Möglichkeit einer gütlichen Gesamtbereinigung angezeigt sein, über die Berufung insgesamt mündlich zu verhandeln (→ Rn. 40).

46   Erst recht kann, wenn **mehrere Berufungen** vorliegen, eine davon durch Beschluss zurückgewiesen werden, während über die anderen mündlich zu verhandeln ist[69].

47   Der Beschluss muss eine **Kostenentscheidung** enthalten (deren Inhalt sich aus § 97 Abs. 1 ergibt), wenn nicht eine Teilzurückweisung vorliegt und die Kostenentscheidung der Endentscheidung vorbehalten bleibt.

48   Der Ausspruch zur vorläufigen Vollstreckbarkeit muss sich darauf beziehen, dass das **Ersturteil ohne Sicherheitsleistung vorläufig vollstreckbar** ist (§ 708 Nr. 10 S. 2). Ein Ausspruch zur vorläufigen Vollstreckbarkeit des Zurückweisungsbeschlusses selbst (hinsichtlich des Kostenausspruchs) ist nicht erforderlich, weil dieser ohnehin gem. § 794 Abs. 1 Nr. 3 vollstreckbar ist[70].

49   Der Beschluss hat immer insoweit eine **Begründung** zu enthalten, als die Gründe für die Zurückweisung nicht bereits in den vorangegangenen Hinweis enthalten sind (Abs. 2 S. 3). Wenn der Beschluss anfechtbar ist (→ Rn. 50 f.), so hat er darüber hinaus wie ein Berufungsurteil (§ 540 Abs. 1 S. 1 Nr. 1) eine Bezugnahme auf die tatsächlichen Feststellungen im angefochtenen Urteil mit Darstellung etwaiger Änderungen oder Ergänzungen zu enthalten (Abs. 2 S. 4), um dem Revisionsgericht die Überprüfung zu ermöglichen[71].

50   **4. Rechtsmittel.** Abs. 3 eröffnet dem Berufungsführer gegen den Zurückweisungsbeschluss das Rechtsmittel, das bei einer Entscheidung durch Urteil zulässig wäre. Da der Zurückweisungsbeschluss keine Revisionszulassung enthalten kann (da bei Vorliegen der Zulassungsvoraussetzungen gem. Abs. 2

---

[60] BVerfG BeckRS 2018, 1782 Rn. 8.
[61] BGH BeckRS 2016, 20541 Rn. 13; BeckOK ZPO/*Wulf* § 522 Rn. 21.
[62] BGH NJW-RR 2016, 699 Rn. 5 mwN.
[63] BGH NJW-RR 2018, 303 Rn. 12 mwN.
[64] BVerfG NJW 2004, 3696.
[65] BT-Drs. 14/4722, 97.
[66] BGH NJW-RR 2017, 56 Rn. 16; 2007, 767 Rn. 11.
[67] Zöller/*Heßler* § 522 Rn. 43; BeckOK ZPO/*Wulf* § 522 Rn. 23; Musielak/Voit/*Ball* § 522 Rn. 28a; Wieczorek/Schütze/*Gerken* § 522 Rn. 89; Stein/Jonas/*Althammer* § 522 Rn. 64; Thomas/Putzo/*Seiler* § 522 Rn. 21; aA MüKoZPO/*Rimmelspacher* § 522 Rn. 35; *Stackmann* NJW 2007, 9 (11).
[68] So auch MüKoZPO/*Rimmelspacher* § 522 Rn. 35.
[69] OLG Rostock BeckRS 2008, 23407; OLG Karlsruhe BeckRS 2004, 09828; Wieczorek/Schütze/*Gerken* § 522 Rn. 101; MüKoZPO/*Rimmelspacher* § 522 Rn. 35; Thomas/Putzo/*Seiler* § 522 Rn. 21.
[70] BeckOK ZPO/*Ulrici* § 708 Rn. 24.3; MüKoZPO/*Götz* § 708 Rn. 18; aA BeckOK ZPO/*Wulf* § 522 Rn. 24; Zöller/*Heßler* § 522 Rn. 42.
[71] BGH BeckRS 2020, 8348 Rn. 6; NJW-RR 2018, 303 Rn. 9; NJW 2016, 3787 Rn. 5 f.

Anschlussberufung **§ 524 ZPO**

S. 1 Nr. 2 oder 3 schon kein Beschluss ergehen darf), ist der Zurückweisungsbeschluss mit der **Nichtzulassungsbeschwerde** (§ 544) anfechtbar, es sei denn, es handelt sich um ein **Arrest- oder Verfügungsverfahren** (§ 542 Abs. 2). Die Nichtzulassungsbeschwerde ist jedoch grundsätzlich gem. § 544 Abs. 2 Nr. 1 nur zulässig, wenn der Wert der mit der Revision geltend zu machenden Beschwer 20.000 Euro übersteigt. Auch wenn das Berufungsgericht in dem Zurückweisungsbeschluss gemäß § 522 Abs. 2 ZPO die Revision rechtsfehlerhaft zulässt, soll nur die Nichtzulassungsbeschwerde unter den für sie geltenden Voraussetzungen statthaft sein, nicht auch die Revision[72].

Ohne Wertgrenze ist die Nichtzulassungsbeschwerde allerdings zulässig, wenn das Berufungsgericht die Berufung **objektiv willkürlich als unbegründet** zurückweist, obwohl seine Entscheidung ausschließlich auf Erwägungen beruht, die zu einer **Verwerfung** des Rechtsmittels **als unzulässig** hätten führen müssen. Andernfalls könnte das Berufungsgericht die vom Gesetzgeber beabsichtigte Gewährung eines weiten Rechtsschutzes gegen Verwerfungsentscheidungen in Fällen, in denen die Beschwer 20.000 Euro nicht übersteigt, allein dadurch außer Kraft zu setzen, dass es die Berufung formal als unbegründet zurückweist, obwohl die von ihm angeführten Gründe nur eine Verwerfung der Berufung als unzulässig zu rechtfertigen vermögen[73]. 51

§ 523 Terminsbestimmung

(1) ¹Wird die Berufung nicht nach § 522 durch Beschluss verworfen oder zurückgewiesen, so entscheidet das Berufungsgericht über die Übertragung des Rechtsstreits auf den Einzelrichter. ²Sodann ist unverzüglich Termin zur mündlichen Verhandlung zu bestimmen.

(2) **Auf die Frist, die zwischen dem Zeitpunkt der Bekanntmachung des Termins und der mündlichen Verhandlung liegen muss, ist § 274 Abs. 3 entsprechend anzuwenden.**

Die Vorschrift regelt den **Verfahrensfortgang,** wenn die Berufung nicht im Beschlussweg verworfen (§ 522 Abs. 1) oder zurückgewiesen (§ 522 Abs. 2) wird und deshalb eine mündliche Verhandlung erforderlich ist. 1

Für die Berufung im **Patentnichtigkeitsverfahren** enthält § 114 Abs. 3 PatG die Abs. 1 die teilweise dem § 523 entsprechende Regelung, dass Termin zur mündlichen Verhandlung zu bestimmen und den Parteien bekannt zu machen ist, wenn die Berufung nicht durch Beschluss als unzulässig verworfen wird; eine Beschlusszurückweisung der Berufung als unbegründet kommt in diesem Verfahren ebenso wenig in Betracht (→ § 522 Rn. 3) wie die Übertragung auf den Einzelrichter (→ § 526 Rn. 2, → § 527 Rn. 2). 2

Zunächst hat das Berufungsgericht zu prüfen, ob eine **Übertragung** auf den entscheidenden (§ 526) oder vorbereitenden (§ 527) **Einzelrichter** in Betracht kommt und gegebenenfalls diese Übertragung vorzunehmen. Wird der Rechtsstreit auf den entscheidenden Einzelrichter übertragen, so hat dieser **Termin zur mündlichen Verhandlung** zu bestimmen und den Parteien bekannt zu machen; ansonsten der Vorsitzende (im Falle der Übertragung auf den vorbereitenden Einzelrichter nach Vorbereitung der mündlichen Verhandlung durch diesen). 3

Die Terminbestimmung hat **unverzüglich** zu erfolgen. Dem Tatbestandsmerkmal der Unverzüglichkeit kommt **keine eigenständige Bedeutung** zu. Es handelt sich um ein auf das allgemeine Beschleunigungsprinzip Bezug nehmendes und verstärkendes Adverb, aus dem Fristanforderungen an die Entscheidung nach Abs. 2 nicht hergeleitet werden können[1]. 4

Ein **schriftliches Vorverfahren,** in dem zunächst kein Termin zur mündlichen Verhandlung bestimmt wird – wie es § 276 für den ersten Rechtszug ermöglicht – ist im Berufungsverfahren **nicht vorgesehen.** Die Vorbereitung der mündlichen Verhandlung kann aber in ähnlicher Weise dadurch erfolgen, dass der Vorsitzende Fristen zur Berufungserwiderung und zur Replik darauf setzt (§ 521 Abs. 2). 5

Der Zeitraum zwischen der Bekanntmachung des Termins und der mündlichen Verhandlung **(Einlassungsfrist)** beträgt wie im ersten Rechtszug mindestens zwei Wochen (Abs. 2). 6

§ 524 Anschlussberufung

(1) ¹**Der Berufungsbeklagte kann sich der Berufung anschließen.** ²Die Anschließung erfolgt durch Einreichung der Berufungsanschlussschrift bei dem Berufungsgericht.

(2) ¹**Die Anschließung ist auch statthaft, wenn der Berufungsbeklagte auf die Berufung verzichtet hat oder die Berufungsfrist verstrichen ist.** ²Sie ist zulässig bis zum Ablauf der dem Berufungsbeklagten gesetzten Frist zur Berufungserwiderung. ³Diese Frist gilt nicht,

---
[72] BGH NJW 2019, 2034 Rn. 10 ff. mkritAnm Toussaint FD-ZVR 2019, 417379.
[73] BGH NJW-RR 2011, 1289 Rn. 11.
[1] OLG Frankfurt a. M. BeckRS 2005, 07162; Stein/Jonas/*Althammer* § 523 Rn. 4; *Trimbach* NJW 2009, 401 (402), jeweils zu § 522 Abs. 2.

Cassardt 1177

wenn die Anschließung eine Verurteilung zu künftig fällig werdenden wiederkehrenden Leistungen (§ 323) zum Gegenstand hat.

(3) ¹Die Anschlussberufung muss in der Anschlussschrift begründet werden. ²Die Vorschriften des § 519 Abs. 2, 4 und des § 520 Abs. 3 sowie des § 521 gelten entsprechend.

(4) Die Anschließung verliert ihre Wirkung, wenn die Berufung zurückgenommen, verworfen oder durch Beschluss zurückgewiesen wird.

Literatur: *Reuß*, Kosten unselbstständiger Anschlussrechtsmittel bei Rücknahme, Verwerfung und Zurückweisung des Hauptrechtsmittels, NJW 2018, 1846 ff.

Übersicht

	Rn.
A. Allgemeines	1
I. Normzweck	1
II. Rechtsnatur	4
III. Bedeutung	5
B. Zulässigkeit der Anschlussberufung	14
I. Statthaftigkeit	14
1. Vorliegen einer (Haupt-)Berufung	14
2. Keine anderweitige Rechtshängigkeit	15a
3. Parteien der Anschlussberufung	16
4. Kein Verzicht	17
5. Keine Wertgrenze	18
II. Beschwer	19
III. Frist und Form	20
1. Frist	20
a) Regelfall	20
b) Ausnahme: künftig fällig werdende wiederkehrende Leistungen	24
2. Form	25
IV. Bedingte Einlegung	31
C. Verfahren	32
D. Wirkungslosigkeit	35
I. Grundsatz	35
II. Voraussetzungen	36
1. Wegfall der (Haupt-)Berufung ohne gerichtliche Entscheidung	36
2. Wegfall der (Haupt-)Berufung durch gerichtliche Entscheidung	41
III. Rechtsfolgen	43
IV. Rechtsmittel	48

A. Allgemeines

I. Normzweck

1   Die Anschlussberufung dient der prozessualen **Waffengleichheit;** sie setzt den Berufungsgegner in den Stand, auf die Berufung der anderen Partei ohne verfahrensrechtliche Fesseln zu reagieren und die Grenzen der neuen Verhandlung mitzubestimmen[1].

2   Außerdem dient die Anschlussberufung der **Prozessökonomie:** Sie soll dem an sich „friedfertigen" und zur Hinnahme des Ersturteils bereiten Berufungsgegner auch dann noch die Möglichkeit geben, selbst in den Prozess einzugreifen, wenn das Rechtsmittel der anderen Partei erst kurz vor Ablauf der Rechtsmittelfrist eingelegt worden ist und er deshalb eine eigene Berufung nicht mehr führen kann; dadurch kann vermieden werden, dass eine Partei, die sich eigentlich mit dem Ersturteil zufrieden geben will, nur wegen eines erwarteten Rechtsmittels der anderen Partei vorsorglich selbst Rechtsmittel einlegt[2].

3   Schließlich kommt der Möglichkeit der Anschließung eine gewisse **Warnfunktion** für mögliche Rechtsmittelführer vor der leichtfertigen Einlegung von Rechtsmitteln zu, weil er mit der Anschließung der anderen Partei und deshalb mit der Verschlechterung seiner Position im Berufungsverfahren rechnen muss[3]. Allerdings sind die Folgen, die ein Berufungsführer zu gewärtigen hat, nicht besonders gewichtig[4]: da er seine Berufung ohne Zustimmung des Gegners zurücknehmen (→ § 516 Rn. 8) und damit dessen Anschlussberufung die Grundlage entziehen kann (Abs. 4) riskiert er mit der Einlegung eines wenig aussichtsreichen Rechtsmittels keine Verschlechterung seiner Position in der Sache, sondern lediglich die Belastung mit zusätzlichen Kosten für die Anschlussberufung (→ Rn. 46).

---

[1] BGH NJW 2015, 2812 Rn. 27 NJW 2005, 3067 (3068); jeweils mwN.
[2] BGH NJW 2005, 3067 (3068) mwN.
[3] BGH NJW 1984, 2951 (2951).
[4] Musielak/Voit/*Ball* § 524 Rn. 2.

II. Rechtsnatur

Die Anschlussberufung ist **kein eigenes Rechtsmittel,** sondern ein auch angriffsweise wirkender **4** Antrag innerhalb des fremden Rechtsmittels[5]. Diese Einordnung ist nicht unfruchtbar[6], schon weil sie die Rechtfertigung dafür darstellt, dass dem Berufungsführer, der sein Rechtsmittel zurückgenommen hat, auch die Kosten einer dadurch gemäß Abs. 4 wirkungslos gewordenen Anschlussberufung aufzuerlegen sind (→ Rn. 46)[7]. Sie erklärt auch zwanglos, weshalb die Anschlussberufung sich nur gegen den Berufungsführer richten kann (→ Rn. 16) und – anders als Rechtsmittel – keiner Beschwer bedarf (→ Rn. 19).

III. Bedeutung

Die Bedeutung des Instituts der Anschlussberufung ist nicht zu unterschätzen, weil es zwar einerseits **5** den prozessualen **Gestaltungsspielraum** des Berufungsgegners **erweitert,** dafür aber andererseits – insbesondere durch die Fristgebundenheit – **Grenzen** setzt, die von den Parteien oder den Berufungsgerichten übersehen werden können[8].

Der (wider-)klagende **Berufungsgegner** kann seine Ansprüche im Berufungsverfahren nur dann **6** auf einen **neuen Streitgegenstand** stützen, wenn er Anschlussberufung eingelegt hat[9], selbst wenn er erst nach Ablauf der Anschlussberufungsfrist dazu Veranlassung erhält[10].

So kann ein Kläger einen erstmals in dem auf die Berufung des Beklagten eröffneten Berufungs- **7** verfahren gestellten **Hilfsantrag**[11] grundsätzlich ebenso nur im Wege der Anschlussberufung in den Rechtsstreit einführen wie eine Klageerweiterung, selbst wenn diese gem. § 264 Nr. 2 nicht als Klageänderung gilt und nicht an § 533 zu messen ist[12].

Wird allerdings mit dem Hilfsantrag der bereits im ersten Rechtszug gestellte Hauptantrag weder **8** erweitert noch auf einen neuen Klagegrund gestellt, sondern durch ihn nur das **unveränderte Klageziel in andere Worte gefasst** und sachlich nicht über das erstinstanzliche Begehren hinausgegangen, so erfordert er **keine Anschlussberufung;** er dient dann allein der Verteidigung des erstinstanzlichen Urteils und beschränkt sich damit auf die Abwehr der Berufung[13]. Allgemein zum Wechsel von der Wiederholungs- zur Erstbegehungsgefahr und von der Täter- zur Störerhaftung → § 511 Rn. 19.

Wenn das Erstgericht unter Abweisung des Hauptantrags nach einem Hilfsantrag verurteilt hat, kann **9** der Kläger auf die Berufung des Beklagten auch seinen **Hauptantrag** nur weiterverfolgen, wenn er insoweit zumindest Anschlussberufung einlegt[14]. Das gilt auch für Ansprüche, die mit einer **Widerklage** verfolgt werden, welche der Beklagte in dem auf die Berufung des Klägers eröffneten Berufungsverfahren erhebt[15]. In all diesen Fällen will der Berufungsgegner im Berufungsverfahren mehr erreichen als die bloße Bestätigung der erstinstanzlichen Entscheidung über den mit der Klage verfolgten Anspruch.

Angesichts der im **gewerblichen Rechtsschutz** häufigen Vielzahl von Streitgegenständen kommt **10** der Anschlussberufung auf diesem Rechtsgebiet besondere Bedeutung zu. So ist die Einführung von Ansprüchen wegen einer **neuen Verletzungsform** durch den Berufungsgegner ebenso an ihren Anforderungen zu messen[16] wie diejenige eines neuen **Markenlöschungsgrunds**[17], weiterer **Herausgabeansprüche**[18] oder eines weiteren lauterkeitsrechtlichen **Unterlassungsanspruchs**[19].

---

[5] BGH GRUR 2017, 785 Rn. 47 – Abdichtsystem; GRUR 2008, 93 Rn. 11 – Zerkleinerungsvorrichtung; NJW-RR 2008, 221 Rn. 12; jeweils mwN.
[6] So aber MüKoZPO/*Rimmelspacher* § 524 Rn. 3; ähnlich Stein/Jonas/*Althammer* § 524 Rn. 5.
[7] BGH NJW 2013, 875 Rn. 16 mwN.
[8] So etwa in den Fällen BGH GRUR 2012, 954 Rn. 23 – Europa-Apotheke Budapest; BGH GRUR 2012, 180 Rn. 17 – Werbegeschenke und BGH NJW-RR 2008, 221 Rn. 7.
[9] BGH GRUR 2015, 1214 Rn. 65 – Goldbären; GRUR 2015, 1108 Rn. 27 – Green-IT; NJW 2015, 1296 Rn. 15; GRUR 2012, 954 Rn. 23 – Europa-Apotheke Budapest; GRUR 2012, 180 Rn. 22 – Werbegeschenke.
[10] BGH NJW 2008, 1953 Rn. 17 ff.
[11] BGH GRUR 2020, 986 Rn. 46 – Penetrometer; NJW 2015, 1608 Rn. 12; 2015, 1296 Rn. 15; GRUR 2012, 954 Rn. 23 mwN – Europa-Apotheke Budapest.
[12] BGH GRUR 2020, 3038 Rn. 18; GRUR 2020, 986 Rn. 47 – Penetrometer; NJW 2015, 2812 Rn. 28; GRUR 2012, 45 Rn. 56 – Diglycidverbindung; jeweils mwN.
[13] BGH GRUR 2015, 1108 Rn. 28 – Green-IT; in jenem Fall allerdings zweifelhaft, weil dort der Hauptantrag völlig andere Sachverhalte betraf als jene konkreten Verhaltensweisen des Beklagten, damit die konkrete Verletzungsform verfehlte und deshalb unbegründet war (vgl. BGH GRUR 2015, 1108 Rn. 21 – Green-IT); der Hilfsantrag verfolgte daher – jedenfalls hinsichtlich der vom Verbot erfassten kerngleichen Handlungen – ein anderes Klageziel.
[14] BGH GRUR-RS 2021, 30716 Rn. 18 – Uli-Stein-Cartoon; GRUR 1994, 849 (850) – Fortsetzungsverbot; Zöller/*Heßler* § 528 Rn. 21.
[15] BGH NJW 2020, 3038 Rn. 18 zu dem Fall, dass eine im ersten Rechtszug nur hilfsweise erhobene Widerklage im Verfahren auf Berufung des Klägers unbedingt weiterverfolgt wird.
[16] BGH GRUR 2012, 954 Rn. 24 – Europa-Apotheke Budapest.
[17] BGH GRUR 2012, 180 Rn. 21 – Werbegeschenke.
[18] BGH GRUR 2007, 693 Rn. 42 ff. – Archivfotos.
[19] BGH GRUR 2004, 517 (518) – E-Mail-Werbung I.

11 Hat allerdings das Erstgericht unter **Verletzung des § 308 Abs. 1** dem Kläger mehr oder etwas anderes als von diesem beantragt zugesprochen, und verteidigt der Kläger dieses Urteil gegen den Berufungsangriff des Beklagten, so liegt darin lediglich eine Heilung des Verfahrensfehlers; eine Anschlussberufung ist dafür nicht erforderlich, weil der Kläger selbst **keine Abänderung des Ersturteils** anstrebt, sondern nur die Zurückweisung der Berufung des Beklagten[20].

12 Ebenso wenig bedarf es der Anschlussberufung, wenn ein Kläger, der im ersten Rechtszug mit seinem **Hauptantrag erfolgreich** war, im Verfahren über die Berufung des Beklagten einen bereits im ersten Rechtszug gestellten **Hilfsantrag** weiterverfolgt; vielmehr fällt dieser ohne weiteres dem Berufungsrechtszug an (→ § 528 Rn. 13)[21].

12a Auch die **einseitig bleibende Erledigterklärung des Klägers** im Verfahren über die **Berufung des Beklagten** erfordert **keine Anschlussberufung**, weil sie eine gem. **§ 264 Nr. 2** privilegierte Antragsbeschränkung darstellt, mit der durch den Erledigungsantrag nicht mehr als die Zurückweisung der Berufung erreicht werden soll[22]. Entsprechendes gilt, wenn der Kläger in der Berufungsinstanz gemäß **§ 264 Nr. 3** ohne Änderung des Klagegrunds **statt des ursprünglich geforderten Gegenstands** wegen einer späteren Veränderung **einen anderen Gegenstand** fordert, sofern er damit nicht mehr verlangt, als ihm erstinstanzlich zuerkannt wurde[23].

13 Die Anschlussberufung im Verfahren der Berufung im **Patentnichtigkeitsverfahren** ist seit dem 1.10.2009[24] in § 115 PatG in einer Weise geregelt, die im Wesentlichen § 524 entspricht. Allerdings endet die Anschlussberufungsfrist im Fall der Fristsetzung zur Berufungserwiderung (§ 115 Abs. 2 S. 2 PatG mit der Erwiderungsfrist unabhängig davon, ob über die Folgen einer Fristversäumnis belehrt worden ist (anders als im Zivilprozess → Rn. 22), denn § 110 Abs. 8 PatG verweist nur auf § 521 Abs. 2 S. 1, nicht auch auf § 521 Abs. 2 S. 2 und dessen Weiterverweisung auf § 277, in dessen Abs. 2 die Belehrungspflicht statuiert ist[25].

B. Zulässigkeit der Anschlussberufung

I. Statthaftigkeit

14 **1. Vorliegen einer (Haupt-)Berufung. Voraussetzung** für die Anschlussberufung ist eine bereits **eingelegte (Haupt-)Berufung.** Liegt eine solche noch nicht vor, so ist die Anschließung zunächst wirkungslos[26]; wird später eine (Haupt-)Berufung eingelegt, so erlangt die Anschließung Wirksamkeit[27].

15 Aus dem Erfordernis einer (Haupt-)Berufung folgt, dass eine Anschließung des Berufungsführers an eine Anschlussberufung des Berufungsgegners (**„Gegenanschließung"**) unzulässig ist[28]. Möglich bleibt aber eine Ausweitung der (Haupt-)Berufung im Rahmen deren Begründung (→ § 520 Rn. 20) aus Anlass der Anschlussberufung.

15a **2. Keine anderweitige Rechtshängigkeit.** Gegenstände eines anderen Verfahrens – dessen Entscheidung selbständig mit der Berufung angefochten werden kann –, können nicht mit der Anschlussberufung in das Berufungsverfahren eingeführt werden[29]. Deshalb kann insbesondere die Befugnis des Berufungsgerichts, im Berufungsverfahren gegen ein Grundurteil bei Spruchreife auch über das im Grundsatz weiterhin beim Erstgericht anhängige Betragsverfahren zu entscheiden (→ § 538 Rn. 28a), nicht davon abhängig gemacht werden, dass der Kläger Anschlussberufung einlegt[30].

16 **3. Parteien der Anschlussberufung.** Nur der Berufungsgegner (oder dessen Streithelfer für diesen[31]) kann Anschlussberufung einlegen, denn es handelt sich dabei nur um einen Angriff innerhalb der fremden Berufung (→ Rn. 4)[32]. Aus demselben Grund kann sie sich auch **nur gegen den Berufungsführer** richten[33].

---

[20] BGH BeckRS 2013, 12598 Rn. 11 – Tegometall; NJW 2006, 3565 Rn. 16; 2006, 1062 Rn. 11 mwN.
[21] BGH GRUR 2012, 58 Rn. 38 mwN – Seilzirkus.
[22] BGH NJW 2008, 2580 Rn. 8; vgl. auch BGH NJW 2017, 3521 Rn. 30 zur Revisionsinstanz.
[23] BGH GRUR-RS 2021, 30716 Rn. 24 mwN – Uli-Stein-Cartoon.
[24] Für die Zeit davor siehe BGH BeckRS 2012, 11674 Rn. 43 – Blutfiltrationssystem; BGH GRUR 2010, 992 Rn. 7 – Ziehmaschinenzugeinheit II; BGH GRUR 2005, 888 – Anschlussberufung im Patentnichtigkeitsverfahren.
[25] BGH GRUR 2020, 1291 Rn. 13 – Energieversorgungssystem.
[26] BeckOK ZPO/*Wulf* § 524 Rn. 3; MüKoZPO/*Rimmelspacher* § 524 Rn. 6.
[27] BeckOK ZPO/*Wulf* § 524 Rn. 3; MüKoZPO/*Rimmelspacher* § 524 Rn. 6.
[28] BGH NJW 1986, 1494; BeckOK ZPO/*Wulf* § 524 Rn. 5; Thomas/Putzo/Reichold § 524 Rn. 5; Musielak/Voit/*Ball* § 524 Rn. 5; aA MüKoZPO/*Rimmelspacher* § 524 Rn. 10.
[29] BGH NJW 1983, 1317 (1318); BeckOK ZPO/*Wulf* § 524 Rn. 6; MüKoZPO/*Rimmelspacher* § 524 Rn. 11, 17; Zöller/*Heßler* § 524 Rn. 20; Musielak/Voit/*Ball* § 524 Rn. 8; Stein/Jonas/*Althammer* § 524 Rn. 12.
[30] BGH GRUR 2021, 636 Rn. 19 – Clickbaiting.
[31] Musielak/Voit/*Ball* § 524 Rn. 6.
[32] BGH NJW 1991, 2569.
[33] BGH NJW-RR 2000, 1114.

4. Kein Verzicht. Der Berufungsgegner darf nicht bereits auf die Anschlussberufung verzichtet 17 haben. Der Verzicht auf eine eigene (Haupt-)Berufung steht der Zulässigkeit der Anschlussberufung dagegen ebenso wenig entgegen wie das Verstreichenlassen der Frist für deren Einlegung (Abs. 2 S. 1). Allerdings kann die Auslegung einer Verzichtserklärung ergeben, dass auch die Anschlussberufung vom Verzicht erfasst sein sollte[34].

5. Keine Wertgrenze. Die Vorschrift des § 511 Abs. 2 gilt nur für die (Haupt-)Berufung. Die 18 Anschlussberufung ist daher uneingeschränkt auch hinsichtlich solcher Beträge, die 600 Euro nicht übersteigen, und hinsichtlich Nebenforderungen zulässig[35].

II. Beschwer

Das für Rechtsmittel bestehende Erfordernis der Beschwer gilt für die Anschlussberufung nicht, weil 19 diese kein eigenes Rechtsmittel ist, sondern nur ein Antrag innerhalb des fremden Rechtsmittels (→ Rn. 4)[36]. Sie kann deshalb auch das alleinige Ziel haben, – unter Beachtung der Anforderungen des § 533 – die Klage zu ändern oder zu erweitern[37] oder eine Widerklage zu erheben[38].

III. Frist und Form

1. Frist. a) Regelfall. Die Anschlussberufungsfrist deckt sich grundsätzlich mit der Frist zur Beru- 20 fungserwiderung (Abs. 2 S. 2); wird letztere verlängert, so verlängert sich zwangsläufig auch die Anschließungsfrist. Über die Berufungserwiderungsfrist hinaus kann sie **nicht verlängert** werden[39]. Ist allerdings die Anschlussberufung zulässig – insbesondere fristgerecht – eingelegt worden, so können die damit verfolgten Anträge auch noch nach Ablauf der Frist des § 524 Abs. 2 S. 2 erweitert werden[40].

Die Anschlussberufungsfrist ist keine Notfrist und wird auch in § 233 S. 1 nicht genannt. Daraus 21 leitet der BGH in einer neuen, ausführlich begründeten Entscheidung[41] ab, dass eine analoge Anwendung der Vorschriften über die **Wiedereinsetzung** entgegen der bis dahin wohl herrschenden Meinung[42] **nicht in Betracht** komme. Damit dürfte die Frage für die Praxis geklärt sein, auch wenn die Argumente des BGH dazu, dass die Nichtnennung der Anschlussberufungsfrist in § 233 S. 1 keine planwidrige Regelungslücke darstelle[43], in gleicher Weise auf die – gleichwohl als wiedereinsetzungsfähig erachtete[44] – Anschlussrevisionsfrist Anwendung finden müssten und es verfassungsrechtlich jedenfalls nicht zwingend erscheint, die divergierende Behandlung der Rechtsschutzgesuche des Berufungsführers und des Berufungsgegners bei unverschuldeter Fristversäumung durch den formalen Unterschied gerechtfertigt zu sehen, dass nur die Berufung ein echtes Rechtsmittel darstellt.

Die Anschlussberufungsfrist **beginnt nicht** zu laufen, wenn die nach Abs. 3 S. 2, § 521 Abs. 2 S. 2, 22 § 277 Abs. 2 erforderlichen **Belehrungen unterbleiben**[45] oder die Verfügung gemäß § 521 Abs. 2, mit der die Berufungserwiderungsfrist gesetzt wird, entgegen § 329 Abs. 2 S. 2 **nicht zugestellt** wird[46]. Sie ist dann bis zum Schluss der mündlichen Verhandlung möglich[47].

Für die Wirksamkeit der Fristsetzung ist nur eine Belehrung über die Folgen der Fristversäumung 23 für die Berufungserwiderung erforderlich, nicht auch eine zusätzliche Belehrung über die Folgen für

---

[34] Zöller/*Heßler* § 515 Rn. 15.
[35] BeckOK ZPO/*Wulf* § 524 Rn. 10; Musielak/Voit/*Ball* § 524 Rn. 10; MüKoZPO/*Rimmelspacher* § 524 Rn. 16.
[36] BGH NJW 2011, 1455 Rn. 12 mwN; zumindest missverständlich BGH GRUR 2009, 856 Rn. 13 – Tripp-Trapp-Stuhl.
[37] BGH GRUR 2011, 1043 Rn. 22 – TÜV II; NJW 2011, 3298 Rn. 9, jeweils mwN.
[38] BeckOK ZPO/*Wulf* § 524 Rn. 10; Zöller/*Heßler* § 524 Rn. 39; Musielak/Voit/*Ball* § 524 Rn. 10; MüKoZPO/*Rimmelspacher* § 524 Rn. 22.
[39] BGH NJW 2005, 3067 (3068).
[40] BGH BeckRS 2019, 11576 Rn. 11 mwN.
[41] BGH NJW 2022, 1620 Rn. 16–49; i. Erg. bereits BGH NJW 2005, 3067 (3068); offen gelassen in BGH NJW 2015, 2812 Rn. 37 f. mwN.
[42] OLG Düsseldorf BeckRS 2011, 26040 und OLG Düsseldorf GRUR-RR 2006, 118 (121) – Drehschwingungstilger; OLG Stuttgart BeckRS 2007, 10948; OLG Zweibrücken NJW-RR 2003, 1299 (1300); Anders/Gehle/*Göertz* § 524 Rn. 17 u. 21; BeckOK ZPO/*Wulf* § 524 Rn. 19; BeckOK ZPO/*Wendtland*, § 524 Rn. 4; Thomas/Putzo/*Seiler* § 524 Rn. 10; Thomas/Putzo/*Hüßtege* § 233 Rn. 5; MüKoZPO/*Rimmelspacher* § 524 Rn. 32; MüKoZPO/*Stackmann* § 233 Rn. 22; Wieczorek/Schütze/*Gerken* § 524 Rn. 11; hier Vorauflage, § 524 Rn. 21; a. A. Zöller/*Heßler* § 524 Rn. 10.
[43] BGH BeckRS 2022, 4375 Rn. 23–36.
[44] BGH BeckRS 2022, 4375 Rn. 47.
[45] BGH GRUR 2017, 785 Rn. 37 u. 49 – Abdichtsystem; NJW 2015, 1608 Rn. 19; GRUR 2012, 180 Rn. 29 mwN – Werbegeschenke.
[46] BGH BeckRS 2018, 18197 Rn. 40; NJW 2015, 2812 Rn. 41 f.; GRUR 2011, 831 Rn. 44 – BBC; NJW 2009, 515 Rn. 5.
[47] BGH GRUR 2012, 180 Rn. 31 mwN – Werbegeschenke.

die Anschlussberufung⁴⁸. Wenn die Belehrung gem. § 521 Abs. 2 S. 2, § 277 Abs. 2 erteilt worden ist, liegt eine wirksame Berufungserwiderungsfrist vor, an deren Einhaltung Abs. 2 S. 2 für die Anschlussberufung ohne weitere Erfordernisse – wie das einer zusätzlichen Belehrung hinsichtlich Anschlussberufungsfrist – anknüpft. Anderes ergibt sich auch nicht aus Abs. 3 S. 2, da sich diese Vorschrift nur auf die dem Berufungsführer zur Erwiderung auf die Anschlussberufungsbegründung gesetzte Frist bezieht⁴⁹. Die fristsetzende Verfügung des Vorsitzenden kann auch nach der Zustellung der Berufungsbegründung erfolgen⁵⁰.

24 **b) Ausnahme: künftig fällig werdende wiederkehrende Leistungen.** Hat die Anschließung eine Verurteilung zu künftig fällig werdenden wiederkehrenden Leistungen zum Gegenstand, so kann sie bis zum Schluss der mündlichen Verhandlung erklärt werden⁵¹. Dieser Sonderregelung kommt **im gewerblichen Rechtsschutz keine praktische Bedeutung** zu; insbesondere betreffen Ansprüche auf Auskunft wegen künftiger Verletzungshandlungen ebenso wenig wiederkehrende Leistungen⁵² wie solche aus derartigen Handlungen⁵³.

25 **2. Form.** Die Anschlussberufung wird durch die Einreichung der Berufungsanschlussschrift eingelegt (Abs. 1 S. 2)⁵⁴. Ihre **mündliche Einlegung**, etwa zu Protokoll in der mündlichen Verhandlung, ist deshalb selbst dann **unzulässig,** wenn ausnahmsweise (→ Rn. 22 f.) die Frist hierfür noch nicht abgelaufen ist⁵⁵.

26 Die Berufungsanschlussschrift muss die Bezeichnung des Urteils enthalten, gegen das sie sich richtet, und die Erklärung, dass Anschlussberufung eingelegt werde (Abs. 3 S. 1 iVm § 519 Abs. 2). Die Erklärung muss nicht ausdrücklich erfolgen; vielmehr genügt jede Äußerung, die sich ihrem Sinn nach als ein Begehren auf Abänderung des Urteils erster Instanz darstellt⁵⁶. Die Anschließung kann daher auch **konkludent** erfolgen, etwa in der Weise, dass der berufungsbeklagte Kläger neben seinem Übrigen unveränderten Klagebegehren einen weiteren (Hilfs-)Antrag stellt⁵⁷. Umgekehrt kann auch ein als Anschlussberufung bezeichneter Schriftsatz eine (Haupt-)Berufungsschrift darstellen (→ § 519 Rn. 6)⁵⁸.

27 Eine unzulässige (Haupt-)Berufung muss in eine zulässige Anschlussberufung **umgedeutet** werden, wenn diese von dem mutmaßlichen Parteiwillen gedeckt wird, was meistens der Fall sein wird, denn in aller Regel wird eine Partei eine unzulässige (Haupt-)Berufung als zulässige Anschlussberufung retten wollen⁵⁹.

28 Gem. Abs. 3 S. 1 muss die Anschlussberufung – anders als die Berufung – bereits mit dem Schriftsatz begründet werden, mit dem sie eingelegt wird; allerdings ist die Begründung im Ergebnis auch in einem nachfolgenden Schriftsatz möglich, wenn dieser ebenfalls innerhalb der Frist des Abs. 2 S. 2 eingeht, da in ihm eine zulässige erneute Anschlussberufung gesehen werden kann⁶⁰. Für den Inhalt der Begründung gelten gem. Abs. 3 S. 2 iVm § 520 Abs. 3 dieselben Anforderungen wie für die Berufungsbegründung (→ § 520 Rn. 18 ff.)⁶¹. Fehlt eine fristgerechte Begründung, so ist die Anschlussberufung unzulässig.

29 Eine zulässig erhobene Anschlussberufung kann auch nach Fristablauf unter Bezug auf die schon vorliegende Begründung erweitert werden⁶².

30 Im Übrigen sind die allgemeinen Vorschriften über die vorbereitenden Schriftsätze auch auf die Anschlussschrift anzuwenden (Abs. 3 S. 2 iVm § 519 Abs. 4).

---

⁴⁸ BGH GRUR 2020, 1291 Rn. 12 – Energieversorgungssystem; BGH BeckRS 2018, 18197 Rn. 19; GRUR 2017, 785 Rn. 40 ff. – Abdichtsystem; OLG Düsseldorf GRUR-RR 2017, 249 Rn. 43 ff. – Lichtemittierende Vorrichtung.
⁴⁹ Insoweit missverständlich BGH GRUR 2012, 180 Rn. 29 – Werbegeschenke, wo von der „erforderliche[n] Belehrung nach §§ 524 Abs. 3 S. 2, § 521 Abs. 2 S. 2, § 277 Abs. 2 ZPO" die Rede ist (ähnlich BGH GRUR 2015, 1214 Rn. 66 – Goldbären und NJW 2015, 1608 Rn. 18); ebenso MüKoZPO/*Rimmelspacher* § 524 Rn. 33; klarer BGH NJW 2015, 2812 Rn. 41.
⁵⁰ BGH BeckRS 2018, 18197 Rn. 19.
⁵¹ BGH NJW 2016, 1963 Rn. 7; 2009, 1271 Rn. 21.
⁵² OLG Düsseldorf GRUR-RR 2006, 118 (120 f.) – Drehschwingungstilger mwN.
⁵³ BGH GRUR 1985, 280 (282) – Herstellerbegriff II.
⁵⁴ BGH NJW 2020, 3038 Rn. 19; 2015, 1608 Rn. 15 jeweils mwN.
⁵⁵ BGH GRUR 2004, 517 (518) – E-Mail-Werbung I.
⁵⁶ BGH GRUR 2011, 831 Rn. 42 mwN – BBC.
⁵⁷ BGH NJW 2015, 1296 Rn. 16; GRUR 2013, 638 Rn. 21 – Völkl; BGH GRUR 2012, 954 Rn. 25 mwN – Europa-Apotheke Budapest.
⁵⁸ BGH NJW 2011, 1455 Rn. 9.
⁵⁹ BGH NJW-RR 2016, 445 Rn. 6 f.; BeckRS 2011, 26040; NJW 2009, 442 Rn. 10 f.
⁶⁰ BGH NJW 2003, 2388 (2389); BeckOK ZPO/*Wulf* § 524 Rn. 15; Musielak/Voit/*Ball* § 524 Rn. 21; MüKoZPO/*Rimmelspacher* § 524 Rn. 38.
⁶¹ BGH NJW-RR 2021, 446 Rn. 11; GRUR 2014, 206 Rn. 10 – Einkaufskühltasche.
⁶² BGH NJW 2009, 1271 Rn. 31 mwN; vgl. auch BGH NJW 2016, 1963 Rn. 10 mwN.

IV. Bedingte Einlegung

Die Anschlussberufung kann – anders als die Berufung (→ § 519 Rn. 8) – von innerprozessualen 31
Vorgängen abhängig gemacht werden, da sie kein eigenes Rechtsmittel ist (→ Rn. 4). Insbesondere ist
es zulässig, sie unter die Bedingung des Misserfolgs des Hauptrechtsmittels zu stellen[63]. Unzulässig ist es
dagegen, die Anschlussberufung von anderen Vorgängen abhängig zu machen, etwa dem Ausgang
eines anderen Prozessrechtsverhältnisses (selbst wenn dieses einen einfachen Streitgenossen des Anschlussberufungsführers betrifft)[64].

C. Verfahren

Die Anschlussberufungsschrift und gegebenenfalls eine nachgereichte Begründung sind dem Berufungsführer zuzustellen (Abs. 3 S. 2 iVm § 521). Die **Rechtshängigkeit** eines neu eingeführten 32
Streitgegenstands tritt **mit Zustellung** ein, bei fehlender oder misslungener Zustellung mit Antragstellung in der mündlichen Verhandlung (§ 261 Abs. 2).

Da die Anschlussberufung gem. Abs. 4 ihre Wirkung verliert, wenn die (Haupt-)Berufung wegfällt, 33
darf **keine Entscheidung** über sie ergehen, **bevor** zumindest teilweise **über die (Haupt-)Berufung
entschieden** wird und deshalb Wirkungslosigkeit nicht mehr eintreten kann. Das gilt selbst dann,
wenn die Anschlussberufung an unheilbaren Zulässigkeitsmängeln leidet[65].

Über die Anschlussberufung ist grundsätzlich im Urteil zu entscheiden. Eine unzulässige Anschluss- 34
berufung ist in entsprechender Anwendung des § 522 Abs. 1 S. 2 zu verwerfen. Für eine **Verwerfung
im Beschlusswege** (§ 522 Abs. 1 S. 3) ist wegen des zeitlichen Vorrangs einer Entscheidung über die
(Haupt-)Berufung grundsätzlich **kein Raum**[66]: wird diese gem. § 522 Abs. 2 im Beschlussweg
zurückgewiesen, so wird die Anschlussberufung wirkungslos und kann nicht mehr verworfen werden;
im Urteilsweg darf eine vorherige Entscheidung nur über die (Haupt-)Berufung nicht ergehen, denn
sie wäre ein unzulässiges Teilurteil, weil auch die Anschlussberufung wegen ihrer Unzulässigkeit zur
Endentscheidung reif ist.

D. Wirkungslosigkeit

I. Grundsatz

Gem. Abs. 4 verliert die Anschließung ihre Wirkung, wenn die Berufung zurückgenommen, ver- 35
worfen oder durch Beschluss zurückgewiesen wird. Darin kommt zum Ausdruck, dass der Grundsatz
der prozessualen Waffengleichheit (→ Rn. 1) es nur dann gebietet, dem Berufungsgegner eine eigene
Gestaltungsbefugnis einzuräumen, wenn über die (Haupt-)Berufung in der Sache mündlich verhandelt
wird. Insbesondere rechtfertigen es weder eine mündliche Verhandlung –, die mit der Verwerfung der
(Haupt-)Berufung als unzulässig endet, noch eine Zurückweisung der (Haupt-)Berufung als unbegründet im Beschlussweg – also ohne mündliche Verhandlung, eine solche Gestaltungsbefugnis dem
Berufungsgegner zuzubilligen, der es unterlassen hat, eine eigene Berufung einzulegen[67].

II. Voraussetzungen

1. Wegfall der (Haupt-)Berufung ohne gerichtliche Entscheidung. Die Wirkungslosigkeit der 36
Anschlussberufung tritt ein, wenn die **(Haupt-)Berufung** (insgesamt und nicht nur teilweise[68]) wirksam **zurückgenommen** wird.

Der Berufungsrücknahme steht im Fall einer (Haupt-)Berufung durch den Kläger die wirksame 37
Klagerücknahme gleich[69].

Auch wenn die Parteien über alle Streitgegenstände einen **Vergleich** schließen, die mit der (Haupt) 38
Berufung verfolgt werden, wird die Anschlussberufung wirkungslos[70].

Wirkungslosigkeit tritt auch als Folge eines **Verzichts auf die (Haupt-)Berufung** ein, allerdings 39
erst, wenn die (Haupt-)Berufung daraufhin zurückgenommen oder in dem Fall, dass sie gleichwohl
weiterverfolgt wird, verworfen wird (→ § 515 Rn. 16)[71].

---

[63] BGH NJW 2001, 1127 (1131).
[64] BGH BeckRS 2021, 10633 Rn. 17; NJW-RR 1989, 1099.
[65] BGH NJW 1994, 2235 (2236); aA MüKoZPO/*Rimmelspacher* § 524 Rn. 52.
[66] AA MüKoZPO/*Rimmelspacher* § 524 Rn. 51.
[67] MüKoZPO/*Rimmelspacher* § 524 Rn. 53.
[68] BeckOK ZPO/*Wulf* § 524 Rn. 26; MüKoZPO/*Rimmelspacher* § 524 Rn. 54.
[69] BeckOK ZPO/*Wulf* § 524 Rn. 27; Musielak/Voit/*Ball* § 524 Rn. 29; MüKoZPO/*Rimmelspacher* § 524 Rn. 54.
[70] BGH NJW 1986, 852; BAG NJW 1976, 2143; BeckOK ZPO/*Wulf* § 524 Rn. 27; Thomas/Putzo/*Seiler* § 524 Rn. 21; Musielak/Voit/*Ball* § 524 Rn. 28; MüKoZPO/*Rimmelspacher* § 524 Rn. 54; Zöller/*Heßler* § 524 Rn. 27.
[71] MüKoZPO/*Rimmelspacher* § 524 Rn. 55; verkürzend BGH NJW 1994, 737 (738); BeckOK ZPO/*Wulf* § 524 Rn. 27; Musielak/Voit/*Ball* § 524 Rn. 28; Wieczorek/Schütze/*Gerken* § 524 Rn. 51.

40 Dagegen wird Abs. 4 **nicht entsprechend** auf den Fall angewandt, dass die Parteien den Rechtsstreit hinsichtlich der (Haupt-)Berufung **übereinstimmend für erledigt** erklären, da es zumindest hinsichtlich der Kosten noch zu einer dem Anschlussberufungsführer nachteiligen Entscheidung kommen kann[72]. Eine **einseitige Erledigterklärung** führt allenfalls zu einer Änderung des Ziels der (Haupt-)Berufung und berührt daher die Wirksamkeit der Anschlussberufung ebenfalls nicht[73].

41 **2. Wegfall der (Haupt-)Berufung durch gerichtliche Entscheidung.** Die Anschlussberufung wird wirkungslos, wenn die (Haupt-)Berufung **insgesamt** als unzulässig **verworfen** (§ 522 Abs. 1) oder **durch Beschluss** als unbegründet **zurückgewiesen** (§ 522 Abs. 2) wird. Das gilt auch, wenn sie in einem **einheitlichen Beschluss** teilweise verworfen und im Übrigen zurückgewiesen wird.

42 Wenn hinsichtlich der mit der (Haupt-)Berufung verfolgten Ansprüche ein **Anerkenntnis** (§ 307) oder ein **Verzicht** (§ 306) erklärt werden, muss gleichwohl eine Sachentscheidung nach mündlicher Verhandlung über die (Haupt-)Berufung ergehen, so dass die Anschlussberufung **nicht wirkungslos** wird[74].

III. Rechtsfolgen

43 Der **Wirkungsverlust** der Anschlussberufung tritt **kraft Gesetzes** ein. Er kann aber – wie bei der Berufungsrücknahme (§ 516 Abs. 3 S. 2) und der Klagerücknahme (§ 269 Abs. 4) – **deklaratorisch** durch Beschluss festgestellt werden[75].

44 Die Akzessorietät der Anschlussberufung führt auch dazu, dass ein Kläger, der Schadensersatzansprüche wegen der Verletzung einer für ihn geschützten Rechtsposition nach einer der drei anerkannten Berechnungsmethoden[76] (entgangener Gewinn, Verletzergewinn oder Lizenzanalogie) geltend gemacht und die Berechnungsmethode erst im Rahmen seiner Anschlussberufung gewechselt hat, nach Berufungsrücknahme durch seinen Gegner die Ansprüche nicht mehr geltend machen kann, die sich nach der neuen Berechnungsmethode ergeben und über den Gegenstand des ersten Verfahrens hinausgehen, obwohl er sein **Wahlrecht hinsichtlich der Schadensersatzberechnungsmethode** ausgeübt hat, bevor ein rechtskräftiges Urteil darüber vorlag[77].

45 In entsprechender Anwendung des § 524 Abs. 4 verliert eine **mit der Berufung erhobene Widerklage** ihre Wirkung, wenn die Berufung im Übrigen durch Beschluss gem. § 522 Abs. 2 zurückgewiesen wird[78]; ihre Erfolgsaussichten sind daher im Zurückweisungsbeschluss nicht zu prüfen. Im Grundsatz gilt für eine **erweiternde Klageänderung** (auch durch einen neuen **Hilfsantrag**) nichts anderes[79]; stellt allerdings der Berufungsführer als Reaktion auf einen Hinweis gemäß § 522 Abs. 2 S. 2 einen neuen Hilfsantrag, so ist es dem Berufungsgericht ausnahmsweise verwehrt, die Berufung gemäß § 522 Abs. 2 zurückzuweisen und dadurch die in dem Hilfsantrag liegende Klageerweiterung für wirkungslos zu erachten[80]. Dagegen lässt sich die Rechtsprechung zur Wirkungslosigkeit einer zweitinstanzlichen Widerklage oder Klageerweiterung nicht auf den Fall einer zulässigen, weil von der fristgerecht eingereichten Berufungsbegründung gedeckten Erweiterung des Berufungsangriffs übertragen[81].

45a Wird mit einer Anschlussberufung eine Klageerweiterung vorgenommen oder eine Widerklage erhoben, so endet die dadurch begründete **Hemmung der Verjährung** des neu geltend gemachten Anspruchs[82] gem. § 204 Abs. 2 S. 1 BGB sechs Monate nach Eintritt der Wirkungslosigkeit durch Zurückweisung der (Haupt-)Berufung[83].

46 Wird eine Anschlussberufung unwirksam, so hat **grundsätzlich** der **(Haupt-)Berufungsführer** auch die **Kosten der Anschlussberufung** zu tragen. Denn er hat es regelmäßig in der Hand, durch eine in seinem Belieben stehende Rücknahme eine gerichtliche Sachentscheidung auch über die Anschlussberufung zu verhindern, die kein eigenständiges Rechtsmittel, sondern lediglich ein Angriff

---

[72] BGH BeckRS 2012, 21713 Rn. 18; NJW 1986, 852; BeckOK ZPO/*Wulf* § 524 Rn. 28; Wieczorek/Schütze/*Gerken* § 524 Rn. 52; Thomas/Putzo/*Reichold* § 524 Rn. 19; Zöller/*Heßler* § 524 Rn. 26; aA MüKoZPO/*Rimmelspacher* § 524 Rn. 54.
[73] BeckOK ZPO/*Wulf* § 524 Rn. 29; MüKoZPO/*Rimmelspacher* § 524 Rn. 55; Wieczorek/Schütze/*Gerken* § 524 Rn. 52.
[74] BeckOK ZPO/*Wulf* § 524 Rn. 29; Musielak/Voit/*Ball* § 524 Rn. 29; Zöller/*Heßler* § 524 Rn. 28; MüKoZPO/*Rimmelspacher* § 524 Rn. 55.
[75] BeckOK ZPO/*Wulf* § 524 Rn. 30; Musielak/Voit/*Ball* § 524 Rn. 30; MüKoZPO/*Rimmelspacher* § 524 Rn. 56.
[76] BeckOK UrhR/*Reber* UrhG § 97 Rn. 107 ff.; *Köhler*/Bornkamm/Feddersen, UWG § 9 Rn. 1.36; *Ingerl*/Rohnke, Markengesetz, Vorb. zu §§ 14–19d Rn. 229 ff.; Benkard/*Grabinski*/Zülch, § 139 Rn. 61 ff.
[77] BGH GRUR 2008, 93 Rn. 10 ff. – Zerkleinerungsvorrichtung.
[78] BGH NJW 2014, 151 Rn. 19 ff.; aA mit guten Gründen *Bub* MDR 2011, 84 ff.
[79] BGH NJW-RR 2017, 56 Rn. 14 ff. (dort auch ausdrücklich dazu, dass im Zurückweisungsbeschluss nicht über die Klageerweiterung zu entscheiden ist); NJW 2015, 251 Rn. 2, jeweils mwN.
[80] BGH NJW 2016, 2508 Rn. 11.
[81] BGH BeckRS 2019, 3361 Rn. 5.
[82] BGH BeckRS 2018, 35500 Rn. 11 mwN.
[83] BGH BeckRS 2018, 35500 Rn. 12 mwN.

innerhalb des vom (Haupt-)Berufungsführer geführten Rechtsmittelverfahrens ist; das rechtfertigt es, ihn auch insoweit als Unterlegenen anzusehen, der nach den gesetzlichen Regeln die Kosten zu tragen hat[84].

Nur wenn **ausnahmsweise** über die Anschlussberufung selbst entschieden wird – sei es, dass sie als unbegründet zurückgewiesen wird, sei es, dass sie selbst von Anfang an unzulässig war oder durch Weiterverfolgung unzulässig geworden ist (→ Rn. 48) und deshalb verworfen wird, ist die Anschlussberufung **auf Kosten des Anschlussberufungsführers** zu verwerfen; denn dann ergeht über die Anschlussberufung eine eigene Entscheidung, die nach dem Grundsatz des § 97 Abs. 1 bei der einheitlichen Kostenentscheidung zu berücksichtigen ist. Gleiches gilt, wenn der Anschlussberufungsführer in die zur Wirkungslosigkeit führende Rücknahme eingewilligt hat und die Einwilligung zur Wirksamkeit der Rücknahme notwendig war, wie das bei der Klagerücknahme (→ Rn. 37) der Fall ist; denn dann hat er selbst daran mitgewirkt, seine Anschlussberufung zu Fall zu bringen[85]. 47

IV. Rechtsmittel

Verfolgt der Berufungsgegner seine Anschlussberufung trotz Wegfalls der (Haupt-)Berufung weiter, etwa weil deren Wirkungslosigkeit im Streit steht, so ist sie **als unzulässig zu verwerfen**[86], sei es durch Beschluss gem. § 522 Abs. 1, sei es durch Urteil; diese Entscheidungen können mit den allgemein dagegen eröffneten Rechtsmitteln angegriffen werden. 48

Von der Verwerfung der Anschlussberufung zu unterscheiden ist die Feststellung deren Wirkungslosigkeit, die **nicht der Anfechtung** unterliegt, wenn sie sich darauf beschränkt, eine kraft Gesetzes eintretende Rechtsfolge **deklaratorisch** auszusprechen (→ Rn. 43); hat sie dagegen **konstitutive Wirkung,** weil die gesetzlichen Voraussetzungen für die Wirkungslosigkeit tatsächlich nicht vorliegen, so kann die Feststellung wie eine Verwerfungsentscheidung angefochten werden[87]. 49

Dem Anschlussberufungsführer steht kein Rechtsmittel gegen die Entscheidung des Berufungsgerichts zu, mit der die (Haupt-)Berufung verworfen oder durch Beschluss zurückgewiesen wird, weil ihn diese Entscheidung nicht unmittelbar beschwert[88]. 50

§ 525 Allgemeine Verfahrensgrundsätze

¹ Auf das weitere Verfahren sind die im ersten Rechtszuge für das Verfahren vor den Landgerichten geltenden Vorschriften entsprechend anzuwenden, soweit sich nicht Abweichungen aus den Vorschriften dieses Abschnitts ergeben. ² Einer Güteverhandlung bedarf es nicht.

A. Allgemeines

Das Berufungsverfahren ist in den Vorschriften §§ 511–541 **nicht erschöpfend** geregelt. § 525 ordnet **ergänzend** die entsprechende Anwendung der für das Verfahren vor den **erstinstanzliche landgerichtliche Verfahren** geltenden Vorschriften an, die ebenfalls eine Tatsacheninstanz mit Anwaltszwang betreffen. Die Verweisung gilt auch für das Berufungsverfahren vor dem Landgericht. 1

Darüber hinaus finden die **allgemeinen Vorschriften** des 1. Buchs (§§ 1–252) **unmittelbar Anwendung,** etwa die Vorschriften zum **Grundsatz der Mündlichkeit** (§ 128), zu den **Hinweispflichten** (§ 139) oder zur **Wiedereröffnung der mündlichen Verhandlung** (§ 156). 2

B. Anwendbare Vorschriften für das erstinstanzliche landgerichtliche Verfahren

Kraft der Anordnung in S. 1 entsprechend anwendbar sind insbesondere die Vorschriften betreffend 3
- die Rechtshängigkeit (§ 261);
- die Klagerücknahme (§ 269);
- die Terminvorbereitung (§ 273);
- die Vergleichsfeststellung im Beschlusswege (§ 278 Abs. 6);
- den Schriftsatznachlass (§ 283);
- die Zurückweisung von nach dem Schluss der mündlichen Verhandlung vorgebrachten Angriffs- oder Verteidigungsmitteln (§ 296a);

---

[84] BGH NJW 2013, 875 Rn. 16 mwN.
[85] BGH NJW-RR 2007, 786 Rn. 8; 2005, 727 (728) mwN.
[86] BGH NJW-RR 2005, 727 (728) mwN.
[87] BGH NJW 2011, 1455 Rn. 6 mwN.
[88] BGH NJW 1998, 2224 (2225).

- das Versäumnisverfahren (§§ 330 ff.), wobei allerdings § 539 Abs. 1 und 2 die Voraussetzungen für den Erlass eines Versäumnisurteils den Gegebenheiten des Berufungsverfahrens anpassen (→ § 539 Rn. 1);
- den Rügeverlust (§ 295), wobei § 534 klarstellt, dass ein im ersten Rechtszug eingetretener Rügeverlust im Berufungsverfahren fortwirkt (→ § 534 Rn. 1);
- den Verzicht (§ 306);
- das Anerkenntnis (§ 307);
- das Verbot, einer Partei etwas zuzusprechen, was diese nicht beantragt hat (§ 308 Abs. 1 ZPO);
- die Beweisaufnahme (§§ 355 ff.);
- die Beweiswürdigung (§§ 286 f.);
- die Urteilsformen (§§ 300 ff.) wobei allerdings § 540 für den Urteilsinhalt eigenständige Regelungen enthält;
- die Urteilsberichtigung und -ergänzung (§§ 319 ff.);
- die Gehörsrüge (§ 321a).

4   Die Bezugnahme in Satz 1 erschöpft sich nicht in der Verweisung auf den 1. Abschnitt („Verfahren vor den Landgerichten") des 2. Buchs „Verfahren im ersten Rechtszug" mit den §§ 253–494a, sondern erfasst auch andere für das erstinstanzliche landgerichtliche Verfahren geltende Vorschriften, insbesondere die §§ 916 ff. zum **Arrest- und Verfügungsverfahren**.

C. Nichtanwendbare Vorschriften für das erstinstanzliche landgerichtliche Verfahren

5   Kraft ausdrücklicher Nennung in Satz 2 gibt es im Berufungsverfahren **keine obligatorische Güteverhandlung** (§ 278 Abs. 2). Unberührt davon und damit gem. Satz 1 auch an das Berufungsgericht gerichtet bleibt die Aufforderung des § 278 Abs. 1, in jeder Lage des Verfahrens auf eine gütliche Beilegung des Rechtsstreits oder einzelner Streitpunkte bedacht zu sein; die Verweisung an den Güterichter (§ 278 Abs. 5) ist im Berufungsverfahren ebenfalls möglich.

6   Voraussetzungen und Umfang der Tätigkeit des **Einzelrichters** im Berufungsverfahren sind in §§ 526 f. gesondert geregelt.

7   Eine **Verweisung** des Rechtsstreits in entsprechender Anwendung des § 281 von einem unzuständigen an das zuständige Berufungsgericht findet grundsätzlich nicht statt[1]; eine Ausnahme kann im Fall der Berufungseinlegung bei unklaren Zuständigkeiten, insbesondere in **Kartellsachen**, in Betracht kommen (→ § 519 Rn. 17 f.).

8   Grundsätzlich eigenständigen Regelungen unterliegt auch die Würdigung **neuen Vorbringens**. Insoweit haben die Regelungen der §§ 530 f. Vorrang. Allerdings kann verspätetes Vorbringen, das nicht von § 530 erfasst wird, gem. § 525 S. 1, § 296, § 282 präkludiert sein (→ § 530 Rn. 23 ff.).

9   **Klageerweiterung, Widerklage** und **Aufrechnung** im Berufungsverfahren haben in § 533 ebenfalls eigenständige Regelungen gefunden.

§ 526 Entscheidender Richter

(1) Das Berufungsgericht kann durch Beschluss den Rechtsstreit einem seiner Mitglieder als Einzelrichter zur Entscheidung übertragen, wenn
1. die angefochtene Entscheidung von einem Einzelrichter erlassen wurde,
2. die Sache keine besonderen Schwierigkeiten tatsächlicher oder rechtlicher Art aufweist,
3. die Rechtssache keine grundsätzliche Bedeutung hat und
4. nicht bereits im Hauptstermin zur Hauptsache verhandelt worden ist, es sei denn, dass inzwischen ein Vorbehalts-, Teil- oder Zwischenurteil ergangen ist.

(2) [1]Der Einzelrichter legt den Rechtsstreit dem Berufungsgericht zur Entscheidung über eine Übernahme vor, wenn
1. sich aus einer wesentlichen Änderung der Prozesslage besondere tatsächliche oder rechtliche Schwierigkeiten der Sache oder die grundsätzliche Bedeutung der Rechtssache ergeben oder
2. die Parteien dies übereinstimmend beantragen.
[2]Das Berufungsgericht übernimmt den Rechtsstreit, wenn die Voraussetzungen nach Satz 1 Nr. 1 vorliegen. [3]Es entscheidet hierüber nach Anhörung der Parteien durch Beschluss. [4]Eine erneute Übertragung auf den Einzelrichter ist ausgeschlossen.

(3) Auf eine erfolgte oder unterlassene Übertragung, Vorlage oder Übernahme kann ein Rechtsmittel nicht gestützt werden.

---

[1] BGH NJW 2010, 1818 Rn. 9 mwN.

(4) In Sachen der Kammer für Handelssachen kann Einzelrichter nur der Vorsitzende sein.

Übersicht

	Rn.
A. Allgemeines	1
B. Übertragung	3
I. Einzelrichter	3
II. Voraussetzungen und Verfahren der Übertragung	6
1. Voraussetzungen	6
2. Verfahren	12
III. Reichweite der Übertragung	16
C. Rückübernahme	18
D. Rechtsmittel	24

A. Allgemeines

Das Berufungsverfahren kennt im Gegensatz zum ersten Rechtszug (und zum Beschwerdeverfahren § 568) **keinen originären** oder **obligatorischen Einzelrichter**. Die Möglichkeit, einen Rechtsstreit abweichend vom Grundsatz der Kollegialentscheidung nach seinem Ermessen auf einen Einzelrichter zu übertragen, erlaubt dem Berufungsgericht einen einzelfallbezogenen **Ausgleich** zwischen dem Erfordernis der **Ressourcenschonung** und der **höheren Akzeptanz** einer Kollegialentscheidung. **1**

§ 526 findet im Verfahren der Berufung im **Patentnichtigkeitsverfahren** keine Entsprechung. **2**

B. Übertragung

I. Einzelrichter

Bei der **Kammer für Handelssachen** als Berufungsgericht kommt gem. Abs. 4 allein deren **Vorsitzender** als Einzelrichter in Betracht. Bei allen anderen Spruchkörpern (Zivilkammer beim Landgericht und Zivilsenat beim Oberlandesgericht) kann **jedes Mitglied** einschließlich des Vorsitzenden zum Einzelrichter bestimmt werden. **3**

Das Gebot des gesetzlichen Richters (Art. 101 Abs. 1 S. 2 GG) erfordert einen **spruchkörperinternen Geschäftsverteilungsplan** (§ 21g Abs. 3 GVG), in dem im Voraus nach abstrakten Merkmalen bestimmt ist, welche Richter an den jeweiligen Verfahren mitzuwirken haben[1]. Genügt die Bestimmung des Einzelrichters diesen Anforderungen nicht, so kann der Verstoß gegen Art. 101 Abs. 1 S. 2 GG nicht dadurch geheilt werden, dass die Parteien vor dem nicht zur Entscheidung berufenen Einzelrichter verhandeln oder mit dessen Entscheidung einverstanden sind[2]. **4**

Über ein **Ablehnungsgesuch** gegen den Einzelrichter hat nicht dessen Vertreter, sondern das Berufungsgericht in der Besetzung mit drei Mitgliedern ohne Mitwirkung des abgelehnten Richters zu entscheiden[3]. **5**

II. Voraussetzungen und Verfahren der Übertragung

1. Voraussetzungen. Die Übertragung auf den entscheidenden Einzelrichter ist an **vier Voraussetzungen** gebunden, die **kumulativ** vorliegen müssen: **6**

Das angegriffene Urteil muss von einem **Einzelrichter** erlassen worden sein (Abs. 1 Nr. 1). Ob tatsächlich ein Fall der erstinstanzlichen Einzelrichterzuständigkeit vorlag (§§ 348, 348a), ist insoweit unerheblich. Kein erstinstanzlicher Einzelrichter ist der Vorsitzende der Kammer für Handelssachen, wenn er gem. § 349 Abs. 2 oder 3 entschieden hat[4]. **7**

Die Sache darf **keine besonderen Schwierigkeiten** tatsächlicher oder rechtlicher Art aufweisen (Abs. 1 Nr. 2). Nur bei einem Schwierigkeitsgrad, der das übliche Maß weit übersteigt, ist die Übertragung auf den Einzelrichter ausgeschlossen[5]. Der bloße Umfang des Rechtsstreits der der erforderlichen Sachaufklärung allein steht einer Übertragung nicht entgegen; vielmehr soll durch die Möglichkeit der Übertragung auf den Einzelrichter gerade eine quantitative Entlastung des Kollegiums **8**

---

[1] BGH NJW-RR 2009, 1220 Rn. 15 mwN in einem Fall der Zuweisung an den vorbereitenden Einzelrichter gem. § 527.
[2] BGH NJW-RR 2009, 1220 Rn. 17 mwN in einem Fall der Zuweisung an den vorbereitenden Einzelrichter gem. § 527.
[3] BGH NJW-RR 2007, 776 Rn. 5 f.
[4] BGH NJW 2011, 989 Rn. 17; 2004, 856; BeckOK ZPO/*Wulf* § 526 Rn. 9; Musielak/Voit/*Ball* § 526 Rn. 4; MüKoZPO/*Rimmelspacher* § 526 Rn. 4; Thomas/Putzo/*Seiler* § 526 Rn. 6; Stein/Jonas/*Althammer* § 526 Rn. 4; AA Wieczorek/Schütze/*Gerken* § 526 Rn. 4, aA Anders/Gehle/*Göertz* § 526 Rn. 5, wegen Abs. 4, die dabei indes den Einzelrichter im ersten Rechtszug und den im Berufungsverfahren verquickt.
[5] BeckOK ZPO/*Wulf* § 526 Rn. 10, MüKoZPO/*Rimmelspacher* § 526 Rn. 5.

erreicht werden⁶. Dass im ersten Rechtszug der Einzelrichter entschieden hat, legt zwar regelmäßig das Fehlen besonderer Schwierigkeiten nahe, schließt aber schon nicht aus, dass diese tatsächlich doch vorlagen; darüber hinaus können im Berufungsverfahren neu eingeführte Streitgegenstände oder neue Angriffs- oder Verteidigungsmittel erstmals solche Schwierigkeiten begründen.

9   Auch im **gewerblichen Rechtsschutz** kann die besondere Schwierigkeit nicht typisierend bei bestimmten Rechtsmaterien von vornherein angenommen werden, sondern muss einzelfallbezogen festgestellt werden. So mögen etwa Patentstreitsachen oftmals schwierige technische Fragen aufwerfen (denen freilich eine besondere Erfahrung der Mitglieder des Berufungsgerichts auf dem entsprechenden technischen Gebiet gegenüberstehen kann), der Schwerpunkt des Rechtsstreits kann aber auch in anderen, weniger problematischen Bereichen liegen, etwa bei der Auslegung eines Lizenzvertrags oder dem Bestand einer Rechtekette.

10 Die Rechtssache darf **keine grundsätzliche Bedeutung** haben (Abs. 1 Nr. 3). Wegen dieses Begriffs wird auf die Kommentierung zu § 543 (→ § 543 Rn. 7 ff.) Bezug genommen.

11 Schließlich darf grundsätzlich **nicht** bereits zur Hauptsache **mündlich verhandelt** worden sein (Abs. 1 Nr. 4). Eine Ausnahme besteht, wenn seitdem ein Vorbehalts-, Teil- oder Zwischenurteil ergangen ist.

12 **2. Verfahren.** Die Übertragung auf den entscheidenden Einzelrichter findet erst statt, wenn die Berufung **nicht** durch das Kollegium gem. § 522 Abs. 1 S. 3 **durch Beschluss verworfen** oder gem. § 522 Abs. 2 **zurückgewiesen** hat (§ 523 Abs. 1 S. 1).

13 Die Übertragungsentscheidung ist vom **Kollegium** zu treffen, nicht vom Vorsitzenden oder dem Berichterstatter allein. Ein unter Verstoß gegen diese Zuständigkeit des Kollegiums berufener Einzelrichter nicht der gesetzliche Richter⁷.

14 Das Kollegium entscheidet nach seinem **freien Ermessen**. Auf diese Weise können sowohl die konkrete Belastung des **Kollegiums** als auch Interessen der Parteien einzelfallbezogen berücksichtigt werden.

15 Die Übertragungsentscheidung bedarf, da gem. Abs. 3 keiner Anfechtung unterliegend (→ Rn. 24), **keiner Begründung**⁸.

III. Reichweite der Übertragung

16 Wird der Rechtsstreit auf den Einzelrichter übertragen, so tritt dieser **vollständig an die Stelle des Kollegiums.** Bereits vor der Übertragung erfolgte Fristsetzungen und dadurch begründete Präklusionen wirken weiter⁹. Der Einzelrichter ist nach Übertragung der Sache auf ihn **für die Entscheidung des Rechtsstreits** insgesamt und damit auch für die Verwerfung der Berufung durch Endurteil **zuständig**¹⁰; allein die Verwerfung durch Beschluss gemäß § 522 Abs. 1 S. 3 ist dem Kollegium als Ganzem vorbehalten (→ § 522 Rn. 18).

17 Der Einzelrichter kann (anders als der originäre Einzelrichter gem. § 568 im Beschwerdeverfahren¹¹) auch die **Revision** wegen grundsätzlicher Bedeutung **zulassen,** falls er anders als das Kollegium insgesamt die Rechtssache von vornherein als grundsätzlich angesehen hat und deshalb mangels nachträglicher wesentlicher Änderung der Prozesslage die Voraussetzungen für eine Rückübernahme durch das Kollegium (→ Rn. 21) nicht vorliegen¹².

C. Rückübernahme

18 Der Einzelrichter kann den Rechtsstreit nicht selbst auf das Kollegium zurückübertragen¹³. Er ist jedoch gem. Abs. 2 verpflichtet, den Rechtsstreit dem Kollegium **zur Übernahme vorzulegen,** wenn eine **nachträgliche**¹⁴ **Änderung** der Übertragungsvoraussetzungen der besonderen Schwierigkeit oder der grundsätzlichen Bedeutung eingetreten ist (Abs. 2 S. 1 Nr. 1) oder die **Parteien dies** übereinstimmend **beantragen** (Abs. 2 S. 1 Nr. 2). ist Dabei ihm **kein Ermessen** eingeräumt; er hat lediglich einen Beurteilungsspielraum, ob eine maßgebliche Änderung eingetreten ist.

---

⁶ Wieczorek/Schütze/*Gerken* § 526 Rn. 5; MüKoZPO/*Rimmelspacher* § 526 Rn. 7; Prütting/Gehrlein/*Oberheim* § 526 Rn. 7; vgl. auch BGH NJW 2013, 2516 Rn. 28 in einem Fall der Zuweisung an den vorbereitenden Einzelrichter gem. § 527.

⁷ BGH NJW 2001, 1357.

⁸ BeckOK ZPO/*Wulf* § 526 Rn. 4; aA Thomas/Putzo/*Seiler* § 526 Rn. 5, Anders/Gehle/*Göertz* § 526 Rn. 5a und MüKoZPO/*Rimmelspacher* § 526 Rn. 15 für den Fall der entgegenstehenden Stellungnahme einer Partei.

⁹ Zöller/*Heßler* § 526 Rn. 9; Prütting/Gehrlein/*Oberheim* § 526 Rn. 17.

¹⁰ BGH NJW-RR 2013, 1033 Rn. 10 mwN.

¹¹ BGH NJW-RR 2019, 446 Rn. 9 mwN.

¹² BGH NJW-RR 2017, 260 Rn. 6; NJW 2014, 300 Rn. 8; NJW-RR 2013, 1033 Rn. 9; jeweils mwN.

¹³ Wieczorek/Schütze/*Gerken* § 526 Rn. 15 und 18; BeckOK ZPO/*Wulf,* § 526 Rn. 13; Musielak/Voit/*Ball* § 526 Rn. 6; Zöller/*Heßler* § 526 Rn. 13; MüKoZPO/*Rimmelspacher* § 526 Rn. 20; Stein/Jonas/*Althammer* § 526 Rn. 11; Prütting/Gehrlein/*Oberheim* § 526 Rn. 21.

¹⁴ BGH BeckRS 2015, 13589 Rn. 19 (insoweit in NJW 2015, 3447 nicht abgedruckt) mwN.

Vorbereitender Einzelrichter § 527 ZPO

Der Vorlage steht es nicht entgegen, wenn vor dem Einzelrichter bereits eine **mündliche Verhandlung** stattgefunden hat. 19

Das Kollegium hat die Parteien vor seiner Entscheidung über die Vorlage **anzuhören** (Abs. 2 S. 3), es sei denn, sie haben sich bereits in ihren Anträgen hinreichend geäußert. 20

Liegen die Voraussetzungen gem. Abs. 2 S. 1 Nr. 1 tatsächlich vor, haben sich also aus einer wesentlichen Änderung der Prozesslage besondere tatsächliche oder rechtliche Schwierigkeiten der Sache oder die grundsätzliche Bedeutung der Rechtssache ergeben, so ist das Kollegium – wiederum **ohne Ermessensspielraum** – verpflichtet, den Rechtsstreit zurückzuübernehmen. 21

Die Entscheidung bedarf, da gem. Abs. 3 keiner Anfechtung unterliegend (→ Rn. 24), **keiner Begründung**[15]. 22

Eine **nochmalige Übertragung** auf den Einzelrichter ist **ausgeschlossen** (Abs. 2 S. 4). Der Rechtsstreit kann aber immer noch dem vorbereitenden Einzelrichter gem. § 527 zugewiesen werden. 23

D. Rechtsmittel

Gem. Abs. 3 kann **kein Rechtsmittel** auf eine erfolgte oder unterlassene Übertragung, Vorlage oder Übernahme gestützt werden; es kann daher nicht gerügt werden, das Berufungsgericht habe die Voraussetzungen für die Übertragung verkannt oder es liege ein Fehlgebrauch des Ermessens vor. Damit ist nicht nur die Rechtsbeschwerde gem. § 574 ausgeschlossen (die sofortige Beschwerde gem. § 567 kommt ohnehin nicht in Betracht, weil keine Entscheidungen im ersten Rechtszug vorliegen), sondern auch ein entsprechender Angriff in einem Rechtsmittel gegen die Endentscheidung. In letzterem Fall kommt die Rüge bei verfassungskonformer Auslegung des Abs. 3 **ausnahmsweise** unter den engen Voraussetzungen der **Willkür** in Betracht, da in einem solchen Fall eine Verletzung des Anspruchs auf den gesetzlichen Richter und damit ein Verstoß gegen Art. 101 Abs. 1 S. 2 GG gegeben wäre[16]. 24

Bei den nach Abs. 3 ausgeschlossenen Rügen, eine tatsächlich erfolgte Übertragung oder Rückübernahme hätte nicht vorgenommen werden dürfen oder eine tatsächlich nicht erfolgte Übertragung oder Rückübernahme hätte vorgenommen werden müssen, hat der jeweils formell dazu berufene Richter entschieden. Davon zu unterscheiden sind die Fälle, in denen es **keine wirksame Übertragung oder Rückübernahme** gibt und in denen daher nicht der vom Gesetz hierzu berufene Richter entschieden hat[17]. Dieser Verstoß kann in einem Rechtsmittel gegen die Endentscheidung gerügt werden. 25

§ 527 Vorbereitender Einzelrichter

(1) ¹**Wird der Rechtsstreit nicht nach § 526 dem Einzelrichter übertragen, kann das Berufungsgericht die Sache einem seiner Mitglieder als Einzelrichter zur Vorbereitung der Entscheidung zuweisen.** ²In der Kammer für Handelssachen ist Einzelrichter der Vorsitzende; außerhalb der mündlichen Verhandlung bedarf es einer Zuweisung nicht.

(2) ¹Der Einzelrichter hat die Sache so weit zu fördern, dass sie in einer mündlichen Verhandlung vor dem Berufungsgericht erledigt werden kann. ²Er kann zu diesem Zweck einzelne Beweise erheben, soweit dies zur Vereinfachung der Verhandlung vor dem Berufungsgericht wünschenswert und von vornherein anzunehmen ist, dass das Berufungsgericht das Beweisergebnis auch ohne unmittelbaren Eindruck von dem Verlauf der Beweisaufnahme sachgemäß zu würdigen vermag.

(3) Der Einzelrichter entscheidet
1. über die Verweisung nach § 100 in Verbindung mit den §§ 97 bis 99 des Gerichtsverfassungsgesetzes;
2. bei Zurücknahme der Klage oder der Berufung, Verzicht auf den geltend gemachten Anspruch oder Anerkenntnis des Anspruchs;
3. bei Säumnis einer Partei oder beider Parteien;
4. über die Verpflichtung, die Prozesskosten zu tragen, sofern nicht das Berufungsgericht gleichzeitig mit der Hauptsache hierüber entscheidet;
5. über den Wert des Streitgegenstandes;
6. über Kosten, Gebühren und Auslagen.

(4) Im Einverständnis der Parteien kann der Einzelrichter auch im Übrigen entscheiden.

---

[15] BeckOK ZPO/*Wulf* § 526 Rn. 16; Anders/Gehle/*Göertz* § 526 Rn. 9.
[16] BGH NJW 2007, 1466 Rn. 5 mwN.
[17] BGH NJW 2001, 1357.

Übersicht

	Rn.
A. Allgemeines	1
B. Zuweisung	3
I. Einzelrichter	3
II. Voraussetzungen und Verfahren der Zuweisung	6
1. Voraussetzungen	6
2. Verfahren	8
III. Reichweite der Zuweisung	11
C. Rückfall an das Kollegium	20
D. Rechtsmittel	21

A. Allgemeines

1 § 527 erlaubt die Einschaltung eines Einzelrichters zur **Vorbereitung** der Entscheidung des Kollegiums auch dann, wenn die Voraussetzung für die Übertragung des Rechtsstreits auf den entscheidenden Einzelrichter gem. § 526 nicht vorliegen. Da der vorbereitende Einzelrichter grundsätzlich keine streitige Sachentscheidung trifft (Ausnahme: bei Säumnis mindestens einer der Parteien Abs. 3 Nr. 3) und damit seine Tätigkeit geringere Auswirkungen auf den Rechtsstreit hat, ist auch die Regelungsdichte des § 527 geringer als die des § 526. Der Vorschrift kommt – zumal im Bereich des gewerblichen Rechtsschutzes – nur **geringe Bedeutung** zu, nicht zuletzt weil die Vorbereitung im Wege der Beweisaufnahme durch den Einzelrichter nur eingeschränkt zulässig ist (→ Rn. 15 f.).

2 § 527 findet im Verfahren der Berufung im **Patentnichtigkeitsverfahren** keine Entsprechung.

B. Zuweisung

I. Einzelrichter

3 Bei der **Kammer für Handelssachen** als Berufungsgericht kommt gem. Abs. 1 S. 2 allein deren **Vorsitzender** als Einzelrichter in Betracht. Bei allen anderen Spruchkörpern (Zivilkammer beim Landgericht und Zivilsenat beim Oberlandesgericht) kann **jedes Mitglied** einschließlich des Vorsitzenden zum Einzelrichter bestimmt werden.

4 Das Gebot des gesetzlichen Richter (Art. 101 Abs. 1 S. 2 GG) erfordert einen **spruchkörperinternen Geschäftsverteilungsplan** (§ 21g Abs. 3 GVG), in dem im Voraus nach abstrakten Merkmalen bestimmt ist, welche Richter an den jeweiligen Verfahren mitzuwirken haben[1]. Genügt die Bestimmung des Einzelrichters diesen Anforderungen nicht, so kann der Verstoß gegen Art. 101 Abs. 1 S. 2 GG nicht dadurch geheilt werden, dass die Parteien vor dem nicht zur Entscheidung berufenen Einzelrichter verhandeln oder mit dessen Entscheidung einverstanden sind[2].

5 Über ein **Ablehnungsgesuch** gegen den Einzelrichter hat nicht dessen Vertreter, sondern das Berufungsgericht in der Besetzung mit drei Mitgliedern ohne Mitwirkung des abgelehnten Richters zu entscheiden[3].

II. Voraussetzungen und Verfahren der Zuweisung

6 **1. Voraussetzungen.** Statthaft ist die Zuweisung immer, wenn der Einzelrichter nach einer ex-ante-Betrachtung die Entscheidung des Rechtsstreits (noch) **fördern** kann[4].

7 Die **Einschränkungen,** die § 526 für Übertragung auf den entscheidenden Einzelrichter vorgibt, **gelten** für die Zuweisung an den vorbereitenden Einzelrichter **nicht**. So kann die Zuweisung auch dann erfolgen, wenn sich die Berufung gegen eine Kollegialentscheidung des Erstgerichts wendet[5], wenn die Sache besondere Schwierigkeiten aufweist (solange diese nicht eine Beweiswürdigung durch das Kollegium erfordern, → Rn. 15 f.) oder grundsätzliche Bedeutung hat oder wenn bereits mündlich verhandelt worden ist[6]; eine vorangegangene Übertragung auf den entscheidenden Einzelrichter steht nach Rückübernahme durch das Kollegium einer Zuweisung ebenso wenig entgegen[7] wie eine vorangegangene beendete Zuweisung[8].

---

[1] BGH NJW-RR 2009, 1220 Rn. 15 mwN; wohl aA Wieczorek/Schütze/*Gerken* § 527 Rn. 8.
[2] BGH NJW-RR 2009, 1220 Rn. 17 mwN.
[3] BGH NJW-RR 2007, 776 Rn. 5 f. in einem Fall der Übertragung auf den entscheidenden Einzelrichter gem. § 526.
[4] BeckOK ZPO/*Wulf* § 527 Rn. 3; MüKoZPO/*Rimmelspacher* § 527 Rn. 3.
[5] BGH NJW-RR 2009, 1220 Rn. 17.
[6] BeckOK ZPO/*Wulf* § 527 Rn. 2; Wieczorek/Schütze/*Gerken* § 527 Rn. 5; Stein/Jonas/*Althammer* ZPO § 527 Rn. 4; MüKoZPO/*Rimmelspacher* § 527 Rn. 3.
[7] BeckOK ZPO/*Wulf* § 526 Rn. 2; Stein/Jonas/*Althammer* § 527 Rn. 4; Prütting/Gehrlein/*Oberheim* ZPO § 527 Rn. 2.
[8] Musielak/Voit/*Ball* § 527 Rn. 3; MüKoZPO/*Rimmelspacher* § 527 Rn. 5; Prütting/Gehrlein/*Oberheim* § 527 Rn. 2.

2. Verfahren. Die Zuweisungsentscheidung ist vom **Kollegium** zu treffen, nicht vom Vorsitzenden oder dem Berichterstatter allein. Ein unter Verstoß gegen diese Zuständigkeit des Kollegiums berufener Einzelrichter nicht der gesetzliche Richter[9], was insbesondere in den Fällen Bedeutung entfaltet, in denen auch der vorbereitende Richter Entscheidungen trifft.

Das Kollegium entscheidet nach seinem **freien Ermessen** über die Zuweisung.

Die Zuweisung bedarf, da keiner Anfechtung unterliegend (→ Rn. 21), **keiner Begründung**.

III. Reichweite der Zuweisung

Die Zuweisung ändert nichts am **Anwaltszwang**[10]; der vorbereitende Richter ist, anders als der beauftragte Richter, in § 78 Abs. 3 nicht erwähnt.

Die Verpflichtung, auf eine **gütliche Beilegung** des Rechtsstreits oder einzelner Streitpunkte hinzuwirken (§ 525, § 278 Abs. 1) trifft auch den vorbereitenden Einzelrichter. Vor ihm kann auch ein Prozessvergleich geschlossen werden[11].

Im Übrigen hat der vorbereitende Einzelrichter nach Abs. 2 S. 1 die Sache so weit zu fördern, dass sie in einer mündlichen Verhandlung vor dem Berufungsgericht erledigt werden kann. Dazu kann er auf eine **Klärung des Parteivortrags** hinwirken[12] und so die tatsächlich streiterheblichen Umstände herausarbeiten.

Daneben kann er gem. Abs. 2 S. 2 auch Beweise erheben. Obwohl diese Vorschrift nur die Erhebung einzelner Beweise anspricht, ist **die Erhebung aller notwendigen Beweise** durch den vorbereitenden Einzelrichter nicht grundsätzlich ausgeschlossen[13].

Die Befugnis zur Beweisaufnahme besteht allerdings nur unter der **Einschränkung**, dass von vornherein anzunehmen ist, dass das Kollegium das Beweisergebnis auch ohne unmittelbaren Eindruck von dem Verlauf der Beweisaufnahme sachgemäß zu würdigen vermag. Diese Einschränkung betrifft oftmals **Zeugen-** und **Parteivernehmungen**[14] – zumal die Entscheidung über die Vereidigung von Zeugen dem Kollegium vorbehalten sein soll[15] – sowie **Sachverständigenanhörungen**[16] und in geringerem Maße den **Augenschein**[17], während der **Urkundenbeweis** zwar meist insoweit problemlos sein wird, aber regelmäßig ebenso leicht vom Kollegium erhoben werden kann.

Wenn sich erst **im Nachhinein** – im Verlauf oder nach Durchführung der Beweisaufnahme – aufgrund des Beweisergebnisses herausstellt, dass hinsichtlich eines oder mehrerer Zeugen ein unmittelbarer Eindruck des Kollegiums vom Verlauf der Beweisaufnahme erforderlich ist, um das Beweisergebnis sachgemäß zu würdigen, so ist die vom Einzelrichter durchgeführte Beweisaufnahme nicht – nachträglich – unzulässig; es liegt dann kein Verstoß gegen den eine ex-ante-Beurteilung erfordernden Abs. 2 S. 2 vor. In einem solchen Fall muss aber der Einzelrichter seinen **persönlichen Eindruck** von der Glaubwürdigkeit der Zeugen und die dafür maßgeblichen Umstände **im Protokoll niederlegen**, um dem Kollegium insoweit eine zureichende Beurteilungsgrundlage zu verschaffen. Ansonsten muss die Beweisaufnahme, soweit erforderlich, vor dem Kollegium wiederholt werden. Denn das Kollegium verstößt gegen § 286, wenn es die Glaubwürdigkeit eines vom Einzelrichter vernommenen Zeugen beurteilt, ohne dass der Einzelrichter seinen Eindruck von dem Zeugen und von dessen Glaubwürdigkeit im Protokoll niedergelegt hat; es muss dann der Zeuge nach § 398 **vom Kollegium erneut vernommen** werden[18].

Abs. 3 räumt dem vorbereitenden Einzelrichter die Befugnis zu **Entscheidungen** ein, die **keine streitige Erledigung** des Rechtsstreits betreffen.

Haben die **Parteien** ihr **Einverständnis** erklärt, so kann der vorbereitende Einzelrichter den Rechtsstreit auch **in der Sache entscheiden**. Er muss dies jedoch nicht, sondern kann die Sache an das Kollegium zurückgeben (→ Rn. 20)[19].

Daneben ist der vorbereitende Einzelrichter **kraft Sachzusammenhangs** zu **verfahrensleitenden Entscheidungen** befugt, wobei über die Reichweite dieser Befugnis im Detail Streit besteht[20].

---

[9] BGH NJW 2001, 1357.
[10] Wieczorek/Schütze/*Gerken* § 527 Rn. 4; BeckOK ZPO/*Wulf* § 526 Rn. 5; Musielak/Voit/*Ball* § 527 Rn. 5; Prütting/Gehrlein/*Oberheim* § 527 Rn. 9; MüKoZPO/*Rimmelspacher* § 527 Rn. 9.
[11] Stein/Jonas/*Althammer* § 527 Rn. 7.
[12] BeckOK ZPO/*Wulf,* § 527 Rn. 6; Zöller/*Heßler* § 527 Rn. 7.
[13] BGH NJW 2013, 2516 Rn. 19 ff.
[14] Wieczorek/Schütze/*Gerken* § 527 Rn. 13; BeckOK ZPO/*Wulf* § 527 Rn. 6; Musielak/Voit/*Ball* § 527 Rn. 6; MüKoZPO/*Rimmelspacher* § 527 Rn. 11 f.; zur eingeschränkten Revisibilität BGH NJW 2013, 2516 Rn. 27.
[15] Wieczorek/Schütze/*Gerken* § 527 Rn. 13; BeckOK ZPO/*Wulf* § 527 Rn. 9; MüKoZPO/*Rimmelspacher* § 527 Rn. 12; aA Stein/Jonas/*Althammer* § 527 Rn. 9.
[16] BeckOK ZPO/*Wulf* § 527 Rn. 6; Musielak/Voit/*Ball* § 527 Rn. 6.
[17] MüKoZPO/*Rimmelspacher* § 527 Rn. 12.
[18] BGH NJW 2013, 2516 Rn. 29 mwN.
[19] Wieczorek/Schütze/*Gerken* § 527 Rn. 32; BeckOK ZPO/*Wulf* § 527 Rn. 10; Thomas/Putzo/*Seiler* § 527 Rn. 9; MüKoZPO/*Rimmelspacher* § 527 Rn. 15.
[20] Wieczorek/Schütze/*Gerken* § 527 Rn. 23 f.; BeckOK ZPO/*Wulf* § 527 Rn. 9; Stein/Jonas/*Althammer* § 527 Rn. 21; Zöller/*Heßler* § 527 Rn. 12; MüKoZPO/*Rimmelspacher* § 527 Rn. 16 ff.

C. Rückfall an das Kollegium

20 Anders als der entscheidende Einzelrichter (→ § 526 Rn. 18) kann der vorbereitende Richter mangels anderweitiger gesetzlicher Regelung die Sache selbst an das Kollegium zurückgeben[21]. Daneben kann auch das Kollegium die Sache wieder an sich ziehen[22]. Auch diese Entscheidungen bedürfen, da keiner Anfechtung unterliegend (→ Rn. 21), keiner Begründung.

D. Rechtsmittel

21 Zuweisung oder Rückübertragung sind nicht selbständig anfechtbar; eine Rechtsbeschwerde wäre auch in dem – praktisch nicht relevanten – Fall ihrer Zulassung jedenfalls in entsprechender Anwendung des § 526 Abs. 3 unstatthaft[23].

22 Soweit der vorbereitende Einzelrichter eine Endentscheidung getroffen hat, kann die Fehlerhaftigkeit der Zuweisung an ihn ebenfalls in entsprechender Anwendung des § 526 Abs. 3 grundsätzlich auch nicht in einem Rechtsmittel gegen diese gerügt werden. Wie bei § 526 (→ § 526 Rn. 24 f.) kann jedoch gerügt werden, dass eine Zuweisung auf Willkür beruhe oder in sonstiger Weise der Grundsatz des gesetzlichen Richters verletzt sei.

§ 528 Bindung an die Berufungsanträge

¹Der Prüfung und Entscheidung des Berufungsgerichts unterliegen nur die Berufungsanträge. ²Das Urteil des ersten Rechtszuges darf nur insoweit abgeändert werden, als eine Abänderung beantragt ist.

Übersicht

	Rn.
A. Allgemeines	1
B. Gegenstand des Berufungsverfahrens	3
I. Bestimmung durch die Berufungsanträge	3
1. Grundsatz	3
2. Einzelfälle	4
a) Angriffe auf das Ersturteil	4
b) Über das Ersturteil hinausgehende Streitgegenstände	9
II. Ausnahmen	12
1. Klägerische Hilfsanträge bei der Berufung gegen ein dem Hauptantrag folgendes Urteil	13
2. Gesamtabweisung einer Stufenklage im Berufungsverfahren über ein Teilurteil zur ersten Stufe	14
3. Unzulässiges Teilurteil	15
4. Nebenentscheidungen	17
C. Bindung an die Anträge	19
I. Allgemeines	19
II. Verbesserungsverbot	23
III. Verschlechterungsverbot	25

A. Allgemeines

1 Satz 1 umreißt den **Gegenstand des Berufungsverfahrens**. Satz 2 beschränkt als Ausdruck der Dispositionsmaxime die **Abänderungsbefugnis des Berufungsgerichts** auf die Vorgaben durch die Parteianträge und begründet damit ein Verbot sowohl der über die Anträge hinausgehenden Verbesserung (auch durch die Zuerkennung eines aliuds) als auch der Verschlechterung des Berufungsführers.

2 Zum Verfahren der Berufung im **Patentnichtigkeitsverfahren** enthält § 116 Abs. 1 PatG eine Satz 1 entsprechende Regelung[1].

---

[21] Wieczorek/Schütze/*Gerken* § 527 Rn. 27; BeckOK ZPO/*Wulf* § 527 Rn. 11; Musielak/Voit/*Ball* § 527 Rn. 11; MüKoZPO/*Rimmelspacher* § 527 Rn. 19; Zöller/*Heßler* § 527 Rn. 10.

[22] Wieczorek/Schütze/*Gerken* § 527 Rn. 6; BeckOK ZPO/*Wulf* § 527 Rn. 11; Musielak/Voit/*Ball* § 27 Rn. 3; MüKoZPO/*Rimmelspacher* § 527 Rn. 4; Zöller/*Heßler* § 527 Rn. 6.

[23] MüKoZPO/*Rimmelspacher* § 527 Rn. 20.

[1] Zu Fragen der Antragsbindung im Patentnichtigkeitsverfahren, wenn auch ohne ausdrücklichen Bezug zum Berufungsverfahren: *Keukenschrijver* GRUR 2014, 127 ff.

B. Gegenstand des Berufungsverfahrens

I. Bestimmung durch die Berufungsanträge

1. Grundsatz. Maßgeblich für den Gegenstand des Berufungsverfahrens als Objekt der Prüfung **3** und Entscheidung des Berufungsgerichts sind grundsätzlich **allein die Berufungsanträge;** inwieweit sich diese auf **die Streitgegenstände des ersten Rechtszugs** beziehen, ist dafür **ohne Belang.** So gehen die Berufungsanträge im Falle einer gemäß § 533 zulässigen Klageerweiterung oder Widerklage über den Streitgegenstand des ersten Rechtszugs hinaus. Aber auch, wenn die Berufungsanträge die Sachentscheidungsbefugnis des Berufungsgerichts überschreiten (etwa bei einer Klageerweiterung oder Widerklage, welche die Anforderungen des § 533 nicht erfüllen; bei anderweitiger Rechtshängigkeit, so wenn ein Antrag in der Berufung gegen ein Teilurteil den noch beim Erstgericht anhängigen Teil betrifft; bei einer verspätet eingelegten Anschlussberufung), unterfallen sie der Prüfung und Entscheidung des Berufungsgerichts, das sie grundsätzlich als unzulässig zurückzuweisen hat (vgl. aber → Rn. 14 zum Sonderfall der Stufenklage).

2. Einzelfälle. a) Angriffe auf das Ersturteil. Hat das Erstgericht unter Abweisung des Hauptantrags nach einem Hilfsantrag verurteilt, so richtet sich die Berufung des Beklagten nur gegen die Verurteilung nach dem Hilfsantrag; der Hauptantrag kann nur durch eine (Anschluss)Berufung des Klägers in das Berufungsverfahren eingeführt werden[2]. **4**

Hat die Berufung eines Klägers gegen ein Ersturteil, das seinem Hilfsantrag unter Abweisung des **5** Hauptantrags folgt, in der Sache Erfolg, so ist daneben die erstinstanzliche Verurteilung nach dem Hilfsantrag aufzuheben; auch wenn dieser Ausspruch von Amts wegen erfolgen soll[3], wird er regelmäßig schon vom klägerischen Antrag gedeckt sein, unter Abänderung des Ersturteils nach seinem Hauptantrag zu entscheiden. Nur wenn das Berufungsgericht die Sache zur erneuten Verhandlung über den Hauptantrag zurückverweist und deshalb die Möglichkeit besteht, dass der Hauptantrag abermals zurückgewiesen wird, steht das Verschlechterungsverbot (→ Rn. 25) einer Aufhebung der Verurteilung nach dem Hilfsantrag durch das Berufungsgericht entgegen; dann hat das Erstgericht im Falle eines Erfolgs des Hauptantrags im neu eröffneten ersten Rechtszug zur Klarstellung sein erstes Urteil nach dem Hilfsantrag aufzuheben[4].

Hat das Erstgericht Haupt- und Hilfsantrag abgewiesen und wendet sich der Kläger mit seiner **6** Berufung nur gegen die Abweisung des Hauptantrags, so erwächst die Abweisung des Hilfsantrags in Rechtskraft[5]. Dass dann im Falle eines Erfolgs der Berufung zum Hauptantrag die Bedingung, unter welcher der Hilfsantrag gestellt worden war, und damit die verfahrensrechtliche Grundlage für die Entscheidung über den Hilfsantrag nachträglich wegfällt, ist entgegen der hM ohne Belang, weil die Grundlagen der Abweisung des Hilfsantrags wegen deren Rechtskraft nicht mehr überprüft werden können[6].

Verfolgt der sowohl mit Haupt- als auch mit Hilfsantrag gescheiterte Kläger beide Anträge mit der **7** Berufung und hat er mit dem Hauptantrag Erfolg, so wird die Abweisung des Hilfsantrags ohne Weiteres gegenstandslos[7].

Ist eine Klage abgewiesen worden, weil eine Aufrechnung gegen die Klageforderung erfolgreich **8** war, so richtet sich der Antrag einer Berufung des Klägers nur gegen die Gegenforderung; der Bestand der Klageforderung kann daher nur auf (Anschluss)Berufung des Beklagten vom Berufungsgericht geprüft werden[8]. Ist die Aufrechnung erfolglos geblieben, so kann der Beklagte seine Berufung gegen das klagezusprechende Urteil auf seinen Aufrechnungseinwand beschränken; dann ist der Bestand der Klageforderung der Prüfung durch das Berufungsgericht entzogen[9].

b) Über das Ersturteil hinausgehende Streitgegenstände. Gehen die Anträge einer Berufung **9** oder Anschlussberufung wegen einer erst **im Berufungsverfahren** erfolgten **Klageerweiterung** oder **Widerklage** über die Streitgegenstände des Ersturteils hinaus, so eröffnen sie insoweit ebenfalls die Prüfungs- und Entscheidungskompetenz des Berufungsgerichts. Allgemein zum Wechsel von der Wiederholungs- zur Erstbegehungsgefahr und von der Täter- zur Störerhaftung → § 511 Rn. 19.

---

[2] BGH GRUR-RS 2021, 30716 Rn. 18 – Uli-Stein-Cartoon; BeckRS 2005, 05849; GRUR 1994, 849 (850) – Fortsetzungsverbot; Zöller/*Heßler* § 528 Rn. 21.
[3] BGH NJW 2001, 1127 (1130).
[4] BGH NJW 1989, 1486 (1487) zur vergleichbaren Situation bei einer Zurückverweisung durch das Revisionsgericht.
[5] BGH GRUR 2013, 1150 Rn. 18 – Baumann.
[6] AA BGH NJW 1991, 169; BeckOK ZPO/*Wulf*, § 528 Rn. 7; MüKoZPO/*Rimmelspacher* § 528 Rn. 42; Musielak/Voit/*Ball* § 528 Rn. 5; Anders/Gehle/*Göertz* § 528 Rn. 6 „Haupt- und Hilfsanspruch"; unklar BGH NJW 2017, 1180 Rn. 15 (dort war auch die Abweisung der Hilfsanträge mit der Berufung angegriffen).
[7] BGH NJW 2017, 1180 Rn. 15 mwN.
[8] BGH BeckRS 2005, 07984 unter II. 1. mwN.
[9] BGH NJW 2002, 1417 f. mwN.

10 Auch Streitgegenstände, über die **das Erstgericht versehentlich nicht entschieden** hat, können zulässig in das Berufungsverfahren eingeführt werden, wenn der Kläger nicht beim Erstgericht die Urteilsergänzung gem. § 321 beantragt hat[10]. Denn mit Ablauf der nach § 321 Abs. 2 einzuhaltenden Frist von zwei Wochen ab Zustellung des Ersturteils ist die Rechtshängigkeit eines übergangenen Antrags entfallen[11]. Er kann dann im Wege der Klageerweiterung oder der Widerklage – auch mit der Anschlussberufung – im Berufungsverfahren geltend gemacht werden[12], wenn die Voraussetzungen des § 533 vorliegen (was regelmäßig der Fall sein wird, da sich das Erstgericht bereits mit diesem Streitgegenstand befasst hat).

11 Das Berufungsgericht kann auch über den **im ersten Rechtszug anhängig gebliebenen Teil** des Rechtsstreits auch dann **im Berufungsverfahren über ein Teilurteil** entscheiden, wenn die **Parteien** damit **einverstanden** sind[13] und das durch ihre Anträge zum Ausdruck bringen[14], denn im Wege der Klagerücknahme hinsichtlich dieses Teils und einer entsprechenden Klageerweiterung im Berufungsverfahren ließe sich grundsätzlich dieselbe Wirkung herbeiführen[15]. Dieser Vergleich zeigt aber auch die **Grenzen** eines solchen Vorgehens auf: Die Wertung des § 533 Nr. 2, dass eine Klageerweiterung im Berufungsverfahren trotz Zustimmung des Gegners unzulässig ist, wenn sie auf nicht ohnehin zu berücksichtigende Tatsachen gestützt wird, darf auf diese Weise nicht umgangen werden. Bedarf etwa die Entscheidung über die Höhe eines Schadensersatzanspruchs einer Beweisaufnahme zum Schadensumfang, so kann dieser Teil des Rechtsstreits auch dann nicht in die mit dem Grundurteil befasste Berufungsinstanz „heraufgeholt" werden, wenn die Parteien damit einverstanden sind; vielmehr besteht diese Möglichkeit gem. § 538 Abs. 2 S. 1 Nr. 4 nur, wenn der Streit auch über die Höhe entscheidungsreif ist (→ § 538 Rn. 28).

II. Ausnahmen

12 Von dem Grundsatz, dass allein die Berufungsanträge den Gegenstand des Berufungsverfahrens bestimmen, macht die Rechtsprechung in Sonderfällen Ausnahmen, die im Wesentlichen auf pragmatischen Gründen beruhen und daher teilweise in der Literatur abgelehnt werden.

1. Klägerische Hilfsanträge bei der Berufung gegen ein dem Hauptantrag folgendes Urteil.

13 Ein im ersten Rechtszug gestellter **Hilfsantrag** gelangt durch die **Berufung des Beklagten** ohne weiteres **in die Berufungsinstanz**, wenn der Kläger im ersten Rechtszug mit seinem **Hauptantrag Erfolg** gehabt hat[16]; eines entsprechenden Antrags des Klägers – etwa im Rahmen einer Anschlussberufung – bedarf es nicht. Denn zu den – gem. § 525 S. 1 auch im Berufungsverfahren geltenden – Grundbedingungen des Klageverfahrens gehört es, dass der Kläger durch seine Anträge bestimmt, mit welchen Ansprüchen sich das Gericht befassen muss; diese vom Kläger zur Überprüfung gestellten Streitgegenstände kann der Beklagte nicht dadurch beschränken, dass er Rechtsmittel einlegt. Ein Kläger, der im ersten Rechtszug voll obsiegt hat, muss nicht gegen ein zu seinen Gunsten ergangenes Urteil ein Rechtsmittel einlegen, um die volle Überprüfung seines unveränderten Klagebegehrens im Rechtsmittelzug sicherzustellen; ebenso wenig muss er neben seinem Antrag auf Zurückweisung der Berufung ausdrücklich seinen Hilfsantrag wiederholen, denn dieser ist ja bereits mit der Berufung des Beklagten dem Berufungsgericht angefallen[17].

14 ### 2. Gesamtabweisung einer Stufenklage im Berufungsverfahren über ein Teilurteil zur ersten Stufe.
Wird mit der **Abweisung des** in die Berufung gelangten **ersten Teils einer Stufenklage** – etwa auf Auskunft über angeblich schutzrechtsverletzende Handlungen – auch den weiteren, im Rahmen der Stufenklage geltend gemachten Ansprüchen – etwa auf Abgabe der eidesstattlichen Versicherung und auf Schadenersatz – die Grundlage entzogen (insbes. weil keine Rechtsverletzung vorliegt), kann das Berufungsgericht die **Klage in vollem Umfang abweisen**[18], selbst wenn der

---

[10] BGH NJW-RR 2005, 790 (791); die Formulierung in BGH BeckRS 2012, 21348 Rn. 21, eine Entscheidungslücke könne nicht mit der Revision, sondern allein durch eine Urteilsergänzung geschlossen werden, beruht auf der Besonderheit des Revisionsverfahrens, dass dort – anders als im Berufungsverfahren – keine Klageerweiterungen vorgenommen werden können (→ § 557 Rn. 11).
[11] BGH NJW 2015, 1826 Rn. 5; BeckRS 2012, 21348 Rn. 21; jeweils mwN.
[12] BGH NJW 2015, 1826 Rn. 6 mwN.
[13] BGH NJW 1995, 1350 (1351).
[14] Wieczorek/Schütze/Gerken § 528 Rn. 23.
[15] MüKoZPO/Rimmelspacher § 528 Rn. 14, 18.
[16] BGH GRUR-RS 2021, 30716 Rn. 21 – Uli-Stein-Cartoon; NJW 2019, 1950 Rn. 19; NJW-RR 2013, 1334 Rn. 9; GRUR 2005, 692 (694) – „statt"-Preis; BGH NJW-RR 2005, 220 f.; Musielak/Voit/Ball § 528 Rn. 7; Thomas/Putzo/Seiler § 528 Rn. 2; Zöller/Heßler § 528 Rn. 20; Anders/Gehle/Goertz § 528 Rn. 6; aA Stein/Jonas/Althammer § 528 Rn. 14; MüKoZPO/Rimmelspacher § 528 Rn. 46; Prütting/Gehrlein/Oberheim § 528 Rn. 19.
[17] BGH NJW-RR 2013, 1334 Rn. 9 mwN.
[18] BGH GRUR 2013, 1268 Rn. 16 – Markenheftchen II; BGH GRUR 2008, 1017 Rn. 39 – Einkaufsbummel nach Abwahl; jeweils mwN; aA MüKoZPO/Becker-Eberhard § 254 Rn. 31.

Kläger mittlerweile seinen noch im ersten Rechtszug anhängigen Zahlungsanspruch beziffert hat[19]. Dazu soll es **keines** entsprechenden **Antrags** des berufungsführenden Beklagten bedürfen[20].

3. Unzulässiges Teilurteil. Ist im ersten Rechtszug ein **unzulässiges Teilurteil** ergangen, so ist das Berufungsgericht befugt, zur Beseitigung des Verfahrensfehlers den im ersten Rechtszug anhängig gebliebenen Teil des Rechtsstreits an sich zu ziehen und darüber mitzuentscheiden[21], auch ohne dass ein Antrag oder das Einverständnis der Parteien vorliegen[22]. **15**

Auch wenn ein **Grundurteil** Berufungsgegenstand ist und der Rechtsstreit auch hinsichtlich der **Höhe entscheidungsreif** ist, kann das Berufungsgericht den an sich noch im ersten Rechtszug anhängigen Streit über die Höhe an sich zu ziehen und auch insoweit selbst zu entscheiden[23]; da in diesem Fall jedoch das Ansichziehen – anders als im Fall des unzulässigen Teilurteils – nicht der Beseitigung einer gesetzeswidrigen Urteilslage dient, besteht kein Grund, dieses Vorgehen auch ohne Zustimmung des Klägers und entsprechenden Sachantrag zuzulassen[24]. **16**

4. Nebenentscheidungen. Gem. § 525 S. 1, § 308 Abs. 2 hat das Berufungsgericht auch ohne Antrag eine **Kostenentscheidung** zu treffen. **17**

Auch die Entscheidung über die **vorläufige Vollstreckbarkeit** ist gem. §§ 708 ff. zu treffen, ohne dass es eines Antrags bedürfte. **18**

C. Bindung an die Anträge

I. Allgemeines

Satz 2 bindet die Abänderungsbefugnis des Berufungsgerichts an die Anträge; **nicht** davon **erfasst** werden die **Entscheidungsgründe**; hier ist das Berufungsgericht frei, zum Nachteil des Berufungsführers von der Begründung des Ersturteils abzuweichen[25]. **19**

So verletzt die bloße Änderung **unselbständiger Rechnungsposten** innerhalb eines Anspruchs unter Beibehaltung der Endsumme – etwa im Rahmen des Schadensersatzes nach der Lizenzanalogie bei der Gewichtung des reinen Lizenzschadens und des verzugsunabhängigen Zinsschadens[26] – die Bindung an die Berufungsanträge weder zu Gunsten noch zu Ungunsten des Berufungsführers[27], da sie eine reine Änderung der Entscheidungsgründe darstellt[28]. So kann das Berufungsgericht die Berufung des Beklagten gegen eine erfolgreiche Zahlungsklage zurückweisen, wenn es zwar dessen Angriff auf einen Rechnungsposten für berechtigt erachtet, dafür aber einen anderen höher ansetzt als das Erstgericht, so dass es den zuerkannten Betrag im Ergebnis als gerechtfertigt erachtet. **20**

Dagegen darf bei **unterschiedlichen Forderungen,** die im Wege der Klagehäufung geltend gemacht werden – etwa wegen Schadensersatzes nach der Lizenzanalogie einerseits und wegen Ersatzes von Rechtsverfolgungskosten[29] andererseits – nicht der Ausspruch über eine Forderung ohne Antrag abgeändert werden, um eine gegenläufige Würdigung hinsichtlich einer anderen Forderung auszugleichen[30]. **21**

Den vom Berufungsgericht als streiterheblich angesehenen Gesichtspunkten können bisweilen über die Berufungsanträge hinaus rechtliche Folgerungen beigemessen werden. Grundsätzlich erlaubt das dem Berufungsgericht nicht, diese Folgerungen über die Berufungsanträge hinaus anzuwenden. Streit herrscht jedoch darüber, inwieweit **von Amts wegen zu beachtende Verfahrensmängel** oder das **Fehlen von Prozessvoraussetzungen** über die Berufungsanträge hinaus zu berücksichtigen sind, also ein nur teilweise angegriffenes Urteil deswegen auch im Übrigen abgeändert werden kann[31]. Das kommt etwa in Betracht, wenn der Kläger sich gegen eine Teilabweisung seiner Klage oder der **22**

---

[19] BGH NJW 1985, 2405 (2407).
[20] BGH GRUR 1959, 552 (553) – Bundfitsche mkritAnm *Schwab* in NJW 1959, 1828.
[21] BGH NJW 2011, 2800 Rn. 33 mwN.
[22] BGH NJW 2009, 230 Rn. 7.
[23] BGH NJW 1986, 182; Wieczorek/Schütze/*Gerken* § 538 Rn. 57 f.; Stein/Jonas/*Althammer* § 538 Rn. 38; aA OLG Stuttgart BeckRS 2003, 09693.
[24] Musielak/Voit/*Ball* § 538 Rn. 29; scheinbar aA für den Fall, dass der Kläger die Anspruchshöhe zum Gegenstand des Berufungsverfahrens gemacht hat, BGH GRUR 2021, 636 Rn. 22 mwN – Clickbaiting; allerdings liegen dann im Verhalten des Klägers konkludente Anträge sowohl auf das Ansichziehen als auch auf die Entscheidung in der Sache.
[25] BGH NJW 2020, 1215 Rn. 21, Wieczorek/Schütze/*Gerken* § 528 Rn. 44; BeckOK ZPO/*Wulf* § 528 Rn. 13; Musielak/Voit/*Ball* § 528 Rn. 15; Zöller/*Heßler* § 528 Rn. 29; MüKoZPO/*Rimmelspacher* § 528 Rn. 33; teilweise aA Stein/Jonas/*Althammer* § 528 Rn. 22 ff.
[26] Zu diesen Schadenskomponenten BGH GRUR 2010, 239 Rn. 55 mwN – BTK.
[27] Wieczorek/Schütze/*Gerken* § 528 Rn. 37; BeckOK ZPO/*Wulf* § 528 Rn. 10 u. 13; Musielak/Voit/*Ball* § 528 Rn. 13 u. 15; Stein/Jonas/*Althammer* § 528 Rn. 23; MüKoZPO/*Rimmelspacher* § 528 Rn. 22 u. 33.
[28] BGH NJW-RR 2004, 95 (96).
[29] BGH GRUR 2010, 239 Rn. 51 – BTK.
[30] Wieczorek/Schütze/*Gerken* § 528 Rn. 36; BeckOK ZPO/*Wulf* § 528 Rn. 10; Stein/Jonas/*Althammer* § 528 Rn. 25; MüKoZPO/*Rimmelspacher* § 528 Rn. 23.
[31] Nachweise bei BGH NJW 2013, 1009 Rn. 11 ff.

Beklagte sich nur teilweise gegen seine Verurteilung wendet und das Berufungsgericht die Klage insgesamt als unzulässig erachtet oder wenn ein unzulässiges Teilurteil seinerseits nur teilweise angegriffen wird. Da auch Urteile, die auf von Amts wegen zu beachtenden Verfahrensfehlern beruhen oder trotz Fehlens der Prozessvoraussetzungen ergangen sind, Bestand haben, wenn sie nicht angegriffen werden, besteht **kein** durchgreifender **Anlass,** derartige Urteile **über die Berufungsanträge hinaus aufzuheben,** wenn sie nur teilweise angegriffen werden[32]. Das gilt sowohl für teilweise angegriffene unzulässige Teilurteile[33] als auch für Fälle, in denen ein Wiederaufnahmegrund zu Gunsten des Berufungsgegners bestünde[34], denn wenn dieser gegen das Ersturteil nicht einmal Anschlussberufung eingelegt hat, ist keinesfalls sicher, dass er ein Wiederaufnahmeverfahren einleiten wird[35].

II. Verbesserungsverbot

23   Die Begrenzung der gerichtlichen Abänderungsbefugnis auf die Anträge begründet ein Verbot, dem Berufungsführer mehr zuzusprechen als er beantragt hat, oder auch etwas anderes an Stelle dessen, was er zu Unrecht beantragt hat (Verbesserungsverbot oder Verbot der reformatio in melius). Das dient dem Schutz des Berufungsgegners, der das Ausmaß der Folgen des Berufungsverfahrens abschätzen können soll.

24   Hat der Kläger Haupt- und Hilfsanträge gestellt – insbesondere in Beachtung der **TÜV-Rechtsprechung** sein Begehren auf verschiedene Streitgegenstände gestützt und die Reihenfolge deren Prüfung dadurch vorgegeben, dass er einen Streitgegenstand mit dem Hauptantrag und die anderen mit gestaffelten Hilfsanträgen verfolgt[36] –, so darf das Berufungsgericht nicht nach einem Hilfsantrag verurteilen, ohne die vorrangigen Anträge zurückzuweisen[37].

III. Verschlechterungsverbot

25   Das sich aus der Begrenzung der gerichtlichen Abänderungsbefugnis auf die Anträge ebenfalls ergebende Verschlechterungsverbot (Verbot der reformatio in peius) schützt den Berufungsführer nur davor, auf sein eigenes Rechtsmittel in seinen Rechten über die mit der angegriffenen Entscheidung verbundene Beschwer hinaus weiter beeinträchtigt zu werden[38]. Auf die (Anschluss)Berufung seines Gegners kann selbstverständlich zu seinem Nachteil entschieden werden; die Befugnis des Berufungsgerichts dazu ergibt sich aus den Berufungsanträgen des Gegners.

26   Ob ein Verstoß gegen das Verschlechterungsverbot vorliegt, ergibt sich grundsätzlich aus dem Vergleich der maßgeblichen Berufungsanträge (→ Rn. 3–11) mit dem Entscheidungstenor. Dagegen handelt es sich nicht um einen Verstoß, wenn lediglich die Entscheidungsgründe geändert werden (→ Rn. 19).

27   So liegt **keine Verschlechterung** des Klägers vor, wenn das Berufungsgericht die Abweisung einer Klage dahin abändert, dass diese **nicht unbegründet, sondern unzulässig** sei[39].

28   Auch im umgekehrten Fall – **Änderung** des Abweisungsgrunds auf die Berufung des Klägers **von Unzulässigkeit auf Unbegründetheit** – liegt trotz der unterschiedlichen Rechtskraftwirkungen **keine** durch Satz 2 verbotene **Verschlechterung** des Berufungsführers vor[40], denn durch die Abweisung der Klage als unzulässig ist dem Kläger keine Rechtsposition irgendwelcher Art zuerkannt worden, die einen schützenswerten „Besitzstand" darstellen könnte. Zwar nimmt ihm die Abweisung als unbegründet die Möglichkeit, eine neue, diesmal zulässige Klage zu erheben; darin liegt jedoch wegen der Unbegründetheit der Klage keine materielle Schlechterstellung.

29   Aus demselben Grund hindert Satz 2 nicht, eine Klage auf die Berufung des Klägers als **dauerhaft unbegründet** abzuweisen, nachdem das Erstgericht nur von vorübergehender Unbegründetheit ausgegangen ist[41].

30   Ebenfalls nicht vom Verschlechterungsverbot erfasst ist es, wenn das Berufungsgericht die Haftung des Beklagten **statt** der vom Erstgericht angenommenen **Fahrlässigkeit** auf **Vorsatz** stützt,

---

[32] BeckOK ZPO/*Wulf* § 528 Rn. 18; Stein/Jonas/*Althammer* § 528 Rn. 21; Musielak/Voit/*Ball* § 528 Rn. 17; MüKoZPO/*Rimmelspacher* § 528 Rn. 25; teilweise aA, weil der differenzierenden Rspr. folgend Wieczorek/Schütze/*Gerken* § 528 Rn. 40; Zöller/*Heßler* § 528 Rn. 33; Prütting/Gehrlein/*Oberheim* § 528 Rn. 15.
[33] BGH NJW 2013, 1009 Rn. 16 ff.
[34] So aber BGH NJW-RR 2004, 1422; NJW 1986, 1494 (1496).
[35] Ähnlich MüKoZPO/*Rimmelspacher* § 528 Rn. 58.
[36] BGH GRUR 2013, 614 Rn. 9 – Metall auf Metall II zum Urheberrecht; GRUR 2013, 833 Rn. 21 – Culinaria/Villa Culinaria und GRUR 2011, 521 Rn. 13 – TÜV I zum Kennzeichenrecht.
[37] Wieczorek/Schütze/*Gerken* § 28 Rn. 36; BeckOK ZPO/*Wulf* § 528 Rn. 10; Zöller/*Heßler* § 528 Rn. 11; MüKoZPO/*Rimmelspacher* § 528 Rn. 23.
[38] BGH NJW 2013, 2275 Rn. 28 mwN.
[39] BGH GRUR 2013, 647 Rn. 10 – Rechtsmissbräuchlicher Zuschlagsbeschluss; NJW 2009, 1671 Rn. 15 mwN; vgl. auch BGH NJW 2018, 1689 Rn. 14 zur Revision.
[40] BGH GRUR 2018, 219 Rn. 19 – Rechtskraft des Zwangsmittelbeschlusses; GRUR 2013, 305 Rn. 29 mwN – Honorarkürzung; NJW-RR 2003, 931 (933) jeweils mwN.
[41] BGH NJW 2013, 1963 Rn. 34 mwN.

wenn nur dieser Berufung eingelegt hat[42], auch wenn die Vorsatzhaftung gem. § 850f Abs. 2 weitergehende Vollstreckungsmöglichkeiten erlaubt, denn die Frage, auf welches Schuldnervermögen der Gläubiger in der Zwangsvollstreckung zugreifen kann, ist für das Erkenntnisverfahren ohne Belang.

§ 529 Prüfungsumfang des Berufungsgerichts

(1) Das Berufungsgericht hat seiner Verhandlung und Entscheidung zugrunde zu legen:
1. die vom Gericht des ersten Rechtszuges festgestellten Tatsachen, soweit nicht konkrete Anhaltspunkte Zweifel an der Richtigkeit oder Vollständigkeit der entscheidungserheblichen Feststellungen begründen und deshalb eine erneute Feststellung gebieten;
2. neue Tatsachen, soweit deren Berücksichtigung zulässig ist.

(2) ¹Auf einen Mangel des Verfahrens, der nicht von Amts wegen zu berücksichtigen ist, wird das angefochtene Urteil nur geprüft, wenn dieser nach § 520 Abs. 3 geltend gemacht worden ist. ²Im Übrigen ist das Berufungsgericht an die geltend gemachten Berufungsgründe nicht gebunden.

Literatur: *Bacher,* Das Berufungsverfahren in Patentnichtigkeitssachen – einst und jetzt, GRUR 2021, 134 ff.; *ders.,* Das reformierte Patentnichtigkeitsverfahren in der Berufungsinstanz – erste Erfahrungen, GRUR 2013, 902 ff.; *Gröning,* Angriff und Verteidigung im reformierten Patentnichtigkeitsberufungsverfahren, GRUR 2012, 996 ff.; *Loschelder,* Die Reform des Patentnichtigkeitsberufungsverfahrens, GRUR 2009, 296 ff.

Übersicht

	Rn.
A. Allgemeines	1
B. Tatsachengrundlagen der Berufungsentscheidung	3
I. Allgemeines	3
II. „Altes" Vorbringen	4
1. Tatsachenfeststellungen des Erstgerichts	5
a) Bindung an die Tatsachenfeststellungen des Erstgerichts	5
b) Keine Bindung an die Tatsachenfeststellungen des Erstgerichts	6
2. Anderes Vorbringen im ersten Rechtszug	18
III. Neues Vorbringen	19
C. Grundsätzlich keine Bindung an die Berufungsrügen	23
I. Grundsatz	23
II. Verfahrensmängel	25
1. Rügeunabhängige Verfahrensmängel	25
2. Rügeabhängige Verfahrensmängel	26

A. Allgemeines

Umreißt § 528 S. 1 den gegenständlichen Bereich der Berufungsprüfung, so bestimmt § 529 in Abs. 1 die **tatsächlichen** und in Abs. 2 die **rechtlichen Grundlagen** dieser Prüfung. Abs. 1 schränkt die tatsächlichen Entscheidungsgrundlagen ein, denn die Berufung ist **keine vollwertige** zweite **Tatsacheninstanz,** sondern dient in erster Linie der Überprüfung des Ersturteils auf korrekte Anwendung des materiellen Rechts sowie auf Richtigkeit und Vollständigkeit der getroffenen Feststellungen und Beseitigung etwaiger Fehler; die Konzentration der Tatsachenfeststellungen auf den ersten Rechtszug wird dadurch bewirkt, dass das Berufungsgericht grundsätzlich an die fehlerfrei gewonnenen Erkenntnisse der ersten Instanz gebunden ist und neue Angriffs- und Verteidigungsmittel nur zuzulassen sind, soweit dies durch besondere Gründe gerechtfertigt ist[1]. Dagegen sieht Abs. 2 die **grundsätzlich uneingeschränkte Prüfung** auf **Rechtsfehler** vor und macht nur für weniger bedeutsame Verfahrensmängel davon eine Ausnahme.

Die Vorschrift ist gem. § 117 S. 1 PatG im Verfahren der Berufung im **Patentnichtigkeitsverfahren** mit der Maßgabe entsprechend anzuwenden, dass § 112 PatG an die Stelle des § 520 tritt[2].

---

[42] Wieczorek/Schütze/*Gerken* § 528 Rn. 44; BeckOK ZPO/*Wulf* § 528 Rn. 16; Zöller/*Heßler* § 528 Rn. 29; aA Stein/Jonas/*Althammer* ZPO § 528 Rn. 23.

[1] BGH NJW 2010, 376 Rn. 8; vgl. auch BGH NJW 2017, 736 Rn. 16.

[2] BGH GRUR 2016, 1260 Rn. 16 – Yttrium-Aluminium-Granat; GRUR 2015, 768 Rn. 24 u. 37 – Coenzym Q10; GRUR 2015, 365 Rn. 45 – Zwangsmischer; GRUR 2013, 1272 Rn. 25 ff. – Tretkurbeleinheit; GRUR 2013, 275 Rn. 39 – Routenplanung.

B. Tatsachengrundlagen der Berufungsentscheidung

I. Allgemeines

3 Nach dem Prüfprogramm des Abs. 1 hat das Berufungsgericht vier Kategorien von Tatsachen zugrunde zu legen, soweit es sie für entscheidungserheblich erachtet:
- Tatsachen, die das Erstgericht zweifellos richtig festgestellt hat (Abs. 1 Nr. 1 Hs. 1, → Rn. 5),
- Tatsachen, zu denen zwar das Erstgericht bereits Feststellungen getroffen hat, die das Berufungsgericht aber wegen Zweifeln daran selbst neu feststellt (Abs. 1 Nr. 1 Hs. 2, → Rn. 6 ff.),
- Tatsachen, zu denen das Erstgericht trotz Vortrags der Parteien keine Feststellungen getroffen hat und die das Berufungsgericht selbst neu feststellt (→ Rn. 18), und
- Tatsachen, zu denen die Parteien zulässigerweise erstmals im Berufungsverfahren vortragen und die das Berufungsgericht deshalb selbst neu feststellt (Abs. 1 Nr. 2, → Rn. 19 ff.).

II. „Altes" Vorbringen

4 Die ersten drei dieser Kategorien betreffen Tatsachen, die Gegenstand des Vorbringens der Parteien bereits im ersten Rechtszug – also aus der Sicht des Berufungsgerichts „alten" Vorbringens – sind.

5 **1. Tatsachenfeststellungen des Erstgerichts. a) Bindung an die Tatsachenfeststellungen des Erstgerichts.** In Abs. 1 Nr. 1 kommt der Grundsatz zum Ausdruck, dass das Berufungsgericht regelmäßig die vom Erstgericht getroffenen Feststellungen zugrunde zu legen hat, also daran gebunden ist. Die Bindungswirkung erstreckt sich auf **alle** vom Erstgericht festgestellten **Tatsachen** unabhängig von der Art deren Feststellung. Sie erfasst daher nicht nur die Feststellung streitiger Tatsachen[3] durch Beweisaufnahme, sondern auch die Feststellung aufgrund Schlusses von ihrerseits unstreitigen Indiztatsachen, aufgrund Offenkundigkeit oder Gerichtsbekanntheit[4], gesetzlicher Vermutung oder Beweislastverteilung[5] sowie die Feststellung unstreitiger Tatsachen[6]. Auch die Feststellung, die Tatsachenbehauptung einer Partei treffe nicht zu, unterfällt der Bindungswirkung[7]. Dagegen kann das bloße Fehlen der Feststellung einer Tatsache im Ersturteil nicht als – Bindungswirkung entfaltende – Feststellung angesehen werden, dass die Tatsache nicht vorliege[8].

6 **b) Keine Bindung an die Tatsachenfeststellungen des Erstgerichts. aa) Voraussetzungen für den Entfall der Bindung.** Vom Grundsatz der Bindung an die Tatsachenfeststellungen des Erstgerichts gibt es Ausnahmen, von denen Abs. 1 Nr. 1 Hs. 2 nur die bedeutsamste nennt.

7 **(1) Hinreichende Zweifel an der Richtigkeit oder Vollständigkeit der Feststellungen.** Nach Abs. 1 Nr. 1 ist das Berufungsgericht nur insoweit gebunden, als nicht konkrete Anhaltspunkte Zweifel an der Richtigkeit und Vollständigkeit der entscheidungserheblichen Feststellungen begründen und deshalb eine erneute Feststellung gebieten. Konkrete Anhaltspunkte in diesem Sinne sind **alle objektivierbaren rechtlichen** oder **tatsächlichen Einwände** gegen die erstinstanzlichen Feststellungen; bloß subjektive Zweifel, lediglich abstrakte Erwägungen oder Vermutungen der Unrichtigkeit ohne greifbare Anhaltspunkte wollte der Gesetzgeber ausschließen[9].

8 Derartige Anhaltspunkte liegen nicht nur bei einen Verstoß gegen Denkgesetze oder Erfahrungssätze vor[10], sondern schon dann, wenn aus der für das Berufungsgericht gebotenen Sicht eine **gewisse** – nicht notwendig überwiegende – **Wahrscheinlichkeit** dafür besteht, dass im Fall einer ergänzenden Beweiserhebung die erstinstanzliche Feststellung keinen Bestand haben wird, sich also deren **Unrichtigkeit** herausstellt[11]. Sie können sich aus gerichtsbekannten Tatsachen, dem Vortrag der Parteien oder aus dem angefochtenen Urteil selbst ergeben[12].

9 Konkrete Anhaltspunkte, welche die Bindung des Berufungsgerichts entfallen lassen, können sich auch aus **Fehlern** ergeben, die dem Erstgericht bei der **Feststellung des Sachverhalts** unterlaufen

---

[3] So aber Wieczorek/Schütze/*Gerken* § 529 Rn. 8.
[4] AA Wieczorek/Schütze/*Gerken* § 529 Rn. 6 aE.
[5] BGH NJW 2005, 983 (984); BeckOK ZPO/*Wulf* § 529 Rn. 2; Zöller/*Heßler* § 529 Rn. 2; Musielak/Voit/*Ball* § 529 Rn. 3; Thomas/Putzo/*Seiler* § 529 Rn. 1; Stein/Jonas/*Althammer* § 529 Rn. 5; MüKoZPO/*Rimmelspacher* § 529 Rn. 3; Prütting/Gehrlein/*Oberheim* § 529 Rn. 7.
[6] BGH NJW 2010, 376 Rn. 9 mwN; BeckOK ZPO/*Wulf* § 529 Rn. 2; Zöller/*Heßler* § 529 Rn. 2; Thomas/Putzo/*Seiler* § 529 Rn. 1; Musielak/Voit/*Ball* § 529 Rn. 3; Stein/Jonas/*Althammer* § 529 Rn. 5; MüKoZPO/*Rimmelspacher* § 529 Rn. 3; Prütting/Gehrlein/*Oberheim* § 529 Rn. 7; aA Wieczorek/Schütze/*Gerken* § 529 Rn. 6.
[7] BGH NJW 2005, 422 (423).
[8] BGH BeckRS 2013, 00267 Rn. 11; NJW-RR 2012, 429 Rn. 11; BeckOK ZPO/*Wulf* § 529 Rn. 4; Musielak/Voit/*Ball* § 529 Rn. 7; Stein/Jonas/*Althammer* § 529 Rn. 10; jeweils mwN.
[9] BGH NJW 2006, 152 Rn. 9 mwN.
[10] BGH NJW-RR 2011, 211 Rn. 33; NJW 2004, 1876.
[11] BGH NJW-RR 2019, 1343 Rn. 11; 2017, 75 Rn. 24; NJW 2014, 74 Rn. 7 jeweils mwN.
[12] BGH BeckRS GRUR 2016, 1260 Rn. 17 mwN – Yttrium-Aluminium-Granat.

sind[13]. Sie können vor allem aus einer fehlerhaften, insbesondere widersprüchlichen, oder gänzlich fehlenden Beurteilung der Glaubwürdigkeit eines Zeugen oder der Glaubhaftigkeit seiner Aussage durch das Erstgericht folgen[14]. Solche Fehler müssen nicht gem. Abs. 2 S. 1 iVm § 520 Abs. 3 S. 2 Nr. 2 gerügt werden, um hinreichende Zweifel an der Tatsachenfeststellung begründen zu können (→ Rn. 27).

Die **Verkennung** der **Darlegungs- und Beweislast** begründet ebenso Zweifel der Richtigkeit der darauf gestützten Feststellungen[15] wie die Verkennung des **Beweismaßes** (§ 286 einerseits und § 287 oder – etwa im Verfügungsverfahren – § 294 andererseits)[16], wenn die Feststellungen auf der Verkennung beruhen, also etwa bei einer non-liquet-Entscheidung. 10

Zweifel können sich auch bei rechtsfehlerfreier Feststellung durch das Erstgericht aus der Möglichkeit **unterschiedlicher Wertung** ergeben, insbesondere daraus, dass das Berufungsgericht das Ergebnis einer Beweisaufnahme durch das Erstgericht anders würdigt als dieses[17] oder eine von diesem vorgenommene Schätzung für nicht überzeugend hält[18]. 11

Zweifel können sich auch **aus neuen Angriffs- und Verteidigungsmitteln** ergeben, die in der Berufungsinstanz zu berücksichtigen sind[19]. 12

(2) Auslegung von Willenserklärungen und Ermessensausübung. Hält das Berufungsgericht die **Auslegung einer Willenserklärung** oder eines Vertrags durch das Erstgericht lediglich für zwar vertretbar, letztlich aber – bei Abwägung aller Gesichtspunkte – nicht für sachlich überzeugend, so hat es selbst die Auslegung vorzunehmen, die es als Grundlage einer sachgerechten Entscheidung des Einzelfalles für geboten hält[20]. 13

Auch an die **Ermessensausübung** durch das Erstgericht ist das Berufungsgericht nicht gebunden. Vielmehr darf es den Prozessstoff auf der Grundlage der nach Abs. 1 berücksichtigungsfähigen Tatsachen ohne Bindung selbständig nach allen Richtungen von neuem prüfen und bewerten; selbst wenn es die erstinstanzliche Entscheidung zwar für vertretbar hält, letztlich aber bei Berücksichtigung aller Gesichtspunkte nicht für sachlich überzeugend, darf es nach seinem Ermessen eine eigene Bewertung vornehmen[21]. 14

bb) Rechtsfolge des Entfalls der Bindung: Neufeststellung. Bei Zweifeln an der Richtigkeit und Vollständigkeit der entscheidungserheblichen Feststellungen ist eine **Neufeststellung zwingend** geboten[22]. Das erfordert zwar nicht immer, aber doch im Regelfall eine neue Beweisaufnahme. 15

Insbesondere muss das Berufungsgericht einen bereits im ersten Rechtszug vernommenen **Zeugen nochmals vernehmen,** wenn es dessen Aussage **anders würdigen** will als das Erstgericht[23]; das dem Berufungsgericht gem. § 525 S. 1 iVm § 398 Abs. 1 eingeräumte Ermessen ist insoweit auf null reduziert. Die nochmalige Vernehmung kann allenfalls dann unterbleiben, wenn sich das Berufungsgericht auf solche Umstände stützt, die weder die Urteilsfähigkeit, das Erinnerungsvermögen oder die Wahrheitsliebe des Zeugen, noch die Vollständigkeit oder Widerspruchsfreiheit seiner Aussage betreffen[24] oder der Zeuge nicht mehr vernommen werden kann[25]. Diese Grundsätze gelten nach § 451 für die **Parteivernehmung** entsprechend; auch von der Würdigung der Aussage der Partei darf das Berufungsgericht nicht abweichen, ohne die Partei erneut vernommen zu haben[26]. Entsprechendes findet auf die **formlose Parteianhörung** Anwendung[27]. Auch wenn das Berufungsgericht die Ausführungen eines **Sachverständigen** abweichend von der Vorinstanz würdigen will, insbesondere ein anderes Verständnis dessen 16

---

[13] BGH NJW-RR 2020, 822 Rn. 8; GRUR 2016, 1260 Rn. 17 – Yttrium-Aluminium-Granat; BeckRS 2016, 13463 Rn. 10; NJW 2014, 74 Rn. 7 jeweils mwN.
[14] BGH GRUR 2016, 1260 Rn. 17 mwN – Yttrium-Aluminium-Granat.
[15] Wieczorek/Schütze/*Gerken* § 529 Rn. 20; Thomas/Putzo/*Reichold* § 529 Rn. 2.
[16] BGH NJW-RR 2009, 1193 Rn. 19 mwN.
[17] BGH NJW 2016, 3015 Rn. 26; NJW-RR 2017, 219 Rn. 11; 2017, 75 Rn. 24 (mit sehr weitgehendem Maßstab); NJW 2011, 989 Rn. 45; 2005, 1583 (1584); jeweils mwN.
[18] BGH NJW-RR 2021, 76 Rn. 23 aE.
[19] BGH-RR 2012, 429 Rn. 11 mwN.
[20] BGH NJW 2016, 3015 Rn. 23 f. mwN; BeckRS 2010, 01706 Rn. 7; NJW 2004, 2751 (2752 f.); vgl. auch BVerfG NJW 2017, 3218 Rn. 64 mwN.
[21] BGH NJW 2011, 1947 Rn. 22 mwN.
[22] BGH NJW 2014, 550 Rn. 21 mwN.
[23] BVerfG NJW 2017, 3218 Rn. 55 f.; BGH NJW-RR 2021, 718 Rn. 7; 2020, 1519 Rn. 6; BeckRS 2020, 27804 Rn. 7; GRUR 2016, 1260 Rn. 29 – Yttrium-Aluminium-Granat; NJW-RR 2015, 1200 Rn. 11; NJW 2015, 74 Rn. 23; jeweils mwN.
[24] BVerfG NJW 2017, 3218 Rn. 57; 2011, 49; BGH BeckRS 2021, 10633 Rn. 7; NJW-RR 2020, 1519 Rn. 6; NJW 2018, 308 Rn. 10; NJW-RR 2016, 175 Rn. 9; 2015, 1200 Rn. 11; GRUR-RR 2012, 312 Ls. Rn. 8 – Parkplatz-Service; jeweils mwN.
[25] BGH GRUR 2016, 1260 Rn. 29 mwN – Yttrium-Aluminium-Granat; BGH (VIII. ZS) NJW 2007, 2919 Rn. 32 f., 35; OLG München GRUR 2017, 630 Rn. 23 – gewinne-ein-iphone.de; Zöller/*Heßler* § 529 Rn. 8 aE; Musielak/Voit/*Ball* § 529 Rn. 15; MüKoZPO/*Rimmelspacher* § 529 Rn. 19; aA BGH (IV. ZS) NJW 2007, 372 Rn. 25.
[26] BVerfG NJW 2017, 3218 Rn. 58; BGH NJW 2015, 74 Rn. 23 f. mwN.
[27] BVerfG NJW 2017, 3218 Rn. 58 mwN; BGH NJW-RR 2018, 249 Rn. 12; NJW 2018, 308 Rn. 10.

Ausführungen zugrunde legen und damit andere Schlüsse aus diesen ziehen will als das Erstgericht, bedarf es einer erneuten Anhörung des Sachverständigen durch das Berufungsgericht[28].

17 Geht das Berufungsgericht zu Unrecht davon aus, an die Tatsachenfeststellungen des Landgerichts nicht gebunden zu sein, und trifft es deshalb eigene Feststellungen, so ist die **fehlerhafte Neufeststellung nicht revisibel**[29]; das gilt nicht nur, wenn die Tatsachenfeststellung in der Berufungsinstanz durchgeführt worden ist und zu neuen Erkenntnissen geführt hat, sondern gleichermaßen auch dann, wenn die (ergänzende) Beweisaufnahme in zweiter Instanz angeordnet worden, aber ergebnislos geblieben ist[30]. Denn der Zweck des Abs. 1, das Berufungsverfahren von unnötigen Feststellungsarbeit freizuhalten, kann nicht mehr erreicht werden[31]; darüber hinaus verfolgt die Vorschrift nicht den Zweck, vor der Feststellung der materiellen Wahrheit zu schützen.

18 **2. Anderes Vorbringen im ersten Rechtszug.** Zu Vorbringen der Parteien im ersten Rechtszug, dem das **Erstgericht** nicht nachgegangen ist und zu dem es deshalb **keine** eigenen **Feststellungen** getroffen hat, trifft Abs. 1 keine ausdrückliche Regelung. In die Berufungsinstanz gelangt jedoch der gesamte im ersten Rechtszug vorgetragene Tatsachenstoff, auch wenn ihn das erstinstanzliche Gericht als unerheblich angesehen und es daher keine Feststellungen getroffen hat[32]. Auch im Fall fehlender Feststellungen des Erstgerichts ist es deshalb Aufgabe des Berufungsgerichts, die aus seiner Sicht erforderlichen Feststellungen zu treffen[33], selbst wenn die Partei dieses Vorbringen im Berufungsverfahren nicht ausdrücklich wiederholt[34].

III. Neues Vorbringen

19 Abs. 1 Nr. 2 spricht verkürzend von neuen Tatsachen, deren Berücksichtigung zulässig ist; geregelt ist jedoch in den §§ 530 f. nur die (Un-)Zulässigkeit von Angriffs- oder Verteidigungsmitteln. Gemeint ist, dass das Berufungsgericht seiner Entscheidung auch die **Tatsachen** zugrunde zu legen hat, die **aufgrund von neuen Angriffs- oder Verteidigungsmitteln** festgestellt werden, die gem. §§ 530 f. zuzulassen sind[35].

20 **Vorbringen** ist auch dann neu, wenn es sehr allgemein gehaltenen Vortrag im ersten Rechtszug konkretisiert und **erstmals substantiiert,** nicht jedoch, wenn ein bereits schlüssiges Vorbringen aus dem ersten Rechtszug durch weitere Tatsachenbehauptungen zusätzlich konkretisiert, verdeutlicht oder erläutert wird[36]; das gilt nicht nur für schlüssiges Vorbringen der darlegungs- und beweisbelasteten Partei, sondern ebenso für erhebliches Vorbringen des Gegners[37].

21 Welche neuen Angriffs- und Verteidigungsmittel zuzulassen – und damit auch welche neuen Tatsachen in der Folge zu berücksichtigen – sind, ergibt sich grundsätzlich aus den §§ 530 f. Die Beweiskraft des Tatbestands des Ersturteils gem. § 314 steht der Berücksichtigung neuen Vorbringens nicht entgegen, weil sie sich nur auf das mündliche Parteivorbringen im ersten Rechtszug erstreckt und abweichenden Vortrag im Berufungsrechtszug nicht von vornherein ausschließt[38].

22 Darüber hinausgehend ist **unstreitiges neues Vorbringen** ohne weiteres immer zu berücksichtigen; es widerspräche dem Zweck des Zivilprozesses, subjektive Rechte festzustellen und zu verwirklichen, wenn ein Gericht sehenden Auges auf einer falschen, von keiner Partei vorgetragenen tatsächlichen Grundlage entscheiden müsste[39]. Das gilt auch dann, wenn erst dadurch eine Beweisaufnahme erforderlich wird[40].

---

[28] BGH NJW-RR 2020, 1259 Rn. 6 mwN.
[29] BGH NJW-RR 2021, 76 Rn. 19; NJW 2019, 2169 Rn. 17; NJW-RR 2019, 719 Rn. 16; NJW 2016, 3035 Rn. 18; 2011, 852 Rn. 31; NJW-RR 2010, 664 Rn. 10; jeweils mwN; BeckOK ZPO/*Wulf* § 529 Rn. 20; Musielak/Voit/*Ball* § 529 Rn. 26; Thomas/Putzo/*Seiler* § 529 Rn. 3; Zöller/*Heßler* § 529 Rn. 15; Prütting/Gehrlein/*Oberheim* § 529 Rn. 26; aA Wieczorek/Schütze/*Gerken* § 529 Rn. 50; MüKoZPO/*Rimmelspacher* § 529 Rn. 38 f.
[30] BGH NJW 2019, 2169 Rn. 17.
[31] BGH NJW-RR 2021, 76 Rn. 19.
[32] BGH NJW-RR 2020, 1454 Rn. 7; 2020, 822 Rn. 8; 2020, 60 Rn. 8; NJW 2018, 1686 Rn. 30; GRUR 2012, 1236 Rn. 25 – Fahrzeugwechselstromgenerator; BGH NJW-RR 2012, 429 Rn. 11; jeweils mwN.
[33] BGH NJW-RR 2012, 429 Rn. 11 mwN.
[34] BGH BeckRS 2016, 01735 Rn. 8; NJW 2002, 3237(3240).
[35] IE ebenso BeckOK ZPO/*Wulf* § 529 Rn. 13; Musielak/Voit/*Ball* § 529 Rn. 19; MüKoZPO/*Rimmelspacher* § 529 Rn. 22.
[36] BGH GRUR-RS 2020, 36830 Rn. 12; NJW 2019, 2080 Rn. 20; NJW-RR 2012, 341 Rn. 15; jeweils mwN.
[37] BGH NJW 2019, 2080 Rn. 20 mwN.
[38] BGH NJW-RR 2021, 1223 Rn. 19 mwN.
[39] BGH BeckRS 2016, 00482 Rn. 11; GRUR 2013, 1272 Rn. 35 – Tretkurbeleinheit; NJW 2005, 291 (292 f.); vgl. auch GRUR 2015, 186 Rn. 14 – Wir zahlen Höchstpreise; vgl. auch *Stempel* GS Nagelmann, 1984, 417 (419 f.).
[40] BGH BeckRS 2016, 04977 Rn. 11; NJW 2009, 685 Rn. 22; 2005, 291 (293); jeweils mwN.

C. Grundsätzlich keine Bindung an die Berufungsrügen
I. Grundsatz

Der Aufgabe des Berufungsgerichts, das Ersturteil auf korrekte Anwendung des materiellen Rechts 23
zu überprüfen[41], entspricht es, dass es **grundsätzlich keiner Bindung an die Rechtsverletzungsrügen des Berufungsführers** (§ 520 Abs. 3 Nr. 2) unterliegt, sondern das Ersturteil unter allen materiell-rechtlichen Gesichtspunkten zu würdigen hat, auch wenn diese vom Berufungsführer bei seinen Ausführungen gem. § 520 Abs. 3 Nr. 2 nicht angesprochen worden sind[42].

Das gilt auch für von Amts wegen zu berücksichtigende Verfahrensmängel; insoweit verbietet sich 24
schon begrifflich eine Beschränkung auf vom Berufungsführer gerügte Mängel. Nur hinsichtlich der Verletzung von Verfahrensvorschriften, auf deren Einhaltung die Parteien verzichten können, eröffnet Abs. 2 S. 1 als Ausnahmefall die Prüfung lediglich insoweit, als eine rechtzeitige (→ Rn. 28) Rüge erfolgt ist.

II. Verfahrensmängel

1. Rügeunabhängige Verfahrensmängel. Zu den von Amts wegen zu berücksichtigenden und 25
deshalb auch ohne Rüge durch den Berufungsführer zu berücksichtigenden Verfahrensmängeln zählen insbesondere

- das Fehlen der deutschen Gerichtsbarkeit[43],
- das Fehlen der internationalen Zuständigkeit der deutschen Gerichte[44],
- Fehler in der gesetzlichen Vertretung[45],
- mangelnde Partei[46]- oder Prozessfähigkeit[47],
- mangelnde Prozessführungsbefugnis[48], insbes. bei Missbrauch iSd § 8 Abs. 4 UWG[49],
- mangelndes Rechtsschutzbedürfnis[50],
- die anderweitige Rechtshängigkeit[51] oder entgegenstehende Rechtskraft[52],
- die Ordnungsgemäßheit der Klageerhebung[53],
- die Unbestimmtheit eines Klageantrags[54],
- die Unzulässigkeit eines Teil-[55] oder Grundurteils[56] und
- der Verstoß gegen das Verbot des § 308 Abs. 1[57], der allerdings im Berufungsverfahren regelmäßig durch die Verteidigung des Ersturteils beseitigt wird (→ § 524 Rn. 11).

2. Rügeabhängige Verfahrensmängel. Dagegen zählen zu den nur auf entsprechende Rüge zu 26
beachtenden Verfahrensmängeln

- diejenigen, die gem. § 295 Abs. 1 durch Rügeverzicht oder rügelose Verhandlung geheilt werden können und
- die absoluten Revisionsgründe gem. § 547 Nr. 1–3 und 5 (→ § 547 Rn. 2).

---

[41] BGH NJW 2010, 376 Rn. 8.
[42] BGH NJW-RR 2020, 822 Rn. 8; GRUR 2013, 274 Rn. 37 u. 39 – Routenplanung; GRUR 2010, 754 Rn. 11 – Golly Telly; NJW-RR 2005, 1071 (1072 f.); Musielak/Voit/*Ball* § 524 Rn. 24.
[43] BGH NJW 2013, 3184 Rn. 17.
[44] BGH GRUR 2021, 730 Rn. 16 – Davidoff Hot Water IV; NJW 2020, 399 Rn. 17; GRUR 2017, 75 Rn. 10 – Wunderbaum II; NJW-RR 2015, 941 Rn. 14; GRUR 2013, 925 Rn. 22 – VOODOO; GRUR 2012, 621 Rn. 17 – OSCAR jeweils mwN.
[45] BGH NJW-RR 2009, 690 Rn. 9.
[46] BGH BeckRS 2016, 11652 Rn. 18 – Gemeinschaftsprogramme; GRUR 2015, 1228 Rn. 16 – Tagesschau-App; BeckRS 2013, 12808 Rn. 1 mwN.
[47] BGH BeckRS 2014, 02944 Rn. 8 mwN.
[48] BGH GRUR 2021, 730 Rn. 20 – Davidoff Hot Water IV; BeckRS 2016, 14856 Rn. 7; GRUR 2012, 630 Rn. 52 – CONVERSE II.
[49] BGH GRUR 2012, 949 Rn. 30 – Missbräuchliche Vertragsstrafe; GRUR 2002, 715 (717) – Scanner-Werbung; Teplitzky/*Büch* Kap. 13 Rn. 54 mwN.
[50] BGH GRUR 2006, 421 Rn. 31 mwN – Markenparfümverkäufe.
[51] BGH NJW-RR 2007, 398 Rn. 11 mwN.
[52] BGH GRUR 2012, 485 Rn. 10 – Rohrreinigungsdüse II; BGH GRUR 2011, 742 Rn. 13 mwN – Leistungspakete im Preisvergleich.
[53] BGH GRUR 2015, 694 Rn. 13 mwN – Bezugsquellen für Bachblüten.
[54] BGH GRUR 2021, 746 – Dr. Z; GRUR 2018, 203 Rn. 9 – Betriebspsychologe; GRUR 2017, 422 Rn. 17 – ARD-Buffet; GRUR 2018, 705 Rn. 11 – ConText; GRUR 2015, 258 Rn. 19 – CT-Paradies; GRUR 2013, 1235 Rn. 12 – Restwertbörse II jeweils mwN.
[55] BGH GRUR 2020, 755 Rn. 16 – WarnWetter-App; GRUR 2017, 635 Rn. 11 – Freunde werben Freunde; NJW 2011, 2800 Rn. 31 mwN.
[56] BGH BeckRS 2016, 17914 Rn. 20 mwN.
[57] BGH GRUR 2016, 213 Rn. 15 – Zuweisung von Verschreibungen; GRUR 2006, 960 Rn. 13 – Anschriftenliste.

27 Das Rügeerfordernis gilt allerdings nicht, soweit solche Verfahrensmängel Anhaltspunkte für eine fehlerhafte oder unvollständige Tatsachenfeststellung durch das Erstgericht begründen[58].

28 Rügt der Berufungsführer einen nicht von Amts wegen zu berücksichtigenden Mangel, so hat die Verweisung auf § 520 Abs. 3 zur Folge, dass die Rüge nur wirksam ist, wenn sie **innerhalb der Berufungsbegründungsfrist** erhoben worden ist. Dagegen unterfallen Rügen des Berufungsgegners (sog. **Gegenrügen**) nicht dieser Verweisung und sind bis zum Schluss der mündlichen Verhandlung zulässig[59], sofern sie nicht gem. § 530 oder § 525 S. 1 iVm § 296 Abs. 2 zurückgewiesen werden.

29 Für Rügen zur Unzulässigkeit der Klage, die nicht einen Verfahrensmangel betreffen, sieht § 532 S. 2 eine abweichende Regelung vor.

§ 530 Verspätet vorgebrachte Angriffs- und Verteidigungsmittel

Werden Angriffs- oder Verteidigungsmittel entgegen den §§ 520 und 521 Abs. 2 nicht rechtzeitig vorgebracht, so gilt § 296 Abs. 1 und 4 entsprechend.

Literatur: *Dötsch,* Besonderheiten im Berufungsverfahren bei Arrest und einstweiliger Verfügung, MDR 2010, 1429 ff.; *Schote/Lührig,* Prozessuale Besonderheiten der einstweiligen Verfügung, WRP 2008, 1281 ff.

Übersicht

	Rn.
A. Allgemeines	1
B. Systematik der Zurückweisung von Angriffs- und Verteidigungsmitteln im Berufungsverfahren	3
I. Angriffs- und Verteidigungsmittel	3
II. Struktur der Zurückweisungsmöglichkeiten	7
1. Alte Angriffs- und Verteidigungsmittel	7
2. Neue Angriffs- und Verteidigungsmittel	8
a) Neuheit	8
b) Zurückweisung neuer Angriffs- und Verteidigungsmittel im Hauptsacheverfahren	12
c) Zurückweisung neuer Angriffs- und Verteidigungsmittel im Verfügungsverfahren	17
C. Zurückweisung wegen nicht rechtzeitigen Vorbringens in der Berufungsinstanz	20
I. Voraussetzungen	20
1. Verspätung	20
a) Nichteinhaltung der Fristen zur Berufungsbegründung, -erwiderung oder Replik (§ 530 iVm § 296 Abs. 1)	20
b) Nichteinhaltung einer richterlichen Frist zur Erläuterung schriftsätzlichen Vorbringens (§ 525 S. 1 iVm § 296 Abs. 1 und § 273 Abs. 2 Nr. 1)	23
c) Verletzung der allgemeinen Prozessförderungspflicht (§ 525 S. 1 iVm § 296 Abs. 2 und § 282)	25
2. Verzögerung	27
3. Mangelnde Entschuldigung	28
II. Verfahren und Entscheidung	29

A. Allgemeines

1 § 530 ist Teil des Regelungskomplexes zur (Un-)Zulässigkeit von Berufungsvorbringen im Hauptsacheverfahren (zum Arrest- und Verfügungsverfahren → Rn. 17 ff.). Die Vorschrift betrifft nur die Zurückweisung **neuer Angriffs- und Verteidigungsmittel** wegen Versäumung der Fristen zur Berufungsbegründung oder -erwiderung oder zur Replik. Aus dem Verweis in § 525 S. 1 auf die Vorschriften für das erstinstanzliche Verfahren vor den Landgerichten ergeben sich die Möglichkeiten zur Zurückweisung neuer Angriffs- und Verteidigungsmittel wegen Missachtung einer richterlichen Frist gem. § 273 Abs. 2 Nr. 1 nach § 296 Abs. 1 und wegen der Verletzung der allgemeinen Prozessförderungspflicht gem. § 282 nach § 296 Abs. 2. Auch bei rechtzeitigem Vorbringen sind neue Angriffs- und Verteidigungsmittel zurückzuweisen, wenn sie den zusätzlichen Anforderungen des § 531 Abs. 2 nicht genügen. **Alte Angriffs- und Verteidigungsmittel** bleiben dagegen nur dann unberücksichtigt, wenn sie bereits im ersten Rechtszug zu Recht zurückgewiesen worden sind (§ 531 Abs. 1). Sonderregelungen bestehen für **Zulässigkeits- und Verfahrensrügen** (§§ 532, 534) sowie für Änderungen nicht nur in den Angriffs- oder Verteidigungsmitteln, sondern am Angriff selbst durch **Klageerweiterung oder -änderung** oder **Widerklage** und für das Besonderheiten unterliegende Angriffs- oder Verteidigungsmittel der **Aufrechnung** (§ 533).

---

[58] BGH NJW-RR 2020, 822 Rn. 8; NJW 2005, 1583 (1584 f.); 2004, 1876 (1878); BeckOK ZPO/*Wulf* § 529 Rn. 11 u. 18; Musielak/Voit/*Ball* § 529 Rn. 23; Thomas/Putzo/*Seiler* § 529 Rn. 2; Stein/Jonas/*Althammer* § 529 Rn. 35; aA Wieczorek/Schütze/*Gerken* § 529 Rn. 44; MüKoZPO/*Rimmelspacher* § 529 Rn. 31.

[59] BeckOK ZPO/*Wulf,* § 529 Rn. 18; MüKoZPO/*Rimmelspacher* § 529 Rn. 33.

§ 530 ist gem. § 117 S. 1 PatG im Verfahren der Berufung im **Patentnichtigkeitsverfahren** mit 2
der Maßgabe entsprechend anzuwenden, dass § 112 PatG an die Stelle des § 520 tritt.

B. Systematik der Zurückweisung von Angriffs- und Verteidigungsmitteln im Berufungsverfahren

I. Angriffs- und Verteidigungsmittel

Unter Angriffs- und Verteidigungsmittel ist alles tatsächliche und rechtliche Vorbringen zu ver- 3
stehen, das der Durchsetzung oder Abwehr des geltend gemachten Anspruchs dient und damit den
Inhalt der gerichtlichen Entscheidung bestimmen will[1], insbesondere das Aufstellen von **Tatsachenbehauptungen**, das **Bestreiten** von Behauptungen des Gegners[2], das Erheben von **Einwendungen**
oder **Einreden** sowie das Benennen von **Beweismitteln**[3] und das Erheben von auf Tatsachen
gründenden[4] **Beweiseinreden** zur Begründung oder zur Abwehr der Klage[5]. Nicht dazu gehören rein
prozessuale Gesuche[6].

Dagegen stellen bloße **Rechtsausführungen** (→ § 282 Rn. 6) ebenso wenig Angriffs- und Ver- 4
teidigungsmittel dar wie **beweiswürdigende Wertungen;** diese beide Arten des Parteivorbringens
sind daher **einer Zurückweisung nicht zugänglich.**

Sachanträge sind ebenfalls **nicht Angriffsmittel**, sondern **selbst Angriff**, und unterfallen daher 5
nicht dem Begriff der Angriffs- und Verteidigungsmittel (→ § 282 Rn. 5)[7]; Gleiches gilt für die
ansprechenden Anträge des Angegriffenen. Die Zulässigkeit neuer Angriffe im Berufungsverfahren
durch Klageerweiterung oder -änderung sowie durch Widerklage hat ihre Regelung in § 533 gefunden; erfolgen die neuen Angriffe im Wege der Anschlussberufung, so finden daneben die Regelungen
des § 524 Anwendung. In § 533 finden sich auch zusätzliche Anforderungen an die **Aufrechnung,**
obwohl diese ein Angriffs- oder Verteidigungsmittel ist[8].

Sachvortrag kann **nur zurückgewiesen** werden, wenn er **bestritten** ist[9]. **Unstreitiges Vor-** 6
bringen ist dagegen unabhängig von allen Fragen der Verspätung oder Verzögerung **immer zuzulassen** (→ § 529 Rn. 22); gleiches gilt für Einreden oder Einwendungen, die sich auf unstreitiges Vorbringen stützen[10], selbst dadurch eine Beweisaufnahme notwendig wird[11]. **Fehlerhaft** ist deshalb die –
häufig anzutreffende – **isolierte Rüge,** ein gegnerisches Vorbringen sei verspätet und aus diesem
Grund zurückzuweisen; wenn das Vorbringen (soweit auf Tatsachen bezogen) nicht auch – eventuell
in einem gem. § 525 S. 1 iVm § 283 S. 1 nachgelassenen Schriftsatz – bestritten wird, so gilt es gem.
§ 138 Abs. 3 als zugestanden und ist unabhängig davon zu berücksichtigen, ob es den Anforderungen
an die Zulassung neuer Angriffs- und Verteidigungsmittel genügt.

II. Struktur der Zurückweisungsmöglichkeiten

1. Alte Angriffs- und Verteidigungsmittel. Bereits im ersten Rechtszug vorgebrachte Angriffs- 7
und Verteidigungsmittel (zu Angriffs- und Verteidigungsmitteln, die nach dem Schluss der dortigen
mündlichen Verhandlung vorgebracht worden sind, → Rn. 8) gelangen als Teil des Parteivorbringens
in ihrer Gesamtheit in die Berufungsinstanz[12] und sind daher grundsätzlich **umfassend zugelassen**[13].
Sie werden nur insoweit gem. § 531 Abs. 1 nicht berücksichtigt, als sie im ersten Rechtszug zu Recht
zurückgewiesen worden sind (→ § 531 Rn. 6 f.).

2. Neue Angriffs- und Verteidigungsmittel. a) Neuheit. Angriffs- und Verteidigungsmittel 8
sind neu, wenn sie nicht im ersten Rechtszug, sondern **erstmals im Berufungsverfahren** vorgebracht werden. Dabei ist **grundsätzlich** auf den **Schluss der** dortigen **mündlichen Verhandlung**

---

[1] BGH NJW 2020, 1973 Rn. 25.
[2] BGH GRUR 2015, 685 Rn. 17 mwN – STAYER.
[3] BGH GRUR 2017, 72 Rn. 22; allerdings sind Beweismittel nicht selbständig iSd § 146, BGH GRUR 1974, 419 – Oberflächenprofilierung.
[4] Zöller/*Heßler* § 530 Rn. 8; Prütting/Gehrlein/*Oberheim* § 530 Rn. 5.
[5] BGH NJW-RR 2019, 726 Rn. 17 mwN; NJW 2003, 200 (202); NJW-RR 1996, 961.
[6] BGH NJW 2020, 1973 Rn. 25.
[7] BGH BeckRS 2016, 17765 Rn. 18 mwN.
[8] BGH NJW-RR 1990, 133 (134) mwN; Wieczorek/Schütze/*Gerken* § 530 Rn. 4; BeckOK ZPO/*Wulf* § 530 Rn. 4; Musielak/Voit/*Ball* § 530 Rn. 12; Zöller/*Heßler* § 531 Rn. 22.
[9] BGH GRUR 2015, 186 Rn. 14 – Wir zahlen Höchstpreise; GRUR 2013, 1272 Rn. 35 – Tretkurbeleinheit (mit Einschränkungen für das Patentnichtigkeitsverfahren in Rn. 36, → § 531 Rn. 3); NJW 2008, 3434 Rn. 10.
[10] BGH BeckRS 2016, 04977 Rn. 11 mwN; NJW 2014, 55 Rn. 42; 2008, 3434 Rn. 11.
[11] BGH NJW 2012, 2435 Rn. 54; 2005, 291 (293).
[12] BGH NJW 2018, 1686 Rn. 30; GRUR 2012, 1236 Rn. 25 – Fahrzeugwechselstromgenerator; BGH NJW-RR 2012, 429 Rn. 11; jeweils mwN.
[13] BeckOK ZPO/*Wulf* § 530 Rn. 5; MüKoZPO/*Rimmelspacher* ZPO § 530 Rn. 7; Stein/Jonas/*Althammer* § 530 Rn. 5.

im ersten Rechtszug abzustellen[14]; nur wenn und soweit einer Partei gem. § 283 nachgelassen worden ist, sich zu einem Vorbringen des Gegners zu erklären, gehört das Vorbringen im nachgelassenen Schriftsatz zum ersten Rechtszug[15]. Neu sind Angriffs- und Verteidigungsmittel dagegen, wenn sie erstmals im ersten Rechtszug nach dem Schluss der mündlichen Verhandlung in einem **nicht nachgelassenen Schriftsatz** vorgebracht worden sind[16] (selbst wenn das Erstgericht sie unter Verstoß gegen § 296a S. 1 berücksichtigt hat[17]), oder in einem nachgelassenen Schriftsatz einen Gesichtspunkt betreffen, auf den sich der Schriftsatznachlass nicht bezog[18] (→ § 283 Rn. 17), da sie dann gem. **§ 296a S. 1** nicht mehr zu berücksichtigen werden durften.

9   Das Bestreiten gegnerischen Sachvortrags ist auch dann neu, wenn dieser im ersten Rechtszug **nur für die Instanz unstreitig** gestellt worden ist, sich die Partei also ein (erneutes) Bestreiten im Berufungsverfahren vorbehalten wollte[19]. Ebenso ist ein Beweismittel neu, das eine Partei im ersten Rechtszug zwar zunächst benannt, auf das sie aber später **verzichtet** hat und das sie nunmehr **erneut im Berufungsverfahren benennt**[20].

10 Ebenfalls **neu** ist Vorbringen, wenn es sehr allgemein gehaltenen Vortrag im ersten Rechtszug konkretisiert und **erstmals substantiiert**, nicht jedoch, wenn ein bereits schlüssiges Vorbringen aus dem ersten Rechtszug durch weitere Tatsachenbehauptungen zusätzlich konkretisiert, verdeutlicht oder erläutert wird[21].

11 Ist ein **Beweismittel** bereits im ersten Rechtszug benannt worden, so ist es gleichwohl insoweit neu, als es im Berufungsverfahren erstmals **für ein anderes Beweisthema** angeboten wird. Entsprechend bestimmt sich auch die Frage, ob ein in der Berufungsinstanz als Angriffs- und Verteidigungsmittel geltend gemachtes bestimmtes Dokument – zB eine Entgegenhaltung zum Stand der Technik oder zum vorbekannten Formenschatz – neu ist, nicht danach, ob es bereits im ersten Rechtszug erwähnt oder zu den Akten gereicht worden ist, sondern nur danach, ob der Sachvortrag, für den sich die Partei auf das Dokument stützen will, in hinreichend konkreter Form bereits in der ersten Instanz gehalten worden ist oder nicht[22].

12 **b) Zurückweisung neuer Angriffs- und Verteidigungsmittel im Hauptsacheverfahren.** Für neue Angriffs- und Verteidigungsmittel besteht ein **doppelter Filter**[23]:

13 **aa) Anlass für das Übergehen der ersten Instanz.** Zum einen muss ein **unverschuldeter Anlass** dafür bestehen, dass die Angriffs- und Verteidigungsmittel erst im Berufungsrechtszug und **nicht bereits im ersten Rechtszug** vorgebracht worden. Fehlt es daran, so sind sie schon deshalb gem. § 531 Abs. 2 auch **ohne Verzögerung** der Erledigung des Rechtsstreits zurückzuweisen.

14 **bb) Rechtzeitiges Vorbringen innerhalb der Berufungsinstanz.** Zum anderen müssen neue Angriffs- und Verteidigungsmittel auch dann, wenn sie die Anforderungen des § 531 Abs. 2 erfüllen, **innerhalb des Berufungsverfahrens rechtzeitig** vorgebracht werden. Auch wenn sie ohne hinreichende Entschuldigung zu spät vorgetragen worden sind, so können sie wegen der Anwendbarkeit des § 296 **nur bei Verzögerung** der Erledigung des Rechtsstreits zurückgewiesen werden.

15 Sind sie unter Verletzung der Fristen zur **Berufungsbegründung** oder **-erwiderung** oder zur **Replik** vorgebracht, so können sie gem. § 530 iVm § 296 Abs. 1 zurückgewiesen werden. Auch soweit eine Zurückweisung nach § 530 nicht in Betracht kommt, können neue Angriffs- und Verteidigungsmittel gem. § 525 S. 1 iVm den Regelungen in § 296 zurückgewiesen werden. So kann die Verletzung einer gem. § 525 S. 1 iVm § 273 Abs. 2 Nr. 1 gesetzten **Frist zur Erläuterung schriftsätzlichen Vorbringens** zur Zurückweisung gem. § 525 S. 1 iVm § 296 Abs. 1 führen[24]. Daneben können Angriffs- und Verteidigungsmittel gem. § 525 S. 1 iVm § 296 Abs. 2 und § 282 zurückgewiesen werden, wenn sie unter grober Verletzung der **allgemeinen Prozessförderungspflicht** verspätet vorgebracht werden[25].

16 Stützt ein Berufungsgericht in einem **Hinweis nach § 522 Abs. 2 S. 2** seine Rechtsauffassung auf einen Gesichtspunkt, den der Berufungsführer erkennbar übersehen oder für unerheblich gehalten hat,

---

[14] BGH BeckRS 2016, 20637 Rn. 13; 2016, 16241 Rn. 20; 2014, 15566 Rn. 3.
[15] BGH NJW 2018, 1686 Rn. 22 u. 30 mwN.
[16] BGH NJW 2006, 1589 Rn. 26; 2004, 2382.
[17] Wieczorek/Schütze/*Gerken* § 531 Rn. 19.
[18] BGH NJW 2018, 1686 Rn. 22; 2014, 52 Rn. 34.
[19] BGH NJW 2010, 376 Rn. 9.
[20] BGH NJW 2017, 2288 Rn. 19; 2014, 52 Rn. 34; NJW-RR 2007, 774 Rn. 5.
[21] BGH BeckRS 2016, 08184 Rn. 9; NJW-RR 2015, 1109 Rn. 11; GRUR 2015, 685 Rn. 17 – STAYER; GRUR 2012, 1236 Rn. 26 – Fahrzeugwechselstromgenerator; jeweils mwN.
[22] BGH GRUR 2012, 1236 Rn. 36 – Fahrzeugwechselstromgenerator.
[23] Wieczorek/Schütze/*Gerken* § 531 Rn. 1; BeckOK ZPO/*Wulf* § 530 Rn. 6 f.; Zöller/*Heßler* § 530 Rn. 3; Stein/Jonas/*Althammer* § 530 Rn. 3.
[24] BeckOK ZPO/*Wulf* § 530 Rn. 7; Musielak/Voit/*Ball* § 530 Rn. 5.
[25] BGH BeckRS 2007, 00607 Rn. 3; NJW 1999, 2446.

muss diesem Gelegenheit zur Äußerung gegeben werden, § 139 Abs. 2 S. 1. Die hierdurch veranlassten neuen Angriffs- und Verteidigungsmittel dürfen nicht zurückgewiesen werden[26].

c) Zurückweisung neuer Angriffs- und Verteidigungsmittel im Verfügungsverfahren. Im **17 Verfügungsverfahren** können die Parteien im ersten Rechtszug grundsätzlich bis zum Schluss der mündlichen Verhandlung neue Angriffs- und Verteidigungsmittel vorbringen; § 296 findet im Verfügungsverfahren wegen dessen Eilcharakters und des sich daraus ergebenden Zeitdrucks für die Parteien **keine Anwendung**[27] (→ § 296 Rn. 14; → § 937 Rn. 21).

Entsprechendes gilt auch für die **Präklusionsvorschriften im Berufungsverfahren**[28] (→ § 296 **18** Rn. 14). Ist schon kein tragfähiger Grund dafür erkennbar, im ersten Rechtszug (selbst grob) fahrlässig verspätetes Vorbringen zuzulassen, im Berufungsverfahren dagegen zurückzuweisen, so kommt noch der praxisbezogene Gesichtspunkt hinzu, dass bei Anwendung dieser Präklusionsvorschriften eine **Flucht in das** – ansonsten gerade im Bereich des gewerblichen Rechtsschutzes oft entbehrliche – **Hauptsacheverfahren** provoziert würde, in dem dann uneingeschränkt vorgebracht werden könnte[29].

Allerdings erfasst das für jede Rechtsausübung – auch diejenige von prozessualen Rechten – geltende **19 Missbrauchsverbot**[30] auch die Befugnis, bis zum Schluss der mündlichen Verhandlung neue Angriffs- und Verteidigungsmittel vorbringen[31]. Sachvortrag und Glaubhaftmachungsmittel, die unschwer bereits vorher in das Verfahren einzubringen gewesen wären, und nur zurückgehalten werden, um den Gegner durch **Überrumpelung** die Erwiderungsmöglichkeit zu nehmen, haben danach unberücksichtigt zu bleiben[32] (so wohl iE auch → § 937 Rn. 21; aA → § 296 Rn. 15).

C. Zurückweisung wegen nicht rechtzeitigen Vorbringens in der Berufungsinstanz

I. Voraussetzungen

1. Verspätung. a) Nichteinhaltung der Fristen zur Berufungsbegründung, -erwiderung 20 oder Replik (§ 530 iVm § 296 Abs. 1). § 530 erweitert die Anwendung der Regelung des § 296 Abs. 1 zur Zurückweisung verspäteten Vorbringens (und des § 296 Abs. 4 zur Glaubhaftmachung des Entschuldigungsgrundes) auf die Einhaltung der Berufungsbegründungsfrist gem. § 520 Abs. 2 sowie – falls solche gesetzt worden sind – auf die Fristen zur Berufungserwiderung und zur Stellungnahme hierzu (Replik) gem. § 521 Abs. 2.

Die Frist zur Einlegung und Begründung einer **Anschlussberufung** gem. § 524 Abs. 2 S. 2 ist in **21** § 530 nicht genannt; eine entsprechende Anwendung kommt wegen des Ausnahmecharakters der Präklusionsvorschriften nicht in Betracht[33]. Soweit allerdings mit der Anschlussberufung ein neuer Angriff in Gestalt einer Klageerweiterung oder -änderung oder eine Widerklage erfolgt, findet § 530 gleichwohl mittelbar dadurch Anwendung, dass der Angriff gem. § 533 Nr. 2 nur zulässig ist, wenn er auf die gem. § 529 ohnehin zu berücksichtigenden Tatsachen gestützt wird; gem. § 530 zurück-

---

[26] BGH NJW-RR 2014, 1431 Rn. 11.
[27] OLG Koblenz GRUR 1987, 319 (321) – Verspätetes Vorbringen; Köhler/Bornkamm/Feddersen UWG § 12 Rn. 2.26; Zöller/*G. Vollkommer* § 922 Rn. 21; MüKoZPO/*Drescher* § 922 Rn. 25; Ahrens Wettbewerbsprozess-HdB/*Bähr* Kap. 52 Rn. 30; Harte-Bavendamm/Hennig-Bodewig/*Retzer* UWG § 12 Rn. 440; Teplitzky/*Feddersen* Kap. 55 Rn. 19; Berneke/*Schüttpelz* Rn. 324.
[28] OLG Frankfurt a.M. GRUR-RR 2005, 299 (301) – Online-Stellenmarkt; tendenziell auch OLG Hamm BeckRS 2007, 16623; Musielak/Voit/*Huber* § 925 Rn. 10; MüKoZPO/*Rimmelspacher* § 531 Rn. 3 sowie *Drescher* § 922 Rn. 25 und § 925 Rn. 12; Berneke/*Schüttpelz* Rn. 447; Zöller/*G. Vollkommer* § 922 Rn. 25 und § 925 Rn. 10; aA OLG Düsseldorf GRUR-RS 2021, 14806 Rn. 34; BeckRS 2010, 15662; OLG Hamburg GRUR-RR 2008, 31 (32) – Exklusivitätsklausel; OLG Jena GRUR-RR 2006, 283 – Pflichtbelehrung; Zöller/*Heßler* § 531 Rn. 1; Stein/Jonas/*Althammer* § 531 Rn. 1; Ahrens Wettbewerbsprozess-HdB/*Bähr* Kap. 53 Rn. 5; Prütting/Gehrlein/*Oberheim* § 531 Rn. 2; vermittelnd OLG Jena BeckRS 2004, 14948; OLG Hamburg GRUR-RR 2003, 135 (136) – Bryan Adams; Köhler/Bornkamm/Feddersen UWG § 12 Rn. 2.43; Teplitzky/*Feddersen* Kap. 55 Rn. 36a; Harte-Bavendamm/Hennig-Bodewig/*Retzer* UWG § 12 Rn. 495a.
[29] MüKoZPO/*Rimmelspacher* § 531 Rn. 3; *Dötsch* MDR 2010, 1429 (1431); *Schote/Lührig* WRP 2008, 1281 (1285).
[30] BGH GRUR 2018, 1166 Rn. 37 – Prozessfinanzierer; Zöller/*G. Vollkommer* Einleitung Rn. 41, jeweils mwN; vgl. auch BVerfGE 104, 220 (232).
[31] Köhler/Bornkamm/Feddersen UWG § 12 Rn. 2.26; Harte-Bavendamm/Hennig-Bodewig/*Retzer* UWG § 12 Rn. 440a; Zöller/*G. Vollkommer* § 922 Rn. 21; Ahrens Wettbewerbsprozess-HdB/*Bähr* Kap. 52 Rn. 34 für den ersten Rechtszug; Teplitzky/*Feddersen* Kap. 55 Rn. 19; Berneke/*Schüttpelz* Rn. 327.
[32] OLG Koblenz GRUR 1987, 319 (322) – Verspätetes Vorbringen; Köhler/Bornkamm/*Köhler* UWG § 12 Rn. 3.26; Teplitzky/*Feddersen* Kap. 55 Rn. 19; Harte-Bavendamm/Hennig-Bodewig/*Retzer* UWG § 12 Rn. 440a; Ahrens Wettbewerbsprozess-HdB/*Bähr* Kap. 53 Rn. 6 aE für Ausnahmefälle; aA wohl OLG Hamburg GRUR-RR 2009, 365 (367) – Five Four.
[33] BeckOK ZPO/*Wulf* § 530 Rn. 9; Musielak/Voit/*Ball* § 530 Rn. 13; aA MüKoZPO/*Rimmelspacher* § 530 Rn. 11; Stein/Jonas/*Althammer* § 530 Rn. 4; Prütting/Gehrlein/*Oberheim* § 530 Rn. 7.

zuweisender Tatsachenvortrag ist aber gem. § 529 Abs. 1 Nr. 2 nicht zugrunde zu legen. Zu anderen Zurückweisungsmöglichkeiten bei der Anschlussberufung → Rn. 23 und 25.

22 Wegen der Voraussetzungen an eine wirksame Setzung der Fristen zur Berufungserwiderung oder zur Replik wird auf die Kommentierung zu § 521 (→ § 521 Rn. 7 f.) und im Übrigen auf die Kommentierung zu § 296 (→ § 296 Rn. 23) verwiesen.

23 **b) Nichteinhaltung einer richterlichen Frist zur Erläuterung schriftsätzlichen Vorbringens (§ 525 S. 1 iVm § 296 Abs. 1 und § 273 Abs. 2 Nr. 1).** Trägt der Anschlussberufungsführer unter Nichteinhaltung einer ihm nach § 525 S. 1 iVm § 273 Abs. 2 Nr. 1 zur Erläuterung seines Vorbringens zur **Anschlussberufung** gesetzten Frist und damit verspätet vor, so kann das Vorbringen zur Anschlussberufung nach § 525 S. 1 iVm § 296 Abs. 1 zurückgewiesen werden.

24 Wegen der Einzelheiten zu den Fragen der Fristversäumung im Übrigen wird auf die Kommentierung zu § 296 (→ § 296 Rn. 22 f.) verwiesen.

25 **c) Verletzung der allgemeinen Prozessförderungspflicht (§ 525 S. 1 iVm § 296 Abs. 2 und § 282).** Trägt der Anschlussberufungsführer unter Verletzung seiner allgemeinen Prozessförderungspflicht gem. § 525 S. 1 iVm § 282 und damit verspätet vor, kann das Vorbringen zur **Anschlussberufung** nach § 525 S. 1 iVm § 296 Abs. 2 zurückgewiesen werden[34].

26 Wegen der Einzelheiten zu den Fragen der Verspätung im Übrigen wird auf die Kommentierung zu § 296 (→ § 296 Rn. 35 f.) verwiesen.

27 **2. Verzögerung.** Wegen der Einzelheiten zu den Fragen der Verzögerung wird auf die Kommentierung zu § 296 (→ § 296 Rn. 24 ff., 37) verwiesen.

28 **3. Mangelnde Entschuldigung.** Insoweit wird auf die Kommentierung zu § 296 (→ § 296 Rn. 32 f., 38) verwiesen. Zu beachten ist, dass für eine Zurückweisung wegen Nichteinhaltung einer Frist gem. § 530 oder § 525 S. 1, jeweils iVm **§ 296 Abs. 1, einfache Fahrlässigkeit** ausreicht, während eine Zurückweisung wegen Nichtbeachtung der allgemeinen Prozessförderungspflicht gem. § 525 S. 1 iVm **§ 296 Abs. 2** nur bei **grober Nachlässigkeit** der Partei zulässig ist.

II. Verfahren und Entscheidung

29 Auch insoweit wird auf die Kommentierung zu § 296 (→ § 296 Rn. 43–46) Bezug genommen. Wegen der Voraussetzungen an eine wirksame Setzung der Fristen gem. § 521 Abs. 2 wird auf die Kommentierung zu § 521 (→ § 521 Rn. 7 f.) Bezug genommen.

30 Der Möglichkeit einer **Flucht in die Säumnis** (→ § 296 Rn. 47 f.) kommt im Berufungsverfahren kaum Bedeutung zu, da dadurch nur die für eine Zurückweisung gem. § 296 erforderliche Verzögerung des Rechtsstreits ausgeräumt werden kann, die zusätzlichen Anforderungen an die Zulassung neuer Angriffs- und Verteidigungsmittel in § 531 Abs. 2 dagegen unverändert fortbestehen.

§ 531 Zurückgewiesene und neue Angriffs- und Verteidigungsmittel

(1) Angriffs- und Verteidigungsmittel, die im ersten Rechtszuge zu Recht zurückgewiesen worden sind, bleiben ausgeschlossen.

(2) ¹Neue Angriffs- und Verteidigungsmittel sind nur zuzulassen, wenn sie
1. einen Gesichtspunkt betreffen, der vom Gericht des ersten Rechtszuges erkennbar übersehen oder für unerheblich gehalten worden ist,
2. infolge eines Verfahrensmangels im ersten Rechtszug nicht geltend gemacht wurden oder
3. im ersten Rechtszug nicht geltend gemacht worden sind, ohne dass dies auf einer Nachlässigkeit der Partei beruht.

²Das Berufungsgericht kann die Glaubhaftmachung der Tatsachen verlangen, aus denen sich die Zulässigkeit der neuen Angriffs- und Verteidigungsmittel ergibt.

Literatur: *Bacher*, Das Berufungsverfahren in Patentnichtigkeitssachen – einst und jetzt, GRUR 2021, 134 ff.; *ders.*, Das reformierte Patentnichtigkeitsverfahren in der Berufungsinstanz – erste Erfahrungen, GRUR 2013, 902 ff.; *Gröning*, Angriff und Verteidigung im reformierten Patentnichtigkeitsberufungsverfahren, GRUR 2012, 996 ff.; *Stackmann*, Der Angriff auf defizitäre Feststellungen im zivilprozessualen Ersturteil, NJW 2013, 2929 ff.

Übersicht

	Rn.
A. Allgemeines	1
B. Alte Angriffs- und Verteidigungsmittel (Abs. 1)	5
I. Grundsatz	5

---

[34] BeckOK ZPO/*Wulf* § 530 Rn. 9; Musielak/Voit/*Ball* § 530 Rn. 13.

	Rn.
II. Ausnahme	6
1. Voraussetzungen für einen Ausschluss gem. Abs. 1	7
a) Ausschluss nur bei Zurückweisung im ersten Rechtszug	7
b) Rechtmäßigkeit der Zurückweisung im ersten Rechtszug	11
2. Rechtsfolge	14
C. Neue Angriffs- und Verteidigungsmittel (Abs. 2)	18
I. Grundsatz	18
II. Ausnahmen	21
1. Gemeinsamkeiten	21
2. Einzelne Zulassungsgründe	23
a) Vom Erstgericht übergangene Gesichtspunkte (Abs. 2 S. 1 Nr. 1)	23
b) Verfahrensfehler des Erstgerichts (Abs. 2 S. 1 Nr. 2)	27
c) Keine Nachlässigkeit der Partei (Abs. 2 S. 1 Nr. 3)	30

A. Allgemeines

§ 531 ist – insbes. neben § 530 – Teil des Regelungskomplexes zur (Un-)Zulässigkeit von Berufungsvorbringen im **Hauptsacheverfahren** (allg. → § 530 Rn. 7 ff.; zum Arrest- und **Verfügungsverfahren** → § 530 Rn. 17 ff.). In **Abs. 1** ist die Zurückweisung **alter Angriffs- und Verteidigungsmittel** geregelt. In **Abs. 2** finden sich Regelungen für die Behandlung **neuer Angriffs- und Verteidigungsmittel**, die jedoch **nicht abschließend** sind; selbst wenn Angriffs- und Verteidigungsmittel danach zugelassen werden können, bedarf es der weiteren Prüfung, ob sie auch innerhalb des Berufungsverfahrens rechtzeitig vorgebracht worden sind (→ § 530 Rn. 14 f. u. 19 ff.). 1

Wegen des Begriffs der **Angriffs- und Verteidigungsmittel** wird auf die Kommentierung zu § 530 (→ § 530 Rn. 3 ff.) Bezug genommen. 2

Wie alle Präklusionsvorschriften gelten die Regelungen des § 531 nur, soweit sich die Angriffs- und Verteidigungsmittel **streitigen** Tatsachenvortrag darstellen oder sich auf solchen stützen; **unstreitiges** Vorbringen ist immer zu berücksichtigen (→ § 529 Rn. 22). 3

§ 531 ist gem. § 117 S. 1 PatG im Verfahren der Berufung im **Patentnichtigkeitsverfahren** entsprechend anzuwenden[1]. Bei der Frage, ob der Stand der Technik die unter Schutz gestellte technische Lehre vorwegnimmt oder umgekehrt eine von der Erfindung wegführende technische Entwicklung belegt, stellt nicht der – in aller Regel unstreitige – Stand der Technik als solcher das Angriffs- oder Verteidigungsmittel dar, sondern erst die Darlegung, welche bestimmten technischen Informationen, die der Fachmann einer Entgegenhaltung entnehmen kann, das Parteibegehren rechtfertigen sollen[2]. Tritt der Gegner dieser Darlegung entgegen, so unterliegt sie den Präklusionsvorschriften; erfolgt sie erst im Berufungsverfahren, so ist sie neu, selbst wenn die dazu herangezogene Entgegenhaltung bereits im ersten Rechtszug in anderem Zusammenhang vorgelegt worden[3] oder unstreitig[4] ist. 4

B. Alte Angriffs- und Verteidigungsmittel (Abs. 1)

I. Grundsatz

Mit einer zulässigen Berufung gelangt der gesamte aus den Akten ersichtliche Streitstoff des ersten Rechtszugs in die Berufungsinstanz[5]. Damit sind grundsätzlich auch **alle alten,** also im ersten Rechtszug vorgebrachten (zur Abgrenzung → § 530 Rn. 7 f.) **Angriffs- und Verteidigungsmittel** im Berufungsverfahren **zu berücksichtigen**[6], ohne dass es eines besonderen Zulassungsgrunds bedürfte (Ausnahme bei verzichtbaren Rügen der Zulässigkeit der Klage → § 532 Rn. 10). 5

II. Ausnahme

Von diesem Grundsatz der Berücksichtigung alter Angriffs- und Verteidigungsmittel macht Abs. 1 insoweit eine Ausnahme, als er **die zu Recht erfolgte Zurückweisung** von Angriffs- und Verteidigungsmitteln im ersten Rechtszug für das Berufungsverfahren **perpetuiert,** und auf diese Weise der Partei, die im ersten Rechtszug verspätet vorgetragen hat, die **„Flucht in die Berufung" versperrt.** 6

---

[1] BGH GRUR 2016, 361 Rn. 18 – Fugenband; GRUR 2013, 1272 Rn. 25 ff. – Tretkurbeleinheit; GRUR 2013, 1174 Rn. 33 – Mischerbefestigung.
[2] BGH GRUR 2013, 1272 Rn. 36 – Tretkurbeleinheit; vgl. auch BGH GRUR 2012, 1236 Rn. 36 – Fahrzeugwechselstromgenerator.
[3] BGH GRUR 2012, 1236 Rn. 36 – Fahrzeugwechselstromgenerator.
[4] BGH GRUR 2013, 1272 Rn. 36 – Tretkurbeleinheit.
[5] BGH GRUR 2012, 1236 Rn. 25 – Fahrzeugwechselstromgenerator; BGH NJW-RR 2012, 429 Rn. 11; jeweils mwN.
[6] BeckOK ZPO/*Wulf* § 530 Rn. 5; MüKoZPO/*Rimmelspacher* § 530 Rn. 7; Stein/Jonas/*Althammer* § 530 Rn. 5.

7 **1. Voraussetzungen für einen Ausschluss gem. Abs. 1. a) Ausschluss nur bei Zurückweisung im ersten Rechtszug.** Abs. 1 ist **nur anwendbar** auf Angriffs- und Verteidigungsmittel, die in erster Instanz nach § 296 Abs. 1 oder Abs. 2 oder nach § 340 Abs. 3 S. 3 iVm § 296 Abs. 1 **zurückgewiesen** (oder nicht zugelassen) worden sind[7].

8 Ein Ausschluss gem. Abs. 1 kommt dagegen nicht in Betracht, wenn das Erstgericht aus anderen Gründen nicht auf das Parteivorbringen eingegangen ist[8], etwa wenn es das Vorbringen als **nicht streiterheblich** angesehen hat[9]. Eine von der Vorinstanz unterlassene Zurückweisung darf das Berufungsgericht **nicht nachholen**[10].

9 Auch wenn ein Beweis nicht erhoben worden ist, weil die beweisbelastete Partei den dafür erforderlichen **Kostenvorschuss** nicht erbracht hat (ohne dass eine Zurückweisung durch das Erstgericht erfolgt ist), findet **kein Ausschluss** des Beweismittels **gem. Abs. 1** statt[11]. Gleichwohl kann die Beweiserhebung im Berufungsverfahren auch dann unterbleiben, wenn die Partei nunmehr den Vorschuss leistet; denn dieser stellt ein eigenständiges Angriffs- und Verteidigungsmittel dar[12], das in der Regel **gem. Abs. 2 nicht zuzulassen** ist, insbesondere weil es wegen Nachlässigkeit der Partei nicht im ersten Rechtszug geltend gemacht worden ist (Abs. 2 S. 1 Nr. 3)[13].

10 Ebenfalls keine Zurückweisung iSd Abs. 1 liegt vor, wenn das Erstgericht Vorbringen gem. **§ 296a S. 1** nicht mehr berücksichtigt hat[14]; insoweit kommt nur in Betracht, das neu (→ § 530 Rn. 8 ff.) im Berufungsverfahren vorgebrachte Angriffs- und Verteidigungsmittel nach Abs. 2 nicht zuzulassen[15].

11 **b) Rechtmäßigkeit der Zurückweisung im ersten Rechtszug.** Die Zurückweisung oder Nichtzulassung im ersten Rechtszug muss aus der Sicht des Berufungsgerichts[16] zu Recht erfolgt sein, um im Berufungsverfahren fortzuwirken. Soweit die Partei im Berufungsverfahren Tatsachen dazu vorträgt, dass die Verspätung im ersten Rechtszug unverschuldet gewesen sei, ist dieser Vortrag jedenfalls zu berücksichtigen, wenn die Verhinderung der Partei, dazu im ersten Rechtszug vorzutragen, ebenfalls unverschuldet war[17]; andernfalls kommt eine Zulassung des Entschuldigungsvorbringens nur insoweit in Betracht, als hinsichtlich dieses Vorbringens die Voraussetzungen des Abs. 2 S. 1 Nr. 1 oder Nr. 2 vorliegen[18].

12 Das Berufungsgericht darf eine Zurückweisung auch **nicht auf eine andere** als die vom Erstgericht angewandte **Vorschrift** stützen[19]. Das Berufungsgericht **darf** auch eine fehlerhafte Begründung des Erstgerichts für eine Zurückweisung von Angriffsmitteln **nicht** durch eine **andere Begründung** ersetzen[20].

13 Ist ein Angriffs- oder Verteidigungsmittel vom Erstgericht **zu Unrecht** zurückgewiesen oder nicht zugelassen worden, so ist es selbstverständlich nicht ausgeschlossen, sondern vom Berufungsgericht zu berücksichtigen[21].

14 **2. Rechtsfolge.** Die im ersten Rechtszug **zu Recht zurückgewiesenen Angriffs- und Verteidigungsmittel** bleiben grundsätzlich auch im Berufungsverfahren unabhängig davon **ausgeschlossen,** ob die vom Erstgericht angenommene Verzögerung auch im Berufungsverfahren auftreten würde[22].

---

[7] BGH NJW-RR 2019, 726 Rn. 17 mwN; NJW 2017, 2288 Rn. 13 f.; NJW-RR 2013, 655 Rn. 10.
[8] BGH NJW-RR 2019, 726 Rn. 17 mwN.
[9] BGH NJW 1985, 1539 (1543); BeckOK ZPO/*Wulf* § 531 Rn. 2; Musielak/Voit/*Ball* § 531 Rn. 4a.
[10] BGH NJW-RR 2013, 655 Rn. 11 mwN.
[11] BGH NJW 2017, 2288 Rn. 14; 1997, 3311 (3312) mwN; BeckOK ZPO/*Wulf* § 531 Rn. 2; Musielak/Voit/*Ball* § 531 Rn. 4a.
[12] BGH NJW 1982, 2559 (2560 f.); die Unterscheidung zwischen Zeugenbeweis und Vorschussleistung wird allerdings in BGH BeckRS 2019, 10178 Rn. 17 und NJW 2017, 2288 Rn. 20 f. nicht vorgenommen.
[13] HK-ZPO/*Wöstmann* § 531 Rn. 6; Wieczorek/Schütze/*Gerken* § 531 Rn. 22; unklar Musielak/Voit/*Ball* § 531 Rn. 14a („nicht ohne weiteres"); aA BGH BeckRS 2019, 10178 Rn. 17 und NJW 2017, 2288 Rn. 21 ohne Unterscheidung zwischen Beweisantritt und Vorschussleistung; BeckOK ZPO/*Wulf* § 531 Rn. 12.
[14] BGH NJW 2018, 1686 Rn. 17; NJW-RR 2013, 655 Rn. 10; NJW 1983, 2030 (2031); Zöller/*Heßler* § 531 Rn. 7; Thomas/Putzo/*Seiler* § 531 Rn. 11; MüKoZPO/*Rimmelspacher* § 531 Rn. 4.
[15] BGH NJW 2018, 1686 Rn. 17 f. mwN; NJW 2007, 1357 Rn. 18.
[16] BeckOK ZPO/*Wulf* § 531 Rn. 4; Musielak/Voit/*Ball* § 531 Rn. 6.
[17] BVerfG NJW 1987, 2003 (2004); BeckOK ZPO/*Wulf* § 531 Rn. 4; Musielak/Voit/*Ball* § 531 Rn. 7.
[18] Ähnlich BeckOK ZPO/*Wulf*, § 531 Rn. 4; Prütting/Gehrlein/*Oberheim* ZPO § 531 Rn. 6; enger Musielak/Voit/*Ball* § 531 Rn. 7; weiter Stein/Jonas/*Althammer* § 531 Rn. 5; MüKoZPO/*Rimmelspacher* § 531 Rn. 13.
[19] BGH NJW-RR 2013, 655 Rn. 11; GRUR 2011, 853 Rn. 16 – Treppenlift; BGH GRUR-RR 2010, 400 Rn. 5 mwN – Simply the best!; aA Wieczorek/Schütze/*Gerken* § 531 Rn. 13 u. MüKoZPO/*Rimmelspacher* § 531 Rn. 7 mit guten Gründen für den Fall, dass das Berufungsgericht von einer Zurückweisung nach § 296 Abs. 1 statt – wie vom Erstgericht angenommen – § 296 Abs. 2 ausgeht.
[20] BGH NJW-RR 2019, 726 Rn. 18; BeckRS 2013, 16136 Rn. 9 mwN.
[21] BGH NJW-RR 2017, 1018 Rn. 9; Musielak/Voit/*Ball* § 531 Rn. 5; Thomas/Putzo/*Seiler* § 531 Rn. 10; MüKoZPO/*Rimmelspacher* § 531 Rn. 9.
[22] BeckOK ZPO/*Wulf* § 531 Rn. 5; Musielak/Voit/*Ball* § 531 Rn. 10; MüKoZPO/*Rimmelspacher* § 531 Rn. 11.

15 Ausnahmsweise wirkt die Zurückweisung nicht fort, wenn das Vorbringen im Berufungsverfahren **unstreitig wird** (→ § 529 Rn. 22).

16 Die **Fortwirkung** einer Zurückweisung vom Angriffs- und Verteidigungsmitteln im Berufungsverfahren hat **nicht immer** zur Folge, dass die Zurückweisung **endgültig** wäre: Verweist das Berufungsgericht die Sache gem. § 538 Abs. 2 unter Aufhebung des Urteils und des Verfahrens **an das Erstgericht zurück**, so kann nunmehr die Berücksichtigung des Vorbringens durch das Erstgericht die Erledigung des Rechtsstreits nicht mehr verzögern, so dass die Voraussetzung für die Rechtmäßigkeit der Zurückweisung im – wiedereröffneten – ersten Rechtszug weggefallen ist und das Vorbringen nunmehr zu berücksichtigen ist[23].

17 Wegen der **Anfechtungsmöglichkeiten** der Entscheidung über Ausschluss oder Nichtausschluss alter Angriffs- und Verteidigungsmittel wird auf die Kommentierung zu § 296 (→ § 296 Rn. 45 f.) Bezug genommen.

C. Neue Angriffs- und Verteidigungsmittel (Abs. 2)

I. Grundsatz

18 Um die Parteien zur Einhaltung ihrer Prozessförderungspflicht bereits im ersten Rechtszug anzuhalten, sieht Abs. 2 vor, dass **neue Angriffs- und Verteidigungsmittel** (→ § 530 Rn. 8 ff.) **grundsätzlich nicht zuzulassen** (soweit sie nicht auf unbestrittenem Vorbringen beruhen, → § 530 Rn. 6). Ausnahmen bestehen nur insoweit, als der Partei die Lückenhaftigkeit ihres Vorbringens nicht anzulasten ist, sei es, weil das Erstgericht insoweit eine Mitverantwortung trifft, sei es, weil die Partei nicht nachlässig gehandelt hat.

19 Wegen des Begriffs der **Neuheit** wird auf die Kommentierung zu § 530 (→ § 530 Rn. 8 ff.) Bezug genommen.

20 Missverständlich sind zwei Entscheidungen des I. Zivilsenats des BGH: Nach dem Beschluss „Simply the Best!" vom 22.4.2010[24] soll ein nach dem Schluss der mündlichen Verhandlung im ersten Rechtszug neu entstandenes Angriffs- und Verteidigungsmittel (ein Testbericht) ohne die sich aus Abs. 2 ergebenden Beschränkungen jederzeit in das Berufungsverfahren eingeführt werden können[25]. Nach einem Beschluss vom 1.6.2011[26] soll gar eine nach dem Schluss der mündlichen Verhandlung im ersten Rechtszug veröffentlichte Studie „im Blick auf den in die Zukunft gerichteten Klageanspruch auf Unterlassung" kein neues Verteidigungsmittel im Sinne des Abs. 2 darstellen, sondern als neu entstandene Tatsache sowie neu entstandenes Beweismittel einen vom Anwendungsbereich dieser Vorschrift nicht erfassten Umstand. Es gibt indes keinen Anlass, den Begriff der Angriffs- und Verteidigungsmittel in Abs. 2 anders zu verstehen als in § 530; würde eine solche Studie schuldhaft nicht innerhalb der Fristen des § 530 vorgetragen, so wäre sie als verspätetes Angriffs- und Verteidigungsmittel zu behandeln und bei Vorliegen der weiteren Voraussetzungen zurückzuweisen. Den genannten Entscheidungen liegt aber die zutreffende Erwägung zugrunde, dass es bei Angriffs- und Verteidigungsmitteln, die erst nach dem Schluss der mündlichen Verhandlung vor dem Erstgericht bekannt werden, niemals auf Nachlässigkeit iSd Abs. 2 Nr. 3 beruhen kann, dass sie die Partei im ersten Rechtszug nicht vorgetragen hat (→ Rn. 35); deshalb stehen der Zulassung solcher Angriffs- und Verteidigungsmittel die – allerdings ohne weiteres anwendbaren – Grundsätze des Abs. 2 (welche auch die Zulassung von unverschuldet nicht im ersten Rechtszug vorgebrachten Angriffs- und Verteidigungsmitteln vorsehen) nicht entgegen.

II. Ausnahmen

21 **1. Gemeinsamkeiten.** Für alle in Abs. 2 S. 1 genannten Fälle, in denen neues Vorbringen zulässig ist, gilt, dass die vortragende Partei **auf Verlangen des Berufungsgerichts** die Tatsachen **glaubhaft zu machen** hat, aus denen sich die Zulässigkeit ihrer neuen Angriffs- oder Verteidigungsmittel herleitet. Das zeigt, dass es für die Zulassung nicht auf die volle Überzeugung des Berufungsgerichts vom Vorliegen eines Ausnahmetatbestands gem. Abs. 2 S. 1 Nr. 1–3 ankommt, sondern lediglich darauf, ob das Berufungsgericht das für **überwiegend wahrscheinlich** erachtet[27]. Wird eine Berufung ausschließlich auf neue Angriffs- und Verteidigungsmittel gestützt, so ist die Darlegung (nicht die

---

[23] BeckOK ZPO/*Wulf* § 531 Rn. 7; Prütting/Gehrlein/*Oberheim* § 531 Rn. 7; aA Zöller/*Heßler* § 531 Rn. 6. Anders Musielak/Voit/*Ball* § 531 Rn. 9: bei Zurückverweisung seien der Rechtsstreit nicht zur Endentscheidung reif gewesen und wegen des damit verbundenen Fehlens einer Verzögerung die Zurückweisung im ersten Rechtszug niemals zu Recht erfolgt; diese Auffassung würde aber zu einem unauflöslichen „Oszillieren" der Zurückweisungsfähigkeit führen, wenn der Rechtsstreit bei der dann gebotenen Zulassung des Angriffs- oder Verteidigungsmittels nicht mehr zurückverweisungsbedürftig würde (also das Angriffs- oder Verteidigungsmittel doch ausgeschlossen bliebe); vgl. auch Wieczorek/Schütze/*Gerken* § 531 Rn. 18.
[24] BGH GRUR-RR 2010, 400 Rn. 7 – Simply the Best!.
[25] So nunmehr auch BGH NJW 2017, 736 Rn. 10, anders aber in Rn. 18.
[26] BGH GRUR-RR 2011, 439 – Anwendungsbeobachtung (Ls.) = BeckRS 2011, 16212 (Volltext).
[27] *Stackmann* NJW 2013, 2929 (2932); Unklar Zöller/*Heßler* § 531 Rn. 34 u. Stein/Jonas/*Althammer* § 531 Rn. 23 (jeweils Überzeugung einerseits, Glaubhaftmachung andererseits).

Glaubhaftmachung) der Tatsachen, aufgrund derer die neuen Angriffs- und Verteidigungsmittel zuzulassen seien, gem. § 520 Abs. 3 Nr. 4 bereits Voraussetzung für die Zulässigkeit der Berufung (→ § 520 Rn. 44).

22 Wegen der **Anfechtungsmöglichkeiten** der Entscheidung über die Zulassung oder Nichtzulassung neuer Angriffs- und Verteidigungsmittel wird auf die Kommentierung zu § 296 (→ § 296 Rn. 45 f.) Bezug genommen.

22a Eine in der Berufungsinstanz unterbliebene Zurückweisung nach § 531 Abs. 2 kann vom Revisionsgericht nicht nachgeholt werden[28].

23 **2. Einzelne Zulassungsgründe. a) Vom Erstgericht übergangene Gesichtspunkte (Abs. 2 S. 1 Nr. 1).** Die Vorschrift des Abs. 2 S. 1 Nr. 1 soll verhindern, dass Prozessparteien gezwungen werden, im ersten Rechtszug vorsorglich auch solche Angriffs- und Verteidigungsmittel vorzutragen, auf die es nach Ansicht des Erstgerichts nicht ankommt[29]. Sie kommt nur dann zum Tragen, wenn der von dem neuen Vorbringen betroffene Gesichtspunkt im ersten Rechtszug entweder **von allen Verfahrensbeteiligten übersehen** worden ist oder wenn das **Erstgericht** ihn **für unerheblich gehalten** hat[30]. Ob der Partei, die den Gesichtspunkt nunmehr vorbringt, insoweit Fahrlässigkeit vorgeworfen werden kann, ist für die Zulassung des neuen Vorbringens gem. Abs. 2 Satz 1 Nr. 1 – anders als bei Abs. 2 Satz 1 Nr. 3 – ohne Belang[31].

24 Abs. 2 S. 1 Nr. 1 findet nur unter der ungeschriebenen Voraussetzung Anwendung, dass **die Rechtsansicht des Gerichts** den erstinstanzlichen Sachvortrag der Partei beeinflusst hat und daher, **ohne** dass deswegen ein **Verfahrensfehler** gegeben wäre, **(mit-)ursächlich** dafür geworden ist, dass sich Parteivorbringen in das Berufungsverfahren verlagert[32]. Diese Voraussetzung ist schon dann erfüllt, wenn das Erstgericht die Partei durch seine Prozessleitung oder seine erkennbare rechtliche Beurteilung des Streitverhältnisses davon abgehalten hat, zu bestimmten Gesichtspunkten (weiter) vorzutragen. So kann das Erstgericht eine Partei etwa durch die Erteilung von Hinweisen veranlassen, von weiterem Vorbringen abzusehen; es kann aber auch durch das Unterlassen von Hinweisen den Eindruck erwecken, der bisherige Parteivortrag sei ausreichend[33]. Gehörte hingegen ein Gesichtspunkt – etwa aufgrund des gegnerischen Vorbringens – zum erstinstanzlichen Streitstoff und konnte die Partei nicht darauf vertrauen, dass das Gericht ihn für unerheblich halten würde, muss sie ihre Prozessführung auch auf diesen Gesichtspunkt einrichten; diesbezügliche Angriffs- oder Verteidigungsmittel sind deshalb in der Berufungsinstanz selbst dann ausgeschlossen, wenn der Gesichtspunkt für das Ersturteil nicht erheblich geworden ist[34].

25 Der Zulassungsgrund gem. Abs. 2 S. 1 Nr. 1 setzt voraus, dass im Berufungsverfahren eine andere rechtliche oder tatsächliche Bewertung in Betracht kommt, als sie das Erstgericht vorgenommen hat. Das wird oft die Verpflichtung des Berufungsgerichts zu einem **Hinweis** gem. § 139 Abs. 2 begründen; was auf den Hinweis hin neu vorgetragen wird, ist vom Berufungsgericht unabhängig davon zu berücksichtigen, ob es schon in erster Instanz hätte vorgebracht werden können[35], wie sich aus Abs. 2 S. 1 Nr. 1 ergibt.

26 Ein **Hinweis** ist allerdings **entbehrlich,** wenn eine Partei im ersten Rechtszug obsiegt hat, die dem ihr günstigen Urteil zu Grunde liegende Auffassung des Erstgerichts als zentraler Streitpunkt zur Überprüfung durch das Berufungsgericht gestellt wird und dieses sich der Auffassung des Berufungsführers anschließen will; in diesem Fall muss die im ersten Rechtszug erfolgreiche Partei von vornherein damit rechnen, dass das Berufungsgericht anderer Auffassung ist; seine dementsprechende Entscheidung kann im Grundsatz nicht überraschend sein. Das Berufungsgericht hat dann regelmäßig keinen Anlass zu der Annahme, trotz der in der Berufung zentral geführten Auseinandersetzung über den Streitpunkt bestehe noch Aufklärungsbedarf und müsse der Partei Gelegenheit zu weiterem Vortrag und Beweisantritt gegeben werden[36].

---

[28] BGH NJW-RR 2021, 1223 Rn. 20; 2017, 622 Rn. 27; jeweils mwN.
[29] BGH NJW-RR 2012, 341 Rn. 18 mwN.
[30] BGH NJW-RR 2021, 249 Rn. 11; 2012, 341 Rn. 19 mwN.
[31] BGH NJW-RR 2021, 249 Rn. 12; NJW 2018, 3652 Rn. 22; NJW-RR 2015, 1278 Rn. 12; 2012, 341 Rn. 17 f.; jeweils mwN.
[32] BGH NJW-RR 2021, 249 Rn. 11; BeckRS 2016, 16241 Rn. 24; NJW 2015, 3455 Rn. 25; NJW-RR 2015, 1278 Rn. 10; 2012, 341 Rn. 19; jeweils mwN.
[33] BGH NJW 2018, 3652 Rn. 20; BeckRS 2016, 16241 Rn. 24; NJW-RR 2015, 1278 Rn. 10; 2012, 341 Rn. 20; vgl. auch BGH GRUR 2013, 912 Rn. 71 – Walzstraße; BGH GRUR 2010, 620 Rn. 24 – Film-Einzelbilder; jeweils mwN.
[34] BGH BeckRS 2013, 14572 Rn. 14; NJW-RR 2006, 1292 Rn. 18.
[35] BVerfG BeckRS 2016, 53147 Rn. 10; BGH NJW 2018, 3652 Rn. 15; NJW-RR 2014, 1431 Rn. 11; NJW 2011, 1947 Rn. 12; jeweils mwN.
[36] BGH NJW-RR 2018, 118 Rn. 18; BeckRS 2017, 102074 Rn. 27; NJW-RR 2017, 535 Rn. 10; NJW 2012, 3035 Rn. 7; GRUR-RR 2010, 456 Ls. Rn. 4.

b) Verfahrensfehler des Erstgerichts (Abs. 2 S. 1 Nr. 2). Zuzulassen sind gem. Abs. 2 S. 1 27
Nr. 2 auch Angriffs- und Verteidigungsmittel, die infolge eines Verfahrensmangels im ersten Rechtszug nicht geltend gemacht wurden.

Ein Verfahrensmangel liegt etwa vor, wenn das Erstgericht einen nach seiner Würdigung der Sache 28
erforderlichen **Hinweis** gem. § 139 **unterlassen** hat[37] (hat es dagegen aufgrund fehlerhafter Würdigung dazu keine Veranlassung gehabt, so kommt der Zulassungsgrund gem. Abs. 2 S. 1 Nr. 1 in
Betracht[38]) oder hätte vertagen müssen, um der Partei Gelegenheit zu geben, zu einem verspäteten
Hinweis Stellung zu nehmen[39].

Ein die Zulassung begründender Verfahrensmangel kann auch in einem **Gehörsverstoß** liegen, 29
etwa wenn das Erstgericht vor Ablauf einer Frist entscheidet, die es der Partei zur Äußerung gesetzt
hat[40].

c) Keine Nachlässigkeit der Partei (Abs. 2 S. 1 Nr. 3). Wenn das Erstgericht die Sache rechtlich 30
zutreffend gewürdigt und keinen Verfahrensfehler begangen hat, kann eine Partei gem. Abs. 2 S. 1
Nr. 3 neue Angriffs- oder Verteidigungsmittel nur dann vortragen, wenn es nicht auf ihrer Nachlässigkeit beruht, dass sie nicht bereits im ersten Rechtszug geltend gemacht worden sind[41].

Nachlässigkeit im Sinne von Abs. 2 S. 1 Nr. 3 liegt vor, wenn die Partei **gegen** ihre **Prozess-** 31
förderungspflicht verstoßen hat. Die Parteien sind aufgrund dieser Pflicht zu konzentrierter Verfahrensführung gehalten; insbesondere dürfen sie Vorbringen grundsätzlich nicht aus prozesstaktischen
Erwägungen zurückhalten[42]. Sorgfaltsmaßstab ist dabei die **einfache Fahrlässigkeit**[43].

Eine Partei muss schon im ersten Rechtszug die Angriffs- und Verteidigungsmittel vorbringen, 32
deren Relevanz für den Rechtsstreit ihr bekannt ist oder bei Aufwendung der gebotenen Sorgfalt hätte
bekannt sein müssen und zu deren Geltendmachung sie dort imstande ist[44]. Damit hat eine Partei
grundsätzlich **alle** ihr **bekannten Beweismittel** zu einem bestimmten Beweisthema bereits im ersten Rechtszug zu benennen; tut sie das nicht, so stellt das eine Nachlässigkeit dar, welche zur Zurückweisung des erst im Berufungsverfahren benannten Beweismittels führt[45].

Eine Verpflichtung, **Einwendungen gegen** ein **Gerichtsgutachten** bereits im ersten Rechtszug 33
unter Beifügung eines Privatgutachtens oder gestützt auf sachverständigen Rat vorzubringen, besteht
nicht[46]. Dieser Grundsatz findet in allen Fallgestaltungen Anwendung, in denen ein Erfolg versprechender Parteivortrag fachspezifische Fragen betrifft und besondere Sachkunde erfordert[47].

Aus der Prozessförderungspflicht ist grundsätzlich **keine Verpflichtung** einer Partei abzuleiten, 34
unbekannte tatsächliche Umstände erst zu ermitteln; diese kann allenfalls durch besondere
Umstände begründet werden[48].

Grundsätzlich liegt **keine Nachlässigkeit** vor, wenn ein neues Angriffs- und Verteidigungsmittel 35
erst nach Schluss der erstinstanzlichen mündlichen Verhandlung entstanden ist[49]; das gilt in der Regel
auch, wenn eine Partei erst aufgrund einer während des Berufungsverfahrens herbeigeführten Änderung der materiellen Rechtslage – etwa einer Abtretung – in der Lage ist, ein Angriffs- oder Verteidigungsmittel mit Aussicht auf Erfolg geltend zu machen[50].

Auch wenn ein **Gestaltungsrecht** erst nach dem Schluss der mündlichen Verhandlung vor dem 36
Erstgericht ausgeübt – und erst dann dazu vorgetragen – wird, obwohl dies schon vorher möglich war,
liegt darin grundsätzlich keine Nachlässigkeit. Denn § 531 Abs. 2 soll die Parteien lediglich dazu
anhalten, zu einem bereits vorliegenden und rechtlich relevanten Tatsachenstoff rechtzeitig vorzutragen; die Vorschrift verfolgt hingegen nicht den Zweck, auf eine (beschleunigte) Veränderung der
materiellen Rechtslage hinzuwirken[51].

Im **Patentnichtigkeitsverfahren** konturiert ein **Hinweis des Patentgerichts gemäß § 83** 37
Abs. 1 PatG die Reichweite der Prozessförderungspflichten der Parteien. Da ein solcher Hinweis

---

[37] BGH BeckRS 2014, 05169 Rn. 11; NJW 2007, 2414 Rn. 17 u. 19.
[38] BeckOK ZPO/*Wulf* § 531 Rn. 18; Musielak/Voit/*Ball* § 531 Rn. 18; MüKoZPO/*Rimmelspacher* § 531 Rn. 23.
[39] BGH NJW 2018, 2202 Rn. 9.
[40] BGH NJW 2008, 3361 Rn. 8.
[41] Verfassungsrechtlich unbedenklich: BVerfG NJW 2005, 1768 f.
[42] BGH BeckRS 2016, 13390 Rn. 8; NJW-RR 2014, 85 Rn. 9; jeweils mwN.
[43] BT-Drs. 14/4722, 102; BGH NJW 2004, 2825 (2827).
[44] BGH NJW 2009, 1209 Rn. 24 mwN; zu den Anforderungen an Suchprofile bei Patentrecherchen BGH GRUR 2021, 701 Rn. 87 ff. – Scheibenbremse.
[45] AA OLG München InstGE 8, 254 (nicht identisch mit BeckRS 2005, 33887 [vom 21.12.2005, dort fälschlich auf 4.10.2005 datiert]).
[46] BGH BeckRS 2015, 12554 Rn. 12; NJW-RR 2015, 1109 Rn. 12; jeweils mwN.
[47] BGH NJW 2016, 713 Rn. 4; 2007, 1531 Rn. 10 mwN; vgl. auch BGH NJW 2016, 1328 Rn. 6 mwN.
[48] BGH NJW-RR 2014, 85 Rn. 9 mwN.
[49] BGH GRUR 2011, 853 Rn. 12 mwN – Treppenlift.
[50] BGH GRUR 2011, 853 Rn. 11 – Treppenlift; aA Wieczorek/Schütze/*Gerken* § 531 Rn. 21.
[51] BGH NJW 2019, 80 Rn. 25, 34; offen gelassen in BGH GRUR 2011, 853 Rn. 13 f. – Treppenlift und BGH BeckRS 2010, 24792 Rn. 10; aA obiter BGH NJW 2011, 2649 Rn. 18.

unter anderem dazu dient, eine sachgerechte Fokussierung der Argumentation zu ermöglichen, ist es dem Nichtigkeitskläger nicht als Nachlässigkeit anzulasten, wenn er Gesichtspunkte nicht vorträgt, die durch den Hinweis nicht veranlasst wurden[52]. Ebenso wenig ist der Nichtigkeitsbeklagte gehalten, im ersten Rechtszug Sachverhalt zur Verteidigung seines Patents vorzutragen, der über den Inhalt des Hinweises des Patentgerichts gem. § 83 Abs. 1 PatG hinausgeht[53].

§ 532 Rügen der Unzulässigkeit der Klage

[1] **Verzichtbare Rügen, die die Zulässigkeit der Klage betreffen und die entgegen den §§ 520 und 521 Abs. 2 nicht rechtzeitig vorgebracht werden, sind nur zuzulassen, wenn die Partei die Verspätung genügend entschuldigt.** [2] **Dasselbe gilt für verzichtbare neue Rügen, die die Zulässigkeit der Klage betreffen, wenn die Partei sie im ersten Rechtszug hätte vorbringen können.** [3] **Der Entschuldigungsgrund ist auf Verlangen des Gerichts glaubhaft zu machen.**

A. Allgemeines

1   Der Zweck der Bestimmung ist es, eine abschließende Entscheidung über die Zulässigkeit der Klage bereits vor einer Prüfung deren Begründetheit herbeizuführen, da es unwirtschaftlich wäre, in eine Sachprüfung einzutreten, bevor die Zulässigkeit der Klage geklärt ist[1].

2   § 532 findet im Verfahren der Berufung im **Patentnichtigkeitsverfahren** keine Entsprechung.

B. Regelungsgehalt

I. Anwendungsbereich

3   Verzichtbare die Zulässigkeit der Klage betreffende Rügen (früher prozesshindernde Einreden genannt) sind

- die Einrede **mangelnder Prozesskostensicherheit** (§§ 110 ff.)[2],
- die Einrede, dass die **Kosten aus einem Vorprozess** noch nicht erstattet wurden (§ 269 Abs. 6)[3];
- die Einrede der **Schiedsvereinbarung**[4], die allerdings gem. § 1032 Abs. 1 grundsätzlich vor Beginn der mündlichen Verhandlung im ersten Rechtszug zu erheben ist;
- die Einrede einer Prozessvereinbarung, keine Klage zu erheben (Stillhalteabkommen, **pactum de non petendo**)[5] und die Einrede einer Schlichtungsvereinbarung[6] als vorübergehendes pactum de non petendo;
- der Einwand in einem Folgeverfahren, aufgrund der **Unwirksamkeit eines Prozessvergleichs** bestehe die Rechtshängigkeit im Vorprozess fort und stehe dem Folgeverfahren entgegen[7].

4   Auf **Unzulässigkeitsgründe**, die **von Amts wegen** zu berücksichtigen sind und deshalb keiner Rüge bedürfen, auf die verzichtet werden könnte, findet § 532 **keine Anwendung**[8].

5   Seinem Wortlaut nach ist § 532 **nur auf Rügen** anwendbar, also Prozesshandlungen, mit denen sich der Beklagte auf die Unzulässigkeit der Klage beruft, **nicht auch** auf das zu deren Stützung herangezogene **Tatsachenvorbringen**. Für eine Ausweitung des Anwendungsbereichs auch auf dieses Vorbringen besteht kein Bedürfnis[9]: Ist die Rüge selbst nicht zuzulassen, so sind die zu ihrer Stützung

---

[52] BGH BeckRS 2017, 102809 Rn. 36; GRUR 2013, 912 Rn. 71 – Walzstraße; GRUR 2012, 1236 Rn. 37 ff. – Fahrzeugwechselstromgenerator; ähnlich GRUR 2015, 365 Rn. 47 – Zwangsmischer; anders, wenn der Hinweis Veranlassung etwa für eine weitere Recherche zum Stand der Technik gibt, BGH BeckRS 2015, 19225 Rn. 75.
[53] Dazu, dass er keine über den Hinweis hinausgehende Hilfsanträge stellen muss (→ § 533 Rn. 33a): BGH GRUR 2020, 974 Rn. 35 ff. – Niederflurschienenfahrzeug; GRUR 2016, 1038 Rn. 37 f. – Fahrzeugscheibe II; GRUR 2014, 1026 Rn. 34 – Analog-Digital-Wandler.
[1] BGH GRUR 1984, 836 (837) – Schiedsvertragseinrede.
[2] BGH NJW-RR 2006, 496 Rn. 5 mwN.
[3] Wieczorek/Schütze/*Gerken* § 532 Rn. 3; BeckOK ZPO/*Wulf* § 532 Rn. 3; Musielak/Voit/*Ball* § 532 Rn. 2; Stein/Jonas/*Althammer* § 532 Rn. 3; MüKoZPO/*Rimmelspacher* § 532 Rn. 4.
[4] BGH GRUR 1984, 836 (837) – Schiedsvertragseinrede.
[5] BGH NJW-RR 1989, 1048 (1049); vgl. auch BGH NJW-RR 2006, 632 Rn. 21.
[6] BeckOK ZPO/*Wulf* § 532 Rn. 3; MüKoZPO/*Rimmelspacher* § 532 Rn. 4; aA Anders/Gehle/*Göertz* § 532 Rn. 3, die sich zu Unrechts auf Zöller/*Heßler* § 532 Rn. 2 beruft (dort ist von der obligatorischen Schlichtung gem. § 15a EGZPO die Rede).
[7] BGH NJW 2014, 394 Rn. 18.
[8] Wieczorek/Schütze/*Gerken* § 532 Rn. 2; BeckOK ZPO/*Wulf* § 532 Rn. 2; Musielak/Voit/*Ball* § 532 Rn. 2; Prütting/Gehrlein/*Oberheim* ZPO § 532 Rn. 3; Stein/Jonas/*Althammer* § 532 Rn. 2; MüKoZPO/*Rimmelspacher* § 532 Rn. 5.
[9] Zur entsprechenden Frage bei § 282 BGH NJW-RR 1988, 1526 (1527); BeckOK ZPO/*Bacher* § 282 Rn. 10; aA BeckOK ZPO/*Wulf* § 532 Rn. 3; Prütting/Gehrlein/*Oberheim* ZPO § 532 Rn. 4; Stein/Jonas/*Althammer* § 532 Rn. 3; MüKoZPO/*Rimmelspacher* § 532 Rn. 4.

vorgebrachten Tatsachen nicht streiterheblich. Ist die Rüge dagegen zuzulassen und wird später Tatsachenvortrag nachgeschoben, so wird dieser meist nach den allgemeinen Grundsätzen gem. § 525 iVm § 296 Abs. 1 oder Abs. 2, § 530 oder § 531 zurückzuweisen sein; ist das ausnahmsweise nicht der Fall (etwa weil das Vorbringen unstreitig bleibt), so ist auch ohne Anwendung des § 532 keine Rechtfertigung dafür zu erkennen, dem Beklagten die Berücksichtigung seines Tatsachenvorbringens vorzuenthalten.

II. Zurückweisung verspäteter Rügen

1. Gemeinsamkeiten der Zurückweisungsmöglichkeiten. Wird eine Rüge nicht rechtzeitig geltend gemacht, so ist sie nur zuzulassen, wenn die **Verspätung genügend entschuldigt** wird. Insoweit wird zunächst auf die Kommentierung zu § 296 (→ § 296 Rn. 32 f.) verwiesen; zu beachten ist, dass für eine Zurückweisung **einfache Fahrlässigkeit** ausreicht. Hat der Beklagte bereits im ersten Rechtszug uneingeschränkt **Prozesskostensicherheit** gefordert, so liegt ihm kein Verschulden zur Last, wenn er abwartet, bis die vom Erstgericht angeordnete Sicherheit seine Kosten nicht mehr deckt, und er erst dann im Berufungsverfahren die Leistung einer weiteren Sicherheit begehrt[10]. 6

Wie bei § 531 Abs. 2 S. 2 (→ § 531 Rn. 21) zeigt die in S. 3 eröffnete Möglichkeit des Berufungsgerichts, die **Glaubhaftmachung** des Vorbringens zum Entschuldigungsgrund zu verlangen, dass es für die Zulassung der Rüge nicht auf die volle Überzeugung des Berufungsgerichts vom Vorliegen eines Entschuldigungsgrunds ankommt, sondern lediglich darauf, ob das Berufungsgericht diesen für **überwiegend wahrscheinlich** erachtet. 7

Für die Zurückweisung ist **nicht erforderlich**, dass bei Zulassung der Rüge eine **Verzögerung** der Erledigung des Rechtsstreits einträte; vielmehr sind schuldhaft verspätete Rügen auch dann zurückzuweisen, wenn ihre Zulassung den Rechtsstreit abkürzen würde[11], weil sie zur sofortigen Klageabweisung wegen Unzulässigkeit führten. 8

Anders als bei sonstigen Angriffs- und Verteidigungsmitteln (→ § 296 Rn. 46; darauf verweisend → § 530 Rn. 28 u. → § 531 Rn. 22) kann im Rahmen des § 532 nicht nur die **Zurückweisung** einer Rüge, sondern auch deren **Zulassung** mit der **Revision** gerügt werden[12]. 9

2. Zurückweisung nach Satz 1. S. 1 betrifft – wie § 530 und § 525 S. 1 iVm § 296 (→ § 530 Rn. 14 f.) – die Fälle, in denen die **Verspätung innerhalb des Berufungsverfahrens** eingetreten ist. Für **alle Rügen** gilt, dass sie gem. S. 1 grundsätzlich in der Frist zur Berufungsbegründung gem. § 520 Abs. 3 (wenn der Beklagte Berufungsführer ist) oder einer solchen zur Berufungserwiderung gem. § 521 Abs. 2 (wenn der Beklagte Berufungsgegner ist) vorzubringen sind und ansonsten nur bei genügender Entschuldigung berücksichtigt werden dürfen. Daraus ergibt sich, dass das Vorbringen derartiger Rügen im ersten Rechtszug – anders als sonstige Angriffs- und Verteidigungsmittel (→ § 531 Rn. 5) – nicht von selbst in die Berufungsinstanz gelangt, sondern es deren **Wiederholung im Berufungsverfahren** bedarf[13]. 10

Ist dem Beklagten als Berufungsgegner **keine wirksame** (→ § 521 Rn. 8) **Frist** zur Berufungserwiderung gesetzt, muss er die Rügen gem. § 525 S. 1 und § 282 Abs. 3 **gleichzeitig** und **vor seiner Verhandlung zur Hauptsache** vorbringen; verletzt er diese Pflicht schuldhaft, so sind die Rügen gem. § 525 S. 1 iVm § 296 Abs. 3 zurückzuweisen. Keine Anwendung findet daneben die Bestimmung des § 525 S. 1 iVm § 296 Abs. 2 über die Zurückweisung von unter Verstoß gegen die allgemeine Prozessförderungspflicht entgegen § 282 Abs. 1 oder Abs. 2 vorgebrachten Angriffs- und Verteidigungsmitteln, weil § 282 Abs. 3 und § 296 Abs. 3 Sonderregelungen enthalten, die den allgemeinen Bestimmungen vorgehen und diese verdrängen[14]. 11

Eine zu Recht erfolgte **Zurückweisung** von Rügen **im ersten Rechtszug** gem. § 296 Abs. 3 **wirkt** im Berufungsverfahren gem. § 531 Abs. 1 **fort**[15]. 12

3. Zurückweisung nach Satz 2. S. 2 betrifft – wie § 531 Abs. 2 (→ § 530 Rn. 13) – die Fälle, in denen die **Verspätung** nicht innerhalb des Berufungsverfahrens eingetreten ist, sondern **durch Übergehen der ersten Instanz**. Für **neue Rügen**, also solche, die im ersten Rechtszug noch nicht erhoben worden sind (zum Begriff der Neuheit im Einzelnen → § 530 Rn. 8 ff.), besteht das zusätzliche Erfordernis, dass ihr **Nichtvorbringen im ersten Rechtszug** genügend **entschuldigt** wird. Das wird in der Regel nur gelingen, wenn die rügebegründenden Umstände erst nach dem Schluss der mündlichen Verhandlung im ersten Rechtszug entstanden sind. 13

---

[10] BGH NJW-RR 2006, 496 Rn. 5 mwN; BGH NJW-RR 1993, 1021.
[11] Wieczorek/Schütze/*Gerken* § 532 Rn. 7; BeckOK ZPO/*Wulf* § 532 Rn. 1; Musielak/Voit/*Ball* § 532 Rn. 1 u. 8; Stein/Jonas/*Althammer* § 532 Rn. 3.
[12] BGH NJW 2004, 1458 (1459); GRUR 1984, 836 (837) – Schiedsvertragseinrede.
[13] BeckOK ZPO/*Wulf* § 532 Rn. 5; Musielak/Voit/*Ball* § 532 Rn. 4; Prütting/Gehrlein/*Oberheim* § 532 Rn. 6.
[14] BGH NJW-RR 2006, 496 Rn. 6 mwN.
[15] Musielak/Voit/*Ball* § 532 Rn. 4; MüKoZPO/*Rimmelspacher* § 532 Rn. 6.

§ 533 Klageänderung; Aufrechnungserklärung; Widerklage

Klageänderung, Aufrechnungserklärung und Widerklage sind nur zulässig, wenn
1. der Gegner einwilligt oder das Gericht dies für sachdienlich hält und
2. diese auf Tatsachen gestützt werden können, die das Berufungsgericht seiner Verhandlung und Entscheidung über die Berufung ohnehin nach § 529 zugrunde zu legen hat.

Literatur: *Crummenerl,* Die Parteierweiterung im Patentverletzungsprozess, GRUR 2009, 245 ff.

Übersicht

	Rn.
A. Allgemeines	1
B. Anwendungsbereich	3
I. Klageänderung	6
1. Nicht erfasst: Änderungen gem. § 264	6
2. Klageänderungen iSd § 263	8
II. Aufrechnungserklärung	15
III. Widerklage	20
C. Voraussetzungen für die Zulässigkeit	24
I. Zulässige Berufung oder Anschlussberufung	24
II. Sonderfall: Zurückweisung der nicht erweiterten Berufung durch Beschluss gem. § 522 Abs. 2	26
III. Gegnerische Einwilligung oder Sachdienlichkeit	27
1. Gegnerische Einwilligung	27
2. Sachdienlichkeit	28
IV. Stützung auf ohnehin zugrunde zu legende Tatsachen	34
D. Rechtsmittel	38

A. Allgemeines

1   Die Vorschrift schafft einen **Ausgleich zwischen** den gegenläufigen Belangen einerseits der Funktion des Berufungsverfahrens als Instrument der **Fehlerkontrolle und -beseitigung**[1], der die Einführung neuer, vom Erstgericht nicht geprüfter Verfahrensgegenstände widerspricht, und andererseits der **Prozesswirtschaftlichkeit,** die bei sachlich zusammenhängenden Streitpunkten für eine gemeinsame Klärung spricht. Dabei werden durch die Bezugnahme auf die ohnehin zugrunde zu legenden Tatsachen die **Zulässigkeit neuen Tatsachenvorbringens** und die **Zulässigkeit neuer Angriffe** durch Klageänderung oder Widerklage sowie der neuen Verteidigung durch Aufrechnungserklärung **harmonisiert.**

2   Im Verfahren der Berufung im **Patentnichtigkeitsverfahren** gilt für Änderung von Klage- oder Verteidigungsanträgen die Vorschrift des § 116 Abs. 2 PatG, die ebenfalls auf Einwilligung oder Sachdienlichkeit sowie die Maßgeblichkeit der verwertbaren Tatsachen abstellt. Das gilt auch für den als Klageänderung zu behandelnden Parteiwechsel[2].

B. Anwendungsbereich

3   § 533 greift grundsätzlich die Unterscheidung zwischen Angriffs- und Verteidigungsmitteln, deren Zulässigkeit in § 530, § 531, § 532 und § 525 S. 1 iVm § 296 Abs. 1 u. 2 geregelt ist (→ § 530 Rn. 3 ff.), und dem Angriff selbst auf und regelt die **Zulässigkeit der Ausweitung des Angriffs**[3]; nur das Verteidigungsmittel der Aufrechnungserklärung wird wegen der Besonderheit der damit verbundenen Rechtskraftwirkung (§ 322 Abs. 2) den selbständigen Angriffen gleichgestellt.

4   Dagegen findet § 533 **keine Anwendung** auf die **Angriffs- und Verteidigungsmittel,** die zur Stützung der neu in das Berufungsverfahren eingeführten Klageänderung, Widerklage oder Aufrechnungserklärung herangezogen werden, deren Zulässigkeit richtet sich nach den allgemeinen, sich aus § 530, § 531, § 532 und § 525 S. 1 iVm § 296 Abs. 1 u. 2 ergebenden Grundsätzen[4]; die zusätzlichen Kriterien der gegnerischen Einwilligung oder der Sachdienlichkeit sind insoweit ohne Belang.

5   Umstritten ist, ob eine im Berufungsverfahren geltend gemachte **Zwischenfeststellungsklage** – meist durch den Beklagten in Gestalt einer Zwischenfeststellungswiderklage – als Klageänderung (etwa vom Beklagten als Berufungsführer) oder Widerklage (etwa vom Beklagten als Berufungsgegner im

---

[1] BT-Drs. 14/4722, 64 u. 102.
[2] Fitzner/Lutz/Bodewig/*Kubis,* Beck'scher Onlinekommentar zum Patentrecht, § 116 Rn. 4; zum alten Recht (§ 99 Abs. 1 PatG iVm § 533 ZPO): BGH GRUR 2015, 159 Rn. 10 – Zugriffsrechte.
[3] BGH NJW 2017, 491 Rn. 18 mwN.
[4] MüKoZPO/*Rimmelspacher* § 533 Rn. 4.

Wege der Anschlussberufung) § 533 unterliegt[5]. Die von den Gegnern der Anwendbarkeit des § 533 angeführte BGH-Entscheidung aus dem Jahr 1969[6] erscheint dogmatisch fragwürdig, weil sie der subsidiären Vorschrift des § 523 aF (entspricht § 525 S. 1) den Vorrang vor der speziellen Vorschrift des § 529 Abs. 4 aF (entspricht teilweise § 533) einräumt. Tatsächlich ist kein Grund dafür ersichtlich, Zwischenfeststellungs(wider)klagen nicht an § 533 zu messen; allerdings wird eine solche Klage die Voraussetzungen dieser Vorschrift in der Regel erfüllen, wenn sie den daneben zu beachtenden Anforderungen des § 256 Abs. 2 genügt[7].

I. Klageänderung

1. Nicht erfasst: Änderungen gem. § 264. § 533 schließt an den Klageänderungsbegriff in den 6 §§ 263 f. an. Soweit Änderungen des Streitgegenstands gem. § 264 nicht als Klageänderungen anzusehen sind (→ § 264 Rn. 4 ff.), gilt auch § 533 nicht für sie, wenn sie im Berufungsverfahren vorgenommen werden[8].

Das hat zur Folge, dass für die Zulässigkeit einer § 264 unterfallenden Änderung weder die Einwil- 7 ligung des Gegners noch die Annahme der Sachdienlichkeit durch das Berufungsgericht erforderlich sind. Eine derartige Änderung wird auch nicht dadurch unzulässig, dass sie sich auf Tatsachen stützt, die nicht ohnehin zu berücksichtigen sind; allerdings gilt auch insoweit § 529 unmittelbar[9].

2. Klageänderungen iSd § 263. Wegen der Fälle, in denen eine Klageänderung vorliegt, wird 8 zunächst auf die Kommentierung zu § 263 (→ § 263 Rn. 7 ff.) Bezug genommen. Insbesondere liegt dann, wenn der im ersten Rechtszug erfolgreiche Kläger im Verfahren über die Berufung des Beklagten seine Klageforderung erhöht, keine Klageänderung vor, die den Anforderungen des § 533 entsprechen müsste; erforderlich ist aber eine Anschlussberufung des Klägers[10].

Ändert der Berufungsführer seine Klage derart, dass der **Streitgegenstand vollständig aus-** 9 **getauscht** wird, so führt das wegen Wegfalls der Beschwer zur **Unzulässigkeit der Berufung** (→ § 511 Rn. 18); eine solche Klageänderung kann daher ihrerseits niemals zulässig sein. Dagegen kann der Berufungsgegner im Rahmen einer **Anschlussberufung** sein Begehren vollständig ändern, weil für die Anschlussberufung keine Beschwer erforderlich ist (→ § 524 Rn. 19).

Die Änderung einer bereits im ersten Rechtszug erhobenen Widerklage stellt ebenfalls eine Kla- 10 geänderung iSd § 533 dar[11].

Will eine Partei einen weiteren selbständigen Klagegrund in den Rechtsstreit einführen – also eine 11 **Klageänderung** vornehmen – und nicht nur den bereits geltend gemachten Klagegrund durch weiteren Sachvortrag zusätzlich abstützen, muss sich dies **eindeutig** und **zweifelsfrei** aus ihrem Vorbringen ergeben; das erfordert insbesondere der Schutz des Gegners, für den erkennbar sein muss, welche prozessualen Ansprüche gegen ihn erhoben werden, um seine Rechtsverteidigung danach ausrichten zu können[12].

Die Einführung eines **weiteren Schutzrechts** in das Berufungsverfahren stellt ebenso eine erwei- 12 ternde Klageänderung dar[13] wie die die Geltendmachung eines **weiteren Markenlöschungs-**[14] oder **Patentnichtigkeitsgrunds**[15].

Das **Abstehen vom Urkundenprozess** im Berufungsverfahren ist wie eine Klageänderung zu 13 behandeln und daher zulässig, wenn der Beklagte einwilligt oder das Gericht dies für sachdienlich hält[16] und die Voraussetzung der Nr. 2 erfüllt ist[17].

---

[5] Dafür MüKoZPO/*Rimmelspacher* § 533 Rn. 8 (allerdings unter unzutreffender Berufung auf BGH NJW-RR 2008, 262, wo die Frage offen bleibt [vgl. dort Rn. 9]) u. MüKoZPO/*Rimmelspacher* § 533 Rn. 38 f.; Anders/Gehle/*Göertz* § 533 Rn. 4 „Zwischenfeststellung"; dagegen OLG Brandenburg BeckRS 2007, 12486; Wieczorek/Schütze/*Gerken* § 533 Rn. 18; BeckOK ZPO/*Wulf* § 533 Rn. 7 u. Rn. 24 (ebenfalls unter unzutreffender Berufung auf BGH NJW-RR 2008, 262); Prütting/Gehrlein/*Oberheim* ZPO § 533 Rn. 8 u. 27; Zöller/*Heßler* § 533 Rn. 9; Musielak/Voit/*Ball* § 533 Rn. 17.
[6] BGH GRUR 1970, 202 (203 f.) – Handstrickapparat.
[7] Ähnlich MüKoZPO/*Rimmelspacher* § 533 Rn. 39.
[8] BGH BeckRS 2016, 05218 Rn. 32; NJW-RR 2010, 1286 Rn. 6; jeweils mwN; aA MüKoZPO/*Rimmelspacher* § 533 Rn. 8.
[9] Musielak/Voit/*Ball* § 533 Rn. 22; vgl. auch BGH NJW-RR 2010, 1286 Rn. 9.
[10] BGH NJW 2015, 2812 Rn. 24 u. 28; jeweils mwN.
[11] BeckOK ZPO/*Wulf*, § 533 Rn. 4; Musielak/Voit/*Ball* § 533 Rn. 3 u. 17; MüKoZPO/*Rimmelspacher* § 533 Rn. 8.
[12] BGH GRUR 2012, 180 Rn. 27 – Werbegeschenke; GRUR 2006, 960 Rn. 20 – Anschriftenliste; jeweils mwN.
[13] OLG Düsseldorf BeckRS 2009, 29993 – Kommissionierungsautomat.
[14] BGH GRUR 2012, 180 Rn. 20 ff. – Werbegeschenke (wo allerdings nur § 524, nicht auch § 533 erörtert wird).
[15] BGH GRUR 2010, 901 Rn. 2 – Polymerisierbare Zementmischung.
[16] BGH BeckRS 2014, 05442 Rn. 7 mwN; BeckRS 2012, 17736 Rn. 16; NJW 2011, 2796 Rn. 24 ff.
[17] Offengelassen in BGH BeckRS 2014, 05442 Rn. 16 mwN; NJW 2011, 2796 Rn. 34.

14 Für das **Verfügungsverfahren** bestehen insoweit **keine Besonderheiten.** Die Auffassung, hier sei das Berufungsgericht für Antragsänderungen oder -erweiterungen funktionell unzuständig, weil der Erlass einstweiliger Verfügungen dem Erstgericht vorbehalten sei[18], verkennt, dass auch im Hauptsacheverfahren die funktionelle Zuständigkeit für Klagebegehren grundsätzlich beim Erstgericht liegt und § 533 hiervon eine Ausnahme begründet; nichts anderes gilt im Verfügungsverfahren[19]. Allerdings wird dem erstmals im Berufungsverfahren geltend gemachten Begehren oftmals die **Dringlichkeit fehlen.**

II. Aufrechnungserklärung

15 Mit dem Begriff der Aufrechnungserklärung ist die **Geltendmachung** der Aufrechnung **im Berufungsverfahren** gemeint, nicht das davon zu trennende und oft bereits vorher vorgenommene materielle Rechtsgeschäft[20].

16 Da die Erstreckung des § 533 auf das Angriffs- und Verteidigungsmittel der Aufrechnung ihre Rechtfertigung in der besonderen Rechtskraftwirkung findet, die dieser gem. § 322 Abs. 2 zukommt, ist der Anwendungsbereich der Vorschrift auf die Fälle beschränkt, in denen diese Rechtskraftwirkung eintreten kann. § 533 betrifft daher **nur** die **Aufrechnungserklärung** durch den **Beklagten;** die Prozessrolle des Beklagten hat auch der **Widerbeklagte** inne, so dass § 533 auch für eine von diesem in den Rechtsstreit eingeführte Aufrechnung gilt[21]. Erklärt dagegen der Kläger die Aufrechnung mit einer – nicht streitgegenständlichen – Forderung gegen eine Forderung, mit welcher der Beklagte gegen die Klageforderung aufrechnet, so unterfällt diese **klägerische Aufrechnung** nicht § 322 Abs. 2[22] und damit auch nicht § 533[23].

17 Auch wenn sich der Beklagte nicht auf eine eigene, sondern auf eine **durch einen Dritten erklärte Aufrechnung** beruft, findet § 533 keine Anwendung, weil die Entscheidung über dieses Verteidigungsvorbringen ebenfalls nicht in Rechtskraft erwachsen kann[24].

18 Auf die Geltendmachung eines **Zurückbehaltungsrechts** ist § 533 nicht entsprechend anzuwenden[25], da es an einer vergleichbaren Rechtskraftwirkung fehlt.

19 § 533 betrifft nur **neue Aufrechnungserklärungen,** also solche, die erstmals im Berufungsverfahren geltend gemacht werden. Eine Aufrechnungserklärung ist auch dann neu, wenn sie im ersten Rechtszug wieder fallen gelassen worden ist und im Berufungsverfahren erneut geltend gemacht wird[26]. Das gleiche gilt, wenn die Gegenforderung, mit der aufgerechnet wird, im Berufungsverfahren ausgetauscht wird[27].

III. Widerklage

20 § 533 erfasst nicht nur die Widerklage des Beklagten, sondern auch die Wider-Widerklage des Klägers[28].

21 Ebenfalls erfasst werden **Widerklagen gegen Dritte** (→ § 33 Rn. 29 f.)[29]. Voraussetzung für die Zulässigkeit einer im Berufungsverfahren erhobenen Widerklage gegen einen Dritten ist allerdings grundsätzlich dessen Zustimmung, es sei denn, diese wird rechtsmissbräuchlich verweigert[30]; nur in diesem Fall also kann die Annahme der Sachdienlichkeit durch das Berufungsgericht die Einwilligung des Gegners gem. § 533 Nr. 1 ersetzen. Im Übrigen werden im Berufungsverfahren ohne Zustimmung des Gegners erhobene Drittwiderklagen in aller Regel daran scheitern, dass die ohnehin

---

[18] OLG Hamm GRUR 1989, 933 (Ls.); vgl. auch OLG Hamm GRUR-RR 2009, 313 (314) – Europameisterschaft u. OLG Köln GRUR 1991, 65 – Festbetrags-Medikamente; Ahrens Wettbewerbsprozess-HdB/*Bähr* Kap. 53 Rn. 9–12; unklar Münchener Kommentar zum Lauterkeitsrecht/*Schlingloff* § 12 Rn. 489 und Harte-Bavendamm/Hennig-Bodewig/*Retzer* UWG § 12 Rn. 458.
[19] Berneke/*Schüttpelz* Rn. 444.
[20] BGH NJW 1992, 2575 (2576); BeckOK ZPO/*Wulf*, § 533 Rn. 15; Zöller/*Heßler* § 533 Rn. 16; Musielak/Voit/*Ball*, § 533 Rn. 9; Stein/Jonas/*Althammer* § 533 Rn. 24.
[21] BGH BeckRS 1990, 31064383; BeckOK ZPO/*Wulf* § 533 Rn. 15; Musielak/Voit/*Ball* § 533 Rn. 11; MüKoZPO/*Rimmelspacher* § 533 Rn. 20.
[22] BeckOK ZPO/*Gruber* § 322 Rn. 76.
[23] BGH BeckRS 2010, 02214; NJW-RR 1990, 1470.
[24] BGH BeckRS 2006, 14318 Rn. 35 mwN; aA Wieczorek/Schütze/*Gerken* § 533 Rn. 26; MüKoZPO/*Rimmelspacher* § 533 Rn. 20.
[25] BeckOK ZPO/*Wulf* § 533 Rn. 17; Musielak/Voit/*Ball* § 533 Rn. 8; Prütting/Gehrlein/*Oberheim* § 533 Rn. 17; MüKoZPO/*Rimmelspacher* § 533 Rn. 22; teilw. aA Anders/Gehle/*Göertz* § 533 Rn. 5.
[26] Wieczorek/Schütze/*Gerken* § 533 Rn. 22; BeckOK ZPO/*Wulf* § 533 Rn. 18; Musielak/Voit/*Ball* § 533 Rn. 9; Stein/Jonas/*Althammer* § 533 Rn. 25; aA OLG Düsseldorf NJW-RR 1998, 1288.
[27] BeckOK ZPO/*Wulf* § 533 Rn. 18; Musielak/Voit/*Ball* § 533 Rn. 9; Thomas/Putzo/*Seiler* § 533 Rn. 7.
[28] BeckOK ZPO/*Wulf* § 533 Rn. 24; MüKoZPO/*Rimmelspacher* § 533 Rn. 34.
[29] OLG Frankfurt a. M. BeckRS 2006, 09196; BeckOK ZPO/*Wulf* § 533 Rn. 24; Stein/Jonas/*Althammer* ZPO § 533 Rn. 9; Prütting/Gehrlein/*Oberheim* ZPO § 533 Rn. 27; MüKoZPO/*Rimmelspacher* ZPO § 533 Rn. 34.
[30] BGH NJW-RR 2008, 176 Rn. 9.

zugrunde zu legenden Tatsachen (§ 533 Nr. 2 iVm § 529) nicht auch gegenüber dem Dritten festgestellt sind.

§ 533 soll auch für **Widerklagen durch Dritte** (→ § 33 Rn. 29 f.) gelten[31]. Das erscheint fraglich, da eine Widerklage im Berufungsverfahren eine zulässige Berufung oder Anschlussberufung voraussetzt (→ Rn. 24), die ein Dritter nicht führen kann.   22

§ 533 gilt auch für Zwischenfeststellungswiderklagen (→ Rn. 5).   23

C. Voraussetzungen für die Zulässigkeit

I. Zulässige Berufung oder Anschlussberufung

§ 533 gilt unabhängig davon, welche Berufungspartei den neuen Angriff führt, und regelt deren grundsätzliche Befugnis hierzu nicht abschließend. Voraussetzung ist daneben immer, dass derjenige, der seine Klage erweitert oder Widerklage erhebt, eine **zulässige Berufung** (wenn der neue Angriff vom Berufungsführer ausgeht) oder eine **zulässige Anschlussberufung** (wenn der neue Angriff vom Berufungsgegner ausgeht) eingelegt hat[32]. Die erst im Berufungsverfahren erklärte Aufrechnung bedarf allerdings keiner Anschlussberufung[33].   24

Wenn der abgewiesene Kläger Berufung einlegt und die Klage um einen im ersten Rechtszug nicht geltend gemachten Anspruch erweitert, hängt die Zulässigkeit der Klageerweiterung nicht davon ab, dass diese sich innerhalb der Beschwer oder im Rahmen der Berufungsbegründung hält[34].   25

II. Sonderfall: Zurückweisung der nicht erweiterten Berufung durch Beschluss gem. § 522 Abs. 2

Erfolgt die Erweiterung des Angriffs durch Klageänderung oder Widerklage im Wege der Anschlussberufung, so bestimmt § 524 Abs. 4, dass diese ihre Wirkung verliert, wenn die Berufung durch Beschluss gem. § 522 Abs. 2 zurückgewiesen wird. In entsprechender Anwendung dieser Vorschrift verliert auch eine **mit der Berufung erhobene Widerklage** ihre Wirkung, wenn die Berufung im Übrigen durch Beschluss zurückgewiesen wird[35]. Im Grundsatz kann nichts anderes für eine **erweiternde Klageänderung** (auch durch einen neuen **Hilfsantrag**) gelten[36]; stellt allerdings der Berufungsführer als Reaktion auf einen Hinweis gemäß § 522 Abs. 2 S. 2 einen neuen Hilfsantrag, so ist es dem Berufungsgericht ausnahmsweise verwehrt, die Berufung gemäß § 522 Abs. 2 zurückzuweisen und dadurch die im Hilfsantrag liegende Klageerweiterung für wirkungslos zu erachten[37].   26

III. Gegnerische Einwilligung oder Sachdienlichkeit

1. Gegnerische Einwilligung. Lässt sich der (Anschluss-)Berufungsgegner zur Sache ein und beantragt die Zurückweisung der – erweiterten – (Anschluss-)Berufung, so liegt darin die Einwilligung gem. § 525 S. 1 iVm § 267 in die Klageerweiterung[38] oder in die Widerklage[39]. Auch die rügelose Einlassung auf eine neue Aufrechnungserklärung stellt eine Einwilligung dar[40].   27

2. Sachdienlichkeit. Die Beurteilung der Sachdienlichkeit erfordert eine Berücksichtigung, Bewertung und Abwägung der beiderseitigen Interessen. Dabei ist entscheidend, ob und inwieweit die Zulassung der geänderten Klage oder der Widerklage den Streitstoff im Rahmen des anhängigen Rechtsstreits ausräumt, so dass sich ein weiterer Prozess vermeiden lässt. Die Sachdienlichkeit kann im Allgemeinen nur dann verneint werden, wenn ein **völlig neuer Streitstoff** zur Beurteilung und Entscheidung gestellt wird, ohne dass dafür das Ergebnis der bisherigen Prozessführung verwertet   28

---

[31] BeckOK ZPO/*Wulf* § 533 Rn. 24; Zöller/*Heßler* § 533 Rn. 8; Stein/Jonas/*Althammer* § 533 Rn. 9; MüKoZPO/*Rimmelspacher* § 533 Rn. 34; Prütting/Gehrlein/*Oberheim* § 533 Rn. 27; aA Wieczorek/Schütze/*Gerken* § 533 Rn. 17.
[32] BeckOK ZPO/*Wulf* § 533 Rn. 3; Musielak/Voit/*Ball* § 533 Rn. 3 u. 18; Prütting/Gehrlein/*Oberheim* § 533 Rn. 2; Stein/Jonas/*Althammer* § 533 Rn. 4 u. 9; Thomas/Putzo/*Seiler* § 533 Rn. 2; MüKoZPO/*Rimmelspacher* § 533 Rn. 9 u. 37; vgl. auch BGH NJW 2008, 1953 Rn. 19 ff.
[33] BeckOK ZPO/*Wulf* § 533 Rn. 3; Thomas/Putzo/*Seiler* § 533 Rn. 2; MüKoZPO/*Rimmelspacher* § 533 Rn. 27.
[34] BGH GRUR 2009, 856 Rn. 16 – Tripp-Trapp-Stuhl mwN.
[35] BGH NJW 2014, 151 Rn. 19 ff.; aA *Bub* MDR 2011, 84 ff.
[36] BGH NJW-RR 2017, 56 Rn. 14 ff. (dort auch ausdrücklich dazu, dass im Zurückweisungsbeschluss nicht über die Klageerweiterung zu entscheiden ist); NJW 2015, 251 Rn. 2 jeweils mwN.
[37] BGH NJW 2016, 2508 Rn. 11.
[38] BGH BeckRS 2016, 00482 Rn. 12; GRUR 2016, 104 Rn. 41 – auf Internetportal „recht§billig"; jeweils mwN.
[39] BGH NJW-RR 2012, 429 Rn. 14 mwN.
[40] Wieczorek/Schütze/*Gerken* § 533 Rn. 29; Zöller/*Heßler* § 533 Rn. 24; Musielak/Voit/*Ball* § 533 Rn. 12; Stein/Jonas/*Althammer* § 533 Rn. 28.

werden kann⁴¹. In diesem Fall wird regelmäßig auch die Voraussetzung des § 533 Nr. 2 nicht erfüllt sein.

29 Der Sachdienlichkeit steht grundsätzlich nicht entgegen, dass aufgrund der Klageänderung neue Parteierklärungen und gegebenenfalls Beweiserhebungen notwendig werden und die Erledigung des Prozesses verzögert wird⁴².

30 Wird eine aufwendige Beweisaufnahme über im ersten Rechtszug vorgetragene – und deshalb gem. § 529 zu berücksichtigende – Tatsachen ausschließlich im Hinblick auf die in zweiter Instanz erhobene Widerklage erforderlich, kann dies dazu führen, dass die Sachdienlichkeit zu verneinen ist⁴³.

31 Die Sachdienlichkeit kann nicht mit der Begründung verneint werden, dass für den Beklagten durch die Zulassung einer Klageänderung oder -erweiterung ein **Verlust einer Tatsacheninstanz** eintrete; denn daraus, dass eine Klageänderung im zweiten Rechtszug als sachdienlich zugelassen werden kann, folgt, dass das Gesetz im Interesse der Prozesswirtschaftlichkeit den Verlust einer Tatsacheninstanz in Kauf nimmt⁴⁴.

32 Bei mehreren hintereinander hilfsweise zur Aufrechnung gestellten Forderungen ist die Sachdienlichkeit für jede Aufrechnungsforderung gesondert zu prüfen⁴⁵.

33 Die Sachdienlichkeit für die in der **Einführung** eines **weiteren Patents** in den Rechtsstreit liegende Klageerweiterung kann sich aus § 145 PatG ergeben⁴⁶.

33a Im **Patentnichtigkeitsverfahren** beurteilt sich die Sachdienlichkeit neuer, erstmals im Berufungsverfahren gestellter **Hilfsanträge zur Verteidigung des Patents** im Wesentlichen nach dem Inhalt der Hinweise des Patentgerichts gem. § 83 Abs. 1 PatG⁴⁷. Sie kann aber auch dann vorliegen, wenn sich der neue Antrag von einem bereits in erster Instanz gestellten Antrag nur dadurch unterscheidet, dass einzelne der zur erteilten Fassung hinzutretenden Merkmale gestrichen worden sind⁴⁸.

IV. Stützung auf ohnehin zugrunde zu legende Tatsachen

34 Nach Nr. 2 sind neue Angriffe im Berufungsverfahren nur zulässig, wenn sie auf Tatsachen gestützt werden können, welche der Entscheidung über die Berufung ohnehin zugrunde zu legen sind. Ohne diese Zulässigkeitsschwelle müssten entweder bei neuen Angriffen die Beschränkungen für neue Angriffs- und Verteidigungsmittel aufgegeben werden – was eine „Flucht in die Klageänderung" im Berufungsverfahren begünstigte – oder diese Beschränkungen führten dazu, dass über neue Angriffe auf unzureichender Tatsachengrundlage in der Sache zu entscheiden wäre. Die durch § 533 bewirkte Unzulässigkeit von Angriffen, die auf nicht zulassungsfähiges neues Vorbringen gestützt werden, erspart dem Berufungsgericht und dem Gegner die Ausweitung des Streitstoffs und erlaubt der Partei, ihr Begehren in einem anderen – erstinstanzlichen – Verfahren zu verfolgen, dem nicht die Rechtskraft der Berufungsentscheidung entgegensteht⁴⁹.

34a Insoweit wirkt sich das – unmittelbar nur für neue Angriffs- und Verteidigungsmittel geltende – Novenrecht der §§ 530 f. mittelbar auf die Zulässigkeit eines neuen Angriffs aus: die Klageänderung ist im Berufungsverfahren nur zulässig, wenn sie auf Tatsachen gestützt werden kann, die ohnehin nach § 529 zu berücksichtigen sind; das beurteilt sich bei neuen Tatsachen nach den §§ 530 f.⁵⁰.

35 Die Bezugnahme auf § 529 erstreckt sich auf **alle** nach dieser Vorschrift **ohnehin zugrunde zu legenden Tatsachen** (→ § 529 Rn. 3 ff.).

---

⁴¹ BGH NJW 2020, 2407 Rn. 14; 2018, 2550 Rn. 52; 2012, 2662 Rn. 20 mwN; vgl. auch BGH BeckRS 2016, 00482 Rn. 12 mwN.
⁴² BGH NJW 2020, 2407 Rn. 14; 2012, 2662 Rn. 20 mwN.
⁴³ BGH NJW-RR 2012, 429 Rn. 13.
⁴⁴ BGH NJW 2020, 2407 Rn. 14; 2011, 2796 Rn. 26 mwN.
⁴⁵ BGH NJW 2000, 143 (144).
⁴⁶ OLG Düsseldorf BeckRS 2009, 29993 – Kommissionierungsautomat.
⁴⁷ BGH GRUR 2020, 974 Rn. 33 – Niederflurschienenfahrzeug; BeckRS 2018, 7220 Rn. 52; GRUR 2016, 1038 Rn. 37 – Fahrzeugscheibe II; vom BGH gelegentlich (unter Verquickung von Verteidigung und Verteidigungsmittel) unter § 117 PatG iVm § 531 Abs. 2 ZPO abgehandelt: BGH GRUR 2020, 603 Rn. 32 f. – Tadalafil; GRUR 2014, 1026 Rn. 31 f. – Analog-Digital-Wandler; klarer BGH GRUR 2020, 1284 Rn. 78 – Datenpaketumwandlung: einerseits Sachverhalt nach § 116 Abs. 2 Nr. 2 PatG und andererseits Sachdienlichkeit nach § 116 Abs. 2 Nr. 1 PatG.
⁴⁸ BGH GRUR 2020, 1284 Rn. 77 – Datenpaketumwandlung; BeckRS 2014, 10780 Rn. 52.
⁴⁹ Zur Aufrechnung Musielak/Voit/*Ball* § 533 Rn. 26.
⁵⁰ BGH BeckRS 2018, 39920 Rn. 16. Deshalb zu weitgehend formuliert BGH NJW 2017, 491 Rn. 18: „… die gleichzeitig zur Begründung dieser erweiterten Anträge vorgetragenen Tatsachen und Beweismittel einschließlich eines Bestreitens, auch wenn es sich dabei um Angriffs- oder Verteidigungsmittel handelt, [können] nicht als verspätet zurückgewiesen werden, weil dies andernfalls in unzulässiger Weise auch die nach dem Gesetz grundsätzlich ausgeschlossene Präklusion des Angriffs selbst zur Folge hätte"; das gilt nur dann, wenn die Klageänderung ohnehin schon zulässig ist, vgl. BGH BeckRS 2018, 39920 Rn. 17 f.; krit auch Musielak/Voit/*Ball* § 533 Rn. 3 Fn. 2; MüKoZPO/*Rimmelspacher* § 533 Rn. 14.

Gerichtliches Geständnis § 535 ZPO

Die Voraussetzung der Nr. 2 ist insbesondere auch erfüllt, wenn der neue Angriff auf neues **36** unstreitiges Vorbringen gestützt wird[51].

Es bestehen **keine weiteren Anforderungen** an die Zulässigkeit des neuen Angriffs; so kommt es **37** nicht darauf an, ob **altes Vorbringen** (auch) für die ursprüngliche Klage erheblich ist. Vielmehr gilt auch insoweit, dass der gesamte im ersten Rechtszug vorgetragene Tatsachenstoff in die Berufungsinstanz gelangt, auch wenn ihn das erstinstanzliche Gericht als unerheblich angesehen und es daher keine Feststellungen getroffen hat (→ § 529 Rn. 18)[52]; kommt es aus der allein maßgeblichen objektiven Sicht des Berufungsgerichts aufgrund der Klageänderung auf diese Tatsachen an, bestehen erhebliche Zweifel an der Vollständigkeit der entscheidungserheblichen Feststellungen, die das Berufungsgericht nach § 529 Abs. 1 Nr. 1 Hs. 2 zu eigenen Feststellungen berechtigen und verpflichten[53]. **Neues** (bestrittenes) **Vorbringen**, das ohne den neuen Angriff nicht entscheidungserheblich wäre, kann dagegen nicht unter Berufung auf § 531 Abs. 2 eingeführt werden[54].

D. Rechtsmittel

Sowohl die **Zulassung** eines Angriffs gem. § 533 als auch die Annahme des Berufungsgerichts, **38** § 533 sei im konkreten Streitfall nicht anwendbar, können **nicht mit der Revision** angegriffen werden[55].

Dagegen kann die **Nichtzulassung** eines neuen Angriffs durch Klageänderung oder Widerklage **39** oder einer neuen Aufrechnungserklärung **mit der Revision** angegriffen werden[56].

§ 534 Verlust des Rügerechts

Die Verletzung einer das Verfahren des ersten Rechtszuges betreffenden Vorschrift kann in der Berufungsinstanz nicht mehr gerügt werden, wenn die Partei das Rügerecht bereits im ersten Rechtszuge nach der Vorschrift des § 295 verloren hat.

Im ersten Rechtszug aufgetretene Verfahrensfehler können im Berufungsverfahren grundsätzlich als **1** Rechtsfehler gem. § 513 Abs. 1 gerügt werden; hat die Partei allerdings das Recht zur Rüge dieses Fehlers bereits im ersten Rechtszug gem. § 295 Abs. 1 verloren, würde die Möglichkeit der Rüge im Berufungsverfahren die Funktion des § 295 Abs. 1 entwerten. Zur **Vermeidung** einer „**Flucht in die Berufung**" perpetuiert die Vorschrift daher den Verlust des Rügerechts im ersten Rechtszug und entspricht darin der Vorschrift des § 531 Abs. 1, welche die entsprechende Rechtsfolge für Angriffs- und Verteidigungsmittel ausspricht, die bereits im ersten Rechtszug zurückgewiesen worden sind.

Auch wenn eine Partei das Recht der Rüge eines Fehlers im Verfahren des ersten Rechtszugs nicht **2** gem. § 295 Abs. 1 verloren hat – insbes. wenn der Fehler erst im Ersturteil zu Tage tritt –, muss der Fehler gleichwohl ordnungsgemäß im Berufungsverfahren gerügt werden, um berücksichtigt werden zu können. Wird die Berufung darauf gestützt, so muss die Rüge den Anforderungen der Vorschriften in § 520 Abs. 3 Nr. 2, § 529 Abs. 2 S. 1 genügen (→ § 520 Rn. 28 ff.; → § 529 Rn. 26 ff.), insbes. innerhalb der Berufungsbegründungsfrist erhoben werden[1]; beruft sich der Berufungsgegner auf den Fehler, so kann er sein Recht zur Rüge gem. § 525 S. 1 iVm § 295 Abs. 1 verlieren, wenn er sie nicht rechtzeitig erhebt.

Nicht von § 534 erfasst werden **Verfahrensfehler im Berufungsverfahren**; auch insoweit kann **3** das Rügerecht allerdings gem. § 525 S. 1 iVm mit § 295 verloren werden.

Da § 295 im patentrechtlichen Verfahren vor dem BPatG anwendbar ist (→ § 295 Rn. 2) findet **4** § 534 ebenso im Verfahren der Berufung im **Patentnichtigkeitsverfahren** entsprechende Anwendung wie § 531 Abs. 1.

§ 535 Gerichtliches Geständnis

Das im ersten Rechtszuge abgelegte gerichtliche Geständnis behält seine Wirksamkeit auch für die Berufungsinstanz.

---

[51] BGH NJW-RR 2012, 429 Rn. 12 mwN.
[52] BGH BeckRS 2013, 00267 Rn. 11; NJW-RR 2012, 429 Rn. 11 mwN; *Crummenerl* GRUR 2009, 245 (247) für die Parteierweiterung im Berufungsverfahren.
[53] BGH BeckRS 2013, 00267 Rn. 11 mwN.
[54] BT-Drs. 14/4722, 102; BeckOK ZPO/*Wulf* § 533 Rn. 13; MüKoZPO/*Rimmelspacher* § 533 Rn. 14; Prütting/Gehrlein/*Oberheim* § 533 Rn. 14.
[55] BGH GRUR 2017, 730 Rn. 18 – Sierpinski-Dreieck; GRUR 2015, 1108 Rn. 25 – Green IT; NJW 2012, 3722 Rn. 11; NJW-RR 2008, 262 Rn. 9; jeweils mwN.
[56] BGH NJW 2012, 2662 Rn. 18.
[1] BeckOK ZPO/*Wulf* § 534 Rn. 2; MüKoZPO/*Rimmelspacher* § 534 Rn. 3; aA Wieczorek/Schütze/*Gerken* § 34 Rn. 2.

1 § 535 entspricht § 534 darin, dass eine Partei an ihre Prozesssituation im ersten Rechtszug gebunden bleibt; so wie sie an den Verlust des Rügerechts gem. § 295 gebunden bleibt, soll sie sich auch eines im ersten Rechtszug abgegebenen Geständnisses **nicht** durch eine „**Flucht in die Berufung**" entledigen können, sondern daran gebunden bleiben.

2 Die Vorschrift bezieht sich lediglich auf **gerichtliche Geständnisse** iSd § 288 (zu Begriff und Abgrenzung → § 288 Rn. 2 ff.). Ist gegnerisches Vorbringen im ersten Rechtszug lediglich nicht bestritten worden und gilt es deshalb gem. § 138 Abs. 3 als zugestanden, findet sie keine Anwendung. Allerdings gelangt auch die Unbestrittenheit des Vorbringens als Teil des Prozessstoffs in die Berufungsinstanz (→ § 529 Rn. 18); wird gegnerisches Vorbringen erstmals im Berufungsverfahren bestritten, so handelt es sich dabei um ein neues Angriffs- oder Verteidigungsmittel, das nur unter den Voraussetzungen der Präklusionsvorschriften für das Berufungsverfahren − § 530, § 525 S. 1 iVm § 296 Abs. 1 u. 2, § 531 Abs. 2 − zuzulassen ist.

3 Die Vorschrift ordnet lediglich den Fortbestand des gerichtlichen Geständnisses an; dessen **Widerruf im Berufungsverfahren** wird dadurch nicht ausgeschlossen. Beim Widerruf handelt es sich allerdings ebenfalls um ein neues Angriffs- oder Verteidigungsmittel, das nur unter den Voraussetzungen der Präklusionsvorschriften für das Berufungsverfahren − § 530, § 525 S. 1 iVm § 296 Abs. 1 u. 2, § 531 Abs. 2 − zuzulassen ist[1].

4 Für ein erstmals **im Berufungsverfahren abgegebenes** gerichtliches **Geständnis** gelten §§ 288, 290 kraft der Verweisung des § 525 S. 1.

§ 536 Parteivernehmung

(1) Das Berufungsgericht darf die Vernehmung oder Beeidigung einer Partei, die im ersten Rechtszuge die Vernehmung abgelehnt oder die Aussage oder den Eid verweigert hatte, nur anordnen, wenn es der Überzeugung ist, dass die Partei zu der Ablehnung oder Weigerung genügende Gründe hatte und diese Gründe seitdem weggefallen sind.

(2) War eine Partei im ersten Rechtszuge vernommen und auf ihre Aussage beeidigt, so darf das Berufungsgericht die eidliche Vernehmung des Gegners nur anordnen, wenn die Vernehmung oder Beeidigung im ersten Rechtszuge unzulässig war.

§ 537 Vorläufige Vollstreckbarkeit

(1) **Ein nicht oder nicht unbedingt für vorläufig vollstreckbar erklärtes Urteil des ersten Rechtszuges ist, soweit es durch die Berufungsanträge nicht angefochten wird, auf Antrag von dem Berufungsgericht durch Beschluss für vorläufig vollstreckbar zu erklären. Die Entscheidung ist erst nach Ablauf der Berufungsbegründungsfrist zulässig.**

(2) **Eine Anfechtung des Beschlusses findet nicht statt.**

A. Normzweck

1 Abs. 1 baut darauf auf, dass ein mit der Berufung angegriffenes **Ersturteil grundsätzlich** auch insoweit **nicht rechtskräftig** wird, als es nicht von den bei Ablauf der Berufungsbegründungsfrist gestellten Berufungsanträgen erfasst wird, sich die Berufung also auf einen Teilangriff beschränkt. Denn die Berufungsangriffe können auch nach dem Ablauf dieser Frist ausgeweitet werden, sowohl durch den Berufungsführer, der seine Berufung bis zum Schluss der Berufungsverhandlung erweitern kann, soweit die fristgerecht vorgetragenen Berufungsgründe dies decken (→ § 520 Rn. 21), als auch durch den Berufungsgegner im Wege der Anschlussberufung oder deren Erweiterung. Zwar kann daher das Ersturteil mangels Rechtskraft auch insoweit nicht endgültig, sondern nur vorläufig vollstreckbar sein; das (vorläufige) Ausbleiben eines Angriffs **verschiebt** jedoch die den allgemeinen Regeln zur vorläufigen Vollstreckbarkeit von Ersturteilen zugrunde liegende **Interessengewichtung** zugunsten der im ersten Rechtszug erfolgreichen Partei. Deshalb eröffnet § 537 dieser Partei die Möglichkeit, das Ersturteil insoweit unbedingt für vorläufig vollstreckbar erklären zu lassen.

B. Voraussetzungen

I. Keine Rechtskraft

2 Abs. 1 betrifft die **vorläufige** Vollstreckbarkeit und findet deshalb keine Anwendung, soweit das Ersturteil teilweise rechtskräftig und damit insoweit **endgültig vollstreckbar** geworden ist.

3 Richtet sich die Berufung nur gegen einen Teil des den Berufungsführer beschwerenden Ausspruchs im Ersturteil, so tritt **Teilrechtskraft** hinsichtlich des nicht angegriffenen Teils **nur** ein, wenn neben dem Berufungsangriff ein **Rechtsmittelverzicht** im Übrigen erklärt wird[1*]. Soweit der nicht an-

---

[1] MüKoZPO/*Rimmelspacher* § 535 Rn. 4.
[1*] BGH NJW 1992, 2296 mwN.

gegriffene Urteilsteil den Berufungsgegner beschwert, so tritt Teilrechtskraft nur ein, wenn infolge Fristablaufs **keine Möglichkeit zur Anschlussberufung** mehr besteht[2].

Bei **Unklarheit** darüber, ob Teilrechtskraft eingetreten ist, entspricht es der oben dargestellten Interessenbewertung (→ Rn. 1), Abs. 1 anzuwenden: die erfolgreiche Partei hat ein überwiegendes Interesse, ungehindert vollstrecken zu können, während es der unterlegenen Partei einerlei ist, ob aus dem von ihr nicht angegriffenen Urteil unbedingt gegen sie vollstreckt wird, weil es endgültig vollstreckbar ist oder weil es gem. Abs. 1 für unbedingt vorläufig vollstreckbar erklärt worden ist[3].

II. Teilanfechtung

Abs. 1 setzt voraus, dass das **Ersturteil nicht in vollem Umfang angefochten** wird. Das kann der Fall sein, wenn sich der Beklagte nur teilweise gegen einen vollen Klageerfolg wendet oder der Kläger nur teilweise gegen eine vollständige Klageabweisung (der Beklagte kann dann allerdings nicht die unbedingte Vollstreckbarerklärung eines Teils der Kostenscheidung verlangen, → Rn. 8). Eine Teilanfechtung liegt aber auch dann vor, wenn eine Klage teilweise Erfolg gehabt hat und sich nur eine Partei gegen den ihr ungünstigen Teil wendet. Nimmt der Berufungsführer seine Berufung teilweise zurück, so wird dadurch die Möglichkeit einer unbedingten Vollstreckbarerklärung eröffnet, wenn nicht mit der Teilberufungsrücknahme ein Teilberufungsverzicht verbunden wird (→ § 516 Rn. 15). Bei einem Teilberufungsverzicht tritt dagegen Teilrechtskraft ein (→ Rn. 3), so dass Abs. 1 nicht anwendbar ist[4].

Wird die Anfechtung nach der Stellung des Antrags, aber vor der Entscheidung darüber auf den für vorläufig vollstreckbar zu erklärenden Rest des Ersturteils ausgeweitet, so liegt keine Teilanfechtung mehr vor; will der Antragsteller die Zurückweisung seines Antrags und die damit verbundenen Kostennachteile vermeiden (→ Rn. 16), muss er das Verfahren für erledigt erklären[5].

III. Von Abs. 1 erfasste Entscheidungen

Abs. 1 setzt voraus, dass der nicht angefochtene – aber noch nicht rechtskräftige – Teil des Ersturteils einen **vollstreckungsfähigen Inhalt** hat. Deshalb kommt § 537 bei **Feststellungs-** und **Gestaltungsurteilen** sowie grundsätzlich bei Verurteilungen zur **Abgabe einer Willenserklärung** (Ausnahme: § 895 S. 1) nicht in Betracht.

Der **Kostenausspruch** des Ersturteils ist einer unbedingten Vollstreckbarerklärung nicht zugänglich, schon weil hierüber unabhängig von den in Abs. 1 genannten Berufungsanträgen zu entscheiden und daher eine Abänderung immer möglich ist[6]. Aber auch nach der Gegenauffassung kommt dies im Bereich des **gewerblichen Rechtsschutzes** grundsätzlich nicht in Betracht, weil jedenfalls erforderlich ist, dass die Kostenquote aufgrund der beschränkten Berufung eindeutig zu bestimmen und unabhängig von der Sachentscheidung des Berufungsgerichts ist[7], woran es im gewerblichen Rechtsschutz regelmäßig wegen der im Ermessen des Berufungsgerichts stehenden Teilstreitwerte fehlt, die für die Quote maßgeblich sind.

Weitere Voraussetzung ist, dass der entsprechende Teil des Ersturteils entweder **gar nicht** (§ 712 Abs. 1 S. 2) oder **nur unter einer Bedingung** (Erbringung einer Sicherheitsleistung gem. § 709 oder § 712 Abs. 2 S. 2 oder Nichtnutzen einer Abwendungsbefugnis gem. § 711, § 712 Abs. 1 S. 1) für **vorläufig vollstreckbar** erklärt worden ist. Da Urteile, die Arreste oder **einstweilige Verfügungen** aussprechen oder bestätigen, regelmäßig ohne weiteres unbedingt vollstreckbar sind (→ § 922 Rn. 7), findet Abs. 1 auf sie grundsätzlich keine Anwendung.

IV. Antrag

Den nach Abs. 1 erforderlichen Antrag kann jede Partei stellen, die aus dem nicht angefochtenen Teil des Ersturteils vollstrecken kann, also nicht nur der **Berufungsgegner**, sondern auch der **Berufungsführer**[8].

---

[2] Zum Revisionsverfahren BGH BeckRS 2011, 22879 Rn. 15 mwN.
[3] BeckOK ZPO/*Wulf* § 537 Rn. 2; MüKoZPO/*Rimmelspacher* ZPO § 537 Rn. 5.
[4] Musielak/Voit/*Ball* § 537 Rn. 3; aA Zöller/*Heßler* ZPO § 537 Rn. 2; Anders/Gehle/*Göertz* § 537 Rn. 5.
[5] OLG Hamm MDR 1995, 311.
[6] OLG Braunschweig BeckRS 2010, 00944; OLG Düsseldorf NJOZ 2004, 1198 f.; Wieczorek/Schütze/*Gerken* ZPO § 537 Rn. 8; BeckOK ZPO/*Wulf* § 537 Rn. 6; Thomas/Putzo/*Reichold* § 537 Rn. 3; aA Stein/Jonas/*Althammer* § 537 Rn. 2; Zöller/*Heßler* § 537 Rn. 6; MüKoZPO/*Rimmelspacher* § 537 Rn. 7.
[7] Stein/Jonas/*Althammer* § 537 Rn. 2; Zöller/*Heßler* ZPO § 537 Rn. 6; MüKoZPO/*Rimmelspacher* § 537 Rn. 7.
[8] OLG Hamm (26. ZS) NJW-RR 1990, 1470; Wieczorek/Schütze/*Gerken* § 537 Rn. 5; BeckOK ZPO/*Wulf* § 537 Rn. 7; Musielak/Voit/*Ball* § 537 Rn. 4; Stein/Jonas/*Althammer* § 537 Rn. 4; Zöller/*Heßler* § 537 Rn. 2; Thomas/Putzo/*Seiler* § 537 Rn. 2; MüKoZPO/*Rimmelspacher* § 537 Rn. 9; aA OLG Hamm (8. ZS) NJW-RR 1987, 832.

C. Verfahren und Entscheidung

11 Der gegnerischen Partei ist vor der Entscheidung **rechtliches Gehör** zu gewähren. Sie kann dann dem Antrag unter Umständen die Grundlage entziehen, indem sie die Berufung erweitert oder Anschlussberufung einlegt (→ Rn. 6).

12 Der Einwand der **Erfüllung** kann nur berücksichtigt werden, wenn diese **unstreitig** ist, und führt dann zum Wegfall des Rechtsschutzbedürfnisses für den Antrag[9].

13 Die Entscheidung über den Antrag darf erst **nach Ablauf der Berufungsbegründungsfrist** erfolgen (Abs. 1 S. 2), weil erst dann regelmäßig klar ist, ob eine Teilanfechtung vorliegt. Dass zu diesem Zeitpunkt bei Ersturteilen, die beide Parteien beschweren, noch nicht sicher sein muss, dass der Berufungsgegner seinerseits keine Berufung einlegt (wenn nämlich dessen Berufungsfrist wegen späterer Urteilszustellung noch läuft), wird nur sehr selten vorkommen und ist angesichts dessen vorheriger Anhörung (→ Rn. 11) hinnehmbar.

14 Unerheblich ist, ob die **Berufung zulässig** ist[10], weil sich der Antrag gerade auf den Teil des Ersturteils bezieht, der von der Berufung nicht angegriffen wird.

15 Die Entscheidung steht nicht im Ermessen des Berufungsgerichts, sondern ist beim Vorliegen der Voraussetzungen des Abs. 1 zwingend. Sie ergeht – regelmäßig ohne mündliche Verhandlung – als Beschluss.

16 Da das sich regelmäßig auf einen anderen Streitgegenstand als das Berufungsverfahren beziehende Verfahren gesonderte Anwaltskosten gemäß Nr. 3329 VV-RVG und – im Falle einer mündlichen Verhandlung über den Antrag – gem. Nr. 3332 VV-RVG auslöst, muss die Entscheidung einen **Kostenausspruch** enthalten.

D. Anfechtbarkeit

17 Die Entscheidung ist gem. Abs. 2 unanfechtbar.

18 Werden die von der Entscheidung erfassten Teile des Ersturteils später doch noch angegriffen, so berührt das den Bestand der Entscheidung nicht. Dem Gegner der vollstreckenden Partei bleibt jedoch die Möglichkeit, einstweilige Beschränkungen der Zwangsvollstreckung nach § 719 Abs. 1 S. 1, § 707 zu erwirken[11]; im Rahmen des dann eröffneten gerichtlichen Ermessens (→ § 707 Rn. 9 f.) kann aber die Zögerlichkeit bei der Erhebung des Berufungsangriffs berücksichtigt werden.

§ 538 Zurückverweisung

(1) Das Berufungsgericht hat die notwendigen Beweise zu erheben und in der Sache selbst zu entscheiden.

(2) ¹**Das Berufungsgericht darf die Sache, soweit ihre weitere Verhandlung erforderlich ist, unter Aufhebung des Urteils und des Verfahrens an das Gericht des ersten Rechtszuges nur zurückverweisen,**

1. soweit das Verfahren im ersten Rechtszuge an einem wesentlichen Mangel leidet und auf Grund dieses Mangels eine umfangreiche oder aufwändige Beweisaufnahme notwendig ist,
2. wenn durch das angefochtene Urteil ein Einspruch als unzulässig verworfen ist,
3. wenn durch das angefochtene Urteil nur über die Zulässigkeit der Klage entschieden ist,
4. wenn im Falle eines nach Grund und Betrag streitigen Anspruchs durch das angefochtene Urteil über den Grund des Anspruchs vorab entschieden oder die Klage abgewiesen ist, es sei denn, dass der Streit über den Betrag des Anspruchs zur Entscheidung reif ist,
5. wenn das angefochtene Urteil im Urkunden- oder Wechselprozess unter Vorbehalt der Rechte erlassen ist,
6. wenn das angefochtene Urteil ein Versäumnisurteil ist oder
7. wenn das angefochtene Urteil ein entgegen den Voraussetzungen des § 301 erlassenes Teilurteil ist

und eine Partei die Zurückverweisung beantragt. ²Im Fall der Nummer 3 hat das Berufungsgericht sämtliche Rügen zu erledigen. ³Im Fall der Nummer 7 bedarf es eines Antrags nicht.

---

[9] Wieczorek/Schütze/*Gerken* § 537 Rn. 14; BeckOK ZPO/*Wulf* § 537 Rn. 7; Musielak/Voit/*Ball* § 537 Rn. 5; Zöller/*Heßler* § 537 Rn. 3, MüKoZPO/*Rimmelspacher* § 537 Rn. 15.

[10] Wieczorek/Schütze/*Gerken* § 537 Rn. 13; BeckOK ZPO/*Wulf* § 537 Rn. 8; Musielak/Voit/*Ball* § 537 Rn. 5; MüKoZPO/*Rimmelspacher* § 537 Rn. 15.

[11] Wieczorek/Schütze/*Gerken* § 537 Rn. 18; Musielak/Voit/*Ball* § 537 Rn. 7; Stein/Jonas/*Althammer* § 537 Rn. 3; Zöller/*Heßler* ZPO § 537 Rn. 9; MüKoZPO/*Rimmelspacher* § 537 Rn. 18; aA BeckOK ZPO/*Wulf* § 537 Rn. 9.

Übersicht

	Rn.
A. Allgemeines	1
B. Regelungsgehalt	4
I. Grundsatz der Sachentscheidung durch das Berufungsgericht	4
II. Allgemeine Voraussetzungen der Zurückverweisung	5
1. Parteiantrag	6
2. Fehlende Entscheidungsreife	8
3. Ermessensausübung	9
III. Die Fallgruppen des § 538 Abs. 2 S. 1	12
1. Wesentlicher Verfahrensmangel (§ 538 Abs. 2 S. 1 Nr. 1)	12
a) Begriff des wesentlichen Mangels des Verfahrens	13
b) Erfordernis der umfangreichen oder aufwändigen Beweisaufnahme	18
2. Einspruchsverwerfung (§ 538 Abs. 2 S. 1 Nr. 2)	21
3. Entscheidung nur über die Zulässigkeit der Klage (§ 538 Abs. 2 S. 1 Nr. 3)	23
4. Entscheidung über den Anspruchsgrund (§ 538 Abs. 2 S. 1 Nr. 4)	26
5. Vorbehaltsurteil im Urkunden- oder Wechselprozess (§ 538 Abs. 2 S. 1 Nr. 5)	30
6. Versäumnisurteil (§ 538 Abs. 2 S. 1 Nr. 6)	33
7. Unzulässiges Teilurteil (§ 538 Abs. 2 S. 1 Nr. 7)	34
IV. Rechtsfolgen	36

A. Allgemeines

Abs. 1 statuiert im Interesse der **Verfahrensbeschleunigung** den Grundsatz, dass das Berufungs- **1** gericht selbst in der Sache entscheidet und die dazu notwendigen Beweise selbst erhebt. Die Möglichkeit der **Zurückverweisung** an das Erstgericht besteht **nur in den engen Grenzen** des Abs. 2.

Im Arrest- und **Verfügungsverfahren** steht schon die Eilbedürftigkeit einer Zurückverweisung **2** zwingend entgegen[1] (→ § 922 Rn. 20). Im Übrigen kann auch die – einer Zurückverweisung immer entgegenstehende (→ Rn. 8) – Entscheidungsreife unschwer im Termin vor dem Berufungsgericht herbeigeführt werden, da gem. § 920 Abs. 2 (iVm § 936), § 294 Abs. 2 nur präsente Beweismittel zulässig sind.

§ 538 findet im Verfahren der Berufung im **Patentnichtigkeitsverfahren** keine entsprechende **3** Anwendung. Vielmehr sind die Zurückverweisung und ihre Voraussetzungen in § 119 Abs. 2 S. 2, Abs. 3, Abs. 5 PatG eigenständig geregelt[2].

B. Regelungsgehalt

I. Grundsatz der Sachentscheidung durch das Berufungsgericht

Abs. 1 weist dem Berufungsgericht grundsätzlich die Aufgabe zu, die Sache selbst abschließend zu **4** entscheiden. Daran zeigt sich, dass das Berufungsverfahren nicht nur der Fehlerkontrolle, sondern auch der Fehlerbeseitigung dient, und trotz der Einschränkungen bei der eigenen Tatsachenfeststellung, insbes. durch § 529 Abs. 1 Nr. 1 und § 531 Abs. 2, Tatsacheninstanz ist.

II. Allgemeine Voraussetzungen der Zurückverweisung

Die in Abs. 2 geregelten Zurückverweisungsmöglichkeiten stellen Ausnahmen vom Grundsatz der **5** Sachentscheidung durch das Berufungsgericht dar. Dieser Ausnahmecharakter steht einer Ausweitung der Zurückverweisung auf nicht ausdrücklich geregelte Fälle grundsätzlich entgegen[3]; sie kommt nur in eng umrissenen Sonderfällen in Betracht (→ Rn. 22, 24, 29, 30, 32 u. 33).

1. Parteiantrag. Außer im Fall der Berufung gegen ein unzulässiges Teilurteil (Abs. 2 S. 1 Nr. 7, **6** S. 3; → Rn. 34) kann eine Zurückverweisung gem. Abs. 2 S. 1 aE nur stattfinden, wenn eine der Parteien sie beantragt. Der **Antrag** kann sowohl vom **Berufungsführer** als auch vom **Berufungsgegner** gestellt werden.

Der Antrag, der **auch hilfsweise** gestellt werden kann, muss nicht bereits in der Berufungsbegrün- **7** dungsschrift oder der Berufungserwiderung enthalten sein, sondern kann **bis zum Schluss der mündlichen Verhandlung** angebracht[4] und zurückgenommen[5] werden.

---

[1] OLG Dresden BeckRS 2012, 01203 mwN; Harte-Bavendamm/Henning-Bodewig/*Retzer* § 12 Rn. 496; Berneke/*Schüttpelz* Rn. 447 aE; Stein/Jonas/*Althammer* § 538 Rn. 2.
[2] BGH GRUR 2016, 1260 Rn. 31 – Yttrium-Aluminium-Granat.
[3] BeckOK ZPO/*Wulf* § 538 Rn. 3, Musielak/Voit/*Ball* § 538 Rn. 1.
[4] OLG Saarbrücken NJW-RR 2003, 573 (574); BeckOK ZPO/*Wulf* § 538 Rn. 4; Zöller/*Heßler* § 538 Rn. 56; Musielak/Voit/*Ball* § 538 Rn. 5; Anders/Gehle/*Göertz* § 538 Rn. 21; Prütting/Gehrlein/*Oberheim* § 538 Rn. 7; MüKoZPO/*Rimmelspacher* § 538 Rn. 29.
[5] BeckOK ZPO/*Wulf* § 538 Rn. 4; Prütting/Gehrlein/*Oberheim* § 538 Rn. 7; MüKoZPO/*Rimmelspacher* § 538 Rn. 29.

8 **2. Fehlende Entscheidungsreife.** In allen Fällen der in Abs. 2 S. 1 aufgezählten Zurückverweisungsgründe darf eine Zurückverweisung nur dann erfolgen, wenn die **weitere Verhandlung** der Sache vor dem Gericht des ersten Rechtszuges **erforderlich** ist; daran fehlt es, wenn der Rechtsstreit ohne weitere Verhandlung zur Endentscheidung reif ist[6].

9 **3. Ermessensausübung.** Das Vorliegen der Voraussetzungen gem. Abs. 2 S. 1 für eine Zurückverweisung begründet **keinen Automatismus**, der zu einer Zurückverweisung zwingen würde; vielmehr steht die Zurückverweisung im **pflichtgemäßen Ermessen** des Berufungsgerichts, bei dessen Ausübung eine **Abwägung** zwischen der mit einer Zurückverweisung verbundenen Verzögerung und Verteuerung des Verfahrens einerseits und dem Interesse an der Wahrung des vollen Instanzenzuges andererseits vorzunehmen ist. Das Berufungsgericht muss nachprüfbar darzulegen, inwieweit die Zurückverweisungsgründe so gewichtig sind – insbes. eine noch ausstehende Beweisaufnahme so aufwändig oder umfangreich ist –, dass sie eine Zurückverweisung rechtfertigen[7]. An diese **Begründung** sind allerdings **keine hohen Anforderungen** zu stellen; es reicht regelmäßig aus, wenn sie erkennen lässt, dass das Berufungsgericht die in sein **Ermessen** gestellte Alternative zwischen Abs. 1 und Abs. 2 und gesehen und erwogen hat[8]. Eine bloß formelhafte Erwähnung der Ermessensausübung ist allerdings unzureichend[9].

10 Ist die Sache bereits vorher einmal an das Erstgericht zurückverwiesen worden, so muss das im Rahmen der erforderlichen Abwägung berücksichtigt werden[10] und wird in der Regel einer erneuten Zurückverweisung entgegenstehen.

11 Hat der Kläger den Zurückverweisungsantrag gestellt, so kommt seinem Interesse an einem zügigen Verfahren weniger Gewicht zu, als wenn der Antrag vom Beklagten herrührt.[11]

III. Die Fallgruppen des § 538 Abs. 2 S. 1

12 **1. Wesentlicher Verfahrensmangel (§ 538 Abs. 2 S. 1 Nr. 1).** Zwar können auch die durch die anderen Fälle des Abs. 2 S. 1 eröffneten Zurückverweisungsmöglichkeiten auf Verfahrensmängeln beruhen; Nr. 1 enthält jedoch eine darüber hinausgehende Generalklausel, die das zusätzliche, in den anderen Fällen nicht bestehende Erfordernis einer umfangreichen oder aufwändigen Beweisaufnahme aufstellt.

13 **a) Begriff des wesentlichen Mangels des Verfahrens.** Wesentlich ist ein Verfahrensmangel, wenn er so erheblich ist, dass das Verfahren **keine ordnungsgemäße Grundlage** für die Entscheidung des Erstgerichts darstellt[12].

14 Ob ein derartiger Mangel vorliegt, ist allein aufgrund des materiell-rechtlichen Standpunkts des Erstgerichts zu beurteilen, auch wenn das Berufungsgericht ihn nicht teilt; deshalb begründet es **keinen Fehler im Verfahren** des ersten Rechtszugs, wenn das Berufungsgericht **Parteivorbringen materiell-rechtlich anders beurteilt** als das Erstgericht[13]. Bloß materiell-rechtliche Fehler, die **keine Zurückverweisung** erlauben, liegen auch vor, wenn das Erstgericht zu hohe Anforderungen an die **Schlüssigkeit** oder die **Substantiierungslast** gestellt[14] oder die **Beweislast** verkannt[15] hat. Das gilt auch dann, wenn infolge der abweichenden Beurteilung eine Beweisaufnahme erforderlich wird[16]. Ein Verfahrensfehler kann in einem solchen Fall auch **nicht** mit einer **Verletzung der richterlichen Hinweispflicht** nach § 139 begründet werden; eine unrichtige Rechtsansicht des Erstrichters darf nicht auf dem Umweg über eine angebliche Hinweispflicht gegenüber den Parteien in einen Verfahrensmangel umgedeutet werden, wenn auf der Grundlage der Auffassung des Erstgerichts kein Hinweis geboten war. Das Berufungsgericht muss vielmehr auch insoweit bei Prüfung der Frage, ob ein Verfahrensfehler vorliegt, den Standpunkt des Erstgerichts zugrunde legen[17].

15 Ein Gehörsverstoß ist grundsätzlich ein wesentlicher Verfahrensmangel iSv Abs. 2 S. 1 Nr. 1[18]. So kann es einen für die Zurückverweisung gemäß § 538 Abs. 2 Nr. 1 ausreichenden Verfahrensfehler darstellen, wenn das Erstgericht den Anspruch der Partei auf **rechtliches Gehör** dadurch

---

[6] BGH BeckRS 2005, 04272.
[7] BGH NZG 2018, 950 Rn. 21; 2014, 100 Rn. 12 mwN.
[8] BGH BeckRS 2011, 20249 Rn. 23 f. mwN.
[9] BGH NJW-RR 2005, 928.
[10] BGH NZG 2018, 950 Rn. 21 (betreffend den extremen Fall einer dritten Zurückverweisung); NJW-RR 2011, 1365 Rn. 7.
[11] OLG Hamm NJW 2014, 78 (84) mAnm *Zepp*.
[12] BGH NJW 2013, 2601 Rn. 7 mwN.
[13] BGH NJW 2016, 2274 Rn. 12; 2013, 2601 Rn. 7 jeweils mwN.
[14] BGH NJW-RR 2010, 1048 Rn. 14 mwN.
[15] BGH NJW-RR 1988, 831, BeckOK ZPO/*Wulf* § 538 Rn. 8; Zöller/*Heßler* § 538 Rn. 11; Musielak/Voit/*Ball* § 538 Rn. 14.
[16] BGH BeckRS 2010, 18748 Rn. 15 mwN.
[17] BGH NJW 2013, 2601 Rn. 7 mwN.
[18] BGH NJW 2016, 2274 Rn. 12; NJW-RR 2013, 1013 Rn. 8 jeweils mwN.

verletzt, dass es den **Kern ihres Vorbringens verkennt** und daher eine entscheidungserhebliche Frage verfehlt[19].

Alle in § 547 aufgeführten **absoluten Revisionsgründe** sind zugleich wesentliche Verfahrensmängel iSd Abs. 2 S. 1 Nr. 1[20]. 16

So liegt ein wesentlicher Verfahrensmangel vor, wenn ein bei Verkündung noch nicht vollständig abgefasstes **Urteil nicht binnen fünf Monaten nach Verkündung schriftlich niedergelegt,** von den Richtern besonders unterschrieben und der Geschäftsstelle übergeben worden ist[21]. Obwohl es dann an erstgerichtlichen Tatsachenfeststellungen fehlt, die es gem. § 529 Abs. 1 Nr. 1 zugrunde legen könnte, ist das Berufungsgericht auch in einem solchen Fall **nicht zur Zurückverweisung gezwungen,** sondern kann die fehlenden Feststellungen selbst treffen[22]. 17

b) Erfordernis der umfangreichen oder aufwändigen Beweisaufnahme. Allein das Vorliegen eines wesentlichen Verfahrensmangels eröffnet die Zurückverweisungsmöglichkeit nicht; zusätzlich ist erforderlich, dass gerade **wegen des Verfahrensmangels** eine umfangreiche oder aufwändige Beweisaufnahme notwendig ist, wenn also die Beweisaufnahme bei ordnungsgemäßem Verfahren im ersten Rechtszug hätte durchgeführt werden müssen[23]. An dieser Voraussetzung fehlt es, wenn eine umfangreiche oder aufwändige Beweisaufnahme als Folge einer zunächst erforderlichen „einfachen" Beweisaufnahme nur möglich erscheint, aber nicht sicher zu erwarten ist[24] oder sich die Notwendigkeit einer Beweisaufnahme erst aus zuzulassendem neuen Vorbringen im Berufungsverfahren ergibt[25]. 18

Die notwendige Beweisaufnahme muss umfangreich oder aufwändig sein; dass – lediglich – die Verfahrensfortführung insgesamt umfangreich zu werden droht, genügt nicht[26]. 19

Umfangreich ist eine Beweisaufnahme etwa, wenn sie die Vernehmung einer Vielzahl von Zeugen oder Sachverständigen erfordert[27], und **aufwändig** etwa, wenn sie an einem weit entfernt liegenden Ort vorzunehmen ist[28] oder mehrere Zeugen im Ausland zu laden sind[29]. 20

2. Einspruchsverwerfung (§ 538 Abs. 2 S. 1 Nr. 2). Abs. 2 S. 1 Nr. 2 betrifft den Fall, dass das Erstgericht den **Einspruch** gegen ein Versäumnisurteil oder einen Vollstreckungsbescheid zu Unrecht gem. § 341 Abs. 1 durch **kontradiktorisches Endurteil** (→ § 341 Rn. 3; bei Verwerfung durch zweites Versäumnisurteil findet Abs. 2 S. 1 Nr. 6 Anwendung) als unzulässig verworfen hat. In diesem Fall hat die gem. § 342 erforderliche Verhandlung in der Sache im ersten Rechtszug noch nicht stattgefunden. Das Berufungsgericht kann die Sache zu deren Durchführung an das Erstgericht zurückverweisen. 21

Die Vorschrift ist entsprechend auf den Fall anzuwenden, dass die Wiedereinsetzung in den vorigen Stand gegen die Einspruchsfrist durch Endurteil zu Unrecht versagt worden ist[30]. 22

3. Entscheidung nur über die Zulässigkeit der Klage (§ 538 Abs. 2 S. 1 Nr. 3). Abs. 2 S. 1 Nr. 3 findet nur Anwendung, wenn das Erstgericht eine **Klage als unzulässig abgewiesen** hat. Denn wenn das Erstgericht die Klage als zulässig erachtet hat, hat es entweder in einem Endurteil auch über deren Begründetheit entschieden, so dass keine Entscheidung „nur über die Zulässigkeit" vorliegt, oder ein Zwischenurteil gem. § 280 gefällt, bei dem es keiner Zurückverweisung bedarf, weil nur der Zwischenstreit in die Berufung gelangt und der Rest des Rechtsstreits ohnehin in der ersten Instanz verbleibt ist[31]. 23

Die Vorschrift ist entsprechend anzuwenden, wenn sich das Erstgericht aus anderen Gründen an einer Entscheidung in der Sache gehindert gesehen hat[32], etwa weil es zu Unrecht die Auffassung vertreten hat, ein verfahrensbeendender Vergleich sei wirksam[33] oder eine Klageänderung sei unzulässig[34]. 24

---

[19] BGH NJW 2012, 304 Rn. 12.
[20] BGH GRUR 2011, 56 Rn. 14 – Session-ID.
[21] BGH GRUR 2011, 56 Rn. 14 – Session-ID.
[22] BGH GRUR 2011, 56 Rn. 17 f. – Session-ID; vgl. auch BGH NJW 2016, 409 Rn. 14.
[23] BGH NZG 2013, 1013 Rn. 10; vgl. auch NJW 2019, 3001 Rn. 17; Musielak/Voit/*Ball* § 538 Rn. 15; Stein/Jonas/*Althammer* § 538 Rn. 14.
[24] BGH NZG 2018, 950 Rn. 18; NJW-RR 2017, 531 Rn. 11; NJW 2016, 2274 Rn. 20.
[25] BGH NJW-RR 2013, 1013 Rn. 9; BeckOK ZPO/*Wulf* § 538 Rn. 16.
[26] BGH NJW-RR 2013, 1013 Rn. 11.
[27] BT-Drs. 14/4722, 102.
[28] BT-Drs. 14/4722, 102.
[29] MüKoZPO/*Rimmelspacher* § 538 Rn. 53.
[30] Wieczorek/Schütze/*Gerken* § 538 Rn. 39; BeckOK ZPO/*Wulf* § 538 Rn. 18; Thomas/Putzo/*Seiler* § 538 Rn. 14; Musielak/Voit/*Ball* § 538 Rn. 19; Stein/Jonas/*Althammer* § 538 Rn. 22; MüKoZPO/*Rimmelspacher* § 538 Rn. 56.
[31] Musielak/Voit/*Ball* § 538 Rn. 20.
[32] Wieczorek/Schütze/*Gerken* § 538 Rn. 45; BeckOK ZPO/*Wulf* § 538 Rn. 20; Musielak/Voit/*Ball* § 538 Rn. 22; Anders/Gehle/*Göertz* § 538 Rn. 11; Stein/Jonas/*Althammer* § 538 Rn. 27.
[33] OLG Karlsruhe BeckRS 2005, 09035.
[34] OLG Koblenz BeckRS 2004, 00159.

25 Gem. Abs. 2 S. 2 hat das Berufungsgericht **sämtliche** Zulässigkeitsrügen zu erledigen; über den Wortlaut hinaus gilt das auch für alle von Amts wegen – also auch ohne Rüge – zu berücksichtigenden **Zulässigkeitsvoraussetzungen,** weil die Zulässigkeit im Berufungsverfahren abschließend geklärt werden soll[35].

26 **4. Entscheidung über den Anspruchsgrund (§ 538 Abs. 2 S. 1 Nr. 4).** Abs. 2 S. 1 Nr. 4 erlaubt die Zurückverweisung, wenn das Erstgericht die Klage, mit der ein nach Grund und Höhe streitiger Betrag eingeklagt worden ist, mangels Anspruchsgrunds durch Endurteil abgewiesen hat oder wenn es über den Grund durch Grundurteil gem. § 304 vorab entschieden hat. In beiden Fällen hat sich das **Erstgericht mit der** streitigen **Höhe** noch **nicht befasst;** hat dagegen das Erstgericht die Klage nur wegen **Unschlüssigkeit** des klägerischen **Vorbringens zur Höhe** abgewiesen, findet die Vorschrift keine Anwendung[36].

27 Das Berufungsgericht muss über **alle Aspekte** zum **Anspruchsgrund** selbst entscheiden; eine Zurückverweisung ist nur hinsichtlich des Betrags zulässig[37].

28 Weitere Voraussetzung für eine Zurückverweisung ist, dass der **Streit über die Höhe nicht** schon **entscheidungsreif** ist. Besteht auch insoweit Entscheidungsreife, so ist das Berufungsgericht im Fall der Berufung gegen ein Grundurteil berechtigt, den an sich noch im ersten Rechtszug anhängigen Streit über die Höhe an sich zu ziehen und selbst zu entscheiden[38]. Diese in Abs. 2 Satz 1 Nr. 4 vorausgesetzte Entscheidungsbefugnis über die Höhe besteht auch dann, wenn das Berufungsgericht ein **Grundurteil bestätigt**[39].

28a Die Möglichkeit zur Entscheidung über die Höhe erfordert **keine Anschlussberufung** durch den Kläger, weil die Anhängigkeit dieses Teils der Klage im ersten Rechtszug und damit dessen eigenständige (künftige) Anfechtbarkeit einer Entscheidung darüber einer Anschlussberufung von vornherein entgegensteht[40].

28b Auch von einem **Antrag** oder der Zustimmung der Parteien soll die Befugnis des Berufungsgerichts zur Entscheidung über die Höhe zumindest dann nicht abhängen, wenn die Parteien den vom Erstgericht ausgeklammerten Komplex zum Gegenstand des Berufungsverfahrens gemacht haben und die Entscheidung hierüber sachdienlich ist[41]; wenn aber der Kläger auch die Höhe seines Anspruchs zum Gegenstand des Berufungsverfahrens gemacht hat, liegt darin ein konkludenter Antrag, darüber ebenfalls zu entscheiden; einer ausdrücklichen Formulierung bedarf es, wie allgemein bei Berufungsanträgen (→ § 520 Rn. 18), nicht. Darüber hinaus einem Kläger, der nicht zu erkennen gibt, dass er eine Entscheidung des Berufungsgerichts zur Höhe anstrebe, eine solche aufzudrängen, verträgt sich nicht mit dem Dispositionsgrundsatz, der in § 528 seinen Niederschlag auch für das Berufungsverfahren gefunden hat. Hat der Kläger – zumindest konkludent – beantragt, auch über die Höhe zu entscheiden, so liegt darin auch eine konkludente Bezugnahme auf seinen entsprechenden Antrag im ersten Rechtszug, so dass es dessen ausdrücklichen Wiederholung im Berufungsverfahren nicht bedarf[42].

29 Die Vorschrift ist entsprechend anzuwenden, wenn das **Erstgericht** eine **Stufenklage insgesamt abgewiesen** hat, das **Berufungsgericht** hingegen dem **Auskunftsanspruch** stattgibt. Eine Zurückverweisung hinsichtlich der nicht beschiedenen Anträge der Stufenklage kommt daher nur in Betracht, wenn eine Partei einen entsprechenden Antrag stellt[43].

30 **5. Vorbehaltsurteil im Urkunden- oder Wechselprozess (§ 538 Abs. 2 S. 1 Nr. 5).** Unmittelbar findet die Vorschrift des Abs. 2 S. 1 Nr. 5 Anwendung, wenn ein Vorbehaltsurteil im Urkunden- oder Wechselprozess bestätigt wird, ist insoweit allerdings bedeutungslos, weil das Nachverfahren ohnehin im ersten Rechtszug verblieben ist[44]. Bedeutung gewinnt sie dagegen, wenn das angegriffene Vorbehaltsurteil wegen Unstatthaftigkeit des Urkundsprozesses aufzuheben ist[45]. Die Vorschrift gilt entsprechend, wenn das Erstgericht die Klage abgewiesen hat und erst das Berufungsgericht zu einem Vorbehaltsurteil gelangt[46].

---

[35] Wieczorek/Schütze/*Gerken* § 538 Rn. 31; BeckOK ZPO/*Wulf* § 538 Rn. 21; Musielak/Voit/*Ball* § 538 Rn. 24; Anders/Gehle/*Göertz* § 538 Rn. 11; Stein/Jonas/*Althammer* § 538 Rn. 31; MüKoZPO/*Rimmelspacher* § 538 Rn. 61.
[36] BGH NJW 1998, 613 (614).
[37] BGH NJW 2000, 2276 (2277) mwN.
[38] BGH NJW 1986, 182; Wieczorek/Schütze/*Gerken* § 538 Rn. 57 f.; Stein/Jonas/*Althammer* § 538 Rn. 38; aA OLG Stuttgart BeckRS 2003, 09693.
[39] BGH GRUR 2021, 636 Rn. 15 ff. – Clickbaiting.
[40] BGH GRUR 2021, 636 Rn. 19 – Clickbaiting.
[41] BGH GRUR 2021, 636 Rn. 22 – Clickbaiting, aA Musielak/Voit/*Ball* § 538 Rn. 29.
[42] So iE auch BGH GRUR 2021, 636 Rn. 23 – Clickbaiting.
[43] BGH (II. ZS) NJW 2009, 431 Rn. 12 mwN; aA BGH (V. ZS) NJW 2011, 1436 Rn. 19.
[44] Wieczorek/Schütze/*Gerken* § 538 Rn. 62; Stein/Jonas/*Althammer* § 538 Rn. 41.
[45] OLG Düsseldorf NJW-RR 2009, 157.
[46] BGH NJW-RR 1988, 61; Wieczorek/Schütze/*Gerken* § 538 Rn. 63; BeckOK ZPO/*Wulf* § 538 Rn. 27; Musielak/Voit/*Ball* § 538 Rn. 32; Stein/Jonas/*Althammer* § 538 Rn. 41; MüKoZPO/*Rimmelspacher* § 538 Rn. 71; offengelassen in BGH NJW 2005, 2701 (2703).

Nimmt allerdings der Kläger im Berufungsverfahren **Abstand vom Urkundenprozess**, so liegt 31
darin eine – an § 533 zu messende – Klageänderung (→ § 533 Rn. 13), die dazu führt, dass der
Rechtsstreit insgesamt im Berufungsverfahren anfällt und **für eine Zurückverweisung kein Raum
mehr ist**[47].
Die Vorschrift gilt entsprechend für Vorbehaltsurteile gem. § 302[48]. 32

6. Versäumnisurteil (§ 538 Abs. 2 S. 1 Nr. 6). Die Vorschrift des Abs. 2 S. 1 Nr. 6 betrifft den 33
Fall, dass sich die Berufung erfolgreich gegen ein **zweites Versäumnisurteil** oder ein Versäumnisurteil über den Einspruch gegen einen Vollstreckungsbescheid (→ § 514 Rn. 6) wendet; da im ersten Rechtszug noch nicht zur Sache verhandelt worden ist, erlaubt die Vorschrift die Zurückverweisung.
Sie ist entsprechend auf den Fall eines **Anerkenntnisurteils ohne** zugrundeliegendes **Anerkenntnis**
anzuwenden[49].

7. Unzulässiges Teilurteil (§ 538 Abs. 2 S. 1 Nr. 7). Abs. 2 S. 1 Nr. 7 betrifft den Fall, dass das 34
Erstgericht ein Teilurteil gefällt hat, obwohl die Voraussetzungen dafür (→ § 301 Rn. 6 ff.) fehlen.
Darin liegt zwar ein Verfahrensfehler iSd Abs. 2 S. 1 Nr. 1; im Fall des unzulässigen Teilurteils
sind aber für die Zurückverweisung sowohl die Notwendigkeit einer umfangreichen oder aufwändigen
Beweisaufnahme (Abs. 2 S. 1 Nr. 1) als auch ein Parteiantrag (Abs. 2 S. 3) entbehrlich.

Abs. 2 Nr. 7, S. 3 erlaubt nach einem unzulässigen Teilurteil zwar die Zurückverweisung ohne 35
Antrag einer Partei, schreibt sie aber nicht vor; das Berufungsgericht darf auch den noch in erster
Instanz befindlichen Teil – als Ausnahme vom Prinzip der Bindung an die Berufungsanträge (→ § 528
Rn. 15) – ohne Antrag und ohne Einverständnis der Parteien an sich ziehen[50].

IV. Rechtsfolgen

Mit der Zurückverweisung der Sache sind das Ersturteil und – soweit von einem Verfahrensfehler 36
geprägt – das Verfahren aufzuheben.

Die Möglichkeit der Zurückverweisung an einen anderen Spruchkörper, wie sie § 563 Abs. 1 S. 2 37
im Revisionsverfahren vorsieht, besteht im Berufungsverfahren nicht.

Das Erstgericht ist – ebenso wie das Berufungsgericht im Falle einer erneuten Berufung – an die 38
rechtliche Beurteilung durch das Berufungsgericht, welche die Aufhebung des Ersturteils trägt, in
entsprechender Anwendung des § 563 Abs. 2 gebunden[51], also etwa zum Vorliegen eines Verfahrensfehlers. Dagegen tritt keine Bindung ein, soweit das Berufungsgericht Rechtsansichten des Erstgerichts
billigt[52].

Hat das Berufungsgericht die Sache zurückverwiesen, so ist der Rechtsstreit wieder im ersten 39
Rechtszug anhängig; diese Urteilswirkung kann das Gericht des ersten Rechtszugs auch nicht im Wege
des § 36 Abs. 1 Nr. 6 in Frage stellen[53].

§ 539 Versäumnisverfahren

(1) Erscheint der Berufungskläger im Termin zur mündlichen Verhandlung nicht, so ist
seine Berufung auf Antrag durch Versäumnisurteil zurückzuweisen.

(2) Erscheint der Berufungsbeklagte nicht und beantragt der Berufungskläger gegen ihn
das Versäumnisurteil, so ist das zulässige tatsächliche Vorbringen des Berufungsklägers als
zugestanden anzunehmen. Soweit es den Berufungsantrag rechtfertigt, ist nach dem Antrag
zu erkennen; soweit dies nicht der Fall ist, ist die Berufung zurückzuweisen.

(3) Im Übrigen gelten die Vorschriften über das Versäumnisverfahren im ersten Rechtszug sinngemäß.

---

[47] BeckOK ZPO/*Wulf* § 538 Rn. 26; Musielak/Voit/*Ball* § 538 Rn. 31; Anders/Gehle/*Göertz* § 538 Rn. 18 aE;
MüKoZPO/*Rimmelspacher* § 538 Rn. 70.
[48] BeckOK ZPO/*Wulf* § 538 Rn. 27; Musielak/Voit/*Ball* § 538 Rn. 33; Stein/Jonas/*Althammer* § 538 Rn. 42;
MüKoZPO/*Rimmelspacher* § 538 Rn. 72.
[49] OLG Jena NJW-RR 2009, 1519; KG NJW-RR 1995, 958; Wieczorek/Schütze/*Gerken* § 538 Rn. 66;
BeckOK ZPO/*Wulf* § 538 Rn. 29; Musielak/Voit/*Ball* § 538 Rn. 35; Anders/Gehle/*Göertz* § 538 Rn. 19; Prütting/Gehrlein/*Oberheim* § 538 Rn. 36; Stein/Jonas/*Althammer* § 538 Rn. 43; MüKoZPO/*Rimmelspacher* § 538
Rn. 73.
[50] BGH NJW 2009, 230 Rn. 7 mwN.
[51] BGH NJW 2005, 3071 (3073).
[52] BGH BeckRS 2005, 10150; vgl. auch BGH NJW 2008, 1585 Rn. 41 mwN.
[53] BGH BeckRS 2013, 01061 Rn. 6.

A. Allgemeines
I. Normzweck

1 Den Vorschriften über das Versäumnisverfahren im ersten Rechtszug liegt die Angriffsrolle des Klägers zugrunde; im Berufungsverfahren kann der Angriff (auf das Ersturteil) dagegen auch vom Beklagten ausgehen. § 539 passt die Vorschriften über das Versäumnisverfahren diesem Umstand an (→ Rn. 6 u. 9).

II. Voraussetzungen für alle Versäumnisurteile

2 **1. Zulässige (Anschluss-)Berufung.** Voraussetzung für jedes Versäumnisurteil im Berufungsverfahren ist die **Zulässigkeit der Berufung**[1]. Ist eine Berufung unzulässig, so ist sie auch bei Säumnis einer Partei gem. § 522 Abs. 1 durch kontradiktorisches Endurteil zu verwerfen.

3 Im Rahmen des Versäumnisverfahrens ist eine **Anschlussberufung** als Berufung anzusehen[2]. Soll in einem Termin sowohl über die Berufung als auch über die Anschlussberufung verhandelt werden, so ist eine säumige Partei sowohl Berufungskläger iSd Abs. 1 als auch Berufungsbeklagter iSd Abs. 2; ob ein (Teil)Versäumnisurteil erlassen werden kann, ist für die Berufung und die Anschlussberufung jeweils **gesondert** zu **prüfen**.

4 **2. Zulässige Klage.** Ein Versäumnisurteil kann im Berufungsverfahren nur ergehen, wenn auch die **Klage zulässig** ist; andernfalls gebietet der Grundsatz der Prozesswirtschaftlichkeit ein den Rechtsstreit endgültig abschließendes kontradiktorisches Urteil[3].

5 **3. Antrag der nicht-säumigen Partei.** Sowohl im Fall der Säumnis des Berufungsführers (Abs. 1) als auch im Fall der Säumnis des Berufungsgegners (Abs. 2) kann ein Versäumnisurteil nur auf entsprechenden Antrag der nicht-säumigen Partei ergehen.

B. Regelungsgehalt
I. Säumnis des Berufungsführers (Abs. 1)

6 Liegen die allgemeinen Voraussetzungen für ein Versäumnisurteil vor, so ist bei Säumnis des Berufungsführers dessen Berufung **ohne weitere Prüfung** unabhängig davon zurückzuweisen, ob der Kläger oder der Beklagte Berufungsführer ist. Das kann zu dem vom ersten Rechtszug abweichenden Ergebnis führen, dass bei Säumnis des Beklagten (als Berufungsführer) eine unschlüssige Klage erfolgreich bleibt.

7 Die vorherige Mitteilung des Zurückweisungsantrags des Berufungsgegners ist nicht gem. Abs. 3 iVm § 335 Abs. 1 Nr. 3 erforderlich[4], weil sich diese Vorschrift nur auf Sachanträge bezieht[5] und wegen der von ihr ausgehenden Beschränkung der Geständnisfiktion des Abs. 2 S. 1 nur für die Säumnis des Berufungsgegners gilt[6].

8 Die **Wirksamkeit** einer **Anschlussberufung** wird von der Zurückweisung der (Haupt-)Berufung durch Versäumnisurteil nicht berührt, da § 524 Abs. 4 diesen Fall nicht erfasst[7].

II. Säumnis des Berufungsgegners (Abs. 2)

9 **1. Schlüssigkeitsprüfung.** Gegen den Berufungsgegner darf ein Versäumnisurteil nur ergehen, soweit es nach dem tatsächlichen Vorbringen des Berufungsführers – das als zugestanden gilt – gerechtfertigt, der Berufungsangriff also **schlüssig** ist. Das kann zu dem vom ersten Rechtszug abweichenden

---

[1] BGH NJW 2001, 2095; Wieczorek/Schütze/*Gerken* § 539 Rn. 5; BeckOK ZPO/*Wulf* § 539 Rn. 2; Musielak/Voit/*Ball* § 539 Rn. 2; Thomas/Putzo/*Seiler* § 539 Rn. 1; Stein/Jonas/*Althammer* § 539 Rn. 4 u. 7; MüKoZPO/*Rimmelspacher* § 539 Rn. 3 u. 10; Anders/Gehle/*Göertz* § 539 Rn. 4.

[2] Inzident OLG Frankfurt a. M. BeckRS 2012, 07021; Wieczorek/Schütze/*Gerken* § 539 Rn. 15; BeckOK ZPO/*Wulf* § 539 vor Rn. 1; Stein/Jonas/*Althammer* § 539 Rn. 4; MüKoZPO/*Rimmelspacher* § 539 Rn. 2.

[3] BGH GRUR 1986, 678 – Wettbewerbsverein II; Wieczorek/Schütze/*Gerken* § 539 Rn. 9; BeckOK ZPO/*Wulf* § 539 Rn. 4; Musielak/Voit/*Ball* ZPO § 539 Rn. 4 u. 6; Thomas/Putzo/*Seiler* § 539 Rn. 3; Stein/Jonas/*Althammer* § 539 Rn. 8 u. MüKoZPO/*Rimmelspacher* § 539 Rn. 11 für das Versäumnisurteil gegen den Berufungsgegner; aA für das Versäumnisurteil gegen den Berufungsführer Stein/Jonas/*Althammer* § 539 Rn. 5 u. MüKoZPO/*Rimmelspacher* § 539 Rn. 7.

[4] Wieczorek/Schütze/*Gerken* § 539 Rn. 13; BeckOK ZPO/*Wulf* § 539 Rn. 7; MüKoZPO/*Rimmelspacher* § 539 Rn. 8.

[5] BGH BeckRS 2010, 24080 Rn. 18 mwN (unmittelbar zu § 335); Wieczorek/Schütze/*Gerken* § 539 Rn. 13; BeckOK ZPO/*Wulf* § 539 Rn. 7.

[6] MüKoZPO/*Rimmelspacher* § 539 Rn. 8; für den ersten Rechtszug Musielak/Voit/*Stadler* § 335 Rn. 4 u. MüKoZPO/*Prütting* § 335 Rn. 11.

[7] BeckOK ZPO/*Wulf* § 539 Rn. 8; Musielak/Voit/*Ball* § 539 Rn. 5; MüKoZPO/*Rimmelspacher* § 539 Rn. 9.

Ergebnis führen, dass bei Säumnis des Klägers die Klage gleichwohl erfolgreich bleibt, wenn nämlich die Verteidigung des berufungsführenden Beklagten unschlüssig ist.

Die Geständnisfiktion des Abs. 2 S. 1 führt dazu, dass für die Schlüssigkeitsprüfung der **gesamte** **10** **Sachvortrag des Berufungsführers** als **unstreitig** zu behandeln ist. Damit ist gegnerisches Vorbringen, das dazu im Widerspruch steht, unbeachtlich. Aber auch **entgegenstehende Feststellungen** des Erstgerichts, Ergebnisse bereits durchgeführter **Beweiserhebungen** im Berufungsverfahren oder die **Neuheit** des Vorbringens **hindern** die Berücksichtigungsfähigkeit **nicht**, weil unstreitiges Vorbringen immer zu berücksichtigen ist[8] (→ § 529 Rn. 22). Bei der Schlüssigkeitsprüfung zu berücksichtigen ist auch Vortrag des Berufungsführers, der im **Widerspruch** zu einem früheren **Geständnis** steht[9]. Gleiches gilt für **von § 531 Abs. 1 erfasste Angriffs- und Verteidigungsmittel**[10]. Zwar spricht Abs. 2 S. 1 von zulässigem tatsächlichen Vorbringen und stellt damit klar, dass präkludiertes Vorbringen auch im Versäumnisverfahren ausgeschlossen bleibt[11]; unstreitiges Vorbringen ist indes niemals präkludiert. Damit kommt auch eine **Präklusion gem. § 530** oder **§ 525 S. 1 iVm § 296** nicht in Betracht; im Übrigen kann im Versäumnisverfahren keine Verzögerung eintreten, die dafür weitere Voraussetzung wäre[12]. Die einschränkungslose Zulassung des Vorbringens des Berufungsführers wirkt indes nicht dauerhaft; der Berufungsgegner kann durch **Einspruch** gegen das Versäumnisurteil die Beseitigung der Geständnisfiktion herbeiführen und so „das **Rad des Prozesses zurückdrehen**"[13].

Die Geständnisfiktion des Abs. 2 S. 1 bezieht sich nur auf Vorbringen des Berufungsführers, das **11** dem Berufungsgegner gem. Abs. 3 iVm § 335 Abs. 1 Nr. 3 **rechtzeitig mitgeteilt** wurde[14].

2. Klageänderung, Widerklage und Aufrechnung (§ 533). Hat der Berufungsführer den **12** Streitstoff im Berufungsverfahren durch eine **Klageerweiterung**, eine **Widerklage** oder eine neue **Aufrechnung** ausgeweitet, so bestimmt sich deren Zulässigkeit auch im Versäumnisverfahren nach § 533. Da die Säumnis des Berufungsgegners nicht als Einwilligung iSd § 533 Nr. 1 Alt. 1 angesehen werden kann[15], bedürfen diese Ausweitungen der **Sachdienlichkeit** gem. § 533 Nr. 1 Alt. 2, wenn die Einwilligung nicht bereits früher erklärt worden ist. Bei der Prüfung, ob die Ausweitung auf **Tatsachen** gestützt werden kann, **die** der Entscheidung **ohnehin zugrunde zu legen sind** (§ 533 Nr. 2), ist – bei rechtzeitiger Mitteilung gem. Abs. 3, iVm § 335 Abs. 1 Nr. 3 – ausschlaggebend, dass unstreitiges Vorbringen immer zu berücksichtigen ist (→ § 529 Rn. 22); die **Geständnisfiktion** des Abs. 2 S. 1 ist deshalb dafür die Zulässigkeit von neuen Klageänderungen, Widerklagen und Aufrechnungen im Versäumnisverfahren letztlich allenfalls an deren Sachdienlichkeit zu messen ist[16]. Auch insoweit kann indes der Berufungsgegner durch den Einspruch gegen das Versäumnisurteil die Geständnisfiktion beseitigen und „das Rad des Prozesses zurückdrehen" (→ Rn. 10)[17].

III. Verweis auf das Versäumnisverfahren im ersten Rechtszug

Zur Regelung der weiteren Fragen des Versäumnisverfahrens – sonstige Voraussetzungen eines **13** Versäumnisurteils (insbes. Säumnis), Zulässigkeit und Wirkungen eines Einspruchs, das Verfahren nach Einspruch sowie die Rechtsbehelfe[18] – verweist Abs. 3 auf die Vorschriften der §§ 330 ff.

---

[8] Wieczorek/Schütze/*Gerken* § 539 Rn. 17; BeckOK ZPO/*Wulf* § 539 Rn. 13; Musielak/Voit/*Ball* § 539 Rn. 8; Stein/Jonas/*Althammer* § 539 Rn. 11 f. für altes Vorbringen; MüKoZPO/*Rimmelspacher* § 539 Rn. 12; unklar Wieczorek/Schütze/*Gerken* § 539 Rn. 17 einerseits u. Rn. 21 andererseits; aA Stein/Jonas/*Althammer* § 539 Rn. 13 für neues Vorbringen: § 531 Abs. 2 S. 1 sei auch bei der Schlüssigkeitsprüfung anwendbar.

[9] Musielak/Voit/*Ball* § 539 Rn. 8, Stein/Jonas/*Althammer* § 539 Rn. 12; MüKoZPO/*Rimmelspacher* § 539 Rn. 15; unklar BeckOK ZPO/*Wulf* § 539 Rn. 13; aA OLG Düsseldorf BeckRS 2011, 19016; Wieczorek/Schütze/ *Gerken* § 539 Rn. 19; Zöller/*Heßler* § 539 Rn. 15.

[10] Wieczorek/Schütze/*Gerken* § 539 Rn. 19; BeckOK ZPO/*Wulf* § 539 Rn. 14; Zöller/*Heßler* § 539 Rn. 15; MüKoZPO/*Rimmelspacher* § 539 Rn. 12; aA Musielak/Voit/*Ball* § 539 Rn. 7; Thomas/Putzo/*Seiler* § 539 Rn. 7; Stein/Jonas/*Althammer* § 539 Rn. 11 u. 13.

[11] BT-Drs. 14/4722, 103.

[12] Musielak/Voit/*Ball* § 539 Rn. 7; Stein/Jonas/*Althammer* § 539 Rn. 13; MüKoZPO/*Rimmelspacher* ZPO § 539 Rn. 12.

[13] So MüKoZPO/*Rimmelspacher* § 539 Rn. 12; ähnlich BeckOK ZPO/*Wulf* § 539 Rn. 16.

[14] Wieczorek/Schütze/*Gerken* § 539 Rn. 22; BeckOK ZPO/*Wulf* § 539 Rn. 11; Musielak/Voit/*Ball* § 539 Rn. 7; Stein/Jonas/*Althammer* § 539 Rn. 13; so MüKoZPO/*Rimmelspacher* § 539 Rn. 12.

[15] Wieczorek/Schütze/*Gerken* § 539 Rn. 24; BeckOK ZPO/*Wulf* § 539 Rn. 15; Musielak/Voit/*Ball* § 539 Rn. 10; Zöller/*Heßler* § 539 Rn. 16; Stein/Jonas/*Althammer* § 539 Rn. 15; MüKoZPO/*Rimmelspacher* § 539 Rn. 16.

[16] BeckOK ZPO/*Wulf,* § 539 Rn. 15 f.; MüKoZPO/*Rimmelspacher* § 539 Rn. 16; einschränkend Musielak/Voit/ *Ball* § 539 Rn. 10 u. Stein/Jonas/*Althammer* § 539 Rn. 15.

[17] BeckOK ZPO/*Wulf* § 539 Rn. 16.

[18] BGH BeckRS 2011, 23100 Rn. 3 f.

§ 540 Inhalt des Berufungsurteils

(1) ¹Anstelle von Tatbestand und Entscheidungsgründen enthält das Urteil
1. die Bezugnahme auf die tatsächlichen Feststellungen im angefochtenen Urteil mit Darstellung etwaiger Änderungen oder Ergänzungen,
2. eine kurze Begründung für die Abänderung, Aufhebung oder Bestätigung der angefochtenen Entscheidung.

²Wird das Urteil in dem Termin, in dem die mündliche Verhandlung geschlossen worden ist, verkündet, so können die nach Satz 1 erforderlichen Darlegungen auch in das Protokoll aufgenommen werden.

(2) **Die §§ 313a, 313b gelten entsprechend.**

Literatur: *Brückner/Guhling,* Berufungsentscheidungen aus revisionsrechtlicher Sicht, DRiZ 2021, 22 ff.

A. Allgemeines

1 Über die Verweisung in § 525 S. 1 finden die Vorschriften der §§ 313 ff. zu Form und Inhalt des Urteils grundsätzlich auch auf das Berufungsurteil Anwendung[1]. § 540 lockert diese Anforderungen, soweit sich Besonderheiten aus der Funktion des Berufungsverfahrens als Instrument der Fehlerkontrolle und -beseitigung ergeben.

B. Urteilsinhalt

I. Urteilskopf und -formel

2 Für Urteilskopf (Rubrum) und Urteilsformel (Tenor) enthält die Vorschrift keine von § 313 abweichenden Regelungen.

II. Tatsächliche Feststellungen

3 Gem. Abs. 1 S. 1 Nr. 1 enthält das Berufungsurteil statt eine Tatbestands iSd § 313 Abs. 1 Nr. 5 die Bezugnahme auf die tatsächlichen Feststellungen im Ersturteil und gegebenenfalls die Darstellung von Änderungen oder Ergänzungen, die sich im Berufungsverfahren ergeben haben, insbes. aufgrund eigener Tatsachenfeststellungen gem. § 529 Abs. 1 Nr. 1 und neuer Angriffs- und Verteidigungsmittel, die gem. § 531 Abs. 2 zugelassen worden sind.

4 Wenn gegen das Berufungsurteil die Nichtzulassungsbeschwerde oder die Revision stattfindet, muss aus ihm zu ersehen sein, von **welchem Sach- und Streitstand** das Berufungsgericht ausgegangen ist und **welche tatsächlichen Feststellungen** der Entscheidung zu Grunde liegen[2].

5 Nimmt das Berufungsurteil auf Feststellungen im Ersturteil Bezug, so gehören diese zum Tatbestand des Berufungsurteils; stehen sie im Widerspruch zu den eigenen Feststellungen des Berufungsgerichts, so bedarf dies der Erörterung[3].

6 Von der **Bezugnahme** auf die tatsächlichen Feststellungen im Ersturteil sind auch **Schriftsätze** und deren **Anlagen, Protokolle** und **andere Unterlagen** erfasst, auf die das Erstgericht gem. § 313 Abs. 2 S. 2 verwiesen hat. Bei der Darstellung der Änderungen oder Ergänzungen kann auch das Berufungsgericht gem. § 525 S. 1 iVm § 313 Abs. 2 S. 2 auf solche Unterlagen verweisen[4].

7 In entsprechender Anwendung von § 540 Abs. 1, § 313 Abs. 2 S. 2 kann ein Berufungsurteil auch auf ein erstes, später vom Revisionsgericht aufgehobenes Berufungsurteil Bezug nehmen[5].

8 Insbes. wenn von den Parteien vorgelegte **Anlagen** für die **Bestimmung des Streitgegenstands** von Bedeutung sind, etwa weil sie die konkrete Verletzungsform wiedergeben, muss dafür Sorge getragen werden, dass sie **dauerhaft,** also auch nach rechtskräftigem Abschluss des Rechtsstreits, **zur Verfügung stehen,** etwa zur Feststellung der Reichweite eines Unterlassungsgebots oder der Rechtskraftwirkung, und **nicht an die Parteien zurückgegeben** werden, wie das häufig geschieht. Soweit solche Anlagen bildliche oder schriftliche Inhalte haben, empfiehlt es sich daher dringend, nicht darauf zu verweisen, sondern diese **unmittelbar in das Urteil aufzunehmen;** ist das wegen der Art der Anlage nicht möglich – etwa weil es sich um einen Programm[6]- oder Bildträger[7] handelt, so muss die Rückgabe an die Parteien verhindert werden.

---

[1] BGH GRUR 2015, 1017 Rn. 7 – Neue Personenkraftwagen II; GRUR 2013, 1069 Rn. 14 – Basis3.
[2] BGH NJW-RR 2018, 303 Rn. 9; NJW 2017, 3449 Rn. 6; GRUR 2015, 1017 Rn. 7 – Neue Personenkraftwagen II jeweils mwN.
[3] BGH NJW-RR 2014, 381 Rn. 11 mwN.
[4] BeckOK ZPO/*Wulf* § 540 Rn. 9; Musielak/Voit/*Ball* § 540 Rn. 4; MüKoZPO/*Rimmelspacher* § 540 Rn. 6.
[5] BGH GRUR 2015, 485 Rn. 20 mwN – Kinderhochstühle im Internet III.
[6] BGH GRUR 2008, 357 Rn. 24 – Planfreigabesystem.
[7] BGH GRUR 2000, 828 f. – Musical-Gala.

Die Bezugnahme auf die tatsächlichen Feststellungen des Ersturteils erfasst auch dessen Darstellung 9
der Parteianträge im ersten Rechtszug. Sie kann sich allerdings naturgemäß nicht auf die im zweiten
Rechtszug gestellten Anträge erstrecken; die Aufnahme der **Berufungsanträge** in das Berufungsurteil
ist daher **unbedingt erforderlich**. Soweit das Berufungsurteil auf die wörtliche Wiedergabe der
Berufungsanträge verzichtet, muss es wenigstens erkennen lassen, was der Berufungsführer mit seinem
Rechtsmittel erstrebt hat[8].

Bei einem Protokollurteil (→ Rn. 14 f.) genügt es, wenn sich die Berufungsanträge aus dem Pro- 10
tokoll ergeben[9].

III. Entscheidungsbegründung

Gem. Abs. 1 S. 1 Nr. 2 muss das Berufungsurteil eine kurze Begründung für die Abänderung, 11
Aufhebung oder Bestätigung der angefochtenen Entscheidung enthalten. Diese Begründung kann im
Falle einer Bestätigung auch in einer Bezugnahme auf das angefochtene Urteil bestehen. Ist allerdings
der Sachverhalt ergänzt worden, so genügt eine bloße Bezugnahme nicht; vielmehr muss dann
begründet werden, warum dem Ersturteil gleichwohl in vollem Umfang gefolgt wird. Dasselbe gilt,
wenn neue rechtliche Gesichtspunkte aufgetreten sind[10].

Die Begründung soll zwar **kurz** sein, muss aber **in sich verständlich** bleiben; sie darf sich nicht in 12
einer die gedankliche Bearbeitung vermissen lassenden Aneinanderreihung von Gesichtspunkten
erschöpfen[11]. Sie muss erkennen lassen, welche tatsächlichen Feststellungen und welche rechtlichen
Erwägungen für die getroffene Entscheidung maßgeblich waren; eine Entscheidung ist nicht mit
Gründen versehen, wenn auf einzelne Ansprüche oder auf einzelne selbständige Angriffs- und Verteidigungsmittel überhaupt nicht eingegangen wird[12].

Erst recht kann die Begründung von Nebenentscheidungen (Kosten, vorläufige Vollstreckbarkeit, 13
Revisions[nicht]zulassung) knapp gehalten werden.

IV. Weitere Erleichterungen

1. Protokollurteil. Abs. 1 S. 2 erlaubt bei einem Stuhlurteil – also einem im Termin zur mündli- 14
chen Verhandlung (unmittelbar im Anschluss daran oder am Ende der Sitzung[13]) verkündeten Urteil
(§ 310 Abs. 1 S. 1 Alt. 1) – die Aufnahme der Urteilsgründe in das Protokoll statt der späteren
Abfassung gem. § 525 S. 1 iVm § 315 Abs. 2. Eine Absenkung der an die Darlegungen zu stellenden
Anforderungen ist damit aber nicht verbunden; deshalb müssen sich die tatsächlichen Grundlagen der
Entscheidung aus dem Sitzungsprotokoll einschließlich der in ihm enthaltenen Bezugnahmen so
erschließen, dass eine revisionsrechtliche Nachprüfung möglich ist[14].

Auch ein derartiges Protokollurteil muss aber von allen mitwirkenden Richtern unterschrieben 15
werden. Das kann in der Weise geschehen, dass ein alle Merkmale des § 313 Abs. 1 Nr. 1–4 auf-
weisendes und von allen beteiligten Richtern unterschriebenes Urteil mit dem Sitzungsprotokoll als
Anlage verbunden wird; durch diese Verbindung wird der inhaltliche Bezug zu den in das Protokoll
„ausgelagerten" Darlegungen nach Abs. 1 S. 1 hergestellt[15]. Eine andere Möglichkeit besteht darin,
dass nicht nur der Vorsitzende, sondern alle Richter das Sitzungsprotokoll unterschreiben, das dann
aber neben den Darlegungen nach Abs. 1 S. 1 auch die Angaben nach § 313 Abs. 1 Nr. 1–4 enthalten
muss[16].

2. Abgekürzter Urteilsinhalt. Abs. 2 ordnet die entsprechende Anwendung der §§ 313a und 313b 16
auf das Berufungsurteil an; diese ergibt sich nicht unmittelbar aus der Verweisung auf die Vorschriften
für das Verfahren vor den Landgerichten geltenden Vorschriften in § 525 S. 1, weil dem Berufungsurteil Tatbestand und Entscheidungsgründe im Sinne dieser Vorschriften fehlen.

a) Nicht revisible Urteile (§ 313a). Insbes. kann die **Darstellung der tatsächlichen Feststel-** 17
lungen gem. Abs. 1 S. 1 Nr. 1 ganz entfallen, wenn ein Rechtsmittel gegen das Urteil unzweifelhaft
nicht zulässig ist, also in den Fällen des Arrest- oder **Verfügungsverfahrens** (§ 542 Abs. 2) und bei
Hauptsacheentscheidungen, in denen die Revision nicht zugelassen wird und eine **Nichtzulassungs-**

---

[8] BGH BeckRS 2016, 13463 Rn. 7; GRUR 2014, 1021 Rn. 9 – Die vierte Gewalt; GRUR 2013, 1069 Rn. 15 –
Basis3 jeweils mwN.
[9] BGH GRUR 2007, 631 Rn. 15 mwN – Abmahnaktion.
[10] BGH NJW-RR 2007, 1412 Rn. 10 mwN.
[11] BGH NJW-RR 2007, 1412 Rn. 10.
[12] BGH GRUR 2016, 1275 Rn. 27 – Tannöd.
[13] BGH NJW 2004, 1666 mwN.
[14] BGH NJW 2019, 1885 Rn. 5 mwN.
[15] BGH BeckRS 2021, 6383 Rn. 11; NJW-RR 2010, 911 Rn. 8 jeweils mwN; GRUR 2007, 631 Rn. 16 –
Abmahnaktion.
[16] BGH BeckRS 2021, 6383 Rn. 12; NJW-RR 2010, 911 Rn. 8 jeweils mwN.

beschwerde unzulässig ist, weil weder der Streitwert 20.000 Euro übersteigt noch die Berufung als unzulässig verworfen wird (§ 544 Abs. 2)[17].

18 b) **Versäumnis-, Anerkenntnis- und Verzichtsurteile (§ 313b).** Bei **Versäumnis-, Anerkenntnis- und Verzichtsurteilen** sind sowohl die **Darstellung der tatsächlichen Feststellungen** gem. Abs. 1 S. 1 Nr. 1 als auch die **Entscheidungsbegründung** gem. Abs. 1 S. 1 Nr. 2 entbehrlich, solange **nicht** zu erwarten ist, dass sie **im Ausland** geltend gemacht werden sollen (§ 313b Abs. 3).

§ 541 Prozessakten

(1) ¹Die Geschäftsstelle des Berufungsgerichts hat, nachdem die Berufungsschrift eingereicht ist, unverzüglich von der Geschäftsstelle des Gerichts des ersten Rechtszuges die Prozessakten einzufordern. ²Die Akten sind unverzüglich an das Berufungsgericht zu übersenden.

(2) Nach Erledigung der Berufung sind die Akten der Geschäftsstelle des Gerichts des ersten Rechtszuges nebst einer beglaubigten Abschrift der in der Berufungsinstanz ergangenen Entscheidung zurückzusenden.

1 Abs. 1 begründet einerseits die Pflicht des Berufungsgerichts, die Prozessakten unverzüglich anzufordern, und andererseits diejenige des Erstgerichts, dieser Anforderung unverzüglich Folge zu leisten. Zweck der Vorschrift soll **nicht** der **Schutz des Rechtsmittelführers** sein, um diesem gegebenenfalls noch vor seiner Berufungsbegründung rechtliche Hinweise erteilen zu können, sondern allein die Verhinderung der Erteilung eines Rechtskraftzeugnisses[1]; das erscheint wegen der Regelung des § 706 Abs. 2 S. 1 fraglich[2]. Vielmehr ist die Vorschrift Ausdruck des allgemeinen Grundsatzes der Verfahrensbeschleunigung[3].

2 Die Akten sind auch dann dem Berufungsgericht zu übersenden, wenn das angegriffene Ersturteil nur einen Teil des Rechtsstreits umfasst und das Erstgericht den bei ihm verbliebenen Teil fortführen will (etwa gem. § 304 Abs. 2 Hs. 2); in diesem Fall hat das Erstgericht Zweitakten anzulegen und das Verfahren mit diesen fortzuführen (§ 3 Abs. 7 AktO)[4]. Sind noch Berichtigungs- oder Ergänzungsanträge zu verbescheiden, so stellt es kein gegen das Unverzüglichkeitsgebot verstoßendes schuldhaftes Zögern dar, wenn das Erstgericht bis zu deren Erledigung die Akten noch bei sich behält[5].

3 Aus Abs. 2 ergibt sich für die Zeit nach Beendigung des Berufungsverfahrens zum einen, dass das Original der Berufungsentscheidung beim Berufungsgericht verbleiben kann[6] (§ 4 Abs. 5 u. 7 AktO); ein Akteneinsichtsrecht hinsichtlich des Originals besteht dann nicht[7]), und zum anderen, dass die Prozessakten zusammen mit einer beglaubigten Abschrift der Berufungsentscheidung vom Erstgericht aufbewahrt werden.

Abschnitt 2. Revision

§ 542 Statthaftigkeit der Revision

(1) **Die Revision findet gegen die in der Berufungsinstanz erlassenen Endurteile nach Maßgabe der folgenden Vorschriften statt.**

(2) ¹Gegen Urteile, durch die über die Anordnung, Abänderung oder Aufhebung eines Arrestes oder einer einstweiligen Verfügung entschieden worden ist, findet die Revision nicht statt. ²Dasselbe gilt für Urteile über die vorzeitige Besitzeinweisung im Enteignungsverfahren oder im Umlegungsverfahren.

A. Anwendungsbereich im Gewerblichen Rechtsschutz

1 Das Rechtsmittel der Revision ist nach Maßgabe von §§ 542 ff. ZPO in allen der **Zivilprozessordnung** unterliegenden Klageverfahren statthaft. Eine analoge Anwendung der Vorschrift auf Ver-

---

[17] In BGH GRUR 2015, 1017 Rn. 8 – Neue Personenkraftwagen II war das nicht der Fall.
[1] BGH NJW 2012, 78 Rn. 19; Zöller/*Heßler* § 541 Rn. 1; vgl. auch BGH NJW 2008, 1890 Rn. 12.
[2] Wieczorek/Schütze/*Gerken* § 541 Rn. 1.
[3] Wieczorek/Schütze/*Gerken* § 541 Rn. 3; Stein/Jonas/*Althammer* § 541 Rn. 1.
[4] Anders/Gehle/*Göertz* § 541 Rn. 3.
[5] Wieczorek/Schütze/*Gerken* § 541 Rn. 2; Stein/Jonas/*Althammer* § 541 Rn. 2; aA Prütting/Gehrlein/*Oberheim* § 541 Rn. 5; MüKoZPO/*Rimmelspacher* § 541 Rn. 3 und wohl auch BeckOK ZPO/*Wulf* § 541 Rn. 1.
[6] BGH GRUR 2017, 397 Rn. 24 – World of Warcraft II; NJW-RR 2016, 1093 Rn. 10; GRUR 2012, 945 Rn. 14 – Tribenuronmethyl.
[7] BGH BeckRS 2009, 26073.

fahren nach dem Patentgesetz, dem Markengesetz oder sonstigen besonderen Regelungen ist nicht möglich. Diese sehen in der Regel andere Rechtsmittel vor, zum Beispiel die Rechtsbeschwerde nach § 100 PatG, § 18 Abs. 4 GebrMG, § 23 Abs. 3 GeschmMG oder § 83 MarkenG oder die Berufung gemäß § 110 PatG.

In **Patentsachen** ist der Bundesgerichtshof nicht selten mit einer Revision oder Nichtzulassungs- 2 beschwerde gegen das Urteil im Verletzungsrechtsstreit und mit einer Berufung gegen das Urteil im Nichtigkeitsverfahren befasst. Zu Wechselwirkungen zwischen diesen Verfahren → ZPO § 148 Rn. 121 ff. und → ZPO § 544 Rn. 49 ff.

Einige **Sondervorschriften**, die eine erstinstanzliche Zuständigkeit der Oberlandesgerichte vor- 3 sehen, enthalten eine Verweisung auf die §§ 542 ff. ZPO. Dies gilt etwa für bestimmte Streitigkeiten nach dem Urheberrechtswahrnehmungsgesetz (§ 16 Abs. 4 S. 6 WarnG) oder für Klagen auf Entschädigung wegen zu langer Verfahrensdauer (§ 201 Abs. 2 S. 3 GVG).

B. Statthaftigkeit

I. Berufungsentscheidungen

Statthaft ist die (zugelassene) Revision gegen alle Endurteile des **Berufungsgerichts**. Dies gilt auch 4 dann, wenn die Berufungsentscheidung nicht durch ein Oberlandesgericht ergangen ist, sondern durch ein Landgericht – was im Bereich des gewerblichen Rechtsschutzes wegen der vom Streitwert unabhängigen erstinstanzlichen Zuständigkeit allerdings kaum vorkommen kann.

Gemäß § 522 Abs. 3 ZPO kann eine Revision ferner gegen einen **Beschluss** gerichtet werden, mit 5 dem das Berufungsgericht die Berufung nach § 522 Abs. 2 ZPO als offensichtlich **unbegründet** zurückgewiesen hat. In dieser Konstellation kommt eine Zulassung der Revision durch das Berufungsgericht selbst allerdings nicht in Betracht. Der Revision gegen einen solchen Beschluss setzt vielmehr eine erfolgreiche Nichtzulassungsbeschwerde voraus. Wenn das Berufungsgericht die Berufung durch Beschluss als **unzulässig** verworfen hat, ist nicht die Revision, sondern gemäß § 522 Abs. 1 S. 4 ZPO die Rechtsbeschwerde statthaft.

II. Vorläufiger Rechtsschutz

Nicht statthaft ist die Revision gemäß Abs. 2 Satz 1 in Verfahren des **vorläufigen Rechtsschutzes**. 6 Dies gilt unabhängig davon, ob eine einstweilige Verfügung oder ein Arrest im Berufungsurteil erlassen, abgeändert oder aufgehoben oder der Antrag auf ihren Erlass zurückgewiesen worden ist. Unzulässig ist eine Revision auch hinsichtlich einer im Hauptsacheverfahren erhobenen Widerklage auf Aufhebung einer einstweiligen Verfügung.[1]

In Verfahren des vorläufigen Rechtsschutzes ist gemäß § 574 Abs. 1 S. 2 ZPO auch ein **Beschluss**, 7 mit dem die Beschwerde gegen die Zurückweisung des Verfügungsantrags zurückgewiesen wird, nicht anfechtbar. Dasselbe gilt für einen Beschluss, mit dem die Berufung als unzulässig verworfen wird.[2] Wenn in der zweiten Instanz eine einstweilige Verfügung durch Beschluss erlassen wird, ist gemäß § 924 ZPO der Widerspruch statthaft; über diesen hat das Gericht der ersten Instanz zu entscheiden.[3] Nicht anfechtbar ist ein Beschluss, mit dem gemäß § 91a ZPO oder § 269 Abs. 3 ZPO über die Kosten eines einstweiligen Verfügungsverfahrens entschieden wird.[4] In Verfahren, die sich an das Verfügungsverfahren anschließen, zum Beispiel einem Kostenfestsetzungsverfahren, steht § 542 Abs. 2 S. 1 ZPO einer Rechtsbeschwerde nicht entgegen.[5]

III. Endurteile

Endurteile sind Urteile, mit denen über ein Klagebegehren **abschließend** entschieden wird (§ 300 8 Abs. 1 ZPO) – sei es durch antragsgemäße Entscheidung, sei es durch Klageabweisung, sei es durch Aufhebung der erstinstanzlichen Entscheidung und Zurückverweisung der Sache an die Vorinstanz oder an ein anderes Gericht.[6] Teilurteile (§ 301 Abs. 1 ZPO) sind Endurteile, wenn sie hinsichtlich eines Teils des Streitgegenstandes eine abschließende Entscheidung in diesem Sinne enthalten. Anfechtbar ist auch ein Urteil, mit dem über einen Antrag auf Urteilsergänzung (§ 321 Abs. 1 ZPO) entschieden wird, und zwar unabhängig davon, ob der Antrag Erfolg[7] hat oder zurückgewiesen wird.[8]

---

[1] BGH GRUR 2017, 938 Rn. 38 – Teststreifen zur Blutzuckerkontrolle II.
[2] Vgl. dazu auch BGHZ 154, 102 = GRUR 2003, 548 – Rechtsbeschwerde I, wo dasselbe Ergebnis vor Einfügung des § 574 Abs. 1 S. 2 ZPO unmittelbar aus § 542 Abs. 2 S. 1 ZPO abgeleitet wurde.
[3] BGHZ 154, 102 = GRUR 2003, 548 – Rechtsbeschwerde I.
[4] BGH GRUR 2003, 724 – Rechtsbeschwerde II; BGH NJW 2003, 3565.
[5] BGH GRUR 2007, 999 Rn. 8 – Consulente in marchi.
[6] BGH NJW 1986, 1994 (1995).
[7] BGH NJW 1980, 840.
[8] BGH NJW-RR 2005, 326.

9 Endurteile in der Form des **Versäumnisurteils** sind nach § 565 ZPO und § 514 ZPO nur anfechtbar, wenn gegen sie der Einspruch nicht statthaft ist. Dazu → ZPO § 565 Rn. 4 ff. und → ZPO § 514 Rn. 6 ff.

10 Davon zu unterscheiden sind **Zwischenurteile,** mit denen nur über einzelne Aspekte des Klagebegehrens entschieden wird (§ 303 ZPO). Diese unterliegen grundsätzlich nur dann der Anfechtung, wenn dies im Gesetz vorgesehen ist. Anfechtbar ist danach ein Zwischenurteil, mit dem das Klagebegehren als zulässig erklärt wird (§ 280 Abs. 2 S. 1 ZPO), und ein Zwischenurteil, mit dem der Klageanspruch als dem Grunde nach gerechtfertigt erklärt wird (§ 304 Abs. 2 Hs. 1 ZPO). Anfechtbar sind auch Zwischenurteile, mit denen eine Partei endgültig daran gehindert wird, weiter am Rechtsstreit teilzunehmen. Dies gilt zum Beispiel für ein Urteil, mit dem einer Partei endgültig verwehrt wird, einen unterbrochenen Rechtsstreit aufzunehmen,[9] und für ein Urteil, mit dem ein Parteiwechsel auf Beklagtenseite in der Berufungsinstanz für zulässig erklärt wird.[10] Sofern ein Parteiwechsel auch ohne Zustimmung des Beklagten zulässig ist, ist seine Zulassung gemäß § 268 ZPO nicht anfechtbar.[11]

11 Anfechtbar sind gemäß § 302 Abs. 2 ZPO auch **Vorbehaltsurteile,** mit denen dem Klagebegehren unter Vorbehalt der Entscheidung über eine vom Beklagten erklärte Aufrechnung stattgegeben wird, und gemäß § 599 Abs. 3 ZPO Urteile im Urkundenprozess, in denen dem Beklagten die Ausführung seiner Rechte im Nachverfahren vorbehalten wird.

12 Gegen ein erstinstanzliches Zwischenurteil über die Zulässigkeit einer **Nebenintervention** ist gemäß § 71 Abs. 2 ZPO die sofortige Beschwerde statthaft; die Beschwerdeentscheidung unterliegt nach Maßgabe von § 574 Abs. 1 S. 1 Nr. 2 ZPO der Rechtsbeschwerde, wenn das Beschwerdegericht sie zulässt. Entsprechendes gilt gemäß § 387 Abs. 3 ZPO für ein Zwischenurteil über die Rechtmäßigkeit der **Zeugnisverweigerung.** Ein Zwischenurteil gemäß § 71 Abs. 2 ZPO, das vom Berufungsgericht oder von einem erstinstanzlich zuständigen Oberlandesgericht erlassen wurde, unterliegt keinem Rechtsmittel.[12]

13 **Nicht anfechtbar** ist zum Beispiel ein Zwischenurteil, mit dem das Gericht dem Kläger gemäß § 113 S. 1 ZPO die Leistung einer Sicherheit für die Prozesskosten aufgibt. Eine Revision ist in dieser Konstellation auch dann nicht zulässig, wenn das Berufungsgericht die Berufung fehlerhaft als zulässig behandelt und in der Sache entschieden hat.[13]

14 Maßgeblich für die Frage, ob ein Zwischenurteil oder ein Endurteil vorliegt, ist nicht die Bezeichnung der Entscheidung, sondern dessen **Inhalt.**[14] So ist ein „Zwischenurteil", mit dem die Klage als unzulässig abgewiesen wird, als Endurteil anzusehen und unterliegt deshalb der Anfechtung.[15] Ein „Zwischenurteil", mit dem auf Antrag einer Partei über eine für die Entscheidung erhebliche materiellrechtliche Vorfrage entschieden wird, ist als Teil-Endurteil über eine Zwischenfeststellungs(wider)klage anfechtbar.[16]

C. Beschwer

15 Wie die Berufung ist auch die Revision nur zulässig, wenn der Revisionskläger durch die angefochtene Entscheidung **beschwert** ist und das Rechtsmittel auf die Beseitigung dieser Beschwer gerichtet ist. Wegen Einzelheiten → § 511 Rn. 18 f.

16 Durch ein Berufungsurteil, mit dem die erstinstanzliche Entscheidung **aufgehoben** und die Sache an das Landgericht zurückverwiesen wird, sind beide Parteien beschwert, wenn sie eine Entscheidung in der Sache beantragt haben.[17]

17 Eine **Mindestsumme** ist nicht erforderlich, wenn das Berufungsgericht die Revision zugelassen hat. Für eine Nichtzulassungsbeschwerde muss der Wert des Beschwerdegegenstandes hingegen gemäß § 544 Abs. 2 Nr. 1 ZPO grundsätzlich mehr als 20.000 Euro betragen. Wegen Einzelheiten → § 544 Rn. 7 ff.

§ 543 Zulassungsrevision

(1) **Die Revision findet nur statt, wenn sie**
1. das Berufungsgericht in dem Urteil oder
2. das Revisionsgericht auf Beschwerde gegen die Nichtzulassung
zugelassen hat.

---

[9] BGH NJW 2004, 2983; NJW-RR 2006, 288 Rn. 9.
[10] BGH NJW 1981, 989.
[11] So BGH GRUR 1987, 351 – Mauerkasten II für den erstinstanzlichen Parteiwechsel auf Klägerseite; anders Musielak/*Foerste* § 268 Rn. 1.
[12] BGH GRUR 2013, 535 Rn. 11 ff. – Nebenintervention; BGH NJOZ 2019, 294 Rn. 3.
[13] BGH NJW 1988, 1733.
[14] BGH NJW-RR 2006, 288 Rn. 9.
[15] BGH NJW 1988, 1733.
[16] BGH GRUR 1994, 463 – Pronuptia II.
[17] Vgl. nur BGH NJW-RR 2011, 1365 Rn. 4 mwN.

(2) ¹Die Revision ist zuzulassen, wenn
1. die Rechtssache grundsätzliche Bedeutung hat oder
2. die Fortbildung des Rechts oder die Sicherung einer einheitlichen Rechtsprechung eine Entscheidung des Revisionsgerichts erfordert.
²Das Revisionsgericht ist an die Zulassung durch das Berufungsgericht gebunden.

Literatur: *Nassall,* Justiz für wen? – Gedanken zum obersten Gerichtshof, NJW 2018, 3561; *Rosenthal,* Probleme im zivilprozessualen Revisionszulassungsrecht nach Inkrafttreten des ZPO-RG vom 1.1.2002, Berlin 2007; *Wüstenberg,* Revision: Die grundsätzliche Bedeutung der Rechtssache als Herausforderung, AnwBl Online 2018, 140.

Übersicht

	Rn.
A. Zulassungserfordernis	1
B. Zulassungsgründe	5
I. Grundsätzliche Bedeutung (Nr. 1)	7
II. Fortbildung des Rechts (Nr. 2 Fall 1)	13
III. Sicherung einer einheitlichen Rechtsprechung (Nr. 2 Fall 2)	15
1. Divergenz	17
2. Symptomatischer Rechtsfehler	23
3. Verstoß gegen verfassungsrechtliche Anforderungen	24
C. Zulassung durch das Berufungsgericht	30
I. Entscheidung über die Zulassung	32
1. Nachträgliche Zulassung	33
2. Beschränkte Zulassung	36
II. Bindungswirkung	44
D. Zulassung durch den Bundesgerichtshof	47

A. Zulassungserfordernis

Das Rechtsmittel der Revision steht nur dann zur Verfügung, wenn es im konkreten Rechtsstreit durch gerichtliche Entscheidung **zugelassen** worden ist. Die Zulassung kann im angefochtenen Urteil erfolgen. Sofern dies nicht geschieht, kann jede vom Urteil beschwerte Partei nach Maßgabe des § 544 ZPO Nichtzulassungsbeschwerde einlegen. Wenn diese begründet ist, lässt der Bundesgerichtshof die Revision zu und führt das Verfahren als Revisionsverfahren weiter. **1**

Einer Zulassung bedarf auch eine Revision gegen ein erstinstanzliches Urteil des Berufungsgerichts in den Fällen des **§ 16 Abs. 4 S. 6 WahrnG.**¹ **2**

Ohne Zulassung ist die Revision ausnahmsweise zulässig, wenn das Berufungsgericht durch zweites Versäumnisurteil im Sinne von § 345 ZPO entschieden, also den Einspruch gegen ein erstes Versäumnisurteil zurückgewiesen hat.² Dazu → ZPO § 565 Rn. 6. Gemäß § 565 ZPO und § 514 Abs. 2 S. 1 ZPO darf die Revision in diesem Fall nur darauf gestützt werden, dass die Voraussetzungen für den Erlass eines zweiten Versäumnisurteils nicht vorgelegen haben. Eine Nichtzulassungsbeschwerde ist gegen ein solches Urteil nicht zulässig (→ ZPO § 544 Rn. 5). Für ein Berufungsurteil, mit dem ein Einspruch gegen ein Versäumnisurteil gemäß § 341 Abs. 2 ZPO wegen formeller Mängel oder Nichteinhaltung der Einspruchsfrist verworfen wird, gelten die allgemeinen Regeln; die Revision gegen ein solches Urteil bedarf der Zulassung. **3**

Keinem Zulassungserfordernis unterliegt die **Anschlussrevision** (§ 554 Abs. 2 S. 1 ZPO). Ist die Revision nur hinsichtlich eines Teils des Streitgegenstands zugelassen (→ Rn. 36 ff.), so hat der Revisionsbeklagte mithin die Möglichkeit, weitere Teile, hinsichtlich derer er in der Berufungsinstanz unterlegen ist, zum Gegenstand des Revisionsverfahrens zu machen. **4**

B. Zulassungsgründe

Die in Abs. 2 Satz 1 aufgeführten Zulassungsgründe gelten **gleichermaßen** für das Berufungsgericht wie für den Bundesgerichtshof. Die Zulassung der Revision wegen Verletzung von Verfahrensgrundrechten kann sinnvollerweise aber nur durch den Bundesgerichtshof erfolgen (→ Rn. 31). **5**

Wenn das Berufungsgericht das Vorliegen eines solchen Grundes bejaht hat, ist der Bundesgerichtshof gemäß Abs. 2 Satz 2 an die Zulassung **gebunden.** Wenn das Berufungsgericht die Revision nicht zugelassen hat, kann die unterlegene Partei mit der **Nichtzulassungsbeschwerde** geltend machen, ein Zulassungsgrund sei gegeben. **6**

---

¹ BGH GRUR 2013, 1173 Rn. 2 f. – Zulassungsrevision bei Festsetzung von Gesamtverträgen.
² BGH NJW-RR 2008, 876 Rn. 3; NJW 2015, 3661 Rn. 7; 2016, 642 Rn. 17; NJW-RR 2016, 60 Rn. 5.

I. Grundsätzliche Bedeutung (Nr. 1)

7 Grundsätzliche Bedeutung im Sinne von Abs. 2 Satz 1 Nr. 1 kommt einer Rechtssache zu, wenn sie eine entscheidungserhebliche, klärungsbedürftige und klärungsfähige **Rechtsfrage** aufwirft, die sich in einer unbestimmten Vielzahl von Fällen stellen kann, oder wenn **andere Auswirkungen** des Rechtsstreits die Allgemeinheit in besonderem Maße berühren.[3] Nicht ausreichend ist es, wenn mehrere Gerichte auf der Grundlage eines im Wesentlichen gleichen Sachverhalts zu einer unterschiedlichen tatrichterlichen Würdigung gelangen.[4]

8 Eine **Vielzahl von Fällen** in diesem Sinne liegt nur dann vor, wenn sich dieselbe Rechtsfrage in konkreten Rechtsstreitigkeiten mit mehreren, voneinander unabhängigen Beteiligten stellt. Mehrere Parallelprozesse zwischen denselben Parteien genügen nicht.[5] Grundsätzliche Bedeutung kann auch dann gegeben sein, wenn es um die Auslegung typischer Vertragsbestimmungen, Tarife, Formularverträge oder **allgemeiner Geschäftsbedingungen** geht.[6] Der Umstand, dass mehrere Verletzer aus demselben **Schutzrecht** in Anspruch genommen werden, begründet in der Regel noch keine grundsätzliche Bedeutung. In solchen Fällen kommt eine Revision zur Sicherung einer einheitlichen Rechtsprechung vor allem dann in Betracht, wenn das Schutzrecht von mehreren Gerichten unterschiedlich ausgelegt wird (→ Rn. 18). Betrifft die Rechtsfrage **auslaufendes Recht,** so kann ihr nur dann grundsätzliche Bedeutung zukommen, wenn noch über eine erhebliche Anzahl von Fällen nach altem Recht zu entscheiden oder die Frage für das neue Recht weiterhin von Bedeutung ist.[7] Rechtsfragen des **Unionsrechts** kommt grundsätzliche Bedeutung zu, wenn sich in einem Revisionsverfahren voraussichtlich die Notwendigkeit ergibt, eine Vorabentscheidung des Europäischen Gerichtshofs einzuholen.[8]

9 Als **andere Auswirkungen,** die einer Rechtssache grundsätzliche Bedeutung verleihen können, kommen zum Beispiel die wirtschaftlichen Folgen in Betracht, die der Ausgang des Rechtsstreits für die Allgemeinheit hat. Diese Auswirkungen müssen die Interessen der Allgemeinheit in besonderem Maße berühren und ein Tätigwerden des Revisionsgerichts erforderlich machen.[9]

10 Ob die Rechtsfrage, aus der sich die grundsätzliche Bedeutung ergibt, **entscheidungserheblich** ist, richtet sich grundsätzlich nach der rechtlichen Beurteilung durch das Berufungsgericht. Es genügt also nicht, wenn die Frage entscheidungserheblich gewesen wäre, sofern das Berufungsgericht eine vorgelagerte Tatsachen- oder Rechtsfrage anders beurteilt hätte. Dies gilt auch dann, wenn dem Berufungsgericht bei der Beurteilung der vorgelagerten Frage ein Rechtsfehler unterlaufen ist. Eine Nichtzulassungsbeschwerde hat in dieser Konstellation nur dann Aussicht auf Erfolg, wenn sich schon aus der Beurteilung dieser Frage ein Zulassungsgrund ergibt.[10]

10a An der Entscheidungserheblichkeit fehlt es auch dann, wenn das Berufungsgericht seine Entscheidung auf mehrere selbständig tragende Erwägungen gestützt hat und ein Zulassungsgrund nur hinsichtlich einzelner dieser Erwägungen vorliegt.[11]

11 Eine Rechtsfrage ist **klärungsbedürftig,** wenn sie zweifelhaft, wenn also ihre Beantwortung unklar ist. Solche Unklarheiten bestehen insbesondere dann, wenn die Rechtsfrage vom Bundesgerichtshof noch nicht entschieden ist und von den Oberlandesgerichten unterschiedlich beantwortet wird, oder wenn in der Literatur unterschiedliche Meinungen vertreten werden.[12] Von der Rechtsprechung abweichende Literaturansichten, die vereinzelt geblieben und nicht oder nicht nachvollziehbar begründet sind, reichen allerdings nicht aus.[13] Kein Klärungsbedarf besteht, wenn der Bundesgerichtshof eine ähnlich gelagerte Frage bereits entschieden hat und die Literatur hieraus zutreffende Schlussfolgerungen gezogen hat[14] oder einzelne Oberlandesgerichte dem Bundesgerichtshof nicht gefolgt sind, ohne hierfür beachtenswerte Argumente anzuführen.[15] Sofern die angefochtene Entscheidung von einer bereits etablierten höchstrichterlichen Rechtsprechung abweicht, liegt allerdings ein Fall der Divergenz (→ Rn. 17 ff.) vor. Ebenfalls kein Klärungsbedarf besteht, wenn die Frage bereits von einem anderen

---

[3] BGHZ 153, 254 (256) = NJW 2003, 1125 (1126); BGH NJW-RR 2004, 537 (538); BVerfG BKR 2016, 379 Rn. 34.
[4] BVerwG NVwZ 2017, 598 Rn. 4.
[5] BGH NJW 2004, 1167.
[6] BGHZ 152, 182 (191) = NJW 2003, 65 (68); BVerfG BKR 2016, 379 Rn. 36; enger wohl die Rechtsprechung des BAG zu § 72 Abs. 2 ArbGG, vgl. BAG NJW 2019, 2882 Rn. 5.
[7] BGHZ 154, 288 (291) = NJW 2003, 1943 (1944); BVerfG BKR 2016, 379 Rn. 37.
[8] BVerfG NVwZ 1991, 53 (58); BGH BeckRS 2003, 01439; 2010, 31036 Rn. 5.
[9] BGHZ 152, 182 (192) = NJW 2003, 65 (68).
[10] BGHZ 153, 254 (257) = NJW 2003, 1125 (1126); in BGH NJW 2003, 831 f. wurde die Frage noch offengelassen.
[11] BGH NJW-RR 2019, 524 Rn. 20 und 29.
[12] BGHZ 159, 135 (138) = NJW 2004, 2222 (2223); BGH NJOZ 2016, 1157 Rn. 14.
[13] BGH NJW-RR 2010, 978 Rn. 3; 2010, 1047 Rn. 3; GRUR 2014, 772 Rn. 8 – Online-Stadtplan; BGH NJW-RR 2016, 1529 Rn. 18.
[14] BGH GRUR 2013, 316 Rn. 26 – Rohrmuffe.
[15] BGH NJW 2014, 456 Rn. 9.

oberstens Gerichtshof des Bundes entschieden wurde.[16] Weiterer Klärungsbedarf kann sich aber ergeben, wenn neue Argumente ins Feld geführt werden können, die den Bundesgerichtshof zu einer Überprüfung seiner Auffassung veranlassen könnten.[17]

Stellt sich eine klärungsbedürftige Frage in mehreren **parallelen Verfahren** darf die Zulassung der Revision nicht mit der Begründung versagt werden, eine Klärung der Frage sei schon aufgrund der Revisionszulassung in einem anderen Verfahren zu erwarten.[18] **11a**

Eine Rechtsfrage ist **klärungsfähig,** wenn sie der Beurteilung durch das Berufungsgericht zugänglich ist. Hierzu muss die einschlägige Rechtsnorm nach § 545 ZPO revisibel sein – was seit der Änderung der Vorschrift seit 1.9.2009 bei praktisch allen Vorschriften des Bundes- und Landesrechts der Fall ist. Zu Fragen des Unionsrechts → Rn. 8. Nicht klärungsfähig ist wegen § 545 Abs. 2 ZPO die Frage, ob das erstinstanzliche Gericht örtlich, sachlich und funktionell zuständig war;[19] dazu auch → ZPO § 545 Rn. 1 und 26 ff. Ferner ist erforderlich, dass die Verletzung der in Rede stehenden Norm in der Revisionsinstanz noch gerügt werden kann. Daran fehlt es zum Beispiel, wenn das Berufungsgericht neues Vorbringen gemäß § 531 Abs. 2 ZPO zugelassen hat, denn die Verletzung dieser Vorschrift darf nur im Falle der Zurückweisung von Vorbringen gerügt werden.[20] **12**

II. Fortbildung des Rechts (Nr. 2 Fall 1)

Eine höchstrichterliche Entscheidung zur Fortbildung des Rechts ist erforderlich, wenn der Einzelfall Veranlassung gibt, **Leitsätze** für die Auslegung von Gesetzesbestimmungen des materiellen oder formellen Rechts aufzustellen oder Gesetzeslücken auszufüllen.[21] Die Voraussetzungen dafür decken sich weitgehend mit denjenigen der grundsätzlichen Bedeutung.[22] Eine Fortbildung des Rechts kann aber auch dann geboten sein, wenn eine Rechtsfrage bereits entschieden und damit nicht mehr klärungsbedürftig im Sinne von Nr. 1 ist, aber Anlass zu einer Korrektur oder Weiterentwicklung besteht.[23] **13**

Auch eine Fortbildung des Rechts ist nur geboten, wenn sich die zu entscheidende Rechtsfrage künftig in einer **Vielzahl** von vergleichbaren Fällen stellen wird.[24] **14**

III. Sicherung einer einheitlichen Rechtsprechung (Nr. 2 Fall 2)

Die Zulassung der Revision zur Sicherung einer einheitlichen Rechtsprechung ist geboten, wenn das Berufungsurteil von der Rechtsprechung des Bundesgerichtshofs oder eines anderen Berufungsgerichts **abweicht.** Hierfür ist weder erforderlich noch ausreichend, dass das Berufungsurteil einen Rechtsfehler aufweist. So begründet auch die fehlerhafte Auslegung eines **Patents** für sich gesehen noch keinen Zulassungsgrund.[25] **15**

Vielmehr müssen **besondere Umstände** hinzutreten, die dazu führen, dass über den Einzelfall hinaus die Interessen der Allgemeinheit nachhaltig berührt sind – zum Beispiel, weil die Gefahr besteht, dass die unrichtige Entscheidung wiederholt oder nachgeahmt wird, oder weil Verfahrensgrundrechte eines Beteiligten verletzt worden sind. Solche besonderen Umstände sind typischerweise in den drei nachfolgend aufgezeigten Konstellationen gegeben. **16**

Wie bei den anderen Zulassungsgründen (→ Rn. 10 f.) muss das angefochtene Urteil auf der abweichenden Rechtsauffassung oder dem Verfassungsverstoß **beruhen.** Eine Zulassung kommt deshalb nicht in Betracht, wenn das Berufungsgericht seine Entscheidung auf mehrere selbständig tragende Erwägungen gestützt hat und nur hinsichtlich einzelner davon ein Zulassungsgrund vorliegt. **16a**

1. Divergenz. Ein Fall der Divergenz liegt vor, wenn das Berufungsgericht seine Entscheidung auf einen **Rechtssatz** gestützt hat, der von einem die Entscheidung eines anderen gleich- oder höherrangigen Gerichts oder Spruchkörpers tragenden Rechtssatz abweicht.[26] **17**

Voraussetzung dafür ist, dass das andere Gericht über die Frage bereits **abschließend** entschieden hat. Ein Hinweisbeschluss, etwa nach § 522 Abs. 2 S. 2 ZPO, reicht hierfür nicht aus.[27] **17a**

Als **gleichrangige Gerichte** sind auch die Berufungsgerichte anderer Gerichtsbarkeiten anzusehen, zum Beispiel Landesarbeitsgerichte oder Landessozialgerichte. Gleichgestellt sind die Finanzgerichte, **17b**

---

[16] BGH BeckRS 2006, 04301 Rn. 8 f.
[17] BGH NJW-RR 2019, 189 Rn. 6; BVerfG NJW 2011, 2276 (2277).
[18] BVerfG NJW 2018, 3699 Rn. 12.
[19] BGH NJW-RR 2007, 1509 Rn. 4; 2011, 72 Rn. 1.
[20] BGH NJW 2004, 1458.
[21] BGHZ 151, 221 (225) = NJW 2002, 3029 (3030).
[22] BGH NJW 2004, 289 (290).
[23] Vgl. BGH NJW-RR 2003, 132.
[24] BGH NJW 2004, 289 (290).
[25] BGHZ 186, 90 = GRUR 2010, 858 Rn. 10 – Crimpwerkzeug III.
[26] BGHZ 151, 42 (45) = NJW 2002, 2473 (2474); BVerfG BKR 2016, 379 Rn. 23.
[27] BVerfG GRUR 2020, 419 Rn. 11.

weil es dort keine Berufungsinstanz gibt.²⁸ Entsprechendes dürfte für das Bundespatentgericht gelten. Divergierende Entscheidungen ausländischer Gerichte bilden jedenfalls dann keinen Zulassungsgrund, wenn deren Auffassung für das deutsche Recht keinen Widerhall gefunden hat.²⁹

17c Für eine Divergenz genügt es nicht, dass zwei Gerichte trotz gleichen oder identischen Sachverhalts zu unterschiedlichen Ergebnissen gelangt sind.³⁰ Erforderlich ist vielmehr, dass diese Ergebnisse auf der Anwendung unterschiedlicher **Rechtssätze** beruhen.

18 In einem Rechtsstreit wegen der Verletzung eines **Patents** ist eine Divergenz mithin nicht schon dann zu bejahen, wenn zwei Oberlandesgerichte die Verletzungsfrage hinsichtlich einer vollständig oder im Wesentlichen gleichen Ausführungsform unterschiedlich beantworten. Divergenz liegt aber vor, wenn sie ihre Entscheidung auf eine unterschiedliche **Auslegung** des Klagepatents stützen. Divergenz ist ferner gegeben, wenn die Auslegung des Berufungsgerichts von der Auslegung abweicht, zu der der Bundesgerichtshof in einem das Klagepatent betreffenden Nichtigkeitsverfahren gelangt ist.³¹ Zur nachträglichen Geltendmachung dieses Zulassungsgrundes → ZPO § 544 Rn. 48 ff.

19 In Wettbewerbssachen gehört das **Verkehrsverständnis** zu den tatsächlichen Grundlagen der Entscheidung (dazu auch → ZPO § 546 Rn. 13). Deshalb liegt keine Divergenz vor, wenn zwei Oberlandesgerichte eine gleich gelagerte Frage unterschiedlich beantworten, weil sie voneinander abweichende Feststellungen zum maßgeblichen Verkehrsverständnis getroffen haben.³²

20 Eine Divergenz im weiteren Sinne liegt vor, wenn das Berufungsgericht einen Rechtssatz zwar nicht ausdrücklich formuliert hat, die Begründung des Berufungsurteils sich aber so verallgemeinern lässt, dass ihr **konkludent** ein abstrakter **Obersatz** zu entnehmen ist, der in Widerspruch zur Rechtsprechung des Bundesgerichtshofs oder eines anderen Berufungsgerichts steht.³³

21 Die fehlerhafte Auslegung eines **Patents** führt mithin auch dann zur Zulassung der Revision, wenn sie auf verallgemeinerbare Erwägungen gestützt ist, die in Widerspruch zur höchstrichterlichen Rechtsprechung stehen. So ist die Revision zum Beispiel zuzulassen, wenn das Berufungsgericht die Auslegung des Patents auf die in der Patentschrift enthaltenen Angaben zum technischen Problem gestützt hat, ohne sich mit der Frage zu befassen, welches Problem das Klagepatent objektiv löst.³⁴

22 Eine Zulassung der Revision wegen Divergenz setzt voraus, dass die abweichende Entscheidung des Bundesgerichtshofs oder eines anderen Berufungsgerichts bei Verkündung des angefochtenen Urteils bereits **ergangen** und veröffentlicht war. Die Abweichung von später ergangenen oder veröffentlichten Entscheidungen berührt grundsätzlich nicht die Interessen der Allgemeinheit.³⁵ Die Versagung der Revisionszulassung in dieser Konstellation ist verfassungsrechtlich nicht zu beanstanden.³⁶

23 **2. Symptomatischer Rechtsfehler.** Ein Rechtsfehler führt auch dann zur Zulassung der Revision, wenn ihm **symptomatische Bedeutung** zukommt. Dafür genügt nicht, dass der Rechtsfehler schwerwiegend oder offensichtlich ist. Erforderlich ist vielmehr, dass das Berufungsgericht in einer bestimmten Rechtsfrage in **ständiger Praxis** eine höchstrichterliche Rechtsprechung nicht berücksichtigt.³⁷ Dieser Gesichtspunkt kommt zum Tragen, wenn sich der angefochtenen Entscheidung zwar weder ein ausdrücklich formulierter noch ein konkludent zugrunde gelegter Obersatz entnehmen lässt, aber aus der ständigen Entscheidungspraxis des Berufungsgerichts hervorgeht, dass es in einer bestimmten Rechtsfrage eine vom Bundesgerichtshof abweichende Auffassung vertritt.

24 **3. Verstoß gegen verfassungsrechtliche Anforderungen.** Die Zulassung der Revision ist ferner geboten, wenn die angefochtene Entscheidung auf einem **schweren Verfahrensverstoß** beruht, der zu einer Verletzung von Verfahrensgrundrechten geführt hat, oder wenn sie auf einer Verletzung des allgemeinen Gleichheitssatzes in seiner Ausprägung als **Willkürverbot** (Art. 3 Abs. 1 GG) beruht. In dieser Konstellation wird durch die Zulassung der Revision und die Aufhebung der angefochtenen Entscheidung dem Umstand Rechnung getragen, dass das Berufungsurteil auf eine Verfassungsbeschwerde hin ohnehin aufgehoben werden müsste.³⁸

25 Eine typische Konstellation, in der die Revision unter diesem Gesichtspunkt zuzulassen ist, liegt vor bei einer Verletzung des Anspruchs auf **rechtliches Gehör** (Art. 103 Abs. 1 GG). Wenn eine solche Rüge begründet ist, kann der Bundesgerichtshof das angefochtene Urteil gemäß § 544 Abs. 7 ZPO sogar ohne mündliche Verhandlung durch Beschluss aufheben und die Sache an das Berufungsgericht zurückverweisen. Zu den Verfahrensgrundrechten gehört ferner das Recht auf den **gesetzlichen Richter** (Art. 101 Abs. 1 S. 2 GG).

---

²⁸ BGH BeckRS 2013, 13004 Rn. 1.
²⁹ BGH NJW-RR 2018, 662 Rn. 13.
³⁰ BGH NJW 2004, 1167.
³¹ BGHZ 186, 90 = GRUR 2010, 858 Rn. 11 ff. – Crimpwerkzeug III.
³² BGH NJOZ 2010, 720 Rn. 6.
³³ BGH NJW 2004, 1960 (1961); 2011, 2443 Rn. 3 ff.
³⁴ Vgl. BGH GRUR 2010, 602 Rn. 27 – Gelenkanordnung.
³⁵ BGH NJW 2003, 2319 (2320); 2003, 3781 (3782).
³⁶ BVerfG NJW 2008, 2493 (2494).
³⁷ BGHZ 151, 42 (46) = NJW 2002, 2473 (2474); BGHZ 152, 186 (187) = NJW 2003, 65 (66).
³⁸ BGHZ 154, 288 (296) = NJW 2003, 1943 (1946).

Eine Verletzung von Art. 103 Abs. 1 GG liegt zum Beispiel vor, wenn das Berufungsgericht **26** entscheidungserhebliches **Vorbringen** in seinem Kern nicht zur Kenntnis nimmt,[39] wenn es die Anforderungen an die **Substantiierung** von Parteivorbringen überspannt,[40] wenn es Vorbringen aus formalen Gründen unberücksichtigt lässt, ohne dass dies im Prozessrecht (zum Beispiel in § 531 Abs. 2 ZPO) eine **Stütze** findet,[41] wenn es entscheidungserhebliche **Beweisangebote** aufgrund einer vorweggenommenen Beweiswürdigung oder aus sonstigen Gründen übergeht, die im Prozessrecht keine Stütze finden,[42] wenn es den Inhalt einer **Zeugenaussage** oder die Glaubwürdigkeit eines Zeugen anders bewertet als die Vorinstanz, ohne den Zeugen erneut vernommen zu haben,[43] wenn es bestimmten Vortrag einer Partei als **unstreitig** behandelt, obwohl sich aus seinen tatbestandlichen Darlegungen oder aus einem Beschluss, mit dem ein Antrag auf Berichtigung des Tatbestands zurückgewiesen wird,[44] ergibt, dass der Gegner abweichend vorgetragen hat,[45] wenn es eine tatsächliche Feststellung trifft, die in **Widerspruch** zu Parteivortrag steht, der in der Berufungsentscheidung oder in der in Bezug genommenen erstinstanzlichen Entscheidung als unstreitig dargestellt wird,[46] wenn es entgegen der Auffassung der Vorinstanz einen Klageantrag für unzulässig hält, ohne einen entsprechenden **Hinweis** zu erteilen,[47] oder wenn zwar es einen Hinweis gemäß § 139 ZPO erteilt, später aber ohne erneuten Hinweis von der darin geäußerten Rechtsauffassung **abweicht**.[48]

Art. 103 Abs. 1 GG kann auch dann verletzt sein, wenn ein Berufungsgericht einen rechtlich **27** gebotenen **Hinweis** nicht erteilt hat. Nicht jede Verletzung von § 139 ZPO begründet allerdings einen Verfassungsverstoß. Art. 103 Abs. 1 GG ist aber verletzt, wenn ein Gericht ohne vorherigen Hinweis auf rechtliche Gesichtspunkte oder Erwägungen abstellt, mit denen auch ein gewissenhafter und kundiger Prozessbeteiligter nach dem bisherigen Prozessverlauf nicht zu rechnen brauchte.[49]

Entsprechend dem auch im Verfahren vor dem Bundesverfassungsgericht geltenden Grundsatz der **27a** **Subsidiarität** bildet ein Verstoß gegen Art. 103 Abs. 1 GG keinen Grund für die Zulassung der Revision, wenn die betroffene Partei die Möglichkeit hatte, den Verstoß schon in der vorangegangenen Instanz zu rügen. Diese Möglichkeit besteht etwa dann, wenn die Partei einem vom Berufungsgericht erteilten Hinweis entnehmen kann, dass das Berufungsgericht den in Rede stehenden Vortrag nicht berücksichtigt hat.[50]

Die Zulassung der Revision ist auch dann zwingend geboten, wenn ein **absoluter Revisionsgrund 28** im Sinne von § 547 **Nr. 1–4** ZPO vorliegt.[51] Wenn der absolute Revisionsgrund des § 547 **Nr. 6** ZPO (Fehlen einer Begründung) geltend gemacht wird, hängt die Zulassung der Revision hingegen davon ab, mit welcher Intensität sich die fehlende Begründung auf die Entscheidung auswirkt; für eine Zulassung reicht es deshalb nicht aus, wenn das angefochtene Urteil nur hinsichtlich einer relativ geringfügigen Nebenforderung keine Begründung enthält.[52]

Als **willkürlich** ist eine Entscheidung anzusehen, wenn die fehlerhafte Rechtsanwendung unter **29** keinem denkbaren Aspekt rechtlich vertretbar ist und sich daher der Schluss aufdrängt, dass sie auf sachfremden Erwägungen beruht.[53] Dieser Vorwurf lässt sich leicht erheben. Er ist aber nur in seltenen Ausnahmefällen begründet.

C. Zulassung durch das Berufungsgericht

Das Berufungsgericht hat die Revision im **Berufungsurteil** zuzulassen, wenn einer der oben **30** aufgeführten Zulassungsgründe vorliegt.

Ausgeschlossen ist die Zulassung durch das Berufungsgericht nach einer Verletzung von Verfahrens- **31** grundrechten oder einem sonstigen schweren **Verfahrensverstoß** (dazu → Rn. 24 ff.). Wenn das Berufungsgericht vor Urteilsverkündung erkennt, dass ihm ein solcher Fehler unterlaufen ist, so ist die gebotene Reaktion nicht die Zulassung der Revision, sondern die Behebung des Fehlers. Erkennt es den Fehler erst später, ist es nach allgemeinen Verfahrensgrundsätzen (→ Rn. 33 ff.) an einer nachträglichen Zulassung der Revision gehindert. Der betroffenen Partei bleibt dann nur das Rechtsmittel der Nichtzulassungsbeschwerde oder, sofern die dafür maßgebliche Wertgrenze nicht überschritten ist, die Anhörungsrüge gemäß § 321a ZPO.

---

[39] BGH NJW 2009, 2137 Rn. 4; NJW-RR 2011, 21 Rn. 8; GRUR 2012, 429 Rn. 7 – Simca.
[40] BGH NJW-RR 2013, 9 Rn. 12.
[41] BGH GRUR 2011, 853 Rn. 18 – Treppenlift.
[42] BGH NJW-RR 2009, 244 Rn. 7; 2013, 9 Rn. 13 f.
[43] BGH NJW-RR 2012, 704 Rn. 6; NJW 2011, 1364 Rn. 6.
[44] BGH GRUR 2011, 459 Rn. 12 – Satan der Rache; BGH MDR 2014, 674 Rn. 4.
[45] BGH NJW 2014, 1529 Rn. 6.
[46] BGH NJW-RR 2014, 381 Rn. 11.
[47] BGH NJW-RR 2010, 70 Rn. 5; GRUR 2011, 539 Rn. 18 – Rechtsberatung durch Lebensmittelchemiker.
[48] BGH GRUR 2011, 851 Rn. 11 ff. – Werkstück; BGH BeckRS 2014, 05169 Rn. 10.
[49] BGH NJW 2004, 1371 (1373); NJW-RR 2011, 487 Rn. 6; BeckRS 2013, 10271 Rn. 11.
[50] BGH NJW-RR 2016, 699 Rn. 4.
[51] BGHZ 172, 250 = NJW 2007, 2702 Rn. 8 ff.
[52] BGH NJW-RR 2012, 760 Rn. 6 f.
[53] BGHZ 154, 288 (299 f.) = NJW 2003, 1943 (1947).

I. Entscheidung über die Zulassung

32 Die Zulassung wird üblicherweise im **Tenor** des Berufungsurteils ausgesprochen. Es genügt aber, wenn sie sich hinreichend deutlich aus den Gründen ergibt. Die Nichtzulassung kann ebenfalls im Tenor ausgesprochen werden. Sie ergibt sich aber auch schon daraus, dass das Berufungsgericht weder im Tenor noch in den Gründen die Zulassung der Revision ausgesprochen hat. Bei einem Widerspruch zwischen Tenor und Gründen ist grundsätzlich der Tenor maßgeblich;[54] zur Möglichkeit einer Berichtigung → Rn. 3. Bei Abweichungen zwischen der Urschrift des Urteils und den zugestellten Ausfertigungen oder Abschriften ist die Urschrift maßgeblich.[55]

33 **1. Nachträgliche Zulassung.** Eine nachträgliche Zulassung der Revision im Wege des **Ergänzungsurteils** gemäß § 321 ZPO ist nicht zulässig. Verhält sich das Berufungsurteil nicht zu der Frage, ob die Revision zuzulassen ist, so ist es nicht unvollständig. Vielmehr ist es dahin auszulegen, dass die Revision nicht zugelassen ist.[56] In diesem Fall kann eine Zulassung grundsätzlich auch nicht daraus abgeleitet werden, dass das Berufungsgericht seiner Entscheidung eine Rechtsmittelbelehrung beigefügt hat.[57]

34 Im Wege der **Berichtigung** gemäß § 319 ZPO kann die Zulassung der Revision nur dann in das Berufungsurteil aufgenommen werden, wenn aus dem Zusammenhang der Urteilsgründe oder aus den Vorgängen bei Erlass oder Verkündung des Berufungsurteils auch für einen Außenstehenden ohne weiteres erkennbar ist, dass die Revisionszulassung beschlossen und nur versehentlich nicht im Urteil ausgesprochen wurde.[58] Diese Voraussetzung kann zum Beispiel vorliegen, wenn das Berufungsgericht am gleichen Tag und in gleicher Besetzung mehrere Parallelsachen entscheidet und nur eines der Urteile keine Revisionszulassung enthält, ohne dass ein Grund für die Differenzierung erkennbar ist.[59]

35 Auf eine **Anhörungsrüge** (§ 321a ZPO) darf die Revision nur dann zugelassen werden, wenn sich aus dem zuvor übergangenen und nach Rüge berücksichtigten Vorbringen ein Zulassungsgrund ergibt[60] oder wenn das Verfahren aufgrund eines Gehörsverstoßes gemäß § 321a Abs. 5 ZPO fortgesetzt wird und sich erst aus dem anschließend gewährten rechtlichen Gehör ein Grund für die Zulassung ergibt.[61] In beiden Konstellationen unterliegt die Frage, ob die Voraussetzungen des § 321a ZPO vorgelegen haben, der vollständigen Nachprüfung durch den BGH.[62] Wenn die unterlegene Partei das Berufungsurteil mit einer Nichtzulassungsbeschwerde anfechten kann, ist eine Anhörungsrüge schon nach § 321a Abs. 1 Nr. 1 ZPO unzulässig.

35a Die **willkürliche** Nichtzulassung der Revision ist jedenfalls dann kein zureichender Grund für eine (entsprechende) Anwendung von § 321a ZPO, wenn das Berufungsurteil mit der Nichtzulassungsbeschwerde angefochten werden kann.[63]

36 **2. Beschränkte Zulassung.** Die Zulassung der Revision kann nach der nicht in jedem Detail konsistenten Rechtsprechung des Bundesgerichtshofs[64] jedenfalls dann auf einen **abtrennbaren Teil** des Streitgegenstandes beschränkt werden, wenn dieser Gegenstand eines Teil- oder Zwischenurteils sein könnte.[65] In einigen Entscheidungen wird eine Beschränkung auch dann als zulässig angesehen, wenn der Revisionskläger sein Rechtsmittel auf den betreffenden Teil des Streitgegenstands beschränken könnte.[66] Auch für diesen Fall wird aber gefordert, der von der Zulassung erfasste Teil des Streitstoffs müsse in tatsächlicher und rechtlicher Hinsicht unabhängig von dem übrigen Prozessstoff beurteilbar sein, so dass auch im Falle einer Zurückverweisung kein Widerspruch zum nicht anfechtbaren Teil des Streitstoffs auftreten könne.[67] Dies entspricht den Anforderungen an die Zulässigkeit eines Teilurteils, mit der Maßgabe, dass es für die Beurteilung der Frage nicht auf die Verfahrenslage in der Berufungsinstanz, sondern auf diejenige in der Revisionsinstanz ankommt.

---

[54] BGH NJW-Spezial 2018, 412 Rn. 2.
[55] BGH NJW-RR 2022, 70 Rn. 10 ff.
[56] BGH NJW 2004, 779; BGHZ 44, 395 (396) = NJW 1966, 931 (932); vgl. auch BGH NJW 2013, 2124 Rn. 10 zur nachträglichen Zulassung der Rechtsbeschwerde.
[57] Zur Rechtsbeschwerde BGH NJW-RR 2014, 639 Rn. 8.
[58] BGH NJW 2004, 779; 2004, 2389; NJW-RR 2001, 61.
[59] BGHZ 78, 22 (23) = NJW 1980, 2813 (2814).
[60] BGH NJW 2020, 3376 Rn. 11 ff.; 2011, 1516 Rn. 6 f.
[61] BGH NJW 2020, 3258 Rn. 14; NJW-RR 2012, 306 Rn. 8.
[62] BGH NJW-RR 2019, 460 Rn. 10; NZM 2017, 147 Rn. 7; NJW 2016, 3035 Rn. 10; NJW-RR 2012, 306 Rn. 7.
[63] BGH NJW-RR 2014, 1470 Rn. 11 ff.; zur abweichenden Rechtslage bei der Zulassung der Rechtsbeschwerde vgl. BGH NJW 2004, 2529 (2530); NJW-RR 2007, 1653 Rn. 4.
[64] Kritisch dazu Musielak/*Ball* § 543 Rn. 13.
[65] Vgl. nur BGH GRUR 2009, 783 Rn. 17 – UHU.
[66] BGH NZG 2015, 1432 Rn. 18; NJW 2013, 1948 Rn. 9; NJW-RR 1995, 449 f.
[67] BGH GRUR 2019, 82 Rn. 14 – Jogginghosen; BGH NJW 2018, 1882 Rn. 21.

Die beschränkte Zulassung der Revision zugunsten einer **Partei** ist möglich, ein Zulassungsgrund **36a** nur hinsichtlich eines Teils des Streitgegenstands besteht und insoweit nur diese Partei durch das Berufungsurteil beschwert ist.[68]

Für die Beurteilung maßgeblich ist der **Zeitpunkt** der Zulassungsentscheidung. Eine Beschränkung **36b** ist deshalb unzulässig, wenn die Möglichkeit besteht, dass es aufgrund einer erfolgreichen Nichtzulassungsbeschwerde des Gegners zu divergierenden Teilentscheidungen kommt.[69]

Grundsätzlich zulässig ist zum Beispiel die Beschränkung auf einen von mehreren selbständigen **37** **Streitgegenständen,** auch wenn diese gestaffelt mit **Haupt- und Hilfsantrag** geltend gemacht werden.[70] So kann die Zulassung etwa auf markenrechtliche Ansprüche beschränkt werden, wenn der Kläger sein Begehren sowohl auf Markenrecht als auch auf das Recht des unlauteren Wettbewerbs stützt.[71] Entsprechendes gilt für eine Klage, die alternativ oder kumulativ auf mehrere Schutzrechte gestützt ist, hinsichtlich der Ansprüche aus den einzelnen Schutzrechten. Ebenfalls zulässig ist die Beschränkung der Zulassung auf einen Anspruch, mit dem der Beklagte hilfsweise aufgerechnet hat.[72] Bei Aufrechnung mit mehreren Ansprüchen kann die Zulassung auf einzelne davon beschränkt werden.[73]

Innerhalb eines einheitlichen Streitgegenstandes ist eine Beschränkung auf einzelne **Anspruchs-** **37a** **grundlagen** oder **Rechtsfragen** hingegen **nicht** zulässig.[74] Wenn sich aber eine bestimmte Rechtsfrage aber nur für einen abgrenzbaren Teil des Streitgegenstandes im oben genannten Sinne stellt, kann die Zulassung auf diesen Teil beschränkt werden. Zulässig ist etwa eine Beschränkung auf die Frage, ob auf einen geltend gemachten Schadensersatzanspruch ein bestimmter Vorteil anzurechnen ist.[75] Zur Auslegung einer ohne ausdrückliche Beschränkung ausgesprochenen Zulassung in diesem Fall → Rn. 40.

Die Zulassung der Revision kann auch auf die Frage der **Zulässigkeit der Klage** beschränkt **38** werden, weil diese gemäß § 280 ZPO Gegenstand eines selbständig anfechtbaren Zwischenurteils sein könnte.[76] Eine Beschränkung der Zulassung auf die Begründetheit der Klage ist jedenfalls insoweit nicht möglich, als Prozessvoraussetzungen von Amts wegen zu prüfen sind.[77] Zulässig ist hingegen eine Beschränkung auf den **Grund**[78] oder die **Höhe**[79] des geltend gemachten Anspruchs oder auf die Frage des **Mitverschuldens.**[80]

Eine Beschränkung der Zulassung auf einen Teil des Streitgegenstandes ist entsprechend den von **39** der Rechtsprechung zu § 301 ZPO entwickelten Grundsätzen (→ ZPO § 301 Rn. 6 ff.) nicht zulässig, wenn sie zur Gefahr einander **widersprechender Teilentscheidungen** führte.[81] Bei einer Klage wegen Verletzung eines Schutzrechts kann die Zulassung deshalb nicht auf einzelne aus der Schutzrechtsverletzung resultierende Ansprüche (zum Beispiel Unterlassung, Schadensersatz oder Vernichtung) beschränkt werden, sofern trotz der Beschränkung auch über die für alle Ansprüche einheitlich zu beantwortende Verletzungsfrage zu entscheiden wäre. Unzulässig ist deshalb die Beschränkung auf einen vom Berufungsgericht als unbegründet angesehenen Teil des Anspruchs auf Ersatz von Abmahnkosten, wenn die dafür maßgebliche Frage auch für den Unterlassungsanspruch relevant sein kann – und zwar selbst dann, wenn es zu einer Kollision nur dann kommen kann, wenn der Gegner eine erfolgreiche Nichtzulassungsbeschwerde einlegt.[82] Zulässig ist aber zum Beispiel eine Beschränkung auf einzelne Schadensposten, wenn damit der Schadensersatzanspruch dem Grunde nach bindend festgestellt ist.[83] Die Zulassung gilt dann aber auch für Nebenforderungen, die auf diese Schadensposten entfallen, etwa anteilige vorgerichtliche Anwaltskosten.[84]

Eine Beschränkung der Zulassung sollte zweckmäßigerweise in den **Tenor** der Berufungsentschei- **40** dung aufgenommen werden. Sie kann sich aber auch ausdrücklich oder konkludent aus den **Urteilsgründen** ergeben. Dies muss jedoch stets **zweifelsfrei** geschehen. Die bloße Angabe eines Grundes für die Zulassung reicht nicht aus.[85] Eine konkludente Beschränkung ist in der Regel aber anzunehmen, wenn sich die vom Berufungsgericht als zulassungsrelevant angesehene Rechtsfrage nur für einen

---

[68] BGH NJW 2020, 3258 Rn. 10.
[69] BGH GRUR 2019, 82 Rn. 15 ff. – Jogginghosen.
[70] BGH NJW-RR 2015, 232 Rn. 23.
[71] BGH GRUR 2009, 783 Rn. 18 – UHU.
[72] BGH BeckRS 2017, 125887 Rn. 5.
[73] BGH NJW-RR 2022, 306 Rn. 3 f.
[74] BGH GRUR 2009, 783 Rn. 17 – UHU; BGH NJW 2012, 844 Rn. 16.
[75] BGH NJW 2019, 215 Rn. 14.
[76] BGH NJW-RR 2012, 759 Rn. 3.
[77] BGH NJW 2018, 227 Rn. 10; BGHZ 182, 325 = GRUR 2010, 131 Rn. 15 – Legostein.
[78] BGHZ 182, 241 = NJW 2010, 148 Rn. 11.
[79] BGH NJW-RR 2015, 1048 Rn. 15; NJW 2011, 155 Rn. 7.
[80] BGH NJW-RR 2014, 909 Rn. 16.
[81] BGH NJW 2012, 844 Rn. 19.
[82] BGH GRUR 2019, 82 Rn. 16 f. – Jogginghosen.
[83] Vgl. BGH BeckRS 2012, 08780 Rn. 10; BGH NZM 2022, 110 Rn. 7.
[84] BGH NZM 2022, 110 Rn. 8.
[85] BGH GRUR 2016, 1275 Rn. 13 – Tannöd; BGH GRUR 2009, 515 Rn. 17 – Motorradreiniger.

eindeutig abgrenzbaren selbstständigen Teil des Streitstoffs stellt.[86] An einer hinreichend klaren Beschränkung fehlt es hingegen, wenn das Berufungsgericht die Klage als unbegründet abweist und die Revision zulässt, weil eine (von ihm bejahte) Zulässigkeitsfrage klärungsbedürftig ist.[87]

41 Hält das Berufungsgericht zum Beispiel nur die Frage der **Verjährung** für klärungsbedürftig, so erstreckt sich die Zulassung nur auf diejenigen Ansprüche, hinsichtlich der sich der Beklagte auf Verjährung berufen hat, und nicht auf Ansprüche, die das Berufungsgericht aus anderen Gründen als unbegründet angesehen hat.[88]

42 Hat das Berufungsgericht die Revision nur beschränkt zugelassen und ist eine Beschränkung nach den oben dargestellten Grundsätzen nicht zulässig, so ist die **Beschränkung unwirksam**, die Revision mithin ohne Einschränkung zugelassen.[89]

42a Eine **zulässige** Beschränkung ist demgegenüber auch dann wirksam, wenn sie im Ergebnis dazu führt, dass die Revision ins Leere läuft. So ist eine Beschränkung der Revisionszulassung auf die Frage der örtlichen Zuständigkeit des erstinstanzlichen Gerichts wirksam, obwohl eine darauf gestützte Revision gemäß § 545 Abs. 2 ZPO unzulässig ist.[90]

43 Zur Möglichkeit, mittels einer **Anschlussrevision** weitere Teile des Streitgegenstandes zur Überprüfung zu stellen, → Rn. 4 und → ZPO § 554 Rn. 4.

II. Bindungswirkung

44 Gemäß Abs. 2 Satz 2 ist der Bundesgerichtshof grundsätzlich an die Zulassung **gebunden**. Er kann die Revision mithin nicht als unzulässig verwerfen, wenn er der Auffassung ist, ein Zulassungsgrund sei in Wahrheit nicht gegeben. Sofern die Revision auch in der Sache keine Aussicht auf Erfolg hat, kann er sie in dieser Konstellation aber gemäß § 552a ZPO ohne mündliche Verhandlung durch einstimmigen Beschluss zurückweisen.

45 Eine **nachträgliche** Zulassung nach § 319 ZPO oder § 321a ZPO ist nur dann bindend, wenn die Voraussetzungen für die Anwendung dieser Vorschriften vorgelegen haben.[91] Zu diesen Voraussetzungen → Rn. 34 f.

46 Die Bindungswirkung bezieht sich nur auf die Frage, ob ein Zulassungsgrund im Sinne von Abs. 2 Satz 1 vorliegt. Die weiteren Zulässigkeitsvoraussetzungen, insbesondere auch die **Statthaftigkeit** des Rechtsmittels gemäß § 542 ZPO, obliegen der eigenständigen Prüfung durch den Bundesgerichtshof. Ein nach dem Gesetz nicht statthaftes Rechtsmittel wird nicht allein deshalb statthaft, weil es vom Berufungsgericht zugelassen wurde.[92]

46a Eine **Falschbezeichnung** des zugelassenen Rechtsmittels ist unschädlich. Wenn das Berufungsgericht die Berufung etwa durch Urteil als unzulässig verwirft und irrtümlich die (im Falle der Verwerfung durch Beschluss statthafte) „Rechtsbeschwerde" zulässt, ist dies in der Regel als Zulassung der Revision zu verstehen.[93]

D. Zulassung durch den Bundesgerichtshof

47 Der Bundesgerichtshof kann die Revision nur auf eine zulässige und begründete **Nichtzulassungsbeschwerde** hin zulassen. Hierzu muss der Beschwerdeführer das Rechtsmittel form- und fristgerecht einlegen (→ ZPO § 544 Rn. 31 ff.) und innerhalb der Begründungsfrist darlegen, dass die Wertgrenze überschritten ist (→ ZPO § 544 Rn. 7 ff.) und dass ein Zulassungsgrund vorliegt (→ ZPO § 544 Rn. 35 ff.).

§ 544 Nichtzulassungsbeschwerde

(1) ¹**Die Nichtzulassung der Revision durch das Berufungsgericht unterliegt der Beschwerde (Nichtzulassungsbeschwerde).**

(2) **Die Nichtzulassungsbeschwerde ist nur zulässig, wenn**
1. der Wert der mit der Revision geltend zu machenden Beschwer 20.000 Euro übersteigt oder
2. das Berufungsgericht die Berufung als unzulässig verworfen hat.

---

[86] BGH NJW-RR 2022, 306 Rn. 4; NZG 2015, 1432 Rn. 20; NJW-RR 2012, 759 Rn. 4.
[87] BGH GRUR 2021, 462 Rn. 15 – Fensterflügel.
[88] BGH NJW 2011, 1227 Rn. 12 f.
[89] BGH NJW 2012, 844 Rn. 21.
[90] BGH NJW-RR 2012, 759 Rn. 5 f.
[91] BGH NJW-RR 2014, 1470 Rn. 7; 2012, 306 Rn. 7; NJW 2004, 779.
[92] BGH GRUR 2008, 357 Rn. 16 – Planfreigabesystem.
[93] BAG NJW 1986, 2784 (2785): Zulassung der nur bei Beschlüssen statthaften Revisionsbeschwerde anstelle der Revision.

(3) ¹Die Nichtzulassungsbeschwerde ist innerhalb einer Notfrist von einem Monat nach Zustellung des in vollständiger Form abgefassten Urteils, spätestens aber bis zum Ablauf von sechs Monaten nach der Verkündung des Urteils bei dem Revisionsgericht einzulegen. ²Mit der Beschwerdeschrift soll eine Ausfertigung oder beglaubigte Abschrift des Urteils, gegen das die Revision eingelegt werden soll, vorgelegt werden.

(4) ¹Die Beschwerde ist innerhalb von zwei Monaten nach Zustellung des in vollständiger Form abgefassten Urteils, spätestens aber bis zum Ablauf von sieben Monaten nach der Verkündung des Urteils zu begründen. ²§ 551 Abs. 2 Satz 5 und 6 gilt entsprechend. ³In der Begründung müssen die Zulassungsgründe (§ 543 Abs. 2) dargelegt werden.

(5) Das Revisionsgericht gibt dem Gegner des Beschwerdeführers Gelegenheit zur Stellungnahme.

(6) ¹Das Revisionsgericht entscheidet über die Beschwerde durch Beschluss. ²Der Beschluss soll kurz begründet werden; von einer Begründung kann abgesehen werden, wenn sie nicht geeignet wäre, zur Klärung der Voraussetzungen beizutragen, unter denen eine Revision zuzulassen ist, oder wenn der Beschwerde stattgegeben wird. ³Die Entscheidung über die Beschwerde ist den Parteien zuzustellen.

(7) ¹Die Einlegung der Beschwerde hemmt die Rechtskraft des Urteils. ²§ 719 Abs. 2 und 3 ist entsprechend anzuwenden. ³Mit der Ablehnung der Beschwerde durch das Revisionsgericht wird das Urteil rechtskräftig.

(8) ¹Wird der Beschwerde gegen die Nichtzulassung der Revision stattgegeben, so wird das Beschwerdeverfahren als Revisionsverfahren fortgesetzt. ²In diesem Fall gilt die form- und fristgerechte Einlegung der Nichtzulassungsbeschwerde als Einlegung der Revision. ³Mit der Zustellung der Entscheidung beginnt die Revisionsbegründungsfrist.

(9) Hat das Berufungsgericht den Anspruch des Beschwerdeführers auf rechtliches Gehör in entscheidungserheblicher Weise verletzt, so kann das Revisionsgericht abweichend von Absatz 8 in dem der Beschwerde stattgebenden Beschluss das angefochtene Urteil aufheben und den Rechtsstreit zur neuen Verhandlung und Entscheidung an das Berufungsgericht zurückverweisen.

Übersicht

	Rn.
A. Regelungsgehalt	1
B. Zulässigkeitsvoraussetzungen	3
I. Statthaftigkeit	4
II. Wertgrenze	7
1. Verwerfung der Berufung als unzulässig	8
2. Berechnung des Werts	11
a) Wert der Beschwer	12
b) Geltendmachung der Beschwer	15
c) Darlegung der wertbildenden Faktoren	21
III. Entsprechend anwendbare Vorschriften	28a
C. Verfahren	29
I. Einlegung und Begründung der Beschwerde	30
1. Einlegung	31
2. Begründung	35
3. Wiedereinsetzung in den vorigen Stand	46
II. Hemmung der Rechtskraft	52
III. Nichtstreitige Erledigung	54
IV. Erwiderung	58
V. Entscheidung des Bundesgerichtshofs	61
1. Form der Entscheidung	61
2. Inhalt der Entscheidung	64
3. Aussetzung	70
VI. Weiteres Verfahren	71
VII. Vereinfachtes Verfahren (Absatz 7)	75
D. Kosten	78

A. Regelungsgehalt

Für den Fall, dass das Berufungsgericht die Revision nicht zugelassen hat, eröffnet § 544 ZPO der unterlegenen Partei eine **eingeschränkte Rechtsschutzmöglichkeit**. Mit der Nichtzulassungsbeschwerde kann sie die Berufungsentscheidung nicht unmittelbar einer rechtlichen Überprüfung zuführen. Sie kann aber die Zulassungsentscheidung des Berufungsgerichts angreifen und geltend machen, bei zutreffender Anwendung von § 543 Abs. 2 S. 1 ZPO sei die Revision zuzulassen. Wenn dieser Angriff Erfolg hat, lässt der Bundesgerichtshof die Revision zu und das Beschwerdeverfahren wird als Revisionsverfahren fortgesetzt.

2   Nach Abs. 2 Nr. 1 ist diese Rechtsschutzmöglichkeit beschränkt auf Verfahren, in denen der Wert der geltend gemachten Beschwer die **Wertgrenze** von 20.000 Euro überschreitet. Sofern diese Voraussetzung nicht erfüllt ist und das Berufungsgericht die Revision nicht zulässt, unterliegt die Entscheidung des Berufungsgerichts keinem Rechtsmittel. Es kann dann allenfalls mit einer Anhörungsrüge gemäß § 321a ZPO oder mit einer Verfassungsbeschwerde angegriffen werden.

B. Zulässigkeitsvoraussetzungen

3   Die Nichtzulassungsbeschwerde ist statthaft, wenn und soweit eine **Revision** gegen die angefochtene Entscheidung deshalb nicht zulässig ist, weil das Berufungsgericht sie nicht zugelassen hat. Ferner muss grundsätzlich die **Wertgrenze** des Abs. 2 Nr. 1 überschritten sein. Die formellen Anforderungen entsprechen im Wesentlichen denjenigen einer zugelassenen Revision.

I. Statthaftigkeit

4   Die Nichtzulassungsbeschwerde ist nur statthaft gegen Entscheidungen, die gemäß § 542 ZPO der **Revision** unterliegen. Wegen Einzelheiten → ZPO § 542 Rn. 3 ff. Fehlt eine dieser Voraussetzungen, so ist auch die Nichtzulassungsbeschwerde unzulässig.

5   **Nicht statthaft** ist die Nichtzulassungsbeschwerde gegen ein zweites Versäumnisurteil im Sinne von § 345 ZPO und gegen ein Versäumnisurteil, mit dem ein Antrag auf Wiedereinsetzung in den vorigen Stand zurückgewiesen wird (§ 238 Abs. 2 S. 2 ZPO). Entscheidungen dieses Inhalts unterliegen ausschließlich der zulassungsfreien Revision (→ ZPO § 543 Rn. 3 und → ZPO § 565 Rn. 6). Eine Nichtzulassungsbeschwerde gegen ein solches Urteil kann grundsätzlich nicht in eine Revision, die Begründung einer Nichtzulassungsbeschwerde grundsätzlich nicht in eine Revisionsbegründung umgedeutet werden.[1] In Zweifelsfällen sollten beide Rechtsmittel nebeneinander erhoben und begründet werden.

6   Nicht statthaft ist die Nichtzulassungsbeschwerde gegen eine **Kostenentscheidung** hinsichtlich eines durch Anerkenntnis erledigten Teils der Hauptsache.[2] Eine solche Kostenentscheidung kann zwar in einem Revisionsverfahren über den nicht anerkannten Teil des Klagebegehrens zur Überprüfung gestellt werden (→ ZPO § 557 Rn. 36). Im Verfahren über die Nichtzulassungsbeschwerde ist eine Korrektur der zweitinstanzlichen Kostenentscheidung aber nicht möglich (→ Rn. 69).

II. Wertgrenze

7   Für den Fall, dass das Berufungsgericht inhaltlich über die Berufung entschieden hat, sieht Abs. 2 Nr. 1 eine Wertgrenze von **20.000 Euro** vor. Diese Vorschrift ist seit 1.1.2020 Bestandteil der ZPO. Zuvor enthielt § 26 Nr. 8 S. 1 EGZPO aF eine inhaltsgleiche Regelung.

8   **1. Verwerfung der Berufung als unzulässig. Ohne Einschränkung** zulässig ist die Nichtzulassungsbeschwerde gemäß Abs. 2 Nr. 2, wenn das Berufungsgericht die Berufung durch Urteil als unzulässig verworfen hat. Diese Regelung trägt dem Umstand Rechnung, dass es weitgehend im Ermessen des Berufungsgerichts steht, ob es die Verwerfung durch Urteil oder durch Beschluss ausspricht, und dass für eine Rechtsbeschwerde gegen einen die Berufung als unzulässig verwerfenden Beschluss keine Wertgrenze gilt. Abs. 2 Nr. 2 ist auch dann anwendbar, wenn das Berufungsgericht die Berufung formal als unbegründet zurückgewiesen, diese Entscheidung jedoch ausschließlich auf Erwägungen gestützt hat, die zu einer Verwerfung als unzulässig hätten führen müssen.[3]

9   Die Privilegierung gemäß Abs. 2 Nr. 2 greift nicht bei einem Urteil, mit dem das Berufungsgericht einen **Einspruch** gegen ein von ihm erlassenes Versäumnisurteil gemäß § 341 Abs. 2 ZPO wegen unzureichender Form oder Nichteinhaltung der Einspruchsfrist als unzulässig verworfen hat. Gegen ein solches Urteil ist die Nichtzulassungsbeschwerde nur zulässig, wenn die Wertgrenze des Abs. 2 Nr. 1 überschritten ist.[4] Wenn das Berufungsgericht einen Einspruch gemäß § 345 ZPO durch zweites Versäumnisurteil als unzulässig verwirft, ist nicht die Nichtzulassungsbeschwerde, sondern ausschließlich die (zulassungsfreie und nicht an eine Wertgrenze gebundene) Revision statthaft (→ Rn. 5, → ZPO § 543 Rn. 3 und → ZPO § 565 Rn. 6).

10   Ebenfalls nicht anwendbar ist Abs. 2 Nr. 2, wenn das Berufungsgericht die **Klage** insgesamt oder eine in zweiter Instanz vorgenommene **Klageänderung** oder Aufrechnung für unzulässig gehalten und die Berufung deshalb als unbegründet zurückgewiesen hat.[5] Entsprechendes gilt, wenn ein Oberlandesgericht als erstinstanzliches Gericht die Klage abgewiesen hat.[6] Anwendbar ist Abs. 2 Nr. 2

---

[1] BGH NJW-RR 2008, 876 Rn. 6.
[2] BGH NJW-RR 2010, 640 Rn. 10.
[3] BGH NJW-RR 2011, 1289 Rn. 11.
[4] BGH NJOZ 2012, 1415 Rn. 6.
[5] BGH GRUR-RR 2013, 496 – Musterauswahl (Ls.) = BeckRS 2013, 07559 Rn. 2.
[6] BGH NJW-RR 2015, 256 Rn. 9.

hingegen, wenn der Kläger in zweiter Instanz nur noch ein geändertes Klagebegehren verfolgt und das Berufungsgericht die Berufung deshalb mangels Beschwer als unzulässig verworfen hat.

2. Berechnung des Werts. Maßgeblich ist gemäß Abs. 2 Nr. 1 der Wert der mit der Revision **11** geltend zu machenden **Beschwer**. Es genügt mithin nicht, dass der Beschwerdeführer durch die Berufungsentscheidung beschwert ist. Zusätzlich ist vielmehr erforderlich, dass die mit der Nichtzulassungsbeschwerde angestrebte Revision die Beseitigung dieser Beschwer zum Ziel hat.

a) **Wert der Beschwer.** Der Wert der **Beschwer** ist nach allgemeinen Grundsätzen zu bestimmen, **12** also nach §§ 3 ff. ZPO.[7] Die gebührenrechtlichen Regelungen in §§ 41 ff. GKG sind nicht anwendbar. Wenn die Nichtzulassungsbeschwerde vom Kläger erhoben wird, deckt sich der Wert der Beschwer mit dem nach §§ 3 ff. ZPO zu bestimmenden Streitwert des abgewiesenen Klagebegehrens. Wenn die Nichtzulassungsbeschwerde vom Beklagten erhoben wird, sind entsprechend den allgemeinen Grundsätzen zur Berechnung des Werts der Beschwer (→ ZPO § 511 Rn. 27 ff.) nicht die vom Kläger angestrebten Vorteile maßgeblich, sondern die wirtschaftlichen Nachteile, die dem Beklagten aus der angefochtenen Entscheidung entstehen.

Schon bei Ansprüchen auf **Unterlassung** kann der Wert der Beschwer danach unterschiedlich sein, **13** je nachdem, ob sich der Kläger gegen eine Klageabweisung oder der Beklagte gegen eine Verurteilung wendet.[8] Im Bereich des gewerblichen Rechtsschutzes kann aber in der Regel davon ausgegangen werden, dass das Interesse des Beklagten an einer Beseitigung der Verurteilung dem Interesse des Klägers an dieser Verurteilung entspricht.[9] Dies gilt auch dann, wenn die Parteien nicht über das Bestehen einer Unterlassungspflicht streiten, sondern nur darüber, ob es bereits zu Zuwiderhandlungen gekommen ist.[10] Der Aufwand, den der Beklagte betreiben muss, um die Einhaltung des tenorierten Verbots sicherzustellen, ist nur dann maßgebend, wenn er höher ist als das Interesse des Klägers an einer Verurteilung.[11] Richtet sich das Unterlassungsbegehren gegen eine nicht gewerbliche Tätigkeit, kann eine andere Beurteilung geboten sein.[12]

Bei isoliert oder im Rahmen einer Stufenklage geltend gemachten Ansprüchen auf **Auskunft** oder **14** Rechnungslegung ist es auf Seiten des Beklagten häufig schwierig, eine oberhalb der Wertgrenze liegende Beschwer aufzuzeigen. Die Beschwer des Beklagten bemisst sich in dieser Konstellation allein nach dem Aufwand an Kosten und Zeit, den die Erfüllung des titulierten Anspruchs für ihn mit sich bringt, sowie nach eventuellen Geheimhaltungsinteressen.[13] Entsprechendes gilt bei einer Verurteilung zur Abgabe der eidesstattlichen Versicherung der Vollständigkeit und Richtigkeit der erteilten Auskünfte.[14] Ein darüber hinausgehendes Interesse, die Informationen nicht vor Rechtskraft der Verurteilung erteilen zu müssen, kann nicht berücksichtigt werden. Der Beklagte muss deshalb detailliert darlegen und glaubhaft machen (→ Rn. 44), welche Kosten ihm durch die Erteilung der Auskunft entstehen. Ist die Auskunft zur Abwendung der Vollstreckung aus dem angefochtenen oder dem erstinstanzlichen Urteil bereits erteilt worden, so sind auch die hierfür entstandenen Kosten zu berücksichtigen.[15] Obwohl die Auskunft durch den Beklagten persönlich zu erteilen ist, sind die Kosten für die Zuziehung von Hilfspersonen und fachkundigen Dritten, die der Beklagte zur Vorbereitung der Auskunft heranzieht, berücksichtigungsfähig, soweit deren Einschaltung erforderlich ist.[16] Entsprechendes gilt für die Kosten einer gerichtlichen Inanspruchnahme von Dritten, sofern diese erforderlich ist, um die Informationen zu erhalten.[17] Ist der Schuldner verurteilt worden, die Richtigkeit der erteilten Auskunft an Eides Statt zu versichern, so ist die Zuziehung eines Anwalts jedenfalls dann erforderlich, wenn die Verurteilung inhaltlich über die vorangegangene Verurteilung zur Auskunftserteilung hinausgeht.[18] Soweit der Auskunftstitel keinen vollstreckbaren Inhalt hat, erhöht sich die Beschwer um die Kosten der Abwehr einer diesbezüglichen Zwangsvollstreckung.[19]

Wenn mit der Klage **mehrere Ansprüche** geltend gemacht werden, genügt es, wenn die Summe **14a** der Einzelwerte die maßgebliche Schwelle übersteigt. Dies gilt sowohl dann, wenn ein einzelner Kläger mehrere Ansprüche geltend macht,[20] als auch dann, wenn mehrere Streitgenossen auf Klägerseite

---

[7] Vgl. nur BGH NJW-RR 2012, 1107 Rn. 3.
[8] Vgl. dazu BGH NJW-RR 2009, 549 Rn. 3.
[9] BGH GRUR 2013, 1067 Rn. 12 – Beschwer des Unterlassungsschuldners.
[10] BGH GRUR 2013, 1067 Rn. 13 ff. – Beschwer des Unterlassungsschuldners.
[11] BGH GRUR 2013, 1067 Rn. 17 – Beschwer des Unterlassungsschuldners.
[12] BGH GRUR 2015, 298 Rn. 10.
[13] BGH GRUR 2010, 1036 Rn. 4 – Wert der Beschwer; BGH GRUR 2000, 1111 – Urteilsbeschwer bei Stufenklage.
[14] BGH NJOZ 2019, 233 Rn. 7.
[15] BGH GRUR 2010, 1035 Rn. 5 – Wert der Beschwer.
[16] BGH GRUR 2010, 1035 Rn. 6 – Wert der Beschwer; BGH BeckRS 2014, 03819 Rn. 11.
[17] BGH BeckRS 2021, 41802 Rn. 14.
[18] BGH GRUR 2014, 908 Rn. 13 ff.
[19] BGH NJW-RR 2021, 451 Rn. 12; BGH NJW-RR 2022, 433 Rn. 14.
[20] BGHZ 166, 327 Rn. 3.

unterschiedliche Ansprüche geltend machen, deren Wert nur in der Summe oberhalb der Schwelle liegt.[21]

15 **b) Geltendmachung der Beschwer.** Nach Abs. 2 Nr. 1 ist eine aus der angefochtenen Entscheidung resultierende Beschwer nur insoweit zu berücksichtigen, als mit der Revision, auf deren Zulassung die Beschwerde gerichtet ist, die **Beseitigung** dieser Beschwer **angestrebt** wird. Entsprechend den allgemeinen Grundsätzen ist eine Nichtzulassungsbeschwerde deshalb unzulässig, wenn der Beschwerdeführer mit ihr das Begehren aus der Vorinstanz nicht mehr weiterverfolgt, sondern ein anderes Rechtsschutzziel anstrebt.[22] Die Nichtzulassungsbeschwerde muss vielmehr das Ziel haben, das Begehren aus der Berufungsinstanz weiterzuverfolgen, und zwar hinsichtlich eines Gegenstands dessen Wert die in Abs. 2 Nr. 1 bestimmte Grenze übersteigt.

16 Wenn der Streitgegenstand aus **mehreren Ansprüchen** besteht, deren Wert nur bei Addition die Grenze übersteigt, genügt es nicht, dass der Beschwerdeführer einschränkungslos die Zulassung der Revision beantragt. Er muss vielmehr hinsichtlich jedes einzelnen Anspruchs oder zumindest hinsichtlich eines Teils der Ansprüche, deren Wert insgesamt die Wertgrenze übersteigt, darlegen, dass ein Grund für die Zulassung der Revision vorliegt.[23] Hat hinsichtlich eines Teils des Streitgegenstands bereits das Berufungsgericht die Revision zugelassen, so genügt es, wenn der mit der Nichtzulassungsbeschwerde geltend gemachte Wert zusammen mit dem Wert der zugelassenen und vom Beschwerdeführer eingelegten Revision die Grenze übersteigt.[24]

17 Genügt die Nichtzulassungsbeschwerde diesen Anforderungen, so ist die Revision – beschränkt auf den betreffenden **Teil** des Streitgegenstands – auch dann zuzulassen, wenn der Bundesgerichtshof die geltend gemachten Zulassungsgründe nur hinsichtlich eines Teils der Ansprüche für gegeben erachtet, deren Wert die Wertgrenze nicht übersteigt.[25]

18 In typischen Auseinandersetzungen wegen Verletzung eines **Patents**, einer Marke oder eines anderen Schutzrechts kommen diese Besonderheiten in der Regel nicht zum Tragen, wenn das Klagebegehren insgesamt Erfolg hatte oder abgewiesen worden ist und der geltend gemachte Zulassungsgrund für alle zum Klagebegehren gehörenden Ansprüche gleichermaßen gilt. Dann genügt es, wenn der Wert der Beschwer insgesamt oberhalb der Wertgrenze liegt, was in solchen Streitigkeiten in der Regel zu bejahen ist. Anders ist es, wenn nur ein Teil des Klagebegehrens Erfolg hatte und der Wert der Beschwer für eine der Parteien (oder für beide Seiten) die Wertgrenze nicht übersteigt.

19 Insbesondere bei einer **Stufenklage** hängt die Zulässigkeit des Rechtsmittels nicht selten davon ab, welche Partei in der Berufungsinstanz obsiegt hat. Wenn das Berufungsgericht die Klage schon in der ersten Stufe mit der Begründung abgewiesen hat, das Klageschutzrecht sei nicht verletzt, entspricht der Wert des Beschwerdegegenstandes dem vollen Streitwert, weil das Klagebegehren damit insgesamt aberkannt ist. Hat es die Klage in der ersten Stufe nur mit der Begründung abgewiesen, es bestehe trotz Verletzung kein Auskunftsanspruch (mehr), so beschränkt sich der Wert des Beschwerdegegenstandes auf den Wert des Auskunftsanspruchs. Hat das Berufungsgericht dem Klagebegehren in der ersten Stufe entsprochen, so muss der Beklagte entsprechend den in → Rn. 14 dargestellten Grundsätzen darlegen, welcher Aufwand für ihn mit der Erteilung der Auskunft verbunden ist.

20 Wenn der Beschwerdeführer **Prozesskostenhilfe** beantragt, genügt es, wenn er in seinem darauf gerichteten Gesuch Zulassungsgründe für einen Streitstoff darlegt, dessen Wert die Grenze übersteigt. Besteht nur hinsichtlich eines Teils dieses Streitstoffs die nach § 114 ZPO erforderliche Aussicht auf Erfolg, so ist die Gewährung von Prozesskostenhilfe darauf zu beschränken und der Antragsteller darf eine auf dieses Ziel beschränkte Nichtzulassungsbeschwerde einlegen oder weiterverfolgen.[26]

21 **c) Darlegung der wertbildenden Faktoren.** Der **Bundesgerichtshof** ist bei der Bemessung des Werts der Beschwer nicht an einen Streitwertbeschluss oder eine sonstige Festsetzung des Berufungsgerichts gebunden.[27] Ein Beschluss, mit dem das Berufungsgericht den „Wert der Beschwer" festsetzt, entfaltet keine inhaltlichen Wirkungen und ist nicht mit der Beschwerde anfechtbar.[28] Der Bundesgerichtshof hat den Wert in eigener Zuständigkeit gemäß § 3 ZPO nach pflichtgemäßem Ermessen zu schätzen.

22 Die für die Bemessung des Werts maßgeblichen Umstände muss der Beschwerdeführer in der Beschwerdebegründung **darlegen** und, soweit erforderlich glaubhaft machen.[29] Dies muss innerhalb

---

[21] BGH NJW 2015, 2816 Rn. 2 ff.
[22] BGH GRUR 2005, 886 – Glücksbon-Tage.
[23] BGH NJW-RR 2006, 717 Rn. 3; 2006, 1097 Rn. 8; GRUR-RR 2012, 48 (Ls.) = BeckRS 2011, 24173 Rn. 3.
[24] BGH GRUR 2007, 83 Rn. 11 – Nur auf Neukäufe; BGH GRUR-RR 2012, 136 (Ls.) = BeckRS 2012, 01019 Rn. 1.
[25] BGHZ 166, 327 = NJW-RR 2006, 717 Rn. 3.
[26] BGHZ 179, 315 = NJW 2009, 1423 Rn. 5 ff.
[27] BGH NJW-RR 2013, 1401 Rn. 8; 2005, 224.
[28] OLG Zweibrücken NJW-RR 2015, 124 Rn. 2 ff.
[29] BGH NJW 2002, 3180; NJW-RR 2005, 74; BeckRS 2013, 09700 Rn. 2.

der Frist für die Begründung der Nichtzulassungsbeschwerde erfolgen (→ Rn. 44). Eine Beweisaufnahme gemäß § 3 Hs. 2 ZPO erfolgt nicht.[30]

Der **Umfang** der erforderlichen Darlegungen hängt vom Einzelfall ab: 23

Bei bezifferten **Zahlungsansprüchen** genügt die Darlegung, hinsichtlich welchen Betrags der Beschwerdeführer unterlegen ist. 24

Bei **Unterlassungsansprüchen,** deren Wert in den Vorinstanzen deutlich oberhalb der Grenze festgesetzt worden ist, genügt in der Regel ein Hinweis auf diese Festsetzung – auch wenn diese für den Bundesgerichtshof rechtlich nicht bindend ist. 25

Bei einer isolierten Verurteilung zu **Auskunft** oder Rechnungslegung muss der Beklagte im Einzelnen darlegen, welcher Aufwand ihm durch die Erteilung der Auskünfte entsteht; dazu → Rn. 14. Zur Glaubhaftmachung des Aufwands für Hilfspersonen werden zweckmäßigerweise Belege oder Angebote vorgelegt, zur Glaubhaftmachung des Aufwands für eigene Tätigkeit eignet sich eine Versicherung an Eides Statt. 26

Wenn sich der Wert der Beschwer mit dem **Streitwert** deckt und der Beschwerdeführer gegen die Streitwertfestsetzung in den Vorinstanzen keine Einwände erhoben hat, muss er zumindest im Einzelnen darlegen und glaubhaft machen, weshalb diese Festsetzung dennoch unzutreffend sein soll.[31] Hierbei ist es dem Beschwerdeführer in der Regel verwehrt, eigene Angaben, die er in den Vorinstanzen zum Streitwert gemacht hat und die bei dessen Festsetzung Berücksichtigung gefunden haben, im Verfahren über die Nichtzulassungsbeschwerde zu korrigieren und einen höheren Wert geltend zu machen. Der in den Vorinstanzen unterlegene Kläger darf deshalb nicht geltend machen, entgegen seinen früheren Angaben liege der Streitwert über der Wertgrenze.[32] Hat der Kläger in den Vorinstanzen keine verlässlichen oder vollständigen Angaben gemacht und hat das Berufungsgericht den Streitwert ausgehend von diesen Angaben unangefochten geschätzt, so ist der Kläger ebenfalls gehindert, die dieser Festsetzung zugrunde liegenden Annahmen mit neuem Vortrag in Frage zu stellen.[33] Entsprechendes gilt für den Beklagten, wenn dieser bereits in erster Instanz unterlegen ist und in der Berufungsinstanz keine Einwendungen gegen den festgesetzten Wert erhoben hat.[34] 27

Ein zur **Unterlassung** verurteilter **Beklagter** muss darlegen und glaubhaft machen, weshalb der Wert der ihm aus der Verurteilung entstehenden Nachteile höher sein soll als der in den Vorinstanzen übereinstimmend und unbeanstandet festgesetzte Streitwert.[35] 28

III. Entsprechend anwendbare Vorschriften

Die allgemeinen **Verweisungen** in § 555 Abs. 1 ZPO und § 565 S. 1 ZPO gelten grundsätzlich auch für das Verfahren über die Nichtzulassungsbeschwerde; dazu → ZPO § 555 Rn. 1a und → ZPO § 565 Rn. 2. 28a

C. Verfahren

Die Nichtzulassungsbeschwerde muss beim **Bundesgerichtshof** durch einen dort zugelassenen Rechtsanwalt eingelegt und fristgerecht begründet werden. Der Bundesgerichtshof entscheidet über die Beschwerde ohne mündliche Verhandlung durch Beschluss. Wenn die Beschwerde erfolglos bleibt, ist das Verfahren beendet und die angefochtene Entscheidung rechtskräftig. Wenn die Beschwerde Erfolg hat, wird das Beschwerdeverfahren als Revisionsverfahren fortgesetzt. 29

I. Einlegung und Begründung der Beschwerde

Die Anforderungen an die Einlegung und Begründung der Nichtzulassungsbeschwerde entsprechen im Wesentlichen denjenigen, die für eine **Revision** gelten. 30

1. Einlegung. Die Anforderungen an die **Einlegung** der Nichtzulassungsbeschwerde sind in Abs. 1 normiert und entsprechen inhaltlich im Wesentlichen denjenigen für die Einlegung der Revision. Wegen Einzelheiten → ZPO § 548 Rn. 1, → ZPO § 517 Rn. 5 ff., → ZPO § 549 Rn. 1 und → ZPO § 519 Rn. 2 ff. Minimale Abweichungen können sich im Einzelfall bei der Berechnung der Höchstfrist ergeben (§ 548 ZPO: eins plus fünf Monate, § 544 Abs. 1 S. 1 ZPO: sechs Monate). 31

Wird eine **fehlerhafte Abschrift** des Urteils zugestellt, die den unzutreffenden Eindruck erweckt, die Revision sei zugelassen, beginnen die Fristen für die Einlegung und Begründung der 31a

---

[30] BGH NJW 2002, 3180.
[31] BGH GRUR-RR 2012, 48 (Ls.) = BeckRS 2011, 25603 Rn. 2.
[32] BGH GRUR-RR 2012, 496 (Ls.) = BeckRS 2012, 10947 Rn. 4; BGH GRUR-RR 2012, 232 (Ls.) = BeckRS 2012, 07284 Rn. 3; BGH GRUR-RR 2012, 136 (Ls.) = BeckRS 2012, 01019 Rn. 1; BGH NJW 2010, 681 Rn. 5.
[33] BGH NJW-RR 2013, 1402 Rn. 3.
[34] BGH BeckRS 2014, 11248 Rn. 6.
[35] BGH GRUR-RR 2013, 496 (Ls.) = BeckRS 2013, 16816 Rn. 4 ff.; BGH GRUR-RR 2011, 440 (Ls.) = BeckRS 2011, 07100 Rn. 5.

Nichtzulassungsbeschwerde erst mit der Zustellung einer Abschrift, aus der sich die Nichtzulassung ergibt.[36]

32 Wie die Revision kann auch die Nichtzulassungsbeschwerde gemäß § 78 Abs. 1 S. 3 ZPO nur durch einen beim **Bundesgerichtshof** zugelassenen Rechtsanwalt wirksam eingelegt werden. § 569 Abs. 3 ZPO, wonach eine Beschwerde unter bestimmten Voraussetzungen auch zu Protokoll der Geschäftsstelle eingelegt werden kann, ist nicht anwendbar.[37]

33 Nicht ausdrücklich vorgesehen sind die für die Revision in § 549 Abs. 1 S. 2 ZPO vorgeschriebenen Angaben zur **angefochtenen Entscheidung** und zur **Bezeichnung** des Rechtsmittels. In der Literatur wird die Vorschrift für entsprechend anwendbar angesehen, weil die Einlegung der Beschwerde im Falle der Zulassung der Revision gemäß Abs. 6 Satz 2 als Einlegung der Revision gilt.[38] Schon aus Gründen der anwaltlichen Vorsicht sollten diese Angaben stets in die Beschwerdeschrift aufgenommen werden.

34 Wenn unsicher ist, ob das Berufungsurteil mit der **Revision** oder mit der Nichtzulassungsbeschwerde anfechtbar ist, müssen vorsorglich beide Rechtsmittel eingelegt werden. Auch dies muss gegebenenfalls schon aus der Rechtsmittelschrift hinreichend deutlich hervorgehen.[39]

35 2. Begründung. Auch hinsichtlich der Anforderungen an die **Begründungsfrist** gibt es keine wesentlichen Unterschiede zur Revision. Die Frist ist in Abs. 2 Satz 1 eigenständig, aber inhaltlich im Wesentlichen gleich geregelt. Wegen der Möglichkeit der Fristverlängerung nimmt Abs. 2 Satz 2 auf § 551 Abs. 2 S. 5 und 6 Bezug.

36 Gemäß Abs. 2 Satz 3 müssen in der Beschwerdebegründung die **Zulassungsgründe** dargelegt werden. Hierfür ist weder erforderlich noch ausreichend, dass der Beschwerdeführer einen Rechtsfehler aufzeigt. Vielmehr muss er darlegen, dass die Revision aus einem der in § 543 Abs. 2 S. 1 ZPO aufgeführten Gründe (→ ZPO § 543 Rn. 5 ff.) zuzulassen ist. Hierzu muss konkret aufgezeigt werden, dass eine bestimmte Rechtsfrage im Streitfall entscheidungserheblich ist, dass diese Rechtsfrage in einem Revisionsverfahren geklärt werden kann und dass es dieser Klärung aus einem der in § 543 Abs. 2 S. 1 aufgeführten Gründe – also wegen grundsätzlicher Bedeutung, zur Fortbildung des Rechts oder zur Sicherung einer einheitlichen Rechtsprechung – bedarf. Das Vorliegen eines solchen Grundes darf nicht nur pauschal behauptet werden. Vielmehr müssen die konkreten Umstände dargelegt werden, aus denen sie sich ergeben.

37 Wenn der Beschwerdeführer **grundsätzliche Bedeutung** oder ein Bedürfnis nach **Fortbildung des Rechts** geltend macht, muss er die durch die Berufungsentscheidung aufgeworfene Rechtsfrage konkret benennen sowie ihre Klärungsbedürftigkeit und ihre Bedeutung für eine unbestimmte Vielzahl von Fällen im Einzelnen aufzeigen. Dabei muss er insbesondere auch darlegen, aus welchen Gründen, in welchem Umfang und von welcher Seite die Rechtsfrage umstritten ist.[40]

38 Wenn **Divergenz** im engeren oder weiteren Sinne geltend gemacht wird, muss dargelegt werden, auf welchem Obersatz die angefochtene Entscheidung beruht oder aus welchem Grund die Berufungsentscheidung als symptomatisch für die Entscheidungspraxis des Berufungsgerichts anzusehen ist. Ferner muss mindestens eine höchst- oder obergerichtlichen Entscheidung aufgezeigt werden, zu der der vom Berufungsgericht zugrunde gelegte Obersatz oder dessen ständige Entscheidungspraxis in Widerspruch steht.

39 Wenn ein **schwerer Verfahrensfehler** geltend gemacht wird, müssen die diesbezüglichen Darlegungen den revisionsrechtlichen Anforderungen an die Rüge eines Verfahrensfehlers (§ 551 Abs. 3 S. 1 Nr. 2 Buchst. b ZPO) genügen. Wegen Einzelheiten → ZPO § 551 Rn. 20 f.

40 Die als fehlerhaft gerügte Verfahrensweise des Gerichts muss also im Einzelnen dargelegt werden. Ferner muss aufgezeigt werden, dass die angefochtene Entscheidung auf dem Verfahrensfehler **beruht**,[41] dh dass das Berufungsgericht bei ordnungsgemäßem Verfahren anders entschieden hätte oder dass dies zumindest nicht auszuschließen ist.[42] Nur wenn ein absoluter Revisionsgrund im Sinne von § 547 Nr. 1–4 ZPO geltend gemacht wird, bedarf es keiner Darlegungen zur Frage des Beruhens.[43]

40a Anders als bei einer Revision (dazu → ZPO § 547 Rn. 40 und → ZPO § 559 Rn. 27) oder bei einer Rechtsbeschwerde (dazu → ZPO § 577 Rn. 3) führt jedoch der Umstand, dass die Berufungsentscheidung keine **Darstellung des Sachverhalts** enthält, nicht schon für sich gesehen zum Erfolg der Nichtzulassungsbeschwerde. Der Beschwerdeführer muss vielmehr den Sachverhalt mitteilen und anhand dessen die Zulassungsgründe darlegen.[44] Dies gilt nicht, wenn das Berufungsgericht die

---

[36] BGH NJW-RR 2022, 709 Rn. 15 ff.
[37] MüKoZPO/*Krüger* § 544 Rn. 9.
[38] BeckOK ZPO/*Kessal-Wulf* § 544 Rn. 17; MüKoZPO/*Krüger* § 544 Rn. 9; Musielak/*Ball* § 544 Rn. 11; **aA** Zöller/*Heßler* § 544 Rn. 9.
[39] BGH NJW-RR 2008, 876 Rn. 6.
[40] BGH NJW-RR 2013, 823 Rn. 4; kritisch zu dieser Rechtsprechung *Baumert* MDR 2014, 1181 (1183).
[41] BGHZ 151, 221 (227) = NJW 2002, 3029 (3030); BGH NJW 2003, 831 (832).
[42] BGH NJW 2003, 3205; 2005, 2624 (2625); NJW-RR 2014, 381 Rn. 12.
[43] Vgl. BGHZ 172, 250 = NJW 2007, 2702 Rn. 8.
[44] BGH NJW 2014, 3583 Rn. 8.

Berufung durch Urteil als unzulässig verworfen hat; in diesem Fall ist entsprechend § 577 Abs. 4 S. 1 ZPO zu verfahren, weil die Anforderungen an die Rechtsmittelbegründung nicht davon abhängen sollen, ob die Verwerfung durch Urteil oder durch Beschluss erfolgt ist.[45]

Wenn eine Verletzung des Anspruchs auf **rechtliches Gehör** geltend gemacht wird, muss unter Bezeichnung der Fundstelle in den Akten der Vorinstanz aufgezeigt werden, welches Vorbringen das Berufungsgericht unberücksichtigt gelassen hat und weshalb dies einen Verstoß gegen Art. 103 Abs. 1 GG begründet. Ferner muss dargelegt werden, wie das Berufungsgericht bei Berücksichtigung des Vorbringens hätte entscheiden müssen. Wird ein Verstoß gegen eine **Hinweispflicht** (§ 139 ZPO) gerügt, muss mitgeteilt werden, was der Beschwerdeführer auf den gebotenen Hinweis hin ergänzend vorgetragen hätte und aus welchen Gründen dies zu einer abweichenden Entscheidung hätte führen müssen. Wird das Übergehen eines **Beweisantrags** gerügt, muss aufgezeigt werden, dass der unter Beweis gestellte Vortrag entscheidungserheblich ist. Wenn die Entscheidungserheblichkeit nur bei einem Sachverhalt zu bejahen ist, den das Berufungsgericht nicht festgestellt hat, bedarf es insoweit einer zusätzlichen Gehörsrüge.[46] 41

In der Praxis beschränkt sich der Beschwerdeführer in aller Regel nicht auf die Darlegung der Zulassungsgründe. Er zeigt vielmehr auch die **Revisionsgründe** auf, also die Gründe, aus denen er die angefochtene Entscheidung für rechtsfehlerhaft hält. Dies ist zweckmäßig, weil dann im weiteren Verlauf des Verfahrens zur Begründung der Revision auf die Begründung der Nichtzulassungsbeschwerde Bezug genommen werden kann (§ 551 Abs. 3 S. 2 ZPO), entbindet aber nicht davon, konkret darzulegen, aus welchem Grund die Revision zugelassen werden soll. 42

Hat das Berufungsgericht **mehrere Gründe** angeführt, die die Entscheidung jeweils selbständig tragen, so muss hinsichtlich jeder dieser Begründungen ein Zulassungsgrund dargelegt werden.[47] Anderenfalls fehlt es an der Entscheidungserheblichkeit der vom Revisionsgericht zu entscheidenden Rechtsfrage bzw. des Rechtsfehlers, aus dem sich der Zulassungsgrund ergeben soll. Dazu auch → ZPO § 551 Rn. 11 und → ZPO § 550 Rn. 29. 43

Innerhalb der Begründungsfrist ist auch aufzuzeigen, dass die in Abs. 2 Nr. 1 statuierte **Wertgrenze** (→ Rn. 11 ff.) überschritten ist.[48] Soweit erforderlich, sind die Angaben auch innerhalb der Frist glaubhaft zu machen.[49] Zur Möglichkeit einer Wiedereinsetzung → Rn. 46. 44

Der **Bundesgerichtshof** prüft lediglich, ob einer der vom Beschwerdeführer **dargelegten** Zulassungsgründe vorliegt.[50] Hinsichtlich eines geltend gemachten Grundes ist er nicht an die vom Beschwerdeführer vorgenommene rechtliche Einordnung gebunden. Er muss deshalb zum Beispiel die Revision zulassen, wenn er zu dem Ergebnis gelangt, dass ein vom Beschwerdeführer aufgezeigter Umstand der Rechtssache zwar keine grundsätzliche Bedeutung verleiht, aber die Zulassung der Revision zur Sicherung einer einheitlichen Rechtsprechung gebietet.[51] 45

3. Wiedereinsetzung in den vorigen Stand. Hat der Beschwerdeführer die Frist für die **Einlegung** oder **Begründung** der Nichtzulassungsbeschwerde nicht eingehalten, so ist ihm nach der allgemeinen Regelung in § 233 ZPO auf Antrag Wiedereinsetzung in den vorigen Stand zu gewähren, wenn er ohne Verschulden an der Einhaltung der Frist gehindert war. Wegen Einzelheiten → ZPO § 233 Rn. 12 ff. 46

Wiedereinsetzung in den vorigen Stand kann nicht allein deshalb gewährt werden, weil das Berufungsgericht den Streitwert für das Berufungsverfahren erst nach Ablauf der Beschwerdefrist auf einen oberhalb der **Wertgrenze** des Abs. 2 Nr. 1 liegenden Betrag festgesetzt hat.[52] Wegen der fehlenden Bindungswirkung eines solchen Beschlusses (→ Rn. 21) muss der Beschwerdeführer grundsätzlich eigenverantwortlich prüfen, ob die Wertgrenze überschritten ist, und ggf. schon innerhalb der Begründungsfrist aufzeigen, dass und weshalb das Berufungsgericht den Streitwert zu niedrig bemessen hat. 47

Hat der BGH nach Einlegung einer **vermeintlich** vom Berufungsgericht zugelassenen Revision darauf hingewiesen, dass die Originalfassung des Urteils keine Zulassung enthält, muss sich der Anwalt, der die Revision eingelegt hat, in regelmäßigen Abständen beim zweitinstanzlichen Prozessbevollmächtigten, beim Berufungsgericht oder beim BGH über den weiteren Fortgang des Verfahrens **erkundigen** und ggf. umgehend Nichtzulassungsbeschwerde einlegen.[53] 47a

Eine besondere Situation kann sich wegen der Trennung von Verletzungs- und Nichtigkeitsverfahren bei **patentrechtlichen** Auseinandersetzungen ergeben. Die unrichtige Auslegung eines Patents 48

---

[45] BGH NJW 2014, 3583 Rn. 9.
[46] BGH BeckRS 2016, 12968 Rn. 7.
[47] MüKoZPO/*Krüger* § 544 Rn. 15; Musielak/*Ball* § 544 Rn. 17; ebenso zur Rechtsbeschwerde BGH NJW-RR 2006, 142.
[48] BGH NJW 2002, 2720 (2721); NJW-RR 2012, 1087 Rn. 2; BeckRS 2013, 09700 Rn. 2.
[49] BGH BeckRS 2009, 11331 Rn. 6.
[50] BGHZ 153, 254 (255) = NJW 2003, 1125 (1126); BGHZ 152, 7 (8) = NJW 2002, 3334 (3335); BGHZ 186, 90 = GRUR 2010, 858 Rn. 7 – Crimpwerkzeug III; aA Musielak/*Ball* § 544 Rn. 22a.
[51] BGH NJW 2003, 754 f.
[52] BGH NJW 2003, 754 f.
[53] BGH NJW-RR 2022, 709 Rn. 38 ff.

durch das Berufungsgericht bildet für sich gesehen keinen Grund für die Zulassung der Revision. Ein Zulassungsgrund liegt erst dann vor, wenn das Klagepatent ganz oder teilweise für **nichtig** erklärt worden ist und diese Entscheidung Auswirkung auf diejenige im Verletzungsrechtsstreit haben kann. Ein Zulassungsgrund liegt aber auch dann vor, wenn die Nichtigkeitsklage abgewiesen wurde und die dieser Entscheidung zugrunde liegende **Auslegung** des Patents in **Widerspruch** steht zu der Auslegung, auf der die Berufungsentscheidung beruht.[54]

49 Eine **Aussetzung** des Verfahrens über die Nichtzulassungsbeschwerde (dazu → Rn. 70 und → ZPO § 148 Rn. 122 f.) reicht allein nicht aus, um in dieser Situation die Sicherung einer einheitlichen Rechtsprechung zu gewährleisten. In der Regel ist das Nichtigkeitsverfahren bei Ablauf der Frist für die Begründung der Nichtzulassungsbeschwerde noch nicht abgeschlossen. Der Beschwerdeführer kann innerhalb der Frist also allenfalls geltend machen, dass mit einer Vernichtung des Patents oder zumindest mit einer abweichenden Auslegung zu rechnen sei. Einen Zulassungsgrund kann er aber erst darlegen, wenn eine entsprechende Entscheidung im Nichtigkeitsverfahren ergangen ist.

50 In dieser Konstellation kann und muss der Beschwerdeführer nach Abschluss des Nichtigkeitsverfahrens **Wiedereinsetzung** in den vorigen Stand beantragen und den nachträglich entstandenen Zulassungsgrund darlegen.[55] Die Wiedereinsetzungsfrist von einem Monat (§ 234 Abs. 1 S. 2 ZPO) beginnt gemäß § 234 Abs. 2 ZPO mit dem Wegfall des Hindernisses, also an dem Tag, an dem der Beschwerdeführer in der Lage war, die abweichende Auslegung des Klagepatents im Nichtigkeitsverfahren zu erkennen.[56] Innerhalb dieser Frist ist gemäß § 236 Abs. 2 ZPO auch der nachträglich entstandene Zulassungsgrund darzulegen. Der Antrag ist auch dann zulässig, wenn die Jahresfrist des § 234 Abs. 3 ZPO abgelaufen ist, weil der Zulassungsgrund in der gerichtlichen Sphäre entstanden ist.[57]

51 Ein Antrag auf Wiedereinsetzung in den vorigen Stand ist auch dann erforderlich, wenn das Patent ganz oder teilweise für **nichtig** erklärt wurde. Anders als in der Revisionsinstanz (→ ZPO § 545 Rn. 20) sind diese Umstände nicht wie eine Rechtsänderung von Amts wegen zu berücksichtigen. Der Beschwerdeführer muss sie vielmehr – wie jeden Zulassungsgrund – fristgerecht geltend machen und erforderlichenfalls einen Antrag auf Wiedereinsetzung in den vorigen Stand stellen.[58] Bei vollständiger Nichtigerklärung genügt zur Begründung ein Hinweis auf die betreffende Entscheidung. Bei teilweiser Nichtigerklärung ist näher darzulegen, weshalb die Änderung der Schutzrechtslage für den Verletzungsrechtsstreit entscheidungserheblich ist.[59]

II. Hemmung der Rechtskraft

52 Gemäß Abs. 5 Satz 1 **hemmt** die Einlegung der Nichtzulassungsbeschwerde den Eintritt der Rechtskraft der angefochtenen Entscheidung. Dies gilt auch dann, wenn die Beschwerde wegen Nichtüberschreitens der Wertgrenze des Abs. 2 Nr. 1 oder aus sonstigen Gründen unzulässig ist.

53 Gemäß Abs. 5 Satz 2 kann der Beschwerdeführer beantragen, die **Zwangsvollstreckung** aus der angefochtenen Entscheidung **einstweilen einzustellen.** Dieser Antrag kann nur von einem beim Bundesgerichtshof zugelassenen Rechtsanwalt wirksam gestellt werden.[60] Dies gilt auch dann, wenn der Beschwerdeführer zusammen mit oder vor der Einlegung der Nichtzulassungsbeschwerde die Gewährung von Prozesskostenhilfe beantragt hat.[61] Über einen zulässigen Antrag hat der Bundesgerichtshof nach Maßgabe von § 719 Abs. 2 ZPO zu entscheiden. Wegen Einzelheiten → ZPO § 719 Rn. 5 ff.

III. Nichtstreitige Erledigung

54 Der Kläger ist nicht gehindert, seine Klage während des Verfahrens über die Nichtzulassungsbeschwerde **zurückzunehmen,** sofern der Beklagte die hierfür gemäß § 269 ZPO erforderliche Zustimmung erteilt. Wenn der Kläger in der Vorinstanz in vollem Umfang unterlegen ist, wird der Beklagte in der Regel allerdings darauf bestehen, dass er nicht die Klage, sondern die Nichtzulassungsbeschwerde zurücknimmt. Eine einvernehmliche Klagerücknahme kann sich aber insbesondere dann als für beide Seiten sinnvoll erweisen, wenn der Kläger in der Berufungsinstanz obsiegt hat und in der dritten Instanz deshalb Beschwerdegegner ist. Die Klagerücknahme kann auch von einem nicht beim Bundesgerichtshof zugelassenen Rechtsanwalt erklärt werden.[62]

---

[54] BGHZ 186, 90 = GRUR 2010, 858 Rn. 11 – Crimpwerkzeug III.
[55] BGHZ 186, 90 = GRUR 2010, 858 Rn. 16 – Crimpwerkzeug III.
[56] Vgl. BGH Mitt. 2011, 24 = BeckRS 2010, 22663 Rn. 13 – Crimpwerkzeug IV.
[57] BGH Mitt. 2011, 24 = BeckRS 2010, 22663 Rn. 18 – Crimpwerkzeug IV.
[58] BGH GRUR 2017, 428 Rn. 17 f. – Vakuumtransportsystem.
[59] Vgl. BGH GRUR 2010, 272 Rn. 1 f. – Produktionsrückstandsentsorgung.
[60] BGH NJW-RR 2004, 936.
[61] BGH BeckRS 2012, 05236 Rn. 3.
[62] BGH NJW-RR 2014, 831 Rn. 5; BGHZ 14, 210 (211) = NJW 1954, 1405 f.

Ein **Verzicht** auf das Klagebegehren ist nach der neueren Rechtsprechung des BGH auch im Verfahren über die Nichtzulassungsbeschwerde zulässig.[63] Er kann auch von einem nicht beim Bundesgerichtshof zugelassenen Rechtsanwalt erklärt werden.[64] 55

Wenn der Kläger in einem **Patentverletzungsprozess** obsiegt hat und das Klagepatent während des Beschwerdeverfahrens für nichtig erklärt wird, kann das Beschwerdeverfahren ohne Zulassung der Revision und ohne mündliche Verhandlung durch einen Verzicht beendet werden.[65] 56

Ein **Anerkenntnis** (§ 307 ZPO) kann auch im Verfahren über die Nichtzulassungsbeschwerde abgegeben werden.[66] Das Anerkenntnis kann jedenfalls dann von einem nicht beim Bundesgerichtshof zugelassenen Rechtsanwalt abgegeben werden, wenn der Kläger sein Rechtsmittel noch nicht begründet hat.[67] Ob die seit 1.1.2014 geltende Regelung in § 555 Abs. 3 ZPO, wonach ein Anerkenntnisurteil in der Revisionsinstanz nur auf **Antrag** des Klägers ergehen darf, im Verfahren über die Nichtzulassungsbeschwerde entsprechend gilt, ist nicht abschließend entschieden. Angesichts des weiten Anwendungsbereich der Vorschrift (dazu → ZPO § 555 Rn. 28) dürfte die Frage zu bejahen sein. 57

Wie im Revisionsverfahren (→ § 557 Rn. 12 f.) kann auch im Verfahren über die Nichtzulassungsbeschwerde eine **Erledigungserklärung** abgegeben werden. 57a

Wenn die Erklärung **einseitig** bleibt, hat sie auf den weiteren Gang des Verfahrens zunächst keinen Einfluss. Vielmehr ist nach den allgemeinen Maßstäben zu prüfen, ob die Nichtzulassungsbeschwerde zulässig und begründet war. Ist dies nicht der Fall, wird die Nichtzulassungsbeschwerde ohne Rücksicht auf die Erledigungserklärung zurückgewiesen.[68] Wird die Revision zugelassen, ist im Revisionsverfahren anhand der allgemeinen Maßstäbe zu überprüfen, ob die Klage ursprünglich zulässig und begründet war und nachträglich unzulässig oder unbegründet geworden ist. 57b

Bei einer **beiderseitigen** Erledigungserklärung hat der Bundesgerichtshof, sofern erforderlich, gemäß § 91a ZPO über die Kosten zu entscheiden. Hierbei ist zunächst zu prüfen, ob die Nichtzulassungsbeschwerde zulässig und begründet war. Wenn dies nicht der Fall ist, sind dem Beschwerdeführer die Kosten aufzuerlegen. Wenn die Beschwerde zulässig war und ein Zulassungsgrund vorgelegen hat, sind die Kosten anhand der Erfolgsaussichten der Revision zu verteilen.[69] 57c

IV. Erwiderung

Gemäß Abs. 3 hat der Bundesgerichtshof dem Beschwerdegegner Gelegenheit zur (schriftlichen) **Stellungnahme** zu geben. Hierzu wird in der Regel keine Frist gesetzt, sondern mitgeteilt, dass der Senat voraussichtlich nicht vor einem bestimmten Tag über die Beschwerde entscheiden wird. Der Beschwerdegegner kann dann davon ausgehen, dass seine Erwiderung berücksichtigt wird, wenn sie bis zu diesem Tag bei Gericht eingeht. 58

Die Erwiderung muss gemäß § 78 Abs. 1 S. 3 ZPO durch einen beim **Bundesgerichtshof** zugelassenen Rechtsanwalt erfolgen. 59

Anders als bei einer Revision (§ 554 ZPO) oder einer Rechtsbeschwerde (§ 574 Abs. 4 ZPO) hat der Gegner nicht die Möglichkeit, sich der Nichtzulassungsbeschwerde durch eine eigene Beschwerde **anzuschließen**. Wenn der Gegner durch die Berufungsentscheidung ebenfalls in einem über der Wertgrenze des Abs. 2 Nr. 1 liegenden Umfang beschwert ist, kann er innerhalb der Frist des Abs. 1 aber eine eigene Nichtzulassungsbeschwerde einlegen. Wenn die Revision auf die Nichtzulassungsbeschwerde der anderen Partei hin zugelassen wird, hat er ferner die Möglichkeit, die Entscheidung mit einer Anschlussrevision anzufechten (→ ZPO § 554 Rn. 1 ff.). Diese Möglichkeit besteht auch dann, wenn die Wertgrenze des Abs. 2 Nr. 1 nicht überschritten ist oder wenn das mit der Anschlussrevision verfolgte Begehren bereits Ziel einer erfolglos gebliebenen Nichtzulassungsbeschwerde war. 60

V. Entscheidung des Bundesgerichtshofs

1. Form der Entscheidung. Der Bundesgerichtshof entscheidet über die Beschwerde gemäß Abs. 4 Satz 1 durch **Beschluss**. Eine mündliche Verhandlung ist gemäß § 128 Abs. 4 ZPO nicht erforderlich und findet praktisch nie statt. 61

Der Beschluss soll nach Abs. 4 Satz 2 Halbsatz 1 eine kurze **Begründung** enthalten. Diese ist nach Halbsatz 2 entbehrlich, wenn die Revision zugelassen wird oder wenn sie nicht geeignet wäre, zur Klärung der Voraussetzungen beizutragen, unter denen eine Revision zuzulassen ist. In der Praxis erfolgt auch die Zurückweisung der Beschwerde in der Regel nur mit einer formelhaften Kurzbegründung. Eine Begründung ist aber in der Regel geboten, wenn zwar ein Rechtsfehler vorliegt, 62

---

[63] BGH GRUR 2022, 511 Rn. 10 f. – Verzichtsurteil.
[64] BGH GRUR 2022, 511 Rn. 20 ff. – Verzichtsurteil.
[65] BGH GRUR 2022, 511 Rn. 12 ff. – Verzichtsurteil.
[66] BGH NJW-RR 2010, 783 Rn. 2.
[67] BGH NJW-RR 2014, 831 Rn. 4 ff.
[68] BGH GRUR 2018, 335 Rn. 16 – Aquaflam; BGH NJW-RR 2007, 639 Rn. 1.
[69] BGH GRUR 2018, 335 Rn. 20 – Aquaflam; BGH NJW 2021, 1887 Rn. 4.

der an sich die Zulassung der Revision geböte, die angefochtene Entscheidung sich aber aus anderen Gründen im Ergebnis als zutreffend erweist (dazu → Rn. 66) oder wenn der Grund für die Zulassung der Revision erst nachträglich weggefallen ist und die Beschwerde wegen fehlender Erfolgsaussicht zurückgewiesen wird (dazu → Rn. 67).[70] Darüber hinaus erfordert das **Verfassungsrecht** eine Begründung, wenn ein Vorabentscheidungsersuchen an den Gerichtshof der Europäischen Union naheliegt und nicht aufgrund sonstiger Umstände zu erkennen ist, weshalb der Bundesgerichtshof eine Vorlage für nicht erforderlich gehalten hat.[71]

63 Gemäß Abs. 3 Satz 3 ist die Entscheidung beiden Parteien **zuzustellen**.

64 **2. Inhalt der Entscheidung.** Wenn die Nichtzulassungsbeschwerde nicht statthaft oder aus sonstigen Gründen **unzulässig** ist – zum Beispiel weil die in Abs. 2 Nr. 1 vorgesehene Wertgrenze nicht überschritten ist –, so wird die Beschwerde **verworfen**.

65 Wenn der Bundesgerichtshof zu dem Ergebnis gelangt, dass keiner der vom Beschwerdeführer geltend gemachten Zulassungsgründe vorliegt, spricht er die **Zurückweisung** der Beschwerde aus. Andere als die vom Beschwerdeführer dargelegten Zulassungsgründe darf der Bundesgerichtshof nicht prüfen (→ Rn. 45).

66 Zur Zurückweisung der Beschwerde kommt es auch dann, wenn ein **Rechtsfehler** vorliegt, der an sich die Zulassung der Revision zur Sicherung einer einheitlichen Rechtsprechung geböte, die angefochtene Entscheidung sich aber aus anderen Gründen, die nicht ihrerseits die Zulassung der Revision gebieten, als **im Ergebnis zutreffend** erweist.[72] So ist eine Nichtzulassungsbeschwerde des Klägers grundsätzlich auch dann als unbegründet zurückzuweisen, wenn es an einer von Amts wegen zu prüfenden **Prozessvoraussetzung** fehlt.[73] Wenn die Revision wegen grundsätzlicher Bedeutung oder zur Fortbildung des Rechts zuzulassen ist, kommt es demgegenüber grundsätzlich nicht darauf an, ob das Berufungsgericht die zu klärende Rechtsfrage zutreffend entschieden hat oder nicht. Auch in dieser Konstellation ist die Beschwerde aber zurückzuweisen, wenn sich die angefochtene Entscheidung schon aus einem anderen Grund, der nicht die Zulassung der Revision gebietet, als zutreffend erweist und die an sich klärungsbedürftige Rechtsfrage deshalb nicht entscheidungserheblich ist.

67 Wenn ein Zulassungsgrund zunächst vorgelegen hat, im Laufe des Beschwerdeverfahrens aber **nachträglich entfallen** ist – zum Beispiel, weil die klärungsbedürftige Rechtsfrage mittlerweile in einem anderen Verfahren geklärt worden ist –, so ist zu differenzieren: Wenn sich die angefochtene Entscheidung aufgrund der erfolgten Klärung als zutreffend erweist, besteht kein Bedürfnis für eine erneute Befassung des Bundesgerichtshofs mit der zugrunde liegenden Rechtsfrage. Die Nichtzulassungsbeschwerde ist dann als unbegründet zurückzuweisen.[74] Hat das die vom Beschwerdeführer angestrebte Revision im Lichte der neuen Entscheidung hingegen Aussicht auf Erfolg, so ist die Revision zuzulassen, denn eine Partei, die in der Berufungsinstanz unterlegen ist, weil das Berufungsgericht eine über den Einzelfall hinaus bedeutsame Rechtsfrage zu ihren Ungunsten entschieden hat, soll die Möglichkeit, eine Korrektur der Entscheidung herbeizuführen, nicht dadurch verlieren, dass der Bundesgerichtshof die Rechtsfrage später in einem anderen Verfahren zu ihren Gunsten entscheidet.[75] Hat der Beschwerdeführer zunächst nur die Gewährung von Prozesskostenhilfe beantragt, so genügt es, wenn sein Begehren bei Einreichung dieses Gesuchs Aussicht auf Erfolg hatte.[76]

68 Liegt zumindest einer der geltend gemachten Zulassungsgründe vor und erweist sich die angefochtene Entscheidung nicht aus anderen, nicht zulassungsrelevanten Gründen als zutreffend, so spricht der Bundesgerichtshof in dem Beschluss die **Zulassung** der Revision aus.

69 Wenn die Nichtzulassungsbeschwerde zurückgewiesen wird, darf der Bundesgerichtshof eine fehlerhafte **Kostenentscheidung** des Berufungsgerichts nicht ändern. Der Grundsatz, dass ein mit der Hauptsache befasstes Rechtsmittelgericht die Kostenentscheidung der Vorinstanzen von Amts wegen zu überprüfen hat (→ ZPO § 557 Rn. 36), greift nicht, weil die Einlegung der Nichtzulassungsbeschwerde nicht zur Anhängigkeit der Hauptsache führt.[77]

70 **3. Aussetzung.** Auch das Verfahren über die Nichtzulassungsbeschwerde kann gemäß § 148 ZPO bis zur Entscheidung eines anderen Verfahrens, das für die Entscheidung vorgreiflich ist, ausgesetzt werden.[78] Typischer Anwendungsfall ist die Aussetzung eines Patentverletzungsrechtsstreits bis zum Abschluss eines das Klagepatent betreffenden **Nichtigkeitsverfahrens**. Wegen Einzelheiten → ZPO § 148 Rn. 122 ff. Zum weiteren Verfahren, wenn das Patent im Nichtigkeitsverfahren vernichtet oder anders ausgelegt wird, → Rn. 49 ff.

---

[70] BVerfG BeckRS 2010, 54616; NJW 2011, 1497 Rn. 13.
[71] BVerfG NVwZ 2016, 378 Rn. 17.
[72] BGH NJW-RR 2011, 211 Rn. 13; NJOZ 2005, 3983 (3984); NJW 2003, 3205 (3206).
[73] BGH BeckRS 2013, 13519 Rn. 1: fehlende Parteifähigkeit des Klägers.
[74] BGH GRUR 2004, 712 – PEE-WEE.
[75] BGH NJW 2005, 154 (155 f.); GRUR 2010, 1035 Rn. 11 f. – Wert der Beschwer; BVerfG BeckRS 2010, 54616.
[76] So zum Rechtsbeschwerdeverfahren BGH NJW-RR 2007, 400 Rn. 4.
[77] BGH NJW 2004, 2598.
[78] BGHZ 158, 372 (374) = GRUR 2004, 710 (711) – Druckmaschinen-Temperierungssystem.

VI. Weiteres Verfahren

Wenn die Beschwerde **zurückgewiesen** oder verworfen wird, so wird die angefochtene Entscheidung gemäß Abs. 5 Satz 3 **rechtskräftig**. Diese Wirkung tritt nicht schon mit dem Erlass der Entscheidung, sondern erst mit deren Zustellung ein.[79]

Etwas anderes gilt nur dann, wenn auch der **Gegner** Nichtzulassungsbeschwerde eingelegt hat und diese zur Zulassung der Revision führt. Dann hat die andere Partei die Möglichkeit einer Anschlussrevision.[80]

Wenn die Revision **zugelassen** wird, so wird das Verfahren gemäß Abs. 6 Satz 1 als **Revisionsverfahren** fortgesetzt. Einer gesonderten Revisionseinlegung bedarf es nicht. Vielmehr gilt gemäß Abs. 6 Satz 2 die Einlegung der Nichtzulassungsbeschwerde als Einlegung der Revision.

Mit der Zustellung der zulassenden Entscheidung beginnt für den Beschwerdeführer und nunmehrigen Revisionskläger gemäß Abs. 6 Satz 3 die Frist für die **Revisionsbegründung**. Diese beträgt gemäß § 551 Abs. 2 S. 2 ZPO zwei Monate. In der Praxis wird meist auf die Begründung der Nichtzulassungsbeschwerde Bezug genommen, was nach § 551 Abs. 3 S. 2 ZPO zulässig ist (→ Rn. 42). Zumindest eine solche Bezugnahme ist aber erforderlich. Wird innerhalb der Frist keine Revisionsbegründung eingereicht, so ist die Revision als unzulässig zu verwerfen.[81] Die Umdeutung einer Beschwerde- in eine Revisionsbegründung ist möglich, wenn es sich um eine offensichtliche Fehlbezeichnung handelt,[82] nicht aber, wenn der Rechtsmittelführer vorsorglich beide Rechtsmittel eingelegt hat und aus dem Zusammenhang deutlich wird, dass er (zunächst) nur die Nichtzulassungsbeschwerde begründen will.[83]

VII. Vereinfachtes Verfahren (Absatz 7)

Gemäß Abs. 7 kann der Bundesgerichtshof unter bestimmten Voraussetzungen bereits auf die Nichtzulassungsbeschwerde hin die Berufungsentscheidung **aufheben** und die Sache zu neuer Verhandlung und Entscheidung an das Berufungsgericht **zurückverweisen.** Dies erspart den Parteien und dem Gericht die Zulassung der Revision und die Durchführung eines Revisionsverfahrens, das im Vergleich zu dem Verfahren nach Abs. 7 weitaus zeitaufwendiger ist.

Voraussetzung für einen Beschluss nach Abs. 7 ist, dass die Berufungsentscheidung auf einer Verletzung des Anspruchs auf **rechtliches Gehör** beruht. Eine entsprechende Anwendung der Vorschrift bei Verletzung anderer Verfahrensgrundrechte ist ausgeschlossen.[84]

Entsprechend § 563 Abs. 1 S. 2 ZPO kann die Zurückverweisung auch an einen **anderen Spruchkörper** des Berufungsgerichts erfolgen.[85]

D. Kosten

Für das Verfahren über die Nichtzulassungsbeschwerde fällt gemäß KV 1242 eine **gerichtliche Gebühr** von 2,0 an, wenn die Beschwerde verworfen oder zurückgewiesen wird. Bei Rücknahme oder anderweitiger Erledigung ermäßigt sich die Gebühr gemäß KV 1243 auf 1,0. Wenn die Beschwerde zur Zulassung der Revision führt, fallen für das Beschwerdeverfahren keine Gerichtsgebühren an, wohl aber für das sich daran anschließende Revisionsverfahren; dazu → ZPO § 549 Rn. 4. Wenn das angefochtene Urteil gemäß Abs. 7 aufgehoben wird, können mangels gesetzlicher Grundlage Gerichtsgebühren für das Beschwerdeverfahren nicht erhoben werden.[86]

Für die im Verfahren tätigen **Rechtsanwälte**, die gemäß § 78 Abs. 1 S. 3 ZPO beim Bundesgerichtshof zugelassen sein müssen, fällt gemäß VV 3508 eine Verfahrensgebühr von 2,3 an. Bei Zulassung der Revision wird die Gebühr gemäß VV 3506 Satz 2 auf die Verfahrensgebühr des Revisionsverfahrens angerechnet. Damit hängt im Regelfall auch die Höhe der im Revisionsverfahren anfallenden Anwaltskosten nicht davon ab, ob die Revision vom Berufungsgericht oder vom Bundesgerichtshof zugelassen worden ist.

Für weitere **mitwirkende** Rechtsanwälte, die nicht beim Bundesgerichtshof zugelassen sind (und deren Kosten nach § 91 Abs. 1 ZPO grundsätzlich nicht erstattungsfähig sind), beträgt die Verfahrensgebühr gemäß VV 3506 lediglich 1,6.[87]

---

[79] BGHZ 164, 347 (350) = NJW 2005, 3724 (3725).
[80] MüKoZPO/*Krüger* § 544 Rn. 30; Musielak/*Ball* § 544 Rn. 25.
[81] BGH NJW 2008, 588 Rn. 3 ff. in Abkehr von einer früheren Entscheidung.
[82] BGH NJW-RR 2005, 794.
[83] BGH NJW-RR 2008, 876 Rn. 8 f.
[84] MüKoZPO/*Krüger* § 544 Rn. 33.
[85] BGH NJW-RR 2007, 1221 Rn. 12; BGH r + s 2007, 198 Rn. 1.
[86] BGH NJW-RR 2007, 1148 Rn. 3 ff.
[87] Vgl. BGH GRUR 2004, 1062 – Mitwirkender Patentanwalt zu § 140 Abs. 3 MarkenG und § 11 Abs. 1 BRAGO.

81 Für die mitwirkenden **Patentanwälte** ist in Patentstreitsachen gemäß § 143 Abs. 3 PatG und in Kennzeichenstreitsachen gemäß § 140 Abs. 3 MarkenG die in VV 3506 vorgesehene Verfahrensgebühr von 1,6 erstattungsfähig.[88]

82 Zur Unzulässigkeit, bei Zurückweisung der Nichtzulassungsbeschwerde die **Kostenentscheidung** des Berufungsgerichts zu ändern, → Rn. 69.

§ 545 Revisionsgründe

(1) **Die Revision kann nur darauf gestützt werden, dass die Entscheidung auf einer Verletzung des Rechts beruht.**

(2) **Die Revision kann nicht darauf gestützt werden, dass das Gericht des ersten Rechtszuges seine Zuständigkeit zu Unrecht angenommen oder verneint hat.**

Übersicht

	Rn.
A. Regelungsgehalt	1
B. Revisibles Recht	4
I. Rechtsnormen	4
1. Deutsches und europäisches Recht	4
2. Ausländisches Recht	9
II. Gleichgestellte Regeln	12
1. Allgemeine Geschäftsbedingungen	13
2. Denkgesetze und Erfahrungssätze	15
C. Maßgeblicher Zeitpunkt	18
D. Ursächlichkeit der Rechtsverletzung	21
E. Zuständigkeit des erstinstanzlichen Gerichts	26
F. Zuständigkeit des zweitinstanzlichen Gerichts	32

A. Regelungsgehalt

1 Die Vorschrift legt fest, in welchem **Umfang** die Berufungsentscheidung im Revisionsverfahren der **Überprüfung** unterliegt. Sie ist für die Begründetheit einer Revision von Bedeutung, mittelbar jedoch auch für die Frage, ob die Revision gemäß § 543 Abs. 2 ZPO zuzulassen ist. Die Zulassung der Revision zur Klärung einer Frage, die nach § 545 ZPO der Beurteilung durch das Revisionsgericht entzogen ist, kommt nicht in Betracht (→ § 543 Rn. 12). Eine dennoch zugelassene Revision ist zwar zulässig, mangels inhaltlicher Überprüfungsmöglichkeit aber als unbegründet zurückzuweisen.[1]

2 Von zentraler Bedeutung ist die Beschränkung auf eine **rechtliche** Überprüfung. Eine erneute Tatsachenfeststellung ist in der Revisionsinstanz ausgeschlossen. Der Prüfung sind vielmehr gemäß § 559 Abs. 2 ZPO die Tatsachenfeststellungen des Berufungsgerichts zugrunde zu legen, sofern diese nicht ihrerseits auf einem Rechtsfehler beruhen. Zur Abgrenzung zwischen Tatsachen- und Rechtsfragen → ZPO § 546 Rn. 3 ff. Der Abgrenzung zwischen revisiblen und nicht revisiblen Rechtsnormen kommt nach der seit 1.9.2009 geltenden Fassung von Abs. 1 nur noch in Fällen mit Auslandsbezug Bedeutung zu (→ Rn. 4 ff.).

3 Die in Abs. 2 vorgesehene Beschränkung von Rügen hinsichtlich der erstinstanzlichen **Zuständigkeit** knüpft an § 513 Abs. 2 ZPO an, wonach die Rüge, das erstinstanzliche Gericht habe seine Zuständigkeit zu Unrecht bejaht, schon in der Berufungsinstanz ausgeschlossen ist. In der Revisionsinstanz sind Rügen zur Zuständigkeit des erstinstanzlichen Gerichts unabhängig davon ausgeschlossen, ob diese in den Vorinstanzen bejaht oder verneint worden ist. Damit wird verhindert, dass sich die Parteien über drei Instanzen hinweg nur über die Zuständigkeit des Gerichts streiten. Die Prüfung der internationalen Zuständigkeit obliegt allerdings auch im Revisionsverfahren keinen Beschränkungen (→ Rn. 31).

B. Revisibles Recht

I. Rechtsnormen

4 **1. Deutsches und europäisches Recht.** Der revisionsrechtlichen Überprüfung unterliegt nach der seit 1.9.2009 geltenden Fassung von Abs. 1 jede **inländische Rechtsnorm.** Die in der früheren Fassung vorgesehene Beschränkung auf Bundesrecht und Regelungen, die über den Bezirk eines Oberlandesgerichts hinaus gelten, ist damit für alle Verfahren, in denen die Klage nach dem 31.8.2009

---

[88] BGH GRUR 2004, 1062 – Mitwirkender Patentanwalt zu § 140 Abs. 3 MarkenG und § 11 Abs. 1 BRAGO.
[1] BGH NJW-RR 2006, 930 Rn. 11; 2007, 1509 Rn. 2; 2011, 72 Rn. 3; NJW 2017, 393 Rn. 9.

erhoben worden ist,² obsolet. Für den Bereich des gewerblichen Rechtsschutzes war diese Beschränkung ohnehin nicht von wesentlicher Bedeutung.

Revisibel sind damit das Grundgesetz, die Landesverfassungen sowie alle inländischen **Gesetze** und **5** **Verordnungen, Satzungen** und sonstigen Rechtsnormen, unabhängig davon, ob diese vom Bund, einem Land, einer Kommune oder einem sonstigen Rechtsträger des öffentlichen Rechts erlassen worden sind.

Gemäß Art. 28 Abs. 2 GG gehören zum Bundesrecht auch die allgemein anerkannten Regeln des **6** Völkerrechts. Regelungen in **Staatsverträgen,** an denen die Bundesrepublik Deutschland oder ein Bundesland als Vertragsstaat beteiligt ist, gehören zum inländischen Recht, wenn sie durch das nach Art. 59 Abs. 2 GG bzw. den entsprechenden Regelungen in den Landesverfassungen erforderliche Zustimmungsgesetz für anwendbar erklärt worden sind.³ Deshalb unterliegen zum Beispiel die patentrechtlichen Regelungen des **Europäischen Patentübereinkommens** in gleicher Weise der revisionsgerichtlichen Überprüfung wie die Regelungen des Patentgesetzes.

Zum revisiblen Recht gehört ferner das Recht der **Europäischen Union.** Dieses gilt unmittel- **7** bar in jedem Mitgliedstaat und hat Vorrang gegenüber innerstaatlichen Regelungen.⁴ Es ist deshalb grundsätzlich in gleicher Weise revisionsrechtlich überprüfbar wie innerstaatliches Recht. Sofern die Auslegung solcher Vorschriften nicht hinreichend geklärt ist, muss der Bundesgerichtshof jedoch gemäß Art. 267 AEUV eine Vorabentscheidung des Gerichtshofs der Europäischen Union einholen.

Abkommen, die die Europäische Union geschlossen hat, sind nach Art. 216 AEUV für deren **8** Organe und für die Mitgliedstaaten bindend. Die Bestimmungen eines solchen Abkommens bilden einen integrierenden Bestandteil der Unionsrechtsordnung.⁵ Sie haben Vorrang gegenüber sonstigen Rechtsakten des Unionsrechts,⁶ nicht jedoch gegenüber dem Primärrecht und den allgemeinen Grundsätzen, zu denen auch die Grundrechte gehören.⁷

2. Ausländisches Recht. Ausländisches Recht könnte theoretisch unter den Wortlaut der seit **9** 1.9.2009 geltenden Fassung von Abs. 1 subsumiert werden. In der Literatur wird deshalb die Auffassung vertreten, auch die Anwendung ausländischen Rechts unterliege seither der vollen revisionsrechtlichen Überprüfung.⁸ Eine derart weitgehende Ausdehnung der Prüfungsbefugnisse entspricht aber nicht dem Zweck der Gesetzesänderung⁹ und wird vom Bundesgerichtshof deshalb **abgelehnt.**¹⁰ Auch die Auslegung von ausländischen **Allgemeinen Geschäftsbedingungen** ist revisionsrechtlich nicht überprüfbar.¹¹

Revisionsrechtlich überprüfbar ist hingegen, ob das Berufungsgericht die **Kollisionsnormen** des **10** deutschen und des europäischen Rechts zutreffend angewendet hat und – auf eine entsprechende Verfahrensrüge hin – ob es bei der **Ermittlung** des ausländischen Rechts von dem ihm nach § 293 ZPO eingeräumten Ermessen fehlerfrei Gebrauch gemacht hat.¹² Zu den Voraussetzungen für eine fehlerfreie Ausübung des Ermessens → ZPO § 293 Rn. 10 ff. Überprüfbar ist ferner, ob Allgemeine Geschäftsbedingungen nur im Ausland oder (auch) im Inland angewendet werden.¹³

Soweit Kollisionsnormen der revisionsgerichtlichen Überprüfung **entzogen** sind, ist gemäß § 560 **11** ZPO die Entscheidung des Berufungsgerichts über deren Bestehen und Inhalt bindend. Die Bindungswirkung betrifft sowohl die **Auslegung** der betreffenden Rechtsnormen als auch deren **Anwendung** auf den konkreten Fall. Die Revision kann deshalb nicht auf die Rüge gestützt werden, das Berufungsgericht habe das (ermessensfehlerfrei ermittelte) ausländische Recht nicht erschöpfend behandelt,¹⁴ die Auslegung einer ausländischen Norm stehe in Widerspruch zu allgemeinen Auslegungsgrundsätzen, Denkgesetzen oder Erfahrungssätzen,¹⁵ oder bei einer nach ausländischem Recht vorzunehmenden Billigkeitsprüfung seien bestimmte Umstände zu Unrecht als unerheblich angesehen worden.¹⁶ Zu-

---

² Zur Anwendbarkeit der Übergangsregelung in Art. 111 Abs. 1 S. 1 FGG-RG vgl. BGH BeckRS 2013, 18631 Rn. 30; NJW-RR 2011, 515 Rn. 9.
³ Vgl. nur BVerfG NJW 2011, 1931 Rn. 87.
⁴ Vgl. nur EuGH NVwZ 2010, 1419 Rn. 53 ff.
⁵ Vgl. nur EuGH NVwZ 2012, 226 Rn. 73.
⁶ Vgl. nur EuGH NVwZ 2012, 226 Rn. 50.
⁷ EuGH NJOZ 2008, 4499 Rn. 308.
⁸ Zöller/Geimer ZPO § 293 Rn. 28; Eichel IPRax 2009, 389 ff.; Hess/Hübner NJW 2009, 3132 ff.
⁹ Vgl. BT-Drs. 16/9733, 301.
¹⁰ BGHZ 198, 14 = NJW 2013, 3656 Rn. 13 ff.; BGH NJW 2014, 1244 Rn. 14. Abweichend für das Verfahren vor den Arbeitsgerichten, wo nach § 73 ArbGG seit jeher die Verletzung einer Rechtsnorm gerügt werden kann, BAGE 27, 99; BAG NZA 1990, 841 (843); offen gelassen in BAG NZA 2016, 473 Rn. 41.
¹¹ BGH NJW 1994, 1408 (1409).
¹² Vgl. nur BGH NJW 2014, 1244 Rn. 15.
¹³ BGH NJW 1991, 36 (37 f.).
¹⁴ BGH NJW 1988, 647 (648); 1992, 3106 (3107).
¹⁵ BGH NJW 1994, 1408 (1409).
¹⁶ BGH NJW 1992, 438 (440).

lässig ist aber die Rüge, das Berufungsgericht habe Parteivortrag, der von seinem Rechtsstandpunkt aus erheblich war, zu Unrecht außer Acht gelassen.[17] Dazu auch → ZPO § 560 Rn. 2.

II. Gleichgestellte Regeln

12 Der Bundesgerichtshof behandelt bestimmte **außergesetzliche** Regeln, die als Beurteilungsmaßstab für den zu entscheidenden Rechtsstreit relevant sind, bei der revisionsrechtlichen Überprüfung im Ergebnis wie eine Rechtsnorm.

13 **1. Allgemeine Geschäftsbedingungen.** Weitgehend wie Rechtsnormen überprüfbar sind **Allgemeine Geschäftsbedingungen.** Anders als individuelle Willenserklärungen, deren Auslegung im Revisionsverfahren nur eingeschränkt überprüfbar ist (→ ZPO § 546 Rn. 19), unterliegt die Auslegung von Allgemeinen Geschäftsbedingungen der vollen Nachprüfung durch das Revisionsgericht.[18] Revisibel sind deshalb zum Beispiel auch vorformulierte Klauseln in **Lizenzverträgen,** die dem deutschen Recht unterliegen. Die früher in Anlehnung an Abs. 1 aF vorgenommene Beschränkung auf Klauseln, die über den Bezirk eines Oberlandesgerichts hinaus Anwendung finden, ist bereits mit der Neuregelung des Revisionsrechts zum 1.1.2002 aufgegeben worden.[19]

14 Anders als bei Rechtsnormen **ermittelt** der Bundesgerichtshof die für den Rechtsstreit maßgeblichen Allgemeinen Geschäftsbedingungen nicht von Amts wegen. Der Überprüfung unterliegen nur diejenigen Klauseln, die das Berufungsgericht seiner Entscheidung zugrunde gelegt hat oder die es aufgrund des von ihm festgestellten Sachverhalts oder von Parteivorbringen, dessen Nichtberücksichtigung mit einer zulässigen Revisionsrüge angegriffen worden ist, hätte berücksichtigen müssen.

15 **2. Denkgesetze und Erfahrungssätze.** Sowohl die **rechtliche** als auch die **tatsächliche Würdigung** des Berufungsgerichts sind im Revisionsverfahren daraufhin zu überprüfen, ob sie in Einklang mit Denkgesetzen und Erfahrungssätzen stehen.

16 **Denkgesetze** sind die Regeln der Logik. Sie sind verletzt, wenn die Begründung der Berufungsentscheidung an einem logischen Widerspruch leidet. Ein Verstoß gegen die Denkgesetze liegt ferner vor, wenn einem bestimmten Umstand eine Indizwirkung beigemessen wird, die er nicht haben kann,[20] oder wenn das Berufungsgericht meint, eine bestimmte Indiztatsache sei nur mit dem Vortrag einer der Parteien in Einklang zu bringen, obwohl sich die Tatsache zwanglos auch mit dem Vortrag der Gegenseite vereinbaren lässt.[21]

17 **Erfahrungssätze** sind auf wissenschaftliche Erkenntnisse oder die allgemeine Lebenserfahrung gestützte Regeln, mit deren Hilfe aus dem Vorliegen bestimmter Umstände Schlussfolgerungen für die Wahrscheinlichkeit eines bestimmten Sachverhalts oder Geschehensablaufs gezogen werden.[22] Ob und welcher Beweiswert solchen Sätzen im Einzelfall zukommt, obliegt grundsätzlich der Würdigung des Tatrichters. Der revisionsrechtlichen Nachprüfung unterliegen jedoch **Existenz** und **Inhalt** der vom Berufungsgericht herangezogenen Erfahrungssätze.[23] Der Bundesgerichtshof überprüft ferner, ob das Berufungsgericht bei seiner Beurteilung anerkannte Erfahrungssätze **außer Acht** gelassen hat.[24]

C. Maßgeblicher Zeitpunkt

18 Während die Berücksichtigung neuer Tatsachen in der Revisionsinstanz nur ausnahmsweise in Betracht kommt (→ § 559 Rn. 12 ff.), sind **Rechtsänderungen,** die nach dem Schluss der mündlichen Verhandlung in der Berufungsinstanz eingetreten sind, von Amts wegen zu berücksichtigen, sofern das geänderte Gesetz nach seinem zeitlichen Geltungswillen das streitige Rechtsverhältnis erfasst.[25]

19 Bei Auseinandersetzungen wegen der Verletzung eines gewerblichen Schutzrechts erfordert eine Rechtsänderung in der Regel eine **differenzierte Beurteilung:** Für Ansprüche auf Schadensersatz und Auskunft ist in der Regel die Rechtslage im Zeitpunkt der beanstandeten Handlung maßgeblich. Ein Unterlassungsanspruch setzt hingegen voraus, dass das beanstandete Verhalten sowohl nach der Rechtslage im Zeitpunkt der Zuwiderhandlung oder Berühmung als auch nach der neuen Rechtslage verboten ist.[26]

---

[17] BGH NJW 1992, 438 (440).
[18] Vgl. nur BGH NJW 2013, 2583 Rn. 12.
[19] BGHZ 163, 321 (323 f.) = NJW 2005, 2919 (2921).
[20] BGHZ 194, 26 = NJW 2012, 3439 Rn. 29.
[21] BGH NJW 1991, 1894 (1895).
[22] Ausführlich dazu *Beutel* WRP 2017, 513 ff.
[23] BGHZ 12, 22 (25) = NJW 1954, 550 (551); BGH NJW-RR 1993, 653.
[24] BGH GRUR 2012, 930 Rn. 45 – Bogner B/Barbie B; BGH GRUR 2006, 401 Rn. 21 – Zylinderrohr.
[25] Vgl. nur BGHZ 185, 359 = NJW 2010, 2719 Rn. 21.
[26] Vgl. nur BGHZ 161, 204 (211) = GRUR 2005, 349 (352) – Klemmbausteine III; BGH GRUR 2010, 346 Rn. 9 – Rufumleitung.

Zu den von Amts wegen zu berücksichtigenden Rechtsänderungen gehören auch Änderungen der **Schutzrechtslage,** also zum Beispiel die vollständige oder teilweise Nichtigerklärung eines Patents[27], die Löschung einer Marke[28] oder die Beschränkung ihres Schutzumfangs[29] oder die Löschung eines eingetragenen Designs[30]. Zur abweichenden Rechtslage im Verfahren über eine Nichtzulassungsbeschwerde → ZPO § 544 Rn. 48 ff.

D. Ursächlichkeit der Rechtsverletzung

Ein Rechtsfehler ist nach Abs. 1 revisionsrechtlich nur dann erheblich, wenn die angefochtene Entscheidung darauf **beruht.** Die sich daraus ergebenden Anforderungen sind bei einer Verletzung des materiellen Rechts strenger als bei einem Verfahrensfehler.

Wenn das Berufungsgericht das **materielle Recht** unzutreffend beurteilt hat, beruht seine Entscheidung nur dann auf diesem Rechtsfehler, wenn die zutreffende rechtliche Beurteilung zu einem dem Revisionskläger günstigeren Ergebnis führt.[31] Daran fehlt es, wenn die in Rede stehenden rechtlichen Ausführungen für die Berufungsentscheidung **nicht tragend** sind, also ein bloßes obiter dictum darstellen.

Bei einem **Verfahrensfehler** genügt es, wenn nicht ausgeschlossen werden kann, das das Berufungsgericht bei ordnungsgemäßem Verfahren eine dem Revisionskläger günstigere Entscheidung getroffen hätte.[32]

Wenn einer der in § 547 ZPO aufgeführten **absoluten Revisionsgründe** vorliegt, ist stets davon auszugehen, dass die Berufungsentscheidung auf dem Rechtsfehler beruht. Dazu → ZPO § 547 Rn. 1 ff.

Selbst wenn diese Voraussetzungen erfüllt sind, ist die Revision gemäß § 563 ZPO dennoch zurückzuweisen, sofern sich die Berufungsentscheidung **aus anderen Gründen** als zutreffend erweist. Dazu → § 561 Rn. 5 ff.

E. Zuständigkeit des erstinstanzlichen Gerichts

Die **Beschränkung** in Abs. 2 verhindert, dass die Parteien auch noch in der dritten Instanz über die örtliche, sachliche oder funktionelle Zuständigkeit des erstinstanzlichen Gerichts streiten. Der Bundesgerichtshof darf diese Frage selbst dann nicht überprüfen, wenn das Berufungsgericht ihretwegen die Revision zugelassen hat (→ Rn. 1 und → ZPO § 543 Rn. 12).

Dies gilt auch für die Zuständigkeit für **Spezialmaterien,** also insbesondere für die besonderen Zuständigkeiten für Patentsachen (§ 143 Abs. 1 PatG)[33], für Kartellsachen (§ 87 GWB)[34] und für Energiewirtschaftssachen (§ 102 EnWG)[35]. Für Markensachen oder sonstige Materien des gewerblichen Rechtsschutzes kann nichts anderes gelten.

Über den missverständlichen Wortlaut von Abs. 2 hinaus gilt die Beschränkung der Prüfungsmöglichkeit nicht nur dann, wenn das erstinstanzliche Gericht und das Berufungsgericht die Zuständigkeitsfrage übereinstimmend beurteilt haben. Vielmehr ist auch eine von der erstinstanzlichen Beurteilung abweichende Entscheidung des **Berufungsgerichts** der revisionsrechtlichen Überprüfung entzogen. Der Bundesgerichtshof kann die Berufungsentscheidung also auch dann nicht überprüfen, wenn sich das erstinstanzliche Gericht für unzuständig gehalten hat, das Berufungsgericht die Zuständigkeit hingegen bejaht und die Sache an die erste Instanz zurückverwiesen hat.[36]

Wenn das erstinstanzliche Gericht seine Zuständigkeit **bejaht** hat, ist diese Entscheidung gemäß § 513 Abs. 2 ZPO schon in der Berufungsinstanz nicht mehr überprüfbar. Wenn das Berufungsgericht gegen diese Vorschrift verstößt und die Klage wegen Unzulässigkeit abweist, dürfte auch dann kein Revisionsgrund liegen. Zwar ist eine allein auf diesen Grund gestützte Berufung in dieser Konstellation unzulässig,[37] was grundsätzlich auch in der Revisionsinstanz von Amts wegen zu berücksichtigen ist (→ § 557 Rn. 34). Der Bundesgerichtshof dürfte aber durch Abs. 2 auch daran gehindert sein, das Berufungsurteil deshalb aufzuheben.

---

[27] BGHZ 186, 90 = GRUR 2010, 858 Rn. 6 – Crimpwerkzeug III; BGH GRUR 2017, 428 Rn. 17 f. – Vakuumtransportsystem.
[28] BGH GRUR 2014, 385 Rn. 16 f. – H 15; BGH BeckRS 2018, 30058 Rn. 11.
[29] BGH GRUR 2008, 798 Rn. 14 – POST.
[30] Für Geschmacksmuster: BGH GRUR 2004, 941 – Metallbett.
[31] BeckOK ZPO/*Kessal-Wulf* § 545 Rn. 3; MüKoZPO/*Krüger* § 545 Rn. 14; Musielak/*Ball* § 545 Rn. 11.
[32] BGH NJW 2003, 3205; 2005, 2624 (2625); BeckRS 2013, 10271 Rn. 16.
[33] So zu § 528 ZPO aF BGHZ 49, 99 (102 f.) = GRUR 1968, 307 (309) – Haftbinde.
[34] Ebenfalls zu § 528 ZPO aF BGHZ 37, 194 (196) = NJW 1962, 1955 (1956).
[35] BGH NJW-RR 2011, 72 Rn. 1.
[36] BGH NJW 2003, 2917; NJW-RR 2011, 72 Rn. 1.
[37] BGH NJW 1998, 1230.

30 Der Kläger kann die Überprüfung der Zuständigkeitsfrage auch nicht dadurch erreichen, dass er erstmals im Revisionsverfahren hilfsweise die **Verweisung** an ein anderes Gericht beantragt. Ein solcher Antrag ist wegen Abs. 2 unzulässig.[38]

31 Nicht vom Anwendungsbereich des § 545 Abs. 2 ZPO umfasst ist die **internationale Zuständigkeit**. Diese ist auch im Revisionsverfahren von Amts wegen zu prüfen.[39] Sofern sich die internationale Zuständigkeit nach der Brüssel-Ia-Verordnung oder dem Lugano-Übereinkommen (in der Fassung vom 30.10.2007) richtet, muss der Bundesgerichtshof bei unklarer Rechtslage eine Vorabentscheidung des Gerichtshofs der Europäischen Union einholen (→ Rn. 7).

31a Bei der Überprüfung der internationalen Zuständigkeit ist zugleich die örtliche Zuständigkeit zu prüfen, soweit für diese **dieselben Voraussetzungen** gelten. Wenn die Vorinstanzen sowohl die internationale Zuständigkeit der deutschen Gerichte als auch die örtliche Zuständigkeit des erstinstanzlichen Gerichts mit denselben Erwägungen verneint haben und sich diese Erwägungen als nicht tragfähig erweisen, ist das erstinstanzliche Gericht deshalb nicht nur als international, sondern auch als örtlich zuständig anzusehen.[40] Haben die Vorinstanzen die internationale Zuständigkeit der deutschen Gerichte hingegen im Ergebnis zutreffend bejaht, unterliegt die Entscheidung, dass das erstinstanzliche Gericht auch örtlich zuständig ist, gemäß § 545 Abs. 2 ZPO nicht der Nachprüfung.[41]

F. Zuständigkeit des zweitinstanzlichen Gerichts

32 Nicht anwendbar ist Abs. 2 soweit es um die Zuständigkeit des **Berufungsgerichts** geht. Die Ermittlung des zuständigen Berufungsgerichts bereitet in der Regel keine Schwierigkeiten. Zumindest bei Spezialregelungen wie beispielsweise im Falle einer Zuständigkeitskonzentration auf der Grundlage von § 105 Abs. 2 UrhG kann es aber dazu kommen, dass das Rechtsmittel beim falschen Gericht eingelegt wird. Wenn das Berufungsgericht seine Zuständigkeit in solchen Fällen **bejaht,** ist dies in entsprechender Anwendung von § 513 Abs. 2 ZPO der Nachprüfung im Revisionsverfahren entzogen.[42] Wenn das Berufungsgericht seine Zuständigkeit **verneint** und deshalb die Berufung als unzulässig verworfen hat, unterliegt dies jedoch sowohl im Revisionsverfahren[43] als auch im Rechtsbeschwerdeverfahren[44] der Nachprüfung durch den Bundesgerichtshof.

§ 546 Begriff der Rechtsverletzung

Das Recht ist verletzt, wenn eine Rechtsnorm nicht oder nicht richtig angewendet worden ist.

Übersicht

	Rn.
A. Regelungsgehalt	1
B. Tatfragen und Rechtsfragen	3
I. Abgrenzung	3
II. Überprüfungsmöglichkeiten	6
III. Rechtsbegriffe	9
1. Patent- und Gebrauchsmusterrecht	10
2. Markenrecht	13a
3. Designrecht	15
4. Urheberrecht	16
5. Wettbewerbsrecht	17
IV. Auslegung von Erklärungen und Entscheidungen	18
1. Willenserklärungen	18
2. Prozesserklärungen	20
3. Gerichtliche und behördliche Entscheidungen	22
V. Beweiswürdigung	24
VI. Tatrichterliches Ermessen	26
1. Schadensschätzung	27
2. Klageänderung	29

---

[38] BGH NJW-RR 2007, 1509 Rn. 5.
[39] Vgl. nur BGHZ 153, 82 (84 f.) = NJW 2003, 426 f.; BGHZ 187, 156 = NJW 2011, 532 Rn. 8; BGH GRUR 2018, 84 Rn. 14 – Parfummarken.
[40] BGHZ 134, 127 (130) = NJW 1997, 397.
[41] BGH NJW-RR 2015, 941 Rn. 17.
[42] BGH NJW 2005, 1660 (1661 f.).
[43] BGHZ 155, 46 (48 ff.) = NJW 2003, 2686 (2687).
[44] BGHZ 175, 360 = NJW 2008, 1672 Rn. 9 ff.

A. Regelungsgehalt

§ 546 ZPO konkretisiert den Begriff der **Rechtsverletzung.** Er ergänzt die Regelung in § 545 ZPO, wonach die Revision nur auf eine Verletzung des Rechts gestützt werden kann. **1**

Der Unterscheidung zwischen Tatfragen und **Rechtsfragen** kommt im Revisionsverfahren besondere Bedeutung zu. Der Bundesgerichtshof ist gemäß § 559 Abs. 2 ZPO an die Tatsachenfeststellungen des Berufungsgerichts gebunden, sofern diese nicht ihrerseits auf einem Rechtsfehler beruhen. Neues Tataschenvorbringen ist gemäß § 559 Abs. 1 ZPO im Revisionsverfahren nicht zulässig. Beruht die angefochtene Entscheidung auf einem Rechtsfehler, so kann der Bundesgerichtshof nur dann gemäß § 561 ZPO oder § 563 Abs. 3 ZPO abschließend entscheiden, wenn keine weiteren Tatsachenfeststellungen mehr zu treffen, sondern nur noch Rechtsfragen zu entscheiden sind. **2**

B. Tatfragen und Rechtsfragen

I. Abgrenzung

Aus begrifflicher Sicht bereitet die Abgrenzung zwischen Tatfragen und Rechtsfragen wenig Schwierigkeiten: Tatfragen betreffen die Feststellung des für die Entscheidung maßgeblichen **Sachverhalts,** Rechtsfragen die Bestimmung und Auslegung der maßgeblichen **Rechtsnormen** und die Subsumtion des zu beurteilenden Sachverhalt unter deren Tatbestand. In der praktischen Anwendung verschwimmen die Grenzen jedoch häufig, weil sowohl die Würdigung eines Beweisergebnisses als auch die Auslegung und Anwendung einer Rechtsnorm in der Regel einer Wertung bedarf und die für die Wertung maßgeblichen Gesichtspunkte nicht immer eindeutig einer der beiden Kategorien zugeordnet werden können. Je stärker die Anwendung einer Rechtsnorm von den Umständen des jeweiligen Einzelfalles abhängt, umso größer ist der Freiraum, der dem Tatrichter bei der revisionsrechtlichen Überprüfung eingeräumt wird. **3**

Zur Bewältigung dieses Problems haben sich in der Rechtsprechung zwei unterschiedliche **theoretische Ansätze** entwickelt. In einigen Bereichen hält der Bundesgerichtshof an der gedanklichen **Trennung** zwischen Tat- und Rechtsfrage fest. In diesen Bereichen überlässt er der tatrichterlichen Würdigung nur die Feststellung der tatsächlichen Grundlagen. Die rechtliche Subsumtion des Berufungsgerichts unterzieht er hingegen einer vollständigen Nachprüfung. In anderen Bereichen sieht er tatsächliche und rechtliche Würdigung dagegen als derart stark ineinander verwoben an, dass er dem Tatrichter **insgesamt** einen Spielraum für die Würdigung im Einzelfall überlässt. **4**

Die **Abgrenzung** zwischen diesen beiden Bereichen ist nicht immer widerspruchsfrei[1] und mitunter auch zeitlichem Wandel unterworfen. So qualifiziert der Bundesgerichtshof zum Beispiel die Auslegung eines Patents seit jeher als Rechtsfrage. Die Frage, ob der Gegenstand eines Patents oder Gebrauchsmusters durch den Stand der Technik nahegelegt war, hat er hingegen lange Zeit als im Wesentlichen auf tatsächlichem Gebiet liegend angesehen. In der neueren Rechtsprechung qualifiziert er auch diese Frage als Rechtsfrage (→ Rn. 11). **5**

Zu den Tatsachen gehören auch **juristisch eingekleidete Tatsachen,** dh Sachverhalte, die mit Hilfe eines einfachen Rechtsbegriffs umschrieben werden, der jedem Teilnehmer des Rechtsverkehrs geläufig ist (zur Geständnisfähigkeit solcher Tatsachen → ZPO § 288 Rn. 8). Vom Berufungsgericht getroffene Feststellungen dieser Art können in der Revisionsinstanz nicht mit der Rüge angegriffen werden, es fehle an hinreichendem Vortrag oder Feststellungen zu den für den Rechtsbegriff maßgeblichen tatsächlichen Grundlagen.[2] **5a**

II. Überprüfungsmöglichkeiten

Die **rechtliche Beurteilung** des Berufungsgerichts unterliegt nach § 545 ZPO grundsätzlich der vollständigen Überprüfung im Revisionsverfahren. **6**

Die **Tatsachenwürdigung** einschließlich der Beweiswürdigung ist zwar nicht jeder Kontrolle entzogen. Sie unterliegt aber nur einer eingeschränkten Überprüfung, und zwar darauf, ob der Tatrichter einen zutreffenden **Rechtsbegriff** zu Grunde gelegt, nicht gegen **Denkgesetze** oder **Erfahrungssätze** (→ ZPO § 545 Rn. 15 ff.) verstoßen und **wesentliche Umstände** nicht unberücksichtigt gelassen hat.[3] Dazu auch → ZPO § 546 Rn. 24 f. Darüber hinaus kann der Revisionskläger die Würdigung mit **Verfahrensrügen** angreifen, etwa mit der Begründung, dass das Berufungsgericht einen Beweisantrag übergangen oder zu Unrecht eigene Sachkunde in Anspruch genommen hat; dazu → ZPO § 551 Rn. 18 ff. und → ZPO § 557 Rn. 26 ff. **7**

---

[1] MüKoZPO/*Krüger* § 546 Rn. 13; Musielak/*Ball* § 546 Rn. 3.
[2] BGHZ 158, 295 (299 f.); BGH NJW-RR 2005, 494 (495); BAG NZA 2016, 552 Rn. 32 f.
[3] Vgl. nur BGH GRUR 2012, 1118 Rn. 26 – Palettenbehälter II; BGH GRUR 2012, 1139 Rn. 27 – Weinkaraffe; BGHZ 189, 94 = GRUR 2011, 943 Rn. 10 – MAN-Vertragswerkstatt.

8 Im Einzelfall können diese unterschiedlichen theoretischen Ansätze zu durchaus **ähnlichen Ergebnissen** führen. Zwar sind die revisionsrechtlichen Kontrollmöglichkeiten bei einer Rechtsfrage im Ansatz weitergehend. Durch strikte Handhabung der ihm zur Verfügung stehenden rechtlichen Überprüfungsmöglichkeiten kann der Bundesgerichtshof im Einzelfall aber auch die tatrichterliche Würdigung einer relativ strengen Kontrolle unterziehen.

8a Auch hinsichtlich der Möglichkeiten, eine **eigene Sachentscheidung** zu treffen, wenn sich die Berufungsentscheidung als rechtsfehlerhaft erweist, besteht häufig nur ein theoretischer Unterschied. Wenn das Berufungsgericht eine eng mit dem tatsächlichen Hintergrund verwobene Rechtsfrage unzutreffend entschieden hat, ist der Bundesgerichtshof theoretisch zwar frei, diese selbst zu entscheiden. In der Praxis scheitert dies aber häufig daran, dass die tatsächlichen Grundlagen weiterer Aufklärung bedürfen. Umgekehrt ist es dem Bundesgerichtshof grundsätzlich verwehrt, eine dem Tatrichter vorbehaltene Würdigung selbst vorzunehmen. In der Praxis kann es dennoch zu entsprechenden Sachentscheidungen kommen, weil der Bundesgerichtshof eine solche Würdigung ausnahmsweise vorzunehmen darf, wenn weitere Feststellungen weder erforderlich noch zu erwarten sind. Dazu → ZPO § 563 Rn. 2 ff.

III. Rechtsbegriffe

9 Bei der Beurteilung der Frage, ob eine angegriffene Handlung als **Verletzung** des geltend gemachten gewerblichen Schutzrechts anzusehen ist, behält sich der Bundesgerichtshof in der Regel die vollständige rechtliche Prüfung des abschließenden Subsumtionsschritts vor.

10 **1. Patent- und Gebrauchsmusterrecht.** Im Rechtsstreit um die Verletzung eines Patents oder Gebrauchsmusters sieht der Bundesgerichtshof die **Auslegung** des Patents als **Rechtsfrage** an, die der vollen revisionsrechtlichen Überprüfung unterliegt.[4] Davon zu unterscheiden sind die für die Auslegung maßgeblichen tatsächlichen Umstände, also insbesondere die der geschützten Erfindung zugrunde liegenden technischen Zusammenhänge, die durchschnittlichen Kenntnisse und Fertigkeiten und Erfahrungen der im einschlägigen Fachgebiet tätigen Personen sowie deren methodische Herangehensweise. Die Feststellung dieser Umstände obliegt dem Tatrichter.[5]

11 Entsprechendes gilt nach der neueren Rechtsprechung für die Frage, ob der Gegenstand eines Gebrauchsmusters auf einem **erfinderischen Schritt** beruht. Früher hat der Bundesgerichtshof diese Frage im Wesentlichen als Tatfrage angesehen.[6] Nunmehr sieht er darin eine **Rechtsfrage**, die mittels wertender Würdigung der tatsächlichen Umstände zu beurteilen ist, die unmittelbar oder mittelbar geeignet sind, etwas über die Voraussetzungen für das Auffinden der erfindungsgemäßen Lösung auszusagen.[7] Entsprechendes gilt für die (nur im Einspruchs- und Nichtigkeitsverfahren unmittelbar relevante) Frage, ob der Gegenstand eines Patents auf **erfinderischer Tätigkeit** beruht.[8] Die für die rechtliche Beurteilung maßgeblichen Tatsachen, insbesondere also die durchschnittlichen Kenntnisse, Erfahrungen und Fähigkeiten der auf dem einschlägigen Fachgebiet tätigen Personen, ihre üblichen Herangehensweisen und ihr dadurch geprägtes Verständnis vom Inhalt einer technischen Lehre, bedürfen aber auch in diesem Zusammenhang der Feststellung durch den Tatrichter.

12 Als **Rechtsfrage** sieht der Bundesgerichtshof auch die für eine Prüfung auf **Äquivalenz** erhebliche Frage an, ob die Überlegungen, die der Fachmann anstellen musste, um abgewandelte Mittel als gleichwirkend aufzufinden, derart am **Sinngehalt** der im Patentanspruch unter Schutz gestellten technischen Lehre orientiert sind, dass der Fachmann die abweichende Ausführung als gleichwertige Lösung in Betracht zog.[9] Die für diese Beurteilung maßgeblichen tatsächlichen Grundlagen sind durch den Tatrichter festzustellen.[10]

13 Der **tatrichterlichen** Würdigung unterliegt die Frage, ob durch den Austausch von Teilen die Identität des bearbeiteten Gegenstands gewahrt bleibt oder ob die Maßnahmen auf die **erneute Herstellung** des patentgeschützten Erzeugnisses hinauslaufen.[11]

13a **2. Markenrecht.** In Kennzeichenstreitsachen sieht der Bundesgerichtshof die Frage, ob **Verwechslungsgefahr** vorliegt, als **Rechtsfrage** an.[12] Die dafür maßgeblichen tatsächlichen Umstände bedürfen

---

[4] Vgl. nur BGH GRUR 2011, 313 Rn. 15 – Crimpwerkzeug IV.
[5] Vgl. nur BGH GRUR 2010, 410 Rn. 40 – Insassenschutzsystemsteuereinheit.
[6] Vgl. nur BGH GRUR 1998, 913 (914) – Induktionsofen.
[7] BGHZ 168, 142 = GRUR 2006, 842 Rn. 11 – Demonstrationsschrank.
[8] BGHZ 166, 305 = GRUR 2006, 663 Rn. 28 – Vorausbezahlte Telefongespräche I; BGH GRUR 2012, 378 Rn. 16 – Installiereinrichtung II.
[9] BGH GRUR 2006, 313 Rn. 23 – Stapeltrockner.
[10] BGH GRUR 2011, 313 Rn. 36 – Crimpwerkzeug IV.
[11] BGH GRUR 2012, 1118 Rn. 26 – Palettenbehälter II.
[12] BGH GRUR 2019, 535 Rn. 90 – Das Omen; BGH GRUR 2016, 197 Rn. 40 – Bounty; BGH GRUR 1995, 808 (810) – P3-plastoclin.

aber der tatrichterlichen Feststellung;[13] dazu auch → ZPO § 563 Rn. 7a. So liegt die Beurteilung des **Gesamteindrucks** der in Rede stehenden Zeichen im Wesentlichen auf **tatrichterlichem** Gebiet.[14] Einzelne dafür maßgebliche **Kriterien** wie Unterscheidungskraft[15], Kennzeichnungskraft[16], Zeichenidentität[17], Zeichenähnlichkeit[18] und Warenähnlichkeit[19] sind dagegen der rechtlichen Überprüfung zugänglich, allerdings wiederum mit der Maßgabe, dass die Feststellung der dafür relevanten Tatsachen dem Tatrichter obliegt. Entsprechendes gilt für die Frage, ob die Benutzung der Marke in einer abweichenden Form zu einer Veränderung des kennzeichnenden Charakters im Sinne von § 26 Abs. 3 S. 1 MarkenG führt.[20] Dem Tatrichter vorbehalten ist auch die Feststellung des **Verkehrsverständnisses**[21] und der Bekanntheit einer Marke,[22] die Frage, ob der Verkehr eine Bezeichnung als beschreibend[23] oder als Herkunftshinweis[24] versteht, ob der Verkehr zwischen zwei Zeichen eine gedankliche Verknüpfung herstellt,[25] ob Merkmale eines Formzeichens zur Erreichung einer technischen Wirkung erforderlich sind,[26] sowie die Frage, ob ein Gutachten zur Verkehrsdurchsetzung berücksichtigungsfähig ist, obwohl es geraume Zeit nach der Markenanmeldung erstellt wurde[27].

Ebenfalls als **Rechtsfrage** sieht der Bundesgerichtshof die Fragen an, ob eine bestimmte Nutzung als **kennzeichenmäßig** anzusehen[28] oder zur **Rechtserhaltung** gemäß § 26 MarkenG ausreichend[29] ist und ob eine Verwendung eines fremden Kennzeichens als **sittenwidrig** im Sinne von § 23 Nr. 3 MarkenG anzusehen[30] ist. Auch in diesem Zusammenhang obliegt die Feststellung der für die rechtliche Subsumtion maßgeblichen **Tatsachen** dem Tatrichter. Deshalb findet sich in einigen Entscheidungen die Formulierung, die Beurteilung liege im Wesentlichen auf tatrichterlichem Gebiet.[31]

Die Frage, ob eine Marke sich in Folge ihrer Benutzung in den beteiligten Verkehrskreisen **durchgesetzt** hat, ist auf Grund einer Gesamtschau der maßgeblichen Gesichtspunkte zu beurteilen. Wenn die Beurteilung besondere Schwierigkeiten aufwirft, stellt eine Verbraucherbefragung häufig das zuverlässigste Mittel dar.[32] Die Frage, welche Anforderungen an den Nachweis gestellt werden und insbesondere welche Prozentsätze erforderlich sind, ist hingegen eine Rechtsfrage.[33]

3. Designrecht. Die Frage, ob eine **Designverletzung** vorliegt, ist eine Rechtsfrage.[34] Die **Auslegung** der Anmeldung zur Eintragung eines Designs obliegt jedoch im Wesentlichen dem Tatrichter.[35] Auch der **Gesamteindruck** des vorbekannten Formenschatzes, des Klagerechts und des angegriffenen Designs bedarf der tatrichterlichen Feststellung. Diese Feststellungen sind revisionsrechtlich dahin zu überprüfen, ob das Berufungsgericht von zutreffenden rechtlichen Maßstäben ausgegangen ist.[36]

---

[13] BGH GRUR 2013, 1239 Rn. 32 – VOLKSWAGEN/Volks.Inspektion; BGH GRUR 2015, 1004 Rn. 58 – IPS/ISP.
[14] BGH GRUR 2020, 405 Rn. 21 – ÖKO-Test II; BGH GRUR 2019, 173 Rn. 17 – combit/Commit; BGH GRUR 2019, 953 Rn. 19 – Kühlergrill; BGH GRUR 2016, 283 Rn. 13 – BSA/DSA Deutsche Sportmanagementakademie.
[15] BGH GRUR 2017, 1262 Rn. 20 – Schokoladenstäbchen III; BGH GRUR 2016, 1167 Rn. 19 – Sparkassen-Rot; GRUR 2014, 382 Rn. 20 – REAL Chips; BGH GRUR 2013, 731 Rn. 22 – Kaleido.
[16] BGH GRUR 2019, 1058 Rn. 24 – Kneipp; BGH GRUR 2018, 79 Rn. 33 – OXFORD/Oxford Club; BGH GRUR 2017, 75 Rn. 20 – Wunderbaum II; BGH GRUR 2016, 382 Rn. 34 – BioGourmet; BGH GRUR 2012, 635 Rn. 17 ff. – METRO/ROLLER's Metro.
[17] BGH GRUR 2016, 197 Rn. 23 – Bounty.
[18] BGH GRUR 2005, 61 (62) – CompuNet/ComNet II.
[19] BGH GRUR 2021, 724 Rn. 37 – PEARL/PURE PEARL; BGH GRUR 2015, 176 Rn. 15 – ZOOM/ZOOM; GRUR 1999, 158 (160) – Garibaldi.
[20] BGH GRUR 2014, 662 Rn. 17 – Probiotik.
[21] BGH GRUR 2022, 170 Rn. 16 – Identitätsdiebstahl II; GRUR 2018, 1263 Rn. 13 – Vollsynthetisches Motorenöl; GRUR 2018, 301 Rn. 13 – Pippi-Langstrumpf-Marke.
[22] BGH GRUR 2020, 401 Rn. 21 – ÖKO-TEST I; GRUR 2015, 1114 Rn. 10 – Springender Pudel; GRUR 2014, 378 Rn. 25 – OTTO CAP.
[23] BGH GRUR 2019, 185 Rn. 36 – Champagner-Sorbet II; BGH GRUR 2017, 914 Rn. 17 – Medicon-Apotheke/MediCo Apotheke.
[24] BGH GRUR 2021, 1526 Rn. 27 – NJW-Orange; GRUR 2019, 1289 Rn. 22 – Damen Hose MO; GRUR 2019, 522 Rn. 26 – SAM; GRUR 2019, 79 Rn. 29 – Tork; GRUR 2017, 730 Rn. 23 – Sierpinski-Dreieck.
[25] BGH GRUR 2015, 1114 Rn. 33 – Springender Pudel; BGH GRUR 2011, 1043 Rn. 55 – TÜV II.
[26] BGH GRUR 2018, 411 Rn. 27 – Traubenzuckertäfelchen.
[27] BGH GRUR 2015, 581 Rn. 60 f. – Langenscheidt-Gelb.
[28] BGH GRUR 2016, 380 Rn. 22 – Glückspilz; GRUR 2016, 197 Rn. 28 – Bounty; BGH GRUR 2014, 185 Rn. 25 – Nivea-Blau; BGH GRUR 2004, 151 (154) – Farbmarkenverletzung.
[29] BGH GRUR 2017, 1043 Rn. 23 – Dorzo; BGH GRUR 2000, 886 (887) – Bayer/BeiChem.
[30] BGH GRUR 2005, 423 (426) – Staubsaugerfiltertüten.
[31] BGH GRUR 2013, 631 Rn. 31 – AMARULA/Marulablu; BGH GRUR 2013, 725 Rn. 16 – Duff Beer.
[32] BGH GRUR 2016, 1167 Rn. 31 – Sparkassen-Rot.
[33] BVerfG GRUR 2018, 403 Rn. 12 – Farbmarke Sparkassen-Rot.
[34] Für Gebrauchsmuster: BGH GRUR 2017, 1117 Rn. 33 – ICE.
[35] Für Geschmacksmuster BGH GRUR 2012, 1139 Rn. 27 – Weinkaraffe.
[36] BGH GRUR 2019, 398 Rn. 32 – Meda Gate; GRUR 2016, 803 Rn. 24, 39 – Armbanduhr.

16 **4. Urheberrecht.** Ob ein Erzeugnis als **Werk** im Sinne von § 2 Abs. 2 UrhG anzusehen ist, ist eine **Rechtsfrage.**[37] Die dafür maßgeblichen Kriterien, insbesondere das vorbekannte Formengut und die Gestaltung des Erzeugnisses, für das Schutz beansprucht wird, bedürfen tatrichterlicher Feststellungen.

16a Auf dem Gebiet des **Tatrichters** liegt demgegenüber die Frage, ob eine Vereinigung von Urhebern oder Werknutzern repräsentativ im Sinne von § 36 Abs. 2 UrhG ist.[38] Entsprechend den allgemeinen Anforderungen muss das Berufungsurteil jedoch eine revisionsrechtlich nachprüfbare Begründung enthalten und die Umstände, die die tatrichterliche Würdigung tragen, so nachvollziehbar darlegen, dass das Revisionsgericht sie überprüfen kann.

17 **5. Wettbewerbsrecht.** Ob einem Gegenstand **wettbewerbliche Eigenart** zukommt, ist eine **Rechtsfrage.**[39] Zu ihrer Beurteilung bedarf es allerdings in der Regel umfassender tatrichterlicher Feststellungen.[40] Die Feststellung des **Verkehrsverständnisses** und die Beurteilung der Frage, ob eine Werbeaussage irreführend ist, obliegen wie im Markenrecht (dazu → Rn. 13a) im Wesentlichen dem **Tatrichter.**[41]

IV. Auslegung von Erklärungen und Entscheidungen

18 **1. Willenserklärungen.** Die Auslegung von **Allgemeinen Geschäftsbedingungen** unterliegt der vollständigen revisionsrechtlichen Nachprüfung. Dazu → ZPO § 545 Rn. 13.

19 Die Auslegung von **individuellen Erklärungen** obliegt hingegen grundsätzlich der Würdigung des Tatrichters.[42] Dasselbe gilt für die ergänzende Vertragsauslegung.[43] Ihre Überprüfung unterliegt deshalb den dafür maßgeblichen Einschränkungen (→ Rn. 7). Die revisionsrechtliche Überprüfung umfasst aber insbesondere die Fragen, ob die vom Berufungsgericht vorgenommene Auslegung widerspruchsfrei ist[44] und ob das Berufungsgericht alle für die Auslegung wesentlichen Gesichtspunkte beachtet hat und ob es von zutreffenden rechtlichen Voraussetzungen ausgegangen ist.[45] Zu den allgemeinen Auslegungsregeln, deren Einhaltung zu überprüfen ist, gehört der Grundsatz, dass im Zweifel derjenigen Auslegung der Vorzug gebührt, die die Nichtigkeit des Rechtsgeschäfts vermeidet.[46] Ferner ist zu beachten, dass Verträge nach beiden Seiten interessengerecht auszulegen sind.[47] Die Heranziehung dieses Grundsatzes eröffnet weitgehende Korrekturmöglichkeiten, von denen aber nur Gebrauch gemacht wird, wenn dies aufgrund besonderer Umstände des Einzelfalles geboten erscheint.

19a In **Ausnahmefällen** unterliegt die Auslegung von individuellen Erklärungen in gleicher Weise der vollen revisionsrechtlichen Nachprüfung wie Allgemeine Geschäftsbedingungen (zu letzteren → ZPO § 545 Rn. 13). Dies gilt insbesondere bei typischen Angaben, die ungeachtet ihres Charakters als Individualerklärung in gleicher oder sinnentsprechender Fassung in einer Vielzahl von Verträgen verwendet werden.[48]

20 **2. Prozesserklärungen.** Die Auslegung von **Prozesserklärungen** der Parteien unterliegt der vollständigen Nachprüfung im Revisionsverfahren.[49] So ist beispielsweise zu überprüfen, wie eine in der Klageschrift enthaltene Parteibezeichnung auszulegen ist[50], ob eine von der Partei im Rechtsstreit abgegebene Erklärung ein Geständnis[51], eine Klageänderung, ein Anerkenntnis im Sinne von § 307 ZPO[52] oder einen Verzicht im Sinne von § 306 ZPO enthält oder welcher Inhalt einer Abschlusserklärung[53] zukommt. Auch die Auslegung der Klageanträge obliegt der selbständigen Auslegung durch das Revisionsgericht.[54] Hiervon zu unterscheiden ist die Frage, welches Parteivorbringen als Grundlage für die revisionsrechtliche Überprüfung heranzuziehen ist. Dazu → ZPO § 559 Rn. 23 ff.

---

[37] BGH GRUR 2004, 941 (942) – Metallbett.
[38] BGH GRUR 2016, 1296 Rn. 27 – GVR Tageszeitungen III.
[39] BGH GRUR 2013, 951 Rn. 18 – Regalsystem.
[40] BGH GRUR 2017, 79 Rn. 59 – Segmentstruktur.
[41] BGH GRUR 2015, 403 Rn. 21 – Monsterbacke II.
[42] Vgl. nur BGH GRUR 2020, 57 Rn. 20 – Valentins; BGH GRUR 2000, 788 (789) – Gleichstromsteuerschaltung.
[43] BGH GRUR 2020, 57 Rn. 29 – Valentins.
[44] BGH NJW-RR 2016, 695 Rn. 13.
[45] BGH NJW-RR 2015, 112 Rn. 10.
[46] BGH GRUR 2011, 946 Rn. 26 – KD.
[47] BGH GRUR 2010, 418 Rn. 12 – Neues vom Wixxer.
[48] BGH NJW 2016, 3015 Rn. 20.
[49] BGH GRUR 2013, 1259 Rn. 13 – Empfehlungs-E-Mail; BGH GRUR 2009, 1046 Rn. 20 – Kranhäuser; BGH GRUR 2006, 754 Rn. 28 – Haftetikett.
[50] BGH NJW-RR 2013, 1169 Rn. 16.
[51] BGH NJW-RR 2015, 1321 Rn. 16.
[52] BGH ZfBR 2017, 347 Rn. 17.
[53] BGHZ 181, 373 = GRUR 2009, 1096 Rn. 26 – Mescher weis.
[54] BGH GRUR 2013, 1259 Rn. 13 – Empfehlungs-E-Mail; BGH GRUR 2012, 485 Rn. 24 – Rohrreinigungsdüse II.

Nach welchen Maßstäben die Auslegung eines **Prozessvergleichs** zu überprüfen ist, wird in der 21 neueren Rechtsprechung offengelassen.[55] Soweit es um materiellrechtliche Wirkungen eines Prozessvergleichs geht, ist derselbe (eingeschränkte) Prüfungsmaßstab heranzuziehen wie für individuelle Willenserklärungen.[56] Eine vollständige Überprüfung dürfte hingegen geboten sein, soweit es um die prozessualen Wirkungen des Vergleichs auf den Rechtsstreit geht, in dem er abgeschlossen wurde – insbesondere wenn beantragt wird, den Rechtsstreit fortzusetzen, weil er durch den Vergleich nicht beendet worden sei.[57]

3. Gerichtliche und behördliche Entscheidungen. Die Auslegung von **gerichtlichen Entscheidungen** unterliegt im Revisionsverfahren der **vollständigen Überprüfung.** Dies gilt etwa für 22 die Frage, ob ein rechtskräftiges Urteil aus einem anderen Rechtsstreit denselben Streitgegenstand betrifft,[58] welche Bindungswirkung einem rechtskräftigen Feststellungsurteil zukommt[59] oder ob im Hinblick auf eine nach Erlass einer einstweiligen Verfügung abgegebene Abschlusserklärung noch ein Rechtsschutzbedürfnis für eine Unterlassungsklage besteht[60].

Entsprechendes gilt für **Verwaltungsakte.**[61] Maßgebend für die Auslegung ist der erklärte Wille 23 der erlassenden Behörde, wie ihn der Empfänger bei objektiver Würdigung verstehen konnte.[62] Zur Auslegung von Patenten → Rn. 10, zur Berücksichtigung von Änderungen der Schutzrechtslage → ZPO § 545 Rn. 20.

Die Auslegung von **Schiedssprüchen** unterliegt der uneingeschränkten Überprüfung durch den 23a BGH. Dies gilt auch für ausländische Schiedssprüche, sofern deren Auslegung nicht den Rückgriff auf ausländisches Recht erfordert.[63]

V. Beweiswürdigung

Die Beweiswürdigung ist grundsätzlich Sache des **Tatrichters.** Revisionsrechtlich ist lediglich zu 24 überprüfen, ob sich der Tatrichter mit dem Prozessstoff und den Beweisergebnissen **umfassend** und **widerspruchsfrei** auseinandergesetzt hat, die Würdigung also vollständig und rechtlich möglich ist und nicht gegen Denkgesetze oder Erfahrungssätze (→ ZPO § 545 Rn. 15 ff.) verstößt.[64] Wegen Einzelheiten → ZPO § 286 Rn. 3 ff. Uneingeschränkt überprüfbar ist die Frage, ob die Voraussetzungen für einen Anscheinsbeweis vorliegen.[65]

Rechtsfehlerhaft ist eine Beweiswürdigung ferner, wenn sie auf einer Verletzung von zwingenden 25 Vorschriften über die **Beweisaufnahme** beruht. Diese Voraussetzung liegt vor, wenn das Berufungsgericht ein Beweisangebot rechtsfehlerhaft übergangen (dazu → ZPO § 284 Rn. 126) oder wenn es entgegen § 398 ZPO von einer erneuten Vernehmung eines Zeugen oder Sachverständigen abgesehen hat.[66]

VI. Tatrichterliches Ermessen

Einen besonders **weiten Spielraum** hat der Tatrichter, wenn ihm im Gesetz ein Ermessen einge- 26 räumt ist. In der Rechtsmittelinstanz kann nur überprüft werden, ob er die rechtlichen Grenzen des ihm eröffneten Ermessensspielraums eingehalten hat, ob er von seinem Ermessen überhaupt Gebrauch gemacht hat und ob seine Erwägungen mit dem Zweck der Ermessenseinräumung in Einklang stehen. Die sich daraus ergebenden Anforderungen hängen von der Vorschrift ab, die den Ermessensspielraum eröffnet.

1. Schadensschätzung. Eine Schätzung des **Schadens** gemäß § 287 ZPO unterliegt nur der 27 Prüfung auf ordnungsgemäß gerügte Verfahrensfehler sowie darauf, ob alle wesentlichen, schätzungsbegründenden Tatsachen, die sich aus der Natur der Sache ergeben oder von den Parteien vorgetragen wurden, berücksichtigt wurden und keinem Umstand ein ihm offensichtlich nicht zukommendes Gewicht beigemessen wurde, keine sachwidrigen Erwägungen angestellt und Denkgesetze und Erfahrungssätze beachtet wurden.[67]

---

[55] BGH NJW 1996, 838 (839); NJW-RR 2005, 1323 (1324).
[56] BGH NJW 2015, 2324 Rn. 13; vgl. auch BGH NJW-RR 1996, 932; NJW 2014, 782 Rn. 14.
[57] So BGH NJW 1969, 700 (Ls.) = BeckRS 1968, 31181478. Ebenso BeckOK ZPO/*Kessal-Wulf* § 546 Rn. 13.1; MüKoZPO/*Krüger* § 546 Rn. 12; Musielak/*Ball* § 546 Rn. 7.
[58] BGH GRUR 2012, 485 Rn. 11 ff. – Rohrreinigungsdüse II.
[59] BGH GRUR 2008, 933 Rn. 13 ff. – Schmiermittel.
[60] BGH GRUR 2010, 855 Rn. 17 ff. – Folienrollos.
[61] BGH GRUR 2015, 1244 Rn. 31 – Äquipotenzangabe in Fachinformation; BGHZ 86, 104 (110) = NJW 1983, 1793 (1794).
[62] BGH GRUR 2015, 1244 Rn. 31 – Äquipotenzangabe in Fachinformation.
[63] BGH NJW-RR 2016, 1467 Rn. 24.
[64] Vgl. nur BGH GRUR 2013, 312 Rn. 16 – IM „Christoph"; BGH GRUR 2003, 507 (508) – Enalapril.
[65] BGH GRUR 1987, 630 (631) – Raubpressungen; BGH NJW 2016, 1100 Rn. 12.
[66] Vgl. dazu BeckOK ZPO/*Scheuch* § 398 Rn. 4 f.
[67] Vgl. nur BGHZ 194, 194 = GRUR 2012, 1226 Rn. 20 – Flaschenträger; BGH GRUR 2010, 239 Rn. 21 – BTK.

28 Die Einschränkung der Überprüfungsmöglichkeiten reicht allerdings nur so weit, als überhaupt ein Ermessensspielraum eröffnet ist. Deshalb ist auch im Anwendungsbereich des § 287 ZPO zu prüfen, ob das Berufungsgericht alle für die Schadensbemessung maßgeblichen **materiellrechtlichen Vorgaben** eingehalten hat. So darf es bei der Schadensbemessung nach der Lizenzanalogie grundsätzlich nur verkehrsübliche Lizenzsätze heranziehen.[68] Bei der Schadensbemessung anhand des Verletzergewinns darf es dem Berechtigten nur denjenigen Teil des Gewinns zusprechen, der auf der Benutzung des verletzten Schutzrechts beruht.[69]

29 **2. Klageänderung.** Wenn das Berufungsgericht eine Klageänderung als nicht **sachdienlich** beurteilt hat, ist dies in der Revisionsinstanz nur darauf überprüfbar, ob das Berufungsgericht den Begriff der Sachdienlichkeit verkannt hat oder ob es für die Beurteilung wesentliche Umstände außer Acht gelassen oder Gesichtspunkte in die Abwägung hat einfließen lassen, die so nicht hätten berücksichtigt werden dürfen.[70] Ermessensfehlerhaft ist es insbesondere, wenn die Zulassung allein deshalb verweigert wird, weil sie zu einer Verzögerung des Verfahrens führen würde.[71] Die **Zulassung** einer Klageänderung als sachdienlich ist gemäß § 268 ZPO generell der Überprüfung entzogen.

30 Die Frage, ob überhaupt eine **Klageänderung** vorliegt, unterliegt hingegen der vollen revisionsrechtlichen Überprüfung, sofern das Berufungsgericht sie bejaht hat.[72] Dies ergibt sich schon daraus, dass die Auslegung der Prozesserklärungen der Parteien der vollständigen Nachprüfung unterliegt (→ Rn. 20). Wenn das Berufungsgericht zu dem Ergebnis gelangt ist, eine Klageänderung liege nicht vor, ist dies gemäß § 268 ZPO der Nachprüfung entzogen.

§ 547 Absolute Revisionsgründe

Eine Entscheidung ist stets als auf einer Verletzung des Rechts beruhend anzusehen,
1. wenn das erkennende Gericht nicht vorschriftsmäßig besetzt war;
2. wenn bei der Entscheidung ein Richter mitgewirkt hat, der von der Ausübung des Richteramts kraft Gesetzes ausgeschlossen war, sofern nicht dieses Hindernis mittels eines Ablehnungsgesuchs ohne Erfolg geltend gemacht ist;
3. wenn bei der Entscheidung ein Richter mitgewirkt hat, obgleich er wegen Besorgnis der Befangenheit abgelehnt und das Ablehnungsgesuch für begründet erklärt war;
4. wenn eine Partei in dem Verfahren nicht nach Vorschrift der Gesetze vertreten war, sofern sie nicht die Prozessführung ausdrücklich oder stillschweigend genehmigt hat;
5. wenn die Entscheidung auf Grund einer mündlichen Verhandlung ergangen ist, bei der die Vorschriften über die Öffentlichkeit des Verfahrens verletzt sind;
6. wenn die Entscheidung entgegen den Bestimmungen dieses Gesetzes nicht mit Gründen versehen ist.

Übersicht

	Rn.
A. Regelungsgehalt	1
B. Die absoluten Revisionsgründe	5
I. Nicht vorschriftsmäßige Besetzung	5
1. Anforderungen an die Besetzung	5
2. Maßgebliche Umstände	10
3. Verfahrensrüge	13
II. Ausgeschlossener Richter	14
III. Erfolgreich abgelehnter Richter	16
IV. Nicht vorschriftsmäßige Vertretung	20
1. Anforderungen an vorschriftsmäßige Vertretung	20
2. Genehmigung der Prozessführung	24
3. Rügebefugnis; Berücksichtigung von Amts wegen	26
4. Abschließende Entscheidung durch den Bundesgerichtshof	28
V. Nicht vorschriftsmäßige Öffentlichkeit	29
VI. Fehlen von Gründen	34
1. Form der Berufungsentscheidung	35
2. Tatsächliche Feststellungen und rechtliche Erwägungen	37
3. Tatbestandliche Darlegungen	40
4. Erheblichkeit	47
5. Verfahrensrüge	48

---

[68] BGH GRUR 2010, 239 Rn. 25 – BTK.
[69] BGHZ 194, 194 = GRUR 2012, 1226 Rn. 17 – Flaschenträger; BGHZ 181, 98 = GRUR 2009, 856 Rn. 45 – Tripp-Trapp-Stuhl.
[70] Vgl. nur BGH NJW 2007, 2414 Rn. 9.
[71] BGH NJW 2009, 2886 Rn. 4.
[72] BGH GRUR 2007, 172 Rn. 8 ff. – Lesezirkel II.

A. Regelungsgehalt

§ 547 ZPO enthebt den Revisionskläger bei einer Reihe von besonders schwerwiegenden Verfahrensfehlern von der Notwendigkeit, deren **Kausalität** darzulegen, also aufzuzeigen, dass die Berufungsentscheidung im Sinne von § 545 ZPO auf dem Verstoß beruht. Wenn einer dieser Verfahrensfehler vorliegt, ist dem Bundesgerichtshof eine eigene Sachentscheidung verwehrt. Er muss die Sache vielmehr zwingend zu neuer Verhandlung und Entscheidung zurückverweisen.[1] Etwas anderes gilt, wenn die Klage wegen unzureichender Vertretung einer Partei als unzulässig abzuweisen ist (→ Rn. 28) oder wenn die Entscheidung nur hinsichtlich einzelner Angriffs- oder Verteidigungsmittel nicht mit Gründen versehen ist und das betreffende Vorbringen unschlüssig oder unerheblich ist (→ Rn. 47).

Die Vorschrift befreit nicht von den übrigen Formalien der **Revisionseinlegung** und **Revisionsbegründung**. Auch ein absoluter Revisionsgrund ist deshalb nur dann zu berücksichtigen, wenn die Revision statthaft ist und wenn sie fristgerecht und formal ordnungsgemäß eingelegt und begründet wurde. Insbesondere muss eine den Anforderungen des § 551 Abs. 3 S. 1 Nr. 2 Buchst. b ZPO genügende **Verfahrensrüge** erhoben werden; anderenfalls ist ein Verfahrensfehler auch dann gemäß § 557 Abs. 3 S. 2 ZPO unberücksichtigt zu lassen, wenn er einen absoluten Revisionsgrund darstellen würde.[2] Die nicht ordnungsgemäße Vertretung einer Partei (→ Rn. 26) und das Fehlen ausreichender tatbestandlicher Darlegungen (→ Rn. 45) sind auch von Amts wegen zu berücksichtigen.

Die in Nr. 1–4 aufgeführten Verfahrensfehler sind auch für die Entscheidung über eine **Nichtzulassungsbeschwerde** von Bedeutung. Wenn einer dieser Fehler vorliegt, führt dies zwingend zur Zulassung der Revision.[3] Wegen Einzelheiten → ZPO § 543 Rn. 28.

Einen identischen Katalog mit Verfahrensfehlern enthalten zahlreiche **andere Verfahrensordnungen**. Im Bereich des gewerblichen Rechtsschutzes sind dies insbesondere die Vorschriften, die unter bestimmten Voraussetzungen eine zulassungsfreie Rechtsbeschwerde vorsehen, also § 100 Abs. 3 PatG und § 83 Abs. 3 MarkenG. Die Rechtsprechung zu diesen Vorschriften kann auch im Zusammenhang mit § 547 ZPO herangezogen werden, weil die gleichlautenden Bestimmungen grundsätzlich in gleicher Weise auszulegen sind.[4]

B. Die absoluten Revisionsgründe

I. Nicht vorschriftsmäßige Besetzung

1. Anforderungen an die Besetzung. Der absolute Revisionsgrund des § 547 Nr. 1 ZPO sichert das in Art. 101 Abs. 1 S. 2 GG garantierte Recht auf den **gesetzlichen Richter**. Dieses Recht ist verletzt, wenn die Richter, die die Berufungsentscheidung getroffen haben, nicht in Einklang mit den gesetzlichen Vorgaben bestimmt worden sind. Eine nicht vorschriftsmäßige Besetzung in diesem Sinne kann sich aus unterschiedlichen Gründen ergeben.

Nicht vorschriftsmäßig besetzt ist das Berufungsgericht, wenn die Berufungsentscheidung nicht durch diejenigen Richter getroffen wird, die nach dem **Geschäftsverteilungsplan** des Gerichts (§ 21e Abs. 1 GVG) und nach der **internen Geschäftsverteilung** des Senats oder der Kammer (§ 21g Abs. 1 GVG) zur Entscheidung berufen sind. Eine bloß irrtümliche Abweichung von den Zuweisungen des Geschäftsverteilungsplans stellt aber noch keinen Revisionsgrund dar.[5] Einfache Fehler bei der Auslegung und Würdigung des Geschäftsverteilungsplans unterliegen zudem dem Rügeverlust gemäß § 295 ZPO.[6]

An einer vorschriftsmäßigen Besetzung fehlt es auch dann, wenn zwingende Vorgaben des einschlägigen **Verfahrensrechts** nicht eingehalten sind. So liegt ein absoluter Revisionsgrund vor, wenn die Berufungsentscheidung durch einen Einzelrichter ergeht, der nicht nach § 526 ZPO oder § 527 Abs. 4 ZPO zur Entscheidung berufen ist.[7] Entsprechendes gilt, wenn die Berufungsentscheidung entgegen § 309 ZPO nicht durch diejenigen Richter ergeht, die an der letzten mündlichen Verhandlung teilgenommen haben.[8] An einer Teilnahme an der mündlichen Verhandlung fehlt es auch dann, wenn ein Richter diese vorübergehend verlässt[9] oder **einschläft**.[10] Die Mitwirkung eines **blinden** Richters führt zu einer nicht vorschriftsmäßigen Besetzung, wenn es für die Entscheidung auf das

---

[1] BGH DtZ 1993, 248 (249).
[2] BGH NJW 2007, 909 Rn. 25.
[3] BGHZ 172, 250 = NJW 2007, 2702 Rn. 8 ff.
[4] Vgl. BGHZ 39, 333 (335 f.) = GRUR 1963, 645 (646) – Warmpressen.
[5] BGH GRUR 1995, 171 (174) – Senatsbesetzung.
[6] BGH NJW 2009, 1351 Rn. 13.
[7] BGH NJW 2001, 1357.
[8] BGH GRUR 2009, 418 Rn. 11 – Fußpilz.
[9] BAG NJW 1958, 924.
[10] BVerwG NJW 1986, 2721; BSG NJW 2017, 3183 Rn. 10.

Gewinnen optischer Eindrücke ankommt; dies ist im Zivilprozess nur ausnahmsweise der Fall[11] – in der Regel nur dann, wenn ein Augenschein vorzunehmen ist.

8 Das Berufungsgericht ist auch dann nicht vorschriftsmäßig besetzt, wenn der Geschäftsverteilungsplan oder die interne Geschäftsverteilung nicht den **inhaltlichen Anforderungen** entspricht, die sich aus dem Gesetz und aus Art. 101 Abs. 1 S. 2 GG ergeben. So liegt ein absoluter Revisionsgrund vor, wenn die zur Entscheidung berufene Besetzung mehr als einen Richter auf Probe, Richter kraft Auftrags oder abgeordneten Richter umfasst,[12] wenn einem Spruchkörper eine unzulässig hohe Anzahl von Richtern zugewiesen ist,[13] wenn einem Spruchkörper kein Vorsitzender Richter zugewiesen ist, ohne dass ein Fall der nur vorübergehenden Verhinderung vorliegt,[14] wenn der Einsatz von nicht planmäßigen Richtern bei einem Gericht nicht auf das zwingend gebotene Maß beschränkt wird,[15] oder wenn die Geschäftsverteilung nicht so geregelt ist, dass der zuständige Spruchkörper und die zur Entscheidung berufenen Richter im Voraus generell-abstrakt, aber zugleich hinreichend bestimmt festgelegt sind.[16]

9 Ein **Verzicht** der Parteien auf das Recht auf den gesetzlichen Richter ist unwirksam. Auch ein Rügeverlust nach § 295 ZPO ist deshalb ausgeschlossen.[17] Wenn sich die Parteien mit einer Entscheidung durch den Einzelrichter einverstanden erklären, hat dies nur zur Folge, dass die Entscheidung nicht durch das gesamte Kollegium ergehen muss, nicht aber, dass der konkret entscheidende Einzelrichter allein deshalb als gesetzlicher Richter anzusehen ist.[18] Zum Rügeverlust im Falle von einfachen Fehlern bei der Auslegung und Würdigung des Geschäftsverteilungsplans → Rn. 6.

10 **2. Maßgebliche Umstände.** Für die revisionsrechtliche Prüfung ist in der Regel nur maßgeblich, ob das **Berufungsgericht** ordnungsgemäß besetzt war. Eine nicht vorschriftsmäßige Besetzung des erstinstanzlichen Gerichts ist grundsätzlich unerheblich.[19]

11 Maßgeblich ist, welche Richter an der **Urteilsfällung**, also an der abschließenden Beratung und Entscheidung mitgewirkt haben. Dies ist grundsätzlich den Namensangaben und Unterschriften in der Berufungsentscheidung zu entnehmen.[20] Diese Angaben können aber gemäß § 319 Abs. 1 ZPO berichtigt werden.[21] An einer vorschriftsmäßigen Besetzung fehlt es indes, wenn das Urteil die „richtigen" Unterschriften trägt, sich aber aus sonstigen Umständen ergibt, dass es von anderen Richtern gefällt worden ist.[22] Welche Richter an der **Verkündung** der Entscheidung mitgewirkt haben, ist grundsätzlich unerheblich.[23]

12 Wenn in der Berufungsinstanz mehrere Verhandlungstermine stattgefunden haben, so ist allein maßgeblich, welche Richter an der **letzten mündlichen Verhandlung** mitgewirkt haben.[24] Dies ist gemäß § 160 Abs. 1 Nr. 2 ZPO und § 165 ZPO dem Sitzungsprotokoll zu entnehmen, das im Falle von inhaltlichen Fehlern gemäß § 164 ZPO berichtigt werden kann.

12a Ebenfalls unerheblich ist, welche Richter an einer dem Urteil **vorausgegangenen** Entscheidung mitgewirkt haben. So ist der Tatbestand des § 547 Nr. 1 ZPO nicht schon dann erfüllt, wenn die bereits geschlossene mündliche Verhandlung verfahrensfehlerhaft nicht durch den gesamten Spruchkörper, sondern durch den Vorsitzenden wiedereröffnet wird. Ausschlaggebend ist allein, welche Richter an der daraufhin durchgeführten Verhandlung mitgewirkt haben.[25]

13 **3. Verfahrensrüge.** Auch wenn die Geschäftsverteilung zu den gerichtsinternen Vorgängen gehört, darf der Revisionskläger die Rüge der nicht vorschriftsmäßigen Besetzung nicht auf bloßen **Verdacht** erheben. Er muss sich durch Anfrage beim Berufungsgericht um zweckentsprechende Aufklärung bemühen und in der Revisionsbegründung zumindest darlegen, was er hierzu im Einzelnen unternommen hat.[26]

13a Die Rüge, einer der Richter sei während der Verhandlung **eingeschlafen,** muss durch konkrete Angaben zu Zeitpunkt, Dauer und äußerem Erscheinungsbild substantiiert werden.[27]

---

[11] BGHSt 35, 164 (168) = NJW 1988, 1333 (1334).
[12] Vgl. BGH NJW 1995, 2791 (2792); DtZ 1997, 66 (67).
[13] BGH NJW 1965, 1715.
[14] BGHZ 164, 87 (88 ff.) = NJW 2006, 154.
[15] BAG BeckRS 2015, 126360 Rn. 6; BSG NZS 2018, 750; 2019, 66 Rn. 6; 2020, 270.
[16] BGH NJW 2009, 1351 Rn. 3.
[17] BGH NJW 2009, 1351 Rn. 13.
[18] BGH NJW-RR 2009, 1220 Rn. 17.
[19] BGH NJW 1958, 1398; BAG NZA 2015, 1405 Rn. 8.
[20] BGH BeckRS 2009, 01953 Rn. 6; 1990, 31063638.
[21] BGH NJW 2003, 3057.
[22] BGH NJW-RR 2012, 508 Rn. 9.
[23] BGHZ 61, 369 (370) = NJW 1974, 143 (144).
[24] BGH NJW-RR 2009, 210 Rn. 14.
[25] BAG NZA 2018, 1359 Rn. 19 ff.
[26] BGH NJW 1992, 512; BAG NZA 2016, 1423 Rn. 3.
[27] BVerwG NJW 2006, 2648 Rn. 6; 2001, 2898; OVG Münster NJW 2018, 94 Rn. 4.

II. Ausgeschlossener Richter

Der absolute Revisionsgrund des § 547 Nr. 2 ZPO liegt vor, wenn an der angefochtenen Entscheidung ein Richter mitgewirkt hat, der gemäß § 41 ZPO ausgeschlossen war. Auch insoweit ist lediglich auf die **Berufungsentscheidung** abzustellen (dazu → Rn. 10 ff.). Die Mitwirkung an einer vorangegangenen Beweisaufnahme reicht nicht aus.[28] Zwar muss sich ein Richter, der kraft Gesetzes von der Entscheidung ausgeschlossen ist, gemäß § 41 ZPO jeder weiteren Mitwirkung enthalten. § 547 Nr. 2 ZPO erfasst aber nur die Mitwirkung an der Berufungsentscheidung selbst. Wenn es nur im Vorfeld der Entscheidung zu einem Verstoß gegen § 41 ZPO gekommen ist, führt dies auf eine entsprechende Revisionsrüge hin nur dann zur Aufhebung der angefochtenen Entscheidung, wenn diese auf dem betreffenden Verfahrensfehler beruht.

Die Rüge, ein ausgeschlossener Richter habe an der Berufungsentscheidung mitgewirkt, ist gemäß § 557 Abs. 2 ZPO **unzulässig**, wenn der Ausschließungsgrund bereits in der Berufungsinstanz geltend gemacht wurde und dort erfolglos geblieben ist.[29]

III. Erfolgreich abgelehnter Richter

Der absolute Revisionsgrund des § 547 Nr. 3 ZPO liegt vor, wenn an der Berufungsentscheidung ein Richter mitgewirkt hat, der erfolgreich gemäß § 42 ZPO wegen Besorgnis der **Befangenheit** abgelehnt worden ist. An Stelle des Ablehnungsgesuchs einer Partei genügt auch eine Selbstanzeige des betroffenen Richters gemäß § 48 ZPO, sofern diese für begründet erklärt wird.[30] Wenn das Ablehnungsgesuch rechtskräftig zurückgewiesen wurde, steht einer weiteren Geltendmachung des Ablehnungsgrundes im Revisionsverfahren § 557 Abs. 2 ZPO entgegen.

Der bloße Umstand, dass gegenüber einem der mitwirkenden Richter ein **Ablehnungsgrund** bestand, reicht nicht aus. Dies gilt auch dann, wenn der Ablehnungsgrund erst aus der Berufungsentscheidung hervorgeht.[31] Nach der früheren Rechtsprechung konnte die Revision in dieser Konstellation auch nicht auf die Rüge gestützt werden, der betroffene Richter habe die ihm obliegende Pflicht zur **Selbstanzeige** gemäß § 48 ZPO verletzt;[32] dies wurde in neuerer Zeit mit überzeugender Begründung angezweifelt[33] – nicht zuletzt, weil die früher in § 408 Abs. 2 ZPO verankerte Praxis, über eine Selbstanzeige ohne Anhörung der Parteien zu entscheiden, für verfassungswidrig erklärt wurde.[34]

Ebenfalls nicht ausreichend ist nach dem Wortlaut der Vorschrift ein **Ablehnungsgesuch**, das vor Fällung der Berufungsentscheidung gestellt, aber nicht abschließend beschieden wurde. In dieser Konstellation darf der abgelehnte Richter aber gemäß § 47 ZPO nicht an der Entscheidungsfindung mitwirken, solange die Zurückweisung des Gesuchs nicht rechtskräftig ist und über eine dagegen eingelegte Anhörungsrüge nicht entschieden wurde.[35] Ein Verstoß gegen diese Vorschrift dürfte jedenfalls dann einen revisionsrechtlich erheblichen Verfahrensfehler darstellen, wenn das Ablehnungsgesuch nachträglich für begründet erklärt wird.[36] Bleibt das Gesuch im Ergebnis erfolglos, kann der Ablehnungsgrund schon wegen § 557 Abs. 2 ZPO nicht mehr zum Gegenstand einer Revisionsrüge gemacht werden. Wird das Gesuch verworfen oder abgelehnt, ohne die Gründe der Entscheidung bekanntzugeben, kann darin aber ein Verstoß gegen Art. 101 Abs. 1 S. 2 GG liegen, der zur Anwendung des § 547 Nr. 1 ZPO führt.[37]

Wie bei Nr. 1 und Nr. 2 ist auch in diesem Zusammenhang allein maßgeblich, ob der erfolgreich abgelehnte Richter an der **Berufungsentscheidung** mitgewirkt hat. Eine Mitwirkung an vorangegangenen Entscheidungen genügt nicht. Wegen Einzelheiten → Rn. 10 ff. Entsteht ein Ablehnungsgrund erst nach Urteilsfällung, so darf der betroffene Richter nach § 47 ZPO zwar bis zur Erledigung eines darauf gestützten Ablehnungsgesuchs nicht an der Verkündung des Urteils mitwirken; dies steht der Verkündung des Urteils (in anderer Besetzung) jedoch auch dann nicht entgegen, wenn das Gesuch Erfolg hat.[38]

---

[28] Musielak/*Ball* § 547 Rn. 7; **aA** MüKoZPO/*Krüger* § 547 Rn. 11.
[29] BGHZ 95, 302 (305) = GRUR 1985, 1039 (1040) – Farbfernsehsignal II; BGH NJW-RR 2007, 775 Rn. 4.
[30] MüKoZPO/*Krüger* § 547 Rn. 12.
[31] BGHZ 120, 141 (144) = NJW 1993, 400.
[32] BGHZ 120, 141 (145) = NJW 1993, 400 (401).
[33] BGH GRUR 1995, 216 (218 f.) – Oxygenol II; zustimmend auch BeckOK ZPO/*Kessal-Wulf* § 547 Rn. 16; MüKoZPO/*Krüger* § 547 Rn. 12; Musielak/*Ball* § 547 Rn. 8.
[34] BVerfG NJW 1993, 2229.
[35] BGH NJW-RR 2011, 427 Rn. 17; die Frist für die Einlegung einer Anhörungsrüge braucht aber nicht abgewartet zu werden, BFH BeckRS 2013, 95858 Rn. 14 f.; BSG BeckRS 2020, 1879 Rn. 5.
[36] BGHZ 120, 141 (144 f.) = NJW 1993, 400 (400 f.); zum fortbestehenden Rechtsschutzinteresse an einer Entscheidung über das Ablehnungsgesuch vgl. OLG Koblenz NJW-RR 1992, 1464.
[37] BSG BeckRS 2019, 26721.
[38] BGH NJW 2001, 1502 (1503).

IV. Nicht vorschriftsmäßige Vertretung

20 **1. Anforderungen an vorschriftsmäßige Vertretung.** Der absolute Revisionsgrund des § 547 Nr. 4 ZPO liegt vor, wenn eine Partei nicht durch einen wirksam bestellten **Vertreter** am Verfahren beteiligt war. An einer ordnungsgemäßen Vertretung kann es aus unterschiedlichen Gründen fehlen:

21 Juristische Personen, rechtsfähige Personenvereinigungen und nicht prozessfähige natürliche Personen können nur durch ihren **gesetzlichen Vertreter** (§ 51 Abs. 1 ZPO) oder einen vom Gericht bestellten Prozesspfleger (§ 57 ZPO) wirksam am Rechtsstreit teilnehmen. Wenn sie den Rechtsstreit selbst oder durch einen ohne Mitwirkung ihres gesetzlichen Vertreters bestellten Prozessbevollmächtigten führen, sind sie nicht vorschriftsmäßig vertreten. Diese Konstellation ist zum Beispiel auch dann gegeben, wenn die Prozessvollmacht für eine Aktiengesellschaft, die in dem betreffenden Rechtsstreit gemäß § 112 AktG ausnahmsweise durch den Aufsichtsrat vertreten wird, nur vom Vorstand erteilt worden ist.[39] Eine wirksam erteilte Prozessvollmacht bleibt aber gemäß § 86 ZPO bestehen, wenn die Partei erst nach der Erteilung prozessunfähig geworden ist.

22 Wenn einer Partei die **Prozessführungsbefugnis** fehlt, zum Beispiel weil über ihr Vermögen das Insolvenzverfahren eröffnet worden ist, kann der Rechtsstreit nur durch den gesetzlichen Prozessstandschafter geführt werden, im Falle der Insolvenz also durch den Insolvenzverwalter. Eine Berufungsentscheidung, die entgegen § 240 ZPO ergeht, bevor der Insolvenzverwalter den Rechtsstreit aufgenommen hat, kann von beiden Seiten mit der auf § 547 Nr. 4 ZPO gestützten Rüge angegriffen werden.[40]

22a Tod oder Prozessunfähigkeit des **Prozessbevollmächtigten** sind nur relevant, wenn eine Vertretung durch Anwälte gemäß § 78 ZPO geboten war. Sofern diese Voraussetzung vorliegt, wird das Verfahren nach § 244 Abs. 1 ZPO unterbrochen; während der Unterbrechung darf eine gerichtliche Entscheidung gemäß § 249 Abs. 3 ZPO grundsätzlich nicht ergehen. Ein dennoch ergangenes Berufungsurteil ist nach § 547 Nr. 4 ZPO aufzuheben.[41] In Verfahren, in denen eine anwaltliche Vertretung nicht geboten ist, führt ein Anwaltsverlust hingegen nicht zur Anwendung von § 547 Nr. 4 ZPO.[42]

23 An einer vorschriftsmäßigen Vertretung fehlt es auch dann, wenn die **Klage** nicht ordnungsgemäß **zugestellt** worden ist. Dieser Mangel wird zwar in der Regel gemäß § 295 ZPO geheilt, wenn die Partei rügelos verhandelt. Dies setzt aber voraus, dass die Partei zumindest in der Verhandlung ordnungsgemäß vertreten ist. Daran fehlt es zum Beispiel, wenn eine Klage gegen eine Aktiengesellschaft, die gemäß § 246 Abs. 2 S. 2 AktG ausnahmsweise durch Vorstand und Aufsichtsrat vertreten wird, nur dem Vorstand zugestellt wurde und nichts dafür ersichtlich ist, dass die Prozessvollmacht auch durch den Aufsichtsrat erteilt wurde.[43] Entsprechendes gilt, wenn eine Partei nicht ordnungsgemäß zur mündlichen Verhandlung **geladen** worden ist und deshalb nicht an der Verhandlung teilnimmt.[44] Als Partei in diesem Sinne sind auch Dritte anzusehen, die zwingend am Verfahren zu beteiligten sind; dazu gehört insbesondere ein **Streithelfer**.[45]

24 **2. Genehmigung der Prozessführung.** Der Vertretungsmangel ist nach Nr. 4 Halbsatz 2 unerheblich, wenn die Partei die Prozessführung ausdrücklich oder stillschweigend **genehmigt** hat. Die Genehmigung kann auch noch im Revisionsverfahren erteilt werden.[46] Soweit es um verzichtbare Mängel geht – zum Beispiel unwirksame Klagezustellung oder Ladung – ist die Rüge gemäß § 295 ZPO auch dann ausgeschlossen, wenn die Partei in den Tatsacheninstanzen rügelos verhandelt hat.

25 Voraussetzung für eine wirksame Genehmigung oder einen Rügeverlust nach § 295 ZPO ist, dass die Partei bei der Vornahme der betreffenden Handlung **ordnungsgemäß vertreten** ist. Erfolgt die Genehmigung durch den schon zuvor tätigen Prozessbevollmächtigten, dessen Vollmacht nicht wirksam war, entfaltet sie mithin nur dann Wirkung, wenn es in der Zwischenzeit zu einer ordnungsgemäßen Bevollmächtigung gekommen ist.[47]

26 **3. Rügebefugnis; Berücksichtigung von Amts wegen.** Anders als sonstige Revisionsgründe ist eine nicht vorschriftsmäßige Vertretung auch ohne entsprechende Revisionsrüge **von Amts wegen** zu berücksichtigen.[48] Dies ergibt sich aus dem Grundsatz, dass Mängel der Partei- und Prozessfähigkeit auch in der Revisionsinstanz von Amts wegen zu berücksichtigen sind (→ ZPO § 56 Rn. 1) und setzt voraus, dass die Partei auch in der Revisionsinstanz nicht ordnungsgemäß vertreten ist. Die Rüge, eine

---

[39] BGH NJW-RR 1991, 926.
[40] BGH NJW 1995, 2563.
[41] BGH NJW 1995, 2563.
[42] BGH NJW-RR 2020, 1191 Rn. 15 ff.; BGHZ 51, 269 (270 ff.) = GRUR 1969, 437 (438) – Inlandsvertreter.
[43] BGH NJW 1992, 2099.
[44] BGH GRUR 1991, 442 – Pharmazeutisches Präparat; BGH GRUR 1966, 160 (161) – Terminsladung.
[45] BAG NJW 2018, 2078 Rn. 12 f.
[46] BGH NJW-RR 2009, 690 Rn. 12.
[47] NJW-RR 2009, 690 Rn. 11.
[48] BGH NJW-RR 2007, 98 Rn. 7; 2009, 690 Rn. 9; offengelassen in BGH NJW 2013, 3098 Rn. 6.

Partei sei **(nur) in der Berufungsinstanz** nicht ordnungsgemäß vertreten gewesen, darf hingegen nur von der betroffenen Partei erhoben werden, nicht vom Gegner.[49]

Sofern der Mangel von Amts wegen zu berücksichtigen ist, unterliegt die angefochtene Entschei- 27 dung auch dann der Aufhebung, wenn sie **zugunsten** der nicht ordnungsgemäß vertretenen Partei ergangen ist.[50] Sind auf einer Seite mehrere Parteien beteiligt oder kraft Gesetzes beizuladen, liegt ein Aufhebungsgrund hinsichtlich des Urteils insgesamt schon dann vor, wenn eine davon nicht ordnungsgemäß am Verfahren beteiligt worden ist.[51]

4. Abschließende Entscheidung durch den Bundesgerichtshof. Abweichend von dem all- 28 gemeinen Grundsatz, dass im Falle eines absoluten Revisionsmangels nur eine Aufhebung und Zurückverweisung in Betracht kommt (→ Rn. 1), ist die Klage in der Revisionsinstanz grundsätzlich als **unzulässig** abzuweisen, wenn eine Partei nicht ordnungsgemäß vertreten war und die Prozessführung auch in der Revisionsinstanz nicht genehmigt hat.[52] Wenn der Beklagte prozessunfähig ist, darf die Klage nicht abgewiesen werden, sofern das Berufungsgericht einen Antrag des Klägers auf Bestellung eines Prozesspflegers zu Unrecht zurückgewiesen hat.[53]

V. Nicht vorschriftsmäßige Öffentlichkeit

Der Revisionsgrund des § 547 Nr. 5 ZPO liegt vor, wenn das Berufungsgericht in der letzten 29 **mündlichen Verhandlung,** auf die das Urteil ergangen ist, die Vorschriften über die Öffentlichkeit verletzt hat. Diese Voraussetzung ist erfüllt, wenn das Gericht die Öffentlichkeit entgegen §§ 169 ff. GVG **ausgeschlossen** hat, aber auch dann, wenn es entgegen diesen Vorschriften **zugelassen** ist. Ein solcher Verstoß liegt auch dann vor, wenn das Berufungsgericht entgegen § 169 S. 2 GVG Tonoder Filmaufnahmen zugelassen hat.[54]

Ein Verstoß gegen die Vorschriften über die Öffentlichkeit in einer **vorangegangenen Verhand-** 30 **lung** oder in einer **Beweisaufnahme** begründet nach dem klaren Wortlaut der Vorschrift keinen absoluten Revisionsgrund.[55] Er führt aber zur Aufhebung des Berufungsurteils, wenn dieses auf den Ergebnissen des betreffenden Verfahrensabschnitts beruht. Diese Voraussetzung ist zum Beispiel gegeben, wenn das Berufungsgericht die Ergebnisse einer zu Unrecht unter Ausschluss der Öffentlichkeit durchgeführten Beweisaufnahme verwertet. Die Verwertung einer erstinstanzlichen Beweisaufnahme ist schon dann rechtsfehlerhaft, wenn das Berufungsgericht der Behauptung einer Partei, bei dieser Beweisaufnahme sei die Öffentlichkeit zu Unrecht ausgeschlossen gewesen, nicht nachgeht.[56]

Ein absoluter Revisionsgrund liegt nicht vor, wenn zwar in der letzten mündlichen Verhandlung die 31 Öffentlichkeit zu Unrecht ausgeschlossen war, das Urteil aber nicht auf diese Verhandlung, sondern im **schriftlichen Verfahren** ergangen ist. Dies gilt unabhängig davon, ob die Voraussetzungen für die Anordnung des schriftlichen Verfahrens vorgelegen haben. Ein diesbezüglicher Verfahrensfehler ist nur beachtlich, wenn er Gegenstand einer gesonderten Revisionsrüge ist und wenn die angefochtene Entscheidung auf ihm beruht.[57]

Ein **Beschluss,** mit dem das Berufungsgericht aus einem der in §§ 171a–173 GVG normierten 32 Gründe die Öffentlichkeit ausgeschlossen hat, unterliegt gemäß § 557 Abs. 2 ZPO auf entsprechende Rüge hin der revisionsrechtlichen Überprüfung. Ein solcher Beschluss ist auch dann rechtswidrig, wenn er den in § 174 Abs. 1 GVG normierten formellen Anforderungen nicht genügt, insbesondere wenn darin nicht angegeben ist, aus welchem Grund die Öffentlichkeit ausgeschlossen wurde.[58]

Ein Ausschluss gemäß **§ 171b GVG** ist der revisionsrechtlichen Nachprüfung entzogen, weil er 33 gemäß § 171b Abs. 3 GVG nicht anfechtbar ist.[59] Dies gilt jedoch nur, soweit es darum geht, ob einer der in der Vorschrift normierten Ausschlussgründe vorgelegen hat. Sonstige Mängel des Beschlusses können auch in dieser Konstellation gerügt werden, zum Beispiel ein Verstoß gegen die formellen Anforderungen aus § 174 Abs. 1 GVG[60] oder die Unanwendbarkeit der Vorschrift auf bestimmte Teile der Verhandlung.[61]

Ebenfalls nicht revisionsrechtlich überprüfbar sind Anordnungen zur Zulassung von Tonübertragun- 33a gen und zu Bild- und Tonaufnahmen von Entscheidungsverkündungen nach § 169 Abs. 1 und 3 GVG. Solche Beschlüsse sind gemäß § 169 Abs. 4 GVG unanfechtbar.

---

[49] BGH NZI 2017, 540 Rn. 5 ff.
[50] BGH NJW 1995, 2563.
[51] BGH GRUR 1983, 601 (602) – Nichtbeteiligung des Bundeskartellamtes; BGH NJW 2003, 585.
[52] Vgl. NJW-RR 2007, 98 Rn. 9; 2009, 690 Rn. 5.
[53] BGH BeckRS 2010, 04099 Rn. 14.
[54] MüKoZPO/*Krüger* § 547 Rn. 14; Musielak/*Ball* § 547 Rn. 12.
[55] Offen gelassen in BGH NJW 2000, 2508 (2509).
[56] BGH NJW 2000, 2508 (2509).
[57] BGHZ 164, 69 (71 f.) = NJW 2005, 3710 (3711).
[58] BGHSt 51, 180 = NJW 2007, 709 Rn. 8.
[59] BGH NJW 2004, 865 (867).
[60] BGH BeckRS 2011, 22405 Rn. 4.
[61] BGHSt 57, 273 = NJW 2012, 3113 Rn. 7.

VI. Fehlen von Gründen

34 Der absolute Revisionsgrund des § 547 Nr. 6 ZPO liegt vor, wenn nicht zu erkennen ist, welche **tatsächlichen Feststellungen** und welche **rechtlichen Erwägungen** für die Berufungsentscheidung maßgebend waren.[62]

35 **1. Form der Berufungsentscheidung.** Die erforderlichen Angaben müssen grundsätzlich aus der **Berufungsentscheidung** selbst hervorgehen. Diese muss nach Maßgabe von § 315 ZPO von allen mitwirkenden Richtern **unterschrieben** sein.[63] Wenn eine Unterschrift gemäß § 315 Abs. 1 S. 2 ZPO ersetzt wurde, überprüft das Revisionsgericht das Vorliegen eines Verhinderungsgrundes nur dann, wenn im angefochtenen Urteil kein Grund angegeben ist oder wenn der Revisionskläger schlüssig darlegt, dass der Verhinderungsvermerk auf willkürlichen, sachfremden Erwägungen beruht.[64]

36 Ausführungen im **Sitzungsprotokoll** sind grundsätzlich nur ausreichend, soweit es um die Wiedergabe des tatsächlichen Vorbringens der Parteien geht (§ 559 Abs. 1 ZPO), nicht aber hinsichtlich der Feststellungen und Erwägungen des Berufungsgerichts und nicht hinsichtlich der Berufungsanträge (Dazu auch → Rn. 41 und → ZPO § 559 Rn. 23). Nach § 540 Abs. 1 S. 2 ZPO können die erforderlichen Darlegungen ausnahmsweise in das Sitzungsprotokoll aufgenommen werden, wenn das Berufungsurteil in dem Termin verkündet wird, in dem die mündliche Verhandlung geschlossen worden ist. Auch ein solches **Protokollurteil** muss aber von allen an der Entscheidung mitwirkenden Richtern unterschrieben sein.[65] Dazu → ZPO § 540 Rn. 14.

37 **2. Tatsächliche Feststellungen und rechtliche Erwägungen.** Der Tatbestand des § 547 Nr. 6 ZPO ist erfüllt, wenn der Berufungsentscheidung **jegliche Begründung** fehlt. Wenn das Berufungsurteil bei Verkündung noch nicht in vollständig abgefasster Form vorliegt, müssen die Gründe innerhalb von **fünf Monaten** nach der Verkündung abgesetzt und zur **Geschäftsstelle** gelangt sein, weil zu diesem Zeitpunkt gemäß § 548 ZPO die Frist für die Einlegung der Revision auch ohne Zustellung zu laufen beginnt.[66] Die Rechtsprechung des Bundesgerichtshofs ging früher davon aus, dass dem Revisionskläger nach Zustellung des vollständigen Urteils stets die volle Revisionsfrist von einem Monat zur Verfügung stehen muss.[67] Dies würde bedeuten, dass das in vollständiger Form abgefasste Urteil innerhalb von fünf Monaten nach der Verkündung auch zugestellt sein muss.[68] Nach der neueren Rechtsprechung genügt jedoch der rechtzeitige Eingang auf der Geschäftsstelle, und zwar unabhängig davon, ob das Urteil schon bei Verkündung in vollständiger Form vorliegt und nur versehentlich nicht zugestellt wird[69] oder ob es erst am letzten Tag der Frist auf der Geschäftsstelle eingeht.[70] Wenn zwischen dem Schluss der mündlichen Verhandlung und der Verkündung eines in **vollständig abgefasster** Form verkündeten Urteils ein Zeitraum von mehr als fünf Monaten liegt, so begründet dies hingegen weder den absoluten Revisionsgrund der Nr. 6 noch einen sonstigen revisiblen Verfahrensfehler.[71]

37a An einem vollständig abgefassten Urteil in diesem Sinne fehlt es, wenn die zur Geschäftsstelle gelangte Entscheidung nicht die erforderlichen **Unterschriften** der beteiligten Richter enthält. Eine fehlende oder unzureichende Unterschrift kann nach Ablauf der Fünfmonatsfrist nicht mehr wirksam nachgeholt werden.[72]

37b Bei der **Berechnung** der Fünfmonats-Frist ist § 222 Abs. 2 ZPO nicht anwendbar. Wenn die Frist an einem Samstag, Sonntag oder Feiertag endet, verlängert sie sich als nicht bis zum darauffolgenden Werktag.[73]

38 Eine Entscheidung ist auch dann nicht mit Gründen versehen, wenn die Entscheidung zwar eine Begründung enthält, diese aber ganz unverständlich, verworren oder **sachlich inhaltslos** ist und deshalb in Wirklichkeit nicht erkennen lässt, welche Überlegungen für die Entscheidung maßgebend waren. Hierfür reicht jedoch nicht aus, dass die Begründung inhaltlich unzutreffend oder rechtsfehlerhaft ist.[74] Auf Rechtsprechung und Literatur darf zur Begründung einer Rechtsauffassung **Bezug**

---

[62] BGHZ 39, 333 (337) = GRUR 1963, 645 (646) – Warmpressen; BGH GRUR 2006, 929 Rn. 10 – Rohrleitungsprüfverfahren.
[63] BGH GRUR 2016, 860 Rn. 8 – Deltamethrin II.
[64] BGH GRUR 2016, 860 Rn. 11 – Deltamethrin II.
[65] BGH NJW-RR 2010, 911 Rn. 8.
[66] GmsOGB NJW 1993, 2603; BGH NJW-RR 2004, 1439.
[67] BGH NJW 1991, 1547.
[68] Für die Beibehaltung dieses Erfordernisses MüKoZPO/*Krüger* § 547 Rn. 15; Musielak/*Ball* § 547 Rn. 13.
[69] BGH NJW-RR 2004, 361 (362).
[70] BGH NJW-RR 2009, 1712 Rn. 7 ff.; BeckRS 2016, 15489 Rn. 7.
[71] BAG NJW 1995, 75; BGH BeckRS 2019, 4598 Rn. 11.
[72] BSG BeckRS 2016, 66017 Rn. 11.
[73] BAG NZA 2000, 611 (612); BSG NJOZ 2010, 1546 Rn. 7 ff.
[74] BGHZ 39, 333 (337) = GRUR 1963, 645 (646) – Warmpressen; BGH GRUR 2011, 1055 Rn. 6 – Formkörper mit Durchtrittsöffnungen.

genommen werden, wenn das Zitat ohne weiteres überprüfbar ist.[75] Eine Bezugnahme auf eine nicht veröffentlichte Entscheidung genügt nur dann, wenn diese zwischen denselben Parteien ergangen ist oder wenn sie Gegenstand der mündlichen Verhandlung war.[76]

Unter bestimmten Voraussetzungen ist eine Entscheidung auch dann nicht mit Gründen versehen, **39** wenn die Begründung **unvollständig** ist. Hierfür reicht aber nicht aus, dass bestimmte Gesichtspunkte nur knapp oder überhaupt nicht erörtert werden. Ein absoluter Revisionsgrund liegt nur dann vor, wenn das Berufungsgericht auf einzelne **selbstständige Angriffs- und Verteidigungsmittel** im Sinne von § 146 ZPO und § 303 ZPO nicht eingegangen ist.[77] Angriffs- und Verteidigungsmittel in diesem Sinne sind nur Tatbestände, die für sich allein rechtsbegründend, rechtsvernichtend, rechtshindernd oder rechtserhaltend wären.[78] Es genügt mithin nicht, wenn einzelne Detailbehauptungen oder Beweismittel unerwähnt bleiben.[79]

3. Tatbestandliche Darlegungen. Zu den erforderlichen Gründen gehören auch **tatbestandli-** **40** **che Darlegungen,** aus denen hinreichend deutlich zu entnehmen ist, von welchem Sach- und Streitstand das Gericht ausgegangen ist, welches Rechtsmittelbegehren die Parteien verfolgt haben und welche tatsächlichen Feststellungen der Entscheidung zu Grunde liegen[80] (dazu auch → ZPO § 559 Rn. 23 ff.). Dies gilt insbesondere für Entscheidungen, in denen die Berufung wegen Nichterreichens der Berufungssumme als unzulässig verworfen wird.[81] Dieselben Anforderungen gelten auch für Beschlüsse nach § 522 Abs. 2 ZPO.[82] Das Berufungsgericht darf zwar gemäß § 540 Abs. 1 S. 1 Nr. 1 ZPO auf die tatsächlichen Feststellungen im erstinstanzlichen Urteil Bezug nehmen. Aus der Berufungsentscheidung muss aber zusätzlich zu ersehen sein, ob und in welcher Weise die Parteien ihren Vortrag in zweiter Instanz geändert oder ergänzt haben.[83] Eine pauschale Bezugnahme auf den Inhalt der in der Berufungsinstanz gewechselten Schriftsätze reicht hierfür nicht aus.[84] Die Berufungsentscheidung unterliegt deshalb auch dann der Aufhebung, wenn das Berufungsgericht ohne nähere Begründung von einer entscheidungserheblichen Tatsache ausgeht, die in Widerspruch zu den von ihm in Bezug genommenen tatbestandlichen Darlegungen im erstinstanzlichen Urteil steht.[85]

Aus der Berufungsentscheidung muss ferner zumindest sinngemäß hervorgehen, was der Berufungs- **41** kläger mit seinem Rechtsmittel **angestrebt** hat.[86] Eine Bezugnahme auf das Sitzungsprotokoll reicht hierfür nicht aus[87] (dazu auch → ZPO § 559 Rn. 28).

Wenn die Berufungsentscheidung Ausführungen zu den genannten Punkten enthält, unterliegt sie **42** dennoch der Aufhebung, wenn die Darlegungen so unklar oder **widersprüchlich** sind, dass sich die tatsächlichen Grundlagen der angefochtenen Entscheidung nicht mehr zweifelsfrei erkennen lassen und deshalb eine hinreichend sichere rechtliche Beurteilung des Parteivorbringens nicht möglich ist.[88]

Selbst wenn die Berufungsentscheidung weder ausdrückliche Darlegungen zum Sach- und Streit- **43** stand noch eine Bezugnahme auf die erstinstanzlichen Feststellungen enthält, ist von einer Aufhebung ausnahmsweise abzusehen, wenn aus dem **Zusammenhang** der rechtlichen Ausführungen hinreichend deutlich hervorgeht, was der Berufungskläger angestrebt und von welchem Sach- und Streitstand das Berufungsgericht ausgegangen ist. Hierzu muss auch erkennbar sein, aus welchem Grund das Berufungsgericht entscheidungserheblichen Vortrag als nicht beweisbedürftig angesehen hat.[89]

Ob das Fehlen von hinreichenden tatbestandlichen Darlegungen unter Nr. 6 zu subsumieren ist,[90] **44** oder ob es einen eigenständigen, aus **§ 559 ZPO** abzuleitenden Rechtsfehler darstellt,[91] ist umstritten. Für das praktische Ergebnis hat dieser Meinungsunterschied keine Bedeutung.

Das Fehlen tatbestandlicher Darlegungen unterscheidet sich jedenfalls insoweit von den sonstigen **45** von Nr. 6 ZPO erfassten Konstellationen, als es auch ohne entsprechende Revisionsrüge **von Amts**

---

[75] BGH NJW 1991, 2761 (2762).
[76] BGH GRUR 1991, 403 – Parallelurteil.
[77] BGH GRUR 2016, 1275 Rn. 27 – Tannöd.
[78] BGHZ 156, 216 (219) = NJW 2004, 293 (294).
[79] BGH NJW-RR 1988, 1146 (1147).
[80] BGHZ 156, 216 (218) = NJW 2004, 293 (294); BGH GRUR 2015, 1017 Rn. 7 – Neue Personenkraftwagen II.
[81] BGH NJW-RR 2014, 124 Rn. 5.
[82] BGH NJW 2016, 3787 Rn. 5 f.; NJW-RR 2018, 1087 Rn. 6.
[83] BGH NJW-RR 2007, 781 Rn. 7.
[84] BGH NJW-RR 2007, 781 Rn. 7.
[85] BGH NJW-RR 2005, 962 (963); GRUR 2011, 1050 Rn. 12 – Ford-Vertragspartner; BGH NJW-RR 2014, 381 Rn. 11.
[86] BGHZ 154, 99 (100 f.) = NJW 2003, 1743; BGH GRUR 2008, 621 Rn. 14 – AKADEMIKS; BGH NJW 2011, 2054 Rn. 9.
[87] BGH NJW-RR 2005, 716 (717).
[88] BGHZ 156, 97 (99) = NJW 2003, 3352; BGH NJW-RR 2014, 381 Rn. 8.
[89] BGH NJW 2013, 1304 Rn. 9 f.
[90] So BeckOK ZPO/*Kessal-Wulf* § 547 Rn. 16 und wohl auch BGHZ 39, 333 (337) = GRUR 1963, 645 (646) – Warmpressen.
[91] So MüKoZPO/*Krüger* § 547 Rn. 20 und wohl auch BGHZ 156, 97 (102) = NJW 2003, 3352 (3353).

wegen zu berücksichtigen ist.⁹² Dies ergibt sich aus § 559 ZPO. Die dort vorgesehene revisionsrechtliche Überprüfung auf der Grundlage der aus dem Berufungsurteil ersichtlichen Parteivorbringens und der vom Berufungsgericht getroffenen Feststellungen setzt voraus, dass das Berufungsurteil solche Angaben enthält.

46 Fehlt es an hinreichenden tatbestandlichen Darstellungen, so ist auf eine **Nichtzulassungsbeschwerde** hin jedenfalls dann die Revision zuzulassen oder die angefochtene Entscheidung nach § 544 Abs. 7 ZPO aufzuheben, wenn der Beschwerdeführer rügt, das Berufungsgericht habe entscheidungserhebliches Vorbringen übergangen, und dies aufgrund der unzureichenden tatbestandlichen Darlegungen in der Berufungsentscheidung nicht ausgeschlossen werden kann.⁹³ Ein sonstiger Verstoß gegen Nr. 6 führt hingegen nicht zwingend zur Zulassung der Revision; → ZPO § 543 Rn. 28.

47 **4. Erheblichkeit.** Abweichend von dem Grundsatz, dass ein absoluter Revisionsgrund zur Aufhebung und Zurückverweisung führt (→ Rn. 1), kann der Bundesgerichtshof die Revision zurückweisen oder eine eigene **Sachentscheidung** treffen, wenn die Berufungsentscheidung nur hinsichtlich einzelner Angriffs- oder Verteidigungsmittel nicht mit Gründen versehen ist und das nicht beschiedene Vorbringen unschlüssig bzw. unerheblich ist.⁹⁴

48 **5. Verfahrensrüge.** Auch wenn der Zeitpunkt, zu dem das Urteil auf der Geschäftsstelle eingegangen ist, zu den gerichtsinternen Vorgängen gehört, muss der Revisionskläger in seiner Verfahrensrüge hierzu im Rahmen des ihm möglichen konkret vortragen.⁹⁵ Hierzu muss er sich um Aufklärung bemühen oder zumindest darlegen, dass seine diesbezüglichen Versuche vergeblich waren.⁹⁶ Ergibt sich das Datum der Übergabe aus einem Vermerk auf einer beglaubigten Urteilsabschrift in den Gerichtsakten, genügt eine Bezugnahme darauf.⁹⁷

§ 548 Revisionsfrist

Die Frist für die Einlegung der Revision (Revisionsfrist) beträgt einen Monat; sie ist eine Notfrist und beginnt mit der Zustellung des in vollständiger Form abgefassten Berufungsurteils, spätestens aber mit dem Ablauf von fünf Monaten nach der Verkündung.

A. Regelungsgehalt

1 § 548 ZPO entspricht inhaltlich der Regelung über die **Berufungsfrist** in § 517 ZPO. Wegen Einzelheiten → ZPO § 517 Rn. 1 ff.

B. Besonderheiten im Revisionsverfahren

2 Nicht ausdrücklich geregelt ist die Frage, ob die Revisionsfrist von neuem zu laufen beginnt, wenn das Berufungsurteil vor Ablauf der Frist gemäß § 321 ZPO **ergänzt** wird. Der Bundesgerichtshof bejaht die Frage in entsprechender Anwendung von § 518 ZPO.¹

3 Wenn sich aus der Berufungsentscheidung nicht mit hinreichender Klarheit ergibt, ob die Revision **zugelassen** ist, beginnt die Revisionsfrist erst mit Zustellung eines **Berichtigungsbeschlusses,** aus dem sich die Zulassung zweifelsfrei ergibt.² Entsprechendes gilt für die Frist zur Einlegung der Nichtzulassungsbeschwerde, wenn sich erst aus der berichtigten Entscheidung ergibt, dass die Revision nicht zugelassen ist.³

§ 549 Revisionseinlegung

(1) ¹**Die Revision wird durch Einreichung der Revisionsschrift bei dem Revisionsgericht eingelegt.** ²**Die Revisionsschrift muss enthalten:**
1. **die Bezeichnung des Urteils, gegen das die Revision gerichtet wird;**
2. **die Erklärung, dass gegen dieses Urteil Revision eingelegt werde.**
³**§ 544 Abs. 8 Satz 2 bleibt unberührt.**

---

⁹² BGHZ 154, 99 (101) = NJW 2003, 1743; BGH NJW 2011, 2054 Rn. 9.
⁹³ BGH NJW-RR 2012, 1535 Rn. 4.
⁹⁴ BGHZ 39, 333 (339) = GRUR 1963, 645 (647) – Warmpressen; BGH NJW 2000, 3421.
⁹⁵ BGH BeckRS 2014, 5522 Rn. 8.
⁹⁶ BVerwG BeckRS 2004, 25041 Rn. 13.
⁹⁷ BGH r+s 2019, 177 Rn. 8.
¹ BGH MDR 1962, 127 = BeckRS 1961, 31187759(zu § 517 ZPO aF).
² BGH VIZ 2004, 278 (280).
³ BGH NJW-RR 2004, 712 (713).

(2) **Die allgemeinen Vorschriften über die vorbereitenden Schriftsätze sind auch auf die Revisionsschrift anzuwenden.**

A. Regelungsgehalt

§ 549 ZPO entspricht inhaltlich der Regelung über die Einlegung der **Berufung** in § 519 Abs. 1, 2 und 4 ZPO. Wegen Einzelheiten → ZPO § 519 Rn. 1 ff. **1**

B. Besonderheiten im Revisionsverfahren

Die Revision ist beim Revisionsgericht einzulegen, also beim **Bundesgerichtshof** (§ 133 GVG). Gemäß § 78 Abs. 1 S. 3 ZPO muss dies durch einen beim Bundesgerichtshof zugelassenen Rechtsanwalt geschehen. **2**

Wenn die Revision auf eine **Nichtzulassungsbeschwerde** hin zugelassen worden ist, muss der Revisionskläger keine Revisionsschrift einreichen. Gemäß § 544 Abs. 6 S. 2 ZPO gilt die form- und fristgerechte Einlegung der Nichtzulassungsbeschwerde als Einlegung der Revision. Eine fristgerechte Revisionsbegründung ist hingegen auch in dieser Konstellation erforderlich; → ZPO § 544 Rn. 74. **3**

C. Kosten

Für das Revisionsverfahren fallen gemäß KV 1230 **gerichtliche Gebühren** in Höhe von 5,0 an. Diese ermäßigen sich bei Rücknahme vor Begründung des Rechtsmittels gemäß KV 1231 auf 1,0 und bei bestimmten anderen Erledigungstatbeständen gemäß KV 1232 auf 3,0. **4**

Die im Verfahren tätigen **Rechtsanwälte**, die gemäß § 78 Abs. 1 S. 3 ZPO beim Bundesgerichtshof zugelassen sein müssen, erhalten gemäß VV 3208 eine Verfahrensgebühr von 2,3 und gemäß VV 3210 eine Terminsgebühr von 1,5. **5**

Für weitere **mitwirkende** Rechtsanwälte, die nicht beim Bundesgerichtshof zugelassen sind (und deren Kosten nach § 91 Abs. 1 ZPO grundsätzlich nicht erstattungsfähig sind), beträgt die Verfahrensgebühr gemäß VV 3206 lediglich 1,6.[1] **6**

Für die mitwirkenden **Patentanwälte** ist in Patentstreitsachen gemäß § 143 Abs. 3 PatG und in Kennzeichenstreitsachen gemäß § 140 Abs. 3 MarkenG die in VV 3206 vorgesehene Verfahrensgebühr von 1,6[2] und die in VV 3210 vorgesehene Terminsgebühr von 1,5 erstattungsfähig. **7**

§ 550 Zustellung der Revisionsschrift

(1) **Mit der Revisionsschrift soll eine Ausfertigung oder beglaubigte Abschrift des angefochtenen Urteils vorgelegt werden, soweit dies nicht bereits nach § 544 Absatz 3 Satz 2 geschehen ist.**

(2) **Die Revisionsschrift ist der Gegenpartei zuzustellen.**

A. Regelungsgehalt

Die Regelungen in § 550 Abs. 1 und 2 ZPO entsprechen den Regelungen über die Zustellung der Berufung in § 519 Abs. 3 ZPO und 521 Abs. 1 ZPO. Wegen Einzelheiten → ZPO § 519 Rn. 13 f. und → ZPO § 521 Rn. 3 ff. **1**

B. Besonderheiten im Revisionsverfahren

Die Vorlage der **Berufungsentscheidung** ist nicht nur deshalb hilfreich, weil damit eventuelle Zweifel an der Identität der angefochtenen Entscheidung ausgeschlossen werden. Sie ermöglicht vielmehr auch die rasche Zuordnung des Verfahrens zum zuständigen Senat. Kann die Sache nicht sofort zugeordnet werden, so wird sie zunächst von dem dafür im Geschäftsverteilungsplan vorgesehenen Senat (derzeit der X. Zivilsenat) im ARZ-Register geführt und später an den zuständigen Senat abgegeben, sobald dieser bestimmt werden kann. **2**

Wenn die Revision auf **Nichtzulassungsbeschwerde** hin zugelassen worden ist, muss der Revisionskläger keine Revisionsschrift einreichen, weil die form- und fristgerechte Einlegung der Nichtzulassungsbeschwerde gemäß § 544 Abs. 6 S. 2 ZPO als Einlegung der Revision gilt. Auch die Vorlage einer Abschrift der angefochtenen Entscheidung ist in dieser Konstellation entbehrlich, weil eine solche Abschrift gemäß § 544 Abs. 1 S. 3 ZPO schon mit der Einreichung der Nichtzulassungs- **3**

---

[1] Vgl. BGH GRUR 2004, 1062 – Mitwirkender Patentanwalt zu § 140 Abs. 3 MarkenG und § 11 Abs. 1 BRAGO (insoweit altes Recht).

[2] BGH GRUR 2004, 1062 – Mitwirkender Patentanwalt zu § 140 Abs. 3 MarkenG und § 11 Abs. 1 BRAGO (insoweit altes Recht).

beschwerde vorzulegen war und weil dem Bundesgerichtshof in diesem Verfahrensstadium ohnehin die Akten der Vorinstanz vorliegen.

§ 551 Revisionsbegründung

(1) Der Revisionskläger muss die Revision begründen.

(2) ¹Die Revisionsbegründung ist, sofern sie nicht bereits in der Revisionsschrift enthalten ist, in einem Schriftsatz bei dem Revisionsgericht einzureichen. ²Die Frist für die Revisionsbegründung beträgt zwei Monate. ³Sie beginnt mit der Zustellung des in vollständiger Form abgefassten Urteils, spätestens aber mit Ablauf von fünf Monaten nach der Verkündung. ⁴§ 544 Abs. 8 Satz 3 bleibt unberührt. ⁵Die Frist kann auf Antrag von dem Vorsitzenden verlängert werden, wenn der Gegner einwilligt. ⁶Ohne Einwilligung kann die Frist um bis zu zwei Monate verlängert werden, wenn nach freier Überzeugung des Vorsitzenden der Rechtsstreit durch die Verlängerung nicht verzögert wird oder wenn der Revisionskläger erhebliche Gründe darlegt; kann dem Revisionskläger innerhalb dieser Frist Einsicht in die Prozessakten nicht für einen angemessenen Zeitraum gewährt werden, kann der Vorsitzende auf Antrag die Frist um bis zu zwei Monate nach Übersendung der Prozessakten verlängern.

(3) ¹Die Revisionsbegründung muss enthalten:
1. die Erklärung, inwieweit das Urteil angefochten und dessen Aufhebung beantragt werde (Revisionsanträge);
2. die Angabe der Revisionsgründe, und zwar:
   a) die bestimmte Bezeichnung der Umstände, aus denen sich die Rechtsverletzung ergibt;
   b) soweit die Revision darauf gestützt wird, dass das Gesetz in Bezug auf das Verfahren verletzt sei, die Bezeichnung der Tatsachen, die den Mangel ergeben.

²Ist die Revision auf Grund einer Nichtzulassungsbeschwerde zugelassen worden, kann zur Begründung der Revision auf die Begründung der Nichtzulassungsbeschwerde Bezug genommen werden.

(4) § 549 Abs. 2 und § 550 Abs. 2 sind auf die Revisionsbegründung entsprechend anzuwenden.

Übersicht

	Rn.
A. Regelungsgehalt	1
B. Form und Frist	4
C. Revisionsanträge	9
D. Revisionsgründe	10
I. Allgemeine Anforderungen	11
II. Sachrügen	16
III. Verfahrensrügen	18
E. Weiteres Verfahren	22
I. Zustellung und Erwiderung	22
II. Gegenrügen	25

A. Regelungsgehalt

1 Wie die Berufung (§ 520 ZPO) und die Rechtsbeschwerde (§ 575 Abs. 2 ZPO) bedarf auch die Revision einer Begründung, die bestimmten **formalen Anforderungen** genügen muss. Damit wird dem Revisionskläger ein Mindestmaß an Auseinandersetzung mit der angefochtenen Entscheidung abverlangt und dem Revisionsgericht erspart, eine Entscheidung zu überprüfen, gegen die die unterlegene Partei nichts einzuwenden weiß.

2 Soweit es um **Verfahrensfehler** geht, die nicht von Amts wegen zu berücksichtigen sind, führt die Revisionsbegründung zu einer Beschränkung des Streitstoffs. Gemäß § 557 Abs. 3 S. 2 ZPO darf die angefochtene Entscheidung auf solche Mängel nur insoweit überprüft werden, als diese mit einer rechtzeitigen und ordnungsgemäßen Verfahrensrüge geltend gemacht worden sind.

3 Hinsichtlich des **materiellen Rechts** ist der Bundesgerichtshof gemäß § 557 Abs. 3 S. 1 ZPO nicht an die geltend gemachten Revisionsgründe gebunden. Er kann die Berufungsentscheidung auch wegen eines Rechtsfehlers aufheben, den der Revisionskläger nicht geltend gemacht hat.

B. Form und Frist

4 Die in § 551 Abs. 1 und Abs. 2 S. 1–3 ZPO normierten formalen Anforderungen decken sich mit den Anforderungen an eine **Berufungsbegründung**. Wegen Einzelheiten → ZPO § 520 Rn. 5 ff.

Ebenso wie die Einlegung muss auch die Begründung der Revision gemäß § 78 Abs. 1 S. 3 ZPO **5** durch einen beim **Bundesgerichtshof** zugelassenen Rechtsanwalt erfolgen.

Wenn die Revision auf eine **Nichtzulassungsbeschwerde** hin zugelassen worden ist, beginnt die **6** Frist für die Begründung gemäß § 544 Abs. 6 S. 3 ZPO mit der Zustellung des Zulassungsbeschlusses. Eine Revisionsbegründung ist auch in dieser Konstellation nicht entbehrlich. Sie darf aber gemäß Abs. 3 Satz 2 auf eine Bezugnahme auf die Begründung der Nichtzulassungsbeschwerde beschränkt werden. Dazu → ZPO § 544 Rn. 74.

Die in Abs. 2 Satz 6 normierten Voraussetzungen für eine **Verlängerung** der Begründungsfrist **7** ohne Einwilligung des Gegners sind in zweifacher Hinsicht weitergehend als diejenigen für eine Verlängerung der Frist für die Berufungsbegründung: Die maximal zulässige Zeitspanne beträgt nicht nur einen, sondern **zwei Monate**. Sie kann zudem noch weiter ausgedehnt werden, wenn dem Revisionskläger die **Akten** der Vorinstanz nicht für einen angemessenen Zeitraum zur Verfügung standen. Diese Regelung trägt dem Umstand Rechnung, dass der Revisionsanwalt in den Vorinstanzen mit der Sache nicht befasst war und die Originalakten benötigt, um Aufschluss darüber gewinnen zu können, ob Verfahrensfehler vorliegen. Die maximal zulässige Zeitspanne, um die die Frist verlängert werden kann, beträgt auch in dieser Konstellation zwei Monate. Sie wird von dem Zeitpunkt an berechnet, zu dem die Akten an den Anwalt des Revisionsklägers übersandt worden sind. Maßgeblich ist grundsätzlich der Zeitpunkt, zu dem die Prozessakten **vollständig** übersandt worden sind. Eine Fristverlängerung kann aber im Einzelfall zu versagen oder auf wenige Tage zu beschränken sein, wenn den fehlenden Unterlagen offensichtlich keine Bedeutung zukommt.

In **entsprechender** Anwendung von Abs. 2 Satz 6 kann – abweichend von § 234 Abs. 1 S. 2 ZPO, **8** der eine Fristverlängerung nicht vorsieht[1] – auch die Frist für einen Antrag auf **Wiedereinsetzung** in den vorigen Stand verlängert werden, wenn der Revisionskläger die Frist zur Begründung der Revision (zum Beispiel wegen eines zunächst gestellten Antrags auf Gewährung von Prozesskostenhilfe) nicht einhalten konnte und ihm die Akten der Vorinstanz noch nicht zur Verfügung gestellt wurden.[2] Abgesehen von dieser Sonderkonstellation ist auch im Revisionsverfahren eine Verlängerung der Wiedereinsetzungsfrist nicht zulässig.[3]

C. Revisionsanträge

Nach Abs. 3 Satz 1 Nr. 1 muss der Revisionskläger angeben, in welchem Umfang er die Berufungs- **9** entscheidung anficht und deren Aufhebung begehrt. Dies entspricht den in § 520 Abs. 3 S. 2 Nr. 1 ZPO normierten Anforderungen an die Begründung einer **Berufung**. Wegen Einzelheiten, auch zur Beschränkung und Erweiterung des Rechtsmittelbegehrens, → ZPO § 520 Rn. 17 ff.

D. Revisionsgründe

Das in Abs. 3 Satz 1 Nr. 2 vorgesehene Erfordernis, die Gründe darzulegen, aus denen der Revisi- **10** onskläger die angefochtene Entscheidung für unzutreffend hält, deckt sich im Ansatz mit den entsprechenden Anforderungen an eine Berufungsbegründung. Unterschiede ergeben sich daraus, dass die Berufungsentscheidung in der Revisionsinstanz gemäß § 545 Abs. 1 ZPO nur auf **Rechtsfehler** überprüft wird, so dass neuer Tatsachenvortrag grundsätzlich unzulässig ist, und aus der in § 557 Abs. 3 S. 2 ZPO vorgesehenen Einschränkung, wonach eine Prüfung auf Verfahrensfehler grundsätzlich nur insoweit erfolgt, als diese rechtzeitig und ordnungsgemäß gerügt worden sind.

I. Allgemeine Anforderungen

Ebenso wie in einer Berufungsbegründung muss sich der Rechtsmittelkläger auch in der Revisi- **11** onsbegründung mit den **tragenden Gründen** des angefochtenen Urteils **auseinandersetzen**.[4] Es reicht also nicht aus, wenn er seine rechtlichen Ausführungen aus der ersten oder zweiten Instanz wiederholt. Vielmehr muss er darlegen, weshalb er die abweichende Auffassung des Berufungsgerichts für unzutreffend hält. Wie in der Berufungsinstanz muss er solche Angriffe in Bezug auf alle Ansprüche vortragen, hinsichtlich der er eine Aufhebung der angefochtenen Entscheidung begehrt.[5] Wenn das Berufungsgericht seine Entscheidung auf mehrere selbständig tragende Erwägungen gestützt hat, muss er jede dieser Erwägungen angreifen.[6] Wegen Einzelheiten → ZPO § 520 Rn. 29 ff.

Aus dieser Anforderung ergibt sich, dass der Revisionskläger **mindestens** eine Sachrüge oder **12** mindestens eine Verfahrensrüge erheben muss. Lässt sich der Revisionsbegründung eine solche, den

---

[1] BGH NJW 2009, 442 Rn. 9.
[2] So zur Frist für die Begründung der Rechtsbeschwerde BGH NJW-RR 2008, 146 Rn. 10 ff.
[3] BGH BeckRS 2012, 23762 Rn. 1.
[4] BGH NJW 2000, 364.
[5] BGH GRUR 2011, 323 Rn. 6 – Preußische Gärten und Parkanlagen.
[6] BGH GRUR 2012, 1118 Rn. 12 – Palettenbehälter II.

Anforderungen aus Abs. 3 Satz 1 Nr. 2 entsprechende Rüge auch nicht sinngemäß entnehmen, so ist die Revision unzulässig.

13 Entspricht die Revisionsbegründung den genannten Anforderungen, so kann der Revisionskläger bis zum Ende der mündlichen Verhandlung **weitere Sachrügen** nachschieben.[7] Dies gilt auch dann, wenn er innerhalb der Begründungsfrist nur eine Verfahrensrüge erhoben hat.

14 Das Nachschieben von **weiteren Verfahrensrügen** ist wegen § 557 Abs. 3 S. 2 ZPO nicht zulässig. Eine Ausnahme gilt nur für Verfahrensfehler, die auch in der Revisionsinstanz von Amts wegen zu berücksichtigen sind. Dazu → ZPO § 557 Rn. 31 ff.

15 Weitere Verfahrensrügen können grundsätzlich auch nicht mittels eines Antrags auf **Wiedereinsetzung** in den vorigen Stand nachgeschoben werden. Etwas anderes gilt nur dann, wenn die ursprüngliche Revisionsbegründung aufgrund eines unverschuldeten Versehens nicht in vollständiger Fassung eingereicht worden ist.[8] Zur nachträglichen Geltendmachung eines Zulassungsgrundes im Falle einer nachfolgenden Entscheidung in einem Patentnichtigkeitsverfahren → ZPO § 544 Rn. 48 ff. Im Revisionsverfahren stellen sich vergleichbare Probleme nicht, weil eine Nichtigerklärung des Patents von Amts wegen zu berücksichtigen ist (→ ZPO § 545 Rn. 20) und die Auslegung des Patents eine Rechtsfrage ist (→ ZPO § 546 Rn. 10), die im Revisionsverfahren auch ohne diesbezügliche Rüge überprüft werden kann.

II. Sachrügen

16 Sachrügen betreffen die Verletzung des **materiellen** Rechts. Sie erfordern die Darlegung, aus welchen Gründen der Revisionskläger die der Berufungsentscheidung zugrunde liegende Rechtsauffassung für unzutreffend hält.

17 Der **Mindestgehalt** einer Sachrüge hängt vom Inhalt der angegriffenen Urteilsbegründung ab. Beschränkt sich diese in einem knappen Satz auf einen einzigen Gesichtspunkt, so reicht es hin, wenn die Revisionsbegründung die Rechtsauffassung des Berufungsgerichts bekämpft und ähnlich kurz darlegt, warum diese Ansicht unrichtig sein soll.[9] Eine Bezeichnung der verletzten Rechtsnorm ist nicht erforderlich.

III. Verfahrensrügen

18 Verfahrensrügen betreffen die Verletzung von prozessrechtlichen Normen über das Verfahren **vor der Urteilsfällung.** Dazu → ZPO § 557 Rn. 28.

19 Soweit es um prozessrechtliche Fragen geht, die für die **Urteilsfindung** selbst Relevanz haben, sind Rechtsfehler hingegen unabhängig von einer Rüge zu berücksichtigen.[10] Dazu → ZPO § 557 Rn. 31 f.

20 Nach Abs. 3 Satz 1 Nr. 2 Buchst. b muss mit einer Verfahrensrüge nicht nur aufgezeigt werden, dass die angefochtene Entscheidung auf einer Rechtsverletzung beruht. Vielmehr sind auch die **Tatsachen** anzugeben, aus denen sich der geltend gemachte Verfahrensmangel ergibt. Inhalt und Umfang der danach erforderlichen Darlegungen hängen von der Art des geltend gemachten Verfahrensfehlers und von den konkreten Umständen des Einzelfalls ab.

21 Die Rüge, das Berufungsgericht habe entscheidungserheblichen **Vortrag** oder entscheidungserhebliche **Beweisangebote übergangen**, ist nur zulässig, wenn der Inhalt des in Rede stehenden Vorbringens und die Fundstelle in den Akten der Vorinstanz angegeben werden.[11] Die Rüge, das Berufungsgericht hätte gemäß § 139 ZPO einen **Hinweis** erteilen müssen, setzt voraus, dass dargelegt wird, was der Revisionskläger nach einem solchen Hinweis ergänzend vorgebracht hätte.[12]

E. Weiteres Verfahren

I. Zustellung und Erwiderung

22 Gemäß Abs. 4, der auf § 550 Abs. 2 ZPO verweist, ist die Revisionsbegründung dem Gegner von Amts wegen **zuzustellen.** Mit der Zustellung beginnt gemäß § 554 Abs. 2 S. 2 ZPO die (nicht verlängerbare) Frist für die Einlegung einer Anschlussrevision; → § 554 Rn. 12.

23 Eine **Erwiderung** des Revisionsbeklagten kann gemäß § 78 Abs. 1 S. 3 ZPO nur durch einen beim Bundesgerichtshof zugelassenen Rechtsanwalt erfolgen. Dieser fordert in aller Regel die Gerichtsakten der Vorinstanz an und kann aus der Dauer der Überlassung ersehen, wie viel Zeit ihm zur Einreichung der Erwiderung bleibt.

---

[7] BGH NJW 2000, 364.
[8] BGH NJW 2000, 364.
[9] BGH NJW 2000, 364.
[10] BGHZ 16, 217 (228) (insoweit nicht in NJW 1955, 625); BGH BeckRS 1984, 30375985; 1982, 31075059.
[11] BGHZ 14, 205 (209 f.) (insoweit nicht in NJW 1954, 1522). Vgl. auch BGH NJW 2004, 1876 (1878), wo entschieden wurde, dass dieses Erfordernis für die Begründung einer Berufung nicht gilt.
[12] BGH NJW-RR 1988, 208 (209); GRUR 2012, 304 Rn. 58 – Basler Haar-Kosmetik.

Die Setzung einer **Erwiderungsfrist** ist im Revisionsrecht – anders als in § 521 Abs. 2 ZPO – nicht vorgesehen. Eine dennoch erfolgte Fristsetzung ist weitgehend wirkungslos. Neuer Tatsachenvortrag ist in der Revisionsinstanz ohnehin grundsätzlich unzulässig. Rechtliche Ausführungen sind unabhängig von einer Fristsetzung stets zu berücksichtigen. 24

II. Gegenrügen

Der Revisionsbeklagte hat bis zum Schluss der mündlichen Verhandlung über die Revision die Möglichkeit, im Wege einer **Gegenrüge** materielle oder prozessuale Rechtsfehler geltend zu machen, die sich zwar auf das Ergebnis der Berufungsentscheidung nicht ausgewirkt haben, die aber im Falle einer Aufhebung derselben einer abweichenden Entscheidung durch den Bundesgerichtshof entgegenstehen.[13] Wenn zum Beispiel das Berufungsgericht eine wortsinngemäße Verwirklichung einzelner Merkmale eines Klagepatents verneint, aber eine Verwirklichung mit äquivalenten Mitteln bejaht hat und der Bundesgerichtshof die Voraussetzungen der Äquivalenz als nicht gegeben ansieht, so kann der Kläger bis zum Ende der mündlichen Verhandlung geltend machen, die Verneinung einer wortsinngemäßen Verwirklichung beruhe auf einem Rechtsfehler, so dass die Revision im Ergebnis doch zurückzuweisen sei, jedenfalls aber die Klage nicht ohne Zurückverweisung an das Berufungsgericht abgewiesen werden könne. 25

Unzulässig ist eine Gegenrüge, soweit der mit ihr geltend gemachte Rechtsfehler zu einer Beschwer des Revisionsbeklagten geführt hat, die dieser mit einer eigenen Revision oder einer **Anschlussrevision** angreifen kann.[14] 26

§ 552 Zulässigkeitsprüfung

(1) ¹Das Revisionsgericht hat von Amts wegen zu prüfen, ob die Revision an sich statthaft und ob sie in der gesetzlichen Form und Frist eingelegt und begründet ist. ²Mangelt es an einem dieser Erfordernisse, so ist die Revision als unzulässig zu verwerfen.

(2) Die Entscheidung kann durch Beschluss ergehen.

A. Regelungsgehalt

§ 552 ZPO entspricht inhaltlich der Regelung in § 522 Abs. 1 S. 1–3 ZPO über die Zulässigkeitsprüfung im **Berufungsverfahren**. Wegen Einzelheiten → ZPO § 522 Rn. 4 ff. 1

B. Besonderheiten im Revisionsverfahren

Wegen § 78 Abs. 1 S. 3 ZPO ist die Revision auch dann als unzulässig zurückzuweisen, wenn sie nicht durch einen beim **Bundesgerichtshof** zugelassenen Rechtsanwalt eingelegt und begründet worden ist. 2

Wenn die Revision auf **Nichtzulassungsbeschwerde** hin zugelassen worden ist, bedürfen die Formalien der Einlegung keiner erneuten Überprüfung. Gemäß § 544 Abs. 6 S. 2 ZPO gilt die form- und fristgerechte Einlegung der Nichtzulassungsbeschwerde als Einlegung der Revision. Erforderlich ist aber eine separate Revisionsbegründung; dazu → ZPO § 544 Rn. 74. 3

§ 552a Zurückweisungsbeschluss

¹Das Revisionsgericht weist die von dem Berufungsgericht zugelassene Revision durch einstimmigen Beschluss zurück, wenn es davon überzeugt ist, dass die Voraussetzungen für die Zulassung der Revision nicht vorliegen und die Revision keine Aussicht auf Erfolg hat. ²§ 522 Abs. 2 Satz 2 und 3 gilt entsprechend.

A. Regelungsgehalt

§ 552a ZPO eröffnet die Möglichkeit, das Revisionsverfahren **zeit- und kostensparend** ohne mündliche Verhandlung zu beenden, wenn das Berufungsgericht die Revision zugelassen hat, ein Zulassungsgrund nach Auffassung des Bundesgerichtshofs aber nicht vorliegt. Der Bundesgerichtshof ist zwar auch in dieser Konstellation gemäß § 543 Abs. 2 S. 2 ZPO an die Zulassung gebunden. Er kann die Revision aber ohne mündliche Verhandlung als unbegründet zurückweisen, wenn die zur Entscheidung berufenen Richter einhellig davon überzeugt sind, dass das Rechtsmittel keine Aussicht auf Erfolg hat. 1

---

[13] BGH NJW 1988, 1321 (1322).
[14] BGH WRP 2016, 229 Rn. 39 – Porsche-Tuning.

B. Inhaltliche Voraussetzungen

2   Die Revision darf nur dann nach § 552a ZPO zurückgewiesen werden, wenn die folgenden **zwei Voraussetzungen** vorliegen:

3   Zum einen darf **kein Zulassungsgrund** im Sinne von in § 543 Abs. 2 S. 1 ZPO gegeben sein. Der Bundesgerichtshof hat diese Frage trotz der in § 543 Abs. 2 S. 2 ZPO vorgesehenen Bindung an die Zulassungsentscheidung des Berufungsgerichts eigenständig zu prüfen. Er kann deshalb nicht nur dann nach § 552a ZPO verfahren, wenn der vom Berufungsgericht angenommene Zulassungsgrund später weggefallen ist,[1] sondern auch dann, wenn er zu dem Ergebnis gelangt, ein Zulassungsgrund habe von Anfang an nicht vorgelegen.

4   Zum anderen darf **keine Erfolgsaussicht** bestehen. Der Bundesgerichtshof hat mithin anhand der Revisionsbegründung und der Akten zu prüfen, ob die Berufungsentscheidung auf einem Rechtsfehler beruht. Nur wenn diese Frage zu verneinen ist, darf das Rechtsmittel nach § 552a ZPO zurückgewiesen werden. Anderenfalls darf dem Revisionskläger die mit der Zulassung der Revision eröffnete Möglichkeit, eine Aufhebung der Berufungsentscheidung zu erreichen, auch dann nicht genommen werden, wenn ein Grund für die Zulassung von Anfang an nicht vorgelegen hat.

C. Verfahren

5   Die **Prüfung**, ob die Voraussetzungen des § 552a ZPO vorliegen, erfolgt nach Eingang der Revisionsbegründung und in der Regel nach Ablauf der Frist für die Revisionserwiderung und vor der Bestimmung eines Termins zur mündlichen Verhandlung.

6   Gemäß § 522 Abs. 2 S. 2 ZPO, auf den Satz 2 Bezug nimmt, muss der Senat oder dessen Vorsitzender die Parteien auf die beabsichtigte Entscheidung und die Gründe hierfür **hinweisen**. In der abschließenden Entscheidung kann gemäß § 522 Abs. 2 S. 2 ZPO auf den Hinweisbeschluss **Bezug** genommen werden. Wegen Einzelheiten → ZPO § 522 Rn. 39 ff.

7   Die Entscheidung ergeht durch **Beschluss**. Eine mündliche Verhandlung ist nach der allgemeinen Regel in § 128 Abs. 4 ZPO nicht erforderlich. Sie wäre im Zusammenhang mit § 552a ZPO sinnwidrig, weil die Vorschrift gerade eine Entscheidung ohne mündliche Verhandlung ermöglichen soll.

8   Der Beschluss muss **einstimmig** ergehen. Alle zur Entscheidung berufenen Richter müssen mithin der Überzeugung sein, dass die beiden oben in → Rn. 3 und 4 genannten Voraussetzungen erfüllt sind.

9   Wenn **beide Parteien** Revision eingelegt haben, ist die Prüfung für jedes Rechtsmittel separat vorzunehmen. Liegen die Voraussetzungen des § 552a ZPO nur hinsichtlich eines von ihnen vor, so ist dieses durch separaten Beschluss zurückzuweisen und nur über das andere Rechtsmittel mündlich zu verhandeln.[2] Über die Kosten des Revisionsverfahrens ist in dieser Konstellation einheitlich im abschließenden Urteil zu entscheiden.

10 Eine vom Revisionsbeklagten eingelegte **Anschlussrevision** verliert gemäß § 554 Abs. 4 ihre Wirkung, wenn die Revision gemäß § 552a ZPO durch Beschluss zurückgewiesen wird oder wenn der Revisionskläger das Rechtsmittel nach dem Hinweis auf die beabsichtigte Entscheidung zurücknimmt. Wegen Einzelheiten → ZPO § 554 Rn. 17 f.

D. Kosten

11 Die **gerichtlichen Gebühren** ermäßigen sich von 5,0 auf 3,0 (→ ZPO § 549 Rn. 4), wenn der Revisionskläger sein Rechtsmittel nach Hinweis auf die beabsichtigte Entscheidung zurücknimmt. Anderenfalls tritt keine Ermäßigung ein.

12 Bei der Vergütung für die im Verfahren tätigen **Rechtsanwälte** und **Patentanwälte** kommt es im Ergebnis zu einer Ersparnis, weil keine mündliche Verhandlung stattfindet und deshalb keine Terminsgebühr anfällt. Die bereits entstandenen Verfahrensgebühren (→ ZPO § 549 Rn. 5 ff.) bleiben unberührt.

13 Zu den Kosten einer **Anschlussrevision** → ZPO § 554 Rn. 23 ff.

§ 553 Terminsbestimmung; Einlassungsfrist

(1) **Wird die Revision nicht durch Beschluss als unzulässig verworfen oder gemäß § 552a zurückgewiesen, so ist Termin zur mündlichen Verhandlung zu bestimmen und den Parteien bekannt zu machen.**

(2) **Auf die Frist, die zwischen dem Zeitpunkt der Bekanntmachung des Termins und der mündlichen Verhandlung liegen muss, ist § 274 Abs. 3 entsprechend anzuwenden.**

---

[1] Zu dieser Konstellation BGH GRUR 2005, 448 – SIM-Lock II.
[2] BGH NJW-RR 2007, 1022 Rn. 2.

A. Regelungsgehalt

§ 553 ZPO regelt das weitere Verfahren zur Entscheidung über die Revision, wenn keiner der in **1** § 552 ZPO und § 552a ZPO vorgesehenen Sonderwege beschritten wird. Die Vorschrift entspricht inhaltlich weitgehend der Regelung für das **Berufungsverfahren** in § 523 ZPO. Wegen Einzelheiten → ZPO § 523 Rn. 1 ff.

B. Besonderheiten im Revisionsverfahren

Eine Übertragung auf den **Einzelrichter** ist für das Revisionsverfahren nicht vorgesehen (dazu auch **2** § 555 Abs. 2 ZPO). Eine Entscheidung durch den Einzelrichter ist beim Bundesgerichtshof gerichtsverfassungs- und prozessrechtlich weder vorgesehen noch vorbehalten und damit generell nicht zulässig.[1] Etwas anderes gilt für die Entscheidung über die Erinnerung gegen den Kostenansatz gemäß § 66 Abs. 6 GKG[2] und für die Festsetzung des Gegenstandswerts der anwaltlichen Tätigkeit gemäß § 33 Abs. 8 S. 1 RVG.[3]

Zur Möglichkeit einer **Revisionserwiderung** und zur Geltendmachung von Gegenrügen → ZPO **3** § 551 Rn. 23 ff.

§ 554 Anschlussrevision

(1) ¹Der Revisionsbeklagte kann sich der Revision anschließen. ²Die Anschließung erfolgt durch Einreichung der Revisionsanschlussschrift bei dem Revisionsgericht.

(2) ¹Die Anschließung ist auch statthaft, wenn der Revisionsbeklagte auf die Revision verzichtet hat, die Revisionsfrist verstrichen oder die Revision nicht zugelassen worden ist. ²Die Anschließung ist bis zum Ablauf eines Monats nach der Zustellung der Revisionsbegründung zu erklären.

(3) ¹Die Anschlussrevision muss in der Anschlussschrift begründet werden. ²§ 549 Abs. 1 Satz 2 und Abs. 2 und die §§ 550 und 551 Abs. 3 gelten entsprechend.

(4) Die Anschließung verliert ihre Wirkung, wenn die Revision zurückgenommen, verworfen oder durch Beschluss zurückgewiesen wird.

Übersicht

	Rn.
A. Regelungsgehalt	1
B. Voraussetzungen	4
I. Statthaftigkeit	4
II. Formalien	10
1. Einlegung	11
2. Begründung	14
III. Nachträgliche Wirkungslosigkeit	17
C. Entscheidung	19
I. Hauptsache	19
II. Kostenentscheidung	22
D. Kosten	26

A. Regelungsgehalt

Die Anschlussrevision ermöglicht es dem **Revisionsbeklagten,** über eine bloße Zurückweisung **1** oder Verwerfung der Revision hinaus eine Aufhebung oder Änderung der Berufungsentscheidung zu seinen Gunsten anzustreben, ohne dass er seinerseits Revision einlegen muss. Diese Möglichkeit kommt – ähnlich wie eine Anschlussberufung in der zweiten Instanz (→ ZPO § 524 Rn. 2) – in Betracht, wenn eine Partei die Berufungsentscheidung nicht selbst mit der Revision angreifen, aber auch nicht hinnehmen will, dass allein der Gegner eine Abänderung zu seinen Gunsten anstrebt.

Wenn das Berufungsgericht die Revision **nur für eine Partei** zugelassen hat oder wenn die **2** Beschwer aus der Berufungsentscheidung nur für eine Partei über der für eine Nichtzulassungsbeschwerde erforderlichen Grenze des § 544 Abs. 2 Nr. 1 ZPO liegt, stellt die Anschlussrevision für die andere Partei sogar die einzige Möglichkeit dar, sich gegen eine aus der Berufungsentscheidung zu ihren Lasten resultierende Beschwer zu wenden.

---

[1] BGH NJW-RR 2005, 584.
[2] BGH NJW 2015, 724 Rn. 6.
[3] BGH BeckRS 2017, 104515 Rn. 1 (insoweit nicht in NJW-RR 2017, 640).

ZPO § 554 3–12   Buch 3. Rechtsmittel

3   Wie die Anschlussberufung (→ ZPO § 524 Rn. 4) wird auch die Anschlussrevision **nicht** als **Rechtsmittel** angesehen, sondern nur als Antragstellung innerhalb des Rechtsmittels der anderen Partei. Daraus ergeben sich Beschränkungen hinsichtlich des Rechtsschutzziels, das mit einer Anschlussrevision verfolgt werden kann (→ Rn. 8).

B. Voraussetzungen

I. Statthaftigkeit

4   Eine Anschlussrevision ist nur zulässig, wenn eine **Revision** anhängig ist. Im Verfahren über eine Nichtzulassungsbeschwerde ist eine Anschließung nicht zulässig (→ § 544 Rn. 60). Der Gegner kann aber Anschlussrevision einlegen, wenn die Nichtzulassungsbeschwerde Erfolg hat und das Verfahren gemäß § 544 Abs. 6 S. 1 ZPO als Revisionsverfahren weitergeführt wird. Dies gilt gemäß Abs. 2 Satz 1 auch dann, wenn eine von ihm eingelegte Nichtzulassungsbeschwerde erfolglos geblieben ist und die Revision nur auf die Nichtzulassungsbeschwerde der anderen Partei hin zugelassen worden ist. Wenn die Revision zurückgenommen, als unzulässig verworfen oder durch Beschluss zurückgewiesen worden ist, kann eine Anschlussrevision im Hinblick auf Abs. 4 (dazu → Rn. 17 f.) nicht mehr wirksam eingelegt werden.

5   Eine **Gegenanschließung**, dh eine Anschlussrevision des Revisionsklägers im Hinblick auf die Anschlussrevision des Revisionsbeklagten, ist nicht zulässig.[1]

6   Die Anschlussrevision kann unter der **Bedingung** eingelegt werden, dass über sie nur entschieden werden soll, wenn die Revision der Gegenseite Erfolg hat.[2]

7   Anders als eine Anschlussberufung (→ ZPO § 524 Rn. 17) ist eine Anschlussrevision nur zulässig, wenn sich der Revisionsbeklagte mit ihr gegen eine **Beschwer** wendet, die sich zu seinen Lasten aus der angefochtenen Entscheidung ergibt.[3] Eine Klageänderung ist in der Revisionsinstanz grundsätzlich unzulässig und kann auch nicht Gegenstand einer Anschlussrevision sein.[4] Unzulässig ist es auch, Ansprüche, über die zwar in erster Instanz entschieden wurde, die aber nicht mehr Gegenstand des Berufungsverfahrens waren, im Wege der Anschlussrevision wieder zur Überprüfung zu stellen.[5]

8   Darüber hinaus muss die Anschlussrevision einen Lebenssachverhalt betreffen, der mit dem Streitgegenstand des Revisionsverfahrens in einem **unmittelbaren** rechtlichen oder wirtschaftlichen **Zusammenhang** steht.[6] Wenn das Berufungsgericht zum Beispiel die auf ein gewerbliches Schutzrecht gestützten Klageansprüche teilweise zugesprochen und teilweise aberkannt hat, ist es zulässig, dass eine Partei den ihr ungünstigen Teil der Entscheidung mit der Revision und die andere den Rest der Entscheidung mit der Anschlussrevision anficht. Wurden mit der Klage hingegen kumulativ Ansprüche wegen Verletzung mehrerer gewerblicher Schutzrechte geltend gemacht und ist die Revision nur hinsichtlich der Ansprüche aus einem dieser Schutzrechte anhängig, so kann der Gegner Ansprüche aus den übrigen Schutzrechten nicht im Wege der Anschlussrevision zum Gegenstand des Revisionsverfahrens machen.

9   Einer **Zulassung** bedarf die Anschlussrevision nach der ausdrücklichen Regelung in Abs. 2 Satz 1 nicht.[7] Sie ist, sofern die oben genannten Voraussetzungen vorliegen, auch dann zulässig, wenn die Revision nur zugunsten der anderen Partei zugelassen worden ist (dazu auch → Rn. 2). Unerheblich ist auch, ob hinsichtlich des mit der Anschlussrevision geltend gemachten Begehrens ein Zulassungsgrund vorliegt.[8]

II. Formalien

10 Die formellen Anforderungen an eine Anschlussrevision entsprechen in weiten Teilen denjenigen an eine **Revision**. Sie sind aber teilweise strenger, vor allem deshalb, weil die Frist zur Begründung der Anschlussrevision nicht verlängert werden kann (→ Rn. 12).

11 **1. Einlegung.** Die Anschlussrevision ist gemäß Abs. 1 **schriftlich** beim Bundesgerichtshof einzulegen. Dies muss gemäß § 78 Abs. 1 S. 3 ZPO durch einen beim Bundesgerichtshof zugelassenen Rechtsanwalt erfolgen.

12 Die Anschlussrevision kann gemäß Abs. 2 Satz 2 nur innerhalb einer **Frist** von einem Monat nach Zustellung der Revisionsbegründung eingelegt werden. Eine Verlängerung dieser Frist ist nicht möglich. Anders als bei der Anschlussberufung (§ 524 Abs. 2 S. 2 ZPO) kann sich eine Verlängerung

---

[1] BGHZ 174, 244 = NJW 2008, 920 Rn. 41.
[2] BGH NJW 2009, 3787 Rn. 26.
[3] BGH GRUR 2019, 813 Rn. 97 – Cordoba II; BGH GRUR 2011, 1043 Rn. 22 – TÜV II.
[4] BGH GRUR 2011, 1043 Rn. 30 – TÜV II.
[5] BGH NJW 1983, 1858.
[6] BGHZ 174, 244 = NJW 2008, 920 Rn. 38; BGH GRUR 2009, 515 Rn. 20 – Motorradreiniger; BGH NJW 2014, 1447 Rn. 31; NJW-RR 2019, 406 Rn. 29.
[7] BGH NJW-RR 2005, 651.
[8] BGH NJW 2009, 3787 Rn. 30.

auch nicht mittelbar aus einer Verlängerung der (im Gesetz ohnehin nicht vorgesehenen, → § 551 Rn. 24) Frist zur Revisionserwiderung ergeben. Wenn der Revisionsbeklagte ohne Verschulden an der Einhaltung der Frist gehindert war, ist ihm in entsprechender Anwendung von § 233 ZPO Wiedereinsetzung in den vorigen Stand zu gewähren.[9]

Wenn die Revision auf **Nichtzulassungsbeschwerde** hin zugelassen wurde und der Revisionskläger keine Revisionsbegründung einreicht, ist für eine Anschlussrevision kein Raum. Die Revision ist in dieser Konstellation als unzulässig zu verwerfen (→ ZPO § 544 Rn. 74). **13**

2. Begründung. Gemäß Abs. 3 Satz 1 muss die Anschlussrevision in der **Anschlussschrift** begründet werden. Auch diese Frist ist nicht verlängerbar. § 551 Abs. 2 ZPO ist weder unmittelbar noch entsprechend anwendbar. Enthält eine vor Fristablauf eingereichte Anschlussschrift keine Begründung, so kann sie innerhalb der Frist des Abs. 2 Satz 2 ergänzt[10] oder durch eine mit Gründen versehene neue Anschlussschrift ersetzt werden. **14**

Für den **Inhalt** der Begründung gelten aufgrund der Verweisung in Abs. 3 Satz 2 die Anforderungen des § 551 Abs. 3 ZPO entsprechend. Wegen Einzelheiten → ZPO § 551 Rn. 10 ff. **15**

Wie dem Revisionskläger ist es mithin auch dem Anschlussrevisionskläger verwehrt, seinen Rechtsbehelf nach Ablauf der Begründungsfrist auf nachgeschobene **Verfahrensrügen** zu stützen. Der Bundesgerichtshof darf einen nicht fristgerecht gerügten Verfahrensfehler bei der Beurteilung der Anschlussrevision selbst dann nicht berücksichtigen, wenn der Revisionskläger diesen Fehler gerügt hat.[11] Etwas anderes gilt nur dann, wenn die angefochtene Entscheidung aufgrund des von der Revision gerügten Rechtsfehlers ohnehin in vollem Umfang aufzuheben ist[12] oder wenn die Angriffe beider Seiten in untrennbarem Zusammenhang stehen; letzteres ist etwa dann der Fall, wenn das Berufungsgericht die Sache zu Unrecht an die erste Instanz zurückverwiesen hat.[13] **16**

III. Nachträgliche Wirkungslosigkeit

Gemäß Abs. 4 verliert die Anschlussrevision ihre Wirkung, wenn die Revision **zurückgenommen**, als unzulässig **verworfen** oder durch **Beschluss** gemäß § 552a ZPO als unbegründet **zurückgewiesen** wird. Entsprechendes gilt, wenn der Gegenstand des Revisionsverfahrens durch einen Vergleich erledigt wird.[14] Nicht ausreichend ist es, wenn die Parteien den Rechtsstreit hinsichtlich des Gegenstands des Revisionsverfahrens übereinstimmend für erledigt erklären.[15] **17**

Der Revisionsbeklagte kann sein Begehren in den Fällen des Abs. 4 als **Revision** weiterverfolgen, wenn alle dafür erforderlichen Zulässigkeitsvoraussetzungen vorliegen. In der Regel scheitert dies aber an der fehlenden Zulassung oder an der Nichteinhaltung der Revisionsfrist. **18**

Abs. 4 ist auch dann anwendbar, wenn der Revisionsbeklagte seinerseits Revision eingelegt hat, dieses Rechtsmittel unzulässig ist, aber in eine zulässige Anschlussrevision umgedeutet werden kann.[16] **18a**

C. Entscheidung

I. Hauptsache

Über Revision und Anschlussrevision ist gemeinsam zu verhandeln und durch **Endurteil** zu entscheiden. **19**

Wenn die Anschlussrevision nicht statthaft oder nicht ordnungsgemäß eingelegt oder begründet worden ist oder sich aus einem anderen Grund als **unzulässig** erweist, so ist sie zu **verwerfen**. Auch dies hat im Endurteil zu erfolgen. Ein separater Verwerfungsbeschluss ist nicht zulässig, solange noch möglich ist, dass die Anschlussrevision gemäß Abs. 4 ihre Wirkung verliert.[17] **20**

Hat eine Partei das Berufungsurteil mit demselben Rechtsschutzziel sowohl mit einer unzulässigen Revision als auch mit einer zulässigen Anschlussrevision angegriffen, ist dies als einheitliches Rechtsmittel zu behandeln, über das im Ganzen zu entscheiden ist.[18] **20a**

In den Fällen von Abs. 4 bedarf es nur noch einer Kostenentscheidung. Zu deren Inhalt → Rn. 23 ff. Zum Zwecke der Klarstellung kann deklaratorisch ausgesprochen werden, dass die Anschlussrevision ihre **Wirkung verloren** hat. Wenn der Revisionsbeklagte die wirkungslos gewordene Anschlussrevision weiterverfolgt, ist sie als unzulässig zu verwerfen.[19] **21**

---

[9] BGH BeckRS 1976, 30373250.
[10] BGH NJW 1961, 1816.
[11] BGH NJW 1994, 801 (803).
[12] BGHZ 105, 270 (276) = NJW 1989, 229 (230).
[13] BGH NJW 2016, 2274 Rn. 31 f.
[14] BAG NJW 1976, 2143.
[15] BGH NJW 1986, 852.
[16] BGH NJW-RR 2020, 1136 Rn. 11.
[17] Vgl. zur Anschlussberufung BGH NJW 1994, 2235.
[18] BGH NJW 2018, 1683 Rn. 27.
[19] So zur Anschlussberufung BGH NJW 2000, 3215 (3216).

II. Kostenentscheidung

22 Die Kosten der Anschlussrevision bilden einen Teil der Kosten des **Revisionsverfahrens**. Über diese ist, sofern die Sache nicht an das Berufungsgericht zurückverwiesen wird, im Endurteil eine einheitliche Entscheidung zu treffen. Sofern beide Parteien teils obsiegen und teils unterliegen, sind die Kosten nach den üblichen Kriterien, grundsätzlich also entsprechend dem Wertverhältnis auf sie zu verteilen.

23 Wenn die Anschlussrevision gemäß Abs. 4 ihre **Wirkung verloren** hat, ergeht die Kostenentscheidung ebenfalls im Rahmen der noch zu treffenden Entscheidung über die Revision. Im Falle der Rücknahme ist dies der gemäß § 565 ZPO und § 516 Abs. 3 ZPO zu treffende Beschluss über den Verlust des Rechtsmittels und die Kosten des Revisionsverfahrens, in den übrigen Fällen der Beschluss, mit dem die Revision verworfen oder zurückgewiesen wird. Der Inhalt der Kostenentscheidung hängt davon ab, aus welchem Grund die Wirkung entfallen ist:

24 Wenn die Revision **zurückgenommen** wird, trägt der Revisionskläger auch die Kosten einer zuvor eingelegten und zulässigen Anschlussrevision.[20] Wenn die Anschlussrevision unzulässig war, zum Beispiel weil sie nicht fristgerecht, nicht in der vorgeschriebenen Form oder erst nach Rücknahme der Revision eingelegt worden ist, sind die Kosten entsprechend den Wertverhältnissen auf die Parteien zu verteilen. Eine Kostenverteilung ist auch dann vorzunehmen, wenn der Revisionsbeklagte die wirkungslos gewordene Anschlussrevision weiter verfolgt hat und diese als unzulässig verworfen wurde; eine bereits ergangene Kostenentscheidung gemäß § 565 ZPO und § 516 Abs. 3 ZPO ist in diesem Fall entsprechend abzuändern.[21]

25 Wenn die Revision **verworfen** oder durch Beschluss **zurückgewiesen** wird, sind die Kosten stets entsprechend den Wertverhältnissen zu verteilen.[22] Dies gilt auch dann, wenn die Anschlussrevision nur hilfsweise für den Fall eingelegt worden ist, dass die Revision Erfolg hat.[23]

D. Kosten

26 Durch eine Anschlussrevision fallen **keine zusätzlichen** Verfahrens- oder Terminsgebühren an. Der für die Berechnung der Gebühren maßgebliche **Streitwert** ist aber um den Wert des Gegenstandes der Anschlussrevision zu erhöhen, sofern sie wirtschaftlich nicht denselben Gegenstand betrifft wie die Revision.[24]

§ 555 Allgemeine Verfahrensgrundsätze

(1) ¹ Auf das weitere Verfahren sind, soweit sich nicht Abweichungen aus den Vorschriften dieses Abschnitts ergeben, die im ersten Rechtszuge für das Verfahren vor den Landgerichten geltenden Vorschriften entsprechend anzuwenden. ² Einer Güteverhandlung bedarf es nicht.

(2) **Die Vorschriften der §§ 348 bis 350 sind nicht anzuwenden.**

(3) **Ein Anerkenntnisurteil ergeht nur auf gesonderten Antrag des Klägers.**

Übersicht

	Rn.
A. Regelungsgehalt	1
B. Die anwendbaren Vorschriften im Einzelnen	4
I. Allgemeine Vorschriften	5
II. Verfahren im ersten Rechtszug	11
III. Säumnis	22
1. Voraussetzungen eines Versäumnisurteils	23
2. Säumnis des Revisionsklägers	25
3. Säumnis des Revisionsbeklagten	26
IV. Anerkenntnisurteil	27
C. Übersicht über den Gang des Revisionsverfahrens	31

---

[20] BGH NJW 2013, 875 Rn. 16.
[21] So zur Anschlussberufung BGH NJW 2000, 3215 (3216).
[22] BGHZ 80, 146 (147) = NJW 1981, 1790; BGH BeckRS 2012, 04466 Rn. 8.
[23] BGH NJW-RR 1989, 1276.
[24] BGH NJW-RR 2005, 651.

Allgemeine Verfahrensgrundsätze 1–15 **§ 555 ZPO**

A. Regelungsgehalt

Wie für das Berufungsverfahren (§ 525 ZPO) sind auch für das Revisionsverfahren die Vorschriften für das **erstinstanzliche Verfahren** vor den Landgerichten, also die §§ 253–299a ZPO entsprechend anwendbar, soweit keine spezielleren Regelungen getroffen sind. **1**

Für das Verfahren über die **Nichtzulassungsbeschwerde** dürfte die Verweisung in § 555 Abs. 1 ZPO – ebenso wie die Verweisung in § 565 S. 1 ZPO (dazu → ZPO § 565 Rn. 2) – entsprechend gelten. **1a**

Unmittelbar anwendbar sind die Vorschriften des **ersten Buchs** der Zivilprozessordnung, also die §§ 1–252 ZPO. **2**

Als speziellere Vorschriften, die Vorrang vor den allgemeinen Regelungen haben, kommen nicht nur die §§ 542 ff. ZPO in Betracht, sondern auch bestimmte Vorschriften des **Berufungsrechts**, die gemäß § 565 ZPO im Revisionsverfahren entsprechend anwendbar sind. Dazu → ZPO § 565 Rn. 4 ff. **3**

B. Die anwendbaren Vorschriften im Einzelnen

Auch wenn die Verweisung in § 555 ZPO grundsätzlich alle Vorschriften über das erstinstanzliche Verfahren vor den Landgerichten umfasst, sind zahlreiche Normen im Ergebnis von der Anwendung ausgeschlossen, weil sie mit den **Besonderheiten** des Revisionsverfahrens nicht in Einklang stehen. Im Einzelnen ergibt sich folgendes Bild: **4**

I. Allgemeine Vorschriften

Die Vorschriften zur Berechnung des **Streitwerts** (§§ 2–10 ZPO) sind auch im Revisionsverfahren heranzuziehen. Ihnen kommt zwar wegen § 545 Abs. 2 ZPO keine Bedeutung für die erstinstanzliche Zuständigkeit mehr zu. Sie sind aber für den Wert des Beschwerdegegenstandes maßgeblich, der gemäß § 544 Abs. 2 Nr. 1 ZPO für die Zulässigkeit einer Nichtzulassungsbeschwerde von Bedeutung ist (→ ZPO § 544 Rn. 12 ff.). **5**

Die Vorschriften über die gerichtliche **Zuständigkeit** (§§ 12–40 ZPO) kommt keine Bedeutung zu. Nach § 545 Abs. 2 ZPO darf im Revisionsverfahren nicht überprüft werden, ob die Zuständigkeit des erstinstanzlichen Gerichts in den Vorinstanzen zu Recht bejaht oder verneint worden ist (→ ZPO § 545 Rn. 26 ff.). **6**

Die Vorschriften über die **Ausschließung und Ablehnung der Gerichtspersonen** (§§ 41–49 ZPO) gelten auch für die Revisionsinstanz. **7**

Die Vorschriften über die **Parteien** und ihre **Prozessbevollmächtigten** (§§ 50–90 ZPO) sowie die Vorschriften über **Prozesskosten** und Prozesskostenhilfe (§§ 91–127 ZPO) sind in der Revisionsinstanz ebenfalls anwendbar. **8**

Ebenfalls anwendbar sind die Vorschriften über die **mündliche Verhandlung** (§§ 128–165 ZPO). Anordnungen gemäß §§ 142–144 ZPO, die der Vorbereitung einer Beweisaufnahme dienen, kommen jedoch allenfalls in Ausnahmefällen in Betracht, weil eine Tatsachenfeststellung in der Revisionsinstanz nach § 559 ZPO weitgehend ausgeschlossen ist. **9**

Anwendbar sind auch die Vorschriften über das Verfahren bei **Zustellungen** (§§ 166–195 ZPO), über **Fristen, Ladungen und Termine** (§§ 214–229 ZPO), über die **Wiedereinsetzung** in den vorigen Stand (§§ 230–238 ZPO) und über die **Unterbrechung und Aussetzung** des Verfahrens (§§ 239–252 ZPO). **10**

II. Verfahren im ersten Rechtszug

Die Vorschriften über die **Klageschrift** und deren Zustellung (§ 253 ZPO und § 271 ZPO) und über die Vorbereitung des Haupttermins durch frühen ersten Termin oder schriftliches Vorverfahren (§§ 272–277 ZPO) sind weitgehend obsolet. **11**

Die Vorschriften über die unterschiedlichen **Klagearten** und die **Anspruchshäufung** (§§ 254–260 ZPO) sind auch für die Revisionsinstanz von Bedeutung. **12**

Eine **Klageänderung** (§ 263 ZPO) ist in der Revisionsinstanz grundsätzlich unzulässig (→ ZPO § 557 Rn. 11 ff.). Zulässig ist eine Klagerücknahme mit Zustimmung des Beklagten (§ 269 ZPO). **13**

Die Pflicht zur **gütlichen Streitbeilegung** (§ 278 Abs. 1 ZPO) gilt auch in der Revisionsinstanz. Der Abschluss eines Vergleichs auf dem in § 278 Abs. 6 ZPO beschriebenen Weg ist ebenfalls zulässig. Nicht anwendbar sind gemäß § 555 Abs. 1 S. 2 ZPO die Vorschriften über die **Güteverhandlung**. **14**

Die Vorschriften über **Beweisaufnahme**, Beweiswürdigung und Beweisbedürftigkeit (§§ 284–292 ZPO) können in der Revisionsinstanz nur dann zur Anwendung gelangen, wenn eine Beweisaufnahme oder neuer Tatsachenvortrag ausnahmsweise zulässig ist. Dazu → ZPO § 559 Rn. 12 ff. **15**

16   Die Vorschriften über die **Präklusion** von Angriffs- oder Verteidigungsmitteln (§§ 295–299a ZPO) werden durch § 559 ZPO und die übrigen Vorschriften des Revisionsrechts im Wesentlichen verdrängt.

17   Die in § 297 ZPO enthaltenen Regeln über die **Form der Antragstellung** gelten auch in der mündlichen Verhandlung über die Revision.

18   Die Ermittlung und Auslegung von **ausländischem Recht** (§ 293 ZPO) ist in der Revisionsinstanz nur ausnahmsweise zulässig. Dazu → ZPO § 560 Rn. 2 f.

19   Anwendbar sind die Vorschriften über **Aktenführung und Akteneinsicht** (§§ 298–299a ZPO) und die Vorschriften über das **Urteil** (§§ 300–322 ZPO). Wegen der Zulässigkeit von Versäumnisurteilen → Rn. 22 ff.; zu den besonderen Voraussetzungen eines Anerkenntnisurteils → Rn. 27 ff.

20   Die Vorschriften über den **Einzelrichter** (§§ 348–350 ZPO) sind nach § 555 Abs. 2 ZPO nicht anwendbar.

21   Den Vorschriften über die **Beweisaufnahme** (§§ 351–494a ZPO ZPO) kommt kaum Bedeutung zu. Eine Beweisaufnahme findet vor dem Bundesgerichtshof nur in Ausnahmefällen statt, und zwar nur hinsichtlich der Prozessvoraussetzungen (→ ZPO § 559 Rn. 4 ff.), die ohnehin dem Freibeweis unterliegen.

III. Säumnis

22   Die Regeln über das **Versäumnisurteil** (§§ 330–347 ZPO) sind anwendbar, wegen der Besonderheiten des Revisionsverfahrens jedoch nur mit **Modifikationen.**

23   **1. Voraussetzungen eines Versäumnisurteils.** Wie in der Berufungsinstanz[1] kann auch im Revisionsverfahren ein Versäumnisurteil nur dann ergehen, wenn die **Revision zulässig** ist. Sofern dies nicht der Fall ist, muss die Revision als unzulässig zurückgewiesen werden. Dies gilt auch bei Säumnis des Revisionsklägers.[2]

24   Ein Versäumnisurteil setzt ferner voraus, dass auch die **Klage zulässig** ist. Sofern dies nicht der Fall ist, muss die Klage durch kontradiktorisches Urteil abgewiesen werden, unabhängig davon, welche Partei säumig ist und in welcher Instanz der Prozess schwebt.[3]

25   **2. Säumnis des Revisionsklägers.** Ist der Revisionskläger säumig, so ist die **Revision** entsprechend § 330 ZPO ohne inhaltliche Prüfung durch Versäumnisurteil **zurückzuweisen.**[4]

26   **3. Säumnis des Revisionsbeklagten.** Ist der Revisionsbeklagte säumig, so läuft die Geständnisfiktion des § 331 ZPO weitgehend leer. Die revisionsrechtliche Prüfung hat auch in dieser Konstellation gemäß § 559 Abs. 2 ZPO nicht auf der Grundlage des Parteivortrags, sondern auf der Grundlage der Tatsachenfeststellungen des Berufungsgerichts zu erfolgen. Deshalb ist dieselbe **rechtliche Prüfung** vorzunehmen wie nach einer streitigen Verhandlung. Soweit sich die Revision danach als unbegründet erweist, ist sie durch streitiges Urteil zurückzuweisen. Nur soweit sich die Revision als begründet erweist, ist dem Begehren des Revisionsklägers durch Versäumnisurteil zu entsprechen.[5]

IV. Anerkenntnisurteil

27   Abweichend vom allgemeinen Grundsatz des § 307 S. 1 ZPO darf ein Anerkenntnisurteil in der Revisionsinstanz gemäß § 555 Abs. 3 ZPO nur auf **Antrag** des Klägers ergehen. Mit dieser seit 1.1.2014 geltenden Regelung soll (ebenso wie mit § 565 S. 2 ZPO) ausgeschlossen werden, dass eine Partei eine ihr ungünstige Entscheidung zu einer über den Einzelfall hinaus bedeutsamen Frage ohne Mitwirkung des Gegners in letzter Minute verhindert. Wegen Einzelheiten → ZPO § 565 Rn. 12.

28   Die Neuregelung kehrt für die Revisionsinstanz zurück zu dem Rechtszustand, der bis 31.12.2001 nach der damaligen Fassung von § 307 ZPO für alle Instanzen galt. Nach der Rechtsprechung zu § 307 ZPO aF war allerdings auch ohne Antrag des Klägers durch Anerkenntnisurteil zu entscheiden, weil dem Kläger nach dem Anerkenntnis kein **Rechtsschutzbedürfnis** für eine streitige Entscheidung mehr zugebilligt wurde.[6] Diese Rechtsprechung kann auf Abs. 3 nicht uneingeschränkt übertragen werden, weil dies dem Zweck der Vorschrift zuwiderliefe. Anders als das in § 565 S. 2 ZPO geregelte Erfordernis der Zustimmung zu einer Rücknahme der Revision gilt das Antragserfordernis des § 555 Abs. 3 ZPO auch dann, wenn das Anerkenntnis schon vor der mündlichen Verhandlung abgegeben worden ist.[7] Zur Anwendbarkeit im Verfahren über eine Nichtzulassungsbeschwerde → ZPO § 544 Rn. 57.

---

[1] BGH NJW 2001, 2095.
[2] BGH NJW 1961, 829.
[3] BGH GRUR 1986, 678 – Wettbewerbsverein II.
[4] BeckOK ZPO/*Kessal-Wulf* § 555 Rn. 9; MüKoZPO/*Krüger* § 555 Rn. 16; Musielak/*Ball* § 555 Rn. 5.
[5] BGH NJW 1998, 156 (157); GRUR 2013, 176 Rn. 9 – Ferienluxuswohnung.
[6] BGHZ 10, 333 (335) = NJW 1953, 1830 f.
[7] BGH NJW 2019, 3582 Rn. 9 f.; NJW-RR 2021, 1505 Rn. 11; anders noch die vorliegende Kommentierung bis zur 2. Auflage.

Allgemeine Verfahrensgrundsätze 29–33 § 555 ZPO

Der nach Abs. 3 erforderliche **Antrag** des Klägers unterliegt – ebenso wie das Anerkenntnis selbst (→ ZPO § 557 Rn. 17) – als Prozesshandlung dem Anwaltszwang. Dies ist in der Regel unproblematisch, weil das Anerkenntnis typischerweise vom Revisionsbeklagten abgegeben wird und der Revisionskläger schon für die Einlegung des Rechtsmittels einen beim Bundesgerichtshof zugelassenen Rechtsanwalt beauftragen musste. Wegen der Unwiderruflichkeit eines Anerkenntnisses (→ ZPO § 307 Rn. 5) ist der Antrag nicht an eine besondere Frist gebunden. Er kann jedenfalls bis zum Schluss der mündlichen Verhandlung gestellt werden. Wegen des engen Zusammenhangs zwischen § 555 Abs. 3 ZPO und § 565 S. 2 ZPO dürfte er darüber hinaus auch noch bis zur Verkündung des Revisionsurteils zulässig sein, denn bis zu diesem Zeitpunkt könnten die Parteien bei umgekehrter Verfahrenskonstellation das Revisionsverfahren durch einvernehmliche Rücknahme des Rechtsmittels beenden; dazu → ZPO § 565 Rn. 13. Das Antragsrecht geht nicht dadurch verloren, dass der Kläger eine streitige Entscheidung beantragt.[8] 29

Ein Anerkenntnisurteil setzt ferner voraus, das die **Revision zulässig** ist. Es kann deshalb nicht ergehen, wenn die Revision verspätet eingelegt wurde oder wenn die Frist zur Begründung der Revision bei Abgabe des Anerkenntnisses bereits fruchtlos verstrichen war. Gibt der Revisionsbeklagte vor Ablauf der Begründungsfrist ein Anerkenntnis ab, so braucht der Revisionskläger sein Rechtsmittel hingegen nicht mehr zu begründen.[9] 29a

Für ein **Verzichtsurteil** ist nach § 306 ZPO in allen Instanzen ein Antrag des Beklagten erforderlich. Nach der Rechtsprechung hat eine solche Entscheidung indes auch ohne Antrag zu ergehen, weil der Beklagte kein Rechtsschutzbedürfnis für eine streitige Entscheidung hat;[10] dazu → ZPO § 306 Rn. 5. Für die Revisionsinstanz dürfte dies im Hinblick auf Abs. 3 und § 565 S. 2 ZPO jedenfalls dann nicht mehr gelten, wenn der Verzicht nach Beginn der mündlichen Verhandlung erklärt wird. Zur Zulässigkeit eines Verzichts im Verfahren über die Nichtzulassungsbeschwerde → § 544 Rn. 55 f. 29b

Stellt der Kläger den erforderlichen Antrag **nicht,** so ist das Verfahren ohne Rücksicht auf das Anerkenntnis fortzusetzen, in der Regel also durch streitiges Urteil zu entscheiden. 30

C. Übersicht über den Gang des Revisionsverfahrens

Die Abläufe eines **typischen** Revisionsverfahrens lassen sich wie folgt zusammenfassen: 31
Bei **Zulassung** der Revision durch das Berufungsgericht: 32
1. Einlegung der Revision
2. Zustellung der Revision an den Revisionsbeklagten
3. Begründung der Revision
   Hierzu werden dem Prozessbevollmächtigten des Revisionsklägers die Gerichtsakten zur Verfügung gestellt.
4. Zustellung der Begründung an den Revisionsbeklagten
   Auf Antrag werden dem Prozessbevollmächtigten des Revisionsbeklagten die Gerichtsakten zur Anfertigung einer Erwiderung zur Verfügung gestellt.
5. Prüfung der Formalien (§ 552 ZPO)
   Bei Unzulässigkeit: Verwerfung durch Beschluss
6. Prüfung nach § 552a ZPO
   Gegebenenfalls: Zurückweisung durch einstimmigen Beschluss nach vorherigem Hinweis
7. Mündliche Verhandlung
8. Entscheidung durch Urteil
   Meist im Anschluss an die mündliche Verhandlung, mitunter in einem gesonderten Verkündungstermin

Bei einer **Nichtzulassungsbeschwerde** treten an die Stelle der Schritte 1 und 2 folgende Schritte: 33
1. Einlegung der Nichtzulassungsbeschwerde
2. Zustellung der Beschwerde an den Beschwerdegegner
3. Begründung der Beschwerde
   anhand der Gerichtsakten
4. Zustellung der Begründung an den Beschwerdegegner
   mit Gelegenheit zur Stellungnahme; auf Antrag Überlassung der Gerichtsakten
5. Prüfung der Formalien
6. Beratung
7. Entscheidung durch Beschluss
   Bei Zurückweisung der Beschwerde ist der Rechtsstreit beendet. Bei Zulassung der Revision beginnt die Frist für die Revisionsbegründung. Diese kann in einer Bezugnahme auf die Begründung der Nichtzulassungsbeschwerde bestehen.

---

[8] BGH NJW-RR 2021, 1505 Rn. 14,
[9] BGH NJW-RR 2013, 1333 Rn. 7 ff.
[10] BGHZ 49, 213 (216 f.) = NJW 1968, 503 (504).

§ 556 Verlust des Rügerechts

Die Verletzung einer das Verfahren der Berufungsinstanz betreffenden Vorschrift kann in der Revisionsinstanz nicht mehr gerügt werden, wenn die Partei das Rügerecht bereits in der Berufungsinstanz nach der Vorschrift des § 295 verloren hat.

A. Regelungsgehalt

1 Die Regelung in § 556 ZPO entspricht im Wesentlichen derjenigen für das **Berufungsverfahren** in § 534 ZPO. Wegen Einzelheiten → ZPO § 534 Rn. 1 ff.

B. Besonderheiten im Revisionsverfahren

2 Wenn der Revisionskläger die gemäß § 295 ZPO erforderliche Rüge in der zweiten Instanz **rechtzeitig erhoben** hat, führt dies nicht ohne weiteres dazu, dass der betreffende Verfahrensfehler in der Revisionsinstanz zu berücksichtigen ist. Gemäß § 557 Abs. 3 S. 2 ZPO ist zusätzlich erforderlich, dass in der Revisionsinstanz rechtzeitig eine **Verfahrensrüge** erhoben wird. Dazu → ZPO § 551 Rn. 18 ff. und → ZPO § 557 Rn. 26 ff.

3 Die Rüge, bereits in **erster Instanz** sei es zu einem Verfahrensfehler gekommen, auf dem auch die Berufungsentscheidung beruhe, setzt zusätzlich voraus, dass der Revisionskläger bereits in erster Instanz die nach § 295 ZPO erforderliche Rüge erhoben und den Verfahrensfehler in der Berufungsinstanz erneut gerügt hat.[1]

§ 557 Umfang der Revisionsprüfung

(1) Der Prüfung des Revisionsgerichts unterliegen nur die von den Parteien gestellten Anträge.

(2) Der Beurteilung des Revisionsgerichts unterliegen auch diejenigen Entscheidungen, die dem Endurteil vorausgegangen sind, sofern sie nicht nach den Vorschriften dieses Gesetzes unanfechtbar sind.

(3) [1]Das Revisionsgericht ist an die geltend gemachten Revisionsgründe nicht gebunden. [2]Auf Verfahrensmängel, die nicht von Amts wegen zu berücksichtigen sind, darf das angefochtene Urteil nur geprüft werden, wenn die Mängel nach den §§ 551 und 554 Abs. 3 gerügt worden sind.

Übersicht

	Rn.
A. Regelungsgehalt	1
B. Revisionsanträge	2
I. Anträge der Parteien	2
II. Gegenstand der Berufungsentscheidung	5
III. Keine Klageänderung	11
IV. Keine reformatio in peius	20
C. Vorentscheidungen des Berufungsgerichts	21
D. Prüfung auf Verfahrensmängel	26
E. Sachprüfung	35
F. Überprüfung der Kostenentscheidung	36

A. Regelungsgehalt

1 § 557 ZPO legt den **Umfang** fest, innerhalb dessen die Berufungsentscheidung im Revisionsverfahren der Überprüfung unterliegt. Das grundlegende Regelungskonzept in Abs. 1 entspricht demjenigen, das auch für die erste Instanz (§ 308 Abs. 1 ZPO) und für das Berufungsverfahren (§ 528 ZPO) vorgesehen ist: Das Gericht darf grundsätzlich nur über die von den Parteien gestellten Anträge entscheiden. Die in Abs. 2 vorgesehene inzidente Prüfung von Vorentscheidungen ist in § 512 ZPO auch im Berufungsverfahren vorgesehen. Die in Abs. 3 Satz 2 vorgesehene Einschränkung hinsichtlich der Überprüfung auf Verfahrensmängel entspricht im Ansatz der Regelung für das Berufungsverfahren in § 529 Abs. 2 S. 1 ZPO, ist im Revisionsverfahren aber noch strikter verwirklicht, weil nicht gerügte Verfahrensfehler – anders als im Berufungsverfahren[1*] (→ ZPO § 529 Rn. 27) – auch bei der Überprüfung der Tatsachenfeststellungen nicht berücksichtigt werden dürfen.

---

[1] BGHZ 133, 36 (38 f.) = NJW 1996, 2734 (2735).
[1*] BGHZ 158, 269 (278 ff.) = NJW 2004, 1876 (1878); BGHZ 162, 313 (318) = NJW 2005, 1583 (1584 f.).

B. Revisionsanträge

I. Anträge der Parteien

Hinsichtlich welcher Teile des Streitgegenstandes das Berufungsurteil zu überprüfen ist, legt der **Revisionskläger** durch seine Anträge fest. Maßgeblich sind die Anträge, die in der mündlichen Verhandlung zuletzt gestellt worden sind, bei einer Entscheidung nach § 552a ZPO die zuletzt schriftlich gestellten Anträge. Zur Möglichkeit, die Revisionsanträge nach Ablauf der Begründungsfrist zu erweitern, → ZPO § 520 Rn. 20. 2

Der **Revisionsbeklagte** kann den Prüfungsumfang nur begrenzt beeinflussen. Selbst wenn er säumig bleibt, darf der Bundesgerichtshof der Revision nicht ohne inhaltliche Prüfung stattgeben (→ ZPO § 555 Rn. 26). Eine **Beschränkung** des Prüfungsumfangs kann er nur dadurch herbeiführen, dass er – je nach seiner prozessualen Rolle – ein Anerkenntnis (§ 307 ZPO) abgibt, auf das Klagebegehren verzichtet (§ 306 ZPO) oder die Klage zurücknimmt (§ 269 Abs. 1 ZPO); dazu → Rn. 16 f. Eine **Erweiterung** des Prüfungsumfangs kann er nur durch eine eigene Revision oder durch eine Anschlussrevision (§ 554 ZPO) erreichen. 3

Hat das Berufungsgericht dem Klagebegehren nur aufgrund eines **Hilfsantrags** entsprochen, so hängt der Umfang der Überprüfung davon ab, wer die Berufungsentscheidung anficht: Wenn nur der **Kläger** Revision eingelegt hat, darf die Entscheidung über den Hilfsantrag nicht überprüft werden. Führt die Revision hinsichtlich des Hauptantrags zur Aufhebung und Zurückverweisung, so darf die Verurteilung nach dem Hilfsantrag nicht aufgehoben werden. Sie wird erst dann wirkungslos, wenn der Beklagte rechtskräftig nach dem Hauptantrag verurteilt worden ist.[2] Wird der Beklagte bereits im Revisionsurteil entsprechend dem Hauptantrag verurteilt, kann die Verurteilung nach dem Hilfsantrag zur Klarstellung aufgehoben werden.[3] Wenn nur der **Beklagte** Revision eingelegt hat, darf die Entscheidung über den Hauptantrag nicht überprüft werden. Zum Prüfungsumfang, wenn das Klagebegehren schon in **erster Instanz** nur mit einem Hilfsantrag Erfolg hatte, → Rn. 9. 4

II. Gegenstand der Berufungsentscheidung

Die Anträge des Revisionsklägers können sich nur auf diejenigen prozessualen Ansprüche beziehen, die Gegenstand der **Berufungsentscheidung** waren. 5

Hat das Berufungsgericht nur über einen **Teil** der Klageansprüche entschieden, so können die restlichen Ansprüche grundsätzlich nicht zum Gegenstand des Revisionsverfahrens gemacht werden. Wenn das Berufungsgericht durch **Teilurteil** entschieden hat, obwohl die Voraussetzungen des § 301 ZPO nicht vorlagen, ist die Entscheidung aufzuheben und die Sache an das Berufungsgericht zurückzuverweisen (→ Rn. 33). Wenn das Berufungsgericht einen Teil des Streitgegenstands **versehentlich** nicht beschieden hat, muss der Kläger die Ergänzung der Berufungsentscheidung gemäß § 321 ZPO beantragen. Wird ein solcher Antrag nicht fristgerecht gestellt oder bleibt er erfolglos, so entfällt die Rechtshängigkeit der betroffenen Ansprüche. 6

Haben die Vorinstanzen einer **Stufenklage** hinsichtlich einer Zwischenstufe durch Teilurteil stattgegeben, also den Beklagten zum Beispiel zu Auskunft und Rechnungslegung oder zur Abgabe einer Versicherung an Eides Statt verurteilt, so ist die Klage in der Revisionsinstanz insgesamt abzuweisen, wenn der Bundesgerichtshof zu dem Ergebnis kommt, dass der mit der letzten Stufe geltend gemachte Anspruch, dessen Berechnung die vorhergehenden Klagestufen dienen, nicht begründet ist.[4] 7

Haben die Vorinstanzen durch **Zwischenurteil** gemäß § 280 ZPO nur die Zulässigkeit der Klage ausgesprochen und kommt der Bundesgerichtshof zu einem abweichenden Ergebnis, so ist die Klage im Revisionsurteil abzuweisen.[5] Haben die Vorinstanzen die Klage als unzulässig abgewiesen und hält der Bundesgerichtshof dies für unzutreffend, so ist er hingegen – anders als das Berufungsgericht gemäß § 538 Abs. 2 S. 2 ZPO (→ ZPO § 538 Rn. 25) – nicht gehalten, auch das Vorliegen der übrigen Zulässigkeitsvoraussetzungen zu prüfen.[6] 8

War die Klage in erster Instanz nur mit einem **Hilfsantrag** erfolgreich und hat nur der **Kläger** Berufung eingelegt, so ist es dem Beklagten auch in der Revisionsinstanz verwehrt, die Verurteilung nach dem Hilfsantrag anzugreifen. Entsprechendes gilt, wenn die Klage in erster Instanz aufgrund einer **Hilfsaufrechnung** abgewiesen wurde und nur der Kläger Berufung eingelegt hat; dann ist der Beklagte auch in der Revisionsinstanz mit Einwendungen gegen das Bestehen des Klageanspruchs ausgeschlossen.[7] Entsprechendes muss gelten, wenn in der genannten Ausgangskonstellation nur der **Beklagte** Berufung eingelegt hat. Dann darf der Kläger in der Revisionsinstanz nicht mehr geltend 9

---

[2] BGHZ 106, 219 (220 f.) = NJW 1989, 1486 (1487).
[3] BGH GRUR 2000, 907 (909) – Filialleiterfehler.
[4] BGHZ 94, 268 (275) = NJW 1985, 2405 (2407); BGH GRUR 2008, 1017 Rn. 39 – Einkaufsbummel nach Abwahl.
[5] BGHZ 173, 374 = GRUR 2008, 93 Rn. 17 – Zerkleinerungsvorrichtung.
[6] BGH NJW 1986, 2765 (2766 f.).
[7] BGH NJW-RR 1995, 240 (241 f.).

machen, die Klage sei schon mit dem Hauptantrag begründet bzw. die Hilfsaufrechnung habe nicht zum Erlöschen des Klageanspruchs geführt. Zum Prüfungsumfang, wenn das **Berufungsgericht** sowohl über den Haupt- als auch über den Hilfsantrag zu entscheiden hatte und nur dem Hilfsantrag entsprochen hat, → Rn. 4.

10 Über welche **Anträge** das Berufungsgericht zu entscheiden hatte, ist gemäß § 314 ZPO der angefochtenen Entscheidung und dem zweitinstanzlichen Sitzungsprotokoll zu entnehmen. Dazu auch → ZPO § 559 Rn. 8. Soweit es darauf ankommt, ob ein Antrag bereits in der ersten Instanz gestellt worden ist, sind das Urteil und das Sitzungsprotokoll der ersten Instanz maßgeblich.[8]

III. Keine Klageänderung

11 Der Revisionskläger kann keine **neuen Ansprüche** zur Beurteilung des Revisionsgerichts stellen. Eine Klageänderung ist in der Revisionsinstanz grundsätzlich unzulässig.

12 Zulässig ist eine **Beschränkung** oder Modifikation des früheren Antrags, die sich auf einen Sachverhalt stützt, der vom Tatrichter bereits gewürdigt worden ist.[9] Deshalb darf der Kläger seinen Antrag auf Leistung an einen Rechtsnachfolger umstellen, wenn er den geltend gemachten Anspruch während des Rechtsstreits abgetreten hat und dies vom Berufungsgericht festgestellt worden ist.[10] Zulässig ist ferner eine Beschränkung des Klageantrags im Sinne von § 264 Nr. 2 ZPO, sofern der Sachverhalt, auf den der beschränkte Antrag gestützt wird, vom Berufungsgericht bereits gewürdigt worden ist.[11] Dies gilt auch für eine **einseitige Erledigungserklärung**[12]; auch hier ist Voraussetzung, dass sich das erledigende Ereignis aus den Feststellungen des Berufungsgerichts ergibt[13] oder unstreitig ist[14]. Schließt sich die andere Partei einer in der Revisionsinstanz abgegebenen Erledigungserklärung nicht an, ist auch die Rückkehr zum ursprünglich gestellten Antrag zulässig.[15] Hat der Gegner der Erledigungserklärung zugestimmt, kann diese – wie alle Prozesshandlungen – hingegen nur noch dann widerrufen werden, wenn ein Restitutionsgrund im Sinne von § 580 ZPO vorliegt.[16]

13 Zulässig ist ferner eine **übereinstimmende Erledigungserklärung**.[17] Sie erübrigt eine Entscheidung in der Sache und erfordert keine zusätzlichen Tatsachenfeststellungen, weil die Kostenentscheidung gemäß § 91a ZPO auf der Grundlage des bisherigen Sach- und Streitstandes zu ergehen hat.

14 Hat der Kläger sein Begehren in den Vorinstanzen auf eine unzulässige **alternative Klagehäufung** gestützt, so kann er in der Revisionsinstanz nicht mehr zu einer kumulativen Klagehäufung übergehen. Darin läge eine unzulässige Klageänderung.[18] Er darf aber die gebotene und in den Vorinstanzen unterbliebene Angabe, in welcher **Reihenfolge** über die einzelnen Streitgegenstände zu entscheiden ist, auch noch in der Revisionsinstanz nachholen.[19] Dazu auch → ZPO § 263 Rn. 12.

15 Unzulässig ist eine **Erweiterung** der Klageanträge im Vergleich zur Vorinstanz – auch wenn sie auf dieselbe Tatsachengrundlage gestützt wird.[20] Unzulässig ist ferner auch eine Beschränkung, sofern die rechtliche Beurteilung des neuen Klagebegehrens nur auf der Grundlage eines **veränderten Sachverhalts** möglich wäre, zu dem das Berufungsgericht keine Feststellungen getroffen hat.[21]

16 Zulässig ist ein **Verzicht** auf den Klageanspruch (§ 306 ZPO). Er kann nur in der mündlichen Verhandlung abgegeben werden und muss deshalb gemäß § 78 Abs. 1 S. 3 ZPO durch einen beim Bundesgerichtshof zugelassenen Rechtsanwalt erfolgen.[22] Ein Verzichtsurteil kann gemäß § 306 ZPO nur auf Antrag des Beklagten ergehen. Eine **Klagerücknahme** kann hingegen auf Seiten des Revisionsbeklagten auch durch den Prozessbevollmächtigten der zweiten Instanz erklärt werden, sofern dieser für das Revisionsverfahren noch keinen Prozessbevollmächtigten bestellt hat.[23] Sie bedarf gemäß § 269 ZPO stets der Zustimmung des Beklagten.

---

[8] BGH NJW-RR 2013, 1334 Rn. 8.
[9] BGH NJW 1998, 2969 (2970).
[10] BGH GRUR 1991, 680 – Porzellanmanufaktur; BGH NJW 1998, 2969 (2970); NJW-RR 2006, 275 Rn. 28.
[11] BAG NJOZ 2015, 1222 Rn. 20.
[12] BGH NJW 2012, 1653 Rn. 23.
[13] BGH GRUR 2013, 833 Rn. 24 – Culinaria/Villa Culinaria; BGH GRUR 2002, 287 (288) – Widerruf der Erledigungserklärung.
[14] BGHZ 106, 359 (368) = NJW 1989, 2885 (2887); BGH NJW 1999, 2520 (2522); 2013, 2508 Rn. 5 (insoweit nicht in BGHZ 197, 335); BGH NJW-RR 2015, 457 Rn. 34.
[15] BGH GRUR 2002, 287 (288) – Widerruf der Erledigungserklärung; BGH WM 2014, 1180 Rn. 14.
[16] BGH NJW 2013, 2686 Rn. 7.
[17] BGH NJW-RR 2012, 688 Rn. 6.
[18] BGH GRUR 2011, 521 Rn. 5 – TÜV I; BGH GRUR 2011, 1043 Rn. 32 – TÜV II; BGH GRUR 2012, 1145 Rn. 21 – Pelikan.
[19] BGH GRUR 2011, 521 Rn. 13 – TÜV I; BGH GRUR 2012, 304 Rn. 18 – Basler Haar-Kosmetik; BGH GRUR 2012, 1145 Rn. 23 – Pelikan.
[20] BGH NJW 1961, 1467 (1468).
[21] BGH NJW 1961, 1467 (1468).
[22] BGH NJW 1988, 210; BeckRS 2010, 27057 Rn. 3.
[23] BGHZ 14, 210 (211 f.) = NJW 1954, 1405; BGH BeckRS 2010, 27057 Rn. 3; NJW-RR 2014, 831 Rn. 5.

Zulässig ist des Weiteren ein **Anerkenntnis** des Klagebegehrens (§ 307 ZPO).[24] Es unterliegt wie der Verzicht dem Anwaltszwang.[25] Es kann von jedem Rechtsanwalt abgegeben werden, solange der Kläger sein Rechtsmittel noch nicht begründet hat (→ ZPO § 555 Rn. 29).[26] Nach diesem Zeitpunkt kann nur noch ein beim Bundesgerichtshof zugelassener Rechtsanwalt ein wirksames Anerkenntnis abgeben.[27] Ein Anerkenntnisurteil kann gemäß § 555 Abs. 3 ZPO nur auf **Antrag** des Klägers ergehen (→ ZPO § 555 Rn. 27 ff.). Zum Anerkenntnis im Verfahren über die Nichtzulassungsbeschwerde → ZPO § 544 Rn. 57. 17

Der Beklagte kann im Revisionsverfahren auf die zuvor erhobene Einrede der **Verjährung** verzichten. Wenn das Berufungsgericht die Klage wegen Verjährung abgewiesen hat, führt dies zur Aufhebung und Zurückverweisung.[28] Nicht zulässig ist die erstmalige Erhebung der Verjährungseinrede in der Revisionsinstanz.[29] 18

Wenn ein für vorläufig vollstreckbar erklärtes Urteil aufgehoben oder abgeändert wird, kann der Schuldner den ihm entstandenen **Vollstreckungsschaden** gemäß § 717 Abs. 2 S. 2 ZPO im anhängigen Rechtsstreit geltend machen. Ein solcher Antrag ist auch noch in der Revisionsinstanz zulässig. Er führt in der Regel zur Zurückverweisung der Sache an das Berufungsgericht.[30] Entsprechendes gilt für einen Antrag auf Herausgabe der Bereicherung gemäß § 717 Abs. 3 S. 2 ZPO[31] und für die vergleichbaren Anträge im Falle der Aufhebung eines Vorbehaltsurteils (§ 302 Abs. 4 S. 4 ZPO und § 600 Abs. 2 ZPO). 19

IV. Keine reformatio in peius

Ebenso wie im Berufungsverfahren darf die angefochtene Entscheidung auch in der Revisionsinstanz grundsätzlich nicht zum **Nachteil** des Rechtsmittelklägers abgeändert werden. Wegen Einzelheiten → ZPO § 528 Rn. 23 ff. 20

C. Vorentscheidungen des Berufungsgerichts

Nach Abs. 2 hat der Bundesgerichtshof innerhalb des durch die Revisionsanträge bestimmten Streitgegenstands auch die Entscheidungen zu überprüfen, die das Berufungsgericht im **Vorfeld** der angefochtenen Entscheidung getroffen hat. Dies sind insbesondere Zwischenurteile über einzelne prozessuale Fragen, Beweisbeschlüsse, Beschlüsse über eine Verfahrensverbindung oder -auftrennung[32] sowie sonstige Beschlüsse über das Verfahren bis zur Berufungsentscheidung. 21

Nicht überprüft werden dürfen gemäß Abs. 2 Entscheidungen, die nach dem Gesetz **unanfechtbar** sind. Dies sind zum Beispiel Beschlüsse, mit denen ein Ablehnungsgesuch für begründet erklärt wird (§ 46 Abs. 2 Fall 2 ZPO), Beschlüsse, mit denen die Aufnahme bestimmter Vorgänge oder Äußerungen in das Sitzungsprotokoll abgelehnt wird (§ 164 Abs. 4 S. 3 ZPO), Beschlüsse, mit denen Wiedereinsetzung in den vorigen Stand gewährt wird (§ 238 Abs. 3 ZPO), die Zulassung einer Klageänderung (§ 268 ZPO), Verweisungsbeschlüsse (§ 281 Abs. 2 S. 2 ZPO) und Beschlüsse zur Frage einer Übertragung der Sache auf den Einzelrichter (§ 526 Abs. 3 ZPO). Ferner gehören dazu die Ablehnung einer Fristverlängerung (§ 225 Abs. 3 ZPO) sowie die Ablehnung einer Terminsverlegung oder Vertagung (§ 227 Abs. 3 S. 3 ZPO). 22

Über den Wortlaut von Abs. 2 hinaus dürfen auch solche Entscheidungen überprüft werden, die nach dem Gesetz **selbständig anfechtbar** sind. Dies sind insbesondere **Zwischenurteile** über die Zulassung eines Streithelfers (§ 71 Abs. 2 ZPO), über die Zulässigkeit der Klage (§ 280 Abs. 2 S. 1 ZPO) oder über den Grund des Klageanspruchs (§ 304 Abs. 2 ZPO) und **Vorbehaltsurteile** im Hinblick auf eine Aufrechnung (§ 302 Abs. 3 ZPO) oder im Urkundenprozess (§ 599 Abs. 3 ZPO). Entscheidet das Berufungsgericht über die Zulassung eines Streithelfers erst im Endurteil, ist diese Entscheidung in der Revisionsinstanz ebenfalls nicht überprüfbar, und zwar deshalb, weil ein Zwischenurteil dieses Inhalts nicht mit der Rechtsbeschwerde angefochten werden kann.[33] 23

Ebenfalls selbständig anfechtbar und damit einer Inzidentprüfung nach Abs. 2 entzogen sind Entscheidungen, die mit der sofortigen **Beschwerde** oder der **Rechtsbeschwerde** angegriffen werden können, zum Beispiel die Zurückweisung eines Ablehnungsgesuchs (§ 46 Abs. 2 Fall 2 ZPO).[34] Dies gilt auch dann, wenn eine Rechtsbeschwerde im konkreten Fall mangels Zulassung nicht statthaft ist.[35] 24

---

[24] BGH NJW-RR 2010, 783 Rn. 2.
[25] BGH NJW-RR 2013, 1333 Rn. 6; BGHZ 127, 368 (377) = NJW 1995, 318 (320).
[26] BGH NJW-RR 2014, 831 Rn. 4 ff.
[27] BGH NJW 2015, 2193 Rn. 7.
[28] BGHZ 185, 185 = BeckRS 2010, 11028 Rn. 17 (insoweit nur teilweise in NJW-RR 2010, 1064).
[29] BGH NJW-RR 2004, 275 (277).
[30] BGH NJW 1994, 2095 (2096).
[31] BGH NJW 2013, 161 Rn. 60 ff.
[32] Für Trennungsbeschlüsse: BGH NJW 1995, 3120. Für Verbindungsbeschlüsse: BAG NZA 2016, 1352 Rn. 10.
[33] BGH NJW 2015, 2425 Rn. 5.
[34] BGH NJW-RR 2005, 294 (295); 2007, 775 Rn. 4; 2020, 779 Rn. 21.
[35] BGH NJW-RR 2007, 775 Rn. 4.

In der Literatur wird diese Rechtsprechung, insbesondere soweit es um Ablehnungsgesuche geht, als verfassungsrechtlich bedenklich angesehen.[36] Das Bundesverfassungsgericht hat sie nicht beanstandet.[37] Es fordert aber zumindest für den Fall der Selbstentscheidung eine Überprüfung in der Rechtsmittelinstanz, wenn sich die Zurückweisung des Ablehnungsgesuchs als Verstoß gegen das Recht auf den gesetzlichen Richter (Art. 101 Abs. 1 S. 2 GG) darstellt; letzteres ist der Fall, wenn die Entscheidung auf Willkür, also auf einem Fall grober Missachtung oder grober Fehlanwendung des Gesetzesrechts beruht oder wenn sie darauf hindeutet, dass das Instanzgericht Bedeutung und Tragweite des Art. 101 Abs. 1 S. 2 GG grundlegend verkannt hat,[38] Ein solcher Rechtsfehler ist trotz § 557 Abs. 2 ZPO auch in der Revisionsinstanz zu berücksichtigen.[39] Ist bei Einlegung der Revision über die eingelegte und zulässige Beschwerde oder Rechtsbeschwerde noch nicht abschließend entschieden, so hat die weitere Überprüfung im Revisionsverfahren stattzufinden; das Rechtsschutzinteresse für das Beschwerdeverfahren fällt dann weg.[40]

25   Eine im Berufungsurteil getroffene Entscheidung ist nicht schon deshalb der revisionsrechtlichen Überprüfung entzogen, weil über sie eine gesonderte, mit der Rechtsbeschwerde anfechtbare Vorentscheidung hätte ergehen **können**.[41] Deshalb ist das Revisionsgericht an eine erst im Berufungsurteil getroffene Entscheidung, von einer **Aussetzung** abzusehen, nicht gebunden.[42] Ergibt die Überprüfung, dass das Verfahren hätte ausgesetzt werden müssen, so kann dies jedoch – ebenso wie im Berufungsverfahren[43] – nicht die Aufhebung der angefochtenen Entscheidung zur Folge haben, sondern nur die Aussetzung des Verfahrens in der Rechtsmittelinstanz.[44]

D. Prüfung auf Verfahrensmängel

26   Nach Abs. 3 Satz 2 darf die angefochtene Entscheidung auf Verfahrensmängel, die nicht von Amts wegen zu berücksichtigen sind, nur dann geprüft werden, wenn der Revisionskläger eine darauf bezogene **Verfahrensrüge** erhoben hat. Wegen der hierfür maßgeblichen Anforderungen → ZPO § 551 Rn. 20 f. Die Rüge muss innerhalb der in § 551 Abs. 2 ZPO normierten **Frist** für die Revisionsbegründung erhoben werden. Später nachgeschobene Verfahrensrügen sind unbeachtlich.

27   Zu Verfahrensrügen des **Anschlussrevisionsklägers** → ZPO § 554 Rn. 16, zu **Gegenrügen** des Revisions- oder Anschlussrevisionsbeklagten → ZPO § 551 Rn. 25.

28   **Erfasst** von dieser Einschränkung sind im Wesentlichen Mängel, die im **Vorfeld** der Berufungsentscheidung unterlaufen sind, insbesondere das **Übergehen** von Parteivortrag oder **Beweisangeboten**, formelle Fehler bei der **Beweisaufnahme**, die **fehlerhafte Besetzung** des Berufungsgerichts, die Mitwirkung **ausgeschlossener** oder erfolgreich **abgelehnter** Richter und ein Verstoß gegen Vorschriften über die **Öffentlichkeit**[45]. Zu den absoluten Revisionsgründen → ZPO § 547 Rn. 2. Wenn der Revisionskläger geltend macht, das Berufungsgericht habe die Sache zu Unrecht an die erste Instanz zurückverwiesen, muss auch der dafür maßgebliche Verlauf des erstinstanzlichen Verfahrens mit einer ordnungsgemäßen Verfahrensrüge aufgezeigt werden.[46]

29   Soweit der Verfahrensfehler auf einem der Berufungsentscheidung vorangegangenen **Beschluss** oder einem **Zwischenurteil** beruht, sind zusätzlich die in Abs. 2 vorgesehenen Beschränkungen zu berücksichtigen (→ Rn. 21 ff.).

30   Ein Verstoß gegen Verfahrensvorschriften, deren Einhaltung **verzichtbar** ist, muss zudem gemäß § 556 ZPO schon in der Berufungsinstanz gerügt werden (→ ZPO § 556 Rn. 2 f. und → ZPO § 534 Rn. 2).

31   **Nicht erfasst** ist grundsätzlich das Fehlen von **Prozessvoraussetzungen**. Deren Vorliegen ist auch im Revisionsverfahren von Amts wegen zu prüfen.[47] Etwas anderes gilt nur hinsichtlich solcher Prozessvoraussetzungen, deren Fehlen nur auf Einrede hin zu berücksichtigen ist (prozessuale Einreden → ZPO Vor § 253 Rn. 30), und hinsichtlich derjenigen Voraussetzungen, deren Überprüfung in der Revisionsinstanz durch spezielle Vorschriften ausgeschlossen sind, insbesondere also die örtliche und sachliche Zuständigkeit des erstinstanzlichen Gerichts (→ ZPO § 545 Rn. 26 ff.).

---

[36] Musielak/*Heinrich* § 46 Rn. 4; Zöller/*Vollkommer* § 46 Rn. 14a.
[37] BVerfG NJW 2009, 833 Rn. 17.
[38] BVerfG BeckRS 2013, 49263.
[39] BAG NZA 2016, 1100 Rn. 7; BSG BeckRS 2018, 16624.
[40] BGH NJW-RR 2007, 411 Rn. 9.
[41] BGH NZV 2013, 336 Rn. 7; BAG NJW 1968, 1493.
[42] BGH NZV 2013, 336 Rn. 7.
[43] BGH NJW 2002, 2795 (2796).
[44] So im Ergebnis auch BGHZ 171, 89 = GRUR 2007, 780 Rn. 16 f. – Pralinenform I, BGH GRUR 2014, 1101 Rn. 16 – Gelbe Wörterbücher; BGH GRUR 2016, 71 Rn. 21 – Ramses, allerdings mit der Begründung, das rechtsfehlerhafte Unterbleiben der Aussetzung mache das Berufungsurteil nicht verfahrensfehlerhaft; vgl. zum Ganzen auch → ZPO § 148 Rn. 96.
[45] BGH NJW 2007, 909 Rn. 25.
[46] BGH NJW-RR 2008, 585 Rn. 1.
[47] Vgl. nur BGH GRUR 2012, 485 Rn. 10 – Rohrreinigungsdüse II; BGH GRUR 2012, 630 Rn. 52 – CONVERSE II.

Auch ohne Verfahrensrüge zu berücksichtigen sind danach insbesondere ein Verstoß gegen die 32
anderweitige **Rechtshängigkeit** des Streitgegenstands[48] oder die **Rechtskraft** einer vorangegangenen
Entscheidung[49], mangelnde **Prozessführungsbefugnis**[50], mangelnde **Partei- oder Prozessfähigkeit**[51], nicht ordnungsgemäße **gesetzliche Vertretung** (dazu auch → § 547 Rn. 26)[52], die fehlende
internationale Zuständigkeit der deutschen Gerichte[53], nicht ausreichende **Bestimmtheit** der Klageanträge[54], das Fehlen von **Rechtsschutzbedürfnis**[55] und **Feststellungsinteresse**[56], ein Verstoß
gegen die **Dispositionsmaxime** (§ 308 Abs. 1 ZPO)[57] und die Nichtberücksichtigung einer wirksamen **Klagerücknahme**[58].

Von Amts wegen zu berücksichtigen sind ferner Mängel, die zwar nicht einer Sachentscheidung 33
insgesamt, wohl aber der in der Vorinstanz gewählten besonderen Entscheidungsform entgegenstehen.
Dies gilt insbesondere hinsichtlich der Voraussetzungen für ein **Grundurteil**[59] oder ein **Teilurteil**[60] –
unabhängig davon, ob das Berufungsgericht ein solches Urteil selbst erlassen oder ein entsprechendes
Urteil der ersten Instanz unbeanstandet gelassen hat.

Ein auch ohne Verfahrensrüge zu berücksichtigender Verfahrensmangel liegt ferner vor, wenn die 34
Berufung gegen das erstinstanzliche Urteil[61] oder ein **Einspruch** gegen ein in erster oder zweiter
Instanz ergangenes Versäumnisurteil[62] unzulässig war. Entsprechendes gilt, wenn sich das Berufungsgericht fehlerhaft durch eine frühere Entscheidung als gebunden angesehen hat, zum Beispiel weil es
den Umfang der **Interventionswirkung** nach § 68 ZPO unzutreffend beurteilt hat.[63]

E. Sachprüfung

Auf materiellrechtliche Fehler ist das Berufungsurteil gemäß Abs. 3 Satz 1 stets **ohne Einschrän-** 35
kungen von Amts wegen zu überprüfen. Einzige Voraussetzung für diese Überprüfung ist eine
zulässige Revision, also mindestens eine ordnungsgemäß erhobene Sach- oder Verfahrensrüge (→ ZPO
§ 551 Rn. 12).

F. Überprüfung der Kostenentscheidung

Die Kostenentscheidung des Berufungsgerichts ist gemäß § 308 Abs. 2 ZPO im Revisionsverfahren 36
ohne Bindung an die Parteianträge **von Amts wegen** zu überprüfen.[64] Zur abweichenden Rechtslage
im Verfahren über eine Nichtzulassungsbeschwerde → ZPO § 544 Rn. 69. Die Kostenentscheidung
der Vorinstanzen kann auch insoweit korrigiert werden, als sie eine in der Revisionsinstanz nicht mehr
beteiligte Partei[65] oder einen im Berufungsverfahren durch Anerkenntnis oder beiderseitige Erledigungserklärung erledigten Teil des Streitgegenstands[66] betrifft. Das Verbot der reformatio in peius gilt
hinsichtlich der Kostenentscheidung nicht.[67]

§ 558 Vorläufige Vollstreckbarkeit

¹Ein nicht oder nicht unbedingt für vorläufig vollstreckbar erklärtes Urteil des Berufungsgerichts ist, soweit es durch die Revisionsanträge nicht angefochten wird, auf Antrag von dem Revisionsgericht durch Beschluss für vorläufig vollstreckbar zu erklären. ²Die Entscheidung ist erst nach Ablauf der Revisionsbegründungsfrist zulässig.

---

[48] BGH NJW-RR 1990, 45 (47).
[49] BGH GRUR 2012, 485 Rn. 10 – Rohrreinigungsdüse II.
[50] BGHZ 161, 161 (165) = GRUR 2005, 502 (503) – Götterdämmerung; BGH GRUR 2012, 630 Rn. 52 – CONVERSE II.
[51] BGH GRUR 1977, 267 – Fotokopiergerät.
[52] BGH NJW-RR 2007, 98 Rn. 7; 2009, 690 Rn. 9.
[53] BGH GRUR 2012, 621 – OSCAR.
[54] BGH GRUR 2011, 1043 Rn. 36 – TÜV II; BGH GRUR 2015, 258 Rn. 19 – CT-Paradies.
[55] BGHZ 166, 253 = GRUR 2006, 421 Rn. 31 – Markenparfümverkäufe.
[56] BGH GRUR 2012, 1273 Rn. 12 – Stadtwerke Wolfsburg.
[57] BGH GRUR 2016, 213 Rn. 15 – Zuweisung von Verschreibungen; BGH GRUR 2006, 960 Rn. 13 – Anschriftenliste.
[58] BGH NJW 2015, 952 Rn. 16; 1993, 3067.
[59] BGH NJW-RR 1994, 319; NJW 2014, 458 Rn. 25.
[60] BGHZ 189, 356 = NJW 2011, 2736 Rn. 19 ff. in Abkehr von der früheren Rechtsprechung.
[61] BGH NJW 2001, 226; 2008, 218 Rn. 8.
[62] BGH NJW 1981, 1673 (1674); BGHZ 98, 263 (265 f.) = NJW 1987, 592.
[63] BGHZ 16, 217 (228) (insoweit nicht in NJW 1955, 625); BGH NJW-RR 2014, 1379 Rn. 28.
[64] BGH NJW-RR 1995, 1211.
[65] BGH BeckRS 1981, 00631; 1980, 31076398(insoweit nicht in NJW 1981, 1453).
[66] Vgl. zur entsprechenden Situation in der Berufungsinstanz BGH NJW-RR 2010, 640 Rn. 8; NJW 2001, 230 (231); 1955, 1394 (1395).
[67] BGHZ 92, 137 (139) = GRUR 1984, 870 – Schweißpistolenstromdüse II.

1 Die Regelung in § 558 ZPO entspricht inhaltlich der für das **Berufungsverfahren** geltenden Regelung in § 537 Abs. 1 ZPO.

§ 559 Beschränkte Nachprüfung tatsächlicher Feststellungen

(1) [1]Der Beurteilung des Revisionsgerichts unterliegt nur dasjenige Parteivorbringen, das aus dem Berufungsurteil oder dem Sitzungsprotokoll ersichtlich ist. [2]Außerdem können nur die im § 551 Abs. 3 Nr. 2 Buchstabe b erwähnten Tatsachen berücksichtigt werden.

(2) Hat das Berufungsgericht festgestellt, dass eine tatsächliche Behauptung wahr oder nicht wahr sei, so ist diese Feststellung für das Revisionsgericht bindend, es sei denn, dass in Bezug auf die Feststellung ein zulässiger und begründeter Revisionsangriff erhoben ist.

Übersicht

	Rn.
A. Regelungsgehalt	1
B. Ausnahmen	4
I. Prozessvoraussetzungen	4
II. Prozessuale Erklärungen	7
C. Tatsachenvortrag	11
I. Neuer Tatsachenvortrag	12
1. Verfahrensrügen	14
2. Prozessökonomie	15
3. Restitutionsgründe	18
II. Berufungsentscheidung und Sitzungsprotokoll	23
1. Inhalt der Berufungsentscheidung	23
2. Mindestanforderungen	27
3. Reichweite der Beweiskraft	29
D. Tatsachenfeststellungen	36

A. Regelungsgehalt

1 § 559 ZPO knüpft an die Vorgabe aus § 545 ZPO an, wonach die Berufungsentscheidung im Revisionsverfahren grundsätzlich nur auf Rechtsfehler zu überprüfen ist, und konkretisiert, welcher **Sachverhalt** dieser Prüfung zugrunde zu legen ist. Nach Abs. 1 ist es den Parteien grundsätzlich verwehrt, ihr Begehren in der Revisionsinstanz auf neuen Tatsachenvortrag zu stützen (→ Rn. 12 ff.). Auch auf den Tatsachenvortrag aus den Vorinstanzen dürfen sie nicht unbeschränkt zurückgreifen. Dieser bleibt vielmehr unberücksichtigt, wenn er in Widerspruch zum Tatbestand des Berufungsurteils einschließlich des Sitzungsprotokolls (→ Rn. 23 ff.) oder zu tatsächlichen Feststellungen des Berufungsgerichts (→ Rn. 36 ff.) steht.

2 Die Parteien können die damit gezogenen Grenzen überwinden, wenn es ihnen gelingt, einen **Verfahrensfehler** des Berufungsgerichts aufzuzeigen. Geeignet hierzu sind insbesondere die Rüge, das Berufungsgericht habe entscheidungserheblichen Vortrag zu Unrecht übergangen oder einen nach § 139 ZPO gebotenen Hinweis nicht erteilt, und die Rüge, die Beweiswürdigung des Berufungsgerichts stehe nicht in Einklang mit den dafür maßgeblichen rechtlichen Vorgaben. Darüber hinaus lässt der Bundesgerichtshof in bestimmten Konstellationen neuen Tatsachenvortrag aus Gründen der **Prozessökonomie** zu (→ Rn. 15 ff. und → Rn. 18 ff.).

3 Alle in § 559 ZPO vorgesehenen Beschränkungen gelten nur für den Vortrag und die Feststellung von **Tatsachen,** nicht aber für Rechtsausführungen der Parteien[1] und die Rechtsanwendung durch das Berufungsgericht. Zur Abgrenzung zwischen Tat- und Rechtsfragen → ZPO § 546 Rn. 3 ff. In welchem Umfang die Berufungsentscheidung der **rechtlichen Überprüfung** unterliegt, ist in § 557 ZPO geregelt.

B. Ausnahmen

I. Prozessvoraussetzungen

4 Nicht anwendbar ist § 559 ZPO, soweit es um die von Amts wegen zu prüfenden **Prozessvoraussetzungen** geht. Die dafür maßgeblichen Tatsachen hat das Gericht auch in der Revisionsinstanz von Amts wegen festzustellen. Der Bundesgerichtshof ist insoweit Tatsacheninstanz.[2] Dies bedeutet allerdings nur, dass er diesbezüglichen Tatsachenvortrag der Parteien berücksichtigen muss und eigene Tatsachenfeststellungen treffen kann. Er kann die Sache aber auch insoweit zur ergänzenden Tatsa-

---

[1] Vgl. dazu etwa BGH GRUR 2013, 951 Rn. 17 – Regalsystem.
[2] BGHZ 173, 103 = NJW-RR 2007, 1693 Rn. 9.

chenfeststellung an das Berufungsgericht zurückverweisen, wenn dies unter dem Aspekt der Prozessökonomie zweckmäßiger erscheint.[3]

Zu den Prozessvoraussetzungen der Revisionsinstanz gehören grundsätzlich auch die **Zulässigkeit** **5** **der Revision** und die Zulässigkeit der **Berufung**.[4] Wenn das Berufungsgericht die Berufung als unzulässig verworfen hat, darf die Revision jedoch nur auf Tatsachen gestützt werden, die bereits in der Berufungsinstanz vorgetragen worden sind.[5]

Soweit es um Prozessvoraussetzungen geht, hängt die Berücksichtigung weiterer Tatsachen grund- **6** sätzlich nicht davon ab, zu welchem **Zeitpunkt** diese eingetreten sind. Eine Ausnahme gilt hinsichtlich der **Prozessvollmacht**. Hat das Berufungsgericht wegen Nichtvorlage einer schriftlichen Prozessvollmacht die Klage als unzulässig abgewiesen oder die Berufung verworfen, so darf eine erst nach dem Schluss der mündlichen Verhandlung in der Berufungsinstanz erteilte schriftliche Vollmacht oder eine nach diesem Zeitpunkt abgegebene Genehmigungserklärung der Partei in der Revisionsinstanz nicht berücksichtigt werden.[6] Entsprechendes dürfte für andere Prozessvoraussetzungen gelten, auf deren Vorliegen die Parteien Einfluss haben.[7]

Nicht von Amts wegen zu prüfen ist die Frage, ob in einem **vorangegangenen Verfahren**, dessen **6a** Ausgang für den Rechtsstreit von Bedeutung ist, alle Prozessvoraussetzungen vorgelegen haben. Diesbezügliche Mängel sind von den Parteien vorzutragen.[8] Dies gilt auch dann, wenn das Gericht die Akten des vorangegangenen Verfahrens beigezogen hat.[9]

II. Prozessuale Erklärungen

Nur eingeschränkt von § 559 ZPO erfasst werden die **prozessualen Erklärungen** der Parteien, **7** also ihre auf den Streitgegenstand und auf das Verfahren bezogenen Anträge:

Hinsichtlich der Frage, ob eine prozessuale Erklärung in der mündlichen Verhandlung **abgegeben** **8** worden ist, gilt ebenso wie für Tatsachenvortrag die Beweisregel des § 314 S. 1 ZPO.[10] Der Revisionskläger darf also nicht geltend machen, er habe eine bestimmte Erklärung in der mündlichen Verhandlung vor dem Berufungsgericht abgegeben oder nicht abgegeben, wenn sich dies weder aus dem angefochtenen Urteil noch aus dem Sitzungsprotokoll ergibt. Dazu auch → ZPO § 557 Rn. 10.

Eine **Klageänderung** ist in der Revisionsinstanz grundsätzlich unzulässig, weil sie in der Regel zu **9** einer Erweiterung des Prüfungsumfangs führen würde, die weder mit § 557 ZPO noch mit § 559 ZPO zu vereinbaren wäre. Wegen Einzelheiten → ZPO § 557 Rn. 11 ff.

Die **Auslegung** von prozessualen Erklärungen ist hingegen in der Revisionsinstanz ohne Ein- **10** schränkungen überprüfbar. Dazu → ZPO § 546 Rn. 20.

C. Tatsachenvortrag

Die in Abs. 1 vorgesehene Beschränkung auf das Parteivorbringen, das aus der **Berufungsentschei-** **11** **dung** und dem Sitzungsprotokoll zu entnehmen ist, grenzt die Möglichkeiten für Revisionsangriffe, aber auch für Gegenrügen des Revisionsbeklagten in mehrfacher Hinsicht ein.

I. Neuer Tatsachenvortrag

Neuer Tatsachenvortrag und neue Beweisangebote sind in der Revisionsinstanz aufgrund der **12** Beschränkung in Abs. 1 grundsätzlich **ausgeschlossen**. Dies gilt unabhängig davon, ob die vorgetragenen Tatsachen vor oder nach Schluss der mündlichen Verhandlung in der Berufungsinstanz eingetreten sind.[11] Als Konsequenz hieraus kann auf Tatsachen, die nach dem genannten Zeitpunkt eingetreten sind, eine Vollstreckungsgegenklage gestützt werden (→ ZPO § 767 Rn. 22 ff.).

Dieser Grundsatz erfährt allerdings eine Reihe von **Ausnahmen:** **13**

1. Verfahrensrügen. Zulässig ist nach Abs. 1 Satz 2 der Vortrag von Tatsachen, auf die eine **14** **Verfahrensrüge** gestützt wird. Der Revisionskläger muss solche Tatsachen gemäß § 551 Abs. 3 S. 1 Nr. 2 Buchst. b ZPO selbst vortragen. Ob ein Verfahrensfehler vorliegt, kann er häufig erst nach Erlass der Berufungsentscheidung beurteilen. Hinsichtlich eines Verfahrensfehlers, der schon im Laufe des Berufungsverfahrens erkennbar war, kann er das Rügerecht allerdings nach § 556 ZPO verlieren.

---

[3] BGHZ 104, 215 (222) = NJW 1988, 2092 (3094).
[4] BGHZ 156, 165 (167) = NJW 2004, 71.
[5] BGHZ 156, 165 (168) = NJW 2004, 71.
[6] GmsOGB BGHZ 91, 111 (114 ff.) = NJW 1984, 2149 (2150).
[7] Ähnlich, aber wohl noch weitergehend MüKoZPO/*Krüger* § 559 Rn. 27.
[8] BGH NJW-RR 2014, 903 Rn. 14.
[9] BGH NJW-RR 2014, 903 Rn. 15.
[10] BGH NJW 2013, 2361 Rn. 11.
[11] BGH NJW 2009, 3783 Rn. 26.

15 **2. Prozessökonomie.** Die Berücksichtigung von **neuen Tatsachen** ist aus Gründen der Prozessökonomie **ausnahmsweise** zulässig, wenn sie sich erst während der Revisionsinstanz ereignet haben,[12] wenn sie unstreitig sind und wenn schützenswerte Belange der Gegenseite nicht entgegenstehen.[13]

16 Diese Voraussetzungen liegen insbesondere dann vor, wenn die Berücksichtigung der unstreitig eingetretenen Änderung zu einer **abschließenden Klärung** des streitigen Rechtsverhältnisses führt und den Parteien einen weiteren, gegebenenfalls durch mehrere Instanzen zu führenden Prozess erspart. So ist zum Beispiel der nachträgliche Eintritt der **Verjährung** zu berücksichtigen, wenn deren tatsächliche Voraussetzungen unstreitig sind und der Beklagte die Verjährungseinrede schon in der Vorinstanz erhoben hat.[14] In Patentverletzungssachen ist eine nach dem Schluss der mündlichen Verhandlung erfolgte **Übertragung des Klagepatents** zu berücksichtigen, wenn sie unstreitig ist und wenn dies ermöglicht, in einer auszusprechenden oder zu bestätigenden Verurteilung zu Rechnungslegung oder Schadensersatz die Person des Leistungsempfängers an die neue Rechtslage anzupassen.[15]

17 **Schützenswerte Belange** des Gegners sind verletzt, wenn die Änderung neue Fragen aufwirft, die einer umfassenden Klärung durch den Tatrichter bedürfen.[16] In der zuletzt genannten Konstellation ist zwar auch eine Zurückverweisung an das Berufungsgericht oder sogar eine eigene Tatsachenfeststellung durch den Bundesgerichtshof zulässig.[17] In der Regel wird es jedoch vorzugswürdig sein, die nachträgliche Änderung unberücksichtigt zu lassen und die Klärung der neuen Rechtslage gegebenenfalls einem neuen Rechtsstreit vorzubehalten. Unproblematisch ist in der Regel die Berücksichtigung einer Tatsache, die für den Gegner **günstig** ist.[18]

18 **3. Restitutionsgründe.** Unter bestimmten Voraussetzungen ist neuer Tatsachenvortrag ferner zu berücksichtigen, wenn sich aus ihm ein **Restitutionsgrund** im Sinne von § 580 ZPO ergibt.[19]

19 Sofern der Restitutionsgrund auf einer **strafbaren Handlung** beruht (§ 508 Nr. 1–5 ZPO), ist er jedenfalls dann zu berücksichtigen, wenn es deswegen zu einer rechtskräftigen strafrechtlichen Verurteilung gekommen ist und nicht auszuschließen ist, dass das angefochtene Urteil auf der strafbaren Handlung beruht.[20] Entsprechendes dürfte gelten, wenn der wenn der **Europäische Gerichtshof für Menschenrechte** eine Verletzung der Europäischen Konvention zum Schutz der Menschenrechte und Grundfreiheiten oder ihrer Protokolle festgestellt hat und das Urteil auf dieser Verletzung beruht (§ 580 Nr. 8 ZPO).

20 Wenn sich der Revisionskläger auf eine ihm nachträglich zugänglich gewordene **Urkunde** (§ 580 Nr. 7 Buchst. b ZPO) beruft, ist dies nur dann zu berücksichtigen, wenn die Berufungsentscheidung aus anderen Gründen ohnehin zum Teil aufzuheben ist und es im Hinblick auf den geltend gemachten Restitutionsgrund nicht prozesswirtschaftlich wäre, den verbleibenden Teil der Entscheidung in Rechtskraft erwachsen zu lassen.[21]

21 Wenn das angefochtene Urteil auf einer **anderen Entscheidung** beruht und diese später aufgehoben wird (§ 580 Nr. 6 ZPO), ist dies ohnehin von Amts wegen zu berücksichtigen. Typischer Fall ist der nach dem Abschluss des Berufungsverfahrens eingetretene, aber auf den Zeitpunkt der Erteilung zurückwirkende Wegfall des Klageschutzrechts. Dazu → ZPO § 545 Rn. 20. Ein nachträglich aufgefundenes, in derselben Sache erlassenes und früher rechtskräftig gewordenes **Urteil** (§ 580 Nr. 7 Buchst. a ZPO) stellt ein Prozesshindernis dar und ist deshalb ebenfalls von Amts wegen zu berücksichtigen (→ Rn. 4).

22 Zu berücksichtigen ist auch eine im Lauf des Revisionsverfahrens ergangene Entscheidung, durch die eine für den Rechtsstreit erhebliche **Vorfrage** verbindlich geklärt worden ist. So ist zum Beispiel eine in den Vorinstanzen erfolgreiche Klage gegen den Außenseiter eines Vertriebsbindungssystems abzuweisen, wenn die zuständigen Organe der Europäischen Union nach Abschluss des Berufungsverfahrens verbindlich festgestellt haben, dass das System rechtswidrig ist.[22]

II. Berufungsentscheidung und Sitzungsprotokoll

23 **1. Inhalt der Berufungsentscheidung.** Auch der Tatsachenvortrag aus den Vorinstanzen ist der revisionsrechtlichen Überprüfung nicht ohne weiteres zugrunde zu legen. Nach Abs. 1 ist vielmehr erforderlich, dass er aus der **Berufungsentscheidung** oder dem Sitzungsprotokoll ersichtlich ist. Diese

---

[12] Speziell zu diesem Aspekt BGHZ 202, 242 = GRUR 2014, 1228 Rn. 21; BGH GRUR 2017, 541 Rn. 44 – Videospiel-Konsolen III.
[13] BGHZ 197, 196 = GRUR 2013, 713 Rn. 47 – Fräsverfahren; BGH NJW 2009, 3783 Rn. 27.
[14] BGH NJW 1990, 2754 (2755).
[15] BGHZ 197, 196 = GRUR 2013, 713 Rn. 47 ff. – Fräsverfahren.
[16] BGH NJW 2009, 3783 Rn. 28.
[17] BGHZ 104, 215 (222 f.) = NJW 1988, 2092 (3094).
[18] BGH NJW 2017, 1471 Rn. 18.
[19] BGH BeckRS 2000, 01551.
[20] BGHZ 3, 65 (67 ff.) = NJW 1951, 923.
[21] BGHZ 5, 240 (248 f.) = NJW 1952, 818 (819); BGHZ 18, 59 (60) = NJW 1955, 1359; BGH NJOZ 2020, 1332 Rn. 5.
[22] BGH GRUR 1985, 396 – 5 Sterne Programm.

Regelung knüpft an § 314 ZPO an, wonach der Tatbestand eines Urteils Beweis liefert für das mündliche Parteivorbringen und dieser Beweis nur durch das Sitzungsprotokoll entkräftet werden kann. Anders als die Beweisregel des § 314 ZPO[23] gilt die Beschränkung nach Abs. 1 auch dann, wenn das Berufungsgericht ein Urteil im schriftlichen Verfahren (§ 128 Abs. 2 ZPO) erlassen oder die Berufung gemäß § 522 Abs. 2 ZPO durch Beschluss zurückgewiesen hat.

Den danach relevanten Inhalt der Berufungsentscheidung bilden alle **tatbestandlichen Darlegungen** des Berufungsgerichts, also alle Ausführungen, aus denen sich ergibt, welche Tatsachen die Parteien in erster und zweiter Instanz vorgetragen und welche Beweismittel sie angeboten haben. An welcher Stelle der Gründe solche Ausführungen wiedergegeben sind, ist unerheblich. Ein Berufungsurteil enthält gemäß § 540 Abs. 1 S. 1 ZPO ohnehin keinen Tatbestand im formellen Sinne. 24

Zum Inhalt der Berufungsentscheidung gehören auch tatbestandliche Darlegungen in der **erstinstanzlichen** Entscheidung, auf die das Berufungsgericht gemäß § 540 Abs. 1 S. 1 Nr. 1 ZPO Bezug genommen hat. Hierbei ist unerheblich, ob diese Darlegungen im Tatbestand oder in den Entscheidungsgründen des erstinstanzlichen Urteils enthalten sind.[24] 25

Wenn das Berufungsgericht in seiner Entscheidung auf eingereichte **Unterlagen oder Beweisstücke** Bezug genommen hat, dürfen darauf beruhende Darlegungen und Feststellungen in der Revisionsinstanz nur berücksichtigt werden, wenn sich diese Gegenstände weiterhin in der Gerichtsakte befinden.[25] Beruht die Beurteilung des Berufungsgerichts auf der Einnahme eines **Augenscheins**, muss das Objekt des Augenscheins zur Akte genommen oder das Ergebnis des Augenscheins richterlich protokolliert werden.[26] 26

Als **Sitzungsprotokoll** heranzuziehen ist grundsätzlich nur das Protokoll über die Verhandlung, auf die das Urteil ergangen ist.[27] Etwas anderes gilt nur dann, wenn ein im Tatbestand aufgeführtes Vorbringen ausdrücklich einem bestimmten Verhandlungstermin zugeordnet wird.[28] Dann ist das Protokoll dieses Termins in gleicher Weise zu berücksichtigen wie ein ausdrücklich in Bezug genommener Schriftsatz (dazu → Rn. 33). 26a

2. Mindestanforderungen. Damit die in § 559 Abs. 1 ZPO vorgesehene Überprüfung stattfinden kann, muss der Inhalt der Berufungsentscheidung gewissen **Mindestanforderungen** entsprechen. Wenn diese nicht erfüllt sind, unterliegt die angefochtene Entscheidung schon aus diesem Grund von Amts wegen der **Aufhebung.** Wegen Einzelheiten → ZPO § 547 Rn. 40 ff. 27

Zu den Angaben, die aus der Berufungsentscheidung zumindest sinngemäß hervorgehen müssen, gehört auch, welches **Begehren** der Berufungskläger in zweiter Instanz verfolgt hat. Diese Angaben müssen sich, anders als das tatsächliche Vorbringen der Parteien, aus der Berufungsentscheidung selbst ergeben. Eine Wiedergabe im Sitzungsprotokoll reicht insoweit nicht aus, weil dieses nach Abs. 1 nur für das Vorbringen, nicht aber für die Anträge der Parteien maßgeblich ist.[29] 28

3. Reichweite der Beweiskraft. Tatsachenvortrag, der nur aus einem **Schriftsatz** hervorgeht, ist nach Abs. 1 von der Berücksichtigung ausgeschlossen, wenn er zu den tatbestandlichen Darlegungen der Berufungsentscheidung in **Widerspruch** steht. So kann der Revisionskläger nicht geltend machen, er habe eine bestimmte Behauptung bestritten, wenn diese in der Berufungsentscheidung oder in den in Bezug genommenen Darlegungen des erstinstanzlichen Urteils als unstreitig dargestellt wird.[30] Ein entsprechender Revisionsangriff kann nur dann Aussicht auf Erfolg haben, wenn das Berufungsgericht zuvor auf fristgerechten Antrag des Revisionsklägers eine **Berichtigung des Tatbestands** vorgenommen hat oder wenn sich aus der Begründung, mit der ein solcher Antrag zurückgewiesen wurde, ergibt, dass die in der Berufungsentscheidung enthaltenen Darlegungen unzutreffend oder widersprüchlich sind.[31] Wegen Einzelheiten → ZPO § 320 Rn. 2 ff. 29

Schriftsätzlicher Vortrag, der in den tatbestandlichen Darlegungen der Berufungsentscheidung **nicht erwähnt** wird, zu ihnen aber auch nicht in Widerspruch steht, ist zu berücksichtigen, wenn der Revisionskläger seine Nichtberücksichtigung zum Gegenstand einer ordnungsgemäßen Verfahrensrüge gemacht, ihn also unter Angabe von Inhalt und Fundstelle in der Revisionsbegründung dargestellt und aufgezeigt hat, dass das Berufungsgericht bei Berücksichtigung des Vorbringens zu einem anderen Ergebnis hätte gelangen müssen.[32] 30

In der älteren Rechtsprechung wurde dem Tatbestand eine **negative Beweiskraft** des Inhalts beigemessen, wonach Behauptungen, die nicht aus dem Tatbestand hervorgehen, als nicht aufgestellt 31

---

[23] BGH NJW-RR 2008, 1566 Rn. 16.
[24] Vgl. BGHZ 139, 36 (39); BGH BeckRS 2010, 04527 Rn. 9.
[25] BGH GRUR 2011, 148 Rn. 16 – Goldhase II; BGH NJW 1981, 1621.
[26] BGH GRUR 2013, 1052 Rn. 31 – Einkaufswagen III.
[27] BGH NZG 2015, 1432 Rn. 49.
[28] BGH NZG 2015, 1432 Rn. 49.
[29] BGH GRUR 2013, 1069 Rn. 15 – Basis3; BGH NJW 2012, 2659 Rn. 16.
[30] BGH NJW 2003, 1390 (1391); NJW-RR 2016, 210 Rn. 6 f.
[31] BGH GRUR 2011, 459 Rn. 12 – Satan der Rache; BGH NZG 2014, 949 Rn. 42; NJW-RR 2014, 830 Rn. 4.
[32] BGHZ 158, 269 (280 ff.) = NJW 2004, 1876 (1879).

anzusehen seien.³³ Eine solche Wirkung kommt nach heutigem Verständnis weder dem Tatbestand eines erstinstanzlichen Urteils noch den tatbestandlichen Darlegungen einer Berufungsentscheidung zu. Die schon für die erste Instanz geltende Vorgabe, die vorgebrachten Angriffs- und Verteidigungsmittel nur ihrem wesentlichen Inhalt nach knapp darzustellen (§ 313 Abs. 2 ZPO) bringt es unweigerlich mit sich, dass nicht jedes Detail des Parteivortrags im Tatbestand wiedergegeben ist. Für eine negative Beweiskraft des Tatbestandes bleibt damit **kein Raum** mehr.³⁴ Dazu auch → ZPO § 314 Rn. 4.

32   **Keinen Vorrang** genießt der Inhalt der Berufungsentscheidung, soweit darin der Inhalt von Verträgen oder sonstigen als Beweismittel vorgelegten **Urkunden** unrichtig wiedergegeben ist und zugleich auf die Urkunde Bezug genommen wird.³⁵ Anders als bei schriftsätzlichem Vortrag ist es bei solchen Dokumenten ausgeschlossen, dass sich die Parteien in der mündlichen Verhandlung abweichend eingelassen haben.³⁶

33   Die Bindungswirkung kann im Einzelfall auch dann **entfallen,** wenn die Berufungsentscheidung den Inhalt eines Schriftsatzes kursorisch wiedergibt, wegen Einzelheiten aber **konkret** auf diesen Schriftsatz **Bezug** nimmt und sich aus dem Schriftsatz zweifelsfrei ergibt, dass die Darstellung in der Entscheidung in einem Punkt auf einem Irrtum beruht.³⁷ Eine pauschale Bezugnahme auf den Inhalt aller gewechselten Schriftsätze, wie sie in praktisch jedem Urteil enthalten ist, reicht hierfür indes nicht aus.³⁸

34   Bei einem **Widerspruch** zwischen dem Inhalt der Berufungsentscheidung und dem Sitzungsprotokoll geht der Inhalt des Protokolls vor.³⁹ Ein bloßes Schweigen des Protokolls zu einem bestimmten Punkt begründet aber noch keinen Widerspruch zu ausdrücklichen Feststellungen in der Berufungsentscheidung.⁴⁰ Zu einem Widerspruch zwischen der Berufungsentscheidung und der Begründung eines Beschlusses, mit dem eine Berichtigung des Tatbestandes abgelehnt wird, → Rn. 29.

35   Wenn die tatbestandlichen Darlegungen in der Berufungsentscheidung in solchem Maße in sich widersprüchlich sind, dass sich die **tatsächlichen Grundlagen** der angefochtenen Entscheidung nicht mehr zweifelsfrei erkennen lassen und deshalb eine hinreichend sichere rechtliche Beurteilung des Parteivorbringens nicht möglich ist, unterliegt die Berufungsentscheidung von Amts wegen der Aufhebung. Dazu → ZPO § 547 Rn. 42.

D. Tatsachenfeststellungen

36   Nach Abs. 2 dürfen Revisionsangriffe grundsätzlich nicht in Widerspruch zu den tatsächlichen **Feststellungen** des Berufungsgerichts stehen. Ist das Berufungsgericht nach Beweisaufnahme zu dem Ergebnis gelangt, eine bestrittene Tatsachenbehauptung sei wahr, unwahr oder nicht bewiesen, so dürfen sich die Parteien in der Revisionsinstanz nicht auf einen davon abweichenden Parteivortrag stützen.

37   Auch in diesem Zusammenhang besteht keine Bindungswirkung, wenn die in Rede stehenden Feststellungen unklar oder in sich **widersprüchlich** sind, so dass nicht erkennbar ist, auf welcher tatsächlichen Grundlage das Berufungsgericht entschieden hat. Insoweit gelten die gleichen Anforderungen wie an die Klarheit und Widerspruchsfreiheit von tatbestandlichen Feststellungen. Dazu → Rn. 27 und → ZPO § 547 Rn. 40 ff.

38   Keine Bindungswirkung besteht ferner im Hinblick auf Tatsachen, deren Vorliegen **von Amts wegen** zu überprüfen ist. Dazu → Rn. 4 ff.

39   Keine Bindungswirkung besteht ferner, wenn die Feststellung erfolgreich mit einer **Verfahrensrüge** angefochten worden ist. Wegen der formellen Anforderungen an eine solche Rüge → ZPO § 551 Rn. 18 ff. Aussicht auf Erfolg hat eine solche Rüge nur dann, wenn die Beweiswürdigung des Berufungsgerichts einen Rechtsfehler aufweist (dazu → ZPO § 546 Rn. 24 f.) oder wenn das Berufungsgericht einen Sachverhalt zugrunde gelegt hat, der von keiner Partei behauptet worden ist.⁴¹

§ 560 Nicht revisible Gesetze

Die Entscheidung des Berufungsgerichts über das Bestehen und den Inhalt von Gesetzen, auf deren Verletzung die Revision nach § 545 nicht gestützt werden kann, ist für die auf die Revision ergehende Entscheidung maßgebend.

---

³³ So BGH NJW 1983, 885 (886); NJW-RR 1990, 1269.
³⁴ BGHZ 158, 269 (281) = NJW 2004, 1876 (1879); vgl. dazu *Dräger* MDR 2015, 131.
³⁵ BGHZ 192, 90 = NJW 2012, 1800 Rn. 60.
³⁶ BGHZ 144, 370 (377 f.) = NJW 2000, 3133 (3135).
³⁷ BGH BeckRS 2010, 25891 Rn. 58 (insoweit nicht in NJW 2011, 143).
³⁸ BGH NZG 2015, 1432 Rn. 48; NJW 1996, 3243 (3244).
³⁹ BGH NJW 1992, 311 (312); 1993, 3067.
⁴⁰ BGH NJW-RR 2013, 1334 Rn. 8.
⁴¹ BGH NJW-RR 1993, 464 (465).

A. Regelungsgehalt

Nicht revisibel sind seit der am 1.9.2009 in Kraft getretenen Rechtsänderung nur noch Normen des **ausländischen Rechts** (→ ZPO § 545 Rn. 4 ff.). Hinsichtlich des Bestehens und des Inhalts solcher Normen ist der Bundesgerichtshof an die Entscheidung des Berufungsgerichts in ähnlicher und zum Teil sogar noch weitergehender Weise gebunden wie hinsichtlich der Feststellung von Tatsachen. Zulässig sind aber die Rügen, das Berufungsgericht habe die deutschen und europäischen Regeln des internationalen Privatrechts unzutreffend angewendet oder das ihm nach § 293 ZPO eingeräumte Ermessen bei der Ermittlung des ausländischen Rechts fehlerhaft ausgeübt. Dazu → ZPO § 545 Rn. 10 f. und → ZPO § 293 Rn. 10 ff. 1

B. Ermittlung und Anwendung durch das Revisionsgericht

Keine Bindungswirkung besteht, wenn das Berufungsgericht die maßgebliche ausländische Rechtsordnung fehlerhaft **unberücksichtigt** gelassen hat.[1] Entsprechendes gilt, wenn sich das ausländische Recht nach dem Schluss der mündlichen Verhandlung in der Berufungsinstanz **geändert** hat.[2] 2

In den genannten Konstellationen kann der Bundesgerichtshof das ausländische Recht **selbst ermitteln,** auslegen und anwenden, sofern die unter dem Gesichtspunkt der Prozessökonomie zweckmäßig erscheint.[3] Sofern diese Voraussetzung nicht vorliegt, kann er die Berufungsentscheidung gemäß § 563 Abs. 4 ZPO aufheben und die Sache an das Berufungsgericht zurückverweisen. 3

§ 561 Revisionszurückweisung

Ergibt die Begründung des Berufungsurteils zwar eine Rechtsverletzung, stellt die Entscheidung selbst aber aus anderen Gründen sich als richtig dar, so ist die Revision zurückzuweisen.

A. Regelungsgehalt

Aus § 557 ZPO ergibt sich, dass eine zulässige Revision **zurückzuweisen** ist, wenn die Berufungsentscheidung weder auf einer Verletzung des materiellen Rechts noch auf einem ordnungsgemäß gerügten oder von Amts wegen zu berücksichtigenden Verfahrensfehler beruht. 1

Nach § 561 ZPO ist einer zulässigen Revision auch dann der Erfolg zu versagen, wenn die Berufungsentscheidung auf einem solchen Fehler beruht, dh wenn zumindest nicht auszuschließen ist, dass das Berufungsgericht ohne den Fehler zu einem anderen Ergebnis gelangt wäre, wenn das Berufungsgericht aber **aus anderen Gründen** nicht zu einem abweichenden Ergebnis gelangen durfte. 2

Wenn die Berufungsentscheidung auf einem Rechtsfehler beruht und sich **nicht** aus anderen Gründen als im Ergebnis richtig erweist, unterliegt sie gemäß § 562 ZPO der Aufhebung. Gemäß § 563 Abs. 1 ZPO ist die Sache dann grundsätzlich an das Berufungsgericht zurückzuverweisen. Gemäß § 563 Abs. 3 ZPO hat der Bundesgerichtshof aber in der Sache zu entscheiden, wenn der Rechtsstreit zur Endentscheidung reif ist. Dazu → ZPO § 563 Rn. 2 ff. 3

Der Rechtsgedanke des § 561 ZPO kommt auch im Verfahren über eine **Nichtzulassungsbeschwerde** zum Tragen. Eine Nichtzulassungsbeschwerde ist zurückzuweisen, wenn die Berufungsentscheidung zwar auf einem schweren Rechtsfehler beruht, sich aber aus anderen Gründen als im Ergebnis richtig erweist. Dazu → ZPO § 544 Rn. 66. 4

B. Voraussetzungen

§ 561 ZPO setzt voraus, dass die Berufungsentscheidung zwar hinsichtlich der Begründung oder des zugrunde liegenden Verfahrens fehlerhaft, im Ergebnis aber aus **anderen rechtlichen Gründen** zutreffend ist. Diese Konstellation liegt zum Beispiel vor, wenn das Berufungsgericht die Voraussetzungen einer bestimmten Anspruchsgrundlage zu Unrecht bejaht hat, die Klage sich jedoch im Hinblick auf eine andere Anspruchsgrundlage als begründet erweist, wenn das Berufungsgericht die Klage aufgrund einer fehlerhaften Beweiswürdigung als unbegründet angesehen hat, das Klagebegehren bei zutreffender rechtlicher Bewertung jedoch unschlüssig ist, oder wenn das Berufungsgericht Angriffs- oder Verteidigungsmittel einer Partei zu Unrecht wegen Verspätung unberücksichtigt gelassen hat, das betreffende Vorbringen jedoch ohnehin unerheblich ist. 5

---

[1] BGH BeckRS 2013, 18631 Rn. 31; NJW 2010, 1070 Rn. 21.
[2] Vgl. BGH NJW-RR 2013, 641 Rn. 23; ebenso BeckOK ZPO/*Kessal-Wulf* § 560 Rn. 3; MüKoZPO/*Krüger* § 560 Rn. 6; Musielak/*Ball* § 560 Rn. 4.
[3] BGH NJW 2010, 1070 Rn. 21.

6 Eine Entscheidung nach § 561 ZPO darf nur ergehen, wenn der Rechtsstreit **zur Entscheidung reif** ist, wenn es also keiner weiteren tatsächlichen Feststellungen mehr bedarf. Erfordert hingegen der vom Berufungsgericht nicht berücksichtigte rechtliche Aspekt noch eine Beweisaufnahme oder hätte das Berufungsgericht einer Partei durch Erteilung eines Hinweises gemäß § 139 ZPO Gelegenheit geben müssen, zu dem betreffenden Gesichtspunkt ergänzend Stellung zu nehmen, ist die Berufungsentscheidung aufzuheben und die Sache an das Berufungsgericht zurückzuverweisen. Die insoweit maßgeblichen Anforderungen decken sich mit denjenigen einer eigenen Sachentscheidung gemäß § 563 Abs. 3 ZPO; dazu → ZPO § 563 Rn. 2 ff.

7 Eine Entscheidung nach § 561 ZPO kommt in der Regel nicht in Betracht, wenn ein **absoluter Revisionsgrund** im Sinne von § 547 ZPO vorliegt (→ ZPO § 547 Rn. 1). Etwas anderes gilt, wenn die Klage wegen unzureichender Vertretung einer Partei als unzulässig abzuweisen ist (→ ZPO § 547 Rn. 28) oder wenn die Entscheidung nur hinsichtlich einzelner Angriffs- oder Verteidigungsmittel nicht mit Gründen versehen ist und das betreffende Vorbringen unschlüssig oder unerheblich ist (→ ZPO § 547 Rn. 47).

§ 562 Aufhebung des angefochtenen Urteils

(1) Insoweit die Revision für begründet erachtet wird, ist das angefochtene Urteil aufzuheben.

(2) **Wird das Urteil wegen eines Mangels des Verfahrens aufgehoben, so ist zugleich das Verfahren insoweit aufzuheben, als es durch den Mangel betroffen wird.**

A. Regelungsgehalt

1 Wenn die Berufungsentscheidung auf einem Rechtsfehler beruht (§ 546 ZPO) und sich nicht aus anderen Gründen als im Ergebnis richtig erweist (§ 561 ZPO), unterliegt sie gemäß § 562 Abs. 1 ZPO der **Aufhebung**. Gemäß § 563 ZPO hat der Bundesgerichtshof dann zugleich darüber zu entscheiden, ob und wie der Rechtsstreit fortzusetzen ist. Wenn die Sache zur Endentscheidung reif ist, hat der Bundesgerichtshof die aufgehobene Berufungsentscheidung gemäß § 563 Abs. 3 ZPO durch eine eigene Sachentscheidung zu ersetzen (→ ZPO § 563 Rn. 24 ff.). Anderenfalls ist die Sache gemäß § 561 Abs. 1 ZPO an das Berufungsgericht zurückzuverweisen (→ ZPO § 563 Rn. 10 ff.). In Ausnahmefällen kommt auch eine Zurückverweisung an das erstinstanzliche Gericht in Betracht (→ ZPO § 563 Rn. 12).

B. Umfang der Aufhebung

2 Wegen der Bindung an die **Revisionsanträge** (§ 557 Abs. 1 ZPO) kann die Berufungsentscheidung nur in dem Umfang aufgehoben werden, in dem sie von den Parteien angegriffen wurde. Ist die Entscheidung nur hinsichtlich eines Teils des Klagebegehrens mit der Revision angefochten worden, so kann sie grundsätzlich nur in diesem Umfang aufgehoben werden, auch wenn der nicht angefochtene Teil der Entscheidung ebenfalls auf dem festgestellten Rechtsfehler beruht.[1]

3 Wenn die Berufungsentscheidung nur hinsichtlich eines **Teils** des noch zur Beurteilung stehenden Streitgegenstands auf einem Rechtsfehler beruht, ist die Aufhebung gemäß Abs. 1 („insoweit") auf diesen Teil zu beschränken. Voraussetzung dafür ist, dass über den von der Aufhebung nicht betroffenen Teil des Streitgegenstands ein **Teil- oder Grundurteil** ergehen könnte. An dieser Voraussetzung fehlt es zum Beispiel, wenn ein Arbeitnehmer aus zwei verschiedenen Diensterfindungen jeweils einen Teil der ihm nach seiner Auffassung zustehenden Zahlungsansprüche einklagt und jeden der beiden Teilbeträge hilfsweise auch auf die jeweils andere Diensterfindung stützt.[2]

4 Die in Abs. 2 vorgesehene Aufhebung des der Berufungsentscheidung zugrunde liegenden **Verfahrens** wird in der Praxis praktisch nie ausdrücklich ausgesprochen. Sie ergibt sich implizit, wenn es wegen eines Verfahrensfehlers zur Aufhebung und Zurückverweisung kommt, der nur durch fehlerfreie Wiederholung des betreffenden Verfahrensschritts behoben werden kann. Ist die Berufungsentscheidung zum Beispiel wegen einer fehlerhaften Beweisaufnahme aufgehoben worden, müssen die betreffenden Beweise vor einer erneuten Berufungsentscheidung in fehlerfreier Weise erhoben werden, auch wenn das Verfahren nicht ausdrücklich mit aufgehoben worden ist. Eine erneute mündliche Verhandlung vor dem Berufungsgericht ist im Falle der Zurückverweisung schon nach § 128 Abs. 1 ZPO grundsätzlich erforderlich.

---

[1] Vgl. BGH NJW 2013, 1009 Rn. 10 ff.; 2008, 153 Rn. 30.
[2] Vgl. BGH GRUR 2012, 380 Rn. 15 – Ramipril II.

§ 563 Zurückverweisung; eigene Sachentscheidung

(1) ¹Im Falle der Aufhebung des Urteils ist die Sache zur neuen Verhandlung und Entscheidung an das Berufungsgericht zurückzuverweisen. ²Die Zurückverweisung kann an einen anderen Spruchkörper des Berufungsgerichts erfolgen.

(2) Das Berufungsgericht hat die rechtliche Beurteilung, die der Aufhebung zugrunde gelegt ist, auch seiner Entscheidung zugrunde zu legen.

(3) Das Revisionsgericht hat jedoch in der Sache selbst zu entscheiden, wenn die Aufhebung des Urteils nur wegen Rechtsverletzung bei Anwendung des Gesetzes auf das festgestellte Sachverhältnis erfolgt und nach letzterem die Sache zur Endentscheidung reif ist.

(4) Kommt im Fall des Absatzes 3 für die in der Sache selbst zu erlassende Entscheidung die Anwendbarkeit von Gesetzen, auf deren Verletzung die Revision nach § 545 nicht gestützt werden kann, in Frage, so kann die Sache zur Verhandlung und Entscheidung an das Berufungsgericht zurückverwiesen werden.

Übersicht

	Rn.
A. Regelungsgehalt	1
B. Entscheidungsreife	2
I. Entscheidungsgrundlagen	3
II. Weitere Feststellungen	5
III. Sonderfälle	8
C. Zurückverweisung	10
I. Gericht und Spruchkörper	11
II. Weiteres Verfahren	15
III. Bindung an die Auffassung des Revisionsgerichts	17
D. Eigene Sachentscheidung	24

A. Regelungsgehalt

§ 563 ZPO regelt den weiteren Inhalt der Entscheidung für den Fall, dass die Berufungsentscheidung gemäß § 562 ZPO **aufgehoben** wird. Als Regelfall ist in Abs. 1 die Zurückverweisung an das Berufungsgericht vorgesehen. Dieses ist gemäß Abs. 2 an die rechtliche Beurteilung gebunden, die der Aufhebung zugrunde liegt. Nach Abs. 3 hat statt der Zurückverweisung eine Entscheidung in der Sache zu ergehen, wenn diese zur Endentscheidung reif ist. Sofern die Entscheidung von der Anwendung nicht revisiblen Rechts abhängt, liegt die Zurückverweisung gemäß Abs. 4 im Ermessen des Bundesgerichtshofs.

B. Entscheidungsreife

Die Auswahl zwischen Zurückverweisung und eigener Sachentscheidung steht grundsätzlich nicht im Ermessen des Bundesgerichtshofs. Maßgebliches Kriterium ist nach Abs. 3 vielmehr, ob der Rechtsstreit **zur Endentscheidung reif** ist. Diese Voraussetzung liegt vor, wenn das Berufungsgericht alle für die rechtliche Beurteilung des Streitfalles erforderlichen tatsächlichen Feststellungen bereits getroffen hat und weitere Feststellungen nicht zu erwarten sind.[1] Nur wenn die Ermittlung oder Auslegung von ausländischem Recht erforderlich ist, steht dem Bundesgerichtshof nach Abs. 4 ein Ermessen zu.

I. Entscheidungsgrundlagen

Grundlage für die Beurteilung sind auch in diesem Zusammenhang gemäß § 559 ZPO die tatbestandlichen Darlegungen und die tatsächlichen Feststellungen des **Berufungsgerichts**. Auf Feststellungen im erstinstanzlichen Urteil darf nur dann zurückgegriffen werden, wenn das Berufungsgericht darauf gemäß § 540 Abs. 1 Satz Nr. 1 ZPO Bezug genommen hat.[2]

Die Feststellungen des Berufungsgerichts dürfen gemäß § 559 Abs. 2 ZPO nicht herangezogen werden, soweit sie Gegenstand einer zulässigen und begründeten **Verfahrensrüge** sind. Im Zusammenhang mit § 563 Abs. 3 ZPO liegt es gegebenenfalls am Revisionsbeklagten, solche Rügen vorsorglich – als **Gegenrüge** (→ ZPO § 551 Rn. 25) – zu erheben, um zu verhindern, dass es aufgrund rechtsfehlerhaft getroffener Feststellungen zu einer ihm ungünstigen Sachentscheidung kommt.

---

[1] BGH GRUR 2011, 313 Rn. 34 – Crimpwerkzeug IV; BGH GRUR 2012, 618 Rn. 29 – Medusa.
[2] BGH NJW-RR 2009, 340 Rn. 22 ff.

II. Weitere Feststellungen

5   Ob **weitere Feststellungen** zu erwarten sind, hängt von den Umständen des Einzelfalls ab. Für eine Bejahung dieser Frage – und damit gegen Entscheidungsreife – kann sprechen, dass das Berufungsgericht eine für die Beurteilung maßgebliche Frage erkennbar als nicht entscheidungserheblich angesehen hat, so dass die Parteien keinen Anlass hatten, hierzu näher vorzutragen.[3] Entsprechendes gilt, wenn das Berufungsgericht einer Partei durch einen Hinweis gemäß § 139 ZPO Gelegenheit zu ergänzendem Vortrag hätte geben müssen, etwas deshalb, weil die Parteien einen rechtlichen Gesichtspunkt erkennbar übersehen haben[4] oder sich die Entscheidungserheblichkeit eines bislang nicht erörterten Gesichtspunkts erst aus der Revisionsentscheidung ergibt[5]. Der **Revisionsbeklagte** muss in solchen Konstellationen jedoch aufzeigen, was er auf einen entsprechenden Hinweis des Berufungsgerichts ergänzend vorgetragen hatte. Erweist sich dieses Vorbringen als unschlüssig, so ist die Sache zur Endentscheidung reif.[6]

6   Hat das Berufungsgericht zum Beispiel ein **Patent** unzutreffend ausgelegt, so ist eine Zurückverweisung geboten, wenn die für die **Auslegung** maßgeblichen tatsächlichen Grundlagen, also insbesondere die objektiven technischen Gegebenheiten, das Vorverständnis der auf dem betreffenden Gebiet tätigen Sachkundigen sowie die typischen Kenntnisse, Fertigkeiten und Erfahrungen und methodischen Herangehensweise dieser Fachleute, nicht vollständig festgestellt sind. Davon ist in der Regel auszugehen, wenn das Berufungsgericht von einer eigenen Auslegung abgesehen hat.[7] Eine Sachentscheidung hat hingegen zu ergehen, wenn die tatsächlichen Grundlagen vollständig festgestellt sind und das Berufungsgericht daraus lediglich unzutreffende rechtliche Schlussfolgerungen gezogen hat, zum Beispiel weil es davon ausgegangen ist, ein Patentmerkmal dürfe nicht so ausgelegt werden, dass es auf eine bloße Trivialität hinauslaufe.[8]

7   Die Frage, ob die Merkmale eines Patents mit **äquivalenten** Mitteln verwirklicht sind, kann in der Regel nur beurteilt werden, wenn sich das Berufungsgericht bereits mit ihr befasst und die dafür erforderlichen Feststellungen zur Gleichwirkung und zur Auffindbarkeit der abgewandelten Ausführungsform getroffen hat.[9] Eine Zurückverweisung ist auch dann geboten, wenn sich das Berufungsgericht mit den genannten Fragen befasst, hierbei aber einen unzutreffenden rechtlichen Ansatzpunkt gewählt und die Parteien damit von ergänzendem entscheidungsrelevantem Vortrag abgehalten hat.[10] Von einer Zurückverweisung ist hingegen abzusehen, wenn sich der Berechtigte in den Vorinstanzen nicht auf eine äquivalente Verwirklichung berufen hat und wenn er auch in der Revisionsinstanz nicht aufzuzeigen vermag, dass er auf einen entsprechenden Hinweis die Voraussetzungen der Äquivalenz schlüssig vorgetragen hätte.[11]

7a Die Frage, ob die bestimmte Verwendung eines Zeichens zu **Verwechslungsgefahr** führt, kann in der Regel nicht abschließend beurteilt werden. Sie ist zwar eine Rechtsfrage (→ ZPO § 546 Rn. 13a), erfordert aber eine umfassende Gesamtbeurteilung auf der Basis der Sicht der angesprochenen Verkehrskreise.[12] Wenn sich die angegriffenen Handlungen an das allgemeine Publikum richten und das Berufungsgericht seine Feststellungen auf die allgemeine Lebenserfahrung gestützt hat, kann der Bundesgerichtshof aber selbst beurteilen, welchen Eindruck der Verkehr bei der Wahrnehmung gewinnt.[13]

III. Sonderfälle

8   Wenn das Berufungsgericht die Klage als **unzulässig** abgewiesen, die Berufung als unzulässig verworfen oder die Sache in die erste Instanz zurückverwiesen hat, kommt eine eigene Sachentscheidung des Bundesgerichtshofs nur in Ausnahmefällen in Betracht. Ergänzende Ausführungen des Berufungsgerichts zur Begründetheit der Klage gelten in dieser Konstellation als nicht geschrieben.[14] Deshalb fehlt es in aller Regel an einer hinreichenden Beurteilungsgrundlage. Eine Sachentscheidung ist nur möglich, wenn eine andere Entscheidung schlechterdings nicht möglich ist. Diese Voraussetzung liegt zum Beispiel vor, wenn die Klage in jeder Hinsicht unschlüssig ist und auch durch weiteres Parteivorbringen nicht schlüssig gemacht werden kann[15] oder jedenfalls das Berufungsgericht

---

[3] BGH GRUR 2012, 45 Rn. 54 – Diglycidverbindung.
[4] BGH GRUR 2011, 313 Rn. 39 – Crimpwerkzeug IV.
[5] BGH NZM 2016, 582 Rn. 35.
[6] BGH GRUR 2011, 313 Rn. 40 – Crimpwerkzeug IV.
[7] BGH GRUR 2007, 1059 Rn. 38 f. – Zerfallszeitmessgerät.
[8] BGH GRUR 2010, 602 Rn. 35 – Gelenkanordnung.
[9] BGH GRUR 2006, 313 Rn. 21 f. – Stapeltrockner; BGH GRUR 2007, 959 Rn. 28 – Pumpeinrichtung.
[10] BGH GRUR 2012, 45 Rn. 54 – Diglycidverbindung.
[11] BGH GRUR 2011, 313 Rn. 40 f. – Crimpwerkzeug IV.
[12] BGH GRUR 2015, 1004 Rn. 58 – IPS/ISP.
[13] BGH GRUR 2015, 1121 Rn. 50 – Tuning; BGH GRUR 2013, 644 Rn. 23 – Preisrätselgewinnauslobung V.
[14] Vgl. nur BGH GRUR 2012, 1145 Rn. 26 – Pelikan.
[15] BGH NJW 2016, 708 Rn. 12; BAG NJW 2016, 2830 Rn. 25.

keinen Anlass hatte, durch einen Hinweis Gelegenheit zu ergänzendem Vortrag zu geben,[16] oder wenn nur ein Teil der Klage als unzulässig abgewiesen wurde und die Feststellungen zum verbleibenden Teil eine abschließende Beurteilung des gesamten Streitgegenstands ermöglichen.[17] Wenn das Berufungsgericht die Sache an die erste Instanz zurückverwiesen hat und der BGH zu dem Ergebnis gelangt, dass ein nicht behebbarer Zulässigkeitsmangel vorliegt, so kann er die Klage abweisen.[18]

Ist der Rechtsstreit nur **teilweise** zur Entscheidung reif, so kann eine darauf beschränkte Sachentscheidung ergehen und die Sache im Übrigen an das Berufungsgericht zurückverwiesen werden, wenn die Voraussetzungen für ein Grund- oder Teilurteil vorliegen.[19] Zulässig ist auch ein Vorbehaltsurteil, sofern die Voraussetzungen dafür vorliegen.[20] Hat das Berufungsgericht ein im Wege der **Stufenklage** geltend gemachtes Klagebegehren in vollem Umfang abgewiesen, so kann der Bundesgerichtshof ein Teilurteil über die erste Stufe erlassen und den Rechtsstreit im Übrigen an das Berufungsgericht zurückverweisen.[21]

C. Zurückverweisung

Soweit der Rechtsstreit nicht zur Entscheidung reif ist (→ Rn. 5 ff.), ist die Sache nach Abs. 1 zu **neuer Verhandlung und Entscheidung** zurückzuverweisen.

I. Gericht und Spruchkörper

Die Zurückverweisung erfolgt nach Abs. 1 grundsätzlich an das **Berufungsgericht**.

An das Gericht der **ersten Instanz** wird die Sache gemäß § 566 Abs. 8 S. 2 ZPO im Falle der Sprungrevision zurückverwiesen. In anderen Fällen kann eine solche Zurückverweisung – als besondere Form einer abweichenden Sachentscheidung im Sinne von Abs. 3 – erfolgen, wenn das Berufungsgericht bei zutreffender Beurteilung eine Zurückverweisung nach § 538 ZPO hätte aussprechen können und wenn eine solche nach Einschätzung des Bundesgerichtshofs als zweckmäßig erscheint.[22] Wegen der eher strengen Voraussetzungen des § 538 ZPO kommt dies vor allem dann in Betracht, wenn schon in erster Instanz ein unzulässiges Teilurteil ergangen ist und es untunlich erscheint, dass das Berufungsgericht auch über den in erster Instanz verbliebenen Teil des Streitgegenstandes mitentscheidet,[23] oder wenn die Vorinstanzen fehlerhaft die internationale Zuständigkeit der deutschen Gerichte verneint haben.[24]

Welcher **Spruchkörper** nach der Zurückverweisung zur Entscheidung berufen ist, richtet sich nach dem Geschäftsverteilungsplan des Gerichts, an das die Zurückverweisung erfolgt ist. Dieser muss nicht zwingend vorsehen, dass derselbe Spruchkörper entscheidet, der im ersten Durchgang mit der Sache befasst war.[25]

Gemäß Abs. 1 Satz 2 kann der Bundesgerichtshof bei der Zurückverweisung bestimmen, dass die Sache durch einen **anderen Spruchkörper** entschieden werden soll als denjenigen, der die Berufungsentscheidung erlassen hat. Er kann hierzu einen konkreten Spruchkörper benennen, zum Beispiel einen Zivilsenat, der aufgrund seines Zuständigkeitsgebiets als besonders geeignet erscheint.[26] Trifft er keine nähere Bestimmung, so ist der Geschäftsverteilungsplan des Berufungsgerichts maßgeblich.

II. Weiteres Verfahren

Durch die Zurückverweisung wird das Berufungsverfahren in die Lage **zurückversetzt,** in der es sich vor Erlass der aufgehobenen Entscheidung befand. Der Berufungskläger hat deshalb nach erfolgreicher Revision und Zurückverweisung noch die Möglichkeit, seine ursprünglich nur gegen einen Teil des erstinstanzlichen Urteils gerichtete Berufung zu erweitern, sofern dies von der Berufungsbegründung gedeckt ist.[27] Dies gilt jedoch nicht, wenn nur der Berufungsbeklagte Revision eingelegt hat.[28] Umgekehrt darf auch der Berufungsbeklagte das erstinstanzliche Urteil nach der Zurückverweisung noch mit der Anschlussberufung anfechten, wenn er Revisionskläger war.[29] In der Regel

---

[16] BGH NJW 1992, 436 (438).
[17] BGH NJW 1998, 2058 (2059).
[18] BGH DtZ 1997, 288 (290).
[19] Vgl. BGH NJW 1995, 1093 (1095); NZI 2011, 107 Rn. 14.
[20] Vgl. BGH NJW-RR 1988, 61 (63); 1990, 109 (110).
[21] BGHZ 141, 79 (89) = NJW 1999, 1706 (1709).
[22] BGHZ 189, 356 = NJW 2011, 2736 Rn. 29; BGH NJW 2016, 409 Rn. 14.
[23] BGHZ 189, 356 = NJW 2011, 2736 Rn. 29.
[24] BGH NJW 2016, 409 Rn. 14.
[25] BGH NJW 2011, 1280 Rn. 5 (insoweit nur teilweise in BGHZ 188, 43).
[26] Zweifelnd MüKoZPO/*Krüger* § 563 Rn. 3.
[27] BGH NJW 1989, 170; 2001, 146.
[28] BGH NJW-RR 1989, 1404.
[29] BGH NJW 1994, 586 (588); GRUR 1999, 49 (50) – Bruce Springsteen and his Band.

scheitert eine Anschlussberufung in diesem Stadium allerdings daran, dass die Frist des § 524 Abs. 2 S. 2 ZPO abgelaufen ist.

16 Das Berufungsgericht hat den Parteien in der Regel Gelegenheit zu **ergänzendem Vortrag** zu geben. Ob und in welchem Umfang es eine Beweisaufnahme wiederholt oder erstmals durchführt, hängt vom Inhalt der Revisionsentscheidung ab. Eine erneute mündliche Verhandlung ist gemäß § 128 Abs. 1 ZPO grundsätzlich erforderlich. Auf die Ergebnisse einer früheren Verhandlung darf entsprechend den allgemeinen Grundsätzen zurückgegriffen werden, soweit sie nicht mit einem Rechtsfehler behaftet sind.

III. Bindung an die Auffassung des Revisionsgerichts

17 Gemäß Abs. 2 ist das Berufungsgericht bei seiner erneuten Entscheidung an die **rechtliche Beurteilung** gebunden, die der Aufhebung zugrunde liegt. Es darf sich dieser Bindung nicht unter Hinweis auf verfassungsrechtliche Bedenken entziehen.[30]

18 Die Bindungswirkung besteht nur hinsichtlich derjenigen rechtlichen Beurteilung, auf der die Aufhebung der vorangegangenen Berufungsentscheidung **beruht**. Nicht erfasst sind Rechtsausführungen des Berufungsgerichts, die im Revisionsverfahren unbeanstandet geblieben sind. Hat das Berufungsgericht zum Beispiel eine Pflichtverletzung und deren Kausalität für den geltend gemachten Schaden bejaht und ist die Berufungsentscheidung wegen fehlerhafter Beurteilung der Kausalität aufgehoben worden, so besteht keine Bindungswirkung hinsichtlich der Frage, ob eine Pflichtverletzung vorliegt.[31] Ebenfalls nicht bindend sind die im Revisionsurteil enthaltenen Hinweise für das weitere Verfahren,[32] also die so genannten Segelanweisungen.

19 Die Bindungswirkung entfällt, wenn sich der für die Beurteilung maßgebliche **Sachverhalt** ändert.[33] Eine solche Änderung kann sich zum Beispiel ergeben, wenn die Parteien nach Zurückverweisung ergänzend vortragen und dieser Vortrag nicht wegen Verspätung unberücksichtigt zu bleiben hat.

20 So ist die der Aufhebung zugrunde liegende Auslegung eines **Patents** nicht mehr bindend, wenn das Berufungsgericht nach der Zurückverweisung ergänzende Feststellungen zum technischen Sachverhalt oder zum Wissensstand der auf dem betreffenden Gebiet tätigen Fachleute trifft, die eine abweichende Beurteilung gebieten.[34]

21 In einer **Kennzeichenstreitsache** sind Ausführungen des Bundesgerichtshofs zu Verwechslungsgefahr und Zeichenähnlichkeit nicht mehr bindend, wenn sich die dafür maßgeblichen Feststellungen zum Gesamteindruck der in Rede stehenden Zeichen geändert haben.[35]

22 Die Bindungswirkung entfällt ferner, wenn sich die höchstrichterliche **Rechtsprechung** nach Erlass der Revisionsentscheidung ändert – sei es, dass der Gemeinsame Senat der obersten Gerichtshöfe des Bundes, das Bundesverfassungsgericht oder der Gerichtshof der Europäischen Union die in Rede stehende Rechtsfrage abweichend beurteilt haben, sei es, dass der Bundesgerichtshof seine Rechtsprechung geändert hat.[36]

23 Aus § 563 Abs. 2 ZPO ergibt sich, dass auch der **Bundesgerichtshof** an seine Aufhebung zugrunde liegende Rechtsauffassung gebunden ist, wenn er in einem weiteren Revisionsverfahren erneut mit demselben Rechtsstreit befasst ist.[37] Die Bindung unterliegt denselben Schranken wie diejenige des Berufungsgerichts.

D. Eigene Sachentscheidung

24 Soweit die Sache zur Endentscheidung reif ist (→ Rn. 5 ff.), hat der Bundesgerichtshof gemäß Abs. 3 diejenige Entscheidung zu treffen, die das **Berufungsgericht** bei zutreffender Beurteilung hätte treffen müssen. Er kann mithin die Berufung verwerfen oder zurückweisen oder das erstinstanzliche Urteil abändern und hierbei die Klage abweisen oder den Beklagten antragsgemäß verurteilen. Sofern die Voraussetzungen des § 538 ZPO vorliegen, kann er das erstinstanzliche Urteil aufheben und die Sache in die erste Instanz zurückverweisen (→ Rn. 12).

25 Wenn das Berufungsgericht zu Unrecht vom Erlass eines **Versäumnisurteils** abgesehen hat, darf der Bundesgerichtshof diese Entscheidung jedoch nicht nachholen.[38] Zur Säumnis im Revisionsverfahren → ZPO § 555 Rn. 22 ff.

---

[30] BGH NJW 2007, 1127 Rn. 21.
[31] BGHZ 163, 223 (233) = NJW 2005, 3071 (3073).
[32] BGH BeckRS 1989, 31073887.
[33] BGHZ 159, 122 (127) = NJW-RR 2004, 1422 (1423).
[34] BGHZ 169, 30 = GRUR 2006, 962 Rn. 25 – Restschadstoffentfernung; BGH BeckRS 2010, 27762 Rn. 4.
[35] BGH GRUR 2005, 61 (62) – CompuNet/ComNet II.
[36] GmSOGB BGHZ 60, 392 (397) = NJW 1973, 1273 (1274); BGH NJW 2013, 1310 Rn. 19.
[37] GmSOGB BGHZ 60, 392 (396 f.) = NJW 1973, 1273 (1274); BGH NJW-RR 2007, 1127 Rn. 20.
[38] BGH NJW 1995, 2563 (2564).

Anzuwendende Vorschriften des Berufungsverfahrens   1 § 565 ZPO

Sofern der maßgebliche Sachverhalt hinreichend geklärt ist (→ Rn. 5 ff.), kann der Bundesgerichtshof auch eine **Würdigung** vornehmen, die an sich dem Tatrichter vorbehalten ist. Insbesondere ist er zur Auslegung von Willenserklärungen[39] und zur Ermittlung, Auslegung und Anwendung ausländischen Rechts[40] befugt (dazu auch → ZPO § 560 Rn. 3). 26

Wenn die Anwendbarkeit **ausländischen Rechts** in Betracht kommt, kann der Bundesgerichtshof die Sache gemäß Abs. 4 trotz Entscheidungsreife an das Berufungsgericht zurückverweisen. Diese Verfahrensweise bietet sich insbesondere an, wenn es zur Klärung der relevanten Rechtsfragen einer Beweisaufnahme bedarf. Eine Zurückweisung ist ferner dann geboten, wenn nicht auszuschließen ist, dass nach Klärung der Rechtsfrage weitere tatsächliche Feststellungen zu treffen sind.[41] 27

§ 564 Keine Begründung der Entscheidung bei Rügen von Verfahrensmängeln

¹**Die Entscheidung braucht nicht begründet zu werden, soweit das Revisionsgericht Rügen von Verfahrensmängeln nicht für durchgreifend erachtet.** ²**Dies gilt nicht für Rügen nach § 547.**

§ 564 ZPO dient der **Entlastung** des Bundesgerichtshofs. Er entbindet von einer näheren Begründung der Revisionsentscheidung, wenn sich eine Verfahrensrüge als unzulässig oder unbegründet erweist, nicht aber von der Prüfung aller erhobenen Rügen. Gemäß Satz 2 ist eine Begründung stets erforderlich, wenn der Revisionskläger einen absoluten Revisionsgrund im Sinne von § 547 ZPO geltend macht. 1

Die Vorschrift gilt sowohl für ein **Revisionsurteil** als auch für einen **Beschluss** gemäß § 552a ZPO. Für die Entscheidung über eine Nichtzulassungsbeschwerde enthält § 544 Abs. 4 S. 2 ZPO eine speziellere Regelung, die es unter bestimmten Voraussetzungen ermöglicht, auch bei Geltendmachung von absoluten Revisionsgründen und bei Sachrügen von einer Begründung abzusehen, und zwar unabhängig davon, ob die Beschwerde Erfolg hat oder nicht. 2

Der Revisionskläger kann eine Begründung auch nicht durch eine **Anhörungsrüge** erzwingen. Der Bundesgerichtshof kann in entsprechender Anwendung von § 564 S. 1 ZPO auch in der Entscheidung über die Anhörungsrüge von einer Begründung dafür absehen, weshalb er Verfahrensrügen für nicht durchgreifend erachtet hat.[1] 3

§ 565 Anzuwendende Vorschriften des Berufungsverfahrens

¹**Die für die Berufung geltenden Vorschriften über die Anfechtbarkeit der Versäumnisurteile, über die Verzichtsleistung auf das Rechtsmittel und seine Zurücknahme, über die Rügen der Unzulässigkeit der Klage und über die Einforderung, Übersendung und Zurücksendung der Prozessakten sind auf die Revision entsprechend anzuwenden.** ²**Die Revision kann ohne Einwilligung des Revisionsbeklagten nur bis zum Beginn der mündlichen Verhandlung des Revisionsbeklagten zur Hauptsache zurückgenommen werden.**

Übersicht

	Rn.
A. Regelungsgehalt	1
B. Anwendbare Vorschriften	4
I. Anfechtbarkeit der Versäumnisurteile	4
II. Verzicht auf Rechtsmittel	8
III. Zurücknahme des Rechtsmittels	10
1. Erklärung des Rechtsmittelklägers	10
2. Zustimmung des Rechtsmittelbeklagten	12
IV. Rügen der Unzulässigkeit der Klage	16
V. Anforderung und Zurücksendung der Prozessakten	20

A. Regelungsgehalt

§ 565 S. 1 ZPO verweist wegen einiger Fragen des Revisionsverfahrens auf die Vorschriften des **Berufungsrechts.** Soweit eine Materie in den §§ 542 ff. ZPO und in den in § 565 S. 1 ZPO genannten Normen nicht abschließend geregelt ist, sind gemäß § 555 ZPO die Vorschriften über das erstinstanzliche Verfahren vor den Landgerichten entsprechend heranzuziehen. 1

---

[39] BGH GRUR 2011, 641 Rn. 35 – Jette Joop.
[40] BGH NJW 2010, 1070 Rn. 21.
[41] BGH NZG 2016, 1187 Rn. 17.
[1] BGH NJW 2005, 1432 (1433).

ZPO § 565 2–11

2 Die Verweisung gilt über den Wortlaut der Vorschrift hinaus nicht nur für das Revisionsverfahren, sondern auch für das Verfahren über die **Nichtzulassungsbeschwerde**.[1]

3 Die mit Wirkung vom 1.1.2014 angefügte Regelung in § 565 S. 2 ZPO macht die **Zurücknahme** der Revision nach Beginn der mündlichen Verhandlung von der Zustimmung des Gegners abhängig; dazu → Rn. 12 ff.

B. Anwendbare Vorschriften

I. Anfechtbarkeit der Versäumnisurteile

4 Die Anfechtbarkeit von Versäumnisurteilen ist in § 514 ZPO geregelt. In entsprechender Anwendung der Vorschrift unterliegen nur solche Versäumnisurteile der Revision, gegen die ein **Einspruch** nicht statthaft ist. Dies sind Versäumnisurteile, mit denen ein Einspruch gegen ein erstes Versäumnisurteil gemäß § 345 ZPO wegen erneuter Säumnis **verworfen** wurde, und Versäumnisurteile, mit denen das Berufungsgericht einen Antrag auf Wiedereinsetzung in den vorigen Stand nach Versäumung der Frist für die Einlegung oder Begründung der Revision zurückgewiesen hat (§ 238 Abs. 2 S. 2 ZPO).

5 Entsprechend § 514 Abs. 2 S. 1 ZPO kann die Revision nur darauf **gestützt** werden, die Voraussetzungen für den Erlass des angefochtenen Versäumnisurteils hätten nicht vorgelegen.[2] Die Rüge, es liege ein absoluter Revisionsgrund iSv § 547 ZPO vor, genügt hierfür nicht.[3] Wegen Einzelheiten → ZPO § 514 Rn. 8 ff. Das Rechtsmittel ist nur dann zulässig, wenn der Revisionskläger in der Revisionsbegründung **schlüssig** darlegt, dass ein Fall der verschuldeten Säumnis nicht vorgelegen hat.[4]

6 Die Revision bedarf in den genannten Konstellationen **nicht** der **Zulassung** gemäß § 542 ZPO. Dies ergibt sich aus der entsprechenden Anwendung von § 511 Abs. 2 ZPO.[5] Dazu auch → ZPO § 543 Rn. 3. Eine Nichtzulassungsbeschwerde ist in diesem Fällen unzulässig und kann nicht in eine Revision umgedeutet werden (→ ZPO § 544 Rn. 5).

7 Die Zulässigkeit eines **Versäumnisurteils in der Revisionsinstanz** richtet sich gemäß § 555 ZPO grundsätzlich nach den Vorschriften über das erstinstanzliche Verfahren. Dazu → ZPO § 555 Rn. 22 ff.

II. Verzicht auf Rechtsmittel

8 Für den Verzicht auf die Rechtsmittel der Revision und der Nichtzulassungsbeschwerde gilt **§ 515 ZPO** entsprechend. Wegen Einzelheiten → ZPO § 515 Rn. 4 ff.

9 Auch im Revisionsverfahren kann der Verzicht gegenüber dem **Gegner**[6] oder gegenüber dem **Gericht** erklärt werden. Im zuletzt genannten Fall unterliegt die Erklärung dem Anwaltszwang,[7] kann also nach Einlegung des Rechtsmittels wegen § 78 Abs. 1 S. 3 ZPO nur noch durch einen beim Bundesgerichtshof zugelassenen Rechtsanwalt wirksam abgegeben werden.

9a Der allgemeine Grundsatz, dass ein Rechtsmittel unzulässig ist, wenn der Rechtsmittelführer **außergerichtlich** wirksam auf dessen Einlegung verzichtet hat, gilt auch für eine Nichtzulassungsbeschwerde.[8] Hat eine Partei durch Vereinbarung mit dem Gegner wirksam auf das Rechtsmittel der Revision verzichtet, so ist auch eine Nichtzulassungsbeschwerde dieser Partei unzulässig.[9]

III. Zurücknahme des Rechtsmittels

10 **1. Erklärung des Rechtsmittelklägers.** Für die Zurücknahme einer Berufung oder Nichtzulassungsbeschwerde gilt **§ 516 ZPO** entsprechend. Wegen Einzelheiten → ZPO § 516 Rn. 3 ff.

11 Die Zurücknahme unterliegt auch in der Revisionsinstanz dem **Anwaltszwang**,[10] kann also gemäß § 78 Abs. 1 S. 3 ZPO nur durch einen beim Bundesgerichtshof zugelassenen Rechtsanwalt erfolgen. Ein nicht beim Bundesgerichtshof zugelassener Rechtsanwalt, kann eine von ihm eingelegte (und deshalb unzulässige) Revision selbst zurücknehmen.[11] Ohne Mitwirkung eines Anwalts wirksam ist eine Vereinbarung mit dem Gegner, in der sich die Partei zur Zurücknahme des Rechtsmittels

---

[1] BGH NJW 2003, 756; BeckRS 2008, 23773 Rn. 1.
[2] BGH NJW 2018, 3252 Rn. 6.
[3] BGH NJW 2016, 642 Rn. 7.
[4] BGH NJW 2009, 687 Rn. 6.
[5] BGH NJW-RR 2008, 876 Rn. 3.
[6] BGH NJW-RR 1992, 567 (568); BeckRS 2013, 19380 Rn. 5.
[7] BGH NJW-RR 1994, 386.
[8] BGH NJW 2019, 2479 Rn. 8 f.
[9] BGH BeckRS 2013, 19380 Rn. 4.
[10] BGH NJW 1984, 805.
[11] Vgl. zum Berufungsrecht BGH NJW-RR 1994, 759.

verpflichtet. Eine solche Vereinbarung führt auf Einrede des Gegners hin zur Verwerfung des Rechtsmittels als unzulässig.¹²

2. Zustimmung des Rechtsmittelbeklagten. Abweichend von § 516 ZPO, aber in Übereinstimmung mit dem vor 2002 geltenden Revisions- und Berufungsrecht bedarf die Zurücknahme der Revision gemäß § 565 S. 2 ZPO der **Zustimmung** des Revisionsbeklagten, wenn dieser bereits mündlich über die Revision verhandelt, also in der mündlichen Verhandlung vor dem Bundesgerichtshof die Zurückweisung der Revision beantragt hat. Diese Regelung ist am 1.1.2014 in Kraft getreten. Sie gilt für früher anhängig gemachte Verfahren nur insoweit, als es um die Wirkung einer nach Inkrafttreten durchgeführten mündlichen Verhandlung geht.¹³ Mit dem Zustimmungserfordernis soll ausgeschlossen werden, dass eine Partei ein ihr ungünstiges Urteil zu einer über den Einzelfall hinaus bedeutsamen Frage ohne Mitwirkung des Gegners in letzter Minute verhindert. Demselben Zweck dient § 555 Abs. 3 ZPO für den Fall, dass ein „rückzugswilliger" Beklagter in der Vorinstanz obsiegt hat und eine Revisionsentscheidung deshalb nur durch ein Anerkenntnis verhindern kann; dazu → ZPO § 555 Rn. 27 ff. Eine Klagerücknahme in der Revisionsinstanz bedarf schon nach § 269 Abs. 1 ZPO der Zustimmung des Beklagten, ein Verzichtsurteil darf nach § 306 ZPO stets nur auf Antrag des Beklagten ergehen; dazu aber → ZPO § 555 Rn. 28a.

Die Zustimmung unterliegt ebenfalls dem **Anwaltszwang**. Sie dürfte entsprechend § 516 Abs. 1 ZPO ebenso wie die Zurücknahme selbst bis zur Verkündung des Revisionsurteils zulässig sein.

Wird die Zustimmung **nicht** erteilt, so bleibt die Zurücknahme der Revision unwirksam. Der Bundesgerichtshof hat dann über die Revision durch streitiges Urteil zu entscheiden.

Für das Verfahren über eine **Nichtzulassungsbeschwerde** ist Satz 2 schon deshalb bedeutungslos, weil dort ohne mündliche Verhandlung entschieden wird.

IV. Rügen der Unzulässigkeit der Klage

Wegen Rügen, die die Zulässigkeit der Klage betreffen, gilt **§ 532 ZPO** entsprechend. Die Vorschrift betrifft nur **verzichtbare** Rügen, nicht also Zulässigkeitsvoraussetzungen, die von Amts wegen zu prüfen sind.

Von Bedeutung für das Revisionsverfahren ist in erster Linie § 532 S. 1 ZPO. Danach muss der Revisionskläger eine verzichtbare Rüge, die er bereits in den **Vorinstanzen** erhoben hat, in der **Revisionsbegründung** erneut geltend machen. Dass eine Versäumung dieser Frist entschuldigt werden kann, ist im Revisionsverfahren kaum vorstellbar. Für den Revisionsbeklagten ist die Vorschrift ohne Bedeutung, weil es keine förmliche Frist zur Revisionserwiderung gibt.

Die nach § 532 S. 2 ZPO unter bestimmten Voraussetzungen vorgesehene Geltendmachung von **neuen** Rügen scheitert in der Revisionsinstanz in der Regel daran, dass sie bei sorgfältiger Prozessführung schon in den Vorinstanzen hätten erhoben werden können. Denkbar ist das erstmalige Verlangen einer **Prozesskostensicherheit**, sofern die Voraussetzungen dafür erst im Laufe des Revisionsverfahrens eingetreten sind¹⁴ – sei es, weil zuvor keine Verpflichtung bestanden hatte (§ 111 ZPO), sei es, weil eine in den Vorinstanzen festgesetzte Sicherheitsleistung bis dahin ausreichend war (§ 112 Abs. 3 ZPO). Sofern keiner dieser Ausnahmefälle vorliegt, dürfte es dem Beklagten in aller Regel schwerfallen, die verspätete Geltendmachung zu entschuldigen.¹⁵

Über den Wortlaut von § 565 ZPO hinaus zieht der Bundesgerichtshof im Revisionsverfahren auch § 513 Abs. 2 ZPO entsprechend heran. Die Revision darf danach nicht darauf gestützt werden, das **Berufungsgericht** habe seine **Zuständigkeit** zu Unrecht bejaht.¹⁶ Dazu auch → ZPO § 545 Rn. 32.

V. Anforderung und Zurücksendung der Prozessakten

Nach der für das Revisionsverfahren entsprechend geltenden Regelung in **§ 541 ZPO** fordert der Bundesgerichtshof nach **Einlegung** einer Revision oder Nichtzulassungsbeschwerde die Prozessakten beim Berufungsgericht an. Dieses reicht die Anfrage an das Gericht der ersten Instanz weiter, wenn es die Akten bereits dorthin zurückgeschickt hat.

Nach **Abschluss** des Verfahrens sendet der Bundesgerichtshof die Akten einschließlich der in dritter Instanz hinzugekommenen Teile sowie einer beglaubigten Abschrift der diese Instanz abschließenden Entscheidung entsprechend § 541 Abs. 2 ZPO an das Berufungsgericht zurück. Dieses leitet sie an das erstinstanzliche Gericht weiter, wo sie bis zum Ablauf der Aufbewahrungsfrist abgelegt werden. Die Entscheidung des Bundesgerichtshofs verbleibt im Original bei dem dort angelegten Senatsheft, das auch Abschriften der erst- und zweitinstanzlichen Entscheidung sowie der Rechtsmittelbegründung und -erwiderung in dritter Instanz enthält und nur dem internen Gerichtsgebrauch dient.

---

[12] BGH NJW 1984, 805.
[13] BGH GRUR 2015, 820 Rn. 13 – Digibet II.
[14] BGH NJW 2001, 3630 (3631).
[15] Vgl. BGH NJW-RR 1990, 378.
[16] BGH NJW 2005, 1660 (1661 f.) – Bezugsbindung.

§ 566 Sprungrevision

(1) ¹Gegen die im ersten Rechtszug erlassenen Endurteile, die ohne Zulassung der Berufung unterliegen, findet auf Antrag unter Übergehung der Berufungsinstanz unmittelbar die Revision (Sprungrevision) statt, wenn
1. der Gegner in die Übergehung der Berufungsinstanz einwilligt und
2. das Revisionsgericht die Sprungrevision zulässt.

²Der Antrag auf Zulassung der Sprungrevision sowie die Erklärung der Einwilligung gelten als Verzicht auf das Rechtsmittel der Berufung.

(2) ¹Die Zulassung ist durch Einreichung eines Schriftsatzes (Zulassungsschrift) bei dem Revisionsgericht zu beantragen. ²Die §§ 548 bis 550 gelten entsprechend. ³In dem Antrag müssen die Voraussetzungen für die Zulassung der Sprungrevision (Absatz 4) dargelegt werden. ⁴Die schriftliche Erklärung der Einwilligung des Antragsgegners ist dem Zulassungsantrag beizufügen; sie kann auch von dem Prozessbevollmächtigten des ersten Rechtszuges oder, wenn der Rechtsstreit im ersten Rechtszug nicht als Anwaltsprozess zu führen gewesen ist, zu Protokoll der Geschäftsstelle abgegeben werden.

(3) ¹Der Antrag auf Zulassung der Sprungrevision hemmt die Rechtskraft des Urteils. ²§ 719 Abs. 2 und 3 ist entsprechend anzuwenden. ³Die Geschäftsstelle des Revisionsgerichts hat, nachdem der Antrag eingereicht ist, unverzüglich von der Geschäftsstelle des Gerichts des ersten Rechtszuges die Prozessakten einzufordern.

(4) ¹Die Sprungrevision ist nur zuzulassen, wenn
1. die Rechtssache grundsätzliche Bedeutung hat oder
2. die Fortbildung des Rechts oder die Sicherung einer einheitlichen Rechtsprechung eine Entscheidung des Revisionsgerichts erfordert.

²Die Sprungrevision kann nicht auf einen Mangel des Verfahrens gestützt werden.

(5) ¹Das Revisionsgericht entscheidet über den Antrag auf Zulassung der Sprungrevision durch Beschluss. ²Der Beschluss ist den Parteien zuzustellen.

(6) Wird der Antrag auf Zulassung der Revision abgelehnt, so wird das Urteil rechtskräftig.

(7) ¹Wird die Revision zugelassen, so wird das Verfahren als Revisionsverfahren fortgesetzt. ²In diesem Fall gilt der form- und fristgerechte Antrag auf Zulassung als Einlegung der Revision. ³Mit der Zustellung der Entscheidung beginnt die Revisionsbegründungsfrist.

(8) ¹Das weitere Verfahren bestimmt sich nach den für die Revision geltenden Bestimmungen. ²§ 563 ist mit der Maßgabe anzuwenden, dass die Zurückverweisung an das erstinstanzliche Gericht erfolgt. ³Wird gegen die nachfolgende Entscheidung des erstinstanzlichen Gerichts Berufung eingelegt, so hat das Berufungsgericht die rechtliche Beurteilung, die der Aufhebung durch das Revisionsgericht zugrunde gelegt ist, auch seiner Entscheidung zugrunde zu legen.

Übersicht

	Rn.
A. Regelungsgehalt	1
B. Voraussetzungen	2
I. Statthaftigkeit	2
II. Zulassungsantrag	9
C. Wirkungen des Zulassungsantrags	14
I. Verzicht auf die Berufung	14
II. Hemmung der Rechtskraft	17
D. Entscheidung über die Zulassung	18
E. Weiteres Verfahren	24
F. Kosten	27

A. Regelungsgehalt

1 § 566 ZPO eröffnet den Parteien die Möglichkeit, einen Rechtsstreit unter **Übergehen der Berufungsinstanz** vor den Bundesgerichtshof zu bringen. In der Praxis wird von dieser Möglichkeit kaum Gebrauch gemacht. Die hauptsächlichen Gründe dafür dürften darin liegen, dass eine Zustimmung des Gegners erforderlich ist, dass eine Zulassung nur durch den Bundesgerichtshof erfolgen kann und dass die Zulassungsgründe innerhalb der nicht verlängerbaren Frist des § 548 ZPO dargelegt werden müssen.

B. Voraussetzungen

I. Statthaftigkeit

Die Zulassung der Sprungrevision ist nach Abs. 1 nur bei erstinstanzlichen **Endurteilen** möglich, 2
die ohne Zulassung mit der **Berufung** angefochten werden können. Erforderlich sind ferner die
Einwilligung des Gegners sowie ein **Zulassungsgrund**.

Endurteile sind Urteile, mit denen über ein Klagebegehren abschließend entschieden wird (§ 300 3
Abs. 1 ZPO). Insoweit gelten dieselben Anforderungen wie für eine Revision gegen ein Berufungsurteil. Dazu → ZPO § 542 Rn. 8 ff.

Aus dem in Abs. 1 genannten Zweck, die Berufungsinstanz zu übergehen, folgt, dass die Sprung- 4
revision auch den in § 542 Abs. 2 ZPO definierten Einschränkungen unterliegt. Sie ist also insbesondere nicht statthaft gegen Entscheidungen in Verfahren über **vorläufigen Rechtsschutz**. Dazu
→ ZPO § 542 Rn. 6 f.

Die **Berufung** ist gemäß § 511 Abs. 2 Nr. 1 ZPO ohne Zulassung statthaft, wenn der Wert des 5
Beschwerdegegenstandes 600 Euro übersteigt. Gemäß § 514 Abs. 2 S. 2 ZPO ist eine Zulassung
unabhängig von Wert des Beschwerdegegenstandes entbehrlich, wenn sich die Berufung gegen ein
Versäumnisurteil richtet, gegen das der Einspruch nicht statthaft ist (dazu → ZPO § 514 Rn. 6 f.).
Sofern keiner dieser Fälle gegeben ist, kommt eine Sprungrevision nicht in Betracht.

Die **Einwilligung** des Gegners muss gemäß Abs. 2 Satz 4 schriftlich erfolgen. Sie unterliegt dem 6
Anwaltszwang, wenn der Rechtsstreit in erster Instanz als Anwaltsprozess zu führen war, und kann
vom Prozessbevollmächtigten der ersten Instanz abgegeben werden.

Die in Abs. 4 Satz 1 aufgeführten **Zulassungsgründe** entsprechen denjenigen in § 543 Abs. 2 S. 1 7
ZPO. Wegen Einzelheiten → ZPO § 543 Rn. 5 ff.

Verfahrensrügen sind nach Abs. 4 Satz 2 ausgeschlossen. Das Verfahren der Sprungrevision kann 8
deshalb nur zur Klärung von Fragen des materiellen Rechts genutzt werden.

II. Zulassungsantrag

Nach Abs. 2 Satz 1 muss die Zulassung der Sprungrevision beim **Bundesgerichtshof** beantragt 9
werden. Eine Zulassung durch das erstinstanzliche Gericht ist im Gesetz nicht vorgesehen. Der
Zulassungsantrag muss gemäß § 78 Abs. 1 S. 3 ZPO durch einen beim Bundesgerichtshof zugelassenen
Rechtsanwalt gestellt werden.

Die Anforderungen an **Form** und **Frist** entsprechen gemäß Abs. 2 Satz 2 denjenigen der Revision. 10
Der Frist beträgt also einen Monat und beginnt mit der Zustellung des in vollständiger Form abgefassten erstinstanzlichen Urteils, spätestens aber fünf Monate nach dessen Verkündung.

Innerhalb dieser – nicht verlängerbaren – Frist muss der Antragsteller gemäß Abs. 2 Satz 3 auch die 11
Zulassungsgründe aufzeigen. Insoweit gelten dieselben Anforderungen wie bei einer Nichtzulassungsbeschwerde.[1] Eine gesonderte und verlängerbare Begründungsfrist gibt es anders als bei der
Nichtzulassungsbeschwerde (§ 544 Abs. 2 ZPO) nicht. Revisionsgründe brauchen in diesem Stadium
noch nicht geltend gemacht zu werden. Die Revisionsbegründungsfrist beginnt gemäß Abs. 6 Satz 3
erst zu laufen, wenn die Entscheidung über die Zulassung der Sprungrevision zugestellt wird.

Innerhalb der Frist des § 548 ZPO ist gemäß Abs. 2 Satz 4 ferner die **schriftliche Einwilligungs-** 12
erklärung des Gegners vorzulegen. Diese muss grundsätzlich im Original vorgelegt werden. Die
Vorlage einer vom Prozessbevollmächtigten des Antragstellers beglaubigten Kopie genügt nicht.[2] Die
auch sonst zulässigen Übermittlungswege, also insbesondere Telefax, dürfen aber auch zur Übermittlung dieser Erklärung benutzt werden.[3] Die Einwilligungserklärung muss gemäß § 129a Abs. 2 S. 2
ZPO auch dann fristgerecht beim Bundesgerichtshof eingehen, wenn sie zu Protokoll der Geschäftsstelle des in erster Instanz zuständigen oder eines anderen Amtsgerichts erklärt worden ist.

Eine **Wiedereinsetzung** in den vorigen Stand ist auch dann möglich, wenn lediglich die Einwil- 13
ligungserklärung des Gegners nicht rechtzeitig eingereicht worden ist und dies nicht auf einem Verschulden des Antragstellers oder seines Prozessbevollmächtigten beruht.[4]

C. Wirkungen des Zulassungsantrags

I. Verzicht auf die Berufung

Nach Abs. 1 Satz 2 gelten der Antrag auf Zulassung der Sprungrevision und die Einwilligung des 14
Gegners als **Verzicht** auf die **Berufung**. Nicht nur der Antragsteller, sondern auch der Gegner verliert
also die Möglichkeit, das erstinstanzliche Urteil in der Berufungsinstanz anzugreifen. Sofern der Gegner

---

[1] BGH BeckRS 2008, 23055 Rn. 4; 2012, 19213 Rn. 4 ff.
[2] BGHZ 92, 76 (78) = NJW 1984, 2890.
[3] BGH NJW-RR 2007, 1075 Rn. 2.
[4] BGH NJW-RR 2007, 1075 Rn. 4.

durch das Urteil ebenfalls beschwert ist, kann er – mit Zustimmung der anderen Partei – ebenfalls die Zulassung der Sprungrevision beantragen oder sich der Sprungrevision des Gegners nach deren Zulassung anschließen.

15   Der Verzicht des Gegners wird erst **wirksam,** wenn der Antrag auf Zulassung der Sprungrevision eingereicht wird.[5] Im Einzelfall kann sich aus den Erklärungen der Parteien allerdings ein weitergehender Verzicht auf die Berufung ergeben.

16   Die Parteien können schon **vor Beginn** des Rechtsstreits **vereinbaren,** dass die in erster Instanz unterliegende Partei das Urteil nicht mit der Berufung, sondern nur mit der Sprungrevision soll anfechten dürfen. Eine solche Vereinbarung wirkt zu Lasten beider Parteien als Verzicht auf die Berufung.[6] Sie unterliegt nicht dem Anwaltszwang, vermag die nach Abs. 1 erforderliche Einwilligung aber nicht zu ersetzen, wenn diese gemäß Abs. 2 Satz 4 durch einen Rechtsanwalt abzugeben ist. Verweigert eine der Vertragsparteien die Erteilung der Einwilligung in der gebotenen Form, darf sie sich nach Treu und Glauben nicht auf den Berufungsverzicht des Gegners berufen.[7]

II. Hemmung der Rechtskraft

17   Gemäß Abs. 3 Satz 1 **hemmt** der Antrag auf Zulassung der Sprungrevision die Rechtskraft des angefochtenen Urteils. Dies entspricht den Wirkungen einer Nichtzulassungsbeschwerde (§ 544 Abs. 5 ZPO).

D. Entscheidung über die Zulassung

18   Nach Abs. 5 Satz 1 entscheidet der Bundesgerichtshof über den Zulassungsantrag durch **Beschluss.** Eine mündliche Verhandlung ist nach § 128 Abs. 4 ZPO nicht erforderlich. Dem Antragsgegner kann mit der Zustellung der Antrags (Abs. 2 Satz 2 und § 550 Abs. 2 ZPO) Gelegenheit zu einer Erwiderung gegeben werden.

19   Wenn der Zulassungsantrag nicht statthaft ist, nicht in der gebotenen Form und Frist eingereicht wurde oder aus sonstigen Gründen **unzulässig** ist, wird er verworfen.

20   Wenn der Antrag zulässig ist, prüft der Bundesgerichtshof, ob einer der in Abs. 4 Satz 1 genannten **Zulassungsgründe** vorliegt. Verfahrensrügen können nach Abs. 4 Satz 2 nicht zur Zulassung der Sprungrevision führen.

21   Wenn ein Zulassungsgrund **nicht gegeben** ist, weist der Bundesgerichtshof den Antrag zurück. Das angefochtene Urteil wird gemäß Abs. 6 mit der Zustellung (→ ZPO § 544 Rn. 71) des ablehnenden Beschlusses rechtskräftig.

22   Wenn ein Zulassungsgrund **vorliegt,** lässt der Bundesgerichtshof die Sprungrevision zu. Das Verfahren wird dann gemäß Abs. 7 als Revisionsverfahren fortgesetzt.

23   Wenn nur hinsichtlich eines **Teils** des Streitgegenstandes ein Zulassungsgrund vorliegt, soll die Zulassung nur möglich sein, wenn dessen Wert die in § 511 Abs. 2 Nr. 1 ZPO definierte Grenze von 600 Euro übersteigt.[8] Dies deckt sich nicht ganz mit der Rechtsprechung zur Wertgrenze für eine Nichtzulassungsbeschwerde (dazu → ZPO § 544 Rn. 16 f.). Konsequenterweise sollte es als ausreichend angesehen werden, dass der Antragsteller insgesamt hinsichtlich eines Streitgegenstandes Zulassungsgründe darlegt, deren Wert die Grenze übersteigt, auch wenn sich der Antrag nur hinsichtlich eines unterhalb dieser Grenze bleibenden Teils als begründet erweist.

E. Weiteres Verfahren

24   Das weitere Verfahren entspricht im Wesentlichen demjenigen nach der Entscheidung über eine **Nichtzulassungsbeschwerde.** Dazu → ZPO § 544 Rn. 71 ff.

25   Gemäß Abs. 4 Satz 2 sind **Verfahrensrügen** auch nach Zulassung der Sprungrevision ausgeschlossen. Zu berücksichtigen sind jedoch Verfahrensmängel, die von Amts wegen zu beachten sind.[9]

26   Führt die Revision zu einer Aufhebung und **Zurückverweisung** (§ 563 Abs. 1 ZPO), so hat diese gemäß Abs. 8 Satz 2 an das Gericht der ersten Instanz zu erfolgen. Die erneute Entscheidung des erstinstanzlichen Gerichts kann nach Maßgabe von § 511 ZPO mit der Berufung oder, sofern die Voraussetzungen des § 566 ZPO erneut vorliegen, wiederum mit einem Antrag auf Zulassung der Sprungrevision angefochten werden. In einem Berufungsverfahren ist gemäß Abs. 8 Satz 3 auch das Berufungsgericht an die der Aufhebung zugrunde liegende rechtliche Beurteilung gebunden.

---

[5] BGH NJW 1997, 2387.
[6] BGH NJW 1986, 198.
[7] BGH NJW 1986, 198.
[8] BGH MDR 2003, 169 f.
[9] BGH NJW-RR 1996, 1150; NJW 1991, 2014 (2015).

F. Kosten

Für das Verfahren über den Zulassungsantrag fällt gemäß KV 1240 eine **gerichtliche Gebühr** von 1,5 an, wenn der Antrag verworfen oder zurückgewiesen wird. Bei Rücknahme oder anderweitiger Erledigung sich die Gebühr gemäß KV 1241 auf 1,0. Wenn die Sprungrevision zugelassen wird, fallen Gerichtsgebühren nur für das Revisionsverfahren an; dazu → ZPO § 549 Rn. 4. 27

Für die im Verfahren tätigen **Rechtsanwälte** fallen gemäß VV Vorbemerkung 3.2 Abs. 1 im Verfahren über den Zulassungsantrag die gleichen Gebühren an wie in einem Revisionsverfahren (dazu → ZPO § 549 Rn. 5 ff.). Eine Terminsgebühr fällt in aller Regel nicht an, weil die Entscheidung über die Zulassung ohne mündliche Verhandlung ergeht. Im Falle der Zulassung fällt keine erneute Verfahrensgebühr an. Die beiden Verfahrensabschnitte bilden gemäß § 16 Nr. 11 RVG eine einheitliche Angelegenheit. 28

Die Erteilung der **Einwilligung** in die Sprungrevision des Gegners ist nach § 19 Abs. 1 S. 2 Nr. 9 RVG durch die Verfahrensgebühr für die erste Instanz abgegolten. Bei gesonderter Beauftragung liegt eine Einzeltätigkeit im Sinne von VV 3403 oder VV 3404 vor. 29

Abschnitt 3. Beschwerde

Titel 1. Sofortige Beschwerde

§ 567 Sofortige Beschwerde; Anschlussbeschwerde

(1) **Die sofortige Beschwerde findet statt gegen die im ersten Rechtszug ergangenen Entscheidungen der Amtsgerichte und Landgerichte, wenn**
1. **dies im Gesetz ausdrücklich bestimmt ist oder**
2. **es sich um eine solche eine mündliche Verhandlung nicht erfordernde Entscheidungen handelt, durch die ein das Verfahren betreffendes Gesuch zurückgewiesen worden ist.**

(2) **Gegen Entscheidungen über Kosten ist die Beschwerde nur zulässig, wenn der Wert des Beschwerdegegenstands 200 Euro übersteigt.**

(3) ¹**Der Beschwerdegegner kann sich der Beschwerde anschließen, selbst wenn er auf die Beschwerde verzichtet hat oder die Beschwerdefrist verstrichen ist.** ²**Die Anschließung verliert ihre Wirkung, wenn die Beschwerde zurückgenommen oder als unzulässig verworfen wird.**

Literatur: *Bender,* Ein neues Rechtsmittel: Die Anschlussbeschwerde im Unionsmarkenverfahren, GRUR 2006, 990; *Winkler,* Auswirkungen der ZPO-Reform auf das Beschwerdeverfahren vor dem BPatG, VPP-Rundbrief 2002, 81.

Übersicht

	Rn.
A. Allgemeine Grundlagen zu §§ 567 ff. ZPO	1
I. Beschwerde gegen Entscheidungen von DPMA und BPatG	5
II. Rechtspflegererinnerung	11
1. Statthaftigkeit der Erinnerung	11
2. Einlegung und Verfahren	16
B. Statthaftigkeit der sofortigen Beschwerde	21
C. Anwendungsbereich im Gewerblichen Rechtsschutz	25
D. Beschwer	26
E. Rücknahme und Verzicht	27
F. Anschlussbeschwerde	29

A. Allgemeine Grundlagen zu §§ 567 ff. ZPO

Die §§ 567–577 ZPO regeln die Beschwerde als ein weiteres Rechtsmittel neben der Berufung und der Revision. Zu unterscheiden ist zwischen der in den §§ 567–573 ZPO geregelten **sofortigen Beschwerde** gegen im ersten Rechtszug ergangene Entscheidungen der Amts- und Landgerichte (§ 567) und der **Rechtsbeschwerde** (§§ 574–577 ZPO), die gegen Beschlüsse des Beschwerdegerichts, Berufungsgerichts oder OLG statthaft ist (→ § 574 Rn. 1). 1

In Fällen der **Drittauskunft** kann nach § 140b Abs. 9 PatG, § 24b Abs. 9 GebrMG, § 19 Abs. 9 MarkenG und § 46 Abs. 9 DesignG eine Beschwerde nach **§§ 58 ff.** FamFG gegen die Anordnung des Landgerichts über die Zulässigkeit der Verwendung der Verkehrsdaten iSv § 3 Nr. 30 TKG in Betracht kommen. 2

3 Eine **außerordentliche Beschwerde** kommt neben den §§ 567 ff. ZPO auch dann nicht in Betracht, wenn die Entscheidung ein Verfahrensgrundrecht verletzt oder aus sonstigen Gründen offensichtlich gesetzwidrig und nicht nach §§ 567 ff. ZPO anfechtbar ist.[1] Bei Verletzung des rechtlichen Gehörs ist aber unter den Voraussetzungen des § 321a ZPO eine Gehörsrüge möglich. Dies gilt auch in Verfahren vor dem BPatG, da es sich bei der Gehörsrüge um einen außerordentlichen Rechtsbehelf handelt, dessen Anwendung die § 82 Abs. 2 MarkenG, § 99 Abs. 2 PatG nicht entgegenstehen[2] (→ § 321a Rn. 2).

4 Neben den Rechtsmitteln der Beschwerde, Berufung und Revision gibt es verschiedene Rechtsbehelfe. Diese haben **keinen Devolutiveffekt**, dh sie führen nicht zu einer Überprüfung durch ein übergeordnetes Gericht. Neben der Erinnerung (§§ 573, 732, 766 ZPO, §§ 11, 23 RPflG) ist insbesondere die gesetzlich nicht normierte **Gegenvorstellung** von Bedeutung, mit der das Gericht veranlasst wird, seine eigene, nicht oder nicht mehr anfechtbare Entscheidung abzuändern[3].

I. Beschwerde gegen Entscheidungen von DPMA und BPatG

5 Grundsätzlich **keine Anwendung** finden §§ 567 ff. ZPO in Verfahren vor dem DPMA und dem BPatG.[4] Die entsprechende Anwendung einzelner Vorschriften (§§ 567 Abs. 3, 570 Abs. 3, 571 Abs. 2, 572 Abs. 3 ZPO) wird teilweise vom BPatG angenommen, widerspricht aber letztlich den Vorgaben des Gesetzgebers (→ Rn. 10). Eine Ausnahme gilt für das Kostenfestsetzungsverfahren vor dem BPatG, in dem die Rechtsbeschwerde nach §§ 574 ff. ZPO zulässig ist[5] (→ § 574 Rn. 3).

6 Für das **Patentrecht** ergibt sich die grundsätzliche Unanwendbarkeit der §§ 567 ff. ZPO aus **§ 99 Abs. 2 PatG,** der für eine Anfechtung von Entscheidungen des BPatG ausdrücklich auf die Vorschriften des PatG verweist.[6] Das PatG eröffnet in §§ 73 ff. das Beschwerdeverfahren gegen Beschlüsse der Prüfungsstellen und Patentabteilungen des DPMA und in §§ 100 ff. PatG die Möglichkeit einer Rechtsbeschwerde gegen Beschlüsse der Beschwerdesenate des BPatG. Ferner ist nach § 122 PatG die Beschwerde gegen Urteile der Nichtigkeitssenate des BPatG über den Erlass einstweiliger Verfügungen im Verfahren wegen Erteilung einer Zwangslizenz statthaft. Eine **Beschwerde gegen Entscheidungen des BPatG ist im PatG nicht vorgesehen.** Wie sich aus § 110 Abs. 7 PatG ergibt, sind Beschlüsse der Nichtigkeitssenate nicht isoliert anfechtbar, sondern nur zusammen mit dem Urteil.[7] Nur in Bezug auf das Kostenfestsetzungsverfahren geht der BGH wegen § 84 Abs. 2 S. 2 PatG von der Zulässigkeit der Rechtsbeschwerde nach §§ 574 ff. ZPO aus[8] (→ § 574 Rn. 3).

7 Statthaftes Rechtsmittel gegen Beschlüsse des DPMA in **Gebrauchsmustersachen** ist gemäß § 18 Abs. 1 GebrMG die Beschwerde zum Patentgericht. Darüber hinaus verweist § 18 Abs. 2 GebrMG auf die Beschwerdevorschriften des PatG, die auch für das gebrauchsmusterrechtliche Beschwerdeverfahren gelten. Aus § 18 Abs. 4 GebrMG ergibt sich bei entsprechender Zulassung ferner die Möglichkeit der Rechtsbeschwerde gegen Beschlüsse des Beschwerdesenats des BPatG, die den §§ 100 ff. PatG nachgebildet ist. Die §§ 567 ff. ZPO sind daneben nicht anwendbar.

8 Eine § 99 Abs. 2 PatG entsprechende Regelung enthält § 82 Abs. 2 MarkenG für das **Markenrecht.** Auch hier ist die Anfechtung einer markenrechtlichen Entscheidung des BPatG nur nach den Vorschriften des MarkenG möglich. Nach § 66 Abs. 1 S. 1 MarkenG findet gegen Beschlüsse der Markenstellen und Markenabteilungen, soweit gegen sie nicht die Erinnerung nach § 64 MarkenG gegeben ist, die Beschwerde an das BPatG statt. Gegen die Beschlüsse der Beschwerdesenate findet unter den Voraussetzungen des § 83 Abs. 1 S. 1 MarkenG das Rechtsbeschwerdeverfahren vor dem BGH statt. Ferner besteht die Möglichkeit der Erinnerung nach § 64 MarkenG (→ Rn. 15). Eine Beschwerde nach §§ 567 ff. ZPO kommt daneben nicht in Betracht.[9]

9 Im **Designrecht** wird das Beschwerderecht gegen Entscheidungen des DPMA bzw. BPatG in § 23 DesignG geregelt. Nach § 23 Abs. 4 DesignG ist gegen Beschlüsse DPMA in designrechtlichen Verfahren die Beschwerde zum BPatG statthaft. Gegen die Beschlüsse des Beschwerdesenats des BPatG findet sodann nach § 23 Abs. 5 DesignG die Rechtsbeschwerde zum BGH statt, soweit diese vom BPatG zugelassen wurde. Eine Beschwerde nach §§ 567 ff. ZPO findet daneben nicht statt.

---

[1] BGH NJW 2002, 1577; vgl. auch BGH NJW 2005, 142 (144); eingehend hierzu auch MüKoZPO/*Hamdorf* ZPO § 567 Rn. 15 ff. (Rn. 17).
[2] BPatG GRUR 2007, 256 – Anhörungsrüge; Busse/Keukenschrijver/*Engels* PatG § 73 Rn. 208; Ströbele/Hacker/*Knoll* MarkenG § 82 Rn. 17.
[3] Vgl. zB BPatG GRUR 1986, 54 f. – Gegenvorstellungen.
[4] BPatG GRUR 2001, 339 (340).
[5] BGH GRUR 2013, 427 f. – Doppelvertretung im Nichtigkeitsverfahren; BGH GRUR 2013, 430 f. – Rechtsanwalt im Nichtigkeitsverfahren.
[6] BGH GRUR 1995, 577 – Drahtelektrode; BGH GRUR 1979, 696 – Kunststoffrad.
[7] BGH BeckRS 2003, 00088.
[8] BGH GRUR 2013, 427 f. – Doppelvertretung im Nichtigkeitsverfahren; BGH GRUR 2013, 430 f. – Rechtsanwalt im Nichtigkeitsverfahren.
[9] BGH GRUR 1995, 577 – Drahtelektrode; BPatG GRUR 2001, 339 (340).

Umstritten ist, ob von der grundsätzlichen Unanwendbarkeit der §§ 567 ff. ZPO in Verfahren vor 10
dem DPMA und dem BPatG eine **Ausnahme hinsichtlich einzelner Vorschriften** zu machen ist.
Die entsprechende Anwendung der §§ 567 Abs. 3, 570 Abs. 3, 571 Abs. 2, 572 Abs. 3 ZPO wird
teilweise vom BPatG angenommen. Hiergegen spricht, dass der Gesetzgeber mit den Regelungen in
§ 99 Abs. 2 PatG, § 82 Abs. 2 MarkenG, § 23 Abs. 4, 5 DesignG die Anwendung der Beschwerdeverfahren der ZPO in Verfahren vor dem DPMA und BPatG grundsätzlich ausgeschlossen hat. Es fehlt
mithin an einer Gesetzeslücke, die eine entsprechende Anwendung der §§ 567 ff. ZPO ermöglichen
würde.[10] Soweit es sich um Rechtsmittel gegen Entscheidungen des DPMA handelt, ist ferner zu
berücksichtigen, dass, anders als von §§ 567 ff. ZPO bezweckt, keine Überprüfung einer gerichtlichen
Entscheidung durch die nächsthöhere Instanz erfolgt, sondern eine erstmalige gerichtliche Prüfung
einer Verwaltungsentscheidung.[11] Eine entsprechende Anwendung der §§ 567 ff. ZPO ist daher nur
dann möglich, wenn es sich um allgemeine Verfahrensgrundsätze handelt und die Regelungen in PatG
und MarkenG lückenhaft sind.[12] Dies wird zu Recht für die **unselbständige Anschlussbeschwerde**
iSv § 567 Abs. 3 ZPO angenommen[13] (→ § 567 Rn. 30).

II. Rechtspflegererinnerung

1. Statthaftigkeit der Erinnerung. Dem Rechtspfleger sind in Verfahren nach der ZPO **die in** 11
den §§ 20, 21 RPflG genannten Geschäfte übertragen. Zu beachten ist ferner § 23 RPflG, in
dem die dem Rechtspfleger in Verfahren vor dem BPatG übertragenen Geschäfte abschließend
aufgezählt werden.

Nach § 11 Abs. 1 RPflG bestimmen sich die Rechtsmittel gegen die Entscheidungen des Rechts- 12
pflegers **grundsätzlich nach den allgemeinen verfahrensrechtlichen Vorschriften.** Keine Anwendung findet § 11 RPflG daher beispielsweise, wenn der Rechtspfleger **als Vollstreckungsgericht
tätig geworden ist.** Hier kommt gegen Entscheidungen des Rechtspflegers entweder die sofortige
Beschwerde nach § 793 ZPO in Betracht oder bei einer Vollstreckungsmaßnahme die Vollstreckungserinnerung nach § 766 ZPO. Gegen die Erteilung einer vollstreckbaren Ausfertigung durch den
Rechtspfleger besteht die Möglichkeit der Klauselerinnerung nach § 732 ZPO.

Ist die Entscheidung nach allgemeinen Vorschriften nicht anfechtbar, dann – und nur dann – kann 13
gemäß **§ 11 Abs. 2 S. 1 RPflG** Erinnerung gegen die Entscheidung des Rechtspflegers eingelegt
werden. In **Verfahren vor dem BPatG,** in denen der Rechtspfleger nach § 23 RPflG tätig wird,
ergibt sich die Möglichkeit der Erinnerung nicht aus § 11 Abs. 2 RPflG, sondern aus **§ 23 Abs. 2
RPflG.** Die Anwendung von § 11 Abs. 1 und Abs. 2 S. 1 RPflG wird durch § 23 Abs. 2 S. 3 RPflG
in Verfahren vor dem BPatG ausdrücklich ausgeschlossen.

Für Entscheidungen des **Urkundsbeamten der Geschäftsstelle** gelten §§ 11, 23 Abs. 2 RPflG 14
nicht. Urkundsbeamte der Geschäftsstelle iSv § 153 GVG sind Organ der Rechtspflege und nehmen
weisungsunabhängig die Aufgaben wahr, die der Rechtsprechung vor- und nachgelagert sind oder
diese begleiten.[14] Gegen Entscheidungen des Urkundsbeamten kann nach § 573 Abs. 1 ZPO Erinnerung eingelegt werden.

Gegen die Beschlüsse der Markenstellen und der Markenabteilungen des DPMA, die von einem 15
Beamten des gehobenen Dienstes oder einem vergleichbaren Angestellten erlassen worden sind,
findet die Erinnerung nach **§ 64 MarkenG** statt. Eine entsprechende Erinnerung gegen Entscheidungen des DPMA ist im PatG, GebrMG und DesignG nicht vorgesehen.[15]

2. Einlegung und Verfahren. Die Erinnerung ist **innerhalb einer Frist von zwei Wochen** ab 16
Zustellung der angegriffenen Entscheidung einzulegen. Dies ergibt sich für Verfahren vor den Zivilrichtern aus § 11 Abs. 2 S. 2 RPflG iVm § 569 Abs. 1 ZPO, der auf die für die sofortige Beschwerde
geltende Frist abstellt. Für Verfahren vor dem BPatG ist die 2-Wochen-Frist in § 23 Abs. 2 S. 2 RPflG
normiert.[16] Wird die Frist zur Einlegung der Erinnerung versäumt, kann Wiedereinsetzung in den
vorherigen Stand beantragt werden.[17]

Einzulegen ist die Erinnerung **bei dem Gericht, dem der Rechtspfleger angehört.**[18] Das 17
DPMA ist bei Entscheidungen des BPatG nicht für die Entgegennahme der Erinnerung empfangszuständig.[19]

---

[10] Vgl. BGH GRUR 1995, 577 – Drahtelektrode.
[11] Ströbele/Hacker/*Knoll* MarkenG § 82 Rn. 26.
[12] Vgl. BGH GRUR 1995, 577 – Drahtelektrode.
[13] BGH GRUR 1983, 725 (727) Ziegelsteinförmig; BPatG GRUR 1997, 54 (57) – S.OLIVER; BPatG GRUR
2003, 521 (529) – Farbige Arzneimittelkapsel; Bühring/*Braitmayer* GebrMG § 18 Rn. 83; *Fezer* MarkenG § 66
Rn. 11; Busse/Keukenschrijver/*Engels* PatG § 73 Rn. 208.
[14] Musielak/Voit/*Heinrich* ZPO § 49 Rn. 2.
[15] Busse/Keukenschrijver/*Engels* PatG Vor § 73 Rn. 5.
[16] Vgl. BPatG BeckRS 2012, 02426.
[17] Vgl. etwa BPatG BeckRS 2012, 24523; 2012, 13667.
[18] Musielak/Voit/*Ball* ZPO § 573 Rn. 15.
[19] BPatG BeckRS 2012, 02426.

18 Es besteht gemäß § 13 RPflG **kein Anwaltszwang** für das Erinnerungsverfahren.

19 Die Erinnerung sieht in § 11 Abs. 2 S. 2 RPflG ein **Abhilfeverfahren** vor und zwar auch für Verfahren gegen Entscheidungen des Rechtspflegers des BPatG, da die Vorschrift nicht nach § 23 Abs. 2 RPflG aus dem Anwendungsbereich ausgeschlossen ist.[20] Der Rechtspfleger kann der Erinnerung also entweder abhelfen oder von einer Abhilfe absehen und die Erinnerung dem Richter zur Entscheidung vorlegen (§ 11 Abs. 2 S. 2, 3 RPflG). Dies gilt für Entscheidungen des Rechtspflegers in zivil- und in patentrechtlichen[21] Verfahren. Hilft der Rechtspfleger der Erinnerung nicht ab, entscheidet nach § 28 RPflG das Gericht über die Erinnerung, das nach allgemeinem Verfahrensrecht für die Entscheidung zuständig ist.[22] Eine die Erinnerung als unzulässig verwerfende oder unbegründet zurückweisende Entscheidung des Gerichts ist unanfechtbar; eine stattgebende Abhilfeentscheidung kann nach den allgemeinen Vorschriften angefochten werden.[23]

20 Auf die Erinnerung sind im Übrigen die Vorschriften über die Beschwerde sinngemäß anzuwenden.

B. Statthaftigkeit der sofortigen Beschwerde

21 Die sofortige Beschwerde ist gemäß § 567 Abs. 1 ZPO statthaft gegen **im ersten Rechtszug ergangene Entscheidungen der Amts- oder Landgerichte.** Gegen erstinstanzliche Entscheidungen des OLG und im Berufungs- und Beschwerdeverfahren besteht unter den Voraussetzungen des § 574 ZPO nur die Möglichkeit der Rechtsbeschwerde. Keine Anwendung finden §§ 567 ff. ZPO in Verfahren vor dem DPMA und dem BPatG (→ § 567 ff. Rn. 5).

22 Nach § 567 Abs. 1 Nr. 1 ZPO ist eine sofortige Beschwerde statthaft, wenn dies **gesetzlich ausdrücklich bestimmt** ist. Entsprechende gesetzliche Regelungen finden sich in der ZPO (zB §§ 71 Abs. 2; 91a Abs. 2, 99 Abs. 2, 252, 319 Abs. 3, 336 Abs. 1 S. 1, 406 Abs. 5, 793, 934 Abs. 4, 936 ZPO) oder in anderen Gesetzen (zB § 17a Abs. 4 GVG).[24] Im Gewerblichen Rechtsschutz besonders relevant sind hier die Regelungen in § 34 Abs. 5 S. 2 ArbNErfG und § 15 Abs. 5 S. 3 UWG.

23 Darüber hinaus ist die sofortige Beschwerde nach der **Generalklausel** des § 567 Abs. 1 Nr. 2 ZPO statthaft gegen eine **mündliche Verhandlung nicht erfordernde Entscheidungen.** Die Beschwerde richtet sich mithin in erster Linie gegen Beschlüsse und Verfügungen, nur in wenigen gesetzlich normierten Ausnahmefällen unterliegen auch Urteile der sofortigen Beschwerde (zB § 71 Abs. 2, 99 Abs. 2 ZPO). Ob eine mündliche Verhandlung stattgefunden hat, ist unerheblich.[25] Erforderlich ist in den Fällen des § 567 Abs. 1 Nr. 2 ZPO allerdings, dass in der angefochtenen Entscheidung *„ein das Verfahren betreffendes Gesuch zurückgewiesen worden ist"*. Erfasst wird insoweit der **gesamte Rechtsstreit,** wobei nach wohl überwiegender Ansicht die Ablehnung eines „Gesuchs" aber nur dann anzunehmen ist, wenn die abgelehnte Entscheidung **einen Antrag der Partei voraussetzt.**[26] Auch Ermessensentscheidungen können mit der sofortigen Beschwerde angefochten werden, wenn sie einen Parteiantrag voraussetzen.[27] Entscheidet das Gericht von Amts wegen, liegt hingegen wohl kein Gesuch iSd § 567 Abs. 1 Nr. 2 ZPO vor.[28]

24 Die Beschwerde ist **inhaltlich der Berufung nachgebildet.** Sie führt zu einer **umfassenden Nachprüfung** der angefochtenen Entscheidung. Dies ergibt sich aus § 571 Abs. 2 ZPO, wonach die Beschwerde auf neue Angriffs- und Verteidigungsmittel gestützt werden kann (→ § 571 Rn. 5 ff.).

C. Anwendungsbereich im Gewerblichen Rechtsschutz

25 Im Gewerblichen Rechtsschutz stellt sich die Frage der Statthaftigkeit der sofortigen Beschwerde insbesondere in den nachfolgenden Konstellationen:

- Schiedsstellenverfahren im **Arbeitnehmererfinderrecht:** Die sofortige Beschwerde ist statthaft gegen die Entscheidung der Schiedsstelle über den Wiedereinsetzungsantrag nach § 34 Abs. 5 S. 2 ArbNErfG.
- **Aussetzungsentscheidungen:** Nach § 252 ZPO kann gegen Entscheidungen mit denen die Aussetzung oder Unterbrechung des Verfahrens angeordnet oder abgelehnt wird sofortige Beschwerde eingelegt werden (→ § 252 Rn. 7 ff.).
- Im **Beweisverfahren** findet gemäß § 355 Abs. 2 ZPO keine Beschwerde gegen den Beweisbeschluss statt. Dies gilt grundsätzlich auch für ergänzende Anordnungen des Prozessgerichts nach § 404a

---

[20] Busse/Keukenschrijver/*Engels* PatG Vor § 73 Rn. 15.
[21] Vgl. BPatG BeckRS 2012, 02426.
[22] MüKoZPO/*Hamdorf* ZPO § 573 Anhang Rn. 6.
[23] MüKoZPO/*Hamdorf* ZPO § 573 Anhang Rn. 7.
[24] Eine Aufstellung aller relevanter Vorschriften findet sich bei MüKoZPO/*Hamdorf* ZPO § 567 Rn. 6 f.
[25] Musielak/Voit/*Ball* ZPO § 567 Rn. 13.
[26] BGH GRUR 2014, 705 (706) – Inländischer Admin-c; MüKoZPO/*Hamdorf* ZPO § 567 Rn. 10.
[27] MüKoZPO/*Hamdorf* ZPO § 567 Rn. 12.
[28] Vgl. BGH NJW 2005, 143 (144).

Abs. 4 ZPO.[29] Der Beweisbeschluss kann auch nicht über § 252 ZPO angegriffen werden, wenn die Wirkung des Beweisbeschlusses einer Aussetzung gleichkommt.[30]
- **Beweissicherungsverfahren:** Die sofortige Beschwerde ist nach überwiegender Ansicht statthaft gegen die Entscheidung des Gerichts, ein im Rahmen eines auf Grundlage der §§ 485 ff. ZPO erstelltes Sachverständigengutachten an den Antragsteller **herauszugeben**. Gegen die **Besichtigungsanordnung** selbst ist hingegen wegen § 490 Abs. 2 S. 2 ZPO keine Beschwerde möglich. Anfechtbar ist hingegen die Entscheidung, den Erlass der Besichtigungsanordnung ganz oder teilweise zurückzuweisen, den Antrag auf Erweiterung oder Ergänzung eines bereits erlassenen Beweisbeschlusses abzulehnen oder einen schon erlassenen Beweisbeschluss nachträglich einzuschränken oder aufzuheben[31] (→ § 490 Rn. 12).
- Gegen Entscheidungen der Einigungsstellen nach § 15 Abs. 5 S. 2 UWG ist gemäß Satz 3 die sofortige Beschwerde statthaft.[32]
- **Kostenentscheidungen:** Gegen Kostenentscheidungen ist gemäß § 99 Abs. 1 ZPO eine isolierte Anfechtung grundsätzlich nicht möglich. Die sofortige Beschwerde ist allerdings gemäß § 99 Abs. 2 ZPO statthaft, wenn die Hauptsache durch eine auf Grund eines Anerkenntnisses ausgesprochene Verurteilung erledigt ist. Dabei muss nicht nur die **kostenrechtliche Beschwerdesumme nach § 567 Abs. 2 ZPO** überschritten sein, sondern die Beschwer gemäß § 99 Abs. 2 ZPO in der Hauptsache die Berufungssumme nach § 511 Abs. 2 Nr. 1 ZPO übersteigen.
- Gegen Entscheidungen im **Kostenfestsetzungsverfahren** findet gemäß § 104 Abs. 3 S. 1 ZPO die sofortige Beschwerde statt.
- Gegen das Zwischenurteil, mit dem über den Antrag auf Zurückweisung einer **Nebenintervention** entschieden wird, findet gem. § 71 Abs. 2 ZPO die sofortige Beschwerde statt[33] (→ § 71 Rn. 3).
- Gegen Beschlüsse über die **Unzulässigkeit des Rechtswegs** (§ 17a Abs. 4 S. 3 GVG)[34], auch wenn diese im Verfügungsverfahren ergehen.[35]
- Die Zurückweisung eines Ablehnungsgesuchs gegen einen **Sachverständigen** ist gemäß § 406 Abs. 5 ZPO mit der sofortigen Beschwerde anfechtbar.
- Der **Streitwertbeschluss** des Gerichts ist nach § 68 Abs. 1 GKG unter den dortigen Voraussetzungen[36] mit der Beschwerde zum OLG anfechtbar, → § 3 Rn. 10 ff.).
- Im **Verfügungsverfahren** ist die sofortige Beschwerde statthaft gegen den einen Antrag auf Erlass einer einstweiligen Verfügung zurückweisenden Beschluss.[37]
- **Versäumnisurteil:** Nach § 336 ZPO kann gegen den Beschluss, durch der den Antrag auf Erlass des Versäumnisurteils zurückgewiesen wird sofortige Beschwerde eingelegt werden (§ 336).
- **Vorlageverfahren:** Die sofortige Beschwerde ist **nicht statthaft** bei Vorlage an ein höheres Gericht, zB den EuGH in den Fällen des Art. 267 Abs. 2 und 3 AEUV (→ § 148 Rn. 3 f.) verbunden ist.[38]
- Im **Zwangsvollstreckungsverfahren** findet die sofortige Beschwerde gemäß § 793 ZPO statt gegen Entscheidungen, die ohne mündliche Verhandlung ergehen können. Bei der Beschwerde gegen die Festsetzung von Ordnungs- und Zwangsmitteln handelt es sich um einen wichtigen Anwendungsfall der sofortigen Beschwerde im Gewerblichen Rechtsschutz (→ § 890 Rn. 53 ff.).

D. Beschwer

Die sofortige Beschwerde setzt eine Beschwer des Beschwerdeführers voraus, deren Beseitigung mit der Beschwerde erstrebt wird.[39] Die Beschwer muss auch noch **zum Zeitpunkt der Entscheidung über die Beschwerde** vorliegen.[40] Fällt sie vor der Entscheidung weg, ist die Beschwerde als unzulässig zu verwerfen. Die Beschwerde ist auch dann unzulässig, wenn sie nur eingelegt wird, um die Hauptsache für erledigt zu erklären.[41]

---

[29] BGH GRUR 2009, 519 (520) – Hohlfasermembranspinnanlage.
[30] Vgl. BGH GRUR 2009, 519 (520) – Hohlfasermembranspinnanlage.
[31] OLG Düsseldorf BeckRS 2011, 05466.
[32] OLG Köln BeckRS 2009, 86467; OLG Frankfurt a. M. GRUR-RR 2003, 358 – IHK-Einigungsstelle zu § 27a Abs. 5 UWG aF.
[33] BGH GRUR 2013, 535 (536) – Nebenintervention.
[34] BGH GRUR 2003, 549 – Arzneimittelversandhandel; OLG Stuttgart NZA-RR 1997, 267.
[35] BGH GRUR 2003, 549 – Arzneimittelversandhandel; *Berneke/Schüttpelz* Rn. 263.
[36] Hierzu Kühnen Patentverletzung-HdB Kap. J Rn. 206 ff.
[37] *Berneke/Schüttpelz* Rn. 379 mwN.
[38] OLG Celle NJW-RR 2009, 857.
[39] Musielak/Voit/*Ball* ZPO § 567 Rn. 19.
[40] BGH Mitt. 2004, 471 – Wegfall der Beschwer (Ls.), mit Urteilsgründen abgedruckt in NJW-RR 2004, 1365.
[41] Teplitzky/*Feddersen* Kap. 55 Rn. 6.

E. Rücknahme und Verzicht

27 Der Beschwerdeführer kann die sofortige Beschwerde **jederzeit zurücknehmen**. Es gelten insoweit die Grundsätze des § 296 ZPO. Mit Rücknahme der Beschwerde wird eine formell noch nicht rechtskräftige Entscheidung des Untergerichts gegenstandslos. Sie kann erneut eingelegt werden, solange die Beschwerdefrist noch nicht abgelaufen ist.

28 Auch ein **Verzicht auf die Beschwerde** ist analog §§ 515, 565 ZPO möglich.[42] Eine nach wirksamem Verzicht erhobene Beschwerde ist unzulässig.

F. Anschlussbeschwerde

29 Nach § 567 Abs. 3 ZPO kann der Beschwerdegegner Anschlussbeschwerde einlegen. Die Anschlussbeschwerde ist inhaltlich der Anschlussberufung (§ 524 ZPO) nachgebildet, auf deren Kommentierung verwiesen wird.

30 Trotz der grundsätzlichen Unanwendbarkeit der §§ 567 ff. ZPO in **Verfahren vor dem BPatG** wird § 567 Abs. 3 ZPO vom BPatG entsprechend herangezogen.[43] Grund hierfür ist, dass die Anschlussbeschwerde **kein eigentliches Rechtsmittel** ist, sondern ein Antrag innerhalb des Rechtsmittels des Beschwerdeführers.[44] Es handelt sich somit nicht um eine Anfechtung einer Entscheidung des BPatG iSd § 82 Abs. 2 MarkenG, § 99 Abs. 2 PatG. Die entsprechende Anwendung von § 567 Abs. 3 ZPO ergibt sich daher über die generelle Verweisung in § 82 Abs. 1 S. 1 MarkenG, § 99 Abs. 1 PatG.

31 Die Anschlussbeschwerde ist **unselbständig**, dh sie ist von der Beschwerde abhängig und verliert ihre Wirkung, wenn die Beschwerde zurückgenommen wird oder sich als unzulässig erweist. Im Zweifel sollte der Beschwerdegegner daher, soweit zulässig, eine eigene Beschwerde einlegen, um eine von der anderen Beschwerde unabhängige Entscheidung zu erreichen.[45]

32 Die Anschlussbeschwerde kann nach dem Wortlaut von § 567 Abs. 3 ZPO auch dann eingelegt werden, wenn der Beschwerdegegner auf die Beschwerde verzichtet hat oder die Beschwerdefrist verstrichen ist. Ausreichend ist daher grundsätzlich, wenn die Anschlussbeschwerde **erst in der mündlichen Verhandlung** eingelegt wird.[46] Eine eigene Beschwer ist für die Einlegung der Anschlussbeschwerde nicht erforderlich.[47]

33 Einlegung und Verfahren entsprechen den allgemeinen Vorschriften der Beschwerde. Auch nachdem die Beschwerde dem Beschwerdegericht vorgelegt wurde, kann die Anschlussbeschwerde noch wirksam beim Gericht eingelegt werden, dessen Entscheidung mit der Beschwerde angegriffen wird.[48] Auch hinsichtlich der Anschlussbeschwerde ist grundsätzlich das **Abhilfeverfahren nach § 572 ZPO** durchzuführen, allerdings nur solange wie die Beschwerde noch nicht dem Beschwerdegericht vorgelegt wurde.[49]

§ 568 Originärer Einzelrichter

¹ Das Beschwerdegericht entscheidet durch eines seiner Mitglieder als Einzelrichter, wenn die angefochtene Entscheidung von einem Einzelrichter oder einem Rechtspfleger erlassen wurde. ² Der Einzelrichter überträgt das Verfahren dem Beschwerdegericht zur Entscheidung in der im Gerichtsverfassungsgesetz vorgeschriebenen Besetzung, wenn
1. die Sache besondere Schwierigkeiten tatsächlicher oder rechtlicher Art aufweist oder
2. die Rechtssache grundsätzliche Bedeutung hat.

³ Auf eine erfolgte oder unterlassene Übertragung kann ein Rechtsmittel nicht gestützt werden.

A. Entscheidung des Einzelrichters

1 Um das Verfahren zu beschleunigen, hat nach § 568 ZPO der Einzelrichter über die Beschwerde zu entscheiden, **wenn bereits die angefochtene Entscheidung von einem Einzelrichter oder**

---

[42] BGH NJW 2006, 3498.
[43] BPatG GRUR 1997, 54 (57) – S. OLIVER; *Bender* GRUR 2006, 990.
[44] Busse/Keukenschrijver/*Engels* PatG § 73 Rn. 205.
[45] Zöller/*Heßler* ZPO § 567 Rn. 58.
[46] BPatG GRUR 1997, 54 (57) – S. OLIVER; Keukenschrijver/*Engels* PatG § 73 Rn. 194; *Fezer* MarkenG § 66 Rn. 11.
[47] Busse/Keukenschrijver/*Engels* PatG § 73 Rn. 205.
[48] BGH GRUR 2013, 1071 f. – Umsatzangaben.
[49] BGH GRUR 2013, 1071 – Umsatzangaben; MüKoZPO/*Hamdorf* ZPO § 567 Rn. 42.

einem Rechtspfleger erlassen wurde. Die Vorschrift ergänzt § 348 ZPO, der eine originäre Zuständigkeit des Einzelrichters für das erstinstanzliche Verfahren vorsieht.

Im Gewerblichen Rechtsschutz hat diese Regelung nur einen **begrenzten Anwendungsbereich**, da Gegenstand der Beschwerde aufgrund der Zuweisung patent-, gebrauchsmuster-, marken-, design- und wettbewerbsrechtlicher Streitigkeiten zum Landgericht die originäre Zuständigkeit des Einzelrichters wegen **§ 348 Abs. 1 S. 2 Nr. 2k) ZPO** nicht greift, sondern die Zivilkammer in voller Besetzung originär zuständig ist (→ § 1 Rn. 11). Im Beschwerdeverfahren wird daher in aller Regel eine Kollegialentscheidung der Kammer angegriffen. Praktisch relevant wird die Vorschrift dann, wenn eine Übertragung der Sache auf den Einzelrichter nach § 348a ZPO erfolgt ist oder eine Entscheidung des Rechtspflegers vorliegt.

Kein Einzelrichter iSv § 568 S. 1 ZPO ist der **Vorsitzende der Kammer für Handelssachen** (§ 349 ZPO).[1]

B. Übertragung der Entscheidung auf das Beschwerdegericht

Der nach § 568 ZPO originär zuständige Einzelrichter muss das Verfahren auf das Kollegium übertragen, wenn die Sache besondere Schwierigkeiten tatsächlicher oder rechtlicher Art aufweist (Satz 2 Nr. 1) oder grundsätzliche Bedeutung hat (Satz 2 Nr. 2). Der Richter hat insoweit **kein Ermessen**, sondern **muss** das Verfahren dem Kollegium übertragen.[2]

Der umgekehrte Fall einer Übertragung des Beschwerdeverfahrens vom Kollegium auf den Einzelrichter ist in § 568 ZPO nicht geregelt.

Besondere Schwierigkeiten tatsächlicher oder rechtlicher Art liegen nur dann vor, wenn die Schwierigkeiten deutlich über das übliche Maß hinausgehen.[3] **Grundsätzliche Bedeutung** liegt immer dann vor, wenn zur Fortbildung des Rechts oder zur Wahrung einer einheitlichen Rechtsprechung eine Entscheidung des Rechtsmittelgerichts geboten ist.[4] Dies ist insbesondere der Fall, wenn die Kammer von einer höchstrichterlichen Entscheidung abweichen will oder die Kammer selbst die Rechtsfrage in einem vorherigen Verfahren anders entschieden hat.

Eine zu Unrecht erfolgte oder unterlassene Übertragung der Entscheidung auf das Beschwerdegericht hat keine praktischen Folgen, da die Entscheidung über die Übertragung gemäß § 568 S. 3 ZPO **grundsätzlich unanfechtbar** ist. Dies gilt dann nicht, wenn der Einzelrichter in einer Sache entscheidet, obwohl er die Voraussetzungen des § 568 S. 2 ZPO für gegeben hält, da in diesem Fall ein Verstoß gegen das Verfassungsgebot des gesetzlichen Richters vorliegt.[5]

§ 569 Frist und Form

(1) ¹Die sofortige Beschwerde ist, soweit keine andere Frist bestimmt ist, binnen einer Notfrist von zwei Wochen bei dem Gericht, dessen Entscheidung angefochten wird, oder bei dem Beschwerdegericht einzulegen. ²Die Notfrist beginnt, soweit nichts anderes bestimmt ist, mit der Zustellung der Entscheidung, spätestens mit dem Ablauf von fünf Monaten nach der Verkündung des Beschlusses. ³Liegen die Erfordernisse der Nichtigkeits- oder der Restitutionsklage vor, so kann die Beschwerde auch nach Ablauf der Notfrist innerhalb der für diese Klagen geltenden Notfristen erhoben werden.

(2) ¹Die Beschwerde wird durch Einreichung einer Beschwerdeschrift eingelegt. ²Die Beschwerdeschrift muss die Bezeichnung der angefochtenen Entscheidung sowie die Erklärung enthalten, dass Beschwerde gegen diese Entscheidung eingelegt werde.

(3) Die Beschwerde kann auch durch Erklärung zu Protokoll der Geschäftsstelle eingelegt werden, wenn
1. der Rechtsstreit im ersten Rechtszug nicht als Anwaltsprozess zu führen ist oder war,
2. die Beschwerde die Prozesskostenhilfe betrifft oder
3. sie von einem Zeugen, Sachverständigen oder Dritten im Sinne der §§ 142, 144 erhoben wird.

A. Beschwerdefrist

Die sofortige Beschwerde ist gemäß § 569 Abs. 1 S. 1 ZPO innerhalb einer **Notfrist von zwei Wochen** einzulegen, wenn keine andere Frist bestimmt ist[1*] (zur Fristberechnung → § 222 Rn. 4 ff.).

---

[1] MüKoZPO/*Hamdorf* ZPO § 568 Rn. 6.
[2] BGH NJW 2003, 1254 (1255).
[3] Musielak/Voit/*Ball* ZPO § 568 Rn. 4.
[4] Musielak/Voit/*Ball* ZPO § 568 Rn. 5.
[5] BGH NJW 2003, 1254 (1255 f.); Musielak/Voit/*Ball* ZPO § 568 Rn. 5; MüKoZPO/*Hamdorf* ZPO § 568 Rn. 15.
[1*] Vgl. § 127 Abs. 2 S. 3 ZPO.

Für die in → § 567 Rn. 5 genannten, im Gewerblichen Rechtsschutz besonders relevanten Fälle der sofortigen Beschwerde greifen keine besonderen Fristen.

2 Die Notfrist beginnt nach § 569 Abs. 1 S. 2 ZPO mit der **Zustellung** (§§ 329 Abs. 3, 166 ZPO) der Entscheidung (→ § 329 Rn. 4).[2] Nach der **Ausschlussfrist** des § 569 Abs. 1 S. 2 ZPO endet die Beschwerdefrist spätestens fünf Monate nach der Verkündung der Entscheidung. Erfasst werden hier insbesondere die Fälle einer unterbliebenen, wirkungslosen oder nicht datierten Zustellung. Die Ausschlussfrist gilt entsprechend, wenn die Entscheidung nicht verkündet wurde. Hier beträgt die Frist fünf Monate ab Bekanntgabe der Entscheidung an die Parteien, wenn der Zugang der Entscheidung feststeht und es nur an der Wahrung oder dem Nachweis der Zustellungsförmlichkeiten fehlt.[3]

3 Die in § 569 Abs. 1 S. 1 ZPO genannte Notfrist gilt nach § 569 Abs. 1 S. 3 ZPO dann nicht, wenn die **Erfordernisse der Nichtigkeits- oder der Restitutionsklage** vorliegen. Die sofortige Beschwerde kann dann innerhalb der für Nichtigkeits- oder Restitutionsklage geltenden Notfrist von einem Monat (§ 586 Abs. 1 ZPO) erhoben werden, die an dem Tag beginnt, an dem die Partei Kenntnis von dem Anfechtungsgrund erhalten hat (→ § 586 Rn. 2). Es ist nicht ausreichend, dass das Vorliegen der Voraussetzungen der Nichtigkeits- oder Restitutionsklage behauptet wird; § 569 Abs. 1 S. 3 ZPO greift vielmehr nur dann, wenn ihre Voraussetzungen auch tatsächlich vorliegen.[4]

B. Einlegung und Form der Beschwerde

4 Eingelegt werden kann die Beschwerde wahlweise beim Ausgangsgericht, also dem Gericht dessen Entscheidung angefochten wird (iudex a quo), oder beim Beschwerdegericht (iudex ad quem). Dies gilt auch für die Anschlussbeschwerde, die auch dann noch beim Erstgericht eingelegt werden kann, wenn die Beschwerde bereits dem Beschwerdegericht vorgelegt wurde.[5] Beschwerdegericht bei Entscheidungen des Landgerichts ist nach § 119 Abs. 1 Nr. 2 GVG das OLG. Wird die Beschwerde beim Beschwerdegericht eingereicht, ist sie umgehend an das Ausgangsgericht weiterzuleiten, das zunächst gemäß § 572 Abs. 1 ZPO entscheiden muss, ob es der Beschwerde abhelfen möchte (→ § 572 Rn. 1). Zur Vermeidung einer Verzögerung des Beschwerdeverfahrens sollte die Beschwerde daher beim Ausgangsgericht eingereicht werden.

5 Es ist umstritten, ob das Beschwerdegericht die Beschwerde **auch bei besonderer Dringlichkeit** an das Ausgangsgericht abzugeben hat.[6] Hiergegen spricht, dass die Abgabe an das Ausgangsgericht mit einer erheblichen Verzögerung des Verfahrens verbunden ist, weshalb es vorzugswürdig erscheint dem Beschwerdegericht ausnahmsweise bei besonderer Dringlichkeit das Recht zuzubilligen, ohne vorherige Abgabe sofort in der Sache zu entscheiden.[7] Im Übrigen dient das Abhilfeverfahren der Entlastung des Beschwerdegerichts, so dass nichts dagegen spricht, es dem Beschwerdegericht zu überlassen, ob es sich der Sache bereits vor ordnungsgemäßer Durchführung des Abhilfeverfahrens annimmt oder nicht (→ § 572 Rn. 11).

6 Mit Ausnahme der in § 569 Abs. 3 ZPO genannten Fälle (→ Rn. 8 f.) herrscht für das Beschwerdeverfahren grundsätzlich Anwaltszwang gemäß § 78 ZPO.

7 Die Form der Beschwerdeeinlegung ist in § 569 Abs. 2 und 3 ZPO geregelt. Danach hat der Beschwerdeführer **grundsätzlich eine Beschwerdeschrift einzureichen**, die die Bezeichnung der angefochtenen Entscheidung und das Anliegen einer Überprüfung der Entscheidung erkennen lassen muss.[8] Ein bestimmter Antrag und eine Begründung der Beschwerde sind keine Zulässigkeitskriterien und daher zunächst nicht erforderlich (→ § 571 Rn. 3). Zur Beschleunigung des Beschwerdeverfahrens empfiehlt es sich aber, die Beschwerde bereits mit der Einlegung zu begründen. Bei einer sofortigen Beschwerde gegen den einen Verfügungsantrag zurückweisenden Beschluss kann eine spätere Begründung zu einer **Widerlegung der Dringlichkeitsvermutung** führen[9] (→ § 71 Rn. 2).

8 In den in § 569 Abs. 3 ZPO genannten Fällen kann die Beschwerde auch durch **Erklärung zu Protokoll der Geschäftsstelle** eingelegt werden (§ 129a). Im Gewerblichen Rechtsschutz von Bedeutung ist **§ 569 Abs. 3 Nr. 1 ZPO**, wonach eine Erklärung zu Protokoll der Geschäftsstelle dann möglich ist, wenn der erstinstanzliche Prozess kein Anwaltsprozess war. Anwendung findet § 569 Abs. 3 Nr. 1 ZPO beispielsweise bei Beschwerden gegen **Entscheidungen des Rechtspflegers**, da § 78 ZPO gemäß § 13 RPflG bei Verfahren vor dem Rechtspfleger nicht gilt.

9 Umstritten ist, ob diese Ausnahmeregelung auch bei der Beschwerde gegen den einen **Verfügungsantrag ohne mündliche Verhandlung zurückweisenden Beschluss** gilt. Gegen einen Anwaltszwang wird vorgebracht, dass nach §§ 920 Abs. 3, 936 ZPO auch der Antrag auf Erlass eines Arrestes oder einer einstweiligen Verfügung zu Protokoll der Geschäftsstelle erklärt werden kann und damit

---

[2] Ausnahmen gelten hier nur in den Fällen der § 127 Abs. 3 ZPO und § 98 ZVG.
[3] Musielak/Voit/*Ball* ZPO § 569 Rn. 4.
[4] MüKoZPO/*Hamdorf* ZPO § 569 Rn. 9 mwN.
[5] BGH GRUR 2013, 1071 – Umsatzangaben.
[6] So Harte-Bavendamm/Henning-Bodewig/*Retzer* UWG § 12 Rn. 396.
[7] Vgl. Fezer/*Büscher* UWG § 12 Rn. 129.
[8] BGH WM 2004, 198; NJW 1992, 243.
[9] KG GRUR-RR 2008, 368 – Unterlassene Beschwerdebegründung = BeckRS 2008, 09718 (Volltext).

gemäß § 78 Abs. 3 ZPO keinem Anwaltszwang unterliegt.[10] Ohne mündliche Verhandlung soll dieser Ansicht nach im Verfügungsverfahren kein Anwaltsprozess entstehen, weshalb auch für die Beschwerde keinen Anwaltszwang angenommen wird. Dieser Argumentation wird entgegengehalten, dass § 920 Abs. 3 ZPO nur eine Prozesshandlung betrifft, das Verfügungsverfahren ansonsten aber unstreitig ein Anwaltsprozess sei.[11] Da die Rechtsbeschwerde zum BGH nach §§ 574 Abs. 1 S. 2, 542 Abs. 2 ZPO nicht statthaft ist, ist eine höchstrichterliche Klärung dieser Rechtsfrage nicht zu erwarten. Bei Einlegung der Beschwerde ist daher die Entscheidungspraxis des zuständigen Gerichts zu dieser Frage zu beachten.

Bei sofortigen Beschwerden im **Zwangsvollstreckungsverfahren gemäß §§ 887 ff. ZPO** gilt 10 hingegen Anwaltszwang.[12] Dies gilt auch dann, wenn es sich bei dem Titel, aus dem vollstreckt wird, um eine ohne vorherige mündliche Verhandlung im Beschlusswege ergangene einstweilige Verfügung handelt.[13]

Das gleiche Problem kann sich bei der Beschwerde gegen die **Zurückweisung des Besich-** 11 **tigungsantrags** stellen, der nach § 486 Abs. 4 ZPO ebenfalls zu Protokoll der Geschäftsstelle erklärt werden kann (→ § 486 Rn. 21).

§ 570 Aufschiebende Wirkung; einstweilige Anordnungen

(1) Die Beschwerde hat nur dann aufschiebende Wirkung, wenn sie die Festsetzung eines Ordnungs- oder Zwangsmittels zum Gegenstand hat.

(2) Das Gericht oder der Vorsitzende, dessen Entscheidung angefochten wird, kann die Vollziehung der Entscheidung aussetzen.

(3) Das Beschwerdegericht kann vor der Entscheidung eine einstweilige Anordnung erlassen; es kann insbesondere die Vollziehung der angefochtenen Entscheidung aussetzen.

A. Aufschiebende Wirkung

Die Beschwerde hat **grundsätzlich keine aufschiebende Wirkung.** Die Einlegung einer Be- 1 schwerde wirkt sich mithin nicht auf den Fortgang des Rechtsstreits aus. Dies gilt selbst dann, wenn die Beschwerde durch den Fortgang des Verfahrens überholt wird.[1]

Eine Ausnahme macht § 570 Abs. 1 ZPO für den Fall, dass die Beschwerde **gegen die Festsetzung** 2 **eines Ordnungs- oder Zwangsmittels** gerichtet ist.[2] Dies gilt zunächst für Entscheidungen, mit denen das Gericht Ordnungsmittel gegen im Termin nicht erschienene Parteien, Zeugen und Sachverständige festsetzt (§§ 141 Abs. 3, 380, 390, 409, 411 Abs. 2 ZPO). Hier hat die Beschwerde aufschiebende Wirkung bis über sie entschieden wurde.

Gegen eine Anwendung wird vorgebracht, dass mit der Neufassung des § 570 Abs. 1 ZPO keine 3 inhaltliche Änderung gegenüber der zuvor geltenden Vorschrift des § 572 Abs. 1 ZPO aF einhergehen sollte, in der eine aufschiebende Wirkung nur für die in den §§ 380, 390, 409, 613 ZPO erwähnten Entscheidungen vorgesehen war.[3] Ferner spreche gegen eine Anwendung, dass die Entscheidungen nach §§ 888, 890 ZPO nicht im Erkenntnisverfahren, sondern im Zwangsvollstreckungsverfahren ergehen.[4] Wie der I. Senat des BGH ausgeführt hat, ist diese Ansicht jedoch mit dem klaren Wortlaut des § 570 Abs. 1 ZPO nicht zu vereinbaren.[5] Auch aus Sinn und Zweck der Vorschrift und ihrer Entstehungsgeschichte ergibt sich kein Anlass, § 570 Abs. 1 ZPO gegen ihren Wortlaut einschränkend auszulegen, da nicht zu erkennen ist, dass der Gesetzgeber bei der Neugestaltung des § 570 Abs. 1 ZPO tatsächlich nicht über den Inhalt des § 572 ZPO aF hinausgehen wollte.[6]

---

[10] KG GRUR 1991, 944 (945) – Beschwerdeverfahren; OLG Celle NJW-RR 2009, 977 (978); OLG Dresden GRUR 1997, 856 (Ls.); OLG Karlsruhe GRUR 1993, 697 – Anwaltszwang bei Beschwerde; OLG Köln NJW-RR 1988, 254; Musielak/Voit/*Ball* ZPO § 569 Rn. 11 mwN.
[11] OLG Frankfurt a. M. GRUR-RR 2011, 31 – Anwaltszwang im Verfügungsverfahren; OLG Düsseldorf OLGZ 1983, 358 (359); OLG Hamm NJW-RR 1997, 763; MüKoZPO/*Hamdorf* ZPO § 569 Rn. 19 mwN.
[12] OLG Koblenz GRUR 1985, 573 – Anwaltszwang bei Zwangsvollstreckung; OLG Nürnberg NJW 1983, 2950; OLG Düsseldorf MDR 1987, 506.
[13] OLG Düsseldorf MDR 1987, 506.
[1] Musielak/Voit/*Ball* ZPO § 570 Rn. 2.
[2] BGH GRUR 2012, 427 (428) – Aufschiebende Wirkung.
[3] OLG Köln NJW-RR 2003, 716 (717).
[4] OLG Köln NJW-RR 2003, 716 (717).
[5] BGH GRUR 2012, 427 (428) – Aufschiebende Wirkung; so bereits die Vorinstanz KG BeckRS 2011, 25984; bestätigt in BGH GRUR-RR 2012, 496 – Aufschiebende Wirkung II (Ls.) = BeckRS 2012, 12383 (Volltext); offen gelassen vom X. Senat in BGH GRUR 2005, 269 (270) – Verfolgungsverjährung; so auch OLG Frankfurt a. M. BeckRS 2009, 20252; OLG Frankfurt a. M. InstGE 9, 301 (302) – aufschiebende Wirkung.
[6] KG BeckRS 2011, 25984.

4   Auf die Zwangsvollstreckung wirkt sich die Einlegung der Beschwerde nicht aus. Eine Vollstreckung ist gemäß § 794 Abs. 1 Nr. 3 ZPO auch aus Entscheidungen möglich, gegen die das Rechtsmittel der Beschwerde stattfindet. Bei einer **bereits eingeleiteten Vollstreckung** ist gemäß § 775 Nr. 2 ZPO die Vorlage eines die Einstellung der Zwangsvollstreckung anordnenden Beschlusses des Gerichts erforderlich, bei dem die Beschwerde anhängig ist.[7]

B. Aussetzung der Vollziehung und einstweilige Anordnung

5   Da die Beschwerde grundsätzlich keine aufschiebende Wirkung hat, eröffnen **§ 570 Abs. 2 und 3 ZPO** den Gerichten die Möglichkeit, **von Amts wegen** die Vollziehung der mit der Beschwerde angefochtenen Entscheidung nach dessen **pflichtgemäßem Ermessen** auszusetzen. Sie setzt erhebliche Gründe voraus, wie etwa wesentliche Nachteile durch die Vollziehung oder eine zweifelhafte Rechtslage.[8] Die Aussetzung der Vollziehung kann entweder vom Ausgangsgericht oder seinem Vorsitzenden angeordnet werden (Abs. 2) oder vom Beschwerdegericht (Abs. 3 ZPO).

6   Das Beschwerdegericht kann gemäß § 570 Abs. 3 ZPO neben der Aussetzung der Vollziehung auch vor der Entscheidung über die Beschwerde **einstweilige Anordnung anderen Inhalts** erlassen. Sinn und Zweck der Regelung ist es, dem Rechtsmittelgericht die Möglichkeit zu eröffnen, die von den im Instanzenzug vorausgegangenen Entscheidungen ausgehenden Wirkungen für die Dauer des Rechtsmittelverfahrens zu hemmen, um Wirkungen zu verhindern, die durch eine spätere Sachentscheidung nicht mehr rückgängig gemacht werden können.[9]

7   Die Anordnung nach § 570 Abs. 3 ZPO muss sich stets auf die Wirkungen der im Instanzenzug vorausgegangenen Entscheidung beziehen.[10] Denkbar ist beispielsweise, dass die Vollziehung oder deren Aussetzung nur gegen **Sicherheitsleistung** gestattet wird.[11]

8   Gegen den Erlass oder die Ablehnung einer einstweiligen Anordnung durch das Beschwerdegericht besteht **keine Anfechtungsmöglichkeit**.[12] Dem Gericht steht es aber jederzeit frei die eigene einstweilige Anordnung oder Entscheidungen des Untergerichts zu ändern oder aufzuheben.[13]

9   Die Wirkung der einstweiligen Anordnung tritt mit der Entscheidung über die Beschwerde außer Kraft.[14]

10 Bei einer **Beschwerde gegen eine Festsetzung eines Ordnungs- oder Zwangsmittels** ist die Aussetzung der Vollziehung aufgrund der aufschiebenden Wirkung eigentlich nicht erforderlich.[15] Da die Anwendung von § 570 Abs. 1 ZPO auf Ordnungs- oder Zwangsmittelbeschlüsse gemäß §§ 888, 890 ZPO umstritten ist (→ Rn. 3), kann die Einstellung der Zwangsvollstreckung allerdings zur Sicherstellung der gesetzlich vorgesehenen Wirkung anzuordnen sein, wenn der Gerichtsvollzieher bereits Vollstreckungsmaßnahmen angekündigt hat.[16]

§ 571 Begründung, Präklusion, Ausnahmen vom Anwaltszwang

(1) **Die Beschwerde soll begründet werden.**

(2) [1]**Die Beschwerde kann auf neue Angriffs- und Verteidigungsmittel gestützt werden.** [2]**Sie kann nicht darauf gestützt werden, dass das Gericht des ersten Rechtszuges seine Zuständigkeit zu Unrecht angenommen hat.**

(3) [1]**Der Vorsitzende oder das Beschwerdegericht kann für das Vorbringen von Angriffs- und Verteidigungsmitteln eine Frist setzen.** [2]**Werden Angriffs- und Verteidigungsmittel nicht innerhalb der Frist vorgebracht, so sind sie nur zuzulassen, wenn nach der freien Überzeugung des Gerichts ihre Zulassung die Erledigung des Verfahrens nicht verzögern würde oder wenn die Partei die Verspätung genügend entschuldigt.** [3]**Der Entschuldigungsgrund ist auf Verlangen des Gerichts glaubhaft zu machen.**

(4) **Ordnet das Gericht eine schriftliche Erklärung an, so kann diese zu Protokoll der Geschäftsstelle abgegeben werden, wenn die Beschwerde zu Protokoll der Geschäftsstelle eingelegt werden darf (§ 569 Abs. 3).**

---

[7] MüKoZPO/*Hamdorf* ZPO § 570 Rn. 6.
[8] OLG Düsseldorf BeckRS 2016, 17147.
[9] BGH NJW-RR 2006, 332 (333); OLG Düsseldorf BeckRS 2016, 17147.
[10] BGH NJW-RR 2006, 332 (333).
[11] Musielak/Voit/*Ball* ZPO § 570 Rn. 4; BGH NJW-RR 2006, 332 (333).
[12] OLG Köln ZMR 1990, 419; Musielak/Voit/*Ball* ZPO § 570 Rn. 4 mwN.
[13] MüKoZPO/*Hamdorf* ZPO § 570 Rn. 9.
[14] BGH NJW-RR 2006, 332 (333).
[15] OLG Frankfurt a. M. BeckRS 2009, 20252; OLG Frankfurt a. M. InstGE 9, 301 (302) – aufschiebende Wirkung.
[16] OLG Frankfurt a. M. InstGE 9, 301 (302) – aufschiebende Wirkung.

A. Beschwerdebegründung

Nach § 571 Abs. 1 ZPO *soll* die sofortige Beschwerde begründet werden. Eine Begründung ist nicht zwingend erforderlich, sondern **fakultativ**. Auch ohne Begründung ist die Beschwerde zulässig.[1] Um ihre Erfolgsaussichten zu erhöhen, ist eine Begründung aber dringend anzuraten. **1**

Da keine Pflicht zur Begründung der Beschwerde besteht, sieht die ZPO auch **keine Begründungsfrist** vor. Die Begründung kann daher grundsätzlich bis zur Beschwerdeentscheidung eingereicht werden.[2] Es empfiehlt sich jedoch, die Beschwerde bereits mit Einlegung zu begründen, um das Verfahren zu beschleunigen. Bei der sofortigen Beschwerde gegen den einen Verfügungsantrag zurückweisenden Beschluss kann die Dringlichkeit wegfallen, wenn die Beschwerde nicht sofort begründet wird[3] (→ § 569 Rn. 7). Jedenfalls sollte die Einreichung einer Beschwerdebegründung bei Einlegung der Beschwerde angekündigt werden, damit das Gericht nicht vor Einreichung der Begründung über die Beschwerde entscheidet.[4] Das Gericht ist nicht verpflichtet, den Beschwerdeführer zur Begründung der Beschwerde aufzufordern.[5] Es hat lediglich einen „angemessenen" Zeitraum zu warten, was in der Regel einer Zeitspanne von 2 Wochen entspricht.[6] **2**

B. Antrag

Grundsätzlich reicht es aus, wenn dem Vorbringen des Beschwerdeführers das von ihm verfolgte Ziel zu entnehmen ist.[7] Ein **bestimmter Antrag ist daher nicht erforderlich**, aber zu empfehlen. **3**

Eine **Antragsänderung oder -erweiterung** ist in entsprechender Anwendung der §§ 263, 264 ZPO zulässig.[8] **4**

C. Neues Vorbringen im Beschwerdeverfahren

Im Beschwerdeverfahren können grundsätzlich jederzeit neue Angriffs- oder Verteidigungsmittel vorgebracht werden.[9] Dabei ist es gemäß § 571 Abs. 2 ZPO **unerheblich, ob diese bereits zu einem früheren Zeitpunkt hätten vorgebracht werden können**. Im Ergebnis ist die Beschwerdeinstanz damit eine vollwertige zweite Tatsacheninstanz[10], in den die angefochtene Entscheidung in rechtlicher und in tatsächlicher Hinsicht umfassend überprüft wird. **5**

Nach § 571 Abs. 3 S. 1 ZPO kann das Gericht jedoch **Fristen setzen,** innerhalb derer neue Angriffs- und Verteidigungsmittel vorzubringen sind. Die Möglichkeit der Fristsetzung ist nicht auf bestimmte Fristen beschränkt, sondern lässt dem Gericht einen weiten Gestaltungsspielraum. Besonders praxisrelevant ist die Fristsetzung zur Begründung der Beschwerde sowie die Bestimmung weiterer Stellungnahmefristen für die Parteien.[11] **6**

Nach Ablauf dieser Fristen vorgebrachte Angriffs- oder Verteidigungsmittel sind **präkludiert** und nur dann zuzulassen, wenn nach der freien Überzeugung des Gerichts ihre Zulassung die Erledigung des Verfahrens nicht verzögern würde oder wenn die Partei die Verspätung genügend entschuldigt (§ 571 Abs. 3 S. 2, 3 ZPO). Die Regelung entspricht inhaltlich § 296 Abs. 1 und 4 ZPO, auf deren Kommentierung Bezug genommen wird (→ § 296 Rn. 20 ff.). Die vergleichbaren Präklusionsvorschriften der §§ 529–532 ZPO sind nicht entsprechend anwendbar.[12] **7**

Ein etwaiger Entschuldigungsgrund ist gemäß § 571 Abs. 3 S. 3 ZPO auf Verlangen des Gerichts glaubhaft zu machen. **8**

D. Keine Zuständigkeitsrüge

Die Beschwerde kann gemäß § 571 Abs. 2 S. 2 ZPO nicht darauf gestützt werden, dass das Gericht des ersten Rechtszuges seine Zuständigkeit zu Unrecht angenommen hat. Die Vorschrift entspricht inhaltlich § 513 Abs. 2 ZPO und § 545 Abs. 2 ZPO. Die Regelung gilt nicht für die internationale Zuständigkeit.[13] **9**

---

[1] OLG Frankfurt a. M. GRUR-RR 2013, 496 – Comedyvideos (Ls.) = BeckRS 2013, 10983 (Volltext).
[2] LG München I NJOZ 2004, 3360 (3361).
[3] OLG Frankfurt a. M. GRUR-RR 2013, 496 – Comedyvideos (Ls.) = BeckRS 2013, 10983 (Volltext); KG GRUR-RR 2008, 368 – Unterlassene Beschwerdebegründung (Ls.) = BeckRS 2008, 09718 (Volltext).
[4] Hierzu MüKoZPO/*Hamdorf* ZPO § 571 Rn. 6.
[5] MüKoZPO/*Hamdorf* ZPO § 571 Rn. 7.
[6] Zöller/*Heßler* ZPO § 571 Rn. 13.
[7] Zöller/*Heßler* ZPO § 571 Rn. 1.
[8] BGH NJW 1984, 2831 (2832).
[9] Zu den Besonderheiten bei der Beschwerde gegen die Ablehnung des Widereinsetzungsantrags vgl. Musielak/Voit/*Ball* ZPO § 571 Rn. 3.
[10] BGH NZI 2008, 391.
[11] Musielak/Voit/*Ball* ZPO § 571 Rn. 7.
[12] Musielak/Voit/*Ball* ZPO § 571 Rn. 8.
[13] OLG Düsseldorf BeckRS 2010, 00781.

E. Anwaltszwang

10 Nach § 571 Abs. 4 ZPO können schriftliche Erklärungen, die auf Anordnung des Gerichts erfolgen, durch die Partei selbst zu Protokoll der Geschäftsstelle abgegeben werden, wenn auch die Beschwerde zu Protokoll der Geschäftsstelle eingelegt werden darf. Die Vorschrift verweist insoweit auf § 569 Abs. 3 ZPO, der in bestimmten Konstellationen eine Einlegung der Beschwerde vom Anwaltszwang befreit (→ § 569 Rn. 8 f.). Die Befreiung vom Anwaltszwang gilt nur für schriftliche Erklärungen der Partei und erstreckt sich nicht auf eine etwaige mündliche Verhandlung.

§ 572 Gang des Beschwerdeverfahrens

(1) ¹Erachtet das Gericht oder der Vorsitzende, dessen Entscheidung angefochten wird, die Beschwerde für begründet, so haben sie ihr abzuhelfen; andernfalls ist die Beschwerde unverzüglich dem Beschwerdegericht vorzulegen. ²§ 318 bleibt unberührt.

(2) ¹Das Beschwerdegericht hat von Amts wegen zu prüfen, ob die Beschwerde an sich statthaft und ob sie in der gesetzlichen Form und Frist eingelegt ist. ²Mangelt es an einem dieser Erfordernisse, so ist die Beschwerde als unzulässig zu verwerfen.

(3) Erachtet das Beschwerdegericht die Beschwerde für begründet, so kann es dem Gericht oder Vorsitzenden, von dem die beschwerende Entscheidung erlassen war, die erforderliche Anordnung übertragen.

(4) Die Entscheidung über die Beschwerde ergeht durch Beschluss.

A. Abhilfehilfeverfahren

1 § 572 ZPO sieht ein Abhilfeverfahren vor, in dem sich zunächst das die angefochtene Entscheidung erlassende Gericht selbst mit der Beschwerde zu befassen hat. Das Abhilfeverfahren dient der **Selbstkontrolle des erstinstanzlichen Gerichts,** das gebotene Korrekturen selbst vornehmen kann. Das Beschwerdegericht wird auf diese Weise **entlastet,** da es sich nur noch mit solchen Beschwerden befassen muss, denen das Gericht des ersten Rechtszuges auch nach nochmaliger Prüfung und unter Berücksichtigung neuen Vorbringens nicht abgeholfen hat.[1]

2 Das Abhilfeverfahren ist auch bei einer **sofortigen Beschwerde gegen die in § 15 Abs. 5 S. 2 UWG genannten Maßnahmen der Einigungsstelle** durchzuführen. Hier hat die Einigungsstelle die Möglichkeit der Beschwerde entsprechend § 572 Abs. 1 ZPO abzuhelfen bevor die Beschwerde nach § 15 Abs. 5 S. 3 UWG an das Landgericht abgegeben wird.[2] Gleiches gilt auch im Beschwerdeverfahren gegen die Wiedereinsetzungsentscheidung der Schiedsstelle in arbeitnehmererfinderrechtlichen Auseinandersetzungen nach § 34 Abs. 5 ArbnErfG.

3 Im Abhilfeverfahren **zuständig** ist das Gericht dessen Entscheidung angefochten wird. Wurde die Entscheidung durch den Einzelrichter oder den Rechtspfleger erlassen, ist dieser für die Abhilfe zuständig.[3]

4 Gegenstand des Abhilfeverfahrens ist **allein die Begründetheit der Beschwerde.** Dabei sind auch im Abhilfeverfahren gegenüber der Beschwerdebegründung neue Angriffs- und Verteidigungsmittel der Parteien zu berücksichtigen.[4] Auch eine Beweisaufnahme kann im Abhilfeverfahren erfolgen.[5]

5 Über die **Statthaftigkeit und Zulässigkeit** der Beschwerde muss im Abhilfeverfahren nicht entschieden werden.[6] Diese prüft nach § 572 Abs. 2 S. 1 ZPO erst das Beschwerdegericht, dem die Beschwerde unverzüglich vorzulegen ist, wenn das Gericht an seiner Entscheidung festhalten möchte (→ Rn. 9 ff.).

6 Vor einer Abhilfe der Beschwerde ist der Gegner anzuhören. Wegen § 128 Abs. 4 ZPO ist eine mündliche Verhandlung aber nicht zwingend erforderlich.

7 Die Entscheidung im Abhilfeverfahren ergeht nach § 572 Abs. 4 ZPO grundsätzlich durch Beschluss, unabhängig davon, ob der Sache abgeholfen oder ob sie dem Beschwerdegericht vorgelegt wird. Ein Abhilfebeschluss ist zu begründen, wenn der Gegner beschwert ist. Eine Begründung der Nichtabhilfe- und Vorlageentscheidung ist hingegen nur dann erforderlich, **wenn die Beschwerdebegründung neue Tatsachen oder rechtliche Gesichtspunkte enthält,** die nicht bereits in dem angefochtenen Beschluss enthalten sind[7] oder wenn die angefochtene Entscheidung keine Begründung

---

[1] Musielak/Voit/*Ball* ZPO § 572 Rn. 1.
[2] OLG Köln BeckRS 2009, 86467 – Ordnungsgeld der Einigungsstelle; OLG Frankfurt a. M. GRUR-RR 2003, 358 – IHK-Einigungsstelle zu § 27a Abs. 5 UWG aF.
[3] Musielak/Voit/*Ball* ZPO § 572 Rn. 3.
[4] MüKoZPO/*Hamdorf* ZPO § 572 Rn. 8.
[5] OLG Frankfurt a. M. NJW 1968, 57.
[6] Vgl. hierzu Musielak/Voit/*Ball* ZPO § 572 Rn. 4; MüKoZPO/*Hamdorf* ZPO § 572 Rn. 7.
[7] KG BeckRS 2013, 04347; OLG Frankfurt a. M. BeckRS 2003, 17935.

enthielt.[8] Die Begründung darf nicht allein auf die Gründe des angefochtenen Beschlusses verweisen, sondern muss die Grundzüge der Erwägungen erkennen lassen.[9]

In den Fällen in denen das Gericht nach **§ 318 ZPO** an von ihm erlassene Zwischen- oder Endurteile gebunden ist, kommt eine Abhilfe nicht in Betracht, da die Vorschrift gemäß § 572 Abs. 2 S. 2 ZPO auch im Beschwerdeverfahren gilt.

B. Entscheidung des Beschwerdegerichts

Wird der Beschwerde nicht abgeholfen, ist sie unverzüglich dem Beschwerdegericht vorzulegen. Hilft das Gericht nur teilweise ab, ist die Beschwerde im Übrigen dem Beschwerdegericht vorzulegen.

Das Beschwerdegericht hat **von Amts wegen** zu prüfen, ob die Beschwerde an sich statthaft ist, ob sie in der gesetzlichen Form und Frist eingelegt wurde und ob im Zeitpunkt der Beschwerdeentscheidung die sonstigen Zulässigkeitskriterien vorlagen. Mangelt es an einem dieser Erfordernisse, so ist die Beschwerde als unzulässig zu verwerfen. Innerhalb der Frist des § 569 ZPO kann die Beschwerde bei Vermeidung des prozessualen Mangels wiederholt werden.[10]

Ferner hat das Beschwerdegericht zu prüfen, **ob das Abhilfeverfahren ordnungsgemäß durchgeführt wurde.** Umstritten ist, ob das Beschwerdegericht den Nichtabhilfebeschluss zwingend aufheben und die Sache dem Erstgericht zur ordnungsgemäßen Durchführung des Abhilfeverfahrens zurückverweisen muss, wenn das Abhilfeverfahren mit einem wesentlichen Mangel behaftet ist.[11] Ein solcher Fall liegt beispielsweise dann vor, wenn die Ausführungen und Anträge der Parteien im Abhilfeverfahren erkennbar nicht zur Kenntnis genommen und in Erwägung gezogen wurden.[12] Da das Abhilfeverfahren der Entlastung des Beschwerdegerichts dient, ist kein zwingender Grund ersichtlich, warum sich das Beschwerdegericht der Sache nicht bereits vor ordnungsgemäßer Durchführung des Abhilfeverfahrens annehmen können soll. Es steht dem Beschwerdegericht vielmehr frei, ob es zurückverweist oder direkt in der Sache entscheidet. Eine eigene Entscheidung wird aus prozessökonomischen Gründen insbesondere dann Sinn machen, wenn eine Abhilfe nicht zu erwarten ist.[13]

Erachtet das Beschwerdegericht die Beschwerde in der Sache für **begründet,** hebt es die Entscheidung des Untergerichts auf. Es kann dann entweder eine eigene Sachentscheidung treffen oder die Sache an das Untergericht zurückverweisen.[14] Mit dieser Zurückverweisung an das Untergericht können gemäß § 572 Abs. 3 ZPO ggf. Anordnungen iSv § 570 Abs. 3 ZPO verbunden werden, mit denen dem Untergericht konkrete Handlungsanweisungen aufgegeben werden, wie in der Sache weiter zu verfahren oder welche Maßnahmen zu erlassen sind. Das Untergericht ist an diese Anordnungen genauso gebunden, wie an die im Aufhebungsbeschluss geäußerten Rechtsauffassungen des Beschwerdegerichts.[15]

Hält das Beschwerdegericht die Beschwerde hingegen für **unbegründet,** so ist sie zurückzuweisen.

Im Beschwerdeverfahren gilt das **Verbot der reformatio in peius**[16], das zwar nicht ausdrücklich in §§ 567 ff. ZPO normiert ist, aber aus §§ 528 S. 2, 557 Abs. 1 ZPO hergeleitet wird. Der Beschwerdeführer darf durch die Beschwerde mithin nicht schlechter gestellt werden, als er nach der angefochtenen Entscheidung steht.

Die **Entscheidung des Beschwerdegerichts ergeht grundsätzlich durch Beschluss.** Die Entscheidung ist zu begründen, wobei ggf. auf die Begründung des Untergerichts Bezug genommen werden kann, wenn das Beschwerdegericht das Ergebnis und die Begründung teilt.[17] Umstritten ist, ob dies auch dann gilt, wenn über die Beschwerde gegen eine den Antrag auf Erlass einer einstweiligen Verfügung abweisenden Entscheidung mündlich verhandelt wurde. Nach Ansicht des OLG Düsseldorf ist hier nicht durch Beschluss, sondern gemäß § 922 ZPO durch Urteil zu entscheiden.[18] Die Regelung in § 922 Abs. 1 S. 1 ZPO gehe § 572 Abs. 4 ZPO in diesem Fall vor.

Eine vorherige **mündliche Verhandlung ist nicht erforderlich** (§ 128 Abs. 4 ZPO) und wird in aller Regel auch nicht durchgeführt. Allerdings ist den Parteien **rechtliches Gehör zu gewähren** und zwar unabhängig davon, ob in der Beschwerdeinstanz neue Tatsachen vorgetragen wurden oder nicht.[19]

---

[8] KG NJW 1974, 2010; OLG Brandenburg BeckRS 2003, 06724.
[9] KG BeckRS 2013, 04374.
[10] MüKoZPO/*Hamdorf* ZPO § 567 Rn. 32.
[11] So KG BeckRS 2013, 04374; OLG Koblenz BeckRS 2011, 23018; anders OLG Naumburg GRUR-RR 2010, 402 (403) – Patentanwaltliche Honorarklage.
[12] OLG Koblenz BeckRS 2011, 23018; KG BeckRS 2013, 04374.
[13] Vgl. OLG Naumburg GRUR-RR 2010, 402 (403) – Patentanwaltliche Honorarklage.
[14] Musielak/Voit/*Ball* ZPO § 572 Rn. 16.
[15] Musielak/Voit/*Ball* ZPO § 572 Rn. 18.
[16] BGH GRUR 2008, 1030 (1031) – Zustellungsbevollmächtigter; OLG Düsseldorf BeckRS 2014, 01175; Kühnen Patentverletzung-HdB Kap. H Rn. 165.
[17] Musielak/Voit/*Ball* ZPO § 572 Rn. 19.
[18] OLG Düsseldorf InstGE 3, 238 (242) – LCD-Monitor; OLG Düsseldorf BeckRS 2011, 27019; so auch OLG Hamburg BeckRS 2013, 06722; anders OLG München NJW 2003, 2756 (2757).
[19] MüKoZPO/*Hamdorf* ZPO § 572 Rn. 18.

17 Gegen die Beschwerdeentscheidung ist eine weitere sofortige Beschwerde nicht statthaft. Es besteht nur die Möglichkeit der Rechtsbeschwerde unter den Voraussetzungen des § 574 ZPO.

§ 573 Erinnerung

(1) ¹Gegen die Entscheidungen des beauftragten oder ersuchten Richters oder des Urkundsbeamten der Geschäftsstelle kann binnen einer **Notfrist von zwei Wochen** die Entscheidung des Gerichts beantragt werden (Erinnerung). ²Die Erinnerung ist schriftlich oder zu Protokoll der Geschäftsstelle einzulegen. ³§ 569 Abs. 1 Satz 1 und 2, Abs. 2 und die §§ 570 und 572 gelten entsprechend.

(2) Gegen die im ersten Rechtszug ergangene Entscheidung des Gerichts über die Erinnerung findet die sofortige Beschwerde statt.

(3) Die Vorschrift des Absatzes 1 gilt auch für die Oberlandesgerichte und den Bundesgerichtshof.

A. Anwendungsbereich

1   Gegen Entscheidungen des beauftragten oder ersuchten Richters (§§ 361, 362 ZPO) oder des Urkundsbeamten der Geschäftsstelle ist gemäß § 573 Abs. 1 ZPO zunächst „nur" die Erinnerung statthaft (zur Erinnerung gegen Entscheidungen des Rechtspflegers → § 567 ff. Rn. 11 ff.). So soll sichergestellt werden, dass sich zunächst das Gericht desselben Rechtszuges mit der Sache befasst. Wie § 573 Abs. 3 ZPO klarstellt, gilt dies auch für Entscheidungen in Verfahren vor dem OLG und BGH.

2   Gemäß § 573 Abs. 2 ZPO unterliegt erst die Entscheidung über die Erinnerung der Beschwerde. Wenn die Entscheidung über die Erinnerung in zweiter Instanz ergangen ist, ist die Rechtsbeschwerde statthaft.[1] Es gelten insoweit die allgemeinen Regelungen zur Statthaftigkeit von sofortiger Beschwerde und Rechtsbeschwerde (§ 567 bzw. § 574 ZPO).

B. Frist, Form und Verfahren

3   Die Erinnerung ist gemäß § 573 Abs. 1 S. 1, 2 ZPO binnen einer **Notfrist von zwei Wochen** nach Zustellung der Entscheidung (§ 569 Abs. 1 S. 2 ZPO) schriftlich oder zu Protokoll der Geschäftsstelle einzulegen. § 569 Abs. 1 S. 1, 2 und Abs. 2 ZPO finden entsprechende Anwendung.

4   Nach § 573 Abs. 1 S. 3 ZPO finden ferner auch die §§ 570 und 572 ZPO entsprechende Anwendung. Damit hat die Erinnerung **aufschiebende Wirkung** (§ 570). Der Gang des Erinnerungsverfahrens richtet sich nach § 572 ZPO, dh auch bei der Erinnerung ist ein **Abhilfeverfahren** durchzuführen.

Titel 2. Rechtsbeschwerde

§ 574 Rechtsbeschwerde; Anschlussrechtsbeschwerde

(1) ¹Gegen einen Beschluss ist die Rechtsbeschwerde statthaft, wenn
1. dies im Gesetz ausdrücklich bestimmt ist oder
2. das Beschwerdegericht, das Berufungsgericht oder das Oberlandesgericht im ersten Rechtszug sie in dem Beschluss zugelassen hat.

²§ 542 Abs. 2 gilt entsprechend.

(2) In den Fällen des Absatzes 1 Nr. 1 ist die Rechtsbeschwerde nur zulässig, wenn
1. die Rechtssache grundsätzliche Bedeutung hat oder
2. die Fortbildung des Rechts oder die Sicherung einer einheitlichen Rechtsprechung eine Entscheidung des Rechtsbeschwerdegerichts erfordert.

(3) ¹In den Fällen des Absatzes 1 Nr. 2 ist die Rechtsbeschwerde zuzulassen, wenn die Voraussetzungen des Absatzes 2 vorliegen. ²Das Rechtsbeschwerdegericht ist an die Zulassung gebunden.

(4) ¹Der Rechtsbeschwerdegegner kann sich bis zum Ablauf einer Notfrist von einem Monat nach der Zustellung der Begründungsschrift der Rechtsbeschwerde durch Einreichen der Rechtsbeschwerdeanschlussschrift beim Rechtsbeschwerdegericht anschließen, auch wenn er auf die Rechtsbeschwerde verzichtet hat, die Rechtsbeschwerdefrist verstrichen oder die Rechtsbeschwerde nicht zugelassen worden ist. ²Die Anschlussbeschwerde ist in der Anschlussschrift zu begründen. ³Die Anschließung verliert ihre Wirkung, wenn die Rechtsbeschwerde zurückgenommen oder als unzulässig verworfen wird.

---

[1] Musielak/Voit/*Ball* ZPO § 573 Rn. 10.

A. Statthaftigkeit der Rechtsbeschwerde

Die Rechtsbeschwerde dient der **Wahrung der Rechtseinheit und der höchstrichterlichen** **1** **Rechtsfortbildung.**[1] Sie ist daher gemäß § 574 Abs. 1 ZPO nur statthaft, wenn dies im Gesetz ausdrücklich bestimmt ist (Nr. 1) oder sie durch das Beschwerdegericht, das Berufungsgericht oder das Oberlandesgericht im ersten Rechtszug in dem Beschluss ausdrücklich zugelassen wurde (Nr. 2). Weder die Zulassung noch die Nichtzulassung der Rechtsbeschwerde sind angreifbar. Anders als für die Revision (§ 544 ZPO) gibt es keine Nichtzulassungsbeschwerde gegen die Nichtzulassungsentscheidung.

Voraussetzung ist in beiden Fällen, dass die Rechtssache **grundsätzliche Bedeutung hat oder der** **2** **Rechtsfortbildung bzw. Sicherung einer einheitlichen Rechtsprechung dient.** Insoweit wird auf die Ausführungen zur Statthaftigkeit der Revision verwiesen (→ § 543 Rn. 5 ff.).

In **Verfahren vor dem DPMA und dem BPatG** ist die Rechtsbeschwerde nach § 574 ZPO **3** grundsätzlich nicht statthaft (→ § 567 ff. Rn. 5 ff.). Eine Ausnahme macht der BGH jedoch im **Kostenfestsetzungsverfahren**, was mit dem Verweis auf die Vorschriften der ZPO in § 84 Abs. 2 S. 2 PatG begründet wird, die entsprechend anzuwenden sind, soweit nicht die Billigkeit eine andere Entscheidung erfordert.[2] Nach einer vom 26. Senat des BPatG vertretenen ist die Rechtsbeschwerde nicht auf Kostenfragen beschränkt, sondern soll allgemein eine höchstrichterliche Klärung grundsätzlicher Rechtsfragen im Bereich aller (selbständigen) Nebenentscheidungen ermöglichen.[3] Ferner kann entsprechend § 574 Abs. 4 ZPO auch in Rechtsbestandsverfahren vor dem BPatG eine **unselbständige Anschlussrechtsbeschwerde** erhoben werden (→ Rn. 11 ff.).

I. Statthaftigkeit kraft Gesetzes

Gesetzlich ausdrücklich zugelassen ist die Rechtsbeschwerde nur in wenigen Fällen. Relevant ist hier **4** insbesondere § 522 Abs. 1 S. 4 ZPO, der die Rechtsbeschwerde gegen einen **Zurückweisungsbeschluss des Berufungsgerichts** eröffnet.[4]

II. Zulassung der Rechtsbeschwerde

Wird die Rechtsbeschwerde durch das Beschwerdegericht, das Berufungsgericht oder das Oberlandesgericht im ersten Rechtszug zugelassen, ist das Rechtsbeschwerdegericht gemäß § 574 Abs. 1 **5** Nr. 2 ZPO **an die Zulassung gebunden.** Voraussetzung ist nach dem Wortlaut der Norm, dass die Rechtsbeschwerde **in einem Beschluss** zugelassen wurde. Eine wirksame Zulassung liegt daher dann nicht vor, wenn diese in einem Zwischenurteil erfolgt ist.[5]

Enthält die Beschwerde keinen Ausspruch über die Zulassung der Rechtsbeschwerde, kann dieser **6** Ausspruch **im Wege eines Berichtigungsbeschlusses nachgeholt werden,** wenn das Gericht die Rechtsbeschwerde im Beschluss zulassen wollte und es sich beim Fehlen des entsprechenden Ausspruchs um eine offenbare Unrichtigkeit handelt.[6]

Die Bindungswirkung betrifft nur das Vorliegen eines Zulassungsgrundes iSv § 574 Abs. 3 S. 2 **7** ZPO, **eröffnet aber kein gesetzlich nicht vorgesehenes Rechtsmittel.**[7] Eine zugelassene Rechtsbeschwerde ist daher als unzulässig zu verwerfen, wenn sie nach dem Gesetz nicht statthaft ist.[8] Insbesondere besteht keine Bindung an die Zulassung der Rechtsbeschwerde, wenn schon das Rechtsmittel zum Beschwerdegericht nicht zulässig war.[9]

Die Zulassung der Rechtsbeschwerde durch das Beschwerdegericht im Arrest- oder einstweilen **8** Verfügungsverfahren bindet den BGH daher nicht, da **die Rechtsbeschwerde im Verfügungsverfahren nicht statthaft** ist.[10] Dies gilt auch für die Rechtsbeschwerde gegen eine im Verfügungsverfahren ergangene Kostenentscheidung.[11]

Eine **Beschränkung der Zulassung** auf bestimmte abgrenzbare Verfahrensteile oder auf einzelne **9** Verfahrensbeteiligte ist möglich.[12] Die Beschränkung muss nicht zwingend in den Entscheidungs-

---

[1] Vgl. MüKoZPO/*Hamdorf* ZPO Vorb. zu §§ 574 ff. Rn. 1.
[2] BGH GRUR 2013, 427 ff. – Erstattungsfähigkeit von Doppelvertreterkosten; BGH GRUR 2013, 430 (431) – Rechtsanwalt im Nichtigkeitsverfahren.
[3] BPatG GRUR-RS 2021, 5825.
[4] Vgl. BGH NJW-RR 2013, 1008 (1009).
[5] BGH GRUR 2013, 535 (536) – Nebenintervention.
[6] BGH NJW 2013, 2124 (2125).
[7] BGH GRUR 2003, 548 – Rechtsbeschwerde; BGH GRUR 1986, 453 – Transportbehälter.
[8] BGH GRUR 2011, 1053 – Ethylengerüst.
[9] BGH GRUR 2009, 519 (520) – Hohlfasermembranspinnanlage.
[10] BGH GRUR 2003, 548 – Rechtsbeschwerde; BGH GRUR 2013, 535 (536) – Nebenintervention.
[11] BGH GRUR 2004, 81 – eV-Kostenentscheidung; BGH GRUR 2003, 724 – Rechtsbeschwerde II.
[12] Vgl. BGH GRUR 2014, 605 – Flexitanks II; BGH GRUR 1983, 725 (726) – Ziegelsteinförmig.

tenor aufgenommen werden, sondern kann auch in den Entscheidungsgründen ausgesprochen werden.[13]

Die Entscheidung, die Rechtsbeschwerde nicht zuzulassen, ist nicht anfechtbar.[14]

B. Verfahren

10 Die Rechtsbeschwerde ist revisionsähnlich ausgestaltet. Auf die entsprechenden Ausführungen zum Revisionsverfahren (§§ 549 ff. ZPO) wird verwiesen.

C. Anschlussrechtsbeschwerde

11 Nach § 574 Abs. 4 ZPO kann der Rechtsbeschwerdegegner Anschlussrechtsbeschwerde einlegen. Der Anschluss ist **unselbständig**, weshalb die Anschlussrechtsbeschwerde ihre Wirkung verliert, wenn die Rechtsbeschwerde zurückgenommen oder als unzulässig verworfen wird (§ 574 Abs. 4 S. 3 ZPO).

12 In entsprechender Anwendung der Vorschrift kann **auch in Rechtbestandsverfahren vor dem BPatG** Anschlussrechtsbeschwerde eingelegt werden[15] (→ § 567 ff. Rn. 10). Sie ist in allen Rechtsbeschwerdeverfahren möglich, in denen mehrere Beteiligte im Beschwerdeverfahren vor dem BPatG einander gegenübergestanden haben.[16]

13 Die Anschlussrechtsbeschwerde ist gemäß § 574 Abs. 4 S. 1 ZPO in einer **Notfrist von einem Monat** nach der Zustellung der Begründungsschrift der Rechtsbeschwerde durch Einreichen der Rechtsbeschwerdeanschlussschrift beim Rechtsbeschwerdegericht einzulegen. Sie ist in der Anschlussschrift **zu begründen** (§ 574 Abs. 4 S. 2 ZPO).

14 Die Anschlussrechtsbeschwerde ist gemäß § 574 Abs. 4 S. 1 ZPO auch dann zulässig, wenn auf die Rechtsbeschwerde verzichtet wurde, die Rechtsbeschwerdefrist verstrichen oder die Rechtsbeschwerde nicht zugelassen worden ist.

§ 575 Frist, Form und Begründung der Rechtsbeschwerde

(1) ¹Die Rechtsbeschwerde ist binnen einer Notfrist von einem Monat nach Zustellung des Beschlusses durch Einreichen einer Beschwerdeschrift bei dem Rechtsbeschwerdegericht einzulegen. ²Die Rechtsbeschwerdeschrift muss enthalten:
1. die Bezeichnung der Entscheidung, gegen die die Rechtsbeschwerde gerichtet wird und
2. die Erklärung, dass gegen diese Entscheidung Rechtsbeschwerde eingelegt werde.

³Mit der Rechtsbeschwerdeschrift soll eine Ausfertigung oder beglaubigte Abschrift der angefochtenen Entscheidung vorgelegt werden.

(2) ¹Die Rechtsbeschwerde ist, sofern die Beschwerdeschrift keine Begründung enthält, binnen einer Frist von einem Monat zu begründen. ²Die Frist beginnt mit der Zustellung der angefochtenen Entscheidung. ³§ 551 Abs. 2 Satz 5 und 6 gilt entsprechend.

(3) Die Begründung der Rechtsbeschwerde muss enthalten:
1. die Erklärung, inwieweit die Entscheidung des Beschwerdegerichts oder des Berufungsgerichts angefochten und deren Aufhebung beantragt werde (Rechtsbeschwerdeanträge),
2. in den Fällen des § 574 Abs. 1 Nr. 1 eine Darlegung zu den Zulässigkeitsvoraussetzungen des § 574 Abs. 2,
3. die Angabe der Rechtsbeschwerdegründe, und zwar
    a) die bestimmte Bezeichnung der Umstände, aus denen sich die Rechtsverletzung ergibt;
    b) soweit die Rechtsbeschwerde darauf gestützt wird, dass das Gesetz in Bezug auf das Verfahren verletzt sei, die Bezeichnung der Tatsachen, die den Mangel ergeben.

(4) ¹Die allgemeinen Vorschriften über die vorbereitenden Schriftsätze sind auch auf die Beschwerde- und die Begründungsschrift anzuwenden. ²Die Beschwerde- und die Begründungsschrift sind der Gegenpartei zuzustellen.

(5) **Die §§ 541 und 570 Abs. 1, 3 gelten entsprechend.**

A. Allgemeine Grundlagen

1 Die Vorschrift regelt die allgemeinen Anforderungen an die Einlegung und die Begründung der Rechtsbeschwerde. Dabei orientiert sich § 575 ZPO an den Regelungen der Revision (§§ 548 ff. ZPO).

---

[13] BGH GRUR 2014, 605 – Flexitanks II.
[14] BGH BeckRS 2014, 20496.
[15] BGH GRUR 1983, 725 (727) – Ziegelsteinförmig; *Fezer* MarkenG § 85 Rn. 13.
[16] *Fezer* MarkenG § 85 Rn. 13.

B. Einlegung der Rechtsbeschwerde

Nach § 575 Abs. 1 ZPO ist die Rechtsbeschwerde binnen einer **Notfrist von einem Monat** nach Zustellung des Beschlusses durch Einreichen einer Beschwerdeschrift beim Rechtsbeschwerdegericht (BGH) einzulegen. Die Frist wird nicht durch eine Einlegung beim Untergericht gewahrt.[1]

Die Rechtsbeschwerdeschrift muss die Entscheidung bezeichnen, gegen die Rechtsbeschwerde eingelegt wird. Ferner muss sie die Erklärung enthalten, dass diese Entscheidung mit der Rechtsbeschwerde angegriffen wird. Wie sich aus § 575 Abs. 3 ZPO ergibt, muss die Beschwerdeschrift **noch keine Begründung** enthalten, diese kann vielmehr in einem separaten Schriftsatz nachgereicht werden (→ Rn. 5 ff.).

Mit der Rechtsbeschwerdeschrift soll eine Ausfertigung oder beglaubigte Abschrift der angefochtenen Entscheidung vorgelegt werden (§ 575 Abs. 1 S. 3 ZPO). Die Beschwerdeschrift und die Begründungsschrift sind dem Beschwerdegegner gemäß § 575 Abs. 4 ZPO zuzustellen.

C. Begründung der Rechtsbeschwerde

Die Rechtsbeschwerdebegründung ist gemäß § 575 Abs. 2 S. 1, 2 ZPO binnen **eines Monats nach Zustellung der angefochtenen Entscheidung** vorzulegen. § 551 Abs. 2 S. 3 ZPO ist entsprechend anzuwenden, wonach die Beschwerde spätestens fünf Monate nach Verkündung der Entscheidung zu begründen ist.[2] Anders als die Beschwerdefrist kann die Begründungsfrist entsprechend § 551 Abs. 2 S. 5, 6 ZPO **verlängert** werden.

Der **Inhalt der Begründung** wird in § 575 Abs. 3 ZPO festgelegt und entspricht den inhaltlichen Anforderungen an die Revisionsbegründung (→ § 551 Rn. 10 ff.). Die Rechtsbeschwerde muss demnach **Rechtsbeschwerdeanträge** und in den Fällen des § 574 Abs. 1 Nr. 1 ZPO eine Darlegung zu den Zulässigkeitsvoraussetzungen des § 574 Abs. 2 ZPO enthalten. Ferner sind im Fall der **Sachrüge** die Umstände bestimmt zu bezeichnen, aus denen sich die Rechtsverletzung ergibt (§ 575 Abs. 3 Nr. 3a) ZPO). Wird die Rechtsbeschwerde auf einen **Verfahrensfehler** gestützt, sind darüber hinaus auch die Tatsachen zu bezeichnen, die den Mangel begründen (§ 575 Abs. 3 Nr. 3b) ZPO), da diese sich zumeist nicht aus dem angefochtenen Beschluss ergeben werden.[3]

Dem Antrag muss grundsätzlich zu entnehmen sein, inwieweit die Entscheidung des Beschwerdegerichts oder des Berufungsgerichts angefochten und deren Aufhebung beantragt wird. Fehlen entsprechende Angaben im Antrag ist die Rechtsbeschwerde gleichwohl dann nicht unzulässig, wenn sich Umfang und Ziel der Anfechtung eindeutig aus der Rechtsbeschwerdebegründung ergeben.[4]

D. Aufschiebende Wirkung

Die Rechtsbeschwerde hat, wie sich der Verweis in § 575 Abs. 5 ZPO entnehmen lässt, nur dann aufschiebende Wirkung, wenn sie sich **gegen die Festsetzung von Zwangs- oder Ordnungsmittel** richtet[5]. In den anderen Fällen kann der BGH die Aussetzung der Vollziehung der angefochtenen Entscheidung anordnen (§ 575 Abs. 5 iVm § 570 Abs. 3 ZPO).

§ 576 Gründe der Rechtsbeschwerde

(1) Die Rechtsbeschwerde kann nur darauf gestützt werden, dass die Entscheidung auf der Verletzung des Bundesrechts oder einer Vorschrift beruht, deren Geltungsbereich sich über den Bezirk eines Oberlandesgerichts hinaus erstreckt.

(2) Die Rechtsbeschwerde kann nicht darauf gestützt werden, dass das Gericht des ersten Rechtszuges seine Zuständigkeit zu Unrecht angenommen oder verneint hat.

(3) Die §§ 546, 547, 556 und 560 gelten entsprechend.

A. Gegenstand der Rechtsbeschwerde

Der Prüfungsgegenstand der Rechtsbeschwerde ist **auf bestimmte Rechtsfragen beschränkt**. Nach § 576 Abs. 1 ZPO kann die Rechtsbeschwerde nur darauf gestützt werden, dass die angegriffene Entscheidung auf der Verletzung des Bundesrechts oder einer Vorschrift beruht, deren Geltungsbereich sich über den Bezirk eines Oberlandesgerichts hinaus erstreckt. Da in Verfahren des Gewerb-

---

[1] MüKoZPO/*Hamdorf* ZPO § 575 Rn. 4.
[2] Musielak/*Ball* ZPO § 575 Rn. 5.
[3] MüKoZPO/*Hamdorf* ZPO § 575 Rn. 17.
[4] BGH GRUR 2013, 756 – Patentstreitsache II.
[5] Musielak/Voit/*Ball* ZPO § 575 Rn. 7.

lichen Rechtsschutzes regelmäßig die Verletzung von Bundesrecht streitgegenständlich sein wird, hat diese Einschränkung keine praktische Bedeutung.

2 Die erstinstanzliche Zuständigkeit ist nicht Gegenstand der Rechtsbeschwerde. Über den Wortlaut von § 576 Abs. 2 ZPO hinaus ist **auch die Prüfung der Zuständigkeit des Beschwerdegerichts** der Rechtsbeschwerde entzogen[1]. Zuständigkeit im Sinne dieser Vorschrift sind neben der örtlichen, sachlichen und funktionellen Zuständigkeit auch die Gerichtseinteilung und das Verhältnis von Zivilkammer und Kammer für Handelssachen, nicht jedoch die internationale und die Rechtswegzuständigkeit.[2]

B. Anwendung von Revisionsvorschriften

3 Nach § 576 Abs. 3 ZPO gelten die revisionsrechtlichen Vorschriften §§ 546, 547, 556 und 560 ZPO im Rechtsbeschwerdeverfahren entsprechend. Mithin gilt im Rechtsbeschwerdeverfahren der revisionsrechtliche Begriff der Rechtsverletzung (→ § 546 Rn. 3 ff.). Ferner sind die absoluten Revisionsgründe des § 547 ZPO (→ 547 Rn. 5 ff.) entsprechend heranzuziehen, die damit auch im Rechtsbeschwerdeverfahren eine unwiderlegbare Vermutung dafür begründen, dass die Entscheidung auf einer Verletzung des Rechts beruht.[3]

§ 577 Prüfung und Entscheidung der Rechtsbeschwerde

(1) [1]Das Rechtsbeschwerdegericht hat von Amts wegen zu prüfen, ob die Rechtsbeschwerde an sich statthaft und ob sie in der gesetzlichen Form und Frist eingelegt und begründet ist. [2]Mangelt es an einem dieser Erfordernisse, so ist die Rechtsbeschwerde als unzulässig zu verwerfen.

(2) [1]Der Prüfung des Rechtsbeschwerdegerichts unterliegen nur die von den Parteien gestellten Anträge. [2]Das Rechtsbeschwerdegericht ist an die geltend gemachten Rechtsbeschwerdegründe nicht gebunden. [3]Auf Verfahrensmängel, die nicht von Amts wegen zu berücksichtigen sind, darf die angefochtene Entscheidung nur geprüft werden, wenn die Mängel nach § 575 Abs. 3 und § 574 Abs. 4 Satz 2 gerügt worden sind. [4]§ 559 gilt entsprechend.

(3) Ergibt die Begründung der angefochtenen Entscheidung zwar eine Rechtsverletzung, stellt die Entscheidung selbst aber aus anderen Gründen sich als richtig dar, so ist die Rechtsbeschwerde zurückzuweisen.

(4) [1]Wird die Rechtsbeschwerde für begründet erachtet, ist die angefochtene Entscheidung aufzuheben und die Sache zur erneuten Entscheidung zurückzuverweisen. [2]§ 562 Abs. 2 gilt entsprechend. [3]Die Zurückverweisung kann an einen anderen Spruchkörper des Gerichts erfolgen, das die angefochtene Entscheidung erlassen hat. [4]Das Gericht, an das die Sache zurückverwiesen ist, hat die rechtliche Beurteilung, die der Aufhebung zugrunde liegt, auch seiner Entscheidung zugrunde zu legen.

(5) [1]Das Rechtsbeschwerdegericht hat in der Sache selbst zu entscheiden, wenn die Aufhebung der Entscheidung nur wegen Rechtsverletzung bei Anwendung des Rechts auf das festgestellte Sachverhältnis erfolgt und nach letzterem die Sache zur Endentscheidung reif ist. [2]§ 563 Abs. 4 gilt entsprechend.

(6) [1]Die Entscheidung über die Rechtsbeschwerde ergeht durch Beschluss. [2]§ 564 gilt entsprechend. [3]Im Übrigen kann von einer Begründung abgesehen werden, wenn sie nicht geeignet wäre, zur Klärung von Rechtsfragen grundsätzlicher Bedeutung, zur Fortbildung des Rechts oder zur Sicherung einer einheitlichen Rechtsprechung beizutragen.

A. Prüfung der Zulässigkeit

1 Nach § 577 Abs. 1 ZPO prüft das Rechtsbeschwerdegericht **von Amts wegen,** ob die Rechtsbeschwerde statthaft ist (§ 574) und ob sie in der gesetzlichen Form und Frist eingelegt (§ 575) und begründet ist. Mangelt es an einem dieser Erfordernisse, hat das Gericht die Rechtsbeschwerde als unzulässig zu verwerfen. Diese Zulässigkeitsprüfung entspricht der Zulässigkeitsprüfung im Berufungs- und Revisionsverfahren, auf deren Kommentierung verwiesen wird (→ § 522 Rn. 4 ff.).

2 Enthält die mit der Rechtsbeschwerde angegriffene Beschwerdeentscheidung keinen Sachverhalt, ist die Statthaftigkeit der Rechtsbeschwerde nicht nachprüfbar. Die Entscheidung des Beschwerdegerichts ist dann von Amts wegen aufzuheben.[1*]

---

[1] MüKoZPO/*Hamdorf* ZPO § 576 Rn. 8; vgl. für die Revision BGH NJW 2005, 1660 (1661 f.).
[2] MüKoZPO/*Hamdorf* ZPO § 576 Rn. 9.
[3] Musielak/Voit/*Ball* ZPO § 576 Rn. 6.
[1*] BGH NJW-RR 2005, 916; BeckRS 2012, 23765.

B. Umfang der Nachprüfung durch das Rechtsbeschwerdegericht

Der Umfang der Nachprüfung durch das Rechtbeschwerdegericht ist beschränkt. Er entspricht 3 weitgehend den revisionsrechtlichen Regelungen (§§ 557, 559).

Das Rechtsbeschwerdegericht überprüft die angefochtene Entscheidung gemäß § 577 Abs. 2 ZPO 4 **nur im Umfang der von den Parteien gestellten Anträge.** Das Rechtsbeschwerdegericht ist aber nicht an die geltend gemachten Rechtsbeschwerdegründe gebunden. **Verfahrensmängel,** die nicht von Amts wegen zu berücksichtigen sind, werden nur geprüft, wenn diese Mängel nach § 575 Abs. 3 und § 574 Abs. 4 S. 2 gerügt worden sind.

Neuer Tatsachenvortrag ist nicht zu berücksichtigen, wie der Verweis auf § 559 ZPO deutlich 5 macht. Das Rechtsbeschwerdegericht hat vielmehr von dem Sachverhalt auszugehen, den das Beschwerdegericht festgestellt hat.[2] Fehlen tatsächliche Feststellungen, ist es zu einer rechtlichen Überprüfung nicht in der Lage.[3]

C. Entscheidung des Rechtsbeschwerdegerichts

Das Rechtsbeschwerdegericht weist die Rechtsbeschwerde zurück, wenn es sie für **unbegründet** 6 hält. Nach § 577 Abs. 3 ZPO ist die Rechtsbeschwerde auch dann zurückzuweisen, wenn sich die angefochtene Entscheidung aus anderen als in der Entscheidung genannten Gründen als richtig darstellt.[4]

Hält das Rechtsbeschwerdegericht die Rechtsbeschwerde hingegen für **begründet,** muss es die 7 angefochtene Entscheidung aufheben und die Sache grundsätzlich zur erneuten Entscheidung **zurückverweisen** (§ 577 Abs. 4 ZPO). Das Rechtsbeschwerdegericht hat nur dann selbst in der Sache zu entscheiden, wenn eine **Verletzung nur materiellen Rechts** vorliegt und die Sache entscheidungsreif ist (§ 577 Abs. 5 S. 1 ZPO).

Hängt die Entscheidung von der Anwendung **nicht revisibelen Rechts** ab, kann das Rechts- 8 beschwerdegericht die Sache zur Verhandlung und Entscheidung zurückverweisen oder selbst in der Sache entscheiden (§§ 578 Abs. 5 S. 2, 563 Abs. 4 ZPO).

Die Zurückverweisung muss nicht an die Vorinstanz, sondern kann **auch an das erstinstanzliche** 9 **Gericht** erfolgen.[5] Auch kann gemäß § 577 Abs. 4 S. 3 ZPO an einen anderen Spruchkörper des Gerichts verwiesen werden, das die angefochtene Entscheidung erlassen hat. Das Gericht, an das die Sache zurückverwiesen ist, hat die rechtliche Beurteilung, die der Aufhebung zugrunde liegt, auch seiner Entscheidung zugrunde zu legen (§ 577 Abs. 4 S. 4 ZPO).

Im Rechtsbeschwerdeverfahren ist das Verbot einer Schlechterstellung in der Sache **(reformatio in** 10 **peius)** zu beachten[6] (→ § 572 Rn. 14).

Gemäß § 577 Abs. 6 ZPO entscheidet das Rechtsbeschwerdegericht im **Beschlusswege.** Es steht 11 damit im Ermessen des Gerichts, ob es eine mündliche Verhandlung anordnet oder ohne Verhandlung entscheidet (vgl. § 128 Abs. 4 ZPO).[7]

Der Beschluss ist **zu begründen,** wobei die Begründung entsprechend § 564 ZPO nicht erforder- 12 lich ist, soweit das Revisionsgericht Rügen von Verfahrensmängeln nicht für durchgreifend erachtet. Eine Begründung ist ferner nach § 577 Abs. 6 S. 3 ZPO dann nicht erforderlich, wenn sie nicht geeignet wäre, zur Klärung von Rechtsfragen grundsätzlicher Bedeutung, zur Fortbildung des Rechts oder zur Sicherung einer einheitlichen Rechtsprechung beizutragen.

---

[2] BGH BeckRS 2015, 01980.
[3] BGH BeckRS 2015, 01980.
[4] Vgl. BGH BeckRS 2013, 09353.
[5] BGH NJW 2004, 2976 (2979).
[6] BGH GRUR 2008, 1030 (1031) – Zustellungsbevollmächtigter.
[7] BGH GRUR 2014, 705 (706) – Inländischer Admin-c; MüKoZPO/*Hamdorf* ZPO § 577 Rn. 4.

Buch 4. Wiederaufnahme des Verfahrens

§ 578 Arten der Wiederaufnahme

(1) Die Wiederaufnahme eines durch rechtskräftiges Endurteil geschlossenen Verfahrens kann durch Nichtigkeitsklage und durch Restitutionsklage erfolgen.

(2) Werden beide Klagen von derselben Partei oder von verschiedenen Parteien erhoben, so ist die Verhandlung und Entscheidung über die Restitutionsklage bis zur rechtskräftigen Entscheidung über die Nichtigkeitsklage auszusetzen.

Literatur: *Bacher,* Vernichtung des Patents nach rechtskräftigem Abschluss des Verletzungsprozesses, Festschrift Melullis (2009), GRUR 2009, 216; *K. von Falck,* Die Rechtsbehelfe gegen das rechtskräftige Verletzungsurteil nach rückwirkendem Wegfall, GRUR 1977, 308; *Gilles,* Zur Systematik des Wiederaufnahmeverfahrens, ZZP 78 (1965), 466; *Horn,* Patentverletzungsprozeß und Nichtigkeitsverfahren, GRUR 1969, 169; *Keukenschrijver,* Zur Rechtskraft des klageabweisenden Urteils im Patentnichtigkeitsverfahren, GRUR 2009, 281; *Kühnen,* Das Schicksal rechtskräftiger Verletzungsurteile nach bestandskräftiger Vernichtung des Klagepatents, Festschrift Reimann (2009), S. 287; *Schickedanz,* Die Restitutionsklage nach rechtskräftigem Verletzungsurteil und darauffolgender Nichtigerklärung des verletzten Patents, GRUR 2000, 570; *Schneider,* Zur Restitutionsklage im Patentrecht, MittPatAnw 2013, 162; *van Venrooy,* Rechtskraftwirkung des klagabweisenden Urteils im Patentnichtigkeitsverfahren, GRUR 1991, 92.

A. Regelungsgehalt

Die Nichtigkeits- und Restitutionsklage haben zum Ziel, ein rechtskräftiges Endurteil oder eine 1
andere Entscheidung, die den Rechtsstreit in der Sache abschließend beendet hat, **rückwirkend aufzuheben** und die Sache vor demselben Gericht **erneut zu verhandeln,** weshalb sie keine Rechtsmittel im eigentlichen Sinne sind. Anders als mit der Vollstreckungsgegenklage nach § 767 ZPO (→ § 767 Rn. 4) soll der rechtskräftige Titel selbst und nicht nur seine Vollstreckbarkeit beseitigt werden. Ist die auf Wiederaufnahme gerichtete Klage erfolgreich, wird der alte Streitgegenstand rückwirkend wieder rechtshängig.

Während mit der Nichtigkeitsklage geltend gemacht wird, dass die angegriffene Entscheidung an 2
schwerwiegenden **Verfahrensmängeln** leidet und schon aus diesem Grund unabhängig davon aufzuheben ist, ob sich der Mangel im konkreten Fall auf die Entscheidungsfindung ausgewirkt hat, wird mit der Restitutionsklage beanstandet, dass die Urteilsfindung auf einer **defizitären Entscheidungsgrundlage** beruht. Anders als bei der Nichtigkeitsklage muss der mit der Restitutionsklage gerügte Mangel deshalb für die Entscheidungsfindung **ursächlich** geworden sein.

Im gewerblichen Rechtsschutz ist die **Restitutionsklage** im **Patentrecht** von großer praktischer 3
Bedeutung, wenn das **Klagepatent** nach rechtskräftigem Abschluss des Verletzungsrechtsstreits (teilweise) **widerrufen** oder für **nichtig** erklärt wird.

B. Anfechtungsgegenstand

I. Rechtskräftige Endurteile

Nach dem Wortlaut der Norm kann die Wiederaufnahme des Verfahrens erfolgen, wenn das 4
Verfahren – gleich in welcher Instanz – durch ein **rechtskräftiges Endurteil** beendet ist. Unerheblich ist, ob es sich bei dem Endurteil dem Wesen nach um ein Prozess- oder Sachurteil, ein Gestaltungs-, Anerkenntnis-, Verzichts-, Versäumnis-,[1] Arrest- oder Verfügungsurteil[2] oder ein Teilurteil handelt. Ferner ist eine Wiederaufnahme auch bei durch Vollstreckungsbescheid beendeten Verfahren möglich (→ § 584 Rn. 7).

II. Zwischen- und Vorbehaltsurteile

Zwischenurteile, die nicht selbständig anfechtbar sind, können nicht Gegenstand der Wieder- 5
aufnahme sein. Die Wiederaufnahmeklage muss sich in diesem Fall gegen das Endurteil richten. Gleiches gilt, wenn ein Zwischen- oder **Vorbehaltsurteil** mit denselben Rechtsmitteln angefochten werden kann, wie ein Endurteil.[3] Damit kann ein Zwischen- oder Vorbehaltsurteil nur dann selbst Gegenstand des Wiederaufnahmeverfahrens sein, wenn es von einer höheren Instanz erlassen wurde als das Endurteil, weil ansonsten ein Gericht niedrigerer Instanz über ein Urteil eines Obergerichts

---

[1] KG NJW-RR 1987, 1215; OLG Oldenburg NJW-RR 1989, 446.
[2] OLG München JZ 1956, 122 (jedenfalls wenn Arrest/Verfügung durch Urteil aufgehoben worden ist) mAnm *Rosenberg.*
[3] *Gilles* ZZP 78 (1965), 466 (483).

entscheiden würde.⁴ Ist das Nachverfahren noch nicht abgeschlossen und liegt der Wiederaufnahmegrund bereits zu Tage, ist der Wiederaufnahmegrund, an dem das Zwischen- oder Vorbehaltsurteil leidet, tunlichst mit Blick auf §§ 579 Abs. 1 Nr. 2, 582 bereits mit dem gegen das Zwischen- oder Vorbehaltsurteil statthaften Rechtsmittel geltend zu machen oder jedenfalls im Nachverfahren⁵.

III. Beschlüsse

6   § 578 ist **entsprechend** auf Beschlüsse **anwendbar,** die nicht mehr der Anfechtung unterliegen und das Verfahren in der Sache beenden, wie etwa Beschlüsse nach §§ 91a, 522 Abs. 2 S. 1⁶, 544 Abs. 4⁷, 552 Abs. 2⁸ ZPO. Dies gilt auch für im einstweiligen Rechtsschutzverfahren ergangene Beschlüsse, soweit sie nicht mehr anfechtbar sind.⁹

IV. Kostenentscheidungen

7   **Kostenentscheidungen** sind wegen § 99 ZPO der Wiederaufnahme nicht separat zugänglich.¹⁰ Wird ein Verfahren wiederaufgenommen und wird die Hauptsache nach § 590 Abs. 1 ZPO neu verhandelt, so ist nicht nur der Hauptsacheausspruch des restituierten Urteils beseitigt, sondern auch in dem Verfahren ggf. ergangene weitere Kostenentscheidungen, so etwa wenn einem Beklagten und Berufungsführer vom Berufungsgericht nach Rücknahme der Berufung durch den Beklagten die Kosten der Berufung durch Beschluss auferlegt wurden, das Patent, auf das die Verletzungsklage des Klägers gestützt war, aber später vernichtet worden und dies als Restitutionsgrund gegen das rechtskräftige erstinstanzliche Verletzungsurteil geltend gemacht worden ist.

C. Widerruf und Nichtigerklärung eines Patents

8   Besondere Bedeutung hat das Restitutionsverfahren, wenn ein **Klagepatent,** aus dem ein Patentinhaber vor den Verletzungsgerichten erfolgreich gegen einen vermeintlichen Verletzer vorgegangen ist, in einem Einspruchs- oder Nichtigkeitsverfahren **keinen Bestand** hat.

9   Wird ein Patent (teilweise¹¹) **widerrufen** oder **vernichtet,** eröffnet dies einen Restitutionsgrund nach **§ 580 Nr. 6 ZPO analog**¹² (→ § 580 Rn. 9 f.). Während für den Fall, dass das Patent in vollem Umfang keinen Rechtsbestand hat, die ursprüngliche Verletzungsklage ohne Weiteres mangels eines Rechts, aus dem sich die im PatG statuierten Rechte ableiten lassen, als unbegründet abzuweisen ist, muss im Fall des nur teilweisen Widerrufs bzw. der nur teilweisen Vernichtung geprüft werden, ob die im Verletzungsrechtsstreit angegriffene Ausführungsform von den Merkmalen des nunmehr eingeschränkten Schutzrechts noch Gebrauch macht. Nur wenn dies nicht mehr der Fall ist, ist die ursprüngliche Klage unbegründet.

10 Der einen Restitutionsgrund bildende Wegfall des Schutzrechts kann auch in der Revisionsinstanz vorgebracht werden. § 559 ZPO steht dem nicht entgegen (→ § 559 Rn. 18). Denn es wäre mit dem Ziel, effektiven Rechtsschutz zu gewähren, nicht zu vereinbaren, wenn derjenige, der einen Restitutionsgrund geltend machen kann, hierfür auch dann auf das Restitutionsverfahren verwiesen würde, wenn das **Revisionsverfahren** noch nicht abgeschlossen ist.¹³ Zur Frage, ob die Geltendmachung mit Blick auf § 582 sogar erforderlich ist, vgl. → § 582 Rn. 2 ff.

D. Folgen einer erfolgreichen Restitutionsklage

I. Rückforderung gezahlten Schadensersatzes und von Ordnungs- oder Zwangsgeldern

11 Ist die Restitutionsklage erfolgreich, weil das Klagepatent rückwirkend weggefallen ist, kann bereits gezahlter Schadensersatz ebenso wie die auf der Grundlage des beseitigten Titels auf Beschluss hin gezahlten Ordnungs- oder Zwangsgelder sowie Prozesskosten nach den Vorschriften über die **ungerechtfertigte Bereicherung** (§ 717 Abs. 3 ZPO entsprechend, §§ 812 ff. BGB) herausverlangt werden (zur prozessualen Geltendmachung → § 590 Rn. 5).

12 Soweit **vollstreckte Ordnungs- und Zwangsgelder** betroffen sind, entspricht es einhelliger Auffassung, dass sie erst dann zu erstatten sind, wenn der ihnen zugrundeliegende rechtskräftige Titel,

---

⁴ Zöller/*Greger* ZPO vor § 578 Rn. 11; *Gilles* ZZP 78 (1965), 466 (488).
⁵ BGH NJW 1963, 587.
⁶ BGH GRUR 2010, 996 Rn. 11 – Bordako.
⁷ BGH NJW 1995, 332.
⁸ BGHZ 62, 18 (19) = MDR 1974, 307; BAG NZA 2016, 127.
⁹ OLG Celle BeckRS 2015, 129269.
¹⁰ BGHZ 43, 239 (245).
¹¹ BGH GRUR 2012, 753 – Tintenpatrone III.
¹² BGH GRUR 2012, 753 – Tintenpatrone III; BGHZ 187, 1 = GRUR 2010, 996 – Bordako (SortSache).
¹³ BGHZ 3, 65 (67 f.); BGH WM 2007, 570 Rn. 14.

auf dem seinerseits der zunächst aufzuhebende Ordnungs- oder Zwangsmittelbeschluss basiert, durch eine erfolgreiche Restitutionsklage beseitigt worden ist. Gleiches gilt für den Kostenausspruch im Verletzungsurteil.[14]

Divergierend wird hingegen beurteilt, ob **bereits geleistete Schadensersatzzahlungen** auch **13** ohne vorherige Durchführung des Wiederaufnahmeverfahrens herausverlangt werden können. Nach einer Auffassung soll schon die bloße Vernichtung des Patents bereicherungsrechtliche bzw. schadensersatzrechtliche (→ Rn. 14) Ansprüche auslösen, ohne dass es der erfolgreichen Durchführung eines Restitutionsverfahrens bedürfen würde.[15] Grundlage für die Rückforderung des geleisteten Schadensersatzes sollen auch in diesem Fall entweder unmittelbar die §§ 812 ff. BGB sein oder die entsprechende Anwendung des § 717 Abs. 3 ZPO, der seinerseits auf die bereicherungsrechtlichen Vorschriften verweist.[16] Hiergegen wird eingewendet, dass der Wegfall des Patents für sich allein das Urteil in seinem Bestand nicht berühre, welches – wenn auch in Widerspruch zur materiellen Rechtslage – den Rechtsgrund für das Behaltendürfen der Zahlungen bilde.[17] Die Gegenauffassung missachte, dass die Rechtskraft eines Urteils nur in eng umgrenzten Ausnahmefällen durchbrochen werden könne und der Gesetzgeber mit den §§ 578 ff. ZPO gerade ein eigenes Verfahren vorgesehen habe, das zunächst durchlaufen werden müsse, um den rechtskräftigen Titel zu beseitigen.[18]

Zutreffend ist, dass im Grundsatz ein rechtskräftiges Leistungsurteil einer späteren Klage, die auf bereicherungsrechtlichen Ausgleich hinsichtlich der zugesprochenen Summe abzielt, entgegensteht.[19] Daher kann nicht über die Klage aus dem materiellen Recht mit der Argumentation, das Urteil sei unzutreffend, das Zuerkannte herausverlangt werden. Anders liegt der Fall jedoch, wenn gegen den rechtskräftigen Zahlungstitel wie hier vorgebracht wird, dass ein nachträglich eingetretener Umstand – hier der Wegfall des Schutzrechts – dazu führt, dass der rechtskräftige Titel sich zur nunmehr bestehenden materiellen Lage in Widerspruch setzt. Ebenso wie sich die Möglichkeiten der Vollstreckungsabwehrklage nach allgemeiner Meinung nach Beendigung der Zwangsvollstreckung in der materiell-rechtlichen Bereicherungsklage fortsetzen[20], sofern nachträglich entstandene Umstände gegen den rechtskräftigen Titel geltend gemacht werden, ist dieser Weg im vorliegenden Fall eröffnet. Denn hierdurch wird nicht das in §§ 578 ff. ZPO vorgesehene Verfahren unterlaufen, weil es allein zur Absicherung der Rechtskraft der Entscheidung darauf abzielt, Defizite nur in eingeschränktem Maß gegen den rechtskräftigen Titel einwenden zu können, wenn sie – anders als der *nachträgliche*, wenngleich ex tunc wirkende Wegfall des Schutzrechts – bereits bei der abschließenden Entscheidung über den Sachverhalt vorlagen. Dem kann nicht entgegengehalten werden, dass der fehlende Rechtsbestand dem Patent bereits zu diesem Zeitpunkt inhärent gewesen sei, weil das Verletzungsgericht an den Erteilungsakt gebunden ist. Der rechtskräftige Titel muss zudem nicht deshalb beseitigt werden, weil er als solcher der materiell-rechtlichen Bereicherungsklage entgegenstünde. Denn Sinn der Rechtskraft ist allein das prozessual einzuordnende Verbot, den bereits geführten Prozess zu wiederholen, es wird aber nicht die materielle Rechtslage durch den rechtskräftigen Urteilsspruch (neu) begründet.[21]

II. Schadensersatz

Neben bereicherungsrechtlichen Ansprüchen kommen unter Umständen zudem Schadensersatz- **14** ansprüche unter dem Gesichtspunkt eines Eingriffs in den eingerichteten und ausgeübten Gewerbebetrieb aufgrund einer **unberechtigten Schutzrechtsverwarnung**[22] gegen den Patentinhaber in Betracht, wenn sein Patent widerrufen oder vernichtet wird und er bereits aus einem Verletzungsurteil gegen den vermeintlichen Verletzer vorgegangen ist.[23] Ein **Verschuldensvorwurf** wird dem Schutzrechtsinhaber wohl vor allem dann gemacht werden können, wenn sich sein Patent oder Gebrauchsmuster vor dem Stand der Technik als nicht neu erweist und er dies bei einer Recherche hätte feststellen können und müssen. Im Grundsatz darf sich der Schutzrechtsinhaber indes auf die behördliche Erteilungsentscheidung verlassen,[24] wobei der Fall anders zu beurteilen ist, wenn er bereits bei Erteilung des Schutzrechts oder danach Kenntnisse erlangt hat, die ernstliche Zweifel an der Schutz-

---

[14] Vgl. nur *Kühnen* Patentverletzung-HdB Kap. G Rn. 366.
[15] So RG BlPMZ 1903, 229 (230); Benkard/*Rogge/Kober-Dehm* PatG § 22 Rn. 88; Benkard/*Grabinski/Zülch* PatG § 139 Rn. 149; *Bacher* GRUR 2009, 216 (217 f.); *Kraßer/Ann* § 36 Rn. 90; Schulte/*Moufang* PatG § 21 Rn. 124.
[16] Benkard/*Rogge/Kober-Dehm* PatG § 22 Rn. 88.
[17] *Kühnen* Patentverletzung-HdB Kap. G Rn. 367 ff.; Fitzner/Lutz/Bodewig/*Voß* PatG Vor §§ 139 ff. Rn. 273; *v. Falck* GRUR 1977, 308 (311); Busse/*Keukenschrijver* PatG § 84 Rn. 55; Schramm/*Schneider* S. 467 Rn. 4 f.
[18] Busse/*Keukenschrijver* PatG § 84 Rn. 55; Fitzner/Lutz/Bodewig/*Voß* PatG Vor § 139 ff. Rn. 273.
[19] BGH NJW 1996, 57 (58).
[20] So zutreffend *Bacher* GRUR 2009, 216 (217 f.) unter Hinweis auf BGHZ 83, 278 (280) = GRUR 1982, 481 – Hartmetallkopfbohrer mwN.
[21] Musielak/*Musielak* ZPO § 322 Rn. 4 ff.; MüKoZPO/*Gottwald* ZPO § 322 Rn. 6 ff. jeweils mwN.
[22] BGHZ 164, 1 = GRUR 2005, 882 – Unberechtigte Schutzrechtsverwarnung; zum Ganzen vgl. *Köhler/Bornkamm/Feddersen* UWG § 4 Rn. 4.166 ff.
[23] *Bacher* GRUR 2009, 216 (217); Benkard/*Rogge/Kober-Dehm* PatG § 22 Rn. 88; *Horn* GRUR 1969, 169 (176); für eine verschuldensunabhängige Haftung nach § 7 ZPO dagegen *Hessel/Schellhorn* GRUR 2017, 673 bei III 1.a).
[24] BGH GRUR 2006, 432 Rn. 25 – Verwarnung aus Kennzeichenrecht II.

fähigkeit begründen konnten[25]. Schwieriger ist der Verschuldensvorwurf dann zu begründen, wenn lediglich die fehlende Erfindungshöhe der Patentfähigkeit entgegensteht und das Patent deshalb widerrufen oder vernichtet wird. Höhere Sorgfaltsanforderungen treffen den Inhaber eines Gebrauchsmusters, da er sich anders als der Inhaber eines Patents mangels eines amtlichen Prüfungsverfahrens nicht auf die Rechtsbeständigkeit verlassen darf.[26] Entsprechendes gilt für Inhaber eines gleichfalls ungeprüften Geschmacksdesignrechts.[27]

§ 579 Nichtigkeitsklage

(1) **Die Nichtigkeitsklage findet statt:**
1. wenn das erkennende Gericht nicht vorschriftsmäßig besetzt war;
2. wenn ein Richter bei der Entscheidung mitgewirkt hat, der von der Ausübung des Richteramts kraft Gesetzes ausgeschlossen war, sofern nicht dieses Hindernis mittels eines Ablehnungsgesuchs oder eines Rechtsmittels ohne Erfolg geltend gemacht ist;
3. wenn bei der Entscheidung ein Richter mitgewirkt hat, obgleich er wegen Besorgnis der Befangenheit abgelehnt und das Ablehnungsgesuch für begründet erklärt war;
4. wenn eine Partei in dem Verfahren nicht nach Vorschrift der Gesetze vertreten war, sofern sie nicht die Prozessführung ausdrücklich oder stillschweigend genehmigt hat.

(2) In den Fällen der Nummern 1, 3 findet die Klage nicht statt, wenn die Nichtigkeit mittels eines Rechtsmittels geltend gemacht werden konnte.

A. Normzweck

1 Die Nichtigkeitsklage dient der Beseitigung eines Urteils, das an einem der aufgeführten verfahrensrechtlichen Fehler leidet. Anders als bei der Restitutionsklage (§ 580 ZPO) ist nicht erforderlich, dass sich der Verfahrensfehler kausal auf das Urteil ausgewirkt hat. Dies wird **unwiderleglich vermutet**. Bereits das bloße Vorhandensein des gravierenden Verfahrensmangels rechtfertigt die Beseitigung der Rechtskraft.

B. Zulässigkeit

2 **Zulässig** ist die Nichtigkeitsklage, wenn Tatsachen behauptet werden, die einen der aufgeführten Verfahrensmängel ausfüllen.[1] Das Gericht hat im Rahmen der Begründetheit **von Amts wegen** zu prüfen, ob die Behauptungen zutreffend sind.[2] Die Nichtigkeitsklage ist grundsätzlich (vgl. explizit § 579 Abs. 1 Nr. 2 und Nr. 3) nicht statthaft, wenn über den Nichtigkeitsgrund bereits eine abschließende Entscheidung im Vorprozess ergangen ist, die das Vorliegen des Nichtigkeitsgrundes verneint hat.[3]

C. Nichtigkeitsgründe

3 Die Nichtigkeitsgründe entsprechen § 547 Nr. 1–4 ZPO. Daher vgl. auch dort.

I. Fehlerhafte Besetzung

4 **Nr. 1:** → § 547 Rn. 5 ff. Nicht jeder Fehler in der Besetzung genügt. Es muss sich um eine **offensichtliche** und **gravierende Gesetzesverletzung** handeln, die unter keinem Gesichtspunkt zu rechtfertigen und daher willkürlich ist.[4]

II. Kraft Gesetzes ausgeschlossener Richter

5 **Nr. 2:** → § 547 Rn. 14 ff. Die Nichtigkeitsklage kann nicht mit Erfolg auf das Vorliegen eines Ausschlussgrundes nach § 41 ZPO gestützt werden, wenn dieser bereits mit einem Ablehnungsgesuch oder Rechtsmittel **erfolglos** geltend gemacht worden ist.

---

[25] BGH GRUR 2006, 219 Rn. 18 – Detektionseinrichtung II.
[26] BGHZ 62, 29 (37) = GRUR 1974, 290 – maschenfester Strumpf; zutreffend differenzierend *Horn* GRUR 1969, 169 (176). Zu den Einzelheiten vgl. Benkard/*Scharen* PatG Vor §§ 9–14 Rn. 21 ff.
[27] BGH GRUR 1979, 332 (336) – Brombeerleuchte.
[1] BGH NJW 1993, 1596.
[2] Musielak/*Musielak* ZPO § 579 Rn. 9; Stein/Jonas/*Jacobs* ZPO § 579 Rn. 14.
[3] BFH NJW 1999, 2391 (2392); BSG MDR 1965, 518; Musielak/*Musielak* ZPO § 579 Rn. 10; Zöller/*Greger* ZPO § 579 Rn. 5; aA jedenfalls zu § 579 Abs. 1 Nr. 4 ZPO: BGHZ 84, 24 (26 f.) = NJW 1982, 2449; VGH Mannheim NVwZ-RR 1996, 539 (kein Rechtsschutzbedürfnis).
[4] BGH NJW 1995, 332 (335); 1994, 1735 (1736).

III. Abgelehnter Richter

Nr. 3: → § 547 Rn. 16 ff. 6

IV. Keine gesetzmäßige Vertretung

Nr. 4: → § 547 Rn. 20 ff. Die Vorschrift gilt auch für die **fehlende Parteifähigkeit**,[5] ebenso bei 7 fehlender **Prozessführungsbefugnis**[6], nicht aber für die fehlende **Postulationsfähigkeit**[7]. Der Fall der fehlenden **Prozessbeteiligung** steht der mangelnden Vertretung gleich.[8]

D. Subsidiarität der Nichtigkeitsgründe gem. § 579 Nr. 1, 3 ZPO

Absatz 2: Die Nichtigkeitsgründe der **Nummern 1 und 3** sind **subsidiär**, wobei erforderlich ist, 8 dass der Kläger den Grund bei sorgfältiger Prozessführung durch ein Rechtsmittel hätte geltend machen können (§ 582 ZPO). Gleiches gilt, wenn der Nichtigkeitskläger den Grund bereits mit einem Rechtsmittel geltend gemacht hat.[9] Rechtsmittel im Sinne der Vorschrift sind auch der Einspruch und die Gehörsrüge nach § 321a ZPO. Auf die Nichtigkeitsgründe der **Nummern 2**[10] **und 4** ist die Vorschrift nicht entsprechend anwendbar, sodass die Partei hier die Wahl zwischen dem Rechtsmittel und der Nichtigkeitsklage hat. Die Nichtigkeitsklage nach Nummer 4 ist auch dann noch möglich, wenn die Partei ein zunächst eingelegtes Rechtsmittel zurückgenommen hat.[11]

§ 580 Restitutionsklage

Die Restitutionsklage findet statt:
1. wenn der Gegner durch Beeidigung einer Aussage, auf die das Urteil gegründet ist, sich einer vorsätzlichen oder fahrlässigen Verletzung der Eidespflicht schuldig gemacht hat;
2. wenn eine Urkunde, auf die das Urteil gegründet ist, fälschlich angefertigt oder verfälscht war;
3. wenn bei einem Zeugnis oder Gutachten, auf welches das Urteil gegründet ist, der Zeuge oder Sachverständige sich einer strafbaren Verletzung der Wahrheitspflicht schuldig gemacht hat;
4. wenn das Urteil von dem Vertreter der Partei oder von dem Gegner oder dessen Vertreter durch eine in Beziehung auf den Rechtsstreit verübte Straftat erwirkt ist;
5. wenn ein Richter bei dem Urteil mitgewirkt hat, der sich in Beziehung auf den Rechtsstreit einer strafbaren Verletzung seiner Amtspflichten gegen die Partei schuldig gemacht hat;
6. wenn das Urteil eines ordentlichen Gerichts, eines früheren Sondergerichts oder eines Verwaltungsgerichts, auf welches das Urteil gegründet ist, durch ein anderes rechtskräftiges Urteil aufgehoben ist;
7. wenn die Partei
   a) ein in derselben Sache erlassenes, früher rechtskräftig gewordenes Urteil oder
   b) eine andere Urkunde auffindet oder zu benutzen in den Stand gesetzt wird, die eine ihr günstigere Entscheidung herbeigeführt haben würde;
8. wenn der Europäische Gerichtshof für Menschenrechte eine Verletzung der Europäischen Konvention zum Schutz der Menschenrechte und Grundfreiheiten oder ihrer Protokolle festgestellt hat und das Urteil auf dieser Verletzung beruht.

A. Normzweck

Die Restitutionsklage soll zur **Sicherung des Vertrauens in die Rechtsprechung** die Beseitigung 1 eines Urteils ermöglichen, dessen Grundlage in einer für das allgemeine Rechtsgefühl unerträglichen Weise erschüttert ist. Anders als bei der Nichtigkeitsklage muss das Urteil auf einem der genannten Restitutionsgründen beruhen, weshalb ein Wiederaufnahmegrund nur gegeben ist, wenn zwischen dem geltend gemachten Restitutionsgrund und dem Erlass des Urteils ein **ursächlicher Zusammenhang**

---

[5] Musielak/*Musielak* ZPO § 579 Rn. 6; MüKoZPO/*Braun/Heiß* ZPO § 579 Rn. 22; Thomas/Putzo/*Reichold* ZPO § 579 Rn. 2; BGH JZ 1958, 130.
[6] Stein/Jonas/*Jacobs* ZPO § 579 Rn. 6; Musielak/*Musielak* ZPO § 579 Rn. 5.
[7] BAG NJW 1991, 1252 (1253).
[8] Zöller/*Greger* ZPO § 579 Rn. 6; MüKoZPO/*Braun/Heiß* ZPO § 579 Rn. 16; aA BGHZ 153, 189 (194) = NJW 2003, 1326; Musielak/Musielak ZPO § 579 Rn. 7.
[9] BGH NJW-RR 2008, 448.
[10] BGHZ 84, 24 (26 f.) = NJW 1982, 2449; BGH NJW 2014, 937.
[11] BGH NJW 2014, 937 Rn. 25.

besteht,[1] wobei ausreichend ist, wenn eine Beeinflussung des Urteils durch den Restitutionsgrund nicht ausgeschlossen werden kann.[2]

2   Für den **gewerblichen Rechtsschutz** werfen allein die Restitutionsgründe der **§ 580 Nr. 6** und **Nr. 7b** spezifische Fragen auf.

B. Verletzung der Eidespflicht

3   **Nr. 1:** Der Restitutionsgrund erfasst Straftaten nach §§ 154, 155 und 163 StGB. Dabei muss sich die Verletzung der Eidespflicht nicht auf die gesamte oder den Kernpunkt der Aussage beziehen, sondern kann sich **auch** nur auf **Nebenpunkte** beschränken.[3] Die falsche Versicherung an Eides Statt gem. § 156 StGB sowie die falsche uneidliche Aussage einer Partei gem. § 153 StGB werden hingegen von Nr. 3 oder Nr. 4 erfasst (→ Rn. 5 f.).

C. Urkundendelikte

4   **Nr. 2:** Angesprochen sind die Urkundendelikte gemäß §§ 267 ff. StGB. Ob auch die **Urkundenunterdrückung** gem. § 274 StGB erfasst ist, ist streitig.[4] Eine unmittelbare Anwendung stößt angesichts des Wortlauts auf Bedenken, wohingegen vor dem Hintergrund der Norm (→ Rn. 1) eine **analoge Anwendung** angezeigt scheint. Unerheblich ist, wer das Urkundendelikt begangen hat und ob die vorlegende Partei hiervon Kenntnis hatte. Nicht erfasst werden ungenügende eidesstattliche Versicherungen.[5]

D. Verletzung der Wahrheitspflicht

5   **Nr. 3:** Erfasst sind Straftaten gemäß §§ 153–156, 163 StGB. Wegen §§ 189, 191 GVG ist auch die strafbare Eidesverletzung eines **Dolmetschers** erfasst. Der erforderliche Kausalzusammenhang ist nur dann gegeben, wenn das Zeugnis oder das Gutachten die Entscheidung trägt. Eine bloße Erwähnung reicht daher nicht aus. Die Verletzung der Wahrheitspflicht muss nicht in dem Verfahren geschehen sein, in dem das angegriffene Urteil ergangen ist.[6]

E. Straftat der Partei oder Parteivertreter

6   **Nr. 4:** In Betracht kommen **sämtliche Straftatbestände**, wie Betrug, Erpressung, Freiheitsberaubung usw. Kann die Partei aber den Mangel, wie etwa eine betrügerische Täuschung, bereits im Verfahren über einen Rechtsbehelf oder einen Widerruf ihrer Prozesserklärung geltend machen und hat sie dies unterlassen, ist ihr auch die Restitutionsklage versperrt.[7]

F. Amtsdelikt eines Richters

7   **Nr. 5:** Angesprochen sind Delikte gemäß §§ 331 ff. StGB. Disziplinarverstöße reichen nicht. Ist lediglich ein Urteilsteil durch die Straftat betroffen, ist dennoch das gesamte Urteil aufzuheben.[8] Im Mahnverfahren steht der **Rechtspfleger** dem Richter gleich.[9]

G. Aufhebung einer mitbestimmenden Entscheidung

I. Aufhebungsgegenstand

8   **Nr. 6:** Die Aufhebung ist möglich, wenn das mit der Restitutionsklage angegriffene Urteil seinerseits auf einem Urteil basiert, das durch ein drittes Urteil rechtskräftig aufgehoben wurde. Urteilen stehen der Rechtskraft fähige und in ihren Wirkungen einem Urteil vergleichbare **Beschlüsse**[10], **Schiedssprüche** (vgl. § 1055 ZPO)[11] und abschließende **Verwaltungsakte**[12] gleich. Erforderlich ist wiederum eine Kausalbeziehung zwischen der aufgehobenen und der angegriffenen Entscheidung.

---

[1] BGH MDR 1988, 566.
[2] Stein/Jonas/*Jacobs* ZPO § 580 Rn. 4; Musielak/*Musielak* ZPO § 580 Rn. 3.
[3] RGZ 137, 90 (94 f.); Zöller/*Greger* ZPO § 580 Rn. 8; Musielak/*Musielak* ZPO § 580 Rn. 6.
[4] Dagegen: Zöller/*Greger* ZPO § 580 Rn. 2; Wieczorek/Schütze/*Borck* ZPO § 580 Rn. 51; dafür: MüKoZPO/ *Braun/Heiß* ZPO § 580 Rn. 18; Stein/Jonas/*Jacobs* ZPO § 580 Rn. 10; Musielak/*Musielak* ZPO § 580 Rn. 7.
[5] BPatG BeckRS 2018, 34712.
[6] RGZ 143, 46 (47); OLG Hamm NJW-RR 1999, 1298 (Leitsatz).
[7] BGH NJW 1958, 670 für den Fall einer durch einen Betrug bewirkten Rücknahme des Rechtsmittels.
[8] KG NJW 1976, 1356 (1357).
[9] Zöller/*Greger* ZPO § 580 Rn. 12; Stein/Jonas/*Jacobs* ZPO § 580 Rn. 20; aA Wieczorek/Schütze/*Borck* ZPO § 580 Rn. 71.
[10] BGH MDR 2007, 600.
[11] BGH MDR 2008, 460.
[12] Offen gelassen in: BGHZ 89, 114 (117) = NJW 1984, 438 und BGHZ 103, 121 (125) = NJW 1988, 1914.

Ausreichend ist, dass die tatsächlichen Feststellungen oder rechtlichen Erwägungen des aufgehobenen Urteils für die angegriffene Entscheidung **mitbestimmend** waren.[13]

II. Entsprechende Anwendung bei Wegfall gewerblicher Schutzrechte

1. Vollständiger oder teilweiser Wegfall des Schutzrechts. Die Vorschrift findet **entsprechende Anwendung,** wenn ein **gewerbliches Schutzrecht** vor Ablauf der regulären Schutzdauer **wegfällt,** wie dies beim Widerruf eines Patents im Einspruchsverfahren oder einer Nichtigerklärung der Fall ist.[14] Ist das Schutzrecht nicht ex tunc sondern nur – **ex nunc** – etwa aufgrund Verzichts auf das Schutzrecht – weggefallen, so ist die angegriffene Entscheidung auf die Restitutionsklage hin nur für den Zeitraum seit Wegfall des Schutzrechts aufzuheben.[15]

2. Divergierende Auslegung im Patentverletzungs- und Nichtigkeitsverfahren. Höchstrichterlich nicht entschieden ist bislang, ob eine **analoge Anwendung** des § 580 Nr. 6 ZPO auch dann in Betracht kommt, wenn das Patent zwar nicht auf eine Nichtigkeitsklage hin ganz oder teilweise vernichtet wird, sondern das Patent rechtsbeständig ist und die Nichtigkeitsklage abgewiesen wird, dies aber darauf **beruht,** dass die **Auslegung** des Patentanspruchs **in Widerspruch zu** der Auslegung des **Verletzungsgerichts** in einer rechtskräftigen zusprechenden Entscheidung steht.[16] Hiergegen wird eingewendet, es sei nicht Aufgabe des Restitutionsverfahrens, eine unter Umständen unzutreffende Rechtsauffassung des Verletzungsgerichts zu korrigieren. Der Erteilungsakt bleibe unverändert und es komme nur die gerichtliche Erkenntnis hinzu, wie der Patentanspruch von Anfang an zutreffend hätte interpretiert werden müssen.[17] Gegen diese Ansicht spricht aber, dass auch für den hier angesprochenen Fall die Korrektur des angegriffenen Verletzungsurteils vor dem Hintergrund der Norm (→ Rn. 1) angezeigt erscheint. Denn würde eine Auslegung des Patentanspruchs, die von den den Rechtsbestand eines Patents beurteilenden Instanzen als unzutreffend erkannt worden ist, weiterhin ein Verletzungsurteil tragen, wäre dieses Ergebnis allein dem dem deutschen Patentrecht eigenen Trennungsprinzip geschuldet. Vorrang sollte für diesen Fall aber der materiellen Gerechtigkeit und den zur Beurteilung des Rechtsbestands berufenen Instanzen eingeräumt werden.[18] Denn das unbefriedigende Ergebnis, dass eine Partei von den Verletzungsgerichten rechtskräftig aufgrund einer unzutreffend zu weiten Auslegung des Patentanspruchs verurteilt wurde, obwohl die für die Beurteilung des Rechtsbestands zuständigen Instanzen den Erteilungsakt, auf dem der Verletzungsausspruch basiert, nur deshalb für gewährbar erachtet haben, weil sein Inhalt und Schutzumfang in einer engeren Weise zu interpretieren ist, beruhte andernfalls allein auf dem Umstand, dass das Verletzungs- und Rechtsbestandsverfahren formal gesehen getrennte Wege gehen und das Verletzungsverfahren daher bereits zu einem Zeitpunkt formal abgeschlossen sein kann, zu dem die den Erteilungsakt beurteilenden Instanzen noch nicht abschließend über das Schutzrecht entschieden haben. Dies unterscheidet die Konstellation von der um des Rechtsfriedens Willen hinzunehmenden Möglichkeit divergierender Entscheidungen in **Parallelverfahren**[19] – etwa wenn ein Verletzungsprozess gegen eine Gesellschaft Erfolg hat, der an einem anderen Verletzungsgericht gegen die Geschäftsführer geführte Verletzungsprozess hingegen nicht.

H. Früheres Urteil in derselben Sache

Nr. 7a: Das Urteil muss **dieselbe Sache** zwischen **denselben Parteien** betreffen oder zwischen ihnen nach §§ 325 ff. ZPO Rechtskraftwirkung entfalten und vor Erlass des angefochtenen Urteils in Rechtskraft erwachsen sein. Ausreichend ist, wenn eine Bindungswirkung als Folge der Entscheidung über eine präjudizielle Frage besteht.[20] Nach deutschem Recht anzuerkennende Urteile **ausländischer** Gerichte stehen gleich.[21]

---

[13] BGH VersR 1984, 453 (455).
[14] Ganz hM: BGHZ 187, 1 Rn. 12 = GRUR 2010, 996 Rn. 12 – Bordako (Sortenschutz); BGH GRUR 2012, 753 – Tintenpatrone III; OLG Düsseldorf GRUR-RR 2020, 414 Rn. 20; aA *Schickedanz* GRUR 2000, 570 ff.
[15] BGHZ 187, 1 Rn. 23 ff. = GRUR 2010, 996 Rn. 23 ff. – Bordako.
[16] AA – aber nur obiter dictum – BGH GRUR 2017, 428 Rn. 38 = BGHZ 213, 238 – Vakuumtransportsystem.
[17] OLG Düsseldorf BeckRS 2008, 07893; *Kühnen* Patentverletzung-HdB Kap. G Rn. 265.
[18] Vgl. die Erwägung in BGH GRUR 2010, 858 – Crimpwerkzeug III bei Rn. 14.
[19] Vgl. OLG Karlsruhe NJW-RR 1994, 894; Musielak/*Musielak* § 580 Rn. 4.
[20] Stein/Jonas/*Jacobs* ZPO § 580 Rn. 25; MüKoZPO/*Braun/Heiß* ZPO § 580 Rn. 43; aA Wieczorek/Schütze/*Borck* ZPO § 580 Rn. 104.
[21] OLG Köln NJW-RR 1999, 363.

I. Nachträglich aufgefundene Urkunde

12 **1. Urkundenbegriff. Nr. 7b:** Der Restitutionsgrund ist der für die **Praxis bedeutsamste**. Die aufgefundene Urkunde muss als **schriftliche Gedankenerklärung** dem Beweis von Tatsachen dienen.[22] Nicht vom Begriff der Urkunde werden daher Fotografien[23], Tonaufnahmen oder Videos[24] erfasst. Ob eine Fotokopie ausreicht, ist streitig.[25] Die Vorschrift ist auf andere Beweismittel nicht entsprechend anwendbar. Urkunde ist somit nicht ein Gutachten, das neue wissenschaftliche Erkenntnisse enthält, weil Beweismittel hier nicht die Urkunde, sondern der Inhalt des Sachverständigengutachtens ist.[26] Nicht zulässig ist die Einführung einer Urkunde, die dem Zweck dient, durch sie die Richtigkeit der in einer schriftlichen Zeugenerklärung bekundeten Tatsachen nachzuweisen.[27]

13 **2. Günstigere Entscheidung.** Die Unrichtigkeit des Urteils im Vorprozess muss nicht iSd §§ 415 ff. ZPO aus der formellen Beweiskraft der Urkunde folgen, sondern es reicht aus, wenn die Urkunde für die zu beweisende Tatsache einen frei zu würdigenden Beweiswert hat.[28] Aus der Urkunde müssen sich solche Tatsachen ergeben, die **im Zusammenhang mit dem Streitgegenstand** des Verfahrens stehen und die für den Fall, dass sie im Verfahren vorgetragen worden wären, eine **günstigere Entscheidung** veranlasst hätten.[29] Berücksichtigungsfähig ist nur das **bisherige Vorbringen** im Verfahren[30] sowie neue Tatsachen, wenn sie sich durch die aufgefundene Urkunde selbst beweisen lassen[31]. Eine Urkunde ist daher dann nicht zu berücksichtigen, wenn die günstigere Entscheidung nicht allein durch die Urkunde, sondern nur in Verbindung mit weiteren, bislang im Vorprozess nicht angebotenen Beweismitteln oder Vortrag zu einer günstigeren Entscheidung führen. Ausreichend ist aber, wenn die Urkunde erstmals Anlass gibt, eine Tatsachenbehauptung des Gegners zu bestreiten.[32]

14 **3. Relevanter Zeitpunkt.** Erforderlich ist, dass die **Urkunde schon zum Zeitpunkt des Vorprozesses vorhanden** war und im Vorprozess noch hätte benutzt werden können.[33] Regelmäßig reicht daher nicht aus, wenn die Urkunde nach Schluss der mündlichen Verhandlung aber vor Urteilsverkündung errichtet wurde, weil insoweit allein die im Ermessen des Gerichts stehende Wiedereröffnung der Verhandlung (§ 156 ZPO) in Betracht gekommen wäre.[34] Eine Ausnahme bilden nur solche Urkunden, die sich ihrem Inhalt nach auf Tatsachen beziehen und diese beweisen sollen, die vor Schluss der mündlichen Verhandlung liegen.[35]

15 Die Urkunde muss in einem Zeitpunkt **aufgefunden** worden sein, zu dem sie **nicht mehr im Vorprozess benutzt** werden konnte. Dies ist objektiv zu bestimmen.[36] Dabei darf dem Restitutionskläger **kein Verschulden** zur Last fallen. Insbesondere reicht es nicht aus, wenn die Urkunde als solche zwar bekannt war, indes nur ihr Inhalt erst später zur Kenntnis genommen wurde.

16 **4. Möglichkeit der Benutzung.** „Zu Benutzen in den Stand gesetzt" wird der Restitutionskläger für den Fall, dass er zwar um die Existenz und den Verbleib der Urkunde wusste, er sie aber im Vorprozess unverschuldet nicht benutzen konnte.

17 **5. Neue Druckschriften im Patentnichtigkeitsverfahren.** Nicht erfasst ist das **spätere Auffinden von Druckschriften**, die als neuer **Stand der Technik** in ein Verfahren eingeführt werden sollen. Denn dem steht die Fiktion entgegen, dass der Prüfer den nach § 3 PatG offenkundigen Stand der Technik kennt und prüft, weshalb die Schrift als jederzeit greifbar anzusehen ist.[37]

18 **6. Zulässigkeit der Klage nach § 580 Nr. 7b ZPO.** Die auf § 580 Nr. 7b ZPO gestützte **Restitutionsklage** ist **zulässig**, wenn der Inhalt der Urkunde den Vortrag des Restitutionsklägers

---

[22] BGHZ 65, 300 (301) = NJW 1976, 294.
[23] BGHZ 65, 300 (301) = NJW 1976, 294.
[24] Musielak/*Musielak* ZPO § 580 Rn. 16.
[25] Ja: FG Berlin NJW 1977, 2232; Zöller/*Greger* ZPO § 580 Rn. 16; wenn beglaubigte Kopie und Echtheit unstr.: OLG Düsseldorf 6.4.2017 – I-15 UH 1/16; nein: KG NJW-RR 1997, 123.
[26] OLG Koblenz NJW-RR 1995, 1278; aA OLG Bamberg FamRZ 1970, 593.
[27] BGHZ 80, 389 (396) = NJW 1981, 2391.
[28] BGHZ 31, 351 (356) = NJW 1960, 818; BGHZ 57, 211 (215) = MDR 1972, 142; BGH NJW-RR 1991, 380.
[29] OLG Koblenz BeckRS 2008, 06957; OLG München BeckRS 2010, 18826.
[30] BGHZ 38, 333 (335) = NJW 1963, 715; BGH WM 2021, 1702.
[31] BGH NJW 1953, 1263; Stein/Jonas/*Jacobs* ZPO § 580 Rn. 35.
[32] BGHZ 161, 1 (4 ff.) = NJW 2005, 222; aA Stein/Jonas/*Jacobs* ZPO § 580 Rn. 35.
[33] OLG Koblenz NJW-RR 1995, 1278 (1279).
[34] BGHZ 30, 60 (65 f.) = NJW 1959, 1369.
[35] Vgl. etwa BAG NJW 1985, 1485: Feststellung der im Zeitpunkt des Schlusses der mündlichen Verhandlung bereits vorliegenden Schwerbehinderteneigenschaft nach Rechtskraft des Urteils im Kündigungsschutzprozess. Ein nachträglich erlassener Strafbefehl genügt hingegen nicht, BGH NJW 1980, 1000.
[36] OLG Düsseldorf 6.4.2017 – I-15 UH 1/16.
[37] RGZ 48, 375 (378); 84, 142 (145); Benkard/Rogge/Grabinski/*Zülch* PatG § 139 Rn. 149; Busse/*Keukenschrijver* PatG Vor § 143 Rn. 277; Fitzner/Lutz/Bodewig/*Voß* PatG Vor §§ 139 ff. Rn. 273.

stützt, die im Vorprozess ergangene Entscheidung sei falsch und die Vorlage der Urkunde veranlasse eine ihm günstigere Entscheidung. Wie evident diese Beurteilung sein muss, wird unterschiedlich beurteilt.[38] Ob die Behauptung des Restitutionsklägers zutreffend und aus der Sicht des früheren Richters möglicherweise eine günstigere Entscheidung veranlasst ist, ist eine Frage der **Begründetheit der Restitutionsklage**.[39] Im wiederaufgenommenen Verfahren (§ 590 ZPO) ist sodann zu entscheiden, ob tatsächlich anders als im Vorverfahren zu entscheiden ist.

J. Urteil des EGMR

Nr. 8: Das als konventionswidrig beanstandete Urteil wird durch ein Urteil des EGMR, das die Verletzung der EMRK feststellt, nicht berührt. Der Restitutionsgrund des Nr. 8 ermöglicht nunmehr die **Aufhebung des konventionswidrigen Urteils**. Für die Aufhebung reicht aus, dass das Urteil ohne die Konventionsverletzung unter Umständen anders ausgefallen wäre. Dass die Vorschrift nach § 35 EGZPO erst auf nach dem 31.12.2006 rechtskräftig abgeschlossene Verfahren anwendbar ist, ist weder verfassungsrechtlich noch konventionsrechtlich zu beanstanden.[40] Die **Fünfjahresfrist** des § 586 Abs. 2 S. 2 ZPO **gilt** für diesen Restitutionsgrund **nicht** (§ 586 Abs. 4 ZPO). 19

§ 581 Besondere Voraussetzungen der Restitutionsklage

(1) In den Fällen des vorhergehenden Paragraphen Nummern 1 bis 5 findet die Restitutionsklage nur statt, wenn wegen der Straftat eine rechtskräftige Verurteilung ergangen ist oder wenn die Einleitung oder Durchführung eines Strafverfahrens aus anderen Gründen als wegen Mangels an Beweis nicht erfolgen kann.

(2) Der Beweis der Tatsachen, welche die Restitutionsklage begründen, kann durch den Antrag auf Parteivernehmung nicht geführt werden.

In den Fällen des § 580 Nr. 1–5 ZPO muss eine **rechtskräftige** strafrechtliche Verurteilung erfolgt sein.[1] Dies ist **von Amts wegen** zu prüfen. Nach Absatz 1 muss aus Billigkeitsgründen ein Strafurteil nicht vorliegen, wenn trotz hinreichender Mitwirkung durch den Revisionskläger wie etwa rechtzeitiger Strafanzeige und der Vorlage von Beweismitteln ein Strafverfahren nicht stattgefunden hat,[2] wie etwa wenn strafrechtliche Verjährung eingetreten, der Täter verstorben oder ins Ausland geflüchtet ist oder wegen geringer Schuld die Straftat nicht verfolgt wurde. Die Voraussetzungen der Norm sind auch zu erfüllen, wenn einer der genannten Restitutionsgründe noch im Verfahren selbst, etwa in der **Revisionsinstanz, geltend gemacht** wird.[3] 1

Die auf § 580 Nr. 1–5 ZPO gestützte Klage ist **unzulässig**, wenn im Strafverfahren ein Freispruch erfolgte, ein Anfangsverdacht durch die Strafverfolgungsbehörden verneint wurde und deshalb keine Verfolgung stattgefunden hat oder wenn im Rahmen von § 153 StPO das Vorliegen einer Straftat nicht aufgeklärt wurde. Gleiches gilt, solange nach vorläufiger Einstellung des Strafverfahrens gem. **§ 153a StPO** die Auflagen noch nicht erfüllt sind.[4] Ebenfalls nicht ausreichend ist, wenn ein Ermittlungsverfahren gem. **§ 154 StPO** mit Blick auf eine andere Straftat vorläufig eingestellt wurde.[5] Das Zivilgericht kann dabei nicht selbst überprüfen, ob entgegen der Ansicht der Strafverfolgungsbehörden, die keine Anhaltspunkte für ein strafbares Verhalten gesehen haben, eine Strafbarkeit gegeben ist.[6] Es ist **nicht** möglich, das Restitutionsverfahren bis zum rechtskräftigen Abschluss des Strafverfahrens **auszusetzen** (→ § 586 Rn. 10).[7] 2

§ 581 Abs. 1 ZPO enthält nur eine Zulässigkeitsvoraussetzung insoweit als zum einen eine strafbare Handlung **behauptet** werden und daneben eine strafrechtliche Verurteilung vorliegen muss. Im Rahmen der Begründetheitsprüfung der Restitutionsklage hat sich das Zivilgericht eine **eigene Überzeugung** davon zu verschaffen, dass eine strafbare Handlung vorliegt.[8] 3

---

[38] BGHZ 38, 333 = NJW 1963, 715; BGHZ 46, 300 (303) = NJW 1967, 630: augenfällige Unrichtigkeit; BGH NJW 1980, 1000: Eignung der Urkunde, Urteil in tatsächlichen Grundlagen zu erschüttern; BVerwG IFLA 1990, 132: Erschütterung der Entscheidungsgrundlage durch die Urkunde; OLG Dresden BeckRS 2010, 02220: augenscheinliche Offenbarung der Unrichtigkeit des Urteils durch die Urkunde.
[39] BGHZ 57, 211 (215) = MDR 1972, 142; BGH NJW 1980, 1000.
[40] BVerfG NZA 2016, 1163.
[1] BGH NJW 1983, 230.
[2] BGH NJW-RR 2006, 1573.
[3] BGHZ 5, 299 (302).
[4] OLG Köln MDR 1991, 452.
[5] OLG Hamm MDR 1986, 679; aA OLG Hamburg MDR 1978, 851; OLG Hamm OLGR 1999, 193.
[6] BGH VersR 1962, 175.
[7] BGHZ 50, 115 (122) = NJW 1968, 1275; BGH BeckRS 2010, 11951; Zöller/*Greger* ZPO § 581 Rn. 5; aA Musielak/*Musielak* ZPO § 581 Rn. 2; Stein/Jonas/*Roth* ZPO § 149 Rn. 8; Stein/Jonas/*Jacobs* ZPO § 581 Rn. 2.
[8] BGHZ 85, 32 (36 f.) = NJW 1983, 230.

4 **Absatz 2** bezieht sich anders als Absatz 1 auf **sämtliche Restitutionsgründe** und die Voraussetzungen des § 582 ZPO. Der Ausschluss der Parteivernehmung auf Antrag hin, der verhindern soll, dass die Parteien übereinstimmend einen Restitutionsgrund behaupten und damit die Rechtskraft durchbrechen können, steht einer **Parteivernehmung von Amts wegen** nicht entgegen.[9]

§ 582 Hilfsnatur der Restitutionsklage

Die Restitutionsklage ist nur zulässig, wenn die Partei ohne ihr Verschulden außerstande war, den Restitutionsgrund in dem früheren Verfahren, insbesondere durch Einspruch oder Berufung oder mittels Anschließung an eine Berufung, geltend zu machen.

A. Normzweck

1 § 582 bringt zum Ausdruck, dass das Restitutionsverfahren ebenso wie die Nichtigkeitsklage (vgl. § 579 Abs. 1 Nr. 2 und Abs. 2) einen **subsidiären Charakter** hat. Die Rechtskraft soll nur ausnahmsweise dann durchbrochen werden, wenn der zur Wiederaufnahme berechtigende Umstand nicht bereits im bisherigen Verfahren hätte geltend gemacht werden können. Dieser Gedanke gilt ebenso, wenn die Rechtskraft durch eine auf **§ 826 BGB** gestützte Schadensersatzklage durchbrochen werden soll, weshalb § 582 auf diesen Fall entsprechend anwendbar ist[1].

B. Spezifische Fragen in Patentstreitigkeiten

2 Die **von Amts wegen im Rahmen der Zulässigkeit**[2] **der Restitutionsklage zu prüfenden**[3] Voraussetzungen des § 582 werfen mit Blick auf Patentstreitigkeiten spezifische Probleme auf. Denn fällt ein Patent wegen Widerrufs oder Nichtigerklärung weg, kann dieser Restitutionsgrund unter Umständen auch schon in der Revisionsinstanz geltend gemacht werden (→ § 578 Rn. 10). Ob diese Möglichkeit zugleich eine prozessuale Pflicht ist, die bei Nichtbeachtung dazu führen kann, dass die Erhebung der Restitutionsklage unzulässig ist, ist höchstrichterlich bislang noch nicht entschieden. Während das *LAG Hamm*[4] dies dem Restitutionskläger nicht als Verschulden iSv § 582 ZPO anlasten will,[5] wird unter Hinweis auf die Hilfsnatur der Restitutionsklage vertreten, dass die Restitutionsklage **unzulässig** sei, wenn der Restitutionsgrund im Verfahren der **Nichtzulassungsbeschwerde** hätte geltend gemacht werden können[6].

In diesem Zusammenhang ist wohl danach zu differenzieren, welcher Umstand ggf. schon mit der Nichtzulassungsbeschwerde bzw. der Revision vor Rechtskraft hätte geltend gemacht werden können:

I. Vollständige Vernichtung des Patents

3 Ist ein **Patent vollständig vernichtet** worden, so ist dies nach zutreffender Auffassung als Änderung der Schutzrechtslage von Amts wegen zu berücksichtigen (→ § 545 Rn. 20), weshalb viel dafür spricht, die Revision gegen ein der Verletzungsklage stattgebendes Berufungsurteil auf eine Nichtzulassungsbeschwerde hin zuzulassen, ohne dass es eines vorherigen Antrags auf Wiedereinsetzung in den vorigen Stand bedürfte, mit dem der nachträglich entstandene Zulassungsgrund vorgetragen wird (→ § 544 Rn. 51). Sofern demnach bereits eine Nichtzulassungsbeschwerde gegen ein zusprechendes Verletzungsurteil eingelegt wurde oder noch eingelegt werden kann, besteht ohne weiteres die Möglichkeit, den zugleich einen Restitutionsgrund nach § 580 Nr. 6 analog (→ § 580 Rn. 9 f.) bildenden Wegfall des Schutzrechts in diesem Verfahren geltend zu machen. Wird dies versäumt, ist eine später erhobene Restitutionsklage unzulässig.

4 Die Partei ist indes **nicht gehalten,** sich durch Kontrolle des Schutzrechtsregisters ständig darüber zu informieren, ob das Schutzrecht noch besteht oder **durch Verzicht erloschen** ist.[7]

II. Teilweise Vernichtung des Patents

5 Ist ein **Patent** nur **teilweise für nichtig erklärt** worden, führt dies anders als beim vollständigen Wegfall des Patents nicht ohne weiteres dazu, dass eine der Verletzungsklage stattgebende Entscheidung

---

[9] BGHZ 30, 60 (62) = NJW 1959, 1369.
[1] BGH NJW 1989, 1285.
[2] BGH WM 1975, 736; BGH LM ZPO § 582 Nr. 1; aA OLG Köln NJW-RR 1999, 363; Zöller/*Greger* ZPO § 582 Rn. 2 mwN.
[3] RGZ 99, 168 (170).
[4] LAG Hamm BeckRS 2009, 52330.
[5] So auch Zöller/*Greger* ZPO Vor § 578 Rn. 16.
[6] *Kühnen* Patentverletzung-HdB Kap. G Rn. 335.
[7] BGHZ 187, 1 Rn. 18 = GRUR 2010, 996 Rn. 18 – Bordako.

aufgehoben wird.⁸ Dies ist nur dann der Fall, wenn die Änderung der Schutzrechtslage für den Verletzungsrechtsstreit entscheidungserheblich ist, weil die angegriffene Ausführungsform vom geänderten Schutzrecht keinen Gebrauch mehr macht. Dies muss der Beschwerdeführer in seiner Nichtzulassungsbeschwerdebegründung dartun bzw. sie entsprechend ergänzen, wenn die Teilnichtigerklärung erst nachträglich erfolgt ist (→ § 544 Rn. 51). Ob dieser Fall mit Blick auf die Zulässigkeit der Restitutionsklage ebenso zu beurteilen ist, wie wenn das Patent vollständig weggefallen ist, erscheint fraglich. Denn regelmäßig wird eine Entscheidung im Nichtigkeitsverfahren noch nicht ergangen sein, bevor die Frist zur Begründung der Nichtzulassungsbeschwerde abgelaufen ist. Somit kann und muss dieser Umstand ebenso wie für den Fall, dass im Nichtigkeitsverfahren eine in Widerspruch zum Verletzungsrechtsstreit stehende Auslegung des Patents vorgenommen wird, im Wege der Wiedereinsetzung in den vorigen Stand⁹ geltend gemacht werden.¹⁰ Fraglich erscheint, ob auch in diesem Fall eine Restitutionsklage als unzulässig abzuweisen wäre, wenn von der Wiedereinsetzungsmöglichkeit in der Revisionsinstanz kein Gebrauch gemacht wurde.¹¹ Dies hat der Bundesgerichtshof jüngst in der Entscheidung Vakuumtransportsystem im Grundsatz bejaht, sofern das Verfahren aufgrund einer eingelegten Nichtzulassungsbeschwerde noch nicht rechtskräftig abgeschlossen ist. Hiergegen könnten Bedenken bestehen, weil das Wiedereinsetzungsverfahren einen Ausnahmecharakter in dem Sinne hat, dass ausnahmsweise unter Abwägung der materiellen Gerechtigkeit mit der Notwendigkeit nach Rechtssicherheit erstere unter bestimmten Umständen den Vorrang genießen soll. Es erscheint aber jedenfalls nicht sachgerecht, dem Restitutionsführer das Restitutionsverfahren unter Hinweis auf die Möglichkeit der Wiedereinsetzung in den vorigen Stand im Revisionsverfahren abzuschneiden, wenn keine Nichtzulassungsbeschwerde eingelegt wurde. Denn die Geltendmachung von Restitutionsgründen in der Revisionsinstanz wird allein aus Gründen der Prozesswirtschaftlichkeit zugelassen (→ § 578 Rn. 10). Dieser Aspekt kann für diesen Fall wohl nicht fruchtbar gemacht werden. Denn das Restitutionsgericht kann aus guten Gründen regelmäßig das Berufungsgericht, welches als Tatsacheninstanz damit zu befassen ist, ob die angegriffene Ausführungsform auch von dem geänderten Patentanspruch Gebrauch macht.¹² Es ist hingegen nicht Aufgabe der Revisionsinstanz, für den Fall der Teilnichtigerklärung eine unter Umständen aufwändige Beweisaufnahme darüber durchzuführen, ob die angegriffene Ausführungsform auch vom geänderten Anspruch Gebrauch macht. Der Bundesgerichtshof hat in dieser Situation zu neuer Verhandlung und Entscheidung an das Berufungsgericht zurückverwiesen.¹³ Ob die Restitutionsklage mit dem Argument als unzulässig oder unbegründet abgewiesen werden kann, der Restitutionsführer habe durch den unterbliebenen Wiedereinsetzungsantrag im Nichtzulassungsbeschwerdeverfahren die Gelegenheit versäumt, dass die Revisionsinstanz die Sache auch mit Blick auf die Würdigung des neuen Tatsachenvortrags bzgl. der Verletzungsfrage an das Berufungsgericht nach § 563 Abs. 1 S. 1 ZPO zurückverweisen kann, erscheint vor diesem Hintergrund gleichfalls fraglich.

III. Divergierende Auslegung in Verletzungs- und Rechtsbestandsverfahren

Wie bei der Teilnichtigerklärung sollte der Fall entschieden werden, dass eine **Nichtigkeitsklage abgewiesen** wurde – das Patent also rechtsbeständig ist – indes die dieser Entscheidung zugrunde liegende **andere Auslegung des Patents** mit der Auslegung, die das zusprechende Berufungsurteil im Verletzungsstreit vorgenommen hat, in Widerspruch steht. Hält man auch in dieser Situation mit der hier vertretenen Meinung (→ § 580 Rn. 10) einen Restitutionsgrund für gegeben, ist eine Restitutionsklage also nicht deshalb unzulässig, weil der Grund nicht bereits über eine Wiedereinsetzung in den vorigen Stand¹⁴ in das Revisionsverfahren eingebracht wurde.

C. Frühere Möglichkeit der Geltendmachung des Restitutionsgrundes

Den **Kläger** des Wiederaufnahmeverfahrens trifft die **Beweislast** dafür, dass er außerstande war, den Restitutionsgrund im früheren Verfahren geltend zu machen.¹⁵ Dabei ist eine Wiederaufnahme nicht mehr möglich, wenn der Kläger den Restitutionsgrund bereits gekannt hat oder hätte erkennen können und müssen¹⁶ und ihn mit Aussicht auf Erfolg bereits im früheren Verfahren hätte vorbringen

---

⁸ BGH GRUR 2010, 272 Rn. 1 f. – Produktionsrückstandsentsorgung.
⁹ BGHZ 186, 90 = GRUR 2010, 858 Rn. 16 – Crimpwerkzeug III.
¹⁰ So auch OLG Düsseldorf BeckRS 2013, 11702 Rn. 28.
¹¹ So (Abweisung als unbegründet) OLG Düsseldorf BeckRS 2013, 11702 Rn. 25 ff. = GRUR-RR 2013, 496; BGH GRUR 2017, 428 Rn. 11 ff. = BGHZ 213, 238 – Vakuumtransportsystem.
¹² Dies sollte auch angesichts des Umstandes gelten, dass trotz § 559 ZPO in der Revisionsinstanz ausnahmsweise Tatsachen vorgetragen werden können, die einen Restitutionsgrund ausfüllen und vom Berufungsgericht noch nicht berücksichtigt werden konnten, vgl. BGHZ 3, 65 (68); 5, 240 (249 f.); BGH ZZP 69, 438 f.; MDR 2007, 600 (601).
¹³ BGH GRUR 2017, 428 = BGHZ 213, 238 – Vakuumtransportsystem.
¹⁴ BGHZ 186, 90 = GRUR 2010, 858 Rn. 16 – Crimpwerkzeug III.
¹⁵ BGH WM 1974, 264; RGZ 99, 170.
¹⁶ OLG Düsseldorf I-15 UH 1/16 Rn. 76.

können.[17] Dies gilt trotz § 581 ZPO auch für die Restitutionsgründe nach § 580 Nr. 1–5 ZPO.[18]

8   Ist ein Restitutionsgrund bereits in dem früheren Verfahren erfolglos geltend gemacht worden, kann hierauf die Restitutionsklage nicht mehr gestützt werden.[19]

9   Sofern ein Wiederaufnahmegrund bereits im Ausgangsverfahren zu Tage getreten ist, kann und muss er unter Umständen mit dem gegen das Zwischen- oder Vorbehaltsurteil gegebene Rechtsmittel geltend gemacht werden oder im Rahmen des gegebenen Nachverfahrens (→ § 578 Rn. 5).[20]

10 Der Verletzungsrechtsstreit muss aber nicht mit Blick auf ein laufendes Rechtsbestandsverfahren offen gehalten werden.[21]

§ 583 Vorentscheidungen

Mit den Klagen können Anfechtungsgründe, durch die eine dem angefochtenen Urteil vorausgegangene Entscheidung derselben oder einer unteren Instanz betroffen wird, geltend gemacht werden, sofern das angefochtene Urteil auf dieser Entscheidung beruht.

1   Die Norm entspricht §§ 512, 557 Abs. 2 ZPO (→ §§ 512, 557 Rn. 21 ff.), erfasst anders als diese jedoch auch unanfechtbare und selbständig anfechtbare Entscheidungen. Einbezogen sind insbesondere **Zwischen- und Vorbehaltsurteile** sowie Beschlüsse und Verfügung innerhalb des Verfahrens. Diese werden **im Rahmen** der gegen das **Endurteil** gerichteten Wiederaufnahmeklage mit auf Wiederaufnahmegründe ausfüllende Fehler überprüft, soweit das Endurteil auf den vorausgegangenen Entscheidungen **beruht** (vgl. aber → § 582 Rn. 8). Daher wendet sich die Wiederaufnahmeklage gegen das Endurteil und nicht gegen die **Vorentscheidung**.

2   Zwischen- und Vorbehaltsurteile einer **höheren Instanz** können dagegen **selbständig** mit der Wiederaufnahmeklage angegriffen werden, wenn sie von einer höheren Instanz erlassen wurden als das Endurteil (→ § 578 Rn. 5).[1]

3   Die vorausgegangenen Zwischen- oder Vorbehaltsurteile werden zusammen mit dem Endurteil **von Amts wegen** aufgehoben, wenn sie von einem Anfechtungsgrund betroffen sind. Alle weiteren Vorentscheidungen können bei der Neuverhandlung des alten Rechtsstreits nach Aufhebung des Urteils nicht mehr als Grundlage dienen.[2]

4   Sind **mehrere Teilurteile** ergangen, muss jedes von ihnen für sich angegriffen werden, weil andernfalls die Rechtskraft des nicht angefochtenen Teilurteils bestehen bliebe.[3]

§ 584 Ausschließliche Zuständigkeit für Nichtigkeits- und Restitutionsklagen

(1) **Für die Klagen ist ausschließlich zuständig: das Gericht, das im ersten Rechtszug erkannt hat; wenn das angefochtene Urteil oder auch nur eines von mehreren angefochtenen Urteilen von dem Berufungsgericht erlassen wurde oder wenn ein in der Revisionsinstanz erlassenes Urteil auf Grund des § 580 Nr. 1 bis 3, 6, 7 angefochten wird, das Berufungsgericht; wenn ein in der Revisionsinstanz erlassenes Urteil auf Grund der §§ 579, 580 Nr. 4, 5 angefochten wird, das Revisionsgericht.**

(2) **Sind die Klagen gegen einen Vollstreckungsbescheid gerichtet, so gehören sie ausschließlich vor das Gericht, das für eine Entscheidung im Streitverfahren zuständig gewesen wäre.**

A. Regelungszweck

1   § 584 ZPO regelt die **ausschließliche sachliche und örtliche Zuständigkeit**.[1*] Eine abweichende Parteivereinbarung ist damit ausgeschlossen (§ 40 ZPO). Als Grundsatz ist dasjenige Gericht zur Entscheidung berufen, dessen Urteil mit der Wiederaufnahmeklage angegriffen wird.

---

[17] RGZ 99, 168 (170); BPatG BeckRS.
[18] BGH MDR 1958, 670.
[19] So Zöller/*Greger* ZPO § 582 Rn. 6; Stein/Jonas/*Jacobs* ZPO § 582 Rn. 3; aA LAG Hessen NJW 1962, 1886 [nur bei Verschulden]; differenzierend MüKoZPO/*Braun/Heiß* ZPO § 582 Rn. 10; *Leipold* ZZP 81, 69 (71 f.).
[20] BGH JZ 1963, 450.
[21] OLG Düsseldorf BeckRS 2014, 04506.
[1] Stein/Jonas/*Jacobs* ZPO § 583 Rn. 2; MüKoZPO/*Braun/Heiß* ZPO § 583 Rn. 2; BeckOK ZPO/*Fleck* § 583 Rn. 3.
[2] Musielak/*Musielak* ZPO § 583 Rn. 5.
[3] BGH NJW 1959, 1918 (1919).
[1*] BayObLG WuM 1991, 133.

B. Zuständigkeit des Berufungs- bzw. erstinstanzlichen Gerichts

1. Maßgeblichkeit der Sachentscheidung. Im Fall einer **Entscheidung durch das Berufungsgericht** in der Sache ist dieses für die Wiederaufnahmeklage zuständig, wobei Fehler der erstinstanzlichen Entscheidung im neuen Berufungsverfahren zu korrigieren sind. Anderes gilt hingegen, wenn das Urteil des erstinstanzlichen Gerichts wegen Ansprüchen angegriffen wird, gegen die **kein Rechtsmittel** eingelegt wurde. Dann bleibt das erstinstanzliche Gericht auch für das Wiederaufnahmeverfahren zuständig. Wenn die **Berufung** dagegen als **unzulässig** verworfen oder zurückverwiesen wurde, ist das **erstinstanzliche Gericht** zuständig, sofern nicht auch das Berufungsurteil angegriffen wird.[2] Wenn schließlich sowohl das erstinstanzliche als auch das Berufungsurteil angefochten werden, ist das Berufungsgericht zuständig. Dies gilt auch, wenn das erstinstanzliche Urteil nur teilweise mit der Berufung angegriffen wurde.[3]

2. Zuständigkeit nach Zurückverweisung an erstinstanzliches Gericht. Bei Erlass eines erstinstanzlichen Urteils **nach Zurückverweisung** gemäß § 538 ZPO ist das Berufungsgericht zuständig, wenn sich die Wiederaufnahmeklage gegen dessen Urteil richtet, das Gericht erster Instanz, wenn dessen Urteil angegriffen wird. Werden sowohl das zurückverweisende Berufungsurteil als auch das danach ergehende erstinstanzliche Urteil angegriffen, ist das Berufungsgericht zuständig.[4]

3. Verwerfung der Revision und Zurückverweisung an Berufungsgericht. Hat das Revisionsgericht die **Revision als unzulässig** verworfen, ist für das Wiederaufnahmeverfahren das **Berufungsgericht** zuständig. Dies gilt selbst dann, wenn einer der in § 584 Abs. 1 letzte Alt. ZPO aufgeführten Gründe geltend gemacht wird.[5] Gleiches gilt bei Aufhebung des Berufungsurteils durch das Revisionsgericht und Zurückverweisung.[6]

4. Zuständigkeit des Revisionsgerichts. Gründet die Wiederaufnahmeklage auf § 579 ZPO oder § 580 Nr. 4, 5 ZPO und hat das Revisionsgericht **in der Sache** erkannt, ist das Revisionsgericht für die Wiederaufnahmeklage zuständig,[7] **außer** es werden bei einer auf § 580 Nr. 4 ZPO gestützten Klage tatsächliche Feststellungen des Berufungsgerichts angegriffen[8]. In den Fällen der § 580 Nr. 1–3, 6 oder 7 ist dagegen das **Berufungsgericht** zuständig, es sei denn der BGH hat ausnahmsweise selbst tatsächliche Feststellungen getroffen[9]. Einem Revisionsurteil steht dabei der **Nichtzulassungsbeschluss** nach § 544 Abs. 4 ZPO gleich.[10] Ob dann, wenn zum einen eine Verletzung des § 580 Nr. 4, 5 zum anderen eine Verletzung des § 580 Nr. 2, 3, 6 oder 7 geltend gemacht wird, einheitlich das Berufungsgericht zuständig ist, ist **streitig**.[11] Auch wenn § 584 Abs. 1 ZPO den Restitutionsgrund des § 580 Nr. 8 ZPO nicht ausdrücklich nennt, was auf einem Versehen des Gesetzgebers beruht, liegt der Vorschrift ein Regel-Ausnahme-Verhältnis zugrunde. Daher ist auch in diesem Fall grundsätzlich das Gericht des ersten Rechtszuges zuständig für die Restitutionsklage. Für den Fall, dass das angefochtene Urteil oder eines der angefochtenen Urteile von dem Berufungsgericht erlassen wurde, ist das Berufungsgericht zuständig. Auch bei der Anfechtung eines Revisionsurteils geht das Gesetz von einer grundsätzlichen Zuständigkeit der Berufungsinstanz aus.[12]

5. Sprungrevision. Wird gegen ein erstinstanzliches Urteil *Sprungrevision* eingelegt, ist für die Wiederaufnahmeklage das Gericht erster Instanz zuständig.[13]

6. Vollstreckungsbescheid. Da der **Vollstreckungsbescheid** nach § 700 ZPO einem für vorläufig vollstreckbar erklärten Versäumnisurteil gleichsteht, ist für die Wiederaufnahmeklage dasjenige Gericht zuständig, das für den Erlass einer streitigen Entscheidung zuständig gewesen wäre.

---

[2] BeckOK ZPO/*Fleck* § 584 Rn. 4.
[3] Zöller/*Greger* ZPO § 584 Rn. 3; Musielak/*Musielak* ZPO § 584 Rn. 5; Stein/Jonas/*Jacobs* ZPO § 584 Rn. 3; aA MüKoZPO/*Braun/Heiß* ZPO § 584 Rn. 4; Wieczorek/Schütze/*Borck* ZPO § 584 Rn. 10.
[4] Zöller/*Greger* ZPO § 584 Rn. 5; Stein/Jonas/*Jacobs* ZPO § 584 Rn. 4.
[5] BGHZ 14, 251 (257).
[6] BGHZ 14, 251 (257); Zöller/*Greger* ZPO § 584 Rn. 8.
[7] BGH FamRZ 2018, 1013 Rn. 6; WM 1980, 1350.
[8] BGHZ 61, 95 (101) = NJW 1973, 1701.
[9] BGHZ 62, 18 (19 f.) = NJW 1974, 307.
[10] Zöller/*Greger* ZPO § 584 Rn. 9.
[11] Dafür: Zöller/*Greger* ZPO § 584 Rn. 10; Stein/Jonas/*Jacobs* ZPO § 584 Rn. 7; dagegen: MüKoZPO/*Braun/Heiß* ZPO § 584 Rn. 8 (Aufspaltung der Zuständigkeit); Wieczorek/Schütze/*Borck* ZPO § 584 Rn. 15 f.
[12] BGH FamRZ 2018, 1013.
[13] Zöller/*Greger* ZPO § 584 Rn. 11, Wieczorek/Schütze/*Borck* ZPO § 584 Rn. 14.

§ 585 Allgemeine Verfahrensgrundsätze

Für die Erhebung der Klagen und das weitere Verfahren gelten die allgemeinen Vorschriften entsprechend, sofern nicht aus den Vorschriften dieses Gesetzes sich eine Abweichung ergibt.

1 Die Wiederaufnahmeklage muss den Anforderungen der **§§ 253, 587, 588 ZPO** genügen. Die „entsprechende" Geltung der allgemeinen Vorschriften erklärt sich daraus, dass es sich bei der Wiederaufnahmeklage um einen außerordentlichen Rechtsbehelf handelt und keine gewöhnliche Klage. Diese Grundsätze gelten auch, wenn urteilsvertretende Beschlüsse mit der Wiederaufnahmeklage angegriffen werden.

2 **PKH** ist für die Wiederaufnahmeklage unabhängig vom Vorprozess gesondert zu bewilligen, wobei für die Erfolgsaussichten neben dem Wiederaufnahmeverfahren auch das neue Hauptsacheverfahren mit in den Blick zu nehmen ist[1].

3 Aktiv- und passivlegitimiert für das Wiederaufnahmeverfahren sind zwar grundsätzlich nur die Parteien des Vorprozesses, jedoch kann auch ein Streithelfer – jedenfalls wenn er schon dem Vorprozess beigetreten war – Restitutionsklage erheben.[2] Eine **Prozessvollmacht** erstreckt sich auch auf das Wiederaufnahmeverfahren, was bei der Zustellung zu beachten ist (→ § 172 Rn. 4).

4 Der den Zivilprozess bestimmende **Verhandlungsgrundsatz** ist insoweit **modifiziert,** als das Vorliegen eines **Wiederaufnahmegrundes von Amts wegen** zu prüfen ist.[3] Somit sind Anerkenntnisse und Geständnisse nicht bindend, sondern frei zu würdigen.[4] Ebenso ist ein **Versäumnisurteil** gegen den Beklagten nicht möglich, weil das Vorliegen des Wiederaufnahmegrundes nicht fingiert werden darf.[5]

5 Ob eine **Aussetzung** nach §§ 148, 149 ZPO in Betracht kommt, um eine Wiederaufnahmeklage erst zulässig oder begründet zu machen, ist umstritten (→ § 586 Rn. 10).

6 Die **Zwangsvollstreckung** aus dem mit der Wiederaufnahmeklage angegriffenen Urteil kann nach § 707 ZPO (→ § 707 Rn. 2) **einstweilen eingestellt** werden. Liegen die Voraussetzungen einer Schadensersatzklage gem. § 826 BGB vor, so kann dann, wenn ein Strafurteil ergangen, aber noch nicht rechtskräftig und die Restitutionsklage daher wegen § 581 ZPO unzulässig ist, eine **einstweilige Verfügung** beantragt werden, um der Zwangsvollstreckung aus dem angegriffenen Urteil entgegenzutreten.[6]

7 Da es sich um eine Klage handelt, gilt die **Vorschusspflicht** des § 12 Abs. 1 S. 1 GKG.[7]

§ 586 Klagefrist

(1) Die Klagen sind vor Ablauf der Notfrist eines Monats zu erheben.

(2) ¹Die Frist beginnt mit dem Tag, an dem die Partei von dem Anfechtungsgrund Kenntnis erhalten hat, jedoch nicht vor eingetretener Rechtskraft des Urteils. ²Nach Ablauf von fünf Jahren, von dem Tag der Rechtskraft des Urteils an gerechnet, sind die Klagen unstatthaft.

(3) Die Vorschriften des vorstehenden Absatzes sind auf die Nichtigkeitsklage wegen mangelnder Vertretung nicht anzuwenden; die Frist für die Erhebung der Klage läuft von dem Tag, an dem der Partei und bei mangelnder Prozessfähigkeit ihrem gesetzlichen Vertreter das Urteil zugestellt ist.

(4) Die Vorschrift des Absatzes 2 Satz 2 ist auf die Restitutionsklage nach § 580 Nummer 8 nicht anzuwenden.

A. Fristwahrung

1 Die Einhaltung der Klagefrist ist als **Zulässigkeitsvoraussetzung** von Amt wegen zu prüfen. Die Frist nach Absatz 1 ist eine **Notfrist** iSd § 224 Abs. 1 S. 2 ZPO (→ § 224 Rn. 6). Die Frist ist gewahrt, wenn die Klage beim Gericht erster Instanz statt dem höherinstanzlichen Gericht (§ 584 ZPO) erhoben ist,[1*] so wie grundsätzlich die Erhebung vor einem örtlich oder sachlich unzuständigen

---

[1] BGH NJW 1993, 3140.
[2] OLG Düsseldorf GRUR-RR 2020, 414 Rn. 22; MüKoZPO/*Braun* § 578 Rn. 36 mwN.
[3] BeckOK ZPO/*Fleck* § 585 Rn. 1.
[4] RGZ 135, 123 (131).
[5] MüKoZPO/*Braun* ZPO § 585 Rn. 4.
[6] BGHZ 50, 115 (122) = NJW 1968, 1275.
[7] OLG Düsseldorf BeckRS 2011, 08369 Rn. 23; Zöller/*Greger* ZPO § 585 Rn. 16; Musielak/*Musielak* ZPO § 585 Rn. 6.
[1*] BSG NJW 1970, 966.

Gericht ausreicht[2], welches den Rechtsstreit nach § 281 ZPO zu verweisen hat[3]. Die Klage kann bereits **vor Fristbeginn** erhoben werden, sofern das **Urteil rechtskräftig** ist.[4] Wiedereinsetzung bei Fristversäumung ist möglich.[5] Einreichung eines **PKH-Antrags** binnen der Frist **genügt nicht**.[6]

B. Beginn der Frist

1. Kenntnis vom Wiederaufnahmegrund. Die Frist beginnt, sobald der Kläger **positive sichere Kenntnis** der Tatsachen hat, die den Wiederaufnahmegrund ausfüllen, **frühestens** aber **mit Rechtskraft** des Urteils. Der positiven Kenntnis steht es gleich, wenn sich der Kläger den Wiederaufnahmeklage rechtfertigenden Umständen bewusst verschließt.[7] Kenntnis muss die Partei oder ihr gesetzlicher Vertreter haben. Die Kenntnis des **Prozessbevollmächtigten** reicht jedenfalls aus, wenn er auch mit Blick auf ein Restitutionsverfahren mandatiert war.[8] War der Prozessbevollmächtigte zur Vorbereitung eines Restitutionsverfahrens mit der Einleitung eines Strafverfahrens betraut, wird er aber auf Einstellungsnachricht hin nicht tätig, muss sich das die Partei zurechnen lassen.[9] Gleiches gilt, wenn der im **ein Patent betreffenden Rechtsbestandsverfahren** tätige Anwalt um eine rechtskräftige Verurteilung im Verletzungsverfahren weiß und ihn daher die Pflicht trifft, den Verletzungsbeklagten über den Ausgang des Rechtsbestandsverfahrens zu informieren.[10] Die Kenntnis muss nicht die Einsicht umfassen, dass die Tatsachen einen Wiederaufnahmegrund ausfüllen.[11] Ob dann, wenn das Klagepatent nur **teilweise für nichtig** erklärt worden ist, indem die Ansprüche ohne gleichzeitige Änderung der Beschreibung geändert wurden, die Frist erst mit der Zustellung der begründeten Entscheidung zu laufen beginnt, hängt davon ab, ob die Begründungserwägungen der Einspruchsentscheidung zur Schutzbereichsbestimmung in den Blick zu nehmen sind und erst in deren Kenntnis verlässlich beurteilt werden kann, ob eine Verletzungsform noch unter das geänderte Patent fällt.[12] Diese Frage ist bislang höchstrichterlich noch nicht entschieden.[13]

Bei Restitutionsgründen nach **§ 580 Nr. 1–5 ZPO** ist Kenntnis von der rechtskräftigen Verurteilung nötig. Ist eine Einleitung oder Durchführung eines Strafverfahrens nach § 581 Abs. 1 ZPO aus anderen Gründen als mangels an Beweisen nicht möglich, kommt es auf die Kenntnis des Hinderungsgrundes wie bspw. der Einstellung des Strafverfahrens oder des Todes des Beschuldigten an.[14] Werden Urkunden iSd **§ 580 Nr. 7 ZPO** aufgefunden, so kommt es für die Frist nach Absatz 1 auf den Zeitpunkt an, zu dem die Partei Kenntnis von der Urkunde und der Möglichkeit, sie zu benutzen, hatte.[15] Werden nacheinander mehrere Urkunden aufgefunden, die denselben Umstand beweisen sollen, so beginnt die Frist jeweils neu zu laufen, wenn noch keine zulässige Klage erhoben ist.[16]

Der Zeitpunkt der Kenntniserlangung ist gem. **§ 589 Abs. 2 ZPO glaubhaft** zu machen.

2. Sonderfall: Vernichtung des Patents. Wird ein **Patent**, aus dem der Patentinhaber im Verletzungsrechtsstreit vorgeht, **vernichtet**, so beginnt die Monatsfrist dann, wenn gegen diese Entscheidung ein Rechtsmittel gegeben ist, mit Ablauf der Rechtsmittelfrist und dem damit einhergehenden Eintritt der formellen Rechtskraft[17], dann, wenn es sich um eine letztinstanzliche Entscheidung handelt, mit der Verkündung der Entscheidung bzw. bei einer Entscheidung im schriftlichen Verfahren mit der letzten Zustellung an einen der Verfahrensbeteiligten.[18]

Wird das Patent nicht vernichtet, sondern die Entscheidung der Vorinstanz aufgehoben und der Rechtsstreit zurückverwiesen, wird die Monatsfrist bei **Zurückverweisung durch die Technische Beschwerdekammer des Europäischen Patentamts an die Einspruchsabteilung** gemäß Art. 111 Abs. 1 S. 2 EPÜ mit der Anordnung, das Patent in geändertem Umfang mit bestimmten

---

[2] BGHZ 35, 374 (376 f.) = NJW 1961, 2259; BAG NZA 2003, 453 (455).
[3] BayObLG WuM 1991, 133.
[4] BGH GRUR 2012, 753 Rn. 22 – Tintenpatrone III; OLG Düsseldorf GRUR-RR 2011, 122 – Tintenpatrone; Zöller/Greger ZPO § 586 Rn. 2.
[5] BGH VersR 1962, 175 (176).
[6] BGHZ 19, 20 (22) = NJW 1956, 60; Zöller/Greger ZPO § 586 Rn. 3.
[7] BGH NJW 1993, 1596 (1597); 1995, 332 (333).
[8] BGHZ 31, 351 (354) = NJW 1960, 818; BGH MDR 1978, 1015 f.
[9] BGH WM 1978, 1162.
[10] So mit überzeugender Argumentation Kühnen Patentverletzung-HdB Kap. G Rn. 341 ff. sowie Kühnen FS Reimann, 2009, 287 (301 ff.).
[11] BGH NJW 1993, 1596.
[12] So Kühnen FS Reimann, 2009, 287 (300 f.) – anderes gilt nach dieser Auffassung, wenn nur oder neben den Ansprüchen auch die Beschreibung geändert wird, weil dann allein die neue Beschreibung relevant sei.
[13] Die Frage, ob die Entscheidungsgründe eines Nichtigkeitsurteils, die den Patentanspruch auslegen, Teil der Beschreibung werden, ist offengelassen in BGHZ 172, 88 Rn. 20 ff. = GRUR 2007, 778 Rn. 20 ff. – Ziehmaschinenzugeinheit.
[14] BGH NJW-RR 2006, 1573 (1574); BGHZ 1, 153 (155).
[15] Thomas/Putzo/Reichold ZPO § 586 Rn. 2; Zöller/Greger ZPO § 586 Rn. 11.
[16] BGHZ 57, 211 (214) = MDR 1972, 142.
[17] OLG München GRUR 2021, 47 Rn. 27; vgl. den Überblick bei Kühnen FS Reimann, 2009, 287 (295).
[18] OLG München GRUR 2021, 47 Rn. 27; Kühnen FS Reimann, 2009, 287 (296).

Ansprüchen, einer bestimmten Beschreibung und bestimmten Zeichnungen aufrechtzuerhalten, erst mit der (rechtskräftigen)[19] Entscheidung, die die Einspruchsabteilung im Anschluss an die Zurückverweisung trifft, in Gang gesetzt, weil das Patent erst hierdurch formell in seinem Bestand geändert wird.[20] Dies gilt auch, wenn die Technische Beschwerdekammer selbst rechtskräftig über die Fassung der Patentansprüche entschieden hat und der Einspruchsabteilung aufgibt, die Beschreibung daran anzupassen.[21]

C. Anwendbarkeit auf Schadensersatzklagen nach § 826 BGB

7 Auf Schadensersatzklagen nach § 826 BGB ist § 586 ZPO nicht anwendbar.[22]

D. Nachschieben von Wiederaufnahmegründen

8 Sofern im Zeitpunkt der Klageerhebung die Monatsfrist für den betreffenden Wiederaufnahmegrund noch **nicht abgelaufen** war, kann er noch nachgeschoben werden.[23] Ist der Wiederaufnahmegrund erst nach der Klageerhebung entstanden oder Kenntnis von ihm erlangt worden, so kann er auch nach Ablauf der Monatsfrist noch in das Wiederaufnahmeverfahren eingebracht werden.[24] Auch die Frist des § 586 Abs. 2 S. 2 ZPO gilt insoweit **nicht**.[25]

E. Fünfjahresfrist nach § 586 Abs. 2 S. 2 ZPO

I. Absoluter Charakter

9 Die fünfjährige Ausschlussfrist des § 586 Abs. 2 S. 2 ZPO ist von der Kenntnis der Partei unabhängig. Da es sich um eine **absolute Frist** handelt, sollen Wiedereinsetzung oder Verlängerung nicht möglich sein.[26] Die Frist gilt unabhängig vom Abschluss des Strafverfahrens auch für die Restitutionsgründe der § 580 Nr. 1–5 ZPO.

II. Anwendung bei Wegfall des Schutzrechts nach Fristende

10 Die Frist soll nach einer Auffassung selbst dann gelten, wenn innerhalb der absoluten Fünfjahresfrist eine **Entscheidung im Rechtsbestandsverfahren** nicht ergangen ist und den Restitutionskläger insoweit kein Verschulden trifft.[27] Dieses Ergebnis soll nicht dadurch vermieden werden können, dass die Restitutionsklage **vor** Ablauf der Frist **erhoben** und mit dem Antrag verbunden wird, das Wiederaufnahmeverfahren bis zur bestandskräftigen Vernichtung des Klagepatents das Verfahren **auszusetzen**. Denn ohne die rechtskräftige Vernichtung des Klagepatents fehle es bereits an einem Wiederaufnahmegrund, weshalb die Restitutionsklage abzuweisen sei.[28] Diese Frage ist bislang höchstrichterlich noch nicht entschieden. **Vorzugswürdig** erscheint es, für den Fall, dass der Restitutionskläger dann, wenn ihn am Ablauf der Fünfjahresfrist – etwa aufgrund der Dauer eines Rechtsbestandsverfahrens – kein Verschulden trifft, die **Klage auch außerhalb dieser Frist** zu gewähren.[29] Denn andernfalls müsste derjenige, gegen den ein Verletzungsurteil ergangen ist, dieses aufgrund seiner Rechtskraft selbst dann hinnehmen, wenn allein aufgrund der langen Dauer des Rechtsbestandsverfahrens das Schutzrecht erst nach Ablauf der Fünfjahresfrist vernichtet wird und dem Verletzungsurteil damit die Grundlage entzogen ist. Dies wäre allein die Folge der dem deutschen Patentrecht eigenen **Trennung von Verletzungs- und Rechtsbestandsverfahren** und mit dem Anliegen des Instituts der Rechtskraft, abschließenden Rechtsfrieden herzustellen, nicht zu begründen, weil der in anderen Jurisdiktionen einheitlich geführte Verletzungs- und Rechtsbestandsstreit insgesamt noch nicht abgeschlossen ist, sondern der Streit um die Rechtsbeständigkeit im Zeitpunkt des rechtskräftigen Abschlusses des Verletzungsrechtsstreits noch offen und der durch die Rechtskraft abzusichernde Rechtsfrieden noch nicht eingetreten ist. Überwiegen sollte in dieser Konstellation vielmehr das Anliegen, innerhalb der einheitlichen Rechtsordnung sich widersprechen-

---

[19] Hierzu *Kühnen* FS Reimann, 2009, 287 (299 f.).
[20] BGH GRUR 2012, 753 Rn. 14 ff. – Tintenpatrone III; kritisch *Kühnen* Patentverletzung-HdB Kap. G Rn. 341 ff. sowie *Kühnen* FS Reimann, 2009, 287 (296) (dort wohl eine aA vertretend).
[21] Zutreffend *Kühnen* FS Reimann, 2009, 287 (297 f.).
[22] BeckOK ZPO/*Fleck* § 586 Rn. 13.1; Musielak/*Musielak* ZPO § 586 Rn. 1; Zöller/*Greger* ZPO § 586 Rn. 25.
[23] BGH VersR 1962, 165; BAG NZA 1998, 1301 (1303).
[24] RGZ 168, 225 (230).
[25] MüKoZPO/*Braun/Heiß* ZPO § 586 Rn. 16; Zöller/*Greger* ZPO § 586 Rn. 6; Musielak/*Musielak* ZPO § 586 Rn. 4; aA RGZ 64, 224 (227).
[26] Zöller/*Greger* ZPO § 586 Rn. 15.
[27] OLG Düsseldorf GRUR-RR 2011, 122 – Tintenpatrone; *Kühnen* FS Reimann, 2009, 287 (304 f.).
[28] OLG Düsseldorf GRUR-RR 2011, 122 (123) – Tintenpatrone; aA *Bacher* GRUR 2009, 216 (219) (zwar zunächst unzulässig, aber Nachschieben von Gründen möglich) unter Hinweis auf BAG NJW 1993, 810.
[29] Vgl. auch den Ansatz von MüKoZPO/*Braun/Heiß* ZPO § 586 Rn. 4, der die Wiederaufnahmeklage solange zulassen will, wie aus dem Urteil noch vollstreckt werden kann.

de Rechtsttitel zu vermeiden.³⁰ Mit entsprechenden Erwägungen hat der Bundesgerichtshof bereits die absolute Frist des **§ 234 Abs. 3 ZPO** mit der Begründung für nicht anwendbar gehalten, dass die Überschreitung der Jahresfrist nicht in der Sphäre der Partei lag, sondern allein dem Gericht zuzuschreiben ist, weil eine Entscheidung im Rechtsbestandsverfahren ohne Einflussmöglichkeit der Partei erst nach Ablauf der Frist ergangen ist.³¹

F. Mangelnde Vertretung

War die Partei nicht ordnungsgemäß vertreten, hindert dieser Mangel nicht den Eintritt der Rechtskraft,³² weshalb sie sich **ohne die fünfjährige Ausschlussfrist** beachten zu müssen gegen das Urteil wehren können soll. Es gilt nur die Monatsfrist des Absatzes 1, die wiederum erst mit Rechtskraft des Urteils und wirksamer Zustellung des Urteils an den gesetzlichen Vertreter oder die Partei beginnt.³³ **Öffentliche Zustellung** reicht jedoch aus, um die Frist in Gang zu setzen.³⁴ Bei unverschuldeter Unkenntnis ist **Wiedereinsetzung** in den vorigen Stand möglich. Wird das Urteil vor Eintritt der Rechtskraft zugestellt, läuft die Frist ab Eintritt der Rechtskraft.³⁵ Erfolgt die Zustellung gemäß § 586 Abs. 3 ZPO, ist aber der Vertretungsmangel aus dem zugestellten Urteil nicht zu erkennen, so beginnt die Frist erst, sobald von dem Mangel Kenntnis erlangt wird.³⁶

11

G. Entscheidung des EGMR

Absatz 4 soll wegen der langen Dauer des vor der Anrufung des EGMR zu durchlaufenden innerstaatlichen Rechtswegs die Möglichkeit eröffnen, einer Feststellung der Konventionswidrigkeit eines Urteils durch den EGMR durch Aufhebung des nationalen Urteils auch nach der Ausschlussfrist des § 586 Abs. 2 S. 2 ZPO Rechnung zu tragen.

12

§ 587 Klageschrift

In der Klage muss die Bezeichnung des Urteils, gegen das die Nichtigkeits- oder Restitutionsklage gerichtet wird, und die Erklärung, welche dieser Klagen erhoben wird, enthalten sein.

Die Norm legt den **notwendigen Inhalt** der Klageschrift fest. Die Angaben reichen aus, um die Frist nach § 586 ZPO zu wahren.¹ Andernfalls ist die **Klage unzulässig** und nach § 589 Abs. 1 ZPO zu verwerfen. Der Mangel kann aber innerhalb der Frist des § 586 ZPO behoben werden, weshalb dem Kläger hierzu Gelegenheit zu geben ist, bevor als unzulässig verworfen wird.² Ist aus dem Antrag oder dem Inhalt der Klageschrift erkennbar, ob Nichtigkeits- oder Restitutionsklage erhoben werden soll, ist ein Mangel oder Irrtum in der Bezeichnung der Klage unschädlich.³ Weiter sind die **Parteien** und das **Gericht anzugeben** (§ 253 Abs. 2 Nr. 1, § 585 ZPO).

1

Die Klageschrift muss **keine bestimmten Anträge** und **keine Begründung enthalten**. Die Klage muss aber spätestens in der mündlichen Verhandlung über die Begründetheit der Wiederaufnahme soweit substantiiert werden, dass der geltend gemachte Anfechtungsgrund erkennbar wird.⁴

2

§ 588 Inhalt der Klageschrift

(1) Als vorbereitender Schriftsatz soll die Klage enthalten:
1. die Bezeichnung des Anfechtungsgrundes;
2. die Angabe der Beweismittel für die Tatsachen, die den Grund und die Einhaltung der Notfrist ergeben;
3. die Erklärung, inwieweit die Beseitigung des angefochtenen Urteils und welche andere Entscheidung in der Hauptsache beantragt werde.

---

³⁰ AA *Kühnen* FS Reimann, 2009, 287 (304 f.).
³¹ BGH Mitt. 2011, 24 Rn. 18 – Crimpwerkzeug IV.
³² BGH FamRZ 1963, 131 (132).
³³ BGH MDR 1963, 391.
³⁴ Zöller/*Greger* ZPO § 586 Rn. 22; Stein/Jonas/*Jacobs* ZPO § 586 Rn. 14; aA Wieczorek/Schütze/*Borck* ZPO § 586 Rn. 78 f.
³⁵ OLG Köln OLGZ 1977, 118 (120); Musielak/*Musielak* ZPO § 586 Rn. 9; aA Stein/Jonas/*Jacobs* ZPO § 586 Rn. 15 (erneute Zustellung nach Eintritt der Rechtskraft erforderlich).
³⁶ KG NJW 1970, 817 (818); Zöller/*Greger* ZPO § 586 Rn. 23.
¹ RGZ 168, 225 (230); Zöller/*Greger* ZPO § 587 Rn. 1.
² Musielak/*Musielak* ZPO § 587 Rn. 2.
³ RGZ 61, 418 (421).
⁴ Musielak/*Musielak* ZPO § 587 Rn. 1.

(2) ¹Dem Schriftsatz, durch den eine Restitutionsklage erhoben wird, sind die Urkunden, auf die sie gestützt wird, in Urschrift oder in Abschrift beizufügen. ²Befinden sich die Urkunden nicht in den Händen des Klägers, so hat er zu erklären, welchen Antrag er wegen ihrer Herbeischaffung zu stellen beabsichtigt.

1 § 588 Abs. 1 ZPO ist eine **Sollvorschrift**.¹ Nach § 296 ZPO kann aber ggf. Vorbringen als **verspätet** zurückgewiesen werden. Der **Anfechtungsgrund** muss zwar nicht in der Klageschrift enthalten sein, ist aber spätestens in der **mündlichen Verhandlung** über die Begründetheit des Wiederaufnahmeantrags nachzuschieben (→ § 587 Rn. 2).

2 Es ist jedes **Beweismittel** zugelassen, wobei nach § 581 Abs. 2 ZPO der Beweis der Tatsachen, welche die Restitutionsklage begründen, nicht durch Antrag auf Parteivernehmung geführt werden kann. Nach § 589 Abs. 2 ZPO reicht es aus, die Tatsachen glaubhaft zu machen, die ergeben, dass die Klage vor Ablauf der Notfrist erhoben ist.

3 Die **Anträge** müssen spätestens in der mündlichen Verhandlung gestellt werden, wobei zwischen dem Aufhebungsantrag, der auch beschränkt sein kann,² und dem Antrag in der Hauptsache zu unterscheiden ist.³ Weil die Aufhebung des im Vorprozess geführten Urteils zur neuen Verhandlung derselben Sache führt, gelten die dort gestellten Sachanträge fort, soweit sie nicht ersetzt werden.⁴

4 Absatz 2 ist nach allgemeiner Auffassung wie Absatz 1 nur eine Sollvorschrift.⁵ Für den Urkundenbeweis gelten die §§ 420 ff. ZPO, weshalb die Urkunde vorzulegen ist oder ein Antrag auf Vorlage durch den Gegner bzw. den Dritten zu stellen ist.

§ 589 Zulässigkeitsprüfung

(1) ¹Das Gericht hat von Amts wegen zu prüfen, ob die Klage an sich statthaft und ob sie in der gesetzlichen Form und Frist erhoben sei. ²Mangelt es an einem dieser Erfordernisse, so ist die Klage als unzulässig zu verwerfen.

(2) Die Tatsachen, die ergeben, dass die Klage vor Ablauf der Notfrist erhoben ist, sind glaubhaft zu machen.

A. Prüfung von Amts wegen

1 Die Zulässigkeit der Wiederaufnahmeklage ist **von Amts wegen** zu prüfen. Neben den allgemeinen **Prozessvoraussetzungen** sind die **Rechtskraft** des Urteils und die **Beschwer** des Wiederaufnahmeklägers festzustellen.

B. Erneute Erhebung nach Rücknahme

2 Zulässig ist die Wiederaufnahmeklage auch noch, nachdem eine auf dieselben Gründe gestützte Wiederaufnahmeklage **zurückgenommen** worden ist.¹*

C. Statthaftigkeit

3 Die Klage ist nur dann statthaft, wenn ein **Wiederaufnahmegrund** zumindest **schlüssig** behauptet worden ist.²* Sofern einer der Gründe des § 580 Nr. 1–5 geltend gemacht wird, müssen zudem die Voraussetzungen des **§ 581 ZPO** erfüllt sein (→ § 581 Rn. 1). Zudem darf **§ 582 ZPO** der Zulässigkeit nicht entgegenstehen (§ 582 ZPO).

D. Form und Frist

4 Zur **Form** vgl. die Kommentierung von § 587 ZPO, zur **Frist** diejenige von § 586 ZPO.

---

¹ RGZ 168, 225 (230).
² BAG NZA 2000, 733 (735).
³ Musielak/*Musielak* ZPO § 588 Rn. 4.
⁴ *Gilles* ZZP 78 (1965), 466 (472).
⁵ Zöller/*Greger* ZPO § 588 Rn. 5; Musielak/*Musielak* ZPO § 588 Rn. 5; MüKoZPO/*Braun/Heiß* ZPO § 588 Rn. 5.
¹* So zutreffend *Jauernig* NVwZ 1996, 31 (32); Zöller/*Greger* ZPO § 589 Rn. 1; aA BVerwG NVwZ 1994, 1206, das Rechtsschutzbedürfnis verneinend.
²* BGHZ 57, 211 (213) = MDR 1972, 142; Zöller/*Greger* ZPO § 589 Rn. 2; aA BeckOK ZPO/*Fleck* § 589 Rn. 2: Frage der Begründetheit.

E. Entscheidung bei Fehlen der Voraussetzungen

Fehlt es an einer der in → Rn. 1 und 2 genannten Voraussetzungen, ist die Klage – nach freigestellter **Verhandlung** gemäß § 590 Abs. 2 ZPO – als **unzulässig** zu verwerfen. Ist die Klage jedenfalls unbegründet, kann die Klage wegen der besonderen Gestaltung des Wiederaufnahmeverfahrens ausnahmsweise auch mit dieser Begründung abgewiesen werden.[3]

Die als unzulässig verworfene Wiederaufnahmeklage kann unter Heilung des Mangels auf dieselben Gründe gestützt binnen der Frist des § 586 ZPO **von neuem erhoben** werden.[4]

F. Glaubhaftmachung

Nach **Absatz 2** sind die Tatsachen, aus denen sich die Einhaltung der Klagefrist des § 586 ZPO (§ 586 ZPO) ergibt, gemäß § 294 ZPO durch präsente Beweismittel (§ 294 Abs. 2 ZPO) **glaubhaft** zu machen. Im Falle des § 586 Abs. 3 ZPO muss glaubhaft gemacht werden, dass zur Zeit der Klageerhebung die Notfrist, die beginnend mit dem Tag der Zustellung berechnet wird, noch nicht abgelaufen ist oder bislang noch gar nicht zugestellt wurde.[5] Für den **Gegner** gilt gleichfalls § 294 ZPO, wenn er die Glaubhaftmachung des Klägers widerlegen will.[6]

§ 590 Neue Verhandlung

(1) **Die Hauptsache wird, insoweit sie von dem Anfechtungsgrunde betroffen ist, von neuem verhandelt.**

(2) ¹**Das Gericht kann anordnen, dass die Verhandlung und Entscheidung über Grund und Zulässigkeit der Wiederaufnahme des Verfahrens vor der Verhandlung über die Hauptsache erfolge.** ²In diesem Fall ist die Verhandlung über die Hauptsache als Fortsetzung der Verhandlung über Grund und Zulässigkeit der Wiederaufnahme des Verfahrens anzusehen.

(3) **Das für die Klagen zuständige Revisionsgericht hat die Verhandlung über Grund und Zulässigkeit der Wiederaufnahme des Verfahrens zu erledigen, auch wenn diese Erledigung von der Feststellung und Würdigung bestrittener Tatsachen abhängig ist.**

A. Verfahrensstufen

Ist die Wiederaufnahme für **zulässig** befunden worden (**1. Verfahrensstufe**) und das Vorliegen eines Wiederaufnahmegrundes bejaht worden (**2. Verfahrensstufe**), wird der alte Rechtsstreit als Folge der Aufhebung der im Vorprozess ergangenen Entscheidung neu verhandelt, soweit er durch den Wiederaufnahmegrund betroffen ist bzw. soweit ggf. nur beschränkt gestellte Aufhebungsanträge reichen (**3. Verfahrensstufe**). Die drei Verfahrensabschnitte können in einer einheitlichen Entscheidung behandelt werden, sind also nicht notwendig äußerlich getrennt, weshalb die aufhebende Entscheidung zusammen mit der neuen Entscheidung in der Sache ausgesprochen werden kann.

Kann der Wiederaufnahmegrund nicht bewiesen werden, wird die Wiederaufnahmeklage dagegen als **unbegründet** abgewiesen und der alte Rechtsstreit nicht neu verhandelt. Nach Absatz 3 kann auch das zuständige Revisionsgericht eigene Tatsachenfeststellungen zur Zulässigkeit und zum Wiederaufnahmegrund treffen, sofern es das zuständige Wiederaufnahmegericht ist.

B. Verfahrensgegenstand des wiederöffneten Verfahrens

1. Neuer Vortrag, neue Beweismittel und Änderung des Gegenstandes. Im Rahmen der neuen Verhandlung des Rechtsstreits sind **neuer Vortrag und neue Beweismittel** ebenso möglich,[1] wie eine **Änderung** oder **Erweiterung** der Klage[2]. Der Prozess wird dabei in die alte Prozesslage zurückversetzt, weshalb so verhandelt wird, als wäre die aufgehobene Entscheidung noch nicht ergangen. Daher ist auch eine Widerklage des Beklagten[3*] möglich oder eine Anschlussberufung, sofern die Frist des § 524 Abs. 2 ZPO gewahrt ist[4*].

2. Verspätetes Vorbringen und eingetretene Rechtsverluste. Von dem Aufhebungsgrund betroffene Verfahrensergebnisse dürfen im neuen Urteil nicht verwertet werden. Dagegen kann als

---

[3] Zöller/*Greger* ZPO § 589 Rn. 5.
[4] BeckOK ZPO/*Fleck* § 589 Rn. 18.
[5] BeckOK ZPO/*Fleck* § 589 Rn. 17; Zöller/*Greger* ZPO § 589 Rn. 8.
[6] BGHZ 31, 351 (355) = NJW 1960, 818.
[1] BGH WM 1983, 959.
[2] RGZ 91, 195 (197).
[3*] RGZ 91, 195 (197).
[4*] BGH NJW 1959, 1918 (1920).

verspätet zurückgewiesenes Vorbringen zu berücksichtigen sein, wenn es den wiederaufgenommenen Rechtsstreit nun nicht mehr verzögert.[5] Nach den allgemeinen Vorschriften eingetretene **Rechtsverluste** (etwa nach §§ 282 Abs. 3, 295 ZPO) bestehen fort. Der Richter ist bei seiner Entscheidung zudem **nicht** an die tatsächliche und rechtliche **Würdigung des früheren Richters** gebunden.

3. Erstattung beigetriebener Beträge und Geltendmachung des Vollstreckungsschadens.
5 Der Wiederaufnahmekläger kann analog § 717 Abs. 3 ZPO den auf Grund des angefochtenen Urteils **beigetriebenen Hauptbetrag** erstattet verlangen und diesen Antrag auch mit der Wiederaufnahmeklage verbinden[6] (→ § 578 Rn. 11 ff.). Wegen der verschärften Haftung des § 717 Abs. 3 ZPO gilt § 818 Abs. 3 BGB nicht.[7] Eine Schadensersatzklage ist hingegen gesondert zu erheben, wobei sie hinzuverbunden werden kann.[8] Für einen **Vollstreckungsschaden** gilt dagegen wegen der ehemaligen Rechtskraft des im Vorprozess ergangenen Urteils § 717 Abs. 2 ZPO nicht, weshalb der Schaden mit einer **selbständigen Klage** zu liquidieren ist.[9]

6 **4. Entscheidung des neu verhandelten Verfahrens.** Die neu verhandelte Hauptsache wird durch **Urteil** entsprechend der alten oder nun neu gestellten Anträge entschieden. Das alte Urteil kann **nicht aufrechterhalten** werden, sondern es ist dann eine gleichlautende neue Entscheidung zu fällen.[10]

C. Kosten

7 Über die **Kosten** des Vorprozesses und des Wiederaufnahmeverfahrens wird einheitlich entschieden, wenn die Hauptsache neu verhandelt wurde. Dabei sind ggf. rechtskräftige Teilurteile zu beachten. Wurde das Urteil wegen einer auf § 580 Nr. 5 ZPO gestützten Wiederaufnahmeklage aufgehoben, werden die Gerichtskosten für das Wiederaufnahmeverfahren gem. § 21 GKG unter Umständen nicht erhoben. Der **Rechtsanwalt** verdient bei Durchführung des Wiederaufnahmeverfahrens vor dem Berufungs- oder Revisionsgericht die erhöhten **Gebühren** nach § 13 RVG iVM Nr. 3200, 3206.[11]

§ 591 Rechtsmittel

Rechtsmittel sind insoweit zulässig, als sie gegen die Entscheidungen der mit den Klagen befassten Gerichte überhaupt stattfinden.

1 Da das neue Urteil an die Stelle des im früheren Verfahren erlassenen Urteils tritt, sind die **nämlichen Rechtsmittel** gegeben. Dabei kommt es stets darauf an, ob zum Zeitpunkt, in dem das neue Urteil gefällt wird, ein Rechtsmittel gegeben ist.[1] Ist ein Revisionsurteil durch das Wiederaufnahmeverfahren betroffen, so ist kein Rechtsmittel gegeben.[2]
2 Ein **Zwischenurteil** über die Zulässigkeit der Klage und das Vorliegen eines Wiederaufnahmegrundes ist entsprechend § 280 Abs. 2 ZPO selbständig anfechtbar.[3]
3 Auch die **Wiederaufnahme eines Wiederaufnahmeverfahrens** ist möglich und richtet sich nach den allgemeinen Vorschriften. Zudem kann auch nach Abweisung einer Wiederaufnahmeklage gegen das nämliche Urteil mit anderen Anfechtungsgründen eine neue Wiederaufnahmeklage erhoben werden, sofern die Frist des § 586 ZPO gewahrt ist.[4]

---

[5] Stein/Jonas/*Jacobs* ZPO § 590 Rn. 6.
[6] BGH MDR 1963, 119; RGZ 99, 168 (171).
[7] BGH NJW 2012, 1717; Zöller/*Greger* ZPO § 717 Rn. 17.
[8] BeckOK ZPO/*Fleck* § 590 Rn. 18.
[9] RGZ 91, 195 (202 ff.); BeckOK ZPO/*Fleck* § 590 Rn. 17.
[10] RGZ 75, 53 (57); str. vgl. MüKoZPO/*Braun/Heiß* ZPO § 590 Rn. 8.
[11] BPatG NJW-RR 1998, 934 (935) = Mitt. 1999, 239.
[1] BGH BeckRS 2018, 5987; BAG NJW 1958, 1605.
[2] RGZ 57, 231 (234).
[3] BGH NJW 1993, 1928 (1929); Musielak/*Musielak* ZPO § 591 Rn. 1.
[4] Musielak/*Musielak* ZPO § 591 Rn. 2.

Buch 5. Urkunden- und Wechselprozess

§ 592 Zulässigkeit

¹ Ein Anspruch, welcher die Zahlung einer bestimmten Geldsumme oder die Leistung einer bestimmten Menge anderer vertretbarer Sachen oder Wertpapiere zum Gegenstand hat, kann im Urkundenprozess geltend gemacht werden, wenn die sämtlichen zur Begründung des Anspruchs erforderlichen Tatsachen durch Urkunden bewiesen werden können. ² Als ein Anspruch, welcher die Zahlung einer Geldsumme zum Gegenstand hat, gilt auch der Anspruch aus einer Hypothek, einer Grundschuld, einer Rentenschuld oder einer Schiffshypothek.

§ 593 Klageinhalt; Urkunden

(1) Die Klage muss die Erklärung enthalten, dass im Urkundenprozess geklagt werde.

(2) ¹ Die Urkunden müssen in Abschrift der Klage oder einem vorbereitenden Schriftsatz beigefügt werden. ² Im letzteren Fall muss zwischen der Zustellung des Schriftsatzes und dem Termin zur mündlichen Verhandlung ein der Einlassungsfrist gleicher Zeitraum liegen.

§ 594 (weggefallen)

§ 595 Keine Widerklage; Beweismittel

(1) Widerklagen sind nicht statthaft.

(2) Als Beweismittel sind bezüglich der Echtheit oder Unechtheit einer Urkunde sowie bezüglich anderer als der im § 592 erwähnten Tatsachen nur Urkunden und Antrag auf Parteivernehmung zulässig.

(3) Der Urkundenbeweis kann nur durch Vorlegung der Urkunden angetreten werden.

§ 596 Abstehen vom Urkundenprozess

Der Kläger kann, ohne dass es der Einwilligung des Beklagten bedarf, bis zum Schluss der mündlichen Verhandlung von dem Urkundenprozess in der Weise abstehen, dass der Rechtsstreit im ordentlichen Verfahren anhängig bleibt.

§ 597 Klageabweisung

(1) Insoweit der in der Klage geltend gemachte Anspruch an sich oder infolge einer Einrede des Beklagten als unbegründet sich darstellt, ist der Kläger mit dem Anspruch abzuweisen.

(2) Ist der Urkundenprozess unstatthaft, ist insbesondere ein dem Kläger obliegender Beweis nicht mit den im Urkundenprozess zulässigen Beweismitteln angetreten oder mit solchen Beweismitteln nicht vollständig geführt, so wird die Klage als in der gewählten Prozessart unstatthaft abgewiesen, selbst wenn in dem Termin zur mündlichen Verhandlung der Beklagte nicht erschienen ist oder der Klage nur auf Grund von Einwendungen widersprochen hat, die rechtlich unbegründet oder im Urkundenprozess unstatthaft sind.

§ 598 Zurückweisung von Einwendungen

Einwendungen des Beklagten sind, wenn der dem Beklagten obliegende Beweis nicht mit den im Urkundenprozess zulässigen Beweismitteln angetreten oder mit solchen Beweismitteln nicht vollständig geführt ist, als im Urkundenprozess unstatthaft zurückzuweisen.

§ 599 Vorbehaltsurteil

(1) Dem Beklagten, welcher dem geltend gemachten Anspruch widersprochen hat, ist in allen Fällen, in denen er verurteilt wird, die Ausführung seiner Rechte vorzubehalten.

(2) Enthält das Urteil keinen Vorbehalt, so kann die Ergänzung des Urteils nach der Vorschrift des § 321 beantragt werden.

(3) Das Urteil, das unter Vorbehalt der Rechte ergeht, ist für die Rechtsmittel und die Zwangsvollstreckung als Endurteil anzusehen.

§ 600 Nachverfahren

(1) Wird dem Beklagten die Ausführung seiner Rechte vorbehalten, so bleibt der Rechtsstreit im ordentlichen Verfahren anhängig.

(2) Soweit sich in diesem Verfahren ergibt, dass der Anspruch des Klägers unbegründet war, gelten die Vorschriften des § 302 Abs. 4 Satz 2 bis 4.

(3) Erscheint in diesem Verfahren eine Partei nicht, so sind die Vorschriften über das Versäumnisurteil entsprechend anzuwenden.

§ 601 (weggefallen)

§ 602 Wechselprozess

Werden im Urkundenprozess Ansprüche aus Wechseln im Sinne des Wechselgesetzes geltend gemacht (Wechselprozess), so sind die nachfolgenden besonderen Vorschriften anzuwenden.

§ 603 Gerichtsstand

(1) Wechselklagen können sowohl bei dem Gericht des Zahlungsortes als bei dem Gericht angestellt werden, bei dem der Beklagte seinen allgemeinen Gerichtsstand hat.

(2) Wenn mehrere Wechselverpflichtete gemeinschaftlich verklagt werden, so ist außer dem Gericht des Zahlungsortes jedes Gericht zuständig, bei dem einer der Beklagten seinen allgemeinen Gerichtsstand hat.

§ 604 Klageinhalt; Ladungsfrist

(1) Die Klage muss die Erklärung enthalten, dass im Wechselprozess geklagt werde.

(2) ¹Die Ladungsfrist beträgt mindestens 24 Stunden, wenn die Ladung an dem Ort, der Sitz des Prozessgerichts ist, zugestellt wird. ²In Anwaltsprozessen beträgt sie mindestens drei Tage, wenn die Ladung an einem anderen Ort zugestellt wird, der im Bezirk des Prozessgerichts liegt oder von dem ein Teil zu dessen Bezirk gehört.

(3) In den höheren Instanzen beträgt die Ladungsfrist mindestens 24 Stunden, wenn die Zustellung der Berufungs- oder Revisionsschrift oder der Ladung an dem Ort erfolgt, der Sitz des höheren Gerichts ist; mindestens drei Tage, wenn die Zustellung an einem anderen Ort erfolgt, der ganz oder zum Teil in dem Landgerichtsbezirk liegt, in dem das höhere Gericht seinen Sitz hat; mindestens eine Woche, wenn die Zustellung sonst im Inland erfolgt.

§ 605 Beweisvorschriften

(1) Soweit es zur Erhaltung des wechselmäßigen Anspruchs der rechtzeitigen Protesterhebung nicht bedarf, ist als Beweismittel bezüglich der Vorlegung des Wechsels der Antrag auf Parteivernehmung zulässig.

(2) Zur Berücksichtigung einer Nebenforderung genügt, dass sie glaubhaft gemacht ist.

§ 605a Scheckprozess

Werden im Urkundenprozess Ansprüche aus Schecks im Sinne des Scheckgesetzes geltend gemacht (Scheckprozess), so sind die §§ 602 bis 605 entsprechend anzuwenden.

Buch 6. Musterfeststellungsverfahren

§ 606 Musterfeststellungsklage

(1) ¹Mit der Musterfeststellungsklage können qualifizierte Einrichtungen die Feststellung des Vorliegens oder Nichtvorliegens von tatsächlichen und rechtlichen Voraussetzungen für das Bestehen oder Nichtbestehen von Ansprüchen oder Rechtsverhältnissen (Feststellungsziele) zwischen Verbrauchern und einem Unternehmer begehren. ²Qualifizierte Einrichtungen im Sinne von Satz 1 sind die in § 3 Absatz 1 Satz 1 Nummer 1 des Unterlassungsklagengesetzes bezeichneten Stellen, die

1. als Mitglieder mindestens zehn Verbände, die im gleichen Aufgabenbereich tätig sind, oder mindestens 350 natürliche Personen haben,
2. mindestens vier Jahre in der Liste nach § 4 des Unterlassungsklagengesetzes oder dem Verzeichnis der Europäischen Kommission nach Artikel 4 der Richtlinie 2009/22/EG des Europäischen Parlaments und des Rates vom 23. April 2009 über Unterlassungsklagen zum Schutz der Verbraucherinteressen (ABl. L 110 vom 1.5.2009, S. 30) eingetragen sind,
3. in Erfüllung ihrer satzungsmäßigen Aufgaben Verbraucherinteressen weitgehend durch nicht gewerbsmäßige aufklärende oder beratende Tätigkeiten wahrnehmen,
4. Musterfeststellungsklagen nicht zum Zwecke der Gewinnerzielung erheben und
5. nicht mehr als 5 Prozent ihrer finanziellen Mittel durch Zuwendungen von Unternehmen beziehen.

³Bestehen ernsthafte Zweifel daran, dass die Voraussetzungen nach Satz 2 Nummer 4 oder 5 vorliegen, verlangt das Gericht vom Kläger die Offenlegung seiner finanziellen Mittel. ⁴Es wird unwiderleglich vermutet, dass Verbraucherzentralen und andere Verbraucherverbände, die überwiegend mit öffentlichen Mitteln gefördert werden, die Voraussetzungen des Satzes 2 erfüllen.

(2) ¹Die Klageschrift muss Angaben und Nachweise darüber enthalten, dass
1. die in Absatz 1 Satz 2 genannten Voraussetzungen vorliegen;
2. von den Feststellungszielen die Ansprüche oder Rechtsverhältnisse von mindestens zehn Verbrauchern abhängen.

²Die Klageschrift soll darüber hinaus für den Zweck der Bekanntmachung im Klageregister eine kurze Darstellung des vorgetragenen Lebenssachverhaltes enthalten. ³ § 253 Absatz 2 bleibt unberührt.

(3) Die Musterfeststellungsklage ist nur zulässig, wenn
1. sie von einer qualifizierten Einrichtung im Sinne des Absatzes 1 Satz 2 erhoben wird,
2. glaubhaft gemacht wird, dass von den Feststellungszielen die Ansprüche oder Rechtsverhältnisse von mindestens zehn Verbrauchern abhängen und
3. zwei Monate nach öffentlicher Bekanntmachung der Musterfeststellungsklage mindestens 50 Verbraucher ihre Ansprüche oder Rechtsverhältnisse zur Eintragung in das Klageregister wirksam angemeldet haben.

§ 607 Bekanntmachung der Musterfeststellungsklage

(1) Die Musterfeststellungsklage ist im Klageregister mit folgenden Angaben öffentlich bekannt zu machen:
1. Bezeichnung der Parteien,
2. Bezeichnung des Gerichts und des Aktenzeichens der Musterfeststellungsklage,
3. Feststellungsziele,
4. kurze Darstellung des vorgetragenen Lebenssachverhaltes,
5. Zeitpunkt der Bekanntmachung im Klageregister,
6. Befugnis der Verbraucher, Ansprüche oder Rechtsverhältnisse, die von den Feststellungszielen abhängen, zur Eintragung in das Klageregister anzumelden, Form, Frist und Wirkung der Anmeldung sowie ihrer Rücknahme,
7. Wirkung eines Vergleichs, Befugnis der angemeldeten Verbraucher zum Austritt aus dem Vergleich sowie Form, Frist und Wirkung des Austritts,
8. Verpflichtung des Bundesamts für Justiz, nach rechtskräftigem Abschluss des Musterfeststellungsverfahrens jedem angemeldeten Verbraucher auf dessen Verlangen einen schriftlichen Auszug über die Angaben zu überlassen, die im Klageregister zu ihm und seiner Anmeldung erfasst sind.

(2) Das Gericht veranlasst innerhalb von 14 Tagen nach Erhebung der Musterfeststellungklage deren öffentliche Bekanntmachung, wenn die Klageschrift die nach § 606 Absatz 2 Satz 1 vorgeschriebenen Anforderungen erfüllt.

(3) ¹Das Gericht veranlasst unverzüglich die öffentliche Bekanntmachung seiner Terminbestimmungen, Hinweise und Zwischenentscheidungen im Klageregister, wenn dies zur Information der Verbraucher über den Fortgang des Verfahrens erforderlich ist. ²Die öffentliche Bekanntmachung von Terminen muss spätestens eine Woche vor dem jeweiligen Terminstag erfolgen. ³Das Gericht veranlasst ferner unverzüglich die öffentliche Bekanntmachung einer Beendigung des Musterfeststellungsverfahrens; die Vorschriften der §§ 611, 612 bleiben hiervon unberührt.

§ 608 Anmeldung von Ansprüchen oder Rechtsverhältnissen

(1) Bis zum Ablauf des Tages vor Beginn des ersten Termins können Verbraucher Ansprüche oder Rechtsverhältnisse, die von den Feststellungszielen abhängen, zur Eintragung in das Klageregister anmelden.

(2) ¹Die Anmeldung ist nur wirksam, wenn sie frist- und formgerecht erfolgt und folgende Angaben enthält:
1. Name und Anschrift des Verbrauchers,
2. Bezeichnung des Gerichts und Aktenzeichen der Musterfeststellungsklage,
3. Bezeichnung des Beklagten der Musterfeststellungsklage,
4. Gegenstand und Grund des Anspruchs oder des Rechtsverhältnisses des Verbrauchers,
5. Versicherung der Richtigkeit und Vollständigkeit der Angaben.

²Die Anmeldung soll ferner Angaben zum Betrag der Forderung enthalten. ³Die Angaben der Anmeldung werden ohne inhaltliche Prüfung in das Klageregister eingetragen.

(3) Die Anmeldung kann bis zum Ablauf des Tages des Beginns der mündlichen Verhandlung in der ersten Instanz zurückgenommen werden.

(4) Anmeldung und Rücknahme sind in Textform gegenüber dem Bundesamt für Justiz zu erklären.

§ 609 Klageregister; Verordnungsermächtigung

(1) [1] Klageregister ist das Register für Musterfeststellungsklagen. [2] Es wird vom Bundesamt für Justiz geführt und kann elektronisch betrieben werden.

(2) [1] Bekanntmachungen und Eintragungen nach den §§ 607 und 608 sind unverzüglich vorzunehmen. [2] Die im Klageregister zu einer Musterfeststellungsklage erfassten Angaben sind bis zum Schluss des dritten Jahres nach rechtskräftigem Abschluss des Verfahrens aufzubewahren.

(3) Öffentliche Bekanntmachungen können von jedermann unentgeltlich im Klageregister eingesehen werden.

(4) [1] Nach § 608 angemeldete Verbraucher können vom Bundesamt für Justiz Auskunft über die zu ihrer Anmeldung im Klageregister erfassten Angaben verlangen. [2] Nach rechtskräftigem Abschluss des Musterfeststellungsverfahrens hat das Bundesamt für Justiz einem angemeldeten Verbraucher auf dessen Verlangen einen schriftlichen Auszug über die Angaben zu überlassen, die im Klageregister zu ihm und seiner Anmeldung erfasst sind.

(5) [1] Das Bundesamt für Justiz hat dem Gericht der Musterfeststellungsklage auf dessen Anforderung einen Auszug aller im Klageregister zu der Musterfeststellungsklage erfassten Angaben über die Personen zu übersenden, die bis zum Ablauf des in § 606 Absatz 3 Nummer 3 genannten Tages zur Eintragung in das Klageregister angemeldet sind. [2] Das Gericht übermittelt den Parteien formlos eine Abschrift des Auszugs.

(6) Das Bundesamt für Justiz hat den Parteien auf deren Anforderung einen schriftlichen Auszug aller im Klageregister zu der Musterfeststellungsklage erfassten Angaben über die Personen zu überlassen, die sich bis zu dem in § 608 Absatz 1 genannten Tag zur Eintragung in das Klageregister angemeldet haben.

(7) Das Bundesministerium der Justiz und für Verbraucherschutz wird ermächtigt, durch Rechtsverordnung ohne Zustimmung des Bundesrates die näheren Bestimmungen über Inhalt, Aufbau und Führung des Klageregisters, die Einreichung, Eintragung, Änderung und Vernichtung der im Klageregister erfassten Angaben, die Erteilung von Auszügen aus dem Klageregister sowie die Datensicherheit und Barrierefreiheit zu treffen.

§ 610 Besonderheiten der Musterfeststellungsklage

(1) [1] Ab dem Tag der Rechtshängigkeit der Musterfeststellungsklage kann gegen den Beklagten keine andere Musterfeststellungsklage erhoben werden, soweit deren Streitgegenstand denselben Lebenssachverhalt und dieselben Feststellungsziele betrifft. [2] Die Wirkung von Satz 1 entfällt, sobald die Musterfeststellungsklage ohne Entscheidung in der Sache beendet wird.

(2) Werden am selben Tag mehrere Musterfeststellungsklagen, deren Streitgegenstand denselben Lebenssachverhalt und dieselben Feststellungsziele betrifft, bei Gericht eingereicht, findet § 147 Anwendung.

(3) Während der Rechtshängigkeit der Musterfeststellungsklage kann ein angemeldeter Verbraucher gegen den Beklagten keine Klage erheben, deren Streitgegenstand denselben Lebenssachverhalt und dieselben Feststellungsziele betrifft.

(4) Das Gericht hat spätestens im ersten Termin zur mündlichen Verhandlung auf sachdienliche Klageanträge hinzuwirken.

(5) [1] Auf die Musterfeststellungsklage sind die im ersten Rechtszug für das Verfahren vor den Landgerichten geltenden Vorschriften entsprechend anzuwenden, soweit sich aus den Vorschriften dieses Buches nicht Abweichungen ergeben. [2] Nicht anzuwenden sind § 128 Absatz 2, § 278 Absatz 2 bis 5 sowie die §§ 306 und 348 bis 350.

(6) Die §§ 66 bis 74 finden keine Anwendung im Verhältnis zwischen den Parteien der Musterfeststellungsklage und Verbrauchern, die
1. einen Anspruch oder ein Rechtsverhältnis angemeldet haben oder
2. behaupten, entweder einen Anspruch gegen den Beklagten zu haben oder vom Beklagten in Anspruch genommen zu werden oder in einem Rechtsverhältnis zum Beklagten zu stehen.

§ 612 Bekanntmachungen zum Musterfeststellungsurteil

(1) Das Musterfeststellungsurteil ist nach seiner Verkündung im Klageregister öffentlich bekannt zu machen.

(2) [1] Die Einlegung eines Rechtsmittels gegen das Musterfeststellungsurteil ist im Klageregister öffentlich bekannt zu machen. [2] Dasselbe gilt für den Eintritt der Rechtskraft des Musterfeststellungsurteils.

§ 613 Bindungswirkung des Musterfeststellungsurteils; Aussetzung

(1) [1] Das rechtskräftige Musterfeststellungsurteil bindet das zur Entscheidung eines Rechtsstreits zwischen einem angemeldeten Verbraucher und dem Beklagten berufene Gericht, soweit dessen Entscheidung die Feststellungsziele und den Lebenssachverhalt der Musterfeststellungsklage betrifft. [2] Dies gilt nicht, wenn der angemeldete Verbraucher seine Anmeldung wirksam zurückgenommen hat.

(2) Hat ein Verbraucher vor der Bekanntmachung der Angaben zur Musterfeststellungsklage im Klageregister eine Klage gegen den Beklagten erhoben, die die Feststellungsziele und den Lebenssachverhalt der Musterfeststellungsklage betrifft, und meldet er seinen Anspruch oder sein Rechtsverhältnis zum Klageregister an, so setzt das Gericht das Verfahren bis zur rechtskräftigen Entscheidung oder sonstigen Erledigung der Musterfeststellungsklage oder wirksamen Rücknahme der Anmeldung aus.

§ 614 Rechtsmittel

[1] Gegen Musterfeststellungsurteile findet die Revision statt. [2] Die Sache hat stets grundsätzliche Bedeutung im Sinne des § 543 Absatz 2 Nummer 1.

§§ 615–687 (aufgehoben)

Buch 7. Mahnverfahren

§ 688 Zulässigkeit

(1) Wegen eines Anspruchs, der die Zahlung einer bestimmten Geldsumme in Euro zum Gegenstand hat, ist auf Antrag des Antragstellers ein Mahnbescheid zu erlassen.

(2) Das Mahnverfahren findet nicht statt:
1. für Ansprüche eines Unternehmers aus einem Vertrag gemäß den §§ 491 bis 509 des Bürgerlichen Gesetzbuchs, wenn der gemäß § 492 Abs. 2 des Bürgerlichen Gesetzbuchs anzugebende effektive Jahreszins den bei Vertragsschluss geltenden Basiszinssatz nach § 247 des Bürgerlichen Gesetzbuchs um mehr als zwölf Prozentpunkte übersteigt;
2. wenn die Geltendmachung des Anspruchs von einer noch nicht erbrachten Gegenleistung abhängig ist;
3. wenn die Zustellung des Mahnbescheids durch öffentliche Bekanntmachung erfolgen müsste.

(3) Müsste der Mahnbescheid im Ausland zugestellt werden, so findet das Mahnverfahren nur insoweit statt, als das Anerkennungs- und Vollstreckungsausführungsgesetz in der Fassung der Bekanntmachung vom 30. November 2015 (BGBl. I S. 2146) und das Auslandsunterhaltsgesetz vom 23. Mai 2011 (BGBl. I S. 898), das zuletzt durch Artikel 5 des Gesetzes vom 20. November 2015 (BGBl. I S. 2018) geändert worden ist, dies vorsehen oder die Zustellung in einem Mitgliedstaat der Europäischen Union erfolgen soll.

(4) ¹Die Vorschriften der Verordnung (EG) Nr. 1896/2006 des Europäischen Parlaments und des Rates vom 12. Dezember 2006 zur Einführung eines Europäischen Mahnverfahrens (ABl. L 399 vom 30.12.2006, S. 1; L 46 vom 21.2.2008 S. 52; L 333 vom 11.12.2008 S. 17), die zuletzt durch die Verordnung (EU) 2015/2421 (ABl. L 341 vom 24.12.2015, S. 1) geändert worden ist, bleiben unberührt. ²Für die Durchführung gelten die §§ 1087 bis 1096.

§ 689 Zuständigkeit; maschinelle Bearbeitung

(1) ¹Das Mahnverfahren wird von den Amtsgerichten durchgeführt. ²Eine maschinelle Bearbeitung ist zulässig. ³Bei dieser Bearbeitung sollen Eingänge spätestens an dem Arbeitstag erledigt sein, der dem Tag des Eingangs folgt. ⁴Die Akten können elektronisch geführt werden (§ 298a).

(2) ¹Ausschließlich zuständig ist das Amtsgericht, bei dem der Antragsteller seinen allgemeinen Gerichtsstand hat. ²Hat der Antragsteller im Inland keinen allgemeinen Gerichtsstand, so ist das Amtsgericht Wedding in Berlin ausschließlich zuständig. ³Sätze 1 und 2 gelten auch, soweit in anderen Vorschriften eine andere ausschließliche Zuständigkeit bestimmt ist.

(3) ¹Die Landesregierungen werden ermächtigt, durch Rechtsverordnung Mahnverfahren einem Amtsgericht für die Bezirke mehrerer Amtsgerichte zuzuweisen, wenn dies ihrer schnelleren und rationelleren Erledigung dient. ²Die Zuweisung kann auf Mahnverfahren beschränkt werden, die maschinell bearbeitet werden. ³Die Landesregierungen können die Ermächtigung durch Rechtsverordnung auf die Landesjustizverwaltungen übertragen. ⁴Mehrere Länder können die Zuständigkeit eines Amtsgerichts über die Landesgrenzen hinaus vereinbaren.

§ 690 Mahnantrag

(1) Der Antrag muss auf den Erlass eines Mahnbescheids gerichtet sein und enthalten:
1. die Bezeichnung der Parteien, ihrer gesetzlichen Vertreter und der Prozessbevollmächtigten;
2. die Bezeichnung des Gerichts, bei dem der Antrag gestellt wird;
3. die Bezeichnung des Anspruchs unter bestimmter Angabe der verlangten Leistung; Haupt- und Nebenforderungen sind gesondert und einzeln zu bezeichnen, Ansprüche aus Verträgen gemäß den §§ 491 bis 508 des Bürgerlichen Gesetzbuchs, auch unter Angabe des Datums des Vertragsabschlusses und des gemäß § 492 Abs. 2 des Bürgerlichen Gesetzbuchs anzugebenden effektiven Jahreszinses;
4. die Erklärung, dass der Anspruch nicht von einer Gegenleistung abhängt oder dass die Gegenleistung erbracht ist;
5. die Bezeichnung des Gerichts, das für ein streitiges Verfahren zuständig ist.

(2) Der Antrag bedarf der handschriftlichen Unterzeichnung.

§ 691 Zurückweisung des Mahnantrags

(1) ¹Der Antrag wird zurückgewiesen:
1. wenn er den Vorschriften der §§ 688, 689, 690, 702 Absatz 2, § 703c Abs. 2 nicht entspricht;
2. wenn der Mahnbescheid nur wegen eines Teiles des Anspruchs nicht erlassen werden kann.
²Vor der Zurückweisung ist der Antragsteller zu hören.

(2) Sollte durch die Zustellung des Mahnbescheids eine Frist gewahrt werden oder die Verjährung neu beginnen oder nach § 204 des Bürgerlichen Gesetzbuchs gehemmt werden, so tritt die Wirkung mit der Einreichung oder Anbringung des Antrags auf Erlass des Mahnbescheids ein, wenn innerhalb eines Monats seit der Zustellung der Zurückweisung des Antrags Klage eingereicht und diese demnächst zugestellt wird.

(3) ¹Gegen die Zurückweisung findet die sofortige Beschwerde statt, wenn der Antrag in einer nur maschinell lesbaren Form übermittelt und mit der Begründung zurückgewiesen worden ist, dass diese Form dem Gericht für seine maschinelle Bearbeitung nicht geeignet erscheine. ²Im Übrigen sind Entscheidungen nach Absatz 1 unanfechtbar.

§ 692 Mahnbescheid

(1) Der Mahnbescheid enthält:
1. die in § 690 Abs. 1 Nr. 1 bis 5 bezeichneten Erfordernisse des Antrags;
2. den Hinweis, dass das Gericht nicht geprüft hat, ob dem Antragsteller der geltend gemachte Anspruch zusteht;
3. die Aufforderung, innerhalb von zwei Wochen seit der Zustellung des Mahnbescheids, soweit der geltend gemachte Anspruch als begründet angesehen wird, die behauptete Schuld nebst den geforderten Zinsen und dem Betrag nach bezeichneten Kosten zu begleichen oder dem Gericht mitzuteilen, ob und in welchem Umfang dem geltend gemachten Anspruch widersprochen wird;
4. den Hinweis, dass ein dem Mahnbescheid entsprechender Vollstreckungsbescheid ergehen kann, aus dem der Antragsteller die Zwangsvollstreckung betreiben kann, falls der Antragsgegner nicht bis zum Fristablauf Widerspruch erhoben hat;

5. für den Fall, dass Formulare eingeführt sind, den Hinweis, dass der Widerspruch mit einem Formular der beigefügten Art erhoben werden soll, das auch bei jedem Amtsgericht erhältlich ist und ausgefüllt werden kann, und dass für Rechtsanwälte und registrierte Personen nach § 10 Absatz 1 Satz 1 Nummer 1 des Rechtsdienstleistungsgesetzes § 702 Absatz 2 Satz 2 gilt;
6. für den Fall des Widerspruchs die Ankündigung, an welches Gericht die Sache abgegeben wird, mit dem Hinweis, dass diesem Gericht die Prüfung seiner Zuständigkeit vorbehalten bleibt.

(2) An Stelle einer handschriftlichen Unterzeichnung genügt ein entsprechender Stempelabdruck oder eine elektronische Signatur.

§ 693 Zustellung des Mahnbescheids

(1) Der Mahnbescheid wird dem Antragsgegner zugestellt.

(2) Die Geschäftsstelle setzt den Antragsteller von der Zustellung des Mahnbescheids in Kenntnis.

§ 694 Widerspruch gegen den Mahnbescheid

(1) Der Antragsgegner kann gegen den Anspruch oder einen Teil des Anspruchs bei dem Gericht, das den Mahnbescheid erlassen hat, schriftlich Widerspruch erheben, solange der Vollstreckungsbescheid nicht verfügt ist.

(2) ¹Ein verspäteter Widerspruch wird als Einspruch behandelt. ²Dies ist dem Antragsgegner, der den Widerspruch erhoben hat, mitzuteilen.

§ 695 Mitteilung des Widerspruchs; Abschriften

¹Das Gericht hat den Antragsteller von dem Widerspruch und dem Zeitpunkt seiner Erhebung in Kenntnis zu setzen. ²Gleichzeitig belehrt es ihn über die Folgen des § 697 Absatz 2 Satz 2. ³Wird das Mahnverfahren nicht maschinell bearbeitet, so soll der Antragsgegner die erforderliche Zahl von Abschriften mit dem Widerspruch einreichen.

§ 696 Verfahren nach Widerspruch

(1) ¹Wird rechtzeitig Widerspruch erhoben und beantragt eine Partei die Durchführung des streitigen Verfahrens, so gibt das Gericht, das den Mahnbescheid erlassen hat, den Rechtsstreit von Amts wegen an das Gericht ab, das in dem Mahnbescheid gemäß § 692 Abs. 1 Nr. 1 bezeichnet worden ist, wenn die Parteien übereinstimmend die Abgabe an ein anderes Gericht verlangen, an dieses. ²Der Antrag kann in den Antrag auf Erlass des Mahnbescheids aufgenommen werden. ³Die Abgabe ist den Parteien mitzuteilen; sie ist nicht anfechtbar. ⁴Mit Eingang der Akten bei dem Gericht, an das er abgegeben wird, gilt der Rechtsstreit als dort anhängig. ⁵§ 281 Abs. 3 Satz 1 gilt entsprechend.

(2) ¹Ist das Mahnverfahren maschinell bearbeitet worden, so tritt, sofern die Akte nicht elektronisch übermittelt wird, an die Stelle der Akten ein maschinell erstellter Aktenausdruck. ²Für diesen gelten die Vorschriften über die Beweiskraft öffentlicher Urkunden entsprechend. ³§ 298 findet keine Anwendung.

(3) Die Streitsache gilt als mit Zustellung des Mahnbescheids rechtshängig geworden, wenn sie alsbald nach der Erhebung des Widerspruchs abgegeben wird.

(4) ¹Der Antrag auf Durchführung des streitigen Verfahrens kann bis zum Beginn der mündlichen Verhandlung des Antragsgegners zur Hauptsache zurückgenommen werden. ²Die Zurücknahme kann vor der Geschäftsstelle zu Protokoll erklärt werden. ³Mit der Zurücknahme ist die Streitsache als nicht rechtshängig geworden anzusehen.

(5) Das Gericht, an das der Rechtsstreit abgegeben ist, ist hierdurch in seiner Zuständigkeit nicht gebunden.

§ 697 Einleitung des Streitverfahrens

(1) ¹Die Geschäftsstelle des Gerichts, an das die Streitsache abgegeben wird, hat dem Antragsteller unverzüglich aufzugeben, seinen Anspruch binnen zwei Wochen in einer der Klageschrift entsprechenden Form zu begründen. ²§ 270 Satz 2 gilt entsprechend.

(2) ¹Bei Eingang der Anspruchsbegründung ist wie nach Eingang einer Klage weiter zu verfahren. ²Soweit der Antrag in der Anspruchsbegründung hinter dem Mahnantrag zurückbleibt, gilt die Klage als zurückgenommen, wenn der Antragsteller zuvor durch das Mahngericht über diese Folge belehrt oder durch das Streitgericht auf diese Folge hingewiesen worden ist. ³Zur schriftlichen Klageerwiderung im Vorverfahren nach § 276 kann auch eine mit der Zustellung der Anspruchsbegründung beginnende Frist gesetzt werden.

(3) ¹Geht die Anspruchsbegründung nicht rechtzeitig ein, so wird bis zu ihrem Eingang Termin zur mündlichen Verhandlung nur auf Antrag des Antragsgegners bestimmt. ²Mit der Terminsbestimmung setzt der Vorsitzende dem Antragsteller eine Frist zur Begründung des Anspruchs; § 296 Abs. 1, 4 gilt entsprechend.

(4) ¹Der Antragsgegner kann den Widerspruch bis zum Beginn seiner mündlichen Verhandlung zur Hauptsache zurücknehmen, jedoch nicht nach Erlass eines Versäumnisurteils gegen ihn. ²Die Zurücknahme kann zu Protokoll der Geschäftsstelle erklärt werden.

(5) ¹Zur Herstellung eines Urteils in abgekürzter Form nach § 313b Absatz 2, § 317 Absatz 5 kann der Mahnbescheid an Stelle der Klageschrift benutzt werden. ²Ist das Mahnverfahren maschinell bearbeitet worden, so tritt an die Stelle der Klageschrift der maschinell erstellte Aktenausdruck.

§ 698 Abgabe des Verfahrens am selben Gericht

Die Vorschriften über die Abgabe des Verfahrens gelten sinngemäß, wenn Mahnverfahren und streitiges Verfahren bei demselben Gericht durchgeführt werden.

§ 699 Vollstreckungsbescheid

(1) ¹Auf der Grundlage des Mahnbescheids erlässt das Gericht auf Antrag einen Vollstreckungsbescheid, wenn der Antragsgegner nicht rechtzeitig Widerspruch erhoben hat. ²Der Antrag kann nicht vor Ablauf der Widerspruchsfrist gestellt werden; er hat die Erklärung zu enthalten, ob und welche Zahlungen auf den Mahnbescheid geleistet worden sind. ³Ist der Rechtsstreit bereits an ein anderes Gericht abgegeben worden, so erlässt dieses den Vollstreckungsbescheid.

(2) Soweit das Mahnverfahren nicht maschinell bearbeitet wird, kann der Vollstreckungsbescheid auf den Mahnbescheid gesetzt werden.

(3) ¹In den Vollstreckungsbescheid sind die bisher entstandenen Kosten des Verfahrens aufzunehmen. ²Der Antragsteller braucht die Kosten nur zu berechnen, wenn das Mahnverfahren nicht maschinell bearbeitet wird; im Übrigen genügen die zur maschinellen Berechnung erforderlichen Angaben.

(4) ¹Der Vollstreckungsbescheid wird dem Antragsgegner von Amts wegen zugestellt, wenn nicht der Antragsteller die Übermittlung an sich zur Zustellung im Parteibetrieb beantragt hat. ²In diesen Fällen wird der Vollstreckungsbescheid dem Antragsteller zur Zustellung übermittelt; die Geschäftsstelle des Gerichts vermittelt diese Zustellung nicht. ³Bewilligt das mit dem Mahnverfahren befasste Gericht die öffentliche Zustellung, so wird diese nach § 186 Absatz 2 Satz 1 bis 3 bei dem Gericht vorgenommen, das in dem Mahnbescheid gemäß § 692 Absatz 1 Nummer 1 bezeichnet worden ist.

(5) Die Belehrung gemäß § 232 ist dem Antragsgegner zusammen mit der Zustellung des Vollstreckungsbescheids schriftlich mitzuteilen.

§ 700 Einspruch gegen den Vollstreckungsbescheid

(1) Der Vollstreckungsbescheid steht einem für vorläufig vollstreckbar erklärten Versäumnisurteil gleich.

(2) Die Streitsache gilt als mit der Zustellung des Mahnbescheids rechtshängig geworden.

(3) ¹Wird Einspruch eingelegt, so gibt das Gericht, das den Vollstreckungsbescheid erlassen hat, den Rechtsstreit von Amts wegen an das Gericht ab, das in dem Mahnbescheid gemäß § 692 Abs. 1 Nr. 1 bezeichnet worden ist, wenn die Parteien übereinstimmend die Abgabe an ein anderes Gericht verlangen, an dieses. ²§ 696 Abs. 1 Satz 3 bis 5, Abs. 2, 5, § 697 Abs. 1, 4, § 698 gelten entsprechend. ³§ 340 Abs. 3 ist nicht anzuwenden.

(4) ¹Bei Eingang der Anspruchsbegründung ist wie nach Eingang einer Klage weiter zu verfahren, wenn der Einspruch nicht als unzulässig verworfen wird. ²§ 276 Abs. 1 Satz 1, 3, Abs. 2 ist nicht anzuwenden.

(5) Geht die Anspruchsbegründung innerhalb der von der Geschäftsstelle gesetzten Frist nicht ein und wird der Einspruch auch nicht als unzulässig verworfen, bestimmt der Vorsitzende unverzüglich Termin; § 697 Abs. 3 Satz 2 gilt entsprechend.

(6) Der Einspruch darf nach § 345 nur verworfen werden, soweit die Voraussetzungen des § 331 Abs. 1, 2 erster Halbsatz für ein Versäumnisurteil vorliegen; soweit die Voraussetzungen nicht vorliegen, wird der Vollstreckungsbescheid aufgehoben.

§ 701 Wegfall der Wirkung des Mahnbescheids

¹Ist Widerspruch nicht erhoben und beantragt der Antragsteller den Erlass des Vollstreckungsbescheids nicht binnen einer sechsmonatigen Frist, die mit der Zustellung des Mahnbescheids beginnt, so fällt die Wirkung des Mahnbescheids weg. ²Dasselbe gilt, wenn der Vollstreckungsbescheid rechtzeitig beantragt ist, der Antrag aber zurückgewiesen wird.

§ 702 Form von Anträgen und Erklärungen

(1) ¹Im Mahnverfahren können die Anträge und Erklärungen vor dem Urkundsbeamten der Geschäftsstelle abgegeben werden. ²Soweit Formulare eingeführt sind, werden diese ausgefüllt; der Urkundsbeamte vermerkt unter Angabe des Gerichts und des Datums, dass er den Antrag oder die Erklärung aufgenommen hat. ³Auch soweit Formulare nicht eingeführt sind, ist für den Antrag auf Erlass eines Mahnbescheids oder eines Vollstreckungsbescheids bei dem für das Mahnverfahren zuständigen Gericht die Aufnahme eines Protokolls nicht erforderlich.

(2) ¹Anträge und Erklärungen können in einer nur maschinell lesbaren Form übermittelt werden, wenn diese dem Gericht für seine maschinelle Bearbeitung geeignet erscheint. ²Werden Anträge und Erklärungen, für die maschinell bearbeitbare Formulare nach § 703c Absatz 2 Satz 2 Nummer 1 eingeführt sind, von einem Rechtsanwalt, einer registrierten Person nach § 10 Absatz 1 Satz 1 Nummer 1 des Rechtsdienstleistungsgesetzes, einer Behörde oder einer juristischen Person des öffentlichen Rechts einschließlich der von ihr zur Erfüllung ihrer öffentlichen Aufgaben gebildeten Zusammenschlüsse übermittelt, ist nur diese Form der Übermittlung zulässig. ³Anträge und Erklärungen können unter Nutzung des elektronischen Identitätsnachweises nach § 18 des Personalausweisgesetzes, § 12 des eID-Karte-Gesetzes oder § 78 Absatz 5 des Aufenthaltsgesetzes gestellt werden. ⁴Der handschriftlichen Unterzeichnung bedarf es nicht, wenn in anderer Weise gewährleistet ist, dass die Anträge oder Erklärungen nicht ohne den Willen des Antragstellers oder Erklärenden übermittelt werden.

(3) Der Antrag auf Erlass eines Mahnbescheids oder eines Vollstreckungsbescheids wird dem Antragsgegner nicht mitgeteilt.

§ 703 Kein Nachweis der Vollmacht

¹Im Mahnverfahren bedarf es des Nachweises einer Vollmacht nicht. ²Wer als Bevollmächtigter einen Antrag einreicht oder einen Rechtsbehelf einlegt, hat seine ordnungsgemäße Bevollmächtigung zu versichern.

§ 703a Urkunden-, Wechsel- und Scheckmahnverfahren

(1) Ist der Antrag des Antragstellers auf den Erlass eines Urkunden-, Wechsel- oder Scheckmahnbescheids gerichtet, so wird der Mahnbescheid als Urkunden-, Wechsel- oder Scheckmahnbescheid bezeichnet.

(2) Für das Urkunden-, Wechsel- und Scheckmahnverfahren gelten folgende besondere Vorschriften:
1. die Bezeichnung als Urkunden-, Wechsel- oder Scheckmahnbescheid hat die Wirkung, dass die Streitsache, wenn rechtzeitig Widerspruch erhoben wird, im Urkunden-, Wechsel- oder Scheckprozess anhängig wird;
2. die Urkunden sollen in dem Antrag auf Erlass des Mahnbescheids bezeichnet werden; ist die Sache an das Streitgericht abzugeben, so müssen die Urkunden in Urschrift oder in Abschrift der Anspruchsbegründung beigefügt werden;
3. im Mahnverfahren ist nicht zu prüfen, ob die gewählte Prozessart statthaft ist;
4. beschränkt sich der Widerspruch auf den Antrag, dem Beklagten die Ausführung seiner Rechte vorzubehalten, so ist der Vollstreckungsbescheid unter diesem Vorbehalt zu erlassen. Auf das weitere Verfahren ist die Vorschrift des § 600 entsprechend anzuwenden.

§ 703b Sonderregelungen für maschinelle Bearbeitung

(1) Bei maschineller Bearbeitung werden Beschlüsse, Verfügungen, Ausfertigungen und Vollstreckungsklauseln mit dem Gerichtssiegel versehen; einer Unterschrift bedarf es nicht.

(2) Das Bundesministerium der Justiz und für Verbraucherschutz wird ermächtigt, durch Rechtsverordnung mit Zustimmung des Bundesrates den Verfahrensablauf zu regeln, soweit dies für eine einheitliche maschinelle Bearbeitung der Mahnverfahren erforderlich ist (Verfahrensablaufplan).

§ 703c Formulare; Einführung der maschinellen Bearbeitung

(1) ¹Das Bundesministerium der Justiz und für Verbraucherschutz wird ermächtigt, durch Rechtsverordnung mit Zustimmung des Bundesrates zur Vereinfachung des Mahnverfahrens und zum Schutze der in Anspruch genommenen Partei Formulare einzuführen. ²Für

1. Mahnverfahren bei Gerichten, die die Verfahren maschinell bearbeiten,
2. Mahnverfahren bei Gerichten, die die Verfahren nicht maschinell bearbeiten,
3. Mahnverfahren, in denen der Mahnbescheid im Ausland zuzustellen ist,
4. Mahnverfahren, in denen der Mahnbescheid nach Artikel 32 des Zusatzabkommens zum NATO-Truppenstatut vom 3. August 1959 (BGBl. 1961 II S. 1183, 1218) zuzustellen ist,

können unterschiedliche Formulare eingeführt werden.

(2) Soweit nach Absatz 1 Formulare für Anträge und Erklärungen der Parteien eingeführt sind, müssen sich die Parteien ihrer bedienen.

(3) Die Landesregierungen bestimmen durch Rechtsverordnung den Zeitpunkt, in dem bei einem Amtsgericht die maschinelle Bearbeitung der Mahnverfahren eingeführt wird; sie können die Ermächtigung durch Rechtsverordnung auf die Landesjustizverwaltungen übertragen.

§ 703d Antragsgegner ohne allgemeinen inländischen Gerichtsstand

(1) Hat der Antragsgegner keinen allgemeinen Gerichtsstand im Inland, so gelten die nachfolgenden besonderen Vorschriften.

(2) ¹Zuständig für das Mahnverfahren ist das Amtsgericht, das für das streitige Verfahren zuständig sein würde, wenn die Amtsgerichte im ersten Rechtszug sachlich unbeschränkt zuständig wären. ²§ 689 Abs. 3 gilt entsprechend.

Buch 8. Zwangsvollstreckung

Abschnitt 1. Allgemeine Vorschriften

§ 704 Vollstreckbare Endurteile

Die Zwangsvollstreckung findet statt aus Endurteilen, die rechtskräftig oder für vorläufig vollstreckbar erklärt sind.

Literatur: *von Ahsen/Dombrowski/Haft/Heusch/Lunze/Nack,* zur AIPPI Arbeitsfrage Q236 „Relief in IP proceedings other than injunctions or damages", GRUR Int. 2013, 773; *Lunze,* Rechtsfolgen des Fortfalls des Patents, Nomos 2006; *Lunze,* Haftet der Lizenzgeber für den Bestand des lizenzierten Immaterialgüterrechts?, ZGE 2011, 282–303.

Übersicht

	Rn.
A. Zweck der Zwangsvollstreckung	1
B. Allgemeine Grundlagen der Zwangsvollstreckung	5
I. Voraussetzungen der Zwangsvollstreckung	5
II. Vollstreckungshindernisse	7
III. Besonderheit: Rückwirkende Vernichtung des Schutzrechts	9
IV. Parteivereinbarungen	11
V. Fehlerhafte Zwangsvollstreckungsmaßnahmen	13
C. Regelungsinhalt § 704	14
I. Endurteil	14
II. Vollstreckungsfähiger Inhalt	17
1. Unterlassungsansprüche	18
a) Patentrecht	19
b) Designrecht	23
c) Markenrecht	24
d) Lauterkeitsrecht	26
e) Urheberrecht	30
2. Rückruf- und Entfernungsansprüche	31
D. Patent mit einheitlicher Wirkung („EU-Patent")	36

A. Zweck der Zwangsvollstreckung

Die Zwangsvollstreckung dient dazu, einen titulierten materiell-rechtlichen Anspruch durchzusetzen. Die Durchsetzung liegt allein in den Händen des Staates und erfolgt durch seine Organe, die auf Antrag des Gläubigers des materiell-rechtlichen Anspruchs tätig werden. **Vollstreckungsorgane** sind **Gerichtsvollzieher (§ 753), Vollstreckungsgericht (§ 764) und das Prozessgericht des ersten Rechtszuges (§§ 887 ff.)**.[1] Beim Grundbuchamt und der Schiffsregisterbehörde handelt es sich um weitere Vollstreckungsorgane, die allerdings für Verfahren des gewerblichen Rechtsschutzes von untergeordneter Bedeutung sind. Parteien der Zwangsvollstreckung sind der Vollstreckungsgläubiger und der Vollstreckungsschuldner, gegen den sich die Zwangsvollstreckung richtet, sowie Dritte, soweit sie durch die Zwangsvollstreckung betroffen sind oder sich durch eigene Anträge am Zwangsvollstreckungsverfahren beteiligen. 1

Die Regelungen der ZPO zur Zwangsvollstreckung sind die einfachgesetzliche Ausgestaltung des Rechtsstaatsprinzips und der über Art. 19 Abs. 4 GG geschützten Gewährleistung eines wirkungsvollen Rechtsschutzes.[2] Der Gläubiger des materiell-rechtlichen Anspruchs hat einen **Justizgewährungsanspruch gegen den Staat auf effektive Durchsetzung seines titulierten Anspruchs, dh einen öffentlich-rechtlichen Vollstreckungsanspruch.** Dieser ersetzt nicht den materiell-rechtlichen Anspruch des Gläubigers, sondern steht neben diesem.[3] Die Regelungen der Zwangsvollstreckung sind vor diesem Hintergrund auszulegen: Weder die Bedeutung des Anspruchs des Gläubigers auf wirkungsvolle Durchsetzung seiner zivilrechtlichen Ansprüche noch die schutzwürdigen Interessen der in Anspruch genommenen Gegenpartei dürfen außer Acht gelassen werden[4]. 2

---

[1] Musielak/*Lackmann* Vor § 704 Rn. 8.
[2] Wieczorek/Schütze/*Paulus* Vor § 704 Rn. 2, der das 8. Buch der ZPO als „Kern des Rechtsschutzverfahrens" bezeichnet.
[3] MüKoZPO/*Götz* § 704 Rn. 1; Thomas/Putzo/*Seiler* Vorb. I–III § 704 Rn. 3.
[4] BVerfG NJW 1988, 3141.

3 Neben dieser grundsätzlichen Wertung der ZPO, welche durch die Regelungen der §§ 704 ff. ausgedrückt wird, ist das **Gläubigerinteresse in Verfahren des gewerblichen Rechtsschutzes** noch zusätzlich **wegen des zeitlich befristeten Charakters von Patenten, Gebrauchsmustern, Designs grundsätzlich vorrangig.** Jede vorübergehende Nichtdurchsetzbarkeit des Unterlassungsanspruchs bei zeitlich befristeten Schutzrechten führt zu einem endgültigen Rechtsverlust des Rechtsinhabers, da er nicht die seinem Ausschließlichkeitsrecht innewohnende Monopolstellung am Markt durchsetzen kann und der Nachteil durch Anhalten der Konkurrenzsituation und der dadurch entstehenden Nachteile durch spätere Schadensersatzansprüche nur bedingt – und auch dann nur vorbehaltlich der Zahlungsfähigkeit des Vollstreckungsschuldners – ausgeglichen werden kann[5]. Diese grundsätzliche gesetzgeberische Wertung zugunsten des Vollstreckungsgläubigers gilt auch trotz des in Deutschland herrschenden Trennungsprinzips im Patentrecht, aufgrund dessen Verletzungsverfahren vor den ordentlichen Gerichten einerseits und Nichtigkeitsverfahren vor dem Bundespatentgericht andererseits zu führen sind und der sich daraus regelmäßig ergebenden prozessualen Nachteile für den Verletzungsbeklagten (Verweis auf → Rn. 8).[6]

4 Grundsätzlich gelten die Regeln der ZPO auch für die Durchsetzung von Ansprüchen mit Bezug auf gewerbliche Schutzrechte. Besonderheiten ergeben sich im Urheberrecht wegen der höchstpersönlichen Natur des Urheberrechts, dh der besonderen Beziehung des Urhebers zu seinem Werk[7] und der daraus resultierenden Tatsache, dass das Urheberrecht als Ganzes nicht übertragbar ist, sondern nur die Vermögensrechte übertragen werden können, nicht aber die Persönlichkeitsrechte.[8] Daher kommen die allgemeinen Regeln gemäß § 112 UrhG nur insoweit zur Anwendung, als sich aus §§ 113–119 UrhG hinsichtlich der Vollstreckung von Geldforderungen nichts anderes ergibt. §§ 113–119 UrhG enthalten Vollstreckungsschutzregeln zugunsten des Urhebers und dessen Rechtsnachfolger. Die darin geregelten weitgehenden Zustimmungserfordernisse des Urhebers bzw. seiner Rechtsnachfolger sind Ausdruck der gesetzgeberischen Entscheidung, das Urheberpersönlichkeitsrecht höher zu bewerten als das Zwangsvollstreckungsinteresse des Gläubigers.[9] Die Abweichungen werden bei den jeweils einschlägigen Normen diskutiert (Verweis auf §§ 844, 857).

B. Allgemeine Grundlagen der Zwangsvollstreckung

I. Voraussetzungen der Zwangsvollstreckung

5 Die allgemeinen Voraussetzungen der Zwangsvollstreckung sind grundsätzlich: **Titel (§§ 704 ff., 794) – Klausel (§§ 724 ff., bei ausländischen Urteilen s. auch § 722) – Zustellung (§ 750).**[10] Daneben müssen die allgemeinen persönlichen und sachlichen Prozessvoraussetzungen vorliegen: Partei- und Prozessfähigkeit, Prozessführungsbefugnis (§§ 50 ff.), Gerichtsbarkeit, Zuständigkeit des Vollstreckungsorgans, Rechtsschutzbedürfnis.[11]

6 Für den Beginn der Zwangsvollstreckung ist ein Antrag des Gläubigers erforderlich. Es ist ihm jederzeit möglich, das Verfahren zum Ruhen zu bringen oder durch Rücknahme des Antrags zu beenden.[12]

II. Vollstreckungshindernisse

7 Vollstreckungshindernisse sind die **Einstellung der Zwangsvollstreckung** – auf entsprechenden Antrag des Vollstreckungsschuldners – nach §§ 765a, 775, 776 sowie ein über das Schuldnervermögen eröffnetes **Insolvenzverfahren** (§ 89 InsO), da in diesem Fall das gesamte Schuldnervermögen den Sondervorschriften der Insolvenzordnung unterliegt und eine Befriedigung des Vollstreckungsgläubigers – wie auch der anderen Gläubiger – nur nach Maßgabe der Regeln der Insolvenzordnung möglich ist.

8 Die Zwangsvollstreckung ist **unabhängig vom Erkenntnisverfahren** und von der Rechtmäßigkeit bzw. dem Rechtsbestand des zu vollstreckenden materiell-rechtlichen Anspruchs. Demzufolge kann der Schuldner materiell-rechtliche Einwendungen nur im Wege der vollstreckungsrechtlichen Rechtsbehelfe wie der Vollstreckungsabwehrklage (§ 767) und der Drittwiderspruchsklage (§ 771) geltend machen, soweit deren Voraussetzungen gegeben sind.

---

[5] Siehe auch OLG Düsseldorf GRUR 1979, 188 (189) – Flachdachabläufe.
[6] OLG Düsseldorf BeckRS 2009, 04457.
[7] Ahlberg/Götting/*Rudolph* § 112 Rn. 2, 4; Dreier/Schulze/*Schulze* § 112 Rn. 1; Schricker/Loewenheim/*Wimmers* § 112 Rn. 1; Wandtke/Bullinger/*Kefferpütz* § 112 Rn. 1.
[8] Brox/Walker Rn. 833. Dreier/Schulze/*Schulze* § 112 Rn. 1.
[9] Brox/Walker Rn. 834; Ahlberg/Götting/*Ahlberg* Einführung zum UrhG Rn. 96; Schricker/Loewenheim/*Wimmers* § 112 Rn. 1.
[10] Fitzner/Lutz/Bodewig/*Voß* PatG Vor §§ 139 ff. Rn. 241 ff.
[11] HK-ZPO/*Kindl* Vor § 704 Rn. 15 ff.; Musielak/Voit/*Lackmann* Vor § 704 Rn. 24 f.; Kindl/Meller-Hannich/Wolf/*Giers/Scheuch* § 704 Rn. 3 ff.
[12] Musielak/Voit/*Lackmann* Vor § 704 Rn. 11, 13; Zöller/*Seibel* Vor § 704 Rn. 19.

III. Besonderheit: Rückwirkende Vernichtung des Schutzrechts

In dem in der Praxis häufigen Fall, dass ein geistiges Schutzrecht nach dem Erlass eines Verletzungsurteils rückwirkend für nichtig erklärt wird, was aufgrund der **Trennung von Nichtigkeits- und Verletzungsverfahren** insbesondere im **Patentrecht** häufig vorkommt, macht dies Zwangsvollstreckungsmaßnahmen, die zur Durchsetzung von bereits ergangenen Verletzungsurteilen ergriffen wurden, nicht unzulässig. Dauert die Zwangsvollstreckung noch an, kann der Schuldner Vollstreckungsabwehrklage (§ 767) einlegen oder die einstweilige Einstellung der Zwangsvollstreckung gegen Sicherheitsleistung beantragen (§ 719 Abs. 2). In dem Fall eines vorläufig vollstreckbaren Berufungsurteils im Verletzungsverfahren bei noch anhängigem Antrag auf Zulassung der Revision wurde die Zwangsvollstreckung auf Antrag des Verletzungsbeklagten gegen Sicherheit vorläufig ausgesetzt, nachdem das Klagepatent erstinstanzlich vom BPatG teilweise vernichtet wurde (BGH GRUR-RS 2019, 40260). Nach der Abänderung des erstinstanzlichen Nichtigkeitsurteils und der Abweisung der Nichtigkeitsklage durch den BGH wurde die einstweilige Einstellung der Zwangsvollstreckung auf Antrag des Verletzungsklägers wieder aufgehoben (BGH GRUR-RS 2020, 14137).

Ist die Zwangsvollstreckung bereits abgeschlossen, kann der Schuldner nur – nach der Aufhebung des Verletzungsurteils durch Berufung, Revision oder nach dessen Rechtskraft durch Restitutionsklage gemäß § 580 Nr. 6 analog – materiell-rechtliche Bereicherungsansprüche geltend machen[13] und diese nach ihrer Titulierung im Wege der Zwangsvollstreckung durchsetzen (zB Rückgewähr geleisteter Schadensersatzzahlungen).[14]

IV. Parteivereinbarungen

Der **Vollstreckungsanspruch** ist von dem **zu vollstreckenden Anspruch** zu unterscheiden. Die Unterscheidung hat auch für die Zulässigkeit von Parteivereinbarungen im Rahmen der Zwangsvollstreckung Bedeutung: Über den festgestellten, zu vollstreckenden Anspruch können die Parteien grundsätzlich jederzeit verfügen. Dagegen unterliegen die Voraussetzungen und der Umfang des Vollstreckungsanspruchs nicht der Disposition der Parteien, sondern ergeben sich allein aus der ZPO.[15] Insbesondere vollstreckungserweiternde Vereinbarungen sind unzulässig.[16]

Demgegenüber können die Parteien den Umfang der Zwangsvollstreckung beschränken, indem beispielsweise der titulierte Anspruch nur teilweise oder gar nicht oder erst nach dem Eintritt eines bestimmten Ereignisses oder nach dem Ablauf einer bestimmten Zeitdauer vollstreckt wird (zB nach Ablauf einer bestimmten Frist, die für Vergleichsverhandlungen genutzt wird). Beispielsweise kann der Vollstreckungsgläubiger – auch wenn keine Teilstreitwerte für die einzelnen Ansprüche festgesetzt wurden (→ § 709 Rn. 15) –, nach Erbringung der gesamten für die vorläufige Vollstreckbarkeit erforderlichen Sicherheitsleistung zunächst nur einen Teil der titulierten Ansprüche durchsetzen und hinsichtlich der übrigen Ansprüche gegenüber dem Schuldner erklären, dass er nicht vor einem bestimmten Datum oder gar nicht vorläufig vollstrecken werde.[17]

V. Fehlerhafte Zwangsvollstreckungsmaßnahmen

Eine durch ein zuständiges Vollstreckungsorgan vorgenommene Vollstreckung ist **grundsätzlich wirksam**, selbst wenn die Vollstreckungsvoraussetzungen der einzelnen Maßnahme nicht vorgelegen haben sollten. In diesem Fall sind die jeweiligen Rechtsbehelfe gegen die einzelne Vollstreckungsmaßnahme einzulegen (zum Beispiel §§ 766 ff., 793, § 11 AVAG, § 11 RPflG). Nur bei im Ausnahmefall offenkundigen Verstößen ist eine Zwangsvollstreckungsmaßnahme nichtig, beispielsweise wenn ein völlig unzuständiges Organ gehandelt hat.[18]

C. Regelungsinhalt § 704

I. Endurteil

§ 704 bestimmt, dass die Zwangsvollstreckung **aus Endurteilen** stattfindet, die rechtskräftig sind oder für vorläufig vollstreckbar erklärt worden sind.

---

[13] Siehe BGH GRUR 2010, 996 ff. – Bordako; Musielak/Voit/*Musielak* § 580 Rn. 12; LG Düsseldorf GRUR 1987, 628 ff.; für Gebrauchsmuster s. auch BPatG GRUR 1980, 852 f. – Rotationssymmetrische Behälter.
[14] Zur rechtlichen Stellung des Patentinhabers und seines Vertragspartners bei Patentübertragungs- oder Lizenzverträgen nach der Nichtigkeitserklärung ausführlich *Lunze* Rechtsfolgen des Fortfalls des Patents (2006), S. 153 ff. und zur Haftung des Lizenzgebers im Falle der rückwirkenden Vernichtung des lizenzierten Schutzrechts *Lunze* ZGE 2011, 282.
[15] Musielak/Voit/*Lackmann* Vor § 904 Rn. 17; OLG Hamm MDR 1968, 333 (334).
[16] BGH GRUR 2012, 957 Rn. 13 – Vergleichsschluß im schriftlichen Verfahren; Zöller/*Seibel* Vor § 704 Rn. 26.
[17] Musielak/Voit/*Lackmann* Vor § 704 Rn. 17.
[18] HK-ZPO/*Kindl* Vor §§ 704–945 Rn. 21.

15 Endurteil meint sowohl das **den Rechtstreit beendende Urteil** nach § 300 als auch das **Teilurteil** nach § 301, das **Vorbehaltsurteil** nach § 302 sowie Verzichtsurteile (§ 306), Anerkenntnisurteile (§ 307) und Versäumnisurteile (§§ 330 ff.).[19] Ein Urteil ist rechtskräftig, wenn die formelle Rechtskraft gem. § 705 eingetreten ist.

16 Vorläufig vollstreckbar ist ein Urteil nur dann, wenn es im Urteilstenor gem. §§ 708, 709 für vorläufig vollstreckbar erklärt worden ist.

II. Vollstreckungsfähiger Inhalt

17 Der Inhalt des Urteils muss vollstreckungsfähig sein. Ein klageabweisendes Urteil ist nicht vollstreckungsfähig, ebenso wenig ein reines Feststellungsurteil,[20] wie zB die Feststellung der Nichtverletzung eines gewerblichen Schutzrechts oder die Feststellung des Bestehens einer Schadensersatzpflicht. Gleichermaßen sind Gestaltungsurteile grundsätzlich nicht vollstreckungsfähig.[21] Dies betrifft im gewerblichen Rechtsschutz insbesondere Urteile auf Nichtigerklärung bzw. Löschung eines gewerblichen Schutzrechts. Eine Ausnahme gilt für Gestaltungsurteile nach §§ 767, 771 insoweit, als gemäß §§ 775, 776 die Zwangsvollstreckung nach Vorlage der Ausfertigung einer vollstreckbaren Entscheidung einzustellen oder zu beschränken ist.[22] Wegen der Auswirkung der Hauptsacheentscheidung auf die Vollstreckung ist in diesen Fällen die Sicherheitsleistung nicht nur auf den Kostenausspruch zu beschränken.[23]

Beispiele für vollstreckungsfähige Leistungstitel im gewerblichen Rechtsschutz sind: Unterlassungsanspruch, Anspruch auf Auskunft und Rechnungslegung, Rückruf- und Entfernungsanspruch, Vernichtungsanspruch, Herausgabeanspruch, Anspruch auf Zahlung von Schadensersatz, Anspruch auf Urteilsveröffentlichung.

Weiterhin muss das Urteil einen durchsetzbaren Anspruch des Gläubigers betreffen, wobei **Inhalt und Umfang der Zwangsvollstreckung** im Urteil **bestimmt oder bestimmbar** bezeichnet sein müssen.[24] Der Inhalt des zu vollstreckenden Anspruchs muss so ausreichend bestimmt sein, dass das Vollstreckungsorgan in der Lage ist, grundsätzlich allein anhand des Titels die Vollstreckung durchzuführen. Dies korrespondiert mit der Pflicht des Klägers, einen bestimmten Klageantrag zu stellen (Verweis auf → § 253 Rn. 22).[25] Sollte der zu vollstreckende Titel unklar sein, kann ihn das Vollstreckungsorgan anhand des Tenors unter Berücksichtigung des Tatbestands und der Urteilsgründe auslegen.[26] Wegen der Besonderheiten der jeweiligen gewerblichen Schutzrechte und des Urheberrechts hat sich in der Praxis eine differenzierte Rechtsprechung zur Frage der Bestimmtheit und damit Vollstreckungsfähigkeit des Titels bei den jeweiligen Schutzrechten entwickelt:

18 **1. Unterlassungsansprüche.** Die Feststellung, ob der Inhalt des Urteils vollstreckungsfähig, insbesondere ausreichend bestimmt bzw. bestimmbar ist, gibt in der Praxis gerade bei Unterlassungsansprüchen häufig Anlass zu Streitigkeiten. Grundsätzlich muss die zu unterlassende Handlung so genau bestimmt sein, dass der Umfang der Unterlassungspflicht für jeden Dritten erkennbar ist.[27] Gleichwohl gilt gerade im Recht des geistigen Eigentums, dass auch solche Handlungen vom Tenor umfasst werden, die zwar mit der im Tenor verbotenen Verletzungshandlung nicht identisch, aber im Kern gleichwertig zu ihr sind (sog. Kerntheorie).[28]

19 **a) Patentrecht. aa) Unterlassungsanspruch bei wortsinngemäßer Verletzung.** Zwar hat der BGH in der Entscheidung Blasfolienherstellung[29] gefordert, dass das Gericht darauf hinzuwirken hat, dass die konkrete räumlich-körperliche Ausgestaltung der Verletzungsform, aus der sich nach dem Klagevorbringen die Benutzung des Patentanspruchs ergeben soll, im Klageantrag so konkret bezeichnet werden muss.[30] Die bloße **Wiedergabe des Wortlauts des Patentanspruchs** soll insoweit auch dann nicht ausreichen, wenn der Kläger eine wortsinngemäße Verletzung geltend macht. Gleichwohl weicht die Praxis der Instanzgerichte bei der wortsinngemäßen Verletzung hiervon ab und die Wiedergabe des Wortlauts des Patentanspruchs im Tenor ist nach wie vor gängige Praxis. Begründet wird dies damit, dass der Klageantrag hinreichend bestimmt ist, wenn er den erhobenen Anspruch konkret bezeichnet, Inhalt und Umfang der materiellen Rechtskraft erkennbar sind und die Zwangsvollstre-

---

[19] Musielak/Voit/*Lackmann* § 704 Rn. 2.
[20] MüKoZPO/*Götz* § 704 Rn. 6; Musielak/Voit/*Lackmann* § 704 Rn. 5; Thomas/Putzo/*Seiler* § 704 Rn. 1.
[21] Musielak/Voit/*Lackmann* § 704 Rn. 5; Thomas/Putzo/*Seiler* § 704 Rn. 1; differenzierend MüKoZPO/*Götz* § 704 Rn. 7.
[22] Prütting/Gehrlein/*Kroppenberg* § 704 Rn. 3; MüKoZPO/*Götz* § 704 Rn. 7.
[23] Zöller/*Herget* § 708 Rn. 13 (ebenso für Urteile nach §§ 768, 805).
[24] MüKoZPO/*Götz* § 704 Rn. 8; Musielak/Voit/*Lackmann* § 704 Rn. 6; Thomas/Putzo/*Seiler* Vorb. IV § 704 Rn. 16; Zöller/*Seibel* § 704 Rn. 2.
[25] S. detailliert Kommentierung von Zigann § 253 Rn. 22 ff.
[26] MüKoZPO/*Götz* § 704 Rn. 8; Musielak/Voit/*Lackmann* § 704 Rn. 6.
[27] MüKoZPO/*Götz* § 704 Rn. 12; Musielak/Voit/*Lackmann* § 704 Rn. 9.
[28] S. detailliert Kommentierung von Zigann § 253 Rn. 22 ff.
[29] GRUR 2005, 569.
[30] Gleiches gilt für Gebrauchsmuster s. *Kühnen* GRUR 2006, 180 (181), Fn. 2.

ckung aus dem Urteil ohne eine Fortsetzung des Streits im Vollstreckungsverfahren erwartet werden kann, da eine Auslegung des Tenors anhand der Entscheidungsgründe möglich ist.[31] Andernfalls – bei einer wie vom BGH geforderten exakten Wiedergabe der Ausgestaltung der Verletzungsform im Tenor – besteht die Gefahr, dass auch solche Gestaltungsmerkmale Eingang in den Urteilstenor finden, die außerhalb der Erfindungsmerkmale stehen, was zu einer ungerechtfertigten Einschränkung des Verbotstenors führen würde. Auch würde in einem solchen Fall einer Umgehung des Unterlassungstitels durch veränderte Ausführungsformen, die zwar in den Schutzbereich des Patents fallen, aber von der detaillierten Formulierung des Unterlassungstitels nicht mehr umfasst werden, geradezu ermöglicht.[32] Dies gilt auch, wenn der Patentanspruch alternative Merkmale (beispielsweise bei chemischen Formeln: Vorhandensein von Stoff a oder Stoff b) enthält, da in einem solchen Fall der Tenor im Vollstreckungsverfahren dahingehend ausgelegt werden kann, dass jegliche Alternative unter den Tenor fällt.[33]

Zur Feststellung, ob ein Produkt noch unter den Tenor des Unterlassungstitels fällt, sind die Urteilsgründe, insbesondere die Ausführungen zum Gegenstand und Ausgestaltung der angegriffenen Ausführungsform heranzuziehen. Es hat sich die **sog. Kerntheorie** entwickelt, wonach alle diejenigen Ausführungen unter den Unterlassungstitel fallen, die im Kern die gleiche Verletzung betreffen.[34] Liegt eine abgewandelte Ausführungsform nicht mehr im Kern des gerichtlichen Verbots, wird sie nicht vom Unterlassungstitel umfasst. Sollte es im Rahmen eines Zwangsvollstreckungsverfahrens hierüber zu Streitigkeiten der Parteien kommen, so muss das Gericht im Rahmen des Ordnungsmittelverfahrens darüber entscheiden, ob und inwieweit eine abgewandelte Ausführungsform noch in den Kern des Unterlassungstitels fällt.

bb) Unterlassungsanspruch bei äquivalenter Verletzung. Wird eine äquivalente Verletzung des Patents geltend gemacht, so genügt es im Gegensatz zur wortsinngemäßen Verletzung nicht, den Anspruchswortlaut des Patents pauschal wiederzugeben, sondern es muss sich **konkret** aus dem Tenor ergeben, in welchen tatsächlichen Gestaltungen sich die Abweichung von den Vorgaben des Patentanspruchs verkörpert.[35]

cc) Unteransprüche im Patentrecht. Unteransprüche werden regelmäßig in Form von „**insbesondere wenn**" – **Anträgen** geltend gemacht. Es empfiehlt sich für den Kläger, bei Klageerhebung jeden Unteranspruch, der seiner Ansicht nach verletzt ist, in Form von „insbesondere wenn"-Anträgen mit geltend zu machen. Dies eröffnet ihm die Möglichkeit einer späteren – dann regelmäßig als sachdienlich erachteten – Klageänderung (§ 263), um auf bestimmte Verteidigungsmittel des Beklagten (zB privates Vorbenutzungsrecht, Formsteineinwand) zu reagieren oder um das Risiko einer Aussetzung bis zur Entscheidung im parallelen Einspruchs- oder Nichtigkeitsverfahren (§ 148 ZPO) zu verringern, weil im parallelen Einspruchs- oder Nichtigkeitsverfahren die Patentansprüche durch Aufnahme von Merkmalen aus den Unteransprüchen eingeschränkt wurden bzw. vom Patentinhaber nur noch in eingeschränkter Fassung verteidigt werden.

b) Designrecht. Für die Tenorierung von Unterlassungsansprüchen basierend auf einem Design genügt es, dass die Verletzungsform **im Antrag bildlich wiedergegeben** ist. Eine Merkmalsgliederung im Tenor wiederzugeben, ist grundsätzlich nicht erforderlich,[36] da das Design und die Verletzungsform durch alle Merkmale (sofern nicht nach § 3 DesignG vom Schutz ausgeschlossen) geprägt wird, eine Merkmalsgliederung daher zu einer Verkürzung der Reichweite des Tenors führen könnte.

c) Markenrecht. Das verletzende Zeichen ist im Antrag zu nennen bzw. abzubilden[37], sodass sich Bestimmtheitsprobleme in der Praxis selten stellen. Insoweit im Unterlassungsantrag bei der Verwendung von „**insbesondere**"-**Konkretisierung** indes der vorangestellte abstrakte Teil die Verwendung eines Zeichens in Alleinstellung zum Gegenstand hat, im angefügten „insbesondere"-Teil aber das Zeichen innerhalb einer aus mehreren Bestandteilen bestehenden Gesamtbezeichnung aufführt, ist dies widersprüchlich und bestimmt.[38]

d) Lauterkeitsrecht. Die Tenorierung von Unterlassungsansprüchen im Lauterkeitsrecht ist weitgehend unproblematisch, sofern sie sich auf eine **konkrete Verletzungsform** bezieht. Ein entsprechender Antrag umfasst nach der Kerntheorie (→ Rn. 18) auch kerngleiche Handlungen. Formulierungen wie „Aussagen wie …" machen den Antrag daher nicht unbestimmt.[39]

---

[31] LG Düsseldorf BeckRS 2012, 08545.
[32] Siehe detaillierte Kritik bei *Kühnen* Rn. D. 273 und *Kühnen* GRUR 2006, 180.
[33] LG Düsseldorf BeckRS 2012, 08545.
[34] *Kühnen* Rn. D. 273; LG Düsseldorf BeckRS 2012, 08545, detaillierte Kommentierung zu § 890.
[35] BGH GRUR 2010, 314 (318) – Kettenradanordnung II.
[36] LG Düsseldorf GRUR-RR 2011, 361 (364) – Tablet PC II; *Ruhl* GMV Art. 88 Rn. 19.
[37] S. ausführlich *Hoffmann/Kleespies* S. 800 ff.
[38] BGH GRUR 2016, 705 – ConText; s. dazu auch Goldmann GRUR-Prax 2016, 260.
[39] BGH GRUR 2002, 177 (178 f.) – Jubiläumsschnäppchen.

27 Allerdings können auch allgemeiner gefasste, also nicht nur die konkrete Verletzungsform betreffende Anträge zulässig sein. Diese erfordern regelmäßig die **Verwendung allgemeiner Begriffe**.[40] Dass dies gegebenenfalls die Auslegung und Bewertung dieser Begriffe durch das Gericht im Vollstreckungsverfahren notwendig macht, schließt die Zulässigkeit nicht automatisch aus. Entscheidend ist vielmehr eine Abwägung der beiderseitigen schutzwürdigen Interessen, dh der Rechtssicherheit einerseits und des effektiven Rechtsschutz andererseits.[41] Ausnahmsweise kommt auch die Wiederholung des Gesetzeswortlauts im Rahmen des Antrags in Betracht, wenn entweder bereits der gesetzliche Verbotstatbestand selbst entsprechend eindeutig und konkret gefasst oder der Anwendungsbereich einer Rechtsnorm durch eine gefestigte Auslegung geklärt ist, sowie auch dann, wenn der Kläger hinreichend deutlich macht, dass er nicht ein Verbot im Umfang des Gesetzeswortlauts beansprucht, sondern sich mit seinem Unterlassungsbegehren an der konkreten Verletzungshandlung orientiert.[42]

28 Grundsätzlich unzulässig ist die Verwendung allgemeiner Begriffe oder die Wiederholung des Gesetzeswortlauts allerdings, wenn die Bedeutung des Begriffes oder die Erfüllung des Tatbestandsmerkmals durch das beanstandete Verhalten zwischen den Parteien streitig ist.[43]

29 Häufig (insbesondere im Falle von Werbekampagnen oder Nachahmungsprodukten) ist zur sachgerechten Antragsstellung eine fotografische oder zeichnerische Darstellung der konkreten Verletzungsform erforderlich.[44] Diese ist zulässigerweise entweder in den Antragstext zu integrieren oder – zB im Falle eines Computerprogramms[45] – dem Antrag als Anlage hinzuzufügen.

30 **e) Urheberrecht.** Der Unterlassungsantrag muss im Urheberrecht an der konkreten Verletzungsform orientiert sein. Verallgemeinerungen, in denen das „Charakteristische des festgestellten konkreten Verletzungstatbestands zum Ausdruck kommt" sind jedoch zulässig.[46] Die Verletzungsform kann ebenso wie im Lauterkeitsrecht durch Bezugnahmen auf eine Anlage[47] konkretisiert werden. Wenn die identische Übernahme des Werkes geltend gemacht wird, genügt die Wiedergabe des kopierten Originals im Antrag.[48]

Wird eine Verletzung von Urheberrechten an Software geltend gemacht, kann die Verletzung beispielsweise durch Bezugnahme auf Programmausdrucke oder Programmträger[49] oder Angabe des der Software oder charakteristische Merkmale konkretisiert werden unter Bezugnahme auf im Prozess vorgelegte, zur Individualisierung geeignete Anlagen oder Datenträger (beispielsweise: „Computerprogramm mit der Bezeichnung ‚X', wie in Anlage … in Objektcodeform auf Datenträger in der Version ‚Y',")[50] konkretisiert werden.

31 **2. Rückruf- und Entfernungsansprüche.** Bei der Tenorierung von Rückruf- und Entfernungsansprüchen ist **noch weitgehend ungeklärt, wie detailliert die einzelnen, vom Schuldner vorzunehmenden Handlungen im Tenor benannt** sein müssen. Während ein großer Teil der Gerichte Rückruf- und Entfernungsansprüche entsprechend des jeweiligen Gesetzeswortlauts (§ 140a PatG, § 18 MarkenG, § 43 GeschMG, § 24a GebrMG) tenoriert („die verletzenden Produkte zurückzurufen und endgültig aus den Vertriebswegen zu entfernen"),[51] verlangen andere Gerichte eine exakte Angabe der Handlungen, die der Schuldner vornehmen muss, um seine Verpflichtung zu Rückruf und Entfernung zu erfüllen; andernfalls sind die Ansprüche nicht ausreichend bestimmt und daher nicht vollstreckbar.[52]

32 Eine detaillierte Tenorierung des **Rückrufanspruchs** kann beispielsweise aussehen wie folgt: „Die Beklagte wird verurteilt, die vorstehend bezeichneten Erzeugnisse gegenüber den gewerblichen Abnehmern unter Hinweis auf den durch das Urteil der Kammer gerichtlich festgestellten patentverletzenden Zustand der Sache zurückzurufen, gegebenenfalls bereits gezahlte Kaufpreise bzw. sonstige Äquivalente zu erstatten sowie notwendige Verpackungs- und Transportkosten und mit der Rückgabe verbundene Zoll und Lagerkosten zu übernehmen und die zurückgerufenen Erzeugnisse wieder an sich zu nehmen".[53]

---

[40] Übersicht über zulässige und unzulässige Formulierungen Harte-Bavendamm/Henning-Bodewig/*Brüning* UWG Vor § 12 Rn. 91; Köhler/Bornkamm/Feddersen/*Köhler* § 12 Rn. 1.36 ff.
[41] BGH GRUR 2006, 504 (505) – Parfümtestkäufe.
[42] BGH GRUR 2011, 433 (434) – Verbotsantrag bei Telefonwerbung.
[43] BGH GRUR 2011, 433 (434) – Verbotsantrag bei Telefonwerbung; Köhler/Bornkamm/Feddersen/*Köhler* § 12 Rn. 1.39.
[44] S. dazu bspw. BGH GRUR 1981, 517 – Rollhocker; BGH GRUR 1986, 673 – Beschlagprogramm; BGH GRUR 2002, 86 (88) – Laubfilter; Köhler/Bornkamm/Feddersen/*Köhler* § 12 Rn. 1.41.
[45] BGH GRUR 2003, 786 – Innungsprogramm.
[46] StRspr, ua BGH NJW-RR 2007, 109 (zum KUG); Dreier/Schulze/*Specht* § 97 Rn. 67; Schricker/Loewenheim/*Wimmers* § 97 Rn. 227.
[47] BGH NJW 2000, 2207 – Musical-Gala; BGH GRUR 1991, 449 (450) – Betriebssystem.
[48] BGH GRUR 2003, 786 – Innungsprogramm.
[49] BGH GRUR 2008, 357 Rn. 24 – Planfreigabesystem.
[50] OLG Frankfurt a. M. GRUR-RS 2015, 19875.
[51] LG Mannheim InstGE 12, 200 – Stickstoffmonoxyid-Nachweis; LG Hamburg BeckRS 2012, 13486.
[52] OLG Düsseldorf InstGE 12, 88 – Cinch-Stecker; *Mes* § 140a Rn. 20.
[53] OLG Düsseldorf InstGE 12, 88 – Cinch-Stecker.

Eine detaillierte Tenorierung des **Entfernungsanspruchs** würde voraussetzen, dass der Kläger die 33
entsprechenden Handlungen, die aus seiner Sicht zur Erfüllung des Entfernungsanspruchs erforderlich
sind, genau benennt und beantragt[54]. Beispiele für eine solche detaillierte Tenorierung sind allerdings
soweit ersichtlich schwierig zu finden, da der Kläger mangels ausreichender Phantasie in der Praxis
häufig eher auf die Geltendmachung dieses Anspruchs verzichtet, sofern das Gericht keine pauschale
Tenorierung entsprechend des Gesetzeswortlauts („... aus den Vertriebswegen zu entfernen") erlaubt.

Die Schwierigkeiten bei der Tenorierung von Rückruf- und Entfernungsansprüchen liegen maß- 34
geblich darin begründet, dass diese Ansprüche mit der Umsetzung der Durchsetzungsrichtlinie zum
1.9.2008 eingeführt wurden, die konkrete Umsetzung dieser in der gesetzlichen Fassung doch recht
pauschalen Ansprüche den Gerichten überlassen blieb.

Die deutsche Landesgruppe der AIPPI hat angeregt, die Frage der Vollstreckbarkeit der Ansprüche 35
auf Rückruf und Entfernung möglichst bereits bei der Tenorierung dieser Ansprüche zu berücksichtigen.[55]

D. Patent mit einheitlicher Wirkung („EU-Patent")

Die Zwangsvollstreckung von Titeln wegen Verletzung eines Patents einheitlicher Wirkung richten 36
sich **grundsätzlich nach nationalem Recht,** soweit das EGPÜ und die EPatVO und die Verfahrensordnung[56] keine vorrangigen Regelungen treffen, Art. 82 EGPÜ, Regel 354 der finalen 18.
Fassung der Verfahrensordnung. Siehe ausführlich Kommentierung in → § 722 Rn. 10 ff. Zur Vollstreckung der in anderen Vertragsmitgliedstaaten ergangenen Entscheidungen in Deutschland → § 722
Rn. 1 ff.

§ 705 Formelle Rechtskraft

¹Die Rechtskraft der Urteile tritt vor Ablauf der für die Einlegung des zulässigen Rechtsmittels oder des zulässigen Einspruchs bestimmten Frist nicht ein. ²Der Eintritt der Rechtskraft wird durch rechtzeitige Einlegung des Rechtsmittels oder des Einspruchs gehemmt.

A. Begriff der formellen Rechtskraft

Formelle Rechtskraft bedeutet, dass Urteile **nicht mehr mit einem ordentlichen, dh befristeten** 1
Rechtsmittel angefochten werden können (zur materiellen Rechtskraft § 322). Befristete Rechtsmittel gegen Urteile sind der Einspruch gegen ein Versäumnisurteil (§§ 338, 339 Abs. 1) die Berufung
(§§ 511, 517), Revision (§§ 542, 548) und Nichtzulassungsbeschwerde (§ 544 Abs. 2). Weitere befristete Rechtsmittel sind die sofortige Beschwerde (§§ 567, 569 Abs. 1 S. 1), die befristete Erinnerung
im Beschwerdeverfahren (§§ 573, 11 Abs. 2 RPflG) und die Rechtsbeschwerde (§§ 574, 575 Abs. 2
S. 1).

Dem Eintritt der Rechtskraft steht nicht entgegen, dass eine Wiederaufnahme des Verfahrens 2
(§ 578) oder eine Wiedereinsetzung (§ 233) möglich ist. Die Wiederaufnahme hat im gewerblichen
Rechtsschutz, vor allem in Patentstreitigkeiten wegen der Trennung von Verletzungs- und Nichtigkeitsverfahren eine größere Bedeutung als in anderen Rechtsgebieten. Der im Verletzungsverfahren
rechtskräftig verurteilte Beklagte kann die Wiederaufnahme des Verletzungsverfahrens beantragen,
sobald das der Verletzungsentscheidung zugrundeliegende Patent rechtskräftig für nichtig erklärt wurde
(sog. Restitutionsklage, s. Kommentierung § 580¹).

B. Wirkungen der formellen Rechtskraft

Die zugrundeliegende Entscheidung wird **unanfechtbar.** Nur in den besonderen Ausnahmefällen 3
einer Wiederaufnahme oder eines Wiedereinsetzungsantrags kann die Entscheidung nachträglich rückwirkend aufgehoben werden.²

---

[54] *Kühnen* Rn. D. 918.
[55] GRUR-Int 2013, 773 (771) zur Arbeitsfrage Q236 „Relief in IP proceedings other than injunctions or damages".
[56] Die Verfahrensordnung („Rules of Procedure") wurde in der 18. Fassung am 27.10.2015 durch das UPC Preparatory Committee verabschiedet. Die Textfassung kann unter https://www.unified-patent-court.org/sites/default/files/UPC-Rules-of-Procedure.pdf abgerufen werden. Die Ratifikation des UPC durch Deutschland wird nach der jüngsten Entscheidung des BVerfG vom 23.6.2021 (GRUR 2021, 1157), mit der die einstweiligen Anträge gegen das vom Bundestag und Bundesrat im Dezember 2020 beschlossene Zustimmungsgesetz zurückgewiesen wurden, zeitnah erwartet. Die erste Verfassungsbeschwerde gegen das erste Zustimmungsgesetz war zunächst aus formalen Gründen erfolgreich, da die erforderliche Zweidrittelmehrheit im Bundestag nicht vorlag (BVerfG GRUR 2020, 506 – EPGÜ-ZustG).
¹ BGH GRUR 2012, 753 (754) – Tintenpatrone III; GRUR 2010, 996 (997 f.) – Bordako.
² Musielak/Voit/*Lackmann* § 705 Rn. 6.

4   Die zugrundeliegende Entscheidung wird **endgültig vollstreckbar**. Sofern wegen der zunächst nur vorläufigen Vollstreckbarkeit eine Sicherheit geleistet wurde, ist diese nun zurückzugeben (§ 715). Auf eine zur Abwendung der vorläufigen Zwangsvollstreckung geleistete Sicherheit kann mit Eintritt der formellen Rechtskraft nicht mehr zugegriffen werden.[3]

C. Zeitpunkt des Eintritts der formellen Rechtskraft

5   Der Fristablauf bestimmt sich nach der Zustellung der Entscheidung (§§ 317, 339 Abs. 1, 517, 544 Abs. 1 S. 2, 548, 569 Abs. 1 S. 2), spätestens mit Ablauf einer bestimmten Frist nach der Verkündung des Urteils bzw. Beschlusses im Falle der Berufung, Nichtzulassungsbeschwerde, Revision, sofortigen Beschwerde (§§ 517, 544 Abs. 1 S. 2, 548, 569 Abs. 1 S. 2). Die Frist wird als Ereignisfrist nach § 222 ZPO, §§ 187 Abs. 1, 188 Abs. 2 Alt. 1 BGB berechnet.

6   Die Zurücknahme eines Rechtsmittels führt zum Eintritt der Rechtskraft, wenn sie nach Ablauf der Rechtsmittelfrist erfolgt. Sofern die Rechtsmittelfrist noch nicht ausgeschöpft ist, ist eine Wiedereinlegung des Rechtsmittels möglich. Bei Zurücknahme nach Ablauf der Rechtsmittelfrist tritt die formelle Rechtskraft zum Zeitpunkt der Rücknahme ein.[4]

7   Entscheidungen des **Landgerichts**: Endurteile werden mit Ablauf der Berufungsfrist (§ 517) formell rechtskräftig; Beschwerdeentscheidungen, die der Rechtsbeschwerde gemäß § 574 Abs. 1 unterliegen, mit Ablauf der Beschwerdefrist (§ 575 Abs. 1). Versäumnisurteile werden mit Ablauf der Einspruchsfrist (§ 339 Abs. 1), zweite Versäumnisurteile mit Ablauf der Berufungsfrist von einem Monat (§ 517) rechtskräftig.

8   Entscheidungen der **Oberlandesgerichte**: Endurteile werden mit Ablauf der Revisionsfrist (§ 548) oder der Frist für die Nichtzulassungsbeschwerde (§ 544 Abs. 1) formell rechtskräftig. Endurteile im Arrest- und einstweiligen Verfügungsverfahren werden mit der Verkündung rechtskräftig, da hiergegen keinerlei Rechtsmittel möglich sind. Versäumnisurteile werden nach Ablauf der Einspruchsfrist (§ 339 Abs. 1) rechtskräftig und zweite Versäumnisurteile mit Ablauf der Revisionsfrist (§ 548).

9   Entscheidungen des **BGH** sind mit Verkündung (§ 310) formell rechtskräftig.

10 Entscheidungen des **BPatG** in Patentnichtigkeitsverfahren werden mit Ablauf der Berufungsfrist (§§ 99, 110 Abs. 3 PatG) rechtskräftig, Beschlüsse der Beschwerdesenate des BPatG in Markensachen nach Ablauf der Rechtsbeschwerdefrist des § 85 Abs. 1 MarkenG.

11 Entscheidungen des **DPMA** in Patentsachen werden nach Ablauf der Beschwerdefrist (§ 73 Abs. 2 S. 1 PatG) formell rechtskräftig. Entscheidungen der **Markenstellen und Markenabteilungen** werden nach Ablauf der Beschwerdefrist (§§ 82, 66 Abs. 2 MarkenG) rechtskräftig.

12 Wurde gegen ein rechtsmittelfähiges Urteil rechtzeitig ein Rechtsmittel eingelegt, erfolgte die erforderliche Rechtsmittelbegründung allerdings nicht fristgemäß, ist das Urteil ab Ablauf der Rechtsmittelbegründungsfrist formell rechtskräftig.[5]

D. Teilrechtskraft

13 Sofern eine Entscheidung nur teilweise angefochten wird, hemmt sie die Rechtskraft des ganzen Urteils,[6] solange die Erweiterung des Rechtsmittelantrags noch möglich ist oder Anschlussrechtsmittel noch zulässig sind (Anschlussberufung gemäß § 524 Abs. 2 S. 2, Anschlussrevision gemäß § 554 Abs. 2 S. 2).[7]

§ 706 Rechtskraft- und Notfristzeugnis

(1) **Zeugnisse über die Rechtskraft der Urteile sind auf Grund der Prozessakten von der Geschäftsstelle des Gerichts des ersten Rechtszuges und, solange der Rechtsstreit in einem höheren Rechtszug anhängig ist, von der Geschäftsstelle des Gerichts dieses Rechtszuges zu erteilen.**

(2) [1]Soweit die Erteilung des Zeugnisses davon abhängt, dass gegen das Urteil ein Rechtsmittel nicht eingelegt ist, holt die Geschäftsstelle des Gerichts des ersten Rechtszuges bei der Geschäftsstelle des für das Rechtsmittel zuständigen Gerichts eine Mitteilung in Textform ein, dass bis zum Ablauf der Notfrist eine Rechtsmittelschrift nicht eingereicht sei. [2]Einer Mitteilung durch die Geschäftsstelle des Revisionsgerichts, dass ein Antrag auf Zulassung der Revision nach § 566 nicht eingereicht sei, bedarf es nicht.

---

[3] BGH NJW 1978, 43.
[4] BGH GRUR 2008, 93 (95) – Zerkleinerungsvorrichtung.
[5] Prütting/Gehrlein/*Kroppenberg* § 705 Rn. 6.
[6] Musielak/Voit/*Lackmann* § 705 Rn. 8.
[7] BGH NJW 2005, 3067 (3068) mwN.

A. Inhalt und Zweck

§ 706 betrifft die Ausstellung von Rechtskraft- (Abs. 1) und Notfristzeugnissen (Abs. 2) und gilt für alle Entscheidungen, die der formellen Rechtskraft fähig sind (§ 705). **1**

I. Rechtskraftzeugnis

Das Rechtskraftzeugnis dient dem **Nachweis der formellen Rechtskraft,** insbesondere zur Zwangsvollstreckung (§ 704), dass die zugrundeliegende Entscheidung nicht mehr durch Rechtsmittel angegriffen werden kann.[1] Die Bedeutung des Zeugnisses selbst ist **rein formeller Natur.** Das Rechtskraftzeugnis sagt nichts über den Inhalt der Entscheidung, über die innere Bindung der Parteien an die Entscheidung oder über deren materielle Richtigkeit oder Bestand aus.[2] Für die Zwangsvollstreckung ist das Zeugnis nicht erforderlich, da insoweit eine vollstreckbare Ausfertigung des Titels genügt (§ 724 Abs. 1).[3] Es erlangt aber Bedeutung, wenn der Gläubiger die Zwangsvollstreckung aus einem vorläufig vollstreckbaren Urteil ohne Sicherheitsleistung betreiben will oder eine geleistete Sicherheit nach § 715 zurückgefordert wird.[4] **2**

II. Notfristzeugnis

Das Notfristzeugnis dient als Nachweis dafür, dass bis zum Ablauf der Rechtsmittelfrist eine Rechtsmittelschrift nicht eingereicht wurde.[5] Es ersetzt nicht das Rechtskraftzeugnis. Das Zeugnis ist nur erforderlich, wenn ein Berechtigter die Erteilung eines Rechtskraftzeugnisses beantragt und die Gerichtsakte nicht beim Urkundsbeamten des Ausgangsgerichts ist, so dass dieser keine zuverlässige Aussage über die Rechtskraft erteilen kann.[6] **3**

III. Antrag

Das Rechtskraftzeugnis wird den Prozessparteien, auch Streithelfern, nur auf Antrag erteilt.[7] Unbeteiligte Dritte haben keinen Anspruch auf Ausstellung eines Rechtskraftzeugnisses. Der Urkundsbeamte besorgt ein ggf. erforderliches **Notfristzeugnis** von Amts wegen beim Rechtsmittelgericht.[8] **4**

B. Zuständigkeit

Für die Ausstellung des **Rechtskraftzeugnisses** ist der **Urkundsbeamte** des Gerichts erster Instanz zuständig. **5**

Solange der Rechtsstreit bei einem Rechtsmittelgericht anhängig ist, dh insbesondere in Fällen, in denen ein Rechtsmittel zunächst eingelegt und nach Ablauf der Rechtsmittelfrist zurückgenommen wird, ist der Urkundsbeamte der Geschäftsstelle des für das Rechtsmittel zuständigen Gerichts für die Erteilung des **Notfristzeugnisses** zuständig. **6**

C. Rechtsbehelfe

Der Gegner hat gegen die Erteilung des Rechtskraftzeugnisses sowie der Antragsteller gegen die Versagung des Rechtskraftzeugnisses den Rechtsbehelf der Erinnerung nach § 573 Abs. 1.[9] Gegen die Entscheidung über die Erinnerung steht die sofortige Beschwerde offen (§ 573 Abs. 2). **7**

D. Form

Das Rechtskraftzeugnis wird auf der Entscheidungsausfertigung angebracht und vom Urkundsbeamten unterzeichnet. Es kann jedoch auch als selbständige Bescheinigung ohne Verbindung mit der Urteilsausfertigung ausgestellt werden.[10] Im Regelfall – bei der Anbringung auf der Entscheidungsausfertigung – lautet es: **8**

> *„Vorstehendes Urteil ist rechtskräftig.*
> *Ort, Datum Unterschrift Urkundsbeamter der Geschäftsstelle."*

---

[1] Musielak/Voit/*Lackmann* § 706 Rn. 5; Thomas/Putzo/*Seiler* § 706 Rn. 2.
[2] BGH NJW 1960, 671 f.; Prütting/Gehrlein/*Kroppenberg* § 706 Rn. 1.
[3] Zöller/*Stöber* § 706 Rn. 2.
[4] HK-ZPO/*Kindl* § 706 Rn. 1; Kindl/Meller-Hannich/*Giers/Scheuch* § 706 Rn. 3.
[5] Kindl/Meller-Hannich/*Giers/Scheuch* § 706 Rn. 16.
[6] Musielak/Voit/*Lackmann* § 706 Rn. 8.
[7] BGH NJW 1960, 671 f.; Wieczorek/Schütze/*Heß* § 706 Rn. 3.
[8] Musielak/Voit/*Lackmann* § 706 Rn. 7.
[9] Prütting/Gehrlein/*Kroppenberg* § 706 Rn. 9; Wieczorek/Schütze/*Heß* § 706 Rn. 11.
[10] Wieczorek/Schütze/*Heß* § 706 Rn. 8.

§ 707 Einstweilige Einstellung der Zwangsvollstreckung

(1) ¹Wird die Wiedereinsetzung in den vorigen Stand oder eine Wiederaufnahme des Verfahrens beantragt oder die Rüge nach § 321a erhoben oder wird der Rechtsstreit nach der Verkündung eines Vorbehaltsurteils fortgesetzt, so kann das Gericht auf Antrag anordnen, dass die Zwangsvollstreckung gegen oder ohne Sicherheitsleistung einstweilen eingestellt werde oder nur gegen Sicherheitsleistung stattfinde und dass die Vollstreckungsmaßregeln gegen Sicherheitsleistung aufzuheben seien. ²Die Einstellung der Zwangsvollstreckung ohne Sicherheitsleistung ist nur zulässig, wenn glaubhaft gemacht wird, dass der Schuldner zur Sicherheitsleistung nicht in der Lage ist und die Vollstreckung einen nicht zu ersetzenden Nachteil bringen würde.

(2) ¹Die Entscheidung ergeht durch Beschluss. ²Eine Anfechtung des Beschlusses findet nicht statt.

Literatur: *Haft/Nack/Lunze/Heusch/Schohe/Joachim*, zur AIPPI Arbeitsfrage Q219 „Unterlassungsgebote in Fällen der Verletzung von Rechten des geistigen Eigentums", GRUR Int. 2011, 927; *McGuire*, GRUR 2021, 775, Stellungnahme zum 2. PatModG: Ergänzung des § 139 I PatG durch einen Verhältnismäßigkeitsvorbehalt?; *Ohly*, „Patenttrolle" oder: Der patentrechtliche Unterlassungsanspruch unter Verhältnismäßigkeitsvorbehalt? Aktuelle Entwicklungen im US-Patentrecht und ihre Bedeutung für das deutsche und europäische Patentsystem, GRUR Int. 2008, 787; *Ohly*, Acht Thesen zur Verhältnismäßigkeit im Patentrecht, GRUR 2021, 304; *Osterrieth*, Patent-Trolls in Europa – braucht das Patentrecht neue Grenzen?, GRUR 2009, 540 ff.; *Stierle*, Der quasi-automatische Unterlassungsanspruch im deutschen Patentrecht, GRUR 2019, 873.

Übersicht

	Rn.
A. Anwendungsbereich	1
B. Voraussetzungen	3
I. Zulässigkeit	3
II. Verfahren	5
III. Mögliche Maßnahmen	6
1. Einstweilige Einstellung der Zwangsvollstreckung	7
2. Vollstreckung gegen Sicherheitsleistung	9
IV. Pflichtgemäßes Ermessen	11
C. Besonderheiten in Verfahren des gewerblichen Rechtsschutzes	13
I. Offenkundige Unrichtigkeit der erstinstanzlichen Entscheidung	14
II. Nicht zu ersetzender Schaden des Schuldners	21
1. Unterlassungsanspruch, insbs. im Patentrecht	22
2. Auskunft- und Rechnungslegung	28
3. Vernichtung, Rückruf und Entfernung	31
D. Rechtsbehelfe	32

A. Anwendungsbereich

1 § 707 regelt die Voraussetzungen einer einstweiligen Einstellung der Zwangsvollstreckung zum Schutz des Schuldners vor außergewöhnlichen Vollstreckungsschäden.

2 Während § 707 direkt nur im Falle der Wiedereinsetzung in den vorigen Stand oder der Wiederaufnahme des Verfahrens (§§ 233, 578) anwendbar ist, gilt er durch Bezugnahmen in § 719 Abs. 1 auch bei der Einlegung eines Rechtsmittels bzw. Einspruchs, in §§ 924 Abs. 3, 936 bei der Einlegung eines Widerspruchs in Arrest- und einstweiligen Verfügungsverfahren, in § 1065 Abs. 2 S. 2 bei der Einlegung eines Rechtmittels gegen einen Schiedsspruch und in § 1095 Abs. 1 bei der Überprüfung eines europäischen Zahlungsbefehls.[1] Seine **praktische Bedeutung ist daher auch in Verfahren des gewerblichen Rechtsschutzes und des Urheberrechts sehr hoch,** insbesondere im Rechtsmittelverfahren und in einstweiligen Verfügungsverfahren.

B. Voraussetzungen

I. Zulässigkeit

3 Der Schuldner muss einen Antrag stellen, der auf den Erlass einer Anordnung nach § 707 abzielt.[2] Im Anwaltsprozess (§ 78) unterliegt der Antrag dem Anwaltszwang. Er ist zulässig, wenn einer der in § 707 genannten Rechtsbehelfe oder einer der in § 719 (in Verbindung mit § 707) genannten Rechtsmittel eingelegt wurde oder gleichzeitig eingelegt wird, die Zwangsvollstreckung droht und noch nicht beendet ist und der Antrag beim dafür zuständigen Gericht gestellt wurde.[3]

---

[1] Musielak/Voit/*Lackmann* § 707 Rn. 2; HK-ZPO/*Kindl* § 707 Rn. 1.
[2] Musielak/Voit//*Lackmann* § 704 Rn. 4; HK-ZPO/*Kindl* § 707 Rn. 2.
[3] Musielak/Voit//*Lackmann* § 707 Rn. 2, 4, 5; Thomas/Putzo/*Seiler* § 707 Rn. 2, 3, 7.

Einstweilige Einstellung der Zwangsvollstreckung 4–13 **§ 707 ZPO**

Das Gericht der Hauptsache ist ausschließlich zuständig.[4] In den in Verfahren des gewerblichen Rechtsschutzes und des Urheberrechts in der Praxis häufigeren Verfahren nach §§ 719 Abs. 1, 924 Abs. 1, 936, 707 ist jedoch das Gericht, das über das Rechtsmittel entscheidet (§§ 719, 924), ausschließlich zuständig. 4

II. Verfahren

Dem Gläubiger muss vor Erlass einer Entscheidung grundsätzlich rechtliches Gehör gewährt werden (Art. 103 Abs. 1 GG).[5] In Eilfällen kann das rechtliche Gehör nachgeholt werden, indem zunächst nur eine knapp befristete vorläufige Einstellung gewährt wird und nach Anhörung des Gläubigers eine neue Entscheidung ergeht.[6] Das rechtliche Gehör muss nicht mittels einer mündlichen Verhandlung gewährt werden, weil die Entscheidung in allen Fällen durch Beschluss ergeht (Abs. 2 S. 1), was gemäß § 128 Abs. 4 eine mündliche Verhandlung entbehrlich werden lässt.[7] 5

III. Mögliche Maßnahmen

Das Gericht kann gemäß § 707 Abs. 1 anordnen, dass die Zwangsvollstreckung gegen oder ohne Sicherheitsleistung einstweilen eingestellt wird oder nur gegen Sicherheitsleistung stattfindet und dass die Vollstreckungsmaßregeln gegen Sicherheitsleistung aufzuheben seien, wobei eine Einstellung ohne Sicherheitsleistung nur möglich ist, wenn dem Schuldner ein unersetzlicher Nachteil droht. Die stattgebende Entscheidung führt gemäß § 775 Nr. 2 zur Einstellung oder Beschränkung der Vollstreckung. 6

1. Einstweilige Einstellung der Zwangsvollstreckung. Das Gericht kann anordnen, dass die Zwangsvollstreckung gegen Sicherheitsleistung des Schuldners einstweilen einzustellen ist. Sofern jedoch, wie in Verfahren des gewerblichen Rechtsschutzes im Regelfall, der Gläubiger ohnehin nur gegen Sicherheitsleistung vollstrecken darf, kommt das regelmäßig nicht in Betracht.[8] 7

Eine Einstellung ohne Sicherheitsleistung des Schuldners ist nur möglich, wenn die strengen Voraussetzungen von Abs. 1 S. 2 vorliegen. Der Schuldner muss dazu glaubhaft machen, dass er erstens die Sicherheit nicht aufbringen kann und zweitens ihm durch die Vollstreckung ein nicht zu ersetzender Nachteil entstehen würde (→ Rn. 21 ff.). 8

2. Vollstreckung gegen Sicherheitsleistung. Diese kann angeordnet werden, wenn der Gläubiger sie nicht – wie im Regelfall – schon kraft Urteils erbringen muss oder die im Urteil bereits angeordnete Sicherheitsleistung zu gering ist. 9

Die Sicherheitsleistung umfasst den Wert der geltend gemachten Ansprüche, Zinsen, Kosten sowie die Schäden infolge der Vollstreckungsverzögerung, wenn es beim Obsiegen des Gläubigers in der Hauptsache bleibt (→ § 709 Rn. 3).[9] 10

IV. Pflichtgemäßes Ermessen

Bei der Entscheidung über die einstweilige Entscheidung der Zwangsvollstreckung handelt es sich um eine Ermessensentscheidung („kann"). 11

Das Gericht muss im Rahmen der Begründetheit die Parteiinteressen gegeneinander abwägen. Dabei sind die sachlichen Erfolgsaussichten zu bewerten und die wirtschaftlichen Auswirkungen zu berücksichtigen. In letzterer Hinsicht haben jedoch die Gläubigerinteressen grundsätzlich Vorrang (→ § 704 Rn. 2 f.).[10] Sofern – wie in den im gewerblichen Rechtsschutz üblichen Fällen – nur gegen Sicherheitsleistung vollstreckt werden darf, ist das Risiko der vorläufigen Erbringung der Sicherheit dem Schuldner auferlegt worden. Von dieser gesetzgeberischen Grundsatzentscheidung, die sich aus den §§ 708 und 712 ergibt, kann grundsätzlich nicht, sondern nur in besonders außergewöhnlich gelagerten Einzelfällen abgewichen werden. 12

C. Besonderheiten in Verfahren des gewerblichen Rechtsschutzes

Die Bedeutung von § 707 zeigt sich in der Praxis vor allem durch den Verweis in § 719 Abs. 1 in **Berufungsverfahren** und in §§ 924 Abs. 3, 936 in **einstweiligen Verfügungsverfahren**. Neben dem aufgrund der gesetzgeberischen Wertung grundsätzlich vorrangigen Gläubigerinteresse ist in Verfahren des gewerblichen Rechtsschutzes wegen der Durchsetzung zeitlich befristeter Schutzrechte 13

---

[4] OLG Karlsruhe MDR 1988, 975; Wieczorek/Schütze/*Heß* § 707 Rn. 14.
[5] Musielak/Voit//*Lackmann* § 707 Rn. 8; Thomas/Putzo/*Seiler* § 707 Rn. 9; Zöller/*Herget* § 707 Rn. 18.
[6] MüKoZPO/Voit//*Götz* § 707 Rn. 10.
[7] HK-ZPO/*Kindl* § 707 Rn. 6.
[8] Bernhard/*Rogge*/Grabinski PatG § 139 Rn. 157; *Kühnen* Rn. H.41 ff.
[9] Zur Höhe der Sicherheitsleistung siehe auch Musielak/Voit/*Lackmann* § 709 Rn. 4 f.; MüKoZPO/*Götz* § 709 Rn. 4 f.
[10] BGH GRUR 2018, 655 (zum Wettbewerbsrecht); OLG Düsseldorf BeckRS 2017, 100463; Haedicke/Timmann PatR-HdB/*Chakraborty*/Haedicke § 15 Rn. 671; Wieczorek/Schütze/*Heß* § 707 Rn. 20.

zusätzlich zu bedenken, dass jede Verzögerung der Durchsetzung des Unterlassungsanspruchs jedenfalls bei einem zeitnahen Ablauf des Schutzrechts zu einem vollständigen Leerlaufen des Unterlassungsanspruchs führen kann[11]. Eine Einstellung der Zwangsvollstreckung ist daher grundsätzlich nur gerechtfertigt, wenn entweder bereits im Zeitpunkt der Entscheidung über den Einstellungsantrag bei der in Verfahren nach der §§ 719 Abs. 1, 924 Abs. 1, 936, 707 gebotenen summarischen Prüfung festgestellt werden kann, dass das angefochtene Urteil **voraussichtlich keinen Bestand** haben wird oder wenn der Schuldner die Gefahr eines **besonderen Schadens** darlegen und glaubhaft machen kann, **der über die allgemeinen Vollstreckungswirkungen hinausgeht**.[12]

I. Offenkundige Unrichtigkeit der erstinstanzlichen Entscheidung

14 Die vorläufige Einstellung der Zwangsvollstreckung im Rahmen der §§ 719 Abs. 1, 924 Abs. 1, 936, 707 kommt insbesondere dann in Betracht, wenn schon zum Zeitpunkt der Entscheidung über die Einstellung der Zwangsvollstreckung mit hoher Wahrscheinlichkeit anzunehmen ist, dass das angefochtene Urteil und das durch dieses ausgesprochene Verbot keinen Bestand haben wird.[13] Diese summarische Prüfung hat sich im Regelfall auf diejenigen tatsächlichen Feststellungen und diejenigen rechtlichen Erwägungen zu beschränken, die für die erstinstanzliche Entscheidung tragend sind.[14] Erweisen sich die Feststellungen oder rechtlichen Erwägungen als nicht tragfähig, liegt eine vorläufige Einstellung der Zwangsvollstreckung nahe, da dem Kläger dann regelmäßig zuzumuten ist, die Vollstreckung des erstinstanzlichen Urteils bis zur Berufungsentscheidung zurückzustellen, unabhängig davon, ob die erstinstanzliche Verurteilung unter Umständen nach Maßgabe eines anderen rechtlichen Grundes gerechtfertigt wäre.[15] Es gibt indes keine rechtliche Grundlage für eine einstweilige Einstellung der Zwangsvollstreckung bis zur Entscheidung über den Einstellungsantrag, da dies dem Gesetz fremd ist.[16]

Die Zwangsvollstreckung ist regelmäßig auszusetzen, wenn eine summarische Prüfung, ob die erstinstanzliche Entscheidung offenkundig unrichtig wäre, nicht vorgenommen werden kann, weil ein streitentscheidender Gesichtspunkt erstinstanzlich gar nicht geprüft wurde[17] oder bei summarischer Prüfung des erstinstanzlichen Urteils evidente Rechtsfehler zu Tage treten.[18] Eine solche offenkundige Unrichtigkeit liegt indes noch nicht vor, wenn die Kammer eines Landgerichts sich in ihrem erstinstanzlichen Urteil nicht mit einer abweichenden Auffassung der Parallelkammer des gleichen Gerichts zum gleichen Klagepatent auseinandergesetzt hat, da der Umstand, dass die abweichende Beurteilung im Parallelverfahren in der Entscheidung nicht erwähnt wird, für sich genommen neutral sei.[19] Dabei beschränkt sich die Prüfung der Erfolgsaussichten der Berufung auf den erstinstanzlich zugrunde gelegten Sachverhalt und die dort gegebene Begründung und es ist unerheblich, ob das Urteil mit einer anderen Begründung aufrechterhalten werden kann.[20] Das OLG München begründet dies damit, dass „alternative Begründungen rechtlicher oder tatsächlicher Natur, auf die die angegriffene Entscheidung nicht gestützt worden ist, [...] nicht das Vertrauen genießen [können], das die vorläufige Vollstreckbarkeit des erstinstanzlichen Urteils und damit den grundsätzlichen Vorrang der Interessen des obsiegenden Klägers rechtfertigt"[21] Das Landgericht hatte in der angefochtenen Entscheidung bestrittenen Sachverhalt hinsichtlich der Ausgestaltung der angegriffenen Ausführungsform als unbestritten angenommen bzw. Bestreiten der Beklagten als nicht hinreichend substantiiert bzw. unschlüssig und hilfsweise als verspätet angesehen, ebenso Beweisangebote der Beklagten.

15 In Verfahren des gewerblichen Rechtsschutzes sind vor allem folgende Konstellationen relevant:

16 Bei **einstweiligen Verfügungen** ist zu beachten, dass der Zweck der einstweiligen Verfügung nicht ohne Grund vereitelt werden und der Verfügungsgläubiger rechtlos gestellt werden darf.[22] Beispiele: Versäumnis der Vollziehungsfrist nach § 929 Abs. 2 bei einer einstweiligen Untersagungs-

---

[11] BGH GRUR 2000, 862 (863) – Spannvorrichtung.
[12] OLG Düsseldorf GRUR-RR 2010, 122 (123) – prepaid telephone calls; OLG Düsseldorf Mitt. 1997, 257 – Steinknacker; OLG Frankfurt a. M. BeckRS 1996, 09900; OLG Köln ZIP 1994, 1053.
[13] OLG Düsseldorf BeckRS 2017, 100463; OLG Karlsruhe Mitt. 2016, 321 (322) – Informationsaufzeichnungsmedium; GRUR-RR 2015, 50 – Leiterbahnstrukturen; OLG Karlsruhe BeckRS 2015, 18619; OLG Düsseldorf GRUR-RR 2010, 122 (123 f.) – prepaid telephone calls.
[14] OLG Karlsruhe GRUR-RR 2015, 50 – Leiterbahnstrukturen.
[15] OLG Karlsruhe GRUR-RR 2015, 50 (50 f.) – Leiterbahnstrukturen.
[16] OLG Karlsruhe GRUR-RR 2015, 50 (50 f.) – Leiterbahnstrukturen.
[17] OLG Düsseldorf GRUR-RR 2010, 122 (123 f.) – prepaid telephone calls; OLG München GRUR-RS 2019, 41076 Rn. 105 ff. – Analog-Digital-Wamdler; GRUR-RS 2020, 20345 Rn. 40 – Gensequenzierung; Kühnen Patentverletzung-HdB Kap. H Rn. 46.
[18] OLG München GRUR-RS 2019, 41076 Rn. 109 – Analog-Digital-Wamdler.
[19] OLG Karlsruhe BeckRS 2015, 18619.
[20] OLG München GRUR-RS 2019, 41076 Rn. 107 – Analog-Digital-Wandler.
[21] OLG München GRUR-RS 2019, 41076 Rn. 108 – Analog-Digital-Wandler; unter Bezugnahme auf OLG Karlsruhe – Leiterbahnstrukturen.
[22] OLG Zweibrücken GRUR 1997, 486 (Ls.); Kindl/Meller-Hannich/*Giers*/*Scheuch* § 707 Rn. 25.

verfügung,[23] Fehlen der Dringlichkeit aufgrund glaubhaft gemachten Berufungsvortrags des Antragsgegners im einstweiligen Verfügungsverfahren,[24] durch Vorbringen des Antragsgegners im Berufungsverfahren hervorgerufene, nicht unerhebliche Zweifel an der der Beschlussverfügung des Gerichts zugrundeliegenden Sachdarstellung des Antragstellers.[25] Ausnahmsweise kann eine einstweilige Einstellung gegen Sicherheitsleistung in Betracht kommen, wenn der Antragsgegner die Erhebung der Nichtigkeitsklage gegen das Verfügungspatent nachweist und das Verfügungsgericht nicht ausschließen kann, dass die Klage Erfolg haben wird.[26]

Im Rahmen der Prüfung, ob das erstinstanzliche Urteil Bestand haben wird oder offenkundig unrichtig ist, ist in Patentverletzungsverfahren vor allem die **Entwicklung in parallelen Einspruchs- oder Nichtigkeitsverfahren gegen den Bestand des Patents von Bedeutung.** 17

Wird das Klagepatent nach dem Erlass des erstinstanzlichen Verletzungsurteils erstinstanzlich vollumfänglich vernichtet, ist eine vorläufige Einstellung der Zwangsvollstreckung gegen Sicherheitsleistung regelmäßig angezeigt.[27] Gleichermaßen kommt einem qualifizierten Hinweis des BPatG gemäß § 83 PatG oder einem Zwischenbescheid des DPMA im Gebrauchsmusterlöschungsverfahren in der Regel eine erhebliche Bedeutung zu, da sie maßgebliche Anhaltspunkte zum erwartenden Ausgang des Nichtigkeits- bzw. Löschungsverfahrens enthalten.[28] Ist das Klagepatent im Nichtigkeitsverfahren erstinstanzlich durch die Aufnahme beschränkender Merkmale teilweise für nichtig erklärt worden, ist die Zwangsvollstreckung im Berufungsverfahren gegen das erstinstanzliche Verletzungsurteil grundsätzlich gegen Sicherheitsleistung einzustellen, wenn die Verwirklichung dieser Merkmale im Verletzungsverfahren nicht erstinstanzlich festgestellt wurde. Dies gilt allerdings nicht, wenn die Verwirklichung der hinzugefügten Merkmale bei summarischer Prüfung „offensichtlich" ist bzw. „klar auf der Hand liegt".[29] 18

Dies gilt in noch viel stärkerem Maße in einstweiligen Verfügungsverfahren wegen der hohen Anforderungen an den Rechtsbestand des Verfügungspatents.[30] Eine bereits erlassene einstweilige Verfügung wird nach erstinstanzlicher Nichtigerklärung des Verfügungspatents regelmäßig auf den Widerspruch des Antragsgegners aufgehoben, wobei in der Praxis der Antragsteller in der Regel den Verfügungsantrag zurücknimmt. Ebenso stellt eine Vertagung der Einspruchs- bzw. Nichtigkeitsverhandlung wegen neu vorgelegter Hilfsanträge ein Indiz für eine drohende Vernichtung des Klagepatents im geltend gemachten Umfang dar. 19

Das Auffinden neuen Stands der Technik allein genügt nach der Rechtsprechung für eine vorläufige Einstellung der Zwangsvollstreckung nur, wenn nach Maßgabe der Aussetzungsgrundsätze eine Aussetzung des Verletzungsverfahrens angezeigt wäre.[31] Das OLG Karlsruhe[32] hat die Zwangsvollstreckung eines erstinstanzlichen Patentverletzungsurteils, nachdem sich die Beklagte auf den kartellrechtlichen Zwangslizenzeinwand berufen hatte, trotz eines beim EuGH anhängigen Vorabentscheidungsverfahrens[33] zu den Kriterien für eine erfolgreiche Geltendmachung des Zwangslizenzeinwands[34] **nicht** vorläufig eingestellt. Die erstinstanzliche Entscheidung war seiner Ansicht nach nicht offensichtlich unrichtig, da die Beklagten unstritig nicht die Anforderungen des BGH gemäß der Orange-Book-Entscheidung erfüllten. Die bloße Anhängigkeit eines Vorabentscheidungsverfahrens genügt für eine Einstellung der Zwangsvollstreckung nicht, da offen zu diesem Zeitpunkt offen war, ob und inwieweit der EuGH die Kriterien des BGH modifizieren wird und davon auszugehen war, dass die Beklagte selbst dann die Mindestanforderungen für den kartellrechtlichen Zwangslizenzeinwand nicht erfüllt hat. Unterbreitet der verurteilte Verletzer erstmals nach dem Erlass des erstinstanzlichen Urteils ein 20

---

[23] OLG Zweibrücken GRUR 1997, 486 (Ls.); OLG Frankfurt a. M. BeckRS 1996, 09900.
[24] OLG Köln GRUR 1982, 504 – Gastechnik.
[25] OLG Koblenz WRP 1990, 366 f.
[26] LG Hamburg GRUR-Prax 2019, 171. Im zugrundeliegenden Fall wurde mit der Nichtigkeitsklage glaubhaft gemacht, dass im Erteilungsverfahren des Verfügungspatents vier Druckschriften nicht berücksichtigt worden seien. Wäre das Gericht vom Erfolg der Nichtigkeitsklage überzeugt, wäre eine Aufhebung der einstweiligen Verfügung nach §§ 927, 926 ZPO angezeigt, *Juretzek* in Anmerkung zu LG Hamburg GRUR-Prax 2019, 171.
[27] OLG Düsseldorf InstGE 9, 173 – Herzklappenringprothese; BGH GRUR 2014, 1237 Rn. 5 – Kurznachrichten; Haedicke/Timmann PatR-HdB/*Chakraborty/Haedicke* § 15 Rn. 670.
[28] BGH BeckRS 2017, 126446; OLG München GRUR-RS 2020, 20345 Rn. 68 – Gensequenzierung; OLG Düsseldorf BeckRS 2017, 100463.
[29] OLG Karlsruhe BeckRS 2017, 155883 Rn. 8.
[30] OLG Düsseldorf InstGE 12, 114 – Harnkatheterset; OLG Düsseldorf GRUR-RR 2013, 236 (239 f.) – Flupirtin-Maleat. Zur Frage, welche Anforderungen an den Rechtsbestand des Verfügungspatents konkret zu stellen sind, insbes. ob es erforderlich ist, dasss das Verfügungspatent grundsätzlich ein erstinstanzliches kontradiktorisches Rechtsbestandsverfahren „überlebt" hat (so OLG Düsseldorf GRUR-RR 2013, 236 (239 f.) und OLG München GRUR 2020, 385), ist derzeit eine Vorlagefrage des LG München beim EuGH anhängig, GRUR 2021, 466 – Rechtsbestand im Verfügungsverfahren (mAnm Kühnen GRUR 2021, 466 (468)).
[31] OLG Düsseldorf BeckRS 2014, 23193; wobei auch zu berücksichtigen ist, ob der neue Stand der Technik schon erstinstanzlich hätte eingeführt werden können, OLG Düsseldorf BeckRS 2013, 13744; ausführlich dazu Kühnen Patentverletzung-HdB Kap. H Rn. 59.
[32] OLG Karlsruhe Mitt. 2016, 321 (322 ff.) – Informationsaufzeichnungsmedium.
[33] Die Entscheidung des EuGH in Sachen Huawei Technologies/ZTE (C-170/13) erging zeitlich später am 16.7.2015, GRUR 2015, 764, auf Vorlage des LG Düsseldorf GRUR-RR 2013, 196 – LTE-Standard.
[34] Zum bis damals geltenden Maßstab: BGH GRUR 2009, 694 – Orange-Book-Standard.

FRAND-Gegenangebot, genügt dies für eine Einstellung der Zwangsvollstreckung nicht, da lediglich eine summarische Prüfung stattfindet und eine Einstellung nur erfolgen kann, wenn das Vorbringen unstreitig und das Ergebnis offensichtlich ist.[35]

II. Nicht zu ersetzender Schaden des Schuldners

21 Ein außergewöhnlicher, irreparabler Schaden des Vollstreckungsschuldners muss über die bloße Vollstreckungswirkung hinausgehen. Die Rechtsprechung ist hier – wegen des grundsätzlich vorrangigen Gläubigerinteresses insbesondere in Verfahren des gewerblichen Rechtsschutzes (→ § 704 Rn. 3) – sehr streng. Der Unterlassungsschuldner muss glaubhaft machen, dass der geltend gemachte Nachteil erhebliche, über das übliche Maß hinausgehende Einbußen mit sich bringen wird.[36] **Bloße finanzielle Nachteile genügen nicht,** sondern es muss ein irreparabler Schaden eintreten. Sofern es sich beim Schuldner, wie im Regelfall, um ein Unternehmen handelt, ist der bloße Hinweis auf die Existenzgefährdung und den Verlust von Arbeitsplätzen nicht ausreichend, da dieses Risiko systemimmanent ist. Es müsste mindestens darüber hinaus dargelegt werden, dass der bei Aufhebung oder Abänderung des erstinstanzlichen Urteils von dem Vollstreckungsgläubiger gemäß § 717 Abs. 2 zu leistende Schadenersatz von diesem nicht geleistet werden können wird.[37]

22 **1. Unterlassungsanspruch, insbs. im Patentrecht.** Es stellt sich die Frage, inwieweit berücksichtigt werden kann, dass es sich bei dem Gläubiger um ein **nicht praktizierendes Unternehmen** handelt, bei dem davon auszugehen ist, dass es eher (bzw. ausschließlich) an der finanziellen Verwertung von Schutzrechten interessiert ist als an der Durchsetzung eines Unterlassungsanspruchs. Dies ist ebenso umstritten[38] wie die Frage, ob der Feststellung einer Verletzung zwangsläufig ein Unterlassungsanspruch folgen muss oder im Einzelfall Verhältnismäßigkeitserwägungen angestellt werden sollen.[39] Dieser grundsätzliche, bisher nicht höchstrichterlich entschiedene Disput spiegelt sich auch in der Diskussion über die Voraussetzungen der einstweiligen Einstellung der Zwangsvollstreckung wider und ist auch vor dem Hintergrund dieser grundsätzlichen Debatte zu verstehen. Nicht zuletzt war diese Debatte einer der Auslöser für das 2. Patentrechtsmodernisierungsgesetz, in dessen Gesetzgebungsverfahren heftig um das Ob und Wie einer Änderung des § 139 PatG nF gestritten wurde.[40] Inwieweit die Neufassung des § 139 PatG nF im Ergebnis auch zu einer Rechtsprechungsänderung führen wird, bleibt abzuwarten. Zur nunmehr grundsätzlich möglichen Berücksichtigung von Drittinteressen in § 139 PatG nF und der Frage, ob dies zwangsläufig auch auf das Zwangsvollstreckungsrecht durchschlägt → Rn. 27a.

23 Die im Rahmen von § 707 vorzunehmende **Interessenabwägung** zwischen dem Vollstreckungsinteresse des Gläubigers – das grundsätzlich vorgeht – und dem Interesse des Schuldners an der einstweiligen Einstellung der Zwangsvollstreckung wegen des ihm drohenden unersetzlichen Nachteils ist grundsätzlich geeignet, die wirtschaftliche Stellung, Marktposition und den Geschäftszweck von Gläubiger und Schuldner im Einzelfall wertend zu berücksichtigen.[41]

24 Das OLG Karlsruhe[42] hat entschieden, dass im Rahmen der Interessenabwägung insbesondere zu berücksichtigen ist, dass es sich beim Gläubiger um eine bloße Patentverwertungsgesellschaft handelt, die mit dem Unterlassungsanspruch weder einen eigenen Markt schützt noch sonst eigene wirtschaftliche Interessen verfolgt, und dass die Vollstreckung des Unterlassungstitels auf Seiten des Schuldners wegen dessen **beträchtlicher Marktpräsenz erhebliche Schäden** verursachen würde, deren Durchsetzung gegen den Gläubiger insbesondere bei Fragen der Ursächlichkeit **naturgemäß auf hohe Darlegungs- und Beweislastschwierigkeiten** stoßen würde, während die dem Gläubiger bei Unterlassung der Vollstreckung zustehenden Schadensersatzansprüche nach Abschluss des Berufungsverfahrens ohne weiteres in der üblichen Weise durchgesetzt werden können. In einer jüngeren Entscheidung hat das OLG Karlsruhe indes festgestellt, dass allein die Tatsache, dass die Klägerin das Klagepatent über einen Patentpool verwertet, nicht dazu führt, die Interessenabwägung zu ihren Lasten ausfallen muss.[43]

Grundsätzlich kommt es stets auf die konkreten Umstände des Einzelfalls an und eine pauschale Betrachtungsweise verbietet sich. Prinzipiell kann es im Rahmen der Interessenabwägung einerseits

---

[35] *Kühnen* H Rn. 48 unter Bezugnahme auf OLG Düsseldorf 10.7.2020 – I-2 U 20/20 (unveröff.).
[36] BGH GRUR 2018, 655 (656).
[37] OLG Köln ZIP 1994, 1053; MüKoZPO/*Götz* § 707 Rn. 17.
[38] *Stierle* GRUR 2019, 873 (875).
[39] Ausführlich *Ohly* GRUR-Int 2008, 787; *Osterrieth* GRUR 2009, 540 ff.; die Deutsche AIPPI-Landesgruppe hat sich in Q219 („Unterlassungsgebote in Fällen der Verletzung von Rechten des geistigen Eigentums") dafür ausgesprochen, dass wegen des Vorrangs von Art. 2 Abs. 1, Art. 3 Durchsetzungs-Richtlinie 2004/48/EG grundsätzlich eine Verhältnismäßigkeitsprüfung stattfinden sollte, GRUR-Int 2011, 927.
[40] *McGuire* GRUR 2021, 775; *Ohly* GRUR 2021, 304; *Stierle* GRUR 2019, 873 (875).
[41] So auch OLG Karlsruhe GRUR-RR 2010, 120 (121 f.) – Patentverwertungsgesellschaft; GRUR-RR 2015, 326 Rn. 21 – anders jedoch im Rahmen der Prüfung des Schuldnerschutzantrags nach § 712, bei dem es allein auf den Schuldner ankommt, LG Düsseldorf BeckRS 2014, 20491.
[42] GRUR-RR 2010, 120 (121 f.) – Patentverwertungsgesellschaft; ebenso OLG Karlsruhe GRUR-RR 2015, 326 – FRAND-Einwand des Händlers bei Lizenzbereitschaft des Herstellers – Mobiltelefone.
[43] OLG Karlsruhe BeckRS 2016, 16061; s. dazu auch OLG Düsseldorf BeckRS 2016, 01680; OLG Düsseldorf 2.2.2015 – I-15 U 135/14; OLG Düsseldorf 19.8.2015 – I-2 U 24/15.

von Belang sein, ob der Gläubiger mit einem Konkurrenzprodukt am Markt vertreten ist oder nicht, wobei andererseits nach der Wertung des Gesetzgebers alle Verwertungsarten, insbs. auch die nur im Wege der Lizenzierung erfolgende Verwertung, gutgeheißen werden.[44]

25 Die von der Rechtsprechung entschiedenen Fälle verdeutlichen, dass sich eine schwarz-weiß Sicht verbietet, sondern jeweils **eine eingehende Berücksichtigung der besonderen Umstände des Einzelfalles erforderlich** ist. In dem vom OLG Karlsruhe[45] entschiedenen Fall kam als weiterer Aspekt für eine Einstellungsentscheidung hinzu, dass es sich um ein standardessentielles Patent handelte und der Senat es für wahrscheinlich hielt, dass die Durchsetzung des Unterlassungsanspruchs auch bei festgestellter Patentverletzung im zugrundeliegenden Fall nicht frei von Beschränkungen ist, die sich aus kartellrechtlichen Erwägungen hätten ergeben können. Besteht dagegen nicht die Gefahr hoher irreparabler Schäden, weil der Vollstreckungsschuldner vorträgt, die angegriffenen Produkte so abgeändert zu haben, dass sie nun von der technischen Lehre des Klagepatents keinen Gebrauch mehr machen, kommt eine vorläufige Einstellung der Zwangsvollstreckung nicht mehr in Betracht.[46]

26 Ein erstmals **den kartellrechtlichen Voraussetzungen genügendes Lizenzangebot** des Vollstreckungsschuldners allein soll nicht für die Einstellung der Zwangsvollstreckung genügen, da es **lediglich für die Zukunft** wirkt, nicht aber die bereits titulierten Ansprüche für die Vergangenheit ausräumen kann.[47]

27 Fälle, in denen als nicht zu ersetzender Schaden primär öffentliche bzw. Drittinteressen vom Schuldner geltend gemacht werden, zB die von der Vollstreckung betroffenen Patienten, die mit einem Medikament oder Medizinprodukt nicht mehr versorgt werden können, sind, auch wenn kein vergleichbares Wettbewerbsprodukt im Markt verfügbar sein sollte, grundsätzlich nicht im Rahmen des Vollstreckungsrechts zu lösen, sondern im Einzelfall über Ausnahmeregelungen wie den Notstand nach §§ 228, 904 BGB[48] oder im Rahmen eines Antrags auf Erteilung einer Zwangslizenz[49], sofern ein öffentliches Interesse und die weiteren Voraussetzungen nach § 24 PatG vorliegen. Für eine Berücksichtigung von Drittinteressen im Rahmen der Vollstreckung ist grundsätzlich kein Raum.[50]

27a Dies war zumindest bis zum bevorstehenden Inkrafttreten des **2. Patentrechtsmodernisierungsgesetzes** allgemeine Meinung. Es ist zu erwarten, dass im Zuge der Änderung des § 139 Abs. 1 PatG nF **Drittinteressen** vom unterlegenen Beklagten nunmehr auch im Rahmen des Zwangsvollstreckungsverfahrens geltend gemacht werden und es fragt sich, inwieweit diese nunmehr auch zu berücksichtigen sind.[51] In dogmatischer Hinsicht dürfte viel dafür sprechen, Drittinteressen (nur) unter dem Gesichtspunkt der offenkundig unrichtigen erstinstanzlichen Entscheidung zu berücksichtigen, insoweit diese bereits erstinstanzlich dargelegt wurden und das Gericht erster Instanz diese in offenkundig unrichtiger Weise nicht ausreichend berücksichtigt hat. Insbesondere stellt sich hier die Frage nach der Abgrenzung eines eingeschränkten Unterlassungsanspruchs nach § 139 Abs. 1 PatG nF von der Situation einer Zwangslizenz nach § 24 PatG, da zu erwarten ist, dass eine Berufung auf Patienteninteressen bei der Durchsetzung von pharmazeutischen Patentansprüchen mit dem Ziel der Vermeidung der Unterlassungsvollstreckung der Regelfall werden dürfte. Eine Einschränkung des Unterlassungsanspruchs – und mithin auch der Zwangsvollstreckung aus diesem – war bisher abgelehnt worden, insoweit in dem zugrundeliegenden Sachverhalt eine Situation nach § 24 PatG vorliegt und eine Zwangslizenz beantragt werden könnte, damit die strengen Voraussetzungen des § 24 PatG nicht umgangen werden können.[52] Die Gesetzesbegründung zu § 139 Abs. 1 PatG nF stellt demgegenüber auf den dogmatischen Unterschied ab, wonach nach § 139 Abs. 1 PatG nF allenfalls eine zeitliche befristete (Weiter-)Nutzung möglich sein soll, während § 24 PatG ein Benutzungs*recht* gewähre; mithin schlössen sich beide nicht aus, sondern seien parallel anwendbar und es sei jeweils eine differenzierte Betrachtung nötig.[53] Eine Berücksichtigung von Drittinteressen im Rahmen des § 139 Abs. 1 PatG nF ist insbs. in Situationen denkbar, in denen kein generelles öffentliches Interesse gegeben ist, sondern

---

[44] S. dazu ausführlich *Voß* in Kühnen FS „80 Jahre Patentgerichtsbarkeit Düsseldorf", 2016, 573 (591).
[45] OLG Karlsruhe GRUR-RR 2010, 120 (121 f.) – Patentverwertungsgesellschaft.
[46] OLG Karlsruhe InstGE 13, 256 – UMTS-Standard II.
[47] OLG Düsseldorf Mitt. 2016, 85 – Kommunikationsvorrichtungen eines Mobilfunksystems; *Kühnen* Patentverletzungs-HdB Kap. H Rn. 48.
[48] LG Mannheim 12.7.2013 – 7 O 37/13.
[49] LG Düsseldorf BeckRS 2014, 20491; zur Zwangslizenz vgl. BGH GRUR 2017, 1017 – HIV-Arzneimittel; GRUR 2019, 1038 – Alirocumab.
[50] LG Düsseldorf BeckRS 2014, 20491.
[51] Kritisch zu den nicht näher bestimmten Drittinteressen McGuire GRUR 2021, 775 (781 f.).
[52] Ausführlich OLG Düsseldorf GRUR-RS 2019, 24918 – Berücksichtigung von Drittinteressen beim Vollstreckungsschutz; LG Düsseldorf CIPR 2017, 74 – Herzklappen; diese Rechtsprechung wohl bestätigend nunmehr LG Düsseldorf, 4c O 18/21 (Presseberichte), wobei die Urteilsbegründung zum Zeitpunkt der Drucklegung noch nicht öffentlich zugänglich war.
[53] S. 62 des Regierungsentwurfs vom 28.10.2020. Zustimmend Ohly GRUR 2021, 304 (307). Kritisch dazu Stellungnahme Nr. 65/2020 des DAV, S. 5, erster Abs. Die Debatte darüber wird in der Praxis zu einem deutlichen Anstieg der Komplexität von Verletzungsverfahren insbes. hinsichtlich der tatsächlichen Darlegungen und Beweisantritte und damit zu zeitlichen Verzögerungen führen, die über §§ 707, 719 Abs. 1 ZPO auch ins Zwangsvollstreckungsverfahren getragen werden, bis hier die Rechtsprechung erste Fallgruppen gebildet haben wird.

ZPO § 708

zB nur das Interesse einzelner Patienten an ausreichend Zeit für eine Therapieumstellung auf ein neues Medikament. Indes ist die Abgrenzung zwischen Individual- und öffentlichen Interessen schwierig, zumal eine Zwangslizenz auch in beschränktem Umfang – zB begrenzt auf einzelne Patientengruppen – denkbar ist.[54]

28 **2. Auskunft- und Rechnungslegung.** Der Umstand, dass die vorläufige Vollstreckung von Auskunfts- und Rechnungslegungsansprüchen **regelmäßig das Prozessergebnis vorwegnimmt,** rechtfertigt für sich allein nicht die Annahme, dass eine Vollstreckung für die Beklagte nicht zu ersetzende Nachteile zur Folge hätte.[55] Das Gläubigerinteresse an der Durchsetzung des Auskunftsanspruchs überwiegt auch dann, wenn das Patent zum Zeitpunkt der Durchsetzung bereits abgelaufen ist.[56] Auch die Tatsache, dass die Klägerin die im Rahmen dieser Vollstreckung gewonnenen Erkenntnisse in einem weiteren Schadenshöheverfahren verwenden kann, hat bei der Prüfung der einstweiligen Einstellung der Zwangsvollstreckung unberücksichtigt zu bleiben, da es nicht darum geht, etwaige Nachteile aus anderen rechtsförmlich betriebenen Rechtsstreitigkeiten, bei denen dem Schuldner die dortigen Verteidigungsmittel zustehen, zu vermeiden.[57]

29 Ebenso wenig kommt eine vorläufige Einstellung der Zwangsvollstreckung aus einem erstinstanzlichen Urteil auf Rechnungslegung bezüglich solcher Angaben in Betracht, für die dem Schuldner ein **Wirtschaftsprüfervorbehalt** eingeräumt worden ist.[58] Da ein Wirtschaftsprüfervorbehalt gerade verhindert, dass besondere Geschäftsinteressen bekannt werden, ist ein nicht zu ersetzender Nachteil des Schuldners regelmäßig zu verneinen.

30 Auch die Tatsache, dass die **Parteien in einem Wettbewerbsverhältnis** zueinander stehen, und dem Gläubiger bei Kenntnis der betriebsinternen Kosten- und Gewinnsituation des Schuldners sowie bei Offenlegung der nicht unter dem Wirtschaftsprüfervorbehalt stehenden gewerblichen Abnehmer die Möglichkeit eröffnet ist, die erlangten Geschäftsdaten im Wettbewerb um künftige Aufträge zu verwenden, begründet **keinen außergewöhnlichen unersetzlichen Nachteil,** da diese Gefahr dem Auskunfts- und Rechnungslegungsanspruch immanent und damit typisch ist.[59]

31 **3. Vernichtung, Rückruf und Entfernung.** Diese Ansprüche haben dieselbe Zielrichtung wie der in die Zukunft gerichtete Unterlassungsanspruch, nämlich Verletzungssituationen zu vermeiden bzw. zu beseitigen, wobei der Unterlassungsanspruch vorbeugend in die Zukunft gerichtet ist und Vernichtung, Rückruf und Entfernung der rückwirkenden Beseitigung einer bereits entstandenen Verletzungssituation dienen. Die Ausführungen zum Unterlassungsanspruch gelten daher entsprechend auch für diese Ansprüche.

D. Rechtsbehelfe

32 Ein Rechtsbehelf gegen die Ermessensentscheidung ist nicht möglich (Abs. 2 S. 2). Nach hM[60] kommt eine Anfechtbarkeit auch dann nicht in Betracht, wenn das Gericht die Grenzen des Ermessens verkannt hat, bspw. weil es die Zwangsvollstreckung ohne jede gesetzliche Grundlage eingestellt hat.[61]

§ 708 Vorläufige Vollstreckbarkeit ohne Sicherheitsleistung

Für vorläufig vollstreckbar ohne Sicherheitsleistung sind zu erklären:
1. Urteile, die auf Grund eines Anerkenntnisses oder eines Verzichts ergehen;
2. Versäumnisurteile und Urteile nach Lage der Akten gegen die säumige Partei gemäß § 331a;
3. Urteile, durch die gemäß § 341 der Einspruch als unzulässig verworfen wird;

---

[54] In BGH GRUR 2017, 1017 – HIV-Arzneimittel vom BGH etwas pauschal und ohne genauere Prüfung mangels Praktikabilität abgelehnt. Indes sieht § 24 Abs. 6 S. 2 PatG eine beschränkte Zwangslizenz ausdrücklich vor und auch verfassungsrechtlich ist eine Zwangslizenz nur in dem Umfang gerechtfertigt, in dem ein öffentliches Interesse vorliegt. Eine solche beschränkte Zwangslizenz wäre einem „second medical use"- bzw. Verwendungsanspruch vergleichbar, so dass die Begründung des BGH einer mangelnden Praktikabilität nicht überzeugt, denn zur Durchsetzung solcher Ansprüche gibt es etablierte Kriterien (s. zB OLG Düsseldorf GRUR 2019, 279 – Fulvestrant; OLG Düsseldorf PharmR 2018, 306 – Dexmedetomidin). Wenn es sich um einzelne, abgrenzbare Patientengruppen handelt, bleibt die Abgrenzung zwischen öffentlichem und Individualinteresse eine Gretchenfrage, die in Zukunft mit der Zunahme von personalisierter Medizin – also aus patentrechtlicher Sicht einer Zunahme von „second medical use"- bzw. Verwendungsansprüchen, die auf bestimmte Patientenpopulationen begrenzt sind, an Bedeutung gewinnen dürfte.
[55] BGH GRUR 1979, 807 – Schlumpfserie; BGH GRUR 1991, 159 – Zwangsvollstreckungseinstellung.
[56] BGH GRUR 2018, 1295 – Werkzeuggriff.
[57] OLG Hamburg GRUR-RR 2013, 408 – Ann Christine (Ls.) = BeckRS 2013, 06273 (Volltext).
[58] OLG Düsseldorf InstGE 9, 117 – Sicherheitsschaltgerät; Kühnen Patentverletzung-HdB Kap. H Rn. 40.
[59] OLG Düsseldorf InstGE 9, 117 – Sicherheitsschaltgerät; Kühnen Patentverletzung-HdB Kap. H Rn. 45.
[60] OLG München MDR 2011, 1321; OLG Saarbrücken NJW-RR 2006, 1579; MüKoZPO/*Götz* § 707 Rn. 22; Musielak/Voit/*Lackmann* § 707 Rn. 12.
[61] OLG Koblenz WRP 1985, 657; OLG Naumburg JurBüro 2004, 208.

4. Urteile, die im Urkunden-, Wechsel- oder Scheckprozess erlassen werden;
5. Urteile, die ein Vorbehaltsurteil, das im Urkunden-, Wechsel- oder Scheckprozess erlassen wurde, für vorbehaltlos erklären;
6. Urteile, durch die Arreste oder einstweilige Verfügungen abgelehnt oder aufgehoben werden;
7. Urteile in Streitigkeiten zwischen dem Vermieter und dem Mieter oder Untermieter von Wohnräumen oder anderen Räumen oder zwischen dem Mieter und dem Untermieter solcher Räume wegen Überlassung, Benutzung oder Räumung, wegen Fortsetzung des Mietverhältnisses über Wohnraum auf Grund der §§ 574 bis 574b des Bürgerlichen Gesetzbuchs sowie wegen Zurückhaltung der von dem Mieter oder dem Untermieter in die Mieträume eingebrachten Sachen;
8. Urteile, die die Verpflichtung aussprechen, Unterhalt, Renten wegen Entziehung einer Unterhaltsforderung oder Renten wegen einer Verletzung des Körpers oder der Gesundheit zu entrichten, soweit sich die Verpflichtung auf die Zeit nach der Klageerhebung und auf das ihr vorausgehende letzte Vierteljahr bezieht;
9. Urteile nach §§ 861, 862 des Bürgerlichen Gesetzbuchs auf Wiedereinräumung des Besitzes oder auf Beseitigung oder Unterlassung einer Besitzstörung;
10. Berufungsurteile in vermögensrechtlichen Streitigkeiten. Wird die Berufung durch Urteil oder Beschluss gemäß § 522 Absatz 2 zurückgewiesen, ist auszusprechen, dass das angefochtene Urteil ohne Sicherheitsleistung vorläufig vollstreckbar ist;
11. andere Urteile in vermögensrechtlichen Streitigkeiten, wenn der Gegenstand der Verurteilung in der Hauptsache 1 250 Euro nicht übersteigt oder wenn nur die Entscheidung über die Kosten vollstreckbar ist und eine Vollstreckung im Wert von nicht mehr als 1 500 Euro ermöglicht.

A. Systematik

Alle Endurteile mit vollstreckungsfähigem Inhalt, die nicht bereits mit ihrer Verkündung bzw. Zustellung rechtskräftig werden (wie die im gewerblichen Rechtsschutz besonders relevanten Urteile des OLG in einstweiligen Verfügungsverfahren; Urteile des BGH in Verletzungs- und Nichtigkeitsentscheidungen, s. § 705), sind **von Amts wegen** für vorläufig vollstreckbar zu erklären. Die vorläufige Vollstreckbarkeit dient dem Interesse des Gläubigers an einer raschen Vollziehung des Titels, indem er zwangsweise auf das Vermögen des Schuldners zugreifen kann, ohne die formelle Rechtskraft abwarten zu müssen.[1] Der Schutz des Schuldners wird regelmäßig durch die Anordnung einer Sicherheit (§ 709) und seine Gegenrechte (§ 717) gewährleistet.[2] 1

§ 708 nennt die Fälle, in denen eine vorläufige Vollstreckbarkeit **nicht von einer Sicherheitsleistung** abhängig ist. In allen anderen, von § 708 nicht erfassten Fällen, sind Urteile gem. § 709 nur gegen eine Sicherheit für vorläufig vollstreckbar zu erklären. Gemäß § 711 ist bei Urteilen nach § 708 Nr. 4–11 zu Gunsten des Schuldners eine Abwendungsbefugnis auszusprechen, es sei denn, dass kein Rechtsmittel mehr gegeben ist (§ 713). Das bedeutet, dass dem Schuldner die Möglichkeit gegeben werden muss, die – nicht von einer Sicherheitsleistung des Gläubigers abhängige – vorläufige Vollstreckung des Urteils durch Leistung einer Sicherheit abzuwenden. 2

B. Für den gewerblichen Rechtsschutz relevante Fälle

In Verfahren des gewerblichen Rechtsschutzes sind vor allem die folgenden Fälle von § 708 relevant: 3
Nr. 1: Anerkenntnisurteil (§ 397) und Verzichtsurteil (§ 306) 4
Nr. 2: Dazu gehören **erste und zweite Versäumnisurteile**[3] (§§ 330, 331 Abs. 2 Hs. 2, 345). Wird ein Versäumnisurteil nach Einspruch aufrechterhalten (§ 343), handelt es sich nicht mehr um ein Versäumnisurteil, sondern ein normales Endurteil, so dass § 709 einschlägig ist. 5
Nr. 6: Urteile, durch die **Arreste oder einstweilige Verfügungen abgelehnt oder aufgehoben** werden[4] (§§ 922, 925, 927, 936). Sofern es sich allerdings um Berufungsurteile handelt, sind diese mit Verkündung bzw. Zustellung nicht nur vorläufig vollstreckbar, so dass § 708 Nr. 6 nicht eingreift (§ 542, Abs. 2 Satz; s. Kommentierung § 705). 6
Nr. 10: Berufungsurteile in vermögensrechtlichen Streitigkeiten. Hintergrund der Regelung ist, dass bei Berufungsurteilen grundsätzlich eine größere Richtigkeit vermutet wird und eine Sicherheitsleistung daher als in der Regel nicht erforderlich angesehen wird.[5] 7

---

[1] MüKoZPO/*Götz* § 708 Rn. 2.
[2] MüKoZPO/*Götz* § 708 Rn. 2; Musielak/Voit/*Lackmann* § 708 Rn. 1.
[3] Prütting/*Gehrlein/Kroppenberg* § 708 Rn. 4; Zöller/*Herget* § 708 Rn. 4; Wieczorek/Schütze/*Heß* § 708 Rn. 6; Musielak/Voit/*Lackmann* § 708 Rn. 5.
[4] Musielak/Voit/*Lackmann* § 708 Rn. 7.
[5] BGH NJW 1997, 2601 ff. mwN.

8   **Nr. 11:** Andere Urteile als die von Nr. 10 erfassten in vermögensrechtlichen Streitigkeiten, wenn der Gegenstand der Verurteilung **in der Hauptsache 1.250 Euro nicht übersteigt** oder wenn nur die Entscheidung über die Kosten vollstreckbar ist und eine Vollstreckung im Wert von nicht mehr als 1.500 Euro ermöglicht. In Verfahren des gewerblichen Rechtsschutzes dürfte dies vor allem in Verfahren betreffend Abmahnkosten, geringe Schadensersatzansprüche und Kostenerstattungsansprüche[6] relevant sein. Angesichts der in Verfahren des gewerblichen Rechtsschutzes üblichen Streitwerte dürfte Nr. 11 in der Praxis jedoch nur im Ausnahmefall einschlägig sein. Nur die Kosten sind in der Regel vollstreckbar, wenn der Beklagte obsiegt und daher Gläubiger im Zwangsvollstreckungsverfahren ist. Die Höhe der Kosten richtet sich streitwertabhängig nach dem GKG.

C. Besonderheiten bei Patenten mit einheitlicher Wirkung

9   Gemäß Art. 82 Abs. 2 EGPÜ soll die Vollstreckbarkeit einer Entscheidung **nur soweit erforderlich** von der Leistung einer Sicherheit oder einer entsprechenden Sicherung abhängig gemacht werden, um den Schuldner vor entstehendem Schaden, insbesondere im Fall von Unterlassungsansprüchen zu sichern. Die **Anordnung einer Sicherheitsleistung ist daher anders als nach §§ 708, 709 in das Ermessen des Gerichts** gestellt.

10 Regel 352 des finalen 18. Entwurfs der Verfahrensordnung[7] ergänzt diese Regelung dahingehend, dass Entscheidungen und Anordnungen unter dem Vorbehalt der Erbringung einer Sicherheit gestellt werden können, wobei die Sicherheit die Verfahrenskosten und jeglichen Schaden, der der anderen Partei durch die Vollstreckung möglicherweise entstehen könnte, wenn die Entscheidungen bzw. Anordnungen später wieder aufgehoben werden, abdecken soll und durch Hinterlegung oder Bankbürgschaft geleistet werden kann. Auf Antrag einer Partei kann das Gericht die Sicherheit wieder aufheben.

11 Hinsichtlich der Details der Erbringung der Sicherheit, der Bestimmung der Höhe der Sicherheit, der Rückgabe der Sicherheit enthält der Entwurf der Verfahrensordnung zwar anders als die ZPO keine detaillierten Vorgaben, sondern nur die eher abstrakten Vorschriften in Regel 352 Verfahrensordnung. Dennoch ist angesichts der grundsätzlichen Zuständigkeit des Einheitlichen Patentgerichts für diese Fragen gemäß Regel 352 der Verfahrensordnung kein Raum für eine subsidiäre Anwendbarkeit des nationalen Rechts (zB über Regel 354 Abs. 1 Verfahrensordnung).[8]

12 Die Vollstreckung von Entscheidungen des Einheitlichen Patentgerichts erfolgt nach Art. 82 Abs. 1 EGPÜ, Regel 354 (1) Verfahrensordnung. Das nationale Recht ist nur subsidiär anwendbar. Dies gilt auch für vollstreckungsrechtliche Rechtsbehelfe. Vor diesem Hintergrund verbleibt angesichts der Regelungen im EGPÜ/Rules of Procedure kein Anwendungsbereich für vollstreckungsrechtliche Rechtsbehelfe, soweit sie sich wie § 767 auf den materiellrechtlichen Anspruch beziehen (ausführlich → § 722 Rn. 13).

§ 709 Vorläufige Vollstreckbarkeit gegen Sicherheitsleistung

[1] Andere Urteile sind gegen eine der Höhe nach zu bestimmende Sicherheit für vorläufig vollstreckbar zu erklären. [2] Soweit wegen einer Geldforderung zu vollstrecken ist, genügt es, wenn die Höhe der Sicherheitsleistung in einem bestimmten Verhältnis zur Höhe des jeweils zu vollstreckenden Betrages angegeben wird. [3] Handelt es sich um ein Urteil, das ein Versäumnisurteil aufrechterhält, so ist auszusprechen, dass die Vollstreckung aus dem Versäumnisurteil nur gegen Leistung der Sicherheit fortgesetzt werden darf.

Literatur: *Kaltner,* Microsoft v. Motorola. Recent Development – The U.S. Court of Appeals for the Ninth Circuit Affirms an Anti-Suit Injunction Against a German Patent Infringement Decision, GRUR Int. 2012, 1078; *Rojahn/Lunze,* Die Streitwertfestsetzung im Patentrecht – ein Mysterium?, Mitt. 2011, 533 ff.

Übersicht

	Rn.
A. Systematik	1
B. Höhe der Sicherheitsleistung	3
C. Erbringung der Sicherheit	10
I. Bankbürgschaft	11
II. Hinterlegung	12
D. Mehrheit von Schuldnern	13
E. Teilsicherheiten	16
I. Anwendungsbereich	17
II. Antrag	20
F. Rechtsbehelf	21
G. Multinationale Streitigkeiten und Anti-Suit Injunctions	23

---

[6] Vgl. etwa OLG Düsseldorf BeckRS 2011, 02028.
[7] https://www.unified-patent-court.org/sites/default/files/UPC-Rules-of-Procedure.pdf.
[8] Ausführlich dazu *Leistner* GRUR 2016, 217 (221).

A. Systematik

Mit „andere Urteile" sind alle die Urteile gemeint, **die nicht den §§ 708, 711 unterfallen,** dh die ohne Sicherheitsleistung des Gläubigers gegen Abwendungsbefugnis des Schuldners vorläufig vollstreckbar sind. § 709 bildet somit einen Auffangtatbestand.[1] **1**

Über § 99 Abs. 1 PatG, § 82 Abs. 1 MarkenG findet § 709 auch auf **Kostenentscheidungen des BPatG** Anwendung.[2] **2**

B. Höhe der Sicherheitsleistung

Die Höhe der Sicherheitsleistung ist im Urteilstenor festzusetzen.[3] **3**

Sinn der Sicherheitsleistung ist es, den Schuldner zu schützen, wenn sich im Nachhinein herausstellt, dass die Vollstreckung ungerechtfertigt war, da die vorläufig vollstreckbare Entscheidung aufgehoben oder abgeändert wird. Demzufolge muss die Höhe der Sicherheitsleistung nicht nur die Anwaltskosten und Gerichtskosten berücksichtigen, sondern sich vor allem auch **an den dem Schuldner durch die Vollstreckung entstehenden Schaden (§ 717 Abs. 2) orientieren.**[4] Dazu gehören nicht nur die nach dem Urteil vollstreckbaren Ansprüche, sondern auch ein möglicher darüber hinausgehender Vollstreckungsschaden, soweit er gemäß § 717 Abs. 2 erstattungsfähig ist.[5] Die Sicherheitsleistung ist daher nicht zu niedrig anzusetzen. **4**

Bei **vermögensrechtlichen Streitigkeiten,** in Fällen des gewerblichen Rechtsschutzes in der Regel Streitigkeiten über die Höhe der Schadenersatzsumme oder zur Erstattung von Abmahnkosten, bemisst sich die Sicherheitsleistung aus der Höhe der Hauptforderung zuzüglich Zinsen zuzüglich der im Falle des Obsiegens erstattbaren Gerichts- und Anwaltskosten. Zusätzlich ist auch ein möglicher Vollstreckungsschaden gemäß § 717 Abs. 2 im Falle, dass der Kläger obsiegt, einzurechnen.[6] Hinsichtlich der Höhe des möglichen Vollstreckungsschadens kommt es allein auf den Gewinn derjenigen Gesellschaft an, gegen die sich die Zwangsvollstreckung richtet. Ein mit der Muttergesellschaft bestehender Gewinnabführungsvertrag ist ebenso irrelevant wie eine Bewertung des Unternehmenswerts durch Finanzinvestoren, da letztere grundsätzlich keine belastbaren Rückschlüsse auf die gerade in Deutschland im drohenden Vollstreckungszeitraum zu erwartenden Umsätze oder Gewinne zulässt. Preisvorstellungen hinsichtlich des „Abverkaufs" der Patentfamilie, zu der das Klagepatent gehört, sind ebenso ohne Belang.[7] Obsiegt der Beklagte, bemisst sich die Höhe der Sicherheitsleistung anhand des geschätzten Kostenerstattungsanspruchs für die Erstattung der Anwaltskosten. Bei teilweisem Obsiegen bzw. Unterliegen erfolgt die Bestimmung in entsprechender Weise, wobei nur die jeweils relevanten Posten für die jeweilige Partei anzusetzen sind. **5**

Nach S. 2 kann die Höhe der Sicherheitsleistung abhängig zum jeweils beizutreibenden Betrag **prozentual festgesetzt** werden.[8] Zur Sicherheit des Schuldners wird in der Praxis ein 10–20 %-iger Aufschlag gebildet.[9]

In **nichtvermögensrechtlichen Streitigkeiten** beispielsweise betreffend Unterlassungs-, Auskunfts- und Rechnungslegungsansprüche, Rückruf-, Entfernungs- und Vernichtungsansprüche, sowie Ansprüche auf Urteilsbekanntmachung orientiert sich die Sicherheitsleistung an den im Falle des Unterliegens zu erstattenden Kosten und dem möglichen Vollstreckungsschaden. Es ist in der Praxis üblich, den Streitwert als Orientierungspunkt für den Vollstreckungsschaden zu nehmen,[10] wenngleich beide nicht identisch sind.[11] **6**

Hängt die Leistung dem Urteil nach von einer Gegenleistung ab (Zug-um-Zug Verurteilung), bleibt die Gegenleistung bei Berechnung der Sicherheitsleistung außer Betracht. Die Gegenleistung ist für den Vollstreckungsschaden ohne Bedeutung.[12] **7**

Die Parteien, insbesondere der Beklagte, sollten jedoch berücksichtigen, dass der **Vollstreckungsschaden unter Umständen deutlich höher sein kann als der Streitwert des Verfahrens.** Zwar sind in Verfahren des gewerblichen Rechtsschutzes die Streitwerte generell hoch. Jedoch ist bei der **8**

---

[1] MüKoZPO/*Götz* § 709 Rn. 1; Musielak/Voit/*Lackmann* § 709 Rn. 2.
[2] Schulte/*Voit* PatG § 84 Rn. 52.
[3] Zöller/*Herget* § 709 Rn. 2.
[4] LG Düsseldorf GRUR-RS 2017, 121430 – Blasenkatheter-Set; Haedicke/Timmann PatR-HdB/*Chakraborty*/*Haedicke* § 15 Rn. 644; MüKoZPO/*Götz* § 709 Rn. 4.
[5] LG Düsseldorf BeckRS 2016, 08040.
[6] LG Düsseldorf GRUR-RS 2017, 121430 – Blasenkatheter-Set; Haedicke/Timmann PatR-HdB/*Chakraborty*/*Haedicke* § 15 Rn. 644; s. auch OLG Düsseldorf GRUR 2020, 1126 – Vollziehungssicherheit zur Abgrenzung der Berechnung der Sicherheitsleistung in Fällen des § 717 Abs. 2 und § 945 ZPO.
[7] Ausführlich OLG Karlsruhe GRUR-RR 2019, 405 Rn. 22 ff. – Drucker.
[8] MüKoZPO/*Götz* § 709 Rn. 5.
[9] Wieczorek/Schütze/*Heß* § 709 Rn. 3.
[10] OLG Düsseldorf BeckRS 2012, 08567.
[11] Musielak/Voit/*Lackmann* § 709 Rn. 4.
[12] MüKoZPO/*Götz* § 709 Rn. 7.

Bestimmung des Streitwerts das Interesse des Klägers am geltend gemachten Anspruch maßgeblich. Handelt es sich um einen Unterlassungsantrag, richtet sich der Streitwert beispielsweise nach dem Umsatz des Klägers, der durch die Verletzung seines Schutzrechts gefährdet ist unter Berücksichtigung der Laufzeit des Schutzrechts.[13] Demgegenüber ist bei der Bestimmung der Sicherheitsleistung der dem Schuldner drohende Vollstreckungsschaden maßgeblich. Dieser kann unter Umständen deutlich über dem Interesse des Klägers an der Unterlassung liegen, beispielsweise wenn ein Produkt mit sehr hohen Umsätzen von einem Unterlassungstitel betroffen wäre. Zum eventuell ersatzfähigen Schaden können auch Aufwendungen gehören, die der Schuldner zwar zeitlich nach dem Berufungsurteil, aber zu dem Zweck gemacht hat, die entsprechend dem ergangenen Verbot vorübergehend unterlassenen Vertriebshandlungen wieder aufnehmen zu können, also die vorübergehend nicht vertriebenen Gegenstände wieder in Verkehr zu bringen und einen etwa verlorenen Kundenkreis zurückzugewinnen.[14] Es obliegt dem Beklagten, zur möglichen Höhe seines Vollstreckungsschadens frühzeitig vorzutragen.[15] Sofern der Beklagte beispielsweise behauptet, durch ein Vertriebsverbot der angegriffenen Ausführungsformen Kunden zu verlieren und dadurch Gewinneinbußen zu erleiden, ist dies insbesondere bei einem dynamischen Markt wie dem der Mobilfunkverträge, bei dem zweifelhaft ist, ob ein gefestigter Kundenstamm überhaupt besteht, näher zu substantiieren.[16] Fehlt entsprechender Vortrag, dürfte mangels anderer Anhaltspunkte eine Orientierung der Sicherheitsleistung am Streitwert sachgerecht sein.[17]

9   Zwar ist ein Antrag der Prozessparteien auf Ausspruch der vorläufigen Vollstreckbarkeit von Gesetzes wegen nicht erforderlich. Jedoch können die maßgeblichen, zur Festsetzung der Höhe der Sicherheit erforderlichen Umstände nur von den Parteien vorgetragen werden. Wird ein solcher Vortrag in erster Instanz versäumt, **kann eine nachträgliche Korrektur der vorläufigen Vollstreckbarkeitsentscheidung nicht im Rahmen des § 718 erreicht werden.**[18] Beruft sich der Schuldner auf einen drohenden Vollstreckungsschaden, der den Streitwert übersteigen würde, so muss er die entsprechenden Tatsachen bereits erstinstanzlich darlegen und hinreichend glaubhaft machen.[19] Andernfalls ist er präkludiert.[20] Dabei hat er insbesondere die Umsatz- und Gewinnzahlen nachvollziehbar und plausibel durch Vorlage von Geschäftsberichten oÄ zu erläutern oder eidesstattliche Versicherungen des Geschäftsführers oder zuständigen Mitarbeiters vorzulegen, ohne dass eine detaillierte Rechnungslegung und Darlegung schützenswerter interner Geschäftsinformationen des Vollstreckungsschuldners erforderlich ist.[21] Es geht hierbei nur um eine hinreichende Glaubhaftmachung des drohenden Vollstreckungsschadens, weshalb die Anforderungen an die Darlegungslast des Vollstreckungsschuldners unter Berücksichtigung seiner schützenswerten vertraulichen Geschäftsinformationen nicht überspannt werden dürfen.

C. Erbringung der Sicherheit

10   Die Sicherheitsleistung kann durch Hinterlegung des Betrages oder durch Beibringung einer Bürgschaft einer in der Bundesrepublik Deutschland ansässigen Großbank oder öffentlich-rechtlichen Sparkasse erbracht werden (§ 108).[22]

I. Bankbürgschaft

11   Das LG Düsseldorf[23] hat festgestellt, dass auch eine **ausländische Bank** diesen Anforderungen genügt, wenn die Bürgschaft von der deutschen Niederlassung einer ausländischen Bank übernommen wird, die in Deutschland einen zuständigkeitsbegründenden Sitz hat, in Deutschland als Kreditinstitut zum Geschäftsbetrieb befugt ist und über ausreichendes Vermögen verfügt, das zweifelsfrei sicherstellt, dass die Bürgschaftssumme aufgebracht werden kann.[24] Dem Vollstreckungsschuldner muss die vom Bürgen unterzeichnete Originalurkunde übermittelt werden, da eine vom Anwalt beglaubigte Abschrift dem Schriftformerfordernis nicht genügt.[25] Ob eine **Zustellung** von Anwalt zu Anwalt genügt

---

[13] S. dazu ausführlich *Rojahn/Lunze* Mitt. 2011, 533 ff.
[14] OLG Düsseldorf GRUR-RR 2007, 256 – Sicherheitsleistung/Kaffeepads (Ls.).
[15] *Kühnen* Rn. H. 61.
[16] LG Düsseldorf BeckRS 2016, 08040.
[17] OLG Düsseldorf GRUR-RR 2012, 304 (305) – Höhe des Vollstreckungsschadens; LG Düsseldorf BeckRS 2016, 08040.
[18] OLG Düsseldorf InstGE 9, 47 (49 f.) – Zahnimplantat.
[19] OLG Düsseldorf GRUR-RR 2012, 304 (305) – Höhe des Vollstreckungsschadens.
[20] OLG Düsseldorf InstGE 9, 47 (50) – Zahnimplantat; Musielak/Voit/*Lackmann* § 718 Rn. 1a.
[21] OLG Düsseldorf InstGE 9, 47 (50) – Zahnimplantat.
[22] Musielak/Voit/*Lackmann* § 709 Rn. 7.
[23] InstGE 3, 150 (152) – Tintenpatrone.
[24] So auch Zöller/*Herget* § 108 Rn. 8.
[25] LG Düsseldorf InstGE 11, 154 – Original der Bürgschaftsurkunde in Abgrenzung zu OLG Köln OLGR Köln 2007, 481, mwN.

oder eine Zustellung durch den Gerichtsvollzieher erforderlich ist, ist streitig,[26] in der Praxis empfiehlt sich in jedem Fall letzteres. Die **Kosten der Bürgschaft** sind Kosten der Zwangsvollstreckung (§ 788 ZPO), wenn der Sicherheitsleistung tatsächlich eine Vollstreckungsmaßnahme beruhend auf dem vorläufig vollstreckbaren Urteil folgt. Erfolgt die Vollstreckung dagegen erst, nachdem das Berufungsurteil ergangen ist, ist eine Sicherheitsleistung wegen § 708 Nr. 10 ZPO nicht mehr erforderlich und die Kosten der Bürgschaft demzufolge auch keine Kosten der Zwangsvollstreckung.[27]

II. Hinterlegung

Wählt der Vollstreckungsgläubiger die Hinterlegung, so hat er das Geld bei der Justizkasse des Landes des Gerichts einzuzahlen. Der genaue Ablauf richtet sich nach der Hinterlegungsordnung des jeweiligen Bundeslands.[28] Einige Bundesländer verzinsen hinterlegte Beträge (beispielsweise Baden-Württemberg, Hamburg, Nordrhein-Westfalen, jeweils § 12 HintG des jeweiligen Landes), andere hingegen jedoch ausdrücklich nicht (so zB Bayern, Art. 16 BayHintG).

D. Mehrheit von Schuldnern

Mehrere Vollstreckungsschuldner sind nur als **Mitgläubiger der Bürgschaftsleistung** (§ 432 BGB) iSd § 709 ausreichend gesichert. Die Übernahme einer Bürgschaft gegenüber den Vollstreckungsschuldnern als Gesamtgläubigern ist nicht ausreichend.[29] Wenn die Sicherheitsleistung mehreren Vollstreckungsschuldnern als Sicherung dient, muss gewährleistet sein, dass **jeder Vollstreckungsschuldner tatsächlich in den Genuss der Sicherheitsleistung kommen kann**, wenn ihm ein nach § 717 Abs. 2 ZPO ersatzfähiger Vollstreckungsschaden erwächst.

Dieser Sicherungszweck wird nur erreicht, wenn man die Bürgschaftsleistung als unteilbare Leistung versteht und die Vollstreckungsschuldner demzufolge Mitgläubiger sind, dh der Bürge nur an alle Vollstreckungsschuldner gemeinsam leisten darf. Nur so ist sichergestellt, dass jeder der Vollstreckungsschuldner (anteilsmäßig) an der Sicherungsleistung beteiligt wird. Anderenfalls, im Falle einer Gesamtgläubigerschaft (§ 428 BGB), könnte jeder der Vollstreckungsschuldner Leistung an sich verlangen, wobei der Bürge nur einmal leisten müsste, und der Ausgleich im Innenverhältnis oblöge den Vollstreckungsschuldnern untereinander, wobei diejenigen Vollstreckungsschuldner, an die der Bürge nicht geleistet hat, im Innenverhältnis das Insolvenzrisiko des Vollstreckungsschuldners tragen müssten, an den der Bürge geleistet hat.[30] Dies könnte dazu führen, dass der einzelne Vollstreckungsschuldner insoweit schlechter stünde als ein Beteiligter im Hinterlegungsverfahren, dessen Bewilligung benötigt wird, um den für den Erlass der Herausgabeverfügung der Hinterlegungsstelle notwendigen Nachweis über die Berechtigung der Empfänger zu führen (siehe beispielhaft § 22 Abs. 3 HintG HH).

Es ist jedoch nicht erforderlich, dass die Bürgschaftserklärung ausdrücklich die Vollstreckungsschuldner als Mitgläubiger benennt, sondern die Bürgschaftserklärung kann – insbesondere wenn die Vollstreckungsschuldner alle durch denselben Prozessbevollmächtigten vertreten werden – unter Berücksichtigung des erläuterten Sicherungszwecks so ausgelegt werden, dass die Vollstreckungsschuldner im Zweifel Mitgläubiger sind.[31]

E. Teilsicherheiten

In der Praxis geschieht es bei der vorläufigen Vollstreckung gegen Sicherheitsleistung häufig, dass der Gläubiger **zunächst nur den Auskunfts- und Rechnungslegungsanspruch vollstrecken** will, nicht dagegen den Unterlassungsanspruch, um den Umfang des Schadensersatzrisikos nach § 717 Abs. 2 zu mindern, falls das vorläufig vollstreckbare Urteil in späterer Instanz abgeändert oder aufgehoben werden sollte.

I. Anwendungsbereich

Die Festsetzung von Teilsicherheitsleistungen für die einzelnen Ansprüche ermöglicht eine getrennte vorläufige Vollstreckung hinsichtlich der einzelnen Ansprüche. Erforderlich ist ein entsprechender Antrag des Gläubigers. **Ein besonderes rechtliches Interesse an der Festsetzung von Teilsicherheitsleistungen sollte nicht erforderlich sein, soweit sie sich auf getrennte, unabhängige**

---

[26] Siehe Meinungsstand bei Zöller/*Herget* ZPO § 108 Rn. 11 ff.
[27] OLG Düsseldorf OLG-Report 2009, 262.
[28] Prütting/*Gehrlein*/*Schmidt* § 108 Rn. 7.
[29] LG Düsseldorf InstGE 3, 227 (228) – Prozessbürgschaft.
[30] LG Düsseldorf InstGE 3, 227 (228) – Prozessbürgschaft.
[31] LG Düsseldorf InstGE 13, 116 – Prozesskostensicherheitsbürgschaft; diese Entscheidung betraf eine Bürgschaftserklärung zum Zwecke der Prozesskostensicherheitsleistung nach § 110, die Erwägungen lassen sich aber im Rahmen der Bürgschaftserklärung zum Zwecke der Sicherheitsleistung für die vorläufige Vollstreckbarkeit entsprechend heranziehen.

Ansprüche beziehen.³² In jedem Fall ist zu vermeiden, dass durch Erbringung einer vergleichsweise geringen Sicherheit für einen Anspruch faktisch mehr vollstreckt würde als Sicherheit geleistet wurde. So ist es ausgeschlossen, mittels einer Teilsicherheitsleistung nur Rückruf- und Entfernungsansprüche vorläufig zu vollstrecken, ohne dass eine entsprechende Sicherheit für die vorläufige Vollstreckung des Unterlassungsanspruchs erbracht wurde, weil andernfalls der Unterlassungsanspruch durch die Hintertür durchgesetzt würde, da der Vollstreckungsschuldner die Verletzungsprodukte zwar in den Verkehr bringen dürfte, aber umgehend zurückrufen müsste.³³ Soweit das LG Düsseldorf³⁴ unter Bezugnahme auf OLG Frankfurt a. M.³⁵ ein berechtigtes Interesse an der Festsetzung von Teilstreitwerten fordert, überzeugt diese Auffassung nicht. Der Entscheidung des OLG Frankfurt a. M. lag ein Titel auf Zahlung eines Geldbetrags zu Grunde, der nur zum Teil vollstreckt werden sollte. Diese Situation ist nicht übertragbar auf getrennte, voneinander unabhängige Streitgegenstände wie Unterlassung, Rückruf und Entfernung einerseits und Auskunft- und Rechnungslegung andererseits. Es ist daher nicht ersichtlich, warum der Gläubiger hier ein besonderes Interesse an der Festsetzung von Teilstreitwerten gelten machen müsste.³⁶

18 Sind in dem Urteil keine Teilsicherheitsleistungen für die einzelnen Ansprüche festgesetzt worden, muss der Gläubiger dennoch die **gesamte Sicherheit** für die vorläufige Vollstreckbarkeit erbringen, auch wenn er zunächst nur einen Teil der titulierten Ansprüche durchsetzen will und hinsichtlich der übrigen Ansprüche gegenüber dem Schuldner beispielsweise erklärt, dass er nicht vor dem (Datum) oder gar nicht vollstrecken werde.

19 Neben der **Minimierung des Schadensersatzrisikos** macht die vorrangige Durchsetzung von Auskunfts- und Rechnungslegungsansprüchen vor allem dann Sinn, wenn sich der Rechtsinhaber zunächst **Informationen über den weiteren Umfang der Verletzungshandlungen,** die Hersteller, Zulieferer und gewerblichen Abnehmer verschaffen will, um auch gegen diese zeitnah Verletzungsansprüche geltend zu machen.

II. Antrag

20 Erforderlich ist ein Antrag des Gläubigers auf Festsetzung von Teilsicherheiten. Dieser hat grundsätzlich spätestens in der letzten mündlichen Verhandlung zu erfolgen. Zur Frage, inwieweit zu einem späteren Zeitpunkt eine nachträgliche Festsetzung von Teilsicherheiten erfolgen kann, s. die Kommentierung zu § 718.

F. Rechtsbehelf

21 Der Vollstreckungsschuldner, der die vom Gläubiger erbrachte Sicherheitsleistung für nicht ausreichend hält, kann hiergegen Erinnerung (§ 766) einlegen.³⁷
22 Eine Korrektur der Festsetzung der Höhe der Sicherheit oder der Festsetzung von Teilsicherheiten kann im Ausnahmefall nach § 718 erfolgen (→ § 718 Rn. 1 ff.).

G. Multinationale Streitigkeiten und Anti-Suit Injunctions

23 In multinationalen Streitigkeiten zwischen den gleichen Parteien bzw. ihren jeweiligen nationalen Tochtergesellschaften, teilweise mit entgegengesetztem Rubrum, mit ähnlichen oder verwandten Streitgegenständen können Situationen entstehen, in denen dem Vollstreckungsgläubiger eines deutschen Titels die Durchsetzung des Titels in Deutschland durch ein ausländisches Gericht verboten wird. So hat 2012 der US Court of Appeals for the Ninth Circuit **einem deutschen Kläger und Vollstreckungsgläubiger** die Vollstreckung eines vorläufig vollstreckbaren erstinstanzlichen Urteils des LG Mannheim, dh letztlich **die Erbringung der zur Vollstreckung notwendigen Sicherheitsleistung, durch eine sog. „Anti-suit Injunction" nach US-Recht verboten.**³⁸ Zwar ist eine solche Anti-suit Injunction nach deutschem Recht unbeachtlich, ein Verstoß stellt nach US-Recht jedoch ein contempt of court dar, das zu erheblichen Strafen führen kann.

§ 710 Ausnahmen von der Sicherheitsleistung des Gläubigers

Kann der Gläubiger die Sicherheit nach § 709 nicht oder nur unter erheblichen Schwierigkeiten leisten, so ist das Urteil auf Antrag auch ohne Sicherheitsleistung für vorläufig voll-

---

³² So auch *Kühnen* Rn. H.14; aA LG Düsseldorf 12.1.2010 – 4a O 125/09 – optoelektronischer Sensor.
³³ LG Düsseldorf BeckRS 2013, 14811.
³⁴ LG Düsseldorf 12.1.2010 – 4a O 125/09 – optoelektronischer Sensor.
³⁵ OLG Frankfurt a. M. NJW-RR 1997, 620.
³⁶ Im Ergebnis ebenso *Kühnen* Rn. H.14.
³⁷ LG Düsseldorf InstGE 3, 150 (151) – Tintenpatrone.
³⁸ U. S. Court of Appeals for the Ninth Circuit, 28.9.2012, Microsoft Corp. v. Motorola Inc., 696 F.3d 872 (2012), GRUR-Int 2012, 1149 ff., siehe dazu ausführliche Anmerkung *Kaltner* GRUR-Int 2012, 1078 ff.

Schutzantrag des Schuldners § 712 ZPO

streckbar zu erklären, wenn die Aussetzung der Vollstreckung dem Gläubiger einen schwer zu ersetzenden oder schwer abzusehenden Nachteil bringen würde oder aus einem sonstigen Grund für den Gläubiger unbillig wäre, insbesondere weil er die Leistung für seine Lebenshaltung oder seine Erwerbstätigkeit dringend benötigt.

§ 710 enthält eine Ausnahmevorschrift zugunsten des Gläubigers. Ein eigentlich nach § 709 nur mit Sicherheitsleistung vorläufig vollstreckbares Urteil kann ausnahmsweise auf Antrag auch ohne Sicherheitsleistung für vorläufig vollstreckbar erklärt werden, um zu verhindern, dass ein Gläubiger nur wegen seiner **schwierigen wirtschaftlichen Verhältnisse** ein für ihn günstiges Urteil nicht vollstrecken kann. 1

Nach § 714 Abs. 1 muss der Gläubiger einen Antrag auf entsprechenden Verzicht einer Sicherheitsleistung noch vor Schluss der mündlichen Verhandlung stellen und diesen nach §§ 714 Abs. 2, 294 glaubhaft machen. Der Antrag kann in zweiter Instanz nicht nachgeholt werden.[1] 2

Der Gläubiger darf **objektiv** nicht in der Lage sein, die Leistung zu erbringen. In **subjektiver** Hinsicht muss es für den Gläubiger **unbillig** sein, wenn die Vollstreckung wegen der fehlenden Sicherheitsleistung ausgesetzt würde. Als Beispiele für die Unbilligkeit nennt § 710 einen schwer zu ersetzenden oder schwer abzusehenden Nachteil oder den Fall, dass der Gläubiger die Sicherheitsleistung für seine Lebenshaltung oder Erwerbstätigkeit dringend benötigt.[2] 3

Daraus wird deutlich, dass § 710 eine **absolute Ausnahmevorschrift** ist. Bei einer juristischen Person als Gläubiger wird eine Unbilligkeit allenfalls dann angenommen werden können, wenn sämtliche wirtschaftlichen Rettungsmaßnahmen und Zwischenfinanzierungsmöglichkeiten fehlgeschlagen oder ausgeschlossen sind. Dass zur Erbringung der Sicherheitsleistung eine Bankbürgschaft in Anspruch genommen oder ein Kredit aufgenommen werden muss, ist der Regelfall im Wirtschaftsleben und stellt grundsätzlich keine subjektive Unbilligkeit dar. 4

Schuldnerschutzvorschriften finden sich in §§ 711 und 712. 5

§ 711 Abwendungsbefugnis

[1]In den Fällen des § 708 Nr. 4 bis 11 hat das Gericht auszusprechen, dass der Schuldner die Vollstreckung durch Sicherheitsleistung oder Hinterlegung abwenden darf, wenn nicht der Gläubiger vor der Vollstreckung Sicherheit leistet. [2]§ 709 Satz 2 gilt entsprechend, für den Schuldner jedoch mit der Maßgabe, dass Sicherheit in einem bestimmten Verhältnis zur Höhe des auf Grund des Urteils vollstreckbaren Betrages zu leisten ist. [3]Für den Gläubiger gilt § 710 entsprechend.

Die Abwendungsbefugnis dient dazu, das **Fehlen einer Sicherheitsleistung des Gläubigers in den Fällen des § 708 Nr. 4–11 auszugleichen**. Der Schuldner kann die Vollstreckung durch Sicherheitsleistung oder Hinterlegung **abwenden,** sofern nicht der Gläubiger vor der Vollstreckung entsprechend Sicherheit leistet. Nicht erforderlich ist, dass der Gläubiger zeitlich vor dem Schuldner die Sicherheit erbringt; vielmehr entfällt die Abwendungsbefugnis, sofern durch den Gläubiger Sicherheit erbracht wird. Die Abwendungsbefugnis ist von Amts wegen im Urteilstenor aufzunehmen, wenn die vorläufige Vollstreckbarkeit aus § 708 Nr. 4–11 folgt, es sei denn, der Anwendungsbereich des § 713 ist eröffnet.[1*] 1

Die **Höhe der Sicherheitsleistung** bestimmt sich nach den Grundsätzen des § 709. 2

Die Bedeutung von § 711 in Verfahren des gewerblichen Rechtsschutzes ist eher **gering**. Die Abwendungsbefugnis kommt insbesondere bei vermögensrechtlichen Streitigkeiten mit einem Gegenstandswert von bis zu 1.250,00 Euro in Betracht – zB Abmahnkosten oder geringe Schadensersatzforderungen – oder wenn die Entscheidung nur über die Kosten vollstreckbar ist und eine Vollstreckung im Wert von nicht mehr als 1.500,00 Euro ermöglicht (im Fall des § 708 Nr. 11). Im Regelfall dürften die zu vollstreckenden Beträge im Verfahren des gewerblichen Rechtsschutzes jedoch (deutlich) darüber liegen. Insbesondere bei gemischten Kostenentscheidungen, dh bei teilweisem Obsiegen/Unterliegen der Parteien kann § 711 von Bedeutung sein. 3

§ 712 Schutzantrag des Schuldners

(1) [1]**Würde die Vollstreckung dem Schuldner einen nicht zu ersetzenden Nachteil bringen**, so hat ihm das Gericht auf Antrag zu gestatten, die Vollstreckung durch Sicherheitsleistung oder Hinterlegung ohne Rücksicht auf eine Sicherheitsleistung des Gläubigers abzuwenden; § 709 Satz 2 gilt in den Fällen des § 709 Satz 1 entsprechend. [2]Ist der Schuld-

---

[1] MüKoZPO/*Götz* § 714 Rn. 2; Musielak/Voit/*Lackmann* § 714 Rn. 2.
[2] Musielak/Voit//*Lackmann* § 710 Rn. 2; Zöller/*Herget* § 710 Rn. 2.
[1*] Prütting/Gehrlein/*Kroppenberg* § 711 Rn. 2.

ner dazu nicht in der Lage, so ist das Urteil nicht für vorläufig vollstreckbar zu erklären oder die Vollstreckung auf die in § 720a Abs. 1, 2 bezeichneten Maßregeln zu beschränken.

(2) ¹Dem Antrag des Schuldners ist nicht zu entsprechen, wenn ein überwiegendes Interesse des Gläubigers entgegensteht. ²In den Fällen des § 708 kann das Gericht anordnen, dass das Urteil nur gegen Sicherheitsleistung vorläufig vollstreckbar ist.

Literatur: *Voß*, FS „80 Jahre Patentgerichtsbarkeit in Düsseldorf", 2016, 573; *Werner/Wuttke*, Zehn Jahre Münchener Verfahren in Patentstreitsachen, GRUR-Prax 2020, 1, 3.

A. Allgemeine Grundlagen

1 § 712 enthält eine **besondere Schuldnerschutzvorschrift**, um den Schuldner **vor unersetzlichen Nachteilen im Falle der Vollstreckung zu schützen**. Dabei ist jedoch zu berücksichtigen, dass die Interessen des Vollstreckungsgläubigers und – im Regelfall des Schutzrechtsinhabers in Verfahren des gewerblichen Rechtsschutzes (→ § 704 Rn. 2 f.) – grundsätzlich vorgehen, zumal der Vollstreckungsschuldner bereits in der Regel ausreichend durch die Sicherheitsleistung nach § 709 und den Schadensersatzanspruch aus § 717 Abs. 2 ZPO vor den Folgen einer unberechtigten Vollstreckung geschützt ist,[1] weshalb § 712 im gewerblichen Rechtsschutz nur in absoluten Ausnahmefällen angewendet wird.[2] Hierbei kommen nur Fälle in Betracht, bei denen die wirtschaftliche Existenz des Schuldners sicher vernichtet würde[3] und durch die Vollstreckung irreparable Fakten geschaffen würden.[4]

B. Voraussetzungen

2 Der Schuldner muss einen nicht zu ersetzenden Nachteil durch die Vollstreckung erleiden (Abs. 1 S. 1) und die Abwägung der Interessen des Schuldners mit dem grundsätzlich überwiegenden Vollstreckungsinteresse des Gläubigers (Abs. 2 S. 1) muss zu Gunsten des Schuldners ausfallen.

I. Nicht zu ersetzender Nachteil

3 Der nicht zu ersetzende Nachteil darf dabei nicht allein in solchen Nachteilen liegen, die der Vollstreckung eines Ausschließlichkeitsrechts wesenseigen sind.[5] Hierzu gehören die Einstellung der Produktion und des Vertriebs,[6] die Nichterfüllbarkeit bereits eingegangener vertraglicher Verpflichtungen gegenüber Abnehmern,[7] das Entstehen von Gewährleistungsansprüchen,[8] der irreversible Verlust von Marktanteilen[9] ebenso wie Lieferausfälle, die die Reputation des Schuldners im Markt beeinträchtigen können.[10]

4 Es ist hier zwischen den einzelnen Ansprüchen des Vollstreckungsgläubigers zu unterscheiden:[11]
Unterlassungs-, Rückruf- und Entfernungs-, Vernichtungsanspruch: Nicht zu ersetzende Nachteile können sein: Einstellung der Produktion, Stilllegung des Betriebs, Insolvenz des Vollstreckungsschuldners (aber → Rn. 5), nicht aber: der Verlust von Arbeitsplätzen (→ Rn. 5). Die Einstellung der Produktion der Verletzungsform und die ggf. damit einhergehende komplette Stilllegung des Betriebs des Vollstreckungsschuldners sind indes grundsätzlich zwangsläufige, systemimmanente Folgen des Unterlassungsanspruchs.[12] Wird behauptet, dass durch die Einstellung der Verletzungsform die **Insolvenz** des Schuldners **droht,** muss dies anhand konkreter Zahlen, Geschäftsergebnisse, Umsätze, Kosten etc konkret glaubhaft gemacht werden,[13] dh es ist darzulegen, dass die Voraussetzungen der drohenden Zahlungsunfähigkeit gemäß § 18 InsO im Falle einer Vollstreckung vorliegen, dh es ist insbesondere auch glaubhaft zu machen, dass und warum die Aufnahme eines Kredits nicht möglich war oder Unterstützungsmaßnahmen durch konzernangehörige Unternehmen nicht möglich waren.[14] Gleiches gilt für einen Imageverlust im Falle eines Rückrufs.[15]

---

[1] LG Düsseldorf BeckRS 2014, 20491; Musielak/Voit/*Lackmann* § 712 Rn. 1a., Prütting/Gehrlein/*Kroppenberg* § 712 Rn. 1.
[2] OLG Düsseldorf GRUR 1979, 188 (189) – Flachdachabläufe; OLG Düsseldorf InstGE 8, 117 – fahrbare Betonpumpe; Haedicke/Timmann PatR-HdB/*Zigann* § 15 Rn. 485; *Werner/Wuttke* GRUR-Prax 2020, 1 (3).
[3] LG Düsseldorf BeckRS 2014, 20491; Musielak/Voit/*Lackmann* § 712 Rn. 1a; MüKoZPO/*Götz* § 712 Rn. 3.
[4] Haedicke/Timmann PatR-HdB/*Zigann* § 15 Rn. 486.
[5] Haedicke/Timmann PatR-HdB/*Zigann* § 15 Rn. 486; *Werner* GRUR-Prax 2020, 1 (3).
[6] OLG Düsseldorf BeckRS 2015, 01825; LG Düsseldorf BeckRS 2014, 20491.
[7] LG Düsseldorf BeckRS 2016, 04073.
[8] LG Düsseldorf BeckRS 201604073.
[9] OLG Düsseldorf GRUR 1979, 188 – Flachdachabläufe.
[10] LG Düsseldorf GRUR-RS 2015, 19564 Rn. 158.
[11] Ausführlich dazu *Voß* FS „80 Jahre Patentgerichtsbarkeit in Düsseldorf", 2016, 573 (580 ff.).
[12] OLG Düsseldorf InstGE 8, 117 – fahrbare Betonpumpe.
[13] LG Düsseldorf 4.7.2013 – 4b O 12/12 – Umpositionierung von Zähnen II.
[14] *Voß* FS „80 Jahre Patentgerichtsbarkeit in Düsseldorf", 2016, 573 (577 f.).
[15] LG Mannheim BeckRS 2016, 6527.

Schutzantrag des Schuldners 4a, 5 § 712 ZPO

Auskunft und Rechnungslegung: Den Schuldnerinteressen wird durch das Vorsehen eines Wirtschaftsprüfervorbehalts grundsätzlich ausreichend Rechnung getragen.[16]

Schadensersatzfeststellung: Da es sich um einen reinen Feststellungsanspruch handelt, fehlt es an einem vollstreckungsfähigen Inhalt, so dass diesbezüglich ein Vollstreckungsschutzantrag ohnehin nicht in Betracht kommt.[17]

Entschädigungs- und Bereicherungsansprüche: Da lediglich die Verurteilung zur Zahlung einer Geldsumme erfolgt und dies im Falle einer Aufhebung des erstinstanzlichen Urteils regelmäßig durch eine entsprechende Rückzahlung ausgeglichen werden kann, macht ein Vollstreckungsschutzantrag regelmäßig keinen Sinn.[18]

Wegen der Details wird auf die Kommentierung bei → § 707 Rn. 19 ff. verwiesen.

II. Überwiegendes Interesse des Vollstreckungsschuldners

Generell ist davon auszugehen, dass bei Urteilen, die nur aufgrund einer Sicherheitsleistung des Gläubigers vollstreckbar sind, **grundsätzlich das Vollstreckungsinteresse des Gläubigers vorrangig** ist[19]. Dies gilt auch im gewerblichen Rechtsschutz, gerade wegen der zeitlich begrenzten Schutzdauer der Rechte geistigen Eigentums, und insbesondere auch im Patentrecht.[20] Dementsprechend gering ist der praktische Anwendungsbereich. 4a

Es spielt im Rahmen der Beurteilung von § 712 insbesondere keine Rolle, welches Interesse der Gläubiger verfolgt, da es sich bei § 712 um eine reine Schuldnerschutzvorschrift handelt und damit für die Bestimmung, ob ein nicht zu ersetzender Nachteil entsteht, allein auf die Verhältnisse beim Schuldner im Falle der Vollstreckung abzustellen ist. Es ist daher grundsätzlich irrelevant, ob der Gläubiger eine Patentverwertungs-/Lizenzierungsgesellschaft ist, deren Geschäftszweck allein die monetäre Auswertung eines Schutzrechts ist, ohne das Interesse, eine eigene Marktposition zu schützen.[21]

Im Hinblick auf § 712 hat das OLG Düsseldorf ausdrücklich festgestellt, dass der **Verlust von Arbeitsplätzen** als Drittinteresse grundsätzlich nicht im Rahmen der Interessenabwägung des § 712 zu berücksichtigen ist.[22] Auch die Einstellung der Produktion der Verletzungsform und die ggf. damit einhergehende komplette Stilllegung des Betriebs des Vollstreckungsschuldners sind zwangsläufige, systemimmanente Folgen des Unterlassungsanspruchs,[23] ebenso die Umsatzeinbußen als Folge der Unterlassung des Marktauftritts.[24] Wird behauptet, dass durch die Einstellung der Verletzungsform die **Insolvenz** des Schuldners **droht,** muss dies anhand konkreter Zahlen, Geschäftsergebnisse, Umsätze, Kosten etc konkret glaubhaft gemacht werden.[25] Gleiches gilt für einen Imageverlust im Falle eines Rückrufs.[26] Das OLG Düsseldorf hat angedeutet,[27]dass es für die Interessenabwägung relevant sein könnte, ob und inwieweit der Vollstreckungsschuldner auf die konkrete Verletzungsform angewiesen ist oder ob kurzfristig die Möglichkeit einer patentfreien Ausweichlösung besteht, ob die Einstellung der Produktion zwangsläufig zur Insolvenz des Vollstreckungsschuldners führen würde und ob die Möglichkeit besteht, sich mit dem Rechtsinhaber – zumindest für die weitere Prozessdauer – in zumutbarer Weise zu verständigen, zB auf eine vorübergehende Lizenzlösung. Jedoch fehlte es in den entschiedenen Fällen in der Regel an der ausreichenden **Glaubhaftmachung dieser Tatsachen,** so dass zweifelhaft ist, ob diese Aspekte tatsächlich glaubhaft gemacht werden können, ausnahmsweise das Schuldnerinteresse überwiegen lassen und eine Schuldnerschutzanordnung rechtfertigen würden. Ausdrücklich auch für den Fall der Glaubhaftmachung der Insolvenzgefahr wurde dies vom LG Hamburg abgelehnt unter Verweis auf das überwiegende Interesse des Gläubigers an der Einstellung der Verletzungshandlung.[28] Der Makel und die Rufschädigung, dass der Schuldner bei 5

---

[16] OLG Düsseldorf GRUR 1979, 188 (189) – Flachdachabläufe; OLG Düsseldorf InstGE 8, 117 – fahrbare Betonpumpe; *Kühnen* Rn. H. 57; *Voß* FS „80 Jahre Patentgerichtsbarkeit in Düsseldorf", 2016, 573 (580 f.); s. auch OLG Karlsruhe BeckRS 2016, 17467 (zu §§ 719, 707).
[17] *Voß* FS „80 Jahre Patentgerichtsbarkeit in Düsseldorf", 2016, 573 (580).
[18] Benkard/Grabinski/*Zülch* § 139 Rn. 136; *Voß* FS „80 Jahre Patentgerichtsbarkeit in Düsseldorf", 2016, 573 (580 f.).
[19] LG Düsseldorf 4.7.2013 – 4b O 12/12; LG Düsseldorf BeckRS 2014, 20491.
[20] LG Düsseldorf GRUR-RS 2015, 19564 Rn. 158.
[21] LG Düsseldorf BeckRS 2014, 20491 unter Hinweis darauf, dass dies im Rahmen von § 719 anders zu beurteilen mag (s. OLG Karlsruhe GRUR-RR 2010, 120 (121) – Patentverwertungsgesellschaft); *Voß* FS „80 Jahre Patentgerichtsbarkeit in Düsseldorf", 2016, 573 (589 f.); s. dazu ausführliche Diskussion unter → § 707 Rn. 22 ff.
[22] OLG Düsseldorf GRUR 1979, 188 (189) – Flachdachabläufe; OLG Düsseldorf InstGE 8, 117 – fahrbare Betonpumpe.
[23] OLG Düsseldorf InstGE 8, 117 – fahrbare Betonpumpe.
[24] OLG Düsseldorf BeckRS 2019, 31401 Rn. 4 – Überprüfung der vorläufigen Vollstreckbarkeit in Patentsachen.
[25] LG Düsseldorf 4.7.2013 – 4b O 12/12 – Umpositionierung von Zähnen II.
[26] LG Mannheim BeckRS 2016, 6527.
[27] OLG Düsseldorf GRUR 1979, 188 (189) – Flachdachabläufe; OLG Düsseldorf InstGE 8, 117 – fahrbare Betonpumpe.
[28] LG Hamburg CR 2013, 604 (617).

seinen Abnehmern durch einen Vertriebsstopp erleidet, ist zwangsläufige Folge jeder Veurteilung wegen Patentverletzung und mithin kein unersetzlicher Nachteil iSd § 712.[29]

6 Ebenso wenig sind **Drittinteressen** oder das **öffentliche Interesse** im Rahmen von § 712 relevant, denn § 712 dient allein dem Ausgleich der Interessen von Schuldner und Gläubiger. Fälle, in denen als nicht zu ersetzender Schaden primär öffentliche bzw. Drittinteressen vom Schuldner geltend gemacht werden, zB die Interessen von durch die Vollstreckung betroffenen Patienten, die mit einem Medikament oder Medizinprodukt nicht mehr versorgt werden können, sind, auch wenn kein vergleichbares Wettbewerbsprodukt im Markt verfügbar sein sollte, grundsätzlich nicht im Rahmen im Rahmen des Vollstreckungsrechts zu lösen, sondern im Einzelfall über Ausnahmeregelungen wie den Notstand nach §§ 228, 904 BGB[30] oder im Rahmen eines Antrags auf Erteilung einer Zwangslizenz[31], sofern ein öffentliches Interesse und die weiteren Voraussetzungen nach § 24 PatG vorliegen. Für eine Berücksichtigung von Drittinteressen im Rahmen von § 712 ist grundsätzlich kein Raum.[32] Zur Frage, ob nach Inkrafttreten des Patentrechtsmodernisierungsgesetzes eine Berücksichtigung von Interessen Dritter, insbes. Patienten, möglich ist und wie Fälle, in denen der Anwendungsbereich von § 24 PatG grundsätzlich eröffnet ist, vom Anwendungsbereich des § 139 PatG nF zu unterscheiden sind, → § 707 Rn. 27.

7 Im Rahmen der Interessenabwägung ist ferner das Verhalten der Prozessparteien zu berücksichtigen, insbs. der Gläubiger dem Schuldner eine Lizenzierung oder Aufbrauchsfrist angeboten hat oder ob sich der Schuldner um eine Einigung mit dem Gläubiger – zumindest für die Prozessdauer – bemüht hat.[33]

8 In den – in Verfahren des gewerblichen Rechtsschutzes ohnehin seltenen – Fällen der Anwendbarkeit des § 708 kann das Gericht anordnen, dass das Urteil nur gegen Sicherheitsleistung des Gläubigers vorläufig vollstreckbar ist (Abs. 2 S. 2).

III. Antrag und Antragsfrist

9 Der Schuldner muss einen Antrag auf Vollstreckungsschutz stellen und zwar gemäß § 714 Abs. 1 **vor Schluss der mündlichen Verhandlung,** auf die das Urteil ergeht.[34] Die **tatsächlichen Voraussetzungen,** aus denen sich der nicht zu ersetzende Nachteil ergibt, sind nach § 714 Abs. 2 **glaubhaft** zu machen (→ § 714 Rn. 1).[35]

10 Im Berufungsverfahren kann der Vollstreckungsschutzantrag auch durch Einreichung eines Schriftsatzes gestellt werden, wenn das Berufungsgericht ankündigt, dass es die Berufung nach § 522 Abs. 2 durch Beschluss zurückweisen werde. Der Schuldner muss sich in diesem Fall darauf einstellen, dass es voraussichtlich keine mündliche Verhandlung und damit Gelegenheit geben wird, den Antrag in der mündlichen Verhandlung zu stellen.[36] In einem während des Berufungsverfahrens gestellten Antrag auf einstweilige Einstellung der Zwangsvollstreckung nach §§ 719 Abs. 1, 707 kann allerdings schon wegen der unterschiedlichen Zielrichtung kein Vollstreckungsschutzantrag nach § 712 gesehen werden.[37]

11 Ein in der Vorinstanz nicht gestellter Schuldnerschutzantrag nach § 712 kann in **späteren Instanzen nicht nachgeholt** werden (→ § 714 Rn. 3). Ein Antrag nach §§ 719, 707 ist dennoch zulässig, aber regelmäßig unbegründet (→ § 719 Rn. 3). Das Berufungsgericht darf den Schutzantrag nicht mit der pauschalen Begründung zurückweisen, die Möglichkeit einer einstweiligen Anordnung nach den §§ 707, 719 verdränge regelmäßig den Vollstreckungsschutz nach § 712.[38]

C. Entscheidung des Gerichts

12 Das Gericht entscheidet über den Vollstreckungsschutzantrag des Schuldners **im Rahmen des Urteils,** auf das sich der Antrag bezieht: Folgt das Gericht dem Vollstreckungsschutzantrag des Schuldners, so hat es die entsprechende Maßnahme im Urteilstenor anzuordnen, dh das Leisten einer Sicherheit in Fällen des § 709 bzw. die Anordnung einer Sicherheitsleistung des Gläubigers in den Fällen des § 708 bzw. die Anordnung der Beschränkung der Vollstreckung auf die in § 720a Abs. 1, 2

---

[29] OLG Düsseldorf BeckRS 2019, 31401 Rn. 9 f. – Überprüfung der vorläufigen Vollstreckbarkeit in Patentsachen.
[30] LG Mannheim 12.7.2013 – 7 O 37/13 unter Hinweis auf Busse/Keukenschrijver § 11 Rn. 31.
[31] OLG Düsseldorf BeckRS 2019, 31401 Rn. 7 – Überprüfung der vorläufigen Vollstreckbarkeit in Patentsachen; OLG Düsseldorf GRUR-RS 2019, 24918 – Berücksichtigung von Drittinteressen beim Vollstreckungsschutz; LG Düsseldorf CIPR 2017, 74 – Herzklappen; LG Düsseldorf BeckRS 2014, 20491.
[32] OLG Düsseldorf BeckRS 2019, 31401 Rn. 7; LG Düsseldorf BeckRS 2014, 20491.
[33] Voß FS „80 Jahre Patentgerichtsbarkeit in Düsseldorf", 2016, 573 (591 f.).
[34] BGH BeckRS 2019, 6784 Rn. 5 – Einstweilige Einstellung einer Zwangsvollstreckung; BGH GRUR 2018, 1295 Rn. 5 – Werkzeuggriff.
[35] Prütting/Gehrlein/Kroppenburg § 712 Rn. 2; Kindl/Müller-Hannich/Wolf/Giers/Scheuch § 712 Rn. 8 f., Voß FS „80 Jahre Patentgerichtsbarkeit in Düsseldorf", 2016, 573 (574 ff.).
[36] BGH NJW 2012, 1292 f.
[37] BGH BeckRS 2019, 6784 Rn. 5 – Einstweilige Einstellung einer Zwangsvollstreckung.
[38] BGH NJW-RR 2008, 1308 f.; Beck Online-Kommentar/Ulrici ZPO § 712 Rn. 8.

genannten Maßnahmen.[39] Lehnt das Gericht den Vollstreckungsschutzantrag hingegen ab, ist dies nur in den Entscheidungsgründen zu erwähnen, nicht jedoch im Tenor.[40]

Ein **verspäteter Antrag** (→ § 714 Rn. 2) ist ohne mündliche Verhandlung **durch Beschluss zu verwerfen**.[41] Wird ein Antrag in zweiter Instanz als zulässig angesehen, wird über ihn im Rahmen des § 718 vorab entschieden.[42]

D. Rechtsfolge

Wird dem Schuldner gestattet, die Vollstreckung der Sicherheitsleistung bzw. Hinterlegung abzuwenden, dann **darf der Gläubiger nicht vollstrecken** (§§ 775 Nr. 3, 776). Sofern eine Vollstreckung beschränkt auf die in § 720a Abs. 1, 2 genannten Maßnahmen erlaubt wird, ist die Vollstreckung in diesem Rahmen möglich. Sofern dem Gläubiger in den Fällen des § 708 die Erbringung einer Sicherheitsleistung auferlegt wird, wird diese Vollstreckungsvoraussetzung.

E. Anwendbarkeit von § 712 im Einheitlichen Patentgerichtssystem

Die Vollstreckung von **Entscheidungen des Einheitlichen Patentgerichts** erfolgt nach Art. 82 Abs. 1 EGPÜ, Regel 354 (1) Verfahrensordnung. Das nationale Recht ist nur subsidiär anwendbar.[43] Dies gilt auch für vollstreckungsrechtliche Rechtsbehelfe. Vor diesem Hintergrund verbleibt angesichts der Regelungen im EGPÜ/Rules of Procedure kein Anwendungsbereich für eine subsidiäre Anwendbarkeit von § 712, da etwaige Schuldnerschutzanordnungen allein in den Kompetenzbereich des Einheitlichen Patentgerichts fallen.

§ 713 Unterbleiben von Schuldnerschutzanordnungen

Die in den §§ 711, 712 zugunsten des Schuldners zugelassenen Anordnungen sollen nicht ergehen, wenn die Voraussetzungen, unter denen ein Rechtsmittel gegen das Urteil stattfindet, unzweifelhaft nicht vorliegen.

Liegen die Voraussetzungen, unter denen ein Rechtsmittel stattfindet, unzweifelhaft nicht vor, so soll die vorläufige Vollstreckung durch den Gläubiger **nicht verzögert werden,** selbst wenn die in §§ 711, 712 genannten Voraussetzungen zu Gunsten des Schuldners vorliegen würden.

Die **praktische Bedeutung der Vorschrift im gewerblichen Rechtsschutz ist gering,** da Hauptanwendungsfall die Wertberufung nach § 511 Abs. 2 Nr. 1 (dh Wert des Beschwerdegegenstandes übersteigt 600,00 Euro nicht). Da in Verfahren des gewerblichen Rechtsschutzes der Beschwerdegegenstand regelmäßig höher liegen dürfte, sind Fälle, in denen die Voraussetzungen eines Rechtsmittels unzweifelhaft nicht vorliegen, selten. Auch in Rechtsstreitigkeiten des Urheberrechts wird ein Streitwert kleiner/gleich 600 Euro nicht die Regel aber zumindest wahrscheinlicher sein. In diesen Fällen kann der Schuldner die Zwangsvollstreckung weder durch Leistung einer Sicherheit oder Hinterlegung abwenden, noch ist es ihm möglich, einen Schuldnerschutzantrag zu stellen. Praktische Bedeutung hat die Vorschrift im Hinblick auf die Nichtzulassungsbeschwerde, die gemäß § 26 Nr. 8 EGZPO eine Beschwer von 20.000 EUR erfordert. Handelt es sich um eine bloße Vollstreckung einer Auskunft, so ist für die Bemessung des Werts der Beschwer das Interesse des Beschwerdeführers maßgebend, die Auskunft nicht erteilen zu müssen, wobei auf den Aufwand an Kosten und Zeit abzustellen ist, den die sorgfältige Erteilung der geschuldeten Auskunft erfordert.[1] Kosten der Zwangsvollstreckung der Auskunft sind indes nicht Teil der Beschwer.[2]

Die Vollstreckung von **Entscheidungen des Einheitlichen Patentgerichts** erfolgt nach Art. 82 Abs. 1 EGPÜ, Regel 354 (1) Verfahrensordnung. Das nationale Recht ist nur subsidiär anwendbar.[3] Dies gilt auch für vollstreckungsrechtliche Rechtsbehelfe. Vor diesem Hintergrund verbleibt angesichts der Regelungen im EGPÜ/Rules of Procedure kein Anwendungsbereich für eine subsidiäre Anwendbarkeit von § 713, da etwaige Schuldnerschutzanordnungen allein in den Kompetenzbereich des Einheitlichen Patentgerichts fallen.

---

[39] Musielak/Voit/*Lackmann* § 712 Rn. 4.
[40] Beck Online-Kommentar/*Ulrici* ZPO § 712 Rn. 10.
[41] OLG Frankfurt a. M. MDR 2009, 229 f.
[42] Vgl. OLG Stuttgart MDR 1998, 858 f.
[43] S. auch *Leistner* GRUR 2016, 217 (218).
[1] BGH BeckRS 2017, 104305 – Wertbemessung bei der Erfüllung einer Auskunftspflicht (zum Urheberrecht).
[2] BGH BeckRS 2017, 104305 – Wertbemessung bei der Erfüllung einer Auskunftspflicht.
[3] S. auch *Leistner* GRUR 2016, 217 (218).

§ 714 Anträge zur vorläufigen Vollstreckbarkeit

(1) Anträge nach den §§ 710, 711 Satz 3, § 712 sind vor Schluss der mündlichen Verhandlung zu stellen, auf die das Urteil ergeht.

(2) Die tatsächlichen Voraussetzungen sind glaubhaft zu machen.

1   § 714 regelt die **Frist für die Schuldnerschutzanträge nach §§ 710, 711 Abs. 3 und 712** sowie das Erfordernis, dass die tatsächlichen Voraussetzungen für die Begründung der Schuldnerschutzanträge **glaubhaft** zu machen sind (zur Glaubhaftmachung → § 294 Rn. 1 ff.).[1]

2   Die Schuldnerschutzanträge sind **vor Schluss der mündlichen Verhandlung** zu stellen, auf die das Urteil ergeht, also in der ersten oder zweiten Instanz (→ § 710 Rn. 1 ff., → § 712 Rn. 7). In der zweiten Instanz kann darüber hinaus auf Antrag des Schuldners die Zwangsvollstreckung gem. § 719 eingestellt werden.

3   **Strittig** ist, ob ein in der ersten Instanz versäumter Schuldnerschutzantrag in der zweiten Instanz noch **nachgeholt** werden kann. Während dies einerseits mit Hinweis auf die klare Regelung in § 714 abgelehnt wird,[2] wollen andere Ausnahmen bei einer nachträglichen Änderung der Sachlage zulassen, zB wenn der Gläubiger erst in zweiter Instanz einen Antrag nach § 710 stellt und es dem Schuldner nicht verwehrt sein soll, unabhängig von der Erfolgsaussicht des Rechtsmittels Vollstreckungsschutzinteressen geltend zu machen.[3] Eine Anerkennung des Nachholens des Schuldnerschutzantrags in zweiter Instanz dürfte dennoch **gegen den klaren Wortlaut** von § 714 Abs. 1 verstoßen. § 714 regelt Voraussetzungen des ohnehin nur ausnahmsweise begründeten Schuldnerschutzantrags, so dass er wie jede Ausnahmevorschrift eng auszulegen ist. Darüber hinaus besteht die Möglichkeit der einstweiligen Einstellung der Zwangsvollstreckung bei Rechtsmittel und Einspruch nach § 719.

4   Die Vollstreckung von **Entscheidungen des Einheitlichen Patentgerichts** erfolgt nach Art. 82 Abs. 1 EGPÜ, Regel 354 (1) Verfahrensordnung. Das nationale Recht ist nur subsidiär anwendbar.[4] Dies gilt auch für vollstreckungsrechtliche Rechtsbehelfe. Vor diesem Hintergrund verbleibt angesichts der Regelungen im EGPÜ/Rules of Procedure kein Anwendungsbereich für eine subsidiäre Anwendbarkeit von § 714, da etwaige Schuldnerschutzanordnungen allein in den Kompetenzbereich des Einheitlichen Patentgerichts fallen.

§ 715 Rückgabe der Sicherheit

(1) ¹Das Gericht, das eine Sicherheitsleistung des Gläubigers angeordnet oder zugelassen hat, ordnet auf Antrag die Rückgabe der Sicherheit an, wenn ein Zeugnis über die Rechtskraft des für vorläufig vollstreckbar erklärten Urteils vorgelegt wird. ²Ist die Sicherheit durch eine Bürgschaft bewirkt worden, so ordnet das Gericht das Erlöschen der Bürgschaft an.

(2) § 109 Abs. 3 gilt entsprechend.

1   § 715 gilt in Fällen, in denen der Gläubiger eine Sicherheit gem. §§ 709, 711 oder 712 Abs. 2 S. 2 geleistet hat und **regelt die Rückgabe dieser Sicherheitsleistung**. In anderen Fällen der Prozessbeendigung wie der Klagerücknahme oder einem Prozessvergleich ist § 715 nicht anwendbar. In jedem Fall ist jedoch die Rückgabe der Sicherheit nach § 109 möglich, dieser Weg ist jedoch umständlicher.[1*]

2   Die Rückgabe der Sicherheit ist vom Gläubiger zu beantragen. Dabei ist ein Rechtskraftzeugnis gem. § 706 ist vorzulegen.

3   Das Gericht entscheidet **ohne mündliche Verhandlung** (§§ 715 Abs. 2, 109 Abs. 3 S. 2) durch Beschluss. Im Beschluss wird entweder die Rückgabe der Sicherheit oder das Erlöschen der Bürgschaft angeordnet.

4   Zur Rückgabe der Sicherheit wird auf die Ausführungen bei → § 109 Rn. 4 ff. verwiesen.

5   Der Gläubiger erhält die Sicherheit nicht nach § 715 zurück, wenn der Schuldner Rechtsmittel gegen das vorläufig vollstreckbare Urteil eingelegt hat, weil in diesem Fall kein Rechtskraftzeugnis ausgestellt werden kann, dessen Vorlage grundsätzlich erforderlich ist[2*]. Der Gläubiger kann die Sicherheit in diesem Fall nur nach Maßgabe des § 109 zurückerhalten. Obsiegt der Schuldner in letzter

---

[1] Musielak/Voit/*Lackmann* § 714 Rn. 3.
[2] OLG Frankfurt a. M. MDR 2009, 229 f. mwN zum Streitstand; Kindl/Meller-Hannich/Wolf/*Giers/Scheuch* § 714 Rn. 4; MüKoZPO/*Götz* § 714 Rn. 2 f.
[3] OLG Stuttgart MDR 1998, 858 f.; Wieczorek/Schütze/*Heß* § 714 Rn. 3; Stein/Jonas/*Münzberg* § 714 Rn. 3; Baumbach/Lauterbach/Albers/Hartmann ZPO § 714 Rn. 3; Zöller/*Herget* § 714 Rn. 1; Thomas/Putzo/*Seiler* § 714 Rn. 5; Prütting/Gehrlein/*Kroppenburg* § 714 Rn. 3.
[4] S. auch *Leistner* GRUR 2016, 217 (218).
[1*] In diesem Fall ist die Rückgabe der Sicherheiten von der Einwilligung des Schuldners abhängig.
[2*] Musielak/Voit/*Lackmann* § 715 Rn. 1.

Instanz, kann er sich dennoch nicht unmittelbar aus der vom Gläubiger geleisteten Sicherheit befriedigen. Er muss zunächst einen Erstattungstitel erlangen. Als materiell rechtliche Anspruchsgrundlage kommt ua § 717 Abs. 2 in Betracht.[3]

Eine vom Schuldner geleistete Sicherheit kann dieser nur nach § 109 zurückerstattet verlangen. 6

Die Vollstreckung von **Entscheidungen des Einheitlichen Patentgerichts** erfolgt nach Art. 82 7 Abs. 1 EGPÜ, Regel 354 (1) Verfahrensordnung. Das nationale Recht ist nur subsidiär anwendbar.[4] Dies gilt auch für vollstreckungsrechtliche Rechtsbehelfe. Vor diesem Hintergrund verbleibt angesichts der Regelungen im EGPÜ/Rules of Procedure kein Anwendungsbereich für eine subsidiäre Anwendbarkeit von § 715, da die Bestimmung der Sicherheitsleistung allein in den Kompetenzbereich des Einheitlichen Patentgerichts fällt.

§ 716 Ergänzung des Urteils

Ist über die vorläufige Vollstreckbarkeit nicht entschieden, so sind wegen Ergänzung des Urteils die Vorschriften des § 321 anzuwenden.

Ist über die **vorläufige Vollstreckbarkeit** nicht entschieden worden, so kann das Urteil im Wege 1 der Ergänzung nach § 321 auf Antrag **nachträglich** diesbezüglich **ergänzt** werden (→ § 321 Rn. 7). Die Vorschrift gilt analog, wenn das Gericht eine Sicherheitsleistung angeordnet, diese aber nicht beziffert hat.[1]

Solange ein Ausspruch über die vorläufige Vollstreckbarkeit im Urteil nicht getroffen ist, kann der 2 Schuldner die Vollstreckungsschutzanträge nach §§ 710, 711 S. 2 und 712 Abs. 1 noch anbringen.

Die Vollstreckung von **Entscheidungen des Einheitlichen Patentgerichts** erfolgt nach Art. 82 3 Abs. 1 EGPÜ, Regel 354 (1) Verfahrensordnung. Das nationale Recht ist nur subsidiär anwendbar.[2] Dies gilt auch für vollstreckungsrechtliche Rechtsbehelfe. Vor diesem Hintergrund verbleibt angesichts der Regelungen im EGPÜ/Rules of Procedure kein Anwendungsbereich für eine subsidiäre Anwendbarkeit von § 716.

§ 717 Wirkungen eines aufhebenden oder abändernden Urteils

(1) **Die vorläufige Vollstreckbarkeit tritt mit der Verkündung eines Urteils, das die Entscheidung in der Hauptsache oder die Vollstreckbarkeitserklärung aufhebt oder abändert, insoweit außer Kraft, als die Aufhebung oder Abänderung ergeht.**

(2) **¹Wird ein für vorläufig vollstreckbar erklärtes Urteil aufgehoben oder abgeändert, so ist der Kläger zum Ersatz des Schadens verpflichtet, der dem Beklagten durch die Vollstreckung des Urteils oder durch eine zur Abwendung der Vollstreckung gemachte Leistung entstanden ist. ²Der Beklagte kann den Anspruch auf Schadensersatz in dem anhängigen Rechtsstreit geltend machen; wird der Anspruch geltend gemacht, so ist er als zur Zeit der Zahlung oder Leistung rechtshängig geworden anzusehen.**

(3) **¹Die Vorschriften des Absatzes 2 sind auf die im § 708 Nr. 10 bezeichneten Berufungsurteile, mit Ausnahme der Versäumnisurteile, nicht anzuwenden. ²Soweit ein solches Urteil aufgehoben oder abgeändert wird, ist der Kläger auf Antrag des Beklagten zur Erstattung des von diesem auf Grund des Urteils Gezahlten oder Geleisteten zu verurteilen. ³Die Erstattungspflicht des Klägers bestimmt sich nach den Vorschriften über die Herausgabe einer ungerechtfertigten Bereicherung. ⁴Wird der Antrag gestellt, so ist der Anspruch auf Erstattung als zur Zeit der Zahlung oder Leistung rechtshängig geworden anzusehen; die mit der Rechtshängigkeit nach den Vorschriften des bürgerlichen Rechts verbundenen Wirkungen treten mit der Zahlung oder Leistung auch dann ein, wenn der Antrag nicht gestellt wird.**

Literatur: *Bornhäusser,* Zur einstweiligen Einstellung der Zwangsvollstreckung im Patentverletzungsverfahren nach erstinstanzlicher Vernichtung des Klagepatents, GRUR 2015, 331; *Hessel/Schellhorn,* Die Rückabwicklung der vorläufig vollstreckten Unterlassungstitels im Patentrecht, GRUR 2017, 672; *Lunze,* Rechtsfolgen des Fortfalls des Patents, Nomos 2006; *Lunze,* Haftet der Lizenzgeber für den Bestand des lizenzierten Immaterialgüterrechts?, ZGE 2011, 282–303; *Nieder,* Oberlandesgerichtliche Unterlassungsurteile und Bereicherungsausgleich nach § 717 ZPO Absatz III im Patentrecht, GRUR 2013, 32; *vom Stein,* Die vorläufige Durchsetzung patentrechtlicher Unterlassungsansprüche nach Erlaß eines OLG-Urteils, GRUR 1970, 157

---

[3] Zöller/*Herget* § 715 Rn. 2.
[4] S. auch *Leistner* GRUR 2016, 217 (218).
[1] Kern/Diehm/*Elden*/Frauenknecht ZPO § 716 Rn. 2.
[2] S. auch *Leistner* GRUR 2016, 217 (218).

Übersicht

	Rn.
A. Allgemeine Grundlagen	1
B. Schadensersatzanspruch bei Aufhebung der erstinstanzlichen Entscheidung	3
I. Anwendungsbereich	6
II. Schadensersatzanspruch	9
1. Rechtsnatur	9
2. Voraussetzungen	11
3. Umfang des Vollstreckungsschadens	13
4. Zeitliche Begrenzung des Schadensersatzspruches	20
5. Geltendmachung des Schadensersatzanspruches	21
III. Bereicherungsanspruch	22
IV. Lizenznehmer	26

A. Allgemeine Grundlagen

1 § 717 regelt die Wirkungen eines aufhebenden oder abändernden Urteils im Hinblick auf die vorläufige Vollstreckbarkeit des aufgehobenen bzw. abgeänderten Urteils, insbesondere wenn dieses vorläufig vollstreckt worden ist. Bei den Rechtsfolgen ist grundsätzlich zu unterscheiden, ob ein erstinstanzliches Urteil vorläufig vollstreckt worden ist (Abs. 2) oder ein Berufungsurteil (Abs. 3), wenn dieses in einer nachfolgenden Instanz aufgehoben oder abgeändert werden.

2 Gemäß § 717 Abs. 1 entfällt mit der Verkündung (§§ 311 Abs. 2, 310 Abs. 3) die Vollstreckbarkeit des aufgehobenen oder abgeänderten Urteils insoweit, als dieses aufgehoben oder abgeändert wird. Mit der Aufhebung der Entscheidung wird auch ein bereits durchgeführtes Kostenfestsetzungsverfahren gegenstandslos. Wird die Entscheidung der Vorinstanz durch das neue Urteil aufrechterhalten, bleibt die vorläufige Vollstreckbarkeit des vorinstanzlichen Urteils unberührt.

B. Schadensersatzanspruch bei Aufhebung der erstinstanzlichen Entscheidung

3 § 717 ist Ausdruck des **Rechtsgedankens, dass der Gläubiger aus einem noch nicht endgültigen Titel auf eigene Gefahr vollstreckt**[1]. Abs. 2 S. 1 gibt dem Vollstreckungsschuldner einen verschuldensunabhängigen Schadensersatzanspruch gegen den Vollstreckungsgläubiger, wenn das für vorläufig vollstreckbar erklärte Urteil aufgehoben oder abgeändert wird. Der Vollstreckungsgläubiger ist zum Ersatz des dem Vollstreckungsschuldners durch die Vollstreckung des Urteils oder die zur Abwendung der Vollstreckung gemachten Leistung entstanden Schadens verpflichtet.

4 Es handelt sich um eine **Garantiehaftung des Gläubigers**, dh sie ist verschuldensunabhängig[2]. In der Literatur wird kritisiert, ob der Vollstreckungsgläubiger „in bedenklicher Weise für Fehler des Gerichts einstehen" muss, insbesondere weil es auf die Richtigkeit des aufhebenden oder abändernden Urteils nicht ankommt[3]. Diese Bedenken sind in Verfahren des gewerblichen Rechtsschutzes, insbesondere in Patentverletzungsverfahren jedoch weniger von Belang, vielmehr hat hier § 717 Abs. 2 eine elementare Funktion, da die **verschuldensunabhängige Haftung des Klägers die dem Beklagten durch das Trennungsprinzip entstehenden Nachteile in gewisser Weise ausgleicht.**[4] Da die Rechtsbeständigkeit des Patents nicht im Verletzungsverfahren, sondern nur im parallelen Nichtigkeitsverfahren überprüft werden kann, der Beklagte jedoch eine Nichtigkeitsklage häufig erst nach Rechtshängigkeit und dementsprechender Kenntnis des Verletzungsverfahrens erhebt und die Nichtigkeitsverfahren erfahrungsgemäß ohnehin zum Teil deutlich länger dauern als Verletzungsverfahren, trägt der Beklagte die sich typischerweise aus dem Trennungsprinzip ergebenden Verwerfungen, wenn das einem Verletzungsurteil zugrundeliegende Patent später rückwirkend für nichtig erklärt wird oder nur in beschränkter Weise aufrecht erhalten wird, die angegriffene Ausführungsform dann jedoch nicht mehr in den Schutzbereich der geänderten Patentansprüche fällt. Da das Risiko der Nichtigerklärung des Patents systemimmanent ist,[5] hat der Schadensersatzanspruch des § 717 Abs. 2 in diesen Fallkonstellationen eine besondere Rechtfertigung.

5 Diese Bedeutung des Schadensersatzspruchs wird jedoch durch die praktischen Schwierigkeiten bei der Berechnung des Schadensersatzspruchs unterlaufen (→ Rn. 13 ff.).

I. Anwendungsbereich

6 Absatz 2 gilt in erster Linie für Urteile, insbesondere in Verfahren des gewerblichen Rechtsschutzes in erster Linie für erstinstanzliche Verletzungsurteile. Durch Verweisung ist § 717 Abs. 2 auf Schieds-

---

[1] Ausführlich BGH NJW 1997, 2601 ff. mwN.
[2] BGH NJW 1997, 2601 ff.; Wieczorek/Schütze/*Heß* § 717 Rn. 11.
[3] *Zöller/Herget* ZPO § 717 Rn. 3.
[4] *Hessel/Schellhorn* GRUR 2017, 672 (673).
[5] *Lunze*, Rechtsfolgen des Fortfalls des Patents, S. 135 ff.

sprüche entsprechend anwendbar (§ 1065 Abs. 2 S. 2). Parallele Schadensersatzansprüche finden sich in § 945 für den Arrest bzw. die einstweilige Verfügung und § 28 Abs. 1 S. 1 AVAG. Für die Vollstreckung nicht rechtskräftiger Urteile des Einheitlichen Patentgerichts findet sich eine Schadensersatzvorschrift in Regel 354 Abs. 4 der Verfahrensordnung[6].

In **anderen Fällen der Prozessbeendigung,** beispielsweise Erledigung der Hauptsache,[7] Klagerücknahme nach § 269 Abs. 3,[8] Prozessvergleich,[9] Wiedereinsetzung in den vorigen Stand ist § 717 Abs. 2 nicht anwendbar. Keine Anwendung findet § 717 Abs. 2 auch bei Vollstreckungsklagen nach §§ 767, 771, da diese selbständig sind.[10] 7

Nach einer älteren Entscheidung des RG[11] soll § 717 Abs. 2 im Falle eines **Wiederaufnahmeverfahrens** nicht anwendbar sein, da hier ein rechtskräftiger Titel vorgelegen habe, mithin dem Schuldner kein Schaden durch eine vorläufig eingeräumte Vollstreckungsbefugnis entstanden sei. Diese etwas formale Betrachtung lässt zum Einen außer Acht, dass die Regelungen des Wiederaufnahmeverfahrens per se Ausnahmecharakter haben und gerade, wenn es zu einer Wiederaufhebung kommt, feststeht, dass dem Schuldner ein signifikanter Schaden entstanden ist. Zum anderen ist die Erwägung des RG aufgrund der Besonderheiten der Verfahren des gewerblichen Rechtsschutzes, insbesondere der Patentverletzungsverfahren wegen der spezifischen, sich aus dem Trennungsprinzip ergebenden Probleme (→ Rn. 4), nicht auf Verfahren des gewerblichen Rechtsschutzes übertragbar. Bei diesen ist gerade zu berücksichtigen, dass die spätere rückwirkende Nichtigerklärung des Schutzrechts systemimmanent ist und dem Vollstreckungsschuldner, wenn das Verletzungsurteil bereits rechtskräftig geworden ist und die Nichtigerklärung des Schutzrechts erst danach erfolgt, nur die Möglichkeit eines Wiederaufnahmeverfahrens nach § 580 Nr. 6 bleibt (§§ 704, 580). Aus diesem Grund spricht viel dafür, dass § 717 Abs. 2 jedenfalls in Verfahren des gewerblichen Rechtsschutzes auch im Falle einer Aufhebung des Urteils im Zuge eines Wiederaufnahmeverfahrens anwendbar ist. 8

II. Schadensersatzanspruch

1. Rechtsnatur. § 717 Abs. 2 S. 1 begründet einen materiell-rechtlichen Schadensersatzanspruch. Dieser entsteht mit der Aufhebung bzw. Abänderung des für vorläufig vollstreckbar erklärten Urteils.[12] Für die Schadensberechnung gelten die §§ 249 ff. BGB einschließlich des Einwands des Mitverschuldens des Gläubigers (§ 254 BGB).[13] 9

Der Schadensersatzanspruch ist **nicht auflösend bedingt,** so dass er nicht wieder entfällt, wenn der Vollstreckungsschuldner später erneut vorläufig vollstreckbar verurteilt werden sollte. Jedoch erlischt ein einmal entstandener Anspruch jedenfalls dann, wenn der Vollstreckungsschuldner letztendlich rechtskräftig verurteilt wird.[14] 10

2. Voraussetzungen. Der Schadensersatzanspruch entsteht, wenn die Voraussetzungen der vorläufigen Vollstreckung des erstinstanzlichen Urteils erfüllt werden – insbesondere wie im Regelfall die Erbringung der nach § 709 erforderlichen Sicherheit –, das erstinstanzliche Urteil aufgehoben oder abgeändert wird und dem Vollstreckungsschuldner durch die Vollstreckung oder die zur Abwendung der Vollstreckung gemachte Leistung einen Schaden entstanden ist. 11

Nur insoweit sich der Schuldner **dem Vollstreckungsdruck** des Gläubigers **gebeugt** hat, ist ihm ein Schaden durch die Vollstreckung oder die zur Abwendung der Vollstreckung gemachte Leistung entstanden. Erfüllt der Schuldner eine ihm durch Urteil auferlegte Unterlassungsverpflichtung, bevor der Gläubiger die ihm obliegende Sicherheit erbracht und dies dem Schuldner mitgeteilt hat, leistet er regelmäßig nicht zur Abwendung der Vollstreckung.[15] Selbst wenn der Gläubiger die Sicherheitsleistung stellt und nachweist, liegt kein Vollstreckungsdruck vor, wenn der Gläubiger ausdrücklich erklärt oder sich aus den Umständen ergibt, dass trotz Vorliegens der Voraussetzungen von der Vollstreckung noch abgesehen wird.[16] 12

3. Umfang des Vollstreckungsschadens. Der Gläubiger muss den früheren **Zustand vor Vollstreckung wiederherstellen** durch Rückgabe all dessen, was der Schuldner gezahlt oder geleistet hat, insbesondere auch durch Unterlassung, sofern der Schaden kausal auf der Vollstreckung des erstinstanzlichen Urteils beruht. Ebenso sind Leistungen zur Abwendung der Zwangsvollstreckung zu 13

---

[6] Abrufbar auf der Homepage des Unified Patent Court www.unified-patent-court.org.
[7] BGH NJW-RR 1988, 650 ff.
[8] OLG Düsseldorf OLGR 1995, 177 f.
[9] OLG Düsseldorf NJW-RR 1992, 1530 f.; OLG Karlsruhe OLGZ 1979, 370 ff.
[10] MüKoZPO/*Götz* § 717 Rn. 12.
[11] RGZ 91, 195 (201 f.).
[12] BGH NJW 1997, 2601 ff.
[13] Prütting/Gehrlein/*Kroppenburg* § 717 Rn. 13 f.
[14] BGH NJW 1997, 2601 (2604); NJW-RR 2009, 658 f.
[15] BGH GRUR 1996, 812 ff. – Unterlassungsurteil gegen Sicherheitsleistung; MüKoZPO/*Götz* § 717 Rn. 15; Musielak/Voit/*Lackmann* § 717 Rn. 9; Kindl/Meller-Hannich/Wolf/*Giers/Scheuch* § 717 Rn. 9.
[16] BGH GRUR 2011, 364 (366) – Steroidbeladene Körner.

erstatten. Zum Vollstreckungsschaden gehören weiterhin Aufwendungen zur Beschaffung einer Sicherheit, beispielsweise die Kosten für eine Bankbürgschaft,[17] entgangener Gewinn, Zinsschäden, Zwangsgelder. Dagegen stellen Ordnungsgelder gemäß § 890 ZPO keinen nach § 717 Abs. 2 erstattungsfähigen Schaden dar, da die Zuwiderhandlung allein durch den Schuldner verantwortet und nicht Folge der im Verantwortungsbereich des Gläubigers liegenden Vollziehung ist.[18] Hinsichtlich der Höhe des möglichen Vollstreckungsschadens kommt es allein auf den Gewinn derjenigen Gesellschaft an, gegen die sich die Zwangsvollstreckung richtet. Ein mit der Muttergesellschaft bestehender Gewinnabführungsvertrag ist ebenso irrelevant wie eine Bewertung des Unternehmenswerts durch Finanzinvestoren, da letztere grundsätzlich keine belastbaren Rückschlüsse auf die gerade in Deutschland im drohenden Vollstreckungszeitraum zu erwartenden Umsätze oder Gewinne zulässt. Preisvorstellungen hinsichtlich des „Abverkaufs" der Patentfamilie, zu der das Klagepatent gehört, sind ebenso ohne Belang.[19]

14 Erforderlich ist die **Kausalität** des Schadens mit der Durchführung der Zwangsvollstreckung. Sofern die Zwangsvollstreckung noch nicht konkret droht, beispielsweise weil der Vollstreckungsgläubiger noch keine Sicherheit für die vorläufige Vollstreckbarkeit nach § 709 geleistet hat, der Vollstreckungsschuldner sich dennoch dem Urteil unterwirft, fehlt es in der Regel an der Kausalität, da ein Ordnungsgeld solange nicht verhängt werden kann, wie die vorläufige Vollstreckbarkeit des Urteils mangels Erbringung der Sicherheitsleistung nicht gegeben ist.

15 Schwierigkeiten in der Praxis dürfte regelmäßig die Berechnung des Schadens, der durch die **Vollstreckung des Unterlassungstitels** entstanden ist, bereiten.[20] Konkrete Anhaltspunkte für die Schadensberechnung gibt es nur dann, wenn der Unterlassungsanspruch vollstreckt wird und der Vollstreckungsschuldner bereits im Markt tätig war und seinen Schaden in Form des Verlusts von Marktanteilen, Umsätzen, Kosten des Rückrufs und der Information der Abnehmer, Stornierung von Aufträgen und Bestellungen konkret darlegen kann. Problematisch ist eine Schadensberechnung immer dann, wenn der Vollstreckungsschuldner noch nicht oder erst sehr kurzfristig im Markt war bzw. nur Angebots- aber noch keine Vertriebshandlungen vorgenommen hat. Da in diesen Fällen häufig allenfalls ein hypothetischer Schadensverlauf dargelegt werden kann und der Schuldner häufig nicht mit der für einen Schadensersatzprozess erforderlichen Darlegung des konkret erlittenen Schadens aufwarten kann, **läuft der Schadensersatzanspruch des § 717 Abs. 2 in der Praxis häufig ins Leere**. Das LG Düsseldorf hat sich kürzlich im Rahmen von § 945 ausführlich mit der Berechnung eines hypothetischen Schadensverlaufs befasst, wobei die Erwägungen grundsätzlich ebenso für § 717 Abs. 2 gelten müssen.[21] Konkret muss der Schuldner in der Lage sein, seinen hypothetischen Umsatz anhand der Bestimmung von Referenzmärkten und hypothetischen Marktanteilen unter Berücksichtigung von Marktbesonderheiten wie Rabattverträgen zu berechnen, von dem dann Beschaffungskosten und sonstige Kosten abzuziehen sind. Ein Indiz für die Höhe der Beschaffungskosten können die nach Aufhebung des Urteils angefallenen tatsächlichen Kosten sein, sofern kein Anhaltspunkt besteht, dass diese bei einem früheren Markteintritt deutlich anders gewesen wären. Häufig wird der Schuldner zu solch einer konkreten hypothetischen Schadensberechnung nicht in der Lage sein, so dass § 717 Abs. 2 – der dem Schuldner höheren Schutz zugestehen soll als Abs. 3 – in der Praxis häufig ins Leere läuft. Dies erscheint systemwidrig: Abs. 3 sieht zwar lediglich einen Bereicherungsanspruch zugunsten des Vollstreckungsschuldners vor, jedoch könnte der Vollstreckungsschuldner die von ihm geleistete und vom Vollstreckungsgläubiger erlangte Unterlassung nach § 812 Abs. 1 S. 2 BGB herausverlangen[22], und dieses Erlangte entsprechend den Grundsätzen der Lizenzanalogie[23] unter Berücksichtigung von § 287 (Schätzung nach billigem Ermessen) eher berechnen (→ Rn. 18 ff.) als einen konkreten Schaden nach § 717 Abs. 2, obwohl von der gesetzgeberischen Wertung her das Haftungsrisiko des Vollstreckungsgläubigers im Falle von Abs. 2 viel höher sein soll als nach Abs. 3.[24]

16 Schwierig ist die Schadensberechnung außerdem dann, wenn nur der Auskunfts- und Rechnungslegungsanspruch vollstreckt wurden, da neben der zwar noch bezifferbaren Arbeitsleistung für die Auskunft und Rechnungslegung der eigentlich maßgebliche Schaden des Vollstreckungsschuldners in der Mitteilung betriebsinterner Informationen liegt – was allerdings kaum berechenbar ist. Auch aus diesem Grund **erfreut sich die vorläufige Vollstreckung nur des Auskunfts- und Rechnungslegungsanspruchs in der Praxis großer Beliebtheit** (→ § 709 Rn. 15 ff.).

17 Es ist durch die Rechtsprechung soweit ersichtlich bisher nicht geklärt, ob Kosten für eine nach Vollstreckung des erstinstanzlichen Urteils notwendige **Umgehungslösung** („Re-Design") zu ersetzen sind. Da der Schuldner so zu stellen ist, wie er stünde, wenn das schädigende Ereignis (die

---

[17] OLG Hamburg MDR 1999, 188; Musielak/Voit/*Lackmann* § 717 Rn. 12.
[18] KG GRUR 1987, 571 f. – Ordnungsgeld kein Schaden mwN; *Teplitzky* Kap. 36 Rn. 37.
[19] Ausführlich OLG Karlsruhe GRUR-RR 2019, 405 Rn. 22 ff. – Drucker.
[20] So auch *Kühnen* Rn. H. 36; s. auch *Hessel/Schellhorn* GRUR 2017, 672 (673 ff.).
[21] LG Düsseldorf BeckRS 2016, 09544.
[22] *Nieder* GRUR 2013, 32 f.; *vom Stein* GRUR 1970, 157 (159 f.).
[23] BGH GRUR 1992, 599 (600) – Teleskopzylinder.
[24] BGH NJW 1978, 163 ff. mwN.

Zwangsvollstreckung) nicht stattgefunden hätte, sind auch Kosten für eine notwendige Umgehungslösung zu ersetzen, sofern sie adäquat kausal durch die Vollstreckung verursacht wurden.[25]

Lizenzgebühren, die der Schuldner an einen Dritten zahlt, um die Zwangsvollstreckung abzuwenden, sind soweit als Vollstreckungsschaden ersatzfähig.[26] Das OLG Düsseldorf hat in diesem Zusammenhang klargestellt, dass der zu ersetzende Schaden nicht zwingend „deckungsgleich" mit der erbrachten Leistung (dh der Unterlassung) sein muss, sondern im Einzelfalls durchaus höher sein kann, da auch weitere Schäden, die der Vollstreckungsschuldner erlitten hat, von Abs. 2 umfasst werden. 18

Grundsätzlich liegt ein über Abs. 2 zu ersetzender Schaden auch bei einem **Rückruf** oder einer **Vernichtung** nach § 140a PatG vor, wenn sich diese im Nachhinein als ungerechtfertigt herausstellen. Schwierig dürfte in der Praxis allerdings die Bezifferung des Schadens sein, da der interne Verwaltungsaufwand für die Organisation eines Rückrufs kaum subtantiierbar ist, wenn nicht zusätzliches Personal allein für diese Aufgabe eingestellt wurde. Leichter nachweisbar sind die durch den Rückruf entstandenen Kosten, wenn der Vollstreckungsschuldner seinen Kunden den Neupreis ersetzen musste, aber nur gebrauchte Ware zurückgenommen hat, so dass der Differenzbetrag einen nach Abs. 2 ersatzfähigen Schaden darstellt.[27] Gleiches gilt, wenn die zurückgerufene Ware zwischenzeitlich aus hygienischen, regulatorischen, arzneimittelrechtlichen oder aus Qualitätsmanagementgründen vernichtet werden musste bzw. nach Aufhebung des Rückruftitels wegen nur noch kurzer Haltbarkeitsdauer nicht mehr verkäuflich ist. 19

4. Zeitliche Begrenzung des Schadensersatzanspruches. Der verschuldensunabhängige Schadensersatzanspruch nach § 717 Abs. 2 gilt nur für die in der Zeit bis zum Erlass des Berufungsurteils entstandenen Schäden. Für Vollstreckungsschäden, die nach Erlass des Berufungsurteils entstanden sind, gilt dann § 717 Abs. 3. 20

5. Geltendmachung des Schadensersatzanspruches. Solange die Hauptsache noch anhängig ist, kann der Beklagte den Schadensersatzanspruch im anhängigen Rechtsstreit, regelmäßig in Form einer Widerklage, geltend machen (Abs. 2 S. 2).[28] 21

III. Bereicherungsanspruch

Bei der Vollstreckung von Berufungsurteilen nach § 708 Nr. 10 gilt die gesetzgeberische Wertung, dass Berufungsurteilen eine stärkere Richtigkeit innewohne, so dass diese hinsichtlich der Vollstreckungsschäden privilegiert werden.[29] In noch stärkerem Maße als bei der Vollstreckung erstinstanzlicher Entscheidungen hat daher das Vollstreckungsinteresse des Vollstreckungsschuldners Vorrang.[30] Dem Vollstreckungsschuldner steht daher nur ein Bereicherungsanspruch (Abs. 3 S. 3) im Falle der vorläufigen Vollstreckung aus einem Berufungsurteil zu, das später aufgehoben oder abgeändert wird. Gleiches gilt, wenn das erstinstanziale Urteil zeitlich erst nach der Bestätigung durch die Berufungsinstanz vollstreckt wird.[31] 22

Die Bereicherungshaftung geht auf **Rückgabe des Empfangenen einschließlich der gezogenen Nutzungen,** umfasst also auch die Haftung für die Erlangung der Unterlassung[32]. Es ist fraglich, ob der Einwand des Gläubigers, aus der Unterlassung keine Vorteile gezogen zu haben, zu einem Wegfall des „Geleisteten" im Sinne des Abs. 3 S. 2 führen kann.[33] Dies ist dogmatisch und vor dem Hintergrund der Ausschließlichkeitswirkung der gewerblichen Schutzrechte fraglich: Das vom Schuldner „Geleistete" und vom Gläubiger „Erlangte" ist allein die Unterlassung[34], dh das Fernbleiben des Schuldners vom Markt. Auf ein Handeln des Gläubigers oder eine Vorteilsziehungsabsicht kann es daher nicht ankommen. Bleibt ein Wettbewerber vom Markt, entstehen zwangsläufig faktische Wettbewerbsvorteile für den auf dem Markt verbliebenen Rechtsinhaber. Gleiches gilt, wenn der Rechtsinhaber Lizenzen an andere Marktteilnehmer vergeben hat, die diese ausüben und damit von der Unterlassung des Schuldners profitiert haben. Vor diesem Hintergrund ist der Einwand, keine Vorteile gezogen zu haben, ohnehin ausgeschlossen. Anders mag dies allenfalls dann zu beurteilen sein, wenn sowohl der Rechtsinhaber selbst als auch Lizenznehmer nicht am Markt präsent sind, was jedoch einen absoluten Ausnahmefall darstellen dürfte. 23

---

[25] So auch *Allekotte* GRUR-Prax 2014, 119 (120); *Hessel/Schellhorn* GRUR 2017, 672 (675 f.).
[26] OLG Düsseldorf GRUR-RS 2015, 01826, das die Schadensersatzklage im Ergebnis aber mangels Kausalität dennoch als unbegründet zurückwies, weil die Schuldnerin die Lizenz mit dem Dritten nicht zur Abwendung der Zwangsvollstreckung vereinbart habe, unabhängig von der drohenden Zwangsvollstreckung den Lizenzierungsentschluss bereits getroffen hatte; *Hessel/Schellhorn* GRUR 2017, 672 (676).
[27] So auch *Allekotte* GRUR-Prax 2014, 119 (120).
[28] Soergel/*Herget* § 717 Rn. 13.
[29] BGH NJW 1978, 163 ff.; Soergel/*Herget* § 717 Rn. 16; HK-ZPO/*Kindl* § 717 Rn. 1.
[30] OLG Düsseldorf BeckRS 2011, 08395.
[31] BGH NJW 1978, 163 ff.
[32] Ausführlich *Nieder* GRUR 2013, 32 f., mwN; *vom Stein* GRUR 1970, 157 (159 f.); Stein/Jonas/*Münzberg* ZPO § 717 Rn. 53.
[33] Dieser Ansicht *vom Stein* GRUR 1970, 157 (159 f.); Stein/Jonas/*Münzberg* ZPO § 717 Rn. 53.
[34] So auch *Nieder* GRUR 2013, 32 f.

24 Nach § 818 Abs. 2 BGB hat der Gläubiger für das Erlangte Wertersatz zu leisten, wenn – wie im gewerblichen Rechtsschutz im Regelfall – wegen der Beschaffenheit des Erlangten dessen Herausgabe nicht möglich ist. Im Falle der Bereicherung durch Unterlassen des Schuldners ist der Wertersatz nach Maßgabe der Lizenzanalogie zu berechnen.[35]

25 Die Entreicherungseinrede des § 813 Abs. 3 ist wegen Abs. 3 S. 4 nicht anwendbar, denn der Gläubiger haftet von Anfang an verschärft.[36] Da es sich um einen Bereicherungsanspruch handelt, ist auch hier ein Verschulden des Vollstreckungsgläubigers nicht erforderlich. Der Bereicherungsanspruch kann durch Zwischenantrag, Widerklage oder selbständige Klage geltend gemacht werden.

IV. Lizenznehmer

26 Handelt es sich bei dem ersatzpflichtigen Vollstreckungsgläubiger um einen Lizenznehmer des Rechtsinhabers, der das Schutzrecht in der Vergangenheit gegen Verletzer durchgesetzt und die Verletzungsurteile vorläufig vollstreckt hat und sich nun in Folge der Nichtigerklärung des lizenzierten Schutzrechts Schadensersatz- bzw. Entschädigungsansprüchen nach § 717 Abs. 2 oder Entschädigung nach § 717 Abs. 3 ausgesetzt sieht, so können ihm deswegen uU **vertragliche Schadensersatzansprüche nach § 311a BGB bzw. Ansprüche auf Rückzahlung der Lizenzgebühren gegen seinen Lizenzgeber nach §§ 346 Abs. 1, 326 Abs. 4 BGB** zustehen, sofern die Vertragsparteien nichts abweichendes geregelt haben.[37]

§ 718 Vorabentscheidung über vorläufige Vollstreckbarkeit

(1) ¹In der Berufungsinstanz ist über die vorläufige Vollstreckbarkeit auf Antrag vorab zu entscheiden. ²Die Entscheidung kann ohne mündliche Verhandlung ergehen; § 128 Absatz 2 Satz 2 gilt entsprechend.

(2) **Eine Anfechtung der in der Berufungsinstanz über die vorläufige Vollstreckbarkeit erlassenen Entscheidung findet nicht statt.**

1 § 718 ermöglicht eine **Korrektur der erstinstanzlichen fehlerhaften Entscheidung über die vorläufige Vollstreckbarkeit,** bevor eine Sachentscheidung in der Berufungsinstanz stattfindet.[1] Der von Anfang an bestehenden Unrichtigkeit steht der Fall gleich, dass nachträglich eingetretene oder bekannt gewordene Umstände die erstinstanzliche Vollstreckbarkeitsentscheidung als unrichtig erscheinen lassen.[2]

2 Voraussetzung ist, dass **das erstinstanzliche Urteil angefochten wird.** Insoweit das erstinstanzliche Urteil nicht angefochten wird, gilt hinsichtlich der vorläufigen Vollstreckbarkeit § 537.

3 Ist die vorläufige Vollstreckung nach §§ 719, 707 eingestellt, fehlt das **Rechtsschutzbedürfnis** für einen Antrag nach § 718.[3]

4 Jede Partei kann **Antrag auf Vorabentscheidung** stellen, auch der Kläger.[4] Es entscheidet der Senat des OLG aufgrund mündlicher Verhandlung durch Teilurteil.[5] Dieses ist nicht anfechtbar (§ 718, Abs. 2). Eine Prognose der Erfolgsaussichten der Berufung findet nicht statt.[6] Im Übrigen gilt zu beachten, dass der Antrag auf Korrektur der Sicherheitsleistung unabhängig von seinen Erfolgsaussichten eine Anpassung des Streitwerts im Berufungsverfahren nach sich ziehen kann,[7] da die Höhe des Streitwerts und Höhe der Sicherheitsleistung üblicherweise übereinstimmen (→ § 709 Rn. 4 ff.).

5 Der Antrag auf Herab- oder Heraufsetzung der Sicherheitsleistung kann nach Auffassung des OLG Düsseldorf **nicht auf streitige Umstände gestützt werden,** die schon innerhalb der letzten **mündlichen Verhandlung in erster Instanz hätten vorgetragen werden können.**[8] Begründet wird dies damit, dass § 718 allein dazu dient, eine vorinstanzlich fehlerhafte Entscheidung zu korrigieren. Anderer Ansicht ist das OLG Köln[9], das argumentiert, dass sich § 718 nicht entnehmen lasse, dass neuer Sachvortrag präkludiert wäre, da die Frist des § 714 Abs. 1 in diesem Fall nicht einschlägig ist.

---

[35] *Nieder* GRUR 2013, 32 (34).
[36] *vom Stein* GRUR 1970, 157 (159); MüKoZPO/*Götz* ZPO § 717 Rn. 30; Zöller/*Herget* ZPO § 717 Rn. 17.
[37] Ausführlich *Lunze* ZGE 2011, 282 ff.
[1] OLG Düsseldorf InstGE 9, 47 (49) – Zahnimplantat; OLG Düsseldorf InstGE 11, 116 – Strahlregler; Zöller/*Herget* § 718 Rn. 1.
[2] OLG Düsseldorf InstGE 9, 47 (49) – Zahnimplantat.
[3] *Kühnen* Rn. H. 63; MüKoZPO/*Götz* § 718 Rn. 1, 3.
[4] OLG Zweibrücken BeckRS 2008, 09344; Fitzner/Lutz/Bodewig/*Voß* PatG Vor §§ 139 ff. Rn. 221.
[5] OLG Karlsruhe GRUR-RR 2019, 405 Rn. 20 – Drucker; Haedicke/Timmann PatR-HdB/*Chakraborty/Haedicke* § 15 Rn. 680; Tenorierungsbeispiele bei *Kühnen* Rn. H.69 ff.
[6] OLG Düsseldorf InstGE 9, 47 (49 ff.) – Zahnimplantat.
[7] *Kühnen* Rn. H.68.
[8] OLG Düsseldorf InstGE 9, 47 – Zahnimplantat; Fitzner/Lutz/Bodewig/*Voß* PatG Vor §§ 139 ff. Rn. 220; Musielak/Voit/*Lackmann* § 718 Rn. 2.
[9] GRUR 2000, 253 – Anhebung der Sicherheitsleistung.

Die **Festsetzung von Teilsicherheiten** kann in Ausnahmefällen nachträglich im Wege des § 718 **6** erreicht werden. Grundsätzlich hat der Gläubiger die Festsetzung von Teilsicherheiten spätestens in der letzten mündlichen Verhandlung zu beantragen (→ § 709 Rn. 19). Eine spätere Korrektur der vorläufigen Vollstreckbarkeit des erstinstanzlichen Urteils kommt nur in Betracht, wenn erst nach dem Ende der mündlichen Verhandlung besondere Umstände zu Tage treten, die eine Festsetzung von Teilsicherheiten rechtfertigen, weil nur eine teilweise Vollstreckung sinnvoll bzw. möglich ist. Beispiele:

Stellt sich die **Vollstreckung einer Geldforderung** in der titulierten Höhe als aussichtslos heraus, **7** kann dem Gläubiger durch Festsetzung einer geringeren Teilsicherheit die Vollstreckung wenigstens eines Teils der Gesamtforderung ermöglicht werden.[10]

Die getrennte **Vollstreckung des Kostenausspruchs** kann erforderlich werden, weil nach der **8** ersten Instanz die Gefahr der Insolvenz des Vollstreckungsschuldners bekannt geworden ist.[11]

Die Festsetzung von **Teilsicherheiten für den Unterlassungsanspruch** einerseits und **den Aus- 9 kunft- und Rechnungslegungsanspruch** andererseits kommt in Betracht, wenn **nach dem Schluss** der mündlichen Verhandlung in erster Instanz neue Umstände zu Tage treten, die die getrennte Durchsetzung erforderlich machen.[12] Dies ist beispielsweise der Fall, wenn zunächst kein Erfordernis für die getrennte Durchsetzung des Unterlassungsanspruchs bestand, weil der Vollstreckungsschuldner die gewerbliche Nutzung des angegriffenen Gegenstandes eingestellt hatte, und keine Anhaltspunkte für eine Wiederaufnahme der untersagten Handlung vorlagen, der Vollstreckungsschuldner später jedoch die Nutzung der Verletzungsform wieder aufgenommen hat. Umgekehrt kann die Zwangsvollstreckung des erstinstanzlich zuerkannten Auskunfts- und Rechnungslegungsanspruchs erforderlich werden, wenn der Schuldner sich zwar für den Fall seiner Verurteilung zur Erfüllung des Auskunftsanspruchs verpflichtet hatte, sich später aber herausstellt, dass er die Zusage zur freiwilligen Erteilung der zuerkannten Auskunft nicht eingehalten hat.[13]

Das Berufungsgericht kann die Sicherheitsleistung auch herabsetzen, wenn dafür konkrete Anhalts- **10** punkte bestehen wie zB die von der ersten Instanz bei der Streitwertberechnung auf Basis des klägerischen Umsatzes nicht berücksichtigte Unterscheidung zwischen Umsatz und Gewinnmarge.[14]

Die Vollstreckung von **Entscheidungen des Einheitlichen Patentgerichts** erfolgt nach Art. 82 **11** Abs. 1 EGPÜ, Regel 354 (1) Verfahrensordnung. Das nationale Recht ist nur subsidiär anwendbar.[15] Dies gilt auch für vollstreckungsrechtliche Rechtsbehelfe. Vor diesem Hintergrund verbleibt angesichts der Regelungen im EGPÜ/Rules of Procedure kein Anwendungsbereich für eine subsidiäre Anwendbarkeit von § 718, da die Bestimmung der Sicherheitsleistung allein in den Kompetenzbereich des Einheitlichen Patentgerichts fällt.

§ 719 Einstweilige Einstellung bei Rechtsmittel und Einspruch

(1) ¹Wird gegen ein für vorläufig vollstreckbar erklärtes Urteil der Einspruch oder die Berufung eingelegt, so gelten die Vorschriften des § 707 entsprechend. ²Die Zwangsvollstreckung aus einem Versäumnisurteil darf nur gegen Sicherheitsleistung eingestellt werden, es sei denn, dass das Versäumnisurteil nicht in gesetzlicher Weise ergangen ist oder die säumige Partei glaubhaft macht, dass ihre Säumnis unverschuldet war.

(2) ¹Wird Revision gegen ein für vorläufig vollstreckbar erklärtes Urteil eingelegt, so ordnet das Revisionsgericht auf Antrag an, dass die Zwangsvollstreckung einstweilen eingestellt wird, wenn die Vollstreckung dem Schuldner einen nicht zu ersetzenden Nachteil bringen würde und nicht ein überwiegendes Interesse des Gläubigers entgegensteht. ²Die Parteien haben die tatsächlichen Voraussetzungen glaubhaft zu machen.

(3) **Die Entscheidung ergeht durch Beschluss.**

Übersicht

	Rn.
A. Allgemeine Grundlagen	1
B. Einstellung im Berufungsverfahren	3
C. Einstellung im Revisionsverfahren	11
D. Entscheidung des Gerichts	20
E. Anwendbarkeit von § 719 im Einheitlichen Patentgerichtssystem	21

---

[10] OLG Frankfurt a. M. NJW-RR 1997, 620 ff.
[11] OLG Düsseldorf BeckRS 2012, 21291.
[12] OLG Düsseldorf BeckRS 2012, 08567, wobei die Festsetzung von Teilsicherheiten in diesem Fall mangels Erforderlichkeit abgelehnt wurde, da die klagende Partei spätestens im Zeitpunkt der letzten mündlichen Verhandlung einen Antrag auf Festsetzung von Teilsicherheiten hätte stellen müssen.
[13] OLG Düsseldorf InstGE 11, 116 – Strahlregler.
[14] OLG Düsseldorf BeckRS 2012, 08567.
[15] S. auch *Leistner* GRUR 2016, 217 (218).

A. Allgemeine Grundlagen

1 § 719 Abs. 1 erklärt die Vorschriften des **§ 707** zur einstweiligen Einstellung der Zwangsvollstreckung **im Fall des Einspruchs oder der Berufung gegen ein vorläufig vollstreckbar erklärtes Urteil für entsprechend anwendbar.** § 719 gilt grundsätzlich auch bei Berufungsverfahren in Arrest- und einstweiligen Verfügungsverfahren, wobei die einstweilige Einstellung der Zwangsvollstreckung aus einem Urteil, das eine einstweilige Verfügung bestätigt oder erlässt, nur ausnahmsweise in Betracht kommt. Hinsichtlich der einstweiligen Einstellung in der Revisionsinstanz enthält Abs. 2 selbständige Regelungen.

2 Hinsichtlich der **allgemeinen Einstellungsvoraussetzungen** wird auf die Kommentierung in § 707 verwiesen.

B. Einstellung im Berufungsverfahren

3 Im Falle eines Einstellungsantrags nach Berufungseinlegung ist gemäß § 719 zunächst die Berufungsbegründung abzuwarten und anschließend eine **summarische Prüfung der Zulässigkeit und Erfolgsaussichten des Rechtsmittels** vorzunehmen.[1] Generell gilt die gesetzgeberische Wertung, dass die Gläubigerinteressen Vorrang haben, dies gilt in besonderem Maße im Patentrecht[2] (→ § 704 Rn. 2f.). Ein in der Vorinstanz nicht gestellter Schuldnerschutzantrag nach § 712 kann im Rahmen des Berufungsverfahrens nicht nachgeholt werden[3] (→ § 714 Rn. 3). Davon unberührt ist ein Antrag nach § 719 Abs. 1 gleichwohl zulässig, dh die Rechtsprechung des BGH zur Einstellung im Revisionsverfahren ist auf das Berufungsverfahren insoweit nicht übertragbar.[4] Bei der vom Gericht vorzunehmenden Abwägung der Erfolgsaussichten ist dennoch zusätzlich zu berücksichtigen, ob der Schutzantrag bereits in der Vorinstanz möglich gewesen wäre oder erst aufgrund neu entstandener Umstände im Rahmen der Berufungsinstanz als Antrag nach § 719 gestellt wird.

4 Die Einstellung der Zwangsvollstreckung ist grundsätzlich nur dann gerechtfertigt, wenn entweder bereits im Zeitpunkt der Entscheidung über den Einstellungsantrag bei der gebotenen summarischen Prüfung festgestellt werden kann, dass das angefochtene Urteil voraussichtlich keinen Bestand haben wird oder wenn der Schuldner die Gefahr eines besonderen Schadens darlegen und glaubhaft machen kann, der über die allgemeinen Vollstreckungswirkungen hinausgeht.[5] Für die Erfolgsaussichten der Berufung sind die Feststellungen der ersten Instanz entscheidend. Können diese das Urteil im Rahmen einer summarischen Prüfung nicht tragen, hat der Antrag Erfolg.[6] Ob das Urteil der ersten Instanz aufgrund weiterer Feststellungen, die ggf. in der Berufungsinstanz getroffen werden können, Bestand hat und die Berufung zurückgewiesen werden wird ist unbeachtlich. Der Gläubiger hat kein schutzwürdiges Vertrauen in alternative Begründungen tatsächlicher oder rechtlicher Art, auf die sich das erstinstanzliche Urteil nicht stützt.[7]

5 Bei der summarischen Prüfung der Erfolgsaussichten der Berufung kommt es naturgemäß auf die Umstände des Einzelfalles an.

6 Das OLG Karlsruhe hat entschieden, dass es auf die **Auslegung des konkreten Vertragsinhalts** ankommt, ob der Abschluss eines Vertrags, der nach dem Erlass des für vorläufig vollstreckbar erklärten erstinstanzlichen Urteils geschlossen wird und mit dem der Vollstreckungsschuldner eine der Verurteilung entsprechende Verpflichtung gegenüber dem Gläubiger übernommen hat, dazu führt, dass der Gläubiger aus dem erstinstanzlichen Urteil nicht mehr vollstrecken darf.[8] Im zugrundeliegenden Fall hat es die Aufhebung des einstweiligen Einstellungsbeschlusses angeordnet, da der Lizenzvertrag keine umfassende Abgeltungsklausel enthielt und wegen der besonderen Umstände des Falles das Vertrauen des Lizenzgebers auf korrekte Erfüllung der vertraglichen Pflichten aufgrund der Tatsache, dass es sich um ein **standardessentielles Patent** handelte und der Patentinhaber sich den Vertragspartner mithin nicht frei aussuchen konnte, geringer war und der Gläubiger nach wie vor ein Interesse an der Vollstreckung des erstinstanzlichen Urteils insbesondere hinsichtlich des Auskunfts- und Rechnungslegungsanspruchs hatte.

7 Das OLG Karlsruhe[9] hat demgegenüber die Zwangsvollstreckung eines erstinstanzlichen Patentverletzungsurteils, in dem sich die Beklagte auf den kartellrechtlichen Zwangslizenzeinwand berufen

---

[1] Wieczorek/Schütze/Heß § 719 Rn. 5.
[2] Fitzner/Lutz/Bodewig/Voß PatG Vor §§ 139 ff. Rn. 222.
[3] BGH NJW-RR 2008, 1038 f.; Fitzner/Lutz/Bodewig/Voß PatG Vor §§ 139 ff. Rn. 224.
[4] OLG Hamburg BeckRS 2013, 06273; OLG Düsseldorf MDR 1987, 415 f.; KG MDR 2000, 1455; 2005, 117; aA OLG Frankfurt a. M. (NJW 1984, 2955) und OLG Karlsruhe (NJW-RR 1989, 1470 f.), mit dem Argument, dass § 714 dann praktisch leer liefe, da er nur in Fällen, in denen keine Berufung eingelegt wird, anwendbar wäre.
[5] OLG Düsseldorf GRUR-RS 2016, 01680; BeckRS 2016, 09323; s. auch Haedicke/Timmann PatR-HdB/ Chakraborty/Haedicke § 15 Rn. 668.
[6] OLG Düsseldorf BeckRS 2016, 09323; Fitzner/Lutz/Bodewig/Voß PatG Vor §§ 139 ff. Rn. 223.
[7] OLG Karlsruhe GRUR-RR 2015, 50 – Leiterbahnstrukturen.
[8] OLG Karlsruhe GRUR-RR 2012, 405 (406) – GPRS-Zwangslizenz III.
[9] OLG Karlsruhe Mitt. 2016, 321 (322 ff.) – Informationsaufzeichnungsmedium.

hatte, trotz des beim EuGH anhängigen Vorabentscheidungsverfahrens[10] zu den Kriterien für eine erfolgreiche Geltendmachung des Zwangslizenzeinwands[11] **nicht** vorläufig eingestellt. Die erstinstanzliche Entscheidung war nicht offensichtlich unrichtig, da die Beklagten unstreitig nicht die Anforderungen des BGH gemäß der Orange-Book-Entscheidung erfüllte. Die bloße Anhängigkeit eines Vorabentscheidungsverfahrens genügt für eine Einstellung der Zwangsvollstreckung nicht, da offen ist, ob und inwieweit der EuGH die Kriterien des BGH modifizieren wird und davon auszugehen ist, dass die Beklagte selbst dann die Mindestanforderungen für den kartellrechtlichen Zwangslizenzeinwand nicht erfüllt hat.

Das OLG Düsseldorf[12] und das OLG Karlsruhe[13] haben in Fällen, in denen sich die Beklagte jeweils auf den kartellrechtlichen Zwangslizenzeinwand berufen hatte, die Einstellung der Zwangsvollstreckung aus dem Unterlassungs-, Vernichtungs- und Rückrufanspruch eingestellt, da sich bei summarischer Prüfung des angefochtenen Urteils ein evidenter Rechtsfehler bei der Beurteilung des kartellrechtlichen Zwangslizenzeinwandes zeigt, da das Landgericht sich von der durch den EuGH vorgegebenen Reihenfolge der von Lizenzsucher und Lizenzgeber vorzunehmenden Schritte ohne begründeten Anlass gelöst und die Frage, ob die dortige Klägerin ein FRAND-Lizenzangebot unterbreitet hatte, mit der Begründung offen gelassen hatte, dass die dortige Beklagte jedenfalls kein FRAND-Gegenangebot gemacht habe.

Eine Besonderheit entsteht durch das Trennungsprinzip im **Patentrecht.** Wird ein Klagepatent im Nichtigkeitsverfahren vom BPatG für nichtig erklärt, nachdem im Verletzungsverfahren Berufung gegen ein stattgebendes Urteil eingelegt wurde, ist es grundsätzlich geboten, die Zwangsvollstreckung nach §§ 719 Abs. 1, 707 gegen Sicherheitsleistung einstweilen einzustellen,[14] da davon auszugehen ist, dass ein auf diesem Patent beruhendes Verletzungsurteil keinen Bestand haben wird.

Im **Gemeinschaftsmarkenrecht** enthält Art. 104 Abs. 3 GMV eine Sondervorschrift, die es den Gemeinschaftsmarkengerichten ermöglicht, unabhängig vom nationalen Zivilprozessrecht im Rahmen der Aussetzung des Verletzungsverfahrens wegen eines parallelen Antrags auf Verfall oder Nichtigkeit einstweilige Maßnahmen zu erlassen. Dazu kann, unabhängig von den Voraussetzungen der §§ 719, 707, auch die Einstellung der Zwangsvollstreckung gehören.[15]

C. Einstellung im Revisionsverfahren

Im Revisionsverfahren ist eine vorläufige Einstellung nur unter der **strengeren Voraussetzung eines nicht zu ersetzenden Nachteils,** den der Schuldner durch die Vollstreckung erleidet, und des Fehlens eines überwiegenden Interesses des Gläubigers möglich. Die praktische Bedeutung der Einstellung der Zwangsvollstreckung im Revisionsverfahren ist relativ gering. Auch in diesem Rahmen ist eine Zulässigkeits- und Erfolgsprüfung vorzunehmen und der Schuldner muss einen unersetzlichen Nachteil im Sinne der §§ 707, 712, den er durch die Vollstreckung erleiden würde, darlegen. Der Umstand, dass die Klägerin durch die Zwangsvollstreckung Kenntnis von Betriebs- und Geschäftsgeheimnissen erlangt, stellt keinen unersetzlichen Nachteil dar.[16]

Voraussetzung ist die **Einlegung der Revision,** ein bloßer Antrag auf Prozesskostenhilfe für ein beabsichtigtes Revisionsverfahren genügt nicht.[17]

Hätte der Schuldner bereits **vorinstanzlich Schuldnerschutzanträge stellen können,** weil der unersetzliche Nachteil bereits erkennbar und beweisbar war, kommt eine Einstellung im Revisionsverfahren grundsätzlich nicht in Betracht.[18] Gleiches gilt, wenn der Antrag zwar formal gestellt, aber nicht oder nicht hinreichend begründet worden ist oder in der Revisionsinstanz eine neue Begründung vorgetragen wird.[19] Hat das Gericht im Berufungsverfahren angekündigt, dass es die Berufung nach § 522 Abs. 2 durch Beschluss zurückweisen werde, dann hätte sich der Schuldner darauf einstellen

---

[10] GRUR 2015, 764 – Huawei/ZTE auf Vorlage des LG Düsseldorf GRUR-RR 2013, 196 – LTE-Standard.
[11] Zum bisherigen Maßstab: BGH GRUR 2009, 694 – Orange-Book-Standard.
[12] OLG Düsseldorf BeckRS 2016, 01679; dagegen wurde die einstweilige Einstellung durch das OLG Düsseldorf abgelehnt in BeckRS 2016, 09323, da sich das Landgericht in diesem Fall mit allen Stadien zumindest vertretbar auseinandergesetzt und keinen vorgelagerten Schritt übergangen hat.
[13] OLG Karlsruhe BeckRS 2016, 17467.
[14] BGH GRUR 2014, 1237 Rn. 5 – Kurznachrichten; OLG Düsseldorf InstGE 9, 173 (174 f.) – Herzklappenringprothese.
[15] OLG Düsseldorf BeckRS 2015, 09732 – Annapurna.
[16] Haedicke/Timmann PatR-HdB/*Chakraborty/Haedicke* § 15 Rn. 676.
[17] BGH BeckRS 2001, 02363.
[18] Ständige Rechtsprechung, s. nur BGH GRUR 1978, 726 – Unterlassungsvollstreckung; BGH GRUR 1980, 329 – Rote Liste; BGH GRUR 1991, 159 f. – Zwangsvollstreckungseinstellung; BGH NJW-RR 2006, 1088; NJW 2012, 1292; Wieczorek/Schütze/*Heß* § 719 Rn. 11. Zuletzt BGH GRUR 2014, 1028 – Nicht zu ersetzender Nachteil; jedoch aufgehoben durch BGH GRUR 2014, 1237 – Kurznachrichten für den Sonderfall der nachträglichen erstinstanzlichen Vernichtung des Klagepatents zu einem Zeitpunkt, in dem sich das Verletzungsverfahren bereits in der Revisionsinstanz befindet.
[19] BGH GRUR 1997, 545 (546) – Einstellungsbegründung II; BGH NJWE-WettbR 1997, 157 (158); Wieczorek/Schütze/*Heß* § 719 Rn. 11.

müssen, dass es voraussichtlich keine mündliche Verhandlung und damit Gelegenheit geben wird, den Antrag in der mündlichen Verhandlung zu stellen und den Vollstreckungsschutzantrag daher durch Einreichung eines Schriftsatzes stellen müssen.[20] Der Schuldner kann sich auch grundsätzlich nicht darauf berufen, dass bereits die Stellung des Antrags ihm einen schweren Nachteil zugefügt hätte, weil die Begründung des Antrags die Offenlegung von Betriebsinterna erfordert hätte.[21]

14 Ausnahmsweise kann insbesondere im **Patentrecht** eine einstweilige Aussetzung der Zwangsvollstreckung auch in der Revisionsinstanz in Betracht kommen, ohne dass der Schuldner zuvor einen Schuldnerschutzantrag nach § 712 gestellt hat, wenn das Klagepatent im parallelen Nichtigkeitsverfahren erstinstanzlich für nichtig erklärt wurde. Sinn und Zweck der Differenzierung zwischen den Voraussetzungen von Abs. 1 und 2 ist die erhöhte Richtigkeitsgewähr, die der Gesetzgeber grundsätzlich mit Berufungsurteilen verbindet,[22] wie der Vergleich von § 708 Nr. 10 und § 717 Abs. 3 einerseits und §§ 709 und 717 Abs. 2 andererseits zeigt. Gleichwohl ist die Richtigkeitsgewähr eines Berufungsurteils in gleichem Maße wie die Richtigkeitsgewähr eines erstinstanzlichen Verletzungsurteils erschüttert, wenn das ihm zugrundeliegende Klagepatent erstinstanzlich vernichtet wird. Die in § 719 Abs. 1 und 2 enthaltene Differenzierung kommt in diesem Fall nicht zum Tragen, so dass § 719 Abs. 1 entsprechend anzuwenden ist, wenn gegen ein Verletzungsberufungsurteil Revision oder Nichtzulassungsbeschwerde eingelegt worden ist, da insoweit eine planwidrige Regelungslücke vorliegt, die § 719 Abs. 1 wegen einer vergleichbaren Sach- und Interessenlage durch analoge Anwendung zu schließen vermag.[23] Eine einstweilige Einstellung kommt indes nicht in Betracht, wenn das Klagepatent in einem nachfolgenden Urteil des Patentgerichts nur teilweise durch die Aufnahme beschränkender Merkmale in einen oder mehrere Patentansprüche für nichtig erklärt worden ist, das Urteil des Berufungsgerichts tatrichterliche Feststellungen enthält, aus denen sich eine Verwirklichung der Patentansprüche auch in der Fassung des patentgerichtlichen Urteils ergibt und die Beklagte nicht aufzeigt, dass diese tatrichterlichen Feststellungen im Berufungsurteil verfahrensfehlerhaft getroffen worden sind.[24]

15 Im **Gemeinschaftsmarkenrecht** ist Art. 104 Abs. 3 GMV auch in der Revisionsinstanz zu beachten (→ Rn. 7).

16 Zur Frage, wann ein **nicht zu ersetzender Nachteil** vorliegt, wird auf die Ausführungen bei → § 707 Rn. 19 ff. verwiesen. Regelmäßig mit der Vollstreckung eines Titels verbundene Nachteile reichen grundsätzlich nicht aus, wie zB im Falle der Durchsetzung eines Unterlassungstitels der Umsatzeinbruch und der nicht wieder aufholbare Verlust von Marktanteilen, ebenso nicht mögliche Ausweichreaktionen von ausländischen Herstellern oder Exporteuren, von denen der Titel selbst nicht betroffen sind.[25] Der Eintritt nicht wiedergutzumachender Folgen bzw. die Vorwegnahme des Prozessergebnisses durch die Vollstreckung ist kein unersetzlicher Nachteil.[26] Ein nicht zu ersetzender Nachteil könnte vorliegen, wenn der Nachteil, der die Einstellung oder die Beschränkung der Vollstreckung rechtfertigt, im Berufungsrechtszug noch nicht erkennbar oder nicht nachweisbar war, und erst im Revisionsrechtszug erkennbar geworden ist und glaubhaft gemacht werden kann.[27] Wehrt sich der Schuldner gegen die Vollstreckung des ohne Wirtschaftsprüfervorbehalt titulierten Auskunfts- und Rechnungslegungsanspruchs, so hätte er bereits bei Stellung des Antrags nach § 712 – wenigstens hilfsweise – auf die Aufnahme eines Wirtschaftsprüfervorbehalts hinwirken müssen.[28]

17 Hat das Berufungsgericht gemäß §§ 708 Nr. 11, 711 angeordnet, dass der Schuldner die vorläufige Vollstreckung durch Sicherheitsleistung abwenden kann, kommt eine Einstellung gemäß § 719 Abs. 2 grundsätzlich nicht in Betracht, wenn der Schuldner Sicherheit geleistet hat und keine Anhaltspunkte dafür vorliegen, dass der Gläubiger seinerseits Sicherheit leisten und die Zwangsvollstreckung einleiten wird.[29]

18 Ob eine Einstellung der Zwangsvollstreckung **mit oder ohne Sicherheitsleistung** zu erfolgen hat, bestimmt sich auch im Falle des § 719 Abs. 2 nach § 707, dh eine Einstellung ohne Sicherheitsleistung ist nur möglich, wenn der Schuldner glaubhaft macht, zur ihrer Erbringung nicht in der Lage zu sein.[30]

---

[20] BGH NJW 2012, 1292 f. (→ § 712 Rn. 8); s. dazu auch BGH BeckRS 2019, 6784 Rn. 5 – Einstweilige Einstellung einer Zwangsvollstreckung: Im Antrag auf einstweilige Einstellung der Zwangsvollstreckung nach §§ 791 Abs. 1, 707 kann grundsätzlich kein Vollstreckungsschutzantrag nach § 712 gesehen werden.
[21] BGH GRUR 1991, 159 – Zwangsvollstreckungseinstellung.
[22] BGH GRUR 1991, 159 – Zwangsvollstreckungseinstellung.
[23] BGH GRUR 2016, 1206 – Mähroboter; BGH GRUR 2014, 1237 Rn. 9, 10 – Kurznachrichten; anders noch BGH GRUR 2014, 1028 – Nicht zu ersetzender Nachteil unter formaler Anwendung von § 719 Abs. 2 wegen des Fehlens eines Schuldnerschutzantrags; ausführlich zum ganzen *Bornhäusser* GRUR 2015, 331.
[24] BGH GRUR 2016, 1206 f. – Mähroboter.
[25] BGH GRUR 2000, 862 – Spannvorrichtung.
[26] BGH GRUR 1991, 159 f. – Zwangsvollstreckungseinstellung; BGH NJWE-WettbR 1999, 139 f.
[27] BGH GRUR 1991, 159 f. – Zwangsvollstreckungseinstellung.
[28] BGH GRUR 1979, 807 – Schlumpfserie; BGH GRUR 1996, 78 f. – Umgehungsprogramm; BGH NJW 1998, 3570 f.
[29] BGH GRUR 2012, 959 – Regalsystem für den Ladenbau.
[30] BGH NJW 2010, 1081.

Sicherungsvollstreckung § 720a ZPO

Eine Übertragung der zu § 719 Abs. 2 zu Revisionssachverhalten ergangenen Rechtsprechung[31] auf **19** Fälle der einstweiligen Einstellung der Zwangsvollstreckung erstinstanzlicher Urteile nach §§ 719 Abs. 1, 707 scheidet wegen der unterschiedlichen Tatbestandsvoraussetzungen aus.[32]

D. Entscheidung des Gerichts

Folgt das Gericht dem Antrag des Schuldners, so stellt es die Zwangsvollstreckung einstweilig durch **20** Beschluss (§ 717 Abs. 3) ein.

E. Anwendbarkeit von § 719 im Einheitlichen Patentgerichtssystem

Die Vollstreckung von Entscheidungen des Einheitlichen Patentgerichts erfolgt nach Art. 82 Abs. 1 **21** EGPÜ, Regel 354 (1) Verfahrensordnung. Das nationale Recht ist nur subsidiär anwendbar. Dies gilt auch für vollstreckungsrechtliche Rechtsbehelfe. Vor diesem Hintergrund verbleibt angesichts der Regelungen im EGPÜ/Rules of Procedure kein Anwendungsbereich für vollstreckungsrechtliche Rechtsbehelfe, soweit sie sich wie § 719 auf den materiellrechtlichen Anspruch beziehen (ausführlich → § 722 Rn. 12a).[33]

§ 720 Hinterlegung bei Abwendung der Vollstreckung

Darf der Schuldner nach § 711 Satz 1, § 712 Abs. 1 Satz 1 die Vollstreckung durch Sicherheitsleistung oder Hinterlegung abwenden, so ist gepfändetes Geld oder der Erlös gepfändeter Gegenstände zu hinterlegen.

§ 720 ist nur anwendbar, wenn der Schuldner die Vollstreckung durch Sicherheitsleistung abwenden **1** darf, die **Sicherheit aber nicht geleistet** hat.[1] Die Zwangsvollstreckung durch den Gläubiger ist zulässig, jedoch ist gepfändetes Geld oder der Erlös gepfändeter Gegenstände zu hinterlegen. Der Gläubiger hat ein Pfändungspfandrecht an dem hinterlegten Geld.[2] Leistet der Schuldner die Sicherheit, nachdem das gepfändete Geld oder der Erlös hinterlegt wurde, ist die Vollstreckungsmaßnahme nach §§ 775 Nr. 3, 776 aufzuheben.

Die praktische Bedeutung ist **gering**, da in Verfahren des gewerblichen Rechtsschutzes eine **2** Pfändung von Geld bzw. Gegenständen zur Befriedigung des Gläubigers äußerst selten stattfindet.

§ 720a Sicherungsvollstreckung

(1) ¹Aus einem nur gegen Sicherheit vorläufig vollstreckbaren Urteil, durch das der Schuldner zur Leistung von Geld verurteilt worden ist, darf der Gläubiger ohne Sicherheitsleistung die Zwangsvollstreckung insoweit betreiben, als
a) bewegliches Vermögen gepfändet wird,
b) im Wege der Zwangsvollstreckung in das unbewegliche Vermögen eine Sicherungshypothek oder Schiffshypothek eingetragen wird.
²Der Gläubiger kann sich aus dem belasteten Gegenstand nur nach Leistung der Sicherheit befriedigen.
(2) Für die Zwangsvollstreckung in das bewegliche Vermögen gilt § 930 Abs. 2, 3 entsprechend.
(3) Der Schuldner ist befugt, die Zwangsvollstreckung nach Absatz 1 durch Leistung einer Sicherheit in Höhe des Hauptanspruchs abzuwenden, wegen dessen der Gläubiger vollstrecken kann, wenn nicht der Gläubiger vorher die ihm obliegende Sicherheit geleistet hat.

Die Sicherungsvollstreckung nach § 720a ist eine Vollstreckungsmaßnahme, bei der lediglich das **1** Erfordernis einer Gläubigersicherheit entfällt. Es ist daher erforderlich, dass die allgemeinen (Titel, Klausel, Zustellung) und besonderen Vollstreckungsvoraussetzungen vorliegen; zudem dürfen keine Vollstreckungshindernisse entgegenstehen.[1*]

---

[31] BGH BeckRS 2008, 16668.
[32] OLG Hamburg BeckRS 2013, 06273.
[33] S. auch *Leistner* GRUR 2016, 217 (218).
[1] BayObLG MDR 1976, 852.
[2] Musielak/Voit/*Lackmann* § 720 Rn. 2.
[1*] MüKoZPO/*Götz* § 720 Rn. 3; Thomas/Putzo/*Seiler* § 720a Rn. 3.

§ 720a soll den Gläubiger, der nicht in der Lage ist, die erforderliche Sicherheit zu leisten, schützen, indem ihm **ausnahmsweise eine Zwangsvollstreckung ohne Sicherheitsleistung** ermöglicht wird.

2 Für die Wirksamkeit der Zwangsvollstreckung gilt in diesem Fall nach § 750 Abs. 3 die Besonderheit, dass die vollstreckbare Ausfertigung binnen einer Wartefrist von zwei Wochen vor Vollstreckung zugestellt werden muss.[2]

3 § 720a ist nur anwendbar, soweit es um die **Vollstreckung einer Geldforderung** geht. Obwohl das Urteil nur gegen Sicherheit vorläufig vollstreckbar ist, darf der Gläubiger gleichwohl ohne Sicherheitsleistung die Zwangsvollstreckung betreiben, soweit er nur bewegliches Vermögen pfändet oder eine Sicherungshypothek bzw. Schiffshypothek eingetragen wird.[3]

4 Der Schuldner kann nach Abs. 3 eine Sicherungsvollstreckung immer durch Leistung einer Sicherheit in Höhe des für den Gläubiger vollstreckbaren Hauptanspruchs abwenden (Abwendungsbefugnis).[4] Der Titel bleibt vorläufig vollstreckbar. Die Zahlung der Abwendungssumme beseitigt nur die Möglichkeit, den Titel ohne Sicherheitsleistung zu vollstrecken.

5 Die praktische Bedeutung ist **gering,** da in Verfahren des gewerblichen Rechtsschutzes eine Pfändung von Geld bzw. Gegenständen zur Befriedigung des Gläubigers äußerst selten stattfindet.

§ 721 Räumungsfrist

(1) ¹Wird auf Räumung von Wohnraum erkannt, so kann das Gericht auf Antrag oder von Amts wegen dem Schuldner eine den Umständen nach angemessene Räumungsfrist gewähren. ²Der Antrag ist vor dem Schluss der mündlichen Verhandlung zu stellen, auf die das Urteil ergeht. ³Ist der Antrag bei der Entscheidung übergangen, so gilt § 321; bis zur Entscheidung kann das Gericht auf Antrag die Zwangsvollstreckung wegen des Räumungsanspruchs einstweilen einstellen.

(2) ¹Ist auf künftige Räumung erkannt und über eine Räumungsfrist noch nicht entschieden, so kann dem Schuldner eine den Umständen nach angemessene Räumungsfrist gewährt werden, wenn er spätestens zwei Wochen vor dem Tage, an dem nach dem Urteil zu räumen ist, einen Antrag stellt. ²§§ 233 bis 238 gelten sinngemäß.

(3) ¹Die Räumungsfrist kann auf Antrag verlängert oder verkürzt werden. ²Der Antrag auf Verlängerung ist spätestens zwei Wochen vor Ablauf der Räumungsfrist zu stellen. ³§§ 233 bis 238 gelten sinngemäß.

(4) ¹Über Anträge nach den Absätzen 2 oder 3 entscheidet das Gericht erster Instanz, solange die Sache in der Berufungsinstanz anhängig ist, das Berufungsgericht. ²Die Entscheidung ergeht durch Beschluss. ³Vor der Entscheidung ist der Gegner zu hören. ⁴Das Gericht ist befugt, die im § 732 Abs. 2 bezeichneten Anordnungen zu erlassen.

(5) ¹Die Räumungsfrist darf insgesamt nicht mehr als ein Jahr betragen. ²Die Jahresfrist rechnet vom Tage der Rechtskraft des Urteils oder, wenn nach einem Urteil auf künftige Räumung an einem späteren Tage zu räumen ist, von diesem Tage an.

(6) Die sofortige Beschwerde findet statt
1. gegen Urteile, durch die auf Räumung von Wohnraum erkannt ist, wenn sich das Rechtsmittel lediglich gegen die Versagung, Gewährung oder Bemessung einer Räumungsfrist richtet;
2. gegen Beschlüsse über Anträge nach den Absätzen 2 oder 3.

(7) ¹Die Absätze 1 bis 6 gelten nicht für Mietverhältnisse über Wohnraum im Sinne des § 549 Abs. 2 Nr. 3 sowie in den Fällen des § 575 des Bürgerlichen Gesetzbuchs. ²Endet ein Mietverhältnis im Sinne des § 575 des Bürgerlichen Gesetzbuchs durch außerordentliche Kündigung, kann eine Räumungsfrist höchstens bis zum vertraglich bestimmten Zeitpunkt der Beendigung gewährt werden.

§ 722 Vollstreckbarkeit ausländischer Urteile

(1) **Aus dem Urteil eines ausländischen Gerichts findet die Zwangsvollstreckung nur statt, wenn ihre Zulässigkeit durch ein Vollstreckungsurteil ausgesprochen ist.**

(2) **Für die Klage auf Erlass des Urteils ist das Amtsgericht oder Landgericht, bei dem der Schuldner seinen allgemeinen Gerichtsstand hat, und sonst das Amtsgericht oder Landgericht zuständig, bei dem nach § 23 gegen den Schuldner Klage erhoben werden kann.**

Übersicht

	Rn.
A. Allgemeine Grundlagen	1
B. Verfahren	2
C. Spezialgesetzliche Regelungen	6
I. Vollstreckung von Urteilen nach EuGVVO und LugÜ	7
II. Entscheidungen des EuGH und des EuG	10
III. Entscheidungen des Einheitlichen Patentgerichts („Unified Patent Court")	11
1. Anwendbares Recht	11
2. Unterlassungsanordnungen	15
3. Handlungsanordnungen (insbs. Auskunft)	17
4. Rückruf, Beseitigung, Vernichtung	18

---

[2] MüKoZPO/*Götz* § 720 Rn. 3; Musielak/Voit/*Lackmann* § 720a Rn. 2; Thomas/Putzo/*Seiler* § 720a Rn. 4.
[3] Thomas/Putzo/*Seiler* § 720a Rn. 5 f.
[4] MüKoZPO/*Götz* § 720 Rn. 5; Musielak/Voit/*Lackmann* § 720a Rn. 3.

	Rn.
5. Schadensersatz, Zwangsgelder, Kosten	19
6. Anordnungen während des Verfahrens	21

A. Allgemeine Grundlagen

§§ 722 und 723 regeln die Vollstreckbarkeit ausländischer Urteile. Sie ist grundsätzlich nur möglich **1** (s. Ausnahmen in → Rn. 6 ff.), wenn ein **deutsches Vollstreckungsurteil** vorliegt, das Grundlage der Vollstreckung ist.

B. Verfahren

Erforderlich ist eine Klage auf Erlass eines Vollstreckungsurteils. Streitgegenstand ist der Anspruch **2** auf Vollstreckbarerklärung des zugrundeliegenden materiellrechtlichen Rechtsverhältnisses.[1] Es handelt sich dabei um eine Gestaltungsklage mit dem Ziel der Vollstreckbarerklärung des ausländischen Titels in Deutschland.[2]

Sachlich sind im Verfahren des gewerblichen Rechtsschutzes im Regelfall die Landgerichte zustän- **3** dig (§§ 23 Nr. 1, 71 Abs. 1 GVG). Die örtliche Zuständigkeit folgt aus §§ 802, 13 ff., 23.[3]

Die Klage ist begründet, wenn eine ausländische Entscheidung vorliegt, die rechtskräftig ist und kein **4** Ausschlussgrund nach §§ 723 Abs. 2 S. 2, 328 besteht.

Eine **Vollstreckungsabwehrklage** entsprechend § 767 gegen das Vollstreckungsurteil ist möglich. **5**

C. Spezialgesetzliche Regelungen

Die praktische Relevanz der §§ 722 und 723 – insbesondere in Verfahren des gewerblichen Rechts- **6** schutzes – ist eingeschränkt, da zahlreiche Spezialgesetze den Anwendungsbereich von §§ 722 und 723 begrenzen.[4] Dies gilt insbesondere für die nachfolgenden Fälle:

I. Vollstreckung von Urteilen nach EuGVVO und LugÜ

In Verfahren des gewerblichen Rechtsschutzes gehören zu den Spezialgesetzen insbesondere das **7** Anerkennungs- und VollstreckungsausführungsG (AVAG), welches für Urteile nach EuGVÜ (Art. 1 Abs. 1 Nr. 1a AVAG; abgelöst durch EuGVVO), dem Lugano-Übereinkommen („LugÜ") (Art. 1 Abs. 1 Nr. 1b AVAG), bestimmte Verträge mit Israel, Norwegen und Spanien (Art. 1 Abs. 1 Nr. 1c – e) AVAG) sowie nach der EuGVVO (Art. 1 Abs. 1 Nr. 2a AVAG) gilt.[5]

Hinsichtlich der EuGVVO nennt Art. 1 Abs. 1 Nr. 2a AVAG bisher nur die Vorgänger-Verord- **8** nung (EG) Nr. 44/2001 („Brüssel I"), jedoch noch nicht die am 10.1.2015 in Kraft getretene Verordnung (EU) 1215/2012 („Brüssel Ia")[6]. Für die Vollstreckung sollte diese gesetzgeberische Nachlässigkeit aber keine Relevanz haben.

Im Falle der EuGVVO richtet sich die Vollstreckbarkeit nach Art. 38 ff. EuGVVO, dh eine Voll- **9** streckbarerklärung des in einem anderen Mitgliedstaat ergangenen Titels ist erforderlich (sog. Exequatur). Hierfür ist gemäß § 3 Abs. 1 AVAG das Landgericht ausschließlich zuständig, in dessen Bezirk der Verpflichtete seinen Wohnsitz hat. Wesentliche Neuerung der am 10.1.2015 in Kraft getretenen VO 1215/2012 ist das Entfallen des sog. Exequatur (s. Art. 38 ff. VO 44/2001), dh ein Gerichtsurteil aus einem EU-Mitgliedstaat kann zukünftig in einem anderen EU-Mitgliedstaat ohne besondere Vollstreckbarerklärung vollstreckt werden (vgl. Art. 39 VO 1215/2012). Die Erteilung der Vollstreckungsklausel richtet sich nach Art. 4 AVAG.

---

[1] Zöller/*Geimer* § 722 Rn. 32.
[2] Musielak/Voit/*Lackmann* § 722 Rn. 7.
[3] Wieczorek/Schütze/*Schütze* § 722 Rn. 13 ff.
[4] Musielak/Voit/*Lackmann* § 722 Rn. 2.
[5] Das Vereinigte Königreich ist infolge des sog. Brexit zwangsläufig als Mitglied der EuGVO zum 31.1.2020 ausgeschieden. Der Aufnahmeantrag des Vereinigten Königreichs in das Lugano-Übereinkommen wurde seitens der EU wegen des fehlenden Bezugs zum Binnenmarkt verweigert, s. Mitteilung der Kommission mit der „Bewertung des Ersuchens des Vereinigten Königreichs Großbritannien und Nordirland um Lugano-Übereinkommen von 2007", 4.5.2021, https://ec.europa.eu/info/sites/default/files/1_de_act_de_0.pdf. Zum Zeitpunkt der Bearbeitung der 3. Auflage bestehen daher hinsichtlich der Anerkennung und Vollstreckung von Entscheidungen keine sondervertraglichen Regelungen mit dem Vereinigten Königreich.
[6] Auch als „Brüssel 1a"-Verordnung bezeichnet VO (EU) 1215/2012 vom 12.12.2012 über die gerichtliche Zuständigkeit und die Anerkennung und Vollstreckung von Entscheidungen in Zivil- und Handelssachen, ABl. 2012 L 351, S. 1 ff.

II. Entscheidungen des EuGH und des EuG

10 **Entscheidungen des EuGH** und **des EuG** sind nach Art. 280, 299 AEUV wie deutsche Urteile vollstreckbar, sofern sie einen vollstreckbaren Inhalt haben.[7] Für die Erteilung der Vollstreckungsklausel ist der/die Bundesjustizministerin zuständig.[8]

III. Entscheidungen des Einheitlichen Patentgerichts („Unified Patent Court")

11 **1. Anwendbares Recht.** Nach **Art. 82 Art. 1 EGPÜ** sind Entscheidungen und Anordnungen des **Einheitlichen Patentgerichts,** dh der Zentralkammer wie der Regional- und Lokalkammern, hinsichtlich des Patents mit einheitlicher Wirkung in allen Vertragsmitgliedstaaten des EGPÜ vollstreckbar. Nach Regel 354 der finalen 18. Fassung des Entwurfs der Verfahrensordnung[9] sollen die Entscheidungen des Einheitsgerichts mit der Zustellung **unmittelbar vollstreckbar** sein nach Maßgabe des Rechts des jeweiligen Vertragsmitgliedstaats, in dem die Vollstreckung stattfinden soll (Abs. 1). Eine Anordnung zur Vollstreckung einer Entscheidung wird der Entscheidung des Gerichts beigefügt.

12 Art. 82 EGPÜ verdrängt in seinem Anwendungsbereich insoweit auch die Rom-II-VO[10] hinsichtlich des anwendbaren Rechts und auch die EuGVVO (s. Art. 71d S. 2 EuGVVO), wenn die Anerkennung und Vollstreckung einer Entscheidung des Einheitlichen Patentgerichts in einem EU-Mitgliedstaat beantragt wird, der zugleich Mitgliedstaat des EGPÜ ist. Die Vollstreckung von Urteilen des Einheitlichen Patentgerichts in Mitgliedstaaten des EGPÜ richtet sich somit allein nach Art. 82 EGPÜ, während sie in EU-Mitgliedstaaten, die nicht Mitglied des EGPÜ (nach derzeitigem Stand: Spanien, Kroatien, Polen) gemäß Art. 71c Abs. 1 EuGVVO wie Urteile anderer nationaler Gerichte vollstreckt werden. Die Vollstreckung von Urteilen des Einheitlichen Patentgerichts in Nicht-EU-Mitgliedstaaten richtet sich wie bisher weiter nach dem LugÜ.[11]

13 Gemäß Art. 82 Abs. 3 EGPÜ unterliegt das Vollstreckungsverfahren unbeschadet des EGPÜ und der Satzung dem Recht des Vertragsmitgliedstaates, in dem die Vollstreckung erfolgt. Entscheidungen des Gerichts werden unter den gleichen Bedingungen vollstreckt wie Entscheidungen, die in dem Vertragsmitgliedstaat, in dem die Vollstreckung erfolgt, ergangen sind.

14 Vorrangig erfolgt die Vollstreckung somit nach EGPÜ/Verfahrensordnung, während das nationale Recht subsidiär anwendbar bleibt. Dies gilt auch für vollstreckungsrechtliche Rechtsbehelfe. Vor diesem Hintergrund verbleibt angesichts der Regelungen im EGPÜ/Verfahrensordnung kein Anwendungsbereich für vollstreckungsrechtliche Rechtsbehelfe, soweit sie den materiellrechtlichen Anspruch (→ § 767 Rn. 27, → § 768 Rn. 6, → § 769 Rn. 9), Schuldnerschutzanordnungen (→ § 712 Rn. 13), Anordnungen zur vorläufigen Vollstreckbarkeit (→ § 718 Rn. 11) oder die einstweilige Einstellung der Zwangsvollstreckung (→ § 719 Rn. 13) betreffen. Allenfalls für Einwendungen gegen die Art und Weise der Zwangsvollstreckung kann § 766 subsidiär anwendbar sein, wobei dies in der Praxis geringe Bedeutung haben dürfte.[12] Der Anwendungsbereich des nationalen Rechts ist darüber hinaus je nach der Art des zu vollstreckenden Titels unterschiedlich:

15 **2. Unterlassungsanordnungen.** Nach Art. 82 Abs. 1 EGPÜ, Regel 354 (1) Verfahrensordnung sind Unterlassungsanordnungen in allen Mitgliedstaaten sofort vollstreckbar. Auf subsidiär anwendbares nationales Recht kommt es (jedenfalls in diesem Stadium) nicht an, da gemäß Art. 82 Abs. 1 EGPÜ eine Anordnung zur Vollstreckung (quasi vergleichbar zu einer Vollstreckungsklausel) dem Urteil beigefügt wird.[13] Die Zustellung des Urteils erfolgt gemäß Regeln 6 und 276 Verfahrensordnung durch die Registratur an die Parteien. Wird eine Sicherheitsleistung nach Art. 82 Abs. 2 EGPÜ angeordnet, ist zu vermuten, dass die Klausel erst mit Erbringen der Sicherheit erteilt wird.

16 Verstößt der Schuldner gegen die Unterlassungsanordnung, kann das Gericht 1. Instanz gemäß Art. 63 Abs. 2, 82 Abs. 4 EGPÜ, Regel 354 Abs. 3, 4 Verfahrensordnung Zwangsgelder anordnen. Eine subsidiäre Anwendung von §§ 888, 890 ist daher nicht möglich, da das EGPÜ und die Verfahrensordnung eine abschließende Regelung treffen. Insbesondere ist daher eine ersatzweise Ordnungshaft, die vom EGPÜ und der Verfahrensordnung anders als in § 890 nicht vorgesehen ist, nicht möglich.[14]

---

[7] Lenz/Borchardt/*Hermeier*, EUV/AEUV, EGV Art. 256 Rn. 1); *Krajewski/Rösslein* in Grabitz/Hilf/Nettesheim, Das Recht der Europäischen Union, 72. EL Februar 2021, Art. 299 Rn. 9.

[8] Bekanntmachung über die Zuständigkeit für die Erteilung der Vollstreckungsklausel zu Entscheidungen von Organen der Europäischen Wirtschaftsgemeinschaft und der Europäischen Atomgemeinschaft, BGBl. 1961 II S. 50.

[9] Abrufbar auf der Homepage des Unified Patent Court www.unified-patent-court.org.

[10] Verordnung (EG) Nr. 864/2007 vom 11.7.2007 über das auf außervertragliche Schuldverhältnisse anzuwendende Recht („Rom II").

[11] Ausführlich zum Ganzen: *Leistner* GRUR 2016, 217 (218).

[12] S. auch *Leistner* GRUR 2016, 217 (218).

[13] Ebenso *Leistner* GRUR 2016, 217 (220 f.).

[14] *Leistner* GRUR 2016, 217 (221).

Vollstreckungsurteil **1 § 723 ZPO**

3. Handlungsanordnungen (insbs. Auskunft). Handlungsanordnungen für unvertretbare Hand- 17
lungen wie die Auskunftserteilung (s. Art. 67 EGPÜ) werden wie Unterlassungsanordnungen
(→ Rn. 12a, 12b) vollstreckt, also insbs. durch die Androhung und Festsetzung von Zwangsgeldern
nach Art. 82 Abs. 4 EGPÜ. Anders als im deutschen Recht handelt es sich bei der Auskunftserteilung
nach Art. 67 EGPÜ indes nicht um die Vollstreckung eines Endurteils, sondern um eine Anordnung
während des Verfahrens (mit der Konsequenz einer kürzeren Berufungsfrist nach Art. 73 Abs. 1a)
EGPÜ, auch → Rn. 21).

Ist die Auskunft unvollständig, widersprüchlich oder unzutreffend, kommt zur Erzwingung einer
entsprechend ergänzten bzw. korrigierten Auskunft wiederum nur die Anordnung von Zwangsgeld in
Betracht. Das Instrument der eidesstattlichen Versicherung ist in Art. 53 Abs. 1h EGPÜ und Regel
170 Abs. 2h Verfahrensordnung grundsätzlich als Beweismittel vorgesehen. Inwieweit eidesstattliche
Versicherungen daher nur im Rahmen eines Schadensersatzprozesses als Beweismittel oder aber auch
im Rahmen der Durchsetzung einer Auskunftsanordnung eingesetzt und erzwungen werden können,[15]
wird die Gerichtspraxis des Einheitlichen Patentgerichts zeigen. In jedem Fall verbleibt für die subsidiäre Anwendung von § 259 Abs. 2 BGB kein Raum. Nationales Recht wird jedoch relevant, sobald
es um die Rechtsfolgen einer falschen eidesstattlichen Versicherungen geht.[16]

4. Rückruf, Beseitigung, Vernichtung. Abhilfemaßnahmen wie Rückruf der verletzenden Er- 18
zeugnisse aus den Vertriebswegen, Beseitigung der verletzenden Eigenschaft des Erzeugnisses, endgültige Entfernung aus den Vertriebswegen, Vernichtung der Erzeugnisse und/oder der betreffenden
Materialien und Geräte (Art. 64 Abs. 2b) – e) EGPÜ) werden ebenfalls nach Art. 82 Abs. 1 EGPÜ,
Regel 354 Verfahrensordnung vollstreckt. Das Einheitliche Patentgericht kann nach Art. 64 Abs. 3
EGPÜ die Ersatzvornahme auf Kosten des Verletzers anordnen. Auch hier verbleibt daher für die
subsidiäre Anwendung nationalen Rechts in der Praxis kaum Raum.

5. Schadensersatz, Zwangsgelder, Kosten. Die Vollstreckung von **Schadensersatzansprüchen** 19
nach Art. 68 EGPÜ gemäß Regel 118 (8) Verfahrensordnung setzt voraus, dass der Kläger dem
Einheitlichen Patentgericht vorab mitgeteilt hat, welcher Teil des Urteils vollstreckt werden soll und
eine beglaubigte Übersetzung der Anordnung in die Landessprache des Mitgliedsstaats, in dem vollstreckt werden soll, vorgelegt hat und diese durch die Registratur dem Beklagten zugestellt worden ist.
Im Übrigen richtet sich die Vollstreckung nach dem nationalen Recht, in Deutschland also nach
den §§ 803 ff.

Die Vollstreckung von **Vollstreckungsschadensersatzansprüchen** (Regel 354 Abs. 2 Verfah- 20
rensordnung), **Zwangsgeldern** (Regel 354 Abs. 4 Verfahrensordnung) und **Kosten** weist im Gegensatz zu Schadensersatzansprüchen die Besonderheit auf, dass sich das Übersetzungs- und Übersetzungs-
zustellungserfordernis der Regel 118 Abs. 8 Verfahrensordnung ausdrücklich nur auf Schadensersatzansprüche und nicht auf sonstige andere Geldforderungen bezieht. *Leistner* plädiert in diesem Fall für
die subsidiäre Anwendung von Art. 39 ff. Brüssel-Ia-VO in analoger Weise, aus denen ua ein Übersetzungserfordernis (Art. 42 Abs. 3, 57 Brüssel-Ia-VO) folgen kann, dh das Einheitliche Patentgericht
hätte zur Vollstreckung verwirkter Zwangsgelder ein Vollstreckungsersuchen an das national zuständige Vollstreckungsgericht zu senden.[17]

6. Anordnungen während des Verfahrens. Die **Vollstreckung von Anordnungen des Ein-** 21
heitlichen Patentgerichts während des Verfahrens, die keine endgültige Verfügung sind (zB
Anordnungen auf Auskunft, Beweissicherung, Arrest, einstweilige Maßnahmen und Sicherungsmaß-
nahmen, Art. 56, 59–62 EGPÜ), richtet sich ebenfalls nach Art. 82 EGPÜ, wobei das Einheitliche
Patentgericht weitreichende Befugnisse hat, Duldungs- und Unterlassungsverfügungen mittels
Zwangsgeldanordnungen durchzusetzen.

§ 723 Vollstreckungsurteil

(1) **Das Vollstreckungsurteil ist ohne Prüfung der Gesetzmäßigkeit der Entscheidung zu
erlassen.**

(2) ¹**Das Vollstreckungsurteil ist erst zu erlassen, wenn das Urteil des ausländischen
Gerichts nach dem für dieses Gericht geltenden Recht die Rechtskraft erlangt hat.** ²**Es ist
nicht zu erlassen, wenn die Anerkennung des Urteils nach § 328 ausgeschlossen ist.**

Im Rahmen des Verfahrens nach § 722 wird die **Richtigkeit** der ausländischen Entscheidung **nicht** 1
überprüft. Das Vollstreckungsurteil nach § 722 richtet sich allein auf die Erklärung der Vollstreckbarkeit des Titels in Deutschland.

---

[15] Siehe *Leistner* GRUR 2016, 217 (224).
[16] *Leistner* GRUR 2016, 217 (224).
[17] *Leistner* GRUR 2016, 217 (223).

2 Voraussetzungen für das Vollstreckungsurteil sind die **Rechtskräftigkeit** des ausländischen Urteils und dass **kein Ausschlussgrund** nach § 328 vorliegt (→ § 722 Rn. 4).[1] Ob Rechtskraft eingetreten ist, wird nach dem Recht des Ursprungstaates bestimmt. Erforderlich und ausreichend ist die formelle Rechtskraft, wenn das ausländische Recht – ebenso wie das deutsche – zwischen formeller und materieller Rechtskraft unterscheidet.[2] Nach europäischem und Vertragsrecht genügt meist die vorläufige Vollstreckbarkeit des Urteils (Art. 38 EuGVO/LugÜ, Art. 4 HUVÜ 1973).[3]

§ 724 Vollstreckbare Ausfertigung

(1) Die Zwangsvollstreckung wird auf Grund einer mit der Vollstreckungsklausel versehenen Ausfertigung des Urteils (vollstreckbare Ausfertigung) durchgeführt.

(2) ¹Die vollstreckbare Ausfertigung wird von dem Urkundsbeamten der Geschäftsstelle des Gerichts des ersten Rechtszuges erteilt. ²Ist der Rechtsstreit bei einem höheren Gericht anhängig, so kann die vollstreckbare Ausfertigung auch von dem Urkundsbeamten der Geschäftsstelle dieses Gerichts erteilt werden.

A. Allgemeine Grundlagen

1 Bei der vollstreckbaren Ausfertigung handelt es sich um eine **Ausfertigung des Urteils, die mit einer Vollstreckungsklausel (§ 725)** versehen ist. Dies ist zum Zwecke der Zwangsvollstreckung erforderlich, da das Original des Urteils in der Gerichtsakte verbleibt.[1*] Die Parteien erhalten lediglich eine Ausfertigung des Urteils (§ 317), dessen Übereinstimmung mit dem Original der Beglaubigungsvermerk bestätigt.[2*] Die Ausfertigung wird durch die auf sie gesetzte Klausel (§ 725) zur vollstreckbaren Ausfertigung (Abs. 1) und bezeugt damit die Vollstreckbarkeit des Titels.[3*] Die Vollstreckungsorgane sind an die Klausel gebunden; sie dürfen nur überprüfen, ob eine Klausel erforderlich ist, erteilt wurde und ob die Klausel ordnungsgemäß erteilt wurde (→ Rn. 7).[4] Der Vollstreckungsanspruch (→ § 704 Rn. 2) entsteht erst mit Vorlage der vollstreckbaren Ausfertigung.[5]
Sie dient daher einerseits als Nachweis des Bestehens und der Vollstreckungsreife des Urteils für die Vollstreckungsorgane (formelle Vollstreckungsvoraussetzung). Andererseits schützt sie den Vollstreckungsschuldner vor mehrfacher Vollstreckung des gleichen Anspruchs, da die Vollstreckung nur aufgrund der vorzulegenden (einen) vollstreckbaren Ausfertigung erfolgen darf.

2 **Alle Urteile** – rechtskräftige wie vorläufig vollstreckbare – und Vollstreckungstitel nach § 794 bedürfen zu ihrer Vollstreckung der Erteilung einer vollstreckbaren Ausfertigung. Für Urteile ausländischer Gerichte s. § 722. Davon ausgenommen sind Vollstreckungsbescheid (§ 796 Abs. 1), Arrest und einstweilige Verfügung (§§ 929 Abs. 1, 936) und auf Urteile aufgesetzte Kostenfestsetzungsbeschlüsse (§§ 795a letzter Hs., 105 Abs. 1).[6]

3 Fehlt die vollstreckbare Ausfertigung und wird dennoch vollstreckt, bleibt die Vollstreckungsmaßnahme wirksam, kann jedoch mit der Erinnerung (§ 766) angegriffen werden.

B. Voraussetzungen

3a Die „einfache" Klausel des § 724 wird erteilt, wenn der Titel nicht bedingt ist und keine Umschreibung auf im Titel nicht genannte Personen erforderlich ist (Umkehrschluss aus §§ 726, 727). Eine einfache Klausel wird auch erteilt, wenn die Vollstreckung von der Leistung einer Sicherheit (§ 726 Abs. 1), dem Eintritt eines Kalendertags (§ 751 Abs. 1) oder von einer Zug um Zug zu bewirkenden Leistung abhängt, die nicht in der Abgabe einer Willenserklärung besteht (§ 726 Abs. 2).

4 Der Vollstreckungsgläubiger, dh die im Rubrum genannte Partei, muss **einen (formlosen) Antrag** auf Erteilung der vollstreckbaren Ausfertigung stellen.[7] Zu Fällen der Rechtsnachfolge s. §§ 727 ff.

5 Ein vollstreckbarer, also **rechtskräftiger oder für vorläufig vollstreckbar erklärter Titel** (§ 704), muss vorliegen und noch wirksam bestehen (zum vollstreckungsfähigen Inhalt → § 704 Rn. 15 ff.).

---

[1] MüKoZPO/*Gottwald* § 723 Rn. 2; Zöller/*Geimer/Seibel* § 723 Rn. 1, 2.
[2] MüKoZPO/*Gottwald* § 723 Rn. 3; Musielak/Voit/*Lackmann* § 723 Rn. 1.
[3] Für eine Übersicht der verschiedenen europäischen Verträge und Rechtsnormen: MüKoZPO/*Gottwald* § 328 Rn. 17 ff.
[1*] Musielak/Voit/*Lackmann* § 724 Rn. 2.
[2*] Kindl/Meller-Hannich/Wolf/Giers/Haas § 724 Rn. 1; Musielak/Voit/*Lackmann* § 724 Rn. 2; Thomas/Putzo/ *Hüßtege/Seiler* § 724 Rn. 1, 3.
[3*] HK-ZPO/*Kindl* § 724 Rn. 1; Thomas/Putzo/*Seiler* § 724 Rn. 3; Wieczorek/Schütze/*Paulus* § 724 Rn. 3.
[4] HK-ZPO/*Kindl* § 724 Rn. 1; Zöller/*Seibel* § 724 Rn. 14.
[5] MüKoZPO/*Wolfsteiner* § 724 Rn. 1, 4; Thomas/Putzo/*Seiler* § 724 Rn. 3.
[6] Musielak/Voit/*Lackmann* § 724 Rn. 3; HK-ZPO/*Kindl* § 724 Rn. 2; Thomas/Putzo/*Seiler* § 724 Rn. 4.
[7] MüKoZPO/*Wolfsteiner* § 724 Rn. 24.

C. Verfahren

Der **Urkundsbeamte** ist gemäß Abs. 2 grundsätzlich für die Erteilung der vollstreckbaren Ausfertigung zuständig.[8] In Fällen des § 20 Nr. 12, 13 RPflG ist der **Rechtspfleger** zuständig, dies betrifft – in Verfahren des gewerblichen Rechtsschutzes – vollstreckbare Ausfertigungen nach §§ 726 Abs. 1, 727–729, 733, 797 Abs. 3. Ist der Rechtsstreit bei einem höherrangigen Gericht anhängig, ist der Urkundsbeamte oder Rechtspfleger dieses Gerichts für die Ausstellung der vollstreckbaren Ausfertigung zuständig. Mangels Prozessgericht ist für die Ausfertigung notarieller Urkunden grundsätzlich der **Notar** zuständig (§ 797 Abs. 2). 6

Der Urkundsbeamte prüft den Antrag dahingehend, dass ein wirksamer vollstreckbarer vollstreckungsfähiger Titel vorliegt (→ Rn. 5). Liegt ein solcher Titel vor, erteilt er die vollstreckbare Ausfertigung, indem er die Ausfertigung mit der in § 725 genannten Klausel versieht. 7

Eine vollstreckbare Ausfertigung kann auch nur für einen Teil von mehreren titulierten Ansprüchen oder für einen **Teil eines Anspruchs** erteilt werden, wobei sich dies klar aus der Klausel selbst ergeben muss. 8

Eine **Anhörung des Schuldners** ist im Regelfall (Ausnahme: §§ 726, 727, s. § 730) nicht erforderlich.[9] 9

D. Gläubiger- und Schuldnermehrheiten

Sind mehrere Personen als Gesamtgläubiger (§ 428 BGB), so steht ihnen grundsätzlich nur eine gemeinsame vollstreckbare Ausfertigung zu.[10] Gegenüber Gesamtschuldnern (§ 421 BGB) besteht ebenfalls nur Anspruch auf Erteilung einer Ausfertigung.[11] Im Falle von Teilgläubiger- oder Teilschuldnerschaft steht jedem Teilgläubiger (§ 420 BGB) eine eigene vollstreckbare Ausfertigung zu, ebenso wie dem Gläubiger eine vollstreckbare Ausfertigung je Teilschuldner.[12] 10

E. Rechtsbehelfe

Dem **Schuldner** steht gegen die Erteilung der Vollstreckungsklausel die Klauselerinnerung (§ 732) und anschließend Klage gemäß § 768 zu. 11

Lehnt der Urkundsbeamte die Erteilung der vollstreckbaren Ausfertigung ab, hat der **Gläubiger** die Möglichkeit, sofortige Erinnerung (§ 573) und anschließend sofortige Beschwerde (§ 567 Abs. 1 Nr. 2) einzulegen. 12

§ 725 Vollstreckungsklausel

Die Vollstreckungsklausel:
„Vorstehende Ausfertigung wird dem usw. (Bezeichnung der Partei) zum Zwecke der Zwangsvollstreckung erteilt" ist der Ausfertigung des Urteils am Schluss beizufügen, von dem Urkundsbeamten der Geschäftsstelle zu unterschreiben und mit dem Gerichtssiegel zu versehen.

§ 725 regelt den **Wortlaut und die Form** der nach § 724 vorgesehenen Klausel. 1

Die Vollstreckungsklausel **muss nicht exakt** dem in § 725 vorgegeben Wortlaut entsprechen, sondern kann einen ähnlichen Inhalt haben, solange die Funktion der Vollstreckungsklausel, als Beleg für das Vorhandensein eines vollstreckbaren vollstreckungsfähigen Urteils zum Zwecke der Zwangsvollstreckung zu dienen (→ § 724 Rn. 1), erfüllt wird.[1] 2

Die Klausel muss auf der Ausfertigung angebracht und sich auf das Urteil beziehen. Anderenfalls ist sie nichtig.[2] Gerichtssiegel und eigenhändige Unterschrift[3] des Urkundsbeamten bzw. Rechtspflegers (→ § 724 Rn. 6) sind aufzubringen, zudem müssen Gläubiger und Schuldner müssen hinreichend genau bezeichnet.[4] 3

---

[8] HK-ZPO/*Kindl* § 724 Rn. 3; Thomas/Putzo/*Seiler* § 724 Rn. 3.
[9] Kindl/Meller-Hannich/Wolf/*Giers* § 724 Rn. 12.
[10] Musielak/Voit/*Lackmann* § 724 Rn. 8; HK-ZPO/*Kindl* § 724 Rn. 6; Thomas/Putzo/*Seiler* § 724 Rn. 12; Zöller/*Stöber* § 724 Rn. 3a; aA MüKoZPO/*Wolfsteiner* § 724 Rn. 25: Differenzierung zwischen einfacher und notwendiger Streitgenossenschaft; dagegen wiederum: Wieczorek/Schütze/Paulus § 725 Rn. 1, 18: jeder Gläubiger soll eine Ausfertigung bekommen.
[11] HK-ZPO/*Kindl* § 724 Rn. 6; Thomas/Putzo/*Seiler* § 724 Rn. 12; aA MüKoZPO/*Wolfsteiner* § 724 Rn. 25 mwN; Musielak/Voit/*Lackmann* § 724 Rn. 8.
[12] HK-ZPO/*Kindl* § 724 Rn. 6; Thomas/Putzo/*Seiler* § 724 Rn. 12.
[1] MüKoZPO/*Wolfsteiner* § 725 Rn. 7; Musielak/Voit/*Lackmann* § 725 Rn. 2; Thomas/Putzo/*Seiler* § 725 Rn. 2.
[2] MüKoZPO/*Wolfsteiner* § 725 Rn. 1.
[3] Musielak/Voit/*Lackmann* § 725 Rn. 2; Saenger/*Kindl* § 725 Rn. 2; Thomas/Putzo/*Seiler* § 725 Rn. 3, 4.
[4] Musielak/Voit/*Lackmann* § 725 Rn. 2; Saenger/*Kindl* § 725 Rn. 2; Thomas/Putzo/*Seiler* § 725 Rn. 3, 4.

§ 726 Vollstreckbare Ausfertigung bei bedingten Leistungen

(1) Von Urteilen, deren Vollstreckung nach ihrem Inhalt von dem durch den Gläubiger zu beweisenden Eintritt einer anderen Tatsache als einer dem Gläubiger obliegenden Sicherheitsleistung abhängt, darf eine vollstreckbare Ausfertigung nur erteilt werden, wenn der Beweis durch öffentliche oder öffentlich beglaubigte Urkunden geführt wird.

(2) Hängt die Vollstreckung von einer Zug um Zug zu bewirkenden Leistung des Gläubigers an den Schuldner ab, so ist der Beweis, dass der Schuldner befriedigt oder im Verzug der Annahme ist, nur dann erforderlich, wenn die dem Schuldner obliegende Leistung in der Abgabe einer Willenserklärung besteht.

§ 727 Vollstreckbare Ausfertigung für und gegen Rechtsnachfolger

(1) Eine vollstreckbare Ausfertigung kann für den Rechtsnachfolger des in dem Urteil bezeichneten Gläubigers sowie gegen denjenigen Rechtsnachfolger des in dem Urteil bezeichneten Schuldners und denjenigen Besitzer der in Streit befangenen Sache, gegen die das Urteil nach § 325 wirksam ist, erteilt werden, sofern die Rechtsnachfolge oder das Besitzverhältnis bei dem Gericht offenkundig ist oder durch öffentliche oder öffentlich beglaubigte Urkunden nachgewiesen wird.

(2) Ist die Rechtsnachfolge oder das Besitzverhältnis bei dem Gericht offenkundig, so ist dies in der Vollstreckungsklausel zu erwähnen.

A. Allgemeine Grundlagen

1 § 727 regelt, dass und unter welchen Voraussetzungen **für oder gegen den Rechtsnachfolger** des im Urteilsrubrum genannten Vollstreckungsgläubigers oder -schuldners **eine vollstreckbare Ausfertigung erteilt** werden kann.

2 § 727 erfasst alle nach Rechtshängigkeit entstandenen Rechtsnachfolgen, dh Gesamt- oder Sonderrechtsnachfolge. Der Begriff ist grundsätzlich weit auszulegen. Die Art der Rechtsnachfolge ist nicht entscheidend; sie kann gesetzlich, hoheitlich oder vertraglich begründet sein.[1] Nachfolgend wird sich auf die für Verfahren des gewerblichen Rechtsschutzes relevanten Fälle beschränkt.

3 Die Rechtsnachfolge muss **nach Rechtshängigkeit** (§ 261) eingetreten sein und durch **öffentlich oder öffentlich beglaubigte Urkunden** nachgewiesen werden oder bei dem Gericht offenkundig (§ 291) sein. Letzteres dürfte der Ausnahmefall sein, soweit ein Nachweis durch öffentlich bzw. öffentlich beglaubigte Urkunden nicht möglich ist, s. § 731. Strittig ist, ob der Urkundsbeweis entbehrlich ist, wenn der Schuldner die Rechtsnachfolge auf Gläubigerseite zugesteht (§ 288).[2] Gleiches gilt, wenn der neue Schuldner die Rechtsnachfolge zugesteht.

4 Der Schuldner ist gemäß § 730 **anzuhören**.

B. Rechtsnachfolge auf Gläubigerseite

I. Erbschaft

5 Rechtsnachfolger ist der Erbe (§ 1922 BGB). Handelt es sich um eine Miterbengemeinschaft, kann den Miterben eine Klausel nur gemeinsam erteilt werden, solange eine Auseinandersetzung der Erbengemeinschaft nicht erfolgt ist (vgl. §§ 2032, 2039 BGB).[3]

II. Gesellschaftsrechtliche Rechtsnachfolge

6 Verschmelzung durch Aufnahme (§§ 2 Nr. 1, 4 ff., 20 Abs. 1 Nr. 1 UmwG) oder durch Neugründung (§§ 2 Nr. 2, 36 Abs. 1, 20 Abs. 1 Nr. 1 UmwG), Vermögensübertragung (§§ 174 ff. UmwG), Spaltung (§§ 123 ff. UmwG).

7 **Keine Rechtsnachfolge** liegt bei einem bloßen Form-, Firmen- oder Namenswechsel vor.[4] Die geänderte Form der Firma bzw. Namen sind in der Vollstreckungsklausel ggf. durch klarstellenden Zusatz kenntlich zu machen. Wird die Namensänderung bzw. Umfirmierung einer Partei in der Vollstreckungsklausel allerdings nicht vermerkt, ist das zuständige Vollstreckungsorgan, berechtigt, aber nicht verpflichtet, die Durchführung der Vollstreckung mit der Begründung zu verweigern, die Identität lasse sich nicht zweifelsfrei feststellen.[5]

---

[1] OLG Frankfurt a. M. NJW-RR 2006, 155 ff.; Zöller/*Stöber* § 727 Rn. 2.
[2] Dafür: Zöller/*Stöber* § 727 Rn. 20. Dagegen fordern Musielak/Voit/*Lackmann* § 727 Rn. 4; Kindl/Meller-Hannich/Wolf/*Giers/Haas* § 727 Rn. 5 zusätzlich die Zustimmung des Altgläubigers. S. auch BGH Rpfleger 2005, 611.
[3] Kindl/Meller-Hannich/Wolf/*Giers/Haas* § 727 Rn. 7.
[4] BGH NJW-RR 2011, 1335; Kindl/Meller-Hannich/Wolf/*Giers/Haas* § 727 Rn. 10.
[5] BGH NJW-RR 2011, 1335 (1336); Musielak/Voit/*Lackmann* § 727 Rn. 1.

Vollstreckbare Ausfertigung gegen Vermögens- und Firmenübernehmer 1 § 729 ZPO

III. Abtretung

Abtretung (§ 398 BGB) des Anspruchs führt zur Rechtsnachfolge des neuen Gläubigers. Dies gilt vor allem bei der Übertragung von Schutzrechten nach §§ 413, 398 BGB. **8**

IV. Forderungsübergang kraft Gesetzes

Relevant sind hier vor allem die Fälle der Befriedigung des Gläubigers durch einen Gesamtschuldner, so dass, wenn er von den übrigen Schuldnern Ausgleichung verlangen kann, die Forderung des Gläubigers gegen die übrigen Schuldner auf ihn übergeht, § 426 Abs. 2 S. 1 BGB. **9**

C. Rechtsnachfolge auf Schuldnerseite

I. Erbschaft

Rechtsnachfolger ist der Erbe (§ 1922 BGB), wobei die Annahme der Erbschaft (§ 1942 ZPO) bzw. der Ablauf der Ausschlagungsfrist (§ 1944 BGB) nicht erforderlich sind.[6] **10**

II. Gesellschaftsrechtliche Rechtsnachfolge

→ Rn. 6–7. **11**

III. Parteien kraft Amtes

Der **Insolvenzverwalter** gilt als Rechtsnachfolger, soweit für oder gegen ihn wegen des seiner Verwaltung unterliegenden Vermögens vollstreckt wird und es sich um vertretbare Handlungen handelt. Keine Rechtsnachfolge liegt daher bzgl. des unvertretbaren Auskunfts- und Rechnungslegungsanspruchs[7] vor. **12**

D. Zuständigkeit

Gemäß § 20 Nr. 12 RPflG ist der Rechtspfleger bzw. der Notar für von ihm verwaltete Urkunden (§ 797 Abs. 2 S. 1) zuständig. **13**

E. Rechtsbehelfe

Zu den möglichen Rechtsbehelfen gegen die Erteilung der vollstreckbaren Ausfertigung wird auf die Ausführungen bei → § 724 Rn. 11–12 verwiesen. **14**

§ 728 Vollstreckbare Ausfertigung bei Nacherbe oder Testamentsvollstrecker

(1) Ist gegenüber dem Vorerben ein nach § 326 dem Nacherben gegenüber wirksames Urteil ergangen, so sind auf die Erteilung einer vollstreckbaren Ausfertigung für und gegen den Nacherben die Vorschriften des § 727 entsprechend anzuwenden.

(2) ¹Das Gleiche gilt, wenn gegenüber einem Testamentsvollstrecker ein nach § 327 dem Erben gegenüber wirksames Urteil ergangen ist, für die Erteilung einer vollstreckbaren Ausfertigung für und gegen den Erben. ²Eine vollstreckbare Ausfertigung kann gegen den Erben erteilt werden, auch wenn die Verwaltung des Testamentsvollstreckers noch besteht.

§ 729 Vollstreckbare Ausfertigung gegen Vermögens- und Firmenübernehmer

(1) **Hat jemand das Vermögen eines anderen durch Vertrag mit diesem nach der rechtskräftigen Feststellung einer Schuld des anderen übernommen, so sind auf die Erteilung einer vollstreckbaren Ausfertigung des Urteils gegen den Übernehmer die Vorschriften des § 727 entsprechend anzuwenden.**

(2) **Das Gleiche gilt für die Erteilung einer vollstreckbaren Ausfertigung gegen denjenigen, der unter Lebenden erworbenes Handelsgeschäft unter der bisherigen Firma fortführt, in Ansehung der Verbindlichkeiten, für die er nach § 25 Abs. 1 Satz 1, Abs. 2 des Handelsgesetzbuchs haftet, sofern sie vor dem Erwerb des Geschäfts gegen den früheren Inhaber rechtskräftig festgestellt worden sind.**

Gemäß **§ 25 HGB** haftet derjenige, der ein unter Lebenden erworbenes Handelsgeschäft unter der bisherigen Firma mit oder ohne Beifügung eines das Nachfolgeverhältnis andeutenden Zusatzes fortführt, für alle im Betriebe des Geschäfts begründeten Verbindlichkeiten des früheren Inhabers. Die in dem Betriebe begründeten Forderungen gelten den Schuldnern gegenüber als auf den Erwerber **1**

---

[6] MüKoZPO/*Wolfsteiner* § 727 Rn. 14; Kindl/Meller-Hannich/Wolf/*Giers*/*Haas* § 727 Rn. 7 mit Verweis auf § 1942 BGB; aA Zöller/*Stöber* § 727 Rn. 14.
[7] OLG Düsseldorf OLGZ 1980, 484 ff.

ZPO § 732
Buch 8. Zwangsvollstreckung

übergegangen, falls der bisherige Inhaber oder seine Erben in die Fortführung der Firma eingewilligt haben. § 729 Abs. 2 gibt zu diesem Zweck die Möglichkeit der **Klauselerteilung gegen den Firmenübernehmer.**[1]

2   § 729 Abs. 1 hat allerdings nur noch eine **geringe praktische Bedeutung,** da der die Vermögensübernahme betreffende § 419 BGB zum 1.1.1999 aufgehoben wurde.[2]

3   Eine Klauselerteilung ist möglich, soweit eine Haftung des Firmenübernehmers nach Maßgabe des § 25 HGB entstanden ist. Der Erwerb des Handelsgeschäfts muss gemäß § 727 Abs. 1 durch Urkunde nachgewiesen werden oder offenkundig sein. Sofern dieser Nachweis nicht möglich sein sollte, ist Klage auf Erteilung der Vollstreckungsklausel nach § 731 zu erheben.[3]

4   Das Verfahren der Klauselerteilung richtet sich nach § 727 (→ § 727 Rn. 1 ff.).

§ 730 Anhörung des Schuldners

> In den Fällen des § 726 Abs. 1 und der §§ 727 bis 729 kann der Schuldner vor der Erteilung der vollstreckbaren Ausfertigung gehört werden.

1   Der Schuldner *kann* vor der Klauselerteilung in den genannten Fällen angehört werden. Die **Anhörung** steht damit **im Ermessen des Gerichts.**

2   Die Anhörung kann **mündlich oder schriftlich** erfolgen.

§ 731 Klage auf Erteilung der Vollstreckungsklausel

> Kann der nach dem § 726 Abs. 1 und den §§ 727 bis 729 erforderliche Nachweis durch öffentliche oder öffentlich beglaubigte Urkunden nicht geführt werden, so hat der Gläubiger bei dem Prozessgericht des ersten Rechtszuges aus dem Urteil auf Erteilung der Vollstreckungsklausel Klage zu erheben.

1   Die Klage auf Erteilung der Vollstreckungsklausel steht dem Gläubiger zu, wenn er **nicht in der Lage ist, die Voraussetzungen der §§ 726 Abs. 1, 727–729 durch öffentlich oder öffentlich beglaubigte Urkunde nachzuweisen.**

2   Es handelt sich um eine **Feststellungsklage** im ordentlichen Verfahren,[1*] für die die allgemeinen Zulässigkeitsvoraussetzungen gegeben sein müssen. **Ausschließlich zuständig** ist das Prozessgericht erster Instanz des früheren Verfahrens (§ 802).

3   Das **Rechtsschutzbedürfnis** fehlt, wenn der Kläger die erforderlichen Urkunden einfach oder mit zumutbarem Aufwand beschaffen kann.[2*]

4   Dem Kläger stehen im Rahmen des Verfahrens **alle nach der ZPO zulässigen Beweismittel** zu. Das Fehlen öffentlicher bzw. öffentlich beglaubigter Urkunden kann somit durch die Klage auf Klauselerteilung behoben werden, da der Kläger mit Hilfe sämtlicher ihm zur Verfügung stehenden Beweismittel die Voraussetzungen der Klauselerteilung nachweisen kann.

5   Liegen die Voraussetzungen der §§ 726 Abs. 1, 727–729 vor, so stellt das Prozessgericht fest, dass die Klausel zu erteilen ist. Die Klauselerteilung auf das zu vollstreckende Endurteil geschieht, wenn das stattgebende Urteil zur Erteilung der Klausel rechtskräftig oder für vorläufig vollstreckbar erklärt worden ist. Das stattgebende Urteil ersetzt die Klausel nicht.[3*]

6   Gegen die Entscheidung sind die **Rechtsmittel** der Berufung (§ 511) und Revision (§ 542) statthaft.

§ 732 Erinnerung gegen Erteilung der Vollstreckungsklausel

> (1) ¹Über Einwendungen des Schuldners, welche die Zulässigkeit der Vollstreckungsklausel betreffen, entscheidet das Gericht, von dessen Geschäftsstelle die Vollstreckungsklausel erteilt ist. ²Die Entscheidung ergeht durch Beschluss.
>
> (2) Das Gericht kann vor der Entscheidung eine einstweilige Anordnung erlassen; es kann insbesondere anordnen, dass die Zwangsvollstreckung gegen oder ohne Sicherheitsleistung einstweilen einzustellen oder nur gegen Sicherheitsleistung fortzusetzen sei.

---

[1] Zöller/*Stöber* § 729 Rn. 8.
[2] MüKoZPO/*Wolfsteiner* § 729 Rn. 5.
[3] Zöller/*Stöber* § 729 Rn. 11.
[1*] Musielak/Voit/*Lackmann* § 731 Rn. 2; Zöller/*Stöber* § 731 Rn. 4; Thomas/Putzo/*Seiler* § 731 Rn. 1; aA Stein/Jonas/*Münzberg* § 731 Rn. 7, der eine Gestaltungsklage annimmt.
[2*] Kindl/Meller-Hannich/Wolf/*Giers*/*Haas* § 731 Rn. 8.
[3*] Kindl/Meller-Hannich/Wolf/*Giers*/*Haas* § 731 Rn. 14.

A. Allgemeine Grundlagen

§ 732 gibt dem Schuldner die Möglichkeit, **Einwendungen gegen die Zulässigkeit der Vollstreckungsklausel** zu erheben mit dem **Ziel, diese zu beseitigen oder einzuschränken.** Diese sind beim Gericht, dass die Vollstreckungsklausel erteilt hat, zu erheben. Damit ist es dem Schuldner verwehrt, entsprechende Einwendungen erst im späteren Vollstreckungsverfahren erheben (zur Abgrenzung von anderen Rechtsbehelfen → Rn. 8).

Da die Erinnerung nach § 732 keine aufschiebende Wirkung hat, kann der Schuldner den Erlass **einstweiliger Anordnungen** beantragen (Abs. 2).

B. Zulässigkeit

Die Erinnerung ist erst zulässig, wenn die **Vollstreckungsklausel erteilt** wurde, dh nicht vor ihrer Erteilung. Unzulässig ist die Erinnerung ferner, insoweit bereits Urteile nach §§ 731, 768 ergangen sind.

Ausschließlich zuständig (§ 802) ist das Gericht, von dessen Geschäftsstelle die Vollstreckungsklausel erteilt ist (Abs. 1).

C. Begründetheit

Die Erinnerung ist begründet, wenn die **Klausel aus formellen Gründen nicht hätte erteilt** werden dürfen, zB wegen

- wegen **Fehlens eines bestehenden bzw. wirksamen Titels** (→ § 724 Rn. 5);
- wegen **Fehlens eines vollstreckbaren Titels,** weil das Endurteil nicht rechtskräftig oder nicht vorläufig vollstreckbar ist oder die vorläufige Vollstreckbarkeit wieder weggefallen ist oder das Urteil nicht in dem Umfang vollstreckbar ist, in dem die Klausel erteilt wurde. Die rückwirkende Nichtigerklärung des dem Endurteil zugrundeliegenden Schutzrechts beseitigt die Rechtskräftigkeit bzw. vorläufige Vollstreckbarkeit nicht (→ § 704 Rn. 7);
- wegen **Fehlens eines vollstreckungsfähigen Inhalts** (→ § 704 Rn. 15 ff.; → § 724 Rn. 5);
- wegen **Verletzung von Verfahrensvorschriften** (→ § 724 Rn. 6 ff.);
- wegen **Fehlens des Nachweises der besonderen Voraussetzungen für die Klauselerteilung** nach §§ 726 Abs. 1, 727–729, zB bei Fehlen des Nachweises durch öffentliche oder öffentlich beglaubigte Urkunden oder Nichtvorliegen der materiell-rechtlichen Voraussetzungen wie der Rechts- oder Firmennachfolge.

Gründe, die nach Erteilung der Klausel entstanden sind, werden berücksichtigt. Einwendungen, die mittlerweile geheilt sind, werden nicht berücksichtigt.[1]

D. Entscheidung und Rechtsbehelf

Das Gericht entscheidet **durch Beschluss** und erklärt im Falle der Begründetheit der Erinnerung die Zwangsvollstreckung aus der dem Gläubiger erteilten Vollstreckungsklausel für unzulässig.[2]

Bei Zurückweisung der Erinnerung kann der **Schuldner,** bei Unzulässigerklärung der Zwangsvollstreckung der **Gläubiger** sofortige Beschwerde, § 567 Abs. 1, einlegen.

E. Abgrenzung zu anderen Rechtsbehelfen

Da die Klauselerteilung nicht in der Zuständigkeit des Vollstreckungsorgans, sondern der des Urkundsbeamten bzw. Rechtspflegers des Prozessgerichts liegt, ist eine **Erinnerung** gegen die Klauselerteilung im Wege des § 766 nicht möglich.

Liegen die Voraussetzungen einer Klauselerinnerung nach § 732 und einer **Vollstreckungsgegenklage** in entsprechender Anwendung des § 767 vor, so hat der Schuldner ein **Wahlrecht.**[3] Mit dem Verfahren nach § 732 kann der Schuldner Einwendungen gegen eine dem Gläubiger erteilte Klausel erheben, die Fehler formeller Art zum Gegenstand haben. Insoweit der Anwendungsbereich von § 767 gegeben ist, kann die Vollstreckungsabwehrklage für den Schuldner vorteilhafter sein als die Klauselerinnerung, da die Vollstreckungsabwehrklage die Vollstreckbarkeit der Titels schlechthin beseitigt, während sich die Klauselerinnerung nur gegen die jeweilige vollstreckbare Ausfertigung richtet und die Erteilung einer weiteren Vollstreckungsklausel nicht hindert.[4]

Wenn der Schuldner das Vorliegen der Voraussetzungen in den Fällen der §§ 726 Abs. 1, 727–729 bestreitet, kann er – unbeschadet der Möglichkeit der Erinnerung nach § 732 – auch **Klauselgegen-**

---

[1] Zöller/*Stöber* § 732 Rn. 15.
[2] Musielak/Voit/*Lackmann* § 732 Rn. 9.
[3] BGH NJW-RR 2004, 1718; Kindl/Meller-Hannich/Wolf/*Giers/Haas* § 732 Rn. 4.
[4] Ausführlich BGH NJW-RR 2004, 1718.

§ 733 Weitere vollstreckbare Ausfertigung

(1) **Vor der Erteilung einer weiteren vollstreckbaren Ausfertigung kann der Schuldner gehört werden, sofern nicht die zuerst erteilte Ausfertigung zurückgegeben wird.**

(2) **Die Geschäftsstelle hat von der Erteilung der weiteren Ausfertigung den Gegner in Kenntnis zu setzen.**

(3) **Die weitere Ausfertigung ist als solche ausdrücklich zu bezeichnen.**

1 Der Schuldner soll gegen die Erteilung weiterer vollstreckbarer Ausfertigungen – und damit gegen die **mehrfache Zwangsvollsreckung aus demselben Titel** (→ § 724 Rn. 1) – *geschützt* werden.[1]

A. Voraussetzungen der Erteilung einer weiteren vollstreckbaren Ausfertigung

2 Der Gläubiger muss einen entsprechenden **Antrag** stellen.
3 Eine weitere vollstreckbare Ausfertigung kann erteilt werden, wenn der Gläubiger die **erste zurückgibt**. In diesem Fall ist eine Anhörung des Schuldners nicht notwendig.
4 Kann der Gläubiger die erste Ausfertigung nicht zurückgeben, muss er zusätzlich darlegen, warum er ein **schutzwürdiges Interesse** an der Erteilung einer weiteren vollstreckbaren Ausfertigung hat. Zum Beispiel bei Verlust der ersten Ausfertigung,[2] wenn gleichzeitig an verschiedenen Orten in verschiedene Vermögenswerte des Schuldners[3] und/oder durch verschiedene Vollstreckungsorgane vollstreckt werden soll, wenn ein Titel gegen Gesamtschuldner ausgefertigt ist, aber Interesse an einzelner Vollstreckung an verschiedenen Orten gegeben ist.[4]
5 **Zuständig** für die Erteilung ist der Rechtspfleger, § 20 Nr. 12 RPflG.
6 Die weitere vollstreckbare Ausfertigung ist als solche zu bezeichnen (Abs. 3).

B. Anhörung des Schuldners

7 Die Anhörung des Schuldners ist eine **Ermessensentscheidung**. Der Schuldner kann, muss aber nicht gehört werden. Insbesondere wenn der Kläger bei Beantragung der weiteren vollstreckbaren Ausfertigungen neben dem schutzwürdigen Interesse auch ein besonderes Eilinteresse darlegt, kann die weitere Ausfertigung ohne zeitverzögernde Anhörung erfolgen, da eine wegen der Eile zunächst unterbliebene Anhörung des Schuldners ggf. im Erinnerungsverfahren nach § 732 nachgeholt werden kann.[5*] In allen anderen, insbesondere nicht eindeutigen Fällen ist eine Anhörung geboten.[6]

C. Rechtsbehelfe

8 Für den **Schuldner:** Erinnerung nach § 732 oder Klage nach § 768.
9 Für den **Gläubiger** im Falle der Ablehnung: sofortige Beschwerde (§ 567); befristete Erinnerung nach § 11 Abs. 2 RPflG, soweit der Rechtspfleger entschieden hat; gegen Entscheidungen des Urkundsbeamten befristete Erinnerung gemäß § 573 Abs. 1.

§ 734 Vermerk über Ausfertigungserteilung auf der Urteilsurschrift

[1] **Vor der Aushändigung einer vollstreckbaren Ausfertigung ist auf der Urschrift des Urteils zu vermerken, für welche Partei und zu welcher Zeit die Ausfertigung erteilt ist.** [2] **Werden die Prozessakten elektronisch geführt, so ist der Vermerk in einem gesonderten elektronischen Dokument festzuhalten.** [3] **Das Dokument ist mit dem Urteil untrennbar zu verbinden.**

---

[5] Zöller/*Stöber* § 732 Rn. 12; Kindl/Meller-Hannich/Wolf/*Giers/Haas* § 732 Rn. 3.
[1] Zöller/*Stöber* § 733 Rn. 1.
[2] OLG Saarbrücken Rpfleger 2007, 673 ff.; OLG Koblenz NJW-RR 2013, 1019; Stein/Jonas/*Münzberg* § 733 Rn. 4.
[3] OLG Koblenz MDR 1997, 676 f.
[4] OLG Karlsruhe OLGR 2000, 169.
[5*] OLG Koblenz MDR 1997, 676 (677).
[6] Zöller/*Stöber* § 733 Rn. 11.

§ 734 soll **sicherstellen, dass nicht mehrere vollstreckbare Ausfertigungen erteilt** werden, indem auf der Urschrift des Urteils zu vermerken ist, wann und für welche Partei eine Ausfertigung erteilt wurde. Dies kann bei elektronischer Aktenführung auch elektronisch geschehen.

§ 735 Zwangsvollstreckung gegen nicht rechtsfähigen Verein
Zur Zwangsvollstreckung in das Vermögen eines nicht rechtsfähigen Vereins genügt ein gegen den Verein ergangenes Urteil.

§ 736 Zwangsvollstreckung gegen BGB-Gesellschaft
Zur Zwangsvollstreckung in das Gesellschaftsvermögen einer nach § 705 des Bürgerlichen Gesetzbuchs eingegangenen Gesellschaft ist ein gegen alle Gesellschafter ergangenes Urteil erforderlich.

§ 737 Zwangsvollstreckung bei Vermögens- oder Erbschaftsnießbrauch
(1) Bei dem Nießbrauch an einem Vermögen ist wegen der vor der Bestellung des Nießbrauchs entstandenen Verbindlichkeiten des Bestellers die Zwangsvollstreckung in die dem Nießbrauch unterliegenden Gegenstände ohne Rücksicht auf den Nießbrauch zulässig, wenn der Besteller zu der Leistung und der Nießbraucher zur Duldung der Zwangsvollstreckung verurteilt ist.

(2) Das Gleiche gilt bei dem Nießbrauch an einer Erbschaft für die Nachlassverbindlichkeiten.

§ 738 Vollstreckbare Ausfertigung gegen Nießbraucher
(1) Ist die Bestellung des Nießbrauchs an einem Vermögen nach der rechtskräftigen Feststellung einer Schuld des Bestellers erfolgt, so sind auf die Erteilung einer in Ansehung der dem Nießbrauch unterliegenden Gegenstände vollstreckbaren Ausfertigung des Urteils gegen den Nießbraucher die Vorschriften der §§ 727, 730 bis 732 entsprechend anzuwenden.

(2) Das Gleiche gilt bei dem Nießbrauch an einer Erbschaft für die Erteilung einer vollstreckbaren Ausfertigung des gegen den Erblasser ergangenen Urteils.

§ 739 Gewahrsamsvermutung bei Zwangsvollstreckung gegen Ehegatten und Lebenspartner
(1) Wird zugunsten der Gläubiger eines der Ehegatten gemäß § 1362 des Bürgerlichen Gesetzbuchs vermutet, dass der Schuldner Eigentümer beweglicher Sachen ist, so gilt, unbeschadet der Rechte Dritter, für die Durchführung der Zwangsvollstreckung nur der Schuldner als Gewahrsamsinhaber und Besitzer.

(2) Absatz 1 gilt entsprechend für die Vermutung des § 8 Abs. 1 des Lebenspartnerschaftsgesetzes zugunsten der Gläubiger eines der Lebenspartner.

§ 740 Zwangsvollstreckung in das Gesamtgut
(1) Leben die Ehegatten in Gütergemeinschaft und verwaltet einer von ihnen das Gesamtgut allein, so ist zur Zwangsvollstreckung in das Gesamtgut ein Urteil gegen diesen Ehegatten erforderlich und genügend.

(2) Verwalten die Ehegatten das Gesamtgut gemeinschaftlich, so ist die Zwangsvollstreckung in das Gesamtgut nur zulässig, wenn beide Ehegatten zur Leistung verurteilt sind.

§ 741 Zwangsvollstreckung in das Gesamtgut bei Erwerbsgeschäft
Betreibt der Ehegatte, der in Gütergemeinschaft lebt und das Gesamtgut nicht oder nicht allein verwaltet, selbständig ein Erwerbsgeschäft, so ist zur Zwangsvollstreckung in das Gesamtgut ein gegen ihn ergangenes Urteil genügend, es sei denn, dass zur Zeit des Eintritts der Rechtshängigkeit der Einspruch des anderen Ehegatten gegen den Betrieb des Erwerbsgeschäfts oder der Widerruf seiner Einwilligung zu dem Betrieb im Güterrechtsregister eingetragen war.

§ 742 Vollstreckbare Ausfertigung bei Gütergemeinschaft während des Rechtsstreits
Ist die Gütergemeinschaft erst eingetreten, nachdem ein von einem Ehegatten oder gegen einen Ehegatten geführter Rechtsstreit rechtshängig geworden ist, und verwaltet dieser Ehegatte das Gesamtgut nicht oder nicht allein, so sind auf die Erteilung einer in Ansehung des Gesamtgutes vollstreckbaren Ausfertigung des Urteils für oder gegen den anderen Ehegatten die Vorschriften der §§ 727, 730 bis 732 entsprechend anzuwenden.

§ 743 Beendete Gütergemeinschaft
Nach der Beendigung der Gütergemeinschaft ist vor der Auseinandersetzung die Zwangsvollstreckung in das Gesamtgut nur zulässig, wenn beide Ehegatten zu der Leistung oder der eine Ehegatte zu der Leistung und der andere zur Duldung der Zwangsvollstreckung verurteilt sind.

§ 744 Vollstreckbare Ausfertigung bei beendeter Gütergemeinschaft
Ist die Beendigung der Gütergemeinschaft nach der Beendigung eines Rechtsstreits des Ehegatten eingetreten, der das Gesamtgut allein verwaltet, so sind auf die Erteilung einer in Ansehung des Gesamtgutes vollstreckbaren Ausfertigung des Urteils gegen den anderen Ehegatten die Vorschriften der §§ 727, 730 bis 732 entsprechend anzuwenden.

§ 744a Zwangsvollstreckung bei Eigentums- und Vermögensgemeinschaft
Leben die Ehegatten gemäß Artikel 234 § 4 Abs. 2 des Einführungsgesetzes zum Bürgerlichen Gesetzbuch im Güterstand der Eigentums- und Vermögensgemeinschaft, sind für die Zwangsvollstreckung in Gegenstände des gemeinschaftlichen Eigentums und Vermögens die §§ 740 bis 744, 774 und 860 entsprechend anzuwenden.

§ 745 Zwangsvollstreckung bei fortgesetzter Gütergemeinschaft
(1) Im Falle der fortgesetzten Gütergemeinschaft ist zur Zwangsvollstreckung in das Gesamtgut ein gegen den überlebenden Ehegatten ergangenes Urteil erforderlich und genügend.

(2) Nach der Beendigung der fortgesetzten Gütergemeinschaft gelten die Vorschriften der §§ 743, 744 mit der Maßgabe, dass an die Stelle des Ehegatten, der das Gesamtgut allein verwaltet, der überlebende Ehegatte, an die Stelle des anderen Ehegatten die anteilsberechtigten Abkömmlinge treten.

§ 746 (weggefallen)

§ 747 Zwangsvollstreckung in ungeteilten Nachlass

Zur Zwangsvollstreckung in einen Nachlass ist, wenn mehrere Erben vorhanden sind, bis zur Teilung ein gegen alle Erben ergangenes Urteil erforderlich.

§ 748 Zwangsvollstreckung bei Testamentsvollstrecker

(1) Unterliegt ein Nachlass der Verwaltung eines Testamentsvollstreckers, so ist zur Zwangsvollstreckung in den Nachlass ein gegen den Testamentsvollstrecker ergangenes Urteil erforderlich und genügend.

(2) Steht dem Testamentsvollstrecker nur die Verwaltung einzelner Nachlassgegenstände zu, so ist die Zwangsvollstreckung in diese Gegenstände nur zulässig, wenn der Erbe zu der Leistung, der Testamentsvollstrecker zur Duldung der Zwangsvollstreckung verurteilt ist.

(3) Zur Zwangsvollstreckung wegen eines Pflichtteilanspruchs ist im Falle des Absatzes 1 wie im Falle des Absatzes 2 ein sowohl gegen den Erben als gegen den Testamentsvollstrecker ergangenes Urteil erforderlich.

§ 749 Vollstreckbare Ausfertigung für und gegen Testamentsvollstrecker

[1] Auf die Erteilung einer vollstreckbaren Ausfertigung eines für oder gegen den Erblasser ergangenen Urteils für oder gegen den Testamentsvollstrecker sind die Vorschriften der §§ 727, 730 bis 732 entsprechend anzuwenden. [2] Auf Grund einer solchen Ausfertigung ist die Zwangsvollstreckung nur in die der Verwaltung des Testamentsvollstreckers unterliegenden Nachlassgegenstände zulässig.

§ 750 Voraussetzungen der Zwangsvollstreckung

(1) [1] Die Zwangsvollstreckung darf nur beginnen, wenn die Personen, für und gegen die sie stattfinden soll, in dem Urteil oder in der ihm beigefügten Vollstreckungsklausel namentlich bezeichnet sind und das Urteil bereits zugestellt ist oder gleichzeitig zugestellt wird. [2] Eine Zustellung durch den Gläubiger genügt; in diesem Fall braucht die Ausfertigung des Urteils Tatbestand und Entscheidungsgründe nicht zu enthalten.

(2) Handelt es sich um die Vollstreckung eines Urteils, dessen vollstreckbare Ausfertigung nach § 726 Abs. 1 erteilt worden ist, oder soll ein Urteil, das nach den §§ 727 bis 729, 738, 742, 744, dem § 745 Abs. 2 und dem § 749 für oder gegen eine der dort bezeichneten Personen wirksam ist, für oder gegen einen dieser Personen vollstreckt werden, so muss außer dem zu vollstreckenden Urteil auch die ihm beigefügte Vollstreckungsklausel und, sofern die Vollstreckungsklausel auf Grund öffentlicher oder öffentlich beglaubigter Urkunden erteilt ist, auch eine Abschrift dieser Urkunden vor Beginn der Zwangsvollstreckung zugestellt sein oder gleichzeitig mit ihrem Beginn zugestellt werden.

(3) Eine Zwangsvollstreckung nach § 720a darf nur beginnen, wenn das Urteil und die Vollstreckungsklausel mindestens zwei Wochen vorher zugestellt sind.

A. Allgemeine Grundlagen

1 § 750 benennt die **Voraussetzungen der Zwangsvollstreckung**. Nach § 750 Abs. 1 darf die Zwangsvollstreckung nur beginnen, wenn die Personen, für und gegen die sie stattfinden soll, in dem Urteil oder in der ihm beigefügten Vollstreckungsklausel **namentlich bezeichnet** sind. Ferner muss das Urteil bereits **zugestellt** sein oder mit der Vollstreckung gleichzeitig zugestellt werden. Die Vorschrift wird über § 795 auch bei den weiteren Vollstreckungstiteln der §§ 794 f. angewandt.[1]

B. Bezeichnung von Vollstreckungsgläubiger und Vollstreckungsschuldner

2 Die **Bezeichnung von Vollstreckungsgläubiger und Vollstreckungsschuldner** gemäß Abs. 1 stellt sicher, dass Gläubiger und Schuldner vom Vollstreckungsorgan **sicher identifiziert** werden können.

3 **Gläubiger und Schuldner müssen so bezeichnet** sein, dass ihre **Identifizierung möglich** ist. Insbesondere bei einem Unterlassungstitel geht es nicht nur darum, die Inanspruchnahme Unbeteiligter auszuschließen, sondern gegenüber dem Schuldner zweifelsfrei klarzustellen, dass sich die Unterlassungsanordnung gegen ihn richtet.[2] Dennoch ist eine kleinliche Handhabung nicht angebracht, sondern es ist ausreichend, wenn durch Auslegung des Titels ohne weiteres festgestellt werden kann, wer Partei ist.[3]

---

[1] Musielak/Voit/*Lackmann* § 750 Rn. 2.
[2] BGH GRUR 2004, 264 (265) – Euro-Einführungsrabatt.
[3] BGH GRUR 2004, 264 (265) – Euro-Einführungsrabatt.

Voraussetzungen der Zwangsvollstreckung

Für die GbR wird zwischen ihrer zwangsvollstreckungsrechtlichen Stellung als Gläubigerin oder 4
Schuldnerin unterschieden. Als Gläubigerin genügt in der Regel die Angabe des Namens, unter der sie
im Verkehr auftritt, und die Angabe des vertretungsberechtigten Gesellschafters.[4] Als Schuldnerin
müssen die Voraussetzungen des § 736 erfüllt sein.[5]

Schreibfehler des Namens oder der Firma sind **unbeachtlich**, solange eine Identifizierung anhand 5
des vorliegenden Titels möglich ist.[6]

Eine **Änderung des Namens bzw. der Firma** ist unschädlich, wenn die Personenidentität dem 6
Vollstreckungsorgan durch entsprechende Urkunden zweifelsfrei nachgewiesen werden kann.[7] Da es
sich hierbei um keine Rechtsnachfolge handelt, liegt kein Fall des § 727 vor. Die Änderung des
Namens bzw. der Firma sind idealerweise in der Vollstreckungsklausel ggf. durch klarstellenden Zusatz
kenntlich zu machen.[8] Wird die Namensänderung bzw. Umfirmierung einer Partei in der Vollstreckungsklausel nicht vermerkt, ist das zuständige Vollstreckungsorgan berechtigt, aber nicht verpflichtet,
die Durchführung der Vollstreckung mit der Begründung zu verweigern, die Identität lasse sich nicht
zweifelsfrei feststellen[9] (→ § 727 Rn. 7).

Die exakte Angabe der Vertreter einer juristischen Person ist nicht erforderlich,[10] da diese wechseln 7
können.

Sind die Parteien im Urteil falsch bezeichnet, kommt eine **Berichtigung** nach § 319 in Betracht, 8
sofern es sich um die gleiche Person handelt.

C. Zustellung des Urteils

Das Erfordernis der Zustellung des zu vollstreckenden Urteils und der Vollstreckungsklausel in den 9
in Abs. 2 genannten Fällen ermöglichen dem Schuldner die Prüfung des Vorliegens der Zwangsvollstreckungsvoraussetzungen.

Zuzustellen sind das **Urteil** bzw. **sonstige Vollstreckungstitel (§ 795)**.[11] Die vorherige Zustellung 10
ist bei Arrest und einstweiliger Verfügung wegen §§ 929 Abs. 3, 936 entbehrlich. Sofern Anlagen
Bestandteil des Titels sind, sind auch diese zuzustellen. Im Falle der §§ 727–729, 738, 742, 744, 745
Abs. 2 und 749 ist außerdem die Vollstreckungsklausel gemäß Abs. 2 mit zuzustellen sowie die öffentlichen bzw. öffentlich beglaubigten Urkunden, aufgrund derer die Vollstreckungsklausel erteilt wurde.[12]

Die **von Amts wegen erfolgende Zustellung von Urteilen** (§§ 317 Abs. 1, 166 Abs. 2) ist eine 11
Zustellung iSd § 750 Abs. 1. Der Nachweis der Zustellung erfolgt in diesem Fall durch den auf dem
Titel angebrachten Zustellungsvermerk (§ 169 Abs. 1), bei einer Zustellung im Parteibetrieb durch
Urkunde (§§ 193, 194). Zustellungsempfänger sind der Schuldner oder sein Vertreter (§§ 170 ff.). Bei
Schuldnermehrheit ist allen Schuldnern zuzustellen.

Die Zustellung hat **spätestens mit Beginn der Zwangsvollstreckung** zu erfolgen, sofern keine 12
Wartefristen iSv § 750 Abs. 3 bestehen (→ Rn. 12). Bei Kostenfestsetzungsbeschlüssen, die nicht auf
das Urteil aufgesetzt sind beträgt die Wartefrist nach § 798 mindestens zwei Wochen (→ § 798 Rn. 1).

D. Wartefrist

Bei der **Sicherungsvollstreckung** nach § 720a ist eine zweiwöchige Wartefrist einzuhalten, damit 13
der Schuldner ausreichend Zeit hat, die Vollstreckung durch eigene Sicherheitsleistung gemäß § 720a
Abs. 3 abzuwenden. Die praktische Bedeutung in Verfahren des Gewerblichen Rechtsschutzes ist
allerdings gering (→ § 720a Rn. 3).

Die Wartefrist wird nach § 222 ZPO, §§ 187 Abs. 1, 188 Abs. 2 Alt. 1 BGB als Ereignisfrist 14
berechnet.[13] Durch Vereinbarung der Parteien kann die Wartfrist verlängert, nicht aber verkürzt
werden.[14]

---

[4] BGH NJW-RR 2005, 119.
[5] Musielak/Voit/*Lackmann* § 750 Rn. 10.
[6] MüKoZPO/*Heßler* § 750 Rn. 52; Musielak/Voit/*Lackmann* § 750 Rn. 10.
[7] BGH NJW-RR 2011, 1335 Rn. 6.
[8] Musielak/Voit/*Lackmann* § 750 Rn. 4.
[9] BGH NJW-RR 2011, 1335 (1336).
[10] LG Frankfurt a. M. Rpfleger 1976, 27 f.
[11] Kindl/Meller-Hannich/Wolf/*Giers*/*Haas* § 750 Rn. 17; Musielak/Voit/*Lackmann* § 750 Rn. 15; Thomas/Put-zo/*Seiler* § 750 Rn. 4.
[12] Musielak/Voit/*Lackmann* § 750 Rn. 16; Thomas/Putzo/*Seiler* § 750 Rn. 16, 17.
[13] MüKoZPO/*Heßler* § 750 Rn. 87.
[14] MüKoZPO/*Heßler* § 750 Rn. 88.

§ 751 Bedingungen für Vollstreckungsbeginn

(1) Ist die Geltendmachung des Anspruchs von dem Eintritt eines Kalendertages abhängig, so darf die Zwangsvollstreckung nur beginnen, wenn der Kalendertag abgelaufen ist.

(2) Hängt die Vollstreckung von einer dem Gläubiger obliegenden Sicherheitsleistung ab, so darf mit der Zwangsvollstreckung nur begonnen oder sie nur fortgesetzt werden, wenn die Sicherheitsleistung durch eine öffentliche oder öffentlich beglaubigte Urkunde nachgewiesen und eine Abschrift dieser Urkunde bereits zugestellt ist oder gleichzeitig zugestellt wird.

1 Ist die Geltendmachung des Anspruchs vom Eintritt eines bestimmten Kalendertages (Abs. 1) oder die Vollstreckung von einer dem Gläubiger obliegenden Sicherheitsleistung abhängig (Abs. 2), kann der Gläubiger mit der Vollstreckung erst beginnen, wenn die jeweilige besondere Vollstreckungsvoraussetzung eingetreten ist. § 751 soll den **Schuldner** vor Vollstreckungsmaßnahmen **schützen,** solange ihm nicht die für die Vollstreckbarkeit des Urteils erforderliche Sicherheitsleistung nachgewiesen worden ist[1] oder der bestimmte Kalendertag nicht eingetreten ist.

2 Besondere Relevanz im Gewerblichen Rechtsschutz kommt nur § 751 Abs. 2 zu, da **in der Regel ein Fall der vorläufigen Vollstreckbarkeit gegen Sicherheitsleistung** vorliegt (→ § 709 Rn. 1). Danach darf mit der Zwangsvollstreckung nur begonnen oder sie nur fortgesetzt werden, wenn die Sicherheitsleistung durch eine öffentliche oder öffentlich beglaubigte Urkunde nachgewiesen und eine Abschrift dieser Urkunde bereits zugestellt ist oder mit der Vollstreckung gleichzeitig zugestellt wird. Der Gläubiger kann Sicherheit durch Hinterlegung oder durch eine Bürgschaft leisten (§ 108 ZPO).[2]

3 Der **Nachweis** der Sicherheitsleistung erfolgt bei Hinterlegung durch **Vorlage der Bescheinigung der Hinterlegungsstelle.**[3]

4 Bei Sicherheitsleistung durch Bürgschaft, was der Regelfall ist, ist die **Übergabe der Bürgschaftserklärung im Original** erforderlich und durch öffentliche Urkunde nachzuweisen. Es genügt daher, dass die Bürgschaftserklärung dem Schuldner im Original durch den Gerichtsvollzieher zugestellt wird; damit ist dem Schuldner zugleich deren Bestehen in formalisierter Weise nachgewiesen.

5 Ein gesonderter Nachweis der Bürgschaft gegenüber dem Schuldner durch Zustellung einer Abschrift des bei Übergabe der Bürgschaftsurkunde aufgenommenen Zustellungsnachweises ist nicht erforderlich.[4]

6 Das Vollstreckungsorgan prüft vor Beginn der Vollstreckung, ob die besonderen Vollstreckungsvoraussetzungen eingetreten sind.[5] Wird mit der Zwangsvollstreckung entgegen der Vorgaben von § 751 begonnen, ist die Zwangsvollstreckung zwar wirksam, aber anfechtbar.[6] Der Schuldner kann Erinnerung nach § 766. Eine Heilung des Mangels ist grundsätzlich möglich, wenn der Kalendertag nachträglich abläuft oder die Sicherheit nachträglich geleistet bzw. der Nachweis darüber erbracht wird, sofern die fehlerhafte Vollstreckungsmaßnahme noch nicht aufgehoben wurde.[7]

7 Ist die Rechtskraft eingetreten, kann das Urteil ohne Sicherheitsleistung vollstreckt werden.[8] Dass der Schuldner möglicherweise nicht sofort vom Eintritt der Rechtskraft erfährt, kann bei der Verhängung von Ordnungsmitteln im Falle der Zuwiderhandlung gegen die Vollstreckung im Rahmen des Verschuldens berücksichtigt werden. Ein Vertretenmüssen der Zuwiderhandlung des Schuldners fehlt (nur), wenn er dargetan hat, dass er alle erforderlichen Maßnahmen getroffen hat, um sich über die Feststellung der Rechtskraft zu informieren, insbes. Beantragung einer Zustellbescheinigung, § 169, um über den für den Beginn der Berufungsfrist des Gläubigers maßgeblichen Zeitpunkt (§ 517) zu erfahren und entsprechende Nachfrage beim Rechtsmittelgericht, ob fristgerecht ein Rechtsmittel eingereicht wurde.[9]

§ 752 Sicherheitsleistung bei Teilvollstreckung

[1]Vollstreckt der Gläubiger im Fall des § 751 Abs. 2 nur wegen eines Teilbetrages, so bemisst sich die Höhe der Sicherheitsleistung nach dem Verhältnis des Teilbetrages zum Gesamtbetrag. [2]Darf der Schuldner in den Fällen des § 709 die Vollstreckung gemäß § 712 Abs. 1 Satz 1 abwenden, so gilt für ihn Satz 1 entsprechend.

---

[1] Musielak/Voit/*Lackmann* § 751 Rn. 7.
[2] Musielak/Voit/*Lackmann* § 751 Rn. 7.
[3] Musielak/Voit/*Lackmann* § 751 Rn. 7; s. die jeweiligen Hinterlegungsgesetze der Länder.
[4] BGH GRUR 2008, 1029 – Nachweis der Sicherheitsleistung.
[5] Musielak/Voit/*Lackmann* § 751 Rn. 1.
[6] Musielak/Voit/*Lackmann* § 751 Rn. 8; Thomas/Putzo/*Seiler* § 751 Rn. 1; Wieczorek/Schütze/*Bittmann* § 751 Rn. 18 f.
[7] MüKoZPO/*Heßler* § 751 Rn. 36.
[8] OLG Düsseldorf GRUR-RS 2018, 54694 Rn. 8 – Werkzeug-Werkzeughalteeinheit.
[9] OLG Düsseldorf GRUR-RS 2018, 54694 Rn. 10 – Werkzeug-Werkzeughalteeinheit.

Vollstreckung durch Gerichtsvollzieher, Verordnungsermächtigung 1–5 § 753 ZPO

§ 752 ist **nur** auf die **Vollstreckung von Geldforderungen** anwendbar, die gegen Sicherheits- 1
leistung gemäß § 709 durchgeführt wird (§ 751 Abs. 2). Wird eine Geldforderung nur wegen eines Teilbetrags vollstreckt, so kann die Höhe der Sicherheitsleistung nach dem Verhältnis des Teilbetrags zum Gesamtbetrag, also:

$$\textit{Teilsicherung} = \frac{\textit{zu vollstreckender Teilbetrag} \times \textit{Gesamtsicherheitsleistung}}{\textit{Gesamtbetrag der zu vollstreckenden Forderung}}$$

festgesetzt werden.

Die praktische Bedeutung in Fällen des gewerblichen Rechtsschutzes ist **eher gering** und be- 2
schränkt sich auf die Vollstreckung von Abmahnkosten, Prozesskosten, titulierten Schadensersatzforderungen. Im Regelfall geht es im gewerblichen Rechtsschutz und Urheberrecht um die Vollstreckung von Unterlassungsansprüchen und den üblichen Nebenansprüchen bei Schutzrechtsverletzungen. Eine diesbezügliche Teilvollstreckung kommt dann nur unter den in → § 709 Rn. 15 ff. dargestellten Voraussetzungen in Betracht.

§ 753 Vollstreckung durch Gerichtsvollzieher, Verordnungsermächtigung

(1) **Die Zwangsvollstreckung wird, soweit sie nicht den Gerichten zugewiesen ist, durch Gerichtsvollzieher durchgeführt, die sie im Auftrag des Gläubigers zu bewirken haben.**

(2) **¹Der Gläubiger kann wegen Erteilung des Auftrags zur Zwangsvollstreckung die Mitwirkung der Geschäftsstelle in Anspruch nehmen. ²Der von der Geschäftsstelle beauftragte Gerichtsvollzieher gilt als von dem Gläubiger beauftragt.**

(3) **¹Das Bundesministerium der Justiz und für Verbraucherschutz wird ermächtigt, durch Rechtsverordnung mit Zustimmung des Bundesrates verbindliche Formulare für den Auftrag einzuführen. ²Für elektronisch eingereichte Aufträge können besondere Formulare vorgesehen werden.**

(4) **¹Schriftlich einzureichende Anträge und Erklärungen der Parteien sowie schriftlich einzureichende Auskünfte, Aussagen, Gutachten, Übersetzungen und Erklärungen Dritter können als elektronisches Dokument beim Gerichtsvollzieher eingereicht werden. ²Für das elektronische Dokument gelten § 130a, auf dieser Grundlage erlassene Rechtsverordnungen sowie § 298 entsprechend. ³Die Bundesregierung kann in der Rechtsverordnung nach § 130a Absatz 2 Satz 2 besondere technische Rahmenbedingungen für die Übermittlung und Bearbeitung elektronischer Dokumente in Zwangsvollstreckungsverfahren durch Gerichtsvollzieher bestimmen.**

(5) **§ 130d gilt entsprechend.**

A. Allgemeine Grundlagen

§ 753 bestimmt, dass die Zwangsvollstreckung, **soweit sie nicht den Gerichten zugewiesen** ist, 1
vom **Gerichtsvollzieher** durchzuführen ist. Dazu gehören insbesondere die für Verfahren des gewerblichen Rechtsschutzes relevanten Fälle der Herausgabe bestimmter beweglicher Sachen (§ 883), der Vollziehung von Arrestbefehlen und einstweiligen Verfügungen (§§ 916–945) sowie der Zwangsvollstreckung in körperliche Sachen (§§ 808–827).

B. Stellung des Gerichtsvollziehers

Der Gerichtsvollzieher ist ein **selbständiges Organ der Rechtspflege**[1] und ein Beamter gemäß 2
§ 154 GVG. Einzelheiten seiner dienstlichen Tätigkeit sind in der „Geschäftsanweisung Gerichtsvollzieher" (GVGA) und in den Gerichtsvollzieherordnungen des jeweiligen Bundeslands geregelt.

Ausschließungsgründe für ein Tätigwerden des Gerichtsvollziehers sind in § 155 GVG geregelt, 3
bspw. eigene Parteistellung, Parteistellung des Ehegatten oder von Verwandten.

C. Zuständigkeit

Die **örtliche Zuständigkeit** bestimmt sich nach der jeweiligen Gerichtsvollzieherordnung. Infor- 4
mationen zur örtlichen Zuständigkeit, häufig unter Angabe von Namen und Telefonnummern der zuständigen Gerichtsvollzieher, finden sich in der Regel auf den Internetseiten der Amtsgerichte.

Der Gerichtsvollzieher ist **sachlich zuständig** für jede Zwangsvollstreckung, die nicht den Ge- 5
richten zugewiesen ist (→ Rn. 1). In Verfahren des gewerblichen Rechtsschutzes hat der Gerichtsvollzieher darüber hinaus eine große Relevanz für die Zustellung von Entscheidungen und Dokumenten

---

[1] BGH NJW 1985, 1711 ff.; Musielak/Voit/*Lackmann* § 753 Rn. 3.

wie Bürgschaftserklärungen zur Erbringung der Sicherheitsleistung für die vorläufige Vollstreckbarkeit (→ § 751 Rn. 2).

6   Wird gegen die sachliche Zuständigkeit **verstoßen,** wird also bspw. der Gerichtsvollzieher in einer dem Gericht zugewiesenen Vollstreckungsaufgabe tätig, ist die Vollstreckungsmaßnahme nichtig.[2] Ein Verstoß gegen die örtliche Zuständigkeit führt dagegen lediglich zur Anfechtbarkeit der Maßnahme.[3]

D. Vollstreckungsauftrag des Gläubigers

I. Verhältnis zwischen Gläubiger und Gerichtsvollzieher

7   Soweit § 753 Abs. 1 davon spricht, dass die Zwangsvollstreckung „im Auftrag des Gläubigers" durchgeführt hat, ist damit gemeint, dass die Zwangsvollstreckung **durch den Gerichtsvollzieher auf Antrag des Gläubigers** erfolgt. Der Gerichtsvollzieher handelt jedoch selbständig.[4] Der Gläubiger hat nur ein sehr eingeschränktes Recht, Vorgaben hinsichtlich des Beginns und Umfangs der Zwangsvollstreckung zu machen, soweit diese im Einklang mit dem Gesetz stehen. Bspw. kann er anweisen, bestimmte Gegenstände zu pfänden oder die Zwangsvollstreckung vorläufig ruhen zu lassen und weitere Weisung abzuwarten.[5] Ob die Voraussetzungen der Zwangsvollstreckung vorliegen, muss der Gerichtsvollzieher selbständig prüfen.

8   Gläubiger und Gerichtsvollzieher stehen in keinem privatrechtlichen Auftragsverhältnis, sondern einer **öffentlich-rechtlichen Rechtsbeziehung,** da der Staat als alleiniger Träger der Vollstreckungsgewalt durch den Gerichtsvollzieher sein Zwangsmonopol in hoheitlicher Weise ausübt.[6] Der Gerichtsvollzieher ist weder Vertreter noch Erfüllungsgehilfe des Gläubigers.[7] Auch insoweit er kraft Gesetzes befugt ist, für und gegen den Gläubiger zu handeln (zB zur Entgegennahme von Leistungen des Schuldners, § 754 oder bei der Ermittlung des Aufenthaltsorts des Schuldners, § 755), handelt er dennoch nicht in einem bürgerlich-rechtlichen Verhältnis zum Gläubiger, sondern hoheitlich.[8] Der Gläubiger haftet nicht für eventuelles Verschulden des Gerichtsvollziehers. Es kommt vielmehr ein Amtshaftungsanspruch des Staates nach Art. 34 GG, § 839 BGB in Betracht.[9]

II. Vollstreckungsauftrag

9   Der Auftrag kann **schriftlich oder mündlich** erteilt werden. Gibt es im zuständigen Amtsgerichtsbezirk mehrere Gerichtsvollzieher, kann der Antrag auch an die **Gerichtsvollzieherverteilerstelle** gerichtet werden. Der Vollstreckungstitel, dh die vollstreckbare Ausfertigung oder wenn – wie im Falle von Arrest und einstweiliger Verfügung und eine Klausel nicht erforderlich sein (→ § 724 Rn. 2) – die Ausfertigung ist dem Gerichtsvollzieher zu übergeben (s. § 754), damit er das Vorliegen der Voraussetzungen der Zwangsvollstreckung prüfen kann. Wenn erforderlich, sind ihm die Urkunden vorzulegen, aus denen sich der Eintritt der besonderen Vollstreckungsvoraussetzungen (§§ 750 Abs. 2, 751 Abs. 2) ergibt. Vorgaben des Gläubigers im Vollstreckungsauftrag, zB hinsichtlich des Beginns oder Umfangs der Zwangsvollstreckung, hat der Gerichtsvollzieher grundsätzlich zu beachten.[10]

10 Die **Gebühren** für die Tätigkeit des Gerichtsvollziehers bestimmen sich anhand des GVKostG.

E. Rechtsbehelfe

11 Einen ordnungsgemäß gestellten Antrag darf der Gerichtsvollzieher nur ablehnen, sofern Vollstreckungsvoraussetzungen fehlen, die konkret beantragte Maßnahme unzulässig ist oder kein Kostenvorschuss (§ 4 Abs. 1 S. 2 GvKostG) geleistet wurde.[11] Lehnt der Gerichtsvollzieher den Auftrag ab, kann der Gläubiger **Erinnerung nach § 766** und anschließend **sofortige Beschwerde (§ 793)** erheben. Bei Einwendungen gegen die Art und Weise der Zwangsvollstreckung stehen diese Rechtsbehelfe Gläubiger und Schuldner zu.

§ 753a Vollmachtsnachweis

[1] Bei der Durchführung der Zwangsvollstreckung wegen Geldforderungen in das bewegliche Vermögen haben Bevollmächtigte nach § 79 Absatz 2 Satz 1 und 2 Nummer 3 und 4 ihre ordnungsgemäße Bevollmächtigung zu versichern; des Nachweises einer Vollmacht bedarf es in diesen Fällen nicht. [2] Satz 1 gilt nicht für Anträge nach § 802g.

---

[2] MüKoZPO/*Heßler* § 753 Rn. 11; Musielak/Voit/*Lackmann* § 753 Rn. 16.
[3] Zöller/*Seibel* § 753 Rn. 3; aA Musielak/Voit/*Lackmann* § 753 Rn. 16; Saenger/*Kindl* § 766 Rn. 22, der eine Anfechtbarkeit im Falle des Verstoßes gegen die örtliche Zuständigkeit ablehnt.
[4] BGH NJW 1985, 1711 ff.
[5] AG Straubing Rpfleger 1979, 72.
[6] BGH MDR 2009, 651 (652); MüKoZPO/*Heßler* § 753 Rn. 13.
[7] Musielak/Voit/*Lackmann* § 753 Rn. 3; Saenger/*Kindl* § 754 Rn. 3.
[8] BGH NJW 2009, 1085 Rn. 6 mwN; differenzierend HK-ZPO/*Kindl* § 753 Rn. 10 (Gerichtsvollzieher als gesetzlicher Vertreter).
[9] Musielak/Voit/*Lackmann* § 753 Rn. 3; Thomas/Putzo/*Seiler* § 753 Rn. 16b.
[10] HK-ZPO/*Kindl* § 753 Rn. 8; Thomas/Putzo/*Seiler* § 753 Rn. 15.
[11] Musielak/Voit/*Lackmann* § 753 Rn. 13; HK-ZPO/*Kindl* § 753 Rn. 11.

§ 754 Vollstreckungsauftrag und vollstreckbare Ausfertigung

(1) **Durch den Vollstreckungsauftrag und die Übergabe der vollstreckbaren Ausfertigung wird der Gerichtsvollzieher ermächtigt, Leistungen des Schuldners entgegenzunehmen und diese zu quittieren sowie mit Wirkung für den Gläubiger Zahlungsvereinbarungen nach Maßgabe des § 802b zu treffen.**

(2) ¹**Dem Schuldner und Dritten gegenüber wird der Gerichtsvollzieher zur Vornahme der Zwangsvollstreckung und der in Absatz 1 bezeichneten Handlungen durch den Besitz der vollstreckbaren Ausfertigung ermächtigt.** ²**Der Mangel oder die Beschränkung des Auftrags kann diesen Personen gegenüber von dem Gläubiger nicht geltend gemacht werden.**

A. Allgemeine Grundlagen

§ 754 bestimmt, dass der Gerichtsvollzieher zur Entgegennahme von Leistungen des Schuldners mit Wirkung für den Gläubiger verpflichtet ist. Außerdem ist er befugt, mit dem Schuldner Zahlungsvereinbarungen zu treffen.[1] 1

Voraussetzungen für die Ermächtigung des Gerichtsvollziehers **ist nach § 754 das Vorliegen eines Vollstreckungsauftrags** (→ § 753 Rn. 7) **und die Übergabe der vollstreckbaren** Ausfertigung (→ § 753 Rn. 9). Der Besitz der vollstreckbaren Ausfertigung legitimiert den Gerichtsvollzieher gegenüber dem Schuldner und Dritten (auch → § 724 Rn. 1). 2

Nach Abs. 2 S. 1 ist der Gerichtsvollzieher durch den Besitz der vollstreckbaren Ausfertigung im Verhältnis gegenüber dem Schuldner und zu Dritten **ermächtigt,** die Vollstreckung durchzuführen und die in Abs. 1 bezeichneten Handlungen vorzunehmen (auch → § 724 Rn. 1. Der Gläubiger kann die Befugnisse des Gerichtsvollziehers nicht mit Wirkung nach außen ausschließen oder beschränken, Abs. 2 S. 2. Voraussetzungen für die Ermächtigung des Gerichtsvollziehers ist nach § 754 das Vorliegen eines Vollstreckungsauftrags (→ § 753 Rn. 7) und die Übergabe der vollstreckbaren Ausfertigung (→ § 753 Rn. 9). 3

Die Entgegennahme der Leistung durch den Gerichtsvollzieher hat **keine Erfüllungswirkung,** er handelt nicht als Vertreter des Gläubigers, sondern im öffentlichen Auftrag (→ § 753 Rn. 8).[2] Erfüllungswirkung tritt erst ein, wenn der Gerichtsvollzieher die Leistung an den Gläubiger weitergeleitet hat. Zur Annahme und Ablieferung der Leistung siehe auch § 106 GVGA. 4

Der Gerichtsvollzieher hat die empfangene Leistung zu **quittieren** (§ 754 Abs. 1, § 757).[3] 5

B. Rechtsbehelfe

Statthafter Rechtsbehelf ist die **Erinnerung** gemäß **§ 766**, anschließend **sofortige Beschwerde gemäß § 793**, beispielsweise falls der Gerichtsvollzieher die Entgegennahme der Leistung verweigern sollte.[4] 6

§ 754a Vereinfachter Vollstreckungsauftrag bei Vollstreckungsbescheiden

(1) ¹Im Fall eines elektronisch eingereichten Auftrags zur Zwangsvollstreckung aus einem Vollstreckungsbescheid, der einer Vollstreckungsklausel nicht bedarf, ist bei der Zwangsvollstreckung wegen Geldforderungen die Übermittlung der Ausfertigung des Vollstreckungsbescheides entbehrlich, wenn

1. die sich aus dem Vollstreckungsbescheid ergebende fällige Geldforderung einschließlich titulierter Nebenforderungen und Kosten nicht mehr als 5 000 Euro beträgt; Kosten der Zwangsvollstreckung sind bei der Berechnung der Forderungshöhe nur zu berücksichtigen, wenn sie allein Gegenstand des Vollstreckungsauftrags sind;
2. die Vorlage anderer Urkunden als der Ausfertigung des Vollstreckungsbescheides nicht vorgeschrieben ist;
3. der Gläubiger dem Auftrag eine Abschrift des Vollstreckungsbescheides nebst Zustellungsbescheinigung als elektronisches Dokument beifügt und
4. der Gläubiger versichert, dass ihm eine Ausfertigung des Vollstreckungsbescheides und eine Zustellungsbescheinigung vorliegen und die Forderung in Höhe des Vollstreckungsauftrags noch besteht.

²Sollen Kosten der Zwangsvollstreckung vollstreckt werden, sind dem Auftrag zusätzlich zu den in Satz 1 Nummer 3 genannten Dokumenten eine nachprüfbare Aufstellung der Kosten und entsprechende Belege als elektronisches Dokument beizufügen.

(2) Hat der Gerichtsvollzieher Zweifel an dem Vorliegen einer Ausfertigung des Vollstreckungsbescheides oder der übrigen Vollstreckungsvoraussetzungen, teilt er dies dem Gläubiger mit und führt die Zwangsvollstreckung erst durch, nachdem der Gläubiger die Ausfertigung des Vollstreckungsbescheides übermittelt oder die übrigen Vollstreckungsvoraussetzungen nachgewiesen hat.

---

[1] Zum dogmatischen Streit, ob dies ein Handeln des Gerichtsvollziehers in Vertretung des Gläubigers oder aber allein ein hoheitliches Handeln darstellt, → § 753 Rn. 8.
[2] BGH NJW 2009, 2085 Rn. 6; Musielak/Voit/*Lackmann* § 754 Rn. 3; Thomas/Putzo/*Seiler* § 754 Rn. 3.
[3] Musielak/Voit/*Lackmann* § 753 Rn. 4; HK-ZPO/*Kindl* § 754 Rn. 6.
[4] Musielak/Voit/*Lackmann* § 754 Rn. 12; Thomas/Putzo/*Seiler* § 754 Rn. 8.

§ 755 Ermittlung des Aufenthaltsorts des Schuldners

(1) ¹Ist der Wohnsitz oder gewöhnliche Aufenthaltsort des Schuldners nicht bekannt, darf der Gerichtsvollzieher auf Grund des Vollstreckungsauftrags und der Übergabe der vollstreckbaren Ausfertigung zur Ermittlung des Aufenthaltsorts des Schuldners bei der Meldebehörde die gegenwärtigen Anschriften sowie Angaben zur Haupt- und Nebenwohnung des Schuldners erheben. ²Der Gerichtsvollzieher darf auch beauftragt werden, die gegenwärtigen Anschriften, den Ort der Hauptniederlassung oder den Sitz des Schuldners zu erheben
1. durch Einsicht in das Handels-, Genossenschafts-, Partnerschafts-, Unternehmens- oder Vereinsregister oder
2. durch Einholung einer Auskunft bei den nach Landesrecht für die Durchführung der Aufgaben nach § 14 Absatz 1 der Gewerbeordnung zuständigen Behörden.

(2) ¹Soweit der Aufenthaltsort des Schuldners nach Absatz 1 nicht zu ermitteln ist, darf der Gerichtsvollzieher
1. zunächst beim Ausländerzentralregister die Angaben zur aktenführenden Ausländerbehörde sowie zum Zuzug oder Fortzug des Schuldners und anschließend bei der gemäß der Auskunft aus dem Ausländerzentralregister aktenführenden Ausländerbehörde den Aufenthaltsort des Schuldners,
2. bei den Trägern der gesetzlichen Rentenversicherung die dort bekannte derzeitige Anschrift, den derzeitigen oder zukünftigen Aufenthaltsort des Schuldners sowie
3. bei dem Kraftfahrt-Bundesamt die Halterdaten nach § 33 Abs. 1 Satz 1 Nr. 2 des Straßenverkehrsgesetzes

erheben. ²Ist der Schuldner Unionsbürger, darf der Gerichtsvollzieher die Daten nach Satz 1 Nummer 1 nur erheben, wenn ihm tatsächliche Anhaltspunkte für die Vermutung der Feststellung des Nichtbestehens oder des Verlusts des Freizügigkeitsrechts vorliegen. ³Eine Übermittlung der Daten nach Satz 1 Nummer 1 an den Gerichtsvollzieher ist ausgeschlossen, wenn der Schuldner Unionsbürger ist, für den eine Feststellung des Nichtbestehens oder des Verlusts des Freizügigkeitsrechts nicht vorliegt.

(3) Nach Absatz 1 oder Absatz 2 erhobene Daten, die innerhalb der letzten drei Monate bei dem Gerichtsvollzieher eingegangen sind, darf dieser auch in einem Zwangsvollstreckungsverfahren eines weiteren Gläubigers gegen denselben Schuldner verarbeiten, wenn die Voraussetzungen für die Datenerhebung auch bei diesem Gläubiger vorliegen.

1 § 755 Abs. 1 gibt dem Gerichtsvollzieher aufgrund des Vollstreckungsauftrags das Recht, bei der Meldebehörde die gegenwärtigen Anschriften sowie Angaben zur Haupt- und Nebenwohnung des Schuldners zu erheben.
2 § 755 Abs. 2 regelt ergänzende **Möglichkeiten der Datenerhebung**, falls der Aufenthaltsort des Schuldners mit Hilfe der Meldebehörde nicht bestimmbar ist. Abs. 2 S. 4 enthält eine Bagatellklausel, die aber in Verfahren des Gewerblichen Rechtsschutzes und des Urheberrechts wegen der regelmäßig hohen Streitwerte kaum Bedeutung haben wird.
3 Jede Auskunft nach § 755 wird gem. § 10 GvKostG als selbstständige Angelegenheit in Rechnung gestellt (Nr. 440 KV des GvKostG).[1] an.

§ 756 Zwangsvollstreckung bei Leistung Zug um Zug

(1) Hängt die Vollstreckung von einer Zug um Zug zu bewirkenden Leistung des Gläubigers an den Schuldner ab, so darf der Gerichtsvollzieher die Zwangsvollstreckung nicht beginnen, bevor er dem Schuldner die diesem gebührende Leistung in einer den Verzug der Annahme begründenden Weise angeboten hat, sofern nicht der Beweis, dass der Schuldner befriedigt oder im Verzug der Annahme ist, durch öffentliche oder öffentlich beglaubigte Urkunden geführt wird und eine Abschrift dieser Urkunden bereits zugestellt ist oder gleichzeitig zugestellt wird.

(2) Der Gerichtsvollzieher darf mit der Zwangsvollstreckung beginnen, wenn der Schuldner auf das wörtliche Angebot des Gerichtsvollziehers erklärt, dass er die Leistung nicht annehmen werde.

1 Verurteilt der Titel den Schuldner zu einer **Leistung Zug um Zug** zu einer Gegenleistung des Gläubigers, ermöglicht § 756 dem Gläubiger, diese Gegenleistung **durch den Gerichtsvollzieher anbieten** zu lassen (§ 755 Abs. 1). Eine Vollstreckung kann erst beginnen, wenn der Schuldner erklärt hat, nicht annahmebereit zu sein (§ 755 Abs. 2).
2 Die Gegenleistung muss dem Schuldner angeboten bzw. erbracht werden, wie es im Titel bestimmt ist.[1*]

---
[1] Musielak/Voit/*Lackmann* § 755 Rn. 8.
[1*] Musielak/Voit/*Lackmann* § 755 Rn. 4; Thomas/Putzo/*Seiler* § 756 Rn. 5.

Auskunfts- und Unterstützungsersuchen **§ 757a ZPO**

Ein Angebot durch den Gerichtsvollzieher ist nicht erforderlich, wenn der Gläubiger die Befriedi- 3
gung des Schuldners mit der Gegenleistung oder dessen Annahmeverzug mittels öffentlichen Urkunden oder öffentlich beglaubigten Privatkunden nachweisen kann (Abs. 1 Halbsatz 2).[2] Im Übrigen
richtet sich die Art und Weise, wie der Gerichtsvollzieher die Gegenleistung anbieten muss, nach
§§ 293 ff. BGB.[3]

Verstöße gegen § 756 führen zur Anfechtbarkeit der Zwangsvollstreckung und können von Gläubi- 4
ger und Schuldner mittels Erinnerung nach § 766 Abs. 2 geltend gemacht werden.[4]

Im gewerblichen Rechtsschutz und Urheberrecht hat § 756 insbesondere im **Urheberrecht** und 5
Designrecht Bedeutung: Dort kann der Gläubiger wählen, ob er die Vernichtung einer rechtswidrig
hergestellten Verletzungsform und der vorwiegend zu ihrer Herstellung benutzten Vorrichtungen oder
aber deren Herausgabe gegen Zahlung einer angemessenen Vergütung nach § 98 Abs. 3 UrhG, § 43
Abs. 3 DesignG verlangt.[5]

§ 757 Übergabe des Titels und Quittung

(1) **Der Gerichtsvollzieher hat nach Empfang der Leistungen dem Schuldner die vollstreckbare Ausfertigung nebst einer Quittung auszuliefern, bei teilweiser Leistung diese auf der vollstreckbaren Ausfertigung zu vermerken und dem Schuldner Quittung zu erteilen.**

(2) **Das Recht des Schuldners, nachträglich eine Quittung des Gläubigers selbst zu fordern, wird durch diese Vorschriften nicht berührt.**

Der Gerichtsvollzieher hat die Leistung des Schuldners anzunehmen (→ § 754 Rn. 1). Die **Über-** 1
gabe der Quittung und der **vollstreckbaren Ausfertigung** dienen dazu, eine **weitere Vollstreckung aus der vollstreckbaren Ausfertigung zu verhindern** (→ § 724 Rn. 1).

Die vollstreckbare Ausfertigung wird **erst nach vollständiger Erfüllung** zurückgegeben. 2

Bei einer teilweisen Erfüllung ist dem Schuldner für diese **Teilleistung** eine Quittung zu erteilen 3
und die Teilleistung auf der vollstreckbaren Ausfertigung zu vermerken, damit in der Zukunft nur
noch wegen des verbleibenden Betrags vollstreckt werden kann.[1]

Bei einer **Gesamtschuld** wird die vollstreckbare Ausfertigung demjenigen Schuldner ausgehändigt, 4
der die Leistung erbracht hat.[2*] Sofern mehrere erfüllt haben, sollten sie sich darüber einigen, wem die
vollstreckbare Ausfertigung ausgehändigt werden soll, andernfalls nimmt der Gerichtsvollzieher die
vollstreckbare Ausfertigung zu seinen Akten.[3*]

Bei Verstößen gegen § 757 kann der **Rechtsbehelf** der Erinnerung gemäß § 766 und anschließend 5
sofortige Beschwerde gemäß § 793 eingelegt werden.

§ 757a Auskunfts- und Unterstützungsersuchen

(1) Der Gerichtsvollzieher kann die zuständige Polizeidienststelle um Auskunft ersuchen, ob nach polizeilicher Einschätzung bei einer durchzuführenden Vollstreckungshandlung eine Gefahr für Leib oder Leben des Gerichtsvollziehers oder einer weiteren an der Vollstreckungshandlung beteiligten Person besteht.

(2) In dem Auskunftsersuchen nach Absatz 1 ist Folgendes anzugeben:
1. Art und Ort der Vollstreckungshandlung,
2. Vornamen und Name des Schuldners,
3. soweit bekannt Geburtsname, Geburtsdatum und Geburtsort des Schuldners sowie
4. Wohnanschrift des Schuldners.

(3) [1]Erteilt die Polizeidienststelle die Auskunft, dass nach polizeilicher Einschätzung eine Gefahr nach Absatz 1 besteht, so kann der Gerichtsvollzieher um Unterstützung durch die polizeilichen Vollzugsorgane bei der durchzuführenden Vollstreckungshandlung nachsuchen. [2]Ein Unterstützungsersuchen kann der Gerichtsvollzieher auch zusammen mit einem Auskunftsersuchen nach Absatz 1 stellen.

(4) [1]Der Gerichtsvollzieher kann auch ohne Auskunftsersuchen ein Unterstützungsersuchen stellen, wenn
1. tatsächliche Anhaltspunkte für das Bestehen einer Gefahr nach Absatz 1 vorliegen oder
2. sich die Gefahr aus der Art der Vollstreckungshandlung ergibt.
[2]Auf Unterstützungsersuchen nach Satz 1 ist Absatz 2 entsprechend anzuwenden; bei Unterstützungsersuchen nach Satz 1 Nummer 1 hat der Gerichtsvollzieher zusätzlich die tatsächlichen Anhaltspunkte für das Vorliegen einer Gefahr nach Absatz 1 und, sofern die Gefahr von einer dritten Person ausgeht, die ihm bekannten Daten nach Absatz 2 Nummer 2 bis 4 über die dritte Person anzugeben.

(5) [1]Über die Durchführung eines Auskunfts- oder eines Unterstützungsersuchens setzt der Gerichtsvollzieher den Schuldner oder, sofern Daten einer dritten Person nach Absatz 4 Satz 2 Halbsatz 2 übermittelt worden sind, die dritte Person unverzüglich nach Erledigung des Vollstreckungsauftrags in Kenntnis. [2]Abweichend von § 760 Satz 1 darf in

---

[2] Thomas/Putzo/*Seiler* § 756 Rn. 9 f.
[3] Musielak/Voit/*Lackmann* § 755 Rn. 5.
[4] Musielak/Voit/*Lackmann* § 755 Rn. 11 f.; HK-ZPO/*Kindl* § 756 Rn. 12.
[5] S. dazu Ahlberg/Götting/*Reber* § 98 Rn. 4; Dreier/Schulze/*Dreier* § 98 Rn. 18 f.; Eichmann/Jestaedt/Fink/
Meiser/*Eichmann*/Jestaedt DesignG § 43 Rn. 9; Wandtke/Bullinger/*Bohne* § 98 Rn. 40, 41.
[1] Prütting/Gehrlein/*Kroppenburg* § 757 Rn. 6.
[2*] MüKoZPO/*Heßler* § 757 Rn. 19.
[3*] MüKoZPO/*Heßler* § 757 Rn. 20.

Bezug auf Inhalte der Akten des Gerichtsvollziehers, die in Zusammenhang mit einem Auskunfts- oder einem Unterstützungsersuchen stehen, neben dem Schuldner nur der dritten Person, deren Daten übermittelt worden sind, Akteneinsicht gestattet und eine Abschrift erteilt werden; § 760 Satz 2 bleibt unberührt.

§ 758 Durchsuchung; Gewaltanwendung

(1) **Der Gerichtsvollzieher ist befugt, die Wohnung und die Behältnisse des Schuldners zu durchsuchen, soweit der Zweck der Vollstreckung dies erfordert.**

(2) **Er ist befugt, die verschlossenen Haustüren, Zimmertüren und Behältnisse öffnen zu lassen.**

(3) **Er ist, wenn er Widerstand findet, zur Anwendung von Gewalt befugt und kann zu diesem Zweck die Unterstützung der polizeilichen Vollzugsorgane nachsuchen.**

1 § 758 regelt die **Befugnis des Gerichtsvollziehers zur Durchsuchung** von Wohnungen und zur Gewaltanwendung. Bedeutung für Verfahren des gewerblichen Rechtsschutzes hat § 758 vor allem im Zusammenhang mit der Vollstreckung wegen **Herausgabe von Sachen** (§ 883), insbesondere zum Zwecke der **Sequestration** oder **Vernichtung** oder im Zuge von **Besichtigungsverfahren** (→ § 485 Rn. 84 ff.).

2 **Durchsuchung** ist das ziel- und zweckgerichtete Suchen staatlicher Organe nach Sachen oder zur Ermittlung eines nicht bereits offenkundigen Sachverhalts, dh das dem Aufspüren dessen dient, was der Wohnungsinhaber von sich aus nicht herausgeben oder offen legen will.[1] Eine Durchsuchung ist nur insoweit zulässig, wie sie zum Zwecke der Zwangsvollstreckung **erforderlich** ist.

3 Eine Durchsuchung der Wohnung ist zulässig, wenn der Schuldner **eingewilligt** hat (wenngleich es sich dann nicht mehr um eine „Durchsuchung" im engeren Sinne handelt → Rn. 2) oder ein Fall von **Gefahr in Verzug** (§ 758a Abs. 1 S. 2) oder eine gerichtliche Durchsuchungsanordnung vorliegt (§ 758a Abs. 1 S. 1).[2] Für Geschäftsräume gilt dies wegen Art. 13 Abs. 1 GG gleichermaßen.[3]

4 Ein Verstoß gegen § 758 führt zur Anfechtbarkeit der Vollstreckungsmaßnahme, die der Schuldner mit der Erinnerung nach § 766 geltend machen kann.[4] Gleiches gilt für den Gläubiger, wenn der Gerichtsvollzieher die Durchsucht zu Unrecht vollständig oder teilweise verweigert.

§ 758a Richterliche Durchsuchungsanordnung; Vollstreckung zur Unzeit

(1) [1]**Die Wohnung des Schuldners darf ohne dessen Einwilligung nur auf Grund einer Anordnung des Richters bei dem Amtsgericht durchsucht werden, in dessen Bezirk die Durchsuchung erfolgen soll.** [2]**Dies gilt nicht, wenn die Einholung der Anordnung den Erfolg der Durchsuchung gefährden würde.**

(2) **Auf die Vollstreckung eines Titels auf Räumung oder Herausgabe von Räumen und auf die Vollstreckung eines Haftbefehls nach § 802g ist Absatz 1 nicht anzuwenden.**

(3) [1]**Willigt der Schuldner in die Durchsuchung ein oder ist eine Anordnung gegen ihn nach Absatz 1 Satz 1 ergangen oder nach Absatz 1 Satz 2 entbehrlich, so haben Personen, die Mitgewahrsam an der Wohnung des Schuldners haben, die Durchsuchung zu dulden.** [2]**Unbillige Härten gegenüber Mitgewahrsamsinhabern sind zu vermeiden.**

(4) [1]**Der Gerichtsvollzieher nimmt eine Vollstreckungshandlung zur Nachtzeit und an Sonn- und Feiertagen nicht vor, wenn dies für den Schuldner und die Mitgewahrsaminhaber eine unbillige Härte darstellt oder der zu erwartende Erfolg in einem Missverhältnis zu dem Eingriff steht, in Wohnungen nur auf Grund einer besonderen Anordnung des Richters bei dem Amtsgericht.** [2]**Die Nachtzeit umfasst die Stunden von 21 bis 6 Uhr.**

(5) **Die Anordnung nach Absatz 1 ist bei der Zwangsvollstreckung vorzuzeigen.**

(6) [1]**Das Bundesministerium der Justiz wird ermächtigt, durch Rechtsverordnung mit Zustimmung des Bundesrates Formulare für den Antrag auf Erlass einer richterlichen Durchsuchungsanordnung nach Absatz 1 einzuführen.** [2]**Soweit nach Satz 1 Formulare eingeführt sind, muss sich der Antragsteller ihrer bedienen.** [3]**Für Verfahren bei Gerichten, die die Verfahren elektronisch bearbeiten, und für Verfahren bei Gerichten, die die Verfahren nicht elektronisch bearbeiten, können unterschiedliche Formulare eingeführt werden.**

Literatur: *Schneider*, Die vollstreckungsrichterliche Durchsuchungsanordnung. (Auswirkungen der Entscheidung BVerfG v. 3.4.79 auf die Vollstreckungspraxis), NJW 1980, 2377.

---

[1] BVerfG NJW 1987, 2499; BGH NJW 2006, 3352; Musielak/Voit/*Lackmann* § 758 Rn. 3.
[2] HK-ZPO/*Kindl* § 758 Rn. 1.
[3] BVerfG NJW 1987, 2499; Musielak/Voit/*Lackmann* § 758 Rn. 2; HK-ZPO/*Kindl* § 758 Rn. 3.
[4] Musielak/Voit/*Lackmann* § 758 Rn. 9.

A. Allgemeine Grundlagen

§ 758a dient dazu, die **verfassungsrechtlichen Vorgaben zur Wahrung des Grundrechts der Unverletzlichkeit der Wohnung,** das für Geschäftsräume gleichermaßen gilt,[1] zu regeln und einen Ausgleich zwischen dem Vollstreckungsinteresse des Gläubigers, insbesondere bei sich der Vollstreckung widersetzenden Schuldnern, und dem Grundrechtsschutz zu **gewährleisten.** 1

§ 758a gilt für alle Arten der Vollstreckung, soweit es nicht um Räumung oder Herausgabe von Räumen (§ 758a Abs. 2, § 885) geht. 2

B. Richterliche Durchsuchungsanordnung; Voraussetzungen

Eine **richterliche Durchsuchungsanordnung** ist notwendig, wenn der Schuldner in die Durchsuchung nicht einwilligt. 3

Zuständig ist der Richter des Amtsgerichts, in dessen Bezirk die Anordnung erfolgen soll (Abs. 1 S. 1). Eine Durchbrechung dieser ausschließlichen (§ 802) Zuständigkeit des Amtsgerichts im einstweiligen Verfügungsverfahren über § 938 ist – auch unter Berücksichtigung der Durchsetzungsrichtlinie 2004/EG/48 – nicht geboten[2]. 4

Das Amtsgericht wird auf **Antrag** des Gläubigers tätig.[3] Eine mündliche Verhandlung ist in der Regel wegen der Dringlichkeit der Sache entbehrlich, ebenso wie eine Anhörung des Schuldners, die nur die Gefahr des Beiseiteschaffens von Sachen vergrößern würde. Der Richter entscheidet durch Beschluss. 5

Der Gerichtsvollzieher muss die Anordnung bei der Durchsuchung vorzeigen (Abs. 5). 6

Die Durchsuchung muss **erforderlich** und **verhältnismäßig** sein. Dies ist nicht der Fall, wenn die Maßnahme erkennbar aussichtslos ist. In diesem Fall fehlt das Rechtsschutzbedürfnis des Gläubigers.[4] 7

Die richterliche Durchsuchungsanordnung ist nur dann **entbehrlich,** wenn die Einholung der Anordnung den Erfolg der Durchsuchung gefährden würde, also **Gefahr in Verzug** besteht. 8

Gefahr in Verzug liegt in den Fällen des Art. 13 Abs. 2 GG nur dann vor, wenn die vorherige Einholung der richterlichen Anordnung den Erfolg der Durchsuchung gefährden würde.[5] Der Begriff „Gefahr im Verzug" in Art. 13 Abs. 2 GG ist dabei **eng auszulegen,** denn die richterliche Anordnung einer Durchsuchung ist die Regel und die nichtrichterliche die Ausnahme.[6] Die **Weigerung des Schuldners,** der Durchsuchung zuzustimmen, allein genügt nicht, sondern es müssen konkrete Anhaltspunkte in der Person bzw. dem Verhalten des Schuldners vorliegen, die den **Verdacht begründen, dass der Durchsuchungserfolg gefährdet würde,** wenn eine richterliche Durchsuchungsanordnung abgewartet werden müsste. Andererseits dürfte für eine Durchsuchungsanordnung ohne vorherige Weigerung des Schuldners das Rechtsschutzbedürfnis fehlen.[7] 9

Der Gerichtsvollzieher hat das Vorliegen der Gefahr in Verzug zu prüfen und zu protokollieren[8] (→ § 762 Rn. 1). Entscheidet er, dass Gefahr in Verzug vorliegt, bestimmen sich seine Befugnisse nach § 758. Eine nachträgliche richterliche Anordnung ist nicht erforderlich.[9] 10

Eine Vollstreckungsmaßnahme, bei der der Gerichtsvollzieher irrtümlich das Vorliegen von Gefahr in Verzug angenommen hat, ist wirksam, aber anfechtbar mit der Beschwerde gemäß § 766, anschließend mit der sofortigen Beschwerde, § 793.[10] 11

C. Duldungspflicht Dritter (Abs. 3)

Dritte, die **Mitgewahrsam** haben wie Mitinhaber der Wohnung/Geschäftsräume, haben die Durchsuchung zu dulden, Abs. 3. Für den Dritten besteht darin keine als Grundrechtsverstoß relevante Verletzung der Privatheit der Wohnung.[11] Der Dritte hat die Durchsuchen auch zu dulden, wenn der Gerichtsvollzieher die Schuldnerwohnung ohne Anordnung durchsuchen darf, weil der Schuldner sein 12

---

[1] BVerfG NJW 1987, 2499; Musielak/Voit/*Lackmann* § 758 Rn. 2; HK-ZPO/*Kindl* § 758 Rn. 3, aA Baumbach/Lauterbach § 758 Rn. 19; AG Berlin-Tempelhof MDR 1980, 62.
[2] LG Hamburg GRUR-RR 2014, 47 f. – Ausschließliche Zuständigkeit; s. auch Haedicke/Timmann PatR-HdB/*Chakraborty/Haedicke* § 15 Rn. 428.
[3] Prütting/Gehrlein/*Kroppenburg* § 758a Rn. 3.
[4] Prütting/Gehrlein/*Kroppenburg* § 758a Rn. 5; HK-ZPO/*Kindl* § 758a Rn. 4; Baumbach/Lauterbach/Albers/Hartmann ZPO § 758a Rn. 19.
[5] BVerfG NJW 1979, 1539.
[6] BVerfG NJW 2001, 1121; Baumbach/Lauterbach/Albers/Hartmann ZPO § 758a Rn. 7.
[7] S. ausführlich Zöller/*Seibel* ZPO § 758a Rn. 19 mwN.
[8] MüKoZPO/*Heßler* § 758a Rn. 38.
[9] MüKoZPO/*Heßler* § 758a Rn. 40; aA *Schneider* NJW 1980, 2377.
[10] MüKoZPO/*Heßler* § 758a Rn. 38.
[11] OLG Stuttgart Rpfleger 1981, 152; OVG Lüneburg NJW 1984, 1369 (Verwaltungsvollstreckung); BFHE 130, 136 (140) (Abgabenvollstreckung); LG Wiesbaden DGVZ 1981, 60; LG Lübeck DGVZ 1981, 25; LG Koblenz DGVZ 1982, 90; LG Hannover DGVZ 1983, 23; LG Hamburg NJW 1985, 72 (eingehend und mwN); LG München DGVZ 1984, 117.

Einverständnis erklärt oder Gefahr im Verzug vorliegt.[12] Unbillige Härten gegenüber Mitgewahrsamsinhabern sind zu vermeiden (Abs. 3 S. 2).

D. Durchsuchung zur Nachtzeit sowie an Sonn- und Feiertagen (Abs. 4)

13   Eine Durchsuchung zu diesen Zeiten ist nicht erlaubt, wenn sie für den Schuldner oder Mitgewahrsamsinhaber eine **unbillige Härte** darstellt.[13] Die praktische Relevanz für Verfahren des gewerblichen Rechtsschutzes ist eher gering, da in der Regel gegen juristische Personen bzw. in Geschäftsräumen von Schuldnern vollstreckt wird, so dass eine Vollstreckung außerhalb der üblichen Öffnungs- und Arbeitszeiten generell wenig erfolgversprechend sein dürfte.

Das BPatG hat im Rahmen der Kostenerstattung im Gebrauchsmusterlöschungsverfahren § 758a entsprechend angewandt und entschieden, dass Verfahrensbevollmächtigten eine Anreise zum Termin, die zwischen 21 Uhr und 6 Uhr morgens beginnen müsste, nicht zumutbar ist.[14]

§ 759 Zuziehung von Zeugen

Wird bei einer Vollstreckungshandlung Widerstand geleistet oder ist bei einer in der Wohnung des Schuldners vorzunehmenden Vollstreckungshandlung weder der Schuldner noch ein erwachsener Familienangehöriger, eine in der Familie beschäftigte Person oder ein erwachsener ständiger Mitbewohner anwesend, so hat der Gerichtsvollzieher zwei erwachsene Personen oder einen Gemeinde- oder Polizeibeamten als Zeugen zuzuziehen.

1   Sind der Schuldner oder eine erwachsene familienangehörige Person bzw. ein ständiger Mitbewohner bei der Durchsuchung nicht anwesend, so hat der Gerichtsvollzieher zwei erwachsene Personen oder einen Polizeibeamten als **Zeugen** hinzuziehen.
2   Der **Gläubiger** kann nicht Zeuge sein, da er Partei ist.
3   Die Anwesenheit der Zeugen ist **zu protokollieren** (§ 762).

§ 760 Akteneinsicht; Aktenabschrift

¹Jeder Person, die bei dem Vollstreckungsverfahren beteiligt ist, muss auf Begehren Einsicht der Akten des Gerichtsvollziehers gestattet und Abschrift einzelner Aktenstücke erteilt werden. ²Werden die Akten des Gerichtsvollziehers elektronisch geführt, erfolgt die Gewährung von Akteneinsicht durch Erteilung von Ausdrucken, durch Übermittlung von elektronischen Dokumenten oder durch Wiedergabe auf einem Bildschirm; dies gilt auch für die nach § 885a Absatz 2 Satz 2 elektronisch gespeicherten Dateien.

1   **Akteneinsichtsrecht** haben alle am Vollstreckungsverfahren **Beteiligten.**
2   Neben dem Vollstreckungsschuldner und -gläubiger sind dies **Dritte, soweit sie Rechte an dem Vollstreckungsgegenstand haben.**

§ 761 (weggefallen)

§ 762 Protokoll über Vollstreckungshandlungen

(1) **Der Gerichtsvollzieher hat über jede Vollstreckungshandlung ein Protokoll aufzunehmen.**

(2) **Das Protokoll muss enthalten:**
1. Ort und Zeit der Aufnahme;
2. den Gegenstand der Vollstreckungshandlung unter kurzer Erwähnung der wesentlichen Vorgänge;
3. die Namen der Personen, mit denen verhandelt ist;
4. die Unterschrift dieser Personen und den Vermerk, dass die Unterzeichnung nach Vorlesung oder Vorlegung zur Durchsicht und nach Genehmigung erfolgt sei;
5. die Unterschrift des Gerichtsvollziehers.

(3) **Hat einem der unter Nummer 4 bezeichneten Erfordernisse nicht genügt werden können, so ist der Grund anzugeben.**

1   Die Anfertigung des Gerichtsvollzieherprotokolls dient als **Beweis** über die Art und den Ablauf der Vollstreckungshandlungen. Der Gerichtsvollzieher hat daher über jede Vollstreckungshandlung ein Protokoll aufzunehmen (Abs. 1).

---

[12] MüKoZPO/*Heßler* § 758a Rn. 16.
[13] S. ausführlich Zöller/*Seibel* ZPO § 758a Rn. 33.
[14] BPatG BeckRS 2018, 10598 – Doppelvertretung und Reisekosten im Gebrauchsmusterlöschungsverfahren.

Vollstreckungsgericht 1–5 § 764 ZPO

Das Protokoll muss den in Abs. 2 genannten Inhalt aufweisen. Sofern den Erfordernissen von Abs. 2 **2**
Nr. 4, dh der Unterschrift der Personen, mit denen der Gerichtsvollzieher verhandelt hat, und dem
Vermerk, dass die Unterzeichnung nach Vorlesung oder Vorlegung zur Durchsicht und nach Genehmigung erfolgt sei, nicht genügt werden kann, ist hierfür der Grund anzugeben (Abs. 3). Gepfändete
Gegenstände sind in einer Weise anzugeben, die ihre Identifizierung erlaubt.[1]
    Ebenso sind gemäß § 763 Abs. 1 **mündliche erlassene Aufforderungen und sonstige Mittei-** **3**
lungen, die zu den Vollstreckungshandlungen gehören, in das Protokoll aufzunehmen.
    Einzelheiten zur Protokollierung regelt die GVGA. **4**
    Das Protokoll hat die **Beweiskraft öffentlicher Urkunden** (§§ 415 ff.).[2] **5**
    Im Falle eines **Verstoßes** gegen Abs. 2 wird die Eigenschaft des Protokolls zwar nicht gänzlich
beseitigt, aber seine Beweiskraft wird durch den Mangel geschmälert. Die Zwangsvollstreckung ist
trotz des Verstoßes dennoch grundsätzlich nicht anfechtbar oder gar unwirksam.[3]

§ 763 Aufforderungen und Mitteilungen

(1) ¹Die Aufforderungen und sonstigen Mitteilungen, die zu den Vollstreckungshandlungen gehören, sind von dem Gerichtsvollzieher mündlich zu erlassen und vollständig in das Protokoll aufzunehmen.

(2) ¹Kann dies mündlich nicht ausgeführt werden, so hat der Gerichtsvollzieher eine Abschrift des Protokolls zuzustellen oder durch die Post zu übersenden. ²Es muss im Protokoll vermerkt werden, dass diese Vorschrift befolgt ist. ³Eine öffentliche Zustellung findet nicht statt.

§ 763 dient der **Beweissicherung** und dem **Schutz des Schuldners,** insbs. zur **Dokumentation** **1**
des gewährten rechtlichen Gehörs.[1*] Aufforderungen nach Abs. 1 sind die in der GVGA genannten, zB die Aufforderung zur Leistung (§ 105 Abs. 1 S. 1 GVGA).
    Insoweit diese Aufforderungen nicht mündlich ausgeführt werden konnten, hat der Gerichtsvoll- **2**
zieher sie **gemäß § 763 Abs. 2 durch Zustellung oder Übersendung einer Protokollabschrift
mitzuteilen.**

§ 764 Vollstreckungsgericht

(1) **Die den Gerichten zugewiesene Anordnung von Vollstreckungshandlungen und Mitwirkung bei solchen gehört zur Zuständigkeit der Amtsgerichte als Vollstreckungsgerichte.**

(2) **Als Vollstreckungsgericht ist, sofern nicht das Gesetz ein anderes Amtsgericht bezeichnet, das Amtsgericht anzusehen, in dessen Bezirk das Vollstreckungsverfahren stattfinden soll oder stattgefunden hat.**

(3) **Die Entscheidungen des Vollstreckungsgerichts ergehen durch Beschluss.**

A. Zuständigkeit

§ 764 regelt die Zuständigkeit der Gerichte als Vollstreckungsgericht (→ § 704 Rn. 1). **1**
    Die **sachliche Zuständigkeit** als Vollstreckungsgericht ist den **Amtsgerichten** zugewiesen, **2**
Abs. 1.
    Örtlich zuständig ist das Amtsgericht, **in dessen Bezirk das Vollstreckungsverfahren** statt- **3**
finden soll, Abs. 2.
    Sachliche und örtliche Zuständigkeit sind **ausschließlich** (§ 802). **4**
    Funktionell ist das Vollstreckungsgericht zuständig, soweit die ZPO dem Vollstreckungsgericht **5**
Aufgaben zuweist. Grundsätzlich handelt das Vollstreckungsgericht durch den Rechtspfleger nach § 20
Nr. 17 RPflG.[1**] Bei Verstößen gegen die **funktionelle** Zuständigkeit, wenn zB der Gerichtsvollzieher statt des Vollstreckungsgerichts handelt, ist die Vollstreckungsmaßnahme **nichtig.** Handelt der
Rechtspfleger, obwohl funktionell der Richter innerhalb des Vollstreckungsgerichts zuständig war, ist
die Vollstreckungsmaßnahme ebenfalls nichtig gemäß § 8 Abs. 4 RPflG. Bei Verstößen gegen die
örtliche und sachliche Zuständigkeit ist die Vollstreckungsmaßnahme grundsätzlich **wirksam, aber
anfechtbar.**

---

[1] Thomas/Putzo/*Seiler* § 762 Rn. 2a.
[2] Baumbach/Lauterbach/Albers/Hartmann ZPO § 762 Rn. 4; Musielak/Voit/*Lackmann* § 762 Rn. 6; Thomas/Putzo/*Seiler* § 762 Rn. 3.
[3] Baumbach/Lauterbach/Albers/Hartmann ZPO § 762 Rn. 9.
[1*] Zöller/*Seibel* § 763 Rn. 1.
[1**] HK-ZPO/*Kindl* § 762 Rn. 2.

Lunze

B. Verfahren

6 Entscheidungen des Vollstreckungsgerichts ergehen durch **Beschluss**.

7 Die Entscheidung **kann ohne mündliche Verhandlung ergehen** (§ 128 Abs. 4). Aufgrund mündlicher Verhandlung ergangene Beschlüsse sind zu verkünden. Andernfalls sind sie grundsätzlich formlos mitzuteilen, es sei denn sie enthalten eine Termin- oder Fristbestimmung **enthalten,** was eine Zustellung erforderlich macht (§ 129).

§ 765 Vollstreckungsgerichtliche Anordnungen bei Leistung Zug um Zug

[1] Hängt die Vollstreckung von einer Zug um Zug zu bewirkenden Leistung des Gläubigers an den Schuldner ab, so darf das Vollstreckungsgericht eine Vollstreckungsmaßregel nur anordnen, wenn

1. der Beweis, dass der Schuldner befriedigt oder im Verzug der Annahme ist, durch öffentliche oder öffentlich beglaubigte Urkunden geführt wird und eine Abschrift dieser Urkunden bereits zugestellt ist; der Zustellung bedarf es nicht, wenn bereits der Gerichtsvollzieher die Zwangsvollstreckung nach § 756 Abs. 1 begonnen hatte und der Beweis durch das Protokoll des Gerichtsvollziehers geführt wird; oder
2. der Gerichtsvollzieher eine Vollstreckungsmaßnahme nach § 756 Abs. 2 durchgeführt hat und diese durch das Protokoll des Gerichtsvollziehers nachgewiesen ist.

§ 765a Vollstreckungsschutz

(1) [1] Auf Antrag des Schuldners kann das Vollstreckungsgericht eine Maßnahme der Zwangsvollstreckung ganz oder teilweise aufheben, untersagen oder einstweilen einstellen, wenn die Maßnahme unter voller Würdigung des Schutzbedürfnisses des Gläubigers wegen ganz besonderer Umstände eine Härte bedeutet, die mit den guten Sitten nicht vereinbar ist. [2] Es ist befugt, die in § 732 Abs. 2 bezeichneten Anordnungen zu erlassen. [3] Betrifft die Maßnahme ein Tier, so hat das Vollstreckungsgericht bei der von ihm vorzunehmenden Abwägung die Verantwortung des Menschen für das Tier zu berücksichtigen.

(2) Eine Maßnahme zur Erwirkung der Herausgabe von Sachen kann der Gerichtsvollzieher bis zur Entscheidung des Vollstreckungsgerichts, jedoch nicht länger als eine Woche, aufschieben, wenn ihm die Voraussetzungen des Absatzes 1 Satz 1 glaubhaft gemacht werden und dem Schuldner die rechtzeitige Anrufung des Vollstreckungsgerichts nicht möglich war.

(3) In Räumungssachen ist der Antrag nach Absatz 1 spätestens zwei Wochen vor dem festgesetzten Räumungstermin zu stellen, es sei denn, dass die Gründe, auf denen der Antrag beruht, erst nach diesem Zeitpunkt entstanden sind oder der Schuldner ohne sein Verschulden an einer rechtzeitigen Antragstellung gehindert war.

(4) Das Vollstreckungsgericht hebt seinen Beschluss auf Antrag auf oder ändert ihn, wenn dies mit Rücksicht auf eine Änderung der Sachlage geboten ist.

(5) Die Aufhebung von Vollstreckungsmaßregeln erfolgt in den Fällen des Absatzes 1 Satz 1 und des Absatzes 4 erst nach Rechtskraft des Beschlusses.

1 § 765a dient dazu, den Schuldner in **besonders außergewöhnlichen sozialen Härtefällen** zu schützen, wenn eine Vollstreckung wegen ganz besonderer Umstände eine mit den guten Sitten nicht zu vereinbarende Härte für den Schuldner bedeuten und im Einzelfall die Zwangsvollstreckungsmaßnahme nach Abwägung der beiderseitigen Belange zu einem untragbaren Ergebnis führen würde.[1]

2 Zwar sind juristische Personen nicht vom Anwendungsbereich ausgenommen.[2] Die Bedeutung in Verfahren des gewerblichen Rechtsschutzes ist dennoch außerordentlich **gering**, da es bei § 765a um soziale Härtefälle geht, die im gewerblichen Rechtsschutz typischerweise nicht vorliegen. Hier kommt in außergewöhnlichen Situationen, in denen der Schutz des Schuldners dem Vollstreckungsinteresse des Gläubigers vorgeht, eher eine **Einstellung der Zwangsvollstreckung nach §§ 707, 712, 719** (insbs. → § 707 Rn. 4 ff.) oder einer Vollstreckungsabwehrklage oder Klage gegen die Vollstreckungsklausel nach § 769 iVm §§ 767, 768 in Betracht.

§ 766 Erinnerung gegen Art und Weise der Zwangsvollstreckung

(1) [1] Über Anträge, Einwendungen und Erinnerungen, welche die Art und Weise der Zwangsvollstreckung oder das vom Gerichtsvollzieher bei ihr zu beobachtende Verfahren betreffen, entscheidet das Vollstreckungsgericht. [2] Es ist befugt, die im § 732 Abs. 2 bezeichneten Anordnungen zu erlassen.

---

[1] BGH NJW 2009, 444 f.
[2] Stein/Jonas/*Münzberg* § 765a Rn. 4; Musielak/Voit/*Lackmann* § 765a Rn. 2; MüKoZPO/*Heßler* § 765a Rn. 17.

(2) Dem Vollstreckungsgericht steht auch die Entscheidung zu, wenn ein Gerichtsvollzieher sich weigert, einen Vollstreckungsauftrag zu übernehmen oder eine Vollstreckungshandlung dem Auftrag gemäß auszuführen, oder wenn wegen der von dem Gerichtsvollzieher in Ansatz gebrachten Kosten Erinnerungen erhoben werden.

Übersicht

	Rn.
A. Allgemeine Grundlagen	1
B. Verfahren	4
C. Zulässigkeit	7
I. Statthaftigkeit	7
II. Beschwer	11
III. Rechtsschutzbedürfnis	14
D. Entscheidung	17
E. Vollstreckungsbeschränkende Vereinbarungen der Parteien	21

A. Allgemeine Grundlagen

Die Erinnerung dient dazu, Einwendungen gegen die Art und Weise der Zwangsvollstreckung 1 geltend zu machen. Die Erinnerung richtet sich **gegen eine konkrete Vollstreckungsmaßnahme** eines Vollstreckungsorgans (Gerichtsvollzieher, Vollstreckungsgericht).

Ihre praktische Bedeutung erfährt die Vollstreckungserinnerung dadurch, dass eine durch ein 2 zuständiges Vollstreckungsorgan vorgenommene **Vollstreckung grundsätzlich wirksam** ist, selbst wenn die Vollstreckungsvoraussetzungen der einzelnen Maßnahme nicht vorgelegen haben sollten und nur im Wege der Erinnerung anfechtbar ist (→ § 704 Rn. 11, → § 724 Rn. 3).

Erinnerungen gegen die Art und Weise der Zwangsvollstreckung können sich beispielsweise gegen 3 das Vorliegen der Zwangsvollstreckungsvoraussetzungen (Titel, Klausel, Zustellung), gegen die nicht ordnungsgemäße Erbringung der Sicherheitsleistung für die vorläufige Vollstreckung richten oder gegen die Weigerung des Vollstreckungsorgans, nach den Weisungen des Gläubigers zu vollstrecken. In Verfahren des gewerblichen Rechtsschutzes hat die Erinnerung besondere Bedeutung dann, wenn der Schuldner meint, dass **die für die vorläufige Vollstreckung notwendige Sicherheitsleistung nicht ordnungsgemäß erbracht** worden sei.[1]

B. Verfahren

Ziel der Erinnerung ist, die Zwangsvollstreckung in dem zu definierenden Umfang – abhängig von 4 der konkret angegriffenen Vollstreckungsmaßnahme – **für unzulässig zu erklären**.[2]

Der Erinnerungsführer muss einen **Antrag** stellen, aus dem sich ergeben muss, welche Maßnahme 5 angegriffen wird.[3] Die Erinnerung ist schriftlich oder zu Protokoll der Geschäftsstelle einzulegen. Es gelten keine Fristen.[4]

Es entscheidet das **Vollstreckungsgericht,** also das Amtsgericht (§ 764). Die Entscheidung ist dem 6 Richter vorbehalten § 20 Nr. 17 RPflG, dh nicht dem Rechtspfleger.[5]

C. Zulässigkeit

I. Statthaftigkeit

§ 766 betrifft allein Einwendungen gegen die **Art und Weise der Zwangsvollstreckung** oder 7 hinsichtlich des bei ihr vom Gerichtsvollzieher zu beachtenden **Verfahrens.** § 766 ist auf alle Vollstreckungsmaßnahmen anwendbar, die nach der ZPO durch den Gerichtsvollzieher oder das Vollstreckungsgericht durchgeführt werden, unabhängig von der Rechtsgrundlage des zu vollstreckenden Titels Dazu gehört insbes. der Streit darüber, ob eine Sache die im Schuldtitel bezeichnete ist.[6] Verstöße gegen interne Dienstanweisungen und die GVGA können dagegen nicht mit § 766 beanstandet werden.[7]

Materiell-rechtliche Einwendungen können nicht über § 766, sondern nur über die speziellen 8 Regelungen der §§ 767, 771 erhoben werden: § 767 im Falle von materiell-rechtlichen Einwendungen betreffend den zu vollstreckenden Anspruch und § 771 basierend auf einem der Zwangsvollstre-

---

[1] LG Düsseldorf InstGE 3, 150 (151) – Tintenpatrone; zu den Anforderungen an eine Bürgschaftserklärung → § 709 Rn. 10.
[2] Prütting/*Gehrlein*/*Scheuch* § 766 Rn. 26.
[3] Musielak/Voit/*Lackmann* § 766 Rn. 16.
[4] Baumbach/Lauterbach/Albers/Hartmann ZPO § 766 Rn. 36.
[5] Musielak/Voit/*Lackmann* § 766 Rn. 15; Baumbach/Lauterbach/Albers/Hartmann ZPO § 766 Rn. 38.
[6] BGH GRUR 2018, 222 Rn. 17 – Projektunterlagen.
[7] Zöller/*Stöber* § 766 Rn. 11.

9   ckung entgegenstehenden Recht. Dies beruht auf der Trennung zwischen Erkenntnis- und Vollstreckungsverfahren, weswegen die Vollstreckungsorgane nicht befugt sind, den Vollstreckungstitel einer materiell-rechtlichen Überprüfung zu unterziehen.[8]

9   Die Erinnerung nach § 766 ist grundsätzlich neben der Rechtspflegererinnerung nach § 11 RPflG möglich, soweit es sich um Vollstreckungsmaßnahmen handelt.

10   **Gegen Entscheidungen eines Richters oder Rechtspflegers**, die keine Vollstreckungsmaßnahmen sind, sondern **nach Anhörung der Parteien** getroffen werden, ist allein die **sofortige Beschwerde nach § 793** gegeben (→ § 732 Rn. 8).[9] Vollstreckungsmaßnahmen des Vollstreckungsgerichts, die **ohne Anhörung** des Schuldners vorgenommen werden, sind **erinnerungsfähig**, da über die Erinnerung die Möglichkeit rechtlichen Gehörs gewährt wird.[10] Nach der Gegenauffassung ist gegen Entscheidungen des Gerichts unabhängig von der Frage, ob der Schuldner angehört worden ist oder nicht, nur die Rechtsbeschwerde nach § 574 gegeben.[11]

II. Beschwer

11   Die Erinnerung kann seitens des Vollstreckungsgläubigers, des Vollstreckungsschuldners oder eines von der Vollstreckungsmaßnahme betroffenen Dritten eingelegt werden.

12   Der Erinnerungsführer muss durch die Vollstreckungsmaßnahme **beschwert** sein. Insoweit der Vollstreckungsschuldner nur Verstöße gegen das Vollstreckungsrecht geltend macht, die ausschließlich Dritte betreffen, ist er nicht beschwert. Dies ist beispielsweise der Fall, wenn er sich auf den Mitbesitz eines am Vollstreckungsverfahren nicht beteiligten Dritten beruft.[12]

13   Eine erinnerungsfähige Beschwer kann beispielsweise bei einem unbestimmten Titel gegeben sein, der derart unbestimmt ist, dass dessen Inhalt auch durch Auslegung vom Vollstreckungsorgan nicht ermittelt werden kann[13] oder wenn der Schuldner der Auffassung ist, dass der Gläubiger die zur vorläufigen Vollstreckbarkeit erforderliche Sicherheit nicht ordnungsgemäß vollbracht hat.[14]

III. Rechtsschutzbedürfnis

14   Das Rechtsschutzbedürfnis des **Vollstreckungsschuldners oder Dritten** besteht **mit Beginn der beanstandeten Vollstreckungshandlung** und **solange, bis die Zwangsvollstreckung beendet ist**,[15] Das Rechtsschutzbedürfnis besteht für Schuldner von Handlungen, die auf ein Tun, Dulden oder Unterlassen gerichtet sind, bereits bevor etwaige Zwangsmittel beantragt oder verhängt werden, um klären zu lassen, ob die Voraussetzungen der Vollstreckung und damit der zu leistenden Handlung überhaupt vorliegen, bspw. die Überprüfung der ordnungsgemäßen Erbringung der Sicherheit.[16]

15   Das Rechtsschutzinteresse **entfällt** jedenfalls dann, wenn die Zwangsvollstreckung beendet ist, denn nach Beendigung der Zwangsvollstreckung kann das mit der Erinnerung verfolgte Ziel, die Zwangsvollstreckung zu verhindern, nicht mehr erreicht werden und eine bereits vollzogene Maßnahme nicht mehr aufgehoben werden.[17] Maßgeblich ist hierbei der Zeitpunkt der Entscheidung über die Erinnerung.

16   Das Rechtsschutzbedürfnis des **Gläubigers** besteht mit der Erteilung der vollstreckbaren Ausfertigung und dauert an, bis diese an den Schuldner nach der Vollstreckung ausgehändigt worden ist.

D. Entscheidung

17   Bei Unzulässigkeit ist die Erinnerung zu verwerfen und bei Unbegründetheit zurückzuweisen.[18] Die Erinnerung ist begründet, wenn das konkrete Verhalten oder die angegriffene Maßnahme unzulässig war.

18   Ist die Erinnerung des Vollstreckungsschuldners zulässig und begründet, ist die Zwangsvollstreckung hinsichtlich der angegriffenen Vollstreckungsmaßnahme **für unzulässig zu erklären**, der Vollzug der zu vollstreckenden Entscheidung auszusetzen und die bereits erfolgte Vollstreckungsmaßnahme aufzuheben, sofern das Vollstreckungsgericht selbst Organ der Zwangsvollstreckung ist.[19] Ansonsten wird

---

[8] BGH NJW 2013, 2287 f.; HK-ZPO/*Kindl* § 766 Rn. 2.
[9] HM HK-ZPO/*Kindl* § 766 Rn. 6; Zöller/*Herget* § 766 Rn. 1 f.; Musielak/Voit/*Lackmann* § 766 Rn. 2.
[10] BGH NJW 2011, 525 f.
[11] S. zum Meinungsstand in BGH NJW 2011, 525 f.
[12] BGH NJW 2013, 2287 f.; Prütting/Gehrlein/*Scheuch* § 766 Rn. 20.
[13] BGH NJW 2013, 2287 f.
[14] LG Düsseldorf InstGE 3, 150 ff. – Tintenpatrone; enger dagegen Musielak/Voit/*Lackmann* § 766 Rn. 17 und Saenger/*Kindl* § 766 Rn. 11, die die Erinnerung von Beginn der Zwangsvollstreckung zulassen wollen wenn die Zwangsvollstreckung unmittelbar bevorsteht und durch die nicht mehr zu beseitigende Nachteile eintreten würden.
[15] BGH NJW 2013, 2287 f.
[16] LG Düsseldorf InstGE 3, 150 ff. – Tintenpatrone.
[17] BGH NJW-RR 2010, 785 f.
[18] Musielak/Voit/*Lackmann* § 766 Rn. 29.
[19] Zöller/*Stöber* § 766 Rn. 28, 30.

der Gerichtsvollzieher angewiesen, nach §§ 776 iVm 775 Nr. 1 eine bereits getroffene Zwangsvollstreckungsmaßnahme aufzuheben.[20]

Auf eine Erinnerung des Vollstreckungsgläubigers kann nach Abs. 2 eine bestimmte Maßnahme angeordnet werden bzw. der Gerichtsvollzieher angewiesen werden, eine bestimmte Maßnahme vorzunehmen. Das Gericht ist gemäß § 766 Abs. 1 S. 2 befugt, einstweilige Anordnungen nach § 732 Abs. 2 zu erlassen.

Gegen die Entscheidung des Gerichts kann **sofortige Beschwerde** gemäß § 793 eingelegt werden. Die Beschwerdefrist beträgt 2 Wochen ab Zustellung der Entscheidung (§ 569 Abs. 1). Mit Ablauf der Beschwerdefrist wird die Entscheidung über die Erinnerung formell rechtskräftig (§ 705).

E. Vollstreckungsbeschränkende Vereinbarungen der Parteien

Handelt der Vollstreckungsgläubiger einer vollstreckungsbeschränkenden Vereinbarung der Parteien zuwider, zB indem er entgegen seiner Zusicherung nicht nur wegen des Auskunfts- und Rechnungslegungsanspruchs, sondern auch wegen des Unterlassungsanspruchs vollstreckt (→ § 709 Rn. 15 ff.), kann dies ebenfalls mit der Erinnerung angegriffen werden.

§ 767 Vollstreckungsabwehrklage

(1) Einwendungen, die den durch das Urteil festgestellten Anspruch selbst betreffen, sind von dem Schuldner im Wege der Klage bei dem Prozessgericht des ersten Rechtszuges geltend zu machen.

(2) Sie sind nur insoweit zulässig, als die Gründe, auf denen sie beruhen, erst nach dem Schluss der mündlichen Verhandlung, in der Einwendungen nach den Vorschriften dieses Gesetzes spätestens hätten geltend gemacht werden müssen, entstanden sind und durch Einspruch nicht mehr geltend gemacht werden können.

(3) Der Schuldner muss in der von ihm zu erhebenden Klage alle Einwendungen geltend machen, die er zur Zeit der Erhebung der Klage geltend zu machen imstande war.

Literatur: *Bacher*, Vernichtung des Patents nach rechtskräftigem Abschluss des Verletzungsprozesses, GRUR 2009, 216; *Grosch*, Nichtzulassungsbeschwerde nach teilweiser rechtskräftiger Beschränkung des Klagepatents, GRUR 2021, 210

Übersicht

	Rn.
A. Allgemeine Grundlagen	1
B. Zulässigkeit	2
I. Statthaftigkeit	2
1. Restitutionsklage, § 580 Nr. 6	4
2. Auslegung von Vollstreckungstiteln im Wege der Vollstreckungsgegenklage analog § 767	5
3. Klage auf Herausgabe der vollstreckbaren Ausfertigung	6
4. Klage auf Unterlassung der Zwangsvollstreckung gemäß § 826 BGB	7
5. Klauselerinnerung, § 732	8
6. Vollstreckungserinnerung	11
7. Verfahren nach der JBeitrO	12
8. Zwangsmittelbeschluss nach § 788	12a
II. Angegriffener Titel	13
III. Zuständigkeit	14
IV. Sonstige Zulässigkeitsvoraussetzungen	16
C. Begründetheit	18
I. Einwendung	20
II. Einwendungsausschluss (Abs. 2, 3)	23
D. Entscheidung	27
E. Anwendbarkeit von § 767 im Einheitlichen Patentgerichtssystem	29

A. Allgemeine Grundlagen

In Verfahren des gewerblichen Rechtsschutzes, insbesondere in Patentverletzungsverfahren, hat § 767 – neben der Restitutionsklage (§ 580) – eine **sehr große Bedeutung** in den Fällen, in denen ein vorläufig vollstreckbares Verletzungsurteil ergangen ist und später das **Schutzrecht rückwirkend für nichtig** erklärt wird[1] (→ § 704 Rn. 7 f.). Die Vollstreckungsgegenklage ist damit für den Schuldner ein sehr wichtiges Mittel, die **Trennung von Verletzungs- und Nichtigkeitsverfahren zu**

---

[20] Zöller/*Stöber* § 766 Rn. 28, 29.
[1] Ausführlich *Kühnen* FS Reimann, 2009, 287 ff.; s. auch *Bacher* GRUR 2009, 216.

überwinden. Obgleich die Vollstreckungsgegenklage den Titel, dh das Verletzungsurteil, nicht beseitigt, **beseitigt** sie doch jedenfalls die **Vollstreckbarkeit des zugrundeliegenden Titels.**[2]

B. Zulässigkeit

I. Statthaftigkeit

2   Die Vollstreckungsgegenklage zielt darauf, wegen einer auf materiellem Recht beruhenden Einwendung **die Vollstreckbarkeit des zugrundeliegenden Titels zu beseitigen.**[3] Die Klage ist eine prozessuale Gestaltungsklage.[4] Einwendungen, die nicht auf materiellem Recht beruhen und die sich nicht gegen den titulierten Anspruch richten, können nicht im Wege der Vollstreckungsgegenklage geltend gemacht werden. Hierzu gehören alle prozessualen Einwendungen, die sich gegen das Vorliegen der Vollstreckungsvoraussetzungen richten, zB ob sich aus dem Titel mit hinreichender Deutlichkeit der Vollstreckungsgläubiger ergibt[5] oder gegen die Art und Weise der Durchführung der Zwangsvollstreckung. In diesen Fällen sind die Klauselerinnerung, § 732, oder Vollstreckungserinnerung, § 766, statthaft.

3   Die Vollstreckungsgegenklage ist in Verfahren des gewerblichen Rechtsschutzes insbesondere von den folgenden Klagen und Rechtsbehelfen abzugrenzen:

4   **1. Restitutionsklage, § 580 Nr. 6.** Anders als mit der Vollstreckungsgegenklage kann im Wege der **Restitutionsklage** der zugrundeliegende **Titel selbst aufgehoben** werden. § 580 Nr. 6 wird auf Fälle der nachträglichen Vernichtung des Klagepatents analog angewandt. Dies gilt gleichermaßen, wenn das Patent derart eingeschränkt wird, dass die angegriffene Ausführungsform nicht mehr vom Schutzbereich des Patents in seiner eingeschränkten Form umfasst wird.[6] Bei der Restitutionsklage ist die strenge Frist des § 586 (ein Monat ab Kenntnis des Anfechtungsgrunds, maximal fünf Jahre ab Rechtskraft des anzugreifenden Urteils) zu beachten, wohingegen § 767 keine Klagefrist, nur die Präklusion der Einwendung (Abs. 2, 3, → Rn. 22 ff.) kennt. Da sie **unterschiedliche Zielrichtungen** haben, sind beide, soweit ihre jeweiligen Voraussetzungen gegeben sind, grundsätzlich **nebeneinander anwendbar.**[7]

5   **2. Auslegung von Vollstreckungstiteln im Wege der Vollstreckungsgegenklage analog § 767.** § 767 kann analog auf Fälle angewandt werden, in denen ein Titel, bspw. Zahlungstitel, nicht der materiellen Rechtskraft fähig ist, weil nicht erkennbar ist, über welchen Anspruch das Gericht entschieden hat, um den Schuldner zu ermöglichen, die Zwangsvollstreckung aus dem Titel für unzulässig zu erklären.[8]

6   **3. Klage auf Herausgabe der vollstreckbaren Ausfertigung.** Die Klage auf Herausgabe der vollstreckbaren Ausfertigung eines unter § 794 ZPO fallenden Titels ist in analoger Anwendung von § 371 BGB in Betracht, wenn über eine Vollstreckungsabwehrklage bereits rechtskräftig zugunsten des Herausgabeklägers entschieden worden ist.[9]

7   **4. Klage auf Unterlassung der Zwangsvollstreckung gemäß § 826 BGB.** Eine auf § 826 BGB gestützte Klage auf Unterlassung der Zwangsvollstreckung ist grundsätzlich parallel zu einer Vollstreckungsgegenklage möglich,[10] insbesondere wenn der Schutzrechtsinhaber trotz der Nichtigerklärung des Schutzrechts die Vollstreckung aus dem Verletzungsurteil fortsetzen sollte (→ Rn. 23).

8   **5. Klauselerinnerung, § 732.** Liegen die Voraussetzungen einer Klauselerinnerung nach § 732 und einer Vollstreckungsgegenklage in entsprechender Anwendung des § 767 vor, so hat der Schuldner ein **Wahlrecht.**[11]

9   Mit dem Verfahren nach § 732 kann der Schuldner Einwendungen gegen eine dem Gläubiger erteilte Klausel erheben, die Fehler formeller Art zum Gegenstand haben. Insoweit der Anwendungsbereich von § 767 gegeben ist, kann die Vollstreckungsabwehrklage für den Schuldner vorteilhafter sein als die Klauselerinnerung, da die Vollstreckungsabwehrklage die Vollstreckbarkeit der Titels

---

[2] BGH NJW-RR 2008, 1512 f.; *Kühnen* Rn. G. 303.
[3] Musielak/Voit/*Lackmann* § 767 Rn. 16; HK-ZPO/*Kindl* § 767 Rn. 1; Thomas/Putzo/*Seiler* § 767 Rn. 3.
[4] Thomas/Putzo/*Seiler* § 767 Rn. 1.
[5] BGH NJW-RR 2004, 1135.
[6] BGH GRUR 2010, 996 – Bordako; GRUR 2012, 753 – Tintenpatrone II; OLG Düsseldorf GRUR-RR 2013, 496 – Vakuumtransportsystem.
[7] *Kühnen* FS Reimann, 2009, 287 ff.
[8] BGH NJW 2004, 460; MüKoZPO/*Schmidt/Brinkmann* § 767 Rn. 6; Musielak/Voit/*Lackmann* § 767 Rn. 96.
[9] BGH NJW-RR 2008, 1512 f.; MüKoZPO/*Schmidt/Brinkmann* § 767 Rn. 20.
[10] Musielak/Voit/*Lackmann* § 767 Rn. 11; MüKoZPO/*Schmidt/Brinkmann* § 767 Rn. 19; Baumbach/Lauterbach/Albers/Hartmann ZPO § 767 Rn. 6.
[11] BGH NJW-RR 2004, 1718; s. auch BGH NJW 2006, 695 f.; Musielak/Voit/*Lackmann* § 767 Rn. 96.

schlechthin beseitigt, während sich die Klauselerinnerung nur gegen die jeweilige vollstreckbare Ausfertigung richtet und die Erteilung einer weiteren Vollstreckungsklausel nicht hindert.[12]

Ist eine gemäß § 794 Abs. 1 Nr. 5 notariell beurkundete Unterwerfungserklärung nach Form und Inhalt zur Zwangsvollstreckung geeignet und mit der Vollstreckungsklausel versehen, ist eine Vollstreckungsgegenklage unabhängig davon zulässig, ob die Unterwerfungserklärung aus materiell-rechtlichen Gründen unwirksam ist.[13]

6. Vollstreckungserinnerung. Beide Klagen sind auf die Unzulässigkeitserklärung der Zwangsvollstreckung gerichtet. Mit der Erinnerung gemäß § 766 wird die Unzulässigkeit aus verfahrensrechtlichen Gründen gerügt, während § 767 materiellrechtliche Einwendungen gegen den Anspruch betrifft.[14]

7. Verfahren nach der JBeitrO. § 767 ist in Verfahren nach der JBeitrO nicht anwendbar. Eine analoge Anwendung scheitert an einer planwidrigen Regelungslücke, da die JBeitrO Einwendungen in den dort genannten Fällen erlaubt, auf § 767 in § 6 Abs. 1 Nr. 1 BeitrO aber gerade nicht Bezug genommen wird.[15]

8. Zwangsmittelbeschluss nach § 788. Eine Vollstreckungsabwehrklage wird nicht dadurch ausgeschlossen, dass ein Zwangsmittelbeschluss nach § 788 ergangen ist: Durch den Zwangsmittelbeschluss wird nicht materiell rechtskräftig festgestellt, dass der Auskunftsanspruch nicht erfüllt ist. Dh auch wenn gegen den Schuldner wegen einer Untätigkeit in der Vergangenheit Zwangsmittel verhängt wurden, kann er im Wege der Vollstreckungsabwehrklage das gegen ihn ergangene Auskunftsurteil mit Wirkung für die Zukunft aufheben lassen.[16]

Im Gegensatz zu einer Unmöglichkeit der Erfüllung des titulierten Anspruchs, in deren Fall kein Zwangsmittel nach § 888 erlassen werden darf, kann eine vom Schuldner geltend gemachte Unzumutbarkeit im Zwangsvollstreckungverfahren grundsätzlich nicht berücksichtigt werden. Eine entsprechende Einwendung kann der Schuldner nur im Wege der Vollstreckungsabwehrklage geltend machen, sofern entsprechende Gründe vorliegen.[17]

II. Angegriffener Titel

Die Vollstreckungsgegenklage richtet sich gegen das der Vollstreckung zugrundeliegende Urteil. Hinsichtlich anderer Vollstreckungstitel als Urteilen, insbesondere Prozessvergleichen (§ 794 Abs. 1 Nr. 4) gilt § 767 entsprechend[18] (→ § 704 Rn. 4).

III. Zuständigkeit

Örtlich und sachlich zuständig ist das **Prozessgericht erster Instanz**. Die sachliche und örtliche Zuständigkeit ist nach § 802 eine ausschließliche.

Für die Vollstreckungsgegenklage gegen einen Kostenfestsetzungsbeschluss des Deutschen Patent- und Markenamts ist das BPatG das Prozessgericht des ersten Rechtszugs zuständig.[19]

IV. Sonstige Zulässigkeitsvoraussetzungen

Die sonstigen Zulässigkeitsvoraussetzungen für eine Klage, insbs. **Prozessführungsbefugnis** und Rechtsschutzbedürfnis, müssen vorliegen.

Das **Rechtsschutzbedürfnis** besteht, sobald ein vollstreckbarer Titel vorliegt.[20] Es entfällt, sobald die Zwangsvollstreckung abgeschlossen wurde, in der Regel mit Aushändigung der vollstreckbaren Ausfertigung an den Vollstreckungsschuldner.[21] Hat der Vollstreckungsschuldner bereits Berufung gegen das zugrundeliegende Urteil eingelegt, fehlt grundsätzlich das Rechtsschutzbedürfnis für eine Vollstreckungsgegenklage.[22] Vielmehr kann der Vollstreckungsschuldner die Einstellung der Zwangsvollstreckung nach § 719 beantragen, wenn die Voraussetzungen vorliegen (→ § 719 Rn. 1 ff.).[23] Im Übrigen besteht kein Vorrang der Berufung, vielmehr stehen Berufung und § 767 nebeneinander zu Wahl.[24]

---

[12] Ausführlich BGH NJW-RR 2004, 1718.
[13] BGH NJW 1992, 2160.
[14] MüKoZPO/*Schmidt/Brinkmann* § 767 Rn. 7.
[15] OLG Düsseldorf BeckRS 2012, 09384.
[16] BGH GRUR 2018, 219 Rn. 15 – Rechtskraft des Zwangsmittelbeschlusses.
[17] OLG Düsseldorf GRUR-RS 2019, 39470 Rn. 3 ff., 6 – Bakterienkultivierung II.
[18] BGH NJW 1967, 2014 f.
[19] BPatG GRUR 1982, 483.
[20] HK-ZPO/*Kindl* § 767 Rn. 17; Thomas/Putzo/*Seiler* § 767 Rn. 14.
[21] HK-ZPO/*Kindl* § 767 Rn. 17; Thomas/Putzo/*Seiler* § 767 Rn. 16.
[22] Thomas/Putzo/*Seiler* § 767 Rn. 15.
[23] HK-ZPO/*Kindl* § 767 Rn. 17; Musielak/Voit/*Lackmann* § 767 Rn. 18.
[24] MüKoZPO/*Schmidt/Brinkmann* § 767 Rn. 14.

C. Begründetheit

18 Die Vollstreckungsgegenklage ist begründet, wenn eine Einwendung vorliegt, die den durch das Urteil festgestellten Anspruch selbst betrifft und deren Geltendmachung nicht gemäß Abs. 2 oder 3 präkludiert ist.

19 **Aktiv-** und **passivlegitimiert** sind Vollstreckungsschuldner und Vollstreckungsgläubiger entsprechend des Rubrums des zugrundeliegenden Titels bzw. diejenigen Personen, denen die Klausel erteilt worden ist oder die die Zwangsvollstreckung betreiben, auch wenn die Klausel noch nicht umgeschrieben wurde.[25]

I. Einwendung

20 Jede **rechtsvernichtende** oder **rechtshemmende Einwendung** kann im Rahmen des § 767 geltend gemacht werden. Die Beweislast für das Vorliegen der Einwendung trägt der Schuldner (Kläger).

21 In Verfahren des gewerblichen Rechtsschutzes ist die wichtigste Einwendung der rückwirkende **Wegfall des Klageschutzrechts,** insb. im Patentrecht, Gebrauchsmuster-, Marken-[26] und Designrecht[27]. Daneben kommen als mögliche Einwendungen in Betracht: **Erfüllung/Erledigung**[28] oder **vollstreckungsbeschränkende Vereinbarungen.** Demgegenüber handelt es sich bei der (vermeintlichen) Notwendigkeit des Schutzes von Betriebs- und Geschäftsgeheimnissen um eine materiellrechtliche Einwendung, die ohne eine bestehende Beschränkung des Tenors im Zwangsvollstreckungsverfahren keine Berücksichtigung findet. Ein solcher Einwand muss bereits im Erkenntnisverfahren erhoben werden.[29] Diskutiert wird, ob auch die rechtskräftige Teilvernichtung eines Patents, wenn sich das Verletzungsverfahren bereits in der Rechtsmittelinstanz befindet, ein Fall der Vollstreckungsabwehrklage ist.[30]

22 Eine **Gesetzesänderung** ist grundsätzlich keine Einwendung, soweit eine einmalige Leistung betroffen ist. Anders ist es im Fall **wiederkehrender Leistungen,** insb. Unterlassungen: Ein solcher Titel wirkt in die Zukunft, weshalb eine Vollstreckung aus einem Unterlassungstitel für unzulässig erklärt werden kann, wenn das dem Titel zugrunde liegende Verbot durch eine Gesetzesänderung weggefallen ist.[31] Gleiches gilt auch im Falle der Änderung der höchstrichterlichen Rechtsprechung im Hinblick auf titulierte Unterlassungsansprüche.[32] Hat sich der Schuldner vertragsrechtlich zur Unterlassung verpflichtet und liegt ein vergleichbarer Fall vor, steht ihm statt der – mangels Titel nicht gegebenen –Vollstreckungsabwehrklage ein außerordentliches vertragliches Kündigungsrecht zu, weil ihm die Vertragsfortsetzung unzumutbar geworden ist, sofern der Schuldner die Zwangsvollstreckung aus einem entsprechenden gerichtlichen Titel im Wege der Vollstreckungsabwehrklage für unzulässig erklären könnte.[33]

II. Einwendungsausschluss (Abs. 2, 3)

23 Die Geltendmachung der Einwendung ist **präkludiert,** wenn die Gründe, auf denen sie beruht, schon vor dem Schluss der mündlichen Verhandlung, in der Einwendungen nach der ZPO spätestens hätten geltend gemacht werden müssen (maßgeblicher Zeitpunkt), entstanden sind und durch Einspruch noch geltend gemacht werden können (Abs. 2). Die Norm sichert die Rechtskraft unanfechtbar gewordener Entscheidungen.[34]

24 Für den Einwendungsausschluss kommt es darauf an, wann die Gründe, auf denen der Einwand beruht, objektiv entstanden sind. Einwendungen sind nach Abs. 2 präkludiert, wenn der Schuldner sie zum maßgeblichen Zeitpunkt objektiv bereits hätte geltend machen können. Auf seine Kenntnis oder sein Verschulden kommt es nicht an.[35]

---

[25] HK-ZPO/*Kindl* § 767 Rn. 18; Musielak/Voit/*Lackmann* § 767 Rn. 21; Prütting/Gehrlein/*Scheuch* § 767 Rn. 20.
[26] BGH GRUR 2018, 335 – Aquaflam.
[27] BGH BeckRS 2018, 11567 Rn. 21 – Schutz für Hülle.
[28] BGH GRUR 2018, 335 Rn. 16 – Aquaflam.
[29] OLG Düsseldorf GRUR 2020, 734 Rn. 12 ff. – Cholesterinsenker.
[30] So *Grosch* GRUR 2021, 210 (215), der jedenfalls für die Anwendung von § 767 plädiert, sofern nicht – nach seiner Auffassung vorzugswürdig – eine Nichtzulassungsbeschwerde einschlägig wäre (dagegen allerdings BGH GRUR 2010, 272 – Produktionsrückstandsentsorgung).
[31] BGH GRUR 1997, 382 ff. – Altunterwerfung I; BGH NJW 2008, 1146 (1147); GRUR 2009, 3303 – Mescherweis.
[32] BGH GRUR 2009, 1096 (1097 f.) – Mescher weis mwN; einschränkend Prütting/Gehrlein/*Scheuch* § 767 Rn. 28, der nur einen Hinderungsgrund nach § 323 annimmt.
[33] BGH GRUR 214, 797 (799) – fishtailparka.
[34] Prütting/Gehrlein/*Scheuch* § 767 Rn. 37.
[35] Kindl/Meller-Hannich/Wolf/*Schneiders* § 767 Rn. 54; Thomas/Putzo/*Seiler* § 767 Rn. 22.

In Verfahren des gewerblichen Rechtsschutzes bedeutet dies vor allem, dass solange das Verletzungsverfahren noch nicht rechtskräftig abgeschlossen ist, sondern Revision oder Nichtzulassungsbeschwerde eingelegt wurden, die **rechtskräftige Vernichtung des Schutzrechts** noch in diesem Verfahren geltend gemacht werden muss. Die rechtskräftige Vernichtung des Schutzrechts ist von Amts wegen stets zu berücksichtigen.[36] Eine spätere, bspw. erst nach Zurückweisung der Nichtzulassungsbeschwerde erfolgende Vollstreckungsgegenklage wegen der Nichtigerklärung des Schutzrechts ist daher präkludiert.[37] 25

Der Schuldner muss nach Abs. 3 mit der Vollstreckungsgegenklage alle Einwendungen geltend machen, die er in diesem Zeitpunkt geltend zu machen imstande ist. 26

D. Entscheidung

Ist die Klage zulässig und begründet, wird die Zwangsvollstreckung aus dem zugrundeliegenden Urteil (ganz oder teilweise) für unzulässig erklärt. 27

Gegen die Entscheidung über die Vollstreckungsabwehrklage bestehen die Rechtsmittel der **Berufung** (§ 511) und **Revision** (§ 542). 28

E. Anwendbarkeit von § 767 im Einheitlichen Patentgerichtssystem

Die Vollstreckung von Entscheidungen des Einheitlichen Patentgerichts erfolgt nach Art. 82 Abs. 1 EGPÜ, Regel 354 (1) Verfahrensordnung erfolgt. Das nationale Recht ist nur subsidiär anwendbar. Dies gilt auch für vollstreckungsrechtliche Rechtsbehelfe. Vor diesem Hintergrund verbleibt angesichts der Regelungen im EGPÜ/Rules of Procedure kein Anwendungsbereich für vollstreckungsrechtliche Rechtsbehelfe, soweit sie sich wie § 767 auf den materiellrechtlichen Anspruch beziehen (ausführlich → § 722 Rn. 13).[38] 29

§ 768 Klage gegen Vollstreckungsklausel

Die Vorschriften des § 767 Abs. 1, 3 gelten entsprechend, wenn in den Fällen des § 726 Abs. 1, der §§ 727 bis 729, 738, 742, 744, des § 745 Abs. 2 und des § 749 der Schuldner den bei der Erteilung der Vollstreckungsklausel als bewiesen angenommenen Eintritt der Voraussetzung für die Erteilung der Vollstreckungsklausel bestreitet, unbeschadet der Befugnis des Schuldners, in diesen Fällen Einwendungen gegen die Zulässigkeit der Vollstreckungsklausel nach § 732 zu erheben.

§ 768 erklärt die Grundsätze der Vollstreckungsgegenklage nach § 767 auch auf Verfahren bezüglich der Klauselumschreibung anwendbar, sog. **Klauselgegenklage**. Gemäß § 795 S. 1 ist die Norm auch auf die in § 794 Abs. 1 genannten Schuldtitel anzuwenden. Für Vollstreckungsbescheide ergibt sich dies bereits aus § 796 Abs. 3. In Verfahren des gewerblichen Rechtsschutzes sind vor allem §§ 727–729 (Umschreibung der Klausel auf Personen, die nicht im Titel genannt sind) relevant. 1

Wenn der Schuldner das Vorliegen der Voraussetzungen in den Fällen der §§ 726 Abs. 1, 727–729 bestreitet, kann er – unbeschadet der Möglichkeit der Erinnerung nach § 732 – auch Klauselgegenklage erheben.[1] Der Anwendungsbereich von § 732 ist demgegenüber breiter als der des § 768, da er auch Verstöße gegen § 724 und andere formelle Einwendungen erfasst (→ § 732 Rn. 8 f.).[2] 2

Voraussetzung für die Klauselgegenklage ist, dass eine qualifizierte Klausel erteilt worden ist.[3] 3

Für die Präklusion nimmt die Norm nur auf § 767 Abs. 3 Bezug; Abs. 2 ist nicht anwendbar.[4] Im Übrigen wird hinsichtlich Zulässigkeit und Begründetheit der Klage auf die Kommentierung zu § 767 verwiesen. 4

Ist die Klauselgegenklage zulässig und begründet, wird die Zwangsvollstreckung aus der vollstreckbaren Ausfertigung für unzulässig erklärt.[5] 5

Gegen die Entscheidung bestehen die **Rechtsmittel** der Berufung (§ 511) und Revision (§ 542).[6] 6

Die Vollstreckung von Entscheidungen des Einheitlichen Patentgerichts erfolgt nach Art. 82 Abs. 1 EGPÜ, Regel 354 (1) Verfahrensordnung erfolgt. Das nationale Recht ist nur subsidiär anwendbar. Dies gilt auch für vollstreckungsrechtliche Rechtsbehelfe. Vor diesem Hintergrund verbleibt angesichts der Regelungen im EGPÜ/Rules of Procedure kein Anwendungsbereich für vollstreckungsrechtliche 7

---

[36] BGH GRUR 2004, 710 – Druckmaschinen-Temperierungssystem; *Bacher* GRUR 2009, 216 (217).
[37] *Bacher* GRUR 2009, 216 (217).
[38] S. auch *Leistner* GRUR 2016, 217 (218).
[1] Musielak/Voit/*Lackmann* § 768 Rn. 2; Thomas/Putzo/*Seiler* § 768 Rn. 2.
[2] Musielak/Voit/*Lackmann* § 768 Rn. 2.
[3] Musielak/Voit/*Lackmann* § 768 Rn. 4; Thomas/Putzo/*Seiler* § 768 Rn. 6.
[4] Musielak/Voit/*Lackmann* § 768 Rn. 7.
[5] Musielak/Voit/*Lackmann* § 768 Rn. 9; Thomas/Putzo/*Seiler* § 768 Rn. 10.
[6] Thomas/Putzo/*Seiler* § 768 Rn. 11.

Rechtsbehelfe, soweit sie sich wie § 768 auf den materiellrechtlichen Anspruch beziehen (ausführlich → § 722 Rn. 13).

§ 769 Einstweilige Anordnungen

(1) ¹Das Prozessgericht kann auf Antrag anordnen, dass bis zum Erlass des Urteils über die in den §§ 767, 768 bezeichneten Einwendungen die Zwangsvollstreckung gegen oder ohne Sicherheitsleistung eingestellt oder nur gegen Sicherheitsleistung fortgesetzt werde und dass Vollstreckungsmaßregeln gegen Sicherheitsleistung aufzuheben seien. ²Es setzt eine Sicherheitsleistung für die Einstellung der Zwangsvollstreckung nicht fest, wenn der Schuldner zur Sicherheitsleistung nicht in der Lage ist und die Rechtsverfolgung durch ihn hinreichende Aussicht auf Erfolg bietet. ³Die tatsächlichen Behauptungen, die den Antrag begründen, sind glaubhaft zu machen.

(2) ¹In dringenden Fällen kann das Vollstreckungsgericht eine solche Anordnung erlassen, unter Bestimmung einer Frist, innerhalb der die Entscheidung des Prozessgerichts beizubringen sei. ²Nach fruchtlosem Ablauf der Frist wird die Zwangsvollstreckung fortgesetzt.

(3) Die Entscheidung über diese Anträge ergeht durch Beschluss.

(4) Im Fall der Anhängigkeit einer auf Herabsetzung gerichteten Abänderungsklage gelten die Absätze 1 bis 3 entsprechend.

1 § 769 soll – ähnlich den §§ 707, 719 – die einstweilige Einstellung der Zwangsvollstreckung zum Schutz des Schuldners **ermöglichen, um vorübergehend zu verhindern, dass eine in ihrer Gültigkeit fragliche Entscheidung weiter vollstreckt bzw. nur nach Erbringung einer Sicherheitsleistung weiter vollstreckt wird.**

2 Einstweilige Anordnungen betreffend die Zwangsvollstreckung können nach § 769 getroffen werden, wenn die Vollstreckung aus dem **zugrundeliegenden Titel durch** eine **Vollstreckungsgegenklage** oder eine **Klauselgegenklage angegriffen** worden ist. Kraft Verweisung können einstweilige Anordnungen auch bei der Drittwiderspruchsklage (vgl. § 771 Abs. 3), bei Durchsetzung der beschränkten Haftung nach §§ 785, 786 sowie bei der Klage auf vorzugsweise Befriedigung (vgl. § 805 Abs. 4) getroffen werden.

3 **Zuständig** ist das Prozessgericht, bei dem die Klage nach §§ 767, 768 anhängig ist. Gemäß Abs. 2 kann in dringenden Fällen das Vollstreckungsgericht eine einstweilige Anordnung erlassen, wobei eine Frist zu setzen ist, binnen der die Entscheidung des Prozessgerichts beigebracht werden muss. In letzterem Fall entscheidet der Rechtspfleger gemäß § 20 Nr. 17 RPflG.

4 Eine einstweilige Anordnung wird erlassen, wenn die Klage nach §§ 767, 768 zulässig und mit einiger Wahrscheinlichkeit begründet ist.

5 Das Gericht wird nur auf Antrag hin tätig.¹ Ein Rechtsschutzbedürfnis besteht, solange die Zwangsvollstreckung noch nicht beendet ist.² Es ist aber nicht erforderlich, dass der Gläubiger bereits mit der Zwangsvollstreckung begonnen hat oder auch nur schon eine vollstreckbare Ausfertigung beantragt hat.³

6 Der Antrag des **Schuldners** ist begründet, wenn die Voraussetzungen des § 707 vorliegen.⁴ Stellt ein **Dritter** den Antrag, sind die Gläubigerinteressen weniger stark zu gewichten als im gegenüber dem Schuldner, da er am Erkenntnisverfahren nicht beteiligt war, so dass für die Anordnung nach § 769 grundsätzlich genügt, dass die Klage Aussicht auf Erfolg hat.⁵

7 Das Gericht wird dann die Zwangsvollstreckung gegen den Schuldner bzw. Kläger aus dem zugrundeliegenden Titel **gegen oder ohne Sicherheitsleistung** bis zum Erlass des Urteils nach §§ 767, 768 einstellen bzw. feststellen, dass die Zwangsvollstreckung nur gegen Sicherheitsleistung fortgesetzt werden darf. Die Entscheidung ergeht durch Beschluss nach § 329.

8 Entscheidet das Vollstreckungsgericht gemäß Abs. 2 wegen Eilbedürftigkeit, hat es zusätzlich eine **Frist zu setzen,** binnen der die Entscheidung des Prozessgerichts beigebracht werden muss.⁶

9 Die einstweilige Anordnung tritt außer Kraft, wenn sie – wegen veränderter Umstände – aufgehoben wird oder das Urteil nach §§ 767, 768 erlassen wird (§ 770)

10 Die Vollstreckung von Entscheidungen des Einheitlichen Patentgerichts erfolgt nach Art. 82 Abs. 1 EGPÜ, Regel 354 (1) Verfahrensordnung erfolgt. Das nationale Recht ist nur subsidiär anwendbar. Dies gilt auch für vollstreckungsrechtliche Rechtsbehelfe. Vor diesem Hintergrund verbleibt angesichts der Regelungen im EGPÜ/Rules of Procedure kein Anwendungsbereich für vollstreckungsrechtliche

---

¹ Musielak/Voit/*Lackmann* § 769 Rn. 2; Thomas/Putzo/*Seiler* § 769 Rn. 5.
² MüKoZPO/*Schmidt/Brinkmann* § 769 Rn. 21; Thomas/Putzo/*Seiler* § 769 Rn. 6.
³ Baumbach/Lauterbach § 769 Rn. 5.
⁴ Musielak/Voit/*Lackmann* § 769 Rn. 3 f.
⁵ Musielak/Voit/*Lackmann* § 769 Rn. 3.
⁶ Musielak/Voit/*Lackmann* § 767 Rn. 5.

Drittwiderspruchsklage § 771 ZPO

Rechtsbehelfe, soweit sie sich wie § 769 auf den materiellrechtlichen Anspruch beziehen (ausführlich → § 722 Rn. 13).

§ 770 Einstweilige Anordnungen im Urteil

¹Das Prozessgericht kann in dem Urteil, durch das über die Einwendungen entschieden wird, die in dem vorstehenden Paragraphen bezeichneten Anordnungen erlassen oder die bereits erlassenen Anordnungen aufheben, abändern oder bestätigen. ²Für die Anfechtung einer solchen Entscheidung gelten die Vorschriften des § 718 entsprechend.

Das Prozessgericht (→ § 767 Rn. 13) kann in dem Urteil **Anordnungen nach § 769** erlassen, dh die Zwangsvollstreckung gegen oder ohne Sicherheitsleistung einstellen oder die nach § 769 bereits erlassenen Anordnungen aufheben, abändern oder bestätigen.

Hinsichtlich der Anfechtbarkeit der Entscheidung wird § 718 für entsprechend anwendbar erklärt (→ § 718 Rn. 1 ff.).

§ 771 Drittwiderspruchsklage

(1) **Behauptet ein Dritter, dass ihm an dem Gegenstand der Zwangsvollstreckung ein die Veräußerung hinderndes Recht zustehe, so ist der Widerspruch gegen die Zwangsvollstreckung im Wege der Klage bei dem Gericht geltend zu machen, in dessen Bezirk die Zwangsvollstreckung erfolgt.**

(2) **Wird die Klage gegen den Gläubiger und den Schuldner gerichtet, so sind diese als Streitgenossen anzusehen.**

(3) ¹**Auf die Einstellung der Zwangsvollstreckung und die Aufhebung der bereits getroffenen Vollstreckungsmaßregeln sind die Vorschriften der §§ 769, 770 entsprechend anzuwenden.** ²**Die Aufhebung einer Vollstreckungsmaßregel ist auch ohne Sicherheitsleistung zulässig.**

A. Allgemeine Grundlagen

Während §§ 766, 767 dem Schuldner Rechtsmittel hinsichtlich der Unzulässigkeit der Zwangsvollstreckung geben, ermöglicht § 771 einem **Dritten**, der ein **Recht an dem Gegenstand der Zwangsvollstreckung** hat, mittels der Drittwiderspruchsklage die Zwangsvollstreckung hinsichtlich dieses Rechts für unzulässig zu erklären.

Die Bedeutung in Verfahren des gewerblichen Rechtsschutzes ist **eher gering**. § 771 erfasst Situationen, in denen sich die Zwangsvollstreckung gegen einen Gegenstand richtet, der im Eigentum – oder einem anderen die Veräußerung hindernden Recht – eines Dritten steht. Sofern sich die Zwangsvollstreckung in Verfahren des gewerblichen Rechtsschutzes gezielt auf Gegenstände richtet, geht es typischerweise um die Sequestration schutzrechtsverletzender Gegenstände, die Besichtigung schutzrechtsverletzender Gegenstände, die Besichtigung einer Maschine, auf der ein mutmaßlich patentverletzendes Verfahren abläuft, die Beschlagnahme von schutzrechtsverletzenden Gegenständen zum Zwecke der Vernichtung etc. Mithin sind die **Gegenstände in der Regel selbst schutzrechtsverletzend** oder **dienen der Herstellung schutzrechtsverletzender Gegenstände** oder sind **selbst aus einem schutzrechtsverletzenden Gegenstand entstanden**. Selbst wenn der Dritte ein Recht an der Sache hat, wie zB Eigentum beim Verkauf einer Sache unter Eigentumsvorbehalt, würde er durch eine Drittwiderspruchsklage sich selbst als potentiellen weiteren Schutzrechtsverletzer ins Spiel bringen, sofern ihm keine **Ausnahmetatbestände wie Vorbenutzungsrecht, Forschungsprivileg, private Nutzung** etc zustehen, und damit selbst in den Fokus der Verfolgung wegen Schutzrechtsverletzungen geraten.

B. Zulässigkeit

I. Statthaftigkeit

Die Drittwiderspruchsklage ist statthaft, wenn ein Dritter als Kläger begehrt, eine bestimmte Zwangsvollstreckung sei unzulässig, weil er ein die Veräußerung hinderndes Recht (sogenanntes Interventionsrecht) bezüglich. des Vollstreckungsgegenstands habe.[1] Die Drittwiderspruchsklage ist insbesondere von folgenden Rechtsbehelfen abzugrenzen:

---

[1] Musielak/Voit/*Lackmann* § 771 Rn. 1.

4 **1. Erinnerung, § 766.** Der Dritte kann auch Erinnerung nach § 766 einlegen, soweit Verfahrensvorschriften verletzt sind und er beschwert ist[2] (→ § 766 Rn. 7 ff.). § 771 ist demgegenüber nur anwendbar, soweit ein materielles Recht an dem Gegenstand betroffen ist.[3] §§ 766 und 771 sind daher nebeneinander anwendbar, soweit ihr jeweiliger Anwendungsbereich gegeben ist.[4]

5 **2. Klage auf Herausgabe des Gegenstands.** Der Dritte kann gegen den Schuldner Klage auf Herausgabe des Gegenstands aus materiellem Recht erheben. Eine solche Klage kann mit der Drittwiderspruchsklage verbunden werden, so dass Gläubiger und Schuldner Streitgenossen sind (Abs. 2).

6 Eine Klage auf Herausgabe des Gegenstands, insbesondere basierend auf § 985 BGB gegen den Gläubiger wird durch § 771 ausgeschlossen,[5] weil für die Dauer der Zwangsvollstreckung § 771 eine Spezialvorschrift im Verhältnis zum Herausgabeanspruch nach § 985 BGB ist.

II. Zuständigkeit

7 Örtlich zuständig ist das Gericht, in dessen Bezirk die Zwangsvollstreckung stattfindet[6]. Die örtliche Zuständigkeit ist eine ausschließliche nach § 802. Die sachliche Zuständigkeit richtet sich nach den allgemeinen Regeln, dh dem Streitwert, §§ 23 Nr. 1, 71 Abs. 1 GVG.[7]

III. Rechtsschutzbedürfnis

8 Neben den allgemeinen Zulässigkeitsvoraussetzungen muss der Kläger ein **Rechtsschutzbedürfnis** haben, das grundsätzlich vom Beginn bis zum Ende der Zwangsvollstreckung vorliegt.[8]

C. Begründetheit

I. Die Veräußerung hinderndes Recht

9 Die Klage ist begründet, wenn dem Dritten, dh jedem anderen, der nicht der Vollstreckungsschuldner ist, ein Veräußerung hinderndes Recht zusteht und keine Einwendungen des Gläubigers entgegenstehen. Ein die Veräußerung hinderndes Recht liegt vor,."wenn der Schuldner selbst, veräußerte er den Vollstreckungsgegenstand, widerrechtlich in den Rechtskreis des Dritten eingreifen würde und deshalb der Dritte den Schuldner hindern könnte, zu veräußern".[9] Zeitlich muss er sowohl während der Vollstreckungsmaßnahme als auch bis zum Schluss der mündlichen Verhandlung Inhaber des Rechts sein.[10]

10 Das Recht kann insbesondere beruhen auf: (Mit-)**Eigentum,** Eigentumsvorbehalt, Erbschaft, Sicherungsübereignung.[11] **Besitz** ist grundsätzlich **nicht ausreichend,** um ein Recht iSd § 771 zu begründen, da Besitz eine lediglich tatsächliche Zuordnung von Sachen ist, die Sache aber rechtlich nicht zum Vermögen des Dritten gehört.[12]

II. Keine entgegenstehende Einwendung des Gläubigers

11 Dem Recht darf keine Einwendung des Gläubigers entgegenstehen. Wenn der Dritte die Zwangsvollstreckung dulden muss oder dem Gläubiger ein (rang-)besseres Recht an der Sache zusteht (zB Vermieterpfandrecht aus § 562 BGB), ist eine Drittwiderspruchsklage unbegründet. Gleiches gilt, wenn das Recht des Dritten aus unerlaubter Handlung erlangt wurde, zB Eigentumsübertragung zum Zwecke der Vereitelung der Zwangsvollstreckung.

12 Überlegenswert ist, ob Fälle, in denen der **Gläubiger gegen den Dritten ebenfalls wegen Schutzrechtsverletzung vorgehen könnte,** ebenfalls als eine der Drittwiderspruchsklage des Dritten entgegenstehende Einwendung behandelt werden können. Solange gegen den Dritten kein Titel vorliegt, erscheint dies wegen der Trennung von Erkenntnis- und Vollstreckungsverfahren und der Spezialzuständigkeiten im gewerblichen Rechtsschutz problematisch (→ § 704 Rn. 6, 7). Andererseits könnte der Unzulässigerklärung der Zwangsvollstreckung mit darauffolgender Rückgabe des Gegenstands die Arglist-Einwendung *Dolo agit, qui petit, quod statim rediturus est* („Arglistig handelt, wer etwas verlangt, was er augenblicklich wieder zurückgeben muss") entgegenstehen, wenn der Gläubi-

---

[2] Musielak/Voit/*Lackmann* § 771 Rn. 3; Thomas/Putzo/*Seiler* § 771 Rn. 2.
[3] Musielak/Voit/*Lackmann* § 771 Rn. 3; Thomas/Putzo/*Seiler* § 771 Rn. 2.
[4] Prütting/Gehrlein/*Scheuch* § 771 Rn. 3.
[5] BGH NJW 1989, 2542 mwN.
[6] Musielak/Voit/*Lackmann* § 771 Rn. 7.
[7] Baumbach/*Lauterbach* § 771 Rn. 7; Musielak/Voit/*Lackmann* § 771 Rn. 7.
[8] Musielak/Voit/*Lackmann* § 771 Rn. 9; HK-ZPO/*Kindl* § 771 Rn. 17.
[9] BGH NJW 1971, 799 (800).
[10] Thomas/Putzo/*Seiler* § 771 Rn. 14.
[11] Ausführlich zu den einzelnen Rechten Musielak/Voit/*Lackmann* § 771 Rn. 15 ff.; HK-ZPO/*Kindl* § 771 Rn. 5 ff.
[12] Thomas/Putzo/*Seiler*ZPO § 771 Rn. 21; Zöller/*Herget* ZPO § 771 Rn. 14 beide mwN.

ger aus seinem Schutzrecht die Herausgabe der Sache bzw. vorläufige Beschlagnahme der Sache zum Zwecke der Sicherung der Vernichtungsanspruchs gegen den Dritten geltend machen könnte.[13] In der Praxis ist allerdings zu erwarten, dass der Gläubiger jedenfalls bis zum Schluss der mündlichen Verhandlung über die Drittwiderspruchsklage eine einstweilige Verfügung zur vorläufigen Sicherung des betreffenden Gegenstands beigebracht hat, so dass diese Frage im Ergebnis nicht entschieden werden müsste.

Der Kläger trägt die Darlegungs- und Beweislast für die Tatsachen, die zur Entstehung des geltend gemachten Rechtes geführt haben; der Beklagte für den Wegfall des Rechtes bzw. die unzulässige Rechtsausübung.[14]   13

D. Entscheidungen

Ist die Klage zulässig und begründet, wird die Zwangsvollstreckung aus dem zugrundeliegenden Titel in den konkret zu bezeichnenden Gegenstand für unzulässig erklärt.   14

Wird die Zwangsvollstreckung für unzulässig erklärt, ist die Zwangsvollstreckung einzustellen und bereits getroffene Vollstreckungsmaßregeln gemäß § 775 Nr. 1, 776 aufzuheben.   15

Gegen die Entscheidung über die Drittwiderspruchsklage bestehen die Rechtsmittel der Berufung (§ 511) und Revision (§ 542).   16

Die Drittwiderspruchsklage hat **keine aufschiebende Wirkung** und hemmt damit nicht die Zwangsvollstreckung. Eine einstweilige Einstellung der Zwangsvollstreckung kann der Dritte über Abs. 3 iVm § 769 beantragen.   17

§ 772 Drittwiderspruchsklage bei Veräußerungsverbot

¹Solange ein Veräußerungsverbot der in den §§ 135, 136 des Bürgerlichen Gesetzbuchs bezeichneten Art besteht, soll der Gegenstand, auf den es sich bezieht, wegen eines persönlichen Anspruchs oder auf Grund eines infolge des Verbots unwirksamen Rechts nicht im Wege der Zwangsvollstreckung veräußert oder überwiesen werden. ²Auf Grund des Veräußerungsverbots kann nach Maßgabe des § 771 Widerspruch erhoben werden.

§ 773 Drittwiderspruchsklage des Nacherben

¹Ein Gegenstand, der zu einer Vorerbschaft gehört, soll nicht im Wege der Zwangsvollstreckung veräußert oder überwiesen werden, wenn die Veräußerung oder die Überweisung im Falle des Eintritts der Nacherbfolge nach § 2115 des Bürgerlichen Gesetzbuchs dem Nacherben gegenüber unwirksam ist. ²Der Nacherbe kann nach Maßgabe des § 771 Widerspruch erheben.

§ 774 Drittwiderspruchsklage des Ehegatten

Findet nach § 741 die Zwangsvollstreckung in das Gesamtgut statt, so kann ein Ehegatte nach Maßgabe des § 771 Widerspruch erheben, wenn das gegen den anderen Ehegatten ergangene Urteil in Ansehung des Gesamtgutes ihm gegenüber unwirksam ist.

§ 775 Einstellung oder Beschränkung der Zwangsvollstreckung

Die Zwangsvollstreckung ist einzustellen oder zu beschränken:
1. wenn die Ausfertigung einer vollstreckbaren Entscheidung vorgelegt wird, aus der sich ergibt, dass das zu vollstreckende Urteil oder seine vorläufige Vollstreckbarkeit aufgehoben oder dass die Zwangsvollstreckung für unzulässig erklärt oder ihre Einstellung angeordnet ist;
2. wenn die Ausfertigung einer gerichtlichen Entscheidung vorgelegt wird, aus der sich ergibt, dass die einstweilige Einstellung der Vollstreckung oder einer Vollstreckungsmaßregel angeordnet ist oder dass die Vollstreckung nur gegen Sicherheitsleistung fortgesetzt werden darf;
3. wenn eine öffentliche Urkunde vorgelegt wird, aus der sich ergibt, dass die zur Abwendung der Vollstreckung erforderliche Sicherheitsleistung oder Hinterlegung erfolgt ist;
4. wenn eine öffentliche Urkunde oder eine von dem Gläubiger ausgestellte Privaturkunde vorgelegt wird, aus der sich ergibt, dass der Gläubiger nach Erlass des zu vollstreckenden Urteils befriedigt ist oder Stundung bewilligt hat;
5. wenn der Einzahlungs- oder Überweisungsnachweis einer Bank oder Sparkasse vorgelegt wird, aus dem sich ergibt, dass der zur Befriedigung des Gläubigers erforderliche Betrag zur Auszahlung an den Gläubiger oder auf dessen Konto eingezahlt oder überwiesen worden ist.

---

[13] Vergleichbar zur Klageabweisung in Fällen der Mithaftung des klagenden Dritten, so im Ergebnis BGH NJW 1981, 1835 (1836).
[14] Musielak/Voit/*Lackmann* § 771 Rn. 14.

A. Allgemeine Grundlagen

1   § 775 zählt die Fälle auf, in denen die Zwangsvollstreckung einzustellen oder zu beschränken ist. Hierbei handelt es sich um eine grundsätzlich **abschließend** zu verstehende Aufzählung, dh eine erweiternde analoge Anwendung auf andere Fälle verbietet sich.[1]

B. Voraussetzungen

2   Für die Einstellung der Zwangsvollstreckung ist die **Vorlage des entsprechenden Dokuments** (Ausfertigung der gerichtlichen Entscheidung oder öffentliche Urkunde bzw. Einzahlungs-/Überweisungsbeleg einer Bank) erforderlich. Die Zwangsvollstreckung wird anschließend **von Amts wegen eingestellt.**

3   Die in Verfahren des gewerblichen Rechtsschutzes relevantesten Fälle sind Nr. 1, 2 und 3.

4   Für eine Einstellung nach **Nr. 1 und 2** ist die Vorlage der gerichtlichen Entscheidung erforderlich, aus der sich die entsprechende Anordnung ergibt:[2]

- Aufhebung des Urteils,
- Aufhebung der vorläufigen Vollstreckbarkeit,
- Unzulässigerklärung der Zwangsvollstreckung,
- Einstellung der Zwangsvollstreckung,
- einstweilige Einstellung der Vollstreckung, insbs. nach §§ 707, 719, 732, 765a, 766, 769,
- Anordnung einer Vollstreckungsmaßregel,
- Anordnung, dass die Vollstreckung nur gegen Sicherheitsleistung fortgesetzt werden darf.

Eine angeordnete Sicherheitsleistung muss erbracht sein.[3]

5   **Nr. 3** betrifft Entscheidungen, die dem Schuldner die Abwendung der Zwangsvollstreckung durch Sicherheitsleistung oder Hinterlegung gestattet und erfordert die Vorlage der öffentlichen Urkunde, aus der sich ergibt, dass die erforderliche Sicherheit in den Fällen der §§ 711, 712 Abs. 1, 720a Abs. 3 erbracht wurde.[4]

5a   **Nr. 4** betrifft eine öffentliche Urkunde oder eine von dem Gläubiger ausgestellte Privaturkunde, aus der sich ergibt, dass der Gläubiger nach Erlass des zu vollstreckenden Urteils befriedigt ist oder Stundung bewilligt hat. Dazu zählt eine Ratenzahlungsvereinbarung zwischen Schuldner und Gläubiger.[5]

C. Fortsetzung der Zwangsvollstreckung

6   Die Zwangsvollstreckung wird **von Amts wegen fortgesetzt,** wenn im Fall des § 769 Abs. 2 S. 2 die Frist zur Beibringung der Entscheidung des Prozessgerichts fruchtlos abgelaufen ist, oder auf Antrag des Gläubigers, wenn er den Wegfall des Einstellungsgrundes belegt.

D. Rechtsbehelfe

7   Gegen Vollstreckungsmaßnahmen kann der Betroffene **Erinnerung einlegen (§ 766)** oder, sofern es sich um eine Entscheidung handelte, **sofortige Beschwerde nach § 793**.

8   Eine trotz Einstellung oder Beschränkung der Zwangsvollstreckung stattfindende Vollstreckung ist nicht unwirksam, sondern mit der Erinnerung (§ 766) bzw. sofortigen Beschwerde (§ 793) **anfechtbar.**

§ 776 Aufhebung von Vollstreckungsmaßregeln

[1]In den Fällen des § 775 Nr. 1, 3 sind zugleich die bereits getroffenen Vollstreckungsmaßregeln aufzuheben. [2]In den Fällen der Nummern 4, 5 bleiben diese Maßregeln einstweilen bestehen; dasselbe gilt in den Fällen der Nummer 2, sofern nicht durch die Entscheidung auch die Aufhebung der bisherigen Vollstreckungshandlungen angeordnet ist.

1   Da **bereits getroffene Vollstreckungsmaßregeln** vom Anwendungsbereich des § 775 nicht erfasst werden, bestimmt § 776, dass diese in den Fällen des § 775 Nr. 1 und 3 und der Nr. 2 aufzuheben sind, sofern dies in der Entscheidung angeordnet ist. In den Fällen der Nr. 4 und 5 bleiben die Vollstreckungsmaßregeln einstweilen bestehen.

---

[1] BGH NJW 2008, 3640 Rn. 10; Musielak/Voit/*Lackmann* § 775 Rn. 1; Zöller/*Stöber* § 775 Rn. 3.
[2] Prütting/Gehrlein/*Scheuch* § 775 Rn. 8 und 10; MüKoZPO/*Schmidt/Brinkmann* § 775 Rn. 13 und 14.
[3] HK-ZPO/*Kindl* § 775 Rn. 4.
[4] Prütting/Gehrlein/*Scheuch* § 775 Rn. 11.
[5] BGH BeckRS 2017, 103742 (zum Markenrecht).

Die Aufhebung erfolgt durch das zuständige Vollstreckungsorgan.[1] In der Praxis geschieht die Aufhebung zB durch Abnahme des Pfandsiegels einer beschlagnahmten Sache oder Aufhebung des Pfändungs- und Überweisungsbeschlusses.[2]

§ 777 Erinnerung bei genügender Sicherung des Gläubigers

[1] Hat der Gläubiger eine bewegliche Sache des Schuldners im Besitz, in Ansehung deren ihm ein Pfandrecht oder ein Zurückbehaltungsrecht für seine Forderung zusteht, so kann der Schuldner der Zwangsvollstreckung in sein übriges Vermögen nach § 766 widersprechen, soweit die Forderung durch den Wert der Sache gedeckt ist. [2] Steht dem Gläubiger ein solches Recht in Ansehung der Sache auch für eine andere Forderung zu, so ist der Widerspruch nur zulässig, wenn auch diese Forderung durch den Wert der Sache gedeckt ist.

§ 778 Zwangsvollstreckung vor Erbschaftsannahme

(1) Solange der Erbe die Erbschaft nicht angenommen hat, ist eine Zwangsvollstreckung wegen eines Anspruchs, der sich gegen den Nachlass richtet, nur in den Nachlass zulässig.

(2) Wegen eigener Verbindlichkeiten des Erben ist eine Zwangsvollstreckung in den Nachlass vor der Annahme der Erbschaft nicht zulässig.

§ 779 Fortsetzung der Zwangsvollstreckung nach dem Tod des Schuldners

(1) Eine Zwangsvollstreckung, die zur Zeit des Todes des Schuldners gegen ihn bereits begonnen hatte, wird in seinen Nachlass fortgesetzt.

(2) [1] Ist bei einer Vollstreckungshandlung die Zuziehung des Schuldners nötig, so hat, wenn die Erbschaft noch nicht angenommen oder wenn der Erbe unbekannt oder wenn es ungewiss ist, ob er die Erbschaft angenommen hat, das Vollstreckungsgericht auf Antrag des Gläubigers dem Erben einen einstweiligen besonderen Vertreter zu bestellen. [2] Die Bestellung hat zu unterbleiben, wenn ein Nachlasspfleger bestellt ist oder wenn die Verwaltung des Nachlasses einem Testamentsvollstrecker zusteht.

§ 780 Vorbehalt der beschränkten Erbenhaftung

(1) Der als Erbe des Schuldners verurteilte Beklagte kann die Beschränkung seiner Haftung nur geltend machen, wenn sie ihm im Urteil vorbehalten ist.

(2) Der Vorbehalt ist nicht erforderlich, wenn der Fiskus als gesetzlicher Erbe verurteilt wird oder wenn das Urteil über eine Nachlassverbindlichkeit gegen einen Nachlassverwalter oder einen anderen Nachlasspfleger oder gegen einen Testamentsvollstrecker, dem die Verwaltung des Nachlasses zusteht, erlassen wird.

§ 781 Beschränkte Erbenhaftung in der Zwangsvollstreckung

Bei der Zwangsvollstreckung gegen den Erben des Schuldners bleibt die Beschränkung der Haftung unberücksichtigt, bis auf Grund derselben gegen die Zwangsvollstreckung von dem Erben Einwendungen erhoben werden.

§ 782 Einreden des Erben gegen Nachlassgläubiger

[1] Der Erbe kann auf Grund der ihm nach den §§ 2014, 2015 des Bürgerlichen Gesetzbuchs zustehenden Einreden nur verlangen, dass die Zwangsvollstreckung für die dort bestimmten Fristen auf solche Maßregeln beschränkt wird, die zur Vollziehung eines Arrestes zulässig sind. [2] Wird vor dem Ablauf der Frist die Eröffnung des Nachlassinsolvenzverfahrens beantragt, so ist auf Antrag die Beschränkung der Zwangsvollstreckung auch nach dem Ablauf der Frist aufrechtzuerhalten, bis über die Eröffnung des Insolvenzverfahrens rechtskräftig entschieden ist.

§ 783 Einreden des Erben gegen persönliche Gläubiger

In Ansehung der Nachlassgegenstände kann der Erbe die Beschränkung der Zwangsvollstreckung nach § 782 auch gegenüber den Gläubigern verlangen, die nicht Nachlassgläubiger sind, es sei denn, dass er für die Nachlassverbindlichkeiten unbeschränkt haftet.

§ 784 Zwangsvollstreckung bei Nachlassverwaltung und -insolvenzverfahren

(1) Ist eine Nachlassverwaltung angeordnet oder das Nachlassinsolvenzverfahren eröffnet, so kann der Erbe verlangen, dass Maßregeln der Zwangsvollstreckung, die zugunsten eines Nachlassgläubigers in sein nicht zum Nachlass gehörendes Vermögen erfolgt sind, aufgehoben werden, es sei denn, dass er für die Nachlassverbindlichkeiten unbeschränkt haftet.

(2) Im Falle der Nachlassverwaltung steht dem Nachlassverwalter das gleiche Recht gegenüber Maßregeln der Zwangsvollstreckung zu, die zugunsten eines anderen Gläubigers als eines Nachlassgläubigers in den Nachlass erfolgt sind.

§ 785 Vollstreckungsabwehrklage des Erben

Die auf Grund der §§ 781 bis 784 erhobenen Einwendungen werden nach den Vorschriften der §§ 767, 769, 770 erledigt.

§ 786 Vollstreckungsabwehrklage bei beschränkter Haftung

(1) Die Vorschriften des § 780 Abs. 1 und des § 781 bis 785 sind auf die nach § 1489 des Bürgerlichen Gesetzbuchs eintretende beschränkte Haftung, die Vorschriften des § 780 Abs. 1 und der §§ 781, 785 sind auf die nach den §§ 1480, 1504, 1629a, 2187 des Bürgerlichen Gesetzbuchs eintretende beschränkte Haftung entsprechend anzuwenden.

(2) Bei der Zwangsvollstreckung aus Urteilen, die bis zum Inkrafttreten des Minderjährigenhaftungsbeschränkungsgesetzes vom 25. August 1998 (BGBl. I S. 2487) am 1. Juli 1999 ergangen sind, kann die Haftungsbeschränkung nach § 1629a des Bürgerlichen Gesetzbuchs auch dann geltend gemacht werden, wenn sie nicht gemäß § 780 Abs. 1 dieses Gesetzes im Urteil vorbehalten ist.

---

[1] Thomas/Putzo/*Seiler* § 776 Rn. 1.
[2] Thomas/Putzo/*Seiler* § 776 Rn. 3.

§ 786a See- und binnenschifffahrtsrechtliche Haftungsbeschränkung

(1) Die Vorschriften des § 780 Abs. 1 und des § 781 sind auf die nach § 611 Absatz 1 oder 3, §§ 612 bis 616 des Handelsgesetzbuchs oder nach den §§ 4 bis 5n des Binnenschifffahrtsgesetzes eintretende beschränkte Haftung entsprechend anzuwenden.

(2) Ist das Urteil nach § 305a unter Vorbehalt ergangen, so gelten für die Zwangsvollstreckung die folgenden Vorschriften:

1. Wird die Eröffnung eines Seerechtlichen oder eines Binnenschifffahrtsrechtlichen Verteilungsverfahrens nach der Schifffahrtsrechtlichen Verteilungsordnung beantragt, an dem der Gläubiger mit dem Anspruch teilnimmt, so entscheidet das Gericht nach § 5 Abs. 3 der Schifffahrtsrechtlichen Verteilungsordnung über die Einstellung der Zwangsvollstreckung; nach Eröffnung des Seerechtlichen Verteilungsverfahrens sind die Vorschriften des § 8 Abs. 4 und 5 der Schifffahrtsrechtlichen Verteilungsordnung, nach Eröffnung des Binnenschifffahrtsrechtlichen Verteilungsverfahrens die Vorschriften des § 8 Abs. 4 und 5 in Verbindung mit § 41 der Schifffahrtsrechtlichen Verteilungsordnung anzuwenden.

2. Ist nach Artikel 11 des Haftungsbeschränkungsübereinkommens (§ 611 Absatz 1 Satz 1 des Handelsgesetzbuchs) von dem Schuldner oder für ihn ein Fonds in einem anderen Vertragsstaat des Übereinkommens errichtet worden, so sind, sofern der Gläubiger den Anspruch gegen den Fonds geltend gemacht hat, die Vorschriften des § 50 der Schifffahrtsrechtlichen Verteilungsordnung anzuwenden. ²Hat der Gläubiger den Anspruch nicht gegen den Fonds geltend gemacht oder sind die Voraussetzungen des § 50 Abs. 2 der Schifffahrtsrechtlichen Verteilungsordnung nicht gegeben, so werden Einwendungen, die auf Grund des Rechts auf Beschränkung der Haftung erhoben werden, nach den Vorschriften der §§ 767, 769, 770 erledigt; das Gleiche gilt, wenn der Fonds in dem anderen Vertragsstaat erst bei Geltendmachung des Rechts auf Beschränkung der Haftung errichtet wird.

3. Ist von dem Schuldner oder für diesen ein Fonds in einem anderen Vertragsstaat des Straßburger Übereinkommens vom 27. September 2012 über die Beschränkung der Haftung in der Binnenschifffahrt (CLNI 2012) (BGBl. 2016 II S. 738, 739) errichtet worden, so ist, sofern der Gläubiger den Anspruch gegen den Fonds geltend machen kann, § 52 der Schifffahrtsrechtlichen Verteilungsordnung anzuwenden. ²Sind die Voraussetzungen des § 52 Absatz 3 der Schifffahrtsrechtlichen Verteilungsordnung nicht gegeben, so werden Einwendungen, die auf Grund des Rechts auf Beschränkung der Haftung nach den §§ 4 bis 5n des Binnenschifffahrtsgesetzes erhoben werden, nach den §§ 767, 769, 770 erledigt; das Gleiche gilt, wenn der Fonds in dem anderen Vertragsstaat erst bei Geltendmachung des Rechts auf Beschränkung der Haftung errichtet wird.

(3) Ist das Urteil eines ausländischen Gerichts unter dem Vorbehalt ergangen, dass der Beklagte das Recht auf Beschränkung der Haftung geltend machen kann, wenn ein Fonds nach Artikel 11 des Haftungsbeschränkungsübereinkommens oder nach Artikel 12 des Straßburger Übereinkommens vom 27. September 2012 über die Beschränkung der Haftung in der Binnenschifffahrt (CLNI 2012) errichtet worden ist oder bei Geltendmachung des Rechts auf Beschränkung der Haftung errichtet wird, so gelten für die Zwangsvollstreckung wegen des durch das Urteil festgestellten Anspruchs die Vorschriften des Absatzes 2 entsprechend.

§ 787 Zwangsvollstreckung bei herrenlosem Grundstück oder Schiff

(1) Soll durch die Zwangsvollstreckung ein Recht an einem Grundstück, das von dem bisherigen Eigentümer nach § 928 des Bürgerlichen Gesetzbuchs aufgegeben und von dem Aneignungsberechtigten noch nicht erworben worden ist, geltend gemacht werden, so hat das Vollstreckungsgericht auf Antrag einen Vertreter zu bestellen, dem bis zur Eintragung eines neuen Eigentümers die Wahrnehmung der sich aus dem Eigentum ergebenden Rechte und Verpflichtungen im Zwangsvollstreckungsverfahren obliegt.

(2) Absatz 1 gilt entsprechend, wenn durch die Zwangsvollstreckung ein Recht an einem eingetragenen Schiff oder Schiffsbauwerk geltend gemacht werden soll, das von dem bisherigen Eigentümer nach § 7 des Gesetzes über Rechte an eingetragenen Schiffen und Schiffsbauwerken vom 15. November 1940 (RGBl. I S. 1499) aufgegeben und von dem Aneignungsberechtigten noch nicht erworben worden ist.

§ 788 Kosten der Zwangsvollstreckung

(1) ¹Die Kosten der Zwangsvollstreckung fallen, soweit sie notwendig waren (§ 91), dem Schuldner zur Last; sie sind zugleich mit dem zur Zwangsvollstreckung stehenden Anspruch beizutreiben. ²Als Kosten der Zwangsvollstreckung gelten auch die Kosten der Ausfertigung und der Zustellung des Urteils. ³Soweit mehrere Schuldner als Gesamtschuldner verurteilt worden sind, haften sie auch für die Kosten der Zwangsvollstreckung als Gesamtschuldner; § 100 Abs. 3 und 4 gilt entsprechend.

(2) ¹Auf Antrag setzt das Vollstreckungsgericht, bei dem zum Zeitpunkt der Antragstellung eine Vollstreckungshandlung anhängig ist, und nach Beendigung der Zwangsvollstreckung das Gericht, in dessen Bezirk die letzte Vollstreckungshandlung erfolgt ist, die Kosten gemäß § 103 Abs. 2, den §§ 104, 107 fest. ²Im Falle einer Vollstreckung nach den Vorschriften der §§ 887, 888 und 890 entscheidet das Prozessgericht des ersten Rechtszuges.

(3) Die Kosten der Zwangsvollstreckung sind dem Schuldner zu erstatten, wenn das Urteil, aus dem die Zwangsvollstreckung erfolgt ist, aufgehoben wird.

(4) Die Kosten eines Verfahrens nach den §§ 765a, 811a, 811b, 829, 850k, 851a, 851b, 900 und 904 bis 907 kann das Gericht ganz oder teilweise dem Gläubiger auferlegen, wenn dies aus besonderen, in dem Verhalten des Gläubigers liegenden Gründen der Billigkeit entspricht.

A. Allgemeine Grundlagen

1 § 788 regelt die **Kostentragung für das Zwangsvollstreckungsverfahren** zwischen Gläubiger und Schuldner.

§ 788 gilt für alle Zwangsvollstreckungsverfahren nach dem 8. Buch der ZPO. Auch Kosten eines 2
Ordnungsmittelverfahrens sind Kosten der Zwangsvollstreckung.[1]

Grundsätzlich trägt der Schuldner alle notwendigen Kosten der Zwangsvollstreckung. Dies ent- 3
spricht dem generellen Prinzip der ZPO, dass die unterliegende Partei die Kosten zu tragen hat (→ § 91
Rn. 61).[2]

B. Kosten der Zwangsvollstreckung

Hinsichtlich der Notwendigkeit verweist § 788 auf § 91, so dass die dortigen Grundsätze auch auf 4
§ 788 übertragbar sind (s. § 91).

Kosten der Zwangsvollstreckung sind beispielsweise:

Kosten, die **zur Vorbereitung der Zwangsvollstreckung** anfallen, wie zB Kosten des Rechtsanwalts für die Vorbereitung der Zwangsvollstreckung, Einholung der vollstreckbaren Ausfertigung, Zustellung, Einholung einer Bankbürgschaft für die Erbringung der Sicherheitsleistung für die vorläufige Vollstreckung etc.[3]

In Verfahren des gewerblichen Rechtsschutzes spielen insbesondere die Kosten für die **Beibrin-** 5
gung der Bürgschaft häufig eine zentrale Rolle. Die Kosten der Bürgschaft sind Kosten der Zwangsvollstreckung (§ 788 ZPO), wenn der Sicherheitsleistung tatsächlich eine Vollstreckungsmaßnahme beruhend auf dem vorläufig vollstreckbaren Urteil folgt.[4] Die Erstattungsfähigkeit der Kosten einer Avalbürgschaft, die der Gläubiger beibringt, um die Zwangsvollstreckung aus einem vorläufig vollstreckbaren Urteil zu ermöglichen, hängt nicht davon ab, dass dem Schuldner zuvor eine vollstreckbare Ausfertigung des Titels zugestellt wurde.[5]

Wird eine Bürgschaft ausgestellt, findet aber keine Zwangsvollstreckung statt, dann handelt es sich 6
nicht um eine nach §§ 708, 709 erforderliche Sicherheitsleistung und die Kosten der Bürgschaft sind auch keine Kosten der Zwangsvollstreckung. Das Vollstreckungsgericht ist dann nicht für die Kostenfestsetzung zuständig, sondern diese kann nur durch das Prozessgericht nach §§ 103 ff. erfolgen.[6] Dies ist beispielsweise der Fall, wenn der Schuldner freiwillig leistet oder die Vollstreckung erst erfolgt, nachdem das Berufungsurteil ergangen ist, da in diesem Fall eine Sicherheitsleistung wegen § 708 Nr. 10 ZPO nicht mehr erforderlich ist und die Kosten der Bürgschaft demzufolge auch keine Kosten der Zwangsvollstreckung sind.[7]

Gebühren und Auslagen des Gerichtsvollziehers sind erstattungsfähig, ebenso wie **Kosten für** 7
den Transport und Einlagerung von sequestrierten Gegenständen.[8] Die Kosten für die Hinzuziehung eines Gerichtsvollziehers zum Begutachtungstermin sind regelmäßig notwendige Kosten der Zwangsvollstreckung einer solchen Duldungsverfügung.[9]

C. Fehlende Notwendigkeit

Kosten sind notwendig, wenn der Gläubiger die Vollstreckungsmaßnahme zur Durchsetzung des 8
titulierten Anspruchs bei verständiger Würdigung der Sachlage im Zeitpunkt des Vollstreckungsbeginns **objektiv für erforderlich** halten durfte.[10]

Sofern die Kosten nicht notwendig waren, fallen sie dem Gläubiger zur Last. Dies betrifft erkennbar 9
unzulässige Vollstreckungsmaßnahmen und unnötige Mehrkosten bei zulässigen Vollstreckungsmaßnahmen.

D. Mehrheit von Schuldnern

Wird gegen mehrere Schuldner gleichzeitig eine Vollstreckungsmaßnahme durchgeführt, sind sie 10
gemäß Abs. 1 S. 3 **hinsichtlich der Kosten** der Vollstreckung **Gesamtschuldner**.[11]

---

[1] OLG Köln WRP 1987, 569 f.; aA OLG Koblenz GRUR 1984, 838 – Kosten des Vollstreckungsverfahrens mwN zu beiden Ansichten: keine Kostenerstattung nach § 788, sondern §§ 91 ff.
[2] MüKoZPO/*Schmidt/Brinkmann* § 788 Rn. 1.
[3] Musielak/Voit/*Lackmann* § 788 Rn. 4.
[4] OLG Düsseldorf OLG-Report 2009, 262.
[5] BGH NJW 2012, 3789.
[6] BGH NJW-RR 2008, 515 (516); MüKoZPO/*Schmidt/Brinkmann* § 788 Rn. 47; OLG Hamm JurBüro 1987, 1083 (1084); Musielak/Voit/*Lackmann* § 788 Rn. 24.
[7] OLG Düsseldorf OLG-Report 2009, 262.
[8] Musielak/Voit/*Lackmann* § 788 Rn. 4; MüKoZPO/*Schmidt/Brinkmann* § 788 Rn. 13.
[9] BGH GRUR 2020, 1346 (1347) – Besichtigungsanspruch eines IT-Systems.
[10] BGH MDR 2010, 347 f.; MüKoZPO/*Schmidt/Brinkmann* § 788 Rn. 25 mwN.
[11] Schuldner iSd § 788 ist unabhängig vom Erkenntnisverfahren, ist derjenige, gegen den tatsächlich Vollstreckungsmaßnahmen geltend gemacht werden, OLG München NJW 1977, 957 (958).

E. Kostenbeitreibung

11 Eine Kostenfestsetzung ist grundsätzlich nicht erforderlich, da die Kosten **aufgrund des zugrundeliegenden Titels beigetrieben** werden. Das Vollstreckungsorgan treibt die von ihm berechneten und für notwendig befundenen Kosten mit der Vollstreckungsmaßnahme ein.[12]

12 Sofern die Kosten **vom Gläubiger aufgewendet** wurden, zB in Vorbereitung der Vollstreckung, kommt eine **Kostenfestsetzung nach Abs. 2** in Betracht.[13] In den Fällen der §§ 887, 888 und 890 ist das Prozessgericht des ersten Rechtszuges zuständig, andernfalls das Vollstreckungsgericht (§ 764). Die örtliche Zuständigkeit des Vollstreckungsgerichts ist davon abhängig, ob zum Zeitpunkt der Antragstellung eine Vollstreckungshandlung anhängig ist: dann ist dieses Gericht zuständig; oder ob die Vollstreckung bereits beendet wurde: dann das Gericht, in dessen Bezirk die letzte Vollstreckungshandlung erfolgt ist.

F. Erstattungsanspruch, Abs. 3

13 Wird der der Zwangsvollstreckung zugrundeliegende Titel aufgehoben, hat der Schuldner gemäß Abs. 3 einen materiellen Erstattungsanspruch gegen den Gläubiger. Der Anspruch umfasst alle vom Schuldner bereits beglichenen bzw. beigetriebenen Kosten der Zwangsvollstreckung, sowie dessen eigene Aufwendungen.[14]

G. Kostenpflicht des Gläubigers, Abs. 4

14 Abs. 4 eröffnet in Kontopfändungsfällen die Möglichkeit, notwendige Kosten der Zwangsvollstreckung ausnahmsweise dem Gläubiger aufzuerlegen.[15] Abs. 4 hat in Verfahren des gewerblichen Rechtsschutzes keine praktische Relevanz.

§ 789 Einschreiten von Behörden

Wird zum Zwecke der Vollstreckung das Einschreiten einer Behörde erforderlich, so hat das Gericht die Behörde um ihr Einschreiten zu ersuchen.

§ 790 (aufgehoben)

§ 791 (weggefallen)

§ 792 Erteilung von Urkunden an Gläubiger

Bedarf der Gläubiger zum Zwecke der Zwangsvollstreckung eines Erbscheins oder einer anderen Urkunde, die dem Schuldner auf Antrag von einer Behörde, einem Beamten oder einem Notar zu erteilen ist, so kann er die Erteilung an Stelle des Schuldners verlangen.

§ 793 Sofortige Beschwerde

Gegen Entscheidungen, die im Zwangsvollstreckungsverfahren ohne mündliche Verhandlung ergehen können, findet sofortige Beschwerde statt.

1 § 793 bestimmt, dass auch im Zwangsvollstreckungsverfahren die sofortige Beschwerde nach § 567 statthaft ist.

2 § 793 findet **auf alle Entscheidungen der Vollstreckungs- und Prozessgerichte** Anwendung, die **ohne mündliche Verhandlung ergehen können**.[1] Maßgeblich ist allein, ob die mündliche Verhandlung freigestellt ist, nicht dagegen ob sie tatsächlich stattgefunden hat.[2] Beschlüsse, die selbst Vollstreckungsmaßnahmen darstellen, unterliegen nicht der sofortigen Beschwerde, sondern der Erinnerung nach § 766 (→ § 766 Rn. 10).

3 Zu den Voraussetzungen im Einzelnen, insb. Form, Frist, Verfahren, Rechtsmittel wird auf die Kommentierung in §§ 567 ff. verwiesen.

§ 794 Weitere Vollstreckungstitel

(1) Die Zwangsvollstreckung findet ferner statt:
1. aus Vergleichen, die zwischen den Parteien oder zwischen einer Partei und einem Dritten zur Beilegung des Rechtsstreits seinem ganzen Umfang nach oder in Betreff

---

[12] Prütting/Gehrlein/*Schneider* § 788 Rn. 3.
[13] Prütting/Gehrlein/*Schneider* § 788 Rn. 4.
[14] Thomas/Putzo/*Seiler* § 788 Rn. 35.
[15] Thomas/Putzo/*Seiler* § 788 Rn. 37.
[1] S. zB OLG Düsseldorf GRUR 2018, 855 – Rasierklingeneinheiten: zu einer sofortigen Beschwerde des Gläubigers gegen die Versagung des Erlasses eines Ordnungsgelds durch das Landgericht gegen den Schuldner wegen einer Verletzung des Unterlassungsgebots.
[2] HK-ZPO/*Kindl* § 793 Rn. 2.

eines Teiles des Streitgegenstandes vor einem deutschen Gericht oder vor einer durch die Landesjustizverwaltung eingerichteten oder anerkannten Gütestelle abgeschlossen sind, sowie aus Vergleichen, die gemäß § 118 Abs. 1 Satz 3 oder § 492 Abs. 3 zu richterlichem Protokoll genommen sind;
2. aus Kostenfestsetzungsbeschlüssen;
2a. (aufgehoben)
2b. (weggefallen)
3. aus Entscheidungen, gegen die das Rechtsmittel der Beschwerde stattfindet;
4. aus Vollstreckungsbescheiden;
4a. aus Entscheidungen, die Schiedssprüche für vollstreckbar erklären, sofern die Entscheidungen rechtskräftig oder für vorläufig vollstreckbar erklärt sind;
4b. aus Beschlüssen nach § 796b oder § 796c;
5. aus Urkunden, die von einem deutschen Gericht oder von einem deutschen Notar innerhalb der Grenzen seiner Amtsbefugnisse in der vorgeschriebenen Form aufgenommen sind, sofern die Urkunde über einen Anspruch errichtet ist, der einer vergleichsweisen Regelung zugänglich, nicht auf Abgabe einer Willenserklärung gerichtet ist und nicht den Bestand eines Mietverhältnisses über Wohnraum betrifft, und der Schuldner sich in der Urkunde wegen des zu bezeichnenden Anspruchs der sofortigen Zwangsvollstreckung unterworfen hat;
6. aus für vollstreckbar erklärten Europäischen Zahlungsbefehlen nach der Verordnung (EG) Nr. 1896/2006;
7. aus Titeln, die in einem anderen Mitgliedstaat der Europäischen Union nach der Verordnung (EG) Nr. 805/2004 des Europäischen Parlaments und des Rates vom 21. April 2004 zur Einführung eines Europäischen Vollstreckungstitels für unbestrittene Forderungen als Europäische Vollstreckungstitel bestätigt worden sind;
8. aus Titeln, die in einem anderen Mitgliedstaat der Europäischen Union, im Verfahren nach der Verordnung (EG) Nr. 861/2007 des Europäischen Parlaments und des Rates vom 11. Juli 2007 zur Einführung eines europäischen Verfahrens für geringfügige Forderungen (ABl. L 199 vom 31.7.2007, S. 1; L 141 vom 5.6.2015, S. 118), die zuletzt durch die Verordnung (EU) 2015/2421 (ABl. L 341 vom 24.12.2015, S. 1) geändert worden ist, ergangen sind;
9. aus Titeln eines anderen Mitgliedstaats der Europäischen Union, die nach der Verordnung (EU) Nr. 1215/2012 des Europäischen Parlaments und des Rates vom 12. Dezember 2012 über die gerichtliche Zuständigkeit und die Anerkennung und Vollstreckung von Entscheidungen in Zivil- und Handelssachen zu vollstrecken sind.

(2) Soweit nach den Vorschriften der §§ 737, 743, des § 745 Abs. 2 und des § 748 Abs. 2 die Verurteilung eines Beteiligten zur Duldung der Zwangsvollstreckung erforderlich ist, wird sie dadurch ersetzt, dass der Beteiligte in einer nach Absatz 1 Nr. 5 aufgenommenen Urkunde die sofortige Zwangsvollstreckung in die seinem Recht unterworfenen Gegenstände bewilligt.

A. Allgemeine Grundlagen

§ 794 regelt, welche anderen Titel, die nicht Urteile sind, Grundlage der Zwangsvollstreckung sein können (→ § 704 Rn. 4, 12 f.). **1**

In Verfahren des gewerblichen Rechtsschutzes sind Vergleiche, Kostenfestsetzungsbeschlüsse (§§ 104, 105, 798), beschwerdefähige Entscheidungen und vollstreckbar erklärte Schiedssprüche besonders relevant, wobei es keine Abweichungen im Vergleich zu den anderen bürgerlich-rechtlichen Verfahren gibt. **2**

B. Vergleiche (Nr. 1)

Der Prozessvergleich hat eine **Doppelnatur** als sowohl materiell-rechtliches Rechtsgeschäft zwischen den Parteien (§ 779 BGB), indem er Ansprüche und Verpflichtungen regelt, als auch als den Rechtsstreit beendende Prozesshandlung.[1] Demzufolge ist er nur wirksam, wenn kumulativ die prozessualen und materiell-rechtlichen Voraussetzungen erfüllt sind.[2] **3**

Prozessuale Voraussetzung ist, dass ein **Verfahren anhängig** ist. Der Vergleich muss vor einem Gericht geschlossen und protokolliert werden. Auch der Vergleich vor zB dem Bundespatentgericht schafft einen weiteren Vollstreckungstitel nach Nr. 1.[3] **4**

Inhalt des Vergleichs können auch außerhalb des Streitgegenstands liegende Regelungen sein, sofern ein innerer Zusammenhang zum Streitgegenstand gegeben ist. Damit der Vergleich ein taug- **5**

---
[1] BGH NJW 2005, 3576 ff. mwN.
[2] HK-ZPO/*Kindl* § 794 Rn. 2.
[3] Zöller/*Stöber* § 794 Rn. 4, 5.

licher Vollstreckungstitel sein kann, ist auf die Bestimmtheit und Vollstreckbarkeit der getroffenen Regelungen zu achten (→ § 704 Rn. 15 ff.).

6 Für den Vergleich gelten **materiell rechtlich** wie für alle Rechtsgeschäfte §§ 145 ff. BGB und im Besonderen § 779 BGB.[4] Die Prozesspartei, die den Vergleich schließt, muss verfügungsbefugt, rechts- und geschäftsfähig sein. Insbesondere können Bedingungen und Befristungen nach §§ 158, 163 BGB aufgenommen werden, so dass auch ein widerruflicher Vergleich bzw. Vergleich mit Widerrufsvorbehalt abgeschlossen werden kann. Der materiell-rechtliche Inhalt des Vergleichs ist nach den allgemeinen Regeln der §§ 133, 157 BGB nach dem objektiven Empfängerhorizont auszulegen.[5]

7 Eine Vergleich mit **Widerrufsvorbehalt** sollte idealerweise eine genaue Frist enthalten, bis zu der der Widerruf zu erfolgen hat. Nach Ablauf der Frist gilt der Vergleich als wirksam. Wiedereinsetzung in den vorigen Stand ist ausgeschlossen, da es sich um keine gesetzliche Notfrist, sondern um eine vertraglich frei zu vereinbarende Frist handelt, bei welcher die Interessen des anderen Partners besonders zu berücksichtigen sind.[6]

8 Die Erklärung des Widerrufs ist eine Prozesshandlung. Sie beseitigt den Vergleich und führt zur Fortsetzung des Rechtsstreits. Gleiches gilt im Falle der Anfechtung des Vergleichs (§§ 119, 123 BGB) und beim Nichteintritt einer aufschiebenden oder dem Eintritt einer auflösenden Bedingung.

9 Der wirksame Vergleich führt im Rahmen seines Regelungsgehalts zur vollständigen oder teilweisen Beendigung des Rechtsstreits und beseitigt insoweit die Rechtshängigkeit.[7] Ein in der mündlichen Verhandlung geschlossener Vergleich muss protokolliert werden und das Protokoll verlesen, vorgespielt oder zur Durchsicht vorgelegt und genehmigt werden, §§ 162 Abs. 1 S. 1, 2, 160 Abs. 3 Nr. 1.[8] Aus dem Vergleich kann wie aus einem Urteil vollstreckt werden (§§ 704 ff.). Die Vollstreckungsklausel wird gemäß § 795 nach §§ 724, 726 erteilt, weil der Fristablauf nachgewiesen werden muss.

10 Aus der **Unwirksamkeit des Prozessvergleichs wegen prozessualer Gründe**, zB Formgründen, folgt nicht zwingend dessen materiellrechtliche Unwirksamkeit, da die Vereinbarung weiterhin als außergerichtlicher Vergleich gemäß § 779 BGB gültig sein kann.[9]

11 Ist der Prozessvergleich rückwirkend aus **materiellrechtlichen Gründen unwirksam,** zB bei wirksamer Anfechtung nach §§ 142, 123 BGB, bleibt die Sache rechtshängig und das Verfahren wird fortgesetzt.[10] Aus dem Vergleich kann indes weiter vollstreckt werden bzw. der Urkundsbeamte ist verpflichtet, eine Vollstreckungsklausel zu erteilen[11], solange das Gericht die Vollstreckung nicht analog §§ 707, 719 einstweilen auf Antrag einstellt.

C. Kostenfestsetzungsbeschluss (Nr. 2)

12 Der Titel, dessen Kosten der Kostenfestsetzungsbeschluss behandelt, regelt nur die Quote der Kostenverteilung. Mit dem Kostenfestsetzungsbeschluss wird nach Durchführung des Kostenfestsetzungsverfahrens (§§ 104, 105 ZPO) die Höhe festgelegt. Bezüglich seiner Vollstreckbarkeit folgt der Kostenfestsetzungsbeschluss der Kostengrundentscheidung.[12] Ist diese nur gegen Sicherheitsleistung vorläufig vollstreckbar, gilt das genauso für den Kostenfestsetzungsbeschluss.[13]

D. Beschwerdefähige Entscheidungen (Nr. 3)

13 Alle Entscheidungen, die der Beschwerde fähig sind, können, sofern sie einen vollstreckungsfähigen Inhalt haben, Vollstreckungstitel sein.

E. Vollstreckungsbescheide (Nr. 4)

14 § 700 Abs. 1 erklärt Vollstreckungsbescheide bereits für vorläufig vollstreckbar. Aus diesem Grund kommt Nr. 4 keine eigenständige Bedeutung zu.[14]

F. Vollstreckbare Urkunden (Nr. 5)

15 Gemäß Nr. 5 sind Urkunden, die von einem deutschen Gericht (§ 62 BeUrkG) oder deutschen Notar (BNotO) innerhalb seiner Amtsbefugnisse aufgenommen worden sind, Vollstreckungstitel,

---

[4] Musielak/Voit/*Lackmann* § 794 Rn. 9; zu den inhaltlichen Voraussetzungen eines Vergleichs nach § 779 im Einzelnen vgl. Palandt/*Sprau* BGB § 779 Rn. 4 ff.
[5] BPatG BeckRS 2019, 15267 Rn. 24 zur Auslegung einer Abgeltungsklausel in einem markenrechtlichen Prozessvergleich.
[6] BGH NJW 1995, 521.
[7] Musielak/Voit/*Lackmann* § 794 Rn. 19.
[8] Musielak/Voit/*Lackmann* § 794 Rn. 9; Zöller/*Stöber* § 794 Rn. 9.
[9] Musielak/Voit/*Lackmann* § 794 Rn. 20.
[10] Musielak/Voit/*Lackmann* § 794 Rn. 20.
[11] OLG Frankfurt a. M. NJW-RR 1995, 703.
[12] Musielak/Voit/*Lackmann* § 794 Rn. 42; Prütting/Gehrlein/*Scheuch* § 794 Rn. 33.
[13] Thomas/Putzo/*Seiler* § 794 Rn. 43.
[14] Musielak/Voit/*Lackmann* § 794 Rn. 46; HK-ZPO/*Kindl* § 794 Rn. 27.

wenn sie über einen Anspruch errichtet sind und nicht lediglich Willenserklärungen betreffen und sich der Schuldner der sofortigen Zwangsvollstreckung unterworfen hat.

Die Vollstreckung darf erst nach Verstreichen der mindestens zweiwöchigen Wartefrist nach § 798 stattfinden. **16**

Hat sich der Schuldner hinsichtlich des Unterlassungsanspruchs gemäß Nr. 5 gegenüber einem Notar der sofortigen Zwangsvollstreckung unterworfen, besteht hinsichtlich der Durchführung des Hauptsacheverfahrens grundsätzlich kein **Rechtsschutzbedürfnis** mehr.[15] Ausnahmsweise kann es gegeben sein, wenn dem Kläger im vorangegangenen einstweiligen Verfügungsverfahren eine Frist zur Erhebung der Hauptsacheklage gemäß § 926 ZPO gesetzt wurde.[16] **17**

Wird eine notarielle Unterlassungserklärung abgegeben, muss diese dem Schuldner zunächst gemäß § 750 ZPO zugestellt werden und der Gläubiger muss einen Androhungsbeschluss nach § 890 Abs. 2 ZPO beantragen, der erst nach einer Anhörung des Schuldners gemäß § 891 S. 2 ZPO ergeht.[17] Demzufolge besteht für den Gläubiger bis zur Zustellung des Androhungsbeschlusses das Risiko, dass der Schuldner sanktionslos gegen die notarielle Unterwerfungserklärung verstoßen kann.[18] Die Situation ist daher nicht mit der Abgabe einer strafbewehrten Unterlassungserklärung vergleichbar, so dass die **Wiederholungsgefahr** bei einer notariellen Unterwerfungserklärung erst mit der Zustellung des Androhungsbeschlusses entfällt.[19] **18**

G. Aus europäischen Zahlungsbefehlen

Siehe Art. 12, 18 EuMVVO. Diese Norm dürfte für Verfahren des gewerblichen Rechtsschutzes geringe praktische Relevanz haben. **19**

§ 794a Zwangsvollstreckung aus Räumungsvergleich

(1) ¹Hat sich der Schuldner in einem Vergleich, aus dem die Zwangsvollstreckung stattfindet, zur Räumung von Wohnraum verpflichtet, so kann ihm das Amtsgericht, in dessen Bezirk der Wohnraum belegen ist, auf Antrag eine den Umständen nach angemessene Räumungsfrist bewilligen. ²Der Antrag ist spätestens zwei Wochen vor dem Tag, an dem nach dem Vergleich zu räumen ist, zu stellen; §§ 233 bis 238 gelten sinngemäß. ³Die Entscheidung ergeht durch Beschluss. ⁴Vor der Entscheidung ist der Gläubiger zu hören. ⁵Das Gericht ist befugt, die im § 732 Abs. 2 bezeichneten Anordnungen zu erlassen.

(2) ¹Die Räumungsfrist kann auf Antrag verlängert oder verkürzt werden. ²Absatz 1 Satz 2 bis 5 gilt entsprechend.

(3) ¹Die Räumungsfrist darf insgesamt nicht mehr als ein Jahr, gerechnet vom Tag des Abschlusses des Vergleichs, betragen. ²Ist nach dem Vergleich an einem späteren Tag zu räumen, so rechnet die Frist von diesem Tag an.

(4) Gegen die Entscheidung des Amtsgerichts findet die sofortige Beschwerde statt.

(5) ¹Die Absätze 1 bis 4 gelten nicht für Mietverhältnisse über Wohnraum im Sinne des § 549 Abs. 2 Nr. 3 sowie in den Fällen des § 575 des Bürgerlichen Gesetzbuchs. ²Endet ein Mietverhältnis im Sinne des § 575 des Bürgerlichen Gesetzbuchs durch außerordentliche Kündigung, kann eine Räumungsfrist höchstens bis zu dem vertraglich bestimmten Zeitpunkt der Beendigung gewährt werden.

§ 795 Anwendung der allgemeinen Vorschriften auf die weiteren Vollstreckungstitel

¹Auf die Zwangsvollstreckung aus den in § 794 erwähnten Schuldtiteln sind die Vorschriften der §§ 724 bis 793 entsprechend anzuwenden, soweit nicht in den §§ 795a bis 800, 1079 bis 1086, 1093 bis 1096 und 1107 bis 1117 abweichende Vorschriften enthalten sind. ²Auf die Zwangsvollstreckung aus den in § 794 Abs. 1 Nr. 2 erwähnten Schuldtiteln ist § 720a entsprechend anzuwenden, wenn die Schuldtitel auf Urteilen beruhen, die nur gegen Sicherheitsleistung vorläufig vollstreckbar sind. ³Die Vorschriften der in § 794 Absatz 1 Nummer 6 bis 9 genannten Verordnungen bleiben unberührt.

§ 795 erklärt die allgemeinen Zwangsvollstreckungsvorschriften hinsichtlich der Voraussetzungen der Zwangsvollstreckung nach §§ 724–793 auf sonstige Vollstreckungstitel iSd § 794 anwendbar. **1**

§ 795a Zwangsvollstreckung aus Kostenfestsetzungsbeschluss

Die Zwangsvollstreckung aus einem Kostenfestsetzungsbeschluss, der nach § 105 auf das Urteil gesetzt ist, erfolgt auf Grund einer vollstreckbaren Ausfertigung des Urteils; einer besonderen Vollstreckungsklausel für den Festsetzungsbeschluss bedarf es nicht.

§ 795b Vollstreckbarerklärung des gerichtlichen Vergleichs

Bei Vergleichen, die vor einem deutschen Gericht geschlossen sind (§ 794 Abs. 1 Nr. 1) und deren Wirksamkeit ausschließlich vom Eintritt einer sich aus der Verfahrensakte ergebenden Tatsache abhängig ist, wird die Vollstreckungs-

---

[15] OLG Köln GRUR-RR 2015, 405 – Notarielle Unterlassungserklärung.
[16] OLG Köln GRUR-RR 2015, 405 (406) – Notarielle Unterlassungserklärung.
[17] OLG Köln GRUR-RR 2015, 405 (407) – Notarielle Unterlassungserklärung.
[18] OLG Köln GRUR-RR 2015, 405 (407) – Notarielle Unterlassungserklärung.
[19] OLG Köln GRUR-RR 2015, 405 (407) – Notarielle Unterlassungserklärung.

ZPO § 797a
Buch 8. Zwangsvollstreckung

klausel von dem Urkundsbeamten der Geschäftsstelle des Gerichts des ersten Rechtszugs und, wenn der Rechtsstreit bei einem höheren Gericht anhängig ist, von dem Urkundsbeamten der Geschäftsstelle dieses Gerichts erteilt.

§ 796 Zwangsvollstreckung aus Vollstreckungsbescheiden

(1) Vollstreckungsbescheide bedürfen der Vollstreckungsklausel nur, wenn die Zwangsvollstreckung für einen anderen als den in dem Bescheid bezeichneten Gläubiger oder gegen einen anderen als den in dem Bescheid bezeichneten Schuldner erfolgen soll.

(2) Einwendungen, die den Anspruch selbst betreffen, sind nur insoweit zulässig, als die Gründe, auf denen sie beruhen, nach Zustellung des Vollstreckungsbescheids entstanden sind und durch Einspruch nicht mehr geltend gemacht werden können.

(3) Für Klagen auf Erteilung der Vollstreckungsklausel sowie für Klagen, durch welche die den Anspruch selbst betreffenden Einwendungen geltend gemacht werden oder der bei der Erteilung der Vollstreckungsklausel als bewiesen angenommene Eintritt der Voraussetzung für die Erteilung der Vollstreckungsklausel bestritten wird, ist das Gericht zuständig, das für eine Entscheidung im Streitverfahren zuständig gewesen wäre.

§ 796a Voraussetzungen für die Vollstreckbarerklärung des Anwaltsvergleichs

(1) Ein von Rechtsanwälten im Namen und mit Vollmacht der von ihnen vertretenen Parteien abgeschlossener Vergleich wird auf Antrag einer Partei für vollstreckbar erklärt, wenn sich der Schuldner darin der sofortigen Zwangsvollstreckung unterworfen hat und der Vergleich unter Angabe des Tages seines Zustandekommens bei einem Amtsgericht niedergelegt ist, bei dem eine der Parteien zur Zeit des Vergleichsabschlusses ihren allgemeinen Gerichtsstand hat.

(2) Absatz 1 gilt nicht, wenn der Vergleich auf die Abgabe einer Willenserklärung gerichtet ist oder den Bestand eines Mietverhältnisses über Wohnraum betrifft.

(3) Die Vollstreckbarerklärung ist abzulehnen, wenn der Vergleich unwirksam ist oder seine Anerkennung gegen die öffentliche Ordnung verstoßen würde.

§ 796b Vollstreckbarerklärung durch das Prozessgericht

(1) Für die Vollstreckbarerklärung nach § 796a Abs. 1 ist das Gericht als Prozessgericht zuständig, das für die gerichtliche Geltendmachung des zu vollstreckenden Anspruchs zuständig wäre.

(2) [1] Vor der Entscheidung über den Antrag auf Vollstreckbarerklärung ist der Gegner zu hören. [2] Die Entscheidung ergeht durch Beschluss. [3] Eine Anfechtung findet nicht statt.

§ 796c Vollstreckbarerklärung durch einen Notar

(1) [1] Mit Zustimmung der Parteien kann ein Vergleich ferner von einem Notar, der seinen Amtssitz im Bezirk eines nach § 796a Abs. 1 zuständigen Gerichts hat, in Verwahrung genommen und für vollstreckbar erklärt werden. [2] Die §§ 796a und 796b gelten entsprechend.

(2) [1] Lehnt der Notar die Vollstreckbarerklärung ab, ist dies zu begründen. [2] Die Ablehnung durch den Notar kann mit dem Antrag auf gerichtliche Entscheidung bei dem nach § 796b Abs. 1 zuständigen Gericht angefochten werden.

§ 797 Verfahren bei vollstreckbaren Urkunden

(1) Die *vollstreckbare* Ausfertigung wird erteilt bei
1. gerichtlichen Urkunden von dem Urkundsbeamten der Geschäftsstelle des die Urkunde verwahrenden Gerichts,
2. notariellen Urkunden von
   a) dem die Urkunde verwahrenden Notar,
   b) der die Urkunde verwahrenden Notarkammer oder
   c) dem die Urkunde verwahrenden Amtsgericht.

(2) Die Entscheidung über die Erteilung einer weiteren vollstreckbaren Ausfertigung wird getroffen bei
1. gerichtlichen Urkunden von dem die Urkunde verwahrenden Gericht,
2. notariellen Urkunden von
   a) dem die Urkunde verwahrenden Notar,
   b) der die Urkunde verwahrenden Notarkammer oder
   c) dem die Urkunde verwahrenden Amtsgericht.

(3) Die Entscheidung über Einwendungen, welche die Zulässigkeit der Vollstreckungsklausel und die Zulässigkeit der Erteilung einer weiteren vollstreckbaren Ausfertigung betreffen, wird getroffen bei
1. gerichtlichen Urkunden von dem die Urkunde verwahrenden Gericht,
2. notariellen Urkunden von dem Amtsgericht,
   a) in dessen Bezirk der die Urkunde verwahrende Notar seinen Amtssitz hat,
   b) in dessen Bezirk die die Urkunde verwahrende Notarkammer ihren Sitz hat oder
   c) das die Urkunde verwahrt.

(4) Auf die Geltendmachung von Einwendungen, die den Anspruch selbst betreffen, ist § 767 Absatz 2 nicht anzuwenden.

(5) [1] Das Gericht, bei dem der Schuldner im Inland seinen allgemeinen Gerichtsstand hat, ist zuständig für
1. Klagen auf Erteilung der Vollstreckungsklausel,
2. Klagen, durch welche die den Anspruch selbst betreffenden Einwendungen geltend gemacht werden, und
3. Klagen, durch welche der bei der Erteilung der Vollstreckungsklausel als bewiesen angenommene Eintritt der Voraussetzung für die Erteilung der Vollstreckungsklausel bestritten wird.

[2] Hat der Schuldner im Inland keinen allgemeinen Gerichtsstand, so ist das Gericht zuständig, bei dem nach § 23 gegen den Schuldner Klage erhoben werden kann.

(6) Auf Beschlüsse nach § 796c sind die Absätze 1 bis 5 entsprechend anzuwenden.

§ 797a Verfahren bei Gütestellenvergleichen

(1) Bei Vergleichen, die vor Gütestellen der im § 794 Abs. 1 Nr. 1 bezeichneten Art geschlossen sind, wird die Vollstreckungsklausel von dem Urkundsbeamten der Geschäftsstelle desjenigen Amtsgerichts erteilt, in dessen Bezirk die Gütestelle ihren Sitz hat.

Landesrechtliche Vollstreckungstitel   § 801 ZPO

(2) Über Einwendungen, welche die Zulässigkeit der Vollstreckungsklausel betreffen, entscheidet das im Absatz 1 bezeichnete Gericht.

(3) § 797 Abs. 5 gilt entsprechend.

(4) ¹Die Landesjustizverwaltung kann Vorsteher von Gütestellen ermächtigen, die Vollstreckungsklausel für Vergleiche zu erteilen, die vor der Gütestelle geschlossen sind. ²Die Ermächtigung erstreckt sich nicht auf die Fälle des § 726 Abs. 1, der §§ 727 bis 729 und des § 733. ³Über Einwendungen, welche die Zulässigkeit der Vollstreckungsklausel betreffen, entscheidet das im Absatz 1 bezeichnete Gericht.

§ 798 Wartefrist

Aus einem Kostenfestsetzungsbeschluss, der nicht auf das Urteil gesetzt ist, aus Beschlüssen nach § 794 Abs. 1 Nr. 4b sowie aus den nach § 794 Abs. 1 Nr. 5 aufgenommenen Urkunden darf die Zwangsvollstreckung nur beginnen, wenn der Schuldtitel mindestens zwei Wochen vorher zugestellt ist.

§ 798 soll den Schuldner schützen, der durch eine rechtzeitige Zahlung binnen der **zweiwöchigen** **1** **Wartefrist** eine Zwangsvollstreckung vermeiden kann, und so eine Überrumpelung vermeiden.[1]

Die Frist wird nach § 222 ZPO, §§ 187 Abs. 1, 188 Abs. 2 Alt. 1 BGB berechnet. Sie ist eine **2** gesetzliche Frist, die weder verlängert noch abgekürzt werden kann.[2]

Bei **Kostenfestsetzungsbeschlüssen, die nicht auf ein Urteil aufgesetzt sind** – was der **3** Regelfall ist, wenn das Kostenfestsetzungsverfahren dem Erlass des Urteils nachfolgt – ist eine zweiwöchige Wartefrist zu beachten, bis die Zwangsvollstreckung beginnen darf.

Bei einem **Verstoß** gegen die Wartefrist, dh einer früheren Vollstreckung ist eine **Heilung** durch **4** Fristablauf möglich, dh die Vollstreckungsmaßnahme gilt erst mit Ablauf der zweiwöchigen Frist als wirksam.[3]

§ 798a (aufgehoben)

§ 799 Vollstreckbare Urkunde bei Rechtsnachfolge

Hat sich der Eigentümer eines mit einer Hypothek, einer Grundschuld oder einer Rentenschuld belasteten Grundstücks in einer nach § 794 Abs. 1 Nr. 5 aufgenommenen Urkunde der sofortigen Zwangsvollstreckung unterworfen und ist dem Rechtsnachfolger des Gläubigers eine vollstreckbare Ausfertigung erteilt, so ist die Zustellung der die Rechtsnachfolge nachweisenden öffentlichen oder öffentlich beglaubigten Urkunde nicht erforderlich, wenn der Rechtsnachfolger als Gläubiger im Grundbuch eingetragen ist.

§ 799a Schadensersatzpflicht bei der Vollstreckung aus Urkunden durch andere Gläubiger

¹Hat sich der Eigentümer eines Grundstücks in Ansehung einer Hypothek oder Grundschuld in einer Urkunde nach § 794 Abs. 1 Nr. 5 der sofortigen Zwangsvollstreckung in das Grundstück unterworfen und betreibt ein anderer als der in der Urkunde bezeichnete Gläubiger die Vollstreckung, so ist dieser, soweit die Vollstreckung aus der Urkunde für unzulässig erklärt wird, dem Schuldner zum Ersatz des Schadens verpflichtet, der diesem durch die Vollstreckung aus der Urkunde oder durch eine zur Abwendung der Vollstreckung erbrachte Leistung entsteht. ²Satz 1 gilt entsprechend, wenn sich der Schuldner wegen der Forderungen, zu deren Sicherung das Grundpfandrecht bestellt worden ist, oder wegen der Forderung aus einem demselben Zweck dienenden Schuldanerkenntnis der sofortigen Vollstreckung in sein Vermögen unterworfen hat.

§ 800 Vollstreckbare Urkunde gegen den jeweiligen Grundstückseigentümer

(1) ¹Der Eigentümer kann sich in einer nach § 794 Abs. 1 Nr. 5 aufgenommenen Urkunde in Ansehung einer Hypothek, einer Grundschuld oder Rentenschuld der sofortigen Zwangsvollstreckung in der Weise unterwerfen, dass die Zwangsvollstreckung aus der Urkunde gegen den jeweiligen Eigentümer des Grundstücks zulässig sein soll. ²Die Unterwerfung bedarf in diesem Fall der Eintragung in das Grundbuch.

(2) Bei der Zwangsvollstreckung gegen einen späteren Eigentümer, der im Grundbuch eingetragen ist, bedarf es nicht der Zustellung der den Erwerb des Eigentums nachweisenden öffentlichen oder öffentlich beglaubigten Urkunde.

(3) Ist die sofortige Zwangsvollstreckung gegen den jeweiligen Eigentümer zulässig, so ist für die im § 797 Abs. 5 bezeichneten Klagen das Gericht zuständig, in dessen Bezirk das Grundstück belegen ist.

§ 800a Vollstreckbare Urkunde bei Schiffshypothek

(1) Die Vorschriften der §§ 799, 800 gelten für eingetragene Schiffe und Schiffsbauwerke, die mit einer Schiffshypothek belastet sind, entsprechend.

(2) Ist die sofortige Zwangsvollstreckung gegen den jeweiligen Eigentümer zulässig, so ist für die im § 797 Abs. 5 bezeichneten Klagen das Gericht zuständig, in dessen Bezirk das Register für das Schiff oder das Schiffsbauwerk geführt wird.

§ 801 Landesrechtliche Vollstreckungstitel

(1) Die Landesgesetzgebung ist nicht gehindert, auf Grund anderer als der in den §§ 704, 794 bezeichneten Schuldtitel die gerichtliche Zwangsvollstreckung zuzulassen und insoweit von diesem Gesetz abweichende Vorschriften über die Zwangsvollstreckung zu treffen.

(2) Aus landesrechtlichen Schuldtiteln im Sinne des Absatzes 1 kann im gesamten Bundesgebiet vollstreckt werden.

---

[1] Baumbach/Lauterbach/Albers/Hartmann ZPO § 798 Rn. 1.
[2] Thomas/Putzo/Seiler § 798 Rn. 2; Zöller/Stöber § 798 Rn. 3.
[3] OLG Hamm NJW 1974, 1516; Baumbach/Lauterbach/Albers/Hartmann ZPO § 798 Rn. 11.

§ 802 Ausschließlichkeit der Gerichtsstände
Die in diesem Buche angeordneten Gerichtsstände sind ausschließliche.

1 § 802 regelt, dass Gerichtsstände **ausschließliche** sind. Dh hinsichtlich der sachlichen und örtlichen Zuständigkeit sind die im 8. Buch der ZPO genannten Gerichtsstände ausschließlich, so dass der allgemeine und besondere Gerichtsstand nach §§ 12 ff. ausgeschlossen sind und auch keine Parteivereinbarungen über den Gerichtsstand nach §§ 38 ff. zulässig sind[1] (→ § 38 Rn. 1 ff.).

2 Die Ausschließlichkeit der Gerichtsstände bezieht sich auf alle im 8. Buch der ZPO geregelten Gerichtsstände, dh **auch die im Arrest- und einstweiligen Verfügungsverfahren**. Eine Durchbrechung der ausschließlichen Zuständigkeit im einstweiligen Verfügungsverfahren über § 938 ist – auch unter Berücksichtigung der Durchsetzungsrichtlinie 2004/EG/48 – nicht geboten.[2]

Abschnitt 2. Zwangsvollstreckung wegen Geldforderungen

Titel 1. Allgemeine Vorschriften

§ 802a Grundsätze der Vollstreckung; Regelbefugnisse des Gerichtsvollziehers
(1) Der Gerichtsvollzieher wirkt auf eine zügige, vollständige und Kosten sparende Beitreibung von Geldforderungen hin.

(2) [1] Auf Grund eines entsprechenden Vollstreckungsauftrags und der Übergabe der vollstreckbaren Ausfertigung ist der Gerichtsvollzieher unbeschadet weiterer Zuständigkeiten befugt,
1. eine gütliche Erledigung der Sache (§ 802b) zu versuchen,
2. eine Vermögensauskunft des Schuldners (§ 802c) einzuholen,
3. Auskünfte Dritter über das Vermögen des Schuldners (§ 802l) einzuholen,
4. die Pfändung und Verwertung körperlicher Sachen zu betreiben,
5. eine Vorpfändung (§ 845) durchzuführen; hierfür bedarf es nicht der vorherigen Erteilung einer vollstreckbaren Ausfertigung und der Zustellung des Schuldtitels.

[2] Die Maßnahmen sind in dem Vollstreckungsauftrag zu bezeichnen, die Maßnahme nach Satz 1 Nr. 1 jedoch nur dann, wenn sich der Auftrag hierauf beschränkt.

§ 802b Gütliche Erledigung; Vollstreckungsaufschub bei Zahlungsvereinbarung
(1) Der Gerichtsvollzieher soll in jeder Lage des Verfahrens auf eine gütliche Erledigung bedacht sein.

(2) [1] Hat der Gläubiger eine Zahlungsvereinbarung nicht ausgeschlossen, so kann der Gerichtsvollzieher dem Schuldner eine Zahlungsfrist einräumen oder eine Tilgung durch Teilleistungen (Ratenzahlung) gestatten, sofern der Schuldner glaubhaft darlegt, die nach Höhe und Zeitpunkt festzusetzenden Zahlungen erbringen zu können. [2] Soweit ein Zahlungsplan nach Satz 1 festgesetzt wird, ist die Vollstreckung aufgeschoben. [3] Die Tilgung soll binnen zwölf Monaten abgeschlossen sein.

(3) [1] Der Gerichtsvollzieher unterrichtet den Gläubiger unverzüglich über den gemäß Absatz 2 festgesetzten Zahlungsplan und den Vollstreckungsaufschub. [2] Widerspricht der Gläubiger unverzüglich, so wird der Zahlungsplan mit der Unterrichtung des Schuldners hinfällig; zugleich endet der Vollstreckungsaufschub. [3] Dieselben Wirkungen treten ein, wenn der Schuldner mit einer festgesetzten Zahlung ganz oder teilweise länger als zwei Wochen in Rückstand gerät.

§ 802c Vermögensauskunft des Schuldners
(1) [1] Der Schuldner ist verpflichtet, zum Zwecke der Vollstreckung einer Geldforderung auf Verlangen des Gerichtsvollziehers Auskunft über sein Vermögen nach Maßgabe der folgenden Vorschriften zu erteilen sowie seinen Geburtsnamen, sein Geburtsdatum und seinen Geburtsort anzugeben. [2] Handelt es sich bei dem Vollstreckungsschuldner um eine juristische Person oder um eine Personenvereinigung, so hat er seine Firma, die Nummer des Registerblatts im Handelsregister und seinen Sitz anzugeben.

(2) [1] Zur Auskunftserteilung hat der Schuldner alle ihm gehörenden Vermögensgegenstände anzugeben. [2] Bei Forderungen sind Grund und Beweismittel zu bezeichnen. [3] Ferner sind anzugeben:
1. die entgeltlichen Veräußerungen des Schuldners an eine nahestehende Person (§ 138 der Insolvenzordnung), die dieser in den letzten zwei Jahren vor dem Termin nach § 802f Abs. 1 und bis zur Abgabe der Vermögensauskunft vorgenommen hat;
2. die unentgeltlichen Leistungen des Schuldners, die dieser in den letzten vier Jahren vor dem Termin nach § 802f Abs. 1 und bis zur Abgabe der Vermögensauskunft vorgenommen hat, sofern sie sich nicht auf gebräuchliche Gelegenheitsgeschenke geringen Wertes richten.

[4] Sachen, die nach § 811 Absatz 1 Nummer 1 Buchstabe a und Nummer 2 der Pfändung offensichtlich nicht unterworfen sind, brauchen nicht angegeben zu werden, es sei denn, dass eine Austauschpfändung in Betracht kommt.

(3) [1] Der Schuldner hat zu Protokoll an Eides statt zu versichern, dass er die Angaben nach den Absätzen 1 und 2 nach bestem Wissen und Gewissen richtig und vollständig gemacht habe. [2] Die Vorschriften der §§ 478 bis 480, 483 gelten entsprechend.

---

[1] Baumbach/Lauterbach/Albers/Hartmann ZPO § 802 Rn. 2.
[2] LG Hamburg GRUR-RR 2014, 47 – Ausschließliche Zuständigkeit, zur ausschließlichen Zuständigkeit des Amtsgerichts für eine richterliche Durchsuchungsanordnung wegen einer Markenverletzung im einstweiligen Verfügungsverfahren.

Vermögensauskunft des verhafteten Schuldners § 802i ZPO

§ 802d Weitere Vermögensauskunft

(1) ¹Der Schuldner ist innerhalb von zwei Jahren nach Abgabe der Vermögensauskunft nach § 802c oder nach § 284 der Abgabenordnung nicht verpflichtet, eine weitere Vermögensauskunft abzugeben, es sei denn, ein Gläubiger macht Tatsachen glaubhaft, die auf eine wesentliche Veränderung der Vermögensverhältnisse des Schuldners schließen lassen. ²Besteht keine Pflicht zur Abgabe einer Vermögensauskunft nach Satz 1, leitet der Gerichtsvollzieher dem Gläubiger einen Ausdruck des letzten abgegebenen Vermögensverzeichnisses zu; ein Verzicht des Gläubigers auf die Zuleitung ist unbeachtlich. ³Der Gläubiger darf die erlangten Daten nur zu Vollstreckungszwecken verarbeiten und hat die Daten nach Zweckerreichung zu löschen; hierauf ist er vom Gerichtsvollzieher hinzuweisen. ⁴Von der Zuleitung eines Ausdrucks nach Satz 2 setzt der Gerichtsvollzieher den Schuldner in Kenntnis und belehrt ihn über die Möglichkeit der Eintragung in das Schuldnerverzeichnis (§ 882c).

(2) Anstelle der Zuleitung eines Ausdrucks kann dem Gläubiger auf Antrag das Vermögensverzeichnis als elektronisches Dokument übermittelt werden, wenn dieses mit einer qualifizierten elektronischen Signatur versehen und gegen unbefugte Kenntnisnahme geschützt ist.

§ 802e Zuständigkeit

(1) Für die Abnahme der Vermögensauskunft und der eidesstattlichen Versicherung ist der Gerichtsvollzieher bei dem Amtsgericht zuständig, in dessen Bezirk der Schuldner im Zeitpunkt der Auftragserteilung seinen Wohnsitz oder in Ermangelung eines solchen seinen Aufenthaltsort hat.

(2) Ist der angegangene Gerichtsvollzieher nicht zuständig, so leitet er die Sache auf Antrag des Gläubigers an den zuständigen Gerichtsvollzieher weiter.

§ 802f Verfahren zur Abnahme der Vermögensauskunft

(1) ¹Zur Abnahme der Vermögensauskunft setzt der Gerichtsvollzieher dem Schuldner für die Begleichung der Forderung eine Frist von zwei Wochen. ²Zugleich bestimmt er für den Fall, dass die Forderung nach Fristablauf nicht vollständig beglichen ist, einen Termin zur Abgabe der Vermögensauskunft alsbald nach Fristablauf und lädt den Schuldner zu diesem Termin in seine Geschäftsräume. ³Der Schuldner hat die zur Abgabe der Vermögensauskunft erforderlichen Unterlagen im Termin beizubringen.

(2) ¹Abweichend von Absatz 1 kann der Gerichtsvollzieher bestimmen, dass die Abgabe der Vermögensauskunft in der Wohnung des Schuldners stattfindet. ²Der Schuldner kann dieser Bestimmung binnen einer Woche gegenüber dem Gerichtsvollzieher widersprechen. ³Andernfalls gilt der Termin als pflichtwidrig versäumt, wenn der Schuldner in diesem Termin aus Gründen, die er zu vertreten hat, den Vermögensauskunft nicht abgibt.

(3) ¹Mit der Terminsladung ist der Schuldner über die nach § 802c Abs. 2 erforderlichen Angaben zu belehren. ²Der Schuldner ist über seine Rechte und Pflichten nach den Absätzen 1 und 2, über die Folgen einer unentschuldigten Terminssäumnis oder einer Verletzung seiner Auskunftspflichten sowie über die Möglichkeit der Einholung von Auskünften Dritter nach § 802l und der Eintragung in das Schuldnerverzeichnis bei Abgabe der Vermögensauskunft nach § 882c zu belehren.

(4) ¹Zahlungsaufforderungen, Ladungen, Bestimmungen und Belehrungen nach den Absätzen 1 bis 3 sind dem Schuldner zuzustellen, auch wenn dieser einen Prozessbevollmächtigten bestellt hat; einer Mitteilung an den Prozessbevollmächtigten bedarf es nicht. ²Dem Gläubiger ist die Terminsbestimmung nach Maßgabe des § 357 Abs. 2 mitzuteilen.

(5) ¹Der Gerichtsvollzieher errichtet eine Aufstellung mit den nach § 802c Absatz 1 und 2 erforderlichen Angaben als elektronisches Dokument (Vermögensverzeichnis). ²Diese Angaben sind dem Schuldner vor Abgabe der Versicherung nach § 802c Abs. 3 vorzulesen oder zur Durchsicht auf einem Bildschirm wiederzugeben. ³Dem Schuldner ist auf Verlangen ein Ausdruck zu erteilen.

(6) ¹Der Gerichtsvollzieher hinterlegt das Vermögensverzeichnis bei dem zentralen Vollstreckungsgericht nach § 802k Abs. 1 und leitet dem Gläubiger unverzüglich einen Ausdruck zu. ²Der Ausdruck muss den Vermerk enthalten, dass er mit dem Inhalt des Vermögensverzeichnisses übereinstimmt; § 802d Abs. 1 Satz 3 und Abs. 2 gilt entsprechend.

§ 802g Erzwingungshaft

(1) ¹Auf Antrag des Gläubigers erlässt das Gericht gegen den Schuldner, der dem Termin zur Abgabe der Vermögensauskunft unentschuldigt fernbleibt oder die Abgabe der Vermögensauskunft gemäß § 802c ohne Grund verweigert, zur Erzwingung der Abgabe einen Haftbefehl. ²In dem Haftbefehl sind der Gläubiger, der Schuldner und der Grund der Verhaftung zu bezeichnen. ³Einer Zustellung des Haftbefehls vor seiner Vollziehung bedarf es nicht.

(2) ¹Die Verhaftung des Schuldners erfolgt durch einen Gerichtsvollzieher. ²Dem Schuldner ist der Haftbefehl bei der Verhaftung in beglaubigter Abschrift zu übergeben.

§ 802h Unzulässigkeit der Haftvollstreckung

(1) Die Vollziehung des Haftbefehls ist unstatthaft, wenn seit dem Tag, an dem der Haftbefehl erlassen wurde, zwei Jahre vergangen sind.

(2) Gegen einen Schuldner, dessen Gesundheit durch die Vollstreckung der Haft einer nahen und erheblichen Gefahr ausgesetzt würde, darf, solange dieser Zustand dauert, die Haft nicht vollstreckt werden.

§ 802i Vermögensauskunft des verhafteten Schuldners

(1) ¹Der verhaftete Schuldner kann zu jeder Zeit bei dem Gerichtsvollzieher des Amtsgerichts des Haftortes verlangen, ihm die Vermögensauskunft abzunehmen. ²Dem Verlangen ist unverzüglich stattzugeben; § 802f Abs. 5 gilt entsprechend. ³Dem Gläubiger wird die Teilnahme ermöglicht, wenn er dies beantragt hat und seine Teilnahme nicht zu einer Verzögerung der Abnahme führt.

(2) ¹Nach Abgabe der Vermögensauskunft wird der Schuldner aus der Haft entlassen. ²§ 802f Abs. 5 und 6 gilt entsprechend.

(3) ¹Kann der Schuldner vollständige Angaben nicht machen, weil er die erforderlichen Unterlagen nicht bei sich hat, so kann der Gerichtsvollzieher einen neuen Termin bestimmen und die Vollziehung des Haftbefehls bis zu diesem Termin aussetzen. ²§ 802f gilt entsprechend; der Setzung einer Zahlungsfrist bedarf es nicht.

1443

§ 802j Dauer der Haft; erneute Haft

(1) ¹ Die Haft darf die Dauer von sechs Monaten nicht übersteigen. ² Nach Ablauf der sechs Monate wird der Schuldner von Amts wegen aus der Haft entlassen.

(2) Gegen den Schuldner, der ohne sein Zutun auf Antrag des Gläubigers aus der Haft entlassen ist, findet auf Antrag desselben Gläubigers eine Erneuerung der Haft nicht statt.

(3) Ein Schuldner, gegen den wegen Verweigerung der Abgabe der Vermögensauskunft eine Haft von sechs Monaten vollstreckt ist, kann innerhalb der folgenden zwei Jahre auch auf Antrag eines anderen Gläubigers nur unter den Voraussetzungen des § 802d von neuem zur Abgabe einer solchen Vermögensauskunft durch Haft angehalten werden.

§ 802k Zentrale Verwaltung der Vermögensverzeichnisse

(1) ¹ Nach § 802f Abs. 6 dieses Gesetzes oder nach § 284 Abs. 7 Satz 4 der Abgabenordnung zu hinterlegende Vermögensverzeichnisse werden landesweit von einem zentralen Vollstreckungsgericht in elektronischer Form verwaltet. ² Die Vermögensverzeichnisse können über eine zentrale und länderübergreifende Abfrage im Internet eingesehen und abgerufen werden. ³ Gleiches gilt für Vermögensverzeichnisse, die auf Grund einer § 284 Abs. 1 bis 7 der Abgabenordnung gleichwertigen bundesgesetzlichen oder landesgesetzlichen Regelung errichtet wurden, soweit diese Regelung die Hinterlegung anordnet. ⁴ Ein Vermögensverzeichnis nach Satz 1 oder Satz 2 ist nach Ablauf von zwei Jahren seit Abgabe der Auskunft oder bei Eingang eines neuen Vermögensverzeichnisses zu löschen.

(2) ¹ Die Gerichtsvollzieher können die von den zentralen Vollstreckungsgerichten nach Absatz 1 verwalteten Vermögensverzeichnisse zu Vollstreckungszwecken abrufen. ² Den Gerichtsvollziehern stehen Vollstreckungsbehörden gleich, die
1. Vermögensauskünfte nach § 284 der Abgabenordnung verlangen können,
2. durch Bundesgesetz oder durch Landesgesetz dazu befugt sind, vom Schuldner Auskunft über sein Vermögen zu verlangen, wenn diese Auskunftsbefugnis durch die Errichtung eines nach Absatz 1 zu hinterlegenden Vermögensverzeichnisses ausgeschlossen wird, oder
3. durch Bundesgesetz oder durch Landesgesetz dazu befugt sind, vom Schuldner die Abgabe einer Vermögensauskunft nach § 802c gegenüber dem Gerichtsvollzieher zu verlangen.

³ Zur Einsicht befugt sind ferner Vollstreckungsgerichte, Insolvenzgerichte und Registergerichte sowie Strafverfolgungsbehörden, soweit dies zur Erfüllung der ihnen obliegenden Aufgaben erforderlich ist.

(3) ¹ Die Landesregierungen bestimmen durch Rechtsverordnung, welches Gericht die Aufgaben des zentralen Vollstreckungsgerichts nach Absatz 1 wahrzunehmen hat. ² Sie können diese Befugnis auf die Landesjustizverwaltungen übertragen. ³ Das zentrale Vollstreckungsgericht nach Absatz 1 kann andere Stellen mit der Datenverarbeitung beauftragen; die jeweiligen datenschutzrechtlichen Bestimmungen über die Verarbeitung personenbezogener Daten im Auftrag sind anzuwenden.

(4) ¹ Das Bundesministerium der Justiz wird ermächtigt, durch Rechtsverordnung mit Zustimmung des Bundesrates die Einzelheiten des Inhalts, der Form, Aufnahme, Übermittlung, Verwaltung und Löschung der Vermögensverzeichnisse nach § 802f Abs. 5 dieses Gesetzes und nach § 284 Abs. 7 der Abgabenordnung oder gleichwertiger Regelungen im Sinne von Absatz 1 Satz 2 sowie der Einsichtnahme, insbesondere durch ein automatisiertes Abrufverfahren, zu regeln. ² Die Rechtsverordnung hat geeignete Regelungen zur Sicherung des Datenschutzes und der Datensicherheit vorzusehen. ³ Insbesondere ist sicherzustellen, dass die Vermögensverzeichnisse
1. bei der Übermittlung an das zentrale Vollstreckungsgericht nach Absatz 1 sowie bei der Weitergabe an die anderen Stellen nach Absatz 3 Satz 3 gegen unbefugte Kenntnisnahme geschützt sind,
2. unversehrt und vollständig wiedergegeben werden,
3. jederzeit ihrem Ursprung nach zugeordnet werden können und
4. nur von registrierten Nutzern abgerufen werden können und jeder Abrufvorgang protokolliert wird.

§ 802l Auskunftsrechte des Gerichtsvollziehers

(1) ¹ Der Gerichtsvollzieher darf vorbehaltlich der Sätze 2 und 3 folgende Maßnahmen durchführen, soweit sie zur Vollstreckung erforderlich sind:
1. Erhebung des Namens und der Vornamen oder der Firma sowie der Anschrift der derzeitigen Arbeitgeber des Schuldners bei den Trägern der gesetzlichen Rentenversicherung und bei einer berufsständischen Versorgungseinrichtung im Sinne des § 6 Absatz 1 Satz 1 Nummer 1 des Sechsten Buches Sozialgesetzbuch;
2. Ersuchen an das Bundeszentralamt für Steuern, bei den Kreditinstituten die in § 93b Absatz 1 und 1a der Abgabenordnung bezeichneten Daten, ausgenommen die Identifikationsnummer nach § 139b der Abgabenordnung, abzurufen (§ 93 Absatz 8 der Abgabenordnung);
3. Erhebung der Fahrzeug- und Halterdaten nach § 33 Absatz 1 des Straßenverkehrsgesetzes beim Kraftfahrt-Bundesamt zu einem Fahrzeug, als dessen Halter der Schuldner eingetragen ist.

² Maßnahmen nach Satz 1 sind nur zulässig, wenn
1. die Ladung zu dem Termin zur Abgabe der Vermögensauskunft an den Schuldner nicht zustellbar ist und
   a) die Anschrift, unter der die Zustellung ausgeführt werden sollte, mit der Anschrift übereinstimmt, die von einer der in § 755 Absatz 1 und 2 genannten Stellen innerhalb von drei Monaten vor oder nach dem Zustellungsversuch mitgeteilt wurde, oder
   b) die Meldebehörde nach dem Zustellungsversuch die Auskunft erteilt, dass ihr keine derzeitige Anschrift des Schuldners bekannt ist, oder
   c) die Meldebehörde innerhalb von drei Monaten vor Erteilung des Vollstreckungsauftrags die Auskunft erteilt hat, dass ihr keine derzeitige Anschrift des Schuldners bekannt ist;
2. der Schuldner seiner Pflicht zur Abgabe der Vermögensauskunft in dem der Maßnahme nach Satz 1 zugrundeliegenden Vollstreckungsverfahren nicht nachkommt oder
3. bei einer Vollstreckung in die in der Vermögensauskunft aufgeführten Vermögensgegenstände eine vollständige Befriedigung des Gläubigers nicht zu erwarten ist.

³ Die Erhebung nach Satz 1 Nummer 1 bei einer berufsständischen Versorgungseinrichtung ist zusätzlich zu den Voraussetzungen des Satzes 2 nur zulässig, wenn der Gläubiger die berufsständische Versorgungseinrichtung bezeichnet und tatsächliche Anhaltspunkte nennt, die nahelegen, dass der Schuldner Mitglied dieser berufsständischen Versorgungseinrichtung ist.

(2) ¹ Daten, die für die Zwecke der Vollstreckung nicht erforderlich sind, hat der Gerichtsvollzieher unverzüglich zu löschen oder deren Verarbeitung einzuschränken. ² Die Löschung ist zu protokollieren.

(3) ¹Über das Ergebnis einer Erhebung oder eines Ersuchens nach Absatz 1 setzt der Gerichtsvollzieher den Gläubiger unter Beachtung des Absatzes 2 unverzüglich und den Schuldner innerhalb von vier Wochen nach Erhalt in Kenntnis. ² § 802d Absatz 1 Satz 3 und Absatz 2 gilt entsprechend.

(4) ¹Nach Absatz 1 Satz 1 erhobene Daten, die innerhalb der letzten drei Monate bei dem Gerichtsvollzieher eingegangen sind, darf dieser auch einem weiteren Gläubiger übermitteln, wenn die Voraussetzungen für die Datenerhebung auch bei diesem Gläubiger vorliegen. ²Der Gerichtsvollzieher hat dem weiteren Gläubiger die Tatsache, dass die Daten in einem anderen Verfahren erhoben wurden, und den Zeitpunkt ihres Eingangs bei ihm mitzuteilen. ³Eine erneute Auskunft ist auf Antrag des weiteren Gläubigers einzuholen, wenn Anhaltspunkte dafür vorliegen, dass seit dem Eingang der Auskunft eine Änderung der Vermögensverhältnisse, über die nach Absatz 1 Satz 1 Auskunft eingeholt wurde, eingetreten ist.

(5) Übermittelt der Gerichtsvollzieher Daten nach Absatz 4 Satz 1 an einen weiteren Gläubiger, so hat er den Schuldner davon innerhalb von vier Wochen nach der Übermittlung in Kenntnis zu setzen; § 802d Absatz 1 Satz 3 und Absatz 2 gilt entsprechend.

Titel 2. Zwangsvollstreckung in das bewegliche Vermögen

Untertitel 1. Allgemeine Vorschriften

§ 803 Pfändung

(1) ¹Die Zwangsvollstreckung in das bewegliche Vermögen erfolgt durch Pfändung. ²Sie darf nicht weiter ausgedehnt werden, als es zur Befriedigung des Gläubigers und zur Deckung der Kosten der Zwangsvollstreckung erforderlich ist.

(2) Die Pfändung hat zu unterbleiben, wenn sich von der Verwertung der zu pfändenden Gegenstände ein Überschuss über die Kosten der Zwangsvollstreckung nicht erwarten lässt.

§ 804 Pfändungspfandrecht

(1) Durch die Pfändung erwirbt der Gläubiger ein Pfandrecht an dem gepfändeten Gegenstande.

(2) Das Pfandrecht gewährt dem Gläubiger im Verhältnis zu anderen Gläubigern dieselben Rechte wie ein durch Vertrag erworbenes Faustpfandrecht; es geht Pfand- und Vorzugsrechten vor, die für den Fall eines Insolvenzverfahrens den Faustpfandrechten nicht gleichgestellt sind.

(3) Das durch eine frühere Pfändung begründete Pfandrecht geht demjenigen vor, das durch eine spätere Pfändung begründet wird.

§ 805 Klage auf vorzugsweise Befriedigung

(1) Der Pfändung einer Sache kann ein Dritter, der sich nicht im Besitz der Sache befindet, auf Grund eines Pfand- oder Vorzugsrechts nicht widersprechen; er kann jedoch seinen Anspruch auf vorzugsweise Befriedigung aus dem Erlös im Wege der Klage geltend machen, ohne Rücksicht darauf, ob seine Forderung fällig ist oder nicht.

(2) Die Klage ist bei dem Vollstreckungsgericht und, wenn der Streitgegenstand zur Zuständigkeit der Amtsgerichte nicht gehört, bei dem Landgericht zu erheben, in dessen Bezirk das Vollstreckungsgericht seinen Sitz hat.

(3) Wird die Klage gegen den Gläubiger und den Schuldner gerichtet, so sind diese als Streitgenossen anzusehen.

(4) ¹Wird der Anspruch glaubhaft gemacht, so hat das Gericht die Hinterlegung des Erlöses anzuordnen. ²Die Vorschriften der §§ 769, 770 sind hierbei entsprechend anzuwenden.

§ 806 Keine Gewährleistung bei Pfandveräußerung

Wird ein Gegenstand auf Grund der Pfändung veräußert, so steht dem Erwerber wegen eines Mangels im Recht oder wegen eines Mangels der veräußerten Sache ein Anspruch auf Gewährleistung nicht zu.

§ 806a Mitteilungen und Befragung durch den Gerichtsvollzieher

(1) Erhält der Gerichtsvollzieher anlässlich der Zwangsvollstreckung durch Befragung des Schuldners oder durch Einsicht in Dokumente Kenntnis von Geldforderungen des Schuldners gegen Dritte und konnte eine Pfändung nicht bewirkt werden oder wird eine bewirkte Pfändung voraussichtlich nicht zur vollständigen Befriedigung des Gläubigers führen, so teilt er Namen und Anschriften der Drittschuldner sowie den Grund der Forderungen und für diese bestehende Sicherheiten dem Gläubiger mit.

(2) ¹Trifft der Gerichtsvollzieher den Schuldner in der Wohnung nicht an und konnte eine Pfändung nicht bewirkt werden oder wird eine bewirkte Pfändung voraussichtlich nicht zur vollständigen Befriedigung des Gläubigers führen, so kann der Gerichtsvollzieher die zum Hausstand des Schuldners gehörenden erwachsenen Personen nach dem Arbeitgeber des Schuldners befragen. ²Diese sind zu einer Auskunft nicht verpflichtet und vom Gerichtsvollzieher auf die Freiwilligkeit ihrer Angaben hinzuweisen. ³Seine Erkenntnisse teilt der Gerichtsvollzieher dem Gläubiger mit.

§ 806b (aufgehoben)

§ 807 Abnahme der Vermögensauskunft nach Pfändungsversuch

(1) ¹Hat der Gläubiger die Vornahme der Pfändung beim Schuldner beantragt und
1. hat der Schuldner die Durchsuchung (§ 758) verweigert oder
2. ergibt der Pfändungsversuch, dass eine Pfändung voraussichtlich nicht zu einer vollständigen Befriedigung des Gläubigers führen wird,

so kann der Gerichtsvollzieher dem Schuldner die Vermögensauskunft auf Antrag des Gläubigers abweichend von § 802f sofort abnehmen. ² § 802f Abs. 5 und 6 findet Anwendung.

(2) ¹Der Schuldner kann einer sofortigen Abnahme widersprechen. ²In diesem Fall verfährt der Gerichtsvollzieher nach § 802f; der Setzung einer Zahlungsfrist bedarf es nicht.

Untertitel 2. Zwangsvollstreckung in körperliche Sachen

§ 808 Pfändung beim Schuldner

(1) **Die Pfändung der im Gewahrsam des Schuldners befindlichen körperlichen Sachen wird dadurch bewirkt, dass der Gerichtsvollzieher sie in Besitz nimmt.**

(2) ¹**Andere Sachen als Geld, Kostbarkeiten und Wertpapiere sind im Gewahrsam des Schuldners zu belassen, sofern nicht hierdurch die Befriedigung des Gläubigers gefährdet wird.** ²**Werden die Sachen im Gewahrsam des Schuldners belassen, so ist die Wirksamkeit der Pfändung dadurch bedingt, dass durch Anlegung von Siegeln oder auf sonstige Weise die Pfändung ersichtlich gemacht ist.**

(3) **Der Gerichtsvollzieher hat den Schuldner von der erfolgten Pfändung in Kenntnis zu setzen.**

A. Verfahren

1 § 808 regelt die Sachpfändung beweglicher Sachen, die im **Gewahrsam** des Schuldners stehen.[1] Gewahrsam meint die tatsächliche Sachherrschaft des Schuldners und ist daher vom Besitz zu unterscheiden, wobei beim unmittelbaren Besitz (§ 854 BGB) sowohl Besitz als auch Gewahrsam vorliegen, nicht aber beim mittelbaren Besitz (§ 868 BGB), Mitbesitz (§ 866 BGB), Erbenbesitz (§ 857 BGB) und bei Besitzdienern (§ 855 BGB).[2]

2 Kommt der Schuldner auf Aufforderung des Gerichtsvollziehers der Zwangsvollstreckung nicht freiwillig nach, erfolgt die Pfändung der Sache durch **Inbesitznahme durch den Gerichtsvollzieher.**[3] Gemäß Abs. 2 S. 1 sind Geld, Kostbarkeiten und Wertpapiere vorrangig zu pfänden und vom Gerichtsvollzieher nach Inbesitznahme mitzunehmen.[4] Andere Gegenstände sollen gemäß Abs. 2 S. 1 und 2 nach Aufbringung eines Pfandsiegels oder anderweitiger Kenntlichmachung der Pfändung bis zur Verwertung beim Schuldner verbleiben.[5]

3 Als Rechtsbehelf steht allen Verfahrensbeteiligten und betroffenen Dritten die Erinnerung nach § 766 zu, sowie insoweit der Dritte als Eigentümer betroffen ist, die Drittwiderspruchsklage nach § 771.[6]

B. Bedeutung von § 808 im gewerblichen Rechtsschutz und Urheberrecht

4 § 808 hat generell eine geringe Bedeutung in der Praxis.[7] Bei der Zwangsvollstreckung im gewerblichen Rechtsschutz und Urheberrecht ist diese noch geringer. Im Urheberrecht ist die Zwangsvollstreckung in Originale von urheberrechtlichen Werken zusätzlich durch §§ 114 ff. UrhG eingeschränkt.

I. Vollstreckung in Originale von urheberrechtlichen Werken gegen den Urheber

5 Im Hinblick auf das Urheberrecht ergeben sich aus § 114 UrhG eine wichtige Einschränkung in der Anwendung von § 808: Wegen der engen Beziehung des Urhebers zu seinem Werk und der daraus folgenden Nähe von Persönlichkeits- und Vermögensrechte (→ § 704 Rn. 4) ist eine Zwangsvollstreckung wegen Geldforderungen **gegen den Urheber** in dem Urheber gehörenden **Originale seiner Werke** nur mit seiner **Einwilligung** zulässig.[8] Hintergrund dieses Einwilligungserfordernisses ist, dass der Urheber nicht gezwungen werden soll, noch unvollendete oder unveröffentlichte Werke durch die Zwangsvollstreckung öffentlich zu machen.[9] Das **Veröffentlichungsrecht,** dh das Recht zu bestimmen, ob und wie sein Werk zu veröffentlichen ist, ist wesentlicher Teil des Urheberpersönlichkeitsrechts und steht daher allein dem Urheber zu (§ 12 UrhG).[10] Demgemäß ist es allein dem Urheber vorbehalten, den Inhalt seines Werkes öffentlich mitzuteilen oder zu beschreiben, solange weder das Werk noch der wesentliche Inhalt oder eine Beschreibung des Werkes mit seiner Zustimmung veröffentlicht ist (§ 12 Abs. 2 UrhG).[11]

---

[1] Musielak/Voit/*Flockenhaus* § 808 Rn. 1; Thomas/Putzo/*Seiler* § 808 Rn. 1.
[2] Musielak/Voit/*Flockenhaus* § 808 Rn. 3 ff.; Thomas/Putzo/*Seiler* § 808 Rn. 3.
[3] Musielak/Voit/*Flockenhaus* § 808 Rn. 2; Thomas/Putzo/*Seiler* § 808 Rn. 13.
[4] Musielak/Voit/*Flockenhaus* § 808 Rn. 14.
[5] Musielak/Voit/*Flockenhaus* § 808 Rn. 15 f., Thomas/Putzo/*Seiler* § 808 Rn. 14.
[6] Thomas/Putzo/*Seiler* § 808 Rn. 19.
[7] Thomas/Putzo/*Seiler* § 808 Rn. 1.
[8] Ahlberg/Götting/*Ahlberg* Einführung zum UrhG Rn. 96; Dreier/Schulze/*Schulze* § 114 Rn. 1, 2–9; Schricker/Loewenheim/*Wimmers* § 114 Rn. 4 ff.; Wandtke/Bullinger/*Kefferpütz* § 114 Rn. 1.
[9] Brox/Walker Rn. 834.
[10] S. dazu Ahlberg/Götting/Kroitzsch/*Götting* § 12 Rn. 1 f., 4; Dreier/Schulze/*Schulze* § 12 Rn. 5, 6 ff.; Schricker/*Dietz*/*Peukert* § 12 Rn. 7 ff.; Wandtke/Bullinger/*Bullinger* § 12 Rn. 1.
[11] Schricker/*Dietz*/*Peukert* § 12 Rn. 24 ff.

Unpfändbare Sachen und Tiere § 811 ZPO

II. Ausnahmen vom Einwilligungserfordernis

Gemäß § 114 Abs. 2 ist eine Einwilligung des Urhebers indes nicht erforderlich, wenn die Zwangsvollstreckung in das Original des Werkes zur Durchführung der Zwangsvollstreckung in ein **Nutzungsrecht am Werk** notwendig ist, zur Zwangsvollstreckung in das Original eines Werkes der Baukunst, zur Zwangsvollstreckung in das Original eines anderen Werkes der bildenden Künste, wenn das Werk veröffentlicht ist.[12] In diesen Ausnahmefällen darf das Original des Werkes ohne Zustimmung des Urhebers verbreitet werden (§ 114 Abs. 2 S. 2 UrhG). 6

III. Vollstreckung in Originale gegen den Rechtsnachfolger

Gegen den Rechtsnachfolger des Urhebers ist die Zwangsvollstreckung wegen Geldforderungen in die ihm gehörenden Originale von Werken des Urhebers gemäß § 116 Abs. 1 UrhG nur mit seiner Einwilligung zulässig.[13] Ausnahmen vom Einwilligungserfordernis bestehen, wenn die Zwangsvollstreckung in das Original des Werkes zur Durchführung der Zwangsvollstreckung in ein Nutzungsrecht am Werk notwendig ist (§§ 116 Abs. 2 Nr. 1, 114 Abs. 2 S. 1 UrhG) oder wenn Zwangsvollstreckung in das Original eines Werkes vollstreckt wird, wenn das Werk bereits erschienen ist (§ 116 Abs. 2 Nr. 2 UrhG). In letzterem Fall darf das Original des Werkes ohne Zustimmung des Rechtsnachfolgers verbreitet werden (§§ 116 Abs. 2 S. 2, 114 Abs. 2 S. 2 UrhG).[14] 7

§ 809 Pfändung beim Gläubiger oder bei Dritten
Die vorstehenden Vorschriften sind auf die Pfändung von Sachen, die sich im Gewahrsam des Gläubigers oder eines zur Herausgabe bereiten Dritten befinden, entsprechend anzuwenden.

§ 810 Pfändung ungetrennter Früchte
(1) ¹Früchte, die von dem Boden noch nicht getrennt sind, können gepfändet werden, solange nicht ihre Beschlagnahme im Wege der Zwangsvollstreckung in das unbewegliche Vermögen erfolgt ist. ²Die Pfändung darf nicht früher als einen Monat vor der gewöhnlichen Zeit der Reife erfolgen.

(2) Ein Gläubiger, der ein Recht auf Befriedigung aus dem Grundstück hat, kann der Pfändung nach Maßgabe des § 771 widersprechen, sofern nicht die Pfändung für einen im Falle der Zwangsvollstreckung in das Grundstück vorgehenden Anspruch erfolgt ist.

§ 811 Unpfändbare Sachen und Tiere
(1) Nicht der Pfändung unterliegen
1. Sachen, die der Schuldner oder eine Person, mit der er in einem gemeinsamen Haushalt zusammenlebt, benötigt
   a) für eine bescheidene Lebens- und Haushaltsführung;
   b) für die Ausübung einer Erwerbstätigkeit oder eine damit in Zusammenhang stehende Aus- oder Fortbildung;
   c) aus gesundheitlichen Gründen;
   d) zur Ausübung von Religion oder Weltanschauung oder als Gegenstand religiöser oder weltanschaulicher Verehrung, wenn ihr Wert 500 Euro nicht übersteigt;
2. Gartenhäuser, Wohnlauben und ähnliche Einrichtungen, die der Schuldner oder dessen Familie als ständige Unterkunft nutzt und die der Zwangsvollstreckung in das bewegliche Vermögen unterliegen;
3. Bargeld
   a) für den Schuldner, der eine natürliche Person ist, in Höhe von einem Fünftel,
   b) für jede weitere Person, mit der der Schuldner in einem gemeinsamen Haushalt zusammenlebt, in Höhe von einem Zehntel
   des täglichen Freibetrages nach § 850c Absatz 1 Nummer 3 in Verbindung mit Absatz 4 Nummer 1 für jeden Kalendertag ab dem Zeitpunkt der Pfändung bis zum Ende des Monats, in dem die Pfändung bewirkt wird; der Gerichtsvollzieher kann im Einzelfall nach pflichtgemäßem Ermessen einen abweichenden Betrag festsetzen;
4. Unterlagen, zu deren Aufbewahrung eine gesetzliche Verpflichtung besteht oder die der Schuldner oder eine Person, mit der er in einem gemeinsamen Haushalt zusammenlebt, zu Buchführungs- oder Dokumentationszwecken benötigt;
5. private Aufzeichnungen, durch deren Verwertung in Persönlichkeitsrechte eingegriffen wird;
6. öffentliche Urkunden, die der Schuldner, dessen Familie oder eine Person, mit der er in einem gemeinsamen Haushalt zusammenlebt, für Beweisführungszwecke benötigt;
7. Trauringe, Orden und Ehrenzeichen;
8. Tiere, die der Schuldner oder eine Person, mit der er in einem gemeinsamen Haushalt zusammenlebt,
   a) nicht zu Erwerbszwecken hält oder
   b) für die Ausübung einer Erwerbstätigkeit benötigt,
sowie das für diese Tiere erforderliche Futter und die erforderliche Streu.

(2) ¹Eine in Absatz 1 Nummer 1 Buchstabe a und b sowie Nummer 2 bezeichnete Sache oder ein in Absatz 1 Nummer 8 Buchstabe b bezeichnete Tier kann abweichend von Absatz 1 gepfändet werden, wenn der Verkäufer wegen einer durch Eigentumsvorbehalt gesicherten Geldforderung aus dem Verkauf der Sache oder des Tieres vollstreckt. ²Die Vereinbarung des Eigentumsvorbehaltes ist durch eine Urkunde nachzuweisen.

(3) Auf Antrag des Gläubigers lässt das Vollstreckungsgericht die Pfändung eines in Absatz 1 Nummer 8 Buchstabe b bezeichneten Tieres zu, wenn dieses einen hohen Wert hat und die Unpfändbarkeit für den Gläubiger eine Härte bedeuten würde, die auch unter Würdigung der Belange des Tierschutzes und der berechtigten Interessen des Schuldners nicht zu rechtfertigen ist.

---

[12] Ausführlich dazu: Dreier/Schulze/*Schulze* § 114 Rn. 1, 10–15; Schricker/*Wild* § 114 Rn. 5–7; Wandtke/Bullinger/*Kefferpütz* § 114 Rn. 10–15.
[13] Schricker/*Wild* § 116.
[14] Ahlberg/Götting/*Rudolph* § 116 Rn. 8 f.; Dreier/Schulze/*Schulze* § 116 Rn. 5; Wandtke/Bullinger/*Kefferpütz* § 116 Rn. 10.

(4) Sachen, die der Schuldner für eine Lebens- und Haushaltsführung benötigt, die nicht als bescheiden angesehen werden kann, sollen nicht gepfändet werden, wenn offensichtlich ist, dass durch ihre Verwertung nur ein Erlös erzielt würde, der in keinem Verhältnis zum Anschaffungswert steht.

§ 811a Austauschpfändung

(1) Die Pfändung einer nach § 811 Absatz 1 Nummer 1 Buchstabe a und b und Nummer 2 unpfändbaren Sache kann zugelassen werden, wenn der Gläubiger dem Schuldner vor der Wegnahme der Sache ein Ersatzstück, das dem geschützten Verwendungszweck genügt, oder den zur Beschaffung eines solchen Ersatzstückes erforderlichen Geldbetrag überlässt; ist dem Gläubiger die rechtzeitige Ersatzbeschaffung nicht möglich oder nicht zuzumuten, so kann die Pfändung mit der Maßgabe zugelassen werden, dass dem Schuldner der zur Ersatzbeschaffung erforderliche Geldbetrag aus dem Vollstreckungserlös überlassen wird (Austauschpfändung).

(2) [1] Über die Zulässigkeit der Austauschpfändung entscheidet das Vollstreckungsgericht auf Antrag des Gläubigers durch Beschluss. [2] Das Gericht soll die Austauschpfändung nur zulassen, wenn sie nach Lage der Verhältnisse angemessen ist, insbesondere wenn zu erwarten ist, dass der Vollstreckungserlös den Wert des Ersatzstückes erheblich übersteigen werde. [3] Das Gericht setzt den Wert eines vom Gläubiger angebotenen Ersatzstückes oder den zur Ersatzbeschaffung erforderlichen Betrag fest. [4] Bei der Austauschpfändung nach Absatz 1 Halbsatz 1 ist der festgesetzte Betrag dem Gläubiger aus dem Vollstreckungserlös zu erstatten; er gehört zu den Kosten der Zwangsvollstreckung.

(3) Der dem Schuldner überlassene Geldbetrag ist unpfändbar.

(4) Bei der Austauschpfändung nach Absatz 1 Halbsatz 2 ist die Wegnahme der gepfändeten Sache erst nach Rechtskraft des Zulassungsbeschlusses zulässig.

§ 811b Vorläufige Austauschpfändung

(1) [1] Ohne vorgängige Entscheidung des Gerichts ist eine vorläufige Austauschpfändung zulässig, wenn eine Zulassung durch das Gericht zu erwarten ist. [2] Der Gerichtsvollzieher soll die Austauschpfändung nur vornehmen, wenn zu erwarten ist, dass der Vollstreckungserlös den Wert des Ersatzstückes erheblich übersteigen wird.

(2) Die Pfändung ist aufzuheben, wenn der Gläubiger nicht binnen einer Frist von zwei Wochen nach Benachrichtigung von der Pfändung einen Antrag nach § 811a Abs. 2 bei dem Vollstreckungsgericht gestellt hat oder wenn ein solcher Antrag rechtskräftig zurückgewiesen ist.

(3) Bei der Benachrichtigung ist dem Gläubiger unter Hinweis auf die Antragsfrist und die Folgen ihrer Versäumung mitzuteilen, dass die Pfändung als Austauschpfändung erfolgt ist.

(4) [1] Die Übergabe des Ersatzstückes oder des zu seiner Beschaffung erforderlichen Geldbetrages an den Schuldner und die Fortsetzung der Zwangsvollstreckung erfolgen erst nach Erlass des Beschlusses gemäß § 811a Abs. 2 auf Anweisung des Gläubigers. [2] § 811a Abs. 4 gilt entsprechend.

§ 811c (aufgehoben)

§ 811d Vorwegpfändung

(1) [1] Ist zu erwarten, dass eine Sache demnächst pfändbar wird, so kann sie gepfändet werden, ist aber im Gewahrsam des Schuldners zu belassen. [2] Die Vollstreckung darf erst fortgesetzt werden, wenn die Sache pfändbar geworden ist.

(2) Die Pfändung ist aufzuheben, wenn die Sache nicht binnen eines Jahres pfändbar geworden ist.

§ 812 (aufgehoben)

§ 813 Schätzung

(1) [1] Die gepfändeten Sachen sollen bei der Pfändung auf ihren gewöhnlichen Verkaufswert geschätzt werden. [2] Die Schätzung des Wertes bei Kostbarkeiten soll einem Sachverständigen übertragen werden. [3] In anderen Fällen kann das Vollstreckungsgericht auf Antrag des Gläubigers oder des Schuldners die Schätzung durch einen Sachverständigen anordnen.

(2) [1] Ist die Schätzung des Wertes bei der Pfändung nicht möglich, so soll sie unverzüglich nachgeholt und ihr Ergebnis nachträglich in dem Pfändungsprotokoll vermerkt werden. [2] Werden die Akten des Gerichtsvollziehers elektronisch geführt, so ist das Ergebnis der Schätzung in einem gesonderten elektronischen Dokument zu vermerken. [3] Das Dokument ist mit dem Pfändungsprotokoll untrennbar zu verbinden.

(3) Sollen bei Personen, die Landwirtschaft betreiben,
1. Früchte, die vom Boden noch nicht getrennt sind,
2. Sachen nach § 811 Absatz 1 Nummer 1 Buchstabe b,
3. Tiere nach § 811 Absatz 1 Nummer 8 Buchstabe b oder
4. landwirtschaftliche Erzeugnisse

gepfändet werden, so soll ein landwirtschaftlicher Sachverständiger herangezogen werden, sofern anzunehmen ist, dass der Wert dieser Sachen und Tiere insgesamt den Betrag von 2 000 Euro übersteigt.

(4) Die Landesjustizverwaltung kann bestimmen, dass auch in anderen Fällen ein Sachverständiger zugezogen werden soll.

§§ 813a, 813b (aufgehoben)

§ 814 Öffentliche Versteigerung

(1) Die gepfändeten Sachen sind von dem Gerichtsvollzieher öffentlich zu versteigern; Kostbarkeiten sind vor der Versteigerung durch einen Sachverständigen abzuschätzen.

(2) Eine öffentliche Versteigerung kann nach Wahl des Gerichtsvollziehers
1. als Versteigerung vor Ort oder
2. als allgemein zugängliche Versteigerung im Internet über eine Versteigerungsplattform
erfolgen.

(3) [1] Die Landesregierungen bestimmen für die Versteigerung im Internet nach Absatz 2 Nummer 2 durch Rechtsverordnung
1. den Zeitpunkt, von dem an die Versteigerung zugelassen ist,
2. die Versteigerungsplattform,
3. die Zulassung zur und den Ausschluss von der Teilnahme an der Versteigerung; soweit die Zulassung zur Teilnahme oder der Ausschluss von einer Versteigerung einen Identitätsnachweis natürlicher Personen vorsieht, ist spätestens ab

Verwertung von Wertpapieren § 821 ZPO

dem 1. Januar 2013 auch die Nutzung des elektronischen Identitätsnachweises (§ 18 des Personalausweisgesetzes) zu diesem Zweck zu ermöglichen,
4. Beginn, Ende und Abbruch der Versteigerung,
5. die Versteigerungsbedingungen und die sonstigen rechtlichen Folgen der Versteigerung einschließlich der Belehrung der Teilnehmer über den Gewährleistungsausschluss nach § 806,
6. die Anonymisierung der Angaben zur Person des Schuldners vor ihrer Veröffentlichung und die Möglichkeit der Anonymisierung der Daten der Bieter,
7. das sonstige zu beachtende besondere Verfahren.
² Sie können die Ermächtigung durch Rechtsverordnung auf die Landesjustizverwaltungen übertragen.

§ 815 Gepfändetes Geld

(1) Gepfändetes Geld ist dem Gläubiger abzuliefern.

(2) ¹ Wird dem Gerichtsvollzieher glaubhaft gemacht, dass an gepfändetem Geld ein die Veräußerung hinderndes Recht eines Dritten bestehe, so ist das Geld zu hinterlegen. ² Die Zwangsvollstreckung ist fortzusetzen, wenn nicht binnen einer Frist von zwei Wochen seit dem Tag der Pfändung eine Entscheidung des nach § 771 Abs. 1 zuständigen Gerichts über die Einstellung der Zwangsvollstreckung beigebracht wird.

(3) Die Wegnahme des Geldes durch den Gerichtsvollzieher gilt als Zahlung von Seiten des Schuldners, sofern nicht nach Absatz 2 oder nach § 720 die Hinterlegung zu erfolgen hat.

§ 816 Zeit und Ort der Versteigerung

(1) Die Versteigerung der gepfändeten Sachen darf nicht vor Ablauf einer Woche seit dem Tag der Pfändung geschehen, sofern nicht der Gläubiger und der Schuldner über eine frühere Versteigerung sich einigen oder diese erforderlich ist, um die Gefahr einer beträchtlichen Wertverringerung der zu versteigernden Sache abzuwenden oder um unverhältnismäßige Kosten einer längeren Aufbewahrung zu vermeiden.

(2) Die Versteigerung erfolgt in der Gemeinde, in der die Pfändung geschehen ist, oder an einem anderen Ort im Bezirk des Vollstreckungsgerichts, sofern nicht der Gläubiger und der Schuldner über einen dritten Ort sich einigen.

(3) Zeit und Ort der Versteigerung sind unter allgemeiner Bezeichnung der zu versteigernden Sachen öffentlich bekannt zu machen.

(4) Bei der Versteigerung gilt die Vorschrift des § 1239 Absatz 1 Satz 1 des Bürgerlichen Gesetzbuchs entsprechend; bei der Versteigerung vor Ort ist auch § 1239 Absatz 2 des Bürgerlichen Gesetzbuchs entsprechend anzuwenden.

(5) Die Absätze 2 und 3 gelten nicht bei einer Versteigerung im Internet.

§ 817 Zuschlag und Ablieferung

(1) ¹ Bei der Versteigerung vor Ort soll dem Zuschlag an den Meistbietenden ein dreimaliger Aufruf vorausgehen. ² Bei einer Versteigerung im Internet ist der Zuschlag der Person erteilt, die am Ende der Versteigerung das höchste, wenigstens das nach § 817a Absatz 1 Satz 1 zu erreichende Mindestgebot abgegeben hat; sie ist von dem Zuschlag zu benachrichtigen. ³ § 156 des Bürgerlichen Gesetzbuchs gilt entsprechend.

(2) Die zugeschlagene Sache darf nur abgeliefert werden, wenn das Kaufgeld gezahlt worden ist oder bei Ablieferung gezahlt wird.

(3) ¹ Hat der Meistbietende nicht zu der in den Versteigerungsbedingungen bestimmten Zeit oder in Ermangelung einer solchen Bestimmung nicht vor dem Schluss des Versteigerungstermins die Ablieferung gegen Zahlung des Kaufgeldes verlangt, so wird die Sache anderweit versteigert. ² Der Meistbietende wird zu einem weiteren Gebot nicht zugelassen; er haftet für den Ausfall, hat aber auf den Mehrerlös keinen Anspruch.

(4) ¹ Wird der Zuschlag dem Gläubiger erteilt, so ist dieser von der Verpflichtung zur baren Zahlung so weit befreit, als der Erlös nach Abzug der Kosten der Zwangsvollstreckung zu seiner Befriedigung zu verwenden ist, sofern nicht dem Schuldner nachgelassen ist, durch Sicherheitsleistung oder durch Hinterlegung die Vollstreckung abzuwenden. ² Soweit der Gläubiger von der Verpflichtung zur baren Zahlung befreit ist, gilt der Betrag als von dem Schuldner an den Gläubiger gezahlt.

§ 817a Mindestgebot

(1) ¹ Der Zuschlag darf nur auf ein Gebot erteilt werden, das mindestens die Hälfte des gewöhnlichen Verkaufswertes der Sache erreicht (Mindestgebot). ² Der gewöhnliche Verkaufswert und das Mindestgebot sollen bei dem Ausbieten bekannt gegeben werden.

(2) ¹ Wird der Zuschlag nicht erteilt, weil ein das Mindestgebot erreichendes Gebot nicht abgegeben ist, so bleibt das Pfandrecht des Gläubigers bestehen. ² Er kann jederzeit die Anberaumung eines neuen Versteigerungstermins oder die Anordnung anderweitiger Verwertung der gepfändeten Sache nach § 825 beantragen. ³ Wird die anderweitige Verwertung angeordnet, so gilt Absatz 1 entsprechend.

(3) ¹ Gold- und Silbersachen dürfen auch nicht unter ihrem Gold- oder Silberwert zugeschlagen werden. ² Wird ein den Zuschlag gestattendes Gebot nicht abgegeben, so kann der Gerichtsvollzieher den Verkauf aus freier Hand zu dem Preise bewirken, den der Gold- oder Silberwert erreicht, jedoch nicht unter der Hälfte des gewöhnlichen Verkaufswertes.

§ 818 Einstellung der Versteigerung

Die Versteigerung wird eingestellt, sobald der Erlös zur Befriedigung des Gläubigers und zur Deckung der Kosten der Zwangsvollstreckung hinreicht.

§ 819 Wirkung des Erlösempfanges

Die Empfangnahme des Erlöses durch den Gerichtsvollzieher gilt als Zahlung von Seiten des Schuldners, sofern nicht dem Schuldner nachgelassen ist, durch Sicherheitsleistung oder durch Hinterlegung die Vollstreckung abzuwenden.

§ 820 (weggefallen)

§ 821 Verwertung von Wertpapieren

Gepfändete Wertpapiere sind, wenn sie einen Börsen- oder Marktpreis haben, von dem Gerichtsvollzieher aus freier Hand zum Tageskurs zu verkaufen und, wenn sie einen solchen Preis nicht haben, nach den allgemeinen Bestimmungen zu versteigern.

§ 822 Umschreibung von Namenspapieren

Lautet ein Wertpapier auf Namen, so kann der Gerichtsvollzieher durch das Vollstreckungsgericht ermächtigt werden, die Umschreibung auf den Namen des Käufers zu erwirken und die hierzu erforderlichen Erklärungen an Stelle des Schuldners abzugeben.

§ 823 Außer Kurs gesetzte Inhaberpapiere

Ist ein Inhaberpapier durch Einschreibung auf den Namen oder in anderer Weise außer Kurs gesetzt, so kann der Gerichtsvollzieher durch das Vollstreckungsgericht ermächtigt werden, die Wiederinkurssetzung zu erwirken und die hierzu erforderlichen Erklärungen an Stelle des Schuldners abzugeben.

§ 824 Verwertung ungetrennter Früchte

[1] Die Versteigerung gepfändeter, von dem Boden noch nicht getrennter Früchte ist erst nach der Reife zulässig. [2] Sie kann vor oder nach der Trennung der Früchte erfolgen; im letzteren Fall hat der Gerichtsvollzieher die Aberntung bewirken zu lassen.

§ 825 Andere Verwertungsart

(1) [1] Auf Antrag des Gläubigers oder des Schuldners kann der Gerichtsvollzieher eine gepfändete Sache in anderer Weise oder an einem anderen Ort verwerten, als in den vorstehenden Paragraphen bestimmt ist. [2] Über die beabsichtigte Verwertung hat der Gerichtsvollzieher den Antragsgegner zu unterrichten. [3] Ohne Zustimmung des Antragsgegners darf er die Sache nicht vor Ablauf von zwei Wochen nach Zustellung der Unterrichtung verwerten.

(2) Die Versteigerung einer gepfändeten Sache durch eine andere Person als den Gerichtsvollzieher kann das Vollstreckungsgericht auf Antrag des Gläubigers oder des Schuldners anordnen.

§ 826 Anschlusspfändung

(1) Zur Pfändung bereits gepfändeter Sachen genügt die in das Protokoll aufzunehmende Erklärung des Gerichtsvollziehers, dass er die Sachen für seinen Auftraggeber pfände.

(2) Ist die erste Pfändung durch einen anderen Gerichtsvollzieher bewirkt, so ist diesem eine Abschrift des Protokolls zuzustellen.

(3) Der Schuldner ist von den weiteren Pfändungen in Kenntnis zu setzen.

§ 827 Verfahren bei mehrfacher Pfändung

(1) [1] Auf den Gerichtsvollzieher, von dem die erste Pfändung bewirkt ist, geht der Auftrag des zweiten Gläubigers kraft Gesetzes über, sofern nicht das Vollstreckungsgericht auf Antrag eines beteiligten Gläubigers oder des Schuldners anordnet, dass die Verrichtungen jenes Gerichtsvollziehers von einem anderen zu übernehmen seien. [2] Die Versteigerung erfolgt für alle beteiligten Gläubiger.

(2) [1] Ist der Erlös zur Deckung der Forderungen nicht ausreichend und verlangt der Gläubiger, für den die zweite oder eine spätere Pfändung erfolgt ist, ohne Zustimmung der übrigen beteiligten Gläubiger eine andere Verteilung als nach der Reihenfolge der Pfändungen, so hat der Gerichtsvollzieher die Sachlage unter Hinterlegung des Erlöses dem Vollstreckungsgericht anzuzeigen. [2] Dieser Anzeige sind die auf das Verfahren sich beziehenden Dokumente beizufügen.

(3) In gleicher Weise ist zu verfahren, wenn die Pfändung für mehrere Gläubiger gleichzeitig bewirkt ist.

Untertitel 3. Zwangsvollstreckung in Forderungen und andere Vermögensrechte

§ 828 Zuständigkeit des Vollstreckungsgerichts

(1) Die gerichtlichen Handlungen, welche die Zwangsvollstreckung in Forderungen und andere Vermögensrechte zum Gegenstand haben, erfolgen durch das Vollstreckungsgericht.

(2) Als Vollstreckungsgericht ist das Amtsgericht, bei dem der Schuldner im Inland seinen allgemeinen Gerichtsstand hat, und sonst das Amtsgericht zuständig, bei dem nach § 23 gegen den Schuldner Klage erhoben werden kann.

(3) [1] Ist das angegangene Gericht nicht zuständig, gibt es die Sache auf Antrag des Gläubigers an das zuständige Gericht ab. [2] Die Abgabe ist nicht bindend.

A. Allgemeine Grundlagen

1 § 828 regelt die grundsätzliche Zuständigkeit des Vollstreckungsgerichts für die Zwangsvollstreckung in Forderungen und andere Vermögensrechte. Das Vollstreckungsgericht ist wie der Gerichtsvollzieher und das Prozessgericht des ersten Rechtszuges ein Vollstreckungsorgan (→ § 704 Rn. 1).

2 In Verfahren des gewerblichen Rechtsschutzes wird die Zuständigkeit des Vollstreckungsgerichts insbesondere relevant bei der **Pfändung von gewerblichen Schutzrechten** zur Befriedigung des Gläubigers einer Geldforderung (§§ 844, 857).

B. Vollstreckungsgericht

3 Vollstreckungsgericht ist das **Amtsgericht,** bei dem der Schuldner im Inland seinen allgemeinen Gerichtsstand (§ 12) hat. Hat der Schuldner keinen allgemeinen Gerichtsstand im Inland, ist das

Gericht zuständig, in dessen Bezirk sich das Vermögen des Schuldners oder der mit der Klage in Anspruch genommene Gegenstand befindet (§ 23).

Zuständig für die **Pfändung von Schutzrechten** sind nicht die kraft Konzentrationsermächtigung für Verfahren des gewerblichen Rechtsschutzes zuständigen Gerichte (→ § 1 Rn. 3, 16), sondern das Amtsgericht als Vollstreckungsgericht, in dessen Bezirk der der Inhaber des Rechts seinen allgemeinen Gerichtsstand hat.[1]

C. Verstöße

Die Anordnung der Pfändung durch ein sachlich bzw. örtlich unzuständiges Gericht ist grundsätzlich **wirksam, aber nach § 766 anfechtbar** (→ § 704 Rn. 11). Handelt ein völlig unzuständiges Organ, zB ein Gerichtsvollzieher oder eine Behörde, ist die Pfändung nichtig.[2]

§ 829 Pfändung einer Geldforderung

(1) ¹Soll eine Geldforderung gepfändet werden, so hat das Gericht dem Drittschuldner zu verbieten, an den Schuldner zu zahlen. ²Zugleich hat das Gericht an den Schuldner das Gebot zu erlassen, sich jeder Verfügung über die Forderung, insbesondere ihrer Einziehung, zu enthalten. ³Die Pfändung mehrerer Geldforderungen gegen verschiedene Drittschuldner soll auf Antrag des Gläubigers durch einheitlichen Beschluss ausgesprochen werden, soweit dies für Zwecke der Vollstreckung geboten erscheint und kein Grund zu der Annahme besteht, dass schutzwürdige Interessen der Drittschuldner entgegenstehen.

(2) ¹Der Gläubiger hat den Beschluss dem Drittschuldner zustellen zu lassen. ²Der Gerichtsvollzieher hat dem Schuldner den Beschluss mit dem Zustellungsnachweis sofort zuzustellen, sofern nicht eine öffentliche Zustellung erforderlich ist. ³An Stelle einer an den Schuldner im Ausland zu bewirkenden Zustellung erfolgt die Zustellung durch Aufgabe zur Post, sofern die Zustellung weder nach der Verordnung (EG) Nr. 1393/2007 noch nach dem Abkommen zwischen der Europäischen Gemeinschaft und dem Königreich Dänemark über die Zustellung gerichtlicher und außergerichtlicher Schriftstücke in Zivil- und Handelssachen vom 19. Oktober 2005 (ABl. L 300 vom 17.11.2005, S. 55, L 120 vom 5.5.2006, S. 23) zu bewirken ist.

(3) Mit der Zustellung des Beschlusses an den Drittschuldner ist die Pfändung als bewirkt anzusehen.

(4) ¹Das Bundesministerium der Justiz und für Verbraucherschutz wird ermächtigt, durch Rechtsverordnung mit Zustimmung des Bundesrates Formulare für den Antrag auf Erlass eines Pfändungs- und Überweisungsbeschlusses einzuführen. ²Soweit nach Satz 1 Formulare eingeführt sind, muss sich der Antragsteller ihrer bedienen. ³Für Verfahren bei Gerichten, die die Verfahren elektronisch bearbeiten, und für Verfahren bei Gerichten, die die Verfahren nicht elektronisch bearbeiten, können unterschiedliche Formulare eingeführt werden.

§ 829a Vereinfachter Vollstreckungsantrag bei Vollstreckungsbescheiden

(1) ¹Im Fall eines elektronischen Antrags zur Zwangsvollstreckung aus einem Vollstreckungsbescheid, der einer Vollstreckungsklausel nicht bedarf, ist bei Pfändung und Überweisung einer Geldforderung (§§ 829, 835) die Übermittlung der Ausfertigung des Vollstreckungsbescheides entbehrlich, wenn
1. die sich aus dem Vollstreckungsbescheid ergebende fällige Geldforderung einschließlich titulierter Nebenforderungen und Kosten nicht mehr als 5 000 Euro beträgt; Kosten der Zwangsvollstreckung sind bei der Berechnung der Forderungshöhe nur zu berücksichtigen, wenn sie antragsgegenständlich sind;
2. die Vorlage anderer Urkunden als der Ausfertigung des Vollstreckungsbescheides nicht vorgeschrieben ist;
3. der Gläubiger eine Abschrift des Vollstreckungsbescheides nebst Zustellungsbescheinigung als elektronisches Dokument dem Antrag beifügt;
4. der Gläubiger versichert, dass ihm eine Ausfertigung des Vollstreckungsbescheides und eine Zustellungsbescheinigung vorliegen und die Forderung in Höhe des Vollstreckungsantrags noch besteht.

²Sollen Kosten der Zwangsvollstreckung vollstreckt werden, sind zusätzlich zu den in Satz 1 Nr. 3 genannten Dokumenten eine nachprüfbare Aufstellung der Kosten und entsprechende Belege als elektronisches Dokument dem Antrag beizufügen.

(2) Hat das Gericht an dem Vorliegen einer Ausfertigung des Vollstreckungsbescheides oder der übrigen Vollstreckungsvoraussetzungen Zweifel, teilt es dies dem Gläubiger mit und führt die Zwangsvollstreckung erst durch, nachdem der Gläubiger die Ausfertigung des Vollstreckungsbescheides übermittelt oder die übrigen Vollstreckungsvoraussetzungen nachgewiesen hat.

§ 830 Pfändung einer Hypothekenforderung

(1) ¹Zur Pfändung einer Forderung, für die eine Hypothek besteht, ist außer dem Pfändungsbeschluss die Übergabe des Hypothekenbriefes an den Gläubiger erforderlich. ²Wird die Übergabe im Wege der Zwangsvollstreckung erwirkt, so gilt sie als erfolgt, wenn der Gerichtsvollzieher den Brief zum Zwecke der Ablieferung an den Gläubiger wegnimmt. ³Ist die Erteilung des Hypothekenbriefes ausgeschlossen, so ist die Eintragung der Pfändung in das Grundbuch erforderlich; die Eintragung erfolgt auf Grund des Pfändungsbeschlusses.

(2) Wird der Pfändungsbeschluss vor der Übergabe des Hypothekenbriefes oder der Eintragung der Pfändung dem Drittschuldner zugestellt, so gilt die Pfändung diesem gegenüber mit der Zustellung als bewirkt.

(3) ¹Diese Vorschriften sind nicht anzuwenden, soweit es sich um die Pfändung der Ansprüche auf die im § 1159 des Bürgerlichen Gesetzbuchs bezeichneten Leistungen handelt. ²Das Gleiche gilt bei einer Sicherungshypothek im Falle des § 1187 des Bürgerlichen Gesetzbuchs von der Pfändung der Hauptforderung.

§ 830a Pfändung einer Schiffshypothekenforderung

(1) Zur Pfändung einer Forderung, für die eine Schiffshypothek besteht, ist die Eintragung der Pfändung in das Schiffsregister oder in das Schiffsbauregister erforderlich; die Eintragung erfolgt auf Grund des Pfändungsbeschlusses.

---

[1] Benkard/Ullmann/*Deichfuß* PatG § 15 Rn. 44; Günter/Beyerlein/*Beyerlein* DesignG § 30 Rn. 7); Ströbele/Hacker/Thiering/*Hacker* MarkenG § 29 Rn. 15.
[2] Baumbach/Lauterbach/Albers/Hartmann ZPO § 828 Rn. 7.

(2) Wird der Pfändungsbeschluss vor der Eintragung der Pfändung dem Drittschuldner zugestellt, so gilt die Pfändung diesem gegenüber mit der Zustellung als bewirkt.

(3) ¹ Diese Vorschriften sind nicht anzuwenden, soweit es sich um die Pfändung der Ansprüche auf die im § 53 des Gesetzes über Rechte an eingetragenen Schiffen und Schiffsbauwerken vom 15. November 1940 (RGBl. I S. 1499) bezeichneten Leistungen handelt. ² Das Gleiche gilt, wenn bei einer Schiffshypothek für eine Forderung aus einer Schuldverschreibung auf den Inhaber, aus einem Wechsel oder aus einem anderen durch Indossament übertragbaren Papier die Hauptforderung gepfändet wird.

§ 831 Pfändung indossabler Papiere

Die Pfändung von Forderungen aus Wechseln und anderen Papieren, die durch Indossament übertragen werden können, wird dadurch bewirkt, dass der Gerichtsvollzieher diese Papiere in Besitz nimmt.

§ 832 Pfändungsumfang bei fortlaufenden Bezügen

Das Pfandrecht, das durch die Pfändung einer Gehaltsforderung oder einer ähnlichen in fortlaufenden Bezügen bestehenden Forderung erworben wird, erstreckt sich auch auf die nach der Pfändung fällig werdenden Beträge.

§ 833 Pfändungsumfang bei Arbeits- und Diensteinkommen

(1) ¹ Durch die Pfändung eines Diensteinkommens wird auch das Einkommen betroffen, das der Schuldner infolge der Versetzung in ein anderes Amt, der Übertragung eines neuen Amtes oder einer Gehaltserhöhung zu beziehen hat. ² Diese Vorschrift ist auf den Fall der Änderung des Dienstherrn nicht anzuwenden.

(2) Endet das Arbeits- oder Dienstverhältnis und begründen Schuldner und Drittschuldner innerhalb von neun Monaten ein solches neu, so erstreckt sich die Pfändung auf die Forderung aus dem neuen Arbeits- oder Dienstverhältnis.

§ 833a Pfändungsumfang bei Kontoguthaben

Die Pfändung des Guthabens eines Kontos bei einem Kreditinstitut umfasst das am Tag der Zustellung des Pfändungsbeschlusses bei dem Kreditinstitut bestehende Guthaben sowie die Tagesguthaben der auf die Pfändung folgenden Tage.

§ 834 Keine Anhörung des Schuldners

Vor der Pfändung ist der Schuldner über das Pfändungsgesuch nicht zu hören.

§ 835 Überweisung einer Geldforderung

(1) Die gepfändete Geldforderung ist dem Gläubiger nach seiner Wahl zur Einziehung oder an Zahlungs statt zum Nennwert zu überweisen.

(2) Im letzteren Fall geht die Forderung auf den Gläubiger mit der Wirkung über, dass er, soweit die Forderung besteht, wegen seiner Forderung an den Schuldner als befriedigt anzusehen ist.

(3) ¹ Die Vorschriften des § 829 Abs. 2, 3 sind auf die Überweisung entsprechend anzuwenden. ² Wird ein bei einem Kreditinstitut gepfändetes Guthaben eines Schuldners, der eine natürliche Person ist, dem Gläubiger überwiesen, so darf erst einen Monat nach der Zustellung des Überweisungsbeschlusses an den Drittschuldner aus dem Guthaben an den Gläubiger geleistet oder der Betrag hinterlegt werden; ist künftiges Guthaben gepfändet worden, ordnet das Vollstreckungsgericht auf Antrag zusätzlich an, dass erst einen Monat nach der Gutschrift von eingehenden Zahlungen an den Gläubiger geleistet oder der Betrag hinterlegt werden darf.

(4) Wenn nicht wiederkehrend zahlbare Vergütungen eines Schuldners, der eine natürliche Person ist, für persönlich geleistete Arbeiten oder Dienste oder sonstige Einkünfte, die kein Arbeitseinkommen sind, dem Gläubiger überwiesen werden, so darf der Drittschuldner erst einen Monat nach der Zustellung des Überweisungsbeschlusses an den Gläubiger leisten oder den Betrag hinterlegen.

§ 836 Wirkung der Überweisung

(1) Die Überweisung ersetzt die förmlichen Erklärungen des Schuldners, von denen nach den Vorschriften des bürgerlichen Rechts die Berechtigung zur Einziehung der Forderung abhängig ist.

(2) Der Überweisungsbeschluss gilt, auch wenn er mit Unrecht erlassen ist, zugunsten des Drittschuldners dem Schuldner gegenüber so lange als rechtsbeständig, bis er aufgehoben wird und die Aufhebung zur Kenntnis des Drittschuldners gelangt.

(3) ¹ Der Schuldner ist verpflichtet, dem Gläubiger die zur Geltendmachung der Forderung nötige Auskunft zu erteilen und ihm die über die Forderung vorhandenen Urkunden herauszugeben. ² Erteilt der Schuldner die Auskunft nicht, so ist er auf Antrag des Gläubigers verpflichtet, sie zu Protokoll zu geben und seine Angaben an Eides statt zu versichern. ³ Der gemäß § 802e zuständige Gerichtsvollzieher lädt den Schuldner zur Abgabe der Auskunft und eidesstattlichen Versicherung. ⁴ Die Vorschriften des § 802f Abs. 4 und der §§ 802g bis 802i, 802j Abs. 1 und 2 gelten entsprechend. ⁵ Die Herausgabe der Urkunden kann von dem Gläubiger im Wege der Zwangsvollstreckung erwirkt werden.

§ 837 Überweisung einer Hypothekenforderung

(1) ¹ Zur Überweisung einer gepfändeten Forderung, für die eine Hypothek besteht, genügt die Aushändigung des Überweisungsbeschlusses an den Gläubiger. ² Ist die Erteilung des Hypothekenbriefes ausgeschlossen, so ist zur Überweisung an Zahlungs statt die Eintragung der Überweisung in das Grundbuch erforderlich; die Eintragung erfolgt auf Grund des Überweisungsbeschlusses.

(2) ¹ Diese Vorschriften sind nicht anzuwenden, soweit es sich um die Überweisung der Ansprüche auf die im § 1159 des Bürgerlichen Gesetzbuchs bezeichneten Leistungen handelt. ² Das Gleiche gilt bei einer Sicherungshypothek im Falle des § 1187 des Bürgerlichen Gesetzbuchs von der Überweisung der Hauptforderung.

(3) Bei einer Sicherungshypothek der im § 1190 des Bürgerlichen Gesetzbuchs bezeichneten Art kann die Hauptforderung nach den allgemeinen Vorschriften gepfändet und überwiesen werden, wenn der Gläubiger die Überweisung der Forderung ohne die Hypothek an Zahlungs statt beantragt.

§ 837a Überweisung einer Schiffshypothekenforderung

(1) ¹ Zur Überweisung einer gepfändeten Forderung, für die eine Schiffshypothek besteht, genügt, wenn die Forderung zur Einziehung überwiesen wird, die Aushändigung des Überweisungsbeschlusses an den Gläubiger. ² Zur Überweisung an Zahlungs statt ist die Eintragung der Überweisung in das Schiffsregister oder in das Schiffsbauregister erforderlich; die Eintragung erfolgt auf Grund des Überweisungsbeschlusses.

(2) ¹ Diese Vorschriften sind nicht anzuwenden, soweit es sich um die Überweisung der Ansprüche auf die im § 53 des Gesetzes über Rechte an eingetragenen Schiffen und Schiffsbauwerken vom 15. November 1940 (RGBl. I S. 1499) bezeichneten Leistungen handelt. ² Das Gleiche gilt, wenn bei einer Schiffshypothek für eine Forderung aus einer Schuldverschreibung auf den Inhaber, aus einem Wechsel oder aus einem anderen durch Indossament übertragbaren Papier die Hauptforderung überwiesen wird.

(3) Bei einer Schiffshypothek für einen Höchstbetrag (§ 75 des im Absatz 2 genannten Gesetzes) gilt § 837 Abs. 3 entsprechend.

§ 838 Einrede des Schuldners bei Faustpfand

Wird eine durch ein Pfandrecht an einer beweglichen Sache gesicherte Forderung überwiesen, so kann der Schuldner die Herausgabe des Pfandes an den Gläubiger verweigern, bis Sicherheit für die Haftung geleistet wird, die für ihn aus einer Verletzung der dem Gläubiger dem Verpfänder gegenüber obliegenden Verpflichtungen entstehen kann.

§ 839 Überweisung bei Abwendungsbefugnis

Darf der Schuldner nach § 711 Satz 1, § 712 Abs. 1 Satz 1 die Vollstreckung durch Sicherheitsleistung oder Hinterlegung abwenden, so findet die Überweisung gepfändeter Geldforderungen nur zur Einziehung und nur mit der Wirkung statt, dass der Drittschuldner den Schuldbetrag zu hinterlegen hat.

§ 840 Erklärungspflicht des Drittschuldners

(1) Auf Verlangen des Gläubigers hat der Drittschuldner binnen zwei Wochen, von der Zustellung des Pfändungsbeschlusses an gerechnet, dem Gläubiger zu erklären:
1. ob und inwieweit er die Forderung als begründet anerkenne und Zahlung zu leisten bereit sei;
2. ob und welche Ansprüche andere Personen an die Forderung machen;
3. ob und wegen welcher Ansprüche die Forderung bereits für andere Gläubiger gepfändet sei;
4. ob innerhalb der letzten zwölf Monate im Hinblick auf das Konto, dessen Guthaben gepfändet worden ist, nach § 907 die Unpfändbarkeit des Guthabens festgesetzt worden ist, und
5. ob es sich bei dem Konto, dessen Guthaben gepfändet worden ist, um ein Pfändungsschutzkonto im Sinne des § 850k oder ein Gemeinschaftskonto im Sinne des § 850l handelt; bei einem Gemeinschaftskonto ist zugleich anzugeben, ob der Schuldner nur gemeinsam mit einer oder mehreren anderen Personen verfügungsbefugt ist.

(2) ¹ Die Aufforderung zur Abgabe dieser Erklärungen muss in die Zustellungsurkunde aufgenommen werden; bei Zustellungen nach § 193a muss die Aufforderung als elektronisches Dokument zusammen mit dem Pfändungsbeschluss übermittelt werden. ² Der Drittschuldner haftet dem Gläubiger für den aus der Nichterfüllung seiner Verpflichtung entstehenden Schaden.

(3) ¹ Die Erklärungen des Drittschuldners können innerhalb der in Absatz 1 bestimmten Frist auch gegenüber dem Gerichtsvollzieher abgegeben werden. ² Werden die Erklärungen bei einer Zustellung des Pfändungsbeschlusses nach § 193 abgegeben, so sind sie in die Zustellungsurkunde aufzunehmen und von dem Drittschuldner zu unterschreiben.

§ 841 Pflicht zur Streitverkündung

Der Gläubiger, der die Forderung einklagt, ist verpflichtet, dem Schuldner gerichtlich den Streit zu verkünden, sofern nicht eine Zustellung im Ausland oder eine öffentliche Zustellung erforderlich wird.

§ 842 Schadenersatz bei verzögerter Beitreibung

Der Gläubiger, der die Beitreibung einer ihm zur Einziehung überwiesenen Forderung verzögert, haftet dem Schuldner für den daraus entstehenden Schaden.

§ 843 Verzicht des Pfandgläubigers

¹ Der Gläubiger kann auf die durch Pfändung und Überweisung zur Einziehung erworbenen Rechte unbeschadet seines Anspruchs verzichten. ² Die Verzichtleistung erfolgt durch eine dem Schuldner zuzustellende Erklärung. ³ Die Erklärung ist auch dem Drittschuldner zuzustellen.

§ 844 Andere Verwertungsart

(1) Ist die gepfändete Forderung bedingt oder betagt oder ist ihre Einziehung wegen der Abhängigkeit von einer Gegenleistung oder aus anderen Gründen mit Schwierigkeiten verbunden, so kann das Gericht auf Antrag an Stelle der Überweisung eine andere Art der Verwertung anordnen.

(2) Vor dem Beschluss, durch welchen dem Antrag stattgegeben wird, ist der Gegner zu hören, sofern nicht eine Zustellung im Ausland oder eine öffentliche Zustellung erforderlich wird.

A. Allgemeine Grundlagen

Die übliche Art der Befriedigung des Gläubigers wegen einer gepfändeten Forderung (§ 829) ist die Überweisung (§ 838) an Zahlungs statt oder zur Einziehung. § 844 ermöglicht eine andere Art der

Verwertung, wenn eine Überweisung aus den in Abs. 1 genannten Gründen nicht möglich bzw. mit Schwierigkeiten verbunden ist. Andere Gründe im Sinne von Abs. 1 liegen vor allem vor, wenn eine Verwertung durch Überweisung nicht zweckmäßig oder wirtschaftlich vertretbar ist.[1] Die Anordnung kommt hauptsächlich für die Verwertung anderer Rechte iSd § 857 in Betracht.[2] Die Pfändung von GmbH-Anteilen, Patenten[3], Marken oder Internetdomains ist ein häufiger Anwendungsfall in der Praxis.[4] Bei Urheberrechten ergeben sich aus §§ 113 ff. UrhG wegen der engen Verknüpfung der Verwertungsrechte mit dem Urheberpersönlichkeitsrecht (→ § 704 Rn. 4) Einschränkungen in der Zwangsvollstreckung, da eine Zwangsvollstreckung in das Urheberrecht nur mit Zustimmung des Urhebers möglich ist und nur insoweit zulässig ist, als er nach § 31 UrhG Nutzungsrechte einräumen kann.[5] Da die Berechnung des Mindestpreises für einen gepfändeten GmbH-Anteil jedoch erhebliche Schwierigkeiten bereiten kann, ist eine Versteigerung abgelehnt, wenn eine Verschleuderung des Schuldnervermögens zu befürchten ist.[6]

2   Bezüglich der Pfändbarkeit von Immaterialgüterrechten wird auf → § 857 Rn. 2ff. verwiesen. Über § 857 findet § 844 auch Anwendung auf die **Verwertung gepfändeter gewerblicher Schutzrechte,** bei denen eine Überweisung denklogisch ausscheidet, so dass nur andere Verwertungsarten in Betracht kommen.

3   Andere Verwertungsarten sind beispielsweise die Versteigerung (§§ 816 ff.)[7] oder die freihändige Veräußerung des Schutzrechts (§ 857), freihändiger Verkauf, Überweisung an Zahlungs statt zum Schätzwert[8] oder Verpachtung des gepfändeten Rechts.[9]

B. Verfahren

4   **Sachlich zuständig** ist das Vollstreckungsgericht gemäß § 764 Abs. 2. Die örtliche Zuständigkeit folgt § 828 ZPO. Funktional handelt der Rechtspfleger, § 20 Nr. 17 RPflG.

5   Erforderlich ist ein **Antrag des Gläubigers oder des Schuldners.**[10] Er muss darlegen, aus welchen Gründen eine Regelverwertung durch Überweisung der Forderung zur Einziehung oder an Zahlungs statt schwierig ist.

6   Der Gegner ist grundsätzlich **anzuhören** (Abs. 2). Das Gericht **entscheidet** durch Beschluss.[11]

7   Die Verwertung der gepfändeten Forderung erfolgt gemäß dem Beschluss des Gerichts.

8   Gegen den Beschluss ist die sofortige Beschwerde nach § 793 statthaft.

§ 845 Vorpfändung

(1) [1] Schon vor der Pfändung kann der Gläubiger auf Grund eines vollstreckbaren Schuldtitels durch den Gerichtsvollzieher dem Drittschuldner und dem Schuldner die Benachrichtigung, dass die Pfändung bevorstehe, zustellen lassen mit der Aufforderung an den Drittschuldner, nicht an den Schuldner zu zahlen, und mit der Aufforderung an den Schuldner, sich jeder Verfügung über die Forderung, insbesondere ihrer Einziehung, zu enthalten. [2] Der Gerichtsvollzieher hat die Benachrichtigung mit den Aufforderungen selbst anzufertigen, wenn er nicht von den Parteien damit ausdrücklich beauftragt worden ist. [3] An Stelle einer an den Schuldner im Ausland zu bewirkenden Zustellung erfolgt die Zustellung durch Aufgabe zur Post.

(2) [1] Die Benachrichtigung an den Drittschuldner hat die Wirkung eines Arrestes (§ 930), sofern die Pfändung der Forderung innerhalb eines Monats bewirkt wird. [2] Die Frist beginnt mit dem Tag, an dem die Benachrichtigung zugestellt ist.

§ 846 Zwangsvollstreckung in Herausgabeansprüche

Die Zwangsvollstreckung in Ansprüche, welche die Herausgabe oder Leistung körperlicher Sachen zum Gegenstand haben, erfolgt nach den §§ 829 bis 845 unter Berücksichtigung der nachstehenden Vorschriften.

§ 847 Herausgabeanspruch auf eine bewegliche Sache

(1) Bei der Pfändung eines Anspruchs, der eine bewegliche körperliche Sache betrifft, ist anzuordnen, dass die Sache an einen vom Gläubiger zu beauftragenden Gerichtsvollzieher herauszugeben sei.

(2) Auf die Verwertung der Sache sind die Vorschriften über die Verwertung gepfändeter Sachen anzuwenden.

§ 847a Herausgabeanspruch auf ein Schiff

(1) Bei der Pfändung eines Anspruchs, der ein eingetragenes Schiff betrifft, ist anzuordnen, dass das Schiff an einen vom Vollstreckungsgericht zu bestellenden Treuhänder herauszugeben ist.

(2) [1] Ist der Anspruch auf Übertragung des Eigentums gerichtet, so vertritt der Treuhänder den Schuldner bei der Übertragung des Eigentums. [2] Mit dem Übergang des Eigentums auf den Schuldner erlangt der Gläubiger eine Schiffs-

---

[1] MüKoZPO/*Smid* § 844 Rn. 2; Musielak/Voit/*Flockenhaus* § 844 Rn. 3.
[2] Stein/Jonas/*Brehm* § 844 Rn. 1.
[3] S. dazu OLG Karlsruhe GRUR-RR 2005, 68 – Patentpfändung.
[4] Kindl/Meller-Hannich/Wolf/*Bendtsen* § 844 Rn. 1.
[5] Schricker/*Wild* § 113 Rn. 2.
[6] OLG Düsseldorf Rpfleger 2000, 400.
[7] ZB Versteigerung einer Internet-Domain über ein Internet-Auktionshaus, LG Mönchengladbach NJW-RR 2005, 439.
[8] Für eine Internet-Domain: BGH NJW 2005, 3353 (3354).
[9] Musielak/Voit/*Flockenhaus* § 844 Rn. 5.
[10] Musielak/Voit/*Flockenhaus* § 844 Rn. 2; Wieczorek/*Schütze* § 844 Rn. 3.
[11] Thomas/Putzo/*Seiler* § 844 Rn. 3.

Pfändungsgrenzen für Arbeitseinkommen § 850c ZPO

hypothek für seine Forderung. ³Der Treuhänder hat die Eintragung der Schiffshypothek in das Schiffsregister zu bewilligen.

(3) Die Zwangsvollstreckung in das Schiff wird nach den für die Zwangsvollstreckung in unbewegliche Sachen geltenden Vorschriften bewirkt.

(4) Die vorstehenden Vorschriften gelten entsprechend, wenn der Anspruch ein Schiffsbauwerk betrifft, das im Schiffsbauregister eingetragen ist oder in dieses Register eingetragen werden kann.

§ 848 Herausgabeanspruch auf eine unbewegliche Sache

(1) Bei Pfändung eines Anspruchs, der eine unbewegliche Sache betrifft, ist anzuordnen, dass die Sache an einen auf Antrag des Gläubigers vom Amtsgericht der belegenen Sache zu bestellenden Sequester herauszugeben sei.

(2) ¹Ist der Anspruch auf Übertragung des Eigentums gerichtet, so hat die Auflassung an den Sequester als Vertreter des Schuldners zu erfolgen. ²Mit dem Übergang des Eigentums auf den Schuldner erlangt der Gläubiger eine Sicherungshypothek für seine Forderung. ³Der Sequester hat die Eintragung der Sicherungshypothek zu bewilligen.

(3) Die Zwangsvollstreckung in die herausgegebene Sache wird nach den für die Zwangsvollstreckung in unbewegliche Sachen geltenden Vorschriften bewirkt.

§ 849 Keine Überweisung an Zahlungs statt

Eine Überweisung der im § 846 bezeichneten Ansprüche an Zahlungs statt ist unzulässig.

§ 850 Pfändungsschutz für Arbeitseinkommen

(1) Arbeitseinkommen, das in Geld zahlbar ist, kann nur nach Maßgabe der §§ 850a bis 850i gepfändet werden.

(2) Arbeitseinkommen im Sinne dieser Vorschrift sind die Dienst- und Versorgungsbezüge der Beamten, Arbeits- und Dienstlöhne, Ruhegelder und ähnliche nach dem einstweiligen oder dauernden Ausscheiden aus dem Dienst- oder Arbeitsverhältnis gewährte fortlaufende Einkünfte, sowie sonstige Vergütungen für Dienstleistungen aller Art, die die Erwerbstätigkeit des Schuldners vollständig oder zu einem wesentlichen Teil in Anspruch nehmen.

(3) Arbeitseinkommen sind auch die folgenden Bezüge, soweit sie in Geld zahlbar sind:
a) Bezüge, die ein Arbeitnehmer zum Ausgleich für Wettbewerbsbeschränkungen für die Zeit nach Beendigung seines Dienstverhältnisses beanspruchen kann;
b) Renten, die auf Grund von Versicherungsverträgen gewährt werden, wenn diese Verträge zur Versorgung des Versicherungsnehmers oder seiner unterhaltsberechtigten Angehörigen eingegangen sind.

(4) Die Pfändung des in Geld zahlbaren Arbeitseinkommens erfasst alle Vergütungen, die dem Schuldner aus der Arbeits- oder Dienstleistung zustehen, ohne Rücksicht auf ihre Benennung oder Berechnungsart.

§ 850a Unpfändbare Bezüge

Unpfändbar sind
1. zur Hälfte die für die Leistung von Mehrarbeitsstunden gezahlten Teile des Arbeitseinkommens;
2. die für die Dauer eines Urlaubs über das Arbeitseinkommen hinaus gewährten Bezüge, Zuwendungen aus Anlass eines besonderen Betriebsereignisses und Treugelder, soweit sie den Rahmen des Üblichen nicht übersteigen;
3. Aufwandsentschädigungen, Auslösungsgelder und sonstige soziale Zulagen für auswärtige Beschäftigungen, das Entgelt für selbstgestelltes Arbeitsmaterial, Gefahrenzulagen sowie Schmutz- und Erschwerniszulagen, soweit diese Bezüge den Rahmen des Üblichen nicht übersteigen;
4. Weihnachtsvergütungen bis zu der Hälfte des Betrages, dessen Höhe sich nach Aufrundung des monatlichen Freibetrages nach § 850c Absatz 1 in Verbindung mit Absatz 4 auf den nächsten vollen 10-Euro-Betrag ergibt;
5. Geburtsbeihilfe sowie Beihilfen aus Anlass der Eingehung einer Ehe oder Begründung einer Lebenspartnerschaft, sofern die Vollstreckung wegen anderer als der aus Anlass der Geburt, der Eingehung einer Ehe oder der Begründung einer Lebenspartnerschaft entstandenen Ansprüche betrieben wird;
6. Erziehungsgelder, Studienbeihilfen und ähnliche Bezüge;
7. Sterbe- und Gnadenbezüge aus Arbeits- oder Dienstverhältnissen;
8. Blindenzulagen.

§ 850b Bedingt pfändbare Bezüge

(1) Unpfändbar sind ferner
1. Renten, die wegen einer Verletzung des Körpers oder der Gesundheit zu entrichten sind;
2. Unterhaltsrenten, die auf gesetzlicher Vorschrift beruhen, sowie die wegen Entziehung einer solchen Forderung zu entrichtenden Renten;
3. fortlaufende Einkünfte, die ein Schuldner aus Stiftungen oder sonst auf Grund der Fürsorge und Freigebigkeit eines Dritten oder auf Grund eines Altenteils oder Auszugsvertrags bezieht;
4. Bezüge aus Witwen-, Waisen-, Hilfs- und Krankenkassen, die ausschließlich oder zu einem wesentlichen Teil zu Unterstützungszwecken gewährt werden, ferner Ansprüche aus Lebensversicherungen, die nur auf den Todesfall des Versicherungsnehmers abgeschlossen sind, wenn die Versicherungssumme 5 400 Euro nicht übersteigt.

(2) Diese Bezüge können nach den für Arbeitseinkommen geltenden Vorschriften gepfändet werden, wenn die Vollstreckung in das sonstige bewegliche Vermögen des Schuldners zu einer vollständigen Befriedigung des Gläubigers nicht geführt hat oder voraussichtlich nicht führen wird und wenn nach den Umständen des Falles, insbesondere nach der Art des beizutreibenden Anspruchs und der Höhe der Bezüge, die Pfändung der Billigkeit entspricht.

(3) Das Vollstreckungsgericht soll vor seiner Entscheidung die Beteiligten hören.

§ 850c Pfändungsgrenzen für Arbeitseinkommen

(1) Arbeitseinkommen ist unpfändbar, wenn es, je nach dem Zeitraum, für den es gezahlt wird, nicht mehr als
1. 1 178,59 Euro monatlich,
2. 271,24 Euro wöchentlich oder
3. 54,25 Euro täglich
beträgt.

1455

(2) Gewährt der Schuldner auf Grund einer gesetzlichen Verpflichtung seinem Ehegatten, einem früheren Ehegatten, seinem Lebenspartner, einem früheren Lebenspartner, einem Verwandten oder nach den §§ 1615l und 1615n des Bürgerlichen Gesetzbuchs einem Elternteil Unterhalt, so erhöht sich der Betrag nach Absatz 1 für die erste Person, der Unterhalt gewährt wird, und zwar um

1. 443,57 Euro monatlich,
2. 102,08 Euro wöchentlich oder
3. 20,42 Euro täglich.

Für die zweite bis fünfte Person, der Unterhalt gewährt wird, erhöht sich der Betrag nach Absatz 1 um je

1. 247,12 Euro monatlich,
2. 56,87 Euro wöchentlich oder
3. 11,37 Euro täglich.

(3) ¹Übersteigt das Arbeitseinkommen den Betrag nach Absatz 1, so ist es hinsichtlich des überschießenden Teils in Höhe von drei Zehnteln unpfändbar. ²Gewährt der Schuldner nach Absatz 2 Unterhalt, so sind für die erste Person weitere zwei Zehntel und für die zweite bis fünfte Person jeweils ein weiteres Zehntel unpfändbar. ³Der Teil des Arbeitseinkommens, der

1. 3 613,08 Euro monatlich,
2. 831,50 Euro wöchentlich oder
3. 166,30 Euro täglich

übersteigt, bleibt bei der Berechnung des unpfändbaren Betrages unberücksichtigt.

(4) Das Bundesministerium der Justiz und für Verbraucherschutz macht im Bundesgesetzblatt Folgendes bekannt (Pfändungsfreigrenzenbekanntmachung):
1. die Höhe des unpfändbaren Arbeitseinkommens nach Absatz 1,
2. die Höhe der Erhöhungsbeträge nach Absatz 2,
3. die Höhe der in Absatz 3 Satz 3 genannten Höchstbeträge.

Die Beträge werden jeweils zum 1. Juli eines jeden Jahres entsprechend der im Vergleich zum jeweiligen Vorjahreszeitraum sich ergebenden prozentualen Entwicklung des Grundfreibetrages nach § 32a Absatz 1 Satz 2 Nummer 1 des Einkommensteuergesetzes angepasst; der Berechnung ist die am 1. Januar des jeweiligen Jahres geltende Fassung des § 32a Absatz 1 Satz 2 Nummer 1 des Einkommensteuergesetzes zugrunde zu legen.

(5) ¹Um den nach Absatz 3 pfändbaren Teil des Arbeitseinkommens zu berechnen, ist das Arbeitseinkommen, gegebenenfalls nach Abzug des nach Absatz 3 Satz 3 pfändbaren Betrages, auf eine Zahl abzurunden, die bei einer Auszahlung für

1. Monate bei einer Teilung durch 10 eine natürliche Zahl ergibt,
2. Wochen bei einer Teilung durch 2,5 eine natürliche Zahl ergibt,
3. Tage bei einer Teilung durch 0,5 eine natürliche Zahl ergibt.

²Die sich aus der Berechnung nach Satz 1 ergebenden Beträge sind in der Pfändungsfreigrenzenbekanntmachung als Tabelle enthalten. ³Im Pfändungsbeschluss genügt die Bezugnahme auf die Tabelle.

(6) Hat eine Person, welcher der Schuldner auf Grund gesetzlicher Verpflichtung Unterhalt gewährt, eigene Einkünfte, so kann das Vollstreckungsgericht auf Antrag des Gläubigers nach billigem Ermessen bestimmen, dass diese Person bei der Berechnung des unpfändbaren Teils des Arbeitseinkommens ganz oder teilweise unberücksichtigt bleibt; soll die Person nur teilweise berücksichtigt werden, so ist Absatz 5 Satz 3 nicht anzuwenden.

§ 850d Pfändbarkeit bei Unterhaltsansprüchen

(1) ¹Wegen der Unterhaltsansprüche, die kraft Gesetzes einem Verwandten, dem Ehegatten, einem früheren Ehegatten, dem Lebenspartner, einem früheren Lebenspartner oder nach §§ 1615l, 1615n des Bürgerlichen Gesetzbuchs einem Elternteil zustehen, sind das Arbeitseinkommen und die in § 850a Nr. 1, 2 und 4 genannten Bezüge ohne die in § 850c bezeichneten Beschränkungen pfändbar. ²Dem Schuldner ist jedoch so viel zu belassen, als er für seinen notwendigen Unterhalt und zur Erfüllung seiner laufenden gesetzlichen Unterhaltspflichten gegenüber den dem Gläubiger vorgehenden Berechtigten oder zur gleichmäßigen Befriedigung der dem Gläubiger gleichstehenden Berechtigten bedarf; von den in § 850a Nr. 1, 2 und 4 genannten Bezügen hat ihm mindestens die Hälfte des nach § 850a unpfändbaren Betrages zu verbleiben. ³Dem Schuldner muss mindestens der Teil seines Arbeitseinkommens verbleiben, der ihm nach den Vorschriften des § 850c gegenüber nicht bevorrechtigten Gläubigern zu verbleiben hätte. ⁴Für die Pfändung wegen der Rückstände, die länger als ein Jahr vor dem Antrag auf Erlass des Pfändungsbeschlusses fällig geworden sind, gelten die Vorschriften dieses Absatzes insoweit nicht, als nach Lage der Verhältnisse nicht anzunehmen ist, dass der Schuldner sich seiner Zahlungspflicht absichtlich entzogen hat.

(2) Mehrere nach Absatz 1 Berechtigte sind mit ihren Ansprüchen in der Reihenfolge nach § 1609 des Bürgerlichen Gesetzbuchs und § 16 des Lebenspartnerschaftsgesetzes zu berücksichtigen, wobei mehrere gleich nahe Berechtigte untereinander den gleichen Rang haben.

(3) Bei der Vollstreckung wegen der in Absatz 1 bezeichneten Ansprüche sowie wegen der aus Anlass einer Verletzung des Körpers oder der Gesundheit zu zahlenden Renten kann zugleich mit der Pfändung wegen fälliger Ansprüche auch künftig fällig werdendes Arbeitseinkommen wegen der dann jeweils fällig werdenden Ansprüche gepfändet und überwiesen werden.

§ 850e Berechnung des pfändbaren Arbeitseinkommens

Für die Berechnung des pfändbaren Arbeitseinkommens gilt Folgendes:

1. ¹Nicht mitzurechnen sind die nach § 850a der Pfändung entzogenen Bezüge, ferner Beträge, die unmittelbar auf Grund steuerrechtlicher oder sozialrechtlicher Vorschriften zur Erfüllung gesetzlicher Verpflichtungen des Schuldners abzuführen sind. ²Diesen Beträgen stehen gleich die auf den Auszahlungszeitraum entfallenden Beträge, die der Schuldner
   a) nach den Vorschriften der Sozialversicherungsgesetze zur Weiterversicherung entrichtet oder
   b) an eine Ersatzkasse oder an ein Unternehmen der privaten Krankenversicherung leistet, soweit sie den Rahmen des Üblichen nicht übersteigen.
2. ¹Mehrere Arbeitseinkommen sind auf Antrag vom Vollstreckungsgericht bei der Pfändung zusammenzurechnen.² Der unpfändbare Grundbetrag ist in erster Linie dem Arbeitseinkommen zu entnehmen, das die wesentliche Grundlage der Lebenshaltung des Schuldners bildet.
2a. ¹Mit Arbeitseinkommen sind auf Antrag auch Ansprüche auf laufende Geldleistungen nach dem Sozialgesetzbuch zusammenzurechnen, soweit diese der Pfändung unterworfen sind.² Der unpfändbare Grundbetrag ist, soweit die Pfändung nicht wegen gesetzlicher Unterhaltsansprüche erfolgt, in erster Linie den laufenden Geldleistungen nach dem

Sozialgesetzbuch zu entnehmen.³ Ansprüche auf Geldleistungen für Kinder dürfen mit Arbeitseinkommen nur zusammengerechnet werden, soweit sie nach § 76 des Einkommensteuergesetzes oder nach § 54 Abs. 5 des Ersten Buches Sozialgesetzbuch gepfändet werden können.

3. ¹ Erhält der Schuldner neben seinem in Geld zahlbaren Einkommen auch Naturalleistungen, so sind Geld- und Naturalleistungen zusammenzurechnen.² In diesem Fall ist der in Geld zahlbare Betrag insoweit pfändbar, als der nach § 850c unpfändbare Teil des Gesamteinkommens durch den Wert der dem Schuldner verbleibenden Naturalleistungen gedeckt ist.

4. ¹ Trifft eine Pfändung, eine Abtretung oder eine sonstige Verfügung wegen eines der in § 850d bezeichneten Ansprüche mit einer Pfändung wegen eines sonstigen Anspruchs zusammen, so sind auf die Unterhaltsansprüche zunächst die gemäß § 850d der Pfändung in erweitertem Umfang unterliegenden Teile des Arbeitseinkommens zu verrechnen.² Die Verrechnung nimmt auf Antrag eines Beteiligten das Vollstreckungsgericht vor.³ Der Drittschuldner kann, solange ihm eine Entscheidung des Vollstreckungsgerichts nicht zugestellt ist, nach dem Inhalt der ihm bekannten Pfändungsbeschlüsse, Abtretungen und sonstigen Verfügungen mit befreiender Wirkung leisten.

§ 850f Änderung des unpfändbaren Betrages

(1) Das Vollstreckungsgericht kann dem Schuldner auf Antrag von dem nach den Bestimmungen der §§ 850c, 850d und 850i pfändbaren Teil seines Arbeitseinkommens einen Teil belassen, wenn

1. der Schuldner nachweist, dass bei Anwendung der Pfändungsfreigrenzen entsprechend § 850c der notwendige Lebensunterhalt im Sinne des Dritten und Vierten Kapitels des Zwölften Buches Sozialgesetzbuch oder nach Kapitel 3 Abschnitt 2 des Zweiten Buches Sozialgesetzbuch für sich und für die Personen, denen er gesetzlich zum Unterhalt verpflichtet ist, nicht gedeckt ist,
2. besondere Bedürfnisse des Schuldners aus persönlichen oder beruflichen Gründen oder
3. der besondere Umfang der gesetzlichen Unterhaltspflichten des Schuldners, insbesondere die Zahl der Unterhaltsberechtigten, dies erfordern

und überwiegende Belange des Gläubigers nicht entgegenstehen.

(2) Wird die Zwangsvollstreckung wegen einer Forderung aus einer vorsätzlich begangenen unerlaubten Handlung betrieben, so kann das Vollstreckungsgericht auf Antrag des Gläubigers den pfändbaren Teil des Arbeitseinkommens ohne Rücksicht auf die in § 850c vorgesehenen Beschränkungen bestimmen; dem Schuldner ist jedoch so viel zu belassen, wie er für seinen notwendigen Unterhalt und zur Erfüllung seiner laufenden gesetzlichen Unterhaltspflichten bedarf.

§ 850g Änderung der Unpfändbarkeitsvoraussetzungen

¹ Ändern sich die Voraussetzungen für die Bemessung des unpfändbaren Teils des Arbeitseinkommens, so hat das Vollstreckungsgericht auf Antrag des Schuldners oder des Gläubigers den Pfändungsbeschluss entsprechend zu ändern. ² Antragsberechtigt ist auch ein Dritter, dem der Schuldner kraft Gesetzes Unterhalt zu gewähren hat. ³ Der Drittschuldner kann nach dem Inhalt des früheren Pfändungsbeschlusses mit befreiender Wirkung leisten, bis ihm der Änderungsbeschluss zugestellt wird.

§ 850h Verschleiertes Arbeitseinkommen

(1) ¹ Hat sich der Empfänger der vom Schuldner geleisteten Arbeiten oder Dienste verpflichtet, Leistungen an einen Dritten zu bewirken, die nach Lage der Verhältnisse ganz oder teilweise eine Vergütung für die Leistung des Schuldners darstellen, so kann der Anspruch des Drittberechtigten insoweit auf Grund des Schuldtitels gegen den Schuldner gepfändet werden, wie wenn der Anspruch dem Schuldner zustände. ² Die Pfändung des Vergütungsanspruchs des Schuldners umfasst ohne weiteres den Anspruch des Drittberechtigten. ³ Der Pfändungsbeschluss ist dem Drittberechtigten ebenso wie dem Schuldner zuzustellen.

(2) ¹ Leistet der Schuldner einem Dritten in einem ständigen Verhältnis Arbeiten oder Dienste, die nach Art und Umfang üblicherweise vergütet werden, unentgeltlich oder gegen eine unverhältnismäßig geringe Vergütung, so gilt im Verhältnis zu dem Empfänger der Arbeits- und Dienstleistungen eine angemessene Vergütung als geschuldet. ² Bei der Prüfung, ob diese Voraussetzungen vorliegen, sowie bei der Bemessung der Vergütung ist auf alle Umstände des Einzelfalles, insbesondere die Art der Arbeits- und Dienstleistung, die verwandtschaftlichen oder sonstigen Beziehungen zwischen dem Dienstberechtigten und dem Dienstverpflichteten und die wirtschaftliche Leistungsfähigkeit des Dienstberechtigten Rücksicht zu nehmen.

§ 850i Pfändungsschutz für sonstige Einkünfte

(1) ¹ Werden nicht wiederkehrend zahlbare Vergütungen für persönlich geleistete Arbeiten oder Dienste oder sonstige Einkünfte, die kein Arbeitseinkommen sind, gepfändet, so hat das Gericht dem Schuldner während eines angemessenen Zeitraums so viel zu belassen, als ihm nach freier Schätzung des Gerichts verbleiben würde, wenn sein Einkommen aus laufendem Arbeits- oder Dienstlohn bestünde. ² Bei der Entscheidung sind die wirtschaftlichen Verhältnisse des Schuldners, insbesondere seine sonstigen Verdienstmöglichkeiten, frei zu würdigen. ³ Der Antrag des Schuldners ist insoweit abzulehnen, als überwiegende Belange des Gläubigers entgegenstehen.

(2) Die Vorschriften des § 27 des Heimarbeitsgesetzes vom 14. März 1951 (BGBl. I S. 191) bleiben unberührt.

(3) Die Bestimmungen der Versicherungs-, Versorgungs- und sonstigen gesetzlichen Vorschriften über die Pfändung von Ansprüchen bestimmter Art bleiben unberührt.

§ 850k Einrichtung und Beendigung des Pfändungsschutzkontos

(1) ¹ Eine natürliche Person kann jederzeit von dem Kreditinstitut verlangen, dass ein von ihr dort geführtes Zahlungskonto als Pfändungsschutzkonto geführt wird. ² Satz 1 gilt auch, wenn das Zahlungskonto zum Zeitpunkt des Verlangens einen negativen Saldo aufweist. ³ Ein Pfändungsschutzkonto darf jedoch ausschließlich auf Guthabenbasis geführt werden.

(2) ¹ Ist Guthaben auf dem Zahlungskonto bereits gepfändet worden, kann der Schuldner die Führung dieses Kontos als Pfändungsschutzkonto zum Beginn des vierten auf sein Verlangen folgenden Geschäftstages fordern. ² Das Vertragsverhältnis zwischen dem Kontoinhaber und dem Kreditinstitut bleibt im Übrigen unberührt.

(3) ¹ Jede Person darf nur ein Pfändungsschutzkonto unterhalten. ² Bei dem Verlangen nach Absatz 1 hat der Kunde gegenüber dem Kreditinstitut zu versichern, dass er kein weiteres Pfändungsschutzkonto unterhält.

(4) ¹ Unterhält ein Schuldner entgegen Absatz 3 Satz 1 mehrere Zahlungskonten als Pfändungsschutzkonten, ordnet das Vollstreckungsgericht auf Antrag des Gläubigers an, dass nur das von dem Gläubiger in seinem Antrag bezeichnete Zahlungskonto dem Schuldner als Pfändungsschutzkonto verbleibt. ² Der Gläubiger hat den Umstand, dass ein Schuldner

entgegen Satz 1 mehrere Zahlungskonten als Pfändungsschutzkonten unterhält, durch Vorlage entsprechender Erklärungen der Drittschuldner glaubhaft zu machen. ³Eine Anhörung des Schuldners durch das Vollstreckungsgericht unterbleibt. ⁴Die Anordnung nach Satz 1 ist allen Drittschuldnern zuzustellen. ⁵Mit der Zustellung der Anordnung an diejenigen Kreditinstitute, deren Zahlungskonten nicht zum Pfändungsschutzkonto bestimmt sind, entfallen die Wirkungen dieser Pfändungsschutzkonten.

(5) ¹Der Kontoinhaber kann mit einer Frist von mindestens vier Geschäftstagen zum Monatsende von dem Kreditinstitut verlangen, dass das dort geführte Pfändungsschutzkonto als Zahlungskonto ohne Pfändungsschutz geführt wird. ²Absatz 2 Satz 2 gilt entsprechend.

§ 850l Pfändung des Gemeinschaftskontos

(1) ¹Unterhält der Schuldner, der eine natürliche Person ist, mit einer anderen natürlichen oder mit einer juristischen Person oder mit einer Mehrheit von Personen ein Gemeinschaftskonto und wird Guthaben auf diesem Konto gepfändet, so darf das Kreditinstitut erst nach Ablauf von einem Monat nach Zustellung des Überweisungsbeschlusses aus dem Guthaben an den Gläubiger leisten oder den Betrag hinterlegen. ²Satz 1 gilt auch für künftiges Guthaben.

(2) ¹Ist der Schuldner eine natürliche Person, kann er innerhalb des Zeitraums nach Absatz 1 Satz 1 von dem Kreditinstitut verlangen, bestehendes oder künftiges Guthaben von dem Gemeinschaftskonto auf ein bei dem Kreditinstitut allein auf seinen Namen lautendes Zahlungskonto zu übertragen. ²Wird Guthaben nach Satz 1 übertragen und verlangt der Schuldner innerhalb des Zeitraums nach Absatz 1 Satz 1, dass das Zahlungskonto als Pfändungsschutzkonto geführt wird, so gelten für die Einrichtung des Pfändungsschutzkontos § 850k und für das übertragene Guthaben die Regelungen des Buches 8 Abschnitt 4. ³Für die Übertragung nach Satz 1 ist eine Mitwirkung anderer Kontoinhaber oder des Gläubigers nicht erforderlich. ⁴Der Übertragungsbetrag beläuft sich auf den Kopfteil des Schuldners an dem Guthaben. ⁵Sämtliche Kontoinhaber und der Gläubiger können sich auf eine von Satz 4 abweichende Aufteilung des Übertragungsbetrags einigen; die Vereinbarung ist dem Kreditinstitut in Textform mitzuteilen.

(3) Absatz 2 Satz 1 und 3 bis 5 ist auf natürliche Personen, mit denen der Schuldner das Gemeinschaftskonto unterhält, entsprechend anzuwenden.

(4) Die Wirkungen von Pfändung und Überweisung von Guthaben auf dem Gemeinschaftskonto setzen sich an dem nach Absatz 2 Satz 1 auf ein Einzelkonto des Schuldners übertragenen Guthaben fort; sie setzen sich nicht an dem Guthaben fort, das nach Absatz 3 übertragen wird.

§ 851 Nicht übertragbare Forderungen

(1) Eine Forderung ist in Ermangelung besonderer Vorschriften der Pfändung nur insoweit unterworfen, als sie übertragbar ist.

(2) Eine nach § 399 des Bürgerlichen Gesetzbuchs nicht übertragbare Forderung kann insoweit gepfändet und zur Einziehung überwiesen werden, als der geschuldete Gegenstand der Pfändung unterworfen ist.

§ 851a Pfändungsschutz für Landwirte

(1) Die Pfändung von Forderungen, die einem die Landwirtschaft betreibenden Schuldner aus dem Verkauf von landwirtschaftlichen Erzeugnissen zustehen, ist auf seinen Antrag vom Vollstreckungsgericht insoweit aufzuheben, als die Einkünfte zum Unterhalt des Schuldners, seiner Familie und seiner Arbeitnehmer oder zur Aufrechterhaltung einer geordneten Wirtschaftsführung unentbehrlich sind.

(2) Die Pfändung soll unterbleiben, wenn offenkundig ist, dass die Voraussetzungen für die Aufhebung der Zwangsvollstreckung nach Absatz 1 vorliegen.

§ 851b Pfändungsschutz bei Miet- und Pachtzinsen

(1) ¹Die Pfändung von Miete und Pacht ist auf Antrag des Schuldners vom Vollstreckungsgericht insoweit aufzuheben, als diese Einkünfte für den Schuldner zur laufenden Unterhaltung des Grundstücks, zur Vornahme notwendiger Instandsetzungsarbeiten und zur Befriedigung von Ansprüchen unentbehrlich sind, die bei einer Zwangsvollstreckung in das Grundstück dem Anspruch des Gläubigers nach § 10 des Gesetzes über die Zwangsversteigerung und die Zwangsverwaltung vorgehen würden. ²Das Gleiche gilt von der Pfändung von Barmitteln und Guthaben, die aus Miet- oder Pachtzahlungen herrühren und zu den in Satz 1 bezeichneten Zwecken unentbehrlich sind.

(2) ¹Wird der Antrag nicht binnen einer Frist von zwei Wochen gestellt, so ist er ohne sachliche Prüfung zurückzuweisen, wenn das Vollstreckungsgericht der Überzeugung ist, dass der Schuldner den Antrag in der Absicht der Verschleppung oder aus grober Nachlässigkeit nicht früher gestellt hat. ²Die Frist beginnt mit der Pfändung.

(3) Anordnungen nach Absatz 1 können mehrmals ergehen und, soweit es nach Lage der Verhältnisse geboten ist, auf Antrag aufgehoben oder abgeändert werden.

(4) ¹Vor den in den Absätzen 1 und 3 bezeichneten Entscheidungen ist, soweit dies ohne erhebliche Verzögerung möglich ist, der Gläubiger zu hören. ²Die für die Entscheidung wesentlichen tatsächlichen Verhältnisse sind glaubhaft zu machen. ³Die Pfändung soll unterbleiben, wenn offenkundig ist, dass die Voraussetzungen für die Aufhebung der Zwangsvollstreckung nach Absatz 1 vorliegen.

§ 851c Pfändungsschutz bei Altersrenten

(1) Ansprüche auf Leistungen, die auf Grund von Verträgen gewährt werden, dürfen nur wie Arbeitseinkommen gepfändet werden, wenn
1. die Leistung in regelmäßigen Zeitabständen lebenslang und nicht vor Vollendung des 60. Lebensjahres oder nur bei Eintritt der Berufsunfähigkeit gewährt wird,
2. über die Ansprüche aus dem Vertrag nicht verfügt werden darf,
3. die Bestimmung von Dritten mit Ausnahme von Hinterbliebenen als Berechtigte ausgeschlossen ist und
4. die Zahlung einer Kapitalleistung, ausgenommen eine Zahlung für den Todesfall, nicht vereinbart wurde.

(2) ¹Beträge, die der Schuldner anspart, um in Erfüllung eines Vertrages nach Absatz 1 eine angemessene Alterssicherung aufzubauen, unterliegen nicht der Pfändung, soweit sie
1. jährlich nicht mehr betragen als
    a) 6 000 Euro bei einem Schuldner vom 18. bis zum vollendeten 27. Lebensjahr und
    b) 7 000 Euro bei einem Schuldner vom 28. bis zum vollendeten 67. Lebensjahr und
2. einen Gesamtbetrag von 340 000 Euro nicht übersteigen.

²Die in Satz 1 genannten Beträge werden jeweils zum 1. Juli eines jeden fünften Jahres entsprechend der Entwicklung auf dem Kapitalmarkt, des Sterblichkeitsrisikos und der Höhe der Pfändungsfreigrenze angepasst und die angepassten Beträge

vom Bundesministerium der Justiz und für Verbraucherschutz in der Pfändungsfreigrenzenbekanntmachung im Sinne des § 850c Absatz 4 Satz 1 bekannt gemacht. ³Übersteigt der Rückkaufwert der Altersicherung den unpfändbaren Betrag, sind drei Zehntel des überschießenden Betrags unpfändbar. ⁴Satz 3 gilt nicht für den Teil des Rückkaufwerts, der den dreifachen Wert des in Satz 1 Nummer 2 genannten Betrags übersteigt.

(3) § 850e Nr. 2 und 2a gilt entsprechend.

§ 851d Pfändungsschutz bei steuerlich gefördertem Altersvorsorgevermögen

Monatliche Leistungen in Form einer lebenslangen Rente oder monatlicher Ratenzahlungen im Rahmen eines Auszahlungsplans nach § 1 Abs. 1 Satz 1 Nr. 4 des Altersvorsorgeverträge-Zertifizierungsgesetzes aus steuerlich gefördertem Altersvorsorgevermögen sind wie Arbeitseinkommen pfändbar.

§ 852 Beschränkt pfändbare Forderungen

(1) Der Pflichtteilsanspruch ist der Pfändung nur unterworfen, wenn er durch Vertrag anerkannt oder rechtshängig geworden ist.

(2) Das Gleiche gilt für den nach § 528 des Bürgerlichen Gesetzbuchs dem Schenker zustehenden Anspruch auf Herausgabe des Geschenkes sowie für den Anspruch eines Ehegatten auf den Ausgleich des Zugewinns.

§ 853 Mehrfache Pfändung einer Geldforderung

Ist eine Geldforderung für mehrere Gläubiger gepfändet, so ist der Drittschuldner berechtigt und auf Verlangen eines Gläubigers, dem die Forderung überwiesen wurde, verpflichtet, unter Anzeige der Sachlage und unter Aushändigung der ihm zugestellten Beschlüsse an das Amtsgericht, dessen Beschluss ihm zuerst zugestellt ist, den Schuldbetrag zu hinterlegen.

§ 854 Mehrfache Pfändung eines Anspruchs auf bewegliche Sachen

(1) ¹Ist ein Anspruch, der eine bewegliche körperliche Sache betrifft, für mehrere Gläubiger gepfändet, so ist der Drittschuldner berechtigt und auf Verlangen eines Gläubigers, dem der Anspruch überwiesen wurde, verpflichtet, die Sache unter Anzeige der Sachlage und unter Aushändigung der ihm zugestellten Beschlüsse dem Gerichtsvollzieher herauszugeben, der nach dem ihm zuerst zugestellten Beschluss zur Empfangnahme der Sache ermächtigt ist. ²Hat der Gläubiger einen solchen Gerichtsvollzieher nicht bezeichnet, so wird dieser auf Antrag des Drittschuldners von dem Amtsgericht des Ortes ernannt, wo die Sache herauszugeben ist.

(2) ¹Ist der Erlös zur Deckung der Forderungen nicht ausreichend und verlangt der Gläubiger, für den die zweite oder eine spätere Pfändung erfolgt ist, ohne Zustimmung der übrigen beteiligten Gläubiger eine andere Verteilung als nach der Reihenfolge der Pfändungen, so hat der Gerichtsvollzieher die Sachlage unter Hinterlegung des Erlöses dem Amtsgericht anzuzeigen, dessen Beschluss dem Drittschuldner zuerst zugestellt ist. ²Dieser Anzeige sind die Dokumente beizufügen, die sich auf das Verfahren beziehen.

(3) In gleicher Weise ist zu verfahren, wenn die Pfändung für mehrere Gläubiger gleichzeitig bewirkt ist.

§ 855 Mehrfache Pfändung eines Anspruchs auf eine unbewegliche Sache

Betrifft der Anspruch eine unbewegliche Sache, so ist der Drittschuldner berechtigt und auf Verlangen eines Gläubigers, dem der Anspruch überwiesen wurde, verpflichtet, die Sache unter Anzeige der Sachlage und unter Aushändigung der ihm zugestellten Beschlüsse an den von dem Amtsgericht der belegenen Sache ernannten oder auf seinen Antrag zu ernennenden Sequester herauszugeben.

§ 855a Mehrfache Pfändung eines Anspruchs auf ein Schiff

(1) Betrifft der Anspruch ein eingetragenes Schiff, so ist der Drittschuldner berechtigt und auf Verlangen eines Gläubigers, dem der Anspruch überwiesen wurde, verpflichtet, das Schiff unter Anzeige der Sachlage und unter Aushändigung der Beschlüsse dem Treuhänder herauszugeben, der in dem ihm zuerst zugestellten Beschluss bestellt ist.

(2) Absatz 1 gilt sinngemäß, wenn der Anspruch ein Schiffsbauwerk betrifft, das im Schiffsbauregister eingetragen ist oder in dieses Register eingetragen werden kann.

§ 856 Klage bei mehrfacher Pfändung

(1) Jeder Gläubiger, dem der Anspruch überwiesen wurde, ist berechtigt, gegen den Drittschuldner Klage auf Erfüllung der nach den Vorschriften der §§ 853 bis 855 diesem obliegenden Verpflichtungen zu erheben.

(2) Jeder Gläubiger, für den der Anspruch gepfändet ist, kann sich dem Kläger in jeder Lage des Rechtsstreits als Streitgenosse anschließen.

(3) Der Drittschuldner hat bei dem Prozessgericht zu beantragen, dass die Gläubiger, welche die Klage nicht erhoben und dem Kläger sich nicht angeschlossen haben, zum Termin zur mündlichen Verhandlung geladen werden.

(4) Die Entscheidung, die in dem Rechtsstreit über den in der Klage erhobenen Anspruch erlassen wird, ist für und gegen sämtliche Gläubiger wirksam.

(5) Der Drittschuldner kann sich gegenüber einem Gläubiger auf die ihm günstige Entscheidung nicht berufen, wenn der Gläubiger zum Termin zur mündlichen Verhandlung nicht geladen worden ist.

§ 857 Zwangsvollstreckung in andere Vermögensrechte

(1) Für die Zwangsvollstreckung in andere Vermögensrechte, die nicht Gegenstand der Zwangsvollstreckung in das unbewegliche Vermögen sind, gelten die vorstehenden Vorschriften entsprechend.

(2) Ist ein Drittschuldner nicht vorhanden, so ist die Pfändung mit dem Zeitpunkt als bewirkt anzusehen, in welchem dem Schuldner das Gebot, sich jeder Verfügung über das Recht zu enthalten, zugestellt ist.

(3) Ein unveräußerliches Recht ist in Ermangelung besonderer Vorschriften der Pfändung insoweit unterworfen, als die Ausübung einem anderen überlassen werden kann.

(4) ¹Das Gericht kann bei der Zwangsvollstreckung in unveräußerliche Rechte, deren Ausübung einem anderen überlassen werden kann, besondere Anordnungen erlassen. ²Es kann insbesondere bei der Zwangsvollstreckung in Nutzungsrechte eine Verwaltung anordnen; in diesem Fall wird die Pfändung durch Übergabe der zu benutzenden Sache an den Verwalter bewirkt, sofern sie nicht durch Zustellung des Beschlusses bereits vorher bewirkt ist.

(5) Ist die Veräußerung des Rechts selbst zulässig, so kann auch diese Veräußerung von dem Gericht angeordnet werden.

(6) Auf die Zwangsvollstreckung in eine Reallast, eine Grundschuld oder eine Rentenschuld sind die Vorschriften über die Zwangsvollstreckung in eine Forderung, für die eine Hypothek besteht, entsprechend anzuwenden.

(7) Die Vorschrift des § 845 Abs. 1 Satz 2 ist nicht anzuwenden.

Literatur: *Kleespies,* Die Domain als selbstständiger Vermögensgegenstand in der Einzelzwangsvollstreckung, GRUR 2002, 764; *McGuire/von Zumbusch/Joachim,* AIPPI Arbeitsfrage Q190 „Verträge über Schutzrechte des geistigen Eigentums (Übertragung und Lizenzen) und dritte Parteien", GRUR-Int 2006, 682.

1   **1. Zweck.** § 857 erklärt die Regelungen der §§ 828 ff. auf die Zwangsvollstreckung wegen einer Geldforderung in andere Vermögensrechte, die nicht Geldforderung (§§ 829, 830) oder Herausgabeansprüche (§§ 846 ff.) betrifft, entsprechend anwendbar. Diese Regelung hat daher vor allem für die Vollstreckung in Rechte, insbesondere gewerbliche Schutzrechte, Bedeutung.

2   **2. Andere Vermögensrechte.** Dies sind grundsätzlich alle gewerblichen Schutzrechte: Patente, Marken, Designs, Gebrauchsmuster sowie Urheberrechte, einschließlich der Rechte auf das jeweilige Recht und der Anspruch auf die Erteilung des jeweiligen Rechts.

3   **a. Urheberrecht.** Das Urheberrecht als Ganzes ist zwar ein anderes Vermögensrecht. Da es aber gemäß § 29 S. 2 UrhG nicht unter Lebenden übertragbar ist, hat es als solches wegen seiner Unpfändbarkeit nach § 857 iVm § 851 Abs. 1 ZPO für die Vollstreckung nach der ZPO keine Bedeutung.[1] Es besteht jedoch die Möglichkeit, in die Nutzungsrechte des Urhebers zu vollstrecken.[2] Bei der Zwangsvollstreckung ist zwischen der Vollstreckung gegenüber dem Urheber selbst, dessen Rechtsnachfolger und Dritten zu unterscheiden.

4   Die Vollstreckung in die Nutzungsrechte des **Urhebers** (§§ 15, 31 UrhG) gegen den Urheber wegen Geldforderungen in das Urheberrecht ist nur mit seiner Einwilligung möglich und nur insoweit zulässig, als diese nach § 31 UrhG eingeräumt werden können, s. § 113 UrhG.[3]

5   Diese Beschränkung gilt für seinen **Rechtsnachfolger** nur noch bedingt. Nach § 115 S. 1 UrhG ist die Zwangsvollstreckung wegen Geldforderung in das Nutzungsrecht nur insoweit zulässig, wie er nach § 31 UrhG Rechte einräumen kann. Seine Einwilligung ist gemäß § 115 S. 2 UrhG aber entbehrlich, sobald das Werk erschienen ist.[4] Hintergrund ist, dass bei bereits erschienenen Werken der Urheber sich für die Veröffentlichung entschieden hat (vgl. § 12 UrhG) und daher der Schutz des Urheberpersönlichkeitsrechts gegenüber dem Zwangsvollstreckungsinteresse des Gläubigers zurückzustehen hat, zumal der bloße Rechtsnachfolger ohnehin eine geringere persönliche Verbindung zum Werk hat als der Urheber selbst.[5]

6   Für die Zwangsvollstreckung gegen den **Nutzungsberechtigten,** der weder Urheber noch Rechtsnachfolger ist, bestehen keine Sonderregeln, sofern der Urheber die Übertragung der Nutzungsrechte vertraglich gestattet hat.[6]

7   **b. Patente.** Die Zwangsvollstreckung kann in den Anspruch auf das Patent, den Anspruch auf Erteilung des Patents (§§ 7, 35 PatG) und das Recht aus dem Patent erfolgen.[7] Zeitlich ist die Zwangsvollstreckung möglich, sobald die Erfindung abgeschlossen ist und der Erfinder seine Absicht zur Verwertung der Erfindung kundgetan hat.[8] Es bleibt dem Erfinder überlassen, ob er von seiner

---

[1] Ahlberg/Götting/*Ahlberg* Einführung zum UrhG Rn. 96; Dreier/Schulze/*Schulze* § 112 Rn. 1, 4.

[2] Ahlberg/Götting/*Ahlberg* Einführung zum UrhG Rn. 96; Dreier/Schulze/*Schulze* § 112 Rn. 1; Schricker/ *Wimmers* § 113 Rn. 2; Schwarz/Kreuzer/Reber/*Schwarz* Kap. 290 Rn. 6.

[3] Kindl/Meller-Hannich/*Stieper* Kap. 5 Rn. 5; Dreier/Schulze/*Wimmers* § 113 Rn. 2; Schwarz/Kreuzer/Reber/*Schwarz* Kap. 290 Rn. 6; Wandtke/Bullinger/*Kefferpütz* § 113 Rn. 1 ff. Bei Computerprogrammen ist die Einwilligung nach § 113 S. 1 UrhG entbehrlich, wenn der Urheber seine Verwertungsabsicht kundgetan hat und daher der Schutz der Urheberpersönlichkeitsrechte nicht zum Tragen kommt, Kindl/Meller-Hannich/*Stieper* Kap. 5 Rn. 6 mwN.

[4] Schricker/*Wild* § 115; Wandtke/Bullinger/*Kefferpütz* § 115 Rn. 9.

[5] Brox/Walker Rn. 835; Wandtke/Bullinger/*Kefferpütz* § 115 Rn. 1.

[6] Brox/Walker Rn. 837.

[7] BGH GRUR 1994, 602 – Rotationsbürstenwerkzeug; Haedicke/Timmann PatR-HdB/*Pansch* § 10 Rn. 255 und Haedicke/Timmann PatR-HdB/*Haedicke* § 11 Rn. 276 ff.; Kindl/Meller-Hannich/*Stieper* Kap. 5 Rn. 12 ff.; Kraßer/*Ann* § 40 Rn. 15 f.; MüKoZPO/*Smid* § 857 Rn. 16.

[8] BGH GRUR 1955, 388 (389 f.); Benkard/*Melullis* PatG § 6 Rn. 18; MüKoZPO/*Smid* § 857 Rn. 16.

Erfindung Gebrauch machen wird. Erst ab diesem Zeitpunkt kann sie einen Vermögenswert haben und der Pfändung unterliegen. Die Patentanmeldung ist nicht zwingende Voraussetzung.[9] Mit der Anmeldung des Patents entsteht eine Anwartschaft auf Erteilung des Patents[10] Als wesensgleiches Minus zur Inhaberschaft ist es wie die Inhaberschaft selbst übertrag- und pfändbar.

Lizenzgebühren und Schadensersatzrechte bezüglich des patentierten Rechts haften dem Patent **8** nicht an. Sie werden von der Pfändung nicht erfasst. Diese Ansprüche müssen als Geldforderung des Schuldners selbstständig nach §§ 829 ff. ZPO gepfändet werden.[11]

Da die Rechte Dritter am Patent fortbestehen, ist der Pfändungspfandgläubiger nicht berechtigt, **9** diesen die Benutzung entsprechend ihrer Rechte zu untersagen. Durch die Pfändung entsteht kein ausschließliches Benutzungsrecht (→ Rn. 13).[12]

c. Gebrauchsmusterrecht. Die Ausführungen zum Patentrecht gelten entsprechend. **10**

d. Design und Gemeinschaftsgeschmacksmuster. Auch das Design und das eingetragene Ge- **11** meinschaftsgeschmacksmuster sind andere Vermögensrechte iSd § 857 pfändbar, § 30 DesignG.[13]

e. Markenrecht. Nach § 29 Abs. 1 Nr. 2 MarkenG sind das durch Eintragung, Benutzung oder **12** notorische Bekanntheit einer Marke begründete Recht (§ 29 Abs. 1 MarkenG) bzw. eine Markenanmeldung (§ 31 MarkenG) Gegenstand der Zwangsvollstreckung.[14] Nach § 34 MarkenV wird die Maßnahme der Zwangsvollstreckung in der Akte der Markenanmeldung vermerkt, wenn eine solche besteht.

f. Internet Domain. Kein Vermögensrecht iSd § 857 ist eine „Internet-Domain".[15] In diesem Fall **13** ist Gegenstand einer zulässigen Pfändung nach § 857 Abs. 1 vielmehr die Gesamtheit der schuldrechtlichen Ansprüche, die dem Inhaber der Domain gegenüber der Vergabestelle aus dem der Domainregistrierung zu Grunde liegenden Vertragsverhältnis zustehen.[16] Drittschuldnerin ist bei der Pfändung der Gesamtheit der schuldrechtlichen Ansprüche des Inhabers einer .de-Domain aus dem Registrierungsvertrag die DENIC eG.[17] Die Verwertung der gepfändeten Ansprüche des Domaininhabers gegen die Vergabestelle aus dem Registrierungsvertrag kann nach §§ 857 Abs. 1, 844 Abs. 1 durch Überweisung an Zahlungs statt zu einem Schätzwert erfolgen.[18] In diesem Fall übernimmt der Gläubiger sämtliche Ansprüche aus dem Registrierungsvertrag mit der – im Falle einer .de-Domain – Denic eG einschließlich der vertraglichen Position als zu registrierender Domaininhaber.[19]

g. Lizenzrechte. Das Lizenzrecht, also das an einem vorgenannten Immaterialgüterrecht bestellte **14** Nutzungsrecht ist pfändbar, soweit das Immaterialgüterrecht übertragbar ist.[20] Es gelten die vorgenannten Grundsätze, wobei grundsätzlich zwischen einfachen und ausschließlichen Lizenzen zu unterscheiden ist.

Einfache Lizenzen sind als schuldrechtliches Nutzungsrecht grundsätzlich nicht pfändbar, soweit sie **15** als Betriebslizenz oder persönliche Lizenz ausgestaltet sind.[21] Bei ausschließlichen Lizenzen kommt es mithin darauf an, ob diese frei übertragbar und damit pfändbar[22] sind.[23]

---

[9] BGH GRUR 1955, 388 (389 f.); Benkard/*Melullis* PatG § 6 Rn. 18; MüKoZPO/*Smid* § 857 Rn. 16.
[10] BGH GRUR 1994, 602 – Rotationsbürstenwerkzeug.
[11] Kindl/Meller-Hannich/Wolf/*Koch* § 857 Rn. 23.
[12] BGH GRUR 1994, 602 – Rotationsbürstenwerkzeug.
[13] *Eichmann*/von Falckenstein § 30 Rn. 1.
[14] *Fezer* MarkenG § 29 Rn. 16; Musielak/Voit/*Flockenhaus* § 857 Rn. 13.
[15] BGH NJW 2012, 2034 Rn. 23 mAnm Marly/Nestler LMK 2012, 330732; BGH NJW 2008, 3716 Rn. 21.
[16] BVerfG NJW 2005, 589; BGH GRUR 2009, 1055 Rn. 55 – airdsl; BGH GRUR 2019, 324 – Domain „d.de"; BGH GRUR 2009, 685 Rn. 31 – ahd.de; BGH NJW 2008, 3716 Rn. 32; OLG Brandenburg GRUR 2010, 485; Hoeren/Sieber/Holznagel/*Vieflues* Teil 6 Rn. 409, wobei die Zwangsvollstreckung eingeschränkt sein kann, wenn am Domain-Namen zusätzlich Kennzeichenrechte, insbes. als besondere Geschäftsbezeichnung, bestehen, s. Hoeren/Sieber/Holznagel/*Vieflues* Teil 6 Rn. 410.
[17] BGH GRUR 2019, 324 – Domain „d.de".
[18] BGH GRUR 2005, 969 – Domain-Pfändung; Kindl/Meller-Hannich/*Krone/Vierkötter* Kap. 2 Rn. 25; zum ganzen auch *Kleespies* GRUR 2002, 764 ff.
[19] BGH GRUR 2019, 324 – Domain „d.de".
[20] Benkard/*Ullmann* PatG § 15 Rn. 48; MüKoZPO/*Smid* § 857 Rn. 16; Hoeren/Sieber/Holznagel/*Vieflues* Teil 6 Rn. 411; zur Zwangsvollstreckung in Nutzungs- und Leistungsschutzrechte des Filmherstellers s. Schwarz/Kreuzer/Reber/*Schwarz* Kap. 290 Rn. 6.
[21] BGH GRUR 1974, 463 – Anlagengeschäft; Kindl/Meller-Hannich/Wolf/*Koch* § 857 Rn. 27; Baumbach/Lauterbach/Albers/Hartmann ZPO § 704 Rn. 93; Benkard/*Ullmann* PatG § 15 Rn. 48; MüKoZPO/*Smid* § 857 Rn. 16.
[22] MüKoZPO/*Smid* § 857 Rn. 16.
[23] Haedicke/Timmann PatR-HdB/*Haedicke* § 11 Rn. 286, der basierend auf der Einordnung von sowohl einfachen als auch ausschließlichen Lizenzen als *dingliche* Rechte von einer Vollstreckbarkeit sowohl in die einfache als auch in jegliche ausschließliche Lizenz ausgeht, sofern sie übertragbar ausgestaltet sind, da der Lizenzgeber durch die Einräumung der Übertragbarkeit der Lizenz einen späteren Inhaberwechsel grundsätzlich akzeptiert und dies damit auch in der Zwangsvollstreckung hinnehmen muss.

16 **3. Wirkung der Pfändung.** Die Pfändung nimmt dem Rechtsinhaber die Berechtigung zu allen das Pfandrecht beeinträchtigenden Verfügungen, da die Pfändung zur Verstrickung des Rechts führt.[24] Auch nach Pfändung verbleibt das Recht aber weiterhin beim Rechtsinhaber.[25] Die Pfändung eines Schutzrechts führt daher nicht zum (materiell-rechtlichen) Rechtsübergang des Patents auf den Pfandgläubiger; der Nachweis der Pfändung erbringt daher im Rahmen des Umschreibungsverfahrens keinen Nachweis des Rechtsübergangs.[26]

17 Das Recht zur Eigennutzung des Patents durch den Patentinhaber wird bis zur Pfandverwertung jedoch ebenso wenig eingeschränkt wie der Fortbestand der bereits vor der Pfändung begründeten Lizenzrechte. Der Pfändungspfandgläubiger erlangt durch die Pfändung kein ausschließliches Benutzungsrecht an der Erfindung oder an dem Patent. Er ist daher nicht berechtigt, den Abnehmern des Patentinhabers die Benutzung der von diesem oder dem Inhaber einer fortbestehenden Lizenz erworbenen patentgemäßen Gegenstände zu untersagen.[27]

18 Im Hinblick auf Patente hat das BPatG entschieden, dass eine Änderung in der Person des Patentanmelders bzw. -inhabers in der Rolle nur zu vermerken ist, wenn ein Wechsel der Rechtsinhaberschaft tatsächlich stattgefunden hat und auf Dauer angelegt ist. Ist der Rechtsübergang nicht wirklich beabsichtigt, soll die Umschreibung insbesondere nur der Sicherung von Ansprüchen (zB Pfändung, Sicherungsübereignung) des „Rechtsnachfolgers" gegen den eingetragenen Rechtsinhaber dienen („Legitimationszession"), so kann eine Umschreibung nicht erfolgen.[28]

19 **4. Verwertungsmöglichkeiten.** Es gelten grundsätzlich die §§ 835, 844 ZPO.

§ 858 Zwangsvollstreckung in Schiffspart

(1) Für die Zwangsvollstreckung in die Schiffspart (§§ 489 ff. des Handelsgesetzbuchs) gilt § 857 mit folgenden Abweichungen.

(2) Als Vollstreckungsgericht ist das Amtsgericht zuständig, bei dem das Register für das Schiff geführt wird.

(3) ¹Die Pfändung bedarf der Eintragung in das Schiffsregister; die Eintragung erfolgt auf Grund des Pfändungsbeschlusses. ²Der Pfändungsbeschluss soll dem Korrespondentreeder zugestellt werden; wird der Beschluss diesem vor der Eintragung zugestellt, so gilt die Pfändung ihm gegenüber mit der Zustellung als bewirkt.

(4) ¹Verwertet wird die gepfändete Schiffspart im Wege der Veräußerung. ²Dem Antrag auf Anordnung der Veräußerung ist ein Auszug aus dem Schiffsregister beizufügen, der alle das Schiff und die Schiffspart betreffenden Eintragungen enthält; der Auszug darf nicht älter als eine Woche sein.

(5) ¹Ergibt der Auszug aus dem Schiffsregister, dass die Schiffspart mit einem Pfandrecht belastet ist, das einem andern als dem betreibenden Gläubiger zusteht, so ist die Hinterlegung des Erlöses anzuordnen. ²Der Erlös wird in diesem Fall nach den Vorschriften der §§ 873 bis 882 verteilt; Forderungen, für die ein Pfandrecht an der Schiffspart eingetragen ist, sind nach dem Inhalt des Schiffsregisters in den Teilungsplan aufzunehmen.

§ 859 Pfändung von Gesamthandanteilen

(1) ¹Der Anteil eines Gesellschafters an dem Gesellschaftsvermögen einer nach § 705 des Bürgerlichen Gesetzbuchs eingegangenen Gesellschaft ist der Pfändung unterworfen. ²Der Anteil eines Gesellschafters an den einzelnen zu dem Gesellschaftsvermögen gehörenden Gegenständen ist der Pfändung nicht unterworfen.

(2) Die gleichen Vorschriften gelten für den Anteil eines Miterben an dem Nachlass und an den einzelnen Nachlassgegenständen.

§ 860 Pfändung von Gesamtgutanteilen

(1) ¹Bei dem Güterstand der Gütergemeinschaft ist der Anteil eines Ehegatten an dem Gesamtgut und an den einzelnen dazu gehörenden Gegenständen der Pfändung nicht unterworfen. ²Das Gleiche gilt bei der fortgesetzten Gütergemeinschaft von den Anteilen des überlebenden Ehegatten und der Abkömmlinge.

(2) Nach der Beendigung der Gemeinschaft ist der Anteil an dem Gesamtgut zugunsten der Gläubiger des Anteilsberechtigten der Pfändung unterworfen.

§§ 861 und 862 (weggefallen)

§ 863 Pfändungsbeschränkungen bei Erbschaftsnutzungen

(1) ¹Ist der Schuldner als Erbe nach § 2338 des Bürgerlichen Gesetzbuchs durch die Einsetzung eines Nacherben beschränkt, so sind die Nutzungen der Erbschaft der Pfändung nicht unterworfen, soweit sie zur Erfüllung der dem Schuldner seinem Ehegatten, seinem früheren Ehegatten, seinem Lebenspartner, einem früheren Lebenspartner oder seinen Verwandten gegenüber gesetzlich obliegenden Unterhaltspflicht und zur Bestreitung seines standesmäßigen Unterhalts erforderlich sind. ²Das Gleiche gilt, wenn der Schuldner nach § 2338 des Bürgerlichen Gesetzbuchs durch die Ernennung eines Testamentsvollstreckers beschränkt ist, für seinen Anspruch auf den jährlichen Reinertrag.

(2) Die Pfändung ist unbeschränkt zulässig, wenn der Anspruch eines Nachlassgläubigers oder ein auch dem Nacherben oder dem Testamentsvollstrecker gegenüber wirksames Recht geltend gemacht wird.

(3) Diese Vorschriften gelten entsprechend, wenn der Anteil eines Abkömmlings an dem Gesamtgut der fortgesetzten Gütergemeinschaft nach § 1513 Abs. 2 des Bürgerlichen Gesetzbuchs einer Beschränkung der im Absatz 1 bezeichneten Art unterliegt.

---

[24] HK-ZPO/*Kemper* § 857 Rn. 9; Haedicke/Timmann PatR-HdB/*Pansch* § 10 Rn. 255 und Haedicke/Timmann PatR-HdB/*Haedicke* § 11 Rn. 276 ff. (zu Patenten).

[25] BGH GRUR 1994, 602 – Rotationsbürstenwerkzeug; HK-ZPO/*Kemper* § 857 Rn. 8 f.

[26] BPatG BeckRS 2011, 28339 (zum Patentrecht).

[27] BGH GRUR 1994, 602 – Rotationsbürstenwerkzeug.

[28] BPatG BeckRS 2011, 28339.

Titel 3. Zwangsvollstreckung in das unbewegliche Vermögen

§ 864 Gegenstand der Immobiliarvollstreckung

(1) Der Zwangsvollstreckung in das unbewegliche Vermögen unterliegen außer den Grundstücken die Berechtigungen, für welche die sich auf Grundstücke beziehenden Vorschriften gelten, die im Schiffsregister eingetragenen Schiffe und die Schiffsbauwerke, die im Schiffsbauregister eingetragen sind oder in dieses Register eingetragen werden können.

(2) Die Zwangsvollstreckung in den Bruchteil eines Grundstücks, einer Berechtigung der im Absatz 1 bezeichneten Art oder eines Schiffes oder Schiffsbauwerks ist nur zulässig, wenn der Bruchteil in dem Anteil eines Miteigentümers besteht oder wenn sich der Anspruch des Gläubigers auf ein Recht gründet, mit dem der Bruchteil als solcher belastet ist.

§ 865 Verhältnis zur Mobiliarvollstreckung

(1) Die Zwangsvollstreckung in das unbewegliche Vermögen umfasst auch die Gegenstände, auf die sich bei Grundstücken und Berechtigungen die Hypothek, bei Schiffen oder Schiffsbauwerken die Schiffshypothek erstreckt.

(2) [1] Diese Gegenstände können, soweit sie Zubehör sind, nicht gepfändet werden. [2] Im Übrigen unterliegen sie der Zwangsvollstreckung in das bewegliche Vermögen, solange nicht ihre Beschlagnahme im Wege der Zwangsvollstreckung in das unbewegliche Vermögen erfolgt ist.

§ 866 Arten der Vollstreckung

(1) Die Zwangsvollstreckung in ein Grundstück erfolgt durch Eintragung einer Sicherungshypothek für die Forderung, durch Zwangsversteigerung und durch Zwangsverwaltung.

(2) Der Gläubiger kann verlangen, dass eine dieser Maßregeln allein oder neben den übrigen ausgeführt werde.

(3) [1] Eine Sicherungshypothek (Absatz 1) darf nur für einen Betrag von mehr als 750 Euro eingetragen werden; Zinsen bleiben dabei unberücksichtigt, soweit sie als Nebenforderung geltend gemacht sind. [2] Auf Grund mehrerer demselben Gläubiger zustehender Schuldtitel kann eine einheitliche Sicherungshypothek eingetragen werden.

§ 867 Zwangshypothek

(1) [1] Die Sicherungshypothek wird auf Antrag des Gläubigers in das Grundbuch eingetragen; die Eintragung ist auf dem vollstreckbaren Titel zu vermerken. [2] Mit der Eintragung entsteht die Hypothek. [3] Das Grundstück haftet auch für die dem Schuldner zur Last fallenden Kosten der Eintragung.

(2) [1] Sollen mehrere Grundstücke des Schuldners mit der Hypothek belastet werden, so ist der Betrag der Forderung auf die einzelnen Grundstücke zu verteilen. [2] Die Größe der Teile bestimmt der Gläubiger; für die Teile gilt § 866 Abs. 3 Satz 1 entsprechend.

(3) Zur Befriedigung aus dem Grundstück durch Zwangsversteigerung genügt der vollstreckbare Titel, auf dem die Eintragung vermerkt ist.

§ 868 Erwerb der Zwangshypothek durch den Eigentümer

(1) Wird durch eine vollstreckbare Entscheidung die zu vollstreckende Entscheidung oder ihre vorläufige Vollstreckbarkeit aufgehoben oder die Zwangsvollstreckung für unzulässig erklärt oder deren Einstellung angeordnet, so erwirbt der Eigentümer des Grundstücks die Hypothek.

(2) Das Gleiche gilt, wenn durch eine gerichtliche Entscheidung die einstweilige Einstellung der Vollstreckung und zugleich die Aufhebung der erfolgten Vollstreckungsmaßregeln angeordnet wird oder wenn die zur Abwendung der Vollstreckung nachgelassene Sicherheitsleistung oder Hinterlegung erfolgt.

§ 869 Zwangsversteigerung und Zwangsverwaltung

Die Zwangsversteigerung und die Zwangsverwaltung werden durch ein besonderes Gesetz geregelt.

§ 870 Grundstücksgleiche Rechte

Auf die Zwangsvollstreckung in eine Berechtigung, für welche die sich auf Grundstücke beziehenden Vorschriften gelten, sind die Vorschriften über die Zwangsvollstreckung in Grundstücke entsprechend anzuwenden.

§ 870a Zwangsvollstreckung in ein Schiff oder Schiffsbauwerk

(1) [1] Die Zwangsvollstreckung in ein eingetragenes Schiff oder in ein Schiffsbauwerk, das im Schiffsbauregister eingetragen ist oder in dieses Register eingetragen werden kann, erfolgt durch Eintragung einer Schiffshypothek für die Forderung oder durch Zwangsversteigerung. [2] Die Anordnung einer Zwangsversteigerung eines Seeschiffs ist unzulässig, wenn sich das Schiff auf der Reise befindet und nicht in einem Hafen liegt.

(2) § 866 Abs. 2, 3, § 867 gelten entsprechend.

(3) [1] Wird durch eine vollstreckbare Entscheidung die zu vollstreckende Entscheidung oder ihre vorläufige Vollstreckbarkeit aufgehoben oder die Zwangsvollstreckung für unzulässig erklärt oder deren Einstellung angeordnet, so erlischt die Schiffshypothek; § 57 Abs. 3 des Gesetzes über Rechte an eingetragenen Schiffen und Schiffsbauwerken vom 15. November 1940 (RGBl. I S. 1499) ist anzuwenden. [2] Das Gleiche gilt, wenn durch eine gerichtliche Entscheidung die einstweilige Einstellung der Zwangsvollstreckung und zugleich die Aufhebung der erfolgten Vollstreckungsmaßregeln angeordnet wird oder wenn die zur Abwendung der Vollstreckung nachgelassene Sicherheitsleistung oder Hinterlegung erfolgt.

§ 871 Landesrechtlicher Vorbehalt bei Eisenbahnen

Unberührt bleiben die landesgesetzlichen Vorschriften, nach denen, wenn ein anderer als der Eigentümer einer Eisenbahn oder Kleinbahn den Betrieb der Bahn kraft eigenen Nutzungsrechts ausübt, das Nutzungsrecht und gewisse dem Betriebe gewidmete Gegenstände in Ansehung der Zwangsvollstreckung zum unbeweglichen Vermögen gehören und die Zwangsvollstreckung abweichend von den Vorschriften des Bundesrechts geregelt ist.

Titel 4. Verteilungsverfahren

§ 872 Voraussetzungen

Das Verteilungsverfahren tritt ein, wenn bei der Zwangsvollstreckung in das bewegliche Vermögen ein Geldbetrag hinterlegt ist, der zur Befriedigung der beteiligten Gläubiger nicht hinreicht.

§ 873 Aufforderung des Verteilungsgerichts

Das zuständige Amtsgericht (§§ 827, 853, 854) hat nach Eingang der Anzeige über die Sachlage an jeden der beteiligten Gläubiger die Aufforderung zu erlassen, binnen zwei Wochen eine Berechnung der Forderung an Kapital, Zinsen, Kosten und sonstigen Nebenforderungen einzureichen.

§ 874 Teilungsplan

(1) Nach Ablauf der zweiwöchigen Fristen wird von dem Gericht ein Teilungsplan angefertigt.

(2) Der Betrag der Kosten des Verfahrens ist von dem Bestand der Masse vorweg in Abzug zu bringen.

(3) ¹ Die Forderung eines Gläubigers, der bis zur Anfertigung des Teilungsplanes der an ihn gerichteten Aufforderung nicht nachgekommen ist, wird nach der Anzeige und deren Unterlagen berechnet. ² Eine nachträgliche Ergänzung der Forderung findet nicht statt.

§ 875 Terminsbestimmung

(1) ¹ Das Gericht hat zur Erklärung über den Teilungsplan sowie zur Ausführung der Verteilung einen Termin zu bestimmen. ² Der Teilungsplan muss spätestens drei Tage vor dem Termin auf der Geschäftsstelle zur Einsicht der Beteiligten niedergelegt werden.

(2) Die Ladung des Schuldners zu dem Termin ist nicht erforderlich, wenn sie durch Zustellung im Ausland oder durch öffentliche Zustellung erfolgen müsste.

§ 876 Termin zur Erklärung und Ausführung

¹ Wird in dem Termin ein Widerspruch gegen den Plan nicht erhoben, so ist dieser zur Ausführung zu bringen. ² Erfolgt ein Widerspruch, so hat sich jeder dabei beteiligte Gläubiger sofort zu erklären. ³ Wird der Widerspruch von den Beteiligten als begründet anerkannt oder kommt anderweit eine Einigung zustande, so ist der Plan demgemäß zu berichtigen. ⁴ Wenn ein Widerspruch sich nicht erledigt, so wird der Plan insoweit ausgeführt, als er durch den Widerspruch nicht betroffen wird.

§ 877 Säumnisfolgen

(1) Gegen einen Gläubiger, der in dem Termin weder erschienen ist noch vor dem Termin bei dem Gericht Widerspruch erhoben hat, wird angenommen, dass er mit der Ausführung des Planes einverstanden sei.

(2) Ist ein in dem Termin nicht erschienener Gläubiger bei dem Widerspruch beteiligt, den ein anderer Gläubiger erhoben hat, so wird angenommen, dass er diesen Widerspruch nicht als begründet anerkenne.

§ 878 Widerspruchsklage

(1) ¹ Der widersprechende Gläubiger muss ohne vorherige Aufforderung binnen einer Frist von einem Monat, die mit dem Terminstag beginnt, dem Gericht nachweisen, dass er gegen die beteiligten Gläubiger Klage erhoben habe. ² Nach fruchtlosem Ablauf dieser Frist wird die Ausführung des Planes ohne Rücksicht auf den Widerspruch angeordnet.

(2) Die Befugnis des Gläubigers, der dem Plan widersprochen hat, ein besseres Recht gegen den Gläubiger, der einen Geldbetrag nach dem Plan erhalten hat, im Wege der Klage geltend zu machen, wird durch die Versäumung der Frist und durch die Ausführung des Planes nicht ausgeschlossen.

§ 879 Zuständigkeit für die Widerspruchsklage

(1) Die Klage ist bei dem Verteilungsgericht und, wenn der Streitgegenstand zur Zuständigkeit der Amtsgerichte nicht gehört, bei dem Landgericht zu erheben, in dessen Bezirk das Verteilungsgericht seinen Sitz hat.

(2) Das Landgericht ist für sämtliche Klagen zuständig, wenn seine Zuständigkeit nach dem Inhalt der erhobenen und in dem Termin nicht zur Erledigung gelangten Widersprüche auch nur bei einer Klage begründet ist, sofern nicht die sämtlichen beteiligten Gläubiger vereinbaren, dass das Verteilungsgericht über alle Widersprüche entscheiden solle.

§ 880 Inhalt des Urteils

¹ In dem Urteil, durch das über einen erhobenen Widerspruch entschieden wird, ist zugleich zu bestimmen, an welche Gläubiger und in welchen Beträgen der streitige Teil der Masse auszuzahlen sei. ² Wird dies nicht für angemessen erachtet, so ist die Anfertigung eines neuen Planes und ein anderweites Verteilungsverfahren in dem Urteil anzuordnen.

§ 881 Versäumnisurteil

Das Versäumnisurteil gegen einen widersprechenden Gläubiger ist dahin zu erlassen, dass der Widerspruch als zurückgenommen anzusehen sei.

§ 882 Verfahren nach dem Urteil

Auf Grund des erlassenen Urteils wird die Auszahlung oder das anderweite Verteilungsverfahren von dem Verteilungsgericht angeordnet.

Eintragungsanordnung § 882c ZPO

Titel 5. Zwangsvollstreckung gegen juristische Personen des öffentlichen Rechts

§ 882a Zwangsvollstreckung wegen einer Geldforderung

(1) ¹Die Zwangsvollstreckung gegen den Bund oder ein Land wegen einer Geldforderung darf, soweit nicht dingliche Rechte verfolgt werden, erst vier Wochen nach dem Zeitpunkt beginnen, in dem der Gläubiger seine Absicht, die Zwangsvollstreckung zu betreiben, der zur Vertretung des Schuldners berufenen Behörde und, sofern die Zwangsvollstreckung in ein von einer anderen Behörde verwaltetes Vermögen erfolgen soll, auch dem zuständigen Ministerium der Finanzen angezeigt hat. ²Dem Gläubiger ist auf Verlangen der Empfang der Anzeige zu bescheinigen. ³Soweit in solchen Fällen die Zwangsvollstreckung durch den Gerichtsvollzieher zu erfolgen hat, ist der Gerichtsvollzieher auf Antrag des Gläubigers vom Vollstreckungsgericht zu bestimmen.

(2) ¹Die Zwangsvollstreckung ist unzulässig in Sachen, die für die Erfüllung öffentlicher Aufgaben eines in Absatz 1 Satz 1 bezeichneten Schuldners unentbehrlich sind oder deren Veräußerung ein öffentliches Interesse entgegensteht. ²Darüber, ob die Voraussetzungen des Satzes 1 vorliegen, ist im Streitfall nach § 766 zu entscheiden. ³Vor der Entscheidung ist das zuständige Ministerium zu hören.

(3) ¹Die Vorschriften der Absätze 1 und 2 sind auf die Zwangsvollstreckung gegen sonstige Körperschaften, Anstalten und Stiftungen des öffentlichen Rechtes mit der Maßgabe anzuwenden, dass an die Stelle der Behörde im Sinne des Absatzes 1 die gesetzlichen Vertreter treten. ²Für öffentlich-rechtliche Bank- und Kreditanstalten gelten die Beschränkungen der Absätze 1 und 2 nicht.

(4) ¹Soll in eine für die Erfüllung öffentlicher Aufgaben unentbehrliche Sache vollstreckt werden, die im Eigentum eines Dritten steht, kann das Vollstreckungsgericht auf Antrag die Zwangsvollstreckung wegen einer Geldforderung gemäß § 766 für unzulässig erklären. ²Antragsberechtigt sind
1. der Schuldner und
2. der Bund, das Land, die Körperschaft, Anstalt oder Stiftung des öffentlichen Rechts.

³Voraussetzung für die Antragsberechtigung nach Satz 2 Nummer 2 ist, dass die Sache zur Erfüllung der jeweiligen öffentlichen Aufgaben dem in Satz 2 Nummer 2 genannten Antragsberechtigten dient. ⁴Vor der Entscheidung ist das zuständige Ministerium zu hören.

(5) Der Ankündigung der Zwangsvollstreckung und der Einhaltung einer Wartefrist nach Maßgabe der Absätze 1 und 3 bedarf es nicht, wenn es sich um den Vollzug einer einstweiligen Verfügung handelt.

Titel 6. Schuldnerverzeichnis

§ 882b Inhalt des Schuldnerverzeichnisses

(1) Das zentrale Vollstreckungsgericht nach § 882h Abs. 1 führt ein Verzeichnis (Schuldnerverzeichnis) derjenigen Personen,
1. deren Eintragung der Gerichtsvollzieher nach Maßgabe des § 882c angeordnet hat;
2. deren Eintragung die Vollstreckungsbehörde nach Maßgabe des § 284 Abs. 9 der Abgabenordnung angeordnet hat; einer Eintragungsanordnung nach § 284 Abs. 9 der Abgabenordnung steht die Anordnung der Eintragung in das Schuldnerverzeichnis durch eine Vollstreckungsbehörde gleich, die auf Grund einer gleichwertigen Regelung durch Bundesgesetz oder durch Landesgesetz ergangen ist;
3. deren Eintragung das Insolvenzgericht nach Maßgabe des § 26 Absatz 2 oder des § 303a der Insolvenzordnung angeordnet hat.

(2) Im Schuldnerverzeichnis werden angegeben:
1. Name, Vorname und Geburtsname des Schuldners sowie die Firma und deren Nummer des Registerblatts im Handelsregister,
2. Geburtsdatum und Geburtsort des Schuldners,
3. Wohnsitze des Schuldners oder Sitz des Schuldners,

einschließlich abweichender Personendaten.

(3) Im Schuldnerverzeichnis werden weiter angegeben:
1. Aktenzeichen und Gericht oder Vollstreckungsbehörde der Vollstreckungssache oder des Insolvenzverfahrens,
2. im Fall des Absatzes 1 Nr. 1 das Datum der Eintragungsanordnung und der gemäß § 882c zur Eintragung führende Grund,
3. im Fall des Absatzes 1 Nr. 2 das Datum der Eintragungsanordnung und der gemäß § 284 Abs. 9 der Abgabenordnung oder einer gleichwertigen Regelung im Sinne von Absatz 1 Nr. 2 Halbsatz 2 zur Eintragung führende Grund,
4. im Fall des Absatzes 1 Nummer 3 das Datum der Eintragungsanordnung sowie die Feststellung, dass ein Antrag auf Eröffnung des Insolvenzverfahrens über das Vermögen des Schuldners mangels Masse gemäß § 26 Absatz 1 Satz 1 der Insolvenzordnung abgewiesen wurde, oder bei einer Eintragung gemäß § 303a der Insolvenzordnung der zur Eintragung führende Grund und das Datum der Entscheidung des Insolvenzgerichts.

§ 882c Eintragungsanordnung

(1) ¹Der zuständige Gerichtsvollzieher ordnet von Amts wegen die Eintragung des Schuldners in das Schuldnerverzeichnis an, wenn
1. der Schuldner seiner Pflicht zur Abgabe der Vermögensauskunft nicht nachgekommen ist;
2. eine Vollstreckung nach dem Inhalt des Vermögensverzeichnisses offensichtlich nicht geeignet wäre, zu einer vollständigen Befriedigung des Gläubigers zu führen, auf dessen Antrag die Vermögensauskunft erteilt oder dem die erteilte Auskunft zugeleitet wurde, oder
3. der Schuldner dem Gerichtsvollzieher nicht innerhalb eines Monats nach Abgabe der Vermögensauskunft oder Bekanntgabe der Zuleitung nach § 802d Abs. 1 Satz 2 die vollständige Befriedigung des Gläubigers nachweist, auf dessen Antrag die Vermögensauskunft erteilt oder dem die erteilte Auskunft zugeleitet wurde. Dies gilt nicht, solange ein Zahlungsplan nach § 802b festgesetzt und nicht hinfällig ist.

²Die Anordnung der Eintragung des Schuldners in das Schuldnerverzeichnis ist Teil des Vollstreckungsverfahrens.

(2) ¹ Die Eintragungsanordnung soll kurz begründet werden. ² Der Gerichtsvollzieher stellt sie dem Schuldner von Amts wegen zu, soweit sie ihm nicht mündlich bekannt gegeben und in das Protokoll aufgenommen wird (§ 763 Absatz 1). ³ Über die Bewilligung der öffentlichen Zustellung entscheidet abweichend von § 186 Absatz 1 Satz 1 der Gerichtsvollzieher.

(3) ¹ Die Eintragungsanordnung hat die in § 882b Abs. 2 und 3 genannten Daten zu enthalten. ² Sind dem Gerichtsvollzieher die nach § 882b Abs. 2 Nr. 1 bis 3 im Schuldnerverzeichnis anzugebenden Daten nicht bekannt, holt er Auskünfte bei den in § 755 Abs. 1 und 2 Satz 1 Nr. 1 genannten Stellen ein, um die erforderlichen Daten zu beschaffen.

§ 882d Vollziehung der Eintragungsanordnung

(1) ¹ Gegen die Eintragungsanordnung nach § 882c kann der Schuldner binnen zwei Wochen seit Bekanntgabe Widerspruch beim zuständigen Vollstreckungsgericht einlegen. ² Der Widerspruch hemmt nicht die Vollziehung. ³ Nach Ablauf der Frist des Satzes 1 übermittelt der Gerichtsvollzieher die Anordnung unverzüglich elektronisch dem zentralen Vollstreckungsgericht nach § 882h Abs. 1. ⁴ Dieses veranlasst die Eintragung des Schuldners. ⁵ Wird dem Gerichtsvollzieher vor der Übermittlung der Anordnung nach Satz 3 bekannt, dass die Voraussetzungen für die Eintragung nicht oder nicht mehr vorliegen, hebt er die Anordnung auf und unterrichtet den Schuldner hierüber.

(2) ¹ Auf Antrag des Schuldners kann das Vollstreckungsgericht anordnen, dass die Eintragung einstweilen ausgesetzt wird. ² Das zentrale Vollstreckungsgericht nach § 882h Abs. 1 hat von einer Eintragung abzusehen, wenn ihm die Ausfertigung einer vollstreckbaren Entscheidung vorgelegt wird, aus der sich ergibt, dass die Eintragungsanordnung einstweilen ausgesetzt ist.

(3) ¹ Über die Rechtsbehelfe nach den Absätzen 1 und 2 ist der Schuldner mit der Bekanntgabe der Eintragungsanordnung zu belehren. ² Das Gericht, das über die Rechtsbehelfe entschieden hat, übermittelt seine Entscheidung dem zentralen Vollstreckungsgericht nach § 882h Abs. 1 elektronisch.

§ 882e Löschung

(1) Eine Eintragung im Schuldnerverzeichnis wird nach Ablauf von drei Jahren seit dem Tag der Eintragungsanordnung von dem zentralen Vollstreckungsgericht nach § 882h Abs. 1 gelöscht.

(2) ¹ Über Einwendungen gegen die Löschung nach Absatz 1 oder ihre Versagung entscheidet der Urkundsbeamte der Geschäftsstelle. ² Gegen seine Entscheidung findet die Erinnerung nach § 573 statt.

(3) Abweichend von Absatz 1 wird eine Eintragung auf Anordnung des zentralen Vollstreckungsgerichts nach § 882h Abs. 1 gelöscht, wenn diesem
1. die vollständige Befriedigung des Gläubigers nachgewiesen worden ist;
2. das Fehlen oder der Wegfall des Eintragungsgrundes bekannt geworden ist oder
3. die Ausfertigung einer vollstreckbaren Entscheidung vorgelegt wird, aus der sich ergibt, dass die Eintragungsanordnung aufgehoben oder einstweilen ausgesetzt ist.

(4) ¹ Wird dem zentralen Vollstreckungsgericht nach § 882h Abs. 1 bekannt, dass der Inhalt einer Eintragung von Beginn an fehlerhaft war, wird die Eintragung durch den Urkundsbeamten der Geschäftsstelle geändert. ² Wird der Schuldner oder ein Dritter durch die Änderung der Eintragung beschwert, findet die Erinnerung nach § 573 statt.

§ 882f Einsicht in das Schuldnerverzeichnis

(1) ¹ Die Einsicht in das Schuldnerverzeichnis ist jedem gestattet, der darlegt, Angaben nach § 882b zu benötigen:
1. für Zwecke der Zwangsvollstreckung;
2. um gesetzliche Pflichten zur Prüfung der wirtschaftlichen Zuverlässigkeit zu erfüllen;
3. um Voraussetzungen für die Gewährung von öffentlichen Leistungen zu prüfen;
4. um wirtschaftliche Nachteile abzuwenden, die daraus entstehen können, dass Schuldner ihren Zahlungsverpflichtungen nicht nachkommen;
5. für Zwecke der Strafverfolgung und der Strafvollstreckung;
6. zur Auskunft über ihn selbst betreffende Eintragungen;
7. zur Auskunft der Dienstaufsicht über Justizbedienstete, die mit dem Schuldnerverzeichnis befasst sind.
² Die Informationen dürfen nur für den Zweck verwendet werden, für den sie übermittelt worden sind; sie sind nach Zweckerreichung zu löschen. ³ Nichtöffentliche Stellen sind darauf bei der Übermittlung hinzuweisen.

§ 882g Erteilung von Abdrucken

(1) ¹ Aus dem Schuldnerverzeichnis können auf Antrag Abdrucke zum laufenden Bezug erteilt werden, auch durch Übermittlung in einer nur maschinell lesbaren Form. ² Bei der Übermittlung in einer nur maschinell lesbaren Form gelten die von der Landesjustizverwaltung festgelegten Datenübertragungsregeln.

(2) Abdrucke erhalten:
1. Industrie- und Handelskammern sowie Körperschaften des öffentlichen Rechts, in denen Angehörige eines Berufes kraft Gesetzes zusammengeschlossen sind (Kammern);
2. Antragsteller, die Abdrucke zur Errichtung und Führung nichtöffentlicher zentraler Schuldnerverzeichnisse verwenden, oder
3. Antragsteller, deren berechtigtem Interesse durch Einzeleinsicht in die Länderschuldnerverzeichnisse oder durch den Bezug von Listen nach Absatz 5 nicht hinreichend Rechnung getragen werden kann.

(3) ¹ Die Abdrucke sind vertraulich zu behandeln und dürfen Dritten nicht zugänglich gemacht werden. ² Nach der Beendigung des laufenden Bezugs sind die Abdrucke unverzüglich zu vernichten; Auskünfte dürfen nicht mehr erteilt werden.

(4) ¹ Die Kammern dürfen ihren Mitgliedern oder den Mitgliedern einer anderen Kammer Auskünfte erteilen. ² Andere Bezieher von Abdrucken dürfen Auskünfte erteilen, soweit dies zu ihrer ordnungsgemäßen Tätigkeit gehört. ³ Absatz 3 gilt entsprechend. ⁴ Die Auskünfte dürfen auch in automatisierten Abrufverfahren erteilt werden, soweit dieses Verfahren unter Berücksichtigung der schutzwürdigen Interessen der Betroffenen und der Geschäftszwecke der zum Abruf berechtigten Stellen angemessen ist.

(5) ¹ Die Kammern dürfen die Abdrucke in Listen zusammenfassen oder hiermit Dritte beauftragen; sie haben diese bei der Durchführung des Auftrags zu beaufsichtigen. ² Die Listen dürfen den Mitgliedern von Kammern auf Antrag zum laufenden Bezug überlassen werden. ³ Für den Bezug der Listen gelten Absatz 2 Nr. 3 und Absatz 3 entsprechend. ⁴ Die Bezieher der Listen dürfen Auskünfte nur jemandem erteilen, dessen Belange sie kraft Gesetzes oder Vertrages wahrzunehmen haben.

(6) ¹ Für Abdrucke, Listen und Aufzeichnungen über eine Eintragung im Schuldnerverzeichnis, die auf der Verarbeitung von Abdrucken oder Listen oder auf Auskünften über Eintragungen im Schuldnerverzeichnis beruhen, gilt § 882e Abs. 1 entsprechend. ² Über vorzeitige Löschungen (§ 882e Abs. 3) sind die Bezieher von Abdrucken innerhalb eines Monats zu unterrichten. ³ Sie unterrichten unverzüglich die Bezieher von Listen (Absatz 5 Satz 2). ⁴ In den auf Grund der Abdrucke und Listen erstellten Aufzeichnungen sind die Eintragungen unverzüglich zu löschen. ⁵ Listen sind auch unverzüglich zu vernichten, soweit sie durch neue ersetzt werden.

(7) ¹ In den Fällen des Absatzes 2 Nr. 2 und 3 sowie des Absatzes 5 gilt für nichtöffentliche Stellen § 38 des Bundesdatenschutzgesetzes mit der Maßgabe, dass die Aufsichtsbehörde auch die Verarbeitung und Nutzung dieser personenbezogenen Daten in oder aus Akten überwacht. ² Entsprechendes gilt für nichtöffentliche Stellen, die von den in Absatz 2 genannten Stellen Auskünfte erhalten haben.

(8) Das Bundesministerium der Justiz und für Verbraucherschutz wird ermächtigt, durch Rechtsverordnung mit Zustimmung des Bundesrates
1. Vorschriften über den Bezug von Abdrucken nach den Absätzen 1 und 2 und das Bewilligungsverfahren sowie den Bezug von Listen nach Absatz 5 zu erlassen;
2. Einzelheiten der Einrichtung und Ausgestaltung automatisierter Abrufverfahren nach Absatz 4 Satz 4, insbesondere der Protokollierung der Abrufe für Zwecke der Datenschutzkontrolle, zu regeln;
3. die Erteilung und Aufbewahrung von Abdrucken aus dem Schuldnerverzeichnis, die Anfertigung, Verwendung und Weitergabe von Listen, die Mitteilung über Löschungen und den Ausschluss vom Bezug von Abdrucken und Listen näher zu regeln, um die ordnungsgemäße Behandlung der Mitteilungen, den Schutz vor unbefugter Verwendung und die rechtzeitige Löschung von Eintragungen sicherzustellen;
4. zur Durchsetzung der Vernichtungs- und Löschungspflichten im Fall des Widerrufs der Bewilligung die Verhängung von Zwangsgeldern vorzusehen; das einzelne Zwangsgeld darf den Betrag von 25 000 Euro nicht übersteigen.

§ 882h Zuständigkeit; Ausgestaltung des Schuldnerverzeichnisses

(1) ¹ Das Schuldnerverzeichnis wird für jedes Land von einem zentralen Vollstreckungsgericht geführt. ² Der Inhalt des Schuldnerverzeichnisses kann über eine zentrale und länderübergreifende Abfrage im Internet eingesehen werden. ³ Die Länder können Einzug und Verteilung der Gebühren sowie weitere Abwicklungsaufgaben im Zusammenhang mit der Abfrage nach Satz 2 auf die zuständige Stelle eines Landes übertragen.

(2) ¹ Die Landesregierungen bestimmen durch Rechtsverordnung, welches Gericht die Aufgaben des zentralen Vollstreckungsgerichts nach Absatz 1 wahrzunehmen hat. ² § 802k Abs. 3 Satz 2 und 3 gilt entsprechend. ³ Die Führung des Schuldnerverzeichnisses stellt eine Angelegenheit der Justizverwaltung dar.

(3) ¹ Das Bundesministerium der Justiz wird ermächtigt, durch Rechtsverordnung mit Zustimmung des Bundesrates die Einzelheiten zu Form und Übermittlung der Eintragungsanordnung nach § 882b Abs. 1 der Entscheidungen nach § 882d Abs. 3 Satz 2 dieses Gesetzes und § 284 Abs. 10 Satz 2 der Abgabenordnung oder gleichwertigen Regelungen im Sinne von § 882b Abs. 1 Nr. 2 Halbsatz 2 dieses Gesetzes sowie zum Inhalt des Schuldnerverzeichnisses und zur Ausgestaltung der Einsicht insbesondere durch ein automatisiertes Abrufverfahren zu regeln. ² Die Rechtsverordnung hat geeignete Regelungen zur Sicherung des Datenschutzes und der Datensicherheit vorzusehen. ³ Insbesondere ist sicherzustellen, dass die Daten
1. bei der elektronischen Übermittlung an das zentrale Vollstreckungsgericht nach Absatz 1 sowie bei der Weitergabe an eine andere Stelle nach Absatz 2 Satz 2 gegen unbefugte Kenntnisnahme geschützt sind,
2. unversehrt und vollständig wiedergegeben werden,
3. jederzeit ihrem Ursprung nach zugeordnet werden können und
4. nur von registrierten Nutzern nach Angabe des Verwendungszwecks abgerufen werden können, jeder Abrufvorgang protokolliert wird und Nutzer im Fall des missbräuchlichen Datenabrufs oder einer missbräuchlichen Datenverwendung von der Einsichtnahme ausgeschlossen werden können.

⁴ Die Daten der Nutzer dürfen nur für die in Satz 3 Nr. 4 genannten Zwecke verwendet werden.

Abschnitt 3. Zwangsvollstreckung zur Erwirkung der Herausgabe von Sachen und zur Erwirkung von Handlungen oder Unterlassungen

§ 883 Herausgabe bestimmter beweglicher Sachen

(1) Hat der Schuldner eine bewegliche Sache oder eine Menge bestimmter beweglicher Sachen herauszugeben, so sind sie von dem Gerichtsvollzieher ihm wegzunehmen und dem Gläubiger zu übergeben.

(2) ¹ Wird die herauszugebende Sache nicht vorgefunden, so ist der Schuldner verpflichtet, auf Antrag des Gläubigers zu Protokoll an Eides statt zu versichern, dass er die Sache nicht besitze, auch nicht wisse, wo die Sache sich befinde. ² Der gemäß § 802e zuständige Gerichtsvollzieher lädt den Schuldner zur Abgabe der eidesstattlichen Versicherung. ³ Die Vorschriften der §§ 478 bis 480, 483, 802f Abs. 4, §§ 802g bis 802i und 802j Abs. 1 und 2 gelten entsprechend.

(3) Das Gericht kann eine der Sachlage entsprechende Änderung der eidesstattlichen Versicherung beschließen.

§ 883 ZPO findet auf die Vollstreckung von **Besichtigungsansprüchen** nach § 809 BGB 1 Anwendung,[1] auf die Vorlage einer im Besitz des Schuldners befindlichen **Urkunde** (etwa nach

---
[1] Busse/Keukenschrijver/*Kaess* PatG § 140c Rn. 49 mwN; OLG Düsseldorf 17.1.2014 – I-2 W 43/13, sowie zur Abgabe einer eidesstattlichen Versicherung bei erfolglosem Besichtigungsversuch.

ZPO § 885
Buch 8. Zwangsvollstreckung

§ 140c PatG)[2], sowie auf die Vollstreckung des einen Vernichtungsanspruch (etwa nach § 140a PatG) flankierenden[3] **Herausgabeanspruchs** an einen zur Vernichtung bereiten Gerichtsvollzieher.[4] Die Vorschrift findet ferner Anwendung bei der Vollstreckung des Anspruchs auf **Vorlage von Bank-, Finanz- und Handelsunterlagen** (etwa gem. § 140d PatG), da es sich nicht nur um eine Nebenpflicht handelt, die aus einer umfassenden Auskunftspflicht erwächst.[5]

2   Die Vollstreckung erfolgt auf Gläubigerantrag bei Vorliegen der allgemeinen Zwangsvollstreckungsvoraussetzungen.[6] Die herauszugebende Sache bzw. Sachgesamtheit muss im Titel bestimmt bezeichnet sein.[7] Für die Anwendbarkeit des § 883 kann die herauszugebende Sache bereits existieren, es ist allerdings auch ausreichend, wenn sie noch herzustellen oder beweglich gemacht werden muss. Allerdings findet § 883 keine Anwendung, wenn Daten noch nicht auf einem geeigneten Datenträger verkörpert sind. Diese können allenfalls Gegenstand eines Auskunftsanspruchs, nicht aber Gegenstand des Herausgabeanspruchs nach § 883 sein.[8] Der **Gerichtsvollzieher** nimmt die im Gewahrsam des Schuldners oder eines herausgabebereiten Dritten befindliche Sache weg und übergibt sie dem Gläubiger.[9] Die Abgabe einer eidesstattlichen Versicherung nach § 883 Abs. 2 ZPO erfolgt zwar beim Gerichtsvollzieher, aber auf gesonderten Antrag und Ladung grundsätzlich erst im Nachgang zum Vollstreckungsversuch nach § 883 Abs. 1 ZPO.[10] Eine Durchsuchung von Wohn- und Geschäftsräumen kann wegen Art. 13 Abs. 1 GG nur auf § 758a ZPO gestützt werden.[11]

3   Zeichnet sich der Streitfall dadurch aus, dass für die Ermittlung herauszugebender Verletzungsgegenstände eine technische Sachkunde erforderlich, zumindest aber sinnvoll, ist, wie sie ein **Patentanwalt** in das Verfahren einbringen kann, sind die entsprechenden Kosten erstattungsfähig.[12] Dies ist etwa der Fall, wenn eine Herausgabeanordnung nicht auf ein konkret bezeichnetes Präparat beschränkt, sondern deutlich weiter gefasst ist, indem sie sich auf jedwedes Erzeugnis bezieht, das den Wirkstoff enthält.[13] Etwas anderes gilt beispielsweise bei der Zwangsvollstreckung eines Auskunftsanspruchs aus Designverletzung.[14] Hier wird regelmäßig nicht davon ausgegangen, dass die besondere Sachkunde eines Patentanwalts notwendig ist.[15]

§ 884 Leistung einer bestimmten Menge vertretbarer Sachen
Hat der Schuldner eine bestimmte Menge vertretbarer Sachen oder Wertpapiere zu leisten, so gilt die Vorschrift des § 883 Abs. 1 entsprechend.

§ 885 Herausgabe von Grundstücken oder Schiffen
(1) ¹Hat der Schuldner eine unbewegliche Sache oder ein eingetragenes Schiff oder Schiffsbauwerk herauszugeben, zu überlassen oder zu räumen, so hat der Gerichtsvollzieher den Schuldner aus dem Besitz zu setzen und den Gläubiger in den Besitz einzuweisen. ²Der Gerichtsvollzieher hat den Schuldner aufzufordern, eine Anschrift zum Zweck von Zustellungen oder einen Zustellungsbevollmächtigten zu benennen.

(2) Bewegliche Sachen, die nicht Gegenstand der Zwangsvollstreckung sind, werden von dem Gerichtsvollzieher weggeschafft und dem Schuldner oder, wenn dieser abwesend ist, einem Bevollmächtigten des Schuldners, einem erwachsenen Familienangehörigen, einer in der Familie beschäftigten Person oder einem erwachsenen ständigen Mitbewohner übergeben oder zur Verfügung gestellt.

(3) ¹Ist weder der Schuldner noch eine der bezeichneten Personen anwesend oder wird die Entgegennahme verweigert, hat der Gerichtsvollzieher die in Absatz 2 bezeichneten Sachen auf Kosten des Schuldners in die Pfandkammer zu schaffen oder anderweitig in Verwahrung zu bringen. ²Bewegliche Sachen, an deren Aufbewahrung offensichtlich kein Interesse besteht, sollen unverzüglich vernichtet werden.

(4) ¹Fordert der Schuldner die Sachen nicht binnen einer Frist von einem Monat nach der Räumung ab, veräußert der Gerichtsvollzieher die Sachen und hinterlegt den Erlös. ²Der Gerichtsvollzieher veräußert die Sachen und hinterlegt den Erlös auch dann, wenn der Schuldner die Sachen binnen einer Frist von einem Monat abfordert, ohne binnen einer Frist von zwei Monaten nach der Räumung die Kosten zu zahlen. ³Die §§ 806, 814 und 817 sind entsprechend anzuwenden. ⁴Sachen, die nicht verwertet werden können, sollen vernichtet werden.

(5) Unpfändbare Sachen und solche Sachen, bei denen ein Verwertungserlös nicht zu erwarten ist, sind auf Verlangen des Schuldners jederzeit ohne Weiteres herauszugeben.

---

[2] Fitzner/Lutz/Bodewig/*Voß* BeckOK Patentrecht Vor § 140c Rn. 61.
[3] BGH GRUR 2003, 228 – P-Vermerk.
[4] Schulte/*Voß* PatG § 140a Rn. 25.
[5] OLG Frankfurt a.M. NJW-RR 1992, 171; Fitzner/Lutz/Bodewig/*Voß* BeckOK Patentrecht Vor §§ 139 ff. Rn. 440.
[6] Zöller/*Seibel* ZPO § 883 Rn. 4.
[7] Zöller/*Seibel* ZPO § 883 Rn. 3, 5; LG Stade BeckRS 2016, 02293; OLG Celle BeckRS 2014, 08198.
[8] BGH MDR 2018, 227.
[9] Zöller/*Seibel* ZPO § 883 Rn. 10; LG Stade BeckRS 2016, 02293.
[10] AG Düsseldorf BeckRS 2016, 16532.
[11] Fitzner/Lutz/Bodewig/*Voß* BeckOK Patentrecht Vor §§ 139 ff. Rn. 440.
[12] OLG Köln GRUR-RR 2012, 492; OLG Düsseldorf BeckRS 2010, 16066.
[13] OLG Düsseldorf BeckRS 2010, 16066.
[14] OLG Köln GRUR-RR 2012, 492 – Patentanwaltskosten im Zwangsgeldverfahren.
[15] OLG Köln GRUR-RR 2012, 492 – Patentanwaltskosten im Zwangsgeldverfahren.

§ 885a Beschränkter Vollstreckungsauftrag

(1) Der Vollstreckungsauftrag kann auf die Maßnahmen nach § 885 Absatz 1 beschränkt werden.

(2) ¹Der Gerichtsvollzieher hat in dem Protokoll (§ 762) die frei ersichtlichen beweglichen Sachen zu dokumentieren, die er bei der Vornahme der Vollstreckungshandlung vorfindet. ²Er kann bei der Dokumentation Bildaufnahmen in elektronischer Form herstellen.

(3) ¹Der Gläubiger kann bewegliche Sachen, die nicht Gegenstand der Zwangsvollstreckung sind, jederzeit wegschaffen und hat sie zu verwahren. ²Bewegliche Sachen, an deren Aufbewahrung offensichtlich kein Interesse besteht, kann er jederzeit vernichten. ³Der Gläubiger hat hinsichtlich der Maßnahmen nach den Sätzen 1 und 2 nur Vorsatz und grobe Fahrlässigkeit zu vertreten.

(4) ¹Fordert der Schuldner die Sachen beim Gläubiger nicht binnen einer Frist von einem Monat nach der Einweisung des Gläubigers in den Besitz ab, kann der Gläubiger die Sachen verwerten. ²Die §§ 372 bis 380, 382, 383 und 385 des Bürgerlichen Gesetzbuchs sind entsprechend anzuwenden. ³Eine Androhung der Versteigerung findet nicht statt. ⁴Sachen, die nicht verwertet werden können, können vernichtet werden.

(5) Unpfändbare Sachen und solche Sachen, bei denen ein Verwertungserlös nicht zu erwarten ist, sind auf Verlangen des Schuldners jederzeit ohne Weiteres herauszugeben.

(6) Mit der Mitteilung des Räumungstermins weist der Gerichtsvollzieher den Gläubiger und den Schuldner auf die Bestimmungen der Absätze 2 bis 5 hin.

(7) Die Kosten nach den Absätzen 3 und 4 gelten als Kosten der Zwangsvollstreckung.

§ 886 Herausgabe bei Gewahrsam eines Dritten

Befindet sich eine herauszugebende Sache im Gewahrsam eines Dritten, so ist dem Gläubiger auf dessen Antrag der Anspruch des Schuldners auf Herausgabe der Sache nach den Vorschriften zu überweisen, welche die Pfändung und Überweisung einer Geldforderung betreffen.

§ 887 Vertretbare Handlungen

(1) **Erfüllt der Schuldner die Verpflichtung nicht, eine Handlung vorzunehmen, deren Vornahme durch einen Dritten erfolgen kann, so ist der Gläubiger von dem Prozessgericht des ersten Rechtszuges auf Antrag zu ermächtigen, auf Kosten des Schuldners die Handlung vornehmen zu lassen.**

(2) **Der Gläubiger kann zugleich beantragen, den Schuldner zur Vorauszahlung der Kosten zu verurteilen, die durch die Vornahme der Handlung entstehen werden, unbeschadet des Rechts auf eine Nachforderung, wenn die Vornahme der Handlung einen größeren Kostenaufwand verursacht.**

(3) **Auf die Zwangsvollstreckung zur Erwirkung der Herausgabe oder Leistung von Sachen sind die vorstehenden Vorschriften nicht anzuwenden.**

A. Allgemeines

§ 887 ZPO wird zum Teil als mögliche Vollstreckungsnorm für **Auskunfts- und Rechnungslegungsansprüche** diskutiert, welche jedoch richtigerweise nach § 888 ZPO zu vollstrecken sind.[1] Zu den Einzelheiten der Diskussion vgl. die Kommentierung zu § 888 ZPO, → ZPO § 888 Rn. 1. § 887 ZPO findet indes Anwendung auf die Erstellung von **Buchauszügen**.[2] § 887 ZPO findet außerdem Anwendung auf die Vollstreckung von **Entfernungsansprüchen,** sofern nicht höchstpersönliche Maßnahmen erforderlich sind,[3] sowie auf die Vollstreckung von **Vernichtungsansprüchen.**[4] In der Literatur wird zT auch die Anwendbarkeit von § 887 ZPO auf **Rückrufansprüche** vertreten.[5]

B. Prozessuales

Zuständig ist das **Prozessgericht des ersten Rechtszuges** (§ 887 Abs. 1 ZPO), mithin also das Landgericht, vor dem auch das Hauptsacheverfahren stattgefunden hat. Das Verfahren wird durch **Antrag des Gläubigers** eingeleitet, § 887 Abs. 1 ZPO. Es besteht wie im ersten Rechtszug **Anwaltszwang** gemäß § 78 ZPO,[6] wobei die Prozessvertreter des Schuldners im ersten Rechtszug wegen §§ 172 Abs. 1 iVm 87 Abs. 1 ZPO stets **zustellungsbevollmächtigt** sind.[7] Nach Anhörung des Schuldners kann der Gläubiger durch Beschluss (§ 891 ZPO) ermächtigt werden, etwa die Vernichtung der patentgemäßen Gegenstände selbst oder durch einen Dritten im Wege der Ersatzvornahme

---

[1] BGH NJW 2006, 2706; LG Düsseldorf InstGE 7, 188 – Vollstreckung der Rechnungslegung.
[2] BGH NJW-RR 2010, 279, OLG München NJW-RR 2018, 422 (423).
[3] Busse/Keukenschrijver/*Kaess* PatG § 140a Rn. 33 mwN; Schulte/*Voß* PatG § 140a Rn. 39.
[4] OLG Frankfurt a. M. GRUR-RR 2007, 30 – Fotomaterial; Busse/Keukenschrijver/*Kaess* PatG § 140a Rn. 22 mwN; Schulte/*Voß* PatG § 140a Rn. 24; Fitzner/Lutz/Bodewig/*Rinken* BeckOK Patentrecht § 140a Rn. 38.
[5] Fitzner/Lutz/Bodewig/*Rinken* BeckOK Patentrecht § 140a Rn. 57 mwN, wobei dieser danach differenziert, ob der Gläubiger den Rückrufadressaten kennt.
[6] Zöller/*Stöber* ZPO § 887 Rn. 4; Fitzner/Lutz/Bodewig/*Voß* BeckOK Patentrecht Vor §§ 139 ff. Rn. 421.
[7] Zur Problematik nicht vertretener ausländischer Parteien etwa bei Säumnisurteilen Kühnen Patentverletzungs-HdB Kap. H Rn. 219.

durchführen zu lassen.⁸ Dazu bedarf es begleitend einer Anordnung zur Herausgabe der zu vernichtenden Gegenstände durch den Schuldner an den Gläubiger, Dritten oder zur Vernichtung bereiten Gerichtsvollzieher.⁹ Leistet der Schuldner gegen die Vornahme der Handlung Widerstand, so kann der Gläubiger nach § 892 ZPO vorgehen und einen Gerichtsvollzieher hinzuziehen.¹⁰ Ein Beschluss des Gerichts nach § 887 ZPO erwächst in materielle Rechtskraft, was dazu führt, dass der Gläubiger – in Ansehung eines nicht mehr anfechtbaren, (teilweise) ablehnenden Beschlusses – einen erneuten Antrag nicht auf denselben Sachverhalt stützen kann, sondern vielmehr neue Umstände hinzugetreten sein müssen.¹¹

C. Erfüllungseinwand

3 Der **Erfüllungseinwand** ist auch im Zwangsvollstreckungsverfahren nach § 887 ZPO zulässig;¹² ebenso der Einwand der Unmöglichkeit,¹³ nicht aber der Einwand der Unzumutbarkeit.¹⁴ Letzteres ist etwa der Fall, wenn der Gläubiger die Verletzungsgegenstände in Verwahrung hat nehmen lassen und der Schuldner im Rahmen eines ihm zustehenden Wahlrechts diese selbst vernichten möchte.¹⁵

4 Begehrt der Gläubiger einen Kostenvorschuss nach § 887 Abs. 2 ZPO für die Kosten, die ihm durch die Vornahme der zu vollstreckenden Handlung entstehen, muss er dies zu der Höhe der **geschätzten Kosten** konkret vortragen und belegen.¹⁶

§ 888 Nicht vertretbare Handlungen

(1) ¹Kann eine Handlung durch einen Dritten nicht vorgenommen werden, so ist, wenn sie ausschließlich von dem Willen des Schuldners abhängt, auf Antrag von dem Prozessgericht des ersten Rechtszuges zu erkennen, dass der Schuldner zur Vornahme der Handlung durch Zwangsgeld und für den Fall, dass dieses nicht beigetrieben werden kann, durch Zwangshaft oder durch Zwangshaft anzuhalten sei. ²Das einzelne Zwangsgeld darf den Betrag von 25 000 Euro nicht übersteigen. ³Für die Zwangshaft gelten die Vorschriften des Zweiten Abschnitts über die Haft entsprechend.

(2) Eine Androhung der Zwangsmittel findet nicht statt.

(3) Diese Vorschriften kommen im Falle der Verurteilung zur Leistung von Diensten aus einem Dienstvertrag nicht zur Anwendung.

Übersicht

	Rn.
A. Allgemeines	1
I. Anwendungsbereich im Gewerblichen Rechtsschutz	1
II. Voraussetzungen	3
III. Verfahren	4
1. Zwangsmittelverfahren	4
2. Rechtsmittel	14
3. Vollstreckung	16
B. Besonderheiten bei der Vollstreckung von Auskunfts- und Rechnungslegungsansprüchen	21
I. Umfang der Rechnungslegungspflicht eines Organs	21
II. Rechnungslegungsfrist	22
III. Erfüllungseinwand	23
1. Grundsätze	23
2. Einzelfragen	27
a) Abwandlungen	27
b) Auskunftszeitraum	28
c) Beweislast	29
d) Geänderte Angaben	31
e) Gestehungskosten und Gewinn	32
f) Nullauskunft	35
IV. Unmöglichkeitseinwand	36

---

⁸ Fitzner/Lutz/Bodewig/*Rinken* BeckOK Patentrecht § 140a Rn. 38 mwN.
⁹ Schulte/*Voß* PatG § 140a Rn. 25.
¹⁰ OLG Frankfurt a. M. GRUR-RR 2007, 30 – Fotomaterial.
¹¹ OLG Schleswig BeckRS 2016, 10214.
¹² BGH NJW-RR 2013, 1336; NJW 2005, 367; aA: Musielak/Voit/*Lackmann* ZPO § 887 Rn. 19.
¹³ Fitzner/Lutz/Bodewig/*Voß* BeckOK Patentrecht Vor §§ 139 ff. Rn. 425.
¹⁴ OLG Düsseldorf GRUR-RS 2019, 39470 Rn. 6.
¹⁵ OLG Düsseldorf InstGE 10, 301 – Metazachlor.
¹⁶ Fitzner/Lutz/Bodewig/*Voß* BeckOK Patentrecht Vor §§ 139 ff. Rn. 438.

A. Allgemeines
I. Anwendungsbereich im Gewerblichen Rechtsschutz

Auskunfts- und Rechnungslegungsansprüche sind richtigerweise nach § 888 ZPO und nicht 1 nach § 887 ZPO zu vollstrecken.[1] Maßgeblich hierfür ist die zutreffende Einordnung als nicht vertretbare Handlung, mithin also einer Handlung, die zumindest teilweise durch einen Dritten nicht vorgenommen werden kann, sondern ausschließlich vom Willen des Schuldners abhängig und andererseits wegen § 894 ZPO auch keine Willenserklärung ist.[2] Ebendies ist bei Auskunfts- und Rechnungslegungsansprüchen zumindest insoweit der Fall, als verbindliche Erklärungen des Schuldners aufgrund seiner besonderen Kenntnisse abzugeben sind;[3] denn der Erteilung der Rechnungslegung liegt zumindest konkludent die Erklärung der Vollständigkeit und Richtigkeit zugrunde.[4] Gegen offensichtlich falsche oder unvollständige Angaben kann im Wege des § 888 ZPO vorgegangen werden.[5] Die Unvollständigkeit einer Auskunft oder Rechnungslegung resultiert bereits daraus, dass der Schuldner nicht alle ihm möglichen und zumutbaren Erkenntnisquellen ausschöpft[6] oder auch nur zu einem einzigen rechnungslegungspflichtigen Punkt Angaben fehlen.[7]

§ 888 ZPO findet ferner Anwendung auf die Vollstreckung von **Rückrufansprüchen**,[8] sowie auf 2 die Vollstreckung höchstpersönlicher Maßnahmen aufgrund von **Entfernungsansprüchen** (welche im Übrigen aber nach § 887 ZPO zu vollstrecken sind)[9] und auf Ansprüche auf Urkundenvorlage.[10]

II. Voraussetzungen

Die **allgemeinen Zwangsvollstreckungsvoraussetzungen** müssen bei der Entscheidung über 3 den Antrag erfüllt sein,[11] mithin also bei Hauptsacheverfahren neben dem zu vollstreckenden Titel auch eine Vollstreckungsklausel (§§ 724, 725 ZPO) und die Zustellung des Vollstreckungstitels an den Schuldner nach § 750 ZPO.

III. Verfahren

1. Zwangsmittelverfahren. Zuständig ist das **Prozessgericht des ersten Rechtszuges** (§ 888 4 Abs. 1 S. 1 ZPO), mithin also das Landgericht, vor dem auch das Hauptsacheverfahren stattgefunden hat (oder auch das Bundespatentgericht für im Nichtigkeitsverfahren abgeschlossene Vergleiche[12]). Die Durchführung des Zwangsmittelverfahrens erfordert die Vorauszahlung von **Gerichtskosten** durch den Gläubiger (§ 12 Abs. 6 GKG). Der **Gegenstandswert** entspricht demjenigen, der im Erkenntnisverfahren auf den Rechnungslegungsanspruch entfällt;[13] im Allgemeinen ist dies 1/5 des im Erkenntnisverfahren festgesetzten Gesamtstreitwerts.[14] Mehrere Zwangsmittelanträge stellen gebührenrechtlich eine einzige besondere Angelegenheit im Sinne von § 18 Abs. 1 Nr. 13 RVG zur Erzwingung derselben Handlung dar.[15]

Das Zwangsmittelverfahren wird durch den **Antrag des Gläubigers** eingeleitet, § 888 Abs. 1 S. 1 5 ZPO. Es besteht wie im ersten Rechtszug **Anwaltszwang** gemäß § 78 ZPO,[16] wobei die Prozessvertreter des Schuldners im ersten Rechtszug wegen §§ 172 Abs. 1 iVm 87 Abs. 1 ZPO stets **zustellungsbevollmächtigt** sind.[17]

Der Antrag muss keine Angaben zur **Höhe des Zwangsmittels** enthalten.[18] Allerdings muss bei 6 juristischen Personen mit mehreren Organen dasjenige Organ, in dessen Verantwortungsbereich die

---

[1] BGH NJW 2006, 2706; GRUR 2009, 794 – Auskunft über Tintenpatronen; BGH GRUR 2015, 1248 – Tonerkartuschen; BGH NJW 2019, 231 (232); LG Düsseldorf InstGE 7, 188 Rn. 7 – Vollstreckung der Rechnungslegung; Schulte/*Voß* PatG § 139 Rn. 392; *Osterrieth* Rn. 1047.
[2] BGH NJW 2006, 2706 mwN; Zöller/*Seibel* ZPO § 888 Rn. 3.5 mwN.
[3] BGH NJW 2006, 2706; LG Düsseldorf InstGE 7, 188 – Vollstreckung der Rechnungslegung.
[4] LG Düsseldorf InstGE 7, 188 – Vollstreckung der Rechnungslegung.
[5] OLG Frankfurt a. M. NJW-RR 2016, 960.
[6] OLG Frankfurt a. M. NJW-RR 2016, 960.
[7] OLG Düsseldorf BeckRS 2016, 06336.
[8] Busse/*Kaess* PatG § 140a Rn. 33; Schulte/*Voß* PatG § 140a Rn. 39; differenzierend Fitzner/Lutz/Bodewig/ *Rinken* BeckOK Patentrecht § 140a Rn. 57 mwN.
[9] Schulte/*Voß* PatG § 140a Rn. 39.
[10] OLG Jena GRUR-RR 2015, 463 – Babybilder.
[11] Zöller/*Seibel* ZPO § 888 Rn. 5; Schramm/*Schneider* 12. Kapitel Rn. 2.
[12] BPatGE 36, 146.
[13] Schulte/*Voß* PatG § 139 Rn. 399.
[14] Kühnen Patentverletzung-HdB Kap. H. Fn. 412 zu Rn. 234.
[15] BGH NJW 2020, 2196 Rn. 15.
[16] Zöller/*Seibel* ZPO § 890 Rn. 13 iVm § 887 Rn. 4.
[17] Zur Problematik nicht vertretener ausländischer Parteien etwa bei Säumnisurteilen Kühnen Patentverletzung-HdB Kap. H Rn. 219.
[18] Kühnen Patentverletzung-HdB Kap. H. Rn. 221.

Rechnungslegung fällt und an dem ggf. die (Ersatz-) Zwangshaft zu vollstrecken ist, namentlich benannt sein.[19] Auch genügt kein schlichter Verweis auf die „gesetzlich vorgesehenen Zwangsmittel".[20] Die Umdeutung eines Ordnungsmittelantrags nach § 890 ZPO in einen Zwangsmittelantrag kommt nur unter besonderen Umständen in Betracht.[21]

7 Der Schuldner ist vor einer Entscheidung zu **hören** (§ 891 S. 2 ZPO). Dies geschieht üblicherweise durch Bestimmung einer Schriftsatzfrist mit Zustellung des Gläubigerantrags an den Prozessvertreter des Schuldners. Je nach Komplexität der Sachlage können sich hieran weitere Schriftsatzfristen für die Parteien anschließen. Eine mündliche Verhandlung ist möglich (§ 128 Abs. 4 ZPO), aber ungewöhnlich. In jedem Fall entscheidet das Gericht durch Beschluss, § 891 Abs. 1 ZPO, welcher in materielle Rechtskraft erwächst.[22] Die Insolvenz des Schuldners unterbricht das Verfahren nicht.[23]

8 Die Auslegung des Vollstreckungstitels obliegt dem Vollstreckungsgericht,[24] wobei dem Tenor der Entscheidung maßgebendes Gewicht zukommt[25] und der Verhältnismäßigkeitsgrundsatz beachtet werden muss.[26] Inhalt und Umfang der titulierten Verpflichtung ergeben sich abschließend aus dem Titel selbst.[27] Auf die materielle Rechtslage kommt es nicht an.[28] Andere mögliche Auslegungsquellen wie beispielsweise die Entscheidungsgründe oder unter bestimmten Voraussetzungen auch die Antrags- oder Klagebegründung sind nur ergänzend zu berücksichtigen.[29] Allerdings ist es dem Vollstreckungsgericht, wenn es den Vollstreckungstitel selbst erlassen hat, unbenommen, sein Wissen aus dem Erkenntnisverfahren, also außerhalb des Titels liegende Umstände, zur Auslegung heranzuziehen.[30]

9 Das einzelne **Zwangsgeld** beträgt im Höchstmaß 25.000,- EUR (§ 888 Abs. 1 S. 2 ZPO). Die konkrete Höhe des Zwangsgeldes richtet sich nach dem Vollstreckungsinteresse des Gläubigers und nach der Hartnäckigkeit, mit der der Schuldner die Erfüllung seiner Verpflichtung unterlässt.[31] Bei Anordnung von **Zwangshaft** (anders aber bei der Ersatzzwangshaft, welche im Verhältnis zur Höhe des Zwangsgeldes festzusetzen ist[32]) wird eine bestimmte Dauer nicht festgesetzt,[33] auch wenn nach §§ 888 Abs. 1 S. 3, 913 ZPO sechs Monate nicht überschritten werden dürfen. Bei mehreren Vertretungsorganen des Schuldners steht dem Gläubiger hinsichtlich der (Ersatz-) Zwangshaft ein Wahlrecht zu.[34]

10 Zwangsmittel können **wiederholt** verhängt werden, bis der titulierte Anspruch restlos erfüllt ist.[35] Allerdings fehlt es einem erneuten Zwangsmittelantrag am **Rechtsschutzbedürfnis,** wenn ein vorangegangener Zwangsmittelbeschluss noch nicht endgültig[36] vollstreckt ist.[37] Dabei ist insbesondere die bloße Pfändung eines Gesellschaftsanteils ohne anschließende Verwertung unzureichend.[38]

11 Dem Schuldner kann im Beschlusstenor die **Befugnis** eingeräumt werden, innerhalb einer letzten Frist die Beitreibung eines festgesetzten Zwangsmittels durch die Vornahme oder den Nachweis der geschuldeten Handlung **abzuwenden.**[39] Ein solcher Vorbehalt ist zumindest im ersten Zwangsmittelverfahren gebräuchlich[40] und stellt keine Androhung entgegen § 888 Abs. 2 ZPO dar.[41]

12 Infolge des Charakters des Zwangsmittelverfahrens als Beugemittel ist der **Einwand** des Schuldners, der vollstreckte Anspruch sei (zwischenzeitlich) **erfüllt,** jederzeit zu berücksichtigen.[42] Insoweit gilt es

---

[19] BGH NJW 1992, 749 – Fachliche Empfehlung II.
[20] Fitzner/Lutz/Bodewig/*Voß* BeckOK Patentrecht PatG Vor §§ 139 ff. Rn. 421.
[21] OLG München OLGR 2000, 86.
[22] OLG Schleswig BeckRS 2016, 10214; RGZ 167, 328.
[23] Schulte/*Voß* PatG § 139 Rn. 399.
[24] BGH GRUR 2014, 794 – Gebundener Versicherungsvermittler; BGH GRUR 2015, 1248 – Tonerkartuschen; KG MMR 2020, 183 (184).
[25] BGH GRUR 2015, 1248 – Tonerkartuschen; KG MMR 2020, 183 (184); OLG Düsseldorf GRUR 2020, 1348 (1349) – Digitaler Nachlass II.
[26] BGH GRUR 2015, 1248 – Tonerkartuschen.
[27] BGH GRUR 2015, 1248 – Tonerkartuschen; OLG Düsseldorf BeckRS 2016, 06336.
[28] BGH GRUR 2015, 1248 – Tonerkartuschen; OLG Düsseldorf BeckRS 2016, 06336.
[29] BGH GRUR 2015, 1248 – Tonerkartuschen; OLG Düsseldorf BeckRS 2016, 06336; GRUR 2020, 1348 (1349) – Digitaler Nachlass II.
[30] BGH GRUR 2004, 264 – Euro-Einführungsrabatt; BGH NJW 2010, 2137 – Auslegung eines ausländischen Vollstreckungstitels zur Bestimmung des Vollstreckungsschuldners; BGH GRUR 2015, 1248 – Tonerkartuschen; OLG Düsseldorf BeckRS 2016, 06336; GRUR 2020, 1348 (1349) – Digitaler Nachlass II.
[31] OLG Karlsruhe NJW-RR 2000, 1312 – Bemessung des Zwangsgeldes; OLG Düsseldorf BeckRS 2015, 7643.
[32] Zöller/*Seibel* ZPO § 888 Rn. 9.
[33] Zöller/*Seibel* ZPO § 888 Rn. 10.
[34] Kühnen Patentverletzung-HdB Kap. H. Rn. 238.
[35] Kühnen Patentverletzung-HdB Kap. H. Rn. 236.
[36] LG Düsseldorf InstGE 7, 184 – Wiederholter Zwangsmittelantrag; Schulte/*Voß* PatG § 139 Rn. 393.
[37] BGH NJW 2019, 231 (232); OLG München InstGE 9, 57 – Kumulierte Zwangsgeldanträge; Schulte/*Voß* PatG § 139 Rn. 393.
[38] LG Düsseldorf InstGE 7, 184 – Wiederholter Zwangsmittelantrag; Schulte/*Voß* PatG § 139 Rn. 393.
[39] BGH GRUR 2009, 794 – Auskunft über Tintenpatronen.
[40] Kühnen Patentverletzung-HdB Kap. H. Fn. 411 zu Rn. 225.
[41] BGH GRUR 2009, 794 – Auskunft über Tintenpatronen.
[42] BGH GRUR 2015, 1248 – Tonerkartuschen; Zöller/*Seibel* ZPO § 888 Rn. 11.

zu beachten, dass ein Beschluss nach § 888 ZPO in materieller Rechtskraft nach § 322 ZPO erwachsen kann, allerdings erstreckt sich die materielle Rechtskraft nicht auf die Beurteilung der Erfüllung des vollstreckten (Auskunfts-)Anspruchs.[43] Der Erfüllungseintritt stellt eine Vorfrage bzw. ein Begründungselement für die Anordnung des Zwangsmittels dar und nimmt als solche nicht an der Rechtskraft des Zwangsmittelbeschlusses teil.[44] Eine (teilweise) **Erledigungserklärung** ist bei Erfüllung während des Zwangsmittelverfahrens möglich und führt zur Kostenentscheidung nach § 91a ZPO.[45]
Zur **Kostenentscheidung** siehe die Kommentierung bei § 891 ZPO. 13

2. Rechtsmittel. Gegen den Zwangsmittelbeschluss findet binnen einer Notfrist von zwei Wochen 14
die **sofortige Beschwerd**e statt, §§ 793, 567 Abs. 1 Nr. 1, 569 Abs. 1 ZPO. Sie hat nach der Rechtsprechung des BGH gemäß § 570 Abs. 1 ZPO aufschiebende Wirkung.[46] Eine reformatio in peius zum Nachteil des Rechtsmittelführers ist zwar verboten.[47] Eine eigene Gläubigerbeschwerde, ggf. als nicht fristgebundene Anschlussbeschwerde (§ 567 Abs. 3 ZPO), kann jedoch eine Erhöhung des Zwangsmittels ggf. unter abweichender Beurteilung des Ausmaßes der Unvollständigkeit der Rechnungslegung bewirken.[48]
Die **Rechtsbeschwerde** setzt nach § 574 Abs. 1 Nr. 2 ZPO die Zulassung durch das Beschwerde- 15
gericht voraus.

3. Vollstreckung. Die **Vollstreckung** und **Beitreibung** eines **Zwangsgeldes** erfolgt – anders als 16
bei Ordnungsgeldern – nicht nach der JBeitrO von Amts wegen, sondern auf Antrag des Gläubigers nach den allgemeinen Regeln des Vollstreckungsrechts.[49] Dies wird mit dem Zweck und der Bedeutung des Zwangsgeldes als Beugemittel begründet, wobei es der freien Entscheidung des Gläubigers überlassen bleiben soll, ob er zur Durchsetzung seines privatrechtlichen Anspruchs auf eine in der Regel ihm gegenüber vorzunehmende unvertretbare Handlung die Vollstreckung eines Zwangsgeldes betreiben oder von dieser Maßnahme absehen will.[50] Der Zwangsmittelbeschluss ist daher ein eigener Vollstreckungstitel iSv § 794 Abs. 1 Nr. 3 ZPO.[51] Das Zwangsgeld ist indes an die Staatskasse abzuführen.[52]
Die Erforderlichkeit der Mitwirkung eines Dritten schließt die Vollstreckung nach § 888 Abs. 1 17
ZPO nicht aus.[53] Die Vollstreckbarkeit hängt auch nicht von der Frage ab, ob insoweit eine Rechtspflicht des Dritten besteht, sofern nur die Mitwirkung des Dritten eindeutig gesichert ist.[54]
Für die **Vollstreckung** der **(Ersatz-)Zwangshaft** gelten die in den §§ 802g ff. ZPO enthaltenen 18
Vorschriften über die Haft entsprechend, § 888 Abs. 1 S. 3 ZPO. Erforderlich ist insbesondere ein Haftbefehl, für dessen Erlass das Prozessgericht zuständig ist, § 802g ZPO.[55]
Der Schuldner kann die Vollstreckung jederzeit durch **Erfüllung** abwenden.[56] Nach Rechtskraft 19
des Zwangsmittelbeschlusses bedarf es hierzu freilich einer Vollstreckungsgegenklage nach § 767 ZPO und ggf. eines Antrags auf einstweilige Einstellung der Zwangsvollstreckung nach § 769 ZPO.[57]
Eine **Vollstreckungsverjährung** sieht Art. 9 EGStGB für Zwangsmittel nicht vor (anders für 20
Ordnungsmittel).[58] Die **Verjährung des Gläubigeranspruchs** kann indes im Wege der Vollstreckungsgegenklage nach § 767 ZPO geltend gemacht werden.[59]

---

[43] BGH GRUR 2018, 219 (220) – Rechtskraft des Zwangsmittelbeschlusses; aA wohl noch die Vorinstanz OLG Schleswig BeckRS 2016, 10214.
[44] BGH GRUR 2018, 219 (220) – Rechtskraft des Zwangsmittelbeschlusses; aA wohl noch die Vorinstanz OLG Schleswig BeckRS 2016, 10214.
[45] Kühnen Patentverletzung-HdB Kap. H. Rn. 235; Schulte/*Voß* PatG § 139 Rn. 397; BGH NJW 2015, 623.
[46] BGH GRUR 2012, 427 Rn. 9, 10 – Aufschiebende Wirkung mit einer Übersicht zum Meinungsstand.
[47] Kühnen Patentverletzung-HdB Kap. H. Rn. 230.
[48] Kühnen Patentverletzung-HdB Kap. H. Rn. 232.
[49] BGH NJW 1983, 1859 mwN; Zöller/*Seibel* ZPO § 888 Rn. 13; Kühnen Patentverletzung-HdB Kap. H. Rn. 226.
[50] BGH NJW 1983, 1859 mwN; Zöller/*Seibel* ZPO § 888 Rn. 13.
[51] BGH NJW 2008, 2919 mwN.
[52] BGH NJW 1983, 1859 mwN.
[53] OLG Düsseldorf BeckRS 2015, 09379; Zöller/*Seibel* ZPO § 888 Rn. 2.
[54] OLG Düsseldorf BeckRS 2015, 09379; Zöller/*Seibel* ZPO § 888 Rn. 2; MüKoZPO/*Gruber* ZPO § 888 Rn. 15.
[55] So schon vor Gesetzesänderung BGH NJW 2008, 2919.
[56] Zöller/*Seibel* ZPO § 888 Rn. 11 mwN; Kühnen Patentverletzung-HdB Kap. H. Rn. 240.
[57] BGH GRUR 2019, 219; Kühnen Patentverletzung-HdB Kap. H. Rn. 233.
[58] Zöller/*Seibel* ZPO § 888 Rn. 13 mwN.
[59] OLG Zweibrücken BeckRS 2003, 30316478.

B. Besonderheiten bei der Vollstreckung von Auskunfts- und Rechnungslegungsansprüchen

I. Umfang der Rechnungslegungspflicht eines Organs

21 Sind eine **juristische Person** und eines ihrer **Organe** nebeneinander zur Rechnungslegung verurteilt, so können Auskunfts- und Rechnungslegungsansprüche gegen beide vollstreckt werden.[60] Dabei umfasst die Rechnungslegungspflicht des verurteilten Organs neben Benutzungshandlungen für die ebenfalls verurteilte juristische Person auch alle weiteren Benutzungshandlungen, für die es als Täter verantwortlich ist – etwa solche, die es als Organ einer weiteren juristischen Person zu verantworten hat.[61] Dies gilt jedenfalls insoweit, als die Verantwortlichkeit außer Zweifel steht und hierüber keine Erwägungen angestellt werden müssen, die über die vom Gericht im Erkenntnisverfahren angestellten Erwägungen hinausgehen.[62]

II. Rechnungslegungsfrist

22 Aus dem Charakter des Zwangsmittels als Beugemittel folgt, dass nur Mögliches verlangt werden kann. Hierzu zählt die Einräumung einer nach den Umständen des Einzelfalls angemessenen Frist zur Rechnungslegung, bevor ein Zwangsmittel in Betracht kommt.[63] Die Länge der Frist hängt insbesondere vom Umfang der aufzuarbeitenden Daten, der Länge des Verletzungszeitraums und der beim Schuldner hierfür verfügbaren Ressourcen ab.[64]

III. Erfüllungseinwand

23 **1. Grundsätze.** Der auch im Zwangsvollstreckungsverfahren zulässige[65] Erfüllungseinwand setzt eine nach Maßgabe von Urteilstenor und -gründen **formal vollständige Rechnungslegung** voraus.[66] Ob dies der Fall ist, richtet sich allein nach dem Vollstreckungstitel, ob mithin zu allen im Urteil genannten Einzeldaten formal betrachtet Angaben vorhanden sind.[67] Auf Teilleistungen muss sich der Gläubiger nicht einlassen.[68] An der Vollständigkeit fehlt es bereits dann, wenn und soweit zu einem einzigen rechnungslegungspflichtigen Punkt Angaben fehlen.[69] Die Rechnungslegung ist schriftlich, in übersichtlicher, geordneter und verständlicher Form zu erteilen.[70] Es handelt sich um eine Wissenserklärung, wobei der Schuldner nicht nur auf präsentes Wissen zurückgreifen darf.[71]

24 Raum für **materiell-rechtliche Erwägungen** jenseits des Erkenntnisverfahrens besteht ebenso wenig,[72] wie für die Erzwingung von Handlungen, welche im Tenor keinen Niederschlag gefunden haben.[73] Dementsprechend darf ein Schuldner im Zwangsmittelverfahren nicht dazu angehalten werden, Auskunft zu erteilen und Rechnung zu legen über solche die Verletzungsform betreffenden **Benutzungshandlungen, die er nicht selbst begangen hat,** wenn Gegenstand des Erkenntnisverfahrens nur eigene Benutzungshandlungen waren und im Vollstreckungsverfahren Werbemaßnahmen oder sonstige den Vertrieb eines anderen – ggf. auch konzernangehörigen – Unternehmens bloß unterstützende Handlungen in Rede stehen.[74] Die Beurteilung, ob in solchen Unterstützungshandlungen ggf. ein die deliktsrechtliche Haftung des Schuldners als Mittäter oder Teilnehmer begründendes Verhalten liegt, erfordert grundsätzlich materiell rechtliche Erwägungen, die nicht im Zwangsmittelverfahren möglich sind, sondern nur in einem (neuen) Erkenntnisverfahren getroffen werden können.[75] Insbesondere bei **Konzerngesellschaften** kann eine verständige Würdigung der tatsächlichen Feststellungen des Erkenntnisverfahrens jedoch ausreichen, um zu begründen, dass solche Dritthandlungen mit erfasst sind.[76] Demgemäß werden von der Auskunfts- und Rechnungslegungspflicht über den Verkauf bestimmter Gegenstände auch der Verkäufer eines Tochterunternehmens erfasst,

---

[60] OLG Frankfurt a. M. 9.4.2015 – 6 W 35/15; Kühnen Patentverletzung-HdB Kap. H. Rn. 223.
[61] OLG Düsseldorf GRUR-RR 2012, 406 – Nullauskunft.
[62] OLG Düsseldorf GRUR-RR 2012, 406 – Nullauskunft.
[63] Kühnen Patentverletzung-HdB Kap. H. Rn. 242.
[64] Kühnen Patentverletzung-HdB Kap. H. Rn. 242.
[65] BGH GRUR 2015, 2148 – Tonerkartuschen; BGH NJW 2005, 367.
[66] BGH NJW 2019, 231 (233); NJW-RR 2007, 1475 zu § 887 ZPO; OLG Düsseldorf GRUR-RR 2013, 273 – Scheibenbremse; OLG Düsseldorf GRUR 2020, 734 – Cholesterinsenker.
[67] Schulte/*Voß* PatG § 139 Rn. 395; OLG Düsseldorf GRUR 2020, 734 – Cholesterinsenker.
[68] Schulte/*Voß* PatG § 139 Rn. 395.
[69] OLG Düsseldorf BeckRS 2016, 06336.
[70] Fitzner/Lutz/Bodewig/*Voß* BeckOK Patentrecht Vor §§ 139 ff. Rn. 426.
[71] Fitzner/Lutz/Bodewig/*Voß* BeckOK Patentrecht Vor §§ 139 ff. Rn. 426.
[72] OLG Düsseldorf GRUR-RR 2013, 273 – Scheibenbremse; OLG Düsseldorf BeckRS 2016, 06336.
[73] Kühnen Patentverletzung-HdB Kap. H. Rn. 244, 249; OLG Düsseldorf BeckRS 2016, 06336.
[74] OLG Düsseldorf GRUR-RR 2013, 273 – Scheibenbremse mwN.
[75] OLG Düsseldorf GRUR-RR 2013, 273 – Scheibenbremse mwN.
[76] OLG Düsseldorf GRUR-RR 2013, 273 – Scheibenbremse.

sofern solche Geschäfte in den Gründen der zu vollstreckenden Entscheidung als von der Auskunftspflicht umfasst bezeichnet werden.[77]

Eine immanente Beschränkung des Urteilsausspruchs ergibt sich für **Erschöpfungssachverhalte** 25 oder **gesetzliche Privilegierungstatbestände,** wenn etwa der Schuldner erschöpfte Ware neben nicht erschöpfter Ware vertrieben hat.[78] In solchen Fällen muss der Schuldner zwar für erschöpfte Ware keine Rechnung legen, aber doch den Erschöpfungssachverhalt offenbaren und im Einzelnen konkret darlegen und beweisen.[79] Entsprechendes gilt für andere Privilegierungstatbestände.

Bestehen hingegen Zweifel an der **materiellen Wahrheit** der Rechnungslegung, so ist der Gläubiger auf §§ 259, 260 BGB angewiesen.[80] Allerdings genügt eine zum Zwecke der Auskunft gegebene 26 Erklärung zur Erfüllung des Auskunftsanspruchs nicht, wenn sie nicht ernst gemeint oder von vornherein unglaubhaft oder unvollständig ist.[81] Letzteres ist insbesondere dann der Fall, wenn der Schuldner über den Umfang und die Reichweite seiner Rechnungslegungspflicht im Irrtum ist.[82] Ist eine Auskunft sowohl unvollständig als auch unrichtig, so ist ein Anspruch auf Abgabe einer eidesstattlichen Versicherung über die Richtigkeit der erteilten Auskunft erst nach Ergänzung der Auskunft begründet.[83]

2. Einzelfragen. a) Abwandlungen. Die Rechnungslegungspflicht umfasst im Kern identische 27 Abwandlungen; insofern gelten die gleichen Grundsätze wie im Ordnungsmittelverfahren (vgl. hierzu die Kommentierung zu → ZPO § 890 Rn. 11 ff.).[84]

b) Auskunftszeitraum. Der Auskunftszeitraum beginnt wie tenoriert und endet in Ermangelung 28 gegenteiliger Anhaltspunkte grundsätzlich nicht mit Schluss der letzten mündlichen Verhandlung des Erkenntnisverfahrens, sondern umfasst auch sämtliche darüber hinaus begangenen Verletzungshandlungen.[85] Wird daher während eines Beschwerdeverfahrens die Rechnungslegung für einen weiteren Zeitabschnitt fällig, ohne dass der Schuldner Rechnung legt, so kann die Beschwerde zurückzuweisen sein, selbst wenn die vom LG für die Festsetzung des Zwangsgeldes herangezogenen Unzulänglichkeiten nach Auffassung des Beschwerdegerichts nicht bestehen.[86]

c) Beweislast. Die Beweislast für den Einwand, der titulierte Anspruch sei erfüllt, trägt nach 29 allgemeinen Regeln der Schuldner.[87] Der Schuldner hat deshalb auch zu beweisen, dass es keine weiteren Geschäfte gegeben hat, auf die sich die Rechnungslegung beziehen muss.[88] Wegen der Schwierigkeit eines solchen Negativbeweises kann jedoch vom Gläubiger das substantiierte Bestreiten der negativen Tatsache unter Darlegung der für das Positive sprechenden Tatsachen und Umstände verlangt werden.[89] Insofern kann sich der Schuldner zunächst damit begnügen, zu behaupten, dass es keine weiteren Fälle gebe, auf die sich die Verpflichtung zur Rechnungslegung erstrecke; es ist dann Sache des Gläubigers, dieses Vorbringen qualifiziert zu bestreiten und die Umstände vorzutragen, auf die er seine Forderung stützt, die Rechnungslegung sei zu ergänzen.[90]

Die Vorschrift des **§ 139 Abs. 3 PatG** findet im Vollstreckungsverfahren nur insoweit Anwendung, 30 als der Schuldner ein vom verletzenden Verfahren abweichendes Verfahren substantiiert und nachvollziehbar darlegen muss.[91] Zwar könnte sich der Schuldner in einem Erkenntnisverfahren hierauf nicht beschränken, sondern müsste im Bestreitensfalle die Anwendung des von ihm behaupteten Verfahrens beweisen. Die Beweisregel des § 139 Abs. 3 PatG kann jedoch nach einer Auffassung auf das Vollstreckungsverfahren nicht übertragen werden, da hierdurch der Vollstreckungsschuldner lediglich dazu veranlasst werden soll, die geforderten Auskünfte vollständig und ernsthaft zu erteilen, während das Zwangsmittelverfahren grundsätzlich nicht die Funktion hat, die Richtigkeit der erteilten Auskünfte zu überprüfen.[92]

---

[77] BGH GRUR 2014, 605 – Flexitanks II.
[78] Kühnen Patentverletzung-HdB Kap. H. Rn. 253.
[79] Kühnen Patentverletzung-HdB Kap. H. Rn. 253 unter Hinweis auf unveröffentlichte Beschlüsse des OLG Karlsruhe (6 W 43/08, 6 U 171/07) und des LG Mannheim (7 O 222/06); ebenso Schulte/*Voß* PatG § 139 Rn. 395.
[80] BGH GRUR 1984, 728 – Dampffrisierstab II; OLG Düsseldorf GRUR-RR 2013, 273 – Scheibenbremse mwN.
[81] BGH GRUR 2001, 841 – Entfernung der Herstellungsnummer II; OLG Düsseldorf GRUR-RR 2013, 273 – Scheibenbremse; OLG Köln GRUR-RR 2006, 31 – Mitwirkung eines Dritten.
[82] OLG Düsseldorf GRUR-RR 2013, 273 – Scheibenbremse mwN; Benkard/*Grabinski*/*Zülch* PatG § 139 Rn. 90a.
[83] OLG Hamburg NJW-RR 2002, 1292.
[84] OLG Düsseldorf InstGE 6, 123 – Elektronische Anzeigevorrichtung.
[85] OLG Düsseldorf BeckRS 2016, 06336; BGH GRUR 2004, 755 – Taxameter.
[86] Kühnen Patentverletzung-HdB Kap. H. Rn. 255 unter Hinweis auf die unveröffentlichte Entscheidung OLG Düsseldorf 31.5.2010 – I-2 W 21/09.
[87] BGH NJW-RR 2007, 1475 mwN.
[88] BGH NJW-RR 2007, 1475 (1477) bzgl. Buchauszug.
[89] BGH NJW-RR 2007, 1475 mwN.
[90] BGH NJW-RR 2007, 1475 bzgl. Buchauszug.
[91] OLG Frankfurt a. M. GRUR-RR 2002, 120 – Sonnenblende.
[92] OLG Frankfurt a. M. GRUR-RR 2002, 120 – Sonnenblende; Benkard/*Grabinski*/*Zülch* PatG § 139 Rn. 90a.

31 d) Geänderte Angaben. Der Schuldner kann eine **geänderte letzte Rechnungslegung** als maßgeblich bezeichnen, wenn er eine frühere Rechnungslegung zwischenzeitlich als unrichtig erkannt hat.[93] Dies folgt aus der unter Umständen eintretenden Verpflichtung des Schuldners, die Vollständigkeit der Rechnung auf Antrag des Gläubigers zu Protokoll an Eides statt zu versichern, denn wer eine solche Versicherung an Eides statt abzugeben hat, muss den Gegenstand seiner Versicherung selbst bestimmen können, da er für die Richtigkeit der Versicherung strafrechtlich einzustehen hat.[94] Es kann jedoch Aufklärung über die Ursache der Abweichung verlangt werden.[95]

32 e) Gestehungskosten und Gewinn. Die Angaben zu den Gestehungskosten und zum erzielten Gewinn müssen in einer solchen Weise spezifiziert und mitgeteilt werden, dass sie für den Gläubiger aus sich heraus verständlich sind, auf ihre Schlüssigkeit überprüft und zumindest stichprobenweise verifiziert werden können.[96] Das OLG Düsseldorf fasst die Anforderungen im Einzelnen in ständiger Rechtsprechung wie folgt zusammen:[97]

„Ihrem gesetzlichen Zweck entsprechend muss die Rechnungslegung alle Angaben enthalten, die der Verletzte benötigt, um sich für eine der ihm offen stehenden Schadensberechnungen (nach der Methode der Lizenzanalogie, des entgangenen Gewinns oder des Verletzergewinns) entscheiden, die Schadenshöhe, insbesondere den Umfang des mit den patentverletzenden Erzeugnissen erzielten und im Wege des Schadensersatzes herauszugebenden Verletzergewinns konkret berechnen und die Richtigkeit der Rechnungslegung nachprüfen zu können. Der Berechtigte braucht sich insoweit nicht auf lediglich pauschale Angaben verweisen zu lassen. Erfüllt ist der Anspruch auf Rechnungslegung über den bei einer Schutzrechtsverletzung erzielten Gewinn vielmehr erst dann, wenn der Schuldner in der gelegten Rechnung seine Gestehungs- und Vertriebskosten sowie den mit den patentverletzenden Gegenständen erwirtschafteten Umsatz so vollständig offen gelegt hat, wie er dazu in der Lage ist (BGH GRUR 1982, 723, 725 – Dampffrisierstab I). Fehlen zu einzelnen Kosten exakte Unterlagen, kann der Berechtigte eine Schätzung unter Angabe derjenigen feststellbaren Tatsachen verlangen, die der Schätzung zugrunde gelegt sind (BGHZ 92, 62, 68ff. – Dampffrisierstab II).

Welche Angaben hierzu im Einzelnen erforderlich sind, hängt wesentlich davon ab, ob es sich beim Schuldner des Rechnungslegungsanspruchs ... um einen Herstellerbetrieb oder ... um ein reines Vertriebsunternehmen handelt. Im erstgenannten Fall sind zumindest nähere (aufgeschlüsselte) Angaben über die Art, die Menge und den Einstandspreis des bei der Herstellung (einschließlich Verpackung) der patentverletzenden Gegenstände verwendeten Materials, über die Kosten der bei der Herstellung, der Montage und dem Vertrieb eingesetzten Maschinen, Werkzeuge und Vorrichtungen sowie über die dabei angefallenen Lohnkosten zu machen (BGH – Dampffrisierstab I, aaO Seite 725). Der Gläubiger kann in diesem Zusammenhang Aufschluss über die Betriebsstunden der im Einsatz befindlichen Maschinen sowie die Zahl und Zeitdauer der bei den verschiedenen Arbeitsvorgängen eingesetzten Arbeitnehmer verlangen. Sofern dies notwendig ist, um die Angaben zu den Kosten des Materials, der Maschinen und der aufgewendeten Löhne abschätzen und überprüfen zu können, ist darüber hinaus der Fertigungsvorgang detaillierter zu beschreiben (BGH – Dampffrisierstab I, aaO S. 726). Beschränkt sich der Geschäftsbetrieb des Schuldners auf den Vertrieb der patentverletzenden Gegenstände, sind in ähnlicher Weise die Vertriebskosten offen zu legen. Neben den jeweiligen Einstandspreisen sind die auf den patentverletzenden Vertrieb entfallenden Maschinen- und Lohnkosten sowie die anteiligen Gemeinkosten in einer für den Gläubiger nachvollziehbaren Art und Weise aufzuschlüsseln."

33 Für Kosten, die nach der „Gemeinkostenanteil"-Rechtsprechung des Bundesgerichtshofs[98] abzugsfähig sind, wenn sie den Verletzungsprodukten unmittelbar zugeordnet werden können, hingegen außer Ansatz bleiben müssen, wenn eine unmittelbare Zuordnung nicht möglich ist, reicht es nicht aus, um dem Gläubiger eine Einschätzung über die Abzugsfähigkeit zu ermöglichen, wenn im Rahmen der Rechnungslegung nur die Kostenposition als solche benannt wird; vielmehr müssen diejenigen Kostenstellen, die von ihrer Natur her abzugsfähig oder nicht abzugsfähig sein können, auch in einer solchen Weise angegeben und erläutert werden, dass der Verletzte absehen kann, ob für die eingewandten Kosten die Anforderungen an eine unmittelbare Zuordnung zu den Verletzungsprodukten gegeben sind oder nicht.[99]

34 Eine schätzende oder pauschalierende Berechnung ist dem Schuldner erst dann und nur insoweit gestattet, als die für eine konkrete Kostenermittlung erforderlichen Anstrengungen außer Verhältnis zu dem durch sie herbeigeführten Erkenntnisgewinn für den Gläubiger bei der Schadensberechnung stehen.[100] Beruht der vom Verletzer erzielte Gewinn nur zu einem kleinen Teil auf der Schutzrechts-

---

[93] BGH GRUR 1982, 723 – Dampffrisierstab.
[94] BGH GRUR 1982, 723 – Dampffrisierstab.
[95] BGH GRUR 1982, 723 – Dampffrisierstab; Benkard/Grabinski/Zülch PatG § 139 Rn. 90a.
[96] OLG Düsseldorf InstGE 13, 226 – Rechnungslegung über Gestehungskosten.
[97] OLG Düsseldorf BeckRS 2014, 01175.
[98] BGH GRUR 2001, 329 – Gemeinkostenanteil; BGH GRUR 2007, 431 – Steckverbindergehäuse.
[99] OLG Düsseldorf InstGE 13, 226 – Rechnungslegung über Gestehungskosten.
[100] OLG Düsseldorf BeckRS 2016, 06336; 2014, 01175.

verletzung, kann der Schaden in Form einer Quote des Gewinns nach § 287 ZPO geschätzt werden, wenn nicht ausnahmsweise jeglicher Anhaltspunkt für eine Schätzung fehlt.[101] Dies hat jedenfalls im Kennzeichenrecht auch Auswirkungen auf den Umfang des Auskunftsanspruchs.[102]

f) Nullauskunft: Grundsätzlich kann auch in einer negativen Erklärung die Erfüllung eines Aus- 35 kunftsbegehrens zu sehen sein.[103] Dies ist etwa der Fall, wenn sich im Falle einer **mittelbaren Patentverletzung** Tenor und Gründe nicht nur auf die Eignung, sondern auf eine konkrete Verwendung des Verletzungsgegenstands beim Abnehmer beziehen und diese Verwendung dem Schuldner nicht bekannt ist.[104] In einem solchen Fall trifft den Schuldner auch keine Pflicht, bei den einzelnen Abnehmern Nachforschungen vorzunehmen.[105] Wird ein Schuldner jedoch im Hinblick auf ein bestimmtes, von ihm vertriebenes Produkt wegen Patentverletzung verurteilt, kann er eine Nullauskunft nicht mit der Begründung erteilen, das von ihm vertriebene **Produkt verletze in Wahrheit das Patent nicht.**[106] Das gilt nicht nur dann, wenn der Schuldner das Klagepatent anders auslegt als das Verletzungsgericht, sondern auch dann, wenn er im Vollstreckungsverfahren geltend macht, die angegriffene Ausführungsform habe tatsächlich eine andere Ausgestaltung als vom Verletzungsgericht angenommen und unterfalle deshalb nicht dem Urteilstenor.[107]

IV. Unmöglichkeitseinwand

Grundsätzlich ist der Einwand der **Unmöglichkeit** auch im Vollstreckungsverfahren statthaft und 36 sogar unabhängig davon beachtlich, ob die Unmöglichkeit ggf. sogar zu dem Zweck herbeigeführt worden ist, den Rechnungslegungsanspruch des Gläubigers zu **vereiteln.**[108] Denn das Zwangsmittel dient nicht der Bestrafung, sondern ausschließlich dazu, den Willen des Schuldners zu beugen.[109] Allerdings obliegt es dem sich auf den Unmöglichkeitseinwand berufenden Schuldner, die Umstände, aus denen sich die (gegenwärtige) Unmöglichkeit ergibt, überprüfbar und substantiiert darzulegen.[110] Vom Einwand der Unmöglichkeit ist der Einwand der Unzumutbarkeit zu unterscheiden, auf welchen sich der Schuldner im Zwangsvollstreckungsverfahren nicht berufen kann.[111]

Zu beachten ist jedoch, dass der Unmöglichkeitseinwand noch nicht dann und noch nicht deshalb 37 gerechtfertigt ist, wenn und weil ein **Dritter** an der geschuldeten Handlung **mitwirken** muss.[112] Die Verhängung von Zwangsmitteln verbietet sich erst dann, wenn eindeutig feststeht, dass der Vollstreckungsschuldner erfolglos **alle zumutbaren Maßnahmen** einschließlich eines gerichtlichen Vorgehens unternommen hat, um den Dritten zur Mitwirkung zu bewegen.[113] Derartige Nachforschungspflichten bestehen in gesteigertem Maße innerhalb eines Konzerns, wenn der Schuldner unter Verzicht auf eine eigene Dokumentationstätigkeit hingenommen hat, dass die Einzelheiten seiner Geschäftstätigkeit ausschließlich bei dem in Anspruch zu nehmenden Drittunternehmen dauerhaft archiviert werden.[114]

Problematisch ist in diesem Zusammenhang eine einstweilige Anordnung des **Bundesverfassungs-** 38 **gerichtes,** mit welcher die **Erzwingung einer Aussage bestimmten Inhalts** der näheren Prüfung der Verfassungsmäßigkeit bedarf (welche bis heute allerdings nicht erfolgt ist) und einstweilen der Abgabe einer eidesstattlichen Versicherung zur Verfügung stünde.[115] Diese Entscheidung wird in der Rechtsprechung und Literatur mitunter auf andere Unmöglichkeitssachverhalte übertragen.[116] Angesichts der Besonderheiten des vom Bundesverfassungsgericht vorläufig beurteilten Falles (wonach dort Landgericht und Oberlandesgericht nur eine solche Auskunft als Erfüllung akzeptieren würden, in der der Beschwerdeführer zu 1. – den Feststellungen des Oberlandesgerichts entsprechend – erklärt,

---

[101] BGH GRUR 2006, 419 – Noblesse mwN.
[102] BGH GRUR 2006, 419 – Noblesse; aA Kühnen Patentverletzung-HdB Kap. H. Rn. 262 mit abweichender Ansicht für das Patentrecht.
[103] BGH GRUR 1958, 149 – Bleicherde; BGH GRUR 2001, 841 – Entfernung der Herstellungsnummer II; BGH GRUR 2003, 433 – Cartier-Ring.
[104] OLG Karlsruhe InstGE 11, 61 – Multifeed II.
[105] OLG Karlsruhe InstGE 11, 61 – Multifeed II.
[106] OLG Düsseldorf GRUR-RR 2013, 273 – Scheibenbremse mwN.
[107] OLG Düsseldorf GRUR-RR 2013, 273 – Scheibenbremse.
[108] BGH GRUR 2009, 794 – Auskunft über Tintenpatronen mwN; OLG Düsseldorf GRUR-RR 2013, 273 – Scheibenbremse.
[109] OLG Düsseldorf GRUR-RR 2013, 273 – Scheibenbremse; OLG Düsseldorf GRUR 2020, 734 (736) – Cholesterinsenker.
[110] OLG München BeckRS 2014, 18975.
[111] OLG Düsseldorf GRUR 2020, 734 (736) – Cholesterinsenker; offengelassen in BGH GRZR 2020, 1348 (1352) – Digitaler Nachlass II.
[112] OLG Düsseldorf GRUR-RR 2013, 273 – Scheibenbremse.
[113] BGH NJW-RR 2009, 443; OLG Düsseldorf GRUR-RR 2013, 273 – Scheibenbremse; OLG Köln GRUR-RR 2006, 31 – Mitwirkung eines Dritten.
[114] OLG Düsseldorf GRUR-RR 2013, 273 – Scheibenbremse; OLG Düsseldorf InstGE 9, 179 – Druckerpatrone.
[115] BVerfG BeckRS 2010, 50322.
[116] OLG Düsseldorf InstGE 13, 113 – Zugangsdaten für Internetseite; Schulte/Voß PatG § 139 Rn. 398.

zumindest ein Exemplar einer Kundendatei zu besitzen)[117] dürften die vorstehend diskutierten, grundsätzlich anders gelagerten Unmöglichkeitssachverhalte mit Nachforschungspflichten jedoch auch von einer abschließenden Entscheidung des Bundesverfassungsgerichts nicht betroffen sein.

§ 888a Keine Handlungsvollstreckung bei Entschädigungspflicht
   Ist im Falle des § 510b der Beklagte zur Zahlung einer Entschädigung verurteilt, so ist die Zwangsvollstreckung auf Grund der Vorschriften der §§ 887, 888 ausgeschlossen.

§ 889 Eidesstattliche Versicherung nach bürgerlichem Recht

(1) ¹Ist der Schuldner auf Grund der Vorschriften des bürgerlichen Rechts zur Abgabe einer eidesstattlichen Versicherung verurteilt, so wird die Versicherung vor dem Amtsgericht als Vollstreckungsgericht abgegeben, in dessen Bezirk der Schuldner im Inland seinen Wohnsitz oder in Ermangelung eines solchen seinen Aufenthaltsort hat, sonst vor dem Amtsgericht als Vollstreckungsgericht, in dessen Bezirk das Prozessgericht des ersten Rechtszuges seinen Sitz hat. ²Die Vorschriften der §§ 478 bis 480, 483 gelten entsprechend.

(2) Erscheint der Schuldner in dem zur Abgabe der eidesstattlichen Versicherung bestimmten Termin nicht oder verweigert er die Abgabe der eidesstattlichen Versicherung, so verfährt das Vollstreckungsgericht nach § 888.

1 Die Vorschrift spielt im Gewerblichen Rechtsschutz eine Rolle, wenn etwa **Zweifel an der materiellen Wahrheit einer Auskunft oder Rechnungslegung** bestehen und der Gläubiger auf §§ 259, 260 BGB angewiesen ist.[1]

2 Grundsätzlich bestimmt sich der Inhalt der eidesstattlichen Versicherung nach dem zugrundeliegenden Urteil.[2] Das Vollstreckungsgericht ist jedoch berechtigt, eine den Umständen entsprechende Änderung der vom Prozessgericht angeordneten eidesstattlichen Versicherung zu beschließen, namentlich wenn Grund für die Annahme besteht, dass der Schuldner die von ihm zugesagte und bisher erteilte Auskunft nicht mit der gebotenen Sorgfalt vollständig und richtig erteilt hat.[3]

3 Die Abgabe der eidesstattlichen Versicherung erfolgt nach § 889 Abs. 2 ZPO vor dem **Amtsgericht als Vollstreckungsgericht,** in dessen Bezirk der Schuldner im Inland seinen Wohnsitz oder in Ermangelung eines solchen seinen Aufenthaltsort hat, sonst vor dem Amtsgericht, in dessen Bezirk das Prozessgericht des ersten Rechtszuges seinen Sitz hat.

4 Der Schuldner kann sich seiner Verpflichtung zur Abgabe einer eidesstattlichen Versicherung nicht durch die Behauptung entziehen, die von dritter Seite für ihn gefertigte Auskunft nicht auf ihre Richtigkeit überprüfen zu können.[4] Die Verpflichtung zur Abgabe der eidesstattlichen Versicherung erstreckt sich vielmehr auch auf die Verschaffung von Kenntnis und Unterlagen von dritter Seite.[5]

5 Unter einer Verweigerung iSd § 889 Abs. 2 ZPO ist die ungerechtfertigte Ablehnung der Abgabe der eidesstattlichen Versicherung durch den Schuldner zu verstehen.[6] Hierunter fällt jedoch nicht schon die Abgabe der eidesstattlichen Versicherung unter Vorbehalt. Stattdessen ist gem. § 261 Abs. 1 ZPO die Nachbesserung der bisherigen Auskunft sowie deren Versicherung an Eides statt anzuordnen.[7] Das nach § 889 Abs. 1 ZPO für die Entgegennahme der eidesstattlichen Versicherung örtlich zuständige Amtsgericht als Vollstreckungsgericht ist auch für die Festsetzung von Zwangsmitteln nach § 889 Abs. 2 ZPO zuständig.[8]

§ 890 Erzwingung von Unterlassungen und Duldungen

(1) ¹Handelt der Schuldner der Verpflichtung zuwider, eine Handlung zu unterlassen oder die Vornahme einer Handlung zu dulden, so ist er wegen einer jeden Zuwiderhandlung auf Antrag des Gläubigers von dem Prozessgericht des ersten Rechtszuges zu einem Ordnungsgeld und für den Fall, dass dieses nicht beigetrieben werden kann, zur Ordnungshaft oder zur Ordnungshaft bis zu sechs Monaten zu verurteilen. ²Das einzelne Ordnungsgeld darf den Betrag von 250 000 Euro, die Ordnungshaft insgesamt zwei Jahre nicht übersteigen.

---

[117] BVerfG BeckRS 2010, 50782.
[1] BGH GRUR 1984, 728 – Dampffrisierstab II; OLG Düsseldorf GRUR-RR 2013, 273 – Scheibenbremse mwN.
[2] Zöller/*Seibel* ZPO § 889 Rn. 3.
[3] BGH NJW-RR 2005, 221.
[4] BGH NJW-RR 2015, 58.
[5] BGH NJW-RR 2015, 58.
[6] BGH NJW-RR 2015, 58; MüKoZPO/*Gruber* § 889 Rn. 9.
[7] BGH NJW-RR 2015, 58.
[8] BayObLG BeckRS 2020, 12342.

(2) Der Verurteilung muss eine entsprechende Androhung vorausgehen, die, wenn sie in dem die Verpflichtung aussprechenden Urteil nicht enthalten ist, auf Antrag von dem Prozessgericht des ersten Rechtszuges erlassen wird.

(3) Auch kann der Schuldner auf Antrag des Gläubigers zur Bestellung einer Sicherheit für den durch fernere Zuwiderhandlungen entstehenden Schaden auf bestimmte Zeit verurteilt werden.

Übersicht

	Rn.
A. Parteien	1
B. Voraussetzungen	6
I. Allgemeine Zwangsvollstreckungsvoraussetzungen	6
II. Besondere Zwangsvollstreckungsvoraussetzungen	10
1. Sicherheitsleistung	10
2. Weitere Voraussetzungen zur Fallgruppe „Unterlassen"	11
a) Unterlassungsverpflichtung	11
b) Androhung	22
c) Zuwiderhandlung	24
d) Verschulden	38
3. Fallgruppe „Dulden"	41
C. Verjährung	42
I. Verfolgungsverjährung	42
II. Vollstreckungsverjährung	44
D. Verfahren	46
I. Ordnungsmittelverfahren	46
II. Sofortige Beschwerde	54
III. Rechtsbeschwerde	56
IV. Vollstreckung	57
V. Aufhebung	58
E. Ordnungsmittel und Sicherheitsleistung	59

A. Parteien

Gläubiger des Ordnungsmittels ist die im Urteil bezeichnete Partei, wie auch ggf. ihr Rechtsnachfolger (§ 727 ZPO). **1**

Als **Schuldner** im Ordnungsmittelverfahren sollten an sich alle Parteien in Betracht kommen, gegen die sich ein Vollstreckungstitel richtet, sowie wiederum deren Rechtsnachfolger (§ 727 ZPO). Problematisch ist jedoch die im Gewerblichen Rechtsschutz häufig anzutreffende Konstellation, in welcher sowohl eine **juristische Person** als auch ein **Organ** derselben zur Unterlassung verpflichtet sind, und das Organ im Rahmen der geschäftlichen Tätigkeit für die juristische Person dem Verbot zuwiderhandelt. In solchen Fällen ist nach der Rechtsprechung des BGH (1. Zivilsenat) nur gegen die juristische Person ein Ordnungsgeld festzusetzen.[1] Das handelnde Organ, welches ebenfalls Titelschuldner ist, wäre hiernach lediglich von einer ersatzweisen Ordnungshaft betroffen.[2] Dies wird ua mit dem repressiven, strafähnlichen Sanktionscharakter von Ordnungsmitteln begründet, mit welchem schwerlich vereinbar sei, dass aufgrund der von einer natürlichen Person begangenen Zuwiderhandlung ein und dasselbe Ordnungsmittel gegen mehrere Personen festgesetzt wird.[3] Zugleich würde die gesonderte Inanspruchnahme des Organs hierdurch nicht überflüssig, da sie ja nach wie vor Fälle abdecke, in denen das Organ außerhalb seiner geschäftlichen Tätigkeit für die betroffene juristische Person tätig würde.[4] **2**

Dem ist zuzugeben, dass der letztgenannte Fall in der Praxis zumeist den Hauptgrund für eine zusätzliche Inanspruchnahme des Organs einer juristischen Person darstellt. Dennoch wird in der Literatur zu Recht kritisiert, dass nunmehr ausgerechnet das als Täter handelnde Organ von einem Ordnungsmittel verschont wird.[5] Überdies verlangt auch der vom BGH betonte Sanktionscharakter nicht zwingend eine solche Privilegierung des als Organ handelnden Täters. Im Gegenteil: Das Bundesverfassungsgericht hat betont, dass auch bei juristischen Personen die Verhängung von Ordnungsmitteln nur dann in Betracht kommt, wenn dieser juristischen Person ein Verschuldensvorwurf zu machen ist. Dieses Verschulden der juristischen Person wurde über die Zurechnung des Organ- **3**

---

[1] BGH GRUR 2012, 541 Rn. 6 – Titelschuldner im Zwangsvollstreckungsverfahren, mwN und einer Übersicht über den Streitstand; OLG Düsseldorf BeckRS 2013, 07753; OLG Frankfurt a. M. GRUR-RS 2020, 31712 Rn. 8; aber Abgr. zu BGH: OLG Frankfurt a. M. BeckRS 2012, 16601.
[2] BGH GRUR 2012, 541 Rn. 7 – Titelschuldner im Zwangsvollstreckungsverfahren, wiederum mwN und einer Übersicht über den Streitstand; OLG Frankfurt a. M. GRUR-RS 2020, 31712 Rn. 8.
[3] BGH GRUR 2012, 541 – Titelschuldner im Zwangsvollstreckungsverfahren.
[4] BGH GRUR 2012, 541 – Titelschuldner im Zwangsvollstreckungsverfahren.
[5] Kühnen Patentverletzung-HdB Kap. H. Rn. 127.

verschuldens begründet.[6] Aus dem Umstand der Zurechnung des Verschuldens des Organs zur juristischen Person lässt sich dagegen nicht im Umkehrschluss ableiten, dass das handelnde Organ durch die Zurechnung straffrei würde. Aufgrund der Tatsache, dass die Ordnungsmittel gegen zwei unterschiedliche Personen verhängt werden, ergibt sich ein solcher Schluss auch nicht aus dem strafrechtlichen Grundsatz des ne bis in idem.

4   In Abgrenzung von dieser BGH-Rechtsprechung sieht das OLG Frankfurt a. M. die Möglichkeit in derartigen Fällen jedenfalls dann ein **Ordnungsgeld** gegen das **Organ** festzusetzen, wenn der Unterlassungstitel gegen das Organ rechtskräftig ist, während er gegen die juristische Person nur gegen Sicherheitsleistung vollstreckbar ist und die Sicherheit nicht geleistet ist.[7]

5   Ist der Schuldner eine **ausländische Partei**, so ist die internationale Zuständigkeit deutscher Gerichte gegeben, wenn die Durchsetzung der Zwangsvollstreckungsmaßnahmen auf das Inland beschränkt ist. Dies findet seinen Grund darin, dass die staatliche Zwangsgewalt auf das Inland beschränkt ist und durch von deutschen Gerichten angeordnete Vollstreckungsmaßnahmen nicht in die Hoheitsgewalt eines anderen Staats eingegriffen werden darf.[8] Dies ist im Rahmen von § 890 ZPO grundsätzlich der Fall, da die Verhängung von Ordnungsmitteln, soweit die Entscheidung nicht in dem ausländischen Staat für vollstreckbar erklärt worden ist, nur den inländischen Geltungsbereich betrifft.[9] Es handelt sich um die Ausübung von Zwang im Inland, auch wenn die Duldung bzw. Unterlassung[10] im Ausland vorzunehmen ist.[11]

B. Voraussetzungen

I. Allgemeine Zwangsvollstreckungsvoraussetzungen

6   Grundsätzlich gelten die allgemeinen Vollstreckungsvoraussetzungen. Mithin sind also bei Hauptsacheverfahren neben dem zu vollstreckenden **Titel** auch eine **Vollstreckungsklausel** (§§ 724, 725 ZPO) und die **Zustellung** des Vollstreckungstitels an den Schuldner nach § 750 ZPO erforderlich.[12] Die Klausel und Zustellung müssen nach der Literatur spätestens im Zeitpunkt des Ordnungsmittelbeschlusses,[13] nach einer Entscheidung des BGH aber bereits im Zeitpunkt des Ordnungsmittelantrags gegeben sein.[14] Das Vorliegen der allgemeinen Zwangsvollstreckungsvoraussetzungen ist vom Gläubiger darzulegen und zu beweisen.[15]

7   Die Notwendigkeit einer Klausel entfällt im Regelfall bei Verfahren des einstweiligen Rechtsschutzes, solange es nicht zu einem Wechsel des Gläubigers und/oder Schuldners kommt, §§ 929, 936 ZPO.[16] Dafür ist in der letztgenannten Fallgruppe die einmonatige Vollziehungsfrist der §§ 929 Abs. 2, 936 ZPO von Amts wegen[17] zu beachten.[18]

8   Wenn der Titel vor Rechtskraft eines Ordnungsmittelbeschlusses *ex tunc* **aufgehoben** wird oder rückwirkend entfällt, kann nach überwiegender Ansicht in Rechtsprechung und Literatur aus ihm nicht mehr vollstreckt werden.[19] Ein zuvor ergangener Ordnungsmittelbeschluss ist ggf. im Beschwerdeverfahren aufzuheben.[20]

9   Im Falle der **Erledigung** der Hauptsache *ex nunc* – etwa durch Abgabe einer strafbewehrten Unterlassungsverpflichtungserklärung im Widerspruchsverfahren zu einer einstweiligen Verfügung oder durch eine übereinstimmende Erledigungserklärung[21] – können zuvor begangene Zuwiderhandlungen noch nach § 890 ZPO geahndet werden, wenn sich die Erledigungserklärung des Gläubigers zumindest konkludent auf die Zeit nach dem erledigenden Ereignis beschränkt.[22] Ebenso ist ein Ordnungsmittelverfahren auch nach Schutzablauf möglich, wenn die Zuwiderhandlung zuvor erfolgt ist.[23]

---

[6] BVerfGE 20, 323.
[7] OLG Frankfurt a. M. BeckRS 2012, 16601.
[8] BGH NJW-RR 2010, 279 mwN.
[9] BGH NJW-RR 2010, 279 mwN.
[10] Fitzner/Lutz/Bodewig/*Voß* BeckOK Patentrecht Vor §§ 139 ff. Rn. 391.
[11] BGH NJW-RR 2010, 279 mwN.
[12] Kühnen Patentverletzung-HdB Kap. H. Rn. 129.
[13] Zöller/*Seibel* ZPO § 890 Rn. 9; MüKoZPO/*Gruber* ZPO § 890 Rn. 29.
[14] BGH GRUR 2009, 890 – Ordnungsmittelandrohung.
[15] Fitzner/Lutz/Bodewig/*Voß* BeckOK Patentrecht Vor §§ 139 ff. Rn. 395.
[16] Kühnen Patentverletzung-HdB Kap. H. Rn. 131.
[17] Schulte/*Voß* PatG § 139 Rn. 372.
[18] Kühnen Patentverletzung-HdB Kap. H. Rn. 131.
[19] Zöller/*Seibel* ZPO § 890 Rn. 10; OLG Düsseldorf InstGE 9, 53 – Montagehilfe für Dachflächenfenster mwN.
[20] OLG München InstGE 6, 55 – Rohrleitungsverdichter.
[21] Zöller/*Seibel* ZPO § 890 Rn. 11; BGH GRUR 2016, 421 – Erledigungserklärung nach Gesetzesänderung.
[22] Zöller/*Seibel* ZPO § 890 Rn. 11; BGH GRUR 2004, 264 – Euro-Einführungsrabatt.
[23] OLG Düsseldorf InstGE 9, 53 – Montagehilfe für Dachflächenfenster, unter Aufgabe der früheren Rechtsprechung; OLG Düsseldorf GRUR 1987, 975 – Titelfortfall.

II. Besondere Zwangsvollstreckungsvoraussetzungen

1. Sicherheitsleistung. Für ein vorläufig vollstreckbares Hauptsacheurteil erster Instanz müssen **10** **Sicherheit** geleistet[24] und der Schuldner unter Beachtung von § 751 Abs. 2 ZPO in **Kenntnis** gesetzt sein[25] (→ Rn. 31/32).

2. Weitere Voraussetzungen zur Fallgruppe „Unterlassen". a) Unterlassungsverpflichtung. **11** Eine Unterlassungsverpflichtung im Sinne von § 890 ZPO kann sich aus Urteil oder aus (Prozeß-) Vergleich ergeben.[26] Ein **paralleles Vertragsstrafeversprechen** ist grundsätzlich unschädlich.[27] Allerdings ist bei der Festsetzung der Höhe eines Ordnungsmittels eine zuvor für dieselbe Zuwiderhandlung etwa nach Hamburger Brauch festgesetzte Vertragsstrafe (und umgekehrt) zu berücksichtigen.[28]

Die Unterlassungsverpflichtung erfasst neben der dem Urteil zugrundeliegenden, konkret streitigen **12** Verletzungshandlung regelmäßig auch im Kern gleichartige Handlungen (sogenannte **„Kerntheorie"**).[29] Dies ist verfassungsrechtlich unbedenklich, solange das Ergebnis für den Betroffenen vorhersehbar bleibt.[30] Bei der konkreten Ermittlung der Reichweite einer Unterlassungsverpflichtung ist – zumindest theoretisch – nach Rechtsgebieten zu differenzieren:

aa) Patent- und Gebrauchsmusterrecht. Im Patentrecht wird die Unterlassungsverpflichtung in **13** der Urteilsformel nach wie vor ganz überwiegend durch Wiedergabe des Wortlauts des oder der geltend gemachten Patentansprüche umrissen. Die konkrete Bezeichnung der Mittel, aus denen sich eine Benutzung des Patentanspruchs ergibt, stellt demgegenüber – von Fällen der Äquivalenz abgesehen – die Ausnahme dar, wenngleich der BGH dies grundsätzlich für geboten hält.[31]

Von einer solchermaßen abstrakten Formel ausgehend[32] führt die **„Kerntheorie"** den Umfang der **14** Unterlassungsverpflichtung im Wege der Auslegung unter Berücksichtigung der Urteilsgründe[33] auf Handlungen zurück, welche den Kern der Verletzungsform unberührt lassen[34], wobei der X. Zivilsenat des BGH in einer Entscheidung offen gelassen hat, ob dieser Praxis aus Rechtsgründen beigetreten werden kann.[35] Dabei ist der Kern des Streitgegenstandes (und damit der Umfang der Unterlassungsverpflichtung) im Wesentlichen durch die „tatsächliche Ausgestaltung eines bestimmten Produkts im Hinblick auf die Merkmale des geltend gemachten Patentanspruchs" zu bestimmen.[36] Umstände, die außerhalb des Titels liegen, dürfen dabei nicht berücksichtigt werden.[37] Dementsprechend darf keine Notwendigkeit bestehen, neben den Gründen ergänzend auch auf die Patentschrift zurückzugreifen, um den Verletzungsvorwurf zu rechtfertigen, selbst wenn die diesbezüglichen Erwägungen trivial und eindeutig sein mögen.[38] Die Kerntheorie greift indes bei Abwandlungen, welche außerhalb der Merkmale des Patentanspruchs liegen oder über die in der Sache im Erkenntnisverfahren bereits mitentschieden wurde, weil diejenigen Erwägungen zur Patentverletzung, die in Bezug auf die angegriffene Ausführungsform angestellt worden sind, in gleicher Weise auf die abgewandelte Ausführungsform zutreffen.[39]

Von der Kerntheorie **nicht erfasst** sind folgende Fälle: **15**
– allgemein: Abwandlungen, welche **materiell-rechtliche Erwägungen** zur Auslegung des Patents und zur Bestimmung von dessen Schutzbereich erfordern, die über die im Erkenntnisverfahren bereits getroffenen Feststellungen und Erwägungen zur Patentverletzung hinaus gehen;[40] insbesondere:
– Abwandlungen im Bereich der Erfindungsmerkmale im Falle von **Anerkenntnisurteilen**, da diese nicht nur ohne Tatbestand und Entscheidungsgründe, sondern – insofern anders als Säumnisurteile –

---

[24] BGH GRUR 2011, 364 – Steroidbeladene Körner.
[25] BGH GRUR 2008, 1029 – Benachrichtigung über Prozessbürgschaftsbestellung.
[26] Baumbach/Lauterbach/Hartmann/Anders/Gehle/*Schmidt* ZPO § 890 Rn. 3 u. 7 mwN.
[27] BGH GRUR 2010, 355 – Testfundstelle; BGH GRUR 2014, 908 – Ordnungsmittelverfahren nach Prozessvergleich; LG Düsseldorf InstGE 7, 185 – Beleuchtungssystem.
[28] BGH GRUR 2010, 355 – Testfundstelle; BGH GRUR 2014, 908 – Ordnungsmittelverfahren nach Prozessvergleich; Kühnen Patentverletzung-HdB Kap. H. Rn. 128.
[29] Zöller/*Seibel* ZPO § 890 Rn. 4 mwN.
[30] BVerfG GRUR 2007, 618 – Organisationsverschulden.
[31] Vgl. BGH GRUR 2016, 1031 – Wärmetauscher; BGH GRUR 2012, 485 – Rohrreinigungsdüse II; BGH GRUR 2005, 569 – Blasfolienherstellung.
[32] Vgl. hierzu auch Benkard/*Grabinski*/*Zülch*, PatG, PatG § 139 Rn. 35a.
[33] BGH GRUR 2004, 755 – Taxameter; OLG Düsseldorf InstGE 6, 43 Rn. 8 – Münzschloss II mwN.
[34] Benkard/*Grabinski*/*Zülch*, PatG, PatG § 139 Rn. 35a. m.w.N; OLG Düsseldorf InstGE 6, 43 – Münzschloss II.
[35] BGH GRUR 2010, 272 – Produktionsrückstandsentsorgung.
[36] Vgl. BGH GRUR 2016, 1031 – Wärmetauscher; BGH GRUR 2012, 485 Rn. 19 – Rohrreinigungsdüse II; OLG Düsseldorf BeckRS 2013, 12504; 2013, 11914; LG Düsseldorf 4a O 24/11.
[37] BGH GRUR 2004, 755 – Taxameter.
[38] Schulte/*Voß* PatG § 139 Rn. 379 mwN.
[39] OLG Düsseldorf InstGE 6, 123 – Elektronische Anzeigevorrichtung; Fitzner/Lutz/Bodewig/*Voß* BeckOK Patentrecht Vor §§ 139 ff. Rn. 400.
[40] LG München I GRUR-RS 2020, 12124 – Kommunikationssitzungsumschaltung V Rn. 95; LG Düsseldorf InstGE 6, 30 – Rotordüse; Schulte/*Voß* PatG § 139 Rn. 379.

auch ohne Schlüssigkeits- und Begründetheitsprüfung durch das Gericht ergehen;[41] nach der Literatur mag anderes gelten, wenn sich die Klageschrift bereits zu Änderungen verhält und damit letztlich schon die später tatsächlich abgewandelte Ausführungsform beschrieben wird;[42]
– Abwandlungen im Hinblick auf im Erkenntnisverfahren **unstreitige Merkmale,** zu deren Inhalt und Auslegung das Urteil keine Ausführungen enthält;[43]
– **äquivalente Verletzungsformen** bei einem Urteil, welches lediglich eine wortsinngemäße Verletzung feststellt;[44] allerdings ist insofern die zugrundeliegende Ausgestaltung der Verletzungsform und nicht die rechtliche Bewertung durch den Kläger für die Einordnung maßgeblich.[45]

16 Das Verbot neuer materiellrechtlicher Erwägungen im Vollstreckungsverfahren gilt nicht nur für (Auslegungs- und Schutzbereichs-)Überlegungen, die aus der Sicht des Gläubigers die Haftung des Schuldners positiv begründen sollen, sondern in gleicher Weise für **Einwendungen** (zB Verjährung, Vorbenutzungsrecht etc), die der Schuldner seiner Haftung wegen Patentverletzung in Bezug auf die Abwandlung entgegen hält und die deshalb, soll eine Vollstreckung gegen die Abwandlung erfolgen, anhand der Urteilsgründe überwunden werden müssen.[46]

17 Die Kerntheorie findet auch dann Anwendung, wenn der Gläubiger trotz Kenntnis von der geänderten Verletzungsform diese in das Erkenntnisverfahren nicht explizit als weitere Verletzungsform eingeführt hat.[47]

18 Im Falle eines **Schlechthinverbots wegen mittelbarer Patentverletzung** liegt eine Zuwiderhandlung nur vor, wenn entsprechende Vorrichtungen unter Umständen angeboten und vertrieben werden, die mit den im Erkenntnisverfahren angestellten Überlegungen die Feststellung erlauben, dass auch die subjektiven Tatbestandsmerkmale des § 10 PatG gegeben sind,[48] insbesondere wenn der Abnehmer durch sie in vergleichbarer Weise zur patentgemäßen Verwendung angehalten wird.[49] Als in diesem Sinne vergleichbar wurde dabei der Übergang von „Ideal für alle Kaffeepadmaschinen" auf „Aus patentrechtlichen Gründen werden unserer Kaffeepads zur Zeit nicht für die Verwendung in Kaffeepadmaschinen der Marke … angeboten" angesehen, ua da dieser Hinweis nichts über die tatsächliche Verwendungstauglichkeit besagt.[50]

19 **bb) Marken-, Wettbewerbs-, Design- und Urheberrecht.** In den übrigen Gebieten des Gewerblichen Rechtsschutzes sowie im Urheberrecht enthält die Urteilsformel im Regelfall die **Abbildung und/oder konkrete Beschreibung** der Verletzungsform. Soweit im Einzelfall eine abstrahierende Beschreibung Verwendung findet, ändert dies nichts an der Reichweite der Unterlassungsverpflichtung.[51] Dementsprechend werden gewisse Verallgemeinerungen als zulässig angesehen, wenn darin das Charakteristische der Verletzungshandlung zum Ausdruck kommt.[52] Umgekehrt haben bei einem Unterlassungstenor, der auf die konkrete Verletzungsform beschränkt ist, daneben [in der Begründung] abstrakt formulierte Merkmale die Funktion, den Kreis der Varianten näher zu bestimmen, die von dem Verbot als kerngleiche Verletzungsformen erfasst sein sollen.[53]

20 Hiervon – also von der konkreten Verletzungsform – ausgehend ist nach der **„Kerntheorie"** zu ermitteln, ob abweichende Verstöße den Kern der Verbotsform unberührt lassen.[54] Dabei ist maßgeblich, ob über eine Abwandlung der konkret wiedergegebenen Verletzungsform im Erkenntnisverfahren implizit mitentschieden wurde.[55] Die Zuordnung einer Handlung zum Kernbereich des Verbots scheidet also aus, wenn sie nicht Gegenstand der Prüfung im Erkenntnisverfahren gewesen ist.[56] Sofern mehrere Schutzrechte in das Erkenntnisverfahren und die Verurteilung einbezogen worden sind, kann die Verletzung eines bestimmten Schutzrechts die Verhängung eines Ordnungsmittels für kerngleiche Verletzungen anderer Schutzrechte rechtfertigen.[57] Wobei das rechtlich Charakteristische der konkreten Verletzungsform, das für die Bestimmung des Kerns der verbotenen Handlung und die Reichweite

---

[41] *Mes* Patentgesetz § 139 Rn. 456; LG Düsseldorf InstGE 6, 30 – Rotordüse.
[42] Haedicke/Timman PatR-HdB/*Chakraborty/Haedicke* § 15 Rn. 707.
[43] LG München GRUR-RS 2020, 12131 Rn. 25 – Kommunikationssitzungsumschaltung VI; LG München I GRUR-RS 2020, 12124 – Kommunikationssitzungsumschaltung V Rn. 95.
[44] OLG Karlsruhe GRUR 1984, 197 – Andere Ausführungsform; Benkard/*Grabinski/Zülch*, PatG, PatG § 139 Rn. 35a, mwN; Busse/Keukenschrijver/*Werner* PatG § 139 Rn. 257.
[45] OLG BeckRS 2013, 12504.
[46] OLG BeckRS 2014, 01175.
[47] OLG Düsseldorf InstGE 6, 43 – Münzschloss II.
[48] *Kühnen* Abschnitt H. Rn. 184 unter Hinweis auf OLG Düsseldorf BeckRS 2015, 05519.
[49] LG Düsseldorf InstGE 6, 289 – Kaffeepads.
[50] LG Düsseldorf InstGE 6, 289 – Kaffeepads.
[51] BGH GRUR 2006, 421 – Markenparfümverkäufe.
[52] BGH GRUR 2013, 1071 – Umsatzangaben; OLG Düsseldorf BeckRS 2015, 14993; OLG Köln GRUR-RR 2015, 292.
[53] BGH GRUR 2010, 855 – Folienrollos; OLG Köln GRUR-RR 2015, 292.
[54] BGH GRUR 2006, 421 Rn. 27 – Markenparfümverkäufe mwN.
[55] OLG München GRUR-RR 2011, 32 (33) – Jackpot-Werbung II mwN.
[56] BGH GRUR 2013, 1071 – Umsatzangaben.
[57] BGH GRUR 2013, 1235 – Restwertbörse II; BGH GRUR 2014, 706 – Reichweite des Unterlassungsgebots.

des Vollstreckungstitels maßgeblich ist, auf die Schutzrechte beschränkt ist, die Prüfungsgegenstand im Erkenntnisverfahren gewesen sind. Um unerhebliche Abweichungen handelt es sich hingegen, wenn der die Wiederholungsvermutung begründende Wettbewerbsverstoß und die mit diesem nicht identische, aber gleichartige Verletzungshandlung aus lauterkeitsrechtlicher Sicht gleichwertig sind und bestehende Unterschiede den lauterkeitsrechtlich erheblichen Kern der Handlung unberührt lassen.[58] Demgegenüber scheidet eine Ausdehnung des Schutzbereichs des Titels auf solche Wettbewerbshandlungen aus, die der verbotenen Handlung lediglich im Kern ähnlich sind.[59]

Eine Unterlassungsverpflichtung umfasst daher beispielsweise im **Wettbewerbsrecht** alle Handlungsformen, in denen etwa das Charakteristische einer beanstandeten Werbung zum Ausdruck kommt[60] und die insbesondere eine Verletzungsform lediglich kosmetisch verändern.[61] Besondere Zurückhaltung ist hingegen bei der Anwendung der Kerntheorie im **Markenrecht** geboten, wenn sich eine Abweichung auf ein im Tenor genanntes Zeichen selbst bezieht, da sich sonst die Prüfung der Verwechslungsgefahr zu weitgehend in das Vollstreckungsverfahren verlagern würde.[62] Daher erstreckt sich das Verbot einer Tippfehler-Domain nicht ohne Weiteres auf andere Tippfehler-Domains, die eine andere Buchstabenfolge oder eine andere Verteilung der Fehlerbuchstaben aufweisen.[63] 21

b) Androhung. Ordnungsmittel werden im gewerblichen Rechtsschutz üblicherweise auf entsprechenden Klägerantrag bereits in dem die Verpflichtung aussprechenden **Urteil** oder der entsprechenden Beschlussverfügung[64] angedroht.[65] Ggf. ist die Androhung durch **Beschluss** nachzuholen, §§ 890 Abs. 2, 891 ZPO, welcher nach § 329 Abs. 3 ZPO zuzustellen ist. Sie kann **indes nicht** wirksam in einen **Prozessvergleich** aufgenommen werden, und zwar selbst dann nicht, wenn das Zustandekommen und der Inhalt eines Vergleichs nach § 278 Abs. 6 S. 2 ZPO durch das Gericht festgestellt wird.[66] Grundsätzlich hindert ein Prozessvergleich, in dem sich der Schuldner vertragsstrafenbewehrt zur Unterlassung verpflichtet hat, nicht daran, einen Antrag nach § 890 Abs. 2 ZPO zu stellen.[67] Die (versehentlich) kumulative statt alternative Androhung von Ordnungsgeld und Ordnungshaft ist für die Zwecke der Androhung unschädlich.[68] Fehlt es an einer Androhung, so kann ein gleichwohl gestellter Ordnungsmittelantrag in einen Antrag auf Androhung des Ordnungsmittels umgedeutet werden.[69] 22

Die Androhung muss **bestimmt** sein.[70] Hierzu bedarf es der Angabe der Art und des Höchstmaßes des oder der für den Einzelfall angedrohten Ordnungsmittel.[71] Der Hinweis auf die „gesetzlich zulässige Höhe" ist demgegenüber zu unbestimmt.[72] Die Androhung von Ersatzordnungshaft gegen eine juristische Person, welche an einem der Organe zu vollziehen ist, ist – auch wenn die juristische Person mehrere Organe hat – demgegenüber grundsätzlich zulässig und nicht zu unbestimmt.[73] 23

c) Zuwiderhandlung. aa) Allgemeines. Zuwiderhandlungen können durch den **Schuldner** selbst als natürliche Person, durch **gesetzliche Vertreter** juristischer Personen, welche Schuldner sind, oder auch durch **abhängige Dritte** erfolgen.[74] Nicht in Betracht kommen hingegen Handlungen von einfachen Angestellten juristischer Personen, welche Schuldner sind, als solchen.[75] Letztere können aber ggf. auf ein Organisationsverschulden (hierzu im Einzelnen → Rn. 37 ff.) eines gesetzlichen Vertreters zurückgeführt und damit im Ergebnis ihm und auch der juristischen Person zugerechnet werden. 24

---

[58] OLG Hamburg 5 W 1/13.
[59] OLG Hamburg 5 W 1/13; LG Dortmund GRUR-RS 2019, 19532 Rn. 25– Dominostein.
[60] BGH GRUR 2010, 749 – Erinnerungswerbung im Internet; BGH GRUR 2007, 607 – Telefonwerbung für Individualverträge mwN.
[61] OLG Hamburg InstGE 11, 58 – Eisen-III-Phosphat.
[62] OLG Hamburg GRUR-RR 2009, 323 – Kerngleiche Handlungen.
[63] OLG Hamburg GRUR-RR 2009, 323 – Kerngleiche Handlungen.
[64] Hierzu BGH NJW 1996, 198.
[65] Zöller/*Seibel* ZPO § 890 Rn. 12; ein Antrag auf Androhung von Ordnungsmitteln kann hingegen nach einer Entscheidung des BGH nicht vom Schuldner gestellt werden, BGH GRUR 2018, 973 – Ordnungsmittelandrohung durch Schuldner.
[66] BGH GRUR 2012, 957 – Vergleichsschluss im schriftlichen Verfahren mwN; Kühnen Patentverletzung-HdB Kap. H. Rn. 123.
[67] BGH BeckRS 2014, 11247.
[68] Zöller/*Seibel* ZPO § 890 Rn. 12; BGH GRUR 2004, 264 – Vollstreckung aus Unterlassungstitel.
[69] Fitzner/Lutz/Bodewig/*Voß* BeckOK Patentrecht Vor §§ 139 ff. Rn. 392; Zöller/*Seibel* ZPO § 890 Rn. 12.
[70] Zöller/*Seibel* ZPO § 890 Rn. 12; OLG Düsseldorf GRUR 1977, 261 – Alfa Romeo.
[71] Zöller/*Seibel* ZPO § 890 Rn. 12; OLG Düsseldorf GRUR 1977, 261 – Alfa Romeo.
[72] Zöller/*Seibel* ZPO § 890 Rn. 12; OLG Düsseldorf GRUR 1977, 261 – Alfa Romeo.
[73] Zöller/*Seibel* ZPO § 890 Rn. 12; BGH GRUR 1991, 929 – Fachliche Empfehlung II.
[74] Fitzner/Lutz/Bodewig/*Voß* BeckOK Patentrecht Vor §§ 139 ff. Rn. 399 mwN; Schulte/*Voß* PatG § 139 Rn. 380 mwN.
[75] Schulte/*Voß* PatG § 139 Rn. 380 mwN.

25 Der Unterlassungsschuldner kann bei fortdauerndem Störungszustand über das bloße Nichtstun hinaus zu einem aktiven Handeln verpflichtet sein.[76] Eine Zuwiderhandlung gegen die Verpflichtung zur Unterlassung kann sich also daraus ergeben, dass der Schuldner mögliche und zumutbare Handlungen zur Beseitigung des fortwährenden Störungszustandes nicht vornimmt.[77] Dies gilt selbst dann, wenn sich aus dem Tenor eine positive Handlungspflicht nicht unmittelbar ergibt.[78]

Aufgrund dieser positiven Handlungspflicht ist der Schuldner gegebenenfalls gehalten, auf Dritte – im Rahmen des Möglichen und Zumutbaren – einzuwirken und zwar unabhängig vom Bestehen etwaiger Ansprüche gegen den Dritten.[79] Ausreichend ist allein die tatsächliche Einwirkungsmöglichkeit.[80] Praktisch resultiert hieraus eine Rückrufpflicht in Fällen, in denen das vertriebene Verletzungsprodukt sich nach wie vor in den Vertriebswegen befindet.[81] Nach Ansicht des BGH besteht eine solche Pflicht auch gegenüber rechtlich und wirtschaftlich selbstständigen Abnehmern.[82] Entscheidend soll sein, dass das Handeln des Dritten dem Schuldner wirtschaftlich zugutekommt bzw. dass der Schuldner mit weiteren Verstößen des Dritten ernstlich rechnen muss.[83] Umgekehrt haftet der Schuldner im Rahmen der Unterlassungsvollstreckung allerdings dann nicht, wenn ihm das Handeln des Dritten wirtschaftlich nicht zugutekommt.[84]

Im Ergebnis hat dies zur Folge, dass es bei fortdauernden Störungszuständen zu einer inhaltlichen Überschneidung von Beseitigungs- bzw. spezialgesetzlicher Rückrufs- und Unterlassungspflicht kommen kann.[85]

Geht es um eine Unterlassungspflicht aufgrund einer einstweiligen Verfügung, ergeben sich insofern aus dem Verbot der Vorwegnahme der Hauptsache Besonderheiten. Anstelle eines Rückrufs trifft den Schuldner dort regelmäßig nur eine Pflicht zur Aufforderung seiner Abnehmer, die erhaltenen Waren im Hinblick auf die einstweilige Verfügung vorläufig nicht weiterzuvertreiben.[86] In Fällen von Produktpiraterie oder wenn der Schuldner versucht, sich seiner Unterlassungspflicht durch zügige Weiterveräußerung zu entledigen, kann gleichwohl eine Rückrufpflicht bestehen.[87]

Der vom BGH eingeschlagene Weg ist – gerade mit Blick auf Rückrufpflichten gegenüber selbstständigen Abnehmern – sowohl in den instanzgerichtlichen Rechtsprechungen[88] als auch bei Teilen des Schrifttums[89] auf Kritik gestoßen. Beim Bundesverfassungsgericht ist eine Verfassungsbeschwerde anhängig.[90]

26 **bb) Einzelfälle.** Bei **Werbemitteln** wie Katalogen oder Internetseiten kommt es nicht darauf an, ob sie die Merkmale des Patents offenbaren. Maßgeblich ist allein, ob sie bei objektiver Betrachtung ein Erzeugnis darstellen, das diese Merkmale aufweist.[91] Auch die Bewerbung von maßgeblich abgeänderten Produkten kann daher eine Zuwiderhandlung darstellen, wenn die gleiche Typenbezeichnung wie bei der Verletzungsform verwendet und auf die Abwandlung auch sonst nicht hingewiesen wird.[92] Umgekehrt stellt selbst die Weiterverwendung bildlicher Darstellungen des Verletzungsgegenstandes nach einer aus der Schutzrechtsverletzung führenden Umgestaltung keine Angebotshandlung

---

[76] BGH GRUR 2020, 548 (549) – Diätische Tinnitusbehandlung; BGH GRUR 2018, 1183 – Wirbel um Bauschutt; BGH GRUR 2018, 292 (294) – Produkte zur Wundversorgung.
[77] BGH GRUR 2018, 292 (294) – Produkte zur Wundversorgung; BGH GRUR 2017, 208 – Rückruf von RESCUE-Produkten.
[78] BGH GRUR 2018, 292 (294) – Produkte zur Wundversorgung.
[79] BGH GRUR 2020, 548 (549) – Diätische Tinnitusbehandlung; BGH GRUR 2018, 292 (294) – Produkte zur Wundversorgung; die Einwirkung auf Suchmaschinen fällt nach dem BGH ebenfalls unter die Einwirkung auf Dritte, BGH GRUR 2018, 1183 (1184) – Wirbel um Bauschutt.
[80] BGH GRUR 2018, 292 (294) – Produkte zur Wundversorgung.
[81] Vgl. Kühnen Patentverletzung-HdB Kap. H. Rn. 132.
[82] BGH GRUR 2018, 292 (294) – Produkte zur Wundversorgung.
[83] BGH GRUR 2020, 548 (549) – Diätische Tinnitusbehandlung; BGH GRUR 2018, 1183 – Wirbel um Bauschutt; BGH GRUR 2018, 292 (294) – Produkte zur Wundversorgung; OLG Frankfurt a. M. GRUR-RR 2018, 223 (224) – Anruf-Linientaxi.
[84] BGH GRUR 2018, 1183 (1184) – Wirbel um Bauschutt.
[85] BGH GRUR 2018, 292 (294, 295) – Produkte zur Wundversorgung; kritisch hierzu OLG Düsseldorf GRUR 2018, 855 (858) – Rasierklingeneinheit.
[86] BGH GRUR 2018, 292 (296) – Produkte zur Wundversorgung.
[87] BGH GRUR 2018, 292 (296) – Produkte zur Wundversorgung.
[88] OLG Düsseldorf GRUR 2019, 552 – Tinnitus-Präparat (zum Wettbewerbsrecht); OLG Düsseldorf GRUR 2018, 855 (857) – Rasierklingeneinheit (zum Patentrecht); etwas anderes soll allerdings für selbständige Dritte gelten, deren Handeln im Einflussbereich des Schuldners liegt und das ihm wirtschaftlich zugutekommt, OLG Düsseldorf 19.3.2018 – I-15 W 12/18 Rn. 11.
[89] Fitzner/Lutz/Bodewig/Rinken BeckOK Patentrecht § 140a Rn. 60a; Kühnen Patentverletzung-HdB Kap. H Rn. 132; Mes PatG § 139 Rn. 95.
[90] Az. 1 BvR 396/18.
[91] BGH GRUR 2005, 665 – Radschützer; BGH GRUR 2003, 1031 – Kupplung für optische Geräte; LG Düsseldorf BeckRS 2016, 16444.
[92] OLG Karlsruhe InstGE 12, 299 – Messmaschine.

dar, wenn zugleich unmissverständlich auf eine veränderte Ausgestaltung verwiesen wird.[93] Dabei sind keine konkreten Hinweise auf erfindungserhebliche Änderungen erforderlich.[94]

Hinsichtlich schutzrechtsverletzender Handlungen im Internet besteht zunächst die Pflicht, entsprechende Inhalte von der eigenen Internetpräsentation zu entfernen. Darüber hinaus muss der Schuldner aber auch auf gängige Suchmaschinenbetreiber, wie Google, einwirken mit dem Ziel, dass entsprechende Inhalte nicht weiter über diese Suchmaschinen in Folge einer Speicherung in deren Cache erreichbar sind.[95]

Die Verteilung von Prospekten auf einer im Inland ausgerichteten **internationalen Messe** stellt auch dann ein Anbieten im Inland und damit eine Zuwiderhandlung dar, wenn die jeweiligen Kunden im Ausland ansässig sind und sich der Erwerbsvorgang für die beworbene (patentverletzende) Ware vollständig und rechtskonform dort vollziehen soll.[96] Dies gilt selbst dann, wenn es sich bei der Messe um die weltweit einzige ihrer Art handelt und der Schuldner geltend macht, durch die Sanktionierung unbillig in seinem Bemühen um den Vertrieb im schutzrechtsfreien Ausland behindert zu sein.[97] 27

Eine Zuwiderhandlung kann schließlich auch in einem **Auslandssachverhalt** bestehen, wenn etwa der im Ausland ansässige Unterlassungsschuldner, der einen ebenfalls im Ausland ansässigen Dritten beliefert, weiß, dass eine Weiterlieferung nach Deutschland beabsichtigt ist, und dem Dritten zu erkennen gibt, dass ein Angebot in Deutschland zulässig ist.[98] 28

cc) **Mehrzahl von Zuwiderhandlungen.** Im Falle einer Mehrzahl von Zuwiderhandlungen stellt sich die Frage, ob und ggf. unter welchen Umständen diese zu einer Tat zusammengefasst werden können. Dies wird für Fälle der **natürlichen Handlungseinheit** bejaht, wenn also die betroffenen Verhaltensweisen auf Grund ihres räumlich-zeitlichen Zusammenhangs so eng miteinander verbunden sind, dass sie bei natürlicher Betrachtungsweise als ein einheitliches, zusammengehörendes Tun erscheinen.[99] Demgegenüber wurde das Rechtsinstitut des **Fortsetzungszusammenhangs** in der Rechtsprechung **aufgegeben**.[100] Um selbständige, jeweils mit einem gesonderten Ordnungsgeld zu belegende Zuwiderhandlungen handelt es sich demnach insbesondere, wenn der Schuldner in zeitlichen Abständen verschiedenen Abnehmern Angebote unterbreitet, selbst wenn diese Handlungen auf einem allgemeinen, einheitlich gefassten Beschluss beruhen.[101] Unerheblich ist dabei auch, ob alle Verletzungsobjekte aus einem einheitlichen Produktionsvorgang stammen.[102] Kann bei natürlicher Betrachtungsweise angenommen werden, dass der Schuldner jeweils einen neuen Entschluss zum Verstoß gegen den Unterlassungstitel gefasst hat oder einen bestehenden Entschluss bewusst bekräftigt hat, spricht dies für das Vorliegen mehrerer separat zu betrachtender Zuwiderhandlungen.[103] Ein jeweils gesondertes Ordnungsgeld wird auch in solchen Fällen festgesetzt, in denen der Schuldner durch eine einzige Handlung gegen mehrere Unterlassungstitel verstößt.[104] Hierfür ist es gleichgültig, ob die die verschiedenen Unterlassungstitel betreffenden Schutzrechte unterschiedlichen Gläubigern oder demselben Gläubiger zustehen.[105] Allerdings muss in diesem Zusammenhang sichergestellt werden, dass das Ordnungsgeld als Sanktion für die Zuwiderhandlung gegen die Unterlassungstitel insgesamt noch angemessen und verhältnismäßig ist.[106] 29

dd) **Zeitpunkt.** Eine im Verfahren des vorläufigen Rechtsschutzes durch Urteil nebst Vollstreckungsandrohung und ohne Erfordernis der Sicherheitsleistung erlassene Verbotsverfügung ist ab der **Verkündung** des Urteils wirksam und zu beachten.[107] Das Gleiche gilt für Hauptsacheurteile der zweiten Instanz wegen § 708 Nr. 10 ZPO.[108] 30

---

[93] OLG Düsseldorf BeckRS 2009, 16632.
[94] OLG Düsseldorf BeckRS 2009, 16632.
[95] BGH GRUR 2018, 1183 (1184) – Wirbel um Bauschutt; LG Hannover BeckRS 2018, 39615 Rn. 4.
[96] OLG Karlsruhe InstGE 12, 299 – Messmaschine.
[97] OLG Karlsruhe InstGE 12, 299 – Messmaschine.
[98] OLG Frankfurt a. M. BeckRS 2009, 13227.
[99] BGH GRUR 2021, 767 (768 f.) – Vermittler von Studienplätzen; BGH GRUR 2009, 427 – Mehrfachverstoß gegen Unterlassungstitel; Kühnen Patentverletzung-HdB Kap. H. Rn. 153; Zöller/Seibel ZPO § 890 Rn. 20.
[100] BGH GRUR 2009, 427 – Mehrfachverstoß gegen Unterlassungstitel; Kühnen Patentverletzung-HdB Kap. H. Rn. 153; Zöller/Seibel ZPO § 890 Rn. 20.
[101] LG Düsseldorf InstGE 6, 34 – Mehrfachverstoß bei Lieferung; Kühnen Patentverletzung-HdB Kap. H. Rn. 1530 unter Hinweis darauf, dass die genannte LG-Entscheidung durch das OLG Düsseldorf durch Beschluss v. 24.4.2006 – I-2 W 44/05, aufrecht erhalten wurde.
[102] LG Düsseldorf 14.5.2010 – 4b O 297/06.
[103] BGH GRUR 2021, 767 (769) – Vermittler von Studienplätzen.
[104] Zöller/Seibel ZPO § 890 Rn. 20; OLG Düsseldorf 25.9.2014 – I-15 W 22/14.
[105] OLG Düsseldorf 25.9.2014 – I-15 W 22/14.
[106] Zöller/Seibel ZPO § 890 Rn. 20; OLG Düsseldorf 25.9.2014 – I-15 W 22/14.
[107] BGH GRUR 2020, 548 f. – Diätische Tinnitusbehandlung; BGH GRUR 2009, 890 – Ordnungsmittelandrohung; OLG Düsseldorf GRUR-RS 2018, 54694 Rn. 6 – Werkzeug-Werkzeughaltereinheit; OLG Hamm GRUR-RR 2007, 407 – Synthetisch hergestelltes Vitamin C.
[108] Vgl. Kühnen Patentverletzung-HdB Kap. H. Rn. 147.

31 Im Falle einer Beschlussverfügung muss der Schuldner das Verbot hingegen erst unverzüglich nach Vollziehung, dh nach **Zustellung** durch den Gerichtsvollzieher damit beginnen, die für die Beendigung des rechtsverletzenden Zustands erforderlichen Maßnahmen zu ergreifen.[109] Eine Vorabübersendung per Fax erfordert noch keine unmittelbare Reaktion, weil das Unterlassungsgebot[110] erst mit Vollziehung wirksam wird.

32 Für ein vorläufig vollstreckbares Hauptsacheurteil erster Instanz oder für eine mit dem Erfordernis einer **Sicherheitsleistung** nach §§ 921 S. 2, 936 ZPO verknüpften Verbotsverfügung müssen darüber hinaus Sicherheit geleistet und der Schuldner unter Beachtung von § 751 Abs. 2 ZPO in **Kenntnis** gesetzt sein (für die Durchführung eines Ordnungsmittelverfahrens müssen bei Stellung eines Ordnungsmittelantrags freilich auch die übrigen Vollstreckungsvoraussetzungen vorliegen[111]).[112] Gleiches gilt, wenn im Falle einer Verbotsverfügung eine Sicherheitsleistung erst nach Widerspruch angeordnet wird, und zwar auch für die Zwischenzeit zwischen ursprünglicher und abändernder Verfügung, dh Zuwiderhandlungen vor Sicherheitsleistung können in einem solchen Fall insgesamt nicht geahndet werden.[113]

33 Der **Nachweis der Sicherheitsleistung** gegenüber dem Schuldner ist dabei erbracht, wenn ihm der Gerichtsvollzieher die Bürgschaftsurkunde zugestellt hat.[114] Ein weitergehender Zustellungsnachweis und insbesondere ein Nachweis gegenüber dem Prozessbevollmächtigten des Schuldners sind nicht erforderlich.[115] Umgekehrt ist der Nachweis durch Zustellung nur an den Prozessbevollmächtigten des Schuldners ausreichend, da die Prozessvollmacht im Zweifel auch den Abschluss des Bürgschaftsvertrages für die zur vorläufigen Vollstreckbarkeit erforderliche Prozessbürgschaft umfassen wird[116] (welcher zwischen bürgendem Kreditinstitut und dem Schuldner durch Übergabe des Originals der Bürgschaftsurkunde auf Vermittlung des Gläubigers zustande kommt). Die Übersendung einer vom Anwalt des Gläubigers beglaubigten Abschrift des Originals genügt nicht.[117]

34 Sofern der zu vollstreckende Titel **Aufbrauchfristen** enthält, sind diese im Einzelfall zu bestimmen. Soweit dies nicht der Fall ist, sind nach Mitteilung der Sicherheitsleistung **unverzüglich** alle erforderlichen Maßnahmen zu ergreifen, um Zuwiderhandlungen zu vermeiden. Für die entsprechende Unterrichtung von Verkaufsstellen per Telefon, Fax oder E-Mail wird in der Rechtsprechung eine Stunde als ausreichend angesehen.[118]

35 Sämtliche zu einer Zuwiderhandlung zählenden Einzelschritte müssen jeweils insgesamt[119] nach Vorliegen der jeweils erforderlichen Bedingungen erfolgen.[120]

36 Im Falle einer **einstweiligen Einstellung der Zwangsvollstreckung** bei vorläufig vollstreckbaren Urteilen nach §§ 719, 707 ZPO ist zu unterscheiden:
– Zuwiderhandlungen zwischen Sicherheitsleistung und Inkenntnissetzung des Schuldners nach § 751 Abs. 2 ZPO einerseits und dem ersten Hinausgehen einer vorläufigen Einstellung der Zwangsvollstreckung ohne Sicherheitsleistung (etwa im Wege der einstweiligen Anordnung analog § 769 Abs. 2 ZPO bis zur Entscheidung über einen Einstellungsantrag) andererseits sind grundsätzlich mit Ordnungsmitteln zu ahnden; Zuwiderhandlungen nach Existenz des Einstellungsbeschlusses indes nicht mehr, da damit die besonderen Zwangsvollstreckungsvoraussetzungen wieder entfallen sind, § 775 Nr. 2 ZPO.[121] Allerdings kommt eine Ahndung von Zuwiderhandlungen im dazwischen liegenden Zeitraum nur in Betracht, wenn das Vollstreckungshindernis der Einstellung später wieder entfallen ist.[122]
– Kommt es im Anschluss hieran zur endgültigen einstweiligen Einstellung der Zwangsvollstreckung gegen Sicherheitsleistung, endet hiermit die vorläufige Einstellung, während die endgültige Einstellung an sich erst mit Nachweis der Sicherheitsleistung gemäß § 775 Nr. 2 ZPO greift.[123] Da die Beibringung einer erst mit endgültigem Einstellungsbeschluss festgelegten Sicherheitsleistung Zeit

---

[109] LG München InstGE 8, 297 – Tragkörbe; Fitzner/Lutz/Bodewig/*Voß* BeckOK Patentrecht Vor §§ 139 ff. Rn. 376.
[110] LG München InstGE 8, 297 – Tragkörbe.
[111] BGH GRUR 2009, 890 – Ordnungsmittelandrohung.
[112] BGH GRUR 2011, 364 – Steroidbeladene Körner; BGH GRUR 2008, 1029 – Nachweis der Sicherheitsleistung; außerdem OLG Düsseldorf GRUR-RS 2018, 54694 Rn. 5 – Werkzeug-Werkzeughaltereinheit, insbes. auch zu der Konstellation, dass ein zunächst lediglich gegen Sicherheitsleistung vorläufig vollstreckbares Urteil zwischenzeitlich rechtskräftig geworden ist.
[113] LG Düsseldorf 23.6.2010 – 4b O 206/09.
[114] BGH GRUR 2008, 1029 – Nachweis der Sicherheitsleistung.
[115] BGH GRUR 2008, 1029 – Nachweis der Sicherheitsleistung.
[116] BGH GRUR 2008, 1029 Rn. 14 – Nachweis der Sicherheitsleistung mwN.
[117] Str., LG Düsseldorf InstGE 11, 154 (158) – Original der Bürgschaftsurkunde mN zum Meinungsstand.
[118] BGH GRUR 2004, 264 – Euro-Einführungsrabatt.
[119] OLG Düsseldorf BeckRS 2013, 21057.
[120] BGH GRUR 1996, 812 – Unterlassungsurteil gegen Sicherheitsleistung; OLG Düsseldorf BeckRS 2013, 21057.
[121] Zöller/*Geimer* ZPO § 775 Rn. 5 mwN.
[122] OLG Frankfurt a. M. NJW-RR 1990, 124; Zöller/*Seibel* ZPO § 890 Rn. 10.
[123] Zöller/*Geimer* ZPO § 775 Rn. 5.

erfordert, gibt es somit ein zeitliches Delta, während welchem Zuwiderhandlungen an sich geahndet werden könnten. Ein solches Ergebnis würde jedoch dem Zweck der einstweiligen Einstellung der Zwangsvollstreckung zuwiderlaufen, so dass sinnvollerweise eine angemessene Frist zur Beibringung der Sicherheit zu setzen ist,[124] während welcher die vorläufige Einstellung fortwirkt.

Die Zuwiderhandlung muss zudem zu einer Zeit erfolgen, in welcher das zugrundeliegende **Klageschutzrecht noch in Kraft** steht; dies vorausgesetzt, ist ein Ordnungsmittelverfahren auch nach Schutzablauf möglich.[125] 37

d) Verschulden. Die Vorschrift des § 890 ZPO enthält strafrechtliche Elemente,[126] da die verhängte Strafe nicht nur Zwangsmittel, sondern auch Sühne für eine begangene Zuwiderhandlung ist.[127] Daher setzt die Festsetzung von Ordnungsmitteln ein Verschulden, dh Vorsatz oder Fahrlässigkeit,[128] voraus.[129] Bei juristischen Personen ist dabei das Verschulden der für sie verantwortlich handelnden Personen iSd § 31 BGB maßgebend.[130] Ausreichend ist ein **Organisationsverschulden,** wenn also nicht alles Mögliche und Zumutbare zur Unterbindung von Verstößen gegen ein Unterlassungsgebot unternommen wird.[131] Eine Haftung für **fremdes Verschulden** kommt hingegen ebenso wenig in Betracht[132] wie eine Haftung des Rechtsnachfolgers für Zuwiderhandlungen einer auf ihn verschmolzenen Gesellschaft.[133] 38

Unproblematisch als schuldhaft einzustufen sind Zuwiderhandlungen im oben erörterten Sinne des Schuldners bzw. der Organe des Schuldners selbst. Im häufigeren Fall des arbeitsteiligen Betriebes stellt sich hingegen die Frage, wann der Schuldner bzw. seine Organe alles Mögliche und Zumutbare unternommen haben, um ein **Organisationsverschulden auszuschließen.** Die Sorgfaltsanforderungen sind hierbei äußerst streng.[134] Erforderlich sind betriebsintern entsprechende (schriftliche)[135] nachdrückliche Anweisungen an das Personal einschließlich eines Hinweises auf die drohenden Folgen für den Schuldner bei der Nichtbeachtung des Unterlassungsgebots und das Entfernen von Restbeständen und entsprechenden Werbematerialien aus dem internen Vertriebsnetz, sowie eine Kontrolle der Einhaltung aller Anweisungen.[136] Gegebenenfalls müssen Sanktionen (Kündigung) auch entsprechend angeordnet werden.[137] 39

Ein Organisationsverschulden liegt auch dann vor, wenn der maßgebliche Vertrieb durch Vertriebspartner als „verlängerter Arm" des Schuldners erfolgt und der Schuldner nicht dafür Sorge trägt, dass auch diese Vertriebspartner das Verbot einhalten; erforderlich ist in so einem Fall ein schriftlicher, unmissverständlicher und nachdrücklicher Hinweis, dass das Unterlassungsgebot einzuhalten ist.[138] 40

3. Fallgruppe „Dulden". Die Vollstreckung von Duldungsanordnungen hat im Gewerblichen Rechtsschutz vor allem bei Sicherungsmaßnahmen, wie etwa der Duldung der Wegnahme bei Sequestration sowie im Rahmen von Besichtigungsverfahren Bedeutung.[139] Allerdings würde die Anhörung des Schuldners und die damit verbundene Verfahrensdauer dem Schuldner die Möglichkeit der Vereitelung eröffnen, so dass eine Vollstreckung nach § 892 ZPO durch unmittelbaren Zwang bzw. eine Durchsuchungsanordnung nach § 758a ZPO vorzugswürdig sind.[140] 41

---

[124] OLG Karlsruhe 6 W 44/12.
[125] OLG Düsseldorf InstGE 9, 53 (55) – Montagehilfe für Dächerfenster, unter Aufgabe der früheren Rechtsprechung OLG Düsseldorf GRUR 1987, 975 – Titelfortfall.
[126] Zöller/*Seibel* ZPO § 890 Rn. 6.
[127] BVerfG GRUR 2007, 618 – Organisationsverschulden.
[128] LG München GRUR-RS 2020, 12131 Rn. 33 – Kommunikationssitzungsumschaltung VI.
[129] BVerfG GRUR 2007, 618 – Organisationsverschulden; BVerfG NJW 1981, 2457; Zöller/*Seibel* ZPO § 890 Rn. 5.
[130] BVerfG GRUR 2007, 618 – Organisationsverschulden; Zöller/*Seibel* ZPO § 890 Rn. 6.
[131] BVerfG GRUR 2007, 618 – Organisationsverschulden; Zöller/*Seibel* ZPO § 890 Rn. 6.
[132] BVerfG GRUR 2007, 618 – Organisationsverschulden.
[133] OLG Köln GRUR-RR 2009, 192 – Bestrafungsverfahren gegen Rechtsnachfolger.
[134] Schulte/*Voß* PatG § 139 Rn. 382; OLG Frankfurt a. M. GRUR-RR 2018, 390 (392) – ringtaxi.
[135] So etwa OLG Frankfurt a. M. GRUR-RR 2018, 390 (392) – ringtaxi.
[136] Hierzu Kühnen Patentverletzung-HdB Kap. H. Rn. 169–172; siehe auch OLG Frankfurt a. M. GRUR-RR 2018, 390 (392) – ringtaxi; nach Ansicht des LG München bedarf es keines Hinweises auf den Grund des Verbots, siehe LG München InstGE 8, 297.
[137] Kühnen Patentverletzung-HdB Kap. H. Rn. 172; ebenso OLG Frankfurt a. M. GRUR-RR 2018, 390 (392) – ringtaxi.
[138] LG Düsseldorf GRUR-RR 2008, 110 – Patentierte UV-Lichthärtungskette.
[139] Busse/Keukenschrijver/*Kaess* PatG Vor § 143 Rn. 378; Schulte/*Rinken* PatG § 140c Rn. 61 mwN; Fitzner/Lutz/Bodewig/*Pitz* BeckOK Patentrecht § 140c Rn. 60; zur Besichtigung im Rahmen eines selbstständigen Beweisverfahrens jüngst BGH GRUR 2020, 1346 – Besichtigungsanspruch eines IT-Systems.
[140] Hierzu Busse/Keukenschrijver/*Kaess* PatG Vor § 143 Rn. 369 u. 378; Kühnen Patentverletzung-HdB Kap. B. Rn. 119 ff.

C. Verjährung

I. Verfolgungsverjährung

42 Für Ordnungsmittel des § 890 ZPO gilt die Regelung des Art. 9 EGStGB, dh eine **zweijährige Vollstreckungsverjährung** gemäß Art. 9 Abs. 1 S. 2 EGStGB.[141] Das Ordnungsmittelverfahren führt weder zu einer Unterbrechung noch zu einer Hemmung, so dass es innerhalb dieser Frist abgeschlossen sein muss.[142] Ein Ruhen der Verjährung kommt allenfalls in den engen Grenzen des Art. 9 Abs. 1 S. 4 EGStGB in Betracht. Dies hat zur Folge, dass auch ein innerhalb der laufenden Verjährungsfrist gestellter Ordnungsmittelantrag des Gläubigers die Verfolgungsverjährung nicht bis zu einer Entscheidung über den Ordnungsmittelantrag ruhen lässt.[143] Gleichwohl kann die Verfolgungsverjährung nicht mehr eintreten, wenn das Prozessgericht als Vollstreckungsgericht auf den Antrag des Gläubigers ein Ordnungsmittel bereits festgesetzt hat.[144] In diesem Fall kann die Verfolgungsverjährung auch nicht mehr im weiteren Verlauf des Vollstreckungs- bzw. Rechtsmittelverfahrens eintreten.[145]

43 Die Verjährungsfrist beginnt unabhängig von der Kenntnis des Gläubigers mit Beendigung der Zuwiderhandlung, Art. 9 Abs. 1 S. 3 EGStGB. Beinhaltet die Unterlassungspflicht zugleich die Obliegenheit zur aktiven Vornahme einer Handlung (etwa den zur Vertriebseinstellung notwendigen Benachrichtigungen von Verkaufsstellen), so kann indes die Verjährungsfrist nicht beginnen, solange der Schuldner pflichtwidrig untätig bleibt.[146] Der Eintritt der Verfolgungsverjährung ist ein Verfahrenshindernis, welches von Amts wegen zu beachten ist.[147]

II. Vollstreckungsverjährung

44 Auch insofern gilt die Regelung des Art. 9 EGStGB,[148] in diesem Fall Abs. 2. Hiernach besteht wiederum eine **zweijährige Verjährungsfrist,** welche beginnt, sobald das Ordnungsmittel vollstreckbar ist. Dies ist mit Zustellung der Fall.[149]

45 Nach Art. 9 Abs. 2 S. 4 Nr. 1 EGStGB ruht die Vollstreckungsverjährung, solange die Vollstreckung nicht begonnen oder fortgesetzt werden kann. Obwohl nach BGH-Rechtsprechung die Beschwerde gemäß § 570 Abs. 1 ZPO aufschiebende Wirkung hat,[150] soll dies nicht zum Ruhen führen und der Ordnungsmittelbeschluss dennoch als grundsätzlich vollstreckbar anzusehen sein.[151] Ebenso sollte an sich für Zeitverluste durch Anerkennungsverfahren im Ausland ein Ruhen anzunehmen sein.[152] Allerdings hat dies der 9. Zivilsenat des BGH für den Anwendungsbereich des Art. 38 Abs. 1 EGV 44/2001 gegenteilig entschieden, und lediglich die Möglichkeit offen gelassen, dass die Vollstreckungsverjährung im jeweils anderen Mitgliedstaat nach dortigem Recht ruht oder gehemmt ist.[153] Der Eintritt der Vollstreckungsverjährung ist von Amts wegen zu prüfen.[154]

D. Verfahren

I. Ordnungsmittelverfahren

46 Zuständig ist ausschließlich das **Prozessgericht des ersten Rechtszuges** (§ 890 Abs. 1 S. 1 iVm § 802 ZPO), mithin also das Landgericht, vor dem auch das Hauptsacheverfahren stattgefunden hat (oder das Bundespatentgericht für im Nichtigkeitsverfahren abgeschlossene Vergleiche[155]). Die Durchführung des Ordnungsmittelverfahrens erfordert die Vorauszahlung von **Gerichtskosten** durch den Gläubiger (§ 12 Abs. 6 GKG). Der **Gegenstandswert** orientiert sich an demjenigen Teil des Streitwerts des Erkenntnisverfahrens, der auf den Unterlassungstitel entfällt, wobei dem Umstand, dass nur einzelne Zuwiderhandlungen betroffen sind, üblicherweise durch eine Drittelung[156] bzw. Fünf-

---

[141] BGH GRUR 2021, 767 (772) – Vermittler von Studienplätzen; BGH NJW 2005, 509 mwN; Zöller/*Seibel* ZPO § 890 Rn. 23.
[142] BGH NJW 2005, 509; Zöller/*Seibel* ZPO § 890 Rn. 23.
[143] BGH GRUR 2021, 767 (772) – Vermittler von Studienplätzen.
[144] BGH GRUR 2021, 767 (772) – Vermittler von Studienplätzen.
[145] BGH NJW 2005, 509; Zöller/*Seibel* ZPO § 890 Rn. 23.
[146] Kühnen Patentverletzung-HdB Kap. H. Rn. 189 mwN.
[147] LG Düsseldorf InstGE 6, 293 – Polyurethanhartschaum.
[148] BGH NJW 2005, 509 mwN.
[149] OLG Düsseldorf BeckRS 2012, 09384.
[150] BGH GRUR 2012, 427 Rn. 9 f. – Aufschiebende Wirkung mit einer Übersicht zum Meinungsstand.
[151] BGH BeckRS 2013, 05647.
[152] OLG Düsseldorf BeckRS 2012, 09384.
[153] BGH BeckRS 2013, 05647.
[154] Zöller/*Seibel* ZPO § 890 Rn. 23.
[155] BPatGE 36, 146.
[156] Kühnen Patentverletzung-HdB Kap. H. Fn. 276 zu Rn. 158; Schulte/*Voß* PatG § 139 Rn. 389.

Erzwingung von Unterlassungen und Duldungen　　　　　47–50　§ 890 ZPO

telung[157] desselben Rechnung getragen wird.[158] Bei der Vollstreckung eines Verfügungstitels ist der maßgebliche Bezugspunkt für den Bruchteil der Streitwert des Eilverfahrens.[159]

Das Verfahren wird durch **Gläubigerantrag** eingeleitet, § 890 Abs. 1 S. 1 ZPO. Eine Frist für den Antrag ist nicht bestimmt.[160] Es besteht wie im ersten Rechtszug **Anwaltszwang** gemäß § 78 ZPO,[161] und zwar auch dann, wenn eine Beschlussverfügung vollstreckt wird; § 920 Abs. 3 iVm § 78 Abs. 3 ZPO gelten nicht.[162] Die Prozessvertreter des Schuldners im ersten Rechtszug sind wegen §§ 172 Abs. 1 iVm 87 Abs. 1 ZPO stets **zustellungsbevollmächtigt**.[163] 47

Ein **bestimmtes Ordnungsmittel** und dessen **Höhe** braucht der **Antrag** ebenso wenig zu bezeichnen,[164] wie eine bestimmte Sicherheit im Falle des § 890 Abs. 3 ZPO.[165] Zur Vermeidung einer negativen Kostenfolge bei Verhängung eines unerwartet niedrigeren Ordnungsgeldes ist ersteres auch empfehlenswert. Allerdings tritt die **Kostenfolge** dann ein, wenn zwar im Antrag nur ein „empfindliches Ordnungsgeld" verlangt, schriftsätzlich jedoch eine Mindestsumme genannt wird.[166] Hinsichtlich der Sicherheitsleistung erscheint demgegenüber die Angabe und Begründung einer angemessenen Summe im Regelfall sachgerecht. Ein bloßer Verweis auf „die gesetzlichen Ordnungsmittel gemäß § 890 ZPO" ist indes ungenügend.[167] Handelt es sich beim Schuldner um eine juristische Person mit mehreren Organen, so ist konkret zu benennen, an welchem Organ eine (Ersatz-) Ordnungshaft zu vollziehen ist.[168] Unter mehreren in Betracht kommenden Personen hat der Gläubiger die Wahl.[169] 48

Es gilt die **Dispositionsmaxime,** so dass im Ordnungsmittelverfahren verfolgte Zuwiderhandlungen konkret – zumindest bestimmbar[170] – vom Gläubiger zu benennen, und andere, etwa (auch) aus Anlagen ersichtliche Zuwiderhandlungen der Beurteilung durch das Gericht entzogen sind.[171] Den Nachweis einer schuldhaften Zuwiderhandlung hat der Gläubiger dabei stets im Wege des Vollbeweises zu führen;[172] eine Glaubhaftmachung genügt nicht.[173] Ggf. ist über streitige entscheidungserhebliche Tatsachen **Beweis** zu erheben.[174] Hinsichtlich des Verschuldens kann zugunsten des Gläubigers eine Beweiserleichterung in Betracht kommen.[175] Eine Aussetzung nach § 148 ZPO etwa im Hinblick auf eine nahe Nichtigkeitsverhandlung beim Bundespatentgericht kommt a priori nicht in Betracht, da das Ordnungsmittelverfahren seiner Art nach den Stillstand des Verfahrens verbietet.[176] 49

Der Schuldner ist vor einer Entscheidung zu **hören** (§ 891 S. 2 ZPO). Dies geschieht üblicherweise durch Bestimmung einer Schriftsatzfrist mit Zustellung des Gläubigerantrags an den Prozessvertreter des Schuldners. Dem Schuldner steht es frei, sich zu äußern; unterlässt er dies, ist dies vom Gericht zu würdigen – es gelten keine Versäumnisregeln.[177] Nimmt der Schuldner persönlich Stellung, ist dies trotz des bestehenden Anwaltszwangs zu berücksichtigen.[178] Je nach Komplexität der Sachlage können sich hieran weitere Schriftsatzfristen für die Parteien anschließen. Eine mündliche Verhandlung ist möglich (§ 128 Abs. 4 ZPO), aber ungewöhnlich. Zur mündlichen Verhandlung wird von Amts wegen geladen (§ 214).[179] In jedem Fall entscheidet das Gericht durch Beschluss, § 891 Abs. 1 ZPO. 50

---

[157] Fitzner/Lutz/Bodewig/*Voß* BeckOK Patentrecht Vor §§ 139 ff. Rn. 414 mwN.
[158] Kühnen Patentverletzung-HdB Kap. H. Fn. 276 zu Rn. 158; Schulte/*Voß* PatG § 139 Rn. 389.
[159] OLG Frankfurt a. M. GRUR 2019, 216 – Lagerräumung.
[160] Zöller/*Seibel* ZPO § 890 Rn. 13 mwN.
[161] Zöller/*Seibel* ZPO § 890 Rn. 13 iVm § 887 Rn. 4.
[162] OLG Düsseldorf WRP 1988, 272; Fitzner/Lutz/Bodewig/*Voß* BeckOK Patentrecht Vor §§ 139 ff. Rn. 392.
[163] Zur Problematik nicht vertretener ausländischer Parteien etwa bei Säumnisurteilen Kühnen Patentverletzung-HdB Kap. H. Rn. 219.
[164] Zöller/*Seibel* ZPO § 890 Rn. 13; Fitzner/Lutz/Bodewig/*Voß* BeckOK Patentrecht Vor §§ 139 ff. Rn. 392; BGH GRUR 2015, 511 – Kostenquote bei beziffertem Ordnungsmittelantrag.
[165] Zöller/*Seibel* ZPO § 890 Rn. 26.
[166] KG WRP 2005, 1033; BGH GRUR 2015, 511 – Kostenquote bei beziffertem Ordnungsmittelantrag.
[167] Fitzner/Lutz/Bodewig/*Voß* BeckOK Patentrecht Vor §§ 139 ff. Rn. 392 mwN.
[168] BGH GRUR 1991, 929 – Fachliche Empfehlung II.
[169] Fitzner/Lutz/Bodewig/*Voß* BeckOK Patentrecht Vor §§ 139 ff. Rn. 392.
[170] Schulte/*Voß* PatG § 139 Rn. 369.
[171] Kühnen Patentverletzung-HdB Kap. H. Rn. 138 unter Bezugnahme auf einen nichtveröffentlichten Beschluss des OLG Düsseldorf v. 2.4.2012 – I-2 W 3/12.
[172] OLG Frankfurt a. M. BeckRS 2013, 15310; OLG Düsseldorf BeckRS 2013, 21057; OLG München GRUR-RS 2015, 5083 – Vollbeweis im Ordnungsmittelverfahren.
[173] OLG Düsseldorf BeckRS 2013, 21057; OLG München GRUR-RS 2015, 5083 – Vollbeweis im Ordnungsmittelverfahren.
[174] OLG Frankfurt a. M. BeckRS 2013, 15310; Kühnen Patentverletzung-HdB Kap. H. Rn. 139.
[175] MüKoZPO/*Gruber* ZPO § 890 Rn. 21 mwN; teilweise befürwortet die Rechtsprechung sogar eine Beweiserleichterung hinsichtlich der Zuwiderhandlung, siehe hierzu etwa OLG Frankfurt a. M. GRUR-RR 2018, 387 – Bettwaren „Made in Germany".
[176] LG Düsseldorf 6.7.2009 – 4b O 297/06 (ZV VI), mwN.
[177] Fitzner/Lutz/Bodewig/*Voß* BeckOK Patentrecht Vor §§ 139 ff. Rn. 410.
[178] Fitzner/Lutz/Bodewig/*Voß* BeckOK Patentrecht Vor §§ 139 ff. Rn. 410.
[179] Zöller/*Seibel* ZPO § 891 Rn. 1.

51 Streitig ist, ob ein Ordnungsmittelverfahren bei **Insolvenz** des Schuldners nach § 240 ZPO unterbrochen wird (→ § 240 Rn. 8). Hiergegen hat sich das Landgericht Düsseldorf (ausdrücklich allerdings nur für ein Verfahren nach § 888 ZPO) ausgesprochen.[180]

52 Der Ordnungsmittelantrag kann solange wirksam zurückgenommen werden, wie ein entsprechender Beschluss noch nicht in Rechtskraft erwachsen ist.[181] In entsprechender Anwendung des § 269 Abs. 3, 4 ZPO trifft in solchen Fällen im Umfang der **Antragsrücknahme** die Gläubigerin die Kostenlast und ist durch Beschluss die Wirkungslosigkeit des Ordnungsmittelbeschlusses festzustellen.[182]

53 Zur **Kostenentscheidung** siehe die Kommentierung bei § 891 ZPO.

II. Sofortige Beschwerde

Gegen den Ordnungsmittelbeschluss findet binnen einer Notfrist von zwei Wochen die sofortige Beschwerde statt, §§ 793, 567 Abs. 1 Nr. 1, 569 Abs. 1 ZPO. Diese hat nach der Rechtsprechung des BGH gemäß § 570 Abs. 1 ZPO **aufschiebende Wirkung**.[183] Im Beschwerdeverfahren kann auch der Gläubiger das Ziel verfolgen, Ordnungsmittel zu verschärfen oder – ggf. im Wege der Anschlussbeschwerde nach Ablauf der Beschwerdefrist, § 567 Abs. 3 ZPO – weitere Zuwiderhandlungen in das Verfahren einführen, die in erster Instanz noch nicht geltend gemacht wurden.[184]

54 Gemäß § 572 Abs. 1 umfasst das Beschwerdeverfahren zunächst eine erneute Prüfung durch das Prozessgericht, und daran anschließend entweder einen Abhilfebeschluss oder die unverzügliche Vorlage an das Beschwerdegericht (→ § 572 Rn. 9 ff.). Auf die Vorlage teilt das Beschwerdegericht üblicherweise einen Zeitpunkt mit, ab welchem mit einer Entscheidung zu rechnen ist. Zweckmäßig ist die Einreichung ergänzender Ausführungen, welche sich mit dem Nichtabhilfebeschluss auseinandersetzen, rechtzeitig vor diesem Zeitpunkt. Die Rücknahme der Beschwerde führt zum Verlust des Rechtsmittels sowie zur Kostentragungspflicht, § 516 Abs. 3 ZPO.

55 Nach § 567 Abs. 3 ZPO kann sich der Beschwerdegegner – also beispielsweise der Gläubiger, der ein höheres Ordnungsgeld anstrebt – auch nach Ablauf der Beschwerdefrist der Beschwerde anschließen. Dies ist auch nach Vorlage der Beschwerde an das Beschwerdegericht beim erstinstanzlichen Gericht möglich, da die Beschwerdevorschriften keine Bestimmung über das zuständige Gericht enthalten.[185]

III. Rechtsbeschwerde

56 Die Rechtsbeschwerde setzt nach § 574 Abs. 1 Nr. 2 ZPO die Zulassung durch das Beschwerdegericht voraus. Da dem Tatrichter bei der Wahl und Bemessung der Ordnungsmittel Ermessen zusteht, kann im Rechtsbeschwerdeverfahren nur überprüft werden, ob alle wesentlichen Umstände rechtsfehlerfrei gewürdigt worden sind und ob von dem Ermessen gemäß Gesetzeszweck unter Wahrung des Grundsatzes der Verhältnismäßigkeit Gebrauch gemacht worden ist.[186]

IV. Vollstreckung

57 Die Vollstreckung erfolgt grundsätzlich ohne Beteiligung des Gläubigers **von Amts wegen**, § 1 Abs. 1 Nr. 3, Abs. 2 JBeitrO. Vollstreckungsbehörde ist der Vorsitzende des Prozessgerichts, § 2 Abs. 1 S. 2, 3 JBeitrO iVm §§ 1 Abs. 1 Nr. 3, 2 Nr. 2 der Einforderungs- und Beitreibungsanordnung v. 1.8.2011. Gemäß § 30 Abs. 3 RPflG ist die Vollstreckung von Ordnungs- und Zwangsmitteln (nicht aber die Anordnung einer Ordnungshaft, § 4 Abs. 2 Nr. 2a RPflG) dem Rechtspfleger übertragen, soweit sich nicht der Richter im Einzelfall die Vollstreckung ganz oder teilweise vorbehält. Gemäß § 6 Abs. 1 Nr. 1 JBeitrO sind dabei ua die Pfändungsvorschriften der ZPO entsprechend anzuwenden. Bei Auslandsschuldnern ohne Inlandsvermögen sind dabei Hinweise des Gläubigers auf vorübergehende Pfändungsmöglichkeiten die etwa bei Messeauftritten aus praktischen Erwägungen sachdienlich, da Vollstreckungshandlungen im Ausland nur selten möglich sind und regelmäßig ein Anerkennungsverfahren voraussetzen.[187] Zulässig ist es ferner, wenn der Gläubiger anstelle des Vollstreckungsorgans einen Antrag auf Bestätigung als Europäischer Vollstreckungstitel stellt.[188] Das Ordnungsgeld fließt der

---

[180] LG Düsseldorf InstGE 3, 229 (230) – Verhütungsmittel; unter Bezugnahme hierauf so auch für das Ordnungsmittelverfahren Schulte/Voß PatG § 139 Rn. 388.
[181] OLG Düsseldorf InstGE 9, 56 – Rücknahme des Ordnungsmittelantrags.
[182] OLG Düsseldorf InstGE 9, 56 – Rücknahme des Ordnungsmittelantrags.
[183] BGH GRUR 2012, 427 Rn. 9 f. – Aufschiebende Wirkung mit einer Übersicht zum Meinungsstand; Zöller/Seibel ZPO Rn. 27, § 888 Rn. 17.
[184] Zöller/Seibel ZPO § 890 Rn. 27 mwN.
[185] BGH GRUR 2013, 1071 – Umsatzangaben.
[186] BGH GRUR 2004, 264 – EURO-Einführungsrabatt.
[187] So ein Praxistipp bei Kühnen Patentverletzung-HdB Kap. H. Rn. 161.
[188] BGH GRUR 2010, 662 – Ordnungsmittelbeschluss.

V. Aufhebung

Bei rückwirkendem Wegfall des Vollstreckungstitels ist ein in Rechtskraft erwachsener Ordnungs- 58
mittelbeschluss in entsprechender Anwendung der §§ 775 Nr. 1, 776 ZPO auf Antrag des Schuldners
aufzuheben und der Vollstreckungsantrag des Gläubigers mit der Kostenfolge aus § 91 ZPO zurückzuweisen.[190] Ein gezahltes Ordnungsgeld ist in diesem Fall entsprechend § 812 BGB zurückzuzah-
len.[191] Das Prozessgericht kann die Rückzahlung entsprechend § 776 ZPO anordnen.[192]

E. Ordnungsmittel und Sicherheitsleistung

Bei der Wahl und Bemessung der **Ordnungsmittel** steht dem Tatrichter ein zweckbestimmtes 59
Ermessen zu.[193] Zu berücksichtigen sind insbesondere Art, Umfang und Dauer des Verstoßes, der
Verschuldensgrad, der Vorteil des Verletzers aus der Verletzungshandlung – eine Titelverletzung soll
sich für den Verletzer nicht lohnen – und die Gefährlichkeit der begangenen und möglicher künftiger
Verletzungshandlungen für den Verletzten.[194] Erhöhend wirkt ferner, wenn sich der Schuldner durch
frühere Ordnungsgelder im unteren oder mittleren Bereich nicht von weiteren Zuwiderhandlungen
abhalten ließ.[195] Schließlich ist im Falle eines vollstreckbaren Vergleichs eine zuvor für dieselbe
Zuwiderhandlung etwa nach Hamburger Brauch festgesetzte Vertragsstrafe (wie auch umgekehrt) zu
berücksichtigen.[196] Hingegen soll die Tatsache, dass ein Patent bald ausläuft, bei der Höhe des
Ordnungsgeldes nicht zu berücksichtigen sein, da es gerade kurz vor Erlöschen eines Schutzrechts des
besonderen Schutzes durch angemessene Sanktionen für Verletzungen bedürfe und andernfalls wirtschaftliche Überlegungen eindeutig gegen eine Respektierung eines Schutzrechtes ausfallen würden.[197]

Bei einer Mehrzahl von Zuwiderhandlungen werden die einzelnen verwirkten **Ordnungsmittel** 60
addiert; eine Gesamtstrafenbildung gemäß §§ 53 ff. StGB findet nicht statt.[198] Für den Fall, dass das
Ordnungsgeld nicht beigetrieben werden kann, ist von Amts wegen eine **Ersatzordnungshaft**
anzuordnen.[199] Bei wiederholten Verstößen kann anstelle von Ordnungsgeldern auch **Ordnungshaft**
von bis zu 6 Monaten im Einzelfall, insgesamt jedoch nicht mehr als zwei Jahren angeordnet werden
(§ 890 Abs. 1 S. 3 ZPO). Diese Möglichkeit spielt in der Praxis aber keine ersichtliche Rolle.

Die Anordnung einer **Sicherheitsleistung** ist bereits bei einmaliger Zuwiderhandlung nach An- 61
drohung eines Ordnungsmittels möglich.[200] Sie erfolgt auf Gläubigerantrag und steht im Ermessen des
Gerichts.[201] Hinsichtlich der Höhe ist der Umfang der bisherigen Zuwiderhandlungen wie auch der
Umstand, in welchem Maße diese auch nach bereits erfolgten Ordnungsmitteln fortgesetzt wurden, zu
berücksichtigen.[202] Auch können die Erwägungen zur Höhe des Ordnungsgeldes entsprechend herangezogen werden.[203] Darüber hinaus ist es Sache des Gläubigers, konkrete Zahlen zu präsentieren,
welche eine Abschätzung zu erwartender Umsatzeinbußen ermöglichen.[204]

Als geeignete **Fallstudie** mag die nachfolgend dargestellte Serie von insgesamt 6 aufeinanderfolgen- 62
den Ordnungsmittelverfahren vor dem Landgericht Düsseldorf dienen (die Lücken in den römischen
Ziffern erklären sich im Wesentlichen durch zwischengeschaltete Zwangsgeldverfahren):

Aktenzeichen	Zuwiderhandlung	Ordnungsgeld	Sicherheit
4b O 297/06 ZV I	Verlinkung auf ausländische Webseite mit verletzendem Angebot	10.000 EUR	–
4b O 297/06 ZV III	Verteilung einer Werbebroschüre auf wichtiger Messe	50.000 EUR	–
4b O 297/06 ZV V	Verkauf zweier Verletzungsgegenstände	130.000 EUR	75.000 EUR

---

[189] Fitzner/Lutz/Bodewig/*Voß* BeckOK Patentrecht Vor §§ 139 ff. Rn. 418.
[190] OLG Düsseldorf InstGE 9, 56 – Rücknahme des Ordnungsmittelantrags; Zöller/*Seibel* ZPO § 890 Rn. 24.
[191] Kühnen Patentverletzung-HdB Kap. H. Rn. 163; Zöller/*Seibel* ZPO § 890 Rn. 25.
[192] Zöller/*Seibel* ZPO § 890 Rn. 25.
[193] BGH GRUR 2004, 264 – EURO-Einführungsrabatt.
[194] BGH GRUR 2021, 767 (770) – Vermittler von Studienplätzen; BGH GRUR 2017, 318 (319) – Dügida; BGH GRUR 2004, 264 – EURO-Einführungsrabatt.
[195] OLG Düsseldorf I-2 W 31/10.
[196] BGH GRUR 2010, 355 – Testfundstelle.
[197] OLG München InstGE 5, 15 – Messeangebot ins Ausland II.
[198] OLG Köln GRUR-RR 2007, 31– Gesamtordnungsgeld; Schulte/*Voß* PatG § 139 Rn. 385 mwN.
[199] BGH GRUR 1993, 62 – Kilopreise III; Fitzner/Lutz/Bodewig/*Voß* BeckOK Patentrecht Vor §§ 139 ff. Rn. 412.
[200] LG Düsseldorf 6.7.2009 – 4b O 297/06 (ZV VI); Zöller/*Seibel* ZPO § 890 Rn. 26.
[201] Zöller/*Seibel* ZPO § 890 Rn. 26.
[202] LG Düsseldorf 6.7.2009 – 4b O 297/06 (ZV VI).
[203] LG Düsseldorf 28.8.2009 – 4b O 297/06 (ZV V).
[204] LG Düsseldorf 29.9.2008 – 4b O 297/06 (ZV III).

Aktenzeichen	Zuwiderhandlung	Ordnungsgeld	Sicherheit
4b O 297/06 ZV VI	Verkauf von Verletzungsgegenständen (zeitlich vor V)	100.000 EUR	50.000 EUR
4b O 297/06 ZV VIII	Angebot auf Messe	230.000 EUR	250.000 EUR
4b O 297/06 ZV IX	Weitere Verkäufe nach VI	80.000 EUR	500.000 EUR

§ 891 Verfahren; Anhörung des Schuldners; Kostenentscheidung

¹Die nach den §§ 887 bis 890 zu erlassenden Entscheidungen ergehen durch Beschluss. ²Vor der Entscheidung ist der Schuldner zu hören. ³Für die Kostenentscheidung gelten die §§ 91 bis 93, 95 bis 100, 106, 107 entsprechend.

1 Zuständig ist ausschließlich das **Prozessgericht des ersten Rechtszuges** (§ 890 Abs. 1 S. 1 iVm § 802 ZPO), mithin also das Landgericht, vor dem auch das Hauptsacheverfahren stattgefunden hat (oder auch das Bundespatentgericht für im Nichtigkeitsverfahren abgeschlossene Vergleiche¹). Die Durchführung von Ordnungs- oder Zwangsmittelverfahren erfordert die Vorauszahlung von **Gerichtskosten** durch den Gläubiger (§ 12 Abs. 6 GKG). Der **Gegenstandswert** orientiert sich an demjenigen Teil des Streitwerts des Erkenntnisverfahrens, welcher auf den jeweils geltend gemachten Anspruch entfällt.²

2 Sämtliche Verfahren nach § 891 ZPO werden durch **Antrag des Gläubigers** eingeleitet, §§ 887 Abs. 1, 2; 888 Abs. 1 S. 1, 889³; 890 Abs. 1 ZPO. Es besteht wie im ersten Rechtszug **Anwaltszwang** (Ausnahme: § 889 ZPO⁴) gemäß § 78 ZPO,⁵ wobei die Prozessvertreter des Schuldners im ersten Rechtszug wegen §§ 172 Abs. 1 iVm 87 Abs. 1 ZPO stets **zustellungsbevollmächtigt** sind.⁶

3 Der Schuldner ist vor einer Entscheidung zu **hören** (§ 891 S. 2 ZPO). Dies geschieht üblicherweise durch Bestimmung einer Schriftsatzfrist mit Zustellung des Gläubigerantrags an den Prozessvertreter des Schuldners. Dem Schuldner steht es frei, sich zu äußern; unterlässt er dies, ist dies vom Gericht zu würdigen – es gelten keine Versäumnisregeln.⁷ Nimmt der Schuldner persönlich Stellung, ist dies trotz des bestehenden Anwaltszwangs zu berücksichtigen.⁸ Je nach Komplexität der Sachlage können sich hieran weitere Schriftsatzfristen für die Parteien anschließen. Die behaupteten Tatsachen sind zu **beweisen**; Glaubhaftmachung genügt nicht.⁹ Eine mündliche Verhandlung ist möglich (§ 128 Abs. 4 ZPO), aber ungewöhnlich. Zur mündlichen Verhandlung wird von Amts wegen geladen (§ 214).¹⁰ In jedem Fall entscheidet das Gericht durch **Beschluss**, § 891 Abs. 1 ZPO.

4 Streitig ist, ob ein Ordnungs- oder Zwangsmittelverfahren bei **Insolvenz** des Schuldners nach § 240 ZPO unterbrochen wird. Hiergegen hat sich das Landgericht Düsseldorf (ausdrücklich allerdings nur für ein Verfahren nach § 888 ZPO) ausgesprochen¹¹ (→ § 240 Rn. 8).

5 Gemäß § 891 S. 3 ZPO ist für die **Kostentragung** das jeweilige Ausmaß des Unterliegens im Zwangsvollstreckungsverfahren (nicht im Hauptsacheverfahren) maßgeblich.¹² Dies ist insbesondere dann beachtlich, wenn das Gericht in Ordnungs- oder Zwangsmittelverfahren in der Höhe deutlich hinter dem Antrag oder Vortrag des Gläubigers zurückbleibt.¹³

6 Der jeweilige Gläubigerantrag kann solange wirksam zurückgenommen werden, wie ein entsprechender Beschluss noch nicht in Rechtskraft erwachsen ist.¹⁴ In entsprechender Anwendung des § 269 Abs. 3, 4 ZPO trifft in solchen Fällen im Umfang der **Antragsrücknahme** die Gläubigerin die Kostenlast und ist durch Beschluss die Wirkungslosigkeit des Ordnungsmittelbeschlusses festzustellen.¹⁵

---

¹ BPatGE 36, 146.
² Schulte/*Voß* PatG § 139 Rn. 399.
³ Zöller/*Seibel* ZPO § 889 Rn. 2.
⁴ Zöller/*Seibel* ZPO § 889 Rn. 2.
⁵ Zöller/*Seibel* ZPO § 887 Rn. 4, § 890 Rn. 13.
⁶ Zur Problematik nicht vertretener ausländischer Parteien etwa bei Säumnisurteilen Kühnen Patentverletzung-HdB Kap. H. Rn. 219 ff.
⁷ Fitzner/Lutz/Bodewig/*Voß* BeckOK Patentrecht Vor §§ 139 ff. Rn. 410.
⁸ Fitzner/Lutz/Bodewig/*Voß* BeckOK Patentrecht Vor §§ 139 ff. Rn. 410.
⁹ Zöller/*Seibel* ZPO § 891 Rn. 1.
¹⁰ Zöller/*Seibel* ZPO § 891 Rn. 1.
¹¹ LG Düsseldorf InstGE 3, 229 – Verhütungsmittel; unter Bezugnahme hierauf so auch für das Ordnungsmittelverfahren Schulte/*Voß* PatG § 139 Rn. 388.
¹² Zöller/*Seibel* ZPO § 890 Rn. 2.
¹³ KG WRP 2005, 1033.
¹⁴ OLG Düsseldorf InstGE 9, 56 – Rücknahme des Ordnungsmittelantrags.
¹⁵ OLG Düsseldorf InstGE 9, 56 – Rücknahme des Ordnungsmittelantrags; OLG Koblenz BeckRS 2018, 24201 Rn. 16.

§ 892 Widerstand des Schuldners

Leistet der Schuldner Widerstand gegen die Vornahme einer Handlung, die er nach den Vorschriften der §§ 887, 890 zu dulden hat, so kann der Gläubiger zur Beseitigung des Widerstandes einen Gerichtsvollzieher zuziehen, der nach den Vorschriften des § 758 Abs. 3 und des § 759 zu verfahren hat.

Die Vorschrift findet etwa im Rahmen der Vollstreckung von **Vernichtungs- und flankierenden Herausgabeansprüchen** Anwendung.[1] Im Falle der Durchsetzung von **Duldungsansprüchen** hat der Gläubiger hingegen die Wahl, ob er nach § 890 oder nach § 892 vorgehen möchte.[2] 1

Die Beauftragung des **Gerichtsvollziehers** erfolgt durch den Gläubiger ohne Anrufung des Gerichts.[3] Die Prüfung des Vorliegens der allgemeinen Zwangsvollstreckungsvoraussetzungen obliegt dem Gerichtsvollzieher.[4] Der Gerichtsvollzieher verfährt nach §§ 758 Abs. 2, 3, 758a, 759 ZPO.[5] Er darf das für die Beseitigung des Widerstands erforderliche Maß nicht überschreiten und ist für den Schutz der besichtigenden Personen vor Angriffen Dritter nicht zuständig.[6] 2

§ 892a (aufgehoben)

§ 893 Klage auf Leistung des Interesses

(1) Durch die Vorschriften dieses Abschnitts wird das Recht des Gläubigers nicht berührt, die Leistung des Interesses zu verlangen.

(2) Den Anspruch auf Leistung des Interesses hat der Gläubiger im Wege der Klage bei dem Prozessgericht des ersten Rechtszuges geltend zu machen.

§ 894 Fiktion der Abgabe einer Willenserklärung

¹Ist der Schuldner zur Abgabe einer Willenserklärung verurteilt, so gilt die Erklärung als abgegeben, sobald das Urteil die Rechtskraft erlangt hat. ²Ist die Willenserklärung von einer Gegenleistung abhängig gemacht, so tritt diese Wirkung ein, sobald nach den Vorschriften der §§ 726, 730 eine vollstreckbare Ausfertigung des rechtskräftigen Urteils erteilt ist.

Die Vorschrift hat im Gewerblichen Rechtsschutz im Bereich von Vindikationsansprüchen (§ 8 PatG) eine gewisse Bedeutung.[1*] Diese betreffen die Abtretung des Anspruchs auf Erteilung eines Patents bzw. die Übertragung des Patents (§ 8 S. 1, 2 PatG) jeweils durch Vertrag.[2*] Die hierfür erforderliche Willenserklärung des nicht berechtigten Schuldners gilt nach § 894 S. 1 ZPO mit Rechtskraft des entsprechenden Urteils als abgegeben.[3*] Weitere Voraussetzungen wie Klausel und Zustellung sind hierfür nicht erforderlich.[4*] Umgekehrt ist eine Vollstreckung vor Rechtskraft etwa nach §§ 887, 888 ZPO ausgeschlossen.[5*] 1

Im Falle eines **Vergleichs** ist zu differenzieren: enthält dieser die Verpflichtung eine entsprechende Willenserklärung abzugeben, so ist § 894 nicht einschlägig und stattdessen nach § 888 ZPO zu vollstrecken; enthält ein gerichtlicher Vergleich hingegen die Abgabe der erforderlichen Willenserklärung selbst, so gilt § 894 ZPO entsprechend.[6*] 2

§ 895 Willenserklärung zwecks Eintragung bei vorläufig vollstreckbarem Urteil

¹Ist durch ein vorläufig vollstreckbares Urteil der Schuldner zur Abgabe einer Willenserklärung verurteilt, auf Grund deren eine Eintragung in das Grundbuch, das Schiffsregister oder das Schiffsbauregister erfolgen soll, so gilt die Eintragung einer Vormerkung oder eines Widerspruchs als bewilligt. ²Die Vormerkung oder der Widerspruch erlischt, wenn das Urteil durch eine vollstreckbare Entscheidung aufgehoben wird.

§ 896 Erteilung von Urkunden an Gläubiger

Soll auf Grund eines Urteils, das eine Willenserklärung des Schuldners ersetzt, eine Eintragung in ein öffentliches Buch oder Register vorgenommen werden, so kann der

---

[1] OLG Frankfurt a. M. GRUR-RR 2007, 30 – Fotomaterial.
[2] Zöller/*Seibel* ZPO § 892 Rn. 1.
[3] Baumbach/Lauterbach/Hartmann/Anders/Gehle/*Schmidt* ZPO § 892 Rn. 3.
[4] Zöller/*Seibel* ZPO § 892 Rn. 1.
[5] Baumbach/Lauterbach/Hartmann/Anders/Gehle/*Schmidt* ZPO § 892 Rn. 4.
[6] Baumbach/Lauterbach/Albers/Hartmann ZPO § 892 Rn. 4 mwN; Zöller/*Seibel* ZPO § 892 Rn. 1.
[1*] BPatGE 9, 196 (199).
[2*] Schulte/*Moufang* PatG § 8 Rn. 11.
[3*] Vgl. auch Zöller/*Seibel* ZPO § 894 Rn. 6.
[4*] Zöller/*Seibel* ZPO § 894 Rn. 6; vgl. zuletzt auch: BPatG 28.6.2019 – 2 W (pat) 4/18.
[5*] Zöller/*Seibel* ZPO § 894 Rn. 5.
[6*] Baumbach/Lauterbach/Albers/Hartmann/Anders/Gehle/*Schmidt* ZPO § 894 Rn. 13; Zöller/*Seibel* ZPO § 894 Rn. 4.

ZPO § 902   Buch 8. Zwangsvollstreckung

Gläubiger an Stelle des Schuldners die Erteilung der im § 792 bezeichneten Urkunden verlangen, soweit er dieser Urkunden zur Herbeiführung der Eintragung bedarf.

1   Die Vorschrift hat im Gewerblichen Rechtsschutz im Bereich von Vindikationsansprüchen im Rahmen der Eintragung in Patentregister eine gewisse Bedeutung.[1] Zwar erfordert eine nach § 30 Abs. 3 S. 1 PatG auf Antrag des Gläubigers als Rechtsnachfolger erfolgende Umschreibung im Hinblick auf 3 UmschRL keine derartige Urkunde. Denkbar ist dies jedoch bei Auslandssachverhalten. Aufgrund der Regelung des § 896 wird dort ein Zwang gegen den Schuldner im Hinblick auf die Erteilung von Urkunden sowohl entbehrlich, als auch unzulässig.[2]

§ 897 Übereignung; Verschaffung von Grundpfandrechten

(1) Ist der Schuldner zur Übertragung des Eigentums oder zur Bestellung eines Rechts an einer beweglichen Sache verurteilt, so gilt die Übergabe der Sache als erfolgt, wenn der Gerichtsvollzieher die Sache zum Zwecke der Ablieferung an den Gläubiger wegnimmt.

(2) Das Gleiche gilt, wenn der Schuldner zur Bestellung einer Hypothek, Grundschuld oder Rentenschuld oder zur Abtretung oder Belastung einer Hypothekenforderung, Grundschuld oder Rentenschuld verurteilt ist, für die Übergabe des Hypotheken-, Grundschuld- oder Rentenschuldbriefs.

§ 898 Gutgläubiger Erwerb

Auf einen Erwerb, der sich nach den §§ 894, 897 vollzieht, sind die Vorschriften des bürgerlichen Rechts zugunsten derjenigen, die Rechte von einem Nichtberechtigten herleiten, anzuwenden.

Abschnitt 4. Wirkung des Pfändungsschutzkontos

§ 899 Pfändungsfreier Betrag; Übertragung

(1) ¹Wird Guthaben auf dem Pfändungsschutzkonto des Schuldners gepfändet, kann der Schuldner jeweils bis zum Ende des Kalendermonats aus dem Guthaben über einen Betrag verfügen, dessen Höhe sich nach Aufrundung des monatlichen Freibetrages nach § 850c Absatz 1 in Verbindung mit Absatz 4 auf den nächsten vollen 10-Euro-Betrag ergibt; insoweit wird das Guthaben nicht von der Pfändung erfasst. ²Satz 1 gilt entsprechend, wenn Guthaben auf einem Zahlungskonto des Schuldners gepfändet ist, das vor Ablauf eines Monats seit der Zustellung des Überweisungsbeschlusses an den Drittschuldner in ein Pfändungsschutzkonto umgewandelt wird. ³ § 900 Absatz 2 bleibt unberührt.

(2) ¹Hat der Schuldner in dem jeweiligen Kalendermonat nicht über Guthaben in Höhe des gesamten nach Absatz 1 pfändungsfreien Betrages verfügt, wird dieses nicht verbrauchte Guthaben in den drei nachfolgenden Kalendermonaten zusätzlich zu dem nach Absatz 1 geschützten Guthaben nicht von der Pfändung erfasst. ²Verfügungen sind jeweils mit dem Guthaben zu verrechnen, das zuerst dem Pfändungsschutzkonto gutgeschrieben wurde.

(3) ¹Einwendungen gegen die Höhe eines pfändungsfreien Betrages hat der Schuldner dem Kreditinstitut spätestens bis zum Ablauf des sechsten auf die Berechnung des jeweiligen pfändungsfreien Betrages folgenden Kalendermonats mitzuteilen. ²Nach Ablauf dieser Frist kann der Schuldner nur Einwendungen geltend machen, deren verspätete Geltendmachung er nicht zu vertreten hat.

§ 900 Moratorium bei Überweisung an den Gläubiger

(1) ¹Wird künftiges Guthaben auf einem Pfändungsschutzkonto gepfändet und dem Gläubiger überwiesen, darf der Drittschuldner erst nach Ablauf des Kalendermonats, der auf die jeweilige Gutschrift folgt, an den Gläubiger leisten oder den Betrag hinterlegen; die Verlängerung des § 835 Absatz 3 bezeichneten Zeitraums beginnt dadurch nicht. ²Auf Antrag des Gläubigers kann das Vollstreckungsgericht eine von Satz 1 erster Halbsatz abweichende Anordnung treffen, wenn sonst unter Würdigung des Schutzbedürfnisses des Schuldners für den Gläubiger eine unzumutbare Härte entstünde.

(2) Guthaben, das bis zum Ablauf der Frist des Absatzes 1 nicht an den Gläubiger geleistet oder das bis zu diesem Zeitpunkt nicht hinterlegt werden darf, ist in dem auf die Gutschrift folgenden Kalendermonat Guthaben im Sinne des § 899 Absatz 1 Satz 1.

§ 901 Verbot der Aufrechnung und Verrechnung

(1) Verlangt eine natürliche Person von dem Kreditinstitut, dass ein von ihr dort geführtes Zahlungskonto, das einen negativen Saldo aufweist, als Pfändungsschutzkonto geführt wird, darf das Kreditinstitut ab dem Verlangen nicht mit seinen Forderungen gegen Forderungen des Kontoinhabers aufrechnen oder einen zugunsten des Kontoinhabers bestehenden Saldo aus Krediteinräumungen mit Gutschriften verrechnen, soweit die Gutschrift auf dem Zahlungskonto als Guthaben auf einem Pfändungsschutzkonto nicht von der Pfändung erfasst sein würde.

(2) ¹Das Verbot der Aufrechnung und Verrechnung nach Absatz 1 gilt für ein Zahlungskonto, auf das sich eine Pfändung erstreckt, bereits ab dem Zeitpunkt der Kenntnis des Kreditinstituts von der Pfändung. ²Das Verbot der Aufrechnung oder Verrechnung entfällt jedoch, wenn der Schuldner nicht gemäß § 899 Absatz 1 Satz 2 verlangt, dass das Zahlungskonto als Pfändungsschutzkonto geführt wird.

(3) ¹Gutschriften auf dem Zahlungskonto, die nach Absatz 1 oder 2 dem Verbot der Aufrechnung und Verrechnung unterliegen, sind als Guthaben auf das Pfändungsschutzkonto zu übertragen. ²Im Fall des Absatzes 2 erfolgt die Übertragung jedoch nur, wenn der Schuldner gemäß § 899 Absatz 1 Satz 2 verlangt, dass das Zahlungskonto als Pfändungsschutzkonto geführt wird.

§ 902 Erhöhungsbeträge

¹Neben dem pfändungsfreien Betrag nach § 899 Absatz 1 Satz 1 werden folgende Erhöhungsbeträge nicht von der Pfändung des Guthabens auf einem Pfändungsschutzkonto erfasst:

---

[1] Zöller/*Seibel* ZPO § 896 Rn. 1.
[2] Baumbach/Lauterbach/Albers/Hartmann/Anders/Gehle/*Schmidt* ZPO § 896 Rn. 3.

1. die pfändungsfreien Beträge nach § 850c Absatz 2 in Verbindung mit Absatz 4, wenn der Schuldner
   a) einer Person oder mehreren Personen auf Grund gesetzlicher Verpflichtung Unterhalt gewährt;
   b) Geldleistungen nach dem Zweiten oder Zwölften Buch Sozialgesetzbuch für Personen entgegennimmt, die mit ihm in einer Bedarfsgemeinschaft im Sinne des § 7 Absatz 3 des Zweiten Buches Sozialgesetzbuch oder in einer Gemeinschaft nach den §§ 19, 20, 27, 39 Satz 1 oder § 43 des Zwölften Buches Sozialgesetzbuch leben und denen er nicht auf Grund gesetzlicher Vorschriften zum Unterhalt verpflichtet ist;
   c) Geldleistungen nach dem Asylbewerberleistungsgesetz für Personen entgegennimmt, mit denen er in einem gemeinsamen Haushalt zusammenlebt und denen er nicht auf Grund gesetzlicher Vorschriften zum Unterhalt verpflichtet ist;
2. Geldleistungen im Sinne des § 54 Absatz 2 oder Absatz 3 Nummer 3 des Ersten Buches Sozialgesetzbuch;
3. Geldleistungen gemäß § 5 Absatz 1 des Gesetzes zur Errichtung einer Stiftung „Mutter und Kind – Schutz des ungeborenen Lebens";
4. Geldleistungen, die dem Schuldner selbst nach dem Zweiten oder Zwölften Buch Sozialgesetzbuch oder dem Asylbewerberleistungsgesetz gewährt werden, in dem Umfang, in dem diese den pfändungsfreien Betrag nach § 899 Absatz 1 Satz 1 übersteigen;
5. das Kindergeld nach dem Einkommensteuergesetz und andere gesetzliche Geldleistungen für Kinder, es sei denn, dass wegen einer Unterhaltsforderung des Kindes, für das die Leistungen gewährt oder bei dem sie berücksichtigt werden, gepfändet wird;
6. Geldleistungen, die dem Schuldner nach landesrechtlichen oder anderen als in den Nummern 1 bis 5 genannten bundesrechtlichen Rechtsvorschriften gewährt werden, in welchen die Unpfändbarkeit der Geldleistung festgelegt wird.

² Für die Erhöhungsbeträge nach Satz 1 gilt § 899 Absatz 2 entsprechend.

§ 903 Nachweise über Erhöhungsbeträge

(1) ¹Das Kreditinstitut kann aus Guthaben, soweit es als Erhöhungsbetrag unpfändbar ist, mit befreiender Wirkung gegenüber dem Schuldner an den Gläubiger leisten, bis der Schuldner dem Kreditinstitut nachweist, dass es sich um Guthaben handelt, das nach § 902 nicht von der Pfändung erfasst wird. ²Der Nachweis ist zu führen durch Vorlage einer Bescheinigung
1. der Familienkasse, des Sozialleistungsträgers oder einer mit der Gewährung von Geldleistungen im Sinne des § 902 Satz 1 befassten Einrichtung,
2. des Arbeitgebers oder
3. einer geeigneten Person oder Stelle im Sinne des § 305 Absatz 1 Nummer 1 der Insolvenzordnung.

(2) ¹Das Kreditinstitut hat Bescheinigungen nach Absatz 1 Satz 2 für die Dauer zu beachten, für die sie ausgestellt sind. ²Unbefristete Bescheinigungen hat das Kreditinstitut für die Dauer von zwei Jahren zu beachten. ³Nach Ablauf des in Satz 2 genannten Zeitraums kann das Kreditinstitut von dem Kontoinhaber, der eine Bescheinigung nach Absatz 1 Satz 2 vorgelegt hat, die Vorlage einer neuen Bescheinigung verlangen. ⁴Vor Ablauf des in Satz 2 genannten Zeitraums kann das Kreditinstitut eine neue Bescheinigung verlangen, wenn tatsächliche Anhaltspunkte bestehen, die die Annahme rechtfertigen, dass die Angaben in der Bescheinigung unrichtig sind oder nicht mehr zutreffen.

(3) ¹Jede der in Absatz 1 Satz 2 Nummer 1 genannten Stellen, die Leistungen im Sinne des § 902 Satz 1 Nummer 1 Buchstabe b und c sowie Nummer 2 bis 6 durch Überweisung auf ein Zahlungskonto des Schuldners erbringt, ist verpflichtet, auf Antrag des Schuldners eine Bescheinigung nach Absatz 1 Satz 2 über ihre Leistungen auszustellen. ²Die Bescheinigung muss folgende Angaben enthalten:
1. die Höhe der Leistung,
2. in welcher Höhe die Leistung zu welcher der in § 902 Satz 1 Nummer 1 Buchstabe b und c sowie Nummer 2 bis 6 genannten Leistungsarten gehört,
3. für welchen Zeitraum die Leistung gewährt wird.

³Darüber hinaus ist die in Absatz 1 Satz 2 Nummer 1 genannte Stelle verpflichtet, soweit sie Kenntnis hiervon hat, Folgendes zu bescheinigen:
1. die Anzahl der Personen, denen der Schuldner auf Grund gesetzlicher Verpflichtung Unterhalt gewährt,
2. das Geburtsdatum der minderjährigen unterhaltsberechtigten Personen.

(4) Das Kreditinstitut hat die Angaben in der Bescheinigung nach Absatz 1 Satz 2 ab dem zweiten auf die Vorlage der Bescheinigung folgenden Geschäftstag zu beachten.

§ 904 Nachzahlung von Leistungen

(1) Werden laufende Geldleistungen zu einem späteren Zeitpunkt als dem Monat, auf den sich die Leistungen beziehen, ausbezahlt, so werden sie von der Pfändung des Guthabens auf dem Pfändungsschutzkonto nicht erfasst, wenn es sich um Geldleistungen gemäß § 902 Satz 1 Nummer 1 Buchstabe b oder c oder Nummer 4 bis 6 handelt.

(2) Laufende Geldleistungen nach dem Sozialgesetzbuch, die nicht in Absatz 1 genannt sind, sowie Arbeitseinkommen nach § 850 Absatz 2 und 3 werden von der Pfändung des Guthabens auf dem Pfändungsschutzkonto nicht erfasst, wenn der nachgezahlte Betrag 500 Euro nicht übersteigt.

(3) ¹Laufende Geldleistungen nach Absatz 2, bei denen der nachgezahlte Betrag 500 Euro übersteigt, werden von der Pfändung des Guthabens auf dem Pfändungsschutzkonto nicht erfasst, soweit der für den jeweiligen Monat nachgezahlte Betrag in dem Monat, auf den er sich bezieht, nicht zu einem pfändbaren Guthaben geführt hätte. ²Wird die Nachzahlung pauschal und für einen Bewilligungszeitraum, der länger als ein Monat ist, ist die Nachzahlungssumme zu gleichen Teilen auf die Zahl der betroffenen Monate aufzuteilen.

(4) Für Nachzahlungen von Leistungen nach den Absätzen 1 und 2 gilt § 903 Absatz 1, 3 Satz 1 und Absatz 4 entsprechend.

(5) ¹Für die Festsetzung der Höhe des pfändungsfreien Betrages in den Fällen des Absatzes 3 ist das Vollstreckungsgericht zuständig. ²Entscheidungen nach Satz 1 ergehen auf Antrag des Schuldners durch Beschluss. ³Der Beschluss nach Satz 2 gilt als Bescheinigung im Sinne des § 903 Absatz 1 Satz 2.

§ 905 Festsetzung der Erhöhungsbeträge durch das Vollstreckungsgericht

¹Macht der Schuldner glaubhaft, dass er eine Bescheinigung im Sinne des § 903 Absatz 1 Satz 2, um deren Erteilung er
1. zunächst bei einer in § 903 Absatz 1 Satz 2 Nummer 1 genannten Stelle, von der er eine Leistung bezieht, und nachfolgend
2. bei einer weiteren Stelle, die zur Erteilung der Bescheinigung berechtigt ist,

nachgesucht hat, nicht in zumutbarer Weise von diesen Stellen erlangen konnte, hat das Vollstreckungsgericht in dem Beschluss auf Antrag die Erhöhungsbeträge nach § 902 festzusetzen und die Angaben nach § 903 Absatz 3 Satz 2 zu bestimmen. ² Dabei hat das Vollstreckungsgericht den Schuldner auf die Möglichkeit der Stellung eines Antrags nach § 907 Absatz 1 Satz 1 hinzuweisen, wenn nach dem Vorbringen des Schuldners unter Beachtung der von ihm vorgelegten Unterlagen die Voraussetzungen dieser Vorschrift erfüllt sein könnten. ³ Der Beschluss des Vollstreckungsgerichts nach Satz 1 gilt als Bescheinigung im Sinne des § 903 Absatz 1 Satz 2.

§ 906 Festsetzung eines abweichenden pfändungsfreien Betrages durch das Vollstreckungsgericht

(1) ¹ Wird Guthaben wegen einer der in § 850d oder § 850f Absatz 2 bezeichneten Forderungen gepfändet, tritt an die Stelle der nach § 899 Absatz 1 und § 902 Satz 1 pfändungsfreien Beträge der vom Vollstreckungsgericht im Pfändungsbeschluss belassene Betrag. ² In den Fällen des § 850d Absatz 1 und 2 kann das Vollstreckungsgericht auf Antrag einen von Satz 1 abweichenden pfändungsfreien Betrag festlegen.

(2) Das Vollstreckungsgericht setzt auf Antrag einen von § 899 Absatz 1 und § 902 Satz 1 abweichenden pfändungsfreien Betrag fest, wenn sich aus einer bundes- oder landesrechtlichen Vorschrift eine solche Abweichung ergibt.

(3) In den Fällen des Absatzes 1 Satz 2 und des Absatzes 2
1. ist der Betrag in der Regel zu beziffern,
2. hat das Vollstreckungsgericht zu prüfen, ob eine der in § 732 Absatz 2 bezeichneten Anordnungen zu erlassen ist, und
3. gilt § 905 Satz 2 entsprechend.

(4) Für Beträge, die nach den Absätzen 1 oder 2 festgesetzt sind, gilt § 899 Absatz 2 entsprechend.

§ 907 Festsetzung der Unpfändbarkeit von Kontoguthaben auf dem Pfändungsschutzkonto

(1) ¹ Auf Antrag des Schuldners kann das Vollstreckungsgericht festsetzen, dass das Guthaben auf dem Pfändungsschutzkonto für die Dauer von bis zu zwölf Monaten der Pfändung nicht unterworfen ist, wenn der Schuldner
1. nachweist, dass dem Konto in den letzten sechs Monaten vor Antragstellung ganz überwiegend nur unpfändbare Beträge gutgeschrieben worden sind, und
2. glaubhaft macht, dass auch innerhalb der nächsten sechs Monate ganz überwiegend nur die Gutschrift unpfändbarer Beträge zu erwarten ist.

² Die Festsetzung ist abzulehnen, wenn ihr überwiegende Belange des Gläubigers entgegenstehen.

(2) ¹ Auf Antrag jedes Gläubigers ist die Festsetzung der Unpfändbarkeit aufzuheben, wenn deren Voraussetzungen nicht mehr vorliegen oder die Festsetzung den überwiegenden Belangen des den Antrag stellenden Gläubigers entgegensteht. ² Der Schuldner hat die Gläubiger auf eine wesentliche Veränderung seiner Vermögensverhältnisse unverzüglich hinzuweisen.

§ 908 Aufgaben des Kreditinstituts

(1) Das Kreditinstitut ist dem Schuldner zur Leistung aus dem nicht von der Pfändung erfassten Guthaben im Rahmen des vertraglich Vereinbarten verpflichtet.

(2) Das Kreditinstitut informiert den Schuldner in einer für diesen geeigneten und zumutbaren Weise über
1. das im laufenden Kalendermonat noch verfügbare von der Pfändung nicht erfasste Guthaben und
2. den Betrag, der mit Ablauf des laufenden Kalendermonats nicht mehr pfändungsfrei ist.

(3) Das Kreditinstitut hat dem Kontoinhaber die Absicht, eine neue Bescheinigung nach § 903 Absatz 2 Satz 3 zu verlangen, mindestens zwei Monate vor dem Zeitpunkt, ab dem es die ihm vorliegende Bescheinigung nicht mehr berücksichtigen will, mitzuteilen.

§ 909 Datenweitergabe; Löschungspflicht

(1) ¹ Das Kreditinstitut darf zum Zwecke der Überprüfung der Richtigkeit der Versicherung nach § 850k Absatz 3 Satz 2 Auskunfteien mitteilen, dass es für den Kontoinhaber ein Pfändungsschutzkonto führt. ² Nur zu diesem Zweck dürfen die Auskunfteien diese Angabe verarbeiten und sie nur auf Anfrage anderer Kreditinstitute an diese übermitteln. ³ Die Verarbeitung zu einem anderen Zweck ist auch mit Einwilligung des Kontoinhabers unzulässig.

(2) ¹ Wird das Pfändungsschutzkonto für den Kontoinhaber nicht mehr geführt, hat das Kreditinstitut die Auskunfteien, die nach Absatz 1 Satz 1 eine Mitteilung erhalten haben, unverzüglich zu unterrichten. ² Die Auskunfteien haben nach Erhalt dieser Unterrichtung die Angabe über die Führung des Pfändungsschutzkontos unverzüglich zu löschen.

§ 910 Verwaltungsvollstreckung

¹ Die §§ 850k und 850l sowie die Regelungen dieses Abschnitts gelten auch bei einer Pfändung von Kontoguthaben wegen Forderungen, die im Wege der Verwaltungsvollstreckung nach Bundesrecht beigetrieben werden. ² Mit Ausnahme der Fälle des § 850k Absatz 4 Satz 1, des § 904 Absatz 5 und des § 907 tritt die Vollstreckungsbehörde an die Stelle des Vollstreckungsgerichts.

§§ 911–915h (aufgehoben)

Abschnitt 5. Arrest und einstweilige Verfügung

§ 916 Arrestanspruch

(1) Der Arrest findet zur Sicherung der Zwangsvollstreckung in das bewegliche oder unbewegliche Vermögen wegen einer Geldforderung oder wegen eines Anspruchs statt, der in eine Geldforderung übergehen kann.

(2) **Die Zulässigkeit des Arrestes wird nicht dadurch ausgeschlossen, dass der Anspruch betagt oder bedingt ist,** es sei denn, dass der bedingte Anspruch wegen der entfernten Möglichkeit des Eintritts der Bedingung einen gegenwärtigen Vermögenswert nicht hat.

Literatur: *Everts,* Sicherung anwaltlicher Honorarforderungen durch Arrest?, NJW 2002, 3136; *Heuer/Schubert,* Vorläufiger Rechtsschutz durch Eilverfahren: Arrest und einstweilige Verfügung, JA 2005, 202; *Kellermann-Schröder,* Gerichtliche Entscheidungen im einstweiligen Rechtsschutz nach der ZPO, JA 2018, 535; *Meller-Hannich,* Die Sicherung der Zwangsvollstreckung durch Arrest wegen künftiger Forderungen, ZZP 115 (2002), 161; *Teplitzky,* Arrest und einstweilige Verfügung, JuS 1980, 882; 1981, 122, 352, 435.

A. Allgemeines

Der Arrest gem. §§ 916 ff. ist Ausdruck **effektiven Rechtsschutzes** in angemessener Zeit und dient der „Sicherung der Zwangsvollstreckung", genauer gesagt der Sicherung der tatsächlichen Voraussetzungen für eine spätere Zwangsvollstreckung.[1] Ziel des Arrestverfahrens ist das Erlangen eines Titels, des Arrestbefehls, um die spätere Rechtsverwirklichung und Rechtsdurchsetzung im Hauptsacheverfahren zu sichern. 1

§ 916 Abs. 1 ist nicht auf einstweilige Verfügungen anwendbar. Dort gelten die §§ 935, 940. Aufgrund der unterschiedlichen Zielsetzungen von **Arrest und einstweiliger Verfügung schließen sich beide** für ein und denselben Anspruch **aus**.[2] Es ist freilich möglich, dass auf der Grundlage ein und desselben Sachverhaltes beide Rechtsschutzmöglichkeiten nebeneinander gewählt werden. So kann wegen der Verletzung eines Schutzrechts, bspw. durch eine Benutzungshandlung auf einer Messe, wegen des Unterlassungsanspruchs eine einstweilige Verfügung und hinsichtlich der Sicherung eines Kostenerstattungsanspruchs ein Arrest beantragt werden. 2

Hat der Antragsteller den **falschen** Weg gewählt, ist der Antrag **unzulässig**. Eine Umdeutung des Antrags in die andere Verfahrensart ist grds. nicht möglich. Es ist jedoch ein Übergang vom Arrestverfahren in das einstweilige Verfügungsverfahren und umgekehrt zulässig.[3] 3

Der **Streitgegenstand** des Arrestes ist nicht das Bestehen des zu sichernden Anspruchs, sondern nur die Zulässigkeit seiner zwangsweisen Sicherung.[4] Arrestverfahren und **Hauptsacheverfahren** können deshalb nebeneinander betrieben werden. Vorsicht ist allerdings insoweit geboten, als dass ein rechtskräftiges Urteil in der Hauptsache dem Arrestantrag das Rechtsschutzbedürfnis nimmt bzw. nehmen kann.[5] Ein Übergang vom Arrestverfahren zum Hauptsacheverfahren ist unzulässig.[6] 4

Art. 50 des **TRIPS-Übereinkommen** ist auf den Arrestbefehl nicht anzuwenden. Der Arrest ist keine „einstweilige Maßnahme" idS. Hierunter sind lediglich einstweilige Verfügungen zu verstehen.[7] Abgesehen davon gilt der III. Teil des TRIPS-Übereinkommens im Inland nicht unmittelbar.[8] Seine Vorschriften haben deshalb **keine unmittelbare Wirkung** und begründen für den Einzelnen keine Rechte, auf die er sich unmittelbar berufen könnte. Das TRIPS-Übereinkommen hat den Rang eines einfachen Gesetzes[9] und ist bei der Auslegung zu beachten.[10] 5

B. Arrestanspruch

Der Arrest findet zur Sicherung der Zwangsvollstreckung wegen einer **Geldforderung** oder wegen eines Anspruchs statt, der **in** eine **Geldforderung übergehen** kann, § 916 Abs. 1. Die Ansprüche können **betagt** oder **bedingt** sein, wobei bzgl. des aufschiebend bedingten Anspruchs insoweit eine Einschränkung besteht, dass dieser gegenwärtig einen Vermögenswert aufweisen muss, § 916 Abs. 2. Gegenstand des Arrestes können ferner **künftige Ansprüche** sein, sofern ein einklagbarer Anspruch besteht.[11] Letztere Notwendigkeit folgt aus § 926. Erfasst sind Ansprüche auf künftige Zahlung gem. §§ 257–259 oder Geldansprüche, die bereits im Wege der Feststellungsklage geltend gemacht werden könnten bzw. geltend gemacht wurden. Es muss folglich ein gegenwärtiges Rechtsverhältnis bestehen, aus dem der künftige Anspruch entstehen kann.[12] 6

---

[1] MüKoZPO/*Drescher* § 916 Rn. 1; Musielak/Voit/*Huber* ZPO § 916 Rn. 1.
[2] Musielak/Voit/*Huber* ZPO § 916 Rn. 5.
[3] OLG Köln NJW 1977, 1828; Musielak/Voit/*Huber* ZPO § 916 Rn. 5.
[4] BGH NJW 1980, 191; OLG Hamm GRUR-RR 2007, 282 – Google-Spamfilter; BeckOK ZPO/*Mayer* § 916 Rn. 8; Musielak/Voit/*Huber* ZPO § 916 Rn. 3.
[5] Musielak/Voit/*Huber* ZPO § 916 Rn. 4.
[6] OLG Köln NJW 1977, 1828; Musielak/Voit/*Huber* ZPO § 916 Rn. 4; Zöller/*Vollkommer* ZPO § 920 Rn. 14. AA OLG Frankfurt a. M. FamRZ 89, 296: Klageänderung.
[7] OLG Frankfurt a. M. NJOZ 2004, 874.
[8] EuGH GRUR-Int 2002, 41 – Route 66; EuGH GRUR 2001, 235 – Dior.
[9] BGH GRUR 1999, 707 – Kopienversand.
[10] BGH GRUR 2006, 963 – Restschadstoffentfernung; BGH GRUR 2002, 1046 – Faxkarte; OLG Frankfurt a. M. NJOZ 2004, 874; OLG Düsseldorf GRUR 2008, 1077; LG Mannheim GRUR-RR 2011, 83 – Sauggreifer.
[11] OLG Brandenburg NJW-RR 2009, 801 (Zugewinn); MüKoZPO/*Drescher* § 916 Rn. 10.
[12] MüKoZPO/*Drescher* § 916 Rn. 10; Musielak/Voit/*Huber* ZPO § 916 Rn. 12; Zöller/*Vollkommer* ZPO § 916 Rn. 3.

7 Ein Arrest wird im Bereich des gewerblichen Rechtsschutzes vor allem zur **Sicherung eines Anspruchs auf Kostenerstattung** erlassen. Hat der Antragsgegner, dem die Verletzung eines Schutzrechts vorgeworfen wird, seinen Sitz im Ausland (§ 917 Abs. 2), kann ein künftiger prozessualer Kostenerstattungsanspruch und/oder der materiell-rechtliche Schadenersatzanspruch auf Kostenerstattung im Falle des wahrscheinlichen Obsiegens des Gläubigers im Wege des Arrests gesichert werden.[13] Erfasst sind die Kostenerstattungsansprüche des Verfügungsverfahrens und/oder des Hauptsacheverfahrens. Zu beachten ist, dass im Falle der Versäumung der Vollziehungsfrist des § 929 Abs. 2 und des Verzichts auf die Rechte aus der einstweiligen Verfügung ein materiell-rechtlicher Kostenerstattungsanspruch nicht mehr gegeben ist, der mittels Arrest gesichert werden könnte.[14] Tritt der ausländische Antragsgegner auf einer inländischen Messe auf, kann es – bei Vorliegen der entsprechenden Voraussetzungen – zu einem Arrestbefehl sowie zu einem Pfändungsbeschluss kommen, was uU zur Pfändung des Messestandes als Ganzes führen kann.

8 Darüber hinaus kommt der Arrest zur Sicherung eines bereits **rechtskräftig festgestellten Schadenersatzanspruchs** gem. Art. 64 EPÜ, § 139 Abs. 2 PatG, § 24 Abs. 2 GebrMG, § 14 Abs. 6 MarkenG, § 15 Abs. 5 MarkenG, § 42 Abs. 2 DesignG, § 97 Abs. 2 UrhG, § 37 Abs. 2 SortenSchG, § 10 Abs. 1, 3 GeschGehG oder § 9 UWG[15] in Betracht, ggf. in Bezug auf Vermögenswerte, die durch die **Vorlageansprüche** gem. § 140d PatG, § 24d GebrMG, § 19b MarkenG, § 46b DesignG, § 101a UrhG, § 37d SortenSchG und § 9 Abs. 2 HalbleiterSchG bekannt geworden sind.[16]

9 Ein Arrest wird wegen einer **bestimmt** bezeichneten und glaubhaft gemachten Forderung angeordnet. Der zu sichernde Arrestanspruch muss daher genau bezeichnet werden. Die einem angeordneten Arrest zugrunde liegende Geldforderung kann nicht durch eine andere ersetzt werden.[17]

§ 917 Arrestgrund bei dinglichem Arrest

(1) Der dingliche Arrest findet statt, wenn zu besorgen ist, dass ohne dessen Verhängung die Vollstreckung des Urteils vereitelt oder wesentlich erschwert werden würde.

(2) ¹Als ein zureichender Arrestgrund ist es anzusehen, wenn das Urteil im Ausland vollstreckt werden müsste und die Gegenseitigkeit nicht verbürgt ist. ²Eines Arrestgrundes bedarf es nicht, wenn der Arrest nur zur Sicherung der Zwangsvollstreckung in ein Schiff stattfindet.

Literatur: *Balthasar,* Anerkennung und Vollstreckung deutscher Urteile nach common law auf den Kanalinseln und Verbürgung der Gegenseitigkeit, IPRax 2007, 475; *Buciek,* Gläubigerkonkurrenz als Arrestgrund?, NJW 1987, 1063; *Domei,* Ein wackeliger Balanceakt Die geplante Verordnung über die Europäische vorläufige Kontenpfändung, ZEuP 2013, 496; *Ehricke,* Zur teleologischen Reduktion des § 917 II ZPO, NJW 1991, 2189; *Foerste,* Vollstreckungsvorsprung durch einstweiligen Rechtsschutz, ZZP 106 (1993), 143; *Fohrer/Mattil,* Der „grenzüberschreitende" dingliche Arrest im Anwendungsbereich der EuGVÜ, WM 2002, 840; *Kannowski,* Arrest und einstweilige Verfügung (§§ 916 f. ZPO) neben einem bereits vorliegenden Titel, JuS 2001, 482; *Kohler,* Der Wettlauf der Gläubiger, Jura 1986, 44; *Krüger,* Internationale Probleme bei Saudi-Arabien, IPRax 2005, 386; *Mankowski,* Zum Arrestgrund der Auslandsvollstreckung in § 917 Abs. 2 ZPO, NJW 1992, 599; *ders.,* Der Arrestgrund der Auslandsvollstreckung und das Europäische Gemeinschaftsrecht, NJW 1995, 306; *Mertins,* Der dingliche Arrest, JuS 2008, 692; *Ress,* Der Arrestgrund der Auslandsvollstreckung nach § 917 II ZPO und das gemeinschaftliche Diskriminierungsverbot, JuS 1995, 957; *Schümann,* Kein Arrestgrund der Auslandsvollstreckung im Bereich des EuGVÜ, IPrax 1992, 302; *Schütze,* Zur Verbürgung der Gegenseitigkeit bei der Urteilsanerkennung im deutsch-chinesischen Verhältnis, RiW 2008, 1; *Sessler,* Die Anwendbarkeit des § 917 Abs. 2 Satz 1 ZPO auf Urteile aus EuGVÜ-Staaten, WM 2001, 497; *Skrdlik,* Das Gegenseitigkeitserfordernis bei der Anerkennung deutscher vermögensrechtlicher Entscheidungen in Tschechien, WiRO 2000, 243; *Thümmel,* Der Arrestgrund der Auslandsvollstreckung im Fadenkreuz des Europäischen Rechts, EuZW 1994, 242.

A. Allgemeines

1 Für die Durchsetzung eines Anspruchs gem. § 916 im Wege des einstweiligen Rechtsschutzes bedarf es einer **besonderen Rechtfertigung.** Diese liefert der **Arrestgrund,** welcher nach § 917 für den dinglichen Arrest darin zu sehen ist, dass ohne Verhängung des dinglichen Arrestes die Vollstreckung des Urteils vereitelt oder wesentlich erschwert werden würde (Abs. 1) oder dass eine Auslandsvollstreckung ohne Verbürgung der Gegenseitigkeit (Abs. 2) vorzunehmen ist.

---

[13] OLG Köln GRUR 2013, 656 – Arrestbefehl; LG Braunschweig BeckRS 2012, 03161; LG Düsseldorf 7.3.2006 – 4b O 98/06.
[14] OLG Köln GRUR 2013, 656 – Arrestbefehl.
[15] OLG Frankfurt a. M. NJOZ 2004, 874.
[16] Schulte/*Voß* PatG § 140d Rn. 25. Kritisch: *Mes* PatG § 140d Rn. 15.
[17] MüKoZPO/*Drescher* ZPO § 916 Rn. 6; Musielak/Voit/*Huber* ZPO § 916 Rn. 12; Zöller/*Vollkommer* ZPO § 916 Rn. 3.

Bei dem Arrestgrund handelt es sich nicht um eine Zulässigkeitsvoraussetzung,[1] sondern um eine **materiell-rechtliche Anforderung** und somit um ein Merkmal der Begründetheit des Anspruchs.[2] Die Gefahr der Vollstreckung bezieht sich auf die Verwirklichung des materiellen Arrestanspruchs. Beim Fehlen des Arrestgrundes ist der Arrestantrag deshalb als unbegründet und nicht als unzulässig abzuweisen.[3]

Der **dingliche** Arrest wird in das bewegliche und das unbewegliche Vermögen des Schuldners angeordnet.

§ 917 Abs. 1 ist nach allgemeiner Meinung nicht auf einstweilige Verfügungen anwendbar.[4] Er wird von §§ 935, 940 verdrängt. Ob Absatz 2 Anwendung findet, wird unterschiedlich beurteilt.[5]

B. Arrestgrund

I. Vollstreckungsgefährdung

Nach § 917 Abs. 1 ist ein Arrestgrund gegeben, wenn die Besorgnis besteht, dass ein bereits existierendes Urteil bzw. existenter **Vollstreckung**stitel oder ein erst noch zu titulierender Anspruch (→ § 916 Rn. 6) ohne Verhängung des Arrestes **vereitelt oder wesentlich erschwert** wird. Es muss mithin davon auszugehen sein, dass eine ungünstige nicht unerhebliche Veränderung der Vermögensverhältnisse des Antragsgegners bevorsteht. Gesichert werden kann auch die Vollstreckung eines (künftigen) Urteils eines Mitgliedstaates der EuGVVO oder eines Vertragsstaates des LugÜ.[6]

Ob eine solche Besorgnis besteht, ist anhand **objektiver Kriterien** zu prüfen. Es kommt auf den Standpunkt eines verständigen, gewissenhaft prüfenden Menschen und nicht auf den persönlichen Glauben des Gläubigers/Antragstellers an.[7] Ebenso unbeachtlich ist die Motivlage des Schuldners/Antragsgegners. Es bedarf weder der Feststellung seiner Absicht, die Zwangsvollstreckung vereiteln oder erschweren zu wollen. Noch ist von Belang, ob er rechtswidrig und schuldhaft handelt. Entscheidend ist allein, dass die Handlung des Antragsgegners objektiv geeignet ist, die Besorgnis der Vollstreckungsvereitelung bzw. der Verhinderung zu begründen.[8]

Im Gegensatz zur einstweiligen Verfügung bedarf es für den Erlass eines Arrestes keiner Interessensabwägung und die Angelegenheit muss auch **nicht eilig** sein.[9]

Als **Arrestgrund** anerkannt ist ein **unlauteres Verhalten** des Antragsgegners. Dies kann zB im Beiseiteschaffen von Vermögensgegenständen[10] oder dem Verdacht der Veräußerung erheblicher Vermögensgegenstände ohne ausreichenden Gegenwert[11] gesehen werden. Genügen kann des Weiteren die **Befürchtung**, dass die Spitze eines Konzerns, die sich in Zahlungsschwierigkeiten befindet, in das Vermögen ihrer – in Anspruch genommenen – Tochtergesellschaft eingreifen wird, um die eigene Liquidität sicher zu stellen,[12] oder das Bestehen gesellschaftlicher Verflechtungen im Ausland.[13]

Nicht als **Arrestgrund** gewertet wird eine allgemein schlechte Vermögenslage eines Schuldners,[14] die drohende Konkurrenz anderer Gläubiger,[15] Vielzahl von Gläubigern,[16] „schlichtes" bewusst vertragswidriges Verhalten[17] solange kein Anhaltspunkte dafür bestehen, dass sich das Verhalten des Antragsgegners wiederholen und so zu einer Vollstreckungsvereitelung bzw. -verhinderung führen wird, das Bestreiten des Arrestanspruchs,[18] der Vorwurf einer Straftat oder einer unerlaubten Hand-

---

[1] So: OLG Stuttgart WRP 1997, 357; OLG Frankfurt a. M. NJW 1975, 392; *Teplitzky* JuS 1981, 122.
[2] Schuschke/Walker/*Walker* ZPO § 917 Rn. 1; Zöller/*Vollkommer* ZPO § 917 Rn. 3.
[3] Die unterschiedlichen Ansichten führen letztlich nicht zu großen praktischen Unterschieden, vgl. → § 940 Rn. 65.
[4] Schuschke/Walker/*Walker* ZPO § 917 Rn. 9; Zöller/*Vollkommer* ZPO § 917 Rn. 21.
[5] Bejahend: Schuschke/Walker/*Walker* ZPO § 917 Rn. 9. Ablehnend: Zöller/*Vollkommer* ZPO § 917 Rn. 21.
[6] *Sessler* WM 2001, 501; MüKoZPO/*Drescher* ZPO § 917 Rn. 23; Musielak/Voit/*Huber* ZPO § 917 Rn. 7; Zöller/*Vollkommer* ZPO § 917 Rn. 4, 16. AA bzgl. Abs. 2: BeckOK ZPO/*Mayer* § 917 Rn. 15.
[7] BGH NJW 1988, 3268; OLG Brandenburg NJW-RR 2020, 1139; BeckOK ZPO/*Mayer* § 917 Rn. 6; MüKoZPO/*Drescher* ZPO § 917 Rn. 1; Musielak/Voit/*Huber* ZPO § 917 Rn. 2.
[8] OLG Karlsruhe NJW 1987, 1018; MüKoZPO/*Drescher* ZPO § 917 Rn. 3; Zöller/*Vollkommer* ZPO § 917 Rn. 5.
[9] OLG Hamm NJW-RR 2007, 388 (VersR); MüKoZPO/*Drescher* ZPO § 917 Rn. 3.
[10] BeckOK ZPO/*Mayer* § 917 Rn. 9; MüKoZPO/*Drescher* ZPO § 917 Rn. 6.
[11] MüKoZPO/*Drescher* ZPO § 917 Rn. 7; Musielak/Voit/*Huber* ZPO § 917 Rn. 3.
[12] OLG München ZIP 1983, 222.
[13] LG Stuttgart RIW 1999, 67.
[14] BGH NJW 1996, 324.
[15] BGH NJW 1996, 324; der Arrest dient nicht dazu, den Antragsteller gegenüber anderen Gläubigern zu bevorzugen; *Buciek* NJW 1987, 1063; *Foerste* ZZP 106, 143; MüKoZPO/*Drescher* ZPO § 917 Rn. 12; Zöller/*Vollkommer* ZPO § 917 Rn. 9. AA Schuschke/Walker/*Walker* ZPO § 917 Rn. 5.
[16] OLG Köln BeckRS 2019, 33116; 2019, 23132.
[17] BGH VersR 1975, 764; MüKoZPO/*Drescher* ZPO § 917 Rn. 9.
[18] MüKoZPO/*Drescher* ZPO § 917 Rn. 9.

lungen,[19] die Eröffnung des Insolvenzverfahrens, wenn dabei Sicherungsmaßnahmen gem. § 21 InsO angeordnet werden,[20] Umzug ins Ausland, wenn im Inland ausreichendes Vermögen verbleibt,[21] die Insolvenz der Konzernmutter bei Inanspruchnahme einer Konzerntochter,[22] die Verweigerung von Auskünften[23] oder das schlichte Bereithalten von Vorrats- und Mantelgesellschaften.[24]

10   Die Tatsachen, die einen Arrestgrund nach § 917 Abs. 1 begründen sollen, sind vom Antragsteller **darzulegen und glaubhaft** zu machen.[25]

II. Auslandsvollstreckung

11   Ist das Urteil im Ausland zu vollstrecken[26] und ist mit dem ausländischen Staat keine Gegenseitigkeit verbürgt, ist nach der **unwiderleglichen Vermutung**[27] des § 917 Abs. 2 ein Arrestgrund gegeben.

12   Für die erste Voraussetzung, **Vollstreckung im Ausland,** ist es ohne Belang, ob der Antragsgegner Ausländer ist oder seinen Sitz dort hat. Relevant ist allein, ob wegen Fehlens inländischen Vermögens im Ausland zu vollstrecken ist. Hierbei ist auf den Zeitpunkt abzustellen, in dem die Vollstreckung des Urteils im Hauptverfahren möglich ist bzw. voraussichtlich erfolgen wird, nicht auf den Zeitpunkt, in dem der Arrestantrag gestellt wird.[28]

13   Die **Verbürgung der Gegenseitigkeit** liegt vor, wenn die Vollstreckung des deutschen Urteils in dem Staat, in dem zu vollstrecken wäre, auf keine wesentlich größeren Schwierigkeiten stößt als umgekehrt die Vollstreckung eines vergleichbaren ausländischen Titels in Deutschland, § 328 Abs. 1 Nr. 5.[29] Partielle Gegenseitigkeitsverbürgung kann genügen.[30] Maßgeblich ist die **tatsächliche** Verbürgung der Gegenseitigkeit, die in jedem Einzelfall vom Gericht selbst **festgestellt** werden muss.[31] Es gilt § 293. Sie muss materiell bestehen; sie braucht nicht formell durch Vereinbarung mit dem ausländischen Staat gesichert sein.[32] Darlegungs- und beweisbelastet für die fehlende Verbürgung der Gegenseitigkeit ist die Partei, die daraus Rechte herleiten will,[33] mithin der Antragsteller. Ist Gegenseitigkeit verbürgt, scheidet § 917 Abs. 2 aus; möglich bleibt jedoch die Begründung eines Arrestgrundes gem. § 917 Abs. 1, wenn trotz Gegenseitigkeitsverbürgung rechtliche oder tatsächliche Schwierigkeiten bei der Auslandsvollstreckung bestehen.[34] Derartige Schwierigkeiten sind konkret darzutun.

14   Die **Gegenseitigkeit ist verbürgt** zwischen allen Mitgliedstaaten der EuGVVO und der Vertragsstaaten des LugÜ. Die Verbürgung der Gegenseitigkeit kann sich auch aus staatsvertraglicher Grundlage, bi- oder multilateralen völkerrechtlichen Verträgen oder den innerstaatlichem Recht ergeben. Beispielhaft[35] zu nennen sind insoweit: Argentinien,[36] Australien, Bermuda, Bosnien-Herzegowina, Brasilien, Bulgarien, Cayman Islands, Chile, Costa Rica, Dänemark, Ecuador, Georgien, Hongkong, Jamaika, Japan, Kanada (unterschiedliche Regelungen in den Provinzen),[37] Kolumbien, Korea Süd,

---

[19] OLG München BeckRS 2017, 102631; OLG Köln MDR 2008, 232; OLG Düsseldorf NJW-RR 1986, 1192. Siehe aber auch OLG Bamberg BeckRS 2017, 120820, OLG München BeckRS 2021, 28915; BeckRS 2021, 38386; BeckRS 2021, 41094; BeckRS 2016, 20492, wenn der Arrestanspruch aus einer gegen das Vermögen des Gläubigers gerichteten Straftat herrührt.
[20] Musielak/Voit/*Huber* ZPO § 917 Rn. 4; Zöller/*Vollkommer* ZPO § 917 Rn. 9.
[21] MüKoZPO/*Drescher* ZPO § 917 Rn. 6; Schuschke/Walker/*Walker* ZPO § 917 Rn. 3.
[22] MüKoZPO/*Drescher* ZPO § 917 Rn. 11; Schuschke/Walker/*Walker* ZPO § 917 Rn. 4.
[23] MüKoZPO/*Drescher* ZPO § 917 Rn. 8.
[24] BGH NZKart 2014, 461.
[25] MüKoZPO/*Drescher* ZPO § 917 Rn. 2; Zöller/*Vollkommer* ZPO § 917 Rn. 2.
[26] Grundlegend hierzu: *Nagel/Gottwald*, Internationales Zivilprozessrecht, § 16.
[27] OLG Frankfurt a. M. BeckRS 2009, 23848.
[28] OLG Frankfurt a. M. NJW-RR 2019, 1023 – Brexit; MüKoZPO/*Drescher* ZPO § 917 Rn. 13.
[29] BGH NJW 2001, 524; *Nagel/Gottwald*, Internationales Zivilprozessrecht, § 12 Rn. 191; Zöller/*Geimer* ZPO § 328 Rn. 264.
[30] BGH NJW 1964, 2350; *Nagel/Gottwald*, Internationales Zivilprozessrecht, § 12 Rn. 218; Geimer/*Schütze*, Europäisches Zivilverfahrensrecht, E.1 Rn. 94 ff.
[31] Geimer/*Schütze*, Europäisches Zivilverfahrensrecht, E.1 Rn. 71 ff.; *Nagel/Gottwald*, Internationales Zivilprozessrecht, § 12 Rn. 189.
[32] BGH NJW 2001, 524.
[33] BGH NJW 1999, 3198; *Nagel/Gottwald*, Internationales Zivilprozessrecht, § 12 Rn. 194.
[34] OLG Hamm NJOZ 2012, 121 (Unterhalt); OLG Dresden NJW-RR 2007, 659 (Zugewinn).
[35] Vgl. die Übersichten bei Geimer/*Schütze*, Europäisches Zivilverfahrensrecht, E.1 Rn. 127 ff.; MüKoZPO/*Gottwald* § 328 Rn. 135 ff.; *Nagel/Gottwald*, Internationales Zivilprozessrecht, § 12 Rn. 196.
[36] Abl. OLG Frankfurt a. M. BeckRS 2011, 22179, wenn einem deutschen Zahlungstitel gegen den argentinischen Fiskus nur deklaratorische Wirkung beigemessen und unter Hinweis auf die argentinischen Notstandsgesetze als nicht durchsetzbar erachtet wird.
[37] In British Columbia werden ausländische Entscheidungen durch Registrierung anerkannt, vgl. BGH NJW 2001, 524. In Quebec ist die Gegenseitigkeit gewährleistet, ebenso in Ontario, jedenfalls innerhalb von 6 Jahren ab Rechtskraft des ausländischen Urt., BGH NJW-RR 2009, 1652. Einzelheiten bei: MüKoZPO/*Gottwald* ZPO § 328 Rn. 146; *Nagel/Gottwald*, Internationales Zivilprozessrecht, § 16 Rn. 54.

Kuwait, Marokko, Mexiko, Neuseeland, Singapur, Taiwan, Türkei, Tunesien, Uruguay, USA (unterschiedliche Regelungen in den Einzelstaaten)[38] und Vietnam.

Keine Verbürgung der Gegenseitigkeit besteht zB mit Albanien, Cuba, Dominikanische Republik, Dubai, Indonesien, Kasachstan, Lichtenstein, Pakistan, Philippinen, Russische Föderation, Saudi-Arabien, Thailand, Ukraine, Vereinigte Arabische Emirate.

Da es auf die faktischen bzw. tatsächlichen Verhältnisse ankommt, bestehen hinsichtlich einiger Staaten **unterschiedliche Auffassung** dazu, ob von einer Gegenseitigkeitsverbürgung ausgegangen werden kann. Dies gilt beispielsweise für Bolivien,[39] China,[40] Indien[41], Monaco[42] oder Paraguay.[43] Ist in einem dieser Länder zu vollstrecken, obliegt es dem Antragsteller deshalb konkret darzulegen, dass und weshalb von der Verbürgung der Gegenseitigkeit auszugehen ist.

III. Ausschluss des Arrestes

Ein Arrestgrund ist ausgeschlossen, wenn der Antragsteller bereits über eine **anderweitige**, den gleichen Schutz wie der Arrest bietende **Sicherung** seines Anspruchs verfügt.[44] Zu nennen sind hier insbes. eine dingliche Sicherung in Form eines Eigentumsvorbehalts, eine Sicherungsübereignung, Sicherheitsleistung oder Hinterlegung. Gleiches gilt, wenn der Antragsteller bereits eine **anderweitige Vollstreckungsmöglichkeit** in den Händen hält, zB Vollstreckungstitel, der rechtskräftig oder ohne Sicherheitsleistung vollstreckbar ist.[45] Ist der Vollstreckungstitel dagegen nur gegen Sicherheitsleistung vorläufig vollstreckbar, kann daneben ein Arrest angeordnet werden.[46] Es ist § 720a zu beachten.

§ 918 Arrestgrund bei persönlichem Arrest

Der persönliche Sicherheitsarrest findet nur statt, wenn er erforderlich ist, um die gefährdete Zwangsvollstreckung in das Vermögen des Schuldners zu sichern.

§ 919 Arrestgericht

Für die Anordnung des Arrestes ist sowohl das Gericht der Hauptsache als das Amtsgericht zuständig, in dessen Bezirk der mit Arrest zu belegende Gegenstand oder die in ihrer persönlichen Freiheit zu beschränkende Person sich befindet.

A. Allgemeines

§ 919 bestimmt für die Anordnung des Arrestes **zwei örtlich und sachlich zuständige** Gerichte: das Gericht der Hauptsache und das Amtsgericht, in dessen Bezirk der mit Arrest zu belegende Gegenstand oder die in ihrer Freiheit zu beschränkende Person sich befindet. Zwischen diesen beiden hat der Gläubiger es. § 35 die **Wahl**. Die Zuständigkeit ist **ausschließlich**, § 802.

Aus § 919 folgt auch die **internationale Zuständigkeit** des Arrestgerichts.[1] Die Norm wird im Geltungsbereich der EuGVVO nicht durch Art. 4 ff. EuGVVO verdrängt, da diese Zuständigkeitsnormen nach Art. 35 EuGVVO nur für Hauptsacheverfahren Geltung beanspruchen.[2] Ist eine (Eil-)Zuständigkeit nach § 919 begründet, ist es folglich ohne Belang, ob auch für die Hauptsache eine inländische Zuständigkeit besteht oder ob für die Hauptsache nur im Ausland ein Gerichtsstand gegeben ist bzw. wäre. Die ausländische Hauptsachezuständigkeit kann demnach von der inländischen

---

[38] Mit Ausnahme von Mississippi ist in den einzelnen Bundesstaaten die Gegenseitigkeit jedenfalls partiell verbürgt, wobei die Gegenseitigkeit häufig zeitlich begrenzt ist und/oder die Gegenseitigkeit über einen Sockelbetrag von 100.000 USD verbürgt ist. Einzelheiten bei: Geimer/*Schütze*, Europäisches Zivilverfahrensrecht, E.1 Rn. 253 ff.; MüKoZPO/*Gottwald* ZPO § 328 Rn. 146; Zöller/*Geimer* ZPO Anhang IV.
[39] Gegenseitigkeit bejahend: *Nagel/Gottwald*, Internationales Zivilprozessrecht, § 12 Rn. 197, verneinend: *Schütze*, Deutsches Internationales Zivilprozessrecht unter Einschluss des Europäischen Zivilprozessrechts, Rn. 348.
[40] Gegenseitigkeit bejahend: OLG Düsseldorf NJOZ 2007, 4991; Geimer/*Schütze*, Europäisches Zivilverfahrensrecht, E.1 Rn. 154; *Nagel/Gottwald*, Internationales Zivilprozessrecht, § 12 Rn. 198; verneinend: *Bohnet* RIW Beil. 2 zu 6/1996, 17; *Glück/Semler* RIW 2006, 438; *Münzel* RIW 1997, 73.
[41] Gegenseitigkeit bejahend: *Nagel/Gottwald*, Internationales Zivilprozessrecht, § 12 Rn. 204, verneinend: Zöller/*Geimer* ZPO Anh. IV.
[42] Gegenseitigkeit bejahend: *Nagel/Gottwald*, Internationales Zivilprozessrecht, § 12 Rn. 208, verneinend: Zöller/*Geimer* ZPO Anh. IV.
[43] Gegenseitigkeit bejahend: *Nagel/Gottwald*, Internationales Zivilprozessrecht, § 12 Rn. 208, verneinend: Zöller/*Geimer* ZPO Anh. V.
[44] BGH NJW 2007, 2485; 1972, 1044.
[45] Zöller/*Vollkommer* ZPO § 917 Rn. 10.
[46] OLG Hamm GRUR 1993, 930 (eV); Zöller/*Vollkommer* ZPO § 917 Rn. 13.
[1] BeckOK ZPO/*Mayer* § 919 Rn. 14 f.; MüKoZPO/*Drescher* ZPO § 919 Rn. 4; Musielak/Voit/*Huber* ZPO § 919 Rn. 2; Zöller/*Vollkommer* ZPO § 919 Rn. 2.
[2] EuGH JZ 1999, 1103; LG Frankfurt a. M. Mitt. 2014, 30; Ahrens Wettbewerbsprozess-HdB/*Ahrens* Kap. 16 Rn. 31.

Eilzuständigkeit abweichen. Eine nach Art. 23 EuGVVO vereinbarte inländische Zuständigkeit eines Gerichts begründet einen Hauptsachegerichtsstand iSv § 919 Alt. 1.[3] Die Zuständigkeit des Amtsgerichts der belegenen Sache ist nach § 802 derogationsfest.[4]

3   Eine **Verweisung** des örtlich unzuständigen Gerichts ist, ggf. ohne Anhörung des Schuldners, nach § 281 möglich.[5] Möglich ist zudem eine Verweisung nach § 17a Abs. 2 GVG in einen anderen Rechtsweg; auch dann, wenn dort kein Eilverfahren vorgesehen ist.[6]

4   Dem Wortlaut des § 919 nach betrifft die Zuständigkeit der Arrestgerichte nur die **Anordnung** des Arrestes. Sie gilt nach allg. Meinung jedoch grds. in den **weiteren Verfahrensabschnitten**, wie zB Widerspruch (§ 924), Antrag auf Anordnung der Klageerhebung (§ 926), Antrag auf Aufhebung des Arrestes wegen veränderter Umstände (§ 927 Abs. 1) oder Rückgabe einer Sicherheit (§ 109, Ausnahme: § 943 Abs. 2) fort.[7]

5   Auf **einstweilige Verfügungen** findet § 919 keine Anwendung. §§ 937, 942 ersetzen ihn.

B. Arrestgerichte

I. Gericht der Hauptsache

6   Die 1. Alternative des § 919 begründet eine Zuständigkeit des Gerichts der Hauptsache. **Hauptsache** ist der prozessual geltend gemachte oder zukünftig geltend zu machende Anspruch, dessen Rechtsdurchsetzung im ordentlichen Hauptverfahren mittels des Arrestes gesichert werden soll, mithin der zu sichernde Arrestanspruch (Geldforderung). Das **Gericht der Hauptsache** ergibt sich aus § 943. Es ist danach zu differenzieren, ob die Hauptsache anhängig oder nicht anhängig ist. Bei Anhängigkeit der Hauptsache ist das Gericht zuständig, bei dem die Hauptsache im Zeitpunkt der Antragstellung im Arrestverfahren schwebt. Ob dieses Gericht tatsächlich zuständig ist, ist unerheblich. Ist noch keine Anhängigkeit gegeben, ist jedes Gericht zuständig, das nach den allgemeinen Vorschriften für die Hauptsache örtlich und sachlich zuständig wäre. Zu weiteren Einzelheiten → § 937 Rn. 4 ff.

II. Amtsgericht

7   Die 2. Alternative des § 919 eröffnet die Zuständigkeit des Amtsgerichts, in dessen Bezirk sich die mit Arrest zu belegende Sache (§ 917) oder Person (§ 918) befindet. Diese Zuständigkeit verfolgt den **Zweck**, eine schnelle Entscheidung durch das ortsnahe Gericht herbeizuführen. Für ihre Begründung ist keine besondere Dringlichkeit erforderlich. Ebenso ohne Belang ist die Höhe des zu sichernden Anspruchs oder ob die Hauptsache bereits – bei einem anderen (deutschen) – Gericht anhängig ist.[8]

8   Die Sache oder die Person müssen sich spätestens im **Zeitpunkt der gerichtlichen Entscheidung** im Bezirk des angerufenen Amtsgerichts befinden, was seitens des Antragstellers in der Antragsschrift substantiiert vorzutragen ist. Ausreichend ist allerdings, wenn sich die Sache bzw. die Person zur Zeit der Antragstellung in dem Amtsgerichtsbezirk befanden, jedoch später entfernt wurde bzw. sich entfernt hat. Eine nachträgliche Entfernung beseitigt die einmal begründete Zuständigkeit nicht.[9]

9   Die Zuständigkeitsvoraussetzung – Anwesenheit im Bezirk des angerufenen Amtsgerichts – hat keine Konsequenzen für die **Vollziehung des Arrestes;** dieser kann in das gesamte Vermögen des Schuldners vollzogen werden, auch soweit es sich außerhalb des Amtsgerichtsbezirks befindet.[10]

§ 920 Arrestgesuch

(1) **Das Gesuch soll die Bezeichnung des Anspruchs unter Angabe des Geldbetrages oder des Geldwertes sowie die Bezeichnung des Arrestgrundes enthalten.**

(2) **Der Anspruch und der Arrestgrund sind glaubhaft zu machen.**

(3) **Das Gesuch kann vor der Geschäftsstelle zu Protokoll erklärt werden.**

---

[3] BeckOK ZPO/*Mayer* § 919 Rn. 15; MüKoZPO/*Drescher* ZPO § 919 Rn. 4.
[4] MüKoZPO/*Drescher* ZPO § 919 Rn. 2, 4; Stein/Jonas/Grunsky ZPO § 919 Rn. 1; Zöller/*Vollkommer* ZPO § 919 Rn. 9. AA OLG Frankfurt a. M. openJur 2012, 30318 (vertragliche Schadenersatzansprüche).
[5] LG Düsseldorf InstGE 6, 129 – Arrest in Patent; BeckOK ZPO/*Mayer* § 919 Rn. 3; Büscher/*Schmidt* UWG § 12 Rn. 322; MüKoZPO/*Drescher* ZPO § 919 Rn. 3.
[6] BeckOK ZPO/*Mayer* § 919 Rn. 3; Kissel/*Mayer* GVG § 17 Rn. 5 mwN; MüKoZPO/*Drescher* ZPO § 919 Rn. 3.
[7] BeckOK ZPO/*Mayer* § 919 Rn. 1; Musielak/Voit/*Huber* ZPO § 919 Rn. 1; Zöller/*Vollkommer* ZPO § 919 Rn. 1.
[8] BeckOK ZPO/*Mayer* § 919 Rn. 12; MüKoZPO/*Drescher* ZPO § 919 Rn. 10; Musielak/Voit/*Huber* ZPO § 919 Rn. 4; Zöller/*Vollkommer* ZPO § 919 Rn. 10.
[9] BeckOK ZPO/*Mayer* § 919 Rn. 13; MüKoZPO/*Drescher* ZPO § 919 Rn. 9, 11.
[10] BeckOK ZPO/*Mayer* § 919 Rn. 13; MüKoZPO/*Drescher* ZPO § 919 Rn. 11; Musielak/Voit/*Huber* ZPO § 919 Rn. 4; Zöller/*Vollkommer* ZPO § 919 Rn. 10.

Literatur: *Balzer,* Die Darlegung der Prozessführungsbefugnis und anderer anspruchsbezogener Sachurteilsvoraussetzungen im Zivilprozess, NJW 1992, 2721; *Baumgärtel,* Die Verteilung der Glaubhaftmachungslast im Verfahren des einstweiligen Rechtsschutzes nach der ZPO, FS Gaul (1997), 33; *Borck,* die Glaubhaftmachung des Unterlassungsanspruchs, WRP 1978, 435; *Bornkamm,* Die Feststellung der Verkaufsauffassung im Wettbewerbsprozess, WRP 2000, 830; *Brückmann,* Klageänderung und „Umformulierung" von Unterlassungsanträgen im Wettbewerbsprozess, WRP 1983, 656; *Fuchs,* Die Darlegungs- und Glaubhaftmachungslast im zivilprozessualen Eilverfahren, 1993; *Gruber,* Die tatsächliche Vermutung der Wiederholungsgefahr als Beweiserleichterung, WRP 1991, 368; *Hirtz,* Darlegungs- und Glaubhaftmachungslast im einstweiligen Rechtsschutz, NJW 1986, 110; *Holzapfel,* Zum einstweiligen Rechtsschutz im Wettbewerbs- und Patentrecht, GRUR 2003, 287; *Jäckel,* Das Beweisrecht der ZPO, 2009; *Kochendörfer,* Der Nachweis der frühzeitigen Kenntnis vom Wettbewerbsverstoß – Beweiserleichterungen für die Widerlegung der Dringlichkeitsvermutung, WRP 2005, 1459; *Krüger,* Das Privatgutachten im Verfahren der einstweiligen Verfügung, WRP 1991, 68; *Kur,* Irreführende Werbung und Umkehr der Beweislast, GRUR 1982, 663; *Lerach,* Waffengleichheit im UWG-Verfügungsverfahren, GRUR-Prax 2020, 401; *Scherer,* Das Beweismaß bei der Glaubhaftmachung, 1996; *Teplitzky,* Schutzschrift, Glaubhaftmachung und „besondere" Dringlichkeit bei § 937 Abs. 2 ZPO – drei Beispiele für Diskrepanzen zwischen Theorie und Praxis, WRP 1980, 373; *Ulrich,* Die Beweislast im Verfahren des Arrestes und der einstweiligen Verfügung, GRUR 1985, 201; *Walter,* Die Darlegungs- und Glaubhaftmachungslast in den Verfahren von Arrest und einstweiliger Verfügung nach §§ 916 ff. ZPO, 1992; *Wehlau/Kalbfus,* Die Versicherung an Eides Statt als Mittel der Glaubhaftmachung, Mitt. 2011, 165.

Übersicht

	Rn.
A. Anwendungsbereich	1
B. Antrag	2
I. Form und Inhalt	2
II. Wirkungen	9
C. Glaubhaftmachung	12
I. Gegenstand der Glaubhaftmachung	13
II. Entbehrlichkeit der Glaubhaftmachung	18
III. Maß und Mittel der Glaubhaftmachung	21
IV. Zeitpunkt der Glaubhaftmachung	23
V. Glaubhaftmachungslast	25

A. Anwendungsbereich

§ 920 gilt nicht nur für das Arrestverfahren, sondern aufgrund des § 936 auch für das einstweilige Verfügungsverfahren. **1**

B. Antrag

I. Form und Inhalt

Das Arrest- bzw. einstweilige Verfügungsverfahren wird mittels eines Antrags („Gesuch") eingeleitet. Der Antrag kann **schriftlich oder** mündlich zu **Protokoll der Geschäftsstelle** erklärt (§ 920 Abs. 3) werden, nicht hingegen mündlich in einer mündlichen Verhandlung.[1] Für den Antrag selbst besteht, auch wenn er beim LG einzureichen ist, infolge des § 78 Abs. 5 kein **Anwaltszwang** (§ 78 Abs. 1). Dieser entsteht erst, wenn aufgrund eines Widerspruchs eine mündliche Verhandlung anberaumt wird.[2] Ist der Antrag zurückgewiesen worden, ist streitig, ob eine dagegen gerichtete sofortige Beschwerde durch einen Rechtsanwalt eingelegt werden muss.[3] Eine davon zu unterscheidende und wohl zu verneinende Frage ist, ob es im gewerblichen Rechtsschutz sinnvoll ist, eine sofortige Beschwerde ohne einen Rechtsanwalt einzulegen. **2**

Die Entscheidung über den Eilantrag ist nicht von der Einzahlung eines **Kostenvorschusses** abhängig, § 12 GKG greift mangels „Klage" nicht ein.[4] **3**

Der Arrestantrag „soll" nach § 920 Abs. 1 bestimmte **Mindestangaben** enthalten: die Bezeichnung des **Arrestanspruch**s, der Höhe der Forderung als Geldbetrag bzw. des Geldwerts und die Angabe von Tatsachen zum **Arrestgrund**. Diese Mindestangaben sind zwingend; die Ausgestaltung des § 920 Abs. 1 als Sollvorschrift bringt lediglich den Willen des Gesetzgebers zum Ausdruck, dass eine Ergänzung oder Verbesserung des Antrages sowohl schriftlich als auch in der mündlichen Verhandlung **4**

---

[1] *Berneke/Schüttpelz* Rn. 273.
[2] *Melullis* Rn. 189; *Zöller/Vollkommer* ZPO § 920 Rn. 13.
[3] Kein Anwaltszwang: OLG Celle NJW-RR 2009, 977 (NdsPrG); OLG Karlsruhe GRUR 1993, 697 – Anwaltszwang bei Beschwerde; OLG Koblenz WRP 1981, 40; *Teplitzky/Feddersen* Kap. 54 Rn. 13; *Zöller/Vollkommer* ZPO § 78 Rn. 21. AA OLG Frankfurt a. M. GRUR-RR 2011, 31 – Anwaltszwang im Verfügungsverfahren; OLG Köln NJW-RR 1988, 254; MüKoZPO/*Toussaint* ZPO § 78 Rn. 45 jeweils mwN.
[4] *Binz/Dörndorfer/Petzold/Zimmermann/Zimmermann* GKG § 12 Rn. 2; Harte-Bavendamm/Henning-Bodewig/*Retzer* UWG § 12 Rn. 389; *Melullis* Rn. 190.

möglich ist.⁵ Notwendig sind ferner im Rubrum die Angabe des **Antragsteller**s und des **Antragsgegner**s wie § 253 Abs. 2 Nr. 1 es verlangt und ein **bestimmter Antrag**,⁶ so dass auch zu erkennen sein muss, ob ein persönlicher oder dinglicher Arrest begehrt wird.⁷ Ist ersteres der Fall ist zu erläutern, warum der dingliche Arrest zur Sicherung nicht ausreicht. Möglich ist des Weiteren die Aufnahme eines Antrags auf **Forderungspfändung** (§ 930 Abs. 1 S. 3, § 20 Nr. 16 RpflG). Nicht vonnöten ist die Angabe eines bestimmten Arrestgegenstandes.⁸ Wenn der Arrest gem. § 919 beim AG beantragt wird, gehören auch die Tatsachen zu den Mindestanforderungen, aus denen diese **Zuständigkeit** folgt.

5   Der Antrag auf Erlass einer einstweiligen Verfügung muss zwingend die Namen der Parteien,⁹ einen Antrag und einen schlüssigen Vortrag zum **Verfügungsanspruch** und zum **Verfügungsgrund** beinhalten, wobei auf die Angabe der Art der einstweiligen Verfügung (Sicherungs-, Regelungs- oder Leistungsverfügung) verzichtet werden kann. Die rechtliche Einordnung nimmt das Gericht selbst vor.

6   Der Antrag muss den allgemeinen Anforderungen des § 253 Abs. 2 Rechnung tragen, so dass prinzipiell auch das **Bestimmtheitserfordernis** des § 253 Abs. 2 Nr. 1 gilt. Die Notwendigkeit eines bestimmten Antrags erfährt bei **Sicherungs- und Regelungsverfügungen** indessen eine Lockerung.¹⁰ Der Antragsteller muss lediglich den zu sichernden Anspruch oder das zu regelnde Rechtsverhältnis dartun (und glaubhaft machen) und in einem Antrag angeben, welchen Sicherungs- bzw. Regelungsbedarf er hat. Innerhalb der so abgesteckten Grenzen kann das Gericht gem. § 938 Abs. 1 nach freiem Ermessen bestimmen, welche Anordnungen zur Erreichung des begehrten Zweckes erforderlich sind. Der Antragsteller muss von dieser Erleichterung keinen Gebrauch machen, er kann auch einen „vollständig" bestimmten Antrag stellen. An diesen ist das Gericht sodann gebunden (§ 308).¹¹ Mit Blick auf den in der Praxis des gewerblichen Rechtsschutzes am häufigsten gestellten **Unterlassungsantrag** gilt das Bestimmtheitserfordernis nach allg. Ansicht uneingeschränkt.¹² Der zu stellende Antrag entspricht deshalb demjenigen, der im Hauptsacheverfahren zu stellen wäre. § 938 gestattet dem Gericht jedoch auch insoweit die Herausnahme von Elementen, die keine den Verbotsumfang klarstellende Funktion haben.¹³ Hinsichtlich der hierbei erforderlichen Konkretisierung und Antragsfassung kann auf die Kommentierung des § 253 Bezug genommen werden. Die Geltendmachung verschiedener Ansprüche bzw. mehrerer Streitgegenstände in einem Antrag ist möglich. Unzulässig ist allerdings eine alternative **Klagehäufung**, § 253 Abs. 2 Nr. 2 ZPO.¹⁴

7   Stellt der Antragsteller den Antrag bei dem AG der belegenen Sache (§ 942) oder begehrt er eine Entscheidung ohne mündliche Verhandlung (§ 937 Abs. 2) oder durch den Vorsitzenden allein (§ 942 Abs. 1), muss er in der Antragsschrift auch die Tatsachen darlegen und glaubhaft machen, die zu einer entsprechenden **Zuständigkeit** oder zu der notwendigen besonderen **Dringlichkeit** führen. In dem Antrag sollte sich, um spätere Probleme bei der Vollziehung einer einstweiligen Verfügung zu vermeiden (§ 890 Abs. 2)¹⁵ und um keine Zeit wegen der ansonsten notwendigen zusätzlichen Beschlussfassung zu verlieren, direkt ein Antrag auf **Androhung von Ordnungsmitteln** finden.

8   Genügt der Antrag nicht den gesetzlichen Mindestanforderungen, ist seitens des Gerichts auf diese **Mängel** hinzuweisen, § 139.¹⁶ Der Antrag kann ergänzt werden. Beseitigt der Antragsteller die Mängel nicht, ist der Antrag als unzulässig zurückzuweisen. Die Mängel können nicht mittels einer Sicherheitsleistung gem. § 921 „behoben" werden.¹⁷ Hat das Gericht einen Hinweis gem. § 139 erteilt, muss es diesen vor Erlass einer Entscheidung auch dem Gegner zukommen lassen. Unterbleibt dies, verletzt es den Anspruch auf rechtliches Gehör (Art. 103 GG).¹⁸ Besteht eine Gefahr für die Wiederholung dieses

---

⁵ LG Düsseldorf 17.11.2015 – 4b O 66/15; MüKoZPO/*Drescher* ZPO § 920 Rn. 1; Musielak/Voit/*Huber* ZPO § 920 Rn. 1; Zöller/*Vollkommer* ZPO § 920 Rn. 6.
⁶ BeckOK ZPO/*Mayer* § 920 Rn. 1; Musielak/Voit/*Huber* ZPO § 920 Rn. 6.
⁷ Schuschke/Walker/*Walker* ZPO § 920 Rn. 6. Wenn die Angabe fehlt, dinglicher Arrest: BeckOK ZPO/*Mayer* § 920 Rn. 1; Zöller/*Vollkommer* ZPO § 920 Rn. 3.
⁸ Musielak/Voit/*Huber* ZPO § 920 Rn. 6; Schuschke/Walker/*Walker* ZPO § 920 Rn. 7.
⁹ Eine unzureichende Parteibezeichnung führt zur Unzulässigkeit des Antrages.
¹⁰ Berneke/*Schüttpelz* Rn. 285; Schuschke/Walker/*Walker* ZPO § 920 Rn. 13.
¹¹ OLG Hamm BeckRS 2011, 23812; OLG Jena MD 2010, 186; OLG Hamburg GRUR-RR 2005, 125 – Standards setzen; OLG Karlsruhe WRP 2001, 1328; Büscher/Schmidt UWG § 12 Rn. 297; Harte-Bavendamm/Henning-Bodewig/*Retzer* UWG § 12 Rn. 368; MüKoZPO/*Drescher* ZPO § 920 Rn. 4; Musielak/Voit/*Huber* ZPO § 938 Rn. 5.
¹² Berneke/*Schüttpelz* Rn. 265; Harte-Bavendamm/Henning-Bodewig/*Retzer* UWG § 12 Rn. 367; Musielak/Voit/*Huber* ZPO § 938 Rn. 3; Ohly/Sosnitza/*Sosnitza* UWG § 12 Rn. 130; Schuschke/Walker/*Walker* ZPO § 920 Rn. 13. AA *du Mesnil de Rochemont* GRUR 1994, 926; *Jestaedt* GRUR 1985, 480.
¹³ LG Düsseldorf GRUR-RR 2011, 361 – Tablet-PC II.
¹⁴ OLG Düsseldorf GRUR-RR 2018, 446 – Hang-Tag Think Green.
¹⁵ OLG Hamm GRUR 1991, 336 – Fehlende Ordnungsmittelandrohung; OLG Köln GRUR-RR 2001, 71; Köhler/Bornkamm/*Feddersen* UWG § 12 Rn. 2.6. Ohly/Sosnitza/*Sosnitza* UWG § 12 Rn. 132.
¹⁶ BeckOK ZPO/*Mayer* § 920 Rn. 3; MüKoZPO/*Drescher* ZPO § 920 Rn. 7; Musielak/Voit/*Huber* ZPO § 920 Rn. 1; Zöller/*Vollkommer* ZPO § 920 Rn. 6.
¹⁷ MüKoZPO/*Drescher* ZPO § 920 Rn. 7; Schuschke/Walker/*Walker* ZPO § 920 Rn. 4.
¹⁸ BVerfG NJW 2020, 3023; GRUR 2020, 1236 – Internetportal für Steuerberatungsdienstleistungen; BVerfG GRUR 2020, 773 – Personalratswahlen bei der Bundespolizei; BVerfG GRUR 2018, 1291 – Steuersparmodell eines Fernsehmoderators.

Vorgehens bzw. eines solchen Unterlassens, kann dies ein Feststellungsinteresse für eine Verfassungsbeschwerde begründen.[19]

II. Wirkungen

Anders als im Hauptsacheverfahren wird die Sache bereits mit Einreichung des Antrags bei Gericht rechtshängig; für die **Rechtshängigkeit** ist eine Zustellung des Antrags nicht erforderlich.[20] Das Gericht kann ohne Beteiligung des Antragsgegners über den Antrag entscheiden. Er wird erst Partei mit seiner tatsächlichen Beteiligung im Verfahren, nicht schon bei Hinterlegung einer Schutzschrift.[21] Die Wirkungen der Rechtshängigkeit folgen aus § 261 Abs. 3. Doppelte Rechtshängigkeit mit Blick auf das Hauptsacheverfahren ist wegen der unterschiedlichen Streitgegenstände nicht gegeben.[22] Aufgrund der unterschiedlichen Streitgegenstände und der unterschiedlichen Verfahrensart ist ein **Übergang** ins **Hauptsache**verfahren nicht zulässig; insbes. § 596 findet keine entsprechende Anwendung.[23] Die Zustellung des Eilantrags hemmt die **Verjährung**.

Der Antrag kann jederzeit ohne Zustimmung des Gegners bis zum rechtskräftigen Abschluss des Arrest- bzw. Verfügungsverfahrens **zurückgenommen** werden, auch noch in der Berufungsinstanz.[24] § 269 findet entsprechende Anwendung. Der Antragsteller trägt nach **§ 269 Abs. 3 S. 2** analog die Kosten des Arrest- bzw. Verfügungsverfahrens; auch dann, wenn er in der Hauptsache ein obsiegendes Urteil erstreitet.[25] Dem Antragsteller sind unabhängig davon, ob der Antragsgegner (schon) am Verfahren beteiligt gewesen ist, die Kosten aufzuerlegen. Der Antrag ist bereits mit Einreichung rechtshängig geworden.[26] **§ 269 Abs. 3 S. 3** ist anwendbar, wenn der Anlass zur Einreichung des Antrags im Zeitraum zwischen der Aufgabe des Antrags zur Post und seinem Eingang beim Gericht entfällt, der Antragsteller hiervon aber erst nach Einreichung des Antrags Kenntnis erlangt.[27] Ob die Norm ebenso anwendbar ist, wenn der Antrag auf Erlass einer einstweiligen Verfügung zurückgenommen wird, das erledigende Ereignis aber erst nach Eingang des Antrags bei Gericht eingegangen ist, ist streitig.[28] Analog anwendbar ist grds. auch **§ 269 Abs. 6**.[29] Der Eilcharakter des Verfahrens steht dem nicht generaliter entgegen. Der hinter § 269 Abs. 6 stehende Gedanke, dass ein in Anspruch Genommener vor der Belästigung durch mehrere Inanspruchnahmen bzgl. desselben Streitgegenstandes wenigstens so lange zu schützen ist, bis die Kosten des Vorprozesses beglichen sind, greift auch im Arrest- bzw. Verfügungsverfahren. Dies vor allem deshalb, weil die Rücknahme allzeit und zustimmungslos erfolgen kann. Ausgeschlossen sein kann die Einrede der fehlenden Kostenerstattung allerdings, wenn im konkreten Fall zwischen der Rücknahme des Antrags, der Einreichung des neuen Eilantrages (mit demselben Streitgegenstand) sowie der anzuberaumenden mündlichen Verhandlung ein so kurzer Zeitraum liegt, der es dem Antragsteller unmöglich macht, entsprechende Zahlungen zu leisten. Soweit der Kostenerstattungsanspruch des Antragsgegners in der Höhe noch nicht festgestellt ist, bietet sich eine vorläufige Erstattung auf der Grundlage des Kostenfeststellungsantrages des Antragsgegners an. Ist

---

[19] BVerfG NJW 2020, 3023; GRUR 2020, 1236 – Internetportal für Steuerberatungsdienstleistungen; BVerfG GRUR 2020, 773 – Personalratswahlen bei der Bundespolizei; BVerfG GRUR 2018, 1291 – Steuersparmodell eines Fernsehmoderators.

[20] OLG Köln GRUR 2001, 424; OLG Frankfurt a. M. WRP 2001; OLG Hamm WRP 1996, 581; OLG München NJW 1993, 1604; KG GRUR 1985, 325; BeckOK ZPO/*Mayer* § 920 Rn. 6; *Berneke/Schüttpelz* Rn. 215; Harte-Bavendamm/Henning-Bodewig/*Retzer* UWG § 12 Rn. 369; Ohly/Sosnitza/*Sosnitza* UWG § 12 Rn. 123; Schuschke/Walker/*Walker* ZPO § 920 Rn. 8; Zöller/*Vollkommer* § 920 Rn. 12.

[21] OLG Hamburg MDR 2000, 786; BeckOK ZPO/*Mayer* § 920 Rn. 7; BeckOK PatR/*Voß* PatG Vor § 139 Rn. 319; Schuschke/Walker/*Walker* ZPO § 937 Rn. 14. Also kein Akteneinsichtsrecht gem. § 299.

[22] → § 940 Rn. 15.

[23] OLG München BeckRS 1994, 04047 OLG Koblenz OLGZ 1977, 484; OLG Hamm NJW 1971, 387 (alle nicht zum gewerbl. Rechtsschutz; jeweils mwN, auch zur Gegenmeinung); HK-ZPO/*Kemper* Hk-ZPO § 920 Rn. 7.

[24] OLG Zweibrücken GRUR-RS 2020, 23995; OLG Köln GRUR-RR 2008, 445; OLG Frankfurt a. M. WRP 2001, 716; OLG Düsseldorf WRP 1982, 654; BeckOK/*Bacher* § 269 Rn. 5.3; *Berneke/Schüttpelz* Rn. 456; Harte-Bavendamm/Henning-Bodewig/*Retzer* UWG § 12 Rn. 460; Köhler/Bornkamm/*Feddersen* UWG § 12 Rn. 2.6; HK-ZPO/*Kemper* Hk-ZPO § 920 Rn. 8.

[25] BGH GRUR 1995, 169 – Kosten des Verfügungsverfahrens bei Antragsrücknahme.

[26] OLG Frankfurt a. M. NJWE-WettbR 2000, 149; OLG München NJW 1993, 1604; OLG Karlsruhe WRP 1986, 352; KG GRUR 1985, 325; OLG Frankfurt a. M. WRP 1982, 334; OLG Düsseldorf NJW 1981, 2824. AA OLG Brandenburg BeckRS 1999, 01083, vgl. aber auch OLG Brandenburg BeckRS 2011, 24847 (priv. Baurecht, VergabeR).

[27] OLG Frankfurt a. M. BeckRS 2019, 27715 (Kart); OLG Karlsruhe NJW 2012, 1373. Gegen eine Anwendung des § 269 Abs. 3 S. 3 im einstweiligen Verfügungsverfahren: OLG Brandenburg BeckRS 2011, 24847 (priv. Baurecht VergabeR); Harte-Bavendamm/Henning-Bodewig/*Retzer* UWG § 12 Rn. 451.

[28] Bejahend: LG Freiburg NJOZ 2013, 555. Verneinend: OLG Hamm BeckRS 2010, 12107; KG BeckRS 2009, 11738.

[29] Schuschke/Walker/*Walker* ZPO Vor § 916 Rn. 26. Ebenso wohl auch BeckOK/*Bacher* § 269 Rn. 31; AA Harte-Bavendamm/Henning-Bodewig/*Retzer* UWG § 12 Rn. 460. Offen gelassen: LG Mannheim BeckRS 2017, 137057.

ein solcher noch nicht gestellt, hat der Antragsgegner die Kosten nunmehr zu beziffern und der Antragsteller in dieser Höhe eine Zahlung zu leisten.

11 Antragsänderung und Antragserweiterung sind sowohl in erster Instanz als auch in der Berufungsinstanz grds. zulässig. Es gelten die §§ 260, 263 ff.[30] Zu prüfen ist allerdings stets, ob auch insoweit ein Verfügungsgrund gegeben ist.[31]

C. Glaubhaftmachung

12 § 920 Abs. 2, § 936 fordern die Glaubhaftmachung des Arrest- bzw. Verfügungsanspruchs sowie des Arrest- bzw. Verfügungsgrundes. Anders als im Hauptsacheverfahren bedarf es keines Vollbeweises. An dessen Stelle tritt die Wahrscheinlichkeitsfeststellung nach § 294.

I. Gegenstand der Glaubhaftmachung

13 Der Glaubhaftmachung vorgelagert ist ein schlüssiger Vortrag sowohl zum Arrest- bzw. Verfügungsanspruch wie auch zum Arrest- bzw. Verfügungsgrund. Die Frage, ob ein Vortrag schlüssig ist, ist nicht anders als im Hauptsacheverfahren zu beantworten. Eine nur summarische rechtliche Prüfung genügt hierbei nicht.[32] Mangelt es an einem schlüssigen Vortrag, ist der Antrag zurückzuweisen.

14 Glaubhaft zu machen sind die behaupteten **Tatsachen.**[33] Da auch im Eilverfahren keine Amtsermittlung betrieben wird, sind nur die Tatsachen glaubhaft zu machen, die **beweisbedürftig** sind. Dies sind weder offenkundige Tatsachen iSd § 291 noch nach § 288 zugestandene oder nach § 138 Abs. 3 nicht bestrittene Tatsachen. Die Glaubhaftmachung ist vielmehr nur dann erforderlich, wenn eine Tatsache **streitig** ist.[34]

15 Nicht nur der Antragsteller hat streitige (anspruchsbegründende) tatsächliche Voraussetzungen glaubhaft zu machen. Beruft sich der Antragsgegner auf Tatsachen, die eine Hinderung, Hemmung oder Vernichtung des Anspruchs herbeiführen, und werden diese streitig, obliegt dem Antragsgegner die Glaubhaftmachung dieser.[35]

16 Die mit der Glaubhaftmachung einhergehende erleichterte Beweisführung gilt über den Wortlaut des § 920 Abs. 2, der nur den Arrestgrund und den Anspruch als Gegenstand der Glaubhaftmachung nennt, hinaus auch für die von Amts wegen zu prüfenden **Prozessvoraussetzungen**[36]. Für die Tatsachen, die zB die Prozessführungsbefugnis eines Verbandes (§ 8 Abs. 3 UWG),[37] den Rechtsmissbrauch iSd § 8c Abs. 1 UWG (§ 8 Abs. 4 UWG aF) oder die Zuständigkeit des Gerichts[38] begründen, ist demnach nicht der Vollbeweis, sondern nur der Nachweis der überwiegenden Wahrscheinlichkeit erforderlich. Etwas anderes gilt indes in Bezug auf die Prozessvollmacht gem. § 80. Wird ein Mangel der Vollmacht gerügt (§ 88), kann der Nachweis der Bevollmächtigung infolge des öffentlichen Interesses sowie des Interesses des Prozessgegners an einer dahingehenden zweifelsfreien Feststellung nur durch Einreichung der Originalurkunde geführt werden. Ein urkundlicher Nachweis irgendwelcher Art genügt nicht.[39] Diese Formstrenge wird durch § 920 Abs. 2 nicht gemindert bzw. beseitigt. Dies lässt sich aus § 703 folgern, wonach es im Mahnverfahren des Nachweises einer Vollmacht nicht bedarf, sondern die Versicherung der ordnungsgemäßen Bevollmächtigung ausreicht. Da der Gesetzgeber für das Arrest- bzw. einstweilige Verfügungsverfahren keine solche Sonderregel

---

[30] OLG Düsseldorf GRUR-RR 2011, 350 – Pramipexol; OLG Hamburg NJOZ 2001, 657; OLG Frankfurt a. M. NJW-RR 1988, 319; *Berneke/Schüttpelz* Rn. 456; Harte-Bavendamm/Henning-Bodewig/*Retzer* UWG § 12 Rn. 458.
[31] OLG Düsseldorf GRUR-RR 2011, 350 – Pramipexol.
[32] BeckOK ZPO/*Mayer* § 920 Rn. 11; Harte-Bavendamm/Henning-Bodewig/*Retzer* UWG § 12 Rn. 416; MüKoZPO/*Drescher* ZPO § 935 Rn. 12; *Lange,* Marken- und Kennzeichenrecht, § 10 Rn. 6269; Schuschke/Walker/*Walker* ZPO § 920 Rn. 18. AA Zöller/*Vollkommer* ZPO § 922 Rn. 6.
[33] OLG Hamburg WRP 1992, 493; LG Krefeld BeckRS 2005, 152971; MüKoZPO/*Drescher* ZPO § 920 Rn. 12; Schuschke/Walker/*Walker* ZPO § 920 Rn. 18; Zöller/*Vollkommer* ZPO § 920 Rn. 8.
[34] OLG München GRUR 2017, 630 – gewinne-ein-iphone.de; KG GRUR-RR 2011, 287 – Hotel ohne Pool; OLG Stuttgart BeckRS 2011, 01725; WRP 1998, 433; MüKoZPO/*Drescher* ZPO § 920 Rn. 12; Teplitzky/*Feddersen* Kap. 54 Rn. 43.
[35] BGH NJW 1990, 122 – Vollziehung einer einstweiligen Verfügung; Ahrens Wettbewerbsprozess-HdB/*Scharen* Kap. 50 Rn. 1; Schuschke/Walker/*Walker* ZPO § 920 Rn. 21.
[36] OLG Stuttgart GRUR-RR 2009, 343 – CO_2-Emission I; KG MMR 2008, 742; OLG Koblenz GRUR 1988, 925 – Superzins; OLG Koblenz GRUR 1979, 496 – Prozessführungsmissbrauch; Ahrens Wettbewerbsprozess-HdB/*Scharen* Kap. 50 Rn. 2; BeckOK ZPO/*Mayer* § 920 Rn. 11; *Berneke/Schüttpelz* Rn. 226; Büscher/*Schmidt* UWG § 12 Rn. 300; Köhler/Bornkamm/*Feddersen* UWG § 12 Rn. 2.21; Harte-Bavendamm/Henning-Bodewig/*Retzer* UWG § 12 Rn. 416; MüKoZPO/*Drescher* ZPO § 920 Rn. 12; Teplitzky/*Feddersen* Kap. 54 Rn. 44; Zöller/*Vollkommer* ZPO § 920 Rn. 9.
[37] OLG Stuttgart GRUR-RR 2009, 343 – CO_2-Emission I; KG MMR 2008, 742; OLG Koblenz GRUR 1988, 925; 1979, 496 – Prozessführungsmissbrauch; Ahrens Wettbewerbsprozess-HdB/*Scharen* Kap. 50 Rn. 2.
[38] Harte-Bavendamm/Henning-Bodewig/*Retzer* UWG § 12 Rn. 416.
[39] BGH NJW-RR 2002, 933.

vorgesehen hat, ist der Schluss gerechtfertigt, dass es hinsichtlich der Prozessvollmacht im Eilverfahren bei dem Strengbeweis verbleiben soll.[40]

Ist für die Entscheidung eines Rechtsstreits **ausländisches Recht** von Bedeutung, greift grds. § 293, wonach das Gericht das ausländische Recht von Amts wegen zu ermitteln hat. Eine derartige Ermittlung, die idR auf die Einholung eines Sachverständigengutachtens hinausläuft, steht allerdings regelmäßig dem Eilcharakter eines Arrest- bzw. Verfügungsverfahrens entgegen. Nach überwiegender Ansicht genügt es deshalb, wenn die Partei, die aus dem ausländischen Recht für sie günstige Rechte herleiten möchte, den Inhalt des ausländischen Rechts darlegt und glaubhaft macht.[41] Erforderlich hierfür ist nicht nur die Vorlage der ausländischen Normen in deutscher Übersetzung, sondern auch die Einreichung von Rechtsprechung und Literatur zu diesen Normen, eines Privatgutachtens oder die eidesstattlichen Versicherung einer insoweit rechtskundigen bzw. sachverständigen Person. Gelingt die Glaubhaftmachung ausländischen Rechts nicht, kann wegen der Verpflichtung zur Rechtsermittlung von Amts wegen keine Glaubhaftmachungslastentscheidung getroffen werden; die Partei ist nicht „beweisfällig" geblieben.[42] Nach Ansicht des OLG Düsseldorf und des OLG Köln ist in dieser Situation vielmehr (ausnahmsweise) hilfsweise deutsches Recht anzuwenden.[43] Das OLG Frankfurt a. M. entscheidet demgegenüber nach einer lediglich summarischen Schlüssigkeitsprüfung im Rahmen einer Abwägung der Interessen der Parteien.[44]

II. Entbehrlichkeit der Glaubhaftmachung

Die Glaubhaftmachung von Tatsachen ist – außer in den unter → Rn. 14 genannten Fällen – auch bei Eingreifen des § 921 S. 1 nicht notwendig.

Entbehrlich ist sie gleichfalls im Anwendungsbereich einer (gesetzlichen) **Vermutung**, § 292. Zu nennen sind hier insbes. die Vermutung der Wiederholungsgefahr bei bereits erfolgter Benutzung des Schutzrechts[45] bzw. bereits erfolgtem Wettbewerbsverstoß,[46] die Vermutung der Rechtsgültigkeit gem. § 39 DesignG,[47] Art. 85 GGV[48] oder Art. 99 GMV,[49] die Vermutung der Rechtsinhaberschaft gem. § 28 Abs. 1 MarkenG,[50] Art. 17 Abs. 6 GMV oder § 1 Nr. 5 DesignG[51] und die Vermutung des Verfügungsgrundes gem. § 12 Abs. 1 UWG.[52] Es handelt sich hierbei um **widerlegbare** Vermutungen. Der Antragsgegner kann folglich Tatsachen vortragen und glaubhaft machen, die die jeweiligen

---

[40] OLG Saarbrücken NJOZ 2008, 3084. Offen gelassen: OLG Düsseldorf 21.12.2017 – 20 U 111/17; LG Köln LMuR 2020, 253. AA LG Braunschweig BeckRS 2014, 09267, wonach die Glaubhaftmachung genügt. Zur Einreichung der Prozessvollmacht kann gem. § 80 S. 2 eine Frist gesetzt werden, die ggf. auch nach mündlicher Verhandlung enden kann. Wird die Originalurkunde innerhalb dieser Frist eingereicht, kann eine Entscheidung ohne Wiedereröffnung der mündlichen Verhandlung erfolgen (OLG Düsseldorf 21.12.2017 – 20 U 111/17; OLG Frankfurt a. M. NJW-RR 2015, 1384). Das Fehlen der Originalurkunde im mündlichen Verhandlungstermin zieht folglich keine unabwendbaren prozessualen Konsequenzen nach sich.
[41] OLG Düsseldorf BeckRS 2011, 27019; OLG Köln GRUR 1994, 646 – Georgisches Telekommunikationssystem; OLG Hamburg VersR 1989, 1164; OLG Frankfurt a. M. GRUR 1970, 35 – Rochas; OLG Hamm WRP 1970, 78; BeckOK ZPO/*Mayer* § 920 Rn. 11; *Berneke/Schüttpelz* Rn. 342; *Melullis* Rn. 204; MüKoZPO/*Drescher* ZPO § 920 Rn. 13; Stein/Jonas/Grunsky § 920 Rn. 8. AA Ahrens Wettbewerbsprozess-HdB/*Scharen* Kap. 50 Rn. 45 mwN. Differenzierend: Harte-Bavendamm/Henning-Bodewig/*Retzer* UWG § 12 Rn. 436.
[42] OLG Frankfurt a. M. GRUR-RR 2020, 493 – MBST-System; OLG Düsseldorf GRUR 2020, 204, – unbleached paper rolls. AA OLG Brandenburg BeckRS 2019, 1382.
[43] OLG Düsseldorf GRUR 2020, 204 – unbleached paper rolls; OLG Köln GRUR-RR 2002, 309 – Zerowatt, wonach dies nicht aber nicht der Fall sein soll, wenn die Anwendung deutschen Rechts „äußerst unbefriedigend" ist; OLG Köln GRUR 1994, 646 – „Georgisches Telekommunikationssystem". Offen gelassen: OLG Düsseldorf BeckRS 2011, 27019; BeckOK ZPO/*Bacher* § 293 Rn. 24. Kritisch bzgl. Wettbewerbsrecht: Harte-Bavendamm/Henning-Bodewig/*Retzer* UWG § 12 Rn. 437.
[44] OLG Frankfurt a. M. GRUR-RR 2020, 493 – MBST-System.
[45] BGH GRUR 2003, 1031 – Kupplung für optische Geräte; BGH GRUR 2001, 453 – TCM-Zentrum; BGH GRUR 1992, 612 – Nicola; OLG Jena GRUR-RR 2012, 31; OLG Düsseldorf Mitt. 2006, 426; OLG Celle BeckRS 2005, 00168; OLG Hamburg NJW-RR 1998, 680.
[46] *Berneke/Schüttpelz* Rn. 11; Harte-Bavendamm/Henning-Bodewig/*Retzer* UWG § 12 Rn. 420; Ohly/Sosnitza/*Sosnitza* UWG § 12 Rn. 133; Teplitzky/*Feddersen* Kap. 54 Rn. 47.
[47] OLG Frankfurt a. M. GRUR-RR 2011, 66 – Sequestrationsanspruch; *Berlit* GRUR 2004, 635; Eichmann/Jestaedt/Fink/Meiser/*Eichmann/Jestaedt* DesignG § 39 Rn. 2, 6 (bzgl. zweiseitigem Verfahren), § 42 Rn. 49; Günther/Beyerlein/*Günther* GeschmMG § 39 Rn. 1, 9. Vgl. auch → § 940 Rn. 145.
[48] OLG Frankfurt a. M. BeckRS 2012, 10682; → § 940 Rn. 147.
[49] → § 940 Rn. 143.
[50] BGH GRUR 2002, 967 – Hotel Adlon; BGH GRUR 2002, 190 – Die Profis; OLG Karlsruhe GRUR-RS 2017, 119653 – BAKTAT; OLG Hamburg GRUR-RS 2016, 13894 – La Sepia; OLG Düsseldorf BeckRS 2011, 27019.
[51] Büscher/Dittmer/Schiwy/*Steinberg*, Gewerblicher Rechtsschutz – Urheberrecht – Medienrecht, DesignG § 1 Rn. 4; Eichmann/Jestaedt/Fink/Meiser/*Eichmann/Jestaedt* § 1 Rn. 60.
[52] Zu § 12 Abs. 2 UWG aF: BGH GRUR 2000, 151 – Späte Urteilsbegründung; Ahrens Wettbewerbsprozess-HdB/*Scharen* Kap. 50 Rn. 16; *Berneke/Schüttpelz* Rn. 125; Harte-Bavendamm/Henning-Bodewig/*Retzer* UWG § 12 Rn. 420; Köhler/Bornkamm/*Feddersen* UWG § 12 Rn. 2.21; Teplitzky/*Feddersen* Kap. 54 Rn. 47. Vgl. auch → § 940 Rn. 67 ff.

Vermutungen erschüttern bzw. widerlegen. Gelingt die Widerlegung, ist es Sache des Antragstellers seinerseits vorzutragen und das tatsächliche Vorbringen glaubhaft zu machen. Es gelten dann die allgemeinen Grundsätze.[53]

20 Verfügt das Gericht über **eigene Sachkunde** bedarf es keiner Glaubhaftmachung.[54] Dies erlangt vor allem Bedeutung im Wettbewerbs- und Markenrecht für die Ermittlung der Verkehrsauffassung.[55]

III. Maß und Mittel der Glaubhaftmachung

21 Eine Tatsache ist glaubhaft gemacht, wenn das Gericht die Überzeugung gewinnt, dass eine **überwiegende Wahrscheinlichkeit** für die Wahrheit der behaupteten Tatsache spricht.[56] Nach Würdigung der konkreten Umstände des jeweiligen Falles muss mehr für das Vorliegen der in Rede stehenden Behauptung sprechen als dagegen.[57] Bei Vorliegen einander widersprechender Glaubhaftmachungsmittel kann davon nicht ausgegangen werden.[58]

22 Auch wenn §§ 920 Abs. 2, 936 nur die Glaubhaftmachung fordern, ist das Erbringen des Vollbeweises nicht ausgeschlossen. Es darf nur nicht von den Parteien verlangt werden. Erbringt eine Partei den **Vollbeweis**, kann dieser nicht mittels Glaubhaftmachung entkräftet werden. Zur Widerlegung kann dann nur ein Strengbeweismittel dienen.[59]

Zu den Mitteln der Glaubhaftmachung → § 294 Rn. 8 ff.

IV. Zeitpunkt der Glaubhaftmachung

23 Ob eine Tatsache der Glaubhaftmachung unterliegt, weil sie streitig ist, kann sich erst nach Anhörung des Antragsgegners bzw. in der mündlichen Verhandlung ergeben. Der Antragsteller ist deshalb nicht verpflichtet, seinen schlüssigen Vortrag direkt in/mit der Antragsschrift glaubhaft zu machen. Er kann dies grds. auch noch bis zur bzw. in der **mündlichen Verhandlung**[60] tun.

24 Ihm ist gleichwohl zu empfehlen, bereits in der **Antragschrift** alle Tatsachen glaubhaft zu machen, die für die Entscheidung von Bedeutung sind, wozu auch Tatsachen bezüglich zu erwartender Einreden und Einwendungen gehören.[61] Diese umfassende Glaubhaftmachung ist zum einen anzuraten, weil der Antragsgegner möglicherweise eine Schutzschrift hinterlegt hat, in welcher Tatsachen bestritten und Einwände sowie Einreden erhoben worden sind. Eventuell ergibt sich derartiges auch aus einer, der Antragsschrift beigefügten Antwort des Antragsgegners auf eine Abmahnung. Beides ist vom Gericht zu berücksichtigen. Zum anderen betrachten die meisten Gerichte im einseitigen Beschlussverfahren grds. alle Tatsachen so, als seien sie bestritten. Eine Beschlussverfügung wird deshalb idR nur dann erlassen, wenn die anspruchsbegründenden Tatsachen sowie die Tatsachen, die mögliche Einwendungen und Einreden stützen schon in der Antragsschrift glaubhaft gemacht sind.[62] Fehlt es an einer entsprechenden Glaubhaftmachung wird das Gericht regelmäßig nicht den Antrag (sofort) zurückweisen, sondern eine mündliche Verhandlung anberaumen[63] oder aber zumindest den Antrags-

---

[53] OLG Celle WRP 2017, 1236; OLG Oldenburg WRP 1996, 461; Köhler/Bornkamm/*Feddersen* UWG § 12 Rn. 2.21; Schuschke/Walker/*Schuschke* ZPO Vorbemerkungen zu § 935 Rn. 82.

[54] OLG Jena GRUR 2003, 978 – Verbandslink; OLG Braunschweig NJW-RR 1993, 1069; OLG Koblenz GRUR 1986, 551 – Schulungscenter; OLG Bremen GRUR 1974, 783 – Kaffee-Extrakt.

[55] *Berneke/Schüttpelz* Rn. 230; Büscher/*Schmidt* UWG § 12 Rn. 305; Harte-Bavendamm/Henning-Bodewig/ *Retzer* UWG § 12 Rn. 422; Teplitzky/*Feddersen* Kap. 54 Rn. 48. Vgl. zur eigenen Sachkunde und Verkehrsauffassung: BGH BeckRS 2016, 10696; GRUR 2004, 244 – Marktführerschaft; OLG Düsseldorf GRUR-Prax 2015, 69 – Le Pliage.

[56] BGH MDR 2011, 68; KG GRUR-RR 2018, 155 – constantly challeging yourself; OLG Düsseldorf GRUR-RR 2011, 350 – Pramipexol; OLG Zweibrücken BeckRS 2011, 20831; LG Mannheim NJOZ 2010, 1566; → § 294 Rn. 20 f.

[57] BGH MDR 2011, 68; OLG Düsseldorf GRUR-RR 2011, 350 – Pramipexol; LG Mannheim NJOZ 2010, 1566.

[58] OLG Köln BeckRS 2015, 11926; LG Hamburg ZUM-RD 2011, 420.

[59] OLG Köln MDR 1981, 765.

[60] BeckOK ZPO/*Mayer* § 920 Rn. 13; Schuschke/Walker/*Walker* ZPO § 920 Rn. 24; Zöller/*Vollkommer* ZPO § 920 Rn. 9.

[61] OLG Karlsruhe WRP 1983, 170; Ahrens Wettbewerbsprozess-HdB/*Scharen* Kap. 50 Rn. 18; *Berneke/Schüttpelz* Rn. 225 (zwingend), 241; *Melullis* Rn. 191; MüKoZPO/*Drescher* ZPO § 920 Rn. 21; Schuschke/Walker/*Walker* ZPO § 920 Rn. 21; Teplitzky/*Feddersen* Kap. 54 Rn. 45. AA Zöller/*Vollkommer* ZPO vor § 916 Rn. 6a.

[62] Ahrens Wettbewerbsprozess-HdB/*Scharen* Kap. 50 Rn. 18; Büscher/*Schmidt* UWG § 12 Rn. 300; Raue/Hegemann/*Schlüter*, Münchener Anwaltshandbuch Urheber- und Medienrecht, § 37 Rn. 29; Teplitzky/*Feddersen* Kap. 54 Rn. 45.

[63] OLG München GRUR-RS 2019, 35041 – Früher war mehr Lametta; OLG Frankfurt a.M. BeckRS 2012, 10862; KG NJOZ 2012, 1878 – Hotel ohne Pool; OLG Frankfurt a.M. GRUR-RR 2011, 66 – Sequestrationsanspruch; OLG Stuttgart WRP 1998, 433; *Berneke/Schüttpelz* Rn. 241; Harte-Bavendamm/Henning-Bodewig/ *Retzer* UWG § 12 Rn. 418; Büscher/*Schmidt* UWG § 12 Rn. 300; Köhler/Bornkamm/*Feddersen* UWG § 12 Rn. 2.21.

gegner schriftlich anhören.⁶⁴ Betrifft die nicht hinreichende Glaubhaftmachung Tatsachen, die „ins Blaue hinein" behauptet worden sind, ist keine Anhörung des Gegners erforderlich.⁶⁵

V. Glaubhaftmachungslast

Die Verteilung der Glaubhaftmachungslast bestimmt sich grds. danach, ob über den Arrest- bzw. Verfügungsantrag im einseitigen Beschlussverfahren oder aufgrund mündlicher Verhandlung entschieden wird. **25**

Ergeht die Entscheidung aufgrund mündlicher Verhandlung oder nach schriftlicher Anhörung⁶⁶ des Antragsgegners, entspricht die Darlegungs- und Glaubhaftmachungslast grds. den Beweisregeln, die auch im Hauptsacheverfahren gelten.⁶⁷ Der Antragsteller hat alle anspruchsbegründenden Tatsachen darzulegen und glaubhaft zu machen; der Antragsgegner alle anspruchshindernden, -hemmenden und -vernichtenden Tatsachen. Abweichend von der grds. Lastenverteilung trifft in Patent-, Gebrauchsmuster- und Schutzzertifikatsstreitigkeiten den Antragsteller die Glaubhaftmachungslast bezüglich des hinreichend sicheren Rechtsbestands bzw. der Schutzfähigkeit des Verfügungsschutzrechts.⁶⁸ **26**

Im einseitigen Beschlussverfahren, in welchem dem Antragsgegner kein rechtliches Gehör gewährt wurde, trägt der Antragsteller die Glaubhaftmachungslast in erweitertem Umfang,⁶⁹ → Rn. 23 f. Es empfiehlt sich deshalb zB in Markenverletzungsstreitigkeiten in der Antragsschrift zu allen Voraussetzungen des § 25 Abs. 1 MarkenG vorzutragen und die entsprechenden Tatsachen glaubhaft zu machen,⁷⁰ Gutachten zur Verkehrsauffassung vorzulegen oder in Patentverletzungsverfahren, die eine komplexe Technik zum Gegenstand haben, die Verletzung durch ein bereits der Antragsschrift beigefügtes Privatgutachten glaubhaft zu machen. **27**

§ 921 Entscheidung über das Arrestgesuch

¹Das Gericht kann, auch wenn der Anspruch oder der Arrestgrund nicht glaubhaft gemacht ist, den Arrest anordnen, sofern wegen der dem Gegner drohenden Nachteile Sicherheit geleistet wird. ²Es kann die Anordnung des Arrestes von einer Sicherheitsleistung abhängig machen, selbst wenn der Anspruch und der Arrestgrund glaubhaft gemacht sind.

Literatur: *Lüke,* Abschlussschreiben und Schutzschrift bei Unterlassungsverfügungen, FS Jahr (1999), 293; *Christmann,* Arrestvollziehung gegen Sicherheitsleistung, DGVZ 1993, 109.

A. Allgemeines

§ 921 eröffnet dem Gericht das Ermessen, die Anordnung des Arrests von der Leistung einer Sicherheit abhängig zu machen. Satz 1 erleichtert die Anordnung zugunsten des Antragstellers und dient der Verfahrensbeschleunigung; Satz 2 bietet den Interessen des Antragsgegners Schutz. Über den Wortlaut hinaus kann die Sicherheitsleistung auch (erst) für die Vollziehung des Arrests angeordnet **1**

---

⁶⁴ OLG Frankfurt a. M. GRUR-RR 2011, 66 – Sequestrationsanspruch; OLG Stuttgart WRP 1998, 433; Teplitzky/*Feddersen* Kap. 54 Rn. 43; Zöller/*Vollkommer* ZPO Vor § 916 Rn. 6a, § 922 Rn. 5.
⁶⁵ OLG Frankfurt a. M. GRUR-RS 2019, 30141.
⁶⁶ Eine Schutzschrift ist keine Anhörung idS. Mit ihr sichert sich der Antragsgegner zwar rechtliches Gehör, sie ist jedoch in Unkenntnis der Antragsschrift verfasst und birgt daher eine gewisse Unvollständigkeit in sich. Sie führt auch noch nicht zur Parteistellung.
⁶⁷ OLG Stuttgart BeckRS 2011, 01725; OLG München OLGR 2003, 263; OLG Karlsruhe WRP 1988, 631; GRUR 1987, 845; WRP 1983, 170; Ahrens Wettbewerbsprozess-HdB/*Scharen* Kap. 50 Rn. 18 ff.; BeckOK ZPO/*Mayer* § 920 Rn. 14; *Berneke/Schüttpelz* Rn. 241 f.; BeckOK PatR/*Voß* PatG Vor § 139 Rn. 310 f.; Büscher/*Schmidt* UWG § 12 Rn. 300; Eichmann/Jestaedt/Fink/Meiser/*Eichmann/Jestaedt* DesignG § 39 Rn. 6; Ekey/Bender/Fuchs-Wissemann/*Ekey* MarkenR § 14 Rn. 640; Harte-Bavendamm/Henning-Bodewig/*Retzer* UWG § 12 Rn. 419; Köhler/Bornkamm/*Feddersen* UWG § 12 Rn. 2.21; *Meier-Beck* GRUR 1988, 867; *Melullis* Rn. 191; MüKoZPO/*Drescher* ZPO § 920 Rn. 21; Musielak/Voit/*Huber* ZPO § 920 Rn. 5; Ohly/Sosnitza/*Sosnitza* UWG § 12 Rn. 134; Raue/Hegemann/*Schlüter,* Münchener Anwaltshandbuch Urheber- und Medienrecht, § 37 Rn. 29; HK-ZPO/*Kemper* HK-ZPO § 920 Rn. 5; *Ulrich* GRUR 1985, 201 (schon von Anfang an); Schuschke/Walker/*Walker* ZPO § 920 Rn. 14. AA *Hirtz* NJW 1986, 110.
⁶⁸ → § 940 Rn. 114 f.
⁶⁹ OLG Koblenz GRUR 1987, 845 – Schutzrechtsverwarnung; OLG Karlsruhe WRP 1983, 170; BeckOK ZPO/*Mayer* § 920 Rn. 14; Eichmann/Jestaedt/Fink/Meiser/*Eichmann/Jestaedt* DesignG § 39 Rn. 6; Ekey/Bender/Fuchs-Wissemann/*Ekey* MarkenR § 14 Rn. 640; BeckOK PatR/*Voß* PatG Vor § 139 Rn. 313; Büscher/*Schmidt* UWG § 12 Rn. 300; Harte-Bavendamm/Henning-Bodewig/*Retzer* UWG § 12 Rn. 418; MüKoZPO/*Drescher* ZPO § 920 Rn. 21; Musielak/Voit/*Huber* ZPO § 920 Rn. 5; Ohly/Sosnitza/*Sosnitza* UWG § 12 Rn. 134; Wandtke/Bullinger/*Kefferpütz* UrhG Vor §§ 97 ff. Rn. 93; AA *Ulrich* GRUR 1985, 201.
⁷⁰ Ströbele/Hacker/*Hacker* MarkenG § 14 Rn. 431. Ingerl/Rohnke Vorbemerkungen zu §§ 14–19d Rn. 210 einschränkend nur für den Fall, dass eine Schutzschrift eingereicht wurde.

werden¹ und erfasst wird zudem auch die fehlende Glaubhaftmachung von Prozessvoraussetzungen.² § 921 findet keine Anwendung beim persönlichen Arrest.³ Anwendbar ist er hingegen im einstweiligen Verfügungsverfahren, § 936.

B. Sicherheitsleistung wegen fehlender Glaubhaftmachung

2 Mit der Anordnung der Sicherheitsleistung gem. § 921 S. 1 werden lediglich **vorübergehende Mängel** hinsichtlich der Glaubhaftmachung des Arrest- bzw. Verfügungsanspruchs und/oder⁴ des Arrest- bzw. Verfügungsgrundes sowie von Prozessvoraussetzungen behoben. Sie kommt namentlich in Betracht, wenn es dem Antragsteller aufgrund der Kürze der Zeit nicht möglich gewesen ist, die erforderlichen Glaubhaftmachungsmittel (vollständig) rechtzeitig zu beschaffen, und mit der Entscheidung nicht bis zu ihrer Beibringung zugewartet werden kann. Dies kann bspw. in Bezug auf die Glaubhaftmachung des hinreichend sicheren Rechtsbestands eines Verfügungspatents der Fall sein.⁵ Ist ersichtlich, dass dem Antragsteller zu keiner Zeit die Glaubhaftmachung gelingen kann/wird, kann dieses Manko nicht mit einer Sicherheitsleistung ausgeglichen werden. Der Eilantrag ist vielmehr zurückzuweisen.

3 § 921 S. 1 greift nicht ein, wenn der Antragsteller aufgrund **(gesetzlicher) Vermutungen** nicht zur Glaubhaftmachung verpflichtet ist, wie zB bei § 12 Abs. 1 UWG (§ 12 Abs. 2 UWG aF).⁶

4 Die Möglichkeit der Sicherheitsanordnung entbindet den Antragsteller nicht von seiner Pflicht, zum Anspruch und zum Grund seines Eilbegehrens schlüssig vorzutragen.⁷ Fehlt ein **schlüssiger Vortrag** oder ist der Arrest- bzw. Verfügungsanspruch und/oder der Arrest- bzw. Verfügungsgrund nicht gegeben, ist der Antrag zurückzuweisen.

5 Wann eine Sicherheitsleistung anzuordnen ist, ist eine Frage des Einzelfalls. Ein gewisses Maß an überwiegender Wahrscheinlichkeit muss gegeben sein. Es genügt ein geringerer, unterhalb der Schwelle der Glaubhaftmachung liegender **Wahrscheinlichkeitsgrad**.⁸

C. Sicherheitsleistung bei Glaubhaftmachung

6 Nach § 921 S. 2 ist die Anordnung einer Sicherheitsleistung möglich (Ermessen), wenn sowohl Arrest- bzw. Verfügungsanspruch wie auch Arrest- bzw. Verfügungsgrund glaubhaft gemacht sind. Die Sicherheitsleistung wird in diesem Falle zum **Schutz des Antragsgegners** erlassen, bspw. wenn die Vermögensverhältnisse des Antragstellers zweifelhaft sind und eine etwaige Vollstreckung eines Schadenersatzanspruchs des Antragsgegners bei Aufhebung des Titels gefährdet erscheint,⁹ die Rechtslage ungeklärt¹⁰ oder die Glaubhaftmachung „gerade" gelungen¹¹ ist.

7 In **Patent- und Gebrauchsmustersachen** machen die **Düsseldorfer** Gerichte die Vollziehung einer einstweiligen Verfügung regelmäßig von der Leistung einer Sicherheitsleistung abhängig, unabhängig davon, ob sie im Beschlusswege oder nach mündlicher Verhandlung erlassen wird.¹² Bei der Sicherheitsleistung verbleibt es, ungeachtet des § 708 Nr. 10, auch dann, wenn die einstweilige Ver-

---

¹ OLG Düsseldorf GRUR-RS 2019, 39040 – Kiesgrube; OLG Düsseldorf BeckRS 2010, 22888; OLG Jena BeckRS 2008, 14232; KG BeckRS 1994, 10015; OLG Hamm BeckRS 1992, 09344; OLG Köln MDR 1989, 920; OLG München GRUR 1988, 709 – Deutsche Kreditkarte; BeckOK ZPO/*Mayer* § 921 Rn. 3; *Christmann* DGVZ 1993, 109; BeckOK PatR/*Voß* Vor § 139 Rn. 333; MüKoZPO/*Drescher* ZPO § 921 Rn. 5; Musielak/Voit/Huber § 921 Rn. 7.
² KG WRP 1984, 476; *Berneke/Schüttpelz* Rn. 489; MüKoZPO/*Drescher* ZPO § 921 Rn. 2; Musielak/Voit/*Huber* § 921 Rn. 7; Schuschke/Walker/*Walker* ZPO § 921 Rn. 11; Zöller/*Vollkommer* ZPO § 921 Rn. 2.
³ BeckOK ZPO/*Mayer* § 921 Rn. 2; MüKoZPO/*Drescher* ZPO § 921 Rn. 2; Musielak/Voit/*Huber* ZPO § 921 Rn. 7; Schuschke/Walker/*Walker* ZPO § 921 Rn. 12.
⁴ Nach allg. Meinung kann über den Wortlaut hinaus die Glaubhaftmachung des Anspruchs und des Grundes fehlen: MüKoZPO/*Drescher* ZPO § 921 Rn. 2; Musielak/Voit/*Huber* § 921 Rn. 7; Schuschke/Walker/*Walker* ZPO § 921 Rn. 11.
⁵ OLG Karlsruhe GRUR 1979, 700 – Knickarm-Markise.
⁶ OLG Düsseldorf BeckRS 2012, 02006; *Berneke/Schüttpelz* Rn. 490; Harte-Bavendamm/Henning-Bodewig/*Retzer* UWG § 12 Rn. 385.
⁷ OLG Frankfurt a. M. BeckRS 2017, 159110; BeckOK ZPO/*Mayer* § 921 Rn. 1; MüKoZPO/*Drescher* ZPO § 921 Rn. 2; Musielak/Voit/*Huber* § 921 Rn. 7.
⁸ OLG Frankfurt a. M. BeckRS 2017, 159110; BeckOK ZPO/*Mayer* § 921 Rn. 1; MüKoZPO/*Drescher* ZPO § 921 Rn. 2; Schuschke/Walker/*Walker* ZPO § 921 Rn. 12; Zöller/*Vollkommer* ZPO § 921 Rn. 2.
⁹ KG GRUR 2004, 303 – automobil TEST; KG WRP 1995, 24; OLG Hamm WRP 1989, 116.
¹⁰ OLG München NJWE-WettbR 1999, 179; KG WRP 1995, 24; Harte-Bavendamm/Henning-Bodewig/*Retzer* UWG § 12 Rn. 385.
¹¹ MüKoZPO/*Drescher* ZPO § 921 Rn. 4; Schuschke/Walker/*Walker* ZPO § 921 Rn. 12.
¹² OLG Düsseldorf GRUR-RS 2019, 33227 – MS-Therapie; GRUR-RS 2019, 33226 – Wärmedämmelement II; PharmR 2019, 546; GRUR-RS 2017, 142305 – Kombinationszusammensetzung; BeckRS 2016, 09775; 2010, 22888; LG Düsseldorf BeckRS 2013, 13286; BeckOK PatR/*Voß* Vor § 139 Rn. 333; Kühnen Patentverletzungs-HdB Kap. G Rn. 69.

fügung im Berufungsrechtzug bestätigt oder erlassen wird.[13] Dies findet seinen Grund in der Überlegung, dass der Antragsteller in der Zeitspanne, die üblicherweise ein Verfügungsverfahren dauert, allenfalls ein erstinstanzliches Urteil erstritten hätte, aus dem nur gegen Sicherheitsleistung vollstreckt werden könnte. Da wegen der eingeschränkten Erkenntnismöglichkeiten im Verfügungsverfahren nicht ausgeschlossen werden kann, dass sich die einstweilige Verfügung im Hauptsacheverfahren als ungerechtfertigt erweist und der Antragsteller eventuell Schadenersatz gem. § 945 leisten muss, kann vor allem wegen der Folgen einer Unterlassungsverfügung deren Vollziehung keinen geringeren Anforderungen als der Vollstreckung eines erstinstanzlichen Unterlassungsurteils unterliegen.[14] Abgesehen wird bspw. von einer Sicherheitsleistung, wenn der Antragsteller hierzu wirtschaftlich nicht in der Lage ist oder den Eilcharakter, zB wegen der kurzen Dauer einer Messe, der Anordnung gerade entgegensteht.[15] Beides ist vom Antragsteller substantiiert darzutun. Das OLG **Karlsruhe** würdigt die Umstände des Einzelfalls, wobei insbes. der Grad der Verletzungs- und der Rechtsbestandsfrage sowie die absehbaren Vollziehungsfolgen eine Rolle spielen.[16] Nach OLG/LG **München** besteht iRd gerichtlichen Ermessensausübung (nach § 938) nur dann Anlass zur Anordnung einer Sicherheitsleistung, wenn Anhaltspunkte dafür, dass ein etwaiger Schadenersatzanspruch gem. § 945 gegenüber dem Antragsteller nicht realisiert werden kann, erkennbar vorliegen oder konkret vorgetragen sind.[17] Soweit das LG **Hamburg** ausführt, dass einem Antragsgegner kein „Anspruch" auf eine Vollziehungssicherheitsleistung zustehe,[18] ist dies zwar für sich genommen richtig. § 921 erfordert indes eine Ermessensausübung.

Im **Wettbewerbsrecht** wird die Leistung einer Sicherheit selten angeordnet.[19] Als Beispiele zu **8** nennen sind: es ist ersichtlich, dass die Wettbewerbswidrigkeit der angegriffenen Werbung bald entfallen kann,[20] es bestehen Unsicherheiten bei der Bewertung der historischen Vorgänge und es sind erhebliche Risiken in Bezug auf Schadensersatzforderungen des Antragsgegners im Falle der Aufhebung der einstweiligen Verfügung bei anderer Bewertung der Sache in einem Hauptsacheverfahren zu erkennen,[21] der aus dem Vollzug des Titels dem Antragsgegner drohende Schaden ist besonders hoch,[22] etwa bei Untersagung der Produktion oder des Vertriebs einer Ware;[23] schlechte Vermögensverhältnisse des Antragstellers, die die Durchsetzung eines späteren Schadenersatzanspruchs gefährden.[24] Nicht notwendig ist die Anordnung einer Sicherheitsleistung, wenn der Antragsteller eine Aufbrauchfrist anbietet und so die Gefahren des Vollzugs einer einstweiligen Verfügung mildert.[25]

Im **Urheberrecht** wird die Anordnung einer Sicherheitsleistung zur Wahrung von Schuldnerbe- **9** langen (bspw.) in Betracht gezogen, wenn die Vollziehung einer Unterlassungsverfügung zu schwersten Eingriffen in den Gewerbebetrieb des Antragsgegners führt wie bei der Untersagung von Produktion und Vertrieb von Waren oder der Auferlegung von Kontrahierungszwang gegenüber Wettbewerbern[26] oder nicht vollständig ausgeschlossen werden kann, dass im Hauptsacheverfahren eine andere Entscheidung zu treffen sein wird.[27] Als notwendig erachtet wird eine Sicherheitsleistung zudem bei einer mittels einstweiliger Verfügung erteilten Zwangslizenz gem. § 42a UrhG, da sich im einstweiligen Verfügungsverfahren die Höhe der angemessenen Zwangslizenz nicht feststellen lässt.[28]

Im **Markenrecht** wird darauf abgestellt, ob bei künftigen etwaigen Schadensersatzansprüchen nach **10** § 945 ZPO eine konkrete Gefahr dafür besteht, dass diese bei der Antragstellerseite nicht realisiert werden können,[29] oder ob schwere und unwiderrufliche Nachteile bei der Vollziehung drohen.[30]

---

[13] OLG Düsseldorf BeckRS 2016, 03691.
[14] OLG Düsseldorf BeckRS 2016, 03691; 2010, 22888; LG Düsseldorf BeckRS 2013, 02222; 2012, 04001; 2011, 03782.
[15] BeckOK PatR/*Voß* Vor § 139 Rn. 333; Schuschke/Walker/*Walker* ZPO § 921 Rn. 21; Zöller/*Vollkommer* ZPO § 921 Rn. 4.
[16] OLG Karlsruhe GRUR-RR 2015, 509 – Ausrüstungssatz.
[17] OLG München BeckRS 2013, 14928; LG München GRUR-RS 2016, 11707 – Generikum; LG München PhamR 2016, 292 – Permetrexed.
[18] LG Hamburg GRUR-RS 2015, 08240 – Rabattvertrag.
[19] Harte-Bavendamm/Henning-Bodewig/*Retzer* UWG § 12 Rn. 385; *Melullis* Rn. 210.
[20] OLG München GRUR 1988, 709 – Deutsche Kreditkarte.
[21] OLG Jena BeckRS 2008, 14382.
[22] OLG Hamm BeckRS 2014, 22054; KG GRUR-RR 2004, 303 – automobil TEST; OLG Hamm WRP 1989, 116; OLG München GRUR 1988, 709 – Deutsche Kreditkarte; KG NJW-RR 1986, 1127; WRP 1984, 476.
[23] KG NJW-RR 1986, 1127.
[24] OLG Düsseldorf GRUR-RS 2019, 39040 – Kiesgrube.
[25] KG WRP 1995, 24.
[26] OLG Köln BeckRS 2016, 09601; KG BeckRS 1994, 10015.
[27] KG GRUR 1996, 974 – OEM-Software.
[28] OLG München NJW-RR 1994, 432; Dreier/Schulze/*Schulze* UrhG § 42a Rn. 21; Wandtke/Bullinger/*Bullinger* UrhG § 42a Rn. 28.
[29] OLG Hamburg GRUR-RS 2014, 09351 – Transdermales Pflaster.
[30] LG München I GRUR-RS 2021, 24332 – Tip Jar.

D. Anordnung der Sicherheitsleistung

11 Die Anordnung der Sicherheitsleistung kann sowohl durch (gesonderten) **Beschluss** als auch im **Urteil** erfolgen. Sie bedarf keines Antrages; das Gericht hat sein Ermessen **vAw** auszuüben.[31]

12 Die Sicherheitsleistung soll die dem Antragsgegner drohenden Nachteile (§ 945) ausgleichen. Die **Art und Höhe** richtet sich nach § 108. In Patent- und Gebrauchsmusterverfahren kann hierbei der voraussichtlichen Bestandsdauer der einstweiligen Verfügung Rechnung getragen werden, dh die zu erwartende Dauer des Hauptsacheverfahrens ist zu berücksichtigen.[32] Möglich ist auch ein Abstellen auf die noch vorhandene Schutzrechtslaufzeit.[33] Maßgeblich ist der zu erwartende Schaden beim Antragsgegner.[34] Im zweiseitigen Verfahren hat der Antragsgegner zu dem bei ihm eventuell eintretenden Schaden konkret vorzutragen; im einseitigen Verfahren obliegt es dem Antragsteller dem Gericht Anhaltspunkte für die Höhe der Sicherheit zu liefern. Wird die Vollziehung einer einstweiligen Verfügung von der Leistung einer Sicherheit abhängig gemacht, ist eine **Fristsetzung** für die Beibringung der Sicherheitsleistung wegen § 929 nicht notwendig.[35]

E. Rechtsbehelf

13 Enthält der Arrest oder die einstweilige Verfügung die **Anordnung** einer Sicherheit, ohne dass der Antragsteller dies beantragt oder sich zu einer solchen erboten hat, ist in der Anordnung eine teilweise Zurückweisung des Eilantrages zu sehen.[36] Es ist das Rechtsmittel der sofortigen Beschwerde oder der Berufung gegeben.[37] Wird der Arrest oder die einstweilige Verfügung **ohne Anordnung** einer Sicherheitsleistung erlassen, muss der Antragsgegner Widerspruch bzw. Berufung einlegen, will er die Sicherheitsleistung erreichen.[38]

§ 922 Arresturteil und Arrestbeschluss

(1) ¹**Die Entscheidung über das Gesuch ergeht im Falle einer mündlichen Verhandlung durch Endurteil, andernfalls durch Beschluss.** ²**Die Entscheidung, durch die der Arrest angeordnet wird, ist zu begründen, wenn sie im Ausland geltend gemacht werden soll.**

(2) **Den Beschluss, durch den ein Arrest angeordnet wird, hat die Partei, die den Arrest erwirkt hat, zustellen zu lassen.**

(3) **Der Beschluss, durch den das Arrestgesuch zurückgewiesen oder vorherige Sicherheitsleistung für erforderlich erklärt wird, ist dem Gegner nicht mitzuteilen.**

Literatur: *Addicks*, Welche Anforderungen gibt es bei Zustellung und Vollziehung von einstweiligen Verfügungen?, MDR 1994, 225; *Ahrens*, Die Abschlusserklärung, WRP 1997, 907; *Anders*, Die Zustellung einstweiliger Verfügungen nach dem Zustellungsreformgesetz, WRP 2003, 204; *Bongen/Renaud*, Zur materiellen Rechtskraft antragsabweisender Beschlüsse und Urteile im Arrestverfahren, NJW 1991, 2886; *Borck*, Das rechtliche Gehör im Verfahren auf Erlass einer einstweiligen Verfügung, MDR 1988, 908; *ders.*, Probleme einseitiger Erledigungserklärungen in Unterlassungsrechtsstreit, WRP 1987, 8; *Conrad*, Das Abschlussverfahren einer einstweiligen Verfügung im Zivilprozess, MDR 2017, 68; *Danckwerts*, Die Entscheidung über den Eilantrag GRUR 2008, 763; *Dissmann*, Totgesagte leben länger – wie es mit der Beschlussverfügung weitergehen kann, GRUR 2020, 1152; *Göppinger*, Die Erledigungserklärung im Verfahren wegen Arrestes und einstweiliger Verfügung, ZZP 70, 423; *Hess*, Erstattung der Kosten des Verfahrens nach Obsiegen in der Hauptsache, MDR 1994, 438; *Herr*, Keine Begründungspflicht für Arrest oder Einstweilige Verfügung anordnende Beschlüsse, NJW 1993, 2287; *Höhne*, Rechtshängigkeit und Rechtskraft bei Arrest und einstweiliger Verfügung, 1975; *Kamlah/Sedlmaier*, Die Zustellung von Gerichtsentscheidungen von Anwalt zu Anwalt per Telefax nach dem Zustellreformgesetz 2000, WRP 2005, 818; *Klein*, Begründung von Beschlussverfügungen?, GRUR 2016, 899; *ders.*, Hauptsacheverfahren oder Eilverfahren – worauf bezieht sich die Abmahnung?, GRUR 2012, 882; *Krenz*, Die Geschäftsführung ohne Auftrag beim wettbewerbsrechtlichen Abschlußschreiben, GRUR 1995, 31; *Lippold*, Nochmals: Begründungspflicht für Arrest und einstweilige Verfügung anordnende Beschlüsse, NJW 1994, 1110; *Lüke*, Abschlussschreiben und Schutzschrift bei Unterlassungsverfügungen, FS Jahr (1999), 293; *Nägele*, Muss der einen Arrest oder eine einstweilige Verfügung anordnende

---

[31] *Berneke/Schüttpelz* Rn. 491; Harte-Bavendamm/Henning-Bodewig/*Retzer* UWG § 12 Rn. 385.
[32] OLG Düsseldorf BeckRS 2010, 22888; BeckOK PatR/*Voß* Vor § 139 Rn. 334.
[33] LG Düsseldorf BeckRS 2013, 02222.
[34] OLG Hamburg GRUR-RS 2014, 09531 – Transdermales Pflaster; OLG Düsseldorf BeckRS 2016, 03691; LG Düsseldorf BeckRS 2013, 13301; 2011, 07214 stellen zur Orientierung auf den Streitwert ab. Dies ist nur dann gerechtfertigt, wenn sich der Streitwert und der für die Sicherheit maßgebliche drohende Schaden des Antragsgegners der Höhe nach entsprechen.
[35] *Berneke/Schüttpelz* Rn. 492; MüKoZPO/*Drescher* ZPO § 921 Rn. 5; Zöller/*Vollkommer* ZPO § 921 Rn. 4.
[36] Mit Kostenfolge des § 92; OLG Hamm GRUR 1988, 477 – WAZ/WAS.
[37] *Berneke/Schüttpelz* Rn. 491; MüKoZPO/*Drescher* ZPO § 921 Rn. 7; Schuschke/Walker/*Walker* ZPO § 921 Rn. 15.
[38] OLG Düsseldorf GRUR-RR 2017, 477 – Vakuumgestütztes Behandlungssystem; *Berneke/Schüttpelze* Rn. 491; MüKoZPO/*Drescher* ZPO § 921 Rn. 7; Schuschke/Walker/*Walker* ZPO § 921 Rn. 15.

Beschluss begründet werden?, NJW 1993, 1045; *Schäfer,* Über die Zurückweisung des Antrages auf Erlass einer einstweiligen Verfügung durch Beschluss, MDR 1986, 979; *Schlüter,* Die Erfüllung als Erledigungsgrund im Arrestverfahren, ZZP 80, 447; *Spehl,* Abschlussschreiben und Abschlusserklärung im Wettbewerbsverfahrensrecht, 1988; *Ulrich,* Die Erledigung der Hauptsache im Wettbewerbsprozess, GRUR 1982, 14; *ders.,* Die „Erledigung" der einstweiligen Verfügung durch nachlässige Prozessführung, WRP 1990, 651; *Werner,* Rechtskraft und Innenbindung zivilprozessualer Beschlüsse im Erkenntnis- und summarischen Verfahren, 1983.

Übersicht

	Rn.
A. Anwendungsbereich	1
B. Verfahrensauswahl	2
C. Entscheidungen	4
I. Form	4
II. Inhalt	5
1. Urteil	5
2. Beschluss	9
3. Streitwert	12
III. Mitteilung der Entscheidung	14
IV. Rechtskraft	16
V. Rechtsbehelfe und Rechtsmittel	18
1. Beschluss	18
2. Urteil	21
VI. Anerkennung als endgültige Regelung	22
1. Abschlusserklärung	22
2. Abschlussschreiben	24

A. Anwendungsbereich

§ 922 gilt aufgrund der Verweisung des § 936 **auch** im einstweiligen **Verfügungsverfahren.** § 937 Abs. 2 ist zu beachten. Im Folgenden wird, wenn es nicht auf Besonderheiten ankommt, der Einfachheit halber überwiegend nur von einstweiliger Verfügung gesprochen. **1**

B. Verfahrensauswahl

§ 922 impliziert mit seiner in Absatz 1 enthaltenen Bestimmung zur Entscheidungsform – Endurteil aufgrund mündlicher Verhandlung, anderenfalls Beschluss –, dass das Gericht nach Eingang des Gesuchs entweder eine mündliche Verhandlung anberaumen oder ohne Beteiligung des Antragsgegners über das Gesuch entscheiden kann. Die **Auswahl** der Verfahrensart steht im **pflichtgemäßen Ermessen des Gerichts,**[1] nicht des Vorsitzenden allein. Bei den Kammern für Handelssachen gilt § 349 Abs. 1.[2] Der Beschluss, mündlich zu verhandeln, ist nicht anfechtbar. **2**

Auch wenn § 922 anders als § 937 Abs. 2 eine **mündliche Verhandlung freistellt,**[3] sollte auf eine solche nur dann verzichtet werden, wenn die Sache besonders eilbedürftig ist oder der Zweck der Eilmaßnahme gerade eine Überraschung des Antragsgegners erfordert.[4] **3**

C. Entscheidungen

I. Form

Ergeht die Entscheidung aufgrund mündlicher Verhandlung, erlässt das Gericht ein **Endurteil,** § 922 Abs. 1. Ohne mündliche Verhandlung ergeht ein **Beschluss.** **4**

II. Inhalt

1. Urteil. Das Endurteil muss den allgemeinen Anforderungen, § 310 ff., entsprechen. Es bedarf stets der Begründung. Die richtige Parteibezeichnung lautet Verfügungs- bzw. Arrestkläger und Verfügungs- bzw. Arrestbeklagter. Das Urteil ist zu verkünden und zuzustellen, §§ 310, 317. Ob zur Verkündung ein Termin bestimmt wird oder ein sog. Stuhlurteil ergeht, steht im Ermessen des Gerichts.[5] **5**

---

[1] MüKoZPO/*Drescher* ZPO § 922 Rn. 3; Zöller/*Vollkommer* ZPO § 921 Rn. 1.
[2] BeckOK ZPO/*Mayer* § 922 Rn. 3; MüKoZPO/*Drescher* ZPO § 922 Rn. 2.
[3] BGH NJW 2020, 2474; OLG Oldenburg NJW 2017, 1250.
[4] OLG Frankfurt a. M. GRUR-RS 2021, 31866 – Mundspülwasser; *Berneke/Schüttpelz* Rn. 298; MüKoZPO/*Drescher* ZPO § 922 Rn. 2.
[5] Zutreffend: LG Köln LMuR 2020, 253.

6 In der **Entscheidungsformel** des Urteils wird das Gesuch entweder zurückgewiesen oder die begehrte Sicherungsmaßnahme ausgesprochen[6] bzw. der Arrest angeordnet. In dem Arrestbefehl müssen der Arrestanspruch, dh die Geldforderung nach Grund und Betrag bzw. der Anspruch, der in eine Geldforderung übergehen soll, sowie die Arrestart genannt werden. Anderenfalls ist er unwirksam.[7] Die einstweilige Verfügung enthält regelmäßig die Androhung eines Ordnungsmittels und der Ersatzordnungshaft.

7 Die Entscheidung muss eine **Kostenscheidung** beinhalten. §§ 91 ff. sind anzuwenden. Wird dem Antrag entsprochen, bedarf es keiner Entscheidung zur **vorläufigen Vollstreckbarkeit**. Die vorläufige Vollstreckbarkeit folgt aus dem Eilcharakter der Entscheidung; sie ist schon kraft Gesetzes vorläufig vollstreckbar, arg. §§ 929, 936. Vollstreckungsschutz nach § 712 kann wegen des Eilcharakters und den Spezialvorschriften der §§ 921, 936, 939 nicht gewährt werden.[8] Ggf. ist die Vollziehung der Entscheidung von der **Leistung einer Sicherheit** abhängig zu machen, § 921.[9] Beim Arrestbefehl muss eine Lösungssumme gem. § 923[10] festgesetzt werden. Wird der Antrag zurückgewiesen, sind bei der Entscheidung zur vorläufigen Vollstreckbarkeit die §§ 708 Nr. 6, 711 zu beachten.

8 Der Arrestbefehl kann mit dem **Pfändungsbeschluss** (§ 829) verbunden werden.[11]

9 **2. Beschluss.** Der Beschluss besteht aus einem Rubrum, einem Tenor und ggf. aus Gründen. In ihm sind die Parteien als Antragsteller und Antragsgegner, beim Arrest auch als Gläubiger und Schuldner zu bezeichnen.

10 Für die Entscheidung zur **Hauptsache**, die **Kostenentscheidung** und die **Sicherheitsleistungen** gelten die Ausführungen zum Urteil entsprechend (→ Rn. 6 ff.). Eine Entscheidung zur **vorläufigen Vollstreckbarkeit** ist nie erforderlich. Beschlüsse sind nach § 794 Abs. 1 Nr. 3 stets vorläufig vollstreckbar. In besonderen Konstellationen kann eine „Zwischenverfügung" erlassen werden, die zeitlich begrenzt bzw. auflösend bedingt ist.[12]

11 Ein **stattgebender Beschluss** bedarf grds. keiner Begründung, sofern ihm bei der Zustellung die Antragsschrift beigefügt wird.[13] Eine Begründung der Beschlussverfügung ist demgegenüber jedoch erforderlich, wenn der Beschluss im Ausland geltend gemacht werden soll, § 922 Abs. 1 S. 2, § 936, oder der Antrag zurückgewiesen wird. Fehlt bei einer Auslandvollstreckung die erforderliche Begründung, ist der Beschluss allerdings nicht aufzuheben oder seine Zustellung unwirksam; der Beschluss ist vielmehr (nur) zu ergänzen (§ 30 Abs. 1, 4 Anerkennungs- und AVAG).[14]

12 **3. Streitwert.** Nach § 63 Abs. 2 S. 1 GKG ist ein Gebührenstreitwert festzusetzen. Die Festsetzung erfolgt per Beschluss. Wird die Entscheidung über das Gesuch mittels Urteils getroffen, ist es üblich, dass der Tenor eine entsprechende Ziffer mit der Streitwertfestsetzung enthält oder sich die Festsetzung am Ende des Urteils findet.

13 Maßgeblich für die Streitwertbestimmung im gewerblichen Rechtsschutz ist **§ 51 GKG**. IdR wird der Streitwert für ein einstweiliges Verfügungsverfahren unter dem des Hauptsacheverfahrens liegen, weil das Interesse an der vorläufigen Sicherung der Ansprüche regelmäßig hinter dem Interesse an einer Befriedigung der Ansprüche zurückbleibt. Grds. ist ein Abschlag von ¼ bis 1/3 vorzunehmen.[15]

III. Mitteilung der Entscheidung

14 Das **Urteil** wird, unabhängig davon, ob das Gesuch zurückgewiesen wird oder ob es Erfolg hat, an beide Parteien vAw gem. §§ 317, 166 Abs. 2 zugestellt.

15 Beim **Beschluss** entscheidet der Inhalt der Entscheidung. Der Beschluss, mit dem die Sicherungsmaßnahme erlassen bzw. der Arrest **angeordnet** wird, ist dem Antragsteller wegen § 929 Abs. 2 in Ausfertigung zuzustellen.[16] Der Antragsteller hat dem Antragsgegner eine beglaubigte Abschrift des Beschlusses im Wege des Parteibetriebs durch den Gerichtsvollzieher zuzustellen, §§ 922 Abs. 2, 192–194. Die Zustellung im Ausland erfolgt gem. § 183. Der Beschluss, mit dem das Gesuch zurückgewiesen wird, ist wegen §§ 567, 569 förmlich an den Antragsteller zuzustellen. Der Antragsgegner erhält grds. keine Mitteilung, § 329 Abs. 3. Er soll nicht vorgewarnt werden. Die formlose Mitteilung

---

[6] Vgl. → § 938 Rn. 6 ff., → § 940 Rn. 38 ff.
[7] MüKoZPO/*Drescher* ZPO § 922 Rn. 6; Musielak/Voit/*Huber* ZPO § 922 Rn. 6; Zöller/*Vollkommer* ZPO § 922 Rn. 2.
[8] LG Düsseldorf 18.12.2009 – 4b O 206/09.
[9] Vgl. → § 921 Rn. 2 ff.
[10] Vgl. → § 923 Rn. 3 ff.
[11] Musielak/Voit/*Huber* ZPO § 922 Rn. 8; Zöller/*Vollkommer* ZPO § 922 Rn. 10. Zur Praxis einiger Gerichte im Lauterkeitsrecht: *Klein* GRUR 2016, 899.
[12] OLG Stuttgart NJW-RR 2016, 187; BeckRS 2015, 13370; BeckOK PatR/*Voß* Vor § 139 Rn. 326.1. Eine solche ist nicht mit der sofortigen Beschwerde anfechtbar; vielmehr ist Widerspruch einzulegen.
[13] Musielak/Voit/*Huber* ZPO § 922 Rn. 4.
[14] OLG Köln GRUR 2021, 505 – Diary-Gold.
[15] Vgl. → § 3 Rn. 27, 37.
[16] OLG Koblenz WRP 1981, 286.

IV. Rechtskraft

Die einstweilige Verfügung und der Arrest erwachsen in **formeller Rechtskraft**, wenn ein Rechtmittel gegen sie nicht statthaft oder nicht mehr zulässig ist.[18] Bei Entscheidungen des LG also bei Ablauf der Berufungsfrist gegen ein Urteil oder der Beschwerdefrist gegen einen zurückweisenden Beschluss. Anders bei stattgebendem Beschluss. Gegen diesen ist Widerspruch möglich, der nicht fristgebunden ist. Gegen Berufungsurteile und Beschwerdeentscheidungen des OLG sind keine Rechtsmittel gegeben, § 542 Abs. 1 S. 1; §§ 547 Abs. 1 S. 2, 542 Abs. 2; § 522 Abs. 2, 3. 16

Die Entscheidungen sind der **materiellen Rechtskraft** fähig, allerdings nur in eingeschränktem Umfang.[19] Ist das Gesuch zurückgewiesen worden, weil es unzulässig war, kann ein neues Gesuch eingereicht werden, wenn die fehlende Verfahrensvoraussetzung nunmehr gegeben ist.[20] Dies gilt auch mit Blick auf den Verfügungsgrund, unabhängig davon, ob er als Prozessvoraussetzung oder als materiell-rechtliche Anforderung gesehen wird.[21] Erfolgte die Zurückweisung aus Sachgründen, steht die materielle Rechtskraft einer Wiederholung des Antrags entgegen, wenn keine neuen Tatsachen eingetreten oder bekannt geworden sind.[22] Ist die einstweilige Verfügung bzw. der Arrest erlassen worden, ist ein neuerlicher Antrag wegen der materiellen Rechtskraft nicht zulässig.[23] Scheitert die Vollstreckung eines Arrestes oder einer einstweiligen Verfügung wegen Ablaufs der Vollziehungsfrist gemäß § 929 Abs. 2 und 3, so steht einem erneuten Gesuch des Antragstellers mit gleichem Inhalt nichts entgegen, wenn Anspruch und Grund unverändert weiter bestehen.[24] Da die Eilmaßnahme nicht denselben Streitgegenstand aufweist, wie das Hauptsacheverfahren, hat die Rechtskraft im Eilverfahren keine Konsequenzen für die Hauptsache.[25] 17

V. Rechtsbehelfe und Rechtsmittel

1. Beschluss. Ist per Beschluss die einstweilige Verfügung erlassen oder der Arrest angeordnet worden, kann der Antragsgegner **Widerspruch** gemäß § 924 Abs. 1 einlegen. Der Widerspruch kann sich gegen den Beschluss insgesamt richten oder auf die Kosten beschränkt sein.[26] Die Überprüfung der Beschlussverfügung kann der Antragsgegner ferner erwirken, indem er einen Antrag auf **Anordnung der Klageerhebung** nach § 926 Abs. 1 stellt. In Betracht kann des Weiteren ein Antrag auf Aufhebung wegen **veränderter Umstände** nach § 927 kommen. 18

Gegen eine ein Gesuch zurückweisende Beschlussverfügung ist die **sofortige Beschwerde** nach § 567 gegeben. Sie ist binnen einer Notfrist von zwei Wochen bei dem Gericht einzulegen, das den angegriffenen Beschluss erlassen hat und muss der Form des § 569 entsprechen. Ob für die sofortige Beschwerde Anwaltszwang herrscht, ist streitig.[27] Die Beschwerde ist zu begründen, § 571, grds. mit Einreichung der Beschwerdeschrift. Soll die Begründung mit einem gesonderten Schriftsatz erfolgen, muss dies innerhalb einer Frist geschehen, die der Sachlage angemessen ist.[28] Anderenfalls erwachsen Bedenken hinsichtlich der Dringlichkeit der Angelegenheit.[29] Eine vom Beschwerdeführer selbst gesetzte Frist ist für das Gericht nicht bindend. Es kann die Frist auf ein seiner Ansicht nach angemessenes Maß verkürzen, sollte allerdings zuvor darauf hinweisen. Die Durchführung des Abhilfeverfahrens ist zwingend, auch im Eilrechtsschutz.[30] Wird die sofortige Beschwerde zurückgewiesen, ist die Anhörung des Antragsgegners entbehrlich.[31] Anderenfalls muss er die Gelegenheit zur Stellung- 19

---

[17] MüKoZPO/*Drescher* ZPO § 922 Rn. 13; Musielak/Voit/*Huber* ZPO § 922 Rn. 6; Zöller/*Vollkommer* ZPO § 922 Rn. 1. Vgl. auch OLG München GRUR-RS 2019, 35041 – Früher war mehr Lametta, wonach mglw. sogar weitergehend wegen des Grundsatzes der Waffengleichheit auch im Hinblick auf etwaige zukünftige Verfahren stets eine Übermittlung des Beschlusses geboten sein soll.
[18] *Berneke/Schüttpelz* Rn. 217; MüKoZPO/*Drescher* ZPO Vorbemerkung zu den §§ 916 ff. Rn. 27; Ohly/Sosnitza/*Sosnitza* UWG § 12 Rn. 176.
[19] OLG Köln GRUR-RR 2005, 972 – verdeckte Tatsachenbehauptung; OLG Karlsruhe WRP 1996, 34; KG MDR 1979, 64; *Berneke/Schüttpelz* Rn. 218 ff.; Ohly/Sosnitza/*Sosnitza* UWG § 12 Rn. 177; Zöller/*Vollkommer* ZPO Vor § 916 Rn. 13.
[20] Harte-Bavendamm/Henning-Bodewig/*Retzer* UWG § 12 Rn. 405.
[21] Vgl. → § 940 Rn. 65.
[22] *Berneke/Schüttpelz* Rn. 218; Harte-Bavendamm/Henning-Bodewig/*Retzer* UWG § 12 Rn. 406; Ohly/Sosnitza/*Sosnitza* UWG § 12 Rn. 177.
[23] *Berneke/Schüttpelze* Rn. 222; MüKoZPO/*Drescher* ZPO Vorbemerkung zu den §§ 916 ff. Rn. 30.
[24] BeckOK ZPO/*Gruber* § 322 Rn. 3; MüKoZPO/*Drescher* ZPO Vorbemerkung zu den §§ 916 ff. Rn. 32.
[25] → § 940 Rn. 15.
[26] → § 924 Rn. 9.
[27] → § 569 Rn. 9.
[28] → § 571 Rn. 2.
[29] → § 940 Rn. 89.
[30] BeckOK ZPO/*Wulf* ZPO § 572 Rn. 2. AA OLG Naumburg BeckRS 2014, 19295.
[31] OLG München GRUR-RS 2019, 35041 – Früher war mehr Lametta.

nahme erhalten, wodurch ihm ggf. erstmals der Antrag zur Kenntnis gelangt. Für die Entscheidung im Abhilfeverfahren gilt § 572 Abs. 1, für das Beschwerdeverfahren § 572 Abs. 2. § 572 Abs. 3 sieht eine Entscheidung per Beschluss vor.

20   Das Erstgericht oder das Beschwerdegericht können im Abhilfeverfahren bzw. im Beschwerdeverfahren eine **mündliche Verhandlung** anordnen, § 128 Abs. 4. Streitig ist, in welcher **Form** in diesem Fall die Entscheidung zu ergehen hat.[32] Eine Ansicht betrachtet § 922 als spezielle Regelung gegenüber § 572 Abs. 3und die Anordnung einer mündlichen Verhandlung als Übergang in das Urteilsverfahren. Daran wird die Folge geknüpft, dass das Erstgericht ein **Urteil** zu erlassen[33] und das eine mündliche Verhandlung anordnende Beschwerdegericht mittels (nicht mehr anfechtbarem) Endurteil zu entscheiden hat.[34] Das OLG Karlsruhe[35] ist demgegenüber der Auffassung, es bleibe bei der Regelung des § 572 Abs. 3 und der **Beschluss** sei die richtige Entscheidungsform. § 922 sei nicht einschlägig, da das Erstgericht über den Antrag auf Erlass einer einstweiligen Verfügung ohne mündliche Verhandlung entschieden habe. Die weitere Entscheidung (im Abhilfeverfahren) sei keine Entscheidung über das Gesuch iSd 922, sondern eine Entscheidung im Beschwerdeverfahren. Diese Begründung und die damit verbundene Auftrennung überzeugt nicht ganz. Es ist zwar zutreffend, dass eine Entscheidung im Beschwerdeverfahren in Rede steht. Das Beschwerdegericht überprüft allerdings seine eigene zurückweisende Entscheidung bzgl. des Gesuchs bzw. des Antrages auf Erlass einer einstweiligen Verfügung und trifft jedenfalls implizit mit der Entscheidung, ob die Beschwerde begründet ist, erneut eine Entscheidung über dieses Gesuch bzw. den Antrag. Es befasst sich mit der Frage, ob die im Beschwerdeverfahren vorgebrachten Argumente, Tatsachen und Rechtsansichten dem Gesuch bzw. Antrag (doch noch) zum Erfolg verhelfen. Dieses bzw. dieser ist demnach auch Gegenstand des Beschwerdeverfahrens.

21   **2. Urteil.** Ergeht ein Urteil, ist dieses – abgesehen von der besonderen Konstellation gem. → Rn. 20 – mit der **Berufung** gem. §§ 511 ff. anfechtbar. Ob im Berufungsverfahren **neuer Tatsachenvortrag** stets zu berücksichtigen ist oder ob § 531 Abs. 1 und Abs. 2 anwendbar sind, ist umstritten.[36] Dagegen könnte sprechen, dass in erster Instanz Verspätungsvorschriften keine Anwendung finden bzw. finden sollen und in einem (später stattfindenden) Hauptsacheverfahren die möglicherweise präkludierten Tatsachen ohne weiteres eingeführt werden können. Die Präklusion im Eilverfahren könnte deswegen sehenden Auges zu einer abweichenden Entscheidung im späteren Hauptsacheverfahren führen.[37] Für eine Anwendung streitet indes, dass eine Regelung, welche die Anwendbarkeit von § 531 im Verfügungsverfahren ausschließt, nicht vorhanden ist, und die Problematik einer „falschen Entscheidung sehenden Auges" für Präklusionsvorschriften generell gilt. Insoweit handelt es sich nicht um eine Besonderheit des Arrest- bzw. Verfügungsverfahrens. Auch die Eilbedürftigkeit der Angelegenheit steht einer Anwendung des § 531 letztlich nicht entgegen. Den daraus erwachsenen Besonderheiten kann, insbes. wenn Nachlässigkeit gem. § 531 Abs. 2 Nr. 3 im Raum steht, Rechnung getragen werden, indem bspw. bei der Beantwortung der Frage, ob die Partei ihrer Prozessförderungspflicht genügt hat, auch die zeitliche Komponente des Einzelfalls und die Besonderheiten des Verfügungsverfahrens mit einfließen. Es erschließt sich ferner nicht, weshalb es bspw. einer Partei, die in einem einstweiligen Verfügungsverfahren allein aus prozesstaktischen Gründen Vorbringen zurückhält, abweichend von den grundsätzlichen Regelungen ermöglicht werden soll, die neuen Tatsachen erst im Berufungsverfahren vorzubringen. Neue Tatsachen sind deshalb nur bei Glaubhaftmachung eines Zulassungsgrundes zu berücksichtigen.[38] Eine Zurückverweisung gemäß §§ 538 Abs. 2, 539 Abs. 2 an die erste Instanz ist wegen des Eilcharakters der einstweiligen Verfügung bzw. des Arrestes nicht

---

[32] → § 572 Rn. 15.
[33] OLG Hamburg MDR 2013, 1122.
[34] OLG Brandenburg BeckRS 2020, 12254; OLG Dresden MDR 2012, 668; OLG Düsseldorf BeckRS 2011, 27019; InstGE 3, 238 – LCD-Monitor.
[35] BeckRS 2017, 1333585 (VersR). Ebenso BeckOK ZPO/*Wulf* ZPO § 572 Rn. 24; Musielak/Voit/*Ball* ZPO § 572 Rn. 19.
[36] Dafür: OLG Frankfurt a. M. GRUR-RS 2021, 37405 – Bio-Müslimischung (§ 531 Abs. 2); OLG Köln GRUR-RR 2018, 207 – Jeanshose mit V-Naht; OLG Brandenburg BeckRS 2018, 9695; OLG Rostock BeckRS 2016, 112269; OLG Köln BeckRS 2016, 112348; OLG Saarbrücken BeckRS 2015, 05288 (Vergaberecht); OLG Düsseldorf GRUR-RS 2015, 00618 – Le Pliage; OLG Jena BeckRS 2014, 22320; OLG Karlsruhe BeckRS 2014, 02653; OLG Düsseldorf NZKart 2014, 35; GRUR-RR 2011, 81 – Gleitsattelscheibenbremse II; OLG Hamburg BeckRS 2010, 29841; OLG Düsseldorf GRUR-RR 2010, 15662; OLG Jena GRUR-RR 2006, 283 – Pflichtbelehrung; OLG Jena OLG-NL 2004, 277; OLG Hamburg GRUR-RR 2007, 302 – Titelseite; OLG Hamburg GRUR-RR 2003, 135 – Bryan Adams; Wandtke/Bullinger/*Kefferpütz* UrhG Vor §§ 97 ff. Rn. 95; Zöller/*Vollkommer* ZPO § 531 Rn. 1, § 925 Rn. 12. Dagegen: OLG Frankfurt a. M. GRUR-RR 2005, 299 – Online-Stellenmarkt; *Berneke/Schüttpelz* Rn. 447; MüKoZPO/*Drescher* ZPO § 925 Rn. 12; Musielak/Voit/*Huber* ZPO § 925 Rn. 10, § 531 Rn. 2. Differenzierend OLG Hamm NJOZ 2007, 5718 (Ehrenschutz). Offengelassen OLG Köln BeckRS 2016, 09601.
[37] *Berneke/Schüttpelz* Rn. 447.
[38] OLG Düsseldorf GRUR-RS 2021, 14806. Aufgrund der uneinheitlichen Rechtsprechung zu dieser Frage empfiehlt es sich, ein besonderes Augenmerk auf die Rechtsansicht des jeweils angerufenen Gerichts bzw. des zuständigen Oberlandesgerichts zu legen.

zulässig. Das Berufungsgericht hat in der Sache selbst zu entscheiden und ggf. eine erstinstanzlich zurückgewiesene einstweilige Verfügung selbst zu erlassen. Revision und Nichtzulassungsbeschwerde sind nach § 542 Abs. 2 ausgeschlossen.

VI. Anerkennung als endgültige Regelung

Das einstweilige Verfügungsverfahren hat vorläufigen Charakter. Es kann jedoch zur endgültigen Streitbeilegung führen, so dass es keines Hauptsacheverfahrens mehr bedarf.

1. Abschlusserklärung. Der Antragsgegner kann eine Abschlusserklärung abgeben, mit der er die einstweilige Verfügung **als endgültige Regelung anerkennt.** Sie muss **bedingungslos** sein,[39] dem Inhalt der Eilmaßnahme entsprechen sowie einen Verzicht auf die möglichen Rechtsbehelfe gegen die einstweilige Verfügung enthalten,[40] wobei der Verzicht im Hinblick auf § 927 nicht uneingeschränkt sein muss.[41] Ist die Abschlusserklärung unzureichend, muss der Antragsteller nachfassen.[42] Die Abschlusserklärung bezweckt eine Gleichstellung des vorläufigen mit dem Hauptsachetitel. Der Antragsteller soll weder besser noch schlechter gestellt werden als er bei einem rechtskräftigen Hauptsachetitel stünde. Ein Vorbehalt der Rechte aus § 927 bei „Nichterklärung des Verfügungspatents" ist deshalb ebenso wie ein Verzicht ohne ausdrückliche Einschränkung dahingehend auszulegen, dass der Verzicht grds. bis zur rechtskräftigen Vernichtung des Verfügungspatents gilt.[43] Eine Beschränkung auf selbständige Streitgegenstände ist zulässig.[44] Die Wirkung einer Abschlusserklärung reicht soweit wie der Verbotsumfang der Unterlassungsverfügung, die der Schuldner als endgültige Regelung anerkennt.[45] Der Rechtsstreit erledigt sich (im Umfang) der Abschlusserklärung.[46] Das Rechtsschutzbedürfnis für eine spätere Hauptsacheklage entfällt[47] soweit die Abschlusserklärung (zulässigerweise) reicht. Die Wiederholungsgefahr wird beseitigt,[48] auch gegenüber Dritten.[49] 22

Die Abschlusserklärung ist zweckmäßigerweise in **Schriftform** (§ 126 BGB) abzugeben.[50] Es handelt sich um eine **empfangsbedürftige einseitige Willenserklärung,** die mit Zugang (§ 130 BGB) wirksam wird. Eine Annahme seitens des Antragstellers ist nicht erforderlich.[51] Sie ist **nicht fristgebunden.** Will der Antragsgegner allerdings das Risiko vermeiden, mit Kosten eines späteren Abschlussschreibens belastet zu werden, sollte er die Abschlusserklärung innerhalb eines Zeitraums abgeben, binnen dessen grds. zu erwartet ist, dass ein Antragsgegner von sich aus eine Erklärung abgeben wird. IdR dürfte von einer Frist von zwei bis drei Wochen ab Zustellung der Entscheidung auszugehen sein.[52] Eine objektiv begründete Fristverlängerung ist zu gewähren.[53] 23

---

[39] BGH GRUR 2009, 1096 – Mescher Weis; BGH GRUR 2005, 692 – „statt"-Preis; BGH GRUR 1991, 76 – Abschlusserklärung; OLG Düsseldorf 12.2.2015 – 15 U 68/14; OLG Karlsruhe WRP 1993, 43.
[40] OLG Köln WRP 2016, 268; OLG Düsseldorf 12.2.2015 – 15 U 68/14; OLG Stuttgart NJOZ 2007, 3651; NJWE-WettbR 1996, 63; OLG Hamburg WRP 1995, 648. Vgl. auch: *Berneke/Schüttpelz* Rn. 625 ff.; Harte-Bavendamm/Henning-Bodewig/*Retzer* UWG § 12 Rn. 636 ff. mwN.
[41] BGH GRUR 2009, 1096 – Mescher Weis. Vgl. auch BGH GRUR 1991, 76 – Abschlussschreiben; OLG Frankfurt a. M. BeckRS 2019, 2503.
[42] OLG Frankfurt a. M. BeckRS 2019, 2503; OLG Stuttgart NJOZ 2007, 3651; NJWE-WettbR 1996, 63; OLG Hamburg WRP 1995, 648.
[43] OLG München PharmR 2019, 553; LG Hamburg GRUR-RS 2017, 117354 – Pregabalin.
[44] BGH GRUR 2005, 692 – „statt"-Preis; OLG Düsseldorf 12.2.2015 – 15 U 68/14; OLG Karlsruhe WRP 1993, 43.
[45] BGH GRUR 2010, 855 – Folienrollos; OLG Düsseldorf 12.2.2015 – 15 U 68/14.
[46] OLG Hamburg ZUM-RD 2015, 461.
[47] BGH GRUR 2010, 855 – Folienrollos; BGH GRUR 2009, 1096 – Mescher Weis; BGH GRUR 2005, 692 – „statt"-Preis; BGH GRUR 1991, 76 – Abschlusserklärung; BGH GRUR 1989, 115 – Mietwagen-Mitfahrt; OLG Düsseldorf 12.2.2015 – 15 U 68/14.
[48] OLG Hamburg MMR 2020, 711: Soweit mit der Abschlusserklärung das Charakteristische der angegriffenen und verbotenen Verletzungshandlung zutreffend erfasst ist; OLG Karlsruhe NJWE-WettbR 1996, 65 – Missbräuchliche Mehrfachverfolgung.
[49] OLG Zweibrücken NJWE-WettbR 1999, 66; KG WRP 1998, 71; OLG Frankfurt a. M. NJWE-WettbR 1996, 280; OLG Karlsruhe NJWE-WettbR 1996, 65 – Missbräuchliche Mehrfachverfolgung; OLG Hamburg WRP 1995, 240; OLG Hamm WRP 1988, 71; Köhler/Bornkamm/*Feddersen/Köhler* UWG § 12 Rn. 2.77; *Melullis* Rn. 587.
[50] BGH GRUR 1991, 258; *Berneke/Schüttpelz* Rn. 631, 643; Harte-Bavendamm/Henning-Bodewig/*Retzer* UWG § 12 Rn. 645; Teplitzky/*Bacher* Kap. 43 Rn. 14.
[51] LG Hamburg WRP 1995, 432; Harte-Bavendamm/Henning-Bodewig/*Retzer* UWG § 12 Rn. 646; Teplitzky/*Bacher* Kap. 43 Rn. 10.
[52] BGH GRUR 2015, 822 – Kosten für Abschlussschreiben II; BGH GRUR-RR 2008, 368 – Gebühren für Abschlussschreiben; OLG Hamburg GRUR-RR 2014, 229 – Standardabschlussschreiben; OLG Frankfurt a. M. BeckRS 2011, 16107; OLG Hamm GRUR-RR 2010, 267 – Zweiwöchige Wartefrist; OLG Frankfurt a. M. GRUR-RR 2006, 111 – Aufforderung zur Abschlusserklärung; OLG Frankfurt a. M. WRP 2003, 1002; LG Hamburg BeckRS 2015, 1115; LG Heilbronn GRUR-RR 2009, 39 – Wartefrist; LG Düsseldorf InstGE 9, 272 – Kosten für ein Abschlussschreiben.
[53] OLG Jena NJOZ 2010, 1215.

24 **2. Abschlussschreiben.** Der Antragsteller kann den Antragsgegner mit Hilfe eines Abschlussschreibens dazu **auffordern,** die **Bestandskraft** der erlassenen einstweiligen Regelung[54] **anzuerkennen** und die erforderliche **Verzichtserklärung** abzugeben. In diesem Schreiben ist eine **Frist mit Androhung der Klageerhebung** zu setzen.[55] Die Frist, welche mit Zustellung der einstweiligen Verfügung an den Antragsgegner beginnt,[56] muss **angemessen** sein; der Antragsgegner muss die Möglichkeit zur sorgfältigen Prüfung haben.[57] IdR ist eine Frist von zwei bis drei Wochen geboten,[58] unabhängig davon, ob die einstweilige Verfügung im Beschlusswege oder als Urteil ergangen ist. Das Abschlussschreiben muss dem Antragsgegner zugehen.[59] Enthält das Abschlussschreiben nicht alle erforderlichen Angaben, kann eine Nachfasspflicht bestehen.[60] Ein Abschlussschreiben ist entbehrlich, wenn der Antragsgegner Widerspruch oder Berufung eingelegt oder einen Antrag auf Anordnung der Klageerhebung gem. § 926 erhoben hat.[61] Ebenso, wenn sich der Antragsgegner bereits vor der Absendung des Abschlussschreibens unterworfen hat oder das Schreiben der Abschlusserklärung zeitlich nachfolgt.[62] Nicht entbehrlich wird ein Abschlussschreiben durch ein Angebot einer Abschlusserklärung, mit dem lediglich vergleichsweise unter bestimmten Bedingungen die Abgabe einer Abschlusserklärung in Aussicht gestellt wird.[63] Das Schreiben ist grds. an den Antragsgegner persönlich zu richten. Es kann (muss nicht) auch an den Vertreter bzw. Prozessbevollmächtigten gesendet werden, wenn sich dessen Vertretungsbefugnis auch auf ein etwaiges Hauptsacheverfahren bezieht.[64]

25 Das Abschlussschreiben, welches der **Vorbereitung des Hauptsacheverfahrens** dient, kann für die **Kosten**entscheidung dieses Verfahrens eine Rolle spielen. Hat der Antragsteller vor Erhebung der Hauptsacheklage kein Abschlussschreiben an den Antragsgegner gerichtet, kann dies bei Anerkenntnis die Kostenfolge des § 93 nach sich ziehen.[65] Auch dann, wenn der Antragsgegner vor Beginn des einstweiligen Verfügungsverfahrens abgemahnt worden ist.[66]

26 Die **Kosten** des Abschlussschreibens sind nach den jeweiligen Schadenersatzanspruchsgrundlagen oder gem. §§ 667, 683 BGB zu erstatten.[67] Zum Teil wird § 12 Abs. 1 S. 2 UWG aF bzw. § 13 Abs. 2 UWG nF analog angewendet.[68] Unabhängig von der Anspruchsgrundlage erfolgt eine Kostenerstattung nur, wenn das Abschlussschreiben **notwendig** gewesen ist und im Interesse des Antragsgegners gelegen hat.[69] Die Notwendigkeit kann zu verneinen sein, wenn ein Abschlussschreiben entbehrlich ist, weil das Verhalten des Antragsgegners nur den Schluss zulässt, dass er keine Abschlusserklärung abgeben wird,[70] der Antragsgegner bereits zuvor eine Unterlassungserklärung, die auch unter einer auflösenden Bedingung stehen kann,[71] oder eine ausreichende Abschlusserklärung[72] abgegeben hat oder wenn er zuvor zu verstehen gegeben hat, dass er innerhalb eine Monats unaufgefordert mitteilen

---

[54] OLG Hamm WRP 1986, 112: Abmahnung genügt nicht.
[55] Dreyer/Kotthoff/*Meckel* UrhR § 97 Rn. 90; Harte-Bavendamm/Henning-Bodewig/*Retzer* UWG § 12 Rn. 656; Köhler/Bornkamm/*Feddersen*/*Köhler* UWG § 12 Rn. 2.71; Ohly/Sosnitza/*Sosnitza* UWG § 12 Rn. 185 f.; Teplitzky/*Bacher* Kap. 43 Rn. 24; Wandtke/Bullinger/*Keffepütz* UrhG Vor §§ 97 ff. Rn. 139.
[56] OLG Frankfurt a. M. GRUR-RR 2006, 111 – Aufforderung zur Abschlusserklärung; OLG Köln WRP 1987, 188.
[57] OLG Hamburg OLGR 2000, 23 (14 Tage); OLG Stuttgart NJWE-WettbR 1996, 63 (10 Tage); OLG Celle WRP 1996, 757 (12–14 Tage); OLG Frankfurt a. M. WRP 1982, 365 (2 Wochen); LG Düsseldorf InstGE 1, 272 (Monatsfrist); Köhler/*Bornkamm*/Feddersen/*Köhler* UWG § 12 Rn. 2.71 (Monatsfrist); Teplitzky/*Bacher* Kap. 43 Rn. 22 f. (Monatsfrist). Vgl. *Berneke*/*Schüttpelz* Rn. 647 mwN.
[58] BGH GRUR 2017, 1160 – BretarisGenuair; BGH GRUR 2015, 822 – Kosten für Abschlussschreiben II; OLG Düsseldorf GRUR-RS 2016, 07919; OLG Hamburg GRUR-RR 2014, 229 – Standardabschlussschreiben; OLG Frankfurt a. M. GRUR-RR 2003, 294; OLG Stuttgart NJOZ 2007, 3651; KG WRP 1989, 659; OLG Karlsruhe WRP 1977, 117.
[59] BGH GRUR 2007, 629.
[60] OLG Hamburg WRP 1995, 648; KG MD 1990, 1199; OLG Hamburg WRP 1986, 292.
[61] OLG Hamburg GRUR-RR 2014, 229 – Standardabschlussschreiben.
[62] OLG Stuttgart NJOZ 2007, 3651.
[63] OLG Frankfurt GRUR-RS 2021, 37931 – Yok Yok.
[64] OLG Düsseldorf 30.5.2017 – 15 W 13/17.
[65] BGH GRUR 2015, 822 – Kosten für Abschlussschreiben II; OLG Köln WRP 1987, 189; OLG Düsseldorf GRUR 1984, 81; KG WRP 1984, 545; OLG Hamburg WRP 1980, 208; OLG Koblenz GRUR 1979, 248 – Börsenbrief.
[66] OLG Hamm WRP 1986, 112.
[67] BGH GRUR 2021, 1422 – Vorstandsabteilung; GRUR 2015, 822 – Kosten für Abschlussschreiben II; OLG Frankfurt a. M. GRUR-RS 2020, 22209 – Whirlpoolverlosung; OLG Frankfurt a. M. GRUR-RS 2019, 35108 – TomTrend; OLG Hamburg GRUR-RR 2014, 229 – Standardabschlussschreiben.
[68] OLG Stuttgart BeckRS 2016, 01279; NJOZ 2007, 3651; Harte-Bavendamm/Henning-Bodewig/*Retzer* UWG § 12 Rn. 632; Teplitzky/*Bacher* Kap. 43 Rn. 30. Problematisch, da eine Regelungslücke insoweit nicht gegeben ist, so auch Büscher/*Schmidt* UWG § 12 Rn. 516; Köhler/Bornkamm/Feddersen/*Feddersen*/*Köhler* UWG § 12 Rn. 2.73; Ohly/Sosnitza/*Sosnitza* UWG § 12 Rn. 188.
[69] BGH GRUR 2017, 1160 – BretarisGenuair; BGH GRUR 2010, 855 – Folienrollos; BGH NJW 2008, 1744 – Gebühren für Abschlussschreiben; OLG Stuttgart BeckRS 2016, 01279.
[70] OLG Hamburg GRUR-RR 2014, 229 – Standardabschlussschreiben.
[71] OLG Stuttgart BeckRS 2016, 01279.
[72] BGH WRP 2006, 352; OLG Stuttgart NJOZ 2007, 3651.

wird, ob er die einstweilige Verfügung als endgültige Regelung anerkennen wird und es eines Abschlussschreibens nicht bedarf.[73] Das Interesse des Antragsgegners kann fehlen, wenn durch die Abgabe der sich an das Abschlussschreiben anschließenden Abschlusserklärung ein Hauptsacheverfahren ohnehin nicht vermieden werden kann, weil der Anspruch des Antragstellers durch die einstweilige Verfügung nicht gesichert ist.[74] Der Antragsteller sollte ferner zweckmäßigerweise die unter → Rn. 23 genannte Frist abwarten.[75] Kosten des Rechtsanwalts für das Abschlussschreiben sind zu erstatten, wenn die Einschaltung eines Anwalts erforderlich war. Hier gelten dieselben Grundsätze wie für eine Abmahnung.[76] Für das UWG bedeutet dies, dass die Einschaltung seitens eines Verbandes idR nicht erforderlich[77] ist, die durch ein Unternehmen idR schon[78]. Kosten durch die Hinzuziehung eines Patentanwalts in Patentverletzungsverfahren sind besonders zu begründen.[79] Die für ein Abschlussschreiben entstehende Geschäftsgebühr ist auf Grundlage von Nr. 2300 VV RVG[80] zu berechnen.[81] Im Regelfall fällt deshalb eine 1,3-fache Geschäftsgebühr als Regelgebühr an.[82] Erschöpft sich das Abschlussschreiben allerdings nur in einer Bezugnahme auf die einstweilige Verfügung, ist keine erneute Prüfung des Sachverhalts erforderlich und werden auch keine weiteren Ziele verfolgt, kann das Abschlussschreiben aber als Schreiben einfacher Art nach Art. 2302 RVG-VV angesehen werden.[83] Die Kosten für das Abschlussschreiben sind grds. sofort fällig (§ 271 BGB).[84] Wenn neben den Kosten des Abschlussschreibens auch Kosten eines vorgerichtlichen Abmahnschreibens begehrt werden, ist dies nicht zu beanstanden. Das Abschlussschreiben ist dem Hauptsachverfahren zuzurechnen, das Abmahnschreiben dem Eilverfahren.[85]

§ 923 Abwendungsbefugnis

In dem Arrestbefehl ist ein Geldbetrag festzustellen, durch dessen Hinterlegung die Vollziehung des Arrestes gehemmt und der Schuldner zu dem Antrag auf Aufhebung des vollzogenen Arrestes berechtigt wird.

A. Normzweck und Anwendungsbereich

§ 923 eröffnet dem Antragsgegner die Möglichkeit, einen Geldbetrag, der allgemein als „**Lösungssumme**" bezeichnet wird, zu hinterlegen, um so die Vollziehung des Arrestes zu verhindern. Der Antragsgegner hat die Wahl, ob er die Lösungssumme freiwillig zahlt oder ob er den Arrest über sich ergehen lässt. 1

Im **einstweiligen Verfügungsverfahren** gilt § 923 **nicht**. § 939 ist vorrangig. 2

B. Lösungssumme

Das Gericht setzt die Lösungssumme/Sicherheitsleistung **von Amts wegen** im Arrestbefehl fest.[1] Wird dies versäumt, ist der Arrestbefehl gleichwohl nicht unwirksam.[2] Er kann gem. § 321 ergänzt werden. 3

---

[73] OLG München GRUR-RS 2020, 26444 – Abbestelltes Abschlussschreiben.
[74] OLG Düsseldorf 30.5.2017 – 15 W 13/17; OLG Düsseldorf GRUR-RR 2010, 467 – xt:Commerce.
[75] BGH GRUR 2015, 822 – Kosten für Abschlussschreiben II; OLG Hamburg GRUR-RR 2014, 229 – Standardabschlussschreiben; OLG Frankfurt a. M. GRUR-RR 2003, 274 – Vier-Streifen-Kennzeichnung; LG Düsseldorf BeckRS 2011, 10202; LG Berlin GRUR-RR 2008, 374 – Abschlussverfahren.
[76] Büscher/*Schmidt* UWG § 12 Rn. 525; Köhler/Bornkamm/*Feddersen/Köhler* UWG § 12 Rn. 2.73b.
[77] BGH GRUR 2008, 918 – Abmahnkostenersatz; OLG Hamburg BeckRS 2019, 18578.
[78] BGH GRUR 2010, 1038 – Kosten für Abschlussschreiben I.
[79] OLG Düsseldorf InstGE 9, 35 – Patentanwaltskosten für Abschlussschreiben. AA LG Düsseldorf BeckRS 2011, 10202; *Mes* PatG § 139 Rn. 498.
[80] Im Einzelfall kann das Abschlussschreiben so geringe Anforderungen an den damit beauftragten Anwalt stellen, dass Nr. 2302 RVG anzuwenden ist: LG Karlsruhe GRUR-RS 2014, 13929.
[81] BGH GRUR 2021, 1422 – Vorstandsabteilung; GRUR 2015, 822 – Kosten für Abschlussschreiben II; BGH GRUR 2010, 1038 – Kosten für Abschlussschreiben; OLG Hamburg GRUR-RR 2014, 229 – Standardabschlussschreiben. Hat der Rechtsanwalt von Anfang an den Auftrag, Hauptsacheklage zu erheben, sind die Nr. 3100 ff. VV einschlägig.
[82] BGH GRUR 2015, 822 – Kosten für Abschlussschreiben II; OLG Hamm WRP 2008, 135; LG Düsseldorf BeckRS 2011, 10202. Anders (vor der genannten BGH-Entscheidung ergangene Entscheidungen): OLG Hamburg GRUR-RR 2014, 229 – Standardabschlussschreiben; OLG Düsseldorf BeckRS 2008, 05681; InstGE 9, 35 – Patentanwaltskosten für Abschlussschreiben; LG Hamburg GRUR 2007, 44 – bundesliga.de.
[83] OLG Frankfurt a. M. BeckRS 2018, 11676; WRP 2017, 718; OLG Düsseldorf 30.5.2017 – 15 W 13/17.
[84] LG Bamberg BeckRS 2017, 108559.
[85] BGH NJW 2008, 1744 – Gebühren für Abschlussschreiben; BGH GRUR 1973, 384 – Goldene Armbänder; OLG Celle GRUR-RS 2021, 29889 – Agressive Wildschweinrotte; LG Düsseldorf BeckRS 2011, 10202.
[1] Bsp. (nicht gewerbl. Rechtsschutz): OLG München BeckRS 2021, 28915; LG Berlin BeckRS 2016, 09975; LG Dortmund BeckRS 2010, 17274.
[2] OLG Hamburg NJW 1958, 1145; MüKoZPO/*Drescher* ZPO § 923 Rn. 2; Musielak/Voit/*Huber* ZPO § 923 Rn. 2.

4 Die **Höhe** der Sicherheitsleistung bestimmt sich nach der Höhe der Forderung, die mit dem Arrest gesichert werden soll, zzgl. Zinsen und Kostenpauschale.[3] Die Kosten des Arrestverfahrens bleiben außen vor.[4] Gegen die Höhe der Sicherheit kann der Antragsteller Berufung bzw. Beschwerde, der Antragsgegner Berufung bzw. Widerspruch erheben.[5] Die Höhe der Lösungssumme kann nachträglich geändert werden.[6] Gleichsam möglich ist eine einverständliche Bestimmung seitens der Parteien, die vom Gericht zu beachten ist.[7]

C. Sicherheitsleistung

5 § 923 sieht eine **Hinterlegung** der Sicherheitsleistung vor. Es stehen jedoch auch die in **§ 108** genannten Arten offen.[8]

6 Die **Hinterlegung** der Lösungssumme richtet sich nach den Hinterlegungsvorschriften des jeweiligen Bundeslandes. Der Antragsteller erwirbt ein **Pfandrecht** an der hinterlegten Sicherheit oder an dem Rückforderungsanspruch gegen den Staat, § 233 BGB.[9] Wer die Lösungssumme leistet, der Antragsgegner oder ein Dritter, ist unerheblich.[10]

7 Ist die Sicherheitsleistung hinterlegt, darf der Arrest nicht mehr vollzogen werden. Die Vollziehung ist gehemmt. Die **Zwangsvollstreckung** aus dem Arrest ist – auf Erinnerung hin – **einzustellen**, § 775 Nr. 3.[11] Der Antragsgegner kann die Lösungssumme dem Gerichtsvollzieher auch beim Vollstreckungsversuch übergeben. Der Gerichtsvollzieher hat die Sicherheit dann zu hinterlegen (§ 155 Abs. 1 Nr. 5 GVGA). Der Bestand des Arrests bleibt von der Leistung der Sicherheit unberührt.[12]

8 Eine **geleistete Sicherheit wird frei**, wenn im Widerspruchsverfahren der Arrestbefehl aufgehoben wird. Hieran ändert weder die Einlegung der Berufung etwas noch die Erhebung der Klage in der Hauptsache.[13] Auf Antrag gem. § 109 Abs. 2 ist anzuordnen, dass die Sicherheit zurückgegeben wird.

§ 924 Widerspruch

(1) Gegen den Beschluss, durch den ein Arrest angeordnet wird, findet Widerspruch statt.

(2) [1] Die widersprechende Partei hat in dem Widerspruch die Gründe darzulegen, die sie für die Aufhebung des Arrestes geltend machen will. [2] Das Gericht hat Termin zur mündlichen Verhandlung von Amts wegen zu bestimmen. [3] Ist das Arrestgericht ein Amtsgericht, so ist der Widerspruch unter Angabe der Gründe, die für die Aufhebung des Arrestes geltend gemacht werden sollen, schriftlich oder zum Protokoll der Geschäftsstelle zu erheben.

(3) [1] Durch Erhebung des Widerspruchs wird die Vollziehung des Arrestes nicht gehemmt. [2] Das Gericht kann aber eine einstweilige Anordnung nach § 707 treffen; § 707 Abs. 1 Satz 2 ist nicht anzuwenden.

Literatur: *Meiski,* Aus der Praxis: Widerspruch oder Aufhebungsantrag gegen eine einstweilige Verfügung wegen Ablaufs der Vollziehungsfrist, JuS 2006, 889; *Nieder,* Der Kostenwiderspruch gegen wettbewerbliche einstweilige Verfügungen, WRP 1979, 350; *Lemke,* Der Kostenwiderspruch gegen einstweilige Verfügungen, DRiZ 1992, 339; *Ule/Bahls,* Welches Gericht hat über den Widerspruch nach Anordnung eines Arrestes oder einer einstweiligen Verfügung in der Beschwerdeinstanz zu entscheiden? MDR 1973, 889.

A. Normzweck und Anwendungsbereich

1 § 924 dient dem **Schutz des Antragsgegners.** Er kann gegen einen Arrestbefehl, der ohne mündliche Verhandlung durch Beschluss ergangen ist, Widerspruch erheben, der nach § 925 zur Überprüfung der Rechtmäßigkeit aufgrund mündlicher Verhandlung und folglich zum Nachholen des rechtlichen Gehörs führt.[1] Der Widerspruch ist kein Rechtsmittel, sondern ein Rechtsbehelf.

---

[3] OLG München FGPrax 2016, 68; MüKoZPO/*Drescher* ZPO § 923 Rn. 2; Zöller/*Vollkommer* ZPO § 923 Rn. 1.
[4] Musielak/Voit/*Huber* ZPO § 923 Rn. 2; Schuschke/Walker/*Walker* ZPO § 923 Rn. 4.
[5] MüKoZPO/*Drescher* ZPO § 923 Rn. 2; Musielak/Voit/*Huber* ZPO § 923 Rn. 2.
[6] OLG Köln DGVZ 2000, 75; BeckOK ZPO/*Mayer* § 923 Rn. 1.
[7] Schuschke/Walker/*Walker* ZPO § 923 Rn. 4.
[8] BeckOK ZPO/*Mayer* § 923 Rn. 1; MüKoZPO/*Drescher* ZPO § 923 Rn. 3.
[9] MüKoZPO/*Drescher* ZPO § 923 Rn. 4; Musielak/Voit/*Huber* ZPO § 923 Rn. 3.
[10] MüKoZPO/*Drescher* ZPO § 923 Rn. 4.
[11] BeckOK ZPO/*Mayer* § 923 Rn. 2; MüKoZPO/*Drescher* ZPO § 923 Rn. 5.
[12] BeckOK ZPO/*Mayer* § 923 Rn. 2; Musielak/Voit/*Huber* ZPO § 923 Rn. 3.
[13] OLG Düsseldorf NJW-RR 1987, 511. AA OLG Düsseldorf BeckRS 1993, 09345 (Freiwerden erst wenn der Gläubiger endgültig befriedigt worden ist oder das Gericht des Hauptprozesses dessen Anspruch rechtskräftig als unbegründet abgewiesen hat).
[1] BVerfG GRUR 2020, 1119 – Zahnabdruckset; OLG Düsseldorf GRUR-RS 2019, 5570 – Einmalkatheter.

Widerspruch 2–9 § 924 ZPO

Der Widerspruch steht **neben** den **Rechtsbehelfen** gem. § 926 und § 927. Der Antragsgegner hat grds. die Wahl.² Zeitgleich können die Rechtsbehelfe allerdings nicht in Anspruch genommen werden. Anträgen nach §§ 926 Abs. 2, 927 fehlt das Rechtsschutzbedürfnis, wenn in einem Widerspruchsverfahren deren Voraussetzungen geltend gemacht werden.³   2

§ 924 geht der Vollstreckungsabwehrklage gem. § 767 mit dem Ziel der Aufhebung des Arrestes vor.⁴   3

Aufgrund der Verweisungsnorm § 936 findet § 924 auch Anwendung auf **einstweilige Verfügungen,** Ausnahme bei § 942. Der Einfachheit halber wird im Folgenden nur von einstweiliger Verfügung gesprochen, gemeint ist stets auch der Arrest. Im gewerblichen Rechtsschutz ergeben sich hinsichtlich des Widerspruchsverfahrens keine Abweichungen zu den allgemein gültigen Grundsätzen.   4

B. Widerspruch

I. Form, Frist und Inhalt

Die Einlegung des Widerspruchs erfolgt grds. **schriftlich.** Beim AG (§ 942 Abs. 2 S. 3) kann der Widerspruch privatschriftlich oder zu Protokoll der Geschäftsstelle gestellt werden. Beim LG herrscht **Anwaltszwang,** § 78.⁵   5

Der Widerspruch kann ohne Einhaltung einer bestimmten **Frist** eingelegt werden. Er kann – soweit kein Hauptsacheverfahren läuft – bei zu langem Zuwarten allerdings **verwirkt** sein.⁶ Die Einlegung vor Zustellung der einstweiligen Verfügung ist möglich.⁷ Die Erhebung des Widerspruchs ist zudem auch gegen eine nicht zugestellte oder nicht vollzogene Beschlussverfügung zulässig.⁸   6

Nach § 924 Abs. 2 S. 1, 3 hat der Widerspruch eine **Begründung** zu enthalten. Auch wenn es sich um eine Sollvorschrift handelt, ist eine Begründung im Widerspruchsschriftsatz zweckmäßig.⁹   7

Der Widerspruch kann sich gegen die erlassene – und noch nicht rechtskräftig aufgehobene – einstweilige Verfügung insgesamt richten, **Vollwiderspruch,** oder auf selbständige Teile der Verfügung (mehrere Streitgegenstände) beschränkt sein. Er kann auch dem Ziel dienen, eine **Aufbrauchfrist** eingeräumt zu bekommen.¹⁰   8

Gleichfalls möglich ist eine – ggf. nachträgliche – Beschränkung auf die Kosten, **Kostenwiderspruch.**¹¹ Diese Beschränkung ist seitens des Antragsgegners zweifelsfrei klar zu stellen.¹² In dem Kostenwiderspruch sind das (konkludente) Anerkennen des Titels in der Hauptsache und ein Verzicht auf einen Vollwiderspruch zu sehen.¹³ Ein Übergang vom Kostenwiderspruch zum Vollwiderspruch ist deswegen grds. unzulässig.¹⁴ Umfasst die einstweilige Verfügung mehrere Streitgegenstände, kann gegen den einen Vollwiderspruch und gegen den anderen Kostenwiderspruch eingelegt werden.¹⁵ Der   9

---

² BeckOK ZPO/*Mayer* § 924 Rn. 3; *Berneke/Schüttpelz* Rn. 398; MüKoZPO/*Drescher* ZPO § 924 Rn. 3; Musielak/Voit/*Huber* ZPO § 924 Rn. 2.
³ OLG Koblenz GRUR 1989, 374; OLG Düsseldorf NJW-RR 1988, 188; BeckOK ZPO/*Mayer* § 924 Rn. 3; MüKoZPO/*Drescher* ZPO § 924 Rn. 5; Musielak/Voit/*Huber* ZPO § 924 Rn. 2 f.
⁴ BeckOK ZPO/*Mayer* § 924 Rn. 3; MüKoZPO/*Drescher* ZPO § 924 Rn. 4; Musielak/Voit/*Huber* ZPO § 924 Rn. 2.
⁵ OLG Düsseldorf OLGZ 1983, 358; OLG Koblenz NJW 1980, 2588; *Berneke/Schüttpelz* Rn. 184; Harte-Bavendamm/Henning-Bodewig/*Retzer* UWG § 12 Rn. 469; MüKoZPO/*Drescher* ZPO § 924 Rn. 9; Musielak/Voit/*Huber* ZPO § 924 Rn. 5; Ohly/Sosnitza/*Sosnitza* UWG § 12 Rn. 149.
⁶ OLG Frankfurt a. M. BeckRS 1995, 02487 (9 Monate, offen gelassen); KG GRUR 1985, 237 (nach 2½ Jahren); OLG Celle GRUR 1980, 945 – Widerspruchsverwirkung (4½ Jahre, offen gelassen); OLG Düsseldorf NJW 1972, 1955; OLG Hamburg WRP 1958, 120; LG Düsseldorf BeckRS 2016, 122224 (4 Monate, offen gelassen); LG Düsseldorf InstGE 11, 35 – Abmahnung bei Besichtigungsanspruch (nicht nach 2 Jahren).
⁷ BeckOK ZPO/*Mayer* § 924 Rn. 9.
⁸ OLG Koblenz Magazindienst 2013, 516.
⁹ Nach Ansicht des LG München WRP 1996, 253 ist ein nicht begründeter Widerspruch unwirksam. Zustimmend: Harte-Bavendamm/Henning-Bodewig/*Retzer* UWG § 12 Rn. 472.
¹⁰ Zum UWG: *Berneke/Schüttpelz* Rn. 356; Fezer/*Büscher* UWG § 12 Rn. 136; Köhler/Bornkamm/*Köhler* UWG § 12 Rn. 3.42; Ohly/Sosnitza/*Sosnitza* UWG § 12 Rn. 150; *Ulrich* GRUR 1991, 26. Zur Aufbrauchfrist im Patentverletzungsprozess: BGH GRUR 2016, 1031 – Wärmetauscher.
¹¹ BGH NJW 1986, 1815; OLG München NJWE-WettbR 1996, 139; GRUR 1990, 482; *Berneke/Schüttpelz* Rn. 415 ff.; Harte-Bavendamm/Henning-Bodewig/*Retzer* UWG § 12 Rn. 480 ff.; *Melullis* Rn. 246; Ohly/Sosnitza/*Sosnitza* UWG § 12 Rn. 150; Teplitzky/*Feddersen* Kap. 55 Rn. 9. Kein Raum mehr für einen Kostenwiderspruch ist bei übereinstimmender Erledigungserklärung gegeben: OLG Köln WRP 2016, 1556.
¹² OLG Hamburg BeckRS 2008, 07211; OLG Dresden 21.3.2003 – 14 W 664/02, zitiert nach *Marx* WRP 2004, 970. Nach LG Düsseldorf BeckRS 2008, 19885 ist Auslegung einer Rücknahmeerklärung möglich.
¹³ OLG Nürnberg BeckRS 2018, 14941; OLG München MarkenR 2012, 279 KG BeckRS 2011, 14599; OLG Hamburg BeckRS 2008, 07211; OLG Stuttgart BeckRS 1997, 08337; OLG Hamm GRUR 1991, 633 – Kostenwiderspruch.
¹⁴ BGH NJW-RR 2003, 1293; OLG Hamburg NJW-RR 2000, 1238; OLG Hamm GRUR 1991, 633 – Kostenwiderspruch.
¹⁵ KG BeckRS 2011, 14599.

Kostenwiderspruch kann nicht mit dem Fehlen eines Verfügungsanspruchs oder eines Verfügungsgrundes begründet werden.[16] Keine Bedingung des Kostenwiderspruchs ist ein Verzicht auf die Rechte aus §§ 925, 927[17] oder das Anerkenntnis des materiell-rechtlichen Anspruchs.[18] Die Beschränkung des Widerspruchs auf die Kosten ändert nicht den Charakter des der einstweiligen Verfügung zugrunde liegenden Rechtsgebiets; eine einstweilige Verfügung, die auch auf der Verletzung eines (technischen) Schutzrechts bzw. auf einem Verstoß gegen das UWG oder GeschGehG beruht, bleibt auch bei Beschränkung des Widerspruchs eine Patent-, Gebrauchsmuster-, Design-, Marken-, Urheberrechts-, Geschäftsgeheimnis bzw. UWG-Streitigkeit.[19] Der Kostenwiderspruch bietet sich an, wenn der Antragsteller den Antragsgegner nicht abgemahnt hatte, obwohl eine Abmahnung möglich und zumutbar gewesen ist, so dass nach den Grundsätzen des § 93 dem Antragsteller die Kosten aufzuerlegen sind. Das Ziel und Interesse des Antragsgegners aus diesem Grunde nicht die Kosten tragen zu müssen, ist für den Streitwert eines Kostenwiderspruchs maßgeblich,[20] weshalb die streitigen Kosten den Streitwert des Kostenwiderspruchs bestimmen, nicht hingegen der ursprüngliche Streitwert der Eilmaßnahme.[21]

10 Der Widerspruch kann jederzeit ohne Zustimmung des Antragstellers bis zur formellen Rechtskraft des Urteils zurückgenommen werden.[22] Die Kosten trägt bei **Rücknahme** der Antragsgegner analog § 516 Abs. 3. Nach Rücknahme kann der Widerspruch erneut eingelegt werden.

11 Auf die Einlegung des Widerspruchs kann der Antragsgegner verzichten, §§ 515, 565. Ein **Verzicht** nimmt dem Widerspruch das Rechtsschutzbedürfnis. Der Umfang eines Verzichts muss eindeutig erkennbar sein.[23] Ein Verzicht kann infolge eines Abschlussschreibens anzunehmen sein.[24]

II. Zuständigkeit

12 Zuständig ist das Gericht, das die **einstweilige Verfügung erlassen** hat. Es sei denn, die einstweilige Verfügung wurde vom AG als Notgericht iSd § 942 Abs. 1 erlassen. Dann ist für den Widerspruch das Gericht der Hauptsache (§ 937) zuständig. Ist die einstweilige Verfügung vom Beschwerdegericht erlassen worden, ist für den Widerspruch gleichwohl die erste Instanz zuständig.[25] Das Gericht erster Instanz ist nicht an die rechtliche Beurteilung des Beschwerdegerichts gebunden.

13 Stellt sich im Rahmen des Widerspruchsverfahren heraus, dass das Gericht, das die Verfügung erlassen hat, **nicht zuständig** war, ist für die Überprüfung der Beschlussverfügung das Gericht der Hauptsache (§ 937, § 919) zuständig. An dieses ist bei einem entsprechenden Antrag gem. § 281 zu verweisen, wobei streitig ist, ob dies unter Aufrechthaltung[26] oder Aufhebung[27] der einstweiligen Verfügung stattzufinden hat. Im Berufungsverfahren (§ 513 Abs. 2)oder Beschwerdeverfahren ist die örtliche Zuständigkeit demgegenüber nicht überprüfbar.[28]

III. Verfahren nach Einlegung des Widerspruchs

14 § 924 Abs. 2 S. 2 zufolge ist nach Eingang eines Widerspruchs von Amts wegen eine **mündliche Verhandlung** (inklusive Gütetermin) anzuberaumen. Bei der Terminierung gilt der Beschleunigungsgrundsatz.[29] Die Ladungsfrist bestimmt sich nach § 217, eine Abkürzung nach § 226. Ist der Antragsgegner bislang nicht von einem Rechtsanwalt vertreten, gilt beim LG § 271 Abs. 2.

15 Ein Übergang in das Hauptsacheverfahren ist nicht möglich.

---

[16] OLG Frankfurt a. M. GRUR-Prax 2021, 351; OLG Hamburg WRP 1996, 442; LG Hamburg BeckRS 2016, 09518; LG Frankfurt a. M. BeckRS 2015, 10583; Benkard/*Grabinski/Zülch* PatG § 139 Rn. 153 f.
[17] OLG Hamm GRUR 1991, 633 – Kostenwiderspruch; OLG Stuttgart WRP 1970, 403.
[18] OLG Düsseldorf 29.9.2016 – 20 U 97/16.
[19] OLG Düsseldorf Mitt. 2014, 345.
[20] OLG München OLGR 2002, 428.
[21] OLG Düsseldorf 25.2.2014 – 15 U 5/14; OLG Hamburg OLGR 2008, 920; OLG Karlsruhe WRP 2007, 1501.
[22] MüKoZPO/*Drescher* ZPO § 924 Rn. 13; Musielak/Voit/*Huber* ZPO § 924 Rn. 5.
[23] MüKoZPO/*Drescher* ZPO § 924 Rn. 12.
[24] Harte-Bavendamm/Henning-Bodewig/*Retzer* UWG § 12 Rn. 468; MüKoZPO/*Drescher* ZPO § 924 Rn. 12.
[25] OLG Düsseldorf BeckRS 2010, 33152; KG WRP 2008, 253; OLG Dresden JurBüro 2000, 138; Harte-Bavendamm/Henning-Bodewig/*Retzer* UWG § 12 Rn. 470; Köhler/Bornkamm/*Feddersen* UWG § 12 Rn. 2.42; MüKoZPO/*Drescher* ZPO § 924 Rn. 10; Musielak/Voit/*Huber* ZPO § 924 Rn. 7; Wandtke/Bullinger/*Kefferpütz* UrhG Vor §§ 97 ff. Rn. 152; Zöller/*Vollkommer* ZPO § 924 Rn. 6. AA KG NJW-RR 2004, 1665.
[26] OLG Hamm OLGZ 89, 340; BeckOK ZPO/Mayer § 924 Rn. 11; MüKoZPO/*Drescher* ZPO § 924 Rn. 10.
[27] LG Arnsberg NJW-RR 1993, 318; *Berneke/Schüttpelz* Rn. 266; Büscher/*Schmidt* UWG § 12 Rn. 322; Musielak/Voit/*Huber* ZPO § 924 Rn. 5.
[28] OLG Düsseldorf GRUR 2021, 984.
[29] BVerfG GRUR-RS 2020, 13380 – Verfahren Berlin II; BVerfG GRUR 2020, 773 – Personalratswahlen bei der Bundespolizei; BVerfG GRUR 2020, 1119 – Zahnabdruck.

Bei Einlegung eines **Kostenwiderspruch**s ist eine mündliche Verhandlung nicht zwingend; über ihn kann nach § 128 Abs. 3 im schriftlichen Verfahren entschieden werden.[30]. Es fällt keine Terminsgebühr an.[31]

IV. Wirkung des Widerspruchs

Dem Widerspruch kommt nach § 924 Abs. 3 S. 1 **keine aufschiebende Wirkung** zu. Die Vollziehung der einstweiligen Verfügung wird nicht gehemmt; das Kostenfestsetzungsverfahren aus der Kostengrundentscheidung der einstweiligen Verfügung kann betrieben werden.

Nach § 924 Abs. 3 S. 2 sind einstweilige Anordnungen gem. § 707 möglich. Die **einstweilige Einstellung** der Vollziehung einer Unterlassungsverfügung ist indessen grds. unzulässig, da sie dem Zweck der Eilmaßnahme zuwiderläuft. Sie kann nur ausnahmsweise angeordnet werden, wenn die einstweilige Verfügung mit **großer Wahrscheinlichkeit keinen Bestand** haben wird.[32]

Ein auf §§ 924 Abs. 3 S. 2 iVm § 707 Abs. 1 S. 1 gestützter Vollstreckungsschutzantrag für die Zeit bis zur Entscheidung über den Widerspruch erledigt sich mit der Entscheidung über den Widerspruch.[33]

§ 925 Entscheidung nach Widerspruch

(1) **Wird Widerspruch erhoben, so ist über die Rechtmäßigkeit des Arrestes durch Endurteil zu entscheiden.**

(2) **Das Gericht kann den Arrest ganz oder teilweise bestätigen, abändern oder aufheben, auch die Bestätigung, Abänderung oder Aufhebung von einer Sicherheitsleistung abhängig machen.**

Literatur: *Gröning*, Im Brennpunkt: Die Kosten des Verfügungsverfahrens nach abgewiesener oder zurückgenommener Hauptsacheklage, WRP 1992, 679; *Hess*, Erstattung der Kosten des Eilverfahrens nach Obsiegen in der Hauptsache, MDR 1994, 120.

A. Anwendungsbereich

§ 925 ist aufgrund des § 936 auf einstweilige Verfügungen anwendbar, wobei Abs. 2 durch § 939 eine Einschränkung erfährt. Im Folgenden wird der Einfachheit halber nur von einstweiliger Verfügung gesprochen, gemeint ist stets auch der Arrest.

B. Rechtmäßigkeit der einstweiligen Verfügung

Nach § 925 Abs. 1 ist nach Erhebung des Widerspruchs (§ 924) über die Rechtmäßigkeit der per Beschluss erlassenen einstweiligen Verfügung zu entscheiden. Aufgrund mündlicher Verhandlung wird das rechtliche Gehör des Antragsgegners nachgeholt.

Die Überprüfung der Rechtmäßigkeit der einstweiligen Verfügung besteht nicht in der Prüfung, ob sie damals zu Recht erlassen worden ist. Das Gericht hat vielmehr zu prüfen, ob im **Zeitpunkt** des Schlusses der mündlichen **(Widerspruchs-)Verhandlung** sämtliche Voraussetzungen für den Erlass einer einstweiligen Verfügung gegeben sind. An seine Einschätzung zum Zeitpunkt der Beschlussverfügung ist das Gericht nicht gebunden. Die einstweilige Verfügung steht vielmehr vollumfänglich auf dem Prüfstand. Beide Parteien können sich deshalb auch auf neue, veränderte Umstände berufen, die nach Erlass der einstweiligen Verfügung bis zum Schluss der mündlichen Verhandlung eingetreten sind. Ein Austausch des Verfügungsanspruchs ist allerdings nicht zu lässig.[1]

Neue Tatsachen sind zu berücksichtigen, so dass bspw. der Verfügungsgrund entfallen sein kann, weil der Antragsteller zwischenzeitlich über ein nicht rechtskräftiges Urteil in der Hauptsache verfügt,[2]

---

[30] OLG Düsseldorf BeckRS 2010, 33152; KG GRUR-RR 2008, 143 – Terminsgebühr II; OLG Frankfurt a. M. GRUR-RR 2007, 62 – Terminsgebühr; LG München GRUR-Prax 2011, 323.
[31] KG GRUR-RR 2008, 143 – Terminsgebühr II; OLG Frankfurt a. M. GRUR-RR 2007, 62 – Terminsgebühr. Die Entscheidung BGH NJW 2020, 2474 dürfte dieser Ansicht nicht entgegenstehen. Auch wenn im einstweiligen Verfügungsverfahren der Grundsatz der Mündlichkeit (§ 128 Abs. 1) herrscht und dem Gericht hinsichtlich der Anberaumung einer mündlichen Verhandlung grds. kein Ermessen zusteht, erwächst ein solches hier ausnahmsweise aus § 128 Abs. 3.
[32] BGH NJW-RR 1997, 1155; OLG Hamburg NJWE-WettbR 2000, 51; OLG Koblenz GRUR 1989, 934; OLG Köln GRUR 1982, 504; OLG Koblenz WRP 1981, 545; OLG Köln WRP 1973, 665; OLG Nürnberg GRUR 1983, 469. Anders OLG Düsseldorf BeckRS 2011, 16058, wonach es genügt, wenn die Aufhebung der Verfügung „mindestens mit einiger Wahrscheinlichkeit" zu erwarten ist. Ähnlich LG Hamburg BeckRS 2018, 39423, das darauf abstellt, ob bei einem Patentverletzungsverfahren und anhängiger Nichtigkeitsklage aus Sicht des Verfügungsgerichts der Erfolg des Rechtsbestandsangriffs „lediglich nicht auszuschließen" ist.
[33] LG Hamburg BeckRS 2013, 02815.
[1] MüKoZPO/*Drescher* ZPO § 925 Rn. 4; Musielak/Voit/*Huber* § 925 Rn. 2.
[2] MüKoZPO/*Drescher* ZPO § 925 Rn. 3.

der Anspruch erfüllt wurde oder der Anspruch aus anderen Gründen erloschen ist,³ zB wegen Versäumung der Vollziehungsfrist.⁴ Der Verfügungsanspruch kann zu verneinen sein, wenn die Hauptsache rechtskräftig abgewiesen wurde.⁵ Gleichsam in die Prüfung fließt eine veränderte Beweislage ein; **neue Glaubhaftmachungsmittel** sind zu beachten.⁶

5   Eine Einschränkung der Prüfung ist nur gegeben, wenn es sich um einen Kostenwiderspruch handelt. Vgl. → § 924 Rn. 9.

6   Es gelten die Grundsätze des summarischen Verfahrens, so dass insbes. Tatsachen lediglich glaubhaft zu machen (§ 920) und nicht zu beweisen sind.

I. Entscheidung

7   Die Entscheidung ergeht aufgrund mündlicher Verhandlung in Form eines **Endurteils**. Auch bei einem Kostenwiderspruch, selbst wenn die Entscheidung hierüber nach § 128 Abs. 3 ohne mündliche Verhandlung erfolgt. Für das Urteil gelten die §§ 313 ff. Der Antragsteller heißt in dem Urteil Verfügungskläger, der Antragsgegner Verfügungsbeklagter.

8   Das Urteil lautet auf **Bestätigung, Aufhebung oder Abänderung** der einstweiligen Verfügung, § 925 Abs. 2. Eine Bestätigung wirkt ex tunc. Die Anordnung einer Sicherheitsleistung ist als Abänderung zu qualifizieren. Bei Aufhebung der einstweiligen Verfügung wird der Antrag auf ihren Erlass zurückgewiesen. Ein unzulässiger Widerspruch ist analog § 341 Abs. 1 S. 2 zu verwerfen.⁷

9   Das Urteil enthält von Amts wegen eine **Kostenentscheidung.** Es gelten die §§ 91 ff. Bei Verwerfung des Widerspruchs greift § 97. Wird die einstweilige Verfügung bestätigt, trägt der Antragsgegner/Verfügungsbeklagte die weiteren Kosten. Auch dann, wenn das Obsiegen des Verfügungsklägers auf veränderten Umstände beruht.⁸ Eine Kostentrennung nach Verfahrensabschnitten erfolgt nicht.⁹ Wird die einstweilige Verfügung aufgehoben und der Antrag auf Erlass der Verfügung zurückgewiesen, trägt der Antragsteller/Verfügungskläger die gesamten Kosten. Bei teilweiser Aufhebung findet § 92 Anwendung.

10 Obsiegt der Antragsteller in der Hauptsache nachdem er im Eilverfahren unterlegen war, erwächst ihm dadurch kein materiell-rechtlicher Kostenerstattungsanspruch für die Kosten des einstweiligen Rechtsschutzverfahrens.¹⁰

11 Wird die einstweilige Verfügung bestätigt, ist das Urteil ohne weiteres mit Verkündung sofort vollstreckbar, auch hinsichtlich der weiteren Verfahrenskosten.¹¹ Ebenfalls keines Ausspruchs zur **vorläufigen Vollstreckbarkeit** bedarf es bei Verwerfung des Widerspruchs als unzulässig.¹² Bei ganzer oder teilweiser Aufhebung der einstweiligen Verfügung ergibt sich die vorläufige Vollstreckbarkeit aus § 708 Nr. 6. Die Wirkungen der einstweiligen Verfügung entfallen bereits mit Verkündung des die Verfügung aufhebenden Urteils, nicht erst mit dessen Rechtskraft.¹³ Die Aufhebung der Vollstreckungsmaßnahme kann der Verfügungsbeklagte beim Gerichtsvollzieher gem. §§ 775 Nr. 1, 3, 776, 766 bzw. beim Vollstreckungsgericht gem. §§ 767, 764 beantragen.

II. Rechtsmittel

12 Das Urteil ist mit der Berufung anfechtbar. Es gelten grds. die allgemeinen Vorschriften, wobei die Anwendung von § 531 streitig ist, vgl. → § 922 Rn. 21. Hat die erste Instanz eine per Beschluss erlassene einstweilige Verfügung auf den Widerspruch hin aufgehoben, und hebt das Berufungsgericht dieses Urteil auf, muss es die einstweilige Verfügung neu erlassen. Eine bloße Bestätigung reicht nicht aus,¹⁴ denn eine durch Beschluss erlassene einstweilige Verfügung verliert, wenn sie auf Widerspruch durch erstinstanzliches Urteil aufgehoben wird, sofort mit der Verkündung dieses Urteils endgültig

---

³ MüKoZPO/*Drescher* ZPO § 925 Rn. 3.
⁴ LG Düsseldorf BeckRS 2016, 21166.
⁵ LG Berlin FamRZ 1966, 513.
⁶ MüKoZPO/*Drescher* ZPO § 925 Rn. 3; Zöller/*Vollkommer* ZPO § 925 Rn. 4.
⁷ KG OLGR 1995, 106; OLG Celle GRUR 1980, 945 – Widerspruchsverwirkung.
⁸ OLG Koblenz JurBüro 1990, 107.
⁹ OLG Frankfurt a. M. WRP 1980, 423; OLG Koblenz JurBüro 1990, 106.
¹⁰ MüKoZPO/*Drescher* ZPO § 925 Rn. 9; Zöller/*Vollkommer* ZPO § 925 Rn. 8.
¹¹ *Berneke/Schüttpelz* Rn. 407; MüKoZPO/*Drescher* ZPO § 925 Rn. 10; Zöller/*Vollkommer* ZPO § 925 Rn. 9.
¹² MüKoZPO/*Drescher* ZPO § 925 Rn. 11; Musielak/Voit/*Huber* ZPO § 925 Rn. 4.
¹³ OLG Köln MDR 2003, 352; OLG Düsseldorf NJW-RR 2002, 138; OLG Hamburg MDR 1997, 394; KG NJW-RR 1996, 1088; OLG Düsseldorf NJW-RR 1987, 512; *Berneke/Schüttpelz* Rn. 409; Harte-Bavendamm/Henning-Bodewig/*Retzer* UWG § 12 Rn. 476; MüKoZPO/*Drescher* ZPO § 925 Rn. 10; Musielak/Voit/*Huber* ZPO § 925 Rn. 6. AA OLG Celle NJW-RR 1987, 64.
¹⁴ OLG Düsseldorf GRUR-RS 2021, 14806 – Schwimmbuchse; OLG Frankfurt a. M. GRUR-RR 2015, 247 – Immer Netz hat der Netzer; OLG Karlsruhe GRUR-RR 2014, 362 – Unternehmensübergang; KG GRUR-RR 2010, 22 – JACKPOT!; OLG Köln MDR 2003, 352; OLG Düsseldorf NJW-RR 2002, 138; 2000, 68; OLG Hamburg MDR 1997, 394. AA OLG Celle NJW-RR 1987, 64. Ein Antrag auf Bestätigung ist idR dahingehend auszulegen, dass der erneute Erlass einer identischen Verfügung beantragt wird: OLG Düsseldorf GRUR-RS 2021, 14806 – Schwimmbuchse OLG Frankfurt a. M. GRUR-RR 2015, 247 – Immer Netz hat der Netzer

ihre Wirksamkeit und kann von Berufungsgericht bei erfolgreicher Berufung nicht (rückwirkend) wiederhergestellt werden.[15] Erforderlich ist in diesem Falle eine eigene Vollziehung.[16] Eine Zurückverweisung nach § 538 Abs. 2 ist wegen der Eilbedürftigkeit idR nicht zulässig.[17]

Gegen das auf Kostenwiderspruch hin erlassene Urteil ist die sofortige Beschwerde gem. § 99 Abs. 2 statthaft.[18] Bei einer Mischentscheidung, weil lediglich ein teilweiser Kostenwiderspruch eingelegt worden ist, ist die Berufung gegeben.[19]   **13**

§ 926 Anordnung der Klageerhebung

(1) **Ist die Hauptsache nicht anhängig, so hat das Arrestgericht auf Antrag ohne mündliche Verhandlung anzuordnen, dass die Partei, die den Arrestbefehl erwirkt hat, binnen einer zu bestimmenden Frist Klage zu erheben habe.**

(2) **Wird dieser Anordnung nicht Folge geleistet, so ist auf Antrag die Aufhebung des Arrestes durch Endurteil auszusprechen.**

Literatur: *Burchert/Görl*, Die Wahrung der Frist des § 926 ZPO im Wettbewerbsverfahren, WRP 1976, 661; *Mädrich*, Das Verhältnis der Rechtsbehelfe des Antragsgegners im einstweiligen Verfügungsverfahren, 1980; *Meiski*, Aus der Praxis: Widerspruch oder Aufhebungsantrag gegen eine einstweilige Verfügung wegen Ablaufs der Vollziehungsfrist, JuS 2006, 889.

Übersicht

	Rn.
A. Normzweck und Anwendungsbereich	1
B. Anordnung der Klageerhebung	5
I. Antrag	5
II. Zuständigkeit	6
III. Zulässigkeitsvoraussetzungen	7
IV. Verfahren und Entscheidung	12
V. Rechtsmittel	14
C. Aufhebung der einstweiligen Verfügung	15
I. Nicht fristgerechte Klageerhebung	15
1. Klage	15
2. Frist	17
II. Verfahren und Entscheidung	20
III. Wirkungen und Rechtsmittel	25

A. Normzweck und Anwendungsbereich

§ 926 hat den **Schutz des Antragsgegners** vor Augen, der sich einem allein auf der Grundlage eines summarischen Verfahrens erlassenen Vollstreckungstitel gegenüber sieht. § 926 gibt ihm die Möglichkeit, den Antragsteller zu einem Hauptsacheverfahren zu zwingen, in dem die materielle Richtigkeit des Arrestes – auf Grund mündlicher Verhandlung mit gesteigertem Beweismaß – überprüft wird, ohne auf eine Feststellungsklage angewiesen zu sein. § 926 verhindert damit eine Verselbständigung des einstweiligen Rechtsschutzverfahrens und ein zögerliches Handeln des Antragstellers in Bezug auf die abschließende Entscheidung des Streits im Hauptsacheverfahren.[1]   **1**

§ 926 normiert ein **zweistufiges Verfahren:** Absatz 1 sieht die Anordnung einer Fristbestimmung zur Hauptsacheklage vor, Absatz 2 befasst sich mit der Aufhebung des Arrestes bei Versäumung dieser Frist.   **2**

Die Verweisung des § 936 erfasst § 926, so dass dessen Bestimmungen auch für das **einstweilige Verfügungsverfahren** gelten. Der Einfachheit halber wird im Folgenden nur von einstweiliger Verfügung gesprochen, gemeint ist stets auch der Arrest. Die im Folgenden verwendeten Bezeichnungen „Antragsteller" und „Antragsgegner" beziehen sich auf die ursprüngliche Parteirolle.   **3**

---

[15] OLG Düsseldorf GRUR-RS 2021, 14806 – Schwimmbuchse OLG Karlsruhe GRUR-RS 2013, 08776; KG GRUR-RR 2010, 22 – JACKPOT!; OLG Frankfurt a. M. NJW-RR 2002, 1080; OLG Düsseldorf WRP 1995, 73.
[16] Vgl. → § 929 Rn. 8.
[17] OLG Dresden BeckRS 2012, 1203; OLG Jena OLGR 2000, 76; OLG Karlsruhe GRUR 1978, 116.
[18] OLG München Magazindienst 2017, 180; KG BeckRS 2011, 7298; OLG Düsseldorf WRP 2010, 294; OLG Hamburg GRUR-RR 2007, 175 – Währungsangabe; OLG Frankfurt a. M. WRP 1996, 769; OLG München GRUR 1990, 482 – Anfechtung der Kostenentscheidung; OLG Stuttgart GRUR 1984, 163 – Unklare Unterlassungserklärung.
[19] OLG Hamm OLGZ 1987, 374.
[1] OLG Düsseldorf BeckRS 2018, 37796; OLG Frankfurt a. M. BeckRS 2016, 110807; BeckOK ZPO/*Mayer* § 926 Rn. 1; Berneke/*Schüttpelz* Rn. 497; MüKoZPO/*Drescher* ZPO § 926 Rn. 1; Musielak/Voit/*Huber* ZPO § 926 Rn. 1; Teplitzky/*Feddersen* Kap. 56 Rn. 2.

4 § 926 gilt für sämtliche einstweiligen Verfügungen auf dem Gebiet des gewerblichen Rechtsschutzes. Der Zulässigkeit einer **negativen Feststellungsklage** steht er nicht entgegen, da die Regelung des § 926 nicht abschließend ist.[2] Das Verfahren gem. § 926 steht neben dem **Aufhebungsverfahren** gem. § 927; beide können zeitgleich betrieben werden.[3]

B. Anordnung der Klageerhebung

Die erste Stufe des Verfahrens gem. § 926 ist das Klageerhebungsanordnungsverfahren (Absatz 1).

I. Antrag

5 Es bedarf eines Antrages. Die Klageerhebung wird nicht von Amts wegen angeordnet. Der Antrag kann schriftlich oder zu Protokoll des Urkundsbeamten oder gem. §§ 24 Abs. 3, 26 RPflG zu Protokoll des Rechtspflegers gestellt werden. Anwaltszwang herrscht nicht (§ 78 Abs. 5, § 13 RPflG). Der Antrag kann bereits vor Erlass der einstweiligen Verfügung für den Fall gestellt werden, dass diese erlassen wird.[4] Allerdings nicht schon in der Schutzschrift.[5]

II. Zuständigkeit

6 Zuständigkeit ist das **Arrestgericht** (§ 919) bzw. das **Gericht der Hauptsache** (§ 937). Es handelt sich um eine ausschließliche Zuständigkeit (§ 802). Hat das nach § 942 Abs. 1 nur subsidiär zuständige AG die einstweilige Verfügung erlassen, ist das sich aus § 937 Abs. 1 ergebende Hauptsachegericht zuständig.[6] **Funktional zuständig** ist der Rechtspfleger, § 20 Nr. 14 RPflG. Es sei denn, der Antrag ist bereits vor Erlass des Arrestbefehls gestellt worden, §§ 6, 8 RPflG. Dann entscheidet der Richter.

III. Zulässigkeitsvoraussetzungen

7 Es sind (nur) die **formalen Zulässigkeitsvoraussetzungen** des Antrages zu prüfen, nicht hingegen die Erfolgsaussichten der angeordneten Hauptsacheklage oder ob die einstweilige Verfügung zu Recht erlassen wurde.[7]

8 Die einstweilige Verfügung muss noch **Bestand** haben[8] und das **Hauptsacheverfahren** darf noch **nicht rechtshängig** sein.[9] Es genügt die Anhängigkeit eines Schiedsverfahrens[10] oder die Anhängigkeit vor einem ausländischen Gericht, wenn dessen Urteil im Inland anzuerkennen ist.[11] Die Rechtshängigkeit der Hauptsache steht zur Darlegungs- und Beweislast des Antragstellers.[12]

9 Es müssen ferner die allgemeinen Prozessvoraussetzungen vorliegen, so dass für den Antrag auch ein allgemeines **Rechtsschutzbedürfnis** streiten muss. Ein solches ist zB zu verneinen, wenn der Antragsteller bereits einen Vollstreckungstitel in der Hauptsache erwirkt hat,[13] der Antragsgegner eine notarielle Unterwerfungserklärung abgegeben hat und seine Unterlassungsverpflichtung nicht in Abrede stellt,[14] von der Eilmaßnahme für den Antragsgegner keinerlei Gefahr mehr ausgehen kann, die Aufhebung der Eilmaßnahme auf einfacherem Wege möglich ist, der Antragsteller auf die Vollstre-

---

[2] OLG Koblenz GRUR 1986, 94 – Veränderte Umstände; MüKoZPO/*Drescher* ZPO § 926 Rn. 2; Musielak/Voit/*Huber* ZPO § 927 Rn. 3; Zöller/*Vollkommer* ZPO § 927 Rn. 3. Offen gelassen: BGH NJW 1986, 1815.
[3] BeckOK ZPO/*Mayer* § 926 Rn. 3; MüKoZPO/*Drescher* ZPO § 926 Rn. 2; Zöller/*Vollkommer* ZPO § 927 Rn. 3. AA Teplitzky/*Feddersen* Kap. 56 Rn. 42.
[4] MüKoZPO/*Drescher* ZPO § 926 Rn. 3; Zöller/*Vollkommer* ZPO § 926 Rn. 9; Teplitzky/*Feddersen* Kap. 56 Rn. 4.
[5] Büscher/*Schmidt* UWG § 12 Rn. 481; Teplitzky/*Feddersen* Kap. 56 Rn. 4. AA *Melullis* Rn. 262.
[6] OLG Schleswig NJW-RR 1997, 829; BeckOK ZPO/*Mayer* § 926 Rn. 3; Büscher/*Schmidt* § 12 Rn. 480; Teplitzky/*Feddersen* Kap. 56 Rn. 4. Differenzierend nach dem Zeitpunkt der Antragstellung: Schuschke/Walker/*Walker* ZPO § 926 Rn. 29.
[7] OLG Köln Rpfleger 1981, 26; Büscher/*Schmidt* UWG § 12 Rn. 480; MüKoZPO/*Drescher* ZPO § 926 Rn. 5; Musielak/Voit/*Huber* ZPO § 927 Rn. 10. Anders bei offensichtlicher Aussichtslosigkeit der Hauptsache: OLG Hamburg GRUR 1986, 564; Zöller/*Vollkommer* ZPO § 926 Rn. 14.
[8] Nach rechtskräftiger Aufhebung des Arrestes bzw. Erledigungserklärung ist der Antrag unzulässig: BGH NJW 1973, 1329.
[9] BGH NJW-RR 1987, 685.
[10] BeckOK ZPO/*Mayer* § 926 Rn. 4.
[11] OLG Frankfurt a. M. Rpfleger 1981, 118; Teplitzky/*Feddersen* Kap. 56 Rn. 5; Zöller/*Vollkommer* ZPO § 926 Rn. 10.
[12] OLG Dresden OLGR 2001, 359.
[13] MüKoZPO/*Drescher* ZPO § 926 Rn. 5; Zöller/*Vollkommer* ZPO § 926 Rn. 11.
[14] Letztlich offengelassen: OLG Köln WRP 2015, 623.

ckung aus der Eilmaßnahme, auf den materiellen Anspruch und auf die Rechte aus der Kostenerstattung verzichtet hat,[15] eine Abschlusserklärung abgegeben wurde,[16] eine negative Feststellungsklage rechtshängig ist,[17] die Geltungsdauer einer zeitlich begrenzte Eilmaßnahme abgelaufen ist,[18] die Wiederholungsgefahr wegen Zeitablaufs weggefallen ist,[19] eine künftige Inanspruchnahme des Antragsgegners aus der Anordnung nicht mehr in Betracht kommt, zB wenn der Antragsteller ihn hiergegen sichergestellt hat[20] oder die Hauptsache für erledigt erklärt worden ist,[21] bei Erfüllung oder außergerichtlicher Einigung.[22] Einem Antrag auf Aufhebung der Kostenentscheidung der einstweiligen Verfügung fehlt das Rechtsschutzbedürfnis indessen nicht.[23]

Der Rechtspfleger darf den Antrag wegen Fehlens des Rechtsschutzbedürfnisses nur dann zurückweisen, wenn das Fehlen auf zweifelsfreien, offenkundigen Tatsachen beruht.[24] **10**

Ebenso wenig darf ein **Verzicht** des Antragsgegners auf das Verfahren nach § 926 vorliegen. Ein solcher kann bspw. erklärt werden durch einen Prozessvertrag, wonach die einstweilige Verfügung zu einer endgültigen Entscheidung wird,[25] in einem Abschlussschreiben[26] oder im Rahmen eines Kostenwiderspruchs.[27] **11**

IV. Verfahren und Entscheidung

Die Entscheidung ergeht durch Beschluss **ohne mündliche Verhandlung.** Dem Antragsteller ist rechtliches Gehör zu gewähren, damit dieser zur Rechtshängigkeit der Hauptsache Stellung nehmen kann.[28] **12**

Ein unzulässiger Antrag ist zurückzuweisen. Der **Beschluss** ist dem Antragsgegner zuzustellen, § 329 Abs. 3, der Antragsteller erhält eine formlose Mitteilung. Ist der Antrag zulässig, enthält der Beschluss eine Frist zur Erhebung der Hauptsacheklage und einen Hinweis darauf, welche Konsequenzen die Fristversäumung hat.[29] Die **Frist** muss angemessen sein. Welcher Zeitraum dies ist, bestimmt sich nach pflichtgemäßes Ermessen, wobei den Grundgedanken der §§ 276 Abs. 1 S. 2, 277 Abs. 3 Rechnung zu tragen ist.[30] IdR dürften drei bis vier Wochen genügen. Der Antragsteller muss sich bereits bei Einreichung des Eilantrages Gedanken über eine etwaige Hauptsacheklage gemacht haben. Die Frist kann auf Antrag per Beschluss verkürzt oder verlängert werden, § 224 Abs. 2. Eine Bezeichnung des zuständigen Hauptsachegerichts enthält der Beschluss nicht. Der Beschluss wird dem Antragsteller gem. § 329 Abs. 2 S. 2 zugestellt. Die Zustellung setzt die Klageerhebungsfrist in Gang. **13**

V. Rechtsmittel

Gegen die Zurückweisung des Antrages oder eine zu lange Fristsetzung[31] ist die sofortige Beschwerde gegeben, § 11 Abs. 1 RPflG, § 567 Abs. 1 Nr. 2. Die Rechtsbeschwerde ist nicht eröffnet. Gegen **14**

---

[15] BGH NJW 1993, 2687; OLG Köln GRUR-RR 2005, 101 – Hauptsacheklage-Fristsetzung; OLG Düsseldorf WRP 1988, 247; OLG Hamburg NJW-RR 1986, 1122. Ausreichend auch ohne Verzicht auf Kostenerstattung: *Berneke/Schüttpelz* Rn. 503; *Melullis* Rn. 264; *Teplitzky/Feddersen* Kap. 56 Rn. 5; *Zöller/Vollkommer* ZPO § 926 Rn. 12.
[16] OLG Düsseldorf BeckRS 2018, 37796.
[17] OLG Düsseldorf BeckRS 2018, 37796.
[18] OLG Frankfurt a. M. NJW-RR 2002, 1474; OLG Karlsruhe NJW-RR 1988, 252.
[19] BGH NJW 1974, 503.
[20] BGH NJW 1974, 503; OLG Düsseldorf NJW-RR 1988, 696; BeckOK ZPO/*Mayer* § 926 Rn. 6; MüKoZPO/*Drescher* ZPO § 926 Rn. 7; Musielak/Voit/*Huber* ZPO § 926 Rn. 5, 8. AA Stein/Jonas/Grunsky ZPO Rn. 7; Schuschke/Walker/*Walker* ZPO § 926 Rn. 8.
[21] BGH NJW 1974, 503; OLG München NJOZ 2013, 1544.
[22] BeckOK ZPO/*Mayer* § 926 Rn. 6; MüKoZPO/*Drescher* ZPO § 926 Rn. 7. Es sei denn, es besteht eine nachteilige Kostenentscheidung, die nicht mehr abänderbar ist: OLG Köln OLGR 2001, 51.
[23] OLG Köln GRUR-RR 2005, 101 – Hauptsacheklage-Fristsetzung; OLG Nürnberg ZUM-RS 2005, 515; LG Berlin BeckRS 2009, 12753. AA OLG Düsseldorf NJW-RR 1988, 696. Siehe auch OLG Köln GRUR-RR 2015, 405, welches die Frage jedoch letztlich offen lässt.
[24] Harte-Bavendamm/Henning-Bodewig/*Retzer* UWG § 12 Rn. 553; *Teplitzky/Feddersen* Kap. 56 Rn. 14; *Zöller/Vollkommer* ZPO § 926 Rn. 12.
[25] OLG Koblenz GRUR 1986, 94 – Veränderte Umstände.
[26] BGH NJW 1981, 1955; OLG Köln WRP 1987, 190; OLG Hamm NJW-RR 1988, 252.
[27] OLG Stuttgart BeckRS 1997, 08337. AA OLG Stuttgart WRP 1980, 102.
[28] BeckOK ZPO/*Mayer* § 926 Rn. 9; *Berneke/Schüttpelz* Rn. 506; Harte-Bavendamm/Henning-Bodewig/*Retzer* UWG § 12 Rn. 549; MüKoZPO/*Drescher* ZPO § 926 Rn. 4; Musielak/Voit/*Huber* ZPO § 926 Rn. 10; *Teplitzky/Feddersen* Kap. 56 Rn. 17. AA Büscher/*Schmidt* UWG § 12 Rn. 482; *Zöller/Vollkommer* ZPO § 926 Rn. 5.
[29] Bsp. (nicht gewerbl. Rechtsschutz): LG Berlin BeckRS 2012, 24478; LG Leipzig BeckRS 2011, 02558.
[30] BeckOK ZPO/*Mayer* § 926 Rn. 11; *Berneke/Schüttpelz* Rn. 507; MüKoZPO/*Drescher* ZPO § 926 Rn. 9; *Teplitzky/Feddersen* Kap. 56 Rn. 17.
[31] OLG Köln GRUR-RR 2005, 101 – Hauptsacheklage-Fristsetzung.

die Frist, die der Rechtspfleger gesetzt hat, steht dem Antragsteller die Erinnerung gem. § 11 Abs. 2 RPflG, § 569 Abs. 1 S. 1 zu.³² Die Fristsetzung durch den Richter ist nicht anfechtbar.³³

C. Aufhebung der einstweiligen Verfügung

Die zweite von § 926 vorgesehene Stufe ist das Aufhebungsverfahren (Absatz 2).

I. Nicht fristgerechte Klageerhebung

Die einstweilige Verfügung wird aufgehoben, wenn der Antragsteller der Anordnung der Klageerhebung binnen der gesetzten Frist nicht Folge geleistet hat.

15   **1. Klage.** Der Antragsteller kann die Erhebung der Hauptsacheklage durch **Leistungs- oder Feststellungsklage**³⁴ bewirken, auch im Wege der Widerklage. Die Prozessaufrechnung genügt nicht.³⁵ Die Klage muss zulässig sein und in ihrem Gegenstand mit dem im einstweiligen Verfügungsverfahren **gesicherten Anspruch übereinstimmen.**³⁶ Für die Unterlassungsverfügung bedeutet dies, dass der Antrag in der Hauptsache auf dasselbe Unterlassungsgebot gerichtet sein muss.³⁷ Eine Teilklage ist möglich, hat indes zur Folge, dass hinsichtlich des nicht eingeklagten Teils § 926 Abs. 2 greift.

16   Die Einleitung des Hauptsacheverfahrens vor einem Schiedsgericht genügt, ebenso vor einem ausländischen Gericht, wenn dessen Urteil im Inland anzuerkennen ist.³⁸

17   **2. Frist.** Die Hauptsacheklage muss fristwahrend erhoben worden sein. Klageerhebung erfolgt durch die **Zustellung** der Klageschrift, § 253 Abs. 1. Die Frist wird also nicht bereits durch die Einreichung der Klageschrift bei Gericht gewahrt, sondern erst durch die Zustellung der Klageschrift an den Antragsgegner der einstweiligen Verfügung.³⁹ Eine Zustellung demnächst iSd § 167 reicht nach zutreffender Meinung aus.⁴⁰ § 167 gilt für alle prozessualen Fristen. Ein Grund für die Schlechterstellung eines Gläubigers im Aufhebungsverfahren gegenüber einem Gläubiger eines anderen Verfahrens ist nicht ersichtlich. Der Aufhebungsantrag findet dann seine Erledigung.⁴¹ Die Einreichung eines Prozesskostenhilfegesuchs ist fristwahrend, wenn der Antragsteller alsbald nach Bewilligung der Prozesskostenhilfe das Klageverfahren einleitet.⁴² Einreichung bei unzuständigem Gericht genügt, wenn Möglichkeit der Verweisung besteht.⁴³

18   Ausgangspunkt ist die mit dem Beschluss gem. Absatz 1 gesetzte Frist, nicht die 31-Tage-Frist des Art. 50 Abs. 6 des **TRIPS-Übereinkommens.** Diese gilt für auf §§ 935, 940 gestützte einstweilige Verfügungen nicht unmittelbar.⁴⁴

19   Maßgeblicher **Beurteilungszeitpunkt** für die Frage der Fristwahrung ist der Schluss der mündlichen Verhandlung im Aufhebungsverfahren erster Instanz.⁴⁵ Der Antragsteller hat bis dahin die Möglichkeit, den Mangel zu heilen und die – bis dahin versäumte – Klageerhebung nach zu holen, § 231 Abs. 2.⁴⁶ Der Antragsgegner kann dann seinen Aufhebungsantrag zurücknehmen oder für erledigt erklären.⁴⁷ Ein **Nachholen** in der Berufungsinstanz ist demgegenüber nicht mehr möglich,

---

³² BGH NJW-RR 1987, 685; OLG Stuttgart Rpfleger 2008, 475. AA OLG Karlsruhe WRP 1983, 104.
³³ BeckOK ZPO/*Mayer* § 926 Rn. 13; MüKoZPO/*Drescher* ZPO § 926 Rn. 10; Musielak/Voit/*Huber* ZPO § 926 Rn. 12.
³⁴ MüKoZPO/*Drescher* ZPO § 926 Rn. 12; Musielak/Voit/*Huber* ZPO § 926 Rn. 13.
³⁵ MüKoZPO/*Drescher* ZPO § 926 Rn. 12.
³⁶ BGH GRUR 1993, 998 – Verfügungskosten; *Berneke/Schüttpelz* Rn. 509; Harte-Bavendamm/Henning-Bodewig/*Retzer* UWG § 12 Rn. 463; Musielak/Voit/*Huber* ZPO § 926 Rn. 13; MüKoZPO/*Drescher* ZPO § 926 Rn. 13; Teplitzky/*Feddersen* Kap. 56 Rn. 21.
³⁷ BGH NJW 2001, 157; GRUR 1993, 998 – Verfügungskosten; OLG Karlsruhe NJW 1973, 1509.
³⁸ BeckOK ZPO/*Mayer* § 926 Rn. 20; Musielak/Voit/*Huber* ZPO § 926 Rn. 15; Teplitzky/*Feddersen* Kap. 56 Rn. 20.
³⁹ KG BeckRS 2010, 23729. AA OLG Hamm BeckRS 2010, 03165, das auf die Einreichung bei Gericht abstellt, wobei eine Einreichung per Fax genügen soll.
⁴⁰ OLG Frankfurt a. M. BeckRs 2020, 2437; 2016, 110807; KG BeckRS 2010, 23729; OLG Düsseldorf BeckRS 2008, 23403 (jedenfalls dann, wenn die Zustellung der Hauptsacheklage noch vor dem Schluss der mündlichen Verhandlung über den Aufhebungsantrag erfolgt); OLG Celle BeckRS 2007, 09425; KG BeckRS 1997, 05516; OLG Hamm OLGZ 1989, 322; Harte-Bavendamm/Henning-Bodewig/*Retzer* UWG § 12 Rn. 560; MüKoZPO/*Drescher* ZPO § 926 Rn. 15; Teplitzky/*Feddersen* Kap. 56 Rn. 18; Zöller/*Vollkommer* ZPO § 926 Rn. 32. AA: OLG Koblenz NJW-RR 1995, 443; Musielak/Voit/*Huber* ZPO § 926 Rn. 15.
⁴¹ OLG Frankfurt a. M. BeckRS 2020, 24237; 2016, 110807.
⁴² OLG Düsseldorf WRP 2015, 396.
⁴³ OLG Hamm OLGR 1994, 142; OLG Nürnberg GRUR 1957, 296 – Fotomodell.
⁴⁴ OLG Frankfurt a. M. NJOZ 2004, 874 – Verkauf manipulierter Update-Versionen als Vollversions-Software; OLG Hamburg GRUR 2003, 873 – Pflanzgutangebot. Vgl. auch → § 940 Rn. 5.
⁴⁵ OLG Frankfurt a. M. GRUR 1987, 651 – eV Aufhebung und Hauptsacheklage.
⁴⁶ OLG Frankfurt a. M. NJW-RR 2020, 1327; OLG Düsseldorf OLGR 2009, 92; OLG Frankfurt a. M. GRUR 1987, 651 – eV Aufhebung und Hauptsacheklage.
⁴⁷ MüKoZPO/*Drescher* ZPO § 926 Rn. 17; Musielak/Voit/*Huber* ZPO § 926 Rn. 16.

Aufhebung wegen veränderter Umstände **§ 927 ZPO**

da die einstweilige Verfügung in diesem Fall bereits mit Urteil der ersten Instanz aufgehoben worden ist.[48]

II. Verfahren und Entscheidung

Das Aufhebungsverfahren setzt einen **Antrag** voraus. Dieser ist schriftlich einzureichen; vor dem 20
LG besteht Anwaltszwang. Er kann vor Ablauf der Klageerhebungsfrist gestellt werden.[49] **Zuständig** ist das Gericht, das die Frist gem. § 926 Abs. 1 gesetzt hat. Das Aufhebungsverfahren und das Anordnungsverfahren bilden eine Einheit.[50] Die Zuständigkeit ändert sich nicht, wenn gegen die einstweilige Verfügung ein Beschwerde- oder Berufungsverfahren anhängig ist.[51]

In dem Aufhebungsverfahren gelten die **Grundsätze des summarischen Verfahrens**.[52] Es genügt 21
insbes. die Glaubhaftmachung, § 920. Die Parteirollen sind geändert; der Antragsgegner ist Aufhebungskläger, der Antragsteller Aufhebungsbeklagter. Der Antragsteller (Aufhebungsbeklagter) ist darlegungs- und beweisbelastet für die rechtzeitige Klageerhebung und die Übereinstimmung der Klage mit dem Gegenstand der einstweiligen Verfügung.[53]

Das Gericht prüft die **Zulässigkeit** des Aufhebungsantrages, für den insbes. ein Rechtsschutz- 22
bedürfnis (→ Rn. 9) gegeben sein muss. Gleichfalls geprüft wird die **Begründetheit** des Antrags. Diese ist zu bejahen, wenn die Klageerhebungsfrist ungenutzt verstrichen, der Mangel nicht bis zum Schluss der mündlichen Verhandlung im Aufhebungsverfahren geheilt worden ist oder die Hauptsacheklage zurückgenommen oder als unzulässig zurückgewiesen worden ist. Maßgeblich ist allein die nicht rechtzeitige Klageerhebung; eine sachliche Prüfung der einstweiligen Verfügung findet nicht statt.[54] Zu prüfen ist indessen, ob die Voraussetzungen für eine Fristsetzung nach Abs. 1 überhaupt vorgelegen haben. Eine Fristsetzung, die nicht erfolgen hätte dürfen, kann auch nicht zur Aufhebung der einstweiligen Verfügung führen.[55]

Die Vollziehung der einstweiligen Verfügung kann gem. § 924 Abs. 3 S. 2 einstweilen eingestellt 23
werden.[56]

Es ergeht ein **Endurteil**. Mit diesem werden bei Vorliegen der Voraussetzungen des § 926 Abs. 2 24
die **Aufhebung** der einstweiligen Verfügung und die Zurückweisung des Verfügungsantrags ausgesprochen. Die Kostenentscheidung betrifft das Anordnungs- und das Aufhebungsverfahren.[57] Die vorläufige Vollstreckbarkeit folgt aus § 708 Nr. 6. Ist der Antrag hingegen unzulässig oder unbegründet, wird der Antrag auf Aufhebung **zurückgewiesen.** Die Kostenentscheidung umfasst dann allein die Kosten des Aufhebungsverfahrens. Die Entscheidung zur vorläufigen Vollstreckbarkeit beruht auf § 708 Nr. 11.

III. Wirkungen und Rechtsmittel

Die Aufhebung wirkt auf den Zeitpunkt der Anordnung der einstweiligen Verfügung zurück. Das 25
Urteil im Aufhebungsverfahren ist mit der Berufung anfechtbar. Die Revision ist nicht eröffnet, § 542 Abs. 2.

§ 927 Aufhebung wegen veränderter Umstände

(1) Auch nach der Bestätigung des Arrestes kann wegen veränderter Umstände, insbesondere wegen Erledigung des Arrestgrundes oder auf Grund des Erbietens zur Sicherheitsleistung die Aufhebung des Arrestes beantragt werden.

(2) Die Entscheidung ist durch Endurteil zu erlassen; sie ergeht durch das Gericht, das den Arrest angeordnet hat, und wenn die Hauptsache anhängig ist, durch das Gericht der Hauptsache.

---

[48] MüKoZPO/*Drescher* ZPO § 926 Rn. 17; Musielak/Voit/*Huber* ZPO § 926 Rn. 16.
[49] Schuschke/Walker/*Walker* ZPO § 926 Rn. 20; Teplitzky/*Feddersen* Kap. 56 Rn. 22.
[50] MüKoZPO/*Drescher* ZPO § 926 Rn. 19; Musielak/Voit/*Huber* ZPO § 926 Rn. 21; Schuschke/Walker/*Walker* ZPO § 926 Rn. 21. AA OLG Celle BeckRS 2009, 08692. Offen gelassen: KG BeckRS 1997, 05516.
[51] OLG Dresden OLGR 2004, 39; BeckOK ZPO/*Mayer* § 926 Rn. 15; MüKoZPO/*Drescher* ZPO § 926 Rn. 19; Musielak/Voit/*Huber* ZPO § 926 Rn. 2. AA OLG Koblenz OLGR 1998, 353 (beide); OLG Karlsruhe NJW 1973, 1509 (Berufungsgericht).
[52] BeckOK ZPO/*Mayer* § 926 Rn. 22; MüKoZPO/*Drescher* § 926 Rn. 21; Ohly/Sosnitza/*Sosnitza* UWG § 12 Rn. 156.
[53] OLG Hamm BeckRS 2010, 03165; OLG Frankfurt a. M. MDR 1981, 237.
[54] OLG München NJW-RR 1997, 832; Zöller/*Vollkommer* ZPO § 926 Rn. 26.
[55] BGH NJW 1974, 513.
[56] BeckOK ZPO/*Mayer* § 926 Rn. 23; Musielak/Voit/*Huber* ZPO § 926 Rn. 21.
[57] OLG München NJW-RR 1997, 832; LG Köln NJW-RR 1986, 552; BeckOK ZPO/*Mayer* § 926 Rn. 25; MüKoZPO/*Drescher* ZPO § 926 Rn. 22; Musielak/Voit/*Huber* ZPO § 926 Rn. 22.

Voß

Literatur: *Burgard/Fresemann,* In welchen Fällen kann ein Aufhebungsantrag gemäß § 927 ZPO auf Umstände gestützt werden, die bereits bei Erlass der einstweiligen Verfügung oder des Arrestes vorlagen?, DRiZ 2000, 195; *Haag,* Nachträglicher Wegfall der Wirkungen einer Abschlusserklärung, WRP 2009, 795; *Loth/Kopf,* Die Aufhebung einstweiliger Verfügungen gem. §§ 936, 927 ZPO nach Wegfall des Verfügungspatents oder Verfügungsgebrauchsmusters, Mitt. 2012, 307; *Mädrich,* Das Verhältnis der Rechtsbehelfe des Antragsgegners im einstweiligen Verfügungsverfahren, 1980; *Meiski,* Aus der Praxis: Widerspruch oder Aufhebungsantrag gegen eine einstweilige Verfügung wegen Ablaufs der Vollziehungsfrist, JuS 2006, 889; *Ulrich,* Die unterbliebene Vollziehung wettbewerbsrechtlicher Unterlassungsverfügungen und ihre Folgen, WRP 1996, 84.

Übersicht

	Rn.
A. Bedeutung und Anwendungsbereich	1
B. Aufhebungsgrund	6
I. Veränderte Umstände	6
II. Nachträglich entstanden	11
C. Aufhebungsverfahren	12
I. Antrag	12
II. Zuständigkeit	16
III. Verfahren und Entscheidung	17

A. Bedeutung und Anwendungsbereich

1 § 927 dient dem **Schutz des Schuldners** und gibt ihm einen Rechtsbehelf gegen die Fortdauer eines Arrestes, gleich von welchem Gericht dieser in welcher Form erlassen wurde und unabhängig davon, ob er in Rechtskraft erwachsen ist oder nicht. Grund für den Fortfall der materiellen Bindungswirkung ist das nachträgliche Entfallen der Voraussetzungen für die Eilmaßnahme. Geprüft wird nicht die Rechtmäßigkeit des erlassenen Arrestes, maßgeblich ist vielmehr der Sach- und Streitstand im Zeitpunkt des Schlusses der mündlichen Verhandlung im Aufhebungsverfahren bezüglich des Fortbestandes des Arrestes.[1]

2 Die Verweisung in § 936 erfasst § 927, so dass auch mit Blick auf eine **einstweilige Verfügung** ein Aufhebungsverfahren möglich ist. Auf § 939 ist zu achten. Im Folgenden wird der Einfachheit halber von einstweiliger Verfügung gesprochen, gemeint ist jedoch stets auch der Arrest.

3 Der nachträgliche Wegfall der Gründe für den Erlass der einstweiligen Verfügung kann nicht nur in einem Verfahren gem. § 927 geltend gemacht werden, sondern auch im **Widerspruch**sverfahren oder in der **Berufung**.[2] Der Antragsgegner hat grds. die **freie Wahl**, welchen Rechtsbehelf bzw. welches Rechtsmittel er ergreifen will.[3] **Keine Wahl** verbleibt, sobald ein Widerspruchsverfahren oder ein Berufungsverfahren anhängig ist, in dem der nachträgliche Wegfall geltend gemacht werden kann. Dies wird entweder mit dem Einwand anderweitiger Rechtshängigkeit[4] oder mit dem Fehlen des Rechtsschutzinteresses[5] begründet und gilt auch dann, wenn das Aufhebungsverfahren zuerst anhängig war.[6]

4 Das Aufhebungsverfahren nach § 927 und das Verfahren nach § 926 Abs. 2 können parallel betrieben werden.[7]

5 § 927 geht § 767[8] und § 323[9] vor.

---

[1] OLG Köln GRUR 2005, 1070 – Instanzenfortschritt; OLG Hamburg GRUR-RR 2001, 143; OLG Nürnberg GRUR 1985, 237 – Zwangsvollstreckung bei PrAngVO-Titeln; OLG Frankfurt a. M. WRP 1992, 248; LG Düsseldorf GRUR-RR 2012, 66 – Tintenpatronen-Verfügung; MüKoZPO/*Drescher* ZPO § 927 Rn. 1; Zöller/*Vollkommer* ZPO § 927 Rn. 1.

[2] OLG Frankfurt a. M. BeckRS 2021, 10700; OLG Brandenburg GRUR-RS 2021, 9317; OLG Koblenz GRUR 1989, 373 – Veränderte Umstände; OLG Köln WRP 1987, 568; Teplitzky/*Feddersen* Kap. 56 Rn. 24; Zöller/*Vollkommer* ZPO § 927 Rn. 2.

[3] OLG Frankfurt a. M. NJOZ 2005, 2556 – Erledigung des Eilverfahrens; Köhler/Bornkamm/*Feddersen* UWG § 12 Rn. 2.60.

[4] Zöller/*Vollkommer* ZPO § 927 Rn. 2.

[5] OLG München GRUR 2018, 444 – Vollziehung im Verhandlungstermin; OLG Düsseldorf WRP 2015, 71; OLG Koblenz GRUR 1989, 373 – Veränderte Umstände; OLG Düsseldorf NJW-RR 1988, 188; OLG Hamm GRUR 1978, 611 – Parteizustellung; Benkard/*Grabinski/Zülch* PatG § 139 Rn. 154e; Köhler/Bornkamm/*Feddersen* UWG § 12 Rn. 2.60; Ohly/Sosnitza/*Sosnitza* UWG § 12 Rn. 160.

[6] OLG Düsseldorf NJW-RR 1988, 188 (das Aufhebungsverfahren hindert indes nicht eine spätere Berufung; Teplitzky/*Feddersen* Kap. 56 Rn. 24.

[7] BeckOK ZPO/*Mayer* § 926 Rn. 3; MüKoZPO/*Drescher* ZPO § 926 Rn. 2; Zöller/*Vollkommer* ZPO § 927 Rn. 3. AA Teplitzky/*Feddersen* Kap. 56 Rn. 42.

[8] OLG Koblenz GRUR 1986, 94 – Veränderte Umstände; MüKoZPO/*Drescher* ZPO § 927 Rn. 2; Musielak/Voit/*Huber* ZPO § 927 Rn. 3.

[9] Götting/Nordemann/*Kaiser* UWG § 12 Rn. 279.

B. Aufhebungsgrund

Als Aufhebungsgrund nennt § 927 Abs. 1 veränderte Umstände. Darunter versteht das Gesetz insbes. (aber nicht nur) die Erledigung des Arrestgrundes oder das Erbieten einer Sicherheitsleistung.

I. Veränderte Umstände

Als veränderte Umstände, die den Verfügungsgrund oder den Verfügungsanspruch betreffen können, sind zum einen **Tatsachen** anzusehen, die nach dem Erlass der einstweiligen Verfügung entstanden sind,[10] und zum anderen neue **Glaubhaftmachungsmittel**,[11] die dem Antragsgegner (Aufhebungskläger) vor Erlass der Eilmaßnahme nicht bekannt waren oder nicht zur Verfügung standen.[12] Anerkannt ist darüber hinaus, dass **bestimmte rechtliche Veränderungen** veränderte Umstände darstellen.[13]

Aufhebungsgründe können bspw. sein: die Abgabe einer strafbewährten Unterlassungsverpflichtung,[14] nach Erlass eingetretene Verjährung,[15] ein rechtskräftiges Unterlassungsurteil,[16] Erledigung des Verfügungsgrundes wegen Ablaufs der Vollziehungsfrist des § 929 Abs. 2 bei unterbliebener Vollziehung,[17] die Versäumung der Klagerhebungsfrist § 926 Abs. 1,[18] das rechtskräftige Obsiegen des Gläubigers im Hauptsacheprozess,[19] ein vorläufig vollstreckbarer Unterlassungstitel, dessen Abänderung im Rechtsmittelverfahren unwahrscheinlich ist[20] oder die rechtskräftige Abweisung der Hauptsacheklage,[21] Wegfall des Verfügungsgrundes, weil der Antragsteller weder Hauptsacheklage noch ein erfolgreiches Abschlussverfahren einleitet,[22] Einschränkung der Aktivlegitimation wegen Gesetzesänderung,[23] die Änderung höchstrichterlicher Rechtsprechung,[24] die Nichtigerklärung der dem Eilverfahren zu Grunde liegenden Norm durch das BVerfG.[25]

Eine **neue rechtliche Beurteilung** durch den Antragsgegner (Aufhebungskläger)[26] genügt indes ebenso wenig wie der „Instanzenfortschritt" in einem Parallelverfahren[27] oder in einem markenrecht-

---

[10] MüKoZPO/*Drescher* ZPO § 927 Rn. 4; Musielak/Voit/*Huber* ZPO § 927 Rn. 6.
[11] OLG Köln GRUR 1985, 458 – Veränderte Umstände; Ahrens Wettbewerbsprozess-HdB/*Ahrens* Kap. 60 Rn. 7; Harte-Bavendamm/Henning-Bodewig/*Retzer* UWG § 12 Rn. 586; Köhler/Bornkamm/*Feddersen* UWG § 12 Rn. 2.56; Zöller/*Vollkommer* ZPO § 927 Rn. 4. AA KG GRUR 1985, 236.
[12] OLG Stuttgart NJOZ 2008, 3274; LG Düsseldorf GRUR-RR 2012, 66 – Tintenpatronen-Verfügung; Musielak/Voit/*Huber* ZPO § 927 Rn. 6; MüKoZPO/*Drescher* ZPO § 927 Rn. 4; Zöller/*Vollkommer* ZPO § 927 Rn. 4. Kritisch bzgl. der Kenntnis des Schuldners: Büscher/*Schmidt* UWG § 12 Rn. 488.
[13] BGH GRUR 1988, 787 – Nichtigkeitsfolgen der Preisangabenverordnung; OLG Köln GRUR 2005, 1070 – Instanzenfortschritt; OLG Hamburg WRP 1997, 53; KG WRP 1990, 330; OLG Köln GRUR 1985, 458 – Veränderte Umstände; KG GRUR 1985, 236 – Veränderte Rechtslage.
[14] BGH WRP 2010, 649; OLG Frankfurt a. M. OLGR 2006, 266; OLG Karlsruhe BeckRS 2005, 33535; OLG Hamburg OLGR 2002, 407; OLG Düsseldorf GRUR-RR 2001, 96; OLG München GRUR 1994, 83; OLG Koblenz GRUR 1986, 94 – Veränderte Umstände.
[15] OLG Koblenz GRUR 1989, 373 – Veränderte Umstände; OLG Hamm WRP 1983, 284; OLG Karlsruhe WRP 1980, 713; Köhler/Bornkamm/*Feddersen* UWG § 12 Rn. 2.56; *Melullis* Rn. 272; Ohly/Sosnitza/*Sosnitza* UWG § 12 Rn. 162.
[16] OLG Hamm OLGZ 1988, 321. Das nicht rechtskräftige Urteil genügt nicht: KG WRP 1979, 547; *Berneke/Schüttpelz* Rn. 537.
[17] BGH NJW 2019, 1374; OLG München BeckRS 2021, 29744; OLG Schleswig BeckRS 2019, 37878; OLG Köln GRUR-RR 2018, 269 – Poststreik; OLG Dresden BeckRS 2017, 102219; OLG Düsseldorf GRUR 2015, 493 – Diamant-Trennscheiben; OLG Düsseldorf 11.3.2014 – 20 U 224/13; OLG Frankfurt a. M. NJW-RR 2000, 1236; OLG Karlsruhe NJWE-WettbR 1999, 39; OLG Dresden NJWE-WettbR 1997, 277 – awa Banderolen; OLG München GRUR 1994, 83 – Unterlassungserklärung vor Vollziehung; OLG Hamm NJW-RR 1990, 1214; OLG Düsseldorf NJW-RR 1987, 763; OLG Köln GRUR 1985, 458 – Veränderte Umstände.
[18] OLG Koblenz GRUR 1989, 373 – Veränderte Umstände; Harte-Bavendamm/Henning-Bodewig/*Retzer* UWG § 12 Rn. 592; Köhler/Bornkamm/*Feddersen* UWG § 12 Rn. 2.56.
[19] BGH NJW-RR 1987, 288; OLG Düsseldorf WRP 2015, 71; OLG Karlsruhe NJWE-WettbR 1999, 39; OLG Düsseldorf GRUR 1990, 547 – eV Aufhebung; OLG Hamburg WRP 1979, 135; OLG Hamm OLGZ 1988, 321; *Berneke/Schüttpelz* Rn. 532; MüKoZPO/*Drescher* ZPO § 927 Rn. 5; Musielak/Voit/*Huber* ZPO § 927 Rn. 6.
[20] OLG Köln GRUR 2005, 1070 – Instanzenfortschritt; OLG Hamburg GRUR-RR 2001, 143; KG WRP 1990, 300; OLG Düsseldorf NJW-RR 1987, 993; GRUR 1993, 160 – Aussetzung des Aufhebungsverfahrens.
[21] BGH NJW-RR 1997, 288 – Berührung; GRUR 1993, 998 – Verfügungskosten; NJW 1988, 2157.
[22] Harte-Bavendamm/Henning-Bodewig/*Retzer* UWG § 12 Rn. 588 f.; Teplitzky/*Feddersen* Kap. 56 Rn. 29.
[23] OLG Hamm BeckRS 1996, 02432; Teplitzky/*Feddersen* Kap. 56 Rn. 34. AA *Melullis* Rn. 272.
[24] OLG Köln GRUR 2005, 1070 – Instanzenfortschritt; OLG Hamburg WRP 1997, 53; OLG Köln GRUR 1985, 458 – Veränderte Umstände; KG WRP 1990, 330; LG Berlin GRUR-RS 2012, 21136 – Beratungsauktion. AA OLG Schleswig BeckRS 2016, 04411; OLG Celle WRP 1991, 586; LG Köln BeckRS 2017, 108350.
[25] BGH GRUR 1988, 787 – Nichtigkeitsfolgen der Preisangabenverordnung; KG GRUR 1985, 236 – Veränderte Rechtslage.
[26] LG Düsseldorf GRUR-RR 2012, 66 – Tintenpatronen-Verfügung; *Burgard/Fresemann* DRiZ 2000, 195; MüKoZPO/*Drescher* ZPO § 927 Rn. 4; Zöller/*Vollkommer* ZPO § 927 Rn. 4.
[27] OLG Bremen OLG-Report 2006, 26.

lichen Löschungsverfahren.[28] Ebenso wenig reicht das Vorliegen einer **nicht rechtskräftigen** Entscheidung der Gebrauchsmusterlöschungsabteilung[29] oder im Patentverletzungsprozess das Vorliegen einer **vorläufigen** Einschätzung der Technischen Beschwerdekammer.[30] Erst wenn die Löschung[31] oder der Widerruf[32] **rechtskräftig** sind, liegt ein nachträglich entstandener Aufhebungsgrund vor.

9   Ob und unter welchen Voraussetzungen im Aufhebungsverfahren nach § 927 trotz Wegfalls der für den Erlass der einstweiligen Verfügung tragenden Gründe die einstweilige Verfügung deshalb bestehen bleiben kann, weil sich **derselbe Anspruch** auch **aus anderen Anspruchsgründen** ergibt, ist in Rspr. und Lit. umstritten. Teilweise wird eine solche Auswechslung des Anspruchsgrundes im Aufhebungsverfahren für uneingeschränkt zulässig, teilweise für unzulässig gehalten. Nach einer weiteren Auffassung wird die Auswechslung des Anspruchsgrundes jedenfalls dann als zulässig angesehen, wenn der weitere Grund unstreitig ist, so eine weitere Ansicht, dass der Antragsteller sich bereits im Anordnungsverfahren hierauf gestützt und die erforderlichen Tatsachen vorgetragen hat.[33]

10 Schließlich ist als veränderter Umstand das **Erbieten zur Sicherheitsleistung** anzusehen. Der Antragsgegner (Aufhebungskläger) muss keine bestimmte Sicherheitsleistung nennen, diese kann vielmehr nach § 108 vom Gericht bestimmt werden.[34] Der Aufhebungsbeklagte (Antragsteller) ist frei in seiner Entscheidung, ob er das Erbieten annimmt. Nimmt er das Angebot an, wird die einstweilige Verfügung (automatisch) aufgehoben nachdem die Sicherheit geleistet wurde. Nimmt er das Angebot nicht an, wird die Verfügung auf Grund des Erbietens der Sicherheitsleistung aufgehoben, da das Verhalten zeigt, dass es der Sicherung durch die einstweilige Verfügung nicht mehr bedarf.[35]

II. Nachträglich entstanden

11 Der den Aufhebungsgrund bildende Umstand muss nach Anordnung der einstweiligen Verfügung entstanden sein, wobei als nachträglich auch solche Umstände gelten, die zwar objektiv bei Erlass der Eilmaßnahme bereits gegeben waren, dem Antragsgegner jedoch nicht bekannt waren.[36]

C. Aufhebungsverfahren

I. Antrag

12 Für die Einleitung des Aufhebungsverfahrens bedarf es eines Antrags. Die Aufhebung erfolgt nicht von Amts wegen. Antragsberechtigt ist der Antragsgegner der einstweiligen Verfügung, der im Aufhebungsverfahren Aufhebungskläger ist. Die Parteirollen sind geändert;[37] der Antragsgegner ist der Aufhebungskläger, der Antragsteller der Aufhebungsbeklagte. Der Antrag unterliegt dem Anwaltszwang (§ 78), ist aber nicht fristgebunden.[38] Er kann im Wege der (Hilfs-)Widerklage im Hauptsacheverfahren geltend gemacht werden.[39] Hauptsache und der widerklagend geltend gemachte Aufhebungsantrag weisen keine so grundlegenden Verfahrensunterschiede auf, dass eine gemeinsame Verhandlung und Entscheidung ausgeschlossen ist.

13 Für den Antrag gem. § 927 muss ein **Rechtsschutzbedürfnis** gegeben sein. Es liegt vor, solange aus der einstweiligen Verfügung noch vollstreckt werden kann.[40] Es fehlt, wenn der Antragsteller auf seine Rechte aus der einstweiligen Verfügung verzichtet und den Titel ausgehändigt hat,[41] es sei denn

---

[28] OLG Köln GRUR 2005, 1070 – Instanzenfortschritt.
[29] LG Düsseldorf GRUR-RR 2012, 66 – Tintenpatronen-Verfügung.
[30] LG Düsseldorf GRUR-RS 2020, 22372 – MS-Therapie II.
[31] LG Hamburg WRP 2013, 251.
[32] OLG Düsseldorf GRUR-RS 2021, 1830 – MS-Therapie II.
[33] OLG Frankfurt a. M. GRUR-RR 2014, 410 – Ciclopoli; GRUR 1997, 484 – Auswechseln der Anspruchsgründe, mit Nachweisen zu den anderen Meinungen; LG Köln BeckRS 2017, 108530. Vgl. zu diesem Streit auch: Teplitzky/*Feddersen* Kap. 56 Rn. 34.
[34] Musielak/Voit/*Huber* ZPO § 927 Rn. 6; MüKoZPO/*Drescher* ZPO § 927 Rn. 4; Zöller/*Vollkommer* ZPO § 927 Rn. 4.
[35] Musielak/Voit/*Huber* ZPO § 927 Rn. 6; MüKoZPO/*Drescher* ZPO § 927 Rn. 4; Zöller/*Vollkommer* ZPO § 927 Rn. 4.
[36] OLG Frankfurt a. M. NJOZ 2005, 2556 – Erledigung des Eilverfahrens; *Berneke/Schüttpelz* Rn. 529; Harte-Bavendamm/Henning-Bodewig/*Retzer* UWG § 12 Rn. 581; Teplitzky/*Feddersen* Kap. 56 Rn. 26.
[37] OLG Koblenz GRUR 1989, 75 – Urteil im schriftlichen Verfahren; OLG Karlsruhe WRP 1981, 285.
[38] Verwirkung ist möglich: LG München BeckRS 2009, 10500 (im konkreten Fall verneinend); Harte-Bavendamm/Henning-Bodewig/*Retzer* UWG § 12 Rn. 578; *Melullis* Rn. 273; Teplitzky/*Feddersen* Kap. 56 Rn. 35.
[39] BGH GRUR 2017, 942 – Teststreifen für Blutzuckerkontrolle II; OLG Brandenburg BeckRS 2017, 140639; OLG Hamburg GRUR-RR 2007, 20 – Ratenkredit. AA OLG Karlsruhe GRUR-RR 2014, 362 – Unternehmensübergang. → § 33 Rn. 26.
[40] Harte-Bavendamm/Henning-Bodewig/*Retzer* UWG § 12 Rn. 576; MüKoZPO/*Drescher* ZPO § 927 Rn. 11; *Melullis* Rn. 274a.
[41] OLG Hamm GRUR 1992, 888 – Veränderter Umstand; OLG Karlsruhe NJWE-WettbR 1999, 39; OLG München WRP 1982, 602; *Berneke/Schüttpelz* Rn. 544; Harte-Bavendamm/Henning-Bodewig/*Retzer* UWG § 12 Rn. 576; Zöller/*Vollkommer* ZPO § 927 Rn. 3. Einschränkend: *Melullis* Rn. 274a. AA OLG Karlsruhe WRP 1980, 713.

der Antragsteller fordert die Rückzahlung von Ordnungsgeldern,[42] weitere Auswirkungen der einstweiligen Verfügung drohen nicht mehr,[43] bspw. weil es sich um ein befristetes Verbot handelt und die Frist abgelaufen ist, oder der Verzicht auf die Rechte aus § 927 erfolgte mit Ausnahme künftiger Umstände, die einem rechtskräftigen Hauptsachetitel entgegen gesetzt werden könnten.[44] Zum Fehlen des Rechtsschutzbedürfnisses bei Anhängigkeit eines Widerspruchs oder eines Berufungsverfahrens (→ Rn. 3).

14 Der Antragsgegner kann einen Verzicht bzgl. des Aufhebungsverfahrens gem. § 927 erklären.[45] Wird in einer Abschlusserklärung ein solcher Verzicht ohne ausdrückliche Einschränkungen erklärt, kann dem Verzicht nach Treu und Glauben kein weitergehender Erklärungsinhalt beigemessen werden, als er für den Zweck der Abschlusserklärung, die angestrebte Gleichstellung des vorläufigen mit dem Hauptsachetitel zu erreichen, erforderlich ist. Es kann dann nicht angenommen werden, dass der Schuldner auf die Rechte aus § 927 auch insoweit verzichten wollte, als sie mit den Einwendungen übereinstimmen, die einem rechtskräftigen Hauptsachetitel nach § 767 entgegengehalten werden könnten.[46] Ein in einem Patentverletzungsverfahren in einer Abschlusserklärung enthaltener Verzicht gilt deshalb grds. solange das Patent nicht rechtskräftig für nicht erklärt wurde.[47] Ein Verzicht auf die Rechte aus § 927 ist nicht ohne weiteres in einem erklärten Verzicht auf die Rechte aus §§ 924, 926[48] oder in einem Anerkenntnis des Verfügungsantrages[49] zu sehen.

15 Der Antrag kann zurückgenommen werden. § 269 Abs. 3 S. 3 ist anwendbar.[50]

II. Zuständigkeit

16 Ausschließlich zuständig ist das Gericht der Hauptsache gem. §§ 927 Abs. 2, 943, 802, wenn eine solche anhängig ist. Befindet sich diese in der Berufung, ist nach § 943 Abs. 1 das Berufungsgericht zuständig.[51] Ist die Revision anhängig, ist das Gericht erster Instanz zuständig.[52] Wenn keine Hauptsache anhängig ist, ist das Gericht zuständig, das die einstweilige Verfügung erlassen hat. Hat das Berufungsgericht die einstweilige Verfügung erlassen, ist für den Aufhebungsantrag die erste Instanz zuständig.[53]

III. Verfahren und Entscheidung

17 Das Aufhebungsverfahren ist **selbständig** gegenüber dem Anordnungsverfahren.[54] **Streitgegenstand** ist das Aufhebungsbegehren, dh der Fortbestand der einstweiligen Verfügung. Das Aufhebungsverfahren folgt denselben Verfahrensregeln wie das Anordnungsverfahren.[55] Die **veränderten Umstände** sind vom Antragsteller (Aufhebungskläger) **darzulegen und glaubhaft** zu machen.[56]

18 Die Entscheidung ergeht nach § 927 Abs. 2 durch **Endurteil**, mithin zwingend aufgrund mündlicher Verhandlung. Das Gericht kann den Antrag in der **Hauptsache** zurückweisen oder die einstweilige Verfügung aufheben, sie abändern oder Sicherheitsleistung anordnen, wenn der Antragsteller (Aufhebungsbeklagter) damit einverstanden ist. Die Aufhebung einer einstweiligen Verfügung entfaltet idR **keine Rückwirkung,** da regelmäßig die ursprüngliche Rechtmäßigkeit des Erlasses der einstweiligen Verfügung nicht Prüfungsgegenstand ist.[57] Anders ist dies indes, wenn die einstweilige Verfügung wegen Versäumung der Vollziehungsfrist aufgehoben wird.[58]

---

[42] OLG Celle WRP 1991, 586.
[43] Harte-Bavendamm/Henning-Bodewig/*Retzer* UWG § 12 Rn. 576; *Melullis* Rn. 274a; Ohly/Sosnitza/*Sosnitza* UWG § 12 Rn. 160.
[44] OLG Frankfurt a. M. GRUR-RR 2014, 410 – Ciclopoli.
[45] BGH NJW-RR 1987, 288; OLG München PharmR 2019, 553 – Patentverletzende Generika; OLGR Köln 2003, 192; KG NJW-RR 1987, 814; OLG Koblenz GRUR 1986, 94 – Veränderte Umstände.
[46] BGH GRUR 2009, 1095 – Mescher weis.
[47] OLG München PharmR 2019, 553 – Patentverletzende Generika.
[48] OLG Hamm BeckRS 1996, 02432.
[49] OLG München WRP 1986, 507.
[50] OLG Frankfurt a. M. NJOZ 2005, 2556 – Erledigung des Eilverfahrens.
[51] BGH WM 1976, 134; MükoZPO/*Drescher* ZPO § 927 Rn. 10. AA Büscher/*Schmidt* UWG § 12 Rn. 490.
[52] BGH WM 1976, 134.
[53] OLG Hamm MDR 1987, 593; OLG Düsseldorf MDR 1984, 324; LG Düsseldorf GRUR-RR 2012, 66 – Tintenpatronen-Verfügung; *Beneke/Schüttpelz* UWG § 12 Rn. 540; Harte-Bavendamm/Henning-Bodewig/*Retzer* UWG § 12 Rn. 574; Ohly/Sosnitza/*Sosnitza* UWG § 12 Rn. 159; Teplitzky/*Feddersen* Kap. 56 Rn. 25.
[54] OLG Koblenz GRUR 1989, 75 – Urteil im schriftlichen Verfahren; OLG Karlsruhe WRP 1981, 285. AA OLG Düsseldorf NJW-RR 1988, 188; OLG Celle WRP 1991, 586 (bloßes Nachverfahren).
[55] *Beneke/Schüttpelz* Rn. 519; Harte-Bavendamm/Henning-Bodewig/*Retzer* UWG § 12 Rn. 579.
[56] OLG Hamburg NJWE-WettbR 1997, 92; Ohly/Sosnitza/*Sosnitza* UWG § 12 Rn. 161; Zöller/*Vollkommer* ZPO § 927 Rn. 9.
[57] OLG Düsseldorf GRUR-RR 2015, 493 – Diamant-Trennscheiben; *Beneke/Schüttpelz* Rn. 550.
[58] OLG Düsseldorf GRUR-RR 2015, 493 – Diamant-Trennscheiben. AA OLG Köln GRUR-RR 2018, 268 – Poststreik.

19 Die Entscheidung enthält eine **Kostenentscheidung** gem. §§ 91 ff. Sie betrifft **grds.** nur die **Kosten des Aufhebungsverfahrens**,[59] denn im Verfahren nach § 927 ist nur die Fortdauer der Rechtmäßigkeit in Streit, nicht die Rechtmäßigkeit der Anordnung selbst. **Ausnahmsweise** ist keine isolierte Kostenentscheidung zu treffen, sondern neu über **Kosten des Anordnungsverfahrens** zu entscheiden, wenn die einstweilige Verfügung aus Gründen aufgehoben wird, die die Verfügung von Anfang an haben ungerechtfertigt erscheinen lassen.[60] Dies ist bspw. anzunehmen, wenn die Hauptsacheklage rechtskräftig abgewiesen wurde,[61] wobei dies auch dann gilt, wenn die Abweisung auf einer Änderung höchstrichterlicher Rspr. beruht,[62] eine Norm vom BVerfG für nichtig erklärt wurde, die einstweilige Verfügung wegen Versäumung der Vollziehungsfrist aufgehoben wurde,[63] die Frist zur Klageerhebung versäumt wurde oder in einem Patentverletzungsverfahren das Verfügungspatent rechtskräftig widerrufen wurde.[64]

20 Besondere Bedeutung kommt § 93 zu, dessen Wertung auch im Rahmen einer Kostenentscheidung gem. § 91a wegen übereinstimmender Erledigung eines Aufhebungsantrages zu berücksichtigen ist.[65] Die Anwendung des **§ 93** setzt voraus, dass der Aufhebungsbeklagte den Verzicht auf die Rechte aus der einstweiligen Verfügung erklärt, die vollstreckbare Ausfertigung der einstweiligen Verfügung herausgibt und die Übernahme der Kosten des Anordnungsverfahrens erklärt.[66] Nimmt der Aufhebungsbeklagte den Antrag auf Erlass der einstweiligen Verfügung zurück, kann wegen § 269 Abs. 3 S. 2 in dieser Rücknahme zugleich die Erklärung der Kostenübernahme gesehen werden.[67] Das Anerkenntnis – durch **Rechtsverzicht, Herausgabe des Titels und Erklärung der Kostenübernahme** – muss sofort, dh bei der sich erst bietenden prozessualen Möglichkeit erfolgen.[68] Um seine Kostenlast zu vermeiden, ist der Aufhebungskläger nach alledem grds. gehalten, vor Stellung eines Aufhebungsantrages dem Aufhebungsbeklagten Gelegenheit zu geben, das Aufhebungsverlangen anzuerkennen.[69] Es sei denn, eine dahingehende Aufforderung ist offensichtlich zwecklos.[70]

21 Wird die einstweilige Verfügung aufgehoben, folgt die **vorläufige Vollstreckbarkeit** des Urteils aus § 708 Nr. 6. Die weitere Vollstreckung aus der einstweiligen Verfügung ist unzulässig. Die in die Zukunft gerichteten[71] Wirkungen der Aufhebung treten sofort ein. Eine Aufhebung bereits vollzogener Vollstreckungsmaßnahmen wird erst mit Eintritt der Rechtskraft zulässig.[72] Antrag auf Einstellung der Zwangsvollstreckung gem. §§ 936, 924 Abs. 3 S. 2, 707 analog ist möglich. Bei Zurückweisung des Antrags ergibt sich die vorläufige Vollstreckbarkeit aus § 708 Nr. 11 oder aus § 709 S. 1.

22 Gegen das Aufhebungsurteil ist die Berufung möglich. Wurde nur über die Kosten entschieden, ist nur die sofortige Beschwerde nach § 99 Abs. 2 analog möglich.[73] Hat das erstinstanzliche Gericht zu Unrecht im Aufhebungsverfahren die einstweilige Verfügung aufgehoben, ist das erstinstanzliche Urteil

---

[59] BGH NJW 1989, 106; OLG Stuttgart BeckRS 2015, 12407; OLG Frankfurt a. M. WRP 1992, 248; OLG Karlsruhe NJW-RR 1988, 1470; OLG Koblenz WRP 1988, 389; LG Berlin GRUR-RS 2012, 21136 – Beratungsauktion.

[60] BGH GRUR 1993, 998 – Verfügungskosten; GRUR 1988, 787 – Nichtigkeitsfolgen der Preisangabenverordnung; OLG Köln GRUR-RR 2018, 268 – Poststreik; OLG Schleswig BeckRS 2016, 04411 (BGB); OLG Düsseldorf GRUR-RR 2015, 493 – Diamant-Trennscheiben; OLG Hamburg GRUR 1997, 147 – Vollziehung der Gebotsverfügung; OLG Karlsruhe WRP 1996, 121; OLG Düsseldorf WRP 1993, 327; KG WRP 1990, 330; OLG Celle WRP 1991, 586; OLG Hamm NJW-RR 1990, 124; OLG Düsseldorf NJW-RR 1988, 696; OLG Frankfurt a. M. WRP 1982, 248; LG Hamburg WRP 2013, 251; LG Berlin GRUR-RS 2012, 21136 – Beratungsauktion. AA OLG München NJW-RR 1986, 998.

[61] OLG Schleswig BeckRS 2016, 04411.

[62] OLG Schleswig BeckRS 2016, 04411; OLG Celle WRP 1991, 586; LG Köln BeckRS 2017, 108530. AA KG WRP 1990, 330; Zöller/*Vollkommer* ZPO § 927 Rn. 12.

[63] Die Kosten des Anordnungsverfahrens sind in diesem Fall ohne Berücksichtigung des Grundes oder der Umstände der Fristversäumung dem Antragsgegner des Aufhebungsverfahrens, dh dem Antragsteller der einstweiligen Verfügung aufzuerlegen: OLG Stuttgart BeckRS 2015, 12407; OLG Düsseldorf GRUR-RR 2015, 493 – Diamant-Trennscheiben; OLG Karlsruhe WRP 1996, 120; OLG Hamm GRUR 1990, 714. AA OLG München 26.2.1998 – 6 U 6085/96.

[64] OLG Karlsruhe BeckRS 2017, 151252.

[65] OLG Düsseldorf GRUR-RS 2021, 1830 – MS-Therapie II; OLG Frankfurt a. M. BeckRS 2018, 8156.

[66] OLG Düsseldorf GRUR-RS 2021, 1830 – MS-Therapie II OLG Karlsruhe BeckRS 2017, 151252; OLG Dresden BeckRS 2017, 102219; OLG Nürnberg ZIP 2011, 1015; OLG Frankfurt a. M. OLGR 2001, 147; OLG Düsseldorf GRUR-RR 2001, 96; OLG Karlsruhe WRP 1996, 120; OLG Koblenz GRUR 1989, 373 – Veränderte Umstände; OLG Hamm GRUR 1985, 84 – Kosten bei Verfügungsaufhebung.

[67] OLG Frankfurt a. M. BeckRS 2018, 8156.

[68] → § 93 Rn. 5 ff. Nach OLG Düsseldorf GRUR-RS 2021, 1830 – MS-Therapie II ist ein Aufhebungsantrag schlüssig, sobald ein Hinweis der Technischen Beschwerdekammer vorliegt, aus dem deutlich der Widerruf des Verfügungspatents hervorgeht. Das Anerkenntnis muss hiernach in dem ersten Schriftsatz des Aufhebungsverfahrens erklärt werden, der nach der Mitteilung des vorläufigen Hinweises eingereicht wird.

[69] OLG Frankfurt a. M. BeckRS 2018, 8156; OLG Nürnberg ZIP 2011, 1015; OLG Koblenz GRUR 1989, 373 – Veränderte Umstände; OLG München GRUR 1985, 161.

[70] OLG Düsseldorf GRUR-RS 2021, 1830 – MS-Therapie II

[71] OLG Frankfurt a. M. NJW-RR 2011, 1290; WRP 1982, 295.

[72] MüKoZPO/*Drescher* ZPO § 927 Rn. 18.

[73] OLG Hamburg WRP 1979, 114. AA OLG Hamm GRUR 1990, 714 – Vollziehungsmangel.

aufzuheben und der Aufhebungsantrag zurückzuweisen. Ein erneuter Erlass der einstweiligen Verfügung ist nicht erforderlich.[74] Jedenfalls dann nicht, wenn die einstweilige Verfügung nicht aus einem Grund aufgehoben wurde, der ihre ursprüngliche Fehlerhaftigkeit ergab.[75]

§ 928 Vollziehung des Arrestes

Auf die Vollziehung des Arrestes sind die Vorschriften über die Zwangsvollstreckung entsprechend anzuwenden, soweit nicht die nachfolgenden Paragraphen abweichende Vorschriften enthalten.

A. Begriff

Arrest und einstweilige Verfügung sind Vollstreckungstitel. Vollziehung bezeichnet die Zwangsvollstreckung von Arresten und einstweiligen Verfügungen.[1]   **1**

B. Anwendbare Vorschriften

Auf die Vollziehung des Arrestes sind die Vorschriften über die Zwangsvollstreckung entsprechend anzuwenden, soweit nicht die §§ 929–934 abweichende Vorschriften enthalten. Eine Zwangsvollstreckung, die zur Befriedigung des Gläubigers führt, findet allerdings nicht statt, denn der Arrest ist nur auf die Sicherung eines Anspruchs gerichtet.[2] Anwendbar sind insbes. §§ 811 ff., 829 ff., 845, 764, 766, 771, 775, 776, 788, 793, 805, 807, 883. Nicht anwendbar sind §§ 815 Abs. 1, 767, 836 Abs. 2. Ist über das Vermögen des Schuldners ein Insolvenzverfahren eröffnet, ist eine Zwangsvollstreckung gem. § 89 Abs. 1 InsO unzulässig.   **2**

§ 928 ist auf einstweilige Verfügungen anwendbar, so dass auch insoweit die Vorschriften über die Zwangsvollstreckung anwendbar sind, soweit die §§ 929–934 keine abweichenden Regelungen vorsehen. Von besonderer Bedeutung sind die in § 929 normierten Sonderregelungen.   **3**

C. Kosten/Gebühren

Für die Kosten der Zwangsvollstreckung aus einem Arrest bzw. einer einstweiligen Verfügung, dh deren Vollziehung gelten §§ 788, 104. Es werden dieselben Gerichtsgebühren erhoben wie für die Zwangsvollstreckung aus anderen Vollstreckungstiteln, KV 1410–1412. Im Falle einer Pfändung kommt Festgebühr KV 2111 hinzu. Da die Vollziehung des Arrestes ein von der Anordnung desselben getrenntes Verfahren ist, steht dem Rechtsanwalt die Vollziehungsgebühr aus VV 3309, § 18 Abs. 1 Nr. 2 RVG zu.   **4**

§ 929 Vollstreckungsklausel; Vollziehungsfrist

(1) Arrestbefehle bedürfen der Vollstreckungsklausel nur, wenn die Vollziehung für einen anderen als den in dem Befehl bezeichneten Gläubiger oder gegen einen anderen als den in dem Befehl bezeichneten Schuldner erfolgen soll.

(2) ¹Die Vollziehung des Arrestbefehls ist unstatthaft, wenn seit dem Tag, an dem der Befehl verkündet oder der Partei, auf deren Gesuch er erging, zugestellt ist, ein Monat verstrichen ist. ²Kann ein ausländischer Sicherungstitel im Inland ohne vorherige Vollstreckbarerklärung vollzogen werden, so beträgt die Frist nach Satz 1 zwei Monate.

(3) ¹Die Vollziehung ist vor der Zustellung des Arrestbefehls an den Schuldner zulässig. ²Sie ist jedoch ohne Wirkung, wenn die Zustellung nicht innerhalb einer Woche nach der Vollziehung und vor Ablauf der für diese im vorhergehenden Absatz bestimmten Frist erfolgt.

Literatur: *Ahrens*, Die fristgebundene Vollziehung einstweiliger Verfügungen. Für eine Neuinterpretation des § 929 Abs. 2 ZPO, WRP 1999, 1; *Anders*, Die Zustellung einstweiliger Verfügungen nach dem Zustellungsreformgesetz, WRP 2003, 204; *Borck*, Die Vollziehung und die Vollstreckung von Unterlassungstiteln, WRP 1993, 374; *Gleußner*, Die Vollziehung von Arrest und einstweiliger Verfügung in ihren zeitlichen Grenzen, 1999; *Griesel*, Die Notfristähnlichkeit der Vollziehungsfrist, § 929 Abs. 2 ZPO, 1999; *von der Groeben*, Zuwiderhandlungen gegen die einstweilige Verfügung zwischen Verkündung und Vollziehung des Unterlassungsurteils, GRUR 1999, 674; *Grunsky*, Die Vollziehungsfrist des § 929 ZPO nach Durchführung eines Widerspruchs- oder Berufungsverfahrens, ZZP 104, 1;

---

[74] OLG München PharmR 2019, 553 – Patentverletzende Generika.
[75] OLG München PharmR 2019, 553 – Patentverletzende Generika; OLG Karlsruhe GRUR-RR 2014, 362 – Unternehmensübergang.
[1] BGH GRUR 2020, 1346 – Besichtigungsanspruch eines IT-Systems; NJW 1996, 198; OLG Celle OLGR 2006, 378.
[2] BGH GRUR 2020, 1346 – Besichtigungsanspruch eines IT-Systems.

Knieper, Die Vollziehung der Unterlassungsverfügungen, WRP 1997, 815; *Kurtz*, Die Vollziehung der einstweiligen Verfügung durch Zustellung an den Anwalt der Antragsgegnerin, WRP 2016, 305; *Meiski*, Aus der Praxis: Widerspruch oder Aufhebungsantrag gegen eine einstweilige Verfügung wegen Ablaufs der Vollziehungsfrist, JuS 2006, 889; *Melullis*, Zur Bestimmung des Zustellungsempfängers bei Beschlussverfügungen, WRP 1982, 249; *Mennicke*, Vollziehung einer Unterlassungsverfügung durch Zustellung in einem anderen Vertragsstaat des EuGVÜ, IPRax 2001, 202; *Petri/Tuchscherer/Stadler*, Probleme bei der Vollziehung der einstweiligen Verfügung im Gewerblichen Rechtsschutz, Mitt. 2014, 65; *Oetker*, Die Zustellung von Unterlassungsverfügungen innerhalb der Vollziehungsfrist des § 929 II ZPO, GRUR 2003, 119; *Ott*, Zustellungsfragen bei einer einstweiligen Verfügung, WRP 2016, 1454; *Rehart*, Die Monatsfrist des § 929 II ZPO – Freie Hand für die bewusst späte Vollziehungszustellung, WRP 2011, 1041; *Teplitzky*, Die Vollziehung der einstweiligen Verfügung auf Auskunftserteilung, FS für G. Kreft (2004), 163; *Ulrich*, Die Befolgung und Vollziehung einstweiliger Unterlassungsverfügungen sowie der Schadenersatzanspruch gemäß § 945 ZPO, WRP 1991, 361; *ders.*, Die unterbliebene Vollziehung wettbewerbsrechtlicher Unterlassungsverfügungen und ihre Folgen, WRP 1996, 84; *Vohwinkel*, Neuer Vollziehungsbegriff für § 945 – Auswirkungen auf § 929 II ZPO?, GRUR 2010, 977; *Wüstenberg*, Zur Vollziehung aus Unterlassungsverfügungsurteilen, WRP 2010, 1237.

Übersicht

	Rn.
A. Anwendungsbereich	1
B. Vollstreckungsklausel	2
C. Vollziehungsfrist	4
I. Allgemeines	4
II. Fristbeginn und Fristende	6
D. Wahrung der Vollziehungsfrist	11
I. Vollziehung einstweilige Verfügung	11
II. Vollziehung Arrest	17
E. Versäumen der Vollziehungsfrist	19
F. Vollziehung vor Zustellung	20

A. Anwendungsbereich

1 § 929 ist gem. § 936 auf einstweilige Verfügungen grds. anwendbar. Lediglich mit Blick auf Absatz 3 gibt es eine Einschränkung (→ Rn. 20). Der Einfachheit halber ist im Folgenden nur von einstweiliger Verfügung die Rede; gemeint ist auch der Arrest.

B. Vollstreckungsklausel

2 Für die Vollziehung einer einstweiligen Verfügung ist eine **Vollstreckungsklausel** gem. §§ 724, 725 nach Absatz 1 grds. nicht erforderlich. Etwas anderes gilt nur dann, wenn die Vollziehung gem. § 727 für oder gegen einen Dritten, also eine nicht in der einstweiligen Verfügung benannte Person erfolgen soll, oder in den Fällen, in denen § 727 analog angewendet wird (§§ 728, 729, 738, 742, 744, 749). Gleichsam notwendig ist eine Vollstreckungsklausel wegen § 31 AVAG, wenn die einstweilige Verfügung in einem ausländischen Vertragsstaat vollzogen werden soll. Zuständig ist das Gericht, das die einstweilige Verfügung erlassen hat („Arrestgericht").

3 Die Vollstreckbarkeit der einstweiligen Verfügung kann gem. § 707 iVm § 924 Abs. 3 unmittelbar oder – bei §§ 926 Abs. 2, 927 – analog oder gem. §§ 719, 707 einstweilen eingestellt werden.

C. Vollziehungsfrist

I. Allgemeines

4 § 929 Abs. 2 bestimmt, dass die Vollziehung der einstweiligen Verfügung unstatthaft ist, wenn seit ihrem Erlass mehr als ein Monat vergangen ist. Für den Antragsteller führt die Frist zu einer **zeitlichen Begrenzung der Durchsetzbarkeit** seines Rechts, für den **Antragsgegner** bietet sie **Schutz**. Der Antragsgegner soll möglichst bald Klarheit darüber erhalten, ob der Antragsteller die Rechte aus der einstweiligen Verfügung tatsächlich durchsetzen will. Zudem muss er die zwangsweise Durchsetzung der Verfügung nach Ablauf der Vollziehungsfrist und damit eventuell zu einem Zeitpunkt, in dem sich die Umstände, die zum Erlass der Verfügung geführt haben, verändert haben, nicht mehr hinnehmen.[1] Die Vollziehungsfrist gilt nur für den Titel selbst, nicht die dort getroffene Kostenentscheidung.[2]

5 Die Vollziehungsfrist ist eine **gesetzliche Frist,** auf die nicht verzichtet werden kann.[3] Sie kann ebenso wenig durch einseitige Erklärung oder Vereinbarung verlängert werden.[4] Die Vollziehungsfrist

---

[1] BGH GRUR 2009, 890 – Ordnungsmittelandrohung; BVerfG NJW 1988, 3141; OLG Nürnberg BeckRS 2021, 41169; OLG München BeckRS 2021, 29744; KG GRUR-RR 2010, 22 – JACKPOT!.
[2] Musielak/Voit/*Huber* ZPO § 929 Rn. 3.
[3] BGH NJW 1993, 1076; KG GRUR-RR 2015, 181. Die Frage, ob die Vollziehungsfrist auch für ausländische europäische Vollstreckungstitel gilt, hat der BGH dem EuGH zur Entscheidung vorgelegt: BGH BeckRS 2017, 114471.
[4] OLG Karlsruhe BeckRS 2016, 07206; KG GRUR-RR 2015, 181.

ist **keine Notfrist**[5] iSd § 224 Abs. 1 mit der Folge, dass sie mittels Parteivereinbarung abgekürzt werden kann,[6] eine Wiedereinsetzung in den vorherigen Stand (§ 233) ist indessen nicht möglich. Die Frist gilt auch für Arrestbefehle aus einem anderen EU-Mitgliedstaat.[7]

II. Fristbeginn und Fristende

Die **einmonatige** Vollziehungsfrist **beginnt** bei einer aufgrund mündlicher Verhandlung erlassenen **Urteilsverfügung** mit Verkündung des Urteils (§ 310 Abs. 1), nicht erst mit Zustellung desselben.[8] Dies gilt auch dann, wenn das Urteil nach § 319 berichtigt wird[9] oder dem Antragsteller trotz Antrags eine vollstreckbare Urteilsausfertigung nicht rechtzeitig erteilt wird.[10] 6

Eine **Beschlussverfügung** ist dem Antragsteller gem. § 329 Abs. 3 zuzustellen. Die Zustellung setzt den Lauf der Vollziehungsfrist in Gang.[11] Wie zu verfahren ist, wenn eine solche bzw. eine ordnungsgemäße Zustellung unterblieben ist, ist streitig. Während das OLG Hamburg,[12] das OLG Koblenz[13] und das OLG Nürnberg[14] der Ansicht sind, dass die Vollziehungsfrist in diesem Falle nicht in Gang gesetzt wird, stellt das OLG Düsseldorf[15] auf den Zeitpunkt der formlosen Aushändigung der Beschlussverfügung an den Antragsteller ab (§ 189). Das OLG Frankfurt a. M.[16] hat diese Streitfrage offen gelassen, allerdings angemerkt, dass seiner Ansicht nach einiges dafür spreche, diese Vorschrift auf die Fälle, in denen der Mangel nicht der Zustellung selbst, sondern bereits dem zuzustellenden Schriftstück anhaftet, wie zB beim Fehlen einer ordnungsgemäßen Ausfertigung, nicht anzuwenden. 7

Der **Lauf** der Vollziehungsfrist wird weder allein durch Einlegung eines Widerspruchs gegen die Beschlussverfügung noch infolge der Berufung gegen eine Urteilsverfügung beeinträchtigt. Sie ist allein dann **unterbrochen,** wenn die **Zwangsvollstreckung** gem. §§ 924 Abs. 3, 707 bzw. §§ 707, 719 einstweilig eingestellt worden ist.[17] Nach deren Beendigung beginnt die Vollziehungsfrist von neuem. 8

Wird die einstweilige Verfügung, gegen die Widerspruch oder Berufung eingelegt worden ist, ganz oder teilweise bestätigt, wird eine **neue Vollziehungsfrist** in Gang gesetzt. Gleiches gilt bei Zurückweisung eines Aufhebungsantrags gem. § 927.[18] Ob der Antragsteller diese neue Vollziehungsfrist auch nutzen muss, wenn er die Beschlussverfügung bzw. die erstinstanzliche Urteilsverfügung bereits vollzogen hatte, hängt vom Inhalt der bestätigenden Entscheidung ab. Eine **erneute Vollziehung** ist notwendig, wenn das bestätigende Urteil im Vergleich zur Ausgangsentscheidung eine wesentliche Änderung beinhaltet.[19] Ob eine **wesentliche Änderung** vorliegt, ist unter Berücksichtigung des von 9

---

[5] BGH NJW 1993, 1076; *Berneke/Schüttpelz* Rn. 570; Zöller/*Vollkommer* ZPO § 929 Rn. 3.
[6] MüKo-ZPO/*Drescher* ZPO § 929 Rn. 8; Musielak/Voit/*Huber* ZPO § 929 Rn. 3; Zöller/*Vollkommer* ZPO § 929 Rn. 3. Ebenso wohl OLG Karlsruhe BeckRS 2016, 07206. AA BGH NJW 1993, 1076; OLG Köln NJW-RR 1987, 575; Ohly/Sosnitza/*Sosnitza* UWG § 12 Rn. 174.
[7] EuGH NJW 2019, 581.
[8] OLG Brandenburg GRUR-RS 2021, 9317; OLG Dresden BeckRS 2017, 102218; OLG Karlsruhe GRUR-RS 2016, 07206 – Verweigertes Empfangsbekenntnis; OLG Celle GRUR-Prax 2016, 392 – Altölentsorgung; OLG Düsseldorf GRUR-RR 2015, 493 – Diamant-Trennscheibe; OLG Düsseldorf BeckRS 2008, 05699; OLG Hamm GRUR-RR 2007, 407 – Synthetisch hergestelltes Vitamin C; BeckOK ZPO/*Mayer* § 929 Rn. 6; *Berneke/Schüttpelz* Rn. 572; *Ekey* in Ekey/Bender/Fuchs-Wissemann MarkenR § 14 Rn. 665; MüKoZPO/*Drescher* ZPO § 929 Rn. 2; Musielak/Voit/*Huber* ZPO § 929 Rn. 4; Zöller/*Vollkommer* ZPO § 929 Rn. 6.
[9] KG WRP 1983, 341; *Berneke/Schüttpelz* Rn. 572; Zöller/*Vollkommer* ZPO § 929 Rn. 6.
[10] BVerfG NJW 1988, 3141; OLG WRP 1987, 633; OLG Frankfurt a. M. NJW-RR 1987, 764; OLG Hamm GRUR 1987, 853 – Protokollzustellung; OLG Karlsruhe WRP 1976, 489. Kann der Antragsteller deshalb nicht binnen der Monatsfrist vollziehen, muss er ggf. eine neue einstweilige Verfügung beantragen.
[11] OLG München GRUR 2018, 444 – Vollziehung im Verhandlungstermin; OLG Hamburg GRUR-RR 2018, 173 – Sportzubehör.
[12] OLG Hamburg NJOZ 2001, 623 – Sixt.
[13] OLG Koblenz GRUR 1980, 943 – Treibmittel.
[14] OLG Nürnberg WRP 1988, 498.
[15] OLG Düsseldorf GRUR 1984, 75 – Vollziehungsfrist-Probleme. Zustimmend: *Berneke/Schüttpelz* Rn. 571; MüKoZPO/*Drescher* ZPO § 929 Rn. 5; Zöller/*Vollkommer* ZPO § 929 Rn. 5.
[16] OLG Frankfurt a. M. BeckRS 2011, 22161 (HessPresseG). Dem folgend: BeckOK ZPO/*Mayer* § 929 Rn. 6.
[17] *Berneke/Schüttpelz* Rn. 573; MüKoZPO/*Drescher* ZPO § 929 Rn. 5.
[18] BeckOK ZPO/*Mayer* § 929 Rn. 14; MüKoZPO/*Drescher* ZPO § 929 Rn. 6; Musielak/Voit/*Huber* ZPO § 929 Rn. 5; Zöller/*Vollkommer* ZPO § 929 Rn. 7. AA Ahrens Wettbewerbsprozess-HdB/*Büttner* Kap. 57 Rn. 17.
[19] OLG Frankfurt a. M. GRUR-RR 2019, 287 – Pre Sales Rabatt; OLG Düsseldorf GRUR-RR 2017, 477 – Vakuumgestütztes Behandlungssystem; OLG Hamburg NJW 2015, 2273; OLG Saarbrücken GRUR-RR 2014, 91 – Rezeptsammelstelle; OLG Frankfurt a. M. WRP 2014, 344; OLG Hamburg GRUR-RR 2010, 305 – Stadtmöblierung; OLG München BeckRS 2010, 17363; OLG Stuttgart NJW-RR 2009, 697; OLG Karlsruhe BeckRS 2010, 16884; NJW-RR 2009, 570; OLG Köln WRP 2002, 738; KG BeckRS 2001, 15137; NJWE-WettbR 2000, 19 – Berodual; OLG Hamburg BeckRS 1999, 00694; OLG Hamm NJWE-WettbR 1999, 185; LG Berlin BeckRS 2013, 12493; Ahrens Wettbewerbsprozess-HdB/*Büttner* Kap. 57 Rn. 22; Benkard/*Grabinski/Zülch* PatG § 139 Rn. 154; *Ekey* in Ekey/Bender/Fuchs-Wissemann MarkenR § 14 Rn. 678; Köhler/Bornkamm/*Feddersen* UWG § 12 Rn. 2.66; Ohly/Sosnitza/*Sosnitza* UWG § 12 Rn. 172; Harte-Bavendamm/Henning-Bodewig/*Retzer* UWG § 12 Rn. 514; Wandtke/Bullinger/*Kefferpütz* UrhG Vor §§ 97 ff. Rn. 132.

§ 929 Abs. 2 bezweckten Schuldnerschutzes zu bestimmen. Hat der Antragsteller die Ausgangsentscheidung zugestellt und können keine Zweifel an seinem Willen bestehen, von einem im Lauf des Verfügungsverfahrens lediglich umformulierten und/oder eingeschränkten Titels Gebrauch zu machen, ist eine nochmalige Vollziehung nicht geboten; eine abermalige Zustellung wäre eine reine, den Antragsteller unnötig belastende Formalität. Anderes gilt jedoch bei einer wesentlichen inhaltlichen Änderung oder Erweiterung der Verfügung.[20] Dann muss der Antragsgegner alsbald Klarheit darüber erlangen, ob der Antragsteller sein – nunmehr zugesprochenes – Recht tatsächlich durchsetzen will. Ebenso erforderlich ist eine erneute Zustellung, wenn die bestätigende Entscheidung eine **bestimmtere Fassung** erhält,[21] bestimmte Punkte einer verbotenen Äußerung ausgenommen werden,[22] die Entscheidung erstmals die Anordnung einer **Sicherheitsleistung** beinhaltet[23] oder das Berufungsurteil eine auf einen Widerspruch hin **aufgehobene Beschlussverfügung „bestätigt"**.[24] **Keine erneute Zustellung** ist demgegenüber zu fordern, wenn die einstweilige Verfügung lediglich eingeschränkt wird,[25] bei Parteiberichtigung,[26] bei Änderung der Adresse im Rubrum,[27] bei Berichtigung eines offensichtlichen Fehlers in der Formel,[28] bei Eintritt des Rechteinhabers,[29] bei bloßer Klarstellung,[30] wenn nur die rechtliche Begründung unter Beibehaltung des Streitgegenstandes geändert wird,[31] bei Konkretisierung eines allgemein gehaltenen Verbots,[32] bei bloßer Umformulierung des Antrags,[33] bei Ergänzung der Verbotsformel durch Beispielsfall[34] oder bei nur geringfügiger Änderung.[35]

10 Das **Fristende** bestimmt sich nach §§ 187 Abs. 1, 188 Abs. 2, Abs. 3, 222 BGB.

D. Wahrung der Vollziehungsfrist

I. Vollziehung einstweilige Verfügung

11 Nach den §§ 936, 928 sind auf die Vollziehung einer einstweiligen Verfügung die Vorschriften über die Zwangsvollstreckung entsprechend anzuwenden, soweit nichts Abweichendes bestimmt ist. Vollziehung meint demzufolge Zwangsvollstreckung.[36] Sind Gegenstand eines Titels mehrere Ansprüche, muss für jeden der titulierten Ansprüche die geeignete Vollstreckungsmaßnahme fristwahrend ergriffen werden.

12 Die Vollziehung/Zwangsvollstreckung einer auf eine **Unterlassung** gerichteten einstweiligen Verfügung bestimmt sich grds. nach § 890. Die Festsetzung eines Ordnungsmittels nach dieser Vorschrift setzt neben der Zustellung des Unterlassungstitels eine Zuwiderhandlung des Antragsgegners bzw. Schuldners, die vorherige Androhung des Ordnungsmittels[37] und den Antrag des Gläubigers bzw. Antragstellers voraus. Enthält der Unterlassungstitel bereits die gem. § 890 Abs. 2 notwendige Androhung eines Ordnungsmittels, ist ein Antrag nach § 890 allerdings nicht zwingend. Ausreichend ist in diesem Falle die Zustellung des Titels. Infolge der Ordnungsmittelandrohung wird nämlich ein Druck auf den Schuldner erzeugt, der mit einer „echten" Vollstreckungshandlung vergleichbar ist. Zudem sind fristgerechte „echte" Vollstreckungsmaßnahmen vor der ersten Zuwiderhandlung idR unmöglich.[38] Die Zustellung ist, um als wirksame Vollziehung gelten zu können, im **Parteibetrieb**

---

[20] OLG Düsseldorf GRUR-RR 2015, 493 – Diamant-Trennscheiben; OLG Düsseldorf WuW 2011, 401.
[21] OLG Koblenz WRP 1981, 222.
[22] OLG Köln WRP 1986, 353.
[23] OLG Düsseldorf GRUR-RR 2017, 477 – Vakuumgestütztes Behandlungssystem; OLG Düsseldorf BeckRS 2011, 2366; OLG Hamm OLGZ 1994, 423; OLG Frankfurt a. M. WRP 1980, 423; LG Düsseldorf BeckRS 2014, 10849.
[24] OLG Düsseldorf 29.9.2016 – 20 U 45/16; OLG Frankfurt a. M. NJW-RR 2002, 1080; OLG Hamburg WRP 1997, 53; OLG Düsseldorf WRP 1995, 732; OLG Celle GRUR 1989, 541 – Vollziehung bei Urteilsverfügung; OLG Karlsruhe GRUR 1980, 784 – Laminiermaschine.
[25] OLG Frankfurt a. M. GRUR-RR 2019, 287 – Pre Sales Rabatt; WRP 2014, 344; OLG Saarbrücken GRUR-RR 2014, 91 – Rezeptsammelstelle; OLG Stuttgart NJW-RR 2009, 697; OLG Hamburg NJW-RR 1995, 1055.
[26] OLG Koblenz WRP 1980, 576.
[27] OLG Hamburg NJW 2015, 2273.
[28] OLG Celle GRUR 1998, 175; OLG Hamm NJW-RR 1992, 435; OLG Koblenz WRP 1980, 576.
[29] KG NJWE-WettbR 1996, 161.
[30] OLG Frankfurt a. M. GRUR-RR 2019, 287 – Pre Sales Rabatt; OLG Hamburg GRUR-RR 2007, 152 – Das Klett-Shirt/klettSHIRTS; OLGR 1999, 180; OLG Hamm WRP 1991, 406.
[31] KG GRUR 2000, 554 – Konkurrenzklausel bei Schilderpräger.
[32] OLG Karlsruhe OLGR 2003, 410; OLG Köln OLGR 2002, 363; OLG Karlsruhe WRP 1997, 57.
[33] OLG Karlsruhe BeckRS 2010, 16884.
[34] OLG Frankfurt a. M. WRP 2001, 66.
[35] OLG Karlsruhe NJW-RR 2009, 570; LG Berlin BeckRS 2013, 12493.
[36] BGH GRUR 2020, 1346 – Besichtigungsanspruch eines IT-Systems; NJW 1996, 198; OLG Nürnberg BeckRS 2021, 41169; OLG Celle BeckRS 2006, 378.
[37] BGH GRUR 2009, 890 – Ordnungsmittelandrohung; WRP 1996, 104.
[38] BGH WRP 1996, 104 – Unterlassungsverfügung ohne Strafandrohung; OLG Hamburg WRP 1996, 1047; Teplitzky/*Feddersen* Kap. 55 Rn. 40b, 41.

gem. §§ 191–195 vorzunehmen,[39] auch dann, wenn ein verkündetes Urteil vorliegt.[40] Die Parteizustellung muss innerhalb der einmonatigen Vollziehungsfrist (wirksam)[41] bewirkt werden, wobei die Frist auch bei einer Zustellung „demnächst" iSd § 167 gewahrt wird.[42] Eine **Amtszustellung** der einstweiligen Verfügung gem. §§ 166–190 genügt demgegenüber nicht, weil darin keine Initiative des Antragstellers zu erblicken ist, die seinen Vollstreckungswillen in der erforderlichen Weise klarstellt.[43] Die **öffentliche Zustellung** ist grds. statthaft.[44] Das Gebot der Zustellung im Parteibetrieb wirkt sich dann bei der öffentlichen Zustellung einer Beschlussverfügung wegen unbekannten Aufenthalts des Schuldners, § 185 Nr. 1, dahin aus, dass das Gericht ausschließlich auf Antrag tätig werden und seine Bewilligung, § 186 Abs. 1, davon abhängig machen darf, dass die sachlichen Bewilligungsvoraussetzungen von der Gläubigerseite lückenlos dargetan sind.[45]

Zum weiteren Verfahren, Umfang und Inhalt der Zustellung sowie zur Heilung von etwaigen Zustellungsmängeln vgl. §§ 189, 192, 195.

Die Parteizustellung ist nicht der einzige Weg einer Vollziehung einer Unterlassungsverfügung. Es **13** kann auch eine **Maßnahme** genügen, **die ähnlich formalisiert** und **urkundlich belegt** ist wie die Zustellung und mit welcher der Antragsteller unmissverständlich seinen Vollziehungswillen zum Ausdruck bringt.[46] Ob die Zustellung einer formlosen Urteilsabschrift im Parteibetrieb als eine solche Maßnahme anzusehen ist, ist umstr. Während das OLG München[47] und das OLG Saarbrücken[48] dies insbes. unter Hinweis auf die urkundliche Dokumentation der Zustellung von Anwalt zu Anwalt sowie die für den Antragsgegner leicht bestehende Überprüfungsmöglichkeit des übersendeten Vollstreckungstitels mit der vAw zugestellten Ausfertigung der Entscheidung bejahen, verneint das OLG Düsseldorf[49] dies mit gewichtigen Gründen. Das Gebot der Rechtssicherheit und Rechtsklarheit spricht dafür, nur ordnungsgemäße, in der ZPO vorgesehene formalisierte Akte genügen zu lassen, die in ihrer Eindeutigkeit hinsichtlich des Vollziehungswillens nicht hinter der formgebundenen Parteizustellung zurückbleiben. In Betracht kommt bspw. die Einreichung eines Ordnungsmittelantrags gem. § 890.[50] Nicht ausreichend ist hingegen das Versenden eines Abschlussschreibens an den Antragsgegner verbunden mit der Androhung eines Ordnungsmittelantrages und/oder dass der Antragsgegner sich an die einstweilige Verfügung gehalten hat.[51]

Ist die Vollziehung der einstweiligen Verfügung gem. § 921 von einer **Sicherheitsleistung** abhängig, muss die angeordnete – und zur Haftungssituation des § 945 kongruente – Sicherheit innerhalb der Vollziehungsfrist erbracht werden und dem Antragsgegner ist zudem binnen der Frist auch der **14**

---

[39] BGH NJW 2019, 1374; GRUR 2009, 890 – Ordnungsmittelandrohung; NJW 1993, 1076; OLG Frankfurt a. M. GRUR-RR 2021, 545; OLG Hamburg GRUR-RR 2018, 173 – Sportzubehör; OLG Dresden BeckRS 2017, 102219; OLG Koblenz WRP 2017, 863; OLG Karlsruhe BeckRS 2014, 02653; OLG München GRUR-RR 2013, 403 – Naratriptan; OLG Oldenburg WRP 2011, 508; OLG Stuttgart NJW-RR 2009, 696; OLG Köln GRUR-RR 2005, 143 – Couchtisch; OLG Köln WRP 2003, 541; OLG Schleswig MDR 2001, 231; OLG Düsseldorf NJW-RR 1987, 763; GRUR 1984, 75 – „Vollziehungsfrist-Probleme".
[40] OLG Nürnberg BeckRS 2021, 41169; OLG Brandenburg GRUR-RS 2021, 9317; OLG Frankfurt a. M. BeckRS 2019, 5087; OLG München GRUR-RR 2013, 403 – Naratriptan; OLG Braunschweig BeckRS 2013, 18776; OLG Düsseldorf GRUR-RR 2005, 102 – Elektrischer Haartrockner; OLG Düsseldorf 8.11.2001 – 2 U 102/01 – Handschuh/Skistock II; OLG Düsseldorf WRP 2000, 1236; OLG Hamburg GRUR 2000, 167 – Flugpreisspaltung; OLG Karlsruhe GRUR 1983, 607 – Vollziehungsfrist; OLG Koblenz GRUR 1980, 70 – Vollziehung; OLG München WRP 1982, 602. AA OLG Karlsruhe BeckRS 2016, 07206 (nur ein möglicher und „sicherer" Weg).
[41] OLG Karlsruhe BeckRS 2016, 07206. OLG Düsseldorf GRUR-RR 2015, 493 – Diamant-Trennscheibe. Ist die wirksame Vollziehung aus vom Antragsteller nicht zu vertretenden Umständen unterblieben, kann nach OLG Zweibrücken BeckRS 2015, 20470 und OLG Hamburg BeckRS 2012, 11659 aus Gründen der Prozesswirtschaftlichkeit eine neue einstweilige Verfügung erlassen werden.
[42] BGH NJW 2006, 1290; OLG Dresden BeckRS 2020, 7500; OLG Frankfurt a. M. NJW-RR 2000, 1236; OLG Düsseldorf InstGE 1, 255.
[43] BGH GRUR 2009, 890 – Ordnungsmittelandrohung; NJW 1993, 1076; WRP 1989, 514; OLG Dresden BeckRS 2020, 7500; OLG Schleswig BeckRS 2019, 37878; OLG Düsseldorf 17.2.2017 – 5 U 3/17 – Terminladung; OLG Karlsruhe BeckRS 2016, 07206; OLG München GRUR-RR 2013, 403 – Naratriptan; OLG Oldenburg WRP 2011, 508; OLG Stuttgart NJW-RR 2009, 696; OLG Köln WRP 2003, 541; OLG Düsseldorf NJW-RR 1987, 763; GRUR 1984, 75 – Vollziehungsfrist-Probleme.
[44] OLG Düsseldorf MMR 2017, 828.
[45] OLG Bamberg NJW-RR 2013, 1279.
[46] BGH NJW 1993, 1076; OLG Frankfurt a. M. BeckRS 2019, 5087; OLG München GRUR-RR 2013, 403 – Naratriptan; OLG Düsseldorf NJW-RR 2003, 354; OLG Hamburg GRUR 2000, 167 – Flugpreisspaltung; OLG Celle NJW-RR 1990, 1088; OLG Karlsruhe NJW-RR 1988, 1469; OLG Düsseldorf GRUR 1984, 75 – Vollziehungsfrist-Probleme. AA OLG München MDR 2013, 422, wonach zwingend eine Parteizustellung erforderlich ist.
[47] OLG München WRP 2013, 674.
[48] OLG Saarbrücken GRUR-RR 2014, 91 – Rezeptsammelstelle.
[49] OLG Düsseldorf GRUR-RR 2015, 493 – Diamant-Trennscheibe.
[50] OLG Dresden BeckRS 2017, 102219; OLG Düsseldorf 17.11.2014 – 20 U 149/14; OLG Köln GRUR-RR 2001, 71; OLG Hamburg GRUR 2000, 167 – Flugpreisspaltung; OLG Karlsruhe WRP 1982, 44.
[51] OLG Hamburg GRUR 2000, 167 – Flugpreisspaltung.

Nachweis der Erbringung vorzulegen.[52] Ob der Nachweis der Erbringung, bspw. durch Zustellung des Originals der Prozessbürgschaft, vor oder nach der Zustellung des Urteils erfolgt, ist unerheblich. Es gibt keine bestimmte **Reihenfolge** erforderlicher Vollziehungsmaßnahmen.[53] Es genügt, dass sämtliche zur Annahme der Vollziehung einer Unterlassungsverfügung erforderlichen Maßnahmen innerhalb der Monatsfrist erfolgen.

15 Bei einer einstweiligen Verfügung auf **Drittauskunft** oder einer einstweiligen Verfügung, die die Verwahrung oder **Sequestration** von Gegenständen anordnet, reicht die Parteizustellung als Vollziehungsmittel nicht aus.[54] Es ist vielmehr auch ein Vollstreckungsantrag gem. § 888 bzw. § 887 erforderlich.[55] Dies folgt zum einen daraus, dass eine Vollziehung iSd §§ 928 ff., 936 die besondere Form der Vollstreckung der einstweiligen Verfügung ist[56] und die einstweilige Verfügung auf Drittauskunft gem. § 888 und die Sequestrationsverfügung gem. § 887 zu vollstrecken sind. Zum anderen liegen die besonderen Umstände, die in Bezug auf die Unterlassungsverfügung die Parteizustellung als ausreichend erscheinen lassen, nicht vor. Weder ist die Androhung von Ordnungsmitteln in einer Auskunfts- oder Sequestrationsverfügung enthalten, § 888 Abs. 3 schließt eine solche vielmehr aus. Noch bestehen idR vergleichbare zeitliche Probleme. Der Antragsteller kann rgm zeitnah klären, ob der Antragsgegner seiner Auskunfts- bzw. Herausgabepflicht freiwillig nachkommen will. Die Vollstreckungsmaßnahmen sind deshalb grds. innerhalb der Vollziehungsfrist vor der ersten Zuwiderhandlung möglich.

16 Zur Wahrung der Vollziehungsfrist genügt es, wenn die Vollziehungsmaßnahmen **vor Ablauf der Frist begonnen** wurden bzw. sofern ein Antrag für die Vollziehung erforderlich ist, dieser fristwahrend gestellt wurde, und die Zustellung „demnächst" iSd § 167 erfolgt.[57] Bei einer notwendigen Parteizustellung im Ausland, insbes. im Anwendungsbereich der EuZustVO muss mithin nur die dafür notwendige **Auslandszustellung** innerhalb der Vollziehungsfrist beantragt werden.[58] Der Wahrung der Vollziehungsfrist steht es in diesem Fall grds. nicht entgegen, wenn entsprechend dem eingereichten Antrag zunächst ein Zustellungsversuch ohne Anfertigung von Übersetzungen unternommen werden soll, weil davon ausgegangen werden kann, dass der Empfänger der deutschen Sprache versteht (Art. 8 Abs. 1 EuZVO).[59] Verweigert der Zustellungsempfänger jedoch mit Recht die Annahme und wird der Gläubiger auf die Verweigerung der Annahme hingewiesen, muss der Gläubiger zur fristgerechten Vollziehung unverzüglich auf die Zustellung einer Übersetzung der zuzustellenden Schriftstücke hinwirken.[60] Die Zustellung des die Belehrung über das Annahmeverweigerungsrecht enthaltenden Formblatts ist zur Wirksamkeit erforderlich, unabhängig davon, ob nach Ansicht des übermittelnden Gerichts die Voraussetzungen eines Verweigerungsrechts des Zustellempfängers aus sprachlichen Gründen bestehen oder nicht.[61]

II. Vollziehung Arrest

17 Die Vollziehung des Arrestbefehls erfolgt durch **Zustellung** desselben sowie den **Antrag** des Antragstellers/Gläubigers beim zuständigen Vollstreckungsorgan auf Vornahme von Vollstreckungshandlungen.[62] Beim Arrestbeschluss ist die Zustellung im Parteibetrieb erforderlich, bei dem Urteilsarrest genügt die Zustellung von Amts wegen.[63]

18 Zur Wahrung der Vollziehungsfrist reicht es aus, wenn der Antragsteller **vor Ablauf der Frist** beim zuständigen Vollstreckungsorgan einen Vollstreckungs**antrag gestellt** hat, dem keine Hindernisse aus der Sphäre des Antragstellers entgegenstehen.[64] Ob die Vollstreckung binnen der Frist

---

[52] OLG Nürnberg BeckRS 2021, 41169; OLG Düsseldorf GRUR 2020, 1126 – Vollziehungssicherheit; KG WRP 1995, 24.
[53] OLG Düsseldorf BeckRS 2012, 02006.
[54] AA OLG Celle OLGR 2001, 261; OLG München MDR 2003, 53; OLG Frankfurt a. M. WRP 1998, 223.
[55] OLG Düsseldorf GRUR-RR 2017, 477 – Vakuumgestütztes Behandlungssystem; OLG Rostock MDR 2006, 1425; OLG Hamburg WRP 1996, 1057.
[56] BGH GRUR 1993, 415 – Straßenverengung; OLG Düsseldorf GRUR-RR 2015, 493 – Diamant-Trennscheibe.
[57] BGH NJW 2006, 1290; OLG Düsseldorf BeckRS 2018, 37189; GRUR-RR 2017, 477 – Vakuumgestütztes Behandlungssystem; Ahrens Wettbewerbsprozess-HdB/*Büttner* Kap. 57 Rn. 52; *Berneke/Schüttpelz* Rn. 308; Harte-Bavendamm/Hennig-Bodewig/*Retzer* UWG § 12 Rn. 524; Teplitzky/*Feddersen* Kap. 55 Rn. 41a.
[58] OLG Düsseldorf GRUR-RR 2020, 45 – Fehlendes Formblatt; OLG Dresden BeckRS 2020, 7500; OLG Frankfurt a. M. GRUR-RR 2015, 183 – Deutschsprachiger Verkaufsleiter.
[59] OLG Frankfurt a. M. GRUR-RR 2015, 183 – Deutschsprachiger Verkaufsleiter.
[60] OLG Düsseldorf GRUR-RR 2020, 45 – Fehlendes Formblatt; OLG Frankfurt a. M. GRUR-RR 2015, 183 – Deutschsprachiger Verkaufsleiter.
[61] OLG Düsseldorf GRUR-RR 2020, 45 – Fehlendes Formblatt. AA OLG Dresden BeckRS 2020, 7500.
[62] BGH NJW 1991, 497; BeckOK ZPO/*Mayer* § 929 Rn. 9; Musielak/Voit/*Huber* ZPO § 929 Rn. 6; Zöller/*Vollkommer* ZPO § 929 Rn. 10.
[63] MüKoZPO/*Drescher* ZPO § 929 Rn. 16; Zöller/*Vollkommer* ZPO § 929 Rn. 10. AA Musielak/Voit/*Huber* § 929 Rn. 6.
[64] BeckOK ZPO/*Mayer* § 929 Rn. 9; Musielak/Voit/*Huber* § 929 Rn. 6; Zöller/*Vollkommer* ZPO § 929 Rn. 10.

E. Versäumen der Vollziehungsfrist

Versäumt der Antragsteller die Vollziehung innerhalb der einmonatigen Vollziehungsfrist, kann die einstweilige Verfügung nicht mehr durchgesetzt werden. Verspätete Vollziehungsmaßnahmen sind **unwirksam**, die einstweilige Verfügung ist wirkungslos und infolgedessen im Berufungsverfahren ohne weitere materiell-rechtliche Prüfung mit ex tunc Wirkung aufzuheben.[66] War die rechtzeitige Bewirkung der Zustellung im Parteibetrieb wegen Umständen, die im gerichtlichen Verantwortungsbereich liegen, nicht möglich, geht dies nicht zu Lasten des Antragstellers.[67] Da es keine Mitwirkungspflicht des Schuldners bei der Vollziehung gibt, tritt die Unwirksamkeit der einstweiligen Verfügung bei Versäumen der Vollziehungsfrist auch dann ein, wenn der Antragsgegner die zum Zwecke der Vollziehung erforderliche Zustellung an ihn gezielt vereitelt. Es ist ihm nicht verwehrt, sich auf die Fristversäumung zu berufen.[68] Die Unwirksamkeit ist **vAw** zu beachten.[69] Gegen unwirksame Vollstreckungsmaßnahmen kann der Antragsgegner Erinnerung gem. § 766 einlegen. Vollstreckungsentscheidungen sind mit der sofortigen Beschwerde § 793, § 11 Abs. 1 RPflG anfechtbar. Die einstweilige Verfügung selbst kann gem. § 924 oder § 927 bzw. mit der Berufung[70] aufgehoben werden. Der Neuerlass einer einstweiligen Verfügung ist möglich, sofern nach wie vor ein Verfügungsgrund gegeben ist.[71]

F. Vollziehung vor Zustellung

Abweichend von dem in §§ 750, 751 niedergelegten Grundsatz kann der Arrest nach § 929 Abs. 3 bereits vor Zustellung des Arrestbefehls an den Schuldner vollzogen werden. Notwendig ist dann jedoch, dass eine ordnungsgemäße Zustellung innerhalb einer Woche nach der Vollziehung und vor Ablauf der Vollziehungsfrist erfolgt. Anderenfalls bleibt die Vollziehung ohne Wirkung und der Antragsgegner kann die Rechtsbehelfe bzw. Rechtsmittel wie in → Rn. 19 beschrieben ergreifen. Die **Wochenfrist** des Absatzes 3 beginnt mit der Bewirkung des Vollstreckungszugriffs.[72]

Auf einstweilige Verfügungen ist § 929 Abs. 3 nur anwendbar, wenn die Vollziehung nicht in der Zustellung besteht.

§ 930 Vollziehung in bewegliches Vermögen und Forderungen

(1) ¹Die Vollziehung des Arrestes in bewegliches Vermögen wird durch Pfändung bewirkt. ²Die Pfändung erfolgt nach denselben Grundsätzen wie jede andere Pfändung und begründet ein Pfandrecht mit den im § 804 bestimmten Wirkungen. ³Für die Pfändung einer Forderung ist das Arrestgericht als Vollstreckungsgericht zuständig.

(2) Gepfändetes Geld und ein im Verteilungsverfahren auf den Gläubiger fallender Betrag des Erlöses werden hinterlegt.

(3) Das Vollstreckungsgericht kann auf Antrag anordnen, dass eine bewegliche körperliche Sache, wenn sie der Gefahr einer beträchtlichen Wertverringerung ausgesetzt ist oder wenn ihre Aufbewahrung unverhältnismäßige Kosten verursachen würde, versteigert und der Erlös hinterlegt werde.

(4) Die Vollziehung des Arrestes in ein nicht eingetragenes Seeschiff ist unzulässig, wenn sich das Schiff auf der Reise befindet und nicht in einem Hafen liegt.

§ 931 Vollziehung in eingetragenes Schiff oder Schiffsbauwerk

(1) Die Vollziehung des Arrestes in ein eingetragenes Schiff oder Schiffsbauwerk wird durch Pfändung nach den Vorschriften über die Pfändung beweglicher Sachen mit folgenden Abweichungen bewirkt.

(2) Die Pfändung begründet ein Pfandrecht an dem gepfändeten Schiff oder Schiffsbauwerk; das Pfandrecht gewährt dem Gläubiger im Verhältnis zu anderen Rechten dieselben Rechte wie eine Schiffshypothek.

(3) Die Pfändung wird auf Antrag des Gläubigers vom Arrestgericht angeordnet; das Gericht hat zugleich das Registergericht um die Eintragung einer Vormerkung zur Sicherung des Arrestpfandrechts in das Schiffsregister oder Schiffsbauregister zu ersuchen; die Vormerkung erlischt, wenn die Vollziehung des Arrestes unstatthaft wird.

(4) Der Gerichtsvollzieher hat bei der Vornahme der Pfändung das Schiff oder Schiffsbauwerk in Bewachung und Verwahrung zu nehmen.

(5) Ist zur Zeit der Arrestvollziehung die Zwangsversteigerung des Schiffes oder Schiffsbauwerks eingeleitet, so gilt die in diesem Verfahren erfolgte Beschlagnahme des Schiffes oder Schiffsbauwerks als erste Pfändung im Sinne des § 826; die Abschrift des Pfändungsprotokolls ist dem Vollstreckungsgericht einzureichen.

---

[65] BeckOK ZPO/*Mayer* § 929 Rn. 9, 12; Zöller/*Vollkommer* ZPO § 929 Rn. 10. Anders bzgl. Vollstreckungsmaßnahmenbeginn: OLG Frankfurt a. M. WRP 2003, 206.
[66] OLG Düsseldorf GRUR-RR 2015, 493 – Diamant-Trennscheibe; OLG Rostock MDR 2006, 1425; OLG Hamburg WRP 1996, 1047.
[67] OLG Saarbrücken GRUR-RR 2014, 91 – Rezeptsammelstelle.
[68] OLG Düsseldorf MMR 2017, 828; OLG Karlsruhe GRUR-RS 2016, 07206 – Verweigertes Empfangsbekenntnis. AA OLG Frankfurt a. M. WRP 2016, 637.
[69] BGH NJW 1991, 496.
[70] OLG Brandenburg GRUR-RS 2021, 9317 – E-Mail-Veröffentlichung; OLG München BeckRS 2021, 29744. → § 927 Rn. 7.
[71] KG NJW-RR 1992, 318.
[72] Musielak/Voit/*Huber* § 929 Rn. 10; Zöller/*Vollkommer* ZPO § 929 Rn. 24.

(6) ¹Das Arrestpfandrecht wird auf Antrag des Gläubigers in das Schiffsregister oder Schiffsbauregister eingetragen; der nach § 923 festgestellte Geldbetrag ist als der Höchstbetrag zu bezeichnen, für den das Schiff oder Schiffsbauwerk haftet. ²Im Übrigen gelten die § 867 Abs. 1 und 2 und der § 870a Abs. 3 entsprechend, soweit nicht vorstehend etwas anderes bestimmt ist.

(7) Die Vollziehung des Arrestes in ein eingetragenes Seeschiff ist unzulässig, wenn sich das Schiff auf der Reise befindet und nicht in einem Hafen liegt.

§ 932 Arresthypothek

(1) ¹Die Vollziehung des Arrestes in ein Grundstück oder in eine Berechtigung, für welche die sich auf Grundstücke beziehenden Vorschriften gelten, erfolgt durch Eintragung einer Sicherungshypothek für die Forderung; der nach § 923 festgestellte Geldbetrag ist als der Höchstbetrag zu bezeichnen, für den das Grundstück oder die Berechtigung haftet. ²Ein Anspruch nach § 1179a oder § 1179b des Bürgerlichen Gesetzbuchs steht dem Gläubiger oder im Grundbuch eingetragenen Gläubiger der Sicherungshypothek nicht zu.

(2) Im Übrigen gelten die Vorschriften des § 866 Abs. 3 Satz 1, des § 867 Abs. 1 und 2 und des § 868.

(3) Der Antrag auf Eintragung der Hypothek gilt im Sinne des § 929 Abs. 2, 3 als Vollziehung des Arrestbefehls.

§ 933 Vollziehung des persönlichen Arrestes

¹Die Vollziehung des persönlichen Sicherheitsarrestes richtet sich, wenn sie durch Haft erfolgt, nach den Vorschriften der §§ 802g, 802h und 802j Abs. 1 und 2, und, wenn sie durch sonstige Beschränkung der persönlichen Freiheit erfolgt, nach den vom Arrestgericht zu treffenden besonderen Anordnungen, für welche die Beschränkungen der Haft maßgebend sind. ²In den Haftbefehl ist der nach § 923 festgestellte Geldbetrag aufzunehmen.

§ 934 Aufhebung der Arrestvollziehung

(1) Wird der in dem Arrestbefehl festgestellte Geldbetrag hinterlegt, so wird der vollzogene Arrest von dem Vollstreckungsgericht aufgehoben.

(2) Das Vollstreckungsgericht kann die Aufhebung des Arrestes auch anordnen, wenn die Fortdauer besondere Aufwendungen erfordert und die Partei, auf deren Gesuch der Arrest verhängt wurde, den nötigen Geldbetrag nicht vorschießt.

(3) Die in diesem Paragraphen erwähnten Entscheidungen ergehen durch Beschluss.

(4) Gegen den Beschluss, durch den der Arrest aufgehoben wird, findet sofortige Beschwerde statt.

§ 935 Einstweilige Verfügung bezüglich Streitgegenstand

Einstweilige Verfügungen in Bezug auf den Streitgegenstand sind zulässig, wenn zu besorgen ist, dass durch eine Veränderung des bestehenden Zustandes die Verwirklichung des Rechts einer Partei vereitelt oder wesentlich erschwert werden könnte.

1 Siehe die gemeinsame Kommentierung mit § 940.

§ 936 Anwendung der Arrestvorschriften

Auf die Anordnung einstweiliger Verfügungen und das weitere Verfahren sind die Vorschriften über die Anordnung von Arresten und über das Arrestverfahren entsprechend anzuwenden, soweit nicht die nachfolgenden Paragraphen abweichende Vorschriften enthalten.

1 Die Anordnung der einstweiligen Verfügung und deren Verfahren folgt den Vorschriften des Arrestes und des Arrestverfahrens soweit nicht die §§ 937–944 etwas Abweichendes vorsehen.
2 Entsprechend anwendbar sind insbes. §§ 916 Abs. 2, 920, 921 S. 2, 922,¹ 924, 925, 926, 927, 929 Abs. 1 und 3; 836 Abs. 2.
3 Nicht anwendbar sind §§ 916 Abs. 1, 917, 918, 919, 921 S. 1, 923, 930, 931, 932 Abs. 1 und 2, 933, 934.

§ 937 Zuständiges Gericht

(1) Für den Erlass einstweiliger Verfügungen ist das Gericht der Hauptsache zuständig.

(2) Die Entscheidung kann in dringenden Fällen sowie dann, wenn der Antrag auf Erlass einer einstweiligen Verfügung zurückzuweisen ist, ohne mündliche Verhandlung ergehen.

Literatur: *Beneke*, Neues Vorbringen im Berufungsverfahren zu Arrest und einstweiliger Verfügung, FS Tilmann (2003), 755; *Borck*, Das rechtliche Gehör im Verfahren auf Erlass einer einstweiligen Verfügung, MDR 1988, 908;

¹ Bzgl. Abs. 1 S. 1 gilt dies nur, wenn auch bei § 922 grds. vom Vorrang der mündlichen Verhandlung ausgegangen wird, vgl. → § 922 Rn. 2. Sieht man stattdessen eine freie Entscheidungsmöglichkeit des Gerichts gegeben, wird § 922 Abs. 1 S. 1 von § 937 Abs. 2 modifiziert.

ders., Zuständigkeitserschleichung qua negativer Feststellungsklage?, WRP 1997, 265; *Bornkamm*, Das Ende der exparte-Verfügung auch im Wettbewerbs- und Immaterialgüterrecht, GRUR 2020, 715; *ders.*, Abmahnung und rechtliches Gehör im anschließenden Verfügungsverfahren, GRUR 2020, 1163; *Bühlow,* Zur prozessrechtlichen Stellung des Antragsgegners im Beschlussverfahren von Arrest und einstweiliger Verfügung, ZZP 98 (1985), 274; *Danckwerts,* Die Entscheidung über den Eilantrag, GRUR 2008, 763; *Gajeck,* Justizgewährung und rechtliches Gehör im patentrechtlichen Eilverfahren, GRUR-Prax 2021, 69; *Deutsch,* Die Schutzschrift in Theorie und Praxis, GRUR 1990, 327; *Dissmann,* Totgesagte leben länger – wie es mit der Beschlussverfügung weitergehen kann, GRUR 2020, 1152; *Guhn,* Richterliche Hinweise und „forum shopping" im einstweiligen Verfügungsverfahren, WRP 2014, 27; *Herr,* Keine Begründungspflicht für Arrest oder einstweilige Verfügungen anordnende Beschlüsse, NJW 1993, 2287; *ders.*, Vom Sinn und Unsinn der Schutzschriften, GRUR 1986, 436; *Hilgard,* Die Schutzschrift im Wettbewerbsrecht, 1985; *Himmelsbach,* Taktisches Vorgehen im Wettbewerbsverfahren wird schwieriger, GRUR-Prax 2010, 71; *Irmen,* Die Zurückweisung verspäteten Vorbringens im einstweiligen Verfügungs- und Arrestverfahren, 1990; *Klute,* Strategische Prozessführung im Verfügungsverfahren, GRUR 2003, 34; *Krahe,* Die Schutzschrift. Kostenerstattung und Gebührenanfall, 1991; *Lerach,* Waffengleichheit im UWG-Verfügungsverfahren, GRUR-Prax 2020, 401; *Lippold,* Nochmals: Begründungspflicht für Arrest oder einstweilige Verfügung anordnende Beschlüsse, NJW 1994, 1110; *Löffel,* Bleibt alles anders? Prozessuale Waffengleichheit im einstweiligen Verfügungsverfahren: auch und gerade im Wettbewerbsrecht WRP 2019, 8; *Lüke,* Abschlussschreiben und Schutzschrift bei Unterlassungsverfügungen, FS Jahr (1999), 293; *May,* Die Schutzschrift im Arrest- und Einstweiligen Verfügungsverfahren, 1983; *Petersenn/Peters,* Vereinbarkeit der Rechtsprechung zur prozessualen Waffengleichheit mit der Durchsetzungs-Richtlinie?, GRUR 2021, 553; *Ringer/Wiedemann,* Aux armes – Die Rechtsprechung des BVerfG zur prozessualen Waffengleichheit im einseitigen Verfügungsverfahren, GRUR-Prax 2020, 359; *Schäfer,* Über die Zurückweisung des Antrags auf Erlaß einer einstweiligen Verfügung durch Beschluss, MDR 1986, 979; *Schote/Lührig,* Prozessuale Besonderheiten der Einstweiligen Verfügung – Präklusion, Schriftsatzfrist und Prüfungsumfang des Berufungsgerichts, WRP 2008, 1281; *Schmitt-Gaedke/Arz,* Der Kostenerstattungsanspruch des Hinterlegers einer Schutzschrift, WRP 2012, 60; *Schulz,* Die Rechte des Hinterlegers einer Schutzschrift, WRP 2009, 1472; *Seitz,* Richterliches Plädoyer für mündliche Verhandlung in Gegendarstellungssachen; AfP 1991, 581; *Spernath,* Die Schutzschrift im zivilrechtlichen Verfahren, 2009; *Steinbeck,* Ist die negative Feststellungsklage Hauptsache i. S. von § 937 Abs. 1 ZPO, NJW 2007, 1783; *Teplitzky,* Unzulässiges forum-„hopping" nach gerichtlichen Hinweisen, WRP 2016, 917; *ders.*, Gerichtliche Hinweise im einseitigen Verfügungsverfahren zur Erwirkung einer Unterlassungsverfügung, GRUR 2008, 34; *ders.*, Die „Schutzschrift" als vorbeugendes Verteidigungsmittel gegen einstweilige Verfügungen, NJW 1980, 1667; *ders.*, Schutzschrift, Glaubhaftmachung und „besondere" Dringlichkeit bei § 937 Abs. 2 ZPO – drei Beispiele für Diskrepanzen zwischen Theorie und Praxis, WRP 1980, 373; *ders.*, Erfasst die Vermutung des § 25 UWG auch den „dringenden Fall" i. S. d. § 937 Abs. 2 ZPO?, GRUR 1978, 286; *Vogel,* Schutzschriften auch im Zwangsvollstreckungsverfahren?, NJW 1997, 554; *Wehlau,* Die Schutzschrift, 1. Aufl., 2011; *Wehlau/Kalbfus:* Die Schutzschrift im elektronischen Rechtsverkehr ZRP 2013, 101; *Wilke,* Abmahnung, Schutzschrift und Unterlassungserklärung im gewerblichen Rechtsschutz, 2. Aufl., 1995.

Übersicht

	Rn.
A. Allgemeines	1
B. Zuständigkeit	2
I. Hauptsache anhängig	4
II. Hauptsache nicht anhängig	8
C. Beteiligung des Antragsgegners	13
I. Regel	13
1. Mündliche Verhandlung	13
2. Durchführung des Verhandlungstermins	21
II. Ausnahmen	22
1. Zurückweisung des Antrags	23
2. Dringender Fall	25
3. Schriftliche Anhörung	30
4. Antrag ohne mündliche Verhandlung zu entscheiden	31

A. Allgemeines

§ 937 normiert für das einstweilige Verfügungsverfahren Abweichungen zu § 919 und zu § 922 Abs. 1 S. 1. § 937 Abs. 1 begründet eine besondere Zuständigkeit. Absatz 2 enthält spezielle Regelungen für das Beschlussverfahren.   **1**

B. Zuständigkeit

Zuständig für die Entscheidung über den Antrag auf Erlass einer einstweiligen Verfügung ist nach § 937 Abs. 1 das **Gericht der Hauptsache**, mithin das für den zu sichernden Individualanspruch bzw. das zu regelnde Rechtsverhältnis **örtlich und sachlich** zuständige Gericht. Die Zuständigkeit ist ausschließlich (§ 802). Sie regelt die **funktionelle** Zuständigkeit der Gerichte.[1] § 937 Abs. 1 bestimmt   **2**

---

[1] OLG Hamburg OLGR 1997, 340; OLG Hamm OLGZ 1989, 338; OLG Hamburg WRP 1981, 325; OLG Karlsruhe GRUR 1980, 314.

auch die internationale Zuständigkeit[2] (→ § 919 Rn. 2). In dringenden Fällen ist neben dem Gericht der Hauptsache gem. § 942 das AG zuständig.

3 **Sinn** dieser Zuständigkeitsregelung ist es, eine Doppelbefassung der Gerichte zu vermeiden und die Gefahr voneinander abweichender Entscheidungen zu bannen. Das Gericht, das in der Hauptsache über den materiell-rechtlichen Anspruch entscheidet bzw. entscheiden würde, soll auch mit dem Verfügungsantrag befasst sein.

I. Hauptsache anhängig

4 Sobald die Hauptsache zwischen den Parteien[3] anhängig ist, ist das damit befasste Gericht Hauptsachegericht iSd Abs. 1 und somit auch für das Eilverfahren (ausschließlich) zuständig.[4] Die Bindung tritt bereits mit Anhängigkeit ein, Rechtshängigkeit ist nicht erforderlich.[5] Ob das Gericht **tatsächlich zuständig** ist, ist **unerheblich**.[6] Eine inzidente Zuständigkeitsprüfung findet folglich im einstweiligen Verfügungsverfahren nicht statt.[7] Erst wenn die Unzuständigkeit des Gerichts rechtskräftig festgestellt ist, entfällt dessen Zuständigkeit für die Entscheidung über den Eilantrag.[8]

5 Gericht der Hauptsache ist das **Gericht des ersten Rechtszuges** und, wenn die Hauptsache in der Berufungsinstanz anhängig ist, das **Berufungsgericht**, nie die Revisionsinstanz (§ 943).[9]

6 Infolge des § 937 Abs. 1 wird nur *ein* Spruchkörper eines Gerichts mit der Sache befasst, nämlich die Zivilkammer oder die Kammer für Handelssachen,[10] die mit der Hauptsache tatsächlich befasst ist.

7 Streitig ist, ob eine **negative Feststellungsklage** zur Bestimmung des angerufenen Gerichts als Hauptsachegericht führt. Ein Teil der Rspr. nimmt dies an, weil auch bei einer negativen Feststellungsklage der zu sichernde Anspruch anhängig sei. Auf die Parteirolle komme es nicht an.[11] Andere Gerichte verneinen dies zurecht, weil ansonsten der Verletzte vom Verletzer einen Gerichtsstand aufgezwungen bekommen könne oder er verpflichtet werde, durch zusätzliches Erheben der Leistungsklage die Zuständigkeit des von ihm gewählten Gerichts zu begründen.[12]

II. Hauptsache nicht anhängig

8 Ist die Hauptsache noch nicht anhängig, kann der Antrag auf Erlass einer einstweiligen Verfügung bei **jedem Gericht** gestellt werden, das für die **Hauptsache zuständig wäre.** Es gelten die allgemeinen Grundsätze. Sind dies mehrere Gerichte, hat der Antragsteller die Wahl (§ 35). Die Ausübung des **Wahlrecht**s hat keine Folgen für die Auswahl des Gerichts, bei dem das Hauptsacheverfahren später anhängig gemacht werden soll.[13]

9 Die Erhebung einer negativen Feststellungsklage in einem anderen Vertragsstaat des Brüsseler Übereinkommens wegen der Nicht-Verletzung des deutschen Teils eines europäischen Patents (**"Torpedo"**) bindet den Antragsteller nicht; er kann in Deutschland bei jedem für die Hauptsache zuständigen Gericht einen Antrag auf Erlass einer einstweiligen Verfügung stellen.[14]

10 Die Zuständigkeit des Gerichts für den Antrag auf Erlass einer einstweiligen Verfügung entfällt nicht dadurch, dass nach Einreichung des Antrags **andernorts Hauptsacheklage** erhoben wird. Das folgt aus § 261 Abs. 3 Nr. 2, wonach die Zuständigkeit des Prozessgerichts durch eine nachträgliche Veränderung der sie begründenden Umstände nicht berührt wird.[15]

---

[2] OLG München AfP 2012, 74; OLG Düsseldorf ZMR 2001, 180; MüKoZPO/*Drescher* ZPO § 937 Rn. 2; Musielak/Voit/*Huber* ZPO § 937 Rn. 2.

[3] OLG Frankfurt a. M. GRUR-RR 2017, 229 – ICANN.

[4] OLG Düsseldorf GRUR-RS 2022, 1575 – Mobilfunkwerbung; OLG Frankfurt a. M. GRUR-RR 2017, 299 – CANN; OLG Düsseldorf BeckRS 2017, 120339.

[5] Harte-Bavendamm/Henning-Bodewig/*Retzer* UWG § 12 Rn. 353; *Melullis* Rn. 184; Teplitzky/*Feddersen* Kap. 54 Rn. 2; Zöller/*Vollkommer* ZPO § 937 Rn. 1.

[6] OLG Hamm OLGZ 1989, 338; OLG Hamburg WRP 1981, 325; OLG Karlsruhe 1980, 314 – Kunststoffschubkästen; OLG Nürnberg GRUR 1957, 296 – Fotomodell; *Borck* WRP 1997, 265.

[7] KG OLGR 1995, 151; OLG Hamburg WRP 1981, 325; OLG Karlsruhe GRUR 1980, 314 – Kunststoffschubkästen; OLG Nürnberg GRUR 1957, 296 – Fotomodell.

[8] *Berneke/Schüttpelz* Rn. 224; Musielak/Voit/*Huber* ZPO § 943 Rn. 5.

[9] → § 943 Rn. 1.

[10] Harte-Bavendamm/Henning-Bodewig/*Retzer* UWG § 12 Rn. 356; *Melullis* Rn. 186.

[11] OLG Hamm BeckRS 1996, 02433; OLG Frankfurt a. M. OLGR 1995, 234; LG Bonn BeckRS 2006, 15269. Ebenso *Berneke/Schüttpelz* Rn. 253. Differenzierend Teplitzky/*Feddersen* Kap. 54 Rn. 3.

[12] OLG Frankfurt a. M. GRUR-RR 2014, 117 – VW-Bus, unter Aufgabe seiner früheren Rspr.; OLG Köln NJW-RR 2012, 818; OLG Hamburg GRUR 2001, 361; KG Magazindienst 1993, 659; LG Hamburg BeckRS 2011, 00623; LG Düsseldorf GRUR 2000, 611 – NMR – Kontrastmittel.

[13] OLG Karlsruhe GRUR-RR 2010, 450 – Örtliche Zuständigkeit; OLG Karlsruhe NJW 1973, 1509; Harte-Bavendamm/Henning-Bodewig/*Retzer* UWG § 12 Rn. 357; MüKoZPO/*Drescher* ZPO § 937 Rn. 2.

[14] LG Düsseldorf GRUR 2000, 611 – NMR – Kontrastmittel; Grabinski GRUR-Int 2001, 1999; *Meier-Beck* GRUR 2000, 355; *v. Falck* Mitt. 2002, 429.

[15] OLG Karlsruhe GRUR-RR 2010, 450 – Örtliche Zuständigkeit; OLG Hamburg NJOZ 2001, 649; LG München InstGE 4, 198; *Berneke/Schüttpelz* Rn. 256; Ohly/Sosnitza/*Sosnitza* UWG § 12 Rn. 122.

Haben die Parteien für die Hauptsache eine wirksame **Gerichtsstandsvereinbarung** geschlossen, 11
hat diese auch Geltung für die Bestimmung des Gerichts der Hauptsache.[16]

Enthält eine **Schiedsklausel** die Vereinbarung, dass der vorläufige Rechtsschutz – soweit er durch 12
staatliche Gerichte gewährleistet wird – ausschließlich dem zuständigen staatlichen Gericht am Sitz des
Schiedsgerichts zugewiesen sein soll, kommt einer solchen Regelung keine derogierende Wirkung zu.
Für den vorläufigen Rechtsschutz ist – jedenfalls auch – das staatliche Gericht international und örtlich
zuständig, das ohne die fragliche Schiedsklausel zuständig wäre.[17]

C. Beteiligung des Antragsgegners

I. Regel

1. Mündliche Verhandlung. Trotz der Eilbedürftigkeit gilt auch im einstweiligen Verfügungs- 13
verfahren der Grundsatz der Mündlichkeit gem. § 128 Abs. 1.[18] § 922 Abs. 1 findet keine Anwendung, sondern wird von § 937 Abs. 2 als lex specialis verdrängt.[19] Mangels Sonderregelung für den
gewerblichen Rechtsschutz ist somit auch in den dazugehörenden Rechtsgebieten eine mündliche
Verhandlung die **Regel**,[20] unabhängig von dem Schwierigkeitsgrad des zur Entscheidung gestellten
Sachverhalts und auch für den Fall, dass das Gericht – ggf. gerade wegen Ausführungen in einer
Schutzschrift – dazu neigt, die begehrte Verfügung zu erlassen.

Der Grundsatz der Mündlichkeit dient der Wahrung des **rechtlichen Gehörs** gem. Art. 103 Abs. 1 14
GG. Einer Partei muss grundsätzlich **vor Erlass** einer gerichtlichen Entscheidung die Gelegenheit
gewährt werden, auf die bevorstehende Entscheidung Einfluss und insbesondere auch auf Hinweise
gem. § 139 Stellung nehmen zu können.[21] Entbehrlich ist eine vorherige Anhörung nur in **Ausnahme**fällen; ein „Verweis" auf die wegen eines erwarteten Widerspruchs anzuberaumende mündliche Verhandlung ist unzulässig.[22] Eine nachträgliche Anhörung des Antragsgegners ist nur dann angezeigt, wenn sonst der **Zweck** der einstweiligen Verfügung **vereitelt** wird.[23] Dies kann namentlich der
Fall sein, wenn (zugleich) die Sequestration beantragt wird.[24]

Der Gehörsgrundsatz ist eine besondere Ausprägung des Grundsatzes der **prozessualen Waffen-** 15
gleichheit (Art. 3 Abs. 1, 20 Abs. 3 GG), welcher sich wiederum als Ausprägung der Rechtsstaatlichkeit und des allgemeinen Gleichheitsgrundsatzes darstellt und verfassungsrechtlich die Gleichwertigkeit
der Stellung der Parteien vor Gericht gewährleistet.[25] Einer Partei erteilte Hinweise müssen deshalb
auch der Gegenpartei zeitnah mitgeteilt werden, insbesondere, wenn es bei Rechtsauskünften in
Hinweisform darum geht, einen Antrag gleichsam nachzubessern oder eine Einschätzung zu den
Erfolgsaussichten abzugeben.[26] Ein einseitiges „Geheimverfahren" über einen mehrwöchigen Zeitraum, ohne den Antragsgegner in irgendeiner Form einzubeziehen, ist verfassungswidrig.[27]

Eine **Einbeziehung** der Gegenseite durch das Gericht vor Erlass einer einstweiligen Verfügung 16
kann ausnahmsweise **entbehrlich** sein, wenn der Antragsteller den Antragsgegner vorprozessual abgemahnt hat. Voraussetzung hierfür ist freilich zunächst, dass die **vorprozessuale Abmahnung** und der

---

[16] Harte-Bavendamm/Henning-Bodewig/*Retzer* UWG § 12 Rn. 361.
[17] OLG Köln GRUR-RR 2002, 309 – Zerowatt; *Berneke/Schüttpelz* Rn. 270 ff.; Zöller/*Geimer* ZPO § 1032 Rn. 9.
[18] BGH NJW 2020, 2474; OLG Düsseldorf GRUR-RS 2021, 443 – Anhängeretikett mit Modellbezeichnung; OLG München GRUR 2020, 385 – Elektrische Anschlussklemme; OLG Oldenburg NJW 2017, 1250; OLG Düsseldorf BeckRS 2017, 130449; OLG Köln BeckRS 2015, 03086. Dies führt ua dazu, dass nach Abschluss eines schriftlichen Vergleichs oder bei Anerkenntnis eine Terminsgebühr entsteht: BGH NJW 2020, 2474; OLG Düsseldorf BeckRS 2017, 130449. Im Ergebnis ebenso: OLG Oldenburg NJW 2017, 1250; OLG Zweibrücken NJOZ 2015, 188; OLG Stuttgart NJW-RR 2005, 1735.
[19] BGH NJW 2020, 2474; OLG Düsseldorf BeckRS 2017, 130449.
[20] OLG Düsseldorf 21.1.2021 – I-20 U 22/29; OLG München GRUR 2020, 385 – Elektrische Anschlussklemme; OLG Düsseldorf BeckRS 2017, 130449.
[21] BVerfG GRUR 2021, 518 – Presseerklärung zu Ex-Nationalspieler; BeckRS 2021, 5190; 2021, 1003; GRUR 2020, 1119 – Zahnabdruckset; GRUR 2020, 773 – Personalratswahlen bei der Bundespolizei; GRUR 2018, 1288 – Die F-Tonbänder; NJW 1981, 2111.
[22] BVerfG BeckRS 2021, 5190.
[23] BVerfG BeckRS 2021, 5190; GRUR 2020, 1119 – Zahnabdruckset; GRUR 2020, 773 – Personalratswahlen bei der Bundespolizei; GRUR 2018, 1288 – Die F-Tonbänder.
[24] OLG Frankfurt a. M. GRUR 2021, 7882 – Original Ersatzteil; OLG Frankfurt a. M. GRUR-RS 2020, 9833 – Herausgabe von Sandalen.
[25] BVerfG GRUR 2022, 429 – Mann über Bord; BeckRS 2021, 5520; 2021, 5190; 2021, 1003.
[26] BVerfG GRUR 2022, 429 – Mann über Bord; GRUR 2021, 518 – Presseerklärung zu Ex-Nationalspieler; BeckRS 2021, 1003; GRUR 2020, 1236 – Internetportal für Steuerberatungsdienstleistungen; GRUR 2020, 773 – Personalratswahlen bei der Bundespolizei; GRUR 2018, 1291 – Steuersparmodell eines Fernsehmoderators; GRUR 2018, 1288 – Die F-Tonbänder.
[27] BVerfG GRUR 2022, 429 – Mann über Bord; GRUR 2021, 518 – Presseerklärung zu Ex-Nationalspieler; BeckRS 2021, 1003; GRUR-RS 2020, 13380 – Verfahren Berlin II.

bei Gericht eingereichte Antrag identisch bzw. kongruent sind.[28] Für die Frage, ob die erforderliche **Identität oder Kongruenz** gegeben ist, ist der hinter der Ausnahme – im konkreten Fall keine gerichtliche Anhörung nötig – stehende Gedanke maßgeblich. Es geht weder um Förmelei noch um das Zählen von Wörtern.[29] Sondern darum, ob bzw. dass der Antragsgegner sich zu dem konkreten, nun gerichtlich geltend gemachten Anspruch in Kenntnis der vom Antragsteller hierzu vorgetragenen Umstände bereits im gebotenen Maße sachlich äußern konnte. Nur dann kann davon ausgegangen werden, dass dem prozessualen Gehörsgrundsatz bereits außergerichtlich genüge getan wurde. Infolge dessen ist die Identität nicht nur gewahrt, wenn der Verfügungsantrag 1:1 der Abmahnung entspricht, sondern zB auch dann, wenn sich der Verfügungsantrag (nur) auf kerngleiche Handlungen bezieht. Denn hierzu konnte der Antragsgegner bereits in seiner Erwiderung auf die Abmahnung eingehen.[30] Gleichfalls nicht erforderlich ist eine Anhörung des Antragsgegners, wenn zwar zwischen Verfügungsantrag und vorgerichtlicher Abmahnung keine Identität besteht, das Gericht jedoch eine Verfügung entsprechend dem ursprünglichen Begehren aus der Abmahnung erlässt bzw. erlassen will.[31] An einer Identität **fehlt** es demgegenüber, wenn der Antragsteller in dem eingereichten Verfügungsantrag auf die vorprozessuale Erwiderung des Antragsgegners inhaltlich eingeht und repliziert,[32] und bspw. einen anderen Streitgegenstand benennt oder weitere Streitgegenstände einführt, oder wenn die Ausführungen im Antrag (inhaltlich) fast doppelt so umfangreich sind wie in der Abmahnung,[33] oder wenn der Antragsteller seinen Antrag modifiziert.[34] In diesen Konstellationen muss das Gericht den Antrag zu Gehör der Gegenseite bringen; auch dann, wenn der Antragsgegner ggf. nicht auf die Abmahnung erwidert hat. Dies ist nicht als Verzicht auf eine prozessual gebotene Anhörung zu verstehen.[35]

17 Dem Gebot der prozessualen Waffengleichheit genügen die Erwiderungsmöglichkeiten auf eine identische Abmahnung nur dann, wenn der Verfügungsantrag in Anschluss an die Abmahnung **unverzüglich** nach Ablauf einer angemessenen Frist für die begehrte Verfügung bei Gericht eingereicht und dem eingereichten Antrag eine etwaige **Erwiderung der Gegenseite** beigefügt ist.[36] Unterlässt es der Antragsteller die Erwiderung beizufügen oder ihre Existenz und Inhalt vollständig vorzutragen, verstößt er gegen seine **prozessuale Wahrheitspflicht**, § 138 Abs. 1, was sich als rechtsmissbräuchlich darstellen kann.[37] Ist eine Erwiderung auf die Abmahnung dem Verfügungsantrag nicht beigefügt und hat der Antragsteller auch sonst nichts zum Vorliegen und zum Inhalt einer solchen vorgetragen, kann das Gericht wegen § 138 Abs. 1 davon ausgehen, dass eine solche nicht existiert. Eine gerichtliche Pflicht, nachzuhaken, ob und/oder wie der Antragsgegner auf die Abmahnung reagiert hat, besteht nicht. Gleichwohl kann es im Einzelfall ggf. ratsam sein, den Antragsteller zu einer ausdrücklichen Erklärung hierzu aufzufordern.

18 Verstößt ein Gericht[38] bei Erlass einer einstweiligen Verfügung gegen den Grundsatz der prozessualen Waffengleichheit, kann der Antragsgegner unmittelbar gegen die einstweilige Verfügung **Verfassungsbeschwerde** gem. § 93 Abs. 1 BVerfGG einlegen und – im Falle eines schweren Nachteils – eine **einstweilige Anordnung** gem. § 32 Abs. 1 BVerfGG beantragen.[39] Dauert die Rechtsbeeinträchtigung durch die Verfügung nicht mehr fort, genügt für den Erfolg einer auf Feststellung der Rechtsverletzung gerichteten Verfassungsbeschwerde die bloße Geltendmachung eines error in procedendo allerdings nicht. Es bedarf dann vielmehr eines hinreichend gewichtigen – vom Antragsgegner

---

[28] BVerfG GRUR 2021, 518 – Presseerklärung zu Ex-Nationalspieler; BeckRS 2021, 1003; GRUR-RS 2020, 13380 – Verfahren Berlin II; GRUR 2020, 1119 – Zahnabdruckset; GRUR 2020, 773 – Personalratswahlen bei der Bundespolizei; GRUR 2018, 1291 – Steuersparmodell eines Fernsehmoderators; GRUR 2018, 1288 – Die F.-Tonbänder; OLG Köln GRUR 2021, 505 – Dairygold.

[29] Aus den zahlreichen jüngeren Entscheidungen des BVerfG lässt sich trotz aller Strenge zum Erfordernis der Identität nicht anderes folgern.

[30] BVerfG GRUR 2020, 1119 – Zahnabdruckset.

[31] BVerfG GRUR 2020, 1236 – Internetportal für Steuerberatungsdienstleistungen.

[32] BVerfG BeckRS 2021, 5520; 2021, 1003; GRUR 2020, 1119 – Zahnabdruckset; BVerfG GRUR-RS 2020, 13380 – Verfahren Berlin II; OLG Düsseldorf 16.2.2021 – I-20 W 1/21.

[33] BVerfG GRUR 2021, 518 – Presseerklärung zu Ex-Nationalspieler; BVerfG BeckRS 2021, 5520; 2021, 5190.

[34] BVerfG GRUR 2020, 1119 – Zahnabdruckset.

[35] BVerfG GRUR 2021, 518 – Presseerklärung zu Ex-Nationalspieler; BVerfG BeckRS 2021, 5190.

[36] BVerfG GRUR 2021, 518 – Presseerklärung zu Ex-Nationalspieler; BeckRS 2021, 5190; 2021, 1003; GRUR-RS 2020, 13380 – Verfahren Berlin II; GRUR 2020, 1119 – Zahnabdruckset; GRUR 2020, 773 – Personalratswahlen bei der Bundespolizei; GRUR 2018, 1291 – Steuersparmodell eines Fernsehmoderators; GRUR 2018, 1288 – Die F.-Tonbänder; OLG Köln GRUR 2021, 505 – Dairygold.

[37] BVerfG GRUR-RS 2020, 37381 – BENFOTIAMIN; OLG München GRUR-RS 2021, 24559 – prozessuale Waffengleichheit; OLG Brandenburg GRUR-RS 2020, 17755; OLG Frankfurt a. M. BeckRS 2019, 12651; OLG München BeckRS 2021, 124245.

[38] Täuscht ein Antragsteller das Gericht durch wahrheitswidrigen Vortrag liegt darin kein Verstoß des Gerichts gegen die prozessual gebotene Waffengleichheit. Der Antragsteller handelt rechtsmissbräuchlich: BVerfG GRUR-RS 2020, 37381 – BENFOTIAMIN; OLG München GRUR-RS 2021, 24559 – prozessuale Waffengleichheit.

[39] BeckRS 2021, 27416; BVerfG BeckRS 2021, 5522; 2021, 1003; GRUR-RS 2020, 13380 – Verfahren Berlin II.

darzulegendes – **Feststellungsinteresse**s.⁴⁰ Dieses liegt insbes. vor, wenn eine Wiederholung der angegriffenen Maßnahme zu befürchten ist, mithin eine hinreichend konkrete Gefahr besteht, dass unter iW unveränderten rechtlichen und tatsächlichen Umständen eine gleichartige Entscheidung ergehen würde. Davon ist bspw. auszugehen, wenn das Gericht (systematisch) die aus dem Grundsatz der Waffengleichheit folgenden Anforderungen grundsätzlich verkennt und seine Praxis hieran unter Missachtung der verfassungsrechtlichen Maßstäbe nicht ausrichtet.⁴¹ Erforderlich ist des Weiteren, dass dem Antragsgegner **schwere Nachteile drohen**, die durch § 945 nicht aufgefangen werden können,⁴² was vor allem im Presserecht, seltener im Lauterkeitsrecht der Fall sein dürfte.⁴³ Das Feststellungsinteresse fehlt bspw., wenn sich das in einem Verfügungsantrag enthaltene Verbot als „**Minus**" des außergerichtlich geltend gemachten Unterlassungsverlangens darstellt⁴⁴ oder wenn sich die Abweichung zwischen Abmahnung und Verfügungsantrag im Tenor der Einstweiligen Verfügung nicht niedergeschlagen hat, weil das Gericht nach **§ 938 Abs. 1** insgesamt abweichend tenoriert hat.⁴⁵ Eine Verkürzung der prozessualen Rechte tritt im letztgenannten Fall erst ein, wenn das Gericht mit seiner abweichenden Tenorierung den Streitgegenstand der Abmahnung verlässt.⁴⁶

Erlässt das erstinstanzliche Gericht unter Verstoß gegen den Grundsatz des rechtlichen Gehörs **19** (Art. 103 Abs. 1 GG) eine Beschlussverfügung, die es nach Widerspruch (§ 924 Abs. 2) per Urteil bestätigt, bleibt dieser Verstoß im **Berufungsverfahren** sanktionslos. Das Urteil ist nicht bereits deshalb aufzuheben.⁴⁷ Zum einen beruht das erstinstanzliche Urteil idR nicht (mehr) auf dem Gehörsverstoß. Dieser ist vielmehr durch die nachträgliche Anhörung im Widerspruchsverfahren geheilt. Zum anderen besteht im Berufungsverfahren rgm ausreichend Gelegenheit zur Stellungnahme.

Sofern keine Ausnahmesituation iSd Absatzes 2 anzunehmen ist, bestimmt das Gericht deshalb nach **20** Eingang des Verfügungsantrags einen mündlichen Verhandlungstermin. Die **Anordnung** des möglichst zeitnahen **Termins** erfolgt gem. §§ 216, 274 Abs. 3, 217, 226 Abs. 1. Den konkreten Zeitpunkt der Verhandlung kann das Gericht zwar grds. frei bestimmen. Es ist jedoch zu beachten, dass es sich um eine (zeitlich) dringende Angelegenheit handelt, die idR einer vorrangigen Bearbeitung/Entscheidung bedarf. Die Terminierung darf keinesfalls dazu führen, dass – unter Verletzung des Rechtsstaatsprinzips, Art. 20 Abs. 3 GG – eine rechtzeitige Entscheidung über das Rechtsschutzbegehren endgültig verwehrt wird.⁴⁸ Notfalls sind Hauptsacheverfahren zu verlegen. Andererseits muss bei der Bestimmung des Termins bedacht werden, dass der Antragsgegner ausreichend Gelegenheit haben muss, zum Verletzungsvorwurf – und in Patentverletzungsverfahren auch zum Rechtsbestand – Stellung nehmen zu können.⁴⁹ Die Terminanordnung ist nicht anfechtbar.⁵⁰ Ergibt sich bis zum anberaumten Termin aufgrund neu hinzugetretener Umstände eine besondere Dringlichkeit iSd Absatzes 2, kann ein Beschluss erlassen werden.⁵¹ Wird mündlich verhandelt, besteht Anwaltszwang gem. § 78.

2. Durchführung des Verhandlungstermins. Die Durchführung der mündlichen Verhandlung **21** folgt den allgemeinen Grundsätzen soweit der Eilcharakter des Verfügungsverfahrens keine Abweichungen erfordert. Eine **Besonderheit** liegt darin, dass die Parteien bis zum Schluss der mündlichen Verhandlung ohne zeitliche Beschränkung neue Tatsachen oder neue Glaubhaftmachungsmittel vorbringen können.⁵² Die Zurückweisung eines Vorbringens als **verspätet** (§ 296) ist nicht möglich.⁵³ Jede Prozesspartei hat sich darauf einzurichten, unmittelbar in der mündlichen Verhandlung alle erforderlichen Angriffs-, Verteidigungs- und Glaubhaftmachungsmittel vorzulegen. Sie hat sich insbes.

---

⁴⁰ BVerfG BeckRS 2021, 5522; GRUR 2021, 517 – Mitglied in rechtsextremen Verein; BVerfG GRUR-RS 2020, 37381 – BENFOTIAMIN; BVerfG GRUR 2020, 1236 – Internetportal für Steuerberatungsdienstleistungen; BVerfG GRUR 2020, 1119 – Zahnabdruckset; BVerfG GRUR 2018, 1291 – Steuersparmodell für einen Fernsehmoderator.
⁴¹ BVerfG GRUR 2022, 429 – Mann über Bord; BeckRS 2021, 27416; BeckRS 2021, 5522; GRUR 2021, 517 – Mitglied in rechtsextremen Verein; BVerfG BeckRS 2021, 2602; GRUR 2020, 1119 – Zahnabdruckset.
⁴² BVerfG GRUR 2020, 1119 – Zahnabdruckset.
⁴³ BVerfG BeckRS 2021, 27416; BeckRS 2021, 2602.
⁴⁴ BVerfG GRUR-RS 2020, 37381 – BENFOTIAMIN.
⁴⁵ BVerfG BeckRS 2021, 2602.
⁴⁶ BVerfG BeckRS 2021, 2602.
⁴⁷ BVerfG GRUR 2020, 1345 – Abberufung durch den Stiftungsrat; OLG München GRUR-RS 2021, 24559 – prozessuale Waffengleichheit; OLG Köln GRUR 2021, 505 – Dairygold; OLG Köln NJW-RR 2019, 240; OLG Düsseldorf GRUR-RS 2019, 5570 – Einmalkatheter.
⁴⁸ BVerfG BeckRS 2015, 52553.
⁴⁹ OLG München GRUR 2020, 385 – Elektrische Anschlussklemme.
⁵⁰ OLG Frankfurt a. M. NJW 1974, 1715. Ausnahme: OLG Düsseldorf OLGR 2009, 401.
⁵¹ OLG Stuttgart NJW 1956, 1931.
⁵² OLG Hamburg OLGR 2007, 24; OLG Frankfurt a. M. GRUR-RR 2005, 299 – Online-Stellenmarkt; OLG Koblenz GRUR 1987, 319 – Verspätetes Vorbringen; OLG Hamburg NJW-RR 1987, 36; Harte-Bavendamm/Henning-Bodewig/*Retzer* UWG § 12 Rn. 440; Köhler/Bornkamm/Feddersen/*Köhler* UWG § 12 2.26; *Melullis* Rn. 200.
⁵³ OLG Koblenz GRUR 1987, 319 – Verspätetes Vorbringen; OLG Hamburg NJW-RR 1987, 36; *Melullis* Rn. 200.

auch auf neuen bzw. ergänzenden Sachvortrag der Gegenpartei einzustellen und Vorsorge dafür zu treffen, hierauf auf der Stelle angemessen reagieren zu können. Es können weder **Schriftsatzfristen** (§ 283)[54] eingeräumt werden noch kommt eine **Vertagung** (§ 227)[55] der Verhandlung in Betracht. Auch eine Änderung oder eine Erweiterung des Verfügungsantrags ist noch im Verhandlungstermin möglich. Kommt es aufgrund des Zeitpunkts des neuen Vortrages oder neuer Anträge zu einer (rechtsmissbräuchlichen) **Überrumpelung** des Gegners, wird das Gericht dies bei der Frage, ob ein Verfügungsanspruch bzw. ein Verfügungsgrund glaubhaft gemacht worden ist, berücksichtigen.[56] Die **Wiedereröffnung** der Verhandlung wegen eines nach Schluss der mündlichen Verhandlung eingehenden Schriftsatzes ist grds. nicht geboten (§ 156),[57] auch nicht bei Nachreichung des Originals der Prozessvollmacht.[58] Eine **Beweisaufnahme** findet nur statt soweit die Beweismittel präsent sind (§ 294 Abs. 2).

II. Ausnahmen

22   Absatz 2 gestattet in **zwei Fällen** eine Entscheidung ohne mündliche Verhandlung. Dies bedeutet nicht, dass es im einstweiligen Verfügungsverfahren grundsätzlich im Ermessen des Gerichts steht, ob es nach mündlicher Verhandlung entscheidet oder ob es von einer solchen absieht.[59] Die mündliche Verhandlung ist vielmehr grundsätzlich vorgeschrieben und nur in den ausdrücklich benannten Konstellationen, über deren Vorliegen der gesamte Spruchkörper entscheidet, ist es **ausnahmsweise zulässig,** ohne mündliche Verhandlung zu entscheiden.

23   **1. Zurückweisung des Antrags.** Kommt das Gericht zu der Auffassung, dass der Antrag zurückzuweisen ist, kann die Zurückweisung im Wege des **Beschlusses** ohne mündliche Verhandlung geschehen. Ob es von dieser Möglichkeit Gebrauch macht, ist eine Frage des Einzelfalls.[60] Ergeben sich Zweifel und sieht das Gericht eine gewisse Wahrscheinlichkeit dafür, dass es dem Antragsteller noch gelingen kann, seinen Antrag erfolgreich zu begründen oder eventuell fehlende Glaubhaftmachungsmittel noch beizubringen, wird es idR eine mündliche Verhandlung anberaumen.[61] Verneint das Gericht demgegenüber eine solche Wahrscheinlichkeit,[62] wird es vor allem dann von einer mündlichen Verhandlung absehen, wenn dem Antragsteller an einer besonders schnellen Entscheidung gelegen ist. Gegen den zurückweisenden Beschluss der ersten Instanz kann er sofortige Beschwerde einlegen und so schnellstmöglich eine Entscheidung der Beschwerdeinstanz herbeiführen.

24   Auf eine beabsichtigte Zurückweisung des Antrags im Beschlusswege sollte das Gericht entsprechend dem auch im einstweiligen Verfügungsverfahren geltenden § 139[63] hinweisen. Wird der Antrag nach dem Hinweis abgelehnt, soll es nach der Rspr. des BVerfG[64] erforderlich sein, dem Antragsgegner

---

[54] OLG Hamburg GRUR-RR 2009, 365 – Five Four; OLG Hamm GRUR 1989, 931 – Vollziehungsfrist; OLG Hamburg NJW-RR 1987, 36; KG MD 1987, 314; OLG München GRUR 1979, 172 – Kinderwochen; *Berneke/Schüttpelz* Rn. 324; Harte-Bavendamm/Henning-Bodewig/*Retzer* UWG § 12 Rn. 440; *Klute* GRUR 2003, 34; *Melullis* Rn. 200. Für Schriftsatzfrist bei Überrumpelung *Schote/Lührig* WRP 2008, 1281.

[55] OLG Hamburg GRUR-RR 2009, 365 – Five Four; OLG Hamburg NJW-RR 1987, 36; OLG Hamm GRUR 1989, 931 – Vollziehungsfrist; OLG München GRUR 1979, 172 – Kinderwochen; *Büscher/Schmidt* UWG § 12 Rn. 351; *Melullis* Rn. 200. Für eine kurzfristige Vertagung in Ausnahmefällen wegen Überraschung des Gegners: LG Hamburg GRUR-RR 2014, 137; *Berneke/Schüttpelz* Rn. 327; Harte-Bavendamm/Henning-Bodewig/*Retzer* UWG § 12 Rn. 442; Köhler/Bornkamm/Feddersen/*Köhler* UWG § 12 Rn. 2.26.

[56] OLG Koblenz GRUR 1987, 319 – Verspätetes Vorbringen; OLG Hamburg NJW-RR 1987, 36; Ahrens Wettbewerbsprozess-HdB/*Bähr* Kap. 52 Rn. 31; *Berneke/Schüttpelz* Rn. 327; Köhler/Bornkamm/Feddersen/*Köhler* UWG § 12 Rn. 2.26.

[57] OLG München BeckRS 2013, 04096; OLG Düsseldorf BeckRS 2013, 03825; OLG Köln BeckRS 2012, 16607; OLG München MDR 1994, 1202; LG Hamburg GRUR-RS 2021, 6494. Wiedergabewarteschlangensteuerung; LG Düsseldorf BeckRS 2012, 19542; 2012, 03517; LG Köln BeckRS 2011, 21494. Weniger streng: LG Stuttgart GRUR-RS 2015, 11624 – Taxi-App. Das OLG Celle erachtet ausnahmsweise eine Wiederöffnung zwecks Korrektur von Verfahrensfehlern als zulässig: GRUR-RS 2017, 1158 – Hashtag #ad.

[58] § 920 Fn. 40.

[59] BGH NJW 2020, 2474.

[60] Überprüfung der Ermessensausübung möglich: KG GRUR 1991, 944, allerdings sehr weitgehend.

[61] OLG Frankfurt a. M. BeckRS 2012, 10862; KG GRUR-RR 2011, 287 – Hotel ohne Pool; OLG Frankfurt a. M. GRUR-RR 2011, 66 – Sequestrationsanspruch; KG GRUR 1991, 944; OLG Stuttgart WRP 1998, 433; Harte-Bavendamm/Henning-Bodewig/*Retzer* UWG § 12 Rn. 418; MüKoZPO/*Drescher* ZPO § 920 Rn. 12; § 937 Rn. 7; Ohly/Sosnitza/*Sosnitza* UWG § 12 Rn. 136.

[62] OLG Düsseldorf 29.6.2017 – 15 U 91/17; Schuschke/Walker/*Walker* ZPO § 937 Rn. 7 folgert aus dem Gebot des effektiven Rechtsschutzes bei offensichtlich fehlenden Erfolgsaussichten vor Zurückweisung die Anberaumung einer mündlichen Verhandlung.

[63] LG München BeckRS 2011, 12178; Ahrens Wettbewerbsprozess-HdB/*Scharen* Kap. 51 Rn. 9; Harte-Bavendamm/Henning-Bodewig/*Retzer* UWG § 12 Rn. 449; Musielak/Voit/*Stadler* ZPO § 139 Rn. 2; Differenzierend: *Teplitzky* GRUR 2008, 34. AA *Borck* WRP 1977, 457; *Brückmann* WRP 1983, 656. Auch *Denkwarts* GRUR 2008, 763 sieht einen dahingehenden Hinweis kritisch, weil die Rücknahme zu „missbräuchlichem" Forum-Shopping führen könnte. Zum Forum-Shopping vgl. → § 940 Rn. 28.

[64] BVerfG GRUR 2018, 1291 – Steuersparmodell eines Fernsehmoderators; BVerfG GRUR 2018, 1288 – Die F.-Tonbänder.

unverzüglich den Hinweis (und die Ablehnung) mitzuteilen. Dies steht in einem gewissen Widerspruch zu § 922 Abs. 3, 936, wonach eine Zustellung an den Antragsgegner bei Ablehnung des Antrages nicht erforderlich ist. Ebenso wenig wird der Antragsgegner über eine Rücknahme, die ggf. nach einem Hinweis erklärt wird, unterrichtet. Mangels einer den Antragsgegner belastenden Entscheidung erschließt sich auch nicht so recht, weshalb es einer Mitteilung bedarf.[65]

2. Dringender Fall. Eine Entscheidung ohne mündliche Verhandlung ergeht,[66] wenn eine besondere Dringlichkeit gegeben ist. Eine solche liegt (nur) dann vor, wenn die Eilbedürftigkeit der Maßnahme über die dem einstweiligen Verfügungsverfahren ohnehin innewohnende Dringlichkeit hinausgeht[67] und **selbst eine kurzfristig terminierte** mündliche Verhandlung[68] nicht abgewartet werden kann, ohne das Ziel der einstweiligen Verfügung zu **gefährden,** oder wenn der **Zweck** der einstweiligen Verfügung gerade den **Überraschungseffekt** der Beschlussverfügung erfordert.[69] Letzteres gilt vor allem für die Sicherung eines Vernichtungsanspruchs von flüchtiger Ware. Steht der Überraschungseffekt dem nicht entgegen, ist allerdings auch bei einem dringenden Fall die – ggf. schriftliche und kurzfristige – Einbeziehung des Antragsgegners grundsätzlich erforderlich.[70]

Die **Tatsachen,** die diese besondere Dringlichkeit begründen, sind vom Antragsteller konkret **vorzutragen und glaubhaft** (§§ 294, 920 Abs. 2, 936) zu machen. Floskelhafte Forderungen in der Einleitung eines Verfügungsantrages nach einer Entscheidung ohne mündliche Verhandlung sind wertlos. Das Erfordernis eines konkreten Tatsachenvortrages inklusive Glaubhaftmachung gilt auch im Anwendungsfeld des § 12 Abs. 1 UWG (§ 12 Abs. 2 UWG aF). Die Vermutungswirkung des **§ 12 Abs. 1 UWG umfasst nicht** die besondere Dringlichkeit.[71]

Im **Wettbewerbsrecht** wird von Gerichten überwiegend ein dringender Fall des § 937 Abs. 2 konstatiert.[72] Der Erlass einer einstweiligen Verfügung per Beschluss ist der Regelfall;[73] das gesetzliche Ausnahme-Regel-Verhältnis ist demnach auf den Kopf gestellt. Soweit dies auf einer großzügigen Handhabung des Tatbestandsmerkmals „dringender Fall" beruht oder auf der irrigen Ansicht basiert, der zu Unrecht betroffene Antragsgegner werde schon Widerspruch einlegen und gelange so in ausreichender Weise zu rechtlichem Gehör, wird dies zu Recht kritisch betrachtet[74] und steht nicht in Einklang mit der Rspr. des BVerfG.[75] Auch eine etwaige hohe Anzahl von Anträgen auf Erlass einer einstweiligen Verfügung bzw. von Wettbewerbsstreitigkeiten hat für sich genommen keine Bedeutung für die besondere Dringlichkeit, welche jeweils auf den konkreten Einzelfall bezogen gegeben sein muss. Gleichwohl ist nicht zu verkennen, dass die Terminierungssituation einer Kammer und der frühestmögliche Zeitpunkt, zu dem verhandelt werden kann, eine gewisse Rolle bei der Frage spielen können, ob bis dahin mit einer Entscheidung über den Eilantrag zugewartet werden kann.[76]

In **anderen Gebieten** des gewerblichen Rechtsschutzes beansprucht das vom Gesetz vorgesehene Regel-Ausnahme-Verhältnis Gültigkeit. Die Gerichte gewinnen überwiegend die Überzeugung, dass eine mündliche Verhandlung den Zweck der begehrten Eilmaßnahme, die im Falle ihres Erlasses auch hier einschneidende Folgen für den Antragsgegner zeitigt und gewichtige Interessen des Antragstellers wahrt, nicht vereitelt.

---

[65] Büscher/*Schmidt* UWG § 12 Rn. 332 vermutet, dass sich das BVerfG möglicherweise von der Kritik am Forum-Shopping hat leiten lassen.
[66] Kein Ermessen des Gerichts, wenn ein dringender Fall vorliegt; MüKoZPO/*Drescher* ZPO § 937 Rn. 6.
[67] Berneke/*Schüttpelz* Rn. 311; BeckOK PatR/*Voß* PatG Vor § 139 Rn. 322; Harte-Bavendamm/Henning-Bodewig/*Retzer* UWG § 12 Rn. 374; *Melullis* Rn. 195; MüKoZPO/*Drescher* ZPO § 937 Rn. 5; Musielak/Voit/*Huber* ZPO § 937 Rn. 4. Nach BVerfG BeckRS 2021, 5522; 2021, 5190 steht den Fachgerichten insoweit ein weiter Wertungsrahmen zur Verfügung.
[68] Nach Ansicht des OLG Celle ist ein ca. drei wöchiges Zuwarten bis zur mündlichen Verhandlung bei einer gesteigerten Gefährdung der Rechte des Antragstellers nicht geboten: BeckRS 2013, 21845.
[69] OLG Celle BeckRS 2013, 21845; OLG Karlsruhe NJW-RR 1987, 1206; BeckOK PatR/*Voß* PatG Vor § 139 Rn. 322; Berneke/*Schüttpelz* Rn. 300; Harte-Bavendamm/Henning-Bodewig/*Retzer* UWG § 12 Rn. 374; *Teplitzky* NJW 1980, 1666.
[70] BVerfG GRUR-RS 2020, 13380 – Verfahren Berlin II; BVerfG GRUR 2020, 1236 – Internetportal für Steuerberatungsdienstleistungen; BVerfG GRUR 2020, 773 – Personalratswahlen bei der Bundespolizei; BVerfG GRUR 2018, 1288 – Die F.-Tonbänder.
[71] OLG Köln BeckRS 2015, 03086; OLG Karlsruhe WRP 1989, 265; NJW-RR 1987, 1206; KG WRP 1970, 144; Berneke/*Schüttpelz* Rn. 311; *Danckwerts* GRUR 2008, 763; Harte-Bavendamm/Henning-Bodewig/*Retzer* UWG § 12 Rn. 375; *Kunath* WRP 1991, 66; *Melullis* Rn. 195; MüKoZPO/*Drescher* ZPO § 937 Rn. 5; Musielak/*Huber* ZPO § 937 Rn. 4; Teplitzky/*Feddersen* Kap. 55 Rn. 2.
[72] OLG Hamburg WRP 1995, 854; KG WRP 1970, 144 nehmen grds. eine besondere Dringlichkeit an. Zustimmend: Büscher/*Schmidt* UWG § 12 Rn. 327; *Melullis* Rn. 196; *Nordemann,* Wettbewerbsrecht Markenrecht, Rn. 1569.
[73] Berneke/*Schüttpelz* Rn. 304; *Danckwerts* GRUR 2008, 763; Bavendamm/Henning-Bodewig/*Retzer* UWG § 12 Rn. 375; *Melullis* Rn. 196.
[74] OLG Düsseldorf GRUR-RR 2021, 443 – Anhängeretikett mit Modellbezeichnung; *Danckwerts* GRUR 2008, 763; Bavendamm/Henning-Bodewig/*Retzer* UWG § 12 Rn. 375.
[75] → Rn. 15 f.
[76] *Deutsch* GRUR 1990, 327; *Melullis* Rn. 196.

29 Soll die einstweilige Verfügung im **Ausland vollstreckt** werden, wird der Antragsteller zu bedenken haben, dass deutsche Entscheidungen nach aktueller Rspr. zur EuGVVO/LugÜ in den Mitgliedstaaten der EU nur dann anerkannt sind, wenn ihnen ein kontradiktorisches Verfahren vorangegangen ist, dem Antragsgegner folglich rechtliches Gehör gewährt bzw. er zu einer mündlichen Verhandlung geladen wurde (Art. 45 Abs. 1b) EuGVVO).[77] Einstweilige Verfügungen mit Überraschungseffekt sind infolge dessen mit Bezug zum Ausland problematisch.

30 **3. Schriftliche Anhörung.** Obgleich das einstweilige Verfügungsverfahren als Eilverfahren beschleunigt voranzutreiben und ein schriftliches Verfahren gem. § 276 nicht vorgesehen ist, ist es **zulässig,** schriftlich Hinweise (§ 139) zu erteilen, bspw. im Hinblick auf fehlende Glaubhaftmachungsmittel oder fehlende Erfolgsaussichten, und/oder den Antragsgegner schriftlich anzuhören.[78] Letzteres kann aus den unter → Rn. 15 ff. dargestellten Gründen auch geboten sein. Greifen die vom Antragsgegner vorgebrachten Einwände nicht durch, bestehen keine Bedenken, ohne mündliche Verhandlung die einstweilige Verfügung zu erlassen. Ergeben sich aufgrund der schriftlichen Anhörung Zweifel, ist idR zu terminieren. Eine Anhörung kann – und muss ggf. – auch bei einem **dringenden Fall** erfolgen,[79] soweit ein solcher nicht gerade wegen des Überraschungseffekts gegeben ist. Die Frist für eine schriftliche Stellungnahme ist dann entsprechend **kurz** zu setzen. Eine schriftliche Anhörung des Antragstellers kann geboten sein, wenn eine Schutzschrift vorliegt (→ § 945a Rn. 4).

31 **4. Antrag ohne mündliche Verhandlung zu entscheiden.** Das Begehren, die einstweilige Verfügung nur ohne mündliche Verhandlung zu erlassen, stellt eine **bedingte Rücknahme** des Antrags dar.[80] Sie ist unzulässig und für das Gericht **unbeachtlich.** Gleichwohl wird das Gericht, wenn es über den Antrag nur aufgrund mündlicher Verhandlung entscheiden will, den Antragsteller idR vorher darauf hinweisen.[81]

§ 938 Inhalt der einstweiligen Verfügung

(1) **Das Gericht bestimmt nach freiem Ermessen, welche Anordnungen zur Erreichung des Zweckes erforderlich sind.**

(2) **Die einstweilige Verfügung kann auch in einer Sequestration sowie darin bestehen, dass dem Gegner eine Handlung geboten oder verboten, insbes. die Veräußerung, Belastung oder Verpfändung eines Grundstücks oder eines eingetragenen Schiffes oder Schiffsbauwerks untersagt wird.**

Literatur: *Amschewitz,* Kostentragung bei Sequestrationsverfügung ohne vorherige Abmahnung, WRP 2012, 401; *Berlit,* Zur Frage der Einräumung einer Aufbrauchfrist im Wettbewerbsrecht, Markenrecht und Urheberrecht, WRP 1998, 250; *Brückmann,* Klageänderung und ‚Umformulierung' von Unterlassungsanträgen im Wettbewerbsprozeß, WRP 1983, 656; *Gleußner,* Die Sequestration gemäß § 938 Abs. 2 ZPO und ihre Vergütung, DGVZ 1996, 33; *Grein,* Die Verwahrung durch den Gerichtsvollzieher aufgrund einstweiliger Verfügungen, DGVZ 1982, 177; *Körner,* Befristete und unbefristete Unterlassungstitel bei Wettbewerbsverstößen, GRUR 1985, 909; *Noack,* Begriff der nach § 938 eingeleiteten Sequestration, JurBüro 1981, 1121; *du Mesnil de Rochemont,* Die Notwendigkeit eines bestimmten Antrages bei der Unterlassungsverfügung im Wettbewerbsrecht und die Bindung des Gerichts an einen solchen Antrag. § 308 Abs. 1 ZPO contra § 938 Abs. 1 ZPO?, GRUR 1994, 926; *Mümmler,* Aus der Praxis – für die Praxis, Höhe und Erstattungsfähigkeit der Sequestervergütung, JurBüro 1988, 433; *Ulrich,* Die Aufbrauchfrist in Verfahren der einstweiligen Verfügung, GRUR 1991, 26.

A. Erforderliche Anordnungen

1 Nach § 938 Abs. 1 bestimmt das Gericht im einstweiligen Verfügungsverfahren nach freiem Ermessen, welche Anordnungen zur Erreichung des Zweckes erforderlich sind. Dies bedeutet freilich nicht, dass das Gericht völlig „freie Hand" bei der Bestimmung der anzuordnenden Maßnahmen hätte. § 938 normiert vielmehr einen **Beurteilungs- bzw. Ermessensspielraum,** den das Gericht unter Berücksichtigung der konkreten Umstände des Einzelfalls auszufüllen hat.[1]

---

[77] EuGH IPRax 1981, 95 – Denilauler/Couchet Frères; BGH NJOZ 2010, 1477; GRUR 2007, 813 – Ausländischer Arrestbeschluss; Bavendamm/Henning-Bodewig/*Retzer* UWG § 12 Rn. 375; *Micklitz/Rott* EuZW 2002, 15; Musielak/Voit/*Stadler* EuGVVO Art. 2 nF Rn. 8 f.; MüKoZPO/*Gottwald* Brüssel Ia-VO Art. 2 Rn. 12 f.

[78] OLG Frankfurt a. M. GRUR-RR 2011, 66 – Sequestrationsanspruch; BeckOK PatR/*Voß* PatG Vor § 139 Rn. 324; Büscher/*Schmidt* UWG § 12 Rn. 328; *Danckwerts* GRUR 2008, 763; Harte-Bavendamm/Henning-Bodewig/*Retzer* UWG § 12 Rn. 378; Köhler/Bornkamm/Feddersen/*Köhler* UWG § 12 Rn. 2.23; MüKoZPO/*Drescher* ZPO § 937 Rn. 6; Ohly/Sosnitza/*Sosnitza* UWG § 12 Rn. 140; Teplitzky/*Feddersen* Kap. 55 Rn. 3; Zöller/*Vollkommer* ZPO. AA Ahrens Wettbewerbsprozess-HdB/*Scharen* Kap. 51 Rn. 20; *Melullis* Rn. 283.

[79] BVerfG BeckRS 2021, 1003.

[80] BeckOK PatR/*Voß* PatG Vor § 139 Rn. 322; Harte-Bavendamm/Henning-Bodewig/*Retzer* UWG § 12 Rn. 377. AA Schuschke/Walker/*Walker* ZPO § 937 Rn. 9.

[81] Zum „Nicht-ohne"-Beschluss: Ahrens Wettbewerbsprozess-HdB/*Scharen* Kap. 51 Rn. 6 ff. Vgl. auch *Berneke/Schüttpelz* Rn. 313.

[1] MüKoZPO/*Drescher* ZPO § 938 Rn. 4; Zöller/*Vollkommer* ZPO § 938 Rn. 1.

Die **Grundlage** und den **Rahmen** dieses Spielraums bildet der gestellte Antrag. Auch wenn das 2
Gericht berechtigt ist, den Antrag klarzustellen, auszulegen und umzuformulieren,[2] darf es hierbei
über den Antrag nicht hinausgehen und dem Antragsteller nicht etwas zusprechen, was dieser nicht
beantragt hat, oder mittels eines Hinweises den Antrag und den Streitgegenstand ändern.[3] § 938
hebt die **Antragsbindung** gem. §§ 308, 538 S. 2 nicht auf.[4] Eröffnet der Antrag keinen Beurteilungs- bzw. Ermessensspielraum, weil er die vom Antragsteller begehrte Handlung, Maßnahme etc
konkret und umfassend benennt, wie zB beim Unterlassungsantrag, der nach allg. Ansicht dem
Bestimmtheitsgebot uneingeschränkt unterliegt,[5] ist das Gericht an diesen Antrag gebunden.[6] Gestattet ist jedoch auch insoweit die Herausnahme von Elementen, die keine den Verbotsumfang
klarstellende Funktion haben.[7] Enthält der Antrag demgegenüber nur die Angabe des Rechtsschutzziels bzw. des Sicherungs- bzw. Regelungsbedarfs, was namentlich bei Sicherungs- und Regelungsverfügungen in Betracht kommt,[8] ist der Beurteilungs- bzw. Ermessensspielraum eröffnet; die vom
Gericht angeordnete Maßnahme muss sich dann innerhalb der vom Antrag gesteckten Grenzen
bewegen.

Die Anordnungen, die das Gericht treffen kann, sind vielfältig. Sie müssen einen vollstreckungs- 3
fähigen Inhalt aufweisen und sich im Rahmen dessen halten, **was in** der **Hauptsache** zu Gunsten
des Antragstellers **ausgesprochen werden** könnte. Der Antragsteller darf keine Rechtsposition
erhalten, auf die er nach materiellem Recht keinen Anspruch hätte. Die Anordnungen müssen
überdies, wie § 938 Abs. 1 ausdrücklich hervorhebt, **erforderlich** sein. Die in Betracht kommende
Maßnahme muss folglich darauf überprüft werden, ob mit ihr der Zweck des Sicherungs- bzw.
Regelungsbedürfnisses erreicht wird. Dies erfordert eine Interessensabwägung inklusive Verhältnismäßigkeitsprüfung.[9]

Zu beachten ist das Verbot der **Vorwegnahme der Hauptsache.** Die einstweilige Verfügung dient 4
grds. nur der Sicherung eines Individualanspruchs bzw. der vorläufigen Regelung eines Rechtsverhältnisses, nur ausnahmsweise kann es zu einer sofortigen Befriedigung des Antragstellers kommen, wie zB
bei einer Unterlassungsverfügung.[10] Aus dem vorläufigen Charakter der Eilmaßnahme und dem Verbot
der Vorwegnahme der Hauptsache folgt, dass die Anordnung grds. ein **Minus** oder ein **Aliud** im
Verhältnis zum Hauptsacheanspruch sein muss.[11] Das Minus kann in einem inhaltlichen Zurückbleiben
hinter der Hauptsache oder in einer zeitlichen Begrenzung[12] bestehen, wobei letzteres nicht zwingend
ausgesprochen werden muss.[13]

B. Mögliche Anordnungen

§ 938 Abs. 2 benennt beispielhaft Anordnungen, die in einer einstweiligen Verfügung getroffen 5
werden können. Für den gewerblichen Rechtsschutz sind die Sequestration und das Ge- bzw. Verbot
von Handlungen von besonderer Bedeutung.

---

[2] OLG Frankfurt a. M. GRUR-RR 2019, 65 – Kontaktversuch über Privathandy; OLG Frankfurt a. M. GRUR-RR 2018, 352 - 3 Jahre Garantie; OLG Köln BeckRS 2016, 112346; WRP 2016, 646; OLG Frankfurt a. M. BeckRS 2016, 05620; OLG Hamm BeckRS 2015, 02899; LG Frankfurt a. M. BeckRS 2016, 06859.
[3] OLG Düsseldorf GRUR-RR 2019, 286 – Schuhmodelle.
[4] OLG Frankfurt a. M. GRUR-RR 2017, 278 – Belästigung in Fahrzeugschlange; LG Düsseldorf BeckRS 2013, 22528; BeckOK ZPO/*Mayer* ZPO § 938 Rn. 3; Musielak/Voit/*Huber* ZPO § 938 Rn. 5; Zöller/*Vollkommer* ZPO § 938 Rn. 2. AA MüKoZPO/*Drescher* ZPO § 938 Rn. 7. Offen gelassen: BVerfG BeckRS 2021, 2602, wobei hiernach zumindest eine Anhörung beim Zusprechen eines Aliuds gefordert sein dürfte.
[5] OLG Frankfurt a. M. GRUR-RS 2020, 38662 – Vliesstoffe; OLG Frankfurt a. M. GRUR-RR 2018, 352 – 3 Jahre Garantie; OLG München GRUR 1994, 625 – Prägemaschine; OLG Koblenz WRP 1993, 344; OLG Celle WRP 1991, 315; *Berneke/Schüttpelz* Rn. 287; Harte-Bavendamm/Henning-Bodewig/*Retzer* UWG § 12 Rn. 367; Loewenheim/*Rojahn* HdB des Urheberrechts § 93 Rn. 22 ff.; Musielak/*Huber* ZPO § 938 Rn. 3; Ohly/Sosnitza/*Sosnitza* UWG § 12 Rn. 130; Schuschke/Walker/*Walker* ZPO § 920 Rn. 13. AA *du Mesnil de Rochemont* GRUR 1994, 926; *Jestaedt* GRUR 1985, 480.
[6] OLG Hamm BeckRS 2011, 23812; OLG Jena MD 2010, 186; OLG Hamburg GRUR-RR 2005, 125 – Standard setzen; OLG Karlsruhe WRP 2001, 1328; Harte-Bavendamm/Henning-Bodewig/*Retzer* UWG § 12 Rn. 368; MüKoZPO/*Drescher* ZPO § 920 Rn. 4; Musielak/*Huber* ZPO § 938 Rn. 5; Schuschke/Walker/*Walker* ZPO § 920 Rn. 13.
[7] OLG Hamburg GRUR 2014, 490 – Elitepartner; OLG Hamburg GRUR 2010, 479 – Verkauf von Motoröl im Internet; LG Aachen BeckRS 2012, 11292; LG Düsseldorf GRUR-RR 2011, 361 – Tablet-PC II.
[8] Zur Lockerung des Bestimmtheitserfordernisses iSd § 253 Abs. 2 Nr. 1 insoweit: *Berneke/Schüttpelz* Rn. 285; Schuschke/Walker/*Walker* ZPO § 920 Rn. 13.
[9] MüKoZPO/*Drescher* ZPO § 920 Rn. 3; Zöller/*Vollkommer* ZPO § 938 Rn. 4.
[10] → § 940 Rn. 38; → § 920 Rn. 6.
[11] OLG Hamm BeckRS 2019, 38849; MüKoZPO/*Drescher* ZPO § 920 Rn. 8; Zöller/*Vollkommer* ZPO § 938 Rn. 3.
[12] BVerfG BeckRS 2020, 12472.
[13] Vgl. → § 940 Rn. 14.

I. Sequestration

6 Die nach § 938 Abs. 2 ausdrücklich gestattete Anordnung der Sequestration kann insbes. zur Sicherung der **Vernichtungsansprüche**[14] gem. Art. 64 EPÜ, § 140a Abs. 1 PatG, § 24a Abs. 1 GebrMG, § 18 Abs. 1 MarkenG, § 43 Abs. 1 DesignG, § 9 Abs. 2 HalblSchG, § 37a Abs. 2 SortenSchG, § 98 Abs. 1 UrhG, § 7 GeschGehG oder eines **Beseitigungsanspruchs** bzgl. eines rechtsverletzenden Produkts gem. § 8 Abs. 1 UWG oder §§ 6, 2 Nr. 4 GeschGehG in Betracht kommen,[15] oder im Zusammenhang mit der **Grenzbeschlagnahme** gem. § 142a PatG, § 25a GebrMG, § 146 MarkenG, § 55 DesignG, § 40a Abs. 1 SortenSchG, § 111b UrhG oder der **VO (EG) Nr. 1383/2003**.[16] Angeordnet werden kann ferner die Sequestration eines Schutzrechts zur Sicherung eines **Vindikationsanspruchs**.[17]

7 **Sequestration** bedeutet nicht nur **Sicherstellung** und **Verwahrung,** sondern darüber hinausgehend **Verwaltung** des sequestrierten Gegenstandes unter Ausschluss des Rechtsinhabers.[18] Sie ist anzuordnen, wenn der Werterhalt des Gegenstands oder die Vermeidung sonstiger Nachteile Maßnahmen der Vermögensverwaltung gebieten, der Rechtsinhaber selbst aber von Einwirkungsmöglichkeiten ferngehalten werden soll.[19]

8 Die Sequestration fällt **nicht** mehr in das **übliche Dienstgeschäft** eines **Gerichtsvollziehers**, wozu nur die Verwahrung und der Erhalt der herausgegebenen Gegenstände gehören. Der Gerichtsvollzieher ist zur Übernahme der Sequestration nicht verpflichtet.[20] Die Sequestration ist vom Prozessgericht per **Beschluss** anzuordnen. In dem Beschluss muss der Sequester benannt, sein Aufgabenbereich bestimmt und seine Vergütung festgesetzt werden.[21] Der Beschluss ist mit der sofortigen Beschwerde anfechtbar.[22] Das Gericht hat die Tätigkeit des Sequesters zu überwachen.

9 Die Sequestration stellt sich als ein **vergütungspflichtiges privatrechtliches Rechtsverhältnis** dar. Die Festsetzung der Vergütung erfolgt durch das Gericht. Zwischen dem Sequester zum Gläubiger, zwischen beiden besteht ein dienstvertragsähnliches Verhältnis, das die sinngemäße Anwendung der §§ 675, 612 BGB rechtfertigt.[23] Die Höhe der Vergütung orientiert sich an den Bestimmungen der Zwangsverwaltung[24] oder einer Vergütungsvereinbarung der Parteien. Für die **Kosten der Sequestration** ist der Antragsteller vorschuss- und erstattungspflichtig. §§ 936, 934 Abs. 2 sind anzuwenden.[25] Wird der geforderte Vorschuss vom Antragsteller nicht gezahlt, kann der Sequester sein Amt niederlegen.[26] Der Staat haftet nicht (subsidiär).[27] Die Kosten der Sequestration können im Kostenfestsetzungsverfahren aufgrund der Kostengrundentscheidung des Verfahrens festgesetzt werden, in dem die Sequestration angeordnet worden ist.[28] Die Kosten einer durch das Gericht angeordneten Sequestration stellen notwendige Kosten iSd § 91 Abs. 1 S. 1 dar.[29]

10 Die Sequestration beginnt mit **Übergabe der Gegenstände** an den Sequester. Mit der Übergabe ist zugleich die Vollziehung der einstweiligen Verfügung beendet. Die sequestrierten Gegenstände etc

---

[14] OLG Karlsruhe GRUR-RR 2013, 182 – Spielsteuerung; OLG München BeckRS 2012, 16104; OLG Frankfurt a. M. GRUR-RR 2011, 66 – Sequestrationsanspruch; KG GRUR-RR 2008, 372 – Abmahnkosten; OLG Karlsruhe GRUR-RR 2002, 278 – Sequestration patentverletzender Waren; OLG Frankfurt a. M. GRUR 2006, 264 – Abmahnerfordernis; OLG Braunschweig GRUR-RR 2005, 103 – Flüchtige Ware; OLG Frankfurt a. M. GRUR-RR 2003, 96 – Uhrennachbildung; OLG Nürnberg GRUR-RR 2002, 98 – NIKE-Sportschuh; OLG Stuttgart NJW-RR 2001, 257; OLG Köln NJWE-WettbR 2000, 303; OLG Düsseldorf NJW-RR 1997, 1064; OLG Hamm GRUR 1989, 502; OLG Hamburg WRP 1997, 106 – Gucci; LG Düsseldorf BeckRS 2011, 2014; LG Hamburg GRUR-RR 2004, 191 – Flüchtige Ware; LG Berlin GRUR-RR 2004, 16 – Fernglas.

[15] Zur Frage, ob hierfür eine Abmahnung zur Vermeidung der Kostenfolge gem. § 93 notwendig ist: *Amschewitz* WRP 2012, 401 mit zahlreichen Rspr.-Nachweisen.

[16] OLG Karlsruhe GRUR-RR 2002, 278 – DVD-Player. Vgl. → § 940 Rn. 48 f.

[17] BGH GRUR 2008, 47 – Patentinhaberwechsel im Einspruchsverfahren (kein EV-Verfahren); OLG München NJW-RR 1997, 683; OLG Frankfurt a. M. GRUR 1978, 636 – Windabweiser; OLG Karlsruhe GRUR 1978, 116 – DTOS; OLG München GRUR 1951, 157; LG München 23.4.1998 – 7 O 7330/98.

[18] BGH NJW 2001, 434; BeckOK ZPO/*Mayer* ZPO § 938 Rn. 8; *Fezer* MarkenG § 18 Rn. 67; *Gleußner* DGVZ 1996, 33; MüKoZPO/*Drescher* ZPO § 938 Rn. 27; Schuschke/Walker/*Schuschke* ZPO § 938 Rn. 20; Zöller/*Vollkommer* ZPO § 938 Rn. 7 ff.

[19] BeckOK ZPO/*Mayer* ZPO § 938 Rn. 8; *Gleußner* DGVZ 1996, 33.

[20] § 154 Abs. 1 S. 3 GVGA; BGH NJW 2001, 434.

[21] BGH NJW-RR 2005, 1283; § 154 GVGA.

[22] BeckOK ZPO/*Mayer* ZPO § 938 Rn. 10; Musielak/*Huber* ZPO § 938 Rn. 7; Zöller/*Vollkommer* ZPO § 938 Rn. 9, 11.

[23] OLG München OLGZ 1985, 370.

[24] OLG Frankfurt a. M. NJW-RR 1987, 63; OLG München OLGZ 1985, 370.

[25] BeckOK ZPO/*Mayer* ZPO § 938 Rn. 9.

[26] BeckOK ZPO/*Mayer* ZPO § 938 Rn. 9; Musielak/*Huber* ZPO § 938 Rn. 7.

[27] BeckOK ZPO/*Mayer* ZPO § 938 Rn. 9; MüKoZPO/*Drescher* ZPO § 938 Rn. 28; Zöller/*Vollkommer* ZPO § 938 Rn. 10.

[28] BGH WRP 2006, 1246; *Fezer* MarkenG § 18 Rn. 67.

[29] BGH BeckRS 2007, 4103; NJW 2006, 3010.

verbleiben beim Sequester bis zu einer rechtskräftigen Entscheidung über das Bestehen des gesicherten Anspruchs oder das Herbeiführen einer einvernehmlichen Regelung.[30]

Aufgrund der Unterschiede zwischen Sequestration und Verwahrung wird rgm zu prüfen sein, ob es zur Zweckerreichung der einstweiligen Verfügung tatsächlich einer Sequestration der Gegenstände etc bedarf, oder ob das Ziel nicht auch mittels einer Verwahrung erreicht werden kann. Dann besteht kein Anlass zur Anordnung der Sequestration. **11**

II. Handlungsgebote und Handlungsverbote

§ 938 Abs. 2 nennt des Weiteren als mögliche Anordnung Handlungsgebote und Verbote. Hierzu zählen in erster Linie die im gewerblichen Rechtsschutz im Mittelpunkt stehenden **Unterlassungsansprüche** gem. Art. 64 EPÜ, § 139 Abs. 1 PatG; § 16 Abs. 2 PatG, § 24 Abs. 1 GebrMG, § 14 Abs. 2 MarkenG, Art. 130, 131 UMV, § 42 Abs. 1 DesignG, Art. 19 iVm Art. 89 Abs. 1a), 90 GGV, § 37 Abs. 1 SortenSchG, § 97 Abs. 1 UrhG, § 8 Abs. 1 UWG, § 6 GeschGehG und die Ansprüche auf **Drittauskunft** gem. §§ 140b Abs. 7 PatG, 24b Abs. 7 GebrMG, § 19 Abs. 7 MarkenG, § 46 Abs. 7 DesignG, § 37 Abs. 7 SortenSchG, § 9 Abs. 2 HalblSchG und § 100 Abs. 7 UrhG.[31] **12**

In Betracht kommen zudem **bspw.**: Gebot, einen Hinweis aufzunehmen, dass Fotos in einem Druckwerk ungenehmigt wieder gegeben werden;[32] Belieferungsgebote gem. §§ 20, 33 GWB, wie zB Belieferung mit Fernwärme[33] oder mit Zeitungen und Zeitschriften;[34] Gebot, Werbeanzeigen abzudrucken;[35] Gebot, einen Standplatz auf einer Messe einzuräumen[36] oder das Gebot, unrechtmäßige Nachbildungen an den Lieferanten zurück zu geben.[37] **13**

III. Durchsuchung

§ 938 bietet keine Grundlage für die Anordnung der Befugnis des Gerichtsvollziehers, die Wohnung sowie die Lagerräume eines Antragsgegners zu durchsuchen. Eine richterliche Durchbrechung der ausschließlichen Zuständigkeit des zuständigen AG gem. §§ 758a Abs. 1, 802 ist nicht gegeben.[38] **14**

§ 939 Aufhebung gegen Sicherheitsleistung

Nur unter besonderen Umständen kann die Aufhebung einer einstweiligen Verfügung gegen Sicherheitsleistung gestattet werden.

A. Anwendungsbereich

§ 939 ZPO ist lex specialis gegenüber § 923, § 934 Abs. 1, § 925 Abs. 2, § 927. Bei Vorliegen seiner Tatbestandsvoraussetzungen ist die einstweilige Verfügung (nicht nur deren Vollziehung) aufzuheben. Im gewerblichen Rechtsschutz kommt § 939 äußerst selten zur Anwendung, da die weitaus überwiegende Anzahl der einstweiligen Verfügung ein **Unterlassungsgebot** enthalten.[1] **1**

B. Aufhebungsvoraussetzung

§ 939 stellt klar, dass die Aufhebung der einstweiligen Verfügung gegen Sicherheitsleistung nur in Ausnahmefällen in Betracht kommt. Es sind „**besondere Umstände**" vonnöten. Der Zweck der einstweiligen Verfügung muss auch durch die Sicherheitsleistung vollständig erreicht werden. Wann ein besonderer Umstand vorliegt, beurteilt das Gericht nach freiem Ermessen. Er kann mit Blick auf den Antragsteller gegeben sein, wenn die im Austausch gestellte Sicherheit in qualitativer und quantitativer Hinsicht mindestens die gleiche Sicherheit wie der Titel selbst bietet. Dies ist vorrangig dann der Fall, wenn die Sicherung reiner Vermögensinteressen im Vordergrund steht.[2] Beim Antragsgegner **2**

---

[30] OLG Hamburg NJWE-WettbR 2000, 19.
[31] Insges. zu den möglichen Verfügungsansprüchen → § 940 Rn. 38 ff.
[32] OLG Frankfurt a. M. NJW 1985, 1295.
[33] OLG Brandenburg GRUR-RR 2002, 272 – Fernwärmespender.
[34] OLG Frankfurt a. M. GRUR 1987, 933 – Zeitungsgroßhändler.
[35] OLG Koblenz WRP 1987, 49.
[36] OLG Frankfurt a. M. GRUR 1989, 777 – Kunstmesse Art Frankfurt.
[37] OLG Frankfurt a. M. GRUR-RR 2003, 96 – Uhrennachbildung.
[38] OLG Hamburg BeckRS 2015, 10615; LG Hamburg GRUR-RR 2014, 47 – Ausschließliche Zuständigkeit.
[1] Berneke/Schüttpelz Rn. 495; Harte-Bavendamm/Henning-Bodewig/Retzer UWG § 12 Rn. 466; HK-ZPO/Kemper Hk-ZPO § 939 Rn. 9. AA MüKoZPO/Drescher ZPO § 939 Rn. 2.
[2] OLG Hamm NJW-RR 2016, 1237(Bauhandwerkersicherungshypothek); KG BeckRS 2008, 17911 (Bauhandwerkersicherungshypothek); BeckOK ZPO/Mayer ZPO § 939 Rn. 2.

können Nachteile und Schäden, die über das übliche Maß der Vollziehungsschäden hinausgehen, als besonderer Umstand gewertet werden.[3]

C. Verfahren und Entscheidung

3   Den **Antrag** auf Aufhebung der einstweiligen Verfügung kann sowohl der Antragsteller als auch der Antragsgegner stellen. Derjenige, der sich auf das Vorliegen besonderer Umstände beruft, hat diese substantiiert vorzutragen und glaubhaft zu machen.

4   Die Entscheidung über den Antrag ergeht aufgrund **mündlicher Verhandlung**. Die ausreichende anderweitige Sicherung kann im Widerspruchs-, im Aufhebungs-[4] oder im Berufungsverfahren[5] geltend gemacht werden. Nach rechtskräftigem Abschluss ist eine Aufhebung indes nicht mehr möglich.[6] Entscheidungsform ist das Urteil. Hat das Berufungsgericht ohne mündliche Verhandlung die Aufhebung der einstweiligen Verfügung gegen Sicherheitsleistung per Beschluss abgelehnt, ist die dagegen gerichtete Beschwerde unzulässig.[7] Eine Entscheidung durch den Vorsitzenden gemäß § 944 scheidet aus.[8]

5   In dem **Urteil** ist die Sicherheit, deren Art und Höhe sich nach § 108 bestimmt, festzusetzen und die einstweilige Verfügung aufzuheben. Nach Leistung der im Urteil bestimmten Sicherheitsleistung tritt die einstweilige Verfügung – ohne weitere Entscheidung – außer Kraft; es ist nicht erforderlich, dass der Antragsgegner die Sicherheit vor Erlass des Urteils erbringt.[9]

§ 940 Einstweilige Verfügung zur Regelung eines einstweiligen Zustandes

Einstweilige Verfügungen sind auch zum Zwecke der Regelung eines einstweiligen Zustandes in Bezug auf ein streitiges Rechtsverhältnis zulässig, sofern diese Regelung, insbes. bei dauernden Rechtsverhältnissen zur Abwendung wesentlicher Nachteile oder zur Verhinderung drohender Gewalt oder aus anderen Gründen nötig erscheint.

Literatur: *Ahrens-Spätgens,* Einstweiliger Rechtsschutz und Vollstreckung in UWG-Sachen, 4. Aufl., 2001; *Berneke/Schüttpelz,* Die einstweilige Verfügung in Wettbewerbssachen, 3. Aufl., 2015; *Bernreuther,* Einstweilige Verfügung und Erledigungserklärung, GRUR 2007, 660; *Beyerlein,* (K)eine zweite Chance – wiederholter Antrag auf Erlass einer einstweiligen Verfügung als Dringlichkeitsproblem, WRP 2005, 1463; *Böhler,* Einstweilige Verfügungen in Patentsachen, GRUR 2011, 965; *Bopp,* Die einstweilige Verfügung in Patentsachen, FS Helm (2002), 275; *Boval,* Sicherungs- und einstweilige Maßnahmen in Zusammenhang mit Patentverletzungsklagen in Frankreich, GRUR Int. 1993, 377; *Brannekämper,* Wettbewerbsstreitigkeiten mit Auslandbeziehungen im Verfahren der einstweiligen Verfügung, WRP 1994, 261; *Brinks/Fritze,* Einstweilige Verfügungen in Patentverletzungssachen in den USA und Deutschland, GRUR Int. 1987; *Buriánek,* Anforderungen an den Rechtsbestand des Verfügungspatents im einstweiligen Verfügungsverfahren wegen Patentverletzung – Aktuelle Rechtsprechung, GRUR-Prax 2020, 122; *Creutzfeld,* Die Dringlichkeit der einstweiligen Verfügung im gewerblichen Rechtsschutz und im Urheberrecht, 2010; *v. Czettritz/Thewes,* Rückrufverpflichtung im einstweiligen Verfügungsverfahren, PharmR 2017, 92; *Danckwerts,* Die Entscheidung über den Eilantrag, GRUR 2008, 763; *ders.,* Deichfuß, Die Prüfung des Rechtsbestandes im einstweiligen Rechtsschutz GRUR 2022, 33; *Demuth,* Neue Maßstäbe für einstweilige Verfügungsverfahren in Wettbewerbssachen, GRUR 2011, 404; *Doepner,* Selbstwiderlegung der Dringlichkeit in wettbewerblichen Verfügungsverfahren: wider eine feste Zeitspanne, WRP 2011, 1384; *Dötsch,* Statthaftigkeit einer Gegenverfügung im Verfahren betreffend den Erlass einer einstweiligen Verfügung, MDR 2012, 623; *ders.,* Besonderheiten im Berufungsverfahren bei Arrest und einstweiliger Verfügung, MDR 2010, 1429; *Eikelau,* Unzulässigkeit wettbewerbsrechtlicher Unterlassungsansprüche gegen Markenanmeldungen, MarkenR 2001, 41; *von Falck,* Einstweilige Verfügungen in Patent- und Gebrauchsmustersachen, Mitt. 2002, 429; *Graf v. d. Groeben,* Zuwiderhandlungen gegen die einstweilige Verfügung zwischen Verkündung und Vollziehung des Unterlassungsurteils, GRUR 1999, 674; *Greiner,* Dringlichkeitserfordernis bei der Vollziehung einstweiliger Verfügungen, GRUR-Prax 2017, 477; *Guhn,* Richterliche Hinweise und „forum shopping" im einstweiligen Verfügungsverfahren, WRP 2014, 27; *Günther,* Die Schubladenverfügung – Stolperfalle Dringlichkeit?, WRP 2006, 407; *Gundt/Neuhaus,* Der Verfügungsgrund bei der einstweiligen Verfügung im Patentrecht, GRUR-Prax 2018, 321; *Heinze,* Einstweiliger Rechtsschutz im europäischen Immaterialgüterrecht, 2007; *Holzapfel,* Zum einstweiligen Rechtsschutz im Wettbewerbs- und Patentrecht, GRUR 2003, 287; *Isele,* Das Betreiben von Ordnungsmittelverfahren und seine Auswirkungen auf die Dringlichkeitsvermutung nach § 12 Abs. 2 UWG, WRP 2017, 1050; *Jackowski,* Der Missbrauchseinwand nach § 8 Abs. 4 UWG gegenüber einer Abmahnung, WRP 2010, 38; *Kannowski,* Arrest und einstweilige Verfügung neben einem bereits vorliegenden Titel, JuS 2001, 482; *Kehl,* Von der Marktbeobachtung bis zur Nichtvollziehung – wann ist es dem Antragsteller „nicht so eilig"?, FS Loschelder (2010), 139; *Klute,* Strategische Prozessführung im Verfügungsverfahren, GRUR 2003, 34; *Knippenkötter,* Indizien für rechtsmissbräuchliches Verhalten des Abmahnenden, GRUR-Prax 2011, 483; *Koch/Vykydal,* Immer wieder dring-

---

[3] BeckOK ZPO/*Mayer* ZPO § 939 Rn. 3.
[4] OLG Hamm NJW-RR 2016, 1237 (Bauhandwerkersicherungshypothek); OLG Hamm OLGZ 1993, 331 (Bauhandwerkersicherungshypothek).
[5] KG BeckRS 2008, 17911 (Bauhandwerkersicherungshypothek) OLG Köln NJW 1975, 454 (Bauhandwerkersicherungshypothek); Zöller/*Vollkommer* ZPO § 939 Rn. 2.
[6] OLG Köln OLGR 2003, 54.
[7] OLG Celle OLGZ 1978, 489.
[8] BeckOK ZPO/*Mayer* ZPO § 939 Rn. 1; MüKoZPO/*Drescher* ZPO § 939 Rn. 2.
[9] OLG Köln NJW 1975, 454 (Bauhandwerkersicherungshypothek); *Berneke/Schüttpelz* Rn. 494.

Einstweilige Verfügung zur Regelung eines einstweiligen Zustandes § 940 ZPO

lich?, WRP 2005, 688; *Kochendörfer*, Der Nachweis der frühzeitigen Kenntnis vom Wettbewerbsverstoß – Beweiserleichterung für die Widerlegung der Dringlichkeitsvermutung, WRP 2005, 1459; *Köllner/Beyerlein/Härtle*, Die befristete Unterlassung –ein ausgewogenes Instrument bei Rechtsverletzungen auf Messen, Mitt. 2020, 293; *Leible*, Ausländersicherheit und einstweiliger Rechtsschutz, NJW 1995, 2817; *Lieber/Zimmermann*, Die einstweilige Verfügung im gewerblichen Rechtsschutz, 2010; *Meinhardt*, Es eilt: Die Dringlichkeit im Markenrecht – Ein Appell an den Gesetzgeber, GRUR-Prax 2015, 27; *Müller-Stoy/Wahl*, Düsseldorfer Praxis zur einstweiligen Unterlassungsverfügung wegen Patentverletzung, Mitt. 2008, 311; *Nieder*, Begehungsgefahr und Unterlassungsverfügung bei Anmeldung oder Eintragung einer (noch) nicht benutzten Marke?, Mitt. 2000, 103; *Pansch*, Die einstweilige Verfügung zum Schutz des geistigen Eigentums im grenzüberschreitenden Verkehr, 2003; *Pauli*, Verbot eines Gerichtsstandswechsel zwischen Verfügungs- und Hauptsacheverfahren – Konsequenz des Rechts auf prozessuale Waffengleichheit, GRUR-Prax 2021, 273; *Petersenn/Peters*, Das Äußerungsrecht zwischen unlauterem Wettbewerb und einstweiliger Verfügung, NJW 2021, 825; *Rath/Hausen*, Ich bin doch nicht blöd? Rechtsmissbräuchliche gerichtliche Mehrfachverfolgung wettbewerbsrechtlicher Unterlassungsansprüche, WRP 2007, 133; *Renner*, Abmahnung – Blaues Auge oder Beinbruch? Die missbräuchliche Verfolgung von Unterlassungsansprüchen, HFR 10/2009, 1; *Retzer*, Widerlegung der „Dringlichkeitsvermutung" durch Interessenabwägung?, GRUR 2009, 329; *Schulz*, Einstweiliger Rechtsschutz gegen Markenanmeldungen, WRP 2000, 258; *Schulz*, Einstweiliger Rechtsschutz gegen Markenanmeldungen, MarkenR 2006, 505; *Schulte-Franzheim*, Vom Umgang mit der Dringlichkeit des Newcomers, WRP 1999, 70; *Sosnitza*, Die Leistungsverfügung im Kartellrecht, WRP 2004, 62; *Spätgens*, Anmerkungen zur sogenannten Schubladenverfügung und zur Zurückweisung anwaltlicher Abmahnungen ohne Originalvollmacht, FS Loschelder (2010), 355; *Steigüber/Kaneko*, Automatischer Verfall der einstweiligen Verfügung in Deutschland nach ihrem Erlass?, WRP 2013, 873; *Stürner*, Der einstweilige Rechtsschutz in Europa, FS Geiß (2000), 1999; *Teplitzky*, Aktuelle Probleme der Abmahnung und Unterwerfung sowie des Verfahrens der einstweiligen Verfügung im Wettbewerbs- und Markenrecht, WRP 2005, 654; *ders.*, Gerichtliche Hinweise im einseitigen Verfahren zur Erwirkung einer einstweiligen Unterlassungsverfügung, GRUR 2008, 34; *ders.*, Zur Verwirkung des Verfügungsgrundes in Verfahren der einstweiligen Verfügung nach dem UWG und dem Markenrecht, FS Loschelder (2010), 391; *Tilmann/Schreibauer*, Beweissicherung vor und im Patentverletzungsprozess, FS Erdmann (2002), 901; *Thümmel*, Einstweiliger Rechtsschutz im Auslandsrechtsverkehr, NJW 1996, 1930; *Ulrich*, Die Aufbrauchfrist in Verfahren der einstweiligen Verfügung, GRUR 1991, 26; *ders.*, Die Geltendmachung von Ansprüchen auf Erteilung einer Auskunft im Verfahren der einstweiligen Verfügung, WRP 1997, 135; *Weisert*, Rechtsprobleme der Schubladenverfügung, WRP 2007, 504; *Wuttke*, Die aktuelle gerichtliche Praxis der einstweiligen Verfügung in Patentsachen – zurück zu den Anfängen?, Mitt. 2011, 393; *Zonderland*, Einstweilige Verfügungen in den Niederlanden, ZZP 90, 225.

Übersicht

	Rn.
A. Allgemeines	1
I. Normzweck	1
II. Anwendungsbereich	3
III. Arten von einstweiligen Verfügungen	8
1. Sicherungsverfügung	9
2. Regelungsverfügung	10
3. Leistungsverfügung	11
4. Verhältnis der Verfügungsarten zueinander	12
5. Vorläufige Maßnahmen	14
IV. Streitgegenstand	15
V. Verfahren	16
B. Voraussetzung der einstweiligen Verfügung	17
I. Allgemeine Prozessvoraussetzungen	18
1. Allgemeines Rechtsschutzbedürfnis	19
2. Rechtsmissbrauch gem. § 8c Abs. 1 UWG	29
II. Verfügungsanspruch	36
1. Unterlassung, Duldung	37
2. Auskunft, Rechnungslegung	40
3. Schadenersatz	43
4. Vernichtung	46
5. Beseitigung, Rückruf- und Entfernung	49
6. Urteilsveröffentlichung	54
7. Willenserklärung	55
8. Vorlage und Besichtigung	56
9. Sonstige Ansprüche	57
III. Verfügungsgrund	62
1. Grundsätze	62
2. Darlegung und Glaubhaftmachung	70
3. Zeitliche Dringlichkeit	78
a) Keine zögerliche Antragstellung	79
b) Prozessuales Verhalten	91
4. Weitere Aspekte der Dringlichkeit	96
5. Interessensabwägung	103
6. Rechtsprechungsbeispiele	108

	Rn.
a) Patent- und Gebrauchsmusterrecht	109
b) Unlauterer Wettbewerb	111
c) Markenrecht	113
d) Designrecht	115
e) Urheberrecht	117
f) Geschäftsgeheimnisse	119
IV. Rechtsbestand und Rechtsgültigkeit des Verfügungsschutzrechts	120
1. Patent, Gebrauchsmuster, Schutzzertifikat	121
a) Grundsätze	121
b) Hinreichend gesicherter Rechtsbestand	126
c) Darlegungs- und Glaubhaftmachungslast	155
2. Markenrecht	160
a) Deutsche Marke	160
b) Unionsmarken	164
3. Designrecht	166
a) Deutsches Design	166
b) Gemeinschaftsgeschmacksmuster	168
4. Urheberrecht	170
V. Verfahren auf Erteilung einer Zwangslizenz	171
VI. Aussetzung	173

A. Allgemeines

I. Normzweck

1 Die ZPO bietet neben dem Arrest (§ 916) eine weitere Form des einstweiligen Rechtsschutzes: die einstweilige Verfügung. Sie ist Ausdruck des aus dem Justizgewährungsanspruch (Art. 19 Abs. 4 GG) folgenden Gebots eines **effektiven Rechtsschutzes**,[1] wonach gerichtlicher Rechtsschutz auch innerhalb einer **angemessenen Zeit** erfolgen können muss.[2] Da ein Klage- bzw. Hauptsacheverfahren üblicherweise einen längeren Zeitraum in Anspruch nimmt und bis zum Erhalt eines vollstreckbaren Titels viel Zeit vergehen kann, besteht die Gefahr, dass allein wegen des Zeitablaufs die Rechtsverwirklichung oder die Durchsetzung eines bestehenden Rechts erschwert oder gar vereitelt werden kann. Der Titel, den der Kläger nach Monaten oder Jahren in den Händen hält, kann sich in bestimmten Fällen als „wertlos" entpuppen, weil die Beeinträchtigungen und Schäden, die durch die Rechtsverletzung eingetreten sind, nicht mehr beseitigt oder angemessen wieder gut gemacht werden können. Damit in solchen Konstellationen ein Rechteinhaber nicht schutzlos ist, bietet das einstweilige Verfügungsverfahren die Möglichkeit, einen in einem Klageverfahren einklagbaren Individualanspruch vorläufig zu sichern bzw. den Zustand eines einklagbaren Rechtsverhältnisses einstweilen zu regeln.

2 Angesichts der Zielrichtung und des Charakters einer einstweiligen Verfügung als einstweilige Maßnahme geht mit ihr grds. nur eine **vorläufige Sicherung** eines Anspruchs bzw. eine einstweilige Regelung eines Rechtsverhältnisses einher. Sie dient demgegenüber grds. nicht der endgültigen oder sofortigen Befriedigung des Antragstellers. Es besteht das **Verbot der Vorwegnahme der Hauptsache**.[3] Ansprüche, die nur endgültig, nicht aber „vorläufig erfüllt" werden können, sind deshalb an sich dem einstweiligen Verfügungsverfahren nicht zugänglich.

II. Anwendungsbereich

3 Die Bestimmungen der §§ 935, 940 gelten für sämtliche Zivilprozesse und folglich auch bei allen Verfahren, in denen vorläufiger Rechtsschutz wegen **Verletzung technischer oder nichttechnischer Schutzrechte,** wegen Verstoßes gegen das **GeschGehG** oder wegen eines **Wettbewerbsverstoßes** begehrt wird.

4 Eine ausdrückliche Normierung ihrer Anwendung findet sich im gewerblichen Rechtsschutz für Ansprüche, deren Durchsetzung im Wege der einstweiligen Verfügung an sich wegen des Verbots der **Vorwegnahme der Hauptsache** nicht möglich wäre. Derartige Sondervorschriften sind bspw.: Drittauskunftsansprüche gem. § 140b Abs. 7 PatG, § 24b Abs. 7 GebrMG, § 19 Abs. 7 MarkenG, § 46 Abs. 7 DesignG, § 101 Abs. 3 UrhG, § 37b Abs. 7 SortenSchG; Verpflichtung zur Vorlage einer Urkunde oder Duldung der Besichtigung gem. § 140c Abs. 3 PatG, § 24c Abs. 3 GebrMG, § 19a Abs. 3 MarkenG, § 46a DesignG, § 101a UrhG, § 37c Abs. 3 SortenSchG und Ansprüche auf Vorlage von Bank-, Finanz- und Handelsunterlagen gem. § 140d Abs. 3 PatG, § 24d Abs. 3 GebrMG, § 19b Abs. 3 MarkenG; § 46b Abs. 3 DesignG, § 101b UrhG, § 37d Abs. 3 SortenSchG, § 9 Abs. 2 HalbleiterSchG.

---

[1] BGH NJW 1995, 2477.
[2] Stein/Jonas/Grunsky ZPO Vor § 916 Rn. 1; Zöller/*Vollkommer* ZPO Einl. Rn. 48 ff.
[3] OLG Hamburg GRUR-RR 2007, 29 – Cerebro Card; Ahrens Wettbewerbsprozess-HdB/*Jestaedt* Kap. 56 Rn. 1; Zöller/*Vollkommer* ZPO § 938 Rn. 3.

Die §§ 935, 940 kommen auch dann zur Anwendung, wenn die Verletzung von Rechten des 5
geistigen Eigentums in Rede steht, die unter das Übereinkommen über handelsbezogene Aspekte der
Rechte des geistigen Eigentums vom 15.4.1994 (**TRIPS**)[4] fallen. Dies sind Kennzeichenrechte,
Patentrechte, Gebrauchsmusterrechte, Urheberrechte, Designrechte, geschützte Topographien integrierter Schaltkreise und nicht offenbarte Informationen.[5] Im Hinblick auf diese normiert das TRIPS-
Übereinkommen in Art. 50 Abs. 1 die Befugnis nationaler Gericht, schnelle und wirksame einstweilige
Maßnahmen anzuordnen, um die Verletzung der Rechte zu verhindern, und um einschlägige Beweise
hinsichtlich einer behaupteten Rechtsverletzung zu sichern. In Art. 50 Abs. 2–6 TRIPS-Übereinkommen finden sich sodann verschiedene verfahrensrechtliche Vorgaben für diese einstweilige Maßnahmen, wie zB die Möglichkeit des Erlasses der einstweiligen Maßnahme ohne Anhörung der anderen
Partei, Anordnung der Vorlage von Beweisen, Anordnung einer Sicherheitsleistung, die Möglichkeit
der Überprüfung der angeordneten Maßnahme oder die Aufhebung der Maßnahme bei Verstreichen
lassen einer Frist für die Hauptsache. Art. 50 Abs. 7 TRIPS-Übereinkommen sieht schließlich für
bestimmte Konstellationen die Anordnung eines angemessenen Schadensersatzes vor. Art. 50 TRIPS-
Übereinkommen **verdrängt** indes **nicht** die Bestimmungen der §§ 935 ff. Der III. Teil des TRIPS-
Übereinkommen gilt im Inland nicht unmittelbar.[6] Seine Vorschriften haben **keine unmittelbare
Wirkung** und begründen für den Einzelnen keine Rechte, auf die er sich unmittelbar berufen könnte.
Das TRIPS-Übereinkommen hat den Rang eines einfachen Gesetzes.[7] Es ist bei der **Auslegung** der
§§ 935 ff. zu beachten; die Normen müssen in einer Weise verstanden werden, die mit den Vorgaben
des TRIPS-Übereinkommens in Einklang steht.[8] Grds. geht der Gesetzgeber davon aus, dass den
Anforderungen des TRIPS-Übereinkommens mit den §§ 935 ff. Genüge getan ist.[9]

Gleichfalls maßgeblich sind die §§ 935, 940 für einstweilige Maßnahmen zum Schutz von Gemein- 6
schaftsgeschmacksmustern (Art. 90 **GGV**)[10] und zum Schutz von Unionsmarken (Art. 130 **UMV**).[11]

Im **patentamtlichen oder patentgerichtlichen Verfahren** kommen einstweilige Verfügungen 7
nur in dem Verfahren wegen Erteilung einer Zwangslizenz gem. § 85 PatG, § 20 GebrMG, § 16a
Abs. 2 PatG und Art. II. § 6a IntPatÜG (→ Rn. 171 f.) in Betracht. Die Vorschriften enthalten
spezielle, zT von der ZPO abweichende Vorgaben.[12] §§ 935, 940 sind im Anwendungsbereich dieser
Spezialnormen nicht maßgeblich.[13] Andere Rechtsgrundlagen für den Erlass einstweiliger Verfügungen
finden sich für die Verfahren vor dem DPMA oder dem BPatG nicht. Eine dahingehende Rechtsgrundlage bietet insbes. § 82 Abs. 1 MarkenG nicht. Bei dieser Vorschrift handelt es nicht um eine
Rechtsgrund-, sondern nur um eine Rechtsfolgenverweisung.[14] Sie gestattet es daher nicht, Rechtsmittel und sonstige Rechtsinstitute der ZPO, die vom Gesetzgeber nicht in das Markengesetz aufgenommen worden sind, in das patentgerichtliche Verfahren einzuführen. Mit der Verweisung auf die
verfahrensrechtlichen Grundsätze der ZPO ist lediglich die Möglichkeit einer ergänzenden Heranziehung für den Fall geschaffen worden, dass sich die Verfahrensvorschriften über das Patentgericht als
lückenhaft erweisen und die Besonderheiten des patentgerichtlichen Verfahrens einer entsprechenden
Anwendung nicht entgegenstehen.

III. Arten von einstweiligen Verfügungen

Die ZPO benennt zwei Arten von einstweiligen Verfügungen: die einstweilige Verfügung bezüglich 8
eines Streitgegenstandes, sog. Sicherungsverfügung (§ 935), und die einstweilige Verfügung zur Re-

---

[4] BGBl. II S. 1730.
[5] II. Teil des TRIPS-Übereinkommens. Nicht aufgeführt ist dort der allgemeine Wettbewerbsschutz.
[6] EuGH GRUR-Int 2002, 41 – Route 66; EuGH GRUR 2001, 235 – Dior.
[7] BGH GRUR 1999, 707 – Kopienversand.
[8] BGH GRUR 2006, 963 – Restschadstoffentfernung; BGH GRUR 2002, 1046 – Faxkarte; OLG Düsseldorf
GRUR-RR 2008, 329 – Olanzapin; OLG Frankfurt a. M. NJOZ 2004, 874 – Verkauf manipulierter Update-
Versionen als Vollversions-Software; OLG Hamburg GRUR 2003, 873 – Pflanzgutangebot; LG Mannheim GRUR-
RR 2011, 83.
[9] BT-Drs. 16/5048, 30; BGH GRUR 2002, 1046 – Faxkarte; OLG Düsseldorf GRUR-RR 2009, 157 –
Olanzapin-Eilverfahren; OLG Hamburg GRUR 2003, 873 – Pflanzgutangebot; v. Falck Mitt. 2002, 429; Ströbele/
Hacker/Hacker MarkenG § 14 Rn. 424.
[10] OLG Hamburg GRUR-RR 2013, 138 – Totenkopfflasche; OLG Düsseldorf GRUR-RR 2012, 200 – Tablet
PC; OLG Düsseldorf BeckRS 2012, 16130; LG Düsseldorf LMuR 2012, 69; BeckRS 2012, 03845; LG Braunschweig BeckRS 2008, 19527.
[11] OLG Düsseldorf GRUR-RS 2017, 13901 – Versand durch X; Ströbele/Hacker/Thiering MarkenG § 140
Rn. 78; Berneke/Schüttpelz Rn. 756 (zur GMV, außer Kraft getreten zum 23.3.2016).
[12] Busse/Keukenschrijver PatG § 85 Rn. 5, 9, 10; Benkard/Halle/Nobbe PatG § 85 Rn. 3 ff. AA BeckOK PatR/
Wilhelmi PatG § 85 Rn. 4.
[13] BGH GRUR 2017, 1017 – Raltegravier. AA bezgl. eines prozessualen Dringlichkeitserfordernisses Mes PatG
§ 85 Rn. 15.
[14] BPatG GRUR 2004, 82 – Thüringer Rostbratwurst; BPatG GRUR 2001, 339 – Markenregister; Have-
Bavendamm/Hennig-Bodewig/Retzer UWG § 12 Rn. 252; Ingerl/Rohnke MarkenG § 82 Rn. 2; Ströbele/Ha-
cker/Hacker MarkenG § 82 Rn. 13, der die Begründung allerdings zT für rein formal hält.

gelung eines einstweiligen Zustandes, sog. Regelungsverfügung (§ 940). Allgemein anerkannt ist darüber hinaus die sog. Leistungsverfügung.

9 **1. Sicherungsverfügung.** Gegenstand einer Sicherungsverfügung (§ 935) ist in Abgrenzung zum Arrest (§ 916), der der Sicherung eines Zahlungsanspruchs dient, die **Sicherung** eines nicht auf eine Geldleistung gerichteten **Individualanspruchs.** Dies kann ein Anspruch auf Vornahme einer Handlung, auf Unterlassen oder Dulden sein. Auf welchem Rechtsgrund der Individualanspruch basiert, ist unerheblich, ebenso, ob es sich um einen bedingten oder einen betagten Anspruch handelt. Voraussetzung ist nur, dass der zu sichernde Anspruch in einem Hauptsacheverfahren, für das der ordentliche Rechtsweg eröffnet ist, geltend gemacht werden könnte und sich seine Vollstreckung im Falle der Titulierung nach den §§ 883–898 richten würde.[15] Mit der Sicherungsverfügung soll § 935 zufolge verhindert werden, dass durch eine Veränderung des bestehenden Zustandes die Verwirklichung des Rechts einer Partei vereitelt oder erschwert wird. Ziel ist mithin eine „Veränderungssperre".[16]

10 **2. Regelungsverfügung.** Steht nicht ein Individualanspruch in Streit, der im obigen Sinne gesichert werden soll, kommt der Erlass einer Regelungsverfügung (§ 940) in Betracht. Mit ihr wird ein **einstweiliger Zustand** in Bezug auf ein streitiges **Rechtsverhältnis** iSd § 256 geregelt,[17] wobei unerheblich ist, ob das Rechtsverhältnis auf Vertrag oder Gesetz beruht und/oder schuldrechtlicher oder dinglicher Natur ist. Erforderlich ist nur, dass aus dem zwischen den Parteien des Verfügungsverfahrens streitigen Rechtsverhältnis Ansprüche des Antragstellers entstehen können und die einstweilige Regelung zur Abwendung wesentlicher Nachteile oder zur Verhinderung drohender Gewalt oder aus anderen Gründen nötig erscheint.[18] Es genügt die nur drohende unmittelbare Rechtsverletzung.[19]

11 **3. Leistungsverfügung.** Eine **Ausnahme** von dem **Verbot der Vorwegnahme der Hauptsache** stellt die Leistungsverfügung dar, die zum Teil als Unterfall der Regelungsverfügung und zum Teil als eine durch Rechtsfortbildung begründete dritte Art der einstweiligen Verfügung angesehen wird.[20] Ihren Ursprung fand sie im Unterhaltsrecht. Sie greift in den Fällen Platz, in denen die bloße Sicherung eines Anspruchs keinen ausreichenden Schutz bietet, ein solcher vielmehr ausschließlich durch die **sofortige Befriedigung** des Antragstellers gewährleistet werden kann. Der Antragsteller muss mithin dringend der sofortigen Befriedigung bedürfen, die geschuldete Handlung muss ihren Sinn verlieren, wäre sie erst infolge eines Hauptsacheverfahrens zu erbringen und die dem Antragsteller aus der Nichtleistung drohenden Nachteile müssen schwer und von existentieller Art sowie außer Verhältnis zu dem Schaden sein, den der Antragsgegner bei Erlass der Verfügung erleiden wird.[21] Die Anforderungen für den Erlass einer Leistungsverfügung sind demnach hoch. Dem Leitbild der ZPO zum Zweck und zur Zielrichtung eines einstweiligen Verfügungsverfahrens folgend sollte diese Verfügungsart die Ausnahme darstellen. Im gewerblichen Rechtsschutz hat diese Ausnahmestellung indes eine gewisse Aufweichung erfahren, da insbes. Unterlassungsverfügungen, die jedenfalls Elemente einer Leistungsverfügung in sich tragen, allgemein anerkannt sind und die Mehrzahl der erlassenen Verfügungen bilden.

12 **4. Verhältnis der Verfügungsarten zueinander.** Eine **exakte Abgrenzung** der Verfügungsarten kann im Einzelfall **schwierig** sein. Je nach geltend gemachtem Anspruch und Rechtsschutzziel kann die begehrte Verfügung Elemente verschiedener Verfügungsarten in sich tragen. Das **Verhältnis** von § 935 und § 940 ist zudem **in der Lit. umstritten.**[22] Einige Autoren trennen deutlich zwischen Sicherungs- und Regelungsverfügung, andere ziehen die genannten Paragraphen als gemeinsame Rechtsgrundlage heran. Wieder andere sehen in § 940 lediglich eine Ergänzung und Konkretisierung des § 935 und ordnen § 940 systematisch § 938 zu. Die aus den unterschiedlichen Meinungen folgenden praktischen Auswirkungen schätzen die verschiedenen Autoren selbst als gering ein. Der am

---

[15] BeckOK ZPO/*Mayer* ZPO § 935 Rn. 3; MüKoZPO/*Drescher* ZPO § 935 Rn. 6, 11; Musielak/Voit//*Huber* ZPO § 935 Rn. 12; Zöller/*Vollkommer* ZPO § 935 Rn. 6.
[16] BeckOK ZPO/*Mayer* ZPO § 935 Rn. 3.
[17] MüKoZPO/*Drescher* ZPO § 940 Rn. 5; Musielak/Voit//*Huber* ZPO § 940 Rn. 3.
[18] OLG Koblenz NJW-RR 1986, 1039; BeckOK ZPO/*Mayer* ZPO § 935 Rn. 4; § 940 Rn. 2; MüKoZPO/*Drescher* ZPO § 940 Rn. 5 ff.; Musielak/Voit/*Huber* ZPO § 940 Rn. 3.
[19] BeckOK ZPO/*Mayer* ZPO § 940 Rn. 2; MüKoZPO/*Drescher* ZPO § 940 Rn. 7; Musielak/Voit//*Huber* ZPO § 940 Rn. 3.
[20] Siehe zum Meinungsstand: *Berneke/Schüttpelz* Rn. 59; Schuschke/Walker/*Schuschke* ZPO Vorbemerkungen zu § 935 Rn. 14; Zöller/*Vollkommer* ZPO § 940 Rn. 1.
[21] OLG Stuttgart ZVertriebsR 2021, 371; OLG Dresden GRUR-RS 2021, 9603 (§ 823 BGB); OLG Düsseldorf NZKart 2020, 545 – Schäferhunde-Bescheinigung (Kart); OLG München MMR 2020, 35; KG NZBau 2020, 783 (BauR); OLG Köln WRP 2017, 864; BeckRS 2013, 16284 (Kart); OLG Düsseldorf BeckRS 2016, 08117 (Kart); OLG Hamburg GRUR-RR 2007 – Cerebro Card; OLG Düsseldorf NJW-RR 1996, 124 (Kart); LG Stuttgart ZVertriebsR 2020, 303.
[22] Siehe zum Meinungsstand: BeckOK ZPO/*Mayer* § 935 Rn. 6 ff.; MüKoZPO/*Drescher* ZPO § 935 Rn. 3 ff., → § 940 Rn. 1 ff.; Musielak/Voit/*Huber* ZPO § 935 Rn. 2; § 940 Rn. 1; Schuschke/Walker/*Schuschke* ZPO Vorbemerkungen zu § 935 Rn. 45.

häufigsten hervorgehobene Unterschied besteht in der Frage, ob bei jeder Verfügung eine Interessenabwägung stattzufinden hat oder ob eine solche nur bei einer Regelungs- oder Leistungsverfügung vorzunehmen ist.

Die verschiedenen dogmatischen Ansätze und Meinungsstreitigkeiten werden von der **Rspr.** im gewerblichen Rechtsschutz kaum aufgegriffen. Dies mag daran liegen, dass in den weitaus überwiegenden Fällen ein Unterlassungsgebot im Vordergrund steht, wofür die Gerichte § 940 oder überwiegend §§ 935, 940 **gemeinsam als Rechtsgrundlage** zugrunde legen. Eine Interessensabwägung wird dann – außer bei Eingreifen des § 12 Abs. 1 UWG – innerhalb des Verfügungsgrundes vorgenommen. Aber auch dann, wenn in einem Verfügungsverfahren zwecks Sicherung eines Anspruchs als Rechtsgrundlage allein § 935 zum Tragen kommt, wägen die meisten Gerichte die Interessen der Parteien gegeneinander ab.

5. Vorläufige Maßnahmen. Sämtliche Verfügungsarten, auch die Leistungsverfügung, haben einen vorläufigen Charakter. Sie können nur so lang und soweit Gültigkeit beanspruchen, als dass keine (andere) Entscheidung in der Hauptsache ergeht. Diese Vorläufigkeit ist ihnen immanent; es bedarf grds. keiner zeitlichen Befristung der Verfügung.[23] Will der Antragsgegner die einstweilige Verfügung nicht hinnehmen und verhindern, dass er ihr auf Dauer unterworfen ist, hat er die Möglichkeit, einen Antrag auf Anordnung der Klageerhebung gem. § 926 zu stellen oder die Aufhebung wegen veränderter Umstände gem. § 927 zu beantragen. Wollen die Parteien die einstweilige Regelung als endgültige hinnehmen, ist dies – wegen Fehlens einer zeitlichen Begrenzung – möglich.

IV. Streitgegenstand

Streitgegenstand des einstweiligen Verfügungsverfahrens ist stets **nur** die (prozessuale) **Sicherung** des materiell-rechtlichen Anspruchs bzw. die **einstweilige Regelung,** nicht hingegen der zu sichernde bzw. zu regelnde materiell-rechtliche Anspruch selbst.[24] Dieser bildet allein den Streitgegenstand des Hauptsacheverfahrens. Wegen der unterschiedlichen Streitgegenstände von einstweiligem Verfügungsverfahren und Hauptsacheverfahren greift § 261 Abs. 3 Nr. 1 nicht ein. Die Verfahren sind grds. nebeneinander zulässig.[25] Da kein identischer Streitgegenstand gegeben ist, kann einer Entscheidung im einstweiligen Verfügungsverfahren keine Rechtskraftwirkung für das Hauptsacheverfahren zukommen und die Leistung auf einen Verfügungstitel ist auch keine Erfüllung der Hauptsache mit der Folge, dass diese nicht mehr geltend gemacht werden könnte. Die Zurückweisung eines einstweiligen Verfügungsantrages hindert nicht die Geltendmachung des Anspruchs in einem Hauptsachverfahren.[26] Ein Übergang vom einstweiligen Verfügungsverfahren zum Hauptsacheverfahren ist unzulässig.[27]

V. Verfahren

Eine Entscheidung über den Erlass einer einstweiligen Verfügung erfolgt nur auf Antrag, §§ 936, 920. Das Verfahren bis zur Entscheidung über den Antrag und die möglichen Entscheidungsarten richten sich grds. nach den Vorschriften des Arrestverfahrens. Nach § 936 sind die §§ 920, 921 S. 2, 922 Abs. 1, 2, 924, 925 entsprechend anwendbar. Auch wenn im gewerblichen Rechtsschutz das vom Gesetz angenommene Regel-Ausnahme-Verhältnis von Arrest und einstweiliger Verfügung umgekehrt ist, wird an dieser Stelle entsprechend dem gesetzlichen Leitbild nur auf die Kommentierung der genannten Paragraphen verwiesen.

B. Voraussetzung der einstweiligen Verfügung

Voraussetzung für den Erlass einer einstweiligen Verfügung ist das Vorliegen der allgemeinen Prozessvoraussetzungen sowie die Darlegung und ggf. Glaubhaftmachung eines Verfügungsanspruchs sowie eines Verfügungsgrundes.

---

[23] Ahrens Wettbewerbsprozess-HdB/*Jestaedt* Kap. 56 Rn. 2; *Berneke/Schüttpelz* Rn. 61. AA wenn das Ende eines Unterlassungsgebots im Zeitpunkt der letzten mündlichen Verhandlung feststeht: BGH GRUR 1973, 478 – Modeneuheit; OLG Düsseldorf GRUR 1983, 748 – HEWI-Beschlagprogramm; *Körner* GRUR 1985, 909. Grds. einschränkend für die Leistungsverfügung: MüKoZPO/*Drescher* ZPO § 938 Rn. 19; HK-ZPO/*Kemper* Hk-ZPO § 940 Rn. 11; Zöller/*Vollkommer* ZPO § 940 Rn. 6.
[24] BGH GRUR 2004, 264 – Euro-Einführungsrabatt; BGH NJW 1980, 191; Ahrens Wettbewerbsprozess-HdB/*Jestaedt* Kap. 46 Rn. 1; *Berneke/Schüttpelz* Rn. 213; *Melullis* Rn. 146; Teplitzky/*Feddersen* Kap. 53 Rn. 3.
[25] OLG Düsseldorf InstGE 10, 124 – Inhalator; OLG Dresden WRP 1996, 433; OLG Köln WRP 1987, 188; Ahrens Wettbewerbsprozess-HdB/*Ahrens* Kap. 48 Rn. 6; Harte-Bavendamm/Hennig-Bodewig/*Retzer* UWG § 12 Rn. 289; Zöller/*Vollkommer* ZPO § 935 Rn. 3. Aber auch → Rn. 26.
[26] OLG Frankfurt a. M. WRP 2015, 122.
[27] OLG Hamm OLGZ 1971, 180; OLG Karlsruhe WRP 1968, 456.

I. Allgemeine Prozessvoraussetzungen

18 Wie in jedem Erkenntnisverfahren müssen auch im einstweiligen Verfügungsverfahren die in jeder Lage des Verfahrens von Amts wegen zu prüfenden[28] allgemeinen Prozessvoraussetzungen gegeben sein. Fehlt eine der Voraussetzungen ist das vorläufige Rechtsschutzbegehren unzulässig.

19 **1. Allgemeines Rechtsschutzbedürfnis.** Hervorzuheben aus dem Kreis der allgemeinen Prozessvoraussetzungen ist das allgemeine Rechtsschutzbedürfnis.[29] Es besagt, dass niemand die Gerichte als Teil der Staatsgewalt unnütz oder gar unlauter bemühen oder ein gesetzlich vorgesehenes Verfahren zur Verfolgung zweckwidriger und insoweit nicht schutzwürdiger Ziele ausnutzen darf.[30]

20 Das Vorliegen des allgemeinen Rechtsschutzbedürfnisses wird grds. **vermutet**; es folgt idR aus der Nichterfüllung des behaupteten materiellen Anspruchs. Es ist Sache des Antragsgegners, Tatsachen darzulegen und glaubhaft zu machen,[31] die diese Vermutung widerlegen.

21 Die für den Antragsteller sprechende Vermutung wird nicht allein dadurch widerlegt, dass derselbe Wettbewerbsverstoß durch **mehrere (Unterlassungs-)Gläubiger** geltend gemacht wird. Die mehrfache Inanspruchnahme kann zwar für den Schuldner „lästig" sein. Sie ist aber grds. nicht zu beanstanden. Das prozessuale Vorgehen eines Gläubigers schließt das eines anderen Gläubigers nur bei Hinzutreten besonderer Umstände aus.[32]

22 An einem Rechtsschutzbedürfnis mangelt es auch nicht allein deshalb, weil der Antragsgegner nicht vorab abgemahnt worden ist[33] oder eine dem Abgemahnten gewährte Fristverlängerung zur Erwiderung auf die Abmahnung widerrufen wurde.[34] Eine vorherige **Abmahnung** kann zwar letztlich zu einer außergerichtlichen Streitbeilegung führen und empfiehlt sich idR angesichts der drohenden Kostentragungspflicht des Antragstellers bei einem sofortigen Anerkenntnis des Antragsgegners gem. § 93.[35] Die auf eine Abmahnung folgende strafbewehrte Unterlassungserklärung steht aber in ihren Wirkungen hinter denjenigen zurück, die mit einer einstweiligen Verfügung erreicht werden. Es ist insbes. weder eine sofortige Vollstreckung noch eine Verhängung von Ordnungshaft möglich.[36]

23 Ebenso ohne Auswirkung auf die Zulässigkeit des Antrages ist die (vorgerichtliche) **Abgabe einer strafbewehrten Unterlassungserklärung.** Diese beseitigt „nur" die Wiederholungsgefahr und macht den Eilantrag unbegründet.[37] Das Rechtsschutzbedürfnis bleibt gleichwohl bestehen; mit materiell-rechtlichen Erwägungen kann die allgemeine Prozessvoraussetzung nicht verneint werden.[38] Das Rechtsschutzinteresse entfällt gleichfalls nicht bei Zugang einer **notariellen Unterwerfungserklärung** gem. § 794 Abs. 1 Nr. 5. Solange aus einer notariell beurkundeten Unterlassungserklärung mangels Zustellung eines Androhungsbeschlusses nach § 890 Abs. 2 oder Ablauf der Wartefrist des § 798 nicht vollstreckt werden kann, verfügt der Gläubiger nämlich nicht über eine dem gerichtlichen Titel in der Hauptsache gleichwertige Vollstreckungsmöglichkeit. Zwischenzeitliche Verstöße des Schuldners gegen die Unterlassungspflicht können nicht geahndet werden, so dass es an einer effektiven Sicherung der Unterlassungspflicht fehlt.[39] Der Gläubiger muss sich zudem auf die notarielle Unterwerfung auch wegen der mit ihrer Durchsetzung verbundenen Unsicherheiten und Erschwernisse nicht einlassen. Denn bereits die Klärung der streitigen Frage, welches Gericht als Prozessgericht erster

---

[28] OLG Stuttgart WRP 1997, 355; Ahrens Wettbewerbsprozess-HdB/*Singer* Kap. 44 Rn. 12 f.; Zöller/*Greger* ZPO Vor § 253 Rn. 9.

[29] Die Grenze zwischen allg. Rechtsschutzinteresse und Verfügungsgrund verläuft nicht exakt. Oftmals kann ein und derselbe Umstand beide Aspekte berühren.

[30] BGH GRUR 1976, 256 – Rechenscheibe.

[31] BGH GRUR 2020, 1311 – Vorwerk; GRUR 2017, 1236 – Sicherung der Drittauskunft; BGH GRUR 2006, 243 – MEGA SALE; OLG Düsseldorf GRUR-RS 2022, 1575 – Mobilfunkwerbung; OLG Frankfurt a. M. GRUR-RR 2020, 167 – Haarstylinggeräte; OLG München GRUR-Prax 2016, 485 – kein Vollgas; OLG Stuttgart GRUR-RR 2014, 251 – Mark Brandenburg; OLG Köln BeckRS 2013, 11182; KG GRUR-RR 2010, 22 – JACKPOT!; KG GRUR-RR 2008, 212 – Fliegender Gerichtsstand; OLG Köln GRUR 1993, 571 – Missbrauch der Antragsbefugnis; LG München ZUM 2004, 91; *Melullis* Rn. 393.

[32] BGH GRUR 2001, 82 – Neu in Bielefeld I; BGH GRUR 1994, 307 – Mozzarella I; OLG Köln BeckRS 2013, 11182.

[33] OLG Karlsruhe WRP 1992, 199; OLG Düsseldorf WRP 1988, 107; OLG Hamm WRP 1984, 220.

[34] OLG Stuttgart GRUR-RR 2014, 251 – Mark Brandenburg.

[35] → § 93 Rn. 18 ff.

[36] *Berneke/Schüttpelz* Rn. 12, 16; Fezer Markenpraxis-HdB/*Hirsch* Bd. I 4 Rn. 361; *Melullis* Rn. 744.

[37] OLG Düsseldorf GRUR-RR 2016, 430 – Schwebezustand; Ahrens Wettbewerbsprozess-HdB/*Singer* Kap. 44 Rn. 19; *Berneke/Schüttpelz* Rn. 100; Harte-Bavendamm/Hennig-Bodewig/*Retzer* UWG § 12 Rn. 350. AA Baumbach/Lauterbach/Albers/Hartmann § 940 Rn. 9, wonach bereits das Rechtsschutzbedürfnis entfallen soll.

[38] BGH GRUR 1993, 576 – Datatel; BGH GRUR 1980, 241 – Rechtsschutzbedürfnis (Hauptsacheverfahren). Es versteht sich von selbst, dass die bloße Bereitschaft eine Unterlassungserklärung abgeben zu wollen per se das Rechtsschutzinteresse nicht zu Fall bringen kann: OLG Hamm BeckRS 2015, 19788.

[39] BGH BeckRS 2016, 17573 mN zur Gegenansicht; OLG Düsseldorf GRUR-RR 2016, 430 – Schwebezustand; OLG Köln GRUR-RR 2015, 405 – Notarielle Unterlassungserklärung mwN.

Instanz für den Erlass der Ordnungsmittelandrohung sowie die Durchführung des Bestrafungsverfahrens zuständig ist, kann zu einer erheblichen zeitlichen Schutzlücken führen.[40]

Das Rechtsschutzinteresse fehlt indes bei objektiv **sinnlosen Anträgen** oder wenn ein Titel auf **einfacherem Weg** zu erreichen ist. Zu verweisen ist hier insbes. auf § 140b Abs. 9 PatG, § 24b Abs. 9 GebrMG, § 19 Abs. 9 MarkenG, § 46 Abs. 9 DesignG, § 101 Abs. 9 UrhG, § 37b Abs. 9 SortenSchG iVm §§ 49 ff. FamFG, die einstweilige Anordnungen für Auskünfte unter Verwendung von Verkehrsdaten erlauben. Ein darauf gerichteter einstweiliger Verfügungsantrag ist folglich unzulässig.[41] Gleichsam rechtsmissbräuchlich ist die Ausnutzung eines formal gegebenen (fliegenden) Gerichtsstands, wenn dies in der **Absicht** erfolgt, den Gegner **zu schädigen**.[42] **24**

Ob eine „**Gegenverfügung**" des Antragsgegners im Rahmen eines anhängigen Verfügungsverfahrens statthaft bzw. zulässig ist, ist umstritten. Einigkeit besteht allerdings insoweit, dass es im einstweiligen Verfügungsverfahren keine Widerklage gem. § 33 gibt. Gleichwohl ist nach einer Ansicht ein selbständiger Gegenverfügungsantrag bei Bestehen eines Sachzusammenhangs zulässig;[43] wobei insbes. auf prozessökonomische Erwägungen und die Möglichkeit der Verbindung und gemeinsamen Verhandlung von selbständigen Verfahren gem. § 147 hingewiesen wird. Ob diese Argumente tragen, ist fraglich. Denn es kann, wie die Gegenansicht zu Recht hervorhebt,[44] nicht außer Acht gelassen werden, dass es für das einstweilige Verfügungsverfahren gerade keine Regelung gibt, die § 33 entspricht, und auch mit Blick auf die Anwendung des § 263 im einstweiligen Verfügungsverfahren keine planwidrige Regelungslücke zu erkennen ist. Hinzu tritt der Widerspruch zum Eilcharakter des einstweiligen Verfügungsverfahrens. **25**

Einem Verfügungsantrag mangelt es am Rechtsschutzbedürfnis, wenn bereits ein Urteil oder ein sonstiger Vollstreckungstitel vorliegt. Die zwangsweise Durchsetzung eines **bereits vorhandenen**[45] **Titels** ist idR einfacher, schneller und kostengünstiger. Anders kann sich dies darstellen, wenn der bereits vorhandene Titel auslegungsbedürftig ist und **Unsicherheiten** über die **Tragweite des Verbots** (kerngleiche Verletzungshandlung) entstehen können,[46] wenn wegen des Bestreitens des Antragsgegners unsicher ist, ob tatsächlich eine Vollstreckungsmöglichkeit für den Antragsteller besteht,[47] wenn gegen den ersten Titel Berufung eingelegt worden ist,[48] der Ausgang des Zwangsvollstreckungsverfahrens bzgl. des ersten Titels ungewiss ist und die Verjährung der aufgrund des erneuten Verstoßes geltend zu machenden Ansprüche droht[49] oder wenn die Durchsetzung des Titels nicht rechtzeitig erfolgen kann. Dies kann bspw. beim Ausstellen, Anbieten etc eines rechtsverletzenden Gegenstandes auf einer Messe der Fall sein. Der Titelgläubiger kann dann zwar ein Ordnungsmittelverfahren einleiten. Wegen der begrenzten Dauer einer Messe wird dies jedoch rgm nicht während der **Messe** abgeschlossen werden können, so dass der Ordnungsmittelantrag ins Leere läuft.[50] Zwecks Beachtung des bereits erlassenen Titels und damit der Gläubiger in dieser Situation nicht rechtlos gestellt ist, kann er per einstweiliger Verfügung für die Dauer der Messe die Entfernung, Abdeckung oder Herausgabe der angegriffenen Gegenstände an einen Gerichtsvollzieher beantragen. Darüber hinaus ist das Rechtsschutzbedürfnis für einen Verfügungsantrag trotz Vorliegens eines Hauptsachetitels angenommen worden, wenn dieser Titel nur gegen Sicherheitsleistung vollstreckbar ist, die Sicherheitsleistung vom Antragsteller jedoch nicht aufgebracht werden kann.[51] Dies erscheint mit Blick auf § 710, wonach ein Urteil auf Antrag des Gläubigers im Erkenntnisverfahren ohne Sicherheitsleistung für vorläufig vollstreckbar erklärt werden kann, kritisch. Stellt der Antragsteller diesen Antrag im **26**

---

[40] BGH GRUR 2016, 1316 – Notarielle Unterlassungserklärung; KG GRUR-RR 2017, 286 – Vollstreckung der notariellen Unterlassungserklärung.
[41] OLG Nürnberg BeckRS 2009, 26651.
[42] OLG Schleswig NJW-RR 2014, 442.
[43] OLG Celle BeckRS 2017, 118146; LG Köln ZUM 2006, 71; *Dötsch* MDR 2012, 623; Ingerl/Rohnke MarkenG Vorbemerkungen zu §§ 14–19d Rn. 189; MüKoZPO/*Patzina* ZPO § 33 Rn. 6; Musielak/Voit/*Heinrich* ZPO § 33 Rn. 14; Stein/Jonas/Grunsky ZPO § 922 Rn. 24; Zöller/*Vollkommer* ZPO § 33 Rn. 19.
[44] OLG Frankfurt a. M. BeckRS 2021, 10070; GRUR-RR 2012, 88 – Gegenverfügungsantrag. Zustimmend: *Gramsch* GRUR-Prax 2011, 544; Musielak/Voit/*Huber* ZPO § 935 Rn. 6.
[45] Nicht eine wegen Versäumung der Vollziehungsfrist wirkungslos gewordene einstweilige Verfügung: OLG Hamburg MDR 2012, 1249.
[46] KG GRUR 2021, 494 – Copyright-Inkasso; OLG Düsseldorf BeckRS 2015, 03182; OLG Frankfurt a. M. BeckRS 2013, 09966; OLG Köln GRUR-RR 2013, 148 – Poticelli; OLG Frankfurt a. M. NJWE-WettbR 1997, 59; OLG Hamm NJW-RR 1994, 45; OLG Karlsruhe WRP 1977, 41; Ahrens Wettbewerbsprozess-HdB/*Singer* Kap. 44 Rn. 17; *Berneke/Schüttpelz* Rn. 121; Ekey/Bender/Fuchs-Wissemann/*Ekey* MarkenR § 14 Rn. 603; Harte-Bavendamm/Henning-Bodewig/*Retzer* UWG § 12 Rn. 372; *Melullis* Rn. 558; Teplitzky/*Feddersen* Kap. 57 Rn. 16b.
[47] OLG Düsseldorf BeckRS 2014, 21384.
[48] KG GRUR 2021, 494 – Copyright-Inkasso.
[49] BGH GRUR 2011, 742 – Leistungspakete im Preisvergleich (Hauptsacheverfahren); OLG Frankfurt a. M. GRUR-RS 2020, 18387 – Zucker aus Birkenrinde; OLG Frankfurt a. M. GRUR-RR 2020, 167 – Haarstylinggeräte.
[50] OLG Köln GRUR-RR 2013, 148 – Poticelli; LG Düsseldorf 18.2.2005 – 4a O 73/05; LG Düsseldorf 25.2.1982 – 4 O 34/82.
[51] KG NJWE-WettbR 1999, 293; OLG Hamm NJW-RR 1990, 1536; OLG Hamburg WRP 1955, 333. AA OLG Düsseldorf NJOZ 2006, 2281; OLG Karlsruhe NJW-RR 1996, 960.

Erkenntnisverfahren nicht, dann kann er sich später zum Zwecke des Erlasses einer einstweiligen Verfügung nur dann auf seine Unfähigkeit zur Sicherheitsleistung berufen, wenn er dies auf Gründe stützen kann, die nach Erlass des Hauptsachetitels entstanden sind. Unabhängig davon ist zu bedenken, dass jedenfalls im Patentrecht auch im Rahmen des einstweiligen Verfügungsverfahrens idR die Anordnung einer Sicherheitsleistung geboten erscheint (→ § 921 Rn. 7)

27 Unzulässig ist ein **zweiter Antrag** auf Erlass einer einstweiligen Verfügung, wenn der erste Antrag zurückgewiesen wurde und seit der Zurückweisung keine Veränderung in tatsächlicher und/oder rechtlicher Hinsicht eingetreten ist.[52]

28 Ob von einer Unzulässigkeit auszugehen ist, wenn der Antragsteller seinen ersten Antrag vor einer Entscheidung des Gerichts, ggf. nach Hinweis und/oder weil das Gericht nicht ohne mündliche Verhandlung entscheiden wird, zurücknimmt, um ihn sodann in identischer Weise bei einem anderen Gericht einzureichen, oder wenn der Antragsteller gleichzeitig mehrere identische Anträge bei verschiedenen Gerichten stellt und sodann alle bis auf einen zurücknimmt, wird in der Rspr. unterschiedlich beurteilt.[53] Während einige Gerichte ein solches „**forum-shopping**" grds. als rechtsmissbräuchlich werten,[54] insbes. weil sich ein Antragsteller an der von ihm einmal getroffenen Wahl des Gerichtsstands festhalten lassen müsse und nur einen Anspruch auf ein Eilverfahren bestehe, nicht jedoch auf mehrfache Versuche einer Anspruchsdurchsetzung und auch nicht darauf, möglichst ohne Anhörung der Gegenseite einen Titel zu erlangen, diskutieren andere Gerichte[55] dieses Vorgehen unter dem Gesichtspunkt der (zeitlichen) Dringlichkeit bzw. verlangen das Hinzutreten weiterer Umstände. Die letztgenannte Ansicht scheint vorzugswürdig, jedenfalls soweit die Antragsteller die vorherige Anrufung eines anderen Gerichts sowie die Gründe der dortigen Antragsrücknahme nicht verschweigt und/oder nicht wider die Rspr. des BVerfG zum rechtlichen Gehör[56] versucht, beim zweiten Gericht eine Beschlussverfügung ohne Anhörung des Gegners zu erlangen. § 269 findet analoge Anwendung auf Eilanträge, so dass die Antragsrücknahme grds. von Gesetzes wegen anerkannt ist, und zwar unabhängig von der Motivation der Rücknahme. Sie ist im einstweiligen Verfügungsverfahren zudem jederzeit und ohne Zustimmung des Antragsgegners möglich. Ein allgemeiner Rechtssatz dahingehend, dass ein Antragsteller stets nur einen Versuch vor einem Gericht zur Durchsetzung seines Eilbegehrens hat, lässt sich folglich schwer begründen. Es ist prinzipiell auch nicht verwerflich, aus zuständigen Gerichten dasjenige auszuwählen, das nach Ansicht des Antragstellers am ehesten die eigene Rechtsansicht teilt und/oder auf Hinweise eines Gerichts zu reagieren. Ebenso wenig ist dem Gesetz für die hier in Rede stehende Situation eine zwingende Bindung an eine einmal getroffene Auswahl eines zuständigen Gerichtsortes zu entnehmen. Widersprüchliche Entscheidungen verschiedener Gerichte sind ebenfalls nicht zu befürchten, da eine gerichtliche Entscheidung über den zurückgenommenen Antrag nicht existiert. Wenn das Verfahren, in dem der Antrag zurückgenommen worden ist, einseitig geblieben ist, kommt hinzu, dass für den Antragsgegner keine (unzulässige) Mehrbelastung eintritt. Er sieht sich nicht mehrfach einem identischen Verfügungsantrag ausgesetzt, sondern wird erst im Rahmen des zweiten Antrags damit befasst. War der Antragsgegner bereits im ersten Verfahren beteiligt, so kann er die Einrede der mangelnden Kostenerstattung gem. § 269 Abs. 6 erheben. Diese ist trotz des Eilcharakters im einstweiligen Verfügungsverfahren grds. analog anwendbar.[57] Der Antragsgegner kann beim Eingreifen der Einrede mithin eine Einlassung verweigern und der Antrag auf Erlass einer einstweiligen Verfügung ist als unzulässig zurückzuweisen.

29 **2. Rechtsmissbrauch gem. § 8c Abs. 1 UWG.** Bei der Geltendmachung von gesetzlichen Unterlassungs- und Beseitigungsansprüchen, die auf § 8 Abs. 1 UWG gestützt sind, ist ein besonderes Augenmerk auf § 8c Abs. 1 UWG (§ 8 Abs. 4 UWG aF) zu legen, wonach eine missbräuchliche Geltendmachung der Ansprüche unzulässig ist. Diese Norm ist eine **spezielle Regelung des Wett-**

---

[52] OLG Hamburg GRUR-RR 2010, 266 – forum shopping; OLG Hamburg GRUR 2007, 614 – Forum-shopping; OLG Frankfurt a. M. GRUR 2005, 972 – Forum-shopping; LG Düsseldorf BeckRS 2011, 21400. OLG Köln GRUR-RR 2005, 972 – verdeckte Tatsachenbehauptung begründet die Unzulässigkeit mit dem Einwand der entgegenstehenden Rechtskraft. Nach OLG München MMR 2020, 35 ist die erneute Stellung eines in erster Instanz zurückgenommenen Antrags in der Berufungsinstanz zwar zulässig, aber dringlichkeitsschädlich.
[53] Zur Frage, ob ein forum shopping zwischen Verfügungs- und Hauptsacheverfahren unter Berücksichtigung des Grundsatzes der prozessualen Waffengleichheit zulässig ist: Pauli GRUR-Prax 2021, 273.
[54] OLG Düsseldorf GRUR 2019, 438 – verweigerter Hinweis; OLG Frankfurt a. M. GRUR-Prax 2014, 214; OLG München BeckRS 2011, 3783; OLG Hamburg GRUR-RR 2010, 266 – forum-shopping; LG Frankfurt a. M. GRUR-Prax 2018, 536; LG München InstGE 11, 112.
[55] OLG Hamburg GRUR-RS 2022, 1109; KG GRUR-RR 2017, 128 – Gezielte Gehörsvereitelung; OLG Düsseldorf GRUR-RR 2009, 157 – Olanzapin-Eilverfahren; OLG Hamburg GRUR 2007, 614 – Forum-shopping; OLG Düsseldorf GRUR-RR 2005, 102 – Elektrischer Haartrockner OLG Karlsruhe GRUR 1993, 135 – Neuer Verfügungsantrag; LG Düsseldorf BeckRS 2012, 19488.
[56] → § 937 Rn. 14 ff.; vgl auch OLG Hamburg GRUR-RS 2022, 1109, das allerings offen gelassen hat, welche Konsequenzen aus einem Vorstoß gegen den Grundsatz der prozesualen Waffengleichheit zu ziehen sind.
[57] BeckOK PatR/*Voß* PatG Vor § 139 ff. Rn. 308.

bewerbsrechts, die weder auf vertragliche Ansprüche[58] noch auf den allgemeinen[59] oder andere deliktsrechtlichen Unterlassungs- und Beseitigungsansprüche analog anwendbar ist. Dier hierzu entwickelten Grundsätze können allerdings für den allgemeinen Einwand der unzulässigen Rechtsausübung gem. § 242 BGB, zB im Urheberrecht[60] oder bei einem Anspruch gem. §§ 823, 1004 BGB[61] fruchtbar gemacht werden.

Darlegungs- und Glaubhaftmachungsbelastet für eine missbräuchliche Geltendmachung ist der **30** Antragsgegner,[62] da grds. von der Zulässigkeit eines Unterlassungs- oder Beseitigungsbegehrens auszugehen ist.[63] Die Vorlage von Rspr., in denen ein Rechtsmissbrauch des Antragstellers festgestellt wurde, ersetzt diese Darlegung nicht.[64] Gelingt es dem Antragsgegner, die für die Antragsbefugnis sprechende Vermutung zu erschüttern, hat der Antragsteller seinerseits substantiiert die aufgekommenen Verdachtsgründe zu widerlegen und seinerseits Gründe darzulegen und glaubhaft zu machen, die gegen ein Eingreifen des Missbrauchstatbestandes sprechen.[65]

Ist eine missbräuchliche Geltendmachung gem. § 8c Abs. 1 UWG (§ 8 Abs. 4 UWG aF) fest- **31** zustellen, ist der Antrag auf Erlass einer einstweiligen Verfügung als unzulässig zurückzuweisen. Dem Antragsteller fehlt in diesem Fall nach hM die **Antrags- bzw. Prozessführungsbefugnis.**[66] Da es sich nach dieser Ansicht um eine Verfahrensvoraussetzung handelt, ist das Vorliegen eines Missbrauchs **von Amts wegen** – im Wege des Freibeweises[67] – zu prüfen. Nach aA handelt es sich bei § 8 Abs. 1 UWG um eine spezialgesetzliche Regelung des Einwandes der unzulässigen Rechtsausübung, somit um eine materiell-rechtliche rechtsvernichtende Einwendung, so dass der Verfügungsantrag als unbegründet zurückzuweisen wäre.[68]

Hat der Antragsteller den Antragsgegner zuvor abgemahnt und erweist sich die vorgerichtliche **32** Abmahnung als rechtsmissbräuchlich iSd § 8c Abs. 1 UWG (§ 8 Abs. 4 UWG aF), so kann der Unterlassungsanspruch auch nicht mehr gerichtlich geltend gemacht werden. Konsequenz ist, dass ein Antrag auf Erlass einer einstweiligen Verfügung allein deswegen unzulässig ist.[69] Es bedarf dann keiner

---

[58] BGH WRP 2019, 1009; GRUR 2002, 357 – Missbräuchliche Vertragsstrafe.
[59] KG GRUR-RR 2018, 78 – Spam-Werbung – Spam-Krokodil; OLG Frankfurt a. M. GRUR-RR 2008, 96 – Identifizierende Berichterstattung.
[60] BGH GRUR 2020, 1087 Al Di Meola; BGH GRUR 2019, 1044 – Der Novembermann; BGH GRUR 2013, 176 – Ferienluxuswohnung.
[61] KG GRUR-RR 2018, 78 – Spam-Werbung – Spam-Krokodil; OLG Frankfurt a. M. GRUR-RR 2008, 96 identifizierende Berichterstattung.
[62] BGH GRUR 2007, 164 – Telefax-Werbung II; KG GRUR-RR 2021, 494 Copyright – Inkasso; OLG Hamburg GRUR-RR 2021, 486 – Schuldnerberatung Köln; OLG Düsseldorf GRUR-RS 2020, 16408 – Fluggastrechte-Inkasso; OLG Düsseldorf GRUR-RR 2019, 25783 – Aminosäurekapseln; BeckRS 2017, 149063; OLG Düsseldorf BeckRS 2017, 119537; KG BeckRS 2017, 120098; OLG Köln GRUR-RR 2016, 284 – Datensammelnder Steuerberater; OLG Düsseldorf GRUR-RR 2015, 306 – Warmwasserland; OLG Jena GRUR-RR 2011, 327 – Umfang des Geschäftsbetriebs; OLG Hamm BeckRS 2015, 14827; OLG Köln BeckRS 2015, 07009; 2014, 21852; OLG Düsseldorf BeckRS 2014, 127306; OLG Hamm BeckRS 2013, 21776; OLG Jena GRUR-RR 2011, 327 – Umfang des Geschäftsbetriebs; LG Düsseldorf GRUR-RS 2020, 21575 – Rechtsmissbräuchliche Abmahnungen.
[63] OLG Köln GRUR-RR 2021, 176 – Zeitsprung 1883; OLG Rostock GRUR-RS 2020, 34527 – Mitglieder-Verschonung; OLG Düsseldorf BeckRS 2017, 119537; KG BeckRS 2017, 120098; OLG Köln GRUR-RR 2016, 284 – Datensammelnder Steuerberater; KG GRUR-RR 2010, 22 – JACKPOT!; KG GRUR-RR 2008, 212 – Fliegender Gerichtsstand.
[64] OLG Frankfurt a. M. GRUR-RR 2016, 26 – Kopfhörer ohne CE-Kennzeichnung.
[65] BGH GRUR 2006, 243 – MEGA SALE; BGH GRUR 2001, 178 – Impfstoffverband an Ärzte; OLG Rostock GRUR-RS 2020, 34528 – Mitglieder-Verschonung; OLG Düsseldorf BeckRS 2017, 119537; OLG Karlsruhe GRUR-RR 2017, 506 – Unterkapitalisierter Abmahner; OLG Hamm BeckRS 2016, 18361; OLG Düsseldorf GRUR-RR 2015, 306 – Warmwasserland; OLG Köln GRUR-RR 2016, 284 – Datensammelnder Steuerberater; OLG Hamm BeckRS 2013, 14847; KG GRUR-RR 2012, 134 – Neujahrskonzert 2011; OLG Jena GRUR-RR 2011, 327 – Umfang des Geschäftsbetriebs; OLG Hamm GRUR-RR 2010, 356 – Abmahnung nach Gutsherrenart; OLG München WRP 1992, 270; Köhler/Bornkamm/Feddersen/*Feddersen* UWG § 8c Rn. 42; Teplitzky/*Büch* Kap. 13 Rn. 14.
[66] BGH GRUR 2016, 961 – Herstellerempfehlung bei Amazon; BGH GRUR 2012, 730 – Bauheizgerät; BGH GRUR 2006, 243 – MEGA SALE; BGH GRUR 2002, 357 – Missbräuchliche Mehrfachabmahnung; BGH GRUR 1999, 509 – Vorratslücken; BGH GRUR 1996, 804 – Preisrätselgewinnauslobung III; OLG Hamburg GRUR-RR 2019, 39901 – rigider Abmahner; KG BeckRS 2017, 120098; GRUR-RR 2017, 85 – Bersecker; OLG Düsseldorf 16.6.2016 – 15 U 67/15; OLG Hamm WRP 2016, 100; – Verselbständigte Abmahntätigkeit; OLG Brandenburg BeckRS 2015, 11639; OLG München WRP 2014, 591; OLG Nürnberg MMR 2014, 257; OLG Hamm MMR 2009, 474.
[67] OLG Köln GRUR-RR 2021, 176 – Zeitsprung 1883; OLG Düsseldorf GRUR-RS 2019, 25783 – Aminosäurekapseln; OLG Düsseldorf BeckRS 2017, 149063; 2017, 119537; OLG Hamm BeckRS 2016, 18361; OLG Jena GRUR-RR 2011, 327 – Umfang des Geschäftsbetriebs; OLG München WRP 1992, 270.
[68] *Rath/Hauser* WRP 2007, 133.
[69] BGH GRUR 2021, 752 – Berechtigte Gegenabmahnung; BGH GRUR 2019, 199 – Abmahnaktion; BGH GRUR 2016, 961 – Herstellerempfehlung bei Amazon; BGH GRUR 2012, 730 – Bauheizgerät; BGH GRUR 2002, 715 – Scanner-Werbung; BGH GRUR 2002, 357 – Missbräuchliche Mehrfachverfolgung; OLG Frankfurt a. M. GRUR-RR 2016, 274 – Drohkulisse; OLG Düsseldorf BeckRS 2017, 149063; GRUR-RR 2014, 164 – Karnevals-Wurfware (Klage); LG Düsseldorf GRUR-RS 2020, 21575 – Rechtsmissbräuchliche Abmahnungen.

weiteren Prüfung, ob der Antrag für sich genommen rechtsmissbräuchlich ist. Erfüllt die vorgerichtliche Abmahnung hingegen nicht die Voraussetzungen des § 8c Abs. 1 UWG, dann ist die Frage, ob die nachfolgende gerichtliche Anspruchsdurchsetzung rechtsmissbräuchlich ist, unter Berücksichtigung sämtlicher nachfolgender, auch im Verfahren auftretender Umstände zu beurteilen.[70]

33 Nach § 8 Abs. 4 UWG aF ist die Geltendmachung von Ansprüchen gem. § 8 Abs. 1 UWG unzulässig, wenn sie unter Berücksichtigung der gesamten Umstände missbräuchlich ist, insbes. wenn sie vorwiegend dazu dient, gegen den Zuwiderhandelnden einen Anspruch auf Ersatz von Aufwendungen oder Kosten der Rechtsverfolgung entstehen zu lassen. Zum Vorliegen dieser Umstände und weiterer Umstände bzw. Indiztatsachen, die zu einer Rechtsmissbrauch führen, ist eine umfangreiche Kasuistik mit verschiedenen Fallgruppen entstanden. Diese hat der Gesetzgeber aufgegriffen und mit dem Gesetz zur Stärkung des fairen Wettbewerbs[71] einen eigenen Paragraphen, **§ 8c UWG**, eingeführt, der in Absatz 1 den bereits genannten Grundsatz enthält und in **Absatz 2** unter Nr. 1–7 **Fallgruppen** normiert, bei deren Vorliegen **im Zweifel eine missbräuchliche Geltendmachung** anzunehmen ist. Der Erfüllung der einzelnen gesamten Konstellationen kommt Indizwirkung zu. Es handelt sich nicht um eine Vermutung.[72] Die Indizwirkung kann der Antragsteller entkräften,[73] indem er darlegt und ggf. beweist, dass trotz der festgestellten Indiztatsachen im konkreten Fall kein Rechtsmissbrauch vorliegt. Wegen der Entsprechung von § 8c Abs. 1 UWG (allerdings ohne „insbesondere"-Teil) mit § 8 Abs. 4 UWG aF und der Aufnahme der Rspr. in die Fallgruppen Nr. 1–7 ändert sich in der Sache selbst nichts Wesentliches. Die unter der alten Rechtslage ergangene Rspr. beansprucht grds. auch weiterhin Beachtung. So ist es insbes. auch weiterhin nicht erforderlich, dass die (in den Fallgruppen explizit zum Ausdruck kommenden) sachfremden Ziele bei der Geltendmachung des wettbewerblichen Unterlassungs- oder Beseitigungsanspruchs nicht das beherrschende oder alleinige Motiv sind. Ausreichend ist, dass die **sachfremden Ziele überwiegen** und die eigentliche Triebfeder des Handelns sind.[74] Ob ein Missbrauch anzunehmen ist, ist nach wie vor im jeweiligen Einzelfall unter **Berücksichtigung der gesamten Umstände** sorgfältig zu prüfen und abzuwägen.[75] Eine schematische Betrachtung verbietet sich. Es ist vor allem das Verhalten des Gläubigers bei der Verfolgung des geltend gemachten und anderer Verstöße, die Art und die Schwere des Wettbewerbsverstoßes, das Verhalten des Schuldners nach dem Verstoß zu berücksichtigen und das Verhalten sonstiger Anspruchsberechtigter zu berücksichtigen.[76] Werden zeitgleich mehrere Verfügungsanträge gestellt, kann die gesonderte Prüfung der Anträge dazu führen, dass alle wegen des Einwandes der missbräuchlichen Geltendmachung unzulässig sind.[77] Daran ändert auch die Rücknahme eines der Verfügungsanträge nichts.

34 Beispiele für eine **rechtsmissbräuchliche Geltendmachung:**[78] grober Verstoß gegen die prozessuale Wahrheitspflicht gem. § 138, um eine einstweilige Verfügung zu erschleichen, bspw. in dem die Reaktion des Schuldners bzw. Antragsgegners auf eine vorgerichtliche Abmahnung dem Gericht planmäßig-gezielt vorenthalten wird,[79] Gläubiger strengt bei einem einheitlichen Wettbewerbsverstoß oder ähnlichen Wettbewerbsverstößen gegen mehrere verantwortliche Unterlassungsschuldner getrennte Verfahren an und erhöht dadurch die Kostenlast erheblich, obwohl eine streitgenössische Inanspruchnahme auf der Passivseite mit keinerlei Nachteilen verbunden wäre;[80] sachlich nicht begründete getrennte Inanspruchnahme einer oder mehrerer Personen durch mehrere Konzern-

---

[70] BGH GRUR 2016, 961 – Herstellerempfehlung bei Amazon.
[71] Das Gesetz datiert vom 26.11.2020 und ist am 2.12.2020 in Kraft getreten, BGBl. I S. 2568.
[72] OLG Frankfurt a. M. GRUR-RS 2021, 31866 – Mundspülwasser; BT-Drs. 19/22238, S. 17.
[73] Möller NJW 2021, 1.
[74] BGH GRUR 2021, 752 – Berechtigte Gegenabmahnung; BGH GRUR 2021, 84 – Verfügbare Telefonnummer; BGH GRUR 2019, 638 – Kündigung der Unterlassungsvereinbarung; BGH GRUR 2016, 961 – Herstellerempfehlung bei Amazon; BGH GRUR 2009, 1180 - 0,00 Grundgebühr; BGH GRUR 2006, 243 – MEGA SALE; BGH GRUR 2001, 260 – Vielfachabmahner; BGH GRUR 2001, 84 – Neu in Bielefeld II; BGH GRUR 2000, 1089 – Missbräuchliche Mehrfachverfolgung.
[75] BGH GRUR 2019, 966 – Umwelthilfe; BGH GRUR 2012, 730 – Bauheizgerät; BGH GRUR 2001, 354 – Verbandsklage gegen Vielfachabmahner.
[76] BGH GRUR 2012, 730 – Bauheizgerät; BGH GRUR 2000, 1089 – Missbräuchliche Mehrfachverfolgung.
[77] BGH GRUR 2000, 1089 – Missbräuchliche Mehrfachverfolgung.
[78] Rspr.-Beispiele überwiegend unter der Geltung von § 8 Abs. 4 UWG aF.
[79] BVerfG GRUR-RS 2020, 37381 – BENFOTIAMIN; OLG München GRUR-RR 2019, 443 – Medizinisches Fachpersonal; OLG Frankfurt a. M. BeckRS 2019, 12651; OLG München BeckRS 2017, 124425.
[80] BGH GRUR 2016, 961 – Herstellerempfehlung bei Amazon; BGH NJW 2013, 66; GRUR 2010, 454 – Klassenlotterie; BGH GRUR 2009, 1180 - 0,00 Grundgebühr; BGH GRUR 2006, 243 – MEGA SALE; BGH GRUR 2000, 1089 – Missbräuchliche Mehrfachverfolgung; OLG Frankfurt a. M. GRUR-RS 2021, 31866 – Mundspülwasser; OLG Hamburg 21.2.2021 – 15 W 46/20; OLG Brandenburg BeckRS 2015, 11639; OLG Düsseldorf GRUR-RR 2014, 164 – Karnevals-Wurfware; OLG Hamburg BeckRS 2013, 11804; OLG Hamburg WRP 2011, 364; OLG Hamburg GRUR 1989, 133; LG Düsseldorf BeckRS 2015, 08238. Siehe aber auch KG GRUR-RR 2010, 22 – JACKPOT!; OLG Frankfurt a. M. GRUR 2006, 247 - 40 Jahre Garantie; OLG Nürnberg GRUR-RR 2005, 169 – Unterhaltungselektronik; OLG München GRUR-RR 2002, 119 – Rechtsmissbrauch.

unternehmen, die unter einheitlicher Leitung stehen und von demselben Rechtsanwalt vertreten werden;[81] sachlich nicht gerechtfertigte gesonderte Inanspruchnahme von Streitgenossen durch von demselben Rechtsanwalt vertretene Konzernunternehmen in abgestimmt getrennten Verfahren;[82] wirtschaftlich sinnloses Vorgehen gegen einzelne Apotheken nachdem das Herstellerunternehmen und der Großhandel bereits abgemahnt worden waren;[83] Gläubiger will sich die Geltendmachung von Unterlassungsansprüchen in der Weise abkaufen lassen, dass der Schuldner nicht aus einstweiligen Verfügungen vorgeht, die er gegen den Gläubiger erwirkt hat;[84] gleichzeitige Einleitung von Verfügungs- und Hauptsacheverfahren durch koordiniert vorgehende konzernverbundene Unternehmen;[85] Gegenabmahnung wurde allein deshalb „in die Welt gesetzt", um ein Instrument gegen die Antragsgegnerin zu haben, damit keine Gebühren bezahlt werden müssen;[86] mit Gegenabmahnung soll in erster Linie ein Druckmittel für Vergleichsverhandlungen geschaffen werden, mit dem auf den zuvor geltend gemachten Unterlassungsanspruch sogleich verzichtet wird, um bei einem weiteren eigenen Verstoß von einer Vertragsstrafe verschont zu bleiben;[87] Geltendmachung eines Unterlassungsanspruchs durch einen Berufsverband gegenüber Außenstehenden, wenn andererseits gleichartige Wettbewerbsverstöße der Mitglieder planmäßig geduldet werden;[88] Gläubiger hat keine nennenswerten wirtschaftlichen oder wirtschaftspolitischen Interessen an der Rechtsverfolgung, seine Rechtsverfolgung dient aus der Sicht eines wirtschaftlich denkenden Gewerbetreibenden allein dem sachfremden Interesse der Belastung seiner Mitbewerber mit möglichst hohen Kosten;[89] Entscheidung, ob Wettbewerbsverstöße verfolgt werden, wird nach Gutsherrnart getroffen;[90] Anwalt, der zugleich Wettbewerber ist, geht gegen die Mittbewerber vor;[91] in der Abmahnung überhöhter Geschäftswert und Zweifel am Bestehen eines Wettbewerbsverhältnisses und kurzes Zahlungsziel;[92] Abmahntätigkeit steht in keinem vernünftigen Verhältnis zur gewerblichen Tätigkeit des Abmahnenden;[93] 160 Abmahnungen in ca. eineinhalb Jahren seit Gründung bei Umsätzen iHv ca. 1.500 EUR, wobei vor Gericht ein deutlich höherer Umsatz suggeriert wurde, mit tatsächlich nur zwei Produkten;[94] mindestens 160 Abmahnungen in ca. eineinhalb Jahren seit Gründung, die Rechts- und Gerichtskosten iHv mehr als der Hälfte des Umsatzes produzieren;[95] finanzschwacher Mitbewerber spricht Abmahnungen in großer Zahl aus;[96] drei Abmahnungen pro Monat bei sehr geringer Umsätzen und noch geringerem Gewinn eines (nach eigener Darstellung) der Kleinunternehmerregelung des § 19 Abs. 1 UStG unterfallenden Unternehmens;[97] mindestens 15 Abmahnungen binnen zweit Tagen bei unklarer tatsächlichen Ver-

---

[81] BGH GRUR 2002, 715 – Scanner-Werbung; BGH GRUR 2001, 82 – Neu in Bielefeld I; BGH GRUR 2001, 78 – Falsche Herstellerpreisempfehlung; BGH GRUR 2000, 1089 – Missbräuchliche Mehrfachverfolgung. Vgl. auch BGH GRUR 2002, 713 – Zeitlich versetzte Mehrfachverfolgung; OLG Hamburg GRUR 1995, 132 – Räumungsverkaufsanzeige.
[82] BGH GRUR 2006, 243 – MEGA SALE. Siehe auch: OLG Frankfurt a. M. GRUR-RR 2016, 211 – Inselzuschlag; OLG Hamburg GRUR-RR 2006, 374 – Neueröffnung. Anders: OLG Köln GRUR-RR 2006, 203 – Der Beste Preis der Stadt.
[83] OLG Frankfurt a. M. GRUR-RR 2016, 358 – vorgeschobene Marktbereinigung.
[84] OLG Hamm BeckRS 2013, 14847; OLG München GRUR-RR 2012, 169 – Branchenbuchformular; OLG Hamm GRUR-RR 2005, 141 – Sortenreinheit.
[85] BGH GRUR 2000, 1089 – Missbräuchliche Mehrfachverfolgung.
[86] OLG Hamm BeckRS 2011, 07385.
[87] OLG Köln GRUR-RS 2015, 15721 – Glücksspiele; OLG Hamm GRUR-RS 2013, 11705 – Neutralisierende Gegenabmahnung.
[88] BGH GRUR 2020, 294 – Culatello die Parma; BGH GRUR 2012, 411 – Glücksspielverband; BGH GRUR 1997, 681 – Produktwerbung; OLG Rostock GRUR-RS 2020, 34527 – Mitglieder-Verschonung; OLG Frankfurt a. M. GRUR-RS 2021, 4006 – Servicegebühr im Fitnessstudio; OLG Stuttgart GRUR-RR 2020, 411 – Low Carb Spaghetti; OLG Schleswig GRUR-RS 2020, 18624 – Pfandgläser; OLG Saarbrücken GRUR-RR 2011, 20 – Behinderungsabsicht.
[89] BGH GRUR 2019, 199 – Abmahnkosten II; BGH GRUR 2016, 961 – Herstellerempfehlung bei Amazon; BGH GRUR 2012, 286 – Falsche Suchfabrik; BGH GRUR 2005, 433 – Telekanzlei; BGH GRUR 2002, 715 – Scanner Werbung; BGH GRUR 2001, 260 – Vielfachabmahner; OLG Frankfurt a. M. GRUR-RS 2020, 29714 – Verlinkung zur OS-Plattform; OLG Hamburg GRUR-RS 2016, 113191 – unscharfe notarielle Unterlassungserklärung; OLG Köln GRUR-RR 2016, 284 – Datensammelnder Steuerberater; OLG Düsseldorf 16.6.2016 – 15 U 67/15; OLG Frankfurt a. M. GRUR-RR 2016, 26 – Kopfhörer ohne CE-Kennzeichnung; OLG Brandenburg BeckRS 2015, 11641; OLG Hamm GRUR-RR 2011, 329 – Salve einer Abmahngemeinschaft; OLG Hamm BeckRS 2011, 23551; OLG Frankfurt a. M. GRUR-RR 2007, 56 – Sprechender Link; LG Stade MMR 2009, 578.
[90] OLG Hamm GRUR-RR 2010, 356 – Abmahnung nach Gutsherrenart.
[91] OLG Frankfurt a. M. GRUR-RR 2007, 56 – Sprechender Link; OLG Zweibrücken GRUR 1997, 77 – TAK 18.
[92] OLG Köln GRUR-RS 2020, 17158 – Veterinär-Instrumente.
[93] BGH GRUR 2016, 961 – Herstellerpreisempfehlung bei Amazon.
[94] OLG Frankfurt a. M. GRUR-RR 2016, 358 – vorgeschobene Marktbereinigung.
[95] OLG Düsseldorf GRUR-RR 2016, 468 – Agent provocateur.
[96] OLG Düsseldorf 16.6.2016 – 15 U 67/15; OLG Jena GRUR-RR 2011, 327 – Umfang des Geschäftsbetriebs; OLG Hamm MMR 2009, 865 – rechtsmissbräuchliche Abmahnung.
[97] OLG Düsseldorf GRUR-RR 2015, 306 – Warmwasserland.

kauftätigkeit des Antragstellers;⁹⁸ 240 Abmahnungen einer Gläubigerin, die nur vorbereitend in einem speziellen Marktsegment tätig ist und für die die Prozesskosten existenzbedrohend sind;⁹⁹ UG, deren Geschäftsführer bereits die eidesstattliche Versicherung über seine Vermögensverhältnisse abgegeben hat, mahnt mehrere Wettbewerber ab;¹⁰⁰ Abmahnungen gegen mehrere Dutzend Mitbewerber, obwohl gegen den Gläubiger mehrere Zahlungstitel vorliegen, aus denen erfolglos vollstreckt wird, und der Gläubiger seine Prozessführung nur mittels eines Fremdgeldkontos finanziert, das durch Vergleichszahlungen und Vertragsstrafen aufgefüllt sein muss, bevor neue Verfahren eingeleitet werden;¹⁰¹ im Internet leicht zu recherchierender abgemahnter Wettbewerbsverstoß von geringem Gewicht, den der Antragsgegner sofort korrigiert hat;¹⁰² rigides Vorgehen gegen einen Bagatellverstoß nebst Vorschlag verschuldensunabhängiger Vertragsstrafenversprechen und unzutreffender Verquickung von Unterwerfungserklärung und Anerkenntnis der Kostentragungspflicht sowie überhöhte Abmahnkosten;¹⁰³ systematisches Verlangen von überhöhten Abmahngebühren und Vertragsstrafen;¹⁰⁴ selbständige erstmalige Ermittlung von Wettbewerbsverstößen durch den Anwalt¹⁰⁵ oder Freistellung des Auftraggebers vom Kostenrisiko;¹⁰⁶ von mehreren Unternehmen beauftragter Anwalt „hält sämtliche Fäden in der Hand";¹⁰⁷ Schuldner soll mit möglichst hohen Prozesskosten und Risiken belastet werden unter Bindung seiner personellen und finanziellen Kräfte;¹⁰⁸ Wettbewerbsbehinderungsabsicht;¹⁰⁹ sechs verschiedene zuvor abgemahnte Mitbewerber, die ein Anwalt gesammelt hat, gehen mit im Wesentlichen wortgleichen Abmahnungen wegen desselben Wettbewerbsverstoßes gegen denselben Abmahnenden vor;¹¹⁰ Inanspruchnahme der Wettbewerber an Gerichten weit entfernt von ihrem Firmensitz nach dem so genannten fliegenden Gerichtsstand;¹¹¹ Vereinbarung eines Gerichtsstandes am Sitz des Gläubigers;¹¹² Stellung mehrerer nahezu identischer Unterlassungsanträge, die sich auf kerngleiche Verletzungshandlungen beziehen und ohne inhaltliche Erweiterung des begehrten Verbotsumfangs zu einer Vervielfachung des Streitwerts führen;¹¹³ unlauter provozierter Wettbewerbsverstoß durch Testkauf;¹¹⁴ Verfügungskläger geht wegen rechtswidriger Kennzeichnung von Lebensmitteln gegen eine Vielzahl von Händlern vor, die er in Kenntnis des Wettbewerbsverstoßes zur Bestellung von Waren bei Dritten veranlasst hat und die dabei aufgewandten Kosten stehen im Missverhältnis zum Umsatz des Verfügungsklägers;¹¹⁵ Abmahnung eines Händlers im Rahmen einer 2. Abmahnwelle, ohne zuvor den bereits gegen den Hersteller erstrittenen Unterlassungstitel, der eine Rückrufverpflichtung gegenüber dem Händler beinhaltete, zwangsweise durchzusetzen, und obwohl zudem die Dachgesellschaft des Händlers bereits eine Abmahnung fruchtlos verstreichen lassen hatte und der Abmahnende selbst davon ausging, dass die Dachgesellschaft auch für den Händler handelt,¹¹⁶ gegen den Hersteller erwirkte einstweilige Verfügung wird in keiner Weise vollstreckt, insbes. die Rückrufverpflichtung wird nicht durchzusetzen versucht, stattdessen werden zunächst 71 Onlinehändler und im weiteren Verlauf 203 Franchisenehmer einer Baumarktgesellschaft abmahnt;¹¹⁷ textbausteinartige Schriftsätze, überhöhte Streitwertangaben und kurze Zahlungsfrist.¹¹⁸

---

⁹⁸ LG Düsseldorf GRUR-RS 2020, 21575 – Rechtsmissbräuchliche Abmahnen.
⁹⁹ OLG Frankfurt a. M. GRUR-RS 2020, 29712 – Verlinkung zur OS-Plattform.
¹⁰⁰ OLG Karlsruhe NJW-RR 2018, 292.
¹⁰¹ OLG München GRUR-RR 2016, 210 – Rechtsverfolgung mit Fremdgeldkonto.
¹⁰² OLG Düsseldorf GRUR-RR 2015, 306 – Warmwasserland.
¹⁰³ OLG Hamburg GRUR-RS 2019, 39901 – rigide Abmahner.
¹⁰⁴ BGH GRUR 2016, 961 – Herstellerempfehlung bei Amazon; BGH GRUR 2012, 730 – Bauheizgerät; BGH GRUR 2012, 286 – Falsche Suchfabrik; OLG Düsseldorf GRUR-RR 2016, 354 – Migränemittel vom Apotheker; OLG Brandenburg BeckRS 2015, 11641; 2015, 11639.
¹⁰⁵ BGH GRUR 2012, 286 – Falsche Suchfabrik.
¹⁰⁶ OLG Frankfurt a. M. GRUR-RR 2016, 274 – Drohkulisse; OLG Frankfurt a. M. WRP 2016, 632; OLG Brandenburg BeckRS 2015, 11639; OLG Frankfurt a. M. WRP 2015, 598; OLG Jena GRUR-RR 2011, 327 – Umfang des Geschäftsbetriebs; OLG Frankfurt a. M. GRUR-RR 2007, 56 – Sprechender Link.
¹⁰⁷ OLG Frankfurt a. M. GRUR-RR 2016, 211 – Inselzuschlag.
¹⁰⁸ BGH GRUR 2012, 286 – Falsche Suchfabrik; BGH GRUR 2001, 82 – Neu in Bielefeld I; BGH GRUR 2001, 78 – Falsche Herstellerpreisempfehlung; OLG Hamm BeckRS 2011, 23551; OLG Frankfurt a. M. GRUR-RR 2007, 56 – Sprechender Link; OLG München GRUR-RR 2007, 55 – Media-Markt.
¹⁰⁹ OLG Köln GRUR-RS 2021, 7679 – American Food and Drinks; OLG Saarbrücken GRUR-RR 2011, 20 – Behinderungsabsicht; KG GRUR-RR 2010, 22 – JACKPOT!; OLG Hamburg WRP 1996, 579.
¹¹⁰ OLG Hamm GRUR-RR 2011, 329 – Salve einer Abmahngemeinschaft.
¹¹¹ OLG Hamm GRUR-RR 2010, 358 – Unvollständige Anbieterkennzeichnung.
¹¹² BGH GRUR 2012, 730 – Bauheizgerät.
¹¹³ BGH GRUR 2013, 307 – Unbedenkliche Mehrfachabmahnung.
¹¹⁴ OLG Düsseldorf GRUR-RR 2016, 468 – Agent provocateur; OLG Düsseldorf GRUR-RR 2016, 354 – Migränemittel vom Apotheker. Offen gelassen: OLG Frankfurt a. M. GRUR-RR 2016, 358 – vorgeschobene Marktbereinigung.
¹¹⁵ OLG Düsseldorf BeckRS 2016, 03719.
¹¹⁶ OLG Düsseldorf BeckRS 2017, 149063.
¹¹⁷ OLG Köln GRUR-RS 2017, 147874 – Briefkästen „umweltfreundlich produziert".
¹¹⁸ OLG Brandenburg GRUR-RS 2021, 6915 – Zigarettenversand bezeichnet diese als typische Indizien.

Einstweilige Verfügung zur Regelung eines einstweiligen Zustandes 35 § 940 ZPO

Nicht als **rechtsmissbräuchlich** angesehen wurde:[119] „Retourkutsche";[120] Gegenabmahnung;[121] 35 Reaktion auf eine Abmahnung des Gegners, es sei denn nach den Gesamtumständen besteht kein Zweifel daran, dass dieser „Gegenschlag" allein dazu dient, gegenüber der anderen Seite Druck mit dem Ziel aufzubauen, diese von der Verfolgung ihres Anspruchs abzuhalten;[122] Vielzahl von Verfügungsanträgen gegen Mitbewerber, die sich auf die jeweiligen Umstände des Einzelfalls stützen und nicht auf problematische Fälle beschränkt sind;[123] vier Verfahren eines Kleinunternehmens gegen denselben Verfügungsbeklagten wegen ähnlich gelagerter Fälle;[124] Anträge gegen eine Vielzahl von wettbewerbswidrig handelnden Mitbewerbern;[125] Angriff von inhaltlich übereinstimmender Werbung in unterschiedlichen Medien oder mittels unterschiedlicher Maßnahmen in verschiedenen Verfahren, wenn die rechtliche Beurteilung oder die Beweis- bzw. Glaubhaftmachung des Verstoßes unterschiedlich sein kann;[126] Aufspaltung der Verfahren wegen wettbewerbswidriger Werbung mit Unternehmensstandort an zwei Orten, wenn die rechtliche Beurteilung der einzelnen Verstöße an den beiden unterschiedlich sein kann;[127] getrenntes Vorgehen gegen mehrere miteinander verbundene Unternehmen, wenn dies der prozessual sicherste Weg ist, zB weil kein einheitlicher Gerichtsstand gegeben ist, wobei keine Verpflichtung besteht vorab eine Gerichtsstandbestimmung nach § 36 Nr. 3 vornehmen zu lassen;[128] separate Inanspruchnahme der an einer Gemeinschaftswerbung beteiligten Unternehmen, weil alle Unterlassungsschuldner sind;[129] getrenntes Vorgehen konzernverbundener Unternehmen wegen eigener wirtschaftlicher Interessen des jeweiligen Unternehmens;[130] getrennte Inanspruchnahme wenn ein Beklagter seinen Sitz im Ausland hat;[131] Gläubiger geht nur gegen einzelne Verletzer vor;[132] Verband geht nur gegen einen Dritten vor;[133] mehr als 2.000 Abmahnungen bzw. Gerichtsverfahren eines anerkannt klagebefugten Verbandes;[134] wettbewerbspolitische Tätigkeit des Gläubigers;[135] 250 Klagen eines Verbandes gegen Instagram-Blogger;[136] Schuldner wurde bereits durch einen Dritten als weiteren Mitbewerber abgemahnt, wovon der Gläubiger jedoch keine Kenntnis hatte;[137] Antragsteller ist zuvor selbst in ähnlicher Weise tätig geworden,[138] wobei der Einwand, der Antragsteller handele in gleicher Weise wettbewerbswidrig wie der Antragsgegner unzulässig ist, wenn der in Rede stehende Verstoß zugleich die Interessen der Allgemeinheit berührt;[139] überhöhter Streitwert in der Abmahnung nach teilweiser Reduzierung des Gegenstandswertes;[140] allein überhöhter Gegenstandswert und überhöhte Vertragsstrafe, wenn bei noch innerhalb des Ermessensspielraums liegen.[141] Anregung nach der Abmahnung zur einvernehmlichen Beilegung der Angelegenheit gegenseitig auf die Abgabe von strafbewehr-

---

[119] Rspr.-Beispiele überwiegend unter der Rechtslage gem. § 8 Abs. 4 UWG aF.
[120] OLG Dresden GRUR-RS 2017, 114345 – Frankiermaschine; OLG München WRP 2014, 591; OLG Hamm BeckRS 2013, 21776; GRUR-RR 2009, 342 – Herstellergarantie.
[121] BGH GRUR 2021, 752 – Berechtigte Gegenabmahnung; OLG Köln GRUR-RR 2021, 176 – Zeitsprung 1883.
[122] OLG Frankfurt a. M. 8.9.2011 – 6 U 65/11.
[123] BGH WRP 2005, 598 – Telekanzlei; OLG Köln BeckRS 2014, 21852.
[124] LG Dortmund BeckRS 2015, 09759.
[125] OLG Frankfurt GRUR-RR 2022, 100 – Bio-Gummibärchen; OLG München GRUR-RR 2007, 55 – Media Markt.
[126] BGH GRUR 2013, 307 – Unbedenkliche Mehrfachabmahnung; BGH GRUR 2010, 454 – Klassenlotterie; BGH GRUR 2009, 1180 – 0,00 Grundgebühr; BGH GRUR 2008, 915 - 40 Jahre Garantie; BGH GRUR 2004, 70 – Preisbrecher; BGH GRUR 2002, 713 – zeitlich versetzte Mehrfachverfolgung; BGH GRUR 2000, 1089 – Missbräuchliche Mehrfachverfolgung; OLG Hamburg BeckRS 2013, 11804; OLG Frankfurt a.M. WRP 2010, 158; OLG Nürnberg GRUR-RR 2005, 169 – Unterhaltungselektronik; OLG Frankfurt a.M. GRUR-RR 2004, 334 – Unverbindliche Preisempfehlung.
[127] OLG Celle GRUR-RR 2015, 481 – Dachreparaturen vor Ort.
[128] OLG Brandenburg WRP 2014, 1219.
[129] OLG Brandenburg WRP 2014, 1219.
[130] OLG Brandenburg BeckRS 2015, 11641.
[131] OLG Frankfurt a. M. GRUR-RS 2021, 31866 – Mundspülwasser.
[132] BGH GRUR 2017, 1281 – Großhandelszuschläge; BGH GRUR 2012, 411 – Glücksspielverband; BGH GRUR 2001, 178 – Impfstoffverband an Ärzte; BGH GRUR 1999, 515 – Bonusmeilen; OLG Hamburg GRUR-RS 2019, 36687 – Sportlernahrung; OLG Frankfurt a. M. GRUR-RS 2019, 48547 – Taxihalteplätze, OLG Hamburg PharmaR 2013, 418; LG Köln GRUR-RS 2020, 2519 – Online-Casino; LG Ulm BeckRS 2013, 22530.
[133] BGH GRUR 1999, 515 – Bonusmeilen; BGH GRUR 1997, 681 – Lifting-Creme; OLG Koblenz GRUR-RR 2010, 16 – Goldene 7; LG Düsseldorf BeckRS 2014, 18831.
[134] BGH GRUR 2005, 433 – Telekanzlei; OLG Brandenburg BeckRS 2015, 11639.
[135] OLG Brandenburg BeckRS 2015, 11639.
[136] OLG Koblenz GRUR-RS 2020, 42980 – Influencer Tab-Tags.
[137] OLG Oldenburg GRUR-RR 2012, 415 – Weitere Abmahnung.
[138] Sog. „unclean hands"-Einwand: OLG Celle GRUR-RR 2015, 446 – Sammeltransfer zum Flughafen; OLG Düsseldorf BeckRS 2014, 127306.
[139] BGH GRUR 1977, 494 – DERMATEX; OLG Köln GRUR-RS 2021, 42558 – Inkontinenzhöschen; OLG Düsseldorf GRUR-RR 2015, 217 – Ostsee-Resort.
[140] OLG München WRP 2014, 591.
[141] OLG Bamberg GRUR-RS 2021, 30553 – Bio-Chia-Riegel.

ten Unterlassungserklärungen zu verzichten;[142] vermeintlich zu weit gefasste oder nicht hinreichend bestimmte vorformulierte Unterlassungserklärung,[143] Antragsteller betreibt selbst kein Ladenlokal, sondern ist nur als Onlinehändler tätig;[144] Zusammenarbeit im Wesentlichen mit einer bestimmten Anwaltskanzlei;[145] parallel lautende Unterlassungsanträge mehrerer nicht miteinander verbundener Unternehmen, die sich eines Anwalts bedienen;[146] keine Angebotshandlungen mehr über Onlineplattform, jedoch beworbenes Produkt in hoher Anzahl eingelagert.[147] Keine Zustellung an Anwälte, die sich bzgl. der Abmahnung bestellt hatten, weil nicht völlig unzweifelhaft war, ob diese auch für das Verfügungsverfahren mandatiert und empfangsberechtigt waren;[148] Gläubiger bringt die Kosten des Verfahrens über einen Prozessfinanzierer auf, an den im Falle des Obsiegens des Klägers ein Teil des an sich dem Bundeshaushalt (§ 10 UWG) zustehenden Gewinns abgeführt wird;[149] finanzielle Absicherung des Prozesskostenrisikos der Gläubigerin durch Darlehen der Geschäftsführerin;[150] Verwendung von Textbausteinen in Schriftsätzen;[151] keine Mitwirkung an weiterer Sachverhaltsaufklärung.[152]

II. Verfügungsanspruch

36 Mit einer einstweiligen Verfügung können alle, nicht auf eine Geldforderung gerichtete oder in eine Geldforderung übergehenden Ansprüche geltend gemacht werden. Der konkrete Inhalt richtet sich nach der Art der begehrten einstweiligen Verfügung. Mehrere Ansprüche bzw. Streitgegenstände können in einem Antrag (§ 920 Abs. 1) geltend gemacht werden. Die den Verfügungsanspruch ergebenden Tatsachen sind vom Antragsteller darzulegen und glaubhaft zu machen, §§ 936, 920 Abs. 2.

37 **1. Unterlassung, Duldung.** Im gewerblichen Rechtsschutz werden vorrangig **Unterlassungsansprüche** im Wege des einstweiligen Verfügungsverfahrens geltend gemacht. Als spezialgesetzliche materiell-rechtliche Anspruchsgrundlagen kommen insbes. Art. 64 EPÜ, § 139 Abs. 1 PatG; § 16 Abs. 2 PatG, § 24 Abs. 1 GebrMG, § 14 Abs. 2 MarkenG, Art. 130 UMV, Art. 9 Abs. 1 UMV, § 42 Abs. 1 DesignG, Art. 19 iVm Art. 89 Abs. 1a) GGV, § 37 Abs. 1 SortenSchG, § 1 UklaG, § 97 Abs. 1 UrhG, § 85 Abs. 1 UrhG, § 19a UrhG, § 14 UrhG, § 6 GeschGehG und § 8 Abs. 1 UWG in Betracht. Darüber hinaus kann ein Unterlassungsanspruch, bspw. wegen unberechtigter Schutzrechtsverwarnung, auf §§ 823, 1004 BGB gestützt sein.[153] Es genügt das Bestehen einer Erstbegehungsgefahr.[154] Der Unterlassungsanspruch wird gesichert, indem dem Antragsgegner **untersagt** wird, eine bestimmte (Benutzungs-)Handlung vorzunehmen oder indem ihm ein **positives Tun** aufgegeben wird, um hiermit weitere Verstöße zu verhindern.[155] Möglich ist des Weiteren eine auf **Duldung** gerichtete einstweilige Verfügung, zB dahingehend, dass dem Antragsgegner aufgegeben wird zu dulden, dass ein Großhändler den Antragsteller beliefert.[156] Der Antrag auf „Untersagung der Verweigerung der Belieferung" wird indes kritisch gesehen.[157] Ein wettbewerbsrechtlicher Unterlassungsanspruch kann ausnahmsweise gem. § 242 BGB materiell-rechtlich aus Gründen der Verhältnismäßigkeit eingeschränkt sein mit der Folge, dass eine **Aufbrauch- oder Umstellungsfrist** zu gewähren ist.[158] Im Patentverletzungsprozess kommt – nach derzeitiger

---

[142] OLG München WRP 2014, 591.
[143] OLG Brandenburg WRP 2014, 1219.
[144] OLG Köln BeckRS 2014, 21852.
[145] OLG Brandenburg BeckRS 2015, 11639.
[146] OLG Frankfurt a. M. GRUR-RR 2016, 211 – Inselzuschlag; OLG Frankfurt a. M. GRUR-RR 2015, 302 – Spezialisiert für Arbeitsrecht.
[147] OLG Düsseldorf 16.6.2016 – 15 U 67/15.
[148] OLG Köln GRUR-RS 2016, 112348 – Fingerschutzprofile.
[149] OLG Düsseldorf GRUR-RR 2017, 331 – Gewinne aus Rücklastschrift.
[150] OLG Düsseldorf GRUR-RS 2020, 16408 – Fluggastrechte-Inkasso.
[151] OLG Celle GRUR-RS 2017, 112346 – CoolSculping.
[152] OLG Brandenburg GRUR-RS 2021, 6915 – Zigarettenversand.
[153] OLG Düsseldorf GRUR 1959, 606 – Heuerntemaschine; LG Hamburg GRUR 1952, 31.
[154] OLG Düsseldorf GRUR-RR 2013, 241 – HIV-Medikament; KG GRUR 2007, 338 – Markenspekulant; OLG Hamburg NJOZ 2007, 2695 – Contergan; OLG Bremen NJWE-WettbR 2000, 46; OLG Karlsruhe NJWE-WettbR 1996, 108. In diesen Fällen wurde das Bestehen einer Erstbegehungsgefahr allerdings verneint. Vgl. weiter: BGH GRUR 2006, 429 – Schlank-Kapseln; BGH GRUR 2001, 1174 – Berühmungsaufgabe; BGH GRUR 1992, 318 – Jubiläumsverkauf; BGH GRUR 1991, 470 – Telefonwerbung; BGH GRUR 1992, 612 – Nicola; BGH GRUR 1987, 125 – Berühmung; BGH GRUR 1970, 358 – Heißluftdetektor; OLG Karlsruhe GRUR-RR 2010, 490 – Ärzte und Erbrecht; OLG Köln NJOZ 2005, 3635; OLG Düsseldorf NJOZ 2003, 3635.
[155] Zum positiven Tun: BGH GRUR 1993, 415 – Straßenverengung mwN; OLG Köln WRP 2010, 1179; Schuschke/Walker/*Schuschke* ZPO § 890 Rn. 2.
[156] OLG Stuttgart GRUR 1970, 146; *Berneke/Schüttpelz* Rn. 68; Musielak/Voit/*Huber* ZPO § 938 Rn. 9.
[157] LG Düsseldorf BeckRS 2009, 24224.
[158] BGH GRUR 2013, 1254 – Matratzen Factory Outlet; BGH GRUR 1974, 735 – Pharmamedan; OLG Hamm BeckRS 2014, 22054; OLG Karlsruhe GRUR 1991, 619 – Erbenermittlung; LG München I GRUR-RS 2021, 24332 – Tip Jar.

Rechtslage[159] – eine solche Frist nur dann in Betracht, wenn die sofortige Durchsetzung des Unterlassungsanspruchs auch unter Berücksichtigung der Patentinhaberinteressen aufgrund besonderer Umstände des Einzelfalls gegenüber dem Verletzer eine unverhältnismäßige, durch das Ausschließlichkeitsrecht und die rgm Folgen seiner Durchsetzung nicht gerechtfertigte Härte darstellt und daher treuwidrig ist.[160] Ob eine Aufbrauchfrist auch im einstweiligen Verfügungsverfahren zulässig ist, ist streitig.[161] Nach zutreffender Ansicht widerspricht sie dem Wesen der Unterlassungsverfügung und steht rgm in Konflikt mit dem neben dem Anspruch erforderlichen Verfügungsgrund. Sofern sie gleichwohl einzuräumen ist, kann in erster Instanz nur eine kurze Frist gewährt werden.[162] Ähnliches gilt für auf § 1 UklaG gestützte Unterlassungsansprüche. Die Gewährung von Aufbrauch- und Umstellungsfristen ist im Regelfall mit dem von der Norm bezweckten Schutz des Rechtsverkehrs vor unzulässigen Klauseln unvereinbar.[163] Dies gilt in besonderem Maße, wenn der Antragsgegner ausreichend Gelegenheit, die Rechtslage zu prüfen hat und sich vorsorglich auf eine Unterlassungsverpflichtung einzustellen.[164]

Faktisch gehen Unterlassungsverfügungen über eine reine Sicherung hinaus, vielmehr wird der Antragsteller sofort und für die Dauer der Wirksamkeit der einstweiligen Verfügung vollständig befriedigt. Die Unterlassungsverfügung, deren Zulässigkeit allgemein anerkannt ist, trägt mithin wesentlich Elemente einer Leistungsverfügung in sich.[165]

Die Darlegung und Glaubhaftmachung der Tatbestandsvoraussetzungen der jeweiligen Unterlassungsansprüche kann problematisch sein, bspw. wenn zur Aufklärung des Sachverhalts ein Sachverständigengutachten erforderlich ist. Dies gilt insbes. im **Patent- bzw. Gebrauchsmusterrecht**, wenn das Schutzrecht ein kompliziertes Technikgebiet betrifft, das einem technischen Laien nur schwer zugänglich ist. Denn die Frage der Schutzrechtsverletzung muss im Ergebnis so eindeutig zu Gunsten des Antragstellers beantwortet sein, dass ein Fehler in der Beurteilung und eine in einem etwaigen Hauptsacheverfahren abzuändernde Entscheidung nicht zu befürchten ist.[166] Nach Ansicht des OLG Karlsruhe und des LG Mannheim kommt eine einstweilige Verfügung grds. nur in Betracht, wenn die Beurteilung der Schutzrechtslage keine Schwierigkeiten macht. Hierzu müsse der geschützte Gegenstand verhältnismäßig einfach und überschaubar konstruiert sein und die Verwirklichung der Merkmale des Schutzrechts durch die angegriffene Ausführungsform wenn nicht unstreitig, so doch ohne ernsthafte Schwierigkeiten feststellbar sein.[167] Das OLG Hamburg, das OLG Frankfurt a. M. sowie das LG Hamburg vertreten die Ansicht, eine Unterlassungsverfügung setze idR die Feststellung einer wortlaut- bzw. wortsinngemäßen Verletzung des Schutzrechts voraus, da sich die Feststellung einer äquivalenten Verletzung im Verfügungsverfahren idR nicht mit dem erforderlich hohen Grad von Zuverlässigkeit feststellen lasse.[168] In der Rspr. der Düsseldorfer Gerichte finden sich derartige Regelaussagen nicht. Ein Grundsatz, dass bestimmte technische Gebiete oder bestimmte Arten von Verletzungshandlungen allein wegen ihrer Komplexität von vornherein für ein Verfügungsverfahren ungeeignet sind, besteht nicht.[169]

---

[159] Der Regierungsentwurf eines Zweiten Gesetzes zur Vereinfachung und Modernisierung des Patentrechts sieht eine Ergänzung des § 139 Abs. 1 PatG vor, wonach der Anspruch ausgeschlossen ist, soweit die Inanspruchnahme aufgrund besonderer Umstände des Einzelfalls für den Verletzer oder Dritte zu einer unverhältnismäßigen Härte führen würde. Für die Gewährung einer Aufbruch- oder Umstellfrist ergeben sich hieraus keine substantiellen Änderungen.

[160] BGH GRUR 2016, 1031 – Wärmetauscher; *Harmsen* GRUR 2021, 222.

[161] Verneinend: OLG Koblenz WRP 1991, 599; OLG Frankfurt a. M. GRUR 1988, 46; OLG Düsseldorf GRUR 1986, 197. Bejahend: OLG Karlsruhe GRUR-RR 2015, 253 – Rondelé; OLG Hamburg GRUR-RS 2014, 09531 – Transdermales Pflaster; OLG Stuttgart GRUR-RR 2014, 251 – Mark Brandenburg; OLG Hamm BeckRS 2014, 22054; WRP 2012, 1572; OLG Stuttgart WRP 1989, 832; LG Stuttgart BeckRS 2015, 05392; LG Düsseldorf BeckRS 2015, 08239; LG Dortmund BeckRS 2015, 09759; Ahrens Wettbewerbsprozess-HdB/*Jestaedt* Kap. 6 Rn. 35; *Ulrich* GRUR 1991, 26. Bejahend: OLG Frankfurt a. M. GRUR-RR 2020, 167 – Haarstylinggeräte; Köhler/Bornkamm/Feddersen/*Köhler* § 12 Rn. 2.30. Offenlassend: LG Düsseldorf BeckRS 2014, 22324; Harte-Bavendamm/Henning-Bodewig/*Retzer* UWG § 12 Rn. 386.

[162] OLG Frankfurt a. M. GRUR 1988, 46 – Flughafenpassage; OLG Düsseldorf GRUR 1986, 197 – Rechtsmittel gegen Aufbrauchfrist. Ähnlich: Benkard/Grabinski/Zülch PatG § 139 Rn. 153e; *Berneke/Schüttpelz* Rn. 354. AA OLG Karlsruhe GRUR-RR 2015, 253 – Rondelé.

[163] BGH NJW 1982, 2311; 1980, 2518; OLG Frankfurt a. M. VuR 2016, 69; OLG Düsseldorf WRP 2010, 802; OLG Frankfurt a. M. NJW-RR 2003, 1430; LG Stuttgart VuR 2011, 269; LG Düsseldorf BeckRS 2014, 22324 (offenlassend); Köhler/Bornkamm/Feddersen/*Köhler* UklaG § 1 Rn. 12 (Aufbrauchfrist). Weniger streng OLG Hamburg BeckRS 2009, 09763.

[164] OLG Frankfurt a. M. VuR 2016, 69; OLG Hamburg GRUR-RS 2014, 09351 – Transdermales Pflaster.

[165] *Berneke/Schüttpelz* Rn. 63; BeckOK ZPO/*Mayer* § 935 Rn. 6. AA Baumbach/Lauterbach/Albers/Hartmann ZPO § 935 Rn. 1; Harte-Bavendamm/Henning-Bodewig/*Retzer* UWG § 12 Rn. 264 (Leistungsverfügung); *Lange*, Marken- und Kennzeichenrecht, § 10 Rn. 6268; *Meier-Beck* GRUR 1988, 861; Ströbele/Hacker/*Hacker* MarkenG § 14 Rn. 425 (im Wesentlichen rechtssichernder Charakter); Zöller/*Vollkommer* ZPO § 940 Rn. 1 (Sicherungsverfügung).

[166] OLG Düsseldorf BeckRS 2010, 15862 – Harnkatheter.

[167] OLG Karlsruhe GRUR-RR 2015, 509 – Ausrüstungssatz; OLG Karlsruhe BeckRS 2011, 02760; GRUR-RR 2009, 442 – Vorläufiger Rechtsschutz; OLG Karlsruhe GRUR-RR 2002, 278 – DVD-Player; OLG Karlsruhe GRUR 1988, 900 – Dutralene; LG Mannheim GRUR-RR 2011, 83; 2006, 348.

[168] OLG Hamburg GRUR-RR 2002, 244 – Spannbacke; OLG Frankfurt a. M. GRUR-RR 2003, 263 – mini flexiprobe; LG Hamburg GRUR-RR 2002, 45 – Felodipin.

[169] BeckOK PatR/*Voß* PatG Vor § 139 Rn. 283; *Retzer* GRUR 2009, 329.

Das Gericht muss sich trotz des summarischen Charakters des einstweiligen Verfügungsverfahrens auch schwierigen technischen bzw. tatsächlichen Fragen und komplexen Rechtsfragen stellen und diese klären.[170] Anderenfalls wäre die Gewährung effektiven Rechtsschutzes gefährdet. Kann im konkreten Einzelfall mit dem im einstweiligen Verfügungsverfahren zur Verfügung stehenden Mitteln keine ausreichende Klärung der streitigen Fragen erfolgen bzw. keine ausreichende Sicherheit zum Verletzungstatbestand gewonnen werden, geht dies zu Lasten des Antragstellers.[171] Gleiches gilt für das **Urheberrecht** und Verstöße gegen das **UWG**; eine Beschränkung auf „einfach" gelagerte Fälle ist nicht geboten.[172]

40 **2. Auskunft, Rechnungslegung.** Gegenstand einer einstweiligen Verfügung können – wie die § 140b Abs. 7 PatG, § 24b Abs. 7 GebrMG, § 19 Abs. 7 MarkenG (ggf. iVm Art. 129 UMV), § 46 Abs. 7 DesignG, § 37 Abs. 7 SortenSchG, § 9 Abs. 2 HalblSchG und § 101 Abs. 7 UrhG ausdrücklich normieren – **Ansprüche auf Drittauskunft** sein, wenn die jeweilige **Rechtsverletzung offensichtlich** ist. Die Feststellung einer Rechtsverletzung genügt für sich genommen folglich nicht. Bei dem Tatbestandsmerkmal „offensichtliche Rechtsverletzung"[173] handelt es sich vielmehr um eine zusätzliche Anforderung, die eine gesteigerte Form im Hinblick auf die Eindeutigkeit der Rechtsverletzung verlangt. Eine Fehleinschätzung oder eine andere Beurteilung im Rahmen des richterlichen Ermessens bzw. durch die Rechtsmittelinstanz und damit eine ungerechtfertigte Belastung des Antragsgegners darf kaum möglich sein.[174] Davon kann bei schwierigen Tatsachenfragen oder bei schwierigen und/oder noch nicht entschiedenen Rechtsfragen[175] nicht ausgegangen werden. Ähnlich wird es sich rgm verhalten, wenn gegensätzliche Privatgutachten zur Glaubhaftmachung des Verletzungssachverhalts[176] vorgelegt wurden, es entscheidend auf die Würdigung von Glaubhaftmachungsmitteln ankommt[177] oder vorgebrachte Gegenargumente durchaus vertretbar sind.[178] Auf gesetzliche oder tatsächliche Vermutungen kann zur Begründung der Offensichtlichkeit nicht zurückgegriffen werden.[179] Das Erfordernis der „offensichtlichen Rechtsverletzung" macht eine Prüfung der weiteren Voraussetzungen von §§ 935, 940 nicht entbehrlich.[180] Es ist also insbes. eine umfassende Interessenabwägung der sich gegenüberstehenden Interessen vorzunehmen.[181]

41 **Außerhalb** des Anwendungsbereichs der genannten **Sondervorschriften**[182] ist die Durchsetzung von Auskunfts- und Rechnungslegungsansprüchen wegen des Verbotes der Vorwegnahme der Hauptsache **grds. nicht** statthaft.[183] Dies gilt insbes. auch für Auskunftsansprüche gem. § 8 Gesch-

---

[170] MüKoZPO/*Drescher* ZPO § 935 Rn. 12; Zöller/*Vollkommer* ZPO § 935 Rn. 7. So für schwierige Rechtsfragen iRd Verfügungsgrundes: LG Düsseldorf GRUR-RR 2012, 420 – Irbesartan; LG Düsseldorf GRUR-RR 2012, 58 – Valsartan.
[171] OLG Düsseldorf BeckRS 2011, 02113; GRUR-RR 2008, 329 – Olanzapin.
[172] OLG Frankfurt GRUR-RR 2021, 506 – Sojabohnenextrakt; OLG Naumburg GRUR-RR 2013, 135 – Dringlichkeit; LG Hamburg ZUM-RD 2011, 187.
[173] Hierzu: Eichmann/Jestaedt/Fink/Meiser/*Eichmann/Jestaedt* DesignG § 46 Rn. 24 f.; *Fezer* MarkenG § 19 Rn. 37, 71 ff.; BeckOK PatR/*Voß* PatG § 140b Rn. 6; Ingerl/Rohnke MarkenG § 19 Rn. 52 ff.
[174] So die amtl. Begründung des PrPG BlPMZ 1990, 185. OLG Frankfurt a. M. GRUR-RR 2020, 102 – Batterie-Plagiat; OLG Düsseldorf BeckRS 2016, 09775; 2015, 124683; 124683; OLG Hamburg GRUR-RR 2005, 212 – Rammstein; LG Mannheim NJOZ 2010, 1566. Vgl. die zur alten Rechtslage ergangenen Entscheidungen: OLG Hamburg InstGE 9, 11 – Transglutaminase; OLG Frankfurt a. M. GRUR-RR 2003, 32 – Offensichtliche Rechtsverletzung; OLG Köln GRUR 1999, 337 – Sculpture; OLG Köln GRUR 1999, 346 – Davidoff Cool Water; OLG Düsseldorf GRUR 1993, 818 – Mehrfachkleiderbügel.
[175] OLG Düsseldorf GRUR-RS 2017, 13901 – Versand durch X; OLG Düsseldorf BeckRS 2016, 6344; OLG München MarkenR 2015, 204; OLG Hamburg GRUR-RR 2006, 280 (281) – Damier Vernis; OLG Hamburg WRP 1997, 106; 1997, 103.
[176] LG Düsseldorf 13.4.2013 – 4b O 12/13.
[177] LG Mannheim NJOZ 2010, 1778. Vgl. auch OLG Frankfurt a. M. GRUR-RR 2020, 102 – Batterie-Plagiat; GRUR-RR 2003, 32 – Offensichtliche Rechtsverletzung.
[178] OLG Hamburg GRUR-RR 2003, 101 – Pflasterspender. Nach OLG Frankfurt a. M. MarkenR 2002, 296 – Gefälschtes Echtheitszertifikat und OLG Köln GRUR 1999, 337 – Sculpture reicht die Glaubhaftmachung der offensichtlichen Rechtsverletzung nicht. Sie muss vielmehr abschließend zu beurteilen sein. Ebenso Ingerl/Rohnke MarkenG § 19 Rn. 52; Ströbele/Hacker/*Hacker* MarkenG § 19 Rn. 47.
[179] OLG Braunschweig GRUR 1993, 669 – Stoffmuster.
[180] OLG Hamburg GRUR-RR 2007, 381 – BetriebsratCheck; Eichmann/Jestaedt/Fink/Meiser/*Eichmann/Jestaedt* DesignG § 46 Rn. 25; BeckOK PatR/*Voß* PatG § 140b Rn. 33; Ströbele/Hacker/*Hacker* MarkenG § 19 Rn. 48.
[181] OLG Hamburg BeckRS 2015, 10615; OLG Stuttgart BeckRS 2012, 16229.
[182] Eine entsprechende Vorschrift gibt es im UWG nicht. Nach OLG Schleswig GRUR-RR 2001, 70 und OLG Hamburg WRP 2007, 1253 erfolgt keine analoge Anwendung. AA für den Bereich des ergänzenden Leistungsschutzes: *Berneke/Schüttpelz* Rn. 83; Ohly/Sosnitza/*Sosnitza* UWG § 12 Rn. 112; Teplitzky/*Feddersen* Kap. 54 Rn. 11c. OLG Frankfurt a. M. OLGR 2001, 253.
[183] OLG Düsseldorf 4.1.2017 – 2 W 29/16; OLG Hamburg BeckRS 2015, 10615; GRUR-RR 2007, 29 – Cerebro Card; OLG Köln GRUR 2003, 296 – Dringlichkeitsvermutung; OLG Schleswig GRUR-RR 2001, 70; OLG Hamm NJW-RR 1992, 640; LG Hamburg GRUR-RR 2014, 47; Ahrens Wettbewerbsprozess-HdB/*Jestaedt* Kap. 56 Rn. 13; *Berneke/Schüttpelz* Rn. 79 ff.; BeckOK PatR/*Voß* PatG Vor § 139 Rn. 276; Harte-Bavendamm/Henning-Bodewig/*Retzer* UWG § 12 Rn. 276; Köhler/Bornkamm/Feddersen/*Köhler* UWG § 12 Rn. 2.10; *Lange*, Marken- und Kennzeichenrecht, § 10 Rn. 6281; Zöller/*Vollkommer* ZPO § 940 Rn. 8 „Auskunft".

GehG[184] und Drittauskunftsansprüche, die in Zusammenhang mit Unterlassungsansprüchen aus dem Gesichtspunkt des ergänzenden wettbewerbsrechtlichen Leistungsschutzes gem. § 4 Nr. 3 UWG geltend gemacht werden.[185] Eine Auskunftserteilung ist endgültig und befriedigt den Gläubiger vollständig. Eine einmal erteilte Auskunft kann nicht mehr zurückgenommen werden. Ein Widerruf der dem Wettbewerber mitgeteilten Informationen ist nicht möglich. Soweit die begehrte Auskunft oder Rechnungslegung einen Schadenersatzanspruch vorbereiten soll, ist überdies zu berücksichtigen, dass auch dieser grds. nicht Gegenstand eines einstweiligen Verfügungsverfahrens sein kann. Denn eine Geldzahlung käme einer grds. unzulässigen vollständigen Befriedigung des Gläubigers gleich.

Eine **Abweichung von diesem Grundsatz** ist nach der Rspr. denkbar, wenn der Antragsteller auf die Auskunft existentiell angewiesen, effektiver Rechtsschutz durch Auskunftsklage nicht gewährleistet und die Entscheidung für den Hauptprozess nicht vorgreiflich ist.[186] Dies wird nur sehr selten der Fall sein. Auch dann kommt es übrigens nur zu einer Sicherung des Auskunftsanspruchs. Die Auskunft ist nicht dem Antragsteller persönlich zu erteilen, sondern einem Rechtsanwalt, bei dem es sich um den Verfahrensbevollmächtigten des Antragstellers handeln kann, der aber nicht zur Weitergabe der Auskünfte befugt ist.[187] 42

3. Schadensersatz. Die Schadensersatzansprüche gem. Art. 64 EPÜ, § 139 Abs. 2 PatG, § 24 Abs. 2 GebrMG, § 14 Abs. 6 MarkenG, § 15 Abs. 5 MarkenG, § 42 Abs. 2 DesignG, § 37 Abs. 2 SortenSchG, § 97 Abs. 2 UrhG oder § 9 UWG können **grds. nicht** im Wege des einstweiligen Verfügungsverfahrens durchgesetzt werden.[188] Dies ist ausnahmsweise nur dann möglich, wenn die strengen Voraussetzungen der **Leistungsverfügung** dargetan und glaubhaft gemacht sind. Der Antragsteller muss mithin ohne sofortige Befriedigung des ihm zustehenden Schadensersatzanspruchs in seiner Existenz bedroht sein, so dass ein Verweis auf das Hauptsacheverfahren unzumutbar ist. Im gewerblichen Rechtsschutz kann dies – so denn derartige Anträge überhaupt gestellt werden – nur äußerst selten festgestellt werden. 43

Eine Ausnahme hinsichtlich der Durchsetzung eines Schadensersatzanspruchs im Eilrechtsschutz wurde angenommen bei Geltendmachung eines wettbewerblichen Schadensersatzanspruchs in Form der Naturalrestitution durch ein zeitlich befristetes Belieferungsverbot, wenn ein langwieriges und deshalb keinen effektiven Rechtsschutz gewährleistendes Hauptsacheverfahren erforderlich ist.[189] 44

Eine besondere Regelung im Zusammenhang mit Schadensersatzansprüchen findet sich in § 140d PatG, § 24d GebrMG, § 19b MarkenG; § 46b DesignG, § 37d SortenSchG, § 101b UrhG und § 9 Abs. 2 HalbleiterSchG. Hiernach besteht ein Anspruch auf **Vorlage von Bank-, Finanz- und Handelsunterlagen** zur Sicherung von Schadensersatzansprüchen.[190] Nach den jeweiligen Absätzen 3 der genannten Vorschriften (mit Ausnahme des HalbleiterSchG, das in § 9 Abs. 2 lediglich eine Verweisung auf die Vorschriften des GebrMG enthält) ist, ähnlich wie bei der Drittauskunft, die Geltendmachung der Vorlageverpflichtung im Wege des einstweiligen Rechtsschutzes ausdrücklich zulässig, wenn der Schadensersatzanspruch offensichtlich besteht. Die Offensichtlichkeit bestimmt sich hier ebenso wie bei den Vorschriften der Drittauskunft (→ Rn. 41). Ebenso müssen auch hier die Voraussetzungen der §§ 935, 940 gegeben sein.[191] 45

4. Vernichtung. Gesichert werden können Ansprüche auf Vernichtung gem. Art. 64 EPÜ, § 140a Abs. 1 PatG, § 24a Abs. 1 GebrMG, § 18 Abs. 1 MarkenG, § 43 Abs. 1 DesignG, § 9 Abs. 2 HalblSchG, § 37a Abs. 2 SortenSchG, § 98 Abs. 1 UrhG, § 7 Nr. 1, 4 GeschGehG oder § 8 Abs. 1 UWG. Zwecks Sicherung des jeweiligen Anspruchs wird die Herausgabe der schutzrechtsverletzenden bzw. wettbewerbswidrigen Gegenstände, Erzeugnisse, Waren etc an und die **Verwahrung** durch einen Gerichtsvollzieher oder die **Sequestration** gem. § 938 Abs. 2 angeord- 46

---

[184] Harte-Bavendamm/Ohly/*Kalbfus* GeschGehG § 8 Rn. 63. Unklar: BeckOK GeschGehG/*Spieker* GeschGehG § 8 Rn. 14.
[185] OLG Hamburg WRP 2007, 1253; OLG Frankfurt a. M. OLGR 2001, 253; KG GRUR 1988, 403 – Auskunftserteilung; *Berneke/Schüttpelz* Rn. 83; Köhler/Bornkamm/Feddersen/*Köhler* UWG § 12 Rn. 2.10; Teplitzky/*Feddersen* Kap. 54 Rn. 11. AA LG Düsseldorf WRP 1997, 253.
[186] OLGR Hamburg 2006, 714; KG GRUR 1988, 403 – Auskunftserteilung; OLG Karlsruhe NJW 1984, 1905.
[187] OLG Karlsruhe NJW 1984, 1905.
[188] OLG Düsseldorf 4.1.2017 – 2 W 39/16; OLG Hamburg BeckRS 2015, 10615; LG Hamburg GRUR-RR 2014, 47; *Berneke/Schüttpelz* Rn. 87; *Böhler* GRUR 2011, 965; Köhler/Bornkamm/Feddersen/*Köhler* UWG § 12 Rn. 2.11; *Melullis* Rn. 148; Teplitzky/*Feddersen* Kap. 54 Rn. 11.
[189] OLG Düsseldorf GRUR 1984, 75. Siehe auch: OLG Naumburg BeckRS 2011, 25202 (vorläufige Sicherung des Alleinvertriebsrechts), OLG Frankfurt a. M. NJW-RR 1994, 627 (Durchsetzung eines Beschäftigungsverbots).
[190] LG Hamburg GRUR-RR 2014, 14 (dort allerdings mangels Verfügungsgrundes ablehnend).
[191] OLG Hamburg BeckRS 2015, 10615; *Fezer* MarkenG § 19b Rn. 15; BeckOK PatR/*Voß* PatG § 140d Rn. 25; Ingerl/Rohnke MarkenG § 19a Rn. 22.

net.¹⁹² Die in Verwahrung genommenen oder sequestrierten¹⁹³ Gegenstände, Erzeugnisse, Waren etc verbleiben beim Gerichtsvollzieher bis zu einer rechtskräftigen Entscheidung über das Bestehen des Vernichtungsanspruchs oder das Herbeiführen einer einvernehmlichen Regelung. Möglich ist daneben als Sicherungsmaßnahme die Anordnung, die Gegenstände an den Lieferanten zurückzugeben.¹⁹⁴

47 Die Durchsetzung der Vernichtungsansprüche wird gefördert durch die **Grenzbeschlagnahme** gem. § 142a PatG, § 25a GebrMG, § 146 MarkenG, § 55 DesignG, § 40a Abs. 1 SortenSchG, § 111b UrhG. Hat die Zollbehörde die Beschlagnahme angeordnet und der in diesem Verfahren Verfügungsberechtigte hiergegen Widerspruch eingelegt, muss der Antragsteller, wenn er seinen Beschlagnahmeantrag aufrecht halten will, gem. § 142a Abs. 4 S. 2 Nr. 2 PatG, § 25a Abs. 4 S. 2 Nr. 2 GebrMG, § 147 Abs. 3 MarkenG, § 56 Abs. 3 DesignG, § 40a Abs. 4 S. 2 Nr. 2 SortenSchG bzw. § 111b Abs. 4 S. 2 Nr. 2 UrhG eine vollziehbare gerichtliche Entscheidung vorlegen, die die Verwahrung des beschlagnahmten Erzeugnisses oder eine Verfügungsbeschränkung anordnet. Hierfür hat er zwei Wochen Zeit. Angesichts der Kürze der zur Verfügung stehenden Zeitspanne kommt als zivilgerichtliche Entscheidung rgm nur eine einstweilige Verfügung in Betracht.¹⁹⁵ Mit der einstweiligen Verfügung kann ein Einfuhrverbot ausgesprochen,¹⁹⁶ die (weitere) Verwahrung der beschlagnahmten Ware bei der Zollbehörde bis zur rechtskräftigen Entscheidung über das Bestehen eines Vernichtungsanspruchs oder die Herbeiführung einer einvernehmlichen Regelung¹⁹⁷ oder die Herausgabe der beschlagnahmten Ware an einen Gerichtsvollzieher zur Sicherung und Verwahrung oder die Sequestration angeordnet werden.

48 Ebenso kann eine einstweilige Verfügung mit dem Ziel der Verwahrung oder Sequestration begehrt werden, wenn die Zollbehörde auf Grundlage der **VO (EU) Nr. 608/2013** die Aussetzung der Überlassung bzw. Zurückhaltung der Ware bei Verdacht einer Schutzrechtsverletzung angeordnet hat. Sofern die von der Zollbehörde angehaltene Ware nicht gem. Art. 23 Abs. 1 VO (EU) Nr. 608/2013 vernichtet werden, sieht Art. 23 Abs. 3 VO (EU) Nr. 608/2013 binnen zehn Arbeitstagen die Einleitung eines Verfahrens auf Feststellung der Rechtsverletzung vor. Als ein solches Verfahren bietet sich das einstweilige Verfügungsverfahren an.¹⁹⁸ Ferner kann eine einstweilige Verfügung zwecks Sicherung des Vernichtungsanspruchs wegen der für den (vermeintlichen) Verletzer bestehenden Möglichkeit, nach Art. 24 Abs. 1 VO (EU) Nr. 608/2013 die frühzeitige Überlassung der Waren gegen Sicherheitsleistung zu verlangen, geboten sein.¹⁹⁹

49 **5. Beseitigung, Rückruf- und Entfernung.** Die einen spezialgesetzlichen Unterlassungsanspruch ergänzenden **Beseitigungsansprüche** bzw. der allgemeine Folgenbeseitigungsanspruch gem. § 1004 BGB können im Wege eines einstweiligen Verfügungsverfahrens nur gesichert werden, wenn lediglich eine vorläufige Störungsbeseitigung erfolgen also durch die geforderten Maßnahmen keine endgültigen und nicht wiedergutzumachenden Verhältnisse geschaffen werden.²⁰⁰ Ob eine nur vorläufige Beseitigung der Störung möglich ist, ist stets eine Frage des Einzelfalls. Im Falle der Verletzung ergänzenden wettbewerbsrechtlichen Leistungsschutzes gibt es keinen Anspruch auf Vernichtung oder teilweise Vernichtung bzw. Unkenntlichmachung der Nachbildungen. Daher ist im Eilverfahren auch kein Raum für einen auf die Herausgabe an den Gerichtsvollzieher gerichteten Sicherungsanspruch.²⁰¹

50 Zulässig ist bspw.: Anordnung der Beseitigung eines Werbespruchs;²⁰² Beseitigung von aufgestellten Werbeschildern;²⁰³ Vernichtung von Werbematerial;²⁰⁴ Information des Abnehmers, dass der Antrag-

---

¹⁹² OLG Frankfurt a. M. GRUR-RS 2021, 7882 – Original Ersatzteil; OLG Düsseldorf BeckRS 2016, 09775; OLG München BeckRS 2012, 16104; OLG Frankfurt a. M. GRUR-RR 2011, 66 – Sequestrationsanspruch; KG GRUR 2008, 372 – Abmahnkosten; OLG Karlsruhe GRUR-RR 2002, 278 – Sequestration patentverletzender Waren; OLG Frankfurt a. M. GRUR-RR 2003, 96 – Uhrennachbildung; OLG Nürnberg GRUR-RR 2002, 98 – NIKE-Sportschuh; OLG Stuttgart NJW-RR 2001, 257; OLG Düsseldorf NJW-RR 1997, 1064; OLG Hamm GRUR 1989, 502; OLG Hamburg WRP 1997, 106 – Gucci; LG Düsseldorf BeckRS 2011, 02014; LG Berlin GRUR-RR 2004, 16.
¹⁹³ Zum Unterschied zwischen Verwahrung und Sequestration → § 938 Rn. 7 ff.
¹⁹⁴ OLG Frankfurt a. M. GRUR-RR 2003, 96 – Uhrennachbildung.
¹⁹⁵ Ströbele/Hacker/*Hacker* MarkenG § 150 Rn. 36 hält wegen der nur sichernden Funktion einer einstweiligen Verfügung die Hauptsacheklage für den richtigen Weg.
¹⁹⁶ LG Düsseldorf GRUR 1996, 66 – Adidas Import.
¹⁹⁷ OLG Karlsruhe GRUR-RR 2002, 278 – DVD-Player, wonach ein Antrag, die Fortdauer der Beschlagnahme anzuordnen als Antrag auf Sequestration auszulegen sein soll.
¹⁹⁸ *Cordes* GRUR 2007, 483; BeckOK PatR/*Voß* PatG § 142a Rn. 65; *Hermsen* Mitt. 2006, 261; Schulte/*Rinken* PatG § 142a Rn. 15. Offen gelassen: Benkard/*Grabinski*/*Zülch* PatG § 142a Rn. 22 mwN.
¹⁹⁹ LG Düsseldorf BeckRS 2012, 07562; LG Hamburg BeckRS 2004, 17932.
²⁰⁰ OLG Stuttgart NJW-RR 2001, 257; OLG Koblenz GRUR 1987, 730 – GS-Zeichen; BeckOK UrhR/*Reber* UrhG § 97 Rn. 146; *Berneke*/*Schüttpelz* Rn. 71; Ohly/Sosnitza/*Sosnitza* UWG § 12 Rn. 111. Vgl. auch OLG Düsseldorf BeckRS 2016, 03306.
²⁰¹ OLG Düsseldorf GRUR-RR 2009, 142 – Crocs; OLG Hamburg WRP 2007, 1253; OLG Frankfurt a. M. GRUR-RR 2003, 157 – Uhrennachbildung; OLG Düsseldorf BeckRS 2007, 03352.
²⁰² OLG Koblenz GRUR 1987, 730 – GS-Zeichen.
²⁰³ OLG Koblenz WRP 1982, 427.
²⁰⁴ OLG Koblenz GRUR 1987, 730 – GS-Zeichen.

steller ein autorisierter Wartungs- und Reparaturdienst ist;[205] Rückforderung von Werbematerial;[206] Aufhebung der Liefersperre gegen einen bestimmten Einzelhändler;[207] Aufforderung an Ärzte, Patienteninformationsblätter nicht mehr zu verwenden;[208] Mitteilung an Handelskunden, denen gegenüber eine Platzierungsempfehlung ausgesprochen worden war, dass diese nicht aufrechterhalten wird;[209] befristetes Beschäftigungsverbot nach wettbewerbswidriger Abwerbung von Mitarbeitern;[210] Belieferungsverbot;[211] Umfirmierung.[212]

Nicht möglich ist: Anordnung der Aufgabe einer Reservierung einer Internet-Domain,[213] Widerruf **51** von Tatsachenbehauptungen gegenüber Dritten;[214] Firmenlöschung[215] oder Löschung in Registern;[216] Rückgabeempfehlung an Abnehmer.[217]

Eine Störungs- bzw. Folgenbeseitigung bezwecken auch die **Rückruf- und Entfernungsansprü-** **52** **che** gem. Art. 64 EPÜ, § 140a Abs. 3 PatG, § 24a Abs. 2 GebrMG; § 18 Abs. 2 MarkenG, § 43 Abs. 2 DesignG, § 7 Nr. 2, 3, 5 GeschGehG und § 98 Abs. 2 UrhG. Deren Durchsetzung mittels einstweiliger Verfügung ist grds. nicht möglich.[218] Es ist zu bedenken, dass im Eilverfahren nur eine Sicherung von Ansprüchen bzw. eine vorläufige Regelung eines Rechtsverhältnisses erfolgen soll. Eine sofortige Befriedigung des Gläubigers bzw. eine vollständige Erfüllung des Verfügungsanspruchs und damit eine Vorwegnahme der Hauptsache soll nur Ausnahmefällen vorbehalten bleiben, nämlich dann, wenn der Gläubiger auf die Leistungsverfügung dringend angewiesen ist und nur so effektiver Rechtsschutz gewährt werden kann. Hinzu tritt, dass der Gesetzgeber eine Geltendmachung der Ansprüche im Wege des einstweiligen Verfügungsverfahrens gerade nicht normiert hat, obwohl ihm die Problematik der Vorwegnahme der Hauptsache bekannt ist, wie zB die Sondervorschriften zur Drittauskunft zeigen. Begehrt der Antragsteller mithin schlicht den Rückruf bzw. die Entfernung und nicht nur eine Sicherung der genannten Ansprüche, wobei sich die Frage stellt, wie eine solche tatsächlich aussehen sollte, beansprucht er die sofortige Erfüllung der Ansprüche. Weder der Rückruf noch die Entfernung können rückgängig gemacht bzw. widerrufen werden. Damit ein derartiges Begehren Erfolg hat, genügt ein schlichter Verweis auf die Rechtsverletzung nicht. Der Antragsteller muss vielmehr konkret darlegen und glaubhaft machen, dass er – schon vorab – auf den Rückruf und/oder die Entfernung dringend angewiesen ist und die Durchführung des Hauptsacheverfahrens derzeit für ihn unzumutbar ist. Dies dürfte nur in ganz seltenen Fällen anzunehmen sein.

Nach der Rspr. des I. Zivilsenat des BGH[219] verpflichtet das in einem Unterlassungstitel enthaltene **53** Verbot einen Schuldner außer zum Unterlassen weiterer Vertriebshandlungen auch dazu, aktiv Maßnahmen zu ergreifen, die den Weitervertrieb der rechtsverletzend aufgemachten Produkte verhindern. Die positive Handlungspflicht kann zu einer Rückrufverpflichtung gegenüber Dritten führen.[220] Da ein Unterlassungsanspruch mittels einstweiliger Verfügung durchgesetzt werden kann, führt diese Ansicht dazu, – abweichend von → Rn. 53 – dass eine etwaig darin enthaltene Rückrufpflicht im Eilrechtswege durchsetzbar ist. Dem Bedenken, die Geltendmachung einer Rückrufpflicht könne zu einer unzulässigen Vorwegnahme der Hauptsache führen, soll dadurch Rechnung getragen werden, dass der Schuldner lediglich verpflichtet wird, Maßnahmen zu treffen, die die Abwehransprüche des Gläubigers sichern, ohne ihn in diesen Ansprüchen abschließend zu befriedigen. Hierzu soll bspw. die

---

[205] OLG Frankfurt a. M. GRUR 1989, 370 (Kart).
[206] OLG Köln WRP 1985, 294.
[207] OLG Frankfurt a. M. NJW-RR 1991, 166.
[208] OLG Hamburg NJW-RR 1996, 1449.
[209] OLG Frankfurt a. M. GRUR 1989, 74 – Lottoskandal.
[210] OLG Oldenburg WRP 1996, 612.
[211] OLG Düsseldorf WRP 1983, 410.
[212] OLG Düsseldorf GRUR-RS 2019, 39040 – Kiesgrube.
[213] OLG Frankfurt a. M. GRUR-RR 2001, 5; OLG Hamm MMR 2001, 695; LG München MMR 2001, 61. AA LG Bremen ZUM-RD 2000, 558; LG Braunschweig NJW 1997, 2687; LG Wiesbaden MMR 2001, 59.
[214] BGH WRP 2010, 1255 – PR-Pappnase; *Berneke/Schüttpelz* Rn. 72; Harte-Bavendamm/Henning-Bodewig/*Retzer* UWG § 12 Rn. 272. Ausnahmsweise doch: OLG Stuttgart WRP 1989, 202.
[215] OLG Düsseldorf GRUR-RS 2019, 39040 – Kiesgrube; OLG Koblenz GRUR 1987, 730 – GS-Zeichen.
[216] Harte-Bavendamm/Henning-Bodewig/*Retzer* UWG § 12 Rn. 274; *Nordemann*, Wettbewerbsrecht Markenrecht, Rn. 1563; Teplitzky/*Feddersen* Kap. 54 Rn. 11a.
[217] OLG Hamburg GRUR 1986, 564 – Rückgabeempfehlung.
[218] Benkard/*Zülch* PatG § 140a Rn. 21; *Böhler* GRUR 2011, 965; Eichmann/Jestaedt/Fink/Meiser/*Eichmann*/*Jestaedt* DesignG § 43 Rn. 15; BeckOK PatR/*Rinken* PatG § 140a Rn. 56; Schulte/*Voß* PatG § 140a Rn. 36. AA OLG München GRUR-RS 2013, 14928 – Hydrogentartrat. Grds. abl. für das PatG: *Jestaedt* GRUR 2009, 102. Eine analoge Anwendung von §§ 19 Abs. 7, 19b Abs. 3 MarkenG befürwortet Ströbele/Hacker/*Hacker* MarkenG § 18 Rn. 61.
[219] BGH GRUR 2020, 548 – Diatische Tinnitusbehandlung; BGH GRUR 2018, 292 – Produkte für Wundvorsorge.
[220] Diese Rspr. ist auf Kritik gestoßen, ua seitens der Senate des OLG Düsseldorf (GRUR-RR 2019, 278 – Tinnitus-Präparat; OLG Düsseldorf GRUR 2018, 855 – Rasierklingeneinheit). Die Kritik hat den BGH nicht zu einer anderen Sichtweise veranlasst. Der 20. Zs des OLG Düsseldorf verneint gleichwohl für das Markenrecht unter Berufung auf die Entscheidung des EuGH GRUR 2020, 868 – mk advokaten/MBK Rechtsanwälte eine aus einem Unterlassungstitel folgende Beseitigungspflicht ggü. Dritten, GRUR-RR 2021, 87 – x Rechtsanwälte II.

Aufforderung an Abnehmer zählen, die erhaltenen Waren im Hinblick auf die einstweilige Verfügung vorläufig nicht weiter zu vertreiben bzw. den Vertrieb vorläufig einzustellen.[221]

54 **6. Urteilsveröffentlichung.** Der Anspruch auf Urteilsveröffentlichung gem. § 140e PatG, § 24e GebrMG; § 19c MarkenG, § 47 DesignG, § 37e SortenSchG, § 12 Abs. 3 UWG und § 103 UrhG ist gleichfalls grds. nicht per einstweiliger Verfügung zu sichern.[222] Es gelten die Erwägungen in → Rn. 53 entsprechend.

55 **7. Willenserklärung.** Ob die Abgabe einer Willenserklärung mittels einstweiliger Verfügung erwirkt werden kann, ist streitig.[223] Zum Teil wird dies unter Verweis auf die mögliche inhaltliche Abänderbarkeit eines Verfügungsurteils durch das spätere Urteil im Hauptsacheverfahren abgelehnt,[224] zum Teil wird eine einstweilige Verfügung als zulässig erachtet, wenn eine nur vorläufige Regelung erfolgt[225] oder wenn der Antragsteller auf die Willenserklärung dringend angewiesen ist und die Ablehnung des einstweiligen Rechtsschutzes einer endgültigen Verweigerung gleichkäme.[226] Die zweite Erwägung kann bspw. bei einem Anspruch eines Arbeitnehmers auf **Freigabe der Diensterfindung** gem. § 14 ArbEG durchgreifen, wenn der Antragsteller glaubhaft macht, dass eine baldige gerichtliche Entscheidung über die Abgabe einer Freigabeerklärung erforderlich ist, um zu verhindern, dass er seine Rechte aus einer PCT-Anmeldung gegenüber einem ausländischen Patentamt verliert.[227]

Wird eine einstweilige Verfügung auf Abgabe einer Willenserklärung ausnahmsweise für zulässig erachtet, begegnet es – worauf *Retzer* zu Recht hinweist – allerdings durchgreifenden Bedenken, die Fiktionswirkungen des § 894 bereits mit Erlass einer (Beschluss-)Verfügung eintreten zu lassen. Auch dürfte eine Vollstreckung nach § 888 nicht in Betracht kommen.[228]

56 **8. Vorlage und Besichtigung.** Die Durchsetzung von auf § 809 BGB oder Art. 64 EPÜ, § 140c PatG, § 24c GebrMG, § 19a Abs. 3 MarkenG, § 46a DesignG, § 37c SortenSchG oder § 9 Abs. 2 HalbleiterSchG oder § 101a UrhG gestützten Besichtigungsansprüchen im einstweiligen Verfügungsverfahren ist allgemein anerkannt. Hierzu → Vor § 485 Rn. 42 ff.

57 **9. Sonstige Ansprüche.** Der **Vindikationsanspruch** kann durch die Anordnung eines Verfügungsverbotes und/oder der Sequestration gesichert werden.[229]

58 Für das Verfahren auf **Erteilung einer Zwangslizenz** gem. § 24 Abs. 1 PatG an einem deutschen oder mit Wirkung für das Gebiet der Bundesrepublik Deutschland erteilten europäischen Patent, an einem dazu erteilten Schutzzertifikat oder an einem Gebrauchsmuster sehen die § 85 Abs. 1 PatG, § 16a Abs. 2 PatG, Art. II § 6a IntPatÜG, § 20 GebrMG die Möglichkeit einer einstweiligen Verfügung auf Benutzung der Erfindung vor.[230] Nach § 42a Abs. 6 S. 2 UrhG besteht die Möglichkeit mittels einstweiliger Verfügung, eine Zwangslizenz zur Herstellung von Tonträgern zu erlassen.[231] Auch dann, wenn die Voraussetzungen der §§ 935, 940 nicht vorliegen.

59 Ein **Feststellungsanspruch**, insbs. über den Schadensersatz, ist dem einstweiligen Verfügungsverfahren grds. nicht zugänglich.[232] Es ist schwer darstellbar, inwieweit für einen dahingehenden Anspruch die Notwendigkeit einer einstweiligen Regelung bestehen sollte. Zu bedenken ist überdies, bspw. bei einem Antrag auf Feststellung, dass eine Berechtigung zur Benutzung des Verfügungspatents besteht oder der wirksamen Kündigung eines Lizenzvertrages, dass es nicht zu einer Vorwegnahme der Hauptsache kommen darf. Verbindliche Feststellungen können folglich nicht

---

[221] BGH GRUR 2020, 548 – Diätische Tinnitusbehandlung; BGHGRUR 2018, 292 – Produkte für Wundvorsorge; KG GRUR-RS 2021, 8571 – Programmheft zum Ärztekongresse.
[222] OLG Oldenburg BeckRS 1999, 11407; OLG Frankfurt a. M. NJW-RR 1996, 423; *Nordemann*, Wettbewerbsrecht Markenrecht, Rn. 1561; *Melullis* Rn. 148. Aus ausnahmsweiser Sicht: *Berneke/Schüttpelz* Rn. 69, 781.
[223] Ahrens Wettbewerbsprozess-HdB/*Jestaedt* Kap. 56 Rn. 12; Harte-Bavendamm/Henning-Bodewig/*Retzer* UWG § 12 Rn. 281; *v. Holtz*, Die Erzwingung von Willenserklärungen im einstweiligen Rechtsschutz, 1995; *Mertins* Jus 2009, 911; Teplitzky/*Feddersen* Kap. 54 Rn. 11a.
[224] OLG Hamburg NJW-RR 1991, 382; OLG Zweibrücken MDR 2009, 221 (GewO) mwN.
[225] OLG Stuttgart NJW 1973, 908; OLG Frankfurt a. M. MDR 1954, 686.
[226] OLG Köln NJW-RR 1997, 59 mwN.
[227] LG Düsseldorf BeckRS 2009, 07666.
[228] Harte-Bavendamm/Henning-Bodewig/*Retzer* UWG § 12 Rn. 282 mN zur Gegenansicht.
[229] OLG München BeckRS 2016, 14741; OLG München 17.5.2016 – 6 W 748/16; OLG München NJW-RR 1997, 683; OLG Frankfurt a. M. GRUR 1978, 636 – Windabweiser; OLG Karlsruhe GRUR 1978, 116 – DTOS; OLG München GRUR 1951, 157; LG Hamburg GRUR-RS 2020, 32586 – Vindikationsanspruch.
[230] → Rn. 171. BGH GRUR 2017, 1017 – Raltegravir; BPatG GRUR 2017, 373 – Isentress; BGH GRUR 1972, 471 – Cafilon; BGH GRUR 1952, 393 – Paladon. Zu den Anspruchsvoraussetzungen: BeckOK PatR/*Wilhelmi* PatG § 85 Rn. 4 ff.; Busse/*Keukenschrijver* PatG § 85 Rn. 5 ff.; Benkard/*Hall/Nobbe* PatG § 85 Rn. 3 ff.
[231] OLG München NJW-RR 1994, 432; LG München ZUM 2004, 79; BeckOK UrhR/*Lindhorst* UrhG § 42a Rn. 11; Dreier/Schulze/*Schulze* UrhG § 42a Rn. 21; Wandtke/Bullinger/*Bullinger* UrhG § 42a Rn. 28.
[232] *Berneke/Schüttpelz* Rn. 89; Harte-Bavendamm/Henning-Bodewig/*Retzer* UWG § 12 Rn. 283; *Melullis* Rn. 150. AA *Bernreuther* WRP 2010, 1191.

erwirkt werden.²³³ Gleichfalls nicht im Eilverfahren durchsetzbar ist der Anspruch auf **Abmahnkosten.**²³⁴

Zweifelhaft ist die Durchsetzung des **Kontrollbesuchsrecht**s gem. § 54g UrhG mittels einstweiliger Verfügung. Sie dürfte rgm am Fehlen eines Verfügungsgrundes scheitern, da das Kontrollrecht lediglich dazu dient, feststellen zu können, ob und in welcher Höhe dem Antragsteller Vergütungsansprüche zustehen. Es geht folglich nur um die Sicherung des Vergütungsanspruchs gem. § 54c UrhG.²³⁵ 60

Durchsetzbar im Wege der einstweiligen Verfügung ist zudem der Anspruch auf Einrichtung einer **Zugangssperre zu einer Internetseite** gem. § 7 Abs. 4 TMG.²³⁶ 61

III. Verfügungsgrund

1. Grundsätze. Die Durchsetzung eines materiell-rechtlichen Anspruchs auf dem Gebiet des gewerblichen Rechtsschutzes mittels einer einstweiligen Verfügung bedarf einer **besonderen Rechtfertigung.** Sie ist nur möglich, wenn ein Verfügungsgrund (Dringlichkeit) iSd §§ 935, 940 festzustellen ist. 62

Das zivilprozessuale Erfordernis der Dringlichkeit hat durch die Richtlinie 2004/48/EG des Europäischen Parlaments und des Rates vom 29.4.2004 zur Durchsetzung der Rechte des geistigen Eigentums (**Enforcement-RL),**²³⁷ die durch das Gesetz zur Besserung der Durchsetzung von Rechten des geistigen Eigentums (DurchsetzungsG) vom 7.7.2008 in nationales Recht umgesetzt wurde, nicht an Bedeutung verloren. Es gilt weiterhin.²³⁸ Abgesehen davon, dass das DurchsetzungsG keinerlei Änderungen an den §§ 935, 940 erbracht hat, stellt auch die Enforcement-RL einstweilige Maßnahmen unter das Gebot der Verhältnismäßigkeit, wofür gerade die Dringlichkeit ein gewichtiger und entscheidender Indikator ist.²³⁹ 63

Ein Verfügungsgrund ist festzustellen, wenn das Begehren des Antragstellers dringlich ist und ihm **nicht zugemutet** werden kann, den Weg des **Hauptsacheverfahrens** einzuschlagen und in diesem auf den Erlass eines Vollstreckungstitels zu warten. Die Dringlichkeit ergibt sich nicht bereits aus dem Vorliegen einer Erstbegehungs- noch einer Wiederholungsgefahr²⁴⁰ und diese muss unabhängig von der gewählten Verfahrensart stets vorliegen, um einen in die Zukunft gerichteten Anspruch begründen zu können. Die einstweilige Verfügung muss vielmehr notwendig sein, um wesentliche Nachteile in Bezug auf das Rechtsverhältnis abzuwenden oder um die Vereitelung bzw. wesentliche Erschwerung der Rechtsverwirklichung zu verhindern.²⁴¹ Hierauf kann auch bei (vermeintlich) einfach festzustellenden Rechtsverletzungen nicht verzichtet werden.²⁴² 64

Dies setzt nicht nur eine **Dringlichkeit im zeitlichen Sinne,** sondern grds. auch eine Abwägung zwischen den schutzwürdigen Belangen des Antragstellers und den schutzwürdigen Interessen des Antragsgegners voraus. Im Rahmen der **Interessensabwägung**²⁴³ ist eine Folgenabschätzung vorzunehmen. Einerseits ist zu fragen, welche Folgen beim Antragsteller eintreten, wenn die einstweilige Verfügung nicht erlassen wird. Hierbei steht im Vordergrund, welche konkreten (wirtschaftlichen) Nachteile dem Antragsteller (nicht einem Dritten) aus der Rechtsverletzung bis zum Erlass einer Entscheidung in der Hauptsache erwachsen, ob diese Nachteile bzw. Schäden nachträglich angemessen kompensiert werden können und wann mit einer Entscheidung im Hauptsacheverfahren zu rechnen ist. Andererseits sind die Folgen, die auf den Antragsgegner bei Erlass der einstweiligen Verfügung zukommen zu berücksichtigen. Mit welchen Eingriffen hat er zu rechnen und können daraus resultierende Nachteile angemessen ausgeglichen werden, sollte sich im Hauptsacheverfahren die inhaltliche Unrichtigkeit der Eilentscheidung herausstellen. Letzteres kann nicht automatisch mit einem Hinweis auf § 945 bejaht werden; es kommt vielmehr immer auf die Umstände des Einzelfalls an. Bei der Interessensabwägung sind überdies das Verhalten der Parteien und der Umstand in 65

---

²³³ *Melullis* Rn. 150.
²³⁴ OLG Düsseldorf 16.12.2021 – 15 U 28/21.
²³⁵ LG Braunschweig NJOZ 2008, 3539.
²³⁶ OLG München MMR 2020, 35; GRUR 2019, 507 – Wissensverlage.
²³⁷ ABl. 2008 L 157, S. 30; berichtigte Fassung ABl. 2008 L 195, S. 16.
²³⁸ OLG Frankfurt a. M. WRP 2014, 981; OLG Düsseldorf BeckRS 2014, 1174; OLG Karlsruhe GRUR-RR 2009, 442 – Vorläufiger Rechtsschutz; OLG Düsseldorf GRUR-RR 2009, 157 – Olanzapin-Eilverfahren.
²³⁹ OLG Düsseldorf BeckRS 2016, 09775; GRUR-RR 2009, 157 – Olanzapin-Eilverfahren.
²⁴⁰ OLG Köln GRUR-RS 2021, 7627 – Trainer-Foto; OLG Nürnberg GRUR-RR 2019, 64 – Curry-WoschdHaus; OLG Dresden NJW 2005, 1871.
²⁴¹ Bzgl. eines Vindikationsanspruchs bedeutet dies bspw., dass die ernstliche und objektive Besorgnis begründet sein muss, dass durch eine konkret drohende Veränderung des bestehenden Zustandes der Vindikationsanspruch vereitelt oder erschwert wird: OLG München BeckRS 2016, 14741; OLG München 17.5.2016 – 6 W 748/16.
²⁴² LG München BeckRS 2011, 12178.
²⁴³ Ahrens Wettbewerbsprozess-HdB/*Singer* Kap. 45 Rn. 5; BeckOK GeschGehG/*Spieker* § 6 Rn. 46; BeckOK PatR/*Voß* PatG Vor § 139 Rn. 284, 303; Benkard/*Grabinski/Zülch* PatG § 139 Rn. 153a; Busse/*Keukenschrijver/Kaess* PatG Vor § 143 Rn. 274 ff.; Eichmann/Jestaedt/Fink/Meiser/*Eichmann/Jestaedt* DesignG § 42 Rn. 103; *Fritze* GRUR-Int 1987, 13; *Mes* PatG § 139 Rn. 474; *Retzer* GRUR 2009, 329; Teplitzky/*Feddersen* Kap. 54 Rn. 14.

Rechnung zu stellen, dass es sich bei dem einstweiligen Verfügungsverfahren um ein summarisches Verfahren handelt, das nur begrenzte Erkenntnismöglichkeiten zur Verfügung stellt. Je stärker der Eingriff in die Rechtspositionen des Antragsgegners ist desto sicherer muss festgestellt werden und desto schwerer müssen die Gründe wiegen, die für den Erlass der einstweiligen Verfügung sprechen.[244] Dies bedeutet vor allem, dass bei einem Unterlassungsgebot, das für geraume Zeit beträchtliche Folgen für die gewerbliche Tätigkeit des Antragsgegners hat, strenge Anforderungen zu stellen sind. Von Bedeutung ist schließlich der **Rechtsbestand** bzw. die **Rechtsgültigkeit des Verfügungsschutzrechts**, wobei dies zT auch schon beim Verfügungsanspruch Bedeutung gewinnen kann.

66 Die hM im Wettbewerbsrecht[245] betrachtet den Verfügungsgrund als eine besondere Ausprägung des allgemeinen Rechtsschutzbedürfnisses und als **Prozessvoraussetzung** mit der Folge, dass beim Fehlen des Verfügungsgrundes der Antrag auf Erlass einer einstweiligen Verfügung als unzulässig zurück zu weisen ist. Ähnlich wird für das Urheberrecht[246] und das GeschGehG[247] argumentiert Die hM zum allgemeinen Zivilprozess sieht den Verfügungsgrund hingegen als eine **Sachurteilsvoraussetzung** an, weil sich die zu prüfende Gefährdung auf die Verwirklichung eines materiellen Anspruchs beziehen muss. Nach dieser – vorzugswürdigen Ansicht – ist bei fehlendem Verfügungsgrund die Begründetheit zu verneinen und der Antrag (als unbegründet) zurückzuweisen.[248] Der im allgemeinen Zivilprozessrecht hM hat sich – sofern überhaupt eine Einordnung vorgenommen wird[249] – die Rspr. auf dem Gebiet des Patent- und Gebrauchsmusterrechts angeschlossen.[250] Die **Konsequenzen** der unterschiedlichen Einordnung halten sich in Grenzen. Mit Blick auf die Frage, welche Bedeutung die Versagung des Verfügungsgrundes für ein nachfolgendes einstweiliges Verfügungsverfahren hat, zeigen sich im Ergebnis keine Unterschiede. Soweit der Verfügungsgrund als Zulässigkeitsvoraussetzung angesehen wird, ist zwar zu bedenken, dass nach allgemeinen Grundsätzen ein abweisendes „Prozessurteil" nicht auch hinsichtlich des Streitgegenstandes in Rechtskraft erwächst, so dass eine Klage unter geänderten Prozessvoraussetzungen wiederholt werden kann.[251] Nicht anders verhält es sich im einstweiligen Verfügungsverfahren. Soweit den Entscheidungen materielle Rechtskraft zugebilligt wird,[252] bezieht sich diese bei einer Antragszurückweisung wegen Fehlens des Verfügungsgrundes allein auf die fehlende Zulässigkeitsvoraussetzung. Bei **veränderten Umständen,** die einen Verfügungsgrund begründen, wird folglich ein neuer Antrag als zulässig erachtet. Die Möglichkeit eines neuen Antrags in dieser Situation lässt indes auch die Ansicht zu, die den Verfügungsgrund der Begründetheit zuordnet.[253] Auch hinsichtlich der Prüfungsreihenfolge von Zulässigkeits- und Sachurteilsvoraussetzungen zeigen sich letztlich keine Divergenzen. Denn nach allgemeiner Ansicht kann abweichend von dem allgemeinen Grundsatz des Vorrangs der Prüfung der Zulässigkeit eines Begehrens vor dessen sachlicher Begründetheit,[254] die **Prüfung des Verfügungsgrundes offen bleiben,** wenn sich der Antrag aus anderen Gründen als erfolglos erweist.[255] Die Zurückweisung eines Antrages auf Erlass einer einstweiligen Verfügung kann deshalb allein auf das Fehlen eines Verfügungsanspruchs gestützt werden, ohne dass Überlegungen zum Verfügungsgrund angestellt werden müssen. Ein Unterschied bleibt

---

[244] OLG Frankfurt a. M. GRUR 2002, 236; KG NJWE-WettbR 1998, 111; OLG Köln GRUR 1977, 220; OLG München NJW 1958, 1880; *Berneke/Schüttpelz* Rn. 109 ff.; *Jestaedt* GRUR 1981, 155; *Meier-Beck* GRUR 1988, 861.
[245] OLG München GRUR-RS 2021, 29384 – Hinweis auf Dringlichkeitsverlust; OLG München MMR 2020, 35; OLG Stuttgart GRUR-RS 2016, 04395 – bekannter Neonazi; OLG Köln WRP 2014, 1085 – L-Thyrox; OLG Hamburg BeckRS 2013, 13419; OLG Köln GRUR-RR 2005, 228 – Set-Top-Box; KG WRP 1978, 49; OLG Koblenz GRUR 1978, 718 – Eröffnungsangebot; OLG Köln WRP 1977, 419; OLG Oldenburg GRUR 1971, 261; Ahrens Wettbewerbsprozess-HdB/*Singer* Kap. 44 Rn. 1, Kap. 45 Rn. 1; *Berneke/Schüttpelz* Rn. 104; *Fezer/Büscher*, Lauterkeitsrecht, § 12 Rn. 98; Harte-Bavendamm/Henning-Bodewig/*Retzer* UWG § 12 Rn. 299; *Melullis* Rn. 152; Ohly/Sosnitza/*Sosnitza* UWG § 12 Rn. 114; Teplitzky/*Feddersen* Kap. 54 Rn. 14 f. AA OLG Frankfurt a. M. NJW 2002, 903.
[246] Wandtke/Bullinger/*Kefferpütz* UrhR Vor §§ 97 ff. Rn. 83.
[247] BeckOK GeschGehG/*Spieker* § 6 Rn. 46.
[248] BeckOK ZPO/*Mayer* ZPO § 917 Rn. 2; MüKoZPO/*Drescher* ZPO § 917 Rn. 2; Musielak/Voit/*Huber* ZPO § 922 Rn. 2; Zöller/*Vollkommer* ZPO § 917 Rn. 3.
[249] Ausdrücklich offen gelassen: OLG Karlsruhe GRUR 1978, 116 – DTOS.
[250] OLG Düsseldorf GRUR-RR 2011, 350 – Pramipexol; LG Düsseldorf GRUR-Int 1998, 803 – Kondensatorspeicherzellen.
[251] Zöller/*Greger* ZPO Vor § 253 Rn. 9; BeckOK ZPO/*Elzer* ZPO § 300 Rn. 33 f.
[252] Vgl. → § 922 Rn. 17.
[253] OLG Karlsruhe GRUR 1978, 116 – DTOS.
[254] BeckOK ZPO/*Elzer* ZPO § 300 Rn. 33; Zöller/*Greger* ZPO Vor § 253 Rn. 9 f.
[255] OLG Frankfurt a. M. NJW-RR 2015, 37; OLG München BeckRS 2012, 16104; OLG Düsseldorf BeckRS 2011, 02027; OLG Köln GRUR 2005, 208 – Set-Top-Box; OLG Frankfurt a. M. GRUR 2000, 517 – Jost; OLG Dresden GRUR 1998, 69 – Dachbahnen-Produktion; OLG Köln NJWE-WettbR 1998, 145; OLG Karlsruhe OLGR 1997, 30; OLG Köln GRUR 1984, 71 – Werbung für Unterhaltselektronik; LG Düsseldorf BeckRS 2011, 21400; Ahrens Wettbewerbsprozess-HdB/*Singer* Kap. 45 Rn. 2; *Berneke/Schüttpelz* Rn. 346; Harte-Bavendamm/Henning-Bodewig/*Retzer* UWG § 12 Rn. 299; Ohly/Sosnitza/*Sosnitza* UWG § 12 Rn. 114; Teplitzky/*Feddersen* Kap. 54 Rn. 15.

indes: Wird der Verfügungsgrund als Prozessvoraussetzung angesehen, ist er von Amts wegen zu prüfen und steht nicht zur Disposition der Parteien.[256]

67 Der Verfügungsgrund muss sich aus **objektiven** Umständen ergeben und im Zeitpunkt der Entscheidung bzw. zum Schluss der letzten mündlichen Verhandlung, also auch noch in der Rechtsmittelinstanz, vorliegen.[257]

68 Das Bestehen eines Verfügungsgrundes ist **für jeden Streitgegenstand**[258] und **im Verhältnis zu jedem** in Anspruch genommenen **Antragsgegner** gesondert festzustellen.[259] Werden mehrere Ansprüche verfolgt, lässt sich der Verfügungsgrund für den einen geltend gemachten Anspruch mithin nicht mit dem schlichten Verweis auf den Verfügungsgrund für einen anderen geltend gemachten Anspruch begründen. Es muss vielmehr für jeden Anspruch eigenständig dargelegt und glaubhaft gemacht werden, ob seine Geltendmachung im einstweiligen Verfügungsverfahren tatsächlich notwendig ist. Wird bspw. neben einem Unterlassungsanspruch die Sicherung eines Vernichtungsanspruchs begehrt, muss mit Blick auf letzteren gesondert die Gefahr dargetan und glaubhaft gemacht werden, dass der Antragsgegner, nachdem er auf die Verletzungshandlung oder den Wettbewerbsverstoß hingewiesen worden ist, die angegriffene Ausführungsform bzw. den zu vernichtenden Gegenstand tatsächlich beseitigen und der Vernichtung entziehen will.[260] Bei der Prüfung des Verfügungsgrundes für einen der geltend gemachten Ansprüche können die Auswirkungen der anderen zugesprochenen Ansprüche Bedeutung erlangen. So ist bspw. hinsichtlich der Sicherung eines Beseitigungsanspruchs zu fragen, ob diese neben einem Unterlassungsanspruch noch notwendig ist. Ist ein Antrag auf Erlass einer einstweiligen Verfügung früh- bzw. rechtzeitig eingereicht worden, so dass die Dringlichkeit anzunehmen ist, kommt dies bei einem späteren, zulässigen **Parteiwechsel** auf der Antragstellerseite auch dem neu in das Verfahren eintretenden Antragsteller voll zugute.[261]

69 Eine bereits entfallene Dringlichkeit kann ausnahmsweise „**wieder aufleben**"[262], wenn sich die maßgeblichen Umstände wesentlich ändern. Wann eine solche Veränderung der Umstände gegeben ist, beurteilt sich nach dem jeweiligen Einzelfall. Sie wird insbes. dann konstatiert, wenn sich Art und Intensität der Verletzungshandlung ändern und die Verletzungshandlung damit eine neue Qualität erlangt,[263] wovon beim Übergang von Erstbegehungsgefahr zur Wiederholungsgefahr ausgegangen wird;[264] es sei denn, dass nunmehr beanstandete Verhalten war ernsthaft angedroht,[265] oder wenn nach einem Vertrieb im Ausland ohne konkrete Ankündigung in einen inländischen Vertrieb eingetreten wird.[266] Ebenso kommt ein Wiederaufleben bspw. in Betracht, wenn sich eine einschneidende Veränderung in der Konkurrenzlage[267] ergibt, sich ein Hauptsacheverfahren wegen einer Aussetzung unerwartet lange verzögert,[268] eine kontradiktorische Entscheidung über den Rechtsbestand eines Patents ergangen ist[269] oder die Entscheidungsgründe eines solchen Verfahrens erstmals vorliegen.[270] Nicht ausreichend ist demgegenüber die Wiederholung der gleichen oder kerngleicher Verletzungshandlung(en).[271]

---

[256] OLG Stuttgart GRUR-RS 2016, 04395 – bekannter Neonazi; OLG Frankfurt a. M. GRUR-RR 2002, 44 – Eilantrag; OLG Stuttgart WRP 1997, 355; Harte-Bavendamm/Henning-Bodewig/*Retzer* UWG § 12 Rn. 299; Köhler/Bornkamm/Feddersen/*Köhler* UWG § 12 Rn. 2.12.
[257] OLG Düsseldorf GRUR-RR 2011, 91 – Gleitsattelscheibenbremse II; OLG München BeckRS 2011, 27483; OLG Düsseldorf GRUR-RR 2002, 212 – TopTicket; Ahrens Wettbewerbsprozess-HdB/*Singer* Kap. 45 Rn. 5, 15; *Melullis* Rn. 155; Zöller/*Greger* ZPO § 925 Rn. 2, 12.
[258] Nach OLG München MMR 2020, 35 ist bei einem Antrag auf Sperrung eines Zugangs zu einem Internetportal gem. § 7 Abs. 4 TMG zu beachten, dass eine auf das einzelne Schutzrecht bezogene Betrachtungsweise nicht angezeigt ist. Die Verletzung der Rechte an den verschiedenen Werken ist im Hinblick auf die begehrte Maßnahme kerngleich.
[259] OLG München MarkenR 2015, 204; OLG Frankfurt a. M. WRP 2014, 1482; BeckRS 2010, 21960; OLG Stuttgart NJWE-WettbR 1996, 111; LG Köln GRUR-RS 2017, 102961 – series 9000; LG Düsseldorf BeckRS 2012, 25205 (Kart).
[260] OLG Frankfurt a. M. BeckRS 2010, 21960.
[261] OLG Düsseldorf WRP 1995, 73.
[262] Diese gebräuchliche Formulierung ist unscharf, da es idR um eine „neue" Dringlichkeit geht: Köhler/Bornkamm/Feddersen/*Köhler* UWG § 12 Rn. 2.19.
[263] OLG Frankfurt a. M. GRUR 2020, 368 – Wasserpfeife; OLG Düsseldorf GRUR-RS 2019, 39040 – Kiesgrube; OLG München GRUR 2019, 507 – Wissensverlage; OLG Düsseldorf GRUR-RR 2017, 477 – Vakuumgestütztes Behandlungssystem; OLG München MD 2017, 183 – Epigentik; OLG Frankfurt a. M. GRUR-RR 2014, 82 – Qualitätssprung; OLG Stuttgart ZUM-RD 2009, 455; OLG Hamburg BeckRS 2005, 10235; OLG Koblenz WRP 1973, 484.
[264] OLG Hamburg BeckRS 2005, 10235; LG Köln BeckRS 2014, 13075; LG Frankfurt a. M. MMR 2012, 381.
[265] OLG Düsseldorf GRUR-RR 2017, 477 – Vakuumgestütztes Behandlungssystem; OLG Frankfurt a. M. GRUR-RR 2014, 82 – Qualitätssprung.
[266] OLG Köln BeckRS 2003, 30314866.
[267] KG BeckRS 2015, 11082; OLG Hamm BeckRS 2010, 02645; OLG Koblenz WRP 1995, 651.
[268] OLG Köln GRUR 1977, 220 – Charlie.
[269] OLG Düsseldorf InstGE 10, 124 – Inhalator.
[270] OLG Düsseldorf BeckRS 2011, 16625.
[271] OLG Brandenburg GRUR-RS 2021, 23504 – „Angebliches Opfer"; OLG München MMR 2020, 35.

70   **2. Darlegung und Glaubhaftmachung. Grds.** ist es Sache des Antragstellers, die Tatsachen **vorzutragen und glaubhaft** zu machen, aus denen sich ein Verfügungsgrund ergibt (§§ 936, 920 Abs. 2).

71   **Abweichend** von diesem Grundsatz bestimmt **§ 12 Abs. 1 UWG** (§ 12 Abs. 2 UWG aF), dass zur Sicherung eines wettbewerblichen Unterlassungsanspruchs einstweilige Verfügungen auch ohne die Darlegung und Glaubhaftmachung der in §§ 935, 940 bezeichneten Voraussetzungen erlassen werden können. Diese Vorschrift macht einen Verfügungsgrund zwar nicht entbehrlich.[272] Sie begründet jedoch eine widerlegbare **tatsächliche Vermutung** für die Dringlichkeit und befreit damit den Antragsteller von der Darlegung und Glaubhaftmachung des Verfügungsgrundes (nicht auch des Verfügungsanspruchs).[273] Die Vermutung findet ihre Grundlage in der Tatsache, dass wettbewerbswidrige Handlungen rgm eilig unterbunden werden müssen. Die Vermutungswirkung beschränkt sich nicht nur auf den zeitlichen Aspekt, sondern auf den Verfügungsgrund insgesamt.[274] Die – an sich erforderliche – Interessensabwägung[275] ist entbehrlich bzw. geht entsprechend der Vermutung zugunsten des Antragstellers aus. Die Dringlichkeit bzw. der Verfügungsgrund ist daher vom Gericht (zunächst) zu unterstellen.[276]

72   Da es sich um eine **widerlegbar**e Vermutung handelt, kann (und muss) der Antragsgegner Tatsachen vortragen und glaubhaft machen, die die Dringlichkeit widerlegen.[277] Eine Besonderheit ergibt sich hierbei für den Umstand der Kenntnisnahme vom Wettbewerbsverstoß, da es sich insoweit um ein Internum des Antragstellers handelt,[278] das dem Antragsgegner rgm unbekannt ist. Wegen dieser besonderen Situation ist nach einer Ansicht erforderlich, dass der Antragsgegner Tatsachen vorträgt und glaubhaft macht, aus denen sich ergibt, dass der Antragsteller zu einem bestimmten (früheren) Zeitpunkt Kenntnis erlangt hat bzw. seit wann das beanstandete Verhalten bereits existiert, wozu sich der Antragsteller sodann erklären muss.[279] Nach anderer Ansicht muss der Antragsteller seine bisherige Unkenntnis nur darlegen und glaubhaft machen, wenn objektive Umstände auf Kenntniserlangung hindeuten.[280] Gelingt es dem Antragsgegner die gesetzliche Vermutung zu widerlegen, obliegt es dem Antragsteller entsprechend den allgemeinen Grundsätzen seinerseits Tatsachen vorzutragen und glaubhaft zu machen, die einen Verfügungsgrund begründen.[281]

73   Die Vermutung des § 12 Abs. 1 UWG (§ 12 Abs. 2 UWG aF) kann nicht nur infolge des Vortrages des Antragsgegners erschüttert bzw. widerlegt werden, sondern auch durch das tatsächliche Verhalten des Antragstellers selbst **(Selbstwiderlegung)**;[282] vorrangig infolge zögerlicher Antragstellung.

74   § 12 Abs. 1 UWG (§ 12 Abs. 2 UWG aF) findet **Anwendung** bei sämtlichen Unterlassungsansprüchen des UWG, nicht nur bei solchen, deren Entscheidung aus tatsächlichen und/oder rechtlichen Gründen einfach, klar und schnell erfolgen kann.[283] Er beansprucht darüber hinaus infolge des Verweises in § 5 UKlaG auch Geltung für Unterlassungsansprüche nach dem UKlaG.[284] Die Dring-

---

[272] AA LG Arnsberg BeckRS 2016, 05962.
[273] BGH GRUR 2000, 151 – Späte Urteilsbegründung. *Berneke/Schüttpelz* Rn. 125, 127; Harte-Bavendamm/Hennig-Bodewig/*Retzer* § 12 Rn. 301; Köhler/Bornkamm/Feddersen/*Köhler* UWG § 12 Rn. 2.13; *Melullis* Rn. 159; Ströbele/Hacker/*Hacker* MarkenG § 14 Rn. 427; Teplitzky/*Feddersen* Kap. 54 Rn. 18. Kritisch: *Holzapfel* GRUR 2003, 287.
[274] *Retzer* GRUR 2009, 329.
[275] Die Dringlichkeit geht auch bei § 12 Abs. 1 UWG über den reinen Zeitfaktor hinaus, es können auch andere Eilgründe Beachtung finden: OLG Hamburg 5.1.2010 – 5 W 7/10; *Retzer* GRUR 2009, 331; Teplitzky/*Feddersen* Kap. 54 Rn. 15.
[276] Keine Fiktion: Ahrens Wettbewerbsprozess-HdB/*Singer* Kap. 45 Rn. 7; Schuschke/Walker/*Schuschke* ZPO Vorbemerkungen zu § 935 Rn. 81.
[277] OLG Stuttgart GRUR-RS 2021, 34031; OLG Frankfurt a. M. GRUR-RR 2020, 102 – Batterie-Plagiat; KG BeckRS 2017, 120098; OLG Celle GRUR-RS 2017, 1158 – Hashtag #ad; OLG Hamburg WRP 2016, 1137; OLG Stuttgart GRUR-RR 2014, 521 – Mark Brandenburg; OLG Stuttgart GRUR-RR 2009, 343 – CO_2 Emission I; OLG München WRP 2008, 972; OLG Hamburg NJOZ 2002, 2276; LG Düsseldorf BeckRS 2015, 17146.
[278] OLG Stuttgart GRUR-RR 2009, 343 – CO_2 Emission I; OLG München MDR 1993, 688.
[279] OLG Rostock GRUR-RS 2021, 38282 – Kenntnis des CEO; OLG Frankfurt a. M. GRUR-RR 2020, 102 – Batterie-Plagiat; KG BeckRS 2017, 120098; OLG Hamm BeckRS 2016, 13674; OLG Köln GRUR-RR 2014, 127 – Haarverstärker; OLG Stuttgart GRUR-RR 2009, 343 – CO_2 Emission I.
[280] OLGR Schleswig 1997, 333 (Beweislastumkehr); OLG München MDR 1993, 688; OLG Düsseldorf WRP 1985, 266; *Melullis* Rn. 168.
[281] OLG Rostock GRUR-RS 2021, 38282 – Kenntnis des CEO; OLG Hamburg 21.1.2021 – 15 W 46/20; OLG Düsseldorf 21.6.2016 – 20 U 8/16; OLG Oldenburg WRP 1996, 461; OLG Karlsruhe GRUR 1995, 510 – Ginkgobiloba-Präparat; OLG München 31.10.2013 – 7 O 15240/13; Köhler/Bornkamm/Feddersen/*Köhler* UWG § 12 Rn. 2.13. Vgl. → § 292 Rn. 52 f.
[282] OLG Stuttgart GRUR-RS 2021, 34031; KG GRUR-RS 2021, 8571 – Programmheft zum Ärztekongress; OLG Köln WRP 2017, 891; OLG München MD 2017, 183 – Epigentik; KG BeckRS 2016, 20973; OLG Stuttgart BeckRS 2016, 02118; OLG Düsseldorf 22.9.2016 – 20 U 26/16; OLG Köln NJWE-WettbR 1999, 252.
[283] OLG Celle GRUR-RR 2008, 441 – Das Plus bei grippalen Infekten.
[284] OLG Düsseldorf BeckRS 2014, 05129; LG Düsseldorf BeckRS 2015, 17146.

lichkeitsvermutung bezieht sich indessen nicht auf vertragliche Unterlassungsansprüche,[285] die mit den gesetzlichen Unterlassungsansprüchen in Zusammenhang stehenden Folgeansprüche,[286] oder wenn das Begehren auf die Vornahme einer Handlung gerichtet ist.[287]

Eine **analoge Anwendung** des § 12 Abs. 1 UWG (§ 12 Abs. 2 UWG aF) kommt nur in **75** Betracht soweit in dem jeweiligen Rechtsgebiet eine planwidrige Regelungslücke vorhanden ist und der Normzweck sowie die Interessenlage eine analoge Anwendbarkeit erfordern. Ob diese Voraussetzungen für **Domainstreitigkeiten** gegeben sind, ist streitig.[288] Unterschiedlich wird dies auch für **Geschäftsgeheimnisverfahren** gesehen.[289] Aus dem Fehlen einer gesetzlichen Dringlichkeitsvermutung im GeschGehG werden unterschiedliche Schlüsse gezogen. Dieses Schweigen als Zeichen für eine planwidrige Regelungslücke zu werten, erscheint allerdings fraglich bzw. letztlich nicht überzeugend. Das GeschGehG ersetzt ua die §§ 17–19 UWG aF und insbes. die Formulierung des § 6 GeschGehG ist an § 8 UWG angelehnt. Für diese Vorschriften galt bzw. gilt § 12 Abs. 2 UWG aF bzw. § 12 Abs. 1 UWG. Auch wenn der Gesetzgeber mit dem GeschGehG keine Verschlechterung der Rechte des Anspruchsinhabers bezweckt, so ist angesichts dieses Zusammenhangs bzw. der Anlehnung an das UWG kaum anzunehmen, dass der Gesetzgeber die Möglichkeit einer eventuell gebotenen gesetzlichen Dringlichkeitsvermutung schlicht übersehen hat. Das Schweigen spricht deshalb eher für eine bewusste Nichtübernahme der aus dem UWG bekannten Regelung. Dies gilt umso mehr, als dass in zeitlicher Nähe zum GeschGehG mit dem Markenrechtsmodernisierungsgesetz (MaMoG) eine – seit langem umstrittene – Dringlichkeitsvermutung für das Markenrecht in Gesetzesform gegossen wurde. Die Problematik ist/war dem Gesetzgeber mithin geläufig. Ebenso, dass in anderen Gebieten des gewerblichen Rechtsschutzes, bei denen Rechtsverstöße ebenfalls in kurzer Zeit erhebliche Folgen zeitigen können, keine gesetzliche Dringlichkeitsvermutung existiert.

Keine analoge Anwendung findet § 12 Abs. 1 UWG nach hM im **Patentrecht**,[290] im **Gebrauchs-** **76** **musterrecht**,[291] im **Sortenschutzrecht**, bei **Designstreitigkeiten**,[292] im **Urheberrecht**[293] oder für gesetzliche oder vertragliche Unterlassungsansprüche aus dem **BGB**.[294]

---

[285] OLG Düsseldorf OLGR 1999, 143; Ahrens Wettbewerbsprozess-HdB/*Singer* Kap. 44 Rn. 24; *Berneke/Schüttpelz* Rn. 135; Teplitzky/*Feddersen* Kap. 54 Rn. 21.
[286] OLG Frankfurt a. M. GRUR-RS 2020, 28049 – Feedback-Bitte; OLG Hamburg WRP 2007, 1253.
[287] OLG Köln WRP 2017, 864.
[288] Für eine analoge Anwendung: OLG Rostock NJWE-WettbR 2000, 161. Gegen eine analoge Anwendung: OLG Hamm MMR 2001, 695.
[289] Wohl verneinend: OLG München GRUR-RR 2019, 443 – Medizinisches Fachpersonal; Brammsen/Apel/*Steinbrück/Höll*, GeschGebG, Vor § 15 Rn. 25; Hoeren/Münker/*Dorndorf*, GeschGebG, § 6 Rn. 102. Offen gelassen: OLG Frankfurt a. M. GRUR-RS 2020, 38662 – Vliesstoffe. Bejahend: BeckOK/*Spieker* GeschGehG § 6 Rn. 46; BeckOK/*Gregor* § 16 Rn. 15a. Verneinend: Harte-Bavendamm/Ohly/Kalbfus/*Ohly* GeschGehG § 6 Rn. 56. Köhler/Bornkamm/Feddersen/*Alexander* GeschGehG § 15 Rn. 16, 16a; Löffel WRP 2019, 1378.
[290] KG BeckRS 2015, 11082; OLG Karlsruhe BeckRS 2011, 02760; GRUR-RR 2009, 442 – Vorläufiger Rechtsschutz; OLG Düsseldorf GRUR 2008, 1077 – Olanzapin; OLG Düsseldorf Mitt. 1996, 87 – Captopril; OLG Düsseldorf GRUR 1994, 508 – Dringlichkeit; OLG Nürnberg Mitt. 1993, 118; OLG Düsseldorf GRUR 1983, 79 – AHF-Konzentrat; OLG Düsseldorf Mitt. 1982, 230 – Warmhaltekanne; LG Mannheim GRUR-RR 2011, 83 – Sauggreifer; LG Düsseldorf BeckRS 2011, 01856; 2011, 26929; GRUR 2000, 692 – NMR – Kontrastmittel; LG Mannheim BeckRS 2009, 87748.
[291] OLG Düsseldorf GRUR-RR 2009, 142 – Crocs. AA Schuschke/Walker/*Schuschke* ZPO Vorbemerkungen zu § 935 Rn. 76, 95.
[292] OLG München OLGR 1999, 245; OLG Hamm BeckRS 2011, 07903; NJW-RR 1993, 366; LG Düsseldorf BeckRS 2012, 03845; *Berneke/Schüttpelz* Rn. 129; Ahrens Wettbewerbsprozess-HdB/*Singer* Kap. 45 Rn. 69; Eichmann/Jestaedt/Fink/Meiser/*Eichmann/Jestaedt* DesignG § 42 Rn. 109; Harte-Bavendamm/Henning-Bodewig/*Retzer* UWG § 12 Rn. 340; Teplitzky/*Feddersen* Kap. 54 Rn. 20b. AA Schuschke/Walker/*Schuschke* ZPO Vorbemerkungen zu § 935 Rn. 95, 107.
[293] OLG Köln GRUR-RS 2021, 7677 – Trainer-Foto; OLG München GRUR 2019, 507 – Wissenschaftsverlage; OLG Frankfurt a. M. GRUR 2017, 298 – Werbefilm; OLG Köln BeckRS 2016, 0960; OLG München GRUR-Prax 2016, 485 – Kein Vollgas; OLG Düsseldorf BeckRS 2015, 16904; OLG Naumburg GRUR-RR 2013, 135 – Dringlichkeit; OLG Hamm BeckRS 2010, 15432; KG GRUR 1996, 974; NJW-RR 2003, 1126; OLG Frankfurt a. M. GRUR 1989, 227 – Opernaufführung; OLG Stuttgart ZUM-RD 2009, 455; LG Köln BeckRS 2014, 03675 – Standlicht; LG Halle ZUM-RD 2013, 81; LG Hamburg ZUM-RD 2011, 187; *Berneke/Schüttpelz* Rn. 745. Dreier/Schulze/*Dreier/Specht* UrhG § 97 Rn. 90; Köhler/Bornkamm/Feddersen/*Köhler* UWG § 12 Rn. 2.14; Wandtke/Bullinger/*Kefferpütz* UrhG Vor §§ 97 ff. Rn. 78 f. AA OLG Hamburg BeckRS 2013, 15400; OLG Karlsruhe NJW-RR 1995, 176. Offen gelassen: OLG Celle GRUR 1998, 50.
[294] OLG Frankfurt a. M. WRP 2016, 1544; OLG Stuttgart WRP 1988, 400; OLG Hamburg WRP 2010, 953. Vgl. aber auch OLG Hamburg GRUR 2002, 450 – Quick Nick, das die Dringlichkeitsvermutung auf Ansprüche aus § 12 BGB anwendet. AA hierzu OLG Saarbrücken WRP 1987, 571; OLG Koblenz WRP 1987, 470 – Entfernung von Fabrikationsnummern. Vgl. auch OLG Düsseldorf 4.1.2017 – 2 W 29/16 und LG Frankfurt a. M. Mitt. 2014, 30, die § 12 Abs. 2 UWG analog bei Abnehmerverwarnungen anwenden.

77 Der langjährige Streit im **Markenrecht**, ob § 12 Abs. 2 UWG aF analoge Anwendung findet,[295] ist zwischenzeitlich entschieden. Mit dem Markenrechtsmodernisierungsgesetz (MaMoG) vom 11.12.2018[296] wurde in § 140 MarkenG ein neuer Absatz 3 eingeführt, der § 12 Abs. 1 UWG bzw. § 12 Abs. 2 UWG aF nachgebildet ist. **§ 140 Abs. 3 MarkenG** bestimmt nunmehr, dass zur Sicherung eines markenrechtlichen Unterlassungsanspruchs einstweilige Verfügungen auch ohne Darlegung und Glaubhaftmachung der in den §§ 935, 940 bezeichneten Voraussetzungen erlassen werden können. Dies gilt auch für Unterlassungsansprüche wegen Verletzung einer Unionsmarke.[297] § 140 Abs. 3 MarkenG begründet eine widerlegbare tatsächliche Vermutung;[298] es gelten die darauf bezogenen Ausführungen zu § 12 Abs. 1 UWG[299] entsprechend. Eine analoge Anwendung auf Unterlassungsansprüche aus dem BGB scheidet aus.[300]

78 **3. Zeitliche Dringlichkeit.** Da es sich bei der einstweiligen Verfügung um eine Eilrechtsmaßnahme handelt, muss sie in zeitlicher Hinsicht dringlich sein. Die Grundsätze, nach denen die zeitliche Dringlichkeit beurteilt wird, stimmen in allen Gebieten des gewerblichen Rechtsschutzes überein. Der Antragsteller darf sich weder vorprozessual zögerlich verhalten noch darf er das laufende Verfahren verzögern.[301] Hinsichtlich einzelner Fragen und der konkreten Anwendung der Grundsätze hat sich in einzelnen Rechtsgebieten eine umfangreiche Kasuistik entwickelt. Angesichts dessen ist, trotz der Übertragbarkeit der allgemeinen Grundsätze, jedem Antragsteller anzuraten, sich genau über die Rspr. des Gerichts zu informieren, bei dem der Antrag auf Erlass einer einstweiligen Verfügung gestellt wird.

79 **a) Keine zögerliche Antragstellung.** Unabhängig davon, ob der Antragsteller die (zeitliche) Dringlichkeit seines Antrags dartun und glaubhaft machen muss, oder ob zu seinen Gunsten die Vermutung des § 12 Abs. 1 UWG (§ 12 Abs. 2 UWG aF) oder des § 140 Abs. 3 MarkenG greift, muss das Gericht im Zeitpunkt der Entscheidung über den Antrag auf Erlass einer einstweiligen Verfügung die Feststellung treffen können, dass der Antragsteller auf eine vorläufige Regelung dringend angewiesen bzw. dass die Angelegenheit eilig ist. Dies setzt voraus, dass der Antragsteller mit der Stellung des Antrages **nicht ungebührlich lange zugewartet** und hierdurch zu erkennen gegeben hat, dass er seine Rechte nur schleppend verfolgt und eines umgehenden Verbots tatsächlich nicht bedarf.[302]

80 Ausgangspunkt für die Frage, ob der Antragsteller zu lange mit der Antragstellung gewartet hat, ist der Zeitpunkt der **positiven Kenntnis**[303] von den Umständen der Schutzrechtsverletzung bzw. des Wettbewerbsverstoßes. Sobald der Antragsteller positive Kenntnis von den **Tatsachen**,[304] die eine

---

[295] Bejahend bspw.: OLG Stuttgart – Merchandising-Artikel; OLG Stuttgart GRUR-RS 2017, 139897; GRUR-RR 2014, 251 – Mark Brandenburg; OLG Hamburg GRUR-RR 2014, 117 – Knoppers; OLG Bremen NJOZ 2012, 846; KG MarkenR 2008, 219 – Zurückhalten der Beschwerdebegründung; OLG Zweibrücken GRUR-RR 2008, 346 – namensgleiche Neugründung; OLG Koblenz PharmaR 2005, 242 – PROVITALIS/Pro Vital; OLG Nürnberg GRUR-RR 2002, 98 – NIKE-Sportschuhe; OLG Köln GRUR 2001, 424. Verneinend bspw.: OLG Nürnberg GRUR-RR 2019, 64 – CurryWoschdHaus; OLG Düsseldorf GRUR-RR 2018, 335 – japanischer Kosmetikhersteller; OLG Frankfurt a. M. GRUR-RR 2017, 229 – ICANN; OLG Köln GRUR-RR 2016, 240 – Trefferliste bei Amazon; OLG München MarkenR 2015, 204; OLG Frankfurt a. M. WRP 2014, 981; OLG Hamburg GRUR-RS 2014, 09531 – Transdermale Pflaster; OLG Köln WRP 2014, 1085 – L-Thyrox (iE offen gelassen); OLG Frankfurt a. M. MMR 2013, 306; OLG Köln MMR 2013, 43; OLG Düsseldorf GRUR-RR 2012, 146 – E-Sky; OLG Hamm BeckRS 2011, 08074; OLG Hamburg WRP 2010, 953; OLG München GRUR 2007, 174 – Wettenvermittlung; OLG Köln GRUR-RR 2003, 296 – Dringlichkeitsvermutung. Ebenso die Vorauflage.

[296] BGBl. I S. 2357.

[297] LG München PharmR 2019, 466; Ströbele/Hacker/*Thiering* MarkenG § 140 Rn. 76.

[298] OLG Frankfurt a. M. GRUR-RR 2020, 368 – Wasserpfeifentabak; OLG Düsseldorf GRUR-RS 2019, 39040 – Kiesgrube.

[299] → Rn. 71 ff.

[300] OLG Düsseldorf GRUR-RR 2021, 443 – Anhängeretikett mit Modelbezeichnung.

[301] Nicht vom Antragsteller verursachte Verzögerungen können nicht zu seinen Lasten berücksichtigt werden: OLG Saarbrücken BeckRS 2016, 16579; OLG Frankfurt a. M. BeckRS 2015, 09140.

[302] BGH GRUR 2000, 151 – Späte Urteilsbegründung; OLG München GRUR-RS 2021, 29384 – Hinweis auf Dringlichkeitsverlust; OLG Hamburg 21.2.2021 – 15 W 46/20. OLG Hamm GRUR-RS 2021, 9240 – mehrmalige Terminsverlegungsanträge; KG GRUR-RS 2021, 8571 – Programmheft zum Ärztekongress; OLG Frankfurt a. M. GRUR-RR 2020, 368 – Wasserpfeifentabak; OLG Hamburg GRUR-RS 2019, 9190 – neutropenisches Fieber; OLG Köln ZVertriebsR 2019, 358; OLG Stuttgart GRUR-RS 2017, 139897 – Merchandising-Artikel; OLG Köln BeckRS 2016, 09601; OLG Frankfurt 2014, 127 – Haarverstärker; OLG Düsseldorf GRUR-RR 2013, 236 – Flupirtin-Maleat; OLG Koblenz GRUR 2011, 451; OLG Hamburg GRUR-RR 2010, 57 – EMEA; OLG Düsseldorf GRUR 2008, 1077 – Olanzapin; OLG München WRP 2008, 972; KG ZUM 2001, 590.

[303] OLG Köln GRUR-RR 2020, 62 – V-Filmtabletten; KG BeckRS 2017, 120098; OLG Düsseldorf GRUR-RS 2017, 120239 – Kommunikationsvorrichtung; OLG Düsseldorf GRUR-RR 2017, 477 – Vakuumgestütztes Behandlungssystem; OLG Stuttgart GRUR-RR 2014, 251 – Mark Brandenburg; OLG Köln BeckRS 2014, 01174; GRUR-RR 2007, 219 – Kleinleistungsschalter; OLG Köln BeckRS 2003, 30314766; OLG München NJOZ 2002, 1450; OLG Köln NJWE-WettbR 1999, 252; OLG Frankfurt a. M. ZUM-RD 1998, 561; OLG Hamburg BeckRS 1996, 03902.

[304] Ob zu diesem Zeitpunkt bereits die zutreffenden rechtlichen Schlüsse gezogen worden sind, ist ohne Belang: OLG Frankfurt a. M. MMR 2016, 526; OLG Hamburg GRUR-RR 2007, 302 – Titelseite.

Schutzrechtsverletzung bzw. einen Wettbewerbsverstoß begründen und von der Person des Verantwortlichen (bei juristischen Personen einschließlich deren Rechtsform und Vertretungsverhältnissen)[305] hat, ist er für das einstweilige Verfügungsverfahren gehalten, seine Ansprüche zügig und ohne Nachlässigkeit zu verfolgen. Wie lang die Schutzrechtsverletzung bzw. der Wettbewerbsverstoßes objektiv andauert, ist hierbei grds. nicht von Interesse.[306] Auswirkungen kann eine lange Dauer (und die Intensität) eines Verstoßes jedoch insoweit haben, als dass von dem Antragsteller zu verlangen ist, dass er die von ihm behauptete (spätere) Kenntnis darlegt und glaubhaft macht.[307] Der positiven Kenntnis steht die **grob fahrlässige Unkenntnis**[308] oder das **bewusste Verschließen der Augen**[309] vor der Verletzungshandlung bzw. dem Wettbewerbsverstoß[310] gleich. An die Feststellung grober Fahrlässigkeit sind hohe Anforderungen zu stellen.[311] Kennt der Antragsteller bereits konkrete Umstände, die eine Verletzung des Schutzrechts bzw. einen Wettbewerbsverstoß naheliegend erscheinen lassen, ist von ihm zu erwarten, dass er alle ihm zur Verfügung stehenden Maßnahmen mit der gebotenen Zielstrebigkeit ergreift und die Sachlage weiter aufklärt[312] sowie alle möglichen Verletzer in Anspruch nimmt.[313] Ebenso obliegt es ihm zu prüfen, welche seiner Schutzrechte durch die angegriffene Ausführungsform verletzt werden.[314] Andererseits schadet mangels allgemeiner **Marktbeobachtungspflicht**[315] die **bloß fahrlässige Unkenntnis** nicht. Die schlichte Feststellung, der Antragsteller hätte bei Beobachtung des Wettbewerbs von der Schutzrechtsverletzung bzw. dem Wettbewerbsverstoß Kenntnis haben können, genügt folglich nicht, um dem Antrag die zeitliche Dringlichkeit abzusprechen. Auf ein etwaiges Interesse der Allgemeinheit an der Verfolgung oder der Untersagung des Verstoßes kommt es nicht an.[316]

Handelt es sich bei dem Antragsteller um eine **juristische Person,** ist ausschlaggebend, wann ihr **81** vertretungsberechtigtes Organ oder eine Person, die zur Verfolgung der Rechtsverletzung befähigt und befugt ist,[317] oder von der erwartet werden kann, dass sie einen etwaigen Rechtsverstoß (unterneh-

---

[305] OLG Hamburg 21.1.2021 – 15 W 46/20; KG GRUR-RS 2021, 8571 – Programmheft für Ärztekongress; OLG Düsseldorf GRUR-RR 2017, 477 – Vakuumgestütztes Behandlungssystem; OLG Düsseldorf GRUR-RS 2017, 120339 – Kommunikationsvorrichtung; OLG Düsseldorf BeckRS 2014, 01174; OLG Karlsruhe GRUR-RR 2015, 509 – Ausrüstungssatz; OLG München MD 2007, 973 – „Was mir fehlt bist Du".
[306] OLG Hamburg WRP 1999, 683.
[307] OLG Düsseldorf 21.6.2016 – 20 U 8/16; OLG Hamburg MDR 2002, 1026; OLG Karlsruhe GRUR 1995, 510 – Ginkgo-biloba-Präparat; OLG Düsseldorf WRP 1985, 266.
[308] OLG Düsseldorf GRUR-RR 2017 – Vakuumgestütztes Behandlungssystem; OLG Bamberg BeckRS 2014, 06092; OLG Köln WRP 2011, 362; OLG Karlsruhe WRP 2010, 793. AA Fezer/*Büscher*, Lauterkeitsrecht, § 12 Rn. 80.
[309] OLG Frankfurt a. M. GRUR-RR 2022, 84 – 36 Monate Garantie; GRUR-RR 2020, 311 – Tom Trend; GRUR-RR 2020, 368 – Wasserpfeifentabak; GRUR-RR 2019, 63 – Mastschellen; GRUR-RR 2018, 251 – Pharma-Vertriebsbereiche; KG BeckRS 2017, 120098; OLG Düsseldorf GRUR-RR 2017, 477 – Vakuumgestütztes Behandlungssystem; KG BeckRS 2015, 11082; OLG Stuttgart GRUR-RR 2014, 521 – Mark Brandenburg; OLG Köln GRUR-RR 2014, 127 – Haarverstärker; OLG Düsseldorf BeckRS 2014, 01174; OLG Hamm WRP 2012, 985; OLG Hamburg GRUR-RR 2010, 67 – Erste preisgünstige Alternative; OLG Hamburg WRP 1999, 683; OLG Oldenburg WRP 1996, 461; OLG München GRUR-RR 2002, 358 – MARKE Ulmer Münster; OLGR München 1994, 136.
[310] Nach OLG Stuttgart GRUR-RR 2014, 521 – Mark Brandenburg kann ein dringlichkeitsschädliches völliges Desinteresse bspw. angenommen werden, wenn ein Wettbewerber personell und materiell so ausgestattet ist, dass ihm – wie auch für seine sonstigen Aktivitäten – die Beobachtung des Marktes eine Selbstverständlichkeit ist und er aktiv im Marktgeschehen steht, er gleichwohl offene und klar zu Tage getretene Verstöße von Wettbewerbern über einen längeren Zeitraum nicht beanstandet.
[311] OLG Düsseldorf BeckRS 2015, 06633.
[312] OLG Düsseldorf GRUR-RR 2017 – Vakuumgestütztes Behandlungssystem; OLG Düsseldorf BeckRS 2014, 01174; OLG Köln GRUR 1995, 520; OLG München OLGR 1994, 136; OLG Hamburg GRUR 1987, 899; LG Düsseldorf BeckRS 2011, 01856.
[313] OLG Düsseldorf BeckRS 2014, 01174.
[314] OLG Düsseldorf 5.5.2017 – 2 W 5/17; OLG Düsseldorf 7.7.2004 – 2 W 26/04; LG Düsseldorf BeckRS 2015, 03693.
[315] OLG Frankfurt a. M. GRUR-RR 2022, 84 – 36 Monate Garantie; GRUR-RR 2020, 368 – Wasserpfeifentabak; GRUR-RR 2019, 63 – Mastschellen; GRUR-RR 2017, 404 – Cassellapark; OLG Saarbrücken GRUR-RR 2017, 80 – Clever+Partnerprogramm; OLG München GRUR-Prax 2016, 485 – Kein Vollgas; OLG Düsseldorf 21.6.2016 – 20 U 8/16; OLG Düsseldorf BeckRS 2015, 06633; OLG Köln BeckRS 2015, 04836; OLG Stuttgart GRUR-RR 2014, 521 – Mark Brandenburg; OLG Bamberg BeckRS 2014, 06092; OLG Hamburg GRUR-RR 2014, 121 – Canesten; OLG Köln GRUR-RR 2014, 127 – Haarverstärker; OLG Karlsruhe BeckRS 2013, 03115; OLG Düsseldorf BeckRS 2014, 01174; OLG Hamm WRP 2012, 985. Siehe aber auch OLG Köln WRP 1977, 660 und OLG Oldenburg WRP 1996, 461, wonach bei „aktiven, erfolgreichen und marktstarken Unternehmen" bzw. einem Fachverband von einer gesteigerten Aufmerksamkeit auszugehen sei.
[316] OLG München WRP 1996, 231; Harte-Bavendamm/Henning-Bodewig/*Retzer* UWG § 12 Rn. 305; Köhler/Bornkamm/Feddersen/*Köhler* UWG § 12 Rn. 2.15a; Teplitzky/*Feddersen* Kap. 54. Rn. 16.
[317] OLG Hamburg GRUR-RS 2019, 16803 – Dichtmodul; KG GRUR-RR 2016, 505 – Casual Concerts; OLG Saarbrücken BeckRS 2016, 16579; KG BeckRS 2015, 11082; OLG Köln GRUR-RR 2014, 127 – Haarverstärker; OLG Hamburg GRUR-RR 2004, 245 – magenta; KG WRP 1984, 478.

mensintern) weitergibt,[318] von dem Verstoß Kenntnis erlangt. Als eine solche Person kann zB ein Mitarbeiter der Rechtsabteilung,[319] ein leitender Angestellter der Vertriebsabteilung,[320] ein maßgeblicher Mitarbeiter,[321] ein eigens für Schutzrechtsverletzungen engagierter Testkäufer[322] oder ein Wissensvertreter iSd § 166 BGB[323] angesehen werden. Letzterer ist auch ein Rechtsanwalt bzw. Prozessbevollmächtigter, der mit der Abwehr wettbewerblicher Ansprüche betraut ist,[324] und zwar unabhängig davon, ob er zum Zeitpunkt der Abwehr bereits ein Mandat zur Verfolgung von Gegenansprüchen hat.[325] Zurechenbar ist ferner einer GmbH die Kenntnis ihrer bereits werbend in Erscheinung getretene Vor-GmbH[326] und das Wissen der Muttergesellschaft, wenn das Tochterunternehmen gegründet worden ist, um Aufgaben der Muttergesellschaft zu übernehmen.[327] Keine Zurechnung erfolgt demgegenüber hinsichtlich des Wissens eines Außendienstmitarbeiters,[328] des Importeurs,[329] des Vertragshändlers[330] oder der Schwestergesellschaft.[331] Ebenso nicht zugerechnet wird das Wissen eines Geschäftsführers, das dieser zu einer Zeit als Geschäftsführer eines anderen Unternehmens vor Existenz der Antragstellerin erlangt hat.[332]

82 Sind in einem Unternehmen **mehrere Personen,** deren Kenntnisnahme entscheidend ist, kommt es auf die erste Kenntnisnahme an.[333] Verfügt ein Unternehmen über eine bestimmte Organisationsstruktur für die Verfolgung von Wettbewerbsverstößen bzw. Schutzrechtsverletzungen soll es allein auf deren Kenntnis ankommen, nicht hingegen auf den Zeitpunkt, in dem der gesetzliche Vertreter Kenntnis erlangt.[334]

83 Bei **Verbänden** (§ 8 Abs. 3 Nr. 2–4 UWG) kommt es auf die Kenntnis des Verbandes selbst, dh der vertretungsberechtigten Organe oder der mit der Verfolgung von Wettbewerbsverstößen betrauten Personen an. Auf die Kenntnis eines Mitgliedes des Verbandes ist demgegenüber nicht abzustellen.[335] Es sei denn, bei dem Mitglied ist die Dringlichkeit wegen zu langen Zuwartens mit der Rechtsverfolgung entfallen, weshalb sich das Mitglied nunmehr des Verbands sozusagen als Werkzeug bedient.[336]

84 Welcher **Zeitraum** bis zur Stellung des Verfügungsantrages verstreichen kann, ohne dass darin ein zögerliches und nachlässiges Verhalten des Antragstellers zu erblicken ist, wird unterschiedlich beurteilt. Zahlreiche Gerichte legen für durchschnittliche Fallgestaltungen **Regelfristen** zugrunde, deren Zeiträume allerdings erheblich voneinander differieren. Vor allem im **Wettbewerbsrecht** ist hierzu

---

[318] OLG München GRUR-Prax 2016, 485 – Kein Vollgas; OLG Köln WRP 2014, 1085 – L-Thyrox; OLG Köln GRUR-RR 2014, 127 – Haarverstärker; OLG Brandenburg NJOZ 2012, 967; OLG Köln GRUR-RR 2010, 493 – Ausgelagerte Rechtsabteilung; OLG Frankfurt a. M. NJW 2000, 1961. Kritisch hierzu: Ströbele/Hacker/*Thiering* MarkenG § 140 Rn. 84.
[319] OLG Köln WRP 2014, 1085 – L-Thyrox; OLG Köln GRUR-RR 2010, 493 – Ausgelagerte Rechtsabteilung; OLG Köln NJW-RR 1999, 694; *Mes* FS Traub, 674.
[320] OLG Frankfurt a. M. NJW 2000, 1961; WRP 1984, 692.
[321] OLG Hamburg WRP 1999, 683.
[322] OLG Stuttgart WRP 1985, 242; Köhler/Bornkamm/Feddersen/*Köhler* UWG § 12 Rn. 2.15a.
[323] BGH GRUR 2016, 956 – Freunde Finden; OLG Rostock GRUR-RS 2021, 38282 – Kenntnis des CEO; OLG Hamburg GRUR-RS 2019, 16803 – Dichtmodul; OLG Frankfurt a. M. WRP 2014, 981; BeckRS 2013, 10880; OLG Köln GRUR-RR 2010, 493 – Ausgelagerte Rechtsabteilung; OLG Hamburg GRUR-RR 2006, 372 – Neueröffnung.
[324] OLG Frankfurt a. M. BeckRS 2013, 10880; OLG Hamm GRUR-RR 2011, 329 – Salve einer Abmahngemeinschaft; KG BeckRS 2009, 27677; LG Berlin NJW 1996, 2380. Harte-Bavendamm/Henning-Bodewig/*Retzer* UWG § 12 Rn. 314; Fezer Markenpraxis-HdB/*Hirsch* Bd. I 4 Rn. 366.
[325] OLG Frankfurt a. M. BeckRS 2013, 10880. AA OLG Hamburg GRUR-RR 2018, 27 – HSA-Frei; OLG Hamburg GRUR-RR 2006, 372 – Neueröffnung.
[326] OLG Köln GRUR 1993, 685 – Immoblitz Immobilien.
[327] OLG Hamburg OLGR 2000, 259.
[328] Ingerl/Rohnke MarkenG Vorbemerkungen zu §§ 14–19d Rn. 197; Ströbele/Hacker/*Hacker* MarkenG § 14 Rn. 428.
[329] OLG Hamburg NJOZ 2004, 471; Ingerl/Rohnke MarkenG Vorbemerkungen zu §§ 14–19d Rn. 197.
[330] LG München WRP 1997, 123; *Berneke/Schüttpelz* Rn. 144; Fezer Markenpraxis-HdB/*Hirsch* Bd. I 4 Rn. 366; Ingerl/Rohnke MarkenG Vorbemerkungen zu §§ 14–19d Rn. 197; Ströbele/Hacker/*Hacker* MarkenG § 14 Rn. 428.
[331] OLG Stuttgart NJWE-WettbR 1996, 111.
[332] OLG Bremen GRUR-RS 2015, 18986 – Gitterstruktur-Puzzle.
[333] OLG München OLGR 1996, 99.
[334] OLG München GRUR-Prax 2016, 485 – Kein Vollgas; OLG Köln NJW-RR 1999, 694. Offen gelassen: KG BeckRS 2015, 11082.
[335] OLG Hamm NJWE-WettbR 1999, 77; KG NJW-RR 1993, 555; OLG München WRP 1991, 51; KG WRP 1989, 802; OLG Hamburg GRUR 1987, 721 – Mißbräuchliche Verbandsklage; OLG Frankfurt a. M. WRP 1985, 271; 1984, 692.
[336] OLG Saarbrücken GRUR-RR 2017, 80 Clever+Partnerprogramm; OLG Frankfurt a. M. BeckRS 2013, 22756; OLG Köln GRUR 1993, 698; OLG Karlsruhe GRUR 1993, 697 – Anwaltszwang bei Beschwerde; OLG Frankfurt a. M. GRUR 1991, 47. Vgl. auch OLG Hamburg GRUR 1987, 721; Ahrens Wettbewerbsprozess-HdB/*Singer* Kap. 45 Rn. 32; Harte-Bavendamm/Henning-Bodewig/*Retzer* UWG § 12 Rn. 319; Köhler/Bornkamm/Feddersen/*Köhler* UWG § 12 Rn. 2.17.

Einstweilige Verfügung zur Regelung eines einstweiligen Zustandes   85   § 940 ZPO

eine umfangreiche Kasuistik entstanden.[337] Grds. akzeptiert werden folgende Zeiträume: ein Monat,[338] fünf Wochen,[339] sechs Wochen,[340] sieben Wochen,[341] zwei Monate,[342] zwei bis drei Monate,[343] sechs Wochen bis sechs Monate,[344] oder deutlich unter sechs Monaten.[345] Im **Patent- und Gebrauchsmusterrecht**[346] werden Regelfristen von einem Monat[347] oder weniger als sechs Monate[348] genannt. Zum **Markenrecht** finden sich Angaben von einem Monat,[349] zwei Monaten[350], zwei bis drei Monate[351] oder sechs Wochen.[352] Für das **Designrecht** wird von Regelfristen von zwei Monaten[353] oder vier bis acht Wochen[354] gesprochen. Im **Urheberrecht** gilt es rgm eine Frist von einem[355] oder zwei Monaten[356] einzuhalten.

Auch wenn bestimmte Zeitspannen rgm als unproblematisch angesehen werden, können diese nur zur Orientierung dienen. Es gibt es **keine starren, automatisch anzuerkennenden Fristen**, die ein Antragsteller stets unbedacht voll ausschöpfen kann.[357] Es hat vielmehr immer wieder eine **Einzelfallprüfung**[358] stattzufinden, in die sämtliche Umstände einfließen müssen, was je nach konkreter Sachlage zu einem kürzeren oder einem längerem Zeitraum führen kann. So macht es bspw. einen Unterschied, ob ein leicht zu erfassender und einfach zu ermittelnder Sachverhalt, eine leicht zu

85

---

[337] Siehe hierzu die Übersichten bspw. bei: Ahrens Wettbewerbsprozess-HdB/*Singer* Kap. 45 Rn. 41 ff.; *Berneke/Schüttpelz* Rn. 154 ff.; Ekey/Bender/Fuchs-Wissemann/*Ekey* MarkenR § 14 Rn. 626 ff.; Köhler/Bornkamm/Feddersen/*Köhler* UWG § 12 Rn. 2.15b.

[338] OLG Stuttgart GRUR-RS 2021, 34031; OLG Köln GRUR-RR 2020, 62 – V-Filmtabletten; OLG Stuttgart GRUR-RS 2017, 139897 – Merchandising-Artikel; OLG Celle GRUR-RS 2017, 1158 – Hashtag #ad; OLG München 17.11.2016 – 29 U 3281/16; OLG Saarbrücken BeckRS 2016, 16579; OLG Hamm BeckRS 2016, 13674; OLG Köln BeckRS 2015, 11926; GRUR-RR 2014, 117 – Knoppers; OLG Celle WRP 2014, 478; OLG Bamberg BeckRS 2014, 06091; 2014, 06092; OLG Koblenz BeckRS 2014, 00107; OLG Rostock BeckRS 2014, 06196; OLG Hamm BeckRS 2013, 06550; OLG Köln GRUR-RR 2013, 269 – Belegte Wirksamkeit; OLG Brandenburg WRP 2012, 747; OLG Jena GRUR-RR 2011, 436 – Amtszustellung; OLG Koblenz GRUR 2011, 451 – Kurze Regelfrist; OLG Köln GRUR-RR 2010, 493 – Ausgelagerte Rechtsabteilung; OLG Hamburg MMR 2010, 178; KG GRUR-RR 2010, 22 – JACKPOT!; OLG München GRUR-RR 2008, 368 – Was mir vielleicht bist Du; OLG Karlsruhe WRP 2007, 822; OLG Nürnberg NJOZ 2002, 988; OLG Dresden NJWE-WettbR 1999, 130; OLG Brandenburg WRP 1998, 97; OLG Jena WRP 1997, 703; OLG Oldenburg WRP 1996, 461; OLG München WRP 1993, 49; OLG Bremen NJW-RR 1991, 44; LG Karlsruhe GRUR-RR 2017, 155 – Prüfung des Ansprechpartners; LG München BeckRS 2014, 20181; LG Berlin GRUR-RR 2014, 416 – Apotheken-Treue-Bonus; LG Düsseldorf BeckRS 2013, 14278; LG Krefeld BeckRS 2013, 3807; LG Düsseldorf GRUR-RR 2011, 361 – Tablet-PC II; LG München BeckRS 2010, 03048. Vgl. auch LG Stuttgart BeckRS 2014, 18149 (konkreter Zeitraum weniger als ein Monat).

[339] OLG Köln GRUR 2000, 167.

[340] OLG Frankfurt a. M. GRUR-RR 2022, 84 – 36 Monate; GRUR-RR 2020, 368 – Wasserpfeifentabak; OLG Frankfurt a. M. GRUR-RR 2020, 102 – Batterie-Plagiat; GRUR-RR 2019, 63 – Mastschellen; BeckRS 2013, 10880; OLG Hamburg GRUR-RS 2012, 22220 – Proteaseinhibitor; OLG Frankfurt a. M. WRP 2001, 951; OLG Celle BeckRS 1998, 03143.

[341] OLG Saarbrücken BeckRS 2000, 17032; OLG Stuttgart NJWE-WettbR 1996, 223.

[342] KG GRUR-RS 2021, 8571 – Programmheft zum Ärztekongress; KG GRUR-RR 2021, 494 – Copyright-Inkasso; OLG Düsseldorf NJW-RR 2019, 1130; OLG Düsseldorf 21.6.2016 – 20 U 8/16; KG GRUR-RR 2016, 505 – Casual Concerts; OLG Düsseldorf BeckRS 2015, 06633; NJW-RR 2015, 36 – Vertragswidrige Stromkostenabschläge; OLG Düsseldorf GRUR-RR 2015, 217 – Ostsee-Resort; KG WRP 2011, 640; OLG Schleswig OLGR 1996, 102.

[343] OLG Rostock WRP 2017, 235; 2002, 196.

[344] OLG Hamburg GRUR-RR 2008, 366 – Simplify your Production; OLG Hamburg MDR 2002, 1026.

[345] OLG Zweibrücken OLGR 2008, 808.

[346] Eine Übersicht hierzu findet sich bei *v. Falck* Mitt. 2002, 429.

[347] OLG Karlsruhe GRUR-RR 2015, 509 – Ausrüstungssatz; OLG München 17.5.2016 – 6 W 748/16; OLG München Mitt. 2001, 85; OLG Düsseldorf Mitt. 1980, 117; LG München I 13.2.2014 – 7 O 24910/13.

[348] OLG Karlsruhe GRUR 1978, 116 – DTOS; OLG Karlsruhe WRP 1977, 419.

[349] OLG Köln ZVertriebsR 2019, 358; OLG Hamburg GRUR-RR 2014, 117 – Knoppers; OLG Köln BeckRS 2012, 11211; OLG Zweibrücken GRUR-RR 2008, 346 – namensgleiche Neugründung.

[350] OLG Düsseldorf InstGE 3, 238 – LCD-Monitor; LG Düsseldorf GRUR-RR 2006, 133 – Hochzeitsdruckerei.

[351] OLG Koblenz WRP 1985, 578.

[352] OLG Frankfurt a. M. GRUR-RR 2020, 368 – Wasserpfeifentabak; OLG Frankfurt a. M. GRUR-RR 2019, 63 – Mastschellen.

[353] OLG Düsseldorf 21.12.2010 – 2 U 144/10.

[354] LG Düsseldorf GRUR-RR 2011, 361 – Tablet-PC II.

[355] OLG München GRUR 2019, 507 – Wissenschaftsverlage; OLG München GRUR-Prax 2016, 485 – Kein Vollgas; OLG München BeckRS 2010, 06404; GRUR-RR 2008, 310 – Jackpot-Werbung.

[356] OLG Stuttgart ZUM-RD 2009, 455; LG Berlin GRUR-RS 2015, 06032 – Pokalbild.

[357] Anders iS einer voll ausschöpfbaren Monatsfrist: OLG München Mitt. 2001, 85; LG München BeckRS 2011, 15541; 2010, 03048.

[358] OLG Hamburg 21.1.2021 – 15 W 46/20; OLG Hamburg GRUR-RS 2019, 9190 – neutropenisches Fieber; OLG Stuttgart GRUR-RS 2017, 139897 – Merchandising-Artikel; OLG Düsseldorf BeckRS 2017, 162096; OLG Rostock WRP 2017, 35; OLG Frankfurt a. M. GRUR-RS 2016, 08579 – Product Keys; OLG Düsseldorf GRUR-RS 2016, 21061 – Kantenleimmaschine; OLG Hamburg ZUM-RD 2009, 72; BeckRS 2007, 08988; OLG Düsseldorf NJWE-WettbR 1999, 15; OLG Köln GRUR 1993, 685 – Immoblitz Immobilien; Benkard/*Grabinski/Zülch* PatG § 139 Rn. 153c; Köhler/Bornkamm/Feddersen/*Köhler* UWG § 12 Rn. 2.15b.

beurteilende Schutzrechtsverletzung oder ein sofort eingängiger Wettbewerbsverstoß oder ein komplexer Sachverhalt, ein schwieriges Technikgebiet oder eine nur schwer zu erkennende Rechtsverletzung in Rede stehen.

86 Bei seiner Rechtsverfolgung muss der Antragsteller allerdings **kein Prozessrisiko** eingehen. Es kann von ihm nicht verlangt werden, überhastet und ohne ordnungsgemäße Prüfung einen Verfügungsantrag zu stellen. Er muss das Gericht deshalb erst anrufen, wenn er erstens verlässliche Kenntnis all derjenigen Tatsachen hat, die eine Rechtsverfolgung im einstweiligen Verfügungsverfahren erfolgversprechend machen, und wenn er zweitens die betreffenden Tatsachen in einer solchen Weise glaubhaft machen kann, dass sein Obsiegen sicher absehbar ist.[359] Dabei darf sich der Antragsteller ohne negative Folgen für die Dringlichkeit auf **jede mögliche prozessuale Situation,** die bei objektiver Betrachtung nach Lage der Umstände eintreten kann, vorbereiten, so dass er – wie auch immer der Antragsgegner sich auch einlassen und verteidigen mag – darauf eingerichtet ist, erfolgreich zu erwidern und die nötigen Glaubhaftmachungsmittel präsentieren zu können.[360] Dies gilt auch dann, wenn sich die Maßnahmen des Antragstellers zur Aufklärung und Glaubhaftmachung im Nachhinein angesichts der vor Einleitung des gerichtlichen Verfahrens für den Antragsteller noch nicht vorhersehbaren Einlassung des Antragsgegners als nicht erforderlich erweisen sollten.[361] Dringlichkeitsschädlich sind insoweit nur solche Maßnahmen, die ex ante betrachtet selbst aus Gründen prozessualer Vorsicht schlechterdings keinen Sinn ergeben, sondern ausschließlich unnütze Zeit bei der Rechtsverfolgung kosten. Zu berücksichtigen ist allerdings nur das tatsächliche Verhalten des Antragstellers. Auf Maßnahmen, die er nicht ergriffen hat, oder Überlegungen, die er (vorprozessual) nicht angestellt hat, kommt es nicht an. Sie können ein längeres Zuwarten auch dann nicht rechtfertigen, wenn sie ohne negative Folgen für die Dringlichkeit geblieben wären, wenn sie denn vorgenommen worden wären.[362] Ausgehend hiervon kann der Antragsteller mithin bspw. notwendige **Unterlagen** beschaffen,[363] insbes. Verkehrsbefragungen durchführen.[364] Soweit sich die konkrete Ausgestaltung der angegriffenen Ausführungsform und/oder die Benutzung des Schutzrechtes oder des Wettbewerbsverstoß nicht ohne weiteres feststellen lässt, ist dem Antragsteller zuzubilligen, die erforderlichen **Untersuchungen** und eine genaue Überprüfung der vermuteten Verletzung vorzunehmen sowie erforderliche Gutachten einzuholen.[365] Die Untersuchungen und Überprüfungen können alle in Betracht kommenden Schutzrechte betreffen.[366] Steht in einem anderen Verfahren zeitnah ein Gerichtstermin an, in dem eine Aufklärung durch einen Sachverständigen bevorsteht, kann dieser Termin abgewartet werden.[367] Andererseits darf der Antragsteller nicht erst den Ausgang eines anderen Verfahrens abwarten, das ein anderer Verletzter gegen den Antragsgegner führt.[368] Dem Antragsteller muss zudem ausreichend Zeit zur Verfügung stehen, um notwendige **Glaubhaftmachungsmittel** zu beschaffen[369] oder sich Klarheit über die **Person** oder die Rechtsform des Antragsgegners zu verschaffen.[370]

---

[359] OLG Düsseldorf 1.2.2021 – 2 W 4/21; OLG Düsseldorf NJW-RR 2019, 1130; GRUR-RR 2017, 477 – Vakuumgestütztes Behandlungssystem; OLG Düsseldorf BeckRS 2016, 09775; OLG Düsseldorf BeckRS 2016, 03691; OLG Karlsruhe GRUR-RR 2015, 509 – Ausrüstungssatz; OLG Köln WRP 2014, 1085 – L-Thyrox; OLG Düsseldorf 12.2.2015 – 15 U 143/14; OLG Düsseldorf GRUR-RR 2013, 236 – Flupirtin-Maleat; OLG Düsseldorf GRUR-RR 2004, 281 – Lemon [Sortenschutz: gewisse Aussicht auf Erfolg]; OLG Hamburg GRUR 1987, 899 – Verbandsmaterial; Harte-Bavendamm/Henning-Bodewig/*Retzer* UWG § 12 Rn. 305, 317; Ströbele/Hacker/*Hacker* MarkenG § 14 Rn. 428 f. AA *Traub* WRP 1996, 593.

[360] OLG Düsseldorf GRUR-RS 2021, 32434 – Cinacalcet IV; OLG Düsseldorf 1.2.2021 – 2 W 4/21; OLG Düsseldorf GRUR-RR 2017, 477 – Vakuumgestütztes Behandlungssystem; OLG Düsseldorf BeckRS 2016, 03691; OLG Düsseldorf 12.2.2015 – 15 U 143/14; OLG Düsseldorf GRUR-RR 2013, 236 – Flupirtin-Maleat.

[361] OLG Düsseldorf GRUR-RS 2021, 32434 – Cinacalcet IV; OLG Düsseldorf 1.2.2021 – 2 W 4/21; OLG Düsseldorf GRUR-RR 2013, 236 – Flupirtin-Maleat, wonach jede Maßnahme des Antragstellers zur Aufklärung und Glaubhaftmachung des entscheidungsrelevanten Sachverhalts die tatsächliche Vermutung ihrer Sinnhaftigkeit in sich tragen soll.

[362] OLG Düsseldorf GRUR-RR 2017, 477 – Vakuumgestütztes Behandlungssystem.

[363] OLG Saarbrücken BeckRS 2016, 16579.

[364] OLG Köln WRP 2014, 970; OLG Nürnberg Mitt. 1986, 54.

[365] OLG Düsseldorf GRUR-RS 2021, 32434 – Cinacalcet IV; OLG Düsseldorf GRUR-RR 2017, 477 – Vakuumgestütztes Behandlungssystem; OLG Frankfurt a. M. GRUR-RS 2016, 08579 – Product Keys; OLG Düsseldorf GRUR-RR 2013, 236 – Flupirtin-Maleat; OLG Hamburg NJWE-WettbR 1999, 264; LG Düsseldorf GRUR-RS 2015, 19703 – Multiple Orgasmen.

[366] OLG Düsseldorf GRUR-RS 2021, 32434 – Cinacalcet IV; GRUR-RR 2021, 465 – Cinacalcet III.

[367] OLG Hamm OLGR 1993, 56.

[368] OLG Hamburg OLGR 2000, 362.

[369] OLG Saarbrücken GRUR-RR 2017, 80 – Clever+Partnerprogramm; OLG Düsseldorf 12.2.2015 – 15 U 143/14; OLG Düsseldorf GRUR-RR 2013, 236 – Flupirtin-Maleat; OLG Hamburg NJWE-WettbR 1999, 264; OLG Karlsruhe GRUR 1989, 271; OLG Hamburg WRP 1987, 480; LG Düsseldorf GRUR-RR 1987, 499; siehe auch OLG München InstGE 3, 297 – Fälschungsverdacht I muss der Antragsteller, wenn er die Glaubhaftmachungsmittel nicht binnen der Regelfrist beibringen kann, detailliert darlegen, warum er hierzu trotz größter Anstrengung nicht in der Lage gewesen ist.

[370] KG GRUR-RR 2001, 244 – Internet-Apotheke; LG Hamburg ZUM-RD 2005, 66; LG München ZUM-RD 2002, 21.

Des Weiteren sind die beim Antragsteller eintretenden **Nachteile** von Bedeutung. Sind die Folgen, 87
die beim Antragsteller durch das verletzende bzw. wettbewerbswidrige Verhalten eintreten, sehr
schwerwiegend, wird von dem Antragsteller eine schnellere Rechtsverfolgung zu erwarten sein. Der
Zeitraum seiner Untätigkeit kann dem Antragsteller ferner nur dann zum Vorwurf gemacht werden,
wenn er währenddessen überhaupt von dem Verstoß betroffen war. Daran fehlt es zB, wenn der
Verstoß zwar schon seit geraumer Zeit existiert, der Antragsteller jedoch erst zu einem späteren
Zeitpunkt in dem Tätigkeitsbereich, auf den der Verstoß wirkt, aktiv wird.[371] Zu bedenken ist
weiterhin, dass die Prüfung der Rechtslage durch einen Rechtsanwalt oder einen Patentanwalt
gleichfalls einen gewissen Zeitraum in Anspruch nimmt und dass auch die **Verhältnisse beim
Antragsteller** nicht unberücksichtigt bleiben können. Je nach Größe und Struktur des Unternehmens
können die notwendigen Entscheidungsfindungsprozesse unterschiedlich lang andauern. Namentlich
Abstimmungsprozesse mit ausländischen Muttergesellschaften oder anderen Konzernunternehmen
können mehr Zeit in Anspruch nehmen.[372] Ebenso kann ein großes Schutzrechtsportfolio einen
längeren Prüfungszeitraum erforderlich machen.

Schließlich kann der Antragsteller ohne die Dringlichkeit zu beseitigen vorgerichtlich mit dem 88
Antragsgegner in Kontakt treten, eine **Abmahnung** aussprechen und/oder **Vergleichsverhandlungen**
führen, um so einen Rechtsstreit zu vermeiden. Die hiernach erforderlichen Reaktionen des
Antragsgegners kann der Antragsteller abwarten, bevor er nach Ablauf einer angemessenen Frist
gerichtliche Schritte einleitet. Eine Verlängerung der Frist zur Unterwerfung ist rgm dringlichkeitsunschädlich,[373] wobei die Dauer der beantragten Fristverlängerung und die dafür vorgebrachten
Gründe zu bedenken sind.

Sämtliche erforderlichen Prüfungen sowie Maßnahmen, Entscheidungsfindungsprozesse etc sind 89
dem Eilcharakter des einstweiligen Verfügungsverfahrens entsprechend zügig und mit der für den
jeweiligen Fall erforderlichen gebotenen Eile vorzunehmen.[374] So muss der Antragsteller zB alle
Anstrengungen unternehmen, um der angegriffenen Ausführungsform so schnell wie möglich habhaft
zu werden und, sobald er die angegriffene Ausführungsform in Händen hält, diese mit der gebotenen
Zielstrebigkeit untersuchen bzw. untersuchen zu lassen. Die mit der Überprüfung des Verletzungsvorwurfs bzw. Wettbewerbsverstoßes betrauten Personen innerhalb und außerhalb des Unternehmens
des Antragstellers, also zB auch Rechts- und Patentanwälte und Sachverständige sind dabei grds. zur
gebotenen Eile anzuhalten. Dies gilt auch für **Verbände** (§ 8 Abs. 3 Nr. 2–4 UWG). Die Dringlichkeitsmaßstäbe gelten für jedermann gleich. Verbände sind nicht zu privilegieren, auch sie müssen zügig
und mit der gebotenen Eile agieren.[375] Auf ein öffentliches Interesse zur Begründung der Dringlichkeit
können sie sich nicht berufen.[376]

Stützt der marktbeherrschende Antragsteller seinen Verfügungsanspruch auf ein **standardessentiel-** 90
les Patent, für welches er gegenüber einer Standardisierungsorganisation eine sog. **FRAND**-Erklärung abgegeben und sich folglich mit selbiger verpflichtet hat, Dritten Lizenzen zu FRAND-Bedingungen zu gewähren, verlangt das Dringlichkeitserfordernis, dass der Antragsteller im Anschluss an die
Kenntnisnahme von der Verletzungshandlung das vom EuGH vorgegebene Lizenzierungsprocedere[377]
zügig so weit vorantreibt, wie ihm das aus eigener Macht möglich ist.[378] Er muss daher nicht nur
zeitnah nach Entdecken einer Verletzungshandlung dem anderen Teil den Verletzungshinweis erteilen,
sondern alsdann ebenso zügig auf eine daraufhin (fristgerechte) Lizenzbereitschaftserklärung des Benutzers hin mit der Abgabe eines in jeder Hinsicht ordnungsgemäßen FRAND-Angebots reagieren. Ein
in dilatorischer Art und Weise unterbreitetes FRAND-Lizenzangebot steht der erforderlichen Dringlichkeit ebenso entgegen wie das Unterlassen eines (ordnungsgemäßen) Angebots überhaupt.[379]

b) Prozessuales Verhalten. Die Obliegenheit des Antragstellers, seine Rechte zügig zu verfolgen, 91
wenn er in den Genuss des einstweiligen Rechtsschutzes kommen möchte, setzt sich nach Antragstellung fort. Auch danach muss er durch sein prozessuales Verhalten zu erkennen geben, dass sein

---

[371] OLG Hamburg GRUR 1977, 161 – Teaquick.
[372] OLG Stuttgart WRP 1973, 667. AA *Melullis* Rn. 165, der bei Ausländern keinen milderen Maßstab anlegen möchte.
[373] OLG Stuttgart GRUR-RS 2017, 139897 – Merchandising-Artikel; OLG Stuttgart BeckRS 2010, 20988.
[374] OLG Köln GRUR 1995, 520; OLG Düsseldorf GRUR 1994, 508 – Dringlichkeit; OLG München WRP 1993, 49 – Fahrpreiserstattung; OLG München GRUR 1980, 1017 – Contact-Linsen; BeckOK PatR/*Voß* PatG Vor § 139 Rn. 287; Benkard/*Grabinski/Zülch* PatG § 139 Rn. 153c.
[375] KG GRUR-RR 2001, 244; *Berneke/Schüttpelz* Rn. 152, 180; Harte-Bavendamm/Henning-Bodewig/*Retzer* UWG § 12 Rn. 318. OLG München GRUR 1980, 329 – Vertriebsunternehmen setzt einen strengeren Maßstab an. Nach OLG Köln WRP 1980, 502 hat ein Verband nur geringere Marktbeobachtungspflichten.
[376] OLG Frankfurt a. M. GRUR 1988, 849 – Eilbedürftigkeit; OLG Koblenz WRP 1978, 718; OLG Karlsruhe WRP 1977, 419; Ahrens Wettbewerbsprozess-HdB/*Singer* Kap. 45 Rn. 34; Harte-Bavendamm/Henning-Bodewig/ *Retzer* UWG § 12 Rn. 306; Köhler/Bornkamm/*Feddersen/Köhler* UWG § 12 Rn. 2.17; *Melullis* Rn. 161a; Teplitzky/*Feddersen* Kap. 54 Rn. 16, 32.
[377] EuGH GRUR 2015, 764 – Huawei/ZTE.
[378] OLG Düsseldorf BeckRS 2017, 118314; GRUR-RS 2017, 120339 – Kommunikationsvorrichtung.
[379] OLG Düsseldorf GRUR-RS 2017, 120339 – Kommunikationsvorrichtung.

Begehren weiterhin dringlich ist bzw. für ihn weiterhin die gesetzliche Vermutung streitet. Dies ist mittels Gesamtbetrachtung seines Verhaltens zu eruieren.[380] Die von ihm vorzunehmenden prozessualen Handlungen müssen folglich mit der gebotenen Eile vorgenommen werden, wobei sich auch hier eine schematische Anwendung von Zeiträumen verbietet, sondern jew. der konkrete Einzelfall maßgeblich ist.[381] Auf einen Hinweis des Gerichts muss der Antragsteller, auch ohne Fristsetzung, so schnell wie möglich und geboten reagieren.[382] Gesetzte Fristen sind einzuhalten, anberaumte Termine wahrzunehmen. Daran ändert eine etwaige Arbeitsüberlastung oder eine Terminkollision des Antragstellers selbst oder seines Prozessbevollmächtigten nichts.[383] Das Verfügungsverfahren ist vorrangig zu betreiben. Ein **Fristverlängerungsgesuch**,[384] das eine erheblich spätere Entscheidung nach sich zieht oder ein Antrag auf **Verschiebung eines Verhandlungstermins**[385] auf einen späteren Zeitpunkt sind deshalb nur in Ausnahmefällen dringlichkeitsneutral, nämlich dann, wenn zwingende Hinderungsgründe vorliegen, die konkret darzulegen und ggf. glaubhaft (§ 227 Abs. 2) zu machen sind und schon vor Bestimmung der Fristen bzw. des Termins entstanden sein müssen. Die Wahrnehmung des Termins durch einen Vertreter muss in Betracht gezogen werden. Die durch ein zögerliches Verhalten des Prozessbevollmächtigten verursachten Verzögerungen sind dem Antragsteller zuzurechnen.[386] Findet der Prozessbevollmächtigte keine Zeit zur Wahrnehmung seines Mandats innerhalb der Fristen bzw. bis/an bereits anberaumten Termin, ist notfalls über eine Ablehnung des Mandats nachzudenken.[387]

92 Die Annahme der Dringlichkeit verbietet sich grds., wenn der Antragsteller ein **VU gegen sich**[388] ergehen lässt, die Zustellung des VU abwartet anstatt – aufgrund der erforderlichen Verfahrensbeobachtung – direkt nach dem Termin, in dem das VU ergangen ist, Einspruch einzulegen,[389] das **Ruhen des Verfahrens**[390] beantragt, den **Antrag erweitert** (ggf. erst in der Berufungsinstanz), obgleich der neu eingeführte Streitgegenstand bereits zuvor bekannt war,[391] im mündlichen Verhandlungstermin eine **Schriftsatzfrist** beantragt[392] oder ein **Vollstreckungsverzicht** im Hinblick auf Vergleichsverhandlungen erklärt wird, sodann aber keine Vorschläge unterbreitet werden.[393] Ebenso problematisch ist eine **zögerliche Zustellung** bzw. ein zögerliches Gebrauch machen einer Beschlussverfügung (sog. „Vorrats- oder Schubladenverfügungen")[394], das Warten auf das Ergebnis der Widerspruchsverhandlung anstatt wegen seit längerem bekannter Zuwiderhandlungen gegen die zugestellte Beschlussverfügung ein **Ordnungsmittelverfahren** einzuleiten,[395] die **Versäumung der Vollziehungsfrist**[396]

---

[380] OLG München GRUR-RS 2021, 29384 – Hinweis auf Dringlichkeitsverlust; OLG Hamm GRUR-RS 2021, 9240; OLG Brandenburg GRUR-RS 2020, 17750 – Tierbedarf; OLG Hamburg GRUR-RS 2019, 9190 – neutropenisches Fieber.
[381] OLG Karlsruhe WRP 2005, 1188.
[382] Keine sofortige Erklärung am Telefon aufgrund eines richterlichen Hinweise erforderlich: OLG Frankfurt a. M. MMR 2009, 564.
[383] OLG Frankfurt a. M. GRUR-RS 2013, 10983 – Comedyvideos; OLG Hamburg WRP 1984, 418.
[384] OLG München GRUR-RS 2021, 29384 – Hinweis auf Dringlichkeitsverlust; OLG Stuttgart GRUR-RS 2021, 139897 – Merchandising-Artikel. AA OLG Hamburg MD 1986, 811.
[385] OLG Hamm GRUR-RS 2021, 9240 (bereits der Verlegungsantrag ist dringlichkeitsschädlich, weshalb im Einzelfall der Zeitraum der Verschiebung unerheblich sein kann); OLG Stuttgart BeckRS 2017, 139897; OLG Frankfurt a. M. GRUR-RS 2013, 10983 – Comedyvideos; OLG Hamm BeckRS 2011, 08079. Nach OLG Frankfurt a. M. GRUR-RR 2020, 102 – Batterie-Plagiat sollen Anträge auf Fristverlängerung oder Verschiebung des Termins unschädlich sein, wenn die Ansprüche des Antragstellers durch eine Beschlussverfügung bereits gesichert sind.
[386] OLG München GRUR-RS 2021, 29384 – Hinweis auf Dringlichkeitsverlust; OLG Saarbrücken OLGR 1997, 104.
[387] *Berneke/Schüttpelz* Rn. 203.
[388] OLG Frankfurt a. M. GRUR-RS 2020, 28049 – Feedback-Bitte; OLG Düsseldorf BeckRS 2015, 16904; OLG Celle MMR 2009, 483; OLG Hamm GRUR 2007, 173 – interoptik.de; OLG Frankfurt a. M. WRP 1995, 502; OLG Düsseldorf GRUR 1992, 189 – Blumenverkauf nach Ladenschluss; KG GRUR 1988, 790.
[389] OLG Düsseldorf BeckRS 2015, 16904.
[390] Ahrens Wettbewerbsprozess-HdB/*Singer* Kap. 45 Rn. 52; *Berneke/Schüttpelz* Rn. 204; Harte-Bavendamm/Henning-Bodewig/*Retzer* UWG § 12 Rn. 323; *Traub* GRUR 1996, 797.
[391] OLG Düsseldorf GRUR-RR 2011, 350 – Pramipexol; OLG Frankfurt a. M. MarkenR 2001, 162; OLG Düsseldorf NJWE-WettbR 2000, 61; KG WRP 1992, 568; OLG Koblenz WRP 1987, 837; OLG Hamburg WRP 1982, 161; OLG Köln WRP 1982, 599; OLG Koblenz WRP 1981, 594; LG Hamburg PharmaR 1991, 148.
[392] OLG Hamm NJW-RR 1993, 366.
[393] OLG Düsseldorf NZKart 2020, 545; KG GRUR-RR 2015, 181 – Faxversendung ohne Beglaubigungsvermerk; OLG Düsseldorf GRUR-RR 2010, 448 – Vollstreckungsverzicht im Eilverfahren; KG BeckRS 2013, 13662; OLG Frankfurt a. M. BeckRS 2010, 16885. AA OLG Bremen BeckRS 2011, 16475; OLG Karlsruhe WRP 1986, 232.
[394] KG WRP 2011, 932; OLG Düsseldorf WRP 1999, 865; OLG Dresden NJWE-WettbR 1999, 133 – cyberspace.de; LG Köln CIPR 2012, 90; Köhler/Bornkamm/Feddersen/*Köhler* UWG § 12 Rn. 2.16b; Teplitzky/*Feddersen* Kap. 54 Rn. 24b f.; KG WRP 2010, 129.
[395] OLG Frankfurt a. M. GRUR-RS 2020, 18387 – Zucker aus Birkenrinde; OLG Düsseldorf NZKart 2020, 545 – Schäferhunde-Bescheinigung (Kart); OLG Köln GRUR-RR 2018, 95 – Bester Internet-Provider. Einschränkend OLG Hamburg BeckRS 2018, 41654 bzgl. der aus einem Unterlassungsgebot folgenden Handlungspflicht gegenüber Dritten und wegen des durch die Vollziehung bereits bewirkten Vollstreckungsdrucks. AA bei Vorliegen einer Vereinbarung der Parteien OLG Karlsruhe BeckRS 2010, 16884.
[396] KG NJW-RR 1992, 318.

oder bei einem wettbewerbsrechtlichen Verbot das Vorsehen einer **Aufbrauchfrist** im eigenen Antrag[397] bzw. die Zustimmung des Antragstellers zu einer vom Antragsgegner beantragten Fristgewährung. Jedenfalls eine erhebliche Frist oder eine solche, die erst im Berufungsverfahren im Raum steht, widerlegen die Vermutung der Dringlichkeit.[398]

Der Dringlichkeit steht es demgegenüber nicht entgegen, wenn der Antragsteller (erst) im Termin zur mündlichen Verhandlung **neue Tatsachen** vorträgt,[399] eine **Prozessvollmacht** vorlegt,[400] die **Prozessführungsbefugnis** des Verbandes belegt,[401] ein **neues Glaubhaftmachungsmittel** einführt[402] oder einen **Tatbestandsberichtigungsantrag**[403] stellt.

Die Pflicht zur zügigen Rechtsverfolgung setzt sich für den in erster Instanz unterlegenen Antragsteller in der **Beschwerde- oder Berufungsinstanz** fort.[404] Durch den Instanzwechsel ändert sich nicht der Charakter des Verfahrens. Der Antragsteller muss folglich auch hier so agieren, dass er möglichst bald die von ihm begehrte Verfügung erlangt. Schöpft er hierzu die Rechtsmittelfristen voll aus, wird dies überwiegend als unschädlich angesehen,[405] wobei streng genommen die (gesetzlichen) Fristen nichts mit der Frage der Dringlichkeit zu tun haben, denn sie gelten bekanntlich auch im Hauptsacheverfahren. Die Weiterverfolgung des Verfügungsanspruchs nur im Rahmen der **Anschlussberufung** ist dringlichkeitsschädlich, da sich der Antragsteller mit seiner Rechtsverfolgung wegen der Abhängigkeit der Anschlussberufung von der Berufung quasi in die Hände des Antragsgegners begibt und es zudem zu einer Verzögerung bei der Terminierung kommt.[406] Ob die Dringlichkeit wegen **Verlängerung der Berufungsbegründungsfrist**,[407] bei **Ausschöpfung** einer verlängerten Berufungsbegründungsfrist,[408] einem Antrag auf **Vertagung**[409] oder wegen **Nichtbegründung der Beschwerde** innerhalb der Beschwerdefrist[410] entfällt, wird unterschiedlich beurteilt und ist stets eine Frage des Einzelfalls. Da sich der Antragsteller in diesen Situationen nicht von vornherein sicher sein kann, dass das Gericht sein Verhalten als dringlichkeitsneutral ansieht, sollte er nur soweit unbedingt nötig Anträge auf Fristverlängerung, Terminverlegung etc stellen. Lässt sich derartiges nicht vermeiden, ist konkret zu begründen, warum eine Verschiebung, Verlegung etc notwendig ist. Der hierzu erforderliche Tatsachenvortrag ist ggf. glaubhaft zu machen. Erwachsen beim Gericht infolge des prozessualen Verhaltens des Antragstellers Bedenken an der Dringlichkeit, hat es hierauf gem. § 139 hinzuweisen,[411] es sei denn, der Antragsgegner hat dieses Problem bereits thematisiert.

Wenn der Antragsteller eine einstweilige Verfügung in Händen hält, die Bestand hat, sind an sein prozessuales Handeln weniger strenge Anforderungen zu stellen. Da er in diesem Fall bereits durch den Titel ausreichend gesichert ist, hat er keinen Grund mehr zu besonders beschleunigter Handhabe des

---

[397] *Berneke/Schüttpelz* Rn. 204. Das LG Berlin BeckRS 2007, 02460 erachtet das Angebot einer Aufbrauchfrist in einer Abmahnung als unproblematisch. Vgl. auch → Rn. 37.
[398] LG Ingolstadt WRP 2014, 1364; *Berneke/Schüttpelz* Rn. 204, 354.
[399] OLG Frankfurt a. M. WRP 2014, 1482; OLG Hamburg NJW-RR 1987, 36; LG Hamburg GRUR-RR 2014, 137 – Konorarstent.
[400] OLG München Mitt. 1999, 223.
[401] OLG Schleswig WRP 1996, 937.
[402] OLG Hamburg GRUR-RS 2014, 09531 – Transdermales Pflaster.
[403] OLG Köln BeckRS 2016, 09601. Anders, wenn der Antragsteller den Antrag auf mündliche Verhandlung stellt: OLG Hamm NJWE-WettbR 1996, 164.
[404] OLG München GRUR-RS 2021, 29384 – Hinweis auf Dringlichkeitsverlust; OLG Frankfurt a. M. GRUR-RR 2017, 298 – Werbefilm; OLG Düsseldorf 22.9.2016 – 20 U 26/16.
[405] OLG Bremen BeckRS 2015, 09696; OLG Frankfurt GRUR 2011, 466 – Energiekontor; OLG Stuttgart MD 2010, 876; KG WRP 2010, 129; OLG Düsseldorf GRUR-RR 2003, 31 – Taxi Duisburg; OLG Frankfurt a. M. GRUR 2002, 236 – Eilbedürfnis in Patentsachen; OLG München OLGR 2002, 223; OLG Dresden WRP 1997, 577; OLG Hamm NJW-RR 1993, 366; OLG Karlsruhe WRP 1979, 811; OLG Koblenz GRUR 1978, 718. Kritischer: OLG Düsseldorf NJWE-WettbR 1997, 27.
[406] OLG Düsseldorf 22.9.2016 – 20 U 26/16; OLG Frankfurt a. M. GRUR-Prax 2012, 197; OLG Jena BeckRS 2009, 101.
[407] OLG München GRUR-RS 2021, 29384 – Hinweis auf Dringlichkeitsverlust; OLG München BeckRS 2016, 16533; OLG Celle BeckRS 2016, 17073; OLG Bremen NJOZ 2012, 846; OLG Karlsruhe WRP 2005, 1188; OLG Düsseldorf GRUR-RR 2003, 31 – Taxi-Duisburg; OLG Stuttgart Mitt. 2003, 431; OLG München NJOZ 2002, 1450; GRUR 1992, 328 – Dringlichkeitsvermutung; OLG Hamm NJW-RR 1992, 622; OLG Nürnberg GRUR 1987, 727 – Dringlichkeitsvermutung.
[408] OLG Hamburg GRUR-RR 2018, 27 – HSA-Frei; OLG Düsseldorf 6.10.2016 – 20 U 41/16; OLG München BeckRS 2016, 14740; OLG Bremen GRUR-RR 2015, 345 – rent a rentner; OLG Düsseldorf GRUR-RR 2003, 31 – Taxi-Duisburg; OLG Frankfurt a. M. OLGR 2001, 331; KG GRUR 1999, 1133; OLG Hamm NJW-RR 1992, 622; OLG München GRUR 1992, 328 – Dringlichkeitsvermutung; OLG Köln WRP 1975, 745; OLG Oldenburg NJW 1971, 812.
[409] OLG Hamm NJWE-WettbR 1996, 164.
[410] KG BeckRS 2016, 20973; OLG Frankfurt a. M. GRUR-RS 2013, 10983 – Comedyvideos; KG BeckRS 2008, 9719; OLG Düsseldorf WRP 1997, 968; OLG Hamm NJW-RR 1993, 366; OLG München WRP 1981, 533.
[411] Ebenso für eine Hinweispflicht: OLG München BeckRS 2016, 14740; OLG Hamburg WRP 1996, 27; *Benkard/Grabinski/Zülch* PatG § 139 Rn. 153c. Verneinend (im konkreten Fall): OLG Düsseldorf GRUR-RR 2003, 31 – Taxi Duisburg.

weiteren Verfahrens.⁴¹² Trägt der Antragsteller (ggf. sogar im Einverständnis mit dem Antragsgegner) bei dieser Sachlage zu einer Verzögerung des Widerspruchs- oder des Berufungsverfahrens bei, so lässt dies nur bei Hinzutreten besonderer Umstände die Dringlichkeit entfallen.⁴¹³ Derartige Umstände können bspw. dann vorliegen, wenn der Antragsteller die nach Widerspruchseinlegung anberaumte mündliche Verhandlung versäumt⁴¹⁴ oder es aufgrund seines Verhaltens zu einer besonders langen Verfahrensverzögerung kommt.⁴¹⁵

96   **4. Weitere Aspekte der Dringlichkeit.** Die Dringlichkeit ist nicht nur unter zeitlichen Gesichtspunkten zu beurteilen. Auch andere Umstände können für oder gegen die Notwendigkeit einer einstweiligen Verfügung sprechen

97   Hat der Antragsteller **frühere Verletzungshandlungen** oder Wettbewerbsverstöße des Antragsgegners **unbeanstandet** gelassen,⁴¹⁶ fehlt die Dringlichkeit grds. für Anträge die sich auf einen kerngleichen Verstoß bzw. eine kerngleiche Verletzungshandlung beziehen.⁴¹⁷ Etwas anderes gilt allerdings dann, wenn neue Tatsachen eintreten und/oder Glaubhaftmachungsmittel erlangt werden, wie zB Erlass einer Rechtsbestandsentscheidung in Patent- oder Gebrauchsmustersachen,⁴¹⁸ Intensivierung, Ausweitung oder erhebliche Änderung der Verletzungshandlung,⁴¹⁹ nicht zu erwartende Wiederaufnahme der wettbewerbswidrigen Handlungen,⁴²⁰ Entstehung einer qualitativ anderen Anspruchsgrundlage durch Eintragung der Marke⁴²¹ oder Wechsel von Erstbegehungsgefahr zur Wiederholungsgefahr.⁴²² Gleiches gilt bei Änderung höchstrichterlicher Rspr.⁴²³ In diesen Fällen lebt die Dringlichkeit wieder auf bzw. es wird eine neue Dringlichkeitsfrist in Gang gesetzt mit der Konsequenz, dass ab dem Zeitpunkt der Kenntnis von den Änderungen die üblichen Grundsätze gelten. Der Antragsteller darf sich ab diesem Zeitpunkt nicht zögerlich verhalten.

98   Gleichartige **Verstöße Dritter** sind hingegen für die Dringlichkeit gegenüber dem Antragsgegner unbeachtlich.⁴²⁴ Die Dringlichkeit ist im Verhältnis des Antragstellers zum Antragsgegner zu beurteilen. Überdies steht es dem Verletzten frei, ob und gegen welchen Verletzer er vorgeht. Etwas anderes kann freilich gelten, wenn der Antragsteller zeitgleich von den Verstößen des Dritten und des Antragsgegners Kenntnis erlangt hat.⁴²⁵ Dann bedarf es der besonderen Begründung, weshalb zunächst nur der Dritte in Anspruch genommen wurde.

99   Die Dringlichkeit kann zu versagen sein, wenn der beanstandete Wettbewerbsverstoß bzw. die angegriffene **Verletzungshandlung bereits** vor Antragstellung, vor dem frühesten möglichen Entscheidungszeitpunkt des Gerichts oder der schnellst möglichen Vollziehung **beendet** ist und der Verstoß bzw. die Handlung seiner Natur nach erst nach längerer Zeit wiederholbar ist⁴²⁶, wie zB bei

---

⁴¹² OLG Köln GRUR-RR 2018, 95 – Bester Internet-Provider.
⁴¹³ OLG Karlsruhe WRP 1986, 232; Schultz/*Schweyer* MarkenG § 14 Rn. 307; Teplitzky/*Feddersen* Kap. 54 Rn. 24a.
⁴¹⁴ OLG Düsseldorf GRUR 1992, 189 – Blumenverkauf nach Ladenschluss.
⁴¹⁵ OLG Frankfurt a. M. NJW 1991, 49: sieben Anträge auf Verlängerung der Berufungsbegründungsfrist, zT um zwei bzw. vier Monate.
⁴¹⁶ Gegen andere Verletzer muss nicht zwingend im Wege des Eilrechtsschutz vorgegangen werden, so zu Recht: LG München I PharmaR 2019, 466.
⁴¹⁷ OLG Köln GRUR-RR 2018, 95 – Bester Internet-Provider; OLG Frankfurt a. M. GRUR-RS 2016, 08579 – Product Keys; OLG Hamburg GRUR-RR 2016, 124 – DDP-4-Hemmer; OLG Hamburg WRP 2015, 1137; OLG Celle GRUR-RR 2015, 481 – Dachreparaturen vor Ort; OLG Hamburg WRP 2013, 1209; GRUR-RR 2011, 376 – Thromboseprophylaxe der Extraklasse; OLG Köln WRP 2011, 362; OLG Hamburg WRP 2005, 1301; OLG Frankfurt a. M. WRP 1996, 1193.
⁴¹⁸ OLG Düsseldorf BeckRS 2011, 16625; InstGE 10, 124 – Inhalator.
⁴¹⁹ OLG Düsseldorf GRUR-RR 2017 – Vakuumgestütztes Behandlungssystem; OLG Stuttgart BeckRS 2016, 02118; OLG Frankfurt a. M. GRUR-RR 2014, 82 – Qualitätssprung; OLG Düsseldorf BeckRS 2014, 01174; OLG Stuttgart GRUR-RR 2005, 307 – e-motion/iMOTION; OLG Hamburg WRP 2005, 1301; NJOZ 2004, 471; OLG München GRUR-RR 2001, 92; OLG Celle OLGR 1996, 237; OLG Koblenz WRP 1973, 484; 1978, 835; OLG Köln WRP 1978, 556; OLG Frankfurt a. M. Mitt. 1981, 24. Vgl. aber auch OLG Hamburg NJW-RR 2002, 550.
⁴²⁰ KG WRP 1979, 305; OLG Stuttgart WRP 1973, 667.
⁴²¹ OLG Hamburg GRUR-RR 2008, 293 – Rotkoffer; LG Düsseldorf BeckRS 2012, 19359.
⁴²² OLG Frankfurt a. M. GRUR-RR 2014, 82 – Qualitätssprung; OLG Frankfurt a. M. BeckRS 2010, 21955; OLG Stuttgart OLGR 2009, 633 – Ordensphotos; KG GRUR-RR 2004, 303 – automobil TEST; OLG Hamburg NJOZ 2004, 471; OLG München Mitt. 1999, 223; OLG München OLGR 1992, 103; LG Düsseldorf BeckRS 2010, 23458; Ahrens Wettbewerbsprozess-HdB/*Singer* Kap. 45 Rn. 39. AA OLG Hamburg GRUR-RR 2008, 100 – ALLERSLIT forte; OLG Köln WRP 1997, 872 – Spring/Swing.
⁴²³ LG Hamburg NJOZ 2009, 1456.
⁴²⁴ KG BeckRS 2017, 120098; OLG Hamburg BeckRS 2013, 13419; GRUR-RR 2007, 73 – Parfümtester II; OLG Stuttgart GRUR-RR 2005, 307 – e-motion/iMOTION; LG Ulm BeckRS 2013, 22530.
⁴²⁵ OLG Frankfurt a. M. WRP 1996, 1193.
⁴²⁶ Großzügiger: OLG Köln GRUR-RS 2021, 7677 – Trainer-Foto und OLG Nürnberg GRUR-RR 2019, 64 – CurryWoschdHaus, die die Einstellung der Verletzungshandlung nach Zugang der Abmahnung genügen lassen. Nach OLG Hamburg BeckRS 2007, 08988 ist keine Dringlichkeit mehr gegeben, wenn die Verletzungshandlung mehrere Monate vor Antragstellung eingestellt worden ist.

einer Werbung für einen Weihnachts- oder Jubiläumsverkauf[427] oder bei einem auf einen bestimmten Zeitraum (Messe) beschränkten Unterlassungsantrag, wenn der Zeitraum beendet ist.[428] Der Erlass[429] oder die Bestätigung[430] einer einstweiligen Verfügung ist dann nicht mehr möglich; der Antragsteller kann auf das Hauptsacheverfahren verwiesen werden. Ein Verfügungsgrund ist ferner nicht gegeben, wenn der Antragsteller in einem zweiten Verfahren einen Verstoß geltend macht, hinsichtlich dessen bereits in einem ersten Verfahren eine Zurückweisung erfolgt ist.[431]

Gegen eine Dringlichkeit spricht indes nicht, dass eine Verletzungshandlung nur (noch) für einen **100** **kurzen Zeitraum unterbunden** werden kann, zB wegen der nur noch geringen Laufzeit des verletzten Schutzrechts.[432]

Erhebt der Antragsteller **vor oder zeitgleich** mit dem Antrag auf Erlass einer einstweiligen Verfügung eine **Hauptsacheklage** bringt er hiermit an sich zum Ausdruck, nicht dringend auf eine Eilentscheidung angewiesen zu sein.[433] Er wählt vielmehr „freiwillig" sofort den Weg der mehr Zeit in Anspruch nehmenden Verfahrensart. Soll gleichwohl von einer Dringlichkeit für den gleichzeitigen oder späteren Antrag auf Erlass einer einstweiligen Verfügung ausgegangen werden, muss der Antragsteller deshalb besondere (neue) Umstände vortragen, weshalb er neben bzw. zusätzlich zum laufenden Hauptsacheverfahren eine einstweilige Regelung dringend benötigt. Dies kann bspw. der Fall sein, wenn die Verletzungshandlung in erheblichem Maße intensiviert wurde, zB durch den Auftritt auf einer bedeutenden Messe, oder in Patentrecht- und Gebrauchsmusterstreitigkeiten liegt nunmehr eine erstinstanzliche Rechtsbestandsentscheidung vor.[434] Als neuer, die Dringlichkeit begründender Gesichtspunkt reicht hingegen nicht aus, dass der Verletzer nach Einreichung der Klage nicht bereit ist, sich freiwillig strafbewehrt dem Unterlassungsbegehren wenigstens für die Dauer des Hauptsacheverfahrens zu unterwerfen[435] oder der Antragsteller erst nachträglich erfährt, auf welche Art und Weise sich der Antragsgegner unbefugt Gegenstände angeeignet hat, mit Hilfe derer er den bereits bekannten Verstoß begeht.[436]

Ein Argument für die Dringlichkeit kann eine erforderliche **Auslandzustellung** sein, die zu einer **102** erheblichen Verzögerung des Verfahrens führt, so dass bis zum Erlass eines Titels in einem Hauptsacheverfahren sehr viel Zeit vergehen würde.[437]

5. Interessensabwägung. Auch im gewerblichen Rechtsschutz ist vor Erlass einer einstweiligen **103** Verfügung stets eine Interessensabwägung vorzunehmen, die – soll dem Antrag stattgegeben werden – zu Gunsten des Antragstellers ausfallen muss. Zu den Gesichtspunkten, die in die Interessensabwägung einzustellen sind, → Rn. 64. Eine Ausnahme besteht im Anwendungsbereich des § 12 Abs. 1 UWG (§ 12 Abs. 2 UWG aF) und des § 140 Abs. 3 MarkenG. Aufgrund dieser gesetzlichen Vermutungen ist das Ergebnis der Interessensabwägungen vorweggenommen. Eine solche muss folglich nur dann vom Gericht angestellt werden, wenn die Dringlichkeitsvermutung widerlegt ist.

Im **Patent- und Gebrauchsmusterrecht** wird den Interessen des Antragstellers grds. der Vorrang **104** eingeräumt, wenn der Verfügungsanspruch glaubhaft gemacht und der Rechtsbestand des Verfügungsschutzrechts hinreichend gesichert ist.[438] Die mit einer einstweiligen Verfügung einhergehenden beträchtlichen Folgen für den Antragsgegner ändern daran grds. nichts. Sie beruhen auf dem Ausschließlichkeitsrecht und sind für sich kein Grund, die Interessen des Verletzten zurücktreten zu lassen, für den idR bereits die Tatsache einen erheblichen Nachteil darstellt, dass er ohne die begehrte einstweilige Verfügung sein zeitlich befristetes Recht bis zum Erlass eines Urteils im Hauptsacheverfahren nicht durchsetzen kann und damit für diesen Zeitraum endgültig verliert.[439] Will der Antragsgegner bei glaubhaftgemachten Verfügungsanspruch und einem hinreichend sicheren Rechts-

---

[427] OLG Karlsruhe NJW-RR 1987, 1206; OLG Hamm WRP 1985, 435; Harte-Bavendamm/Henning-Bodewig/*Retzer* UWG § 12 Rn. 333; Köhler/Bornkamm/Feddersen/*Köhler* UWG § 12 Rn. 2.18. Kritisch *Melullis* Rn. 163a ff.
[428] OLG Hamm WRP 1981, 224; OLG Koblenz GRUR 1978, 718 – Eröffnungsangebot.
[429] OLG München BeckRS 2008, 42109; OLG Düsseldorf WRP 1974, 94.
[430] OLG Saarbrücken WRP 1979, 76; OLG Celle WRP 1975, 158; OLG Hamburg WRP 1973, 591; OLG Köln WRP 1972, 587. AA OLG Hamburg WRP 1979, 909; OLG Hamm WRP 1975, 372. Ahrens Wettbewerbsprozess-HdB/*Singer* Kap. 45 Rn. 14.
[431] OLG Frankfurt a. M. GRUR-RR 2014, 159 – Schneller kann keiner.
[432] OLG München Mitt. 1999, 223.
[433] OLG Hamburg GRUR-RR 2021, 474 – HALO; OLG Düsseldorf 28.7.2014 – 20 W 48/14; OLG Karlsruhe WRP 2001, 425; OLG Hamm GRUR 1985, 454 – Hauptsache und gleichzeitige eV. Ahrens Wettbewerbsprozess-HdB/*Singer* Kap. 45 Rn. 50; *Berneke/Schüttpelz* Rn. 188; Fezer/*Büscher*, Lauterkeitsrecht, § 12 Rn. 65; Ohly/Sosnitza/*Sosnitza* UWG § 120 Rn. 118. Weniger streng: Ekey/Bender/Fuchs-Wissemann/*Ekey* MarkenR § 14 Rn. 601; *Melullis* Rn. 176.
[434] OLG Düsseldorf BeckRS 2011, 16625; InstGE 10, 124 – Inhalator.
[435] OLG Hamm GRUR 1985, 454 – Hauptsache und gleichzeitige eV.
[436] OLG Karlsruhe WRP 2001, 425.
[437] OLG Düsseldorf InstGE 3, 238 – LCD-Monitor.
[438] OLG Düsseldorf GRUR-RS 2019, 33226 – Wärmedämmelement II; OLG Düsseldorf BeckRS 2016, 09775; OLG Düsseldorf BeckRS 2011, 139629; OLG Düsseldorf GRUR-RS 2011, 26945 – Wärmedämmelement.
[439] LG Düsseldorf BeckRS 2011, 26929.

105 Im **Designrecht** ist das Ergebnis der Interessensabwägung offener. Es findet zwar Berücksichtigung, dass Schutzrechte im geschäftlichen Verkehr zu Zwecken des Wettbewerbs verletzt worden sind, weshalb Wiederholungen vermutet werden, deren alsbaldige Abstellung im Interesse des Verletzten liegt. Auch wird in Rechnung gestellt, dass dem Antragsteller bei Zuwarten eine nachhaltige Schwächung der Originalität seines Designs droht.[440] Wegen der nur summarischen Prüfung der Schutzrechtslage und der Verletzungsfrage, den schweren Folgen für den Antragsgegner und der Möglichkeit des Antragstellers, erlittenen Schaden durch die Berechnungsmöglichkeiten nach der Lizenzanalogie und der Gewinnabschöpfung geltend zu machen, ist ein rgm Vorrang der Interessen des Antragstellers jedoch nicht anerkannt.[441]

106 Im **Urheberrecht** sind iRd Interessenabwägung,[442] wegen der Notwendigkeit eines wirksamen Schutzes keine besonders strengen Anforderungen an die Darlegung der Eilbedürftigkeit zu stellen.[443] Bei gewichtigen Zweifeln an der Schutzrechtsverletzung geht die Interessensabwägung indes idR zu Ungunsten des Antragstellers aus.[444]

107 Auch bei Verstößen gegen das **GeschGehG** sind bei der Interessensabwägung keine überzogenen Anforderungen an die Dringlichkeit anzulegen. Das Wesen eines Geheimnisses ist es, nur einem begrenzten Personenkreis bekannt zu sein. Wird es verwendet oder weiterverbreitet, verliert es demzufolge – sehr schnell – seinen Charakter, weshalb zwecks effektiven Rechtsschutzes rgm eine zügige Rechtsdurchsetzung erforderlich ist.[445]

108 **6. Rechtsprechungsbeispiele.** Ohne Anspruch auf Vollständigkeit sind im Folgenden Entscheidungen aufgeführt, die sich mit (weiteren) konkreten Fragen der Dringlichkeit beschäftigen. Der besseren Übersichtlichkeit halber sind die Entscheidungen nach Rechtsgebieten aufgeteilt.

109 **a) Patent- und Gebrauchsmusterrecht.** Beispiele, in denen die **Dringlichkeit angenommen** wurde: Antragsteller unterlässt einen Eilantrag trotz bestehender Erstbegehungsgefahr, da in der tatsächlichen Verletzung des Schutzrechts ein neuer dringlichkeitsbegründender Umstand zu sehen war;[446] Abwarten bis zur Verletzungshandlung, da zuvor zugesandtes Muster nicht auf den Markt gekommen ist;[447] trotz der Ankündigung des Gegners, einen Parallelimport zu beabsichtigen, Antrag mehr als elf Monate später nachdem bei Überprüfung der AMIS/DIMDI-Datenbank Parallelimport festgestellt wurde, weil Antragsteller zuvor weder Parallelimportzulassung und/oder die erforderliche Änderungsanzeige beim BfArM bekannt war;[448] angemessener Zeitaufwand für die Untersuchung der angegriffenen Ausführungsform;[449] Einholung eines zweiten Sachverständigengutachtens;[450] sieben Wochen zwischen Testkauf und Antrag wegen erforderlicher Untersuchungen;[451] zügig geführte, erfolgversprechende Vergleichsgespräche vor dem Antrag auf Erlass einer einstweiligen Verfügung;[452] Antrag ein Monat nach Aushändigung des Sachverständigengutachtens des selbständigen Beweissicherungsverfahrens;[453] eineinhalb Monate zugewartet wegen vorheriger Abmahnung und ausdrücklich erwünschter Fristverlängerung seitens des Antragsgegners;[454] Abwarten bis zur ersten kontradiktorischen Entscheidung über den Rechtsbestand des Patents;[455] Zuwarten bis die Entscheidungsgründe im

---

[440] OLG Düsseldorf BeckRS 2012, 16130. Auf die Notwendigkeit einer sorgfältigen Interessensabwägung weisen auch Eichmann/Jestaedt/Fink/Meiser/*Eichmann*/*Jestaedt* Design § 42 Rn. 102 hin.
[441] OLG Düsseldorf GRUR-RR 2009, 142 – Crocs.
[442] OLG Jena BeckRS 2015, 19437; OLG München ZUM-RD 2012, 479 – Das unlesbare Buch; OLG Dresden ZUM 2000, 955; OLG München NJW 1996, 1157; LG Hamburg BeckRS 2017, 112908; LG Leipzig BeckRS 2004, 18011.
[443] OLG Frankfurt a. M. GRUR-RR 2017, 298 – Werbefilm.
[444] OLG Naumburg GRUR-RR 2013, 135 – Dringlichkeit; LG Köln ZUM-RD 2014, 440.
[445] Ebenso BeckOK/*Spieker* GeschGehG § 6 Rn. 46 und BeckOK/*Gregor* § 16 Rn. 15a, die allerdings von einer analogen Anwendung des § 12 Abs. 1 UWG ausgehen.
[446] OLG München Mitt. 1999, 223.
[447] OLG Düsseldorf BeckRS 2010, 22203.
[448] OLG Düsseldorf BeckRS 2016, 03691.
[449] OLG Düsseldorf GRUR-RS 2021, 32434 – Cinacalcet IV; OLG Düsseldorf GRUR-RR 2013, 236 – Flupirtin-Maleat; OLG Hamburg GRUR 1987, 899 – Verbandsmaterial; OLG Düsseldorf Mitt. 1982, 230 – Warmhaltekanne; LG Düsseldorf GRUR 1980, 989 – Sulfaveridin.
[450] OLG Düsseldorf GRUR-RS 2021, 32434 – Cinacalcet IV; OLG Düsseldorf GRUR-RR 2013, 236 – Flupirtin-Maleat.
[451] LG Düsseldorf BeckRS 2009, 26666.
[452] LG Düsseldorf 27.5.1986 – 4 O 93/86.
[453] LG Düsseldorf BeckRS 2013, 06156.
[454] OLG Düsseldorf BeckRS 2012, 7763.
[455] OLG Düsseldorf BeckRS 2016, 09775; GRUR-RS 2016, 03306 – Ballonexpandierbare Stents; OLG Düsseldorf InstGE 10, 124 – Inhalator.

Rechtsbestandsverfahren vorliegen;[456] Abwarten der Einspruchsbeschwerde- oder Nichtigkeitsberufungsentscheidung, auch bei einer positiven Entscheidung, wenn zB berechtigte Zweifel an der Richtigkeit der zugunsten des Patentinhabers getroffenen und vom Gegner angefochtenen Einspruchs- bzw. Nichtigkeitsentscheidung bestehen, so dass mit einer Kassation gerechnet werden muss;[457] ein Monat nach Kenntnis der Gründe der Rechtsbestandsentscheidung;[458] Gewähren lassen eines Dritten mit gleichartigen Verstößen;[459] paralleles Hauptsacheverfahren, solange in diesem noch kein rechtskräftiger Titel vorhanden ist;[460] nach einem Gerichtswechsel unmittelbarer Antrag beim zweitem Gericht;[461] in Kenntnis eines auf einer Messe ausgestellten Prototyps Abwarten bis zur tatsächlichen Verletzungshandlung;[462] intensive Gespräche vor Markteinführung des Verletzungsgegenstandes, die ohne Ergebnis beendet werden;[463] Antragsgegner bezieht die angegriffene Ausführungsform aus dem Ausland, so dass eine einstweilige Verfügung nicht so hart wie eine im Inland einen Hersteller trifft;[464] ungehinderter Vertrieb der angegriffenen Ausführungsform gefährdet den Abschluss neuer und die Abwicklung bereits bestehender Lizenzverträge;[465] Arbeitsüberlastung durch eine Vielzahl von Verletzern und Verletzungsprodukten;[466] zunächst wegen unbestimmter Parteibezeichnung unzulässiger Verfügungsantrag.[467]

Die **Dringlichkeit verneint** wurde hingegen in folgenden Bsp.: Angriff einer Ausführungsform wegen nur eines Patents, obwohl von Anfang an erkennbar war, dass auch ein weiteres verfügungstaugliches Patent verletzt wird;[468] bereits seit längerem bestehende Möglichkeit, vor Erhebung einer negativen Feststellungsklage in einem anderen Mitgliedstaat eine Patentverletzungsklage zu erheben, und zwar auch dann, wenn wenige Tage nach Bekanntmachung des Hinweises auf die Erteilung des europäischen Patents gegen dieses Einspruch eingelegt worden ist;[469] nicht allein der Umstand, dass Antragsteller wegen einer negativen Feststellungsklage daran gehindert ist, sein Hauptsachebegehren durchzusetzen („Torpedo");[470] (beabsichtigte) Verwertung des Patents allein durch Lizenzvergabe;[471] sechsmonatiges Zuwarten in Kenntnis des Verstoßes ohne sachlichen Grund;[472] ungebührliche Verzögerung des Rechtsschutzbegehrens bei vom Antragsteller initiierten Gerichtswechsel und identisch lautenden Verfügungsantrag;[473] dreimonatiges Zuwarten mit der Bestellung der angegriffenen Ausführungsform;[474] nur Verweis auf bevorstehende, alljährlich weltweit bedeutsamen Messe;[475] parallel betriebenes Hauptsacheverfahren, in dem bereits Haupttermin bestimmt ist und Verhandlungen über den Abschluss eines Lizenzvertrages stattgefunden haben;[476] nach Kündigung eines Lizenzvertrages vergewissert sich der Patentinhaber nicht, ob der Lizenznehmer die Benutzung des Patents einstellt;[477] Antragsteller besitzt Kenntnis davon, dass ein ausländisches Unternehmen Verletzungsgegenstände (auch) im Inland anbietet, gleichwohl bleibt er trotz Erreichbarkeit des Ausländers für ein inländisches Gerichtsverfahren mehrere Monate untätig und nimmt erst geraume Zeit später, nachdem er erfahren haben will, dass die (deutsche) Antragsgegnerin als Vertriebstochter in die inländischen Verletzungshandlungen des Ausländers verstrickt ist, die Antragsgegnerin in Anspruch;[478] Nichtverfolgung des Vertriebs der angegriffenen Ausführungsform durch konzernverbundene Gesellschaft seit ca. einem Jahr;[479] das Versäumen eines die Dringlichkeit wahrendes Vorgehen gegen den Alleinimporteur lässt

---

[456] OLG Düsseldorf GRUR-RS 2016, 03306 – Ballonexpandierbare Stents; OLG Düsseldorf BeckRS 2016, 09775; 2011, 16625. Im Einzelfall kann auch auf die Gründe der nicht mehr anfechtbaren Entscheidung der 2. Instanz gewartet werden: OLG Düsseldorf GRUR-RR 2017 – Vakuumgestütztes Behandlungssystem.
[457] OLG Düsseldorf BeckRS 2016, 09775.
[458] LG Düsseldorf BeckRS 2011, 01856.
[459] OLG Frankfurt a. M. GRUR 2002, 236 – Eilbedürfnis in Patentsachen. Vgl. aber auch: OLG München OLG-Report 1994, 233; LG München I 21.8.2003 – 7 O 13589/03.
[460] OLG Düsseldorf BeckRS 2016, 09775; InstGE 10, 124 – Inhalator; OLG Düsseldorf 8.1.2001 – 2 U 102/01.
[461] LG Düsseldorf BeckRS 2012, 19488.
[462] LG Hamburg BeckRS 2013, 11165. Vgl. auch OLG München Mitt. 1999, 223.
[463] LG Hamburg BeckRS 2013, 11165.
[464] LG Düsseldorf BeckRS 2011, 26929.
[465] LG Düsseldorf BeckRS 2012, 04046. Anders noch LG Düsseldorf GRUR 2000, 692.
[466] OLG München BeckRS 2000, 3084; LG München I 13.2.2014 – 7 O 24910/13.
[467] OLG Düsseldorf GRUR-RS 2016, 21061 – Kantenleimmaschine.
[468] OLG Düsseldorf GRUR-RR 2021, 465 – Cinacalcet III; OLG Düsseldorf BeckRS 2017, 162096; LG Düsseldorf InstGE 5, 64 – Kleberoller.
[469] LG Düsseldorf GRUR-Int 2002, 692.
[470] LG Düsseldorf GRUR 2000, 692.
[471] LG Düsseldorf GRUR 2000, 692.
[472] OLG Karlsruhe GRUR 1978, 116 – DTOS.
[473] OLG Düsseldorf InstGE 10, 60 – Olanzapin II; OLG Düsseldorf GRUR-RR 2005, 102 – Elektrischer Haartrockner.
[474] OLG Düsseldorf GRUR 1994, 508 – Dringlichkeit.
[475] LG Hamburg Mitt. 1996, 315; LG Düsseldorf Mitt. 1980, 117; LG Braunschweig GRUR 1975, 669.
[476] OLG Karlsruhe GRUR-RR 2009, 442 – Vorläufiger Rechtsschutz.
[477] OLG Düsseldorf 15.5.2012 – 2 W 11/12.
[478] OLG Düsseldorf BeckRS 2014, 01174.
[479] KG BeckRS 2015, 11082.

Dringlichkeit für das Vorgehen gegen Abnehmer entfallen;[480] Antragsteller macht erst im Berufungsverfahren weiteren Lebenssachverhalt im Wege der Klagehäufung geltend, der bereits zum Zeitpunkt des Erlasses der einstweiligen Verfügung bestand;[481] Zuwarten mit einer Sicherungsverfügung betreffend einen Vindikationsanspruch mehr als anderthalb Jahre seit Offenlegung der Anmeldung,[482] Warten auf die schriftlichen Entscheidungsgründe der Technischen Beschwerdekammer ohne Darlegung eines triftigen Grundes, weshalb diese für einen erfolgversprechenden Verfügungsantrag erforderlich sind.[483]

111   **b) Unlauterer Wettbewerb.** Die Dringlichkeitsvermutung des § 12 Abs. 1 UWG (§ 12 Abs. 2 UWG aF) wurde als **nicht widerlegt** bspw. in folgenden Konstellationen angesehen: Bemühen um gütliche Einigung aufgrund positiver Erfahrungen;[484] Terminverlegungsantrag, der zu einer Verzögerung des Verfahrens um sechs Wochen führte;[485] Einreichen der Beschwerdebegründung fünfzehn Tage nach Ablauf der Beschwerdefrist;[486] ein Monat nach Kenntnisnahme des neuen Produkts im Einzelhandel und im Online-Shop;[487] Einreichung des Antrags nachdem der Antragsgegner das beanstandete Verhalten eingestellt hat;[488] Antragsteller gibt nach telefonischem Hinweis des Gerichts zu Bedenken gegen den Eilantrag zunächst keine Erklärung dazu ab, ob er den Eilantrag zurücknimmt;[489] Prüfung schwieriger Rechtsfragen;[490] Vorbringen neuer Tatsachen in der mündlichen Verhandlung;[491] Terminverlegung aus Gründen, die aus der Sphäre des Gerichts stammen;[492] Verzicht auf Vollstreckungsmaßnahmen;[493] Kenntnisnahme einer Anzeige durch Vorstandsmitglieder zwei Monate bevor der in der Rechtsabteilung des Antragstellers für die gerichtliche und außergerichtliche Koordinierung und Betreuung wettbewerbsrechtlicher Auseinandersetzungen zuständige Mitarbeiter die Anzeige zur Kenntnis genommen;[494] wettbewerbswidriger Hinweis war schon früher unauffällig in einer Produktinformation enthalten, erscheint dann aber in einer Zeitschriftenanzeige zum Teil in der Überschrift;[495] Werbung wird nun auch auf einer Messe geschaltet;[496] Vorgängermodell wird in gleicher Weise beworben, unterscheidet sich jedoch in der technischen Ausgestaltung vom nunmehr beworbenen Produkt;[497] wettbewerbswidrige Werbung mit einem nicht vorhandenen Unternehmensstandort an einem Ort, der nicht derselbe ist wie ein bereits zuvor wettbewerbswidrig als Unternehmensstandort bezeichneter Ort, wenn die konkreten Verhältnisse vor Ort jew. unterschiedlich sind oder zumindest sein können;[498] frühere Werbung für dasselbe Produkt enthielt bereits ein Foto mit inhaltlich gleichem Bildmotiv wie die angegriffene Werbung, aber die dazu verwendeten Slogans sind auch in der Zusammenschau mit dem Bildmotiv in ihrer Aussage thematisch anders;[499] manche der werblichen Aussagen auf dem angegriffenen Produkt waren bereits zuvor auf anderen Produkten der Antragsgegnerin verwendet worden, die Verwendung erfolgt jedoch nicht mit der streitgegenständlichen Produktbezeichnung, so dass keine Kerngleichheit anzunehmen war;[500] Monate zuvor Diskussionen über das wettbewerbswidrige Verhalten in Internet-Foren, jedoch ohne klare Rechtsberührung, so dass eine konkrete Verletzungshandlung noch nicht dargelegt und glaubhaft gemacht werden konnte;[501] Hinnahme von Vorbereitungshandlungen und Planungen für mehr als ein Jahr bis zum Zeitpunkt, in dem der (künftige) Rechtsverstoß hinreichend sicher feststeht;[502] Nachschieben einer weiteren Beanstandung, von deren Umstände der Verfügungskläger erst während des Verfahrens Kenntnis erlangt hat;[503] Vorbringen weiterer neuer Umstände, die den erhobenen Unlauterkeitsvorwurf nicht für sich alleine tragen, sondern nur zur Gesamtwürdigung beitragen.[504] drei Wochen

---

[480] OLG München OLGR 1994, 233.
[481] OLG Düsseldorf GRUR-RR 2011, 350 – Pramipexol.
[482] OLG München BeckRS 2016, 14741.
[483] OLG Düsseldorf GRUR-RR 2017, 477 – Vakuumgestütztes Behandlungssystem.
[484] LG Köln CIPR 2012, 90.
[485] OLG Frankfurt a. M. GRUR-RS 2013, 10983 – Commedyvideos.
[486] OLG Frankfurt a. M. GRUR-RS 2013, 10983 – Commedyvideos.
[487] OLG Köln BeckRS 2013, 16548; 2013, 07427.
[488] OLG München WRP 2014, 591.
[489] OLG Frankfurt a. M. MMR 2009, 564.
[490] OLG Frankfurt a. M. WRP 1990, 836.
[491] OLG Hamburg NJW-RR 1987, 36.
[492] LG Hamburg BeckRS 2013, 06713.
[493] OLG Bremen BeckRS 2011, 16475.
[494] OLG Köln NJW-RR 1999, 694.
[495] OLG Stuttgart NJW-RR 1997, 1331.
[496] OLG Frankfurt a. M. Mitt. 1981, 24.
[497] OLG Hamburg WRP 2006, 1152.
[498] OLG Celle GRUR-RR 2015, 481 – Dachreparaturen vor Ort.
[499] OLG Hamburg BeckRS 2006, 06253.
[500] OLG Hamburg WRP 2015, 1137.
[501] OLG Düsseldorf NJW-RR 2015, 36.
[502] OLG Stuttgart BeckRS 2016, 02118.
[503] OLG Frankfurt a. M. WRP 2014, 1482.
[504] OLG Frankfurt a. M. GRUR-RR 2017, 278 – Belästigung in Fahrzeugschlange.

zwischen Auswertung der (beanstandeten) umfangreichen Werbesendung im TV und deren Ausstrahlung;[505] zehn Wochen zwischen Kenntnis vom Wettbewerbsverstoß und Verfügungsantrag, innerhalb derer eine nach den Umständen des Falles sachgerechte, sofort nach Kenntnis beauftrage Verkehrsbefragung eingeholt wurde;[506] fünfeinhalb Wochen zwischen Kenntniserlangung und Verfügungsantrag, wobei zweieinhalb Wochen keine Tätigkeit erfolgte;[507] Verlängerung der Berufungsbegründungsfrist um zwei Wochen, die nicht voll ausgeschöpft wird;[508] Warten auf die Reaktion auf eine Abmahnung;[509] Einreichung des Antrags einen Tag nach Ablauf der – ohne konkrete Uhrzeit – gewährten Fristverlängerung für die Abgabe einer Unterlassungsverpflichtungserklärung;[510] Parallelimporteur eines Arzneimittels, der die Gebrauchsinformation des Pharmaunternehmens übernommen hatte, geht nach mehr als sechs Monaten nach Erhalt wegen eines fehlenden Hinweises in der Gebrauchsinformation, den er nicht bemerkt hatte, gegen das Pharmaunternehmen vor;[511] nunmehr Veröffentlichung von Werbeanzeigen während vorher nur Hinweis- und Werbeschilder angebracht worden waren;[512] Antrag wird bloß neugefasst;[513] „sachgerechte Formulierung" des Antrags, so dass nicht nur Teilbereiche erfasst werden;[514] Auswechseln der Norm auf die der Verstoß gestützt wird;[515] nur vorrübergehende Duldung beanstandeter Werbung;[516] kein Vorgehen gegen gleichartige Verstöße Dritter;[517] Verweisungsantrag an das zuständige Gericht;[518] Anrufung eine unzuständigen Gerichts;[519] Verfahrensverzögerung infolge eines durch das OLG zu entscheidenden Zuständigkeitsstreits zwischen Zivilkammer und KfH, an die auf Antrag verwiesen werden sollte, die der Antragsteller nicht voraussehen konnte;[520] Einstellung des beanstandeten Verhaltens.[521]

Die **Vermutung** des § 12 Abs. 1 UWG (§ 12 Abs. 2 UWG aF) wurde bspw. als **widerlegt** **112** angesehen bei: auf Hinweis der Berufungsinstanz, dass Bedenken an der Aktivlegitimation bestehen, Flucht in die Säumnis;[522] mehrfache Versuche der Anspruchsdurchsetzung;[523] Rücknahme der (vor einem anderen Gericht anhängigen) Beschwerde gegen die Zurückweisung des Antrages nach Anhörung des Gegners wegen befürchteter Erfolglosigkeit;[524] kein Vorgehen gegen früheren kerngleichen Verstoß;[525] Antragsgegner schließt sich einem weitverbreiteten Wettbewerbsverhalten an, das jahrelang unbeanstandet geblieben ist;[526] Verstoß konnte wegen rgm Überprüfung nach einer Beanstandung gegenüber einer Online-Plattform nicht verborgen geblieben sein;[527] Antragsteller will Werbeauftritt untersagen, den er (jahrelang) selbst bis kurz vor der Abmahnung getätigt hat und mit dem er nach wie vor liebäugelt;[528] Antragsteller hat bereits Hauptsacheklage erhoben und einen zu weit gefassten Klageantrag zurückgenommen, und versucht nunmehr einen über den Hauptsacheantrag hinaus gehenden Antrag im Verfügungsverfahren geltend zu machen;[529] Antragsteller nimmt einen Verletzer, zwei Monate nach einem anderen Verletzer in Anspruch;[530] alleiniger Geschäftsführer einer GmbH wird erst mehr als ein Jahr nach GmbH in Anspruch genommen, wobei Antragstellerin bewusst war, dass der Geschäftsführer aufgrund seiner Stellung von der Verletzungshandlung der GmbH Kenntnis haben musste;[531] Antragsteller wartet eine Entscheidung in einem anderen Verfahren ab, in dem die Stellung als Mitbewerber festgestellt wird, obgleich die Tatsachen, die die

---

[505] OLG Bamberg BeckRS 2014, 06092.
[506] OLG Nürnberg Mitt. 1986, 54.
[507] OLG Hamburg 21.1.2021 – 15 W 46/20.
[508] OLG München NJOZ 2002, 1450.
[509] OLG Düsseldorf 4.1.2016 – 15 W 36/15; OLG Köln NJWE-WettbR 1999, 252.
[510] OLG Hamburg GRUR-RR 2018, 27 – HSA-Frei.
[511] OLG Hamburg GRUR-RR 2002, 277 – Kenntnis der Lücke.
[512] OLG Koblenz WRP 1973, 484.
[513] OLG Düsseldorf WRP 1985, 346.
[514] OLG München OLGR 1998, 376.
[515] OLG Düsseldorf BeckRS 2014, 21936.
[516] OLG Bremen WRP 1987, 250.
[517] OLG Hamburg WRP 2014, 1209.
[518] KG GRUR-RR 2019, 34 – Influencerin; OLG Stuttgart GRUR-RR 2014, 521 – Mark Brandenburg.
[519] OLG Saarbrücken GRUR-RR 2017, 280 – Clever+Partnerprogramm; OLG Düsseldorf BeckRS 2014, 21936.
[520] OLG Frankfurt a. M. BeckRS 2015, 09140.
[521] OLG Oldenburg BeckRS 2021, 29492; OLG München WRP 2014, 591.
[522] OLG Celle MMR 2009, 483.
[523] OLG Hamburg GRUR 2007, 614 – Forum Shopping, vgl. → Rn. 28 f.
[524] OLG Frankfurt a. M. GRUR-RR 2002, 44 – Eilantrag.
[525] OLG Frankfurt a. M. WRP 2017, 94; OLG Hamburg GRUR-RR 2016, 124 – DDP-4-Hemmer; OLG Hamm BeckRS 2014, 18345; OLG Frankfurt a. M. GRUR-RR 2013, 302 – Zählrate; OLG Köln WRP 2011, 362 – Konsumenten-Test.
[526] OLG Frankfurt a. M. NJWE-WettbR 1997, 23.
[527] OLG Frankfurt a. M. GRUR-RR 2019, 63 – Mastschellen.
[528] LG Ingolstadt WRP 2015, 1364.
[529] OLG Brandenburg NJOZ 2012, 967.
[530] OLG Hamburg GRUR-RR 2005, 312 – NEWS.
[531] OLG Köln GRUR-RS 2020, 14478 – verwirrende Unternehmensstruktur.

Mitbewerbereigenschaft begründen, von Anfang an vorlagen;[532] vorheriger Antrag auf Gerichtsstandsbestimmung nach § 36 Nr. 3;[533] volle Ausschöpfung der Berufungs- und Begründungsfristen;[534] nach Ausschöpfung der Berufungs- und Berufungsbegründungsfrist Antrag, den Berufungstermin vorzuverlegen oder auf einen späteren Termin zu verlegen, um einem auswärtigen Anwalt Gelegenheit zur Teilnahme zu geben;[535] mehrfacher Antrag auf Terminsverlegung;[536] Zustimmung des Antragstellers zum Antrag des Antragsgegners einen für Anfang April bestimmten Termin „bis in den Mai" zu verlegen;[537] Stillhalteabkommen mit anderen Verletzern wegen gleichartiger Verstöße;[538] Abmahnung mit kurzer Frist, danach aber mehrere Wochen zugewartet;[539] trotz erkennbar erfolgloser außergerichtlicher Bemühungen um eine Einigung zwei Monate mit Antragstellung gewartet;[540] Abwarten der Deckungszusage der Rechtsschutzversicherung ohne wirtschaftliche Notlage;[541] Einreichen einer Beschwerdebegründung weit nach Ablauf der Beschwerdefrist und Terminverlegungsantrag;[542] verspätete Darlegung des maßgeblichen Verkehrsverständnisses;[543] Ergänzung des Vortrages ohne hinreichend nachvollziehbare Gründe erst nach fünfeinhalb Wochen nachdem es bereits bei der Einreichung des Verfügungsantrags zu einer (für sich genommen nicht dringlichkeitsschädlichen) Verzögerung gekommen ist;[544] Terminverlegungsantrag zwei Wochen nach Ladung und Inkaufnahme einer Verhandlung sechs Wochen später sowie Stellungnahme sieben Wochen nach Fristablauf;[545] trotz Kenntnis von einem Verstoß gegen das Unterlassungsgebot fast dreimonatiges Zuwarten mit Vollstreckungsantrag.[546]

113 c) **Markenrecht.** Beispiele, in denen die **Dringlichkeit angenommen** bzw. die Vermutung der Dringlichkeit als nicht widerlegt angesehen wurde: erhebliche Intensivierung der Verletzungshandlung durch Einstellen der Werbung ins Internet;[547] Untätigkeit nach bloßer Anmeldung und Eintragung einer Marke;[548] aus einer vagen Ankündigung lässt sich keine Erstbegehungsgefahr für konkrete Kennzeichenverletzung ableiten, so dass bis zur Begehung zugewartet werden kann;[549] Eintritt einer Zäsur, die das unmittelbare Bevorstehen von Verletzungshandlungen wesentlich wahrscheinlicher macht;[550] Gewährung einer Stellungnahmefrist auf eine Abmahnung von ca. einer Woche und Antragstellung ca. drei Wochen nach Zugang der Stellungnahme;[551] Antragstellung nach nicht fristgerechter Abgabe einer Unterlassungserklärung innerhalb eines Zeitraums weniger als einen Monat nach Kenntnisnahme;[552] Überschreiten der durch Kenntnisnahme eines Eintrages in die Lauer-Taxe beginnenden „Ein-Monatsfrist" um fünf Tage, um die gebotene weitere Aufklärung vorzunehmen;[553] „gute vier Wochen später" nach Online-Recherche;[554] Antragsgegner hat sich geraume Zeit nach erstmaliger Kenntnis durch Antragstellerin weitere (branchenferne) Vertriebskanäle eröffnet;[555] mehrere Monate nach bekanntgewordener Markenanmeldung beim HABM, die die Dringlichkeitsfrist an sich in Gang setzte, erscheint ein Zeitungsartikel, dem erstmals konkret die Markteinführung eines realen Produktes entnommen werden kann;[556] ca. drei Jahre nach erster Kenntnisnahme der angegriffenen Produkte wird Marke eingetragen, die erstmals eine qualitativ andere Anspruchsgrundlage bietet;[557] keine Überwachung von Internetseiten ohne Anfangsverdacht;[558] keine ständige Überprüfung neu veröffentlichter

---

[532] OLG Düsseldorf 12.2.2015 – 15 U 143/14.
[533] OLG Brandenburg WRP 2014, 1219.
[534] OLG München GRUR 1980, 329 – Vertriebsunternehmen.
[535] OLG Hamm GRUR 1992, 864 – Verlegungsantrag.
[536] OLG Hamm GRUR-RS 2021, 9240.
[537] OLG Hamm NJWE-WettbR 1996, 164.
[538] OLG Koblenz WRP 1991, 670.
[539] OLG Celle WRP 2014, 478.
[540] OLG Brandenburg GRUR-RS 2020, 17750 – Tierbedarf.
[541] OLG Celle WRP 2014, 478.
[542] OLG Frankfurt a. M. GRUR-RS 2013, 10983 – Wegfall der Dringlichkeit.
[543] OLG Hamburg NJOZ 2013, 1290.
[544] OLG Hamburg GRUR-RS 2019, 9190 – neutropenisches Fieber.
[545] LG München I 31.10.2013 – 7 O 15240/13.
[546] OLG Köln WRP 2017, 891.
[547] OLG Stuttgart GRUR-RR 2005, 307 – e-motion/iMOTION; LG Hamburg BeckRS 2014, 01258 (Werbung in Zeitschrift).
[548] OLG Düsseldorf GRUR-RS 2019, 39040 – Kiesgrube; OLG Hamburg NJWE-WettbR 1998, 202.
[549] OLG Frankfurt a. M. GRUR-RR 2016, 448 – Apfelweinlokal.
[550] OLG Köln ZVertriebsR 2019, 359; OLG Frankfurt a. M. GRUR-RR 2017, 220 – ICANN.
[551] LG Düsseldorf GRUR-RR 2006, 133.
[552] LG Düsseldorf BeckRS 2012, 19359.
[553] OLG Köln WRP 2014, 1085 – L-Thyrox.
[554] LG Düsseldorf BeckRS 2016, 12619.
[555] OLG Stuttgart GRUR-RR 2002, 381 – Hot Chili.
[556] LG Hamburg BeckRS 2014, 01238.
[557] OLG Hamburg GRUR-RR 2008, 293 – Rotkoffer.
[558] OLG Hamburg GRUR-RR 2004, 245 – magenta. Vgl. auch OLG Köln MD 1999, 70 – NEURO Nachrichten.

Markeneintragungen;⁵⁵⁹ Zeichen wurde zunächst nur als Unternehmenskennzeichen verwendet, später als Marke für das angegriffene Produkt;⁵⁶⁰ Antrag ca. eineinhalb Monate nach Abschluss außergerichtlicher Vergleichsverhandlungen;⁵⁶¹ Angebot einer Aufbrauchfrist sowie Angebot der unbegrenzten Weiternutzung des Unternehmenskennzeichen im Rahmen von Vergleichsverhandlungen;⁵⁶² Vergleichsgespräche, in denen über den Verkauf des Schutzrechts oder eine Tolerierung des angegriffenen Zeichens gegen Zahlung einer Abfindungssumme verhandelt wird;⁵⁶³ Erweiterung des Antrags um eine weitere Marke ca. drei Monate nach Antragstellung;⁵⁶⁴ hohe Marktpräsens;⁵⁶⁵ trotz Kenntnis der Absicht von der Eröffnung eines Museums und seinem Gegenstand, Antragstellung erst nachdem aufgrund einer Presseveröffentlichung Kenntnis vom – angegriffenen – Namen des Museums bestand;⁵⁶⁶ Presseveröffentlichungen befassen sich nur mit einem von einer ausländischen Tochtergesellschaft der Antragsgegnerin erstrittenen EuGH-Urteil im Zusammenhang mit dem angestrebten europaweiten Vertrieb ihrer Produkte, ohne einen konkreten Bezug zu einem unmittelbar bevorstehenden Vertrieb in Deutschland und dort mit bestimmten Modellen herzustellen;⁵⁶⁷ Antrag ca. fünf Wochen nach Markteinführung;⁵⁶⁸ Antrag auf Verlängerung der Berufungsbegründungsfrist wegen der Notwendigkeit, einem erst in der Berufungsinstanz eingeschalteten Patentanwalts die Einarbeitung zu ermöglichen;⁵⁶⁹ Ausnutzung der Berufungsbegründungsfrist;⁵⁷⁰ Anregung, nicht ohne mündliche Verhandlung zu entscheiden, weil Antragsgegner im Ausland sitzt.⁵⁷¹

Als **nicht dringlich** bzw. als Widerlegung der Dringlichkeitsvermutung wurde bspw. angesehen: **114** Einführen einer neuen Verletzungsform (Zeitungsbeilage) ca. neun Monate nach ihrem Erscheinen;⁵⁷² Einführung eines neuen Lebenssachverhalts mehr als zwei Monate nach Kenntnis von der konkreten Verletzungsform;⁵⁷³ Antragsänderung bzw. neue Antragstellung ca. zehn Monate nach Kenntnis der tatsächlichen Umstände der behaupteten Benutzung der Marke bei der Produktsuche mit einer Suchmaschine, wobei es nicht darauf ankommt, wann der Antragsteller von der Unbegründetheit seines ursprünglichen Antrages Kenntnis erlangt hat;⁵⁷⁴ Antrag ca. drei Monate nach Berühmung einer Benutzungshandlung in einer Antwort auf ein Abmahnschreiben;⁵⁷⁵ Antragsrücknahme nach Hinweis des Vorsitzenden bzgl. Bedenken hinsichtlich einer Erstbegehungsgefahr, ohne zu versuchen, die Kammer doch noch zu überzeugen oder mit ihrem Begehren in zweiter Instanz durchzudringen;⁵⁷⁶ Antragsänderung durch zusätzliche Hilfsanträge, da kein neuer Streitgegenstand eingeführt wurde.⁵⁷⁷ Vergleichsverhandlungen;⁵⁷⁸ obwohl Antragsteller eine Vertriebsvereinbarung wegen Verstoßes gegen die Exklusivitätsvereinbarung gekündigt hatte und damit wusste, dass ihr ehemaliger Vertragspartner auch Dritte mit ihren Produkten beliefert, hat er nicht den Markt beobachtet;⁵⁷⁹ sehenden Auges die rechtliche Klärung eines sich absehbar intensivierenden Konflikts nur zögerlich betrieben;⁵⁸⁰ die Zuwarten mit einer gerichtlichen Klärung bzw. mit Antragstellung bis kurz vor dem bekannten Termin der Markteinführung des angegriffenen Produktes in Kenntnis, dass dieses Zuwarten den wirtschaftlichen Schaden des Antraggegners erheblich vergrößern wird;⁵⁸¹ mehr als sechs Monate nach Erstbegehungsgefahr durch Markenanmeldung beim HABM;⁵⁸² bewusst kein Vorgehen gegen den Hersteller, sondern nur gegen Händler;⁵⁸³ über viele Jahre unbeanstandete Koexistenz der Kollisionszeichen;⁵⁸⁴

---

⁵⁵⁹ OLG Hamburg GRUR 2002, 450 – Quick Nick. Vgl. auch OLG Köln MMR 2013, 43 – pro concept.
⁵⁶⁰ OLG Hamburg NJOZ 2008, 2753.
⁵⁶¹ OLG Hamburg NJWE-WettbR 1999, 202; LG Berlin BeckRS 2007, 02460 (ein Monat dauernde Vergleichsverhandlungen).
⁵⁶² OLG Hamburg WRP 2001, 956; OLG Bremen NJW-RR 1991, 44; LG Berlin BeckRS 2007, 02460.
⁵⁶³ OLG Hamburg WRP 2001, 956 – SEC.
⁵⁶⁴ OLG Hamburg NJWE-WettbR 1999, 202.
⁵⁶⁵ OLG Hamburg NJWE-WettbR 1999, 202.
⁵⁶⁶ OLG Frankfurt a. M. BeckRS 2010, 21955.
⁵⁶⁷ OLG Köln BeckRS 2003, 30314866.
⁵⁶⁸ OLG Köln BeckRS 2003, 30314866.
⁵⁶⁹ OLG Bremen NJOZ 2012, 846 – Energiekontor.
⁵⁷⁰ OLG Dresden GRUR 1998, 69 – Dachbahnen-Produktion.
⁵⁷¹ OLG Düsseldorf GRUR-RR 2021, 443 – Anhängeretikett mit Modellbezeichnung.
⁵⁷² OLG Köln GRUR-RR 2009, 309 – agenda.
⁵⁷³ LG Frankfurt a. M. BeckRS 2013, 11641.
⁵⁷⁴ LG Berlin MMR 2015, 816.
⁵⁷⁵ OLG Frankfurt a. M. GRUR-RR 2020, 368 – Wasserpfeifentabak.
⁵⁷⁶ OLG Düsseldorf BeckRS 2015, 18753.
⁵⁷⁷ OLG Hamburg GRUR 2021, 474 – HALO.
⁵⁷⁸ OLG München InstGE 3, 301 – Fälschungsverdacht II.
⁵⁷⁹ OLG Düsseldorf GRUR-RR 2012, 146 – E-Sky.
⁵⁸⁰ OLG Düsseldorf BeckRS 2015, 18753.
⁵⁸¹ LG Düsseldorf BeckRS 2008, 09736.
⁵⁸² LG Hamburg BeckRS 2014, 01238. Ähnlich LG Hamburg BeckRS 2011, 13816. Fraglich, weil bei Anmeldung der Marke dem öffentl. Register nicht zu entnehmen ist, welche konkreten Waren/Dienstleistung die Anmeldung erfasst.
⁵⁸³ OLG Frankfurt a. M. GRUR-RR 2020, 368 – Wasserpfeifentabak; GRUR 2015, 279 – SAM.
⁵⁸⁴ OLG Frankfurt a. M. BeckRS 2017, 11454.

unschwer zu ermitteln, dass die Antragsgegnerin umfirmierte und auf einer Messe ausstellen wird;[585] Einstellung der Verletzungshandlung.[586]

115 **d) Designrecht.** **Annahme der Dringlichkeit** bspw. in folgenden Konstellationen: Antragsgegner hatte dem Antragsteller zunächst nur eine (fern)mündliche Beschreibung bestimmter Gestaltungselemente gegeben;[587] fünf Wochen zwischen Mitteilung der Beschlagnahme der Ware durch die Zollbehörde und Antragstellung;[588] fünf Wochen nach Erhalt der angegriffenen Ausführungsform;[589] Antrag ca. vier Wochen nach Kenntnis;[590] Antragstellung ca. sechs Wochen nachdem aufgrund eines Zeitungsartikels mit Bildern feststand, wie die angegriffene Ausführungsform tatsächlich aussieht, obgleich die angegriffene Ausführungsform zuvor schon im Ausland ausgestellt/vertrieben worden war, da unklar war, ob das ausländische Modell mit unverändertem Design nach Deutschland gelangen sollte;[591] vorheriger Antrag auf Erlass einer einstweiligen Maßnahme im Ausland unschädlich, da diesem Antrag noch keine Kenntnis zugrunde lag, mit welcher Gestaltung die angegriffene Ausführungsform tatsächlich auf den Markt kommen wird;[592] Produkt, das der Mode und damit dem Trendwechsel unterliegt, so dass die Zeit, in der mit dem Produkt hohe Umsätze zu erzielen sind, begrenzt ist;[593] faktisch kann das Schutzrecht nur kurzzeitig wirtschaftlich ausgebeutet werden (Modebranche);[594] Modifizierung der Anträge im Berufungsverfahren, wenn der Streitgegenstand identisch ist.[595]

116 **Gegen** die **Dringlichkeit** spricht bspw.: ungesicherter Bestand des Verfügungsanspruchs, da HABM die Nichtigkeit des Schutzrechts ausgesprochen hat;[596] Einführung eines weiteren Geschmacksmusters/Designs erst im laufenden Verfahren.[597]

117 **e) Urheberrecht.** Die **Dringlichkeit** wurde bspw. unter den nachfolgenden Umständen als gewahrt angesehen: Verstreichen lassen einer nach Tag und Stunden/Uhrzeit gesetzten Frist um vier Tage;[598] Antrag vierzehn Tage (Weihnachten/Jahreswechsel) nach Ablehnung der Abgabe einer Unterlassungserklärung;[599] Antrag zwei Wochen nach erstmaliger Kenntnis von angegriffenen AGB;[600] Nachreichen von Unterlagen;[601] Antrag ca. fünf Wochen nach erstmaliger Kenntnis des Inhabers der IP-Adresse;[602] ein Monat und elf Tage zugewartet;[603] kein Wegfall wegen Beendigung der Messe, die die Angelegenheit dringlich gemacht hat;[604] Fotos waren bereits Gegenstand eines Hauptsacheverfahrens gegen andere Konzerngesellschaften, Verantwortlichkeit der Antragsgegnerin ergab sich jedoch erst aus ihrer Benennung im Impressum ihrer Internetseite;[605] Nichtwahrnehmung eines Termins wegen Vergleichsverhandlungen, deren (späteres) Scheitern zügig angezeigt wurde mit der Bitte um Neuterminierung.[606]

118 Die **Dringlichkeit verneint** wurde bspw.: Antragsteller lässt VU gegen sich ergehen und legt zudem nicht direkt nach dem Termin Einspruch ein, sondern wartet bis zur Zustellung des VU, so dass er ca. einen Monat ohne Schutz war;[607] weitere Vergleichsverhandlungen, obgleich Kenntnis von Rechtsverletzung;[608] zu langes Zuwarten bzgl. eines vorbeugenden Unterlassungsanspruchs lässt auch die Dringlichkeit für die Verfolgung eines auf Wiederholungsgefahr gestützten Anspruchs entfallen, es sei denn, die begangenen Verletzungshandlung weist eine andere Qualität auf als die Handlung, deren Begehung drohte;[609] Antrag acht Wochen nach Ablauf der – fruchtlos verstrichenen – Frist zur Abgabe

---

[585] OLG Frankfurt a. M. GRUR 2020, 368 – Wasserpfeifentabak.
[586] OLG Nürnberg GRUR-RR 2019, 64 – CurryWoschdHaus.
[587] OLG Köln GRUR 1995, 520.
[588] LG Düsseldorf BeckRS 2011, 6164.
[589] LG Düsseldorf GRUR-RR 2011, 358 – Tablet-PC I.
[590] LG Düsseldorf BeckRS 2015, 11846.
[591] OLG Düsseldorf GRUR-RR 2012, 200 – Tablet PC; LG Düsseldorf GRUR-RR 2011, 361 – Tablet-PC II.
[592] OLG Düsseldorf GRUR-RR 2012, 200 – Tablet PC; LG Düsseldorf GRUR-RR 2011, 361 – Tablet-PC II.
[593] OLG Düsseldorf GRUR-RR 2009, 142 – Crocs. Die Interessensabwägung ging gleichwohl wegen des ungesicherten Bestands des Gemeinschaftsgeschmacksmusters zu Ungunsten des Antragstellers aus.
[594] LG München InstGE 1, 121.
[595] OLG Hamburg GRUR-RR 2013, 138 – Totenkopfflasche.
[596] OLG Düsseldorf GRUR-RR 2009, 142 – Crocs.
[597] OLG Frankfurt a. M. GRUR-RR 2011, 66 – Sequestrationsanspruch.
[598] LG Hamburg BeckRS 2016, 05648.
[599] OLG Hamburg ZUM-RD 2009, 72.
[600] OLG Köln BeckRS 2009, 26171.
[601] KG GRUR-RR 2016, 265 – Davidoff-Parfum.
[602] LG Düsseldorf BeckRS 2008, 14888.
[603] OLG Düsseldorf NJWE-WettbR 1999, 15.
[604] LG Frankfurt a. M. ZUM-RD 2002, 619.
[605] LG Berlin GRUR-RS 2015, 07179 – Produktbilder.
[606] OLG Frankfurt a. M. GRUR-RS 2017, 298 – Werbefilm.
[607] OLG Düsseldorf BeckRS 2015, 16904.
[608] LG Hamburg ZUM-RD 2011, 187.
[609] OLG Stuttgart ZUM-RD 2009, 455.

einer Unterlassungserklärung;⁶¹⁰ Antrag erst infolge einer Klageerwiderung, obwohl die darin genannten Tatsachen bereits bei der Antragstellerin bekannt waren;⁶¹¹ Ansprüche wegen Urheberrechtsverletzung werden erstmals in der Berufungsbegründung geltend gemacht;⁶¹² Stellung eines Antrages in der Berufungsinstanz, der in erster Instanz zurückgenommen worden war;⁶¹³ rd. eineinhalbjähriges Zuwarten ohne qualitative Änderung der Rechtsverletzung,⁶¹⁴ Untätigkeit trotz bekannter kerngleicher Handlungen;⁶¹⁵ ca. fünfmonatiges Zuwarten nachdem bekannt war, dass mittels Gartengestaltung in das Urheberrecht eingegriffen wird, obgleich zwischenzeitlich Kooperationsbereitschaft signalisiert wurde;⁶¹⁶ dreimonatige Untätigkeit nach Kenntnis durch Prozessbevollmächtigten;⁶¹⁷ selektive Inanspruchnahme verschiedener Antragsgegner,⁶¹⁸ tatsächlich Beendigung der Verletzungslage, weshalb keine konkrete unmittelbare weitere Verletzung in zeitlicher Nähe zu besorgen ist.⁶¹⁹

f) Geschäftsgeheimnisse. Die Dringlichkeit wurde bspw. **verneint,** bei Verstreichenlassen einer Stellungnahmefrist durch die Prozessbevollmächtigten des Antragstellers, wobei unerheblich ist, ob/ wann dem sachbearbeitenden Rechtsanwalt die Fristsetzung zugestellt wurde.⁶²⁰ **119**

IV. Rechtsbestand und Rechtsgültigkeit des Verfügungsschutzrechts

Technische und nichttechnische Schutzrechte können sich infolge eines Einspruchs, eines Löschungsverfahrens oder einer Nichtigkeitsklage einem Angriff auf ihren Rechtsbestand bzw. ihre Rechtsgültigkeit ausgesetzt sehen. Auf eine Entscheidung der zuständigen Behörde bzw. des zuständigen Gerichts kann das Verletzungsgericht nicht warten, da wegen des Eilcharakters des einstweiligen Verfügungsverfahrens eine Aussetzung nicht möglich ist. Der Angriff auf den Rechtsbestand bzw. die Rechtsgültigkeit findet gleichwohl Berücksichtigung. **120**

1. Patent, Gebrauchsmuster, Schutzzertifikat. a) Grundsätze. In Patent- und Gebrauchsmusterstreitigkeiten sowie Schutzzertifikatsstreitigkeiten wird die Frage des Rechtsbestandes bzw. der Schutzfähigkeit des Verfügungsschutzrechts dem Verfügungsgrund zugeordnet, welcher wegen der Folgen einer Unterlassungsverfügung und den wegen des rgm bestehenden Zeitdrucks eingeschränkten Verteidigungsmöglichkeiten des Antragsgegners einer besonders sorgfältigen Prüfung zu unterziehen ist. Eine auf Unterlassung gerichtete einstweilige Verfügung wird nur dann erlassen, wenn der **Rechtsbestand** des Verfügungspatents bzw. die Schutzfähigkeit des Verfügungsgebrauchsmusters **ausreichend, hinreichend bzw. hinlänglich gesichert** ist.⁶²¹ **121**

Die Frage nach dem hinreichend sicheren Rechtsbestand eines **Verfügungspatent**s bzw. eines **Schutzzertifikat**s stellt sich allerdings in den Verfahren, in denen dem Antragsgegner rechtliches Gehör gewährt wurde, grds. nur sobald und soweit der Antragsgegner den Rechtsbestand des Verfügungsschutzrechts bestreitet und tatsächlich ein **Einspruch oder eine Nichtigkeitsklage** im Zeitpunkt der Entscheidung über den Antrag auf Erlass einer einstweiligen Verfügung **anhängig** ist.⁶²² Denn nur dann ist das Verletzungsgericht befugt, den Rechtsbestand des Schutzrechtes zu hinterfragen. Nur dann besteht überhaupt die Möglichkeit, dass das Verfügungspatent zu Fall gebracht wird. Ohne einen anhängigen Einspruch oder eine anhängige Nichtigkeitsklage hat das Verletzungsgericht die durch den Erteilungsakt dokumentierte Patentfähigkeit der technischen Lehre des Verfügungspatents hinzunehmen. Der Antragsgegner kann es deshalb nicht nur bei der Ankündigung, demnächst eine Nichtigkeitsklage einreichen oder vorbereiten zu wollen, belassen.⁶²³ Ebenso wenig verhilft ihm ein Hinweis auf einen Stand der Technik zum Erfolg, den er nicht in das Rechtsbestandsverfahren einge- **122**

---

⁶¹⁰ LG Düsseldorf BeckRS 2012, 11151.
⁶¹¹ OLG München BeckRS 2010, 06404.
⁶¹² OLG Hamm BeckRS 2010, 15432.
⁶¹³ OLG München MMR 2020, 35.
⁶¹⁴ OLG Hamm BeckRS 2010, 02645.
⁶¹⁵ OLG München GRUR 2019, 507 – Wissensverlage.
⁶¹⁶ KG ZUM 2001, 590.
⁶¹⁷ LG Berlin NJW 1996, 2380.
⁶¹⁸ OLG München GRUR 2019, 507 – Wissensverlage.
⁶¹⁹ OLG Köln GRUR-RS 2021, 7677 – Trainer-Foto.
⁶²⁰ OLG München GRUR-RR 2019, 443 – Medizinisches Fachpersonal.
⁶²¹ OLG Düsseldorf GRUR-RS 2021, 4420 – Cinacalcet II, BeckRS 2016, 09775; 2016, 03691; GRUR-RR 2013, 236 – Flupirtin-Maleat; BeckRS 2013, 13744; OLG München BeckRS 2012, 16104; OLG Braunschweig GRUR-RR 2012, 97 – Scharniere auf Hannovermesse; OLG Düsseldorf BeckRS 2011, 08596; GRUR 2008, 1077 – Olanzapin; BeckRS 2010, 15862 – Harnkatheter; OLG Karlsruhe GRUR-RR 2009, 442 – Vorläufiger Rechtsschutz; OLG München BeckRS 2008, 42102; OLG Frankfurt a. M. GRUR-RR 2003, 263 – mini-flexiprobe; OLG Hamburg GRUR-RR 2002, 244 – Spannbacke.
⁶²² OLG München GRUR-RS 2021, 148 – Fassungsanordnung; OLG Düsseldorf BeckRS 2016, 03691; InstGE 7, 147 – Kleinleistungsschalter; BeckRS 2007, 09589; OLG Frankfurt a. M. GRUR-RR 2003, 263 – mini-flexiprobe; OLG Hamburg GRUR-RR 2003, 244 – Spannbacke; OLG München Mitt. 1996, 312 – Patentverletzung durch ärztliche Verschreibung; OLG Karlsruhe GRUR 1988, 900 – Dutralene; LG Braunschweig BeckRS 2012, 03161.
⁶²³ OLG München BeckRS 1996, 02613; LG Düsseldorf BeckRS 2012, 08493.

führt hat.[624] Denn auch insoweit handelt es sich lediglich um theoretische Erwägungen, die bereits mangels Einführung in das Rechtsbestandsverfahren die Schutzfähigkeit des Verfügungspatents unangetastet lassen.

123 Ausnahmsweise kann von der Notwendigkeit eines bereits anhängigen Rechtsbestandsverfahrens abgesehen werden, wenn es dem Antragsgegner gerade wegen der Besonderheiten des Eilverfahrens unmöglich ist, einen Rechtsbestandsangriff gegen das Verfügungspatent zu führen.[625] Dies ist namentlich der Fall, wenn dem Antragsgegner das Verfügungspatent erst seit kurzem bekannt ist und die bis zur mündlichen Verhandlung bzw. bis zum Ablauf einer Frist zur Stellungnahme verbleibende **Zeit zu kurz** für eine Recherche des Standes der Technik und der Vorbereitung bzw. Erhebung des Einspruchs bzw. der Nichtigkeitsklage ist. Das gilt vor allem dann, wenn die Einspruchsfrist des Verfügungspatents noch nicht abgelaufen ist. Das Ergreifen eines übereilten, nicht sorgfältig geprüften förmlichen Rechtsbehelfs kann dem Antragsgegner nicht zugemutet werden; es beschränkt ihn unangemessen in seinen Verteidigungsmöglichkeiten. Andererseits muss auch der Antragsgegner dem Umstand Rechnung tragen, dass der Antragsteller ihn im Wege des vorläufigen Rechtsschutzes in Anspruch nimmt. Er darf sich folglich nicht zögerlich verhalten, sondern muss mit der gebotenen Eile agieren. Ob der zur Verfügung stehende Zeitraum ausreicht, ist eine Frage des Einzelfalls. Je dichter der Stand der Technik und je kürzer die Zeit, desto eher ist die Anhängigkeit eines Rechtsbestandsangriff nicht zu verlangen. Liegt eine derartige Situation vor muss der Antragsgegner allerdings dartun und ggf. glaubhaft machen, dass er den Rechtsbestand des Verfügungspatents zeitnah angreifen wird. Die schlichte Erklärung in einem Schriftsatz, dies tun zu wollen, dürfte insoweit nicht ausreichen. Geeigneter erscheint die Vorlage eines Entwurfs der Nichtigkeitsklage bzw. des Einspruchs, einer Ermächtigung zum Ergreifen des Rechtsbehelfs, eine entsprechende Erklärung zu Protokoll der mündlichen Verhandlung oder eine dahingehende eidesstattliche Versicherung.

124 Der Zeitraum, der bis zur Entscheidung über den Antrag auf Erlass einer einstweiligen Verfügung vergeht, zeitigt mit Blick auf den hinreichend sicheren Rechtsbestand des Verfügungspatents weitere Wirkung. Zum einen kann der Beleg für eine offenkundige Vorbenutzung ausnahmsweise mittels Zeugen oder eidesstattlichen Versicherung geführt werden, wenn es wegen der Kürze der Zeit – was vom Verletzten darzulegen ist – nicht möglich war, die Vorbenutzung wie ansonsten erforderlich mit liquiden Beweismitteln zu belegen.[626] Zum anderen senkt sich der Beurteilungsmaßstab je mehr Zeit verbleibt. Wird das einstweilige Verfügungsverfahren wie ein Hauptsacheverfahren geführt, weil bspw. der Widerspruch erst Monate nach Zustellung der Beschlussverfügung eingelegt wird, ist davon auszugehen, dass der Antragsgegner die Zeit zur sachgerechten Verteidigung genutzt hat und alle denkbaren sowie sinnvollen Rechtsbestandsangriffe führt.[627]

125 Geht der Antragsteller aus einem Gebrauchsmuster vor, stellt sich die Lage anders. Bei einem Gebrauchsmuster handelt es sich um ein ungeprüftes Schutzrecht und den Verletzungsgerichten obliegt es im Rahmen eines Verletzungsprozesses die Schutzfähigkeit des Gebrauchsmusters positiv festzustellen. Der in Anspruch Genommene kann sich darauf beschränken, die mangelnde Schutzfähigkeit des Gebrauchsmusters im Verletzungsprozess zu bestreiten. Er muss nicht zwingend zugleich einen Löschungsantrag stellen. Demzufolge ist im Verfügungsverfahren die hinreichend sichere **Schutzfähigkeit des Verfügungsgebrauchsmusters stets zu prüfen,** unabhängig davon, ob ein Löschungsantrag anhängig ist oder anhängig gemacht werden soll.

126 b) Hinreichend gesicherter Rechtsbestand. Bei der Beantwortung der Fragen, **ob und wann** von einem ausreichenden bzw. hinreichend sicheren Rechtsbestand bzw. einer hinreichend sicheren Schutzfähigkeit ausgegangen werden kann, legen die Verletzungsgerichte unterschiedliche Maßstäbe an.[628]

127 Nach Ansicht des OLG **Düsseldorf** sowie des LG Düsseldorf ist der hinreichend sichere Rechtsbestand vom Verletzungsgericht in eigener Verantwortung zu prüfen; es kann sich nicht auf den Erteilungsakt verlassen, sondern hat selbstständig zu klären, ob angesichts des Sachvortrages des Antragsgegners ernstzunehmende Anhaltspunkte dafür bestehen, dass das Verfügungspatent bzw. soweit eine Anspruchskombination geltend gemacht wird, dass diese keinen Bestand haben wird.[629] Der Bestand des Verfügungspatents muss so eindeutig zugunsten des Antragstellers zu beantworten sein, dass eine **fehlerhafte,** in einem etwa nachfolgenden Hauptsacheverfahren zu revidierende **Entscheidung nicht ernstlich zu erwarten** ist. Zweifel an der grds. zu respektierenden Schutzfähigkeit des Verfügungspatentes können das Vorliegen eines Verfügungsgrundes ausschließen. Die Vernichtung des Verfügungspatents muss als Folge der Einwendungen des Antragsgegners aus Sicht des Verletzungs-

---

[624] OLG Düsseldorf BeckRS 2013, 13744.
[625] OLG München GRUR-RS 2021, 148 – Fassungsanordnung.
[626] OLG Düsseldorf 19.3.2008 – 2 U 55/08.
[627] OLG Düsseldorf BeckRS 2010, 22211; LG Düsseldorf GRUR-Prax 2014, 302; InstGE 5, 231.
[628] *Buriánek* GRUR-Prax 2020, 122; *Kaess* GRUR 2009, 276.
[629] OLG Düsseldorf BeckRS 2013, 13744; GRUR-RR 2011, 81 – Gleitscheibensattelbremse II; OLG Düsseldorf BeckRS 2010, 22203; 2010, 15862; GRUR 2008, 1077 – Olanzapin.

gerichts nicht zwingend und sie muss auch nicht überwiegend wahrscheinlich, aber aufgrund einer in sich schlüssigen, vertretbaren und letztlich nicht von der Hand zu weisenden Argumentation des Antragsgegners möglich sein, um einem Verfügungsantrag den Erfolg versagen zu können.[630] Ist die Einspruchsfrist gegen das Verfügungspatent nicht einmal so weit abgelaufen, dass vom Antragsgegner eine fundierte Recherche nach entgegenstehendem Stand der Technik erwartet werden konnte, genügt es, wenn die Möglichkeit besteht, dass relevante Entgegenhaltungen bei entsprechender Recherche noch aufgefunden werden kann.[631]

128 Von einem hinreichenden Rechtsbestand kann nach der Rspr. des LG/OLG Düsseldorf **rgm.** (nur) dann ausgegangen werden, wenn das Verfügungspatent bereits ein **erstinstanzliches Einspruchs- oder Nichtigkeitsverfahren überstanden** hat.[632] Da Rechtsbestandsangriffe typischerweise von Wettbewerbern des Schutzrechtsinhabers unternommen werden, die den einschlägigen Stand der Technik aufgrund ihrer eigenen Geschäfts- und Anmeldetätigkeit überblicken und darüber hinaus hinreichende Recherchemöglichkeiten besitzen und nutzen, stellt das Erfordernis einer kontradiktorischen Entscheidung sicher, dass das dem Patentinhaber günstige Einspruchs- oder Nichtigkeitserkenntnis auf gesicherter Basis steht, weil es allen in Betracht kommenden Einspruchs- bzw. Nichtigkeitsgründen Rechnung trägt und vor dem Hintergrund des gesamten einschlägigen Standes der Technik ergangen ist. Mit ihm wird folglich das bei einem einseitigen Verfahren bestehende Recherche- und Prüfungsdefizit ausgeglichen. Die Beteiligung Dritter an der Aufbereitung und Würdigung des Entscheidungssachverhaltes erhöht insofern die Verlässlichkeit der getroffenen Entscheidung.[633] Angesichts dessen ist es unerheblich, ob der kontradiktorische Rechtsbestandsstreit zwischen den am Verfügungsverfahren beteiligten Personen geführt wurde oder zwischen Dritten.[634] Ebenso ist belanglos, ob das kontradiktorisch begonnene Verfahren kurz vor der Einspruchsentscheidung infolge Einspruchsrücknahme von Amts wegen (formal einseitig) zu Ende geführt worden ist, solange der angesprochene Zweck der Verfahrenszweiseitigkeit gewahrt ist, weil der Einsprechende während der Zeit seiner Verfahrensbeteiligung ernsthafte Rechtsbestandsangriffe vorgetragen hat, die in der Einspruchsentscheidung abgehandelt werden.[635]

129 Da es um das Vorliegen einer positiven Entscheidung der dafür zuständigen, mit technischer Sachkunde ausgestatteten Einspruchs- oder Nichtigkeitsinstanzen geht, kann das Fehlen einer erstinstanzlichen kontradiktorischen Entscheidung nicht mit der Bitte „ausgeglichen" werden, eine mündliche Verhandlung zu einem (späteren) Zeitpunkt anzuberaumen bis zu dem der Antragsgegner möglicherweise relevanten Stand der Technik aufgefunden und vorgebracht haben kann.[636]

130 Von einer für den Antragsteller positiven kontradiktorischen Rechtsbestandsentscheidung kann nach Auffassung des LG/OLG Düsseldorf in **besonderen Konstellationen** abgesehen werden. Derartige Sonderfälle werden **bspw.** angenommen, wenn der Antragsgegner oder ein sonstiger kompetenter Wettbewerber sich bereits mit eigenen Einwendungen am Erteilungsverfahren beteiligt hat, so dass die Patenterteilung sachlich der Entscheidung in einem zweiseitigen Einspruchsverfahren gleichsteht, oder wenn ein Rechtsbestandsverfahren deshalb nicht durchgeführt worden ist, weil das Verfügungspatent allgemein als schutzfähig anerkannt wird (was sich durch das Vorhandensein namhafter Lizenznehmer oder dergleichen widerspiegelt), oder wenn sich die Einwendungen gegen den Rechtsbestand des Verfügungspatentes schon bei der dem vorläufigen Rechtsschutzverfahren eigenen summarischen Prüfung als haltlos erweisen oder wenn außergewöhnliche Umstände gegeben sind, die es für den Antragsteller ausnahmsweise unzumutbar machen, den Ausgang des Einspruchs- oder Nichtigkeitsverfahrens abzuwarten.[637] Diese Aufzählung ist **nicht abschließend,** sondern lediglich dem Umstand geschuldet, dass es sich hierbei um die gängigsten Konstellationen handelt. Abgesehen davon lässt insbes. der Gesichtspunkt „außergewöhnliche Umstände" es ohne weiteres zu, bspw. die Laufzeit des Schutzrechts, die jeweilige Marktsituation, die aus der Schutzrechtsverletzung drohenden Nachteile, die Intensität der Verletzungshandlung und die Konsequenzen einer Unterlassungsverfügung zu berücksichtigen.

---

[630] OLG Düsseldorf BeckRS 2013, 13744; GRUR-RR 2011, 81 – Gleitscheibensattelbremse II; OLG Düsseldorf BeckRS 2010, 22203; 2010, 15862. Das LG Düsseldorf folgt diesen Grundsätzen, vgl. zB LG Düsseldorf BeckRS 2013, 02222; 2012, 22626; 2012, 04046.
[631] OLG Düsseldorf BeckRS 2010, 15862 – Harnkatheter.
[632] OLG Düsseldorf PharmR 2021, 605 – Cinacalcet III; OLG Düsseldorf GRUR-RS 2021, 4420 – Cinacalcet II; OLG Düsseldorf GRUR-RS 2019, 33226 – Wärmedämmelement II; OLG Düsseldorf BeckRS 2016, 09775; GRUR-RR 2013, 236 – Flupirtin-Maleat; OLG Düsseldorf BeckRS 2013, 14744; 2011, 08596; 2010, 15862; GRUR 2008, 1077 – Olanzapin.
[633] OLG Düsseldorf PharmR 2021, 608 – Cinacalcet III; OLG Düsseldorf GRUR-RS 2021, 4420 – Cinacalcet II; OLG Düsseldorf BeckRS 2016, 6344.
[634] OLG Düsseldorf GRUR-RS 2021, 4420 – Cinacalcet II; OLG Düsseldorf BeckRS 2016, 6344.
[635] OLG Düsseldorf BeckRS 2016, 6344.
[636] OLG Düsseldorf GRUR-RR 2011, 81 – Gleitsattelscheibenbremse II.
[637] OLG Düsseldorf GRUR-RS 2021, 4420 – Cinacalcet II; OLG Düsseldorf GRUR-RS 2016, 0635 – Östrogen-Entzug; OLG Düsseldorf GRUR-RR 2013, 236 – Flupirtin-Maleat; OLG Düsseldorf BeckRS 2017, 150889; 2013, 13744; 2011, 08596; 2010, 15862; GRUR 2008, 1077 – Olanzapin.

131 Außergewöhnliche Umstände werden bspw. rgm bei Verletzungshandlungen von **Generikaunternehmen** angenommen.[638] Während der von ihnen angerichtete Schaden im Falle einer späteren Aufrechthaltung des Patents vielfach enorm und mit Rücksicht auf den durch eine entsprechende Festsetzung von Festbeträgen verursachten Preisverfall nicht wiedergutzumachen ist, hat eine wegen späterer Vernichtung des Patents unberechtigte Verfügung lediglich zur Folge, dass das Generikaunternehmen vorübergehend zu Unrecht vom Markt ferngehalten wird. Dies kann durch Schadenersatzansprüche gem. § 945 vollständig ausgeglichen werden. Berücksichtigt man außerdem, dass das Generikaunternehmen für seine Marktpräsenz im Allgemeinen keine eigenen wirtschaftlichen Risiken eingeht, hat eine Verbotsverfügung zu ergehen, auch wenn für das Verletzungsgericht keine endgültige und eindeutige Sicherheit über den Rechtsbestand gewonnen werden kann, sofern nach seiner Einschätzung das Verfügungspatent rechtsbeständig ist, weil sich die mangelnde Patentfähigkeit seines Erfindungsgegenstandes nicht feststellen lassen wird. Hierfür müssen aus der Sicht des Verletzungsgerichts entweder die besseren Argumente für die Patentfähigkeit sprechen, so dass sich diese positiv bejahen lässt, oder es muss (mit Rücksicht auf die im Rechtsbestandsverfahren geltende Beweislastverteilung) die Frage der Patentfähigkeit mindestens ungeklärt bleiben, so dass das Verletzungsgericht, wenn es anstelle des Patentamtes oder des BPatG in der Sache selbst zu befinden hätte, dessen Rechtsbestand zu bejahen hätte.[639] Eine Lockerung dieser Anforderungen an die Rechtsbeständigkeit ist auch dann nicht geboten, wenn der Antragsgegner absichtlich aus vorwerfbaren Gründen eine Nichtigkeitsklage erst kurz vor Ablauf des Verfügungsschutzrechts erhebt.[640] Zwar verdient das taktische Verhalten des Generikaunternehmens keine Belohnung. Dem strategischen Manöver wird aber schon dadurch wirksam begegnet, dass die Anforderungen an eine Unterlassungsverfügung durch den Verzicht auf die erstinstanzliche Einspruchs- oder Nichtigkeitsentscheidung und die Befreiung davon, die Haltlosigkeit der Einwendungen gegen den Rechtsbestand dartun zu müssen, generell niedriger liegen.[641]

132 Aus der rgm Notwendigkeit einer **positiven streitigen Rechtsbestandsentscheidung** folgt umgekehrt, dass, sobald sie vorliegt, grds. von einem hinreichend gesicherten Bestand des Verfügungspatents auszugehen ist.[642] Die von der zuständigen Fachinstanz nach technisch sachkundiger Prüfung getroffene Entscheidung über die Aufrechterhaltung des Verfügungspatents ist hinzunehmen. Es sei denn, das Verletzungsgericht hält die Argumentation der Einspruchs- oder Nichtigkeitsinstanz für nicht vertretbar oder der mit dem Rechtsbehelf gegen die Einspruchs- oder Nichtigkeitsentscheidung unternommene Angriff auf das Verfügungspatent wird auf (zB neue und einen näher an der Erfindung liegenden Stand der Technik repräsentierende) erfolgversprechende Gesichtspunkte gestützt, die bisher mit der Sache befassten Stellen noch nicht berücksichtigt und beschieden haben.[643] Ein Zuwarten auf die Begründung der Rechtsbestandsentscheidung ist insoweit nicht erforderlich.[644] Eine neuerliche Nichtigkeitsklage führt nur dann zur Versagung des hinreichend sicheren Rechtsbestands, wenn sie die Überlegungen der Instanz, die bereits entschieden hat, unvertretbar erscheinen lassen.[645] Es genügt demgegenüber idR nicht, dass das Verletzungsgericht seine eigene Bewertung des technischen Sachverhaltes an die Stelle der ebenso gut vertretbaren Beurteilung durch die zuständige Einspruchs- oder Nichtigkeitsinstanz setzt.[646]

133 Ist das Verfügungspatent **erstinstanzlich widerrufen oder für nichtig erklärt** worden, kommt eine darauf gestützte Unterlassungsverfügung rgm nicht in Betracht. Es sei denn, das selbst nicht fachkundig besetzte Verletzungsgericht kann verlässlich erkennen, dass die Entscheidung über die Vernichtung bzw. den Widerruf evident unrichtig ist.[647] Die Fehlerhaftigkeit der Entscheidung muss

---

[638] OLG Düsseldorf GRUR-RS 2021, 4420 – Cinacalcet II; OLG Düsseldorf GRUR-RS 2017, 142305 – Kombinationszusammensetzung; OLG Düsseldorf BeckRS 2017, 150889; 2016, 6344; GRUR-RS 2016, 0635 – Östrogen-Entzug; OLG Düsseldorf GRUR-RS 2014, 04902 – Desogestrel; OLG Düsseldorf GRUR-RR 2013, 236 – Flupirtin-Maleat.
[639] OLG Düsseldorf GRUR-RS 2021, 4420 – Cinacalcet; OLG Düsseldorf BeckRS 2017, 142305; GRUR-RS 2014, 04902 – Desogestrel; OLG Düsseldorf GRUR-RR 2013, 236 – Flupirtin-Maleat.
[640] OLG Düsseldorf GRUR-RS 2014, 04902 – Desogestrel.
[641] OLG Düsseldorf GRUR-RS 2014, 04902 – Desogestrel.
[642] OLG Düsseldorf PharmR 2021, 608 – Cinacalcet III; OLG Düsseldorf GRUR-RS 2021, 4420 – Cinacalcet II; OLG Düsseldorf GRUR-RS 2019, 33226 – Wärmedämmelement II; OLG Düsseldorf BeckRS 2019, 14699; 2017, 150889; 2016, 09775; 2013, 13744; 2012, 21294; OLG Düsseldorf 10.11.2011 – 2 U 41/11; OLG Düsseldorf GRUR-RR 2011, 81 – Gleitsattelscheibenbremse II.
[643] OLG Düsseldorf PharmR 2021, 608 – Cinacalcet III; OLG Düsseldorf GRUR-RS 2021, 4420 – Cinacalcet II; OLG Düsseldorf GRUR-RS 2019, 33227 – MS-Therapie; OLG Düsseldorf GRUR-RS 2019, 33226 – Wärmedämmelement II; OLG Düsseldorf BeckRS 2019, 14699; 2017, 150889; 2016, 09775; 2013, 13744; OLG Düsseldorf 10.11.2011 – 2 U 41/11; OLG Düsseldorf GRUR-RR 2011, 81 – Gleitsattelscheibenbremse II; OLG Düsseldorf InstGE 8, 122 – Medizinisches Instrument; LG Düsseldorf BeckRS 2016, 117125.
[644] OLG Düsseldorf PharmR 2021, 608 – Cinacalcet III.
[645] OLG Düsseldorf BeckRS 2011, 26945.
[646] OLG Düsseldorf PharmR 2021, 608 – Cinacalcet III; OLG Düsseldorf GRUR-RS 2021, 4420 – Cinacalcet II; OLG Düsseldorf GRUR-RS 2019, 33227 – MS-Therapie; OLG Düsseldorf GRUR-RS 2019, 33226 – Wärmedämmelement II; OLG Düsseldorf BeckRS 2017, 150889; 2016, 09775; 2013, 13744; OLG Düsseldorf 10.11.2011 – 2 U 41/11.
[647] OLG Düsseldorf GRUR 2008, 1077 – Olanzapin.

offenkundig sein und es darf auch kein anderer Aspekt greifen, der zur Nichtigerklärung oder zum Widerruf führen könnte. Die Anforderungen für eine derartige Ausnahmesituation sind hoch. Es genügt insbes. nicht, dass der Antragsgegner die Begründung der Rechtsbestandsentscheidung für „schlicht" falsch hält und nur eine eigene, davon abweichende Ansicht an die Stelle der Entscheidungsgründe setzen möchte. Hinzu treten müssen weitere Gründe, die trotz erstinstanzlicher Vernichtung bzw. Widerrufs für den Erlass der Verfügung sprechen. Solche können sich aus dem konkret in Rede stehenden Technikgebiet und erheblichen Nachteilen (insbes. bei Arzneimitteln) ergeben, die der Antragsteller erleiden würde, wenn er bis zu einer Rechtsmittelentscheidung im Rechtsbestandsverfahren daran gehindert wäre, seine Verbietungsrechte durchzusetzen.

Sind mindestens gleichrangige technische Spruchkörper uneins über die Bewertung des Standes der Technik und dessen Konsequenzen (für die Erfindungshöhe), so dass **widerstreitenden Rechtsbestandsentscheidungen** vorliegen, kommt mangels gesichertem Rechtsbestand eine einstweilige Verfügung grds. nicht in Betracht. Es ist nicht Sache des Verletzungsgerichts, den Expertenstreit zu entscheiden.[648] Etwas anderes kann allerdings in Generikafällen gelten.[649] **134**

Ist eine kontradiktorische Rechtsbestandsentscheidung noch nicht ergangen, liegt jedoch bereits ein **qualifizierter Vorbescheid** des Spruchkörpers vor, der mit dem Rechtsbestandsangriff befasst ist, ist dieser bei der Beurteilung des hinreichend sicheren Rechtsbestands durch das Verletzungsgericht zu berücksichtigen. Sind die Äußerungen im Vorbescheid deutlich und eindeutig und findet sich in ihm eine sorgfältige Begründung, besteht – auch wenn der Vorbescheid einen vorläufigen und nicht bindenden Charakter aufweist – eine gewisse Wahrscheinlichkeit dafür, dass die bescheidmäßig dokumentierte Auffassung ihren Niederschlag in der späteren Entscheidung finden wird.[650] Denn es ist davon auszugehen, dass der vorläufigen Auffassung bereits eine umfassende und sorgfältige Prüfung zugrunde liegt und ein Spruchkörper in einem solchen Bescheid nicht leichtfertig Hinweise erteilt. Hat sich der Spruchkörper eindeutig (positiv oder negativ) positioniert, wird das Verletzungsgericht mithin von diesem Votum nur nach den zuvor genannten Grundsätzen abweichen. **135**

Wird das einstweilige Verfügungsverfahren praktisch **wie ein Hauptsacheverfahren geführt**, weil der Verfügungsbeklagte erst Monate nach Zustellung einer Beschlussverfügung Widerspruch eingelegt hat, wodurch er zu erkennen gibt, dass ihn das Unterlassungsgebot nicht so sehr beeinträchtigt, und somit bis zum Verhandlungstermin über den Widerspruch geraume Zeit vergangen ist, innerhalb derer ausreichend Gelegenheit für Recherchen zum Rechtsbestand bestanden hat, besteht kein Grund besondere Anforderungen an den Rechtsbestand des Verfügungspatents zu stellen. Die Beschlussverfügung ist in dieser Konstellation schon dann (bei Vorliegen eines Verfügungsanspruchs) zu bestätigen, wenn der entgegengehaltene Stand der Technik dem Verletzungsgericht im Hauptsacheprozess keinen Anlass zu einer Aussetzung gegeben hätte.[651] **136**

Die für das Patentrecht geltenden Grundsätze überträgt das LG/OLG Düsseldorf auf einstweilige Verfügungsverfahren, die eine Verletzung eines **Gebrauchsmusters** zum Gegenstand haben. Um es für eine einstweilige Verfügung tauglich zu machen, ist deshalb grds. das Vorliegen einer positiven Entscheidung eines Spruchkörpers im Löschungsverfahren oder bzgl. eines parallelen Patents erforderlich.[652] Ohne eine solche die Schutzfähigkeit bejahende Entscheidung darf das Verletzungsgericht jedenfalls auf Grundlage des vom Antragsgegner entgegengehaltenen Standes der Technik keinerlei Zweifel an der Schutzfähigkeit haben.[653] **137**

Auch das OLG **Karlsruhe** erachtet einen hinreichend gesicherten Rechtsbestand des Verfügungsschutzrechts als notwendige Voraussetzung für den Erlass einer einstweiligen Verfügung. Im Anschluss an die Düsseldorfer Rspr. nimmt das OLG Karlsruhe ebenso wie das LG **Mannheim** einen solchen im Grundsatz nur dann an, wenn das Verfügungspatent ein **erstinstanzliches Einspruchs- oder Nichtigkeitsverfahren** überstanden hat.[654] Sobald eine solche Entscheidung vorliegt, ist grds. von einem ausreichend gesicherten Rechtsbestand auszugehen.[655] Ein Verfügungsgrund wird idR verneint, wenn der in einem Einspruchs- oder Nichtigkeitsverfahren entgegengehaltene Stand der Technik beim Verletzungsgericht so starke Zweifel an der Schutzfähigkeit hat aufkommen lassen, dass in einem **138**

---

[648] OLG Düsseldorf GRUR-RS 2019, 33227 – MS-Therapie; OLG Düsseldorf BeckRS 2017, 125974.
[649] OLG Düsseldorf GRUR-RS 2017, 142305 – Kombinationszusammensetzung; OLG Düsseldorf BeckRS 2017, 150889.
[650] OLG Düsseldorf GRUR-RS 2021, 4420 – Cinacalcet II; OLG Düsseldorf GRUR-RS 2021, 4506 – Cinacalcet III.
[651] OLG Düsseldorf BeckRS 2017, 118314; 2010, 22211; OLG Düsseldorf 23.3.2006 – 2 U 55/05; LG Düsseldorf BeckRS 2014, 10849; LG Düsseldorf InstGE 5, 231.
[652] OLG Düsseldorf BeckRS 2010, 21817; 2009, 18590; LG Düsseldorf Mitt. 2012, 415 – Adapter für Tintenpatronen.
[653] OLG Düsseldorf BeckRS 2011, 28763.
[654] OLG Karlsruhe GRUR-RR 2015, 509 – Ausrüstungssatz; LG Mannheim BeckRS 2009, 87748; GRUR-RR 2006, 348 – Etikettiermaschine. Vgl. auch OLG Karlsruhe GRUR-RR 2002, 278 – DVD-Player; OLG Karlsruhe GRUR 1988, 900 – Dutralene; OLG Karlsruhe GRUR 1982, 169 – Einhebel-Mischarmatur, wonach sich keine durchgreifenden Zweifel an der Schutzfähigkeit aufdrängen dürfen.
[655] OLG Karlsruhe GRUR-RR 2015, 509 – Ausrüstungssatz.

entsprechenden Hauptsacheverfahren die Verhandlung nach § 148 ausgesetzt werden müsste.[656] Besteht eine erhebliche Wahrscheinlichkeit dafür, dass das Verfügungspatent nicht unverändert aus einem Einspruchsverfahren hervorgehen wird, nützt es dem Antragsteller nichts, in den geltend gemachten Hauptanspruch Merkmale von abhängigen Unteransprüchen heraufzuziehen. Da es sich bei der Beurteilung der Erfindungshöhe von Unteransprüchen um eine wertende Entscheidung handelt, ist eine solche nach Ansicht des LG Mannheim nicht vom Verletzungsgericht zu treffen. Mit welchem Inhalt das Verfügungspatent aus dem Einspruchsverfahren hervorgeht, kann das Verletzungsgericht im Rahmen der einstweiligen Verfügung nicht mit der erforderlichen Sicherheit beurteilen.[657] Eine gesicherte positive Schutzrechtslage kann auch dann nicht gegeben sein, wenn die Erteilung des Verfügungspatents erst kürzlich erfolgt und die Einspruchsfrist nicht abgelaufen ist.[658]

139 Nach Ansicht des **OLG München** muss für den Erlass einer einstweiligen Verfügung, gestützt auf ein Patent oder ein Gebrauchsmuster, auch die Rechtsbeständigkeit des Verfügungsschutzrechts eindeutig zu Gunsten des Antragstellers zu beantworten sein.[659] Es dürfen keine erheblichen Zweifel an der Rechtsbeständigkeit bestehen.[660] In Abkehr von seiner früheren Rspr.[661] und in Anschluss an die Rspr. der Oberlandesgerichte in Düsseldorf und Karlsruhe geht nun auch das OLG München davon aus, dass von einem hinreichend gesicherten Rechtsbestand im Regelfall nur dann ausgegangen werden kann, wenn das Verfügungspatent bereits ein **erstinstanzliches Einspruchs- oder Nichtigkeitsverfahren überstanden** hat.[662] Der Erlass einer einstweiligen Verfügung ohne eine solche erstinstanzliche Entscheidung kommt nunmehr auch nach dieser Ansicht nur in besonderen Fallgestaltungen und – sofern das Verfügungsschutzrecht noch nicht Gegenstand eines zweiseitigen Rechtsbestandsverfahrens war – nur unter besonderen Voraussetzungen in Betracht.[663]

140 Eine **besondere Fallgestaltungen** liegt nach Ansicht des OLG München vor, wenn der Antragsgegner oder ein Dritter[664] bereits mit Einwendungen am Erteilungsverfahren beteiligt war, dieses sozusagen quasi schon als zweiseitiges Verfahren geführt wurde, dh die – im Verletzungsverfahren – vorgebrachten Einwendungen[665] auch sachlich geprüft wurden, wenn das Verfügungsschutzrecht allgemein als schutzfähig angesehen wird, wenn die Einwendungen gegen den Rechtsbestand des Verfügungsschutzrechts sich schon bei summarischer Prüfung als haltlos erweisen oder wenn es dem Antragsteller aufgrund außergewöhnlicher Umstände, zB aufgrund der Marktsituation, ausnahmsweise unzumutbar ist, den Ausgang des Einspruchs- oder Nichtigkeitsverfahren abzuwarten.[666] Abgesehen von den besonderen Fallgestaltungen ist es nach Ansicht des OLG München nicht gerechtfertigt, dem Antragsgegner das Risiko aufzuerlegen, dass die Schutzfähigkeit im Verletzungsverfahren von den Verletzungsgerichten unzutreffend beurteilt wird. Das gegenläufige Interesse des Patentinhabers, sein erteiltes Patent durchzusetzen, sieht es in diesen Fällen durch die Möglichkeit der Erhebung der Hauptsacheklage hinreichend gewahrt. Es sei nicht Aufgabe des Verletzungsgerichts das vor dem EPA bzw. vor dem BPatG – unter Mitwirkung technischer Richter – zu führende Rechtsbestandsverfahren auf der Grundlage des Parteivorbringens und des von diesen vorgetragenen Stands der Technik im Wege einer Eilentscheidung mit den naturgemäß nur begrenzten Möglichkeiten einer vorläufigen Einschätzung des Ergebnisses des Rechtsbestandsverfahrens für einen erheblichen Zeitraum faktisch vorwegzunehmen. Das Verfahren des einstweiligen Rechtsschutzes sei nicht darauf ausgerichtet, die Schutzfähigkeit eines technischen Schutzrechts vor dem Hintergrund eines komplexen Stands der Technik mit den im Zivilprozessrecht dem Verletzungsgericht zur Verfügung stehenden Mitteln hinreichend gesichert zu beurteilen.[667]

141 Gegen den Erlass einer einstweiligen Verfügung spricht (auch) nach (früherer) Auffassung des OLG München eine **negative erstinstanzliche Rechtsbestandsentscheidung** oder ein negativer qualifizierter Hinweis des BPatG, der trotz seiner Vorläufigkeit jedenfalls eine erhebliche Indizwirkung für die Vernichtung des Verfügungspatents in sich trägt.[668]

142 Das **LG München I**[669] folgt der neuen Linie des OLG München nicht. Es behält seine bisherige Sichtweise bei. Es prüft, ob der Rechtsbestand derart zweifelhaft ist, dass nicht zu erwarten ist, dass das

---

[656] LG Mannheim BeckRS 2009, 87448.
[657] LG Mannheim GRUR-RR 2006, 348 – Etikettiermaschine. Vgl. auch OLG Karlsruhe GRUR 1988, 900 – Dutralene.
[658] LG Mannheim BeckRS 2009, 87448.
[659] OLG München BeckRS 2016, 14740; 2012, 16104; 2008, 42102.
[660] OLG München BeckRS 2016, 14740; 1996, 02613.
[661] OLG München BeckRS 2012, 16104.
[662] OLG München GRUR-RR 2021, 148 – Fassungsanordnung; OLG München GRUR 2020, 385 – Elektrische Anschlussklemme.
[663] OLG München GRUR 2020, 385 – Elektrische Anschlussklemme.
[664] OLG München GRUR-RR 2021, 148 – Fassungsanordnung.
[665] OLG München GRUR-RR 2021, 148 – Fassungsanordnung.
[666] OLG München GRUR 2020, 385 – Elektrische Anschlussklemme.
[667] OLG München GRUR 2020, 385 – Elektrische Anschlussklemme.
[668] OLG München BeckRS 2016, 14740.
[669] Jedenfalls nicht die 21. Zivilkammer.

Verfügungsschutzrecht den Rechtsbestandsangriff mit erheblicher Wahrscheinlichkeit übersteht,[670] bzw. ob mit hoher Wahrscheinlichkeit der Widerruf zu erwarten ist.[671] Eine positive erstinstanzliche kontradiktorische Rechtsbestandsentscheidung für den Erlass einer einstweiligen Verfügung ist hierfür nicht Voraussetzung oder erforderlich.[672] Liegt eine solche Entscheidung vor, wird diese als gewichtige sachkundige Äußerung in Betracht gezogen und daraufhin überprüft, ob sich die Entscheidung als unvertretbar oder offensichtlich fehlerhaft darstellt.[673]

Im Grundsatz eine positive erstinstanzliche kontradiktorische Rechtsbestandsentscheidung zu fordern, widerspricht nach Ansicht der 21. Zivilkammer des LG München I europäischem Recht. Mit Beschluss vom 19.1.2021 hat sie dem EuGH deshalb gemäß Art. 267 AEUV die nachfolgende Frage zur **Vorabentscheidung** vorgelegt: „Ist es mit Art. 9 Abs. 1 RL 2004/48/EG vereinbar, dass im Verfahren des einstweiligen Rechtsschutzes letztinstanzlich zuständige Oberlandesgerichte den Erlass einstweiliger Maßnahmen wegen der Verletzung von Patenten grundsätzlich verweigern, wenn das Streitpatent kein erstinstanzliches Einspruchs- oder Nichtigkeitsverfahren überstanden hat?"[674] Auch wenn der Vorlagebeschluss[675] einen Sachverhalt betrifft, der einen wichtigen Aspekt, nämlich wie zu entscheiden ist, wenn aufgrund des zeitlichen Ablaufs noch keine Rechtsbestandsentscheidung vorliegen kann, in den Fokus rückt, so bietet er keine überzeugende Begründung für eine Europarechtswidrigkeit der (vollständigen) obergerichtlichen Rspr. **143**

Nach **Art. 9 Abs. 1 RL 2004/48/EG** haben die Mitgliedstaaten sicher zu stellen, dass die zuständigen Gerichte die Möglichkeit haben, auf Antrag des Antragstellers einstweilige Maßnahmen anzuordnen, um eine drohende Verletzung eines Rechts des geistigen Eigentums zu verhindern oder einstweilig die Fortsetzung angeblicher Verletzungen dieses Rechts zu untersagen. Laut Erwägungsgrund 22 sind einstweilige Maßnahmen unabdingbar, die unter Wahrung der Ansprüche auf rechtliches Gehör und der Verhältnismäßigkeit der einstweiligen Maßnahme mit Blick auf die besonderen Umstände des Einzelfalles die unverzügliche Beendigung der Verletzung ermöglichen, ohne dass eine Entscheidung in der Sache abgewartet werden muss. Aus der Richtlinie ergibt sich demnach zwar, dass die Mitgliedstaaten die effektive Durchsetzung von Patenten auch im einstweiligen Rechtsschutz sicherstellen müssen, nicht jedoch die Pflicht eines Gerichts, in jedem Fall, zu jeder Zeit und in jeder Konstellation eine einstweilige Verfügung zu erlassen. Gefordert ist auch hiernach – neben dem Vorsehen der zur Rechtsdurchsetzung erforderlichen Maßnahmen – „nur" das Durchführen einer Einzelfallprüfung, die unter Beachtung des Verhältnismäßigkeitsprinzips zu erfolgen hat. **144**

Weshalb den europarechtlichen Anforderungen nicht genügt sein soll, wenn die Oberlandesgerichte in Düsseldorf, Karlsruhe und München[676] für die gebotene Prüfung des hinreichend sicheren Rechtsbestandes einen Grundsatz aufstellen, der mit Ausnahmen versehen ist, erschließt sich nicht. Eine **Kategorisierung von Fallgruppen** ist nicht per se zu beanstanden. Sie schließt weder den Erlass von einstweiligen Verfügung aus noch steht sie einer Einzelfallprüfung entgegen. In den unter den Grundsatz fallenden Konstellationen wird rgm. eine einstweilige Verfügung erlassen, die von Art. 9 Abs. 1 RL 2004/48/EG geforderte Möglichkeit wird also gerade realisiert. In vom Grundsatz abweichenden Konstellationen bleiben diese keinesfalls unberücksichtigt, sondern es erfolgt eine **Einzelfallprüfung,** ob die gegebene Sachverhaltsausgestaltung unter die bekannten Sonderfälle fällt oder ob sie es – da es sich insoweit, jedenfalls nach der Rspr. des OLG Düsseldorf, nicht um abschließend aufgezählte Fälle handelt – aus anderen Gründen rechtfertigt, von dem Erfordernis einer erstinstanzlichen positiven Rechtsbestandsentscheidung abzuweichen. Eine „Verweigerung" einer einstweiligen Verfügung allein deshalb, weil die konkreten Fallumstände nicht unter den Grundsatz fallen, erfolgt demnach nicht. In Anbetracht dessen kann der von den Oberlandesgerichten aufgestellte **Grundsatz** auch **nicht isoliert** betrachtet werden. Er bildet vielmehr die sinnvolle bzw. zusammengehörige Einheit mit den entwickelten Ausnahmen. Die Einschätzung des LG München I, dass es sich bei den (bislang) zuerkannten Ausnahmen um „bloße Theorie" handelt, kann zudem diesseits angesichts der Anzahl der vom LG/OLG Düsseldorf erlassenen Verfügungen nicht geteilt werden. Auch wenn sich mit Blick auf die Sonderkonstellation, dass der Antragsgegner oder ein Dritter mit Einwendungen im Erteilungsver- **145**

---

[670] LG München I BeckRS 2013, 11817.
[671] LG München I GRUR-RR 2020, 31236 – Schnellauflöseformulierung II.
[672] LG München I GRUR-RS 2016, 11707 – Generikum; LG München I PharmR 2016, 292; LG München I BeckRS 2016, 07607.
[673] LG München I GRUR-RS 2020, 27094 – Pemetrexed V; LG München I GRUR-RS 2016, 11707 – Generikum.
[674] GRUR-RS 2021, 301 – Rechtsbestand im Verfügungsverfahren. Zur Problematik der damit einhergehenden Aussetzung eines Verfügungsverfahrens → Rn. 173.
[675] Zustimmend Ratemborski GRUR-RS 2021, 301. Ablehnend Kühnen GRUR 2021, 468. Vgl. zudem Deichfuß GRUR 2022, 33; Hauck GRUR-Prax 2021, 127; Pichlmaier GRUR 2021, 557.
[676] Pichlmaier (GRUR 2021, 557) führt zwar an, Gegenstand des Vorlagebeschlusses sei die Handhabung einstweiliger Verfügungen durch das OLG München. Auch wenn sich dies mit der Begründung des Beschlusses deckt, die nur eine konkrete Auseinandersetzung mit dessen neuer Rspr. aufweist, so bezieht sich die Vorlagefrage selbst indes auf die „letztinstanzlich zuständigen Oberlandesgerichte", demzufolge auch auf die genannten Oberlandesgerichte. Deren Rspr. wird überdies (teilweise) durch das im Beschluss enthaltene Zitat mittelbar Gegenstand des Beschlusses.

fahren bereits beteiligt gewesen ist, möglicherweise Unterschiede in der Rspr. des OLG München und des OLG Düsseldorf ergeben könnten, ist derzeit auch zweifelhaft, ob die genannte Einschätzung für die Rspr. des OLG München zutrifft. Das OLG München hat erst in jüngerer Zeit seine Rspr. geändert; eine Evaluation der seit dem ergangenen Entscheidungen des LG/OLG München, die bestätigen, dass es sich bei den aufgezählten Ausnahmen nur um theoretische (als abschließend zu betrachtende) Ausnahmen handelt mit der Folge, dass eine einstweilige Verfügung ausschließlich beim Vorliegen einer kontradiktorischen Rechtsbestandsentscheidung erlassen wird, ist diesseits nicht bekannt.

146 Soweit das LG München I in dem Vorlagebeschluss darauf hinweist, dass sich in den einschlägigen deutschen Gesetzesmaterialien an keiner Stelle das Erfordernis einer erstinstanzlichen Entscheidung in einem Rechtsbestandsverfahren als Voraussetzung einer einstweiligen Maßnahme zur Untersagung einer Patentverletzung findet, ist dies zutreffend.[677] Ein solches Erfordernis ist auch nicht Gegenstand der RL 2004/48/EG. Gleichwohl ist die Kraft dieses Arguments begrenzt. Die **Gesetzesmaterialien** (und die Richtlinie) besagen ebenso wenig, dass der Rechtsbestand eines Verfügungspatents überhaupt darauf überprüft werden soll, ob er hinreichend sicher ist. Konsequent fortgedacht müsste mangels dahingehender Erwähnung auf diese Prüfung insgesamt verzichtet werden. Die Prüfung ist indes– wovon alle deutschen Gerichte ausgehen – trotz des Erteilungsaktes geboten, weil eine Unterlassungsverfügung erhebliche Folgen zeitigt, faktisch oftmals die Hauptsache vorwegnimmt und die Erkenntnis- sowie Verteidigungsmöglichkeiten im einstweiligen Verfügungsverfahren eingeschränkt sind, was iÜ auch für einen Antragsteller wegen § 945 Risiken bergen kann. Abgesehen davon ist ein Grund für eine ausnahmslose Privilegierung der einstweiligen Verfügungsverfahren gegenüber Hauptsacheverfahren, bei denen die Möglichkeit der Aussetzung bei hinreichenden Erfolgsaussichten eines Rechtsbestandsangriff gem. § 148 ZPO besteht, nicht gegeben. Wird der hinreichend sichere Rechtsbestand mithin prinzipiell als eine Voraussetzung des Verfügungsgrundes und somit für den Erlass einer einstweiligen Verfügung anerkannt, besteht allein hinsichtlich der Basis bzw. des Weges der hierfür erforderlichen Feststellungen Uneinigkeit.

147 Wieso es mit Art. 9 Abs. 1 Art. 9 Abs. 1 RL 2004/48/EG unvereinbar sein soll, die Frage des hinreichend sicheren Rechtsbestands grundsätzlich mit Hilfe bzw. auf Basis einer erstinstanzlichen kontradiktorischen Rechtsbestandsentscheidung zu treffen, ist auch deshalb nicht zu erkennen, weil eine solche Entscheidung das bei einem einseitig initiierten Verfahren bestehende Recherche- und Prüfungsdefizit ausgleicht und ihr damit eine **höhere Verlässlichkeit** zukommt. Dass die nicht mit technischen Richtern besetzten Verletzungsgerichte ihre eigene Entscheidung grundsätzlich (auch) auf eine Entscheidung stützen, die von einem mit technischer Sachkunde ausgestatteten Spruchkörper stammt, erhöht in diesem Punkt die Qualität der von ihnen erlassenen Vollstreckungstitel und vermindert die Gefahr von Fehlentscheidungen.

148 Das **LG Nürnberg-Fürth** prüft, ob erhebliche Zweifel am Rechtsbestand bestehen.[678]

149 Nach Ansicht des OLG **Braunschweig** kann eine einstweilige Verfügung nur erlassen werden, wenn hinsichtlich des Rechtsbestandes des Verfügungspatents **keine durchgreifenden Zweifel** bestehen.[679] Als **zu weitgehend** erachtet es indes die Auffassung, wonach von einem hinreichenden Rechtsbestand des Verfügungspatents grds. nur dann auszugehen ist, wenn es bereits ein **erstinstanzliches Einspruchs- oder Nichtigkeitsverfahren** überstanden hat. Eine solche Anforderung berücksichtigt nach Meinung des Senats nicht ausreichend die Bindungswirkung der Patenterteilung und würde dazu führen, dass dem Patentinhaber in allen anderen Fällen einstweiliger Rechtsschutz versagt bliebe. Der Erlass einer einstweiligen Verfügung ist aber jedenfalls dann abzulehnen, wenn glaubhaft gemacht ist, dass das Patent auf eine bereits erhobene Nichtigkeitsklage hin vernichtet oder im Einspruchsverfahren widerrufen werden wird. Bei einer Sachlage, die im Hauptsacheverfahren zu einer Aussetzung führen würde, kann eine Verfügung nicht erlassen werden. Von daher kann es dem Erlass einer einstweiligen Verfügung schon entgegenstehen, wenn im Zeitpunkt der Entscheidung Anhaltspunkte erkennbar sind, welche die Schutzwürdigkeit des Schutzrechts in Frage stellen.[680]

150 Nach LG/OLG **Hamburg** setzt der Erlass einer einstweiligen Verfügung im Patentrecht zur Vermeidung des Risikos einer Fehlbeurteilung technischer Sachverhalte im summarischen Verfahren voraus, dass das Verfügungspatent mit **zumindest großer Wahrscheinlichkeit** bzw. Gewissheit rechtsbeständig ist bzw. sich als rechtsbeständig erweisen wird.[681] Dies erfordert nach Ansicht des OLG Hamburg indes **nicht,** dass das Verfügungspatent bereits in einem **Einspruchs- oder Nichtigkeitsverfahren** einer weiteren Überprüfung unterzogen worden ist. Allerdings sollen gerade in Fällen, in denen das noch nicht erfolgt ist, an den Erlass einer Unterlassungsverfügung im Eilverfahren hohe

---

[677] GRUR GRUR-RS 2021, 301 – Rechtsbestand im Verfügungsverfahren.
[678] LG Nürnberg-Fürth BeckRS 2012, 22948.
[679] OLG Braunschweig GRUR-RR 2012, 97 – Scharniere auf der Hannovermesse.
[680] OLG Braunschweig GRUR-RR 2012, 97 – Scharniere auf der Hannovermesse; LG Braunschweig BeckRS 2012, 03180.
[681] OLG Hamburg GRUR-RR 2002, 245 – Spannbacke; LG Hamburg GRUR-RS 2021, 6494 – Wiedergabewarteschlangensteuerung; LG Hamburg GRUR-RS 2015, 08240 – Rabattvertrag; LG Hamburg GRUR-Int 2002, 1025– Seifenverpackung; GRUR-RR 2002, 45 – Felodipin.

Anforderungen zu stellen sein. Der Erlass einer Unterlassungsverfügung kommt daher nach dieser Ansicht nur in Betracht, wenn nach sorgfältiger Prüfung, die auch die Besonderheiten des Verfügungsverfahrens (besonderer Zeitdruck, unter dem gerade der Antragsgegner seine Verteidigung aufbauen muss; meist einschneidender Eingriff in die gewerbliche Tätigkeit des Antragsgegner) in den Blick zu nehmen hat, die Rechtsbeständigkeit des Verfügungspatents als hinlänglich gesichert betrachtet werden kann.[682]

151 Es geht in erster Linie um die Frage, ob sich ein für den Antragsteller positiver Ausgang des Rechtsbestandsverfahrens prognostizieren lässt oder ob durchgreifende Zweifel bestehen, die zu der Prognose führen, dass das Einspruchsverfahren aller Wahrscheinlichkeit nach zum Widerruf des Patents führen wird. Die eigene Überzeugung des Verletzungsgerichts ist demgegenüber für die insoweit erforderliche Beurteilung nicht maßgeblich.[683] Ist das Verfügungspatent angegriffen, muss sich das Verletzungsgericht mit allen Argumenten auseinandersetzen und prüfen, ob ernst zu nehmende Anhaltspunkte dafür bestehen, dass das Verfügungspatent keinen Bestand haben wird[684] bzw. es dürfen keine ernsthaften Zweifel am Rechtsbestand des Verfügungspatents bestehen, die in einem Hauptsacheverfahren zur Aussetzung führen würden.[685] Gegen einen hinlänglich gesicherten Rechtsbestand kann sprechen, wenn ein anderes Gericht dem EuGH eine für das Verfügungsverfahren entscheidungserhebliche Rechtsfrage betreffend das streitgegenständliche Schutzrecht vorgelegt hat.[686] Handelt es sich bei dem Antragsgegner um ein **Generikaunternehmen** hat eine Verbotsverfügung wegen der besonderen Interessenlage auch dann zu ergehen, wenn für das Verletzungsgericht keine endgültige Sicherheit über den Rechtsbestand gewonnen werden kann, aber mehr für als gegen ihn spricht.[687] Wurde das Verfügungspatent nach Patenterteilung **mehrfach beschränkt,** hat der Erteilungsakt nach Ansicht des LG Hamburg für den Rechtsbestand des Verfügungspatents keine oder nur noch wenig indizielle Bedeutung.[688]

152 Für den Erlass einer einstweiligen Verfügung, die auf ein **Gebrauchsmuster** gestützt ist, muss das Gericht nach Ansicht des LG Hamburg in eigener Kompetenz die Schutzfähigkeit des Verfügungsgebrauchsmusters prüfen. Dies kann rgm nicht ohne die Möglichkeit der Stellungnahme des Antragsgegners geschehen.[689]

153 Das **OLG Frankfurt a. M.** versagt einem Antrag auf Erlass einer einstweiligen Verfügung den Erfolg, wenn gegen das Verfügungspatent ein erfolgversprechendes Rechtsmittel eingelegt worden ist.[690] Der Antragsgegner kann sich hierauf berufen, wenn mit den Mitteln des Eilverfahrens **hinreichend sicher** festgestellt werden kann, dass das Rechtsmittel voraussichtlich Erfolg haben wird, wobei die bevorstehende – mindestens teilweise – Vernichtung des Schutzrechts **derart wahrscheinlich** sein muss, dass es nicht mehr vertretbar erscheint, dem Patentinhaber die gerichtliche Durchsetzung seiner nur noch formell bestehenden Rechtsposition zu ermöglichen. Hiervon kann im Allgemeinen nur ausgegangen werden, wenn das Rechtsmittel auf neue, noch nicht berücksichtigte Gesichtspunkte gestützt wird. Dagegen ist es grds. nicht Aufgabe der Verletzungsgerichte, bei im Wesentlichen unveränderter Tatsachenlage die Richtigkeit der getroffenen Eintragungsentscheidung zu überprüfen und die eigene Bewertung der Patentfähigkeit an diejenige der Erteilungsbehörde bzw. an die Stelle, die für die Überprüfung des Rechtsbestandes zuständig ist, zu setzen. Eine Ausnahme von diesem Grundsatz kommt hiernach allenfalls dann in Betracht, wenn die Bejahung der Schutzfähigkeit im Erteilungsverfahren nach Überzeugung des Verletzungsgerichts schlechterdings unvertretbar und daher offensichtlich fehlerhaft ist.[691]

154 Die **Auffassungen der Verletzungsgerichte unterscheiden sich** demnach in der Frage, ob die Angriffe gegen den Rechtsbestand „nicht von der Hand zu weisen" bzw. haltlos sein müssen, ob die Rechtsbeständigkeit mit großer/hoher/hinreichender Wahrscheinlichkeit gegeben sein muss oder ob keine durchgreifenden Zweifel bestehen dürfen. Auch wenn es hierbei nicht nur um voneinander abweichende sprachliche Formulierungen handelt, sondern die erstgenannte Auffassung geringere Anforderungen für die Zurückweisung stellt, weil sie die Last des hinreichend sicheren Rechtsbestands eindeutig dem Antragsteller aufbürdet und vom Antragsgegner nur einen schlüssigen sowie vertretbar Vortrag verlangt, während die anderen Ansichten einen strengeren Überzeugungsgrad für die Erfolgsaussichten des Angriffs postulieren, ist zweifelhaft, ob sich hieraus im Ergebnis grds. erhebliche Diver-

---

[682] OLG Hamburg 6.6.2013 – 3 U 197/12; LG Hamburg GRUR-RR 2015, 137 – Rabattvertrag; GRUR-Int 2002, 1025 – Seifenverpackung.
[683] OLG Hamburg GRUR-RR 2002, 245 – Spannbacke; LG Hamburg GRUR-RR 2002, 45 – Felodipin.
[684] OLG Hamburg GRUR-RR 2002, 245 – Spannbacke; LG Hamburg GRUR-RS 2015, 08240 – Rabattvertrag.
[685] LG Hamburg GRUR-RS 2019, 24864 – Sicherheitsventil; LG Hamburg BeckRS 2018, 48117.
[686] LG Hamburg GRUR-RS 2015, 08240– Rabattvertrag.
[687] LG Hamburg GRUR-RS 2019, 24842 – Methylphenidat; LG Hamburg GRUR-RS 2015, 08240 – Rabattvertrag.
[688] LG Hamburg GRUR-RS 2019, 24864 – Sicherheitsventil.
[689] LG Hamburg GRUR-RR 2015, 137 – Hydraulikschlauchgriffteil.
[690] OLG Frankfurt a. M. GRUR-RR 2003, 263 – mini flexiprobe; LG Frankfurt a. M. Mitt. 2014, 30 spricht von überwiegender Wahrscheinlichkeit.
[691] OLG Frankfurt a. M. GRUR-RR 2003, 263 – mini flexiprobe.

genzen ergeben. Denn letztlich ist es stets eine Frage des **konkreten Fall**s, welchen Überzeugungsgrad das Gericht gewinnen kann und wie es das Gewicht vorgebrachter Entgegenhaltungen beurteilt. Bezüglich der unterschiedlichen Ansätze zum Erfordernis einer erstinstanzlichen kontradiktorischen Rechtsbestandsentscheidung gilt es zu beachten, dass keines der Gerichte eine solche stets zwingend fordert und den Erlass einer einstweiligen Verfügung automatisch ablehnt, nur weil eine solche Entscheidung fehlt. Es wird stets geprüft, ob eine Sonderkonstellation vorliegt. Damit fordert die Ansicht, die grundsätzlich eine kontradiktorische Rechtsbestandsentscheidung erwartet, einzig – abweichend von der anderen Ansicht und damit die Hürde höher legend – vom Antragsteller die (gesonderte) Darlegung, dass im konkreten Fall trotz des Fehlens der Rechtsbestandsentscheidung der Erlass einer einstweiligen Verfügung notwendig ist. Angesichts der mit einer Unterlassungsverfügung verbundenen Folgen scheint es angemessen, dem Antragsteller einen entsprechenden Vortrag aufzubürden.[692]

155 **c) Darlegungs- und Glaubhaftmachungslast.** Entsprechend den allgemein geltenden Grundsätzen obliegt es zunächst dem Antragsgegner den Rechtsbestand des Verfügungspatents bzw. des Schutzzertifikats konkret zu bestreiten und die Entgegenhaltungen bzw. Tatsachen vorzutragen, die einen Widerrufs- oder Nichtigkeitsgrund begründen. Ihm obliegt ferner, einen Rechtsbestandsangriff anhängig und diesen sodann im Verletzungsprozess glaubhaft zu machen.

156 Wenn das Verfügungspatent bzw. das Schutzzertifikat in seinem Rechtsbestand angegriffen oder ein bevorstehender Angriff hinreichend absehbar ist, steht es – trotz der unter b) dargestellten unterschiedlichen Ansätze der Rspr. – nach überwiegender Ansicht zur Glaubhaftmachungslast des Antragstellers, das Verletzungsgericht davon zu überzeugen, dass die gegen das Verfügungspatent vorgebrachten Einwände unberechtigt sind und das Schutzrecht mit Sicherheit das laufende oder bevorstehende Rechtsbestandsverfahren überstehen wird.[693] Bestehen Zweifel an der Schutzfähigkeit des Verfügungspatents bzw. lassen sich die Erfolgsaussichten des Rechtsbestandangriffs nicht mit ausreichender Sicherheit klären, geht dies zu Lasten des Antragstellers.[694]

157 Eine positive Bestandsprognose kann – abweichend von der Handhabung bei der Aussetzung im Hauptsacheverfahren – nicht schon darauf gestützt werden, dass der fremdsprachige Einspruchsschriftsatz oder fremdsprachige Entgegenhaltungen vom Antragsgegner auflagenwidrig nicht übersetzt sind. Vielmehr ist es notfalls Sache des Antragstellers, diejenigen Übersetzungsarbeiten zu leisten, die erforderlich sind, um dem Verletzungsgericht die Gewissheit zu verschaffen, dass der unternommene Angriff gegen den Rechtsbestand des Verfügungspatents aussichtslos ist. Voraussetzung ist selbstverständlich, dass der Angriff auf das Verfügungspatent so rechtzeitig initiiert und substantiiert wird, dass der Antragsteller bei gehöriger Anstrengung Übersetzungen noch rechtzeitig vor dem Verhandlungstermin beibringen kann.[695]

158 Begehrt der Antragsteller den Erlass einer einstweiligen Verfügung im Beschlusswege muss er in der Antragschrift den hinreichend sicheren Rechtsbestand darlegen und glaubhaft machen. Er hat ferner zu erklären, ob der Rechtsbestand des Verfügungspatents derzeit oder in der Vergangenheit angegriffen wird bzw. war.

159 Betrifft das einstweilige Verfügungsverfahren die Verletzung eines Gebrauchsmusters gilt dieselbe Lastenverteilung. Der Antragsgegner hat die Schutzfähigkeit des Verfügungsgebrauchsmusters konkret zu bestreiten und die Entgegenhaltungen vorzubringen, die gegen die Schutzfähigkeit sprechen. Sodann ist es Sache des Antragstellers darzulegen und glaubhaft zu machen, dass die vorgebrachten Einwände ohne Erfolg und haltlos sind, die Schutzfähigkeit mithin hinreichend sicher ist.[696] Zweifel gehen zu seinen Lasten.

160 **2. Markenrecht. a) Deutsche Marke.** Die eingetragene Marke ist ein Registerrecht. Der Eintragung geht eine Prüfung seitens des DPMA voraus, die auch die Prüfung absoluter Schutzhindernisse umfasst. Mit Eintragung der Marke entfaltet diese Schutz und das Verletzungsgericht ist an die **Eintragung** gebunden.[697] Die **Bindung** bezieht sich auf die Tatsache der Eintragung, alle Eintra-

---

[692] → Rn. 145 ff.
[693] OLG Düsseldorf GRUR-RR 2011, 91 – Gleitscheibensattelbremse II; OLG Düsseldorf BeckRS 2010, 15862; 2009, 18590; OLG Hamburg GRUR-RR 2002, 244 – Spannbacke; OLG Karlsruhe GRUR 1978, 116 – DTOS; LG Braunschweig BeckRS 2012, 03161; LG Mannheim BeckRS 2009, 87748; Mes PatG § 139 Rn. 460. AA Kaess GRUR 2009, 276. Unklar hinsichtlich der Verteilung der Glaubhaftmachungslast: OLG Frankfurt a. M. GRUR-RR 2003, 263 – mini flexiprobe.
[694] OLG Braunschweig GRUR-RR 2012, 97 – Scharniere auf der Hannovermesse; OLG Düsseldorf GRUR-RR 2011, 91 – Gleitscheibensattelbremse II; OLG Düsseldorf BeckRS 2010, 22211; 2010, 15862; 2009, 18590; OLG Hamburg GRUR-RR 2002, 244 – Spannbacke; OLG Karlsruhe GRUR 1988, 900 – Dutralene; OLG Karlsruhe GRUR 1978, 116 – DTOS; LG Braunschweig BeckRS 2012, 03161; LG Mannheim BeckRS 2009, 87748.
[695] OLG Düsseldorf BeckRS 2010, 22211; 2010, 15862.
[696] AA Kaess GRUR 2009, 276. Abweichend auch Bühring/Braitmayer/Haberl GebrMG § 24 Rn. 59, die eine Darlegungs- und Glaubhaftmachungslast des Antragstellers ohne vorheriges Bestreiten annehmen.
[697] BGH GRUR 2005, 1044 – Dentale Abformmasse; BGH GRUR 2005, 414 – Russisches Schaumgebäck; BGH GRUR 2005, 616 – Lila-Schokolade; BGH GRUR 2003, 1040 – Kinder I; OLG Hamburg GRUR-RR 2009, 224 – Yoghurt GUMS; OLG Köln GRUR-RR 2008, 193 – Drei-Scherkopf-Rasierer; LG Hamburg GRUR-RS 2022, 276.

gungsvoraussetzungen und Eintragungshindernisse, die im Eintragungsverfahren geprüft worden sind,[698] und die zuerkannte Priorität.[699] Die Bindungswirkung entfällt erst mit Rechtskraft der Löschungsanordnung.[700] Die **Einrede** der (vermeintlichen) **Löschungsreife** der Marke ist im Verletzungsverfahren mit Ausnahme der auf § 8 Abs. 1 Nr. 10 oder auf § 22 Abs. 1 Nr. 22 MarkenG gestützten Einwände **nicht zulässig**. Ist ein Löschungsverfahren anhängig, kann dieses mithin lediglich zu einer Aussetzung des Verletzungsverfahrens gem. § 148 führen.[701]

Der Bindungsgrundsatz gilt auch im einstweiligen Verfügungsverfahren.[702] Er erfährt hier indes eine Einschränkung. Die obergerichtliche Rspr. bezieht im Falle eines anhängigen, noch nicht rechtskräftig abgeschlossenen Löschungsverfahrens die **Erfolgsaussichten** des **Löschungsantrags** bzw. der Nichtigkeitsantrag in die Prüfung der **Dringlichkeit** des Verfügungsantrages ein.[703] Da eine Aussetzung des Eilverfahrens nicht in Betracht kommt, verneinen die Oberlandesgerichte den Verfügungsgrund überwiegend, wenn der Löschungsantrag nach Auffassung des Verletzungsgerichts eine „beträchtliche" Erfolgsaussicht[704] bzw. eine „hohe Erfolgsaussicht"[705] in sich trägt oder hinreichende Anhaltspunkte dafür gegeben sind, dass die Verfügungsmarke „sicher bzw. mit dem erforderlichen Maß an Wahrscheinlichkeit löschungsreif ist",[706] mit der Nichtigerklärung „unmittelbar zu rechnen ist",[707] „mindestens eine hohe Wahrscheinlichkeit"[708] für die Löschung spricht oder von der offensichtlichen Schutzunfähigkeit auszugehen ist.[709] Letztere wird angenommen, wenn der Verletzungsrichter die voraussichtliche Markenlöschung sicher im Sinne von „so gut wie feststehend" prognostizieren kann.[710] Eingehende Tatsachenermittlungen zur Schutzfähigkeit sind im einstweiligen Verfügungsverfahren nicht vorzunehmen.[711] Für das OLG Köln gilt der Grundsatz der Bindung an die Markeneintragung soweit eine Marke noch nicht rechtskräftig gelöscht ist, und der Erfolg des Löschungseinwands nicht für ausgeschlossen, aber auch nicht für überwiegend wahrscheinlich gehalten wird.[712] Von vornherein ausgeschlossen ist der Einwand der Schutzunfähigkeit im Verfügungsverfahren allerdings nach Ablauf der 10-Jahres-Frist des § 50 Abs. 2 S. 2 MarkenG. Dann kann allenfalls § 23 Nr. 2 MarkenG eingreifen.[713]

Eine **negative erstinstanzliche Löschungsentscheidung** führt nicht automatisch zum Versagen des Verfügungsgrundes. Das Gericht ist vielmehr nur gehalten, noch sorgfältiger zu prüfen und abzuwägen.[714]

Bei **nicht eingetragenen Marken** kann das Fehlen der erforderlichen Schutzvoraussetzungen vom Antragsgegner im einstweiligen Verfügungsverfahren uneingeschränkt als Einrede geltend gemacht werden.

b) Unionsmarken. Geht der Antragsteller aus einer eingetragenen Unionsmarke (zuvor: Gemeinschaftsmarke) vor, stellt sich die Lage ähnlich dar. Die Unionsmarke trägt nach Art. 127 Abs. 1

---

[698] BGH GRUR 2005, 1044 – Dentale Abformmasse; BGH GRUR 2005, 414 – Russisches Schaumgebäck.
[699] OLG Hamburg GRUR-RR 2009, 265 – five four.
[700] BGH GRUR 2009, 672 – OSTSEE-POST; BGH GRUR 2009, 678 – POST/RegioPost; BGH GRUR 2008, 798 – Post I; OLG Hamburg GRUR-RR 2009, 224 – Yoghurt GUMS; OLG Hamburg GRUR-RR 2004, 296 – Tae Bo; OLG Dresden NJWE-WettbR 1999, 133 – cyberspace.de. AA OLG Köln ZUM-RD 2001, 352: nicht rechtskräftige Löschungsentscheidung genügt. Zustimmend OLG Köln GRUR-RR 2008, 193 – Drei-Scherkopf-Rasierer für den Fall, dass die Löschungsanordnung nur noch mit der Rechtsbeschwerde gem. § 83 Abs. 3 MarkenG angreifbar ist.
[701] BGH GRUR 2009, 672 – OSTSEE-POST; BGH GRUR 2009, 678 – POST/RegioPost; BGH GRUR 2008, 798 – Post I; BGH GRUR 2005, 414 – Russisches Schaumgebäck; BGH GRUR 2005, 616 – Lila-Schokolade.
[702] OLG Hamburg GRUR-RS 2019, 16803 – Dichtmodul; OLG Köln GRUR-RS 2015, 11697 – Capri-Sonne Orange; OLG Düsseldorf GRUR-RR 2012, 146 – E-Sky; OLG Hamburg GRUR-RR 2008, 293 – Rotkoffer; OLG Frankfurt a. M. BeckRS 2009, 88691.
[703] OLG Düsseldorf GRUR-RR 2012, 146 – E-Sky; OLG Düsseldorf GRUR-RR 2002, 212 – TopTicket.
[704] OLG Düsseldorf GRUR-RR 2012, 146 – E-Sky. Hiernach gehen Zweifel an der Schutzfähigkeit zu Lasten des Antragstellers.
[705] OLG Frankfurt a. M. BeckRS 2009, 88691; OLG Düsseldorf GRUR-RR 2002, 212 – TopTicket.
[706] OLG Hamburg GRUR-RR 2008, 293 – Rotkoffer.
[707] OLG Frankfurt a.M. GRUR-RR 2016, 235 – Multi-Star. Das soll nur gegeben sein können, wenn die Nichtigkeit mit neuen tatsächlichen oder rechtlichen Argumenten begründet werden kann, welche bei der Eintragungsentscheidung voraussichtlich nicht berücksichtigt worden sind. Kritisch hierzu: Ströbele/Hacker/*Thiering* MarkenG § 140 Rn. 90.
[708] OLG Hamburg GRUR-RR 2004, 245 – magenta.
[709] OLG München MarkenR 2015, 204; OLG Düsseldorf GRUR-RR 2013, 146 – Paula; OLG Hamburg GRUR-RR 2008, 293 – Rotkoffer.
[710] OLG Hamburg GRUR-RS 2019, 16803 – Dichtmodul.
[711] OLG Düsseldorf GRUR-RR 2012, 146 – E-Sky.
[712] OLG Köln GRUR-RS 2015, 11697 – Capri-Sonne Orange. Anders noch OLG Köln GRUR-RR 2008, 193 – Drei-Scherkopf-Rasierer, wonach die Bindungswirkung mit Löschungsanordnung entfiel, wenn diese nur noch nach Maßgabe des § 83 Abs. 3 MarkenG angreifbar ist, mit der Folge, dass die – iRd Verfügungsanspruchs zu beachtenden – Schutzunfähigkeit der Marke zu verneinen wäre. Vgl. zudem OLG Köln ZUM-RD 2001, 352.
[713] OLG Frankfurt a. M. BeckRS 2009, 88691.
[714] OLG Köln GRUR-RS 2015, 11697 – Capri-Sonne Orange.

UMV[715] die **Vermutung der Rechtsgültigkeit**[716] in sich, sofern sie nicht mit einer Widerklage auf Erklärung des Verfalls oder der Nichtigkeit angefochten wird. Das Verletzungsgericht ist deshalb auch im einstweiligen Verfügungsverfahren grds. an die Eintragung der Marke gebunden.[717] Die Bindungswirkung relativiert sich bei Anhängigkeit eines **Antrag**s auf **Nichtigerklärung,** der bei der Prüfung der Dringlichkeit des Verfügungsantrags Beachtung findet. Das **OLG Frankfurt a. M.** verneint den Verfügungsgrund, wenn mit der Nichtigerklärung der Verfügungsmarke unmittelbar zu rechnen ist, der hierauf gerichtete Antrag also „große Erfolgsaussichten" hat.[718] Voraussetzung hierfür ist in aller Regel, dass der Nichtigkeitsantrag auf neue – durchgreifend erscheinende – tatsächliche oder rechtliche Argumente gestützt ist, die bei der Eintragungsentscheidung voraussichtlich nicht berücksichtigt worden sind. Es ist grds. nicht Sache des Verletzungsgerichts, bei im Wesentlichen unveränderter tatsächlicher und rechtlicher Grundlage die Richtigkeit der getroffenen Eintragungsentscheidung zu überprüfen und dabei die eigene Bewertung der Schutzfähigkeit einer Marke an diejenige der hierzu berufenen Eintragungsbehörde zu setzen.[719] Das **OLG München** erkennt eine „absolute" Bindung an die Markeneintragung nicht an, wenn insbes. bereits ein Löschungs- und Nichtigkeitsantrag anhängig ist, und die Voraussetzungen für eine Aussetzung einer Hauptsacheklage „zweifelsfrei" vorlägen.[720] Die Eintragung der Gemeinschaftsmarke muss hiernach „offensichtlich zu Unrecht" erfolgt sein. Ist der Ausgang des Nichtigkeitsverfahrens offen, reicht dies für eine Verneinung des Verfügungsgrundes nicht.[721] Das **OLG Hamburg** prüft, ob die voraussichtliche Markenlöschung sicher im Sinne von „so gut wie feststehend" prognostiziert werden kann.[722] Den gleichen Maßstab wendet das **LG Düsseldorf** an.[723]

165 Der Antragsgegner kann zudem auch im Verfügungsverfahren die **Nichtbenutzungseinrede** gem. Art. 127 Abs. 3 UMV erheben.[724]

166 3. Designrecht. a) Deutsches Design. Das eingetragene Design ist ein zwar eingetragenes, aber materiell **ungeprüftes Schutzrecht.** Seine Rechtsgültigkeit ist infolge dessen vom Verletzungsgericht rgm zu prüfen, wobei – auch im einstweiligen Verfügungsverfahren – **§ 39 DesignG** zu beachten ist.[725] Hiernach wird zugunsten des Rechteinhabers vermutet, dass die an die Rechtsgültigkeit eines eingetragenen Designs zu stellenden Anforderungen erfüllt sind. Die **Vermutung** der Rechtsgültigkeit[726] betrifft die in § 33 Abs. 1 DesignG genannten Nichtigkeitsgründe. Die Vermutung ist **widerlegbar.** Die Widerlegung der Vermutung ist grds. Sache des **Antragsgegners.** Er muss Tatsachen darlegen und glaubhaft machen, mittels derer die Vermutung der Neuheit und Eigenart widerlegt wird,[727] wofür vor allem das Aufzeigen des relevanten Formenschatzes erforderlich ist.[728] Hinsichtlich der hierbei anzulegenden Maßstäbe ist zu berücksichtigen, dass die Ermittlung des vorbekannten Formenschatzes sehr aufwändig sein kann, dem Antragsgegner jedoch im einstweiligen Verfügungsverfahren rgm nur ein kurzer Zeitraum für die Ermittlung zur Verfügung steht.[729] Die Vermutung kann darüber hinaus durch den Vortrag des Antragstellers selbst **(„Selbstwiderlegung")** oder durch offenkundige Tatsachen (§ 291) widerlegt werden.

167 Die fehlende Rechtsgültigkeit eines eingetragenen Designs kann im einstweiligen Verfügungsverfahren gem. § 52a DesignG kann – wie Satz 2[730] ausdrücklich klarstellt – geltend gemacht werden, und zwar als **Einrede der Nichtigkeit.** Die Anhängigkeit einer Nichtigkeitsklage bzw. eines Antrags nach § 34 DesignG ist nicht zwingende Voraussetzung für das Erheben der Einrede.[731] Insbes. dann

---

[715] Entspricht Art. 99 Abs. 1 GMV. Die GMV war bis zum 23.3.2016 gültig.
[716] Vgl. → § 292 Rn. 32.
[717] LG Düsseldorf BeckRS 2019, 30125; LG München PharmR 2019, 466. Auf Grundlage der zum 23.3.2016 außer Kraft getretenen GMV: OLG München MarkenR 2015, 204; OLG Frankfurt a. M. BeckRS 2013, 14313; OLG Bremen NJOZ 2012, 846; OLG Frankfurt a. M. BeckRS 2010, 21955; LG Düsseldorf BeckRS 2012, 19542. Vgl. zur Bindungswirkung im Hauptsacheverfahren: BGH GRUR 2018, 516 – form-stripp II.
[718] Auf Grundlage des zum 23.3.2016 außer Kraft getretenen GMV: OLG Frankfurt a. M. GRUR-RR 2016, 235 – Multi-Star; OLG Frankfurt a. M. BeckRS 2013, 14313; 2010, 21955.
[719] OLG Frankfurt a. M. GRUR-RR 2016, 235 – Multi-Star; OLG Frankfurt a. M. BeckRS 2013, 14313.
[720] Auf Grundlage der zum 23.3.2016 außer Kraft getretenen GMV: OLG München MarkenR 2015, 204.
[721] Auf Grundlage der zum 23.3.2016 außer Kraft getretenen GMV: OLG München MarkenR 2015, 204.
[722] Auf Grundlage der zum 23.3.2016 außer Kraft getretenen GMV: OLG Hamburg GRUR-RS 2014, 09531 – Transdermales Pflaster; OLG Hamburg GRUR-RR 2008, 293 – Rotkoffer.
[723] LG Düsseldorf BeckRS 2019, 30125.
[724] OLG Frankfurt a. M. GRUR-RR 2020, 102 – Batterie-Plagiat.
[725] KG GRUR-RR 2016, 145 – Bettendesign; Eichmann/Jestaedt/Fink/Meiser/*Eichmann/Jestaedt* DesignG § 39 Rn. 5 f. Zum GeschmG aF: OLG Frankfurt a. M. OLGR 2005, 29.
[726] Vgl. → § 292 Rn. 33 f.
[727] OLG Frankfurt a. M. GRUR-RR 2011, 66 – Sequestrationsanspruch; OLG Frankfurt a. M. GRUR 1987, 169 – Badezimmerteppich; *Berneke/Schüttpelz* Rn. 787.
[728] *Berneke/Schüttpelz* Rn. 787; Eichmann/Jestaedt/Finke/Meiser/*Eichmann/Jestaedt* DesignG § 42 Rn. 105.
[729] LG Düsseldorf Mitt. 1988, 14; GRUR 1966, 689.
[730] Eingeführt durch das Gesetz zur Änderung des DesignG und weiterer Vorschriften des gewerblichen Rechtsschutzes: BGBl. I S. 558. Zur Begründung vgl. BT-Drs. 18/7195, Begründung zu Nummer 16.
[731] Anders wohl KG GRUR-RR 2016, 145 – Bettendesign, allerdings noch zu alten Rechtslage.

nicht, wenn dem Antragsgegner zu wenig Zeit zur Verfügung stand, um einen ordnungsgemäßen und sorgfältig geprüften Antrag einzureichen.

b) Gemeinschaftsgeschmacksmuster. Wird der Antrag auf Erlass einer einstweiligen Verfügung **168** auf ein eingetragenes oder ein nicht eingetragenes Gemeinschaftsgeschmacksmuster nach der GGV (Art. 90 Abs. 1 GGV) gestützt, kann der Antragsgegner nach Art. 90 Abs. 2 S. 1 GGV den nicht im Wege der Widerklage erhobenen **Einwand der Nichtigkeit** erheben.[732] Aufgrund dieses Einwandes prüft das Verletzungsgericht im Rahmen des Verfügungsanspruchs die Rechtsgültigkeit des Verfügungsgeschmacksmusters. Die **Rechtsgültigkeit** des nicht eingetragenen Gemeinschaftsgeschmacksmusters wird, wie der Verweis in Art. 90 Abs. 2 S. 2 GGV auf Art. 85 Abs. 2 GGV zeigt, **vermutet.**[733] Voraussetzung ist, dass der Antragsteller darlegt und glaubhaft macht, dass die Voraussetzungen des Art. 11 GGV erfüllt sind und dass das nicht eingetragene Gemeinschaftsgeschmacksmuster Eigenart aufweist.[734] Darüber hinaus gilt die **Vermutung**swirkung auch bezüglich der Rechtsgültigkeit eines eingetragenen Gemeinschaftsgeschmacksmusters,[735] wobei unklar ist, ob insoweit Art. 85 Abs. 1 GGV eingreift oder ob wegen der Verweisung des Art. 90 Abs. 2 S. 2 GGV nur auf Art. 85 Abs. 2 GGV im Eilverfahren für eingetragene Gemeinschaftsgeschmacksmuster dieselben Grundsätze wie im Klageverfahren für nicht eingetragene Gemeinschaftsgeschmacksmuster Anwendung finden.[736] Es obliegt dem Antragsgegner Tatsachen darzulegen und glaubhaft zu machen, die die jeweilige Vermutung **widerlegen** und einen Nichtigkeitsgrund begründen.[737]

Ist ein **Antrag auf Nichtigerklärung** anhängig oder liegt eine Entscheidung der zuständigen **169** Behörde zur Nichtigkeit des Gemeinschaftsgeschmacksmusters vor, ist dies vom Verletzungsgericht im Rahmen des **Verfügungsgrund**es zu berücksichtigen.[738] Die Dringlichkeit ist bspw. zu verneinen, wenn das HABM das Verfügungsgeschmacksmuster für nichtig erklärt hat und der dagegen eingelegten Beschwerde wenig Aussicht auf Erfolg beizumessen ist.[739]

4. Urheberrecht. Eine Urheberrechtsverletzung kann nur dann im Wege der einstweiligen Ver- **170** fügung beanstandet werden, wenn das Begehren des Antragstellers für eine Entscheidung im summarischen Verfahren geeignet ist. Diese Eignung ist rgm nur dann anzunehmen, wenn die Urheberrechtsfähigkeit keinen „durchgreifenden Zweifeln" begegnet.[740] Der Antragsteller muss Tatsachen darlegen und glaubhaft machen, aus denen sich die Eigenschaft als Werk iSd §§ 1, 2 UrhG ergibt. Der Antragsgegner muss durch Beibringung vorbekannter Formen die Gestaltungshöhe des Werkes erschüttern.

V. Verfahren auf Erteilung einer Zwangslizenz

Nach § 85 Abs. 1 PatG, § 16a Abs. 2 PatG, Art. II § 6a IntPatÜG, § 20 GebrMG, § 42a Abs. 5 **171** UrhG (ggf. iVm § 11 WahrnG) kann dem Kläger eines Hauptsacheverfahrens auf Erteilung einer Zwangslizenz auf Antrag die Benutzung der patentgemäßen Erfindung durch einstweilige Verfügung gestattet werden. Notwendig hierfür ist neben der Glaubhaftmachung der Voraussetzungen des § 24 Abs. 1 PatG, dass die alsbaldige Erteilung der Erlaubnis im öffentlichen Interesse dringend geboten ist. Der Fokus liegt demnach, anders als bei §§ 935, 940 – die in diesem Verfahren keine Geltung beanspruchen[741] – nicht auf den Interessen der Parteien, sondern auf dem öffentlichen Interesse.[742] Die einstweilige Verfügung muss zur Abwendung wesentlicher Nachteile und die sofortige Gestattung der Benutzung im Interesse der Öffentlichkeit so dringend geboten sein, dass ein längeres Zuwarten nicht verantwortet werden kann.[743] Dies ist bspw. zu verneinen, wenn das Schutzrecht kurz vor seinem

---

[732] OLG Düsseldorf BeckRS 2015, 124683; GRUR-RR 2012, 200 – Tablet PC; OLG Düsseldorf BeckRS 2012, 16130; OLG Frankfurt a. M. OLGR 2005, 29; LG Hamburg BeckRS 2016, 11063; LG Düsseldorf JurionRS 2015, 19926; BeckRS 2012, 03845; 2011, 19956; Eichmann/von Falckenstein/Kühne/*Eichmann* DesignG § 39 Rn. 8, 9, Gemeinschaftsgeschmacksmuster II. Rn. 16; *Kur* GRUR 2002, 661; *Ruhl* GGV Art. 90 Rn. 12. Vgl. aber auch OLG Hamburg BeckRS 2013, 03475, in dem Art. 90 Abs. 2 GGV nicht erwähnt wird.
[733] Vgl. → § 292 Rn. 35 ff.
[734] OLG Düsseldorf BeckRS 2015, 124683; OLG Frankfurt a. M. BeckRS 2012, 10682; LG Hamburg BeckRS 2016, 15942; LG Düsseldorf JurionRS 2015, 19926.
[735] OLG Düsseldorf BeckRS 2009, 05455; *Ruhl* GGV Art. 90 Rn. 13; Eichmann/von Falckenstein/Kühne/ *Eichmann* DesignG § 39 Rn. 8. Offen gelassen LG Braunschweig BeckRS 2009, 23512.
[736] Eichmann/von Falckenstein/Kühne/*Eichmann* DesignG § 39 Rn. 8.
[737] EuGH GRUR-Int 2014, 861 – Karen Millen Fashions/Dunnes Stors; OLG Köln GRUR-RS 2012, 19761 – Poticelli; LG Hamburg BeckRS 2016, 11063; LG Düsseldorf JurionRS 2015, 19926; GRUR-RR 2011, 361 – Tablett-PC II; Landgericht Düsseldorf GRUR-RR 2011, 358 – Tablett-PC I; BeckRS 2011, 19956; 2011, 06164. Kritisch bzgl. der Möglichkeiten des Antragsgegners die Rechtsgültigkeit im einstweiligen Verfügungsverfahren zu widerlegen: *Kur* GRUR 2002, 661.
[738] OLG Düsseldorf GRUR-RR 2009, 142 – Crocs.
[739] OLG Düsseldorf GRUR-RR 2009, 142 – Crocs.
[740] KG ZUM-RD 544.
[741] BGH GRUR 2017, 1017 – Raltegravir.
[742] BGH GRUR 2017, 1017 – Raltegravir. Vgl. zum öffentlichen Interesse auch BGH GRUR 2019, 1038 – Alirocumab; *Holzapfel* Mitt. 2004, 391.
[743] BGH GRUR 1952, 393 – Paladon; BPatG GRUR 1996, 870 – Ranitidinhydrochlorid.

Ablauf steht.⁷⁴⁴ Bejaht werden kann dies bspw. bei einem seit vielen Jahren auf dem Markt verfügbaren und weit verbreiteten HIV-Medikament, wenn ein Therapiewechsel für eine unbestimmte Vielzahl von Betroffenen mit gravierenden Risiken verbunden ist und der Antragsgegnerin „nur" finanzielle Vorteile bei Erteilung der vorläufigen Erlaubnis, aber Abweisung der Hauptsacheklage entgehen.⁷⁴⁵

172   Das Dringlichkeitserfordernis ist eine materiell-rechtliche Voraussetzung, so dass bei Fehlen der Dringlichkeit der Antrag auf Erlass einer einstweiligen Verfügung unbegründet ist.⁷⁴⁶

VI. Aussetzung

173   Eine **Aussetzung** des einstweiligen Verfügungsverfahrens gem. § 148⁷⁴⁷ oder eine **Vorlage** an den EuGH nach Art. 267 Abs. 3 AEUV⁷⁴⁸ ist wegen des Eilcharakters und der mit einer Aussetzung bzw. Vorlage generell verbundenen erheblichen zeitlichen Verzögerung idR **ausgeschlossen**.⁷⁴⁹ Die zeitliche Verzögerung konterkariert rgm den Zweck des Eilverfahrens, effektiven Rechtsschutz in dringlichen Fällen zu gewähren. Bei einem dahingehenden Antrag oder einem Einverständnis gibt ein Antragsteller überdies idR zu erkennen, dass er an einer Eilentscheidung an sich kein Interesse hat, eine vorläufige Regelung nicht vonnöten ist und er vielmehr auf das Hauptsacheverfahren verwiesen werden kann. Anders sieht dies (wohl) das LG München I, das dem EuGH gem. Art. 267 AEUV eine Frage zur Vereinbarkeit einer (deutschen) Rechtsprechung mit Art. 9 Abs. 1 der RL 2004/48/EG zur Vorabentscheidung vorgelegt hat.⁷⁵⁰ In dem Vorlagebeschluss wird der Konflikt zwischen Aussetzung und Vorlageentscheidung einerseits und Dringlichkeit andererseits nicht angesprochen, weder in allgemeiner Weise noch bezogen auf die konkreten Umstände. Dem Vorlagebeschluss ist auch nicht zu entnehmen, ob bzw. dass beim EuGH die Durchführung eines beschleunigten Verfahrens gem. Art. 105 ff. VerfO EuGH beantragt worden ist.

174   Die Anordnung der **Anrufung der Einigungsstelle** gem. § 15 Abs. 10 S. 2 UWG ist – mit Zustimmung des Gegners – von Gesetzes wegen zulässig.

§ 940a Räumung von Wohnraum

(1) Die Räumung von Wohnraum darf durch einstweilige Verfügung nur wegen verbotener Eigenmacht oder bei einer konkreten Gefahr für Leib oder Leben angeordnet werden.

(2) Die Räumung von Wohnraum darf durch einstweilige Verfügung auch gegen einen Dritten angeordnet werden, der im Besitz der Mietsache ist, wenn gegen den Mieter ein vollstreckbarer Räumungstitel vorliegt und der Vermieter vom Besitzerwerb des Dritten erst nach dem Schluss der mündlichen Verhandlung Kenntnis erlangt hat.

(3) Ist Räumungsklage wegen Zahlungsverzugs erhoben, darf die Räumung von Wohnraum durch einstweilige Verfügung auch angeordnet werden, wenn der Beklagte einer Sicherungsanordnung (§ 283a) im Hauptsacheverfahren nicht Folge leistet.

(4) In den Fällen der Absätze 2 und 3 hat das Gericht den Gegner vor Erlass einer Räumungsverfügung anzuhören.

§ 941 Ersuchen um Eintragungen im Grundbuch usw.

Hat auf Grund der einstweiligen Verfügung eine Eintragung in das Grundbuch, das Schiffsregister oder das Schiffsbauregister zu erfolgen, so ist das Gericht befugt, das Grundbuchamt oder die Registerbehörde um die Eintragung zu ersuchen.

§ 942 Zuständigkeit des Amtsgerichts der belegenen Sache

(1) **In dringenden Fällen kann das Amtsgericht, in dessen Bezirk sich der Streitgegenstand befindet, eine einstweilige Verfügung erlassen unter Bestimmung einer Frist, innerhalb der**

---

⁷⁴⁴ BGH GRUR 1972, 471 – Cafilon.
⁷⁴⁵ BGH GRUR 2017, 1017 – Raltegravir.
⁷⁴⁶ BPatG GRUR 1996, 870 – Ranitidinhydrochlorid; Busse/*Keukenschrijver* PatG § 85 Rn. 7; *Mes* PatG § 85 Rn. 14.
⁷⁴⁷ KG NJW-RR 2019, 1344; OLG Düsseldorf GRUR-RR 2007, 219 – Kleinleistungsschalter; OLG Düsseldorf GRUR 1983, 79; OLG München MDR 1986, 681; OLG Frankfurt a. M. GRUR 1981, 905 – Schleifwerkzeug; vgl. → § 148 Rn. 7; Büscher/*Schmidt* UWG § 12 Rn. 352; Musielak/Voit/*Stadler* ZPO § 148 Rn. 2; Schulte/*Voß* PatG § 139 Rn. 282.
⁷⁴⁸ OLG Düsseldorf BeckRS 2018, 8830; OLG München GRUR-Prax 2016, 485 – Kein Vollgas; OLG Düsseldorf NJOZ 2012, 1930; OLG Hamburg GRUR-RR 2002, 360 – Pigmentiergerät; OLG Düsseldorf GRUR-RR 2001, 250 – Internet-Apotheke II; OLG Saarbrücken OLGR 2001, 453; OLG Köln NJWE-WettbR 1996, 32; OLG Frankfurt a. M. OLGZ 1994, 245; OLG Karlsruhe GRUR 1994, 283 – Erbenberatung; KG NJW-RR 1994, 1463; OLG Frankfurt a. M. NJW-RR 1990, 191; OLG Hamburg WRP 1981, 589; Ahrens Wettbewerbsprozess-HdB/*Bähr* Kap. 52 Rn. 23; *Berneke/Schüttpelz* Rn. 337; Büscher/*Schmidt* UWG § 12 Rn. 352; Ekey/Bender/Fuchs-Wissemann/*Ekey* MarkenR § 14 Rn. 659; Harte-Bavendamm/Henning-Bodewig/*Retzer* UWG § 12 Rn. 440, 445; Köhler/Bornkamm/Feddersen/*Köhler* UWG § 12 Rn. 2.28; Ohly/Sosnitza/*Sosnitza* UWG § 12 Rn. 138; *Rojahn/Rektorschek* in Loewenheim HdB des Urheberrechts § 98 Rn. 74; Teplitzky/*Feddersen* Kap. 56 Rn. 13; Zöller/*Vollkommer* ZPO Vor § 916 Rn. 11.
⁷⁴⁹ Die Nichtvorlage stellt mangels Vorlagepflicht (EuGH NJW 1983, 2751; 1977, 1585) keinen Verstoß gegen den gesetzlichen Richter dar: BVerfG NVwZ 2017, 470.
⁷⁵⁰ LG München I GRUR-RS 2021, 301 – Rechtsbestand im Verfügungsverfahren; → Rn. 143.

die Ladung des Gegners zur mündlichen Verhandlung über die Rechtmäßigkeit der einstweiligen Verfügung bei dem Gericht der Hauptsache zu beantragen ist.

(2) ¹**Die einstweilige Verfügung, auf Grund deren eine Vormerkung oder ein Widerspruch gegen die Richtigkeit des Grundbuchs, des Schiffsregisters oder des Schiffsbauregisters eingetragen werden soll, kann von dem Amtsgericht erlassen werden, in dessen Bezirk das Grundstück belegen ist oder der Heimathafen oder der Heimatort des Schiffes oder der Bauort des Schiffsbauwerks sich befindet, auch wenn der Fall nicht für dringlich erachtet wird; liegt der Heimathafen des Schiffes nicht im Inland, so kann die einstweilige Verfügung vom Amtsgericht in Hamburg erlassen werden.** ²Die Bestimmung der im Absatz 1 bezeichneten Frist hat nur auf Antrag des Gegners zu erfolgen.

(3) Nach fruchtlosem Ablauf der Frist hat das Amtsgericht auf Antrag die erlassene Verfügung aufzuheben.

(4) **Die in diesem Paragraphen erwähnten Entscheidungen des Amtsgerichts ergehen durch Beschluss.**

Literatur: *Glücklich,* Die sachliche Zuständigkeit der Amtsgerichte für einstweilige Verfügungsverfahren in Wettbewerbssachen, GRUR 1966, 301; *Jacobs,* Probleme des Rechtfertigungsverfahrens nach § 942 ZPO, NJW 1988, 1365; *Kunath,* Zur Auslegung des Begriffs „dringender Fall" i. S. d. § 942 Abs. 1 ZPO, WRP 1991, 65.

A. Notzuständigkeit AG

I. Dringender Fall

In besonders dringenden Fällen eröffnet § 942 Abs. 1 im einstweiligen Verfügungsverfahren die (subsidiäre)[1] Zuständigkeit des AG. **1**

Ein solch dringender Fall liegt vor, wenn eine über die jedem Verfügungsverfahren innewohnende Dringlichkeit hinausgehende Dringlichkeit gegeben ist. Die Anrufung des zuständigen Gerichts der Hauptsache muss – aus objektiven Gründen der Erreichbarkeit[2] – mit einer zeitlichen **Verzögerung** einhergehen, durch die der Antragsteller einen **nicht hinnehmbaren Rechtsverlust** erleidet.[3] Dies kommt nur selten vor, insbes. wegen der beim Gericht der Hauptsache möglichen Entscheidungen gem. § 937 Abs. 2 und § 944. Am ehesten in Situation, in denen wegen der Dauer des angegriffenen Verhaltens (zB Ausstellen auf einer Messe) oder dessen Zeitpunkts (Wochenende) ein äußerst schnelles Tätigwerden außerhalb der Öffnungszeiten des Hauptsachegerichts notwendig ist. Es ist indes auch in solchen Situationen zu prüfen, ob die Anrufung des AG zweckmäßig ist. Am LG gibt es Spezialkammern für die Gebiete des gewerblichen Rechtsschutzes, die mit der jeweiligen Materie gut vertraut sind.

Die Tatsachen, die die besondere Dringlichkeit begründen, sind **vorzutragen und glaubhaft** zu machen,[4] auch im Anwendungsbereich des § 12 Abs. 1 UWG. **2**

Kann das AG eine besondere Dringlichkeit nicht feststellen, verweist es die Sache auf Antrag an das Gericht der Hauptsache.[5] **3**

II. Örtliche Zuständigkeit

Örtlich zuständig ist das AG, in dessen Bezirk sich die Sache befindet. Es kommt demnach darauf an, an welchem Ort die Verletzungshandlung stattgefunden hat oder droht stattzufinden oder an welchem Ort eine begehrte Handlung vorzunehmen ist. Wird eine einstweilige Verfügung zwecks Sicherung eines Vernichtungsanspruchs begehrt, ist entscheidend, wo sich der herauszugebende Gegenstand befindet. **4**

III. Verfahren und Entscheidung

Das AG entscheidet nach § 942 Abs. 2 stets durch **Beschluss.** Eine mündliche Verhandlung findet grds. nicht statt, idR auch keine schriftliche Anhörung des Antragsgegners. Ausgeschlossen ist beides allerdings nicht, solange dabei der besonderen Dringlichkeit Genüge getan wird. **5**

In dem Beschluss, mit dem die einstweilige Verfügung erlassen wird, hat das AG nach § 942 Abs. 1 eine Frist zu bestimmen, innerhalb derer die Ladung des Gegners zur mündlichen Verhandlung über die Rechtmäßigkeit der einstweiligen Verfügung bei dem Gericht der Hauptsache zu beantragen ist. **6**

---

[1] *Jacobs* NJW 1988, 1365; MüKoZPO/*Drescher* ZPO § 942 Rn. 2.
[2] AG Wiesbaden BeckRS 2011, 18912.
[3] *Berneke/Schüttpelz* Rn. 432; Harte-Bavendann/Henning-Bodewig/*Retzer* UWG § 12 Rn. 362; *Jacobs* NJW 1988, 1365; *Kunath* WRP 1991, 65; MüKoZPO/*Drescher* ZPO § 942 Rn. 4; Zöller/*Vollkommer* ZPO § 942 Rn. 1.
[4] *Kunath* WRP 1991, 65; MüKoZPO/*Drescher* ZPO § 942 Rn. 5; Zöller/*Vollkommer* ZPO § 942 Rn. 1.
[5] OLG Koblenz NJW 1963, 1460; *Berneke/Schüttpelz* Rn. 432; MüKoZPO/*Drescher* ZPO § 942 Rn. 5. AA Musielak ZPO/*Huber* ZPO § 942 Rn. 5: Rücknahme oder Zurückweisung.

Die **Fristbestimmung** erfolgt zweckmäßigerweise im Tenor. Ist die Fristsetzung versäumt worden, kann sie im Wege des § 321 nachgeholt werden. Das Fehlen der Frist lässt die Wirksamkeit der Verfügung unberührt.[6] Die verlängerbare Frist muss angemessen sein und dem Umstand Rechnung tragen, dass die erlassene Verfügung von dem „an sich" zuständigen Gericht der Hauptsache möglichst bald geprüft werden können soll. Die Frist beginnt mit Aushändigung oder Zustellung des Beschlusses an den Antragsteller.[7]

B. Rechtsbehelfe

I. Beschwerde und Widerspruch

7   Weist das AG den Antrag auf Erlass einer einstweiligen Verfügung zurück, steht dem Antragsteller die **sofortige Beschwerde**, § 567 Abs. 1 Nr. 2 zur Seite.[8] Ein neuer Antrag beim Gericht der Hauptsache ist zulässig.[9]

8   Die vom AG erlassene einstweilige Verfügung ist denselben Rechtsbehelfen ausgesetzt wie jede andere einstweilige Verfügung. Der Antragsgegner kann **Widerspruch** (§§ 924, 925) einlegen. Dieser ist nicht allein deshalb begründet, weil das AG zu Unrecht eine besondere Dringlichkeit angenommen hat. Es stehen vielmehr Verfügungsanspruch und Verfügungsgrund zur Überprüfung an. Die im Beschluss genannte Frist zum Rechtfertigungsverfahren muss der Antragsgegner bei Einlegung des Widerspruchs nicht beachten. Zuständig für den Widerspruch ist das **Gericht der Hauptsache**.[10] Sind mehrere Gerichte als Gericht der Hauptsache zuständig, hat der Antragsgegner die Wahl (§ 35). Er kann damit einer Auswahl des Antragstellers iRd Rechtfertigungsverfahren zuvor kommen. Ist der Widerspruch fälschlicherweise beim AG eingelegt worden, hat das AG auf Antrag an das Gericht der Hauptsache zu verweisen (§ 281).[11]

II. Aufhebung

9   **Verstreicht** die vom AG festgesetzte **Frist,** kann die einstweilige Verfügung gem. § 942 Abs. 3 auf **Antrag** aufgehoben werden. Die Aufhebungsentscheidung ergeht durch **Beschluss.** Der Antragsteller ist vorher zu hören,[12] ggf. in einer mündlichen Verhandlung. Maßgeblich ist der Sachstand im **Zeitpunkt der Entscheidung** über den Aufhebungsantrag. Der Antragsteller hat solange die Möglichkeit, die Einleitung des Rechtfertigungsverfahrens vorzunehmen mit der Folge, dass der Aufhebungsantrag zurückgewiesen wird, wie über den Antrag auf Aufhebung noch nicht entschieden ist.[13] Die Entscheidung des AG unterliegt der sofortigen Beschwerde. Die Aufhebung der einstweiligen Verfügung begründet eine Schadenersatzpflicht nach § 945. Ein Antrag nach § 926 beim Gericht der Hauptsache ist neben dem Antrag auf Aufhebung möglich.

III. Rechtfertigungsverfahren

10   Die Überprüfung der Rechtmäßigkeit der erlassenen Beschlussverfügung findet vor dem **Gericht der Hauptsache** statt. Das Rechtfertigungsverfahren, welches vom Antragsteller und vom Antragsgegner eingeleitet werden[14] kann, folgt den Regeln des **Widerspruchsverfahrens**.[15] Es kann insbes. auch die Aufhebung wegen Ablaufs der Vollziehungsfrist im Rechtfertigungsverfahren beantragt werden.[16] Der **Antrag** lautet auf Ladung des Gegners zur mündlichen Verhandlung und Aufrechterhaltung der einstweiligen Verfügung bzw., wenn der Antragsgegner den Antrag stellt, auf Aufhebung der einstweiligen Verfügung und Zurückweisung des Verfügungsantrags. Das Gericht der Hauptsache entscheidet aufgrund **mündlicher Verhandlung** durch **Endurteil**. Maßgeblich ist die Sach- und Rechtslage im Zeitpunkt des Schlusses der mündlichen Verhandlung.

11   Das Verfahren vor dem AG und das Rechtfertigungsverfahren bilden eine Einheit, auch im Kostenfestsetzungsverfahren[17]. Ob das AG eine Kostenentscheidung treffen darf, ist umstritten. Da es keine

---

[6] OLG München GRUR 1960, 387 – Kleinwalsertaler Woche.
[7] *Berneke/Schüttpelz* Rn. 433; Zöller/*Vollkommer* ZPO § 942 Rn. 3.
[8] OLG Koblenz GRUR 1980, 931.
[9] Zöller/*Vollkommer* ZPO § 942 Rn. 4.
[10] OLG Schleswig NJW-RR 1997, 829; OLG Hamm OLGZ 1989, 340; *Berneke/Schüttpelz* Rn. 435; Zöller/*Vollkommer* ZPO § 942 Rn. 4.
[11] OLG Hamm OLGZ 1989, 338; OLG München GRUR 1960, 387 – Kleinwalsertaler Woche; MüKoZPO/*Drescher* ZPO § 942 Rn. 13; Zöller/*Vollkommer* ZPO § 942 Rn. 4.
[12] OLG Düsseldorf NJW 1970, 254; *Berneke/Schüttpelz* Rn. 436; MüKoZPO/*Drescher* ZPO § 942 Rn. 17.
[13] MüKoZPO/*Drescher* ZPO § 942 Rn. 17; Zöller/*Vollkommer* ZPO § 942 Rn. 4.
[14] MüKoZPO/*Drescher* ZPO § 942 Rn. 13; Stein/Jonas/Grunsky ZPO § 942 Rn. 11.
[15] OLG Hamm OLGZ 1989, 338; OLG Koblenz NJW 1963, 1460; MüKoZPO/*Drescher* ZPO § 942 Rn. 13; Zöller/*Vollkommer* ZPO § 942 Rn. 4.
[16] OLG Düsseldorf BeckRS 2012, 05977.
[17] OLG München BeckRS 2015, 01248; Zöller/*Vollkommer* ZPO § 942 Rn. 7.

rechtsmittelfähige Entscheidung erlässt, diese vielmehr erst im Rechtfertigungsverfahren ergeht, spricht einiges dafür, dass nur das Gericht der Hauptsache eine (einheitliche) Kostenentscheidung trifft bzw. treffen kann.[18]

§ 943 Gericht der Hauptsache

(1) **Als Gericht der Hauptsache im Sinne der Vorschriften dieses Abschnitts ist das Gericht des ersten Rechtszuges und, wenn die Hauptsache in der Berufungsinstanz anhängig ist, das Berufungsgericht anzusehen.**

(2) **Das Gericht der Hauptsache ist für die nach § 109 zu treffenden Anordnungen ausschließlich zuständig, wenn die Hauptsache anhängig ist oder anhängig gewesen ist.**

A. Gericht der Hauptsache

Die §§ 919, 927, 937 und 942 bestimmen für die in ihnen genannten Entscheidungen eine Zuständigkeit des Gerichts der Hauptsache.[1] § 943 Abs. 1 definiert, welche Gerichte als Gericht der Hauptsache zu verstehen sind: das Gericht erster Instanz und das Gericht zweiter Instanz, **nicht** die **Revisionsinstanz**.[2] **1**

Eine Aussetzung des Hauptsacheverfahrens oder eine Vorlage an den EuGH sind unbeachtlich. Hat die **erste Instanz** bereits ein Urteil in der Hauptsache erlassen, gegen welches Berufung eingelegt worden ist, ist ab diesem Zeitpunkt bis zum Einlegen der Revision oder einem rechtskräftigen Berufungsurteil das **Berufungsgericht** das Gericht der Hauptsache,[3] auch wenn die Hauptsache per Widerklage im Berufungsverfahren geltend gemacht wird.[4] Wurde in der ersten Instanz ein Grund-, Zwischen- oder Vorbehaltsurteil (§§ 304, 280 Abs. 2, 302) erlassen und dagegen Berufung eingelegt, so sind beide Gerichte als Hauptsachegerichte anzusehen.[5] Ist ein Teilurteil ergangen und angefochten, so ist das Berufungsgericht zuständig, wenn sich der Verfügungsantrag auf den bereits abgeurteilten Anspruch bezieht. Nach rechtskräftigem Abschluss der Berufung oder Einlegung der Revision, wobei wegen des uneingeschränkt geltenden Prioritätsprinzips der genaue Zeitpunkt der Anhängigkeit des Verfügungsantrags und der Revisionslegung maßgeblich ist,[6] folgt wieder die Zuständigkeit der ersten Instanz.[7] Ist der Antrag auf Erlass einer einstweiligen Verfügung einmal während eines Zeitpunkts eingegangen, zu dem die Zuständigkeit des Berufungsgerichts (noch) gegeben war, besteht sie dem allg. Gedanken des § 261 Abs. 3 Nr. 2 folgend fort.[8] **2**

B. Anordnungen nach § 109

§ 943 Abs. 2 begründet für Anordnungen nach § 109 (Rückgabe der Sicherheitsleistung) die Zuständigkeit des Gerichts der Hauptsache, wenn die Hauptsache anhängig ist. Die Anhängigkeit beurteilt sich nach den allgemeinen Grundsätzen. Die Zuständigkeit ist ausschließlich (§ 802). **3**

Die Anordnung einer Sicherheitsleistung kommt im einstweiligen Rechtsschutzverfahren auf Grundlage der §§ 921 Abs. 2, 923, 925 Abs. 2, 927, 934, 939 in Betracht. Entfällt die Veranlassung für die Sicherheitsleistung, kann es unter den Voraussetzungen des § 109 zu einer Rückgabe der Sicherheit kommen.[9] Zu den Voraussetzungen und der Frage, wann die Veranlassung weggefallen ist → § 109 Rn. 6 ff. **4**

---

[18] OLG München BeckRS 2015, 01248.
[1] → § 919 Rn. 6 ff.; → § 937 Rn. 2 ff.
[2] BGH BeckRS 2015, 07841; Rpfleger 1976, 178; OLG Düsseldorf GRUR-RS 2017, 120339 – Kommunikationsvorrichtung.
[3] OLG Düsseldorf GRUR-RS 2017, 120339 – Kommunikationsvorrichtung; OLG Celle NZG 2017, 1030; OLG Zweibrücken WRP 2016, 280; OLG Düsseldorf GRUR-RR 2011, 350 – Pramipexol; OLG Köln GRUR 1977, 220 – Charlie; *Berneke/Schüttpelz* Rn. 258; Harte-Bavendamm/Henning-Bodewig/*Retzer* UWG § 12 Rn. 352; OLG Frankfurt a. M. GRUR 2022, 1416 – Die meistverkaufte Matratze mit der Einschränkung, dass dies nur für bereits in erster Instanz anhängig gemachte Ansprüche gilt.
[4] OLG Karlsruhe GRUR 1980, 314.
[5] Musielak/Voit/*Huber* ZPO § 943 Rn. 6; MüKoZPO/*Drescher* ZPO § 919 Rn. 8; Zöller/*Vollkommer* ZPO § 919 Rn. 4. AA bzgl. Zwischenurteil Schuschke/Walker/*Schuschke* ZPO § 919 Rn. 7. Zuständigkeit des Gerichtes erster Instanz: Baumbach/Lauterbach/Albers/Hartmann ZPO § 919 Rn. 7.
[6] OLG Düsseldorf GRUR-RS 2017, 120339 – Kommunikationsvorrichtung.
[7] BGH WM 1976, 134; OLG Düsseldorf GRUR-RS 2017, 120339 – Kommunikationsvorrichtung; OLG Karlsruhe GRUR 1980, 314 – Kunststoffschubkästen; OLG Köln GRUR 1977, 220 – Charlie.
[8] OLG Düsseldorf GRUR-RS 2017, 120339 – Kommunikationsvorrichtung; OLG Karlsruhe GRUR 1980, 314.
[9] → § 109 Rn. 6 ff.

§ 944 Entscheidung des Vorsitzenden bei Dringlichkeit

In dringenden Fällen kann der Vorsitzende über die in diesem Abschnitt erwähnten Gesuche, sofern deren Erledigung eine mündliche Verhandlung nicht erfordert, anstatt des Gerichts entscheiden.

A. Zweck und Anwendungsbereich

1 § 944 findet sowohl im Arrest- wie auch im einstweiligen Verfügungsverfahren Anwendung, wenn eine Kammerzuständigkeit nach § 348 Abs. 1 S. 2 gegeben ist, nicht bei originärer Einzelrichterzuständigkeit (§ 348 Abs. 1 S. 1).[1] Gleichsam nicht anwendbar ist er im Zwangsvollstreckungsverfahren[2] oder bei einer Erinnerungen gegen die Arrestvollziehung.[3]

2 Die Vorschrift dient der **Beschleunigung** des Verfahrens und ist dem Gedanken geschuldet, dass das Zusammenkommen eines zur Entscheidung berufenen Spruchkörpers Zeit benötigen kann. Damit sich der dadurch eintretende Zeitverlust nicht zu Lasten des Antragstellers auswirkt, begründet § 944 unter bestimmten Voraussetzungen eine **Sonderzuständigkeit** des Vorsitzenden der Zivilkammer oder des Zivilsenats.[4]

B. Voraussetzungen

I. Dringender Fall

3 § 944 hat eine Ausnahmesituation vor Augen und setzt hohe Anforderungen; die Sonderzuständigkeit des Vorsitzenden ist nur in dringenden Fällen eröffnet. Dringend ist der Fall, wenn infolge des Zuwartens bis zum Zusammenkommen des Spruchkörpers der Zweck der Eilmaßnahme vereitelt würde und nur die sofortige Entscheidung des Vorsitzenden irreparable Rechtsverluste vermeidet.[5] Es bedarf folglich einer **besonderen Dringlichkeit** der Angelegenheit, die weder mit dem für jede einstweilige Verfügung bzw. jeden Arrest notwendigen Verfügungsgrund[6] noch mit der besonderen Dringlichkeit iSd § 937 Abs. 2 gleichzusetzen ist.[7]

4 Wann eine besondere Dringlichkeit in diesem Sinne anzunehmen ist, ist eine Frage des Einzelfalls. Deren Beantwortung hängt es davon ab, **welcher Spruchkörper** angerufen wird. Bei Zivilkammern und Zivilsenaten, die ausschließlich mit (Vollzeit-)Berufsrichtern besetzt sind, ist idR ein Zusammenkommen des Spruchkörpers binnen weniger Stunden bzw. innerhalb eines kurzen Zeitraums möglich. Bei Kammern für Handelssachen ist es hingegen zeitaufwändiger eine Entscheidung unter Mitwirkung der Handelsrichter zu treffen. Infolge dessen sind Entscheidungen durch den Vorsitzenden einer Kammer für Handelssachen weitaus verbreiteter[8] als durch den Vorsitzenden einer Zivilkammer[9] oder eines Zivilsenats. Auch das **Rechtsgebiet** kann eine Rolle spielen. In Patent-, Gebrauchsmuster- und Schutzzertifikatsverfahren kommt es praktisch nie vor, dass der Vorsitzende allein entscheidet. Im Wettbewerbsrecht ist demgegenüber die Neigung hierzu größer.

5 Die Umstände, die die besondere Dringlichkeit des Falles begründen sollen, sind vom Antragsteller in der Antragsschrift substantiiert darzulegen und glaubhaft zu machen. Der textbausteinartige Verweis auf § 944 in der Einleitung eines Antrages ist überflüssig und wertlos. Die Vermutung des **§ 12 Abs. 1 UWG** umfasst **nicht** die besondere Dringlichkeit.[10]

---

[1] LG Köln BeckRS 2015, 07830; BeckOK ZPO/*Mayer* ZPO § 944 Rn. 2; Zöller/*Vollkommer* ZPO § 944 Rn. 1.
[2] OLG Hamburg WRP 2010, 421.
[3] BeckOK ZPO/*Mayer* ZPO § 944 Rn. 3; Zöller/*Vollkommer* ZPO § 944 Rn. 3.
[4] Ahrens Wettbewerbsprozess-HdB/*Bähr* Kap. 53 Rn. 10; Harte-Bavendamm/Henning-Bodewig/*Retzer* UWG § 12 Rn. 398.
[5] OLG Karlsruhe NJW-RR 1987, 1206; LG Zweibrücken NJW-RR 1986, 715; *Berneke*/*Schüttpelz* Rn. 307 ff.; Harte-Bavendamm/Henning-Bodewig/*Retzer* UWG § 12 Rn. 398; Köhler/Bornkamm/*Köhler* UWG § 12 Rn. 3.23; Ohly/Sosnitza/*Sosnitza* UWG § 12 Rn. 139; Teplitzky/*Feddersen* Kap. 55 Rn. 2b.
[6] OLG Karlsruhe NJW-RR 1987, 1206; BeckOK ZPO/*Mayer* ZPO § 944 Rn. 6; Harte-Bavendamm/Henning-Bodewig/*Retzer* UWG § 12 Rn. 398; MüKoZPO/*Drescher* ZPO § 944 Rn. 3; Ohly/Sosnitza/*Sosnitza* UWG § 12 Rn. 139; Zöller/*Vollkommer* ZPO § 944 Rn. 1.
[7] OLG Karlsruhe NJW-RR 1987, 1206; *Berneke*/*Schüttpelz* Rn. 307; BeckOK PatR/*Voß* PatG Vor §§ 139 ff. Rn. 322; Harte-Bavendamm/Henning-Bodewig/*Retzer* UWG § 12 Rn. 398; MüKoZPO/*Drescher* ZPO § 944 Rn. 3; Schuschke/Walker/*Walker* ZPO § 944 Rn. 3; Teplitzky/*Feddersen* Kap. 55 Rn. 2b.
[8] Beispiele: KG BeckRS 2013, 06390; OLG Koblenz BeckRS 2008, 07368; LG Köln BeckRS 2019, 38797; 2016, 118530; 2014, 22516; LG Bielefeld BeckRS 2013, 04425; LG Dortmund BeckRS 2012, 21229; LG Köln BeckRS 2010, 04101; 2009, 28624; LG Heilbronn BeckRS 2006, 136595; LG Zweibrücken NJW-RR 1986, 715.
[9] Beispiele: LG Trier BeckRS 2015, 16590; LG Kiel BeckRS 2010, 17817.
[10] *Berneke*/*Schüttpelz* Rn. 311; Fezer/*Büscher*, Lauterkeitsrecht, UWG § 12 Rn. 121; Harte-Bavendamm/Henning-Bodewig/*Retzer* UWG § 12 Rn. 399; Teplitzky/*Feddersen* Kap. 55 Rn. 2; Schuschke/Walker/*Walker* ZPO § 944 Rn. 3; Zöller/*Vollkommer* ZPO § 944 Rn. 1.

II. Keine mündliche Verhandlung erforderlich

Weitere Voraussetzung für die Sonderzuständigkeit des Vorsitzenden ist die Entbehrlichkeit einer mündlichen Verhandlung. Der Vorsitzende kann infolgedessen bei Eingreifen der §§ 924 Abs. 2, 925, 926 Abs. 2, 927 oder 942 nicht allein entscheiden. **6**

C. Entscheidungen und Rechtbehelfe

Ist ein **dringender Fall nicht** dargetan und glaubhaft gemacht, entscheidet der Spruchkörper **7** entweder durch Beschluss oder aufgrund mündlicher Verhandlung. Ist ausreichend zur besonderen Dringlichkeit vorgetragen, mangelt es aber an einer ausreichenden Glaubhaftmachung der tatsächlichen Umstände, kann der Vorsitzende ggf. hierzu kurzfristig einen Hinweis erteilen.

Liegt ein **dringender Fall** vor, steht es im Ermessen des Vorsitzenden („kann"), ob er ohne die **8** übrigen Kammer- bzw. Senatsmitglieder entscheidet. Macht er nach pflichtgemäß ausgeübtem Ermessen von seiner Sonderzuständigkeit Gebrauch, ergeht die Entscheidung in Form eines **Beschlusses**. Der Vorsitzende kann die beantragte einstweilige Verfügung erlassen bzw. den Arrest **anordnen.** Ob er den Antrag mittels Beschluss auch zurückweisen kann, wird unterschiedlich beurteilt.[11] Dagegen könnte sprechen, dass die **Zurückweisung** eines Antrags für sich genommen nicht dringlich erscheint, so dass, wenn der Vorsitzende den Antrag für unzulässig oder unbegründet hält, auch auf die übrigen Mitglieder des Spruchkörpers gewartet werden könnte. Dem ist jedoch entgegen zu halten, dass ein Antragsteller regelmäßig ein Interesse daran hat, dass die Zurückweisung des Antrags schnellstmöglich durch die Beschwerdeinstanz überprüft wird.[12]

Der Vorsitzende kann außer in den Fällen des § 349 Abs. 3 **keine mündliche Verhandlung** vor **9** sich allein anberaumen.[13] Seine Entscheidung ergeht daher maximal nach schriftlicher Anhörung, wobei nicht eine solche wegen der besonderen Dringlichkeit rgm. verbietet. Mangels mündlicher Verhandlung bzw. Anhörung stellt sich für einen Antragsteller in den Fällen, in denen der Arrest oder die einstweilige Verfügung im **Ausland vollstreckt** werden soll, die Frage, ob ein Antrag nach § 944 überhaupt zweckmäßig ist. Denn nach Art. 45 Abs. 1b) EuGVVO kann die Anerkennung einer Entscheidung versagt werden, wenn dem Beklagten, der sich auf das Verfahren nicht eingelassen hat, das verfahrenseinleitende Schriftstück oder ein gleichwertiges Schriftstück nicht so rechtzeitig und in einer Weise zugestellt worden ist, dass er sich verteidigen konnte, es sei denn, der Beklagte hat gegen die Entscheidung keinen Rechtsbehelf eingelegt, obwohl er die Möglichkeit hierzu hatte. Für die Vollstreckung im Ausland ist deshalb nach der Rechtsprechung grds. ein kontradiktorisches Verfahren geboten, in welchem dem Antragsgegner rechtliches Gehör gewährt wurde.[14]

Die Entscheidung des Vorsitzenden tritt an die Stelle der Entscheidung des Spruchkörpers. Sie **10** unterliegt daher denselben **Rechtsbehelfen und Rechtsmitteln** wie die Entscheidung der Kammer bzw. des Senats.[15] Als Beschwerdegericht entscheidet der vollbesetzte Senat.[16] Die nach § 944 allein vom Kammervorsitzenden getroffene Entscheidung des LG stellt keine Entscheidung eines Einzelrichters iSd § 568 S. 1 dar.[17]

§ 945 Schadensersatzpflicht

Erweist sich die Anordnung eines Arrestes oder einer einstweiligen Verfügung als von Anfang an ungerechtfertigt oder wird die angeordnete Maßregel auf Grund des § 926 Abs. 2 oder des § 942 Abs. 3 aufgehoben, so ist die Partei, welche die Anordnung erwirkt hat, verpflichtet, dem Gegner den Schaden zu ersetzen, der ihm aus der Vollziehung der angeordneten Maßregel oder dadurch entsteht, dass er Sicherheit leistet, um die Vollziehung abzuwenden oder die Aufhebung der Maßregel zu erwirken.

Literatur: *Ahrens,* Der Schadensersatzanspruch nach § 945 ZPO im Streit der Zivilsenate, FS Piper (1996), 31; *Bruns,* Schadensersatz und Rechtskraftfragen des § 945 ZPO, ZZP 65 (1952), 67; *Fischer,* Hat das im einstweiligen Rechtsschutzverfahren ergangene rechtskräftige Urteil Bedeutung für den Schadensersatzanspruch nach § 945 ZPO, FS Merz (1992), 81; *Freitag,* Schadensersatzansprüche nach § 945 ZPO nach einstweiligem Rechtsschutz im Ausland?, IPRax 2002, 267; *Gehrlein,* Schadensersatz aus § 945 ZPO in Wettbewerbssachen – Erleichterungen und Schwierig-

---

[11] Dagegen bspw.: BeckOK ZPO/*Mayer* ZPO § 944 Rn. 5; Zöller/*Vollkommer* ZPO § 944 Rn. 1.
[12] KG BeckRS 2013, 6390; OLG Karlsruhe NJW-RR 1987, 1206; LG Zweibrücken NJW-RR 1986, 715; MüKoZPO/*Drescher* ZPO § 944 Rn. 4.
[13] MüKoZPO/*Drescher* ZPO § 944 Rn. 4; Musielak/Voit/*Huber* ZPO § 944 Rn. 1; Zöller/*Vollkommer* ZPO § 944 Rn. 1. Offen: BeckOK ZPO/*Mayer* ZPO § 944 Rn. 7.
[14] EuGH IPRax 1981, 95 – Denilauler/Couchet Frères; BGH NJOZ 2010, 1477; GRUR 2007, 813 – Ausländischer Arrestbeschluss; Bavendamm/Henning-Bodewig/*Retzer* UWG § 12 Rn. 375; *Micklitz/Rott* EuZW 2002, 15; Musielak/Voit/*Stadler* EuGVVO Art. 2 nF Rn. 8 f.; MüKoZPO/*Gottwald* Brüssel Ia-VO Art. 2 Rn. 12 f.
[15] BeckOK ZPO/*Mayer* ZPO § 944 Rn. 8; Musielak/Voit/*Huber* ZPO § 944 Rn. 2.
[16] OLG Düsseldorf NJOZ 2020, 839; KG ZIP 2010, 2057; OLG Karlsruhe NJW-RR 1987, 1206.
[17] KG BeckRS 2010, 13125.

keiten bei der Verfolgung des Anspruchs, MDR 2000, 687; *Münzberg,* Der Schutzbereich der Normen §§ 717 Abs. 2, 945 ZPO, FS H. Lange (1992), 599; *Pitzcker,* Die Gefahr analoger Ausdehnung der Haftung nach § 945 ZPO, GRUR 1980, 442; *Pohlmann,* Wann ist ein Titel im Sinne von § 929 Abs. 2 ZPO und § 945 ZPO vollzogen?, WM 1994, 1277; *Schilken,* Grundfragen zum Schadenersatzanspruch nach § 945 ZPO in der Rechtsprechung des Bundesgerichtshofs, FG BGH Bd. III (2000), 593; *Stolz,* Einstweiliger Rechtsschutz und Schadenersatzpflicht, 1980; *Teplitzky,* Ist die den Verfügungsanspruch verneinende summarische Entscheidung im Schadensersatzanspruch nach § 945 ZPO bindend?, DRiZ 1985, 179; *ders.,* Zur Bindungswirkung gerichtlicher Vorentscheidungen im Schadenersatzprozess nach § 945 ZPO, NJW 1984, 850; *Ulrich,* Die Befolgung und Vollziehung einstweiliger Unterlassungsverfügungen sowie der Schadenersatzanspruch gemäß § 945 ZPO, WRP 1991, 361, *ders.,* Ersatz des durch die Vollziehung entstandenen Schadens gemäß § 945 ZPO auch ohne Vollziehung, WRP 1999, 82; *Vohwinkel,* Neuer Vollziehungsbegriff für § 945 ZPO – Auswirkungen auf § 929 II ZPO?, Zugleich Besprechung von BGHZ 180, 72 = GRUR 2009, 890 – Ordnungsmittelandrohung.

Übersicht

	Rn.
A. Normzweck und Anwendungsbereich	1
B. Voraussetzungen	6
I. Einstweilige Verfügung von Anfang an ungerechtfertigt	7
1. Von Anfang an ungerechtfertigt	7
2. Bindungswirkung an Aufhebungsentscheidung	13
II. Aufhebung der einstweiligen Verfügung wegen Fristversäumnis	16
III. Vollziehung der einstweiligen Verfügung	17
C. Rechtsfolgen	19
I. Schadenersatzpflicht	20
II. Vorteilsausgleich und Mitverschulden	23
D. Darlegungs- und Beweislast	26
E. Verjährung	28

A. Normzweck und Anwendungsbereich

1 § 945 dient dem **Schutz des Antragsgegners** und trägt dem Umstand Rechnung, dass der Antragsgegner einem Vollstreckungstitel ausgesetzt sein kann, dessen Inhalt weniger verlässlich ist als der eines Titels in einem Klageverfahren. Aufgrund der Besonderheiten des Eilverfahrens – geringeres Beweismaß, Möglichkeit ohne Anhörung bzw. mündliche Verhandlung zu entscheiden – kann ein Antragsteller einen Titel in den Händen halten und vollziehen, der sich im Nachhinein als nicht gerechtfertigt erweist oder aufgehoben wird. Kommt es infolge der Vollziehung zu Schäden beim Antragsgegner, sind diese vom Antragsteller **verschuldensunabhängig** zu ersetzen. § 945 verdeutlicht den allgemeinen Rechtsgedanken, dass die **Vollstreckung** aus einem noch nicht endgültigen Vollstreckungstitel **auf Gefahr des Gläubigers** erfolgt.[1] Gewährt die Rechtsordnung einem Gläubiger das Recht zu vollstrecken, bevor seine Berechtigung endgültig festgestellt ist, entspricht es nach gesetzlicher Wertung einer sachgerechten und gebotenen Risikoverteilung, dass er die Gefahr der sachlich-rechtlichen Unbegründetheit seines Rechtsschutzbegehrens trägt.[2]

2 Der BGH bezeichnet § 945 als Gefährdungshaftung,[3] Veranlasserhaftung[4] oder als Haftung aus unerlaubter Handlung im weiteren Sinne,[5] in der Lit. existieren weitere Bezeichnungen.[6] Die unterschiedliche Bezeichnung und **Einordnung** ziehen keine praktischen Folgen nach sich.

3 § 945 ist eine **Ausnahmeregelung.** Eine analoge Anwendung oder weite Auslegung der Vorschrift verbietet sich.[7] § 945 ist deshalb **nicht analog** auf den umgekehrten Fall anwendbar, wenn der Antrag auf Erlass einer einstweiligen Verfügung oder eines Arrestes zu Unrecht zurückgewiesen worden ist.[8] Ebenso kann § 945 nicht fruchtbar gemacht werden, wenn die Vollziehung der einstweiligen Verfügung zu Unrecht vorläufig eingestellt wurde,[9] wenn die Vollziehungsfrist des § 929 Abs. 2, 3 versäumt wurde,[10] bei Verzicht auf die Rechte aus einer einstweiligen Verfügung,[11] wenn die einst-

---

[1] BGH GRUR 2016, 720 – Hot Sox; BGH GRUR 2016, 406 – Piadini-Rückruf; BGH GRUR 2015, 196 – Nero; BGH NJW 1985, 1959; 1974, 642; OLG Hamburg BeckRS 2004, 01013.
[2] BGH NJW 1993, 593; 1990, 2689.
[3] BGH NJW 1988, 1268; BGHZ 85, 110.
[4] BGH NJW 1993, 1076.
[5] BGH NJW 1993, 863.
[6] vgl. Schuschke/Walker/*Walker* ZPO § 945 Rn. 3.
[7] BGH GRUR 1993, 998 – Verfügungskosten; BGH GRUR 1992, 203 – Roter mit Genever; OLG Karlsruhe GRUR 1984, 156 – Schadensersatz nach aufgehobener Eilentscheidung.
[8] BGHZ 45, 251; *Berneke/Schüttpelz* Rn. 724; MüKoZPO/*Drescher* ZPO § 945 Rn. 4; Zöller/*Vollkommer* ZPO § 945 Rn. 3.
[9] BGHZ 95, 14; MüKoZPO/*Drescher* ZPO § 945 Rn. 4.
[10] BGH MDR 1964, 224.
[11] BGH GRUR 1992, 203 – Roter mit Genever.

weilige Verfügung durch Abgabe einer Abschlusserklärung zum endgültigen Titel geworden ist[12] oder wenn der Verfügungsantrag zurückgenommen wird.[13]

§ 945 bietet dem Vollstreckungsschuldner/Antragsgegner (nicht einem Dritten)[14] eine materiell-rechtliche Anspruchsgrundlage, auch gegenüber Verbänden, Einrichtungen und Kammern.[15] Der Schadensersatzanspruch ist in einem **gesonderten Hauptsacheverfahren** vom Antragsgegner (dort Kläger) gegen den Antragsteller/Vollstreckungsgläubiger (dort Beklagter) geltend zu machen. Möglich ist ferner die Geltendmachung des Schadensersatzanspruchs im Hauptsacheprozess durch Aufrechnung[16] oder Widerklage.[17] Die Geltendmachung in dem noch anhängigen Eilverfahren scheidet hingegen aus.[18]

Der Antragsteller kann eine (negative) **Feststellungsklage** erheben, die darauf gerichtet ist, das Nichtbestehen eines Schadensersatzanspruchs nach § 945 festzustellen. Für den auf (positive) Feststellung gerichteten Antrag, dass dem Antragsteller der Unterlassungsanspruch zugestanden habe, fehlt idR das Feststellungsinteresse, da auf diesem Wege der Streit nicht stets erschöpfend gelöst werden kann.[19]

B. Voraussetzungen

§ 945 nennt **drei Tatbestandsalternativen**: erstens, die einstweilige Verfügung oder der Arrest erweisen sich als von Anfang an ungerechtfertigt, zweitens, die angeordnete Maßregel wird auf Grund von § 926 Abs. 2 aufgehoben, und drittens, die angeordnete Maßregel wird auf Grund von § 942 Abs. 3 aufgehoben. **Gemeinsame Voraussetzung** für alle drei Alternativen ist, dass ein **deutsches Gericht**[20] eine einstweilige Verfügung **erlassen** oder einen Arrest angeordnet hat.

Der Einfachheit halber wird im nachfolgenden nur von einstweiliger Verfügung gesprochen, gemeint ist damit stets auch der Arrest.

I. Einstweilige Verfügung von Anfang an ungerechtfertigt

1. Von Anfang an ungerechtfertigt. Die stattgebende einstweilige Verfügung muss von Anfang an ungerechtfertigt gewesen sein. Dies ist sie, wenn im **Zeitpunkt ihres Erlasses**[21] bei richtiger Beurteilung ein Verfügungsanspruch und/oder ein Verfügungsgrund **objektiv**[22] **nicht** gegeben waren. Maßgeblich ist eine **ex-post Betrachtung**.[23]

Von Anfang an nicht gegeben ist ein **Verfügungsanspruch** zB wenn, seine materiell-rechtlichen Voraussetzungen nicht vorlagen, das Schutzrecht, auf der Anspruch gestützt ist, in einem Widerspruchs-, Einspruchs-, Löschungs- oder Nichtigkeitsverfahren rückwirkend beseitigt wurde, so dass ihm von Anfang an keine Schutzwirkung zukam,[24] auf das der einstweiligen Verfügung zugrundeliegende Schutzrechtszertifikat mit ex-tunc Wirkung verzichtet wird,[25] eine Norm vom BVerfG für verfassungswidrig erklärt wird,[26] eine nationale Norm für unvereinbar mit dem europäischen Recht erklärt wird[27] oder eine Änderung der Rechtsprechung eintritt.[28] Existierte im Zeitpunkt des Erlasses

---

[12] OLG Köln GRUR 1970, 204.
[13] OLG Frankfurt a. M. OLG Report 1998, 228. AA LG München NJOZ 2009, 322 – Digitalfotos.
[14] BGH NJW 1994, 1413; OLG Brandenburg BeckRS 2008, 15474 (§ 839 Abs. 1 BGB, Art. 34 S. 1 GG).
[15] LG Düsseldorf GRUR-RS 2019, 14746 – Wertgutscheine von Versandapotheke.
[16] OLG Schleswig FamRZ 1986, 707; Zöller/*Vollkommer* ZPO § 945 Rn. 7.
[17] OLG Köln GRUR-RR 2010, 147 – bambinoLÜK; LG Düsseldorf GRUR-RR 2016, 12623 – Krc.com; MüKoZPO/*Drescher* ZPO § 945 Rn. 29; Zöller/*Vollkommer* ZPO § 945 Rn. 7.
[18] RGZ 58, 239; MüKoZPO/*Drescher* ZPO § 945 Rn. 29.
[19] BGH GRUR 1994, 849 – Fortsetzungsverbot.
[20] OLG Nürnberg WRP 1992, 509. Zustimmend: *Freitag* IPRax 2002, 267; MüKoZPO/*Drescher* ZPO § 945 Rn. 5; Zöller/*Vollkommer* ZPO § 945 Rn. 4.
[21] BGH NJW-RR 1992, 736; NJW 1988, 3269; Harte-Bavendamm/Henning-Bodewig/*Retzer* UWG § 12 Rn. 672; Teplitzky/*Schwippert* Kap. 36 Rn. 11.
[22] BGH GRUR 1988, 787 – Nichtigkeitsfolgen der Preisangabenverordnung; LG Düsseldorf GRUR-RS 2019, 14746 – Wertgutscheine von Versandapotheke; MüKoZPO/*Drescher* ZPO § 945 Rn. 9.
[23] BGH GRUR 1993, 203 – Roter mit Genever; LG Düsseldorf GRUR-RS 2019, 14746; Wertgutscheine von Versandapotheke Harte-Bavendamm/Henning-Bodewig/*Retzer* UWG § 12 Rn. 678; Köhler/Bornkamm/Feddersen/*Köhler* UWG § 12 Rn. 2.80.
[24] BGH GRUR 2006, 219 – Detektionseinrichtung II; BGH GRUR 1979, 869 – Oberarmschwimmringe; BeckOK ZPO/*Mayer* § 945 Rn. 13; Benkard/*Grabinski/Zülch* PatG § 139 Rn. 154a; *Berneke/Schüttpelz* Rn. 727; Harte-Bavendamm/Henning-Bodewig/*Retzer* UWG § 12 Rn. 681; MüKoZPO/*Drescher* ZPO § 945 Rn. 9. AA *Pietzcker* GRUR 1980, 442. Siehe auch EuGH GRUR 2019, 1168 – Bayer/Richter ua, wonach Art. 9 Abs. 7 der Enforcement-Richtlinie einer nationalen Regelung nicht entgegensteht, nach der unter bestimmten Umständen kein Schadenersatz bei späterer Nichtigerklärung eines Patents zu leisten ist.
[25] LG Düsseldorf BeckRS 2016, 09544.
[26] BGH NJW 1970, 1459; KG GRUR 1987, 571 – Ordnungsgeld kein Schaden; OLG Düsseldorf GRUR 1987, 572 – Kostenrückerstattung.
[27] LG Düsseldorf GRUR-RS 2019, 14746 – Wertgutscheine von Versandapotheke.
[28] BGH NJOZ 2010, 896 (so lange noch kein rechtskräftiges Urteil in der Hauptsache vorliegt); BGHZ 54, 76.

kein Verfügungsanspruch, hat der Antragsteller einen solchen erst nachträglich erworben, führt dies nicht aus der Haftung heraus. Der Antragsteller ist allerdings nur für Schäden haftbar zu machen, die in der Zeit bis zum nachträglichen Entstehen des Anspruchs entstanden sind.[29]

9   Auch der **Verfügungsgrund** kann von Anfang an fehlen. Im Anwendungsbereich des § 12 Abs. 1 UWG bedeutet dies, dass die Dringlichkeitsvermutung bereits im Zeitpunkt des Erlasses der einstweiligen Verfügung widerlegt gewesen sein muss. Beim Fehlen des Verfügungsgrundes ergibt sich die Besonderheit, dass mit der einstweiligen Verfügung zwar „zu früh" ein Titel erwirkt worden ist, der Antragssteller jedoch Inhaber eines materiell-rechtlichen Anspruchs ist.[30] Der Antragsgegner wäre folglich **ohnehin materiell-rechtlich verpflichtet** gewesen, die ihm durch die einstweilige Verfügung untersagte Handlung zu unterlassen. Durch die Vollziehung der einstweiligen Verfügung kann ihm deshalb kein nach § 945 zu ersetzender Schaden erwachsen sein.[31]

10 Bestanden Verfügungsanspruch und Verfügungsgrund im Zeitpunkt des Erlasses der Eilmaßnahme, sind sie jedoch **später weggefallen,** begründet dies keine Schadenersatzpflicht.[32]

11 § 945 greift ebenso wenig bei **fehlender Glaubhaftmachung,** denn es kommt darauf an, ob die einstweilige Verfügung im Zeitpunkt ihres Erlasses der materiellen Rechtslage entsprach.[33] Der Antragsteller bzw. Beklagte im Schadenersatzprozess ist frei, den Vortrag zur Darlegung seiner im einstweiligen Verfügungsverfahren verfolgten Rechte zu erweitern und über die Mittel der Glaubhaftmachung hinaus neue Beweisangebote zu unterbreiten.[34] § 945 erfasst gleichfalls nicht den Fall, wenn zu Unrecht das Vorliegen von **Prozessvoraussetzungen** angenommen worden ist.[35] Die Frage, ob die Geltendmachung des Anspruchs im einstweiligen Verfügungsverfahren rechtsmissbräuchlich iSd § 8 Abs. 4 UWG war, kann folglich dahinstehen.[36]

12 Erweist sich eine erlassene einstweilige Verfügung als **teils gerechtfertigt,** aber auch teils unbegründet, so kann der Schuldner nur Ersatz der Nachteile verlangen, die ihm erwachsen sind, weil er die einstweilige Verfügung – auch – in ihrem rechtswidrigen Teil befolgt hat.[37]

13 **2. Bindungswirkung an Aufhebungsentscheidung.** Ob das Gericht, das über den Schadenersatzanspruch nach § 945 zu entscheiden hat, an eine bereits erfolgte Aufhebungsentscheidung gebunden ist, und wenn ja in welchem Umfang, ist bislang nicht abschließend geklärt.[38]

14 Der Streit betrifft vor allem die Frage, ob der Schadenersatzrichter an eine formell rechtskräftige **Entscheidung** im **einstweiligen Verfügungsverfahren** gebunden ist, die einen Verfügungsgrund und/oder einen Verfügungsanspruch verneint mit der Folge, dass der Antrag auf Erlass der einstweiligen Verfügung zurückgewiesen oder eine erlassene Beschlussverfügung auf den Widerspruch hin aufgehoben worden ist. Der BGH hat diese Frage bislang ausdrücklich offen gelassen,[39] wobei er jedoch klargestellt hat, dass einem eine einstweilige Verfügung aufhebenden Verzichtsurteil, welches gem. § 313b keine Gründe enthält, jedenfalls keine Bindungswirkung zukommen kann.[40] Die Oberlandesgerichte gehen überwiegend davon aus, dass das über den Schadenersatzanspruch entscheidende Gericht nicht an die Entscheidung im einstweiligen Verfügungsverfahren gebunden ist und demzufolge eine selbständige Prüfung des Verfügungsanspruchs und des Verfügungsgrundes stattzufinden hat.[41]

---

[29] Harte-Bavendamm/Henning-Bodewig/*Retzer* UWG § 12 Rn. 682; Schuschke/Walker/*Walker* ZPO § 945 Rn. 6.

[30] Kritisch deswegen auch: Harte-Bavendamm/Henning-Bodewig/*Retzer* UWG § 12 Rn. 674; Schuschke/Walker/*Walker* ZPO § 945 Rn. 10.

[31] BGH GRUR 2016, 406 – Piadini-Rückruf; BGH GRUR 1994, 849 – Fortsetzungsverbot; BGH GRUR 1992, 203 – Roter mit Genever; BGH WRP 1989, 514; GRUR 1981, 295 – Fotoartikel I; BGH GRUR 1955, 346 – Progressive Kundenwerbung; KG GRUR-RS 2016, 08752 – Streichpreis ist Abholpreis; OLG Frankfurt a. M. BeckRS 2012, 23980; LG Düsseldorf GRUR-RS 2017, 129331 – KARACA; LG Dresden BeckRS 2013, 10337.

[32] OLG Naumburg BeckRS 2008, 25886; Zöller/*Vollkommer* ZPO § 945 Rn. 8.

[33] BeckOK ZPO/*Mayer* ZPO § 945 Rn. 16; Berneke/Schüttpelz Rn. 729; Harte-Bavendamm/Henning-Bodewig/*Retzer* UWG § 12 Rn. 675; MüKoZPO/*Drescher* ZPO § 945 Rn. 12; Musielak ZPO/*Huber* ZPO § 945 Rn. 3.

[34] BGH GRUR 1992, 203 – Roter mit Genever.

[35] OLG Karlsruhe GRUR 1984, 156 – Schadensersatz nach aufgehobener Eilentscheidung; BeckOK ZPO/*Mayer* ZPO § 945 Rn. 17; Harte-Bavendamm/Henning-Bodewig/*Retzer* UWG § 12 Rn. 676; MüKoZPO/Drescher ZPO § 945 Rn. 12; Musielak ZPO/*Huber* ZPO § 945 Rn. 3. AA Baumbach/Lauterbach/Albers/Hartmann ZPO § 945 Rn. 7; Berneke/Schüttpelz Rn. 728.

[36] KG GRUR-RS 2016, 08752 – Streichpreis ist Abholpreis.

[37] OLG Naumburg BeckRS 2008, 25886.

[38] Übersicht zu den verschiedenen Ansichten bei: Ahrens Wettbewerbsprozess-HdB/*Ahrens* Kap. 62 Rn. 17 ff.; Teplitzky/*Schwippert* Kap. 36 Rn. 13 ff.

[39] BGH GRUR 2016, 720 – Hot Sox; BGH GRUR 1998, 1010 – WINCAD; BGH GRUR 1994, 849 – Fortsetzungsverbot; BGH GRUR 1993, 998 – Verfügungskosten; BGH GRUR 1992, 203 – Roter mit Genever; BGH NJW 1990, 122; BGH GRUR 1988, 787 – Nichtigkeitsfolgen der Preisangabenverordnung; BGH GRUR 1981, 295 – Fotoartikel I; BGH GRUR 1955, 346 – Progressive Kundenwerbung.

[40] BGH GRUR 1998, 1010 – WINCAD; OLG Frankfurt a. M. BeckRS 1998, 03008.

[41] KG GRUR-RS 2016, 08752 – Streichpreis ist Abholpreis; OLG Karlsruhe GRUR 1984, 156 – Schadensersatz nach aufgehobener Eilentscheidung; OLG Stuttgart BeckRS 1992, 04267; KG GRUR 1987, 940 – Keine Bindungswirkung.

Dies erscheint vor allem angesichts der Besonderheiten des Eilverfahrens – geringeres Beweismaßes und eingeschränkte Mittel der Glaubhaftmachung – und wegen der unterschiedlichen Streitgegenstände des einstweiligen Verfügungsverfahrens und des Hauptsacheverfahrens betreffend einen Schadenersatzanspruch zutreffend.

Eine Bindung besteht nach übereinstimmender Ansicht indes bzgl. einer rechtskräftigen **Sachent-** **scheidung** im **Hauptsacheverfahren** zwischen den Parteien, soweit die Rechtslage im Zeitpunkt dieser Entscheidung derjenigen zur Zeit des Verfügungserlasses entspricht.[42] Die Bindung ist eine Folge der materiellen Rechtskraft der Hauptsacheentscheidung gem. § 322 Abs. 1, die regelmäßig die Feststellung des Bestehens (oder Nichtbestehens) des der einstweiligen Verfügung zu Grunde liegenden Anspruchs einschließt und die eine abweichende Entscheidung hierüber durch ein anderes Gericht ausschließt. Der Umfang der Rechtskraft bestimmt den Umfang der Bindung.[43] Demzufolge kann sich die Bindungswirkung nicht auf den Verfügungsgrund und/oder die Prozessvoraussetzungen des Verfügungsverfahrens beziehen, da diese nicht Gegenstand des Hauptsacheverfahrens gewesen sind. Ist das Hauptsacheverfahren ohne eine der Rechtskraft fähige Entscheidung zum Streitgegenstand, wie zB einem Kostenbeschluss gem. § 91a, abgeschlossen worden, ist der Schadensersatzrichter bei der Prüfung des Schadensersatzbegehrens gemäß § 945 Alt. 1 gleichsam frei.[44]

II. Aufhebung der einstweiligen Verfügung wegen Fristversäumnis

Als zweite und dritte Alternative nennt § 945 die Aufhebung der einstweiligen Verfügung wegen Fristversäumung gem. § 926 Abs. 2 bzw. gem. § 942 Abs. 3. Bei beiden Alternativen bedarf es keiner Prüfung, ob die einstweilige Verfügung von Anfang an gerechtfertigt war.[45] § 945 knüpft die Schadensersatzhaftung **allein** an die (formale) Voraussetzung, dass die einstweilige Verfügung durch **Endurteil aufgehoben** worden ist.[46] Die bloße Aufhebbarkeit genügt nicht. Die Aufhebung ist für den Schadenersatzrichter bindend.[47]

III. Vollziehung der einstweiligen Verfügung

Der Antragsteller muss die einstweilige Verfügung vollzogen haben oder der Antragsteller muss zur Abwendung der Vollziehung Sicherheit geleistet haben. Mit Blick auf die **Vollziehung** der einstweiligen Verfügung genügt es, wenn der Antragsteller damit **begonnen** hat,[48] sie muss noch nicht beendet sein. Bei Unterlassungsverfügungen beginnt die Vollziehung mit der Parteizustellung der mit einer Ordnungsmittelandrohung versehenen Verfügung;[49] die formlose Übermittlung einer Beschlussverfügung genügt demgegenüber nicht.[50] Mit der Zustellung der mit Ordnungsmittelandrohung versehenen Unterlassungsverfügung muss der Schuldner damit rechnen, dass der Gläubiger jederzeit von der Vollstreckungsmöglichkeit Gebrauch macht und im Falle einer Zuwiderhandlung gegen die in der Beschlussverfügung ausgesprochene Unterlassungsverpflichtung die Festsetzung von Ordnungsmitteln beantragt. Bei einer solchen Sachlage ist grds. davon auszugehen, dass die Befolgung einer Unterlassungsverpflichtung der Abwendung von Vollstreckungsmaßnahmen dient und nicht freiwillig erfolgt.[51] Ist die einstweilige Verfügung per Urteil erlassen worden, das eine Ordnungsmittelandrohung enthält, ist das Unterlassungsverbot mit Verkündung des Urteils zu beachten, so dass die Schadenersatzpflicht bereits ab diesem Zeitpunkt statuiert ist.[52] Enthält die einstweilige Unterlassungsverfügung keine

---

[42] BGH GRUR 1992, 203 – Roter mit Genever; BGH GRUR 1993, 998 – Verfügungskosten; BGH NJW 1988, 3268; OLG Düsseldorf GRUR 2020, 1126 – Vollziehungssicherheit; OLG Hamburg BeckRS 2004, 01013; OLG Karlsruhe GRUR 1984, 156 – Schadensersatz nach aufgehobener Eilentscheidung; Büscher/*Schmidt* UWG § 12 Rn. 537; *Teplitzky* NJW 1984, 850; Zöller/*Vollkommer* ZPO § 945 Rn. 11.
[43] Wird die Hauptsache bspw. wegen einer zwischenzeitlich abgegebenen Unterlassungserklärung abgewiesen, ohne dass das Gericht über den Unterlassungsanspruch als solchen entschieden hat, ist das Schadenersatzgericht nicht an einer Prüfung gehindert: OLG Frankfurt a. M. BeckRS 1998, 03008.
[44] BGH GRUR 1992, 203 – Roter mit Genever.
[45] BGH GRUR 1992, 203 – Roter mit Genever (zu § 926 Abs. 2).
[46] BGH GRUR 1992, 203 – Roter mit Genever (zu § 926 Abs. 2). Kritisch für den Fall, dass sich im Hauptsacheverfahren, das auch nach Ablauf der Fristen durchgeführt werden kann, herausstellt, dass der Verfügungsanspruch von Anfang an gegeben war: Schuschke/Walker/*Walker* ZPO § 945 Rn. 21, 23.
[47] Büscher/*Schmidt* UWG § 12 Rn. 543; Harte-Bavendamm/Henning-Bodewig/*Retzer* UWG § 12 Rn. 690 f.; Köhler/Bornkamm/*Köhler* UWG § 12 Rn. 2.81; Teplitzky/*Schwippert* Kap. 36 Rn. 22.
[48] BGH WRP 1996, 104; NJW-RR 1992, 998; NJW 1990, 122. AA (Vollziehung nicht erforderlich): OLG Stuttgart WRP 1981, 291; OLG Hamburg WRP 1980, 341; MüKoZPO/*Drescher* ZPO § 945 Rn. 6 mwN.
[49] BGH GRUR 2015, 196 – Nero; BGH NJW 2006, 2767 – Ungerechtfertigte Einstweilige Verfügung. Unerheblich ist, ob die Zustellung wirksam war: OLG Karlsruhe GRUR-RS 2016, 07206 – Verweigertes Empfangsbekenntnis.
[50] BGH GRUR 2015, 196 – Nero.
[51] BGH GRUR 2015, 196 – Nero.
[52] BGH GRUR 2009, 890 – Ordnungsmittelandrohung; OLG Hamburg GRUR-RS 2018, 41654 – Titelverstoß durch Pressemitteilung; OLG Karlsruhe BeckRS 2009, 86201.

Ordnungsmittelandrohung[53] oder beinhaltet sie die Anordnung, dass der Antragsteller vor Vollziehung eine Sicherheitsleistung zu erbringen hat, kann der Antragsgegner nur den Schaden geltend machen, der nach Ordnungsmittelandrohung bzw. Leistung der Sicherheit sowie Anzeige der Sicherheitsleistung entstanden ist. Denn nur dann beugt er sich dem **Vollziehungsdruck**.[54]

18 **Nicht** erfasst werden Schäden, die durch die **Erfüllung** des Anspruchs zur Abwendung der Vollziehung entstehen,[55] wenn der Antragsteller sich **freiwillig zur Unterlassung** verpflichtet hat oder sich der Antragsgegner über den objektiven Verbotsumfang des Unterlassungstitels hinaus **weitergehenden Beschränkungen** unterwirft.[56]

C. Rechtsfolgen

19 Liegen die Tatbestandsvoraussetzungen des § 945 vor, haftet der Antragsteller (Vollstreckungsgläubiger) **verschuldensunabhängig**.

I. Schadenersatzpflicht

20 Inhalt und Umfang des Schadenersatzanspruchs richten sich nach den §§ 249 ff. BGB. Zu ersetzen ist der **mittelbare oder unmittelbare Schaden,** der durch die **Vollziehung adäquat kausal** entstanden ist.[57] Dies setzt voraus, dass der Antragsgegner von einer Handlung Abstand nimmt, die – bei objektiver Auslegung des Titels – nach dem gerichtlichen Verbot untersagt war.[58] Zu beachten ist, dass in der Befolgung einer einstweiligen Verfügung insoweit kein Schaden liegen kann, als dass der Antragsgegner – ggf. wegen eines anderen (Wettbewerbs)Verstoßes – **materiell-rechtlich ohnehin** verpflichtet war, die ihm untersagte Handlung zu unterlassen.[59] In einem solchen Fall entfällt zwar nicht die Kausalität zwischen der Vollziehung der einstweiligen Verfügung und der Einstellung des darin untersagten Verhaltens, für die es allein auf die reale Ursache des haftungsbegründenden Ereignisses ohne Berücksichtigung von Ersatzursachen ankommt.[60] Ein Ersatz der durch Vollziehung einer ungerechtfertigten einstweiligen Verfügung erlittenen Vermögenseinbuße scheidet aber aus normativen Gründen aus. Ein Betroffener soll im Wege des Schadenersatzes keine Kosten ersetzt bekommen, die ihm auch bei rechtskonformen Verhalten auf jeden Fall entstanden wären.[61] Dies gilt auch für den Schadenersatzanspruch wegen unberechtigter Schutzrechtsverwarnung.[62]

21 Als **zu ersetzender Schaden** kommen bspw. in Betracht: entgangener Gewinn,[63] Einbußen wegen Produktionseinstellung, Betriebsausfall, Liefersperren, Kosten der Ersatzwerbung,[64] Kosten für die Herausnahme und den Austausch von Fotos einer Internetseite,[65] Rückruf- bzw. Rückholkosten,[66] Aufwendungen, die infolge der Schadensminderungspflicht geboten waren,[67] an Dritte gezahlte Lizenzgebühren für eine Ausweichlösung,[68] durch einen zu weit gefassten Unterlassungstenor her-

---

[53] BGH GRUR 2009, 890 – Ordnungsmittelandrohung; BGH NJW 1996, 198 – Einstweilige Verfügung ohne Strafandrohung; BGH GRUR 1993, 415 – Straßenverengung.
[54] BGH GRUR 2011, 364 – Steroidbeladene Körner (zu § 717 Abs. 2 ZPO); BGH NJW 1996, 198 – Einstweilige Verfügung ohne Strafandrohung.
[55] BGH WRP 1996, 104. Anders, wenn es einen Vollstreckungsdruck schon gibt: BGH NJW 1993, 593; 1976, 2162.
[56] OLG München GRUR-RR 2004, 63 – MixPower.
[57] BGH GRUR 2016, 406 – Piadini-Rückruf; BGH GRUR 2015, 196 – Nero; BGH NJW 2006, 2557; 2006, 2767; GRUR 1993, 998 – Verfügungskosten; OLG Düsseldorf BeckRS 2015, 00590; LG Düsseldorf BeckRS 2016, 09544; LG München NJOZ 2009, 322 – Digitalfotos.
[58] BGH GRUR 2016, 406 – Piadini-Rückruf; BGH GRUR 1992, 203 – Roter mit Genever; BGH GRUR 1981, 295 – Fotoartikel I.
[59] BGH GRUR 2018, 832 – Ballerinaschuh; BGH GRUR 2017, 730 – Sierpinski-Dreieck; BGH GRUR 2016, 720 – Hot Sox; BGH GRUR 2016, 406 – Piadini-Rückruf; BGH GRUR 1994, 849 – Fortsetzungsverbot; BGH GRUR 1992, 203 – Roter mit Genever; BGH WRP 1989, 514; GRUR 1981, 295 – Fotoartikel I; BGH GRUR 1955, 346 – Progressive Kundenwerbung; OLG Frankfurt a. M. BeckRS 2012, 23980; OLG Hamburg BeckRS 2004, 01013; LG Dresden BeckRS 2013, 10237.
[60] BGH GRUR 2018, 832 – Ballerinaschuh; BGH GRUR 2017, 730 – Sierpinski-Dreieck BGH GRUR 2016, 720 – Hot Sox; BGH GRUR 2016, 406 – Piadini-Rückruf.
[61] BGH GRUR 2018, 832 – Ballerinaschuh; BGH GRUR 2017, 730 – Sierpinski-Dreieck; BGH GRUR 2016, 720 – Hot Sox; BGH GRUR 2016, 406 – Piadini-Rückruf; BGH GRUR 1955, 346 – Progressive Kundenwerbung.
[62] BGH GRUR 2018, 832 – Ballerinaschuh.
[63] BGH GRUR 1992, 530 – Gestoppter Räumungsverkauf; LG Düsseldorf BeckRS 2016, 09544.
[64] BGH GRUR 1993, 998 – Verfügungskosten; Benkard/*Grabinski*/*Zuch* PatG § 139 Rn. 154c; Teplitzky/*Schwippert* Kap. 36 Rn. 45.
[65] LG München NJOZ 2009, 322 – Digitalfotos.
[66] BGH GRUR 2016, 720 – Hot Sox; BGH GRUR 2016, 406 – Piadini-Rückruf.
[67] BGH GRUR 1993, 998 – Verfügungskosten.
[68] OLG Düsseldorf BeckRS 2015, 01826 (zu § 717 Abs. 2).

vorgerufene Nachteile[69] und ein Kostenschaden aus Drittprozessen gem. § 93, wenn wegen Verwarnungsverbots nicht vorprozessual abgemahnt wurde,[70] Pfändung aufgrund einer Arrestanordnung.[71] Ersatzfähig sind des Weiteren der Schaden, der durch die Abwendung der Vollziehung entstanden ist, sprich Sicherheitsleistung oder Abwendungsleistungen gem. §§ 923, 925 Abs. 2, 927, 929, und ggf. die Kosten für die Aufhebung einer Zwangsvollstreckungsmaßnahme.[72]

Nicht zu ersetzen sind hingegen: Kosten, die durch den bloßen Erlass der einstweiligen Verfügung **22** entstanden sind,[73] die dem Antragsgegner entstandenen außergerichtlichen Kosten des Verfügungsverfahrens, welche vielmehr im Aufhebungsverfahren nach § 927 Abs. 1 geltend zu machen sind,[74] Aufwendungen für die Errichtung und Unterhaltung eines Messestandes, der nach Erlass der Verfügung weiter betrieben wurde, da nur die angegriffene Ausführungsform entfernt oder verdeckt wurde,[75] Schäden, die durch Bekanntwerden der Eilmaßnahme entstanden sind,[76] Schäden, die durch Kündigung eines Vertrages durch den Vertragspartner wegen der einstweiligen Verfügung entstanden sind,[77] Ordnungsgeld,[78] Schäden, die aus der freiwilligen Befolgung einer Unterlassungsverfügung oder Unterwerfung erwachsen sind.[79]

II. Vorteilsausgleich und Mitverschulden

Die Grundsätze der **Vorteilsausgleichung** sind anwendbar.[80] Ebenso ist ein Mitverschulden iSd **23** § 254 BGB zu berücksichtigen.[81] **Mitverschulden** ist anzunehmen, wenn der Antragsgegner Maßnahmen unterlässt, die ein vernünftiger und wirtschaftlich denkender Mensch ergreifen würde, um den Schaden von sich abzuwenden.[82] Eine besondere Rechtspflicht ist hierfür nicht erforderlich. Für den Einwand, der Antragsgegner habe erkennen können und dem Antragsteller mitteilen müssen, dass die Verfügung zu Unrecht erlassen worden war, ist grds. kein Raum.[83] Eine andere Beurteilung ist nur dann geboten, wenn der Antragsgegner genau weiß, dass die einstweilige Verfügung zu Unrecht erlassen worden ist, er Gegner und Gericht hiervon auch sofort unschwer überzeugen könnte und gleichwohl Maßnahmen zur Befolgung der Unterlassungsverfügung nur deswegen ergreift, um dafür später Schadensersatz fordern zu können.[84]

Von einem **Mitverschulden** kann **bspw.** ausgegangen werden, wenn kein (aussichtsreiches) **24** Rechtsmittel eingelegt wurde,[85] eine sich aufdrängende Verteidigungsmöglichkeit nicht wahrgenommen wird,[86] also zB die Einrede der Verjährung nicht erhoben wird, obwohl der vom Antragsteller verfolgte Anspruch verjährt ist,[87] wenn von Anfang an bekannte Tatsachen erst spät in der Berufungsinstanz vorgebracht werden, bei Vorenthaltung liquider Beweismittel,[88] bei Benachteiligungsabsicht,[89] bei schuldhafter Veranlassung der Sicherungsmaßnahme durch verdächtiges Verhalten iSd § 917,[90] wenn der Antragsgegner dem Antragsteller Anlass zur Beantragung und Zustellung der einstweiligen Verfügung gegeben hat oder wenn er nach Zustellung der einstweiligen Verfügung gegen seine Obliegenheit zur Abwendung und Minderung des Schadens verstoße hat.[91]

Nicht vorgeworfen werden kann einem Antragsgegner, wenn er sich zur Befolgung einer Unter- **25** lassungsverfügung des in seinem Unternehmen eingerichteten automatisierten Rückrufsystems bedient hat. Denn der Antragsgegner ist grds. nicht gehalten, zur Minderung eines etwaigen Befolgungsschadens die kostengünstigsten Maßnahmen zur Einhaltung des Unterlassungsgebots zu ergreifen;

---

[69] BGH GRUR 1985, 397 – Fotoartikel II; BGH GRUR 1981, 295 – Fotoartikel I. Keine Ersatzpflicht, wenn unterlassene Handlung bei objektiver Betrachtung nicht verboten war: OLG München GRUR-RR 2004, 63 – MixPower; OLG Hamm GRUR 1989, 296 – Autofenster-Folie; *Berneke/Schüttpelz* Rn. 741.
[70] BGH NJW 2005, 3141.
[71] OLG Brandenburg BeckRS 2008, 15474 (§ 839 Abs. 1 BGB, Art. 34 S. 1 GG).
[72] BAG NZA 2020, 1655; OLG Düsseldorf BeckRS 1989, 4345.
[73] BGH NJW 1988, 3268; 1983, 232.
[74] BGH GRUR 1993, 998 – Verfügungskosten; OLG Hamburg JurBüro 1990, 732. AA *Gröning* WRP 1992, 679.
[75] LG Düsseldorf InstGE 2, 157 – Dünnbramme II, bestätigt durch OLG Düsseldorf BeckRS 2003, 152744.
[76] BGH NJW 1988, 3269, hier nur verschuldensabhängige Haftung nach allg. Regeln.
[77] OLG Köln BeckRS 2016, 131847; OLG Saarbrücken NJW-RR 1998, 1039.
[78] KG GRUR 1987, 571 – Ordnungsgeld kein Schaden.
[79] BGHZ 131, 147; OLG Karlsruhe NJW-RR 2003, 1708; OLG Köln OLGR 2003, 194; OLG Frankfurt a. M. OLGR 1998, 228; OLG Köln NJW 1996, 1292.
[80] BGH NJW 1980, 2187.
[81] BGH GRUR 2016, 406 – Piadini-Rückruf; BGH NJW 2006, 2557.
[82] BGH GRUR 2016, 406 – Piadini-Rückruf; BGH NJW 1992, 593.
[83] OLG Frankfurt a. M. BeckRS 2012, 23980.
[84] OLG Frankfurt a. M. BeckRS 2012, 23980.
[85] BGH NJW 2006, 2557; OLG München GRUR 1996, 998 – Unterlassener Widerspruch.
[86] BGH GRUR 2016, 406 – Piadini-Rückruf.
[87] OLG Karlsruhe BeckRS 2009, 86201.
[88] BGH GRUR 2016, 406 – Piadini-Rückruf.
[89] BGH NJW 2006, 2559 OLG Frankfurt a. M. BeckRS 2012, 23980.
[90] BGH NJW 2006, 2559; BeckOK ZPO/*Mayer* ZPO § 945 Rn. 36; MüKoZPO/*Drescher* ZPO § 945 Rn. 26.
[91] BGH GRUR 2016, 406 – Piadini-Rückruf.

vielmehr kann ihm gerade im Hinblick auf den nach Zustellung der Unterlassungsverfügung bestehenden Vollstreckungsdruck nicht verwehrt werden, hierzu alle ihm zur Verfügung stehenden und geeignet erscheinenden Mittel einzusetzen.[92] Den Antragsgegner trifft grds. auch kein Mitverschulden, wenn der Antragsteller das beanstandete Verhalten vor der objektiven Klärung der Sach- und Rechtslage nicht hinnimmt und durch die Vollziehung einer einstweiligen Verfügung unterbindet oder wenn der Antragsgegner nach Zugang einer (letztlich zu Unrecht ergangenen) Abmahnung dem Erlass einer einstweiligen Verfügung nicht durch zeitnahes Vorbringen seiner Einwände entgegenwirkt.[93]

D. Darlegungs- und Beweislast

26   Der Antragsgegner (Kläger im Schadensersatzprozess) muss die Vollziehung bzw. den Beginn der Vollziehung der erlassenen einstweiligen Verfügung, den Schaden und die Kausalität zwischen Vollziehung oder Vollziehungsabwendung und eingetretenem Schaden darlegen und beweisen. Bei der Schadensermittlung kommen ihm die § 252 S. 2 BGB und § 287 Abs. 1 zu Gute.[94]

27   Die Rechtmäßigkeit der einstweiligen Verfügung ist vom Antragsteller (Beklagter im Schadensersatzprozess) darzutun und zu beweisen.[95] Hierbei steht es ihm frei, den Vortrag zur Darlegung der im einstweiligen Verfügungsverfahren verfolgten Rechte zu erweitern und über die Mittel der Glaubhaftmachung hinaus neue Beweisangebote zu unterbreiten, dann maßgeblich ist, dass die Eilmaßnahme im Zeitpunkt ihres Erlasses der materiellen Rechtslage entsprach.[96] Gleichfalls darlegungs- und beweisbelastet ist der Antragsteller für ein etwaiges Mitverschulden des Antragsgegners[97] und die Behauptung, der Schaden wäre – in vollem Umfang – auch bei rechtmäßigen Verhalten eingetreten.[98]

E. Verjährung

28   Die Verjährung richtet sich nach §§ 195, 199 Abs. 1, 3 BGB und tritt damit innerhalb einer Frist von 3 Jahren ein. Die Verjährungsfrist beginnt gem. § 199 Abs. 1 Nr. 1, 2 BGB am Schluss desjenigen Jahres zu laufen, in dem der Anspruch entsteht und der Gläubiger von der Anspruchsentstehung und der Person des Schuldners Kenntnis erlangt oder ohne grobfahrlässige Kenntnis hätte erlangen können. Kenntnis von der Person des Schuldners und den anspruchsbegründenden Umständen hat der Gläubiger, sobald ihm mit hinreichender Erfolgsaussicht die Erhebung einer Schadensersatzklage zumutbar ist. Die Rechtsverfolgung muss nicht risikolos sein.[99] Zudem kommt es nicht auf die zutreffende rechtliche Einordnung der bekannten Tatsachen an.[100] Anders kann dies ausnahmsweise bei einer unsicheren und zweifelhaften Rechtslage sein, die selbst ein rechtskundiger Dritter nicht zuverlässig einschätzen kann.[101]

29   Die Verjährungsfrist beginnt jedenfalls mit rechtskräftiger Abweisung des Anspruchs im Hauptsacheverfahren.[102] Sie kann zudem beginnen, wenn im Hauptsacheverfahren zu Gunsten des Antragsgegners ein noch nicht rechtskräftiges Urteil verkündet wurde, das in hohem Maße dafür spricht, dass die einstweilige Verfügung von Anfang an nicht gerechtfertigt war,[103] oder bei Abschluss des einstweiligen Verfügungsverfahrens.[104]

§ 945a Einreichung von Schutzschriften

(1) ¹Die Landesjustizverwaltung Hessen führt für die Länder ein zentrales, länderübergreifendes elektronisches Register für Schutzschriften (Schutzschriftenregister). ²Schutzschriften sind vorbeugende Verteidigungsschriftsätze gegen erwartete Anträge auf Arrest oder einstweilige Verfügung.

---

[92] OLG Frankfurt a. M. BeckRS 2012, 23980.
[93] BGH GRUR 2016, 406 – Piadini-Rückruf. IRd Interessenabwägung kann es gegen ein Mitverschulden zudem sprechen, wenn der Antragsteller nicht (zunächst) den Hersteller eines schutzrechtsverletzenden oder wettbewerbswidrigen Produktes in Anspruch nimmt, sondern sofort ein Verfügungsverfahren gegen das Handelsunternehmen anstrengt.
[94] BGH GRUR 1993, 998 – Verfügungskosten; BGH NJW-RR 1992, 997; LG Düsseldorf BeckRS 2016, 09544.
[95] BGH GRUR 1992, 203 – Roter mit Genever; *Berneke/Schüttpelz* Rn. 729; *Teplitzky/Schwippert* Kap. 36 Rn. 12.
[96] BGH GRUR 1992, 203 – Roter mit Genever.
[97] OLG Karlsruhe BeckRS 2009, 86201.
[98] BGH GRUR 2016, 720 – Hot Sox.
[99] BGH NZI 2007, 740.
[100] BGH NZI 2007, 740; NJW-RR 2005, 1148.
[101] BGH NJW 2014, 3092; NJW-RR 2009, 547; OLG Düsseldorf NJOZ 2019, 109.
[102] BGH NJW 1993, 863; 1992, 2297; 1980, 189; GRUR 1979, 869 – Oberarmschwimmringe.
[103] BGH NJW 2003, 2610 (zu § 852 BGB aF).
[104] BGH NJW 1980, 189.

(2) ¹Eine Schutzschrift gilt als bei allen ordentlichen Gerichten der Länder eingereicht, sobald sie in das Schutzschriftenregister eingestellt ist. ²Schutzschriften sind sechs Monate nach ihrer Einstellung zu löschen.

(3) ¹Die Gerichte erhalten Zugriff auf das Register über ein automatisiertes Abrufverfahren. ²Die Verwendung der Daten ist auf das für die Erfüllung der gesetzlichen Aufgaben Erforderliche zu beschränken. ³Abrufvorgänge sind zu protokollieren.

Literatur: *Bacher,* Das elektronische Schutzschriftenregister, MDR 2015, 1329; *Deutsch,* Die Schutzschrift in Theorie und Praxis, GRUR 1990, 327; *Dötsch,* Zentrales Schutzschriftenregister – Was muss ein Beschwerdegericht beachten?, MDR 2016, 495; *Hartmann,* Neue Schutzschriftenregeln: Auch nach VO dazu Fragen, GRUR-Prax 2015, 163; *ders.,* Neue Schutzschriftregeln – Fragen über Fragen, GRUR 2015, 89; *Herr,* Vom Sinn und Unsinn der Schutzschriften, GRUR 1986, 436; *Hilgard,* Die Schutzschrift im Wettbewerbsrecht, 1985; *Huber,* Zivilprozessrecht: Schutzschrift und Schutzschriftenregister, JuS 2018, 1266; *Kulow,* Elektronische Signatur und das besondere elektronische Anwaltspostfach: FördElRV update 2016, K&R 2015, 537; *Klüsener,* Einreichungen zum Elektronischen Schutzschriftenregister, JurBüro 2016, 617; *Lüke,* Abschlussschreiben und Schutzschrift bei Unterlassungsverfügungen, FS Jahr (1999), 293; *May,* Die Schutzschrift im Arrest- und einstweiligen Verfügungsverfahren, 1983; *Schlingloff,* Das elektronische Schutzschriftenregister und die Schutzschriftenregisterverordnung, WRP 2016, 301; *Schmitt-Gaedke,* Der Referentenentwurf zur Schutzschriftenregisterverordnung (SRV), GRUR-Prax 2015, 161; *ders.,* Die Schutzschrift im einstweiligen Rechtsschutz ZAP Fach 13, 2091; *Schmitt-Gaedke/Arz,* Der Kostenerstattungsanspruch des Hinterlegers einer Schutzschrift, WRP 2012, 60; *Schneider,* Verfahren und Kosten bei der Einreichung von Schutzschriften in das elektronische Schutzschriftenregister, AGS 2016, 159; *Schulz,* Die Rechte des Hinterlegers einer Schutzschrift, WRP 2009, 1472; *Schwippert,* Staatliches elektronisches Register für Schutzschriften, MarkenR 2014, 6; *Spernrath,* Die Schutzschrift im zivilrechtlichen Verfahren, 2009; *Teplitzky,* Die „Schutzschrift" als vorbeugendes Verteidigungsmittel gegen einstweilige Verfügungen, NJW 1980, 1667; *Vogel,* Die Schutzschrift auch im Zwangsvollstreckungsverfahren?, NJW 1997, 554; *Walker,* Die Schutzschrift und das elektronische Schutzschriftenregister nach §§ 945a, 945b ZPO, FS Eberhard Schilken (2015), 815; *Wehlau,* Die Schutzschrift, 1. Aufl., 2011; *Wehlau/Kalbfus,* Die Schutzschrift im elektronischen Rechtsverkehr, ZRP 2013, 101; *Wilke,* Abmahnung und Schutzschrift im gewerblichen Rechtsschutz, 1991.

A. Normzweck

Mittels des durch das Gesetz zur Förderung des elektronischen Rechtsverkehrs mit Gerichten v. 10.10.2013[1] mit Wirkung zum 1.1.2016 in Kraft getretenen § 945a ist zum einen – gemeinsam mit § 945b – eine Rechtsgrundlage für die Einrichtung eines zentralen, länderübergreifenden Schutzschriftenregisters geschaffen worden, welches teilweise an die Stelle des (privaten) Online-Schutzschriftenregister der Europäischen EDV-Akademie des Rechts gGmbH (EEAR)[2] tritt. Zum anderen beinhaltet § 945a die Anerkennung des bis dato nur richterrechtlich etablierten Rechtsinstituts der Schutzschrift als prozessuales Verteidigungsmittel,[3] unabhängig von der gewählten Form. Für den gewerblichen Rechtsschutz kommt der Norm große Bedeutung zu, weil Schutzschriften in diesem Rechtsgebiet seit jeher in großer Anzahl bei Gericht eingereicht werden.[4]

B. Schutzschrift

I. Sinn und Zweck

§ 945a Abs. 1 S. 2 definiert (erstmalig) Schutzschriften als **vorbeugende Verteidigungsschriftsätze** gegen erwartete Anträge auf Arrest oder eine einstweilige Verfügung und übernimmt mit dieser **Legaldefinition** das bereits bisher geltende Verständnis. Die Schutzschrift leitet kein Verfahren ein, sondern äußert sich zu einem erwarteten Verfahren.[5] Sie dient der Wahrung des **rechtlichen Gehör**s des Antragsgegners, Art. 103 Abs. 1 GG, und **muss,** wenn sie dem Gericht bekannt ist, von diesem **beachtet werden.**[6] Auch dann, wenn der Antragsgegner das tatsächlich eingereichte Begehren in der Sache nicht vollständig antizipiert hatte und bspw. eine Schutzschrift wegen einer vermeintlich drohenden Besichtigungsverfügung eingereicht hatte, wohingegen der Antrag auf eine Unterlassungsverfügung gerichtet ist. Ein etwaiger Verstoß gegen das rechtliche Gehör – ggf. infolge eines Organi-

---

[1] BGBl. I S. 3786. Materialien BT-Drs. 17/12634.
[2] Die Nutzung dieses privaten Online-Schutzschriftenregisters war freiwillig und nicht flächendeckend. Schutzschriften mussten deshalb „sicherheitshalber" auch in Papierform bei allen zuständigen Gerichten eingereicht werden. Laut *Schmitt-Gaedke* GRUR-RR 2015, 161 haben nur 44 von 115 deutschen Landgerichten dort einen Abruf vorgenommen.
[3] *Bacher* MDR 2015, 1329; *Schlingloff* WRP 2016, 301; *Wehlau/Kalbfus* ZRP 2013, 101; *Zöller/Vollkommer* ZPO § 945a Rn. 1.
[4] In BR-Drs. 328/15 (neu) ist – bezogen auf alle Rechtsgebiete – von rd. 27.000 Schutzschriften jährlich die Rede.
[5] BGH GRUR 2003, 456 – Kosten der Schutzschrift I.
[6] BGH GRUR 2003, 456 – Kosten der Schutzschrift I; KG GRUR 1995, 325; OLG Düsseldorf WRP 1995, 499; OLG Koblenz GRUR 1995, 171; OLG München WRP 1992, 811; OLG Düsseldorf WRP 1981, 652; OLG Köln NJW 1973, 2071; OLG Hamburg WRP 1977, 495. Hiervon geht auch das BVerfG aus wie die Entscheidung „Die F.-Tonbänder" (GRUR 2018, 1288) zeigt.

sationsversehens des Gerichts – kann geheilt werden, wenn das Gericht nach Einlegung des Widerspruchs das Vorbringen des Antragsgegners berücksichtigt.[7]

3 Als vorbeugendes Verteidigungsmittel kann die Schutzschrift auch dem **Streithelfer** zur Seite stehen. Dieser kann in der Schutzschrift wirksam seinen Beitritt erklären, obwohl diese Erklärung unter der innerprozessualen Bedingung des Einreichens eines Antrags auf Erlass einer einstweiligen Verfügung steht.[8]

4 **Ziel** der Schutzschrift ist in erster Linie die Zurückweisung des erwarteten Verfügungsantrages, in zweiter Linie zumeist das Verhindern einer Entscheidung ohne mündliche Verhandlung.[9] IdR wird das Begehren mittels entsprechender Anträge, die mangels Sachantragsqualität[10] allerdings lediglich eine Anregung darstellen, verdeutlicht. Damit der Antragsgegner sein Ziel bzw. seine Ziele erreicht, ist die Schutzschrift mit der gebotenen Sorgfalt abzufassen. Sinnvollerweise sind in ihr **alle Einwände, Einreden und Verteidigungsmittel,** die gegen den Erlass der Eilmaßnahme sprechen, vollständig vorzubringen und glaubhaft zu machen. Das Gericht kann aus einer Schutzschrift nämlich auch Schlüsse zu Lasten des Antragsgegners ziehen. Eine unvollständige und/oder nicht überzeugende Schutzschrift kann das Gericht unter Umständen erst zu der Überzeugung leiten, dass der Antragsgegner dem Eilantrag nichts Erhebliches entgegen zu setzen hat. Dann kann das Gericht – trotz des nur „anregenden" Antrags auf mündlicher Verhandlung in der Schutzschrift – eine Beschlussverfügung erlassen.[11] Ggf. kann die Beschlussverfügung mit einer Begründung versehen sein, die erkennen lässt, dass die Schutzschrift gesehen worden ist, ihr Inhalt aber keine durchgreifenden Zweifel erweckt hat. Erachtet das Gericht die in der Schutzschrift dargelegten Einwände für beachtlich, ist vor der Entscheidung dem Antragsteller rechtliches Gehör zu gewähren. Dies geschieht regelmäßig in einer anzuberaumenden **mündlichen Verhandlung,** kann aber auch durch die Möglichkeit zur schriftlichen Stellungnahme erfolgen.[12] Für den Fall der Anberaumung einer mündlichen Verhandlung kann die Schutzschrift als vorbereitender Schriftsatz behandelt werden.[13]

II. Form

5 Entsprechend der Definition in § 945a Abs. 1 S. 2 ist das vorbeugende Verteidigungsmittel als Schriftsatz (§ 130) bei Gericht einzureichen. Die **Form** des Schriftsatzes ist, obgleich sich der weitere Regelungsgehalt des § 945a auf das elektronische Schutzschriftenregister bezieht und dessen Nutzung für Rechtsanwälte gem. § 49c BRAO seit dem 1.1.2017[14] verpflichtend ist, nicht auf **elektronische** Schriftsätze beschränkt. Da für Schutzschriften – wie für den Eilantrag selbst, §§ 936, 920 Abs. 3, 78 Abs. 3 – **kein Anwaltszwang**[15] besteht, können sie auch von der Partei selbst bzw. durch ihre gesetzlichen Vertreter eingereicht werden. Diesen Personen steht es (derzeit) frei, eine elektronische Schutzschrift in das elektronische Schutzschriftenregister oder eine solche in **Papierform** bei Gericht einzureichen. Wird die Schutzschrift elektronisch eingereicht, gilt es § 2 der Verordnung über das elektronische Schutzschriftenregister (Schutzschriftenregisterverordnung – SRV)[16] zu beachten, der als spezielle Regelung der allgemeinen Regel des § 130a vorgeht.[17] Reicht ein Rechtsanwalt unter Verstoß gegen § 49c BRAO, der lediglich eine standesrechtliche Pflicht statuiert, eine Schutzschrift in Papierform ein, entbindet dies das Gericht wegen Art. 103 Abs. 1 GG nicht von der inhaltlichen Kenntnisnahme der Schutzschrift.[18]

---

[7] OLG Stuttgart BeckRS 2018, 18426.

[8] LG Frankfurt (Oder) 19.2.2015 – 31 O 103/14.

[9] Eichmann/Jaestaedt/Fink/Meiser/*Eichmann/Jaestedt* DesignG § 42 Rn. 120; BeckOK PatR/*Voß* PatG Vor §§ 139 Rn. 317; Harte-Bavendamm/Henning-Bodewig/*Retzer* UWG § 12 Rn. 611 ff.; Köhler/Bornkamm/Feddersen/*Köhler* UWG § 12 Rn. 2.40; *Mes* PatG § 139 Rn. 489; Ohly/Sosnitza/*Sosnitza* UWG § 12 Rn. 135; *Schulz* WRP 2009, 1472; *Teplitzky* Kap. 55 Rn. 52; *Wehlau* Die Schutzschrift, 107 ff.; *Wehlau/Kalbfus* WRP 2010, 395.

[10] BGH GRUR 2003, 456 – Kosten der Schutzschrift I; OLG Stuttgart BeckRS 2018, 18526: kein wirksamer Verweisungsantrag an KfH.

[11] *Deutsch* GRUR 1990, 327; Haedicke/Timmann PatR-HdB/*Zigann* § 15 Rn. 409; MüKoZPO/*Drescher* ZPO § 945a Rn. 7.

[12] BeckOK PatR/*Voß* PatG Vor § 139 Rn. 317; Harte-Bavendamm/Henning-Bodewig/*Retzer* UWG § 12 Rn. 612 f.; Köhler/Bornkamm/Feddersen/*Köhler* UWG § 12 Rn. 2.40b; Ohly/Sosnitza/*Sosnitza* UWG § 12 Rn. 137; *Teplitzky* Kap. 55 Rn. 52.

[13] Schuschke/Walker/*Walker* ZPO § 937 Rn. 13.

[14] Art. 26 Gesetz zur Förderung des elektronischen Rechtsverkehrs mit Gerichten v. 10.10.2013, BGBl. I S. 3786.

[15] Vgl. → § 920 Rn. 2; *Berneke/Schüttpelz* Rn. 291; Köhler/Bornkamm/Feddersen/*Köhler* UWG § 12 Rn. 2.40b; Günther/Beyerlein/*Günther* GeschmMG § 42 Rn. 84; *Mes* PatG § 139 Rn. 488; *Melullis* Rn. 44; Ohly/Sosnitza/*Sosnitza* UWG § 12 Rn. 133; Zöller/*Vollkommer* § 937 Rn. 4.

[16] Die SRV v. 24.11.2015 (BGBl. I S. 2135) ist auf § 945b gestützt und seit dem 1.1.2016 in Kraft.

[17] *Bacher* MDR 2015, 1329; *Schlingloff* WRP 2016, 301.

[18] *Bacher* MDR 2015, 1329; *Dötsch* MDR 2016, 495; *Schlingloff* WRP 2016, 301; *Schwippert* MarkenR 2014, 6; *Wehlau/Kalbfus* ZRP 2013, 101; Zöller/*Vollkommer* ZPO § 945a Rn. 2.

III. Wirkung

Die individuelle in **Papierform** bei einem Gericht eingereichte Schutzschrift entfaltet Wirkung nur **6** mit Blick auf das – vermutete – eine Eilverfahren, das bei diesem Gericht anhängig gemacht wird. Nach § 945a Abs. 2 S. 1 gilt eine (einzige) Schutzschrift als bei allen ordentlichen Gerichten der Länder eingereicht, sobald sie in das **Schutzschriftenregister** eingestellt ist. Sie zeitigt mithin für alle ordentlichen Gerichte dieselbe Wirkung wie eine in Papierform eingereichte. Mit dieser **gesetzlichen Fiktion** beseitigt das Gesetz die in der Praxis oftmals bestehende Schwierigkeit, dass der potentielle Antragsgegner, wenn die Zuständigkeit verschiedener Gerichte (insbes. bei sog. „fliegenden Gerichtsständen") in Betracht kommt, nicht vorhersehen kann, bei welchem tatsächlich der Antrag auf Erlass eines Arrestes bzw. einer einstweiligen Verfügung gestellt werden wird. Dies führte in der Vergangenheit oft dazu, dass sich der potentielle Antragsgegner gezwungen sah, bei zahlreichen bzw. allen möglichen Gerichten (inhaltlich identische) Schutzschriften einzureichen. Dies verursachte ein erhebliches Papier- und Arbeitsaufkommen nebst Kosten und bürdete der Gerichtsverwaltung zudem einen hohen Verwaltungs- und Aufbewahrungsaufwand auf.

Das Einreichen einer Schutzschrift führt noch nicht zu einem **Akteneinsichtsrecht** gem. **7** § 299 Abs. 1.[19] Ein Verfahren wird dadurch nicht an- oder rechtshängig, eine Parteistellung nicht begründet. Erst dann, wenn ein entsprechender Verfügungsantrag eingeht und der Antragsgegner tatsächlich beteiligt ist, kann der Antragsgegner die Akten einsehen. Ebenso wenig besteht ein vorprozessuales Einsichtsrecht eines Antragstellers in eine hinterlegte Schutzschrift, denn deren Einreichen führt nicht zur Anhängigkeit eines Verfahrens. Dem Antragsteller wird die Schutzschrift erst nach Einreichung seines Antrages zur Kenntnis,[20] mit der Ladung zum Termin, mit dem erlassenen Beschluss oder zur Stellungnahme formlos übermittelt oder ggf. zugestellt. Ein **Einsichtsrecht** in das **elektronische Schutzschriftenregister** existiert für die Parteien nicht; nur ein Gericht kann darauf Zugriff nehmen.

IV. Kosten

Die **Kosten** einer bei dem zuständigen Gericht eingereichten Schutzschrift, bei dem auch der **8** Antrag auf Erlass der Eilmaßnahme gestellt wird, sind nach §§ 91, 104 ff.[21] bzw. als materiell rechtlicher Kostenerstattungsanspruch[22] erstattungsfähig. Ist eine gerichtliche Entscheidung aufgrund einer mündlichen Verhandlung ergangen, dann handelt es sich um durch die Verfahrensgebühren abgegoltene Kosten des Rechtsstreits. Ist der Antrag nach Einreichung der Schutzschrift per Beschluss zurückgewiesen worden oder hat der Antragsteller das Gesuch zurückgenommen, hat der Antragsteller die Kosten der Schutzschrift grds. zu erstatten. Es handelt sich um notwendige Verteidigungskosten.[23] Unerheblich ist, ob das Gericht die Schutzschrift verwertet hat.[24] Ein entsprechender Antrag gem. § 269 Abs. 4 kann der Antragsgegner bereits in der Schutzschrift stellen. Dieser muss dann beschieden werden.[25] Die Höhe der Gebühr richtet sich nach Nr. 2300 RVG VV oder nach Nr. 3100 und Nr. 3101 RVG VV, wenn der Verfügungsantrag bei Gericht eingeht und später wieder zurückgenommen wird. Die 1,3- fache Verfahrensgebühr nach Nr. 3100 entsteht, wenn die Schutzschrift Sachvortrag enthält.[26] Sie ermäßigt sich auf eine 0,8fache Gebühr, wenn sich der Auftrag erledigt, bevor die Schutzschrift eingereicht wurde. Voraussetzung hierfür ist allerdings, dass der Antragsgegner das Geschäft bereits vor Rücknahme des Antrages auf Erlass einer einstweiligen Verfügung betrieben hat.[27] Wurde eine Schutzschrift in Papierform bei einem Gericht eingereicht, bei dem kein Antrag eingegangen ist, ist kein Prozessrechtsverhältnis begründet worden, das eine Kostenerstattungspflicht nach sich ziehen könnte.[28]

---

[19] Zöller/*Greger* ZPO § 299 Rn. 2; Zöller/*Vollkommer* ZPO § 945a Rn. 4. AA OLG Hamm OLGR 1994, 96.
[20] OLG Karlsruhe OLGR 2007, 531; Harte-Bavendamm/Henning-Bodewig/*Retzer* UWG § 12 Rn. 616, 619; *Melullis* Rn. 48; MüKoZPO/*Drescher* ZPO § 945a Rn. 4; MüKoZPO/*Prütting* ZPO § 299 Rn. 29; Zöller/*Vollkommer* ZPO § 937 Rn. 4.
[21] OLG Hamburg GRUR 2016, 431 – übersehene Schutzschrift; OLG Hamburg NJOZ 2015, 1864; GRUR-RR 2014, 96 – Schutzschrift; OLG Düsseldorf Mitt. 2000, 306. Nach Ansicht OLG Rostock GRUR-RR 2011, 230 – Schutzschriftkosten ist eine Kostenerstattung auch bei Einreichung bei einem unzuständigen Gericht möglich.
[22] LG Düsseldorf GRUR-RR 2017, 167 – Recycling Aktiv.
[23] BGH GRUR 2008, 640 – Kosten der Schutzschrift III; BGH GRUR 2007, 727 – Kosten der Schutzschrift II; BGH GRUR 2003, 456 – Kosten der Schutzschrift I; OLG Hamburg NJOZ 2015, 1864.
[24] OLG Hamburg GRUR-RR 2016, 431 – übersehene Schutzschrift; OLG Hamburg NJOZ 2015, 1864; OLG Düsseldorf OLG-Report 2008, 785.
[25] MüKoZPO/*Drescher* ZPO § 945a Rn. 8.
[26] BGH GRUR 2008, 640 – Kosten der Schutzschrift III.
[27] BGH GRUR 2008, 640 – Kosten der Schutzschrift III; BGH GRUR 2007, 727 – Kosten der Schutzschrift II; LG Düsseldorf GRUR-RR 2017, 167 – Recycling Aktiv.
[28] OLG Düsseldorf Mitt. 2000, 306; weitergehend: OLG Koblenz GRUR 1995, 171.

C. Elektronisches Schutzschriftenregister

I. Führung

9   Das zentrale, länderübergreifende elektronische Schutzschriftenregister wird entsprechend § 945a Abs. 1 von der Landesjustizverwaltung Hessen für alle Bundesländer geführt. Die Führung des Registers, welches unter der Domain „www.schutzschriftenregister.hessen.de" abrufbar ist, ist eine Justizverwaltungsaufgabe.[29] Der Aufbau und die Ausgestaltung des Schutzschriftenregisters ergeben sich im Einzelnen aus der SRV.[30]

II. Einreichung

10 Die Schutzschrift muss einschließlich Anlagen gem. § 2 Abs. 2, 3 SRV als **elektronisches Dokument** eingereicht werden. Es werden die Dateiformate PDF, PDF/A, Rich Text Format, Microsoft Word Dokumente ohne Makros und XML akzeptiert. Beigefügt sein muss ihr entsprechend § 2 Abs. 1 SRV ein **einheitlicher strukturierter Datensatz** (XJustiz-Datensatz), der mindestens die Angaben nach § 1 Abs. 2 Nr. 1 und 2 SRV enthält, dh die Bezeichnung der Parteien und die bestimmte Angabe des Gegenstandes. Die in diesem Datensatz enthaltenen Angaben (nicht die Angaben in der Schutzschrift) sind maßgeblich für das spätere Auffinden in dem Register; sie dienen als Grundlage für die Suchfunktion. Sie sollten deshalb mit großer Sorgfalt und vor allem bzgl. des potentiellen Antragstellers unter Berücksichtigung aller denkbaren Möglichkeiten erstellt werden, zumal eine Berichtigung einer in das Register eingestellten Schutzschrift nach § 3 Abs. 3 S. 2 SRV nicht möglich ist. Das Schutzschriftendokument selbst oder der gesamte OSCI-Nachrichtencontainer muss nach § 2 Abs. 4 SRV mit einer **qualifizierten elektronischen Signatur** der verantwortenden Person versehen werden, es sei denn, es wird ein sicherer Übermittlungsweg gem. § 2 Abs. 5 SRV gewählt. Weitere Einzelheiten und Hilfestellungen zu den einzureichenden Dokumenten und Datensätzen finden sich auf der obengenannten Internetseite.

11 Die Schutzschrift einschließlich des einheitlich strukturierten Datensatzes können unmittelbar an das EGVP-Postfach oder des DE-Mail Postfachs des zentralen Schutzschriftenregisters **adressiert** werden. Es besteht ferner die Möglichkeit, mit Hilfe des auf der Seite www.zssr.justiz.de abrufbaren Online-Formulars die Schutzschrift einzureichen.

III. Einstellen

12 Eine übermittelte Schutzschrift ist gem. § 3 Abs. 1 SRV **unverzüglich,** dh sofort[31] nach ihrer ordnungsmäßen Einreichung zum elektronischen Abruf und Ausdruck in das Register einzustellen. Die Prüfung der ordnungsgemäßen Einreichung erfolgt automatisch. Sie betrifft die Formalien, nicht die inhaltliche Richtigkeit der Angaben. Eingestellt ist die Schutzschrift laut der Legaldefinition des § 3 Abs. 2 SRV, wenn sie auf der für den Abruf bestimmten Einrichtung des Registers elektronisch gespeichert und für die Gerichte der Länder abrufbar ist. Der Absender erhält eine automatisiert erstellte Bestätigung über den Zeitpunkt der Einstellung, § 3 Abs. 4 SRV. Ab Einstellung der Schutzschrift in das elektronische Schutzschriftenregister gilt die Schutzschrift als bei allen ordentlichen Gerichten eingereicht, § 945a Abs. 2.

IV. Abruf und Suche

13 § 945a Abs. 3 S. 1 sieht vor, dass **(nur)** die **Gerichte** Zugriff auf das Register über ein automatisiertes Abrufverfahren erhalten. In Konkretisierung dessen definiert § 4 SRV in seinem Absatz 1 jede Suchanfrage bei dem Register als Abruf und die Absätze 2 und 3 legen fest, dass der Abruf nur den zuständigen (Zivil-)Gerichten der Länder in elektronischer Form zur Nutzung in einem **anhängigen Verfahren** gestattet ist. Der Abruf kann sowohl durch die zuständige Geschäftsstelle als auch durch die zuständigen Richter erfolgen. Die Berechtigten erhalten eine Benutzerkennung und ein Passwort, die bei jedem Abruf überprüft werden, § 4 Abs. 2, 3 SRV. Es ist stets die Parteibezeichnung und ggf. das Aktenzeichen anzugeben. Ein allgemeiner, anlassloser Abruf ist nicht gestattet.

14 Die **Suchfunktion** des Registers ermöglicht laut § 1 Abs. 2, 3 SRV die Suche nach der Bezeichnung der Parteien sowie auf der Grundlage des hiernach ermittelten Suchergebnisses eine einschränkende Suche nach Angabe des Gegenstandes und des Zeitraums der Einreichung. Ähnliche Ergebnisse und etwaige Eingabefehler und ungenaue Parteibezeichnungen sollen von der Suchfunktion toleriert werden. Auf welche Art und Weise dies sichergestellt wird, ist in der SRV nicht geregelt. Es ist dem Betreiber des Registers überlassen.

---

[29] BT-Drs. 18/6380, 11.
[30] Die SRV v. 24.11.2015 (BGBl. I S. 2135) ist auf § 945b gestützt und seit dem 1.1.2016 in Kraft. Eingehende Darstellung der SRV bei *Bacher* MDR 2015, 1329; *Schlingloff* WRP 2016, 301.
[31] *Bacher* MDR 2015, 1329; *Schlingloff* WRP 2016, 301.

Wann der Zugriff auf das bzw. der **Abruf** in dem Schutzschriftenregister zu erfolgen hat, ist weder 15 in § 945a noch in der SRV geregelt. Streng genommen findet sich nicht einmal die Vorgabe, dass die Gerichte einen Abruf zwingend vornehmen müssen. Das **„Ob"** steht jedoch angesichts Art. 103 GG sowie des Sinn und Zwecks des § 945a außer Frage. Die Gerichte – auch das Beschwerdegericht[32] – sind verpflichtet, das elektronische Schutzschriftenregister zu nutzen. Da das Einstellen in das Register keine Nachteile im Verhältnis zur individuell eingereichten Schutzschrift in Papierform mit sich bringen soll, bietet es sich an, die für diese etablierte Handhabung auf das elektronische Register zu übertragen. Um sicherzustellen, dass eine eingestellte Schutzschrift tatsächlich aufgefunden und berücksichtigt wird, sollten die Geschäftsstelle (oder der Richter) bei Eingang eines Antrages auf Erlass einer einstweiligen Verfügung[33] einen Abruf im Schutzschriftenregister durchführen und diesen – sofern ein beachtlicher Zeitraum verstrichen ist – unmittelbar vor Erlass der Entscheidung wiederholen.[34] Dies gilt auch dann, wenn der Antrag bereits aus sich heraus zurückzuweisen ist, zB weil das Vorbringen des Antragstellers unschlüssig ist.[35] Dann ist das vorbeugende Verteidigungsmittel zwar an sich nicht mehr notwendig. Die fehlende Notwendigkeit ändert jedoch nichts am verfassungsrechtlichen Gebot, rechtliches Gehör zu gewähren. Dieses Recht einer Partei gilt unbeeindruckt von den Erfolgsaussichten ihres Angriffs und/oder ihrer Verteidigung. Der (erneute) Abruf kann auch nicht deshalb unterbleiben, weil nicht oder mündliche Verhandlung über den Antrag entschieden werden soll. In diesem Fall ist die Schutzschrift als (vorbeugende) Verteidigungsschrift vielmehr dem Antragsteller mit der Gelegenheit zur Stellungnahme zu übermitteln bzw. zuzustellen. So können die in der Schutzschrift aufgeführten Einwände sofort vom Antragsteller beantworten werden bevor der Antragsgegner umfassend erwidern kann.

V. Dokumentation

Da § 945a Abs. 3 S. 2, 3 zwecks Datenschutz die beschränkte Verwendung der Daten auf das für 16 die Erfüllung der gesetzlichen Aufgaben Erforderliche und eine Protokollierungspflicht für jeden Abrufvorgang vorsieht, normiert § 5 SRV verschiedene **Dokumentationspflichten.** Nach § 5 Abs. 1 SRV ist jeder Abruf unter Angabe des Gerichts und ggf. des Aktenzeichens, der Suchbegriffe, des Abrufzeitpunkts, des Ergebnisses der Suchanfrage und der übermittelten Daten elektronisch zu protokollieren. Das **Protokoll** wird elektronisch an das abrufende Gericht übersandt. Das Protokoll soll zur Gerichtsakte genommen werden, so dass die Verfahrensbeteiligten die Einhaltung der datenschutzrechtlichen Vorgaben prüfen können.[36] Darüber hinaus werden gem. § 5 Abs. 2 SRV das abrufende Gericht im Schutzschriftenregister gespeichert, wenn der Abruf zum Auffinden einer Schutzschrift (Anzeige in einer Trefferliste) geführt hat. Diese **Speicherung** ermöglicht ua einem später angerufenen Gericht festzustellen, ob bereits zuvor anderenorts ein Antrag auf Erlass einer einstweiligen Verfügung eingegangen ist, der im Zusammenhang mit der – nunmehr erneut relevanten – Schutzschrift steht. Dies kann für Fälle, in denen „Forum Shopping"[37] betrieben wird, in Bezug auf die Dringlichkeit von Bedeutung sein.[38] Findet das Gericht eine Schutzschrift auf, die es für sachlich einschlägig hält, wird dies manuell im Register gekennzeichnet. Drei Monate nach dieser Kennzeichnung erhält der Absender eine automatisiert erstellte **Mitteilung,** § 5 Abs. 3 SRV. Diese zeitliche Verzögerung soll gewährleisten, dass auch weiterhin einstweilige Verfügungen mit „Überraschungseffekt" möglich sind und der Antragsgegner die Vollziehung nicht vereiteln oder erschweren kann.

VI. Löschung

§ 945a Abs. 2 S. 2 bestimmt eine Löschungsfrist von **sechs Monaten** nach Einstellen der Schutz- 17 schrift in das Schutzschriftenregister. Dieser Zeitraum ist angelehnt an die bisherige Praxis bzgl. Schutzschriften in Papierform und getragen von dem Gedanken, dass Schutzschriften ein aktueller Anlass vorausgeht. Jede Schutzschrift ist zu löschen, unabhängig davon, ob sie aufgefunden, als sachlich einschlägig gekennzeichnet und/oder bei der Entscheidung des Gerichts letztlich berücksichtigt worden ist. Der nach § 2 Abs. 1 SRV einzureichende einheitlich strukturierte Datensatz und die nach § 5 Abs. 2 SRV zu speichernden Daten über die abgerufenen Schutzschriften sind gem. § 6 Abs. 1 S. 1 SRV nach **weiteren drei Monaten** zu löschen. **Unverzüglich** zu löschen ist eine Schutzschrift bzw. die genannten Daten, wenn der Absender dies beantragt oder wenn die Einstellung unzulässig war, § 6 Abs. 2, 3 SRV.

---

[32] *Dötsch* MDR 2016, 495.
[33] BT-Drs. 17/12634, 36.
[34] *Dötsch* MDR 2016, 495; *Schlingloff* WRP 2016, 301; *Schwippert* MarkenR 2014, 6.
[35] *Bacher* MDR 2015, 1329; *Schlingloff* WRP 2016, 301.
[36] BR-Drs. 328/15 (neu), 11.
[37] Vgl. → § 940 Rn. 28 ff.
[38] BR-Drs. 328/15 (neu), 11.

VII. Gebühren

18 Derjenige, der eine Schutzschrift einreicht, schuldet gem. § 1 Nr. 5a JVKostG für das Einstellen dieser in das Schutzschriftenregister eine Gebühr. Diese beträgt nach Nr. 1160 des Gebührenverzeichnisses 83,00 EUR. Sie fällt mehrfach an, wenn eine an sich einheitliche Schutzschrift in mehreren Einzeldoku mental aufgeteilt und übermittelt wird.[39] Die Gebühr setzt nicht voraus, dass es sich bei dem eingestellten Dokument um einen Schriftsatz handelt, der inhaltlich den Anforderungen einer Schutzschrift genügt.[40]

§ 945b Verordnungsermächtigung

Das Bundesministerium der Justiz und für Verbraucherschutz hat durch Rechtsverordnung mit Zustimmung des Bundesrates die näheren Bestimmungen über die Einrichtung und Führung des Registers, über die Einreichung von Schutzschriften zum Register, über den Abruf von Schutzschriften aus dem Register sowie über die Einzelheiten der Datenübermittlung und -speicherung sowie der Datensicherheit und der Barrierefreiheit zu treffen.

1 § 945b wurde mit dem Gesetz zur Förderung des elektronischen Rechtsverkehrs mit Gerichten v. 10.10.2013[1] eingeführt. Er trat am 1.7.2014 in Kraft. Von der in ihm enthaltenen Ermächtigung zum Erlass einer Rechtsverordnung hat der Gesetzgeber mit Verordnung über das elektronische Schutzschriftenregister (Schutzschriftenregisterverordnung – SRV)[2] Gebrauch gemacht. Zu den Einzelheiten der SRV, die seit dem 1.1.2016 in Kraft ist, vgl. → § 945a Rn. 9 ff.

Abschnitt 6. Grenzüberschreitende vorläufige Kontenpfändung

Titel 1. Erlass des Beschlusses zur vorläufigen Kontenpfändung

§ 946 Zuständigkeit

(1) ¹Für den Erlass des Beschlusses zur vorläufigen Kontenpfändung nach der Verordnung (EU) Nr. 655/2014 des Europäischen Parlaments und des Rates vom 15. Mai 2014 zur Einführung eines Verfahrens für einen Europäischen Beschluss zur vorläufigen Kontenpfändung im Hinblick auf die Erleichterung der grenzüberschreitenden Eintreibung von Forderungen in Zivil- und Handelssachen (ABl. L 189 vom 27.6.2014, S. 59) ist das Gericht der Hauptsache zuständig. ² Die §§ 943 und 944 gelten entsprechend.

(2) Hat der Gläubiger bereits eine öffentliche Urkunde (Artikel 4 Nummer 10 der Verordnung (EU) Nr. 655/2014) erwirkt, in der der Schuldner verpflichtet wird, die Forderung zu erfüllen, ist das Gericht zuständig, in dessen Bezirk die Urkunde errichtet worden ist.

§ 947 Verfahren

(1) ¹Der Gläubiger kann sich in dem Verfahren auf Erlass des Beschlusses zur vorläufigen Kontenpfändung aller Beweismittel sowie der Versicherung an Eides statt bedienen. ² Nur eine Beweisaufnahme, die sofort erfolgen kann, ist statthaft.

(2) ¹Das Gericht darf die ihm nach Artikel 14 Absatz 6 der Verordnung (EU) Nr. 655/2014 übermittelten Kontoinformationen für die Zwecke des jeweiligen Verfahrens auf Erlass eines Beschlusses zur vorläufigen Kontenpfändung speichern, übermitteln und nutzen. ² Soweit übermittelte Kontoinformationen für den Erlass des Beschlusses zur vorläufigen Kontenpfändung nicht erforderlich sind, sind sie unverzüglich zu löschen oder ist deren Verarbeitung einzuschränken. 3Die Löschung ist zu protokollieren. 4 § 802d Absatz 1 Satz 3 gilt entsprechend.

§ 948 Ersuchen um Einholung von Kontoinformationen

(1) Zuständige Auskunftsbehörde gemäß Artikel 14 der Verordnung (EU) Nr. 655/2014 für die Einholung von Kontoinformationen ist das Bundesamt für Justiz.

(2) Zum Zweck der Einholung von Kontoinformationen nach Artikel 14 der Verordnung (EU) Nr. 655/2014 darf das Bundesamt für Justiz das Bundeszentralamt für Steuern ersuchen, bei den Kreditinstituten die in § 93b Absatz 1 der Abgabenordnung bezeichneten Daten abzurufen (§ 93 Absatz 8 der Abgabenordnung).

(3) ¹Das Bundesamt für Justiz protokolliert die eingehenden Ersuchen um Einholung von Kontoinformationen gemäß Artikel 14 der Verordnung (EU) Nr. 655/2014. ² Zu protokollieren sind ebenfalls die Bezeichnung der ersuchenden Stelle eines anderen Mitgliedstaates der Europäischen Union, der Abruf der in § 93b Absatz 1 der Abgabenordnung bezeichneten Daten und der Zeitpunkt des Eingangs dieser Daten sowie die Weiterleitung der eingegangenen Daten an die ersuchende Stelle. ³ Das Bundesamt für Justiz löscht den Inhalt der eingeholten Kontoinformationen unverzüglich nach deren Übermittlung an die ersuchende Stelle; die Löschung ist zu protokollieren.

---

[39] OLG Frankfurt a. M. NJW 2022, 881.
[40] OLG Frankfurt a. M. NJW 2022, 881.
[1] BGBl. I S. 3786.
[2] SRV v. 24.11.2015, BGBl. I S. 2135.

§ 949 Nicht rechtzeitige Einleitung des Hauptsacheverfahrens

(1) Ein im Inland erlassener Beschluss zur vorläufigen Kontenpfändung wird nach Artikel 10 Absatz 2 Unterabsatz 1 der Verordnung (EU) Nr. 655/2014 durch Beschluss widerrufen.

(2) ¹ Zuständige Stelle, an die gemäß Artikel 10 Absatz 2 Unterabsatz 3 der Verordnung (EU) Nr. 655/2014 das Widerrufsformblatt zu übermitteln ist, ist das Amtsgericht, in dessen Bezirk das Vollstreckungsverfahren stattfinden soll oder stattgefunden hat. ² Ist ein in einem anderen Mitgliedstaat der Europäischen Union erlassener Beschluss zur vorläufigen Kontenpfändung im Inland zu vollziehen, hat das Amtsgericht nach Satz 1 den Beschluss, durch den das Gericht den Beschluss zur vorläufigen Kontenpfändung widerrufen hat, der Bank im Sinne des Artikels 4 Nummer 2 der Verordnung (EU) Nr. 655/2014 zuzustellen.

Titel 2. Vollziehung des Beschlusses zur vorläufigen Kontenpfändung

§ 950 Anwendbare Vorschriften

Auf die Vollziehung des Beschlusses zur vorläufigen Kontenpfändung sind die Vorschriften des Achten Buchs über die Zwangsvollstreckung sowie § 930 Absatz 1 Satz 2 entsprechend anzuwenden, soweit die Verordnung (EU) Nr. 655/2014 und die §§ 951 bis 957 keine abweichenden Vorschriften enthalten.

§ 951 Vollziehung von im Inland erlassenen Beschlüssen

(1) ¹ Ist ein im Inland erlassener Beschluss zur vorläufigen Kontenpfändung im Inland zu vollziehen, hat der Gläubiger, der seinen Wohnsitz in einem anderen Mitgliedstaat der Europäischen Union hat, den Beschluss der Bank zustellen zu lassen. ² Ist der Beschluss in einem anderen Mitgliedstaat der Europäischen Union zu vollziehen, hat der Gläubiger die Zustellung gemäß Artikel 23 Absatz 3 Unterabsatz 1 der Verordnung (EU) Nr. 655/2014 an die Bank zu veranlassen.

(2) ¹ Das Gericht, das den Beschluss erlassen hat, lässt den Beschluss dem Schuldner zum Beschluss nach Artikel 28 der Verordnung (EU) Nr. 655/2014 zustellen; diese Zustellung gilt als Zustellung auf Betreiben des Gläubigers (§ 191). ² Eine Übersetzung oder Transliteration, die nach Artikel 28 Absatz 5 in Verbindung mit Artikel 49 Absatz 1 der Verordnung (EU) Nr. 655/2014 erforderlich ist, hat der Gläubiger bereitzustellen.

§ 952 Vollziehung von in einem anderen Mitgliedstaat erlassenen Beschlüssen

(1) Zuständige Stelle ist
1. in den in Artikel 23 Absatz 3, 5 und 6, Artikel 25 Absatz 3 und Artikel 27 Absatz 2 der Verordnung (EU) Nr. 655/2014 bezeichneten Fällen das Amtsgericht, in dessen Bezirk das Vollstreckungsverfahren stattfinden soll oder stattgefunden hat,
2. in den in Artikel 28 Absatz 3 der Verordnung (EU) Nr. 655/2014 bezeichneten Fällen das Amtsgericht, in dessen Bezirk der Schuldner seinen Wohnsitz hat.

(2) Das nach Absatz 1 Nummer 1 zuständige Amtsgericht hat
1. in den in Artikel 23 Absatz 3 der Verordnung (EU) Nr. 655/2014 bezeichneten Fällen der Bank den Beschluss zur vorläufigen Kontenpfändung zuzustellen,
2. in den in Artikel 27 Absatz 2 der Verordnung (EU) Nr. 655/2014 bezeichneten Fällen der Bank die Freigabeerklärung des Gläubigers zuzustellen.

Titel 3. Rechtsbehelfe

§ 953 Rechtsbehelfe des Gläubigers

(1) Gegen die Ablehnung des Antrags auf Erlass eines Beschlusses zur vorläufigen Kontenpfändung und gegen den Widerruf des Beschlusses zur vorläufigen Kontenpfändung (§ 949 Absatz 1), soweit sie durch das Gericht des ersten Rechtszuges erfolgt sind, findet die sofortige Beschwerde statt.

(2) ¹ Die in Artikel 21 Absatz 2 Satz 1 der Verordnung (EU) Nr. 655/2014 bezeichnete Frist von 30 Tagen für die Einlegung des Rechtsbehelfs beginnt mit der Zustellung der Entscheidung an den Gläubiger. ² Dies gilt auch in den Fällen des § 321a Absatz 2 für die Ablehnung des Antrags auf Erlass des Beschlusses durch das Berufungsgericht.

(3) Die sofortige Beschwerde gegen den Widerruf des Beschlusses zur vorläufigen Kontenpfändung ist innerhalb einer Notfrist von einem Monat ab Zustellung einzulegen.

§ 954 Rechtsbehelfe nach den Artikeln 33 bis 35 der Verordnung (EU) Nr. 655/2014

(1) ¹ Über den Rechtsbehelf des Schuldners gegen einen im Inland erlassenen Beschluss zur vorläufigen Kontenpfändung nach Artikel 33 Absatz 1 der Verordnung (EU) Nr. 655/2014 (Widerspruch) entscheidet das Gericht, das den Beschluss erlassen hat. ² Die Entscheidung ergeht durch Beschluss. ³ Die Sätze 1 und 2 gelten entsprechend für den Widerspruch des Schuldners gemäß Artikel 33 Absatz 2 der Verordnung (EU) Nr. 655/2014 gegen die Entscheidung nach Artikel 12 der Verordnung (EU) Nr. 655/2014.

(2) ¹ Über den Rechtsbehelf des Schuldners wegen Einwendungen gegen die Vollziehung eines Beschlusses zur vorläufigen Kontenpfändung im Inland nach Artikel 34 der Verordnung (EU) Nr. 655/2014 entscheidet das Vollstreckungsgericht (§ 764 Absatz 2). ² Für den Antrag nach Artikel 34 Absatz 1 Buchstabe a der Verordnung (EU) Nr. 655/2014 gelten § 906 Absatz 1 Satz 2, Absatz 2 und § 907 entsprechend.

(3) ¹ Über Rechtsbehelfe, die nach Artikel 35 Absatz 3 und 4 der Verordnung (EU) Nr. 655/2014 im Vollstreckungsmitgliedstaat eingelegt werden, entscheidet ebenfalls das Vollstreckungsgericht. ² Sofern nach Artikel 35 der Verordnung (EU) Nr. 655/2014 das Gericht zuständig ist, das den Beschluss zur vorläufigen Kontenpfändung erlassen hat, ergeht die Entscheidung durch Beschluss.

(4) ¹ Zuständige Stelle ist in den Fällen des Artikels 36 Absatz 5 Unterabsatz 2 der Verordnung (EU) Nr. 655/2014 das Amtsgericht, in dessen Bezirk das Vollstreckungsverfahren stattfinden soll oder stattgefunden hat. ² Dieses hat den Beschluss der Bank zuzustellen.

§ 955 Sicherheitsleistung nach Artikel 38 der Verordnung (EU) Nr. 655/2014

[1] Für die Entscheidung über Anträge des Schuldners auf Beendigung der Vollstreckung wegen erbrachter Sicherheitsleistung nach Artikel 38 Absatz 1 Buchstabe b der Verordnung (EU) Nr. 655/2014 ist das Vollstreckungsgericht zuständig. [2] Die Entscheidung nach Artikel 38 Absatz 1 der Verordnung (EU) Nr. 655/2014 ergeht durch Beschluss.

§ 956 Rechtsmittel gegen die Entscheidungen nach § 954 Absatz 1 bis 3 und § 955

(1) [1] Gegen die Entscheidungen des Vollstreckungsgerichts nach § 954 Absatz 2 und 3 Satz 1 sowie nach § 955 Satz 1 findet die sofortige Beschwerde statt. [2] Dies gilt auch für Entscheidungen des Gerichts des ersten Rechtszugs in den Fällen des § 954 Absatz 1 und 3 Satz 2 sowie des § 955 Satz 2.

(2) Die sofortige Beschwerde ist innerhalb einer Notfrist von einem Monat ab Zustellung der Entscheidung einzulegen.

§ 957 Ausschluss der Rechtsbeschwerde

In Verfahren zur grenzüberschreitenden vorläufigen Kontenpfändung nach der Verordnung (EU) Nr. 655/2014 findet die Rechtsbeschwerde nicht statt.

Titel 4. Schadensersatz; Verordnungsermächtigung

§ 958 Schadensersatz

[1] Erweist sich die Anordnung eines Beschlusses zur vorläufigen Kontenpfändung, der im Inland vollzogen worden ist, als von Anfang an ungerechtfertigt, so ist der Gläubiger verpflichtet, dem Schuldner den Schaden zu ersetzen, der ihm aus der Vollziehung des Beschlusses oder dadurch entsteht, dass er Sicherheit leistet, um die Freigabe der vorläufig gepfändeten Gelder oder die Beendigung der Vollstreckung zu erwirken. [2] Im Übrigen richtet sich die Haftung des Gläubigers gegenüber dem Schuldner nach Artikel 13 Absatz 1 und 2 der Verordnung (EU) Nr. 655/2014.

§ 959 Verordnungsermächtigung

(1) Die Landesregierungen können die Aufgaben nach Artikel 10 Absatz 2, Artikel 23 Absatz 3, 5 und 6, Artikel 25 Absatz 3, Artikel 27 Absatz 2, Artikel 28 Absatz 3 sowie Artikel 36 Absatz 5 Unterabsatz 2 und 3 der Verordnung (EU) Nr. 655/2014 einem Amtsgericht für die Bezirke mehrerer Amtsgerichte durch Rechtsverordnung zuweisen.

(2) Die Landesregierungen können die Ermächtigung nach Absatz 1 durch Rechtsverordnung einer obersten Landesbehörde übertragen.

Buch 9. (aufgehoben)

§§ 960–1024 (aufgehoben)

Buch 10. Schiedsrichterliches Verfahren

Abschnitt 1. Allgemeine Vorschriften

§ 1025 Anwendungsbereich

(1) Die Vorschriften dieses Buches sind anzuwenden, wenn der Ort des schiedsrichterlichen Verfahrens im Sinne des § 1043 Abs. 1 in Deutschland liegt.

(2) Die Bestimmungen der §§ 1032, 1033 und 1050 sind auch dann anzuwenden, wenn der Ort des schiedsrichterlichen Verfahrens im Ausland liegt oder noch nicht bestimmt ist.

(3) Solange der Ort des schiedsrichterlichen Verfahrens noch nicht bestimmt ist, sind die deutschen Gerichte für die Ausübung der in den §§ 1034, 1035, 1037 und 1038 bezeichneten gerichtlichen Aufgaben zuständig, wenn der Beklagte oder der Kläger seinen Sitz oder seinen gewöhnlichen Aufenthalt in Deutschland hat.

(4) Für die Anerkennung und Vollstreckung ausländischer Schiedssprüche gelten die §§ 1061 bis 1065.

§ 1026 Umfang gerichtlicher Tätigkeit

Ein Gericht darf in den in den §§ 1025 bis 1061 geregelten Angelegenheiten nur tätig werden, soweit dieses Buch es vorsieht.

§ 1027 Verlust des Rügerechts

[1] Ist einer Bestimmung dieses Buches, von der die Parteien abweichen können, oder einem vereinbarten Erfordernis des schiedsrichterlichen Verfahrens nicht entsprochen worden, so kann eine Partei, die den Mangel nicht unverzüglich oder innerhalb einer dafür vorgesehenen Frist rügt, diesen später nicht mehr geltend machen. [2] Dies gilt nicht, wenn der Partei der Mangel nicht bekannt war.

§ 1028 Empfang schriftlicher Mitteilungen bei unbekanntem Aufenthalt

(1) Ist der Aufenthalt einer Partei oder einer zur Entgegennahme berechtigten Person unbekannt, gelten, sofern die Parteien nichts anderes vereinbart haben, schriftliche Mitteilungen an dem Tag als empfangen, an dem sie bei ordnungsgemäßer Übermittlung durch Einschreiben gegen Rückschein oder auf eine andere Weise, welche den Zugang an der letztbekannten Postanschrift oder Niederlassung oder dem letztbekannten gewöhnlichen Aufenthalt des Adressaten belegt, dort hätten empfangen werden können.

(2) Absatz 1 ist auf Mitteilungen in gerichtlichen Verfahren nicht anzuwenden.

Abschnitt 2. Schiedsvereinbarung

§ 1029 Begriffsbestimmung

(1) Schiedsvereinbarung ist eine Vereinbarung der Parteien, alle oder einzelne Streitigkeiten, die zwischen ihnen in Bezug auf ein bestimmtes Rechtsverhältnis vertraglicher oder nichtvertraglicher Art entstanden sind oder künftig entstehen, der Entscheidung durch ein Schiedsgericht zu unterwerfen.

(2) Eine Schiedsvereinbarung kann in Form einer selbständigen Vereinbarung (Schiedsabrede) oder in Form einer Klausel in einem Vertrag (Schiedsklausel) geschlossen werden.

§ 1030 Schiedsfähigkeit

(1) [1] Jeder vermögensrechtliche Anspruch kann Gegenstand einer Schiedsvereinbarung sein. [2] Eine Schiedsvereinbarung über nichtvermögensrechtliche Ansprüche hat insoweit rechtliche Wirkung, als die Parteien berechtigt sind, über den Gegenstand des Streites einen Vergleich zu schließen.

(2) [1] Eine Schiedsvereinbarung über Rechtsstreitigkeiten, die den Bestand eines Mietverhältnisses über Wohnraum im Inland betreffen, ist unwirksam. [2] Dies gilt nicht, soweit es sich um Wohnraum der in § 549 Abs. 2 Nr. 1 bis 3 des Bürgerlichen Gesetzbuchs bestimmten Art handelt.

(3) Gesetzliche Vorschriften außerhalb dieses Buches, nach denen Streitigkeiten einem schiedsrichterlichen Verfahren nicht oder nur unter bestimmten Voraussetzungen unterworfen werden dürfen, bleiben unberührt.

§ 1031 Form der Schiedsvereinbarung

(1) Die Schiedsvereinbarung muss entweder in einem von den Parteien unterzeichneten Dokument oder in zwischen ihnen gewechselten Schreiben, Fernkopien, Telegrammen oder anderen Formen der Nachrichtenübermittlung, die einen Nachweis der Vereinbarung sicherstellen, enthalten sein.

(2) Die Form des Absatzes 1 gilt auch dann als erfüllt, wenn die Schiedsvereinbarung in einem von der einen Partei der anderen Partei oder von einem Dritten beiden Parteien übermittelten Dokument enthalten ist und der Inhalt des Dokuments im Falle eines nicht rechtzeitig erfolgten Widerspruchs nach der Verkehrssitte als Vertragsinhalt angesehen wird.

(3) Nimmt ein den Formerfordernissen des Absatzes 1 oder 2 entsprechender Vertrag auf ein Dokument Bezug, das eine Schiedsklausel enthält, so begründet dies eine Schiedsvereinbarung, wenn die Bezugnahme dergestalt ist, dass sie diese Klausel zu einem Bestandteil des Vertrages macht.

(4) (weggefallen)

(5) [1] Schiedsvereinbarungen, an denen ein Verbraucher beteiligt ist, müssen in einer von den Parteien eigenhändig unterzeichneten Urkunde enthalten sein. [2] Die schriftliche Form nach Satz 1 kann durch die elektronische Form nach

§ 126a des Bürgerlichen Gesetzbuchs ersetzt werden. ³ Andere Vereinbarungen als solche, die sich auf das schiedsrichterliche Verfahren beziehen, darf die Urkunde oder das elektronische Dokument nicht enthalten; dies gilt nicht bei notarieller Beurkundung.

(6) Der Mangel der Form wird durch die Einlassung auf die schiedsgerichtliche Verhandlung zur Hauptsache geheilt.

§ 1032 Schiedsvereinbarung und Klage vor Gericht

(1) Wird vor einem Gericht Klage in einer Angelegenheit erhoben, die Gegenstand einer Schiedsvereinbarung ist, so hat das Gericht die Klage als unzulässig abzuweisen, sofern der Beklagte dies vor Beginn der mündlichen Verhandlung zur Hauptsache rügt, es sei denn, das Gericht stellt fest, dass die Schiedsvereinbarung nichtig, unwirksam oder undurchführbar ist.

(2) Bei Gericht kann bis zur Bildung des Schiedsgerichts Antrag auf Feststellung der Zulässigkeit oder Unzulässigkeit eines schiedsrichterlichen Verfahrens gestellt werden.

(3) Ist ein Verfahren im Sinne des Absatzes 1 oder 2 anhängig, kann ein schiedsrichterliches Verfahren gleichwohl eingeleitet oder fortgesetzt werden und ein Schiedsspruch ergehen.

§ 1033 Schiedsvereinbarung und einstweilige gerichtliche Maßnahmen

Eine Schiedsvereinbarung schließt nicht aus, dass ein Gericht vor oder nach Beginn des schiedsrichterlichen Verfahrens auf Antrag einer Partei eine vorläufige oder sichernde Maßnahme in Bezug auf den Streitgegenstand des schiedsrichterlichen Verfahrens anordnet.

Abschnitt 3. Bildung des Schiedsgerichts

§ 1034 Zusammensetzung des Schiedsgerichts

(1) ¹ Die Parteien können die Anzahl der Schiedsrichter vereinbaren. ² Fehlt eine solche Vereinbarung, so ist die Zahl der Schiedsrichter drei.

(2) ¹ Gibt die Schiedsvereinbarung einer Partei bei der Zusammensetzung des Schiedsgerichts ein Übergewicht, das die andere Partei benachteiligt, so kann diese Partei bei Gericht beantragen, den oder die Schiedsrichter abweichend von der erfolgten Ernennung oder der vereinbarten Ernennungsregelung zu bestellen. ² Der Antrag ist spätestens bis zum Ablauf von zwei Wochen, nachdem der Partei die Zusammensetzung des Schiedsgerichts bekannt geworden ist, zu stellen. ³ § 1032 Abs. 3 gilt entsprechend.

§ 1035 Bestellung der Schiedsrichter

(1) Die Parteien können das Verfahren zur Bestellung des Schiedsrichters oder der Schiedsrichter vereinbaren.

(2) Sofern die Parteien nichts anderes vereinbart haben, ist eine Partei an die durch sie erfolgte Bestellung eines Schiedsrichters gebunden, sobald die andere Partei die Mitteilung über die Bestellung empfangen hat.

(3) ¹ Fehlt eine Vereinbarung der Parteien über die Bestellung der Schiedsrichter, wird ein Einzelschiedsrichter, wenn die Parteien sich über seine Bestellung nicht einigen können, auf Antrag einer Partei durch das Gericht bestellt. ² In schiedsrichterlichen Verfahren mit drei Schiedsrichtern bestellt jede Partei einen Schiedsrichter; diese beiden Schiedsrichter bestellen den dritten Schiedsrichter, der als Vorsitzender des Schiedsgerichts tätig wird. ³ Hat eine Partei den Schiedsrichter nicht innerhalb eines Monats nach Empfang einer entsprechenden Aufforderung durch die andere Partei bestellt oder können sich die beiden Schiedsrichter nicht binnen eines Monats nach ihrer Bestellung über den dritten Schiedsrichter einigen, so ist der Schiedsrichter auf Antrag einer Partei durch das Gericht zu bestellen.

(4) Haben die Parteien ein Verfahren für die Bestellung vereinbart und handelt eine Partei nicht entsprechend diesem Verfahren oder können die Parteien oder die beiden Schiedsrichter eine Einigung entsprechend diesem Verfahren nicht erzielen oder erfüllt ein Dritter eine ihm nach diesem Verfahren übertragene Aufgabe nicht, so kann jede Partei bei Gericht die Anordnung der erforderlichen Maßnahmen beantragen, sofern das vereinbarte Bestellungsverfahren zur Sicherung der Bestellung nichts anderes vorsieht.

(5) ¹ Das Gericht hat bei der Bestellung eines Schiedsrichters alle nach der Parteivereinbarung für den Schiedsrichter vorgeschriebenen Voraussetzungen zu berücksichtigen und allen Gesichtspunkten Rechnung zu tragen, die die Bestellung eines unabhängigen und unparteiischen Schiedsrichters sicherstellen. ² Bei der Bestellung eines Einzelschiedsrichters oder eines dritten Schiedsrichters hat das Gericht auch die Zweckmäßigkeit der Bestellung eines Schiedsrichters mit einer anderen Staatsangehörigkeit als derjenigen der Parteien in Erwägung zu ziehen.

§ 1036 Ablehnung eines Schiedsrichters

(1) ¹ Eine Person, der ein Schiedsrichteramt angetragen wird, hat alle Umstände offen zu legen, die Zweifel an ihrer Unparteilichkeit oder Unabhängigkeit wecken können. ² Ein Schiedsrichter ist auch nach seiner Bestellung bis zum Ende des schiedsrichterlichen Verfahrens verpflichtet, solche Umstände den Parteien unverzüglich offen zu legen, wenn er sie ihnen nicht schon vorher mitgeteilt hat.

(2) ¹ Ein Schiedsrichter kann nur abgelehnt werden, wenn Umstände vorliegen, die berechtigte Zweifel an seiner Unparteilichkeit oder Unabhängigkeit aufkommen lassen, oder wenn er die zwischen den Parteien vereinbarten Voraussetzungen nicht erfüllt. ² Eine Partei kann einen Schiedsrichter, den sie bestellt oder an dessen Bestellung sie mitgewirkt hat, nur aus Gründen ablehnen, die ihr erst nach der Bestellung bekannt geworden sind.

§ 1037 Ablehnungsverfahren

(1) Die Parteien können vorbehaltlich des Absatzes 3 ein Verfahren für die Ablehnung eines Schiedsrichters vereinbaren.

(2) ¹ Fehlt eine solche Vereinbarung, so hat die Partei, die einen Schiedsrichter ablehnen will, innerhalb von zwei Wochen, nachdem ihr die Zusammensetzung des Schiedsgerichts oder ein Umstand im Sinne des § 1036 Abs. 2 bekannt geworden ist, dem Schiedsgericht schriftlich die Ablehnungsgründe darzulegen. ² Tritt der abgelehnte Schiedsrichter von seinem Amt nicht zurück oder stimmt die andere Partei der Ablehnung nicht zu, so entscheidet das Schiedsgericht über die Ablehnung.

(3) ¹ Bleibt die Ablehnung nach dem von den Parteien vereinbarten Verfahren oder nach dem in Absatz 2 vorgesehenen Verfahren erfolglos, so kann die ablehnende Partei innerhalb eines Monats, nachdem sie von der Entscheidung, mit der die

Ablehnung verweigert wurde, Kenntnis erlangt hat, bei Gericht eine Entscheidung über die Ablehnung beantragen; die Parteien können eine andere Frist vereinbaren. ²Während ein solcher Antrag anhängig ist, kann das Schiedsgericht einschließlich des abgelehnten Schiedsrichters das schiedsrichterliche Verfahren fortsetzen und einen Schiedsspruch erlassen.

§ 1038 Untätigkeit oder Unmöglichkeit der Aufgabenerfüllung

(1) ¹Ist ein Schiedsrichter rechtlich oder tatsächlich außerstande, seine Aufgaben zu erfüllen, oder kommt er aus anderen Gründen seinen Aufgaben in angemessener Frist nicht nach, so endet sein Amt, wenn er zurücktritt oder wenn die Parteien die Beendigung seines Amtes vereinbaren. ²Tritt der Schiedsrichter von seinem Amt nicht zurück oder können sich die Parteien über dessen Beendigung nicht einigen, kann jede Partei bei Gericht eine Entscheidung über die Beendigung des Amtes beantragen.

(2) Tritt ein Schiedsrichter in den Fällen des Absatzes 1 oder des § 1037 Abs. 2 zurück oder stimmt eine Partei der Beendigung des Schiedsrichteramtes zu, so bedeutet dies nicht die Anerkennung der in Absatz 1 oder § 1036 Abs. 2 genannten Rücktrittsgründe.

§ 1039 Bestellung eines Ersatzschiedsrichters

(1) ¹Endet das Amt eines Schiedsrichters nach den §§ 1037, 1038 oder wegen seines Rücktritts vom Amt aus einem anderen Grund oder wegen der Aufhebung seines Amtes durch Vereinbarung der Parteien, so ist ein Ersatzschiedsrichter zu bestellen. ²Die Bestellung erfolgt nach den Regeln, die auf die Bestellung des zu ersetzenden Schiedsrichters anzuwenden waren.

(2) Die Parteien können eine abweichende Vereinbarung treffen.

Abschnitt 4. Zuständigkeit des Schiedsgerichts

§ 1040 Befugnis des Schiedsgerichts zur Entscheidung über die eigene Zuständigkeit

(1) ¹Das Schiedsgericht kann über die eigene Zuständigkeit und im Zusammenhang hiermit über das Bestehen oder die Gültigkeit der Schiedsvereinbarung entscheiden. ²Hierbei ist eine Schiedsklausel als eine von den übrigen Vertragsbestimmungen unabhängige Vereinbarung zu behandeln.

(2) ¹Die Rüge der Unzuständigkeit des Schiedsgerichts ist spätestens mit der Klagebeantwortung vorzubringen. ²Von der Erhebung einer solchen Rüge ist eine Partei nicht dadurch ausgeschlossen, dass sie einen Schiedsrichter bestellt oder an der Bestellung eines Schiedsrichters mitgewirkt hat. ³Die Rüge, das Schiedsgericht überschreite seine Befugnisse, ist zu erheben, sobald die Angelegenheit, von der dies behauptet wird, im schiedsrichterlichen Verfahren zur Erörterung kommt. ⁴Das Schiedsgericht kann in beiden Fällen eine spätere Rüge zulassen, wenn die Partei die Verspätung genügend entschuldigt.

(3) ¹Hält das Schiedsgericht sich für zuständig, so entscheidet es über eine Rüge nach Absatz 2 in der Regel durch Zwischenentscheid. ²In diesem Fall kann jede Partei innerhalb eines Monats nach schriftlicher Mitteilung des Entscheids eine gerichtliche Entscheidung beantragen. ³Während ein solcher Antrag anhängig ist, kann das Schiedsgericht das schiedsrichterliche Verfahren fortsetzen und einen Schiedsspruch erlassen.

§ 1041 Maßnahmen des einstweiligen Rechtsschutzes

(1) ¹Haben die Parteien nichts anderes vereinbart, so kann das Schiedsgericht auf Antrag einer Partei vorläufige oder sichernde Maßnahmen anordnen, die es in Bezug auf den Streitgegenstand für erforderlich hält. ²Das Schiedsgericht kann von jeder Partei im Zusammenhang mit einer solchen Maßnahme angemessene Sicherheit verlangen.

(2) ¹Das Gericht kann auf Antrag einer Partei die Vollziehung einer Maßnahme nach Absatz 2 zulassen, sofern nicht schon eine entsprechende Maßnahme des einstweiligen Rechtsschutzes bei einem Gericht beantragt worden ist. ²Es kann die Anordnung abweichend fassen, wenn dies zur Vollziehung der Maßnahme notwendig ist.

(3) Auf Antrag kann das Gericht den Beschluss nach Absatz 2 aufheben oder ändern.

(4) ¹Erweist sich die Anordnung einer Maßnahme nach Absatz 1 als von Anfang an ungerechtfertigt, so ist die Partei, welche ihre Vollziehung erwirkt hat, verpflichtet, dem Gegner den Schaden zu ersetzen, der ihm aus der Vollziehung der Maßnahme oder dadurch entsteht, dass er Sicherheit leistet, um die Vollziehung abzuwenden. ²Der Anspruch kann im anhängigen schiedsrichterlichen Verfahren geltend gemacht werden.

Abschnitt 5. Durchführung des schiedsrichterlichen Verfahrens

§ 1042 Allgemeine Verfahrensregeln

(1) ¹Die Parteien sind gleich zu behandeln. ²Jeder Partei ist rechtliches Gehör zu gewähren.

(2) Rechtsanwälte dürfen als Bevollmächtigte nicht ausgeschlossen werden.

(3) Im Übrigen können die Parteien vorbehaltlich der zwingenden Vorschriften dieses Buches das Verfahren selbst oder durch Bezugnahme auf eine schiedsrichterliche Verfahrensordnung regeln.

(4) ¹Soweit eine Vereinbarung der Parteien nicht vorliegt und dieses Buch keine Regelung enthält, werden die Verfahrensregeln vom Schiedsgericht nach freiem Ermessen bestimmt. ²Das Schiedsgericht ist berechtigt, über die Zulässigkeit einer Beweiserhebung zu entscheiden, diese durchzuführen und das Ergebnis frei zu würdigen.

§ 1043 Ort des schiedsrichterlichen Verfahrens

(1) ¹Die Parteien können eine Vereinbarung über den Ort des schiedsrichterlichen Verfahrens treffen. ²Fehlt eine solche Vereinbarung, so wird der Ort des schiedsrichterlichen Verfahrens vom Schiedsgericht bestimmt. ³Dabei sind die Umstände des Falles einschließlich der Eignung des Ortes für die Parteien zu berücksichtigen.

(2) Haben die Parteien nichts anderes vereinbart, so kann das Schiedsgericht ungeachtet des Absatzes 1 an jedem ihm geeignet erscheinenden Ort zu einer mündlichen Verhandlung, zur Vernehmung von Zeugen, Sachverständigen oder der

Parteien, zur Beratung zwischen seinen Mitgliedern, zur Besichtigung von Sachen oder zur Einsichtnahme in Dokumente zusammentreten.

§ 1044 Beginn des schiedsrichterlichen Verfahrens

¹ Haben die Parteien nichts anderes vereinbart, so beginnt das schiedsrichterliche Verfahren über eine bestimmte Streitigkeit mit dem Tag, an dem der Beklagte den Antrag, die Streitigkeit einem Schiedsgericht vorzulegen, empfangen hat. ² Der Antrag muss die Bezeichnung der Parteien, die Angabe des Streitgegenstandes und einen Hinweis auf die Schiedsvereinbarung enthalten.

§ 1045 Verfahrenssprache

(1) ¹ Die Parteien können die Sprache oder die Sprachen, die im schiedsrichterlichen Verfahren zu verwenden sind, vereinbaren. ² Fehlt eine solche Vereinbarung, so bestimmt hierüber das Schiedsgericht. ³ Die Vereinbarung der Parteien oder die Bestimmung des Schiedsgerichts ist, sofern darin nichts anderes vorgesehen wird, für schriftliche Erklärungen einer Partei, mündliche Verhandlungen, Schiedssprüche, sonstige Entscheidungen und andere Mitteilungen des Schiedsgerichts maßgebend.

(2) Das Schiedsgericht kann anordnen, dass schriftliche Beweismittel mit einer Übersetzung in die Sprache oder die Sprachen versehen sein müssen, die zwischen den Parteien vereinbart oder vom Schiedsgericht bestimmt worden sind.

§ 1046 Klage und Klagebeantwortung

(1) ¹ Innerhalb der von den Parteien vereinbarten oder vom Schiedsgericht bestimmten Frist hat der Kläger seinen Anspruch und die Tatsachen, auf die sich dieser Anspruch stützt, darzulegen und der Beklagte hierzu Stellung zu nehmen. ² Die Parteien können dabei alle ihnen erheblich erscheinenden Dokumente vorlegen oder andere Beweismittel bezeichnen, derer sie sich bedienen wollen.

(2) Haben die Parteien nichts anderes vereinbart, so kann jede Partei im Laufe des schiedsrichterlichen Verfahrens ihre Klage oder ihre Angriffs- und Verteidigungsmittel ändern oder ergänzen, es sei denn, das Schiedsgericht lässt dies wegen Verspätung, die nicht genügend entschuldigt wird, nicht zu.

(3) Die Absätze 1 und 2 gelten für die Widerklage entsprechend.

§ 1047 Mündliche Verhandlung und schriftliches Verfahren

(1) ¹ Vorbehaltlich einer Vereinbarung der Parteien entscheidet das Schiedsgericht, ob mündlich verhandelt werden soll oder ob das Verfahren auf der Grundlage von Dokumenten und anderen Unterlagen durchzuführen ist. ² Haben die Parteien die mündliche Verhandlung nicht ausgeschlossen, hat das Schiedsgericht eine solche Verhandlung in einem geeigneten Abschnitt des Verfahrens durchzuführen, wenn eine Partei es beantragt.

(2) Die Parteien sind von jeder Verhandlung und jedem Zusammentreffen des Schiedsgerichts zu Zwecken der Beweisaufnahme rechtzeitig in Kenntnis zu setzen.

(3) Alle Schriftsätze, Dokumente und sonstigen Mitteilungen, die dem Schiedsgericht von einer Partei vorgelegt werden, sind der anderen Partei, Gutachten und andere schriftliche Beweismittel, auf die sich das Schiedsgericht bei seiner Entscheidung stützen kann, sind beiden Parteien zur Kenntnis zu bringen.

§ 1048 Säumnis einer Partei

(1) Versäumt es der Kläger, seine Klage nach § 1046 Abs. 1 einzureichen, so beendet das Schiedsgericht das Verfahren.

(2) Versäumt es der Beklagte, die Klage nach § 1046 Abs. 1 zu beantworten, so setzt das Schiedsgericht das Verfahren fort, ohne die Säumnis als solche als Zugeständnis der Behauptungen des Klägers zu behandeln.

(3) Versäumt es eine Partei, zu einer mündlichen Verhandlung zu erscheinen oder innerhalb einer festgelegten Frist ein Dokument zum Beweis vorzulegen, so kann das Schiedsgericht das Verfahren fortsetzen und den Schiedsspruch nach den vorliegenden Erkenntnissen erlassen.

(4) ¹ Wird die Säumnis nach Überzeugung des Schiedsgerichts genügend entschuldigt, bleibt sie außer Betracht. ² Im Übrigen können die Parteien über die Folgen der Säumnis etwas anderes vereinbaren.

§ 1049 Vom Schiedsgericht bestellter Sachverständiger

(1) ¹ Haben die Parteien nichts anderes vereinbart, so kann das Schiedsgericht einen oder mehrere Sachverständige zur Erstattung eines Gutachtens über bestimmte vom Schiedsgericht festzulegende Fragen bestellen. ² Es kann ferner eine Partei auffordern, dem Sachverständigen jede sachdienliche Auskunft zu erteilen oder alle für das Verfahren erheblichen Dokumente oder Sachen zur Besichtigung vorzulegen oder zugänglich zu machen.

(2) ¹ Haben die Parteien nichts anderes vereinbart, so hat der Sachverständige, wenn eine Partei dies beantragt oder das Schiedsgericht es für erforderlich hält, nach Erstattung seines schriftlichen oder mündlichen Gutachtens an einer mündlichen Verhandlung teilzunehmen. ² Bei der Verhandlung können die Parteien dem Sachverständigen Fragen stellen und eigene Sachverständige zu den streitigen Fragen aussagen lassen.

(3) Auf den vom Schiedsgericht bestellten Sachverständigen sind die §§ 1036, 1037 Abs. 1 und 2 entsprechend anzuwenden.

§ 1050 Gerichtliche Unterstützung bei der Beweisaufnahme und sonstige richterliche Handlungen

¹ Das Schiedsgericht oder eine Partei mit Zustimmung des Schiedsgerichts kann bei Gericht Unterstützung bei der Beweisaufnahme oder die Vornahme sonstiger richterlicher Handlungen, zu denen das Schiedsgericht nicht befugt ist, beantragen. ² Das Gericht erledigt den Antrag, sofern es ihn nicht für unzulässig hält, nach seinen für die Beweisaufnahme oder die sonstige richterliche Handlung geltenden Verfahrensvorschriften. ³ Die Schiedsrichter sind berechtigt, an einer gerichtlichen Beweisaufnahme teilzunehmen und Fragen zu stellen.

Abschnitt 6. Schiedsspruch und Beendigung des Verfahrens

§ 1051 Anwendbares Recht

(1) ¹Das Schiedsgericht hat die Streitigkeit in Übereinstimmung mit den Rechtsvorschriften zu entscheiden, die von den Parteien als auf den Inhalt des Rechtsstreits anwendbar bezeichnet worden sind. ²Die Bezeichnung des Rechts oder der Rechtsordnung eines bestimmten Staates ist, sofern die Parteien nicht ausdrücklich etwas anderes vereinbart haben, als unmittelbare Verweisung auf die Sachvorschriften dieses Staates und nicht auf sein Kollisionsrecht zu verstehen.

(2) Haben die Parteien die anzuwendenden Rechtsvorschriften nicht bestimmt, so hat das Schiedsgericht das Recht des Staates anzuwenden, mit dem der Gegenstand des Verfahrens die engsten Verbindungen aufweist.

(3) ¹Das Schiedsgericht hat nur dann nach Billigkeit zu entscheiden, wenn die Parteien es ausdrücklich dazu ermächtigt haben. ²Die Ermächtigung kann bis zur Entscheidung des Schiedsgerichts erteilt werden.

(4) In allen Fällen hat das Schiedsgericht in Übereinstimmung mit den Bestimmungen des Vertrages zu entscheiden und dabei bestehende Handelsbräuche zu berücksichtigen.

§ 1052 Entscheidung durch ein Schiedsrichterkollegium

(1) Haben die Parteien nichts anderes vereinbart, so ist in schiedsrichterlichen Verfahren mit mehr als einem Schiedsrichter jede Entscheidung des Schiedsgerichts mit Mehrheit der Stimmen aller Mitglieder zu treffen.

(2) ¹Verweigert ein Schiedsrichter die Teilnahme an einer Abstimmung, können die übrigen Schiedsrichter ohne ihn entscheiden, sofern die Parteien nichts anderes vereinbart haben. ²Die Absicht, ohne den verweigernden Schiedsrichter über den Schiedsspruch abzustimmen, ist den Parteien vorher mitzuteilen. ³Bei anderen Entscheidungen sind die Parteien von der Abstimmungsverweigerung nachträglich in Kenntnis zu setzen.

(3) Über einzelne Verfahrensfragen kann der vorsitzende Schiedsrichter allein entscheiden, wenn die Parteien oder die anderen Mitglieder des Schiedsgerichts ihn dazu ermächtigt haben.

§ 1053 Vergleich

(1) ¹Vergleichen sich die Parteien während des schiedsrichterlichen Verfahrens über die Streitigkeit, so beendet das Schiedsgericht das Verfahren. ²Auf Antrag der Parteien hält es den Vergleich in der Form eines Schiedsspruchs mit vereinbartem Wortlaut fest, sofern der Inhalt des Vergleichs nicht gegen die öffentliche Ordnung (ordre public) verstößt.

(2) ¹Ein Schiedsspruch mit vereinbartem Wortlaut ist gemäß § 1054 zu erlassen und muss angeben, dass es sich um einen Schiedsspruch handelt. ²Ein solcher Schiedsspruch hat dieselbe Wirkung wie jeder andere Schiedsspruch zur Sache.

(3) Soweit die Wirksamkeit von Erklärungen eine notarielle Beurkundung erfordert, wird diese bei einem Schiedsspruch mit vereinbartem Wortlaut durch die Aufnahme der Erklärungen der Parteien in den Schiedsspruch ersetzt.

(4) ¹Mit Zustimmung der Parteien kann ein Schiedsspruch mit vereinbartem Wortlaut auch von einem Notar, der seinen Amtssitz im Bezirk des nach § 1062 Abs. 1, 2 für die Vollstreckbarerklärung zuständigen Gerichts hat, für vollstreckbar erklärt werden. ²Der Notar lehnt die Vollstreckbarerklärung ab, wenn die Voraussetzungen des Absatzes 1 Satz 2 nicht vorliegen.

§ 1054 Form und Inhalt des Schiedsspruchs

(1) ¹Der Schiedsspruch ist schriftlich zu erlassen und durch den Schiedsrichter oder die Schiedsrichter zu unterschreiben. ²In schiedsrichterlichen Verfahren mit mehr als einem Schiedsrichter genügen die Unterschriften der Mehrheit aller Mitglieder des Schiedsgerichts, sofern der Grund für eine fehlende Unterschrift angegeben wird.

(2) Der Schiedsspruch ist zu begründen, es sei denn, die Parteien haben vereinbart, dass keine Begründung gegeben werden muss, oder es handelt sich um einen Schiedsspruch mit vereinbartem Wortlaut im Sinne des § 1053.

(3) ¹Im Schiedsspruch sind der Tag, an dem er erlassen wurde, und der nach § 1043 Abs. 1 bestimmte Ort des schiedsrichterlichen Verfahrens anzugeben. ²Der Schiedsspruch gilt als an diesem Tag und diesem Ort erlassen.

(4) Jeder Partei ist ein von den Schiedsrichtern unterschriebener Schiedsspruch zu übermitteln.

§ 1055 Wirkungen des Schiedsspruchs

Der Schiedsspruch hat unter den Parteien die Wirkungen eines rechtskräftigen gerichtlichen Urteils.

§ 1056 Beendigung des schiedsrichterlichen Verfahrens

(1) Das schiedsrichterliche Verfahren wird mit dem endgültigen Schiedsspruch oder mit einem Beschluss des Schiedsgerichts nach Absatz 2 beendet.

(2) Das Schiedsgericht stellt durch Beschluss die Beendigung des schiedsrichterlichen Verfahrens fest, wenn
1. der Kläger
   a) es versäumt, seine Klage nach § 1046 Abs. 1 einzureichen und kein Fall des § 1048 Abs. 4 vorliegt, oder
   b) seine Klage zurücknimmt, es sei denn, dass der Beklagte dem widerspricht und das Schiedsgericht ein berechtigtes Interesse des Beklagten an der endgültigen Beilegung der Streitigkeit anerkennt; oder
2. die Parteien die Beendigung des Verfahrens vereinbaren; oder
3. die Parteien das schiedsrichterliche Verfahren trotz Aufforderung des Schiedsgerichts nicht weiter betreiben oder die Fortsetzung des Verfahrens aus einem anderen Grund unmöglich geworden ist.

(3) Vorbehaltlich des § 1057 Abs. 2 und der §§ 1058, 1059 Abs. 4 endet das Amt des Schiedsgerichts mit der Beendigung des schiedsrichterlichen Verfahrens.

§ 1057 Entscheidung über die Kosten

(1) ¹Sofern die Parteien nichts anderes vereinbart haben, hat das Schiedsgericht in einem Schiedsspruch darüber zu entscheiden, zu welchem Anteil die Parteien die Kosten des schiedsrichterlichen Verfahrens einschließlich der den Parteien erwachsenen und zur zweckentsprechenden Rechtsverfolgung notwendigen Kosten zu tragen haben. ²Hierbei entscheidet das Schiedsgericht nach pflichtgemäßem Ermessen unter Berücksichtigung der Umstände des Einzelfalles, insbesondere des Ausgangs des Verfahrens.

(2) ¹Soweit die Kosten des schiedsrichterlichen Verfahrens feststehen, hat das Schiedsgericht auch darüber zu entscheiden, in welcher Höhe die Parteien diese zu tragen haben. ²Ist die Festsetzung der Kosten unterblieben oder erst nach Beendigung des schiedsrichterlichen Verfahrens möglich, wird hierüber in einem gesonderten Schiedsspruch entschieden.

§ 1058 Berichtigung, Auslegung und Ergänzung des Schiedsspruchs

(1) Jede Partei kann beim Schiedsgericht beantragen,
1. Rechen-, Schreib- und Druckfehler oder Fehler ähnlicher Art im Schiedsspruch zu berichtigen;
2. bestimmte Teile des Schiedsspruchs auszulegen;
3. einen ergänzenden Schiedsspruch über solche Ansprüche zu erlassen, die im schiedsrichterlichen Verfahren zwar geltend gemacht, im Schiedsspruch aber nicht behandelt worden sind.

(2) Sofern die Parteien keine andere Frist vereinbart haben, ist der Antrag innerhalb eines Monats nach Empfang des Schiedsspruchs zu stellen.

(3) Das Schiedsgericht soll über die Berichtigung oder Auslegung des Schiedsspruchs innerhalb eines Monats und über die Ergänzung des Schiedsspruchs innerhalb von zwei Monaten entscheiden.

(4) Eine Berichtigung des Schiedsspruchs kann das Schiedsgericht auch ohne Antrag vornehmen.

(5) § 1054 ist auf die Berichtigung, Auslegung oder Ergänzung des Schiedsspruchs anzuwenden.

Abschnitt 7. Rechtsbehelf gegen den Schiedsspruch

§ 1059 Aufhebungsantrag

(1) Gegen einen Schiedsspruch kann nur der Antrag auf gerichtliche Aufhebung nach den Absätzen 2 und 3 gestellt werden.

(2) Ein Schiedsspruch kann nur aufgehoben werden,
1. wenn der Antragsteller begründet geltend macht, dass
   a) eine der Parteien, die eine Schiedsvereinbarung nach den §§ 1029, 1031 geschlossen haben, nach dem Recht, das für sie persönlich maßgebend ist, hierzu nicht fähig war, oder dass die Schiedsvereinbarung nach dem Recht, dem die Parteien sie unterstellt haben oder, falls die Parteien hierüber nichts bestimmt haben, nach deutschem Recht ungültig ist oder
   b) er von der Bestellung eines Schiedsrichters oder von dem schiedsrichterlichen Verfahren nicht gehörig in Kenntnis gesetzt worden ist oder dass er aus einem anderen Grund seine Angriffs- oder Verteidigungsmittel nicht hat geltend machen können oder
   c) der Schiedsspruch eine Streitigkeit betrifft, die in der Schiedsabrede nicht erwähnt ist oder nicht unter die Bestimmungen der Schiedsklausel fällt, oder dass er Entscheidungen enthält, welche die Grenzen der Schiedsvereinbarung überschreiten; kann jedoch der Teil des Schiedsspruchs, der sich auf Streitpunkte bezieht, die dem schiedsrichterlichen Verfahren unterworfen waren, von dem Teil, der Streitpunkte betrifft, die ihm nicht unterworfen waren, getrennt werden, so kann nur der letztgenannte Teil des Schiedsspruchs aufgehoben werden; oder
   d) die Bildung des Schiedsgerichts oder das schiedsrichterliche Verfahren einer Bestimmung dieses Buches oder einer zulässigen Vereinbarung der Parteien nicht entsprochen hat und anzunehmen ist, dass sich dies auf den Schiedsspruch ausgewirkt hat; oder
2. wenn das Gericht feststellt, dass
   a) der Gegenstand des Streites nach deutschem Recht nicht schiedsfähig ist oder
   b) die Anerkennung oder Vollstreckung des Schiedsspruchs zu einem Ergebnis führt, das der öffentlichen Ordnung (ordre public) widerspricht.

(3) ¹Sofern die Parteien nichts anderes vereinbaren, muss der Aufhebungsantrag innerhalb einer Frist von drei Monaten bei Gericht eingereicht werden. ²Die Frist beginnt mit dem Tag, an dem der Antragsteller den Schiedsspruch empfangen hat. ³Ist ein Antrag nach § 1058 gestellt worden, verlängert sich die Frist um höchstens einen Monat nach Empfang der Entscheidung über diesen Antrag. ⁴Der Antrag auf Aufhebung des Schiedsspruchs kann nicht mehr gestellt werden, wenn der Schiedsspruch von einem deutschen Gericht für vollstreckbar erklärt worden ist.

(4) Ist die Aufhebung beantragt worden, so kann das Gericht in geeigneten Fällen auf Antrag einer Partei unter Aufhebung des Schiedsspruchs die Sache an das Schiedsgericht zurückverweisen.

(5) Die Aufhebung des Schiedsspruchs hat im Zweifel zur Folge, dass wegen des Streitgegenstandes die Schiedsvereinbarung wiederauflebt.

Abschnitt 8. Voraussetzungen der Anerkennung und Vollstreckung von Schiedssprüchen

§ 1060 Inländische Schiedssprüche

(1) Die Zwangsvollstreckung findet statt, wenn der Schiedsspruch für vollstreckbar erklärt ist.

(2) ¹Der Antrag auf Vollstreckbarerklärung ist unter Aufhebung des Schiedsspruchs abzulehnen, wenn einer der in § 1059 Abs. 2 bezeichneten Aufhebungsgründe vorliegt. ²Aufhebungsgründe sind nicht zu berücksichtigen, soweit im Zeitpunkt der Zustellung des Antrags auf Vollstreckbarerklärung ein auf sie gestützter Aufhebungsantrag rechtskräftig abgewiesen ist. ³Aufhebungsgründe nach § 1059 Abs. 2 Nr. 1 sind auch dann nicht zu berücksichtigen, wenn die in § 1059 Abs. 3 bestimmten Fristen abgelaufen sind, ohne dass der Antragsgegner einen Antrag auf Aufhebung des Schiedsspruchs gestellt hat.

§ 1061 Ausländische Schiedssprüche

(1) ¹Die Anerkennung und Vollstreckung ausländischer Schiedssprüche richtet sich nach dem Übereinkommen vom 10. Juni 1958 über die Anerkennung und Vollstreckung ausländischer Schiedssprüche (BGBl. 1961 II S. 121). ²Die Vorschriften in anderen Staatsverträgen über die Anerkennung und Vollstreckung von Schiedssprüchen bleiben unberührt.

(2) Ist die Vollstreckbarerklärung abzulehnen, stellt das Gericht fest, dass der Schiedsspruch im Inland nicht anzuerkennen ist.

(3) Wird der Schiedsspruch, nachdem er für vollstreckbar erklärt worden ist, im Ausland aufgehoben, so kann die Aufhebung der Vollstreckbarerklärung beantragt werden.

Abschnitt 9. Gerichtliches Verfahren

§ 1062 Zuständigkeit

(1) Das Oberlandesgericht, das in der Schiedsvereinbarung bezeichnet ist oder, wenn eine solche Bezeichnung fehlt, in dessen Bezirk der Ort des schiedsrichterlichen Verfahrens liegt, ist zuständig für Entscheidungen über Anträge betreffend
1. die Bestellung eines Schiedsrichters (§§ 1034, 1035), die Ablehnung eines Schiedsrichters (§ 1037) oder die Beendigung des Schiedsrichteramtes (§ 1038);
2. die Feststellung der Zulässigkeit oder Unzulässigkeit eines schiedsrichterlichen Verfahrens (§ 1032) oder die Entscheidung eines Schiedsgerichts, in der dieses seine Zuständigkeit in einem Zwischenentscheid bejaht hat (§ 1040);
3. die Vollziehung, Aufhebung oder Änderung der Anordnung vorläufiger oder sichernder Maßnahmen des Schiedsgerichts (§ 1041);
4. die Aufhebung (§ 1059) oder die Vollstreckbarerklärung des Schiedsspruchs (§§ 1060 ff.) oder die Aufhebung der Vollstreckbarerklärung (§ 1061).

(2) Besteht in den Fällen des Absatzes 1 Nr. 2 erste Alternative, Nr. 3 oder Nr. 4 kein deutscher Schiedsort, so ist für die Entscheidungen das Oberlandesgericht zuständig, in dessen Bezirk der Antragsgegner seinen Sitz oder gewöhnlichen Aufenthalt hat oder sich Vermögen des Antragsgegners oder der mit der Schiedsklage in Anspruch genommene oder von der Maßnahme betroffene Gegenstand befindet, hilfsweise das Kammergericht.

(3) In den Fällen des § 1025 Abs. 3 ist für die Entscheidung das Oberlandesgericht zuständig, in dessen Bezirk der Kläger oder der Beklagte seinen Sitz oder seinen gewöhnlichen Aufenthalt hat.

(4) Für die Unterstützung bei der Beweisaufnahme und sonstige richterliche Handlungen (§ 1050) ist das Amtsgericht zuständig, in dessen Bezirk die richterliche Handlung vorzunehmen ist.

(5) ¹Sind in einem Land mehrere Oberlandesgerichte errichtet, so kann die Zuständigkeit von der Landesregierung durch Rechtsverordnung einem Oberlandesgericht oder dem obersten Landesgericht übertragen werden; die Landesregierung kann die Ermächtigung durch Rechtsverordnung auf die Landesjustizverwaltung übertragen. ²Mehrere Länder können die Zuständigkeit eines Oberlandesgerichts über die Ländergrenzen hinaus vereinbaren.

§ 1063 Allgemeine Vorschriften

(1) ¹Das Gericht entscheidet durch Beschluss. ²Vor der Entscheidung ist der Gegner zu hören.

(2) Das Gericht hat die mündliche Verhandlung anzuordnen, wenn die Aufhebung des Schiedsspruchs beantragt wird oder wenn bei einem Antrag auf Anerkennung oder Vollstreckbarerklärung des Schiedsspruchs Aufhebungsgründe nach § 1059 Abs. 2 in Betracht kommen.

(3) ¹Der Vorsitzende des Zivilsenats kann ohne vorherige Anhörung des Gegners anordnen, dass der Antragsteller bis zur Entscheidung über den Antrag die Zwangsvollstreckung aus dem Schiedsspruch betreiben oder die vorläufige oder sichernde Maßnahme des Schiedsgerichts nach § 1041 vollziehen darf. ²Die Zwangsvollstreckung aus dem Schiedsspruch darf nicht über Maßnahmen zur Sicherung hinausgehen. ³Der Antragsgegner ist befugt, die Zwangsvollstreckung durch Leistung einer Sicherheit in Höhe des Betrages, wegen dessen der Antragsteller vollstrecken kann, abzuwenden.

(4) Solange eine mündliche Verhandlung nicht angeordnet ist, können zu Protokoll der Geschäftsstelle Anträge gestellt und Erklärungen abgegeben werden.

§ 1064 Besonderheiten bei der Vollstreckbarerklärung von Schiedssprüchen

(1) ¹Mit dem Antrag auf Vollstreckbarerklärung eines Schiedsspruchs ist der Schiedsspruch oder eine beglaubigte Abschrift des Schiedsspruchs vorzulegen. ²Die Beglaubigung kann auch von dem für das gerichtliche Verfahren bevollmächtigten Rechtsanwalt vorgenommen werden.

(2) Der Beschluss, durch den ein Schiedsspruch für vollstreckbar erklärt wird, ist für vorläufig vollstreckbar zu erklären.

(3) Auf ausländische Schiedssprüche sind die Absätze 1 und 2 anzuwenden, soweit Staatsverträge nicht ein anderes bestimmen.

§ 1065 Rechtsmittel

(1) ¹Gegen die in § 1062 Abs. 1 Nr. 2 und 4 genannten Entscheidungen findet die Rechtsbeschwerde statt. ²Im Übrigen sind die Entscheidungen in den in § 1062 Abs. 1 bezeichneten Verfahren unanfechtbar.

(2) ¹Die Rechtsbeschwerde kann auch darauf gestützt werden, dass die Entscheidung auf einer Verletzung eines Staatsvertrages beruht. ²Die §§ 707, 717 sind entsprechend anzuwenden

Abschnitt 10. Außervertragliche Schiedsgerichte

§ 1066 Entsprechende Anwendung der Vorschriften des Buches 10

Für Schiedsgerichte, die in gesetzlich statthafter Weise durch letztwillige oder andere nicht auf Vereinbarung beruhende Verfügungen angeordnet werden, gelten die Vorschriften dieses Buches entsprechend.

Buch 11. Justizielle Zusammenarbeit in der Europäischen Union

Abschnitt 1. Zustellung nach der Verordnung (EG) Nr. 1393/2007

§ 1067 Zustellung durch diplomatische oder konsularische Vertretungen

(1) Eine Zustellung nach Artikel 13 der Verordnung (EG) Nr. 1393/2007 durch eine deutsche Auslandsvertretung an eine Person, die nicht die deutsche Staatsangehörigkeit besitzt, wird nur vorgenommen, sofern der Mitgliedstaat, in dem die Zustellung erfolgen soll, dies nicht durch eine Erklärung nach Artikel 23 Absatz 1 der Verordnung (EG) Nr. 1393/2007 ausgeschlossen hat.

(2) Eine Zustellung nach Artikel 13 der Verordnung (EG) Nr. 1393/2007, die in der Bundesrepublik Deutschland bewirkt werden soll, ist nur zulässig, wenn der Adressat des zuzustellenden Schriftstücks Staatsangehöriger des Übermittlungsstaats ist.

§ 1068 Zustellung durch die Post

(1) Zum Nachweis der Zustellung nach Artikel 14 der Verordnung (EG) Nr. 1393/2007 genügt der Rückschein oder der gleichwertige Beleg.

(2) Sofern die ausländische Übermittlungsstelle keine besondere, im deutschen Recht vorgesehene Form der Zustellung wünscht, kann ein Schriftstück, dessen Zustellung eine deutsche Empfangsstelle im Rahmen von Artikel 7 Absatz 1 der Verordnung (EG) Nr. 1393/2007 zu bewirken oder zu veranlassen hat, ebenfalls durch Einschreiben mit Rückschein zugestellt werden.

§ 1069 Zuständigkeiten; Verordnungsermächtigungen

(1) Für Zustellungen im Ausland sind als deutsche Übermittlungsstelle im Sinne von Artikel 2 Abs. 1 der Verordnung (EG) Nr. 1393/2007 zuständig:
1. für gerichtliche Schriftstücke das die Zustellung betreibende Gericht und
2. für außergerichtliche Schriftstücke dasjenige Amtsgericht, in dessen Bezirk die Person, welche die Zustellung betreibt, ihren Wohnsitz oder gewöhnlichen Aufenthalt hat; bei notariellen Urkunden auch dasjenige Amtsgericht, in dessen Bezirk der beurkundende Notar seinen Amtssitz hat; bei juristischen Personen tritt an die Stelle des Wohnsitzes oder des gewöhnlichen Aufenthalts der Sitz; die Landesregierungen können die Aufgaben der Übermittlungsstelle einem Amtsgericht für die Bezirke mehrerer Amtsgerichte durch Rechtsverordnung zuweisen.

(2) ¹ Für Zustellungen in der Bundesrepublik Deutschland ist als deutsche Empfangsstelle im Sinne von Artikel 2 Abs. 2 der Verordnung (EG) Nr. 1393/2007 die Geschäftsstelle desjenigen Amtsgerichts zuständig, in dessen Bezirk das Schriftstück zugestellt werden soll. ² Die Landesregierungen können die Aufgaben der Empfangsstelle einem Amtsgericht für die Bezirke mehrerer Amtsgerichte durch Rechtsverordnung zuweisen.

(3) ¹ Die Landesregierungen bestimmen durch Rechtsverordnung die Stelle, die in dem jeweiligen Land als deutsche Zentralstelle im Sinne von Artikel 3 Satz 1 der Verordnung (EG) Nr. 1393/2007 zuständig ist. ² Die Aufgaben der Zentralstelle können in jedem Land nur einer Stelle zugewiesen werden.

(4) Die Landesregierungen können die Befugnis zum Erlass einer Rechtsverordnung nach Absatz 1 Nr. 2, Absatz 2 Satz 2 und Absatz 3 Satz 1 einer obersten Landesbehörde übertragen.

§ 1070 Zustellung nach dem Abkommen zwischen der Europäischen Gemeinschaft und dem Königreich Dänemark vom 19. Oktober 2005 über die Zustellung gerichtlicher und außergerichtlicher Schriftstücke in Zivil- oder Handelssachen

Wenn die Verordnung (EG) Nr. 1393/2007 im Verhältnis zu Dänemark auf Grund des Artikels 2 Absatz 1 des Abkommens zwischen der Europäischen Gemeinschaft und dem Königreich Dänemark vom 19. Oktober 2005 über die Zustellung gerichtlicher und außergerichtlicher Schriftstücke in Zivil- oder Handelssachen anwendbar ist, gelten die Vorschriften der §§ 1067 bis 1069 entsprechend.

§ 1071 (aufgehoben)

Abschnitt 2. Beweisaufnahme nach der Verordnung (EG) Nr. 1206/2001

§ 1072 Beweisaufnahme in den Mitgliedstaaten der Europäischen Union

Soll die Beweisaufnahme nach der Verordnung (EG) Nr. 1206/2001 erfolgen, so kann das Gericht
1. unmittelbar das zuständige Gericht eines anderen Mitgliedstaats um Aufnahme des Beweises ersuchen oder
2. unter den Voraussetzungen des Artikels 17 der Verordnung (EG) Nr. 1206/2001 eine unmittelbare Beweisaufnahme in einem anderen Mitgliedstaat beantragen.

A. Anwendbarkeit im gewerblichen Rechtsschutz

1 Die EuBVO findet in Verfahren vor den ordentlichen Gerichten Anwendung. Fraglich ist, ob das DPMA in patentamtlichen Verfahren ebenfalls berechtigt wäre, eine Beweisaufnahme nach der EuBVO durchzuführen. Gemäß Art. 1 Abs. 1 EuBVO sind Normadressaten der EuBVO die Gerichte der Mitgliedstaaten. Der Begriff des Gerichts ist dabei autonom auszulegen und erfasst auch Behörden, die Aufgaben der Rechtsprechung ausüben.[1] Bei dem DPMA handelt es sich um eine selbstständige Bundesoberbehörde.[2] Das DPMA ist damit eine Verwaltungsbehörde, die keine Rechtsprechungsfunktion ausübt,[3] womit fraglich erscheint, ob das DPMA sich auf die Verordnung stützen kann. Fraglich ist weiterhin, ob das DPMA über den Umweg einer innerstaatlichen Rechtshilfe etwa nach § 128 Abs. 1 PatG oder 95 Abs. 1 MarkenG eine Beweisaufnahme im Ausland nach der EuBVO erreichen kann. Dagegen spricht, dass gemäß Art. 1 Abs. 2 EuBVO um eine Beweisaufnahme nicht ersucht werden darf, wenn die Beweisaufnahme nicht zur Verwendung in einem bereits eingeleiteten oder zu eröffnenden gerichtlichen Verfahren bestimmt ist.

B. Gegenstand der Regelung

2 Die §§ 1072 und 1073 betreffen die **Beweisaufnahme eines deutschen Gerichts in den Mitgliedstaaten** der Europäischen Union (→ § 363 Rn. 9), während die §§ 1074 und 1075 die **Beweisaufnahme eins Gerichts aus einem anderen Mitgliedstaat** in Deutschland betreffen. Zu beachten ist, dass Dänemark sich dieser Verordnung nicht unterworfen hat.[4] Um eine Beweisaufnahme nach der EuBVO darf nicht ersucht werden, wenn die Beweise nicht zur Verwendung in einem bereits eingeleiteten oder zu eröffnenden gerichtlichen Verfahren bestimmt sind, Art. 1 Abs. 2 EuBVO. Dies umfasst alle Beweisverfahren nach §§ 355 ff., auch im Urkundenprozess, sowie das selbstständige Beweisverfahren.[5]

3 Die EuBVO sieht zwei Arten der Beweisaufnahme vor. Zum einen die Beweisaufnahme durch das ersuchte, ausländische Gericht, Art. 1 Abs. 1 lit. a, 10 EuBVO und zum anderen die unmittelbare Beweisaufnahme durch das ersuchende Gericht, Art. 1 Abs. 1 lit. b, 17 EuBVO. Das ersuchende Gericht ist bei der Wahl zwischen den beiden Arten der Beweisaufnahme grundsätzlich frei. Ist jedoch die Anwendung von Zwang erforderlich, kann die Beweisaufnahme nur durch das ersuchte Gericht erfolgen, da die unmittelbare Beweisaufnahme durch das ersuchende Gericht nur statthaft ist, wenn sie auf freiwilliger Grundlage und ohne die Anwendung von Zwangsmaßnahmen erfolgen kann, Art. 17 Abs. 2 EuBVO.

4 Das Rechtshilfeersuchen für die **Beweisaufnahme durch das ersuchte Gericht** ist unter Verwendung des Formblatts A an das ersuchte zuständige Gericht zu richten. Die örtliche und gegebenenfalls sachliche Zuständigkeit des Gerichts ergibt sich aus der Benennung durch die jeweiligen Mitgliedstaaten nach Art. 22 EuBVO. Im Falle einer Beweisaufnahme durch das ersuchte Gericht wendet das ersuchte Gericht das Recht des Mitgliedstaates des ersuchten Gerichts an, Art. 10 Abs. 2 EuBVO. In Art. 10 Abs. 3 EuBVO ist die Möglichkeit vorgesehen, das ersuchte Gericht um die Beweisaufnahme in einer besonderen Form zu ersuchen. Anwendungsfall hierfür ist etwa die Belehrung über Aussage- bzw. Eidesverweigerungsrechte, über die bei der Vernehmung eines Zeugen oder Sachverständigen gemäß § 57 ZRHO zu belehren ist.

5 Das Ersuchen einer eigens durchzuführenden **Beweisaufnahme durch das ersuchende Gericht** in einem anderen Mitgliedstaat erfolgt durch Verwendung des Formblattes I gegenüber der hierfür benannten Zentralstelle, die ebenfalls durch die Mitgliedstaaten benannt wird. Auf eine solche unmittelbare Beweisaufnahme durch das ersuchende Gericht findet grundsätzlich das Recht des Mitgliedstaates des ersuchenden Gerichts Anwendung, Art. 17 Abs. 6 EuBVO.

6 Für die Erledigung des Ersuchens der Beweisaufnahme durch das ersuchte Gericht darf die Erstattung von Gebühren oder Auslagen nicht verlangt werden, Art. 18 Abs. 1 EuBVO. Die Begriffe Gebühren und Auslagen hängen nicht von der Qualifizierung nach nationalem Recht ab, sondern sind unionsrechtlich autonom zu bestimmen.[6] Unter Gebühren sind die vom Gericht für seine Tätigkeit erhobenen Beträge zu verstehen, während unter Auslagen diejenigen Beträge zu verstehen sind, die das Gericht im Zuge des Verfahrens an Dritte verauslagt, insbesondere an Sachverständige oder Zeugen.[7] Eine Ausnahme hiervon regelt Art. 18 Abs. 2 EuBVO, wonach auf Aufforderung durch das ersuchte Gericht die Aufwendungen für Sachverständige und Dolmetscher zu erstatten sind. Allein für die Beweiserhebung unter Beteiligung eines Sachverständigen kann die Erledigung des Ersuchens von

---

[1] MüKoZPO/*Rauscher* VO (EG) 1206/2001 Art. 1 Rn. 4.
[2] Vgl. § 26 Abs. 1 PatG.
[3] Mes/*Mes* PatG/GebrmG PatG § 26 Rn. 4.
[4] Erwägungsgrund (22) der Verordnung (EG) 1206/2001.
[5] MüKoZPO/*Rauscher* § 1072 Rn. 3.
[6] EuGH EuZW 2011, 261; MüKoZPO/*Rauscher* VO (EG) 1206/2001 Art. 18 Rn. 1.
[7] EuGH EuZW 2011, 261.

einem angemessenen Vorschuss oder einer angemessenen Kaution abhängig gemacht werden, Art. 18 Abs. 3 EuBVO. Wird der verlangte Vorschuss bzw. die verlangte Kaution nicht innerhalb von 60 Tagen einbezahlt bzw. hinterlegt, so kann das ersuchte Gericht die Erledigung des Ersuchens ablehnen, Art. 14 Abs. 2 lit. d EuBVO.

§ 1073 Teilnahmerechte

(1) ¹Das ersuchende deutsche Gericht oder ein von diesem beauftragtes Mitglied darf im Geltungsbereich der Verordnung (EG) Nr. 1206/2001 bei der Erledigung des Ersuchens auf Beweisaufnahme durch das ersuchte ausländische Gericht anwesend und beteiligt sein. ²Parteien, deren Vertreter sowie Sachverständige können sich hierbei in dem Umfang beteiligen, in dem sie in dem betreffenden Verfahren an einer inländischen Beweisaufnahme beteiligt werden dürfen.

(2) Eine unmittelbare Beweisaufnahme im Ausland nach Artikel 17 Abs. 3 der Verordnung (EG) Nr. 1206/2001 dürfen Mitglieder des Gerichts sowie von diesem beauftragte Sachverständige durchführen.

§ 1074 Zuständigkeiten nach der Verordnung (EG) Nr. 1206/2001

(1) Für Beweisaufnahmen in der Bundesrepublik Deutschland ist als ersuchtes Gericht im Sinne von Artikel 2 Abs. 1 der Verordnung (EG) Nr. 1206/2001 dasjenige Amtsgericht zuständig, in dessen Bezirk die Verfahrenshandlung durchgeführt werden soll.

(2) Die Landesregierungen können die Aufgaben des ersuchten Gerichts einem Amtsgericht für die Bezirke mehrerer Amtsgerichte durch Rechtsverordnung zuweisen.

(3) ¹Die Landesregierungen bestimmen durch Rechtsverordnung die Stelle, die in dem jeweiligen Land
1. als deutsche Zentralstelle im Sinne von Artikel 3 Abs. 1 der Verordnung (EG) Nr. 1206/2001 zuständig ist,
2. als zuständige Stelle Ersuchen auf unmittelbare Beweisaufnahme im Sinne von Artikel 17 Abs. 1 der Verordnung (EG) Nr. 1206/2001 entgegennimmt.
² Die Aufgaben nach den Nummern 1 und 2 können in jedem Land nur jeweils einer Stelle zugewiesen werden.

(4) Die Landesregierungen können die Befugnis zum Erlass einer Rechtsverordnung nach den Absätzen 2 und 3 Satz 1 einer obersten Landesbehörde übertragen.

§ 1075 Sprache eingehender Ersuchen

Aus dem Ausland eingehende Ersuchen auf Beweisaufnahme sowie Mitteilungen nach der Verordnung (EG) Nr. 1206/2001 müssen in deutscher Sprache abgefasst oder von einer Übersetzung in die deutsche Sprache begleitet sein.

Abschnitt 3. Prozesskostenhilfe nach der Richtlinie 2003/8/EG

§ 1076 Anwendbare Vorschriften

Für die grenzüberschreitende Prozesskostenhilfe innerhalb der Europäischen Union nach der Richtlinie 2003/8/EG des Rates vom 27. Januar 2003 zur Verbesserung des Zugangs zum Recht bei Streitsachen mit grenzüberschreitendem Bezug durch Festlegung gemeinsamer Mindestvorschriften für die Prozesskostenhilfe in derartigen Streitsachen (ABl. EG Nr. L 26 S. 41, ABl. EU Nr. L 32 S. 15) gelten die §§ 114 bis 127a, soweit nachfolgend nichts Abweichendes bestimmt ist.

§ 1077 Ausgehende Ersuchen

(1) ¹Für die Entgegennahme und Übermittlung von Anträgen natürlicher Personen auf grenzüberschreitende Prozesskostenhilfe ist das Amtsgericht zuständig, in dessen Bezirk der Antragsteller seinen Wohnsitz oder gewöhnlichen Aufenthalt hat (Übermittlungsstelle). ²Die Landesregierungen können die Aufgaben der Übermittlungsstelle einem Amtsgericht für die Bezirke mehrerer Amtsgerichte durch Rechtsverordnung zuweisen. ³Sie können die Ermächtigung durch Rechtsverordnung auf die Landesjustizverwaltungen übertragen. ⁴§ 21 Satz 1 des Auslandsunterhaltsgesetzes bleibt unberührt.

(2) ¹Das Bundesministerium der Justiz wird ermächtigt, durch Rechtsverordnung mit Zustimmung des Bundesrates die in Artikel 16 Abs. 1 der Richtlinie 2003/8/EG vorgesehenen Standardformulare für Anträge auf grenzüberschreitende Prozesskostenhilfe und für deren Übermittlung einzuführen. ²Soweit Standardformulare für Anträge auf grenzüberschreitende Prozesskostenhilfe und für deren Übermittlung eingeführt sind, müssen sich der Antragsteller und die Übermittlungsstelle ihrer bedienen.

(3) ¹Die Übermittlungsstelle kann die Übermittlung durch Beschluss vollständig oder teilweise ablehnen, wenn der Antrag offensichtlich unbegründet ist oder nicht in den Anwendungsbereich der Richtlinie 2003/8/EG fällt. ²Sie kann von Amts wegen Übersetzungen von dem Antrag beigefügten fremdsprachigen Anlagen fertigen, soweit dies zur Vorbereitung einer Entscheidung nach Satz 1 erforderlich ist. ³Gegen die ablehnende Entscheidung findet die sofortige Beschwerde nach Maßgabe des § 127 Satz 2 und 3 statt.

(4) ¹Die Übermittlungsstelle fertigt von Amts wegen Übersetzungen der Eintragungen im Standardformular für Anträge auf Prozesskostenhilfe sowie der beizufügenden Anlagen
a) in eine der Amtssprachen des Mitgliedstaats der zuständigen Empfangsstelle, die zugleich einer der Amtssprachen der Europäischen Union entspricht, oder
b) in eine andere von diesem Mitgliedstaat zugelassene Sprache.
² Die Übermittlungsstelle prüft die Vollständigkeit des Antrags und wirkt darauf hin, dass Anlagen, die nach ihrer Kenntnis zur Entscheidung über den Antrag erforderlich sind, beigefügt werden.

(5) ¹Die Übermittlungsstelle übersendet den Antrag und die beizufügenden Anlagen ohne Legalisation oder gleichwertige Förmlichkeiten an die zuständige Empfangsstelle des Mitgliedstaats des Gerichtsstands oder des Vollstreckungsmitgliedstaats. ²Die Übermittlung erfolgt innerhalb von 14 Tagen nach Vorliegen der gemäß Absatz 4 zu fertigenden Übersetzungen.

(6) ¹Hat die zuständige Stelle des anderen Mitgliedstaats das Ersuchen um Prozesskostenhilfe auf Grund der persönlichen und wirtschaftlichen Verhältnisse des Antragstellers abgelehnt oder eine Ablehnung angekündigt, so stellt die Übermittlungsstelle auf Antrag eine Bescheinigung der Bedürftigkeit aus, wenn der Antragsteller in einem entsprechenden deutschen Verfahren nach § 115 Abs. 1 und 2 als bedürftig anzusehen wäre. ²Absatz 4 Satz 1 gilt für die Übersetzung der

Bescheinigung entsprechend. ³Die Übermittlungsstelle übersendet der Empfangsstelle des anderen Mitgliedstaats die Bescheinigung der Bedürftigkeit zwecks Ergänzung des ursprünglichen Ersuchens um grenzüberschreitende Prozesskostenhilfe.

§ 1078 Eingehende Ersuchen

(1) ¹Für eingehende Ersuchen um grenzüberschreitende Prozesskostenhilfe ist das Prozessgericht oder das Vollstreckungsgericht zuständig. ²Die Anträge müssen in deutscher Sprache ausgefüllt und die Anlagen von einer Übersetzung in die deutsche Sprache begleitet sein. ³Eine Legalisation oder gleichwertige Förmlichkeiten dürfen nicht verlangt werden.

(2) ¹Das Gericht entscheidet über das Ersuchen nach Maßgabe der §§ 114 bis 116. ²Es übersendet der übermittelnden Stelle eine Abschrift seiner Entscheidung.

(3) Der Antragsteller erhält auch dann grenzüberschreitende Prozesskostenhilfe, wenn er nachweist, dass er wegen unterschiedlich hoher Lebenshaltungskosten im Mitgliedstaat seines Wohnsitzes oder gewöhnlichen Aufenthalts einerseits und im Geltungsbereich dieses Gesetzes andererseits die Kosten der Prozessführung nicht, nur zum Teil oder nur in Raten aufbringen kann.

(4) ¹Wurde grenzüberschreitende Prozesskostenhilfe bewilligt, so gilt für jeden weiteren Rechtszug, der von dem Antragsteller oder dem Gegner eingeleitet wird, ein neuerliches Ersuchen um grenzüberschreitende Prozesskostenhilfe als gestellt. ²Das Gericht hat dahin zu wirken, dass der Antragsteller die Voraussetzungen für die Bewilligung der grenzüberschreitenden Prozesskostenhilfe für den jeweiligen Rechtszug darlegt.

Abschnitt 4. Europäische Vollstreckungstitel nach der Verordnung (EG) Nr. 805/2004

Titel 1. Bestätigung inländischer Titel als Europäische Vollstreckungstitel

§ 1079 Zuständigkeit

Für die Ausstellung der Bestätigungen nach
1. Artikel 9 Abs. 1, Artikel 24 Abs. 1, Artikel 25 Abs. 1 und
2. Artikel 6 Abs. 2 und 3

der Verordnung (EG) Nr. 805/2004 sind die Gerichte, Behörden oder Notare zuständig, denen die Erteilung einer vollstreckbaren Ausfertigung des Titels obliegt.

§ 1080 Entscheidung

(1) ¹Bestätigungen nach Artikel 9 Abs. 1, Artikel 24 Abs. 1, Artikel 25 Abs. 1 und Artikel 6 Abs. 3 der Verordnung (EG) Nr. 805/2004 sind ohne Anhörung des Schuldners auszustellen. ²Eine Ausfertigung der Bestätigung ist dem Schuldner von Amts wegen zuzustellen. ³Das gilt nicht, wenn die antragstellende Person Übermittlung an sich zur Zustellung im Parteibetrieb beantragt hat.

(2) Wird der Antrag auf Ausstellung einer Bestätigung zurückgewiesen, so sind die Vorschriften über die Anfechtung der Entscheidung über die Erteilung einer Vollstreckungsklausel entsprechend anzuwenden.

§ 1081 Berichtigung und Widerruf

(1) ¹Ein Antrag nach Artikel 10 Abs. 1 der Verordnung (EG) Nr. 805/2004 auf Berichtigung oder Widerruf einer gerichtlichen Bestätigung ist bei dem Gericht zu stellen, das die Bestätigung ausgestellt hat. ²Über den Antrag entscheidet dieses Gericht. ³Ein Antrag auf Berichtigung oder Widerruf einer notariellen oder behördlichen Bestätigung ist an die Stelle zu richten, die die Bestätigung ausgestellt hat. ⁴Die Notare oder Behörden leiten den Antrag unverzüglich dem Amtsgericht, in dessen Bezirk sie ihren Sitz haben, zur Entscheidung zu.

(2) ¹Der Antrag auf Widerruf durch den Schuldner ist nur binnen einer Frist von einem Monat zulässig. ²Ist die Bestätigung im Ausland zuzustellen, beträgt die Frist zwei Monate. ³Sie ist eine Notfrist und beginnt mit der Zustellung der Bestätigung, jedoch frühestens mit der Zustellung des Titels, auf den sich die Bestätigung bezieht. ⁴In dem Antrag auf Widerruf sind die Gründe darzulegen, weshalb die Bestätigung eindeutig zu Unrecht erteilt worden ist.

(3) § 319 Abs. 2 und 3 ist auf die Berichtigung und den Widerruf entsprechend anzuwenden.

Titel 2. Zwangsvollstreckung aus Europäischen Vollstreckungstiteln im Inland

§ 1082 Vollstreckungstitel

Aus einem Titel, der in einem anderen Mitgliedstaat der Europäischen Union nach der Verordnung (EG) Nr. 805/2004 als Europäischer Vollstreckungstitel bestätigt worden ist, findet die Zwangsvollstreckung im Inland statt, ohne dass es einer Vollstreckungsklausel bedarf.

§ 1083 Übersetzung

Hat der Gläubiger nach Artikel 20 Abs. 2 Buchstabe c der Verordnung (EG) Nr. 805/2004 eine Übersetzung vorzulegen, so ist diese in deutscher Sprache zu verfassen und von einer hierzu in einem der Mitgliedstaaten der Europäischen Union befugten Person zu beglaubigen.

§ 1084 Anträge nach den Artikeln 21 und 23 der Verordnung (EG) Nr. 805/2004

(1) ¹Für Anträge auf Verweigerung, Aussetzung oder Beschränkung der Zwangsvollstreckung nach den Artikeln 21 und 23 der Verordnung (EG) Nr. 805/2004 ist das Amtsgericht als Vollstreckungsgericht zuständig. ²Die Vorschriften des

Einleitung des Streitverfahrens § 1091 ZPO

Buches 8 über die örtliche Zuständigkeit des Vollstreckungsgerichts sind entsprechend anzuwenden. ³ Die Zuständigkeit nach den Sätzen 1 und 2 ist ausschließlich.

(2) ¹ Die Entscheidung über den Antrag nach Artikel 21 der Verordnung (EG) Nr. 805/2004 ergeht durch Beschluss. ² Auf die Einstellung der Zwangsvollstreckung und die Aufhebung der bereits getroffenen Vollstreckungsmaßregeln sind § 769 Abs. 1 und 3 sowie § 770 entsprechend anzuwenden. ³ Die Aufhebung einer Vollstreckungsmaßregel ist auch ohne Sicherheitsleistung zulässig.

(3) ¹ Über den Antrag auf Aussetzung oder Beschränkung der Vollstreckung nach Artikel 23 der Verordnung (EG) Nr. 805/2004 wird durch einstweilige Anordnung entschieden. ² Die Entscheidung ist unanfechtbar.

§ 1085 Einstellung der Zwangsvollstreckung

Die Zwangsvollstreckung ist entsprechend den §§ 775 und 776 auch dann einzustellen oder zu beschränken, wenn die Ausfertigung einer Bestätigung über die Nichtvollstreckbarkeit oder über die Beschränkung der Vollstreckbarkeit nach Artikel 6 Abs. 2 der Verordnung (EG) Nr. 805/2004 vorgelegt wird.

§ 1086 Vollstreckungsabwehrklage

(1) ¹ Für Klagen nach § 795 Satz 1 in Verbindung mit § 767 ist das Gericht ausschließlich örtlich zuständig, in dessen Bezirk der Schuldner seinen Wohnsitz hat, oder, wenn er im Inland keinen Wohnsitz hat, das Gericht, in dessen Bezirk die Zwangsvollstreckung stattfinden soll oder stattgefunden hat. ² Der Sitz von Gesellschaften oder juristischen Personen steht dem Wohnsitz gleich.

(2) § 767 Abs. 2 ist entsprechend auf gerichtliche Vergleiche und öffentliche Urkunden anzuwenden.

Abschnitt 5. Europäisches Mahnverfahren nach der Verordnung (EG) Nr. 1896/2006

Titel 1. Allgemeine Vorschriften

§ 1087 Zuständigkeit

Für die Bearbeitung von Anträgen auf Erlass und Überprüfung sowie die Vollstreckbarerklärung eines Europäischen Zahlungsbefehls nach der Verordnung (EG) Nr. 1896/2006 ist das Amtsgericht Wedding in Berlin ausschließlich zuständig.

§ 1088 Maschinelle Bearbeitung

(1) ¹ Der Antrag auf Erlass des Europäischen Zahlungsbefehls und der Einspruch können in einer nur maschinell lesbaren Form bei Gericht eingereicht werden, wenn diese dem Gericht für seine maschinelle Bearbeitung geeignet erscheint. ² § 130a Absatz 5 Satz 1 gilt entsprechend.

(2) Der Senat des Landes Berlin bestimmt durch Rechtsverordnung, die nicht der Zustimmung des Bundesrates bedarf, den Zeitpunkt, in dem beim Amtsgericht Wedding die maschinelle Bearbeitung der Mahnverfahren eingeführt wird; er kann die Ermächtigung durch Rechtsverordnung auf die Senatsverwaltung für Justiz des Landes Berlin übertragen.

§ 1089 Zustellung

(1) ¹ Ist der Europäische Zahlungsbefehl im Inland zuzustellen, gelten die Vorschriften über das Verfahren bei Zustellungen von Amts wegen entsprechend. ² Die §§ 185 bis 188 sind nicht anzuwenden.

(2) Ist der Europäische Zahlungsbefehl in einem anderen Mitgliedstaat der Europäischen Union zuzustellen, gelten die Vorschriften der Verordnung (EG) Nr. 1393/2007 sowie für die Durchführung § 1068 Abs. 1 und 1069 Abs. 1 entsprechend.

Titel 2. Einspruch gegen den Europäischen Zahlungsbefehl

§ 1090 Verfahren nach Einspruch

(1) ¹ Im Fall des Artikels 17 Abs. 1 der Verordnung (EG) Nr. 1896/2006 fordert das Gericht den Antragsteller mit der Mitteilung nach Artikel 17 Abs. 3 der Verordnung (EG) Nr. 1896/2006 auf, das Gericht zu bezeichnen, das für die Durchführung des streitigen Verfahrens zuständig ist. ² Das Gericht setzt dem Antragsteller hierfür eine nach den Umständen angemessene Frist und weist ihn darauf hin, dass für die Durchführung des streitigen Verfahrens bezeichneten Gericht die Prüfung seiner Zuständigkeit vorbehalten bleibt. ³ Die Aufforderung ist dem Antragsgegner mitzuteilen. ⁴ Für den Fall, dass der Antragsteller nicht innerhalb der ihm hierfür nach Satz 2 gesetzten Frist das für die Durchführung des streitigen Verfahrens zuständige Gericht benennt, ist der Europäische Zahlungsbefehl aufzuheben. ⁵ Hierdurch endet das Verfahren nach der Verordnung (EG) Nr. 1896/2006.

(2) ¹ Nach Eingang der Mitteilung des Antragstellers nach Absatz 1 Satz 1 gibt das Gericht, das den Europäischen Zahlungsbefehl erlassen hat, das Verfahren von Amts wegen an das vom Antragsteller bezeichnete Gericht ab. ² § 696 Abs. 1 Satz 3 bis 5, Abs. 2, 4 und 5 sowie § 698 gelten entsprechend.

(3) Die Streitsache gilt als mit Zustellung des Europäischen Zahlungsbefehls rechtshängig geworden, wenn sie nach Übersendung der Aufforderung nach Absatz 1 Satz 1 und unter Berücksichtigung der Frist nach Absatz 1 Satz 2 alsbald abgegeben wird.

§ 1091 Einleitung des Streitverfahrens

§ 697 Abs. 1 bis 3 gilt entsprechend.

1645

Titel 3. Überprüfung des Europäischen Zahlungsbefehls in Ausnahmefällen

§ 1092 Verfahren

(1) ¹Die Entscheidung über einen Antrag auf Überprüfung des Europäischen Zahlungsbefehls nach Artikel 20 Abs. 1 oder Abs. 2 der Verordnung (EG) Nr. 1896/2006 ergeht durch Beschluss. ²Der Beschluss ist unanfechtbar.

(2) Der Antragsgegner hat die Tatsachen, die eine Aufhebung des Europäischen Zahlungsbefehls begründen, glaubhaft zu machen.

(3) Erklärt das Gericht den Europäischen Zahlungsbefehl für nichtig, endet das Verfahren nach der Verordnung (EG) Nr. 1896/2006.

(4) Eine Wiedereinsetzung in die Frist nach Artikel 16 Abs. 2 der Verordnung (EG) Nr. 1896/2006 findet nicht statt.

§ 1092a Rechtsbehelf bei Nichtzustellung oder bei nicht ordnungsgemäßer Zustellung des Europäischen Zahlungsbefehls

(1) ¹Der Antragsgegner kann die Aufhebung des Europäischen Zahlungsbefehls beantragen, wenn ihm der Europäische Zahlungsbefehl

1. nicht zugestellt wurde oder
2. in einer nicht den Anforderungen der Artikel 13 bis 15 der Verordnung (EG) Nr. 1896/2006 genügenden Weise zugestellt wurde.

²Der Antrag muss innerhalb eines Monats ab dem Zeitpunkt gestellt werden, zu dem der Antragsgegner Kenntnis vom Erlass des Europäischen Zahlungsbefehls oder des Zustellungsmangels gehabt hat oder hätte haben können. ³Gibt das Gericht dem Antrag aus einem der in Satz 1 genannten Gründe statt, wird der Europäische Zahlungsbefehl für nichtig erklärt.

(2) ¹Hat das Gericht zum Zeitpunkt der Antragstellung nach Absatz 1 Satz 1 den Europäischen Zahlungsbefehl bereits nach Artikel 18 der Verordnung (EG) Nr. 1896/2006 für vollstreckbar erklärt und gibt es dem Antrag nunmehr statt, so erklärt es die Zwangsvollstreckung aus dem Zahlungsbefehl für unzulässig. ²Absatz 1 Satz 3 gilt entsprechend.

(3) ¹Die Entscheidung ergeht durch Beschluss. ²Der Beschluss ist unanfechtbar. ³§ 1092 Absatz 2 bis 4 findet entsprechende Anwendung.

Titel 4. Zwangsvollstreckung aus dem Europäischen Zahlungsbefehl

§ 1093 Vollstreckungsklausel

Aus einem nach der Verordnung (EG) Nr. 1896/2006 erlassenen und für vollstreckbar erklärten Europäischen Zahlungsbefehl findet die Zwangsvollstreckung im Inland statt, ohne dass es einer Vollstreckungsklausel bedarf.

§ 1094 Übersetzung

Hat der Gläubiger nach Artikel 21 Abs. 2 Buchstabe b der Verordnung (EG) Nr. 1896/2006 eine Übersetzung vorzulegen, so ist diese in deutscher Sprache zu verfassen und von einer in einem der Mitgliedstaaten der Europäischen Union hierzu befugten Person zu beglaubigen.

§ 1095 Vollstreckungsschutz und Vollstreckungsabwehrklage gegen den im Inland erlassenen Europäischen Zahlungsbefehl

(1) ¹Wird die Überprüfung eines im Inland erlassenen Europäischen Zahlungsbefehls nach Artikel 20 der Verordnung (EG) Nr. 1896/2006 oder dessen Aufhebung nach § 1092a beantragt, gilt § 707 entsprechend. ²Für die Entscheidung über den Antrag nach § 707 ist das Gericht zuständig, das über den Antrag nach Artikel 20 der Verordnung (EG) Nr. 1896/2006 entscheidet.

(2) Einwendungen, die den Anspruch selbst betreffen, sind nur insoweit zulässig, als die Gründe, auf denen sie beruhen, nach Zustellung des Europäischen Zahlungsbefehls entstanden sind und durch Einspruch nach Artikel 16 der Verordnung (EG) Nr. 1896/2006 nicht mehr geltend gemacht werden können.

§ 1096 Anträge nach den Artikeln 22 und 23 der Verordnung (EG) Nr. 1896/2006; Vollstreckungsabwehrklage

(1) ¹Für Anträge auf Verweigerung der Zwangsvollstreckung nach Artikel 22 Abs. 1 der Verordnung (EG) Nr. 1896/ 2006 gilt § 1084 Abs. 1 und 2 entsprechend. ²Für Anträge auf Aussetzung oder Beschränkung der Zwangsvollstreckung nach Artikel 23 der Verordnung (EG) Nr. 1896/2006 ist § 1084 Abs. 1 und 3 entsprechend anzuwenden.

(2) ¹Für Anträge auf Verweigerung der Zwangsvollstreckung nach Artikel 22 Abs. 2 der Verordnung (EG) Nr. 1896/ 2006 gilt § 1086 Abs. 1 entsprechend. ²Für Klagen nach § 795 Satz 1 in Verbindung mit § 767 sind § 1086 Abs. 1 und § 1095 Abs. 2 entsprechend anzuwenden.

Abschnitt 6. Europäisches Verfahren für geringfügige Forderungen nach der Verordnung (EG) Nr. 861/2007

Titel 1. Erkenntnisverfahren

§ 1097 Einleitung und Durchführung des Verfahrens

(1) Die Formblätter gemäß der Verordnung (EG) Nr. 861/2007 und andere Anträge oder Erklärungen können als Schriftsatz, als Telekopie oder nach Maßgabe des § 130a als elektronisches Dokument bei Gericht eingereicht werden.

(2) Im Fall des Artikels 4 Abs. 3 der Verordnung (EG) Nr. 861/2007 wird das Verfahren über die Klage ohne Anwendung der Vorschriften der Verordnung (EG) Nr. 861/2007 fortgeführt.

§ 1098 Annahmeverweigerung auf Grund der verwendeten Sprache

[1] Die Frist zur Erklärung der Annahmeverweigerung nach Artikel 6 Abs. 3 der Verordnung (EG) Nr. 861/2007 beträgt eine Woche. [2] Sie ist eine Notfrist und beginnt mit der Zustellung des Schriftstücks. [3] Der Empfänger ist über die Folgen einer Versäumung der Frist zu belehren.

§ 1099 Widerklage

(1) Eine Widerklage, die nicht den Vorschriften der Verordnung (EG) Nr. 861/2007 entspricht, ist außer im Fall des Artikels 5 Abs. 7 Satz 1 der Verordnung (EG) Nr. 861/2007 als unzulässig abzuweisen.

(2) [1] Im Fall des Artikels 5 Abs. 7 Satz 1 der Verordnung (EG) Nr. 861/2007 wird das Verfahren über die Klage und die Widerklage ohne Anwendung der Vorschriften der Verordnung (EG) Nr. 861/2007 fortgeführt. [2] Das Verfahren wird in der Lage übernommen, in der es sich zur Zeit der Erhebung der Widerklage befunden hat.

§ 1100 Mündliche Verhandlung

(1) [1] Das Gericht kann den Parteien sowie ihren Bevollmächtigten und Beiständen gestatten, sich während einer Verhandlung an einem anderen Ort aufzuhalten und dort Verfahrenshandlungen vorzunehmen. [2] § 128a Abs. 1 Satz 2 und Abs. 3 Satz 1 bleibt unberührt.

(2) Die Bestimmung eines frühen ersten Termins zur mündlichen Verhandlung (§ 275) ist ausgeschlossen.

§ 1101 Beweisaufnahme

(1) Das Gericht kann die Beweise in der ihm geeignet erscheinenden Art aufnehmen, soweit Artikel 9 Abs. 2 bis 4 der Verordnung (EG) Nr. 861/2007 nichts anderes bestimmt.

(2) [1] Das Gericht kann einem Zeugen, Sachverständigen oder einer Partei gestatten, sich während einer Vernehmung an einem anderen Ort aufzuhalten. [2] § 128a Abs. 2 Satz 2, 3 und Abs. 3 Satz 1 bleibt unberührt.

§ 1102 Urteil

[1] Urteile bedürfen keiner Verkündung. [2] Die Verkündung eines Urteils wird durch die Zustellung ersetzt.

§ 1103 Säumnis

[1] Äußert sich eine Partei binnen der für sie geltenden Frist nicht oder erscheint sie nicht zur mündlichen Verhandlung, kann das Gericht eine Entscheidung nach Lage der Akten erlassen. [2] § 251a ist nicht anzuwenden.

§ 1104 Abhilfe bei unverschuldeter Säumnis des Beklagten

(1) [1] Liegen die Voraussetzungen des Artikels 18 Abs. 1 und 2 der Verordnung (EG) Nr. 861/2007 vor, wird das Verfahren fortgeführt; es wird in die Lage zurückversetzt, in der es sich vor Erlass des Urteils befand. [2] Auf Antrag stellt das Gericht die Nichtigkeit des Urteils durch Beschluss fest.

(2) Der Beklagte hat die tatsächlichen Voraussetzungen des Artikels 18 Abs. 1 und 2 der Verordnung (EG) Nr. 861/2007 glaubhaft zu machen.

§ 1104a Gemeinsame Gerichte

[1] Die Landesregierungen werden ermächtigt, durch Rechtsverordnung einem Amtsgericht für die Bezirke mehrerer Amtsgerichte oder einem Landgericht für die Bezirke mehrerer Landgerichte die Angelegenheiten in europäischen Verfahren für geringfügige Forderungen nach der Verordnung (EG) Nr. 861/2007 zuzuweisen, wenn dies der sachlichen Förderung der Verfahren dient. [2] Die Landesregierungen können die Ermächtigung auf die Landesjustizverwaltungen übertragen.

Titel 2. Zwangsvollstreckung

§ 1105 Zwangsvollstreckung inländischer Titel

(1) [1] Urteile sind für vorläufig vollstreckbar ohne Sicherheitsleistung zu erklären. [2] Die §§ 712 und 719 Abs. 1 Satz 1 in Verbindung mit § 707 sind nicht anzuwenden.

(2) [1] Für Anträge auf Beschränkung der Zwangsvollstreckung nach Artikel 15 Abs. 2 in Verbindung mit Artikel 23 der Verordnung (EG) Nr. 861/2007 ist das Gericht der Hauptsache zuständig. [2] Die Entscheidung ergeht im Wege einstweiliger Anordnung. [3] Sie ist unanfechtbar. [4] Die tatsächlichen Voraussetzungen des Artikels 23 der Verordnung (EG) Nr. 861/2007 sind glaubhaft zu machen.

§ 1106 Bestätigung inländischer Titel

(1) Für die Ausstellung der Bestätigung nach Artikel 20 Abs. 2 der Verordnung (EG) Nr. 861/2007 ist das Gericht zuständig, dem die Erteilung einer vollstreckbaren Ausfertigung des Titels obliegt.

(2) [1] Vor Ausfertigung der Bestätigung ist der Schuldner anzuhören. [2] Wird der Antrag auf Ausstellung einer Bestätigung zurückgewiesen, so sind die Vorschriften über die Anfechtung der Entscheidung über die Erteilung einer Vollstreckungsklausel entsprechend anzuwenden.

§ 1107 Ausländische Vollstreckungstitel

Aus einem Titel, der in einem Mitgliedstaat der Europäischen Union nach der Verordnung (EG) Nr. 861/2007 ergangen ist, findet die Zwangsvollstreckung im Inland statt, ohne dass es einer Vollstreckungsklausel bedarf.

§ 1108 Übersetzung

Hat der Gläubiger nach Artikel 21 Abs. 2 Buchstabe b der Verordnung (EG) Nr. 861/2007 eine Übersetzung vorzulegen, so ist diese in deutscher Sprache zu verfassen und von einer in einem der Mitgliedstaaten der Europäischen Union hierzu befugten Person zu erstellen.

§ 1109 Anträge nach den Artikeln 22 und 23 der Verordnung (EG) Nr. 861/2007; Vollstreckungsabwehrklage

(1) [1] Auf Anträge nach Artikel 22 der Verordnung (EG) Nr. 861/2007 ist § 1084 Abs. 1 und 2 entsprechend anzuwenden. [2] Auf Anträge nach Artikel 23 der Verordnung (EG) Nr. 861/2007 ist § 1084 Abs. 1 und 3 entsprechend anzuwenden.

(2) § 1086 gilt entsprechend.

§ 1110 Zuständigkeit

Für die Ausstellung der Bescheinigung nach den Artikeln 53 und 60 der Verordnung (EU) Nr. 1215/2012 sind die Gerichte oder Notare zuständig, denen die Erteilung einer vollstreckbaren Ausfertigung des Titels obliegt.

§ 1111 Verfahren

(1) [1] Bescheinigungen nach den Artikeln 53 und 60 der Verordnung (EU) Nr. 1215/2012 sind ohne Anhörung des Schuldners auszustellen. [2] In den Fällen des § 726 Absatz 1 und der §§ 727 bis 729 kann der Schuldner vor der Ausstellung der Bescheinigung gehört werden. [3] Eine Ausfertigung der Bescheinigung ist dem Schuldner von Amts wegen zuzustellen. [4] Das gilt nicht, wenn die antragstellende Person Übermittlung an sich zur Zustellung im Parteibetrieb beantragt hat.

(2) Für die Anfechtbarkeit der Entscheidung über die Ausstellung der Bescheinigung nach Absatz 1 gelten die Vorschriften über die Anfechtbarkeit der Entscheidung über die Erteilung der Vollstreckungsklausel entsprechend.

§ 1112 Entbehrlichkeit der Vollstreckungsklausel

Aus einem Titel, der in einem anderen Mitgliedstaat der Europäischen Union vollstreckbar ist, findet die Zwangsvollstreckung im Inland statt, ohne dass es einer Vollstreckungsklausel bedarf.

§ 1113 Übersetzung oder Transliteration

Hat eine Partei nach Artikel 57 der Verordnung (EU) Nr. 1215/2012 eine Übersetzung oder eine Transliteration vorzulegen, so ist diese in deutscher Sprache abzufassen und von einer in einem Mitgliedstaat der Europäischen Union hierzu befugten Person zu erstellen.

§ 1114 Anfechtung der Anpassung eines Titels

Für die Anfechtung der Anpassung eines Titels (Artikel 54 der Verordnung (EU) Nr. 1215/2012) sind folgende Rechtsgrundlagen entsprechend anzuwenden:
1. im Fall von Maßnahmen des Gerichtsvollziehers oder des Vollstreckungsgerichts § 766,
2. im Fall von Entscheidungen des Vollstreckungsgerichts oder von Vollstreckungsmaßnahmen des Prozessgerichts § 793 und
3. im Fall von Vollstreckungsmaßnahmen des Grundbuchamts § 71 der Grundbuchordnung.

§ 1115 Versagung der Anerkennung oder der Vollstreckung

(1) Für Anträge auf Versagung der Anerkennung oder der Vollstreckung (Artikel 45 Absatz 4 und Artikel 47 Absatz 1 der Verordnung (EU) Nr. 1215/2012) ist das Landgericht ausschließlich zuständig.

(2) [1] Örtlich zuständig ist ausschließlich das Landgericht, in dessen Bezirk der Schuldner seinen Wohnsitz hat. [2] Hat der Schuldner im Inland keinen Wohnsitz, ist ausschließlich das Landgericht zuständig, in dessen Bezirk die Zwangsvollstreckung durchgeführt werden soll. [3] Der Sitz von Gesellschaften und juristischen Personen steht dem Wohnsitz gleich.

(3) Der Antrag auf Versagung kann bei dem zuständigen Landgericht schriftlich eingereicht oder mündlich zu Protokoll der Geschäftsstelle erklärt werden.

(4) [1] Über den Antrag auf Versagung entscheidet der Vorsitzende einer Zivilkammer durch Beschluss. [2] Der Beschluss ist zu begründen und kann ohne mündliche Verhandlung ergehen. [3] Der Antragsgegner ist vor der Entscheidung zu hören.

(5) [1] Gegen die Entscheidung findet die sofortige Beschwerde statt. [2] Die Notfrist des § 569 Absatz 1 Satz 1 beträgt einen Monat und beginnt mit der Zustellung der Entscheidung. [3] Gegen den Beschluss des Beschwerdegerichts findet die Rechtsbeschwerde statt.

(6) [1] Über den Antrag auf Aussetzung oder Beschränkung der Vollstreckung und den Antrag, die Vollstreckung von der Leistung einer Sicherheit abhängig zu machen (Artikel 44 Absatz 1 der Verordnung (EU) Nr. 1215/2012), wird durch einstweilige Anordnung entschieden. [2] Die Entscheidung ist unanfechtbar.

§ 1116 Wegfall oder Beschränkung der Vollstreckbarkeit im Ursprungsmitgliedstaat

[1] Auf Antrag des Schuldners (Artikel 44 Absatz 2 der Verordnung (EU) Nr. 1215/2012) ist die Zwangsvollstreckung entsprechend § 775 Nummer 1 und 2 und § 776 auch dann einzustellen oder zu beschränken, wenn der Schuldner eine Entscheidung eines Gerichts des Ursprungsmitgliedstaats über die Nichtvollstreckbarkeit oder über die Beschränkung der Vollstreckbarkeit vorlegt. [2] Auf Verlangen des Vollstreckungsorgans ist eine Übersetzung der Entscheidung vorzulegen. [3] § 1108 gilt entsprechend.

§ 1117 Vollstreckungsabwehrklage

(1) Für Klagen nach § 795 Satz 1 in Verbindung mit § 767 gilt § 1086 Absatz 2 entsprechend.

(2) Richtet sich die Klage gegen die Vollstreckung aus einem gerichtlichen Vergleich oder einer öffentlichen Urkunde, ist § 767 Absatz 2 nicht anzuwenden.

§ 1118 Zentralbehörde

[1] Das Bundesamt für Justiz ist Zentralbehörde nach Artikel 15 Absatz 1 der Verordnung (EU) 2016/1191 des Europäischen Parlaments und des Rates vom 6. Juli 2016 zur Förderung der Freizügigkeit von Bürgern durch die Vereinfachung der Anforderungen an die Vorlage bestimmter öffentlicher Urkunden innerhalb der Europäischen Union und zur Änderung der Verordnung (EU) Nr. 1024/2012 (ABl. L 200 vom 26.7.2016, S. 1). [2] Die Verfahren nach diesem Gesetz vor dem

Bundesamt für Justiz sind Justizverwaltungsverfahren. ³ Informationen nach Artikel 22 Absatz 2 der Verordnung werden durch das Bundesamt für Justiz mitgeteilt.

§ 1119 Verwaltungszusammenarbeit

(1) ¹ Soweit bei der Überprüfung der Echtheit einer öffentlichen Urkunde oder einer beglaubigten Kopie eine Nachfrage bei der ausstellenden deutschen Behörde erforderlich ist, kann sich das Bundesamt unmittelbar an diese Behörde wenden. ² Dazu nutzt es das Binnenmarkt-Informationssystem unter Beachtung bereits vorhandener Verfahrensstrukturen. ³ Diese Behörden sind im Rahmen ihrer Zuständigkeit neben dem Bundesamt für Justiz auch zuständig für die Beantwortung von Auskunftsersuchen der Mitgliedstaaten der Europäischen Union.

(2) Über Änderungen bei den gemäß Artikel 22 Absatz 1 Buchstabe b der Verordnung einzustellenden Urkunden unterrichtet das Bundesministerium des Innern, für Bau und Heimat das Bundesamt für Justiz, soweit diese in seine Zuständigkeit fallen.

§ 1120 Mehrsprachige Formulare

¹ Mehrsprachige Formulare gemäß Artikel 7 der Verordnung (EU) 2016/1191 werden durch die Behörden ausgestellt, die für die Erteilung der Urkunden zuständig sind. ² Das Bundesamt für Justiz ist für das Ausstellen der Formulare zuständig, soweit Urkunden des Geschäftsbereichs des Bundesministeriums der Justiz und für Verbraucherschutz oder gerichtliche Urkunden betroffen sind.

Abschnitt 7. Anerkennung und Vollstreckung nach der Verordnung (EU) Nr. 1215/2012

(nicht wiedergegeben)

Sachverzeichnis*

Fette Zahlen = Paragraphen; magere Zahlen = Randnummern

Abänderungsklage 253 38; **323** ff.
Abänderungsverbot 318 5
Abmahnkosten
– Anwaltsgebühren **93** 53 ff.
– Erstattung **1** 29
– Erstattungsanspruch **91** 34
– Erstattungsfähigkeit **91** 89 ff.
– Gebrauchsmusterstreit **3** 23
– Höhe **93** 57 ff.
– Kennzeichenstreit **1** 56; **3** 23
– mitwirkender Patentanwalt **3** 22; **93** 68 ff.
– Nebenforderung **3** 20; **4** 12; **5** 7
– Patentstreit **1** 29, 36; **3** 23
– Rechtsnatur **93** 52 ff.
– Streit-/Beschwerdewert **511** 28
– Wettbewerbsstreit **1** 103
Abmahnung
– Anforderungen **93** 21 ff.
– Anwaltsgebühren **3** 23
– Aussichtslosigkeit **93** 37
– Entbehrlichkeit **93** 30 ff.
– Erforderlichkeit **93** 18; **940** 22
– Förmelei **93** 36, 49
– Gegenstandswert **3** 1, 19 ff.
– Kosten iSv § 4 Abs. 1 Hs. 2 **4** 3
– Patentrecht **1** 29
– rechtliches Gehör **271** 35
– unberechtigte **1** 29
– Unzumutbarkeit **93** 37, 43 f.
– vorgerichtliche **93** 18
– Zwecklosigkeit **93** 49
Abnehmerverwarnung 1 81; **5** 23 f.; **32** 17, 34
Absatzkette 32 18
Abschlusserklärung
– Anforderungen **922** 23
– einstweiliges Verfügungsverfahren **91a** 65; **922** 22 f.
– Kostenerstattung **93** 67
– Wegfall der Wiederholungs-/Erstbegehungsgefahr **91a** 84 ff.; **292** 48
Abschlussschreiben
– Anforderungen **93** 67; **922** 24 ff.
– Anwaltsgebühren **3** 25
– einstweiliges Verfügungsverfahren **922** 24 ff.
– Entbehrlichkeit der Abmahnung **93** 30
– Erstattungsfähigkeit **91** 90
– Gegenstandswert **3** 24 f.
– Kennzeichenrecht **1** 56
– Kosten **4** 12
– Kostenerstattung **91** 34; **93** 67, 70
– Wettbewerbsrecht **1** 103
Abschriften 133; **166** 11; **253** 21
Abstimmungskosten
– Erstattungsfähigkeit **91** 91, 176
Abtretung streitbefangener Sache
– durch Beklagten **265** 3
– Einzelrechtsnachfolge **265** 2
– durch Kläger **265** 4
– Veräußerung angegriffener Gegenstände **265** 9 f.
– Veräußerung des Schutzrechts **265** 6 ff.
Abwehrkosten 4 12; **5** 24
Abwehrschreiben
– Kostenerstattung **91** 34

Abweichungsverbot 318 5
Abwendungsbefugnis
– im Arrestverfahren **923** 1 ff.
– im Vollstreckungsverfahren **711** 1 ff.; **720** 1 f.
– im Zwangsmittelverfahren **888** 11
Aktenausdruck 298 3 ff.
Akteneinsichtsrecht
– Aktenübersendung **299** 30
– Ausfertigungserteilung **299** 29
– Begrenzung **299** 21, 29
– BPatG-Verfahren **299** 5
– nach Datenschutzrecht **299** 6
– Designverfahren **299** 12
– Dritter **299** 2, 36 ff.
– Einsichtsort **299** 29
– einstweiliges Verfügungsverfahren **299** 17
– elektronische Akte **299** 4, 32
– Forschungszwecke **299** 39
– Gebrauchsmusterverfahren **299** 9
– Gebühren **299** 35
– Geheimhaltungsinteressen **299** 25
– Informationsfreiheit **299** 6
– Markenverfahren **299** 10
– Nebenintervenient **285** 16
– Parteien **285** 16; **299** 14 ff.
– Patentverfahren **299** 7 ff.
– Prozessakten **299** 5
– Rechtsbehelf bei Ablehnung **299** 34
– Sonderregelungen **299** 5 ff.
– Sperrvermerke **270** 5; **299** 26
– Umfang **299** 20 ff.
– Urheberschiedsverfahren **299** 13
– Verfügungsverfahren **271** 35
– Vollstreckungsverfahren **760** 1 f.
– vorprozessuales **299** 18
Aktenübermittlung 143 1 ff.; **299** 30
Aktivlegitimation 52 37; **253** 43
– Designrecht **52** 58 ff.
– Gebrauchsmusterrecht **52** 45 ff.
– Infragestellen **282** 15
– Markenrecht **52** 39 ff.
– Nachweis **416** 2 f.
– Patentrecht **52** 45 ff.
– Schwierigkeit des Nachweises **416** 3
– UKlaG-Streitsachen **52** 61 ff.
– Urheberrecht **52** 71 ff.
– Wettbewerbsrecht **52** 67 ff.
Alleinstellungsberühmungen 3 231; **138** 77
Alleinstellungswerbung 3 194, 231; **284** 61
Allgemeine Geschäftsbedingungen
– revisionsrechtliche Prüfbarkeit **545** 9, 13 f.; **546** 18
– Streitwert bei AGB-Kontrolle **3** 26
Allgemeinkundige Tatsachen 291 4 ff.
Alternative Klagehäufung 5 1; **253** 49, 162; **920** 6
Amtliche Auskünfte 273 8 ff.
Amtsermittlung
– in BPatG-Verfahren **134** 2; **156** 14; **251** 6; **284** 4 f., 9; **296** 18; **307** 3; **355** 2 ff.
– in DPMA-Verfahren **148** 82; **156** 14; **251** 6; **355** 2 ff.
Amtsermittlungsgrundsatz 253 2
Androhung
– Ordnungsmittel **183** 4; **192** 8; **890** 22 f.

---

* Bearbeitet von Ass. jur. Elise Hartwich, Ritterhude.

Sachverzeichnis

Fette Zahlen = Paragraphen

- Versäumungsfolgen **231** 2
- Zwangsmittel **363** 3 ff.

Anerkenntnis
- abgekürztes Urteil **313b**
- Antrag **544** 57
- Antragserfordernis **555** 27
- im Besichtigungsverfahren **494a** 31 ff.
- in BPatG-Verfahren **307** 3
- in DPMA-Verfahren **307** 3
- Erklärung **307** 5 ff.
- in Gebrauchsmusterlöschungsverfahren **93** 3
- im gewerblichen Rechtsschutz **93** 2
- Klageveranlassung **93** 18 ff.
- kostenbefreiendes **93** 5 ff.; **276** 14; **277** 4; **307** 12
- Nichtzulassungsbeschwerde **544** 57
- im Patentnichtigkeitsverfahren **93** 3; **307** 4
- Protokollierung **160** 17
- im Rechtsbestandsverfahren **93** 11, 15
- in Revisionsinstanz **555** 27 ff.
- im Zwangslizenzverfahren **307** 3

Anerkennung
- ausländischer Entscheidungen **12** 66
- als endgültige Regelung **922** 22 ff.

Anerkennungs- und VollstreckungsausführungsG (AVAG) 722 7

Angriffs- und Verteidigungsmittel
- Begriff **296** 7 ff.; **530** 3 ff.
- Berücksichtigungsverbot **296** f.; **530** f.
- Beschränkung **146** 1 ff.
- generelles Verteidigungsvorbringen **282** 15
- gerichtliche Hinweispflicht **282** 17 f.; **531** 25 f.
- in Vorinstanz zurückgewiesene **531** 6 ff.
- Nebenintervenient **67** 2
- neue **283** 3 ff.; **529** 12, 19 ff.; **530** 8 ff.; **531** 18 ff.
- Präklusion s. dort
- rechtzeitiges Vorbringen **282** 12 ff.
- Streitgenossenschaft **100** 10
- unzutreffende Würdigung des Erstgerichts **531** 27 ff.
- verspätetes Vorbringen **296** 20 ff.; **530** 20
- in vorbereitenden Schriftsätzen **132** 4
- Vorbringen in Erstinstanz **530** 7
- Vorbringen in mündlicher Verhandlung **282** 4 ff.
- Vorbringen nach mündlicher Verhandlung **296a** 4 ff.; **531** 20
- Zurückweisung s. dort

Angriffsfaktor 3 76, 86
- Kennzeichenstreitsachen **3** 142 ff.
- Patentstreitsachen **3** 93 ff.
- Urheberrechtssachen **3** 256 ff.
- Wettbewerbsstreitsachen **3** 191 ff.

Anhörungsrüge
- Anwaltszwang **78** 16
- Begründetheit **321a** 12 ff.
- in BPatG-Verfahren **321a** 2, 5
- Entscheidung **321a** 20 f.
- Frist **321a** 9
- Subsidiaritätsklausel **321a** 5
- Unanwendbarkeit im Besichtigungsverfahren **490** 27
- Unanwendbarkeit in BGH-Verfahren **321a** 2
- Verfahren **321a** 9 ff.
- Zulässigkeit **321a** 3 ff.

Annahmeverweigerung
- berechtigte **179** 4 ff.
- Dokumentation **182** 9
- nach EuZVO **183** 21 ff.
- in Patentamtsverfahren **179** 7
- Zustellungsfiktion **179** 1 f.

Annexansprüche 3 263
- Streitwert **3** 101 f., 150, 203
- Zuständigkeit **1** 30; **12** 120, 141

Anrechnung der Geschäftsgebühr 93 72 ff.

Anscheinsbeweis
- Beispiele **284** 72
- Beweislast **286** 69
- Fallgruppen **286** 70 ff.
- typischer Geschehensablauf **286** 66
- Ungeeignetheit **286** 67

Anschlussberufung
- bedingte Einlegung **524** 31
- Beschränkung auf Kosten **99** 18
- Beschwer **524** 19
- Entscheidung **524** 33 f.
- Form **524** 25 ff.
- Frist **524** 20 ff.
- im gewerblichen Rechtsschutz **524** 10 ff.
- Kostentragung **516** 21
- Parteien **524** 16
- im Patentnichtigkeitsverfahren **524** 13
- Rechtsfolgen bei Wirkungsverlust **524** 43 ff.
- Rechtsmittel bei Verwerfung **524** 48 ff.
- Statthaftigkeit **524** 14 ff.
- Umdeutung **524** 27
- Verfahren **524** 32 ff.
- Verwerfung **524** 34, 48
- Voraussetzung **524** 14 f.
- Wegfall der (Haupt-)Berufung **524** 36 ff., 41 f.
- Wirkungslosigkeit **524** 35 ff.
- Zulässigkeit **524** 14 ff.

Anschlussbeschwerde
- Abhilfeverfahren **567** 33
- in BPatG-Verfahren **567** 30
- Unselbständigkeit **567** 10, 31

Anschlussrechtsbeschwerde 574 3, 11 ff.

Anschlussrevision
- bedingte **554** 6
- Begründung **554** 14 f.
- Beschränkung auf Kosten **99** 18
- Beschwer **554** 7
- Einlegung **554** 11 ff.
- Entscheidung **554** 19 ff.
- Kosten **554** 26
- Kostenentscheidung **554** 22 ff.
- nachgeschobene Verfahrensrügen **554** 16
- Statthaftigkeit **554** 4 ff.
- Verhandlung mit Hauptsache **554** 19
- Wirkungsverlust **554** 17 f., 23
- Zusammenhang mit Streitgegenstand **554** 8

Anspruchshäufung s. Klagehäufung

Anti-Suit Injunctions 253 31, 205; **256** 37; **709** 23

Anwaltliches Empfangsbekenntnis 416 4 ff.

Anwaltskosten s. Rechtsanwaltskosten

Anwaltswechsel 91 92 f.; **227** 24

Anwaltszwang
- Ausnahmen **78** 5; **129** 2
- Besichtigungsverfahren **78** 19
- BGH-Verfahren **78** 3
- LG-/OLG-Verfahren **78** 1
- Nichtigkeitsberufungsverfahren **78** 4
- selbstständiges Beweisverfahren **78** 18
- Vollstreckungsverfahren **78** 14

Arbeitnehmererfinderstreit 12 89
- Begriff **1** 33 ff.
- Streitwert **3** 115, 124 ff.

Arbeitnehmerzüchtungsstreit 1 47
- Rechtsweg **1** 5

Arbeitsgerichtsbarkeit 1 34, 47

Arrest
- Abwendungsbefugnis **923** 1 ff.
- Anordnung der Klageerhebung **926** 5 ff.
- Antrag s. Arrestgesuch
- Aufhebung **926** 15 ff.; **927** 6 ff., 12 ff.
- Ausgleich drohender Nachteile **921** 12
- Ausschluss **917** 17

Magere Zahlen = Randnummern

Sachverzeichnis

- Berufung **922** 21
- Beschlussverfügung **922** 9 ff.
- Bestimmtheitserfordernis **916** 9
- dinglicher **917** 1 ff.
- Grund s. Arrestgrund
- Hinterlegung der Lösungssumme **923** 3 ff.
- Kostentitel **103** 7 ff.
- Kostenscheidung **922** 7
- künftige Ansprüche **916** 6
- mündliche Verhandlung **922** 4, 20
- Nebeneinander mit Hauptsache **916** 4
- neue rechtliche Beurteilung **927** 8
- Rechtsbehelf gegen Fortdauer **927** 1
- Rechtskraft **922** 16 f.
- Schadensersatz bei fehlender Rechtfertigung **945** 6 ff.
- Sicherheit bei Glaubhaftmachung **921** 6 ff.
- Sicherheit wegen fehlender Glaubhaftmachung **921** 2 ff.
- Sicherheitsanordnung **921** 11 ff.
- Sicherung des Kostenerstattungsanspruch **916** 7
- Sicherung eines Schadenersatzanspruchs **916** 8
- sofortige Beschwerde **922** 19
- Sonderzuständigkeit des Vorsitzenden **944** 3 ff.
- Streitgegenstand **916** 4, 6 ff.
- Streitwert **3** 27; **922** 12 f.
- unberechtigter **945** 7 ff.
- Urteilsverfügung **922** 5 ff.
- veränderte Umstände **927** 6 ff.
- Verbindung mit Pfändungsbeschluss **922** 8
- Versäumen der Vollziehungsfrist **929** 19
- Vollstreckungsklausel **929** 2 f.
- Vollstreckungstitel **928** 1
- Vollziehung des Arrestbefehls **928** 1 ff.; **929** 17 f.
- Vollziehung vor Zustellung **929** 20 f.
- Vollziehungsfrist **929** 4 f.
- Vollziehungsgebühren **928** 4
- Widerspruch gegen Arrestbefehl **922** 18; **924** 5 ff.
- Zuständigkeit **1** 20
- Zustellung der Entscheidung **922** 14 f.
- Zweck **916** 6

Arrestgericht
- Amtsgericht **919** 7 ff.
- ausschließliche Zuständigkeit **919** 1
- Gericht der Hauptsache **919** 6
- internationale Zuständigkeit **919** 2

Arrestgesuch
- Änderung/Erweiterung **920** 11
- Bestimmtheitserfordernis **920** 6
- Dringlichkeit **920** 7
- Entbehrlichkeit der Glaubhaftmachung **920** 18 ff.
- Entscheidung **921** f.
- Form **920** 2 ff.
- Glaubhaftmachung **920** 12 ff.
- Hinweispflicht bei Antragsmängeln **920** 8
- Inhalt **920** 4 ff.
- Rechtshängigkeit **920** 9
- Rücknahme **920** 10
- Wirkungen **920** 9

Arrestgrund
- Auslandsvollstreckung **917** 11 ff.
- Ausschluss **917** 17
- Glaubhaftmachung **917** 10
- materiell-rechtliche Anforderung **917** 2
- Negativbeispiele **917** 9
- unlauteres Verhalten **917** 8
- Vollstreckungsgefährdung **917** 5 ff.

Aufbrauchfrist 890 34; **924** 8; **940** 92

Aufhebungsverfahren
- Arrest-/einstweiliges Verfügungsverfahren **927** 12 ff.
- Aussetzung bei Vorgreiflichkeit **148** 25
- Einleitung auf Antrag **927** 12
- Kostenentscheidung **103** 10

- Rechtsschutzbedürfnis **927** 13
- Rückwirkung der Zustellung **167** 4
- Streitwert **3** 28
- Verfahren **927** 17 ff.
- Zuständigkeit **927** 16

Aufnahme des Verfahrens
- Aktivprozesse **240** 47 ff.
- ausgesetzte Verfahren **250** 1
- Beschlussentscheidung **251** 19
- Erforderlichkeit **250** 2 f.
- Erklärung **250** 4 ff.
- durch Insolvenzverwalter **240** 46 ff.
- Passivprozesse **240** 47 ff.
- ruhende Verfahren **250** 1; **251** 19
- unterbrochene Verfahren **250** 1

Aufrechnung
- im Berufungsverfahren **533** 15 ff.
- EuGVVO/LugÜ **12** 53
- Hilfsaufrechnung **5** 20; **92** 7
- im Kostenfestsetzungsverfahren **104** 17 ff.
- Prozessaufrechnung **145** 17
- rechtzeitige Darlegung **282** 11
- Streitwert **5** 20

Augenscheinsbeweis
- Abgrenzung **371** 3 ff.
- Benutzungsnachweis **355** 8; **371** 8; **372** 9
- Beweisaufnahme **372** 1 f.
- Beweiskraft **286** 33; **371** 8 ff.
- Beweisschwierigkeiten **371** 11
- Beweisverwertungsverbot **371** 10
- Digitalfotografien **371** 9
- elektronische Dokumente **371a** 1 ff.
- gescannte öffentliche Urkunden **371b** 2
- im Gewerblichen Rechtsschutz **371** 7 ff.
- Herbeischaffung **371** 12
- Internetausdrucke **371** 9
- Priorität eines Schutzrechts **371** 8
- Strengbeweis **284** 115
- Tonbandaufnahmen **371** 8
- Unmittelbarkeit **355** 7 f.
- Vereitelung **371** 13
- Verwertbarkeit **371** 10
- vorbekannter Formenschatz **371** 8
- Vorlage von Verletzungsobjekten **273** 19
- Vorlageanordnung **371** 12

Augenscheinseinnahme
- Anordnung des Gerichts **144** 37 ff.
- Anordnungsadressat **144** 24
- Anordnungsvoraussetzungen **144** 5 ff.
- Augenscheinsgehilfe **144** 11
- im Ausland **363** 5 ff.
- Besichtigung **371** 3; **485** 122 ff.
- Duldung **485** 126; **487** 40
- eigene gegenständliche Wahrnehmung **144** 9 ff.
- Ermessen des Gerichts **144** 26 ff.
- Ermessensausübung **144** 33 ff.
- gerichtliche Anordnung **144** 1 ff.
- Hinzuziehung von Sachverständigen **371** 6; **372** 1 ff.
- Markenrecht **144** 30
- Ortstermin **219** 4; **357** 6 ff.
- Patentrecht **144** 3, 27 ff.
- Protokollierung des Ergebnisses **160** 22
- Prozessrelevanz **144** 7 f.
- durch Sachverständige **485** 24
- selbständiges Beweisverfahren **144** 4
- spezialgesetzliche Regelungen **371** 1
- Übertragung auf Sachverständigen **372** 3
- Verletzungswahrscheinlichkeit **144** 2, 8
- Vorbereitungsanordnungen **273** 19
- Weigerungsrecht Dritter **144** 25
- Zeitpunkt **279** 6

Ausforschungsbeweis 284 128, 136; **373** 22; **432** 5

1653

Sachverzeichnis

Fette Zahlen = Paragraphen

Auskunfts- und Rechnungslegungsanspruch
– Abwandlungen **888** 27
– Auskunftszeitraum **888** 28
– Ausschluss **383** 16; **384** 8 ff.; **385** 4
– Beschwerdewert **544** 14, 26
– Besonderheiten bei Vollstreckung **888** 21 ff.
– Beweislast bei Erfüllung **888** 29
– Designrecht **148** 251; **383** 16; **384** 8 ff.; **385** 4
– Drittauskunftsansprüche **940** 40
– eidesstattliche Versicherung **889** 1 ff.
– Einstellung der Vollstreckung **708** 25 ff.
– einstweilige Verfügung **940** 40 ff.
– Erfüllungseinwand **888** 23
– geänderte letzte Rechnungslegung **888** 31
– Gebrauchsmusterrecht **148** 184; **383** 16; **384** 8 ff.; **385** 4
– Gestehungskosten/Gewinn **888** 32 ff.
– Markenrecht **148** 204; **383** 16; **384** 8 ff.; **385** 4
– nicht vertretbare Handlung **888** 1
– Nullauskunft **888** 35
– Patentrecht **148** 104; **383** 16; **384** 8 ff.; **385** 4
– Rechnungslegungsfrist **888** 22
– Streitwert **3** 29 ff.
– Stufenklage **254** 8 ff.
– Umfang der Rechnungslegungspflicht **888** 21
– unersetzlicher Nachteil bei Vollstreckung **707** 28 ff.
– Unmöglichkeitseinwand **888** 36 ff.
– Vereitelung **888** 36
– Vollstreckung **887** 1 ff.; **888** 1 ff.
– Zwangsmittel zur Erzwingung **888** 4 ff.
– Zweiklagen-Lösung **254** 8 ff.

Auskunfts- und Rechnungslegungsantrag
– Bestimmtheit **253** 252
– Streitgegenstand **253** 142

Auskunftsklage
– Berufungswert **511** 31 ff.
– nach PatG **1** 28
– Stufenklage **254**

Auslagen
– Erstattungsfähigkeit **91** 28, 81
– Vorschuss **487** 43 f.

Ausländische Urteile
– Vollstreckbarkeit **722** 1 ff.; **723** 1 f.

Ausländischer Anwalt
– Kostenerstattung **91** 96 f.

Ausländisches Recht
– Anwendung **293** 19 f.
– Arrest-/Verfügungsverfahren **920** 17
– Beweisverfahren **293** 14 f.
– Definition **293** 6
– einstweiliges Rechtsschutzverfahren **293** 16
– Ermittlung **293** 10 ff.
– Revisionsinstanz **555** 18
– Verletzung der Ermittlungspflicht **293** 18
– Versäumnisverfahren **293** 17

Auslandsvollstreckung
– Prozesskostensicherheit **110** 3
– Verbürgung der Gegenseitigkeit **917** 11 ff.

Auslandszustellung
– Amtsverfahren **183** 27
– Annahmeverweigerung **183** 23
– durch ausländische Behörden **183** 12
– diplomatische Zustellung **183** 14
– Einlassungsfristen **274** 9
– Einschreiben mit Rückschein **183** 9 ff., 19
– EU-Staaten **183** 6, 15 ff.
– EuZVO **183** 6, 15 ff.
– Heilbarkeit von Zustellungsmängeln **189** 4
– HZÜ **183** 6, 8 ff.
– Klagschrift **271** 9 ff.
– konsularische Zustellung **183** 14
– nachträgliche Zustellung **183** 25
– Nachweis **183** 10, 13 f.
– in Nicht-EU-Staaten **183** 6, 8 ff.
– Rückwirkung **167** 3; **183** 26
– Übersetzung des zuzustellenden Dokuments **183** 21 ff.
– Unzustellbarkeit **183** 11
– Vermeidung **177** 3
– Zustellungsbevollmächtigte **184** 1 ff.

Auslandszustellungen 253 21

Ausschließliche Zuständigkeit 1 12
– Arrest-/Verfügungsverfahren **794** 2
– Designrecht **1** 79 f., 85
– Durchbrechung **794** 2
– nach EuGVVO **12** 99
– funktionelle Zuständigkeit **1** 16
– Gebrauchsmusterstreitsachen **1** 43
– Gemeinschaftsgeschmacksmuster **1** 87, 98
– Geschmacksmusterrecht **1** 98
– internationale Zuständigkeit **12** 55, 83 f.
– Kartellgerichte **148** 17
– Kennzeichenrecht **1** 53, 62 f.
– Landgerichte **1** 2, 12, 16; **38** 2
– Nichtigkeits-/Restitutionsklagen **584** 1 ff.
– Patentrecht **1** 38
– Sortenschutzrecht **1** 45, 50
– Überschneidungen **1** 17
– Unionsmarkenrecht **1** 64 ff., 77
– Urheberrecht **1** 112
– Wettbewerbsrecht **1** 101, 105

Außergerichtliche Konfliktbeilegung 253 21

Außergerichtliche Kosten
– Begriff **91** 27 ff.
– Erstattungsfähigkeit **91** 28, 33, 95

Außergerichtlicher Vergleich
– Kostentragung **98** 2, 11 ff.

Aussetzung des Verfahrens
– Anspruchsidentität **148** 40 ff.
– Antrag **148** 77 ff.
– Arbeitnehmererfindungsstreit **148** 28
– Aufhebung **148** 91 ff.; **150**
– außerhalb ZPO **249** 1
– Aussetzungsmaßstab **148** 71, 110 ff.
– Begründung **148** 88
– Berufungsverfahren **148** 68, 121
– durch Beschluss **148** 85
– Beschränkungsverfahren **148** 16, 127, 176, 196 f.
– Beschwerdebefugnis **252** 11 ff.
– Besichtigungsverfahren **148** 26
– BPatG-Verfahren **148** 11; **252** 5
– Darlegungslast **148** 83, 118 ff.
– Dauer **148** 161 f.
– Designverletzungsverfahren **148** 247 ff.
– DPMA-Entscheidungen **252** 6
– DPMA-Verfahren **148** 12, 82
– Einholung eines Gutachtens **148** 141 f.
– Einspruchsverfahren **148** 167
– einstweiliges Verfügungsverfahren **940** 173 f.
– Eintritt der Wirkung **249** 4
– einvernehmliche Bitte **148** 80
– Ende **148** 91; **249** 6
– Entschädigungsansprüche **148** 103
– Entscheidung **148** 85 ff.
– Entscheidungen im Rechtsbestandsverfahren **148** 131 f.
– erfasste Fristen **249** 9 ff.
– Erfolgsaussichten des Rechtsbestandsverfahrens **148** 105 ff.
– Ermessen **148** 45, 65 ff., 77, 125, 143, 219 ff.; **252** 19 ff.
– Erteilungs-/Eintragungsverfahren **148** 14 f.
– EuGVVO **148** 31 ff.
– fakultative **148** 185 ff.

Magere Zahlen = Randnummern

Sachverzeichnis

– fehlende Erfindungshöhe **148** 114
– fehlerfreie Ermessensausübung **252** 19 ff.
– Gebrauchsmusterbeschränkung **148** 196 f.
– Gebrauchsmusterlöschungsverfahren **148** 198 ff.
– Gebrauchsmusterverletzungsverfahren **148** 64, 179 ff.
– Gemeinschaftsdesignverfahren **148** 252 ff.
– Interessenabwägung **148** 65 ff., 66, 106, 143
– kartellrechtliche Vorfragen **148** 17 ff.
– laufendes Erteilungsverfahren **148** 175 ff.
– Löschungsverfahren **148** 240 ff.
– mangelnde Ausführbarkeit **148** 116
– mangelnde Technizität **148** 116
– Markenbestandsverfahren **148** 229 ff.
– Markenlöschungsverfahren **148** 240 ff.
– Markenverletzungsverfahren **148** 203 ff.
– Markenwiderspruchsverfahren **148** 230 ff.
– mehrere Nichtigkeitsverfahren **148** 169 ff.
– nachträgliches Besichtigungsverfahren **148** 9
– nationale Rechtsbestandsverfahren **148** 11
– Neubeginn der Frist **249** 15 ff.
– neuheitsschädlicher Stand der Technik **148** 111
– Nichtigkeitsverfahren **148** 168 ff.
– Nichtzulassungsbeschwerdeverfahren **148** 70, 124
– offenkundige Vorbenutzung **148** 115
– Parteiidentität **148** 37 ff., 53
– Patenteinspruchsverfahren **148** 162 ff.
– Patentnichtigkeitsverfahren **148** 168 ff.
– Patentverletzungsverfahren **148** 101 ff.
– Prognoseentscheidung **148** 107, 119, 121 ff., 219 ff.
– Prüfungskompetenz **252** 14 ff.
– Prüfungsmaßstab **252** 14 ff.
– rechtliches Gehör **148** 84
– Rechtsbehelf **148** 96 ff.
– Rechtsbeschwerde **148** 96
– Rechtsbestandsverfahren **148** 6, 53, 229 ff., 260 f.
– Rechtsmittel **252** 1 ff.
– Restitutionsverfahren **148** 72
– Revisionsverfahren **148** 68, 123
– Richtervorlage **148** 23
– Ruhen als Sonderfall **251** 2
– Schiedsverfahren **148** 10
– sofortige Beschwerde **148** 94; **252** 7 ff.
– Sonderregelungen **148** 2
– Strafverfahren **148** 30
– Streitwert **3** 33
– Tenorierung **148** 87
– Überprüfung der Entscheidung **252** 7 ff.
– unanfechtbare Entscheidung **148** 100
– ungerechtfertigte Schutzrechtsverwarnung **148** 52
– Unionsmarkenstreit **148** 210 ff.
– Unterbrechung des Fristenlaufs **249** 7 ff.
– unzulässiger Erweiterung **148** 116
– Urheberrechtsstreit **148** 265 ff.
– Urteil **148** 85
– Verfahren **148** 77 ff.
– Verfassungsbeschwerde **148** 23
– Verfügungsverfahren **148** 7, 25
– Verletzungsverfahren **148** 5 ff.
– Verspätung **148** 73 ff.
– Vindikationsverfahren **148** 8, 27, 65, 164, 177
– von Amts wegen **148** 36, 78 f.
– Vorabentscheidungsvorlagen **148** 3 f.
– Voraussetzungen **148** 49 ff.
– Vorgreiflichkeit **148** 49 ff., 50 f., 205 ff.; **252** 17
– vorrangige Sonderregelungen **148** 2
– wettbewerbsrechtliche Verfahren **148** 262
– Widerklage auf Unionsmarkenlöschung **148** 243
– Widerspruchsverfahren **148** 230 ff.
– Wiederaufnahme *s. Aufnahme*
– Wiederaufnahmeklage **585** 5
– Wirkungen **148** 94 f.
– Zahlungsverfahren auf Lizenzgebühr **148** 29

– Zeitpunkt **148** 33, 68 ff.
– Zurückweisung wegen Verspätung **148** 73 ff.
– Zwangslizenzverfahren **148** 24
– zwingende **148** 188
– *s. a. Unterbrechung*

Auswahlverschulden 233 14, 65

Bärenfang-**Doktrin 284** 30; **402** 26
Baumbach'sche Kostenformel 92 12; **100** 29 ff.
Beauftragtenhaftung 253 138
Befangenheit
– Interviewer **407a** 9
– Nachforschungen der Partei **406** 10 ff.
– patentrechtliches Besichtigungsverfahren **406** 2 ff.
– Sachverständige **357** 6; **372** 3; **406** 1 ff.; **412** 4; **414** 3; **487** 12 ff.

Begehungsort
– Abnehmerverwarnung **32** 17, 34
– Angebot nachgeahmter Waren **32** 18
– Boykottaufruf **32** 20
– Domainregistrierung **32** 22
– Durchfuhr/Transit **32** 23
– Ehrverletzungen **32** 19, 25
– Erfolgsort **12** 31; **32** 14
– Film/Fernsehen/Radio **32** 28
– Gerichtsstand **32** 14 ff.
– Handlungsort **32** 14
– Immaterialgüterrechte **32** 29
– Internetdelikte **32** 30
– Internet-Rechtsverletzungen **12** 33 ff., 38 ff.; **32** 26
– Konkurrenten **32** 14
– Markenanmeldung **32** 31
– Messeauftritt **32** 32
– Persönlichkeitsrechtsrechtsverletzungen **32** 25
– Persönlichkeitsrechtsverletzung **12** 35 ff.
– rechtsverletzende Äußerungen **32** 19
– rechtsverletzende Briefe/Schreiben **32** 21
– rechtsverletzende E-Mails **32** 26
– rechtsverletzende Faxwerbung **32** 27
– rechtsverletzende Schriften **32** 24
– Schutzrechtsverwarnung **32** 34
– Testkäufe **32** 35
– Torpedoproblematik **12** 44
– Unterlassungsklage **32** 36
– Wettbewerbsverstöße **32** 2
– *s. a. Deliktischer Gerichtsstand*

Beglaubigte Abschriften 133 4; **169** 6 ff.; **271** 5; **317** 4
Beglaubigungsvermerk 169 6 f.; **416a** 1
Begründetheit der Klage 253 42 ff.
Beibringungsgrundsatz 104 7; **138** 1; **253** 1; **284** 17
Berichtigung
– Berichtigungsvermerk **164** 10
– fehlerhafte Verweisung **281** 18
– Parteibezeichnungen **263** 17
– Protokoll *s. Protokollberichtigung*
– Urteil *s. Urteilsberichtigung*

Berufung
– Änderung des Streitgegenstands **511** 19
– Anschlussberufung *s. dort* **524**
– Anträge *s. Berufungsanträge*
– anwendbare Vorschriften **525** 3 ff.
– Ausweitung des Angriffs **533** 3
– Bedingungsfeindlichkeit **519** 8
– Begründung *s. Berufungsbegründung*
– Berufungserklärung **519** 6 ff.
– Berufungsführer **511** 14 ff.; **519** 7
– Berufungsgegner **511** 17; **519** 7
– Beschwer **511** 18 f.
– Beschwerdewert **511** 22 ff.
– Einlegung **519** 15 ff.
– Einzelrichterentscheidung **526** 3 ff.

1655

Sachverzeichnis

Fette Zahlen = Paragraphen

- gegen Endurteile **511** 1 ff.
- erstinstanzliche Urteile **511** 9 ff.
- erstinstanzliche Vorentscheidungen **512** 1 ff.
- fehlerhafte Tatsachengrundlage **513** 3 ff., 7 f.
- Flucht in die Berufung **531** 6; **534** 1; **535** 1
- Frist **517 f.**
- Gegenstand **528** 3 ff.
- Gründe **513** 1 ff.; **520** 27 ff.
- gegen Grundurteile **511** 3
- Mindestanforderungen **519** 2 ff.
- bei Mischentscheidungen **511** 4
- mündliche Verhandlung **523** 1 ff.
- neue Angriffs-/Verteidigungsmittel **520** 41 ff.; **522** 15; **529** 19 ff.
- neuer Tatsachenvortrag **513** 8
- offensichtliche Aussichtslosigkeit **522** 30 ff.
- offensichtliche Unbegründetheit **522** 28 ff.
- Patentnichtigkeitsstreit **511** 13
- Patentnichtigkeitsverfahren **513** 2
- Präklusion **530**
- Prozesskostenhilfe **519** 9
- Prüfungsumfang **513** 3 ff.; **529**
- Rechtsmittel gegen Verwerfung **522** 22 ff.
- Rechtsmittel gegen Zurückweisung **522** 50 f.
- Rechtsverletzungen **513** 3 ff.; **520** 28 ff.
- Rücknahme s. Berufungsrücknahme
- Rügebeschränkung **514** 8
- Schriftsatz s. Berufungsschrift
- Subsumtionsfehler **513** 7
- Tatsachenfeststellungen des Erstgerichts **529** 6 ff.
- Tatsachengrundlagen **529** 3 ff.
- Teilverwerfung **522** 17, 45
- Teilzurückweisung **522** 45
- Terminsbestimmung **523** 1 ff.
- Umdeutung **514** 5
- unanwendbare Vorschriften **525** 5 ff.
- unzulängliche Tatsachenfeststellungen **520** 37 ff.
- Unzulässigkeit **519** 4; **522** 14 ff.
- Urheberrechtswahrnehmungsstreit **511** 11
- Verbesserungsverbot **528** 23 f.
- Verfahren **525**
- Verfahrensmängel in Erstinstanz **529** 25 ff.
- Versäumnisurteil über Wiedereinsetzung **514** 6
- Verschlechterungsverbot **528** 25
- Verweisung **525** 7
- Verwerfung **522** 14 ff.
- Verzicht s. Berufungsverzicht
- Wert des Beschwerdegegenstands **511** 22 ff.
- Wertberufung **511** 22 ff.
- Zulässigkeit **522** 22 f.
- Zulässigkeitsprüfung **522** 4 ff.
- Zulässigkeitsrügen **532** 3 ff.
- Zulässigkeitsvoraussetzungen **511** 18 ff.
- gegen Zulässigkeitszwischenurteil **511** 3
- Zulassung neuer Angriffs- und Verteidigungsmittel **531** 18 ff.
- Zulassungsberufung **511** 41 ff.
- Zurückweisung **522** 28 ff.
- Zuständigkeit **1** 3; **519** 15 ff.
- keine Zuständigkeitsprüfung **513** 9 ff.
- gegen zweites Versäumnisurteil **511** 21; **514** 6

Berufungsanschlussschrift
- Begründung **524** 28
- Inhalt **524** 26
- Zustellung **524** 32

Berufungsanträge
- Aufnahme in Berufungsurteil **540** 9
- in Berufungsbegründung **520** 18 ff.
- Bestimmtheitserfordernis **520** 19
- Bindung **528** 19 ff.
- Hilfsanträge **528** 13
- Klageerweiterung **528** 9

- Maßgeblichkeit **528** 3 ff.
- Widerklage **528** 9

Berufungsbegründung
- Allgemeines **520** 23 f.
- Anfechtungsumfang **520** 18 ff.
- Anträge **520** 18 ff.
- Bedingungsfeindlichkeit **520** 4
- bestimmender Schriftsatz **520** 3
- fakultativer Inhalt **520** 45 ff.
- fehlerhafte Tatsachenfeststellung **520** 37 ff.
- Fristbeginn **520** 5 ff.
- Fristende **520** 14
- Fristlauf **520** 8 ff.
- Fristverlängerung **520** 9 ff.
- Patentnichtigkeitsverfahren **520** 2, 5
- Rechtsverletzungen im Ersturteil **520** 28 ff.
- Wiedereinsetzung **520** 17
- Zustellung **521** 5 ff.
- zwingender Inhalt **520** 18 ff.

Berufungserwiderungsfrist
- Fristenlauf **521** 8, 11
- Fristsetzungen **521** 6 ff.
- Versäumen **521** 9 f.

Berufungsfrist
- Ablauf **517** 20
- Beginn **517** 5 ff.
- Berechnung **517** 16, 18 f.
- bei Ergänzungsurteil **518** 1 ff.
- bei fehlerhafter Zustellung **517** 14 ff.
- Funktion **517** 3
- Notfrist **517** 17, 19
- Patentnichtigkeitsverfahren **517** 5
- Verlängerung **518** 6 ff.

Berufungsgericht
- Besetzung **547** 5 ff.
- Besetzungsmangel **547** 7
- Bindung an Anträge **528** 19 ff.
- Bindung an Revisionsgericht **563** 17 ff.
- Einzelrichterübertragung **526** 3 ff.
- Einzelrichterzuweisung **527**
- Entscheidung bei offensichtlicher Unbegründetheit **522** 38 ff.
- Entscheidung bei Unzulässigkeit **522** 10 ff., 14 ff.
- Fristwahrung bei Unzuständigkeit **519** 17
- Kammer für Handelssachen **526** 3; **527** 3
- Prüfprogramm **529** 3
- Prüfung offensichtlicher Unbegründetheit **522** 28 ff.
- Prüfungsumfang **529**
- Sachentscheidung **538** 4
- Urheberrechtsstreit **519** 18
- Zulässigkeitsprüfung **522** 4 ff.
- Zuständigkeit **519** 15 ff.

Berufungsprüfung
- altes Vorbringen **529** 4 ff.
- anderes Vorbringen **529** 18
- Auslegung von Willenserklärungen **529** 13 f.
- keine Bindung an gerügte Rechtsverletzungen **529** 23 f.
- neues Vorbringen **529** 19 ff.
- Neufeststellungen **529** 15 ff.
- Patentnichtigkeitsverfahren **529** 2
- Tatsachenfeststellungen des Erstgerichts **529** 5 ff.
- Umfang **513** 3 ff.; **529**
- Verfahrensmängel **529** 25 ff.

Berufungsrücknahme
- Abgrenzung **516** 1
- Anforderungen **516** 3 ff.
- Bedingungsfeindlichkeit **516** 3 ff.
- Entscheidung **516** 23 f.
- Inhalt **516** 9 ff.
- Kostentragung **516** 20 ff.
- in mündlicher Verhandlung **516** 6

Magere Zahlen = Randnummern **Sachverzeichnis**

- Patentnichtigkeitsverfahren **516** 2
- Prozesshandlung **516** 3 ff., 25 f.
- Rechtsfolgen **516** 15 ff.
- Rechtsmittelverlust **516** 15 ff.
- durch Schriftsatz **516** 6
- teilweise **516** 10
- vertragliche Verpflichtung **516** 27 f.
- Wiederaufleben **516** 14
- Zeitpunkt **516** 12 ff.
Berufungsschrift
- Adressat **519** 15 ff.
- Anträge **520** 18 ff.
- Beifügung des angegriffenen Urteils **519** 13 f.
- Berichtigungen **519** 11 f.
- Berufungsbegründung **519** 2; **520** 18 ff.
- Berufungserklärung **519** 6 ff.
- bestimmender Schriftsatz **519** 1
- Bezeichnung des Urteils **519** 3
- fehlerhafte Angaben **519** 5
- Heilung von Mängeln **519** 11 f.
- Inhalt **519** 2 ff.
- Mindestanforderungen **519** 2
- notwendige Angaben **519** 3 ff., 7
- Rechtzeitigkeit **519** 19 ff.
- unvollständige Angaben **519** 5
- Zustellung **521** 3 ff.
Berufungssumme
- Abmahnkosten **511** 28
- Auskunftsanspruch **511** 21 ff.
- Bestimmung **511** 24 ff.
- Divergenzen bei Gläubiger/Schuldner **511** 30 ff.
- Glaubhaftmachung **511** 29
- maßgeblicher Zeitpunkt **511** 27
- Unterlassungsanspruch **511** 37 ff.
Berufungsurteil
- abgekürzter Urteilsinhalt **540** 16 ff.
- Entscheidungsbegründung **540** 11 ff.
- Inhalt **540** 2 ff.
- Protokollurteil **540** 14 f.
- Rubrum/Tenor **540** 2
- tatsächliche Feststellungen **540** 3 ff.
Berufungsverfahren
- Aufrechnungserklärung **533** 15 ff.
- Ausweitung des Angriffs **533** 3
- Bindung an Anträge **528** 19 ff.
- Gegenstand **528** 1, 3 ff.
- Geständnis **535** 1 ff.
- Klageänderung **533** 6 ff.
- Nebenentscheidungen **528** 17 ff.
- Patentnichtigkeitsverfahren **528** 2
- Präklusion **530**
- Prozessakten des Erstgerichts **541** 1 ff.
- Sachentscheidung durch Berufungsgericht **538** 4
- Übertragung auf Einzelrichter **526**
- Verbesserungsverbot **528** 23 f.
- Verlust des Rügerechts **534** 1 ff.
- Versäumnisurteil **539** 2 ff.
- Verschlechterungsverbot **528** 25
- Widerklage **533** 20 ff.
- Zulässigkeitsrügen **532** 1 ff.
- Zulassung neuer Angriffe **533** 3 ff.
- Zulassung neuer Angriffs- und Verteidigungsmittel **531** 18 ff.
- Zurückverweisung **538** 5 ff.
- Zuweisung an vorbereitenden Einzelrichter **527** 1 ff.
- Zwischenfeststellungsklage **533** 5
Berufungsverzicht
- Abgrenzungen **515** 2
- Anforderungen **515** 4 ff.
- Anwaltszwang **515** 4 f.
- Inhalt **515** 10 ff.
- keine Mitwirkung des Gegners **515** 9

- Patentnichtigkeitsverfahren **515** 3
- Prozesshandlung **515** 4, 20 ff.
- Teilverzicht **515** 14
- vertragliche Verpflichtung **515** 22 f.
- Wirkung **515** 16 ff.
- Zeitpunkt **515** 15
Berufungszulassung
- Bindung **511** 47
- Entscheidung **511** 43 ff.
- Gründe **511** 42
- Nachholung **511** 46
- Nichterreichen des Beschwerdewerts **511** 41
- Nichtzulassung **511** 44
Beschlagnahme 273 10; **485** 126; **938** 6
Beschleunigung des Verfahrens 253 20
Beschleunigungsgebot 272 1; **273** 1
Beschwerde
- außerordentliche **567** 3
- gegen BPatG-Entscheidungen **567** 5 ff.
- Designrecht **567** 9
- gegen DPMA-Entscheidungen **567** 5 ff.
- FamFG **567** 2
- Gebrauchsmusterrecht **567** 7
- Markenrecht **567** 8
- Patentrecht **567** 6
- Unanwendbarkeit der ZPO-Vorschriften **567** 5 ff.
- s. a. *Rechtsbeschwerde, Sofortige Beschwerde*
Beschwerdegericht
- Aufhebung der angefochtenen Entscheidung **572** 12
- Aufhebung der Nichtabhilfe **572** 11
- Aussetzung der Vollziehung **570** 5 ff.
- einstweilige Anordnungen **570** 6
- Entscheidung **572** 9 ff.
- Überprüfung des Abhilfeverfahrens **572** 11
Beseitigungsanspruch
- einstweilige Verfügung **940** 49 ff.
- Streitwert **3** 34
Beseitigungsantrag
- Bestimmtheit **253** 248 ff.
Besetzungsmängel 547 10 ff., 13; **579** 4
Besichtigung
- Anspruchsberechtigte **485** 90
- Antragstellung **485** 133 f.
- Besichtigungsmaßnahmen **485** 121 ff.
- zur Beweisgewinnung **485** 97, 120 ff.
- defizitäre **485** 148
- Duldung der Inaugenscheinnahme **485** 3, 38
- fehlgeschlagene **485** 149
- Fixierung des Besichtigungsergebnisses **485** 125
- gegenständlich verkörperte Erzeugnisse **485** 121
- Hauptsacheverfahren **485** 41
- Inaugenscheinnahme **485** 122 ff.
- Mitnahme des Besichtigungsgegenstands **485** 126 f., 146
- Mitwirkungspflichten **485** 129 ff.
- nicht funktionsfähige Gegenstände **485** 147
- patentgeschützter Verfahren **485** 121
- von Sachen **485** 121 ff.
- Sachverhaltsaufklärung **485** 97
- Standortbenennung **485** 135 ff.
- Substanzeingriffe **485** 128
- Substanzzerstörung **485** 128
- mit technischen Hilfsmitteln **485** 124
- unkörperliche Signalfolgen **485** 121
- Verweigerung **485** 155
- Vorlage von Urkunden **485** 139 ff.
- Wiederholung **485** 145
- s. a. *Besichtigungsverfahren*
Besichtigungsanordnung
- keine Anhörung des Besichtigungsschuldners **485** 49; **491** 6
- Anhörung des Sachverständigen **492** 7 ff.

1657

Sachverzeichnis

Fette Zahlen = Paragraphen

- keine Ladung **485** 49; **493** 12
- Rechtsschutz bei Stattgabe **490** 17 ff.
- Rechtsschutz bei Zurückweisung **490** 12 ff.
- selbständiges Beweisverfahren **490** 13 ff.
- sofortige Beschwerde **490** 12, 14
- unrechtmäßige **490** 21 ff.
- Verfügungsverfahren **490** 12, 17 ff.
- Vollstreckung **883** 1
- Widerspruch **490** 17, 20
- Zustellung **490** 39

Besichtigungsansprüche
- Anspruchsgrundlagen **485** 2, 82 ff.; **940** 56
- Anspruchsverpflichtete **485** 87 ff.
- BGB-Anspruch **485** 2, 39 f., 85
- Durchsetzung im Verfügungsverfahren **485** 42, 84; **940** 56
- Erfüllung **485** 145 ff.
- materiell-rechtlicher Anspruch **485** 2, 39 f.
- prozessuale Durchsetzung **485** 3, 41 f.
- spezialgesetzlicher Anspruch **485** 2, 84 f.
- Streitwert **3** 35
- verfahrensrechtlicher Anspruch **485** 1, 35 ff.

Besichtigungsgutachten 138 97

Besichtigungsverfahren
- Allgemeines **485** 43 ff.
- Anordnung des selbständigen Beweisverfahrens **485** 48 ff.
- Anspruchsvoraussetzungen einer Besichtigung **485** 69
- Antrag auf Duldungsverfügung **487** 26 ff.
- Antrag auf selbständiges Beweisverfahren **487** 7 ff.
- Antragserfordernis **487** 3 ff.
- antragsüberschreitender Beschluss **490** 9
- Aufnahme von Unteransprüchen **490** 9
- Auslagenvorschuss **487** 43 f.
- Begutachtungsdurchführung **487** 17
- Benennung des Sachverständigen **487** 12
- Benutzung des Beweisergebnisses **493** 3 ff.
- Besichtigungsanordnung **485** 51 ff.; **490** 12 ff.
- Beweiswürdigung **493** 5
- Dringlichkeitszuständigkeit **486** 18 ff.
- Duldungsverfügung **485** 51
- Durchführung der Besichtigung **485** 48 ff.
- Durchsuchungsbefugnis des Gerichtsvollziehers **785a** 1
- Düsseldorfer Modell **485** 4, 43 ff.
- Entbehrlichkeit der Abmahnung **93** 31
- Erledigung der Hauptsache **91a** 48 ff.
- *Faxkarten*-Entscheidung **485** 44
- Freigabeverfahren *s. dort*
- Geheimnisschutz **485** 54 ff., 58 ff.; **487** 22 ff., 34 ff.
- gesonderte Anfechtbarkeit **490** 6
- Herausgabe des Gutachtens *s. Freigabeverfahren* **485** 57
- im Insolvenzfall **485** 79
- Klageerhebungsfrist **494a** 2 ff.
- Kombinationsverfahren **485** 43 ff.
- Kosten **490** 38
- Kostenwiderspruch **494a** 31 ff.
- Mehrfachbesichtigung **487** 37 f.
- mündliche Verhandlung **490** 8; **491** 6; **493** 12
- Musterantrag **487** 45 f.
- nachträgliche Genehmigung **490** 10
- nachträgliche Stellungnahme **492** 9
- rechtliches Gehör **487** 19 ff.
- Rechtsnatur **485** 63 ff.; **490** 6
- Rechtsschutz **490** 11 ff.
- Rechtsschutz bei nicht rechtmäßiger Duldungsverfügung **490** 21 ff.
- Rechtsschutz gegen Besichtigungsanordnung **490** 11 ff.
- Regelungsinhalt **485** 47 ff.
- sofortiges Anerkenntnis **494a** 31 ff.
- Streitwert **490** 38
- Streitwertaufteilung **494a** 3
- übereinstimmende Erledigung **91a** 48 ff.
- Unkenntnis über potentiellen Verletzer **494** 3 f.
- Urkundenbeweis **487** 11
- Verfahrenskombination **485** 43 ff.
- Verletzungswahrscheinlichkeit **485** 44; **487** 5
- Verschwiegenheitsanordnung **487** 24
- vollwertiges Gerichtsgutachten **493** 3
- Voraussetzungen der Duldungsverfügung **485** 81 ff.
- Voraussetzungen des selbständigen Beweisverfahrens **485** 70 ff.
- Wiederholung der Begutachtung **493** 8
- zu Unrecht ergangene Verfügung **490** 21 ff.
- zurückweisender Beschluss **490** 12 ff.
- Zuständigkeit für Beweisanordnung **486** 3 ff.
- Zuständigkeit für Duldungsverfügung **486** 3
- *s. a. Besichtigungsanordnung, Duldungsverfügung, Selbständiges Beweisverfahren*

Besonderes elektronisches Anwaltspostfach (beA)
- Ausgangskontrolle **130a** 18
- Parteizustellung **192** 3, 6
- Patentanwälte **130a** 15
- Übermittlung fristwahrender Schriftsätze **233** 32, 45 ff., 52 ff.

Besprechungsraum
- Kostenerstattung **91** 98

Bestellung
- Bekanntgabe der Bevollmächtigung **172** 7 ff.

Bestimmtheitsgebot 253 193 ff.
- Antrag auf Auskunft und Rechnungslegung **253** 252 f.
- Beseitigungsantrag **253** 248 ff.
- Feststellungsantrag **253** 254 f.
- Gestaltungsantrag **253** 261 f.
- Unterlassungsantrag **253** 196 ff.
- Vernichtungsantrag **253** 251
- Zahlungsantrag **253** 256 ff.

Bestreiten
- Anforderungen **138** 20 ff.
- ausdrückliches **138** 18
- Designstreit **138** 63 ff.
- einfaches **138** 19; **485** 9
- markenrechtliche Verfahren **138** 51 ff.
- Nichtbestreiten als Geständnisfiktion **138** 27
- mit Nichtwissen **138** 19, 25, 56
- Patentstreit **138** 28 ff.
- Rechtsfolgen **138** 27
- durch schlüssigen Vortrag **138** 18
- Spezifizierungspflicht **138** 28 ff.
- substantiiertes **138** 19, 22; **485** 9
- Urheberstreit **138** 83 ff.
- Wettbewerbsstreit **138** 69 ff.

Betriebsgeheimnisse *s. Geheimnisschutz*

Beweisantrag
- Ablehnung **284** 136
- Bestimmtheit **373** 20 ff.
- Beweisermittlungsantrag **284** 128
- Form **284** 126
- Inhalt **284** 127
- Rechtzeitigkeit **284** 126
- Unzulässigkeit **284** 128
- Zeugenbenennung **373** 17 ff.
- Zeugenbeweis **373** 15 ff.

Beweisarten
- Art der Beweisführung **284** 101 ff.
- Freibeweis **284** 93 f.
- Gegenbeweis **284** 98 f.; **292** 15 f.
- Glaubhaftmachung **284** 100
- Gleichwertigkeit **286** 1
- Hauptbeweis **284** 98
- Hilfstatsachen **284** 101
- Indizienbeweis **284** 101 ff.

Magere Zahlen = Randnummern

Sachverzeichnis

– Strengbeweis **284** 93, 115
– unmittelbarer Beweis **284** 101
– Vollbeweis **284** 100
Beweisaufnahme
– Abgabe durch beauftragten/ersuchten Richter **365** 1 ff.
– Amtsermittlungsgrundsatz **355** 2
– Amtsverfahren **355** 2
– im Anschluss an Hauptterm **279** 6 f.
– Anwendung der ZPO-Vorschriften **284** 2 ff.; **355** 1, 4
– Ausbleiben der Partei **367** 1 ff.
– im Ausland **355** 6; **363** 2 ff.; **364** 2 ff.; **1072** 1 ff.
– nach ausländischem Recht **369** 2 ff.
– durch beauftragten Richter **361** 2 f.
– durch beauftragten/ersuchten Richter **371** 4
– Beendigung **492** 2
– Beginn des mündlichen Termins **332** 4
– Beibringungsfrist **356** 2 ff.
– Beibringungsgrundsatz **284** 17
– Bestimmung neuen Termins **368** 2 f.
– Beweiserhebungsverfahren **284** 124 ff.
– vor erkennendem Gericht **284** 140
– Ermessen **287** 20
– Erörterung des Ergebnisses **279** 9 ff.
– Erörterung des Gutachtens **492** 4
– durch ersuchendes Gericht **1072** 5
– durch ersuchten Richter **362** 2 ff.
– durch ersuchtes ausländisches Gericht **1072** 4
– nach EuBVO **1072** 1 ff.
– in EU-Mitgliedsstaaten **1072** 2 ff.
– Formverstöße **295** 6
– Fortführung mündlicher Verhandlung **370** 2 ff.
– Fragerecht **357** 10
– Geheimhaltungsinteressen **357** 11 ff.
– Geheimnisschutz **285** 13
– Grundzüge **284** 17 ff.
– Hindernis von unbestimmter Dauer **356** 2 ff.
– konsularische **363** 8, 10
– in Mitgliedsstaaten der EU **1072** 1 ff.
– Mitwirkung bei ausländischer **364** 2 ff.
– vor mündlicher Verhandlung **358** 2 ff.
– nachträgliche **367** 3
– Ortstermin **357** 6 ff.
– Parteiöffentlichkeit **279** 7; **284** 140; **285** 15 f.; **357** 2
– Praxis im Gewerblichen Rechtsschutz **279** 6
– vor Prozessgericht **355** 5
– Recht auf Beweis **284** 19
– Rechtshilfeersuchen **1072** 4
– Revisionsinstanz **555** 15, 21
– Säumnis **367** 2 f.
– selbständiges Beweisverfahren **492** 1 ff.
– Teilnahmerecht **285** 16
– Übergehung des Beweisangebots **356** 7
– Unmittelbarkeit **285** 1; **355** 5 ff.
– unzulässiges Geheimverfahren **285** 12 ff.
– Verfügungsverfahren **279** 13
– Verhandlung über Ergebnis **279** 12; **285** 3 ff.
– Verkehrsbefragung **284** 24
– Verletzung des Unmittelbarkeitsgrundsatzes **355** 20 ff.
– Vervollständigung **367** 3
– Verwertbarkeit im Ausland gewonnener Ergebnisse **369** 2 f.
– vorrangige Sonderregelungen **284** 4 ff.; **355** 2
– Vortrag des Beweisergebnisses **285** 8 ff.
– Zeugenbeweis **375** 2 ff.
– Zwischenstreit **366**
Beweisbeschluss
– Änderung **360** 2 ff.
– Anordnung **284** 135 f.
– Aufhebung/Abänderung **490** 28 ff.

– BPatG-Verfahren **358** 1
– DPMA-Verfahren **358** 1
– Entbehrlichkeit **273** 14
– Inhalt **359** 2 ff.
– vor mündlicher Verhandlung **358a** 2 ff.
– Notwendigkeit **358** 2 ff.
Beweiserhebungsverbote 284 120
Beweisgegenstand
– Ausnutzung/Beeinträchtigung bekannter Marken **284** 43
– Designrecht **284** 45
– Eingriffs in Schutzumfang **284** 45 f.
– Erfahrungssätze **284** 21
– Handelsbräuche **284** 21
– mangelnde Benutzung **284** 44
– Markenrecht **284** 35 ff.
– Patentrecht **284** 32 ff.
– Schutzfähigkeit **284** 45
– Tatsachenbehauptung **284** 20
– Verkehrsauffassung **284** 22 ff.
– Verkehrsgeltung **284** 35
– Verkehrssitten **284** 21
– Verwechslungsgefahr **284** 37 ff.
– Wettbewerbsrecht **284** 22 ff.
– Zeichen-/Waren-/Dienstleistungsidentität **284** 36
Beweisgewinnung
– im Ausland **485** 32 ff.
– Grenzbeschlagnahme **485** 28 ff.
– strafrechtliche Ermittlungsverfahren **485** 27
– Testkäufe **485** 21 ff.
– Vorlageanordnung **485** 24 ff.
Beweislast
– Bezugspunkt **284** 47
– im gewerblichen Rechtsschutz **284** 57 ff.; **485** 13 ff.
– non liquet-Situation **284** 47
– objektive **284** 50
– subjektive **284** 49
– Verträge **284** 88 ff.
Beweislastumkehr 284 78 ff.
– Designrecht **284** 86 f.
– Erschöpfungsvoraussetzungen **284** 84 f.
– Patentrecht **292** 24 ff.
– Wettbewerbsrecht **284** 59, 80 ff.
Beweislastverteilung
– Designrecht **284** 73 ff.
– Gemeinschaftsgeschmacksmuster **284** 74
– Grundregel **284** 52
– Markenrecht **284** 69 ff.
– Patentrecht **284** 65 ff.; **485** 14
– Urheberrecht **284** 77
– UWG **284** 51, 57 ff.
– durch Vermutungsregel **284** 51
Beweislastverträge 284 88 ff.
Beweisnot
– Designrecht **485** 16
– ergänzender wettbewerbsrechtlicher Leistungsschutz **485** 19
– Markenrecht **485** 15
– Patentrecht **485** 14
– typische Situationen **485** 13 ff.
– Urheberrecht **485** 17
– Verteilung der Darlegungslast **485** 8 ff.
– Wettbewerbsrecht **485** 18
Beweissicherung
– im Ausland **485** 32 ff.
– Grenzbeschlagnahme **485** 28 ff.
– strafrechtliche Ermittlungsverfahren **485** 27
– Testkäufe **485** 21 ff.
– Vorlageanordnung **485** 24 ff.
– *s. a. Besichtigungsverfahren, Selbständiges Beweisverfahren*
Beweisvereitelung 286 81 ff.; **371** 13; **373** 19

1659

Sachverzeichnis

Fette Zahlen = Paragraphen

Beweisverfahren
- Beweisarten **284** 92 ff.
- Beweisaufnahme s. dort
- Beweiserhebungsverfahren **284** 124 ff.
- Designrecht **284** 15 f.
- Erleichterungen **287** 2
- Gebrauchsmusterrecht **284** 9
- Markenrecht **284** 10 ff.
- Patentrecht **284** 4 ff.
- bei unbekanntem Recht **293** 1 ff.
- nach ZPO **284** 17 ff.

Beweisverträge 284 88 ff.
Beweisverwertungsverbot 284 121; **371** 10; **493** 10
Beweiswürdigung 284 142
- Anscheinsbeweis **286** 66 ff.
- Augenscheinobjekte **286** 33
- Besichtigungsverfahren **493** 5
- Beurteilungsspielraum **286** 8
- Beweismaß **286** 62 f.
- Beweismaßerleichterung **287** 2
- Beweisvereitelung **286** 81 ff.
- Darstellung leitender Gründe **286** 17
- Designrecht **286** 54 ff.
- eigene Sachkunde des Gerichts **286** 20, 29, 36 f., 55
- freie **286** 1, 11
- Gebrauchsmusterrecht **286** 24 ff.
- Gegenstand **286** 4 ff.
- Geschäftsgeheimnisse **286** 15
- gesetzliche Beweisregeln **286** 61
- Glaubhaftmachung **294** 20 ff.
- Markenrecht **286** 35 ff.
- Meinungsforschungsgutachten **286** 21
- öffentlicher Urkunden **415** 1
- Patentauslegung **286** 24
- Patentrecht **286** 24 ff.
- privates Richterwissen **286** 1
- Privatgutachten **286** 27
- Sachverständigengutachten **286** 15, 25 ff.
- Schadensermittlung **287** 4 ff.
- Überzeugungsbildung **286** 8 ff.
- Umfragegutachten **286** 40
- Urheberrecht **286** 60
- Verkehrsbefragung **286** 41 ff.
- Verkehrsverständnis **286** 19 ff.
- Vermutungsregelungen **292** 1 ff.
- Vier-Augen-Gespräche **286** 14
- Vorbenutzungsrecht **286** 32
- Wettbewerbsrecht **286** 19 ff.
- Zeugenaussage **286** 31

Bild- und Tonübertragung
- von Amts wegen **128a** 3
- Anhörung **128a** 5
- auf Antrag **128a** 3
- Begriff „anderer Ort" **128a** 3
- patentgerichtliches Verfahren **128a** 2
- Protokollierung **160** 4
- Zulässigkeit **128a** 1

Bindung
- Abänderungsverbot **318** 4
- Abweichungsverbot **318** 4
- Antrag **490** 3
- Antrag des beklagten Patentinhabers **308** 7
- Ausnahme **318** 7
- Berufungsanträge **528** 19 ff.
- BPatG-Verfahren **318** 2
- Dauer **318** 9
- DPMA-Verfahren **318** 3
- Eintragung **286** 35
- erfasste Entscheidungen **318** 6
- Löschungsentscheidung **148** 190
- Parteianträge **308** 1 ff.
- Revisionszulassung **543** 44 ff.

- Tatsachenfeststellungen des Erstgerichts **529** 5 ff.
- Umfang **318** 4 ff.
- Verweisungsbeschluss **281** 14 ff.

Biomineralwasser-Entscheidung 5 14; **253** 93
Blasfolienherstellungs-Entscheidung 704 19
Bürgschaft
- Bedingung/Befristung **108** 12
- Form **108** 16 ff.
- Kostenerstattung **91** 99; **788** 5
- prozessuale Sicherheit **108** 10 ff.
- selbstschuldnerische **108** 11
- Sicherheitsleistung **709** 11

Carvedilol-Entscheidung 66 15
Computerfax 174 12
- kein elektronisches Dokument **130a** 5

Container-Signatur 130a 11; **130b** 5
cross border-Prozesse 12 71 f.

Darlegungslast
- Beweiserleichterungen **138** 39
- Designstreit **138** 63 ff.
- Erschöpfungseinwand **138** 41
- FRAND-Konformität **138** 47
- Gegenangebot **138** 49
- des Gegners/Beklagten **138** 53
- Geschäftsgeheimnisse **138** 95 ff.
- Hinweis auf Verletzung **138** 46
- Lizenzierungswille **138** 49
- Markenrechtsstreit **138** 51 ff.; **485** 15
- Marktbeherrschung **138** 48
- mittelbare Patentverletzungen **138** 38
- Patentstreit **138** 28 ff.; **485** 14
- Schlechthinverbot **138** 40
- Schutzrechtsverletzung **485** 8 ff.
- sekundäre **138** 37; **485** 11
- Spezifizierungspflicht **138** 28 ff.
- Urheberstreit **138** 83 ff.
- Wettbewerbsstreit **138** 69 ff.
- s. a. Beweislast

Deliktischer Gerichtsstand
- Designstreit **32** 59 f.
- Erfolgsort **32** 14
- EuGVVO/LugÜ **12** 27 ff.; **32** 44
- Gebrauchsmuster **32** 50
- Gemeinschaftsgeschmacksmusterstreit **12** 139; **32** 60
- Gemeinschaftssortenschutz **32** 52
- Handlungsort **32** 14
- inländischer Gerichtsstand **32**
- internationaler Gerichtsstand **12** 27 ff.; **32** 43 ff.
- Kennzeichenstreit **32** 53 ff.
- Markenrechtsstreit **12** 102 ff.; **32** 53 ff.
- negative Feststellungsklage **12** 43, 78, 107, 121, 142; **32** 13, 38
- Patentstreit **12** 75 ff.; **32** 46 ff.
- persönlicher Anwendungsbereich **32** 8 f.
- prozessuale Bedeutung **32** 39 ff.
- Prüfung von Amts wegen **32** 39
- Sortenschutzstreit **12** 91 ff.; **32** 51 ff.
- supranationale Schutzrechte **32** 45
- UKlaG **32** 72a f.
- Unionsmarkengerichte **12** 12
- Unionsmarkenstreitsachen **32** 58
- Unionsmarkenverletzung **12** 121 ff.
- Urheberstreitsachen **32** 74 ff.
- Wahlrecht **32** 14
- Wahlrechtseinschränkung **32** 38
- Wettbewerbsstreit **12** 34; **32** 61 ff.
- s. a. Unerlaubte Handlungen

Demoskopische Gutachten
- Bedeutung **402** 25 ff.
- Bekanntheit von Marken **402** 29; **404a** 12 ff.

1660

Magere Zahlen = Randnummern

Sachverzeichnis

- durch demoskopische Institute **407** 4
- Fragebogen **404a** 8 ff.
- Frageentwicklung **404a** 28 ff.
- Geheimnisschutz **404a** 30 ff.
- Kosten **413** 6
- patentrechtliches Gutachten **404a** 25 ff.
- Stichprobenziehung **404a** 3 ff.
- Verkehrsdurchsetzung einer Marke **402** 29
- Verwertung älterer Gutachten **411a** 4

Denkgesetze 286 8; **545** 15 ff.
Derogation 38 16
Designstreitsache
- Definition **1** 79, 81; **91** 112

Detektivkosten 91 170
Diskreditierungsschaden 287 86 ff.
Dispositionsmaxime 253 1, 66
Divergenz 542 17 ff.
Divergenzvorlage 36 10, 12
Dokumentenbegriff 166 8 ff.
Dolmetscherkosten 91 198 f.
Domainstreitigkeiten 32 22, 54; **284** 72; **940** 75
Doppelfunktionalität 12 5, 13, 145, 151; **13** 7 ff.; **17** 7; **19a** 6; **21** 15; **29** 14; **34** 7
Doppelrelevante Tatsachen 12 19 ff.; **32** 40
Doppelvertreterkosten
- Doppelqualifikation des Prozessbevollmächtigten **91** 116
- Einspruchsverfahren **91** 124 ff.
- Erstattungsfähigkeit **91** 100 ff.
- Gebrauchsmusterstreit **91** 127
- Markenstreit **91** 128 f.
- Nichtigkeitsverfahren **91** 119
- Notwendigkeit **91** 126
- Patentanwaltskosten im Verletzungsverfahren **91** 100 ff.
- Patentstreit **91** 119 ff.
- Rechtsanwaltskosten im Rechtsbestandsverfahren **91** 116 ff.
- Rechtsbestandsverfahren **91** 116 ff.

Dreifache Schadensberechnung s. *Schadensberechnung*
Dringlichkeit
- bereits beendete Verletzung **940** 99
- Designrecht **940** 105, 115 f.
- Fiktion **485** 15
- Gebrauchsmusterrecht **940** 104, 109
- Geschäftsgeheimnisse **940** 107, 119
- gleichzeitiger Hauptsacheklage **940** 101
- Markenrecht **940** 113 f.
- Nichtbeanstandung früherer Rechtsverletzungen **940** 97
- Patentrecht **940** 104, 109
- Rechtsprechungsbeispiele **940** 108 ff.
- Urheberrecht **940** 106, 117 f.
- Verfügungsverfahren **485** 150 ff.; **940** 65 ff., 78 ff.
- Verstöße Dritter **940** 98
- zügige Antragstellung **940** 79 ff.
- zügige Verfahrensdurchführung **940** 65 ff.

Dringlichkeitsvermutung
- UWG **940** 71
- Widerlegung **569** 7; **571** 2; **940** 111 ff.

Drittauskunftsansprüche 938 12; **940** 4, 40
Drittwiderklage 33 17, 29 f.
Drittwiderspruchsklage 253 38
- Abgrenzungen **771** 3 ff.
- Arglist-Einwendung **771** 12
- keine aufschiebende Wirkung **771** 17
- Begründetheit **771** 9 ff.
- entgegenstehende Gläubigereinwendung **771** 11 ff.
- Entscheidung **771** 14 ff.
- Rechtsschutzbedürfnis **771** 8
- Schutzrechtsverletzungen **771** 12
- Statthaftigkeit **771** 3 ff.

- Unzulässigerklärung **771** 14 f.
- Veräußerung hinderndes Recht **771** 9 f.
- Verbindung mit Herausgabeklage **771** 5 f.
- Zuständigkeit **771** 7

Druckbalken-Entscheidung 485 40, 98
Duldungsanordnung
- Erledigung **91a** 48

Duldungsanspruch
- Durchsuchung **758a** 12
- einstweilige Verfügung **940** 37
- Erzwingung **890** 1 ff.
- Widerstand des Schuldners **890** 1 f.

Duldungsverfügung
- Angabe zu duldender Maßnahmen **487** 40
- Anhörung **485** 102; **491** 6
- Antrag **487** 26 ff.
- Anwesenheitsrecht **487** 26 ff.
- Besichtigung s. *dort*
- Besichtigungsmaßnahmen **485** 120 ff.
- Besichtigungsverfahren **485** 38, 51 ff., 69
- Designrecht **485** 113
- Dringlichkeit **485** 150 ff.
- Durchsuchungsanordnung **485** 159 ff.
- Entbehrlichkeit mündlicher Verhandlung **491** 6
- Erforderlichkeit **485** 108 ff.
- Erfüllung des Besichtigungsanspruchs **485** 145 ff.
- erstattungsfähige Kosten **494a** 35 f.
- Geheimnisschutz **485** 56, 60, 117; **487** 34 ff.
- gestufte Mehrfachbesichtigung **487** 37 f.
- Interessenabwägung **485** 117 ff.
- isolierte Verfügung **492** 14
- komplexe Sachverhalte **485** 102 f.
- Kostenentscheidung **494a** 22 ff.
- Ladungserfordernis **492** 7 ff.
- Markenrecht **485** 112
- Musterantrag **487** 45 ff.
- Nebenintervention **485** 91
- Patentrecht **485** 111
- prozessuale Durchsetzung **485** 41
- Streitwert **494a** 37
- Überprüfung der Kostenentscheidung **494a** 23 ff.
- Umfang **485** 52
- Urheberrecht **485** 114
- Veränderungsverbot **487** 41 f.
- Verfügungsanspruch **485** 82 ff.
- Verfügungsgewalt **485** 92 ff.
- Verfügungsgrund **485** 150 ff.
- Verhältnismäßigkeit **485** 116 ff.
- Verletzungswahrscheinlichkeit **485** 97 ff.
- Verpflichtete **485** 87 ff.
- Vollstreckung **485** 161; **890** 1 ff.
- Voraussetzungen **485** 81 ff.
- Vorlage- und Besichtigungsanspruch **485** 82 ff.
- Waffengleichheit **487** 31
- Wettbewerbsrecht **485** 115
- zeitliche Dringlichkeit **485** 151 ff.
- Zuständigkeit **486** 24
- s. a. *Besichtigungsverfahren*

Durchsetzungsrichtlinie 485 120
Durchsuchung
- Definition **758** 2
- Duldungspflicht **758a** 12
- durch Gerichtsvollzieher **758** 1
- Hinzuziehung von Zeugen **759** 1 ff.
- unbillige Härte **758a** 13
- Zeitpunkt **758a** 13
- Zulässigkeit **758** 3

Durchsuchunganordnung
- Beschluss **487** 19
- Erforderlichkeit **485** 158 f.
- Gefährdung des Durchsuchungserfolgs **485** 163
- richterliche **758a** 3 ff.

Sachverzeichnis

Fette Zahlen = Paragraphen

- Vorbereitung des Durchsuchungsantrags **485** 162
- vorsorgliche **485** 162
- Zuständigkeit **1** 23; **486** 25
- bei Zutrittsverweigerung **485** 158 ff.

Düsseldorfer Praxis s. Besichtigungsverfahren

Ehrverletzungen 11 36, 150; **32** 19, 25
Eidesstattliche Versicherung 1 28
- Anforderungen **294** 18
- Freibeweis **522** 9
- Glaubhaftmachungsmittel **104** 6; **294** 17 ff.
- Inhalt **889** 2
- nachgereichte **91a** 28
- Streitwert **3** 37
- zuständiges Gericht **889** 3

Eidesverletzung 580 3, 5
Einigungsstellen 141 18; **253** 35; **256** 30
Einlassungsfrist
- Auslandszustellungen **274** 9
- Beklagter **274** 4 ff.
- BPatG-Verfahren **274** 14 ff.
- DPMA-Verfahren **274** 16
- einstweiligen Verfügungsverfahren **274** 12 f.
- Mindestfrist **274** 8
- Missachtung **274** 10 f.

Einschreiben
- Einwurf-Einschreiben **175** 2
- Rückschein **175**; **183** 9, 19

Einsicht
- Bezug genommene Urkunden **131**
- Mikroverfilmung **299a** 9
- öffentliche Register **299** 5
- Original-Urkunden **134** 1
- s. a. Akteneinsicht

Einspruch gegen Versäumnisurteil
- Einspruchstermin **341a** 1 f.
- Entscheidung nach Einspruch **343** 1 ff.
- Frist **339** 1 f.
- Inhalt **340** 2 ff.
- Prüfung **341** 1 ff.
- Rücknahme **346** 2 f.
- Verzicht **346** 1
- Wirkung **342** 1 ff.
- Zulässigkeit **338** 2; **341** 1
- Zustellung **270** 7; **340a** 1 f.

Einstellung der Vollstreckung
- Amtsverfahren **775** 2
- einstweilige s. dort
- Fortsetzung **775** 4
- Voraussetzungen **775** 2 ff.

Einstweilige Maßnahmen
- internationale Zuständigkeit **12** 60 ff.

Einstweilige Verfügung
- Abgabe einer Willenserklärung **940** 55
- Abschlusserklärung **922** 22 f.
- Abschlussschreiben **922** 24 ff.
- Anhängigkeit des Rechtsbestandsverfahrens **940** 120 ff.
- Anordnung der Klageerhebung **926** 5 ff.
- Anordnungen **938** 3, 5 ff.
- Antragsänderung/-erweiterung **920** 11
- Antragsbindung **938** 2
- Antragserfordernis **920** 2 ff.; **940** 16
- Antragsform **920** 2
- Antragsinhalt **920** 4 ff.
- Antragsregelfristen **940** 84
- Antragsrücknahme **920** 10
- anwendbare Vorschriften **936** 2
- Arten **940** 8 ff.
- Aufhebung **926** 15 ff.; **942** 9; **945** 13 ff., 16
- Aufhebung gegen Sicherheitsleistung **939** 1 ff.
- Aufhebungsgründe **927** 6 ff.
- Aufhebungsverfahren **927** 12 ff.
- Auskunfts- und Rechnungslegungsanspruch **940** 40 ff.
- Auslandszustellung **183** 3
- Aussetzung **940** 173 f.
- Berufung **922** 21
- durch Beschluss **922** 9 ff.
- Beseitigungsansprüche **940** 49 ff.
- Besichtigungsansprüche **940** 56
- im Besichtigungsverfahren **485** 81 ff.
- Bestimmtheitserfordernis **920** 6
- Beurteilungsspielraum **938** 1
- Bindungswirkungen **945** 13 ff.
- Darlegung **940** 70 f.
- Dringlichkeit **485** 150 ff.; **917** 7; **920** 7; **937** 25 ff.; **940** 65 ff., 78 f.
- Dringlichkeitsvermutung **940** 71 ff.
- Duldungsverfügung s. dort
- Durchsuchungsanordnung **485** 158 ff.
- einseitiges Erlassverfahren **271** 35 ff.
- Einstellung der Vollstreckung **707** 13, 16
- Entbehrlichkeit der Glaubhaftmachung **920** 18 ff.
- Entfernungsansprüche **940** 52
- Entscheidung des Vorsitzenden **944** 1 ff.
- Entscheidung ohne mündliche Verhandlung **937** 22 ff.; **944** 6
- Ermessen **938** 1
- erneuter Antrag **940** 27
- Feststellungsanspruch **940** 59
- forum-shopping **940** 28 f.
- Gegenverfügung des Antragsgegners **940** 25
- Gemeinschaftsgeschmacksmusterstreit **940** 6
- Gerichtskostenvorschuss **271** 34
- im gewerblichen Rechtsschutz **940** 3 ff.
- Glaubhaftmachung **920** 12 ff.; **940** 70 ff.; **945** 11
- Handlungsgebote, -verbote **938** 12 ff.
- Hauptsachegericht **937** 4 ff.; **942** 1 ff.
- hinreichend sicherer Rechtsbestand **940** 126 ff.
- Hinweispflicht bei Antragsmängeln **920** 8
- im Insolvenzfall **485** 79
- Interessensabwägung **917** 7; **940** 103 ff.
- internationale Zuständigkeit **12** 85
- Kartellsachen **1** 116
- Kontrollbesuchsrecht **940** 60
- Kostenentscheidung **103** 7 ff.; **922** 7
- Leistungsverfügung **940** 11
- mündliche Verhandlung **922** 4, 20; **937** 13 ff.; **944** 6
- nachträglicher Wegfall des Grunds **927** 3
- Nebenintervention **66** 2
- neue rechtliche Beurteilung **927** 8
- Notzuständigkeit des AG **942** 1 ff.
- ohne mündliche Verhandlung **937** 22 ff., 31
- patentamtliches/-gerichtliches Verfahren **940** 7
- Privatgutachten **402** 6
- Rechtfertigungsverfahren **942** 10 f.
- rechtliches Gehör **937** 13
- Rechtsbehelf gegen Sicherheitsanordnung **921** 13
- Rechtsbestandsangriff **940** 123 ff.
- Rechtshängigkeit **920** 9
- Rechtskraft **922** 16 f.
- Rechtsmissbrauch nach UWG **940** 30 ff.
- Rechtsschutzbedürfnis **940** 19 ff.
- Regelfristen **940** 84
- Regelungsverfügung **940** 10
- Rückrufansprüche **940** 52
- keine Schadensersatzansprüche **940** 43 ff.
- Schadensersatz bei fehlender Rechtfertigung **945** 6 ff.
- schriftliche Anhörung **937** 30
- Schubladenverfügungen **940** 92
- bei Schutzrechtsverletzungen **940** 3
- Sequestration **938** 6 ff.; **940** 46
- Sicherheit bei Glaubhaftmachung **921** 6 ff.

Magere Zahlen = Randnummern

– Sicherheit wegen fehlender Glaubhaftmachung **921** 2 ff.
– Sicherheitsanordnung **921** 11 ff.
– Sicherungsverfügung **940** 9
– sofortige Beschwerde **567** 25; **922** 19; **942** 7
– Sonderzuständigkeit des Vorsitzenden **944** 3 ff.
– Streitgegenstand **940** 15
– Streitwert **3** 38 ff., 109 ff.; **922** 12 f.
– Terminierung **272** 14
– unanwendbare Vorschriften **936** 3
– unberechtigte **945** 7 ff.
– Unionsmarkenstreit **940** 6
– Unterlassungsverfügungen **940** 37 ff., 120 ff.
– durch Urteil **922** 5 ff.
– Urteilsveröffentlichungsanspruch **940** 54
– veränderte Umstände **927** 6 ff.
– Verbot der Hauptsachenvorwegnahme **938** 4; **940** 4, 11
– Verfahren **940** 16
– Verfügungsanspruch **485** 82 ff.; **940** 36 ff.; **945** 8
– Verfügungsgrund **485** 150 ff.; **940** 62 ff.; **945** 9
– Verhältnis der Verfügungsarten zueinander **940** 12 f.
– Verhandlungstermin **937** 21 ff.
– Vernichtungsansprüche **940** 46 ff.
– Versäumen der Vollziehungsfrist **929** 19
– Vindikationsanspruch **940** 57
– Vollstreckung im Ausland **271** 40 ff.
– Vollstreckungsklausel **929** 2 f.
– Vollstreckungstitel **928** 1
– Vollziehung **921** 7; **929** 11 ff.; **945** 17 f.
– Vollziehungsfrist **929** 4 f.
– von Anfang an ungerechtfertigt **945** 7 ff.
– Voraussetzungen **940** 17 ff.
– vorherige Abmahnung **940** 22
– vorläufige Maßnahmen **940** 14
– bei Wettbewerbsverstößen **940** 3, 30 ff.
– Widerklagen **33** 24
– Widerspruch **922** 18; **924** 5 ff.; **942** 8
– zeitliche Dringlichkeit **485** 151 ff.
– Zeitpunkt der Antragstellung **940** 79 ff.
– Zugangssperre zu Internetseite **940** 61
– zügige Rechtsverfolgung **940** 91 ff.
– Zurückweisung durch Beschluss **937** 23
– Zuständigkeit **1** 22 ff., 73, 95; **937** 2 ff.
– Zustellung **166** 5; **183** 18; **922** 14 f.
– Zwangslizenz **940** 171 f.
– Zwangslizenzerteilung **940** 58
– zweiseitiges Erlassverfahren **271** 39

Einstweilige Vollstreckungseinstellung
– Antrag **769**
– Auffinden neuen Stands der Technik **707** 20
– Auskunft- und Rechnungslegungsanspruch **707** 28 ff.
– Bedeutung im gewerblichen Rechtsschutz **707** 2
– Berufungsverfahren **707** 13; **719** 3 ff.
– einstweiligen Verfügungen **707** 13, 16
– Ermessen **707** 11 ff.
– Interessenabwägung **707** 23
– Rechtsbehelfe **707** 32
– Revisionsverfahren **719** 11 ff.
– gegen Sicherheitsleistung **707** 7 f.
– ohne Sicherheitsleistung **707** 6
– unersetzlicher Nachteil **707** 21 ff.
– Unrichtigkeit erstinstanzlicher Entscheidung **707** 14 ff.
– Unterlassungsanspruch **707** 22 ff.
– Verfahren **707** 5
– Vernichtung, Rückruf und Entfernung **707** 31
– vorinstanzliche Schuldnerschutzanträge **719** 13
– vorläufige Vollstreckbarkeit **707** 1 f.
– Zulässigkeit **707** 3

Einstweiliger Rechtsschutz s. Arrest, Einstweilige Verfügung

Einstweiliges Verfügungsverfahren 253 2
Eintragungsverfahren
– Bindungswirkung **33** 46
– internationale **1** 81
– Verwaltungsverfahren **12** 3, 68, 95
Einzelrichter 253 21
– Ablehnung **526** 5
Einzelrichterentscheidung
– im Beschwerdeverfahren **568** 1 ff.
– Rückfall an Kollegium **527** 20
– Rückübernahme durch Kollegium **526** 18 ff.
– Übertragung durch Berufungsgericht **526** 6 ff.
– Zuweisung durch Berufungsgericht **527** 3 ff.
Elektronische Dokumente
– Aktenausdruck **298** 3 ff.
– Aufbewahrungspflicht **298a** 8
– Ausdrucke mit Beglaubigungsvermerk **416a** 1
– automatisierte Bestätigungspflicht **130a** 18
– Bestätigungs- und Hinweispflicht des Gerichts **130a** 18 f.
– Beweiskraft **371a** 1 ff.
– Eingang bei Gericht **130a** 16
– elektronische Aktenführung **298a** 1 ff.
– E-Mail **130a** 5
– gerichtliche elektronische Dokumente **130b** 1 f.
– öffentliche **371a** 4
– private **371a** 2
– Schutzschrift **130a** 16 f.
– Signatur **130a** 11 f.
– Signaturprüfung **298** 4
– Speicherung **298** 6
– Transferpflicht **298a** 5 ff.
– Transfervermerk **298** 4 f.; **298a** 9
– Übermittlungsanforderungen **130a** 9 ff.
– Vorlageanordnung **142** 9
– Zustellung **174** 14 f.
Elektronische Schutzschrift 130a 20
Elektronischer Rechtsverkehr
– Anwendungsbereich **130a** 1 ff.; **298a** 3 f.
– Aufbewahrungspflicht **298a** 8
– Besonderes elektronisches Anwaltspostfach s. dort
– EGVP **130a** 10
– elektronische Aktenführung **298a** 1 ff.
– ERVV **130a** 4
– FördElRV **130a** 3
– gerichtliches elektronisches Dokument **130b** 1 ff.
– im gewerblichen Rechtsschutz **130a** 6 ff.; **298a** 3
– Regelungen **130a** 6 ff.
– technische Anforderungen **130a** 9 ff.
– Transferpflicht **298a** 5 ff.
– Umsetzungserfordernis **298a** 4
Elektronisches Gerichts- und Verwaltungspostfach (EGVP) 130a 10
Elternbrief-Entscheidung **402** 27
E-Mails 32 26; **130a** 5; **233** 31
Empfangsbekenntnis 174; **195** 2 ff.; **416** 4 ff.
Empfangsvollmacht 171 2 ff.
Enforcement-Richtlinie 383 12; **940** 63
Entfernungsansprüche
– Anspruchsgrundlagen **940** 52
– einstweilige Verfügung **940** 52
– Tenorierung **704** 31 ff.
– Vollstreckung **887** 1; **888** 2
Entgangener Gewinn
– Ersatzfähigkeit **287** 31 ff.
Entscheidung nach Aktenlage 251a 3 ff.; **331a** 1 ff.
Entscheidungsgründe
– Absehen **313a** 1 ff.
Erfahrungssätze
– Beweisgegenstand **284** 21; **286** 7; **288** 11
– Ermittlungsumfang **293** 9
– revisionsrechtliche Prüfbarkeit **545** 15 ff.

1663

Sachverzeichnis

Fette Zahlen = Paragraphen

Erfüllungsort
- Ansprüche aus ArbEG **29** 10
- besonderer Gerichtsstand **29** 1 ff.
- Bestimmung **29** 5 ff.
- Doppelfunktionalität **29** 14
- EuGVVO/LugÜ **29** 15
- Haupt- und Nebenleistungen **29** 6
- Honorarzahlungsklagen **29** 7
- internationale Zuständigkeit **12** 154
- internationaler Gerichtsstand **12** 20 ff., 74, 101; **29** 14 f.
- Markenrechtsstreit **12** 101
- nationaler Gerichtsstand **29**
- negative Feststellungsklage **29** 9
- Patentstreit **12** 74
- Urheberrechtsstreit **12** 154
- Vereinbarung **29** 11
- Vertragsstrafe **29** 8

Ergänzungsurteil 321 13

Erinnerung
- Ablehnung der Akteneinsicht **299** 34
- Ablehnung des Vollstreckungsauftrags **753** 11
- Anforderungen **573** 3 f.
- Klauselerteilung **732** 1 ff.
- Kostenfestsetzungsbeschluss **104** 44 ff.
- Rechtspflegererinnerung s. dort
- Statthaftigkeit **573** 1 f.
- Vollstreckungsmaßnahmen **766** 1 ff.
- s. a. Rechtspflegererinnerung

Erkenntnisverfahren 253 ff.

Erklärungspflicht
- bei Bestreiten **138** 18 ff.
- Designstreit **138** 54 ff.
- Erklärungslast **138** 17
- Geschäftsgeheimnisse **138** 95 ff.
- markenrechtlichen Verfahren **138** 51 ff.
- mittelbare Patentverletzungen **138** 38
- patentgerichtliche Verfahren **138** 4 f.
- Patentstreit **138** 28 ff.
- Spezifizierungspflicht **138** 28 ff.
- Urheberstreit **138** 83 ff.
- Wettbewerbsstreit **138** 69 ff.

Erlaubnisscheininhaber 91 118

Erledigung der Hauptsache 4 13
- Abgrenzung **91a** 4 ff.; **515** 2
- nach Abschlusserklärung **91a** 65, 84
- bei Auskunftserteilung **91a** 67
- Ausscheiden eines Streitgenossen **91a** 58
- Bedeutung **91a** 4 ff.
- Besichtigungsverfahren **91a** 48 ff.
- einseitige **91a** 10, 38 ff.
- einstweiliges Verfügungsverfahren **91a** 61 ff.
- Einzelfälle **91a** 47 ff.
- Erfüllung **91a** 51
- Erklärung **91a** 10 f.
- erledigendes Ereignis **91a** 13 ff.
- Feststellungsklage **91a** 52
- FRAND-Einwand **91a** 53
- Gebrauchsmusterlöschungsverfahren **91a** 2
- Gesetzesänderung **91a** 54
- hilfsweise Antragstellung **91a** 41 f.
- Kostenentscheidung **91a** 21 f.
- markenrechtliches Beschwerdeverfahren **91a** 3
- Ordnungsmittelanträge **91a** 11
- patentrechtliches Verfahren **91a** 1
- Rechtsbestandsverfahren **91a** 55
- Rechtsmittel gegen Kostenentscheidung **91a** 34 ff.
- Rechtsmittelverfahren **91a** 56
- Rechtsprechungsänderung **91a** 57
- Streitwert **3** 42 f.
- Teilerledigung **91a** 17, 58
- übereinstimmende **91a** 10, 16 ff., 47 ff.
- Unterlassungserklärung **91a** 59, 83 ff.
- Unzuständigkeit des Gerichts **91a** 60
- Verjährung **91a** 67
- verspätete Erledigungserklärung **91a** 32
- vor Klageeinreichung **91a** 6
- vor Klagezustellung **91a** 6
- Wegfall der Wiederholungs-/Erstbegehungsgefahr **91a** 84 ff.
- Wegfall des Schutzrechts **91a** 68 ff.
- Wegfall wirtschaftlichen Interesses **91a** 87
- Widerruf **91a** 40
- Widerruf der Erledigterklärung **91a** 20
- Zeitablauf bei befristeten Schutzrechten **91a** 68 ff., 88
- zwischen den Instanzen **91a** 15

Erledigungserklärung
- einseitige **256** 10

Erlöschen des Schutzrechts
- mit Rückwirkung **91a** 81 ff.
- ohne Rückwirkung **91a** 74 ff.

Ersatzzustellung
- Angabe des Grundes **178** 4; **183** 8
- Annahmeverhinderung **178** 1
- Briefkasteneinwurf **180** 1 ff.
- Gemeinschaftseinrichtung **178** 11
- Geschäftsräumen **178** 7
- Messestand **178** 9; **181** 6
- Niederlegung **181** 1 ff.
- Unzulässigkeit **178** 2
- Wissenszurechnung **178** 3
- Wohnung **178** 5 f.
- Zustellungsfiktion **181** 2

Erschöpfungseinwand 138 41, 58; **282** 10, 15

Erstbegehungs- und Wiederholungsgefahr 253 132 ff.

Erstinstanzliches Erkenntnisverfahren 253 ff.

ERVV 130a 4

EuBVO 1072 1 ff.

EU-Geheimnisschutzrichtlinie 285 23 ff.

EuGVVO
- alte Fassung **12** 6
- Anwendungsbereich **12** 9
- Aufrechnung **12** 53
- ausschließliche Zuständigkeit **12** 55, 99
- Begehungsort **12** 27 ff., 75 ff., 102 ff., 121 ff.
- Beklagtenmehrheit **12** 49 ff.
- Designrecht **12** 128 ff., 131 f.
- einstweilige Maßnahmen **12** 60 ff., 85
- Erfüllungsort **12** 20 ff., 74, 101
- Gerichtsstandsvereinbarung **12** 56 ff.
- internationale Zuständigkeit **12** 15 ff.
- Markenrechtsstreitsachen **12** 97 ff.
- neue Fassung **12** 7
- Niederlassungen/Agenturen **12** 48
- numerus clausus besonderer Gerichtsstände **12** 100
- Patentstreitsachen **12** 69 ff.
- rügelose Einlassung **12** 59
- Streitgenossen **12** 109
- Streitgenossenschaft **12** 81, 144
- unerlaubte Handlungen **12** 27 ff., 75 ff., 102 ff., 121 ff.
- Verbrauchersachen **12** 54
- Widerklage **12** 52, 82, 110
- Wohnsitzgerichtsstand **13** 8
- Wohnsitz/Sitz des Beklagten **12** 17 f., 70, 98, 113 f.

EuZVO
- Annahmeverweigerung **183** 23
- Geltungsbereich **183** 15 f.
- Rückwirkung **183** 26
- Übermittlungs- und Empfangsstellen **183** 16
- Übersetzung des zuzustellenden Dokuments **183** 21 ff.
- Zentralstellen **183** 16
- Zustellung in EU-Staaten **183** 15 ff.

Magere Zahlen = Randnummern

Sachverzeichnis

- Zustellungsmodalitäten **183** 17 ff.
- Zustellungswege **183** 17 ff.
Exequaturverfahren 12 7, 66

***Faxkarten*-Entscheidung 485** 44
Feststellungsanspruch
- einstweilige Verfügung **940** 59
Feststellungsantrag
- Bestimmtheit **253** 254 f.
Feststellungsklage 253 38; **256**
- Alternative zur Stufenklage **254** 7
- Antragstellung **253** 56
- zur endgültigen Klärung des Rechtsstreits **256** 9
- feststellungsfähiges Rechtsverhältnis **256** 2, 5
- Feststellungsinteresse **256** 3, 6
- hilfsweise **256** 11
- negative *s. Feststellungsklage, negative*
- positive **253** 6; **256** 4 ff., 16
- Rechtskraft **256** 32
- Schadensersatzfeststellungsklage **256** 5 ff.
- Streitwert **3** 103 f., 130
- Streitwertbemessung **3** 44 ff.
- Subsidiarität **256** 3
- Zwischenfeststellungsklage **253** 7
- Zwischenfeststellungswiderklage **253** 8
Feststellungsklage, negative 253 6; **256** 16a ff.
- Antragstellung **253** 57
- Berühmungen **256** 16a ff.
- deliktischer Gerichtsstand **12** 43, 78, 107, 121, 142; **32** 13, 38
- Entbehrlichkeit der Abmahnung **93** 32
- Feststellungsinteresse **256** 16a, 18
- Hauptanwendungsfall **256** 16a
- Rechtsschutzbedürfnis **253** 29
- Subsidiarität **256** 25 ff.
- Zuständigkeit **32** 13
Feststellungsurteil
- Rechtskraft **322** 11 ff., 25 ff.
Feststellungsurteil, negatives
- Rechtskraft **322** 13
File-Sharing 52 77; **138** 91
Fliegender Gerichtsstand 32 15; **35** 2; **281** 7
Flucht in die Berufung 531 6; **534** 1; **535** 1
Flucht in die Säumnis 296 47 ff.; **331** 2; **333** 2; **530** 30
forum shopping 12 121; **139** 42; **940** 28 f.
Fotokopien
- Kostenerstattung **91** 130 ff.
Fragebogen
- Ausarbeitung **404a** 8
- demoskopische Gutachten **404a** 8 ff.
- gemeinsames Entwickeln **404a** 28 ff.
- neutrale Formulierung **404a** 10
- primacy-effect **404a** 9
Fragerecht
- in Beweisaufnahme **357** 10
- im BPatG-Verfahren **397** 4 ff.
- bei Zeugenvernehmung **397**
FRAND-Bedingungen 138 44
FRAND-Einwand 91a 53
FRAND-Erklärung 940 90
FRAND-Konformität 138 47, 99
Freigabe des Gutachtens
- Aushändigung **492** 18 ff.
- an Besichtigungsgläubiger **492** 10 ff., 30 ff.
- Bestandteil des selbständigen Beweisverfahrens **490** 32 ff.
- Beurteilungszeitpunkt **492** 20
- Geheimnisschutz **485** 58 ff.; **492** 35 ff.
- Herausgabe des Gutachtens **485** 57 ff.; **490** 10; **492** 10 ff.
- Herausgabe von Urkunden **485** 77 f.

- Herausgabebeschluss **485** 57; **490** 33
- bei Rechtsbestandseinwänden **492** 41 ff.
- Rechtsschutz bei Stattgabe **490** 35
- Rechtsschutz bei Zurückweisung **490** 34
- Stellungnahme des Antragsgegners **492** 10 ff.
- Unterbleiben **492** 42
- Verschwiegenheitsverpflichtung **492** 22 ff.
- an Vertreter des Besichtigungsgläubiger **492** 18, 22
Fristen
- Änderungen **224** 8 ff.
- Ausschöpfen **222** 14
- Beginn **221** 9 ff.; **222** 5
- Berechnung **222**; **233** 80 ff.
- BPatG-Verfahren **221** 2
- DPMA-Verfahren **221** 2
- Ende **222** 6 ff.
- EUIPO-Verfahren **221** 2
- Handlungsfristen **221** 4
- Kürzung *s. Fristverkürzung*
- Nichteinhaltung *s. Säumnis*
- Notfristen **221** 7; **224** 6 f.
- Notierung **233** 80 ff.
- richterliche **221** 6
- Sorgfaltspflichten **233** 80 ff.
- uneigentliche **221** 8; **249** 10
- Verlängerung *s. Fristverlängerung*
- Wiedereinsetzung **234** 1 ff.
- WIPO-Verfahren **221** 2
- ZPO-Verfahren **221** 2
- Zwischenfristen **221** 5
Fristenkontrolle
- durch Personal **233** 68 ff., 80 ff.
- durch Software/EDV **233** 77 f.
- Überwachung **233** 70
Fristverkürzung
- ablehnende Entscheidung **225** 14
- Anhörung des Gegners **225** 19 ff.
- Antragserfordernis **225** 1 ff.; **226** 3
- Bekanntgabe **225** 15
- Entscheidung **225** 6 ff.; **226** 7 f.
- gerichtliche **224** 8 ff.
- durch Parteivereinbarung **224** 3 ff., 13
- Rechtsbehelfe **225** 22
- bei Zwischenfristen **226** 1 ff.
Fristverlängerung
- ablehnende Entscheidung **225** 14
- Anhörung des Gegners **225** 19 ff.
- Antragserfordernis **224** 15 ff.; **225** 1 ff.
- Beginn und Ende **222** 13
- Bekanntgabe **225** 15
- Berufungsfrist **518** 6 ff.
- Berufungsbegründungsfrist **520** 9 ff.
- Einwilligung **520** 11 f.
- Entscheidung durch Beschluss **225** 6 ff.
- fehlerhafte **225** 18
- gerichtliche **224** 8 ff.
- Rechtsbehelfe **225** 22
- Verfahren **225** 1 ff.
Früher erster Termin
- marken-/patentrechtliches Verfahren **275** 3
- Patentverletzungsprozess **272** 9
- Vorbereitung **275** 4 ff.
- Zurückweisung verspäteten Vorbringens **275** 10
Funktionelle Zuständigkeit
- Ausschließlichkeit **1** 16
- Festlegung durch Prozessparteien **1** 7, 16
- gesetzlich geregelte Geschäftsverteilung **1** 6
- Kammern für Handelssachen **1** 7 f.
- Patentstreit **1** 24
- Verweisungsantrag **1** 7, 16
- Zivilkammern **1** 9 ff.

1665

Sachverzeichnis

Fette Zahlen = Paragraphen

Gebrauchsmusterstreitsache 1 40
Gebrauchtsoftware 138 93
Gebühren
– Überweisungsverzögerungen **233** 57
Gebührenklagen
– Gerichtsstand **34** 1 ff.
Gebührenstreitwert 2 4; **3** 5 f., 13; **4** 6; **5** 6; **271** 16
Gegenstandswert s. Streitwert
Gegenvorstellung 490 28 ff.; **567** 4
Geheimnisschutz 138 98
– Akteneinsicht **299a** 24 ff.
– Anordnungen **404a** 31
– Ausschluss der Öffentlichkeit **285** 15
– Besichtigungsverfahren **404a** 30 ff.; **485** 54 ff., 58 ff.; **487** 22 ff., 34 ff.
– Betriebsgeheimnisse **404a** 30 ff.
– Beweisaufnahme **285** 13; **357** 11 ff.; **492** 15, 16 f., 35 ff., 45
– EU-Richtlinie **285** 23 ff.
– Freigabeverfahren **492** 22 ff.
– Gesetz zum Schutz von Geschäftsgeheimnissen **285** 23 ff.
– getrennte Urteilsbegründung **285** 17
– Gutachten **490** 36
– Minderung der Substantiierungslast **282** 16; **296** 26
– Patentverletzungsprozess **285** 19
– Regelungen zum Schutz geistigen Eigentums **285** 18
– Sachverständigentätigkeit **404a** 30 ff.
– Schadensberechnung durch Gewinnentgang **357** 14
– Schriftsätze **270** 4
– selbständiges Beweisverfahren **487** 22 ff.
– verfassungsrechtlicher Schutz **285** 13
– Verletzungen **485** 18
Geheimnisschutzrichtlinie 285 23 ff.
Gehörsrüge s. Anhörungsrüge
GEMA-Vermutung 138 77
Gemeinschaftsgeschmacksmustergerichte 1 98 ff.
Gemeinschaftsgeschmacksmusterstreitsache 1 88 ff.
Gemeinschaftssortenschutzstreitsache 1 48
Gerichtskosten
– Berufungsverfahren **91** 17
– Beschwerdeverfahren vor BPatG **91** 22, 23
– Beschwerdeverfahren vor dem BPatG **91** 24, 25, 26
– Designstreit **91** 17 ff., 24
– Einspruchsverfahren **91** 17
– einstweiliges Verfügungsverfahren **91** 18
– Ermäßigung **278** 22
– Fälligkeit **91** 12
– Gebrauchsmusterstreit **91** 17 ff., 22
– gemeinsame Klageerhebung **91** 14
– Gemeinschaftsgeschmacksmusterstreit **91** 24
– GKG **91** 8
– Halbleiterschutzstreit **91** 17 ff., 26
– Hauptsacheverfahren **91** 17
– Höhe **91** 9
– Klagehäufung **260** 14 ff.
– Kostenschuldner **91** 11
– Löschungsverfahren **91** 22
– Markenrechtsstreit **91** 17 ff., 23
– Nichtigkeitsverfahren **91** 22, 24
– Patentstreit **91** 17 ff., 22
– PatKostG **91** 8, 10
– Rechtsbeschwerden **91** 20 ff.
– Rechtsbestandsverfahren **91** 22 ff.
– Revisionsverfahren **91** 17
– selbststständiges Beweisverfahren **91** 19
– sonstige Beschwerde **91** 20
– Sortenschutzstreit **91** 17 ff., 25
– Streitwertfestsetzung **3** 7 ff.
– Unionsmarkenstreit **91** 23
– Urheberstreit **91** 17 ff.
– Verbindung mehrerer Verfahren **91** 13
– Vergleich **278** 22
– Verletzungsverfahren **91** 17 ff.
– Wettbewerbsstreit **91** 17 ff.
– Zahlungsfrist **91** 15
– Zustellungen **168** 9
– Zwangslizenzverfahren **91** 22
– Zwangsvollstreckungsverfahren **91** 21
Gerichtskostenmaximierung 253 32
Gerichtskostenvorschuss
– Ausnahmen **271** 13, 34
– Entrichtung **271** 13 ff.
– Pflicht **91** 16
Gerichtskundigkeit 291 8 ff.
Gerichtsstand
– Agenturen **12** 48
– allgemeiner **12** 6, 17
– Begehungsort **12** 27 ff., 75 ff.; **102** ff., 121 ff.
– Beklagtenmehrheit **12** 49 ff.
– Doppelfunktionalität **12** 5, 13; **13** 7 ff.
– einstweilige Maßnahmen **12** 60 ff.
– Erfüllungsort **12** 20 ff., 74; **29**
– nach EuGVVO/RLugÜ **12** 4 ff.
– fliegender **32** 15; **35** 2
– Gebührenklagen **34** 1 ff.
– Gerichtsbezirk **12** 4
– inländischer **12** 6
– Insolvenzverwalter **19a** 1 ff.
– internationale Zuständigkeit **12** 4 ff., 13 ff.
– juristische Personen **17**
– Konkurrenzen **12** 9
– bei Konnexität **12** 49 ff.
– Konzentrationsermächtigung **12** 4 f.
– natürlicher Personen **13** 1 ff.
– Niederlassungen **12** 48, 135 f.; **21**
– numerus clausus **12** 19, 73, 100
– Prüfung von Amts wegen **12** 16
– rügelose Einlassung **12** 16, 59
– Sachnähe **12** 3
– Sachzusammenhang **12** 3, 10 ff.
– Sitz **12** 17 f.; **17**
– Streitgenossenschaft **12** 81, 144
– Tatortgerichtsstand **35** 2
– unerlaubter Handlungen **12** 27 ff., 75 ff., 102 ff., 121 ff.; **32**
– Verletzerketten **12** 124, 144
– Vermögensbelegenheit **12** 19
– Wahlrecht **12** 147; **13** 6; **32** 14, 38; **35** 1 ff.
– Widerklage **12** 52, 82, 110; **33**
– Wohnsitz **12** 17 f., 70, 98, 113 f.; **13**
– Zweigniederlassungen **12** 48
Gerichtsstandsvereinbarung 12 137; **38** 16
– Anwendungsbereich **38** 18 ff.
– im Ausland ansässiger Verletzer **38** 14
– ausschließliche örtliche Zuständigkeit **38** 4 f.
– ausschließliche sachliche Zuständigkeit **38** 2 f.
– deliktische Ansprüche **38** 15
– Derogation **38** 16
– DesignG **38** 12
– Designstreit **1** 85
– doppelrelevante Tatsache **12** 58
– EuGVVO/LugÜ **12** 56 ff.; **38** 28
– Form **38** 22
– Formvorschriften **12** 57
– funktionelle Zuständigkeit **1** 15 f.
– Gebrauchsmusterstreit **1** 43
– Geltungsbereich **38** 1
– Gemeinschaftsgeschmacksmusterstreit **1** 98
– Gemeinschaftssortenschutzstreit **1** 50
– GeschGehG **38** 9
– internationale Verfahren **38** 25 ff.; **40** 8 ff.
– Kennzeichenstreit **1** 62; **12** 110

Magere Zahlen = Randnummern

Sachverzeichnis

– MarkenG **38** 11
– nichtkaufmännischer Bereich **38** 24
– Patentstreit **1** 38; **12** 82
– Prorogation **38** 16
– Prorogationsbefugnis **38** 21
– Prozessvertrag **38** 17
– Rechtsnatur **12** 56
– Sonderregelungen **38** 29 ff.
– Sortenschutzstreit **1** 48, 50; **12** 93
– Streitgenossen **36** 16
– UKlaG **38** 10
– Unionsmarkenstreit **1** 77
– unwirksame **40** 1 ff.
– unzulässige **40** 1 ff.
– UrhG **38** 13
– UWG **38** 8
– vertragliche Beziehungen **38** 15
– zugelassene **38** 1 ff.
Gerichtsvollzieher
– Ablehnung des Vollstreckungsauftrags **753** 11
– Ausschließung **753** 3
– Befugnisse **758** 1 ff.
– Entgegennahme der Leistung **754** 4; **757** 4
– Ermittlungen **755** 1 f.
– erstattungsfähige Kosten **788** 7
– Protokollierungspflicht **762** 1 ff.
– Rechtsstellung **753** 2
– übliches Dienstgeschäft **938** 8
– Verhältnis zum Gläubiger **753** 7 f.
– Vollstreckungsauftrag **753** 9
– Zuständigkeit **753** 4 ff.
Gescannte öffentliche Urkunden 371a 2
Geschäftsgeheimnis 492 15
– des Besichtigungsgläubigers **492** 45
– Darlegungs- und Erklärungspflicht **138** 95 ff.
– Definition **492** 16 f.
– Gesetz zum Schutz von Geschäftsgeheimnissen **138** 95 ff.; **285** 23 ff.
– Legaldefinition **285** 24
– s. *Geheimnisschutz*
Geschäftsverteilung 1 15; **36** 5; **547** 6
Geschmacksmusterauslegung
– Rechtsfrage **546** 15
Gesetzesänderungen 91a 54; **767** 22
Gesicherter Rechtsbestand
– Designrecht **940** 166 f.
– einstweiliges Verfügungsverfahren **940** 120 ff.
– Gebrauchsmusterrecht **940** 121 ff.
– Gemeinschaftsgeschmacksmuster **940** 168 f.
– Markenrecht **940** 160 ff.
– Patentrecht **940** 121 ff.
– Schutzzertifikatsstreitigkeiten **940** 121 ff.
– Unionsmarken **940** 164 f.
– Urheberrecht **940** 170
Gestaltungsklage 253 9 ff.
– Antragstellung **253** 58
– kontradiktorische Zivilverfahren **253** 157
Gestaltungsurteil
– Rechtskraft **322** 18, 31
Geständnis
– Abgrenzung **288** 3 ff.
– antizipiertes **288** 6
– außergerichtliches **288** 22; **290** 8
– Begriff **288** 2
– Berufungsverfahren **535** 1 ff.
– bewusst unwahres **288** 27; **290** 4
– Entfallen der Wirkung **288** 26
– Irrtum **290** 3
– modifiziertes **289** 1 ff.
– in mündlicher Verhandlung **288** 16 ff.
– Prozesshandlung **288** 23; **290** 7
– qualifiziertes **289** 4

– Tatsachenbezug **288** 3, 5 ff.
– ungünstige Tatsache **288** 5 ff.
– Voraussetzungen **288** 5 ff.
– vorweggenommenes **288** 12
– Widerruf **290** 1 ff.; **535** 3
– Wirkung **288** 24 ff.
Geständnisfiktion 138 27, 57; **288** 4
Gesundheitsbezogene Werbung 3 214 ff.; **138** 78; **284** 61
Gewahrsam 808 1
Gewinnentgang 287 31 ff.
Gewinnkalkulation 287 35
Gewohnheitsrecht 293 7, 10 ff.
Glaubhaftmachung
– anwaltliche Versicherung **294** 19
– Anwendungsfälle **294** 2
– Arrestverfahren **294** 4; **920** 12 ff.
– Augenscheinsobjekte **294** 12 f.
– Beweisführungsform **294** 1
– Beweismaß **294** 20 f.; **920** 21 f.
– Beweiswürdigung **294** 20 ff.
– eidesstattliche Versicherung **294** 8, 17 ff.
– einstweiliges Verfügungsverfahren **294** 4; **920** 12 ff.
– E-Mail-Ausdruck **294** 8
– Entbehrlichkeit **294** 6 f.; **920** 18 ff.
– Glaubhaftmachungslast **920** 25 ff.
– Mittel **294** 8 ff.
– Ordnungsmittelverfahren **294** 5
– Parteivernehmung **294** 16
– präsente Beweismittel **294** 9
– Sachverständige **294** 14 f.
– Sicherheitsleistung bei Fehlen **921** 2 ff.
– überwiegende Wahrscheinlichkeit **294** 1, 20 ff.; **920** 21
– Urkunden **294** 12 f.
– Zeitpunkt **920** 23
– Zeugen **294** 14 f.
– Zeugenaussagen aus anderen Prozessen **294** 8
Grenzbeschlagnahme 273 10; **485** 28 ff.; **938** 6; **940** 47
Gründungstheorie 50 11 f.
Gutachten
– Kostenerstattung **91** 137, 142 ff.
– Verweigerung **408** 1 ff.
Gütestelle 253 39
Güteverhandlung
– Absehen **278** 11
– Anwaltszwang **278** 6, 12
– Anwendungsbereich **278** 4 f.
– Begrenzung des Streitstoffs **278** 6 f.
– Berufungs-/Revisionsgerichte **278** 5
– Durchführung **275** 9; **278** 6 ff.
– einstweiliges Verfügungsverfahren **278** 4; **279** 13
– frühzeitiger Termin **272** 14
– im gewerblichen Rechtsschutz **278** 7
– obligatorische **278** 4 f.
– persönliches Erscheinen **278** 12
– Prozesshandlungen **278** 8
– Säumnis beider Seiten **278** 13
– Scheitern **278** 10; **279** 4
– Sondierungsverhandlung **278** 6
– Verweisung an Güterichter **278** 14

Halbleiterschutzstreitsache
– Definition **1** 52
Handelsbräuche 284 21; **293** 9
Haupttermin
– Ablauf **279** 5
– Abschlusserörterung **279** 8 ff.
– Angriffs- und Verteidigungsmittel **282** 4 ff.
– nach Ausbleiben der Klageerwiderung **276** 21
– Beklagtenvorbringen **282** 10 f.

1667

Sachverzeichnis

Fette Zahlen = Paragraphen

- Beweisaufnahme **279** 6 f.
- frühzeitiger Termin **272** 14
- Klägervortrag **282** 7 ff.
- Konzentration **272** 5 ff.
- Mindestanforderungen an Vorbringen **282** 4 ff.
- neues Vorbringen **283** 3 ff.
- persönliches Erscheinen **273** 13
- Prozessökonomie **272** 5; **282** 1 ff.
- Rechtzeitigkeit des Vorbringens **282** 12 ff.
- Scheitern der Güteverhandlung **279** 4
- schriftliches Vorverfahren **276** 1 ff., 21
- verspätetes Vorbringen **282** 2
- vorbereitende Maßnahmen **272** 2
- Vorbereitung **273** 3 ff.

Hausrecht 404a 31 f.

Heilung
- Verfahrensfehler **295** 12
- Zustellungsmängel **166** 17; **169** 8; **170** 5; **172** 3; **189**

Herausgabe des Gutachtens
- Aushändigung **492** 18 ff.
- durch Beschluss **485** 57; **490** 33 ff.
- an Besichtigungsgläubiger **492** 10 ff., 30 ff.
- Bestandteil des selbständigen Beweisverfahrens **490** 32 ff.
- Beurteilungszeitpunkt **492** 20
- Geheimhaltungsanordnung **490** 36
- Geheimnisschutz **485** 58 ff.; **492** 35 ff.
- konkludente Genehmigung **490** 10
- bei Rechtsbestandseinwänden **492** 41 ff.
- Rechtsschutz bei Ablehnung **490** 34
- Rechtsschutz bei Stattgabe **490** 35
- Rechtsschutz bei Zurückweisung **490** 34
- Stellungnahme des Antragsgegners **492** 10 ff.
- Unterbleiben **492** 42
- Verschwiegenheitsverpflichtung **492** 22 ff.
- an Vertreter des Besichtigungsgläubiger **492** 18, 22

Herausgabe von Urkunden
- Besichtigungsverfahren **485** 77 f.
- selbständiges Beweisverfahren **485** 77
- Verfügungsverfahren **485** 78

Herausgabeansprüche
- Besichtigungsgegenstand **485** 160
- Vollstreckung **883** 1 ff.
- Widerstand des Schuldners **890** 1 f.

Herausgabeklage
- Verbindung mit Drittwiderspruchsklage **771** 5
- vollstreckbare Ausfertigung **767** 6

Hilfsanträge
- Berufungsverfahren **524** 7, 12; **528** 4 ff., 13; **557** 9
- Revisionsinstanz **557** 4

Hilfspersonen
- zur Durchführung von Messungen/Analysen **407a** 6
- Interviewer **407a** 8 f.
- Pflicht zur Einschaltung **407a** 7
- des Sachverständigen **407a** 5 ff.
- Vergütung **413** 5

Hinterlegung
- Abwendung der Vollstreckung **720** 1 f.
- erstattungsfähige Kosten **91** 135
- prozessuale Sicherheit **108** 24 ff.
- Sicherheitsleistung **709** 12

Hinweispflicht des Gerichts
- Antragsänderungen **282** 18
- Beweismittelbeschaffung **139** 21
- Dokumentation **139** 36
- in DPMA-/BPatG-Verfahren **139** 5
- einstweiliges Verfügungsverfahren **139** 40 ff.
- Grundsatz der prozessualen Waffengleichheit **139** 45
- markenrechtliche Widerspruchsverfahren **139** 12
- Markenrechtsstreit **139** 16, 27 f.
- bei mehrfacher Schutzrechtsverletzung **139** 17
- Neutralitätsgebot **139** 13

- Patentstreit **139** 6, 19 f.
- Pflichtverletzung **139** 48 ff.
- Praxis „einseitigen Hinweises" **139** 43
- Prozessvoraussetzungen **56** 3; **139** 31 ff.
- qualifizierte **139** 6
- Schriftsatzrecht **139** 38 f.
- Umfang bei anwaltlicher Vertretung **139** 25
- bei unzureichendem Vorbringen **282** 17
- Verbot von Überraschungsentscheidungen **139** 23 ff.
- Zeitpunkt **139** 35

Impressumspflicht 3 212

In camera-Verfahren 285 17

Inaugenscheinnahme s. Augenscheinseinnahme

Indizienbeweis
- Designrecht **284** 112 f.
- Markenrecht **284** 110 f.
- Patentrecht **284** 106 ff.
- Urheberrecht **284** 114
- Wettbewerbsrecht **284** 103 ff.

Industrie- und Handelskammern
- Umfragen **402** 30

Insbesondere-Antrag 253 214 f.; **264** 8
- Tenor **313** 7
- Übergang zu „Und zwar"-Antrag **269** 8
- Unteransprüche **704** 22

Insolvenzgericht
- Sitz **19a** 2 ff.

Insolvenzverfahren
- Unterbrechung des Rechtsstreits **240** 1 ff.

Insolvenzverwalter
- allgemeiner Gerichtsstand **19a** 1 ff.
- Prozessführungsbefugnis **240** 2
- Rechtsnachfolger **727** 12
- Verwaltungs- und Verfügungsbefugnis **240** 1

Internationale Zuständigkeit
- Agenturen **12** 48
- allgemeiner Gerichtsstand **12** 17 f.
- Anerkennung **12** 66
- Annexansprüche **12** 120
- Anwendungsbereich **12** 1 ff.
- Arbeitnehmererfinderrecht **12** 89
- Arrestgericht **919** 2
- Aufrechnung **12** 53
- Ausschließlichkeit **12** 55, 83 f., 99
- Begehungsort **12** 27 ff., 102 ff.; 121 ff.
- Behandlung im Prozess **12** 62 ff.
- Beklagtenmehrheit **12** 49 ff.
- cross border-Prozesse **12** 71 f.
- Designrecht **12** 128 ff.
- Doppelfunktionalität s. dort **12** 5
- Drittstaatenfälle **12** 5
- Eilverfahren **12** 13
- einstweilige Maßnahmen **12** 60 ff., 85
- Erfüllungsort **12** 20 ff., 74, 101; **29** 14 f.
- nach EuGVVO **12** 15 ff.
- fehlende **12** 15, 64
- Gebrauchsmusterstreitsachen **12** 90
- Gemeinschaftsgeschmacksmuster **12** 2, 13, 133 ff.
- Gemeinschaftsmarkenstreit **12** 2
- Gemeinschaftssorten **12** 14
- Gerichtsstandsvereinbarung **12** 56 f., 110
- Internet-Rechtsverletzungen **12** 33 ff.
- nach LugÜ **12** 15 ff.
- Markenstreit **12** 94 ff.
- Niederlassungen **12** 48, 114, 135 f.; **21** 15 f.
- numerus clausus besonderer Gerichtsstände **12** 19, 73, 100
- Patentstreitsachen **12** 67 ff.
- Prozessvoraussetzung **12** 4
- Prüfung von Amts wegen **12** 4, 62, 96
- Rechtsquellen **12** 5 ff.

Magere Zahlen = Randnummern

Sachverzeichnis

- Rechtsverletzungen im Internet **12** 33 ff.
- rügelose Einlassung **12** 59, 110, 115
- kraft Sachzusammenhangs **12** 11
- selbständiges Beweisverfahren **485** 9 ff.
- Sitz des Beklagten **12** 17 f.; **17** 7 ff.
- Sitz des Insolvenzgerichts **19a** 6 f.
- Sonderregeln **12** 2, 14
- Sortenschutzstreit **12** 2, 91 ff.
- Streitgenossenschaft **12** 81, 109, 144
- UKlaG-Streitsachen **12** 151 ff.
- unerlaubte Handlung **12** 27 ff., 75 ff., 102 ff., 121 ff.
- Unionsmarkenverletzung **12** 111 ff.
- Unzuständigkeit **12** 65
- Urheberrechtsstreitsachen **12** 154 ff.
- UWG-Streitsachen **12** 145 ff.
- Verbrauchersachen **12** 54
- Vollstreckung **12** 66
- Wettbewerbsstreitigkeiten **12** 145 ff.
- Widerklage **12** 52, 82, 110; **33** 17
- Wohnsitz **12** 6, 17 f., 70, 98, 113 f.
- Zentralgericht **12** 117
- Zweigniederlassung **12** 48

Internet-Rechtsverletzungen 32 54
- Begehungsort **12** 33 ff.; **32** 30
- Gerichtsstand **12** 33 ff.
- Immaterialgüterverletzungen **12** 38 ff.
- internationale Zuständigkeit **12** 33 ff.
- Persönlichkeitsrechtsverletzung **12** 35 ff.
- Wettbewerbsverstöße **12** 34, 149

iura novit curia 253 55

Jurisdiktionsgewalt 253 27
Juristische Personen
- Gerichtsstand **17** 1 ff.

Justizgewährungsanspruch 704 2
JVEG 413 1 ff.

Kartelleinwand 1 17; **148** 18
- sachliche Zuständigkeit **1** 117
- Zivilprozess **1** 114 ff.

Kartellgerichte 1 118
Kartellsachen 1 115 ff.
Kartellstreitsachen 148 17 ff.
Kennzeichenberührungen 1 55
Kennzeichenstreitsachen
- Definition **1** 55 ff.; **91** 111
- Gerichte **1** 63

Kennzeichnungskraft 286 35, 44 ff.; **404a** 19 f.
Kerntheorie 253 78 ff., 82, 125; **704** 20; **890** 12, 14 ff., 20

Klageänderung
- Absehen vom Urkundenprozess **533** 13
- Anschlussberufung **533** 9
- Berufungsverfahren **533** 6 ff.
- BPatG-Verfahren **263** 2; **265** 2
- Einführung weiteren Schutzrechts **533** 12
- Einwilligung **263** 3 ff.; **533** 27
- erweiternde **533** 26
- Folgen bei Unzulässigkeit **263** 6
- Geltendmachung weiteren Löschungs-/Nichtigkeitsgrunds **533** 12
- Klagehäufung **263** 13
- Kostentragung trotz Obsiegen **97** 28
- Nichtvorliegen **264** 1 ff.
- Nichtzulassung **268** 3
- objektive **263** 9 ff.
- Rechtsfolgen **263** 6
- Revisionsinstanz **555** 13; **557** 11 ff.
- Sachdienlichkeit **263** 4 f.; **533** 28 ff.; **546** 29 f.
- subjektive Parteiänderung **263** 15 ff.
- unzulässige **263** 6

- Verfügungsverfahren **533** 14
- vermutete Einwilligung **263** 3; **267** 1 ff.
- wiedereröffnetes Verfahren **590** 3
- Zurückweisung **533** 26

Klageantrag 253 54 ff.
- Allgemeines **253** 54 ff.
- Änderungen **264** 7; **282** 18
- Beschränkung **264** 8
- Bindungswirkung **308** 1 ff.
- Erweiterung **264** 6
- Stufenklage **254** 2
- Unterlassungsantrag **253** 59 ff.
- Zeitpunkt der Antragstellung **297** 1 ff.

Klagearten 253 4 ff.
Klagebegehren
- Maßgeblichkeit **308** 5
- s. a. *Streitgegenstand*

Klageerhebung 253 12 ff.
- Hemmung der Verjährung **253** 16
- Prozesshandlung **253** 12
- Rechtshängigkeit des Rechtsstreits **253** 15
- Wirkungen **253** 15 ff.

Klageerweiterung 270 7
Klagegrund 253 90 ff.
- Einräumung der Mitberechtigung **253** 155 ff.
- Ersatz der Abmahnkosten **253** 150
- Gestaltungsklagen **253** 157 ff.
- Schadensersatzklagen **253** 143 ff.
- sonstige Leistungsklagen **253** 142 ff.
- Unterlassungsklagen **253** 93 ff.
- Vergütungspflicht **253** 152 ff.
- Vertragsstrafe **253** 151

Klagehäufung
- alternative **253** 49, 162; **260** 3, 8 f.; **263** 14

Klägerhäufung
- alternative **264** 13

Klagehäufung
- DPMA-/PatG-Verfahren **5** 4
- Eventualklagehäufung **5** 12; **253** 50; **260** 7

Klägerhäufung
- eventuelle **264** 13

Klagehäufung
- durch klageerweiternde Klageänderung **260** 2
- Kosten **260** 14 f.
- kumulative **5** 13; **253** 50; **260** 4 ff.; **263** 13
- Markenstreit **260** 6
- nachträgliche **263** 13
- objektive **1** 5, 17; **260** 2
- Patentstreit **260** 5
- Streitgenossenschaft **60** 1 f.
- Streitwert **3** 50
- Wettbewerbsstreit **260** 6

Klagerücknahme
- Beendigung der Rechtshängigkeit **269** 1
- BPatG-Verfahren **269** 6
- Einwilligung des Beklagten **269** 2 f.
- fingierte Einwilligung **269** 3
- Kostenerstattung **91** 167 f.
- Kostentragung **269** 4
- Nichtzulassungsbeschwerde **544** 54
- Protokollierung **160** 25
- nach Schluss mündlicher Verhandlung **296a** 8
- bei Vernichtung des Schutzrechtes **269** 9
- bei Wegfall des Klageanlasses **269** 10
- Zustellung **269** 7

Klagerwiderung
- Aufforderung **275** 4 ff.; **276** 15 ff.
- Belehrungspflichten **276** 17 f.; **277** 7 f.
- Fristsetzung **274** 8; **275** 4; **276** 15 f.; **277** 9
- Fristverlängerung **276** 15
- Inhalt **277** 3 ff.
- s. a. *Einlassungsfrist*

1669

Sachverzeichnis

Fette Zahlen = Paragraphen

Klageschrift
- Inhalt **253** 17 ff.
- Mindestanforderungen **253** 17 ff.
- obligatorischer Inhalt **253** 19 ff.
- Zustellung **166** 16; **270** 7; **271**

Klageverzicht 93 4; **306** 10; **544** 55

Klauselerinnerung 767 8 ff.

Klauselgegenklage 724 11; **732** 1 ff.; **768** 1 ff.

Kontrollbesuchsrecht 940 60

Konzentrationsermächtigung 38 2 f.
- Designstreit **1** 83 f.
- Gebrauchsmusterstreit **1** 42
- Kennzeichenstreit **1** 61
- Patentstreit **1** 37
- Sortenschutzstreit **1** 49
- Wettbewerbsstreit **1** 103, 106

Kosten des Rechtsstreits s. Prozesskosten

Kostenanfechtung
- Anerkenntnis **99** 24 ff.
- Entscheidung in der Hauptsache **99** 9 ff.
- isolierte Anfechtbarkeit **567** 25
- Nichtanfechtbarkeit **99** 8 ff.
- Rechtsmittelbeschränkung **99** 15 ff.
- reine Kostenentscheidungen **99** 10

Kostenentscheidung
- Ablehnung der Entscheidung **99** 8
- Anfechtung **99** 1 ff.; **511** 5 ff.
- Arrest-/einstweiliges Verfügungsverfahren **922** 7
- bei Beschlüssen **91** 64
- Beschwerdemöglichkeit **99** 10
- Einspruchsverfahren **91** 124 ff.
- bei erfolglosem Angriffs-/Verteidigungsmittel **96** 8
- Erledigung der Hauptsache **91a** 22 ff.
- fehlende **91** 62
- Gegenstand **91** 60
- im gewerblichen Rechtsschutz **91** 58 ff.
- Grundsatz der Kosteneinheit **91** 60
- Grundurteile **91** 63
- als Hauptsacheentscheidung **99** 9 ff.
- Korrektur **91** 65
- Kostenaufhebung **92** 8
- Kostenmischentscheidung **99** 26
- Kostenteilung **92** 9
- Kostentrennung **91** 60; **95** 5; **96** 3
- bei Nebenintervention **101** 11 ff.
- Rechtsmittel **91a** 34 ff.
- reine Kostenentscheidung **99** 10
- bei Säumnis **95** 11 f.
- bei Teilurteilen **91** 63
- Urteilsergänzung **91** 65
- Vereinbarungsvorrang **98** 5 ff.
- bei Verschulden **95** 11 f.
- Wiederaufnahme **578** 7

Kostenerstattung
- Abmahnkosten **91** 89
- Abschlussschreiben **91** 90
- Abweichung vom Unterliegensprinzip **91** 69 ff.
- Anwendbarkeit der ZPO-Regelungen **91** 1 ff.
- außergerichtliche Rechtsverfolgungskosten **91** 95
- Begriff **91** 59
- Besprechungsraum **91** 98
- Designstreit **91** 6
- bei Doppelvertretung **91** 116 ff.
- Fotokopien **91** 130 ff.
- Gebrauchsmusterstreit **91** 4
- Gemeinschaftsgeschmacksmuster **91** 6
- im gewerblichen Rechtsschutz **91** 1 ff.
- Gutachten **91** 137
- Hinterlegungskosten **91** 135
- Klagerücknahme **253** 30
- Kostenpositionen **91** 89 ff.
- Markenstreit **91** 5
- Missbrauchsverbot **91** 77 ff.
- Nichtzulassungsbeschwerdeverfahren **91** 138
- Notwendigkeit der Kosten **91** 73 ff.
- bei Parteimehrheiten **91** 139
- bei Parteiwechsel **91** 140
- Patentstreit **91** 3
- Post- und Telekommunikation **91** 141
- prozessuale **91** 1 ff.
- Rücknahme der Klage **91** 167 f.
- selbständiges Beweisverfahren **494a** 1
- spezialgesetzliche Regelungen **91** 2
- Unterliegenshaftung **91** 66 ff.
- Veranlasserprinzip **91** 66
- bei Vertretung durch ausländischen Patentanwalt **91** 96 f.
- bei Vertretung durch ausländischen Verkehrsanwalt **91** 97

Kostenfestsetzung
- Änderung der Kostengrundentscheidung **104** 30 ff.
- Aufrechnung **104** 17 ff.
- bei Aussetzung des Hauptverfahrens **103** 30
- Beibringungsgrundsatz **104** 7
- Gelegenheit zur Stellungnahme **104** 5
- Glaubhaftmachung **104** 6 ff.
- Kosten **104** 29
- Kostenberechnung **106** 7 ff.
- Kostenfestsetzungsbeschluss **104** 21 ff.
- materielle Einwendungen **104** 14 ff.
- Rechtsbestandsverfahren **103** 2
- unstreitige Teilzahlungen **104** 16
- Verfahrensgrundsätze **104** 5 ff.
- Verletzungsverfahren **103** 1
- Verzinsung **104** 30 ff.
- Vollstreckbarkeit **103** 17 ff.
- Vollstreckungstitel **103** 5 ff.
- Zuständigkeit **104** 2 ff.

Kostenfestsetzungsantrag
- Anforderungen **103** 24 ff.
- Antragsbefugnis **103** 21
- Antragsgegner **103** 22
- nachträgliche Streitwertänderung **107** 2 ff.
- Prüfung **104** 11 ff.
- Rechtsmissbrauch **103** 29
- Verzinsung **104** 27
- Zuständigkeit **103** 28

Kostenfestsetzungsbeschluss
- Erinnerung **104** 44 ff.
- formale Anforderungen **104** 21 ff.
- Inhalt **104** 24 ff.
- nachträgliche Streitwertänderung **107** 2 ff.
- quotale Kostenverteilung **106** 2 ff.
- Rechtsbehelfe **104** 34 ff.; **106** 12
- Sofortige Beschwerde **104** 36 ff.
- vereinfachter **105** 1 ff.
- Wartefrist bei Vollstreckung **794** 1 ff.

Kostenminderungsgebot 91 73 ff.

Kostenparallelität 101 7, 16 ff.

Kostentitel 103 5 ff.

Kostentragung
- Abweichung vom Unterliegensprinzip **91** 69 ff.
- außergerichtliche Vergleich **98** 2
- Baumbach'sche Formel **92** 12; **100** 29 ff.
- beider Parteien **92** 3 ff.
- Berufungsrücknahme **516** 20 ff.
- billiges Ermessen **91** 67 f., 70 f.; **91a** 1 ff.; **92** 13 ff., 21 ff.
- erfolgloses Angriffs-/Verteidigungsmittel **96** 3 ff.
- erfolgloses Rechtsmittel **97** 3 ff.
- erfolgreicher Hilfsantrag **92** 6
- erfolgreiches Rechtsmittel **97** 10 ff.
- Erlass **91** 61 ff.

1670

Magere Zahlen = Randnummern

Sachverzeichnis

– Erledigung der Hauptsache **91a** 1 ff., 22 ff.
– geringfügige Zuvielforderung **92** 14 ff.
– Klagehäufung **92** 33 ff.
– Klagerücknahme **92** 1; **269** 4
– marken-/patentrechtlichen Rechtsbestandsverfahren **91** 62
– Nebenintervention **66** 20 ff.; **101** 1 ff.
– trotz Obsiegen im Rechtsmittelverfahren **97** 14 ff.
– Prozessvergleiche **98** 4
– Rechtsbestandsverfahren **91** 69 ff.
– Säumnis **95** 1 ff.
– sofortiges Anerkenntnis **93** 1 ff.
– Streitgenossenschaft **100** 1 ff.
– Teilunterliegen **92** 3 ff.
– überwiegendes Obsiegen **92** 9
– unsichere Forderungshöhe **92** 17 f.
– Unterliegensprinzip **91** 1 ff., 58 f., 66 ff.; **92** 3
– Veranlassungsprinzip **93** 1
– Vergleich **66** 22
– Versäumniskosten **344** 1 ff.
– Verschulden **95** 1 ff.
– Widerklage **92** 5
– Wiedereinsetzung **238** 14 ff.
– ZPO-Verfahren **91** 66 ff.
– Zwangsvollstreckungsverfahren **788** 1 ff.
Kostenwiderspruch
– Arrest-/Verfügungsverfahren **93** 8, 13; **511** 6; **924** 9
– Besichtigungsverfahren **494a** 31 ff.
– Rechtsmittelbeschränkung **99** 19 f.
– sofortiges Anerkenntnis **494a** 31 ff.
– Streitwert **3** 41
– Verfahren **924** 16
Kurierkosten 91 136

Laborexperimente 91 150
Ladung
– Abdingbarkeit **491** 4 f.
– Anordnung persönlichen Erscheinens **141** 7 f.
– Aufforderung zu Anwaltsbestellung **215** 5 f.
– Bekanntgabe **214** 13
– Belehrungspflichten **215** 4; **377** 3
– Besichtigungstermin **493** 12
– Besichtigungsverfahren **491** 6 ff.
– BPatG-Verfahren **214** 2; **215** 3
– DPMA-Verfahren **214** 3; **215** 3
– Duldungsverfügung **491** 7 ff.
– Einigungsstellen **214** 5
– Entbehrlichkeit **218** 5 ff.
– EUIPO-Verfahren **214** 4; **215** 3
– fehlerhafte **214** 12, 14; **215** 7 f.; **217** 9
– Fristen **217** 1 ff.; **274** 5; **280** 6; **491** 1
– Inhalt **214** 11 f.; **215**
– Klägerwechsel **214** 8
– Ladungszwang **218** 5
– nicht rechtzeitige **335** 3
– Parteien **274** 1 ff.
– persönliche **377** 6
– Sachverständige **273** 14
– selbständige Beweisverfahren **491** 7 ff.
– spezialgesetzliche Regelungen **214** 2 ff.
– Streitgenossen **63** 3
– Verfügungsverfahren **214** 7; **215** 2
– von Amts wegen **214** 6; **377** 1; **491** 2
– WIPO-Verfahren **214** 4; **215** 3
– Zeugen **273** 14; **377** 1 ff.
– Zuständigkeit **214** 6
– Zustellung **274** 3
– zwingende Angaben **377** 2
Landgerichte
– Geschäftsverteilung **1** 15
– Zuständigkeit **1** 2 ff., 6 ff.

Leistungsklage 253 4 f.
– Klageantrag **253** 55
– Vorrang **256** 3, 25 ff.
Leistungsurteil
– Rechtskraft **322** 14 f., 28 f.
Leistungsverfügung 940 11
Lizenzanalogie
– Designrecht **287** 56
– Gebrauchsmusterrecht **287** 46 ff.
– Markenrecht **287** 49
– Patentrecht **287** 46 ff.
– Schadensberechnungsmethode **287** 38 ff.
– Urheberrecht **287** 50 ff.
Lizenzierungswille 138 49
LugÜ
– Anwendungsbereich **12** 10
– Aufrechnung **12** 53
– keine Auslegungskompetenz des EuGH **12** 15
– Beklagtenmehrheit **12** 49 ff.
– Designrecht **12** 131 f.
– einstweilige Maßnahmen **12** 60 ff.
– Gerichtsstandsvereinbarung **12** 56 ff.
– internationale Zuständigkeit **12** 15 ff.
– Markenrechtsstreit **12** 97 ff.
– Niederlassungen/Agenturen **12** 48
– Patentrecht **12** 69 ff.
– Regelungsinhalt **12** 8
– rügelose Einlassung **12** 59
– sachlicher Anwendungsbereich **12** 16
– Verbrauchersachen **12** 54
– Widerklage **12** 52
– Wohnsitz/Sitz des Beklagten **12** 17 f., 70, 98; **13** 8

Markenparfümverkäufe-Entscheidung **253** 135
Markenstreit 12 94 ff.
Marktbeherrschung 138 48
Marktbeobachtung 940 80
Marktverwirklichungschance 3 90
Marktverwirrungsschaden 287 86 ff.
Marktwert
– verletzter Kennzeichen **3** 140 ff.
– verletzter Patente **3** 87 ff.
– Werktitel **3** 149
Mediation 278a
Medientransfer 298; 298a 5 ff.
Meinungsforschungsgutachten 91 153; **286** 21; **355** 13; s. a. *Gutachten*
Meistbegünstigungsgrundsatz 99 20
Merkmalsanalyse 253 18
Messe-Fälle
– Begehungsort **32** 32
– Entbehrlichkeit der Abmahnung **93** 46
– Messestand als Geschäftsraum **178** 9
– Zustellungen **181** 6; **191** 3; **271** 10
Missbrauch marktbeherrschender Stellung 1 114
Mitbewerber 12 21; **52** 68
Mitteilungspflicht des Gerichts 270 3 ff.; **271** 18
Miturheber 52 73
Mitwirkung
– abgelehnter Richter **547** 16 f.; **579** 6
– ausgeschlossener Richter **547** 14 f.; **579** 5
– Patentanwälte **1** 36; **91** 2, 100 ff.; **93** 68 f.
Modellanfertigungskosten 91 174
Mosaikprinzip 12 37, 156
Münchner Verfahren 253 21
Mündliche Verhandlung
– Ablauf **137** 3 ff.; **279** 5
– Abschlusserörterung **279** 8 ff.
– Angriffs- und Verteidigungsmittel **282** 4 ff.
– Anhörung der Partei **137** 13 f.; **141** 13 ff.
– Antragstellung **137** 3 ff.; **297** 1 ff.
– Beginn **137** 3

1671

Sachverzeichnis

Fette Zahlen = Paragraphen

- Beschwerdeverfahren vor dem BPatG **128** 3 f., 6, 9
- Besichtigungsverfahren **490** 8
- Beweisaufnahme **279** 6 f.
- Bezugnahme auf Schriftsätze **137** 5
- Bild- und Tonübertragung **128a**
- einstweiliges Verfügungsverfahren **128** 14
- fakultative **128** 29
- früher erster Termin **272** 8 f.
- frühzeitiger Termin **272** 14
- Haupttermin **272** 5 ff.
- Mindestanforderungen an Vorbringen **282** 4 ff.
- Mündlichkeitsprinzip **137** 7
- neues Vorbringen **283** 3 ff.
- Nichtigkeits-/Zwangslizenzverfahren **128** 5, 10
- Öffentlichkeitsausschluss **285** 15
- Parteivortrag **137** 7 ff.; **282** 7 ff., 10 f.
- persönliches Erscheinen **273** 13
- Prozessförderungspflichten **282** 1 ff.
- Prozessleitung **136** 4 ff.
- Rechtzeitigkeit des Vorbringens **282** 12 ff.
- nach Scheitern der Güteverhandlung **278** 10; **279** 4
- schriftliches Vorverfahren **276** 1 ff.
- selbständiges Beweisverfahren **490** 1, 8
- Teilnahmerecht **285** 16
- Terminsbestimmung **128** 8
- Übergang in schriftliches Verfahren **128** 7, 17, 24
- unzulässige Anordnungen/Fragen **140** 1 ff.
- Urteilsverfahren **128** 13
- Verhandlung über Beweisergebnis **279** 12
- Verhandlungsbegriff **128** 15
- Verhandlungsschluss **136** 7
- verspätetes Vorbringen **282** 2
- Verwendung technischer Hilfsmittel **137** 9 ff.
- Verzicht bei Kostenentscheidung **128** 26 ff.
- Verzicht bei Zustimmung der Parteien **128** 7
- Videokonferenz **128a** 4
- Vorbereitung **273** 3 ff.
- Vorbringen nach Verhandlungsschluss **296a** 1 ff.
- Vortrag des wesentlichen Akteninhalts **136** 4 ff.
- Vortrag wesentlichen Akteninhalts **137** 4
- Wiedereröffnung **283** 21 ff.

Mündlichkeitsgrundsatz 128 1 ff.; **137** 7

Nebenforderungen
- Abhängigkeit **4** 7
- Abmahnkosten **4** 12
- Früchte, Nutzungen, Zinsen **4** 9
- Kosten **4** 10
- Kostentragung bei Teilunterliegen **92** 37 ff.
- Unselbständigkeit **3** 20; **4** 7 f.

Nebenintervention
- Akteneinsichtsrecht **67** 7
- Angriffs- und Verteidigungsmittel **67** 2
- anhängiger Rechtsstreit **66** 2 ff.
- Befugnisse des Nebenintervenienten **67** 3 ff.
- Beitrittserklärung **70** 1 ff.
- Duldungsverfügung **485** 91
- Einrede mangelhafter Prozessführung **68** 9 ff.
- einstweiliges Verfügungsverfahren **66** 2
- gesamtschuldnerische Haftung **66** 12
- Grenzen der Befugnisse **67** 11 ff.
- Hauptanwendungsfall **66** 9
- Interventionsgrund **66** 1, 5 ff.
- Klagerücknahme **69** 6
- Kosten **66** 20 ff.; **101** 9 f.
- Kostenverhältnis **101** 15
- Kostenverteilung **101** 16 ff.
- Mahnverfahren **66** 2
- Nichtigkeitsverfahren **66** 15 ff.; **69** 3
- Präzedenzwirkung des Urteils **66** 7
- rechtliches Interesse **66** 1, 5 ff.
- Rechtsstreit zwischen anderen Personen **66** 4
- Rechtstellung des Nebenintervenienten **67** 1 ff.
- Regressansprüche **66** 9
- Reichweite der Nebeninterventionswirkung **68** 4 ff.
- selbstständiges Beweisverfahren **66** 3; **67** 9; **68** 7
- streitgenössische **66** 18, 23; **69** 1 ff.; **101** 26
- Überprüfung der Voraussetzungen **71** 1 ff.
- unselbstständige Prozessbeteiligung **67** 2, 11
- kein Verfügungsrecht über Streitgegenstand **67** 14 f.
- kein Widerspruch zur Hauptpartei **67** 3, 13
- Wirkung **68** 1 ff.
- zulässige Prozesshandlungen **67** 3 ff.
- Zurückweisungsantrag **71** 2
- Zustellung **270** 7
- Zwischenstreit **71** 1 ff.

Nichtbenutzungseinrede 138 54; **282** 10, 15
Nichtigkeitseinwand 12 71; **33** 80
Nichtigkeitsklage 253 11
Nichtigkeitsverfahren
- Anfechtung der Kostenentscheidung **99** 3 ff.
- Gründe **579** 3 ff.
- Nebenintervention **66** 15 ff.; **69** 3
- subsidiäre Gründe **579** 8
- Vermutung der Ursächlichkeit **579** 1; **583** 1
- Zulässigkeit **579** 2
- Zuständigkeit **584** 2 ff.

Nichtzulassungsbeschwerde
- Aussetzung **544** 49, 70
- Begründung **544** 35 ff.
- Beschwer **544** 15 ff.
- Beschwerdewert nach EGZPO **544** 2, 7 ff.
- Einlegung **544** 31 ff.
- Entscheidung durch BGH **544** 61 ff.
- Erwiderung **544** 58 ff.
- Kosten **544** 78
- Kostenerstattung **91** 138
- nichtstreitige Erledigung **544** 54 ff.
- Rechtskrafthemmung **544** 52
- Statthaftigkeit **148** 124; **544** 4 ff.; **547** 46
- vereinfachtes Verfahren **544** 75 ff.
- Verfahren **544** 29 ff.
- Verfahrensablauf **555** 33
- Verwerfung **544** 64
- Wertberechnung **544** 11 ff.
- Wiedereinsetzung in vorigen Stand **544** 46 ff.
- Zurückverweisung **544** 75
- Zurückweisung **544** 65 ff.

Niederlassung
- Begriff **21** 5, 8 ff.
- Gerichtsstand **21** 1 ff.
- Inhaber **21** 7
- Scheinniederlassungen **21** 9
- Selbständigkeit **21** 11
- Urheberrechtsstreitsachen **12** 154

Niederlassungsgerichtsstand
- Anwendungsbereich **21** 2
- Bedeutung im Gewerblichen Rechtsschutz **21** 2
- Begriff der Niederlassung **21** 5, 8 ff.
- Bezug zum Geschäftsbetrieb der Niederlassung **21** 12 f.
- Doppelfunktionalität **21** 15
- Erleichterung der Rechtsverfolgung **21** 1
- EuGVVO **21** 16
- Gerichtsstand **21** 1 ff.
- gewerbliche Niederlassung **21** 3
- internationale Zuständigkeit **12** 135 f.; **21** 15 f.
- Landwirtschaftsbetriebe **21** 6
- Nichtausschließlichkeit **21** 14
- Prozesspartei **21** 7
- Scheinniederlassungen **21** 9
- Wirkung **21** 14
- Zentralgerichte **21** 4

Magere Zahlen = Randnummern

Sachverzeichnis

Niederlegung
- Benachrichtigung **134** 4
- Ersatzzustellung **181** 1 ff.
- unterlassene Aufforderung **134** 6
- von Urkunden zur Einsichtnahme **134** 3
- Verweigerung **134** 5

Notfristen 221 7; **224** 6 f.
Notzuständigkeit 1 23

Offenkundige Tatsachen
- Allgemeinkundigkeit **291** 4 ff.
- Behauptungslast **291** 13
- Gerichtskundigkeit **291** 8 ff.
- Markenrecht **291** 11
- Rechtsfolgen **291** 17 f.

Öffentlichkeit 285 15; **547** 29 ff.
Orange Book-Rechtsprechung **91a** 53
Ordnungsmittelverfahren
- Androhung **183** 4; **192** 8; **890** 22 f.
- Anhörung **890** 50; **891** 3
- Antragserfordernis **890** 47; **891** 2
- Antragsrücknahme **890** 52; **891** 6
- Anwaltszwang **890** 47
- Aufhebung **890** 58
- ausländische Parteien **890** 5
- Duldungserzwingung **890** 1 ff.
- Erledigung der Hauptsache **890** 9
- Ersatzordnungshaft **890** 60
- Herausverlangen gezahlter Gelder **578** 12
- Insolvenz des Schuldners **890** 51; **891** 4
- Kosten **890** 46; **891** 1
- Kostentragung **891** 5
- mehrfache Zuwiderhandlung **890** 60
- Nachweis der Zuwiderhandlung **294** 3
- Ordnungshaft **890** 60
- Ordnungsmittel **890** 59 ff.
- Organisationsverschulden **890** 38 ff.
- Parteien **890** 1 ff.
- Rechtsmittel gegen Ordnungsmittelbeschluss **890** 53 ff.
- Schuldner **890** 2
- Streitwert **3** 61 ff.
- Teilunterliegen **92** 42
- Unterlassungserzwingung **890** 1 ff.
- Verfahren **890** 46 ff.
- Verfolgungsverjährung **890** 42 f.
- Verschulden **890** 38 ff.
- Vollstreckungsverjährung **890** 44 f.
- Voraussetzungen **890** 6 ff.
- Zuständigkeit **891** 1
- Zuwiderhandlung gegen Verbotsverfügung **890** 24 ff.

Organisationsverschulden 233 14, 27 ff.; **890** 24, 38 ff.
Ortstermin 357 6 ff.

Parallele Verfahren
- Entbehrlichkeit der Abmahnung **93** 33 ff.

Parteiänderung
- gesetzliche Regelungen **263** 16
- Parteierweiterung **263** 15, 21 f.; **268** 2
- Parteiwechsel **263** 15, 19 ff.

Parteifähigkeit 50 1; **253** 24
- AG **50** 3
- Amtsprüfung **56** 1 ff.
- Anknüpfungspunkt **50** 2
- Anstalten **50** 4
- ausländische Gesellschaften **50** 8 ff.
- Außen-GbR **50** 5
- BPatG/DPMA/EPA-Verfahren **50** 7; **56** 8 f.
- eingetragene Vereine **50** 3
- fehlende **50** 15 ff.
- Gebietskörperschaften **50** 4
- GmbH **50** 3
- GmbH & Co. KG **50** 5
- Handelsgesellschaften **50** 5 f.
- Hinweispflicht des Gerichts **56** 3
- juristische Personen **50** 3 f.
- KG **50** 5
- Körperschaften **50** 4
- natürliche Personen **50** 3
- OHG **50** 5
- Stiftungen **50** 3
- Stiftungen des öffentlichen Rechts **50** 4
- Verlust **50** 4
- s. a. *Prozessfähigkeit*

Parteimehrheiten
- Kostenerstattung **91** 139

Parteiöffentlichkeit
- Beweisaufnahme **357** 2
- Einschränkungen **357** 3 ff.
- Folgen bei Verstoß **357** 15

Parteiprozess
- Anträge/Erklärungen zu Protokoll **129a** 1 ff.
- markengerichtliches Verfahren **78** 5; **129** 2
- patentgerichtliches Verfahren **78** 5, 8
- Patentnichtigkeitsverfahren **78** 5

Parteivernehmung
- Schadensschätzung **287** 12, 21
- Unzulässigkeit **485** 75

Parteiwechsel
- Begriff **263** 15
- auf Beklagtenseite **263** 19
- auf Klägerseite **263** 20
- Kostenerstattung **91** 140
- Verfahrensaufnahme durch Insolvenzverwalter **240** 46

Passivlegitimation 52 37; **253** 43, 136 ff.
Patentanwalt
- als Sachverständiger **404** 5
- streitwertabhängige Gebühren **2** 5

Patentanwaltskosten
- Designstreit **91** 112
- Doppelqualifikation **91** 116 ff.
- Doppelvertreterkosten **91** 100 ff.
- Erstattungsfähigkeit **91** 100 ff., 105 ff.; **93** 68 ff.
- gesetzliche Gebühren **91** 35 ff.
- bei Kostenwiderspruch **91** 102
- bei Mitwirkung **91** 103 ff.
- Notwendigkeit **91** 100
- Patentstreit **91** 110
- Rechtsbestandsverfahren **91** 32, 48 ff.
- Rechtsgrundlage **91** 31 f.
- Urheberrechtsstreit **91** 114
- Verletzungsverfahren **91** 31, 35 ff., 100 ff.
- vorprozessuale **91** 27 ff., 109; **93** 68 ff.
- Wettbewerbssachen **91** 113
- Zwangsvollstreckungsverfahren **91** 115
- s. a. *Doppelvertreterkosten, Rechtsanwaltskosten*

Patentassessor 2 5; **91** 106
Patentauslegung
- Auslegungsarten **355** 15; **543** 18, 21
- fehlerhafte **542** 21

Patentbeschränkung
- Verletzungsverfahren **148** 153 ff.

Patentbestätigung
- Rechtsbestandsverfahren **148** 133 ff.

Patentinhaberschaft 52 45 ff.
Patentlizenzverträge 1 29
Patentmarktwert 3 88 ff.
Patentnichtigkeitsverfahren
- kontradiktorische Zivilverfahren **253** 157

Patentrechtliches Gutachten 404a 25 ff.
Patentstreitkammern 1 39

Sachverzeichnis

Fette Zahlen = Paragraphen

Patentstreitsachen
- Ansprüche aus Rechtsverletzungen gem. §§ 139 ff. PatG **1** 28 ff.
- Definition **1** 27 ff.; **91** 110
- Gerichte **1** 38 f.
- keine Handelssachen **1** 26
- sachliche Zuständigkeit **1** 24 ff.

Patentübertragung 1 29; **52** 45
Patentvernichtung 148 131 f.
Patentwiderruf 148 131 f.
perpetuatio fori 12 23
Persönliches Erscheinen
- Anhörung der Partei **141** 13 ff.
- Anordnung **141** 4 ff.; **273** 13; **278** 12
- Durchsetzung **141** 10
- Ermessensentscheidung **141** 5 f.
- Kostenerstattung **141** 12
- Ladung **141** 7 f.
- patentgerichtliches Verfahren **141** 1 f.
- Pflicht **141** 9 ff.
- Vieraugengespräche **141** 6, 17

Persönlichkeitsrechtsverletzung 12 150
- Begehungsort **32** 25
- internationale Zuständigkeit **12** 35 ff.
- im Internet **12** 35 ff.

Pfändung
- Anfechtbarkeit **828** 5
- Design/Gemeinschaftsgeschmackmuster **857** 11
- Gebrauchsmusterrecht **857** 10
- Gewahrsam **808** 1
- gewerblicher Schutzrechte **828** 2
- Inbesitznahme durch Gerichtsvollzieher **808** 2
- Internet-Domain **857** 13
- Lizenzrechte **857** 14 f.
- Markenrecht **857** 12
- Patente **857** 7 ff.
- Rechtsbehelf **808** 3
- Urheberrechte **808** 4, 5 ff.; **857** 3 ff.
- Verwertung **857** 19
- Wirkung **857** 16 ff.
- Zuständigkeit **828** 2, 5

Postsendungen
- Ausgangskontrolle bei Bevollmächtigten **233** 27 ff.
- Fehladressierung **233** 55 f.
- Postlaufzeiten **233** 38
- Versendung fristwahrender Schriftsätze **233** 29
- Zugangsvermutung **270** 24 f.

Postulationsfähigkeit
- Anwaltszwang **78** 2 ff.
- BGH-Verfahren **78** 3
- Folgen fehlender **78** 20 f.
- landgerichtliche Verfahren **78** 1
- Limited Liability Partnership **78** 7
- Markensachen **78** 5
- Nichtigkeitsberufungsverfahren **78** 4
- oberlandesgerichtliche Verfahren **78** 1
- Patentnichtigkeitsverfahren **78** 4
- Vertretung vor Ämtern **78** 22 ff.

Präklusion
- allgemeine Säumnisfolge **230** 1 ff.
- Berufungsverfahren **530**
- Beschwerdeverfahren **571** 7
- einstweiliges Verfügungsverfahren **275** 12
- im frühen ersten Termin **275** 10
- Revisionsinstanz **555** 16; **557** 1 ff.
- Verhinderung **296** 47 ff.
- Versäumung einer Prozesshandlung **230** 14 f.
- verspätetes Vorbringen **282** 2; **296** 1 ff., 20 ff.
- Verstoß gegen Prozessförderungspflichten **296** 35 ff.
- Zulässigkeitsrügen **296** 39 ff.
- s. a. Zurückweisung verspäteten Vorbringens

Privatgutachten 138 42
- einstweiliges Verfügungsverfahren **402** 6
- Form **402** 7
- Kostenerstattung **91** 142 ff.
- Laborexperimente **91** 150
- Patentnichtigkeitsverfahren **91** 147
- Patentverletzungsstreitigkeiten **91** 144
- Sachverständigengutachten **91** 142 ff.
- selbstständiges Beweisverfahren **91** 145
- Verfügungsverfahren **91** 143
- vorprozessuales **91** 146

product-by-process-Ansprüche 485 111
Prorogation 40 9 f.; s. Gerichtsstandsvereinbarung
Protokoll
- als Anlage **160** 29
- Beweiskraft **165** 4 ff.
- Fälschung **165** 9
- Inhalt **160** 7 ff.
- Mängel **165** 7 f.

Protokollberichtigung
- ablehnender Beschluss **164** 12, 14
- Anhörung **164** 8
- Antrag **164** 7
- Berichtigungsvermerk **164** 10 ff.
- Rechtsmittel **164** 13 f.
- Unrichtigkeit des Protokolls **164** 3 ff.
- von Amts wegen **164** 7

Protokollierung
- Anträge **160** 19 ff.
- Aufnahmeantrag **160** 27 ff.
- Ausnahmen **160** 14
- Beweiszweck **160** 16
- Entscheidungen **160** 23
- Formalien **160** 7 ff.
- gerichtliche Sachverständigen **160** 20
- Inaugenscheinnahme **160** 22
- Prozesshandlungen **160** 16 ff.
- unrichtige **164** 3 ff.
- unterbliebene **160** 21
- durch Urkundsbeamten **160** 1, 3
- Verantwortlichkeit **160** 3
- Verkündungen **160** 24
- Vollstreckungshandlungen **762** 1 ff.
- wesentlicher Vorgänge **160** 11 ff.

Prozessbürgschaft 91 154
Prozessfähigkeit 253 24
- AG **52** 8
- Amtsprüfung **56** 1 ff.
- Begriff **52** 1
- BPatG-/DPMA-/EPA-Verfahren **52** 2; **56** 8 f.
- GbR **52** 11
- GmbH **52** 8
- GmbH & Co. KG **52** 10
- Hinweispflicht bei Zweifeln **56** 3
- OHG **52** 9
- Prozessvoraussetzung **52** 3 f.

Prozessförderungspflichten
- allgemeine **282** 4 ff.
- BPatG-Verfahren **296** 18
- Patentnichtigkeitsverfahren **531** 37
- Pflichtverletzung **530** 25
- rechtzeitiges Parteivorbringen **282** 4 ff.
- Verstoß **296** 35 ff.; **530** 25 f.; **531** 31

Prozessführungsbefugnis 52 36 ff.; **253** 24, 43
- Amtsprüfung **52** 38
- Definition **52** 36
- Designrecht **52** 58 f.
- Fehlen **547** 22
- Gebrauchsmusterrecht **52** 45 ff.
- durch Genehmigung **547** 24
- bei gewerblichen Schutzrechten **52** 39 ff.
- des Insolvenzverwalters **240** 2

Sachverzeichnis

Magere Zahlen = Randnummern

- Markenrecht **52** 39 ff.
- Patentrecht **52** 45 ff.
- UKlaG-Streitsachen **52** 62 ff.
- Urheberrechtsstreit **52** 71 ff.
- UWG-Streitsachen **52** 67 ff.
- vorläufige Zulassung **56** 4 ff.
- Wettbewerbsstreit **52** 67
- Zulässigkeitsvoraussetzung **52** 3

Prozesskosten
- außergerichtliche Kosten **91** 27 ff.
- Begriff **91** 7 ff.
- Erstattungsfähigkeit **91** 7 ff., 74 ff.
- Gerichtskosten **91** 8 ff.
- notwendige **91** 73 ff.
- Rückfestsetzung **91** 86 f.

Prozesskostensicherheit
- Anordnung **113** 2 ff.
- Anordnungsantrag **113** 3
- Anwendungsbereich **110** 2 ff.
- Ausnahmen von Verpflichtung **110** 29 ff.
- Entscheidung nach Fristablauf **113** 19 ff.
- Erhöhung **112** 15 ff.
- Ermittlung der Höhe **112** 4 ff.
- Frist zur Beibringung **113** 12 ff.
- Herabsetzung **112** 15 ff.
- Höhe **112** 3 ff.
- Inlandsvermögen **110** 38 f.
- durch Kläger **110** 9 ff.
- Leistungsverpflichtete **110** 7 ff.
- nachträgliche **111** 1 ff.
- nachträgliche Entstehen der Voraussetzungen **111** 3 ff.
- nachträglicher Wegfall der Voraussetzungen **111** 6
- bei öffentlicher Klageaufforderung **110** 42
- Patentnichtigkeitsverfahren **110** 1; **112** 13
- prozessuale Einrede **110** 25 ff.; **113** 4 ff.
- Rechtsmittel **113** 15 ff.
- Revisionsinstanz **565** 18
- Streit **113** 4 ff.
- Umgehung der Verpflichtung **110** 20 ff.
- Verfügungsverfahren **110** 5 ff.
- völkerrechtliche Verträge **110** 29 ff.
- Voraussetzungen **110** 2 ff.
- Wegfall des Sicherungszwecks **109** 8
- Widerklagen **110** 40 f.
- Zuständigkeit **113** 2

Prozessleitung
- Aufklärungspflicht **139** 8 ff.
- Beanstandung von Anordnungen **140** 1 ff.
- Bedeutung **136** 4 ff.
- DPMA-/BPatG-Verfahren **139** 3 f.
- formelle **136** 4
- im gewerblichen Rechtsschutz **136** 2 f.
- materielle **136** 4
- Sonderregelungen **139** 3 f.
- Verbot von Überraschungsentscheidungen **139** 23 ff.

Prozessstandschaft 32 12
- gesetzliche **52** 79
- gewillkürte **52** 36, 43, 80

Prozesstrennung 60 9
- amtswegige **145** 15
- Antrag **145** 15
- Aufhebung **150** 1 ff.
- DPMA-/BPatG-Verfahren **145** 4 f.
- Klagehäufung **1** 17; **32** 6
- Patentverletzungsverfahren **145** 2
- Teilurteilsfähigkeit **145** 8
- Unzulässigkeit **145** 10
- Widerklage **145** 6
- Wirkung **145** 13 f.

Prozessuale Waffengleichheit 91 86 f; **139** 45; **270** 20a; **271** 35; **487** 31; **937** 15

Prozessurteil 300 6
Prozessverbindung
- Aufhebung **150** 1 ff.
- DPMA-/BPatG-Verfahren **147** 3 f.
- Pflicht **145** 11
- Schiedsstellenverfahren **147** 5
- Verletzungsverfahren **147** 2
- Wirkung **147** 9 ff.

Prozessvergleich
- Annahmefrist **278** 16
- Beschluss über Zustandekommen **278** 19 ff.
- Doppelnatur **278** 15; **794** 3
- Inhalt **794** 5
- Kosten **278** 22
- materiellrechtliche Voraussetzungen **794** 6
- außerhalb mündlicher Verhandlung **278** 15
- Protokollierung **278** 18
- schriftlicher Vergleich **278** 15 ff.
- Unwirksamkeit **278** 21; **794** 10 f.
- Vollstreckungstitel **278** 17; **794** 3 ff.
- Widerrufsvorbehalt **794** 7

Prozessverschleppung 234 1
Prozesszinsen 253 16

Qualifizierter Hinweis 148 128
Quellcodes 485 17, 114, 125

Recherchekosten 91 172 ff.
Rechnungslegungsanspruch
- Abwandlungen **888** 27
- Auskunftszeitraum **888** 28
- Beweislast für Erfüllung **888** 29
- eidesstattliche Versicherung **889** 1 ff.
- Entbehrlichkeit der Abmahnung **93** 43 ff.
- Erfüllung **888** 23 ff.
- Frist **888** 22
- geänderte letzte Rechnungslegung **888** 31
- Gestehungskostenangaben **888** 32
- Gewinnangaben **888** 32
- Streitgenossenschaft **100** 16
- Stufenklage **254**
- Teilunterliegen **92** 38
- Umfang **888** 21
- Vollstreckung **887** 1 ff.; **888** 1 ff.

Rechtfertigungsverfahren 942 11 f.
Rechtsänderungen 545 18 ff.
Rechtsanwaltskosten
- außergerichtliche Kosten **91** 27 ff.
- bei Beschwerden **91** 46
- Beschwerdeverfahren vor dem BPatG **91** 51, 53, 57
- Designstreit **91** 56
- bei Doppelqualifikation **91** 116
- Einspruchsverfahren **91** 49
- einstweiliges Verfügungsverfahren **91** 44
- Erinnerungen **91** 46
- Erstattungsfähigkeit **91** 28 ff., 82 ff., 116 ff., 155 ff.
- Gebrauchsmusterstreit **91** 48 ff.
- Gemeinschaftsgeschmacksmusterstreit **91** 56
- gesetzliche Gebühren **91** 35 f.
- Hauptsacheverfahren **91** 35
- Löschungsverfahren **91** 50
- Markenstreit **91** 53 ff.
- Nichtigkeitsverfahren **91** 48, 56
- notwendige **91** 82 ff.
- Patentstreit **91** 48 ff.
- Prozessvergleich **278** 22
- Rechtsbeschwerden **91** 46
- Rechtsbeschwerdeverfahren vor dem BGH **91** 52, 54, 57
- Rechtsbestandsverfahren **91** 48 ff.
- Rechtsgrundlage **91** 30 f.
- Rechtsmittelverfahren **91** 155 ff.

1675

Sachverzeichnis

Fette Zahlen = Paragraphen

- Reisekosten **91** 85
- selbstständiges Beweisverfahren **91** 45
- Sorten- und Halbleiterschutzstreit **91** 57
- Unionsmarkenstreit **91** 55
- Vergütungsvereinbarung **91** 84
- Verletzungsverfahren **91** 35 ff.
- Vertretung von Streitgenossen **100** 22 ff.
- Zwangslizenzverfahren **91** 48
- Zwangsvollstreckungsverfahren **91** 47
- s. a. Doppelvertreterkosten

Rechtsbehelfsbelehrung 232
- fehlerhafte **232** 10 ff.
- Inhalt **232** 4 ff.

Rechtsbeschwerde
- Anschlussrechtsbeschwerde **574** 3, 11 ff.
- anwendbare Vorschriften **576** 3
- aufschiebende Wirkung **575** 8
- gegen Aussetzungsentscheidungen **252** 8
- Begründung **575** 5 ff.
- DPMA-/BPatG-Verfahren **574** 3
- Einlegung **575** 2 ff.
- Entscheidung **577** 6 ff.
- Frist **575** 2
- Gegenstand **576** 1 f.
- gegen Kostenentscheidung **91a** 37
- gegen Ordnungsmittelbeschluss **890** 56
- Prüfungsumfang **577** 3 ff.
- Rechtsbeschwerdeschrift **575** 3 f.
- Statthaftigkeit **567** 21
- Verbot der reformatio in peius **577** 10
- gegen Verwerfungsbeschluss **522** 24
- Vollstreckung des Zwangsgelds **888** 16
- Zulässigkeitsprüfung **577** 1 f.
- Zulassung **574** 5 ff.
- Zurückverweisung **577** 7 ff.
- Zurückweisung **577** 6
- gegen Zwangsmittelbeschluss **888** 15

Rechtsbeschwerdegericht
- Begründung der Entscheidung **577** 12
- eigene Entscheidung **577** 8
- Entscheidung **577** 6 ff.
- Zulässigkeitsprüfung **577** 1 f.

Rechtsfähigkeit 50 1

Rechtsgutachten 91 151 f.

Rechtshängigkeit
- Aufrechnung **261** 6
- ausländisches Gericht **261** 11
- BPatG-Verfahren **261** 2
- doppelte **261** 9 ff.
- Eintritt **261** 3 ff.; **262** 3
- Ende **261** 7
- Klageänderung **261** 5
- Klageerhebung **261** 3; **262** 3
- Klageerweiterung **261** 5
- Klagehemmung **261** 9 ff.
- Klagerücknahme **269** 1
- Verjährungshemmung **262** 2
- kein Verlust der Dipositionsbefugnis **265** 1
- Wirkungen **261** 8 ff.; **262** 1 ff.

Rechtshilfe
- Beweisaufnahme **362** 2; **363** 4; **364** 2; **434** 2; **1072** 4
- Einholung von Auskünften **273** 8; **293** 11
- Zustellung **183** 6, 8, 12; **271** 10

Rechtskraft 253 163 ff.
- abweisendes Urteil **322** 19 ff.
- BGH-Entscheidungen **705** 9
- BPatG-Entscheidungen **705** 10
- keine Dispositionsbefugnis **325** 10
- DPMA-Entscheidungen **705** 11
- Dritte **325** 7 ff.
- Durchbrechung **107** 2; **322** 44 ff.
- einstweilige Verfügungen **322** 3

- Eintrittszeitpunkt **705** 5 ff.
- Feststellungsurteil **322** 11 ff., 25 ff.
- formelle **705** 1 ff.
- Gesetzesänderungen **322** 41
- Gestaltungsurteil **322** 18, 31
- Grenzen **322** 38 ff.
- Kollision mehrerer Entscheidungen **322** 47 ff.
- Leistungsurteil **322** 14 f., 28 f.
- LG-Entscheidungen **705** 7
- materielle **322** 4 ff.
- Nachweis **706** 1 ff.
- Notfristzeugnis **706** 3
- OLG-Entscheidungen **705** 8
- Prozessurteil **322** 21 f.
- Rechtskraftzeugnis **706** 2
- nach Rechtsmittelrücknahme **705** 6
- Rechtsnachfolger **325** 4 ff.
- Rechtsprechungsänderungen **322** 41
- sich überschneidende Streitgegenstände **253** 169 ff.
- stattgebender Urteilen **322** 8 ff.
- Stufenklage **322** 16 f., 30
- subjektive **325** 1 ff.
- Teilklage **322** 32 ff.
- Teilrechtskraft **705** 13
- Unanfechtbarkeit der Entscheidung **705** 3
- Unterlassungsurteil **322** 9 ff., 23 f.
- unzulässige Feststellungsklagen **256** 32
- Versäumnisurteil **330** 10
- Vollstreckbarkeit der Entscheidung **705** 4
- Wirkungen **253** 165 ff.; **322** 5 ff.; **705** 3 f.

Rechtskraftergänzende Präklusion 322 50 ff.

Rechtskrafterstreckung 325 4 ff.

Rechtskraftfremde Präklusion 322 56

Rechtsmissbrauch
- Gerichtskostenmaximierung **253** 32
- Kostenerstattungsanspruch **91** 77 ff.
- Testkauf **253** 33
- Wettbewerbsrecht **940** 30 ff.

Rechtsmittel
- gegen Anordnung der Sicherheitsleistung **108** 29 ff.
- gegen Aussetzung **148** 96 ff.
- Begriff **97** 3 ff.
- gegen Berufungsentscheidungen **542** 4 f.
- gegen Beschlüsse des BPatG **512** 3
- gegen Besichtigungsanordnung **490** 12 ff.
- gegen einstweilige Verfügung **542** 6 f.
- gegen einstweilige Vollstreckungseinstellung **707** 32
- gegen Endurteile **511** 1 ff.; **542** 8 ff.
- Friständerungen **225** 15
- gegen Grundurteile **511** 3
- gegen Kostenentscheidungen in Endurteilen **511** 5 ff.
- gegen Kostenfestsetzungsbeschluss **104** 34 ff.
- gegen Mischentscheidungen **511** 4, 7; **514** 4
- Prozesskostensicherheit **113** 15 ff.
- gegen Ruhensanordnung **251** 20; **251a** 6; **252** 2
- gegen Scheinurteile **511** 8
- Umdeutung **514** 5
- gegen Versäumnisurteil **511** 2
- gegen Verwerfung der Anschlussberufung **524** 48 ff.
- gegen Verwerfung der Berufung **522** 24 ff.
- gegen Zurückweisung verspäteten Vorbringens **296** 45 ff.
- gegen Zwangsmittelbeschluss **888** 14 f.
- gegen zweites Versäumnisurteil **511** 21
- gegen Zwischenurteile über Zulässigkeit **511** 3

Rechtsmittelkosten
- bei erfolglosem Rechtsmittel **97** 3 ff.
- bei erfolgreichem Rechtsmittel **97** 10 ff.
- Kostenstrafe bei Obsiegen **97** 14 ff.
- Kostentragung **97** 3 ff.

Rechtsmittelstreitwert 2 3; **3** 4; **4** 5; **5** 5

Magere Zahlen = Randnummern

Sachverzeichnis

Rechtsmittelverzicht
– Protokollierung 160 25
– *s. a. Berufungsverzicht*
Rechtsnachfolge
– Abtretung 727 8
– Erbschaft 727 5, 10
– gesellschaftsrechtliche 727 6 f., 11
– gesetzlicher Forderungsübergang 727 9
– Insolvenzverwalter 727 12
– vollstreckbare Ausfertigung 727 1 ff.
Rechtspflegererinnerung
– Abhilfeverfahren 567 19
– anwendbares Recht 567 20
– BPatG-Verfahren 567 13
– DPMA-Verfahren 567 15
– Einlegung 567 16 ff.
– Frist 567 16
– Statthaftigkeit 567 11 ff.
Rechtsprechungsänderungen 91a 57
Rechtsschutzbedürfnis 253 31; **940** 19 ff.
– Patentnichtigkeitsverfahren 253 36
Rechtsschutzgarantie 216 1
Rechtsverletzungen
– Begriff 513 4 f.
Regelungsverfügung 920 6; **940** 10
Registereinsicht
– Designverfahren 299 12
– Gebrauchsmusterverfahren 299 9
– Markenverfahren 299 10
– Patentverfahren 299 7
– Sonderregelungen 299 5
– Urheberschiedsverfahren 299 13
Reisekosten 35 6
– Anwalt 91 160
– ausländische Partei 91 162
– auswärtiger Anwalt 91 85, 160 ff.
– betriebsinterne Abstimmung 91 176
– Erstattungsfähigkeit 91 158 ff.
– fiktive 91 161
– Flugkosten 91 166
– Informationsreise 91 165
– Partei 91 81, 158
– Patentnichtigkeitsverfahren 91 165
– Übernachtungskosten 91 166
Replik
– Aufforderung 276 1
– Frist 275 8; 276 20; 277 10
Restitutionsgrund
– Amtsdelikte 580 7
– Auffinden neuer Druckschriften 580 17
– Aufhebung mitbestimmender Entscheidung 580 8
– Divergenzen bei Patentauslegung 580 10
– Eidesverletzungen 580 3, 5
– falscher Vorprozess 580 11 ff.
– Möglichkeit früherer Geltendmachung 582 2, 7 ff.
– rechtskräftige Verurteilungen 580 6; 581 1
– Urkundendelikte 580 4
– Urteil des EGMR 580 19
– Wahrheitspflichtverletzung 580 5
– Wegfall gewerblicher Schutzrechte 580 9 ff.; 582 2
– wiederaufgefundene Urkunden 580 12 ff.
Restitutionsklage 253 38
– Abgrenzung 767 4
– Anfechtung der Kostenentscheidung 99 2
– Bedeutung im Patentrecht 578 3
– besondere Voraussetzungen 581 1 ff.
– Divergenzen bei Patentauslegung 580 10; 582 6
– Folgen erfolgreicher Klage 578 11 ff.
– Gründe 580 3 ff.
– Kosten 93 4; 97 3
– Kostenfestsetzung 103 13
– Möglichkeit früherer Geltendmachung 582 2, 7 ff.

– Patentstreitigkeiten 578 8 ff.; 582 2 ff.
– Rückforderung von Ordnungs-/Zwangsgeldern 578 12
– Rückforderung von Schadenersatzzahlungen 578 13
– Subsidiarität 582 1
– teilweise Patentvernichtung 580 9; 582 5
– ungerechtfertigte Bereicherung 578 11 ff.
– Ursächlichkeit 580 1; 583 1
– vollständige Patentvernichtung 580 9; 582 3 f.
– Zulässigkeit 580 18; 581 2 f.; 582 2
– Zuständigkeit 584 2 ff.
– *s. a. Wiederaufnahme*
Restlaufzeit 3 91 f.
Revision
– absolute Gründe 547 5 ff.
– Anerkenntnisurteil 555 27 ff., 29a
– Anfechtbarkeit von Versäumnisurteilen 565 4 ff.
– Anschlussrevision *s. dort*
– Anträge 551 9
– anwendbare Vorschriften 555 4 ff.; 565 4 ff.
– Begriff der Rechtsverletzung 546 3 ff.
– Begründung *s. Revisionsbegründung*
– Berufungsentscheidungen 542 4
– Beruhen auf Rechtsfehler 545 21 ff.
– Beschränkung auf rechtliche Prüfung 545 26 ff.; 550 1
– Beschwer 542 15 ff.
– Bindung an Gründe 545 3
– Bindung an Revisionsanträge 557 2 ff.; 562 2
– Einlegung 549
– Entscheidungsreife 563 2 ff.
– keine erneute Tatsachenfeststellung 545 2; 559 12
– Erweiterung des Prüfungsumfangs 557 3
– fehlende Begründung 547 34 ff.
– fehlerhafte Besetzung 547 5 ff.
– fehlerhafte Vertretung 547 20 ff.
– Frist 548 1 ff.
– Fristbeginn 548 3
– Gegenstand der Berufungsentscheidung 557 5 ff.
– Heranziehung des Sitzungsprotokolls 559 26a
– Hilfsanträge 557 4, 9
– inländische Rechtsnormen 545 4 ff.
– Klageänderung 557 11 ff.
– Kosten 549 4 ff.
– maßgeblicher Zeitpunkt 545 18 ff.
– Mitwirkung abgelehnter Richter 547 16 ff.
– Mitwirkung ausgeschlossener Richter 547 14 f.
– Nachprüfung tatsächlicher Feststellungen 559 1 ff.
– nachträgliche Rechtsänderungen 545 18 ff.
– neuer Tatsachenvortrag 559 12 ff.
– nicht revisible Gesetze 560 1 ff.
– Nichtzulassungsbeschwerde 544 1 ff.; 555 1a
– Öffentlichkeitsmängel 547 29 ff.
– Patentsachen 542 2
– Prozessakten der Vorinstanz 565 20 f.
– prozessuale Erklärungen 559 7 ff.
– Prüfung von Prozessvoraussetzungen 559 4 ff.
– Prüfungsumfang 557 1 ff.
– Rechtsbegriffe 546 9 ff.
– Rechtsfragen 546 3 ff.
– Rechtsmittelverzicht 565 8 f.
– Rechtsschutzbedürfnis 555 28
– Rechtsverletzungen der Vorinstanz 546 1 ff.; 551 16 f.
– reformatio in peius 557 20
– revisibles Recht 545 4 ff.
– Revisionsschrift *s. dort*
– Rücknahme 565 10 ff.
– Rügeverlust 556 1 ff.
– Sachprüfung 557 35
– Sachrügen 551 16 f.
– Säumnis 555 22 ff.

1677

Sachverzeichnis

Fette Zahlen = Paragraphen

- Sprungrevision *s. dort*
- Statthaftigkeit **542** 4 ff.
- Tatfragen **546** 3 ff.
- Tatsachenfeststellungen **559** 36 ff.
- Tatsachenvortrag aus Vorinstanzen **559** 23 ff.
- überprüfbares Recht **545** 4 ff.
- Unzulässigkeit der Klageänderung **557** 11 ff.
- Verfahrensablauf **555** 31
- Verfahrensfehler der Vorinstanz **547** 7 ff.
- Verfahrensrügen **551** 18 ff.; **557** 26 ff.
- Versäumnisurteil **555** 22 ff.; **565** 7
- Verschlechterungsverbot **557** 20
- Verzichtsurteil **555** 29b
- Vorentscheidungen des Berufungsgerichts **557** 21 ff.
- Zulässigkeitsprüfung **545** 26 ff.; **552** 1 ff.
- Zulässigkeitsrügen **565** 16 ff.
- Zulassung *s. Revisionszulassung*

Revisionsbegründung
- Allgemeines **551** 11 ff.
- Aufhebung des angefochtenen Urteils **562** 1 ff.; **563** 1
- Form **551** 4 ff.
- formale Anforderungen **551** 1
- Frist **551** 4 ff.
- Gegenrügen **551** 25
- Revisionsanträge **551** 9
- Sachrügen **551** 16 f.
- Verfahrensrügen **551** 18 ff.
- Zustellung **551** 22

Revisionsentscheidung
- eigene Sachentscheidung **563** 2 ff., 24 ff.
- Entbehrlichkeit der Begründung **564** 1
- nicht revisible Gesetze **560** 1 ff.
- Verwerfung **563** 8
- Zurückverweisung **563** 10 ff.
- Zurückweisung **552a** 1 ff.; **561** 1 ff.

Revisionsrechtliche Nachprüfbarkeit
- Allgemeine Geschäftsbedingungen **545** 9, 13 f.; **546** 18
- ausländisches Recht **545** 9 ff.; **560** 1 ff.
- außergesetzliche Regeln **545** 12 ff.
- Beweiswürdigung **546** 7, 24 f.
- Denkgesetze **545** 15 ff.; **546** 7
- Designrechtsstreit **546** 15
- Erfahrungssätze **545** 15 ff.; **546** 7
- erfinderischer Schritt **546** 11
- Ermessensausübung **546** 26 f.
- europäisches Recht **545** 4 ff.
- Gebrauchsmusterstreitsachen **546** 10 ff.
- gerichtlicher Entscheidungen **546** 22
- individuelle Erklärungen **546** 19
- inländische Rechtsnormen **545** 4 ff.
- Kennzeichenstreit **546** 14 ff.
- Patentauslegung **546** 10
- Patentstreit **546** 10 ff.
- Prozesserklärungen **546** 20 f.
- rechtliche Beurteilungen **546** 6
- Rechtsverletzungen **546** 1 ff.
- Tat- und Rechtsfragen **546** 3 ff.
- Tatsachenwürdigung **546** 7
- Urheberrechtsstreit **546** 16
- Verwaltungsakte **546** 23
- Verwechslungsgefahr **546** 13
- Werksqualität **546** 16
- wettbewerbliche Eigenart **546** 17
- Wettbewerbsstreit **546** 17

Revisionsschrift
- Entbehrlichkeit **549** 3; **550** 3
- Vorlage der Berufungsentscheidung **550** 2
- Zustellung **550** 2 ff.

Revisionszulassung
- auslaufendes Recht **543** 8
- Auslegungsfragen **543** 8

- durch Berufungsgericht **543** 30 ff.
- beschränkte **543** 36 ff.
- durch BGH **543** 47
- Bindungswirkung **543** 44 ff.
- Divergenz **543** 17 ff.
- Entbehrlichkeit **543** 3
- Entscheidung **543** 32 ff.
- Gründe **543** 5 ff.
- grundsätzliche Bedeutung **543** 7 ff.
- nachträgliche **543** 33 ff.
- nachträglicher Wegfall des Grunds **544** 67
- Nichtzulassung *s. Nichtzulassungsbeschwerde*
- zur Rechtsfortbildung **543** 13 f.
- schwerer Verfahrensverstoß **543** 24 ff., 31
- zur Sicherung einheitlicher Rechtsprechung **543** 15 ff.
- symptomatische Rechtsfehler **543** 23
- Verletzung rechtlichen Gehörs **543** 25
- WahrnG **543** 2
- Willkür **543** 24, 29

Richter, erkennende 309 1 ff.
Richterliche Hinweispflicht *s. Hinweispflicht*
Richterwechsel 309 1 ff.
- nach Schluss mündlicher Verhandlung **128** 17, 24

Roche./.Primus 61 14
Rückfestsetzung 91 86 f.

Rückgabe der Sicherheitsleistung
- Anordnungserlass **109** 14 ff.
- auf Antrag **109** 10a
- Fristbestimmung **109** 11 ff.
- Voraussetzungen **109** 2 f.
- Wegfall der Veranlassung **109** 6 ff.

Rückruf- und Entfernungsansprüche
- vollstreckungsfähiger Inhalt **704** 31 ff.

Rückrufansprüche
- Anspruchsgrundlagen **940** 52
- einstweilige Verfügung **940** 52
- Vollstreckung **887** 1; **888** 2

Rückrufsbegehren 92 40; **100** 17
Rufschädigung 3 145
Rüge *s. Verfahrensrüge, Zuständigkeitsrüge*
Rügeloses Einlassen 12 16; **40** 9
- Anwendungsbereich **39** 1
- Designstreit **1** 85
- Einschränkung **39** 5
- nach EuGVVO **39** 11 ff.
- nach EuGVVO/LugÜ **12** 59
- Gebrauchsmusterstreit **1** 43
- Gegenstand **39** 5
- Gemeinschaftsgeschmacksmusterstreit **1** 98; **12** 137
- Kennzeichenstreit **1** 62; **12** 110
- Patentstreit **1** 38; **12** 82
- Rechtsfolge **39** 10
- Rechtshängigkeit **39** 6
- Sortenschutzstreit **1** 50; **12** 93
- Unionsmarkenstreit **1** 77
- Unionsmarkenverletzung **12** 115
- Verhandeln zur Hauptsache **39** 7 f.
- Verletzung von Verfahrensvorschriften **295** 7
- Voraussetzungen **39** 5 ff.
- vorrangige Sonderregelungen **39** 11
- Zuständigkeitsbegründung **295** 5

Ruhen des Verfahrens
- auf Antrag **251** 8 ff.
- durch Beschluss **251** 18 ff.
- BPatG-Verfahren **251** 6 f.
- DPMA-Verfahren **251** 6 f.
- Erkenntnisverfahren **251** 4
- Mediation **278a** 4
- Patenterteilungsverfahren **251** 12
- Rechtsmittel **251** 20; **251a** 6; **252** 2
- Registerstandsverfahren **251** 7

Magere Zahlen = Randnummern

Sachverzeichnis

– selbständiges Beweisverfahren 251 5
– Sonderfall der Aussetzung 249 2; 251 2
– Streitgenossenschaft 251 9
– Vergleichsverhandlungen 251 14
– Vollstreckungsverfahren 251 4
– wichtiger Grund 251 13 ff.
– Wiederaufnahme s. Aufnahme
– Wirkung 251 21 ff.
– Zweckmäßigkeit 251 13 ff.

Sachanträge
– Antragstellung 297 1 ff.
– Definition 297 3 ff.; 530 5
– fehlende 297 8
– Protokollierung 297 6
– nach Schluss mündlicher Verhandlung 296a 6; 297 10
– im schriftlichen Verfahren 297 11
– Stellung in mündlicher Verhandlung 297 6
– Verlesung 297 6
– Zeitpunkt der Antragstellung 297 11
– Zurückweisung 530 6
Sachaufklärungskosten 91 169 ff.
Sachbefugnis 52 36
Sachlegitimation 253 43
Sachliche Zuständigkeit
– Ausschließlichkeit 1 2, 12, 16 f.
– Designstreit 1 79 ff.
– Eilverfahren 1 22 f.
– Gebrauchsmusterstreit 1 40 ff.
– Gemeinschaftsgeschmacksmusterstreit 1 87 ff.
– Halbleiterschutzstreit 1 52
– Kartellsachen 1 115
– Kennzeichenstreit 1 53 ff.
– Konzentrationsermächtigung 1 3
– Patentstreitsachen 1 24 ff.
– Sortenschutzstreitsachen 1 45 ff.
– Unionsmarkenstreit 1 64 ff.
– Urheberrechtsstreit 1 109 ff.
– Wettbewerbsstreit 1 101 ff.
Sachurteil 300 6; 306 7
Sachverhaltsaufklärung s. a. Beweisgewinnung
Sachverhaltserklärung 407a 9
Sachverhaltsermittlung
– Relationsmethode 284 18
Sachverständige
– Anhörung 492 7 ff.
– im Ausland 363 4
– Auswahlverfahren 404 1 ff.
– Beauftragung mehrerer 404 1
– Beeidigung 410 1 ff.
– Befangenheit 406 1 ff.
– Befangenheitsbesorgnis 412 4
– Benennung im Besichtigungsverfahren 487 12
– Einweisung durch Gericht 404a 1
– Erklärung des Sachverhalts 407a 10
– Fachkunde 407a 1 f.
– gerichtlich bestellte 485 36
– gerichtliche 160 20
– Gutachtenverweigerungsrecht 408 1 ff.
– Hilfspersonen 407a 5 f.; 413 5
– Hochschulprofessoren 404 5
– bei Inaugenscheinnahme 371 6; 372 1 ff.
– Informationspflichten 407a 1 ff.
– Ladung 273 14
– öffentlich bestellte 407 2
– Patentanwälte 404 5; 407 3
– patentrechtliche Gutachten 404 6 f.
– Pflicht zur Gutachtenerstattung 407 1 ff.; 408 1
– Pflichten 407a 1 ff.
– spezialisierte Rechtsanwälte 404 5
– Vergütung 413 1 ff.

– weisungsgebundener Gehilfe 404a 1
– Zeugnisverweigerungsrecht 408 2
Sachverständigenauswahl
– Ablehnung 406 1 ff.
– durch beauftragten/ersuchten Richter 405 1 f.
– Besichtigungsverfahren 404 4 f.
– Beteiligung der Parteien 404 2
– demoskopische Gutachten 404 8
– Ermessen des Gerichts 404 1
– patentrechtliche Gutachten 404 4 ff.
Sachverständigenbeweis
– Auslegung des Patents 355 15
– Besichtigungsverfahren 487 11
– Beweisantritt 403 1
– Erfahrungssätze, Verkehrssitten, Handelsbräuche 284 21; 355 13 f.
– Ermessen des Gerichts 403 1
– informierte Benutzer 355 16
– Meinungsforschungsgutachten 355 13
– Strengbeweis 284 115
– Unmittelbarkeit 355 12 ff.
– Urheberrechtsstreit 355 17 f.
– Ursache für überlange Verfahrensdauer 411 3
Sachverständigengutachten
– Abgrenzung Tat- und Rechtsfrage 402 8 ff.
– Anforderungen an Stellungnahme 492 15
– Anordnung des Gerichts 144 37 ff.
– Anordnungsadressat 144 24
– Anordnungsvoraussetzungen 144 5 ff.
– zur Bekanntheit von Marken 404a 12 ff.
– demoskopische 404 2 ff., 8
– demoskopische Gutachten 402 25 ff.
– einstweiliges Verfügungsverfahren 91 143
– Ermessen des Gerichts 144 26 ff.
– Ermessensausübung 144 33 ff.
– erneutes 412 1 ff.
– Erstellungspflicht 407 1; 408 1
– Erzwingung bei Ausbleiben/Weigerung 409 1 ff.
– Fragebogen 404a 8 ff.
– Fristsetzung 411 4
– Geheimnisschutz 404a 30 ff.
– gemeinsames Entwickeln der Fragen 404a 28 ff.
– durch gerichtlich bestellten Sachverständigen 485 36
– Geschäfts- oder Privatgeheimnisse 492 15
– Herausgabe 492 10 ff.
– Hinweispflicht 403 3
– Kommentierungsfristen 411 7 ff.
– Kosten 413 6
– Markenstreit 144 17, 30
– mündliche Erläuterung 411 9
– durch Patentämter 404 7
– patentrechtliche Gutachten 404 6 f.; 404a 25 ff.
– Patentstreit 91 144, 147; 144 3, 15, 27 ff.; 402 13 f., 15 ff.
– Privatgutachten 91 142 ff.; 402 5 ff.
– Prozessrelevanz 144 7 f.
– schriftliches 411 1 ff.; 485 76
– selbständiges Beweisverfahren 91 145; 144 4
– Stellungnahme 411 7 ff.
– Stichprobenziehung 404a 3 ff.
– Urheberrecht 402 31 ff.
– Urheberrechtsstreit 144 21
– Verkehrsdurchsetzung 404a 16
– Verletzungswahrscheinlichkeit 144 2, 8
– Verweigerung 408 1 ff.
– Verwertung 492 13
– Verwertung älterer Gutachten 411a 1 ff.
– Verzögerungen bei Erstellung 409 2
– vorbereitende Einholung 273 20
– vorprozessuales 91 146
– Weigerungsrecht Dritter 144 25
– zügige Erstellung 411 3 ff.

1679

Sachverzeichnis

Fette Zahlen = Paragraphen

Sachverständigenvergütung
- Aufwendungen für Hilfskräfte **413** 5
- Kosten demoskopischer Gutachten **413** 6
- Vergütung des Sachverständigen **413** 1 ff.

Sachverständiger Zeuge 373 6; **414** 1 ff.

Säumnis
- keine Androhung gesetzlicher Folgen **230** 2 ff.
- bei Antrag auf Verwirklichung des Rechtsnachteils **230** 5 ff.
- Begriff **230** 12 f.
- beider Parteien **251a** 1 ff.
- Beklagte **220** 8; **331** 4 ff.
- Beweisaufnahmetermin **367** 2 f.
- BPatG-Verfahren **251a** 2
- in BPatG-Verfahren **330** 4
- in DPMA-Verfahren **330** 4
- Entscheidung nach Aktenlage **251a** 3 ff.
- erneute **345** 1 ff.
- Flucht in die Säumnis **279** 5; **296** 47 ff.; **331** 2
- Fristversäumnis **233** 27 ff.
- mit Gebührenzahlung **233** 97 f.
- Geltungsbereich **230** 4 f.
- Güteverhandlung **278** 13
- Hinweis auf Säumnisfolgen **377** 3
- Kläger **220** 8; **330** 5 ff.
- Nichteinhalten von Erwiderungsfristen **296** 22 f.
- Nichterscheinen **220** 8; **330** 5 ff.; **331** 4 ff.; **337** 3 ff.
- Nichtverhandeln **220** 7 f.; **333** 3 ff.
- mit Prozesshandlung **230** 11
- Rechtsfolge **230** 14 f.
- mit Rechtsmittelbegründungsfrist **230** 2 ff.
- Revisionsbeklagte **555** 26
- Revisionskläger **555** 25
- Schadensschätzung **287** 22
- Sorgfaltspflichten **233** 27 ff.
- Terminsversäumnis **220** 7 f.; **230** 1 ff.
- vermutete Einwilligung **267** 3
- ohne Verschulden **337** 3 f.
- Vorliegen **95** 6 ff.
- Widerkläger **330** 6
- Zeugen **380** 1 ff.

Schadensausgleichsmethoden 287 30 ff.

Schadensberechnung
- Anwendungsfall des § **287 287** 25 ff.
- Diskreditierungsschaden **287** 86 ff.
- dreifache Berechnung **287** 25 ff.
- durch Gewinnentgang **287** 31 ff.
- durch Lizenzanalogie **287** 38 ff.
- Marktverwirrungsschaden **287** 86 ff.
- mittelbare Patentverletzung **287** 89
- Schadensausgleichsmethoden **287** 30 ff.
- Schutzrechtsverletzungen **287** 25 ff.
- Sortenschutzrecht **287** 82 ff.
- durch Verletzergewinn **287** 57 ff.
- Wahlrecht **524** 44
- Wettbewerbsrecht **287** 29

Schadenseintritt
- Anscheinsbeweis **286** 76 f.

Schadensermittlung s. *Schadensschätzung*

Schadensersatzanspruch
- Berechnung **260** 12; **287** 25 ff.
- Eilrechtsschutz **940** 43
- Entbehrlichkeit der Abmahnung **93** 43 ff.
- Herausverlangen gezahlter Schadensersatzes **578** 14
- Leistungsverfügung **940** 43
- offene Teilklage **260** 12
- Sicherung durch Vorlageanspruch **940** 45
- Streitgenossenschaft **100** 20
- Vollstreckungsschuldner **717** 3 ff.
- bei vorläufiger Vollstreckung **717** 3 ff.

Schadensersatzfeststellungsklage 256 5 ff.

Schadensersatzfeststellungsurteil 322 26
- Rechtskraft **322** 12

Schadensersatzklagen
- Streitgegenstand **253** 143 ff.

Schadensersatzpflicht
- Aufhebung wegen Fristversäumnis **945** 16
- Darlegungs- und Beweislast **945** 26 f.
- Feststellungsklage **945** 5
- Geltendmachung **945** 4
- Inhalt und Umfang **945** 20 ff.
- Mitverschulden **945** 24 ff.
- Schutz des Antragsgegners **945** 1
- ungerechtfertigter Arrest/einstweilige Verfügung **945** 7 ff.
- Verjährung **945** 28 f.
- Verschuldensunabhängigkeit **945** 1, 19
- Vollziehung einstweiliger Verfügung **945** 17 f.
- Voraussetzungen **945** 6 ff.
- Vorteilausgleichung **945** 23 ff.

Schadensschätzung
- Alternativverhalten **287** 6
- Angabe einer Größenordnung **287** 16 f.
- Angaben in Klageantrag **287** 16
- Anwendungsbereich **287** 4, 11 ff.
- Ausschluss **287** 7
- Beweisaufnahme im Ermessen **287** 20
- keine Beweislastumkehr **287** 19
- Beweismaßreduzierung **287** 10
- Beweiswürdigung **287** 3
- Diskreditierungsschaden **287** 86 ff.
- dreifache Schadensberechnung **287** 25 ff.
- Entstehung des Schadens **287** 5 ff.
- Erleichterung des Beweisverfahrens **287** 2
- Gewinnentgang **287** 31 ff.
- Höhe der Erfindervergütung **287** 13
- Höhe des Schadens **287** 8 f.
- Kausalität **287** 6
- Lizenzanalogie **287** 38 ff.
- Marktverwirrungsschaden **287** 86 ff.
- Mindestschaden **287** 7, 37
- mittelbare Patentverletzung **287** 89
- Parteivernehmung **287** 12, 21
- revisionsrechtliche Nachprüfbarkeit **546** 27 f.
- Säumnis **287** 22
- Urteil **287** 23
- Verletzergewinn **287** 57 ff.

Scheinniederlassungen 21 9
Scheinurteile 511 8; **517** 2
Schiedsklausel 253 30
Schiedsstelle
- nach ArbEG **253** 41
- nach WahrnG **253** 40

Schiedsstellenverfahren 147 5; **148** 28; **567** 25
Schlechthinverbot 138 40; **253** 63, 70 ff., 83, 111, 200, 208
- wegen mittelbarer Patentverletzung **890** 18
- Teilunterliegen **92** 46, 51

Schlüssigkeitsprüfung 331 7 f.
Schlussurteil 301 1
Schlussverhandlung 309 3
Schriftlicher Vortrag 128 2
Schriftliches Verfahren 128 18 ff.
- Anordnung durch Beschluss **128** 22
- Ende der Schriftsatzfrist **128** 22
- nach mündlicher Verhandlung **128** 7, 17, 24
- nachgelassene/nachgereichte Schriftsätze **128** 21
- Reichweite der Zustimmung **128** 23
- Zustimmung der Parteien **128** 19 f.

Schriftliches Vorverfahren
- Anberaumung des Haupttermins **276** 21
- Aufforderung zur Klagerwiderung **276** 15 ff.
- Aufforderung zur Verteidigungsanzeige **276** 5 ff.

Magere Zahlen = Randnummern

Sachverzeichnis

– Belehrungen **276** 7, 17 f.
– Einleitung **276** 4 ff.
– Ende **276** 21
– marken-/patentrechtlichen Verfahren **272** 10; **276** 3
– Replik des Klägers **276** 20
– Verfügungsverfahren **276** 23
– Verteidigungsanzeige **276** 2
Schriftsätze, vorbereitende
– Anlagen **133** 6
– Anwaltsprozess **129** 7
– Beifügung von Urkunden **131** 3 ff.
– Bezeichnung der Anträge **130** 12
– Bezeichnung der Parteien **130** 4 ff.
– Bezeichnung des Gerichts **130** 8
– Bezeichnung des Streitgegenstands **130** 9
– elektronische Übermittlung **130** 16
– Inhalt **129** 6; **130** 1 ff.
– Markenstreitsachen **129** 2, 9; **130** 3, 7
– Mitteilungspflicht **270** 1 ff.
– Parteiprozess **129** 3 ff.
– Patentstreitsachen **129** 2, 4, 8; **130** 2, 5
– Unterzeichnung **130** 14 ff.
– Widerruflichkeit des Vorbringens **129** 5
Schriftsatzfristen
– Angriffs- und Verteidigungsmittel **132** 4
– einstweiliger Rechtsschutz **132** 3
– Mindestfristen **132** 8
– Nichteinhalten **132** 6
– patent-/markengerichtlichen Verfahren **132** 2
– Wochenfrist **132** 5
Schriftsatznachlass
– Antrag **283** 12
– Entscheidungserheblichkeit **283** 5
– Erklärungsnot der Partei **283** 9 ff.
– Ermessen des Gerichts **283** 13
– fristgerechte Erklärung **283** 17 ff.
– Fristsetzung **283** 15
– kurzfristiges Vorbringen **283** 7 f.
– marken-/patentrechtlichen Verfahren **283** 2
– nachgelassener Schriftsatz **283** 17 ff.
– neuer Tatsachenvortrag **283** 3 ff.
– nach richterlichem Hinweis **139** 37 f.
– Umfang der Berücksichtigung **283** 17
– Unanfechtbarkeit der Entscheidung **283** 16
– Verfügungsverfahren **283** 25 f.
– verspätete Erklärungen **283** 23 f.
– Voraussetzungen **283** 3 ff.
Schubladenverfügungen 93 20, 38, 54
Schuldanerkenntnis 1 29
Schutzantrag s. *Vollstreckungsschutz*
Schutzrechtsberühmungen 1 81
Schutzrechtsgebühren
– Zahlung als Fortbestandsvoraussetzung **240** 40; **249** 13
Schutzrechtsverwarnung 5 23 f.; **32** 34; **578** 14
Schutzschrift
– Anträge **270** 12, 23
– Definition **945a** 2
– elektronische **130a** 20
– erstattungsfähige Kosten **91** 177 ff.; **103** 11
– Form **945a** 5
– Kosten **945a** 8
– Kostenerstattung **91** 177 ff.
– rechtliches Gehör **945a** 4
– Streithelfer **945a** 3
– Wirkung **945a** 6
– Ziel **945a** 4
Schutzschriftenregister 945a 1, 6, 9 ff.; **945b** 1
Selbständiges Besichtigungsverfahren s. *Besichtigungsverfahren*

Selbständiges Beweisverfahren
– Allgemeines **485** 43 ff.
– Anhörung des Sachverständigen **492** 7 ff.
– Anhörungsrüge **490** 27
– Anordnung **485** 48 ff.
– Anordnung der Klageerhebung **494a** 4 ff.
– auf Antrag **485** 21 ff.
– Antragsgegner **487** 8
– Antragsinhalt **487** 2
– antragsüberschreitender Beschluss **490** 3, 9
– Anwaltszwang **78** 19; **487** 1
– Aufnahme von Unteransprüchen **490** 9
– Begutachtung durch Sachverständigen **485** 1
– Begutachtungsdurchführung **487** 17
– Benutzung des Beweisergebnisses **493** 3 ff.
– Bestandteil des Besichtigungsverfahrens **485** 69
– Bestimmtheitserfordernis **487** 2
– Beweisaufnahme **492** 1 ff.
– Beweisbeschluss **490** 20
– Beweisfrage **485** 48
– Beweismittel **485** 72, 75 ff.; **487** 11
– Beweisnot im gewerblichen Rechtsschutz **485** 6 ff.
– Beweistatsachen **487** 9 f.
– Beweiswürdigung **493** 5
– drohender Beweisverlust **485** 72, 77
– Durchführung der Besichtigung **485** 48 ff.
– einvernehmliches **485** 70
– Entscheidung durch Beschluss **490** 1
– Erledigungserklärung **494a** 17 ff.
– erneute Begutachtung **485** 80; **493** 8
– erstattungsfähige Kosten **494a** 14 ff.
– Geheimnisschutz **487** 22 ff.
– gesonderte Anfechtbarkeit **490** 4, 6
– Glaubhaftmachung **487** 15 f.
– Herausgabe von Urkunden **485** 77
– im Insolvenzfall **485** 79
– Klageerhebungsfrist **494a** 1 ff.
– Kostenentscheidung **494a** 9 ff.
– Kostenerstattung **494a** 1
– Ladung des Gegners **491** 1; **493** 9
– Ladung zum Besichtigungstermin **493** 12
– Mindestanforderungen **487** 7 ff.
– mündliche Verhandlung **490** 1, 8
– Musterantrag **487** 45 ff.
– nachträgliche Genehmigung **490** 2, 10
– nachträgliche Stellungnahme **493** 8
– Nebenintervention **66** 3; **67** 9
– Nichterscheinen des Gegners **493** 9
– rechtliches Gehör **487** 19 ff.
– rechtliches Interesse **485** 73 ff.
– Rechtsschutz bei Stattgabe **490** 20 ff.
– Regelungsinhalt **485** 47 ff.
– Rücknahme der Hauptsacheklage **494a** 17 ff.
– Ruhen **251** 5
– Sachverständigenbeweis **487** 11
– Schlüssigkeits- oder Erheblichkeitsprüfung **485** 74
– schriftliches Sachverständigengutachten **485** 76
– Sicherheitsleistung **487** 43 f.
– Sicherung von Geheimhaltungsinteressen **485** 54 ff., 58 ff.
– sofortige Beschwerde **490** 14
– stattgebender Beschluss **490** 2 f.
– streitschlichtendes **485** 70
– unbekannter Gegner **494** 1 f.
– keine Unterbrechung **240** 7
– Verfahrenskombination **485** 43 ff.
– Verletzungswahrscheinlichkeit **485** 44
– Verschwiegenheitsanordnung **487** 24
– Verweisung bei Unzuständigkeit **485** 16 f.
– vollwertiges Gerichtsgutachten **493** 3
– Voraussetzungen **485** 70 ff.
– Zeugenbenennung **487** 11

1681

Sachverzeichnis

Fette Zahlen = Paragraphen

- Zulässigkeitsanforderungen **485** 69; **487** 2
- zurückweisender Beschluss **490** 12 ff.
- Zuständigkeit **486** 5 ff.

Selbstanzeige 547 17

Sequestration 270 20a
- durch einstweilige Verfügung **938** 6 ff.; **940** 46
- Entbehrlichkeit der Abmahnung **93** 39 ff.
- Kosten **91** 183; **938** 9
- Übergabe **938** 10
- Verwaltung **938** 7

Sicherheitsleistung
- Abwendungsbefugnis **711**
- Änderung der Höhe **109** 9
- Anordnung **108** 3 ff.; **890** 61; **921** 11
- anti-suit injunction **709** 23
- Antrag auf Herab-/Heraufsetzung **718** 5
- Arrestverfahren **921**
- Ausnahmen **708**; **710**
- Bankbürgschaft **709** 11
- Bürgschaft **108** 10 ff.; **751** 4
- einstweilige Vollstreckungseinstellung **707** 6 ff.
- Erbringung **709** 10 ff.
- erstattungsfähige Kosten **91** 99, 184
- fehlende Glaubhaftmachung **921** 2 ff.
- Festsetzung von Teilsicherheiten **718** 6
- Glaubhaftmachung **921** 6 ff.
- durch Hinterlegung **108** 24 ff.; **709** 12
- Höhe **108** 6 f.; **709** 3 ff.; **711** 2
- hoher Vollstreckungsschaden **709** 8
- Kenntnis des Schuldners **890** 32
- Korrektur der Festsetzung **709** 22
- Kostenerstattung **91** 99, 184
- Kostentragung bei Teilunterliegen **92** 43
- multinationale Streitigkeiten **709** 23
- Nachweis **751** 3 ff.; **890** 33
- nichtvermögensrechtliche Streitigkeiten **709** 6
- Parteivereinbarung **108** 28
- Prozesskostensicherheit **110** 1 ff.
- prozessuale **108**
- Rechtsbehelf **108** 29 ff.
- Regelfall im Gewerblichen Rechtsschutz **751** 2
- Rückgabe **109** 1 ff.; **715** 1 ff.; **943** 3 f.
- Schuldnermehrheit **709** 13 ff.
- selbständigen Beweisverfahren **487** 43 f.
- Teilsicherheiten **709** 16 ff.; **718** 6 ff.
- Teilsicherung **752** 1 f.
- unzureichende **709** 21
- vermögensrechtliche Streitigkeiten **709** 5
- Vollziehung des Arrests **921** 1
- vorläufige Vollstreckbarkeit **709**
- Wegfall der Veranlassung **109** 6 ff.

Sicherungsverfügung 920 6; **940** 9

Sicherungsvollstreckung 720a 1 ff.; **750** 13 ff.

Signatur 130a 11 f.
- qualifizierte elektronische **130b** 1 ff.

Signaturprüfung 298 4

Sitz des Beklagten
- Bestimmung **12** 18
- EuGVVO **12** 17 f.
- internationaler Gerichtsstand **12** 17 f.
- LugÜ **12** 18
- s. a. *Wohnsitzgerichtsstand*

Sitz des Insolvenzgerichts 19 2 ff.

Sitz juristischer Personen
- EuGVVO/LugÜ **17** 8
- Gerichtsstand **17** 1 ff.
- Gleichstellung mit Wohnsitz **17** 8
- inländischer Gerichtsstand **17** 1 ff.
- persönlicher Anwendungsbereich **17** 2
- Sitz der Partei **17** 5
- Verwaltungsort **17** 6
- zeitlicher Anwendungsbereich **17** 3

Sofortige Beschwerde
- Abgabe an Ausgangsgericht **569** 4 ff.
- Abhilfeverfahren **572** 1 ff.
- gegen Ablehnung der Akteneinsicht **299** 34
- gegen Ablehnung des Vollstreckungsauftrags **753** 11
- gegen Anordnung einer Sicherheit **921** 1
- Anschlussbeschwerde **567** 29 ff.
- Antrag **571** 3 f.
- Anwaltszwang **571** 10
- Arbeitnehmererfinderrecht **567** 25
- Aufhebung der angefochtenen Entscheidung **572** 12
- aufschiebende Wirkung **570** 1 ff.
- gegen Aussetzungsentscheidung **148** 96 ff.; **252** 7 ff.; **567** 25
- Begründung **571** 1 f.
- gegen Berichtigungsbeschluss **319** 9
- Beschlussentscheidung **572** 15
- Beschwer **567** 26
- Beschwerdeschrift **569** 7
- Beweissicherungsverfahren **567** 25
- Dringlichkeitsentscheidung **569** 5
- Einlegung **569** 4 ff.
- einstweiliges Verfügungsverfahren **942** 7
- Einzelrichterentscheidung **568** 1 ff.
- Entscheidung **572** 9 ff.
- gegen Entscheidungen von Richtern/Rechtspflegern **766** 10
- Form **569** 4 ff.
- Frist **569** 1 ff.
- Fristbeginn **569** 2
- Generalklausel **567** 23
- im gewerblichen Rechtsschutz **567** 25 ff.
- Kollegiumsentscheidung **568** 4 ff.
- gegen Kostenentscheidung **91a** 35 ff.; **511** 5 ff.
- gegen Kostenfestsetzungsbeschluss **104** 36 ff.
- neue Angriffs- oder Verteidigungsmittel **571** 5 ff.
- Nichtigkeits-/Restitutionsklagevoraussetzungen **569** 3
- Notfrist **569** 1
- gegen Ordnungsmittelbeschluss **890** 53 ff.
- Präklusion **571** 7
- Prüfungsumfang **567** 24
- rechtliches Gehör **572** 16
- Rechtsmittel gegen Entscheidung **572** 17
- Rücknahme **567** 27
- gegen Ruhensanordnung **251** 20
- spätere Begründung **569** 7; **571** 2
- Statthaftigkeit **567** 21 ff.
- gegen Streitwertbeschluss **567** 25
- Verbot der reformatio in peius **572** 14
- Verfügungsverfahren **567** 25
- Verzicht **567** 28
- Vollstreckungsverfahren **567** 25; **793** 1 ff.
- Zurückweisung **572** 13
- gegen Zurückweisung des Besichtigungsantrags **569** 11
- keine Zuständigkeitsrüge **571** 9
- gegen Zwangsmittelbeschluss **888** 14
- gegen Zwischenurteil **71** 3

Sortenschutzstreit 12 91 ff.

Sortenschutzstreitsachen
- Definition **1** 45
- Gerichte **1** 51

Sperrvermerke 270 5; **299** 26

Spitzenstellungsberühmungen 3 231; **138** 77

Sprungrevision
- Einwilligung des Gegners **566** 6, 12, 29
- Frist **566** 10
- Kosten **566** 27 ff.
- Rechtskrafthemmung **566** 17
- Statthaftigkeit **566** 2 ff.
- Verzicht auf Berufung **566** 14 ff.

Magere Zahlen = Randnummern

Sachverzeichnis

- weiteres Verfahren **566** 24 ff.
- Zulassungsantrag **515** 13; **566** 9 ff.
- Zulassungsentscheidung **566** 18 ff.
- Zulassungsgründe **566** 7, 11
- Zweck **566** 1

Stand der Technik 148 111; **531** 4

Statuten 293 8, 10 ff.

Stichprobenziehung
- demoskopische Gutachten **404a** 3 ff.
- mehrstufige Auswahlverfahren **404a** 6
- Quotenverfahren **404a** 7
- Zufallsauswahl **404a** 4 ff.

Stillhalteabkommen 253 28

Störerhaftung 3 262a; **32** 3; **292** 57

Strafbewehrte Unterlassungsverpflichtungserklärung s. *Unterwerfungserklärung*

Streitgegenstand 253 46 ff.
- Begrenzung der Entscheidungsbefugnis **308** 1
- Begriff **5** 1 f.; **253** 46, 53
- ein Streitgegenstand **253** 183 ff.
- einheitlicher **253** 53, 61, 93, 124, 134, 136
- im gewerblichen Rechtsschutz **253** 48 ff.
- mehrere Streitgegenstände **253** 188 ff.
- Orientierungshilfe **253** 182 ff.
- Rechtskraft **322** 4
- Urheberrecht **253** 48
- zweigliedriger Begriff **253** 53

Streitgenossenschaft 60
- Auslegung **60** 7
- Auswahl des zuständigen Gerichts **36** 19
- Baumbach'sche Formel **100** 29 ff.
- Beendigung im Prozess **100** 37
- Begriff **60** 1
- Beispiele **62** 14 ff.
- Berufungseinlegung **62** 13
- besondere Angriffs-/Verteidigungsmittel **100** 10
- Beweiswürdigung **61** 7
- Definition **36** 18
- einfache **62** 22
- einheitliche Entscheidung **62** 6 ff.
- Erledigterklärung **91a** 58
- Gemeinschaftsgeschmacksmuster **12** 144
- gesamtschuldnerische Haftung **100** 11 ff.
- getrennte anwaltliche Vertretung **100** 27
- im gewerblichen Rechtsschutz **60** 5 f.
- inländischer Gerichtsstand **36** 15 ff.; **61** 10 ff.
- internationaler Gerichtsstand **12** 81, 109, 144; **61** 10 f.
- Klagerücknahme **62** 10
- kopfteilige Haftung **100** 5 f., 14
- Kostenfestsetzung **103** 23
- Ladungen **63** 3
- Markenrechtsstreit **61** 14; **62** 20 ff.
- notwendige **62** 1 ff., 17
- objektive Klagehäufung **60** 2
- Obsiegen aller Streitgenossen **100** 21 ff.
- Patentstreit **12** 81; **61** 12 f.; **62** 14 ff.
- Prozesshandlungen **61** 4 ff.; **63** 1 ff.
- Rechtsbehelf eines Streitgenossen **61** 4 a
- Ruhen des Verfahrens **251** 9
- Selbständigkeit der Prozessrechtsverhältnisse **61** 1; **63** 1 ff.
- streitgenössischer Nebenintervenient **69** 4
- Streitwert **5** 15
- subjektive Klagehäufung **60** 1
- Teilobsiegen/Teilunterliegen **100** 29 ff.
- Teilunterliegen einzelner Streitgenossen **100** 36
- Unterbrechung des Verfahrens **240** 36 ff.
- Unterliegen aller Streitgenossen **100** 5 ff.
- Urheberstreit **62** 25
- Verjährungsunterbrechung **62** 8
- Versäumnisurteile **63** 4

- Verschiedenheit der Beteiligungen **100** 7 ff.
- Vertretung **100** 22 ff.
- Vertretungsfiktion **62** 1, 5 ff.
- Wettbewerbsstreit **62** 24
- widersprüchliches Verhalten **61** 5
- Wirkung **61**
- Wirkungen bei notwendiger **62** 5 ff.
- Zeugenvernehmung **61** 8
- Zuständigkeitsstreit **36** 20 ff.
- Zustellungen **63** 3

Streitverkündung
- Beitritt **74** 2 ff.
- formelle Anforderungen **73** 1 ff.
- Heilbarkeit von Mängeln **73** 4
- Hemmung der Verjährung **74** 7
- Nichtbeteiligung **74** 4 f.
- Prüfungsumfang im Folgeprozess **74** 3, 5
- Rechtsfolgen **74** 1 ff.
- Voraussetzungen **72** 3 ff.
- Wirkung **74** 1 ff.
- Zustellung **270** 7

Streitwert
- Abmahnung **3** 1, 19 ff.
- Abschlussschreiben **3** 4 f.
- Abschreckungsfunktion **3** 147
- Addition **5** 2
- AGB-Kontrolle **3** 26, 209
- aggressive geschäftliche Handlungen **3** 229
- Alleinstellungsberühmungen **3** 231
- Amtsverfahren **3** 154
- Änderung des Kostenfestsetzungsantrags **107** 2 ff.
- Angabe **253** 21
- Angriffsfaktor **3** 93 ff., 142 ff., 191 ff., 256 ff.
- Annexansprüche **3** 101 f., 150, 203, 263
- in Arbeitnehmererfinderstreitsachen **3** 124 ff.
- Arrestverfahren **3** 28
- Aufhebungsverfahren **3** 28
- Aufrechnung **5** 20
- Auskunftsanspruch **3** 29 ff., 110
- Aussetzung **3** 33
- Bedeutung **2** 1
- Behinderungen, gezielte **3** 227 f.
- Bemessungsgrundsätze **3** 85 ff.
- im Beschwerdeverfahren **3** 154
- Beseitigungsansprüche **3** 34
- Besichtigungsansprüche **3** 35
- in BPatG-Verfahren **3** 2
- Degression **5** 2
- in Designstreitsachen **3** 180 ff.
- in Domainstreitigkeiten **3** 36
- in DPMA-Verfahren **3** 2, 105
- Duldungsverfügung **494a** 37
- eidesstattliche Versicherung **3** 37
- in Einspruchsverfahren **3** 105
- Eintragungsbewilligungsklage **3** 151
- bei Erledigung der Hauptsache **3** 42 f.
- Festsetzung nach Ermessen **2** 7; **3** 15
- Feststellungsbegehren **3** 44 ff., 103 f., 130
- fiktiver **2** 7
- Freistellungsbegehren **3** 47 f.
- in Gebrauchsmusterstreitsachen **3** 133 ff.
- Gebührenstreitwert **2** 4; **3** 5 f., 13; **4** 6; **5** 6
- Gegendarstellungsansprüche **3** 83
- Geheimnisverrat **3** 239
- Gemeinschaftsmarken **3** 148
- Gesundheitswerbung **3** 214 ff.
- Herabsetzung s. *Streitwertherabsetzung*
- Hersteller/Händler **3** 49
- Hilfswiderklage **5** 26
- Irreführungen **3** 230 ff.
- Kennzeichenstreitsachen **3** 138 ff.
- Klagehäufung **3** 50; **5** 1 ff., 12 f.

1683

Sachverzeichnis

Fette Zahlen = Paragraphen

- Kostenwiderspruch **3** 41
- Lizenzstreitigkeiten **3** 52
- Löschungsverfahren **3** 53 ff., 134, 152, 157 ff.
- Marktwert verletzten Kennzeichens **3** 140 ff.
- Marktwert verletzten Patents **3** 87 ff.
- mehrere Anspruchsgegner **3** 56 ff.
- mehrere gewerbliche Schutzrechte **5** 11 ff.
- mehrere wettbewerbliche Ansprüche **5** 14
- Minderung **3** 73
- Mitbewerberschutz **3** 220 ff.
- Nachahmungsschutz **3** 222
- Nebenforderungen **3** 20; **4** 7 ff.
- Nichtigkeitsverfahren **3** 53 ff., 106
- Ordnungs-/Zwangsmittelverfahren **3** 61 ff.
- Parteiangaben **3** 70 f.
- Patentstreit **3** 85 ff.
- Preisangabenverstoß **3** 213
- Rechnungslegungsanspruch **3** 29 ff.
- Rechtsmittelstreitwert **2** 3; **3** 4; **4** 5; **5** 5
- Restlaufzeit des Klagepatents **3** 91 f.
- Richtigstellung **3** 83
- Rückruf/Entfernung **3** 68
- Sortenschutzstreit **3** 137
- Spitzenstellungsberühmungen **3** 231
- Störerhaftung **3** 262a
- nach Streitgegenstand **3** 14
- Streitgenossen **3** 72
- Streitgenossenschaft **5** 15
- Streitwertgefüge **3** 111, 162 ff., 207 ff., 264 ff.
- Stufenklage **3** 74 f., 129; **5** 3, 18 f.
- Testsiegerwerbung **3** 233
- Übertragungsbegehren **3** 131
- unlautere geschäftliche Handlungen **3** 208
- Unterlassungsbegehren **3** 51, 76 f., 85 ff., 133, 139 ff., 187 ff., 253 ff.
- unwahre Behauptungen **3** 220 f.
- unzumutbare Belästigung **3** 237 f.
- Urheberrechtssachen **3** 251 ff.
- Urteilsbekanntmachung **3** 78
- UWG-Ansprüche **2** 7
- Verbandsklagen **3** 199 ff.
- Verfügungsverfahren **3** 38 ff., 109 ff., 160 f., 204 ff.
- Vergleich **3** 79
- vergleichende Werbung **3** 235
- Verletzung mehrerer Schutzrechte **3** 169 ff.
- Verletzung von Marktverhaltensregeln **3** 209 ff.
- Vernichtungsbegehren **3** 80
- Verstöße gegen Impressumspflicht **3** 212
- vorläufige Wertfestsetzung **271** 14
- Wert des verletzten Urheberrechts **3** 254
- Wert geschützter Wettbewerbsposition **3** 188
- Wertberechnung **3** 13 ff.; **4** 1 ff.
- Wertfestsetzung **2** 2; **3** 1 ff.
- Wertstufen **3** 163 ff.
- Wettbewerbsstreit **3** 16, 185 ff.
- Widerklage **3** 82; **5** 3, 23 ff.
- Widerspruchsverfahren **3** 39, 134, 155
- Zahlungsklagen **3** 17, 125 ff.
- Zuständigkeitsstreitwert **2** 3; **3** 3; **5** 5
- Zwangsmittelverfahren **3** 84

Streitwertbegünstigung 2 8; *s. Streitwertherabsetzung*
Streitwertbeschwerde 3 10 ff.
Streitwertgefüge
- Kennzeichenstreit **3** 162 ff.
- Patentstreit **3** 111
- Urheberrechtstreit **3** 264 ff.
- Wettbewerbsstreit **3** 207 ff.

Streitwertherabsetzung
- Arbeitnehmererfinderstreit **3** 115, 132
- Ausschluss **3** 119, 175, 245
- Designstreit **3** 184
- Funktion **3** 172

- Gebrauchsmusterstreit **3** 136
- Kennzeichenstreit **3** 171 ff.
- Patentstreit **3** 114 ff.
- Rechtsfolgen **3** 122, 178 f., 249 ff.
- Verfahren **3** 120 f., 176 f., 246 ff.
- Voraussetzungen **3** 116 ff.
- in Wettbewerbsstreitsachen **3** 240 ff.

Stufenklage 5 3
- Alternativen **254** 7, 8 ff.
- dreiteilige **254** 9
- Gesamtabweisung in Berufung **528** 14
- Nachteil **254** 6, 9
- Rechtskraft **322** 16 f., 30
- Revisionsinstanz **563** 9
- Schutzrechtsverletzungen **254** 8
- Streitwert **3** 74 f., 129; **5** 18 f.
- unbestimmter Antrag **254** 2
- Unzulässigkeit **254** 3
- Zulässigkeit des Rechtsmittels **544** 19
- oder Zweiklagen-Lösung **254** 8 ff.

Stuhlurteil 310 2; **315** 5

Tatbestand
- Absehen **313a** 1 ff.; **313b** 1 ff.
- Berichtigung **314** 8
- Beweiskraft **314** 1 ff.
- Inhalt/Darstellung **313** 14 ff.

Tatbestandsberichtigung 318 8
- auf Antrag **320** 8
- Anwendungsbereich **320** 4 ff.
- Frist **320** 8
- Grundlagen **320** 1 ff.

Täter- und Störerhaftung
- Klageantrag und Tenor **313** 10

Tatortgerichtsstand 12 142; **35** 2

Tatsachen
- Begriff **284** 20; **288** 5 ff.
- offenkundige **291** 1 ff.
- Vermutungsregelung **292** 2 ff.

Teilanfechtung 515 2, 11
Teilbarkeit des Verfahrensgegenstands 301 5 ff.
Teilerledigterklärung 4 13
Teilklage 253 173 ff.
- Gegenteil der Anspruchshäufung **260** 10
- offene **260** 11
- Rechtskraft **322** 32 ff.
- verdeckte **260** 13

Teilklagerücknahme 264 8
Teilurteil 253 162; **256** 36; **306** 9
- ausgeschlossene Fallgestaltungen **148** 89 f.; **301** 6 f.
- bezifferter Anspruch **301** 14
- Definition **300** 9; **301** 1
- Entscheidungsreife **301** 4
- Ermessen **301** 16
- Erteilungsverfahren **301** 13
- Rechtsbestandsverfahren **301** 12
- teilbarer Verfahrensgegenstand **301** 5 ff.
- unzulässiges **528** 14; **538** 34 ff.

Telefax 174 10 ff.
- Ausgangskontrolle bei Bevollmächtigten **233** 30
- Übermittlung fristwahrender Schriftsätze **233** 39 ff.
- Übermittlungsdauer **233** 39 ff.

Tenorierung
- fehlerhafte **319** 6
- Rückrufs-/Entfernungsansprüche **704** 31 ff.
- Unterlassungsansprüche **704** 18 ff.

Termin
- Änderungen **227** 3 ff.
- Beendigung **220** 6
- Beginn **220** 2 ff.
- Unterbrechung **227** 4
- Verlegung/Vertagung **227** 3 ff.

Magere Zahlen = Randnummern

Sachverzeichnis

Terminsbestimmung
- von Amts wegen **216** 5 ff.
- Änderungsantrag **216** 25
- Anfechtbarkeit **216** 23 ff.
- Berufungsverfahren **523** 1 ff.
- BPatG-Verfahren **216** 2
- DPMA-Verfahren **216** 2
- einstweiliges Verfügungsverfahren **216** 20
- Ermessen bei Terminwahl **216** 17 ff.
- EUIPO-Verfahren **216** 2
- Gerichtsstelle **219** 2
- Ladung *s. dort*
- Notfälle **216** 22
- Ortstermin **219** 3 ff.
- Pandemie **216** 21
- Pflicht **216** 1, 5 ff.
- nach Reihenfolge der Eingänge **216** 18
- Sammeltermine **216** 19
- von Amts wegen **216** 1
- WIPO-Verfahren **216** 2
- Zuständigkeit **216** 15 f.

Terminsverlegung
- auf Antrag **227** 32, 41
- bei Anwaltswechsel **227** 24
- Begriff **227** 3
- Entscheidung **227** 45
- wegen erheblicher Gründe **227** 8 ff.
- wegen Erkrankung des Anwalts **227** 14
- wegen Erkrankung einer Partei **227** 13
- Ermessen **227** 3 ff.
- wegen Fachtagungsteilnahme **227** 12
- wegen Fortbildung **227** 21
- Geltungsbereich **227** 2
- Gründe **227** 8 ff.
- wegen Infektionsgefahr **227** 16
- Negativkatalog **227** 27 ff.
- wegen pandemiebedingte Anreisehindernisse **227** 15
- Rechtsbehelfe gegen Entscheidung **227** 47 f.
- wegen Reiseschwierigkeiten **227** 22
- bei Todesfällen Angehöriger **227** 19
- wegen Urlaub **227** 21
- wegen Vergleichsgesprächen **227** 25
- von Amts wegen **227** 41
- zwingende Gründe **227** 32 ff.

Testkauf 296 25
- Begehungsort **32** 35
- zur Beweisbeschaffung **282** 8; **485** 21 ff.
- Beweisschwierigkeiten **485** 16
- Designrecht **485** 113
- erstattungsfähige Kosten **91** 171
- Missbräuchlichkeit **485** 23
- Rechtsmissbrauch **253** 33
- Zulässigkeit **284** 123; **485** 21

Testpersonen 378 5
Torpedogefahr 93 47
Torpedoklagen 12 44 ff., 78, 88, 107; **148** 31 ff., 41; **256** 31, 37
Transferpflicht 298a 5 ff.
Transfervermerk 298 4 f.; **298a** 9
Trennungsprinzip 148 101
Turbolader II **93** 44
TÜV-**Rechtsprechung 5** 1, 14; **92** 35 f.; **260** 8; **528** 24

Überbeschleunigungsverbot 296 4, 24
Überlange Verfahrensdauer 511 12
Überseering-**Entscheidung 50** 11
Übersetzungen 142 37 ff.; **183** 7
Übersetzungskosten
- Berechnungsmaßstab **91** 197
- Erstattungsfähigkeit **91** 176, 186 ff.; **183** 7, 22

- mündliche Übersetzung **91** 198 f.
- schriftliche Übersetzung **91** 186 ff.

Übertragung auf Einzelrichter
- im Berufungsverfahren **526** 3 ff.
- Reichweite **527** 16 f.
- Rücküberahme **527** 18 ff.
- Unanfechtbarkeit **526** 24 f.
- Verfahren **527** 12 ff.
- Voraussetzungen **527** 6 ff.

Überwachungsverschulden 233 14, 65
UKlaG 32 72a f.
UKlaG-Streitsachen 1 105
Umdeutung 514 5; **524** 27
Umfragen 286 40; **402** 30
Umsatzsteuer 91 200 ff.; **112** 8
UMV 12 111
Und zwar-Antrag 264 8; **269** 8

Unerlaubte Handlungen
- Definition **12** 28 ff.
- Handlungs-/Erfolgsort **12** 31 f., 75, 102, 142
- Immaterialgüterverletzungen **12** 38 ff.
- internationaler Gerichtsstand **12** 27 ff.
- nationaler Gerichtsstand **32** 1 ff.
- Ort des schädigenden Ereignisses **12** 31 f., 75
- Persönlichkeitsrechtsverletzungen **12** 35 ff.
- Rechtsverletzungen im Internet **12** 33
- Störerhaftung **32** 3
- Urheberrechtsstreitsachen **12** 154
- Wettbewerbsverstöße **12** 34, 147 ff.
- Zurechnung von Tatbeiträgen **32** 9
- *s. a. Begehungsort, Deliktischer Gerichtsstand*

Unionsmarkengerichte 1 77 ff.
Unionsmarkenstreitsachen 1 64 ff.
- ausschließliche Zuständigkeit **1** 77
- einstweiliger Rechtsschutz **1** 73
- Zuständigkeit der Unionsmarkengerichte **1** 66 ff.

Unmittelbarkeitsgrundsatz 128 1
- Ausnahmen **355** 6
- Beweisaufnahme **285** 1; **355** 5 ff.
- Verletzung **355** 20 ff.

Unschlüssigkeit der Klage 253 42
Unterbrechung des Termins 227 4
Unterbrechung des Verfahrens
- ausländisches Insolvenzverfahren **240** 17 ff.
- automatische **240** 3, 33 ff.; **249** 5
- Beendigung **240** 43 ff.
- Beschwerdeverfahren **240** 9
- BPatG-Verfahren **240** 9; **249** 3
- DPMA-Verfahren **240** 10 ff.; **249** 3
- Einspruchsverfahren **240** 27
- Eintritt der Wirkung **249** 4
- Ende **249** 6
- erfasste Fristen **249** 9 ff.
- fehlerhafte **240** 52
- Insolvenzverfahren **240** 15 ff.
- Löschungsverfahren **240** 27 f.
- markenrechtliches Widerspruchsverfahren **240** 29
- Massebezug **240** 20 ff.
- nach mündlicher Verhandlung **249** 24
- Neubeginn der Frist **249** 15 ff.
- Nichtigkeitsverfahren **240** 27
- Rechtsbestandsverfahren **240** 26
- Schriftsatznachlass **249** 25
- selbständiges Beweisverfahren **240** 7
- Streitgenossenschaft **240** 36 ff.
- teilweise Massebetroffenheit **240** 31 f.
- Übergang der Verwaltungs-/Verfügungsbefugnis **240** 15
- Unterbrechung des Fristenlaufs **249** 7 ff.
- Unterbrechung prozessualer Fristen **249** 7 ff.
- Unwirksamkeit von Prozesshandlungen **249** 18 ff.
- Verfahrensfehler **240** 52

Sachverzeichnis

Fette Zahlen = Paragraphen

- Verfügungsverfahren **240** 6
- Verletzungsverfahren **240** 6; **249** 3
- vermögensrechtliche Streitigkeiten **240** 21 ff.
- Vollstreckungsverfahren **240** 8
- Voraussetzungen **240** 15 ff.
- Wettbewerbsverletzungen **240** 30
- Wiederaufnahme s. *Aufnahme*
- Wirkung **240** 39 ff.; **249**
- Zivilgerichtsgerichtsverfahren **240** 3 ff.; **249** 3
- Zwangs-/Ordnungsmittelverfahren **240** 8

Unterlassungsansprüche
- Anspruchsgrundlagen **940** 37
- äquivalente Verletzung **704** 21
- Berufungswert **511** 37 ff.
- Beschwerdewert **544** 13, 25
- Darlegung **940** 39
- einstweilige Verfügung **940** 37 ff.
- einstweilige Vollstreckungseinstellung **707** 22 ff.
- Entbehrlichkeit der Abmahnung **93** 43 ff.
- Erzwingung **890** 1 ff.
- Glaubhaftmachung **940** 39
- Handlungsgebote, -verbote **938** 12 f.
- Kerntheorie **704** 20
- Patent-/Gebrauchsmusterrecht **940** 39
- Streitgenossenschaft **100** 14 f.
- Streitwert **3** 76 f.
- Tenor **704** 19 ff.
- unersetzlicher Nachteil bei Vollstreckung **707** 22 ff.
- vollstreckungsfähiger Inhalt **704** 18 ff.
- Wettbewerbsstreitigkeiten **1** 103
- wortsinngemäße Verletzung **704** 19

Unterlassungsantrag
- aliud **308** 4
- Bestimmtheitserfordernis **920** 6
- Bindungswirkung **308** 1 ff.

Unterlassungsbegehren 253 59 ff., 179 ff.
- Antragsumformulierung **253** 221 ff.
- Auslegung **253** 194, 198, 212 ff.
- Bestimmtheitsgebot **253** 196 ff.
- designrechtliches **253** 246 f.
- Erstbegehungsgefahr **253** 219 ff.
- gebrauchsmusterrechtliches **253** 237 ff.
- gesetzeswiederholende Anträge **253** 209 ff.
- Insbesondere-Antrag **253** 214 f.
- konkrete Verletzungsform **253** 201
- marken- und kennzeichenrechtliches **253** 233 ff.
- patentrechtliches **253** 237 ff.
- Schlechthinverbot **253** 208
- sortenschutzrechtliches **253** 237 ff.
- Täter- oder Störerhaftung **253** 217 f.
- urheberrechtliches **253** 243 ff.
- Verallgemeinerung **253** 205, 209
- wettbewerbsrechtliches **253** 226 ff.
- Widersprüche im Antrag **253** 216

Unterlassungsbegehren, designrechtliches 253 81
Unterlassungsbegehren, marken- und kennzeichenrechtliches 253 81
Unterlassungsbegehren, patentrechtliches 253 85 ff.
Unterlassungsbegehren, sortenschutzrechtliches 253 89
Unterlassungsbegehren, urheberrechtliches 253 81
Unterlassungsbegehren, wettbewerbliches 253 63 ff.
- Angriff gegen konkrete Verletzungsform **253** 67 ff.
- Antragstellung **253** 63 ff.
- Kerntheorie **253** 78 ff.
- Schlechthinverbot **253** 70 ff.
- Verallgemeinerungen **253** 74, 80

Unterlassungserklärung
- Abgabe strafbewehrter **93** 23
- verspätete **269** 10

- vorgerichtliche **940** 23
- Wegfall der Wiederholungs-/Erstbegehungsgefahr **91a** 59, 84 f.

Unterlassungsklage
- Ansprüche aus eigenem und abgeleitetem Recht **253** 141
- Ansprüche aus UWG und Schutzrecht(en) **253** 107 ff.
- Ansprüche aus Vertrag und Gesetz **253** 139 f.
- Antragstellung **253** 59 ff., 193 ff.
- Aufteilung bei einem Schutzrecht **253** 112
- Begehungsort **32** 36
- Erstbegehungs- und Wiederholungsgefahr **253** 132 ff.
- Klagegrund **253** 93 ff.
- mehrere Schutzrechte **253** 97
- mehrere Unterlassungsanträge **253** 61
- mehrere wettbewerbsrechtliche Normen **253** 109
- Passivlegitimation **253** 136 ff.
- Streitwert **3** 133
- Streitwertfestsetzung **3** 85 ff.
- vorbeugende **32** 11
- Zwangsvollstreckung **767** 7

Unterlassungsurteil
- Rechtskraft **322** 9 ff., 23 f.
- Vollstreckung **890** 1 ff.

Unterlassungsverfügung 940 120 ff.

Unterlassungsverpflichtung
- äquivalente Verletzungsformen **890** 15
- Auslandssachverhalt **890** 28
- Designrecht **890** 19 ff.
- Fortsetzungszusammenhang **890** 29
- Gebrauchsmusterrecht **890** 13 ff.
- Kerntheorie **890** 12, 14 ff., 20
- Markenrecht **890** 19 ff.
- mehrere Zuwiderhandlungen **890** 29 ff.
- Patentrecht **890** 13 ff.
- patentverletzende Internetwerbung **890** 26
- Schlechthinverbot wegen mittelbarer Verletzung **890** 18
- Umfang **890** 12 ff.
- Urheberrecht **890** 19 ff.
- Urteil/Prozessvergleich **890** 12
- Vertragsstrafeversprechen **890** 11
- vorläufiger Rechtsschutz **890** 29 ff.
- Wettbewerbsrecht **890** 19 ff.
- Wirksamkeitszeitpunkt **890** 29 ff.
- zuwiderhandelnder Personen **890** 24
- Zuwiderhandlungen **890** 24 ff.

Unterlassungsverpflichtungserklärung 32 5
Unterlizenzen 52 56
Unternehmenspersönlichkeitsrechtsverletzungen 12 150
Unternehmereigenschaft 286 75
Unterschrift 253 21
- Beschlüsse **315** 3
- fehlende **315** 8
- Nachholen **315** 7
- Urteil **315** 1 ff.
- Verhinderung **315** 4 ff.

Untersuchungsgrundsatz s. *Amtsermittlung*
Unterwerfungserklärung 93 19 f.; **292** 46
Urheberrechtsstreitsachen 1 107 f.
- Begriff **1** 109
- Gerichte **1** 112 f.

Urkunden
- über amtliche Entscheidungen **417** 1 ff.
- im Ausland **363** 6
- Authentizitätszweifel **419** 1
- beglaubigte Abschriften **435** 1 f.
- Begriff **142** 1; **415** 3; **485** 140 ff.; **580** 12
- Beweiskraft **371b** 1 f.; **415** 4 f.
- Einholen amtlichen **273** 8 ff.; **432** 1 ff.
- Einsichtnahme **131** 4; **134** 1 ff.

Magere Zahlen = Randnummern

Sachverzeichnis

– Einsichtsgewährung **131** 1 ff.
– über Erklärungen Dritter **415** 1 ff.
– Erteilungsurkunden **417** 1
– gescannte öffentliche Urkunden **371b** 1 f.
– Herausgabe *s. dort*
– Kopien **416** 1; **420** 1
– Mitteilung unter Anwälten **135** 1 ff.
– nachträglich aufgefundene **580** 12 ff.
– Niederlegungspflicht **134** 3 f.
– öffentliche **415** 1, 6
– Original **420** 1; **435** 1
– Privaturkunden **355** 19; **415** 1; **416** 1 ff.
– Verfügungsgewalt **485** 92 ff.
– Vorlageanordnung **273** 18; **485** 24 ff.
– Vorlageverfahren **420** 3
– über Wahrnehmungen/Handlungen der Behörde **418** 1 ff.
– Zustellungsurkunde **418** 2
Urkundenbeweis
– über amtliche Entscheidungen **417** 1 ff.
– Ausdruck öffentlicher elektronischer Dokumente **416a** 1
– vor beauftragtem/ersuchtem Richter **434** 1 ff.
– beglaubigte Abschriften **435** 1 f.
– Beweiskraft **415 ff.** 1
– über Erklärungen Dritter **415** 1 ff.
– Erteilungsurkunden **417** 1
– Gegenbeweis **415** 8 f.
– Kopien **416** 1; **420** 1
– mangelbehaftete Urkunden **419** 1 ff.
– Nachweis der Aktivlegitimation **416** 2 f.
– öffentliche Urkunden **415** 6
– Originalvorlage **420** 1; **435** 1 f.
– Privaturkunden **415** 1; **416** 1 ff.
– Strengbeweis **284** 115
– Unmittelbarkeit **355** 19; **434** 1
– Unzulässigkeit **485** 75
– Vorgänge aus Erteilungsverfahren **432** 1
– Vorlageverfahren **420** 3
– über Wahrnehmungen/Handlungen der Behörde **418** 1 ff.
– Zustellungsurkunde **418** 2
Urkundendelikte 580 4
Urkundenklage 253 38
Urkundenvorlage
– Angemessenheit **142** 20 ff.
– Anordnung **142** 9 ff.
– Anordnungsadressat **142** 24
– ausländische Verfahren **142** 35 f.
– Bank-, Finanz-, Handelsunterlagen **485** 141 ff.
– Beweisnotstand **142** 3
– Ermessen des Gerichts **142** 30
– Markenrechtsstreit **142** 18
– Patentstreit **142** 4, 17
– Prozessrelevanz **142** 13 ff.
– selbständiges Beweisverfahren **142** 5 f.
– Übersetzungen **142** 37 ff.
– Urkundenbegriff **485** 140
– Verhältnismäßigkeit **142** 20 ff.
– Verletzungswahrscheinlichkeit **142** 13 ff.
– Voraussetzungen **142** 7 f.
– Vorlageanordnung **142** 29 ff.
– Vorlageanspruch **485** 144
– Weigerungsrecht Dritter **142** 25 ff.
– Zweck **142** 1 ff.
Urschrift 166 9; **194** 2
Urteil
– Absehen vom Tatbestand **313** 1 ff.; **313b** 1 ff.
– Absehen von Entscheidungsgründen **313a** 1 ff.; **313b** 1 ff.
– Anlagen **313** 19 f.
– Arten **300** 4 ff.

– Entscheidungsgründe **313** 17 f.; **313a** 1 ff.
– Ergänzung **95** 12; **321** 1 ff.
– erkennende Richter **309** 1 ff.
– Rechtskraft **322** 8 ff.
– Rubrum **313** 3
– Tatbestand **313** 14 ff.; **313a** 1 ff.
– Tatbestandsberichtigung **320** 1 ff.
– Tenor **313** 4 ff.
– Unrichtigkeit **319** 5 ff.
– Unterschrift **315** 1 ff.
– Verkündung **311** 1 ff.
– Verkündungstermin **310** 1 ff.
– Veröffentlichung **92** 41
– Zustellung **317** 1 ff.
Urteilsbekanntmachung 3 78
Urteilsberichtigung
– BPatG-Verfahren **319** 3
– DPMA-Verfahren **319** 4
– Falschbezeichnung **750** 8
– offensichtliche Unrichtigkeiten **319** 5; **320** 6
– Rechtsmittel **319** 9
– von Amts wegen **319** 7
Urteilsergänzung 318 8; **321; 715** 1 ff.
Urteilsveröffentlichung 940 54
UWG-Streitsachen 1 103

Veräußerung streitbefangener Sache
– durch Beklagten **265** 3
– Einzelrechtsnachfolge **265** 2
– durch Kläger **265** 4
– Veräußerung angegriffener Gegenstände **265** 9 f.
– Veräußerung des Schutzrechts **265** 6 ff.
Verbandsklagebefugnis 253 43
Verbandsklagen 3 199 ff.; **12** 153
– Industrie-, Handels- oder Handwerkskammern **3** 202
– Verbände zur Förderung gewerblicher Interessen **3** 200
– Verbraucherverbände **3** 201
Verbesserungsverbot 528 23 f.
Verbraucherbefragung 279 24
Verbrauchersachen
– internationale Zuständigkeit **12** 54
Verbraucherschutzverbände 12 153
Verbürgung der Gegenseitigkeit 917 11 ff.
Verfahrensmangel
– Erlass unzulässigen Teilurteils **301** 20
– fehlende Unterschrift **315** 4 ff.
– rügeabhängige **529** 26 ff.
– rügeunabhängige **529** 25
– Verlautbarungsfehler **310** 8
– Wesentlichkeit **538** 13 ff.
– Zurückverweisungsgrund **538** 12 ff.
Verfahrensrüge 547 48
Verfahrensrügen
– Heilung **295** 12
– in mündlicher Verhandlung **295** 9
– Revisionskläger **547** 13
– rügeloses Einlassen **295** 5
– rügeunabhängige **295** 7
– bei Säumnis **295** 9
– schriftlichen Verfahren **295** 10
– unverzichtbare **295** 3
– Verstöße bei Beweisaufnahme **295** 6
– Verzicht **295** 7
– verzichtbare **295** 4 ff.
– Zeitpunkt **295** 8 ff.
Verfügungsverfahren
– Erledigterklärung **91a** 61 ff.
– Teilunterliegen **92** 44
– Zuständigkeit **1** 20
– *s. Einstweiliges Verfügungsverfahren*

1687

Sachverzeichnis

Fette Zahlen = Paragraphen

Vergleich
- Änderung einer Widerrufsfrist **224** 5
- außergerichtlicher **98** 2, 11 ff.; **103** 15
- Beteiligung des Nebenintervenienten **101** 24 f.
- Gesamtvergleich **98** 4
- Kostentragung **66** 22; **98** 3 ff.
- Prozessvergleich **98** 3 ff.
- Teilvergleich **98** 4
- Vollstreckungstitel **103** 14
- Widerrufsfrist **222** 2; **224** 5, 10
- s. a. Prozessvergleich

Vergleichskosten
- Erstattungsfähigkeit **91** 204; **98** 1 ff.

Verhandeln
- Begriff **333** 3
- Nichtverhandeln **333** 3 ff.
- teilweises **333** 5
- unvollständiges **334** 1 f.

Verhandlungsgrundsatz 138 1, 4 f.

Verhandlungstermin
- Begriff **332** 3 f.
- frühzeitiger Termin **272** 14
- Haupttermin s. dort
- persönliches Erscheinen **273** 13
- schriftliches Vorverfahren **276** 1 ff.
- Vorbereitung **273** 3 ff.

Verhinderung des Gerichts 36 13

Verjährung
- Erledigung des Rechtsstreits **91a** 67

Verjährungshemmung
- durch Klageerhebung **253** 16
- mit Klageerhebung **262** 2
- Streitverkündung **74** 7

Verkehrsanwalt
- ausländischer **91** 207 ff.
- Erstattungsfähigkeit der Kosten **91** 205 ff.
- inländischer **91** 206
- Kostenerstattung **91** 97

Verkehrsanwaltskosten
- Erstattungsfähigkeit **91** 97, 108, 205 ff.

Verkehrsauffassung
- Anwendung speziellen Erfahrungswissens **284** 22 ff.
- Auslegungsfragen **543** 19
- Beweisaufnahme **284** 24 ff.; **286** 19
- Divergenz **542** 19
- eigene Sachkunde des Gerichts **284** 18, 25 ff.
- Ermittlung **284** 23 ff.
- Feststellung **373** 11
- als Rechtsfrage **284** 35
- rechtzeitige Darlegung **282** 9
- Sachverständigenbeweis **355** 13, 14
- keine Tatsachenfeststellung **284** 23
- Vorfragen **284** 36
- kein Zeugenbeweis **373** 11

Verkehrsbefragung
- Antrag auf Einholung **284** 133
- Beweisaufnahme **284** 24; **286** 19
- Beweiswürdigung **286** 19 ff.
- demoskopische Gutachten **402** 25 ff.
- Farb- oder Formmarken **404a** 14
- Grundregeln **286** 41, 43 ff.
- Umfang **404a** 13 ff.
- zur Verkehrsdurchsetzung **402** 29; **404a** 13 ff.

Verkehrsbekanntheit
- demoskopische Gutachten **402** 29; **404a** 12 ff.

Verkehrsdurchsetzung
- Bekanntheit **404a** 18
- Bestimmung des Verkehrskreises **404a** 17
- Gutachten **404a** 16 ff.
- Kennzeichnungskraft **404a** 19 f.
- Zuordnung **404a** 21 ff.

Verkehrssitten 284 21; **293** 9

Verkehrsverständnis s. Verkehrsauffassung

Verkündung
- Beschlüsse **329** 3
- Urteile **311 f.**
- Verfügungen **329** 6 f.

Verkündungstermin 310 2 ff.

Verlautbarung 310 6 ff.

Verlautbarungsfehler 310 8

Verlesung der Anträge 297 1 ff.

Verletzergewinn
- Abschöpfung **287** 58
- abzugsfähige Kosten **287** 67
- Beruhen auf Rechtsverletzung **287** 59
- Designrecht **287** 80
- Gebrauchsmusterrecht **287** 71 ff.
- Markenrecht **287** 78 f.
- nicht abzugsfähige Kosten **287** 68
- Patentrecht **287** 71 ff.
- Schadensermittlung **287** 57 ff.
- Schätzung **287** 61
- Urheberrecht **287** 81
- Wettbewerbsrecht **287** 69 f.

Verletzerkette 12 109, 124, 144; **61** 14

Verletzungswahrscheinlichkeit
- Druckbalken-Entscheidung **485** 98
- Grundsatz **485** 97 ff.
- bei komplexen (technischen) Sachverhalten **485** 102 f.
- Rechtsbestand des Schutzrechts **485** 106 f.
- Unsicherheiten in rechtlicher Beurteilung **485** 104 f.

Vermögensverzeichnis 254 1 ff.

Vermutungen
- Anwendungsbereich des § **292 292** 1
- Auslegungsregeln **292** 11
- Beispiele **292** 17 ff.
- Beweis des Gegenteils **292** 15 f.
- nach DesignG **292** 33 ff.
- Dringlichkeit **292** 52 f.; **940** 71
- Eintragung als Rechtsinhaber im Patentregister **292** 58
- Fiktionen **292** 9
- gesetzliche **292** 2 ff., 17 ff.
- gesetzliche Rechtsvermutungen **292** 4
- gesetzliche Tatsachenvermutungen **292** 4
- nach GGV **292** 35 ff.
- nach GMV **292** 32
- nach MarkenG **292** 28 ff.
- nach PatG **292** 22 ff.
- Rechtsgültigkeit **292** 32 ff.
- Rechtsinhaberschaft **292** 28 ff.
- Selbstwiderlegung **940** 73
- tatsächliche **292** 1, 7, 40 ff.
- unechte **292** 7
- unwiderlegbare gesetzliche **292** 5 f.
- nach UrhG **292** 38
- nach UWG **292** 18 ff.
- Verantwortlichkeit infolge IP-Adressen-Zuordnung **292** 55 ff.
- Vermutungsbasis **292** 12 f.
- Vermutungsfolge **292** 14
- vertraglich vereinbarte **292** 8
- Werbeanrufe **292** 54
- widerlegbare **292** 1 ff.
- Wiederholungsgefahr **292** 42

Vernichtungsansprüche
- Anspruchsgrundlagen **940** 46
- einstweilige Verfügung **938** 6; **940** 46 ff.
- Sequestration **938** 6; **940** 46
- Streitwert **3** 80
- Vollstreckung **887** 1
- Widerstand des Schuldners **890** 1 f.

Vernichtungsantrag
- Bestimmtheit **253** 251

Magere Zahlen = Randnummern

Sachverzeichnis

Veröffentlichung von Gerichtsentscheidungen 299 3, 39
Versäumniskosten 344 1 ff.
Versäumnisurteil
– Anfechtbarkeit 565 4 ff.
– bei Anschlussberufung 539 3
– Antrag 330 1; 539 5
– Anwendungsbereich 330 1 ff.
– Arbeitnehmererfindungsstreit 330 4
– Aufrechnung 539 12
– Auslandsgeltung 313b 4
– gegen Beklagten 331
– Berufungsverfahren 539 2 ff.
– DPMA-/BPatG-Verfahren 330 4
– echtes 331 9; 514 2
– Einspruch 511 2
– Einspruchsverfahren 338 ff.
– Entscheidung nach Einspruch 343 1 ff.
– ohne Entscheidungsgründe 313b 1 ff.; 330 9; 331 12
– fehlende Verteidigungsanzeige 276 10 ff.
– Flucht in die Säumnis 331 2
– Klageänderung 539 12
– gegen Kläger 330
– nichtstreitiges Urteil 300 7
– Nichtverhandeln 333 3 ff.
– Rechtskraft 330 10
– Rechtsmittel 338 ff.
– Rechtsmittel gegen Antragszurückweisung 336 1 ff.
– Revision 542 9
– Revisionsinstanz 555 22 ff.; 565 7
– Säumnis des Berufungsführers 539 6 ff.
– Säumnis des Berufungsgegners 539 9 ff.
– Schlüssigkeitsprüfung 539 9 ff.
– schriftliches Vorverfahren 331 6, 11
– schuldhafte Versäumung 514 8 ff.
– Streitgenossen 63 4
– ohne Tatbestand 313b 1 ff.; 330 9; 331 12
– Teilversäumnisurteil 336 4
– unechtes 331 9; 514 3
– unverschuldetes Nichterscheinen 337 3 ff.
– Unzulässigkeit 335 1 ff.
– Versäumniskosten 344 1 ff.
– Voraussetzungen 539 2 ff.
– vorläufige Vollstreckbarkeit 708 2
– bei Widerklage 539 12
– über Wiedereinsetzungsantrag 514 6
– Zustellung 331 13
– zweites 345 1 ff.
Versäumung s. Säumnis
Verschlechterungsverbot 528 25 ff.
Verschulden 233 12 ff., 16 ff.
Verschulden des Bevollmächtigten 233 16 ff., 27 ff.
Verschwiegenheitspflicht
– Anordnung 487 24; 492 22 ff.
– anwaltlicher Vertreter 492 22 ff.
– Bankinstituten 383 12 ff.
– besondere Vertrauensstellung 383 8 ff.
– Duldungsverfügung 492 22
– Entbindung 383 11; 492 31
– in-camera-Verfahren 492 25
– Umfang 492 29
– keine verfahrensübergreifende Geheimhaltungspflicht 492 22
Vertagung 227 3 f.; 335 6; 337 1 ff.
Verteidigungsanzeige
– Aufforderung im schriftlichen Vorverfahren 276 5 ff.
– Belehrungen über Säumnisfolgen 276 7
– fehlende 276 10 ff.
– Fristsetzung 276 5 f.
– Widerruflichkeit 276 11

Vertragsstrafe 253 141
Vertragsstrafenklage 1 29, 103
Vertragsstrafeversprechen 890 11
Vertretung 253 24
– AG 52 8
– Anforderungen 547 20 ff.
– ausländischer Gesellschaften 52 15 ff.
– vor BPatG 78 25
– vor DPMA 78 24
– vor EPA 78 22
– fehlerhafte 547 20 ff.
– Fiktion 62 1 ff.
– GbR 52 11
– durch gesetzlichen Vertreter 52 1 ff.; 547 21
– GmbH 52 8
– GmbH & Co. KG 52 10
– OHG 52 9
Vertretungsmangel 547 20 ff.; 579 7; 586 10
Verwaltungsgerichtsbarkeit 1 34, 47
Verwaltungsort 17 6
Verwaltungsverfahren
– Eintragungsverfahren 12 3, 68, 95
– patentamtliches Verfahren 1 5
Verwarnungen 1 81
Verwechslungsgefahr
– Beurteilung 284 37 ff.
– Rechtsfrage 284 37 ff.; 546 13; 563 7a
– Tatbestandsmerkmale 284 38
– Tatsachenfeststellung 284 39
Verweisung
– ablehnender Beschluss 281 20
– Anfechtbarkeit 281 21
– Anhörung 281 11
– auf Antrag 1 7 f.; 281 10
– an ausländisches Gericht 281 6
– Berichtigung 281 18
– durch Beschluss 281 12
– Bindungswirkung 1 18; 281 14 ff.
– einstweiliges Verfügungsverfahren 281 2
– zur Festlegung funktioneller Zuständigkeit 1 7
– an Güterichter 278 14
– internationale Unzuständigkeit 12 15, 65; 281 6
– an Kammer für Handelssachen 1 7 f., 54, 65; 282 23, 28
– Kosten 281 22
– marken-/patentrechtliche Verfahren 281 3
– Rechtshängigkeit 281 4 f., 13
– Rechtsmittelinstanz 281 9
– an Schiedsgericht 281 6
– Teilverweisung 1 17
– Unanfechtbarkeit 281 19 ff.
– bei Unzuständigkeit 1 18; 12 17; 281 4 ff., 6; 485 16 f.
– Verfahren 281 11 ff.
– verspäteter Antrag 1 8
– Voraussetzungen 281 4 ff.
– Wirkungen 281 13 ff.
– zeitliche Begrenzung 296 17
– Zeitpunkt des Antrags 1 8
Verwertung
– gepfändeter Schutzrechte 844 2
– gewerblicher Schutzrechte 844 2
Verzicht
– Berufung 515 1 ff.
– in BPatG-Verfahren 306 3
– in DPMA-Verfahren 306 3
– Einspruch gegen Versäumnisurteil 346 1
– auf Klageansprüche 515 2
– Protokollierung 160 17
– Prozesshandlung 306 4
– auf Verfahrensrügen 295 12
– Wirkung 306 7 ff.

1689

Sachverzeichnis

Fette Zahlen = Paragraphen

Verzichtsaufforderung
- erstattungsfähige Kosten **91** 212
- keine Kosten des Rechtsstreits **93** 52
- Kostenerstattung **91** 212
- Kostenerstattungsanspruch **91** 34

Verzichtsurteil
- auf Antrag **306** 5
- ohne Entscheidungsgründe **313b** 1 ff.
- mündliche Verhandlung **306** 6
- ohne Tatbestand **313b** 1 ff.

Verzinsung 104 30 ff.
- Kostenfestsetzungsantrag **104** 27

Verzögerung des Rechtsstreits
- absoluter Verzögerungsbegriff **296** 24 ff.
- erforderliche Beweisaufnahme **296** 27 f.
- fehlende Entscheidungsreife **296** 30
- im gewerblichen Rechtsschutzprozess **296** 25
- Kausalität **296** 37
- notwendige Erklärungsfrist **296** 29

Verzögerungsgebühr 95 4

Verzug des Schuldners 253 16

Videokonferenz
- Beweisaufnahme **128a** 4

Vieraugengespräche 141 6, 17

Vindikationsanspruch
- Abgabe einer Willenserklärung **894** 1 f.
- einstweilige Verfügung **940** 57
- Entbehrlichkeit der Abmahnung **93** 51
- Sequestration **938** 6

Vollmacht 171 2 ff.

Vollständigkeitspflicht 138 6 ff.

Vollstreckbare Ausfertigung 724 f.
- Allgemeines **724** 1 ff.
- Anhörung **730; 733** 7
- Ausfertigungsvermerk **734** 1
- Ausnahmen **724** 2
- einfache Klauselerteilung **724** 3a
- Erteilungsantrag **724** 4
- Erteilungszuständigkeit **724** 6 ff.
- Folgen bei Fehlen **724** 3
- Gesamtgläubiger/-schuldner **724** 10
- Herausgabeklage **767** 6
- Notwendigkeit **724** 2
- Rechtsbehelfe gegen Erteilung **724** 11 f.
- Rechtsnachfolge **727** 1 ff.
- Rückgabe **757** 2
- Vermögens-/Firmenübernehmer **729** 1 ff.
- Vollstreckungsklausel **725** 1 ff.
- weitere Ausfertigungen **733** 1 ff.

Vollstreckbarkeit
- Beschränkungen **103** 17 f.
- Beseitigung durch Vollstreckungsgegenklage **767** 1
- Entfallen **717** 2
- Kostenfestsetzungsgrundlage **103** 17 ff.
- Unterlassungsansprüche **704** 18 ff.
- Wegfall des Hauptanspruchs **103** 19
- Wegfall des Titels **103** 20
- s. a. *Vorläufige Vollstreckbarkeit*

Vollstreckung
- Abwendung **720** 1 f.
- in andere Vermögensrechte **857** 2 ff.
- Auftrag **753** 9; **754** 1 ff.
- Auskunfts-/Rechnungslegungsansprüche **887** 1; **888** 1 ff., 21 ff.
- im Ausland **271** 40 ff.; **917** 11 ff.
- ausländischer Urteile **722 f.**
- Beginn **751** 1 ff.
- Besichtigungsansprüche **883** 1
- Bezeichnung von Gläubiger/Schuldner **750** 2 ff.
- Design/Gemeinschaftsgeschmacksmuster **857** 11
- Drittwiderspruchsklage *s. dort*
- Duldungsanordnungen **890** 1 ff.
- auf eigene Gefahr **717** 3
- Einstellung **775** 1 ff.
- einstweilige Einstellung **585** 6; **707** 1 ff.; **719** 3 ff.; **769** 1
- Entfernungsansprüche **887** 1; **888** 1
- Entscheidung des Einheitlichen Patentgerichts **712** 15; **715** 7; **718** 11; **719** 21
- Entscheidungen des Einheitlichen Patentgerichts **722** 11 ff.
- EuGH-/EuG-Entscheidungen **722** 9
- EuGVVO-/LGVÜ-Urteile **722** 7 ff.
- nach EuGVVO/LugÜ **271** 40 ff.
- EU-Patent **704** 36
- fehlerhafte Maßnahmen **704** 13
- Fortsetzung **775** 6
- Gebrauchsmusterrecht **857** 10
- durch Gerichtsvollzieher **704** 1; **753 ff.**
- Gläubigerinteresse im gewerblichen Rechtsschutzes **704** 3
- zur Herausgabeerwirkung **883** 1 ff.
- Internet-Domain **857** 13
- Klausel *s. Vollstreckungsklausel*
- Klauselgegenklage *s. dort*
- Kosten **788** 4 ff.
- Leistung Zug um Zug **756** 1 ff.
- Lizenzrechte **857** 14 f.
- Markenrecht **857** 12
- nicht vertretbarer Handlungen **888** 1 ff.
- Ordnungsmittelbeschluss **890** 57
- Ordnungsmittelverfahren **890** 1 ff.
- Originale von urheberrechtlichen Werken **808** 5
- Patente **857** 7 ff.
- gegen Rechtsnachfolger **808** 7
- Rückruf- und Entfernungsansprüche **704** 31 ff.
- Rückrufansprüche **887** 1; **888** 1
- rückwirkender Wegfall des Schutzrechts **704** 9 f.; **767** 1, 21
- Schadensersatzanspruch des Vollstreckungsschuldner **717** 3 ff.
- gegen Sicherheitsleistung **707** 9 f.
- Sicherung **916 ff.**
- Sicherungsvollstreckung **720a** 1 ff.
- Teilvollstreckung **752** 1 f.
- Unterlassungsanordnung **890** 1 ff.
- Unterlassungsanspruch, designrechtlicher **704** 23
- Unterlassungsanspruch, lauterkeitsrechtlicher **704** 26 ff.
- Unterlassungsanspruch, markenrechtlicher **704** 24 f.
- Unterlassungsanspruch, patentrechtlicher **704** 18 ff.
- Unterlassungsanspruch, urheberrechtlicher **704** 30 f.
- Unterlassungsklage **767** 7
- Urheberrecht **704** 4
- Urheberrechte **857** 3 ff.
- Vereinbarungen **704** 11 f.; **766** 21
- Vernichtungsansprüche **887** 1
- vertretbare Handlungen **887** 1 ff.
- Vollstreckungsfähigkeit **704** 17 ff.
- Vollstreckungsgegenklage *s. dort*
- durch Vollstreckungsgericht **764 ff.**
- Vollstreckungshindernisse **704** 7 f.
- Vollstreckungsklausel *s. dort*
- Vollstreckungsorgane **704** 1
- Vollstreckungsschutz **765a**
- Vollstreckungstitel *s. dort*
- Voraussetzungen **704** 5; **750** 1 ff.
- Vorbereitung **788** 4
- von Vorlageansprüchen **883**
- Wartefrist **750** 13 f.; **798** 1 ff.
- Zuständigkeit **828** 1 ff.
- Zustellung des Urteils **750** 9 ff.
- des Zwangsgelds **888** 16

Magere Zahlen = Randnummern

Sachverzeichnis

- der Zwangshaft **888** 18
- Zwangsmittelverfahren **888** 4 ff.

Vollstreckungsauftrag
- Form **753** 9 f.
- Gebühren **753** 10

Vollstreckungsbescheid 514 10

Vollstreckungsbeschränkende Vereinbarungen 766 21; **767** 21

Vollstreckungserinnerung 767 11
- Beschwer **766** 11 ff.
- Entscheidung **766** 17 ff.
- Rechtsmittel gegen Entscheidung **766** 20
- Rechtsschutzbedürfnis **766** 14
- Statthaftigkeit **766** 7 ff.
- bei unbestimmtem Titeln **766** 13
- Unzulässigerklärung **766** 4, 18
- Zuständigkeit **766** 6

Vollstreckungsfähiger Inhalt
- Rückruf- und Entfernungsansprüche **704** 31 ff.
- Unterlassungsanspruch, designrechtlicher **704** 23
- Unterlassungsanspruch, lauterkeitsrechtlicher **704** 26 ff.
- Unterlassungsanspruch, markenrechtlicher **704** 24 f.
- Unterlassungsanspruch, patentrechtlicher **704** 18 ff.
- Unterlassungsanspruch, urheberrechtlicher **704** 30 f.

Vollstreckungsgegenklage 253 38
- Abgrenzungen **767** 4 ff.
- Aktiv-/Passivlegitimation **767** 19
- angegriffener Titel **767** 13
- Auslegung von Vollstreckungstiteln **767** 5
- Bedeutung im Gewerblichen Rechtsschutz **767** 1
- Begründetheit **767** 18 ff.
- Einheitliches Patentgerichtssystem **767** 29
- Einwendungsausschluss **767** 23 ff.
- Entscheidung **767** 27 f.
- Erfüllung **767** 21
- gegen Kostenfestsetzungsbeschluss **767** 15
- materiell-rechtliche Einwendungen **767** 2, 20 ff.
- Prozessführungsbefugnis **767** 16
- Rechtsmittel gegen Entscheidung **767** 28 f.
- Rechtsschutzbedürfnis **767** 17
- rückwirkender Wegfall des Schutzrechts **704** 7 f.; **767** 1, 21
- Statthaftigkeit **767** 2 ff.
- Unterlassungen **767** 22
- Unzulässigerklärung **767** 27
- Vernichtung des Schutzrechts **767** 25
- vollstreckungsbeschränkende Vereinbarungen **767** 21
- Wahlrecht mit Klauselerinnerung **767** 8 ff.
- Zulässigkeit **767** 2 ff.
- Zuständigkeit **767** 15 f.
- Zwangsmittelbeschluss **767** 12a

Vollstreckungsgericht
- einstweilige Anordnungen **769** 1 ff.; **770** 1 f.
- Entscheidung durch Beschluss **764** 6
- Entscheidung über Vollstreckungserinnerung **766** 6
- Pfändung von Schutzrechten **828** 2
- Zuständigkeit **764** 1 ff.; **828** 1 ff.

Vollstreckungsklausel 725 1 ff.
- Erinnerung gegen Erteilung **732** 1 ff.
- gegen Firmenübernehmer **729** 1
- Klage auf Erteilung **731** 1 ff.
- Nennung von Gläubiger/Schuldner **750** 2 ff.

Vollstreckungskosten
- Beibringung der Bürgschaft **788** 5
- Beispiele **788** 4 ff.
- Beitreibung **788** 11 f.
- Erforderlichkeit **788** 8 f.
- Erstattungsanspruch **788** 13
- Erstattungsfähigkeit **91** 220

- Kostentragung **788** 1 ff.
- Schuldnermehrheit **788** 10
- Vorbereitung der Vollstreckung **788** 4

Vollstreckungsmaßnahmen
- Anordnungszuständigkeit **764** 1 ff.
- Erinnerung **766** 1 ff.
- Protokollierung **762** 1 ff.
- Rechtsbehelfe **775** 7 f.
- Vollstreckungsschutz **765a**

Vollstreckungsschaden
- Privilegierung **717** 22
- vorläufige Vollstreckung **717** 13 ff., 22

Vollstreckungsschutz
- Antrag **712** 9 ff.
- Antragsfrist **712** 9 ff.; **714** 1 ff.
- bei Arbeitsplatzverlust **712** 5
- außergewöhnliche soziale Härtefälle **765a** 1 f.
- Drittinteressen **712** 6
- bei drohender Insolvenz **712** 5
- Einheitliches Patentgerichtssystem **712** 15
- Entscheidung **712** 12 ff.
- Glaubhaftmachung **712** 5, 9
- überwiegendes Interesse **712** 4 ff.
- bei unersetzlichen Nachteilen **712** 2 ff.
- Unterbleiben von Anordnungen **713** 1 ff.
- Wirkung **712** 14

Vollstreckungstitel
- Auslegung **767** 5
- beschwerdefähige Entscheidungen **794** 13
- Endurteile **704** 14 ff.
- europäische Zahlungsbefehle **794** 19
- Kostenfestsetzungsbeschluss **794** 2, 12
- Kostenfestsetzungsgrundlage **103** 5 ff.
- Unterlassungstitel **704** 18 ff.
- Vergleiche **794** 3 ff.
- vollstreckbare Schiedssprüche **794** 2
- vollstreckbare Urkunden **794** 15
- Wegfall **103** 20

Vollstreckungsverfahren
- Zuständigkeit **1** 20

Vollstreckungsverjährung 888 20; **890** 44 f.

Vorabentscheidung
- Antrag **718** 4
- über vorläufige Vollstreckbarkeit **718** 1 ff.

Vorbehaltsurteil
- Anfechtbarkeit **542** 12
- im Urkunden- oder Wechselprozess **538** 30 ff.
- Wiederaufnahme **578** 5

Vorgreiflichkeit
- abstrakte/konkrete **148** 58 ff.
- Aussetzung **148** 1 ff.
- Bestehen/Nichtbestehen **148** 50 ff.
- bei mehreren Klageschutzrechten **148** 217 ff.

Vorlage von Urkunden *s. Urkundenvorlage*

Vorlageanordnung
- Ermessen **485** 25
- Prozessleitungsmaßnahme **485** 24 ff.
- gegen unbeteiligte Dritte **485** 89
- Voraussetzungen **485** 24
- Zumutbarkeit **485** 25
- *s. Urkundenvorlage*

Vorläufige Vollstreckbarkeit
- Abwendungsbefugnis **711** 1 ff.
- Anfechtbarkeit **537** 17
- Antrag **537** 10
- Auskunfts- und Rechnungslegungsanspruch **709** 15 ff.; **717** 16
- Außerkrafttreten **716** 1 ff.
- Bereicherungsanspruch **717** 22 ff.
- Bereicherungshaftung **717** 22 ff.
- Berufungsverfahren **537** 1 ff.
- bei EG-Patenten **708** 9 ff.

Sachverzeichnis

Fette Zahlen = Paragraphen

- einstweilige Einstellung **719** 1 ff.
- Erbringung der Sicherheit **709** 10 ff.
- Erfüllungseinwand **537** 12
- Frist für Schuldnerschutzanträge **714** 1 ff.
- Garantiehaftung des Gläubigers **717** 4
- im gewerblichen Rechtsschutz **708** 3 ff.
- Haftung des Lizenznehmers **717** 26
- Hinterlegung bei Abwendung **720** 1 f.
- Höhe der Sicherheitsleistung **709** 3 ff.
- Korrektur fehlerhafter Entscheidung **718** 1 ff.
- Kostenausspruch **537** 8, 16
- Kostenentscheidung des BPatG **709** 2
- materiell-rechtlicher Schadensersatzanspruch **717** 9
- nachträgliche Korrektur **709** 9
- nachträgliche Urteilsergänzung **715** 1 ff.
- nicht rechtskräftige Urteile **537** 2 ff.
- Regelfall im Gewerblichen Rechtsschutz **751** 2
- Rückgabe der Sicherheitsleistung **715** 1 ff.
- Schadensersatzanspruch des Vollstreckungsschuldner **717** 3 ff.
- Schutzantrag **712** 2 ff.
- gegen Sicherheitsleistung **709** 1 ff.
- ohne Sicherheitsleistung **708** 1 ff.
- Teilanfechtung **537** 5 ff.
- Tenor **704** 16
- Unterbleiben von Schutzanordnungen **713** 1 ff.
- Verfahren **537** 11 ff.
- Versäumnisurteile **708** 5
- Vollstreckungsbeginn **751** 2
- Vollstreckungsschaden **717** 13 ff.
- Vollstreckungsschutz **712** 1 ff.
- Vorabentscheidung **718** 1 ff.

Vorprozessuale Kosten
- Erstattungsfähigkeit **91** 33, 76, 109
- mitwirkender Patentanwalt **93** 68 ff.

Vorteilsausgleichung 945 23 ff.

Vorwegnahme der Hauptsache 940 4

Wahlgerichtsstand 35 1 ff.
- Anwendungsbereich **35** 4
- Ausübung des Wahlrecht **35** 5
- Bindung **35** 5
- Einschränkung **32** 38
- fliegender Gerichtsstand **35** 2
- Gerichtsstand des Begehungsorts **32** 14
- internationale Zuständigkeit **12** 147; **35** 10 f.
- Rechtsmissbrauch **35** 8 f.
- Urheberrecht **35** 3
- bei vorläufigem Rechtsschutz **35** 7
- Wohngerichtsstand **13** 6

Wahrheitspflicht
- Behauptungen ins Blaue **284** 129; **485** 10, 99
- der Beteiligten **138** 4
- Folgen bei Verstoß **138** 14 ff.
- markenrechtliche Verfahren **138** 2, 13
- Offenkundigkeitsvermutungen **138** 12
- patentgerichtliche Verfahren **138** 2, 11
- Umfang **138** 6 ff.
- Verletzung als Restitutionsgrund **580** 5

Warenidentität 284 36

Warnhinweis 92 46

Wechselbeziehungslehre 286 48

Wegfall des Schutzrechts
- Auswirkung für Verletzungsverfahren **91a** 69 ff.
- Erkenntnisverfahren **91a** 69
- Erledigung **91a** 68 ff.
- Nichtzahlung der Jahresgebühren **91a** 68
- Rechtsbestandsverfahren **91a** 73 ff.
- Rechtsmittelverfahren **91a** 70
- mit Rückwirkung **91a** 81 ff.
- ohne Rückwirkung **91a** 74 ff.
- Verzicht **91a** 68

- vorzeitiges Erlöschen **91a** 71
- Zeitablauf **91a** 68, 70

Werksqualität 546 16

Wertberufung 511 22 ff.

Werturteile 288 10

Wettbewerbliche Eigenart 546 17

Wettbewerbsrechtliches Unterlassungsbegehren 253 63 ff.

Wettbewerbsstreitigkeiten s. *UKlaG-Streitsachen*, *UWG-Streitsachen*

Wettbewerbsverstöße
- internationale Zuständigkeit **12** 34
- Internet **12** 34 ff., 149

Widerklage 5 3; **253** 38
- bei Abnehmer- bzw. Schutzrechtsverwarnung **5** 23 f.
- kein Angriffs- oder Verteidigungsmittel **96** 5
- Berufungsverfahren **533** 20 ff.
- Designstreit **33** 65 ff.
- Dritte **33** 29 f.; **533** 22 f.
- Drittwiderklage **33** 17, 29 f.
- Einschränkung des Gerichtsstands **33** 8 f.
- Einwilligung **533** 27
- Eventualwiderklage **5** 26; **33** 28, 62
- Flucht in die Widerklage **33** 5
- funktionelle Zuständigkeit **33** 18
- Gebrauchsmusterstreitsachen **33** 44 f.
- Gegenangriff **33** 1
- Geltendmachung des Vollstreckungsschaden **717** 21
- Gemeinschaftsgeschmacksmuster **33** 69 ff.
- Gerichtsstand **33** 3 ff.
- internationale Zuständigkeit **12** 52, 82, 110; **33** 17, 71
- Kostenentscheidung **33** 38
- Markenstreit **12** 110; **33** 46 ff.
- Mitteilung an EUIPO **33** 2, 64, 85
- gegen nationale Markenverletzungsklage **33** 60
- gegen negative Feststellungsklage **33** 31, 59, 82
- auf Nichtigerklärung im Verletzungsverfahren **5** 25
- auf Nichtigkeit **33** 53 ff., 67, 69, 77 ff.
- örtliche Zuständigkeit **33** 16
- Parteien **33** 27
- Patentstreitsachen **12** 82; **33** 39 ff.
- Prozessart **33** 24 ff.
- Prozesskostenvorschuss **33** 5, 37
- Prozesstrennung **145** 6
- Rechtshängigkeit der Klage **33** 21 ff.
- Rechtsschutzbedürfnis **33** 19 f.
- Sachdienlichkeit **533** 28 ff.
- sachliche Zuständigkeit **33** 15
- Sachzusammenhang **33** 10 ff.
- Sicherheitsleistung **110** 40 f.
- Streitgegenstand **33** 19
- Streitwert **3** 82; **5** 23 f.; **33** 36 f.
- Trennung/Verbindung **33** 32
- Unionsmarkenstreit **33** 49 ff.
- Urheberrecht **33** 90
- Urteilsformel **33** 34 ff.
- auf Verfall **33** 53 ff.
- Verfügungsverfahren **33** 24
- Wesen **33** 2
- Wettbewerbsrecht **33** 86 ff.
- Wider-Widerklage **33** 27
- Zeitpunkt der Erhebung **33** 21 ff.
- Zulässigkeit **33** 14 ff.
- Zurückweisung **533** 26
- Zusammenhang mit Klageanspruch **33** 11
- Zusammenhang mit Verteidigungsmitteln **33** 12
- Zwischenfeststellungswiderklage **33** 44 f.

Widerklage auf Nichtigkeitserklärung 253 10, 158

Widerklage auf Verfallerklärung 253 10, 158

Widerruf
- Geständnis **290** 1 ff.

Magere Zahlen = Randnummern

Sachverzeichnis

Widerspruch
- gegen Arrestanordnung **922** 18; **924** 5 ff.
- gegen Arrestbefehl **924** 1 ff.
- einstweilige Anordnungen **924** 18
- gegen einstweilige Verfügung **922** 18; **924** 1 ff., 5 ff.; **942** 8
- Entscheidung durch Endurteil **925** 7 ff.
- Entscheidung über Rechtmäßigkeit **925** 2 ff.
- Entscheidungsinhalt **925** 8 ff.
- Form **924** 5
- Frist **924** 6
- Kostenentscheidung **925** 9
- mündliche Verhandlung **924** 14
- neue Glaubhaftmachungsmittel **925** 4
- neue Tatsachen **925** 4
- Rücknahme **924** 10
- Verzicht **924** 11
- Wirkung **924** 17 ff.
- Zuständigkeit **924** 12
- s. a. Kostenwiderspruch

Wiederaufnahme
- Anfechtungsgegenstand **578** 4 ff.
- Beschlussverfahren **578** 6
- Entscheidung **590** 6
- erneute Klageerhebung **589** 6
- Erstattungen **590** 5
- Fristbeginn ab Kenntnis **586** 2 ff.
- Fristbeginn bei Patenvernichtung **586** 2 ff.
- Fünfjahresfrist **586** 9 ff.
- Glaubhaftmachung **589** 7
- Klageänderung/-erweiterung **590** 3
- Klagefrist **586** 1 ff.
- Klageschrift **587 f.**
- Kosten **590** 7
- Nachschieben von Gründen **586** 8
- neue Verhandlung **590**
- neuer Vortrag/Beweismittel **590** 3
- durch Nichtigkeitsklage **579** 1 ff.
- Patentwiderruf, -nichtigerklärung **578** 8 ff.
- nach rechtskräftigem Endurteil **578** 4
- Rechtsmittel **591** 3
- Rechtsverluste **590** 4
- durch Restitutionsklage **578** 8 ff.
- Schutzrechtswegfall nach Fristende **586** 10
- Statthaftigkeit **589** 5
- Teilurteile **583** 4
- Verfahrensgegenstand **590** 3 ff.
- Verfahrensgrundsätze **585** 1 ff.
- Verfahrensstufen **590** 1 f.
- verspätetes Vorbringen **590** 7
- Vertretungsmangel **586** 11
- Vollstreckungsschaden **590** 5
- der Wiederaufnahme **591** 3
- Zulässigkeit **589** 1 f.; **590** 1
- Zwischen-/Vorbehaltsurteile **578** 5; **583** 2

Wiedereinsetzung
- Adressat **236** 6
- von Amts wegen **236** 14
- auf Antrag **236** 3 ff.
- Antragsfrist **234** 3 f.
- Anwendungsbereich **233** 3 f.
- Arbeitsüberlastungen **233** 90
- Ausgangskontrolle bei Anwalt **233** 27 ff.
- beschränkte Entscheidung **238** 8
- Darlegungen **233** 104; **236** 8 ff.
- Entscheidungszuständigkeit **237** 1 ff.
- bei Erkrankungen **233** 86 ff.
- Ermessensentscheidung **238** 2 ff.
- Fallgruppen **233** 26 ff.
- Fehladressierung **233** 55 f.
- Form des Antrags **236** 4 f.
- Frist **234**

- Fristausschöpfung bis zum letzten Tag **233** 37
- Fristbeginn **234** 5 ff.
- gerichtsinterne Verzögerung **233** 102
- Glaubhaftmachung **233** 104; **236** 12
- Inhalt des Antrags **236** 7 ff.
- Jahresfrist **234** 16 f.
- Kausalität **233** 15 f.
- konkludenter Antrag **236** 3
- Kosten **238** 14 ff.
- Laufzeiten der Post **233** 38
- Nachholen versäumter Prozesshandlung **236** 13
- Nichteinhaltung benannter Fristen **233** 6 ff.
- Patentnichtigkeitsverfahren **233** 3
- Rechtsirrtum **233** 58 ff.
- Rechtsmittel **238** 12
- Schutzrechtsverletzungsverfahren **233** 3
- Sorgfaltsverletzungen bei Fristeneinhaltung **233** 27 ff., 37, 58 ff., 77, 80 ff.
- spezialgesetzliche Sonderregelungen **233** 4
- Übermittlungen per beA **233** 52 ff.
- Übermittlungsdauer von Telefaxen **233** 39 ff.
- Überweisungsverzögerung **233** 57
- Unanfechtbarkeit der Bewilligung **238** 11 ff.
- unverschuldete Fehleinschätzung **233** 86 ff.
- Verbindung der Verfahren **238** 2 ff.
- Verfahren **238** 1 ff.
- Verschulden **233** 12 ff., 17 ff.
- verspätete Gebührenzahlung **233** 97 f.
- Verwerfung als unzulässig **238** 13
- vorübergehende Abwesenheit **233** 99 ff.
- Wirkung **233** 5
- Zurückweisung als unbegründet **238** 13

Wiedereröffnung
- Amtsermittlungsgrundsatz **156** 14
- Anwendungsbereich **156** 2 f.
- Ausscheiden des Richters **156** 16 ff.
- Begründung **156** 20
- Beschluss **156** 19
- DPMA-/BPatG-Verfahren **156** 3 f.
- Ermessen **156** 5, 13
- gebundene Entscheidung **156** 6, 9 ff.
- mündliche Verhandlung **283** 21 ff.
- neue Sachanträge **296a** 6
- neuer Tatsachenvortrag **156** 13; **296a** 5
- Schriftsatznachlass **156** 12 f.
- spezialgesetzliche Regelungen **156** 3
- Verletzung der Hinweispflicht **156** 10
- verspäteter Vortrag **296a** 5 f., 10
- Verstoß **156** 22
- Voraussetzungen **156** 5 ff.
- Wiederaufnahmegründe **156** 9 ff.
- Zweck **156** 1, 8

Wiederholungsgefahr
- maßgeblicher Zeitpunkt **292** 42
- Vermutung **292** 42 ff.
- Voraussetzungen **292** 42 ff.
- Widerlegung **292** 46 ff.

Willenserklärungen
- Abgabefiktion **894** 1 f.
- einstweilige Verfügung **940** 55
- revisionsrechtliche Prüfung **545** 13

Wirtschaftsprüfervorbehalt 270 5; **299** 27; **707** 29
WLAN 292 57
Wohnsitzgerichtsstand 12 6
- abgeleiteter Wohnsitz **13** 4
- Begriff des Wohnsitzes **13** 2
- Bestimmung des Ortes **12** 18; **13** 4
- Doppelfunktionalität **13** 7
- nach EuGVVO **12** 17 f.; **13** 8
- Gemeinschaftsgeschmacksmuster **12** 135
- Gemeinschaftssortenschutzstreitsache **12** 92
- gesetzlicher Wohnsitz **13** 4

Sachverzeichnis

Fette Zahlen = Paragraphen

– inländischer **13** 1 ff.
– internationaler Gerichtsstand **12** 17 f.
– nach LugÜ **12** 18; **13** 8
– Markenstreitsachen **12** 98
– maßgeblicher Zeitpunkt **13** 4
– Patentstreitsachen **12** 70
– selbständiger Wohnsitz **13** 3
– Wahlrecht **13** 6

Zahlungsantrag 253 256 ff.
Zahlungsklagen
– aus Arbeits-/Dienstverhältnissen **1** 5, 34
– Zuständigkeit **1** 5, 34
Zeichenidentität
– Rechtsfrage **284** 36
Zeitversäumnis
– Kostenerstattung **91** 213
Zentralgericht 1 72; **12** 117 ff.; **21** 4
Zeugen
– aus Amtsverhältnissen **376** 1 ff.
– Anforderungen an Person **373** 4
– Auslagenerstattung **91** 214 f.; **401** 1
– Auslagenvorschuss **379** 1 f.
– im Ausland **363** 3; **375** 7
– Beeidigung **391 f.**
– Befreiung vom Erscheinen **386** 3; **388** 1
– Benennung **373** 17 ff.
– Beweisgegenstand **373** 7 f.
– bei Durchsuchung **759** 1 ff.
– eigene Tatsachenwahrnehmung **373** 7 f.
– entschuldigtes Ausbleiben **381** 1 f.
– vom Hörensagen **284** 118
– Ladung **273** 14; **377** 1 ff.
– Namensnennung **273** 18
– Nebeninterventienten **67** 10
– Person **373** 4 f.
– Pflicht zum Erscheinen **380** 2
– Prokurist **373** 4
– sachverständige Zeugen *s. dort*
– Säumnis **380** 1 ff.
– schriftliche Aussage **273** 14; **377** 4
– Testpersonen **373** 14
– Verschwiegenheitspflicht **376** 2
– Verweigerung der Aussage **290** 1
– Verzicht **399** 1
– wiederholtes Ausbleiben **380** 5
– Zeugnisverweigerung **390** 1 ff.
– Zeugnisverweigerungsrecht **383** 1 ff.
Zeugenbeweis
– aussageerleichternde Unterlagen **378** 1 ff.
– zur Bekanntheit **373** 11
– Benennung des Zeugen **373** 17 ff.
– Beweisantrag **373** 15 ff.
– Beweisaufnahme **375** 1 ff.
– Gegenstand **373** 7 ff.
– Immaterialgüterrechtsstreit **373** 9
– markenrechtlichen Beschwerdeverfahren **373** 10
– im Rechtsmittelverfahren **355** 10
– schriftliche Aussage **273** 14; **377** 4
– spezialgesetzliche Regelungen **375** 1
– Strengbeweis **284** 115
– Ungeeignetheit **373** 12 f.
– Unmittelbarkeit **355** 9 ff.; **375** 2
– Zulässigkeit im gewerblichen Rechtsschutz **373** 1 ff.
– *s. a. Zeugenvernehmung*
Zeugenvernehmung
– Amtsverschwiegenheit **376** 1 ff.
– an bestimmten Orten **382** 1 ff.
– Beeidigung **391 f.**
– Befugnisse des kommissarischen Richters **400** 1
– durch beauftragten Richter **375** 5
– durch erkennenden Richter **375** 2

– durch kommissarischen Richter **375** 3 f.
– Einzelvernehmung **394** 1
– erneute **375** 2
– Fragerecht der Parteien **397** 1 ff.
– nachträgliche **398** 1
– Protokollierung **160** 20
– spezialgesetzliche Regelungen **375** 1
– uneidliche **393** 1
– Vermitteln von Fragen der Parteien **397** 1
– Wahrheitsermahnung **395** 1
– wiederholte **398** 1
– Zeugnisverweigerung **390** 1 ff.
– Zeugnisverweigerungsrecht **383** 1 ff.
– zur Person **395** 1
– zur Sache **396** 1
Zeugnisverweigerungsrecht 285 14
– Ausnahmen **385** 1 ff.
– Ausschluss spezialgesetzlicher Auskunftsansprüche **383** 16; **384** 8 ff.; **385** 4
– von Bankinstituten **383** 12 ff.
– vor beauftragtem/ersuchtem Richter **389** 1
– bei besonderer Vertragsstellung **383** 8 ff.
– drohende Strafverfolgung **384** 5
– drohende Unehre **384** 5
– drohender Vermögensschaden **384** 3 ff.
– Erklärung **386** 1
– Glaubhaftmachung **386** 1
– Kunst- oder Gewerbegeheimnis **384** 6 f.
– naher Angehöriger **383** 5 f.
– aus persönlichen Gründen **383** 1 ff.
– Pressevertreter **383** 7
– aus sachlichen Gründen **384** 1 ff.
– Urkundenvorlage **142** 26 ff.
– Zwischenstreit **387** 1 ff.
Zinsen
– Erstattungsfähigkeit **91** 216
Zivilkammern
– Zuständigkeit **1** 9 ff., 24, 40
Zugang
– kein Anscheinsbeweis **286** 71 f.
– elektronische Dokumente **130a** 16 f.
– Maßgeblichkeit des tatsächlichen Zugangs **189** 7 ff.
– Vermutung **270** 24 f.
Zugangssperre zu Internetseite
– einstweilige Verfügung **940** 61
Zulässigkeit
– einstweilige Vollstreckungseinstellung **707** 3
Zulässigkeit der Klage 253 21, 24, 25 ff.
Zulässigkeitsrügen
– in Berufungsinstanz **532** 6 ff.
– Rechtzeitigkeit **282** 2; **296** 39 f.
– in Revisionsinstanz **565** 16 ff.
– unverzichtbare **532** 4
– verspätet vorgebrachte **282** 21; **296** 39 f.; **532** 6 ff.
– verzichtbare **282** 25; **296** 41; **532** 3
– zeitliche Begrenzung **296** 12
– Zeitpunkt der Erhebung **275** 5; **282** 21
– Zurückweisung **296** 5
– Zurückweisung im Berufungsverfahren **532** 6 ff.
– Zurückweisung wegen Verspätung **296** 13
Zulassungsberufung 511 41 ff.
Zulassungsrevision 542 1 ff.
Zurückverweisung
– auf Antrag **538** 6 f.
– Beschränkung **538** 1
– Einspruchsverwerfung **538** 21
– Entscheidung über Anspruchsgrund **538** 26 ff.
– Entscheidung über Zulässigkeit **538** 23 ff.
– Erfordernis einer Beweisaufnahme **538** 18 ff.
– Ermessen **538** 9 ff.
– Fallgruppen **538** 12 ff.
– fehlende Entscheidungsreife **538** 8

Magere Zahlen = Randnummern

Sachverzeichnis

– Patentnichtigkeitsverfahren **538** 3
– Rechtsfolgen **538** 36 ff.
– unzulässiges Teilurteil **538** 34 f.
– Verfahrensmängel **538** 12 ff.
– Verfügungsverfahren **538** 2
– Versäumnisverfahren **538** 33
– Voraussetzungen **538** 5 ff.
– Vorbehaltsurteil **538** 30 ff.
Zurückweisung verspäteten Vorbringens
– altes Vorbringen **530** 1
– Anfechtbarkeit **296** 45 f.
– Angriffs- und Verteidigungsmittel **296** 6 ff.; **530** 3 ff.
– Anträge **296** 6
– Arrestverfahren **296** 14 ff.
– Aussetzungsantrag **296** 11
– Berufungsverfahren **530** 20 ff.
– BPatG-Verfahren **296** 18
– Ermessen **296** 43
– Flucht in die Säumnis **296** 47 ff.
– Fortwirkung im Berufungsverfahren **531** 6 ff.
– grobe Nachlässigkeit **296** 35
– Hauptsacheverfahren **530** 12 ff.
– Kausalität **296** 31
– mangelnde Entschuldigung **296** 32 f.; **530** 28; **532** 6
– neues Vorbringen **530** 1
– Patentnichtigkeitsverfahren **530** 2
– rechtliches Gehör **296** 44
– Sachanträge **296a** 6
– Verfügungsverfahren **296** 14 ff.; **530** 17 ff.
– Verhinderungsmöglichkeit **296** 47 ff.
– Versäumnis der Erwiderungsfristen **296** 22 f.
– Verstoß gegen Prozessförderungspflichten **296** 35 ff.
– Verteidigungsanträge **296a** 7
– Verzögerung des Rechtsstreits **296** 24 ff., 37; **530** 27
– Voraussetzungen **296** 20 f., 34 ff., 39 ff.; **530** 20 ff.
– Vorbringen nach mündlicher Verhandlung **296a** 4 ff.
– Zulässigkeitsrügen **296** 12 f., 39 ff.; **532** 3 ff., 6 ff.
– zwingende **296** 43
– *s. a. Präklusion*
Zuständigkeit
– Amtsprüfung **1** 18; **12** 4
– Anerkennungszuständigkeit **12** 66
– Annex-Streitigkeiten **1** 30
– Anordnung der Sicherheitsleistung **113** 2
– Arbeitnehmererfinderstreitigkeit **1** 33
– Arbeitnehmerzüchtungen **1** 5, 47
– Arrestverfahren **1** 20
– ausschließliche **1** 12, 16 f.; **12** 8
– Begriff **1** 4 f.
– Designstreit **1** 79 ff.
– Eilverfahren **1** 22 f.
– Entscheidungszuständigkeit **12** 66
– fehlende **1** 18, 21; **281** 6
– funktionelle **1** 6 ff.
– Gebrauchsmusterstreit **1** 40 ff.
– gerichtliche Bestimmung **36** 1 ff.
– Halbleiterschutzstreit **1** 52
– internationale **1** 14; **12** 1 ff.
– Kammern für Handelssachen **1** 7 f.
– Kennzeichenstreitsachen **1** 53
– Konkurrenzen **12** 9
– Kostenfestsetzungsantrag **103** 28; **104** 2 ff.
– Landgerichte **1** 2 ff.
– Markenstreit **1** 53 ff.
– nichtausschließliche **1** 16 f.; **12** 8
– Notzuständigkeit **1** 23; **942** 1 ff.
– örtliche **1** 13; **12 ff.**
– Patentgerichte **1** 38 ff.
– Patentstreit **1** 24 ff.
– Patentstreitkammern **1** 39
– Prozessvoraussetzung **1** 18 ff.
– rügeloses Einlassen *s. dort* **1** 16

– sachliche **1** 1 ff.
– selbständiges Beweisverfahren **485** 5 ff.
– Sortenschutzstreit **1** 45 ff.
– Überschneidungen **1** 17
– UKlaG-Streit **1** 105 ff.
– Unionsmarkenstreit **1** 64 ff.
– Verfügungsverfahren **1** 20
– Vollstreckungsgegenklage **767** 15 f.
– Vollstreckungsgericht **764** 1 ff.
– Vollstreckungsverfahren **1** 20
– Wettbewerbsstreit **1** 101 ff.
– Wiederaufnahmeklage **584** 1
– Zahlungsklagen aus Arbeits-/Dienstverhältnissen **1** 5, 34
– Zivilkammern **1** 9 ff.
– Zustellungen **168** 4 ff.
– *s. a. Gerichtsstand*
Zuständigkeitsbestimmung
– auf Antrag **36** 6; **37** 1
– Anwendungsbereich **36** 2 ff.
– durch Beschluss **36** 2 ff.
– durch BGH **36** 10
– Divergenzvorlage **36** 10, 12
– Einleitung **37** 1
– Entscheidung **37** 2 ff.
– EuGVVO **36** 26
– internationaler Rechtsstreit **36** 24 ff.
– Kosten **37** 5 f.
– durch OLG **36** 8 f.
– Streitgenossenschaft **36** 15 ff.
– Unanfechtbarkeit des Beschlusses **37** 7
– Ungewissheit der Gerichtsbezirke **36** 14
– Verfahren **37** 1 ff.
– Verhinderung des Gerichts **36** 13
– durch Vorlage **36** 6, 10, 12
– Zeitpunkt **36** 11
– Zuständigkeit **36** 7 ff.
Zuständigkeitskonzentration **1** 2, 3, 74, 96 f.
– Designstreit **1** 83 f.
– Gebrauchsmusterstreit **1** 42
– Kartellsachen **1** 118
– Kennzeichenstreit **1** 61
– Patentstreit **1** 37
– Sortenschutzstreit **1** 49
– Urheberrechtsstreit **1** 111
– Wettbewerbsstreit **1** 103, 104, 106
– *s. a. Konzentrationsermächtigung*
Zuständigkeitsrügen
– Beschränkung im Revisionsverfahren **545** 26 ff.
– im Beschwerdeverfahren **571** 9
Zuständigkeitsstreit
– gerichtliche Zuständigkeitsbestimmung **36** 1 ff.
Zuständigkeitsstreitwert **2** 1, 2; **3** 3; **5** 5
Zustellung
– Ablehnung **271** 29
– Absehen **271** 19 ff.
– Amtsverfahren **166** 4; **172** 17
– amtswegige **166** 5
– Annahmeverweigerung **171** 6; **175** 5; **177** 4; **179** 4; **183** 9, 23
– Antragsschrift **271** 35
– Auffangvorschrift **270** 7
– Ausbleiben der Zurücksendung des Empfangsbekenntnisses **174** 4
– durch Aushändigung **173** 1 ff.
– im Ausland **61** 3; **183** 1 ff.; **271** 9 ff.
– durch ausländische Behörden **183** 12 f.
– Ausnahmen **166** 6
– beglaubigte Abschrift **169** 6 ff.
– Begründung der Rechtshängigkeit **261** 3; **271** 1
– Benennung eines Zustellungsbevollmächtigten **184** 1 ff.

Sachverzeichnis

Fette Zahlen = Paragraphen

- Berufungsbegründung **521** 3 ff.
- Berufungsschrift **521** 3 ff.
- Bescheinigung **169** 1 ff.
- Beschlüsse **329** 4 ff.
- Besichtigungsanordnung **490** 39
- an Bevollmächtigte **171** 1 ff.
- BPatG-Verfahren **271** 43 ff.; **317** 3
- demnächst **167** 7 ff.
- diplomatische **183** 14
- Einschreiben mit Rückschein **175** 1 ff.; **183** 9 ff.
- Einspruchsschrift **340a** 1 f.
- einstweilige Zurückstellung **271** 20 ff.
- einstweiliger Rechtsschutz **166** 5; **167** 4; **183** 3; **192** 1
- durch elektronisches Dokument **174** 14 f.; **195** 2
- Empfangsbekenntnis **174** 1 ff.; **195** 2 ff.
- Empfangs-Vollmacht **171** 2 ff., 7
- Erfolglosigkeit **168** 7 f.
- Ersatzzustellung **174** 2; **178** 1 ff.
- in EU-Staaten **183** 6, 15 ff.
- EuZVO **183** 6, 15 ff.
- bei Exterritorialität des Beklagten **271** 28
- bei fehlender Zuständigkeit **271** 27
- fehlerhafte **547** 23
- Fiktion **179** 1; **181** 2
- förmliche **270** 7 ff.; **271** 4 ff.
- Formulare **190** 1
- Gegenstand **271** 5 ff.
- gemeinsame **274** 3
- in Gemeinschaftseinrichtung **178** 11
- durch Gerichtsvollzieher **168** 7; **191** 2 f.; **192** 1 ff.
- in Geschäftsräumen **178** 7
- durch Geschäftsstelle **168** 4 ff.
- an Gesellschaften **170** 6
- HZÜ **183** 6, 8 ff.; **271** 42
- an juristische Personen **170** 6 f.
- Klageschrift **166** 16; **270** 7; **271** 1 ff.
- konsularische **183** 14
- Ladung **274** 3
- an Leiter **170** 7 ff.
- Markenstreit **271** 43 ff.
- Maßgeblichkeit des tatsächlichen Zugangs **189** 7 ff.
- Messestand **178** 9; **181** 6; **191** 3; **271** 10
- Minderjährige **170** 4
- Mitwirkung **271** 15
- Möglichkeit der Kenntnisnahme **166** 1
- nachträgliche **183** 25
- in Nicht-EU-Staaten **183** 6, 8 ff.
- an Nichtprozessfähige **170** 4 ff.
- durch Niederlegung **181** 1 ff.; **183** 9
- Ort **177** 1 ff.
- an Partei trotz Prozessbevollmächtigtem **172** 3
- Parteibetrieb **167** 2; **170** 2; **191** 1 ff.
- an Prozessbevollmächtigte **172** 1 ff.; **191** 2; **271** 7
- bei Prozessunfähigkeit **271** 24
- querulatorische Klagen **271** 26
- Rechtsmittelschriftsatzes **172** 16
- Revisionsschrift **550** 1 ff.
- durch richterlichen Auftrag **168** 7 f.
- Rückwirkung **167** 1 ff.; **191** 2
- Schriftstücke **166** 7 ff.
- Sonderregelungen **270** 7
- bei Streitgenossenschaft **63** 3
- tatsächlicher Zugang **189** 7 ff.
- Teilgeschäftsfähige **170** 4
- durch Telefax **174** 10 ff.; **195** 6
- ultima ratio **181** 1
- Unverzüglichkeit **271** 12 ff.
- zur Unzeit **177** 4; **179** 3
- unzulässige/unschlüssige Klagen **271** 25
- Urteile **317** 1 ff.; **517** 6
- Verfügungen **329** 6 f.
- an Vertreter **170** 1 ff.; **191** 2
- verweigerte Annahme **179** 1 ff.; **271** 24 ff.
- Vollständigkeit **166** 14 ff.
- Vollstreckungsvoraussetzung **750** 9 ff.
- von Amts wegen **317** 4
- von Anwalt zu Anwalt **195** 1 ff.
- Vorschriften **270** 7
- Wirkung **317** 6
- in der Wohnung **178** 5 f.
- Zugangsfiktion **178** 3
- Zurückstellung **271** 20 ff.
- Zuständigkeit **168** 4 ff.; **271** 4
- Zustellungsauftrag **168** 7 f.; **176** 1 ff.; **194** 1 ff.
- zustellungsbedürftige Schriftsätze **270** 7 ff.
- Zustellungsobjekt **166** 7 ff.
- Zustellungsurkunde **182** 1 ff.
- Zustellungsvermerk **183** 10
- Zustellungsvollmacht **172** 5
- Zustellungswille **189** 5 f.
- Zweck **166** 1 ff.

Zustellungsauslagen 167 10

Zustellungskosten 168 9
- Kostenerstattung **91** 217

Zustellungsmängel
- Heilung **166** 17; **169** 8; **170** 5; **172** 3; **189** 1 ff.; **271** 1
- Wirkung auf Fristenlauf **517** 6 ff.

Zustellungsurkunde 182 1 ff.; **194** 3

Zustellungsvordruckverordnung 190 1

Zustimmung zur Löschung
- Leistungsklage **253** 5

Zustimmung zur Schutzentziehung 253 5

Zuvielforderungen 92 14 ff., 43

Zuweisung an Einzelrichter
- Reichweite **527** 11 ff.
- Rückfall an Kollegium **527** 20
- Unanfechtbarkeit **527** 21 f.
- Verfahren **527** 8 ff.
- Voraussetzungen **527** 6 f.
- zur Vorbereitung der Kollegiumsentscheidung **527** 1 ff.

Zuwiderhandlungen
- Fortsetzungszusammenhang **890** 29
- Handlungseinheiten **890** 29
- gegen Verbotsverfügung **890** 24 ff.
- Verschulden **890** 38 ff.

Zwangsgelder
- Herausverlangen gezahlter Gelder **578** 12

Zwangslizenz 940 58
- Verfahren auf Erteilung **940** 171 f.

Zwangslizenzeinwand 256 37

Zwangslizenzgebühr
- Berechnung **287** 90

Zwangsmittelverfahren
- Abwendungsbefugnis **888** 11
- Anhörung **888** 7
- Anhörung des Schuldners **891** 3
- Antragserfordernis **888** 5; **891** 2
- Antragsrücknahme **891** 6
- Anwaltszwang **888** 5
- Durchsetzung nichtvertretbarer Handlungen **888** 4 ff.
- Erfüllungseinwand **888** 12, 23 ff.
- Erzwingung nicht vertretbarer Handlungen **888** 4 ff.
- Insolvenz des Schuldners **891** 4
- Kosten **891** 1
- Kostentragung **891** 5
- Rechtsmittel **888** 14 f.
- Teilunterliegen **92** 53
- Wiederholung des Zwangsmittels **888** 10
- Zuständigkeit **888** 4; **891** 1